U0828309

弘一大師全集

趙樸初署

第一冊

佛學卷 佛學論述

《弘一大師全集》（修訂版）編輯委員會 編

海峽出版發行集團
THE STRAITS PUBLISHING & DISTRIBUTING GROUP
福建人民出版社

初版發起人（敬稱略）

釋瑞今　釋宏船　釋廣洽　釋常凱　釋妙燈　釋廣淨
釋廣義　釋廣範　釋廣餘　釋廣安　釋傳貫　釋晴輝
釋覺定　釋優曇　釋元果　釋隆根　釋自立　釋唯慈
釋妙因　釋妙抉　釋心理　釋圓拙　釋妙蓮　釋妙湛
釋毅然　釋傳常　高文顯　陳珍珍　林子青　虞　愚
蔡吉堂　劉雪陽　豐一吟　金兆年

編輯委員會總顧問：趙樸初
編輯委員會主　任：林子青
副主任：釋圓拙　陳珍珍　沈繼生
編輯委員：釋圓拙　釋妙因　釋妙蓮　林子青
陳珍珍　高文顯　沈繼生　釋法雲　王連茂　陳泗東
陳清泉　陳祥耀　莊炳章　陳存廣　黃柏齡　楊加清
李瑞良　楊貢南　夏宗禹　許在全　余險峯　張虹劍
施榮茂　莊為玠　葉四遊　陳瑞熙　傅佩韓　陳懷曄

修訂版編輯人員（敬稱略）

編輯委員會總顧問：李木源
顧　問：釋界詮　釋道元　釋本性　釋向願　釋理任　釋常定
汪毅夫　林文斌　余險峯　黃少萍　李育才　陳清泉
潘燕燕　胡曉泉　駱良益
主　編：釋學誠　陳珍珍　陳祥耀
副主編：周焜民　王爾康　吳幼雄　林長紅
編　委：釋學誠　陳珍珍　陳祥耀　周焜民　王爾康　吳幼雄
林長紅　祝聞影　周書榮　釋振宇　釋德昇　釋真仁
張　勇　林　樺

◎ 弘一大師慈影　一九三七年秋攝於上海

◎弘一大師油畫像　徐悲鴻繪（一九三九年作於新加坡）

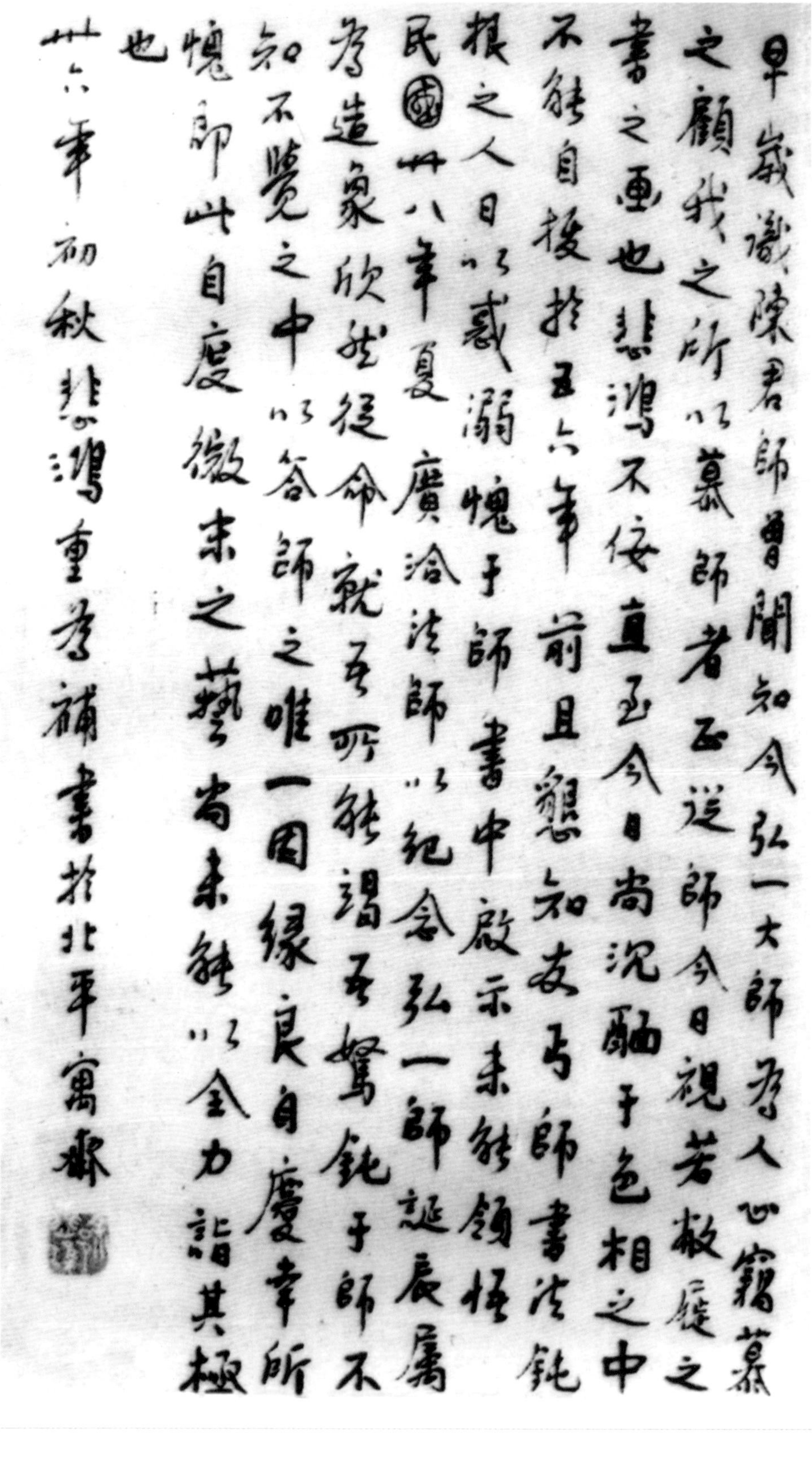

◎ 徐悲鴻補書　一九四七年初秋於北京

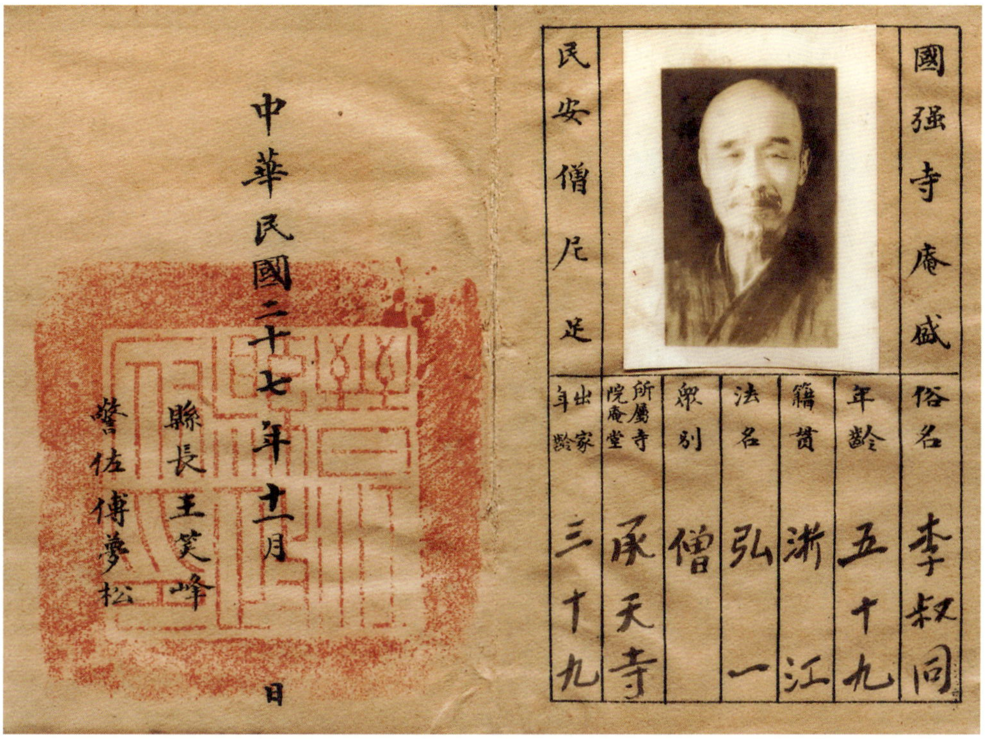

◎抗戰初期在承天寺所持有的晉江縣佛教徒身份證

◎與施至偉居士　一九四二年攝於石獅

◎與性常法師　一九三八年攝於泉州

◎一九二九年攝於上海港「寧紹輪」
左起：黄寄慈、陳倫孝、夏丏尊、
弘一大師、劉質平、李哲成

◎一九三七年五月赴青島講律，由廈門出發時
攝於「太原輪」。

◎一九三五年與泉州佛教界人士在過化亭合影

◎一九三〇年攝於寧波白衣寺，左起第四人為弘一大師，第五人為虛雲大師。

◎一九三八年攝於漳州梅園

◎一九四二年攝於泉州

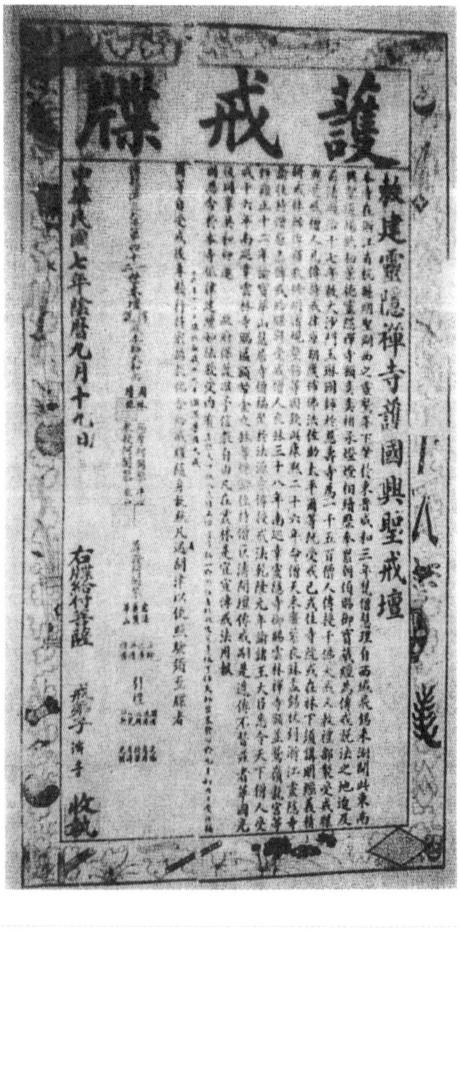

護戒牒

敕建靈隱禪寺護國興聖戒壇

中華民國七年陰曆九月十九日

◎一九一八年十月十七日弘一大師受戒後之「護戒牒」

◎與廣義法師　一九四二年攝於泉州百源寺

惜福習勞持戒自尊

——養正院開學講稿

弘一法師

自從本刊第九期，登載了弘一法師的小傳與軼事之後，對于這個苦行和尚的精神與節操，已引起了許多人的崇敬之心，同時國內幾個大叢林中，也接二連三的來函訂閱本刊。我們爲了要滿足這班崇敬法師的讀者起見，特地多方打聽法師最近的生活，今蒙廈門南普陀廣洽師寄來了大師的講稿及近影；又承馬一浮先生賜贈了大師的手寫稿，不但使本文生色不少，想也是讀者所愛閱的。

養正院從開辦以來有一年多了，外面的名譽很好；這是因爲在瑞金法師的主辦及各位法師的愛護之下，所以才有這

好的聲譽。

我這次到廈門來參觀養正院，心裏常地歡喜。各方面置得都很完美，就地下也很乾淨。在他的地方是少有看到的。

我在泉州草庵大的時候，承本院諸特寫一封公函，各都簽了名，慰問我的病狀；並且又承大家念佛七天，代爲懺悔：諸如等事，眞使我非常的感激！

我再過幾個月，要到鼓浪嶼日光巖方便閉關。其期限，大概要有幾年，因有這很長久的相隔，所以這次我自己發心願與諸位見面談敘談敘，以爲紀念。

（弘一法師近影）

◎《越風》所刊之弘一大師講稿及《越風》書影（一九三七年弘一大師應該刊之請，口述《我在西湖出家之經過》一文。）

◎弘一大師題《護生畫集》初集書影

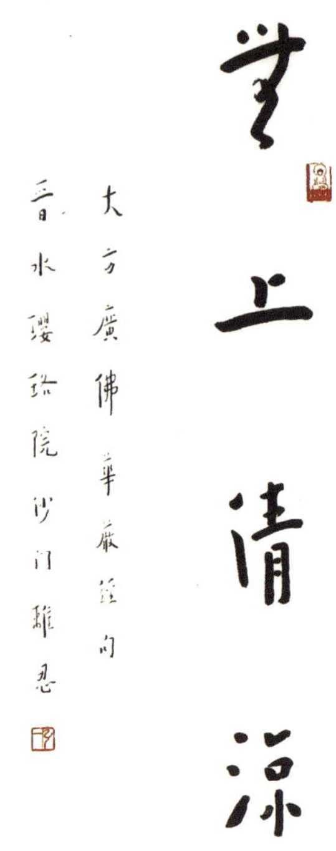

◎弘一大師手書「無上清涼」句

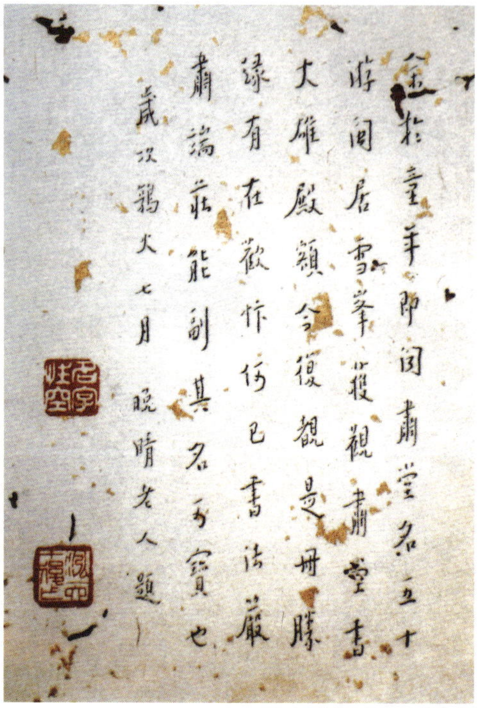

◎一九四〇年間，弘一大師跋吳魯（字肅堂，晚清狀元）所書《龍神感應記臨本》。（吳魯後人收藏）

◎一九三二年八月，弘一大師將赴上虞法界寺弘法，於寧波鎮北龍山伏龍寺致函性願法師之信封。

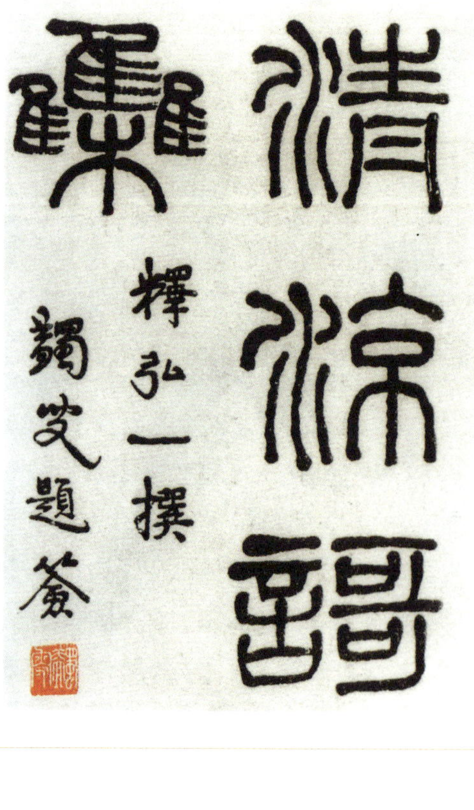

◎馬一浮（蠲叟）居士為弘一大師所編之《清涼歌集》題簽

◎泉州開元寺中弘一大師書「慧命常恆」匾額

◎弘一大師書廈門南普陀寺「佛教養正院」院牌

◎一九八〇年泉州市佛教界僧侶在清源山弘一大師舍利塔前舉行拜塔儀式

◎弘一大師舍利塔在杭州虎跑寺

◎一九五四年攝於杭州

修訂二版說明

《弘一大師全集》第一版於一九九一年出版，二〇一〇年修訂再版。此次修訂，主要做以下工作：

一、為使圖版更加清晰，全書開本改為大十六開。

二、佛學卷句讀校注部類所收「南山五部疏」及「三記」，均為大師以不同顏色的筆蹟句讀校注。初版、修訂版限於條件，僅以單色印刷，未能充分展示大師的研究成就。此次再版，將《四分律行事鈔資持記》、《四分律含注戒本疏行宗記》、《四分律刪補隨機羯磨疏濟緣記》、《四分律拾毗尼義鈔》、《四分律比丘尼鈔》以全彩印刷。其他部分仍以單色印刷。

三、序跋卷佛學部類據部分新見大師序跋、題記影印件重新校訂。

四、文藝卷參考郭長海先生《弘一大師李叔同詩文試讀》研究成果，詩詞部類刪除誤收詩作三首，增補二首，並予調整次序、訂正時間、刪補按語。歌曲部類小誤，用括號注字補改。

五、雜著卷雜志部類《斷食日志》依據近年出版的手稿影印本，偈語部類《〈續護生畫集〉題偈》亦據郭長海先生研究成果有所改訂增刪。

六、全書中手民誤植、標點符號不當處，發現者均予改正。

二〇一九年四月

修訂版說明

《弘一大師全集》（以下簡稱《全集》）出版後，海內外陸續發現了大師不少文稿、手蹟，對大師各類著作的編集、輯補、整理的書籍頗多，但書畫作品也有贋品出現。此次《全集》修訂版，仍遵循求全存真的原則，對新發現的資料擇要參考、採錄，對初版亦作了調整、刪補、訂正、校勘，以求內容更加充實，印製更臻完美。其中《弘一大師年表》改用《弘一大師新譜》，乃遵照《新譜》著者、《全集》初版編委會主任林子青先生的遺願執行。增補的文章，較多採自上述《新譜》以及郭長海先生等編的《李叔同集》；部分音樂作品，改用豐子愷先生所編《李叔同歌曲集》原書形式；詩詞次序，參考余涉先生所編《李叔同詩全編》的編年，特為標出，並致謝意。其餘不再一一標出。

因編排關係，《全集》修訂版中各部類、各篇目略有調整，見於目錄及內容。文藝卷的第五部類「集句」《華嚴集聯三百》調至佛學卷；雜著卷的第一部類「題記」調至序跋卷；書法卷對所收大師書法作品，原分三期，現僅分為出家前和出家後兩期。為保留初版原貌，原出版說明、序文、前言、編後記等均不加改動，凡例、分冊說明的內容有改動處，略注「修訂版編者按」加以說明。部分初版刪略之處，則予以補全。

應該提到的是，《全集》修訂版編委會所需編輯、出版、辦公等費用，承蒙新加坡佛教居士林林長李木源先生熱心捐助人民幣八十萬元，得以圓滿進行，謹此致以深摯謝忱！《全集》排印歷時二年多，得到香港海峽文匯出版社社長李育才先生鼎力支持和幫助，並此誌感！

《弘一大師全集》（修訂版）編輯委員會

二〇一〇年八月

初版說明

弘一法師李叔同是近代佛學大師，也是文化藝術大師，在佛學和文學、戲劇、音樂、書法、繪畫等各領域均有精深造詣和傑出成就，向為海內外所景仰。數十年來不少人從事法師遺著的搜集整理工作，出版了一些紀念集、詩文專集和合集，臺灣出版界也於數年前推出《弘一大師法集》六大冊。但由於法師著述宏富，遺作和手蹟散藏各地，搜集不易，加上條件限制，迄今還沒有全集問世，已出版的文集也因印數不多，流傳未廣，有的早已絕版。一九八六年，我社和泉州佛學界、文化界人士共同倡議出版弘一法師全集，並在海外華僑贊助下，籌集資金，組織編委會，着手進行搜集整理工作。從今年起，全集各冊將分批付印，三年內出齊。

全集編輯工作以求全存真為原則，廣泛搜集法師出家前後的詩、文、書、畫和佛學典籍點校，以及信札、遺墨等，力求反映法師著述全貌。全書分為佛學、傳記、序跋、文藝、雜著、書信、書法和附錄等八大卷，共一千三百多萬字。這是目前已出的法師文集中規模最大、篇幅最多、收集最全的一部。其中有不少是首次刊印的珍品。如法師圈點律宗典籍南山三大部及釋三大部的「三記」，由法師親筆書寫冠科，詳加校注，佛學界極為推重，這次按原稿影印，既可研味其文義，又可賞玩其書法，彌足珍貴。法師書法獨步冠時，過去印行的只是小部分，本集書法卷中有不少是第一次精印的墨寶。法師生平往來書信繁多，這次經多方收集，得各方所藏真蹟和抄件總數逾一千通，極為難得。

全集採用上等膠版紙，影印排印結合，精裝十冊。

一九九〇年為弘一法師誕辰一百一十週年，謹獻此書作為紀念。

福建人民出版社

一九八九年三月

總目

序

趙樸初

弘一大師圓寂，迄今已四十餘載。大師精持梵行，嚴淨毗尼，著述等身，中外敬仰。其生平事蹟，世所共知，無待贅述。大師至友馬一浮居士嘗言：「弘一法師一生用功，乃在於律，而世重其藝，此非知大師者！」大師披剃前，雖於藝術無所不精，然出家後即盡棄去，專心弘揚律學，扶衰救弊，砥柱法門，悲願宏深，業績昭垂，一浮居士實為知言。

一九八〇年冬，大師誕生一百週年時，中國佛教協會曾為舉辦書畫金石音樂展於北京法源寺，各方贊助，中外咸集，盛況空前。其後佛教圖書文物館收集展品及有關資料，編成《弘一法師紀念集》一書，余曾為《弁言》以介紹之。謂「自清末以來，各宗大德，闡教明宗，競擅其美。其以律學名家，戒行精嚴，緇素皈仰，薄海同欽者，當推弘一大師為第一人」。

近年閩中道俗圓拙法師、陳珍珍居士及海外閩籍長老，以大師出家後，與閩南因緣特深，最後且入滅於溫陵。爰集淨財，發起編印《弘一大師全集》，以彰先哲，嘉惠後學。編委會擬定全集分為《佛學卷》、《傳記卷》、《序跋卷》、《文藝卷》、《雜著卷》、《書信卷》、《書法卷》、《附錄卷》諸類。《佛學卷》中尤着重搜集校釋律學著述，此為前人所未着手，可謂善體大師生平之所志矣。頃者，全集編委會以編輯就緒，行將付梓，囑序於余。余維斯集之行，大師學行志業，將益得以垂諸永久。而閩中法侶成此盛舉，其為功德，豈有涯涘？爰贅數語，以表歡喜讚歎。

公元一九八八年

代序

——談弘一法師臨終偈語

葉聖陶

我不參佛法，對於信佛的人，只能同情。對於自己，相信永遠是「教宗堪慕信難起」（拙詩「天地」一律中句）的了。也曾聽人說過修習淨土的道理，隨時念佛，臨命終時，一心不亂，以便往生淨土。話當然沒有這麼簡單，可是幾十年來我一直有個總印象：淨土法門教人追求「好好的死」。我自信平凡，還是服膺「未知生，焉知死」的說法。「好好的死」似不妨放緩一些，我們就人論人，最要緊的還在追求「好好的活」。修習淨土的或者都追求「好好的活」。只是我很少聽見說起。

弘一法師臨終作偈兩首，第二首的後兩句是「華枝春滿，天心月圓」。依我的看法，這是描繪他的生活，說明他的生活的體驗：他入世一場，經歷種種，修習種種，到他臨命終時，正當「春滿」「月圓」的時候。這自然是「好好的死」。但是「好好的死」源於「好好的活」。他臨終前又寫了「悲欣交集」四字，我以為這個「欣」字該作如下解釋：一輩子「好好的活」了，到如今「好好的死」了，歡喜滿足，了無缺憾。無論信教不信教，只要是認真生活的人，誰不希望他的生活達到「春滿」「月圓」的境界？而弘一法師真的達到這種境界了。他的可敬可佩，依我不參佛法的人說，就在於此。我曾作四言兩首頌讚他，就根據這個意思，現在重抄一回在這兒：

「華枝春滿，天心月圓。」其謝與缺，罔非自然。至人參化，以入涅槃。此境勝美，亦質亦玄。

「悲欣交集」，遂與世絕。悲見有情，欣證禪悅。一貫真俗，體無差別。嗟哉法師，不可言說。

編者按：一九八六年秋，本集編委會發函約請葉聖陶先生賜序，時葉老臥病在牀，視力衰退，已與筆墨絕緣。經哲嗣葉至善先生於牀前當面請示，承葉老指定將一九四七年所寫的《談弘一法師臨終偈語》一文作為代序。

前言

弘一大師（一八八〇——一九四二年）是我國近代佛教史上著名的律宗高僧。他的俗名李叔同，為我國近代新文化運動啟蒙時期傑出的藝術大師。大師謝世後，國內外佛學界和文化界人士早有將其遺著結集出版的願望。由於種種原因，一時未易着手。爾來不少人從事搜集編輯，已經陸續出版了一些大師的遺著和紀念集。按出版時間的順序是：《晚晴老人講演錄》（弘一大師紀念會·一九四三年）、《晚晴山房書簡》第一輯（上海開明書店·一九四四年）、《弘一大師文鈔》（上海大法輪書局·一九四六年）、《前塵影事集》（上海藝文書屋·一九四九年）、《律學講錄三十三種合訂本》、《南山律在家備覽略編》（上海普慧大藏經會·一九五五年）、《弘一大師遺墨》（新加坡彌陀學校·非賣品·一九六一年）、《弘一大師講演續錄》（香港法界學苑·一九六二年）、《南山律苑文集》（新加坡薝蔔院·一九六四年）、《四分律行事鈔資持記扶桑集釋》（香港法界學苑·一九六四年）；此外還有許多紀念文字，如《弘一法師生西紀念刊》、《弘一大師永懷錄》、《永恒的追思》、《弘一大師紀念冊》、《弘一大師年譜》、《弘一大師紀念集》。還有近年臺北新文豐出版公司印行的《弘一大師法集》以及《李叔同傳記資料》等。但上述已刊行的出版物，或為某一學藝方面單項搜輯的，或為某一歷史時期的著述，或為資料彙編性質之讀物。兼以取材角度不一，或限於條件，均有一定的局限性。廣大讀者迫切要求有一整套能包括大師全部思想與言論的《全集》問世。一九四七年，漳州劉綿松居士曾以個人之力，從事大師遺著的搜集，且已印出全集目錄，並向國內知名學者豐子愷、丁福保、姜丹書、蔣維喬、范古農、陸丹林、姚鵷雛徵得序文。當時因材料尚未備足，又限於經濟條件，無力出版。時光流逝，忽忽已經四十餘年。

近年泉州緇素圓拙法師與陳珍珍居士等，念大師出家以後乃至圓寂，與閩南因緣特深。大師晚年，其佛學思想已臻於成熟時期，他勤於弘法著述，老而彌篤。他對於唐南山道宣與宋靈芝元照之「三疏」、「三記」等巨著，圈點校注至為精到，全部手蹟珍藏於泉州開元寺弘一法師紀念館中，甚是名貴。其他序跋題記等亦散見於國內外刊物。若不及時搜集出版，深恐終必湮沒。因集景仰大師同志，發起編輯《弘一大師全集》。承國內外緇素大德，列名發起者有（敬稱略）：瑞今、宏船、廣洽、常凱、妙燈、廣淨、廣義、廣範、廣餘、廣安、傳貫、晴輝、覺定、優曇、元果、隆根、自立、唯慈、妙抉、心理、圓拙、妙因、妙蓮、妙湛、毅然、傳常、高文顯、陳珍珍、林子青、虞愚、蔡吉堂、劉雪陽、豐一吟、金兆年等人。並於一九八六年成立全集編委會於泉州開元寺。衆議以「求全存真」為編輯方針，冀網羅大師全部遺著，分類編輯，公諸於世。釐訂全集框架，分為佛學卷、傳記卷、序跋卷、文藝卷、雜著卷、書信卷、書法卷、附錄卷八大類，共十冊。取材「博采窮搜」，力求搜集已往出版物所未見者，顯示特色，為從事弘一大師思想行業之研究者提供較全面、較系統的重要原始材料。同仁有鑒於此項歷史使命急待完成，特推定圓拙、妙因、妙蓮、林子青、陳珍珍、高文顯、沈繼生、法雲、王連茂、陳泗東、陳清泉、陳祥耀、莊炳章、陳存廣、黃柏齡、楊加清、李瑞良、楊貢南、夏宗禹、許在全、余險峯、張虹劍、施榮茂、陳瑞熙、傅佩韓、莊為玠、葉四遊、陳懷曄等為編輯委員；並請林子青為主編，圓拙、陳珍珍、沈繼生為副主編；又請中國佛教協會會長趙樸初為編委會總顧問。

本書為多學科、多卷本的文集。圖文並茂，制版印刷技術複雜，所需經費浩大，幸而得到各方的大力支持。最先贊助籌備經費的，有廣洽、廣淨、廣義、妙燈、元果、圓拙、妙蓮、心理諸法師及金兆年、陳珍珍、施淑好諸居士，使資料徵集工作，得以順利進行。前年，陳珍珍居士應邀到南洋等地訪問，受到菲律賓、新加坡、香港等地諸長老的熱烈歡迎。她藉此勝緣，提到《弘一大師全集》的出版經費問題，需款甚巨，請求長老居士們隨喜贊助。這個號召，很快得到海外諸緇素的熱烈響應，特別是新加坡李氏基金會已故李光前博士的夫人陳愛禮居士，慷慨捐資港幣拾萬元，以助其成。對於海外所有熱心資助全集出版的長老居士們，我們表示深摯的感謝。對於國內各地宗教、文化部門，以及居士先生們惠寄珍藏的大師手蹟或提供難得的資料，我們同樣致以深切的謝意。中國佛教協會會長趙樸初先生於百忙中，特為本集撰寫序言及題簽，在此敬致謝意。著名作家、教育家、出版家葉聖陶先生，生前指定以一九四七年所作《談弘一法師臨終偈語》一文為本集代序，這也是一項值得慶幸的事。因限於時間和條件，在收錄大師遺著過程中，難免有所遺漏，希望廣大讀者提供有關線索，以便繼續徵集，待再版時增刊《補遺卷》，俾臻於完備。弘一大師的不朽遺著能夠出版問世，這是我國現代文化史上的一件大事。經過三年的辛勤勞動，而今能把全集呈現於廣大讀者之前，我們深感欣慰。不足之處，希望廣大讀者賜予批評指教。

《弘一大師全集》編輯委員會

一九八九年四月一日

凡例

一　本集定名為《弘一大師全集》，旨在求全存真，儘可能收錄大師全部著述，以公於世。
二　本集按類分卷，將所收大師著作分為八卷。
〔一〕大師深研佛學，以宏揚南山律宗為己任，遺稿甚多。現依大師心願，以佛學著述列為本集首卷。
〔二〕大師平生所作師友傳記、塔銘、墓誌，多記述傳主之功德言行事蹟，情深意切，文筆洗練。本集特闢傳記卷，末附大師所撰唐之南山、宋之靈芝、明之藕益、清之見月四大律師之年譜，以見其史筆風範。
〔三〕大師平日博覽羣書，所作序跋為數不少。此類文字言簡意賅，最能窺見其涉獵之廣與造詣之深。本集特闢序跋卷，以供研究。
〔四〕大師於詩詞、繪畫、音樂、戲劇、書法、金石等方面無不精通，出家前文藝著述宏富，出家後書法墨寶廣為傳佈。本集特闢文藝、書法各一卷。
〔五〕大師為學博大精深，涉獵至廣，所作題記、雜文，乃至輯錄古德名賢法語格言以及法學譯作等，均別具特色，不屬於上述各卷者，本集特闢雜著一卷，以收錄之。
〔六〕大師平生交遊至廣，書信往來頻繁，圓寂後，手札真蹟散藏各方，以往所刊佈者僅為少數，近年經編委會廣泛搜羅，所得已逾千通，彌足珍貴。本集特闢書信一卷，以見大師日常生活之一斑。
〔七〕大師圓寂後，各方對大師事蹟、學術的研究以及紀念文字，或論其學術，或記其德行，或述其軼事，為數至夥。本集特闢附錄一卷，選錄若干代表性文字，以饗讀者。
三　分卷細目，力求以撰寫時間先後順序排列。如書法卷，以臨古法書列於前面，自書詩其次，手寫經文又次。從中顯示大師書法藝術的發展脈絡。如書信卷，大體以受件人交往時間先後安排名次，再依每人發信時間先後順序排列，以清眉目。再如附錄卷有關大師研究、紀念文字資料目錄索引，在不同門類中亦依文章發表時間先後順序排列，便於讀者檢尋。
有些分卷編目，不能以時序排列，則酌情處理。如傳記卷，乃以傳主身份（出家或在家）安排目次，藉以窺見大師之尊仰所在。附錄卷中有關大師駐錫寺院簡介，係依不同地點開條設目，以幫助讀者了解大師行蹤。

四　各卷文稿取樣於不同版本，版式及標點符號多不統一，本集作如下處理：

（一）版式：一般分上下二欄。

（二）凡見於近代出版物的文章，包括詩文、講演錄及口述記錄稿，均採用新式標點。（修訂版編者按，部分因原格式限制，不加書名號等。）佛典之圈點校注不加新式標點符號；部分排印本，保留原書斷句。

（三）舊版書小字雙行注文，有部分文稿改為單行注文加括號。

（四）為減少排版困難，舊版書句旁加重點號及劃綫記號以及頁邊標目文字等一律取消。

（五）為統一排版規格，本集文字採取繁體豎排。

五　本集文稿排版印刷方式分兩種：

（一）大師手蹟以影印製版精印者有：佛學卷中力作《四分律比丘戒相表記》及南山律「三疏」、「三記」以及「南山二小部」圈點手稿和部分篇目，書法卷全部書法藝術精品。文藝卷中繪畫、篆刻、樂譜等作品及劇照、《華嚴集聯三百》全本複印。書信卷中刊出部分手札，以保留傳真原貌。

（二）排字印刷者有：佛學卷另一力作《四分律行事鈔資持記扶桑集釋》，依原來版式發排翻印。其他如傳記卷、序跋卷、雜著卷、佛學卷中的講演錄及佛學論述等文稿，則依泉州開元寺弘一法師紀念館館藏手稿抄件，或依已刊的出版物版本排字印刷。

六　本集附有各種圖片，均依內容分別插入有關各卷。

七　本集各卷各冊在編排體例方面的具體問題，根據需要作分冊說明，置於該冊目錄之後。

第一冊目錄

本冊說明

一　本集佛學卷包括三個部類：一為論述，一為律典句讀校注，一為講演錄。（修訂版編者按，今調增「華嚴集聯」部類。）本冊收佛學論述五十篇。

二　本冊編目中，凡與唐道宣「三疏」及宋靈芝「三記」相關之佛學論述，均作為附件刊載於「疏」、「記」之後，以便讀者檢尋。

三　已往出版的《弘一大師講演錄》、《弘一大師講演續錄》等書所收文章，有一部分實是論文，本集將其編入論述類。本冊收錄這方面的論文十六篇，佔論述總數約近三分之一。

四　本冊所收論述第一篇《四分律比丘戒相表記》，係大師出家以後之力作，費時五年，精心構想，釐訂原有戒律，製為表解，化繁為簡，條理分明。本冊以手寫本影印付刊，保存原樣。

五　大師佛學論述中有若干篇文章（如《華嚴經大意》、《華嚴疏科分》、《金剛經大意》等），有目無文。本冊目錄中設「存目」，並注明該文已佚。俟今後發現時，編入來日之《補遺卷》。

佛學卷

佛學論述

四分律比丘戒相表記序

沙門曇昉撰

余於戊午七月，出家落髮。其年九月受比丘戒。馬一浮居士貽以靈峯毗尼事義集要，并寶華傳戒正範。披翫周環，悲欣交集。因發學戒之願焉。是冬獲覩毗尼珍敬錄，及毗尼關要。雖復悉心研味，而忘前失後，未能貫通。庚申之夏，居新城貝山。假得弘教律藏三帙，併求南山戒疏，羯磨疏，行事鈔，及靈芝記。將掩室山中，窮研律學。乃以障緣，未遂其願。明年正月，歸臥錢塘。披尋四分律，併覽此土諸師之作。以戒相繁雜，記誦非易。思撮其要，列表志之。輒以私意，編錄數章。頗意其明晰，便於初學。三月來永寧，居城下寮。讀律之暇，時綴毫露。逮至六月，草本始訖。題曰四分律比丘戒相表記。數年已來，困學憂悴。因是遂獲一隙之明。竊自幸矣。爾後時復檢校，小有改定。惟條理錯雜，如治棼緒。舛駮之失，所未能免。幸冀後賢，亮其不逮，刊之從正焉。時後十三年歲在甲子八月。

凡例

一　是編依四分律初分（四分之名。為法正尊者於根本部中采集成文，隨說止處即為一分。凡經四番，一部方就，故名四分。初分為比丘戒，二分為比丘尼戒，三分四分為諸揵度等。揵度此云法聚，即篇品之名也。）摘錄比丘戒相，條理其文，列為表記。

一　初學律者，研尋本律，每以罪相之文，繁複紛雜，融貫為難。若依是表記，對閱律文，軌轍易尋，朗然昭列矣。

一　律中字句繁冗者，或酌為刪節，或約以短言。文字不一者，校定畫一（如了了，又作知，作相，又作作知相，現相，現知相等。）字句簡略者，準義增入。（如人女下，應有人女想等。）字句未明者，以意申明。（如長衣戒等）

一　每戒所列犯緣，有非本條戒目正制者，別列一表，標曰併制。又其次者，標曰附制。（如僧殘第十二）

一　初分而外，他分所載，有與本戒相係屬者，亦摭其要，略記於後。（皆頂格寫）

一　釋四分律者，當以南山靈芝為宗。是編凡戒目標名，具緣成犯之句，悉依南山行事鈔。其他詮義析疑，亦多錄自南山靈芝撰述。（皆低二格寫）

一　南山靈芝撰述中，頗多勸誡之言，雖無涉於戒相，而有裨於初學。今撮集其言，別錄於後。學者幸時尋翫，以自惕勵。（皆低二格寫，並冠以△記。又靈芝毗尼事義集要及靈芝宗論中所載勸誡之言，至為切要，學者宜常披覽，獲益無盡。）

一　或有私記所識者，冠以[案]字而區別之。（皆低三格寫）

一　初學律者，輒苦未能入門。今別述私見，附於凡例之後。依是次第而誦習之，力半功倍。入門非難，冀後之學者，詳而臨覽焉。

學四分律入門次第

先習止持，後習作持。

習止持者，應先熟讀背誦戒本。今宗四分南山一派，宜誦南山刪定戒本。（杭州昭慶版。下記之書名，大半已有單行本，便於學者求覓。所註刻經處之名，有金陵天津等。但上海北京路七百五十四號功德林佛經流通處，悉有流通。若向彼處求覓，至為利便。）并參閱四分律含註戒本（天津版）及佛陀耶舍譯四分戒本，懷素集四分戒本。（已上二種合冊常州版）

既已熟讀背誦戒本，應詳閱四分律（寶華山版金陵代流通）初分及第四分中調部毗尼。與四分律比丘戒相表記對閱，并參閱重治毗尼事義集要（揚州磚橋版明清諸師之作此為最善）前十卷。

毗尼止持會集（寶華山版金陵代流通）四分戒本如釋（揚州藏經院版）毗尼珍敬錄及毗尼關要，較前三種稍遜，然亦可參閱。又淨心誡觀法、教誡新學比丘行護律儀四種、芝苑遺編、釋門歸敬儀、章服儀、律學發軔等，皆可披覽。已上天津版。天津常州等處以後皆預定續刻律部諸書。學者宜隨時求覓。

於四分律初分既已詳細窮研（四分律初分實為律學之基礎，故初學者宜詳細窮研）再閱四分律含註戒本疏行宗記及四分律行事鈔資持記中卷自篇聚名報篇乃至懺六聚法篇。（已上二種天津版）今人未嘗窮研本律，即誦疏鈔，故罕有能入門者。冀後之學者，依次修習，毋怖速就。

既已通比丘律，應略習比丘尼律。宜閱四分律第二分一至九，毗尼事義集要卷十六十七，四分律行事鈔資持記下卷尼眾別行篇。

既已習止持竟，應習作持。

習作持者，應先熟讀南山隨機羯磨（天津版）并參閱懷素集四分僧羯磨。

既已熟讀羯磨，應詳閱四分律第二分十已下迄於終卷。（閱時宜節要記錄，既便記憶，亦可備異日檢查。）并補閱毗尼事義集要中已前所未閱者。

然後再閱隨機羯磨疏濟緣記（天津版）及四分律行事鈔資持記已前所未閱者。

像季已來，律宗浸衰，羯磨結界，罕有行者。真修之士不須求待他人，宜自密修勝行。余嘗宗根本說一切有部律，集自行抄一卷，以備有部學者承用。若習四分者，宜準是規式，別集四分律自行抄，依之行持，檢尋良便。

已上略述學律入門次第竟。若更欲廣研他部者，應先閱僧祇五分（北京版）十誦律及諸律論。（常州大半刊就）（閱南山撰述者，凡引諸律及律論處，亦宜隨時檢閱原文。以南山引文頗多刪略，文義不顯，須檢原文，乃可明了。）後再詳閱義淨三藏所譯根本說一切有部諸律。（常州大半刊就）（義淨三藏留學印度二十餘年，專攻此部，歸國已來，譯傳此部律文凡二十部二百餘卷，精碻詳明，世稱新律。靈芝於此部律文未嘗詳研，故疑其與十誦同。實則開遮輕重與彼大異。學者幸虛懷研求，毋執故見。）并詳閱南海寄歸內法傳。（義淨撰）（日本葛城慈雲律師曾撰解纜鈔釋此傳，今罕流傳。）

若有餘力，再博涉續藏經中律部諸作。懷素、允堪二師，雖與南山靈芝異其軌轍，然實各有所長。學者宜悉心詳覽焉。

常州版律部諸書、皆未圈點句讀。學者閱之、至為困難。應檢頻伽精舍大藏經校對、補錄圈點。但頻伽藏排本、頗多訛誤脫略處。宜詳辨之。　頻伽藏宗於麗藏古本。較明清藏、殊為優勝。學者應取常州單行本、與頻伽藏本詳細校對、依頻伽藏本一一改寫。又兩本之中、皆有訛字。若以兩本對閱精密修改、可得一完善之本。并圈點句讀、重排款式、畫分章節、別以刊行◎後之學者、依是研尋、可無迷惑之虞矣◎

金陵流通之四分律、亦大半未圈點句讀。應檢頻伽藏本校對、補錄圈點。

天津版四分戒本疏、行宗記、羯磨疏、濟緣記、行事鈔、資持記。（世稱南山律三大部）皆依日本續藏經之會本寫刊、而刪去科文。似有未可◎案靈芝撰三記時、皆先出科文、後出記文。故於記中敘科判處、或存或略。因別有完整之科文、可以對閱、記中不須一一委出也。今將科文刪削、唯閱記文、迷茫恍惚。於彼繁密之條理、豈能一一貫通。補救之法、應檢續藏經中靈芝戒本疏科八卷、羯磨疏科四卷、行事鈔科十二卷、別以刊行◎斯至善矣◎（續藏經本或有訛字、應向日本名古屋其中堂書店請購古本木版南山律三大部、互相校對、正其舛誤。又本版三大部有二種、一為疏鈔與記科別行本、一為合會本）

南海寄歸內法傳、唐義淨三藏撰。為律宗最精要之書◎凡習有部律者、或習他部律者、皆應悉心窮研。今無單行之本。幸冀後賢、別以刊行。廣為弘布◎（藏中原本排列未善、宜詳細校訂）

一二

四分律比丘戒相表記

永寧晚晴院沙門曇昉集

四波羅夷法

婬戒第一

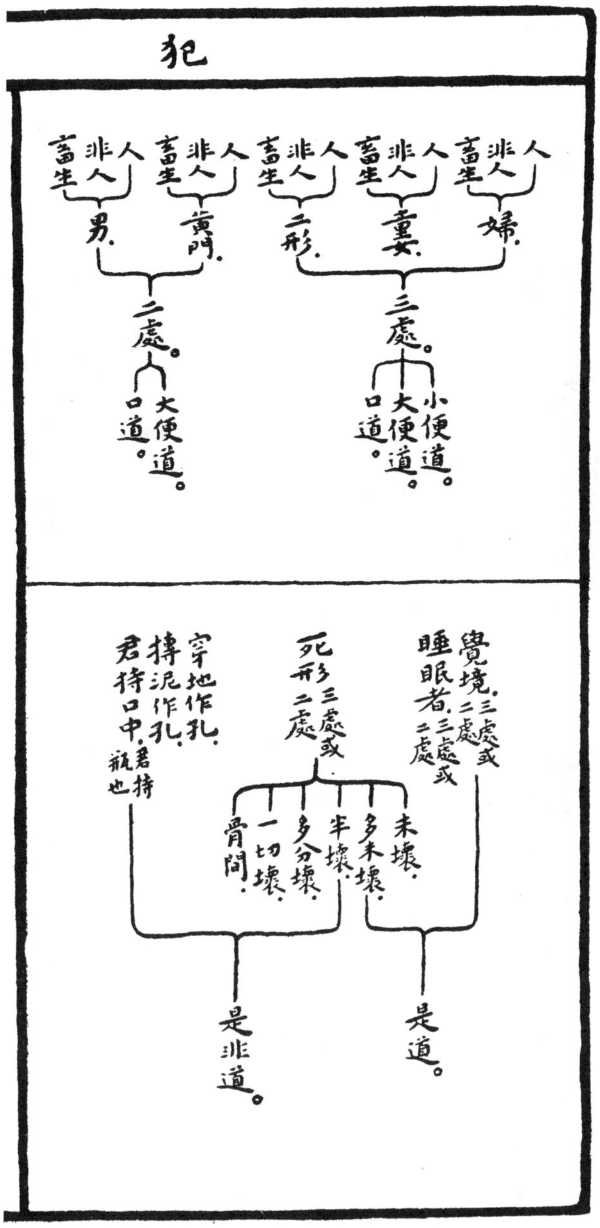

南山行事鈔

自婬，具四緣成犯。一是正境。原註云男二處女三處 二與染心。謂非自睡眠等 三起方便。四與境合犯。

逼婬，具四緣成犯。一是正境。原註云不問自他 二為怨逼。三與境合。四受樂犯。

相

- 自有婬意
  - 道。
    - 入乃至如毛頭。——波羅夷。
    - 方便不入不成者。——偷蘭遮。
  - 非道。
    - 入。若道想若道疑。——偷蘭遮。
- 為怨家逼。
  - 自入他道。
  - 入自道。
  - 若始入入已出時有一時自受樂者。——波羅夷。

- 有隔有隔。
- 有隔無隔。
- 無隔有隔。
- 無隔無隔。
  ——同。

- 從道入道。
- 從道入非道。
- 從非道入道。
  ——同。

- 若限齊入。
- 若盡入。
  ——同。

- 若語人。
- 若不語人。
  ——同。

靈芝行宗記

言怨有二。如王大臣惡賊持刀陵逼。是名强怨。若親里故二（故二在家妻也）愛染纏擾。是名輭怨。

第四分

醉者。顛狂者。瞋恚者。苦痛者。（與睡眠者為一類此屬道）膞中。曲膝間。腸邊。腋下等。（此屬非道）褥間。枕邊。木像中。壁上女像中等。（與穿地作孔等為一類此屬非道）

同

併制

- 比丘、比丘尼教比丘。
  - 作。——教者。——偷蘭遮。
  - 不作。——教者。——突吉羅。
- 餘三衆教比丘。
  - 作。
  - 不作。
  ——教者。——突吉羅。

道想。

境想

入道。
- 道疑。
- 非道想。
——波羅夷。

入非道。
- 道想。
- 非道疑。
——偷蘭遮。

靈芝行宗記

律中列句。四五不定。且如初篇。婬殺妄三戒並五句。盜戒四句。但由第三一句。結罪有無。故句法不定。

同

據律戒本。二十六戒具出境想句。餘並不出。文略不出。非理無也。

第四分

是男。作女想。是女。作男想。——波羅夷。

與此女。作彼女想。與此男。作彼男想。——波羅夷。

開緣

若睡眠無所覺知。
若不受樂。
若一切無有婬意。
——無犯。

若最初未制戒。
若癡狂心亂痛惱所纏。
——無犯。

南山戒本疏

睡眠者。開怨來逼。無所覺故。不受樂者。開前怨家將向前境。禁無染故。

案

開緣分為二類。後者通緣。諸戒皆開故。前者別緣。本戒特開故。已下諸戒。僅列別緣。通緣準是應知。更不重出。

△**靈芝資持記**

然心行微細。麤情不覺。縱知違戒。制御猶難。豈況悠悠。終無清脫。請臨現境。自審狂心。或死轉迴頭。或殷勤舉眼。或聞聲對語。或吸氣緣根。雖未交身。已成織業。大聖深制。信不徒然。詳是眾苦之源。障道之本。是以托腥臊而為體。全欲染以為心。漂流於生死海中。焉能知返。交結於根塵網裏。實謂難逃。當自悲嗟。深須勉強。或觀身不淨。即是屎囊。或諦彼婬根。實唯便道。或緣聖像。或念佛名。或

△南山行事鈔

誦真經，或持神咒，或專憶受體，或攝念在心，或見起滅無常，或知唯識所變，隨心所到，著力治之。任性隨流，難可救也。

然婬過麤現，人並知非，及論問犯，犯皆結正。約相示過，耳不欲聞，或致輕笑，生疑生怪。故善見云：法師曰：此不淨法語，諸聞說者，勿驚怪，生慚愧心，志心於佛。何以故？如來慈愍我等，佛是世間王，離於愛染，得清淨處，為愍我等，說此惡言，為結戒故。又觀如來功德，便無嫌心。若佛不說此事，我等云何得知波羅夷罪？有笑者驅出。

△靈芝濟緣記

靈芝釋云：約下四句，述其愚暗。此有四過：一生厭惡，不欲聞故；二無尊重，生輕笑故；三無深信，疑非佛說故；四不正見，怪作是說故。生慚愧者，克己自責也。世間愚人，誰能反照身行鄙穢，殊不省非，及聞教說，反生驚怪。汝必惡聞，何如不作？汝既自作，何得惡聞？此由不知於大慈門，說毗尼藏，全是指出眾生惡業。若能知業，豈復有教？嗚呼凡愚，迷倒至此！

然而濁世障深，慣習難斷，初心怯懦，容退菩提，故須期生彌陀淨土。況復圓宗三聚，即是上品三心：律儀斷惡，即至誠心；攝善修智，即是深心；攝生利物，即迴向發願心。既具三心，必登上品，得無生忍，不待多生，成佛菩提，了無退屈。此又行人究竟域心之處矣。

盜戒第二

南山行事鈔

具六緣成犯：一有主物，二有主物想，三有盜心，四重物，五興方便，六舉離本處，犯。

不與取：
- 自手取。看取。遣人取。
- 非己物想取。非暫用取。非同意取。
- 他物、有主、他護。他物想取。有主想取。他護想取。
- 重物——盜心——舉離本處。

罪

一、地處。地中伏藏未發出之七寶金銀乃至衣被等。——有主者。以盜心取。——若牽挽取若埋藏若舉離本處。

二、地上處。不埋之七寶金銀乃至衣被等。——同——同

三、乘處。象乘馬乘車乘步乘等。彼乘上有七寶金銀乃至衣被等。——同——同——又若取彼從道至道。從道至非道。從非道至道。從坑中至岸上。從岸上至坑中。如是取舉離本處。

四、擔處。頭擔肩擔背擔及抱等。彼擔上有七寶金銀乃至衣被等。——同——同——同

五、空處。風吹毳乃至麻綿絹布等。又雁鶴諸鳥等。——同

六、上處。樹上牆上乃至地敷上等。彼上有七寶金銀乃至衣被等。——同——同

七、村處。周帀垣牆柵籬籬牆不周四周屋等。彼村中有七寶金銀乃至衣被等。——同——同——又若以方便破壞其處。若作水澆。或依親厚強力。或以言辭辯說誑惑而取。

八、阿蘭若處。村外有主空地。彼空處有七寶金銀乃至衣被等。——同——同——同

九、田處。稻田麥田甘蔗田等。彼田中有七寶金銀乃至衣被等。——同——同——同

十、處所。家處所市肆處乃至倉庫等。彼處所中有七寶金銀乃至衣被等。——同——同——同

十一、船處。小船大船乃至䑺船等。彼船上有七寶金銀乃至衣被等。——同——同——又若從此岸至彼岸。從彼岸至此岸。若逆流若順流。若沈著水中。若移岸上。若解移處。

十二、水處。於水中藏有七寶金銀乃至衣被等。又若有水獺魚乃至分陀利花等。——同——同——又若以方便破壞其處等。廣如上說。

十三、私度關塞不輸稅。比丘無輸稅法。若白衣應輸稅物。——比丘以盜心為他過物。——若擲關外。若埋藏舉。若以辯辭言說誑惑。若以呪術過。

十四、取他寄信物。寄持信物去。——以盜心取。——若頭上肩上互移著。若右肩左肩互移著。若右手左手互移著。若抱中。若著地。舉離處。

十五、水。大小盆及餘種種水器。眾香水。藥水。——有主者。以盜心取。——若牽取若棄。

十六、楊枝。若一若兩乃至一擔。——同——若掌挽取離本處。

十七、園中樹果草木。一切草木叢林華果。——同——同——若牽挽取若舉若埋藏離本處。

十八、無足眾生。——蛇、魚等。——同

十九、二足眾生。——人、非人、鳥等。——同

二十、四足眾生。——象、馬等。——同

二十一、多足眾生。——蜂、百足等。——同

二十二、同財業。——同事業，所得財物一切當共。——以盜心取。

二十三、共要。——共他作要，教言某時去某時來。若穿牆取物，若道路劫去，若燒，所得財物一切當共。——同

二十四、伺候。——我當往觀彼村，乃至作坊處，所得財物，一切當共。——同

二十五、守護。——從外得財來，我當守護，所得財物一切當共。——同

二十六、邏守要道。——我當看道，有軍來當相告語，所得財物一切當共。——同

- 自求五錢，或自求過五錢。
  - 得五錢。／得過五錢。——波羅夷。
  - 得減五錢。／不得。（方便欲取而不取）——偷蘭遮。
- 自求減五錢。
  - 得五錢。／得過五錢。——波羅夷。
  - 得減五錢。——偷蘭遮。
  - 不得。——突吉羅。
- 教人求五錢，或教人求過五錢。
  - 受教者得五錢。／受教者得過五錢。——教者、受教者。——二俱波羅夷。
  - 受教者得減五錢。／受教者不得。——教者、受教者。——二俱偷蘭遮。
- 受教者得減五錢。——教者、受教者。——二俱偷蘭遮。

- 教人求減五錢 —— 受教者不得 —— 教者、受教者 —— 二俱突吉羅。
- 教人求減五錢 —— 受教者多取 —— 得五錢、得過五錢
- 教人求五錢，或教人求過五錢 —— 受教者取異物，或異處取物
  - （以上二者）—— 教者 —— 偷蘭遮；受教者 —— 波羅夷。
- 教者有盜心，教人求五錢，或教人求過五錢 —— 受教者無盜心得 —— 教者 —— 波羅夷；受教者 —— 無犯。
- 教者無盜心教人 —— 受教者以盜心 —— 得五錢、得過五錢 —— 教者 —— 無犯；受教者 —— 波羅夷。

【南山戒本疏科】分二十六處為三類。一至十三，物處差別。十四至二十一，物體差別。二十二至二十六，契要差別。

【案】初舉離本處，即謂之得。方便欲舉而未舉，乃至手觸彼轉側而不舉者，皆謂之不得。若得者是物，應依其直計算定罪。

【第四分】前後取滿五錢。——波羅夷。

【同】若作損減意取，斷壞、破、燒、埋、壞色，若移他地標相，決他水，搖他果樹，滿五錢。——波羅夷。

【同】欲盜他衣，錯取己衣。——偷蘭遮。

【同】盜取他衣，并得己衣。——一波羅夷（他衣），一偷蘭遮（己衣）。

【同】他盜取物，而奪取彼盜。——波羅夷。

【同】若鼠取胡桃來，若獵師射鹿死，以盜心取食。——波羅夷。

【南山行事鈔】鼠取胡桃，有解：非望畜生，還望本主。以鼠盜疑豫未決，望人猶是本主，故還就人結重。餘如他部。取鳥獸殘食，犯吉羅。靈芝釋云：本律犯重之意，以言六群盜心取故，顯知是彼村人之物，故判成重。鼠疑豫者，畜心難辨，但約未藏或復來食可以知耳。

【第四分】比丘誘誑小兒，欲將人間賣。父母見之，比丘即去，離本處故。——波羅夷。

【同】先解牛，盜牽，後悔放去。——波羅夷。

同 他人使比丘共往盜。先可之。後悔不往。異時他人盜物。以一分與比丘。不受不犯本罪。先然可彼。——突吉羅。

同 盜佛經。佛語無價。但計紙墨直。——成犯。

同 盜易他分物籌。——波羅夷。

盜他分物籌。——波羅夷。

轉側他籌。——偷蘭遮。

同 衆多比丘遣一人取他物。——一切波羅夷。

衆多比丘遣一人取他物。若中有疑者。而不遮。即往取。——一切波羅夷。

衆多比丘遣一人取他物。若中有疑者。即遮。彼故往取。遮者。——偷蘭遮。不遮者。——波羅夷。

同 衆多比丘遣一人取他物。往取五錢。或過五錢。還。衆多比丘共分。各得減五錢。——一切波羅夷。通作一分故。

衆多比丘遣一人取他物。往取五錢。或過五錢。至此得減五錢。——一切波羅夷。依本取物處。直五錢故。

衆多比丘遣一人取他物。往取減五錢。至此得五錢。——一切偷蘭遮。依本取物處。直減五錢故。

境		想	
得五錢。得過五錢。	有主。	有主想。	波羅夷。
		有主疑。	偷蘭遮。
	無主。	有主想。	偷蘭遮。
		無主疑。	偷蘭遮。
得減五錢。	有主。	有主想。	偷蘭遮。
		有主疑。	突吉羅。
	無主。	有主想。	突吉羅。
		無主疑。	突吉羅。

第四分 取男物。作女物想。取女物。作男物想。——同罪。

取餘女物，作此女想。取餘男物，作此男想。——同罪。

開緣

若與想。
若己有想。
若糞掃想。
若暫取想。
若親厚意想。
——無犯。

【第四分】有貪物者，先許與比丘物，後異人住，比丘不知，作與想取物。無犯，而不應不問主而取。

【同】謂是己衣，不以盜心，無犯，而不應不看衣便著。

【同】不應取他塔廟中莊飾衣，作糞掃衣。

以糞掃衣想，不以盜心，無犯，若多有衣聚，不應作糞掃衣取。

不應打死人令破取衣。

不應取水中風飄牆上籬上塹中糞掃衣。

取糞掃衣時，應以左足指躡，右足指牽，解看若有不淨（不淨者，錢寶也），出之，淨者持去。

【同】暫取非盜心，無犯，不應不問主而暫取用。

【同】親厚意取，無犯，而不應非親厚意作親厚意取。

【同】有他守視人及賊，與比丘食，比丘念此非彼食，不受，佛言此即是檀越食，當受。

【同】有豹捉鹿，鹿被瘡，來入寺死，取食。——無犯。

【同】使守園人壞彼烏巢鼠穴，得金碎帛藥，佛言烏獸無用。——無犯，但不應受。

【同】誤指他人地為僧地。——無犯，但不應爾。

【同】以慈心解放牛。——無犯，但不應爾。

同

賊偷小兒去，比丘以慈心取返。——無犯，但不應爾。

同

倒易繩牀等，言此亦是僧，彼亦是僧，佛言：不應爾。

案

是編初稿，撮錄較繁。再稿之時，頗加刪削，惟是盜戒刪者至少。蓋以性重之中，盜戒最為難護。諸部所述，頗極繁廣。僧祇釋盜文有五卷，十誦四卷，善見三卷，南山之鈔，亦涉二卷。是宜詳識開遮，未可概從約略。惟願後之學者，其勿輕忽於斯。

南山行事鈔

盜三寶物中，先明知事人是非。所以然者，若不精識律藏，善通用與者，並師心處分，多成盜損，相如後說。故寶梁大集等經云：僧物難掌，佛法無主，我聽二種人掌三寶物：一阿羅漢，二須陀洹。所以爾者，諸餘比丘戒不具足，心不平等，不令是人為知事也。更復二種：一能淨持戒，識知業報，二畏後世罪，有諸慚愧及以悔心。如是二人，自無瘡疣，護他人意。此事甚難，等聖教如此。即為大誡，因即犯者，愚癡慢故。所以律云：我說此人愚癡波羅夷等。（原註：云並謂不依佛教，師心冥犯大罪）

靈芝釋云：今時習律，侵損僧物，如己所有，不識業因，不畏來苦。觀此慈訓，不知慎護，斯地獄人，不可拔也。

同

憂心念道者，緣境既局，少應清潔。若多眾務，而欲高升者，必罹盜網，終無有出。何者？由心懷勝劣，倒想未傾，初果無學，方可營事。

靈芝釋云：憂下，初明知足之人，懼犯退藏。若下，明多事求進，為盜所陷。言憂心者，心之可畏，難可禁制，微縱成業，殃及累世，是可憂故。念道者，慕出離也。緣境局者，為教所禁也。多眾務者，或好為人師，或樂營世福也。欲高升者，名位過人也。罹盜網者，結業成也。無有出者，苦報無窮也。何下，微示其意，如前寶梁所揀人也。

同

然盜通三寶，僧物最重。隨損一毫，則望十方凡聖，一一結罪。故諸部五分中，多有人施佛物者，佛並答言：可以施僧，我在僧數。施僧得大果報。又方等經云：五逆四重，我亦能救；盜僧物者，我所不救。餘如日藏分、僧護傳等經廣陳。

靈芝資持記

今時講士，多尚乞求，諂笑趨時，巧言媚俗。或厚於餉遺，豈避汙家；或勤於請謁，寧知壓道。不識者詐識，非親者強親。口說多方，心謀百計。終朝役慮，畢世勞形。一言一敘，諸無非愛物。雖云為眾，實乃治生。未知祝髮壞衣，意圖何事？談經講律，日囑何言？諒乎歲業日增，故使奔趨忘倦。可謂徒生徒死，深嗟不覺不知。請細覽斯文，反求諸己。忠言逆耳，當自深思。嗚呼！

殺人戒第三

靈芝資持記 簡於非畜不犯重故。或名大殺。簡後小故。

南山行事鈔 具五緣成犯。一是人。二人想。三起殺心。四興方便。五命斷犯。

罪相

一、自殺。若以手。若瓦。石。刀。杖等。

二、教殺。殺時自看。教前人擲水火中。若山上推著谷底。若使象蹋殺。若使惡獸噉。或使蛇螫等。

三、遣使殺。遣使斷某甲命。

四、往來使。遣使往。欲殺未得殺。便還。即承前教。復往殺。

五、重使。遣使往。續復遣使。如是乃至四五。

六、展轉使。遣使已。彼使復轉遣使若百若千。

七、求男子。自求誰能用刀。有方便。久習學。不恐怖。不退。能斷某甲命。

八、教人求男子。亦如是。

九、求持刀人。自求誰勇健。能持刀斷某甲命。

十、教人求持刀人。亦如是。

十一、身現相。身作相殺。令墮水火中。乃至蛇螫等。

十二、口說。或說汝所作惡。生便受罪多。不如死。或說汝已作衆善行。生便受衆苦。若死當生天。

十三、身口俱現相。亦如是。

十四、遣使說。若遣使往彼。言汝所作善惡如是。廣說如上。

十五、遣書。執書。言汝所作善惡如是。廣說如上。

十六、遣使書。亦如是。

十七、坑陷。知彼從是來往。於道中鑿深坑。著火。若刀。若毒蛇。若尖橛。若以毒塗刺。使墮中死。

十八、倚發。知彼必倚發彼處。若樹。若牆。若柵。於彼外若著火。乃至毒塗刺。機發。使墮中死。

十九、藥。知彼病。與非藥。或雜毒。或過限與種種藥。便死。與非所應食者亦爾

二十、安殺具。知彼本厭身命。即持刀。毒。繩等。置之於前。

- 故殺
  - 人、人想。
    - 殺死。——波羅夷。
    - 方便不死。——偷蘭遮。
  - 天、龍、阿修羅、揵闥婆、夜叉、餓鬼。畜能變形者。（有智解人語。若畜不能變形者，見下波逸提第六十一）
    - 殺死。——偷蘭遮。
    - 方便不死。——突吉羅。

南山戒本疏科

一、自殺。二至十、教人殺。十一至十三、現相殺。十四、教歎殺。十五十六、遣書殺。十七至二十、殺具。

第四分

比丘以呪藥，乃至為按腹等，墮他胎。——波羅夷。

墮胎後，母死兒活，母死。——無犯。方便墮胎。——偷蘭遮。

同

眾比丘遣一人斷他命。——一切波羅夷。

眾比丘遣一人斷他命。中有疑者，而不遮，即往殺。——一切波羅夷。

眾比丘遣一人斷他命。中有疑者即遮，彼故往殺，遮者。——偷蘭遮。不遮者。——波羅夷。

境想

- 殺人。
  - 人想。——波羅夷。
  - 人疑。
  - 非人想。
- 殺非人。
  - 人想。
  - 非人疑。

（人疑、非人想、人想、非人疑）——偷蘭遮。

第四分

斷男命，作女想。斷女命，作男想。——同罪。

斷彼女命，作此女想。斷彼男命，作此男想。——同罪。

開

若擲刀杖、瓦石，誤著彼身，死者。——

緣

若營事作房舍，誤墮塹石、材木、椽柱，死者。
若於重病人扶起扶臥浴時、服藥時，從涼處至熱處，從熱處至涼處，入房、出房，向廁往返。
若一切無害心而死者。——無犯。

第四分 比丘在山頂欲自殺，投身墮斫竹人上，比丘不死，彼死。彼死——無犯。方便欲自殺——偷蘭遮。

同 捉賊壓治，或著地窖中遂死，無殺心——無犯，但不應爾。

同 婦因比丘故斷夫命，比丘無欲心——無犯。

同 按他癰腫，或塗藥等，他不許強為之，彼死，無殺心——無犯，但不應強為。

大妄語戒第四

靈芝資持記 妄語名通，加大簡小，唯局稱聖。

南山行事鈔 具九緣成犯：一對境是人；二人想；三境虛；四自知境虛；五有誑他心；六說過人法；七自言已證；八言了了；九前人解，犯。

罪

未得上人法而自說。

- 向人、人想。
  - 了了。——波羅夷。
  - 不了了。——偷蘭遮。
- 向天等、畜能變形者。
  - 了了。——偷蘭遮。
  - 不了了。——突吉羅。
- 向畜不能變形者。——突吉羅。

若指印、若書、若遣使、若作相等，亦如是。若說根力覺意解脫三昧正受法，言我得者，亦爾。

相

自在靜處。作不靜想。靜者謂自一身不
不靜處。作靜處想。靜者謂非自一身
——說我得上人法。——偷蘭遮。

南山戒本疏 西域人指。並貫環印。見相知心。義應假語。作相者。現身口威儀。令異凡度也。

第四分 比丘向檀越言。常為汝說法者。是阿羅漢。檀越問。大德何所說。比丘默然。——偷蘭遮。不了了故。

案 天等者。具云。天龍阿修羅揵闥婆夜叉餓鬼。已下並同準是應知。

併制

實得上人法。——向不同意比丘說。——突吉羅。

境想

向人。
- 人想。——波羅夷。
- 人疑。
- 非人想。

向非人。
- 人想。
- 非人疑。

（人疑。非人想。向非人人想。非人疑。）——偷蘭遮。

第四分 男前。作女想。女前。作男想。——同罪。
此女前。作彼女想。此男前。作彼男想。——同罪。

若增上慢人。——

開緣

若是業報因緣，不言是修得。
若實得上人法，向同意比丘說。
若說根力覺意解脫三昧正受法，不自稱言我得。
若戲笑說。
若疾疾說。
若獨處說。
若夢中說。
若欲說此錯說彼。
——無犯。

南山戒本疏

若業報得者，今有見鬼徹聽，非是修得，恐同聖故。如世俗通、呪通、術通、幻通、藥通、報通。如鳥飛空報通也。人雖不得，亦不怪彼。

南山行事鈔

戲笑已下三相，皆不犯重，而犯吉羅。以非言說之儀軌故也。已下諸戒開緣中有戲笑說等者，並同此義。

第四分

眾比丘遊行。人言，大德阿羅漢來。比丘問，汝何所說。答，大德應受飲食衣服醫藥所須之具。比丘言，有是理。——無犯。

同

目連說諸神通事，諸比丘謂為妄說得上人法。佛言，目連所說如實。——無犯。佛止目連，不須復說。令諸比丘以不信故，得多罪。

靈芝資持記

摩得伽云。自稱是佛天人師等，偷蘭。今時即佛便謂已是，不復進求，準同此犯。經云，一切眾生皆有佛性。此指理同，須知事異。如冰即水，冰豈成流。似鑛即金，鑛無金用。豈得僭同上聖，惑彼下愚。恣懶慢以謂無修，作鄙穢而言妙用。若此即佛，何止汝徒。經說遮那徧一切處，則山河大地，全法王身；蚑動翾飛，皆如來藏。此蓋都迷階漸，一混聖凡。滅法壞人，莫甚於此。自非達者，誰復鑒哉。

十三僧殘法

故失精戒第一

具三緣成犯。一、標心作究竟意。二、方便動轉。三、體分盈流犯。靈芝釋云。究竟意者。期出乃已也。若但為弄。理應結吉。

罪相

故弄。
- 失。——僧殘。
- 不失。——偷蘭遮。

第四分同

若女人捉比丘前後。若執比丘足禮。比丘動身。失者。——僧殘。不動身。失者。——突吉羅。

於境弄失時。若作道想。若疑。——偷蘭遮。此屬於婬戒入非道

若非道想。若不疑。——僧殘。此屬本戒

併制

比丘、比丘尼教
- 比丘。
  - 失。——教者。——偷蘭遮。
  - 不失。——教者。——突吉羅。
- 餘人。
  - 失。／不失。——教者。——突吉羅。

開緣

若夢中失覺已。恐污身衣等。以弊物等盛棄。或以手捺棄。
若欲想而失。
若見好色。不觸而失。
若行時。自觸髀。或觸衣等而失。
若大便小便時失。
若冷水暖水洗浴時失。
若在浴室中。用樹皮細末藥。泥土浴失。
若手揩摩而失。
若大啼哭時失。
——無犯。

若用力作時失。
若一切不作出精意。

靈芝資持記

二三心思眼見以至漏失業相麤顯非無吉羅。

摩觸女人戒第二

南山行事鈔

具五緣成犯。一人女。二人女想。三有染心。四身相觸。五著犯。

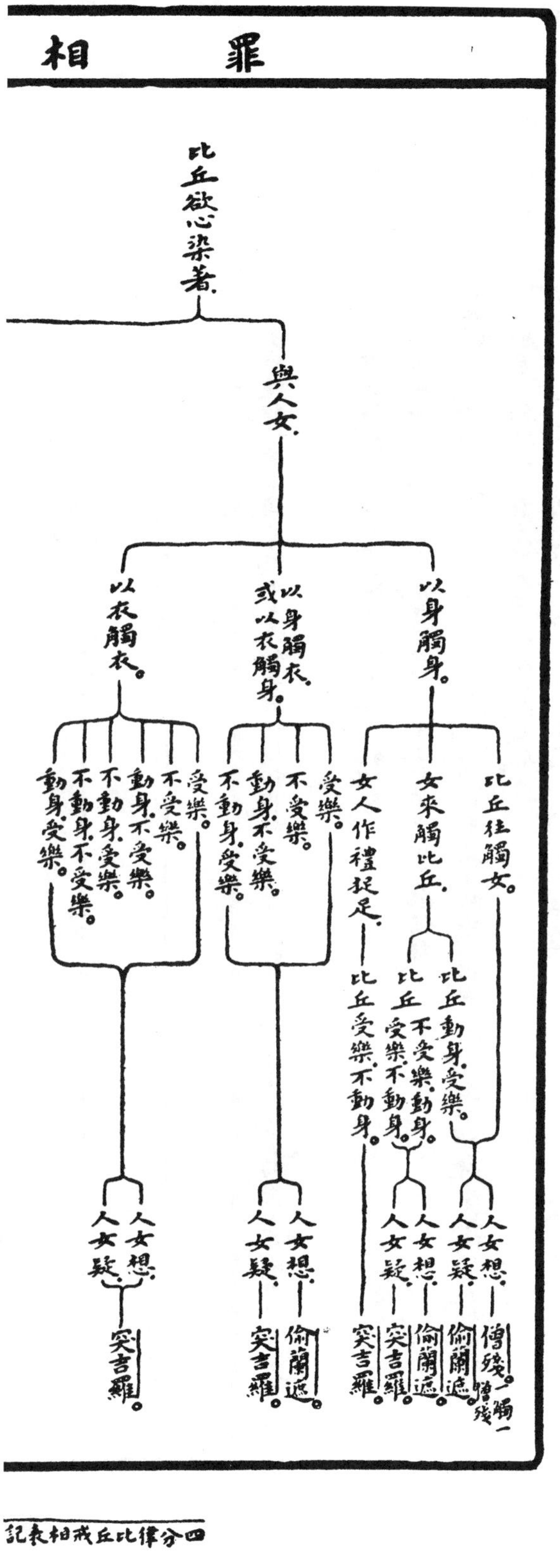

- 與天等、能變形者、二形。——以身觸身。——偷蘭遮。
- 與畜女不能變形者、男子。——以身觸身。——突吉羅。

南山戒本疏

昔人謂受樂便犯。但先有染、來觸於女、著、便是犯。何得論樂。故十誦云。比丘觸女、不問樂不樂、皆殘。若女來觸比丘、要須動身、受樂、結殘。

南山行事鈔

言相觸者有三種。一、比丘往觸女、著、受樂、不受樂、皆犯僧殘。

二、女來觸比丘。比丘要須動身、受樂、犯殘。此律文不了。今準十誦、言犯僧殘。

三、女來觸比丘。比丘不動身、受樂者、此律吉羅。（作禮捉足之條）若先有染心、於女前後、女來觸。比丘不動身、受樂、偷蘭遮。動則犯殘。

案

與人女以身觸身一段、律文小有未了。今參考南山疏寫錄。

第四分

與死女身相觸。未壞、多未壞者。——僧殘。半壞、多壞、一切壞者。——偷蘭遮。（與婬戒揀別同）

同

若女人作禮捉足、覺觸樂、動身、或動足大指。——僧殘。

同

比丘以欲心捉女人衣角。共女人抖擻衣、捉女人耳環、華鬘、釵等。——偷蘭遮。

同

女人倚木牀、板、石、樹、梯等、或乘轝、輦、舡等、比丘以欲心動之。——偷蘭遮。

併制

比丘以欲心觸衣鉢、尼師壇、鍼筒、草菩、乃至自觸身。——突吉羅。

境想

- 觸人女。
  - 人女想。—僧殘。
  - 人女疑。
  - 非人女想。
    —偷蘭遮。
- 觸非人女。
  - 人女想。
  - 非人女疑。
    —偷蘭遮。

第四分

是男。作女想。是女。作男想。—偷蘭遮。

與此女。作彼女想。—僧殘。

與此男。作彼男想。—突吉羅。已下二戒並同

開緣

若有所取與相觸。若戲笑相觸。若相解時相觸。—無犯。

靈芝資持記

取謂從他取物。與即以物授他。相解謂解彼鬬諍。

南山戒本疏

言戲非犯者。不以婬心。則餘戲耳。為開殘故。非不損威儀。靈芝釋云。戲非犯者。雖內心無染。而外相乖儀。理須結吉。

第四分

爾時。比丘共女人行泥滑。倒地墮覆。或女人先倒。或比丘先倒。或共倒。不覺觸受樂。—無犯。

同

女人為水所漂。比丘見已。慈念接出。不覺觸受樂。—無犯。

△靈芝資持記

今時下愚。多因鍼縷。履涉婬舍。招俗譏訶。或在僧坊。牽延累日。取與不護於摩觸。語笑豈慎於麤言。染意顧看。念念重吉。深察生起。一一單提。現世遭世俗之刑。來報永離生報。有泥犁之苦。燒煮難堪。宜奉聖言。可保終吉。

與女人麤語戒第三

南山行事鈔　同

具七緣成犯。一人女。二人女想。三有染心。四麤語。五麤語想。六言了了。七前人解犯。

人女者。要有所了知。解婬欲語也。

靈芝釋云。取知解者。以前婬觸通於死活老幼睡覺。此戒必須解知言義。不解非犯。故特簡之。

罪相

- 自說
  - 二道
    - 向人女。人女想。
      - 了了。——僧殘。一語一僧殘
      - 不了了。——偷蘭遮。
    - 向畜女能變形者。天女等。黃門二形。
      - 了了。——偷蘭遮。
      - 不了了。——突吉羅。
    - 向畜女不能變形者。男子。——突吉羅。
  - 餘處
    - 向人女。人女想。——了了。——偷蘭遮。
    - 若指印。若書。若遣使。若作相等。亦如是。

第四分

性好麤惡語。靈芝事義集要增入非欲心三字——突吉羅。

境

- 麤惡語。
  - 麤惡語想。——僧殘。
  - 麤惡語疑。——偷蘭遮。
- 非麤惡語。
  - 麤惡語想。——偷蘭遮。
  - 非麤惡語疑。——偷蘭遮。

向女歎身索供戒第四

想

向人女。
- 人女想。——僧殘。
- 人女疑。
- 非人女想。

向非人女。
- 非人女想。
- 非人女疑。

（人女疑、非人女想、非人女想、非人女疑）——偷蘭遮。

開緣

若為女人說不淨觀。言次及大小便道。女謂彼說麤惡語。
若說毗尼時。言次及此。女謂彼說麤惡語。
若從受經。
若二人同受。
若彼問。
若同誦。
若戲笑說。
若獨處說。
若疾疾說。
若夢中說。
若欲說此。錯說彼。

——無犯。

靈芝資持記

同誦。非從人受。與同受有異。

具七緣成犯。一、人女。二、人女想。三、有染心。四、歎身說麤語。五、麤語想。六、言了了。七、前人解犯。

罪相

- 自歎身索
  - 二道供養。
    - 向人女、人女想。
      - 了了。—— 僧殘。（一歎一僧殘）
      - 不了了。—— 偷蘭遮。
    - 向天女等。畜女能變形者。
      - 了了。—— 偷蘭遮。
      - 不了了。—— 突吉羅。
    - 向男子。畜女不能變形者。—— 突吉羅。
  - 餘處供養。供養、不說婬欲。
    - 向人女、人女想。—— 了了。—— 偷蘭遮。

若指印、若書、若遣使、若作相等，亦如是。

境想

- 向人女、
  - 人女想。—— 僧殘。
  - 人女疑。非人女想。—— 偷蘭遮。
- 向非人女、
  - 人女想。非人女疑。—— 偷蘭遮。

開

若比丘語女人言、此妙尊最上、此比丘精進持戒修善法、汝等應以三業慈供養彼。女謂比丘為我故自讚身。

若為說毗尼時、言說相似。女謂比丘為我故自讚身。

緣

- 若從受經。若二人共受。若彼問。若同誦。若戲笑說。若疾疾說。若夢中說。若欲說此錯說彼。
  - 無犯。

媒人戒第五

南山行事鈔

具六緣成犯。一是人男女。二人想。三為媒嫁事。四媒嫁想。五言了了。六受語往還報犯。

罪

- 若自以語。
  - 為人女。人女想。
    - 他處媒嫁。
      - 受—往—還。——偷蘭遮。
    - 二道媒嫁。
      - 受—往
        - 還。
        - 還。若言瘢瘡、有膿出不斷等。乃至道有餘
          - 說了了。——僧殘。（一遮一僧殘）
          - 說不了了。——偷蘭遮。
        - 還。若言嫁與他、至處死、賊將去、無。——偷蘭遮。
      - 受—往—不還。 / 未受—往—還。——偷蘭遮。
      - 受—不往—不還。 / 未受—往—不還。——突吉羅。

相

- 為天女等。畜女能變形者。黃門二形。
  - 受。—往。—還。
    - 說了了。—偷蘭遮。
    - 說不了了。—突吉羅。
- 為畜女不能變形者。男子。
  - 突吉羅。

若指印。若書。若遣使。若作相等。亦如是。

於受。往。還。交互間雜作句。如律文廣明。

南山戒本疏

受。往。還。即結僧殘。不待二家和不和也。

南山行事鈔

若言癩病等結殘者。以後得媒嫁故。

第四分

僧中為媒嫁事。作白二羯磨。受往還者。—一切僧殘。

僧中為媒嫁事。作白二羯磨。受往至還時。使者比丘念。若白衆僧。恐不在我。即日往居士所還報。使者比丘。—僧殘。衆僧。—偷蘭遮。

併制

- 比丘持他書往。不看者。—突吉羅。
- 比丘為白衣作餘使。—突吉羅。

靈芝資持記

因制二事。非道所宜。事通一切。不局媒嫁。文制不看。看知可否。容有開持。

境

- 媒嫁。
  - 媒嫁想。—僧殘。
  - 媒嫁疑。—偷蘭遮。
  - 不媒嫁想。—偷蘭遮。
- 不媒嫁。
  - 媒嫁想。—偷蘭遮。
  - 不媒嫁疑。—偷蘭遮。

想

人女：
- 人女想。——僧殘。
- 人女疑。
- 非人女想。

非人女：
- 人女想。
- 非人女疑。

（人女疑、非人女想、人女想、非人女疑）——偷蘭遮。

開緣

若男女先已通而後離別，還和合。若為父母，若為篤信優婆塞，或病或繫在獄，看書持往。若為佛法僧塔，若為病比丘，看書持往。——無犯。

【第四分】夫婦鬪諍，驅婦出，或婦自出，婦來乞比丘，比丘即往和合，令共夫懺悔，為懺悔故——無犯。

【同】為先和合者先有言誓者作使——不犯本罪。但為白衣作使——突吉羅。

無主僧不處分過量房戒第六

【靈芝資持記】名標無主，簡後戒故。過量不乞，二過合制，同一房故。

【南山行事鈔】具六緣成犯。一無主，二為己作，三自乞求，四過量不處分，五過量不處分想，六屋成犯。

罪相

無主作屋罪相。內分四罪。

- 一、不處分。
- 二、過量。
  - 成。
    - 自作、或教人作。——僧殘。
    - 為他作。——偷蘭遮。
  - 不成。
    - 自作、或教人作。——偷蘭遮。
    - 為他作。——突吉羅。
- 三、難處。
- 四、妨處。
  - 成。
  - 不成。
    - 自作、或教人作。
    - 為他作。
    - ——突吉羅。

自以繩拼地應量，受教者過量作。（拼地謂繩墨而拼也）
教人按繩墨作，受教者言如法作，而過量作。——受教者犯。

教人按繩墨作，即如法作。
- 受教者不還報。——受教者犯。
- 教者不問如法作不。——教者犯。

〔案〕已上四罪之中，若犯一罪，若兼二，若兼三，若兼四，如律文一一作句廣明。

〔南山戒本註〕不還報及不問彼，並犯吉羅。

境

- 僧不處分。
  - 不處分想。——僧殘。
  - 不處分疑。
  - 處分想。
- 僧已處分。
  - 不處分想。
  - 處分疑。
  - （以上）——偷蘭遮。

過量亦如是。

有難想。

想

有難。

- 有難疑。
- 無難想。

無難。

- 有難想。
- 無難疑。

→ 突吉羅。

妨處亦如是。

開緣

- 若如量作。
- 若減量作。
- 若僧處分作。
- 若無難處無妨處作。
- 若如法拼作。
- 若為僧作。
- 若為佛圖講堂。
- 若作草菴葉菴。
- 若作小容身屋。
- 若作多人住屋。

→ 無犯。

南山戒本疏

草菴已下，小故非犯。多人住者，以擬多人住故，非謂多人共造也。

靈芝行宗記

末世奢縱，反競豪雄，不論道業空虛，但務堂舍高廣。乞法制量，舉世無聞，樹下塚間，斯蹤久絕，仰追聖世，良用慨然。

有主僧不處分房戒第七

【靈芝資持記】此由有主，大小從他，故無過量，但恐妨難，特制自專，故分二戒。

【南山行事鈔】具六緣成犯：一、有主；二、為己作；三、長佛六磔手廣四磔手已上房；四、不處分；五、不處分想；六、房成犯。

罪相

有主為作大房，罪相，內分三罪。

- 一、不處分。
  - 成。
    - 自作或教人作 —— 僧殘。
    - 為他作 —— 偷蘭遮。
  - 不成。
    - 自作或教人作 —— 偷蘭遮。
    - 為他作 —— 突吉羅。
- 二、難處。三、妨處。
  - 成。不成。
    - 自作或教人作。為他作 —— 突吉羅。

【案】已上三罪之中，若犯一罪，若兼二，若兼三，如律文一一作句廣明。

境

- 僧不處分：
  - 不處分想 —— 僧殘。
  - 不處分疑、處分想 —— 偷蘭遮。
- 僧已處分：
  - 不處分想、處分疑 —— 偷蘭遮。

想

有難 —— 有難想。有難疑。無難想。

無難 —— 有難想。無難疑。

—— 突吉羅。

妨處亦如是。

開緣

若僧處分作。
若無難處無妨處作。
若為僧作。
若為佛圖講堂。
若作草菴葉菴。
若作小容身屋。
若作多人住屋。

—— 無犯。

無根重罪謗他戒第八

南山行事鈔

具八緣成犯。一是比丘及尼。除下三眾。二作比丘及尼想。三有瞋心。四無三根。五下至對一比丘說。六重事加謗。七言了了。八前人解犯。

罪相

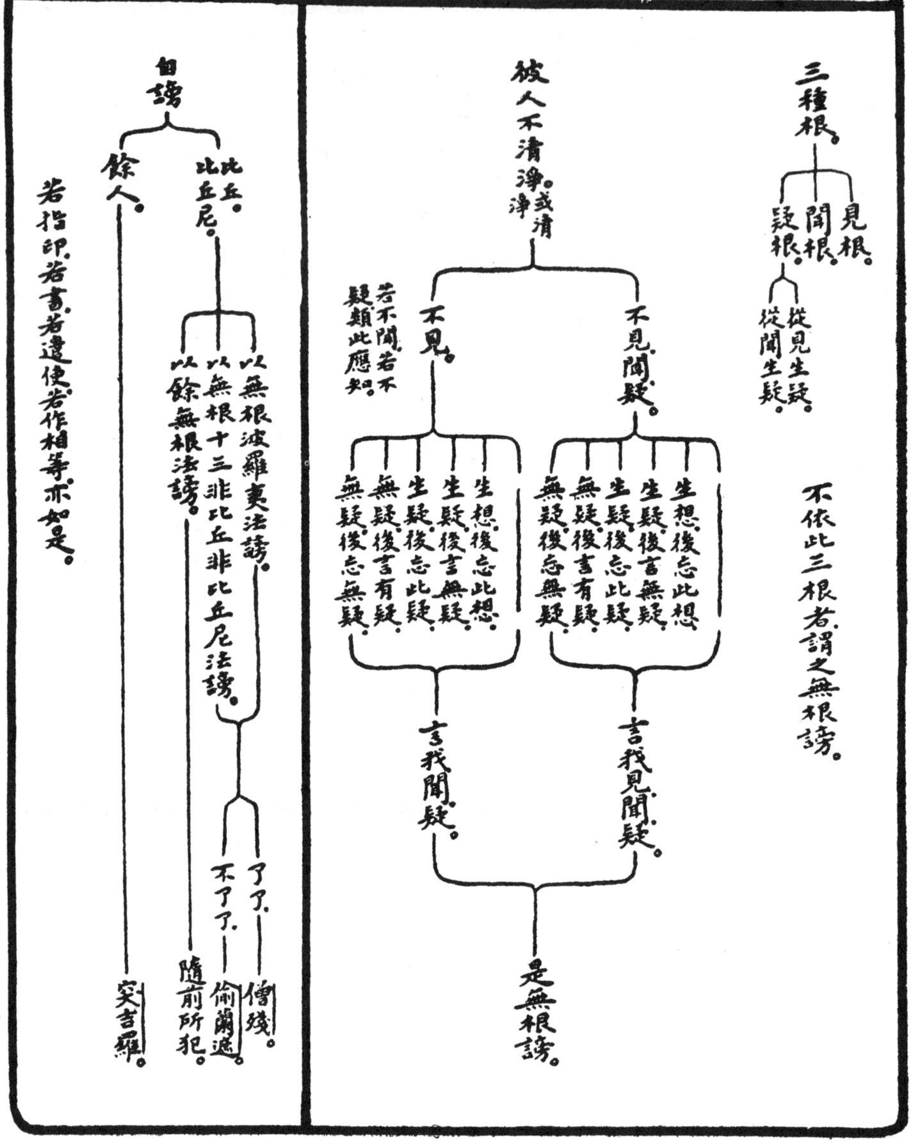

案

不見。共有六句。其第三句。律文云。若彼人不清淨。不見彼犯波羅夷。是中無疑便言。是中有疑。我聞疑彼犯波羅夷。與第五句相同。但準諸前列之不見聞疑第三句。似應改云。若彼人不清淨。不見彼犯波羅夷。彼有疑後便言我是中無疑。我聞疑彼犯波羅夷。又考見月此

同

尼止持亦如是改寫。

餘法者，即下四篇二百四十六法等。隨前所犯者，以殘謗者提，以提謗者吉羅，以吉羅謗者吉羅。

開緣

- 若見根、聞根、疑根說實。
- 若戲笑說。
- 若疾疾說。
- 若獨處說。
- 若靜處說。
- 若夢中說。
- 若欲說此錯說彼。

—— 無犯。

假根謗戒第九

南山行事鈔

具緣同上。靈芝釋云：惟第四假根有別。

一、以羊當人，如本戒緣起說。

二、不犯波羅夷，若謂犯波羅夷，若謂犯僧殘，乃至突吉羅惡說。犯僧殘，若謂犯波羅夷，若謂犯波逸提，乃至突吉羅惡說。

罪相

三、
- 不清淨人與不清淨人相似。
- 不清淨人與清淨人相似。
- 清淨人與不清淨人相似。
- 清淨人與清淨人相似。

→ 名同、姓同、相同。以此人事謗彼。

四、見聞彼在家時犯婬等。語人言，我見聞彼犯婬等。

五、謂聞彼嚮聲，言作婬等。

→（三、四、五）以異分無根波羅夷法謗。

自謗
- 比丘、比丘尼。
  - 以異分無根波羅夷法謗。
  - 以異分無根十三非比丘非比丘尼法謗。
    - 了了。——僧殘。
    - 不了了。——偷蘭遮。
  - 以餘異分無根法謗。——隨前所犯。
- 餘人。——突吉羅。

若指印，若書，若遣使，若作相等，亦如是。

南山行事鈔

律中有五種異分。一、對異趣。二、異罪。三、異人。四、異時。五、假嚮也。

開緣

- 若見根、聞根、疑根，說實。
- 若戲笑說。
- 若疾疾說。
- 若獨處說。
- 若夢中說。
- 若欲說此，錯說彼。

→ 無犯。

破僧違諫戒第十

靈芝資持記

南山行事鈔

破僧有二。一立五法化世，破四依八正，名破法輪僧。二周界各作眾法，名破羯磨僧。此違諫等戒，逮及下篇，或事希法隱，當世寡用。如僧殘第十二第十三單提第六十八或但有因用，終不辨果。局佛在世，有滅後所無。如僧殘第十第十一 靈芝釋云：事希謂過非常有。法隱即羯磨不行。因不辨果者，閻浮一化，惟提婆一人破僧究竟，餘但方便故。局佛在者，以佛滅後，無可競化故。若破羯磨僧，容有至果，復通滅後。然今論犯，須具二破。正取法輪為所諫耳。

南山行事鈔

具五緣成犯。一先明立邪三寶，二行化於時，三僧如法設諫，四固執不捨，五三羯磨竟犯。靈芝釋云：邪三寶者，謂達為佛，五法為法，乞食、糞衣、露坐、不食酥鹽及魚肉，五並盡形無開 四伴為僧。一闍達、二騫荼達婆、三拘婆離、四迦留羅提舍

罪相

- 受破僧法。
  - 僧諫。
    - 作白，三羯磨竟。——僧殘。
    - 作白，二羯磨竟。——捨者，三偷蘭遮。
    - 作白，一羯磨竟。——捨者，二偷蘭遮。
    - 作白竟。——捨者，一偷蘭遮。
    - 作白未竟。——捨者，突吉羅。
  - 僧未諫。
    - 未白前，方便欲破和合僧，受法不捨。——突吉羅。

併制

- 比丘、比丘尼
  - 當僧諫時，教言莫捨。——教者。——偷蘭遮。
  - 當僧未諫時，教言莫捨。——教者。——突吉羅。
- 餘三眾——教言莫捨。——教者。——突吉羅。

開緣

- 若初諫便捨。
- 若以非法別眾、非法和合眾、法別眾、法相似別眾、法相似和合眾。此即律中五非羯磨作呵諫者。
- 若以非法、非律、非佛所教作呵諫者。
- 若一切未作呵諫前。
- 若破惡友惡知識。
- 若破方便破僧者，遮令不破。
- 若破二三人作羯磨。
- 若破欲作非法非律羯磨。
- 若破為僧、塔、和上、同和上、阿闍梨、同阿闍梨、知識等作減損、作無住處者。

——無犯。

助破僧違諫戒第十一

南山行事鈔

具五緣成犯。一、明有人作破僧事。二、眾僧如法設諫。三、伴助破諫僧。四、僧如法設諫。五、三羯磨竟犯。

汙家擯謗違僧諫戒第十二

罪相

- 黨破僧
  - 僧諫
    - 作白三羯磨竟 —— 僧殘
    - 作白二羯磨竟 —— 捨者 —— 三偷蘭遮
    - 作白一羯磨竟 —— 捨者 —— 二偷蘭遮
    - 作白竟 —— 捨者 —— 一偷蘭遮
    - 作白未竟 —— 捨者 —— 突吉羅
  - 僧未諫
    - 未白前隨破僧伴黨 —— 突吉羅

併制

同第十破僧違諫戒。

開緣

- 若初諫便捨。
- 若以非法別眾等作呵諫者。
- 若以非法非律非佛所教作呵諫者。
- 若一切未作呵諫前。

—— 無犯。

南山行事鈔

具六緣成犯。一作汙家惡行事。二心無改悔。三作法驅擯。四非理謗僧。五僧如法設諫。六三羯磨竟犯。

同

汙家非戒本緣。謗僧是也。

罪相

- 汙家。
  - 一依家汙家。從一家得物與一家。得處聞之不喜。與處思報之言有與我者當報之。否則何故與。
  - 二依利養汙家。如法得利乃至鉢中之餘。與一居士不與一居士。與處思報之言有與我者當報之。否則何故與。
  - 三依親友汙家。依王若大臣。或為一居士不為一居士。所為者思報之言為我者當供養。否則不供養。
  - 四依僧伽藍汙家。取華果與一居士不與一居士。與處思報之言有與我者當供養。否則不供養。
- 惡行。
  - 一若自若教人種花樹。溉灌摘花。造花鬘。以線貫花。持花擣花鬘與人。
  - 二與婦女童女共牀坐起。同一器飲食。言語戲笑。
  - 三或自歌舞倡伎。或他作己和。或俳說。或彈鼓簧吹貝。作孔雀音。作衆鳥鳴。或走。或佯跛行。或嘯。或自作弄身。或受雇戲笑。
- 因擯謗僧。
  - 僧諫。
    - 作白三羯磨竟。——僧殘。
    - 作白二羯磨竟。——捨者。——三偷蘭遮。
    - 作白一羯磨竟。——捨者。——二偷蘭遮。
    - 作白竟。——捨者。——一偷蘭遮。
    - 作白未竟。——捨者。——突吉羅。
  - 僧未諫。——未白前言僧有愛恚怖癡。——突吉羅。

併制

同第十破僧違諫戒。

附制

比丘持他書往，不看者。——突吉羅。

比丘為白衣作信使。——突吉羅。

第三分 不應為白衣剃髮，除欲出家者。

第四分 不應禮白衣，不應禮白衣塔廟，亦不應故左繞行。

同 不應與人卜占，不應從人卜占。

同 不應自作伎，若吹貝供養塔，聽令白衣作。

同 不應畜鸚鵡等鳥，不應畜狗。

同 不應乘象馬車乘輦輿，捉持刀劍。老病者，聽乘步挽車。若男乘。避難，聽乘象馬。白衣持刀劍寄，聽藏舉。

同 於聖法律中，歌戲猶如哭，儛如狂者，戲笑似小兒。

同 不應向暮至白衣家，除為三寶事、病比丘事，或檀越相喚。

同 常喜往反白衣家，有五過：一數見女人，二漸相附近，三轉親厚，四生欲意，五或犯死罪若次死罪。

同 白衣家有九法，未作檀越不應作，若至其家不應坐。何等九？見比丘不喜起立，不喜作禮，不喜請比丘坐，不喜比丘坐，設有所說而不信受，若有衣服飲食所須之具，輕慢比丘而不與，若多有而少與，若有精細而與麤惡，或不恭敬與，是為九。

案 汙家惡行，非此戒本緣，乃依之而附制者。斯土末法之際，習染最深◎。下士固不足言，賢者亦猶未免◎。故於是種罪相，臚列較詳。惟願見聞。

知所警惕，共遵佛化，嚴護僧儀。

上列第四分為靈峯事義集要中所摘錄者。此外律中所載尚多，學者幸披尋詳覽。

開緣

若初諫便捨。

若以非法別眾等作呵諫者。

若以非法非律非佛所教作呵諫者。

若一切未作呵諫前。

若與父母病人小兒娠婦牢獄繫人寺中客作者。

若自若教人種花樹，造花鬘，以綫貫花，持花，持花鬘，供養佛法僧。或教人取花，供養佛法僧。

若人舉手欲打，若賊或象熊羆師子虎狼來，若擔剌棘者來而走避者。

若渡河溝渠坑而跳躑者。

若同伴行在後，還顧不見而嘯喚者。

若為父母，若為篤信優婆塞或病，或繫在獄，看書持往。

若為塔僧，若為病比丘持書往返者。

無犯。

〔靈芝資持記〕

五、汙家不犯，得與七人。六、惡行不犯，得作五事。初，非掘壞，自作教人皆為供養。文言自取，律文作教人取，南山含註戒本作自取。義非自摘。七、開走。八、開伴跛行。即跳行也。九、開呼嘯。十、十一、開作使。

〔靈芝資持記〕

多論云：汙他家者，若比丘凡有所求，若以種種信施物，為三寶，自身，乃至一切，而與大臣及道俗等，皆名汙家。何以故？凡出家人，無為無欲，清淨自守，以修道為心。若為俗人信使，往來，廢亂正業，非出離故。由以信施物與白衣故，即破前人平等好心，於得物者，歡喜愛樂，不得物者，縱使賢善，無愛敬心，失他前人深厚福田，又倒亂佛法。故凡在家俗人，常於三寶，求清淨福，割損血肉，以種善根。今出家人反持信物贈遺白衣，俗人反於出家人所，生希望心。又若以少物贈遺白衣，因此起七寶塔，造立精舍，乃至四事供閻浮提一切聖眾，亦不如靜坐清淨持戒，即是供養真實法身。已上錄南山行事鈔刪節之文，未能詳明，學者宜檢閱原文。寄語來學，細覽斯文，且心識非愚，耳目猶

同

具何事。終年講讀。殊無一句。染神。豈異盲聾。信同土木。必懷高操。勿混下流。不唯沈居平生。更乃毀傷三寶。願詳聖訓。返照自心。忽悟前非。早須改迹。

今時釋子。名實俱丧。能書寫則稱為草聖。通俗典則自號文章。擇地則名為山水。卜術則呼為三命。豈意捨家事佛。隨順俗流之名。

本圖厭世超昇。翻習生死之業。沽名邀利。附勢矜能。形剛方袍。心染浮俗。畢身虛度。良可哀哉。

惡性拒僧違諫戒第十三

南山行事鈔

具五緣成犯。一自身不能離惡。將欲作罪。二諸善比丘如法勸諫。三不受來諫。自恃陵他。四僧如法設諫。五三羯磨竟犯。

罪相

- 惡性不受人語。
  - 僧諫。
    - 作白三羯磨竟。— 僧殘。
    - 作白二羯磨竟。— 捨者。— 三偷蘭遮。
    - 作白一羯磨竟。— 捨者。— 二偷蘭遮。
    - 作白竟。— 捨者。— 一偷蘭遮。
    - 作白未竟。— 捨者。— 突吉羅。
  - 僧未諫。
    - 未白前。惡性不受人語。— 突吉羅。

併制

同第十破僧違諫戒。

開緣

若初諫便捨。

若以非法別眾等作呵諫者。

若以非法非律非佛所教作呵諫者。

若一切未作呵諫前。

若為無智人呵諫時，語彼如是言：汝和上阿闍梨所行亦如是，汝可更學問誦經，知諫法然後可諫。

若其事如是。

若戲笑說。

若疾疾說。

若獨處說。

若夢中說。

若欲說此錯說彼。

無犯。

靈芝資持記

初即順諫。二非法者，諫不如教故。五無智者呵，不當理故。六實爾者，律文作其事如是，省己無非故。十一錯說者，不作意故。

二不定法

屏處不定戒第一

南山行事鈔

具四緣成犯。一是屏處。二是女人。三無第三人。四隨所作犯。

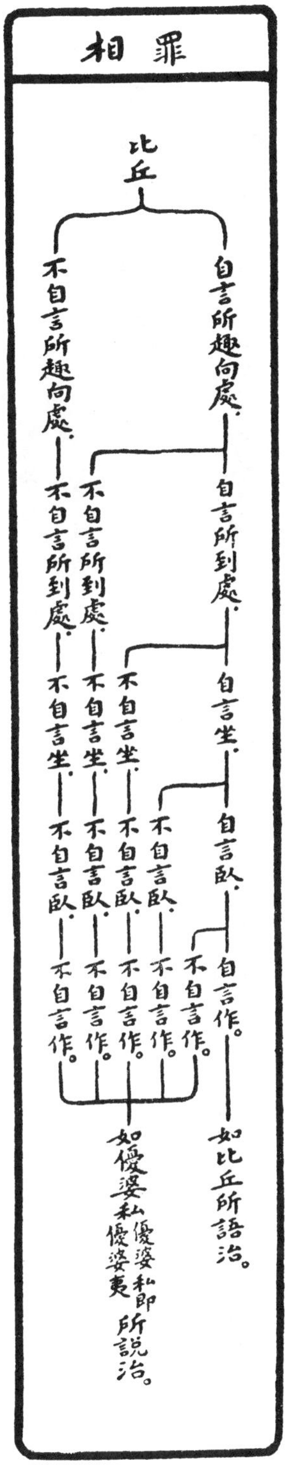

露處不定戒第二

靈芝資持記

犯緣亦四。唯改第一為露處。餘三並同。今更辨異。一所在異。即戒兩分。二所作異。謂可婬不可婬。三所說異。前唯說婬。後通麤語。四所疑異。前三後二。

罪相

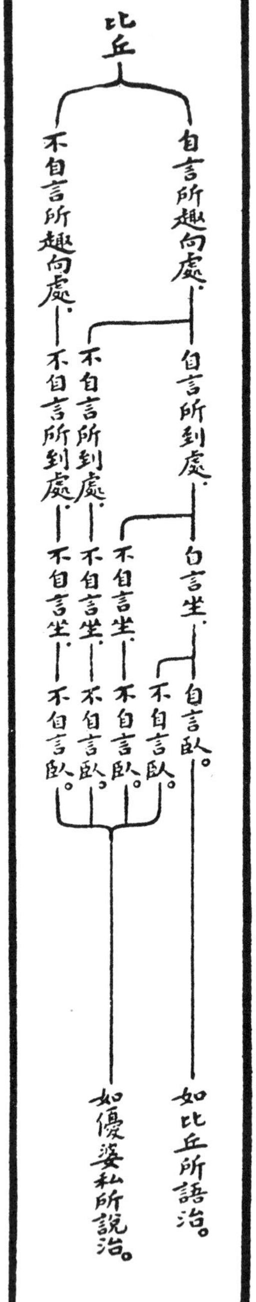

三十捨墮法

長衣過限戒第一（長，仗音，餘也，多也）

南山行事鈔

具六緣成犯。一是己長衣。二明屬己定。（鈔又云雖是長若忘等緣則無有罪）三應量之財。（原註云緜毛之類體非衣攝不合）四不說淨。五無因緣。（鈔又云謂迦提一月五月等）六過十日犯。

罪

某日（得衣之第一日）得長衣。若不作淨施。經十日。此十日內。或再得衣或不再得衣。於再得之衣。或作淨施或不作淨施。——至第十一日明相出。以第一日所得衣已不作淨施。勢力相染故。凡此十日內所得衣。是不作淨施者。——皆捨墮。

某日（得衣之第一日）得長衣。若不遺與人。若不失衣。若不故壞。若不作非衣。若不作親厚意取。若不忘去。（亦不作淨施）經十日。此十日內。或再得衣或不再得衣。於再得之衣。或遺與人乃至忘去。或不遺與人乃至不忘去。（亦不作淨施）——至第十一日明相出。以第一日所得衣已不遺與人乃至不忘去。（亦不作淨施）勢力相染故。凡此十日內所得衣。是不遺與人乃至不忘去者。（亦不作淨施）——皆捨墮。

相

犯捨墮衣，不捨，持更貿餘衣。——一捨墮，一突吉羅。

捨，不成捨。——突吉羅。

案 是戒罪相，律文甚繁，了解非易。今會通其意，改為簡明之語。已下長鉢七日藥二戒亦爾。

同 又若先所得衣，皆能隨作淨施等，更無餘長者，必須隔一日後，再得衣乃可蓄，得至十日，無犯。

懷素僧羯磨註 三十捨墮，捨時，除二寶及雜野蠶綿臥具，若僧若眾多人（謂若三人二人），若一人，不得別眾捨。若捨不成捨，突吉羅。

併制

比丘捨衣竟，不還者。

還時，有人教言莫還者。

不還，若作淨施，若遣與人，若自作三衣，若作波利迦羅衣（雜碎衣也），若故壞，若燒，若作非衣，若數數著。

——突吉羅。

見月止持 已上突吉羅，皆反治能作法者。由不遵聖訓，違越毗尼故。

案 還法有二：一，即座轉還法。若眾僧多難集，若此比丘欲遠行時用之。如律中捨墮第一本文所引者是。二，經宿直還法。若無上緣，要經宿已，羯磨還主。如律中捨墮第二已下本文所引者是。

開緣

若齊十日內，作淨施，或遣與人等。

若奪想，若失想，若燒想，若漂想，如此不作淨施，或不遣與人等。

若奪衣，若失衣，若燒衣，若漂衣，或取著，或他與著。

若他與作被。

若受寄衣比丘命終，若遠行，若捨戒，若賊難，若惡獸難，若水漂，如此不作淨施，或不遣與人等。

——無犯。

【案】第四，本律作他與作彼。而南山撰述，彼皆作被。下第三戒開緣中本律亦作被　戒本疏云。若與他作被者，以財是重物，不合加淨。雖過日限，不入長犯。

【第三分】眾僧衣，過十日。——無犯。

△【靈芝資持記】今時講學，專務利名，不恥五邪，多畜八穢，但隨淨俗，豈念聖言，自下壇場，經多夏臘，至於淨法，一未沾身，寧知日用所資，無非穢物，箱囊所積，並是犯財，慢法欺心，自貽伊戚，學律者知而故犯，餘宗者固不足言，誰知報逐心成，豈信果由種結，現見袈裟離體，當來鐵葉纏身，為人則生處貧窮，衣裳垢穢，為畜則墮於不淨，毛羽腥臊，況大小兩乘，通明淨法，儻懷深信，豈憚奉行，故荊溪禪師輔行記云。有人言。凡諸所有，非己物想，有益便用，說淨何為，今問，等非己財，何不任於四海，有益便用，何不直付兩田，原註云悲敬　而閉之深房，封於囊篋，無貫懷他想，用必招愆，成濫忽謂己財，仍違說淨，說淨而施，於理何妨，任己執心，後生傚傚，已上彼文　故知，不說淨人，深乖佛意，兩乘不攝，三根不收，若此出家，豈非虛喪，嗚呼。

離三衣宿戒第二

【南山行事鈔】具六緣成犯。一，是三衣。二，加受持。三，衣人異處。四，不捨會。五，無因緣。六，明相出，犯。　靈芝釋云。第四不捨會者，有緣不及，律開遙捨，或復奔會，二皆無犯。非此，則為犯緣。

【罪】
置衣界內，在界外宿，於明相未出
- 不捨衣。
- 不手捉衣。
- 不至擲石所及處。

明相既出，
- 若三衣，——捨墮。
- 若餘衣，——突吉羅。

相	併制	開緣
捨不成捨。 突吉羅。	同第一長衣過限戒。	若僧與作羯磨。若明相未出捨衣手捉衣至擲石所及處。若奪想若失想若燒想若漂想若壞想如此不捨衣不手捉衣不至擲石所及處。若水道斷若路嶮難若賊難若惡獸難若河水漲若強力者所執若繫閉若命難若梵行難如此不捨衣不手捉衣不至擲石所及處。 無犯。

南山行事鈔

十誦。所行之處與衣鉢俱。無所顧戀猶如飛鳥。若不持三衣入聚落俗人處犯罪。僧祇亦云。比丘三衣鉢須常隨身。違者出界結罪。除病。當敬三衣如塔想。五分三衣謹護如身薄皮常須隨身。如鳥毛羽飛走相隨。四分行則知時非時不行。所行之處與衣鉢俱。猶如飛鳥羽翮相隨。諸部並制隨身。今時但護離宿不應教矣。

靈芝釋云。今時希有護宿何況常隨。多有畢生身無法服。是則末世護宿猶為勝矣。但內無淨信慢法輕衣。負出家兒願遵聖訓。

靈芝濟緣記

今時愚者作惡不除。居屏不著脫著不知摺疊損壞不時補治。體色乖儀短長無準。袴襦俗服敬若身受。正制法衣視同棄物。祖師所謂輕聖所重重聖所輕。現世削除他生永離。悲夫。

月望衣戒第三

靈芝資持記　月，即開之時限。望，謂希其滿足。

南山行事鈔　具六緣成犯。一，故壞三衣。二，財少不足。三，為換三衣擬替故者。四，不說淨作三衣。五，無因緣。原註云同長衣 六，過限犯。

同　此戒是但三衣者得少財，為換故衣，以不足故，佛開一月。過限而畜，故制。畜長比丘得即說淨，不須此戒。

罪相

受非時衣已

- 至第十日同衣足者
- 自第十一日至二十九日之間，有日同衣足者
- 第三十日，無論足不足同衣不同衣

不即日

- 裁割
- 綫拼
- 縫作衣
- 作淨施
- 遣與人

至次日明相出。——捨墮。

捨不成捨。——突吉羅。

併制

同第一長衣過限戒。

開緣

若十日內同衣足，即日裁割，線拼等。
若不足，至十一日乃至二十九日同衣足，即日裁割，線拼等。
若至三十日，足或不足，同衣或不同衣，即日裁割，線拼等。
若奪想，若失想，若燒想，若漂想，不裁割，不線拼等。
若奪衣，若失衣，若燒衣，若漂衣，或取著，或他與著。
若他與作被。
若受寄衣比丘命終，若遠行，若捨戒，若賊難，若惡獸難，若水漂，如此不裁割，不線拼等。

——無犯。

取非親尼衣戒第四

南山行事鈔

具五緣成犯：一、是比丘尼；二、非親里；三、應量衣；四、虛心送與；五、領受已犯。

罪相

從非親里比丘尼取衣。——捨墮。

捨不成捨。——突吉羅。

併制

同第一長衣過限戒。

開緣

若從親里比丘尼取。若貿易。若為僧為佛圖取。——無犯。

使非親尼浣故衣戒第五

南山行事鈔

具五緣成犯。一是比丘尼。二非親里。三是己故衣。律文云乃至一經身著 四自使浣染打。五浣染打竟犯。

罪相

浣染打故衣。使非親里
- 比丘尼。
  - 彼若浣若染若打。——捨墮。若新衣突吉羅。
  - 彼不浣不染不打。——突吉羅。
- 式叉摩那、沙彌尼。——突吉羅。

捨不成捨。——突吉羅。

【案】已上浣、染、打，分為三罪。於此三罪之中，若犯一罪，若兼二，若兼三，如律文一一作句廣明。

【靈峯事義集要】衣但一捨即淨。隨上罪有三須悔。

併制

同第一長衣過限戒。

開緣

若使親里比丘尼浣染打。
若為病人浣染打。
若為僧為佛圖浣染打。
若借他衣浣染打。
——無犯。

從非親俗人乞衣戒第六

【南山行事鈔】具六緣成犯。一、三衣具足。二、無因緣。三、非親里。四、為己乞應量衣。五、彼與。六、領受犯。

罪相

從非親里居士居士婦乞衣。——捨墮。

捨不成捨。——突吉羅。

併制

同第一長衣過限戒。

開緣

若奪衣若失衣若燒衣若漂衣從非親里居士居士婦乞。
若從親里居士居士婦乞。
若從出家人乞。
若為他乞。
若他為己乞。
若不乞而得。
——無犯。

靈芝資持記

五百問論。昔有比丘多乞積聚。不肯為福。又不行道。命終作一肉駱駝山。廣數十里。時世飢餓。一國之人。日日取食。隨割隨生。有一他國人來見。便斫取。便大喚動地。人問其故。便言吾本是道人。為貪財不施。負此國人物。以肉償之。我不負卿物。是故喚耳。佛告比丘。貪為大患。捨之則應比丘之法。◎又比丘之法。少欲為本。◎貪求不厭。未殊鄙俗。◎況講法談禪。身當眾首。◎非唯自陷。抑誤後生。◎請詳上

【南山戒本疏】

緣仍思佛誡，自淋木石，寧不動心哉。今世講師至此常不敢語，以親行故，羞不語他。何以不行而隱不道？何妨有人行之，則此戒或末法一人持也。慎之哉！慎之哉！靈芝釋云：親行，謂自犯也。羞不語者，說行相反故。此指當時猶能知愧，而今無恥，身犯口說，何足議也。何下，正斥。古本作可以已，雖不行，講須明示，令他行之，則末法或有一人，不可期也。此言激勵之切，末學聽尋，當如何耶？下誡講者不可隱教。再言慎之，誡之極也。

過分取衣戒第七

【南山行事鈔】

具六緣成犯。一、比丘失奪三衣。（三衣都失，乃可乞衣。）二、非親居士。三、為失奪故施。（鈔又云：若不為失，隨受無罪。）四、比丘知彼為失故施。五、過知足。六、領受犯。

罪相

非親里居士、居士婦自恣請多與衣，過知足受者。	捨墮。
捨不成捨。	突吉羅。

【見月止持】

自恣請多與衣，謂檀越多持衣施，請諸比丘隨意而取，非是夏滿自恣也。

併制

同第一長衣過限戒。

開緣

若知足取。
若減知足取。
若居士多與衣，若細薄不牢，應二重三重四重作衣，安緣，帖障垢處，安紐及鉤。若有餘殘衣，應語居士言：此作何等。彼言：我不以失衣故與，自欲與大德耳。比丘受者。
→ 無犯。

勸增衣價戒第八

【南山行事鈔】

具六緣成犯：一、非親俗人虛心辦價。二、本期有限。三、知有限。四、嫌少勸增。五、彼為增價縷。六、領受犯。

罪相

求有二種：
- 一、求價。檀越與作大價衣，求乃至增一錢十六分之一分。
- 二、求衣。語居士言：作如是廣長衣，乃至增一線。

不受非親里居士居士婦自恣請，往求好衣。
- 得 → 捨墮。
- 不得 → 突吉羅。

捨不成捨 → 突吉羅。

併制

同第一長衣過限戒。

開緣

若先受自恣請往求，知足減少求。
若從親里求。
若從出家人求。
若為他求。
若他為己求。
若不求而得。
——無犯。

案 靈芝資持記，合先受自恣請往求知足減少求為一句。謂雖容恣索，而不貪求。考律文，世尊初制是戒後，又因二事緣起而開制，即此開緣第一所列者也。若據是義，分為二句，或亦可通。

勸二家增衣價戒第九

南山行事鈔

制緣同前，唯勸合二家為異。靈芝釋云。文指制緣，改前第四。但於勸字下，加二家兩字。

罪相

不受非親里居士居士婦自恣請，往求共作好衣。
- 得，——捨墮。
- 不得，——突吉羅。

捨不成捨。——突吉羅。

併制

同第一長衣過限戒。

開緣

同第八勸增衣價戒。

過限忽切索衣價戒第十

靈芝資持記

越三語六默，名過限。逼迫淨主，為忽切。

南山行事鈔

具五緣成犯。一，施主送寶。二，為貿衣用。三，付人轉貿。四，過分索之。五，得入手，犯。

三反語六反默，齊九反。原註云二默當一語，戒本同此相。三，純默，齊十二反，過三分，齊犯。

靈芝釋云。四過分者，此有三位。一純語，得六反。二

罪相

過三反語索及六反默然立，得衣者。——捨墮。

捨，不成捨。——突吉羅。

併制

同第一長衣過限戒。

開緣

若三反語索及六反默然立，得衣。

若不得衣，語所得衣價處使還取，儻彼不須，施比丘。是比丘應以時輙語，方便索衣，若為作波利迦羅故與。

若以時索，輙語索，方便索得者。

——無犯。

乞蠶緜作袈裟戒第十一

【南山行事鈔】此四臥具戒，並是三衣總號。

【靈芝資持記】戒本作臥具，昔人迷名，故直標袈裟以異之。

【南山戒本疏】闕鈔 具五緣成犯：一、是蠶緜，二、自乞求，三、作法衣，四、為己，五、作成犯。

罪相

若自，若教人，用雜野蠶緜作新臥具：
- 成——捨墮。
- 不成——突吉羅。

為他作——成、不成——突吉羅。

【案】此戒捨法與他戒異。律云：是中捨者，自以斧斤細剉斬和泥，若塗壁，若塗墉。懷素僧羯磨註云：自以壞捨，故無有還。

開緣

若得已成者，以斧斤剉斬和泥，或塗壁，或塗墉——無犯。

【靈芝資持記】不犯中，戒制造作，已成不犯，然須斬壞，不壞還墮。

【案】南山靈芝以四臥具戒為三衣，又此戒開緣以得已成者及剉斬塗壁合為一條，或謂其與律文未符。學者慎勿惑於其說，妄生分別。二師撰述，雖或有與律文小異及與西土之制略殊者，然於深契時機，此方道侶承用已久，初心之倫，唯宜守茲一派，坦然信受，不須懷其

靈芝資持記

異議致墮疑謗也。

今時禪講，自謂大乘，不拘事相。綾羅鬬美，紫碧爭鮮，肆恣貪情，背違聖教。豈不聞衡岳但服艾絮，以禦風霜；天台四十餘年，唯被一衲；永嘉食不耕鋤，衣不蠶口；荊溪大布而衣，一牀而居。良由深解大乘，方乃尊崇苦行。請觀祖德，勿染邪風，則稟教修身，真佛子矣。

黑毛臥具戒第十二

南山行事鈔

具四緣成犯：一、純黑毛，二、作袈裟，三、為己，四、作成犯。

罪相		
若自若教人用純黑羺羊毛作新臥具。	成	捨墮。
	不成	突吉羅。
為他作。	成不成	突吉羅。
捨不成捨。		突吉羅。

白毛三衣戒第十三

併制

- 比丘捨臥具竟，不還者。
- 還時，有人教言莫還者。
- 不還。若作淨施，若遣與人，若作非臥具，若數數敷等。

→ 突吉羅。

開緣

- 若得已成者。
- 若割截壞。
- 若細薄疊作兩重。
- 若作褥。
- 若作枕。
- 若作小方坐具。
- 若作臥氈。
- 若作襯鉢内氈。
- 若作剃刀囊。
- 若作帽。
- 若作襪。
- 若作攝熱巾。
- 若作裹革屣巾。

→ 無犯。

南山戒本疏

若割截壞者，謂本作時，擬後壞故。

南山行事鈔

具五緣成犯。一、三毛參作。二、擬作三衣臥具。三、為己。四、增好減惡下至一兩。五、作成犯。

罪相

若自、若教人，不以二分黑、第三分白、第四分尨，作新臥具。
- 成——捨墮。
- 不成——突吉羅。

為他作。
- 成不成——突吉羅。

捨不成捨。——突吉羅。

併制

同第十二黑毛臥具戒。

開

若以二分黑、第三分白、第四分尨，作新臥具。

若白不足，以尨足之。

若作純尨者。

若得已成者。

若割截壞。

若作壞色。

緣

若作枕。
若作褥。
若作臥氈。
若作小方坐具。
若作襯鉢內氈。
若作剃刀囊。
若作襪。
若作攝熱巾。
若作裹革屣巾。
——無犯。

減六年作三衣戒第十四

南山行事鈔

具六緣成犯。一有故臥具減六年。二不捨故者與人。三僧不聽取。四更作新者。五為己。六作成犯。

罪相

若自若教人減六年不捨故作新臥具。
- 成——捨墮。
- 不成——突吉羅。

為他作。——成不成——突吉羅。

捨不成捨。——突吉羅。

併制

同第十二黑毛臥具戒。

開緣

- 若僧聽。
- 若滿六年。
- 若減六年，捨故更作新者。
- 若自無，更作新者。
- 若他作與。
- 若得已成者。

無犯。

不貼坐具戒第十五

南山行事鈔

具五緣成犯。一、先有故作具。二、更作新者。三、為己。四、無心以故者貼。五、作成犯。

罪相

- 若自若教人不取故者帖新者上用壞色故作新坐具。
  - 成。——捨墮。
  - 不成。——突吉羅。
- 為他作。
  - 成不成。——突吉羅。
- 捨不成捨。——突吉羅。

併制

- 比丘捨坐具竟不還者。
- 還時有人教言莫還者。
- 不還若作淨施若遺與人若自受若數數坐等。
  - ——突吉羅。

開緣

- 若裁取故者帖新者上壞色故。
- 若自無更作新者。
- 若他作與。
- 若得已成者。
- 若純故者作。
  - ——無犯。

持羊毛過限戒第十六

南山行事鈔

具四緣成犯。一是好羊毛。二是己物。三自持。四過三由旬犯。

罪相

- 羊毛。
  - 自持過三由旬。——捨墮。
  - 教
    - 餘人（淨人及餘白衣）持，而自助持。——突吉羅。
    - 比丘尼、式叉摩那、沙彌、沙彌尼持過三由旬。——突吉羅。
- 除羊毛。
  - 自持餘物，拘遮羅、乳葉草、芻摩、麻、廁羅婆尼等，過三由旬。——突吉羅。
  - 自擔餘物著杖頭行者。——突吉羅。
- 捨不成捨。——突吉羅。

併制

- 比丘捨羊毛竟，不還者。
- 還時有人教言莫還者。
- 不還，若作淨施，若遺與人，若故壞，若數數用等。

——突吉羅。

開緣

- 若持至三由旬。
- 若減三由旬。
- 若教餘人持，自不助持。
- 若教比丘尼、式叉摩那、沙彌、沙彌尼持至三由旬。
- 若擔毳裝毳繩。
- 若擔頭毛、項上毛、腳毛。
- 若作帽。
- 若作攝熱巾。
- 若作裹革屣巾。

→ 無犯。

南山戒本疏 今若生識，何論貴賤。擔於毳等，第五第六亦越威儀。但緣在於毛，故制開外耳。

靈芝行宗記 作帽等者，謂擔少毛，意欲作耳。

使非親尼浣染毛戒第十七

南山行事鈔 制意犯緣，同浣衣戒。靈芝釋云：指制緣中，五緣同前，唯改第三是己羊毛，四自使浣染擘。

罪

浣、染、擘羊毛，使非親里
- 比丘尼。
  - 彼若浣若染若擘 → 捨墮。
  - 彼不浣不染不擘 → 突吉羅。
- 式叉摩那、沙彌、沙彌尼。 → 突吉羅。

相

捨不成捨。——突吉羅。

案 已上浣染擘，分為三罪。於此三罪之中，若犯一罪，若兼二若兼三，如律文一一作句廣明。

併制

同第十六持羊毛過限戒。

開緣

若使親里比丘尼浣染擘。
若為病人浣染擘。
若為僧為佛為塔浣染擘。
——無犯。

畜錢寶戒第十八

南山行事鈔 具四緣成犯。一是錢寶，二知是，三為己，四領受犯。

罪相

金、銀、錢。
- 自手捉。
- 教人捉。
- 置地受。

—— 捨墮。

不語知是看是。（知是看是即說淨法）—— 突吉羅。

南山戒本疏

看是謂看於錢寶。知是謂非我所作。為淨與爾。何得不道。失法故吉。

案

此戒及下第十九戒捨法、還法與他戒異。今略錄律文大意如下。

捨。應對信樂守園人或優婆塞。捨寶說淨。當語言此是我所不應，汝當知之。或言知是看是

還。彼取寶已、還寶。比丘作彼物想受、敕淨人掌。若得淨衣、鉢、鍼筒、尼師檀、應易持之。

彼取寶已。還淨衣鉢等、比丘應取持之。

不還。彼取寶已、不還。令餘比丘言之。仍不還。自往言、汝可與僧塔等、或還本主。

開緣

若語知是看是。若捨竟、彼還或不還。比丘如法作、如前略錄律文中說。—— 無犯。

第五分

有比丘在塚間得錢、自持來。佛言、不應取。彼比丘須銅。佛言、打破壞相、然後得自持去。

南山行事鈔

明開畜者。經中禁重、如後所明。律中在事、小機意狹、故多開畜。靈芝釋云。上明大乘機教俱急。經即涅槃。下明小乘機教俱緩。律在事者、違事故輕。則顯經宗於理、違理故重。小機意狹、不堪故開。反上大機、堪任故重。世人反謂小乘須戒、大教通方者、幾許誤哉

同

此之一戒人患者多但內無高節外成鄙穢不思聖誡嚴猛唯縱無始貪癡故律言非我弟子準此失戒矣又云佛告大臣若見沙
門釋子以我為師而受金銀錢寶則決定知非沙門釋子又雜含云若為沙門釋子自受畜者當知五欲功德悉應清淨又增一云
梵志書迷若是如來者不受珍寶故略引多文證成非濫　靈芝釋云非弟子者不稟師教故非沙門者不修淨行故非釋子者不
係聖族故今多受畜為教所揀雖自剃染即魔外之徒
佛世尊欲增尚弟子令棄鄙業遠超三界近為世範今乃反自墜陷自畜自捉劇城市之商賈信佛法之煙雲反自誇陳妄排法律
云但無貪心豈有罪失出此言者妄自矜持不思位是下凡輕撥大聖一分之利尚計不及俗士高逸何異螳螂拒輪之智不殊飛
蛾赴火之能豈惟畜捉長貪方生重盜之始故略述誡勸有智者臨境深思　靈芝釋云劇甚也行商坐賈皆求利者今僧貪積往
往過之故云甚也沙門行淨則佛法光輝行既鄙穢則能障蔽故如煙雲不思等者善戒經云菩薩為利眾生故聽畜憍奢耶金銀
等愚人據此輒擬同倫是不思也況菩薩語通在家出家如涅槃經中出家菩薩遮性等持縱云開畜涅槃地持俱令淨施縱依善
戒本為利生今乃順己貪愛諂詐追求為聚積則多索無厭見貧病則一毫不給豈與夫大士不分高下耶輕謂侮聖撥謂無法一
分尚計者舉少況多不及俗士者引俗誡道原憲居於環堵蓬戶不掩顏淵處於陋巷簞食瓢飲晉宋高賢齊梁達士視富貴如糞
土慕儉約為高尚偏於史籍豈不聞乎故下結勸雜心云未來捨輪王位易現在不取一錢難故今臨境深思未知何人能稟斯囑
悲夫

貿寶戒第十九

南山行事鈔

具五緣成犯一是錢寶二互相易三決價四為己五領受犯

罪相

若已成
若未成
若成未成
——金。銀。若錢。以同種或異種相易。易寶求息利——捨墮。

不語知是看是。——突吉羅。

靈芝資持記

律有七物。交互並犯。金有三品。一已成金。原註云華釵莊嚴具是 二未成金。即金鋌也 三已成未成金。鎔瀉成器未鋌治者 銀亦三種。錢唯一品。總為七也。

開緣

若語知是看是。
若捨竟彼還或不還比丘如法作。如第十八戒略錄律文中說。
若以錢貿瓔珞具為佛法僧。
若以瓔珞具易錢為佛法僧。
——無犯。

販賣戒第二十

南山行事鈔

具六緣成犯。一在家二眾。二共同交貿。三決價。四為己。五自貿易。六領受犯。

罪相

時，非時，七日，盡形壽，皆（藥）波利迦羅（雜碎衣），以同種或異種相易（貴買物求利）
- 得，捨墮。
- 不得，突吉羅。

捨，不成捨。——突吉羅。

併制

比丘捨種種販賣得財物竟不還者。
還時，有人教言莫還者。
不還，若作淨施，若遺與人，若持作餘用，若故壞，若數數用等。
——突吉羅。

開緣

若與五眾出家人貿易，自審定不相高下，如市易法。
若不與餘人貿易，使淨人貿易，悔者應還。
若以酥易油，以油易酥。
——無犯。

【案】

靈芝資持記以不與餘人貿易之文，判入第二條。或接屬第一條末，似亦可通。（靈芝資持記）

三，明輕物不犯。

畜長鉢過限戒第二十一

具五緣成犯。一、先有受持鉢。二、更得。三、如法鉢。四、不淨施。五、過十日犯。

罪相

某日得鉢之第一日，得長鉢，若不作淨施，經十日。此十日內，或再得鉢或不再得鉢，於再得之鉢或作淨施或不作淨施。——至第十一日明相出，以第一日所得鉢已不作淨施，勢力相染故，凡此十日內所得鉢是不作淨施者——皆捨墮。

某日得鉢之第一日得長鉢，若不遣與人，若不失鉢，若不故壞，若不作非鉢，若不作親厚意取，若不忘去（亦不作淨施）經十日。此十日內，或再得鉢或不再得鉢，於再得之鉢或遣與人乃至忘去，或不遣與人乃至不忘去（亦不作淨施）——至第十一日明相出，以第一日所得鉢已不遣與人乃至不忘去（亦不作淨施），勢力相染故，凡此十日內所得鉢是不遣與人乃至不忘去者（亦不作淨施）——皆捨墮。

犯捨墮鉢，不捨，持更貿餘鉢。——一捨墮，一突吉羅。

捨不成捨。——突吉羅。

第四分

石鉢是如來法鉢，畜者——偷蘭遮。木鉢是外道法，金銀琉璃寶鉢是白衣法，若畜是等者——如法治。第四分說鉢制最詳，學者宜廣覽律文

併制

比丘捨鉢竟，不還者。
還時有人教言莫還者。
不還，若作淨施，若遣與人，若故失，若故壞，若作非鉢，若數數用等。
——突吉羅。

開

若齋十日內，作淨施，或遣與人等。

緣 第三分

若奪想。若失想。若燒想。若漂想。如此不作淨施。或不還與人等。
若奪鉢。若失鉢。若燒鉢。若漂鉢。或取用。或他與用。
若受寄鉢比丘命終。若遠行。若捨戒。若賊難。若惡獸難。若水漂。如此不作淨施。或不還與人等。
——無犯。

鍵鎡。亦作揵茨。梵語。母論譯言中鐵鉢也。小鉢次鉢聽不淨畜。

乞鉢戒第二十二

南山行事鈔

具六緣成犯。一先有受持鉢。二減五綴不漏。三從非親乞。四為己。五乞如法鉢。六領受犯。

罪相

鉢破。
- 減五綴。不漏。更求新鉢。——捨墮。
- 滿五綴。不漏。更求新鉢。——突吉羅。

案

律中有行鉢法。大意謂比丘捨鉢懺罪竟。當還鉢時。此鉢若貴價好者。應留置。取最下不如者與之。僧中當差人持此鉢於僧中依座次展轉行鉢。至最後眾僧不取者。與之。或非原鉢或仍是原鉢僧既還比丘鉢已。比丘應如法守護此鉢。如律文廣明。

併

同第二十一畜長鉢過限戒。

制

眾比丘以此因緣受持最下鉢——突吉羅。

見月止持

以此因緣受持最下鉢者。謂眾僧不應以此行有犯鉢因緣。而故受持最下鉢來集。欲換彼好鉢。若受來者。先存貪好之心。豈為清淨眾。所以治罪。此於根本律中顯本部文略義隱。

開緣

若滿五綴。漏。
若減五綴漏更求新鉢。
若從親里索。
若從出家人索。
若為他索。
若他為己索。
若不索而得。
若施僧鉢時當次得。
若自有價得買畜。
——無犯。

自乞縷使非親織戒第二十三

南山行事鈔

具四緣成犯。一自乞縷。二使非親織。三不與價。四織成犯。

罪相

自乞線使非親里織師織作衣。	捨墮。
自看織自織自作縷。	突吉羅。
捨不成捨。	突吉羅。

案

律文以織師及與線者是親里或非親里互作多句。結云非親里者犯。未指明犯何罪。其後文云。自乞線使織師織作衣者犯捨墮。而與線者非親里未詳。考十誦律互作之句與本律相似。結云令非親里織捨墮。從非親里乞縷突吉羅。南山靈芝撰述亦如是結罪。但南山含註戒本及行事鈔皆以與線者非親里吉羅為四分所載。今檢律文未詳所出。

併制

同第一長衣過限戒。

開

若織師是親里。
若與線者是親里。
若自織作鉢囊。
若自織作革屣囊。
若自織作鍼氈。
若作禪帶。
若作腰帶。
——無犯。

緣

南山戒本疏

若作帽。
若作襪。
若作攝熱巾。
若作裹革屣巾。

開自織中。但為小細過。非深故。至於妨道。非不是損。

勸織師增衣縷戒第二十四

南山戒本疏

問。此戒損縷。與前第八第九戒何異。答。前面對縷主。此屏勸織師。故兩制也。

南山行事鈔

具六緣成犯。一。非親居士虛心辦縷遣織。二。本期有限。三。知有限。四。勸讚好織許直。五。彼為增縷。六。領受犯。

罪相

不受非親里居士居士婦自恣請。往求好衣。
- 得。——捨墮。
- 不得。——突吉羅。

捨不成捨。——突吉羅。

併

制

同第一長衣過限戒。

開緣

同第八勸增衣價戒。

靈芝資持記

不犯中，親里及出家人皆約縷主。若勸織師，豈無小過？思之。

奪衣戒第二十五

南山行事鈔

具五緣成犯。一、是比丘。二、本規同行。三、不定與前人決定取。（鈔又云：若受與俱決定，若決定與而受者不定，奪取犯盜罪。）四、瞋奪。五、得屬己犯。

罪

若自、若教人瞋奪。

- 奪而藏舉。取離處。（若著樹上乃至地敷上之衣）——捨墮。
- 奪而不藏舉。取不離處。——突吉羅。

相

捨，不成捨。—— 突吉羅。

南山戒本疏

奪而藏者，謂對面奪也。未藏情疑，屬己不顯。故約藏相，結成墮罪。

若著樹上等者，謂非對面。隨舉離處，則犯正罪。以無人可諍，故結也。

併制

同第一長衣過限戒。

開緣

若不瞋恚言：我悔，不與汝衣，還我衣來。

若彼人知其心悔，即還衣。

若餘人語言：此比丘欲悔，還他衣。

若借他衣著，他著無道理，還奪取。

若恐失衣，恐壞。

若彼人破戒、破見、破威儀。

若彼人被舉、滅擯、應滅擯。

若為此事命難、梵行難，如是一切奪取不藏舉。

—— 無犯。

畜七日藥過限戒第二十六

南山行事鈔

具五緣成犯。一是七日藥體。鈔又云若直手受不加口法亦無長罪 二明作二受竟。三不說淨。四畜過七日。五無緣犯。

罪相

某日（得藥之第一日）得七日藥。若不作淨施。經七日。此七日內。或再得藥或不再得藥。於再得之藥。或作淨施或不作淨施。——至第八日明相出。以第一日所得藥已不作淨施勢力相染故凡此七日內所得藥是不作淨施者。——皆捨墮。

某日（得藥之第一日）得七日藥。若不還與人。若不失藥。若不故壞。若不作非藥。若不作親厚意取。若不忘去。（亦不作淨施）經七日。此七日內。或再得藥或不再得藥。於再得之藥。或還與人乃至忘去或不還與人乃至不忘去。（亦不作淨施）——至第八日明相出。以第一日所得藥已不還與人乃至不忘去（亦不作淨施）勢力相染故凡此七日內所得藥是不還與人乃至不忘去者。（亦不作淨施）——皆捨墮。

犯捨墮藥。不捨。持更貿餘藥。——一捨墮。一突吉羅。

捨。不成捨。——突吉羅。

案

僧中捨藥懺罪已。還此比丘藥時。應分此藥為三類以處分之。如下開緣中廣說。

併制

比丘捨藥竟。不還者。
還時。有人教言莫還者。
不還。若作淨施。若還與人。若故壞。若燒。若作非藥。若數數服等。
——突吉羅。

開緣

若過七日之藥，酥油則塗戶嚮，蜜及石蜜則與守園人。
若第七日之藥，捨與餘比丘食。
若未滿七日之藥，還彼比丘，當用塗脚或然燈。
——無犯。

靈芝資持記

不犯中。初過七日者，即初日受藥至八日也。具兼諸過，僧不合食，故與園人。二第七日，即二日受者。既無宿觸，口法尚存，故聽僧食。三未滿，即三日受者，始得六日，限法不過，理合說淨，但隨染犯，無更服義，止得外用。初是能染，下二所染，故分三別。

戶嚮（律文作響，即門臼）。

南山戒本疏

然口腹之累，道俗同弊。知教慎行，世中稀耳。故晉慧遠，至死不飲蜜漿。非律不開，以律文親須目見。遂討尋將及，奄從物故。斯人可敘，餘因亡言。靈芝釋云：故下引事證，即廬山遠法師，義熙十二年疾重，大德耆年，勸飲豉酒，不從；復請飲米汁，又不從；復請以蜜和水為漿。遠令命律師請決，律師曰可。遠曰：須親見律文。律師檢律，纔及開卷，遠已遷化。事出僧傳。法師乃四依示跡，豈暗開遮？直欲示其慎護，為後世之軌範耳。今時宗師，知何不咲？尚未殊於流俗，況排毀於嚴科？觀此明規，寧不自省。

過前求雨衣過前用戒第二十七

南山行事鈔

過前求，具五緣成犯：一是雨衣，二過前求，三自為己，四彼與，五領受，犯。
過前用，具四緣成犯：一是雨衣，二時中得，三過前受，四過前用，犯。

罪相		併制	開緣
三月十六日前求。——捨墮。 四月一日前用。——捨墮。	捨不成捨。——突吉羅。	同第一長衣過限戒。	若三月十六日求。 若四月一日用。 若捨雨衣已，更作餘用。 若著浴衣浴。 若無雨衣。 若作浴衣。 若浣染。 若舉處染。 ——無犯。

過前受急施衣過後畜戒第二十八

南山行事鈔

過前具五緣成犯。一是急施。二知是急施。三過前。四無因緣。五領受犯。

過後具五緣成犯。一是急施。二知是急施。三是十日內。四不作淨。五過限犯。

罪相

受急施衣。——自恣前——十日。——九日。——八日。——七日。——六日。——五日。——四日。——三日。——二日。——一日。

衣時。——自恣後——一月五月。——增一日。——增二日。——增三日。——增四日。——增五日。——增六日。——增七日。——增八日。——增九日。

過前。自恣前十日已前受——捨墮。

過後。過衣月及應增之日——捨墮。

捨不成捨。——突吉羅。

案

一月五月者。具云不受迦絺那衣者一個月。受迦絺那衣者五個月。

并制

同第一長衣過限戒。

開緣

若不過前。
若不過後。
若奪衣，若失衣，若燒衣，若漂衣，如此過前。
若奪想，若失想，若燒想，若漂想，如此過後。
若水道斷，若路嶮難，若賊難，若惡獸難，若河水漲，若强力者所執，若繫閉，若命難，若梵行難，如此過後。
若受寄衣比丘命終，若遠行，若捨戒，若賊難，若惡獸難，若水漂，如此過後。

——無犯。

有難蘭若離衣戒第二十九

南山行事鈔

具六緣成犯。一是受持三衣。二冬分非時。三有疑怖處。四置衣在村。五無因緣。六過七夜犯。

罪相

有因緣離衣宿，至第七夜明相未出，
- 不捨衣。
- 不手捉衣。
- 不至擲石所及處。

明相既出，
- 若三衣。——捨墮。
- 若餘衣。——突吉羅。

捨不成捨。——突吉羅。

併制

同第一長衣過限戒。

開緣

若明相未出，捨衣，手捉衣，至擲石所及處。若奪想、若失想、若燒想、若漂想，如此不捨衣，不手捉衣，不至擲石所及處。若水道斷、若路嶮難、若賊難、若惡獸難、若河水漲、若強力者所執、若繫閉、若命難、若梵行難，如此不捨衣，不手捉衣，不至擲石所及處。——無犯。

迴僧物入己戒第三十

【南山行事鈔】具四緣成犯：一、是迴許僧物；二、作許想；三、迴向己；四、入手犯。

罪相

知是僧物，自求入己。——捨墮。

僧——塔，四方僧——現前僧，比丘僧——比丘尼僧，許異處與異處。（許處與處異，各門互作句）——突吉羅。

捨不成捨。——突吉羅。

併制

同第一長衣過限戒。

境想

已許：許想、許疑。——捨墮。

未許：許想、未許想。——突吉羅。

南山行事鈔

律云。僧物有三種。一、是已許僧。原註云謂通明施僧而未分僧別二異此迴犯捨也 二、為僧故作未許僧。謂俗家為僧作牀褥器具供僧之物此迴得吉羅也 三、已與僧者。已許僧、已捨與僧。此決施於僧不許別屬迴犯棄

靈芝釋云。前二、當戒重輕分異。第三、盜攝。

開緣

若不知。

若已許作未許想。

若許少勸與多。

若許少人勸與多人。

若許惡者勸與好者。

若戲笑說等。

——無犯。

【案】若戲笑說等者。具云若戲笑說，若誤說，（文作若疾疾說）若獨處說，若夢中說，若欲說此錯說彼。已下並同，準是應知。

【靈芝資持記】僧祇。若人持物來，問僧何處布施。答言。隨汝所敬處與。若言。何處果報多。答言。施僧。若言。何者持戒清淨。答言。僧無犯戒不清淨。若言。我已施僧，今施尊者。得受無罪。若言。此物置何處，使我長見受用。答。某甲比丘，坐禪誦經持戒。若施彼者，長見受用。（文）僧祇五種對答。學者宜依。豈唯離罪，頗彰大度◎凡愚覩施，誰不動懷◎不知教制，多迴入己◎貪婪鄙吝，不異下流◎惡業積深，終歸異趣◎覩此聖訓。。。豈不介懷◎

九十單提法

小妄語戒第一

【南山行事鈔】具六緣成犯。一對境是人。二人想。三違想說。四知違想說。五言了了。六前人解犯。

不見言見，不聞言聞，不觸言觸，不知言知——知而妄語。

見言不見，聞言不聞，觸言不觸，知言不知——知而妄語。

見者眼識。聞者耳識。觸者鼻舌身識。知者意識。

罪	相

罪

- 不見
  - 有不見想、——言見。
  - 有見想、——言不見。
  - 有見疑、自謂不疑、——言見。言不見。
  - 無見疑、自謂有疑、——言見。言不見。
  - ——知而妄語。

聞、觸、知亦如是。

- 未語時、
  - 本作妄語意。
  - 本不作妄語意。
  - 依此結初方便吉
- 語時、知是妄。依此正結提罪
- 語竟、
  - 知是妄。
  - 不憶是妄。
  - 依此結後方便吉

相

- 所見異。所欲異。所想異。所忍異。所觸異。所心異。
  - ——如此諸事、皆是妄語。
- 知而妄語。
  - 了了。——波逸提。
  - 不了了。——突吉羅。
- 說戒時、三問、憶念有罪、不說。——突吉羅。

南山行事鈔

犯無定境、起必依心。但使內違想心、不論外緣虛實、一切皆墮。

南山戒本疏

所見異者、定行心中見諸惡像、言見好相也。及被人問、答他異本所見、故曰所見異也。所忍異者、納違妄苦、名之為忍。語他樂受、亦可同作羯磨。不忍而言忍也。所欲異者、財色經求、名之為欲。答異於本、云樂正法也。所觸異者、得冷云熱也。所想異者、怨想言親也。所心異者、緣此說彼也。約違心中多列相者、明妄者多須細張綱目、不可輒動、動即入來也。

開緣

- 若不見言不見、不聞言不聞、不觸言不觸、不知言不知。
- 若見言見、聞言聞、觸言觸、知言知。
- 若意有見想便說者。

——無犯。

〔南山行事鈔〕

此戒人多喜犯者。良由妄業熏積、識種尤多。故隨塵境、動便虛構。不思反流之始◎但願畢世之終◎以此安生為妄◎當死定非排業◎良可悲夫◎

罵戒第二

〔南山行事鈔〕

具六緣成犯。一、是比丘。二、自出毀呰。三、知是毀呰。四、作折辱彼意。五、言了了。六、前人解犯。

罪相

- 說種類毀呰語。
  - 面罵。喻罵。自比罵。
    - 了了——波逸提。
    - 不了了——突吉羅。
- 說善法。（善法者謂阿蘭若乞食補衲衣乃至坐禪人）
  - 面罵。喻罵。自比罵。
    - 了了、不了了——突吉羅。

南山戒本疏

問。善法是好，罵者是惡，如何結罪。答。以罵者心欲相屠割。後微見小失，便張廣大。汝是蘭若，如何猶著。離著無學，尚攝斷衣。故以微緣，潛相扇作也。

開緣

若相利故說。
若為法故說。
若為律故說。
若為教授故說。
若為親友故說。
若戲笑說等。
→ 無犯。

靈芝資持記

前五皆據師友匠成。語雖麤惡，內無瞋怒，故在開位。初言相利，即汝爾同學。異下親友。四云教授，謂直示時事，異上說法說律也。

兩舌戒第三

南山戒本疏

兩舌之名，翻譯頗是質陋。以雖兩舌，不作分意，不犯此戒。今現翻云離間語，斯為得矣。

南山行事鈔

具六緣成犯。一是比丘。二說鄙惡事。三傳於彼此。四分離意。五言了了。六前人解，犯。

罪相

兩舌鬪亂。
- 了了 → 波逸提。
- 不了了 → 突吉羅。

開緣

若破惡知識。
若破惡伴黨。
若破方便破僧者。
若破方便助破僧者。
若破二三人作羯磨。
若破欲作非法非律羯磨。
若破為僧塔寺和上等，數數語者，作無義無利，或欲方便作無義無利。
——無犯。

案　僧塔寺和上等。具云，僧塔寺，和上同和上，阿闍梨同阿闍梨，知識親友。已下並同，準是應知。

共女人宿戒第四

南山行事鈔　具五緣成犯。一、是人女。二、室相成。三、共同宿。四、知同宿。五、隨轉，隨脇著地犯。

罪

室有四種。
- 四周壁障上有覆。
- 前敞無壁障上有覆。
- 有壁障上雖覆而不遍。
- 有壁障上雖覆遍而有開處。

相

比丘先至彼後至。
彼先至比丘後至。
二人同時至。

同室宿。

與人女。
隨脇著地。
隨小轉側。一轉一犯
波逸提。

與畜女能變形及不能變者。
天女等。
黃門二形。
突吉羅。

晝日婦女立比丘臥者。
突吉羅。

開緣

若婦女先至比丘後至比丘不知而宿。
若比丘先至婦女後至比丘不知而宿。
若室有覆而無四障。
若盡覆而半障。
若盡覆而少障。
若盡障而不覆。
若盡障而半覆。
若盡障而少覆。
若半覆半障。
若少覆少障。
若不覆不障露地。
若比室中行坐。
若頭眩倒地。
若病臥。
若强力者所執等。

無犯。

靈芝資持記

第三已下。非室不犯。三位九別。南山鈔於第六盡障而不覆下依第六十九戒增盡障而半覆一句共成九句今宗彼寫錄 初三句。覆過障缺。次三句。障周覆缺。後三句。覆障俱缺。

【案】室與非室之別異者。覆遍障過半，障周覆過半，是室相成應遮。覆遍障半，障周覆半，是非室應開。

【同】若强力者所執等者。具云，若强力者所執，若繫閉，若命難，若梵行難。已下並同，準是應知。

共未受具人宿過限戒第五

【南山行事鈔】具五緣成犯。一、未受具人男女。二、室相成。三、共同宿。四、知同宿。五、過三夜犯。

罪	相
同第四共女人宿戒。	比丘先至彼後至，彼先至比丘後至，二人同時至，——同室宿。過二宿，至三宿。——與未受大戒人。——隨脇著地，隨小轉側，——波逸提。 與天男等。畜能變形及不能變者。——突吉羅。

【案】此戒律文。結戒與緣起之宿相不同。結戒中，謂過二宿至三宿，波逸提。緣起中，謂聽諸比丘與未受大戒人共二宿，若至三宿明相未出時應起避去，若至第四宿若自去若使未受戒人去。竊謂如結戒之說，似至三宿，隨脇著地即犯。如緣起之說，似至三宿明相未出時不

起避去，或至第四宿自不去，亦不使未受戒人去，乃犯。南山之作，疏與鈔亦互有異。靈芝釋以疏順戒本，鈔依廣解，宿相不同，不可和會。其說甚繁，須者尋之。

開緣
同第四共女人宿戒。（唯第一第二婦女改作未受大戒人）

與未具人同誦戒第六

南山行事鈔

具五緣成犯。一是佛說法。（佛聲聞仙人諸天所說）二字句味。三未受具人。四齊聲同誦。（共誦或鈔前誦）五言了了，犯。

罪相

句義。與人共誦諸惡莫作等。不前不後。
句味。與人共誦眼無常等。不前不後。
字義。與人共誦阿等。不前不後。

非句義。一人誦未竟。第二人抄前言。
非句味。亦如是。
非字義。亦如是。

若口授、若書授、共誦。
- 與未受大戒人。— 一說二說三說。
  - 了了。— 波逸提。
  - 不了了。— 突吉羅。
- 與天等。畜能變形者。— 一說二說三說。
  - 了了。／不了了。— 突吉羅。

師不教言、我說竟、汝乃可說者。— 突吉羅。

靈芝行宗記

言句義者、如諸經偈頌、一偈半偈、義意已足。句味者、一句之下、即見理味。字義者、字即文字、字下有義、如訓釋等。

開緣

若我說竟、汝說。
若一人誦竟、一人書。
若二人同業同誦。
若戲笑說等。
— 無犯。

靈芝行宗記

同業者、或同師受學、或同業一經。同誦無犯、然約相非宜。

向非具人說麤罪戒第七

南山行事鈔

具七緣成犯。一是比丘及尼。二犯初二篇罪。三知犯。四無僧法開。五向未受具人說。六言了了。七前人解犯。

罪相

- 向未受大戒人說
  - 比丘比丘尼
    - 麤惡罪。波羅夷僧殘
      - 了了。——波逸提。
      - 不了了——突吉羅。
    - 餘罪。——突吉羅。
  - 自己——麤惡罪。——突吉羅。
  - 餘人——麤惡罪。——突吉羅。

境想

- 麤惡罪。
  - 麤惡罪想。——波逸提。
  - 麤惡罪疑。——突吉羅。
- 非麤惡罪。
  - 麤惡罪想。——突吉羅。
  - 非麤惡罪疑。——突吉羅。

開緣

- 若不知。
- 若眾僧差。
- 若麤惡非麤惡想。
- 若白衣先已聞此麤惡罪。

——無犯。

靈芝資持記

不知者反第三緣謂遣教也。

南山行事鈔

多論。寧破塔壞像。不說他麤罪。則破法身。不問前比丘有罪無罪。皆墮文破法身者。亦同大集。若打破戒罪。同出萬億佛身血。疏云。豈非形服異世。為聖道標。若加輕毀。則三寶通壞。故雖破戒。乃是法身之器。制罪雖輕。業道尤重。

同

僧祇。若人問言某甲比丘犯婬飲酒者。答云彼自當知。若已作法。人問者。倒問彼言。何處聞。答云某處聞。比丘云。亦某處聞。因俗女來寺。六羣示之。此人犯僧殘。俗女說偈云。出家已經久。宜應修梵行。童子戲不止。云何受人施。十誦云。有呵云。佛法中乃有是癡人。應答云。我家廣大。種種皆有文。僧祇三節。初是無法不答。若已下。明有法開答。因下。引緣誡約。女人偈詞。上半明所應作不作。下半示不應作反作。此言深切。有信聞之。能無媿乎。十誦中答詞。乃是護法綱紀。遮俗輕慢故也。

實得道向未具者說戒第八

南山戒本疏 鈔闕

具五緣成犯。一內實得道。二自言已證。三向未受具人說。四言了了。五前人解犯。

罪相

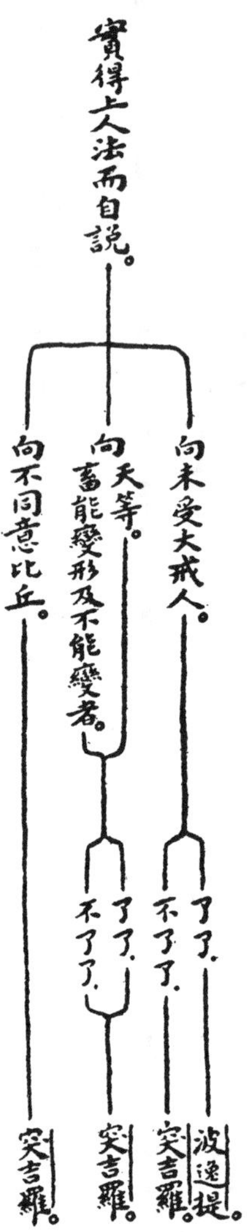

若指印。若書。若遣使。若作相等。亦如是。

若自稱言。我得根力覺意解脫三昧正受法者。亦爾。

開緣

同波羅夷第四大妄語戒。

與女人說法過限戒第九

南山行事鈔

具六緣成犯。一是人女。二知。三不請。四無有智俗男。五言了了。六過五六語犯。

罪相

與女說法過五六語。除有知男子

- 與人女。
  - 了了。——波逸提。
  - 不了了。——突吉羅。
- 與天女等。與畜女能變形及不能變者。
  - 了了。
  - 不了了。
  - ——突吉羅。

案

有知男子者。或作有智男子本律云。解麤惡不麤惡事。靈芝釋云。律取解知者。簡小兒癡狂等。

開緣

- 若齊五六語。
- 若有知男子前過說。
- 若無有知男子前，授五戒八戒，為說五戒八戒八聖道十善十不善法。
- 若無有知男子前，女人問義應答，若不解，得廣為說。
- 若戲笑說等。

→ 無犯。

掘地戒第十

南山行事鈔

具五緣成犯，一是生地，二作生地想，三自掘使人，四使人時不作知淨法，五傷犯。

罪相

地者：
- 已掘地。
- 未掘地。

經四月，被雨漬，還如本。

掘者：
- 以鋤。
- 以钁斸。
- 以椎打。
- 以鎌刀刺。
- 乃至指爪掐傷地。

若打橛入地，若地上然火者亦爾。

若自、若教人掘地，有地想。 → 波逸提。

不語知是看是。——突吉羅。

靈芝資持記 初約四月，謂經時故。二約被雨，由滋潤故，有此二緣，還成生地，故不可掘。

靈芝行宗記 若語令掘壞，則成教他，名不淨語。開作此法，使人無犯，故名淨也。

開緣

若語知是看是。
若曳材木曳竹。
若籬倒地扶正。
若反塼石。
若取牛屎。
若取崩岸土。
若取鼠壞土。
若除經行處土。
若除屋內土。
若來往經行。
若掃地。
若杖築地，不故掘。
——無犯。

壞生種戒第十一

南山行事鈔 具犯同前。靈芝釋云：但改一二為生種。

罪相

壞者、
- 斷
- 炒
- 煮

→ 生種、生草木。

若打橛著生樹上、若以火著生草木上者、亦爾。

若自、若教人、壞
- 生者。
- 多分生者。
→ 波逸提。
- 半乾半生者。
→ 突吉羅。

不語知是看是。
→ 突吉羅。

境想

生、
- 生想。→ 波逸提。
- 生疑。
- 非生想。

非生、
- 生想。
- 非生疑。

（生疑。非生想。生想。非生疑。）→ 突吉羅。

若語知是看是。
若壞枯乾草木。
若於生草木上曳材木、曳竹。

開緣

若於生草木上籬倒地扶正。
若於生草木上反塼石。
若於生草木上取牛屎。
若生草覆道以杖披遮令開。
若以瓦石柱之誤撥斷生草木。
若除經行處土誤撥斷生草木。
若掃地誤撥斷生草木。
若以杖築地誤撥斷生草木。
——無犯。

身口綺戒第十二

靈芝行宗記 身口別犯，兩戒一制。緣相無異，所以合列。

南山行事鈔 具四緣成犯。一自作身口業綺。二數惱不止。三為僧單白呵止。四更作犯。

罪

餘語。即異語 —— 比丘犯罪。諸比丘問言，汝自知犯罪不耶。即以餘事報諸比丘，汝向誰語。為說何事。為論何理。為語我為語誰耶。是誰犯罪。罪由何生。我不見罪。云何言我有罪。

觸惱。 —— 喚來不來，不喚來便來。應起不起，不應起便起。應語不語，不應語便語。

餘語。
- 僧作白竟，如是語。 —— 波逸提。
- 僧未白前，如是語。 —— 突吉羅。

相

觸惱。
- 僧作白竟，如是語。——波逸提。
- 僧未白前，如是語。——突吉羅。

上座喚來不來。——突吉羅。

開緣

若重聽不解，若前語有參錯，言似餘語。
若欲作非法非律羯磨，若為僧塔寺和上等作無利益羯磨，不與和合，喚來不來。
若欲作非法非律羯磨，若為僧塔寺和上等作無利益羯磨，欲知不喚來便來。
若一坐食，若不作餘食法食，若病，教起不起。
若舍崩壞，若大燒，若毒蛇入舍，若賊難，若惡獸難，若強力者所執等，教莫起便起。
若惡心問，若問上人法，教語不語。
若欲作非法非律羯磨，若為僧塔寺和上等作無利益羯磨，教莫語便語。
若戲笑說等。
——無犯。

【靈芝資持記】重聽謂己疾不聞，參錯謂他言不了。

嫌罵僧知事戒第十三

【南山戒本疏】嫌罵兩戒，同惱知事不殊，故合制也。

【南山行事鈔】具六緣成犯：一是羯磨所差，二知是，三如法經營，四說嫌罵法，五言了了，六前人聞見互知，犯。

罪相

面見嫌。齊眼見耳不聞處言有受有恚有怖有癡。

背面罵。齊耳聞眼不見處言有受有恚有怖有癡。

嫌比丘。
- 了了——波逸提。
- 不了了——突吉羅。

罵比丘。
- 了了——波逸提。
- 不了了——突吉羅。

上座教嫌罵受教嫌罵者。——突吉羅。

南山戒本疏

問。與前第二罵戒何異。答有四異。一前是汎僧此僧知事。二前戒不問虛實此說實不犯。三罵詞不同。如文所列。四前非知事見聞互離者輕。此敬護重互離犯提。

案

南山含註戒本云。不受上座教嫌罵言。與律文異。

開緣

若彼人實有其事。恐後悔恨語令如法發露。便言有愛等。
若戲笑說等。
——無犯。

露敷僧物戒第十四

南山行事鈔

具六緣成犯。一四方僧牀敷。二知是。三露處。四自敷使人敷。五去時不自舉不教人舉。六出門犯。

罪相

去不即時還者。
- 若有舊住比丘摩摩帝知事人者當付授囑守護牢舉。
- 若無人者當舉著屏處。無屏處者應量宜不壞敗處而舉著之。持麁者覆好者上。

去即時還者。——去時不收舉。但應自念若疾雨疾行。若中雨中行。若少雨徐行。得還而不壞坐具。

——應次第作如是方便而去。

在露地敷僧繩牀木牀臥具坐褥。不收捨去。——不次第作如是方便。
- 出門外。——波逸提。
- 一足在門外。一足在門內。欲去還悔。——突吉羅。

在露地二人共一繩牀木牀坐。
- 下座意謂上座當收。上座不收。——下座一波逸提。一突吉羅。非威儀故
- 上座意謂下座當收。下座不收。——上座波逸提。
- 二人不前不後。俱不收。——二俱波逸提。

在露地敷餘空繩牀木牀踞牀几浴牀臥具表裏地敷繩索毳衬。不收捨去。——突吉羅。

在露地敷僧臥具。不收而入房思惟。——突吉羅。

靈芝資持記

二人不前不後。謂同臘者。表裏即內外。謂摘開各處。非全物也。

開

若次第作如是方便而去。如上廣說。

若強力者所執等。不次第作如是方便而去。

緣

若二人共一繩牀木牀坐下座應收。
若敷餘空牀等收而去。
若敷僧臥具收已而入房思惟。
——無犯

覆處敷僧物戒第十五

南山戒本疏

與上戒所以離者。一屏露異。二得罪時異。露則出門。屏則決意絕還。如上出界。若暫非永。過三夜犯。三開緣不同。露則兩相緩急。屏則開於二夜。

南山行事鈔

具六緣成犯。一是僧物。二知是。依疏增入三屏處。四自敷使人敷。五去時不自舉不教人舉。六或出界或過三宿犯。

罪相

- 去不還者。
  - 若有舊住比丘摩摩帝知事人者。當付授囑守護牢舉。
  - 若無人者。應量宜不壞敗處。當移牀離壁高搘牀腳。持枕褥臥具置裏。以餘臥具覆上。若恐壞敗。當取舉置衣架上。豎牀而去。
  - ——應次第作如是方便而去。
- 去不久即還者。——去時不收舉。得二宿。在界外至第三宿明相未出。若自往若遣使往語摩摩帝知事人。命其掌護此物。
- 於僧房中敷僧臥具等。不收攝去。
  - 若期不還者。——不次第作如是方便。
    - 出界外。——波逸提。
    - 一足在界外。一足在界內。欲去還悔。——突吉羅。
    - 期去而不去。——突吉羅。
  - 若期不久即還者。——在界外至第三宿明相未出。不往語。——波逸提。

開緣

若期不還者，次第作如是方便而去。如上廣說。
若舍崩壞，若火燒，若毒蛇入舍，若賊難，若惡獸難，若強力者所執等，不次第作如是方便而去。
若期不久即還者，在界外至第三宿明相未出，往語。
若期不久即還者，在界外至第三宿明相未出，若水道斷等，若強力者所執等，不得往語。

——無犯。

〔案〕若水道斷等。具云：若水道斷，（亦作水陸道斷，又作水道斷路嶮難）若賊難，若惡獸難，若河水漲，已下並同，準是應知。

強敷戒第十六

〔南山行事鈔〕具五緣成犯。一、他先借得安止已定。二、知他先住。三、作惱意。四、強敷中間。五、隨坐臥，犯。

罪相

知他比丘先得住處，強於中間敷臥具止宿。
——隨脇著牀，隨小轉側。
——波逸提。

開

若先不知。
若語已住者，先與開間。
若間寬廣不相妨閡。
若親舊人教言，但於中敷，我為語主。

——無犯。

緣
若倒地。若病，轉側墮上。若強力者所執等。

牽他出僧房戒第十七

南山行事鈔

具四緣成犯：一是僧春冬房。鈔又云：夏房入己牽出犯吉。二先安止已定。三作惱意。四牽出犯。

應遮，非定屬己，牽出數故。夏房不爾，稀故結輕。

靈芝釋云：初簡三時，春冬分房，有上座來下座

罪相		
若自若教人牽	多人出多戶。	多波逸提。
	多人出一戶。	多波逸提。
	一人出多戶。	多波逸提。
	一人出一戶。	一波逸提。
持他物出。持物擲著戶外。閉他著戶外。		突吉羅。

開
若無瞋恚心隨次第出。

緣

靈芝資持記

若與未受大戒人共宿，至第三夜遣出。
若破戒，若破見，若破威儀，若為他所舉，若為他所擯，若應擯，故驅遣出。
若以是因緣，故有命難、梵行難，故驅遣出。
——無犯。

一、隨次出者，即前住者謂見上座來，自避去也。四、開難緣。若不牽出，必致損己。

坐脫腳牀戒第十八

南山行事鈔

具三緣成犯：一、是重屋，二、脫腳牀，三、在上坐臥犯。

罪相

在重閣上坐臥
- 脫腳繩牀、木牀
  - 隨脇著牀
  - 隨小轉側
  ——波逸提。
- 獨坐牀、一板牀、浴牀——突吉羅。

開緣

若坐旋腳繩牀、直腳繩牀、曲腳牀、無腳牀。
若牀楷大。
若脫腳牀安細腰。
若重閣上有板覆，或刻木作華覆，或重厚覆。
若反牀坐。
——無犯。

若脫牀腳坐。

靈芝資持記

一、皆謂不脫。二、雖脫有所承故。三、謂有釘紐鎖等。

靈芝行宗記

四、若重屋板覆此句總標，刻華及厚別顯二相。

案

開緣第五，南山含註戒本及靈芝資持記皆作若板牀坐。原註云：謂以板藉。

用蟲水戒第十九

南山行事鈔

具四緣成犯：一、是蟲水；二、知有蟲；三、不作漉法；四、隨所用犯。

罪相

若自、若教人：
- 以有蟲水、或有蟲酪漿水、清酪漿、酢、清麥漿——澆泥若草。
- 以泥若草——擲入有蟲水、或有蟲酪漿水、清酪漿、酢、清麥漿中。

——波逸提。

境想

有蟲水：
- 有蟲水想。——波逸提。
- 有蟲水疑。——突吉羅。

無蟲水：
- 有蟲水想。——突吉羅。
- 無蟲水疑。——突吉羅。

開緣

若不知有蟲作無蟲想。
若蟲大以手觸水令蟲去。
若漉水灑地。
若教人灑。
——無犯。

【案】開緣第四，南山含註戒本及行事鈔皆作若教人漉。

覆屋過三節戒第二十

【南山行事鈔】具四緣成犯：一、自為己；二、自作使人覆；三、至第三節未竟不去見聞處；四、至三節竟犯。

罪相

第三節覆未竟：
- 不去至不見不聞處。——第三節覆竟。——波逸提。
- 若捨聞處至見處，若捨見處至聞處。——第三節覆竟。——突吉羅。

【靈芝資持記】言三節者，若約緣起，則是三重覆已，更覆故致摧倒。若據律文，即約苫草以分節段，縱橫皆犯。

開緣

若第三節覆未竟，去至不見不聞處。
若水道斷等，若強力者所執等，不去至不見不聞處。
——無犯。

輒教尼戒第二十一

南山行事鈔

具四緣成犯：一、不為僧差。二、集於尼眾。三、說法教誡。四、言了了。犯。

罪相

情形	罪
僧不差，往與說法。	波逸提。
僧不差，或非教授日，往與說八不違法。	突吉羅。
僧差，非時不到比丘尼處。	突吉羅。

靈芝行宗記

今更作句，以定罪相。一、不差日如，單犯一提。二、受差日非，唯犯一吉。三、不差日非，雙結提吉。說法八敬，教示不殊。有何義故，而分輕重。

並制

情形	罪
僧差比丘至，比丘尼至時不出迎（當出半由旬迎）。	突吉羅。
僧差比丘至，比丘尼不供給所須，辦浴具，作粥飯。	突吉羅。

附

情形	罪
若比丘僧眾病；若比丘僧眾不和合，眾不滿足：比丘尼不遣人禮拜問訊比丘僧眾。	突吉羅。

制

若比丘尼僧眾病，若比丘尼僧眾不和合，眾不滿足，—— 比丘尼不遣人禮拜問訊比丘僧眾。—— 突吉羅。

開緣

若眾僧所差，至教授日與說八不違法，應次往與說法。
若僧差剋時到比丘尼處。
若僧差比丘至比丘尼，如法出迎及供養。
若比丘尼如法遣人禮拜問訊比丘僧眾。
若水道斷等，若强力者所執等，比丘尼不能如法遣人禮拜問訊比丘僧眾。
—— 無犯。

與尼說法至日暮戒第二十二

南山行事鈔

具六緣成犯。一是僧差。二集於尼眾。三說法教誡。四日暮。五知想。六說法不止犯。

罪相

比丘
- 教授比丘尼 —— 至日暮。—— 波逸提。
- 若為比丘尼受經，若誦經，若問，若以餘事 —— 至日暮。—— 突吉羅。

比丘若為餘婦女受經，若誦經，若問，若以餘事 —— 至日暮。—— 突吉羅。

南山戒本疏

除教授已，餘誦受經至暮同譏。如何輕者。以教授僧集尼眾易，故重。自餘別請，尼之來去無攝法，故輕也。

境想

- 日暮
  - 日暮想 —— 波逸提。
  - 日暮疑 —— 波逸提。
  - 不日暮想 —— 突吉羅。
- 不日暮
  - 日暮想 —— 突吉羅。
  - 不日暮疑 —— 突吉羅。

開緣

- 若教授比丘尼，日未暮便休。
- 若為男子受經等。
- 若船濟處說法，比丘尼聽。
- 若與賈客共行，夜說法。
- 若至比丘尼寺中說法。
- 若說戒日，比丘尼來在眾中請教授人，值說法便聽。

—— 無犯。

靈芝資持記

三、四、二並別緣，尼因聽故。五至尼寺者，由本緣起尼來僧寺，故有此開。若舉後制，應非開也。六因人請，此亦僧寺。

譏教尼人戒第二十三

南山行事鈔

具六緣成犯。一是僧差。二情存為法。三內心嫉忌。四說為飲食。五言了了。六前人解，犯。

罪相

譏論諸比丘為飲食故，
- 教授比丘尼。
- 若教比丘尼誦經，若受經，若問。
  - 了了。—— 波逸提。
  - 不了了。—— 突吉羅。

開緣

若其事實爾，為飲食故教。
若戲笑說等。
—— 無犯。

與非親尼衣戒第二十四

南山行事鈔

具四緣成犯。一是尼。二非親。三與衣。四領受犯。

罪相

與非親里比丘尼衣。—— 波逸提。

開

若與親里比丘尼衣。——

若共相貿易。若與塔與佛與僧。——無犯。

與非親尼作衣戒第二十五

南山行事鈔

具三緣成犯。一是尼。二非親。三隨作犯。

罪相

與非親里比丘尼作衣。
- 隨刀截多少。
- 隨一縫一鍼。

——波逸提。

若復披着牽挽熨治以手摩捫。
若捉角頭挽方正安帖。
若緣若索線若續線。

——突吉羅。

開緣

若為親里比丘尼作。
若為塔為僧作。
若借著浣染治還主。

——無犯。

獨與尼屏露坐戒第二十六

南山行事鈔

具四緣成犯。一是比丘尼。二無第三人。三在屏露二處。四共坐犯。

南山戒本疏

緣中門外同坐。止是露攝。戒本明屏。故知雙結也。

罪相

獨在屏處與比丘尼
- 坐者。——波逸提。
- 立住者。——突吉羅。

盲而不聾。聾而不盲。第三人——突吉羅。

南山戒本疏

盲聾互有。不成全證故吉。由是坐戒立故是輕。

開緣

若比丘有伴。
若有智人不盲不聾不聾不盲。
若行過卒倒地若病轉側。
若強力者所執等。
——無犯。

南山戒本疏

不盲聾者。開前盲而不聾句。

與尼期行戒第二十七

南山行事鈔

具五緣成犯。一是尼。二共期。三無緣。四同一道。五越界犯。

罪相

與比丘尼期同一道行。

- 從一村乃至一村。隨眾多界分齊。——波逸提。
- 非村，在空處行，乃至十里。——波逸提。
- 若減一村，若減十里。——突吉羅。
- 若多村間同一界行。——突吉羅。
- 方便欲去而不去。／共期莊嚴。——突吉羅。

開緣

- 若不共期。
- 若大伴行疑恐怖處。
- 若往彼得安隱。
- 若強力者所執等。

——無犯。

靈芝資持記

二、大伴者。律緣眾多比丘與眾多尼皆欲從舍衛至毗舍離，以佛制戒不得同行。尼眾在後，為賊所劫。白佛，故開。兩眾多人，故云大伴。今一比丘多尼亦開。又疏云：行途迥遠，招譏過大，縱多比丘一尼亦犯。要得多尼方開。生處譏輕，有兩比丘，即不犯位。原註云前戒開通僧多尼少不犯。三、若往安隱者，如病等別緣，必須前指。

與尼同船戒第二十八

南山行事鈔 具四緣成犯。一是尼。二共期。三同乘上下。四入船犯。

南山戒本疏 與俗女同船。必有船公為第三人。故不須制。亦可尼女同制。俱犯提罪。

罪相

與比丘尼期同乘一船上水下水。

- 入船。——波逸提。
- 一足在船上。一足在地。——突吉羅。
- 方便欲入而不入。
- 共期莊嚴。
  ——突吉羅。

開緣

- 若不共期。
- 若直渡彼岸。
- 若入船船師失濟上水下水。
- 若往彼岸得安隱。
- 若强力者所執等。

——無犯。

靈芝資持記 失濟者。本為直渡。上下非意。

食尼歎食戒第二十九

南山行事鈔

具四緣成犯。一尼三衆歎得食。二知。三受得。四咽咽犯。

罪相

知比丘尼教化。
- 得食食。上食字去声寺音飯屬也 下食字入声蝕音喫也 —— 咽咽 波逸提。
- 得餘襯體衣燈油塗脚油。—— 突吉羅。

境想

- 教化。
  - 教化想。—— 波逸提。
  - 教化疑。—— 突吉羅。
- 不教化。
  - 教化想。—— 突吉羅。
  - 不教化疑。—— 突吉羅。

開緣

若不知。
若檀越先意。
若教化無教化想。
若比丘尼自作。
若檀越令比丘尼經營。
若不故教化而乞食與。
—— 無犯。

靈芝資持記

此中一、三屬比丘。二、五屬檀越。四、六屬尼。

【案】開緣第四，南山鈔作若尼自作檀越。

與女人期同行戒第三十

【南山行事鈔】具犯同尼行戒。靈芝釋云，但改初緣人女為異。

罪相

與婦女期同一道行。
- 從一村乃至一村。隨眾多界分齊。——二波逸提。
- 非村，在空處行，乃至十里。——波逸提。
- 若減一村，若減十里。——突吉羅。
- 若多村間同一界行。——突吉羅。
- 方便欲去而不去。共期莊嚴。——突吉羅。

開緣

- 若不共期。
- 若往彼得安隱。
- 若強力者所執等。

——無犯。

【南山戒本疏】就開不期及難故，知共期多伴亦犯。不類尼中以同法故。靈芝釋云，多伴，謂一比丘多女。

施一食處過受戒第三十一

南山行事鈔

具五緣成犯。一施主期限一食。二知是。三重過受。四無因緣。五食犯。

罪相

於一宿處
- 過受食。——咽咽波逸提。
- 更受餘襯體衣燈油塗脚油。——突吉羅。

開緣

- 若一宿受食。
- 若病過受食。
- 若諸居士請大德住與食。
- 若檀越次第請食。
- 若兒女妹兒婦次第請食。
- 若今日受此人食明日乃受彼人食。
- 若水道斷等若強力者所執等過一食。

——無犯。

靈芝行宗記

居士請住等者，施意通故。檀越次第請者，日別一食，非過受故。兒女已下，並異主故，亦非過也。

展轉食戒第三十二

南山行事鈔

具五緣成犯。一先受五正請。二食境堪飽足。三無緣。四更異主受正食。五咽咽犯。

罪相

不捨前請受後請食。	咽咽	波逸提。
不捨後請受前請食。	咽咽	突吉羅。

開緣

若病時。
若施衣時。
若一日之中有多請者自受一請餘施與人。
若請與非食。
若食不足。
若無請食者。
若食已更得食。
若一處有前食後食。
——無犯。

南山戒本疏

若請與非食者，謂枝葉末磨佉闍尼也。或不足者，謂不充飽也。或無請食者，說不犯也。或食已更得食者，前家食已更受餘家。乃可犯足，不犯背也。（足者第三十五足食戒，背者本戒）或不壞坐，（足食已不捨威儀）亦得受之。或一處有前後食者，既同主異食，亦無背罪。必不壞儀，亦不犯足也。

靈芝釋云。無請說不犯者，此非開緣，律文虛列。如前長衣，不得衣日，亦名不犯之類。（詳見本律）後兩種，並容犯足，須約壞儀。不壞不犯。

別眾食戒第三十三

南山行事鈔

具七緣成犯。一有施主。二或僧次請。或別請。或別乞。三五正食。在時中。四食處成眾。五知界內有善比丘來食不集。六無諸緣。七咽咽犯。

罪相

別眾食。眾者四人已上 —— 咽咽波逸提。

靈峯事義集要

案此別眾凡有二義。一者別為眾。如四分等所明。二者別於眾。如律攝中所釋。律攝云別眾者謂不同處食若四苾芻同一界內下至一人不共同食並名別眾 然則乞食不得四人同行。受請必須僧次差往。僧中淨食。要打揵椎。請食私房。無緣不聽。聖制昭然。不可越矣。

并制

有因緣不說者。因緣者若病等 —— 突吉羅。

開緣

若病時。若作衣時。若施衣時。若道行時。若乘船時。若大眾集時。若沙門施食時。
若三人食。若四人更互食。
若說有因緣而去。
—— 無犯。

靈芝資持記

僧護經說。迦葉佛時比丘。為僧上座。不能禪誦。不解戒律。飽食熟睡。但能論說無益之語。精餚供養。先僧飲食。以是因緣。入地獄中。作大肉瓮。火燒受苦。至今不息。彼經事廣。須者尋之。今時眾主。多有斯過。雖傳經律。不識因果。別修異饌。對眾獨飡。縱恣貪心。侵虧常住。豈念違於佛教。傷彼眾情。著少頃之甘肥。為長夜之苦楚。深嗟鄙吝。知復何心。

取歸婦賈客食戒第三十四

南山行事鈔

具五緣成犯。一是歸婦食賈客糧。二知是。三無病緣。四過三鉢。五出門犯。

罪相

- 知是歸婦食賈客糧。食已出
  - 不持還者。——告餘比丘言。若往彼家食已欲持還者。——取兩三鉢。
  - 持一鉢還者。——當分與餘比丘食。——同——取兩鉢。
  - 持兩鉢還者。——同——同——取一鉢。
  - 持三鉢還者。——同——同——慎勿持還。
- 於彼家過兩三鉢受食還。
  - 出彼門外。——波逸提。
  - 一足在門外。一足在門內。欲去還住。——突吉羅。
- 不問歸婦食賈客糧而取食者。／持食還不分與餘比丘而獨食者。／還時不告餘比丘者。——突吉羅。

南山戒本疏

多論。若上鉢取一鉢無罪。二鉢足犯。中鉢取二。下鉢取三。各不犯。過則犯。若一人取過三鉢犯。謂下鉢也。若四人過三鉢。前三人不犯。後一人犯。以前人語云。已持三鉢來。汝莫持來。過在後人故。

開緣

- 若雨三鉢受食。
- 若病者過受食。
- 若問歸婦食賈客糧。
- 若還時分與餘比丘食。
- 若還時告餘比丘使知村處。
- 若彼自送至僧伽藍中得受。
- 若送至比丘尼寺中亦得受。

→ 無犯。

靈芝行宗記

七送尼寺者。從尼受也。

足食戒第三十五

南山行事鈔

具五緣成犯。一是可足食。二知境足。三捨威儀。四無緣。五更食犯。

五種蒲闍尼食。（正食）
- 飯。
- 麨。
- 乾飯。
- 魚。
- 肉。

五種佉闍尼食。（不正食）
- 根。
- 枝。
- 葉。
- 華。
- 果。

油。胡麻。黑石蜜。磨細末食。亦屬之。

五種足食。
- 知足飯等。
- 知持來。
- 知遮。
- 知威儀。
- 知捨威儀。

罪相

餘食法。對餘比丘言、大德、我足食已、知是看是、此作餘食法。彼應取少許食已、語彼比丘言、我止、汝取食之。彼比丘即應食。

足食已、捨威儀、不作餘食法、食：
- 正食。
- 不正食。

——咽咽波逸提。

若自足食已、為他作餘食法。
若知他足食已、使作餘食法。
若自手捉食、使作餘食法。
若持食置地、使作餘食法。
若使淨人持食、作餘食法。
若以不好食覆好食上、使作餘食法。
若受他餘食法、盡持去。

——不成餘食法。——突吉羅。

若淨人前作餘食法。——突吉羅。

靈峯事義集要

知是飯、謂五正食也。餘不名足食。知持來、從人受也。知遮、言不須也。知威儀、行住坐臥四威儀、皆得受食也。知捨威儀、行者止住者移步、坐者離坐、臥者轉側身起、是名捨威儀。律文雖具說四威儀、但以坐為常、餘非時有臥、唯老病開許

南山戒本疏

就中對俗而作、不妨兩是比丘。非儀故吉、不妨成法。餘七不成、失法故吉。

境想

- 足食、
  - 足食想。——波逸提。
  - 足食疑。——突吉羅。
- 不足食。
  - 不足食想。——突吉羅。
  - 不足食疑。——突吉羅。

開緣

若食作非食想。
若不受作餘食法。
若非食不作餘食法。
若自取作餘食法。
若不置地作餘食法乃至手及處。
若與他他與己作餘食法。
若病不作餘食法。
若病人殘食不作餘食法。
若已作餘食法。
——無犯。

靈芝行宗記

一稠粥，意謂稀薄，無心謂足，故無犯也。二不受餘法，謂頭陀上行，無犯理也。三非食不作法，謂先食不正，更食不犯。四自取作餘食法，反上使淨人也。五不置地作乃至手及處，反上置地手不及也。六若與他，他與己作，此謂能所如法。

勸足食戒第三十六

南山行事鈔

具五緣成犯。一他足食竟。二知。三發言強勸。四不作餘食法。五前人食犯。

彼受食。——咽咽二俱波逸提。

罪相

知他比丘足食已，不作餘食法，勸彼食，欲令他犯。

彼受。

- 不食，棄之。
- 不食，舉置。
- 不食，轉與餘人。
- 作餘食法，食之。

與者，突吉羅。

與病人食，欲令他犯。

與者，突吉羅。

持病人殘食，與他，欲令他犯。

作餘食法已，與他，欲令他犯。

與者，突吉羅。

南山戒本疏

與病人食本不名犯，但能與者心懷不善，實開謂閉，愚教故。與前敢不犯，能勸吉羅。下列二相亦同此義

境想

同第三十五足食戒。

開緣

- 若先不知足食，不足食想。
- 若與令棄而食之。
- 若與令舉置而食之。
- 若與令送與人，取而食之。
- 若未作餘食法，與令作餘食法食，彼不作而食。
- 若持病人殘食與他，非令他犯。
- 若作餘食法已與他，非令他犯。

無犯。

非時食戒第三十七

南山行事鈔

具四緣成犯。一是非時。二非時想。三時食。四咽咽犯。

罪相

- 非時。（從日中乃至明相未出）受食食。（食者時食亦名時藥）——咽咽波逸提。
- 非時藥過非時。七日藥過七日。——波逸提。
- 盡形壽藥無因緣服。——突吉羅。

南山戒本疏

三藥解者。謂諸漿等手口二受。明相未出受法不失名之為時。明出法失得罪不應服。名非時也。酥油等口法未失名時。八日時過失法。名非時。盡形壽藥。有病加服名為時。無病輒服名非時。

境想

- 非時。
  - 非時想。——波逸提。
  - 非時疑。——突吉羅。
  - 時想。——突吉羅。
- 時。
  - 非時想。——突吉羅。
  - 非時疑。——突吉羅。

開緣

若黑石蜜，作時雖中有罽尼米，聽噉。若病比丘過日中，應煮麥令皮不破，漉汁飲之。若喉中哯出，還咽。——無犯。

靈芝資持記

黑石蜜者，古記云：用蔗糖和糯米煎成，其堅如石。此明七日雖兼時藥（即時食），過中開服。有病開麥汁者，雖似時漿，以清澄故。

南山行事鈔

智論問曰：若法無時，云何聽時食、遮非時食為戒？答曰：我已說世界名字法有非實，汝不應難。亦是毗尼中結戒法，是世界中實有。為眾人訶責故，亦欲護佛法使久存，定佛弟子禮法故，佛世尊結諸戒，不應求有何名字相應不相應等。「若爾，云何但說假名時？答。實時，毗尼不說，以白衣外道不得聞，聞生邪見故。說假名時，以通多分故。　靈芝釋云：智論釋六成就中，時成就文。彼明天竺說時有二：一名迦羅，（原註云：此云實時，謂年月日時四時節氣等，世俗皆計為實故。）二名三摩耶。（此云假時，謂隨事緣長短不定，無有實故。）佛隨世諦說三摩耶，不說迦羅，為除外道俗人邪見故。（俗人著有，外道計常，若說實時，更增彼計。此亦大分為言，非俱不說。）論中先破彼計實時皆無有實，然毗尼制法，多依實時，則顯如來亦說實時，豈是無時？故以為問。如鈔所引。答中為二：初約義釋通，二佛下，遮其來難。初中三義：初從假釋。論中難破時已，乃云見陰界入生滅，假名為時，無別時。（謂時經及餘經等，亦說實時，乃是隨世名字，故云假名。此與俗說假名，言同義別。）又準佛說，則彼二皆是假名，隨彼而言，故云實耳。文云我已說者，即指上文。世界法有故，不妨說時非時。非實故不妨無時。立論已明，不審重問，故反責之，云不應難。（有下闕時字，實下脫法字，論本有之。）亦是下，次隨世釋。世界實者，俗所計也。（論文實下有非第一實一句，又無有字。）眾人訶者，即指緣起。（律中女人訶迦留陀夷云：寧自破腹，不應夜食。）由彼計實而致譏訶，律附世相，遮譏故制。亦欲下，三護法釋，謂受戒時分，定上中下，互相敬事，令法不滅，故云使久存等。（初義約假，從道以釋；後二約實，從俗而釋。）遮來難中，以毗尼制教，隨順世諦，從權建立◎不可橫以真理而難俗事◎以化就蕩相，制是建立◎故云不應求等。論具云：諸佛世尊結諸戒，是中不應求有何實，（體之虛實）有何名字，（名之有無）何者相應，何者不相應，（義之違順）何者是法如是相，何者是法不如是相。（相之是非）以是故，是事不應難。（化教詮理，必須四義求之。）」次難中，論文前云：如來為除邪見，不言迦羅，說三摩耶。謂餘經中多說假時，如上引律，乃說實時，義有相違，故以為難。答中為二：初明毗尼說實意，上句正示。（不字誤，論文正作中字。）以下，顯意。謂毗尼不許白衣外道聞，故可說實時◎以道眾自知非實，不生邪執故◎（文中下闕字，論作而字。）說下，次明餘經說假意。通多分者，道俗俱可聞故。

同

古多錯解妄改文字，學者難曉不免繁文。

靈芝行宗記

今有妄學大乘者，多貪著非時食，故具引誡之。　靈芝釋云：以學語者恥己貪饕，濫謂大乘無時非時，故今還引大論以誡邪執。近世學大學小，啖食無時，不是佛戒。銅洴水鐵丸，焦爛喉腹，痛徹心髓，誰當代之，悲夫。

經中說云：早起諸天食，日中三世諸佛食，日西畜生食，日暮鬼神食。佛制斷六趣因，令同三世佛故。　靈芝釋云：欲超三界，必斷六因故。制比丘不同彼食，令依極聖，出離可期。嗟彼愚人，多貪晚食，有戮諸佛而甘同鬼畜，不知何意乎。古之高德，奉敬律儀，一食卯齋，用為常務。今時濁惡，啖食無時，設有營齋，過留至暮。禪師講匠，坐受安然，唯知取適於穢軀，豈念公違於聖教。美為餓鬼，即此心成；銅汁鐵丸，豈從他得。有識高達，宜乎勉之。

食殘宿戒第三十八

南山行事鈔

具三緣成犯：一、是殘宿；二、知是；三、咽咽犯。

罪相	
殘宿食而食者	咽咽波逸提
非時藥過非時；七日藥過七日	波逸提
盡形壽藥無因緣服	突吉羅

南山行事鈔

問：殘之與宿，為一為異？四句答之：一、殘而非宿（且受四藥不加口法過中），吉羅。二、宿而非殘，亦吉（謂未受食或共同宿者。不宿不犯）。三、亦殘亦宿，提。四、非殘非宿。

可知。靈芝釋云。對簡殘宿中。初約殘宿簡四句。一二兩句。正屬此戒。輕重分異。第二乃犯內宿。第四無過。故云可知。初句註中上句通明手受。下句別指三藥。時藥無口法故。殘宿內宿亦作四句。一是殘宿非內宿。今日受食安界外。不共宿。非內宿也。得隨上。二是內非殘。三四俱句。顯知。 靈芝釋云。次對內宿簡四句中。三亦殘亦內。一提一吉。四非殘非內。無犯。初句屬此戒。第二屬內宿。第三涉二戒。

境想

- 宿。
  - 宿想。——波逸提。
  - 宿疑。——突吉羅。
- 非宿。
  - 宿想。——突吉羅。
  - 非宿疑。——突吉羅。

開緣

- 若宿受食有餘。與父母。
- 若與塔作人。與房舍作人。計作食價與。異時從作人邊乞食。得食。
- 若鉢盂有孔罅。
- 若宿受酥油脂。用灌鼻。縮鼻時。酥油隨唾出。應棄之餘者。

——無犯。

靈芝資持記

四。為欲治病。非欲食故。西土患眼。多以酥油灌鼻。

南山行事鈔

律中殘宿不受食戒。以坐禪比丘為緣起者。為防未來惡比丘故。內無道觀。煩惱未伏。妄倚道業。便輕聖戒。此乃心涉愛憎。大我未伐故。諸三乘道人並不輕戒。以深伐我根。傾慢使憧。敬戒而增道業。可不欽尚之哉。 靈芝釋云。世以禪觀為真道。戒檢為閑務。豈知道觀非戒不成。故云妄倚等。此下。顯過。取道棄戒。故心涉愛憎。輕戒慢聖。故大我未伐。故下。引勸。上敘眾聖尊戒。下句勸令效聖。

近世禪講。率多此見。請披聖訓。勿任凡情。

不受食戒第三十九

南山戒本疏 闕 鈔

具三緣成犯。一是四藥。二輒自取。三咽咽犯。

罪相

- 不受食。自取食者。——咽咽波逸提。
- 非時藥過非時。七日藥過七日。——波逸提。
- 盡形壽藥無因緣服。——突吉羅。

境想

- 不受。
  - 不受想。——波逸提。
  - 不受疑。——突吉羅。
- 受。
  - 不受想。——突吉羅。
  - 受疑。——突吉羅。

開緣

若取水及楊枝。
若不受之酥油脂，用灌鼻，隨唾出，餘者。
若鳥銜食墮鉢中，若風吹墮鉢中，此食乃至一指爪可除去，餘者。
——無犯。

南山行事鈔

今奉法者，希有一二，多並任癡心，抑挫佛法，得便進轍，何論淨穢。高談虛論，世表有餘，攝心順教，一事不徹，焉知未來惡趣，且快現在貪癡。有識者，深鏡大意。

靈芝釋云：初敘忘情慢法，希有二言，其極少。斯時尚爾，於今可知。聖制不行，即是滅法，故云抑挫。高談下斥有言無行。高談謂超世之語，虛論謂言過其實。攝心則動無自任，順教則專奉律儀。此明好大者，據說則超出世表，核行即混迹常流，一事行之不徹，則無量法行滅於身矣。此徒滿眼，實為寒心，真誠出家，幸勿自屈。

索美食戒第四十

南山行事鈔

具四緣成犯：一是美食，二無病，三自為己，四咽咽犯。

罪相

自為身乞美食食。——咽咽波逸提。

開緣

若病人自乞。
若為病人乞，乞得而食。
若己為彼，彼為己。
若不乞而得。
——無犯。

〔靈芝資持記〕三、自他交乞，乃是為他。

〔南山行事鈔〕諸律並明魚肉為時食。此是廢前教。涅槃云：從今日後，不聽弟子食肉。觀察如子肉想。夫食肉者，斷大慈種。水陸空行有命者怨。故不令食。廣如彼說。今有凡愚，多嗜豬肉。罪中之大，勿過於此。故屠者販賣，但為食肉之人。必無食者，亦不屠殺。故知食者同屠造業，沾殺生分。可不誡乎。

〔同〕有學大乘語者，用酒肉為行解。則大小二教不收。自入屠兒行內。天魔外道，尚不食酒肉。此乃閻羅之將吏耳。

與外道食戒第四十一

〔南山行事鈔〕具五緣成犯：一、是外道。二、知。三、自與食。四、非置地使人。五、彼手受犯。

罪相

於裸形外道男女，自手與食。
- 與而受者。——波逸提。
- 與而不受者。——突吉羅。
- 欲與還悔。——突吉羅。

開緣

靈芝資持記

- 若捨著地與。
- 若使人與。
- 若與父母。
- 若與塔作人與房舍作人計作食價與。
- 若為力勢強奪去。

→ 無犯。

若與父母，謂住外道者。

不囑同利入聚戒第四十二

南山行事鈔

具五緣成犯。一、先受他請。二、食前後。三、不囑授。四、詣餘家無緣。五、入門犯。

罪相

- 若比丘囑授欲詣村，而中道還。
- 若比丘囑授欲詣村，不至所囑授處，乃更詣餘家。
- 若比丘囑授至白衣家，乃更至庫藏處及聚落邊房，若至比丘尼僧伽藍中，若即白衣家還出。

→ 失前囑授。後欲去者，當更囑授。

先受請已，前食後食詣餘家，不囑授餘比丘。

- 入村門。→ 波逸提。
- 一足在門外，一足在門內。→ 突吉羅。
- 方便莊嚴欲去而不去。→ 突吉羅。

開緣

南山戒本疏

- 若病時。
- 若作衣時。
- 若施衣時。
- 若囑授比丘。
- 若無比丘不囑授、至餘庫藏聚落邊房、若至比丘尼僧伽藍中、若至所囑白衣家。
- 若衆多家敷坐具請比丘。
- 若強力者所執等。

→ 無犯。

多家敷具者、謂多家同會處、處處待僧。隨至何家、皆是請處。

食家強坐戒第四十三

南山行事鈔

具五緣成犯。一、是食家。二、知是。三、強坐屏處。四、無第四人。（夫婦比丘外更有一人曰第四人）五、申手不及戶坐、犯。

罪相

- 食家中、有寶、在舒手不及戶處
  - 坐者。→ 波逸提。
  - 立住者。→ 突吉羅。
- 盲而不聾、聾而不盲。（人第四）→ 突吉羅。

南山行事鈔

四食之中，（四食者：段食、觸食、思食、識食）觸是觸食家。眼根對色，故名觸食。

靈芝行宗記

手不及戶，據身在內為言。

靈峯事義集要

案此戒正從食家得罪。（律云：食者，男以女為食，女以男為食，故名為食家）不從有寶得罪。言有寶者，或有寶則是夫婦可行欲處故耳。

開緣

若食家中，有寶在舒手及戶處坐。
若有二比丘為伴。
若有識別人，若有客人在一處，不盲不聾，不聾不盲。
若從前經過不住。
若卒病發倒地。
若強力者所執等。

——無犯。

屏與女坐戒第四十四

南山行事鈔

具四緣成犯。一、是俗女。二、屏處。三、無第三人。（此不對夫故云第三人）四、申手不及戶坐，犯。

罪相

同第四十三食家強坐戒。

開緣
若坐舒手得及戶，使乞食比丘見。
若有二比丘為伴。
若有識別人，若有客人在一處，不盲不聾，不聾不盲。
若從前經過不住。
若卒病發倒地。
若強力者所執等。
——無犯。

獨與女人坐戒第四十五

南山行事鈔

具四緣成犯。一、是俗女。二、露處。原註云淨人見聞屏處。三、無第三人。四、在中手內共坐，犯。

罪相	
獨與女人在露地，共一處	坐者。——波逸提。
	立住者。——突吉羅。
盲而不聾，聾而不盲。	——突吉羅。

開緣

若有二比丘為伴。
若有識別人，若有客人在一處，不盲不聾，不聾不盲。
若從前經過不住。
若卒病發倒地。
若強力者所執等。
——無犯。

驅他出聚戒第四十六

南山行事鈔

具四緣成犯：一、是比丘；二、期與設食；三、無諸緣礙；四、遣去，犯。

罪相

故使他不得食方便遣去。
- 若他若自，捨見處聞處。——波逸提。
- 若他若自，捨見處至聞處，或捨聞處至見處。——突吉羅。

開緣

若與食遣去。
若病，若無威儀人見不喜者，語言：汝去，我當送食至僧伽藍中。
若彼破戒、破見、破威儀，若眾中所舉，若被擯、若應擯，若見命難、梵行難，方便遣去，不以嫌恨故遣去。
——無犯。

過受四月藥請戒第四十七

南山行事鈔

具六緣成犯。一是藥請。二施主限定。三知限。四過受。五無緣。六食犯。

罪相

請有四種。
- 夜有限齊，藥無限齊。
- 夜有限齊，藥有限齊。
  ——夏四月應受。
- 夜無限齊，藥有限齊。
- 夜無限齊，藥無限齊。
  ——隨施時應受。

過受夏四月請與藥。——咽咽波逸提。

開緣

- 若受夏四月請與藥。
- 若病者過受。
- 若常請。彼言我常與藥
- 更請。斷已後復更請與
- 分請。持至僧伽藍分與
- 盡形壽請。彼言我當盡形與藥

——無犯。

靈芝行宗記

常請約能施之主，不限於時。盡形據所請之僧，除死而已。

觀軍戒第四十八

南山行事鈔

具四緣成犯。一是軍陣。二故往觀。三無緣。四往見犯。

罪相

從道至道。
從道至非道。
從非道至道。
從下至高。
從高至下。
——觀軍陣。

往觀軍陣。
- 去而見者。——波逸提。
- 去而不見者。——突吉羅。
- 方便莊嚴欲觀而不去。——突吉羅。

比丘先在道行軍陣後至比丘不下道避。——突吉羅。

開緣

若比丘有事往。若被請去。若強力者將去。
若比丘先在道行軍陣後至比丘下道避。
若水道斷等。若強力者所執等不下道避。
——無犯。

有緣軍中過限戒第四十九

南山行事鈔

具四緣成犯。一有請緣。二曾經二夜。三第三宿不離見聞處。四明相出犯。

罪相

有因緣軍中宿至第三夜明相未出。
- 不離見聞處。——明相既出。——波逸提。
- 若離見處至聞處若離聞處至見處。——突吉羅。

開緣

若至第三夜明相未出離見聞處。
若水道斷等若强力者所執等不離。
——無犯。

觀軍合戰戒第五十

南山行事鈔

具四緣成犯。一先有緣在宿。二軍陣合戰。三方便往觀。四見犯。

罪相

有因緣軍中宿，往觀軍陣鬬戰象馬力勢。
- 往而見者。——波逸提。
- 往而不見者。——突吉羅。
- 方便莊嚴欲觀而不往。——突吉羅。

比丘先在道行，軍陣後至，比丘不下道避。——突吉羅。

開緣

若有時因緣，若比丘有所白，若被請去，若強力者將去，若命難，若梵行難。
若比丘先在道行，軍陣後至，比丘下道避。
若水道斷等，若強力者所執等，不下道避。
——無犯。

飲酒戒第五十一

【南山行事鈔】具三緣成犯：一、是酒。二、無重病緣。三、飲咽犯。

罪

是酒。——雖無酒色、酒香、酒味。——不應飲。

非酒。——雖有酒色、酒香、酒味。——應飲。

相

- 酒。酒煮酒和合。若食若飲。
  - 波逸提。
- 若飲甜味酒。若飲酢味酒。若食麴。若食酒糟。
  - 突吉羅。

案 南山含註戒本及行事鈔所引律文皆云若非酒而有酒色香味不得飲。靈芝釋云。若非下明非酒。具三同酒。必不具者。如下甜酢但犯吉羅。

靈芝資持記 此方多有糟藏之物。氣味全在。猶能醉人。世多貪噉。最難節約。想西竺本無。故教所不制。準前糟麴。足為明例。有道高士。幸宜從急。

境想

- 酒。
  - 酒想。酒疑。無酒想。
    - 波逸提。
- 無酒。
  - 酒想。無酒疑。
    - 突吉羅。

南山戒本疏 境想三句皆重。諸師云約心從境制。余意不同。聖制有以。文少不了。豈有智人由來不嗅。須臾誤飲可結提耶。此謂重者。先有方便欲飲此酒。及舉向口乃生非酒想疑。約後心邊止吉羅耳。成前方便非重如何。

開緣

- 若有病。餘藥治不瘥。以酒為藥。若以酒塗瘡。
  - 無犯。

【南山戒本疏】餘藥不治。酒為藥者。非謂有病即得飲也。故須徧以餘藥治之不瘥。方始服之。

【靈芝資持記】律云。若以我為師者。乃至不得以草木內酒中滴口。因說酒有十過。一顏色惡。二少力。三眼視不明。四現瞋恚相。五壞業資生。六增疾病。七益鬬訟。八無名稱。九智慧少。十命終墮三惡道。（原註云上九現惡十即來苦）觀斯十過。現事灼然。世愚反云益力治病者。不亦謬哉。

【同】多論云。此戒極重。能作四逆。除破僧。又能破一切戒及餘眾惡故。文一切者。總收五八十具。彼論云。有人飲酒。婬母。盜雞。殺人。人問皆云不作。（原註云即妄語也）四戒尚毀。餘則可知。良以昏神亂思。放逸之本。沙門大患。可不然乎。

水中戲戒第五十二

【南山行事鈔】具三緣成犯。一是水。二無緣。三入中戲犯。

罪相

水中戲者——放意自恣
- 從此岸至彼岸。
- 或順流或逆流。
- 此沒彼出。
- 以手畫水。
- 以水相澆潰。
- 乃至以鉢盛水戲弄。

水中戲。——波逸提。

若酪漿。若清酪漿。若苦酒。若麥漿器中戲弄者。——突吉羅。

開緣

若道路行渡水。從此岸至彼岸。
若水中牽材木。若竹。若簿。順流上下。
若取沙。若取石。若失物沈入水底。此沒彼出。
若欲學浮法而浮。擢臂畫水濺水。
——無犯。

靈芝行宗記

擢。合作棹。音調。振也。

擊攊戒第五十三

南山行事鈔

具四緣成犯。一。大比丘。二。作惱意。三。手腳十指。四。觸著犯。

罪相

相擊攊。
以手腳指。——波逸提。
以杖。戶鑰。拂柄等。——突吉羅。

靈芝資持記

擊攊。謂以手於腋下挃弄令痒。

開緣

若不故擊攊。
若眠觸令覺。
若出入行來。
若掃地誤觸，設以杖頭觸。
——無犯。

不受諫戒第五十四

南山行事鈔

具五緣成犯。一已欲作非法事。二他如法設諫。三知己所作非，前人諫者是。四拒諫不受。五隨作犯。靈芝釋云：第五隨作犯者，前僧殘中違僧命重，隨諫即結。此別人諫，要待作成。若不作事，便成受諫故也。又不同下拒勸學戒，下第七十一戒諫於止犯，出言即止。此諫作犯，待作成違。原註云上並疏意

罪相

自知我所作非，然故作，犯根本，不從語者。——波逸提。
自不知我所作非，然故作，犯根本，不從語者。——突吉羅。

南山戒本疏

犯重者，謂知己犯非，前諫者是，違情過重，所以非輕。犯輕者，迷心為己是，前諫己為非，情微故犯吉。

開緣

若為無智人諫時，語彼如是言：汝可問汝師和上，學問誦經，知諫法，然後可諫。若諫者當用。若戲笑說等。——無犯。

怖比丘戒第五十五

南山行事鈔

具五緣成犯。一、大比丘。二、作怖彼意。三、以色聲等六塵事一一示說。四、一一相現。五、見聞犯。

罪相

恐怖——

- 以色。象形、馬形、鬼形、烏形，以如是形色恐怖人，令彼見。
- 以聲。貝聲、鼓聲、波羅聲、象聲、馬聲、駝聲、啼聲，以如是聲恐怖人，令彼聞。
- 以香。根香、薩羅樹香、樹膠香、皮香、膚香、葉香、花香、果香，若美香、臭氣，以如是香恐怖人，令彼齅。
- 以味。酢味、甜味、苦味、澀味、鹹味、袈裟味，以如是味恐怖人，令彼嘗。
- 以觸。熱、冷、輕、重、細、麁、滑、澀、軟、堅，以如是觸恐怖人，令彼觸。
- 以法。語前人言：我見如是相，或夢中見，汝當死失衣鉢罷道。若汝師和上阿闍梨亦當死失衣鉢罷道。若汝父母得重病命終。以如是法恐怖人，令彼知。

以色聲香味觸法恐怖人。

- 彼見聞齅嘗觸知，若恐怖若不恐怖。——波逸提。
- 彼不見聞齅嘗觸知。——突吉羅。
- 說而了了。——波逸提。
- 說而不了了。——突吉羅。

南山戒本疏

就犯相中。初以六塵示人結罪輕重。後說六塵語人約聞知中結罪輕重。

開緣

若闇地坐無燈火處大小便處。遙見謂言是象若賊若惡獸便恐怖。
若至闇室中無燈火處大小便處聞行聲若觸草木聲若謦欬聲而恐怖。
若以色聲香味觸與人不作恐怖意。
若實有其事見如是相若夢中見汝當死等。便語彼言。如是諸變相事。
若戲笑說等。
——無犯。

靈芝資持記

一、二、聞色聲。三、聞非意則通六塵。四、點法塵。五、聞戲誤。

半月浴過戒第五十六

南山行事鈔

具五緣成犯。一、曾前洗浴。二、未滿半月。三、無緣。四、更浴。五、洗半身犯。

罪相

未滿半月洗浴。
- 過一徧澆身。／洗半身。——波逸提。
- 方便莊嚴欲洗浴而不去。——突吉羅。

開緣

若半月洗浴。若熱時，若病時，若作時，若風時，若雨時，若道行時，數數洗浴。若強力者所執強使洗浴。——無犯。

露地然火戒第五十七

南山行事鈔

具四緣成犯。一是露地，二無緣，三然草木有焰者，四然犯。

罪相

無病為自炙故在露地，若自，若教人，然火。
- 以草木枝葉紵麻芻麻牛屎糠糞掃然——然火。
- 以火——投草木枝葉紵麻芻麻牛屎糠糞掃中然。

——一切波逸提。

被燒半焦擲著火中。然炭。——突吉羅。

不語知是看是。——突吉羅。

靈芝行宗記

被燒半焦，即上草木等曾經火者。然炭輕者，以無焰故。

開緣

若語知是看是。
若病人自然教人然。
若有時因緣，看病人為病人煮糜粥羹飯。
若在廚屋中。
若在溫室中。
若在浴室中。
若熏鉢。
若煮染衣汁。
若然燈燒香。
——無犯。

藏他衣鉢戒第五十八

南山行事鈔

具三緣成犯。一大比丘衣鉢。二驚動意。三取藏犯。

罪相

若自若教人藏他比丘衣鉢坐具鍼筒，下至戲笑者。——波逸提。

開

若實知彼人物，相體悉而取舉。
若在露地為風雨所漂漬而取舉。

緣

若物主為性慢藏，所有衣鉢坐具鍼筒，放散狼藉，為欲誡勅彼故，而取藏之。
若借彼衣著，彼不收攝，恐失而取舉之。
若以此衣鉢諸物故，有命難梵行難，而取藏之。
——無犯。

真實淨不語取戒第五十九

南山行事鈔

具四緣成犯：一是己物，二作真實淨，三不語主，四取犯。

罪相

淨施衣有二種：
- 一真實淨施。應語主，然後取著。
- 二展轉淨施。語不語，隨意取著。

真實淨施，不語主而取著者——波逸提。

靈芝行宗記

若物寄他邊，令彼掌錄，名真實淨。若物在己邊，但作他想，名展轉淨。

開緣

若真實淨施，語主取著。
若展轉淨施，語不語隨意取著。
——無犯。

著新衣戒第六十

南山行事鈔

具四緣成犯。一是三衣。二是己物。三不染壞。四無緣輒著犯。

罪相

得新衣。不染作青黑木蘭三種色。著者。——波逸提。

重衣（被褥也）、輕衣（助身物也）不作淨而畜。——突吉羅。

非衣。鉢囊。革屣囊。鍼綫囊。禪帶。腰帶。帽。襪。攝熱巾。裹革屣巾。不作淨而畜。——突吉羅。

南山行事鈔註

準此言淨者。謂以成色衣。或以餘物貼。或以點著。名淨。而並須染壞。非謂三衣須染。餘者但淨而已。靈芝釋云。初至染壞。明作淨之法。必須通染。言成色者。即已染也。物貼點著。此二種淨。隨一即成。非下。倒通餘衣。又云。餘衣染壞。但據助身可染者為言。故戒疏云。非謂巾屣。以三色染。更成驚俗。文故知巾襪。但須點淨。

並制

以未染衣。寄著白衣家。——突吉羅。

奪畜生命戒第六十一

開緣

若得白衣，染作青黑木蘭三種色。
若重衣輕衣作淨而畜。
若非衣鉢嚢褁作淨而畜。
若染衣寄著白衣家。
若衣色脫更染。
——無犯。

南山行事鈔

具犯同波羅夷第三殺人戒。靈芝釋云：但一是畜生，二是畜生想。

罪相

一自殺乃至二十安殺，具同波羅夷第三殺人戒。

故殺畜生命。畜生不能變形者
- 殺死。——波逸提。
- 方便不死。——突吉羅。

第三分

若蛇入屋者，應以筒盛，或以繩繫，解而棄之。若惡鼠入屋者，應驚出，或作鼠檻以盛，出而棄之。若惡蝎蜈蚣蚰蜒入屋者，應以弊物或泥團或掃帚盛裹，解而棄之。

第四分

拾虱者，應以器或毳或劫貝或弊物或餘拾著中。若走出者，應作筒盛，蓋塞，以縷繫著牀腳裏。

開緣

若不故殺。
若擲刀杖瓦石，誤著彼身死者。
若營事作房舍，誤墮塹石材木椽柱死者。
若於重病者扶起扶臥，浴時服藥時，從涼處至熱處，從熱處至涼處，入房出房，作如是眾多事，無害心而死者。
——無犯。

南山行事鈔

四分，拾蟲。（見上錄第四分律文）不明養法，準上蛇鼠，並令出之，不令內死，準須將養，不爾殺生。靈芝釋云：拾蟲中律文但明拾法，故準蛇鼠將護彼命。

靈芝資持記

世人愚教，多以火焙湯浸，爪掐令死，素無慈愍，縱行殺害，心同羅剎，行等屠兒。物命雖微，死苦無別，請披聖訓，深須誡之。今時沙門不知因果，多害生命，以資口腹，削鱗擇羽，火炙湯煎，但嗜甘肥，寧思痛苦。刀砧自執，實壞服之屠兒，血肉輒飡，信髡頭之羅剎。俗中君子隱惻為心，出世道人兇頑若此。深願後學思而勉之，雖取適於一時，奈招殃於萬劫，悲哉！

飲蟲水戒第六十二

南山行事鈔

具五緣成犯：一、是蟲水；二、作蟲想；三、不作漉法；四、飲用；五、隨咽犯。

罪相

知是雜蟲水，或雜蟲漿苦酒清酪漿清麥漿飲用者。——波逸提。

境想

同第十九用蟲水戒。

開緣

若不知。若有蟲作無蟲想。若蟲大，以手觸水，令蟲去。若漉水飲者。——無犯。

南山行事鈔

今不肖之夫，見執漉袋者，言律學唯在於漉袋。然不知所為處深，損生妨道者，猶不畜漉袋，縱畜而不用，雖用而不瀉蟲，雖瀉而損蟲命。且存殺生一戒，尚不能遵奉，餘之威儀見命，常沒其中。

靈芝釋云：然下，責非愚教，故不知所為處深。無慈故，不知損物。不思出離故，不知妨道。然漉水一法，極為微細，人雖行之，尠能免過。教誡儀中文極詳委，尋之。且下，傷歎。律中四事：破戒，破威儀，破正見，破正命。戒相麤顯，餘三微細。麤者尚破，餘三叵言，故云常沒其中。

疑惱比丘戒第六十三

南山行事鈔

具五緣成犯。一大比丘。二故生惱意。三以六事一一說苦。四言了了。五前人解犯。

罪相

疑惱：
- 為生時。云汝非爾許時生。
- 為年歲。云汝非爾許歲。
- 為受戒。云汝受戒時年不滿二十，又界內別眾。
- 為羯磨。云汝受戒時，白與羯磨不成，非法別眾。
- 為犯。云汝犯波羅夷乃至突吉羅惡說。
- 為法。云如汝所問，是自稱上人法，犯波羅夷，非比丘行。

故疑惱他比丘。
- 說了了。——波逸提。
- 說不了了。——突吉羅。

開緣

若其事實爾，不故作。或為生時乃至為犯者，恐彼後有疑悔，無故受他利養，受大比丘禮敬，乃如是說，令其還本處更受戒，令其知如法懺悔。或為法者，以性麤疏，不知言語，便言汝自稱上人法等。若戲笑說等。——無犯。

覆他麤罪戒第六十四

南山行事鈔

具五緣成犯。一、大比丘。二、知犯二篇已上。三、作覆心。四、不發露。五、明相出，犯。

罪相

- 覆比丘比丘尼
  - 麤罪。波羅夷、僧殘
    - 小食知，食後說。／食後知，初夜說。／初夜知，中夜說。——突吉羅。
    - 中夜知，至後夜欲說而未說，明相出。——波逸提。
  - 餘罪。——突吉羅。
- 自覆藏麤罪。——突吉羅。
- 覆餘人麤罪。——突吉羅。

靈芝資持記

覆他麤罪內，約晝夜各分時限，遂明知說。故知露罪，制在半日之內。問：小食時知，食後不說，復有罪不？答：約義以求，初夜中夜不說皆吉，並是方便。若論犯墮，須約明相。文中結墮，且據中後夜耳。

南山戒本疏

覆他名重而治輕。靈芝註云：但悔本罪。自覆名輕而治重。覆殘行別住，餘篇並先悔。

境想

同第七向非具人說麤罪戒。

開緣

若先不知。
若麤罪非麤罪想。
若向人說。
若無人可向說。
若發心言我當說未說之間明相已出。
若說有命難梵行難故不說。
——無犯。

〔靈芝資持記〕初不知者，無心覆故。不麤想者，由心差故。若向說者，已發露故。無人向者，闕所對故。若發心者，非覆意故。

與年不滿戒第六十五

〔南山行事鈔〕具四緣成犯：一年未滿二十，二知，三與受具，四三羯磨竟犯。

罪相

和上知或疑年不滿二十，為授大戒。
- 作白三羯磨竟。——波逸提。
- 作白二羯磨竟。——三突吉羅。
- 作白一羯磨竟。——二突吉羅。
- 作白竟。——一突吉羅。
- 作白未竟。／未白為作方便剃髮若欲集眾。／眾僧集。——突吉羅。

眾僧知或疑。若於眾中問若不問。——突吉羅。

開緣

若先不知。
若信受戒人語。
若傍人證。
若信父母語。
若受戒已疑，佛言：當聽數胎中年月，數閏月，數一切十四日說戒，以為年數。

→ 無犯。

靈芝資持記　初愚他語，師僧無過，受者無戒，末開後疑，有戒無過。

見月止持　斯乃受具已後，有疑佛慈聽開。若未登壇，先算此而為滿歲者，則法犯相似，人墮全非。

靈芝資持記　今時受者，年多不滿，十師愚教，不能提誨，下壇已後，輒同僧事，由受信施，真可悲慼。

發諍戒第六十六

南山行事鈔　具五緣成犯：一是四諍事，二僧如法滅，三知，四輒發起，五言了了犯。

罪

諍有四種：
- 言諍。
- 覓諍。
- 犯諍。
- 事諍。

發起言：
- 不善觀，不成觀。
- 不善解，不成解。
- 不善滅，不成滅。

相

- 知比丘比丘尼
  - 四諍事滅已，後更發起。
    - 說了了：波逸提。
    - 說不了了：突吉羅。
  - 餘鬪諍罵詈已，後更發起：突吉羅。
- 自發起已鬪諍事：突吉羅。
- 共餘人鬪諍罵詈後更發起：突吉羅。

靈芝資持記

一、言諍，評教理是非，犯相輕重。二、覓諍，評三根清濁，五德是非。三、犯諍，於五犯聚懺評有濫。四、事諍，通上三種，評羯磨是非，迷悟不決，名言中事諍；評用法治舉，徵由教虛實，名覓中事諍；非法羯磨，定罪輕重，名犯中事諍。

見月止持

言觀解者，謂稱量得宜，應與何法，當與何法也。不成觀解者，謂法不應諍，與毗尼相乖也。

境想

- 觀
  - 觀想：波逸提。
  - 觀疑：突吉羅。
- 不成觀
  - 觀想：突吉羅。
  - 不成觀疑：突吉羅。

開緣

- 若先不知；
- 若觀，作不成觀想；
- 若事實爾，云不善觀、不成觀等；
- 若戲笑說等：無犯。

靈芝資持記

若觀作不成觀想者，僧如法觀斷想，謂不善觀。

與賊期行戒第六十七

南山行事鈔

具六緣成犯。一是賊，二知，三共期，四同一道，五不離見聞處，六越界犯。

罪相

知是賊伴期同一道行。
- 從一村乃至一村。——隨眾多界分齊。——二波逸提。
- 非村，在空處行乃至十里。——波逸提。
- 若減一村，若減十里。——突吉羅。
- 若多村間同一界行。——突吉羅。
- 方便欲去而不去。共期莊嚴。——突吉羅。

開緣

- 若先不知。
- 若不共結伴。
- 若逐行安隱有所至。
- 若強力者所執等。

——無犯。

惡見違諫戒第六十八

南山行事鈔

具五緣成犯。一是惡見。二屏諫。三不受。四僧如法諫。五三羯磨竟犯。

罪相

惡見不受人語。
- 僧諫。
  - 作白三羯磨竟。——波逸提。
  - 作白二羯磨竟。——捨者——三突吉羅。
  - 作白一羯磨竟。——捨者——二突吉羅。
  - 作白竟。——捨者——一突吉羅。
  - 作白未竟。——捨者——突吉羅。
- 僧未諫。——未白前言婬欲非障道法。——突吉羅。

併制

比丘、比丘尼、餘人——當僧已作或未作呵諫時教言莫捨。——教者——突吉羅。

開

- 若初諫便捨。
- 若非法別眾等作呵諫者。
- 若以非法非律非佛所教作呵諫者。

——無犯。

若一切未作呵諫前。

隨舉戒第六十九

南山行事鈔

具四緣成犯。一是惡見被舉人。二知。三隨順同事。供給所須，共同羯磨，止宿言語。四隨一一事犯。

罪相

供給所須者有二種。
- 法。教修習增上戒、增上意、增上智、學問誦經。
- 財。供給衣服、飲食、牀臥具、醫藥。

同羯磨者——同說戒。

室者——同第四共女人宿戒。

比丘先至彼後至、彼先至比丘後至、二人同時至。——同室宿。——隨脇著地、隨小轉側。——波逸提。

案

律中罪相僅列同宿，但提罪通於四種。靈芝行宗記云：隨同一事，隨一成犯，不待具也。

開緣
同第四共女人宿戒。唯第一第二婦女改作惡見被擧人

隨擯沙彌戒第七十

南山戒本疏 闕鈔

具四緣成犯。一是被擯沙彌。二知。三同事止宿。誘將畜養共止宿。四隨一事犯。

罪	
誘者	若自誘。若教人誘。
畜養者	若自畜。若與人畜。
室者	同第四共女人宿戒。

緣開
同第四共女人宿戒。唯第一第二婦女改作滅擯者

案 此戒亦隨一一事犯，不專指同宿也。

相
比丘先至彼後至，彼先至比丘後至，二人同時至。同室宿。隨脇著地，隨小轉側。波逸提。

拒勸學戒第七十一

南山行事鈔

具五緣成犯。一作止不學意。二前人如法勸。三知己非。前人諫是。四不受勸意。五言了了犯。

罪相

拒諫不學此戒。當難問餘智人。
- 說了了 —— 波逸提。
- 說不了了 —— 突吉羅。

開緣

- 若為無智人諫時。語彼如是言。汝還問汝和上阿闍梨。汝可更學問誦經。知諫法然後可諫。
- 若其事實爾。
- 若戲笑說等。

—— 無犯。

南山戒本疏

其事實爾者。由癡無解慧強勸智人。故拒不受。為知難問。　靈芝釋云。初開拒勸。無知強勸故。為下次開難問。為學求解故。

△南山戒本疏

問。會正之極。勿過明慧。如何久住。偏約毗尼。答。明義不同。各有兼正。據理深淺。能治功用。戒律指事。伏業方便。故劣明慧。若就住持。建興三寶。則律為勝。由世隨相有。律附緣生。親成大用。故文云。以眾和合故。佛法得久住也。又約根條。定慧不及。自不能起。必因戒生。如經依因此戒生定慧等。教據斯義。故弘演之。所以善見論中。佛告阿難。有五法令正法久住。一毗尼者是汝大師。二下至五人持律在世。三中國十人。邊方五人受具。四乃至二十人得出罪。五由律師持律故。佛法住世五千年。廣文如彼。良由一聞行教。信而奉遵。業非外傾。定慧內發。遠近兩果。無不思懷。引生後進。永隆萬載。故為久住也。　靈芝釋云。問所以住法須五人者。答。除出僧殘。餘皆可秉。四人雖體。不辯邊受。受法不行。僧寶永絕。道假人弘。由僧絕故。佛法無託。苟闕斯人。法皆覆墜。上五千年者有二。初五千年中一千年得三達智。原註云通三世故 二千年得四果。三千年得三果。四千年得二果。五千年得初果。第二五千年學不得道。萬年經書滅盡。但剃髮被袈裟而已。願諸後學竭力護持。但得五人是名法住。末世雖多但知削染。戒德不修律範安識。豈能令法光顯於時。況二千年尚得四果。去聖未遠。但不策勤。必有勇進。何患不及。請觀聖論。退而省之。

同

止得勤勤自勵。一死知生何道也。 靈芝釋云。一死之語。請為思之。經云。從人身中得人身者。如爪上塵。失人身者。如大地土。且現身微病。欲聽無由。況當死去。前途未委。縱使即還人道。猶經二十餘年。脫於餘趣受生。何啻百千萬劫。既沈戒障。永背真乘。其有卒世不聞。無非重障。其或始終無闕。須慶宿因。宜自深思。更增勇勵。

同

行不頓成。必待教學。不誦。或忘。將何依據。故制五夏。或盡形也。 靈芝釋云。以道假行成。行由教立。若非教本。行成虛喪。將何依據。斯言有旨焉。得為僧業。而不顧。若論讀經求利。則專憶忘勞。至於誦戒修身。而生平未矚。輪迴長劫。非此而何。律中愚癡比丘五夏不誦戒羯磨。盡形不得離依止。

靈芝資持記

善見云。若師猶在。應聽律藏及廣義疏。年別。應受非一過也。諷誦通利。是名律師。恭敬於律師。猶在者。即得戒和尚。可從學故。設復師亡。當從依止年別受者。持犯微細處斷從文。故須常學不可暫廢。吾祖聖師。猶聽廣律滿二十徧。自餘庸昧。未可自矜。

南山行事鈔

豈非憑虛易以形聲。軌事難為露潔者矣。 靈芝釋此鈔文引他解云。上句指虛通理性。即經論之學。下句明軌範事相。即毗尼之教。彼引僧傳。僧休法師。聽洪律師講四分律。三十餘徧。顧諸徒曰。予聽涉多矣。至於經論。一徧入神。今聽律部。逾增逾暗。豈非理可虛求。事難通會乎。此謂諸師談經說理。無不精窮。考律行事。未能決白。此釋可取。

南山戒本疏

舉宗以明。持犯為正。自餘隨律之經略知名相而已。諸經論師。自分宗體。彼尚不解律刑。此豈橫知他學。自宗猶困於未聞。況餘經論。何由道盡。可謂不識分量也。須臾死去。莫浪多事。

靈芝資持記

今世愚僧。不知教相。破戒作惡。習俗成風。見持戒者。事與我違。便責不善隨方。呵為顯異。邪多正寡。孰可言之。法滅世衰。由來漸矣。又東南禪講。半夜啜粥。過午方齋。木鉢紗衣。不殊外俗。循名昧實。並謂隨方。不學愚癡。一至於此。慎之。

同

嗟今講者。學非經遠。行乃塵庸。媚世趨時。為師據位。豐華四事。盛聚來徒。馳逐五邪。多求利養。誰念弘揚三寶。但知虛飾一身。未善律儀。安能軌眾。率由臆度。妄立條章。故有罰米贖香。燒衣行杖。遂使僧宗濫濁。佛化塵埃。道在人弘。誰當斯寄。嗚呼。

毀毗尼戒第七十二

南山戒本疏（鈔不具足）

具五緣成犯。一、是毗尼。二、前比丘誦戒時。三、作滅法意，不令久住。四、發言毀。五、言了了犯。

罪相

若自說戒時，若他說戒時，若誦戒時，輕呵戒。
- 說了了——波逸提。
- 說不了了——突吉羅。

毀呰
- 毗尼——波逸提。
- 阿毗曇、餘契經——突吉羅。

靈芝資持記

毀呰契經者，疏云：此據小乘為言。毀大乘罪重。私謂約制教邊，大小同吉。就業道邊，重輕須分。

同

今時新戒，欲誦戒本，師多苦障，或加毀呰，正犯此戒。

開緣

若言先誦阿毗曇，然後誦律；先誦餘契經，然後誦律。
若有病者，須瘥然後誦律。
若言當勤求方便，於佛法中成四沙門果，然後誦律。
若戲笑說等。
——無犯。

靈芝資持記

不犯中，並謂期心後誦，非毀滅故。初開先習經論，雖無所犯，乖學次第，非本教意。淨心觀云：越學空宗，佛不隨喜是也。三開進行，謂直修三學，破惑取果，擬後誦之。故知至聖不違此制。

南山行事鈔

四分：若說戒日，無能誦者，當如布薩法，行籌告白，差一人說法誦經。餘諸教誡，誦遺教亦得。若全不解者，律云：下至一偈，諸惡莫作，諸善奉行，自淨其意，是諸佛教。如是作已，不得不說。若不解者，云：謹慎莫放逸，便散。並是佛之囑累，深有來致，令正法久住。而世有任寺，輕此教網，故違不說，染汙淨識，漸於大法無有滋味，是則出家無有利益。口言佛是我師，師教拒違，故是外道弟子也。靈芝釋云：詳此律意，未必愚暗而至於此，欲明住持之本，攝僧之要，必不可廢，故曲示之。高僧傳中，隋東川僧雲法師，住寶明寺，以四月十五臨說戒時，乃白眾曰：戒本防非，人人誦得，何勞徒眾數數聞之，可令一僧豎義，令後生開悟。當時無敢抗者，訖於夏末，廢說戒事。至七月十五日早，將昇草座，失雲所在，大眾崩騰，四出追覓，乃於寺側三里許古塚間得之，徧體血流，如刀屠割。借問其故，云有一大丈夫，執三尺大刀，厲色瞋雲改變布薩，刀膾身形，痛毒難忍。因接還寺，端情懺悔，乃經十載說戒布薩，臨終之日，異香迎之，神色無亂，欣然而卒。此乃上智，故動幽訶。今時下愚，竟無顯驗，縱令永廢，反自安然，法滅於時，可用長歎。

靈芝資持記

今說戒之事，或多輕略，廢置而不行，縱有行之，事同於厭課。塵緣可棄，不憚奔趨；正法宜尊，反生薄濫。業繩彌固，苦海尤長，徒喪天齡，真可憐愍。

靈芝濟緣記

十誦：比丘問佛三世佛法興廢久近，佛因答之，正以說戒用驗存亡。方今天下行此法者，百無一二，縱行，乖法。佛法住世，知非久矣。今時禪講，各尚己宗，頓忘戒律，況加輕弄，惑誑後生，謂持戒則徒自拘囚，學道則不勞把捉。豈念壇場立誓，盡壽堅持，非戒無以為僧，非戒將何受施。阿鼻苦楚，本為忘恩；瘖瘂盲冥，良由謗法。金言訶制，明為將來，後學聰明，幸遵慈訓。

靈芝行宗記

十誦：諸比丘廢學毗尼，便讀誦修多羅阿毗曇，世尊種種訶責，乃至由有毗尼，佛法住世等。十誦中，佛制比丘五夏已前，專精律部，若達持犯，辨比丘事，然後乃可學習經論。今越次而學，行既失序，入道無由，大聖訶責，終非徒爾。今時纔霑戒品，便乃聽教參禪，為僧行儀，一無所曉，況復輕陵戒檢，毀呰毗尼，貶學律為小乘，忽持戒為執相，於是荒迷塵俗，肆恣兇頑，嗜杯臠自謂通方，行婬怒言稱達道，未窮聖旨，錯解真乘。且戒必可輕，汝何登壇而受？律必可毀，汝何削髮染衣？是則輕戒全是自輕，毀律還成自毀。妄情易習，正道難聞，拔俗超羣，萬中無一，請詳聖訓，能無從乎。

南山行事鈔

智論問曰有人言罪不罪不可得名為戒者何耶答曰非謂邪見麤心言無罪也若深入諸法相行空三昧慧眼觀故言罪不可得
若肉眼所見與牛羊無異也今誦大乘語者自力既弱不堪此戒自恥穢行多不承習有引此據不解本文故曲疏出

靈芝資持記

今時愚者錯解佛乘皆謂理觀寂爾無思空然無境取捨不得能所俱亡頓然寂住便是真如放蕩任情即為妙用由是不禮聖像
不讀真經毀戒破齋嗜酒噉肉誇為大道傳化於人惡業相投率多承習此乃虛妄臆度顛倒論迴豈知達法皆真何妨泯淨了真
即用豈礙修行是故悟理則萬行齊修涉事則一毫不立自非通鑒餘復何言

南山行事鈔

今時不知教者多自毀傷云此戒律所禁止是聲聞之法於我大乘棄同糞土猶如黃葉木牛木馬誑止小兒此戒法亦復如是誑
汝聲聞子也　靈芝釋云自毀者身為佛子反毀佛教故又自身稟戒反毀戒律故如黃葉等為如來追述爾前施小之意至涅槃
時決了權疑同歸常住寧復有小耶此所謂不知教也
原夫大小二乘理無分隔對機設藥除病為先故鹿野初唱本為聲聞八萬諸天便發大道雙林告滅終顯佛性而有聽眾果成羅
漢以此推之悟解有心不唯教旨也　靈芝釋云此謂如來一音演法眾生隨類得解然此但望言教是一至於佛意不無密赴故
使隨類得益也此明不以所學即判大小但達其大者一切歸大何妨學律志之小者所為皆小徒自窮經故曰在心不唯教
故世尊處世深達物機凡所施為必以威儀為主但由身口所發事在戒防三毒勃興要由心使今先以戒捉次以定縛後以慧殺
理次然乎今有不肖之人不知己身位地妄自安託云是大乘輕弄真經自重我教即勝鬘經說毗尼者即大乘學智論云八十部
者即尸波羅蜜如此經論不入其耳豈不為悲
故摩耶經云若年少比丘親於眾中毀呰毗尼當知是為法滅之相涅槃又云若言如來說突吉羅如上歲數入地獄者並是如來
方便怖人如是說者當知決定是魔經律非佛所說以此文證如來懸知未來有此故先說示以定邪正不令有濫而有同前羣黨
可謂即是魔民
又遺教等經並指毗尼以為大師若我在世無異此也而故違逆自陷深殃
故百喻經云昔有一師畜二弟子各當一腳隨時按摩其大弟子嫌彼小者便打折其所當之腳彼又嫌之又折大者所當之腳譬
今方等學者非於小乘小乘學者又非方等故使大聖法典二途兼亡以此證知今自目覩
且菩薩設教通道濟俗有緣而作不染其風初心大士同聲聞律儀護譏嫌戒性重無別即涅槃經中羅剎乞微塵浮囊菩薩不與

七十八

恐舉先言戒第七十三

譬護突吉羅戒也。又智論云。出家菩薩守護戒故。不畜財物。以戒之功德。勝於布施。如我不殺。則施一切眾生之命等。以此文證。今濫學大乘者。行非可采。言過其實。恥己毀犯。謬自稱揚。余嘗語云。戒是小法。可宜捨之。便即不肯。可宜持之。又復不肯。豈非與煩惱合。卒難諫諭。又可悲乎。 靈芝釋云。同聲聞者。以出家菩薩兼小戒故。又三聚中律儀斷惡。大小不異。故行非可采。所為庸常也。言過實者。高談虛論也。恥己犯者。慮他見輕也。謬自稱者。言我大乘人。不拘小檢也。煩惱合者。縱放為惡。順欲情也。

今僧尼等。並順聖教。依法受戒。理須護持。此則成受。若元無護。雖受不成。故薩婆多云。無慇重心。不發無作。 靈芝釋云。明今禪講之眾。所學雖殊。未有不受戒者。若本為持。則發戒品。反此徒受。定無有戒。則將何以為僧寶。以何而消信施。空自剃染。終為施墮。又復方等大乘。止開心解。不拘形服。淨名居士。華嚴知識。隨緣化物。不假形儀。今既通方。何勞剃染。如能省己。當自摩頭。

縱使成受。形儀可觀。佛法住持。理須同護。今時剃髮染衣。四僧羯磨。伽藍置設。訓導道俗。凡所施為。無非戒律。若生善受利。須身秉御之處。口云我應為之。若汙戒起非。違犯教網之處。便云我是大乘。不關小教。故佛藏立鳥鼠比丘之喻。驢披師子之皮。廣毀譏訶。何俟陳顯。 靈芝釋云。若下。責其誑妄。初敘貪利附小。若汙下。明拒犯倚大。故下。引責。佛藏第一。佛告舍利弗。譬如蝙蝠。欲捕鳥時。（原註云捕捉也謂人欲捕也）則入穴為鼠。欲捕鼠時。則飛空為鳥。而實無有鳥鼠之用。其身臭穢。但樂闇冥。舍利弗。破戒比丘。亦復如是。既不入布薩自恣。亦不入王者役使。不名白衣。不名出家等。又十輪經第七云。自於大乘諸行境界。不曾修學。未能悟解。於大眾中。自號大乘。為名利故。誘誑愚癡。令親附己。共為朋黨。譬如有驢。披師子皮。而便自謂以為師子。有人遙見。謂真師子。及至鳴已。皆識是驢等。

恐後無知初學。為彼塵蒙。故曲引張。猶恐同染。悲夫。 靈芝釋云。所謂素絲易染。朱紫難分。雖委曲指陳。猶未能知返。豈非禁情節欲。舉世之所難。縱意為非。是人之所欲。且祖師之世。其風尚然。況及于今。無足怪矣。

南山行事鈔

具四緣成犯。一是廣誦戒時。二在眾中。三不作聽意。四說過五篇。即言我始聞犯。

罪相

若自說戒時。若他說戒時。若誦戒時。不用心念不一心攝耳聽法。無知故。——波逸提。

靈芝行宗記

若實久知而言始知。即是妄語。自屬前戒。雖經說戒。由不攝聽。實無知解。而言始知。正犯當戒。

併制

彼比丘者作法不與無知罪。——突吉羅。

開緣

若未曾聞說戒今始聞。若未曾聞廣說今始聞。若戲笑說等。——無犯。

南山行事鈔

佛法東流。行此法者六聚懺法亦少。縱有行悔。則棄小取大。依佛名方等而懺者。余意所未安。由心懷厭欣。未合大道。靈芝釋云。當隋唐之世。僧英極眾。佛法大興。尚云亦少。況今末法。焉可言哉。六聚懺法。墜地久矣。僧徒造惡。穢迹叵言。或臨布薩。則安坐默然。抱過畢生。死猶無悔。豈非妙藥雖留。毒氣深入。不肯服耶。悲夫。

同羯磨後悔戒第七十四

南山行事鈔

具四緣成犯。一是僧得施物。二同羯磨賞他。三輒反謗僧。四言了了犯。

罪相

同羯磨與物已。後謗僧。
- 說了了。——波逸提。
- 說不了了。——突吉羅。

開緣

- 若其事實爾。隨親厚以僧物與之。
- 若戲笑說等。

——無犯。

不與欲戒第七十五

南山行事鈔

具五緣成犯。一是如法僧事。二知。三不與欲。四輒去。五出門犯。

罪相

僧中斷事未竟，不與欲而去。
- 出門外。——波逸提。
- 一足在門外，一足在門內。——突吉羅。
- 方便欲去而不去。
- 共期莊嚴。
  - （以上二者）——突吉羅。

開緣

若有僧事塔寺事瞻病人事，與欲。
若口噤不能與欲。
若欲作非法非律羯磨，若為僧塔寺和上等作損減無利益無住處羯磨，如是不與欲去。
——無犯。

與欲後悔戒第七十六

南山行事鈔

具四緣成犯。一、如法羯磨。二、如法與欲。三、輒反悔，言不成。四、言了了，犯。

罪相

與欲已，後悔，言汝等非羯磨，羯磨不成。
- 說了了——波逸提。
- 說不了了——突吉羅。

開緣

若具事實爾，言非羯磨，羯磨不成。
若戲笑說等。
——無犯。

屏聽四諍戒第七十七

南山行事鈔

具五緣成犯。一、先起四諍。二、前人屏量。三、作鬬亂意。四、往彼盜聽。五、聞犯。

罪相

往聽他諍比丘語。
- 往而聞。——波逸提。
- 往而不聞。——突吉羅。
- 方便欲去而不去。共期莊嚴。——突吉羅。

若有二人共在闇地語。
若有二人共在屏處語。
若道行，有二人在前行共語。
——不彈指或謦欬以驚者。——突吉羅。

南山戒本疏

戒本向彼說者，據聽者意。至於結罪，但聞便犯。若待向說，落兩舌中。

開緣

- 若有二人共在闇地語。若在屏處語。若道行在前行共語。彈指謦咳。
- 若欲作非法非律羯磨。若為僧塔寺和上等作損減無利益無住處羯磨。欲得知之而往聽。
- → 無犯。

瞋打比丘戒第七十八

南山行事鈔

具四緣成犯。一大比丘。二生瞋心。三作打意。四著犯。

罪相

向比丘
- 以手石杖打者。→ 波逸提。
- 以戶鑰曲鉤拂柄香爐柄挃者。挃撞也 → 突吉羅。

開緣

- 若有病須人椎打。
- 若食噎須椎脊。
- 若共語不聞而挃令聞。
- 若睡時以身委他上。
- 若來往經行時共相觸。
- 若掃地時杖頭誤觸。
- → 無犯。

【南山行事鈔】

檢諸經律，無為訓治，故開比丘行笞杖者。釋迦一化，並無。末代往往見有，故是法滅之相。大集經云：若道俗等，打破戒無戒比丘，罪重出萬億佛身血。何以故？以能示人出要道，乃至涅槃故。

搏比丘戒第七十九

【案】鈔闕具犯，當同上戒，惟易三四為搏犯。

罪相

向比丘：
- 以手搏者。——波逸提。
- 以戶鑰、拂柄、香爐柄挃者。——突吉羅。

【見月止持】搏者，擬也。擬乃形像也，謂舉手相向，以現其打相，而令他人恐怖也。前戒本心實欲打之，打不著身，不得本罪。此戒心本無念，直以掌擬，擬便得本罪。所以兩戒有異，故別制之。

開緣

若他欲打，舉手遮。
若惡象來，若賊來，若惡獸來，若擔棘刺人來，舉手遮。
若渡水，若欲從坑渠泥水處過，相近舉手招喚餘比丘觸彼。
若共語不聞，而挃令聞。
若睡時以身委他上。
——無犯。

若來往經行時共相觸。
若掃地時杖頭誤觸不故作。

無根僧殘謗戒第八十

南山行事鈔

具緣同僧殘第八無根重罪謗他戒。

靈芝釋云但第六以殘罪加誣。

罪相

瞋恚故以無根僧殘法謗。
- 了了　波逸提。
- 不了了　突吉羅。

開緣

若見根聞根疑根說其實事欲令改悔而不誹謗。
若戲笑說等。
- 無犯。

突入王宮戒第八十一

南山行事鈔

具四緣成犯。一是刹利王。二王共夫人同處。三王未出寶未藏。四入王宮門限犯。

罪相

- 入王刹利種宮閾。
  - 過門閾。——波逸提。
  - 一足在門外一足在門內。——突吉羅。
  - 方便欲去而不去。
  - 共期莊嚴。——突吉羅。
- 入餘粟散小王豪貴長者家。——過門閾。——突吉羅。

靈芝資持記

粟散言餘小王如粟之多。

開緣

- 若王已出婇女還本處所有金寶瓔珞已藏舉。
- 若有所白。
- 若被請喚。
- 若強力者所執等。

——無犯。

捉寶戒第八十二

南山行事鈔

具五緣成犯。一是重寶。二及莊飾具。三非住處及宿處。四無心盜取擬還主。五捉犯。

罪相

非僧伽藍中，非寄宿處，若自若教人捉寶若寶莊嚴。——波逸提。

在僧伽藍中，在寄宿處，自捉，教人捉。
- 不識囊裹相，裹相，繫相。
- 不解囊裹看，不知幾連綴，幾未連綴，幾方幾圓，幾新幾故。
——突吉羅。

開緣

若在僧伽藍中，在寄宿處，自捉教人捉。當識囊相，裹相，繫相。應解囊裹看，知幾連綴，幾未連綴，幾方幾圓，幾新幾故。若有求索者，應問言汝物形何似。若語相應應還。若不相應當語言，我不見如是物。若有二人俱來索，應問言汝物形何似。若語相應應還。若不相應當語言，我不見如是物。若二人語俱相應者，當持物著前，語言是汝物者持去。
若是供養塔寺莊嚴具，為堅牢故收舉。
——無犯。

南山戒本疏

初所以開者，若不自執，脫餘將去，後來覓者，比丘同處，猶不免謗。是故聽取，待主當還。

非時入聚落戒第八十三

南山行事鈔

具五緣成犯。一、非時分。二、無啟白喚緣。三、不屬授。四、向俗人舍。五、入門犯。

罪

入村門。——波逸提。

相

非時入村，有比丘不囑授。
- 一足在門外，一足在門內。——突吉羅。
- 方便欲去而不去。共期莊嚴。——突吉羅。

開緣

若有僧事塔寺事瞻病人事，囑授比丘。
若道由村過。
若有所白。
若為喚，若受請。
若強力者所執等。
——無犯。

過量牀足戒第八十四

南山行事鈔

具五緣成犯。一是牀。二僧牀及己牀。三過量。四自作使人。五作成犯。

罪相

若自，若教人，作繩牀木牀，足過八指。
- 成。——波逸提。
- 不成。——突吉羅。

為他作。
- 成不成。——突吉羅。

開緣

若足高八指。
若足減八指。
若他施已成者，截而用之。
若脫腳。
——無犯。

兜羅貯牀褥戒第八十五

南山行事鈔

具五緣成犯。一、是兜羅綿。二、貯牀褥。三、為己。四、自作使人。五、作成犯。

罪相

若自、若教人以兜羅貯繩牀木牀大小褥。
——成，波逸提。
——不成，突吉羅。
為他作。
——成不成，突吉羅。

開緣

若以鳩羅耶草、文若草、娑娑草、若以毳劫貝碎弊物貯褥。
若用兜羅作支肩物、作輿上枕。
——無犯。

骨牙角鍼筒戒第八十六

南山行事鈔

具犯同上。靈芝釋云：但一是骨牙角，二作鍼筒。

罪相

若自、若教人以骨牙角刳刮作鍼筒，
- 成 —— 波逸提。
- 不成 —— 突吉羅。

為他作，成、不成 —— 突吉羅。

開緣

若鐵、若銅、若鉛錫、若白鑞、若竹、若木、若葦、若舍羅草用作鍼筒。
若以骨牙角作錫杖頭鏢鑽、若作傘蓋子及斗頭鏢、若作曲鉤、若作刮汚刀、若作如意、若作玦紐、若作匙、若作杓、若作鉤衣鉤、若作眼藥篦、若作刮舌刀、若作摘齒物、若作挑耳篦、若作禪鎮、若作熏鼻筒。—— 無犯。

靈芝資持記

鏢鑽，刀劍鞘下飾。今謂錫杖鑽飾也。傘蓋子，即傘莖上蓋柄。斗頭鏢，亦傘上仰承斗以牙角飾也。（原註云：寄歸傳說西國僧多自持小傘故）如意，即爪杖，用以搔癢。玦紐，謂環不相連。南山鈔二衣篇云：以衣繞身訖，用帶圍繞收束之也。鉤衣鉤，謂紐中橫鉤。禪鎮，即坐禪時鎮頂用也。

過量尼師壇戒第八十七

南山行事鈔

具五緣成犯。一作坐具。二過量。三為己。四自作使人。五作成犯。

罪相

若自若教人作尼師壇。若長廣有一過量。若俱過量。
- 成 ─ 波逸提。
- 不成 ─ 突吉羅。

為他作。─ 成不成 ─ 突吉羅。

開緣

若如量作。
若減量作。
若從他得已成者裁割如量。
若疊作兩重。
─ 無犯。

南山羯磨疏

今不披律。至廣長作正法滅身也。除依教行正法生身也。

靈芝釋云。法之興廢在於一身可不慎乎。

覆瘡衣過量戒第八十八

靈芝資持記

此下三戒並不列緣，例上尼師壇作之。但改初緣為異。

罪相

若自、若教人作覆瘡衣。若長廣有一過量、若俱過量。
- 成——波逸提。
- 不成——突吉羅。

為他作。——成不成——突吉羅。

開緣

同第八十七過量尼師壇戒。

雨衣過量戒第八十九

罪

若自、若教人作雨浴衣。若長廣有一過量、若俱過量。
- 成——波逸提。
- 不成——突吉羅。

相

為他作。

成不成。——突吉羅。

開緣

同第八十七過量尼師壇戒。

與佛等量作衣戒第九十

罪相

若自若教人與如來等量或過量作衣。

成。——波逸提。

不成。——突吉羅。

為他作。

成不成。——突吉羅。

開緣

若從他得已成者，裁割如量。

若疊作兩重。

——無犯。

四提舍尼法

在俗家從非親尼取食戒第一

南山行事鈔

具五緣成犯。一俗人舍。二非親尼。三無緣。四自手取食。五咽咽犯。

罪相

入村中從非親里比丘尼，自手受食食。——咽咽 波羅提提舍尼。

開緣

若受親里比丘尼食。
若有病。
若置地與，若使人授與。
若在僧伽藍中與，若在村外與，若在尼寺內與，如是受取食
——無犯。

靈芝資持記

置地及遣人者，疏云：致相無絕，所以復開。已下三處開受，譏過少故。

在俗家偏心授食戒第二

南山行事鈔

具四緣成犯。一、白衣舍。二、偏心越次指授。三、大眾默受不呵。四、咽咽犯。

罪相

諸比丘中無一比丘呵止諸比丘食。——咽咽波羅提提舍尼。

開緣

若語言大姊且止須諸比丘食竟。
若比丘尼自為檀越。
若檀越設食令比丘尼處分。
若不故作偏為與此置彼。
——無犯。

學家過受戒第三

南山戒本疏 闕鈔

具五緣成犯。一、見諦學家。二、僧作法制。三、無因緣。四、自取。五、咽咽犯。

罪相

於學家，自手受食食。——咽咽波羅提提舍尼。

開緣

若先受請。
若有病。
若置地與，若使人授與。
若學家施與，後財物還多，僧與解學家羯磨。
——無犯。

有難蘭若受食戒第四

南山行事鈔

具五緣成犯：一、是蘭若險處。二、先不語檀越。三、無因緣。四、自取。五、咽咽犯。

罪相

先不語檀越，僧伽藍內，自手受食食。——咽咽波羅提提舍尼。

開緣
若先語檀越。 若有病。 若置地與。若使人授與。 若來受教勅聽法時比丘自有私食令授與。 ——無犯。

百眾學法

齊整著涅槃僧戒第一

【靈芝資持記】

前諸戒並列犯緣。此獨無者。由故誤皆制。動即成犯。必欲強立。準具五緣。如云。一是涅槃僧。二知。三無緣。四不齊整。五隨著犯。自餘例此可知。

罪相
故作。——二突吉羅。一應懺 一非威儀 不故作。——突吉羅。

【南山戒本疏】

故作犯應懺吉者。根本吉也。對首一說悔。以故作故。又犯非威儀吉者。根本罪外。復加不應失儀之罪。此責心悔也。若不故作者識事而作。非故違教。但犯根本。無失儀罪。若不故作但犯根本無失儀罪者。此為責心吉羅。非是對首。

【案】

百眾學法。罪相皆同。已下準是。應知更不重出。

開緣

若時有如是病。
若臍中生瘡下著。
若腳蹲有瘡高著。
若僧伽藍內。若村外。若作時。若在道行。
無犯。

南山行事鈔

懺誤作者。謂心不正念遍緣起。非外越威儀。理須改懺。如著三衣。必迴顧看視諸相齊整。方乃進路。戲笑妄語。諸非法相。並先不攝念。故起斯過。律云。佛制攝持威儀。比丘若入若出屋中。俯仰。攝持衣鉢。若衣。若食。若服藥。大小便利。若眠。若睡。若覺。若來。若去。若坐。若臥。若語。若默。常爾一心。若違此制。具結其犯。靈芝釋云。準此有犯。並須責心。故知真出家人。無時忘念。此制微細。迫彼上根。末世下愚。故非力分。準如母論。衣食作觀。利根之人著著口口。鈍根總作一念。然須勵力望上增修。未可自屈。甘為下根。便即縱怠。故當勤策。準此攝修。是則出家不徒然矣。

齊整著三衣戒第二

開緣

若時有如是病。
若時肩臂有瘡下著。
若時腳蹲有瘡高著。
若僧伽藍內等。
無犯。

案

若僧伽藍內等。具云。若僧伽藍內。若村外。若作時。若在道行。已下並同。準是應知。

反抄衣戒第三

開緣

若時有如是病。
若脇肋邊有瘡。
若僧伽藍內等。

無犯。

反抄衣坐戒第四

案

此戒同第三反抄衣戒。應當別畫格緣正寫。為省紙數故略出之。已下亦爾。準是應知

衣纏頸戒第五

開

若時有如是病。

緣

若肩臂有瘡。
若僧伽藍內等。

無犯。

衣纏頭坐戒第六

宗 此戒同第五衣纏頭戒。

覆頭戒第七

開緣

若時有如是病。
若時患寒。
若頭上生瘡。
若命難、若梵行難，覆頭而走。

無犯。

靈芝資持記 今時帽覆，入俗須除。禮佛侍上，皆為媟慢。但患寒有病，例準開之。

覆頭坐戒第八

〔案〕此戒同第七覆頭戒。

跳行戒第九

開緣

若時有如是病。
若為人所打。
若賊來，若惡獸來，若擔棘刺人來。
若渡坑渠泥水處跳過。
——無犯。

跳行坐戒第十

〔案〕此戒同第九跳行戒。

蹲坐戒第十一

開緣

若時有如是病。
若尻邊生瘡。
若有所與。
若禮。
若懺悔。
若受教誡。

無犯。

叉腰戒第十二

開緣

若時有如是病。
若脇下生瘡。
若僧伽藍內等。

無犯。

叉腰坐戒第十三

案 此戒同第十二叉腰戒。

搖身戒第十四

開緣

若時有如是病。
若時為人所打，戾身避杖。
若惡象來等，戾身避。
若渡坑渠泥水處，搖身過。
若時著衣迴身看衣齊整。

無犯。

案 若惡象來等。具云：若惡象來，若賊來，若惡獸來，若擔棘刺人來。已下並同，準是應知。

搖身坐戒第十五

案 此戒同第十四搖身戒。

掉臂戒第十六

開

若時有如是病。

緣

若為人所打，舉手遮。
若惡象來等，舉手遮。
若渡水，若渡坑渠泥水處，若共伴行不及，以手招喚。
——無犯。

掉臂坐戒第十七

案　此戒同第十六掉臂戒。

覆身戒第十八

開緣

若時有如是病。
若時被縛。
若風吹衣離體。
——無犯。

覆身坐戒第十九

案　此戒同第十八覆身戒。

左右顧視戒第二十

緣開

若時有如是病。
若仰瞻日時節。
若命難，若梵行難，左右處處伺求方便道，欲逃走。

無犯。

左右顧視坐戒第二十一

案

此戒同第二十左右顧視戒。

靜默戒第二十二

開

若時有如是病。
若聾不聞聲，須高聲唤。

緣

若高聲囑授。
若高聲施食。
若命難若梵行難高聲而走。
——無犯。

靈芝資持記：施食者，如供聖呪願等。

靜默坐戒第二十三

宗：此戒同第二十二靜默戒。

戲笑戒第二十四

開緣

若時有如是病。
若脣痛不覆齒。
若念法歡喜而笑。
——無犯。

戲笑坐戒第二十五

案

此戒同第二十四戲笑戒。

靈芝資持記

已前諸戒，並謂入聚落中，亦越威儀，不生世善。若在伽藍，豈得不爾。但緣起在俗，故結為戒。時開寺內，非是常途。安有處寺而容縱放。教誡律儀，並明寺內威儀之行。義準諸戒，內外通犯。學者思之，勿謂無過。

用意受食戒第二十六

開緣

若時有如是病。
若鉢小故食時棄飯。
若還墮案上。
無犯。

平鉢受食戒第二十七

案

開緣同第二十六用意受食戒。

平鉢受羹戒第二十八

開緣

若時有如是病。
若時鉢小墮食案上。
若等受。
——無犯。

羹飯等食戒第二十九

開緣

若時有如是病。
若時正須飯不須羹。
若時正須羹不須飯。
若日時欲過。
若命難，若梵行難，疾疾食。
——無犯。

靈芝資持記　正須者，謂隨食盡已，更須受益，非貪速故。

以次食戒第三十

開緣

若時有如是病。
若時患飯熱挑取冷處食。
若日時欲過。
若命難若梵行難疾疾食。

無犯。

不挑鉢中央食戒第三十一

開緣

若時有如是病。
若時患飯熱開中令冷。
若日時欲過。
若命難若梵行難疾疾刳鉢中食。

無犯。

索羹飯戒第三十二

開

若病者自索。
若為他索。
若他為己索。

無犯。

緣

若不求而得。

飯覆羹戒第三十三

開緣

若時有如是病。
若請食。
若時正須羹。
若時正須飯。

無犯。

視比座鉢戒第三十四

開緣

若時有如是病。
若比座比丘病，若眼闇，為看得食不得食，淨不淨，受未受。

無犯。

繫鉢想食戒第三十五

開緣

若時有如是病。
若比座比丘病，若眼闇為受取為看得食不得食，淨不淨，受未受。
若仰瞻日時節。
若命難，若梵行難，欲逃避，左右看視。
——無犯。

大摶食戒第三十六

開緣

若時有如是病。
若日時欲過。
若命難，若梵行難，疾疾食。
——無犯。

張口待食戒第三十七

案 開緣同第三十六大摶食戒。

含飯語戒第三十八

開緣

若時有如是病。
若時噎而索水。
若命難，若梵行難，作聲食。

無犯。

遂擲口中戒第三十九

開緣

若時有如是病。
若被繫縛，擲口中食。

無犯。

遺落食戒第四十

開緣

若時有如是病。
若噉薄餅、燋飯、肉、瓜、甘蔗、菜、庵婆羅果、梨、閻蔔果、蒲桃、蘂葉心等。
——無犯。

頰食戒第四十一

案 開緣同第三十六大摶食戒。

嚼飯作聲戒第四十二

案 開緣同第四十遺落食戒。

噏飯食戒第四十三

開緣

若時有如是病。
若口痛。
若食羹、若食酪、酪漿水、酥毗羅漿、若苦酒。
——無犯。

舌舐食戒第四十四

開緣

若時有如是病。
若時被縛。
若手有泥，及垢膩汙手，舌舐取。

無犯。

振手食戒第四十五

開緣

若時有如是病。
若食中有草有蟲。
若時手有不淨，欲振去之。
若有未受食手觸而汙，手振去之。

無犯。

把散飯戒第四十六

靈芝資持記

此謂手握而落。對前遺振，須分別相。餘剩在手，即是遺落。揮散左右，名振手。搏握零落，為手把。

開緣

若時有如是病。
若食中有草有蟲。
若有不淨汙。
若有未受食捨棄。
——無犯。

汙手捉食器戒第四十七

開緣

若時有如是病。
若草上受，葉上受，洗手受。
——無犯。

靈芝資持記

草葉上者，此謂口受，非手捉故。

棄洗鉢水戒第四十八

開緣

若時有如是病
若時以器若澡槃承取水持棄外。
——無犯。

生草上大小便戒第四十九

開緣

若時有如是病。
若在無草菜處大小便流墮生草菜上。
若時為風吹若時為鳥銜墮生草菜中。
——無犯。

水中大小便戒第五十

開緣

若時有如是病。
若時於岸上大小便流墮水中。
若時為風吹若時為鳥銜墮水中。
——無犯。

立大小便戒第五十一

開緣

若時有如是病。若被繫縛。若時腳蹲有垢膩，若泥汙。

無犯。

為反抄衣者說法戒第五十二

開緣

若時有如是病。若為王、王大臣。

無犯。

為衣纏頸者說法戒第五十三

為覆頭者說法戒第五十四

為裹頭者說法戒第五十五

為叉腰者說法戒第五十六

為著革屣者說法戒第五十七

為著木屐者說法戒第五十八

為騎乘者說法戒第五十九

案

已上諸戒並同第五十二為反抄衣者說法戒。

佛塔中宿戒第六十

開緣

若時有如是病。若為守護故止宿。若強力者所執等。——無犯。

南山行事鈔

佛像經教，住持靈儀。並是我等所尊敬，則至真齊觀。今流俗僧尼，多不奉佛法，並愚教網，內無正信，見不高遠，致虧大節。或在形像之前，更相戲弄，出非法語，舉目攘臂，偏指聖儀。或端坐倨傲，情無畏憚，雖見經像，不起迎奉。致令俗人輕笑，損滅正法。故僧祇中，禮人不得對於佛法。乃至懸旋幡蓋，不得蹈像，別施梯隥。以此文證，明敬處別。既知多過，彌須大慎。至堂殿塔廟，如履冰臨深。覩形像

同

經教必儼然加敬此則道俗通知奉法賢聖達其信心且如對王臣令長事亦可會凡情難任聖法宜遵又還自騰踐如己莊宅眾僧房堂諸俗受用毀壞損辱情無所媿屈道承俗如奴事主是名寺法滅也原註云其甚者打罵眾僧種種非法取要言之從僧强力抑奪貸借乞請乃至停屍僧院舉哀寺內置塚澡浴等並非法也

靈芝釋云此科大字並引寺誥故注以助之乞請即求索請觀諸事彼時尚然今何足怪更有殿堂飲醼僧廚宰殺寄著雜物貯積粮儲或射作衙庭或編為場務婚姻生產雜穢難言斯由道眾之非才豈獨俗儒之無識每恨法門之覆滅孰為扶持更嗟獄報之艱辛誰當救療必懷深識豈不再思是知禍福無門唯人所召有力能濟傳而勉之

藏物塔中戒第六十一

開緣

若時有如是病。若為堅牢故藏著佛塔中。若强力者所執等。無犯。

見月止持

財物者。謂衣具器物也。戒本云不得藏財物置佛塔中 若為貪積藏中則不可。以重己物。而輕佛塔。若供養塔及形像之物。或僧祇物。為守護堅牢。不令有失。權可藏舉。

著革屣入塔戒第六十二

開緣

若時有如是病。
若強力者所執將入塔中。
無犯。

捉革屣入塔戒第六十三

著革屣繞塔行戒第六十四

著富羅入塔戒第六十五

捉富羅入塔戒第六十六

案 已上諸戒並同第六十二著革屣入塔戒。

塔下坐食戒第六十七

開緣

若時有如是病。
若時聚一處出時持棄。戒本云不得留草及食汙地
無犯。

△【靈芝資持記】比見多在佛殿設齋背像安坐果菜棄道縱橫汙地違制雖輕惡業彌重有識高士願速改過自餘愚叟何足語之

塔下擔死屍戒第六十八

開緣

若時有如是病。
若時須此道行。
若強力者將去。
——無犯。

塔中埋死屍戒第六十九

塔下燒死屍戒第七十

向塔燒死屍戒第七十一

塔四邊燒死屍戒第七十二

【條】已上諸戒並同第六十八塔下擔死屍戒。

持死人衣及牀塔下過戒第七十三

開緣

若時有如是病。若浣染香熏。

無犯。

塔下大小便戒第七十四

向塔大小便戒第七十五

繞塔四邊大小便戒第七十六

案 已上諸戒並同第七十三持死人衣及牀塔下過戒。

持佛像至大小便處戒第七十七

案 開緣同第六十八塔下擔死屍戒。

塔下嚼楊枝戒第七十八
向塔嚼楊枝戒第七十九
塔四邊嚼楊枝戒第八十
塔下涕唾戒第八十一
向塔涕唾戒第八十二

案 已上諸戒並同第七十七持佛像至大小便處戒。

塔四邊涕唾戒第八十三

開緣
若時有如是病。若為大鳥銜置塔邊。若為風吹去。——無犯。

向塔舒脚坐戒第八十四

開緣

若時有如是病。若中間隔障。若强力者所執。

無犯。

安塔在下房戒第八十五

開緣

若時有如是病、持佛塔在下房、己在上房住。若命難、若梵行難。

無犯。

人坐己立說法戒第八十六

開緣

若時有如是病。若王、王大臣捉立。

無犯、

南山戒本疏

如律所開、唯王臣開。豈非法由人弘、且悅形好。事通情服、自有恆準。

靈芝釋云。且悅形好、謂初弘法化、權暫引接。事通情服、謂後得信樂。不可自輕，違須從制，故云自有恆準也。

人臥已坐說法戒第八十七

人在座已在非座說法戒第八十八

人在高座已在下座說法戒第八十九

人在前行已在後說法戒第九十

人在高經行處已在下經行處說法戒第九十一

人在道已在非道說法戒第九十二

案 已上諸戒並同第八十六人坐已立說法戒。

攜手在道行戒第九十三

開緣

若時有如是病。

若時有比丘患眼闇，須扶接。

無犯。

上樹戒第九十四

開緣
若時有如是病。若命難梵行難上樹過人。 無犯。

杖絡囊戒第九十五

開緣
若時有如是病。若强力者所執等。 無犯。

為持杖人說法戒第九十六

開緣

若時有如是病。若為王王大臣。無犯。

為持劍人說法戒第九十七

為持鉾人說法戒第九十八

為持刀人說法戒第九十九

為持蓋人說法戒第一百

案 已上諸戒並同第九十六為持杖人說法戒。

七滅諍法

現前法第一

憶念法第二

不癡法第三

自言治法第四
覓罪相法第五
多人語法第六
草覆地法第七

四分律比丘戒相表記竟

附錄

南山對施興治篇 見南山四分律行事鈔今節錄其文

靈芝資持記釋篇題云。對即能受之人，通於五眾。施謂所受之物，總彼四事。興治即能觀之智。三毒是所治之過。然出家閑曠，不事田蠶。四事資緣，率由信施。且身衣口食，無時不須。必能隨事對治，則出生世善。或恣情貪染，則墜陷冥途。尋此一門，極為心要。自非負卓拔之識，標出離之懷，則對面千山，咫尺萬里也。

就中分五。初明受施之人。二明厭治方便。三明立觀有教。四明作觀方法。五明隨治雜相。

初明受施之人

善見云。比丘受用施物，有四種。一者盜用。若比丘破戒受施，名為盜用。二負債用者。受施之時，必須作念。不作得罪，負人信施。三親友用。謂七學人受供。四主用。阿羅漢。

毗尼母云。受人信施，不如法用，放逸其心，廢修道業。入三塗中受重苦故。若不受苦報者，食他信施，食即破腹，出衣即離身。若知前人無業而施與者，能施所施，二俱為施所墮。

靈芝釋云。今時作惡受施，不見此相者。由有生報故也。或可現纏惡疾，有同腹破，遭刑反俗，即衣離身。無業，謂無行業。

智論。明能施清淨，受者不淨。如是四句。若出家人無戒無慧，食於信施，入銅撅地獄，受鐵丸鐵漿二苦。

四分。乃至犯突吉羅，已上罪，無故受他利養，及持戒比丘禮敬，並不合受。

靈芝釋云。四分即疑惱戒，不犯文。彼云。犯波羅夷，乃至惡說，故云吉已上也。恐妄受利，開語令知，如法懺悔。用斯自檢，寧復有人堪受施者。若但養身，此何足議。苟能反己，豈不懷慚。上引諸文，並約戒淨，復須臨境起治，方堪應供。必非此二，俱為苦因。佛語無虛，固當信奉。

二明厭治方便

如大集中。云何比丘觀所著衣，作不樂想。若縫衣、見衣、觸衣、著衣、脫衣，觀如是時，如血塗皮，爛臭可惡，蟲所住處。如是觀時，於衣貪心，即時除滅。云何修習食不樂想。若有比丘執持缽時，如血塗髑髏，爛臭可惡，蟲所住處。若得食時，應觀是食，如死屍蟲。若見麨時，如末骨想。得飯漿時，作糞汁想。得諸餅時，作人皮想。所執錫杖，作人骨想。得乳酪時，作濃血汁想。若得菜茹，作髮毛想。得種種漿，作血想。是名於食生不樂想。云何於房舍生不樂想。若入房時，念如地獄受諸苦惱。如是房舍，即是和合。所有材木，即是人骨。土是人肉。乃至一切牀榻被褥，亦復如是。作是觀時，即名世間不可樂想。若能觀察如是想者，是人即得如實法也。

靈芝釋云：此謂以智轉境，還伏狂情。如實法者，了達貪者，是虛妄故，遠離虛妄，見淨心故。又解：貪心無我，性本空故，復知如幻，相亦空故，復知無境唯一識故。由此觀察，出離聖行，是真實法。

四分：寧以熱鐵為衣，燒爛身盡，不著信心男女衣服。寧在鐵牀燒身焦爛，不受信心好牀臥具。寧受鐵屋中住，燒身不受房舍在中止宿。寧吞熱鐵鈎，燒爛五臟，從下而出，不受信心飲食。寧以熱戟刺腳，不受信心接足作禮。寧以熱斧自斬其身，不受信心手捫摸其身。何以故。不以此因，墮三惡道。若非沙門非淨行，自言是沙門淨行，破戒行惡，都無持戒威儀，邪見覆處作罪，內空腐爛，外現完淨，食人施故，以不消信施，墮三惡道，長夜受苦。是故當持淨戒，受人信施，一切所須，能令施主得大果報，所為出家作沙門，亦得成就。

若明惡報，如僧護中，廣述五十六事。涅槃、阿含等大小乘經論，並種種厭觀云云。

三明立觀有教

智論云：若不觀食法，嗜美心堅著，墮不淨蟲中，洋銅灌口，啖燒鐵丸。（已下所引十誦律等不具錄）

四明觀法

今約食時立觀，以開心道，略作五門，明了論如此分之。

初計功多少，量他來處。

智論云：思惟此食，墾植耘除，收穫蹂治，舂磨洮沙，炊煮乃成，用功甚多。計一鉢之食，作夫流汗，集合量之，食少汗多。須臾變惡，我若貪心，當墮地獄，啖燒鐵丸，從地獄出，作諸畜生，償其宿債，或作豬狗，常啖糞除。故於食中，應生厭想。

僧祇云：告諸比丘，計此一粒米，用百功乃成，奪其妻子之分，求福故施，云何棄之。

二自忖己身德行。

毗尼母云：若不坐禪誦經，不營佛法僧事，受人信施，為施所墮。若無三業，知故而施，俱為施墮。比丘強飽食施主食，憍慢意，或自食已食，強飽過分，為施所墮。以其食亦從施主得故。何以故。佛長夜中常歎最後限食（原註云：謂末後減口食）。施持戒者，能受能消；施持戒果報大，破戒果報少。足食已，更強食者，不加色力，但增其患，故不應無度食。

三防心離過。

明了論疏云律中說出家人受食先須觀食後方得噉凡食有三種上食起貪應離四事一喜樂過貪著香味身心安樂縱情取適故二離食醉過食竟身心力強不計於他故三離求好顏色過食畢樂於光悅勝常不須此心四離求莊嚴身過食者樂得充滿肥圓故二者下食便生嫌瞋多墮餓鬼永不見食三者中膳不分心眼多起癡捨死墮畜生中作諸噉糞樂糞等蟲初貪重故並入地獄

四正事良藥

觀分二為除故病饑渴不治交廢道業不生新病食飲減約宿食消滅又以二事為譬初如油膏車但得轉載焉問油之美惡二欲度險道有子既死饑窮餓急便食子肉必無貪味

五為成道業

觀三種一為令身久住故欲界之身必假摶食若無不得久住道緣無託故二為相續壽命假此報身假命成法身慧命故三為修戒定慧伏滅煩惱故

持世云若不除我倒此是外道不聽受人一杯之水佛藏亦爾必厭我倒於納衣麤食不應生著

五明隨治雜相

華嚴云若得食時當願眾生為法供養志存佛道（已下所引五分律等不具錄）

前具列正教必須準用臨食五觀口口緣之隨得隨失者為貪等毒所奪

靈芝釋云口腹之患為害頗深適意片時招殃累劫應知三毒即是三途故當對事防心不啻臨深履薄故業疏云大丈夫既不能遠大過豈為一口之食而陷沒耶所為極弱矣慈訓深切學者尚復自欺耶嗚乎

一百一十四

四分律比丘戒相表記校註

三下　罪相表兩偸蘭遮、初註從。次註正上。併制表偸蘭遮註正上。初突吉羅註從。

四上　境想表偸蘭遮註云正上。

四下　罪相標云擇要繁者列表。餘釋義皆略。

五上　二地上處：——同——同、兩同字旁加圈。三乘處：——同——同——又、又字旁加圈。

五下　二十六處表後標云補入有主物釋。

自求表上欄標云自求。

自求五錢…得五錢…不得、求得不得四字旁均加圈。

自求五錢…偸蘭遮註從。

自求減五錢…偸蘭遮註上正。

自求減五錢…突吉羅註從。

教人表上欄標云教人。

教人求五錢…二俱偸蘭遮註從。

教人求減五錢…二俱偸蘭遮註正。

六上　受教者不得…二俱突吉羅註從。

受教者多取…教者偸蘭遮註云〈從正〉。

取異物異處取物・七字均加圈。

無盜心三字加・・。次行無盜心同。

南山戒本疏科上加圈。

第四分右上角加二圈。

六下　境想表境想二字加圈。第一欄偸蘭遮註云從。第二欄偸蘭遮註云正上。

七上　開緣二字加圈。開緣表後標云補通緣。

七下　案語上加圈。案語後標云對閱含註。

八上　罪相二至十相聯。十一至十三相聯。十五十六相聯。十七至二十相聯。

八下　故殺人…方便不死偸蘭遮註云從。

故殺天龍…殺死偸蘭遮註正上。

故殺表下欄註云四分律偸蘭不分、應依南山所定三方便分之。今此方便不死、應是近方便也。

境想表偸蘭遮註、云從。

九上　事鈔九緣、一蘭。二蘭。三四五相聯

三實證。無犯。註四五相聯、四增慢無犯。五

戲笑說吉。六說持戒誦經坐禪等。本是小妄五

但虛稱功行、即大妄闕緣、故結蘭罪。七

虛說他得、自謀名利、蘭。八九相聯、八蘭

九蘭。

十上　開緣五六七（戲笑至獨處）相聯。

十下　開緣前標云附說避免夢失之法、側眠。開緣一捺、奴冒切、手重按也。

十一下　戒疏次段言相觸者有三種…係引事鈔。「同」字應改標南山行事鈔。

十五上　事鈔六緣四過量不處分、量下加點、註云二殘。五過量下亦加點。

十五下　罪相四罪表末標云已上四罪云云。罪相自以繩拼地註拼與餅通、彈也。南山疏作縍。

十六上　開緣一二相聯。開緣七佛圖即浮圖、塔也。講堂即精舍。寺院之異名也。

十六下　事鈔長佛六磔手註減此則不須乞。

十七下　罪相自謗比丘比丘尼以無根十三…註即受戒時所問十三難。案語上標云今據麗藏寫。若宋元明有無、如見月毗尼止持。

十八上　開緣二三四相聯。

十九上　資持記五法化世註見具緣。四依註行（人、法、行）四依、糞掃衣、乞食、樹下坐、腐爛藥。八正註八正（聖）道、正見、正思惟等。破法輪僧註九人。周界各作衆法註一界內各四人。事鈔逮及下篇註云波逸提。罪相表自左突吉羅至右僧殘加→。又標云：

羯磨
- 單白　如說戒等羯磨
- 白二　一白一羯磨
- 白四　一白三羯磨

十九下　開緣二三相聯。註云並據乘法設諫者言。開緣五至十相聯。五註云以慈濟故。開緣十作減損註非理侵犯也。作無住處註妄行驅擯也。朋黨相謀害故。又欄外標註云和尚多己十歲（夏）。阿闍梨多己五歲。（依止者必十歲）同者、謂與二師夏次同也。

二和尚（或一人）
- 一　剃髮（少許）出家。
- 二　與授具足戒。

五阿闍梨
- 一　出家時爲剃髮、受十戒。（或二人）
- 二　受具戒羯磨。
- 三　受具戒教授。
- 四　受經。乃至四句一偈。
- 五　依止。乃至依止一宿。

未滿五夏、若和尚命終等、別請依止。

五夏以後、若不知法者、亦須依止。

二十下　事鈔汙家非戒本緣、上五字均加圈。謗僧是也一句加圈。罪相汙家表一至四註皆謂隨情厚薄令失信心也。一俗家所惠物。二受供所獲。三假他勢力但令恃勢、意涉私曲、不必與物。四盜用僧物。惡行表一至三註、一鄙賤行。與人二字加圈。二染汙行。三輕逸行。倡伎即作樂人。俳音牌、雜戲也。謂同俳優浮俗之語。走、疾走。伴跛行、跳行。跛、補火切、足偏廢也。

二十一下　開緣二三相聯。一至四註同上。又註、開殘罪。五開汙家吉、娠音申。六以下相聯。開惡行罪。六供養佛法僧五字加圈。資持記十十一註云鈔文併爲一條。

二十二上　事鈔五緣成犯、一惡性、二三（相聯）拒僧。四五（相聯）違諫。

二十二下　開緣一至四註同上。七八九相聯。

二十四下　事鈔靈芝釋律開遙捨註云吉。

二十八上　事鈔知足註云失三受二。

二十八下　開緣三帖障垢處註云以左肩著肉、別加布片就裏襯之。有膩摘洗、則不損衣。事鈔價縷註隨一成犯。罪相一求價…乃至增一錢十六分之一分註印度一大錢當十六小錢。

二十九上　案語初制註云、戒註所載。又因二事緣起註居士自恣請比丘、問須何衣。比丘意疑、不答。佛言、應答。因增入先不受自恣請一句。此第二制也。居士欲爲作貴價衣。比丘欲索不如者、不敢言。佛言、可索。

三十上　事鈔靈芝釋二註云戒文據此位。

三十一上　黑毛臥具戒、黑毛註云體貴。罪相攝註云小羊羔也。

三十一下　開緣八註障塵垢。十二註爲襯手。

三十二上　罪相二分黑第三分白第四分尨註云共四分。黑註好貴。白尨註云惡。

三十三上　不貼坐具戒上標云：

先講此土用法不同
- 衣
  - 財
  - 重　一二。三四。
  - 披式　右肩、合披
- 具
- 鉢

三十三下　罪相故者註縱廣佛一磔手。二尺也。

三十四上　事鈔好羊毛註除賤故。由旬註相傳大小不同、今依行宗記爲四十里。罪相除羊毛表芻摩註云麻衣。又行末註云草葉麻類。

三十四下　開緣五註云毳、細毛也。事鈔靈芝釋擘註云分析也。

三十六上　事鈔第三行梵志註云婆羅門。

三十七下　事鈔如法鉢註云體色量。

三十八上　事鈔六緣二減五綴、綴註株衛切。

四十下　開緣一註云善取・開緣二註云不待索。開緣八註云因與致難・

四十一上　事鈔口法註、須加口法、乃得久延・作二受註、云手受防盜、口受延時・。說淨註云七日。限滿、即說淨畜・說淨爲防長、不說故染餘但止免長過、非爲久畜。

四十一下　開緣七日之。藥註云酥、油、生酥、蜜、石蜜（甘蔗糖）資持記、諸過註。云殘宿惡觸。非時等・既無宿觸註云宿殘宿觸惡觸手已觸之食物爲不淨、而禁受食之。戒第二十七註看講義・事鈔二過前求註三月十六日以前求・二時中得註三月十六日以後得三過前受註四。月一日以前受。四過前用註四月一日以前用

四十二上　開緣三註云雨衣不得餘用、。捨已故得開緣四註云不用犯吉、著故不犯開緣五七八註云開不用吉

四十二下　戒第二十八註看講義・事鈔三過前註云七月六日前四無因緣註云奪失等。過後三是十日內註云受。罪相受衣表自。忞前｜十日註七月初六日受・九日註初七。受八日註初。八七日註初。九六日註初。十五日註十。一四日註十。二三日註十三二日註十四一日註十五衣時標云不。說淨之期限自忞後｜一月五月註後不更。增不受（迦緖那）衣者至八。月十五日說淨受衣者至十。二月十五日說淨增一日註八月。十六日說淨增。二日註十七。增。三日註十八增四日註十九增五日。註二十增六日註。二十一增七日註。二十二增八日註二十三增九日註二十四

四十三上　。事鈔冬分非時註云八月半後・彼國八月賊發。過七夜註云乃至六夜又註云與第二（戒）比較

四十三下　事鈔是通許僧物註云見後第一・罪相許異處與異處註云並謂未決定。決定者棄又註云南山與上列爲四對

四十四上　事鈔已許僧未許僧已與僧九字皆加｜又註中謂通明施僧註云未決。開緣一二註云開。心差三四五註云開不入己六註云開非意

四十五上　罪相不見二字加點・又言不見三字三項皆加點知而妄語註續講表旁一行罪相未語時：語時：語覺：註云律有四句、檢閱資持行宗二記・

罪相說戒：突吉羅註但不口言、。故罪降等・心事鈔犯無定境與。不論外緣句相聯起必依與內違想心相聯。戒疏安苦至樂受註忍苦言樂・。財色註云五。欲所見至所心六段前五各加・末段加一・

四十五下　事鈔是比丘註云所毀、皆註音緊」罪相說種。類毀皆語註云六品是種、隨一品下多種爲類面罵註云汝是：・直說也・喻罵註云汝似：。比他也・自比罵註云我非：、比己也・說善法註云假其善事、意在也・。毀辱・

四十六上　戒疏屠。割註云傷害。汝是蘭若如何猶著註云示言相、著註云貪。離著無學。註云極果聖人猶有苦身、未免受用瓶衣等物豈況凡。夫而能免之。彼卽假此。誹毀善人、。謂言貪著潛相扇作、潛註陰謀扇註與謗資持記師友匠成、匠註云辯錄

四十六下　開緣標云同殘中破僧戒・事鈔隨轉隨脇著地註但令著處、卽同臥相・罪相。室有四種表第一至第四種以次分標一二三四第。二種前斂無壁障（上四字加｜）註三面有障第三種及第四種有壁障均改爲四有壁障第三種上雖覆而不遍（不遍加｜）註四周有屋、中開庭心第四種上雖覆遍而有開處（上三字加｜）註少開、纔露光耳

四十七上　開緣三四五相聯、六七八相聯、九十十一相聯又三至十一復以處線相聯開緣三有覆。二字加｜四盡覆二字加｜半障二字加圈五盡覆二字加｜。六盡障二字加｜七盡障二字加｜半覆二字加圈。七下註云（增）八盡障二字加｜

四十七下　案語覆遍障過半註云二、前斂、三面有障障周覆過半。註云三覆而不遍・覆遍。障半註云開緣第四障周覆半註云開緣第七案語應遮下加

四十八上　戒。第六下註云爲異外道、別師資、分別言章等・非鈔聲聞仙人諸天所、說註云爲佛。印可者・齊聲同誦註云約始授言、俱利無犯

四十八下　罪相表句義上標云一說｜・非句義上加｜與句義一項相聯・非句義：抄前言註云抄前輒誦、文義不辨・罪相表句味上標云二說｜・非句味上加｜與句味一項相聯・罪相表字義上標云三說｜・非字義上加｜與字義一項相聯・罪相二欄口授註云同誦・書、授註己誦他書・一說二說三說註云三種不同、隨一成犯・行宗記諸經偈頌註云此通長行、文盡見義・開緣一二註云口授書授二並如法。

四十九下　戒疏內實得道註云初果以上・

五十下　事鈔是生地註云能生草木・罪相已掘地：註看後文。漬、疾智切・久浸也。未掘地註。天然生地也鑁居縛切。大鋤也。斵音琢。擊也椎。音追擊物之具鐮音廉。掐音恰、爪按也。橛音厥。直一段之木也。又作杙、音弋、義同

五十一上　開緣。二曳音以制切牽引也・開緣五屎音家。饕也・開緣九屋、內土註云。露處死士・壞生種戒、壞音怪・

五十二上　開緣八柱與拄通・、拄音主、支也・事鈔身。口業綺註云身口二業、邪曲惱僧、喩如文綺・

五十二下　開緣一。註開口綺・。開緣二至七註開身綺。二三相聯四五相聯六七。相聯。二至七又總相聯開緣八註失口非意。

五十三上　戒疏此敬護重註云由是僧差、不可輕慢・

五十三下　罪相二欄一行繩牀註張繩之粗椅・稱耆倚之。今且約臥、牀也・罪相二欄三行粹音貯、敝衣也・

五十四上　罪相去不還者表二行揹音支・斜拄也。或從木。

五十四下　。強敷戒開緣二註云彼許容也・開緣三閡音礙開緣四註云彼自召也・

五十五下　罪相在重閣上坐臥：隨脇著牀註云戒本通坐、廣解唯臥・開緣二揹音支。柱也・開緣四註非薄覆也・

五十六上　罪相淸酪漿註乳漿也。酢同醋・

五十九上　罪相二行發音鬱、以火斗按平・

六十三上　開緣一大衆集時註云食少人多、不開送故・沙門施食註將化入道、故開受供・

六十三下　資持記瓮註翁去聲。瓶也。罋同甕・

六十四上　罪相麨註云乾飯屑。

六十四下　罪相未欄四行持食。置地註云手不及處。五行使淨人註南山分二。使淨人作、淨人前作（律在後別列）。

六十六下　開緣三呪註云音衍、不嘔而吐也・

六十七下　開緣三鑄註虛。誹切。開緣四上加圈。

六十九上　開緣三上加圈。

五十四上　罪相去不還者表二行揩音支。斜拄也。或從木。
五十四下　強敷戒開緣二註云彼許容也。開緣三闍音礙。開緣四註云彼自召也。
五十五下　罪相在重闍上坐臥：隨脇著牀註云戒本通坐、廣解唯臥。開緣二揩音支。柱也。開緣四註非薄覆也。
五十六上　罪相清酪漿註乳、漿也。酢同醋。
五十九上　罪相二行熨音鬱、以火斗按平。
六十三上　開緣一大衆集時註云食少人多、不開送故。沙門施食註將化入道、故開受供。
六十三下　資持記瓮註翁去聲。瓶也。飡同餐。
六十四上　罪相麩註云乾飯屑。
六十四下　罪相末欄四行持食置地註云手不及處。五行使淨人註南山分二。使淨人作、淨人前作（律在後別列）。
六十六下　開緣三呪註云音術、不嘔而吐也。
六十七下　開緣三鑄註虛訝切。開緣四上加圈。
六十九上　開緣三上加圈。
六十九下　開緣三上加圈。
罪相第一欄一二三行相聯、註云失囑法。
七十上　開緣六上加圈。
食家強坐戒上加圈。註云食有四種、段觸思識。今是觸食家、眼根對色而受著也
事鈔五中手不及、戶坐、五旁加圈。
罪相食家中有寶、有字旁加圈。
七十下　靈峯事義集要言有寶註多論云、以著寶衣輕明發欲故也。
七十一上　事鈔在中手內註云相去八尺內。
七十一下　事鈔緣礙註云破戒等。
。開緣一註云先與後遺。開緣二註云先遺後送開緣三註云不與而遺。
七十二上　開緣三上加圈。
七十三下　飲酒戒罪相非酒上加圈。
七十四上　罪相食麴、麴註丘六切、酒母也。
罪相若食酒糟上加圈。
境想表無酒想：上加圈。
開緣一若有病：上加圈。
七十四下　資持記酒有十過註云行宗記引智論有三十五過失。
罪相相濺灒、灒音贊、灑濺也。
七十五上　開緣二簰音牌、筏也。
開緣四上加圈。
擊攊戒上加圈。
罪相闕同鈴。
資持記捵、他典切、手伸物也。

七十五下　罪相一二相聯、上加圈。
七十六上　事鈔五緣、三四相聯、註云三四、隨一成犯。
罪相以色聲香味觸法恐怖入下加圈。
七十六下　開緣二謦音磬、欬音慨。
七十七上　罪相一行䴬音弋、麥皮也。
罪相二行被燒半焦：三行然炭上加圈。
七十七下　開緣三爍註爛也。開緣五溫室註云即浴室。
藏他衣鉢戒開緣一註云是同心。開緣二註云爲愛護。
七十八上　開緣三註云爲誡敕。開緣四註云四己有。開緣五註云難開。
眞實淨不語取戒上加圈。
罪相淨施衣有二稱下加圈。
七十八下　罪相重衣輕衣不作淨、淨字加圈。
八十下　罪相疑惱表一二三四相聯。
開緣一爲生時：爲犯註前五。懺悔下加。
八十一上　罪相表小食至中夜知四項上加圈。
罪相自覆藏粗罪上加圈。
八十二下　罪相表罵詈、詈註力智切。
資持記末註此是綜錄戒本疏七滅諍法中文。
境想表觀註即能斷之人如法滅也。
八十四上　罪相增上意：智註意智即心慧也。
八十五下　戒疏二會正：註云三乘聖道。
八十八下　罪相自說戒時註云妄語。
八十九上　事鈔不與欲註云此唯斷四諍事、不與欲者提。餘者吉罪。
九十下　罪相摣音查。
九十一上　搏比丘戒、搏音博。
九十三上　事鈔自作使人註今時坐已成者吉。罪相足過八指註一指二寸。
九十四上　罪相刳音枯。
開緣二鏢鑽、鏢音漂。鑽、事鈔作鑽、子管切。玦音決。紐同鈕。杓音標、斗柄也。鏵音滑。篦、事鈔作鎞。刀似箭鏃者曰鎞。見涅槃經。
資持記鞘註所交切、刀室也。鐙註音登、竹也。
九十四下　事鈔五緣二過量、量字註長四尺、廣三尺、緣外廣長各增一尺。
九十八上　著三衣戒開緣三躔音傳、足躔也。
九十八下　反抄衣戒註云肘現體露。偏袒右肩得抄左邊。通肩披得抄右邊。不得令肘現。
開緣二肋註曆德切、脅骨也。
九十九上　資持記媟音辟。

百上　開緣二尻註云考去聲。
百一上　覆身戒第十八註此以正行列爲戒本。如齊整、靜默、用意、平鉢等。其他多標過狀也。
百五下　頻食戒、頻、吉協切。
噏飯食戒、噏與吸同。
百六上　舌舐食戒、舐音士。
百七上　生草上大小便戒註云無隙地者、應持乾草葉瓦石等承之。
水中大小便戒註云若水人所不用、或海水、不犯。

四分律比丘戒相表記、前經中華書局與開明書店先後印行。弘一大師於講授時、就印本中隨宜標註。或改正訛誤。（僅十一頁下一處。）或補充解釋。（此類甚多。）或加圈表其重要。（於項目上下或字句旁加圈等。）或用線示其聯屬。（於各項或各句間加線聯成一組、校註中云相聯者指此。）茲編爲校註、以備參考。又五頁下、自求五錢、自求減五錢得減五錢、教人求五錢受教者得過五錢、六頁上、教人求五錢、教者有盜心、教者無盜心、此六項上均加點。八頁上、事鈔標云後講、九頁上開緣後標云補講具緣。十頁上、開緣後標云講具緣。三十頁上、資持記標云後講、事鈔標云先講。三十六頁下、罪相金銀若錢註說後釋。均未列入校註、特附識於此。

大藏經會護識

余弘律之因緣

初出家時，即讀梵網合注。續讀靈峯宗論，乃發起學律之願。

受戒時，隨時參讀傳戒正範及毗尼事義集要。

庚申之春，自日本請得古版南山靈芝三大部，計八十餘冊。

辛酉之春，始編戒相表記，六月第一次草稿乃訖。以後屢經修改，手抄數次。

是年閱藏，得見義淨三藏所譯有部律及南海寄歸內法傳，深為讚歎。謂較舊律為善。故四分戒相表記第一二次草稿中，屢引義淨之說，以糾正南山。其後自悟輕謗古德，有所未可，遂塗抹之。經多次刪改，乃成最後之定本。

以後雖未敢謗毀南山，但於南山三大部仍未用心窮研。故即專習有部律。二年之中，編有部犯相摘記一卷，自行鈔一卷。

其時徐蔚如居士創刻經處於天津。專刻南山宗律書，費資數萬金，歷時十餘年，乃漸次完成。徐居士始聞余宗有部而輕南山，嘗規勸之。以為吾國千餘年來承秉南山一宗，今欲弘律，宜仍其舊貫，未可更張。余因是乃有兼學南山之意。爾後此意漸次增進。至辛未二月十五日，乃於佛前發願，棄捨有部，專學南山。並隨力弘揚，以贖昔年輕謗之罪。昔佛滅後九百年，北天竺有無著天親等兄弟三人，天親先學小乘而謗大乘。後聞長兄無著示誨，懺悔執小之非，欲斷舌謝其罪。無著云：汝既以舌誹謗大乘，更以此舌讚大乘可也。於是天親遂造五百部大乘論。余今亦爾。願盡力專學南山律宗，弘揚讚歎，以贖往失。此余由新律家而變為舊律家之因緣，亦即余發願弘南山宗之因緣也。

略述律學之派別

化制二教
- 一化教　依大乘律宗之說。以大小二乘若道若俗當守之戒律，皆屬制教。經論所言理觀等，乃名化教。
- 二制教（亦云行教。）　依小乘律宗之說。制教唯是道衆當守之戒律，局於小乘。已外悉為化教。今且依大乘律宗之說。

制教中分二
- 一密教律　如唐善無畏三藏禪要，及大日經並一行禪師疏義釋廣明。
- 二顯教律　如下所明大小二乘律是。

顯教律分二
- 一大乘律　如梵網善戒等。瑜伽論戒本，宗於菩薩善戒經。
- 二小乘律　如四分十誦等。

小乘諸律分部有二說
- 一舊律家之說。如今所述。
- 二新律家之說。如唐義淨三藏南海寄歸內法傳所述，今不錄出。

舊律家傳小乘律分五部有二說（新律家云四部）「異說最多」　佛滅百年後。第五祖優婆毱多尊者之下，有五弟子，同時於律藏分五部派別。
- 一依大集經
  - 一曇無德部四分律
  - 二薩婆多部十誦律
  - 三迦葉遺部但傳戒本，即解脫戒經
  - 四彌沙塞部五分律
  - 五婆麤富羅部未傳
  - 僧祇律即是根本部（以上五部，皆由彼部主依此僧祇律中，契同己見者，集為一部。）
- 二義鈔所引三藏口傳及遺教法律經（拾毗尼義鈔）（即舍利弗問經）——此說無婆麤富羅部，即以僧祇律列入五部。古師多謂僧祇本律即婆麤富羅者，非也。

附律論——善見論（見論）

依南山律所引用者錄
- 毗尼母論（母論）、善見論——四分
- 薩婆多毗婆沙（多論）、薩婆多摩得勒伽（伽論）、五百問論——十誦
- 明了論——正量部

（南山三十五歲往學，僅一月即故。）

「甚多舉大」

此土四分律宗三大家
- 一相州日光寺法礪　相部律（州稱部者，僧傳之語例。）
- 二終南山道宣　南山律
- 三西太原寺東塔懷素　東塔律

四分南山宗下二派
- 一宋錢塘昭慶寺允堪　亦稱天台律師
- 二宋錢塘靈芝寺元照

八十誦律　即根本之律藏也。如來滅後，結集三藏之時，優婆離尊者於一夏九旬之間，八十番誦出之，故名八十誦律。佛滅後百年內唯有此律。

始分二部　佛滅後，結集之時，即有上座部大衆部窟內（上座）窟外（大衆）之異。但此時猶非宗義之別稱。而上座與大衆之名，實起於此。逮佛滅後百年，始分宗義為二部，即用昔名而分。五部十八部等，亦即依此而分也。

僧祇　僧祇翻為大衆。但即窟內上座部也。（僧祇律者，此根本二部中之窟內上座。因大衆之名，通二部故。）

四分律宗在中土流傳之次第

曹魏時，始譯僧祇戒心，四分羯磨。斯二部，初傳洛陽，是為大僧受戒之始也。

（此據南山所傳。若約他家傳述，漢靈帝以後，北天竺有五沙門，創與此方五人受戒，所誦戒本，即古戒本是也。）

其時比丘尼唯從一衆邊受。至劉宋文帝時，有西尼來，乃足十數。是為比丘尼於二部中受戒之始也。

姚秦弘始六年至八年，譯十誦律。

姚秦弘始十二年至十五年，譯四分律。以上二種，譯於關中。

東晉安帝義熙十四年，譯僧祇律。

劉宋景平元年譯五分律。以上二種，譯於江左。此四種，所譯時代略同也。

唐天后久視至睿宗景雲時，譯根本說一切有部律。此律南山未見。

江南嶺表，十誦先盛。關中（陝西）諸處，多承僧祇。四分雖譯於姚秦，而至元魏孝文時，法聰乃始弘揚。法聰本習僧祇，因考受體，遂弘四分。五傳至智首，智首傳於南山，四分一宗乃大盛焉。

五分罕有弘通者。南山嘗稱其文勝，而傷歎也。

根本說一切有部律，翻譯最為完密。但譯布稍後，適在四分盛行之時，故未傳布。

四分南山宗妙義

今所宗者，為四分南山宗。依靈芝諸記而修習焉。斯宗妙義，讚莫能窮。今略舉之：

一創明圓體

羯磨疏中分判三宗
- 一實法宗（有宗）　即薩婆多部。十誦律。當分小乘教。
- 二假名宗（空宗）　即今所承曇無德部。四分律。過分小乘數。雖通大乘，非全大教，蓋分通也。
- 三圓教宗　依法華涅槃二經之意，決了權乘同歸實道。終窮大乘教。既開顯大解，依小律儀即成大行。以大決小，不待受大。故云圓教也。

靈芝戒體章云：問：此與天台圓教為同為異？答：理同說異。何名理同？以下疏中，引法華文，用法華意。立此圓體。但彼教統攝，此局一事。何名說異？今此為明戒體，直取佛意，融前二宗。自得此談，非謂取彼，但名相濫。是故異也。

此為南山律之樞要，最宜窮研。具如行事鈔業疏及記廣明。

二包含精博　以四分為主，兼採他部，具備衆長。故靈芝云：貫攝兩乘，囊包三藏，遺編雜集攢聚成宗。斯宗崛興，獨盛當世。自是九代諸師之作，蔑如無聞。歿後數百年間，沛然莫禦。非四依大士垂示像季者，其孰能至於此哉！

南山靈芝諸撰述，自宋已後，多佚不傳。明季靈峯蕅益大師，寶華三昧見月諸律師等，雖有重興律宗之意，而諸家撰述佚失，無由承稟。近今三十年來，中土古德佚著乃自東瀛取返，復顯於世。蓋佚流海外已近千年矣。學者得是希有難逢之寶典，宜如何歡欣而踴躍耶。

律學要略

二十四年十一月八日講于泉州承天寺
戒期勝會中　萬泉記錄

我出家以來在江浙一帶，並不敢隨便講經或講律，更不敢赴什麼傳戒的道場；其緣故是因個人感覺學力不足。非常慚愧的，三年來在閩南雖有講些東西，自心總不滿。這次本寺諸位長者再三地喚我來參加戒期勝會，在人情不得已中，故今天來與諸位談談；但因時間匆促未能預備，參考書又缺少，間或個人精神衰弱，擬在此共講三天。今天先專為求授比丘戒者講些律宗歷史；他人旁聽，雖不能解，亦是種植善根之事。

為比丘者，應先了知戒律傳入此土之因緣，及此土古今律宗盛衰之大概。由東漢至曹魏之初，僧人無歸戒之舉，唯剃髮而已。魏嘉平年中，天竺僧人法時到中土，乃立羯磨受法；是為戒律之始。當是時可算是真實傳授比丘戒的開始，後來漸漸地繁盛起來。

大部之廣律，最初傳來的是十誦律。翻譯這部律的是姚秦時鳩摩羅什法師；盧山淨宗初祖遠公法師亦竭力勸請贊揚。六朝時此律最盛於南方。其次翻譯的是四分律，和十誦律相去不遠的時候；但遲至隋朝乃有人弘揚提倡，至唐初乃大盛。第三部僧祇律，是東晉時翻譯的，六朝時北方稍有弘揚者。劉宋時繼僧祇律後，有五分律。翻譯這部律的人，即是譯六十卷華嚴經者。文精而簡，道宣律師甚贊；可惜罕有人弘揚。至其後有有部律，乃唐武則天時義淨法師的譯著，即是西藏一帶最通行的律。當初義淨法師在印度有二十餘年的歷史。他博學強記，貫通律學精微；非至印度之其他僧人所能及，實空前絕後的中國大律師。義淨回國翻譯終畢，他年亦老了，不久即圓寂；以後無有人弘揚，可惜！可惜！此外諸部律論很多，不遑枚舉。

關於有部律，我個人起初見之甚喜，研究多年；以後因朋友勸告，即改研南山律。其原因是南山律依四分律而成，又稍有變化，能適合吾國僧衆之根器故。現在我即專就四分律之歷史大略說些。

唐代是四分律最興時期。前所弘揚的是十誦律；四分律少人弘揚。唐初四分律學者乃盛，共有三大派：一相部律，依法礪律師為主；二南山律，以道宣律師為主；三東塔律，依懷素律師為主。法礪律師在道宣之前，道宣曾就學於他。懷素律師在於道宣之後，亦曾親近法礪、道宣二律師。斯律雖有三大派之分，最盛行於世的可算南山律了。南山律師著作浩如淵海；其中行事鈔最負盛名，是時任何宗派之學者皆須研行事鈔。自唐至宋，解者六十餘家，唯靈芝元照律師最勝。元照律師此外尚有許多其他經律的註釋。元照後，律學漸漸趨於消沈，罕有人發心弘揚。

南宋後禪宗益盛，律學更無人過問，所有唐宋諸家的律學撰述數千卷悉皆散失。迨至清初，惟存南山隨機羯磨一卷；如是觀之，大足令人興歎不已！明末清初，有蕅益、見月諸大師等，欲重興律宗；但最可憾者，是唐宋古書不得見。當時蕅益大師著述有毗尼事義集要，初講時人數已不多，以後更少，結果成績頹然。見月律師弘律頗有成績，撰述甚多。有解隨機羯磨者毗尼作持，與南山頗有不同之處；因不得見南山著作故。此外尚有最負盛名的傳戒正範一部。從明末至今，傳戒之書獨此一部。傳戒尚存一線曙光之不絕，惟賴此書；雖與南山之作未能盡合，然其功甚大，不可輕視！但近代受戒儀軌，又依此稍有增減，亦不是見月律師傳戒正範之本來面目了。

南宋至清七百餘年，關於唐宋諸家律學撰述，可謂無存。清光緒末年，乃自日本請還唐宋諸家律書之一部分。近十餘年間，在天津已刊者數百卷；此外續藏經所收尚未另刊者，猶有數百卷。

今後倘有人發心專力研習弘揚，可以恢復唐代之古風。凡蕅益、見月等所欲求見者，今悉俱在。我們生此時候，實比蕅益、見月諸大師幸福多多。

但學律非是容易的事情。我雖然學律近二十年，僅可謂為學律之預備，及得窺見少許之門徑。再預備數年，乃可著手研究。以後至少亦須研究二十年，乃可稍有成績；奈我現在老了！恐不能久住世間。我很盼望你們有人能發心專學戒律，以繼我所未竟之志，則至善矣！

我們應知道，現在所流通之傳戒正範，非是完美之書，何況更隨便增減！所以必須今後恢復古法乃可；此皆你們的責任，我甚希望大家共同勉勵進行！（第一天所講者已畢）第二天、第三天所講的是：三歸、五戒，乃至菩薩戒之要略。

三歸、五戒、八戒、沙彌、沙彌尼戒、式叉摩那戒、比丘、比丘尼戒、菩薩戒等。就普通說：菩薩戒為大乘，餘皆小乘；但亦未必盡然，應依受者發心如何而定。我近來研究南山律，內中有云：「無論受何戒法，皆要先發大乘心」；由此看來，哪有一種戒法，專名為小乘的呢？再就受戒方法論，如三歸五戒、沙彌沙彌尼戒，皆用三歸依受。至於比丘、比丘尼戒、菩薩戒，則須依羯磨文受；又如式叉摩那，則是用羯磨與學戒法，不是另外得戒，與上不同。再依在家出家分之，就普通說：在家如三歸五戒八戒等，出家如沙彌比丘等。實而言之，三歸五戒八戒，皆通在家出家。諸位聽着這話，或當懷疑。今我以例證之，如明靈峯蕅益大師，他初亦受比丘戒，後退作但三歸人；如是言之，祇有三歸亦可算出家人。

又若單五戒亦可算出家人；因剃髮以後，必先受五戒，後再受沙彌戒。未受沙彌戒前，止是五戒之出家人；故五戒通於在家出家，有在家優婆塞、出家優婆塞之別。例如：明蕅益大師之大弟子成時、性旦二師，皆自稱為出家優婆塞。成時大師為編輯淨土十要及靈峯宗論者，性旦大師為紀錄彌陀要解者；皆是明末的高僧。

八戒何為亦通在家出家？藥師經中說：比丘亦可受八戒。比丘再受八戒，為欲增上功德故；這樣看起來，八戒亦通於僧俗。

以上略判竟。以下一一分別說之：

三歸：不屬於戒，僅名三歸。三歸者，歸依佛、歸依法、歸依僧。未受以前必須要了解三歸道理，並非糊裏糊塗地盲從瞎說；如這樣子皆不得三歸。

所謂三寶有四種之別：一理體三寶、二化相三寶、三住持三寶、四一體三寶；盡講起來，很深奧複雜。現在且專就住持三寶來說。三寶意義是什麼？佛法僧。所謂佛即形像。如：釋迦佛像、藥師佛像、彌陀佛像等；法即佛所說之經。如：法華經、楞嚴經等，皆佛金口所流露出來之法；僧即出家剃髮受戒有威儀之人。以上所說佛法僧道理，可謂最淺近，諸位諒皆能明了吧？

歸依，即迴轉的意義。因前背捨三寶，而今轉向三寶，故謂之歸依。但無論出家在家之人，若受三歸時，最重要點有二：第一要注意歸依三寶是何意義。第二當受三歸時，師父所說應當十分明白。或師父所講的話，全是文言不能了解，如是決不能得三歸；或隔離太遠，聽不明白，亦不得三歸；或雖能聽到，大致了解，其中尚有一二懷疑處，亦不得三歸。又正受之時，即是歸依佛、歸依法、歸依僧，三說。此最要緊，應十分注意。以後之歸依佛竟、歸依法竟、歸依僧竟，是名三結，無關緊要。所以諸位發心受戒，應先了知三歸意義。又當正授時，要在先歸依佛三遍注意，乃可得三歸。

以上三歸說已。下說五戒。

五戒：就五戒而言，亦要請師先為說明。五戒者：殺、盜、淫、妄、酒。當師父說明五戒意義時，切要用白話，淺近明了，使人易懂。受戒者聽畢，應先自思量：如是諸戒能持否？若不能全持，或一、或二、或三、或四，皆可隨意；寧可不受，萬不可受而不持！且就殺生而論，未受戒者，犯之本應有罪；若已受不殺戒者犯之，則罪更加重一倍，可怕不可怕呢？你們試想一想，如果不能受持，勉強敷衍，實是自尋煩惱。據我思之：五戒中最容易持的，是不邪淫、不飲酒。諸位可先受這兩條最為穩當；至於殺與妄語，有大小之分，大者雖不易犯，小者實為難持；又五戒中最為難持的，莫如盜戒。非於盜戒戒相研究十分明了之後，萬不可率爾而受。所以我盼望諸位對於盜戒一條，緩緩再說，至要！至要！但以現在傳戒情形看起來，在這許多人衆集合場中，實際上是不能如上一一別受。我想現在受五戒時，不妨合衆總受五戒。俟受戒後，再自己斟酌取捨，亦未為不可。於自己所不能奉持的數條，可以在引禮師前或俗人前捨去。這樣辦法，實在十分妥當。在授者減麻煩，諸位亦可免除煩惱。另外還有一句要緊的話，倘有人懷疑於此大衆混雜擾亂之時，心中不能專一注想，或恐猶未得戒者，不妨請性願老法師，或其他善知識，再為重授一次，他們當會慈悲允許。諸位！你們萬不可輕視三歸五戒！我有一句老實話對諸位說：菩薩戒不是容易得的，沙彌戒及比丘戒是不能得的。無論出家或在家人所希望者，唯有三歸五戒。我們倘能得三歸五戒，那就是很好的了。因受持五戒來生定可為人；既能持五戒，再說念阿彌陀佛名號，求生西方，臨終時定能往生西方極樂世界，豈不甚好。就我自己而論，對於菩薩戒是有名無實；沙彌戒及比丘戒決定未得。即以五戒而言，亦不敢說完全。止可謂為出家多分優婆塞而已，這是實話。所以我盼望諸位要注意三歸五戒！當受五戒，應知於前說三歸正得戒體，最宜注意！後說五戒戒相為附屬之文，不是在此時得戒；又須請師先為說明五戒之廣狹。例如：飲酒一戒，不唯不飲泉州酒店之酒；凡盡法界虛空界之戒緣境酒，皆不可飲，殺盜淫妄亦復如是。所以受戒功德普遍法界，實非人力所能思議！

寶華山見月律師所編三歸五戒正範，所有開示多用駢體文，聞者萬不能了解，等於虛文而已，最好請師譯成白話。

此外我更附帶言之：近有為人受五戒者，於不飲酒後加不吸煙一句；但這不吸煙可不必加入，應另外勸告，不應加入五戒文中。

以上說五戒畢。以下講八戒。

八戒：具云八關齋戒。「關」者，禁閉非逸，關閉所有一切非善事。「齋」是清的意思，絕諸一切雜想事。八關齋戒本有九條，因其中第七條包含兩條，故合計為八條。前五與五戒同，後三條是另加的。後加三者，即第六華香、瓔珞、香油塗身，這是印度美麗裝飾之風俗。我國只有花香，並無瓔珞等。但所謂香，如吾國香粉、香水、香牙粉、香牙膏及香皂等，皆不可用。

第七高勝牀上坐，作倡伎樂故往觀聽，這就是兩條合為一條的。現略為分析：「高」是依佛制度，坐臥之牀腳，最高不能超過一尺六寸。「勝」是指金銀牙角等之裝飾，此皆不可。但在他處不得已的時候，暫坐可開。佛制是專為自製的，須結正罪。如別人已作成功的不是自製的，罪稍輕。作倡伎樂故往觀聽，音樂影戲等屬此條。所謂故往觀聽之「故」字要注意，於無意中偶然聽到或看見的不犯。以上高勝牀上坐、作倡伎樂故往觀聽，共合為一條。受八關齋戒的人，皆不可為。

第八非時食：佛制受八關齋戒後，自黎明至正午可食。倘越時而食，即叫作非時食；即平常所說的過午不食。但正午後不單是飯等不可食，如牛乳水果等均不可用；此外如病重者，於不得已中，可在大家看不到地方，開食粥等。

受八關齋戒，普通於六齋日受。六齋日者：初八、十四、十五、二十三，及月底最後二日；倘更能發心日日受，那是最好不過了！受時要在每天晨起時，期限以一日一夜——天亮時至夜，夜至明早。受八關齋戒後，過午不食一條，應從今天正午後，至明日黎明時，皆不可食。又八戒與菩薩戒比較別的戒有區別：因為八戒與菩薩戒，是頓立之戒（但上說的菩薩戒，是局就梵網、瓔珞等而說的；若依瑜伽戒本，則屬於漸次之戒）。這是什麼緣故呢？未受五戒、沙彌戒、比丘戒，皆可即受菩薩戒，或八戒，故曰頓立。若漸次之戒，必依次第。如先五戒，次沙彌戒，次比丘戒，層層上去的。以上所說八關齋戒，外江居士受的非常之多。我想閩南一帶，將來亦應當提倡提倡！若嫌每月六日太多，可減至一日或兩日亦無不可；因僅受一日，即有極大功德，何況六日全受呢？

沙彌戒：沙彌戒諸位已聽了吧？此乃正戒共十條，其中九條同八戒，另加手不捉錢寶一條，合而為十，但手不捉錢寶一條，平常人不明白，聽了皆怕，不知此不捉錢寶是易持之戒。律中有方便辦法，叫做「說淨」。經過說淨的儀式後，亦可照常自己捉持。最所繁難者，是正戒十條外於比丘戒亦應學習，犯者結罪。我初出家時不曉得，後來學律才知道。這樣看起來，持沙彌戒亦是不容易的一回事。

沙彌尼戒：即女衆，法戒與沙彌同。

式叉摩那戒：梵語式叉摩那，此云學法女。外江各叢林，皆謂在家貞女為式叉摩那。只用貞女之名，這是錯誤的。閩南這邊，那年開元寺傳戒時，對於貞女不稱式叉摩那，只用貞女之名，這是很通的。平常人多不解何者為式叉摩那，我現在略為解釋一下：那一種人可受式叉摩那戒呢？要已受沙彌尼戒的人，於十八歲時，受式叉摩那法，學習二年，然後再受比丘尼戒；因為佛制二十歲乃可受戒。於十八歲時，再學二年，正當二十歲。於二年學習時，僧作羯磨，與學戒法。二年學畢，乃可受比丘尼戒。但式叉摩那，要具學三法：一學根本法——即四重戒。二學六法——染心相觸、盜減五錢、斷畜命、小妄語、非時食、飲酒。三學行法——大尼諸戒及威儀。

此僅是受學戒法，非另外得戒，故與他戒不同。以下講比丘戒。

比丘戒：因時間很短，現在不能詳細說明，唯有幾句要緊話先略說之：

我們生此末法時代，沙彌戒與比丘戒皆是不能得的；原因甚多！甚多！今且舉出一種來說，就是沒有能授沙彌戒比丘戒的人。若受沙彌比丘戒，必定以比丘來授才可。如受時，沙彌戒須二比丘授，比丘戒至少要五比丘授。倘若找不到比丘的話，不單比丘戒受不成，沙彌戒亦受不成。我有一句很傷心的話，要對諸位講：從南宋迄今六七百年來，或可謂僧種斷絕了！以平常人眼光看起來，以為中國僧衆很多，大有達到幾百萬之概。據實而論，這幾百萬中間，要找出一個真比丘，恐怕也是不容易的事情！如此怎樣能授沙彌比丘戒呢？既沒有能授戒的人，如何會得戒呢？我想諸位聽到這話，心中一定十分掃興。或有人以為既不得戒，我們白吃辛苦，不如早些回去好，何必在此辛辛苦苦做這種極無意味的事情呢？但如此懷疑是大不對的。我勸諸位應好好地、鎮靜地在此受沙彌戒比丘戒才是！雖不得戒，亦能種植善根，兼學種種威儀，豈不是好；又若想將來學律，必先掛名受沙彌比丘戒。否則如以白衣學律，必受他人譏評。所以你們在這兒發心受沙彌比丘戒是很好的！

這次本寺諸位長老請我來講律學大意，我感覺着有種種困難之點，這是什麼緣故呢？比方我在這兒，不依據佛所說的道理講，一味地隨順他人，顧惜情面，敷衍了事，豈不是我害了你們嗎？若依實在的話與你們講，又恐怕因此引起你們的懷疑，所以我覺着十分困難。因此不得已，對於諸位分作兩種說法：（一）老實不客氣地，必須要說明受戒真相。恐怕諸位出戒堂後，妄自稱為沙彌或比丘，致招重罪，那是不得了的事情！我有種比方，譬如泉州這地方有司令官等，不識相的老百姓亦自稱我是司令官。如司令官等聽到，定遭不良結果，說不定有槍斃之危險！未得沙彌比丘戒者，妄自稱為沙彌或比丘，必定遭惡報，亦就是這個道理。我為着良心的驅使，所以要對諸位說老實話。（二）以現在人情習慣看起來，我總勸諸位受戒，掛個虛名，受後俾可學律；不然，定招他人誹謗之虞。這樣的說，諸位定必明了吧？

更進一層說，諸位中若有人真欲紹隆僧種、必須求得沙彌比丘戒者，亦有一種特別的方法。即是如蕅益大師禮占察懺儀，求得清淨輪相，即可得沙彌比丘戒，除此之外無有辦法。故蕅益大師云：「末世欲得淨戒，捨此占察輪相之法，更無別途。」因為得清淨輪相之後，即可自誓總受菩薩戒。而沙彌比丘戒皆包括在內，以後即可稱為菩薩比丘。禮占察懺得清淨輪相，雖是極不容易的事，倘諸位中有真發大心者，亦可奮力進行。這是我最希望你們的！

以下說比丘尼戒。

比丘尼戒：現在不能詳說。依據佛制，比丘尼戒，要重複受兩次：先依尼僧授本法，後請大僧正授。但正得戒時，是在大僧授時；此法南宋以後已不能實行了。

最後說菩薩戒。

菩薩戒：為着時間關係，亦不能詳說。現在略舉三事：（一）要有菩薩種姓，又能發菩提心，然後可受菩薩戒。什麼是種姓呢？就簡單來說：就是多生以來所成就的資格。所以當受戒時，戒師問：汝是菩薩否？應答曰：我是菩薩！這就是菩薩種姓！戒師又問：既是菩薩，已發菩提心否？應答曰：已發菩提心！這就是發菩提心。如這樣子才能受菩薩戒。（二）平常人受菩薩戒者，皆是全受。但依瓔珞本業經，可以隨身分受，或一或多，與前所說的受五戒法相同。（三）犯相重輕，依舊疏新疏有種種差別，應隨各人力量而行。現以例說：如妄語戒，舊疏說：大妄語乃犯波羅夷罪。新疏說：小妄語即犯波羅夷罪。如余所編輯之圖表廣明。至於起殺盜淫妄之心，即犯波羅夷，乃是為地上菩薩所制，我等凡夫是做不到的。

所謂菩薩戒雖不易得，但如有真誠之心，亦非難事。且可自誓受，不比沙彌比丘戒必須要請他人授；因為菩薩戒、五戒、八戒，皆可自誓受，所以我們頗有得菩薩戒之希望。

今天律學要略已經講完，其中如有不妥當處或錯誤處，還請諸位原諒！最後我尚有幾句話：諸位在此受戒很好！在近代說，如外江最有名望的地方，雖有傳戒，實不及此地完備。這是這裏辦事很有熱心、很有精神、很有秩序，誠使我佩服！使我讚美！就以講律來說，此地戒期中，有講沙彌律、比丘戒本、梵網經，他方是難有的。幾年前泉州大開元寺於戒期中提倡講律，大家皆說是破天荒的舉動。本寺此次傳戒之美備，實與數年前大開元寺相同；並有露天演講，使外人亦有種植善根之機緣，誠辦事週到之處。本年天災頻仍，泉州亦跑不出例外。在人心痛苦、境遇蕭條的狀況中，本寺居然以極大規模，很圓滿的開戒，這無非是諸位長老及大護法的道德感化所致。我這次到此地，心實無限歡喜！此是實話，並非捧場。此次能碰着這大機緣與諸位相聚，甚慰衷懷！最後還要與諸位恭喜！

學四分律入門次第

先習止持。後習作持。習止持者，應先熟讀背誦戒本。今宗四分南山一派，宜誦南山刪定戒本。（杭州昭慶版。下記之書名，大半已有單行本，便於學者求覓。所注刻經處之名，有金陵天津等。但上海北京路七百五十四號功德林佛經流通處，悉有流通。若向彼處求覓，至為利便。）並參閱四分律含註戒本（天津版。）及佛陀耶舍譯四分戒本，懷素集四分戒本。（已上二種合冊常州版。）

既已熟讀背誦戒本，應詳閱四分律（寶華山版。金陵代流通。）初分，及第四分中調部毗尼。（與四分律比丘戒相表記對閱。）並參閱重治毗尼事義集要（揚州磚橋版。明清諸師之作，此為最善。）前十卷，毗尼止持會集，（寶華山版。金陵代流通。）四分戒本如釋。（揚州藏經院版。毗尼珍敬錄及毗尼關要，較前三種稍遜。然亦可參閱。又淨心誡觀法，教誡新學比丘行護律儀四種，芝苑遺編，釋門歸敬儀章服儀，律學發軔等，皆可披覽。已上天津版。天津常州等處，以後皆預定續刻律部諸書。學者宜隨時求覓。）

於四分律初分，既已詳細窮研。（四分律初分，實為律學之基礎，故初學者宜詳細窮研。）再閱四分律含註戒本疏行宗記，及四分律行事鈔資持記中卷自篇、聚名報篇乃至懺六聚法篇。（已上二種天津版。今人未嘗窮研本律，即誦疏鈔。故罕有能入門者。冀後之學者，依次修習，毋悕速就。）

既已通比丘律，應略習比丘尼律。宜閱四分律第二分一至九，毗尼事義集要卷十六十七，四分律行事鈔資持記下卷尼衆別行篇。

既已習止持竟，應習作持。習作持者，應先熟讀南山隨機羯磨，（天津版。）並參閱懷素集四分僧羯磨。

既已熟讀羯磨，應詳閱四分律第二分十已下迄於終卷。（閱時宜節要記錄，既便記憶，亦可備異日檢查。）並補閱毗尼事義集要中已前所未閱者。

然後再閱隨機羯磨疏濟緣記（天津版。）及四分律行事鈔資持記已前所未閱者。

像季已來，律宗寖衰。羯磨結界，罕有行者。真修之士不須求待他人，宜自密修勝行。余嘗宗根本說一切有部律，集自行鈔一卷。以備有部學者承用。若習四分者，宜準得規式，別集四分律自行鈔，依之行持，檢尋良便。

已上略述學律入門次第竟。若更欲廣研他部者，應先閱僧祇五分，（北京版。）十誦律，及諸律論。（常州大半刊就。閱南山撰述者，凡引諸律及律論處，亦宜隨時檢閱原文。以南山引文，頗多刪略，文義不顯，須檢原文，乃可明了。）後再詳閱義淨三藏所譯根本說一切有部諸律。（常州大半刊就。義淨三藏留學印度二十餘年，專攻此部。歸國已來，譯傳此部律文，凡二十部二百餘卷，精確詳明，世稱新律。靈芝於此部律文，未嘗詳研，故疑其與十誦同。實則開遮輕重，與彼大異，學者幸虛懷研求，毋執故見。）並詳閱南海寄歸內法傳。（義淨撰。日本葛城慈雲律師曾撰解纜鈔釋此傳，今罕流傳。）

若有餘力，再博涉續藏經中律部諸作。懷素、允堪二師，雖與南山、靈芝異其軌轍，然實各有所長，學者宜悉詳覽焉。

學根本說一切有部律入門次第

學有部律者，與學四分、十誦等異。彼則章鈔繁雜，條理紛糅。斯專宗律文，唯依自部。故義淨三藏云：「出家之侶，各依部執。行法之徒須依自部。」又云：「神州持律，諸部互牽。而講說撰錄之家，遂乃章鈔紛雜。故使覆一簣而情息，聽一席而心退。上流之伍，蒼髭乃成。中下之徒，白首寧就！律本自然落漠，讀疏遂至終身。又凡是製作之家，意在令人易解。豈得故為密語，而更作解嘲。譬乎水溢平川，決入深井。有懷飲息，濟命無由。準驗律文，則不如此。論斷輕重，但用數行；說罪方便，無煩數日。」今承是義，略述入門次第。中人之資，依斯修習，一二年可訖。以視他部，難易遲迅，較然大殊矣。

余初學律，緜涉數載，忘前失後，難卒檢究。爾後撮要編錄，乃獲領悟，貫其條理。編錄之法，誠學律者之扃鐍矣。今述次第，即依是法，綜通始末，以貽來葉，知所歸趣焉。（若有他人已編就者，先不宜披閱。必須自費一番心力，別為編錄，乃能獲實益也。）

應先熟讀背誦苾芻戒經，並參閱律攝。（初閱律攝，未能一一了解。於其不解者略之。有部律典，常州刻經處大半刊訖。其未刊者，可檢閱大藏。

次閱苾芻毗柰耶五十卷、尼毗柰耶二十卷，並撮要編錄。參考靈峯閱藏知津搴錄經文大綱之法，及余所編四分律比丘戒相表記。

次閱破僧事二十卷、藥事十八卷、出家事四卷、安居事一卷、隨意事一卷、皮革事二卷、羯恥那衣事一卷、雜事四十卷、尼陀那五卷、目得迦五卷，並撮要編錄。是中雜事、尼陀那、目得迦，宜別分類編定目次，以便檢尋。

次閱百一羯磨十卷，並撮要編錄。又別依攝頌，編略註本。

次閱南海寄歸內法傳四卷，擇其關於律學者，撮要編錄。並閱護命放生軌儀法一卷、受用三水要行法一卷、說罪要行法一卷。南海寄歸內法傳，天津刻經處已刊。

次編毗柰耶頌略註。

次編律攝表記。律攝原文有繁衍者，應加刪削。若太簡略，未易明了者，參考他書增補。

並編苾芻戒經含註本。

元拔合思巴集出家授近圓羯磨儀範一卷、苾芻習學略法一卷，並屬此部，宜參閱。

扶桑學者編《佛學大辭典》中，律宗名義頗為詳備。應別請覓，以供檢尋。上海梅白路昌壽里醫學書局譯刊。

昔義淨三藏法師，學於西域二十五年。該通三藏，而偏精律部。翻出有部律文十九部，百九十八卷；又別撰內法傳等四部，七卷。譯綴之暇，曲授學徒。凡所行事，皆尚急護。漉囊滌穢，特異常倫；學侶傳行，徧于京洛。泥洹而後，斯宗遂衰。妙典無傳，琅函久錮，不其惜歟！余以夙幸，嘗預鑽仰，憂其墜失，矢願弘布；既集犯相摘記一卷、自行鈔一卷，並述斯文，錄于卷末。俾初心者，始涉有津；敢以闇短，光顯法門。振其絕緒，當復俟諸後賢矣。

根本說一切有部毗柰耶自行鈔

凡例

一律制，有四清淨苾芻共住，同學同見，即可羯磨結界行衆僧事。若勝緣不具，僧事莫辦者，亦應隨分隨力，依律行持。毋待他人，獨修勝行。是編之作，意在於斯。宗根本有部羯磨之文，集心念對首法十數篇。心念者一人，對首者二三人，若四人已上僧法，悉不載入。

一懺罪法闕前三者，以犯首，不能懺。犯次三者，須僧中懺，事非易辦。故悉闕而不載。

一說罪乃至分別等文，皆頂格寫。其他低一格寫。附以私記者，小字雙行，並冠案字而示區別。

一是編專集行事之文。此屬作持。於開遮之戒相，此屬止持。未能詳載。學者幸廣覽律文，窮其原委。若樂簡者，精讀律攝十四卷，亦可通其概略。

一專習四分律者，宜準是編規式，別集四分律自行鈔。依之行持，檢尋良便。昔年余嘗集錄，未盡數章，遂爾中輟。後之學者，幸其賡續斯業！

歲次北陸歌栗底迦月於永寧晚晴院重治校定

目錄

第一章　懺罪法

第一節　懺泥薩祇波逸底迦法

律攝云：苾芻隨犯一一泥薩祇罪，其物不捨，夜不為隔，罪不說悔。或於三中，闕一不作。若更得餘物，或同類，或異類。謂諸衣物網絡水羅及腰絛等。但是出家沙門資具，而受畜者。初入手時，即得泥薩祇罪。由前罪勢相染生故。

無犯者。謂物已捨，復為間隔，罪已說悔。言捨物者，謂持有犯物，捨與無犯清淨苾芻。言間隔者，謂今日捨衣。至第三日明相出已，方名為隔。由其中間全隔一日故。有處說云：唯經一宿，其罪說悔者，謂說露其罪。為三事已，方取本物。

捨物之時，咸對別人，不應對衆。設令對衆，亦不應共分此物。除第二鉢。此鉢令捨與衆故。諸衣服等，對近圓人。金銀等寶，對未近圓人及在家俗人。其七日藥，對非近圓等。瞋奪他衣，還彼奪處。凡捨物時，所對之人，有其四種。謂可委信，不解律藏。或解律藏，不可委信。或俱非，俱是。應持犯物，對第四人，而為捨法。應如是說：

具壽存念。此是我物，犯捨墮。今捨與具壽，隨意所為。

此物如前作間隔已，應還彼苾芻。告言：

大德。此是汝物，可隨意用。

案自下為說罪。犯罪苾芻，應對一苾芻，隨其所應具威儀已，應如是說：說罪，本云阿鉢底提舍那。舊譯作懺悔，非關此義。

具壽存念。我苾芻某甲畜長衣。長，仗音。餘也。多也。犯泥薩祇波逸底迦，及不敬教波逸底迦，各有方便突色訖里多罪。隨犯應說。此所犯罪，我今於具壽前，並皆發露說罪，我不覆藏。由發露說罪，故得安樂。不發露說罪，不安樂。三說。

彼應問言：汝見罪否？答言：我見。

又問言：將來諸戒能善護否？答言：善護。所對苾芻應云：奧箄迦。梵語。此義翻為方便。由作此事，是解脫之方便也。其說罪者答言：娑度。此云善哉。

百一羯磨云：次後，苾芻應於其物或守持分別，或捨施人。勿起疑惑。

律攝云：不應對彼犯同分罪人而為發露。謂波羅市迦，望波羅市迦為同分。乃至突色訖里多，望突色訖里多為同分。言同分者，是相似意。謂同罪者。案今人犯罪已，若不同犯清淨苾芻不得值者。宜依五分律開緣，向犯同分罪者懺罪，罪便得除。五分律云：有一病比丘犯罪，語一比丘，大德，我犯此罪。彼言，我亦犯此罪。不得悔過而終。諸比丘作是念，若世尊聽向同犯一罪比丘悔過者，不使此比丘不悔而終。以是白佛。佛言，今聽同犯不同犯皆得向悔。

寄歸傳云：律云，應先嗢屈竹迦。譯為蹲踞。雙足履地，兩膝皆豎，攝斂衣服，勿令垂地。即是持衣說淨常途軌式。或對別人而說罪，或向大衆而申敬，或被責而請忍，或受具而禮僧，皆同斯也。

毗柰耶雜事云：年少苾芻，應喚老者為大德。老喚少年為具壽。若不爾者，得越法罪。案今文中，皆云具壽存念。若少年對老者，應改大德存念。

律攝云：諸學處於方便位，皆悉許有不敬聖教波逸底迦。案準是，於懺根本罪已，並懺不敬聖教波逸底迦。又各方便突色訖里多，亦並須懺。懺罪計數，具如受用三水要行法中廣明。須者尋之。

又云：若起心欲取，得責心惡作。已起方便，得對說惡作。諸墮罪處，類此應知。

百一羯磨云：娑度譯為善。凡是作法了時，及隨時白事，皆如是作。若不說者，得越法罪。

第二節　懺波逸底迦法

說罪要行法云：應對不同犯清淨苾芻，隨其大小而為敬儀。蹲踞合掌，憶其罪名，作如是說：

具壽存念。我苾芻某甲有故妄語等，隨其犯者稱之。犯衆多根本波逸底迦罪，及衆多方便惡作罪。此等諸罪，各有不敬聖教波逸底迦罪，及此方便惡作罪。並不向人發露各有覆藏罪。此所犯罪，我今於具壽前，從清淨來並皆發露，不作覆藏。由發露已，便得安樂。三說已。

彼應問言：汝見罪否？答言：我見。

又問：將來諸戒能善護否？答言：能護。

所對芻苾應云：奧箄迦。其說罪者答言：娑度。

第三節　懺突色訖里多法

律攝云：此中犯者。若苾芻不依佛教，不顧羞恥，欲為非法者。捉衣開張，得責心惡作。若披著身，得對說惡作。若苾芻有順奉心，而著衣不如法。或時忘念，或是無知，非法著者。唯犯責心惡作。如是於餘學處。準此應知。（案已上所載律攝之文，指衆學法第二不太高著裙而言。）

說罪要行法云。作如是說：

具壽存念。我苾芻某甲有故不嚼齒木等，（隨有稱之。）犯衆多根本惡作罪，及衆多方便惡作罪。此等諸罪，各有不敬聖教波逸底迦罪，及此方便惡作罪。並不向人發露各有覆藏罪。（已下，同上懺波逸底迦法。）

又云：云何責心。凡出家者，於不謹慎心中，違律教時。即須自責心云。

此事是我所不應作。我從今已去，更不如是。

若常能如此自尅責時，自然不虧諸戒。須知佛教，意在於此。

第二章　褒灑陀法

百一羯磨云：梵云褒灑陀者，褒灑是長養義，陀是清淨洗濯義。意欲令半月半月，憶所作罪，冀改前愆。一則遮現在之更為，二則懲未來之慢法。舊云布薩者訛。

又云：佛告鄔波離。於障難時，有其六事，心念得成。一謂受持三衣，二捨三衣，三分別長衣，四捨別請，五作長淨，六作隨意。

律攝云：若至長淨日，唯獨一身者。應於長淨之處，以新瞿摩塗拭灑掃，敷座席，鳴楗椎。作前方便竟。自誦少多經已。於高迥處，觀客苾芻，若有三人來，共為長淨。若無來者，時彼苾芻應居本座，心念口言作如是說：

今十四日（或十五日。）僧伽長淨，我苾芻某甲於十四日亦為長淨。我苾芻某甲於諸障法自陳徧淨。我今且為守持長淨。若於後時遇和合衆，我當共和合衆而為長淨，滿諸戒聚故。（三說。）

若有一二人來者，應為對首長淨。準一人法作。（案應於心念長淨文首，增具壽存念。又二三人對首長淨者，應一一輪流相向說，非同時說也。）

案　一人獨居，當長淨日，若無犯罪，應如是心念。若有犯罪，並無人可向發露者。應依僧祇律中先作念待人，然後自陳清淨之法。僧祇律云，若一比丘，有罪者，應作是念。若得清淨比丘，此罪當如法除，作是念已，應心念口言。今十五日僧作布薩。我比丘某甲清淨受布薩。今若旁採此說者，唯用作念待人之文。已後心念長淨，仍依本律。

律攝云：應為長淨而不為者，得越法罪。不應長淨而輒為者，亦越法罪。

又云：若安居竟，為隨意時，即名長淨。更不須作。

第三章　安居法

第一節　安居法

寄歸傳云：若前安居，謂五月黑月一日。後安居，則六月黑月一日，唯斯兩日，合作安居。於此中間，文無許處。至八月半，是前夏了。至九月半，是後夏了。

百一羯磨云：應向屏處，對一苾芻蹲踞合掌，作如是說：

具壽存念。今僧伽五月十六日作夏安居，我苾芻某甲亦於五月十六日作夏安居。我苾芻某甲於此住處內，（案原文作界內。今闕界字。）前三月夏安居。（案已下原文云：以某甲為施主，某甲為營事人，某甲為瞻病人。於此住處，乃至若有圮裂穿壞，當修補之。今闕。）我於今夏在此安居。（三說。）

所對苾芻應云：奧箄迦。說安居者答云：娑度。

案　本律無心念安居法。考四分律云。時諸比丘住處，無所依人，不知何所白。諸比丘有疑，不知成安居否。即白世尊。世尊言，發意為安居故，便得成安居。從今日聽諸比丘，若無所依人，心念安居。而四分無心念安居文。準義，應依本律對首安居文，刪其首端具壽存念，及後奧箄迦娑度。

第二節　受日法

百一羯磨云：必有因緣，聽諸比丘守持七日法，出界外。隨時對一苾芻蹲踞合掌，作如是說：

具壽存念。我苾芻某甲於此住處，前三月夏安居。我苾芻某甲為某事因緣故，守持七日出外。（案原文作界外。今闕界字。）若無難緣，還來此處。我於今夏在此安居。（三說。）

所對之人應云：奧箄迦。守持日者答言：娑度。

律攝云：或有一夜事來乃至六日，準七日應受。或頻受一日，或重受七日。量事守持，悉皆無犯。

案　本律無心念受日法。考十誦律善誦毗尼序云：佛告優波離。若阿蘭若比丘，獨處一身。聽一心念今日布薩說戒，得說戒法。自恣、受衣、受七日法、受七日藥。與一請，及淨施衣物，亦爾。而十誦無心念受日文。準義，應依本律對首日文，刪其首端具壽存念，及後奧箄迦娑度。

第四章　隨意法

寄歸傳云：凡夏罷歲終之時，此日應名隨意。即是隨他於三事之中，任意舉發，說罪除愆之義。舊云自恣者，是義翻也。

毗柰耶隨意事云：具壽鄔波離白佛言。大德。若有住處唯一苾芻獨住，此欲如何作隨意事。佛言。應於住處灑掃清淨，瞿摩塗已，應敷座席。作衆事訖。隨其力分，自誦少多經已。應於高迥處四望，看有苾芻來，知是清淨，若二三人，即應相喚速來，共為隨意。然即於彼客苾芻所，對首法作如是言：

具壽存念。今十五日是隨意日，我苾芻某甲亦十五日且為守持隨意。若於後時遇和合衆，當共彼和合衆如是法隨意。三說。

若其衆多無智愚癡之人，足衆數為隨意者，不成隨意。應待有善苾芻來，共為隨意。若無，應居本座，作心念隨意。如是心念口言：

今十五日是隨意日，我苾芻某甲亦十五日為心念隨意。若於後時有如法衆，共為隨意。三說。

若有一二三苾芻共住者，亦應如前作對首法，作其隨意。若有四人僧伽作隨意者，咸作對首隨意，不差五德為隨意事。若滿五人，方為衆法。即應作白，為隨意事。

又云：若苾芻至隨意時，若憶知有罪。應於餘處苾芻所，作說悔法，方可作隨意。若不說罪，作隨意者，不成隨意。

案 一人獨居，當隨意日，若有犯罪，無人可向發露者，亦依僧祇律中先作念待人之法。如褒灑陀法中說。

第五章　衣藥受淨法附鉢及金銀法

第一節　受衣法

寄歸傳云：言六物者，一僧伽胝，譯為複衣也。二嗢呾囉僧伽，譯為上衣也。三安呾婆娑，譯為內衣也。此之三衣，皆名支伐羅。北方諸國，多名法衣為袈裟。乃是赤色之義。非律文典語。四波呾囉，鉢也。五尼師但那，坐臥具也。六鉢里薩囉伐拏。濾水羅也。受戒之時、要須具斯六物也。

十三資具者，一僧伽胝，二嗢呾囉僧伽，三安呾婆娑，四尼師但那，五裙，六副裙，七僧腳崎，掩腋衣也。八副僧腳崎，九拭身巾，十拭面巾，十一剃髮衣，十二覆瘡疥衣，十三藥資具衣。十三種衣，出家開畜。隨得隨持，無勞總足。餘外長衣，量事分別。若氈褥毯席之流，但須作其委付他心而受用也。

又云：其藥直衣，佛制畜者。計當用絹，可二丈，或可一匹。既而病起無恆，卒求難濟。為此制畜，可預備之。病時所須，無宜輒用。

目得迦云：制諸苾芻，畜藥直衣。若遇病時，賣以充藥。其藥直衣，不應浣染。應持新氎。並留其纑。西國畜白氎一雙，此方當絹一匹也。

律攝云：此等諸衣，各別牒名而守持之。應對一苾芻作如是說：

具壽存念。我苾芻某甲。此僧伽胝衣，我今守持。已作成衣。是所受用。三說。

目得迦云：餘衣守持，準此應作。其藥直衣，應加為病因緣，是所受用。

案 本律許心念守持三衣，而無心念文。應依對首文，删具壽存念。

律攝云：若得未浣染未割截物，權充衣數者。應如是守持：

具壽存念。我苾芻某甲。此衣我今守持。當作九條僧伽胝衣，兩長一短。若無障難，我當浣染割截縫刺。是所受用。三說。

餘二同此。若無苾芻，對餘四衆，亦成守持。

第二節　捨衣法

律攝云：若有緣，捨三衣者。對一苾芻，應如是捨：

具壽存念。我苾芻某甲。此僧伽胝衣，是我先守持衣。今捨。三說。

餘二準此。

案 本律許心念捨三衣，而無心念文。應依對首文，删具壽存念。

第三節　受捨鉢法

律攝云：若如法鉢，應守持。以鉢置左手中，張右手掩鉢口上，作如是說：

具壽存念。我苾芻某甲。此鉢呾囉，是大仙器，是乞食器。我今守持。常用食故。三說。

若欲捨者，準捨衣法。若有兩鉢，應持好者。餘應分別。

案 本律無心念守持鉢法。或可以心念守持三衣法例之。依對首文，删具壽存念。捨亦如是。

第四節　受藥法

律攝云：言諸藥者，總有四種。一時藥。二更藥。三七日藥。四盡壽藥。然此四種，皆能療疾，並名為藥。病者所須，非無病者。即此四種服食之時，皆應先作療病心已，然後受用。言時藥者，謂五正食及五嚼食等。此並時中合食，故名時藥。言更藥者，謂八種漿。即芭蕉子蒲萄果等。若橘柚櫻梅甘蔗糖蜜等，亦聽作漿。又有六種醋物，依夜分齊故名更藥。言七日藥者，謂酥油粆糖及蜜。言盡壽者，有其五種。謂根莖葉花果。又有五種黏藥，五種灰藥，五種鹽藥，五種澀物藥。斯等咸是舉類而言。若更有餘，用皆無犯。

毗柰耶藥事云：若更藥，七日藥，盡壽藥，與時藥相和。應作時服，非時不服。若七日，盡壽，與更藥相和。應齊更分服，過此更分不應服。若盡壽藥，與七日藥相和。應七日服，過七日不應服。若盡壽，與盡壽藥相和。應盡壽服。若不依者，得越法罪。

律攝云：若欲作漿，齊更飲者。時中料理，時中受取，對人加法。至初夜盡，自取而飲。若過此時，便不應飲。時中飲者，隨濾不濾。非時飲者，必須澄濾。又七日藥者，一受已後，作法守持，齊七日內，食之無犯。若有病緣，非時須服。欲求他授，復無淨人。應七日守持。或時隨路，自持而行。

目得迦云：粆糖等漿，過甜者。以蒲萄石榴及橘柚等，挼使破碎，以物淨濾，勿令稠濁，和攪而飲。時具壽鄔波離白佛言：其粆糖飲，頗得守持經七日否。佛言：得。齊何應飲。乃至澄清未醋已來，體未變者，隨意當飲。

百一羯磨註云：西國造粆糖時，皆安米屑，如造石蜜、安乳及油。佛許非時，開其噉食。準斯道理，東夏飴糖縱在非時，亦應得食。

律攝云：言應自守持者。謂在時中，先淨洗手，受取其藥。對一苾芻，置左手中，右手掩上，作如是說：

具壽存念。我苾芻某甲有是病緣。此清淨藥，我今守持。齊初更中自服。（若更藥者，應云齊初更中自服。若七日藥者，應云於七日內自服。若盡壽藥者，應云至盡壽來自服。）及同梵行者。（三說。）

七日藥觸宿而服者，謂得自觸共宿而食，不須更受。時、更、盡壽，未越期限，皆無自觸等過。

又云：七日藥既守持訖，應生心念，我此藥七日當服。若不標心服食，咽咽得惡作罪。為好容儀，或著滋味，或求肥盛，或詐偽心，服食諸藥，皆惡作罪。受七日藥正服之時，應告同梵行者，作如是語：我已一日服藥訖。餘六日在，我當服之。乃至七日，皆應準知。

案　本律無心念受藥法。依十誦律善誦毗尼序，許心念受藥。應用本律對首文，刪具壽存念。

百一羯磨註云：問：下之三藥，如守持已，分局分明。必不守持，齊何應用？答：此之三藥，若其中前受已，過午便不合餐。過午受之，初更得食。同更藥也。又此四藥，既自受已，自分未過，被未具者觸，隨可更受而服。如過自限，若觸不觸，並宜須棄。又問：如其三藥，先守持已，未具輒觸，更得用否？答：本意守持，為防自取。他既觸已，法則便亡。理可棄之，無宜復用。必其貧者，開換施人。決意與他，施還受取。義同新得耳。

第五節　長衣分別法

律攝云：若苾芻有餘長衣，合分別者。或已成衣，或未成衣。應於阿遮利耶鄔波馱耶處，作委寄意而分別之。或餘尊人。或同梵行。其委寄人，持戒多聞。所有德行過於己者，委寄為善。應如是說：

（羯磨云：應持其物，對餘苾芻，作如是說。）

具壽存念。我苾芻某甲有此長衣，未為分別。是合分別。（舊云說淨者，取意也。）我今於鄔波馱耶處而作分別。以鄔波馱耶作委寄者，我今持之。（三說。）

其委寄人，假令身在大海之外，遙為委寄分別，無犯。為分別時，不應對彼委寄之人。應共餘者，而為分別。委寄之人，不應取彼分別之物。又復不應見。委寄人身死之後，衆取其衣，作亡人物分之。此是作法與委寄人，非是實施。其委寄人雖復身死，未聞已來，並成分別。若聞死已，應指餘人為委寄者。其委寄人，不應言請，亦勿告知。

百一羯磨註云：此中但云於其二師而為委寄。意道彼師之衣，表其離著，無屬己之累。然亦不須請為施主。律文但遣遙指即休，不合報知。其人若死。餘處任情，但有如此一途分別衣法，更無展轉真實之事。設有餘文，故非斯部之教。凡言委寄者，欲明其人是可委付。

百一羯磨云：若衣方圓滿一肘者，即是分別衣中極少之量。如不守持分別，俱犯捨墮。如其寬中不滿，長中過者。此即不勞分別，直爾持畜。

案本律許心念分別長衣，而無心念文。應依對首文，刪具壽存念。

律攝云：若長毛衣及重大物，不堪守持。其毛短者，應守持用。長毛重大，應作委寄他心而受用之。得重物時，應心念口言：

此是某甲施主物。我為彼故而受用之。

不須分別。

又云：若是別人物，皆須作委寄法而為受用。應對苾芻，作如是說：

具壽存念。此重大衣，以某甲施主為委付者。我為彼想而受用之。三說。

第六節　金銀分別法

律攝云：施主持衣價與苾芻衆，即作委寄此施主心而受取之。諸苾芻應求敬信人，若寺家淨人，若鄔波索迦，為淨施主。苾芻若得金等物時，作施主物，想執捉無犯。縱相去遠，得不淨物，遙作施主物心持之。乃至施主命存以來，並皆無犯。若無施主可得者，應持金銀等物，對一苾芻，隨住隨立，作如是說：

具壽存念。我苾芻某甲得此不淨財。當持此不淨財，換取淨財。三說。

應自持舉，或令人舉。

第七節　餘食法

律攝云：足食竟，若得餘食作法食者，自身樂住，施主得福。欲作法時，先淨洗手，受得食已。應持就一未足芻。或雖已足，未離本座。對彼蹲踞告曰：

具壽存念。我苾芻某甲食已遮足，今復得此噉食。或嚼食。我欲更食。願與我作餘食法。

時彼苾芻取兩三口，食已報曰：此是汝物，隨意應食。

此據前人自未遮足，得食無犯。若自足已便不合食。應以手按，報言如上。

附錄　食罷發願法

說罪要行法云：準如律教。若苾芻食了之時，若須誦持敬拏伽他。謂施頌也。隨於靜處，或坐或立，或可經行，先誦小經一紙半紙，次誦伽他云：

飯食已訖　當願衆生
德行充盈　成十種力
所為布施者　必獲其義利
若為樂故施　後必得安樂

諸以寺舍房宇布施衆僧造寺之主，及護寺天神，國主百僚，師僧父母，因緣眷屬。及一切衆生。若先亡者，願生西方見阿彌陀佛，或生覩史多天見慈氏尊者。脫屣塵勞，悟無生忍。其現存者，願無病長壽，福智莊嚴。願我自身，無諸障惱。常持淨戒，不犯尸羅。於小罪中，心生大懼。於所犯罪，悉皆發露。盡未來際，不失信心，逢善知識。願生中國，離於八難。常存正見，至求解脫。恆與衆生作不請之友。案若願往生西方者。其願生中國等二十五字，應改作願生西方，見佛聞法，受菩提記，廣度衆生。其他文句，亦得以己意小有增損。即以此福，普施一切。同出有流，證無上果。

若於每日不作如是念誦發願者，是懈怠人，下銷信施。

根本說一切有部毗柰耶自行鈔竟

根本說一切有部毗柰耶犯相摘記

凡例

一毗柰耶藏，其文繁博，被機至廣。今以私臆，簡其常應習誦、省察者，別錄一卷，以便檢尋。他人承用，或病其闕略。幸披律文，詳為增訂，有所正焉。

一所錄者，專宗律攝。間有錄本律者，冠以本律云三字。

一標寫戒目，亦依律攝。所錄事相，有與標目不相涉者，仍彼原式，併列其次。

一所錄者，以持犯戒相為主。釋義之言，亦小存錄。

一編末附錄南海寄歸內法傳數節，至為切要。後之學者，所宜詳覽。

一專習四分律者，宜準是編規式，別集四分律犯相摘記。依之行持，檢尋良便。

歲次玄枵木槿榮月於西安蓮華寺校定

目錄

第一章　四波羅市迦法

不淨行學處第一

起心欲作不淨行時，責心惡作。

不與取學處第二

但起惡念，責心惡作。

若是人物，傍生所偷人想取之，波羅市迦。若盜傍生物，（作傍生想者。）窣吐羅。

初為貸借，後欲不還，決絕之時，波羅市迦。被賊偷物，已作捨心，重奪彼財，波羅市迦。△是故不應倉卒輒為捨意。後見應取。

有病苾芻，遣人持物，心希福利，供養僧伽。不依彼言，隨情處分，窣吐羅。

弶羂網罥所繫有情，及賊偷牛繫之於柱，懷悲愍解者，惡作。

凡授事人，閉寺門時，有其五別。謂上下轉鳴鎖並副鎖門關及居。不閉、賊偷、準事酬值。若闕一者，應還一分。乃至若總不著，即應全償。若有主物，作無主想，若己物想。或暫用心，或告他知，或親友意者，無犯。

斷人命學處第三

若見有情或被水漂火燒，或時渴逼。不手接，不與水。見其欲死，有力能救。或雖不願死，作捨受心而不救者。彼若命終，惡作。

病人報言，莫扶我起。強扶令起。若彼死者，窣吐羅。於餘威儀，類斯應識。

現有宜食，與不宜者。看病之人，窣吐羅。△若無別可得者，無犯。

妄說自得上人法學處第四

若云，有苾芻如是事。然不自言我即是彼。（內有詐情矯陳密說。）窣吐羅。言所陳事，以身相表。問時默然。波羅市迦。

第二章　十三僧伽伐尸沙法

故泄精學處第一

觸女學處第二

說鄙惡語學處第三

索供養學處第四

媒嫁學處第五

若言此男何不為入舍婿。若言此女何不事姑。若言此男何不別室。但是片言與媒事相應，所有言說，皆惡作。

造小房學處第六

造大寺學處第七

凡出家者，於諸利養，皆悉不合越分貪求。

凡是僧伽臥具，受用之時，不得隨宜將輕小坐具及垢膩疎薄惡物而為襯替。△若不爾者，惡作。

無根謗學處第八

無見聞疑三根，以波羅市迦法謗他苾芻，僧迦伐尸沙。

若於大衆，作如是言，於中有人犯波羅市迦。不斥名謗。窣吐羅。

假根謗學處第九

破僧違諫學處第十

助伴破僧違諫學處第十一

污家違諫學處第十二

惡性違諫學處第十三

第三章　二不定法

第四章　三十泥薩祇波逸底迦法

有長衣不分別學處第一（長，仗音。餘也。多也。）

得長衣不分別，過十日，泥薩祇波逸底迦。（長衣者，謂受持十三資具衣外，所得之衣。）△若分別者，無犯。

浣衣可自為之。浣衣之家，亦不應往。或令可信之人浣之。勿不用心，令衣有損。

置衣時，三衣在上，餘衣在下。用意防守如護身皮。欲令施主得福多故，令受用者無闕乏之故。

離三衣學處第二

三衣守持已，向界外去，離衣宿，經明相時，捨墮。

有緣入村坊內，應持一割截衣。△若不入村者，不持無犯。

若不將尼師但那，不應往餘寺宿。△若有礙緣，應借而臥。

一月衣學處第三

使非親尼浣故衣學處第四

凡著衣服，應捨三種心，生五種心。言三種者，一喜好玩飾心，二輕賤受用心，三矯覓名稱心。後謂詐著弊衣，欲令他知有德有行，希招利譽。如是三心，皆不應作。但求壞色，趣得充身。順大師教，進修善品。△言五種心者，一知量，二知間隙，三知思察，四知時，五知數。言知量者，受用衣時，知其新舊量度而用。徐徐緩牽，勿使傷損，後求難得。言知間隙者，不可頻頻常著一衣，臭而疾破可間用之。言思察者，心常思察，此衣來處極難。非自臂力，由他施己。作報恩心。受用之時，勿為非法。言知時者，寒熱適時，受用合度。若乖時節，自損損他。自損者不益己身，損他者福不增長。言知數者，十三資具，足得資身多畜貯求，長貪廢業。

取非親尼衣學處第五

從非親居士居士婦乞衣學處第六

過量乞衣學處第七

知俗人許與衣就乞學處第八

勸共作衣學處第九

過限索衣學處第十

若諸苾芻畜私銅器者，（謂銅盤銅椀釜鑊瓮器。）惡作。△匙及飲水器，並安鹽盤子，衣鉢臥具，病藥所須，別人應畜。

用野蠶絲作敷具學處第十一

用純黑羊毛作敷具學處第十二

過分數作敷具學處第十三

減六年作新敷具學處第十四

作新尼師但那不用故帖學處第十五

佛一張手，當一肘半。由其重帖，遂令受用久堅牢故。若減，不成帖，捨墮。

自擔羊毛過三踰膳那學處第十六

使非親尼治羊毛學處第十七

捉金銀等學處第十八

若自捉，若教他捉，捨墮。△若淨施者，作施主物想，執捉，無犯。

出息求利學處第十九

以錢等而規其利息，未獲之時，惡作。△得時，捨墮。

若他將苾芻物為生利時，苾芻貪利，默而不止，得利之時，捨墮。

賣買學處第二十

於俗人作市易處，不應自酬價值。應令敬信俗人，或使求寂為買，無犯。△若無此者，應自酬值。或二或三，而還其價。不應過此，共為高下。

畜長鉢過十日不分別學處第二十一

凡安鉢處，若在寺中，應為龕窟。

乞鉢學處第二十二

自乞縷使非親織師織作衣學處第二十三

勸非親織師織衣學處第二十四

奪衣學處第二十五

過後畜急施衣學處第二十六

在阿蘭若處過六夜離衣學處第二十七

預前求過後用雨浴衣學處第二十八

迴衆物入己學處第二十九

或時將食，擬施貧寒及以傍生。轉惠餘者，乖本心故，惡作。△求不得者，無犯。

知與衆物，自迴入己。下至一線，縫著其衣，此衣即須全將入捨。

若亡人寄物，即於物所在處，僧伽共分。

有五種受用人：一是主受用，謂無學人。二父母財受用，謂有學人。三隨聽受用，謂持戒者。四負債受用，謂懶惰輩。五盜賊受用，謂破戒人。何謂破戒，謂四重中，隨犯一事。於諸飲食一口不銷，於僧伽地不容一足。

本律云：知屬僧伽物乃至一二三苾芻物，展轉相迴或互迴，迴時，得惡作。△得時，亦惡作。

又云：或知與此寺，迴與彼寺。乃至房廊柱門等，展轉相迴或互迴。亦如是。

又云：若與此貧人物，迴與彼貧人。與此傍生食，迴與彼傍生。得惡作罪。△若覓不得，迴與，無犯。

又云：若擬與傍生物，迴將與人。擬與人物，迴與傍生。得惡作罪。

又云：若與出家物，迴與俗人。或復翻此。得惡作罪。△若覓不得者，無犯。

服過七日藥學處第三十

病苾芻服食酥油糖蜜，於七日中，應自守持，觸宿而服。△過者，捨墮。

糖等，時與非時，病及無病，食皆無犯。△作粆糖團，須安麨末，是作處淨，非時得食。

若甘蔗，非時受取，非時料理，雖濾守持，並不應食。（應時中料理，時中受取，對人加法，齊更得飲。）於藥所須器具雜物，亦皆聽畜。

若寺內無淨地處，與食同宿，內煮，自煮，皆不應食。（飲噉之時，皆惡作罪。）

第五章　九十波逸底迦法

故妄語學處第一

起心欲誑，責心惡作。

實見，見想，而言不見，波逸底迦。△若前人未解者，惡作。

實見，生疑，便云我見，或云不見，惡作。

實不見，生疑，便云我見，惡作。

實不見，有見想，云我見，無犯。

佛之弟子，言常說實。不應為盟自雪，表他不信。故設被誣謗，亦不應作誓。

或時忘一，餘皆不忘。或時疑一，餘皆不疑。參雜而說，意欲迷彼。亦得本罪。

本律云：爾時世尊復告羅怙羅曰：於汝意云何？何意世人手執明鏡？羅怙羅白佛言：世尊。彼執鏡者，為觀己面善惡之相。佛告羅怙羅：如是如是（中略）。汝之所有身業造作，應當數數善自觀察。我曾已作如是身業。此之身業，能害自他，當受苦報。所有罪業，應對佛前，至誠懇惻說所作罪。或於清淨同梵行者前，說其愆咎。發露說悔，將來禁戒更不重犯。若作善業，能益自他，當受樂報。應發歡喜心，於日夜中，慶其所作，勿為放逸。羅怙羅，如於身業欲作，正作，已作，三時觀察。當知語業意業，亦復如是。羅怙羅，當知過去未來，及以現在，所有行業，皆由意生。應數觀察，棄捨妄念，常起善心。羅怙羅，若有沙門婆羅門等，於身語意業現起之時，應善觀察，令極清淨，常多修習相應而住。羅怙羅，如於現在觀察三業，令極清淨，相應而住。過去未來亦復如是。是故汝今於三業中，恆善觀察，令極清淨，相應而住。勿為放逸。

又云：云何妄語得波羅市迦？若苾芻實不得上人法，自稱言得。云何妄語得僧伽伐尸沙？若苾芻知彼苾芻清淨無犯，以無根他勝法謗。云何妄語得窣吐羅底？若苾芻在僧衆中，故心妄語。非法說法，法說非法。非律說律，律說非律。云何妄語得突色訖里多？若苾芻半月半月作褒灑陀，誦戒經時。彼問清淨否？而實不清淨，自知有犯，作覆藏心，默然而住。除向听說四種妄語，諸餘妄語，悉得波逸底迦。

毀呰語學處第二

作毀呰意，或由瞋忿，或因傲慢，於苾芻處，八種毀呰。不問虛實，前人生恥不生恥，若領解時，波逸底迦。廣如律文所說。

或先非惡心，錯誤而說。或為教誨意。或作饒益心。無犯。

本律云：是故常愛語，勿作逆耳言。若出愛語時，無罪常安樂。又云：毀呰語者，謂於他人為毀辱事，出言彰表。

離間語學處第三

作惡心，令他離間，而發其語。或求資生。或作無益。或性嫉妬。或為福業事，謂讀誦依止等。波逸底迦。

或作利益心。或於惡友令其離間。無犯。

發舉殄諍羯磨學處第四

與女人說法過五六語學處第五

無犯者，對有智男子。或在家人，或出家者。又有釋云，設對女人，說亦無犯。

與未近圓人同讀誦學處第六

法，謂十二分教。又有說云：此中法者，謂與毗柰耶相應之法。既遮未具，具便非犯。

有五種人，不應為說毗柰耶藏，謂性無所知，強生異問。或不為除疑，而發於問。或試弄故問。或惱他故問。或求過失故問。

說法之師，若他不請，輒為人說，惡作。

向未近圓人說他粗罪學處第七

言粗惡者，謂初二部及彼方便。此中意顯與淫相應自性方便，是雜染故，名為粗惡。

彼俗家先不知，為不知想疑，以苾芻粗惡罪而告語者，波逸底迦。

他若先知，為不知想疑，而告語，惡作。

除與淫欲相應之罪，以餘犯事及壞見等而告語他。或於自身有粗惡罪，向未近圓說。或告他時，他不領解。皆惡作。

雖得衆法，於已知人有私忿心而向說者，亦得惡作。由此應知出家之人，所有言說，皆為利益。不應私忿，道說於他。

實得上人法向未近圓人說學處第八

謗迴衆利物學處第九

輕呵戒學處第十

若於十七事，尼陀那，目得迦處，增五，增六，增十六，摩納毗迦處，及於餘經與毗柰耶相應之事而輕呵者，皆波逸底迦。△若不與此毗柰耶相應經教，而輕呵者，惡作。

壞生種學處第十一

若苾芻於諸種子及生草木，有種子生草木想，或復生疑。而以刀爪及持磚石水火杵木灰汁沸湯，或是水生出令乾死，或牽柴所損，或經行處以足蹋傷，隨以何緣，或自或他，故為壞損者，波逸底迦。△若不傷者，惡作。

若樹葉新生，及皴朽皮，若花已開，或萎黃葉，或成熟果，損落此者，惡作。

若活根，若青葉，若生皮，花未開，果未熟者，波逸底迦。

若青苔浮萍等，水中搖動，惡作。△舉出水時，波逸底迦。若地磚石有綠苔，生蛇蓋菌等，而損壞者，或竿笐瓶衣生白醭，而受用損動者。惡作。△令他拂淨者，無犯。

諸有情村，有生命居者，隨損得罪。△若欲移諸生命者，應極詳審，勿令傷損。

若行動時，及有牽曳，傾瀉湯水，並灑掃時，無損害心，雖損無犯。

諸根種及以果菜，應合淨者，先作淨已，後方食用。淨法有五種：火淨，刀淨，蔫淨，鳥淨，爪淨。又有五淨：墮破淨，拔出淨，振斷淨，擘破淨，非種淨。若蒲萄瓜果，總為一聚，於三四處，以火拄之，此便為淨。若刀爪一一皆須別淨。又生種中，但有損者，此即是淨。然於種中有不熟種，被蒸煮已，食皆非犯。若苾芻自將刀等而作淨者，食時無犯。△不淨，得波逸底迦。△若以火淨，有自煮過。然於不淨地中，又有內煮過。並不應食。使他淨時，內煮同自。

嫌毀輕賤學處第十二

若於善人，作善人想疑，嫌毀者，波逸底迦。

若於惡人，作非惡人想疑，嫌毀者，惡作。

違惱言教學處第十三

他人問時，乃至片有惱心，詭誑異說。或時默然。若對僧伽及清淨苾芻，違惱教時。波逸底迦。

或他問時，先語後默者，惡作。

若於僧伽及尊重類，稱理之教，垢心違惱，波逸底迦。△非稱理教，作違惱言，惡作。

僧伽教勅遣作此事，為彼事者，波逸底迦。

於稱理教，稱理想疑，違皆波逸底迦。△不稱理教，作稱理想疑，惡作。△若稱理教，作不稱理想，雖違無犯。

若於不解語人，而違惱者，惡作。

若違惱賊教者，惡作。賊遣作全食，應可為辦。

有教須違謂非理虛誑所有言說，有教須為捨受，謂彼非理帶瞋而言。有教應反開悟，謂非理不瞋言。有教當如說行，謂有犯令悔言。有教須順從，謂令持戒言。

若口雖不語，身惱他時。遣去不去，不遣去而去。喚來不來，不喚而來。有垢心者，波逸底迦。△無垢心者，惡作。

若差知衆事，以垢惡心，應作不作，不應作而作，波逸底迦。△無垢心者，惡作。

本律云：善友利益言，若不能依用，墜落受辛苦，猶如放杖鼈。

不舉敷具學處第十四

若僧伽牀座被褥枕囊小褥等，安於露地。去時不自舉，不囑授者，波逸底迦。△若初去時忘，中路方憶者，責心惡作。

若是己物，不舉者，惡作。

若用僧伽敷具，有損壞者，不應默然捨不料理。有破穿處，應須縫補。若斷壞者，應為連接。

每月八日十五日廿三日月盡日，應觀臥具，拂拭曬曝。

苾芻若見火燒寺時，先出自己所有衣鉢，其次當出常住貲財，令無力人一處看守。其火若盛，不應輒入。大水來漂，亦應準此。由失自財，交有廢闕。設損衆物，不同斯苦。△如上所制，違不行者，並得惡作。

本律云：於他信施物，知量而受用。自身得安隱，令他福德增。

不舉草敷具學處第十五

牽他出僧房學處第十六

若於住處，龍蛇忽至。應可彈指而語之曰：賢首，汝應遠去，勿惱苾芻。若告已不去者，應持軟物而羂去之。勿以毛繩等繫，勿令傷損。於草叢處，安詳解放。待入穴已，然後捨去。若棄蚤虱等，不可隨宜輒便棄地。應於故布帛上，觀時冷熱而安置之，此若無者，應安壁隙柱孔，任其自活。△如前所制不依行者，咸得惡作。

強惱觸他學處第十七

故心惱苾芻，於禮敬時生苦。或承事時，供養時，看病時，請教時，讀誦時，諮問時，與欲時，飲食時，受施時，坐臥等時，悉皆生苦。但使發心作惱他意，令他生苦。於僧住處，波逸底迦。△於餘住處，惡作。

故放身坐臥脫腳牀學處第十八

用蟲水學處第十九

總有二種蟲。一謂眼見，二謂濾得。斯等濾用，或可去蟲。或取無蟲處用。或可信人言水無蟲，斯並無犯。

縱無蟲水，不應輒棄，得惡作。△應須散灑。或向竇邊齊一肘來，是其傾處。

本律云：河池水處，多有蟲魚。苾芻殺心，決去其水，隨有蟲魚命斷之時，皆得墮罪。△若不死者，皆得惡作。

又云：若於此水處，偃之令斷。於其下畔，隨蟲命斷，或時不死，得罪同前。

又云，若無殺心者，無犯。

造大寺過限學處第二十

衆不差教授苾芻尼學處第二十一

教授至日暮學處第二十二

謗他為飲食故教授學處第二十三

與非親尼衣學處第二十四

與非親尼作衣學處第二十五

與苾芻尼同道行學處第二十六

凡涉路時，應為法語，勿出惡言。或為聖默然，勿令心散亂。

與苾芻尼同乘一船學處第二十七

近圓男與未近圓女結伴乘船，惡作。

獨與女人屏處坐學處第二十八

獨與尼屏處坐學處第二十九

知苾芻尼讚歎得食學處第三十

展轉食學處第三十一

為求肥盛，或樂美食，而數食者，惡作。

若輕賤心，或懷矯詐，而不食者，惡作。

施一食過受學處第三十二

過三鉢受食學處第三十三

足食學處第三十四

足食竟者，謂食五正食飽足，作遮止言，心生棄捨而從座起，如是若更食者，波逸底迦。△若作餘食法食者，無犯。

若先食五嚼食，後食五正食，無犯。

勸足食學處第三十五

別眾食學處第三十六

此言食者，謂是正食。餘食非犯。

若四苾芻食，同一界內餘有一人不共同食，波逸底迦。

本律云：凡言住處有二種。一根本住處，二院外住處。若於本處苾芻食時，應問院外苾芻來同食否。若不問而食者，得惡作罪。△若院外苾芻食時，應問本處苾芻來同食否。若不問知，四人同食者，得波逸底迦。△若三人食，一人不食。若三圓具，一未圓具。食皆無犯。△若以食送彼，乃至鹽一匕，或草葉一握，與彼眾處，食皆無犯。

非時食學處第三十七

於非時，作非時想疑，若噉咽時，波逸底迦。△時，非時想疑，惡作。

苾芻唯著下裙，上無衣者，不應噉食。

食時踞坐，好整威儀。不應顧視，當生厭想。住於正念，無掉亂心。然後方食。△若異此者，惡作。

若食脆硬餅果，不應作聲，應須潤濕。薄粥歠飲，不得作聲。若蘿菔等，擘破應食。

食曾觸食學處第三十八

曾經觸者，謂是自手先曾執捉，或留經夜擬自噉食。然曾經觸限分，有其二種。一謂中前從他受得，齊日中時。二謂中後受得，齊初夜時。過此限分若更食者，波逸底迦。△若不受而觸，齊時分內食者，惡作。是名輒觸。亦名惡觸。若過時分，又得曾觸，波逸底迦。

若苾芻於三處有曾觸過。謂由僧祇，及由苾芻，並授學人。△望二種人無曾觸過。一無羞恥人，謂不畏罪。二有羞慚，忘失正念。

若曾觸鉢匙盞鉢袋並支伐羅水瓶錫杖乃至戶鑰相染觸物，及以觸口觸手而飲噉者，咸得波逸底迦。

苾芻若欲飲水噉食，時與非時，皆須以水再三漱口，方可飲噉。△若不爾者，惡作。

若是病人，無可得處，曾觸酥等，食亦無罪。

凡飲非時漿，先須洗手漱口令淨，然後飲之。△若異此者，惡作。

本律云：若諸苾芻，曾所觸鉢未好淨洗，若小鉢，若匙，若銅盞，若安鹽器，而用飲食者，皆得波逸底迦罪。

又云：若手觸鉢袋，若拭巾錫杖，若戶鑰及鎖，如是等物。若觸捉已，不淨洗手，捉餘飲食乃至果等。吞咽之時，皆得波逸底迦罪。

不受食學處第三十九

若是病人，無人可得。不受，無犯。

穢處蒼蠅觸食，非犯。

有三種事，應在屏處。謂大小便及嚼齒木。

棄齒木及洟唾等，應於屏處再三彈指謦欬，然後方棄。

若食已了，乃至未將淨水洗漱，口內食津不應輒咽。食謂正食。△違者波逸提迦。

索美食學處第四十

受用有蟲水學處第四十一

齊幾許時，應觀其水。謂六牛竹車迴轉之頃。或心淨已來，觀知無蟲，設不濾漉，飲亦無犯。△不觀不濾，咸不合用。

若苾芻無濾羅等，不應往餘村餘寺齊三拘盧舍。△若所到之處，知無闕乏，不持去者，無犯。謂知彼僧祇恆有淨水，若於河井先知無蟲。

羅須淨洗，曬曝令乾。

有食家強坐學處第四十二

有食家強立學處第四十三

與無衣外道男女食學處第四十四

本律云：云何汝身不陷地。云何舌不百片裂。云何諸神見此事，不以霹靂破汝身。野干每食師子殘，而常有念害師子。十力聖衆以食濟，汝今見罵不知恩。彼定證得一切智，於友非友心平等。汝等外道可惡人，尚亦相依蒙濟給。若人不識恩與義，當知此類不如狗。狗於人處解施恩，汝似惡蛇常吐毒。

觀軍學處第四十五

軍中過二宿學處第四十六

動亂兵軍學處第四十七

打苾芻學處第四十八

以手擬苾芻學處第四十九

若與苾芻相瞋恨時，應往詣彼求其懺摩。不應瞋心未歇，往求辭謝。彼亦不得同師子行，為堅硬心不相容恕。若不肯忍，應遣智人方便和解，速令諍息。小者到彼瞋苾芻邊，至勢分時，即應禮拜。彼應云，無病。

若見苾芻鬥諍之時，應無朋黨心而為揮解。

覆藏他粗罪學處第五十

無犯者，若說他時，令自不安。

共至俗家不與食學處第五十一

觸火學處第五十二

無犯者，謂在時中作心守持。△言時者，謂為三寶。鄔波馱耶阿遮利耶，若為餘諸同淨行者所有事業。或時為己熏鉢染衣，熟諸飯食，或寒或病，所有營為。作心守持，乃至事訖。中間忘念觸時，無犯。△言守持心者。若欲觸火，應心念云，我今為作如是事故，須觸此火。及為同梵行者。若欲滅時，應云，為無事故，須滅。

與欲已更遮學處第五十三

與未近圓人同室宿過二夜學處第五十四

凡臥息時，右脇著牀，兩足重疊，身不動搖。作光明想。安住正念，情無嬈惱。衣服不亂。於睡知量，念當早起，初夜後夜，恆修善品。此是沙門眠息之法。△若無病苦，晝不應臥。

不捨惡見違諫學處第五十五

隨捨置人學處第五十六

攝受惡見求寂學處第五十七

著不壞色大學處第五十八

下至拭鉢巾拂足巾鉢袋濾羅腰條等，咸須壞色點淨而畜。

本律云：若無清淨心，而懷瞋恨意。不能解諸佛，所說微妙法。降伏鬥諍心，及無不淨意。能除於忿害，方解微妙法。

捉寶學處第五十九

若在寺內及白衣舍，見寶及寶類，應作是念，然後當取。若有認者，我當與之。

非時浴學處第六十

初開半月浴。因大熱時，後聽隨意。更開病等。皆非是犯。

若洗浴時，要須心念受持。我今欲浴，在何時中，然後方浴。

△不作時心受持而浴者，從上澆水，流至於臍。若入河池，水過臍上。波逸底迦。

苾芻住處，咸須淨掃。處若寬大，修治難遍者，當於要用處而掃拭之。

佛堂制底及幡幢竿，須蹈影過，宜誦伽他。

若剃髮者，亦在時攝。

不應裸體而浴，可畜浴裙。若無裙者，應以樹葉掩身屏處而浴。

△如上所說，不順行者，咸惡作。

殺傍生學處第六十一

若苾芻以自身手，若持器杖，或擲餘物，作殺心而打者。或當時死，或後命終，皆得波逸底迦。△若不死者，得惡作。

故惱苾芻學處第六十二

若作饒益心，隨順律教以理開導者，皆悉無犯。

以指擊攊他學處第六十三

水中戲學處第六十四

與女人同室宿學處第六十五

恐怖苾芻學處第六十六

藏他衣鉢學處第六十七

他寄衣不問主輒著學處第六十八

以衆教罪謗清淨苾芻學處第六十九

與女人同道行學處第七十

與賊同道行學處第七十一

與減年者受近圓學處第七十二

有二種鄔波馱耶：一初與出家，二為受近圓。△滿足十夏，方住師位。復須成就五法：一知有犯，二知無犯，三知輕，四知重，五於別解脫經，廣能開解。於諸學處，創結隨開。若遇難緣，善知通塞。常誦戒本，能決他疑。戒見多聞，自他俱利。威儀行法，無有虧犯。具如是德，名親教師。由其親能教出離法故。△若苾芻雖近圓已，於諸學處不識重輕，設六十夏，仍須仗託明德依止而住。

禮敬之儀，有其二別。一謂五輪著地。二謂執捉腨足，口云畔睇。△有說禮大師時，五輪至地。若尊及尊類，應手膝至地，或時曲躬。低頭合掌，或捉腨，或蹲踞合掌。若對所餘同梵行者，若但合掌，或復低頭，或口云畔睇。

若知他身有穢觸而為禮敬，或自身有穢觸而禮他者，俱得惡作。有二種觸穢：一食竟未澡漱時觸，二便利未洗淨時觸。

出家苾芻，不應懷恨。設有嫌隙者。小近大時，即須唱畔睇而禮拜。大者見禮，即云願無病惱。△如兩不言者，俱得惡作。

若唯著下裙，無上衣者，不合禮他，亦不受禮。△違而受者，俱惡作。

大者嚏時，小云畔睇。小者若嚏，大云阿路祇。△若不言者，俱得惡作。

闍中禮拜，不應至地。口云畔睇，即是致敬。

既近圓竟，滿十夏已來，在親教師邊受學律藏及餘經論等。若親教師有緣，不及自教者，應令別仗明德可委付人，依之而住。若滿五夏，五法明解，識犯非犯，知重知輕，別解脫經善知通塞，得離本師及依止師，遊方習業。所到之處，經二三日，且自停息。次當觀察誰可為師，應就依止。若無依止，不應停住。設阿羅漢亦須依止，況復異生。

壞生地學處第七十三

生地者，謂未曾掘。若曾經掘，被天雨濕若餘水霑，時經三月，是名生地。若無雨濕及水霑潤，時經六月，亦名生地。

若苾芻知，是生地不，被火燒未，經耕墾自。掘教，人掘若打橛，若剗削。堅硬地皮，崩岸隤牆，著地堅泥舉令相離。若土多沙少者，咸得波逸底迦。△若地皮等不堅硬處，剗舉之時，惡作。

過四月索食學處第七十四

遮傳教學處第七十五

默聽評論學處第七十六

若知諸苾芻在於上閣有所論說，須欲往者。應彈指，或謦欬作聲者，無犯。△若默而去，聽彼言說。初聞聲時，便得惡作。△若解其義，即獲波逸底迦。△若在中閣，若在檐前，若在經行處等，亦如是。△若情無向背，若忽遇聞，此皆無犯。

不與欲默然起去學處第七十七

不恭敬學處第七十八

復有餘說。不敬之事，謂法事，佛事。若尊人，若弟子，若人主，若流俗。於如是等，不生恭敬。若語若默，有如法言，下相順從。若身語心，隨其所應不敬之時，各依輕重而得其罪。△言法事者，先觀自身戒清淨否。若讀誦教授，施他法義。如理作意，靜慮相應。如是等事，隨所應行，而不奉作。心常懶惰，不修善品。不敬於戒。話無益言。皆得波逸底迦。△言佛事者，謂於尊像不勤禮敬。制底香臺，不時掃拭。若見隤落，有力能為，而不修補。所應作事，懈慢不為。波逸底迦。（下略。）

若作輕慢心，欲惱他者。凡有所為，咸得惡作。

飲酒學處第七十九

非時入聚落不囑苾芻學處第八十

若無苾芻，囑餘俗人者，無犯。

食前食後詣餘家學處第八十一

入王宮學處第八十二

不攝耳聽戒作不知語學處第八十三

不恭敬者，是總標句。不住心者，是別釋句。顯六過失。謂無信心失，無敬心失，無樂欲失，緣外境失，心惛沈失，生勞倦失。如是次第而配屬之。

用牙角作針筒學處第八十四

過量作牀學處第八十五

註云：言中人一肘者，長笏尺一尺五寸。過此是高牀量。用皆得罪。

草木綿貯牀學處第八十六

過量作尼師但那學處第八十七

本律云：若佛一張手，當中人三張手，總長九張手，合有四肘半。廣一張手半者，當中人四張手復有六指。（原註云：此中制意者，尼師但那，本為襯替臥具，恐有所損。不擬餘用。然其大量與自身等，頂上餘有一磔手在，斯乃正與臥具相當。又復佛望餘人，身有三倍。言二倍者，蓋是部別。若依二倍，即尼師但那其量全小，不堪替臥。敷地禮拜，不見有文。故違聖言，誰代當罪。）

過量作覆瘡衣學處第八十八

過量作雨浴衣學處第八十九

與佛等過量作衣學處第九十

第六章　四波羅底提舍尼法

從非親尼受食學處第一

受尼指授食學處第二

學家受食學處第三

阿蘭若住處外受食學處第四

第七章　衆學法

衆學法者，謂於廣釋及十七事中，所有衆多惡作惡說，咸悉攝在衆學法中。

不以鏡及水為好觀面。△觀蟲之時，見面無犯。若看面瘡痕。若看頭白面皺。觀知前後容顏改變，生厭離想。此皆無犯。

於諸善品，不應懶惰。

出入門戶，咸須用心。開閉之時，不應造次。若經行時，勿緩勿急。△如是等，於律所說，不依行者，咸得惡作。

言整齊者，離不整齊著衣之過。

少語言者，不應同俗，多作言說。不大叫呼，如童兒類。

不高視者，舉目視前一踰伽地，是為視量。踰伽量者，長四肘也。不應旁視，亦不迴顧，端形直視，徐行而進。牛馬犬等，應預觀察，不應逼近，恐有傷損。

凡是行步非大人相者，皆應遠離。

不壘足者，不以一腳重於腳上，壘之而坐。

不重內踝者，謂不正身重踝而坐。不重外踝者，準事應知。

恭敬受食者，凡受食時，極須存念。不應寬慢，致令鉢破。

不得滿鉢受飯者，受食之時，應觀其鉢，勿令流溢。所有羹菜，不應多請。後安飯時，恐溢出故。

食在口中，不應言說，同白衣法。

羹飯不得互掩覆者，意欲多求，長貪心故。應於飲食，生厭離想。是為出家所應作事。隨得隨食，少欲為念。

繫心而食，充軀長道。不得觀他，生嫌賤心。

污手捉淨水者，謂食所霑，及不淨所污。凡欲食噉，皆須土屑澡豆等淨洗手已，方捉食器飲器及淨水瓶。

若青草上，好樹下，及花果樹人所停息者，不應大小便。△若棘刺叢處者，無犯。

若大林中行，枝葉交茂，應離人行處。若涉生草田間，無空處，應持乾葉，布上便利。△若無可得者，無犯。

初入廁時，作聲謦欬。或時蹋地，或復彈指。

大小行訖，乃至未將淨水漱口，不受他禮，亦不禮他。不坐牀座及噉飲食。△違者，皆得惡作。

若泄下氣，勿使作聲。

於廁屋內，若上座前，若在淨地，及對食者，皆不洟唾。

凡洟唾時，勿作大聲，亦不應數。△若多唾者，應向屏處。若有病緣，聽安承器。若沙若石及草土等，安在器中。勿使濺溢。應數洗之，無令臭氣。

不得水中者，若水闊，應於木上。若無可得，同上草田。

第八章 七滅諍法

復次，既識於諍及除滅事。苾芻要行伏煩惱法，依阿笈摩教當略言之。此別解脫經，統明首末體義大綱，要有十事。謂止息忍證依仗僧伽淨信女人資生受用苾芻苾芻尼俗人之事取食受請威儀軌範共相詰事。若苾芻依此十事修行之時，由二種煩惱而生其犯。一遠。二近。遠者，謂由忘失正念，追尋昔事，而起煩惱作其罪業。近者，謂煩惱心忽然自起，於現前事，作其罪業。時彼苾芻知其因已，應當遠離，如避火坑。順理作意，令因不起。若彼煩惱以自心力不能除者，應就尊宿及閑三藏有德行人，請對治法，作意除遣。仍不除者，當於晝夜讀誦聞思簡擇其意。於三寶所及師長處，至誠供養，忘自劬勞。或向他方。或減食等。令彼煩惱不復現行。仍不除者，當往屍林，獨居蘭若，修不淨觀。為四念處無常等想。仍不除者，應生慚恥，作如是念。我所為非。戒不清淨。不能一一如法護持，而復受他四事供養。諸佛世尊及得天眼諸同梵行並天神等，悉遙見我，知我破戒。為此不應起煩惱心，造諸惡業。當自剋責，如救頭然。於清淨境，說除所犯，勿致後悔。如上所說，不能依行，及受信心所有衣食，皆得惡作罪。若作如斯對治行時，性多煩惱，未能殄息，仍起染心。雖受信施，亦無有犯。當自審察，雖作種種折伏方便，然煩惱心不能除者，即應捨戒歸俗而為白衣。勿令有罪受他信施。此諸惡業，定感當來惡異熟果。如增三經廣說其事。

根本說一切有部毗柰耶犯相摘記竟

附錄

寄歸傳云：言五時者。一謂冬時，有四月，從九月十六日至正月十五日。二謂春時，亦有四月，從正月十六日至五月十五日。三謂雨時，但有一月，從五月十六日至六月十五日。四謂終時，唯一日一夜，謂六月十六日晝夜。五是長時，從六月十七日至九月十五日。此乃獨於律教中，佛制如是次第，明有密意也。若依方俗，或作三時四時六時，如餘處說。百一羯磨註云：此是西方衆僧要法，若不解者，即非苾芻。但為比來未翻，致令聞者不悟。此謂佛家密教，與俗有殊。若至西國，他問不知，人皆見笑。不同支那記月而已。

又云：若前安居，謂五月黑月一日。（安居，舊云坐夏，或云坐臘。西方之制，以黑前白後，合為一月。月虧至晦，謂之黑月，亦名黑分。月盈至滿，謂之白月，亦名白分。黑月或十四日或十五日，月有大小故也。今云五月黑月一日，即當此土五月十六日。）後安居，則六月黑月一日。唯斯兩日，合作安居於其中間，文無許處。至八月半，是前夏了。至九月半，是後夏了。此時法俗盛興供養。從八月半已後，名歌栗底迦月。江南迦提設會，正是前夏了時。八月十六日，即是張羯絺那衣日。斯其古法。（玄奘三藏西域記云：印度僧徒，依佛聖教，皆以室羅伐拏月前半一日入雨安居，當此五月十六日。以頞濕縛庾闍月後半十五日解雨安居，當此八月十五日。印度月名，依星而建。古今不易，諸部無差。良以方言未融，傳譯有謬，分時計月致斯乖異。故以四月十六日入安居，七月十五日解安居也。）

又云：諸部流派，生起不同。西國相承，大綱唯四。一聖大衆部，（即僧祇律。）分出七部。二聖上座部，分出三部。三聖根本說一切有部，分出四部。四聖正量部，分出四部。然而部執所傳，多有同異。且依現事，言其十八。分為五部，不聞於西國耳。故五天之地及南海諸洲，皆云四種尼迦耶。（尼迦耶，譯為部。）

又云：有部所分，三部之別。一法護。（即四分律。）二化地。（即五分律。）三迦攝卑。（此土僅傳戒本，曰解脫戒經。）此並不行五天。唯烏長那國及龜茲于闐，雜有行者。然十誦律，亦不是根本有部也。但此與十誦。大歸相似。

又云：詳觀四部之差，律儀殊異。重輕懸隔，開制迢然。出家之侶，各依部執。無宜取他輕事，替己重條。用自開文，見嫌餘制。若爾，則部別之義不著，許遮之理莫分。豈得以其一身，遍行於四。裂裳金杖之喻，乃表證滅不殊。行法之徒，須依自部。

又云：且神州持律，諸部互牽。而講說撰錄之家，遂乃章鈔繁雜。五篇七聚，易處更難。方便犯持，顯而還隱。遂使覆一簣而情息，聽一席而心退。上流之伍，蒼髭乃成。中下之徒，自首寧就。律本自然落漠，讀疏遂至終身。師弟相承，用為成則。論章段則科而更科，述結罪則句而還句。考其功也，實致為山之勞。覈其益焉，時有海珠之潤。又凡是製作之家，意在令人易解。豈得故為密語，而更作解嘲。譬乎水溢平川，決入深井。有懷飲息，濟命無由。準驗律文，則不如此。論斷輕重，但用數行。說罪方便，無煩半日。此則西方南海法徒之大歸矣。

又云：浮囊不洩，乃是菩薩本心。勿輕小愆，還成最後之唱。理合大小雙修，方順慈尊之訓。防小罪，觀大空，攝物澄心，何過之有。或恐自迷誤衆，準教聊陳一隅。空法信是非虛，律典何因見慢。

又云：供身百一，四部未見律文。雖復經有其言，故是別時之意。且如多事俗徒，家具尚不盈五十。豈容省緣釋子，翻乃過其百數。準驗道理，通塞可知。

又云：凡禮拜者，意在敬上自卑之義也。欲致敬時，及有請白。先整法衣，搭左肩上。壓衣左腋，令使著身。即將左手向下掩攝衣之左畔。右手隨所掩之衣裙。既至下邊，卷衣向膝。兩膝俱掩，勿令身現。背後衣緣，急使近身。掩攝衣裳，莫遣垂地。足跟雙豎，脊項平直。十指布地，方始叩頭。然其膝下，迥無衣物。復還合掌，復還叩頭。慇懃致敬，如是至三。必也尋常，一禮便罷。中間更無起義。西國見為三拜，人皆怪也。若恐額上有塵，先須摩手令淨，然後拭之。次當拂去兩膝頭土，整頓衣裳，在一邊坐。或可暫時佇立，尊者即宜賜坐。必有呵責，立亦無傷。斯乃佛在世時，迄乎末代，師弟相傳，於今不絕。如經律云，來至佛所，禮佛雙足，在一邊坐。不云，敷坐具，禮三拜，在一邊立。斯其教矣。但尊老之處，多座須安。必有人來，準儀而坐。凡是坐者，皆足蹋地，曾無帖膝之法也。律云，應先嗢屈竹迦。譯為蹲踞。雙足履地，兩膝皆豎。攝斂衣服，勿令垂地。即是持衣說淨，常途軌式。或對別人而說罪，或向大衆而申敬，或被責而請忍，或受具而禮僧，皆同斯也。或可雙膝著地，平身合掌。乃是香臺瞻仰讚歎之容矣。然於牀上俗云拜橈。禮拜，諸國所無。或敷氈席。亦不見有。欲敬反慢，豈成道理。至如牀上席上，平懷尚不致恭。況禮尊師大師，此事若為安可。

又云：言長跪者，謂是雙膝踞地，豎兩足以支身。舊云胡跪者，非也。五天皆爾，何獨道胡。

又云：而有說云：律中臥具，即是三衣。見制野蠶，便生異意。剩謂法衣非絹，遂即覓布慇懃。寧委本文，元來是褥。百一羯磨註云：有以臥具為三衣者，雖曰深思，誠為臆斷。律云臥具，乃是眠褥。如何割截，用作三衣。

案已上所錄，悉屬有部之說。他部譯本，或與是殊。南山講師撰述，亦多與此歧異。須知各有所長，未可是丹非素。而南山一派，尤深契此土機宜。慎勿固執有部之說，妄生疑謗也。

毗尼母經分章標目

壬戌十一月十八日始，二十六日初稿錄竟。癸亥二月十五日迄十八日，重治並抄寫。「」記號，係原作小節，今改為大節者，其有分節之義未易明了者，於文中略為記註。其他可以例推。

卷第一

釋名歎勝　每經之名義，乃至善持者之利益。

受具　受具有多義。

說何等人應得受具，何故與受具？

別釋比丘五種受具，內分五十節。

別釋比丘尼五種受具，內分五十節。

廣說立善法上受具緣，制善法上受具義。五處上受具，五處白四受具。

此四節本擬合一、二、三為一大節，內分作三小節。其第四、五處、白四受具，另作一大節。但以割裂文義，未能適宜，故改第一為一大節，合二、三、四為一大節，內分作三小節。

卷第二

羯磨　說法、捨戒、說戒入僧等，不應歌音誦戒，應正中高聲說戒。

卷第三

除罪羯磨　說戒及自恣。
宿舍及開緣，分亡比丘物法、重衣及重物。
應畜物，應畜及不應畜。
剃髮　剃髮法與頭瘡，剪髮法。
羅睺出家，師子出家。
優婆離為佛剃髮，剃髮先後。
食　不應故移衆生食。
果（食果）　日過中不得果食緣。
聽病比丘盡形服三果。
（淨地果林）淨地及不淨地果林。
（果汁）果汁。
（淨果法）淨果法。
結集　五百結集。

卷第四

五百結集之餘。
七百結集。
安居及自恣說戒。
安居補治房舍　自恣法。
與欲法　取欲者成就否？
轉施及分物　不得轉施（此節前半有未了解處。云何名呵責？擯出已下，似別釋上文呵擯之義，故合作一節）。
不應獨用四方僧物緣及羯磨分法。
破僧有五法。

卷第五

聽畜藥　藥有四種。

八種漿。
屐及革屣　著屐人不應為說法。
比丘不得著屐。
聽畜草屣　著草屣者，不得聽法。
入塔。
皮　寒國聽畜皮。
畜器　盛酒器不應畜，不應畜大器。
杖及絡　不聽杖頭繫羊毛，肩上擔行；不聽為捉杖人說法。
夜怖畏處，動錫杖作聲。
蒜　不得食蒜，除病。
尼食蒜者，波逸提。
剃髮　剃髮刀及安置處藏法。
尼剃髮法。
乘　乘有種種　不下乘不為說法，及乘去來聽法諸緣。
比丘不得乘，除老病。
扇拂傘蓋　不聽尼與婦女粧飾。
鏡眼藥歌　不聽比丘歌舞等。
舞香飾等　不聽歌音誦經歎佛。
不得作華鬘、瓔珞，除為佛。
坐及臥　坐有多義，不應與女屏處坐，
不應為臥者說法，除病。在佛房內臥法。
比丘不應貪臥。
經行處敷氈　禪、帶。
淨地　重閣欲崩，未落不淨處，名為淨地。
樹　有五種樹，不得斫伐。
為三寶種三種樹。
樹下安居，不聽樹上安居、樹下便利。
不聽比丘獨共女人樹下坐。

卷第六

入聚法　非時入聚落法。

集會說法　非時集上座，應作羯磨。
二種聚會，五日聚會。

語法、不語法　養徒衆法，安居自恣，衆僧事，
入僧、沙彌，前後伴行，路邊止息。
依止。
經行法。
小便。
洗足、掃地、食粥法、涕唾法、摘齒法、却耳中垢法、刮舌法、小便法、小便處應安木屐。

行及非行　依受具否判定，依佛所聽否判之。

卷第七

案：卷七卷八中，多有重述或續已前者，不復委記。

犯及不犯續。
淫、盜、殺、妄罪及至，學推可知，時日次數相應。

卷第八

威儀相應　差人相應、處所相應、方所國土相應。
自恣、與欲相應。
說戒、布薩、與欲相應。

梵網經菩薩戒本淺釋

依賢首疏等節錄

癸酉十月二十八日始屬稿，十一月十五日訖。匆促錄就，頗多未安之處。俟後有暇，再當改纂可耳。

△題目

- 梵網經 一部之通名也。
  梵，此翻為極淨。
  梵網既為一部之通名，應須通辨，文繁不錄。今且約戒釋義梵者，聲聞小戒，不妨意惡，不破諸見，不名真梵。諸菩薩等所持三聚，具防三業，破見入理，方名實梵也。　網者，以喻菩薩戒相塵沙，微細差別，交雜出沒，屈曲難知，如網孔也。　經者，謂以聖言貫穿攝持所應說義，及所化衆生，故云經也。
- 盧舍那佛說菩薩心地戒品菩薩戒本 當品之別名也。
  - 此有三義
    - 盧舍那佛 舉教主也。梵本經中皆云毗盧遮那，此云光明遍照。
    - 說菩薩心地戒品 是一品通名也。心者，菩薩所起信等五十心也。地者，即是信等諸位，通名地也。
    - 菩薩戒本 品內別目也。本者，標略異廣也。

經文分科，至為詳密，具如疏中。今不寫錄。學者應檢尋之。

△盧舍那—千華上之千釋迦—千釋迦復一一各現百億釋迦 共計千個百億釋迦。

- 此二皆是他受用報身。若約相顯為論，盧舍那身為十地後等覺位菩薩現，其千釋迦為初地以上菩薩現也。
- 此是化身。

偈文中，有二大段前段為化身傳誦實身序說，所云我者，指盧舍那也。後段為化身自演戒宗要故，所云我者，化身自謂也。

△甘露門開 謂此妙戒諸說中最，同於甘露味中之上。於此創演，故曰門開。

本師戒 謂此戒法，諸佛所師也。

明日月瓔珞珠 戒破罪闇，猶如日月。莊嚴行者，如瓔珞珠。

即入諸佛位 佛位有二，一發心滿位，二行果滿位。今入初故。

位同大覺已 初發之願無不周圓，與佛無異。如涅槃經云，發心畢竟二不別也。

真是諸佛子 從佛法生，紹佛位故。

△初結木叉 未犯即制。故最初成佛，即結此戒。不同聲聞戒也。

孝順有三境
- 父母，生育恩。現生及過去也。
- 師僧，訓導恩。
- 三寶，救護恩。

至道之法 謂至極之道，莫先此法。

孝名為戒謂行此孝行，即是順教無違，名為持戒也。**亦名制止**戒謂制御三業，止滅諸惡，故亦名制止也。所以孝與戒名異義同也。

△發心菩薩以信行不成位，故但云發心。

十發趣十住。

十長養十行。

十金剛十向。

光光光猶戒也。無量數多，故重言也。

有緣非無因及非青等謂此戒光因緣生故，是故無性離相，故云非青等也。此明戒體甚深。

是諸佛之本原等此明戒用廣也。

△諸部重戒多少不同

- 菩薩善戒經出家菩薩有八重戒、即梵網十重中初四及後四是也。以出家菩薩先受聲聞戒，具前四重。後受菩薩戒，更加後四也。
- 善生經即優婆塞戒經。在家菩薩有六重戒，即梵網前六是也。酤酒說過，於在家人罪偏重故，於出家人則稍輕也。
- 瑜伽師地論菩薩地持論有四重戒，即梵網後四也。
- 梵網經具十重戒。通攝道俗，統該諸部也。

△殺戒

方便讚歎殺或歎能殺之人有勝德，或歎所用殺法有功能。

自行教他讚歎隨喜依賢首疏，十重戒中皆有此四，俱結重罪也。

因緣法業有多釋。若約所作，即是自作為因，教他為緣，讚歎彼法，隨喜其業。十戒皆例此釋也。

常住慈悲心孝順心制令起離相平等之心，故云常住。盜戒云佛性，亦此義也。十重戒中，結罪緩急，諸家之說不同。余昔曾編表記詳列之。須者檢尋。

△盜戒

鬼神有主等明物主也。

一針一草出所盜物也。

△妄語戒

不見等明妄差別，謂三業異也。先明口業妄，後明身意。

身即現相也。

口如說戒時默妄者是。

△故瞋戒此於非怨境起瞋。故與輕戒第二十一不同。

△鬬謗欺賢戒

手捉香爐即今禮懺時所用手香爐，又名柄香爐。唯導師一人用之。今則大眾皆用也。其製法，與今略似。上有蓋。內焚香粉。今則僅插香一枝乃訛誤耳。

餘者，乞檢賢首疏。

衰病纏綿，未能詳為輯錄。迄初四日遂爾中止，殊自傷耳。弘一

補

△無德詐師戒

十禪支見後表。

四禪十八支

總標	舊譯義寂疏用	新譯太賢記用	合取十支
初禪五支	覺支	尋支	○
	觀支	伺支	○
	喜支	同	○
	樂支	同	○
	一心支	定支	○
二禪四支	內淨支	內等淨支	○
	喜支	同	
	樂支	同	
	一心支	同	
三禪五支	捨支	同	○
	念支	同	○
	慧支	正知支	○
	樂支	同	
	一心支	同	
四禪四支	不苦不樂支	中受支 捨受支	○
	捨支	同	
	念支	同	
	一心支	同	

以此等功德法支持禪，故名為支。

梵網十重戒諸疏所判罪相緩急異同表

沙門弘一編

智者疏、以續藏經本爲完善。元曉私記及持犯要記、法銑疏、天津刻經處已付刊。

【舊疏】

智舊疏者、以智者義疏爲主。明曠戒疏刪補、蕅益合註輔之。（蓮池發隱等可緩閱）　元曉私記及持犯要記、甚有精義。併宜詳研。

蕅益而後諸家之作、有明弘贊略疏、寂光直解、淸德玉順硃、書玉初津等。以弘贊書玉之作較勝。（亦宜緩閱）

	殺	盜	婬	妄	酤	說	讚毀	慳	瞋	謗
隋智者義疏	殺畜生等有兩釋（犯重／但犯輕垢）	五錢——犯重（針草輕垢）	正道女三男二——犯重（非道輕垢） 在家但制邪婬	大妄語——犯重（小妄語輕垢）	授與前人時——成犯			示慳相、前人領解時—成犯	示不受相、前人領解時——成犯	前人領解納受時—成犯
唐新羅元曉私記及持犯要記	同第二釋				前人飲時——成犯		元曉判此戒局於爲利、與他家殊	加毀辱——成犯	須具口罵杖打不受懺謝結恨不捨者——成犯	
唐明曠戒疏刪補	同第二釋							前人領解空返—成犯		
宋與咸疏註	同第一釋	其他皆同智者今不具錄								
明蓮池發隱	同第一釋									
明蕅益合註	害畜生等有兩釋（犯重但不失戒（或數數故傷亦可失戒）／不解語者但犯輕垢（解語受戒者犯重））									

【新疏】

新疏中以賢首疏、義寂疏、太賢記三種爲最精湛（太賢古迹記及宗要中有文義太簡略處、不易索解、宜鈔錄續藏經中科文對閱之。）學者應專宗一種爲主、而以他二種輔之。勝莊述記可參閱。

（若習賢首疏者併宜參閱法銑疏殘本）元曉私記及持犯要記雖隨宜判入舊疏、然其書甚有精義、習新疏者亦宜學之。　其他如唐傳奧記、宋蕅因注等、皆可不閱。

	殺	盜	婬	妄	酤	說	讚毀	慳	瞋	謗
唐賢首疏	自作、教他、讚歎、隨喜─十戒俱結重（他家不同） 有命（不揀人畜）─皆犯重	針草（不待五錢）─犯重	正道女三男二─犯重 出家在家俱絕婬欲。但在家得位菩薩、爲化衆生、心淨如佛而行方便、可以開聽、如瑜伽戒本說。	小妄語（不待大妄）─犯重	授與及前人領入手時─犯重		單自讚。單毀他。亦犯重（他疏皆謂具二乃犯重）	成犯有三釋─約心─起念便犯重（參觀註一） ─對緣─對緣正違及前人空迴 ─至極─鬪辱 （此三釋準下戒例立。依具緣成犯、意取第二）	成犯有三釋─約心─起念便犯重 ─通身口─更加打罵 ─至極─來謝不解 （依具緣成犯、意取第一）	發謗言不待意領解─犯重
唐傳奧記	同	同		同						
唐勝莊述記	同	有兩釋（意在針草犯重）	在家有兩釋	有兩釋	有兩釋─與即犯重 ─待彼飲犯重 （意取第一）			決定不施、前人領解─成犯	懷恨不受悔、前人領結─成犯	發謗言、前人領解─成犯
唐新羅義寂疏	同	同	正道女三男二及非道─皆犯重 在家制邪開正	同	同			決意不施、說祕惜言、不待領解─成犯	決意結怨、不受悔謝、不待領解─成犯	誹謗決定、不待發解─成犯
唐新羅太賢古迹記及宗要	同	同	同	同				同	同	同
唐法銑疏（殘本）	同	同	同	同（以下疏佚）					有兩釋─加以手打及以刀杖方成犯。 ─若位稍高、獨意成犯。（參觀註二）	
唐知周疏（殘本）	同	同	正道及非道─皆犯重 在家正邪皆制（以下疏佚）							

已上諸家次第、隨宜排列。不盡依時代先後。

註一　戒疏十重料揀第七云。慳瞋亦約初犯、以起念便犯故。

註二　法銑疏釋瞋戒文已佚。今依文前十門分別第二彰其犯具中、錄此兩釋。

梵網經賢首疏盜戒第六種類輕重門科表

沙門弘一編

墨書者（今用五號字）原科。　朱書者（今用六號字）增科。

盜戒　第六種類輕重門

- 初明物主
  - 初三寶物
    - 初釋相
      - 初明佛物
        - 初正明佛物
          - 初習佛結
          - 二習護主
          - 三明俱重
          - 四示今宗
        - 二佛像舍利
          - 初供養
          - 二偷取
      - 二法物
        - 初正明
          - 初正盜
          - 二損壞
          - 三借損
          - 四盜寫
        - 二問答
      - 三僧物
        - 初廣大
          - 初十方常住
            - 初常住常住
              - 初定犯
              - 二引示
            - 二十方常住
          - 二十方現前
        - 二限局
          - 初衆僧物（現前現前）
          - 二別人物
            - 初正明
            - 二引示
    - 二互用
      - 初三寶互
        - 初明三寶通塞
          - 初通明犯相
          - 二廣辨通塞
            - 初示通塞
            - 二準安設
          - 三別明田園
        - 二明本通隨用
      - 二當分互
        - 初佛物
          - 初別列
            - 初佛寶物
            - 二佛受用物
              - 初示物體
              - 二引論文
            - 三屬佛物
              - 初明出息
              - 二明貿易
              - 三明移使
            - 四供養佛物
              - 初明轉貿
              - 二明轉變
            - 五獻佛物
            - 六局佛物
              - 初通示
              - 二揀濫
          - 二結諳
        - 二法物（有六如文）
        - 三僧物
          - 初僧寶物
          - 二常住僧物
            - 初度與餘處
            - 二將持在道
            - 三借人畜等
            - 四別顧受用
          - 三十方現前僧物
          - 四衆僧物
          - 五己界局僧物
    - 三出貸
      - 初三寶互貸
      - 二三寶出息
      - 三別人得貸
      - 四佛物不開
    - 四待賓（贍待法）
      - 初正明
        - 初道人
        - 二白衣
        - 三王臣
        - 四惡賊
        - 五作人
        - 六淨人
      - 二問答
    - 五執人（執三寶物人）
      - 初引文
      - 二誡諳
    - 六輕重
      - 初正明
      - 二引文
      - 三誡諳

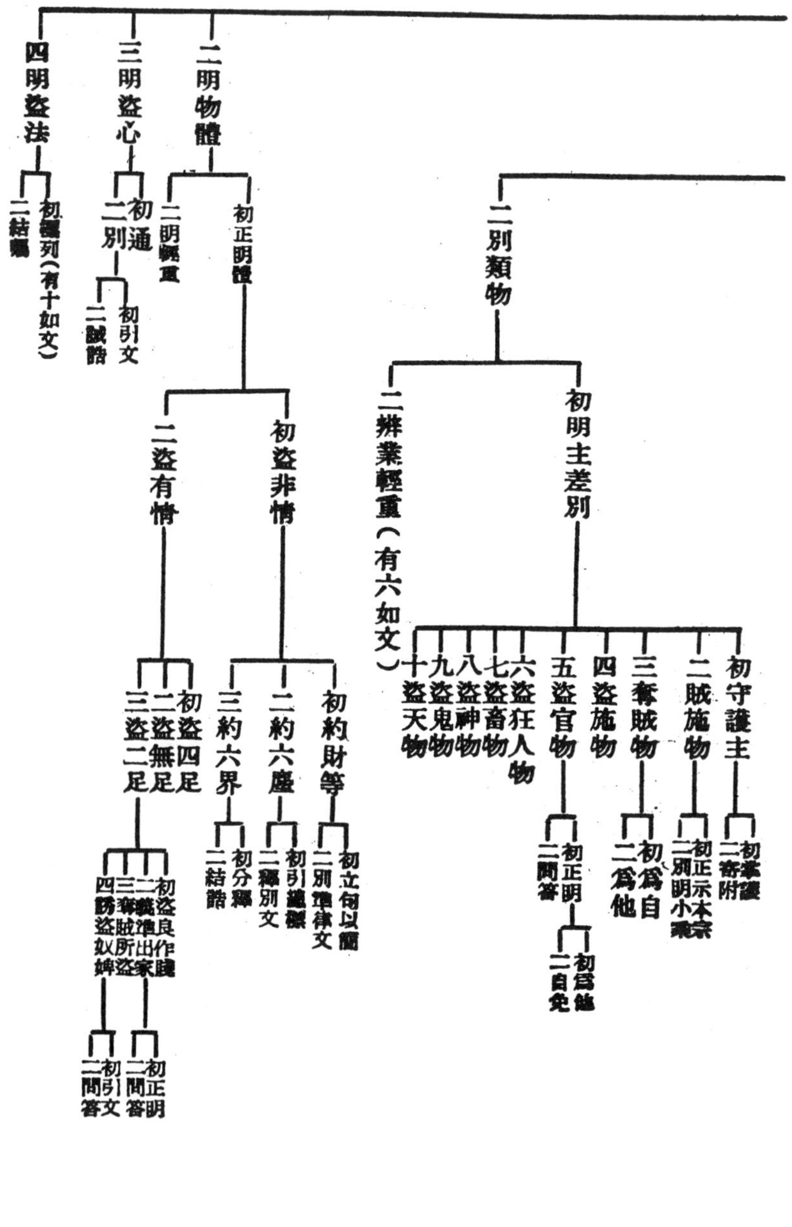

歲次癸酉十一月居晉水草庵、編定此科。二十四日錄訖、併記。

梵網經古迹記科表

甲戌九月補題

化、總一

此是上下二卷總科

- 將釋此經七門分別
  - 一時處
  - 二機根
  - 三藏攝
  - 四翻譯
  - 五宗趣
  - 六題名
  - 七本文
    - 初本師說
    - 二化傳說（記卷三第二頁起）
      - 初報恩
      - 二別化
        - 初傳內門行
          - 初總序
            - 初敍下天次第
            - 二明說法會處
              - 初十界說處
              - 二三賢說處
              - 三十禪說處
              - 四十地說處
              - 五十金剛說處
              - 六十忍說處
              - 七十願說處
              - 八心地說處
              - 九總準結
          - 二別釋
            - 初降魔
            - 二下生
            - 三出家成道
            - 四轉法輪
              - 初略舉十處
              - 二說經緣起
        - 二傳發心外門戒（誡惡行門）第五頁後半起
          - 初開序
            - 初時處
              - 初略舉上天次第
              - 二下天復說由
            - 二勸策
              - 初策發
                - 初歎戒德
                - 二讚受器
                - 三勸示生後
              - 二勸信（自此已下釋戒本文）
                - 初標章述意
                - 二旁述三門
                  - 初標列
                    - 初受得門○
                    - 二護持門○
                    - 三犯失門○
                  - 二正明
                  - 三指餘
                - 三牒文解釋
                  - 初標分
                  - 二牒釋○
            - 三結戒序○
          - 二正說○
          - 三流通
            - 初牒經配科
            - 二釋經總意
            - 三略釋經文

科表排竣、續得大師舊稿、內題十六年丁卯春住杭州雲居山常寂光寺編錄、二十二年癸酉九月手裝、時住晉水尊勝禪院。案舊稿總科二化傳說以下爲一册、重戒一册、輕戒一册。新稿不分册、並與菩薩戒本宗要科表合册。　大藏經會謹識

- ○初受得門
  - 初應成機
    - 初汎舉解語有情
    - 二局被發菩提心
      - 初舉心相
      - 二引文證
  - 二受得法
    - 初二種受戒
      - 初標分
      - 二正明
        - 初一分受
          - 初正明菩薩分受
          - 二簡異比丘總受
          - 三總明二受不同
            - 初明比丘總受意
            - 二明菩薩分受意
              - 初歷劫修滿故
              - 二無德不攝故
            - 三明太小勝劣意
        - 二全分受
    - 二三聚誓願
      - 初總標
      - 二別解
        - 初正明
          - 初攝律儀戒
          - 二攝善法戒
          - 三饒益有情戒
        - 二釋疑
        - 三舉德
- ○二護持門
  - 初標列
  - 二隨釋
    - 初九門世俗戒護
      - 初隨心一門一分持（一）
        - 初立義
          - 初法
          - 二喻
          - 三結
        - 二引證
      - 二下八門全分持
        - 初遍學一門專念護持（二）
          - 初簡前標意
          - 二引論證成
          - 三總結護持
        - 初利生通局
          - 初隨性門局出家（三）
            - 初簡前標章
              - 初引論簡前
              - 二標章述意
            - 二引文證成
          - 二隱密門通道俗（四）
            - 初簡前標章
            - 二引文證成
              - 初引文
              - 二對簡

- 二三下七門有緣開制
  - 二貪瞋差別
    - 初順勝門（五）堅禁勝瞋
      - 初簡前標章
        - 初引論簡前
        - 二標章述意
      - 二引文證成
    - 二意樂門（六）勝瞋亦開
      - 初簡前標章
        - 初引論簡前
        - 二標章述意
      - 二引文證成
  - 三護法緩急
    - 初怖畏門（七）自利護譏
      - 初引經簡前四門
      - 二標章述怖畏意
    - 二成勝門（八）作善放止
      - 初引經簡前
      - 二標章述意
    - 三護障門（九）永禁自利
      - 初簡前標章
        - 初引論簡前
        - 二標章述意
      - 二引文證成
        - 初引經文
        - 二解釋意趣
- （十）二究竟門出世戒護
  - 初簡前九門標章
    - 初引經簡前
    - 二標章述意
  - 二引般若經證成

〇三犯失門
- 初標章
- 二釋義
  - 初明無無餘犯
    - 初正明
    - 二引證
      - 初引文
      - 二述意
        - 初明有心不捨
          - 初陳法
          - 二舉喻
        - 二明心盡戒盡
  - 二明犯重捨否
    - 初標列
    - 二別釋
      - 初正明
        - 初上纏失戒
        - 二中下不失
      - 二引證
        - 初證上纏失戒
        - 二證中下纏不失戒
  - 三明失戒重受

化、總二

〇二牒釋
- 初傳師本師門
  - 初顯主尊勝門
    - 初現身本末門
      - 初他受用身
        - 初牒經標章
        - 二隨文解釋
          - 初釋上句
            - 初正明
            - 二斥非
          - 二釋下句
            - 初成所居土解
              - 初立義
              - 二引文
            - 二破所坐華解
              - 初直斥
              - 二引文
            - 三引文成土義
            - 四引有難解釋
              - 初總難
              - 二別解
            - 五結所居土解
            - 六因決蓮爲座
      - 二淨土化身
        - 初牒經標章
        - 二隨文略釋
          - 初正立自義
          - 二旁破有義
          - 三總彰不有異
      - 三穢土化身
        - 初牒經標章
        - 二隨文釋義
          - 初釋所牒經
            - 初釋下句
            - 二釋上句
              - 初問
              - 二答
          - 二因總結前
      - 四舉淨穢土
        - 初牒經標章
        - 二隨文釋義
    - 二說法本末門
      - 初牒經標章
      - 二隨文釋義
        - 初釋初三句
          - 初喻最極涅槃
          - 二喻所詮戒
        - 二釋聽下一句
        - 三釋廿下一句
        - 四釋是下五句
          - 初總釋五句
          - 二別釋本師
            - 初本身爲本師
            - 二戒法爲本師
  - 二讚戒功能門
    - 初牒經標章
    - 二隨文解釋
      - 初釋上二句
        - 初性遮合釋
          - 初性遮喻日月
          - 二性遮喻莊嚴
        - 二性遮別釋
          - 初性戒喻日月
          - 二遮戒喻莊嚴
          - 三總述二喻意
      - 二釋下二句
- 二末主顯揚門
  - 初牒經標列
  - 二隨文釋義
    - 初展轉開化門
      - 初標
      - 二釋
    - 二所成戒相門
      - 初牒經標章
      - 二隨文釋義
        - 初釋第二句
          - 初約三律儀簡
          - 二翻梵爲漢語
            - 初翻語
            - 二釋義
              - 初以別出非釋
              - 二以順解脫釋
        - 二釋第三句
          - 初述文意
          - 二引文證
            - 初引文
            - 二釋心
        - 三釋大下五句
    - 三能受有情門
      - 初牒經標章
      - 二隨文釋義
        - 初釋二句
          - 初正釋
          - 二問答
            - 初問
            - 二答
        - 二釋衆下二句
        - 三釋位下一句
        - 四釋眞下一句
          - 初正明
          - 二引證
            - 初略頌
            - 二指廣
    - 四點開許廣說門（牒經點文）

- ○三結戒序
  - 初牒經標列
  - 二隨文解釋
    - 初經家序
      - 初釋初坐頓結
        - 初釋文
          - 初說時
          - 二教主
          - 三說處
        - 二徵釋
          - 初徵問
          - 二釋通
            - 初正明
            - 二簡餘
            - 三結宗
        - 三結時
      - 二釋孝爲戒制
        - 初泛明孝順
          - 初孝順
          - 二恩所
        - 二正明戒制
      - 三釋放光招衆
    - 二佛序
      - 初牒經標分
      - 二隨文釋義
        - 初師
          - 初明本末二師誦
            - 初標列合文
            - 二標半月誦
              - 初明半月誦
              - 二引證誦意
            - 三別釋末師
          - 二明口放光因緣
        - 二法
          - 初牒經標章
          - 二隨文釋義
            - 初釋光光
            - 二釋非青黃等
            - 三釋非色非心
            - 四釋非有非無
            - 五釋非因果法
            - 六釋佛等根本
              - 初明爲根本
                - 初諸佛
                - 二菩薩
                - 三時衆
              - 二釋結勸
        - 三弟子
          - 初牒經標章
          - 二隨文釋義
            - 初釋比丘
              - 初斥古義
              - 二立自義
            - 二釋十八梵
              - 初合數
              - 二徵釋
                - 初引徵
                - 二有釋
                  - 初言總意別
                  - 二別有十八
                  - 三據實成佛
                    - 初正明
                    - 二會論
            - 三釋黃門等
              - 初明共不共
                - 初通受
                - 二別受
              - 二引有問答
            - 四釋第一清淨

- ○二正說 化、總三
  - 初總標
    - 初牒文總分
    - 二隨文釋義
      - 初重戒○
      - 二輕戒
  - 二別誦
    - 初總標
      - 初牒文科分
      - 二隨文釋義
        - 初舉數制持
          - 初配文舉旁義
            - 初配文
            - 二旁義
          - 二結前釋本文
            - 初舉數異說
              - 初略頌
                - 初一句配三業
                - 二二句配三毒
                - 三情非情
              - 二長行
                - 初配釋三業
                  - 初以制配業
                  - 二揀非戒業
                - 二配釋三毒
                  - 初總標
                  - 二別配
                    - 初七戒單配
                    - 二三戒通配
                      - 初通明三戒
                      - 二別會讚毀
                - 三配情非情
            - 二配業毒等
            - 三配自作教他等
              - 初偈頌
              - 二長行
                - 初正釋
                  - 初自造他境
                  - 二他造他境
                  - 三自造自境
                    - 初總標
                    - 二別明
                      - 初自殺
                      - 二自婬
                      - 三自慳
                      - 四自瞋
                      - 五自謗
                    - 三總結
                  - 四他造自境
                - 二問答
        - 二示相勸持
          - 初釋示相
          - 二釋勸持
    - 初別明世俗門
      - 初快意殺生戒○
      - 二劫盜人物戒○
      - 三無慈行欲戒○
      - 四故心妄語戒○
      - 五酤酒生罪戒○
      - 六談他過失戒○
      - 七自讚毀他戒○
      - 八慳生毀辱戒○
      - 九瞋不受謝戒○
      - 十毀謗三寶戒○
      - 見重二一
    - 二結指勝義門
  - 三結成
    - 初牒經標分
    - 二隨文解釋
      - 初勸不毀犯故
        - 初解善學
          - 初正明
          - 二引證
        - 二解不犯微塵
          - 初積成大故
            - 初標義
            - 二引證
          - 二愚人罪重故
            - 初標義
            - 初引有頌
            - 初述意
            - 初問
              - 初正答
              - 二舉喻
              - 三合結

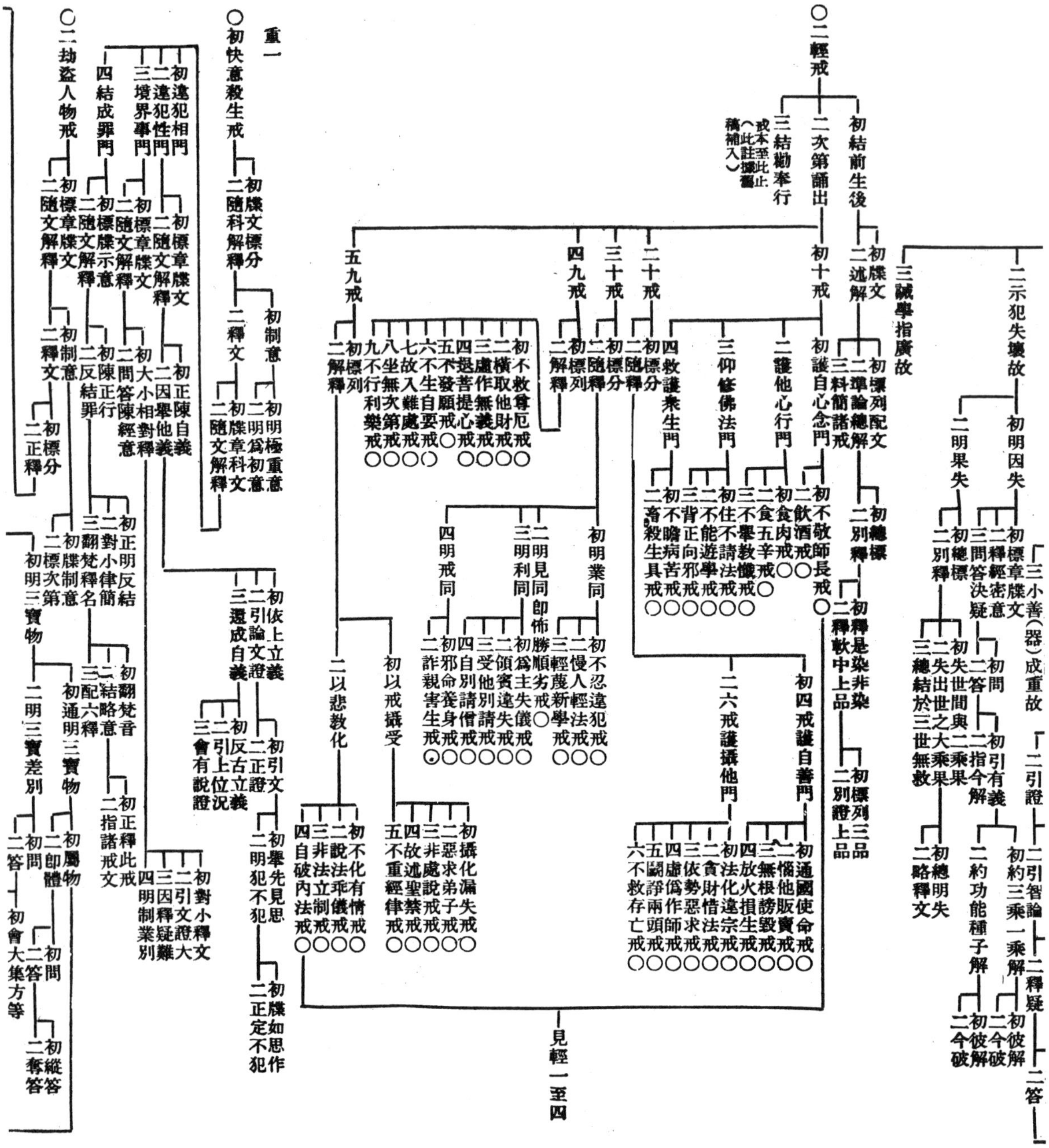

○二輕戒
初結前生後
初牒文
二述解
初標列配文
二準論總解
三科簡諸戒
初總標
二別釋
初釋是染非染
二釋軟中上品
初標列三品
二別證上品
二次第誦出
三結勸奉行
（或本至此止此註據舊稿補入）
初十戒
初護自心念門
初不敬師長戒○
二飲酒戒○
二護他心行門
初食肉戒○
二食五辛戒○
三不擧教懺戒○
三仰修佛法門
初住不請法戒○
二不能遊學戒○
三背正向邪戒○
四救護衆生門
初不瞻病苦戒○
二畜殺生具戒○
二十戒
初標分
二隨釋
初四戒護自善門
初通國使命戒○
二惱他販賣戒○
三無根謗毀戒○
四放火損生戒○
二六戒護攝他門
初法化違宗戒○
二貪財惜法戒○
三依勢惡求戒○
四虛僞作師戒○
五鬪諍兩頭戒○
六不救存亡戒○
三十戒
初標分
二隨釋
初明業同
初不忍違犯戒○
二慢人輕法戒○
三輕蔑新學戒○
二明見同即怖勝順劣戒○
三明利同
初爲主失儀戒○
二領賓違請戒○
三受他別請戒○
四自別請僧戒○
四明戒同
初邪命養身戒○
二詐親害生戒○
四九戒
初標列
二解釋
初不救尊厄戒○
二橫取他財戒○
三虛作無義戒○
四退菩提心戒○
五不發願戒○
六不生自要戒○
七故入難處戒○
八坐無次第戒○
九不行利樂戒○
五九戒
初標列
二解釋
初以戒攝受
初攝化漏失戒○
二惡求弟子戒○
三非處說戒戒○
四故違聖禁戒○
五不重經律戒○
二以悲教化
初不化有情戒○
二說法乖儀戒○
三非法立制戒○
四自破內法戒○
見輕一至四
三誡學指廣故
二示犯失壞故
初明因失
初標章牒文
二釋經密意
三問答決疑
初問
二答
初引有義
初約三乘一乘解
初彼解
二今破
二約功能種子解
初彼解
二今破
二指今解
二明果失
初總標
二別釋
初失出世間與二乘果
二失世間大乘果
三總結於三世之無教
二略釋明文失
三小善（器）成重故
二引證
二引智論
二釋疑
二答
重一
○初快意殺生戒
初牒文標分
二隨科解釋
初制意
初明極重意
二明爲初意
二釋文
初牒章科文
二隨文解釋
初依上立義
二引論文證
初引文
二正證
初擧先見思
二明犯不犯
初牒如思
二正定不犯作
三還成自義
初反古立義
二引上位況
三會有說證
初違犯相門
二違犯性門
三境界事門
四結成罪門
初標章牒文
二隨文解釋
初正陳自義
二因擧他義
初大小相對釋
初對小釋文
二引文證大
三因釋疑難
四明制業別
二問答陳經意
初標章牒文
二隨文解釋
初標牒示意
二隨文解釋
初陳正行
二反結罪
初正明反結
二對小律簡
三翻梵釋名
初翻梵音
二結略意
三配六釋
初正釋此文
二指諸戒
○二劫盜人物戒
初標章牒文
二隨文解釋
初制意
二釋文
初標釋分
二正釋分
初牒次第
二標制意
初明三寶物
初通明三寶物
初屬物
二即體
初問
二答
二明三寶差別
初問
二答
初會大集方等
初縱答
二奪答

- 初違犯相門
  - 初指世俗門
  - 二明出世門
- 二違犯性門
  - 初標章配文
  - 二隨文解釋
    - 初釋乃至言
    - 二釋有主言
      - 初總列有主
      - 二正釋二主
        - 二劫賊物
          - 初舉律不許奪
          - 二明利益奪
            - 初引論文
            - 二會五分
        - 二會瑜伽俱舍
    - 三定犯不犯
      - 初定犯
      - 二不犯
        - 初明有主無主
          - 初全不犯
          - 二犯方便
          - 三反成犯
        - 二問決無主物
          - 初正問決
          - 二轉問決
    - 四對小釋文
- 三境界事門
- 初明互用犯重
  - 初釋互盜
    - 初互犯重
      - 初僧祇律
      - 二寶梁經
      - 三會經律
    - 二況盜用
  - 二釋疑難
    - 初舉難
    - 二釋難
      - 初縱答
      - 二奪答
  - 三定護主
- 二互用不犯
  - 初明淨施物
    - 初引文
    - 二述意
  - 二引小律準證
    - 初舉互犯意
    - 二引互不犯
    - 三正結準證
- 四結成罪門
  - 初明正行
  - 二明結罪
    - 初釋文
    - 二引證

○三無慈行欲戒
- 初牒文
- 二解釋
  - 初制意
    - 初總解
      - 初述難出離過
      - 二述欲爲最過
        - 初立義
        - 二引證
    - 二別釋
      - 初標列
      - 二解釋
        - 初苦而似樂
          - 初略頌
            - 初二句法
            - 二二句喻
          - 二釋頌
            - 初正釋略頌
              - 初舉喻
              - 二法合
            - 二因步虛僞
              - 初標示
              - 二引論
                - 初舉經文
                - 二引論釋
          - 三總結
        - 二少味多災
          - 初徵
          - 二釋
            - 初略頌
              - 初二句喻
              - 二二句法
            - 二釋頌
              - 初釋喻
              - 二釋法
                - 初正述多災
                - 二引證多災
                  - 初引經證
                    - 初引文
                    - 二述意
                  - 二引古蹤
                    - 初正引
                    - 二轉證
                      - 初引律
                      - 二引論
          - 三誡告總結
        - 三不淨似淨
          - 初徵
          - 二釋
            - 初略頌
              - 初三句明法
              - 二一句合喻
            - 二釋頌
              - 初釋明法
              - 二釋合喻
          - 三結制
  - 二釋文
    - 初違犯相門
      - 初標章舉經
      - 二隨文釋義
        - 初釋教他婬
        - 二簡正邪婬
          - 初通釋邪正
          - 二別釋邪行
            - 初徵問
            - 二引答
              - 初標事文
              - 二別釋文
                - 初釋不應行
                  - 初非支
                  - 二非時
                  - 三非處
                  - 四非量
                - 二簡所應行
                - 三釋不應理
        - 三在家開正
          - 初開自分
          - 二開勝利
            - 初開在家
            - 二遮出家
    - 二違犯性門
      - 初標章配文
      - 二隨文略釋
        - 初配世俗門
        - 二舉出世門
          - 初泛引兩經
          - 二決上引證
    - 三境界事門
      - 初標章配文
      - 二隨文釋義
        - 初舉重境
          - 初定重處
          - 二釋諸天女
          - 三釋非道
        - 二定違犯
          - 初自身趣境
            - 初境想
            - 二犯位
          - 二怨逼造境
            - 初依律意
            - 二簡菩薩
    - 四結成罪門
      - 初標章配文
      - 二隨文略釋

○四故心妄語戒 重二
- 初牒經
- 二述釋
  - 初制意
    - 初引文顯過
      - 初智度論
        - 初妄語過

- 二釋文
  - 初違犯相門
    - 初標章舉經
    - 二別釋方便
  - 二違犯性門
    - 初標章舉經
    - 二指略餘文
  - 三境界事門
    - 初標章配文
    - 二隨文略釋
      - 初釋乃至
      - 二釋身妄
      - 三釋心妄
    - 三引出世戒
  - 四結成罪門
    - 初標經
    - 二釋義
      - 初正行
        - 初成犯
        - 二開文
      - 二反結
        - 初引論文
        - 二無利反結文
  - 初大小對簡
  - 二四言對簡
- 二因過示次
  - 二瑜伽論
    - 初引文
    - 二反證
  - 二實語德

○五酤酒生罪戒
- 初牒文
- 二述釋
  - 初制意
    - 初制戒意
      - 初耽酒過
      - 二酤酒過
    - 二列次意
  - 二釋文
    - 初總指四門
    - 二略釋二門
      - 初釋境
      - 二釋違犯事性

○六談他過失戒
- 初牒經
- 二述釋
  - 初制意
    - 初述過彰名
    - 二引文示苦
      - 初引苦果
      - 二引先蹤
  - 二釋文
    - 初違犯相門
      - 初標章配文
      - 二兼境界事
        - 初略標文
          - 初菩薩
          - 二聲聞
          - 三總結
        - 二釋文
          - 初證菩薩二衆
          - 二證比丘比丘尼
            - 初引文
            - 二解意
        - 三決難
          - 初舉難
          - 二釋難
            - 初立義
            - 二引證
        - 四結勸
          - 初勸求德
          - 二證求德
          - 三誡談他
            - 初正誡
            - 二引證
              - 初大集經
              - 二無行經
    - 二結成罪門
      - 初總標章配文
      - 二別釋常生悲心
      - 三問答決外疑
        - 初問
        - 二答
          - 初同法異道答
          - 二無事有事答

○七自讚毀他戒
- 初牒經
- 二述釋
  - 初制意
    - 初明義通一切
    - 二明為根本重
      - 初引儒教
      - 二明此戒
  - 二釋文
    - 初違犯相門
      - 初標章配文
      - 二隨文略釋
        - 初釋文
        - 二引例
        - 三指廣
    - 二違犯性門
      - 初標章配文
      - 二業重相攝
    - 三境界事門
      - 初示文闕
      - 二引論補
        - 初引論文
        - 初正出論意

- 四結成罪門
  - 初釋正行
  - 二反結罪
    - 初正結罪
    - 二因釋疑
      - 初問
      - 二答
  - 二解論意
    - 二點嫉妬重

○八慳生毀辱戒
- 初牒經
- 二述釋
  - 初總明佛制戒意
    - 初述不慳財意
    - 二述根本重意
  - 二別釋結成罪文
    - 初正行
      - 初釋所施境
        - 初牒經文
          - 初引文意
            - 初有勝利施
            - 二無利不施
              - 初標義
              - 二徵釋
          - 二指廣文
            - 初正指
            - 二略攝
        - 二引論文
          - 初引瑜伽明施別
          - 二引十住明施意
            - 初引經文
            - 二會經文
      - 二明能施差
        - 初牒經文
        - 二引論文
        - 三釋疑難
          - 初標問
          - 二解答
            - 初略攝頌
            - 二廣解釋
      - 初釋有恩故不施
        - 初依有利無利
        - 二設利不施
      - 二釋未許故不施
        - 初標分
        - 二解釋
          - 初他所有未許
          - 二自所有未許
            - 初標章引論
              - 初論文
              - 二解意
                - 初疑
                - 二釋
            - 二問答決疑
            - 初明不能施
            - 二明不施意
              - 初未許
              - 二已許
      - 三釋自不能不施
        - 初正明
          - 初明非分不施退
          - 二引非分施
          - 三舉應施分齊
            - 初正釋難
              - 初以不去難
              - 二以待母答
            - 二引十住論
            - 二引毗尼經
            - 三會大集
        - 二引證
    - 二反結
      - 初釋有求法者
        - 初舉法施
          - 初開不施
          - 二明罵辱業果
        - 二明法施勝
          - 二廣指論經
      - 二釋而反罵辱
        - 初明犯不犯別
          - 初違犯
          - 二無違犯
            - 初染犯
            - 二非染犯
        - 二明罵辱業果
          - 初問
          - 二答
        - 三因釋大集文

○九瞋不受謝戒
- 初牒經
- 二述釋
  - 初制意
    - 初制戒意
    - 二根本意
      - 初標意
      - 二引證
        - 初引經證
        - 二引論解意釋
  - 二釋文
    - 初論文
      - 初解非貪所起
      - 二解多分瞋起
        - 初解貪不犯
        - 二解貪亦犯
    - 二疏解
      - 初述貪實亦犯
      - 二述瞋非通犯
        - 初正釋
        - 二問答
          - 初舉犯
          - 二答釋
    - 二釋文
      - 初指犯相犯性
      - 二解結成罪門
- 初明正行
  - 初標舉
  - 二解釋
    - 初標
    - 二釋
      - 初念本淨
      - 二念本願
      - 三念彼恩
- 二反結
  - 初釋文
  - 二釋疑
    - 初述自解
    - 二引有解

- 三定體
  - 初徵
  - 二釋
    - 初立義
    - 二引證
- ○十毀謗三寶戒
  - 初牒經
  - 二述釋
    - 初制意
      - 初制戒意
      - 二根本意
    - 二釋文
      - 初通指三門
      - 二別釋結成
        - 初釋如鉾刺心
          - 初牒文引證
        - 二釋況口自謗
          - 初牒文引證
          - 二通釋邪見
            - 初明無斷善捨
            - 二明犯失差別

- 輕一
- ○不敬師長戒第一
  - 初標名牒經
  - 二隨文述解
    - 初總判十戒
    - 二別釋此戒
      - 初釋先受菩薩戒
        - 初牒經總標
        - 二別出二義
          - 初重受戒義
            - 初標義
            - 二會論
              - 初正會
              - 二引例
            - 三準文
          - 二不重受義
            - 初標義
            - 二引證
              - 初理證
              - 二文證
            - 三會先
              - 初會對法
              - 二會準文
            - 四總結
      - 二釋見上座等
        - 初正釋經文
        - 二引犯不犯
          - 初違犯
            - 初染犯
            - 二非染
          - 二無違犯
      - 三釋七寶等
      - 四釋結犯
- ○飲酒戒第二
  - 初標名牒經
  - 二隨文述解
    - 初釋制意
    - 二釋文
      - 初標義
      - 二引證
        - 初文證
        - 二理證
  - 初釋過失無量
    - 初正釋文
      - 初定性遮
        - 初以過器況自飲
        - 二以教他況自飲
          - 初釋經文意
          - 二許善心施
      - 二申自義
        - 二引有義
          - 初持律者義
          - 二對法師義
            - 初標義
            - 二會證
    - 二釋制分齊
    - 三總結違犯
  - 初隨文結犯
    - 初引文意
      - 初文殊問經
      - 二未曾有經
        - 初正明酒開制
        - 二因引餘開制
  - 二因制開文
    - 初會文證
    - 二會理證
    - 三會伏難
- ○食肉戒第三
  - 初標名牒經
  - 二隨文述解
    - 初制意
    - 二釋文
      - 初引餘文
        - 初制斷
          - 初開聽
          - 二決疑
            - 初文殊疑
            - 二如來答
              - 初述斷意
                - 初正明斷肉
                - 二泛明隨機
                - 三重明斷肉
              - 二述開意
        - 二開許
      - 二釋此經
        - 初釋斷大慈悲性種
        - 二釋見而捨去
        - 三釋得無量罪
- ○食五辛戒第四
  - 初標名牒經
  - 二隨文述解
    - 初制意
    - 二釋文
      - 初釋五辛
      - 二明開制
        - 初正明
        - 二引證
          - 初證開制
          - 二證開意
- ○不舉教懺戒第五
  - 初標名牒經
  - 二隨文述解
    - 初制意
    - 二釋文
      - 初釋犯八戒等
        - 初明通大小
          - 初證七衆通菩薩
          - 二證八戒通菩薩
        - 二引經論證
        - 三釋經毀禁
      - 二釋七逆等
        - 初指七逆

- 二釋八難
  - 初以八無暇釋
    - 初標列
      - 初列數
      - 二釋名
    - 二釋疑
      - 初總標
      - 二別釋
  - 二以十三難釋
    - 初舉八難
    - 二推釋八疑
  - 三並結二義
- 三釋犯輕垢罪
  - 初牒文
  - 二明開
    - 初正明
    - 二引證
- ○住不請法戒第六
  - 初標名牒經
  - 二隨文述解
    - 初制意
      - 初立義
      - 二引證
      - 三結理
    - 二釋文
      - 初釋僧坊等
      - 二釋日日三時
      - 三釋日食三兩金
        - 初釋文
        - 二述意
      - 四釋常請法師三時說法
      - 五釋爲法滅身請法
    - 三開緣
- ○不能遊學戒第七
  - 初標名牒經
  - 二隨文述解
    - 初制意
      - 初述意
      - 二引證
      - 三徵釋
        - 初徵問
        - 二引論
    - 二釋文
      - 初釋毗尼
      - 二釋聽受諸問
      - 三釋結罪
        - 初無違犯
        - 二違犯
          - 初牒經文
          - 二教用心
            - 初染違犯
            - 二不染犯
              - 初引論標四處
              - 二徵述略攝頌
  - 初引文
  - 二述勸
    - 初述義徵
    - 二引文釋
    - 三決來難
      - 初問
      - 二答
        - 初直答
        - 二引證
- ○背正向邪戒第八
  - 初標名牒經
  - 二隨文述解
    - 初制意
    - 二釋文
      - 初釋心背大乘
      - 二釋常住經律
      - 三釋邪見經律
        - 初問
        - 二答
- ○不瞻病苦戒第九
  - 初標名牒經
  - 二隨文述解
    - 初制意
    - 二釋文
      - 初釋供養如佛無異
        - 初有義
        - 二今解
      - 二釋八福田
        - 初標列
        - 二徵釋
      - 三釋犯輕垢罪
        - 初正釋
          - 初違犯
          - 二無犯
        - 二指餘
- ○畜殺生具戒第十
  - 初標名牒經
  - 二隨文述解
    - 初制意
    - 二釋文
      - 初釋尙不可報
      - 二釋犯輕垢罪
        - 初牒文
        - 二明開
- ○通國使命戒第一
  - 初標名牒經
  - 二隨文述解
    - 初制意
    - 二略釋
      - 初準開
      - 二訓字
- ○惱他販賣戒第二
  - 初標名牒經
  - 二隨文述解
    - 初制意
    - 二釋文
      - 初釋六畜
      - 二釋教人作
      - 三明開制
        - 初制道開俗
        - 二引文證開

〇無根謗毀戒第三
- 初標名牒經
- 二隨文述解
  - 初制意
  - 二釋文
    - 初釋惡心
    - 二釋無事
      - 初正釋文
      - 二述異小
        - 初大意
        - 二小意
        - 三總結
    - 三釋所謗
      - 初隨文別釋
        - 初良人
        - 二師僧
        - 三國王
        - 四父母
        - 五六親
      - 二總誡引文
        - 初誡勵
        - 二引文
          - 初引昔緣
          - 二合今事
        - 三總結

〇放火損生戒第四
- 初標名牒經
- 二隨文述解
  - 初制意
  - 二釋文
    - 初定輕重
      - 初總明犯重
        - 初雙標殺盜
        - 二別證盜重
      - 二別簡此文
    - 二釋經文
      - 初釋惡心
      - 二釋有主

〇法化違宗戒第五
- 初標名牒經
- 二隨文述解
  - 初制意
    - 初正陳制意
    - 二問答決疑
      - 初問
      - 二答
  - 二釋文
    - 初定犯位
    - 二正釋文
      - 初所被
      - 二所授
        - 初明如法授
          - 初總判經文
          - 二別釋行法
            - 初釋有文
            - 二點無文
            - 三點異本
        - 二釋邪授記

輕二

〇貪財惜法戒第六
- 初標名牒經
- 二隨文述解
  - 初制意
  - 二釋文
    - 初總述意
    - 二別釋文
      - 初釋應答不答
        - 初直釋文
        - 二簡輕重
          - 初定此文
          - 二引文簡
      - 二釋謗三寶說
        - 初釋文
        - 二引證
      - 三釋犯輕垢罪
        - 初違犯
        - 二無違犯

〇依勢惡求戒第七
- 初標名牒經
- 二隨文述解
  - 初制意
    - 初直述意
    - 二引文誡
      - 初小欲對多欲
      - 二知足對不知足對
  - 二釋文
    - 初定文
    - 二引證

〇虛僞作師戒第八
- 初標名牒經
- 二隨文述解
  - 初總釋文意
  - 二別釋欺誑
    - 初釋文
    - 二引證
  - 三總結輕重

〇鬬諍兩頭戒第九
- 初標名牒經
- 二隨文述解
  - 初制意
  - 二釋文
    - 初釋違犯
    - 二釋不犯

〇不救存亡戒第十
- 初標名牒經
- 二隨文述解
  - 初標判
  - 二解釋

- 初放生以救死難
  - 初起普親觀
  - 二明平等觀
    - 初明有情同體
      - 初釋文
      - 二引證
    - 二明萬物同體
  - 三除現當苦
- 二齋講以資亡靈

〇不忍違犯戒第一
- 初標名牒經
- 二隨文述解
  - 初制意
  - 二釋文
    - 初釋以瞋等
    - 二釋不順孝
      - 初牒文
      - 二問答
        - 初問
        - 二答
          - 初標眞俗孝
          - 二教悲愍意
    - 三釋出家菩薩
      - 初釋文
        - 初列出家差別
        - 二通身心出家
      - 二引證

〇慢人輕法戒第二
- 初標名牒經
- 二隨文解釋
  - 初制意
    - 初泛舉昔敬法
    - 二別舉天敬法
    - 三總結輕慢罪
  - 二釋文

〇輕蔑新學戒第三
- 初標名牒經
- 二隨文解釋
  - 初制意
    - 初明不攝罪
    - 二引攝功德
  - 二釋文
    - 初釋懺悔
    - 二釋自受
    - 三釋若千里內
      - 初牒文起問
      - 二依理答釋
        - 初直答
        - 二引證
  - 三決疑
    - 初陳疑
      - 初引文
      - 二陳疑
    - 二答釋
      - 初縱答
      - 二奪答

〇怖勝順劣戒第四
- 初標名牒經
- 二隨文述解
  - 初制意
  - 二釋文
    - 初釋四法
    - 二釋違犯
      - 初釋捨正學邪
        - 初釋文
        - 二引證
      - 二釋學邪過失
        - 初釋文
        - 二引證
          - 初偏證違犯
          - 二並示開制
            - 初制
            - 二開
              - 初開外
              - 二開小
                - 初制遮小
                - 二開遮小

〇爲主失儀戒第五
- 初標名牒經
- 二隨文述解
  - 初總釋爲他之主
    - 初釋文
    - 二述意
  - 二別明守三寶物
    - 初釋經文
    - 二簡輕重文

〇領賓違式戒第六
- 初標名牒經
- 二隨文述解
  - 初制意
  - 二釋文
    - 初釋夏坐安居
      - 初牒文
      - 二釋義
        - 初述古譯
        - 二述新譯
          - 初標正名
          - 二明立時
            - 初世間時
            - 二佛法時
          - 三結正名
            - 初正明新名
            - 二斥古名
    - 二釋客僧有利
    - 三釋得無量罪

〇受他別請戒第七
- 初標名牒經
- 二隨文述解
  - 初制意
  - 二釋文
    - 初別釋
      - 初釋一切不得
      - 二釋屬十方僧
      - 三釋取十方物
      - 四釋八福田中
    - 二總解疑
      - 初述疑
      - 二解釋
        - 初泛標二義
        - 二別取後義

〇自別請僧戒第八
- 初標名牒經
- 二隨文述解
  - 初釋能請人
  - 二釋所請人
    - 初牒文

- 三釋通請功
  - 二釋疑
    - 初問
    - 二答
- 四釋結罪文

○邪命養身戒第九
- 初標名牒經
- 二隨文釋義
  - 初販賣男女色
  - 二自手作食
  - 三占相男女等
  - 四呪術工巧等

○詐親害生戒第十
- 初標名牒經
- 二隨文述解
  - 初正釋經文
    - 初解謗三寶
    - 二解通致男女
    - 三解殺盜等
  - 二別釋齋日
    - 初解六齋
    - 二解年三齋

○不救尊厄戒第一
- 初標名牒經
- 二隨文述解
  - 初制意
  - 二釋文

○橫取他財戒第二
- 初標名牒經
- 二隨文釋義
  - 初制意
  - 二釋文
    - 初釋不得畜刀杖等
    - 二釋販賣輕秤等
    - 三釋因官形勢等
    - 四釋長養貓狸等

○虛作無義戒第三
- 初標名牒經
- 二隨文釋義
  - 初制意
  - 二釋文
    - 初釋制作樂等
    - 二釋制戲勝負文
    - 三釋制呪術卜筮文

○退菩提心戒第四
- 初標名牒經
- 二隨文述解
  - 初制意
  - 二釋文
    - 初釋行住坐臥
    - 二釋猶如金剛
    - 三釋如帶持浮囊
      - 初釋文
      - 二引證
        - 初舉喻
        - 二合法
    - 四釋如[illegible]繫比丘
      - 初釋文
      - 二引證
        - 初引緣
          - 初爲賊所縛
          - 二王見起疑
          - 三人答佛子
          - 四王問比丘
          - 五比丘答王
          - 六王發信心
        - 二舉況
    - 五釋一念二乘心
      - 初釋文
      - 二引證

○不發願戒第五
- 初標名牒經
- 二隨文述解
  - 初制意
  - 二釋文
    - 初總述意
    - 二別釋文
      - 初別配
      - 二總結

○不生自要戒第六
- 初標名牒經
- 二隨文述解
  - 初制意
  - 二釋文
    - 初釋十大願
      - 初釋徵
      - 二釋
        - 初標
        - 二釋
        - 三結
    - 二釋十三誓
      - 初標判
      - 二指證
      - 三總釋

○故入難處戒第七 輕三
- 初標名牒經
- 二隨文述解
  - 初制意
  - 二釋文
    - 初釋行道道具
      - 初明行道
        - 初泛明頭陀
          - 初別明
            - 初定名
              - 初正梵音
              - 二明漢名
            - 二出體
              - 初標列
              - 二牒釋
                - 初依食
                  - 初列釋
                  - 二對治
                  - 三受緣
                    - 初受乞食緣
                    - 二受一坐緣
                    - 三受節量緣
                - 二依衣
                  - 初標列
                  - 二對治
                  - 三受緣
                    - 初但三衣緣
                    - 二納衣等緣
                - 三敷具
                  - 初住阿練若
                    - 初標治定量
                    - 二受練若緣
                  - 二樹下坐
                    - 初標名
                    - 二對治
                  - 三露地坐
                    - 初標名
                    - 二對治
                  - 四冢間坐
                    - 初標名
                    - 二對治
                  - 五常期端坐
                    - 初標名
                    - 二對治
                  - 六處如常坐
                    - 初標名
                    - 二對治
          - 二總明
            - 初修道堪忍
            - 二皆助道法
        - 二別釋經文
          - 初正釋經文
          - 二顯悲本
      - 二明道具
        - 初別釋十八
          - 初別列十六
            - 初楊枝
            - 二澡豆
            - 三三衣
            - 四瓶
            - 五鉢
              - 初舉用
              - 二明名
              - 三明量
              - 四明體
            - 六坐具
            - 七錫杖
            - 八香爐
            - 九漉水
            - 十手巾
            - 十一刀子
            - 十二火燧
            - 十三鑷子
            - 十四繩牀
            - 十五經律
            - 十六尊像
          - 二總結
        - 二總釋十八
          - 初舉有義
          - 二陳正義
        - 三持十八由
        - 四決俗持衣
          - 初牒問
          - 二釋通
    - 二指布薩等文
    - 三釋故入難處
      - 初標分
      - 二解釋
        - 初標科配文
          - 初制初入
          - 二制住中
        - 二牒前結犯
          - 初標判
          - 二正明
            - 初牒前
              - 初牒初制
              - 二牒後制
            - 二結非

○坐無次第戒第八
- 初標名牒經
- 二隨文述釋
  - 初制意
  - 二釋文
    - 初牒文
    - 二正明
      - 初標有義
        - 初法藏師義
          - 初斥古義
          - 二陳自義
        - 二義寂師義
          - 初標
          - 二釋
            - 初依菩薩戒義
            - 二不問差別義
              - 初但受菩薩
              - 二受後變成
                - 初出家
                - 二在家
      - 二陳正義
        - 初出家
          - 初解同類
          - 二點奴主
            - 初正明
            - 二釋疑
              - 初問
              - 二答
                - 初正答
                - 二點文
        - 二在家
          - 初和上義
            - 初據實解
            - 二隨時解
              - 初立義
              - 二引證
          - 初立義
          - 二引證
            - 初引文
            - 二述意
              - 初現身出家爲初
                - 初明非現小
                - 二點入聲聞
              - 二明非實戒次第
              - 三明非祕菩薩行
          - 二疏主義
            - 初定坐次
              - 初大小相對
                - 初得戒爲次
                - 二縱會變成
              - 二男女相對
              - 三王從相對
            - 二合經文
              - 初問
              - 二答
                - 初依通受明四衆
                - 二依別受明七衆
            - 三次衆數

○不行利樂戒第九
- 初標名牒經
- 二隨文述解
  - 初釋戒文
    - 初述意總判
    - 二別釋救難
      - 初釋文
        - 初救諸難
        - 二救罪報
        - 三救獄難
        - 四救病難
      - 二決疑
  - 二釋結文

○攝化漏失戒第一
- 初標名牒經
- 二隨文述解
  - 初制意
  - 二釋文
    - 初釋身所著袈裟等
      - 初正釋經文
        - 初釋皆使壞色
          - 初三衣
          - 二餘衣
            - 初釋文
            - 二引證
              - 初正明法衣
                - 初正明三衣
                - 二旁證餘衣
              - 二因點臥具
        - 二釋與俗有異
      - 二假徵引文
    - 二釋不得與七逆人現身受戒
      - 初牒文
      - 二述解
        - 初總解七逆
          - 初釋開制
            - 初懺已得受
              - 初陳義
              - 二引證
            - 二依文不得
          - 二釋文
        - 二別解破輪
        - 三因會餘經
    - 三釋不向國王禮拜等

○惡求弟子戒第二
- 初標名牒經
- 二隨文解釋
  - 初釋應教請二師
    - 初釋文
    - 二彰異
      - 初說三師
      - 二說一師
      - 三說二師
  - 二釋應問七遮
    - 初釋文點異
    - 二問答決疑
  - 三釋應教懺悔
    - 初泛明懺悔
      - 初教懺悔
      - 二示懺心
      - 三誡覆罪
    - 二別釋經文
      - 初釋三世千佛
      - 二釋若無好相等
        - 初點文引證
          - 初點文
          - 二引證
            - 初通標
              - 初明罪體
              - 二明所對
            - 二別釋
              - 初上纏犯更受
              - 二中纏犯懺悔
              - 三下纏犯懺悔
                - 初對首悔
                - 二責心悔
        - 二委釋經文
          - 初釋雖懺無益等
          - 二釋而得增受戒
  - 四釋一一好解等
    - 初釋好解
      - 初正明
      - 二……

- 二釋不解
  - 初不了教法
  - 二不了理法
  - 三不了行果法
    - 初不了正位
      - 初行法
        - 初資糧位
          - 初十住
          - 二十行
          - 三十迴向
        - 二加行位
      - 二果法
    - 二不了所依
      - 初總標
      - 二徵列
      - 三釋疑
  - 五釋惡求等
    - 初明正文
    - 二決同異

輕四

○非處說戒戒第三
- 初標名牒經
- 二隨文述解
  - 初制意
  - 二釋文
    - 初引文
    - 二舉意
    - 初釋未受戒
      - 初釋文
      - 二引證
    - 二釋外道等
      - 初列釋
        - 初正明
        - 二引證
      - 二述意
    - 三釋除國王
    - 四釋名爲畜生

○故述聖禁戒第四
- 初標名牒經
- 二隨文述解
  - 初總明意
  - 二別釋文
    - 初釋不受供養
    - 二釋不得飲國王水
    - 三釋大賊
    - 四釋畜生無異等

○不重經律戒第五
- 初標名牒經
- 二隨文述解
  - 初解經趣意
  - 二引經論證

○不化有情戒第六
- 初標名牒經
- 二隨文述解
  - 初正解文總意
  - 二彰善巧方便
    - 初總標
    - 二別明
      - 初明二種
        - 初以小善感無量果
          - 初標
          - 二釋
          - 三結
        - 二以小因攝無量善
          - 初標
            - 初標
            - 二說
              - 初勸令改邪
              - 二勸令隨喜
              - 三令代受苦
              - 四意樂禮三寶
              - 五悔往修來
            - 三結
          - 二釋
          - 三指廣
      - 二明四種
        - 初標列
        - 二解釋
          - 初總標
          - 二別釋六如文
      - 三總結

○說法乖儀戒第七
- 初標名牒經
- 二隨文述解
  - 初彰意
  - 二釋文
    - 初明擅越貴人
    - 二明聽者下坐
      - 初釋文
      - 二引證

○非法立制戒第八
- 初標名牒經
- 二隨解開制

○自破內法戒第九
- 初標名牒經
- 二隨文述解
  - 初明經總意
  - 二引餘文證

大藏經會謹案、梵網經古迹記科表、悉依弘一大師原稿編錄。因求適合大藏經版本、故排列方式微有出入。茲將應行說明之點、約舉如下。

一、原稿共九紙、計總科三紙、重戒二紙、輕戒四紙。每紙之首、分別標註總一至三、重一至二、輕一至四、以便檢閱。今排印本、每葉（兩面）約當原稿一紙、仍於各葉之首、標明總一乃至輕四等。但因版式不同、故輕二輕三兩葉、其起首處與原稿異。

二、總科初本師說下、古迹記有詳科。原稿略去。但從二化傳說起列科、故總科三紙、原皆加化字。

三、化傳說及傳發心外門戒兩科、原註古迹記卷頁與續藏本及津刊本均異。蓋大師所據之本不同歟。

四、總科二牒釋下、原註云見次頁、三結戒序下註云見第三頁後半。二正說下、註云見第三頁。案原稿不標中縫、因註頁碼、取便査檢。今以版式互異、接後之科、與原稿不盡同。且皆於後頁中縫分別標出、一檢卽得、概不標註頁碼、特附記於此。

五、原稿重輕諸戒、因篇幅關係、上下左右、互相交錯、特用藍線曲折隔開。今編各戒、行列整齊、無須隔線。又輕戒五類之首、原稿各加紅線。今但於每類間各空兩行、以示區別。(案舊稿各戒分列、亦無隔線。)

〇初本師說
- 初處衆
  - 初處所
  - 二大衆
  - 三所說
- 二警覺
  - 初放光
  - 二衆喜
  - 三疑念
- 三啓問
  - 初起定
  - 二集衆
  - 三啓問
- 四見問
  - 初見
  - 二問
    - 初問……
    - 二答
      - 初答果……
      - 二答因
        - 初略……
        - 二廣
          - 初請……
          - 二答
            - 初十發趣心……
              - 初捨心……
              - 二戒心……
              - 三忍心……
              - 四精進心……
              - 五定心……
              - 六慧心……
              - 七願心……
              - 八護心……
              - 九喜心……
              - 十頂心……
            - 二十長養心……
              - 初慈心……
              - 二悲心……
              - 三喜心……
              - 四捨心……
              - 五施心……
              - 六愛語心……
              - 七利行心……
              - 八同事心……
              - 九定心……
              - 十慧心……
            - 三十金剛心……
              - 初信心……
              - 二念心……
              - 三深心……
              - 四達心……
              - 五直心……
              - 六不退心……
              - 七大乘心……
              - 八無相心……
              - 九慧心……
              - 十不壞心……
            - 四十地……
              - 初初地……
              - 二第二地……
              - 三第三地……
              - 四第四地……
              - 五第五地……
              - 六第六地……
              - 七第七地……
              - 八第八地……
              - 九第九地……
              - 十第十地……
- 五付囑……

大藏經會謹案、古迹記科表、略去總科中初本師說下之子科。茲依續藏古迹記冠科本、補列科文、作爲附錄。原科甚繁、謹錄其大綱、有略去細科處皆以……爲記。

表無表章科

弘一

- 初標題
- 二本文
  - 初標分
  - 二解釋
    - 初辨名
      - 初標列
      - 二解釋
        - 初列名
          - 初總列
            - 初今名
            - 二古名
          - 二別列
            - 初表色
              - 初通三乘立二表
              - 二局大乘加意表
                - 初更加意表
                - 二詳意無表
                  - 初立義
                    - 初列三義
                      - 初發無表
                        - 初唯善能發
                        - 二不善亦發
                          - 初標宗
                          - 二述理
                            - 初善惡相例
                            - 二三業相例
                              - 初相例
                              - 二引文
                                - 初敍意
                                - 二引文
                          - 三約三性簡
                          - 四約三聚簡
                      - 二不發無表
                        - 初總立自宗
                          - 初總簡
                          - 二別釋
                            - 初身語
                            - 二意業
                        - 二別破前師
                          - 初破三業相例
                            - 初正破
                            - 二通難
                          - 二破善惡相例
                    - 二陳義意
                      - 初述第三師意
                        - 初釋名通局
                        - 二證名通局
                          - 初引遠行前思
                            - 初論文
                            - 二章釋
                          - 二以能起律儀證
                            - 初論文
                              - 初標數列名
                              - 二次第解釋
                                - 初前七通明七衆戒
                                  - 初明受戒
                                    - 初第一受緣
                                    - 二第二受體
                                  - 二明持戒
                                    - 初專精不犯
                                    - 二犯已能悔
                                  - 三通受持
                                    - 初下中唯約在家
                                      - 初下品
                                      - 二中品
                                    - 二上品並約七衆
                                - 二第八通明定道戒
                            - 二章釋
                          - 三以意律儀證
                            - 初論文
                            - 二章釋
                      - 二述前二師意
                        - 初總述前二師意
                        - 二別述第二意
                      - 三總判正不正
                  - 二引證
                  - 三總結
            - 二無表色〇
        - 二釋名〇
    - 乃至十〇

大藏經會謹案、表無表章科、承李芳遠居士寄來大師手稿、僅列初辨名以下各科。缺去乃至十諸科、如得續稿、當再補錄。

- ○二無表色
  - 初列二義
    - 初三類義
      - 初標列
      - 二引證
        - 初引三文
          - 初對法論
            - 初論文
            - 二章釋
          - 二五十三
          - 三五十四
        - 二總釋成
          - 初總出處中體
          - 二別釋五十四
            - 初正釋論文
            - 二轉引文證
    - 二二類義
      - 初立宗
      - 二引文
        - 初合引二文
          - 初引二論意
          - 二章家正證
        - 二會通伏難
      - 三總結
  - 二述二義意
    - 初正述
      - 初述初師義
        - 初以猛利義同相例
        - 二以律儀名同相例
        - 三以二性類同相例
      - 二述二師義
    - 二詳判
- ○二釋名
  - 初標章
  - 二解釋
    - 初總釋表無表
      - 初釋三表業
      - 二釋無表業○
        - 初身表業
          - 初身義
            - 初以積集義釋
              - 初泛釋身名
              - 二以通名別
            - 二以依止義釋
              - 初標舉引論
              - 二以通名別
            - 三雙證二種義
              - 初引論
                - 初證依止義
                - 二證積聚義
              - 二章釋
          - 二表義
            - 初單釋表義
              - 初表自義
              - 二破古義
            - 二身表合釋
          - 三業義
            - 初單釋
            - 二合釋
              - 初假業
              - 二實業
        - 二語表業○
        - 三意表業○
    - 二別釋律不律○

- ○二語表業
  - 初單釋
    - 初出體
      - 初正出語體
      - 二總指表業
      - 三別述語表
    - 二釋義
  - 二合釋
    - 初語表合釋
    - 二表業合釋
      - 初假業
      - 二實業
- ○三意表業
  - 初離釋
  - 二合釋
- ○二釋無表業
  - 初直釋無表，
  - 二指略不引
- ○二別釋律不律
  - 初各別釋名
    - 初解律儀
      - 初標列
      - 二別釋
        - 初別脫律儀
          - 初別脫
            - 初離釋
            - 二合釋
          - 二律儀
            - 初離釋
              - 初略標自義
              - 二述古師義
              - 三重述自義
            - 二合釋
              - 初持業釋
              - 二依士釋
                - 初標宗
                - 二引例
        - 二靜慮律儀
          - 初明靜慮
            - 初正釋靜慮
              - 初離釋
              - 二合釋
            - 二引釋異名
          - 二總合釋
        - 三無漏律儀
          - 初釋無漏與律儀
            - 初離釋
            - 二合釋
              - 初隣近釋
              - 二持業
              - 三總結
          - 二釋聖所愛戒
    - 二不律儀
      - 初正解
      - 二遮妨
        - 初正遮不同
        - 二因釋尸羅
          - 初正立自宗
          - 二古義招難
          - 三重述正義
            - 初立義
            - 二會難
              - 初徵難
              - 二會難
            - 三總結
    - 三處中
      - 初不合六釋
      - 二同依業釋
  - 二無表合釋

菩薩戒本宗要科表

癸酉十月編錄

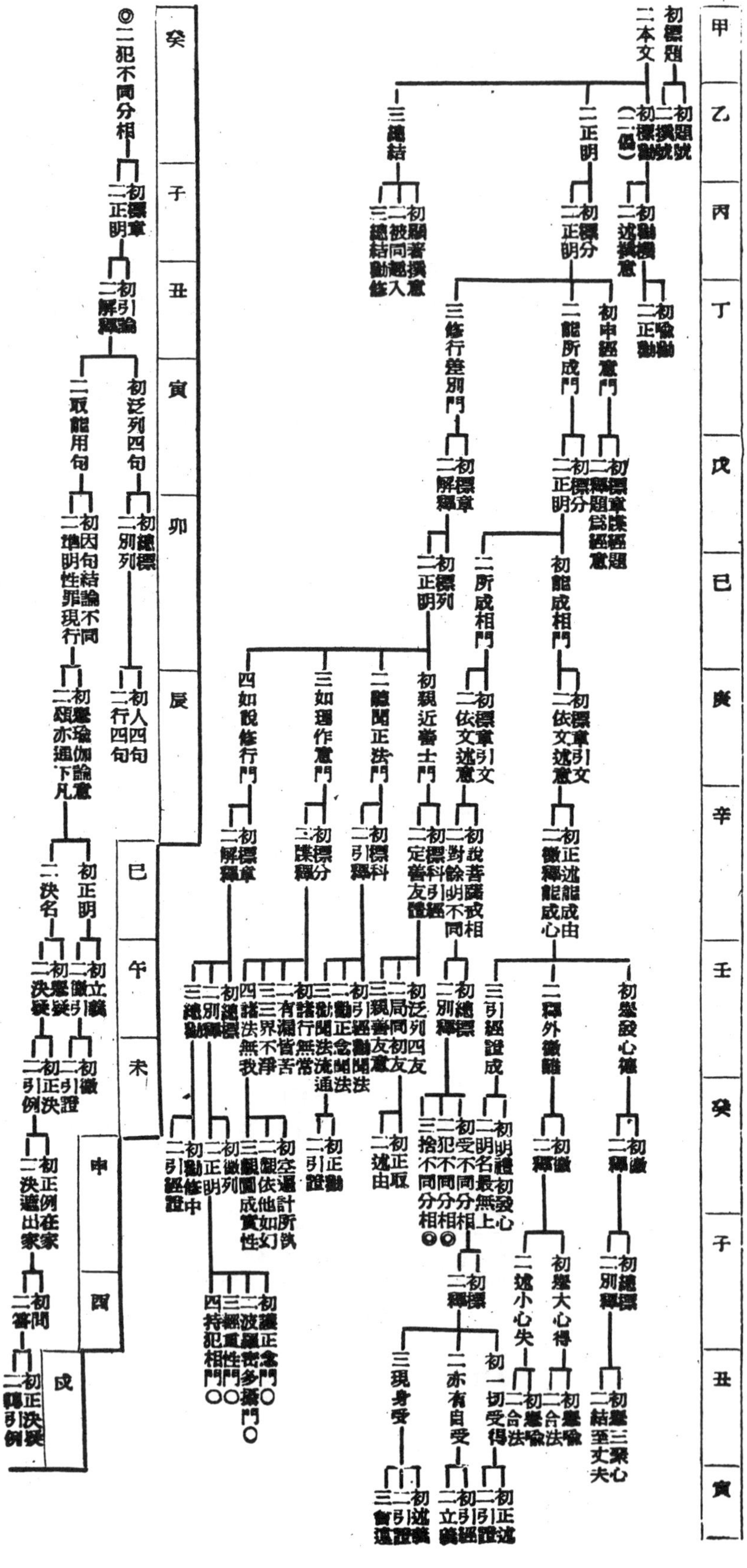

菩薩戒受隨綱要表

甲戌九月補題

- 菩薩戒
  - 受
    - 得受
      - 資器
        - 有感戒之善
          - 菩薩種姓
          - 發菩提心（受法中不問者、不決定故。）
        - 無障戒之惡
          - 煩惱障
          - 業障
            - 七逆
            - 十重（如下懺法中廣說。）
          - 報障
      - 師德（如瑜伽師地論等廣明。）

- ◎三捨不同分相
  - 初標章
  - 二解釋
    - 初正明大小不同
      - 初捨緣多少
      - 二犯重捨否
        - 初正明
        - 二引證
      - 三總捨別捨
        - 初正明
        - 二引證
          - 初引文
          - 二解釋
            - 初立義
            - 二例證
              - 初以犯不失性例證
                - 初引對法意例
                - 二引本業文證
              - 二以一分受持例證
                - 初立義
                - 二例證
                  - 初引涅槃經
                  - 二引本業經
                    - 初引文
                    - 二準例
      - 四命終捨否
        - 初立義
        - 二引證
          - 初引瑜伽意
          - 二引本業文
    - 二因決別受八戒
      - 初正問
      - 二正答
        - 初決答
        - 二引證
      - 三轉問
        - 初壓疑
        - 二引遮
          - 初世俗說
          - 二資不解
      - 四結答
        - 初義答
        - 二引證
          - 初例
          - 二證

- ○初護正念門
  - 初標章
  - 二正明
    - 初對可愛境
    - 二對相違境
      - 初觀他本性
      - 二親自往事
    - 三在中容時
      - 初正轉流轉
      - 二述佛教意
      - 三思惟臥相
        - 初正明
        - 二引證

- ○二波羅密多攝門
  - 初標分
  - 二別釋
    - 初總性攝門
      - 初依唯識論
      - 二依瑜伽論
    - 二別相攝門
      - 初總標
      - 二別釋
        - 初自然遍修一切行
        - 二於一行中修一切行
        - 三於一切行修一切行
          - 初互相資助故
          - 二攝在剎那故

- ○三輕重性門
  - 初標章
  - 二述解
    - 初總標
    - 二別解
      - 初標根本重
      - 二彰三聚本
        - 初別彰
          - 初攝律儀戒本
            - 初立義
            - 二引證
          - 二攝善法戒本
            - 初舉極遠
            - 二合四戒
          - 三饒益有情戒本
            - 初舉極遠
            - 二合四戒
        - 二總結

- ○四持犯相門
  - 初標分
  - 二隨釋
    - 初總相門
      - 初決作不作
        - 初問
        - 二答
      - 二決染不染
        - 初問
        - 二答
      - 三決犯與罪
        - 初問
        - 二答
      - 四決罪與業
        - 初問
        - 二答
      - 五決重業與捨
        - 初問
        - 二答
          - 初正答
          - 二轉問
          - 三答通
    - 二別相門
      - 初標章
      - 二述解
        - 初約自讚毀他解
          - 初決讚毀罪福
            - 初問
            - 二答
              - 初標句四
              - 二出句
          - 二決讚毀他勝處
            - 初問
            - 二答
              - 初標句
              - 二出句
                - 初出初句
                - 二指餘句
        - 二令所餘類準
          - 初正令類準
          - 二述類準意
            - 初明應塵機行別
            - 二明應塵修皆是
            - 三明護法故戒緩
    - 三究竟門
      - 初標章
      - 二述解
        - 初護持
          - 初述意引文
          - 二空三輪相
            - 初正明不可得
            - 二明離增減執
            - 三明究竟名
              - 初正明
              - 二徵釋
                - 初增上求心
                  - 初述意
                  - 二引證
                - 二增下化心
                  - 初述意
                  - 二引證
        - 二懺悔
          - 初例護持
          - 二引文證

- 受法
  - 對緣
    - 諸佛菩薩現在前受
    - 依先受菩薩戒法師前受
    - 於佛菩薩形像前自誓受 瑜伽論云、自受從他、若等心受、亦如是持、福德無別。是約心也。
  - 隨分
    - 全分受
    - 一分受 菩薩瓔珞本業經云、若受一戒、名一分菩薩。乃至具受、名具分菩薩。梵網古迹記中、廣明此義。彼云、隨其受者意樂所堪、或受一戒、或多、皆得成戒、名爲菩薩。不同聲聞必總受持、若其一分、不名比丘。菩薩不爾。隨分戒故。
  - 正受
    - 依法師受 諸師所立儀軌不同。宋靈芝律師所撰、最爲美備。載芝苑遺編中。
    - 自誓受 自誓受戒文、見瑜伽師地論。梵網須見好相。若依占察經本業經及瑜伽論、則可直受。
- 失受
  - 故捨大菩提心 於人前故意發起棄捨語言亦爾。
  - 犯重戒
    - 破 若以上品纏犯、隨所犯支失之。
    - 汙 若中下纏、唯汙不失。

> 問、上依瑜伽論云、二緣失受。若依本業經云、菩薩戒有受法而無捨法、有犯不失、盡未來際。二説互異、豈不相違。答、不相違也。若論種體、一熏永在。若言功能、或違緣失。以體從功、故論云捨戒。以能從體、故經云不失。

- 隨 受與持、前後起、心本所、順合、受光潔、戒名爲、故隨。
  - 依位制別
    - 凡位 諸師所判罪相亦有緩急、種種不同、如別表例。宜各隨力奉持。
    - 聖位
      - 制 文殊問經云、若受出世間菩薩戒而不起慈悲心、是菩薩犯波羅夷。若以心分別男女非男非女等、犯波羅夷。若起妄語心、犯波羅夷。若以心起盜想、犯波羅夷。又涅槃經云、雖不交女、壁外遙聞女瓔珞聲、心生愛著、成欲破戒。優婆塞戒經云、菩薩想女人身上瓔珞等、皆波羅夷。當知此皆依地上制也。
      - 開 瑜伽戒本開殺生等七支。攝大乘論通開殺生等十惡。無性釋論云、殺生等十種作業。南山云、淨心地菩薩得無分別智、行殺生等。地前不合。準此等説、但局地上、不通地前、況外凡乎。
  - 懺悔方法
    - 懺重
      - 根本
        - 以上品纏犯十重 即已失戒。對十方佛方等懺、若見好相、舊戒還全、更不須受。若不得好相、懺滿一年應再受戒。此依賢首義寂諸家所判。
        - 以中品下品纏犯十重戒 仍未失戒。應對四菩薩懺。懺法如後所列。
      - 方便
        - 犯十重下重方便 → 對首懺
        - 犯十重下輕方便 → 責心懺
    - 懺輕
      - 根本 → 對首懺
      - 方便重輕同 → 責心懺

對首懺、責心懺 懺法皆如後所列。

> ○以中品下品纏犯十重戒懺法 應對四菩薩懺。若依瑜伽論、中品對三人以上、下品對一人。懺時應具儀長跪合掌云、諸大德一心念、若對一人、無諸字。我某甲故□□□犯波羅夷罪。今向大德發露懺悔、更不敢作。願大德憶我。三説。受懺者呵責云、自責汝心生厭離。答言、爾。
>
> ○犯十重下重方便
> ○犯輕垢中根本罪 } 對首懺法 應對一人云云、文同上。若懺前者於犯波羅夷罪五字之下、加重方便三字。若懺後者、改爲犯輕垢罪。
>
> ○犯十重下輕方便
> ○犯輕垢中重輕方便 } 責心懺法 應自具修威儀、心生慚愧云、我某甲故□□□、犯波羅夷罪輕方便。我今自責心悔過。一説。若懺後者、應改云、犯輕垢罪重或輕方便。
>
> 以上皆依賢首疏判定。依瑜伽師地論云、若無隨順之人可對發露、悔除所犯。爾時菩薩以淨意樂起自誓心、我當決定防護當來、終不重犯。如是於犯還出還淨。若有所犯隨時懺之。雖以緣務遲延、應於半月布薩之前必須懺淨。因有犯者、不得聞說戒也。

釋門歸敬儀擷錄

敬本教興篇第一

自法王之利見也，必以靜見為先。故論云：何處何時誰起此見，一切諸見悉斷故。文良證也。

然則習熏日久，取會無由。事須立敬設儀，開其信首之法。附情約相，顯於成化之功。然後肝膽塗地，形骸摧折。知宇宙之極尊，則敬逾天屬。曉教義之遠大，則道越常途。

觀斯以言，則識形心兩途，事理雙軌。形則縛於俗習，苦陰常纏，故當折挫以歸依，剖析剖析，觀其慢惑也。心則封於迷倒，倒在生常，故須鏡生滅以懲之，追想追想，知其妄著也。固當撫攬誡教，以法糾懲。則生身不徒委於下塵，無識不徒生於上趣矣。

濟時護法篇第二

夫以立像表真，恆俗彝訓。寄指筌月，出道常規。但以妄想倒情，相沿固習。無思悛革，隨業漂淪。是以經言，為善若登清升若爪之土，為惡若崩沈滯如下之地。此言在斯，誠為極誡。

所以大聖知時，通化陶誘。立正三寶，導濁識之所歸。開明四印，示迷生之不昧。固得住法萬載，功由歸敬之勳。神升四天，諒藉傳揚之力。廣如慈經所出，豈虛構哉。

今於此篇顯三寶相，相隨見起，隨機四位。初謂一體，二謂緣理，三謂化相，四謂住持。各有名相。

初言一體三寶者。一是非二之名，體謂本識之謂。但以無始心體，性淨如空。妄想客塵，封迷隨染。致使相從至於今日，經生歷死，無由厭曉。

行者既知心性本淨，悟解無邪，名為正覺，覺即佛也。性淨無染，法也。性淨無壅，僧也。今覺於本，名始覺也。本實體淨，名先覺也。如此安心，如此練身，俯仰周循，無念不剋。

問曰：卿發斯言，欲何標據。念念迹是識心，言言都非智略。如何依準，得一舉而騰九萬耶？答曰：夫以聖道遠而難希，淨心近而易惑。為山基於一簣，為佛起於初念。故萬里之剋，離初步而不登。三劫之功，非始心而罔就。是知行人發足，常步此心。開示不由外來，悟入誠因內起。迷時謂禮外境，悟已還禮自心。故經云：心想佛時，是心是佛。如是斂念，會必精勤。積熏不已，自然清淨。忘此外求，甫當行道，徒役身心，終為世福。

二明緣理三寶者。理謂至理，天真常住，還是心體。且從染說，無始有終。但為惑網，不能出障。今以三學剋翦纏結，惑業既傾，心性光顯，始終性淨，無始無終。

由法成立，隨境分相，即號此相為五分法身，謂戒定慧解脫解脫知見也。前之三學，從因受名。由戒護助，果成法身，故云戒身。定慧準此可以類知。後二從果次第受名。解脫身者，由慧剋惑，惑無之處名解脫身。解脫知見，乃以出纏破障反照觀心，故云知見身也。唯佛法中三乘聖者，具此五分，能為六道作大歸依。故論云：歸依於佛者謂一切智五分法身也，歸依於法者謂滅諦涅槃也，歸依於僧者謂諸賢聖學無學功德自身他身盡處也。即自他惑滅所無之處故云盡處也。

由此三寶常住於世，不為世法之所陵慢，故稱寶也。如世珍寶，為生所重。今此三寶，為諸羣生三乘七衆之所歸仰，故名正歸。

或即名之同相三寶。由理通三世，義盡十方。常住三寶，此為至極。經云：若人得聞常住二字，是人生生不墮惡趣。斯何故耶？以知法佛本性常故。一時聞解，熏本識心。業種既成，淨信無失。況能立願歸依，奉為師範。固當累劫清勝，義無陷沒。如經，有人受三歸依，彌勒初會解脫生死。此乃出苦海之良津，入佛法之階位。但以罪多惡重，輕而慢者，雖曾受歸，隨緣還失。是故智人初受歸時，專心緣此，得名歸依，故感善神隨逐護助。

上明佛竟。後之二寶，緣此而生。如前廣敘，以開靈府。

此理三寶，能生化相。弘道利生，罪福通感。以化佛無心，猶如光燄。儀像非情，體唯無記。所感罪福，還約法身。由顯相狀，法身依故。以法本非形，無漏無色。不以相顯，羣有何依。故立像表真，厥趣斯矣。是知化佛供毀，一自法身。無有興亡，獨稱常住，言極繁矣，意在通之。

此明理寶是歸依所宗。故覆詳之，令心有寄。故出曜云：道之在心，不問老少，唯在剛烈，乃名道耳。信心以存，何往不剋。文良證也，可不鏡哉。

三明化相三寶者。謂釋迦如來，為佛寶也。所說滅諦，為法寶也。先智苦盡，為僧寶也。此化相三寶，或名別相。體是無常，四相所遷。滅過千載。但可追遠，用增翹敬。

四明住持三寶者。人能弘道，萬載之所流慈。道假人弘，三法於斯開位。遂使代代興樹，處處傳弘。匪假僧揚，佛法潛沒。至如漢武崇盛，初聞佛名，既絕僧傳，開緒斯竭。及顯宗開法，遠訪華胥，致有迦竺來儀，演布聲教。開俗成務，發信歸心，實假敷說之勞，誠資相狀之力，名僧寶也。所說名句，表理為先，理非文言無由取悟。故約名教說聽之緣，名法寶也。此理幽奧。非聖不知。聖雖云亡，影像斯立，名僧寶也。但以羣生福淺，不及化源。薄有餘資，猶逢遺法。

此之三寶，體是有為，具足漏染，不足陳敬。然是理寶之所依持。有能尊重，相從出有。今不加敬，更無尊重之方，投心何所，起歸何寄。故當形敬靈儀，心存真理。導緣設化，義極於斯。經云：造像如麥，獲福無窮。以是法身之器也。論云：金木土石體是非情，以造像故，敬毀之人自獲罪福。莫不表顯法身，致令功用無極。

故使有心行者，對此靈儀，莫不涕泣横流，不覺加敬。但以真形已謝，唯見遺蹤。如臨清廟，自然悲肅，舉目摧感，如在不疑。今我亦爾。慈尊久謝，唯留影像，導我慢幢。是須傾屈接足，而行禮敬。如對真儀，為我說法。今不見聞，心由無信。何以知耶。但心用所擬，三界尚成。豈此一堂，頑癡不動。大論云：諸佛常放光說法，衆生無始罪故對面不見。

又作是念。見雖是色，了色心生，心外無塵，名為真觀。言從心起，實唯識有，名為俗觀。漸次增明，念念無絕，時功既積，熏習逾增，觀道修明，不迷緣假，名願樂位修道人焉。

隨機立教篇第三

恐好事者須稟教量，故出一二，用弘其道。

道貴清通，義非壅結。仍須識分以自揣摩，無容冒罔自謂超挻。生報茫然，孰識夷險。必有斯人，則自溺苦海，誰能濟拔。

今約兩緣，立儀表行。入道多門，不過理事。理謂道理，通聖心之遠懷。事謂事局，約凡情之延度。聖非自聖，終假導而漸明。凡非定凡，亦因開而達解。是知愚智深淺，賢聖位階，由解行之遠近，致利鈍之乖異。然使鈍士依事，引方土之歡娛，且以安身，身安而後道也。利人行理，剋正念而濯性靈，用以清心，心清而出有也。

然利鈍千差，昏明等級。薄知綱領，標控神解。故歷諸篇，通斯一致。則披者不昧於由徑，行者無滯於發足矣。

乘心行事篇第四

上已顯其機緣，心行備矣。識真俗之交務，鑒現事（現事或應作理事。）之相由。文明祖習之經，義曉疏通之理。至於附相行事，故習難傾。三賢猶染其塵，四果尚迷斯旨。是以迦葉起舞，舍利作瞋，難陀悅於練色，陵伽興於慢相。斯並正使雖盡，餘習未亡。猶增惱於六塵，自網弊於三受。況乃下凡煩惑，無始習熏，今生道種正論倫而不忍。以斯昏濁，徒生徒死，甚可惜哉。

若夫心塵使性，知誰不無。識則無邪，常須節約。若任而縱者，無解脫期。故經譬覺賊，論示御心。制之一處，無事不辦。豈虛累哉！下凡煩惱，微細難知。粗而易覺，勿過三毒。自毒毒他，深可厭患。貪瞋一發，業構三塗。癡慢為本，故增垢結。

故論云：三三合九種（謂身口意此三能起業也，自作教他見作隨喜，此三能成業也。現報生報後報此三名業果也。）從三煩惱起。以此文證，故知起業必由毒生。常須觀度，方識毒相。故使行福而雜罪者，還承惡因，惡道雜受。故大丈夫論云，修行大布施，急性多瞋怒，不惟正憶念，後作大力龍。修施陵懱人，後生金翅鳥。施本捨慳，故感財報。瞋心行事，還興毒害，故受龍形。見觸傷等三種害物，並由瞋生。況今行敬本為除慢，更增慢墮已是業科，復起貪瞋明招苦報。

然凡所作業，三性為宗。一俯一仰，非心不就。心必依緣，緣通內外。不起則已，起必性收。善惡兩性，作業感生。無記之緣，多歸癡種。種雖無記，亦有善惡。夢業受生如論具引。是知捨受昏蒙，難為醒決。故當臨事籌理，必不陷溺清心。

寄緣真俗篇第五

真俗二諦，由來尚矣。不由功用，任運現前。故論云：諸佛說法常依二諦。今時行敬，亦準聖言，不虛設也。然須達解兩諦所由。故論云：知塵無所有通達真，知唯有識通達俗。若不達俗無以通真，若不通真無以遣俗。以俗無別體故也。正論成觀，令人受行。

但以無始倒凡，隨情妄執。約相猶迷邪正，何能頓遣見聞。所以大聖觀機，未得垂道，權說福業用接愚心。故舉淨方之勝相，發動迷心之背向。且攝邪心，令從正法。漸漬即久，心性轉明，方示非真，令行理觀。據此修捨，實是知機。若彼下愚未聞真道，即為化說色聲非真。心路蒼茫，莫知投寄，福業不行，道心無涉，遂即雙廢，長處罪流。由此方便，引令出有。

但此下愚貪滯難拔，縱任想像，何時通悟。故行事福，漸行理觀。身本頑癡，不可繩持。心是道因，從緣便悟。謂此形儀，本唯識有。迷於本習，妄見我人。故須徵研，合行敬養。令見我身俯仰上下，唯塵生滅來往屈申，此隨俗也。重觀此身，但塵非我，妄謂我所能有行敬，據此一理名通真也。真本非心，今隨心起，名隨俗也。知真非心，名通真也。如是念念以後奪前，漸漸增明，久而明利。若隨故習忽此不修，還同無始生死輪轉。是以力勵隨念剋思，一一科程，今其升進。

理事行務，且隔形心。至於動用，真俗並觀。所以隨其發足，畢約兩緣。知無顯真，知識是俗。種從緣起，方可有階。若身心兩分，真俗二路，三倒常行，革凡何日。

有人心路憧惶，情投莫準。聞余及此，勃爾興言，撫掌大笑曰：言何容易，一何虛誕。嗟乎不學，浪有涉言。吾聞真俗並觀，登住方修。如何下凡，僭他上聖。理義不可，急須改之。余曰：不可改也。發心畢竟，初後心齊。唯識四位，凡聖通學。今則在凡不學，何有剋聖之期。故須發足並修，修明自然位聖。是知修道行人，常觀正理。不可執文，便乖義實。故四依檢失，念念準承，當須依智不依於識。識俗所習，智是道筌。聖立正儀，無容輒濫。

引教徵事篇第六

今立正儀行敬，須本教宗。教有權實不同，行亦昏明殊則。先須通其立本，然後附本興懷可也。

經說四依，區分三位。足為末代之龜鏡，信是衆行之宗師。大聖致詞，終不徒設。準教行事，畢正無邪。

初人四依。謂從初賢至於極聖，人資無漏，法體性空。據此依承，理無邪倒。

但以無相好佛尚惑魔形，況有識凡夫能無受亂。故立法依，顯成楷定。

初明依法不依人者。人唯情有，法乃軌模。性空正理，體離非妄。即用此法為正法依。涅槃極教，盛明斯轍。

二明依義不依語者。語是言說止是張筌，義為達理化物之道。證解已後，絕慮杜言，法尚應捨，何況非法。

三言依智不依識者。識謂現行，隨塵分見。眼色耳聲，耽迷不覺。與牛羊而等度，同邪凡而共行。大聖示教，境是自心。下愚冰執，塵為識外。所以化導無由捨之。是知滯歸凡識，倒遣聖心。愚迷履歷常淪三倒，勇勵特達念動即知。知倒難清名為依識，知流須返名隨分智。如是加功，漸增明大。後見塵境，知非外來。境非心外，是自心相。安有愚迷生憎生愛。思擇不已，解異牛羊。但出聖道，無始未經。今欲革凡，理變恆習。自揣形服都非俗流，如何想觀全乖道望。誠可笑也。

四依了義經不依不了義經者。此之兩經並聖言量。凡入道者率先曉之，則無壅不通，有疑皆決。但為羣生性識深淺利鈍不同，致令大聖隨情別說。然據至道，但是自心。故經云：三界上下法，我說唯是心。此就世界依報以明心也。又云：如如與真際，涅槃及法界，種種意生身，佛說唯心量。此據出世法體以明心也。終窮至實，畢到斯源。隨流赴感，還宗了義。故佛以法約定權機。何以知然。且如欲有亂善，體封下界。經中有說為不動業及以成佛，並非了義。以此凡愚，少厭欲苦。令修淨觀，多生退沒。故隨意樂，說為道業。然其此業，因亂果定。覈其修證，成相似報。得生善趣事淨國土，終非事業剋於佛果。後因前業，重更修明，靜智澄清，方遂前願。故論云：若有誦持多寶佛名得生淨土者，別時遠意。

行四依者，律中自明。三乘行者通所資用。所謂納衣乞食樹下塵藥，各有開制如常共傳。

約時科節篇第七

夫為務學之士，無時不行。固得念念策心，新新習起。豈可前念背惡，遂剋苦而靜塵。後念陵善，復縱意而揚宕。所以論美四修，謂長時無間恭敬無餘也。經歎一處，謂行住食息常爾一心也。然後方能正想，革絕凡懷。

大聖立教，卓出恆倫。序其指歸，終為離著。至於隨境流觀，陶甄性靈，廣張聲教，都唯可學。學在三位，以攝教源。

祖而修奉，不越斯位。乃至分時督課前修舊行，日夕三時禮悔相續，可謂儀形有據，不墜彝倫。外攝羣小，開俗信於未然。內斂恆情，增天龍之護助。若此行之，不徒設也。

且禮念之法自有威儀，三學言歸俗多分異。元立三學，同傾一惑為宗。以三征之，不可分為三別。如論所云：戒如捉賊，定如縛賊，慧如殺賊。明喻即目，何用深思。尋喻乃三，約賊唯一。事分三義，宗成一滅。故重張之，意存通領。且如禮敬一法，用息慢高。如不屈躬斯名犯戒，常念在心斯學定也，常知無我斯名慧也。一敬如此，餘行同然。是則萬行殊途，三學攝盡。今學教者皆三別蹤，又執自計以破他部。擬前喻說，理不容非。固須一事沿修，隨公三學。更為重顯。如佛立戒，無境不修名作持，惰名止犯。犯從止起，畏犯修持，持名隨戒，戒名警策，是為戒學。安心此學，非定不行，名定學也。深思此學為滅倒情，縱而不學還順生死，為絕苦本非學不明，力勵徵責，名慧學也。

如此漸境，漸境託心。凡倒漸輕，聖解漸厚。積功不已，無往不成。千里一步，如前具述。時序可惜，無容自欺。

威容有儀篇第八

俗中周禮有九品之拜，出自太祝之官。斯非內教。

今據內教，以禮敬為初。大略為二，即身心也。佛法以心為其本，身為其末。故須菩提靜觀室內，如來歎為禮見法身。華色初至寶階，如來毀為拜於化佛。故知靜處思微，念念趣道。觀形鑒貌。新新在俗，能所未免，想見齊生，我倒現前，即為障道。故佛約此而分身心敬也。如能即色緣空，觀境心造。紛紛集起，不無染淨。知識妄念未可清澄，想倒空時，緣念斯絕。今居凡地，力極制御，止得如斯，念念自然漸能清淨。常起兩觀。不得單行。謂知無境是漸向真，謂知唯識是漸背俗。如此策修，長時不已，分分增明，三祇方就。前已明訖，數數須知。

經中明敬，有衆位之差。至於律制，頗亦殊倫。

勒那三藏，見此下凡，悲心內充，為出七種禮法。文極周委，鈔略出之。

初名我慢禮者。謂依次位，心無恭敬，高尊自德，無師仰意。恥世下問，諮受無所，心無法據，如碓上下。一形所作，無境住心，輕生薄道，徒勞無益。外覩似禮，內增慢惑，猶如木人，情不殷重。手不至地，五輪不具。此是慢業，名我慢禮。

二唱和禮者。雖非慢高，心無淨想。粗正威儀，身心虔敬，起伏相順。片有相扶，其福薄少，非真供養。

三身心恭敬禮者。聞唱佛名，便念佛身如在目前，相好具足，莊嚴晃曜。心相成就，實對三身，申手摩頂，除我罪業。是以形心恭敬，無有異念，供養恭敬，情無厭足。是名境界禮佛。心眼現前，專注無味。此人導利人天，為上為最。功德雖大，未是智心，後多退沒。

四發智清淨解達佛境界禮佛者。行者慧心明利，深知法界本無有礙。由我無始，順於凡俗，非有有想，非礙礙想。今達自心虛通無礙。故行禮佛，隨心現量，禮於一佛即一切佛，一切佛即一佛。以佛法身，通同無礙，故禮一佛徧通一切。如是種種香華供養，例同於此。法僧加敬，義亦同之。以三寶同性，理無異故。三乘名異，解脫牀同。故知一禮即一切禮，一切禮即一禮。如是三寶既能通達，一切三界六道四生同作佛想。

供養禮拜，自淨身心，蕩蕩無障。念佛境界，心相轉明。一拜一起為尊為勝。是名真實，果報殊大。由心無限，故使淨業無窮。

五明徧入法界禮敬供養者。行者想觀自己身心法，從本已來，不在法界佛法身外。亦知諸佛身心法，不在我身外。發解冠達，自身一切身徧滿法界。是名法界不增不減清淨法門。如是解了。故知我今禮於一佛，一佛之身徧於法界，法界之中所有三界位地無漏法身皆有佛身。佛身既徧一切，我身隨佛亦徧一切。所以禮敬供養，一切身中具足莊嚴。

如此行學法界法門，大有利益，終至此解。不學不知。是故行人常須緣觀，所得功德不可校量。既知我身在佛身內，如何顛倒妄造業耶。

六明正觀禮自身佛。不外緣境他佛他身。何以故。一切衆生自有佛性，平等滿足，隨順法界緣起熾然。但為迷解有外可觀，所以妄倒常淪生死。若能返照，解脫有期。若向他境謂有可觀，邪人邪行，經教不許。故云：不觀佛，不觀法，不觀僧。以見自己正法性故。又云：色聲見我，名行邪道。是故行人常行禮拜，但見身心有禮有敬，未能通解。常厭常行，後一通達，知心無外，方識自心清淨本性，此即自性住佛性也。隨力修明，引出佛性也。三祇果圓，十地位極，至得果佛性也。

此解微妙，唯聖達之。位在下凡，不宜不解不修習也。

七明實相三寶自他平等禮者。大意同前。前猶有禮有觀，自他兩異。今此無自無他，佛凡一如，古今無別。見佛可禮，大邪見人。經云：觀身實相，觀佛亦然。以實相離念，不可以心取，不可以相求，不可以禮敬，不可不禮敬。禮不禮等，供不供等。安心寂滅，名平等禮。故文殊十禮云：不生不滅故，敬禮無所觀。

此後二禮，寂而能通，福而行道。故使止觀雙遊，真俗並運。心乃虛蕩，身實累緣。在凡行學，其相齊此。

功用顯迹篇第九

今欲親觀諸佛，聞出世法。作何方便，修行正行。以凡無始約相修福，故還約相，行遠離法。所以先置道場，安設尊像，旛蓋華香隨力供養。有十種相，見佛善根。一者禮拜，二者讚歎，三者發願迴向，四者觀佛相好，五者專念修慈，六者三歸十善，七者發菩提心，八者讀誦經戒，九者供養舍利造佛形像，十者修行正觀。

修行正觀者。至理真極，不越人法二空。唯佛道有，餘道則無。由人法二空，則二執斯斷，一切煩惱無因得生。

故金剛般若云：一切聖人皆以無為得名。此謂三乘聖賢深淺有異，至於入證唯在二空。

行者修習，當依地持。論云：修行法者，託虛寂靜，身不遊行，口默少言，少睡多覺，常一坐食，不雜種食。思量如來所說諸法，知非有無。以其所知，徧通諸法，令得善解。以此文證。行者須知觀察自心，從本已來，自性清淨，非空非有，非染非淨，離諸分別。但為妄想，致有是非，得失罪福因之增長。今達本性，可謂還源。常作此觀，不見人法，即是達空。空本無形，如何起妄。如是一切作業，動身運想，不得失念。如上已明，此是實觀，餘名虛解。華嚴經云：觀察諸法及衆生，國土世間悉寂滅，心無所依無妄想，是名正念佛菩提。又云：若欲得佛智，當離諸妄想，有無俱通達，疾作天人師。

行者修行此觀，一時一念功德無邊。故迦葉經云：大千衆生所有福德，如彌尼王，不如有人修遠離法，淨心相應，解諸法空，無來無去。如是少忍功德，非譬喻所能及之。又普賢觀經云：若有晝夜六時，禮十方佛，誦大乘經，思第一義甚深空法。一彈指頃，除百萬億那由他恆河沙劫生死之罪。行此法者，真是佛子，從諸佛生。十方諸佛及諸菩薩為其和尚，是名具足菩薩戒者，不須羯磨自然成就。應受一切人天供養。

程器陳迹篇第十

余年侵蒲柳，旦夕待盡。非業莊嚴，何假傍及。又述撰行相，其徒實繁，隨時救急，即攝亦備。今有觀方志道相從問津，季代常徒禮敬為切，領余撰錄擬用箴銘。不堪苦及，遂復陳敘。

凡此十篇，止存三業，上弘佛道，下攝自他。詞甚丁寧，義存遺著。庶其覽者，知其意焉。如或有虧，請俟箴誨。

龍集庚辰九月十七日錄竟，唯備自覽，故多闕遺，未足流布傳示時賢也。沙門善夢時六十又一居梵華精舍。

別錄四則

智度論云：外道是他法故，來則自坐。白衣如客法故，命之令坐。一切出家五衆，身心屬佛，故立不坐。若得道羅漢如舍利弗等，皆坐聽法。三果已下並不聽坐，以所作未辦，結賊未破故。今有安坐像前，情無敬讓，可謂無事受罪，枉壞身心。如上三果尚立，況下凡乎。像立而坐，彌是不敬。比今君父，可以例諸。此言易矣，臨機難哉。常志在心，努力制抑，方可改革。不爾雖讀，不救常習。思之惟之。

依教修習慈悲四無量心。何故如是。以諸佛心，所謂大慈。今不修習，行不同佛，無由得見。故念佛時，行修慈觀。行者初心欲修慈時。閑處端坐。繫念十方一切衆生皆知己親，無恚礙想，以上妙具四事供給。或一念頃一時一日。能生功德，隨心分量不可限故。大集經云：若修慈者，當捨命時，見十方佛手摩其頂，蒙手觸故心安快樂，尋得往生清淨佛土。余見世間性行柔軟，臨終安隱，如意自在。本性粗疏，臨終荒忽，眼光先落，失音不語，雖有善教不相領解。即事以求，行慈為極。今忽不行，止是惡業，無慈悲心，須投惡道。若修法緣無緣慈者，具四無量，獲得佛道。

發菩提心者。菩提云覺。自覺覺他，故名佛也。行者即在佛法，即佛種子。須發覺求，作意觀度。此乃趣佛果之津梁，成萬行之根本。如空之含萬像，若海之納百川。若不先建此心，起行則便迷沒。是菩提者，其相如何。今欲發心，有理有行。在緣乃二，於義則通。不爾，真俗兩乖，非正法義。言理發者，即是自心。五陰諸法，本性無我。深知此要，名菩提心。故淨名云：寂滅是菩提，離諸相故，假名是菩提名字空故。又如問菩提經云：菩提相者，出三界，過俗法，言語斷滅，諸發無發，是名發菩提心。如是衆經，例遺相心，故名發心。謂此心體本清淨，究達此理，作業令淨，故曰發心即名行也。行者如上安止心已，生大欲心，我入佛道，廣度衆生，所修善根，皆悉迴向無上正覺。

讀誦佛正經典者。以此大乘了義經教，宣說甚深清淨空法，由從如來法身所流。行者以清淨心，愛重大乘，受持讀誦書寫供養，乃至餘乘所有經典，皆是大乘之所流故，我亦受持無相違背，是故功德得見諸佛。

九月十九日錄訖

釋門歸敬儀科

弘一 己卯秋敬錄

◎ ◎ ⊙ ○ ●

- 初序分（闕）
- 二正宗
  - 初題號
    - 初題目
    - 二述號
  - 二本文
    - 初總列篇名
    - 二隨篇別釋
      - 初敬本教興篇◎
      - 二濟時護法篇◎
      - 三因機立儀篇◎ 後標云隨機立教篇
      - 四乘心行事篇◎
      - 五寄緣真俗篇◎
      - 六引教徵迹篇◎ 後標云引教徵事篇
      - 七約時科節篇◎
      - 八威儀有序篇◎ 後標云威容有儀篇
      - 九功用感通篇◎ 後標云功用顯迹篇
      - 十程器陳迹篇◎
- 三流通◎

◎初敬本教興篇

- 初篇目
- 二本文
  - 初佛出本意
    - 初因迷立教
    - 二覩相回心
  - 二歸敬教興
    - 初觀教立言
    - 二引文誡證⊙
  - 三總陳教意
    - 初總舉要門
      - 初總舉
      - 二圓配
        - 初敬明觀
          - 初身事理
          - 二心事理
        - 二反覆徵推
          - 初重示身心過患
          - 二再伸觀智警迷
    - 二觀覺誡教

⊙二引文誡證

- 初結前生後
- 二正引誡文
  - 初引二論明敬本
    - 初通引二論
    - 二合示三法
  - 二引四文證教興○
  - 三引三藏明相敬○

○二引四文證教興

- 初信首宗本
  - 初引經正示
  - 二結意顯宗
  - 三引論轉釋
    - 初解歸意
    - 二立歸法
    - 三伸誡約
- 二敬儀萌兆
  - 初引文
  - 二結示
  - 三點釋
- 三位列敬相
  - 初引文
  - 二結示
  - 三勸誡
    - 初正誡
    - 二勸行
    - 三引證
- 四致敬因本
  - 初引文
  - 二結示
  - 三類顯

○三引三藏明相敬

- 初總標
- 二別示
  - 初律示正儀
    - 初立法緣起
    - 二正示敬儀
    - 三因引古事
  - 二引經伸誡

初篇竟

◎二濟時護法篇

- 初篇目
- 二本文
  - 初立篇大意
  - 二教起元由
    - 初妄情流墮
    - 二徵顯迷悟
    - 三積智難悛
    - 四引經策勵
    - 五對教勸修
      - 初舉智校量
      - 二約報加勸
  - 三立寶彰異
    - 初大聖立教
    - 二祖述濟時
      - 初示廣述正因
      - 二明三寶相狀
        - 初敘意總分
        - 二隨相別釋
          - 初一體⊙
          - 二緣理⊙
          - 三化相⊙
          - 四住持⊙

⊙初一體

- 初標
- 二釋
  - 初敘一體以顯由緣
    - 初釋名
    - 二示體
      - 初從真起妄
        - 初正明
        - 二引經
          - 初前佛已成
          - 二後修隨證
          - 三警發今機
      - 二反妄入真
        - 初勸起修
        - 二示修法
      - 三所述文意
        - 初總明三學
        - 二別顯戒因
          - 初約三聚離明
          - 二約心用合辨
            - 初用一心圓解
            - 二約一戒圓具
          - 三示離合教意
            - 初身教別
            - 二教隨時分
  - 二釋三寶以明性相
    - 初標
    - 二釋
      - 初正明
      - 二勸誡
  - 三伸問答以除疑執
    - 初不立理智問
    - 二識心即理答
      - 初正答
      - 二結勸
- 三結

⊙二緣理

- 初標
- 二釋
  - 初正明理體
    - 初明佛寶
      - 初正明
      - 二結示
        - 初明體相
          - 初明體
          - 二示相
            - 初解五分相
            - 二簡顯勝用
            - 三示三寶相
        - 二示可歸
          - 初寶喻尊特
          - 二專信成歸
          - 三別解歸意
        - 三會異名
        - 四顯功益
        - 五誡輕慢
    - 二略法僧
  - 二能生化相
    - 初本末功用
    - 二隱顯隨機
- 三結

⊙三化相

- 初標
- 二釋
  - 初正明體用
  - 初辨名體
    - 初示別名
    - 二明體狀

- 二生起住持
  - 初正明
  - 二勸信
- 二顯功益
  - 初紹隆佛化
  - 二法利群生

◎四住持
- 初標
- 二釋
  - 初顯相推功
    - 初正推
      - 初僧
      - 二法
      - 三佛
    - 二欣遇
  - 二約體推敬
    - 初示體推功
    - 二喻顯須敬
    - 三責過勸行
    - 四引文重示
  - 三囑示敬法
    - 初正明
      - 初事
        - 初剋境寄修
        - 二隨緣標立
      - 二理
        - 初寄緣真俗
        - 二因修顯位
    - 二結誡

二篇竟

◎三隨機立教篇
- 初篇目
- 二本文
  - 初略示禮名
  - 二正明機教
    - 初明機
      - 初學識寡陋
      - 二膠固情堅
      - 三囑過勸誡
    - 二示教
      - 初佛教隨機
        - 初正示
          - 初總張兩教
          - 二別示淨方
            - 初方智合明
            - 二法喻雙顯
            - 三淨穢均融
          - 三引事示意
            - 初正明
            - 二點示
        - 二勸依
      - 二祖述事理
        - 初生起
        - 二誡妄
        - 三正明
          - 初總示要門
          - 二因教開解
          - 三引教對機
  - 三結示綱宗

三篇竟

◎四乘心行事篇
- 初篇目
- 二本文
  - 初敘由勸誡
    - 初結前生後
    - 二引聖況凡
    - 三立理勸誡
      - 初約報正勸
      - 二結法顯名
      - 三約事伸誡
  - 二心事廣明
    - 初約顯明
      - 初明心使
      - 二示毒本
      - 三勸防護
    - 二對敬明
      - 初敘正意
      - 二配三毒
        - 初貪
        - 二瞋
        - 三癡
      - 三顯因果
        - 初推業因
        - 二明雜報
          - 初示意
          - 二引證
            - 初丈夫論
              - 初引證
              - 二例顯
            - 二賢愚經
            - 三七種禮
  - 三三性合辨

四篇竟

◎五寄緣真俗篇
- 初篇目
- 二本文
  - 初總示形心
  - 二配真俗
    - 初形真俗
    - 二心真俗
  - 三囑法勸修
  - 四因修顯證

- 初總敘由致
  - 初敘二諦所由
  - 二準聖教行敬
    - 初敘意生起
    - 二引論正示
- 二立理勸修
  - 初立理
  - 二責勸
    - 初責迷想見
    - 二勸悟形心
    - 三引喻伸誡
    - 四囑教勸修
- 三正明修法
  - 初總標
  - 二別顯
    - 初事儀
      - 初道場資具
      - 二依事正修
    - 二觀行
      - 初總示觀門
      - 二統會事理
        - 初牒示事觀
          - 初須說事意
          - 二不說理意
        - 二引歸唯識
          - 初引會
          - 二正明
        - 三總結圓修
- 四問答釋疑
  - 初約真俗別觀問
  - 二約修證不同答
    - 初凡聖圓修答
      - 初正明
      - 二勸誡
    - 二證唯在聖答
    - 三引經教類顯

五篇竟

◎六引教徵事篇
- 初篇目
- 二本文
  - 初假問興由
  - 二約教略釋
    - 初略陳大意
      - 初須通大致
      - 二勸起聖行
    - 二引教區分
      - 初標定教宗
      - 二廣顯四依
        - 初約經總明
        - 二別開三位
          - 初人四依
            - 初標
            - 二釋
          - 二法四依
            - 初敘意生起
            - 二依經顯相
            - 三結示篇意
          - 三行四依
            - 初標
            - 二釋
              - 初依法不依人
                - 初標
                - 二釋
                  - 初正出法體
                  - 二斥時迷倒
                  - 三準教策修
              - 二依義不依語
                - 初標
                - 二釋
                  - 初示法體
                  - 二教雙遣
                  - 三勸思擇
              - 三依智不依識
                - 初標
                - 二釋
                  - 初總示法體
                    - 初示識相
                    - 二示智體
                  - 二問答廣明
                    - 初躡前伸問
                    - 二約義答釋
                      - 初聖智高妙
                      - 二經證有階
                      - 三責迷顯悟
                        - 初正明迷悟
                        - 二勸令正修
                      - 四遣執示道
                        - 初轉遣執情
                        - 二重示勝道
                      - 五勸學誡迷
              - 四依了義經不依不了義經
                - 初標
                - 二釋
                  - 初通示二義
                  - 二別示兩經
                    - 初了義經
                      - 初明經
                      - 二示義
                    - 二不了義經
                      - 初標定
                      - 二徵釋
                        - 初正出法體
                        - 二決示因果
                        - 三結意指略
      - 三指文結略

六篇竟

◎七約時科節篇
- 初篇目
- 二本文

- 初敍顯正修
- 二約時接俗
  - 初示論意
    - 初論因迷立
    - 二人昧執文
    - 三約事徵顯
    - 四引經符論
  - 二明祖意
    - 初初心暫節
    - 二久習須常
- 三起行差殊
  - 初凡情欣捨
  - 二要行宗歸
  - 三人情各計
- 四會同三學
  - 初佛示教源
  - 二弟子進學
    - 初總明衆行
      - 初約惑明
      - 二約敬配
        - 初正配三學
        - 二責迷分數
      - 三約戒配
    - 二別就明敬
      - 初標斥
      - 二正配
- 五結勸常修

七篇竟

◎八威容有儀篇
- 初篇目
- 二本文
  - 初立教勸行
    - 初聖軌宜遵
    - 二策修加勸
      - 初約世報策修
      - 二引經書勸發
  - 二方土異儀
    - 初約經示意
    - 二正顯異儀
    - 三校量緩急
  - 三道俗敬相
    - 初約經總告
    - 二據位正明
      - 初俗
        - 初標顯所由
        - 二列示相狀
        - 三示拜多少
        - 四結指文義
      - 二道
        - 初通明能敬軌儀
          - 初依教示相
            - 初約義總示
              - 初約身心總標
              - 二約事理開釋
              - 三約唯識融會
            - 二依經顯相●
          - 二智儀起行○
        - 二別示所敬勝境⊙
        - 三重約行事校量⊙

●二依經顯相
- 初經列十條
  - 初敍意列名
  - 二依名別釋
  - 三結示不盡
- 二律明五法

- 初翻辨南無
  - 初翻名
  - 二會異
  - 三斥非
  - 四引示
    - 初二經讚儀
    - 二時俗文頌
    - 三明感勝報
    - 四結示前後

- 二委釋稽首
  - 初釋名義
  - 二分輕重
  - 三會異名
- 三合示三四
  - 初總標二名
  - 二先明第四
    - 初此方古法
    - 二天竺正儀
  - 三重顯第三
    - 初經論無文
    - 二據緣合般
    - 三理合自用
    - 四準事無用
    - 五約俗伸誡
- 四褊袒右肩
  - 初會名委釋
  - 二責世妄行
  - 三準教正示
- 五五輪著地
  - 初示相
  - 二責異
- 六頭面禮足
  - 初標示
  - 二正釋
    - 初引文示義
      - 初二土遠近
      - 二辭退之法
      - 三禮讚諸相
        - 初正
        - 二引證明
    - 二引俗例顯
    - 三引文雜示
- 七右膝著地
  - 初標示
  - 二別顯
    - 初明胡跪
      - 初顯相
      - 二斥非
    - 二明互跪
      - 初示跪相
        - 初示三相
        - 二明六禮
      - 二斥慢惰
      - 三引律釋
      - 四簡二部
      - 五明開制
- 八一心合掌
  - 初正明合掌
  - 二因示立法
  - 三立理加勸
- 九右繞恭敬
  - 初正分左右
    - 初舉謬執以彰非
    - 二顯正義以彰是
    - 三引梵僧以彰異
  - 二引非示義
  - 三因示匝數
    - 初多少從緣
    - 二推敬爲本
      - 初約事正推
      - 二引俗比例

○二智儀起行
- 初智儀
- 二伸誡

⊙二別示所敬勝境
- 初總示所尊
- 二別分三相
  - 初佛
  - 二法
  - 三僧

⊙三重約行事校量
- 初示文事具周
- 二斥人情漫散
- 三引古禮通明
  - 初標示顯略
  - 二約相正示
    - 初我慢禮●
    - 二唱和禮●
    - 三恭敬禮●
    - 四發智清淨禮●
    - 五入法界禮●
    - 六正觀禮●
    - 七實相禮●
  - 三點示後二○

●初我慢禮
- 初標
- 二釋
- 三結

●二唱和禮
- 初標
- 二釋
- 三結

●三恭敬禮
- 初標
- 二釋
- 三結

●四發智清淨禮
- 初標
- 二釋
  - 初示妙觀以明解
    - 初明佛寶
      - 初佛體徧
      - 二供具徧
    - 二顯法僧
    - 三示凡界
  - 二依正解以起行
- 三結
  - 初結觀智
  - 二結功益

●五入法界禮
- 初標名
- 二釋義
  - 初明觀智
  - 二示正行
  - 三顯體用
- 三結益
  - 初正結
    - 初正顯
    - 二喻明
  - 二誡妄

●六正觀禮
- 初標示名義
- 二顯觀行
  - 初立正觀
  - 二起正行
    - 初正明
    - 二引證
- 三結判行位

- ●七實相禮
  - 初標名
  - 二釋義
    - 初結顯妙觀
      - 初正明
      - 二引證
    - 二誡無輕授

八篇竟

- ○三點示後二
  - ◎九功用顯迹篇
    - 初篇目
    - 二本文
      - 初敘意生起
      - 二廣顯所由
        - 初總示所依
          - 初正明
          - 二引證
        - 二廣顯正行
          - 初敘意分章
          - 二指示歸處
          - 三依章別釋
            - 初禮拜見佛⊙
            - 二讚歎佛德⊙
            - 三發願迴向⊙
            - 四念佛相好⊙
            - 五念德修慈⊙
            - 六三歸十善⊙
            - 七發菩提心⊙
            - 八讀誦經典⊙
            - 九供養舍利⊙
            - 十修習正觀⊙

- ⊙初禮拜見佛
  - 初標
  - 二釋
    - 初正修
    - 二引證
      - 初上生四益
      - 二增一五利
- ⊙二讚歎佛德
  - 初標
  - 二釋
    - 初引文示讚
    - 二引三經彰益
- ⊙三發願迴向
  - 初標
  - 二釋
    - 初正明
    - 二引證
- ⊙四念佛相好
  - 初標
  - 二釋
    - 初正明觀法
    - 二舉善勸修
    - 三引示功益
- ⊙五念德修慈
  - 初總標
  - 二別釋
    - 初念德
      - 初正明
      - 二引證
    - 二修慈
      - 初標示
      - 二正明
        - 初示修意
        - 二明修法
          - 初明生緣
            - 初示修
            - 二感報
              - 初引經證
              - 二舉事勸
          - 二示二慈
- ⊙七發菩提心
  - 初標
  - 二釋
    - 初翻名釋意
    - 二敘意顯德
    - 三正明行相
      - 初標示眞俗
      - 二別明理行
        - 初理
          - 初正明
          - 二引證
          - 三示意
        - 二行
          - 初正明
          - 二引示
      - 三因明願戒
        - 初廣顯大願
          - 初舉文總示
          - 二約相別明
        - 二略明受戒

- ⊙八讀誦經典
  - 初標
  - 二釋
    - 初示正經
    - 二明能誦
    - 三引文證
- ⊙九供養舍利
  - 初總標
  - 二引示
    - 初大品經
    - 二無上依經
    - 三涅槃經
      - 初正引經文
      - 二點釋國號
- ⊙十修習正觀
  - 初標名
  - 二釋義
    - 初總舉敘由
    - 二正明行相
      - 初分大小
      - 二示正修
        - 初依論示
        - 二約義立
        - 三引文證
    - 三引示功益
      - 初總標
      - 二引文

九篇竟

- ◎十程器陳迹篇
  - 初篇目
  - 二本文
    - 初程器
    - 二陳迹
      - 初指餘數
      - 二示今文

十篇竟

- ◎三流通

終

菩薩瓔珞經自誓受菩薩五重戒法

依經錄出

△初禮敬三寶

一心敬禮，過去世，盡過去際，一切佛。

一心敬禮，未來世，盡未來際，一切佛。

一心敬禮，現在世，盡現在際，一切佛。

一心敬禮，過去世，盡過去際，一切法。

一心敬禮，未來世，盡未來際，一切法。

一心敬禮，現在世，盡現在際，一切法。

一心敬禮，過去世，盡過去際，一切僧。

一心敬禮，未來世，盡未來際，一切僧。

一心敬禮，現在世，盡現在際，一切僧。

△二受四依

從今時，盡未來際身，歸依佛，歸依法，歸依賢聖僧，歸依法戒。三說。

△三悔罪

若現在身口意十惡罪，願畢竟不起，盡未來際。

若未來身口意十惡罪，願畢竟不起，盡未來際。

若過去身口意十惡罪，願畢竟不起，盡未來際。

如是悔過已，三業清淨，如淨琉璃，內外明照。案此亦應三說。

（發四弘誓願）

△四自誓受戒

我某甲，白十方佛，及大地菩薩等，我學菩薩五重戒。三說。

△五說戒相

從今身，至佛身，盡未來際，於其中間，不得故殺生。若有犯，非菩薩行，失四十二賢聖法。不得犯。能持否。　能。

從今身，至佛身，盡未來際，於其中間，不得故妄語。若有犯，非菩薩行，失四十二賢聖法。不得犯。能持否。　能。

從今身，至佛身，盡未來際，於其中間，不得故淫。若有犯，非菩薩行，失四十二賢聖法。不得犯。能持否。　能。

從今身，至佛身，盡未來際，於其中間，不得故盜。若有犯，非菩薩行，失四十二賢聖法。不得犯。能持否。　能。

從今身，至佛身，盡未來際，於其中間，不得故酤酒。若有犯，非菩薩行，失四十二賢聖法。不得犯。能持否。　能。

△六歎戒德

受戒已。過度四魔，越三界苦。從生至生，不失此戒，常隨行人，乃至成佛。（迴向）

案，靈峯蕅益大師依梵網瓔珞地持，重定授菩薩法，與此大同。但悔罪之後，應發四弘誓願。三說。歎戒德後，應迴向，今亦可增入。弘一。

隨分自誓受菩薩戒文析疑

我名××，仰啟

十方一切如來，已入大地諸菩薩衆，我今欲於十方世界佛菩薩所，誓受菩薩學處淨戒中××××，謂律儀戒，攝善法戒，饒益有情戒；如是學處，如是淨戒，過去一切菩薩已具，未來一切菩薩當具，普於十方現在一切菩薩今具；於是學處，於是淨戒，過去一切菩薩已學，未來一切菩薩當學，普於十方現在一切菩薩今學。三說。

初釋自誓受

自誓受者，未得良師，開自受故。若五戒八戒自誓受者，如南山羯磨疏等委明。今約菩薩戒自誓受者，如梵網經、占察經等及瑜伽師地論所說。梵網自受須見好相；其他經論皆無好相之文。各被一機，隨宜用之。授菩薩戒師具德，如梵網義寂疏中略明，師具德者，應依師受；若不爾者，則開自誓。梵網古迹記云：問：自受功德劣耶？答：不爾，雖無現緣，心猛利故；如瑜伽師地論卷五十三云：自受從他（或自受、或從師受），若等心受，亦如是持；福德無別。

二釋隨分

隨分受者，唯受一二戒等。若五戒八戒隨分受者，見南山羯磨疏。今約菩薩戒隨分受者，見瓔珞本業經、梵網古迹記及菩薩戒本宗要中；據此經義，廣為勸讚。彼云：隨其受者意樂所堪。或受一戒或多，皆得成戒，名為菩薩。乃至唯受一戒猶勝二乘一切功德。菩薩一戒為度一切，無一衆生不荷恩故。今文空白之處，應補寫受者名及隨分所受之戒名。

三釋今文改易及具列三聚名

今文，依瑜伽自誓受文稍有改易；因須適合隨分受故。問：今既隨分受一二戒，何以文中猶具列律儀戒、攝善法戒、饒益有情戒之三聚名耶？答：梵網賢首疏云：攝三聚戒者有二義：一若從勝為論，各戒一一別配；二若通辨，每一戒中皆具三聚：謂於此不犯，律儀戒攝。修彼對治之行，攝善法攝。以此二戒教他衆生令如自所作，即為攝衆生戒云云。今據疏中第二通辨之義，雖受一戒，即三聚攝，亦無妨也。

附記：劉蓮星慧日居士，請寫隨分自誓受菩薩戒文，將付影印，為略析其疑義，未能詳盡耳。於時歲次鶉尾秋仲，居苐林禪苑。

毗柰耶質疑編

問：說教時節，既云十二年前略教所被，云何於五年即說廣教？

答：制與說二字不可混。制即隨時制戒也。說乃半月半月布薩時所說者也。五年雖制廣教；但佛猶自說略教也。

問：未知僧尼廣教即全說耶？抑陳其所有犯者？

答：講義中云：隨犯便結；若漏未起，不先制也。此廣教雖五年已制；但半月半月，佛仍自說略教。至十二年後乃重犯（即以前所制而重犯者），佛止不說。乃令弟子說，即改說廣教也。

問：四教儀集註云：「經通五人，律唯佛制；如禮樂出自天子……」云何後付弟子乃廣說耶？

答：制與說二字不同。若論制戒，始終唯佛能之，等覺以下猶非所堪；若說戒（半月半月）者，十二年前佛自說略教，十二年後，因重犯戒，佛止不說。乃令上座持律者說之，即是改說廣教也。但以後制戒仍由佛制，決非由弟子制。

問：淫戒犯相表內，覺境與是非道二句名義如何？

答：覺境者，有知覺之境，非睡眠等。非道者，死形半壞已下七條皆是也；或壞爛不成道形（前四），或是異物（後三）。

問：同上表內，為怨家逼，云何為自入他道？

答：為怨家逼持，令自體入他人道中也；是時自己無絲毫抵抗之能力。

問：同上戒境想表內，即云入道，云何又生道想、道疑、非道想三名相？

答：此是夜間黑暗之地；或飲酒微醉之時等。

問：表七頁、南山行事鈔，盜三寶物，先明知事人是非；是非二字，是否即因果耶？又並師心處分；師心，是否即訓為私心？

答：是、非者，即是能否（有資格否）為知事人。讀寶梁經等之文可知。師心者，剛愎（杜撰）自慢者，謂之師心自用也。

問：同上，憂心念道，緣境既局；緣境是否指本戒？少應清潔，少字，是否訓稍？

答：緣境既局，此四字，與下文多衆務三字相對。少字訓稍是也。

問：午後每多口渴，多飲茶水，有多不便，未知吃些冰糖，有違戒律否？

答：可爾。

問：律唯佛制，等覺已下，猶非所堪；而南山判四分，依成實論分通大乘，亦制起心。若重緣者，即犯突吉羅。如此豈無聖凡濫制之咎耶？

答：唯佛能制戒，南山決非制戒也。四分本與成實同屬空宗，南山依此而判，以契此土大乘之機，功在萬世。乞以後仁者，對於南山教旨，萬勿懷疑！請以余已往之事，為前車之鑒可耳。

問：表七頁十四行，云何謂則望十方凡聖一一結罪？

答：常住、常住物，為十方凡聖所共有，故云也。一一結者，非謂多罪，但此一夷，總望多境，故云一一耳（錄靈芝記）。
問：同上行，諸部五分，指那五分？
答：五分律。諸部者，應謂諸部中之一也。
問：含註本，七頁，云何為歎譽死、快勸死？
答：讚歎，譽揚。稱心，勸勉。
問：表八頁，第四分，比丘以咒藥、乃至為按腹等、墮他胎、波羅夷。云何墮胎後，母死兒活，母死無犯；但結方便墮胎偷蘭遮？
答：對母決無殺心故。
問：表六頁，境想後（第四分）取男物，作女物想。取女物，作男物想；二條同罪。為同波羅夷，抑其他罪耶？
答：滿五，夷。不滿五，蘭。
問：表十二頁正面，靈芝資持記，染意窺看，念念重吉。深寮坐起，一一單提。重吉、單提二句，是否為結罪意也？
答：是結罪。重吉，大淫遠方便。單提，第四十五獨與女人露地坐戒。
問：表十五頁，無主僧不處分過量房戒，境想過量表，茲擬表於下，是否有訛？
答：是。

- 過量
  - 過量想。——僧殘。
  - 過量疑。
  - 不過量想。
- 不過量
  - 過量想。
  - 不過量疑。

（過量疑、不過量想、過量想、不過量疑）——偷蘭遮。

問：表十六頁，第七戒，具緣成犯內第三緣。資持記既云：此由有主，大小從他，故無過量。云何又制：長佛六磔手、廣四磔手已上房，亦在具緣內耶？
答：長六廣四已上房，乃乞處分。不滿此量則不須乞。有主者，大小從他，所以決無過量之罪。至乞處分則另是一事耳。第七戒長六廣四之言，專就應處分否而說，與過量罪無有關係也。（因第七戒中無有過量罪。）

問：表十九頁正面，罪相表內，羯磨有三：單白、白二、白四，今作白竟，是否為單白？若是者，則作白一羯磨竟，乃至白三羯磨竟三條，將如何配合於羯磨中？若非者，則作白竟，為那一段文，請詳細示知。
答：僧羯磨有三。

一、單白 ……（此是白文）……誦一遍

二、白二 ……（此是白文）……誦一遍
白與羯磨
共計為二，……（此是羯磨文）……
故名白二。……誦一遍

三、白四 ……（此是白文）……誦一遍
白與羯磨
共計為四，……
故名白四。……誦三遍

破僧羯磨，屬於白四，與前二種無涉。
問：懺僧殘法中，直與摩那埵法，與增上摩那埵法，有何差別？請示知。
答：犯僧殘後，當日發露，向僧乞摩那埵法，僧即作羯磨，與法。即日依行，共經六日夜，然後出罪；此直與法也。若犯僧殘後，覆藏者，須先依一、二（乞看講義）。然後增上與摩那埵法。增上者，即是後與之意也。
問：講義內，大小二字以下之小註云：即三法下三品之事，三品指何三品？
答：此一句依靈芝記寫錄。下字稍未明白，應是依法所成之事也。三品即大事、中事、小事，如疏中所明。（疏中指此為三品。）此品字，不可與八品九品相混同，分別觀之可也。
問：僧集約界，小註中云：若戒場大界，並須盡唱制限集之。請詳示知。

答：戒場（有場大戒）。四處共集；如疏所明。大界（無場大界）。二處共集；因說、恣法，通於界內外也。其他羯磨，當界自集（不通界外）。上且略答；後講結界法時，再詳說也。

四處共集（共集至大界。）

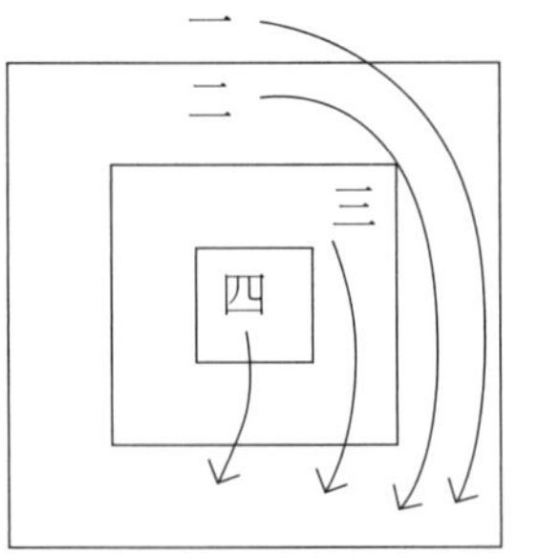

因說、恣法，須在大界作也。有難乃開戒場。

二處共集

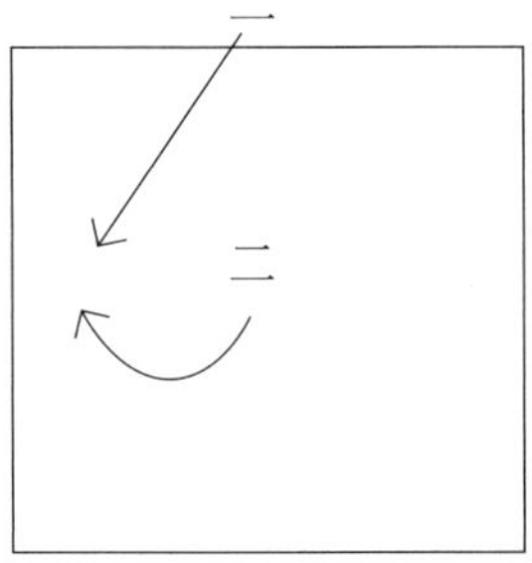

其他羯磨當界自集

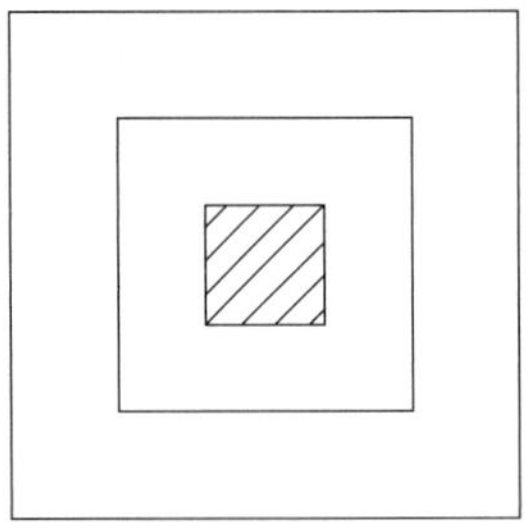

有場

無場

問：戒場大界，疏中云：何謂無場大界？

答：有場大界在後文。

以上大意，乞轉告諸師，因他人亦應懷疑也。

問：簡衆是非四滿數中，不應訶、應訶、不得訶、亦得訶；請示其差別之大意。

答：共二種：不應訶同不得訶；應訶同亦得訶。惟文字稍有變化，其義無異也。

問：與欲、受欲、說欲；其意云何？

答：與欲者，即託汝傳欲。受欲者，即領受代為傳欲。說欲者，即至僧中代為說欲也。

問：五種與欲中，是否均為與欲者之言相耶？

答：是也。

問：五與欲中，前三種，其言詞將何分別，方應與欲者之言相？

答：所分五種，悉依律文也。前三種意同文別。病重之人，隨己意用一種，即成就與欲，不拘何種文句。

問：自然界六相，與戒場外大界內之自然界，有何差別？

答：不同。戒場外之自然，僅指無法之空地而言，無此界字。（他處或作蘭若，亦此意也。）若自然界，則加一界字。

問：現時各處叢林傳戒，印有懺罪單一紙，於中列某甲須禮千佛懺若干乃至念大悲咒若干遍；未知此單出於何時？受戒以後，是否必須行持？

答：此單出於近世，受戒以後必須行持。

問：七衆自知有犯邊罪，今欲全捨戒法，再乞受五八等戒。未知先行懺悔後再受戒，或先受戒後行懺悔？

答：若約已犯邊罪（前曾受五、八、十具而犯前四重者。）今雖捨戒，亦不能即受五戒八戒。薩婆多論云：「犯邊罪者，更受五戒不得。」若約已前受七衆戒時，或境不稱心，或心境俱不相應，決定不能得戒者，雖破四重，亦可不名邊罪。僅名惡業，則不須捨戒（以無可捨故）。可以先懺悔七日以上。（但至誠懇切懺之，不必得清淨相也。）即自誓受三歸五戒八戒，或受菩薩戒可也。至於沙彌、比丘戒，非不可受；以無師故。必須禮占察懺法得清淨相已，則菩薩、沙彌、比丘三戒，同時可得也。

問：比丘受具已；因有難事，不得已而必須犯夷罪者，先捨戒已而後行之。他日復欲受具戒，是否為已犯邊罪？

答：五、八、十具皆捨之，非已犯邊罪也。

問：對首羯磨，約事已分三品。而懺次蘭衆多對首，得中上品。應居衆法對首之上，云何列相不列小衆對首，而僅收入但對首中。

答：乞閱疏記可知。

問：從生偷蘭，即從他而生。他字，為指何境？

答：初二篇。

在家律要之開示

凡初發心人，既受三皈依，應續受五戒。倘自審一時不能全受者，即先受四戒三戒，乃至僅受一二戒，都可。在家居士，既聞法有素，知自行檢點，嚴自約束，不蹈非禮，不敢輕率妄行。則殺生、邪淫、大妄語、飲酒之四戒，或可不犯；惟有在社會上辦事之人，欲不破盜戒，為最不容易事。例如與人合買地皮房產，與人合做生意，報稅納捐時，未免有以多數報少數之事；因數人合夥，欲實報則人以為愚。或為股東所反對者有之。又不知而犯，與明知違背法律而故犯之事；如信中夾附鈔票，與手寫函件取巧掩藏，當印刷物寄，均犯盜稅之罪。凡非與而取，及法律所不許，而取巧不納，皆有盜取之心迹，及盜取之行為，皆結盜罪。非但銀錢出入上，當嚴淨其心；即微而至於一草一木、寸紙尺線，必須先向物主明白請求，得彼允許，而後可以使用。不待許可而取用，不曾問明而擅動；皆有不與而取之心迹，皆犯盜取盜用之行為，皆結盜罪。……

佛滅度後
以戒為師

歲次癸酉，於妙釋寺講四分戒本。正月廿一蕅益大師涅槃日始，二月十五佛涅槃日圓滿。普潤法師護持贊助，書此以奉，敬志功德。

慧光明院沙門曇昉並識。

弘律願文

如是戒品，我今誓願受持、修學，盡未來際，不復捨離。以此功德，願我及衆生，無始已來所作衆罪，盡得消滅。若一切衆生所有定業，當受報者，我皆代受。徧微塵國，歷諸惡道，經微塵劫，備嘗衆苦，歡喜忍受，終無厭悔；令彼衆生先成佛道。我所發願，真實不虛，伏惟三寶證知者。

演音自撰發願句三種，行住坐臥，常常憶念，我所修持一切功德，悉以迴施法界衆生；衆生所造無量惡業，願我一身代受衆苦。

誓捨身命，護持三世一切佛法！
誓捨身命，救度法界一切衆生！
願代法界一切衆生，備受衆苦！
願護南山四分律宗弘傳世間！

徵辨學律義八則

問：我等受戒未能如法，將何以自解耶？若云受戒未能如法決定不得戒者，有何明文作證耶？

答：今先解釋不得戒義：

得比丘戒緣 依羯磨錄
- 一結界成就（作法界）。
- 二有能秉法僧（真實比丘）。
- 三僧數滿足（十人、五人，戒淨解明）。
- 四界內盡集和合（非別衆）。
- 五有羯磨教法（如法誦作）。
- 六資緣具足（三衣及鉢）。

以上六緣，若闕一者，即不得戒。今則悉闕；故不得戒義，可以決定無疑。

沙彌戒於師授前，應在僧中作單白羯磨；故前五緣皆同，亦應判為不得。

問：既知未能得比丘戒，應有何妥善之辦法耶？

答：今據拙見，擬定辦法，分為二事：

一勸令禮占察懺儀，求得比丘戒。蕅益大師云：末世欲得淨戒，捨此占察輪相之法，更無別途。大師即依此法而得比丘戒也。此事易知，今不詳述。

二於未得戒以前，為護法心，維持現狀，不令斷絕。今已受而未得者，學習比丘律。此事頗有疑問。後之辨釋，皆約此也。

以上所言二事，第一為根本之辦法；第二為維持現狀之辦法。此二事應同時並行，不可或闕。若唯有第二而無第一，則永遠無真實比丘出現。若唯有第一而無第二，則過渡時代之現狀不能維持；故須二事同時並行，乃為宜也。

問：非比丘，學比丘律，可有聖教作證耶？將答此問，先須解釋非比丘三字。非比丘有三類：一約沙彌（此非問者本意所在）。二約已受沙彌、比丘戒，而不如法不得戒者。（問者本意在此。以下答文，皆約此辨釋。文中亦有時指前後二類者，為是兼明，非正意也。）三約未曾受沙彌、比丘戒者。

答：若欲覓求律中有制未得戒者必須學比丘律之明文，乃不可能之事；但可引文以證非比丘而學比丘律無有賊住之過失。又可引文以證已受比丘戒而不如法不得戒之白衣，雖在僧中聞正式作羯磨者亦不成賊住；依此義判：已受而不如法不得戒之白衣，或亦可以學比丘律。即在僧中聞正式作羯磨者，亦似無大礙也。

問：前云非比丘而學比丘律，無賊住過，有何文以為證耶？

答：靈芝律師資持記云：「問：私習秉唱，未具忽聞：及未受前，曾披經律，因讀羯磨了知言義，成障戒否（即賊住）？答：準前後文，並論僧中正作，詐竊成障。安有讀文而成障戒。古來高僧，多有在俗先披大藏。今時信士，多亦如之；若皆障戒，無乃太急。學者詳之。」又羯磨云：「二者，有人不得滿數應訶；謂若欲受大戒人。」靈芝律師濟緣記釋云：「謂沙彌受戒，或曾披律，或復重來，曉達如非。旁無訶者，所為不輕，聽自訶止。」曾披律者，既可求受大戒，足證無有賊住過矣。

問：前云已受比丘戒而不如法不得戒之白衣，雖在僧中聞正式作羯磨者亦不成賊住，此言尤足令人駭異。有何明文以為證耶？

答：羯磨云：「三者，不得滿數不得訶者，……白衣……」南山律祖疏云：「前十三難，有過障戒。此好白衣，受十具戒，雖並心淨。不妨加法參差不成，仍本名故。」今案：我等已受戒而不如法不得戒者，即屬此類；雖於僧中聞作羯磨，亦僅判為不得滿數不得訶。決不云成賊住難，以無詐竊心故，而云此好白衣也。

問：已受而不得戒之白衣，若聞僧中正式作羯磨而無賊住難者，何以說戒羯磨時遣沙彌出耶？

答：靈芝律師資持記云：「說戒遣未具者，恐生輕易，不論障戒；且如大尼亦遣，豈慮障戒耶？」

問：既不得沙彌、比丘戒，不堪為人世福田，虛消信施，罪果難逃耶？

答：南山律祖行事鈔云：「善見：檀越請比丘、沙彌雖未受具，亦入比丘數。涅槃：乃至未受十戒亦得受請。」靈芝律師資持記釋云：「論約法同（沙彌），經聽形同（出家優婆塞）；無非皆為解脫出家，即堪受供。」故知不為解脫出家，雖是比丘，亦應云虛消信施。若為解脫出家，雖優婆塞，亦堪為人世福田。

問：當來真實比丘出現，如法傳戒，即皆成為真實比丘，不須復云維持現狀。當其時，若有未受比丘戒者，仍可引據前例而先學比丘律耶？

答：前文曾云：「為護法心，維持現狀不令斷絕，令已受而未得者學習比丘律。」因引諸文曲為證明。余蓋欲於過渡時代，勉強維持，冀延一線之傳也。若當來皆成真實比丘，不須復云維持現狀。即應依通途軌則，慎重其事。凡有未受比丘戒者，不須令其輒學律也。豈唯當來，即以現在而論，若未經受戒者，亦不須學。唯有已受戒而不如法不得戒者，仍可令其學律；若如是者，庶幾無大過乎？

問答十章

問：近世諸叢林傳戒之時，皆令熟讀毗尼日用切要（俗稱為五十三咒），未審可否？

答：蕅益大師曾解釋此義，今略錄之。文云：「既預比丘之列，當以律學為先。今之願偈（即當願衆生等），本出華嚴。種種真言皆屬密部。論法門雖不可思議，約修證則各有本宗。收之則全是，若一偈、若一句、若一字，皆為道種。揀之則全非，律不律、顯不顯、密不密，僅成散善；此正法所以漸衰，而末運所以不振。有志之士，不若專精戒律，辨比丘之本職也。」

（十誦：諸比丘廢學毗尼，便讀誦修多羅、阿毗曇，世尊種種訶責。乃至由有毗尼佛法住世等。多有上座長老比丘學律。）

問：百丈清規，頗與戒律相似；今學律者，亦宜參閱否？

答：百丈於唐時編纂此書，其後屢經他人增刪。至元朝改變尤多，本來面目，殆不可見；故蓮池、蕅益大師力詆斥之。蓮池大師之說，今未及檢錄。唯錄蕅益大師之說如下。文云：「正法滅壞，全由律學不明。百丈清規，久失原作本意；並是元朝流俗僧官住持，杜撰增飾，文理不通。今人有奉行者，皆因未諳律學故也。」又云：「非佛所制，便名非法；如元朝附會百丈清規等。」又云：「百丈清規，元朝世諦住持穿鑿，尤為可恥。」按律宗諸書，浩如煙海。吾人盡形學之，尚苦力有未及。即百丈原本今仍存在，亦可不須閱覽；況偽本乎？今宜以蓮池、蕅益諸大師之言，傳示道侶可也。

問：今世俗衆，乞師證明受歸依者，輒稱歸依某師，未知是否？

答：不然！以所歸依者為僧伽，非唯歸依某師一人故。蕅益大師云：「歸依僧者，則一切僧皆我師也。今世俗士，擇一名德比丘禮事之，竊竊然矜曰：吾為某知識、某法師門人也！彼知識法師者，亦竊竊然矜曰：彼某居士、某宰官歸依於我者也！噫！果若此，則應曰：歸依佛、歸依法、結交一大德可也。可云歸依僧也與哉！」

問：近世弘律者，皆宗蓮池大師沙彌律儀要略，未知善否？

答：沙彌戒法註釋之書，以蕅益大師所著沙彌十戒威儀錄要，最為完善；此書揚州刻版，共為一冊，標名曰沙彌十法並威儀。價金僅洋一角餘，若與初學之人講解沙彌律者，宜用此書也。蓮池大師為淨土大德，律學非其所長。所著律儀要略中，多以己意判斷，不宗律藏；故蕅益大師云：「蓮池大師專弘淨土，而於律學稍疏。」（見梵網合註緣起中。今未檢原書，略述其大意如此。）又云：「律儀要略，頗有斟酌，堪逗時機，而開遮輕重懺悔之法，尚未申明。」以此諸文證之，是書雖可導俗，似猶未盡善也。

問：沙彌戒第十，不捉持金銀；今人應依何方法，乃能不犯此戒？

答：根本有部律攝云：比丘若得金銀等物，應覓俗衆為淨施主；即作施主物想捉持無犯。雖與施主相去甚遠，若以後再得金銀等，應遙作施主物心而持之。乃至施主命存以來，並皆無犯。若無施主可得者，應持金銀等物，對一比丘作是說：「大德存念！我比丘某甲得此不淨財，當持此不淨財，換取淨財。」三說已；應自持舉，或令人持舉，皆無犯也。（以上錄律攝大意，非全文也。）

問：今世傳戒，皆聚集數百人，並以一月為期，是佛制否？

答：佛世，凡受戒者，由剃髮和尚為請九僧，即可授之；是一人別授也。此土唐代雖有多人共受者，亦止一二十人耳。至於近代，唯欲熱鬧門庭，遂乃聚集多衆；故蕅益大師嘗斥之云：隨時皆可入道，何須臘八及四月八。難緣方許三人，豈容多衆至百千衆也。至於受戒之時，不足半日即可授了，何須多日。且近代一月聚集多衆者，亦祇令受戒者，助作水陸經懺及其他佛事等，終日忙迫，罕有餘暇。受戒之事，了無關係；斯更不忍言矣。故受戒決不須多日。所最要者，和尚於受前受後，應負教導之責耳。唐義淨三藏云：豈有欲受之時，非常勞倦。亦即得已，戒不關懷，不誦戒經，不披律典。虛霑法伍，自損損他；若此之流，成滅法者！蕅益大師云：夫比丘戒者，乃是出世宏規，僧寶由斯建立。貴在受後修學行持，非可僅以登壇塞責而已；是故誘誨獎勸宜在事先，研究討明功須五夏。而後代師匠，多事美觀。遂以平時開導之法，混入登壇秉授之次；又受時雖似殷重，受後便謂畢功。顛倒差訛，莫此為甚。（菩薩戒，另受。）

問：今世傳戒，有戒元、戒魁等名，未知何解？

答：此於受戒之前，令受戒者出資獲得；與清季時，捐納功名無異。非因戒德優劣而分也。此為陋習，最宜革除。

問：末世授戒，未能如法，決不得戒。未識更依何方便，而能獲得比丘戒耶？

答：蕅益大師云：末世欲得淨戒，捨此占察輪相之法，更無別途。蓋指依地藏菩薩占察善惡業報經所立之占察懺法而言也。按占察經云：「（先示懺法大略）未來世諸衆生等，欲求出家，及已出家，若不能得善好戒師及清淨僧衆，其心疑惑，不得如法受於禁戒者。但能學發無上道心，亦令身口意得清淨已。（禮懺七日之後，每晨以身口意三輪三擲，皆純善者，即名得清淨相。）其未出家者，應當剃髮，被服法衣，仰告十方諸佛菩薩，請為師證。一心立願稱辯戒相。先說菩薩十根本重戒，次當總舉菩薩律儀三種戒聚。所謂攝律儀戒（五、八、十具等）、攝善法戒、攝化衆生戒。自誓受之，則名具獲波羅提木叉出家之戒，名為比丘、比丘尼。」故蕅益大師於三十五歲退為沙彌，遂專心禮占察懺法，至四十七歲正月初一日，乃獲清淨輪相，得比丘戒。

已前：

約有戒論　退為出家優婆塞，成時、性旦並受長期八戒。

約無戒論　自誓受三皈、五戒。長期八戒，菩薩戒少分。

授比丘戒緣，第四心境相應。

或心不當境、或境不稱心、或心境俱不相應；並非法故。

問：若已破四重戒者，猶得再受比丘戒耶？

答：在家之人，或破五戒、八戒中四重。出家之人，或破沙彌、沙彌尼、式叉摩那、比丘、比丘尼戒中四重；並名邊罪。若依小乘律，不得重受。若依梵網經：雖通懺悔，須以得見相好為期。今依占察經懺法，則以得清淨輪相為期也。占察經云：「未來之時，若在家、若出家衆生等，欲求受清淨妙戒，而先已作增上重罪（即是邊罪），不得受者，亦當如上修懺悔法。令其至心，得身口意善相已；即可應受。」

問：古代禪宗大德，居山之時，則以三條篾、一把鋤為清淨自活。領衆之時，又以一日不作一日不食為清規；皆與律制相背，是何故耶？

答：古代禪宗大德，嚴淨毗尼，宏範三界者，如遠公、智者等是也。其次，則捨微細戒，唯護四重；但決不敢自稱比丘、不敢輕視律學。唯自愧未能兼修，以為慚德耳。昔有人問壽昌禪師云：佛制比丘不得掘地損傷草木，今何自耕自種？答云：我輩祇是悟得佛心，堪傳佛意，指示當機，令識心性耳。若以正法格之，僅可稱剃髮居士，何敢當比丘之名耶？又問：設令今時有能如法行持比丘事者，師將何以視之？答云：設使果有此人，當敬如佛，待以師禮。我輩非不為也，實未能也。又紫栢大師，生平一粥一飯，別無雜食。脇不著席四十餘年；猶以未能持微細戒，故終不敢為人授沙彌戒及比丘戒。必不得已則授五戒法耳。嗟乎！從上諸祖，敬視律學如此，豈敢輕之；若輕律者，定屬邪見，非真實宗匠也。（以上依蕅益大師文挈錄）

上列十章，未依次第；又以匆促撰錄，或有文義未妥之處，俟後修正可也。

占察法

木輪相　〈不殺〉　共十九輪

輪相有三種差別：
- 一、能示宿世所作善惡業種差別。（但觀善惡種子有無。）
- 二、觀善惡業力強弱。
- 三、偏示三世受報差別。

一　共十輪。書十善十惡之名。一面書善，一面書惡，令使相對。則餘兩面皆空；故使善惡有現有不現也。〈不殺〉

二　〈身〉

三　〈一〉

占時用初二：初輪念相應否。（二皆有、不再擲；或再擲。）次輪，唯取前相應者問，不符再擲。

菩薩戒　自誓受，依瑜伽羯磨。（先羯磨，後戒相。）

比丘及比丘尼戒　羯磨同上。（菩薩一，比丘二。）年未滿，似亦應依前羯磨受；年滿時，仍依前羯磨受。

行法

第一、先灑淨——增加。（楞嚴咒繞壇）

禮懺七日後，擲三業。（最好用九個，閉目三擲後再看。）

盜戒釋相概略問答

緒言

問：以何因故，編輯是卷耶？

答：昔嘗發願編輯南山律在家備覽，以卷帙繁重，未可急就；故先擷取盜戒戒相少分，輯為問答一卷，別以流通。

問：何故先輯此盜戒耶？

答：道俗諸戒中，以盜戒戒相最為繁密。僧祇律，釋盜戒文有五卷。十誦律四卷。善見律三卷。南山靈芝諸撰述中，述盜戒者，亦有三卷。盜戒戒相即如是繁密，若欲護持，大非易事。南山律中頗多警誥之文，今略引之。行事鈔云：「性重之中，盜是難護。故諸部明述，餘戒約略總述而已，及論此戒各並三卷五卷述之。必善加披括，方能免患。」又云：「盜戒相隱，極難分了。有心懷道者，細讀附事，深思乃知。」戒本疏云：「此戒人多潛犯，不謂重罪，但是粗心。故善見（律名）云：此第二戒事相難解，不得不曲碎解釋，其義理分別汝當善思。論文如此，臨事可不勉耶。」聖教明文，諄切若是。故先輯此戒相，亟為流通。俾未受者，應知慎重，必須預習通利，乃可受持。（受盜戒後，一剎那頃，若有犯者，即結重罪。不以其未及學習，而加曲諒。故須預學也。）已受者，急宜細讀深思，勉力護持，未可潛犯。

問：古德亦有專輯盜戒。別以流通耶？

答：有之。南山云：「有人別標此盜，用入私鈔。抑亦勸誡之意。」惜此私鈔，久已佚失不傳耳。

問：今輯是卷，依何典籍為宗耶？

答：專宗南山行事鈔及靈芝資持記，並參用南山戒本疏及靈芝行宗記。南山鈔與疏有互異者，今且專據鈔文。

問：今輯是卷，何以僅及概略，未能詳盡耶？

答：今為初機，且舉少分，粗示其概。以為著手研習之初階。若詳明戒相，廣引文證，紙數當什餘倍此。將來別輯南山律在家備覽，廣明其義。學者幸進而披尋焉。

問：下文所云掌理三寶物等，應唯屬於道眾。今輯是卷，既專被在家，云何復列是等諸緣耶？

答：近今在家居士，亦有暫管護寺院者，又有任寺中會計庶務諸職者。故應列入，以資參考。

問：南山律義，雖云分通大乘，然教限正屬小乘。若依小教，受五八戒者，固應奉此行持。若別受菩薩戒者，或可不拘是限耶？

答：唐賢首梵網戒疏，釋初篇盜戒，第六種類輕重門中，廣陳犯相，與南山行事鈔文大同。彼疏自設問答云：「問：凡此所引多是小乘，云何得通菩薩性戒用。答：菩薩性戒共學，攝論明文。故得用也。」準是而言，若受菩薩戒中盜戒者，亦應奉此行持也。

釋相

問：何謂盜戒耶？

答：盜戒本有數名。或名曰劫，強力直奪故。或名曰偷竊，畏主覺知故。或名曰不與取，謂主不捨故。今名曰盜，非理侵損於人故。前之二名，名則公私不同，義則兩不相攝。若不與取，雖是名通，然於義中有非盜之濫。故廢前三名，唯標曰盜。即能該括劫與偷竊，復無非盜之濫也。盜是所觀之境，戒者能治之行，能所通舉，故曰盜戒。

問：今釋盜戒戒相，如何分門耶？

答：南山行事鈔，分為三大科。一所犯境，二成犯相，三開不犯。今依此科，分為三門如下。

第一門　所犯境

問：何謂所犯境耶？

答：凡六塵六大，有主之物，他所吝護者，皆謂之犯境。戒本疏中隨文別釋，至為繁廣。今不詳舉也。

第二門　成犯相

問：成犯相中，依何而釋相耶？

答：南山行事鈔，先總列六緣，後隨釋五種。先總列六緣者，一有主物，二有主想，三有盜心，四是重物，五興方便，六舉離處。後隨釋五種者，依前列犯緣次第解釋，唯不釋第五興方便，故僅有五種也。今依此科，分為五章如下。

第一章　有主物

問：有主物中，如何分判耶？

答：南山行事鈔，分為三科。一三寶物，二人物，三非人及畜生物。今依此科，分為三節如下。

第一節　三寶物

問：掌理三寶物，應須如何人耶？

答：南山行事鈔引寶梁大集等經云：「僧物難掌，佛法無主。我聽二種人掌三寶物，一阿羅漢，二須陀洹。所以爾者，諸餘比丘戒不具足，心不平等，不令是人為知事也。更復二種，一能淨持戒識知業報，二畏後世罪有諸慚愧及以悔心。如是二人自無瘡疣，護他人意。此事甚難等。」鈔又云：「若不精識律藏，善通用與者。並師心處分，多成盜損。」

問：盜佛物者，依何結罪耶？

答：望守護主邊，結重罪。無守護主者，望斷施主福邊，結重罪。

問：盜法物者，依何結罪耶？

答：與盜佛物同。望守護主邊，或望斷施主福邊，結重罪也。

問：舊經殘破，應焚化耶？

答：若焚化者，得重罪，如燒父母。不知有罪者，犯輕。南山戒疏云：「有人無識，燒毀破經，我今火淨，謂言得福。此妄思度。半偈捨身，著在明典。兩字除惑，亦列正經。何得焚除，失事在福也。」靈芝資持記云：「古云，如燒故經，安於淨處，先說是法因緣生偈已，焚之。此乃傳謬，知出何文。引誤後生，陷於重逆。必有損像蠹經，淨處藏之可矣。」

問：借他人經而不還者，應犯何罪耶？

答：若因未還，令主生疑者，中罪。若心決絕不還者，重罪。

問：盜僧物者，依何結罪耶？

答：若有守護主，餘人盜者，望守護主邊結重。若主掌之人自盜者，亦犯重。若無守護主，餘人盜僧物者，亦犯重。

問：盜僧物者，與盜佛物法物同結重罪，然亦有所異耶？

答：南山行事鈔云：「盜通三寶，僧物最重。隨損一毫，則望十方凡聖一一結罪。」又方等經云：「五逆四重，我亦能救。盜僧物者，我所不救。」（靈芝釋云：我不救者，以佛威神不可加故，非捨棄也。）

問：於三寶物，若互用者，應有罪耶？

答：律中，互用有種種，結罪亦有輕重。今略舉一二。如寺主互用三寶物，彼以好心，非入己故，謂言不犯，但依律應結重罪。若當分互用者，如本造釋迦改作彌陀，本作般若改作涅槃，本作僧房改充車乘，應結小罪。

問：白衣入寺，應與食耶？

答：若悠悠俗人見僧過者，應與食物。若在家二衆及識達俗士有入寺者，須說福食難消，非為慳吝。

第二節　人物

問：盜別人物中，如何分判耶？

答：南山行事鈔中，約二主分為七種。文義甚繁，今不具舉。

問：物主有財物，令他人守護，為作護主。若此財物，被賊所竊，應令護主為償還耶？

答：若護主謹慎不懈，賊來私竊，或強迫取，非是護主能禁之限者，物主不應令護主償還，若強徵者物主犯重。儻護主懈慢，為賊竊者，護主必須償之，若不償者護主犯重。

問：手執他人之物，不慎而誤破者，應令其償還耶？

答：不應令其償還。若強徵者犯重。

問：賊取財物已，物主應可奪還耶？

答：此事大須審慎。若盜者已作決定得物想，無論物主於己物已作棄捨心或未作棄捨心，皆不可奪，奪者犯重，因此物已屬賊故。若物主於己物已作棄捨心，無論盜者已作決定得物想或未作決定得物想，皆不可奪，奪者犯重，因先已捨，即非己物故。必須物主於己物未作棄捨心盜者未作決定得物想，乃可奪還也。

第三節　非人及畜生物

問：盜非人物者，應犯何罪耶？

答：有守護者，望守護主邊結重罪。若無守護者，望非人邊結中罪。

問：盜畜生物者，應犯何罪耶？

答：輕罪。

第二章　有主想

問：若欲詳釋此章，應依何顯示耶？

答：應依境想闕緣等，具如南山鈔疏中諸文廣明。文繁義密，初機難解，今且從略。將來別輯南山律在家備覽，當於此義詳述之也。

第三章　有盜心

問：前云寺主以好心互用三寶物而結重罪，是豈有盜心耶？

答：律列十種賊心，一曰黑闇心。愚教互用，正屬此類。靈芝資持記云：「望為三寶，故言好心。若論愚教，還是賊心。」

第四章　是重物

問：何謂重物耶？

答：依律，盜五錢，或值五錢物，結重罪。是為結罪之分限。

問：何謂五錢耶？

答：諸釋不同。南山律謂攝護須急，即以隨國通用之五錢為準。如此土今時，應以五銅圓為準也。

第五章　舉離處

問：何謂舉離處耶？

答：欲盜物時，若所盜之物未離本處，屬己不顯。故須於離處時，結其正罪也。

問：亦有物未離處，即結犯耶？

答：盜戒成犯雖約離處，然其離相不必物離。故律中，明離處義，以十門括示差別。今且略舉。文書成明離處，約作字判斷即犯。言教主明離處，約口斷即犯，以言辭誑惑取者是。移標相明離處，即今丈尺度量之物。墮籌明離處，若計數籌若分物籌是。異色明離處，若破若燒若埋若壞色皆屬此類。轉齒明離處，以盜心移轉賭具。如是等，皆統名曰離處也。

第三門　開不犯

問：何謂不犯耶？

答：律有五種，皆謂無盜心也。一與想，意謂他與也。二已有想，謂非他物也。三糞掃想，謂無主也。四暫取想，即持還也。五親厚意，無彼此也。

問：何謂親厚耶？

答：律有七法。一難作能作，二難與能與，三難忍能忍，四密事相告，五互相覆藏，六遭苦不捨，七貧賤不輕。能行是七法者，是善親友也。

普勸出家人常應受八戒文

八戒正為在家二眾而制，但出家五眾亦可受之；如藥師經謂：「苾芻、苾芻尼（即是比丘、比丘尼）等有能受持八分齋戒求生極樂世界而未定者，若聞藥師名號，臨命終時有八菩薩乘神通來示其道路，即於彼界種種雜色眾寶華中自然化生。」以此經文證之，可知出家之人，亦應受持八戒。雖八戒戒相，於比丘戒或沙彌戒中已具。今為令功德增上；故不妨再受八戒也。

八戒通大小乘。小乘者，如成實論等。大乘者，即菩薩八戒；如文殊問經及八種長養功德經（此經余已書寫，佛學書局流通）所明。吾等即已受菩薩戒，今受八戒亦即是大乘八戒也。

受八戒之時日，或每月六齋日受，或每日（長期）受；悉可隨意。

若長期受者，或每日晨起受一次（限於一日夜）。或數日數月而總受之（例如欲連續受一月者，於第一日晨朝發心受時，陳明一月；則此一月限內皆有效，不須再受）；悉可隨意。

受八戒時，可以在佛像前自誓受。

受時，限於晨朝。或因事須延至日午前後乃受者，必須於晨朝心念：決定今日受八戒。如此作意，雖延時緩受無妨也。

受戒之文，或依隨機羯磨所載，或依八種長養功德經文；悉可隨意。

若依隨機羯磨文而自誓受者，應略刪改；如淨行優婆塞，應改為淨行菩薩，或改為淨行出家優婆塞；又如說戒相文中，每條有「能持不？答言」五字皆刪去（因自誓受故）；又離高勝牀上坐，今以因緣不具，未能十分如法（牀足太高），於此條戒相說畢，下文「能持」二字不說，可改為「離高勝牀上坐，今僅能隨分受持。作值倡伎樂故往觀聽，能持」。又受畢發願之文，可以改為「願我臨欲命終時」四偈及「我此普賢殊勝行」一偈，或有人欲用原文者亦善。

受持八戒之受法詳解，併其功德，廣如羯磨疏記及行事鈔記等所明，自披尋之。

案：佛學書局影印大師書受八關齋戒法，茲照錄如下：

受八關齋戒法（依佛說八種長養功德經錄出）

歸命一切佛，惟願一切佛菩薩衆攝受於我！

我今歸命勝菩提，最上清淨佛法衆。我發廣大菩提心，自他利益皆成就。懺除一切不善業，隨喜無邊功德蘊。先當不食一日中，（案即一日夜中，過午不食）。後修八種功德法。已上三說。

我名某甲，惟願阿闍梨攝受於我。我從今時發淨信心，乃至坐菩提場成等正覺，誓歸依佛二足勝尊！誓歸依法離欲勝尊！誓歸依僧調伏勝尊！如是三寶是所歸趣。已上三說。

我某甲淨信優婆塞，（案受八戒者，正屬在家二衆，亦兼通於出家諸衆，如藥師經中所明。此文且據在家者言，故云優婆塞；若出家者隨宜稱之。）惟願阿闍梨憶持護念！我從今日今時發起淨心。乃至過是夜份，迄於明旦日初出時，於其中間奉持八戒。所謂一不殺生、二不偷盜、三不非梵行、四不妄語、五不飲酒、六不非時食、七不華鬘莊嚴其身及歌舞戲等、八不坐臥高廣大牀；我今捨離如是等事，誓願不捨清淨禁戒八種功德。已上三說。

我持戒行莊嚴其心，令心喜悅，廣修一切相應勝行；求成佛果，究竟圓滿。一說。又誦伽陀頌曰：

我發無二最上心，為諸衆生不請友。勝菩提行善所行，成佛世間廣利益。願我乘是善業故，此世不久成正覺。說法饒益於世間，解脫衆生三有苦。

歲次壽星沙門善夢敬書時居豐州靈應山中

依長養功德經或四分隨機羯磨受八戒者之區別

受時：一、教宗不同：四分（小），長養（大）。

二、發心緣境同：皆三聚攝，如業疏委明。

（靈芝云：依小律儀，即成大行，豈曰棄捨，方為大乎！）

隨行時：一、依大乘戒舊疏家判：

（一）身口罪同，如殺人、盜五、大妄、乃犯重等，彼此全同。

（二）意方便罪不同，瞥爾、重緣異也。

二、依大乘戒新疏家判：身口罪多不同。（新疏較舊疏為急。）

今若依長養經受八戒，而發心據大乘戒舊疏家所判者行持，實與依四分隨機羯磨所受者，無大異也。

八戒可以一月乃至盡形受，值難緣，則退去。後再受之。

受十善戒法

南山三大部中不載，惟南山晚年所撰釋門歸敬儀中，略明

歸敬儀云：受十善法者，謂身三口四意三善行；此之十業，戒善之宗。今多依相，罕有受者；今謂不然！先須願祈不造罪惡。依願起行，有可承準。若不預作，輒然起善，內無軌轄；後遇罪緣，便造不止；由先無願，故造衆惡；大聖知機，故令受善。

又云：次明受法：有師從受，無師自誓，如上三歸。三自歸已；口自發言：

我某甲盡形壽，於一切衆生起慈仁意，不起殺心；如後九善例此，而不復繁文。

按：受十善戒者，別有受十善戒經委明；今未及檢尋。且依歸敬儀文酌定受法如下。其示相文，依靈峯選佛譜十善文錄寫，可暫承用；俟後檢尋受十善戒經，再為改訂可耳。

我某甲歸依佛、歸依法、歸依僧，盡形壽受持十善戒法。三說。

我某甲歸依佛竟、歸依法竟、歸依僧竟，盡形壽受持十善戒法竟。三結。

我某甲盡形壽救護生命不殺生

我某甲盡形壽給施資財不偷盜
我某甲盡形壽遵修梵行不淫欲
我某甲盡形壽說誠實言不妄語
我某甲盡形壽和合彼此不兩舌
我某甲盡形壽善言安慰不惡口
我某甲盡形壽作利益語不綺語
我某甲盡形壽常懷捨心不慳貪
我某甲盡形壽恆生慈愍不瞋恚
我某甲盡形壽正信因果不邪見

已上各一說

迴向。如常可知。

南山律謂：意三者，大乘初念即犯；成宗次念乃犯。次念者，所謂重緣思覺；即是後念還追前事也。今初心受持者，宜先依成宗次念之例行之。

授三歸依大意

第一章　三歸之略義

三歸者，歸依於佛法僧三寶也。

三寶義甚廣，有種種區別。今且就常人最易了解者，略舉之。佛者，如釋迦牟尼佛、阿彌陀佛等諸佛是也。法者，為佛所說之法；或菩薩等依據佛意所說之法。即現今所流傳之大小乘經律論三藏也。僧者，如菩薩、聲聞諸聖賢衆，下至僅剃髮披袈裟者皆是也。

歸依者，歸向依賴之意。

歸依於三寶者，乞三寶救護也。大方便佛報恩經云：譬人獲罪於王，投向異國以求救護。異國王言：汝來無畏，但莫出我境，莫違我教！必相救護。衆生亦爾，繫屬於魔，有生死罪。歸向三寶以求救護。若誠心歸依，更無異向，不違佛教。魔王邪惡無如之何。

既已歸依於佛，自今以後，決不再依天仙神鬼一切諸外道等。

既已歸依於法，自今以後，決不再依諸外道典籍。

既已歸依於僧，自今以後，決不再依於不奉行佛法者。

第二章　授三歸之方法

一懺悔、二正授三歸、三發願迴向。

應先請授者，詳力解釋此三種文義，因僅讀文而未解義，不能獲諸善法也。

正授三歸之文有多種，常所用者如下：

我某甲盡形壽，歸依佛、歸依法、歸依僧。三說。

我某甲歸依佛竟、歸依法竟、歸依僧竟。三結。

前三說時，已得歸依善法；後三結者，重更丁寧令不忘失也。

懺悔文及發願迴向文，由授者酌定之，但發願迴向，應有以此功德迴向衆生同生西方齊成佛道之意，萬不可唯求自利也。

第三章　授三歸之利益

經律論中，讚歎歸依三寶功德之文甚多。今略舉四則：灌頂經云：受三歸者，有三十六善神，與其無量諸眷屬，守護其人令其安樂。善生經云：若人受三歸，所得果報不可窮盡；如四大寶藏（四寶者：金、銀、琉璃、玻瓈），舉國之人，七年之中運出不盡；受三歸者，其福過彼，不可稱計。較量功德經云：若三千大千世界滿中如來，如稻麻竹葦。若人四事供養（飲食、衣服、臥具、湯藥）滿二萬歲。諸佛滅後，各起寶塔，復以香華供養，其福甚多；不如有人以清淨心，歸依佛法僧三寶所得功德。大集經云：妊娠女人恐胎不安，先受三歸已，兒無加害，乃至生已，身心具足，善神擁護；是母受兼資於子也。

第四章　結語

在本寺正式講律，至今日圓滿。今日所以聚集緇素諸衆，講三歸大意者，一以備諸師參考，俾他日為人授三歸時，知其簡要之方法也；一以教諸在家人，令彼等了知三歸之大意。俾已受者，能了此意，應深自慶幸。其未受者，先能了知此意，且為他日依師受三歸之基礎也。

華嚴經讀誦研習入門次第

讀誦研習，宜並行之。今依文便，分為二章。每章之中，先略後廣。學者根器不同，好樂殊致，應自量力，各適其宜可耳。龍集辛未首夏沙門亡言述。

第一章　讀誦

若好樂簡略者，宜讀唐貞元譯華嚴經普賢行願品末卷。（即是別行一卷，金陵版最善，共一冊。）唐清涼國師曰：今此一經，即彼四十卷中第四十也。而為華嚴關鍵，修行樞機，文約義豐，功高德廣。能簡能易，惟遠惟深，可讚可傳，可行可寶。故西域相傳云：普賢行願讚為略華嚴經，大方廣佛華嚴經為廣普賢行願讚。

或兼讀唐譯華嚴經淨行品。清徐文霨居士曰：當以淨行一品為入手，以行願末卷為歸宿。又曰：淨行一品，念念不捨衆生。夫至念念不捨衆生，則我執不破而自破。縱未能真實利益衆生，而是人心量則已超出同類之上。勝異方便，無以逾此。

以上二種，宜奉為日課。此外，若欲讀他品者，如下所記數品之中，或一或多，隨力讀之。菩薩問明品、賢首品、初發心功德品、十行品、十迴向品初迴向章、十忍品、如來出現品。（以上皆唐譯。）若欲讀全經者，宜讀唐譯（揚州磚橋法藏寺版最善，共二十冊）。徐居士曰：讀全經至第五十九卷離世間品畢，宜接讀貞元譯普賢行願品四十卷，共九十九卷，較為完全。蓋入法界品，晉譯十七卷，唐譯二十一卷，皆非全文。貞元譯本，乃為具足。不獨末卷十大願王為必讀之文，即如第三十八卷文殊答善財修真供養一章，足與末卷廣修供養文互相發明，同為要中之要。而晉唐二譯皆闕也（貞元譯普賢行願品亦法藏寺版，共十冊）。

若有餘力者，宜兼讀晉譯(金陵版共十六冊)。徐居士曰：晉譯亦宜熟讀，蓋賢首以前諸祖師引述華嚴，皆用晉譯。若不熟讀，則莫知所指。

第二章　研習

若好樂簡略者，宜先閱華嚴感應緣起傳（揚州版共一冊）。若欲參閱他種者，宜閱華嚴懸談第七部類品會、第八傳譯感通二章（金陵版共八冊，此二章載於卷二十五）。

全經大旨，懸談第七品會抄文，已述其概。若更欲詳知者，宜閱華嚴吞海集（金陵版共一冊）。並宜略閱唐譯全經一遍，乃可貫通。若欲知普賢行願品末卷大旨者，宜閱普賢行願品第四十卷疏節錄（附刊於下記之華嚴綱要後）。又讀他品時，宜讀華嚴綱要此品釋文（北京版共三十二冊）。

若更欲窮研者，宜依大藏輯要目錄提要「華嚴部」所列者隨力閱之（提要載於天津居士林林刊，又轉載於紹興大雲雜誌）。更益以此宗諸祖撰述等。茲不具錄（徐居士近輯續大藏輯要目錄提要，華嚴部詳載之）。

華嚴合論最後閱之。徐居士曰：所以勸學者研究華嚴，先疏後論者，以疏是疏體，解得一分即獲一分之益，解得十分便獲十分之益。終身窮之，而勿能盡。縱使全不能解，亦可受熏成種，有益而無損。論是論體，利根上智之士，讀之有大利益。而初心學人，於各種經教即未深究，於疏鈔又未寓目，則於論旨未易領會。但就論文顢頇籠統讀去，恐難免空腹高心之病。蓮池大師謂統明大意，則方山專美於前；極深探頤，強微盡玄，則方山得清涼而始為大備。斯實千古定論，方山復起，不易斯言。

華嚴經大意（存目）

華嚴疏科分（存目）

學南山律誓願文

時維辛未二月十五日

本師釋迦牟尼如來般涅槃日，弟子演音，敬於佛前發弘誓願，願從今日，盡未來際，誓捨身命：

擁護弘揚，南山律宗。願以今生，盡此形壽，悉心竭誠，熟讀窮研，南山鈔、疏，及靈芝記。精進不退，誓求貫通。編述表記，流傳後代。冀以上報三寶深恩，下利華日僧衆。弟子所修，一切功德，悉以迴向，法界衆生，同生極樂蓮邦，速證無上正覺。

淨土法門大意

壬申十月在廈門妙釋寺講

今日在本寺演講，適值念佛會期。故為說修淨土宗者應注意的幾項。

修淨土宗者，第一須發大菩提心。無量壽經中所說三輩往生者，皆須發無上菩提之心。觀無量壽佛經亦云，欲生彼國者，應發菩提心。

由是觀之，惟求自利者，不能往生。因與佛心不相應，佛以大悲心為體故。

常人謂淨土宗惟是送死法門（臨終乃有用）。豈知淨土宗以大菩提心為主。常應抱積極之大悲心，發救濟衆生之宏願。

修淨土宗者，應常常發代衆生受苦心。願以一肩負擔一切衆生，代其受苦。所謂一切衆生者，非限一縣一省，乃至全世界。若依佛經說，如此世界之形，更有不可說不可說許多之世界，有如此之多故。凡此一切世界之衆生，所造種種惡業應受種種之苦，我願以一人一肩之力完全負擔。決不畏其多苦，請旁人分任。因最初發誓願，決定願以一人之力救護一切故。

譬如日。不以世界多故，多日出現。但一日出，悉能普照一切衆生。今以一人之力，負擔一切衆生，亦如是。

以上但云以一人能救一切，是橫說。若就豎說，所經之時間，非一日數日數月數年。乃經不可說不可說久遠年代，盡於未來，決不厭倦。因我願於三惡道中，以身為抵押品，贖出一切惡道衆生。衆生之罪未盡，我決不離惡道，誓願代其受苦。故雖經過極長久之時間，亦決不起一念悔心，一念怯心，一念厭心。我應生十分大歡喜心，以一身承當此利生之事業也。已上講應發大菩提心竟。

至於讀誦大乘，亦是觀經所說。修淨土法門者，固應誦阿彌陀經，常念佛名。然亦可以讀誦普賢行願品，迴向往生。因經中最勝者，華嚴經。華嚴經之大旨，不出普賢行願品第四十卷之外。此經中說，誦此普賢願王者，能獲種種利益，臨命終時，此願不離，引導往生極樂世界，乃至成佛。故修淨土法門者，常讀誦此普賢行願品，最為適宜也。

至於作慈善事業，乃是人類所應為者。專修念佛之人，往往廢棄世緣，懶作慈善事業，實有未可。因現生能作種種慈善事業，亦可為生西之資糧也。

就以上所說：
- 第一勸大家應發大菩提心。否則他人將謂淨土法門是：小乘、消極的、厭世的、送死的。若發心者，自無此譏評。
- 復勸常讀行願品，可以助發增長大菩提心。
- 至於作慈善事業尤要。因即為佛徒，即應努力作利益社會種種之事業，乃能令他人了解佛教是救世的、積極的。不起誤會。

關於淨土宗修持法，於諸書皆詳載，無俟贅陳。故惟述應注意者數事，以備諸君參考。

淨宗問辨

乙亥二月於萬壽巖講

古德撰述，每設問答，遣除惑疑，翼贊淨土，厥功偉矣。宋代而後，迄於清初，禪宗最盛，其所致疑多原於此。今則禪宗漸衰，未勞攻破。而復別有疑義，盛傳當時。若不商榷，或致誑亂。故於萬壽講次，別述所見，冀息時疑。匪曰好辨，亦以就正有道耳。

問：當代弘揚淨土宗者，恆謂專持一句彌陀，不須復學經律論等，如是排斥教理，偏讚持名，豈非主張太過耶？

答：上根之人，雖有終身專持一句聖號者，而決不應排斥教理。若在常人，持名之外，須於經律論等隨力兼學，豈可廢棄。且如靈芝疏主，雖撰義疏盛讚持名，然其自行亦復深研律藏，旁通天台法相等，其明證矣。

問：有謂淨土宗人，率多拋棄世緣，其信然歟？

答：若修禪定或止觀或密咒等，須謝絕世緣，入山靜習。淨土法門則異於是。無人不可學，無處不可學，士農工商各安其業，皆可隨分修其淨土。又於人事善利羣衆公益一切功德，悉應盡力集積，以為生西資糧，何可云拋棄耶！

問：前云修淨業者不應排斥教理拋棄世緣，未審出何經論？

答：經論廣明，未能具陳，今略舉之。觀無量壽佛經云：欲生彼國者當修三福。一者、孝養父母，奉事師長，慈心不殺，修十善業。二者、受持三歸，具足衆戒，不犯威儀。三者、發菩提心，深信因果，讀誦大乘，勸進行者。如此三事，名為淨業，乃是過去、未來、現在三世諸佛淨業正因。無量壽經云：發菩提心，修諸功德，殖諸德本，至心迴向，歡喜信樂，修菩薩行。大寶積經發勝志樂會云：佛告彌勒菩薩言：菩薩發十種心。一者、於諸衆生，起於大慈，無損害心。二者、於諸衆生，起於大悲，無逼惱心。三者、於佛正法，不惜身命，樂守護心。四者、於一切法，發生勝忍，無執著心。五者、不貪利養，恭敬尊重，淨意樂心。六者、求佛種智，於一切時，無忘失心。七者、於諸衆生，尊重恭敬，無下劣心。八者、不著世論，於菩提分，生決定心。九者、種諸善根，無有雜染，清淨之心。十者、於諸如來，捨離諸相，起隨念心。若人於此十種心中，隨成一心，樂欲往生極樂世界，若不得生，無有是處。

問：菩薩應常處娑婆，代諸衆生受苦。何故求生西方？

答：靈芝疏主初出家時，亦嘗堅持此見，輕謗淨業。後遭重病，色力痿羸，神識迷茫，莫知趣向。即而病瘥，頓覺前非，悲泣感傷，深自剋責。以初心菩薩未得無生法忍。志雖洪大，力不堪任也。大智度論云：具縛凡夫有大悲心，願生惡世救苦衆生無有是處。譬如嬰兒不得離母。又如弱羽祇可傳枝。未證無生法忍者，要須常不離佛也。

問：法相宗學者欲見彌勒菩薩，必須求生兜率耶？

答：不盡然也。彌勒菩薩乃法身大士，塵塵剎剎同時等徧。兜率內院有彌勒，極樂世界亦有彌勒，故法相宗學者不妨求生西方。且生西方已，並見彌陀及諸大菩薩，豈不更勝？華嚴經普賢行願品云：到已，即見阿彌陀佛、文殊師利菩薩、普賢菩薩、觀自在菩薩、彌勒菩薩等。又阿彌陀經云：其中多有一生補處，其數甚多，非是算數所能知之，但可以無量無邊阿僧祇說。衆生聞者，應當發願，願生彼國。所以者何？得與如是諸上善人俱會一處。據上所引經文，求生西方最為殊勝也。故慈恩教主窺基大師曾撰阿彌陀經通贊三卷及疏一卷，普勸衆生同歸極樂。遺範具在，的可依承。

問：兜率近而易生，極樂遠過十萬億佛土，若欲往生不綦難歟？

答：華嚴經普賢行願品云：一剎那中，即得往生極樂世界。靈芝彌陀義疏云：十萬億佛土，凡情疑遠，彈指可到。十方淨穢同一心故。心念迅速不思議故。由是觀之，無足慮也。

問：聞密宗學者云，若惟修淨土法門，念念求生西方，即漸漸減短壽命，終致夭亡。故修淨業者，必須兼學密宗長壽法，相輔而行，乃可無慮。其說確乎？

答：自古以來，專修淨土之人，多享大年，且有因念佛而延壽者。前說似難信也。又既已發心求生西方，即不須顧慮今生壽命長短，若顧慮者必難往生。人世長壽不過百年，西方則無量無邊阿僧祇劫。智者權衡其間，當知所輕重矣。

問：有謂彌陀法門，專屬送死之教，若藥師法門，生能消災延壽，死則往生東方淨剎，豈不更善？

答：彌陀法門，於現生何嘗無有利益，具如經論廣明，今且述余所親聞事實四則證之，以息其疑。一、瞽目重明。嘉興范古農友人戴君，曾卒業於上海南洋中學，忽爾雙目失明，憂鬱不樂。古農乃勸彼念阿彌陀佛，並介紹居住平湖報本寺，日夜一心專念。如是年餘，雙目重明如故。此事古農為余言者。二、沈疴頓愈。海鹽徐蔚如旅居京師，屢患痔疾，經久不愈。曾因事遠出，乘人力車磨擦顛簸，歸寓之後，痔乃大發，痛徹心髓，經七晝夜不能睡眠，病已垂危。因憶華嚴十迴向品代衆生受苦文，依之發願。後即一心專念阿彌陀佛，不久遂能安眠，醒後痔疾頓愈，迄今已十數年，未曾再發。此事蔚如嘗與印光法師言之。余復致書詢問，彼言確有其事也。三、寃鬼不侵。四川釋顯真，又字西歸。在家時歷任縣長，殺戮土匪甚多，出家不久，即住寧波慈谿五磊寺，每夜夢見土匪多人，血肉狼藉，凶暴憤怒。執持槍械，向其索命。遂大恐懼，發勇猛心，專念阿彌陀佛，日夜不息，乃至夢中亦能持念。夢見土匪，即念佛號以勸化之。自是夢中土匪漸能和馴。數月以後，不復見矣。余與顯真同住最久，常為余言其往事，且歎念佛功德之不可思議也。四、危難得免。溫州吳壁華勤修淨業，行住坐臥，恆念彌陀聖號。十一年壬戌七月下旬，溫州颶風暴雨，牆屋倒壞者甚多。是夜壁華適臥牆側，默念佛號而眠。夜半，牆忽傾圮，磚礫泥土墜落徧身，家人疑已壓斃，相率奮力除去磚土，見壁華安然無恙，猶念佛號不輟。察其顏面以至肢體，未有毫髮損傷，乃大驚歎，共感佛恩。其時余居溫州慶福寺。風災翌日，壁華親至寺中向余言之。壁華早歲奔走革命，後信佛法，於北京溫州杭州及東北各省盡力弘揚佛化，並主辦賑濟慈善諸事，臨終之際，持念佛號，諸根悅豫，正念分明。及大殮時，頂門猶溫，往生極樂，可無疑矣。

心經大意

戊寅三月講於溫陵大開元寺

自今日始，講三日，先說此次講經之方法。心經雖僅二百餘字，攝全部佛法。講非數日，一二月，至少須一年。今講三日，豈能盡。僅說簡略大意，及用通俗的淺顯講法。（無深文奧義，不釋名相，一解大科。）

果效

一、令粗解法者及未學法者，皆稍得利益。
二、又對常人（已信佛法。）僅謂心經為空者，加以糾正。
三、又對常人（未信佛法。）謂佛法為消極者，加以辨正。

（先經題，後經文。）

經題

般若波羅密多心經：前七字為別題，後一字為總題。

般若——梵語也，譯為智慧。

- 常人之小智小慧
- 學者之俗智俗慧
- 二乘之空智空慧

——非

照見五蘊皆空，能除一切苦，真實不虛之大智大慧。

小智慧（小聰明 小巧）——亦云有智慧，與佛法相遠。
俗智慧　研學問，上等人甚好，亦云有智慧，但與佛法無涉。
空智慧　小乘人。

波羅密多，譯為到彼岸。（就一事之圓滿成功言）

若以渡河為喻
動身處…………此岸
欲到處…………彼岸
以舟渡河竟……到彼岸

約法言之
此岸……輪迴生死 ← 須依般若舟，乃能渡到彼岸，
彼岸……圓滿佛果 ← 而離苦得樂。

心，有數釋。一釋心乃比喻之辭，即是般若波羅密多之心。
（心為一身之必要，此經為般若之精要。）

引證
- 大般若經云：餘經猶如枝葉，般若猶如樹根。
- 又云：不學般若波羅密多，證得無上正等菩提，無有是處。
- 又云：般若波羅密多能生諸佛，是諸佛母。

案般若部，於佛法中甚為重要。佛說法四十九年，說般若者二十二年。而所說大般若經六百卷，亦為藏經中最大之部。心經雖二百餘字，能包六百卷大般若義，毫無遺漏，故曰心也。

經，梵語修多羅，此翻契經。契為契理契機。經謂貫穿攝化。
經者，織物之直線也。與橫線之緯對。
此外尚有種種解釋。
此經有數譯。（七譯。）今常誦者，為唐三藏法師玄奘所譯。
已略釋經題竟。於講正文之前，先應注意者。

研習心經者最應注意不可著空見。因常人聞說空義，誤以為著空之見。此乃大誤，且極危險。經云：寧起有見如須彌山，不起空見如芥子許。因起有見者，著有而修善業，猶報在人天。若著空見者，撥無因果則直趣泥犁。故斷不可著空見也。

若再進而言之，空見即不可著，有見亦非盡善。應（一）不著有，（二）亦不著空，乃為宜也。

（一）若著有者，執人我皆實有。既分人我，則有彼此。不能大公無私，不能有無我之偉大精神，故不可著有。須忘人我，乃能成就利生之大事業。

（二）若著空，如前所說撥無因果且不談。即二乘人僅得空慧而著偏空者，亦不能作利生事業也。

故佛經云
- 真空（非偏空，偏空不真。）
- 妙有（非實有，實有不妙。）

常人以為空有相反，今乃相合。

真空者，即有之空，雖不妨假說有人我，但不執著其相。妙有者，即空之有，雖不執著其相，亦不妨假說有人我。如是終日度生，實無所度。雖無所度，而又決非棄捨不為。若解此意，則常人所謂利益眾生者，能力薄弱，範圍小，時不久，不徹底。若欲能力不薄弱，範圍大者，須學佛法。了解真空妙有之理，精進修行，如此乃能完成利生之大事業也。

或疑心經少說有，多說空者，因常人多著於有，對症下藥，故多說空。雖說空，乃即有之空，是真空也。若見此真空，即真空不空。因有此空，將來作利生事業乃成十分圓滿。

合前（三）非消極者，是積極，當可了然。世人之積極，不過積極於暫時，佛法乃永久。

般若法門具有空與不空二義，以無所得故已前之經文，皆從般若之空一方面說。依此空義，於常人所執著之妄見，打破消滅一掃而空，使破壞至於徹底。菩提薩埵已下，是從般若不空方面說，復依此不空義，而熾然上求佛法，下化眾生，以完成其圓滿之建設。

亦猶世間行事，先將不良之習慣等一一推翻，然後良好建設乃得實現也。

世有謂佛法唯是消極者，皆由不知佛法之全系統，及其精神所在，故有此誤解也。

今講正文，講時分科。今唯略舉大科，不細分。

大科

心經大科
- 初顯了般若
  - 初經家敘引
  - 二正說般若
- 二秘密般若

由序

再就說法之由序言，此譯本不詳。按宋施護譯本，先云：世尊在靈鷲山中入三摩提。（三昧，譯言正定等。）舍利子白觀自在菩薩言。若有欲修學甚深般若法門者，當云何修學。而觀自在菩薩遂說此經云云。

正文

觀自在菩薩

觀自在（即觀世音）
- 約智 觀理事無礙之境，而了達自在。……自利之妙用
- 約悲 觀一切眾生之機，而化度自在。……利他之妙用

智悲雙運自利利他，故得觀自在之名。

菩薩，「菩提薩埵」之省文，是梵語。

- 菩提—覺……以智上求佛法。
- 薩埵—有情（即眾生）……以悲下化眾生。

故稱菩提薩埵

此外有多釋。

行深般若波羅密多時

深
- 淺……人空般若——二乘人入。（人空者，人體為五蘊之假和合，其中無有真實之我體。）
- 深……法空般若——菩薩入。（法空者，五蘊亦空，如後所明。）

照見五蘊皆空

五蘊，即舊譯之五陰也。世間萬法無盡。欲研高深哲理及正當人生觀，應先於萬法有整個之認識，有統一之概念。佛法即含有高深之哲理及正當人生觀，應知亦爾。

此五蘊，即佛教用以總括世間萬法者。故僅研五蘊，與研究一切萬法無異。

蘊者，蘊藏積聚也。五蘊亦稱為五法聚，亦即五類之義。乃

將一切精神物質之法歸納於此五類中也。

五蘊
- 色蘊……障礙義　即一切相障有礙之處境。與物質之義相似而較廣。——境處
- 受蘊……領納義　即對於外境或苦、或樂及不苦不樂等之感受。此與今時人所習用之感情一詞（即是隨官感印象而生之官感感情）甚合。若作了別解之感覺釋之則非，因了別乃屬識蘊也。
- 想蘊……取像義　即取著感受之印象而思想。
- 行蘊……造作義　即對外境之動作。
- 識蘊……了別義　即了別外境，變出外境之本體。

（受蘊至識蘊）——內心

由外境色……而感著種種受
由種種受……而引起種種想
由種種想……而發起種種行
由種種行……而薰習內心之識
由內心之識……而變成外境之色

輪轉生死循環不絕

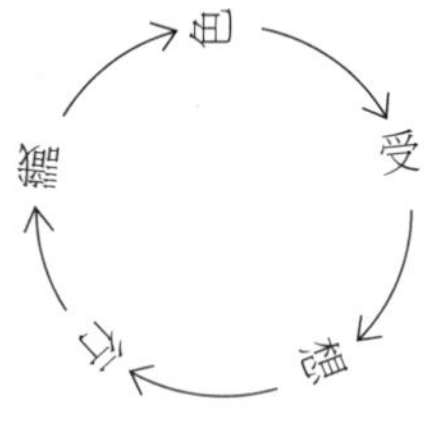

空，此空之真理及境界，須行深般若時，乃能親見實證。

今且就可能之範圍略說。

五蘊中最難了解其為空者，即色蘊。因有物質，有阻礙，似非空也。凡夫迷之，認為實有，起諸分別。其實乃空。且舉二義：

（一）無常

若色真實不虛者，應常恆不變，但外境之色蘊，乃息息變動。山河大地因有滄海桑田之感，即我自身，今年去年，今月上月，今日昨日，所謂我者亦不相同。即我鼻中出入息，此一息我，非前一息我。後一息我，非此一息我。因於此一息中，我身已起無數變化。最顯者，我全身之血，因此一呼吸遂變其性質成分、位置及工作也。

若進言之，匪惟一息有此變化，即剎那剎那中亦悉爾也。

既常常變化，故知是空。

（二）所見不同

若色真實不空者，應何時何人所見悉同。但我等外境之色蘊，乃依時依人而異。

如恆河水
- 魚龍認為窟宅
- 天衆認為琉璃
- 人間認為波流
- 餓鬼認為猛燄

皆依其識，而所見不同。

故外境之色，唯是我識妄認，非有真實。

有如喜時，覺天地皆春。憂時，覺景物愁慘。於同一境中，一喜一憂所見各異。

既所見不同，故知是空。

上略舉二義，未能詳盡。

既知色空，其他無物質無阻礙之受想行識，謂為是空，可無疑矣。照見者非肉眼所見，明見也。

度一切苦厄

苦，生死苦果。

厄，煩惱苦因。能厄縛衆生。

此二皆由五蘊不空而起。由妄認五蘊不空，即生貪瞋癡等煩惱。由有煩惱，即種苦因，由種苦因，即有苦果。

度，若照見五蘊皆空，自能解脫一切苦厄。解脫者，超出也。

舍利子等

以上為結經家敘引。以下乃正說般若。皆觀自在菩薩所說，故先呼舍利子名。

舍利子

是佛之大弟子，舍利此云百舌鳥，其母辯才聰利，以此鳥為名。舍利子又依母為名，故名舍利子。以上皆依法華玄贊釋。

色不異空空不異色色即是空空即是色

即前云五蘊皆空之真理，以五蘊與空對觀，顯明空義。

能知色不異空，無聲色貨利可貪，無五欲塵勞可戀。即出凡夫境界。能知空不異色，不入二乘涅槃，而化度衆生。即出二乘境界。如是乃菩薩之行也。

故應於不異與即是二義詳研，不得僅觀空之一邊，乃善學般若者也。

不異——粗淺色與空互較不異。仍是二事。

即是——深密色與空相即。空依色，色依空，非空外色，非色外空。乃是一事。

受想行識亦復如是

- 受想行識不異空，空不異受想行識。
- 受想行識即是空，空即是受想行識。

依上所云不異即是二者觀之，五蘊乃根本空，徹底空。

又由此應知前云之空——
- 斷滅空、偏空、離有之空、與有對立之空——非
- 即有即空、不空而空之空、離空有二邊之空——是

舍利子是諸法空相

諸法，前言五蘊，此言諸法，無有異也。

空相，此相字宜注意，上段說諸法空性，此處說諸法空相。所謂空者，非是但空，是諸法之有上所顯之空，是離空有二邊之空。最宜注意。

不生不滅不垢不淨不增不減

世間諸法、由凡夫觀之（五蘊不空）。有——
- 出生、消滅——體
- 垢染、清淨——相
- 增加、減少——用

菩薩依般若之妙用，即照見五蘊皆空，則無生滅諸相。故云不生等也。

生滅等相←起分別心。

執著我見←五蘊不空。

五蘊空→不執著我見→不起分別心→諸法空相、不生不滅等。

由此可知生死即涅槃，煩惱即菩提，衆生即佛，而不厭離生死，怖畏煩惱，捨棄衆生。乃能證不生等境界。如此乃是菩薩，乃是般若，乃是自在。

是故空中無色無受想行識無眼耳鼻舌身意無色聲香味觸法無眼界乃至無意識界

以下廣說五蘊皆空之義分為三段——
- （一）空凡夫法（經文）是故空中無色（乃至）無意識界。
- （二）空二乘法（經文）無無明（乃至）無苦集滅道。
- （三）空大乘法（經文）無智亦無得以無所得故。

五蘊如上所明，為迷心重者說五蘊。

十二處　亦云十二入，（六根六塵名十二處）入者根塵互相涉入之義，為迷色重者說十二處。——
- 眼處、耳處、鼻處、舌處、身處、意處
- 色處、聲處、香處、味處、觸處、法處

- 六根界——眼界、耳界、鼻界、舌界、身界、意界
- 六塵界——色界、聲界、香界、味界、觸界、法界

十八界
- 界者區分為義。十八種作用不同故。為色心俱迷者說十八界。
- 六識界
  - 眼識界
  - 耳識界
  - 鼻識界
  - 舌識界
  - 身識界
  - 意識界

雖分三科，皆總括一切法而說。因學者根器不同，而開合有異耳。

蘊處界三科經文
- 是故空中無色，無受想行識。
- 無眼耳鼻舌身意，無色聲香味觸法。
- 無眼界乃至無意識界。

無無明亦無無明盡乃至無老死亦無老死盡　無苦集滅道

此乃空二乘法，上四句約緣覺言，下一句約聲聞言。

緣覺者，常觀十二因緣而悟道。

聲聞者，（聞佛聲教）觀四諦而悟道。

十二因緣
- 無明、行 —— 過去所作之因
- 識、名色、六入、觸、受 —— 現在所受之果
- 愛、取、有 —— 現在所作之因
- 生、老死 —— 未來作受之果

此十二因緣，乃說人生之生死苦果之起源及次序。藉流轉還滅二門以顯示世間及出世間法。流轉者，無明乃至老死之世間法。還滅者，無明盡乃至老死盡之出世間法。

若行般若者，世間法空。故經云：無無明乃至無老死。出世間法亦空，故經云：無無明盡乃至無老死盡。

四諦（諦者真。）
- 苦諦　生死報—世間苦果
- 集諦　煩惱業—世間苦因
- 滅諦　涅槃果—出世間樂果
- 道諦　菩提道—出世間樂因

亦分二門，前二流轉，後二還滅。若行般若者，世間及出世間法皆空。故經云：無苦集滅道。

無智亦無得以無所得故

此乃空大乘法。

大乘菩薩求種種智，以期證得佛果。故超出聲聞緣覺之境界。但所謂智，所謂得，皆不應執著。所謂智者，用以破迷。迷時說有智，悟時即不待言，故云「無智」。所謂得者，乃對未得而言。既得之後，便知此事本來具足，在凡不減，在聖不增，亦無所謂得，故云「無得」。

以無所得故一句，證其空之所以。

以上經文中，無字甚多，亦應與前空字解釋相同。乃即有之無，非尋常有無之無也。若常人觀之，以為無所得，則實有一無所得在，即有一無所得可得。非真無所得也。若真無所得或亦即是有所得。觀下文所云佛與菩薩所得可知。

菩提薩埵（乃至）三藐三菩提

菩提薩埵等　說菩薩乘依般若而得之益。

三世諸佛等　說佛乘依般若而得之益。

菩提薩埵依般若波羅蜜多故心無罣礙無罣礙故無有恐怖遠離顛倒夢想究竟涅槃

菩提薩埵，即菩薩之具文。

三世諸佛依般若波羅蜜多故得阿耨多羅三藐三菩提

阿耨多羅者，無上也。

三藐三菩提者，正等正覺也。

故知般若波羅蜜多是大神咒是大明咒是無上咒是無等等咒能除一切苦真實不虛

咒者，秘密不可思議，功能殊勝。此經是經，而今又稱為咒者，極言其神效之速也。

是大神咒者，稱其能破煩惱，神妙難測。

是大明咒者，稱其能破無明，照滅癡闇。

是無上咒者，稱其令因行滿，至理無加。
是無等等咒者，稱其令果德圓，妙覺無等。
真實不虛者，約般若體。
能除一切苦者，約般若用。

故說般若波羅密多咒即說咒曰揭諦揭諦波羅揭諦波羅僧揭諦菩提薩婆訶

以上說顯了般若竟，此說秘密般若。

般若之妙義妙用，前已說竟。尚有難於言說思想者，故續說之。咒文依例不釋。但當誦持，自獲利益。

歲次戊寅二月十八日寫訖。依前人撰述略錄。未及詳審，所有誤處，俟後改正。演音記。

金剛經大意（存目）

藥師經析疑

藥師琉璃光如來本願功德經科

△大科分三：初序、二正宗、三流通。（依義疏錄）

> 藥師琉璃光如來本願功德經義疏三卷
> 日本元文三年寬水寺實觀法師述
> （清乾隆三年）（一七三八）

- 甲 初序分
  - 乙 初通序
  - 乙 二別序
    - 丙 初文殊請
    - 丙 二如來許
    - 丙 三文殊領
- 甲 二正宗分
  - 乙 初舉依正名號
  - 乙 二明本誓利益
    - 丙 初明依正莊嚴
      - 丁 初正明本願
        - 戊 初標
        - 戊 二列
        - 戊 三結
      - 丁 二明佛土及侍
        - 戊 初總標
        - 戊 二別明
          - 己 初佛土
          - 己 二侍者
        - 戊 三結勸
    - 丙 二明種種功德
      - 丁 初滅惡
        - 戊 初慳貪
          - 己 初舉過
            - 庚 初生報
            - 庚 二後報
          - 己 二獲益
            - 庚 初在彼憶念
            - 庚 二轉生獲益
        - 戊 二破戒
          - 己 初舉過
            - 庚 初自過
              - 辛 初示過
              - 辛 二示報
            - 庚 二及他
              - 辛 初現報
              - 辛 二後報
          - 己 二獲益
        - 戊 三讚毀
          - 己 初舉過
          - 己 二明報
          - 己 三獲益
        - 戊 四乖離
          - 己 初舉過
          - 己 二獲益
      - 丁 二生善
        - 戊 初生淨土
          - 己 初舉機
          - 己 二明益
        - 戊 二生善道
          - 己 初正明
          - 己 二轉報
- 甲 三流通分
  - 乙 初諸士發誓弘經
    - 丙 初曼殊發誓
      - 丁 初對佛發誓
        - 戊 初正誓
          - 己 初聞名
          - 己 二持經
        - 戊 二利益
  - 乙 二佛說題名奉持
  - 乙 三大眾聞說奉行

- 丙 二救脫明益
  - 丁 初明救病患
    - 戊 初正向佛明
      - 己 初正明
        - 庚 初正明苦相
        - 庚 二略出懺儀
      - 己 二結勸
    - 戊 二答阿難問
      - 己 初阿難問
      - 己 二救脫答
  - 丁 二明攘災難
    - 戊 初正明攘難
      - 己 初帝王
      - 己 二臣民
    - 戊 二答阿難問
      - 己 初第一問答
        - 庚 初問
        - 庚 二答
      - 己 二第二問答
        - 庚 初問
        - 庚 二答
          - 辛 初釋
          - 辛 二結
  - 丁 三明轉後報
- 丙 三藥叉發誓
  - 丁 初正明誓
  - 丁 二佛印勸

（前接）
- 丁 二如來許說
  - 戊 初略許可
  - 戊 二廣印定
    - 己 初印向持經
    - 己 二印向聞名
- 丁 三因阿難稱讚
  - 戊 初如來問
  - 戊 二阿難答
    - 己 初明持經不疑
    - 己 二明持名難信
  - 戊 三如來稱讚
    - 己 初反斥
    - 己 二正宗
    - 己 三簡非
    - 己 四校歎
    - 己 五結歎

例言

一經文據麗藏玄奘譯本，與世所習誦者異。
一科依義疏。
一問多增文。答據義疏，間或遺略，時有潤文；而觀解、表法多缺。
一唯引他文而略疏釋，引文止處未易見者，旁加「文」字。
一若述私意，則上冠[案]字，以區別也。

藥師琉璃光如來本願功德經

問：若依台宗，說玄義五重，今應如何分判耶？　答：玄義五重：一人法為名，二正法寶藏為體，三如來因果為宗，四與拔功德為用，五大乘方等為教相。一、人法為名者：魏塘云：藥師琉璃光如來是人名，本願功德是法名，此說是也。青丘、秋篠及長谷，同以藥師為喻者，此等不知從德立名。二、正法寶藏為體者：正謂中正，法謂妙法，貴重為寶，包容為藏。與華嚴之諸法實性相，方等之實相如來藏，般若之佛母，法華之秘要之藏，涅槃之三德秘藏、金剛寶藏，同出異名。下文云：於其國中有二菩薩摩訶薩，乃至悉能持彼世尊藥師琉璃光如來正法寶藏。若正法寶藏非經體者，二菩薩云何奉持耶？雖魏塘云：諸佛甚深行處為體者，今所不取。何者？諸佛言通，甚深歎行，行字是宗，處字非體。如下文云：流行之處。故行處字不正指體。三、如來因果為宗者：本願二字，是如來因；其餘九字，是如來果。魏塘以願行方便為宗，引下文證者。今謂此昧宗致。既是因果，豈非因而不該始末耶！四、與拔功德為用者：此與魏塘同。彼云：此經始終，祇明拔苦與樂。

△大科為三：初序、二正宗、三流通。（甲）初中二：初通序、二別序。（乙）今初。

如是我聞。一時薄伽梵遊化諸國，至廣嚴城。住樂音樹下。與大苾芻眾八千人俱菩薩摩訶薩三萬六千及國王大臣婆羅門居士天龍藥叉人非人等無量大眾，恭敬圍繞而為說法。

問：廣嚴，梵語舊云毗舍離等。秋篠云：此是城名，而隋譯本稱為國者，誤歟？　答：非也。國總城別耳。西域記云：吠舍釐國，即是隋云毗舍離国。周五千餘里。吠舍釐城，已甚傾毀，其故基址周六七十里，宮城周四五里。

問：諸經列聲聞衆數，每云千二百五十人，今何甚多？　答：聚散隨緣，何必一概。而經列千二百五十人者，如南山云：重其初故。又八千何多，如金光明云九萬八千。

問：凡諸列衆，何故數全耶？　答：大論釋云：若過若減，皆存大數。

△（乙）二別序三：初文殊請、二如來許、三文殊領。（丙）今初。

爾時曼殊室利法王子承佛威神。從座而起，偏袒一肩，右膝著地，向薄伽梵曲躬合掌。白言。世尊。唯願演說如是相類諸佛名號，及本大願，殊勝功德。令諸聞者業障消除，為欲利樂像法轉時諸有情故。

問：像法轉時，是何義耶？　答：長谷云：轉者變也，恐指末法。今謂不爾。七佛經中，雖於此云末法之時，其後救脫章則云於後末世像法起時。對佛滅後，雖蒙末名，實是像法。秋篠云：轉者，起也。其說則是。

△（丙）二如來許。

爾時世尊讚曼殊室利童子言。善哉善哉。曼殊室利。汝以大悲勸請我說諸佛名號本願功德。為拔業障所纏有情，利益安樂像法轉時諸有情故。汝今諦聽，極善思惟。當為汝說。

△（丙）三文殊領。

曼殊室利言。唯然願說。我等樂聞。

△（甲）二正宗分二：初舉依正名號、二明本誓利益。（乙）今初。

佛告曼殊室利。東方去此過十殑伽沙等佛土，有世界名淨琉璃，佛號藥師琉璃光如來、應正等覺、明行圓滿、善逝、世間解、無上士、調御丈夫、天人師、佛、薄伽梵。

問：藥師在東方者。魏塘云：震為羣動之首，甲木又發生之相，以藥治病，貴乎起死回生，不當同金方肅殺之號。其說然歟？　答：八卦釋經，起自李長者，此是一期之說，何必拘泥？有物於此，自東觀之為西，自西觀之在東。西觀豈但生長，東觀不定肅殺。故東方過十一殑伽沙佛土，應云西方有世界名淨琉璃；西方過十一萬億佛土，應云東方有世界名曰極樂。須知諸佛有無量德，應有無量名，莫認一名而固執矣。又諸佛各有別緣，且示方位。皆悉無不豎窮橫徧。故密教五大云：大悲胎藏包含萬行，且在東方生長萬物之首。金剛智界顯現萬德，且在西方成就萬物之終。此是隨方布教標幟，非謂真如法界定有方面。四方四佛，亦復如是，祇是標幟，非謂定位。（文）斯言得之。

問：前文殊請云，唯願演說諸佛名號；世尊許云，勸請我說諸佛名號。何至於此，但約一佛？　答：若約七佛經，七豈非諸。若約今經，乃是華嚴：一身一智慧，力無畏亦然之義。故下文云：如我稱揚藥師如來所有功德，此是諸佛甚深行處。又云：若聞藥師如來名號，此是諸佛甚深所行。須知請諸答一，理不乖背。

△（乙）二明本誓利益二：初明依正莊嚴、二明種種功德。（丙）初中二：初正明本願、二明佛土及侍。（丁）初中三：初標、二列、三結。（戊）今初。

曼殊室利。彼佛世尊藥師琉璃光如來本行菩薩道時，發十二大願。令諸有情所求皆得。

問：何謂願耶？　答：願是要求之名。又摩訶止觀云：發願者，誓也。若無誓願，如牛無御，不知所趣。願來持行，將至所在。願有四種：一、衆生無邊誓願度，依苦諦立。二、煩惱無邊誓願斷，依集諦立。三、法門無盡誓願知，依道諦立。四、佛道無上誓願成，依滅諦立。初二願拔衆生苦集二諦苦，後二願與衆生道滅二諦樂，此四為總願。而今佛十二，彌陀四十八等，皆是別願。止觀輔行記云：一切菩薩凡見諸佛，無不發於總願、別願。應知總，總於別；別，別於總。故彼別願，不出四弘而緣四諦。（文）下文十二大願中，魏塘約四諦分，不失旨矣。

案今據魏塘直解文，列表如下：

- 依滅諦二願
  - 第一願
  - 第二願（佛道無上誓願成）
- 依道諦三願
  - 第三願
  - 第四願
  - 第五願（法門無盡誓願知）

（以上）生善與樂

- 依苦集二諦共七願
  - 初先出三苦
    - 第六願
    - 第七願
    - 第八願（眾生無邊誓願度）
  - 二間明集諦 ─ 第九願（煩惱無邊誓願斷）
  - 三重出三苦
    - 第十願
    - 第十一願
    - 第十二願（眾生無邊誓願度）

（以上）滅惡拔苦

△（戊）二列。

第一大願。願我來世得阿耨多羅三藐三菩提時。自身光明，熾然照曜無量無數無邊世界。以三十二大丈夫相，八十隨好，莊嚴其身。令一切有情，如我無異。

第二大願。願我來世得菩提時。身如琉璃內外明澈，淨無瑕穢。光明廣大。功德巍巍。身善安住。焰網莊嚴，過於日月。幽明眾生悉蒙開曉，隨意所趣作諸事業。

問：儒胤云：初願約應，次願約報。其說然歟？　答：初願約三身。光明照曜，即報身；相好嚴身，即應身；其所莊嚴，乃是法身。次願亦爾。身下三句，應也；光下五句，報也；所淨、所住，無非法身。

第三大願。願我來世得菩提時。以無量無邊智慧方便。令諸有情皆得無盡所受用物，莫令眾生有所乏少。

問：青丘、秋篠，以第三第四願為世出世間門，而第三願約人天乘者。其說然歟？　答：此說局矣。晉云：無量眾生飢渴，何隔出世耶。

問：此願與最後二願何異？　答：長谷云：後別，此總。今謂不爾，皆是別願。此重權實二智，後在衣食，故不同也。

第四大願。願我來世得菩提時。若諸有情行邪道者，悉令安住菩提道中。若行聲聞獨覺乘者，皆以大乘而安立之。

第五大願。願我來世得菩提時。若有無量無邊有情，於我法中修行梵行。一切皆令得不缺戒，具三聚戒。設有毀犯，聞我名已，還得清淨不墮惡趣。

問：何謂還得清淨？　答：因懺戒復，故云還得。止觀云：大乘許悔斯罪。罪從重緣生，還從重心懺悔，可得相治。無殷重心，雖懺無益。（文）故欲至心發露，宜修藥師妙懺。

第六大願。願我來世得菩提時。若諸有情其身下劣，諸根不具。醜陋頑愚，盲聾瘖瘂攣躄背僂白癩癲狂種種病苦。聞我名已。一切皆得端正黠慧，諸根完具，無諸疾苦。

問：第六大願中，先列諸苦，聞我名已下，次第翻上。應如何分配耶？　答：青丘云云。

案今據青丘古迹記文，列表如下：

- 其身下劣（意）
  - 醜陋（釋身下劣）…………端正
  - 頑愚（釋意下劣）…………黠慧
- 諸根不具
  - 盲聾乃至白癩（釋眼耳舌身根不具）
  - 癲狂（釋意根不具）…………諸根完具
  - 種種病苦（攝鼻等病）…………無諸疾苦

第七大願。願我來世得菩提時。若諸有情衆病逼切，無救無歸。無醫無藥，無親無家，貧窮多苦。我之名號一經其耳。衆病悉除，身心安樂，家屬資具悉皆豐足。乃至證得無上菩提。

問：第七大願中，先列諸苦，我之名號下，次第翻上。應如何分配耶？　答：秋篠有釋，今不取。今謂云云。

案今據義疏文，列表如下：

衆病逼切——多苦……衆病悉除身心安樂
無救
無歸……家屬豐足
無醫無藥——貧……資具豐足
無親無家——窮

問：藥師除病救苦，是其本旨。但衆病悉除，足矣。云何便復證得無上菩提？　答：楊氏有釋，今不取。今謂不盡一品無明，豈真衆病悉除。以知證得菩提，是真除病。

第八大願。願我來世得菩提時。若有女人為女百惡之所逼惱。極生厭離，願捨女身。聞我名已。一切皆得轉女成男，具丈夫相。乃至證得無上菩提。

問：楊氏謂轉女成男，為來世受男身者。其說然歟？　答：不爾。長谷云：今願現世轉女成男。其說則是。以符七佛經故。

第九大願。願我來世得菩提時。令諸有情出魔羂網，解脫一切外道纏縛。若墮種種惡見稠林，皆當引攝置於正見。漸令修習諸菩薩行，速證無上正等菩提。

問：漸令修習諸菩薩行，速證無上正等菩提者。秋篠釋云：漸修菩薩十地之行，因中漸出四魔羂網，終至菩提究竟出離。其說然歟？

答：如是釋者，速證之義不成。今謂三教紆曲，故云漸修；皆入圓住，故云速證。若就圓論者，此約理外七種方便，漸入圓因，謂之漸圓。當知住前作意，未免漸修；住上任運，故速證耳。

第十大願。願我來世得菩提時。若諸有情王法所錄繩縛鞭撻繫閉牢獄，或當刑戮，及餘無量災難陵辱，悲愁煎迫身心受苦。若聞我名。以我福德威神力故，皆得解脫一切憂苦。

第十一大願。願我來世得菩提時。若諸有情飢渴所惱，為求食故，造諸惡業。得聞我名，專念受持。我當先以上妙飲食，飽足其身。後以法味，畢竟安樂而建立之。

第十二大願。願我來世得菩提時。若諸有情貧無衣服，蚊　寒熱晝夜逼惱。若聞我名，專念受持。如其所好，即得種種上妙衣服。亦得一切寶莊嚴具，華鬘塗香鼓樂衆伎隨心所翫皆令滿足。

△（戊）三結。

曼殊室利。是為彼世尊藥師琉璃光如來應正等覺，行菩薩道時，所發十二微妙上願。

△（丁）二明佛土及侍三：初總標、二別明、三結勸。（戊）今初。

復次曼殊室利。彼世尊藥師琉璃光如來行菩薩道時，所發大願，及彼佛土功德莊嚴。我若一劫若一劫餘，說不能盡。

△（戊）二別明二：初佛土、二侍者。（己）今初。

然彼佛土一向清淨。無有女人，亦無惡趣及苦音聲。琉璃為地，金繩界道，城闕宮閣軒窗羅網皆七寶成。亦如西方極樂世界功德莊嚴，等無差別。

問：秋篠謂淨琉璃土為報土。其說然歟？　答：報土雖勝，不接凡夫。台宗以西為同居淨。西方既爾，東方亦然。又據下文：有二菩薩次補佛處。既有補處，知同居土。

問：既與西方等無差別，何遣八士引導西方？　答：佛事門頭，等無差別。隨機門時，隨彼所好。

△（己）二侍者。

於其國中有二菩薩摩訶薩：一名日光遍照，二名月光遍照。是彼無量無數菩薩衆之上首，悉能持彼世尊藥師琉璃光如來正法寶藏。

△（戊）三結勸。

是故曼殊室利。諸有信心善男子善女人等，應當願生彼佛世界。

△（丙）二明種種功德二：初滅惡、二生善。（丁）初中四：初慳貪、二破戒、三讚毀、四乖離。（戊）初中二：初舉過、二獲益。（己）初中二：初生報、二後報。（庚）今初。

爾時世尊復告曼殊室利童子言。曼殊室利。有諸衆生不識善惡，唯懷貪吝。不知布施及施果報。愚癡無智，闕於信根。多聚財寶勤加守護，見乞者來其心不喜。設不獲已而行施時，如割身肉深生痛惜。復有無量慳貪有情積集資財，於其自身尚不受用，何況能與父母妻子奴婢作使及來乞者。

△（庚）二後報。

彼諸有情從此命終，生餓鬼界或傍生趣。

問：今譯本云，餓鬼傍生。晉云地獄。應如何合會歟？　答：境有三品，於心亦然。此約中下品說。若晉本所云，恐就心境上品言耳。

△（己）二獲益二：初在彼憶念、二轉生獲益。（庚）今初。

由昔人間，曾得暫聞藥師琉璃光如來名故。今在惡趣，暫得憶念彼如來名。

△（庚）二轉生獲益。

即於念時，從彼處沒，還生人中。得宿命念、畏惡趣苦不樂欲樂、好行惠施讚歎施者，一切所有悉無貪惜。漸次尚能以頭目手足血肉身分施來求者，況餘財物。

問：此獲益文，如何翻上而分配耶？　答：青丘云云。

案 今據青丘古迹記文，列表如下：

- 不識惡……畏惡趣苦不樂欲樂
- 不識善唯懷貪悋不知布施及施果報……好行惠施讚歎施者
- 愚痴無智……得宿命念
- 闕於信根多聚財寶勤加守護……一切所有悉無貪惜
- 見乞者來其心不喜乃至及來乞者……漸次尚能乃至況餘財物

△（戊）二破戒二：初舉過、二獲益。（己）初中二：初自過、二及他。（庚）初中二：初示過、二示報。（辛）今初。

復次曼殊室利。若諸有情，雖於如來受諸學處而破尸羅。有雖不破尸羅而破軌則。有於尸羅軌則雖得不壞然毀正見。有雖不毀正見而棄多聞，於佛所說契經深義不能解了。有雖多聞而增上慢。

△（辛）二示報。

由增上慢覆蔽心故，自是非他嫌謗正法為魔伴黨。

△（庚）二及他二：初現報、二後報。（辛）今初。

如是愚人自行邪見，復令無量俱胝有情墮大險坑。

△（辛）二後報。

此諸有情應於地獄傍生鬼趣流轉無窮。

△（己）二獲益。

若得聞此藥師琉璃光如來名號，便捨惡行修諸善法不墮惡趣。設有不能捨諸惡行修行善法墮惡趣者，以彼如來本願威力，令其現前暫聞名號。從彼命終，還生人趣。得正見精進善調意樂，便能捨家趣於非家，如來法中受持學處無有毀犯。正見多聞解甚深義，離增上慢不謗正法不為魔伴。漸次修行諸菩薩行，速得圓滿。

問：同聞藥師名號，或便捨惡修善，不墮惡趣；或不能捨惡修善，先墮惡趣，乃生人趣者。是何故歟？　答：秋篠云：有情業有輕重，根有利鈍。若業輕根利者，現聞佛名，即能捨惡行善不墮惡趣。若業重根鈍者，要先墮惡趣深生厭離，更聞佛名方生人趣。（文）

案 此文本唐疏。

問：此獲益文，如何翻上而分配耶？　答：秋篠云云。

案 今據秋篠記抄文，列表如下：

- 雖於如來受諸學處乃至而破軌則……無有毀犯
- 有於尸羅軌則乃至然毀正見……正見
- 有雖不毀正見乃至不能解了……多聞解甚深義
- 有雖多聞而增上慢……離增上慢
- 由增上慢乃至為魔伴黨……不謗正法不為魔伴

△（戊）三讚毀三：初舉過、二明報、三獲益。（己）今初。

復次曼殊室利。若諸有情慳貪嫉妒，自讚毀他。

問：青丘、秋篠、魏塘等，釋慳貪嫉妒自讚毀他，互有不同。今須宗何說歟？　答：諸釋皆非。今據青丘釋梵網自讚毀他戒云：瑜伽戒本謂：為欲貪求利養、恭敬，自讚毀他，是即多分以貪究竟；若無所得，但由嫉妒，以瞋究竟。（文）以故乃知今文所云，即是或起慳貪，或嫉妒心，而自讚毀他。其主意在自讚毀他，不在慳妒。又對餘三譯之文，亦應如是釋也。

△（己）二明報。

當墮三惡趣中無量千歲受諸劇苦。受劇苦已，從彼命終，來生人間。

作牛馬駝驢，恆被鞭撻，飢渴逼惱。又常負重隨路而行。或得為人，生居下賤，作人奴婢，受他驅役，恆不自在。

△（己）三獲益。

若昔人中，曾聞世尊藥師琉璃光如來名號。由此善因，今復憶念至心歸依。以佛神力，衆苦解脫。諸根聰利，智慧多聞。恆求勝法，常遇善友。永斷魔羂，破無明㲉，竭煩惱河，解脫一切生老病死憂悲苦惱。

△（戊）四乖離二：初舉過、二獲益。（己）今初。

復次曼殊室利。若諸有情好喜乖離，更相鬥訟，惱亂自他。以身語意造作增長種種惡業。展轉常為不饒益事。互相謀害，告召山林樹塚等神。殺諸衆生，取其血肉，祭祀藥叉羅剎婆等。書怨人名，作其形像，以惡咒術而咒詛之。厭媚蠱道咒起屍鬼，令斷彼命及壞其身。

問：文云以身語意，如何分配上文耶？　答：青丘有釋，今不取。今謂好喜乖離是總稱耳，鬥是身業，訟是語業，惱亂屬意。

案 衆生，新譯為有情。故此經中多作有情。亦有數處仍作衆生者；如此段文云殺諸衆生；前文中第二大願云幽冥衆生；第三大願云莫令衆生；慳貪章云有諸衆生；後文中阿難章云有諸衆生；救脫章云有諸衆生；又云雜類衆生；又云殺種種衆生。此或是隨宜潤文，或亦疎於檢校歟！

△（己）二獲益。

是諸有情若得聞此藥師琉璃光如來名號。彼諸惡事悉不能害。一切展轉皆起慈心，利益安樂。無損惱意及嫌恨心，各各歡悅。於自所受生於喜足，不相侵陵互為饒益。

△（丁）二生善二：初生淨土、二生善道。（戊）初中二：初舉機、二明益。（己）今初。

復次曼殊室利。若有四衆苾芻苾芻尼鄔波索迦鄔波斯迦，及餘淨信善男子善女人等。有能受持八分齋戒，或經一年或復三月受持學處。以此善根，願生西方極樂世界無量壽佛所聽聞正法而未定者。

△（己）二明益。

若聞世尊藥師琉璃光如來名號。臨命終時，有八菩薩乘神通來，示其道路。即於彼界種種雜色衆寶華中自然化生。

問：各有淨土，何以示導西方耶？　答：如心地觀經云：或一菩薩多佛化。是也。

問：應生極樂何品耶？　答：難以定知。或上三品，文云具諸戒行故。或中二品，文說持戒故。或雖秉戒而迴向心弱者，生中下品或下三品。豈止極樂，生十方者亦然。故晉本云：若欲生十方妙樂國土者，亦當禮敬藥師琉璃光佛；若欲得生兜率天上見彌勒者，亦當禮敬藥師琉璃光佛。

問：十方兜率亦引導否？　答：或不導，經不說故。或導，願力無邊故。

△（戊）二生善道二：初正明、二轉報。（己）今初。

或有因此生於天上。雖生天中，而本善根亦未窮盡，不復更生諸餘惡趣。天上壽盡，還生人間。或為輪王，統攝四洲威德自在，安立無量百千有情於十善道。或生剎帝利婆羅門居士大家，多饒財寶倉庫盈溢，形相端嚴眷屬具足，聰明智慧勇健威猛如大力士。

問：何謂因此，及本善根？　答：因此者，秋篠云：因此聞藥師如來名故。長谷云：指戒善也。今從秋篠，符晉本故。本善根者，秋篠云：謂本出世善根，或聞藥師如來名號善根。今用後解。案 秋篠二段文，皆本唐疏。

△（己）二轉報。

若是女人得聞世尊藥師如來名號至心受持，於後不復更受女身。

問：何謂於後？　答：後謂後報。上文第八大願現身轉者，例如法華龍女現身變成男子。此是後報，例如法華藥王品中約命終後。故七佛經中，前大願云即於現身轉成男子，此文亦去云於後而已。

問：七佛經中於此文後有說咒文，他譯皆無。後人常取七佛經中咒文及其前後之文四百餘字，增入今本，謂為完足。其說然歟？

答：同是佛語，揉雜無妨。七佛經本，別行於世，今本不增，有何不足。如法華經普門品偈，什公不譯，荊溪判云：此亦未測什公深意。今可例云：此亦未測奘公深意也。

△（甲）三流通分。

問：諸師將經末爾時阿難白佛言去，為流通分，今何不然？　答：曼殊救脫及以藥叉發誓弘經，豈非流通。

△流通分三：初諸士發誓弘經、二佛說題奉持、三大眾聞說奉行。（乙）初中三：初曼殊發誓、二救脫明益、三藥叉發誓。（丙）初中三：初對佛發誓、二如來許說、三因阿難稱讚。（丁）初中二：初正誓、二利益。（戊）初中二：初聞名、二持經。（己）今初。

爾時曼殊室利童子白佛言。世尊。我當誓於像法轉時，以種種方便，令諸淨信善男子善女人等得聞世尊藥師琉璃光如來名號。乃至睡中亦以佛名覺悟其耳。

△（己）二持經。

世尊。若於此經受持讀誦，或復為他演說開示，若自書若教人書恭敬尊重。以種種華香塗香末香燒香華鬘瓔珞幡蓋伎樂而為供養。以五色彩作囊盛之，掃灑淨處敷設高座而用安處。爾時四大天王與其眷屬，及餘無量百千天眾，皆詣其所供養守護。

問：以伎樂供佛，是何意歟？　答：大智度論云：問曰：諸佛賢聖是離欲人，則不須音樂歌舞，何以伎樂供養？答曰：諸佛雖於一切法中，心無所著；於世間法，盡無所須。諸佛憐憫眾生故出世，應隨供養者，令隨願得福故受。如以華、香供養，亦非佛所須，佛身常有妙香，諸天所不及，為利益眾生故受。

問：出家諸眾，亦應以伎樂供佛歟？　答：法華經方便品記云：有出家內眾，音樂自隨，云供養者。自思己行，與何心俱。雖有此文，必須裁擇，梵網誡制，何待固言。祇恐供養心微，增己放逸，長他貪慢，敬想難成。

△（戊）二利益。

問：既云經寶流行之處，應連向之持經科中，今何不爾？　答：雖躡向云經寶流行，復有及聞名號之言，須知此舉聞持之益。

世尊。若此經寶流行之處，有能受持。以彼世尊藥師琉璃光如來本願功德及聞名號。當知是處無復橫死，亦復不為諸惡鬼神奪其精氣，設已奪者還得如故身心安樂。

△（丁）二如來許說二：初略許可、二廣印定。（戊）今初。

佛告曼殊室利。如是如是，如汝所說。

△（戊）二廣印定二：初印向持經、二印向聞名。（文但不次耳。）（己）今初。

曼殊室利。若有淨信善男子善女人等欲供養彼世尊藥師琉璃光如來者。應先造立彼佛形像，敷清淨座而安處之。散種種華，燒種種香，以種種幢幡莊嚴其處。七日七夜受八分齋戒，食清淨食。澡浴香潔，著新淨衣。應生無垢濁心無怒害心，於一切有情起利益安樂慈悲喜捨平等之心。鼓樂歌讚，右繞佛像。復應念彼如來本願功德，讀誦此經，思惟其義，演說開示。隨所樂願一切皆遂，求長壽得長壽，求富饒得富饒，求官位得官位，求男女得男女。若復有人忽得惡夢，見諸惡相，或怪鳥來集，或於住處百怪出現。此人若以眾妙資具恭敬供養彼世尊藥師琉璃光如來者。惡夢惡相諸不吉祥皆悉隱沒，不能為患。或有水火刀毒懸嶮，惡象獅子虎狼熊羆毒蛇惡蠍蜈蚣蚰蜒　等怖。若能至心憶念彼佛，恭敬供養。一切怖畏皆得解脫。若他國侵擾，盜賊反亂。憶念恭敬彼如來者，亦皆解脫。

問：澡浴之文，七佛經云：日別三時澡浴清淨。不繁數歟？　答：摩訶止觀云：日三時洗浴，一日、即一實諦也，三洗、即觀一實，修三觀，蕩三障，淨三智也。輔行云：三時洗者，縱無他緣亦須三洗，有所表故。

問：隨所樂願，一切皆遂，乃至得男女之文。魏塘云：一切皆遂句，則該四教聖賢三昧辯才，願生佛國等出世正求；下四即遂世間淺深富壽之求。其說然歟？　答：今謂初二句，總舉；求長去，別列。近舉壽等，豈一切外；若知一切皆遂，乃是出世正求。誰言富壽等四。但是世間倒求。文似語近，意實窮遠。故釋四求者，應例觀音普門品疏釋之。

問：水、火、虎、狼等文，魏塘謂：此皆滅世間之惡，不必約普門煩惱業報釋之。其說然歟？　答：今謂如請觀音經云：一切怖畏，一切毒害，一切惡鬼虎狼獅子，聞此咒時，口即閉塞，不能為害。疏云：一切怖畏者，一、歷十種行人，各各有怖畏也。二、作惡鬼虎狼者，例如金光明，初地至十地，皆有虎狼獅子之難。此中十人乃無事中虎狼，約煩惱法為虎狼也。須知但云滅世間惡，使藥師利益局在界內，其咎莫大；況一切言之，豈止少分！

△（己）二印向聞名。

復次曼殊室利。若有淨信善男子善女人等乃至盡形不事餘天。唯當一心歸佛法僧，受持禁戒。若五戒十戒菩薩四百戒苾芻二百五十戒苾芻尼五百戒。於所受中或有毀犯，怖墮惡趣。若能專念彼佛名號恭敬供養者，必定不受三惡趣生。或有女人臨當產時，受於極苦。若能至心稱名禮讚恭敬供養彼如來者。衆苦皆除。所生之子身分具足，形色端正，見者歡喜。利根聰明，安隱少病，無有非人奪其精氣。

問：何謂菩薩四百戒？　答：法藏云：菩薩戒以十善為根本。言十善者：信等五根，無貪等三，及與慚愧合為十善。一一經十，合為百數。此各有四：一自持，二他持，三讚歎，四隨喜。如是即成四百戒也。（文）神謨、遁倫，皆宗此說。

問：何謂苾芻尼五百戒？　答：南山行事鈔云：問：律中僧列二百五十戒，戒本具之。尼則五百，此言虛實？答：兩列定數，略指而言。諸部通言，不必依數。約境明相，乃有塵沙。律中尼有三百四十八戒，可得指此而為所防。準智論云：尼受戒法，略則五百，廣說八萬。（文）

△（丁）三因阿難稱讚三：初如來問、二阿難答、三如來稱讚。

（戊）今初。

爾時世尊告阿難言。如我稱揚彼佛世尊藥師琉璃光如來所有功德。此是諸佛甚深行處，難可解了。汝為信不。

問：諸佛甚深行處，如何釋耶？　答：金光明經序品初云：如來遊於無量甚深法性諸佛行處。並方等部，彼此義同。釋迦所遊，藥師所住，二無差別，體性全一，故引大師彼疏釋之。彼云：微妙三諦，故言甚深；非是二乘下地菩薩之所逮及，故言甚深也。又非別有一法，名為甚深；即事而真，無非實相，一色一香，莫非中道，皆中道故，即是甚深。諸佛行處者，正顯佛智甚深；佛智甚深故，行處亦甚深；行處甚深故，佛智亦甚深。舉函顯蓋，舉蓋顯函，正在此也。

△（戊）二阿難答二：初明持經不疑、二明持名難信。﹝若夫持經不疑，以何持名難信；若夫持名難信，以何持經不疑？何況迹示三果非庸常人，豈有一信一不信耶！一縱一奪，祇勵後來耳。﹞（己）今初。

阿難白言。大德世尊。我於如來所說契經不生疑惑。所以者何？一切如來身語意業無不清淨。世尊。此日月輪可令墮落，妙高山王可使傾動，諸佛所言無有異也。

△（己）二明持名難信。

世尊。有諸衆生信根不具。聞說諸佛甚深行處，作是思惟，云何但念藥師琉璃光如來一佛名號便獲爾所功德勝利。由此不信、返生誹謗。彼於長夜失大利樂，墮諸惡趣流轉無窮。

△（戊）三如來稱讚。﹝此中單舉持名躡阿難答故也。﹞文五：初反斥、二正示、三簡非、四校歎、五結歎。（己）今初。

佛告阿難。是諸有情若聞世尊藥師琉璃光如來名號，至心受持不生疑惑，墮惡趣者無有是處。

△（己）二正示。

阿難。此是諸佛甚深所行，難可信解。汝今能受，當知皆是如來威力。

△（己）三簡非。

阿難。一切聲聞獨覺及未登地諸菩薩等皆悉不能如實信解，唯除一生所繫菩薩。

問：何謂唯除一生所繫菩薩？　答：秋篠云：一生所繫菩薩者，即一生補處菩薩，如彌勒等也。道理通論，初地以上菩薩，各得無分別智，地地別證真如法界，於佛所成名稱功德，隨分信解。今言唯除一生所繫者，據因位之中信極者而言，以此菩薩因中見性分明，故作此說，非謂一生以外，皆不信解也。（文）案此文本唐疏。

△（己）四校歎。

阿難。人身難得，於三寶中信敬尊重亦難可得，得聞世尊藥師琉璃光如來名號復難於是。

△（己）五結歎。

阿難。彼藥師琉璃光如來無量菩薩行，無量善巧方便，無量廣大願。我若一劫若一劫餘而廣說者，劫可速盡，彼佛行願善巧方便無有盡也。

問：文云無量廣大願者，於前十二大願外，更有無量廣大願耶？

答：非也。凡諸菩薩，皆發總別二願。總則四弘，別則數異。若開出之，即是無量廣大願耳。

△（丙）二救脫明益三：初明救病患、二明攘災難、三明轉後報。（丁）初中二：初正向佛明、二答阿難問。（戊）初中二：初正明、二結勸。（己）初中二：初正明苦相、二略出懺儀。（有生已來誰無病患，如薄拘羅雖無頭痛，未離無明；止觀十境，通稱病患。蕅益所謂衆生良藥無如病。思之思之！）（庚）今初。

爾時衆中有一菩薩摩訶薩，名曰救脫。即從座起，偏袒右肩，右膝著地，曲躬合掌，而白佛言。大德世尊。像法轉時，有諸衆生為種種患之所困厄，長病羸瘦，不能飲食。喉唇乾燥，見諸方暗，死相現前，父母親屬朋友知識啼泣圍繞。然彼自身臥在本處，見琰魔使引其神識至於琰魔法王之前。然諸有情有俱生神，隨其所作若罪若福皆具書之，盡持授與琰魔法王。爾時彼王推問其人，算計所作，隨其罪福而處斷之。

問：見琰魔使，引其神識，至於琰魔法王之前。古疏作何釋耶？ 答：秋篠云：若其患人，決定令死，則受鬼身，容可琰王別遣鬼為使，而引取之。如其未決定死，則未受鬼身，何有鬼身，有得引生人之識。不可別人之識在別鬼身中；若不在鬼使身中，識心即不孤遊，云何可引得至琰魔王前？當知此是藥師如來及經之威力，令得患人第六意識見分之上，起此三種行解相分：一為琰魔王，二為王使，三為己身，為自神識所依隨使之行至琰王前。其實，神識未曾離身。若是本識隨所捨處，則成死屍，不可說離身；若是六、七等識依本識故，而得現起；若離本識，無種子故，無由得生；是故八識俱無離身孤行之理。此蓋如人夢中夢現見師僧，或復父母，遣使來喚，夢現見己身隨使而行，遠至師僧及父母前。當知師僧或復父母、使人、己身，皆是第六意識見分上現此三種相分，似有去來，實無去來。所以然者，以一切心及心所取境之時，非如燈明舒光照物，不同鐵鉗動作取物；但如明鏡遠照，影現鏡中，如人在遠，見日月，此亦如是。藥師如來，及經威力，令彼患人，見如此相，似有往來，實無往來。故涅槃經云：若有聞是大涅槃經，言我不用發菩薩心，誹謗正法。是人夢中，見羅剎像，心中怖懼。羅剎語云：咄！善男子！汝今若不發菩提心，當斷汝命。是人惶怖覺已，即發無上菩提心。是人命終，若在三惡及在人天，續復憶念菩提之心。以是義故，是大涅槃威神力故，能令未發心者，作菩提因。案此文本唐疏。義疏云：此是唐靖邁疏意。今謂云云。茲略不錄。

問：有俱生神，隨其所作，若罪若福皆具書之，盡特授與琰魔法王。古疏作何釋耶？ 答：秋篠云：言俱生神者，若約實而言，神即識也，俱生神者，即阿賴耶識。以阿賴耶識，是受生之主，與身俱時而生，故名俱生。隨諸有情所作罪福，皆薰在阿賴耶識中，故言隨其所作，乃至皆俱書之。或是琰魔王為令罪人無有妄拒，伏本所作故，化作俱生神，從生已來書其罪福。或是藥師如來及經威力，現作俱生神書其罪福。言盡持授與琰魔法王者，由阿賴耶識中，具有罪福種子為因緣，藥師如來及經威力為增上緣，令罪福相分現於患人第六意識之上。令琰魔王他心智起，盡見患人罪福之相，義稱盡持授與。或琰魔化作俱生神，或佛及經現俱生神，授與亦然。案此文本唐疏。義疏有別解，茲略不錄。

△（庚）二略出懺儀。

時彼病人親屬知識若能為彼歸依世尊藥師琉璃光如來，請諸衆僧，轉讀此經，燃七層之燈，懸五色續命神幡。或有是處彼識得還，如在夢中明了自見。或經七日或二十一日或三十五日或四十九日彼識還時，如從夢覺，皆自憶知善不善業所得果報。由自證見業果報故，乃至命難亦不造作諸惡之業。

問：燈七層，幡五色，有何義歟？ 答：青丘有釋。今謂燈有七層，應表七覺。止觀云：燈，即慧也。輔行云：慧燈圓照。幡有五色，應表五陰。

問：燈幡之二，同是供具；如其表法，一是法門，一是正報，何為不齊？ 答：五陰乃是四念處也，同時七科法門而已。

問：或有是處，彼識得還，如在夢中，明了自見。曰或，曰如，是何義歟？ 答：秋篠云：謂有實死，雖復修福，識不得還；或因修福故，彼向王使所引之識，得還身中。二理不同，故復稱或。如在等者。秋篠云：此亦即是夢，以夢類夢，故稱為如。案此文本唐疏。

△（己）二結勸。

是故淨信善男子善女人等皆應受持藥師琉璃光如來名號，隨力所能恭敬供養。

△（戊）二答阿難問二：初阿難問、二救脫答。（己）今初。

爾時阿難問救脫菩薩曰。善男子。應云何恭敬供養彼世尊藥師琉璃光如來。續命幡燈復云何造。

△（己）二救脫答。

救脫菩薩言。大德。若有病人欲脫病苦，當為其人七日七夜受持八分齋戒。應以飲食及餘資具隨力所辦供養苾芻僧，晝夜六時禮拜供養彼世尊藥師琉璃光如來，讀誦此經四十九遍。燃四十九燈。造彼如來形像七軀，一一像前各置七燈，一一燈量大如車輪，乃至四十九日光明不絕。造五色綵幡，長四十九搩手。應放雜類衆生至四十九。可得過度危厄之難，不為諸橫惡鬼所持。

問：云何供養苾芻僧耶？　答：消災軌云：仍須請七僧。今謂若隨力，堪請七七僧彌善。

問：云何一一皆須四十九耶？　答：魏塘約易經大衍之數而釋。今謂不爾。數用七者，如成實論廣明。今皆四十九者，以複七故為數之極。例如中有不過七七。何假大衍以消今文。

問：何謂四十九搩手？　答：搩手長一尺。故晉、隋二本，及七佛經，皆云四十九尺。又準七佛經，應外造幡。故彼經云：造雜彩幡四十九首，並一長幡四十九尺。

案考南山、靈芝撰述，佛搩手二尺，人搩手為一尺。今約人搩手言也。搩手者，謂以大拇指與中指張開，相去之間。尺約周尺，古今人考訂周尺量，有種種異說，且據清馮云鵬金石索中所考者，一周尺等於清工部營造尺六寸四分強，其說較為近似。

問：應放雜類衆生，至四十九，作何釋歟？　答：秋篠引唐遁倫釋云：案正法念處經云：畜生有三十四億種類。此中言四十九者，應放水陸異類至四十九。

問：生類無量，何放七七？　答：有所表故。境有齊限，心應平等。

問：文中屢列七等數字，亦皆有所表歟？　答：一一以七數者，應表七覺。智慧發生，故云七日；煩惱滅盡，故云七夜。七覺生八正道，故云七日七夜受八齋戒。覺覺各具七覺，故云四十九遍。佛之七覺，我之七覺，衆生七覺，三無差別，故云造像七軀。覺覺各具七覺，故云各置七燈。

△（丁）二明攘災難二：初正明攘難、二答阿難問。（戊）初中二：初帝王、二臣民。〔從重至輕，次第言之耳。魏塘云：天子四海為家，臣妾億兆，一人有慶，兆民賴之；四方有罪，在予一人。故歲祲民疫，皆君休戚，所當急先求懺悔者也。且藥師之藥，先治此人者，一是責備賢者，二是一正君而天下定之道也。今謂非謂先治帝王之意。如戒經云：欲受國王位時，受轉輪王位時，百官受位時，應先受菩薩戒。非謂受菩薩戒，先被國王、次轉輪王，次及百官。況責備賢者，一正國定功在卿相，王何獨賢。隋本：但王不及臣民，以故而知先治之說，不通甚矣。〕（己）今初。

復次阿難。若刹帝利灌頂王等災難起時。所謂人衆疾疫難，他國侵逼難，自界叛逆難，星宿變怪難，日月薄蝕難，非時風雨難，過時不雨難。彼刹帝利灌頂王等，爾時應於一切有情起慈悲心，赦諸繫閉。依前所說供養之法，供養彼世尊藥師琉璃光如來。由此善根，及彼如來本願力故，令其國界即得安隱。風雨順時，穀稼成熟。一切有情無病歡樂，於其國中無有暴惡藥叉等神惱有情者。一切惡相皆即隱沒。而刹帝利灌頂王等壽命色力無病自在皆得增益。

問：依前所說供養之法。何謂依前耶？　答：秋篠云：謂依前七日七夜，自受持齋戒，乃至放雜類衆生等。案此文本唐疏。

問：今列七難，與仁王經中七難有異同歟？　答：與仁王有異。若類同者云云。

案今據義疏文，列表如下：

人衆疾疫難	仁王護國品云：不但護福，亦護衆難，若疾病苦難。
他國侵逼難	仁王受持品云：四方賊來侵國，內外賊起。（他國即外賊。自界即內賊。）
自界叛逆難	
星宿變怪難	彼云：二十八宿，乃至各各變現。

- 日月薄蝕難……彼云：日月失度，乃至二三四五重輪現。
- 非時風雨難
  - 風難……彼云：大風吹殺，乃至火風、水風。
  - 雨難……彼云：大水漂沒，乃至浮山流石。
- 過時不雨難……彼云：天地國土亢陽，乃至萬姓滅盡。

彼又云：大火燒等，今文無。

△（己）二臣民。

阿難。若帝后妃主儲君王子大臣輔相中宮綵女百官黎庶為病所苦，及餘厄難，亦應造立五色神幡，燃燈續明，放諸生命，散雜色華，燒衆名香，病得除愈，衆難解脫。

問：文云造幡燃燈等，與前二段文互有不同。何耶？　答：秋篠云：造幡燃燈，放生命等，具如前法。今此中有散雜色華，燒衆名香，當知前二亦有；前二所有，此亦非無，綺互為文耳。（文）今謂此中五法，皆是助行；必應稱藥師名，讀誦此經，文不言者，助於正。

△（戊）二答阿難問、二重問答。（己）初中二：初問、二答。

（庚）今初。

爾時阿難問救脫菩薩言。善男子。云何已盡之命而可增益。

△（庚）二答。

救脫菩薩言。大德。汝豈不聞如來說有九橫死耶。是故勸造續命幡燈，修諸福德。以修福故，盡其壽命不經苦患。

問：何謂橫死？　答：秋篠云：夫言橫死者，皆不定之業，此業若有順緣資助，則得延長；若無順緣資助，及屬違緣則便短促。對彼順緣，壽長為延；若無此緣，壽短橫死故。是故我今勸造幡燈，修敬三寶等福德。以修福德等為資助順益命緣故，遂使是人，盡彼先業，所感壽命，終不中途更經枉橫苦患也。

△（己）二第二問答二：初問、二答。（庚）今初。

阿難問言。九橫云何。

△（庚）二答二：初釋、二結。（辛）今初。

救脫菩薩言。若諸有情得病雖輕，然無醫藥及看病者。設復遇醫，授以非藥，實不應死而便橫死。又信世間邪魔外道妖孽之師，妄說禍福。便生恐動，心不自正卜問覓禍。殺種種衆生，解奏神明，呼諸魍魎，請乞福祐。欲冀延年，終不能得。愚癡迷惑，信邪倒見。遂令橫死，入於地獄無有出期。是名初橫。二者橫被王法之所誅戮。三者畋獵嬉戲，躭淫嗜酒，放逸無度，橫為非人奪其精氣。四者橫為火焚。五者橫為水溺。六者橫為種種惡獸所噉。七者橫墮山崖。八者橫為毒藥厭禱咒詛起屍鬼等之所中害。九者飢渴所困，不得飲食而便橫死。

問：九橫之文，古疏作何釋耶？　答：秋篠云：無醫藥及看病者，以無資緣故而便致死。設復遇醫等，以遇違緣故而便致死。第二橫中，秋篠云：佛法之宗，無有因緣終不得果。因，謂名言薰習種子。緣，有二種：一以先業緣，二由現發緣。此人今被王法誅戮，雖有名言種子為正因，及有先業為緣因，而無現在緣，如來隨順世俗，名為橫死，以無現緣故。又云：此人壽命是不定業，亦是殺生增上果；若遇順緣修福等資助，故不受王戮得壽命長，若不修福，攘昔殺緣，則被王戮，不得長壽，故得橫死云云。案秋篠釋第二橫已下，乃至第九橫，文義相似，今不具錄。唯撮要列表如下：

- 二　是殺生增上果
- 三　是逼惱他增上果
- 四　是焚燒有情增上果
- 五　是漂流有情增上果
- 六　是食肉有情增上果
- 七　是陷墮有情增上果
- 八　是行毒藥厭咒增上果
- 九　是奪有情增上果
  - 若遇順緣修福等資助——則免難
  - 如其不爾——則橫死

案上文皆本唐疏。

問：何謂覓禍？　答：即下文殺種種衆生等是。秋篠云：何但橫死而已，復由愚癡，信邪倒見，殺衆生故，乃入地獄，無有出期，豈不哀哉！

△（辛）二結。

是為如來略說橫死有此九種。其餘復有無量諸橫。難可具說。

△（丁）三明轉後報。

問：青丘科此文為結，然歟？　答：今謂味復次字，非結上文。

問：此與上文何異？　答：上約病人，今約逆罪，故知非結。

復次阿難。彼琰魔王主領世間名籍之記。若諸有情不孝五逆，破辱三寶，壞君臣法，毀於信戒。琰魔法王隨罪輕重，考而罰之。是故我今勸諸有情，燃燈造幡，放生修福。令度苦厄，不遭衆難。

△（丙）三藥叉發誓二：初正明誓、二佛印勸。（丁）今初。

爾時衆中有十二藥叉大將俱在會坐。所謂宮毗羅大將、伐折羅大將、迷企羅大將、安底羅大將、頞你羅大將、珊底羅大將、因達羅大將、波夷羅大將、摩虎羅大將、真達羅大將、招杜羅大將、毗羯羅大將。此十二藥叉大將，一一各有七千藥叉以為眷屬。同時舉聲白佛言。世尊。我等今者蒙佛威力，得聞世尊藥師琉璃光如來名號，不復更有惡趣之怖。我等相率皆同一心，乃至盡形歸佛法僧。誓當荷負一切有情，為作義利饒益安樂。隨於何等村城國邑空閑林中，若有流布此經，或復受持藥師琉璃光如來名號恭敬供養者，我等眷屬衛護是人，皆使解脫一切苦難，諸有願求悉令滿足。或有疾厄求度脫者，亦應讀誦此經，以五色縷結我名字，得如願已然後解結。

問：以五色縷，結我名字；得如願已，然後解結。其儀軌如何？

答：秋篠引遁倫疏云：西域僧口傳言：以左絞結神名字也。謂若人臨厄難時，屈請七僧，即請道場，令讀此經四十九遍。爾時施主，為藏結縷，作新匣，長七寸廣二寸。作匣竟，施主捧匣進七僧前，至心三禮，胡跪叉手，誓願所求。爾時，七僧一時發願讀經，一僧各讀七卷，七七四十九遍竟。每一卷節，各其神名處息讀經時，施主進七僧前，以縷次第結其神名。後五神名者，七僧一時等唱，一一神名，而施主如前例結。結竟而取縷入匣閉戶，然後送七僧。待其難息，若得求已；更請七僧，如前先結十二神名字，次第還解也。案 疏云：每一卷節各其神名處，以縷結者，讀經七卷，即隨結前七神名。又云後五神名者，即其餘也。又云七僧一時等唱神名者，前已讀經竟，此惟唱五神名耳。

△（丁）二佛印勸。

爾時世尊讚諸藥叉大將言。善哉善哉。大將藥叉。汝等念報世尊藥師琉璃光如來恩德者，常應如是利益安樂一切有情。

△（乙）二佛說題名奉持。

爾時阿難白佛言。世尊。當何名此法門，我等云何奉持。佛告阿難。此法門名說藥師琉璃光如來本願功德，亦名說十二神將饒益有情結願神咒，亦名拔除一切業障。應如是持。

問：亦名結願神咒。何以今譯本中無咒耶？ 答：有二義：一、神將白佛乃是神咒。雖大品經無一真言，帝釋白佛般若波羅蜜，是大明咒，無上明咒，無等等咒；佛印可之。龍樹釋云：謂咒術能隨貪欲瞋恚自在作惡，是般若咒能滅禪定佛道涅槃諸著，何況貪恚粗病；是故名為大明咒，無上咒，無等等咒。豈以無一真言而為疑耶！故隋本云自誓，七佛經云護持耳。二、列神將名自是神咒，如陀羅尼集經法印咒也。

△（乙）三大衆聞說奉行。

時薄伽梵說是語已。諸菩薩摩訶薩，及大聲聞，國王大臣婆羅門居士天龍藥叉健達縛阿素洛揭路茶緊捺洛莫呼洛伽人非人等。一切大衆聞佛所說，皆大歡喜，信受奉行。

藥師經析疑終

藥師如來法門略錄

戊寅七月在泉州

清塵堂講

藥師法門依據藥師經而建立。此土所譯藥師經有四種：

（一）佛說灌頂拔除過罪生死得脫經一卷，即大灌頂神咒經卷十二，東晉帛尸梨蜜多羅譯。又相傳有劉宋慧簡譯藥師琉璃光經一卷，今已佚失，或云即是東晉所譯之灌頂經。

（二）佛說藥師如來本願經一卷，隋達摩笈多譯。

（三）藥師琉璃光如來本願功德經一卷，唐玄奘譯。此即現今流通本所據之譯本。現今流通本與原譯本稍有不同者有增文兩段，一為依東晉譯本補入之八大菩薩名，二為依唐義淨譯本補入神咒及前後文二十餘行。

（四）藥師琉璃光七佛本願功德經二卷，唐義淨譯。前數譯惟述藥師佛，此譯復增六佛，故云七佛本願功德經，以外增加之文甚多。西藏僧衆所讀誦者為此本。

修持之法具如經文所載，今且舉四種如下：

（一）持名，經中屢云：聞名持名，因其法最為簡易，其所獲之益亦最為廣大也。今人持名者皆曰消災延壽藥師佛似未盡善，佛名惟舉藥師二字未能具足。佛德惟舉消災延壽四字亦多所缺略，故須依據經文而曰藥師琉璃光如來斯為最妥善矣。

（二）供養，如香華幡燈等。

（三）誦經，及演說開示書寫等。

（四）持咒。

所獲利益廣如經文所載，今且舉十種如下：

（一）速得成佛，經中屢言之。

（二）行邪道者令入正道，行小乘者令入大乘。

（三）能得種種戒，又犯戒者還得清淨不墮惡趣。

（四）得長壽富饒官位男女等。

（五）得無盡，所受用物無所乏少。

（六）一切痛苦皆除，水火刀兵盜賊刑戮諸災難等悉免。

（七）轉女成男。

（八）產時無苦，生子聰明少病。

（九）命終後隨其所願往生：

1．人中，得大富貴。

2．天上，不復更生諸惡趣。

3．西方極樂世界，有八大菩薩接引。

4．東方淨琉璃世界。

（十）在惡趣中暫聞佛名即生人道修諸善行速證菩提。

靈感事蹟甚多如舊錄所載，今且舉近事一則如下：

泉州承天寺覺圓法師，於未出家時體弱多病，即出家後二年之內病苦纏綿諸事不順。後得聞藥師如來法門，遂專心誦經持名懺悔，精勤不懈，迄至於今，身體康健，諸事順利。法師近擬編輯藥師聖典彙集，凡經文疏釋及儀軌等，悉蒐集之，刊版流布，以報佛恩焉。

跋

曩余在清塵堂講藥師如來法門，後由諸善友印施講錄，其時經他人輾轉鈔寫，頗有訛誤。茲由覺圓法師捐資再版印行，請余校正原稿，廣為流布。法師出家以來，於藥師法門最為信仰，近擬於泉州興建大藥師寺，其願力廣大，尤足令人讚歎云。沙門一音。

藥師法門修持課儀略錄

己卯二月在泉州
光明寺講

藥師如來法門大略，如大藥師寺已印行之藥師如來法門略錄所載。

今所述者，為吾人平常修持簡單之課儀。若正式供養法，乃至以五色縷結藥叉神將名字法等，將來擬別輯一卷專載其事，今不述及。

欲修持藥師如來法門者，應供藥師如來像。上海佛學書局有石印彩色之像，可以供奉，宜裝入玻璃鏡中。供像之處，不可在臥室。若不得已，在臥室中供奉者，睡眠之時，宜以淨布覆蓋像上。

藥師經，供於几上。不讀誦時，宜以淨布覆蓋。

供佛像之室內，須十分潔淨，每日宜掃地，並常常拂拭几案。

供佛之香，須擇上等有香氣者。

供佛之花，須擇開放圓滿者。若稍殘萎，即除去。花瓶之水，宜每日更換。若無鮮花時，可用紙製者代之。

此外如供淨水供食物等，隨各人意。但所供食物，須人可食者乃供之，若未熟之水果及未烹調之蔬菜等皆不可供。

以上所舉之供物，應於禮佛之前預先供好。凡在佛前供物或禮佛時，必須先洗手漱口。

此外如能懸幡燃燈尤善，無者亦可。

以下略述修持課儀，分為七門。其中禮敬讚歎供養迴向發願，必須行之。誦經持名持咒，可隨己意，或惟修二法，或僅修一法，皆可。

一　禮敬

十方三寶一拜，或分禮佛法僧三拜。本師釋迦牟尼佛一拜。藥師琉璃光如來三拜。此外若欲多拜，或兼禮敬其他佛菩薩者，隨己意增加。

禮敬之時，須至誠恭敬，緩緩拜起，萬不可匆忙。寧可少拜，不可草率。

二　讚歎

禮敬即畢，於佛前長跪合掌，唱讚偈云：

歸命滿月界，淨妙琉璃尊。法藥救人天，因中十二願。慈悲弘誓廣，願度諸含生。我今申讚揚，志心頭面禮。

右讚偈出藥師如來消災除難念誦儀軌。唱讚之時，聲宜遲緩，宜莊重。

三　供養

讚歎既畢，於佛前長跪合掌，唱供養偈云：

願此香花雲，徧滿十方界。一一諸佛土，無量香莊嚴。具足菩薩道，成就如來香。

供養畢，或隨己意增誦懺悔文，或可略之。

四　誦經

誦經時，或跪或立或坐或經行皆可。

字音不可訛誤，宜詳考之。

五　持名

先唱讚偈云：

藥師如來琉璃光，燄網莊嚴無等倫。無邊行願利有情，各遂所求皆不退。

續云，南無東方淨琉璃世界藥師琉璃光如來。以後即持念藥師琉璃光如來名號一百八遍。若欲多念者，隨意。

六　持咒

或據經中譯音持念，或別依師學梵文原音持念，皆可。

或念全咒一百八遍。或先念全咒七遍，繼念心咒一百八遍，後復念全咒七遍。心咒者，即是咒中唵字以下之文。

未經密宗阿闍梨傳授，不可結手印。擅結者，有大罪。

持咒時，不宜大聲，惟令自己耳中得聞。

持咒時，以坐為正式，或經行亦可。

七　迴向發願

迴向與發願大同，故今併舉。其稍異者，迴向須先修功德，再以此功德迴向，惟願如何云云。若先未修功德者，僅可云發願也。

迴向發願，為修持者最切要之事。若不迴向，則前所修之功德，無所歸趣。今修持藥師如來法門者，迴向之願，各隨己意。凡藥師經中所載者，皆可發之，應詳閱經文，自適其宜可耳。

以上所述之修持課儀，每日行一次或二次三次。必須至心誠懇，未可潦草塞責。印光老法師云：有一分恭敬，得一分利益，有十分恭敬，得十分利益。吾人修持藥師如來法門者，應深味斯言，以自求多福也。

藥師如來法門一斑

己卯四月在永春普濟寺講　王世英記

今天所講，就是深契時機的藥師如來法門。我近年來，與人談及藥師法門時，所偏注重的有幾樣意思，今且舉出，略說一下。

藥師法門甚為廣大，今所舉出的幾樣，殊不足以包括藥師法門的全體，亦只說是法門之一斑了。

一　維持世法

佛法本以出世間為歸趣，其意義高深，常人每難了解。若藥師法門，不但對於出世間往生成佛的道理屢屢言及，就是最淺近的現代實際上人類生活亦特別注重。如經中所說「消災除難，離苦得樂，福壽康寧，所求如意，不相侵陵，互為饒益」等，皆屬於此類。就此可見佛法亦能資助家庭社會的生活，與維持國家世界的安寧，使人類在這現生之中即可得到佛法的利益。

或有人謂佛法是消極的，厭世的，無益於人類生活的，聞以上所說藥師法門亦能維持世法，當不至對於佛法再生種種誤解了。

二　輔助戒律

佛法之中，是以戒為根本的，所以佛經說：「若無淨戒，諸善功德不生。」但是受戒容易，得戒為難，持戒不犯更為難。今若能依照藥師法門去修持力行，就可以得到上品圓滿的戒。假使於所受之戒有毀犯時，但能至心誠懇持念藥師佛號並禮敬供養者，即可消除犯戒的罪，還得清淨，不至再墮落在三惡道中。

三　決定生西

佛法的宗派非常之繁，其中以淨土宗最為興盛。現今出家人或在家人修持此宗，求生西方極樂世界者甚多。但修淨土宗者，若再能兼修藥師法門，亦有資助決定生西的利益。依藥師經說：「若有眾生能受持八關齋戒，又能聽見藥師佛名，於其臨命終時，有八位大菩薩來接引往西方極樂世界眾寶蓮花之中。」依此看來，藥師雖是東方的佛，而也可以資助往生西方，能使吾人獲得決定往生西方的利益。

再者。吾人修淨土宗的，倘能於現在環境的苦樂順逆一切放下，無所罣礙，則固至善。但是切實能夠如此的，千萬人中也難得一二。因為我們是處於凡夫的地位，在這塵世之時，對於身體衣食住處等，以及水火刀兵的天災人禍，在在都不能不有所顧慮，倘使身體多病，衣食住處等困難，又或常常遇著天災人禍的危難，皆足為用功辦道的障礙。若欲免除此等障礙，必須兼修藥師法門以為之資助，即可得到藥師經中所說「消災除難離苦得樂」等種種利益也。

四　速得成佛

藥師經，決非專說世間法的。因藥師法門，惟是一乘速得成佛的法門。所以經中屢云「速證無上正等菩提，速得圓滿」等。

若欲成佛，其主要的原因，是「悲智」兩種願心。藥師經云：「應生無垢濁心，無怒害心，於一切有情起利益安樂慈悲喜捨平等之心」，就是這個意思。前兩句從反面轉說，「無垢濁心」就是智心，「無怒害心」就是悲心。下一句正說，「捨」及「平等之心」就是智心，餘屬悲心。悲智為因，菩提為果，乃是佛法之通途。凡修持藥師法門者，對於以上幾句經文，尤宜特別注意，盡力奉行。

假使不如此，僅僅注意在資養現實人生的事，則惟獲人天福報，與夫出世間之佛法了無關係。若是受戒，也不能得上品圓滿的戒。若是生西，也不能往生上品。

所以我們修持藥師法門的，應該把以上幾句經文特別注意，依此發起「悲智」的弘願。假使如此，則能以出世的精神來做世間的事業，也能得上品圓滿的戒，也能往生上品，將來速得成佛可無容疑了。

藥師法門甚為廣大，上所述者，不過是我常對人講的幾樣意思。將來暇時，尚擬依據全部經義，編輯較完備的藥師法門著作，以備諸君參考。

最後，再就持念藥師佛名的方法，略說一下。念佛名時，應依經文，念曰「南無藥師琉璃光如來」，不可念消災延壽藥師佛。

佛說八大人覺經釋要

八大人覺經文

後漢沙門安世高譯

為佛弟子　常於晝夜　至心誦念　八大人覺

第一覺悟　世間無常　國土危脆　四大苦空　五陰無我
生滅變異　虛偽無主　心是惡源　形為罪藪　如是觀察
漸離生死

第二覺知　多欲為苦　生死疲勞　從貪欲起　少欲無為
身心自在

第三覺知　心無厭足　惟得多求　增長罪惡　菩薩不爾
常念知足　安貧守道　惟慧是業

第四覺知　懈怠墜落　常行精進　破煩惱惡　摧伏四魔
出陰界獄

第五覺悟　愚癡生死　菩薩常念　廣學多聞　增長智慧
成就辯才　教化一切　悉以大樂

第六覺知　貧苦多怨　橫結惡緣　菩薩布施　等念怨親
不念舊惡　不憎惡人
第七覺悟　五欲過患　雖為俗人　不染世樂　常念三衣
瓦鉢法器　志願出家　守道清白　梵行高遠　慈悲一切
第八覺知　生死熾然　苦惱無量　發大乘心　普濟一切
願代衆生　受無量苦　令諸衆生　畢竟大樂
如此八事　乃是諸佛菩薩大人之所覺悟
精進行道　慈悲修慧　乘法身船　至涅槃岸
復還生死　度脫衆生　以前八事　開導一切
令諸衆生　覺生死苦　捨離五欲　修心聖道
若佛弟子　誦此八事　於念念中　滅無量罪
進趣菩提　速登正覺　永斷生死　常住快樂

釋要

佛（釋迦。）**說八**（八種。）**大人**（諸佛菩薩。）**覺**（覺悟，覺知。）**經**（梵語修多羅之譯意。）

諸佛諸大菩薩，昔已覺悟此八種事，而依此修行，乃漸證人佛菩薩位也。

△此經全文分為三章，前一行總標，後六行結歎，中間之文即別列。於別列中，再分為八節。

今先講第一章總標

為佛弟子（出家或在家已歸依佛者。）**常於晝夜，至心誦念，八大人覺。**

△以下第二章別列八節。第一節為主要，最宜注意，故須詳釋之。

△別列八節，各別標名。

△第一節　無常無我覺

△今先釋無常無我四字。以此四字分括經文如下：

無常（即經云：世間無常，國土危脆。）無常者，時時變化。此義易知，無須詳釋。

無我（即經云四大苦空，五陰無我，生滅變異，虛偽無主。）此義難解，詳釋如下。

△總論世間一切萬法，不出色心。

色　有形質有阻礙，無知覺之用者，謂之色。經云四大。又五陰中之色陰，皆屬於此。

心　反之而無形質阻礙，有知覺之用者，謂之心。經云：五陰中之受想行識四陰，皆屬於此。

△前引經文四大五陰之名，今預釋其義如下。

四大
- 實四大（亦名四大界。）
  - 地大性堅能支持萬物
  - 水大性濕能收攝萬物
  - 火大性暖能調熟萬物
  - 風大性動能生長萬物
  （以能造作一切色法故，謂之能造四大。）
- 假四大　即世間所稱之地水火風—謂之所造四大（即實四大等之假和合，據其性之最增盛者而名之也。）其性。

四大又可分為二
- 內四大　即正報之人身（正報者，五陰身心也。）
- 外四大　即依報之諸色（依報者。世間國土家屋衣食等。）

四大之解釋甚繁，今且略述如此。

五陰　陰者，蓋覆也音。義與蔭同。由此五法蓋覆真性，不能顯現，故名曰陰。新譯為五蘊。蘊者，積聚也。諸法和合，略為一聚，故稱為蘊。

五陰
- **色**　即一切有形質有阻礙之外境　色（經云四大即屬於此。又經云世間國土亦屬於此。）
- **受**　即對於外境而起苦樂及不苦不樂之感受
- **想**　即取著已感受之印像而思想
- **行**　即對於外境之動作
- **識**　即了別外境及變出外境之本體

（受想行識）—**心**

△經文無我之義，今預釋如下。

我者有常一之體，及主宰之用，乃可謂之為我。

妄執為我者有二種
- **人我**（於人身執有此我）—然人身者。乃五陰之假和合，無常一之我體。
- **法我**（於法執有此我）—然法者。總為因緣所生，亦無常一之我體。

—**無我**

已上釋此節科文無常無我義竟。

△已下正釋經文。

第一覺悟（已下八節，或作覺悟，或作覺知，乃譯文互用也。）

世間無常等二句

四大苦空等六句　——（四大可以併入五陰，因四大即屬於五陰中之色陰故。於經文可作五陰、苦空、無我等，而連續觀之。）

苦　佛謂世間有八苦：生、老、病、死、愛別離、怨憎會、求不得、五陰熾盛。此第八五陰熾盛苦，為一切諸苦之本。即吾人現前之起心動念，及動作云為，皆是未來得苦之因也。因果牽連，相續不斷，永無解脫，故云苦也。

空 諸法皆假合而成，各無實體，故云空也。

無我 見前解。

生滅 五陰色心，從無始來，以因緣合散力故，念念生滅，相續無窮，有如流水，亦如燈燄。

變異 剎那剎那，變遷轉異。

虛偽 虛者不實，偽者非真。

無主 即非常一之體，豈有主宰之用。

心是惡源形為罪藪 上句約心而言，下句兼身心而言。經文唯云形者，略也。

心是罪源 即執五陰假合之身心，妄謂是我。寶此我故，即因此而心起貪瞋癡三毒之煩惱。

- 貪 貪一切名利之事，欲以榮之。
- 瞋 瞋一切違情之境，恐損害之。
- 癡 愚癡之情，非理計較。

形為罪藪 即由心起三毒煩惱。即依身口意造種種有漏之染業，而受種種苦樂之果報。

- 惡業 因三毒猛盛而造——報在四惡道
- 善業 因貪富貴等之樂而造——報在人道及六欲天等
- 不動業 因貪禪定之樂而造——報在色無色天等

以上所述，由煩惱而造業，由業而感報。於其感報所受之五陰身心還執為我，仍起貪瞋癡三毒而造業而受報。如是世世生生，輪轉不絕，所謂人生之黑幕，不過如此而已。

△已下續講後二句。此二句，教人修觀獲益也。

如是觀察漸離生死 既已覺悟上文所示之理，即依是而修無我等觀，則身心之妄執漸輕，自可漸離生死矣。

生死者，隨業輪轉於六道也。

或問，若離生死，豈非棄捨衆生自求安樂乎?答非也。觀經末之文可知。

△已上第一節講畢。

△聽衆或應於前所云空無我等而懷疑問。謂即一切皆空，則不須認真作事。何以今見學佛法者，於保護國土利益衆生等事，猶十分努力，認真苦幹耶?今於此略解釋之。佛法所以云空無我者，意在破除常人所執之小我，將其多生以來自私自利之卑劣醜陋之惡習慣徹底消滅。然後以真實光明之態度，於世間一切之事，皆認真實行。勇猛精進，決無倦怠，雖喪身命，亦不顧惜。故佛經之體裁，大半皆先說空理，然後再廣列應行之事。此經亦然。第二節至第八節皆示所應行之事，絕非以空為究竟也。古人云：上智知空而進德，下愚知空而廢業。即此義也。若執空以為究竟，則佛法所決不許，斥為著空魔，斥為墮頑空。由此空見而撥無因果，即造極惡之重業矣。是事關係甚大，故略為解釋，以息羣疑。

△第二節 常修少欲覺（已下七節，每節中皆可分為示過正行兩段。）

生死疲勞 輪迴六道不絕也。

無為 即是無我之理。

能修少欲，則可以悟無為而身心得自在矣。

△第三節 知足守道覺

惟慧是業 慧者，如第一節所示。非世俗之智慧也。

△第四節 當行精進覺

煩惱　四魔　陰界 煩惱者，見思二惑。四魔者，一煩惱魔，二五陰魔，三死魔，四天魔。陰者五陰。界者十八界。其義甚繁，不能詳釋，約大意而言，此指精進用功時，漸次所脫離之種種障礙也。

△第五節 多聞智慧覺

愚癡生死 因愚癡而流轉輪迴。

廣學多聞 正約佛法而言。若已通佛法者，亦可兼學世俗學問，以為弘揚佛法之工具。

智慧 如第一節所示。

辯才 善巧說法之才能也。已得智慧者乃有之。與世俗之口才大異。

大樂 指成佛而言，即是佛果所具之德也。非世俗之樂。

△第六節　布施平等覺

舊惡　約已改過者言。佛謂能改過者是謂智人。

惡人　約未改過者言。其人即無一毫之善可取，亦應觀其佛性而讚歎之。不應起瞋心。

△第七節　出家梵行覺

五欲　財、色、飲食、名、睡眠。

三衣　五衣、七衣、大衣。

守道　等三句　上二句自行，下一句化他。

守道清白　趣向菩提，不雜名利心。

梵行高遠　惟求佛果，不起二乘心。

△第八節　大心普濟覺

大樂　如前釋。

△第三章結歎又分為四節。

△第一節　結成名義

如此八事乃至**之所覺悟**

△第二節　結成自覺功德

精進行道乃至**至涅槃岸**

法身船　指所悟性德。

涅槃岸　指修德所顯。涅槃者，此云真解脫解脫世間一切纏縛而已。若云消極，若云死滅，則大誤矣。

△第三節　結成覺他功德

復還生死乃至**修心聖道**

復還生死度脫衆生　前經云漸離生死，又云出陰界獄等。或疑是為棄捨衆生，自求安樂。今閱此文，應知不爾。依佛法之常途次第，先能自覺，乃可覺他。上節之文，已明究竟解脫生死，自覺圓滿。故此節文，即明復還生死，而覺他也。若不能徹底真實自覺，而能徹底真實覺他者，無有是處。

△第四節　結成誦念功德（即前文云至心誦念八大人覺也。）

若佛弟子乃至**常住快樂**

快樂　與前大樂同。

已上略釋全經竟

地藏菩薩盛德大觀

△第一章　譯名辨異

梵名乞叉底蘗沙，此云地藏。而諸經譯傳，亦有增文。列舉如下：

地藏菩薩　此為諸經論通譯之名。地藏之義，如明蕅益大師占察善惡業報經疏廣釋。

大地藏菩薩　出晉譯大方廣佛華嚴經入法界品。

持地藏菩薩　出西秦譯佛說羅摩伽經，即是入法界品別譯。

地藏王菩薩　出唐譯大乘本生心地觀經。清來舟釋云：主執幽冥，隨願自在，故尊為王。然王義甚廣，此釋未能盡也。

△第二章　十輪經大旨

以下三章大旨，皆依明蕅益大師閱藏知津文而增減之。

此經共有兩譯。

佛說大方廣十輪經　八卷　出北涼錄失譯人名　與後同本，而文缺略。

大乘大集地藏十輪經　十卷　唐玄奘譯　今依此本，略錄大旨。

是經執筆譯文者為大乘昉師，並撰序文冠於經首。師謂十輪經者，則此土末法之教也。何以明之？佛以末法惡時，去聖寖遠，敗根比之坯器，空見借喻生盲，沈醉五欲類石田之不苗，放肆十惡似臭身之垢穢。故此經，能濯臭身，開盲目，陶坯器，沃石田。觀此數言，可以略知是經所被之機矣。

序品第一　佛在佉羅帝耶山。南方雲來，雨諸供養，演諸法聲。衆會手中，各各現如意珠，雨寶放光，見十方土。又見身各地界增強，堅重難舉。有天帝釋，名無垢生，以頌問佛。佛為廣歎地藏菩薩功德。文云：

爾時世尊告無垢生天帝釋曰。汝等當知。有菩薩摩訶薩，名曰地藏。已於無量無數大劫，五濁惡時，無佛世界，成熟有情。今與八十百千那庾多頻跋羅菩薩俱。為欲來此禮敬親近供養我故，觀大集會生隨喜故。並諸眷屬，作聲聞像，將來至此。以神通力，現是變化。　是地藏菩薩摩訶薩，有無量無數不可思議殊勝功德之所莊嚴。一切世間聲聞獨覺所不能測。　此大菩薩，是諸微妙功德伏藏。是諸解脫珍寶出處。是諸菩薩明淨眼目。是趣涅槃商人導首。如如意珠雨衆財寶，隨所希求皆令滿足。譬諸商人所採寶渚。是能生長善根良田。是能盛貯解脫樂器。是出妙寶功德賢瓶。照行善者，猶如朗日。照失道者，猶如明炬。除煩惱熱，如月清涼。如無足者，所得車乘。如遠涉者，所備資糧。如迷方者，所逢示導。如狂亂者，所服妙藥。如疾病者，所遇良醫。如羸老者，所凭几杖。如疲倦者，所止牀座。度四流者，為作橋梁。趣彼岸者，為作船筏。是三善根殊勝果報。是三善本所引等流。常行惠施，如輪恆轉。持戒堅固，如妙高山。精進難壞，如金剛寶。安忍不動，猶如大地。靜慮深密，猶如秘藏。等至嚴麗，如妙花鬘。智慧深廣，猶如大海。無所染著，譬太虛空。妙果近因，如衆花葉。伏諸外道，如師子王。降諸天魔，如大龍象。斬煩惱賊，猶如神劍。厭諸諠雜，如獨覺乘。洗煩惱垢，如清淨水。能除臭穢，如疾飄風。斷衆結縛，如利刀劍。護諸怖畏，如親如友。防諸怨敵，如壍如城。救諸危難，猶如父母。藏諸怯劣，猶若叢林。如夏遠行，所投大樹。與熱渴者，作清冷水。與饑乏者，作諸甘果。為露形者，作諸衣服。為熱乏者，作大密雲。為貧匱者，作如意寶。為恐懼者，作所歸依。為諸稼穡，作甘澤雨。為諸濁水，作月愛珠。令諸有情，善根不壞。現妙境界，令衆欣悅。勸發有情，增上慚愧。求福慧者，令具莊嚴。能除煩惱，如吐下藥。能攝亂心，如等持境。辯才無滯，如水激輪。攝事繫心，如觀妙色。安忍堅住，如妙高山。總持深廣，猶如大海。神足無礙，譬若虛空。滅除一切惑障習氣，猶如烈日銷釋輕冰。常遊靜慮無色正道。一切智智妙寶洲渚。能無功用，轉大法輪。　善男子，是地藏菩薩摩訶薩，具如是等無量無數不可思議殊勝功德。與諸眷屬欲來至此。先現如是神通之相。

菩薩尋與無量眷屬，現聲聞像，來禮佛足，讚歎供養。

佛復因好疑問菩薩問，廣述地藏菩薩無量功德。文云：

　佛言。諦聽。善思念之。吾當為汝略說少分。　如是大士，成就無量不可思議殊勝功德。已能安住首楞伽摩勝三摩地，善能悟入如來境界，已得最勝無生法忍，於諸佛法已得自在，已能堪忍一切智位，已能超度一切智海，已能安住師子奮迅幢三摩地，善能登上一切智山，已能摧伏外道邪論。為欲成熟一切有情，所在佛國悉皆止住。如是大士，隨所止住諸佛國土，隨所安住諸三摩地，發起無量殊勝功德，成熟無量所化有情。

以下廣說地藏菩薩入種種定，由此定力，令彼有情利益安樂。今舉其概，列表如下：

令彼佛土一切有情
- 皆悉同見諸三摩地所行境界。
- 隨其所應，能以無量上妙供具，恭敬供養諸佛世尊。
- 皆悉同見諸欲境界無量過患，心得清淨。
- 皆得具足增上慚愧，離諸惡法，心無忘失。
- 皆得善巧天眼智通等，了達此世他世因果。
- 皆離一切愁憂昏昧。
- 皆得具足神通善巧。
- 普見十方諸佛國土。
- 捨邪歸正，歸依三寶。
- 隨念皆得飲食充足。
- 皆悉遠離後世恐怖，得法安慰。
- 無不皆得增上力勢，離諸病苦。
- 隨樂皆得牀座敷具衣服寶飾，諸資身具無所乏少，殊妙端嚴甚可愛樂。
- 身心勇健，遠離一切怨憎繫縛，和順歡娛，愛樂具足，施戒安忍，勇猛精進，心無散亂，成就智慧。

- 皆受無量勝妙歡喜。
- 得無礙智，能修種種清淨事業。
- 皆得諸根具足無缺，常樂遠離，其心寂靜。
- 皆深呵厭自惡業過，咸善護持十善業道生天要路。
- 皆悉發起慈心悲心，無怨害心，普平等心，更相利益安樂之心。
- 離諸鬬諍。疾疫饑饉，非時風雨，苦澀辛酸，諸惡色觸，悉皆消滅。

令彼佛土
- 所有一切小輪圍山大輪圍山蘇迷盧山及諸餘山，谿澗溝壑，瓦礫毒刺，諸穢草木，皆悉不現。所有一切衆邪蠱毒，諸惡蟲獸，災橫疫癘，昏暗塵垢，不淨臭穢，悉皆銷滅。地平如掌，種種嘉祥自然涌現，清淨殊勝，衆相莊嚴。
  - 一切魔王及諸眷屬，皆悉驚怖，歸依三寶。
  - 一切大地衆寶合成。一切過患皆悉遠離。種種寶樹衣樹器樹諸瓔珞樹花樹果樹諸音樂樹，無量樂具，周徧莊嚴。

以下又廣說有能至心稱名念誦歸敬供養地藏菩薩摩訶薩者，所獲種種利益安樂。文云：

隨所在處。若諸有情，種種希求，憂苦逼切。有能至心稱名念誦歸敬供養地藏菩薩摩訶薩者。一切皆得如法所求，離諸憂苦。隨其所應，安置生天涅槃之道。　隨所在處。若諸有情，饑渴所逼。有能至心稱名念誦歸敬供養地藏菩薩摩訶薩者。一切皆得如法所求，飲食充足。隨其所應，安置生天涅槃之道。　隨所在處。若諸有情，乏少種種衣服寶飾醫藥牀敷及諸資具。有能至心稱名念誦歸敬供養地藏菩薩摩訶薩者。一切皆得知法所求，衣服寶飾醫藥牀敷及諸資具無不備足。隨其所應，安置生天涅槃之道。　隨所在處。若諸有情，愛樂別離，怨憎合會。有能至心稱名念誦歸敬供養地藏菩薩摩訶薩者。一切皆得愛樂合會，怨憎別離。隨其所應，安置生天涅槃之道。　隨所在處。若諸有情，身心憂苦，衆病所惱。有能至心稱名念誦歸敬供養地藏菩薩摩訶薩者。一切皆得身心安隱，衆病除愈。隨其所應，安置生天涅槃之道。　隨所在處。若諸有情，互相乖違，興諸鬬諍。有能至心稱名念誦歸敬供養地藏菩薩摩訶薩者。一切皆得捨毒害心，共相和穆，歡喜忍受，展轉悔愧，慈心相向。隨其所應，安置生天涅槃之道。　隨所在處。若諸有情，閉在牢獄，杻械枷鎖檢繫其身，具受衆苦。有能至心稱名念誦歸敬供養地藏菩薩摩訶薩者。一切皆得解脫牢獄杻械枷鎖，自在歡樂。隨其所應，安置生天涅槃之道。　隨所在處。若諸有情，應被囚執，鞭撻拷楚，臨當被害。有能至心稱名念誦歸敬供養地藏菩薩摩訶薩者。一切皆得免離囚執鞭撻加害。隨其所應，安置生天涅槃之道。　隨所在處。若諸有情，身心疲倦，氣力羸惙。有能至心稱名念誦歸敬供養地藏菩薩摩訶薩者。一切皆得身心暢適，氣力強盛。隨其所應，安置生天涅槃之道。　隨所在處。若諸有情，諸根不具，隨有損壞。有能至心稱名念誦歸敬供養地藏菩薩摩訶薩者。一切皆得諸根具足，無有損壞。隨其所應，安置生天涅槃之道。　隨所在處。若諸有情，顛狂心亂，鬼魅所著。有能至心稱名念誦歸敬供養地藏菩薩摩訶薩者。一切皆得心無狂亂，離諸擾惱。隨其所應，安置生天涅槃之道。　隨所在處。若諸有情，貪欲瞋恚愚癡忿恨慳嫉憍慢惡見睡眠放逸疑等皆悉熾盛，惱亂身心常不安樂。有能至心稱名念誦歸敬供養地藏菩薩摩訶薩者。一切皆得離貪欲等，身心安樂。隨其所應，安置生天涅槃之道。　隨所在處。若諸有情，為火所焚，為水所溺，為風所飄，或於山巖崖岸樹舍顛墜墮落，其心慞惶。有能至心稱名念誦歸敬供養地藏菩薩摩訶薩者。一切皆得離諸危難，安隱無損。隨其所應，安置生天涅槃之道。　隨所在處。若諸有情，為諸毒蛇毒蟲所螫，或被種種毒藥所中。有能至心稱名念誦歸敬供養地藏菩薩摩訶薩者。一切皆得離諸惱害。隨其所應，安置生天涅槃之道。　隨所在處。若諸有情。惡鬼所持，成諸瘧病，或日日發或隔日發或三四日而一發者。或令狂亂，身心顫掉，迷悶失念，無所了知。有能至心稱名念誦歸敬供養地藏菩薩摩訶薩者。一切皆得解脫無畏，身心安適。隨其所應，安置生天涅槃之道。　隨所在處。若諸有情，為諸藥叉羅剎餓鬼畢舍遮鬼布怛那鬼鳩畔茶鬼羯吒布怛那鬼吸精氣鬼，及諸虎狼師子惡獸，蠱毒厭禱諸惡咒術，怨賊軍陣，及餘種種諸怖畏事之所纏繞。身心憧惶，懼失身命，惡死貪生，厭苦求樂。有能至心稱名念誦歸敬供養地藏菩薩摩訶薩者。一切皆得離諸怖畏，保全身命。隨其所應，安置生天涅槃之道。　隨所在處。若諸有情，或為多聞，或為淨信，或為淨戒，或為靜慮，或為神通，或為般若，或為解脫，或為妙色，或為妙聲，或為妙香，或為妙味，或為妙觸，或為利養，或為名聞，或為功德，或為工巧，或為花果，或為樹林，或為牀座，或為敷具，或為道路，或為財穀，或為醫藥，或為舍宅，或為僕使，或為彩色，或為甘雨，或為求水，或為稼穡，或為扇拂，或為涼風，或為求火，或為車乘，或為男女，或為方便，或為修福，或為溫暖，或為清涼，或為憶念，或為種種世出世間諸利樂事。於追求時，為諸憂苦之所逼切。有能至心稱名念誦歸敬供養地藏菩薩摩訶薩者。此善男子功德妙定威神力故，令彼一切皆離憂苦，意願滿足。隨其所應，安置生天涅槃之道。　隨所在處。若諸有情，以諸種子植於荒田或熟田中，若勤營務或不營務。有能至心稱名念誦歸敬供養地藏菩薩摩訶薩者。此善男子功德妙定威神力故，令彼一切果實豐稔。所以者何？此善男子曾過無量無數大劫，於過數量佛世尊所發大精進堅固誓願。由此願力，為欲成熟諸有情故，常普任持一切大地，常普任持一切種子，常普令彼一切有情隨意受用。此善男子威神力故，能令大地一切草木根鬚芽莖枝葉花果皆悉生長，藥穀苗稼花果茂實成熟潤澤香潔輭美。　隨所在處。若諸有情，貪瞋癡等皆猛利故，造作殺生或不與取或欲邪行或虛誑語或麤惡語或離間語或雜穢語或貪或瞋或復邪見十惡業道。有能至心稱名念誦歸敬供養地藏菩薩摩訶薩者。一切煩惱悉皆銷滅，遠離十惡，成就十善，於諸衆生起慈悲心及利益心。　此善男子，成就如是功德妙定威神之力，勇猛精進，於一食頃能於無量無數佛土，一一土中以一食頃皆能度脫無量無數殑伽沙等所化有情，令離衆苦皆得安樂。隨其所應，安置生天涅槃之道。

佛復廣說地藏菩薩現種種身，於十方界，為諸有情如應說法。文云：

或時現作大梵王身，為諸有情如應說法。或復現作大自在天身，或作欲界他化自在天身，或作樂變化天身，或作覩史多天身，或作夜摩天身，或作帝釋天身，或作四大王天身，或作佛身，或作菩薩身，或作獨覺身，或作聲聞身，或作轉輪王身，或作剎帝利身，或作婆羅門身，或作筏舍身，或作戍達羅身，或作丈夫身，或作婦女身，或作童男身，或作童女身，或作健達縛身，或作阿素洛身，或作緊捺洛身，或作莫呼洛伽身，或作龍身，或作藥叉身，或作羅剎身，或作鳩畔茶身，或作畢舍遮身，或作餓鬼身，或作布怛那身，或作羯吒布怛那身，或作奧闍訶洛鬼身，或作師子身，或作香象身，或作馬身，或作牛身，或作種種禽獸之身，或作剡魔王身，或作地獄卒身，或作地獄諸有情身，現作如是等無量無數異類之身，為諸有情如應說法。隨其所應，安置三乘不退轉位。

佛復較量，至心歸依稱名念誦禮拜供養地藏菩薩，求諸所願，最為殊勝。文云：

假使有人，於其彌勒及妙吉祥並觀自在普賢之類而為上首，殑伽沙等諸大菩薩摩訶薩所，於百劫中，至心歸依稱名念誦禮拜供養，求諸所願。不如有人，於一食頃，至心歸依稱名念誦禮拜供養地藏菩薩，求諸所願速得滿足。　所以者何？地藏菩薩利益安樂一切有情，令諸有情所願滿足。如如意寶，亦如伏藏。如是大士，為欲成熟諸有情故，久修堅固大願大悲，勇猛精進過諸菩薩。是故汝等應當供養。

佛既廣述地藏菩薩不可思議諸功德已，衆會興供。文云：

爾時十方諸來大衆一切菩薩摩訶薩及諸聲聞天人藥叉健達縛等，皆從座起，隨力所能，各持種種金銀等屑衆寶花香，奉散地藏菩薩摩訶薩。復持種種上妙衣服末尼寶珠真珠花鬘真珠瓔珞金銀寶縷幢旛蓋等，奉上地藏菩薩摩訶薩。復以無量上妙音樂種種讚頌，恭敬供養地藏菩薩。

衆會既興供已。地藏菩薩轉供世尊，兼說神咒利益一切。

以上悉為序品第一大旨。此品之文，多讚地藏菩薩功德。故挈錄較繁。以下諸品，多從略錄。

十輪品第二　地藏菩薩問佛，云何於五濁世能轉佛輪？佛答由本願力。成就十種佛輪，能居此土。即十力也。一一喻如轉輪聖王。

無依行品第三　爾時會中有大梵天，名曰天藏。問佛禪定讀誦營福等。佛言二種十無依行，若修定者隨有一行，終不能成諸三摩地。世尊復讚修定行者，應受釋梵護世四王轉輪王等讚歎禮拜恭敬承事，奉施百千那庾多供。及說偈頌。文云：

修定能斷惑，餘業所不能。故修定為尊，智者應供養。

次明出家破戒，猶能生人十種殊勝思惟。國王大臣不宜非理辱害。　次明五無間罪，四根本罪，謗正法及疑三寶罪，名為極重大罪惡業無依行法，皆非佛之弟子。宜極護持四根本戒。　次因尊者優波離問，未來世有惡行苾芻，云何方便呵舉驅擯及以治罰。佛具答之。次因地藏菩薩願救末世，為說末世有十惡輪。謂國王宰官等護惡苾芻，惱害淨衆，即名為旃荼羅。乃至破戒無戒不應辱害，引古羅刹醉象敬重袈裟為證。若能遠離十惡輪者，則得十法增長，離二十過。天藏復說護國不退輪心神咒。

有衣行品四　金剛藏菩薩問，既言破戒非佛弟子，云何不許辱害。又他經處處獨讚大乘，今經云何說三乘法，悉皆不許隱沒。佛答十種有情，難得人身。復有十種無依行法差別，有四種僧及四沙門。是故破戒雖非佛子，不應受供。猶有聖賢幢相，不得辱害。三乘並是如來度生方便，雖修大乘不得廢二。　次示十有依行，三乘所共。復有十有依行，獨覺大乘所共。　次復廣示大乘無塵垢行輪，無取行輪。隨衆生根說三乘法。戒淨慈悲安樂一切，乃名大乘。

懺悔品第五　衆會聞法，各懺先罪。佛為說十種法，能令菩薩獲得無罪正路法忍。　次明已得法忍，許處王位。或行十善，或信三寶，亦可為王。否則決當墮落。

善業道品第六　金剛藏菩薩復問，云何於三乘人法得無過失，乃至菩提行願心無厭足。佛答十善業道即菩薩十輪，廣說因果利益。以下又復斥非勸修。文云：

是故善男子。若不真實希求如是十善業道所證佛果，及不真實下至守護一善業道。乃至命終，而自稱言，我是真實行大乘者，我求無上正等菩提。當知如是補特伽羅，是極虛詐，是大妄語，對十方界佛世尊前誑惑世間，無慚無愧，說空斷見，誘誑愚癡。身壞命終，墮諸惡趣。　善男子。若但言說及但聽聞，不由修行十善業道，能得菩提般涅槃者。於一劫中，或一念頃，可令十方一切佛土地界微塵算數衆生皆登正覺，入般涅槃。然無是事。所以者何？十善業道是大乘本，是菩提因，是證涅槃堅固梯隥。　善男子。若但發心發誓願力，不由修行十善業道，能得菩提般涅槃者。於一劫中，或一念頃，可令十方一切佛土地界微塵算數衆生皆登正覺，入般涅槃。然無是事。所以者何？十善業道是世出世殊勝果報功德根本。　善男子。若不修行十善業道。設經十方一切佛土微塵數劫，自號大乘，或說或聽或但發心或發誓願，終不能證菩提涅槃，亦不令他脫生死苦。善男子。要由修行十善業道，世間方有諸刹帝利婆羅門等大富貴族。四天王天乃至非想非非想處，或聲聞乘或獨覺乘乃至無上正等菩提，皆由修行十善業道品類差別。　是故善男子。若欲速滿無上正等菩提願者，當修如是十善業道以自莊嚴。非住十惡不律儀者，能滿如是無上正等菩提大願。若求速悟大乘境界，速證無上正等菩提，速滿一切善法願者，先應護持十善業道。所以者何？十善業道是能安立一切善法功德根本，是世出世勝果報因。是故應修十善業道。

福田相品第七　復明菩薩十財施大甲冑輪，十法施大甲冑輪，淨戒大甲冑輪，安忍大甲冑輪，精進大甲冑輪，靜慮大甲冑輪，般若及善巧方便大甲冑輪，大慈大甲冑輪，大悲大甲冑輪，堅固大忍大甲冑輪。故為一切聲聞獨覺作大福田。

獲益囑累品第八　衆各獲益無量。佛以此法付囑虛空藏菩薩。文云：

善男子。吾今持此地藏十輪大記法門付囑汝手。汝當受持廣令流布。若諸衆生於此法門，有能讀誦思惟其義，為他解說住正行者。汝當為彼守護十法，令於長夜利益安樂。何等為十？

一者為彼守護一切財位令無損乏。二者為彼守護一切怨敵令不侵害。三者為彼守護，令捨一切邪見邪歸十惡業道。四者為彼守護，令免一切身語謫罰。五者為彼守護，遮斷一切謗毀輕弄。六者為彼守護，令於一切軌範尸羅皆得無犯。七者為彼守護，令悉除滅一切非人四大乖反非時老病。八者為彼守護，不遭一切非時非理災橫夭歿。九者為彼守護，命欲終時，得見一切諸佛色像。十者為彼守護，令其終後，往生善趣利益安樂。善男子。若諸有情於此法門，有能讀誦思惟其義，為他解說住正行者。汝當為彼勤加守護如是十法，令於長夜利益安樂。

附　地藏菩薩陀羅尼　一卷　唐慧琳譯　載一切經音義卷第十八中。即是十輪經序品陀羅尼別譯本。

唐慧琳法師云：地藏菩薩陀羅尼，經中本為是古譯。或有音旨不切，用字乖僻。今有自受持梵本。因修音義，依文再譯。識梵文者，請校勘前後二譯，方知疏密。　案此陀羅尼先後共三譯。一載北涼錄十輪經序品中，二載唐譯十輪經序品中，三即今譯別行之本。

△第三章　占察經大旨

占察善惡業報經　二卷　隋外國沙門菩提登譯

‧明蕅益大師云，此經誠末世救病神丹，不可不急流通。

‧卷上　佛在王舍城耆闍崛山中。堅淨信菩薩為末世衆生請問方便。文云：

堅淨信菩薩言。如佛先說。若我去世，正法滅後，像法向盡，及入末世。如是之時，衆生福薄多諸衰惱，國土數亂災害頻起，種種厄難怖懼逼繞。我諸弟子失其善念，唯長貪瞋嫉妬我慢。設有像似行善法者，但求世間利養名稱以之為主，不能專心修出要法。爾時衆生覩世災亂，心常怯弱，憂畏己身及諸親屬不得衣食充養軀命。以如此等衆多障礙因緣故，於佛法中鈍根少信，得道者極少。乃至漸漸於三乘中信心成就者亦復甚尠。所有修學世間禪定發諸通業自知宿命者，次轉無有。如是於後入末法中經久，得道獲信禪定通業等一切全無。　我今為此未來惡世像法向盡及末法中有微少善根者，請問如來，設何方便開示化導，令生信心得除衰惱。以彼衆生遭值惡時，多障礙故，退其善心。於世間出世間因果法中數起疑惑，不能堅心專求善法。如是衆生可愍可救。世尊大慈，一切種智，願興方便而曉喻之。令離疑網，除諸障礙，信得增長，隨於何乘速獲不退。

佛令轉問地藏菩薩，並示位高，兼明緣勝。文云：

地藏菩薩發心已來，過無量無邊不可思議阿僧祇劫。久已能度薩婆若海，功德滿足。但依本願自在力故，權巧現化，影應十方。　雖復普遊一切剎土，常起功業。而於五濁惡世，化益偏厚。亦依本願力所熏習故，及因衆生應受化業故也。彼從十一劫來，莊嚴此世界，成熟衆生。是故在斯會中，身相端嚴，威德殊勝，唯除如來無能過者。又於此世界所有化業，唯除遍吉觀世音等，諸大菩薩皆不能及。以是菩薩本誓願力，速滿衆生一切所求，能滅衆生一切重罪，除諸障礙，現得安隱。　又是菩薩名為善安慰說者。所謂巧說深法，能善開導初學發意求大乘者令不怯弱。　以如是等因緣，於此世界衆生渴仰，受化得度。是故我今令彼說之。

地藏菩薩為示三種輪相，占察三世善惡業報。兼示懺悔之法。如經廣說。

‧卷下　地藏菩薩復示一實境界，及唯心識觀真如實觀二種觀法。

地藏菩薩又復為善根薄煩惱厚多疑多障者，別示方便。令離障緣，求生淨土。文云：

若人雖學如是信解，而善根業薄未能進趣，諸惡煩惱不得漸伏。其心疑怯，畏墮三惡道生八難處，畏不常值佛菩薩等不得供養聽受正法，畏菩提行難可成就，有如此疑怖及種種障礙等者。應於一切時一切處，常勤誦念我之名字。若得一心，善根增長，其意猛利。當觀我法身及一切諸佛法身，與己自身體性平等，無二無別，不生不滅，常樂我淨，功德圓滿，是可歸依。又復觀察己身心相，無常苦無我不淨，如幻如化，是可厭離。　若能修學如是觀者，速得增長淨信之心，所有諸障漸漸損減。何以故？此人名為學習聞我名者，亦能學習聞十方諸佛名者。名為學至心禮拜供養我者，亦能學至心禮拜供養十方諸佛者。名為學聞大乘深經者，名為學執持書寫供養恭敬大乘深經者，名為學受持讀誦大乘深經者。名為學遠離邪見於深正義中不墮謗者，名為於究竟甚深第一實義中學信解者。名為能除諸罪障者，名為當得無量功德聚者。此人捨身，終不墮惡道八難之處，還聞正法習信修行。亦能隨願往生他方淨佛國土。　復次，若人欲生他方現在淨國者。應當隨彼世界佛之名字專意誦念，一心不亂，如上觀察者，決定得生彼佛淨國，善根增長速獲不退。

復示三忍四佛以彰圓位。及善巧說法安慰怯弱，離相違過。地藏菩薩說法已，佛囑付受持。文云：

爾時佛告諸大衆言。汝等各各應當受持此法門，隨所住處廣令流布。所以者何？如此法門甚為難值，能大利益。若人得聞彼地藏菩薩摩訶薩名號及信其所說者，當知是人速能得離一切所有諸障礙事，疾至無上道。　於是大衆皆同發言，我當受持，流布世間，不敢令忘。

△第四章　本願經大旨

地藏菩薩本願經　二卷流通本作三卷　唐于闐國沙門實叉難陀譯

忉利天宮神通品第一　佛在忉利天，為母說法。十方諸佛菩薩集會讚歎。如來含笑，放光明雲，出微妙音。十方天龍鬼神亦皆集會。佛為文殊菩薩說地藏菩薩往因。

分身集會品第二　十方地獄處分身地藏菩薩，與諸受化衆生來見世尊。世尊摩頂付囑。文云：

汝觀吾累劫勤苦，度脫如是等難化剛強罪苦衆生。其有未調伏者，隨業報應，若墮惡趣受大苦時。汝當憶吾在忉利天宮慇懃付囑，令娑婆世界至彌勒出世已來衆生悉使解脫，永離諸苦，遇佛授記。

觀衆生業緣品第三　摩耶夫人問業報所感惡趣。地藏菩薩略答五無間事。

閻浮衆生業感品第四　定自在王菩薩更問往因。佛又略說二事。　四天王請問菩薩大願方便。佛述其所說報應之法。

地獄名號品第五　普賢菩薩問。地藏菩薩答。

如來讚歎品第六　佛放身光，出大音聲，讚歎地藏菩薩。　普廣菩薩請問利益。佛為說供像讀經持名等，分別答之。

利益存亡品第七　地藏菩薩白佛，普勸衆生斷惡修善。　大辨長者請問薦亡功德。地藏菩薩為說七分獲一。

閻羅王衆讚歎品第八　鬼王與閻羅天子，承佛菩薩神力，俱詣忉利，請問衆生不依善道之故。佛以如迷路人喻之。　次有惡毒鬼王主命鬼王各發善願。佛讚印之，並授主命道記。

稱佛名號品第九　地藏菩薩為利衆生，演說過去諸佛名號功德。

校量布施功德緣品第十　地藏菩薩請問。佛分別答。

地神護法品第十一　堅牢地神明供像十利。

見聞利益品第十二　佛放頂光，妙音稱讚地藏菩薩。　觀世音菩薩請問不思議事。佛為說供像持名等，分別答之。

囑累人天品第十三　佛又摩地藏菩薩頂，以諸衆生付囑令度。文云：

地藏地藏。記吾今日，在忉利天中，於百千萬億不可說不可說一切諸佛菩薩天龍八部大會之中，再以人天諸衆生等未出三界在火宅中者付囑於汝。無令是諸衆生墮惡趣中一日一夜。何況更落五無間及阿鼻地獄，動經千萬億劫無有出期。　地藏。是南閻浮提衆生志性無定，習惡者多。縱發善心須臾即退，若遇惡緣念念增長。以是之故，吾分是形百千億化度，隨其根性而度脫之。　地藏。吾今慇懃以人天衆付囑於汝。未來之世，若有天人及善男子善女人，於佛法中種少善根，一毛一塵一沙一渧。汝以道力擁護是人，漸修無上，勿令退失。　復次地藏。未來世中，若天若人，隨業報應落在惡趣，臨墮趣中，或至門首。是諸衆生若能念得一佛一菩薩名，一句一偈大乘經典。是諸衆生，汝以神力方便救拔，於是人所現無邊身為碎地獄，遣令生天受勝妙樂。　爾時世尊而說偈言。現在未來天人衆，吾今慇懃付囑汝。以大神通方便度，勿令墮在諸惡趣。

次為虛空藏菩薩說見像聞經二十八益。又說七益。

附 佛說地藏菩薩發心因緣十王經 一卷 唐藏川述 載日本續藏經中。乃是人造偽經，不宜流通。

△第五章 法身讚及儀軌大旨並滅定業真言

百千頌大集經地藏菩薩請問法身讚 一卷 唐不空譯

讚法身法界菩提涅槃十地等覺妙覺功德。皆五言偈。 最後有七言一偈。文云：

若有相應顯此理，唯身以慧作分析。彼人生於淨蓮華，聞法所說無量壽。

地藏菩薩儀軌 一卷 唐天竺輸婆迦羅此云善無畏譯

佛在佉羅提耶山。地藏菩薩騰空說咒。 次說畫像法等。 復說成就法中云。若念滅罪生善，生（或作捨。）身後生極樂。以草護摩三萬徧等。

地藏菩薩滅定業真言 載於宋蒙山甘露法師不動集，蒙山施食儀中。未審出何經。後賢幸為考證焉。 咒云：

唵，鉢囉末隣（有本作顊。）陀顊，娑婆訶。

△第六章 他經流傳

金剛三昧經 二卷 出北涼錄

總持品第八 地藏菩薩白佛問答，廣為分別無生之義，以決衆疑。經文甚廣，須者尋之。

其後衆疑既決。地藏菩薩知衆心已，而為說偈。文云：

我知衆心疑，所以殷固問。如來大慈善，分別無有餘。是諸二衆等，皆悉得明了。我今於了處，普化諸衆生。如佛之大悲，不捨於本願。故於一子地，而住於煩惱。

如來復告大衆，廣說持經持名功德。文云：

是菩薩者，不可思議，恆以大慈拔衆生苦。若有衆生持是經法，持是菩薩名。即不墮於惡趣，一切障難皆悉除滅。若有衆生持此經者，無餘雜念，專念是經，如法修習。爾時菩薩常作化身而為說法，擁護是人終不暫捨，令是人等速得阿耨多羅三藐三菩提。汝等菩薩若化衆生，皆令修習如是大乘決定了義。 明圓澄法師註云：偈云不捨本願。而菩薩之願云，衆生度盡方證菩提，地獄未空終不成佛。以其誓願不可思議，慈悲不可思議，拔衆生苦，而衆生不可不知報恩也。若欲報恩者無他。若持此經，若持菩薩名。非惟知恩報本。抑且廣獲自利，不墮惡道，滅障除罪也。汝等現前菩薩，有二種緣：一者，當學地藏菩薩大慈普護。二者，常教衆生修習如是經典。

大集須彌藏經 二卷 今合部大集經卷五十七五十八須彌藏分 高齊烏萇國那連提黎耶舍共法智譯

菩薩禪品第二 佛說菩薩不墮二乘定聚，如實觀察，得一切法無語言空三昧。如地藏菩薩，於此三昧到自在彼岸，能利益一切衆生。以下經文，廣說地藏菩薩入定利生之事。經文甚廣。今為略舉。文云：

或令諸衆生所須資生之具，如飲食衣服臥具園宅等，一切可愛色聲香味觸等，悉皆充足。 或令諸衆生風黃痰等分之病，乃至貪瞋癡等煩惱諸病，如是身心病苦，悉皆除滅。 或令三惡道苦，及寒熱怨憎會愛別離求，不得諸苦，悉皆除滅。令諸衆生離一切苦惱及不善法，成就一切善法，慈心相向，乃至令諸衆生於第一義諦心善安住。

滅非時風雨品第三 功德天為地藏菩薩述其往昔誓願。復求地藏菩薩起悲愍心。地藏菩薩令其請佛演說水風摩尼宮陀羅尼。說已，大地震動。地藏菩薩亦說磨刀大陀羅尼。 地藏菩薩說陀羅尼已。世尊廣讚地藏菩薩陀羅尼功德。文云：

善哉善哉。善男子。汝今能為一切衆生如大妙藥。能滅一切衆生苦惱，能施一切衆生樂具，成就大悲。乃至以此陀羅尼力故，令我三寶種及以法眼得久住世。使此愚闇薄福我慢所壞者不修善根惡剎利及諸宰相，於我如是百千萬億阿僧祇劫精勤苦行所集之法，不滅不壞。比丘比丘尼優婆塞優婆夷無有惱亂，以無惱故，諸天不忿。天不忿故，一切衆生悉皆獲得如上樂具。

陀羅尼品第四 地藏菩薩復說幢杖大陀羅尼。

佛說羅摩伽經晉唐二譯**華嚴經**貞元譯**華嚴經普賢行願品**貞元譯**華嚴十地經大乘本生心地觀經佛說八大菩薩經**等，皆列有地藏菩薩之名。

秘密部中，常有禮誦供養地藏菩薩之文。今舉其例。

佛說大輪金剛總持陀羅尼經說念誦南無地藏菩薩摩訶薩等。

焰羅王供行法次第說一心奉請地藏菩薩摩訶薩等。

勝軍不動明王四十八使者秘密成就儀軌說第二十三火羅諸天王是地藏菩薩所變身等。

大毗盧遮那成佛神變加持經成就儀軌載地藏菩薩真言。　又有偈頌。文云：

北方地藏尊，其座極巧嚴，身處於燄胎，雜寶莊嚴地，綺錯互相間，四寶為蓮華，聖者所安住，金剛不可壞，行境界三昧，及與大名稱，無量諸眷屬等。

以上所列，皆此方大藏未收，近自日本傳來者，為略舉之。已外尚多，若欲具知者，披藏檢尋。

又在密教，其密號為悲願金剛，或稱與願金剛。在金剛界示現南方寶生如來之幢菩薩，在胎藏界則為地藏院中九尊之中尊地藏薩埵也。

附　蓮華三昧經說六地藏菩薩，及勝軍地藏菩薩。**延命地藏經**說延命地藏菩薩。**地藏菩薩念誦儀軌**說地藏菩薩六使者。此三經，皆日本台密一派所傳。疑似偽經。今不寫錄。　又有日本古傳種種杜撰之說，今亦不錄。

△第七章　諸家章疏

大乘大集地藏十輪經解　明蕅益大師擬撰未就

占察善惡業報經玄義　一卷　明蕅益大師述

占察善惡業報經疏　二卷　同上

明蕅益大師占察善惡業報經疏自跋。文云：

憶辛未冬，寓北天目。有溫陵徐雨海居士，法名弘鎧，向予說此占察妙典。予乃倩人特往雲棲請得書本。一展讀之，悲欣交集。癸酉冬日，寓金庭西湖寺，依經立懺。乙亥夏初，寓武水智月庵，講演分科。是時即有作疏之願。病冗交沓，弗克如願。屈指十五年來，梵網佛頂唯識法華皆已註釋，獨此夙願尚未填還，亦可歎也。今庚寅年，閱世已及五十二歲，百念灰盡。偶有同志數人，仍來結夏北天目之藏堂，究心毗尼。予念末世欲得淨戒，捨此占察輪相之法，更無別途。爰命筆於六月朔日，成稿于十有四日。輸一滴以益大海，捧一塵而培須彌。雖無補于高深，庶善鑽于乳酪。公我同志，共享醍醐。

地藏菩薩本願經疏　明蕅益大師擬撰未就

地藏菩薩本願經科文　一卷　清靈乘撰

地藏菩薩本願經綸貫　一卷　同上

地藏菩薩本願經科注　六卷　同上

地藏菩薩本願經開蒙　三卷　清品珀集　依科注抄集而成。紊亂糅雜，無足流通。

地藏菩薩本願經演孝疏　三卷　清知性述

地藏菩薩本願經白話解　未就　清胡宅梵述

△第八章　諸家懺儀

讚禮地藏菩薩懺願儀　一卷　明蕅益大師述

明蕅益大師讚禮地藏菩薩懺願儀後自序。文云：

大法久湮，人多謬解。執大謗小，舉世皆然。然地獄衆苦已隨其後，瘖瘂餘報復更難窮。故地藏慈尊，大集會中，現聲聞相。世尊廣歎勝德。且較云：假於彌勒妙吉祥觀自在普賢殑伽沙等大菩薩所百劫至心歸依稱念禮供求諸所願，不如一食頃歸依稱念禮供地藏菩薩，以久修堅固大願大悲勇猛精進過諸菩薩故也。蓋末世駕言大乘甚易，躬行僧行實難。寧知廢小談大，並大亦非。悟大用小，即小本勝。故法華誡弘經者，必依四安樂行。涅槃極談常住佛性，尤扶戒律。大士功德獨盛，得非亦在此乎。智旭深慨夙生惡習，少年力詆三寶，造無間罪。賴善根未殞，得聞本願尊經知出世大孝，乃轉邪見而生正信，仍以謗法餘業，辛勤修證不登法忍。每展讀大士三經，輒不禁涕泗橫流。悲昔日之無知，感大士之拯拔也。因念濁智流轉之日，同此過者不少。敬宗十輪並本願占察二典，述此儀法。庶幾共滌先愆，尅求後果，不終為無依行乎。未登無生正位，皆可修之，無論初心久學也。

清印光法師讚禮地藏菩薩懺願儀重刻序。文云：

心體本淨，因根塵而濁念斯興。佛性常存，由迷背而凡情孔熾。于是承寂照之力，反作昏動之緣。于常住之中，妄受生死之苦。執著五陰，不知畢竟皆空。障蔽一心，曷了本不可得。耽染六塵之幻境，墜墮三惡之苦途。縱經微塵劫數，莫出六道輪迴。故我世尊特垂哀愍，因地藏菩薩之問，說十力佛法之輪。摧碾煩惑，成就道器。由茲棄捨惡法，斷除一切無依行。修持善法，具足一切有依行。然欲得無生法忍，須懺宿世愆尤。若能不著五陰，自可圓證三身。外承佛力法力菩薩誓願力，內仗誠力悔力自性功德力。故得彌空罪霧，徹底消滅。本有性天，全體顯現。是知十輪本願占察三經，同由地藏大悲願力，令末世孤露無依眾生悉皆得大恃怙也。蕅益大師已證法身，乘願再來。初現闡提之迹，後為如來之使。一生行解，事理圓融。畢世著述，性修雙備。欲令濁智成淨智，依三經而製懺儀。冀使凡心作佛心，即十輪而明讚悔。寶鏡既磨，光明自發。摩尼既濯，珍寶斯雨。誠可謂反本還元之妙法，即心作佛之達道也。弘一上人宿欽大師著述，特為刻板用廣流通。俾有志于滅幻妄之惑業，證本有之真心，上續如來之慧命，下作末世之典型者，咸得受持云。

占察善惡業報經行法　一卷　明蕅益大師集

明蕅益大師占察善惡業報經行法，分為六門。第一緣起。文云：

夫諸佛菩薩愍念羣迷，不啻如母憶子。故種種方便，教出苦輪。而衆生不了業報因緣，罔知斷惡修善。淨信日微，五濁增盛。由此劇苦機感，倍關無緣慈應。爰有當機名堅淨信，諮請世尊曲垂悲救。佛乃廣歎地藏功德，令其建立方便。於是以三種輪相示善惡差別，以二種觀道歸一實境界。仍誡業重之人不得先修定慧，應依懺法得清淨已，然後修習二觀尅獲無難。此誠末世對症之神劑，而方便中之殊勝方便也。予悲障深，丁茲法亂，律教禪宗淆訛匪一。幸逢斯典，開我迷雲，理觀事儀昭然可踐。竊以諸懺十科行法，詳略稍殊。一一矚陳，纖疑始決。罔敢師心，洒述緣起。

第二勸修。文云：

若佛弟子，欲修出世正法者，欲現在無諸障緣者，欲除滅五逆十惡無間重業者，欲求資生衆具皆得充饒者，欲令重難輕遮皆得消滅者，欲得優婆塞沙彌比丘清淨律儀者，欲得菩薩三聚淨戒者，欲獲諸禪三昧者，欲獲無相智慧者，欲求現證三乘果位者，欲隨意往生淨佛國土者，欲悟無生法忍圓滿證入一實境界者，皆應受持修行此懺悔法。何以故？此是釋迦如來格外弘慈，地藏菩薩稱機悲願。無苦不拔，無樂不與。依此修行，淨信堅固。如經廣明，所宜諦信。

以下四門，行法中廣明。

上列二種懺儀，最為完善。懺願儀多依十輪，行法專宗占察。後之學者，隨己所樂，勉力行之。

慈悲地藏菩薩懺法　三卷　此書繁雜，未能適用。

地藏菩薩本願懺儀　一卷　清乘戒集　此書簡明，尚未完善。

△第九章　諸家讚述

自古迄今，諸家撰錄之中讚述地藏菩薩者甚多，或有別編一卷專述地藏菩薩靈感等事。今以匆促未及偏檢，唯就所憶及者依時代先後略錄如下。

天台宗諸撰述中，常引占察經文。　占察經，漸次作佛有四種。蕅益大師謂，天台六即蓋本諸此。

唐南山律祖四分律行事鈔等，常引。十輪經文。

唐賢首國師華嚴經傳記，述地藏菩薩靈感。文云：

文明元年。京師人，姓王，失其名。既無戒行，曾不修善。因患致死。被二人引至地獄門前，見有一僧，云是地藏菩薩。乃教王氏誦一行偈。其文曰：若人欲求知，三世一切佛，應當如是觀，心造諸如來。菩薩既授經文，謂之曰：誦得此偈能排地獄。王氏盡誦，遂入見閻羅王。王問此人有何功德。答云唯受持一四句偈，具如上說。王遂放免。當誦此偈時，聲所及處，受苦人皆得解脫。王氏三日始蘇，憶持此偈，向諸沙門說之。參驗偈文，方知是晉譯華嚴經第十二卷夜摩天宮無量諸菩薩雲集說法品。王氏自向空觀寺僧定法師說云然也。

唐清涼國師釋華嚴經十迴向品初章代苦救護，亦讚歎地藏菩薩。文云：

由菩薩初修正願，為生受苦。至究竟位願成自在，常在惡趣救代衆生。如地藏菩薩等。

宋高僧傳神僧傳載：唐永徽時。新羅國王族，姓金，名喬覺。至中國，居九華山。靈蹟甚多，具載傳中。相傳是地藏菩薩垂迹。

地藏菩薩像靈驗記 一卷 宋常謹集 載日本續藏經中。今編入地藏菩薩本迹靈感錄。

明蓮池大師為比丘性安撰地藏菩薩本願經跋。文云：

地藏經譯於唐實叉難陀。而時本譯人為法燈法炬，不著世代，不載里族，於藏無所考。雖小異大同，理固無傷。而覈實傳信，必應有據。乃比丘性安者，承先志刻唐譯易之。或謂是經諄諄乎衆生因果地獄名相，無復玄論，不足新世耳目，惡用是訂正為噫。布帛菽粟平時不如明珠，凶年則為至寶。救末法之凶年，是經其可少耶。若夫衆生度盡方證菩提，地獄未空誓不成佛。探玄上士，試終身味之。

靈峯讚地藏菩薩別集 一卷 明蕅益大師撰 清演音集

蕅益大師少年在俗常謗佛法，後聞地藏菩薩本願乃發出世之心。故其一生盡力宏揚讚歎地藏菩薩。余見靈峯宗論中，讚地藏文甚多。因挈錄之，輯為一卷，名曰靈峯讚地藏菩薩別集。今附錄之，以廣法益。是書分為五門。

一關於十輪經者　讚禮地藏菩薩懺願儀後自序。文見前第八章。

二關於占察經者　占察善惡業報經疏自跋。文見前第七章。

刻占察行法助緣疏。文云：

易曰：積善之家必有餘慶，積不善之家必有餘殃。書曰：惠迪吉從逆凶惟影響，作善降之百祥作惡降之百殃。因果報應之說，未嘗不彰明較著於世間也。但儒就現世論，未足盡愚者之疑情。自釋典入支那，備明三世果報，益覺南宮所悟及孔子尚德之稱事理不誣。然三藏權詮祇明因緣生法，未直明因緣無性，故云佛能轉一切業不能轉定業。逮大乘會中，始廣明格外深慈，建勝異方便，依萬法唯心緣生無性之理，設取相無生二懺以通作法之窮。然後罪無大小，障無淺深，依教行持悉堪消滅。如赫日當空，霜露頓收也。昧者謂重罪許懺，開造罪門。蓋不惟罔識佛菩薩之弘慈，亦豈知儒者之了義。孔子曰：過而不改是謂過矣，憂悔吝者存乎介震無咎者存乎悔。蓋明示人以自新之端矣。夫罪有重輕，事非一概。世法不能治佛法治之，作法不能治取相治之，取相不能治無生治之。則究竟離苦解脫之法，不得不歸功佛門，又不得不歸功觀音地藏諸大士也。觀音應十方世界，尤於五濁有緣。地藏遊五濁娑婆，尤於三塗悲重。如父母等愛諸子，而於幼者及無能者尤所鍾情。此占察善惡業報經，誠末世多障者之第一津梁也。堅淨信菩薩慇懃致請，釋迦牟尼佛珍重付囑。三根普利，四悉咸周。無障不除，無疑不破。三種輪相全依理以成事，故可即事達理。二種觀道全即事而入理，未嘗執理廢事。又復詳陳懺法，即取相即無生，初無歧指。開示稱名，觀法身觀己身，頓同一致。乃至善安慰說，種種巧便不違實理。此二卷經，已收括一代時教之大綱，提挈性相禪宗之要領，曲盡佛祖為人之婆心矣。予依經立懺。程用九居士損資，並募善信助成之。此正欲立立人欲達達人之極致也。誰謂學佛非儒者分內事哉！

與沈甫受甫敦書。文云：

占察行法，蒙昆玉梓梵冊。而不肖屢結壇，俱不獲清淨輪相。此可信天下後世耶。今誓作背水陣，掩死關禮之。

與聖可書。文云：

不肖三業罪過不少，雜亂垢心豈致清淨輪相。爰發慚愧，退作但三歸人。誓不為師作範，誓不受人禮拜，誓不出山。誓得清淨輪相，不論百日千日六年九年，畢死為期。辭嘉興事竟，嗣當辭留都事也。

與了因及一切緇素書。文云：

宋儒云：才過德者不祥，名過實者有殃，文過質者莫之與長。旭一人犯此三病，無怪久滯凡地不登聖階也。旭十二三時，因任道學而謗三寶，此應墮無間獄，彌陀四十八願所不收。善根未殞，密承觀音地藏二大士力，轉疑得信，轉邪歸正。二十年來力弘正法，冀消謗法之罪。柰煩惱深厚，於諸戒品說不能行。癸酉中元拈鬮，退作菩薩沙彌。蓋以為今比丘則有餘，為古沙彌則不足，寧捨有餘企不足也。夙障深重，病魔相纏，從此為九華之隱，以為可終身矣。半年餘，又漸流布。浸假而新安而閩地而苕城，檇李留都，虛名益盛，實德益荒。今夏感兩番奇疾，求死不得。平日慧解雖了了，實不曾得大受用。且如占察行法一書，細玩精思，方敢遵古式述成。仔細簡點，並無違背經宗。乃西湖禮四七不得清淨輪相，去年禮二七不得，今入山禮一七又一日仍不得。禮懺時，煩惱習氣現起更覺異常。故發決定心，盡捨菩薩沙彌所有淨戒，作一但三歸弟子。待了因進山，作千日關房，邀佛菩薩慈悲拔濟。不然者，寧粉此骨於關中矣。

佛菩薩上座懺願文。文云：

（上略）曾聞造像功德，最能滅罪除愆。禮拜懺摩，實可洗心滌慮。爰發虔誠，集資改造一佛二菩薩像。仍發誓願，恆禮占察行法，不論年月，耑祈純善輪相。衆生雖垢重，諸佛不厭捨。必以大慈悲，哀愍度脫我。使我從今以後，心無掉舉，身得輕安。護口過而勿出綺語惡言，淨意地而不起雜思欲覺。速得清淨三輪，克臻自他二利。普化衆生，同生淨土。

贈石淙掩關禮懺占輪相序。文云：

（上略）曩覺比丘多慚，退為求寂。今更愧沙彌真義，僅稱但三歸矣。敢更以空言贈人。然竊玩占察善惡業報一經，原屬釋迦大聖徹底悲心，地藏菩薩格外方便。三種輪相，巧示業報因緣，無疑不決。二種觀道，深明進趣方便，大乘可登。以五悔稱名為發軔先容，以一實境界為平等歸趣。夫五悔者敵體反世情者也，二觀者敵體反妄想計著者也。懺悔發露，永斷相續，滅業障。勸請說法，滅魔障。隨喜功德，滅嫉妒障。善巧迴向，滅著有障。發堅固願，滅退忘障。唯心識觀，先知外境本虛皆心所現，次達內心如幻了無真實。真如實觀，深達若境若心統惟法性，法性不生不滅，故諸法皆當體不生不滅。如千漚萬波統惟溼性，千器萬像統惟金性。五悔翻破無始事障，二觀翻破無始理障。二障既淨，成真應二身，三聚淨戒一念圓發。而三輪清淨之相，特表示取信，以顯住持僧寶絕仍可續。孟軻所謂豪傑之士無文王猶興，聞而知之不異見而知之云爾。嗟乎！予能知占察大旨依經立懺，而未能自得輪相，人誰信之。此實說藥不服，咎不在藥也。良方良藥昭昭具在，地藏菩薩決不我欺。我已知不服之咎，誓將服之。而石淙法友先得我心，亦將掩關以祈清淨。願各努力，日夜塗抹。並慎藥忌，避風寒。他日紹舍那真胤，靈峯片石當與靈鷲第一峯同時點首矣。

祖堂結大悲壇懺文。文云：

（上略）智旭於四十六歲，自反多愧，退作但三歸人。勸禮千佛萬佛及占察行法。幸蒙諸佛菩薩大慈大悲，於今年正月元旦，錫以清淨輪相。稍自慰安。（下略）案大師於癸酉三十五歲七月十五日退為菩薩沙彌，遂發心禮占察懺法。甲申四十六歲，退為但三歸人。乙酉四十七歲正月元旦，乃獲清淨輪相，得比丘戒。

占察行法願文。案此文為大師既獲清淨相後一年丙戌所作。文云：

歸命慈威無等尊，拔苦與樂真出要，定力能除三劫災，救世真士垂悲拯。弟子智旭痛念劫濁難逃，刀兵競起。雖云同分妄見，實非無因誤招。往業莫追，來事可諫。爰偕同志某等十人。各捐淨資，營修供養。三日方便，七日正修。如法結清淨壇，頂禮占察行法。六時行道，五悔鍊心。哀籲同體大悲，懇乞無緣拔濟。伏念衆生障垢雖至重至深，三寶洪慈終不厭不捨。苟一念知改過，必隨許以自新。況釋迦本師勇猛稱最，地藏大士誓願無忘。子幼弱父愛偏強，兒不肖母憐益甚。憫茲匍匐入井之愚，賜以身手衣裓之用。俾毫光照處，消兵戈為瑞日祥雲。法雨霑時，轉邪蘖為道芽靈種。所願風調雨順，國泰民安。正教流通，魔邪竄絕。次祈比丘智旭身無病苦，心脫結纏。定與慧而等持，戒並乘而悉淨。期主某法社雖復三年，攝護願如一日。某等各各真為生死，發菩提心。尅除習氣，臻修法門。三學圓成，二嚴克備。續佛慧命，普利人天。又祈外壇隨喜緇素，悟知一實，開顯三因。二觀圓修，三忍圓證。又祈外護助緣，廣及法界含識，若見若聞，若不聞見，等植良因，均霑勝益。又祈江北江南乃至震旦域內近日遭兵難者，種種債負消除，一一怨嫌解釋。脫幽冥之劇苦，胎蓮萼以超昇。恭干法界三寶地藏聖師，真實證知，真實攝受。

化持地藏菩薩名號緣起。文云：

吾人最切要者。莫若自心。世間善明心要者，莫若佛法。然佛法非僧不傳，僧寶非戒不立。戒也者，其佛法綱維，明心要徑乎。慨自正教日替，習俗移人。髡首染衣，不知比丘戒為何事。一二弘律學者，世諦流布，開遮持犯茫無所曉。況增上威儀，增上淨行，增上波羅提木叉乎。又況依四念處行道，增心增慧，以成三聚五支者乎。嗟嗟！三聚五支不明，謂大乘僧寶，吾不信也。僧既有名無義，謂傳持佛法明了自心，吾尤不信也。堅淨信菩薩憫之，以問釋尊。釋尊倍憫之，委責地藏大士。大士更深憫之，爰說占察善惡業報經。經曰：惡業多厚者，不得即學定慧，當先修懺法。所以者何？此人宿習惡心猛利，現在必多造惡毀犯重禁。若不懺淨而修定慧，則多障礙，不能剋獲。或失心錯亂，或外邪所惱，或納受邪法增長惡見。故先修懺悔。若戒根清淨及宿世重罪得微薄者，則離諸障。又曰：雖學信解修唯心識觀真如實觀，而善根業薄未能進趨，諸惡煩惱不得漸伏，其心疑怯怖畏及種種障礙，應一切時處常勤誦念我之名字。若得一心，善根增長，其意猛利。當觀我及諸佛法身與己自身體性平等，無二無別，不生不滅，常樂我淨，功德圓滿，是可歸依。又觀自身心相，無常苦無我不淨，如幻如化，是可厭離。如是觀者，速得增長淨信之心，所有諸障漸漸損減。此人名為學習聞我名者。若雜亂垢心誦我名字，不名為聞。以不能生決定信解，但獲世間善報，不得廣大深妙利益。案已上九行餘皆撮引經文。嗟嗟！由此觀之，戒不清淨，二觀決不易修。二觀不修，一實何由證契。而欲戒根清淨，捨懺悔持名豈更有方便哉！且持名一法，自其淺近言之，愚夫愚婦孰不能矢口。自其深遠言之，不達法身平等，雜亂垢心不得名為聞矣。故知以二觀為指南，能修二觀方為聞菩薩名。以聞名為方便，真實持名便是圓攝二觀。故名聞障淨，障淨戒得，戒得定慧發生，定慧而一實證入矣。明心見性，是真僧寶，真傳佛法。吾輩生末葉，聞此真法，宜如何努力以自勉也。

三關於本願經者 警心居士持地藏本願經兼勸人序。文云：

惟聖罔念作狂，惟狂克念作聖，此危微的傳也。佛法亦爾，一念迷常寂光土便成阿鼻地獄，一念悟阿鼻地獄便是常寂光土。所以地藏本願，直與華嚴同一血脈。試觀華嚴世界即空即假即中不可思議，地獄衆苦亦即空即假即中不可思議。華嚴明自心本具之淨土令人知歸，地藏明自心本具之苦輪令人知避。一歸一避，旨趣永殊。而歸亦唯心，避亦唯心，心外決無別法。儒所謂道二，仁與不仁而已。危乎微乎！善利分舜蹠之關，去存為人禽之別。熟讀本願經，不思自覺覺他出地獄歸華藏者，必不仁之甚者也。警心居士憫之，遂畢世受持，兼以勸人。予謂適發此心，地獄苦輪便當頓息。歡喜為序，代法界衆生普勸云。

九華芙蓉閣建華嚴期疏。文云：

予每謂地藏本願一經，當與八十一卷華嚴並參。華嚴明佛境界，稱性不可思議。本願明地獄境界，亦稱性不可思議。一則順性而修，享不思議法性之樂。一則逆性而修，受不思議法性之苦。順逆雖殊，全性起修全修在性一也。一念迷佛界不思議性，則常寂光土應念化成刀山劍樹爐炭鑊湯。一念悟地獄不思議性，則泥犂苦具應念化成普光明殿寂滅道場。迷悟雖殊，性德無增無減又一也。然性德雖無增減，非逆順不屬迷悟。而迷之為九界逆修，遂感分段變易二死苦報。悟之為佛界順修，遂成菩提涅槃二種轉依。迷為三惑，悟為三智。逆修為十惡五逆，順修為六度萬行。生死為三界四相，轉依為三身四德。苦即法身，惑即般若，業即解脫。諺謂推人扶人只是一手，讚人毀人只是一口。大佛頂謂如水成冰，冰還成水。詎不信然。然則芙蓉九朶，信可與華嚴九會同其表法。豈謂地藏本願經僅談地獄因果事相而已。況華藏世界安住大蓮華中，如來成道亦坐寶蓮華。而優鉢羅波頭摩等地獄亦復名青蓮華赤蓮華。可見一名一喻一事一法，皆悉具足十界。在當人迷悟順逆何如耳。不思議法性，體非羣相，不礙諸相發揮，又奚間於地獄及寂光哉！願諸開士率諸檀越，即以此為順修因緣，開發正悟。則鐵圍兩山，即是金剛菩提道場。無令火燄幻作金蓮，斯大妙矣！

四關於滅定業真言者　化持滅定業真言一世界數莊嚴地藏聖像疏。文云：

釋迦佛謂定業不可救，所以寒造罪之心。地藏菩薩說滅定業真言，所以慰窮途之客。旭少習東魯，每謗西乾。承觀音大士感觸攝受。後聞地藏本願尊經，始發大心，誓空九界。今得與僧倫，染神乘戒，皆慈願冥加，不可誣也。爰念娑婆弊惡，惑業苦三，如惡叉聚。無上醍醐，悉成毒藥。持律者唯事衣鉢，作犯止持茫無所曉。習教者唯事口耳，禪那理觀瞀無所得。參宗者流入機境，播弄精魂，心佛真源毫無親證。淨土一門稍切時機，亦苦多成退托，未合不思議大乘。良由業重障深，濁智流轉。雖有聖者，末如何也。唯地藏慈尊悲深願重，專愍剛強。尚能轉我當年殷厚邪心，使得正信出家。豈難轉大地衆生無知過犯，使歸真際乎。故於三寶前發心，欲造萬佛銅殿，中供大士，永鎮九華。爰受一食法，結百日壇，持滅定業真言五百萬。又化大心緇素或持十萬或百千萬。共成十萬萬，表三千大千世界數。以其總數，供大士像中，作盡未來廣化十萬左券云。

宗論卷一中，有續持迴向偈，補總持疏，滅定業咒壇懺願文，及其他願文中附言持滅定業咒者，今悉闕略未錄。欲廣覽者，幸披尋焉。

答黃穉谷問二則。原問附。文云：

問：佛不能滅定業，地藏菩薩胡為有滅定業真言耶？且既達本來罪福皆空，又何謂耶？　答：業之與報，皆是自心現量。心空一切皆空，心假一切皆假，心中一切皆中。特凡夫不達能造所造，能受所受，當體三德秘藏。而以殷重倒心，作殷重惡業，必招殷重苦報，名為定業。彼心既定不可挽回，大覺亦不能即令消滅。故大慈悲巧設方便，令地藏大士說咒勸持，即是轉其定心漸使消滅也。是故菩薩功能，全是佛之功能。佛既不居，菩薩亦不居，究竟只在當人一念信受持咒之心耳。此正所謂既達本來罪福皆空之旨，原非撥無因果。以罪福因果當體即空，亦復即假即中。迷則滅與不滅俱非達本，達則滅與不滅總不礙空也。古人云：如何是本來空，業障是。如何是業障，本來空是。透此二語，便出野狐窠臼矣。

進問：畢竟佛何不自說。所謂佛不能滅，尚有疑在。　答：釋此須知三義。一諸佛說法，必係四悉因緣。有聞佛說而歡喜生善滅惡入理者，佛即自說，如楞嚴尊勝諸咒皆滅定業也。有聞菩薩說而歡喜生善滅惡入理者，須菩薩說，如此咒及大悲等咒是也。二罪不自滅，不他滅，不共滅，不無因滅。而有時唯說自滅，云心空業空。有時唯說他滅，云佛菩薩力。有時說須共滅，雙舉內因外緣。有時說無因滅，云非自非他。皆四悉因緣，否則便成四謗也。三不能滅，約三藏迹佛。能滅指圓教因人，如華嚴云初發心時已勝牟尼，亦其例也。知此三義，一切法無不通達。

五雜箸　九華地藏塔前願文。文云：

稽首慈悲大願王，本源心地如來藏，善安慰說真救世，現聲聞相護法者。願承本誓度衆生，鑒我微忱垂加護。智旭夙造深殃，丁茲末世。雖受戒品，輕犯多端。雖習禪思， 麤惑不斷。讀誦大乘，僅開義解。稱念名號，未入三摩。外覩魔黨縱橫，痛心疾首。內見煩惱紛動，愧地慚天。復由惡業，備受病苦。痛娑婆之弊惡，歎沈溺之無端。由是扶病入山，求哀大士。矢菩提於永劫，付身命於浮雲。臂香六炷。三炷，供忉利勝會化身無數，大集勝會現聲聞相，六根聚會善巧說法地藏菩薩摩訶薩。一炷悔三業重失，生來殺業婬機謗三寶罪口過惡念，乃至舊歲染疾後種種不盡如法，如是等願盡消除。一炷為求四願，律儀清淨，斷惑證真，長康無病，廣作福事。一炷為決疑網，若先禮懺求淨律儀，若先習禪斷除煩惑，若先閱藏以開慧解，若先立行以廣福緣。唯願救世真士，大智開士，一切知見者，於諸衆生得不忘念者，必垂哀鑒開我迷雲。我復於大慈悲父前，瀝血銘心作如是願。如一衆生未成佛，終不先自取泥洹。儻夙業因緣牽入惡道，願菩薩弘慈常覺悟我，使我念念憶菩提心，令菩提心相續不斷。若夙障稍輕，願大士威神令我早成念佛三昧，決生阿彌陀佛世界，乘本願力無邊刹海化度有情，盡未來際無有疲厭。

化鐵地藏疏。文云：

洪鐘具無邊音性，一擊而頓徹鐵圍。地藏圓同體大悲，瞻禮而頓蒙與拔。幽冥之覺悟可期，現在之障緣宜轉。靈峯心懷禮公既已鑄鐘打鐘，復思是像作像。雖丹青刻畫，咸皆性同虛空。而鍊就純鋼，可表堅固不壞。四德非塵，藉一塵而圓顯。三身無像，即影像以妙彰。寄語高賢，共行檀施。助鐵者如正因心發，法身妙果可登。助炭者如了因心發，般若光明可悟。助食用者如緣因心發，解脫神通可基。從大士而發其心，正是全性起修。由衆信而成此像，正是全修在性。如是事如是理，如是因如是果，真語實語，諦思諦行。

九華山海燈油疏。文云：

劫初人有身光，不假日月。身光漸滅，日月出生。而日月有時不照，則繼以膏火。此膏火功德，不惟等於日月而已，日月屬悲田，燈火供養悲敬雙具。又況地藏大士以無緣慈力，同體悲心，示居九子峯頭，徧救塵沙含識。肉身靈塔，四海歸依。由是有海燈之供。當知一莖光照，全彰自性妙明。緣善既孚，正了同顯。儻謂是事相，是塵緣，無關修證者。則離事談理，離境覓心，理若龜毛，心同兔角。誰與萬善莊嚴，成兩足果哉。昔有盜寺物，剔佛燈者，尚感多劫身光之報。況以好心施供。藉大士慈悲，俾燄燄普燭幽塗。方將續如來慧燈，耀法界寶炬。若自若他同開長夜幽關。又豈止生死中樂報已耶。請速發心，毋貽後悔。

九華山營建衆僧塔疏。文云：

福田有二，曰敬曰悲。敬田以田勝。悲田以心勝。供舍利而福等虛空，敬田也。澤及枯骨，萬世稱為仁主，悲田也。一田功德已不思議，況悲敬具足者乎。夫羅漢四果，證入無生，永離我執，既入涅槃，不愛枯骨。凡夫比丘未斷思惑，儻尸骸暴露則神識不安。神識不安，可悲也。堂堂僧寶，可敬也。矧凡聖莫測，神聖淵府龍蛇混居。安知肉眼所謂凡僧，非大士曲示乎。是故隨供一骨，罔不具悲敬二田。九華為天下第一名山。乃荒原暴骼，悚目傷心。予初到山，首以此事經懷。適有衆耆，快為鼓舞。不揣陋拙，倡作先聲。其有見聞隨喜，無論若緇若素，若少若多，既投最勝之因，必克無上之果。敬則成佛道而有餘，悲則度衆生而無量。係以偈曰：僧相堂堂，福德之海。縱令朽骨，福性奚改。起塔供養，應至梵天。況復丈許，詎云不然。大士示形，徧在生死。青淤朽骨，黃金鎖子。彈指合掌，的的真因。誰為證佐，妙法華經。

復九華常住書。文云：

向年托迹寶山，於一切精律行者作地藏大士想，即一二不拘小節者亦作志公濟顛等想。聖道場地，龍蛇混雜，凡聖交參。不敢以牛羊眼妄測，自招無間重罪也。適聞山中稍稍搆難，雖大菩薩示現作略。然經云：寧破千佛戒，莫與外人知。又世典云：胡越人相為讎敵，及乘舟遇風則相救如左右手。九華實地藏慈尊現化地。山中大衆，無非地藏真實子孫。不知歷幾劫修行，到此名山福地。乃為小小一朝之忿，遂使智不若胡越同舟。非所謂一芥翳天，一塵覆地者耶。不肖智旭少時無知，毀謗三寶，罪滿虛空。仗地藏大士深慈厚願，拔我邪見，令厠僧流。故今日稱地藏孤臣。山中大衆，皆吾幼主。臣無輕君之念，而有諫君之職。惟是誠惶誠恐，稽首頓首，遙向寶山披陳忠告。惟願衆師，各各捨是非人我之心，念法門山門之體。同修無諍三昧，永播大士道風。古人云：官不容鍼，私通車馬。又云：家無小人，不成君子。縱有實非大士真正眷屬，亦須慈恕令其漸種善根可也。

地藏慈尊像贊五首。文云：

同體大悲，無緣宏誓。千佛之祖，羣生之裔。定入剎塵，珠懸三際。輪相破疑，辯才顯諦。欲令戒學重明，頂禮莫存分劑。

人但知其地獄救苦，不知其無處不現。人但知其臨終扶持，不知其無時不念。三部經王，二種妙觀。十輪重匡末法，三輪盡裂疑羂。此無量門中第一神速法門，從來若逢不逢似見非見。不肖子一生極力舉揚，獨許歸信無間。尚有一事懷疑，問取法身莫辨。

衆生墮落地獄，皆由破戒重障。大士入獄救苦，獨現聲聞戒相。不解剖判法身，偏解拈提向上。此是無作妙色，衆生性具家當。握珠堅強戒身，地藏人人地藏。

五乘該盡孝慈心，最是醫王願力深。百草根莖皆不棄，贏來大地足知音。

涕出何須更著慚，館人相識恨長含。一哀偶遇橫流淚，處處臨喪欲脫驂。

遣病歌。文云：

九華峯頭雲霧濃，三月四月如隆冬。厚擁敝袍供高臥，煖氣遠遁來無從。九華山中泉味逸，百滚千沸中邊蜜。拾取松毬鎮日煨，權作參苓療我疾。我疾堪嗟療偏難，阿難隔日我三日。豈向旦暮戀空華，悲我知門未詣室。是以持名日孜孜，擬開同體妙三慈。我病治時生界治，剎那非速劫非遲。

禮千佛於九華藏樓，贈諸友五偈。文云：

非干苦瓠換甜瓜，處處慈尊並我家。念性枉勞參水月，低頭已駕白牛車。

堆山積嶽盡塵埃，力把慈風一夕摧。吹散鐵圍無暗地，何須拭目問明來。

昔年窠臼剎那掀，臘盡春回日已暄。欲信崑崙泉脈動，但看河凍不勝轅。

靈犀一點性元通，觸境逢渠道自融。驀地舉時聲歷歷，相看同在寶樓中。

一體橫分想與情，泠然性計即無生。功成五悔非留惑，莫替樓頭最後盟。

丙戌春，幻遊石城。隨緣閱藏，以償夙願。夜夢塑地藏大士，身首具手足未成。感賦。文云：

積雨溟濛縟客思，鴿聲傳怨度新枝。千年學脈憑誰寄，萬古愁懷祇自知。鏡裏病容衰已甚，夢中慈相體猶虧。何時了卻文言債，驀入重巖就故醫。

地藏菩薩行願紀 一卷 清顯蔭述

地藏菩薩本迹靈感錄 一卷 清李圓淨述

地藏大士聖蹟 一卷 清范幻修述

地藏菩薩往劫救母記 一卷 清汪奉持述

地藏菩薩九華垂迹圖讚 一卷 清演音讚書 清盧世侯繪

九華山志 未就 清許止淨編 舊刊山志未善，無足流通。

△第十章 問答遣疑

問：第一章謂地藏菩薩為諸經等通譯之名。而近世中持名號者，皆曰地藏王菩薩。未審應依何者為善？ 答：占察經卷上，詳示占法中云：一心告言南無地藏菩薩摩訶薩。準此，持名之時，應云南無地藏菩薩摩訶薩，斯為善矣。若因句長未易持誦者，可略摩訶薩字，直云南無地藏菩薩。但有仍欲依彼舊習念南無地藏王菩薩者，亦宜隨其好樂，因與大乘本生心地觀經相符合也。

問：十輪經謂於彌勒文殊觀音普賢諸大菩薩所百劫之中至心歸依稱名念誦禮拜供養，不如於一食頃歸依乃至供養地藏菩薩。本願經亦謂文殊普賢觀音彌勒其願尚有畢竟，是地藏菩薩所發誓願劫數如千百億恆河沙。準此二經，地藏為勝，其他諸大菩薩悉為劣耶？答：文殊普賢觀音彌勒乃至地藏諸大菩薩，皆示位居等覺，未有高下之殊。而諸衆生多劫已來所結法緣，不無深淺之異。是約機感似有勝劣，若約菩薩位置決無勝劣可言也。地藏菩薩於此世界諸衆生等有大因緣。故釋迦如來偏讚最勝，令諸衆生信心堅固，悉皆渴仰，受化得度耳。

問：地藏經中，何以廣說人天果報，未有勸讚往生淨土耶？答：本願經中雖未顯說，而於他經勸讚者多。今略舉之。 地藏十輪經云：當生淨佛國，導師之所居。又云：當生淨佛土，遠離諸過惡。又云：不久安住清淨佛國，證得無上正等菩提。又云：速住淨佛國，證得大菩提。 占察善惡業報經中，如前第三章所引文云：此人捨身亦能隨願往生他方淨佛國土。又云：若人欲生他方現在淨國者，應當隨彼世界佛之名字專意誦念一心不亂如上觀察者，決定得生彼佛淨國。 地藏菩薩請問法身讚中，如前第五章所引七言偈云：彼人生於淨蓮華，聞法所說無量壽。 地藏菩薩儀軌中，如前第五章所引文云：捨身後生極樂。 又蕅益大師占察行法中，如前第八章所引文云：欲隨意往生淨佛國土者，應受持修行此懺悔法。故行法中最後發願云：捨身他世生在佛前，面奉彌陀歷侍諸佛，親蒙授記迴入塵勞，普會羣迷同歸秘藏。大師所撰行法，悉宗地藏占察經文。勸讚往生，可為誠證矣。

問：後世緇侶所傳地藏讚文，未能雅飭，不足承用。今欲於菩薩前稱揚讚歎諸功德者，應唱何偈乃為殊勝？ 答：余所用者，依十輪經序品偈文挈集二種。又蕅益大師懺願儀中所述讚偈，悉宗十輪長行經文，稱美聖德無不周徧，歎觀止矣。今並寫錄於此章後，藉以為聖德大觀一卷作綜結焉。

依經挈集讚偈二種。第一文云：

七聖財伏藏，無畏佛音聲，諸菩薩勝幢，衆生之尊首。與怖者為城，如明月示道，生善根如地，破惑如金剛。假使百劫中，讚說其功德，猶尚不能盡，故皆當供養。

第二文云：

一日稱地藏，功德大名聞。勝倶胝劫中，稱餘智者德。衆生五趣身，諸苦所逼切。歸敬地藏者，有苦悉皆除。現作種種身，為衆生說法。具足施功德，悲愍諸衆生。假使百劫中，讚說其功德，猶尚不能盡，故皆當供養。

蕅益大師懺願儀中讚偈。文云：

南無地藏菩薩摩訶薩。以神通力，現聲聞像。是諸微妙功德伏藏。是諸解脫珍寶出處。是諸菩薩明淨眼目。是趣涅槃商人導首。如如意珠雨衆財寶，隨所希求皆令滿足。照行善者，猶如朗日。照失道者，猶如明炬。除煩惱熱，如月清涼。渡四流者，為作橋梁。趣彼岸者，為作船筏。伏諸外道，如師子王。降諸天魔，如大龍象。護諸怖畏，如親如友。防諸怨敵，如塹如城。救諸危難，猶如父母。藏諸怯劣，猶若叢林。令諸有情，善根不壞。現妙境界，令衆欣悅。勸發有情，增上慚愧。求福慧者，令具莊嚴。能無功用，轉大法輪。殊勝功德，不能測量。久修堅固大願大悲，勇猛精進過諸菩薩。於一食頃，至心歸依，稱名念誦，禮拜供養。能令一切，皆離憂苦。求諸所願，速得滿足。安置生天涅槃之道。故我一心，歸命頂禮。

地藏菩薩聖德大觀竟

地藏菩薩之靈感

癸酉四月初七日在
萬壽巖講稿

地藏菩薩廣大靈感，為諸大菩薩中第一。其靈感之益，見於各經中者，甚多。今且舉地藏菩薩本願經中二十八種利益，略講之。

佛言。若未來世，有善男子善女人，見地藏形像，及聞此經乃至讀誦。香華飲食衣服珍寶布施供養，讚歎，瞻禮。得二十八種利益。

一者天龍護念。（以前為惡鬼神等隨逐。今則不然。）

二者善果日增。（惡鬼神隨逐，則起惡心，行惡事，令惡果日增。今則不然。）

三者集聖上因。（若行善而不發願迴向，僅成人天之因。今則不然。）

四者菩提不退。

五者衣食豐足。

六者疾疫不臨。

七者離水火災。

八者無盜賊厄。

九者人見欽敬。

十者鬼神助持。

十一者女轉男身。（或來生。或今生。）

十二者為王臣女。

十三者端正相好。

十四者多生天上。

十五者或為帝王。

十六者宿智命通。

十七者有求皆從。

十八者眷屬歡樂。

十九者諸橫消滅。

二十者業道永除。

二十一者去處盡通。

二十二者夜夢安樂。

二十三者先亡離苦。

二十四者宿福受生。（未發願求生西方者，如前所說生天上，為帝王，為王臣女等。今則不然。）

二十五者諸聖讚歎。

二十六者聰明利根。

二十七者饒慈愍心。

二十八者畢竟成佛。

以上所舉者。僅二十八種利益。據實言之，所得利益無量無邊。二十八種，為其利益最大，且為常人所最易了解者。且舉此，令人生信仰心耳。

又須知如是種種利益，皆真實不虛。其有雖禮敬供養地藏菩薩，而未能獲得如是利益者，皆因誠心未至也。倘能一心至誠禮敬供養，決定能獲如是利益。

二十八中，第八，為無盜賊厄。余於數年前，曾親歷之。今願為諸仁者，略說其事。

余於在家之時，房內即供養地藏菩薩聖像。香燭供奉，信心甚誠。

出家以後，隨所住處，皆供奉地藏菩薩。

距今七年以前，余在杭州鄉間某小寺過夏。寺中正房三間，各分前後，隔成六間。上有樓，藏蓄物品，無人居住。樓下，中間前為大殿，後為客堂。上首前後二間余居之。下首前後二間本寺老和尚居之，樓梯即在其房中。其時老和尚抱病甚重，臥牀不起。此外尚有出家者二人，在家者一人，分居客堂前小屋中。前面大門永久不開，皆由客堂側之後門進出。

一日，有客人來，見外牆角，有大石。告余曰，此應是賊盜欲入而未得也。

余聞其言，即知注意。因將存置樓上之物，移入房內。並將各房之窗閂尋出。余室皆閂好。因以前各窗皆可隨意自外開閉。併以所餘之閂，轉交諸師，令彼等亦各安豎，又警其注意。柰彼意不信，遂即置之。

是夕，照例持誦地藏菩薩名號，心甚安靜。及入夜，余睡眠甚安。但於中夜之時。聞樓上有數人行走之聲，又聞老和尚說話。余以為老和尚扶病上樓，檢點門窗，預防盜入也。

不久，余即睡去。次日晨起，如常開門。見客堂中，滿地諸物，狼藉不堪。他人即語余云，汝尚不知夜間之事，汝實有福也。

遂續告余云，夜間有強盜數人，執刀杖等踰牆而入。先至小房，令出家者二人在家者一人起牀。並檢覓彼等室中之銀錢，及在家人之衣服一件，悉已取去。後以刀逼迫彼等，令帶往老和尚處。彼等不得已，乃同往見老和尚。盜遂令老和尚偕往樓上，檢取物品。老和尚扶病上樓，開橱門。盜乃取洋二百餘元。又於樓上所存各物皆加檢查，有欲者隨意携去。後乃下樓。

盜等以為全寺諸屋中，唯有余所居之屋未經檢查。遂盡力撥門，又用木棍杵之。歷一小時許而不能開。（盜所撥者後室之門，余居前室故不得聞。前室另有二門，在大殿側，而盜等不知也。）又欲從窗而入。因內已閂，自外不能開。遂屢擊玻璃，而玻璃不破。盜等精疲力盡，決不得入余房中。時天已將曉。彼等乃相率而去。以上之事，皆由同居出家者二人為余述者。想與當時之情形相符也。

此是余自己所經歷之一事。為二十八種利益之中，第八無盜賊厄也。

諸君倘能自今以後，發十分至誠之心，禮敬供養地藏菩薩。則於二十八種利益，必能一一具獲，決定無疑。此則余可為諸君預慶者也。

余述地藏菩薩靈感已竟。請維那師領衆，誦地藏菩薩聖號，及以回向。（回向，用願以此功德偈。）

竟。

觀音菩薩之靈感（存目）

略誦四分戒菩薩戒法

依南山律主行事鈔，盛夏嚴冬應略說戒。

四分戒本　二不定誦畢；續云：諸大德！是三十尼薩耆波逸提法，僧常聞。諸大德。是九十波逸提法，僧常聞。諸大德。是四波羅提提舍尼法，僧常聞。諸大德。是衆學法，僧常聞。諸大德。是七滅諍法，僧常聞。此是佛所說戒經云云。

菩薩戒本　十重戒誦畢，至八萬威儀品當廣明。（續云）諸大德！以下四十八輕戒，諸大德常聞。接云：諸佛子！是四十八輕戒云云。

勸人聽鐘念佛文

近有人新發明聽鐘念佛之法，至為奇妙。今略述其方法如下，修淨業者，幸試用之；並希以是廣為傳播焉。

凡座鐘掛鐘行動之時，若細聽之，作丁當丁當之響（丁字響重，當字響輕。）即依此丁當丁當四字，設想作阿彌陀佛四字。或念六字佛者，以第一丁字為「南無」，第一當字為「阿彌」，第二丁字為「陀」，第二當字為「佛」。亦止用丁當丁當四字而成為之也。又倘以其轉太速，而欲遲緩者，可加一倍，用丁當丁當丁當丁當八字，假想作阿彌陀佛四字，即是每一丁當為一字也。或念六字佛者，以第一丁當為「南無」，第二丁當為「阿彌」，第三丁當為「陀」，第四丁當為「佛」也。

繪圖如左：

	普通念法	遲緩念法
四字佛	阿—丁 彌—當 陀—丁 佛—當	阿{丁當 彌{丁當 陀{丁當 佛{丁當
六字佛	南無}丁 阿彌}當 陀—丁 佛—當	南—丁 無—當 阿—丁 彌—當 陀{丁當 佛{丁當

所用之鐘，宜擇丁當丁當速度調勻者用之。又欲其音響輕微者，可以布類覆於其上。（如晝間欲其響大者，將布撤去。夜間欲其音響輕者，將布覆上。）

初學念佛者若不持念珠記數，最易懈怠間斷。若以此鐘時常隨身，倘有間斷，一聞鐘響，即可警覺也。又在家念佛者，居室附近，不免喧鬧，若攝心念佛，殊為不易。今以此鐘置於身旁，用耳專聽鐘響，其他喧鬧之聲，自可不至擾亂其耳也。又聽鐘工夫能純熟者，則丁當丁當之響，即是阿彌陀佛之聲。鐘響佛聲，無二無別。鐘響則佛聲常現矣。

普陀印光法師覆永嘉論月律師函云：凡夫之心，不能無依，而娑婆耳根最利。聽自念佛之音亦親切。但初機未熟，久或昏沈，故聽鐘念之，最為有益也。

南山律苑住衆學律發願文

中華民國二十二年，歲次癸酉五月二十六日，即舊曆五月初三日。恭值靈峯蕅益大師聖誕。學律弟子等，敬於諸佛菩薩祖師之前，同發四弘誓願已；並別發四願：一願學律弟子等，生生世世，永為善友，互相提攜，常不捨離。同學毗尼，同宣大法，紹隆僧種，普利衆生；一願弟子等學律及以弘法之時，身心安寧，無諸魔障，境緣順遂，資生充足；一願當來建立南山律院，普集多衆，廣為弘傳。不為名聞，不求利養；一願發大菩提心，護持佛法。誓盡心力，宣傳七百餘年湮沒不傳之南山律教，流布世間。冀正法再興，佛日重耀；並願以此發宏誓願，及以別發四願功德，乃至當來學律一切功德，悉以迴向法界衆生。惟願諸衆生等，共發大心，速消業障，往生極樂，早證菩提！伏乞

十方一切諸佛

本師釋迦牟尼佛

極樂世界阿彌陀佛

觀世音菩薩摩訶薩

地藏菩薩摩訶薩

南山道宣律師

靈芝元照律師

靈峯蕅益大師，慈念哀愍，證明攝受！

學律弟子演音弘一　性常宗凝

照融廣洽　傳淨了識

傳正心燦　廣演本妙

寂聲誰真　寂明瑞曦

寂德瑞澄　騰觀妙慧

寂護瑞衛　廣信平願

勸念佛菩薩求生西方

近印光法師嘗云：飛機炸彈大炮常常有，當此時應精進念佛菩薩名號。

〔不應死者，可消災免難。

若定業不可轉，應被難命終者，即可因此生西方。

以上法師之言，今略申說其意。

念佛（阿彌陀佛），常人惟知生西，但現生亦有利益。古德嘗依經論之義，謂念佛有十大利益。念觀世音名號，常人皆知現生獲益，故念佛菩薩可避飛機炸彈大炮，亦決定無疑。

常人見飛機來，惟知懼。空怕，何益。入地洞上山亦無益。惟有誠心念佛菩薩。

於十分危險時，念佛菩薩必懇切，容易獲感應。若欲免難，惟有勤念佛菩薩。

危險時須念，平日亦須念。因平日勤念，危險時更得力。

業有二種，以上且約不定業言。倘定業不可轉，必須被難命終者，雖為彈炮所傷，亦決定生西。

常人惟知善終（即因病）乃生西，但為彈炮所傷亦可生西。因念佛菩薩誠，佛菩薩必來接引。無痛苦生西。

須知生西後，無苦但樂。衣食自然，居處美麗，常見佛菩薩聞法，乃最好之事。故被傷生西，可謂因禍得福。

無論何人，皆應求生西方。即現在不應死者，暫免災難，亦不能永久安樂。

娑婆苦。今生尚輕，前幾生更苦。此次苦尚輕，以後更苦。故欲十分安全，不可專顧目前暫時，必須放開遠大眼光，求生西方也。

若約通途教義言，應觀我身人身山河大地等皆虛妄不實，飛機炸彈大炮等亦當然空無所有。如常人所誦之心經金剛經等皆明此義。心經云：照見五蘊皆空，度一切苦厄。金剛經云：一切有為法，如夢幻泡影，如露亦如電，應作如是觀。

若再詳言，應分為空假中三觀，復有次第一心之別。但吾人僅可解其義，若依此修觀則至困難，即勉強修之，遇境亦不得力。故印光法師勸人專修淨土法門也。因此法門易解，人人皆可實行。

故勸諸君須深信淨土法門。又須於印光法師前所說者，深信不疑，安心念佛菩薩名號，不必憂懼也。

此次與日本抗戰，他處皆多少受損害，惟泉州安然。此是諸君念佛誦經之力，故能免一時之危險。但後患方長，不可安心，必須精進念佛菩薩，俾今生命終時，決定生西。乃是十分安全之道也。

略說。勸念佛菩薩，求生西方。至要至要。

剃髮儀式（即出家落髮儀）

壬午年七月廿一日教演
於泉州溫陵養老院

剃髮儀式一卷，宋靈芝律師宗行事鈔撰述。△其中闍梨及引請師開示等文，且舉一例。今人用時，宜觀機而酌定之，應令行者了解其義；若依文謹誦，茫然莫解，則徒勞無益矣。△又原定儀式，與現時叢林習慣有礙者，亦略改之。於彼原文，亦稍刪潤。匪敢擅竄古本，亦欲今人能依此實行，廣為流通，無所阻滯耳。於時歲次鶉火七月南山律苑沙門演音謹識。

一　選處設座

據律，令在露地，灑以香水，周匝七尺，四角懸旛等；今時多在大殿，或在法堂，亦無不可。○和尚及闍梨二師之座，當須左右相對。今多背佛像而坐，大乖尊敬，罪過匪輕。南山律中，屢痛戒之。諸有智者，幸宜改悛。○應預以縵衣一件，置於和尚座前。○衆僧座處，隨宜鋪設。

行者應預洗浴，著浴人淨衣，頂鬌留少髮，立於殿堂門外。○彼之父母尊長等，應立於階庭之下。

二　師僧入堂

打鐘集僧，衆人禮佛竟。和尚及闍梨二師，至佛前，拈香禮佛。

○二師禮佛時，大衆同唱供養偈云：

戒香定香解脫香　光明雲臺徧法界
供養十方無量佛　見聞普熏證寂滅（或依常例，改唱爐香讚亦可。）
二師即登本座，僧衆隨坐。

三　白衆召入

闍梨云：

敬白大衆，今有某寺行者某甲（若當處者，即改云當寺或本寺。）厭世出家，歸心三寶。將從和尚乞求剃髮；今令教授座主引入道場與其披剃。

教授座主（今時謂之引請師或引禮師），即從座起，至衆前，合掌揖僧竟；即出衆去，引彼行者。

四　入衆請師

引請師前引，行者後隨，至佛前，教行者作禮已；復引至和尚前，行者作禮已；長跪合掌，引請師云：

夫以儒敦事父，惟重於成身。釋制依師，務存於學道；庶使四儀軌度，藉此以琢磨。五分法身，因茲而成立；理須竭誠事奉，克志陳詞。恐汝未能，我今教汝。大德一心念！我某甲今請大德為和尚，願大德為我作和尚！我依大德故，得剃髮出家，慈愍故。（三說。）

和尚告云：

可為汝作剃髮和尚！

次又引至闍梨前，行者作禮已，長跪合掌，引請師云：

夫以厭處凡流，欣參寶位，將欲翦除於俗態；理宜警策於蒙心。矧在人中，必由名匠。今為汝請某人作剃髮阿闍梨；此師誨人無倦，接物有方；故須專稟一心，恭陳三請。恐汝未能，我今教汝。

大德一心念！我某甲今請大德為剃髮阿闍梨。願大德為我作剃髮阿闍梨！我依大德故，得剃髮出家；慈愍故。（三說。）

闍梨告云：

可為汝作剃髮闍梨；所有教示，須當諦聽！

五　辭親脫素

闍梨云：

出家之人，高超俗表，為世福田。君不得而臣，父不得而子。應受人天恭敬供養；是故剃髮著袈裟已，至於君父尚無設禮之義，況餘人乎。然父母生汝，養育恩深；當往顯處，拜辭父母尊長竟；卻入道場，為汝落髮。

言訖；行者即起。引請師引出階庭之下，於彼父母尊長前，行者作禮已；長跪合掌，引請師教唱辭親偈云：

流傳三界中，恩愛不能脫。棄恩入無為，真實報恩者。

唱偈訖；行者即起。除俗衣，著僧服；但不著袈裟。

六　策導禮佛

引請師復引入衆，至闍梨前，行者長跪合掌。闍梨云：

善男子諦聽！六道之中，人身難得。人倫之中，出家者難。汝今生處入道，值佛出家；自非宿植業深，何由至此？當須建出家心，立丈夫志，誓勤學道以求解脫。南山律師云：真誠出家者，怖四怨之多苦，厭三界之無常，辭六親之至愛，捨五欲之深著；故知一切衆生，繫屬於四怨，戀著於三界，情纏於六親，心躭於五欲；由是流轉生死，經百千劫，捨身受身，無由解脫。汝當捨諸虛妄，迴向真實。持戒修定習慧，行六度萬行，學無量法門。於末世中，建立法幢，續佛壽命，令三寶不斷，使衆生獲益；若能如是，是名真出家！可以為六道福田，作三乘因種，堪受信施，不負四恩；是以佛言：若人以四事供養四天下滿足中羅漢，盡於百年；不如有人一日一夜發心出家功德。又云：若人起七寶塔，高三十三天；亦不如出家功德最勝。廣在大藏不復繁引；既知此身如此尊勝，彌生珍敬，勿得自輕！（如是隨機勸誘，臨時自述，不必誦語。）

闍梨說已，即取香湯，以指滴少許，灌於行者頂上，說偈云：

善哉大丈夫！能了世無常，捨俗趣泥洹，希有難思議！（此偈闍梨一人直聲自說。）

資持云：以香湯灌頂者，使身器清淨，堪受善法故。〇說偈訖；告云：

汝當往佛前，禮拜十方佛，說歸依偈！

行者即起，引請師引至佛前，行者作禮已；長跪合掌。引請師教唱歸依偈云：

歸依大世尊，能度三有苦；亦願諸衆生，普入無為樂！

七　落髮披衣

引請師復引至闍梨前，行者長跪合掌，以淨巾圍肩項，闍梨告云：

剃除鬚髮，為捨憍慢。著壞色衣，為除貪愛。少選之間，即與三乘賢聖儀相無別，當自欣慶。

言訖；即為剃四邊髮，留頂上少許。正剃髮時，大衆同唱出家偈云：

毀形守志節，割愛無所親，棄家弘聖道，願度一切人！

剃已；立起，又引至和尚前，行者長跪合掌，和尚云：

今為汝剃去頂髮，可否？

行者答云：

可爾！

和尚便為剃之，大衆再同唱出家偈云：

毀形守志節，割愛無所親，棄家弘聖道，願度一切人！

剃已；除去淨巾。〇和尚取袈裟，授與行者。便頂戴受已；復還和尚。如是三反已，和尚親為著之。說偈云：

大哉解脫服！無相福田衣。披奉如戒行，廣度諸衆生！（此偈和尚一人直聲自說。）

所授袈裟，即是幔衣。所以三授三反者，資持云：三授與者，示勤至也。三反者，表辭讓也。

八　授歸教誡

引請師復引至闍梨前，行者長跪合掌。闍梨告云：

準毗尼母論，剃髮著袈裟已；然後受三歸五戒十戒。各登壇時，當自受之。今且為受翻邪三歸，翻無始邪心，歸三寶正覺。應示三寶境界；但創入道門，未諳法義。且示住持三寶，令寄心有所。應云：雕塑靈儀是佛寶，琅函玉軸是法寶，剃染稟戒為僧寶。汝當志誠歸向！從今已後，盡此形命，誓依佛為師，誓學法藏，誓同僧海！

如是種種，隨機開導已；闍梨教行者說云：

我某甲盡形壽，歸依佛、歸依法、歸依僧！（三說。）

我某甲盡形壽，歸依佛竟、歸依法竟、歸依僧竟！（三說。）

前之三說，即發善法；後三說者，重更結囑，不令忘失也。

授三歸已；復告云：

汝既出家，當依出家法，修出家行；不得懶惰懈怠，悠悠度日。從今已後，先須遠離諸惡，且說六種：一婬、二盜、三殺、四妄、五飲酒、六食肉；是六種惡，障道之源，輪回之本，深須遠離，慎勿為之。當須預擇明師，咨問受戒方便儀式，策發開導令心明了；若茫無所知，名為受戒，實不得戒；由無戒故，一生虛受信施，將來墮墜惡道，長劫輪迴，無由解脫。此非小事，宜切用心，又從今以去，即須除去雜務，日夜誦持，志誠祈禱，乞聖加被。及至受戒之後，或依師學律，或復聽經，或參尋知識，或誦經課佛，或營事作福，荷護佛法，利益衆生。不應求名逐利，作惡破戒，濫污僧倫，覆滅正法，翻種苦業，轉增生死。是則出家無所利盜。常記此語，以自策勤。無為空死，後致有悔！

（按原文有勸告預辦衣鉢等言。現今受戒，皆由戒場備辦，不許自製；故刪略之。）

九　自慶禮謝

引請師復引至佛前，行者作禮已；繞佛三匝，長跪合掌。引請師教行者唱自慶偈云：

遇哉值佛者！何人誰不喜？福願與時會，我今獲法利。

唱已；即起。禮衆僧及和尚闍梨二師，即在衆僧下坐。〇引請師事畢，至衆前，合掌揖僧竟，復位。

十　祝讚迴向

二師即從座起，大衆隨起。二師至佛前拈香，長跪合掌。維那白云：

上來行法所有功德，奉祝梵釋四王、天龍八部、伽藍真宰、土地靈聰，各軫威神，安邦護法。今上國主，聖化無窮，文武官員，長居祿位。師僧父母，善惡知識，十方信施，法界衆生，承此善根，俱登彼岸。

白訖二師起立，大衆同念釋迦牟尼佛號，繞佛數匝，復位，同唱偈云：

處世界如虛空　猶蓮華不著水
心清淨超於彼　稽首禮無上尊

大衆禮佛退出。〇行者受彼父母尊長等拜賀。

或如常例，再增加唱三歸偈，亦可。

附諸偈釋〇釋見資持記，今節錄。

戒香定香解脫香，光明雲臺徧法界。供養十方無量佛，見聞普熏證寂滅。

出晉譯華嚴經。△記釋云：上半明能供，下半即所供。初中、上句，託彼香事，即表法供也。慧及知見，解脫通收，（由慧得脫，由脫具知見。）則五分備矣。次句，冥想如彼光雲。下半所供中，初句明上求，下句即下化。涅槃翻為寂滅，即果德也。

流轉三界中，恩愛不能脫。棄恩入無為，真實報恩者。

事鈔原註云：出度人經。△記釋云：上半明在家之損，下半明出家之益。棄恩，割愛情也。入無為者，趣聖境也。則知儒中順色承意，立身揚名；皆是世情，未為實報。

善哉大丈夫！能了世無常。捨俗趣泥洹，希有難思議！

記釋云：上句讚志幹剛決，次句讚心智開悟，第三句讚返妄歸真，末句指上三種，總讚難能。

歸依大世尊！能度三有苦。亦願諸衆生，普入無為樂！

記釋云：上二字述能歸心，次句半歎所歸境。大世尊者，人天師故。度三有者，大慈悲故。下二立期誓，自他兼利，大士行故。無為樂者，涅槃道故。

毀形守志節，割愛無所親。棄家弘聖道，願度一切人。

記釋云：上二字明外儀，次三字言內志。持之無變，故云守也。第二句言志用，三四兩句彰所為。弘道度人，出家本務故。

大哉解脫服！無相福田衣。披奉如戒行，廣度諸衆生。

記釋云：上二句歎衣。解脫者，染壞割截，不著世故。無相福田者，出世無漏之福，離有為相故。下二句勸勵。上句自行，如，依也。下句利他行。

遇哉值佛者，何人誰不喜？福願與時會，我今獲法利！

記釋云：上半是能喜。上句自喜，下句他喜。下半即所喜。上句喜緣會，下句喜得法。福願，並宿因。時，即今緣。

附剃髮位置圖

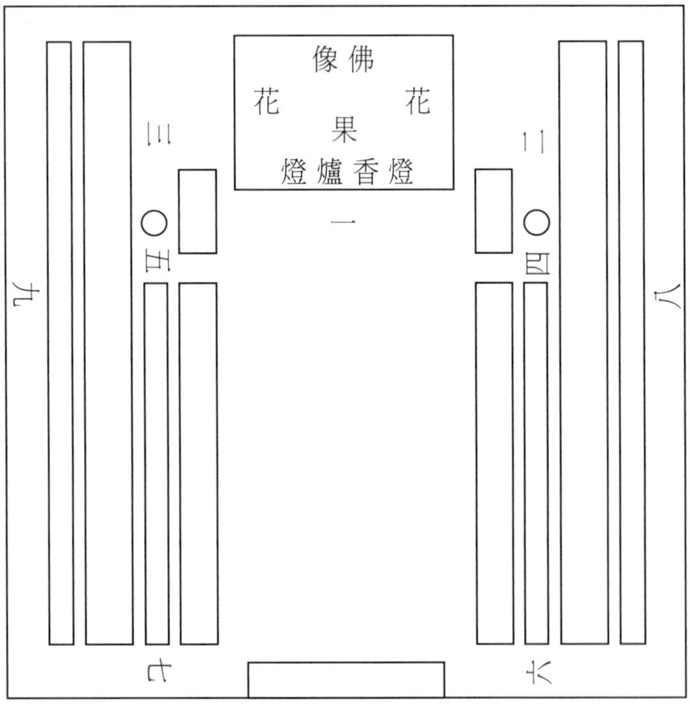

附剃髮之前應備手續說明

（一）事先洗掃，莊嚴殿堂。

（二）照剃髮圖，安置各件。

（三）預備父母牌位兩座。如父母現在，則位安之東方。如已亡故，則位安之西方。倘父母本身來，則不用牌位。

（四）和尚桌上，預備靜木一方、縵衣一領。

（五）教授桌上，預備靜木一方、檀香水一盞。

（六）上座引請桌上，預備大磬一、引磬一。

（七）下座引請桌上，預備引磬一、身上預備剃刀一、圍巾一、包髮巾一。

南山律在家備覽略編例言

一數年已來、欲於南山律中摭挈其爲在家居士所應學者、輯爲一部、名曰南山律在家備覽。老病因循、卒未成就。今先輯略編、別以流通。雖文不具足、義未詳釋。而大途略備、即此亦可闚見廣本之概致焉。

一所云南山律者。唐道宣律師居終南山、後世因稱其撰述曰南山律。南山以法華涅槃諸義、而釋通四分律。貫攝兩乘、囊包三藏、遺編雜集、攢聚成宗。其撰述最著者、爲四分律刪繁補闕行事鈔（略云事鈔）四分律含註戒本疏（釋南山所集含註戒本 略云戒疏）四分律隨機羯磨疏、（釋南山所集隨機羯磨 略云業疏）世稱爲南山三大部。雖正被僧衆學習、而亦兼明三歸五戒八戒等。又法體持犯等諸義章、亦多通於五八戒也。逮及北宋、元照律師居錢塘靈芝寺、中興南山律宗。撰資持記以釋事鈔、撰行宗記以釋戒疏、撰濟緣記以釋業疏。今輯南山律在家備覽、即據已上諸書而爲宗本。併採擷南山拾毗尼義鈔釋門歸敬儀、靈芝之芝苑遺編等、以爲輔助。　是編兼收南山靈芝二家撰述、而唯標云南山律者。以靈芝撰述皆依南山遺笵、發揚光大、纘述相承。故唯標云南山律也。　若爾、何以榑桑學者謂南山宗唯識、靈芝之宗法華耶。答。是蓋唯闚一斑、未及全豹也。南山三觀、雖與唯識近似。然如戒體顯立正義中云是故行人常思此行即攝律儀等、又云今識前緣終歸大乘等、如是諸文實本法華開顯之義、蓋無可疑。惟冀學者虛懷澄心、於南山靈芝諸撰述等精密研尋、窮其幽奧。未可承襲榑桑舊說、輕致誹評。

一南山撰述中引文、多以略稱。其僅標律云或四分者、即四分律。十誦者、即十誦律。僧祇者、即僧祇律。五分者、即五分律。善見者、即善見律毗婆娑。母論者、即毗尼母論。了論者、即二十二明了論、或此論疏。多論或婆論者、即薩婆多毗尼毗婆沙。伽論者、即薩婆多摩得勒伽。五百問者、即五百問論。以上皆爲律部重要之典籍。此外如善生、即優婆塞戒經。智論、即大智度論。成論、即成實論等。其所引文、每與現今流傳藏本稍有不同。或是古藏異本、或轉錄他師撰述中文。或爲隨宜刪節、或以釋義參入。恐後之學者於是致議、故預辨明以遮疑難。

一南山靈芝所釋法相名義、頗有與常途異者。是或別有所據、或隨宜會通。學者於此、未可膠執成見。應善分別觀之。

一是編分爲四篇、一宗體篇二持犯篇三懺悔篇四別行篇。於篇中復分爲門、再分爲章節項支類端目、以示次第。其標分之名目、或依鈔疏原文、或隨宜酌定。

一是編所錄諸文、雖或加刪節、而不失原文大意。於諸文末、註明出處。所指卷數、三大部及記據津刋會本。其他亦據津刋者言。

一錄寫諸文、皆於上下用『』記號、以示起訖。記號之中、若有雙行小註、皆是原文。或須別附以說明者、則於記號之外、以小字另行書寫。

一諸文上端皆冠以▲△記號。冠以▲者、示此文別起。冠以△者、示與前義有所關係。其△記號下、有續云又云之別。續云者、示此文與前段相續。又云者、示此文與前不相續、而義有關係。

一凡記文釋上鈔疏文者、又戒疏釋上含註戒本文、業疏釋上隨機羯磨文者、皆與上文連寫、不冠以記號。或有旁引他文以釋者亦爾。

一諸文有稍難識別者、或數段文相續者、則於記中略錄科文。於大科旁加‖記號、於小科旁加｜記號。大科者總括一段之文小科者於一段文中復加分析　若有數段文相續、而科文繁雜未易分辨者、別錄科表、以小字列於文後、俾備對閱。

一凡記中牒鈔疏文者、用◦。記號但易見者不標。　又戒疏牒含註戒本文、或業疏牒隨機羯磨文者、用◇。

一凡別編錄圖表、或附以說明等、皆低格小字而示區別。

一南山之文古拙、而義賾隱。後之學者、未可畏難、淺嘗輒止。宜應習覽、自易貫通。

一養痾山中、勉輯是篇。偶有疑義、無書可攷。益以朽疾相尋、昏忘非一、舛譌脫略、應所未免。率爲錄出、且存草稾。重治校訂、願俟當來。

謹案例言之末、泉州所藏原稿附記云、「二十九年歲次壽星　月　日、輯錄宗體篇竟、幷識。沙門善夢、時年六十有一、居毗湖山中。」例言所謂養痾山中勉輯是篇者、卽指宗體篇而言。其後續輯持犯懺悔別行三篇、一依宗體篇例。故大師寫定原稿寄滬時、刪此附記。茲仍依泉稿補識、俾可考見大師輯成是篇之時地。又原稿寄滬後未卽印行、大師復就泉州藏稿、加以補正。故編校是書、參合滬泉兩稿、互相補充。例如八一八二兩頁依事鈔所列二表、卽從泉稿增入者。餘詳別行篇末附記。惟五頁十六行無妨福善下、泉稿空一格、於例尤合。因已從滬稿製版、難以改正、幷識於此。

大藏經會謹識

編目表

- 第四支斷惡攝淨三八九
- 第二門戒體三八九
  - 第一章戒體相狀三九〇
    - 第一節能領心相三九〇
    - 第二節所發業體三九一
      - 第一項辨體多少三九一
      - 第二項立兩解名三九一
        - 第一支立兩所以三九一
        - 第二支幷解名義三九二
      - 第三項依論出體三九三
        - 第一支作戒體三九三
        - 第二支無作戒體三九四
      - 第四項顯立正義三九六
        - 第一支實法宗三九六
        - 第二支假名宗三九七
        - 第三支圓教宗三九八
      - 第五項先後相生四〇四
      - 第六項無作多少四〇六
  - 第二章受隨同異四〇八
    - 第一節釋兩名四〇八
    - 第二節辨同異四〇八
      - 第一項解二作四〇八
        - 第一支先釋二名四〇九
        - 第二支正辨同異四〇九
      - 第二項解二無作四一〇
        - 第一支先釋二名四一〇
        - 第二支正辨同異四一〇
  - 第三章緣境寬狹四一二
    - 第一節列釋四一二
    - 第二節別簡四一二
  - 第四章發戒數量四一三
    - 第一節明境徧一切四一三
    - 第二節明發戒多少四一五
- 第三門戒行四一七
  - 第一章正明隨行四一八
  - 第二章因示捨戒四一九
- 第四門戒相四二〇

持犯篇四二一

- 第一門持犯總義四二一
  - 第一章持犯名字四二二
  - 第二章持犯體狀四二三
  - 第三章成就處所四二四
    - 第一節約三心明止持四二四
    - 第二節約行心明四行四二五
    - 第三節約三業明四行四二五
  - 第四章辨犯優劣四二七
    - 第一節約三性辨犯四二七
      - 第一項明起業之源四二七
      - 第二項約三性示相四二八
        - 第一支善心四二八
        - 第二支不善心四二九
        - 第三支無記心四二九
      - 第三項結示傷歎四三〇
    - 第二節將心望境辨犯四三〇
    - 第三節單心辨犯四三三
    - 第四節有心無心辨犯四三四

- 第一章性罪 四五七
  - 第一節殺 四五八
    - 第一項犯境 四五七
    - 第二項犯相 四五八
      - 第一支列緣 四五八
        - 第一類正明犯緣 四五八
        - 第二類別示闕緣 四五八
          - 第一端闕初緣 四五九
          - 第二端闕第二緣 四五九
          - 第三端闕第三緣 四六二
          - 第四端闕第四緣 四六二
          - 第五端闕第五緣 四六三
      - 第二支隨釋 四六三
        - 第一類廣辨殺相 四六三
          - 第一端自作教人 四六三
          - 第二端用語破國 四六四
          - 第三端讚死 四六四
          - 第四端自殺 四六四
        - 第二類別明非畜 四六四
    - 第三項不犯 四六五
  - 第二節盜 四六五
    - 第一項犯境 四六五
    - 第二項犯相 四六六
      - 第一支列緣 四六六
        - 第一類正明犯緣 四六六
        - 第二類別示闕緣 四六六
          - 第一端引疏犯緣 四六六
          - 第二端依示闕緣 四六七
            - 第一目闕初緣 四六七
            - 第二目闕第二緣 四六八
            - 第三目闕第三緣 四六九
            - 第四目闕第四緣 四六九
            - 第五目闕第五緣 四六九
      - 第二支隨釋 四六九
        - 第一類有主物 四七〇
          - 第一端三寶物 四七〇
            - 第一目佛物 四七〇
            - 第二目法物 四七一
            - 第三目僧物 四七二
          - 第二端別人物 四七三
            - 第一目掌主損失 四七三
            - 第二目明被賊 四七三
            - 第三目明盜相 四七三
          - 第三端非畜物 四七四
        - 第二類有主想 四七四
        - 第三類有盜心 四七四
        - 第四類是重物 四七五
          - 第一端明物體 四七六
          - 第二端列義門 四七七
        - 第五類離本處 四七七
      - 第三支結示 四七九
    - 第三項不犯 四八〇
  - 第三節婬 四八〇
    - 第一項犯境 四八〇
    - 第二項犯相 四八一
      - 第一支列示犯緣 四八二
        - 第一類正明犯緣 四八二
        - 第二類別示闕緣 四八二

- 第四門瞻視病人 五一二
  - 第一章制意五一二
  - 第二章簡人五一三
  - 第三章安置處所五一三
  - 第四章說法歛念 五一四
    - 第一節餘人勸導五一四
    - 第二節瞻病勸導五一四
- 第五門離諸非法 五一五
  - 第一章別請僧衆五一五
  - 第二章受僧食物 五一六
    - 第一節明用與五一六
    - 第二節約緣開五一七
    - 第三節示汙家五一七
  - 第三章讁罰可否 五一八
    - 第一節別列 五一八
      - 第一項勸俗敬護五一八
      - 第二項勸俗治惡五一八
    - 第二節會通五一九
  - 第四章食肉 五一九
    - 第一節引大廢小五一九
    - 第二節引小急制五二〇
    - 第三節通禁諸物五二一
  - 第五章畜養貓狗五二一
- 第六門出家宗致 五二三
  - 第一章出俗本意 五二二
    - 第一節出家元緣 五二三
      - 第一項出家文證五二三
      - 第二項引誡勸修五二四
    - 第二節勸出有益五二五
    - 第三節障出有損五二五
    - 第四節明出家已行凡罪行五二五
    - 第五節明出家已行凡福行五二六
    - 第六節明出家已行聖道行五二七
    - 第七節大小乘相決同異 五二八
      - 第一項小乘三學五二九
      - 第二項大乘三學五二九
  - 第二章先說苦事五三〇
  - 第三章應知五德五三一

- 第二章造寺法 五一〇
  - 第一節應法生善五一一
  - 第二節無法致損五一一
- 第二節造塔 五〇八
  - 第一項示名五〇八
  - 第二項顯報五〇八
  - 第三項敬護五〇八
  - 第四項造處五〇九
  - 第五項供養修治五〇九
  - 第六項造毀二報五一〇

- 第二支此方制度漸失 五〇七

南山律在家備覽　略編

學者宜先詳覽卷首之例言及目表然後再閱正文。

宗體篇

宗體中分爲四門
- 一戒法
- 二戒體
- 三戒行
- 四戒相

▲事鈔云『今略指宗體行相、令後進者興建有託』　資持釋云『興謂發心、建即立行。識體進行、成因感果、故云有託。』

△事鈔又云『但戒相多途、非唯一轍。心有分限、取之不同。若任境彰名、乃有無量。且據樞要、略標四種。一者戒法、二者戒體、三者戒行、四者戒相。』　資持釋云『初敘廣。上二句據法明廣、五八十具。四位不同、次二句約心明廣、即上四位各有三品。若下二句就境明廣、情及非情不可數故。且下示要、樞即門樞、亦取要義。』

三品者、見後歸戒儀軌五戒中依境發心文。

▲資持云『欲達四科、先須略示。聖人制教名法、納法成業名體、依體起護名行、爲行有儀名相。　有云、未受名法、受已名體。今謂不然。法之爲義、貫徹始終、安有受已不得名法。須知下三從初得號、是故一一皆得稱戒。或可並以法字貫之、方顯體及行相非餘泛善。』

爲行有儀名相者。戒相有二義。一約行爲相、如今所云。二以法爲相、如後持犯篇所示。

▲資持云『問所以唯四、不多少者。答攝修始終、無闕賸故。隨成一行、四義整足。言有次第、行不前後。』

▲資持云『問、法之與體同異云何。答業疏云、體者戒法所依之本。是則法爲能依、體是所依、不可云同。又云、戒體者、所謂納聖法於心胸、即法是所納之戒體。據此不可云異。應知言法未必是體、言體其必是法。不即不離、非同非異。』　濟緣云『問、即法是體、法體何分。答若望未受、但名爲法、體是無情。若加期誓、要緣領納、依心成業、此法有功、乃名爲體。如藥丸喻、藥味各別、如戒法也。和合成丸、如戒體也。丸非他物、即藥成丸、雖異而同、雖同而別、如是知之。』見業疏記卷十六

▲資持云『問、行相何異。答、三業分之。』已上皆見事鈔記卷三

三業分之者、戒行屬意、戒相屬身口。行屬意者、約能察言、見後戒體門圓教宗能憶能持能防等疏記之文、及戒行門首段鈔記之文。

相關身口者、見後持犯篇持犯總義門成就章就業明四行文。　若爾、何故資持又云三業造修名行耶。答、彼兼所察言也。

第一門　戒法

戒法中分爲二章

- 一通敍戒法
- 二歸戒儀軌

第一章　通敍戒法

通敍戒法中分爲三節

- 一示相彰名
- 二略辨教體
- 三顯知由徑

第一節　示相彰名

示相彰名中分爲二項

- 一正示
- 二雜簡

第一項　正示

▲事鈔云『言戒法者、語法而談、不局凡聖。直明此法、必能軌成出離之道。要令受者信知有此。』　資持釋云『示相中、初標示。直下正明。法雖兩通、不能委辯、但從聖論、故云直也。軌成者示法義也。出離道者聖所證也。要下出從聖所以。然此但示法之功力、文不明指何者是法、意令學者思而得之。』

△事鈔續云『雖復凡聖通有此法、今所受者、就已成而言、名爲聖法。』　資持釋云『彰名中、初二句躡前。今下正示。已成者初果已上所修三學名聖道。故今雖在凡、亦名聖法、因中果號也。』已上皆見事鈔記卷三

▲業疏云『問、人皆知受、所受是何。　答、相傳解云、受名聖法、由此法故、奉敬守護、淨如明珠、能爲聖道作基址故。』　濟緣釋云『受者雖多、而不自知所受之體。欲警學者、故發是問。　答中云相傳者承古所解。舉果目因、以其能通聖道、故復令受者不自輕故。』見業疏記卷十五

第二項　雜簡

雜簡中分爲三支

- 一化制
- 二戒善
- 三遮性

第一支　化制

化制者、化教制教。制教亦云行教。戒疏攝教分齊中雖以行教與制教別列、但此外鈔疏及記中皆行制二名互用、義蓋可通。　又戒

疏雖局取三輪、但此外鈔疏及記中皆以化行或化制而分二教。資持云、如戒疏中或約三輪或約化行或約化制或約制聽彼取三輪、今用化行、隨時用與、未須和會。

▲業疏云『自古詳教、咸分兩途。化教則通被道俗、專開信解之門。行教則局據出家、唯明修奉之務。』

濟緣釋云『就文二教對明兩別。道俗出家被機異也。信解修奉立法異也。戒疏云、何名化教、開演化導、令識邪正、教本化人令開慧解、本非對過而立斯教。言行教者、起必因過、隨過制約、言唯持犯、事通止作、戒律一宗局斯教矣。』

▲濟緣云『十善五停四弘六度一切觀行、並化教業。毗尼所詮開遮輕重一切律藏、並制教業。化據理性、理有順違。制就教法、教有持犯。』已上皆見業疏記卷一

▲資持云『一代時教、總歸化行。開其信解、用捨任緣、故名化教。制其修奉、違反有過、名爲行教』

鈔疏及記、簡別化制二教之文屢見、其義大同、未能具錄。今就上文、列表於後、以示兩別。

化教	通道俗	開其信解	令開慧解非對過立	十善五停等	用捨任緣
制教（行教）	局道	制其修奉	持犯皆定隨過制約	開遮輕重等	違反有過

▲資持云『問、五八二戒既是戒制、應是行攝。答、化教所攝。』已上皆見事鈔記卷二

南山律中、以十戒具戒屬制教、五戒八戒屬化教。今案五戒八戒與常途之化教異。正屬化教、義當制教、義雖通制、而教終局化。猶如四分律宗、正屬小乘、義當大乘。義雖通大、而教終局小也。（此意於宗體篇中屢明） 所以謂五戒等義當制教者。如業疏云、如來設教、類同空界、隨立一相、攝修皆盡。五戒被俗之法、五體通道之規、持犯相扶、難遮齊則。（於後歸戒儀軌章首、具錄此疏文及濟緣釋義、宜檢尋之。）文據甚明、蓋無可疑。

第二支　戒善

▲業疏云『問、一切善作盡是戒否。答、律儀所攝善作名戒。自餘十業、但單稱善、不名爲戒。』 濟緣釋云『戒有二義、一有本期誓、二徧該生境。餘善反之、故不名戒。』見業疏記卷十五

▲事鈔云『宜作四句。一者善而非戒、謂十中後三是也。律不制單心犯也。 二戒而不善、卽惡律儀。 三亦善亦戒、十善之中前七支也。以不要期直爾修行、故名善也。反此策勵故名戒也。 四俱非者、身口無記。』 資持釋云『初句、後三者卽貪瞋邪見。化教所禁、故名善。律所不制、故非戒。四分重緣、相同十業、可入戒收。若約菩薩、十善俱戒、如是知之。 第三句中、初示相、以下雙釋。不要期者顯示世善無願體也。反此

者謂有要期受體、然後如體而修。』見事鈔記卷十六

第三支　遮性

▲戒疏云『明遮性者。由惡緣境、不可隨說。以義收之、大分爲二。』

△戒疏續云『言性惡者。如十不善、體是違理、無論大聖制與不制、若作違行感得苦果、故言性惡。　是故如來制戒防約。若不制者、業結三塗、不在人道、何能修善。　故因過制、從本惡以標名、禁性惡故名爲性戒。』　行宗釋云『初釋性義。性卽是體。違理之惡從心而起、不由制有。故云無論等。　是下合戒義。初敍須制。　故下明立制。於本業上復增制罪、故云因制。應知性戒之言卽業制雙舉也。』

△戒疏續云『言遮惡者。聖未制前、造作無罪。由非正業、無妨福善。自制已後、塵染更深、妨亂修道、招世譏謗、故名遮也。』　行宗釋云『初示反前性惡。　自下明因制成犯。塵染更深者多違犯故。妨道招譏亦卽自他兩失。』

△戒疏又云『性罪三過、一違理惡行二違佛廣制三能妨道業。遮罪具二、體非違理、故名爲遮。』已上皆見戒疏記卷五

上明遮性二意、若約五八戒言、前四屬性、酒等爲遮。性惡可知。遮惡如業疏引俱舍文略明、今錄於下。

▲業疏云『俱舍論云。由飮酒故、卽便忘失是事非事念也。離莊嚴者、謂非舊莊嚴也。若常所用莊嚴、不生極醉亂心也。若用高勝臥處及歌舞音樂、隨行一事、破戒不遠也。若依時食、離先所習非時食也。憶持八戒、卽起厭離隨助之心。若無第八、此二不生也。』　濟緣釋云『酒能亂性、不辨是非、容犯諸戒故。非舊莊嚴、謂華瓔等、俗中常習是舊莊嚴。今並離之、但存常所服用故云非也。高牀長慢、樂音動情、皆近破戒。依時食者、卽不過中。憶八戒者無他念故、卽滅惡也。起厭離者、不樂世緣、卽生善也。若不節食、飽腹嗜味、故二心不生也。』見業疏記卷十

第二節　略辨教體

▲資持云『夫教者以詮表爲功、隨機爲用。雖廣開戶牖而軌度無差、雖剋定楷模而攝生斯盡。圓音隨應、情慮難求。且依業疏三宗、以示一家處判。然教由體立、體卽教源。故須約體用分教相。　一者實法宗、卽薩婆多部、彼宗明體則同歸色聚、隨行則但防七支、形身口色成遠方便、此卽當分小乘教也。二者假名宗、卽

今所承曇無德部、此宗論體則强號二非、隨戒則相同十業、重緣思覺卽入犯科、此名過分小乘敎也。三者圓敎宗、卽用涅槃開會之意決了權乘同歸實道、故考受體乃是識藏熏種、隨行卽同三聚圓修、微縱妄心卽成業行、此名終窮大乘敎也。　然今四分正當假宗、深有兼淺之能、故旁收有部敎蘊分通之義、故終會圓乘。是則大小通塞假實淺深、一代雄詮歷然可見。』見事鈔記卷一

假實兩宗
- 實法宗—薩婆多部—十誦律—俱舍雜心多論等——多宗
- 假名宗—曇無德部—四分律—成實論等——成宗

業疏三宗
- 實法宗—受體同歸色聚——隨行但防七支形身口色成遠方便
- 假名宗—受體强號二非——隨行相同十業重緣思覺卽入犯科
- 圓敎宗—受體識藏熏種——隨行三聚圓修微縱妄心卽成業行

業疏三宗爲南山律中之樞要。資持所舉三宗之受體與隨行、文簡義廣、初學難解、今撮錄諸文、略釋如下。

受體者受戒時所發之業體。　同歸色聚者、通指實法宗之作戒及無作戒二體俱色。　强號二非者、別指假名宗之無作戒以非色非心爲體。　識藏熏種者、別指圓敎宗之無作戒以善種子爲體。　已上三宗受體之義、於後戒體門廣明。

隨行者、旣受戒已、憶持防護。　但防七支者、卽十業中之前七、殺盜婬妄言兩舌惡口綺語也。多宗、唯具戒防七支、五戒八戒等但防前四支。若成宗、五戒八戒等亦防七支。　形身口色成遠方便者、多宗結犯不約心論、遠方便罪亦須動色成犯。　相同十業、重緣思覺卽入犯科者。成宗雖同大乘通於十業、但大乘約瞥爾、此約重緣、故有深淺不同。瞥爾者、卽獨頭心念下云微縱妄心卽成業行是也。重緣者、謂後念還追前事。故大乘初念卽犯、成宗夾念乃犯。　已上多宗成宗隨行之義、於後持犯篇持犯總義門成就章廣明。三聚之義、於後五戒依境發心支釋。　圓修之義、於後戒體門圓敎宗中委明。

▲芝苑云『一代聖敎不過大小、人理敎行一一不同。然須略識淺深之相。且就一家、約本受體則分三位。一者十誦多宗、名當分小乘敎也。二者四分成實、正小兼大、名過分小乘敎。三者圓敎、全是大乘。今正依成實、旁用多宗、終歸圓敎。蓋取涅槃顯性談常重扶之意。　學者臨文、無宜混濫。良由以小望大則大小懸殊、以大攝小則小無不大。故事鈔引勝鬘經智度論並以聲聞毗尼卽大乘學、又戒疏所引大集經中五部雖異不妨諸佛法界涅槃、又引無量義經云法水一也江河井池分其異耳。今宗準此諸意、並以圓意用通律乘。　如昔光師直以四分判屬大乘、太爲浮漫。近世相承以爲至說、此全不曉大小分齊、或有不許分通、專判爲小、此又不了假實兩宗敎之優劣。過猶不及、此之謂也。』見芝苑遺編卷一

如昔光師者、卽北齊慧光律師、

第三節　顯知由徑

顯知由徑中分爲五項
- 一聖道本基
- 二戒有大用
- 三略解名義
- 四優劣有異
- 五重受通塞

第一項　聖道本基

▲戒疏云『斯乃大聖降臨、創開化本。將欲拯拔諸有、同登彼岸。爲道制戒。本非世福。』　行宗釋云『爲道者通而爲語卽指三乘。推佛本意、下至翻邪、終爲一實而作前引。況經開會、殊途同歸。涅槃重扶、無非顯性。今明爲道、專指佛乘。止息化城終非本意。故知化本尙非二乘、豈爲世福而立斯戒。』

翻邪者、翻邪三歸、卽但受三歸依也。

△戒疏續云『然煩惑難清、要由方便、致設三學用爲治元。故成論云、戒如捉賊、定縛慧殺。三行相因、斯須攝濟。　故初行者務先學戒。檢策非違。三業清淨、正定正慧自然而立。』　行宗釋云『欲明三學開設之致、此略敍之、則文無所壅。夫一切衆生、本來皆具眞精妙性。性之爲體、唯寂唯照。一迷此性、乃昏乃散。翻號無明、積成煩惑、計有人我、隨境發毒。鼓身口意、造生死業。流轉諸趣、億劫無窮。大覺慈哀、將令離苦、察病設藥、對分三種。內心昏動、對立定慧。身口非違、對立淨戒。聖教雖多不越三學。三學所立唯依色心。論其起也則從本以發枝、用其治也則先粗而後細。首先制戒、意在於斯。譬夫濁水、風激波騰。風波未息、欲得清澄無有是處。三學次第、理數必然。乖越常模、去道全遠。　煩卽昏濁、惑謂亂動。三毒結使劫掠善財、喻之如賊。三行相因謂次第而生。斯須攝濟謂不可相離。』已上皆見戒疏記卷一

▲資持云『五分功德以戒爲初。無上菩提以戒爲本。安有棄戒。別求聖道。智論所謂無翅欲飛、無船欲渡。聖言深勉、可不信乎。』見事鈔記卷十五

第二項　戒有大用

▲事鈔云『夫三寶所以隆安、九道所以師訓、諸行之歸憑、賢聖之依止者。必宗於戒。』　資持釋云『初句住持義、次句軌物義、三發趣義、四本基義。此之四句攝盡戒功。　文敍功能而首標大用者。良由有用方見功能、功由用彰所以先擧。』見事鈔記卷十五

第三項　略解名義

▲事鈔云『依彼梵本具立三名。初言毗尼、此翻爲律。二言尸羅、此翻爲戒。三言波羅提木叉、此云處處解脫。　顯三次第。即是一化始終。律則據敎。敎不孤起、必詮行相、戒則因之而立。戒不虛因、必有果克、故解脫絕縛最在其終。』　資持釋云『一化始終者敎行果三不唯戒律、一切敎門次第皆爾。』

△事鈔續云『次明其義。初云律者法也。謂犯不犯輕重等法、並律所明、即敎詮也。　二者戒義。戒者性也、性通善惡、故惡律儀類亦通周。若此立名、戒當禁也。　三解脫義者。近而彰名隨分果也、謂身口七非犯緣非一、各各防護、隨相解脫。遠取戒德因戒克聖、望彼絕累由遵戒本。』　資持釋云『初釋律義中二、上句訓字。法以楷定爲義。謂下釋義。一切戒本大分爲二。前明犯相後明不犯。犯中復二。即輕與重。四義攝盡毗尼大藏。就輕重中復有因果闕緣開制之異。故云等也。顯示律名從敎而立。故云並律等。　次釋戒義中。戒以性名、性通三性、且論善惡互不相容各得禁義。惡律儀亦名惡戒、屠兒獵師旃陀羅輩常行殺害、名受惡戒持惡律儀。　三釋解脫中、約近遠兩義釋之。近中、言隨分者顯非頓脫、即處處義也。次遠義者、此以凡地所受望後聖果。故云遠取即前聖道本基義。故云因戒等。聖總三乘。果該五住。　問、近遠兩釋何以分之。答。此有多異。一近約止業、遠望除惑。二近是凡地、遠即聖道。三近是就因、遠即從果。四近是漸防、遠即頓破。』（已上皆見事鈔記卷十五）

- 翻名
  - 毗尼——翻爲律
  - 尸羅——翻爲戒
  - 波羅提木叉——翻爲處處解脫（戒疏翻爲別解脫）
- 釋義
  - 律——法
  - 戒——禁
  - 處處解脫
    - 近——隨分果——處處解脫
    - 遠——聖果——解脫

第四項　優劣有異

▲資持云『優劣中。優即勝也。前後並單論別脫、此兼道定、還欲對顯別脫功勝』

- 別脫—別解脫戒（處處解脫）—木叉戒——依受戒之作法而受得
- 定——定共戒——禪　戒——與禪定共生—┐
- 道——道共戒——無漏戒——與無漏智共生—┴—皆隨心而發

▲事鈔云『婆論云。木叉戒佛在世有、希現故勝。禪無漏戒一切時有。　二木叉通情非情、寬故言勝。餘二局情、狹故不如。　三木叉從慈心發故勝、能爲佛道作因。　四木叉戒者被及七衆。紹續三乘三寶三道、住持功强。餘二無能故劣。　五木叉戒者唯佛弟子有。餘禪戒者外道亦有。』　資持釋云『多論五種、初時|二境|三心|四功|五人|。　初時希常者。以木叉須佛出世、制方有故。餘二縱非佛出、亦有得定證道之者、故常有也。　二境中。木叉遮性通禁。餘二但止性惡。　三約心者。慈卽大心、故是佛因。論云、禪無漏戒不以慈心得、謂從智得。此專自利、卽二乘心、劣可知也。　四明功有二。一攝生廣、被七衆故。二住持勝、紹續等故。住持中三種並以紹續字貫之、初所乘法、二卽所住境、三謂所成果。　五約八中。外道無無漏戒、故但舉禪戒耳、以彼亦得無色定故。』已上皆見事鈔記卷十五

第五項　重受通塞

▲資持云『重受中。意令行者審己所受。更求增勝故也。』

▲事鈔云『依薩婆多宗、戒不重發、亦不重受。依本常定。』　資持釋云『言不重發者。彼云、木叉戒者無有重得、若微品心受得五戒、後以中上品心受十戒、先得五戒更無增勝、於後五戒乃得增耳。　不重受者。彼計一受卽定。既不重發、更受不增、故不立也。』

△事鈔又云『成論云。有人言、波羅提木叉有重發否。答云。一日之中受七善律儀、隨得道處更得律儀。而本得不失、勝者受名。其七善者謂五戒八戒十戒具戒禪戒定戒道共戒也。』　資持釋云『成宗開重受。本得不失者從前體增爲後體故。勝者受名、從後彰名、前名沒故。　成論離禪定爲二戒、色無色別故。多宗合爲一、俱不動業故。　問、重發重受如何分別。答、重發據多戒、重受約一戒。　若爾、論明重發、那見重受。答、由體重發、卽得重受、以彼重受一體發故。』已上皆見事鈔記卷十五

▲芝苑云『夫戒者、截苦海之舟航、發萬善之端緒、三乘聖賢之所尊敬、歷代祖師之所傳通。但受之者。心有明昧、學有精粗。而不能一揆。故有初受者焉、重增者焉。律明發心則有三品。一者唯期脫苦、專求自利、名爲下品、此二乘心也。二者爲物解疑、自他兼濟、名爲中品、此小菩薩心也。三者忘己利生、福智雙運、了達本

性、求佛菩提、名爲上品、此大菩薩心也。審知初受但發中下、佛開重增轉爲上品。此所謂增戒也。』見芝苑遺編補遺

上來戒法中第一章通敍戒法竟

第二章　歸戒儀軌

▲業疏云『古來集法、多削在家。便製疏云、律制內衆、不被外部。今據律文通收淸信、禁束三業、爲道階梯。理須明練是非通塞成敗。何以知耶。如來設教、類同空界、隨立一相、攝修皆盡。五戒被俗之法、五體通道之規。持犯相扶、難遮齊則。』　濟緣釋云『同空界者虛空有二義、一無邊義、喩周徧也。二包含義、喩攝機也。且舉五戒、顯上一相廣攝之義。被俗法者約相局也。通道規者據體通也。但婬分邪正、罪無篇聚、至於大重小輕方便趣果義則不別、故云持犯相扶。扶字或作符。羯磨註引善生經具問遮難與道不異、故云齊則。』

▲業疏云『薩婆多云。三歸五戒乃至別脫、由佛出故開立此法。但輪王梵王說世間法、惠利衆生、故十善四弘劫初便有。未能淸昇、超越世境。法王出世、不爲世善。要斷煩惱、遠出界繫。故明戒善令依具修定慧等行、集生有本、此其意也。』　濟緣釋云『初舉歸戒所出。別脫卽具戒也。但下比校優劣。初明世教之劣。輪王是人主、十善化人。梵王是天主、以四弘化人。卽慈悲喜捨四無量心。不待佛出故劫初卽有報在人天、故未超世教。法王下次明歸戒之勝。莫非斷集脫苦修道證滅也。』已上皆見業疏記卷十

歸戒儀軌中分爲三節
- 一翻邪三歸
- 二五戒
- 三八戒

第一節　翻邪三歸

▲業疏云『毋論云有五種三歸、一翻邪二五戒三八戒四十戒五具戒。唯具戒者不行於今、餘四通有。』
濟緣釋云『毋論三歸該通五法、足彰功勝。』見業疏記卷十

翻邪三歸中分爲六項
- 一歸意
- 二顯相
- 三功益
- 四懺悔
- 五作法
- 六料簡

第一項　歸意

▲業疏云『多論云。以三寶爲所歸。所歸以救護爲義。如人獲罪於王。投向他國、以求救護。彼王勑言、汝求無畏以投我者、莫出我境、莫違我教、必當救護。衆生亦爾。繫屬於魔。有生死過。歸向三寶、魔無如之何。』　濟緣釋云『初句示境。所歸下顯義。如人下舉喩。衆生下合法。上三句合上獲罪於王、下二句合上投向他國。魔有四種、天魔五陰魔煩惱魔死魔。未歸三寶、皆繫屬焉。』見業疏記卷十

第二項　顯相

▲戒疏云『有四種三寶。一理體者。如五分法身爲佛寶、滅理無爲是法寶、聲聞學無學功德是僧寶。二化相者。如釋迦道王三千爲佛寶、演布諦教爲法寶、拘鄰等五爲僧寶。三住持者。形像塔廟爲佛寶、紙素所傳爲法寶、戒法儀相爲僧寶。四一體者。如常所論。唯約心體義分三相。如涅槃說三寶同性等。』　行宗釋云『他宗皆闕理寶。四位分別、獨出今疏。初明理寶。五分者戒定慧從因受名、解脫解脫知見從果彰號。滅理。四諦滅諦涅槃。學無學者初果已去同見眞諦名理和僧。然此理寶亦即同體、但望佛僧證理邊爲別。化相中。三千者所化之境。諦教即四諦、法門雖多而以首者言之。又四諦統攝凡聖因果、大小教門廣略異宜無出此四。住持中。戒法是僧體、儀相即削染也。一體中。如常論者即指經論之宗。』

芝苑云『衆生妄念、天眞本具、一體三寶也。諸佛果德、清淨無染、理體三寶也。乘時利見、啓迪羣庶、化相三寶也。垂裕後世、流及無窮、住持三寶也。』見芝苑遺編補遺

△戒疏又云『此三益世、近拔三有、遠清二死、希世獨達、可重名寶。故寶性論喩分六義。一希有義。世寶貧窮所無、三寶薄福不遇。二離垢義。世寶體無瑕穢、三寶絕離諸漏。三勢力義。世寶除貧去毒、三寶六通難思。四莊嚴義。世寶嚴身令好、三寶能嚴法身。五最勝義。世寶諸物中勝、三寶諸有無上。六不改義。世寶鍊磨不變、三寶八法不動。』　行宗釋云『初約義略釋、上三句顯益。近遠二字必對因果。二死者一曰分段三乘共亡、二曰變易唯佛永盡。希下一句結名。希世者世間無故。獨達者超諸有故。故下次引文廣釋。今用四種三寶對此六義。初義通四。住持無信不遇、化相無緣不遇、舍衛三億可以明之。理體局聖、凡愚不遇。一體二乘不遇。第二義中、唯約理寶。歸敬儀云、住持三寶體是有爲、具足漏染。又云、化相體是無常、四相所遷、滅過千載、但可追遠用增翹敬。據後一體在迷隨染。故此三種皆無此義。第三喩中、六通在人、唯對化相。毒謂苦惱。第四通四。住持化相能發信仰、理體一體可以修證、皆是嚴身。第五亦通四。餘三易解。

住持佛法雖是世物、莫不表示法身、功用無極。歸敬儀云、金木石土體是非情、以造像故、敬毀之人自獲罪福。故知此寶得名無上。法亦準同。剃染之僧爲世福田、人天中勝、破戒惡行猶過外俗、況餘持奉其勝可知。

第六唯局理寶。歸敬儀云、此之三寶常住於世、不爲世法之所陵慢。一體雖常、然就迷邊隨緣流變、餘二無常、非所論矣。八法者、智論云、衰利毀譽稱譏苦樂四違四順能動物情名爲八風。理寶人法皆是出世無漏聖道、不爲八法之所動故。』

△戒疏又云『四寶爲言理寶爲勝。由常住故、爲世所歸。餘三隨設、體是有法。』　行宗釋云『理寶勝者理通大小、生空眞如是小乘理、清淨心本卽大乘理。今須約大以論勝劣。　若爾、與一體何異。答、一體在迷、專據凡說。理寶約證、唯從聖論。故分二矣。是故理寶獨勝餘三。』已上皆見戒疏記卷二

▲歸敬儀云『緣理三寶者。理謂至理。天眞常住、還是心體。且從染說、無始有終。但爲惑網、不能出障。今以三學剋翦纏結。惑業既傾、心性光顯、始終性淨、無始無終。　由法成立、隨境分相、卽號此相爲五分法身。謂戒定慧解脫解脫知見也。前之三學從因受名。由戒護助、果成法身、故云戒身。定慧準此可以類知。後二從果次第受名。解脫身者、由慧剋惑、惑無之處名解脫身。解脫知見、乃以出纏破障反照觀心、故云知見身也。唯佛法中三乘聖者具此五分、能爲六道作大歸依。　故論云、歸依於佛者、謂一切智五分法身也。歸依於法者、謂滅諦涅槃也。歸依於僧者、謂諸賢聖學無學功德、自身他身盡處也、卽自他惑滅所無之處故云盡處也。　如世珍寶、爲生所重。今此三寶、爲諸羣生三乘七衆之所歸仰、故名正歸。』

△歸敬儀又云『此明理寶是歸依所宗、故覆詳之、令心有寄。』已上皆見釋門歸敬儀第二

第三項　功益

▲歸敬儀云『經云、若人得聞常住二字、是人生生不墮惡趣。斯何故耶。以知法佛本性常故。一時聞解、熏本識心、業種既成、淨信無失。況能立願歸依、奉爲師範、固當累劫淸勝、義無陷沒。如經、有人受三歸依、彌勒初會解脫生死。此乃出苦海之良津、入佛法之階位。　但以罪多惡重、輕而慢者、雖曾受歸、隨緣還失。是故智人初受歸時、專心緣此、得名歸依。故感善神隨逐護助。』見釋門歸敬儀第二

△歸敬儀又云『以諸道俗有識之徒、皆須歸依三寶、請求加護、所得功德無有限量。　七衆約戒、前已受歸、不妨重受、重感無作善惡。既爾、戒亦通之。　若未受戒、止得但受翻邪三歸、日別六時、隨時便受、顯歸三寶、自誓不迴。』

△歸敬儀又云『如善生經云。若人受三自歸、所得果報不可窮盡。如四大寶藏、舉國人民七年之中運出不盡。受三歸者、其福過彼不可稱計。 又校量功德經云。四大洲中滿二乘果、有人盡形供養乃至起塔。不如男子女人作如是言、我某甲歸依佛法僧。所得功德不可思議。以諸福中、唯三寶勝故。 又雜含經云。與須達交者、令受三歸、終生天上。有懷妊者、爲其胎子受三自歸。生已、復受。後有知見、復敎三歸。設有奴婢客人懷妊生子、亦如是敎。若買奴婢、受三歸及以五戒、然後買之。不能、不買。乃至乞貸舉息、要受三歸、然後與之。若有施三寶物者、從世尊聞、稱名咒願、乃得生天。佛言、善哉、如來有無上知見、審知方便、皆得生天。』(已上皆見釋門歸敬儀第九)

▲事鈔云『大集云。妊娠女人恐胎不安、先受三歸已、兒無加害。乃至生已、身心具足、善神擁護。』(見事鈔記卷三十九)

第四項 懺悔

▲事鈔云『以信邪來久、妄造非法。今創歸投、必翻邪業。 阿含等經並令先悔。涅槃云、發露諸惡、從生死際所作諸惡悉皆發露、至無至處。 必論設懺、隨時誦習、亦得通用。』 資持釋云『初敍意。但使未歸三寶、皆名信邪。隨順生死、皆名邪業。 阿含下引示。涅槃生死際、卽無始時。無至處卽未來際。謂成佛果證大涅槃、卽名涅槃爲無至處、言其臻極更無所至故。 必下指法。隨時謂逐人別述。通用謂如諸經但懺三世十惡等。』(見事鈔記卷三十九)

第五項 作法

▲羯磨註云『善見論云。並須師授、言音相順。若言不出或不具足不稱名不解故不成。』(見隨機羯磨第二。已下所引羯磨文皆然不再註出)

受五戒八戒時、亦應準此。文略不出

▲事鈔云『智論云。互跪合掌在比丘前。(五衆得作) 當教言、我某甲、盡形壽、歸依佛歸依法歸依僧。(三說) 卽發善法。次結云、我某甲、盡形壽、歸依佛竟歸依法竟歸依僧竟。(三結)』 資持釋云『一具儀、二對境、三作法。言某甲者稱己名也、盡形壽者述所期也、歸三寶者是所投也。言發善者明非戒也。 後三結者重更囑累、不令忘失也。』(見事鈔記卷三十九)

▲業疏云『多論曰。言三歸者以何爲性。 有論者言、敎、無敎性。此就所發敎之業、從體明性故。若淳重心、

有無教也。　無教者。此明業體一發續現。不假緣辦。無由教示方有成用。即體任運能酬來世。故云無教。今時經論多云無作、義例同也。』　濟緣釋云『引問中。性即是體。解中三、初正定體。教無教性。彼論續云、受三歸時胡跪合掌（身也）口說三歸（口也）是身口教、若淳重心有身口無教。此就等者疏家斷也。教爲能發、出教發得無教。故云所發教之業即以無教爲性也。　無教者下二釋名。一發謂初念、續現即第二念。教猶使也、謂非教使之然、任運自然酬因感報故也。　今下三會異。即善生成論雜心等也。』

△業疏又云『作法之時、知三說已無作便生。故能所不昧於作業也。』　濟緣釋云『三說已者此據初念已前通名爲作。無作便生即約次念徹至盡報也。能授所受知業成處故不昧也。』已上皆見業疏記卷十

已上疏文二段及釋文、示三歸所發之業體。初學難解。宜參觀戒體門。

第六項　料簡

▲羯磨註云『此但受歸法、無有戒法。故母論云、三歸下有所加得歸及戒、若無加者有歸無戒。』

▲業疏云『多論。問、稱於佛法不稱僧者、乃至互少、得成歸否。答、不成受也。』　濟緣釋云『乃至互少謂但稱佛而不稱法、或稱法僧而不稱佛。』

△業疏又云『又問、得從三師各受一歸否。答、不得。』　濟緣釋云『三師各受答不得者人法俱異故。』

△業疏又云『又問、得一年半年受否。答、得隨日多少受三歸也。』　濟緣釋云『彼宗五八局時、三歸通故。』

▲業疏云『五趣爲言皆得受也。除報重者、自餘山間空遠輕繫地獄皆成三歸。除不解者。』　濟緣釋云『修羅徧在五道故但云五趣。除報重者別簡下趣、以人天二趣自可受故。文舉輕獄、鬼畜類知。除不解者通簡五趣、以人天不解亦不成故。』已上皆見業疏記卷十

第二節　五戒

五戒中分爲七項
- 一戒德高勝
- 二簡人是非
- 三預習發戒
- 四歎功問相

—五懺悔清淨
—六作法差別
—七料簡雜相

第一項　戒德高勝

▲羯磨註云『經云、有善男女布施滿四天下衆生四事供養、盡於百年。不如一日一夜持戒功德。以戒法類通情非情境故也。』　業疏釋云『初受戒時、已行三施、盡衆生界、故財有量不及此也。　盡形不盜者、已施法界有情之財、言不殺者、已施法界有情無畏、卽用戒法行已化他、卽名法施、徧衆生界。　財爲局狹、集散之法、能開煩惑惱害之門。戒法清澄、故絕斯事。』　濟緣釋疏云『初總示。以初受時、立誓斷惡、徧生境、故財法無畏施爲三施。　盡下二別列。不盜不妄取卽是施財、不殺無侵惱卽施無畏、此二自行令他倣之卽法施也。財施濟彼困窮、無畏令他安樂、此二卽慈悲也、法施使彼開悟卽智慧也。三者既備、其勝可知。　財下三通結。初句示財施局狹、一不具三施、二不徧生境。集下明財施生過。集則不免貪求、散則寧無取捨、得者則喜、不得則瞋、能開煩惱、故不及戒。』

△羯磨註續云『論云、由戒故施得清淨也。』　業疏釋云『智論云。若不持戒得財施者、多貪不淨、以利求利、惡求多求。故使來世受不淨果、如牛羊猪狗衣食粗惡。　若持戒者、既絕惡求、清淨行絕、乃至佛果。』　濟緣釋疏云『前明破戒行施之損　若下次明持戒行施之益』（已上皆見業疏記卷十）

第二項　簡人是非

▲羯磨註云『當於受戒前、具問遮難。故善生經云、汝不盜現前僧物否、於六親所比丘比丘尼所行不淨行否、父母師長有病棄去否、殺發菩提心衆生否。』　濟緣釋云『註中四種乃性重中極重之者、白衣有犯、障戒不發。不列大妄、非彼犯故。見病棄去可攝殺中。』

若有遮難者、懺淨可受五戒。唯汚尼或汚比丘者、已後不許出家。

▲業疏云『如成論中。五逆罪、賊住、汚尼、毗尼不許者。是人爲惡所汚、能障聖道、故不許出家。若爲白衣、得善律儀、不遮修行施慈等善、有世間戒。　準此有過、如文不合、必懺蕩已、二教無違。但業重障深、不發具戒也。』　濟緣釋云『初引文中二、初明制出家意。若下明通在家意、且令誘接住善道、故施慈等者、布施修慈皆世福故。　準下次義決、雖通五戒、必約懺淨爲言、有過不懺、如註所簡、故云不合二教、卽世教與佛

制也。恐疑懺淨容可出家、故約深重釋通教意。』已上皆見業疏記卷十

五逆、賊住、汚尼或比丘、皆十三難攝。已後不許出家。　賊住者、未受具足戒人、竊入僧中共受利養、或盜聽正作羯磨等、即成出家之障難。若白衣偸閱僧戒律、或但聞僧中說戒、雖非障難、亦佛制所不許。如戒疏云、下衆無知、多生慢習、制令耳目不屬、則重法尊人、生其欽仰。是蓋恐起輕易之心、故制不許、與賊住異也。

第三項　預習發戒

▲業疏云『將欲受戒、初須說緣境寬狹、令受者志遠見相明白』　濟緣釋云『前四戒並徧有情上發、唯酒一戒亦徧無情發。並同具戒、先須開導志遠、謂立誓要期、見相、謂識知境量。』見業疏記卷十

前四戒中盜妄二戒、亦兼無情。如下發戒境量中明。

▲事鈔云『薩婆多云、凡受戒法、先與說法、引導開解、令一切境上起慈愍心、便得增上戒。』　資持釋云『引論明須師教。說法語略、總下境、心言開解者、解即是智、戒法深廣、非智不剋。一切境者、即情非情、識境發心、納體正要、不可粗略、學者至此、必須深究。多見誦語、二俱墜陷、寧無畏乎。』見事鈔記卷八

預習發戒中分爲四支
- 一所受法體
- 二發戒境量
- 三依境發心
- 四用心承仰

第一支　所受法體

▲芝苑云『標心期受、須識何法、謂佛出世制立戒法、禁防身口、調伏心行。十方諸佛三乘賢聖並同修故、名爲聖法。今者發心誓稟此法、作法而受、因緣和集、心境相冥、發生無作、領納在心、名爲戒體。故知受時、彌須用意、一生大事、不可自輕。』見芝苑遺編卷三

第二支　發戒境量

▲芝苑云『所緣境、即法界衆生依正等法。戒依境制、體從境發、境既無量、體亦無邊。』見芝苑遺編卷二

△芝苑又云『緣境雖多、不出有二。一者情境、即十方三世恆沙諸佛及諸菩薩、緣覺聲聞、諸天世人、修羅地獄、餓鬼畜生、下至蚊虻蚤蝨微細蠢動、六趣之外中陰衆生。如是等類、皆徧十方、並通三世、無量無邊、不可稱數、皆發得戒。　二者非情境、謂一切世間微塵國土、山河大地、草木花果、乃至一花一葉一物一塵、隨

其數量、亦皆發戒。至於空有二諦、滅理涅槃、聖教經卷形像塔廟。地水火風虛空識等』（見芝苑遺編卷三。此文宗事鈔，資持有釋義、今引如下。）資持釋云『空有下四句別舉二寶。據情非情攝境斯盡。爲遮疑濫故須別示。上句明化相法也。佛說四諦卽攝世及出世凡聖因果、苦集道三名有諦、滅卽空諦、亦名眞俗二諦。次句理卽理體法也。異上空諦是教攝故。下二句卽住持二寶。問、此並非情、何須重舉。答、恐謂聖境非戒緣故。問、化理二法云何發戒。答、疏云俱有損壞毀謗義故、如提婆破法之類。問、化相不明佛、住持不言僧者。答、並情收故。如理中佛僧俱無別體、所以可知。地水下別舉六大。上五非情、後一是情。風空及識境相難見、故復示之。如盜戒說。又復須知隨戒多別。如婬殺等單情境也。如酒等唯非情也。如盜妄等則兼二種。謂盜分四主物、兼六大、妄對所誑、復規利養』（見事鈔記卷八）

盜分四主物兼六大、妄對所誑復規利養者。若據盜戒所損之物主、妄戒所誑之人、唯局有情。若論盜戒所盜之物體、妄戒所規求之利養、則兼無情。盜戒中物主及物體最爲廣汎、殆攝盡一切情非情境。如下持犯篇委明。

△芝苑又云『且現前色心、無量劫來、今生之中、造生死業不可窮數、惡心徧布充塞法界。經云、若有體相、盡虛空界不能容受。若得戒者、則翻無量惡業、悉爲清淨戒體、爲善種子、作成佛本基。南山祖師云、未受已前、惡徧法界。今欲進受、翻前惡境、並起善心、故戒發所因還徧法界』（見芝苑遺編卷三）資持云『言法界者、若就教限則局三千大千、今從圓意須論十方法界。無作之體稱境而發、等法界量』（見事鈔記卷八）

▲資持云『森然萬境、何事非持。若不先發、行自何生。故知受前預須委學。今時昧教、誰復知之』

▲資持云『攬無邊戒法、歸無盡識藏、成善種子、作聖道基。翻無始惡緣、俱爲戒善。變有漏苦報、卽成法身。我等云何不自珍敬。佛恩深重、粉骨難酬。苦海導師、朽宅慈父。願從今日盡於未來、竭力亡身、常贊三寶、廣度羣品、少答聖慈』

▲事鈔云『如是隨機廣略、令其悟解。若不知者、心則浮昧、受戒不得、徒苦自他。薩婆多云、若淳重心則發無教、輕則不發。豈可虛濫、理當殷重』資持釋云『隨機者、須觀利鈍所宜廣略。大論示導、取解爲期。浮謂不重、昧卽不明。薩下引示得否由心重輕、誡令策進、必使開解』（已上皆見事鈔記卷八）資持云『重輕二心難顯其相、非謂徒然懇惻而已。要在見境明白、上品要誓、方名增上重心』（見事鈔記卷十五）

▲資持云『問、所以須示境者。答、衆生造惡由迷前境。惡業既因境起、善戒還從境生。是制法之所依、爲發

戒之正本若不明境將何用心特此廣張深有遠致』（見事鈔記卷八）

第三支　依境發心

▲事鈔云『次令發戒。　應語言、當發上品心得上品戒』　資持釋云『如諸律論多言上品。前引多論但云增上。彼論又於五十具中各分上中下心、則爲九品。然是通論心之濃薄、亦不明示三品之相。此中欲令受者知心限量。故約文義次第明之。獨此精詳。餘皆不述　勸發唯言上品、故知中下非是正意、爲顯上品令知優劣』

▲事鈔云『毗跋律曰。發心我今求道。當救一切衆生、衆生皆惜壽命。以此事受、是下品輭心、雖得佛戒猶非上勝』　資持釋云『下品中。言求道者所期果也。救衆生者所修行也。　然雖救生、行有深淺。一不害彼命。二以法開導。三令得究竟度。前不得後。後必兼前。　約義推之。初但護命、不令得脫、卽二乘心。前云求道正據小果。中品所修、以法開解自他兩利、度非究竟、卽小菩薩。雖期佛果、行處中間、望前雖勝、比後猶劣。上品引導令至涅槃、同歸佛道、卽大菩薩行。準沙彌篇三位配之。恰然符合。學者至此宜須明辨三心所期行果分齊』

準沙彌篇三位者、卽今編中別行篇三觀之文。

△事鈔續云『餘二。就義明之。云何中品。若言我今正心向道。解衆生疑、我爲一切作津梁、亦能自利復利他人受持正戒』　資持釋云『中品中、初明期果須約佛乘、解下期行明兼兩利。津梁是喻。衆生墮疑故受生死、能爲開解令彼得度。生死如津、我身如梁、法喩可見』

△事鈔續云『云何上品。若言我今發心受戒。爲成三聚戒故。趣三解脫門正求泥洹果。　又以此法引導衆生令至涅槃　令法久住』　資持釋云『上品中三、初明自利行、又下明利他行、令法下明護法行。初中爲成下明遠期也。上二句大乘三學卽因行也。下句求大涅槃卽圓果也。　三聚戒者出瓔珞經。聚卽總攝爲義。菩薩三聚攝行斯盡。一攝律儀戒（律儀禁惡、結業煩惱究竟斷故、卽止行也）。二攝善法戒（世出世間大小修證究竟修故、卽作行也）。三攝衆生戒（一切含識究竟度故、卽四攝行。亦名饒益有情戒）。　三解脫者雖是觀慧、非定不發、卽定慧二學。絕縛證眞由此得入、故號三解脫門。然名通小教、今對三聚須局大乘。一空解脫門（卽性空也）二無相解脫門（卽相空也）三無作解脫門（卽唯識也。亦名無願）懺篇三觀別配三位、此明大行須約圓修。　泥洹果者名亦通小、取大可知。　問今此所受、爲卽三聚、爲非三聚。若云卽

者、後須更受菩薩戒否。又復大小混亂如何分別。若云非者、戒從心發。既發此心。那非此戒。大見錯解。故特提示、使自求之。　次明利他。此法卽上因行。涅槃卽上果德。　三護法中自利利人傳傳相續佛種不斷故得久住。　深慮詞繁、略示梗概。所謂書不盡言。言不盡意。自非經遠優柔積習。淺識粗心何由可解。餘廣如疏。』

▲事鈔云『如此自知心之分齊。得佛淨戒亦有分齊』　資持釋云『良以無作假作而生。既非色心。無由表示。必約能領顯戒優劣。前明上品所期遠大、所納之體定知增上。故云有分齊也。』

▲事鈔云『問、此教宗是何乘、而發大乘志耶。　答。此四分宗。義當大乘。　光師亦判入大乘律限。』資持釋云『前明上品、越教乖宗、故須問釋。　答中、初二句標示。言義當者則顯教宗本非是大、有義相當。疏云分通。意亦同此。　光師下攀古例。然彼所判、太成通漫。文雖引據、意不全取。四分是大、將何爲小。卽應梵網體行全同、菩薩聲聞二戒無別。定知不爾。是以祖師所立語意從容。義當分通、深符教旨。　問、上品心者、爲全是大、爲分通耶。答。扶成本宗、分通義耳。　問、分通之義、出自何人。答。如來立教、被此機緣。部主深知。還符佛意。別立成宗。是以前後律序、法正所安、多伸此意。豈不明乎。』已上皆見事鈔記卷八

疏云分通者、見後戒體門假名宗支。

▲芝苑云『問、此與菩薩戒體爲同爲異。答。體同緣異。言緣異者、大則三歸四弘請師問遮三番羯磨諸餘法式、與今小宗兩途迥別。言體同者、以緣爲旁助。心是正因。緣疏因親。體從因發。前既心發上品。故知今體卽大乘。　問、體若同者、持犯立懺諸餘行相如何分別。答。體雖約圓。行必依受。既受從當教。故行相無差。若爾、持犯既依教限、出體何必約圓。答。體既多途。故須圓會。律儀不異。故得就宗。又依教奉持則受隨相應。約圓開解使域心於處。既開顯大解。依小律儀卽成大行。豈須棄捨方曰大乎。故疏云、常思此行卽攝律儀等。』見芝苑遺編卷一

▲事鈔云『如是發戒緣境及心有增上。此之二途、必受前時。智者提授使心心相續。見境明淨。不得臨時方言發心。　若約臨時師授法相。尙自虛浮。豈能令受者得上品耶。或全不發。豈非大事。』　資持釋云『牒上二科。誡令早示。使下二句卽上心境。心須念念無間。境必法法無昧。毫差卽失。可不愼乎。今時昧教。但知學語。豈非宿業所追。致使此生虛喪。深須責己。期遂將來。　虛浮者以臨事倉卒、多容舛謬故。』見事鈔記卷八

第四支　用心承仰

▲芝苑云『心境相應、納體正要、正作法時、冥心運想、徧緣如上情非情境。由境廣故、心亦隨徧、念念現前、不得浮散。當想己身、總虛空界、容受法界塵沙戒法。當此之際、深須用意、莫緣他事、差之毫微、則徒染法流、一生虛喪、可不愼哉』見芝苑遺編卷三

第四項　歎功問相

▲羯磨註云『善生經云。具問遮難已。若無者。應語言。此戒甚難、能爲聲聞菩薩戒而作根本。善男子。戒有五種、始從不殺乃至不飲酒。若受一戒是名一分優婆塞、具持五戒名爲滿分優婆塞。汝今欲受何分之戒、當隨意受。爾時智者應隨語爲受。』　業疏釋云『善生經中問戒相者。以法行務、意存始終、不取受具、致有隨闕。觀其志力、察其智愚、量功進法、不徒虛受。』　濟緣釋疏云『此明分受所以。受具謂具受五條也。隨闕謂受已毀犯也。』

▲業疏云『問、前翻邪三歸直爾卽授、此五戒歸如何簡略者。答。翻邪背邪、初心難拔。然迴向、宜卽引歸。若更覆疏、容還舊跡。五戒不爾。先以歸正、心性調柔、堪思我倒。故須簡略、方入道門。以五體有虧、三乘無託。仍隨分受。皆是任時能、接機布教。可準知也。』　濟緣釋云『前受歸法不制簡能、與此不同。故須問決。簡謂簡取、略卽略去。答中二、初答三歸不簡。覆疏謂反覆疏理。舊跡卽邪道。五下次答五戒須簡。中、初彰異。一曾受歸法、不慮退還。二爲入道門、須簡淨器。五戒是聖道之基、有虧則三乘無託。恐有輕犯、故須簡略。仍下準例。以體淨者猶須量能、聽隨分受。明知慮犯故制簡之、故云可準知也。』已上皆見業疏記卷十

第五項　懺悔清淨

▲羯磨註云『阿含等經云、於受前懺罪已、然後受法。』　業疏釋云『阿含等下明行淨納法也。但無始無明是生死本、若理若事順違俱罪。故須前懺、使心清淨、方堪聖法。』　濟緣釋疏云『先懺後受、經論並然、故註云阿含等。妄起不覺謂之無始。無明業苦所依、故爲生死之本。動念違理、作惡違事。澄心順理、修善順事。違罪可知。順有罪者、以凡心學道、本惑尚存、造理則取捨未忘、行事則我人難拔。所以順違二俱有罪。義須懺淨以應淨法、故云故須等』見業疏記卷十

第六項　作法差別

作法差別中分爲三支——一臨時開導／二正納戒體／三示相教誡

第一支　臨時開導

▲事鈔云『若至此時、正須廣張示導發戒正宗。不得但言起上品心、則受者知何是上品。徒自枉問。今薄示相貌、臨事未必誦文。』　資持釋云『言正宗者、顯前發戒、且令預習、未是正用。今將納法、縱令已解、更須委曲選擇要語激動蒙心。戒師當此、不可率易。策導開解納法之本、故云正宗。』

△事鈔續云『應語言善男子。深戒上善廣周法界。　當發上心、可得上法。今受此戒、爲趣泥洹果、向三解脫門、成就三聚戒、令正法久住等。此名上品心。』　資持釋云『初指法體。　當下正示發心。』

△事鈔續云『次爲開廣汝懷者、由塵沙戒法注汝身中、終不以報得身心而得容受。應發心作虛空器量身、方得受法界善法。故論云、若此戒法有形色者、當入汝身作天崩地裂之聲。由是非色法故、令汝不覺。汝當發驚悚意、發上品殷重心。』　資持釋云『五蘊色心、宿因所感、故云報得。法既周廣、劣報不容。必須運動方堪領納、故云應發心等虛空。無邊身量、亦等心法相稱、攬法歸心、還依報得。』

△事鈔續云『今爲汝作法。此是如來所制。發得塵沙法界善法、注汝身心。汝須知之。』　資持云『初則鼓令動轉、次則舉集在空、後則注入身心、領納究竟。三法次第、各有所主。由心業力不思議故、隨所施爲無非成遂。』已上皆見事鈔記卷九

初次後三法者、若約受五八戒言、即三說三歸誓而納戒體、如下文所載。第一徧說歸誓時、法界善法、由心業力、翻惡爲善、悉皆動轉。第二徧說歸誓時、法界善法、聚集空中、如雲如蓋。第三徧說歸誓時、法界善法、從空中下、注入身心、充滿正報。

△濟緣云『攬無邊聖法、蘊有待凡軀。五分基成、三身體具。超凡鄙穢、流入衆聖寶位者、其斯之謂乎。』見業疏記卷十五

第二支　正納戒體

▲事鈔云『作法者、我某甲、歸依佛、歸依法、歸依僧、盡形壽、爲五戒優婆塞、如來至眞等正覺是我世尊。三說

我某甲、歸依佛竟、歸依法竟、歸依僧竟、盡形壽、爲五戒優婆塞、如來至眞等正覺是我世尊。三結』　資持釋云『詞句分五。一陳已名、二歸三寶、迴向境界、三盡形等、顯所期。文舉盡壽、或一日夜、或月或年、隨時

自改。四爲五戒者正立誓也。且舉滿分、或一分二分亦在臨機。五如來等結歸正本也。以三寶名通九十六種、後須顯正非同前濫、由此勝號外道無故。如來者乘如實道來成佛也、至眞者體悟無邪也、等正覺者道同三世也、此實我歸餘非敬者故云是我世尊。　前三歸誓、正發戒緣、三法纔竟卽納戒體、後三歸結、是囑非體。』見事鈔記卷三十九

▲羯磨註云『三授已。告云向授三歸正是戒體、今又三結示戒所歸。』　業疏釋云『告令戒體者、令知得時節、不比由來說後戒相方云受戒也。』　濟緣釋疏云『多論云。有言三歸竟、說一不殺戒、爾時得戒、以勢分相著、本意受五故。有言說五戒竟得戒。恐有執此、故特揀之。彼論自云、諸說中、受三歸已得者此是定義。卽今所取也。』見業疏記卷十

第三支　示相教誡

▲事鈔云『智論戒師應語言。汝優婆塞聽。是多陀阿伽度阿羅訶三藐三佛陀、爲優婆塞說五戒法相。汝當聽受。盡形壽不殺生是優婆塞戒、能持否。答能。盡形壽不盜是優婆塞戒、能持否。答能。盡形壽不邪婬不妄語不飮酒、並準上說。』　資持釋云『多陀此云如、阿伽度此云來。阿羅訶此云應。應卽應供。三藐三佛陀此云正等正覺。亦舉三號令生信奉。』

五戒相釋義、如後持犯篇持犯別相中具明。後八戒相亦爾。

△事鈔續云『是爲在家人五戒、汝盡形受持。當供養三寶、勸化作諸功德。年三月六常須持齋。用此功德、迴施衆生、果成佛道。』　資持釋云『是下囑累有四、初囑謹護、二勸作福、三令受齋、四教迴向。　年三者正五九月、冥界業鏡輪照南洲、若有善惡鏡中悉現。或云、天王巡狩四天下、此三月對南洲。又云、此三月惡鬼得勢之時、故令修善。月六白黑兩半各有三日。按智論、初八天王使者下、十四天王太子下、十五天王自下、觀察衆生善惡。二十三、二十九、三十日亦爾。小盡準布薩應用初一。持齋者或受八戒、或但持齋中前一食、中後不得妄噉。今多蔬菜、不節晚食。此雖非齋、猶勝葷血。又有飮水周時爲淸齋者、此乃邪術。一切衆生仰食而住。但勿過中、是佛正教。』已上皆見事鈔記卷三十九

▲業疏云『多論問曰、不受三歸、得五戒否。答不得也。要先授歸、方得戒矣。　所以說戒名者、欲使知名、令護行故。』　濟緣釋云『初定發體必在三歸。　所以下次明說相別有所爲。』見業疏記卷十

第七項　料簡雜相

料簡中、且舉多宗成宗對明差別。有六種、一對趣二漸頓三延促四具支五自誓六重受。幷附列表於文後。

▲業疏云『多論云。龍畜生攝、以業障故無所曉知、無受戒法。雖經中說受八齋法、但得善心功德、不得齋也。　成實云、餘道衆生得戒律儀、經說諸龍亦受一日戒故。善見中、諸龍及神得三歸五、戒也。　義準多論據無知者、人猶不得、何況鬼畜。如餘得者、謂有知解。』　濟緣釋云『雖經等者卽善生中龍受八戒、論家防難以意釋之。齋卽八戒。然是成論所據、卽如下引。　善見神者卽是鬼趣。』

▲業疏云『若準多論。五戒不具分受、則不得戒。縱引經證謂持二三、不言受體。　成論云。有人言、五戒木叉唯頓無漸、此事如何。論答、隨受一二三皆得律儀。善生所列一分二分少分多分滿分是也。準斯明漸、五師受一得戒不疑。如薄俱羅唯受不殺例也。』　濟緣釋云『不具分受謂不受五而受一二、則不發戒體。縱引經者論家防難、卽下善生明分五受。彼謂受時具發五戒、但由隨中持有多少故有一分少分等。次成論中。頓謂具受、漸卽分受。以前三歸不許互闕、異師別受並判不成、恐謂同彼、故準決之。薄俱羅此翻善容、以彼好容儀故。婆羅門種。天竺國人。昔毗婆尸佛時、曾作貧人、持一訶梨勒果施病比丘、服訖病愈。以此因緣、九十一劫天上人中受福快樂。今生婆羅門家。其母早亡、後母惡之、屢害不死。後求佛出家、得阿羅漢。年一百六十歲、未曾有病。蓋從昔嘗持一不殺戒、故受斯報。準知分受理無所疑。』

▲業疏云『如多雜二論解云、五戒一受佛制定故必須盡形、八戒必一日夜、不可乖也。　如成實中、亦隨日受乃至盡形。』　濟緣釋云『五戒盡形不可促、八戒日夜不可延、故云佛制定也。　次引成論。二戒延促任意皆得、故云隨日也。』已上皆見業疏記卷十

▲事鈔云『智論。問、口中四過、何爲但有妄語。　答。但舉妄語、餘三並攝。又佛法貴實語、故在先攝也。』
　資持釋云『若據有部但發四支。成宗具七、與論頗同、故引示之。　答中、上二句正答舉一。又下轉釋舉妄。恐云何不於餘三中趣舉一耶、故此釋之。』見事鈔記卷三十九　芝苑云『彼五八十唯發四支、比丘方具。此宗七衆七支齊禁。』見芝苑遺編卷一

▲業疏云『如律文中皆自誓受者、多論文云聽五衆受。兩俱得也。』　濟緣釋云『本律智論皆聽自誓、多論俱舍並制從他。雖云兩得、準下八戒無師故開、有則不許。』

△業疏又云『約此問答、從他受也。　律中云世尊我今歸依佛法僧盡形不殺乃至不飲酒、此令自誓。八

戒既開、此應得也。觀時進否、義非抑塞。接俗之化、隨機而舉可也。』　濟緣釋云『初指上從他。律下次明自誓成論八戒亦通自誓、文如後引。』

▲業疏云『若準多論不得重受。依成實四分、俱開重受。故末利夫人第二第三重受五戒、卽其證也。』　濟緣釋云『多宗五戒其必盡形、故但一受義無重加。成宗不爾、任時長短、隨受隨增二三重受事見本律。』已上皆見業疏記卷十

一對趣	多宗	餘道衆生不得戒
	成宗	餘道衆生得戒
二漸頓	多宗	不具受不得戒
	成宗	不具受得戒
三延促	多宗	五戒必盡形八戒必一日夜
	成宗	延促任意皆得
四具支	多宗	但發四支
	成宗	皆發七支
五自誓	多宗	定從他受
	成宗	開自誓受
六重受	多宗	不重受
	成宗	開重受

第三節　八戒

八戒中分爲六項
- 一釋名
- 二功益
- 三簡人
- 四懺悔
- 五作法
- 六料簡

第一項　釋名

▲業疏云『云戒云齋云關者、衆名乃異、莫不攝淨歸心也。言八戒者、八卽所防之境、戒則能治之業。言八齋者、齋謂齊也、齊一其心。或言淸也、靜攝其慮、如世閑室亦號齋也。言關齋者、卽禁閉非逸、靜定身

心也。』　濟緣釋云『初總示三名、或處單稱、或處連呼、云八關齋戒、並如經律呼召不同。息緣離過、善法內增、故云攝淨歸心也。言下別釋三、初釋戒義、所防是過、能治卽行。次釋齋義有二、齊取專注、心無差別、淸取離過、絕諸雜想、世中齋館亦取閑靜之意。三釋關義、從喻爲名、如世門關防奸止寇、卽禁閉義也。』見業疏記卷十

第二項　功益

▲業疏云『多云。經說、作閻浮王於人中寶一切自在、不如八戒十六分一。』　濟緣釋云『閻浮王卽轉輪王。彼國一錢重十六分故經論中多舉爲比。』

▲業疏云『善生云、除五逆罪、餘罪皆滅。』

▲業疏云『智論云。譬如輭將將兵、終竟無勳。健將破敵、一日之中功蓋天下。五戒八戒其相同此。良由五但離邪、未能淸絕。八行全淨、相同無漏。約期乃少、取行則多。故功益彼。』　濟緣釋云『欲爲生死本。絕欲則超生。故唯約婬以分勝劣。時少則不及盡形、行多則加彼三戒、仍斷正婬。』

▲業疏云『成實云。天王福報亦所不及。帝釋說偈。佛止之曰。若漏盡人。應說此偈。六齋神之日、奉持於八戒、此人獲福德、則爲與我等。』　濟緣釋云『天王卽帝釋。是三十三天主。故據論、帝釋先說偈。佛方止之。文中引倒。偈云六齋神之日。謂天神下降日也。則爲與我等。帝釋自謂受持八戒福與己同。佛呵止之。若漏盡人可說此偈。則與三乘聖人無漏福等、帝釋天福所不及也。』已上皆見業疏記卷十

▲義鈔云『優婆塞受三歸五戒者、聞佛說法、得下二果、不證三四。受八戒者、亦證三四。』見拾毗尼義鈔卷二

第三項　簡人

▲義鈔云『八戒亦問諸難、準五戒解。』見拾毗尼義鈔卷一

第四項　懺悔

▲事鈔云『次爲懺悔。智論云。我某甲、若身業口業意業不善、貪瞋癡故、若今世先世有如是罪。今日誠心懺悔、三業淸淨、受行八齋。是則布薩。』　資持釋云『布薩翻淨住、亦云淸淨。』

▲事鈔云『增一、若受八齋、先懺悔罪、後便受戒。』已上皆見事鈔記卷三十九

第五項　作法

作法中分爲二支─┬─一正納戒體
　　　　　　　　└─二說相發願

受前應預習發戒及臨時開導等、皆同五戒可以例知。

第一支　正納戒體

▲羯磨註云『俱舍論云。前受戒者下坐合掌、隨施戒人語、勿前勿俱。若違不成。』　業疏釋云『隨施戒人語者、師資道成、授受有儀、非輕法故。』見業疏記卷十

受三歸五戒時、亦應準此。

▲事鈔云『次受法者。智論云。受一日戒法。長跪合掌。應作是言。我某甲、歸依佛歸依法歸依僧、一日一夜、爲淨行優婆塞。三說　我某甲歸依佛竟歸依法竟歸依僧竟、一日一夜、爲淨行優婆塞竟。三結』　資持釋云『文爲四段。初稱名。二歸境。三限期。準下。成論受通長短。隨人加改。四立誓。』見事鈔記卷三十九

▲業疏云『言淨行者。以所期時、奉持九支、同諸佛戒、故云淨也。何以不言如來正覺者。五戒初離邪緣、故以正隔之。今於五上重增勝行、復何須也。』　濟緣釋云『以同佛戒、故名淨行。私釋、對前五戒未斷正婬、故加簡之。　由五戒後具列三號、今文既闕、故此通之。若爾、不受五戒、直受八戒、非是重增、理須加唱。私釋、作法加簡、非正受詞、義應通得、文中且據一往釋耳。』見業疏記卷十

第二支　說相發願

▲事鈔云『次爲說相。如諸佛盡壽不殺生、我某甲一日一夜不殺生亦如是。如諸佛盡壽不盜、我某甲一日一夜不盜亦如是。如諸佛盡壽不婬、我某甲一日一夜不婬亦如是。如諸佛盡壽不妄語、我某甲一日一夜不妄語亦如是。不飮酒、不坐高大牀上、不著華鬘瓔珞及香塗身熏衣、不自歌舞作樂及故往觀聽、亦如是。已受八戒。如諸佛盡壽不過中食、我某甲一日一夜不過中食亦如是。我某甲受行八戒、隨學諸佛法、名爲布薩。』　資持釋云『正說相中。全依智論。準文九戒而言八者。多論云、齋以過中不食爲體、八事照明故成齋體、謂以八戒禁防非逸、方顯持齋清淨、故云照明。共相支持名八支齋、故言八齋不言九也。所以不過中食在後獨明。若依羯磨、則合高牀歌舞爲一、過中爲八。又增一中、過中爲第六、合嚴身觀聽爲一。皆所出不同、隨依並得。』

△事鈔續云『願持是布薩福報、願生生不墮三惡道八難。我亦不求轉輪聖王梵釋天王世界之樂。願諸煩惱盡、逮得薩云若、成就佛道。』　資持釋云『教發願中、初離惡趣、我下揀世報、願下示所求。薩云若

亦云薩婆若此云一切智。』已上皆見事鈔記卷三十九

隨機羯磨中說相發願皆與事鈔不同。今錄於下。隨依並得。

▲羯磨云『授戒相言如諸佛盡形壽不殺生。某甲一日夜不殺生。能持否。答言能持 如諸佛盡形壽不盜、某甲一日夜不盜能持否。答言能持 如諸佛盡形壽不婬、某甲一日夜不婬能持否。答言能持 如諸佛盡形壽不妄語、某甲一日夜不妄語。能持否。答言能持 如諸佛盡形壽不飲酒、某甲一日夜不飲酒能持否。答言能持 如諸佛盡形壽離華香瓔珞香油塗身、某甲一日夜離華香瓔珞香油塗身。能持否。答言能持 如諸佛盡形壽離高勝牀上坐及作倡伎樂故往觀聽、某甲一日夜離高勝牀上坐及作倡伎樂故往觀聽。能持否。答言能持 如諸佛盡形壽離非時食、某甲一日夜離非時食。能持否。答言能持』 業疏釋云『如諸佛至不殺生、舉勝境所行也。某甲已下引已上同。問答之相顯成持誓。有本云我某甲一日夜不殺生亦爾者、直述已契上同於佛、不假問答亦成說相。餘並準此。 第三婬戒者、以自他俱遠故。有人云邪婬者此五戒相、由制他開自故。八戒云邪者誤也。 第五戒相有人加辛肴者正文無此。既受淨身、焉噉羶臭。理不可也。 第六華瓔油塗者中梵以爲美飾、此方所重衣服裝校、脂粉塗面以爲修身。如論離舊莊嚴義須準的。 第七離高勝牀及觀聽倡伎者合二散慢緣爲一戒也。』

△羯磨續云『阿含經云。如上次第授已、當教發願言。我今以此八關齋功德、不墮惡趣八難邊地。持此功德攝取一切衆生之惡所有功德惠施彼人使成無上正眞之道。亦使將來彌勒佛世三會得度生老病死。』 業疏釋云『二明願中、自他兩利也。 由持齋德對治惡趣者滅戒難也。八難者滅障聞思難。上明自益也。 他惡攝取已善惠人者行大道心也。使成正道者不從他方便唯一乘法也。將來三會者緣遇慈氏近可寄心。』 濟緣釋疏云『初總示。 由下別釋二。初釋自利。戒法唯人得受、故惡趣爲戒難。聞思修慧須生善道、値佛聞法具根正信、故八難爲聞思障。 他下次釋他利。行大道心即菩薩行。方便是二乘權教、一乘即佛道實教。豈唯八戒、一宗立教皆用此意。學者宜知。』已上皆見業疏記卷十

第六項 料簡

料簡中分爲四支
- 一對簡多宗
- 二遲受開成
- 三獨受離過
- 四斷惡攝淨

第一支　對簡多宗

對簡中且舉四種、一簡衆二漸頓三延促四自誓。餘同五戒科簡雜相中。

▲業疏云『多論云。受八戒人、在七衆中何衆所攝。雖無終身戒而有日夜戒、應名優婆塞。若得名者又無終身戒、若言非者又有日夜戒。止得爲中間人也。卽七衆之外更有木叉八戒也。』濟緣釋云『初標問。雖下答通彼宗五戒定須盡形、名終身戒。八戒唯一日夜、故名日夜戒。若下轉難。止下重釋。望非終身不當與名、望有日夜不可無名、在可否之間故云中間人也。五十具戒位通七衆並須盡形、所以日夜不在其數。若爾、受八戒者究竟何名。答、如受法云淨行優婆塞、豈非名耶。上據多宗。五八局時。故在七衆之外。若取成宗通收俗衆非七外矣。』見業疏記卷十

▲事鈔云『成實云、亦得隨受一二三、及日月長短並成。』見事鈔記卷三十九

▲羯磨註云『多論云、若受八戒、應言一日一夜、莫使與終身戒相亂。成實云、五戒八戒隨日月長短、或一年一月乃至半日半夜、重受減受並得。』業疏釋云『一日夜者以五種三歸文相叢雜、故須簡定、義無混亂。故準多宗必一日夜、不通過減。成實隨力多少者接俗之教不可約之、如上說也。』濟緣釋疏云『初出彼宗之局。次準成論、二戒並通時日多少。』

▲羯磨註云『論中、令五衆授之。成實云、若無人時、但心念口言、乃至我持八戒、亦得成受。』業疏釋云『多論五衆通授者皆是弘法之人。成智二論開自受者非謂常途、故彼文云若無人時得心念受明緣開也。』濟緣釋疏云『多論定從他受。彼云、夫受齋法必從他受、於何人邊受、五衆邊受。成智二論並開自受。文約無師義兼緣礙。』已上皆見業疏記卷十

第二支　遲受開成

▲羯磨註云『俱舍論云、若先作意於齋日受者、雖食竟亦得。』業疏釋云『由觀他因緣不起犯戒心故。』

▲業疏云『若將欲受、難事不得。待難解已、受者亦成。』濟緣釋云『如王賊繫閉等緣、心通事礙、中後開成。』已上皆見業疏記卷十

第三支　獨受離過

▲事鈔云『善生、受八戒不得多、唯獨受。』　資持釋云『善生不得多者恐人參涅、心不專一。泛論歸戒、獨受爲佳、則心不他緣、法無通濫。今多衆受、於理雖通、終成非便。』見事鈔記卷三十九

第四支　斷惡攝淨

▲業疏云『善生云。若諸貴人常勅作惡。若欲受齋、先遮斷已、後方成就。若不遮者、則不成也。成實云。有人依官舊法、或爲强力令害衆生、謂無罪者亦得殺罪、以緣具故。』　濟緣釋云『初引善生明成否。貴人卽王大臣。常勅作惡謂行殺戮鞭捶等事。次引成論以遮疑。依官舊法如宰官秉政依國典刑、或爲官所使刑戮於人、癡人多謂自無有罪。』

▲業疏云『若已受齋。鞭打衆生、雖卽日不行、待明當作、皆齋不淨。以要言之。若身口作非威儀事、卽名不淨。若心起貪瞋害覺、雖不破齋、齋不清淨。若不修六念等、亦名不淨。』　濟緣釋云『初身口犯。待明當作卽要期業。若心下二明意犯。違情故瞋、惱他爲害。上二皆作犯。若不下三明止犯。以受戒者當須逐日念佛法僧及天戒施故。』已上皆見業疏記卷十

上來戒法中第二章歸戒儀軌竟

上來宗體篇中第一門戒法竟

第二門　戒體

戒體中分爲四章
- 一戒體相狀
- 二受隨同異
- 三緣境寬狹
- 四發戒數量

▲資持云『戒體四章。初二論體、二中兼行。三四屬法、四中有相。一往粗分、委如下說。』

標云戒體、而併明戒法戒行戒相者。以示四門互相攝故。

▲事鈔云『所以別解脫戒、人並受之。及論明識、止可三五。皆由先無通敏、不廣咨詢。致令正受多昏體相。盲夢心中緣成而已。及論得否、渺同河漢。故於隨相之首、諸門示現。準知己身得戒成否、然後持犯方可修離。』　資持釋云『盲喻無知、夢喻不實。河漢喻其茫然不知涯際。』已上皆見事鈔記卷十六

第一章　戒體相狀

戒體相狀中分爲二節
- 一能領心相
- 二所發業體

第一節　能領心相

▲事鈔云『戒體者、若以通論、明其所發之業體。今就正顯、直陳能領之心相。』　資持釋云『初標指彼此所發即無作相。謂心之相狀。』

△事鈔續云『謂法界塵沙二諦等法。以己要期、施造方便、善淨心器、必不爲惡、測思明慧、冥會前法。以此要期之心、與彼妙法相應。於彼法上、有緣起之義、領納在心、名爲戒體。』　資持釋云『二正示心相。三、初二句示戒量。法界者十界依正也。塵沙者喻其多也。二諦者佛所立教也。此謂約境顯戒、故云等法。

以己下二正明心相。初句立誓盡一形壽。　次句通包禮敬陳詞身口二業。　善下明屏絕妄念。　測下明心法相應。測思者成業之本、得戒之因。三品心中隨發何等。明慧者反照心境、如理稱教、而非倒想妄緣前境。上明用心。下明合法。由上起心必須徧緣塵沙等境、法從境制、量亦普周、心隨法生、法廣心徧、心法相應、函蓋相稱、故云冥會。法猶在境、以心對望、故云前法。下云彼法、義亦同然。　以此下三明納體。又三、初二句躡上冥會。　於下明法隨心起。法是無情、由心緣故、還即隨心。故三法納體之時、初動於境、次集於空、後入於心、法依心故、名爲法體。　領下示體所在。若據當分、體是非心、不顯所依。體與心異。今言在心、乃取圓意、即指藏識爲所依處。』

▲資持云『問、何不直示無作、而明心相者。答、能領之心、發體正要。獨茲曲示。餘並無文。若乃考得法之元由、決所受之成否、苟迷此旨、餘復何言。或無記妄緣、或泛爾餘善、一生罔象、畢世遲疑、無戒滿洲、聖言有旨。故茲提示、義不徒然。』已上皆見事鈔記卷三

第二節　所發業體

所發業體中分爲六項
- 一辨體多少
- 二立兩解名
- 三依論出體
- 四顯立正義
- 五先後相生
- 六無作多少

第一項　辨體多少

▲事鈔云『問別脫之戒可有幾種。答。論體約境實乃無量。戒本防惡、惡緣多故發戒亦多。故善生云、衆生無量、戒亦無量等。今以義推、要唯二種、作及無作。二戒通收、無境不盡』　資持釋云『答中、初約境示量。今下舉要統收。今正明體、此二爲要、故偏舉之。通收盡者由此二戒懸防總發。體中含攝故此收法體而言境者欲明偏境之法皆歸二戒故』見事鈔記卷十六

第二項　立兩解名

立兩解名中分爲二支
- 一立兩所以
- 二幷解名義

第一支　立兩所以

▲事鈔云『問曰、何不立一、及以三種。』　資持釋云『言不一者欲顯相須、故約互廢以問。及以三者業疏作何不三合、謂有作俱無作二法同時、宜應更立一合、次前爲三。』

△事鈔云『答若單立作、作休謝往不能防非、又不可常作故須無作長時防非。若單立無作、則起無所從、不可孤發。要賴作生。二法相藉、不得立一。』　資持釋云『初答不立一中、先明作須無作。作休不防者以作短故。不可常作者心或餘用故。次若單下明無作須作。二下結示。』

△事鈔續云『何爲不三。但由體相道理相違。一作無作別、二心非心別。性不可合、但得立二。若就所防、隨境無量。』　資持釋云『次答不立三中。作無作別者動靜異故。心非心別者體相違故。若下釋疑。以不許立三、恐謂戒法唯局此二、故特釋之。顯上且據能防故唯二也。』已上皆見事鈔記卷十六

第二支　并解名義

▲事鈔云『問曰、既知二戒、請解其名。』　資持釋云『結前生後、總問三名。』

三名者、作及無作是別名、戒卽通名、共爲三也。

△事鈔續云『答云、所言作者、如陶家輪動轉之時、名之爲作。　故雜心云。作者、身、動身方便。』　資持釋云『作卽方便構造爲義。陶家謂土作家。輪卽範土爲坏器之車、運之則轉、故以喩焉。　四大質體名報色、從緣動作名方便。報起方便、方便依報、二法相假、不一不異。但言報未必是方便、言方便其必具報。今以輪木喩報質、輪動喩方便、卽名其動以爲作耳。　故下引證身及動身對喩可解。』

△事鈔續云『言無作者、一發續現、始末恆有、四心三性、不藉緣辦、隨生、故名無作。　成論無作品云、因心生罪福、睡眠悶等是時常生、故名無作。』　資持釋云『一發者一猶始也、此句明業體初成、卽三法竟第一刹那與作俱圓、是體發也。作戒既謝、無作獨存相繼不絕、故云續現。　始卽上句一發之時。末卽是終、謂命終捨也、雖通四捨且約常途故餘三不舉。此句明業體久長也。　四心者通舉四陰。三性者別示行陰、三陰唯無記、行陰通三性、故此句顯非心也。　下句正示無作義也。　若翻對作解、初句反前卽謝也、次句反一念也、第三句反善行心也、第四句反緣構也。　故下引證有二、雜心中、初句躡前作謝、生起無作。餘識卽四心、後心望前作心故云餘也。俱卽同時、是法卽無作。隨生謂任運起也。　成論中、通明業理、非局戒也。因心者示現從作發也。生罪福生卽是發、罪福卽善惡無作。文舉無記、等取餘心。』

一發續現等文初學難解。今據後第五項先後相生文義、列表如下。以資參考。　今文云無作者、卽表中所謂形俱無作也。

- 始登壇後
  - 作戒 —— 生（未竟）
  - 無作戒
    - 作俱無作 —— 隨作生（未竟）
    - 形俱無作 —— 因成未現（潛發）
- 三法竟第一刹那（初一念）
  - 作戒 —— 圓滿
  - 無作戒
    - 作俱無作 —— 圓滿
    - 形俱無作 —— 圓滿（示現）
- 第二刹那（第二念）
  - 作戒 —— 謝
  - 無作戒
    - 作俱無作 —— 隨作謝
    - 形俱無作 —— 獨存

四捨者、見後戒行門因示捨戒章。　四心三性顯非心者、參閱下依論出體無作體中、又復意無戒律儀之釋文。

△事鈔續云『云何名戒。戒禁惡法。　故涅槃云、戒者直是遮制一切惡法、若不作惡是名持戒。』　資持釋云『初二句直示正義。由此二戒俱斷惡故。　故下引證。遮制即禁斷義。』（已上皆見事鈔記卷十六）

第三項　依論出體

▲濟緣云『此門陳體、且依二宗。所計至後正義三宗分別、始是今師正出體相。』（見業疏記卷十五）

▲事鈔云『二論不同。今依本宗約成論以釋』　資持釋云『二論即指多成。　然今鈔中依宗明體、指略多宗。恐後學至文壅滯、故須略示。業疏廣列六位分別、今但撮要引而示之。　初明二戒並是有為、非三無為由假緣構造、四相所為故。（此有為無為分別。三無為者、虛空擇滅非擇滅也。四相即生住異滅。）　二諸有為法總為三聚、一色聚二心聚三非色心聚。二戒並色、非餘二聚。（此有為中三聚分別）　三色有十一、總括為三。一可見有對色（即色塵也）二不可見有對色（五根四塵）三不可見無對色。（即法塵少分法。二非心法、謂諸心數法。塵有二、一心法、過去色法、無作即此色所收。）　今作戒者、身作即初色、口作即第二色中聲塵。身口無作並第三色。（此色聚中三色分別）　四色中又有二、一本報色謂四大也二方便色謂運動造作。作戒非本報、是方便。無作非二色。（此身口色中二色分別）　五作戒是善色、聲非惡無記。無作戒體是善可知。（此方便中三性分別）　六作業始終皆得為戒、不同餘善。無作當體是戒、非此所論。（此就善中唯約作戒始終分別）　已上六位、顯示彼宗二戒俱色。作色即是色聲兩塵。無作色者法入中攝名為假色』（見事鈔記卷十六）

依論出體中分為二支──┬一作戒體
　　　　　　　　　　└二無作戒體

第一支　作戒體

▲事鈔云『先明作戒體。　論云、用身口業思為體。　論其身口、乃是造善惡之具』　資持釋云『言作者始於壇場、終三法竟、第一剎那已前、三業營為方便構造者是。　引論又二、上句正出體。身口業思者、謂行來跪禮是身作也、陳詞乞戒即口作也。立志要期、希法緣境、心徹始終、統於身口、故名身口業思。即此業思是作之體。　論其下示兼緣。意言造具者顯示身口自無功用、推歸心故。如世造物、百工之器自不能成、必由人用、比擬可知。　問、業疏初解色心為體、此何異耶。答、身口即色、業思即心、故無異也。鈔從顯要、令

易解耳。』

△事鈔續云『所以者何。如人無心殺生、不得殺罪。故知以心爲體』　資持釋云『以犯例受者、善惡雖殊、發業義一故。如律、心疑想差不至果本。又不犯中者、擲刀杖瓦木誤著而死、扶抱病人往來致死、一切無害心皆不犯。此雖動色但由無心故不成業』

△事鈔續云『文云。是三種業皆但是心、離心無思無身口業』　資持釋云『引證即是成論。初二句推末歸本、下二句明捨本無末。問、今論作體、爲是心王爲意思耶。答。前云業思、何須疑問。若觀論文三業皆心、離心無思之語、似指心王。然而王數、體用以分。由體起用、用即是體。今論作業、就用爲言。故業疏云、言心未必是思、言思其必是心。宜細詳之。』

△事鈔續云『若指色爲業體、是義不然。十四種色悉是無記、非罪福性。』　資持釋云『此對破有宗。五根五塵四大爲十四色』已上皆見事鈔記卷十六

第二支　無作戒體

▲事鈔云『言無作戒。者以非色非心爲體』　資持釋云『非色非心者此即成論第三聚名、亦號不相應聚。此聚有十七法、無作即其一也。良由無作體是非二、故入此收。即以聚名用目其體』見事鈔記卷十六

▲業疏云『言非色者。既爲心起、豈塵大成、故言非色。　五義來證。一色有形相方所、二色有十四二十種異、三色可惱壞、四色是質礙、五色爲五識心所得。無作俱無此義、故不名色。』　濟緣釋云『釋非色中二、初約能造對簡。塵即五塵、大即四大、二並是色。非彼所成、明非色法。　五下次約色義反證。即上塵大具此五義。無作不爾、一非形方、二無差異、三不可惱壞、四非礙、五非對。十四種如前。二十種即顯色十二（青黃赤白光影明暗煙雲塵霧。此局無記。）形色有八。（長短高下方圓斜正。此通三性。）惱壞者論云是色若壞即生憂惱、又云有情有惱無情有壞。五識心即眼耳等五識所得即五塵也。』

△業疏續云『言非心者。體非緣知。　五義來證。一心是慮知、二心有明暗、三心通三性、四心有廣略、五心是報法。』　濟緣釋云『釋非心中二、初句對簡。謂無作業體非覺知、不能緣慮、與心體異、故號非心。五下反證。心具五義。無作反之。初非慮知、即是上義。二謂頑善、無有愚智迷悟之異、故無明暗。三唯是善、非惡無記。四唯一定、故無廣略。謂意根爲略、四心六識乃至心數則爲廣也。五是三業造起、故非報法。』

▲業疏云『故成實云。如經中說、精進感壽長、福多受天樂。　若但善心、何能感多福。何以故、不能常有善

心故。』　濟緣釋云『引成論文二、初證非心又二、初引初段。經文論家自引。精進是作、壽長是現報。福多。謂無作增長、天樂是生報。　若下論家顯示經意。人心不定、豈能常善。此顯無作一發已後、任運增多。不假心作、即非心義。』

△業疏續云『又復意、無戒律儀。所以者何。若人在三性心時、亦名持戒。故知爾時無有作也。　以無作由作生。今行不善心、何得兼起作又發無作也。　由此業體是非色心。故雖行惡、本所作業無有漏失。』

濟緣釋云『二引後段中二、初引論。謂意思中無有戒體、顯是非心。三性心者謂餘善心及惡無記。爾時無有作者謂意入餘性無有造作、卻名持戒、卽知無作任運常存故名持戒。　以下疏家委釋又二、初釋爾時無有作義。　由下次釋三性名持戒義。』

△業疏續云『故彼問曰、若無作是色相有何咎。　答。色等五塵非罪福性、不以色性爲無作也。又如佛說色是惱壞相、無作非惱壞相、不可得故、不可名色。』　濟緣釋云『二證非色中又二、初引前問答。　答中、若立爲色有二種過、一非罪福性、二是可惱壞。如五塵四大具有惱害損壞之義。』

△業疏續云『問、無作爲身口業、身口業性卽是色也。　答。言無作者、但名身口業、實非身口所作。以因身口意業生故、說爲身口業性。　又無作亦從意生、如何說爲色性。如無色界亦有無作、可名色耶。』　濟緣釋云『二引後問答、問中。身口是色、業性亦應是色。　答中二、初正名義。實非身口作者以三性時無有作故。因身口意生者謂從本作得名故。　又下次彰非色有二、初約能造詰其所發、如下二約空報質其因業。』（已上皆見業疏記卷十五）

上引成論四段連續、科文未易分辨。今別錄科表如下、以備對閱。

- 引成論
  - 初證非心
    - 初引初段
      - 初論家自引經文
      - 二論家顯示經意
    - 二引後段
      - 初引論
      - 二疏家委釋
  - 二證非色
    - 初引前問答
      - 初問
      - 二答
    - 二引後問答
      - 初問
      - 二答
        - 初正名義
        - 二彰非色

第四項　顯立正義

是項最爲精要學者宜致力窮研

▲資持云『上且依論而示、究論體相未甚精詳至於業疏方陳正義乃有三宗』見事鈔記卷十六

顯立正義中分爲三支——一實法宗
　　　　　　　　　　　二假名宗
　　　　　　　　　　　三圓教宗

▲業疏云『夫戒體者何耶。所謂納聖法於心胸、即法是所納之戒體。然後依體起用、防遏緣非。今論此法、三宗分別。』　濟緣釋云『初略示體貌。納是能受心、聖法即所受戒。能所相冥、心法和合、而成於業。攬法爲業、爲道基本、故名戒體。體充正報、心爲總主、故云心胸。初受則心爲能納、法爲所納。受已則法爲能依、心是所依。依體起用、即隨行也。今下次標宗別釋。』見業疏記卷十六

第一支　實法宗

▲業疏云『如薩婆多二戒同色者。』　濟緣釋云『薩婆多者以計標宗、雜心俱舍毗曇並同此見。』

△業疏續云『彼宗明法各有繫用。戒體所起依身口成、隨具辦業、通判爲色。業即戒體、能持能損。既是善法、分成記用、感生集業、其行在隨。論斯戒體、願訖形俱、相從說爲善性記業、以能起隨生後行故。』

濟緣釋云『初依宗示體中四、初至爲色、敍彼所計。各有繫用、即三界繫。欲界粗段四大、色界清淨四大、所造之業、所感之果、皆是色法。無色界天非四大造、則無有色。但無四大造色、不妨彼天亦有果色。隨具辦業、具即身口、能造是色、所起亦色、教與無教二法同聚、故云通判爲色。業即下二句次示色義、由無教體持則肥充、犯則羸損、有增損義、故立爲色。既下三明業性、本報無記、從善惡緣方便轉現、戒是善法。教無教體二並善色、既不推心造、故云分成記用。力用既弱、不能感果、故推隨行能生集業。集業謂招生之業、體是集因、故云集業。論下四結示體相。願訖即作謝、形俱謂無作至於終身。望後隨行得名善記、故曰相從。是則由教生無教、無教起隨行、隨行能生集業、集行招來報。』

△業疏續云『如律明業、天眼所見善色惡色、善趣惡趣、隨所造行、如實知之。以斯文證、正明業體是色法也。』　濟緣釋云『二引律顯正中二、初引文。以下次取證。若此明色、乃佛本懷、諸論爭分、未窮斯意、況弘論者、罔測可知。』

△業疏續云『如上引色、或約諸塵、此從緣說。或約無對、此從對說。雖多引明用顯業色。然此色體與中陰同微細難知唯天眼見見有相貌善惡歷然豈約塵對用通色性　諸師橫判分別所由、考其業量意言如此。』　濟緣釋云『三斥前諸說中三、初牒前所立。或約諸塵謂無作假色判歸法入、卽是法塵。此對作戒色聲二塵、故云此從緣說。緣卽作戒。或約無對謂無作體是不可見無對。卽翻作戒二種有對、故云此從對說　雖下次斥其不達。仍舉中陰例顯業色、無色天報類亦同之。如來由此說業爲色、諸師不曉立義强分、故云豈約塵對等　諸下三結其妄判。卽上六位分別。』已上皆見業疏記卷十六

第二支　假名宗

▲業疏云『二依成實當宗、分作與無作位體別者。』　濟緣釋云『言當宗者對前非正學宗故。位體別者對前二種體同故。』

△業疏續云『由此宗中分通大乘業由心起故勝前計　分心成色、色是依報、心是正因、故明作戒色心爲體。是則兼緣顯正相從明體。　由作初起、必假色心。無作後發、異於前緣、故强目之非色心耳』　濟緣釋云『初由宗通示中二、初敍宗勝。　分下示體相二、初明作體。分心成色若論成法則內外色報牽由心造、若約成業則身口動作皆但是心。色是依報等者若內外相望則國土爲依四生爲正、若因果相望則色報爲依心識爲正。兼緣卽依報之色、顯正卽正因之心、此明二法不相捨離故曰相從　由下次辨無作。反作爲名、不由色心造作、故異前緣法體雖有而非色心、無由名狀、且用二非以目其體、故云强也。』

△業疏續云『考其業體本由心生　還熏本心有能有用　心道冥昧止可名通故約色心窮出體性各以五義求之不得不知何目强號非二』　濟緣釋云『二約義考體中二、初正示體相二、初正示業體。上二句推發生之始。言由心者卽第六識意思所造。下二句示生已之功。六復熏六故云還熏發體之心故云本心若論始起、則心爲能生體是所生若約熏習則體爲能熏心爲所熏心與業體互爲能所有能有用能謂發起後行、用卽防遏緣非。　心道下推本所立心無形貌故曰冥昧但有名字故曰止可名通本唯心造、心冥色顯所以兼之。欲彰業體是彼所造故云窮出體性卽此乃是示體之處恐亂宗旨不欲指破學者思之如前色心各有五義、無作並無故號非二此明小敎不可直示、且附權意別彰異名、故云强目　問、兩云强目、是何敎意答若據本敎、翻作爲名。今取通意識達體貌卽知二非附權而立故云强耳』

△業疏續云『問。如正義論、熏本識藏、此是種子能爲後習。何得說爲形終戒謝。　答種由思生要期是願

願約盡形形終戒謝行隨願起功用超前功由心生隨心無絕 故偏就行能起後習不約虛願來招樂果』 濟緣釋云『二問答釋疑中。此問所來由後圓教決此二非以爲識種、識既常存、種則無滅、卽違今宗命終失義。故探取後文爲難、以彰前後無違。 初四句牒後圓教文也。此是者指上二非也。下二句正難。且舉命終、義通四捨。 答中三、初二句總標。思卽緣境之心。願謂剋期之誓。 願約下二別釋。初釋下句願有始終、故有要期。謝行下次釋上句。思無限齊、故種子不亡。行卽思心。行起願後故曰超前。 故下三雙結。上二句結上種存、下二句結上願謝。 問、此中後習、與前實法集業何異。答、彼明業爲集因、此示種能熏習。委如下說。』已上皆見業疏記卷十六

第三支 圓教宗

▲業疏云『後約圓教明戒體者。』 濟緣釋云『三圓教中。前並小教、此是大乘。以大決小、不待受大、卽圓頓義也。前二偏計空有不均、今悟教權、名殊體一、色與非色莫不皆然。卽圓融義也。前既從權一期赴物、今此克實究竟顯示、卽圓滿義也。具此諸意、故名爲圓。 問、二宗談體自足、何須別立圓教。答、兩宗出體、教限各殊。若唯依彼則辨體不明、若復不依則宗途紊亂。故準二經別立一教、窮理盡性、究竟決了、使夫學者修持有託、發趣知歸、爲諸有福田、紹衆聖因種、興隆佛法、超越生死。萬劫未聞、此生獲遇、除茲一道、更無餘途。若非究我祖乘、須信投心無地。一生虛度、豈不誤哉。嗚呼。 問、依何教義、立此教耶。答、下引法華涅槃二經爲證。法華開聲聞而作佛、涅槃扶小律以談常。舍此二經、餘無此義。華嚴隔出、方等彈訶、是以梵網斥二乘爲邪見、學則有違、善戒指小法爲方便、不學成犯。二部之異、於此自明。』 芝苑云『問、此與天台圓教爲同爲異。答、理同說異。何名理同。以下疏中引法華文用法華意、立此圓體。但彼教統攝、此局一事。將此入彼、卽彼妙行之中戒聖行也。何名說異。今此爲明戒體、直取佛意融前二宗。自得此談、非謂取彼。但名相濫、是故異也。』見芝苑遺編卷一

△業疏續云『戒是警意之緣也。 以凡夫無始隨妄興業、動與妄會、無思返本。是以大聖樹戒警心、不得墮妄、還淪生死。』 濟緣釋云『初敘立教本致中二、初句標示。警意緣者、此明一切諸戒皆我心業。世尊如業制法、而警悟之。無別有戒。衆生業無量、故戒亦無量。業無盡、故戒亦無盡。當知二百五十三千八萬無量律儀、非他法也。 以下正釋。心爲境轉、故隨妄。心境相合、故興業。習妄既久、動便隨塵、故與妄會。會卽合也。淪歷長劫、愈忘其本。本卽自心。若非佛教、何由思返。此敘衆生妄業無窮。 是下次敘如來因業立

戒令息妄業。妄業已息苦果亦傾不淪生死、故能返本還悟自心也。』

△業疏續云『愚人謂異、就之起著。或依色心及非色心。　智知境緣本是心作。　不妄緣境但唯一識隨緣轉變有彼有此』　濟緣釋云『二根器差殊中二、初敘鈍者妄計。竊詳此文、正決當今所受之體。前明細色已破有宗、今此唯決四分作無作耳。作戒心造、彼兼色故。無作心種、彼謂非色心故。此由佛世機悟有殊、致使滅後分宗各計。故涅槃云、我於經中或說爲色、諸比丘便說爲色、或說非色、諸比丘便云非色、皆由不解我意。謂不知佛方便說故　智下次敘利根易悟二、初明因教悟解。境即情與非情二諦等境、緣即隨境所制塵沙等法、二皆心作、則一切唯心。　不下次明思惟觀察。既達唯心、則隨所動用不緣外境、攝心反照但見一識。識即心體、不守自性、隨染淨緣造黑白業、成善惡報、故有生佛依正十界差別、故云有彼此也。無始不了。徧法界境造虛妄業、出沒生死。是故如來如法界境制無邊戒。戒無別體、即虛妄業如婬盜等。豈別有戒。縱妄成業、禁業名戒。故事鈔云、未受已前惡徧法界、今欲進受翻前惡境並起善心、故戒發所因還徧法界。又善生中、衆生無邊、大地無邊、草木無量、海水無邊、虛空無際、戒亦同等。並此意也。』

△業疏續云『欲了妄情　須知妄業　故作法受還熏妄心　於本藏識成善種子此戒體也』　濟緣釋云『三所受體中三、初約圓義以示體相。前明利根未受之前已發大解、此明修證先須稟戒。文中有三、初句希求脫離。了猶盡也。妄情之言通含見思無明等惑。　次句反觀往業。無始慣習積惡時深、雖達唯心、卒難調制。若非戒法、靜業無由。故云、佛所制戒如猿著鎖、如馬轡勒、如捉盜賊、截生死流、發定慧力。菩提基本、涅槃初門。所以三乘聖人並由斯跡。捨此修道、枉費時功、卻步求前、終無所至矣。　故下三如緣納法又二、初二句示作業。作法之言通收始終方便正受。熏妄心者假前勝境發動勝心、此心反妄即是眞心、以眞熏妄令妄不起。即如鈔云、以己要期、施造方便、善淨心器必不爲惡、測思明慧、冥會前法。此即能熏、妄爲所熏。此即作熏。猶如燒香熏諸穢氣也。　下三句正明無作。由熏成業、業圓成種、種有力用、不假施造任運恆熏、妄種冥伏、妄念不起。此無作熏、猶如香盡餘氣常存也。初句示所依處、亦是所熏也。次句顯能依體、亦即能熏也。善即簡惡。種子是喻。如世穀果皆有種子、略說十義一從衆緣生二體性各異三生性常存四任運滋長五含畜根條華葉等物六雖復含畜相不可得七遇時開綻八子果不差九展轉相續十出生倍多、無作具此、故以比焉。然種子名通、義須細簡。初約十界、四趣爲惡、餘六是善。次就善中、人天有漏、四聖無漏。三就聖中、三乘是偏是權、唯佛是圓是實。今此戒種、文唯簡惡、若望人天是無漏種、若望偏權是圓實種。行

者當知本所受體、即是一體三佛之種。故薩遮尼犍云、如來功德莊嚴之身、以受戒爲本、持戒爲始。又法華云、佛種從緣起。即斯義也。下句結示正義所立唯此。　問。既發此體、後用受菩薩戒否。若不須受、即應約大判持犯耶。若云須受、則無作業爲重發否。並須細求、不可相濫』　芝苑云『天台疏云、不起而已、起則性無作假色。南山云、熏本藏識、成善種子、此爲戒體。天台性之一字即能起因、無作假色即所發體。南山藏識即所依處、善種子即能依體。能起所依是本有之性、所發能依即今受之體。若此出體、文據極明。能所歷然、體性不濫。則受納無疑、修持有託。』見芝苑遺編卷二　芝苑又云『經論所說菩薩戒自分二體。一當體體、即是戒體、與今善種不殊。二所依體、心性是也。然則心性但是戒體所依、實非戒體。』見芝苑遺編卷一

△業疏續云『由有本種熏心。故力有常能牽後習、起功用、故於諸過境能憶能持能防、隨心動用、還熏本識。如是展轉能靜妄源。若不勤察、微縱妄心、還熏本妄、更增深重』　濟緣釋云『二約隨行以明持犯中二、初明謹奉二、初句躡前受體。故下正敘隨行三、初句明力。言有常者運運不息、生生常住。故次句明能。言後習者有其二別、一者習因徹至未來、二者習果即後三佛。今明起後且據因論。起下諸句明用。能憶謂時中不忘、能持謂執守不失、能防謂塵緣不侵。由憶故持、由持故防。一心三用、無前無後。隨心動用語該始終。熏本識者此隨行中熏、通作無作。展轉有四、一對境差別、二起心前後、三來報相續、四入位階差。靜妄源者語通因果、準下修顯圓證三身、則究竟永盡、故云靜也。　若下次明慢犯二、上二句反上三用。微縱即瞥爾念。下二句反上戒熏。　問、熏有幾種。答、初受作戒熏、熏成無作、次則無作熏、熏起隨行、三則隨中作無作熏、還資本體。若論所熏、通熏心識。

△業疏續云『是故行人常思此行、即攝律儀用爲法佛清淨心也。　以妄覆眞、不令明淨。　故須修顯名法身佛』　濟緣釋云『三舉因果以細勸三、初攝律儀戒、二攝善法戒、三攝衆生戒。先知來意。衆生識體本自清淨、離諸塵染、由妄想故翻成煩惱、又復本來自在、具足方便智慧威神德用、由妄想故翻成結業、又復本來平等、無有彼此愛憎差別、由妄想故翻成生死。今欲反本、故立三誓。一者斷惡誓、受攝律儀戒、修離染行、趣無作解脫門、復本清淨、證法身佛、名爲斷德。二者立修善誓、受攝善法戒、修方便行、趣空解脫門、復本自在、證報身佛、名爲智德。三者立度衆生誓、受攝衆生戒、修慈悲行、趣無相解脫門、復本平等、證應身佛、名爲恩德。然此三誓三戒三行三脫三佛三德、隨舉一誓、三誓具足、乃至三身三德一一皆爾。言有前後、理無各別。如是心受、即發圓體、如是心持、即成圓行。華嚴云、戒爲無上菩提本。淨名云、能如此者是名奉律。

涅槃云、欲見佛性證大涅槃、當須持戒等。皆此意也。　初釋律儀戒又二、初標因果。卽之一字、點小爲大。乃是圓宗融會之意。智論以八十誦卽尸羅波羅蜜、勝鬘謂毗尼卽大乘學、須得此意、可通彼文。律儀禁惡、止業破惑、徹至究竟。清淨心者卽法身體。　以下次明所以、二初二句敍昔迷。不明淨者貪染所障、失本淨故。次二句顯今悟。須修顯者稟戒破障、卽能顯之因、法身卽所顯之果。

△業疏續云『以妄覆眞、絕於智用。　故勤觀察、大智由生、卽攝善法名報身佛。』　濟緣釋云『二攝善法戒、二初二句敍迷。絕智用者愚癡所障、遺本明故。　故下顯悟。勤觀察者修善破障、此卽是因、報佛是果。』

△業疏續云『以妄覆眞、妄緣憎愛、故有彼我生死輪轉。　今返妄源、知生心起、不妄違惱、將護前生、是則名爲攝衆生戒。　生通無量、心護亦爾、能熏藏本、爲化身佛。隨彼心起、無往不應、猶如水月、任機大小。』　濟緣釋云『三攝衆生戒、二初敍迷。憎愛卽障、忘本平等故、由有彼我分別、故受生死雜報。　今下顯悟、二初修因、三初二句開平等解。知生心起、亦唯識變、彼我同體、無高下故。次二句修平等行。將護之言通含四弘誓、四等心、四攝行。是下二句結名。　生通下次感果、三初二句心境相應。次二句慈熏成果。次四句明隨緣起應。如水月者、水喩機感、月喩垂應、月不入水、水不濁月、隨器大小、波澄影現、慈善根力感應難思。』

已上業疏文、由戒是警意之緣起、至此段止、共七段連續、科判繁雜。今別錄科表於下、以備對閱。

- 初敍立教本致
  - 初標示
  - 二正釋
- 二根器差殊
  - 初敍鈍者妄計
  - 二敍利根易悟
- 三所受體
  - 初約圓義以示體相
    - 初希求脫離
    - 二反覲往業
    - 三如緣納法
      - 初示作業
      - 二正明無作
  - 二約隨行以明持犯
    - 初明護奉
      - 初躡前受體
      - 二正敍隨行
        - 初明力
        - 二明能
        - 三明用
    - 二明慢犯
      - 初反上三用
      - 二反上戒熏

- 三舉因果以細勸
  - 初攝律儀戒
    - 初標因果
    - 二明所以
      - 初敍昔迷
      - 二顯今悟
  - 二攝善法戒
    - 初敍迷
    - 二顯悟
  - 三攝衆生戒
    - 初敍迷
    - 二顯悟
      - 初修因
      - 二感果

三舉因果以細勸中、濟緣於釋文之前先明來意。今依其文、列表於下。

衆生識體	本自清淨	離諸塵染	由妄想故翻成煩惱
	本來自在	具足方便智慧威神德用	由妄想故翻成結業
	本來平等	無有彼此愛憎差別	由妄想故翻成生死

今欲反本

故立三誓	一者斷惡誓	受攝律儀戒	修離染行	趣無作解脫門	復本清淨	證法身佛	名爲斷德
	二者修善誓	受攝善法戒	修方便行	趣空解脫門	復本自在	證報身佛	名爲智德
	三者度生誓	受攝衆生戒	修慈悲行	趣無相解脫門	復本平等	證應身佛	名爲恩德

▲濟緣云『問、三聚三身爲同爲別。答、語異義一。隨舉一戒、三聚具足。隨舉一聚、互具亦然。故知初受圓發三誓、隨中奉持圓修三行、成因感果圓證三身。三誓即是三聚、三身、三聚亦即三身、三誓、三身亦即三誓、三聚。心、佛無差、因果不二。能如此者、始名圓戒。是波羅蜜、即究竟木叉也。是知行人若發此心、若獲此體、當知即是三佛之種。如何自輕、不加珍敬。然雖三戒彼此互具、至於修奉恆用攝生、則能任運含攝一切、豈止餘聚耶。　問、教有分齊、何須此示。答、爲成本宗分通義故。何以然耶。如善戒經、五十具等迭爲方便、是故受五習十、受十習具、受具習大、故前三戒並名方便。假宗知權、不住方便、符通深之部意、爲稟大之先容。所以鈔敍發心爲成三聚、此明隨行次對三身。願行相扶、彼此交映、彼則期心後受、此乃即行前修。方見圓宗深有來致。　若爾、既顯分通、何須別立。答、義雖通大、教終局小、不可濫通。故須別立、隨意盡理、不亂宗途。請觀前明實宗無一心字、次述假宗無一種字、始見聖師深體權實、自餘凡愚、未足擬議也。』

▲業疏云『此門略辨三宗戒體少異、由來涉言語矣。』　濟緣釋云『言略辨者、示不盡故。言少異者、若據教宗、名義不濫、論其業體、畢竟常同。當知細色及以二非、無非種子、但是如來隨宜異說耳。涉言語者、言其繁也。』

由第四項顯立正義之初業疏云夫戒體者何耶、至此段由來涉言語矣、乃業疏歷示三宗之文。為南山撰述中最精湛者。古今中外學者頗盛傳誦。但以記文與疏牽會、分割間隔、致令疏文散碎、不能融合貫通。惟冀讀者別錄此文、合為一卷時以誦持、庶可窺見此文精妙、俾不負律祖示導之聖意耳。

▲業疏云『今識前緣終歸大乘、故須域心於處矣。 故經云、十方佛土唯有一乘、除佛方便假名字說。既知此意、當護如命、如浮囊也。故文云、我為弟子結戒已、寧死不犯。又如涅槃中羅刹之喻。』 濟緣釋云『初示所歸。識前緣者、塵沙萬境、無邊制法、無始顛倒迷為外物、故受輪轉。今知唯識、無有外塵、故正受時、徧緣法界、勇發三誓、翻昔三障。由心業力、結成種子、自為戒體。應知能緣所緣、能發所發、能熏所熏、無非心性。心無邊故、體亦無邊、心無盡故、戒亦無盡。當知即是發菩提心、修大慈行、求無上果。此名實道、此即大乘。三世如來、十方諸佛、示生唱滅、頓開漸誘、百千方便、無量法門、種種施為、莫不由此。故曰、雖說種種道、其實為佛乘。此即行人域心之處。 然而濁世障深、慣習難斷、初心怯懦、容退菩提。故須期生彌陀淨土。況復圓宗三聚、即是上品三心。律儀斷惡、即至誠心、攝善修智、即是深心、攝生利物、即迴向發願心。既具三心、必登上品。得無生忍、不待多生、成佛菩提、了無退屈。此又行人究竟域心之處矣。 故下引證。即法華開顯文也。經云、我此九部法、隨順眾生說。入大乘為本。（十二部中九部屬小乘同歸一佛乘故） 又云、聲聞若菩薩、聞我所說法、乃至於一偈、皆成佛無疑。十方佛土中、唯有一乘法。（十方皆爾不獨釋迦）無二亦無三。（大小相對為二三乘相對為三） 除佛方便說。但以假名字、引導於眾生、說佛智慧故。（餘乘修證因果色非色等皆方便假名耳） 既下勸修二、初句躡上開悟。由識前緣、若起毀犯、即是犯自心故、增妄業故、淪生死故、汙佛種故、退菩提故、失功德利故。大小經論廣勸奉持、雖不顯彰、聖意在此。若不知此、得失尚微。既知此已、所獲既深、所失亦大。理須謹攝、不可微縱。 當下結勸奉持。命與浮囊世人所重、且舉為喻。諸經論說鵝珠草繫海板比丘皆忘生護戒、則壽命浮囊亦未足為重也。文云即本律文。寧死不犯不啻命故。涅槃羅刹乞浮囊乃至塵許、菩薩不與、譬護小罪。』（已上皆見業疏記卷十六）

▲芝苑云『夫戒體者、律部之樞要、持犯之基本、返流之源始、發行之先導。但由諸教沈隱、道理淵邃。是以九代傳教、間出英賢、雖各逞異途、而未聞旨決。逮於有唐、獨我祖師窮幽盡性、反覆前古、貶黜浮偽、剖判宗旨、斟酌義理、鼎示三宗。誠所謂會一化之教源、發羣迷之慧日者也。 初多宗作無作體二、俱是色、可知。二成宗作戒色心為體、亦可知。無作以非色非心為體者。然非色非心止是攝法之聚名、實非體狀、遂令歷世妄說非一。今依疏文、即名考體、直是密談善種。但以小宗未即徑示、故外立名非色非心也。故疏云、考其

業體本由心生、還熏本心有能有用、乃至云不知何目强號非二。細詳此文、末卽言善種、而曰熏心有用、密談之意、灼然可見。應知此卽考出非色非心之體耳。　三圓教者、謂融會前宗的指實義。前宗兩體卽善種子、（攬本從末）此善種子卽前二體、（攝末歸本）是則約此圓談、任名無在。故疏云、於此一法、三宗分別。故知分別有三、體實不二。　問、若言體唯是一、分別有三者、則前二宗中但有虛名、竟無實體耶。答、宗雖各計、體豈乖殊。由彼謂異、强構他名。應知多宗計種爲色、成宗計種爲非色心、但後圓教指出前二耳。故疏云、愚人謂異、就之起著等。更以喩陳。如世美玉、或人無知謂玉爲石、或名非石、未能顯體、後人得實指破前二。若無玉體、何有不識。喩今三宗相似法也。　問、何因緣故名爲善種。答、善則是法體、種是譬喩。謂塵沙戒法納本藏識、續起隨行、能牽來果、猶如穀子投入田中、芽生苗長結實成穗、相對無差、故得名也。』

△芝苑又云『所受法體、依羯磨疏三宗分別。　一者多宗。作無作戒二體俱色。身口方便相續善色聲、作戒體也。法入假色、無作體也。今祖師究體、乃謂善惡業性、天眼所見、歷然可分、與中陰同、微細難知、異彼肉眼所見粗色、故云細色。　二者成宗。作與無作二體則異。身口業思、能造色心、作戒體也。非色非心、五義互求了不可得、無作體也。祖師考體、卽心造業、熏習有用、能起後習。心不可狀、假色以顯。所發業量異前作戒、與心與色兩不相應、强名二非、以爲戒體。　三約圓教宗明體。但以兩宗各隨所計、義說動靜、終非究竟。故跨取大乘圓成實義、點示彼體乃是梨耶藏識隨緣流變造成業種。能造六識卽是作戒。作成之業梨耶所持、卽號無作。所蘊業因名善種子。業雖心造、一成已後與餘識俱、性非對礙、復是四大所造、體有損益、天眼所見善惡可分。是以如來隨機赴物、或說非色非心、或說爲色。小機未達、計爲色者不許空宗、執非色非心者斥他有部。如涅槃中皆由不解我意、故使諍計殊途。然今所宗、並以涅槃終窮之說、統會異端、使歸一致、可謂體一化始終、裂後昆疑網。故業疏云、終歸大乘、故須域心於處。如斯明訓、廣在彼文。　今人所受正當成實假宗、非色非心、是其法體、約圓以通卽善種也。　然此所述、略知端緒、至於業理極爲深細、自非積學良恐茫然摸象紛紜於今衆矣。』（已上皆見芝苑遺編卷一）

第五項　先後相生

▲資持云『若論作戒則無先後、獨茲無作有多解釋、故須辨定。』

▲事鈔云『初解云、如牛二角、生則同時。故多論云、初一念戒俱有二教、第二念中唯有無教。』　資持釋云『初同時解二、上二句舉喩、故下引證。初念俱有、可驗齊生。』

△事鈔續云『後解云。前後而起。故善生云。世間之法、有因則有果。如因水鏡、則有面像。故知作戒前生、無作後起。 論云作時具作無作者。此是作俱無作、並是戒因。至三法竟其業滿足、是二戒俱圓、故云具作無作。不妨形俱無作仍後生也。亦是當一念竟時、二戒謝後、無作生也。』 資持釋云『二前後解二、初立義中四、初句標義。故下引證。世間法者緣構成故。因卽作戒、果謂無作。如下喻顯。故下準定。 論云下二釋妨。由立前後、違上論文初念俱有、故須釋之。文中分二、初牒妨。此下釋通二、初明作俱齊起不下示形俱後生。上云仍後、在言未顯、猶恐濫同初念之時、故重遣之云亦是等。』

作俱無作與形俱無作之區別、參觀前立兩解名項中之表。

▲資持云『已前二解並是古義。若準業疏卽取初解。但不明三時、義未盡耳。』已上皆見事鈔記卷十六

此項科文亦稍繁雜。今依古義今解各錄科表、分列於後、以備對閱。

- 古義
  - 初同時解
    - 初舉喻
    - 二引證
  - 二前後解
    - 初立義
      - 初標義
      - 二引證
      - 三喻顯
      - 四準定
    - 二釋妨
      - 初牒妨
      - 二釋通

▲業疏云『今解一時、非先後起。 豈有作絕無作方生。 由本登壇願心形限、卽因成也。 至後剎那、二戒俱滿。故云作時具無作是也。』 濟緣釋云『示今解中二、初約同時以通前三、初取前師。 豈下斥後師。 由下中所以二、初敍始生。願心形限卽形俱也。 至下次明成就。後剎那卽三法竟第一念也。二戒滿足卽作戒與形俱無作也。』

△業疏續云『且約一受三時無作。 初因時無作。此與作俱非乖俱體、不妨形俱因成未現。 二果時無作有二。一還與作俱、同上明也。二是形俱、方爲本體以三法竟示現之時。 三果後無作。以通形終。』 濟緣釋云『二約三時以示相、初通標。三時者卽前多論初二兩念、但初念中取其爾前爲因時耳。 初下別列。因時有二、作俱未竟、形俱潛發、二並爲因。 二果時者卽上二種第一念時皆究竟故。 三果後者卽第二念已去、作俱隨謝、止有形俱耳。』已上皆見業疏記卷十六

- 今解
  - 初約同時以通前
    - 初取前師
    - 二斥後師
    - 三申所以
      - 初敘始生
      - 二明成就
  - 二約三時以示相
    - 初通標
    - 二別列

第六項　無作多少

▲業疏云『通敘諸業、依多論中大綱有八。』　濟緣釋云『通敘者總明一切作無作業。一通善惡、二通化制、三通定散、四通漏無漏、故云諸業多論八種而非次列、但括略前後所有名相、故云大綱有八至下判釋亦兼餘論。』

△業疏續云『一者作俱無作。隨作善惡、起身口頃、卽有業相隨作同生。作休業止、能牽於後。不由起心、任運相感、故卽號曰作俱無作。餘七例爾。』　濟緣釋云『初示業相。作休業止示分齊故。能牽後者彰功力故。　不下釋名義。問、既隨作有、那不由心。答、此言正示無作義也。起心屬作、業力任運不由作故。如世樹影、可以比焉。餘下指例、下七事別、無作名義莫不皆然。』

△業疏續云『二者形俱無作。如今所受善惡律儀　必限一生、長時不絕。　卽有業量隨心任運。』　濟緣釋云『必下示名。由本要誓、期一形故。　卽下顯體。　今明受體正用前二兩門、餘皆類引。』

△業疏續云『三者要期無作。如十大受及八分齋。要心所期、如誓而起。　亦名願也。故彼論云、又此無作亦從願生、如人發願設會施衣、無作常生、扶助願者。』　濟緣釋云『初釋名相。十大受卽勝鬘十願。八分齋卽八戒、前引成論通自誓故。　亦下示異名。』

△業疏續云『四者異緣無作。如身造口業、發口無作等。』　濟緣釋云『彼宗七支不互、故有異緣。身造口業、如現相妄語。口造身業、如深河誑殺。雖假異緣、還發本業。成論不爾、身造發身、口造發口、隨具發業、則無異緣。』

△業疏續云『五者助緣無作。如無作品云、教人殺生、隨所殺時、教者獲罪、卽其事也。』　濟緣釋云『引文卽是成論。彼約教人、所教行事、助成能教。文明造罪、善亦如之。』

△業疏續云『六者事在無作。論云、施物不壞、無作常隨。多云、若作僧坊及以塔像曠路橋井、功德常生。除

三因緣。一前事毀壞、二造者命終、三起大邪見。便善業斷。　翻善例惡、可以相明。如畜鞭杖弓刀苦具、隨前事在、惡業恆續。』　濟緣釋云『初明善業。論云即成實文。多云即多論。曠猶大也。三因緣者初即所造事壞、二三即能造緣滅。應有四句、初人物俱在此句不失、二物壞人在三物在人喪四人物俱喪三句並失。
若爾、事壞命終、應無福報。答。下云便善業斷非謂永無。前業恆在。但不相續耳。　翻下次例惡業。對翻可知。』

△業疏續云『七從用無作。論云、著施主衣、入無量定、更令本主得無量福。　如是隨其善惡、從用皆爾。』
濟緣釋云『引文亦即成論。入無量定即四無量定。　隨善惡者示通說也。』

△業疏續云『八者隨心無作。入定慧心、無作常起。　成論云。出入常有、常不為惡、善心轉勝。雖在事亂、無作不失。言隨心者不隨定慧、隨生死心恆有無作。』　濟緣釋云『八中、即明定慧心中所發無作兩宗不同、故須並出初依多論釋隨定慧者入定發慧則有、出則皆無。　二引成論釋出入常有者不局入定入道也。隨生死者死此生彼恆不失故。』

▲業疏云『問、此從用業、與前作俱有何等異。　答。業相虛通、不相障礙、間雜同時、隨儀而別。　且如持鞭常擬加苦。既無時限、即不律儀、為形俱業。要誓常行、即名願業。口教打撲、即是異緣前受行之、又是助業。隨動業起、即是作俱。鞭具不亡、即名事在。隨作感業、豈非從用。惡念未絕、又是心俱。　故舉一緣、便通八業。餘則例準知有無也。』　濟緣釋云『問中。欲彰業相、故躡相濫以為問端。　答中三。初通示。動念成業、業體皆心、故曰虛通等。暫起不定、故曰間雜同時。下文且舉一緣以明間雜。若知心念隨緣起滅、動變不恆、則善惡、邪正、或離、或合、剎那萬異、何止於此哉。　且下列示。前則作俱在初、此歸第五。餘並同前、尋文自見。然下隨心本據定慧、此云惡念未絕乃是隨義明之。　問。隨動起業與隨作感業畢竟相濫、如何以分。答。作俱通一切、從用局事物。由局物故或用不用、是以用時必兼二業。故知作俱未必有從用、從用其必兼作俱。莫非具此二心、致使業隨心發。　故下指例。上明八業且據全具為言、須知業理隨念不定、故云知有無也。且今受體、初具作俱、形俱同起、亦有要期、須師秉法即是助緣、能牽後習亦即隨心。若論隨行、作俱定有、互造教他異緣助緣、衣鉢資具事在從用、功成不滅莫非隨心。如是類舉、多少可見。』已上皆見業疏記卷十六　資持云『準此以明、或單或具、間雜不定。精窮業理、在斯文矣。』見事鈔記卷十六

上來戒體中第一章戒體相狀竟

第二章　受隨同異

受隨同異中分爲二節
- 一釋兩名
- 二辨同異

第一節　釋兩名

▲業疏云『問曰、何名受隨。』

△業疏續云『答曰、言受戒者、創發要期、緣集成具、納法在心、名之爲受。卽此受體能防非義、故名爲戒。謂壇場起願、許欲攝持、未有行也。』　濟緣釋云『釋受名中三、初釋受義。要期是心、緣集卽境、納法在心、卽心境相應。　卽下次示戒義。　謂下結斷分齊。』

△業疏續云『旣作願已、盡形已來、隨有戒境、皆卽警察、護持無妄毀失。與願心齊。因此所行、故名隨戒。受局淨法、兼染不成。隨通持犯、皆依受故。』　濟緣釋云『釋隨名中四、初敍戒義。警察卽能防、護持卽能持。無妄卽能憶。　與下次示隨義。　因下合名。　受下雙判通局。』

▲業疏云『問、願行相依、猶如輪翅。持可順受、犯豈名隨。　答、隨有兩種、持犯乃異、俱從受後而生。行兼善惡、皆由受故、相從目之爲隨戒也。』　濟緣釋云『問中。難前隨中通犯。車輪鳥翅兩不可虧、可喻願行必須相副。　答中。順違雖異、同望本受、俱名隨戒。』

▲業疏云『問。無作名者、可是戒收。隨作乃是後時緣護、但應名善、何得名戒。　答。戒是警心、始終緣具、願行成就、方便圓德。　要從始心及終行副、皆符戒禁。順成受故、不名獨善。由境周統也。』　濟緣釋云『問中。意以受作可名爲戒、隨作但名爲善。此難受作不專戒名。　答中二、初通示戒義。始終之言通收二作及二無作、無非警心、該周法界、不容少闕、故號圓德。　要下正通來問。始心謂受作、及終行副卽隨作。順受故名戒、境周故非善。』已上皆見業疏記卷十六

第二節　辨同異

辨同異中分爲二項
- 一解二作
- 二解二無作

第一項　解二作

解二作中分爲二支
- 一先釋二名
- 二正辨同異

第一支　先釋二名

▲業疏云『何名二作。一者受中作戒。如初請師及三法未竟已前，運動方便，名之為作，即此作時，心防過境，名之為戒。二者隨中作戒。既受戒已，依境起行，為護受故，名之為隨；於境起護，順本受願，名之為作；不作不有，要由作生，正對境持，故名戒也。』濟緣釋云『初總徵。一下列釋。二、初釋受作運動名作，防過名戒。次釋隨作起護名作，對持名戒。』見業疏記卷十六

第二支　正辨同異

▲業疏云『就初二作、有五同四異。一者名同。俱名作戒故。二義同。俱防非境。三體同。俱以色心故。四短同。對別彰時故。五狹同。唯約善性故。』濟緣釋云『五同中。第四云對別彰時者唯局色心運動之頃、不通餘時故。』

△業疏續云『言四異者。一者總別異。受作總斷、發心過境普願遮防。隨作別斷、以行約境生、境通色心不可緣盡、心所及處方有行生、即名此行號之隨作、以心不兩緣境無頓現故也。二根條異。受為行本。隨後而生、目為末也。三懸對異。受始壇場、可即非現、但懸遮約故也。隨作對境起治嚴防、由其觀能不為陵踐故也。四一多異。受作心因一品定也。隨作多品者、以境有優劣心有濃淡、故隨境對起心輕重。』濟緣釋云『四異、初中。受作總斷由心起願可偏發故。隨作別斷者由行隨境不容並為故。境通色心者色通情非情、心局有情。三中。懸是受體、對即隨行。可即非現謂未有非也。觀能謂對治力也。陵踐即是毀犯。四中。受作一定更無改故、上中下品義不同時。』已上皆見業疏記卷十六

資持云『第四云受一品者。問、多宗可爾、成宗戒得重受、那云一品定耶。答。雖開重受、三品不俱故。若爾、無作何以受分三品。答。無作非色心故、雖有三品、增為一體。作是色心、縱增三品、初後各異、故無多品。』見事鈔記卷十六

受隨同異章、義鈔有文甚簡明、今下列表中多據之。

二作有五同
- 名同——二作同名作戒
- 義同——二作同防身口七支
- 體同——二作同以色心為體
- 短同——二作同限於色心運動之頃
- 狹同——二作同局善性

二作有四異
- 總別異
  - 受作總斷
  - 隨作別斷
- 根條異
  - 受作是根本
  - 隨作依受而起是枝條
- 懸對異
  - 受作懸防
  - 隨作現防
- 一多異
  - 受作一品
  - 隨作三品

第二項　解二無作

解二無作中分爲二支
- 一先釋二名
- 二正辨同異

第一支　先釋二名

▲業疏云『何名受無作耶。卽是行者願於惑業斷相續意。無始妄習、隨念難隔。故對強緣、希求業援、自發言誡、是其因也。三法之期、動發戒業、業成志意、是其緣也。卽此緣業、是行願本、名受無作。　隨無作者。剎那已後、隨境對防、名作戒。作息業成、卽名此業爲隨無作』　濟緣釋云『初受無作三、初徵。卽下次釋。又二、初敘開悟。故下次明納法。仍分因緣、二法和合乃成受體。三、法期者卽法就也。卽下三結名體。　次明隨無作中。剎那後者示分齊也。隨業依作、故重舉作以明無作』見業疏記卷十六

第二支　正辨同異

▲業疏云『今詳二業、初有五同。　一名同。俱稱無作故、莫非是業任運而起。　二義同。俱防七非故。　三體同。如上三宗故。　四敵對同。以受體形期隨非防過爲護體故、卽名本體有防非能、能實隨行、行起護本、相依持也。隨無作者、對非與治與作齊等。此無作者、非是作俱無作也。謂起對防、卽有善行隨體並生、作用既謝、此善常在、故名此業爲隨無作、與非敵對、故與受同。　五多品同。以受可重發故、無作有強羸。隨心則濃薄、業理亦澆淳也。依多論中受一隨多者、以彼宗中不通重故、止約隨行通優劣也』　濟緣釋云『三中。指上三宗者若實法宗二並是色、若假名宗二並非色非心、若後圓宗二皆心種。　四中有二、初明受體。據受無作無防非能、而不能自防、故假隨行、如戈矛雖利要由持用方陷前敵、故云相依持也。次明隨中三、初通示。此下簡濫。謂下顯相。準此對防同時多業、一是本受無作、二卽隨中作俱、三卽隨行無作、與非敵

對。

五中二、初準成論明同二、初明受體。本受許重增、一體有三品。謂初受是下、次增爲中、復增爲上。若但一增則有二品、若本不增亦止一品。隨下明隨行。如前隨過約心各分三品故云濃薄業理即無作也。依下次引多論顯異。彼不立重受。仍自難曰、若爾、何故戒有羸不羸耶。答、此對隨行、不論受體是也。』 資持云『四敵對同。由有本體方起防護、即名本體能防非也。 五中受體有三品、隨體亦三也。以業隨心發、受隨二戒各具三心、故使無作各有三品。』見事鈔記卷十六

△業疏續云『次明四異。 初總別異。受但虛願、欲於萬境不造惡也。法界爲量、可一念緣、豈非總發。隨約實行、非頓唯漸、故別如上。 二長短異。受體形期懸擬防、故說之爲長。隨無作者、從行善生、與方便俱、心止則住、故名短也。 三寬狹異。受體相續、至命終來、四心間起、本戒不失、故名寬也。隨無作者、唯局善性、防非護本、彼惡無記不順受故、義說非有、故名狹也。 四根條異。如前二作可以除疑。』 濟緣釋云『二中。以隨無作與作同時、故心止則住。 若爾、何以前云此善常在。答、此望不復對防、前據已作不失、既不能防、則非隨戒、但名爲善不同受體終身能防、由本期故。 三中。四心通三性、三心無記、行分善惡。文中受約四心、隨簡三性、上下互舉耳。 四中。指前受根隨條不殊二作故。』已上皆見業疏記卷十六 資持云『初中。受但起心故、可總發、隨是造修止得、別發。 二中。言隨無作事止則無者。非無無作、但由隨戒隨作防非、作謝善在、無防非、能不名隨戒、故云無耳。前疏云此善常在、文證明矣。』見事鈔記卷十六

- 二無作有五同
  - 名同 —— 二無作同名無作戒
  - 義同 —— 二無作同防身口七支
  - 體同 —— 二無作同以非色非心爲體
  - 敵對同 —— 二無作同能對事防非
  - 多品同 —— 二無作同有三品
- 二無作有四異
  - 總別異
    - 受無作總發
    - 隨無作別發
  - 長短異
    - 受無作懸發擬於一形、形存戒在
    - 隨無作與方便色心俱、事止則無
  - 寬狹異
    - 受無作三性恆有
    - 隨無作唯局善性、惡無記無
  - 根條異
    - 受無作根本
    - 隨無作枝條

第三章　緣境寬狹

緣境寬狹中分爲二節——一列釋
　　　　　　　　　　　二別簡

第一節　列釋

▲事鈔云『就中有四。一能緣心。現在相續心中緣。二所緣境。境通三世。如怨家、境雖過去、得起惡心斬截死尸。現在怨家子、有可壞義。未來諸境、可以準知。故緣三世而發戒也。三發戒。現在相續心中得。四防非者。但防過去未來非、現在無非可防。』資持釋云『本說所緣而分四科者。心隨境起、故先明心。心境相應、卽發受體、故三明戒。戒必有用、故後明防。四義相縮。不可孤立故。初能緣心中。現在簡過未、相續簡一念。業疏云、念念雖謝、不無續起、卽以此心爲戒因本　二所緣境中又二、初示境。如下舉事顯相如與已爲怨、其怨已死、卽過去也。怨或有子、卽現在也。孫雖未生、生必爲讎、卽未來也。於此三境俱能起害。欲成淨戒、必息惡心。故所緣境徧該三世。三發戒者。問、與上能緣何異。答。前是能緣心、此卽所發戒。由彼受體無可表示、還約能緣以彰所發　又前二作戒、後二無作。又三局受體、四落隨行。四防非中。現在無非者此約對治心行以論三世。防是預擬、不令起非。對治現前。則防未非。纔失正念。卽落過非。故知現在無有防義。』見事鈔記卷十六　濟緣云『三所發戒中。若論發業通於未來。且據初得故局現在。蓋約能緣以彰分齊也。』見業疏記卷十六

第二節　別簡

▲事鈔云『然則緣境三世、得罪現在、過未二境唯可起心。說言三世發也。若據得戒、唯在現在一念。』資持釋云『前簡所緣。得罪現在者隨中持犯必對實境故。過未唯起心者境非對現、止可心緣故。說言者顯非皆實故。若下次簡所發。一念者局三法竟、一刹那時。以前明緣境通三世發戒通相續此須重簡局示分齊。』

▲事鈔云『問、戒從三世發、唯防二世非者。答。若論受體、獨不能防、但是防具。要須行者秉持、以隨資受、方成防非。不防現在。以無非也若無持心。便成罪業。若有正念。過則不生。故也　然又以隨資受令未非應

起不起故防未非。若無其受、隨無所生。既起惡業名曰過非、爲護受體不令塵染、懺除往業名防過非。』

資持釋云『問中緣防相並、欲顯防非不通現在之義。答中二、先約隨行明不防現在、二初直定無非

若無等釋無非所以。上二句顯成過非、下二句明卽屬未非。然下次望受體說防過未二、初明防未起非。

既下次明防過去非』

△事鈔續云『若爾、戒必防非、非何故起。答。要須行者隨中方便秉持制抗、方名防非。如城池弓刀、擬捍擊賊之譬。』資持釋云『轉難中。上明受體能防過未。欲推能防功歸隨行、故此徵之。答中二、初正示。如下喻顯。城池弓刀喻受體、擬捍擊賊喻隨行。業疏云、戒實能防、遮斷不起、常須隨行策持、臨抗方遊塵境、不爲陵侵。如世弓刀、深能御敵、終須執持、乃陷前陣』（已上皆見事鈔記卷十六）

上來戒體中第三章緣境寬狹竟

第四章　發戒數量

發戒數量中分爲二節
- 一明境徧一切
- 二明發戒多少

第一節　明境徧一切

▲事鈔云『俱舍云、戒從一切衆生得、定分因不定。何以故。不得從一種衆生得故。』資持釋云『初總標。學者多昧、先須略示。分卽是支、謂七支業。因卽戒因、謂能受心。此文欲明五八十具四位之戒並徧生境、故擧支心兩相比校。謂戒支受心有盡不盡、容可得戒。生境不徧、定不發戒。謂三戒但發四支、具戒全發七支、此明七支多少皆是得戒、卽分不定也。又若約三善則三心同時、若約三品則隨得一品、此明三心全闕皆可發戒、卽因不定也。獨衆生境不可不盡、故云定也。何下徵釋定義。不得從一種者言必須徧也。』

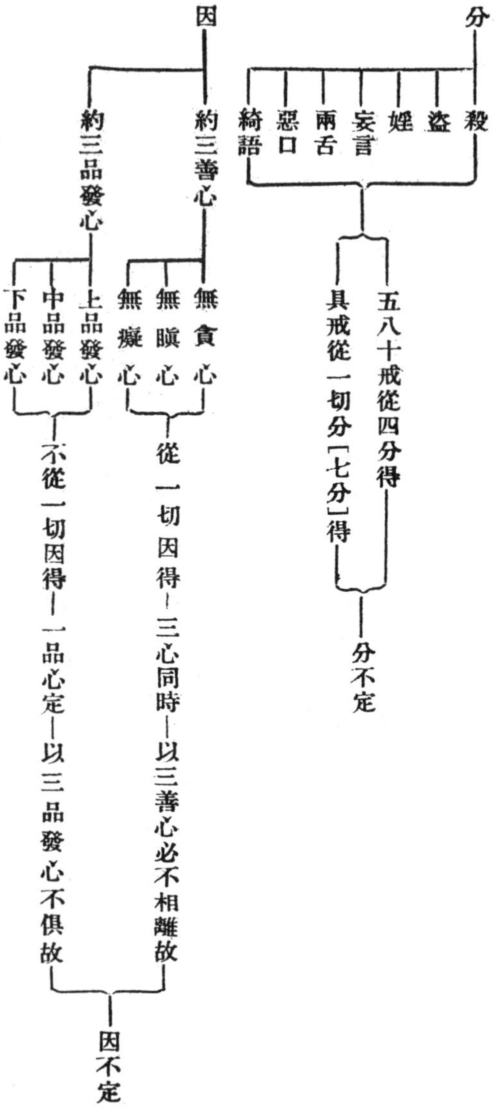

是表依上段記文及下段鈔記文而立、對閱可知。

△事鈔續云『分不定者。有人從一切分得戒、謂受比丘戒。有人從四分得、謂受所餘諸戒、即五八十戒也。因不定者有二義。若立無貪瞋癡爲戒生因、從一切得、以不相離故。若立上中下品意爲戒生因、則不從一切得。』　資持釋云『二別釋二、初釋不定二、初分不定中。一切謂七分也。俱舍即有部計、謂比丘戒方得七支是具戒故、餘三四支以非具故。若準成宗、四戒並發七支、即皆從一切得定也。今依彼引宗計須知。　二因不定中二、先明三善。一切者三心俱時也。若起三毒則有單具、若起三善必不相離故。次明三品。不從一切者三心不俱故。』

△事鈔續云『若不從一切衆生得戒則無也。　何以故。由偏衆生起善方得、異此不得。　云何如此。惡意不死故。』　資持釋云『二釋定中。比前分因不從一切皆發得戒、緣境反之、故云若不從等。　何下釋無戒所以。　云下轉釋不得之意、死息也。』

△事鈔續云『若人不作五種分別、得木叉戒。　一於某衆生我離殺等。　二於某分我持。　三於某處能持。　四某時能持。　五某緣不持、除鬭戰事。　如此受者、得善不得戒。』　資持釋云『五種分別者謂初受時發心斷惡、於此五事有能不能、故生取捨。　初簡生類有能不能。　二簡戒支。彼宗五八局數定故、若受一二但得善行。成論不爾、分滿皆得。　三謂國土郡縣。　四即年月日時。五戒盡壽以論、八戒日夜中

說、彼部時定。成宗二戒盡形半日、隨機長短。　五中自釋除鬭戰者謂遇此緣不能持故。　如下通結準知戒善偏不偏異耳』已上皆見事鈔記卷十六

▲業疏云『夫論戒者、普徧生境俱無害心、方成大慈行、羣行之首。豈隨分學、望成大善。義不可也』

濟緣釋云『大慈卽佛行。羣行首者卽發趣義。分學者謂持少分而不徧境。大善卽上大慈行首。』見業疏記卷十六

▲資持云『準知得戒之心、不容毫髮之惡高超萬善、軌導五乘衆聖稱揚、良由於此。』見事鈔記卷十六

第二節　明發戒多少

▲業疏云『初就在家士女五戒所獲多少。　如多論云。五戒相者。於一切衆生可殺不可殺乃至可欺不可欺、一切衆生下至阿鼻上至非想傍及三千大千世界、乃至如來有命之類、皆得四戒。以三因緣得十二戒。幷以形期、三千界內一切酒上咽咽三戒、以初受時一切是酒皆不飮故。　縱使入般酒盡、戒常成就而不失也。』　濟緣釋云『先別列兩境二、初明情境。不可殺不可欺者或約境強如佛聖人等、或是境弱如蠕動微物不可婬妄等、或不可親如諸天餘洲餘趣等。乃至者須云可盜不可盜可婬不可婬。阿鼻非想約竪論、傍及大千據橫說、小敎境量齊此而已四戒卽前四支、依情境發。三因緣者單歷三毒。　幷下次非情境。咽咽三戒兼前共發十五戒。　縱下總示境滅戒存、入般對情、酒盡卽非情。』

入般謂入般涅槃。　盜妄亦兼非情、如前發戒境量中所明、

△業疏續云『今以義推。貪等諸毒間雜不定、三單三雙一合爲七。　用歷過境約文爲五、對境爲七、就業非情爲八爲十。　且以七毒就文歷之、隨一一境得三十五戒。偏生有四、非情有一。如是類推。』　濟緣釋云『初離七毒。三單可解。三雙者一貪瞋二貪癡三瞋癡。一合卽三毒並起。　用下次歷戒二、初列位約文五者據列相文。對境七者五中開婬三境。就業非情七支外加酒爲八開婬則爲十。　且下正歷合數可見。』

▲業疏云『二明八戒。有情同四、非情得五。以七毒歷緣、一一境上六十三戒。』　濟緣釋云『有情同四同上五中前四支也。非情五者八戒實九。合數如文。準前、對境爲十一、就業非情則十二十四。』已上皆見業疏記卷

七十

上明五戒八戒依論與義準二數不同。今綜合疏記之文、列表如下。又事鈔義準之文與業疏異。今亦綜合鈔記之文、列表附後、以資參考。八戒依論無明文。今準五戒例推、並據資持記總數、編輯成表。

- 五戒
  - 依論——三毒——就五戒以歷
    - 情境得十二戒
    - 非情境得三戒
    - 共得十五戒
  - 義準——七毒——就五戒以歷
    - 情境得二十八戒
    - 非情境得七戒
    - 共得三十五戒

- 八戒
  - 依論——三毒——就九戒以歷
    - 情境得十二戒
    - 非情境得十五戒
    - 共得二十七戒
  - 義準——七毒——就九戒以歷
    - 情境得二十八戒
    - 非情境得三十五戒
    - 共得六十三戒

下依事鈔列二表。其義準中、以三毒配者爲事鈔本文、以七毒配者爲資持記私約準開之文。

- 五戒
  - 依論——同前
  - 義準——三毒——就五戒以歷
    - 情境
      - 對女六戒
        - 殺
        - 盜
        - 婬處有三
        - 妄
        - 得十八戒
      - 對男五戒
        - 殺
        - 盜
        - 婬處有二
        - 妄
        - 得十五戒
    - 非情境
      - 各得三戒
    - 對女共得二十一戒
    - 對男共得十八戒

- 七毒——就五戒以歷
  - 情境
    - 對女六戒……得四十二戒
    - 對男五戒……得三十五戒
  - 非情境——各得七戒
  - （對女共得四十九戒；對男共得四十二戒）

八戒
- 依論——同前
- 義準
  - 三毒——就九戒以歷
    - 情境
      - 對女六戒……得十八戒
      - 對男五戒……得十五戒
    - 非情境——各得十五戒
    - （對女共得三十三戒；對男共得三十戒）
  - 七毒——就九戒以歷
    - 情境
      - 對女六戒……得四十二戒
      - 對男五戒……得三十五戒
    - 非情境——各得三十五戒
    - （對女共得七十七戒；對男共得七十戒）

上列諸表、且依多宗、五八戒唯有四支而計數。若依成宗五八戒皆有七支、可準此例而增加其數也。

上來戒體中第四章發戒數量竟

上來宗體篇中第二門戒體竟

第三門　戒行

戒行中分爲二章
- 一正明隨行
- 二因示捨戒

第一章　正明隨行

▲事鈔云『戒行者。既受得此戒、秉之在心。必須廣修方便檢察身口威儀之行。克志專崇、高慕前聖。持心後起、義順於前、名為戒行。』　資持釋云『初躡前科。必下示行相。方便有二、卽教行也。教謂律藏、必依師學、行謂對治、唯在己修。由本與心、稟教期行、以為受體、今還如體而學、而修文明檢察、似偏約行、然離過對治非學不立、廣修之語理必兼含。　檢察卽心、心卽行體、準業疏具三、能憶能持能防、一心三用、無非順受方成隨行、此謂能察、身口威儀卽所察。此二句須明成就二持、遠離兩犯。而云身口且據粗非、約準今宗義通三業　上云檢察正示修行、下云慕聖明其標志、克猶定也、崇重也、前聖通目三乘已成道者。持下結示名義、持心卽行、後起順前示隨行義。』見事鈔記卷三

▲事鈔云『然則受是要期思願、隨是稱願修行。譬如築營宮宅。先立院牆周帀、卽謂壇場受體也後便隨處營構盡於一生、謂受後隨行。』　資持釋云『初對體辨行中二、前約法明要期卽盡形斷惡決絕之誓、思卽緣境周徧慈愍之心、合此二心混為一願、卽受體也。稱願者合上要思、卽隨順義。　譬下次約喻顯。初營宮宅喻求聖道。下喻受隨可知。營構謂造立屋宇。』

△事鈔續云『若但有受無隨、直是空願之院、不免寒露之弊。若但有隨無受、此行或隨生死、又是局狹不周、譬如無院屋宇、不免怨賊之穿窬也。　必須受隨相資、方有所至。』　資持釋云『二互顯相須中二、初敍互闕又二、先明闕隨。寒露者喻無善蓋覆。弊謂困死、喻沈惡道。若下明闕受。隨生死者但是世善、非道基故。又局狹者緣境不偏、惡心存故。穿窬謂穿壁、窬牆也。由無外院、其間房室容彼穿窬。此明無受防約、雖修善行、還為塵擾、喪失善根、如賊穿窬、盜竊財寶也。　必下次示相須。』

▲事鈔云『問、今受具戒、招生樂果、為受為隨。』　資持釋云『問中上明相須其功一等、招生感果必有親疏、故須顯示。』

△事鈔續云『答。受是助緣、未有行功。必須因隨對境防擬、以此隨行至得聖果。不親受體。　故知一受已後、盡壽已來、方便正念、護本所受、流入行心、三善為體、則明戒行隨相可修。　若但有受無隨行者、反為戒欺、流入苦海。不如不受、無戒可違。　是故行者明須善識業性、灼然非為濫述。』　資持釋云『答中二、初對顯親疏二、上二句明受疏也。必下明隨親也。以壇場初受頓起虛願、對境防約漸修實行、行卽成因、因能感果。故業疏云、故偏就行能起後習、不約虛願來招樂果。然受隨二法義必相須、但望牽生功有強弱、隨

雖感果全自受生、受雖虛願終爲隨本。是則懸防發行則受勝隨微、起習招生則隨强受弱。教文用與、學者宜知。　故下二別彰行相。又三、初成隨之相。一受等者舉始終也。方便者對治智也。正念者攝妄緣也。護本受者隨順義也。入行心者即示二持成業處也。三善體者明業性也。則明等者示必修也。以知感果功在隨中、則知徒受不持無益矣。　若下明無隨之失。爲戒欺者功業深重、犯致大罪。故不如不受者激勵之切、非抑退也。　是下結誥行者之言通囑末代也。令善識者誡精學也。一須識教教有開制、二須識行行有順違、三須識業業有善惡、四須識果果有苦樂、必明此四始可攝修。業性等者如向所明順持違犯善惡因果、皆如業理、非妄抑揚、令生信故、灼明也。』已上皆見事鈔記卷十六

▲資持云『圓修者。既知受體、當發心時、爲成三聚。故於隨行、隨持一戒、禁惡不起、即攝律儀。用智觀察、即攝善法。無非將護、即攝衆生。因成三行。果獲三佛。由受起隨、從因至果。故業疏云、是故行人常思此行即三聚等。又云、終歸大乘故須域心於處。又云、既知此意當護如命如浮囊。略提大綱、餘廣如彼。咨爾後學、徵細研詳。　且五濁深纏、四蛇未脫。與鬼畜而同處、爲苦惱之交煎。豈得不念清昇、坐守塗炭。縱有修奉、不得其門、徒務勤劬、終無所詣。若乃盡無窮之生死、截無邊之業非、破無始之昏惑、證無上之法身者、唯戒一門最爲要術。諸佛稱歎偏在羣經、諸祖弘持盛於前代。當須深信、勿自遲疑。固當以受體爲雙眸、以隨行爲兩足。受隨相副、雖萬行而可成。目足更資、雖千里而必至。自非同道、夫復何言。悲夫。』見事鈔記卷十六

▲芝苑云『每以兩端開誘來學。一者入道須有始、二者期心必有終。　言有始者。即須受戒、專志奉持。令於一切時中、對諸塵境、常憶受體。著衣喫飯、行住坐臥、語默動靜、不可暫忘也。　言其終者。謂歸心淨土、決誓往生也。以五濁惡世末法之時、惑業深纏、慣習難斷、自無道力、何由修證。故釋迦出世五十餘年、說無量法、應可度者皆悉已度、其未度者皆亦已作得度因緣。因緣雖多、難爲造入。唯淨土法門、是修行徑路。故諸經論偏贊淨土。佛法滅盡、唯無量壽佛經、百年在世。十方勸贊。信不徒然。』見芝苑遺編卷三

第二章　因示捨戒

▲戒疏云『汎列經論捨相不同。如雜心說、若捨命終斷善二形生也。善生經、加受惡戒時捨善戒。俱舍論、八戒期心盡夜分終故捨。且列如此。』　行宗釋云『雜心四捨、言若捨者即作法、斷善即起邪見。善生惡戒即惡律儀。上五通五八十具。俱舍期心唯局八戒、義兼五戒。言且列者示未盡故。』

斷善即起邪見者、邪見語通、未能的指。考行宗別文云、斷善失戒、四捨之一、即生邪見遠捨三寶。見戒疏記卷五。

▲戒疏云『問、今捨戒者、爲捨已生隨行爲因之業、爲捨初願本受無作體耶。答。已生爲因、不可捨也。得聖無漏、方傾善習。今所捨者。止是本體。更不相續。故雜心云、言捨戒者、戒身種類滅也。』 行宗釋云『未捨之前、所有隨中持行、名已生善。後未修者、名未生善。今明捨戒、爲捨何者。問中乃約行願兩審。答文方見已未存亡。 答中二、初答因業不失。結業在心、行功不滅、故不可捨。及證初果無漏智力達罪福性、漏業方傾。習合作集謂集起也 今下次明無作體失。本體即無作、不相續者失未生善也。故下引證。戒身即受體無作、種類即相續善行、二皆云滅、證上可知。』

上來宗體篇中第三門戒行竟

▲戒疏云『作法捨中具緣有五。初是住自性者。二所對人境。如多論云、若無出家人、隨得白衣外道相解者成。三有捨心。四心境相當。如律中邊不領、前人不解、並不成捨。五一說便成。』 行宗釋云『初云住自性者即具本受體也。』

▲戒疏云『所以開者。凡夫退位。知何不爲。帶戒犯非。業則難拔。故開捨戒。往來無障。即是大聖善達機緣、任物垂教。號法王也。』 行宗釋云『初敍機劣。內凡以上不羸不捨。已前皆容有退。故云退位。即外凡也。故下顯開意。往謂開捨。來謂再受。善惡兩通。故云無障。即下結歎權巧。王者得其自在。於法自在。故稱法王。』已上皆見戒疏記卷六

第四門 戒相

▲事鈔云『戒相者。威儀行成。隨所施造。動則稱法。美德光顯。故名戒相。』 資持釋云『初即承前。隨下正示。 問。事鈔隨戒釋相篇中以戒本爲相。與此異者。答。此約行明。彼就法辨。然行必循法。法必軌行。文云動則稱法。豈不明乎。』見事鈔記卷三

戒相有二義、一約行爲相、二以法爲相。事鈔標宗顯德篇中、約行爲相、即此略文也。事鈔隨戒釋相篇中、以法爲相、即今編持犯篇所引據也。

上來宗體篇中第四門戒相竟

上來第一宗體篇竟

持犯篇

▲事鈔云『然戒是生死舟航、出家宗要。受者法界為量、持者麟角猶多。良由未曉本詮、故得隨塵生染。此既聖賢同有欽序、何得抑忍不論。故直筆舒之、略分四別。一者戒法、此即體通出離之道。二者戒體、即謂出生眾行之本。三者戒行、謂方便修成、順本受體。四者戒相、即此篇所明、通亙篇聚。』　資持釋云『初二句標歎戒功。依此淨戒、得越苦海、故如舟航。凡入道門、無不稟戒、故是宗要。受下明多犯。所以受時徧境俱發、故通法界。隨中一行猶難、故如麟角。麟是瑞獸、國君有道乃現。止有一角、舉此喻其少耳。受多持少、患在迷教。故云良由等。本詮即目律教。塵染即是毀犯。此下示意列章。上句引聖為況、何下顯今須述。故下列示章門。通出離者、貫徹因果故。生眾行者、基址義故。順本受者、是隨行故。通篇聚者、屬教詮故、亙即徧也。』

通亙篇聚者、是即以戒本為相、就法而辨。文舉篇聚、局具戒言。若五八戒、如濟緣云罪無篇聚、至於大重小輕、方便趣果義則不別也。

事鈔中、標示戒法戒體戒行戒相四種。前後文凡兩出。其中戒法戒體戒行、前後文義大同、今並編入宗體篇內。唯戒相一種、前後有異。前約行言、後就法辨。就法中廣示持犯、卷帙繁重、故今別立持犯篇、具明此義。前宗體篇中第四門戒相、僅明約行一義耳。

▲資持云『問、何者為相。答、如後釋戒、三科束之。一所犯境、二成犯相、三開不犯。總為相矣。更以義求、亦為三別。一犯與不犯、二犯中有輕重不同、三有方便根本差別。統論其相、不出心境。如下更解。』

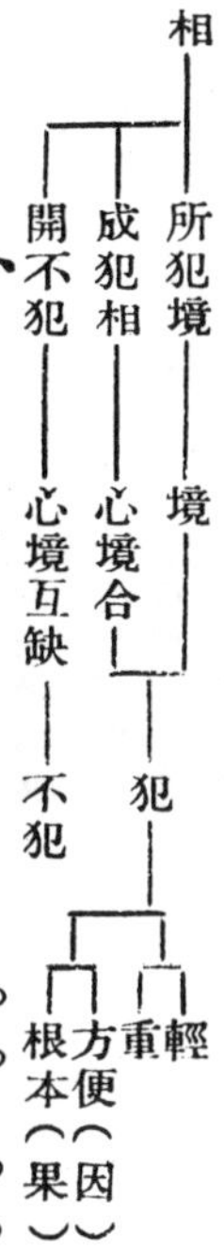

▲資持云『問、何以不但釋相而總論四戒者。答、戒是一也。軌凡從聖、名法。總攝歸心、名體。三業造修、名行。覽而可別、名相。由法成體、因體起行、行必據相。當知相者、即是法相、復是體相、又是行相、無別相也。若昧餘三、直爾釋相、既無由序、不知所來、徒自尋條、終難究本。』已上皆見事鈔記卷十五

▲資持云『前明戒法、但述功能。次明戒體、唯論業性。後明戒行、略示攝修。若非辨相、則法體行三一無所曉。何以然耶。法無別法、即相是法。體無別體、總相為體。行無別行、履相成行。是故學者於此一門、深須研考。然相所在、唯指教詮。舉要示相、不出列緣。緣雖多少、不出心境。罪無自體、必假緣構。非境不起、非心不成。若曉此意、類通一切、皎如指掌。餘更如文。』見事鈔記卷十七

持犯中分爲二門
- 一持犯總義
- 二持犯別相

第一門　持犯總義

▲資持云『以總收別、由別顯總、前後相照、持犯方明』見事鈔記卷十五

持犯總義中分爲九章
- 一持犯名字
- 二持犯體狀
- 三成就處所
- 四辨犯優劣
- 五方便趣果
- 六闕緣不成
- 七境想分別
- 八別簡性重
- 九廣斥愚教

第一章　持犯名字

▲資持云『名卽是字、連綿爲語、無勞强分。持犯兩名、並望受體違順爲名、尋文可見。』

- 二持
  - 止持
  - 作持
- 二犯
  - 作犯
  - 止犯

止持……作犯
作持……止犯

俗衆所受五戒八戒、唯有止持作犯二義。

▲事鈔云『先解二持。言止持者。方便正念、護本所受、禁防身口、不造諸惡、目之曰止。止而無違、戒體光潔、順本所受、稱之曰持。持由止成、號止持戒』　資持釋云『初牒名。方下釋義、初釋止義。方便者起對治也、正念者離邪染也、身口者且據七支、必通三業。止而下釋持義。持由下雙結』

△事鈔續云『二明作持。策勤三業、修習戒行、有善起護、名之爲作。持如前解』　資持釋云『初句牒名。策下釋義、初釋作義。持下指略。三節同前、應以前文續之、但改止爲作』

△事鈔續云『次釋二犯。言作犯者。內具三毒、我倒在懷、鼓動身口、違理造境、名之爲作。作而有違、汙本所受、名之曰犯。犯由作成、故曰作犯』　資持釋云『初牒名。內下釋義、初釋作義。初二句起業

本也。鼓下所造業也。作而下釋犯義。犯由下結合。』

△事鈔續云『言止犯者。良以癡心怠慢、行違本受、於諸勝業厭不修學、故名爲止。止而有違、反彼受願、故名爲犯。』　資持釋云『初句牒名。良下釋義、初釋止義。止而下釋犯。』已上皆見事鈔記卷二十六　行宗云『作犯造惡則通三毒、止犯慢法偏對癡心』見戒疏記卷四

依上事鈔二持二犯之文、分配對照、列表如下。

止持	方便正念	禁防身口（記云必通三業）	不造諸惡、護本所受	止而無違戒體光潔	順本所受
作持	修習戒行	策勤三業	有善起護	作而無違戒體光潔	順本所受
作犯	三毒我倒	鼓動身口（疏作三業）	造境違理	作而有違	汙本所受
止犯	癡心	怠慢	不修勝業、行違本受	止而有違	反彼受願

已上分釋持犯四種名義竟。　戒疏中別明單雙持犯義今撮略疏記諸文、附示其概。

疏中所明單雙持犯義、略分二意。初約心用、後約教行。　初約心用者。此乃持奉用心非正簡判。故一切諸戒皆有雙持雙犯。俗衆所受五戒八戒悉具此義。以凡持一戒必起護心、望離惡邊卽成止持、望起護邊復是作持兩犯亦爾、違教作惡卽作犯、不思對治卽止犯。此謂二持二犯各自相通、非謂持中有犯。以善惡行別、違順心乖故也。　後約教行者。簡判諸戒正用此義。是須有教令行雙持雙犯、自餘殺盜等無教開作者並屬單持單犯耳。故教行雙持雙犯、唯道衆戒中有之。比丘戒本二百五十戒中有二十六戒具雙持犯　例如某事教制須行者依教而作爲作持、望無違犯是止持、不依教而作爲止犯、望有違犯是作犯。若俗衆所受五戒八戒、唯是單持單犯、與此教行雙持犯不相涉也。

上來持犯總義中第一章持犯名字竟

第二章　持犯體狀

▲事鈔云『二明體狀。餘義廢之。　直論正解、出體有二。一就能持、二就所持。』　資持釋云『初删古。疏引云、有人立十善爲止持體、十惡爲作犯體、行檀禮誦頭陀四弘等爲作持體、違此名止犯體。不明化行、於理頗疏、委如彼破。　直下標今正解者能所二體並依本宗制教而立。文中能所例略犯字義須具之。』　行宗云『非謂施慈等行都不修之、但非持犯體耳。』見戒疏記卷四

△事鈔續云『言能持者。　用心爲體。身口是具。　故論云、是三種業皆但是心。又律云、備具三種業、當觀其意等。如後更解。』　資持釋云『初牒名。　用下出體。上句正示。疏云、若不思慮、不成持犯。故以意思爲能持犯體。下句簡非。以身口色但是成業之緣。非正業本。疏云、身口是具、不名爲業。　故下引據。初卽

成論。推業之本。彼又續云、離心無思無身口業。次引本律。意業是主、身口由成、故偏審之以明成否。而言等者如律結犯並問何心、諸不犯中例開忘誤。下指如後、卽第三章。問、論云三業皆但是心、此卽心王、那得上定意思爲體。答。心王意思、體用分耳。論推三業之本、故就體論。此定成業之能、故從用說。若爾、何不如論從本明者。答。體通四陰、用局行心。捨通從局、論業彌顯。又復心未必是思、思必是心、體不兼用、用必得體。今云意思、則體用齊收、義無乖異』已上皆見事鈔記卷二十六　行宗云『成論由是當宗、故可爲證。皆是心者此指意識。猶通四陰、若據成業、須至行心。行卽意思。以思從心起、身口二業復由思成、今從業本、故言心耳』

行宗云『問。受中作戒、色心爲體。今此能持、卽是隨作、但云思心。受隨應等、那不同者。答。受取緣成、必須兼色。隨取成業、但約心論。學者深思、方見遠致』已上皆見戒疏記卷四

▲芝苑云『一切事法、爲所持犯體。此正義也。言事法者、各具善惡二種。於善惡事法、心起順違、故有二持兩犯生焉。違順之心、卽能持犯體。善惡事法、卽所持犯體。持犯旣因事法而生、故今以一切事法爲所持犯體。豈不然乎』見芝苑遺編卷一

上來持犯總義中第二章持犯體狀竟

第三章　成就處所

成就處所中分爲三節
- 一約三心明止持
- 二約行心明四行
- 三約三業明四行

是章分爲三節、悉依鈔疏原科。若詳審是章文義、或可分爲兩科、一就四心以明、二就三業以明。就四心以明中又分爲二、初約三心明止持、二約行心明四行。如是較爲明晰也。

第一節　約三心明止持

▲戒疏云『前將止持對心以明。若無染汙以明止持、行前三心得有持義。謂識想受、此之三心非業非記。流入行心方成別業、故分四陰以爲二分。豈非本有戒體、外無染汙、光潔純淨、名之爲持。三心非記、受體是記、故得持也』　行宗釋云『上句標舉。若下正釋爲三、初通示。據此非持、取本受體說名爲持。故云有義。古人目爲端拱止持、以非造作、任運成故。　謂下別簡四心分二。所以統論四行、止持有二。餘之三種並局行心故也。　豈下結顯。三心下釋疑。　問、三心何分。答。了別所緣境名識即通指六識。取所領之相

名想（謂取所領六塵之相則爲六想。）領納所緣名受（謂六觸因緣生六受、一一各有苦樂不苦不樂三受之異、皆從違順非違非順而生。）造作之心能趣於果名爲行。（謂六受之後、各起善不善不動業等、亦名六思、思卽是業。）若大乘經則受想行識、列次不同。（由受生想、從想起行、由行成識。）今依小論則識想受行、以取最初一念了別之心名識、次起想像名想、復次領納名受、後起業思造作名行。問、破毀之人有此持否。答、據事鈔中、犯一重戒、餘戒常淨儼然。是則持毀皆有持義、今文且從持說故云無耳。』（見戒疏記卷四）資持云『謂分四心以明二止、三心中止此科所明行心中止則如後述。三心非業本不名持但望受體說有持義以持是記業、無記非持故。（此由古謂但不作惡、卽名止持。今約四心分爲二別、則無前濫。）』（見事鈔記卷二十六）

第二節　約行心明四行

▲戒疏云『二就治行明止持者、必入行心方得成就、前之三心不名爲持。善性便有、惡無記無。如欲離過、作意遮約、或對境防、或起心護、豈彼無記而得成持。若據作持、例同後止。既就境論、三心非分。』行宗釋云『初明二持中、初明止持以非思慮不成事業故云必入等前下揀三心善下揀二性。如下舉事顯相。若下二明作持同後止者簡前三心止故。』

△戒疏續云『若據二犯、行心成就、（前言持者三善爲行今言犯者三毒爲行）前三亦無。（識想受等通善惡行）局不善性、善無記無。』（已上皆見戒疏記卷四）行宗釋云『二明兩犯中。亦約四心三性以定行體、尋文可了。註中、以行通善惡故須簡異。』資持云『註分善惡者、以行心語通恐相濫故。三善同時而不相離。三惡相別其性相違、作犯多是貪瞋、止犯率由癡慢、一往大判、非不互兼。』（見事鈔記卷二十六）

第三節　約三業明四行

▲事鈔云『後三業明成就。身二持者、離殺等過名身止持、受食食等名身作持。口二持者、離口四過名止、知淨語等名作。身口各二犯、反上應知。』資持釋云『初明身口業中二、初明二持。次明二犯言反上者行殺盜等名身作犯、不受食名身止犯、爲口四過名口作犯、不作淨語名口止犯。並略舉事配、餘者例說。』

（於制教中、俗衆唯有止持作犯。其作持止犯、依原文具錄而示四行、應知受食淨語等事與俗衆無涉。）

△事鈔續云『單意業中不成持犯。若動身口思、亦成持犯。』資持釋云『二明單意業中意至身口名身口業、未至身口則名單意、初判不成。若下次明通成、籌度所爲事名身口思、雖未動相、卽屬身口不妨上文。』資持云『律制身口、思者、謂計度身口所作事故。此心粗著、判屬身口。』（見事鈔記卷二十七）

戒疏中釋此科義有兩解、一約身口思釋、二約重緣釋。事鈔撰述先成、止有初解。故事鈔言戒相時、每唯舉身口者、卽依此釋也。逮後撰戒疏時、乃列兩釋。其第二釋、如下段記文所引。

▲資持云『若準戒疏、上是初解。後復解云、獨頭心念忽起緣非、不名爲犯。重緣向念、可得思覺而不制約、卽入犯科。又云、任情兩取、後爲正義。順今宗故』已上皆見事鈔記卷二十六

▲行宗云『問、意已成犯、何以前約身口明成就耶。答、就意辨成、皆遠方便。心念果罪、少分有之、大論趣果、須至身口』

▲行宗云『問、世云小乘不制意地、今那制耶。答、此由不辨假實兩宗制限深淺故也。小乘實宗、定不制意。動色成犯、假宗制意、但約重緣。簡非瞥爾。是則三宗歷然、大小無濫。學者至此、宜須精究』已上皆見戒疏記卷四

簡非瞥爾者、瞥爾單意制限大乘。瞥爾亦名獨頭、卽前資持引疏所云獨頭心念也。

第三章成就處所大意撮錄列表如下。

- 約三心明止持——三心無記非業善惡未著——止持
  - 三心無記本不名持
  - 望受體是記業說有持義
- 約行心明四行——行心流入行心思心成業善惡乃異
  - 止持、作持——三性中唯局無貪等三善爲行〔行心通三性〕
  - 作犯、止犯——三性中唯局貪等三惡爲行
- 約三業明四行
  - 身
  - 口
  - 意
    - 無犯
    - 有犯釋有二
      - 約身口思釋　發心籌度、將由身口、尚未動相。此心粗著、判屬身口、而非單意。
      - 約重緣釋　謂以後念還追前事、自不制約。是爲重緣向念、而非瞥爾單意。

上來持犯總義中第三章成就處所竟

第四章　辨犯優劣

辨犯優劣中分爲四節
- 一約三性辨犯
- 二將心望境辨犯
- 三單心辨犯
- 四有心無心辨犯

▲資持云『化制兩教、辨業天乖。制則從教重輕、化則論心濃薄。教唯楷定、緣具則例入刑科。心既不常、動發則須分體性。因果既異、化制斯分。必昧宗途、未窮業本。故先料簡、委示來蒙。』見事鈔記卷十四

第四章中有四節。初二兼明化制、三局化敎、四局制教。　若犯性戒、具受化制二罪。若犯遮戒、唯受制罪。

第一節　約三性辨犯

約三性辨犯中分爲三項
- 一明起業之源
- 二約三性示相
- 三結示傷歎

第一項　明起業之源

▲事鈔云『起業要託三毒而生。然毒之所起、我心爲本。此義廣張、行人須識、如懺法中具明業相。』

資持釋云『前示業本。業無自性、必假緣生。緣雖衆多、不出心境。由境發毒、構造成業。境是外緣、毒從內發。故明起業、惟推三毒。毒從我生、我卽妄計、卽斯妄計、是業之本、故名妄業。經云、一切業障海、皆從妄想生。諦求妄本、畢竟無依、但是一心、隨緣不覺。以不覺故、硜然計我。由我起毒、因毒生業、業成感果、果全是苦。苦卽生死、流浪出沒、造受更資。如是億劫、莫知所止。從本至末、就果推因、少識妄源、粗知苦本。諸賢覽此、豈不自思。悲夫。此下指廣、請尋後篇、不復煩引。』

△事鈔續云『今略述起罪必約三性而生、受報淺深、並由意業爲本。　故明了論解云、破戒得罪輕重不定。　有重心破輕戒、得罪重。無慚羞心、作無畏難、或由見起、謂無因果、或由不信生、謂非佛制、此戒或不信破此戒、得此報、或由疑生、爲定佛制、爲非佛制、爲定得報、不定得報。若由如此心破、得罪便重。　若不由如此心、偶爾破戒、重翻成輕。』　資持釋云『次正敍重輕、又二、初示犯報分齊。上二句明犯從心起、示因差也、下二句明報約心分、示果異也。三性者、性卽心體。心雖萬狀、論體唯三。二是有記、一號無記。然據善心

應受福報、由心愚癡損境義一。業道制教二俱有犯。但業有少輕制還依教意。業謂能造之主、總上三性、但性據始起業取已成。故下引文顯相、上二句通示。有下別釋、前明制輕業重爲三、初標、二無下列相爲四。初二句無慚心、無畏難者釋無慚相。次二句邪見心。或下四句不信心又二、一不信聖教二不信果報。或疑下五句疑惑心同上二種。三若由下結示。次若不下明制重業輕。反上四心可解』已上皆見事鈔記卷十四

事鈔引了論解、顯重輕相。資持釋文至爲明晰。今依其文列表如下。

制輕業重（以重心破輕戒得罪重）
- 無慚心
- 邪見心
- 不信心
  - 不信聖教
  - 不信果報
- 疑惑心
  - 疑聖教
  - 疑果報

制重業輕（以輕心破重戒得罪輕）
- 有慚心
- 無邪見心
- 有信心
  - 信聖教
  - 信果報
- 無疑惑心
  - 不疑聖教
  - 不疑果報

第二項　約三性示相

約三性示相中分爲三支
- 一善心
- 二不善心
- 三無記心

第一支　善心

▲資持云『初善心者、雖非粗惡、然是無知結業乃輕違制無別』

▲事鈔云『如僧祇中。知事闇於戒相、互用三寶物。隨所違者、並結上罪。或見他厭生、與其死具。看俗殺生、教令早與、勿使苦惱。此並慈心造罪、而前境違重。不以無知便開不犯、由是可學皆結根本』資持釋云『初明好心犯盜。或下次明慈心犯殺。不以下示犯所以』已上皆見事鈔記卷十四

第二支　不善心

▲資持云『次不善心者、謂貪瞋癡三毒所起單複等分、鼓發七支故。』

▲事鈔云『識知戒相、或復闇學。輕慢教網、毀呰佛語。　如明了論述云。有四種粗惡意犯罪。一者濁重貪瞋癡心、二者不信業報、三者不惜所受戒、四者輕慢佛語。故心而造、則得重果。　以此文證。由無慚愧、初無改悔、是不善心。』　資持釋云『初通敍。上二句別舉犯人學不學故、下二句合明心相。　如下引示。四中、初是總相、攝一切故。濁重難顯、且約三時無悔名上品心。下三別相、開癡心故。二是邪見心、三即放逸心、四即憍慢心。故下二句總示業報。　以下鈔家結示。無慚無愧即是不善始終二心、該前四種一一相兼。初無者古記云初猶都也。』已上皆見事鈔記卷十四

第三支　無記心

▲資持云『三無記多別。一、無情局無記、有情通三性。二、就情中、報色是無記、心則通三性。三就心中、三心局無記、行心通三性。下明二種、初縱放者、謂汎爾無記、次約睡狂、即昏迷無記。』

▲事鈔云『元非攝護、隨流任性、意非善惡、汎爾而造、並通攝犯。　唯除恆懷護持、誤忘而造、此非心使、不感來果。』

△事鈔續云『非即如上。前爲方便、後眠醉狂、遂成業果、通前結正。並如論中無記感報。』　資持釋云『初句指前未盡、即猶止也。前方便者或教他犯、如殺盜等、或自業相成犯、如自安殺具等。若據果成、雖在無記、由假方便、故云通前。等如論即下成實。』自業相成者、自起方便、後趣正果。

△事鈔續云『問、無記無業、云何有報。　答。解有二。初言感報者。謂先有方便、後入無記、業成在無記心中、故言感報、而實無記非記果也。　二者不感總報、非不別受。如經中、頭陀比丘不覺殺生、彼生命過墮野猪中、山上擧石、即因崩下還殺比丘。如成論中、睡眠成業、是無記業。』　資持釋云『初問中。徵上指論。答中、先約方便釋。即上睡狂無記也。初明因前故感報、而下明正成則非報。　二約總別兩報釋。此義通前兩種無記。總報謂地獄總受、別報謂餘趣別受。如下引證、前證上縱放、後證上睡狂。如經者未詳何經。不覺是無記心。』

△事鈔續云『問、如前無記有不犯者、其相如何。答。謂學知戒相、善達持犯、心常兢厲、偶爾忘迷、由非意緣、故開不犯。如扶持木石、失手殺人。如是等緣、並非結限。反上所懷、並結正犯』 資持釋云『次問中。徵前開忘。答中、初敍學人。反下謂非學人。翻對可解。』已上皆見事鈔記卷十四

依上鈔文之意、唯有學人可開迷忘、若不學人雖於境迷忘亦結正罪。事鈔記卷二十七中廣明不學無知、其敍結本意文與此大同。但後例開句法中則不學亦可開迷。資持記有問答釋疑文、附錄於下、以資參考。問、前云隨戒境想唯開學人、今不學人何以開耶。答。前文敍結且據大判、不妨不學準例同開。若以義求則迷事不別。若取文證則戒疏顯然、此不繁引。

第三項　結示傷歎

▲事鈔云『然則業苦綿積、生報莫窮。虛縱身口、汙染塵境。既無三善可附、唯加三惡苦輪。以此經生、可爲歎息』 資持釋云『初二句示生死長久。業苦通舉因果。緜謂出沒久遠、積謂造受衆多。生報別示苦果窮盡也。虛下嗟毀犯陷墜。隨妄興業故云虛縱。無三善者多惡因也。加三惡者無善果也。附憑也、加增也。以下正歎。經生猶度世也。息即是氣』 資持云『且夫心緣境發、果自因成。造受更資、沈流長劫。因緣遇會、形影無差。至於火爍湯煎、痛非可忍。霜寒冰凍、聲不可聞。萬苦衝心、如鎔鐵聚。翻思往業、雖悔何追。剜乃戴角披毛、飛空潛水、氣命繫於屠獵、血肉委於庖廚。或復炬口鍼咽、飢虛切體、臭膿穢屎、食啖聊生。信乎禍福無門、昇沈由己。嗚呼含靈蠢蠢、生死悠悠、方便多門、其誰一悟。辭雖繁費、意復何窮』已上皆見事鈔記卷十四

第二節　將心望境辨犯

▲事鈔云『如毋論云。犯必託境、關心成業。心有增微、境有優劣故也。或心境俱重、人作人想殺。或境重心輕、人作非人想。或境輕心重、非人人想。論通一切、不局一戒』 資持釋云『初引論通示、三初準文通示。以罪假緣成、緣即心境。境是外緣故云託也、心是內緣故云關也。心起不常故有增微、境緣非一故有優劣。或下歷句別簡。初句俱優。下二句互有優劣。義立俱劣一句、如非人作畜杌想之類。論下點上語通』

△事鈔續云『婬中自有輕重。畜生及人。人中有在家出家。在家中持戒破戒、出家五衆持戒破戒。乃至聖人。重同報異』 資持釋云『二對戒別明四、初婬中、初句通標。畜下別簡有四、初句簡異類理

加非人、次於畜趣。二人中簡道俗。三道俗中各簡持破。在家更簡無戒有戒、持中復有士女五八。出家先簡五衆、大僧最重。五中各有持破。四持中簡凡聖。薄地持戒外凡已去、乃至無學、陵辱極重。 末句總示。重同謂制罪、婬不簡境皆犯重故。報異謂業道、業有優劣受報不同。後三制報俱異可知。』

△事鈔續云『第二盜重者。天及人乃至聖人。三寶差別、僧物最重。』 資持釋云『二盜中三、初簡趣。亦合加畜爲首。二人中簡凡聖。三簡三寶佛輕、法次僧重。』

△事鈔續云『第三殺戒。成論云。如六足毗曇中說。殺邪見人、輕殺蟲蟻。此人汙染世間、多損滅故。』

資持釋云『三殺中。引論唯簡邪正。人輕蟻重、且據業論、不約制教。 準義、亦合約趣道俗持毀凡聖簡之。文略不出。』

△事鈔續云『第四妄戒。向在家人說重、向出家人說輕。』 資持釋云『四妄中。三趣同盜、人則反之如文所顯。又出家中五衆、乃至聖人、漸輕可解。若如五分、僧中妄語、重百羅漢前。故知誑僧極重。』

對戒別明中、依鈔記文義具列表如下。

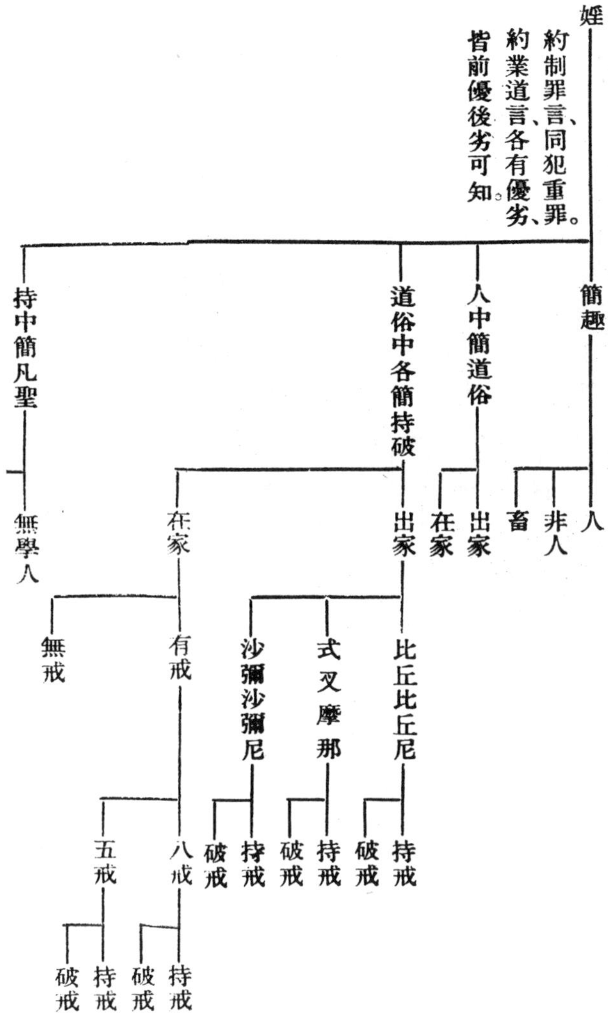

盜

約制罪言、唯簡趣有異、簡凡聖同、簡三寶稍異。約業道言、各有優劣、皆前優後劣可知。

- 簡趣
  - 人
  - 天（非人）
  - 畜
- 人中簡凡聖
  - 無學人
  - 三位果人
  - 內凡
  - 外凡
  - 薄地
- 簡三寶
  - 僧
  - 法
  - 佛

- 三位果人
- 內凡
- 外凡
- 薄地

殺

約制罪言、唯簡趣有異、餘皆同。約業道言、各有優劣、皆前優後劣可知。

鈔文唯簡邪正。準義亦合約趣道俗持破凡聖簡之、如婬中所列。

妄

與殺同

- 簡趣
  - 人
  - 天（非人）
  - 畜
- 人中簡道俗
  - 在家
  - 出家
- 道中簡五衆
  - 沙彌沙彌尼
  - 式叉摩那
  - 比丘比丘尼
- 簡凡聖
  - 薄地
  - 外凡

—內凡
—三位果人
—無學人

▲資持云『上四但出境之優劣。心隨境故、重輕可知。若約互論、如前作句、無不通曉。』已上皆見事鈔記卷二十六

第三節　單心辨犯

▲事鈔云『單心三時辨犯輕重。如善生經、且約殺戒、輕重八句、位分四別。』　資持釋云『前科對境、此獨論心、故云單也。三時初方便時、二根本時、三成已時。且約殺者餘可準也。心念不常、前後具缺、不出八句、括之斯盡。』

△事鈔續云『初一句三時俱重。謂方便舉尤害心、根本起尤快心、成已起隨喜心。』　資持釋云『初句歷示三心重相。尤即訓甚、但非極甚即是輕心。　然極甚難明、略須示相、但約起心、念念不間、色心躁悶、不愧旁人、神思昏迷、都忘善事、奔趨前境、暢悅已情。或邪見居懷、撥無因果、向親姻作穢、對塔殿行非。凡此用心、皆名定業、能牽來報、縱懺不亡。以此自量、何容輕動。識心之士、豈不畏乎。』

△事鈔續云『第二三句、二重一輕。初方便根本重、成已輕。中云方便輕、根本成已重。後云方便成已重、根本輕。』

△事鈔續云『第三三句、一重二輕。初根本重、初後輕。中云方便重、中後輕。三云成已重、初中輕。』

△事鈔續云『第四一句、三時俱輕。善生、十誦中。啼哭殺父母。畏苦痛故、害父母命等是。』　資持釋云『引諸經律、舉事顯相。雖懷憐愍、非無殺意。俱輕可知。』

△事鈔續云『律據人想、八業皆重。業隨心故、牽報不同。』　資持釋云『若依律制則無輕重。今取心業。故分八句。』

▲資持云『文中句數交絡。欲令新學易曉、爲圖示之。

初有一句三時俱重—方便—重
—根本—重
—成已—重

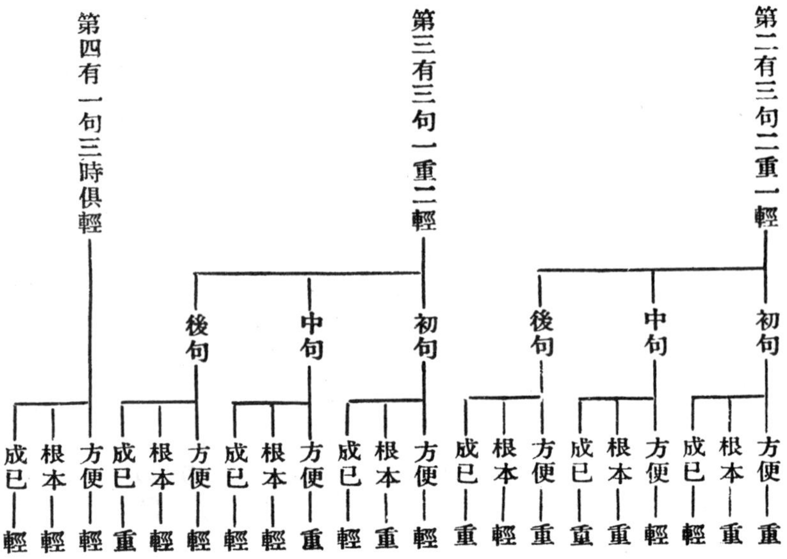

若以四位分之、上句最優、下句至劣、中二通優劣。若約八句論之、則句句相降。中間二位各有三句、並依重輕次列、比之自見。』已上皆見事鈔記卷二十六

第四節　有心無心辨犯

▲事鈔云『有心無心相對八句、四位如前。』資持釋云『有心通含輕重、無心與前爲異。歷句並同。』

已下且約性重四戒顯相、餘可準也。

△事鈔續云『初一句。三時有心。』

△事鈔續云『次三句。一、初中有心、後則無心、犯四重。二、初則無心、中後有心、亦犯四重。三、初後有心、中間無心、犯初重、下三戒中罪下罪。』

△事鈔續云『後三句。一、中間有心、初後無心、犯四重。二、初便有心、中後無心、犯初重、餘三戒或中罪下罪。三、後便有心、上二無心、婬戒犯重以出時樂故若餘三犯下罪。』

△事鈔續云『次一句。三時無心不犯。』

▲資持云『

- 初有一句三時俱有心
  - 方便—有心
  - 根本—有心
  - 成已—有心
  - —四戒俱重
- 第二有三句二有一無
  - 初句
    - 方便—有心
    - 根本—有心
    - 成已—無心
    - —四戒俱重
  - 中句
    - 方便—無心
    - 根本—有心
    - 成已—有心
    - —四戒俱重
  - 後句
    - 方便—有心
    - 根本—無心
    - 成已—有心
    - —初戒重
    - —餘三戒方便中罪成已下罪
- 第三有三句一有二無
  - 初句
    - 方便—無心
    - 根本—有心
    - 成已—無心
    - —四戒俱重
  - 中句
    - 方便—有心
    - 根本—無心
    - 成已—無心
    - —初戒重
    - —餘三戒方便中罪或下罪
  - 後句
    - 方便—無心
    - 根本—無心
    - 成已—有心
    - —初戒重
    - —餘三戒成已下罪
- 第四有一句三時俱無心
  - 方便—無心
  - 根本—無心
  - 成已—無心
  - —初戒怨逼禁心無罪
  - —餘三戒始終迷忘無罪

優劣之義亦如上明。若八句相望者、但以第二位中後句在下、第三位中初句在上、則次第義便。　問、下句無罪、豈名犯劣。答、但望教開故無有罪、非不造事故入犯中。』

▲事鈔云『後之八句由心有無故犯不犯別。不同前八莫不有心。』　資持釋云『料簡中、初簡前單心可解。應知前約化業此據制教』

△事鈔續云『後明無心者。或無心受樂及殺盜等、心或狂亂不覺者。』　資持釋云『二重示無心二、初牒前對上輕重故云。後明。或可別點第四俱無　或下示相。初句別簡婬戒此門明婬。並據怨逼三時有無若約自造境合卽犯不約三時。境想不開。無心亦重。故非所論。及下合示三戒通約迷心不了前境。　又復婬戒、於三時中、隨有一時無非皆重、俱無方開。餘之三戒、重輕不定。初有餘無或中罪或下罪、並方便故。中有餘無皆重、並根本故。後有餘無皆下罪、並隨喜故。』已上皆見事鈔記卷二十六

第五章　方便趣果

▲事鈔云『然造修前境、必有三時。是以大聖隨時而制、意令智士剋志不爲。』　資持釋云『初示三時。卽方便根本成已也。　是下顯制意。剋猶約也。』見事鈔記卷二十七

方便趣果中分爲三節
- 一前方便
- 二中根本
- 三後方便

第一節　前方便

▲資持云『通三方便、望後根本、俱名爲前。』

▲事鈔云『今約婬戒以明。如內心婬意、身口未現、名遠方便。此犯下罪。　二動身口、未到前境、名次方便。犯中罪。　三者臨至境所、身分相交、未至犯處已來、名近方便。是重中罪。』

△事鈔續云『已下雖輕重多少不同、大相可準。』已上皆見事鈔記卷二十七

上罪皆有三方便、例前可知。　若獨頭中罪下罪、準諸記文、止分遠近二方便。遠方便同前。又合前次近、總名曰近方便。皆結下罪、無有區別。

▲戒疏云『言方便者、乃是趣果之都名。業未成前、諸緣差脫、故令此罪壅住方便』 行宗釋云『前示名。業下釋義』見戒疏記卷四

第二節　中根本

▲事鈔云『本相如何。謂入如毛頭名婬、擧離本處名盜、斷其命根名殺、言章了知名妄。若結罪之時、並攬前因共成一果、不同他部、因成果已、更有本時方便』 資持釋云『前明根本之相。初句通問。謂下別釋。若下明攬因成果、簡異他宗、使無濫用』見事鈔記卷二十七

第三節　後方便

▲事鈔云『何者後方便。謂所造事暢、決稱懷、發喜前心、未思悔改、復結其罪、通得下罪』 資持釋云『不論本罪重輕、並制一下罪、故云通也。翻前方便二三不同、中罪下罪有異故也』見事鈔記卷二十七

上來持犯總義中第五章方便趣果竟

第六章　闕緣不成

闕緣不成中分爲二節
- 一顯相
- 二校量

第一節　顯相

▲戒疏云『闕緣方便、隨相衆多、且以事約分爲七種、所謂闕緣乃至心息』見戒疏記卷四

顯相中分爲七項
- 一闕緣
- 二境強
- 三緣差
- 四境差
- 五想差
- 六疑心
- 七善心息

第一項　闕緣

▲戒疏云『初明闕緣、泛解有三。一通名闕緣。七方便者闕不至果、並爲緣來、豈非通也』

△戒疏續云『二別名闕緣。如諸戒下各有闕緣、不可以盜而開殺戒、各不相通、故名別也。』　行宗釋云『上二泛論總收一切、第三兩亦正示初緣』

△戒疏續云『三者亦通亦別。何者是耶。　凡是犯戒、體是婆塞。　若造罪未果。或自命終、捨戒、邪見、二形生等。或病狂癡。　但有二緣不名犯戒、俱爲造因未成至果、故名闕婆塞緣。望下六別、對戒並通、故兼二號。』　行宗釋云『初標徵。　凡下示相、三初標緣。　若下次明闕相、罪未果者方便義也。列相有二、初列四捨、體壞無法、後病狂等自不了知。初則體相俱壞、後謂體具相乖、鈔中仍加受戒不得等。　但下三總結初結闕緣。望下次結兩亦。　問、已下六緣可例此否。答。亦可例也。以互望皆別、對戒並通。但境強一種不必盡通。如是思之。』已上皆見戒疏記卷四

第二項　境強

▲戒疏云『二境強者。如欲行殺、前境反強、倒欲害我、差此進趣、壅住在因、故曰方便。　然境強非中罪、中罪由強而生。餘之上下、類此可釋。』　行宗釋云『初敘緣。　然下定罪。強非罪緣、故曰非中罪、因強壅住、故云由生也。餘下指例。如云、闕緣非中罪、中罪由闕緣而生等。　問、境差中亦有境強、與此何別。答。此本境強、下異境強、故不同也。』見戒疏記卷四

第三項　緣差

▲戒疏云『三者緣差方便。如欲殺盜、往逢異人、或恐有事、或刀杖毀壞、或要期未遂。　總號緣差、就義通名、七緣皆是隨相取別、唯此第三。』　行宗釋云『初列相有四。一非本所期、二慮他所獲、三殺具有闕、四如不見前境等。　總下結名。以名通七緣、相局四位。』見戒疏記卷四

第四項　境差

▲戒疏云『四境差者。隨戒並有。　且據大殺、四境來差。謂人、非人、畜生、杌木。』　行宗釋云『初示緣通。　且下次標所出。人是同類、非畜是異趣、杌木卽無情。』見戒疏記卷四

境差中分爲二支
- 一明人異境
- 二明餘異境

第一支　明人異境

明人異境中分爲三類——一正明／二問答／三指廣

第一類　正明

▲戒疏云『如欲殺人、剋心在張、王人異境而代張處。緣王張解、望人不殊、究竟成重。由異境來、張人不死、殺意又息、纏住方便、故曰境差』　行宗釋云『初明差相。且舉張王兩姓、以分本異二境。緣下二結犯又二、初結異境。由下結本境罪是中罪。號闕緣方便也』見戒疏記卷四

第二類　問答

問答中分爲二端——一問異境無心／二問因果差別

第一端　問異境無心

▲戒疏云『問、本殺王時、但作張解、無殺王心、何因得重　答、張王非罪緣、人是殺境、雖無王心、然有人想、殺緣既具、何得非重　是故律云、男想殺女、佛言、上罪、可以類之』　行宗釋云『初問。以心境既差、理非結重　答中、初正答。望張境差、望王心差、故云非罪、張王是別、人趣是通、今就通結、故成殺重　是故下例證』見戒疏記卷四

準上疏文、似殺戒於人異境不開剋心、若據下別簡性重章辨錯誤文、錯者亦開、誤者乃犯

第二端　問因果差別

▲戒疏云『問、殺王重罪、乃取張因而成極果、爲望張邊別有方便』　行宗釋云『初敍問。意謂果成因沒、應無方便、古有異解、故問以決之』

△戒疏續云『解云。張王姓別、人境不殊。重果位同、輕因相等。故攬張因、用成王重。　如律本中、列過五因、用成五重』　行宗釋云『二引解、二初古解爲二、初立理。謂本異並人、因果無別、故攬相成。　如下引例。如律、盜戒有四句。一方便求過五錢、得過五錢、上罪。二若方便求過五錢、得五錢、上罪。三方便求過五錢、得減五錢、中罪。四方便求過五錢、不得、中罪。今引第二過五方便、能成五果。此亦因果兩別、相攬而成、可爲今例』

△戒疏續云『問。既攬張因成王果者。本立境差方便。今因成果。無境差矣。』　行宗釋云『二今解三、
初難。破以攬因成果。果成因滅。境差不立。故知非矣。』
△戒疏續云『今正解云。人趣乃同、形者有異、不攬相成　與王未交。屬前張因。對王已去、別起方便、即攬
王因。還成正果　本境張因。雍住方便。號此方便名王境差。』　行宗釋云『二立義中二、初通示因果
各異　與下二釋成二、初明王果　本下釋張因　言王境差者。以張是本境。不得名差。故從異境以彰差
義。』
△戒疏續云『問、不攬張因以成王果、何故律文攬過五因成五重果。　答。彼以同損一主。元來有心。故得
相成。張王既別。何得例也。』　行宗釋云『三釋妨中。以向古師執此爲例、須爲通之。令無後惑。　答中。
顯示境有一異。不例可知。』已上皆見戒疏記卷四

第三類　指廣

▲戒疏云『昔來諸師、於人異境、更立諸相。通列六緣、中加疑想用分多句。事理境心、不無其致。』　行
宗釋云『諸相即下六緣及餘句法。一是人二人想三有殺心四興方便五命斷更加第六疑想、以殺但五
緣故言中加也、復於疑想分出句法。且依首疏、三趣各有五句、杌木非情無境强義但有三句、總十八句。文
中但云人異境至於作句則通四境、今備列之。

- 一人趣五句
  - 想心二句
    - 一境不強而殺　張人境差中罪　王人根本上罪
    - 二境強殺不得　張人境差中罪　王人境強中罪
  - 疑心三句
    - 一境不強而殺　同上
    - 二境強殺不得　同上
    - 三疑故善心息　張人境差中罪
- 二非人五句
- 三畜生五句
  - 想心二句
    - 一境不強而殺　張人境差中罪　非畜無罪
    - 二境強殺不得　張人境差中罪　非畜無罪
  - 疑心三句
    - 一境不強而殺　張人境差中罪　非畜疑心下罪
    - 二境強殺不得　張人境差中罪　非畜疑心下罪
    - 三疑故善心息　張人境差中罪　非畜疑心下罪

- 四杌木三句
  - 想心一句
    - 境不強而殺　張人境差中罪　杌木無罪
  - 疑心二句
    - 一境不強而殺　張人境差中罪　杌木無罪
    - 二疑故善心息　張人境差中罪　杌木無罪

事。即制罪、理。謂業道、方便究竟皆兼兩業。境。即四異、心。謂想疑。』見戒疏記卷四

首疏、即隋智首律師所撰之律疏、有二十卷、爲南山所師承者。

第二支　明餘異境

- 明餘異境中分爲二類
  - 一通示
  - 二釋疑

第一類　通示

▲戒疏云『餘有非人畜杌來作異境。通望本境。不死。中罪。若望。異境。無心。無罪。』見戒疏記卷四

第二類　釋疑

- 釋疑中分爲二端
  - 一釋人異境難
  - 二釋律境想難

第一端　釋人異境難

▲戒疏云『問王人異境、亦是無心、何爲結重。答。人想而殺、境心相應、是故成重。不起非人想、故無罪也。』

行宗釋云『初躡前人異境相並爲難。釋中。以餘三境、趣類全乖、不可相例。』見戒疏記卷四

第二端　釋律境想難

▲戒疏云。『問。若無罪者。云何律中、非人人想中罪者。』　行宗釋云『初敍難。引律者即殺戒境想第四句。』

此段疏文與上端連續、故先牒上文而後徵難。

已下疏文六段共有三釋、初二爲古解、後一爲今義。文六段中、第一段爲初師釋、第二三四段先示次師釋後由初師斥辨第五六段爲今義先詰破初師後詳申正解。文繁義密、故先預明大意、學者自易貫通。

▲戒疏續云『答。此由境差、方便罪也。　由非人來、人想不捨、殺張心成而境乖異。望張。方便。望非人。邊。本無罪也。　具足五緣殺非人者。但中罪。如何其因已是中罪。義不然也。』　行宗釋云『二引釋。二、初引

他師約本境釋二、初約想心解又三、上二句定罪。由下釋所以。彼謂律結中罪、還從本境、不望非人。具下引殺非人罪質成上義。五緣者一是非人、二非人想、三有殺心、四興方便、五命斷。如何等者以非人作人想、在人爲境差、望非人爲想差、故是殺非人因也。謂果罪但中罪、豈得因罪卽結方便中罪耶、以非人方便但下罪故。此明律結中罪、不望非人。斥他異解、故云不然也。』

△戒疏續云『有人言。上立異境想疑心中。想則決徹、人差結重、餘則無心但屬本境。疑則不爾、緣兩境生、故就兩境雙結二罪。』　行宗釋云『二斥疑心解三、初示他解。彼謂想心同上。疑心不同、以未決徹、本異二境並有心、故云二罪。者本境方便中罪、人異境是上罪、餘三異境並疑心中罪。』

△戒疏續云『今解不然。但列本境、縱使四異來差本境、若強若疑、皆列本境。何以明之。畜是小慜、杌非生罪、如何來差俱犯中罪。豈不望人從本境結。』　行宗釋云『次約義斥。還卽古義、對破前解、故云今耳。下云今明正解、始是今義。文中、初判定。云但列者卽指律文境想句中。何下徵釋。且舉畜杌難破前義。據此破詞、則知前解異境皆中罪。』

△戒疏續云『問、異境有強、方便屬何。答。強想猶懷本境、故知此強不望異結。如是類例、若疑若想皆從本境。』　行宗釋云『三引強爲例。據上已明強從本境、更欲別示、故問所屬。答中、強是異境、想緣本境、故云強想。如下例通。據此立義、不問想疑、異境之上永無罪也。（前門境強乃約本境、此明異強。須知兩別。）』

△戒疏續云『問。異境若強、差我不殺。強是本境、異非罪者。異境忽弱、而被我害、未害之前、方便屬誰。若見異已去、別有方便、此則本境方便自立、若見異已去、無別方便、害異果罪、因還本境。若此立義、則無境差。』　行宗釋云『二明今釋約兩境難二、初躡境強難破又三、初牒前義。異下反以境弱爲問。若見下雙難、初約有方便難。則本異兩境皆有罪、故次以無方便難、則異境果成、本境因沒、故云無境差也。』

△戒疏續云『今明正解。本境一品齊是中罪。異境來差、人境緣人、有強有疑、莫不殺心、皆結中罪。若至非畜、例有強疑。以懷人想、強從本境、非畜異境一向無罪。若兼疑心、從兩境生、本境疑中罪、非畜疑下罪。若至杌木、並結本境。以杌異境非生罪緣。』　行宗釋云『二申今正解中二、初明本境通結。異下明異境別結、又復爲二、初明人異境。若至下次明非畜境又二、初通標強疑。以下別釋、初釋境強。若兼下釋疑心。非畜二異、正犯中罪下罪、疑故並下罪。杌非罪緣故無所犯。初師局就本境、異則不結、次師疑心兩緣、異境皆中罪。不簡輕重。觀今所判、文理精詳、比前可鑒。』（已上皆見戒疏記卷四）

上釋律境想難中科文、別錄於下、以便對閱。

- 初敍難
- 二引釋
  - 初引他師約本境釋
    - 初約想心解
    - 二斥疑心解
      - 初示他解
      - 二約義斥
      - 三引強爲例
  - 二明今釋約兩境難
    - 初蹑境強難破
      - 初牒前義
      - 二反以境弱爲問
      - 三雙難
        - 初約有方便難
        - 二約無方便難
    - 二申今正解
      - 初明本境通結
      - 二明異境別結
        - 初明人異境
        - 二明非畜異境
          - 初通標強疑
          - 二別釋
            - 初釋境強
            - 二釋疑心

第五項　想差

▲戒疏云『第五想差方便、義張八位。　初、心差境、方便。如律、人非人想等。　二、境差心、方便。如律、非人人想等。　三、心差境、究竟。如律、婬酒戒、若懷非道非酒想疑、但是正境皆結究竟。　四、境差心、究竟。如欲殺誑張人、張去王來、緣王張解、若誑若殺、是境俱差、齊成究竟。　五、心境俱差、成方便。　六、卽此互差、成究竟。以事思取。　七、心境不差、成方便。如出佛身血、境强緣差之類。　八、心境不差、成究竟。諸戒並是。』　行宗釋云『此門八位、前四互歷、後四具兼。一三全是想差、五六心境兼差、此門唯收四句。二四屬前境差。七八卽境想初句、故此四句皆非科意、句法相從故爲八位耳。　五六二句令以事思者。五中、如欲殺張、王人替處是境差、心復轉想謂爲非人卽想差、成方便。第六、如欲殺張、王人替處、心作李想、還成究竟。言互差者互卽是俱。承上第五故云卽此。　七中出血一罪永無根本境强緣差事不究竟、心境無改。』

疏中四云殺誑張人等、如別箇性重章錯誤節委釋。

△戒疏續云『就此想中。或有從輕向重。如殺盜畜生、轉想向人者是。　或從重至輕。卽反上句是。　或互轉者。如彼婬酒、俱是正境、想疑或生無非究竟。』　行宗釋云『初殺畜盜畜方便但下罪。轉作人想、殺盜皆中罪。　二殺人盜人、轉爲非畜後心並下罪、故云反上。　三互轉俱重。如婬、前作非道想、後作正道想、

或前正後非、無非果本。 私釋。更立互轉俱輕。如非人畜生、心想互差、可以明之。』已上皆見戒疏記卷四

第六項　疑心

▲戒疏云『第六疑心方便者、相對義張八位方盡。 我疑他、方便人非人疑也。 他疑我、方便身現妄語相、前疑不了是。 他疑我、究竟。我疑他、究竟。如口造語業、但使言章了了、不問自他疑也。』 行宗釋云『前四互句初卽境想中第二句。 問、與前境差中疑心何別。答、前對異境、此就本境 餘三俱約妄語配對。』

△戒疏續云『上四句單疑也。今此雙舉、何者是耶。 自他俱疑、成方便。如身口互造也。 卽成究竟者。妄語言了也。 自他俱不疑、成方便。如出血在佛也。 卽成究竟者。一切戒是也。』 行宗釋云『後四俱句。前二還約妄戒、但具兩疑與前爲異。言互造者亦卽如上身造口業。 後二亦是相從而出。』已上皆見戒疏記卷四

第七項　善心息

▲戒疏云『第七善心息方便者。如欲造罪、身口雖發、未鄰究竟、忽起善心便止前業、壅礙不暢但居方便。』 行宗釋云『初正明。鄰近也。云忽起者或因他勉、或遇勝緣、或思佛戒、或畏因果。若非此類善心寧發居方便者前心中罪。』

△戒疏續云『問、此乃善心生、今何言息。 答。實如來問。向若不生、惡必趣果。由此善心能息惡想、卽所息處號爲方便。 又如律文、捨者中罪。捨時非罪。由能捨故、前惡不至後果、故號前因爲方便也。』 行宗釋云『二釋難中。此卽善生惡息、於義易知。欲生下答、故此爲問。 答文爲二、初正答。 又下引例。能捨則同善生、所捨可類惡息。』已上皆見戒疏記卷四

第二節　校量

▲行宗云『二校量者卽總料簡前七位也。』

▲戒疏云『初以自身造境、對置殺具、明方便多少者。 身自造境、具七方便。 設置懸擬、既非自身、故闕想疑、但五方便。』 行宗釋云『初明多少寬狹、二初自造置具多少、又二、初標示。 身自下別釋。初明自造故多。 設下次釋置具則少。以想差疑心必約到境、懸擬相成不可論故。』

△戒疏續云『剋心辨差、其境則寬。以元在張王非畜杌、後來差故。 漫心辨差、其境則狹。以通三趣、有境齊害。唯有杌境、用分輕相。』 行宗釋云『二剋漫寬狹、言寬狹者謂異境多少也。初明剋心寬王非畜

杌卽四異境。次明漫心狹杌境輕者非情無過、止有方便。上據大漫。若約小漫、如欲通害人趣、望剋爲狹、對大猶寬。』

△戒疏續云『二心境分別。境差、境强、緣差、據前境論。闕婆塞、緣、想、疑、心息、據自心辨。』行宗釋云『二心境分別、三種屬境、四種屬心。闕婆塞緣或約四捨、或是狂癡、故屬心也。』已上皆見戒疏記卷四

上來持犯總義中第六章闕緣不成竟

第七章　境想分別

境想分別中分爲五節
- 一明制意
- 二明有無
- 三定四五句
- 四互四五句
- 五輕重

第一節　明制意

▲戒疏云『初明制意。若無境想、不可定罪輕重。』行宗釋云『以心有是非、境有錯誤。婬酒、前三。重後二句輕。餘戒、初句相應故重。後四句乖差故輕。』見戒疏記卷六

第二節　明有無

▲戒疏云『二明有無者。準律約戒、不必具有。今解、無者是略無也。無別所以。』見戒疏記卷六

五戒八戒中、律出境想句者、有殺盜婬妄飲酒非時食六戒。今依資持記中引律四重戒句法、具錄如下。餘可準知。

- 婬戒五句
  - 道作道想上罪
  - 道作非道疑上罪
  - 道作非道想上罪
  - 非道道想中罪
  - 非道非道疑中罪
- 盜戒二重
  - 過五四句
    - 有主有主想上罪
    - 有主有主疑中罪
    - 無主有主想中罪
    - 無主無主疑中罪

- 減五四句
  - 有主有主想中罪
  - 有主有主疑下罪
  - 無主有主想下罪
  - 無主無主疑下罪
- 殺戒五句
  - 人作人想上罪
  - 人作人疑中罪
  - 人作非人想中罪
  - 非人人想中罪
  - 非人非人疑中罪
- 妄戒五句
  - 人作人想上罪
  - 人作人疑中罪
  - 人作非人想中罪
  - 非人人想中罪
  - 非人非八疑中罪

第三節　定四五句

▲戒疏云『三定四五句者。』　行宗釋云『以律中列句、四五不定。如婬殺妄三戒並五句、盜戒四句。但由第三一句結罪有無故。句法不定如殺戒、人非人想、轉想中罪、本迷下罪。（以作非人殺故）盜戒無第三句者、以有主無主想、轉想亦中罪、本迷無罪。（以無主物非罪緣故）』

△戒疏續云『若輕重相望、境是可學生不可學迷、同是五句。』　行宗釋云『初輕重明定五。迷重為輕、如人作非畜殺、有主作非畜盜等、皆緣罪境、定有第三句、故同五句。』

△戒疏續云『若犯不犯相形、則四則五。　謂前後俱迷、非緣罪境、即定四句。除第三位、如無主想等。　迷雖是定、而緣罪境、即定五句、如非道想、非人想、減五想等。』　行宗釋云『二犯不犯明四五中、初標舉。謂下別釋、初明定四。無主想者律無此句。　迷雖下次明定五。此即總收輕重二位。減五想者此謂盜戒若作無主、則是四句、若盜滿五、迷為減五、亦隨結犯、故入五句。意顯隨義不定、不必依文。』（已上皆見戒疏記卷六）

第四節　互四五句

▲戒疏云『四互四五者。由是可學生不可學迷、即互輕重。　或從四以至五。如實無主體唯四句、後轉為主即為五也。若本緣人、轉想當机、約從後心則唯四句。』　行宗釋云『初標。　二隨釋二、初從四至

五」。即約前心本迷、後心轉入罪境故　二從五至四亦合標云從五至四。謂本是心境相當、後轉緣非罪境、故云轉想當杌即人作杌木想。』見戒疏記卷六

第五節　輕重

▲戒疏云『五輕重者。如文次第。前疑重後疑輕、以境是異、輕本境故　前想重、結本方便、心境相當故後想輕、以正犯時有心無境』　行宗釋云『初約疑想分二、前釋兩疑後釋兩想。制教同罪、心業重輕故分兩異。前疑重下準鈔應云、以本緣人、人境不捨、臨殺有半緣人心故、後疑雙闕、故輕。　後釋兩想中、有心無境者闕本境也。』　資持云『兩疑中、疑心不別境分本異、故說重輕、後想亦爾　前想中云本方便者取前心也、望後正對心不當境。』見事鈔記卷二十七

殺戒五句、此文前釋兩疑、約第二句及第五句。後釋兩想、約第三句及第四句。

△戒疏續云『又就本境中、疑重想輕、以疑半心不捨本境、故重、想則捨本從異、故輕　就後異境、想重疑輕。以想緣本但是境差、故重、以疑減半緣於異境故輕。』　行宗釋云『二約本異分二、初明本境二句。次明異境二句。疑減半者以疑猶豫、半涉是非。是於異境復減半心、故輕於想。』

△戒疏續云『此判輕重、據本重異輕爲言。若本輕異重、例之即是。　如殺非畜、人爲異境。可以例諸。』　行宗釋云『三明本異重輕中、初立義。　如下顯相。』已上皆見戒疏記卷六

上來持犯總義中第七章境想分別竟

第八章　別簡性重

別簡性重中分爲五節
- 一剋漫
- 二錯誤
- 三身口互造
- 四教遣
- 五重犯戒

第一節　剋漫

▲戒疏云『言其剋者、本情專注唯在一境。若言漫者、通涉無準。』　行宗釋云『剋唯有一、漫通大小。剋即訓定、漫猶徧也。』見戒疏記卷五　資持云『剋謂情專一境、漫謂心涉多緣。漫復有二。一者大漫、如本標心

徧通三趣、俱是所期、隨作成犯。二者小漫、但該人道、不兼非畜。』見事鈔記卷二十七

剋漫中分爲三項
- 婬
- 盜殺
- 妄

第一項　婬

▲戒疏云『約婬爲言。犯無剋心、同成極重。　何以明之。　但有染心將欲成犯、初期在此而後會彼。或男女境亂張王者別、或人畜趣乖境心雙轉、但使境交無非大重。』　行宗釋云『初判犯。　何下二釋成。初句徵。　但下釋有二、初四句通示。染心將欲即起方便、期此會彼即至果本。或下別顯。餘人非畜爲境轉想疑名心轉、或境心俱轉。』見戒疏記卷五

第二項　盜殺

▲戒疏云『盜殺剋心相當、方成重罪。心境俱違、但結方便。』　行宗釋云『盜殺中略示剋心。以剋有重輕、漫唯通犯。但明剋異漫則可知』見戒疏記卷五　資持云『盜殺二戒大漫則隨境成犯。小漫則異趣非犯。剋定一人、三趣非犯。』見事鈔記卷二十七

剋定一人三趣非犯者、盜戒可爾。殺戒張去王來、緣王張解、誤亦成重。如下節委明。

第三項　妄

▲戒疏云『若三趣齊現。內知歷然。犯無剋心。通境隨犯。三趣不現。隨剋隨犯』　行宗釋云『妄語論剋。不同殺盜。但有多境則不成剋。單對一境方成剋義。如本期人畜現非犯』見戒疏記卷五

據上剋漫別配四戒文義、並參用下節文、列表如下。　大漫標心徧通三趣、小漫且約唯期人趣、剋心且約唯期張人或張人某物。下節列表亦爾。

- 婬——不論剋漫——三趣——通犯
- 盜
  - 大漫——三趣物——通犯
  - 小漫
    - 人物——犯
    - 非或畜物——非犯
  - 剋心
    - 張人某物——犯
    - 張人他物
    - 王人等物——非犯

殺
- 大漫——三趣——通犯
- 小漫——人趣——犯
  - 非或畜趣——非犯
- 剋心——人趣——錯——非犯
  - 誤——犯（通人趣結犯不論張王）
  - 非或畜趣——非犯

妄
- 大漫——三趣——通犯
- 小漫——三趣俱現或二趣現——通犯（與大漫同）
  - 僅一趣現——人趣——犯
    - 非或畜趣——非犯
- 剋心——同上小漫

統觀已上四戒於大漫小漫剋心三義唯有盜戒最爲完備。婬戒一概不論妄戒剋心、與小漫全同。又小漫中三趣俱現通境隨犯、與大漫同。殺戒於剋心中人趣誤者亦通結犯、與小漫同。 下節錯誤二義別配四戒表例此可知。

第二節 錯誤

▲戒疏云『夫立錯誤義者、並是不當本心之謂也。錯就現緣境差爲義。誤就不現緣境差、心謬忘爲義。所以然者。現緣二境相別顯然。及至造趣事容舛錯。卽名衆境交涉爲錯。若論誤者、心通前後。不可雙緣。如前心謂此。後心謂彼。心想謬忘。故謂之誤』 行宗釋云『初通示。 錯下二別釋。初略分。 所下委釋。初釋錯義。若下釋誤義。準文顯。相不出境心。論境有二。一現不現。二多與少。別心亦有二。一忙亂迷謬。二臨機前後。如是尋之、不更繁釋』見戒疏記卷五

錯誤中分爲四項
- 一婬
- 二盜
- 三殺
- 四妄

第一項 婬

▲戒疏云『初之一戒、無論錯誤。患起內心、通皆障道。 但是正道、不問迷誤。或此彼男女非畜諸境、緣此謂彼、誤亦犯重。 境雖交涉、錯亦犯重』 行宗釋云『初示不立。 但下顯犯二、初明誤犯。 境下明錯犯。』見戒疏記卷五

第二項　盜

▲戒疏云『語盜而言。漫心無寄、三趣有物皆欲盜奪。及至往趣、縱境差舛心有迷忘、皆稱欲心、錯誤齊重。』　行宗釋云『初約三趣、二初明大漫。不論錯誤、三趣隨犯。』

△戒疏續云『若先剋定要取人物、不盜餘趣。及往盜時境交想轉、雖舉離處不成罪攝。　不稱本心。猶屬本主、以於此物元無盜心。心境既非、何過之有。故錯與誤俱不名犯。　後知錯誤、即應還主。不還起盜、後方成重。』　行宗釋云『二明小漫中有二、初示起心。及下二明造境三、初判非犯。境交是錯、想轉即誤。若得人物犯重無疑、若非畜物則開無犯。　不稱下次釋所以。初句示心非、言不稱者本期在人故。猶下三句明境非。屬本主者猶是非畜物故。心等四句雙結。　後下三明後犯。前開離處、後知起盜則非所開。非畜中罪下罪、望盜云重。』

△戒疏續云『二對人趣辨錯誤者、俱亦非犯。　如欲盜張、忽得王物。既非所期即是境差。物非本物又是想差。　據此爲異境不稱心、後物無心心不當境。　故錯與誤並同不犯。』　行宗釋云『二對人趣中三、初標示。　如下次顯相又二、初示心境俱差。　據下二明開犯所以。初二句躡上境差。據此爲異者本期張人故。境不稱者得王物故。次二句躡上想差。　故下三結示。』

△戒疏續云『三對同主辨錯誤者、俱非犯也。　故善生云、盜金得銀、還置本處、不得盜罪。　如律、男想盜女物者犯。據漫心也。』　行宗釋云『三對同主中三、初通標。　故下引示。得銀許還則知離處不即成犯。知銀不還、後心自結。　如下點異律文結重、似不開誤。故須引決與上無違。據漫心者謂小漫也。』

▲行宗云『前之三門、初是漫心兼含大小。後二剋心、別開自他。又前對異趣、二對異人、三約異物。』（已上皆見戒疏記卷五）

第三項　殺

▲戒疏云『論殺戒者、漫無所寄、三趣同害。及至行事、不稱初期、雖有少乖、不妨本有害意。故使錯誤同成一重。　若論剋局、但是一緣。造趣行害、相應成重。　若非本期、則非殺境。及往加害、境則交涉、或以迷忘、非畜雖死、不稱本期、又無殺心、錯誤不犯。』　行宗釋云『初明三趣中二、前明大漫、同上無開。　若論下次明小漫。而云剋者對大爲言。文中二、初明本趣成犯。　若非下二明異趣俱開。初示乖期、及下明開犯。交涉是錯、迷忘即誤。』

△戒疏續云『二就人趣以論錯誤。如剋心害張、不欲害王。現境歷然、心緣亦別。及以殺具害張之時、而彼王人忽然與我刀輪相應、王命雖斷、由非心故、錯則不犯。若論其誤、張去王來、緣王張解、加害者犯。若望後王、雖非本期、以心不了、緣此謂彼、既人想不差、殺緣具故、雖誤犯重。如上方便已爲分別。』行宗釋云『二就人趣中二、初總標。如下二別釋又二、前釋開錯爲三、初明標心。現下明對境。張王並現故云歷然。期意在張故云心別。及下示錯相。若論下次釋誤犯爲三、初文斷犯。若下釋犯所以。如下指廣。卽境差方便中。』已上皆見戒疏記卷五

卽境差方便中者。見本篇前闕緣不成章、顯相中、第四境差文。

第四項　妄

▲戒疏云『論妄語業、異趣通辨。錯犯誤非。漫心無簡、錯誤隨犯。』行宗釋云『初明三趣二、初明小漫。本欲誑人、非畜境交、錯亦隨犯。前後互差、境想開迷、故誤非犯。下二句明大漫。』

△戒疏續云『二對人趣、錯誤俱犯。由詐顯道德、謀誑在人、表聖招利、境損義一、但使言竟、錯誤同重。』

行宗釋云『二對人趣中。亦卽小漫。準知大妄不開剋心。』

△戒疏續云『三就所稱凡聖二法。心欲說聖、口錯稱凡。既非聖法、前無所損、故錯非重。若就聖法明於錯誤、如善見云、錯說三四禪皆同一重。』行宗釋云『三約所稱法中二、初總標。心下二別釋又二、初約凡聖互論。文唯明錯誤、亦應開。若下二單就聖法以辨。心雖錯誤、說聖不殊、故無差降。』已上皆見戒疏記卷五

已上錯誤別配四戒大科附錄於下、以備對閱。

- 婬
- 盜
  - 初約三趣
    - 初明大漫
    - 二明小漫
  - 二對人趣（剋心）
  - 三對同主
- 殺
  - 初明三趣
    - 初明大漫
    - 二明小漫
  - 二就人趣（剋心）

- 妄
  - 初明三趣
    - 初明小漫
    - 二明大漫
  - 二對人趣（剋心）
  - 三約所稱法

據上錯誤別配四戒文義、並參用前節文、列表如下。

- 婬 — 不論剋漫 — 不論錯誤 — 三趣 — 通犯
- 盜
  - 大漫 — 不論錯誤 — 三趣物 — 通犯
  - 小漫
    - 錯 — 非或畜物 — 非犯
    - 誤 — 非或畜物 — 非犯
  - 剋心
    - 錯 — 王人等物、張人他物 — 非犯
    - 誤 — 王人等物、張人他物 — 非犯
- 殺
  - 大漫 — 不論錯誤 — 三趣 — 通犯
  - 小漫
    - 錯 — 非或畜趣 — 非犯
    - 誤 — 非或畜趣 — 非犯
  - 剋心
    - 錯 — 王人等 — 非犯
    - 誤 — 王人等 — 犯（通人趣結犯不論張王）
- 妄
  - 大漫 — 不論錯誤 — 三趣 — 通犯
  - 小漫
    - 錯 — 三趣俱現或二趣現 — 犯（若準前剋漫節文、通境隨犯、與大漫同。不待錯故。）
    - 誤 — 僅一趣現
      - 人趣 — 犯
      - 非或畜趣 — 非犯
  - 剋心 — 同上小漫（若依此節疏文、統論錯誤、而云在人。實則誤唯人趣、錯亦通結、與小漫同。）

第三節　身口互造

- 身口互造中分爲三項
  - 一婬
  - 二殺盜
  - 三妄

第一項　婬

▲戒疏云『婬戒成犯、事在形交、故唯在身。口非犯意、由無語故。』行宗釋云『由無語者非口能成故。律中教他作婬、他作犯中罪、不作但下罪。』見戒疏記卷五

第二項　殺盜

▲戒疏云『殺盜二戒。身口互造、兩得相成。然身爲根本、口爲枝條。所以然者。損財害命、身自獨成、不待語助、故知身本。口語教死、言了未成、待前命斷方得重罪、要由彼身助口成業、故知枝條。』行宗釋云『初明不互造二、初立義。上二句明造成通互、容相助故。下二句明結業不互、局本枝故。本即正位、枝謂旁兼。所下二、徵釋所以、初釋根本。口下釋枝條。』

△戒疏又云『若依多雜等論、三業不互。所以者何。業性異故。事不究竟言雖了了、未得成業、要由身助。』行宗釋云『二明互造二、初出前所計爲二、初示宗。多雜等論皆有部所計。所下二出不互所以則有二意、初約業異釋。若約能造色、身是可見有對、口即不可見有對。若據所造過、身造婬盜殺、口作誑妄。若約所發業性不混。若取來報、感果不同。事下次約事不竟釋、初句立意、言下釋成。』

△戒疏續云『若依本律、成論所通三業互造、各自成業。故彼文云、殺不善業、身亦可造、隨以自身殺害衆生。口亦可造、或教人死、或以呪殺。心亦可造、有人發心能令他死。故彼論云。如和利經說、外道神仙起一瞋心、殺那羅國。如檀特等諸險難處、皆諸仙人瞋心所作。』行宗釋云『二正示今宗中爲二、初示宗。各自成者隨約能造結業成罪不同。多雜從所作事判定身口。故彼下二引示。且明殺業、餘可準知。文中二、初通明三業身口意三、如文次列。而身是正、口意爲互。云教死者論云教勅、即是遣使。文無歎死、義亦同之。故下二別示心造論文二節、初引經證。那羅國者具云那羅千陀羅國。如下次舉事證。言檀特者即西土山名。經音義云、或言單多羅迦山、此云蔭山。此明仙人心業强猛、證上起心即能害故。』已上皆見戒疏記卷五

第三項　妄

▲戒疏云『妄語一戒。本希名利、非言不成。亦有身現、無疑成重。比前互造可以類之。』行宗釋云『初明正業。亦下明互造。現相必約前信、故須無疑。』見戒疏記卷五

第四節　敎遣

敎遣中分爲二項——一敎人 / 二遣人

第一項　敎人

▲戒疏云『先明敎人。言婬戒者、自作成重。敎人爲非、樂染前人、於我無預、不得同犯。』　行宗釋云『初婬中。於我無預言能敎人不預其樂也。』

△戒疏續云『殺盜二戒、過通損益。自作敎人、損境暢思、期契相同、彼我同犯。　或能敎者剋所使意異、或時節早晚坐立乖契。或互顚狂捨戒、緣闕。但有少差、於此犯法、敎者不犯。　漫心無寄、隨作相應、皆名爲犯。』　行宗釋云『二殺盜中二。初通明犯相。損益者謂損他益己。以婬唯適己而非惱他、殺盜兩兼故通損益。　或能下二別簡剋漫。初科中。或時等者且列五異。時節坐立緣闕此三並約所敎。顚狂捨戒則通能所。故云互也。　問、如敎殺坐人、彼立卽害。云何非重。答。既云剋心、能敎應言見坐可害、立不應害。此則不犯。若不指定、同下漫心。時節早晚亦同此釋。　此明漫心者卽不定早晚等也。』

△戒疏續云『大妄語者、自說成重。敎人稱聖、名利擁彼、於我無潤、故不同犯。』　行宗釋云『三妄語中。問文云敎他不犯者。如敎他稱己、自得名利、豈不犯重。答。此落後遣、非此所明。』已上皆見戒疏記卷五

第二項　遣人

▲戒疏云『敎者利己義。疏。遣者向己義親。　何以明之。且如戒中。遣人就己行婬、遣人說己得聖、利樂是我、犯齊究竟。殺盜兩戒無有遣義、故非所論。』　行宗釋云『初分示。　何下推釋可解。　問、殺盜何以無遣義耶。答。遣人殺己、罪不至果。豈有令他盜取我物。是則婬妄二戒遣重敎輕。殺盜兩戒有敎無遣。』見戒疏記卷五

第五節　重犯戒

此節文中重字、有平呼去呼二別、宜細分之。平呼者如重犯是、去呼者如四重戒是。

▲事鈔云『若論重犯、律自明斷、隨犯多少一一上罪。　婬衆多重犯、餘盜殺妄重犯亦爾。』　資持釋云『重犯有二、一同名之罪謂四重互望、二同種之罪謂四戒各論。上通十誦、下局本宗。文約四戒各別論重、卽明今宗同種之義。』

△事鈔續云『此說別解脫戒、由境緣別、得戒不同、故後犯時、還隨別犯。 如薩婆多云、寧可一時發一切戒、不可一時犯一切戒。 且如婬戒、女人身上發得二十一戒、男子身上得十四戒。餘法界中男女亦爾。今或貪心、犯一女一道、但名汙一婬戒。自餘諸婬、戒體光潔、無行可違、稱本受體。』 資持釋云『初敘宗意。律儀從境故名別脫、道定從心即是總脫。 如下引論委釋。二、初舉文。受是懸擬、故可總發。犯是臨境、故唯別犯。 且下二歷示、初明總發。文中別舉婬支以明、餘可例顯。婬境約道、女三男二。婬心三毒、三單三複一具。隨緣間起、以心歷境、故發多戒、如文所列。今下明別犯。』

△事鈔又云『世中有人、犯一婬戒、初乃惶懾。後復思審、謂言失戒、遂即雷同、隨過皆犯。 豈不由愚於教網、自陷流俗。 焉知但犯一婬、諸婬並皆不犯。餘殺盜等常淨儼然。』 資持釋云『初敘非。 豈下正斥。 焉下重示。』

△事鈔續云『故同法之儔、理須明察。 若先嚴淨識。託對五塵、欲染不生、由前方便。 若先非攝慮、對境不能不犯。既犯業成、必須無覆、早懺、還成本淨。』 資持釋云『初二句囑其所告。受隨一等故名同法。 若下二正勸、又二、初示持行。嚴謂謹攝、淨識即心、五塵皆境。所謂方便正念、常擬對治也。嗚呼、末世凡流沈溺滋久、攝念離染、未見其人。自非宿善資熏、明師訓匠、勤求聖教、精擇良明、志慕孤高、行希清卓、時時不懈、日日如新、或體達前塵、反求欲本、或冥心所受、專意通持、故得對境翛然、遇緣確爾、翔而後集、默而識之、其猶揮手於空、了無滯矣。著鎧入陣、何所畏乎。然惑業未銷、生死可懼、豈唯言說、即是清昇。在欲遠塵、良恐非爾。所及居凡、學聖故且抑而爲之。勿事悠悠、宜應切切。因茲言及、一爲深思。 若下次勸犯悔。上二句明成犯。既下示懺益。大慈博愛、於物無遺、雖惡行下愚、亦苦加提引。祖恩所及、無得而知。』（已上皆見事鈔記卷十四）

上來持犯總義中第八章別簡性重竟

第九章　廣斥愚教

▲事鈔云『今時不知教者、多自毀傷。云此戒律所禁止、是聲聞之法。於我大乘棄同糞土。猶如黃葉木牛木馬、誑止小兒。此戒法亦復如是、誑汝聲聞子也。』 資持釋云『初敘倚濫毀傷。自毀者身爲佛子、反毀佛教故。又自身稟戒、反毀戒律故。 如黃葉等此明倚濫。即佛經中有此言。故涅槃云、嬰兒啼哭之時、（喻小機也）父母即以楊樹黃葉而語之言、莫啼、我與汝金。（喻如來施權也）嬰兒見已、生眞金想、便止不啼。（謂得涅槃）然此楊葉實非

金也。（非大涅槃）木牛木馬木男木女、嬰兒見已、亦復生於男女等想（喻亦同上）此明如來追述爾前施小之意至涅槃時決了權疑同歸常住寧復有小耶此所謂不知教也』

△事鈔續云『原夫大小二乘理無分隔 對機設藥除病爲先 故鹿野初唱本爲聲聞八萬諸天便發大道雙林告滅終顯佛性而有聽衆果成羅漢 以此推之悟解在心不唯教旨也』 資持釋云『二約理正破三、初教逐機分又四、初二句敍教本融。若據大小、理教實異今約從本施出或約開會有歸故云無分隔耳。 對下明因機故異。 故下引證、初證說小悟大。卽無量義經。雙下證說大悟小。卽涅槃經。 以下準經顯意。此謂如來一音演法、衆生隨類得解。然此但望言教是一、至於佛意不無密赴、故使隨類得益也。此明不以所學卽判大小但達其大者一切歸大何妨學律志之小者所爲皆小徒自窮經故曰在心不唯教也』

△事鈔續云『故世尊處世、深達物機。凡所施爲、必以威儀爲主。 但以身口所發事在戒防、三毒勃興要由心使。今先以戒捉、次以定縛、後以慧殺、理次然乎。 今有不肖之人、不知已身位地、妄自安託云是大乘。輕弄眞經、自重我教。卽勝鬘經說。毗尼者卽大乘學智論云。八十部者。卽尸波羅蜜如此經論不入其耳豈不爲悲』 資持釋云『二三學次第爲二、初推戒功二、先敍佛偏弘施爲者通語一期化物軌度。威儀卽目戒學。主猶尊也。 但下次出所以。初明對病。身口卽業、心使是惑。勃卒也。今下明次治顯戒學居初、釋成爲主耳。 今有下二斥誑妄三、初敍所計。位地謂薄地凡夫。安託謂無疑畏。輕眞經者毀律教也、重我教者黨所習也。卽下據教反質、二文並約開會之義由本小教歸一佛乘故兩皆云卽八十卽目段數、部卽指根本一部聲聞但云尸羅、菩薩則加波羅蜜。卽六度之一。如下傷其愚暗。教雖顯了。聞而不信故云不入耳』

△事鈔又云『故百喩經云。昔有一師、畜二弟子、各當一腳隨時按摩。其大弟子、嫌彼小者、便打折其所當之腳。彼又嫌之、又折大者所當之腳。 譬今方等學者非於小乘、小乘學者又非方等。故使大聖法典二途兼亡 以此證知今自目覩』 資持釋云『三相非滅法、初引經師喩如來、弟子喩學者。腳喩兩乘、按摩喩尋究。其下喩學大毀小、彼下喩學小毀大。 譬下法合可解。方等卽大乘之通名。 以下顯驗』

△事鈔又云『恐後無知初學、爲彼塵蒙故曲引張 猶恐同染悲夫』 資持釋云『三示意結勸中、初示廣斥之意。彼卽濫大不肖之者。塵蒙謂邪言惡見壞信喪道、猶如塵垢、穢於淨物故也。 猶下囑累所

謂素絲易染朱紫難分雖委曲指陳猶未能知返豈非禁情節欲舉世之所難縱意爲非是人之所欲且祖師之世其風尚然況及於今無足怪矣」已上皆見事鈔記卷十四

此章大科別錄如下。

- 初敍倚濫毀傷
- 二約理正破
  - 初教逐機分
  - 二三學次第
  - 三相非滅法
- 三示意結勸

上來持犯總義中第九章廣斥愚教竟

上來持犯篇中第一門持犯總義竟

第二門　持犯別相

持犯別相中分爲二章
- 一性罪
- 二遮罪

第一章　性罪

已下所列性罪重輕不同今列略表預示其概餘如文中委明。

- 殺
  - 殺人、上罪
  - 殺非人、中罪
  - 殺畜生、下罪
- 盜
  - 五錢、上罪
  - 減五錢、中罪
  - 一錢、下罪
- 婬
  - 正道、上罪
  - 非道、中罪
- 妄
  - 大妄、上罪
  - 小妄、下罪兩舌惡口綺語併同

性罪中分爲四節
- 一殺
- 二盜
- 三婬
- 四妄

第一節　殺

▲戒疏云『經明性重、多以此戒爲初。豈非身爲業先、故殺業因首故也。　言性重者、以性含輕重也、重則人道、輕則非畜。約境分心、故罪階三位。』見戒疏記卷七

殺戒所攝、人及非畜。已下諸文、多約殺人而言、非人畜生、可以例知。

殺中分爲三項
- 一犯境
- 二犯相
- 三不犯

第一項　犯境

▲事鈔云『人者律云、從初識至後識、而斷其命也。初識者、謂初識在胎、猶自凝滑、是識所依。乃至命終最後一念未捨執持、隨煖壞者是也。』　資持釋云『註中初至所依釋上初識。大集經云、歌羅邏時、此云雜穢。入胎七日狀如凝酥、即凝滑也。即有三事、一命二煖三識。出入息爲命、不臭不爛爲煖、業持火大色不臭爛此中心意識爲識。若壞凝滑、即壞識之所依、命煖隨謝、便名犯殺。　乃至下釋上後識。謂四大將解、識神未去、害亦成重。疏云、隨有煖處、識在其中、即識住處、爲命根攝。』見事鈔記卷十八

第二項　犯相

犯相中分爲二支
- 一列緣
- 二隨釋

第一支　列緣

列緣中分爲二類
- 一正明犯緣
- 二別示闕緣

第一類　正明犯緣

▲事鈔云『犯緣具五。一是人、二人想、三起殺心、四興方便、五命斷。』見事鈔記卷十八

▲戒疏云『上明人趣。非人畜生加害等同、但罪輕爲別耳。』　行宗釋云『非畜二殺並五緣犯、具闕同之。』

第二類　別示闕緣

別示闕緣中分爲五端
- 一闕初緣
- 二闕第二緣
- 三闕第三緣

四闕第四緣
五闕第五緣

第一端　闕初緣

▲戒疏云『若闕初緣。小漫心起、但得三中罪、以非人畜杌三境替故。大漫心起、但得一中罪、三趣隨犯俱無差故。若對剋心、加王異境來替張處、則有四句可準上思。』　行宗釋云『初闕三別、卽大小二漫及剋心也。大漫一中罪者以三趣齊害杌境來差、心期雖漫、望人從重、故得中罪必對杌木起非畜想、應得下罪、非此所明在文蓋闕。此中結句。大漫一句杌作人想。小漫三句一非人人想二畜生人想三杌木人想。剋心中但加一句王作張想殺則同重、餘三同前故云四句、通前二漫總有八句。』見戒疏記卷七

此中結句、列表如下。

- 大漫一句
  - 杌作人想——中罪殺人方便罪
  - 〔杌作非畜想——下罪殺非畜方便罪今文闕略不明〕
- 小漫三句
  - 非人作人想——中罪殺人方便罪
  - 畜生非人想——同
  - 杌作人想——同
- 剋心四句
  - 王作張想——上罪　行宗云「張王是別、人趣是通、今就通結故成殺重。此約誤害。若錯不犯重、唯結殺張方便中罪。」
  - 非人作張想——中罪殺張方便罪
  - 畜生作張想——同
  - 杌作張想——同

總有八句

錯誤之義、見前持犯總義、別簡性重第二節錯誤中委明。

第二端　闕第二緣

▲戒疏云『二闕想緣。亦有大小兩漫及一剋心。雙之別、如指略中。』　行宗釋云『初通舉三位。一一位中各有想疑單四、互疑有六。亦可準知也。剋心雙闕二緣四十句、如王境差心對有十、乃至杌木例可解也。』

△戒疏續云『且對剋心生想有四句、一上罪三中罪也。剋心生疑有十句、一上罪九中罪也。謂直疑有四、互疑有六。亦可準知也。』

行宗釋云『二別釋剋心中。句法交亂、須作圖相三位不同。

- 初闕想四句
  - 張作王想、上罪
  - 張作非想、中罪
  - 張作畜想、中罪
  - 張作杌想、中罪
- 二疑心十句
  - 直疑四句
    - 張作王疑、上罪
    - 張作非疑、中罪
    - 張作畜疑、中罪
    - 張作杌疑、中罪
  - 互疑六句
    - 爲張爲非、中罪
    - 爲張爲畜、中罪
    - 爲張爲杌、中罪
    - 爲非爲畜、中罪
    - 爲非爲杌、中罪
    - 爲畜爲杌、中罪
- 三雙闕四十句
  - 初王人來差十句
    - 直疑四句
      - 張疑、上罪
      - 非疑、中罪
      - 畜疑、中罪
      - 杌疑、中罪
    - 互疑六句
      - 爲張爲非、中罪
      - 爲張爲畜、中罪
      - 爲張爲杌、中罪
      - 爲非爲畜、中罪
      - 爲非爲杌、中罪
      - 爲畜爲杌、中罪
  - 二非人來差十句
    - 直疑四句
      - 張疑、中罪
      - 非疑、中罪
      - 畜疑、中罪
      - 杌疑、中罪
    - 互疑六句
      - 爲張爲非、中罪
      - 爲張爲畜、中罪
      - 爲張爲杌、中罪
      - 爲非爲畜、中罪

- 三畜生來差十句
- 四杌木來差十句 —— 併同上非人
  - 為非為杌、中罪
  - 為畜為杌、中罪

通前三心、總五十四句、三上罪五十一中罪。圖中可見。但知前二心差境定後一復加境差故號雙闕耳。』

△戒疏續云『餘大小漫、心境闕相可以準知。』　行宗釋云『三指略二漫小漫但除王人、則想有三句疑但九句。雙闕除王境差但存三境、亦各九句。總前三位、共有三十九句。大略同上圖相、唯直疑中各除第一句為異。又通改張字為人字讀之、準前易見、不復重出。　大漫三境通害、但有杌為異境、止有一十三句。復恐難曉、故須列示。

- 初闕想三句
  - 人作杌想、中罪
  - 非作杌想、下罪
  - 畜作杌想、下罪
- 二疑心六句
  - 直疑三句
    - 人作杌疑、中罪
    - 非作杌疑、下罪
    - 畜作杌疑、下罪
  - 互疑三句
    - 為人為杌、中罪
    - 為非為杌、下罪
    - 為畜為杌、下罪
- 三雙闕四句 —— 杌木來差
  - 直疑一句
    - 杌疑、一中罪二下罪
  - 互疑三句
    - 為人為杌、中罪
    - 為非為杌、下罪
    - 為畜為杌、下罪

『見戒疏記卷七』

小漫句法圖表記中闕略不出。今依『文義』、為之補出、附列如下、以資學者參攷。

- 初闕想三句
  - 人作非想、中罪
  - 人作畜想、中罪
  - 人作杌想、中罪
- 二疑心九句
  - 直疑三句
    - 人作非疑、中罪
    - 人作畜疑、中罪
    - 人作杌疑、中罪
  - 互疑六句
    - 為人為非、中罪
    - 為人為畜、中罪

- 爲人爲杌、中罪
- 爲非爲畜、中罪
- 爲非爲杌、中罪
- 爲畜爲杌、中罪

三雙闕二十七句
- 初非人來差九句
  - 直疑三句
    - 非疑、中罪
    - 畜疑、中罪
    - 杌疑、中罪
  - 互疑六句
    - 爲人爲非、中罪
    - 爲人爲畜、中罪
    - 爲人爲杌、中罪
    - 爲非爲畜、中罪
    - 爲非爲杌、中罪
    - 爲畜爲杌、中罪
- 二畜生來差九句
- 三杌木來差九句

（二、三）併同上非人

第三端　闕第三緣

▲戒疏云『三闕殺心。或無罪、如開緣中。或得中罪、謂苦治人、過與病藥、近死方便、但無殺心。』　行宗釋云『苦治卽有過因罰而死與病藥卽不好心看、反令增病。』見戒疏記卷七

▲事鈔云『伽論。病人不欲起不欲舒、若起者當死、看病人强與食藥死者、中罪。癰未熟、强破命終、亦爾。不與食、不治療、因而死者、亦中罪。』　資持釋云『明不善看病因而致死、但無害意故並中罪。初與食破癰兩犯並謂不合與而與。次不下謂合與而不與。』　資持云『上引伽論皆結中罪者。若無害心不合有犯、若有害心結犯復輕、進退難定。今以義求。但看病者心有强弱。若懷慈濟、因而致死、如律所開。汎爾爲之、不顧得失、失治死者、由本無心故不結重、近於殺業緣闕故有中罪。思之。』見事鈔記卷十八

第四端　闕第四緣

▲戒疏云『四闕方便。由未起故、不制單心。　或得下罪。雖心緣殺、以未動身、尋悔故也。　或得中罪。如十誦中、厭患懈怠不好看病致死、但結中罪、以無方便故。』　行宗釋云『初約無犯明闕。言未起者未至重緣也。　次犯下罪明闕卽約重緣遠方便罪　三犯中罪明闕無方便者反有方便卽攝上罪。』見戒疏記卷七

第五端　闕第五緣

▲戒疏云『闕第五緣未斷命。如上七方便、則具七中罪。如十誦云、殺人未死、則狂發戒捨、但結中罪。』

行宗釋云『闕命斷中、指上七緣。下引十誦、略證初緣。』見戒疏記卷七指上七緣者、見前持犯總義闕緣不成章。

第二支　隨釋

隨釋中分爲二類
- 一廣辨殺相
- 二別明非畜

第一類　廣辨殺相

廣辨殺相中分爲四端
- 一自作教人
- 二用語破圖
- 三讚死
- 四自殺

第一端　自作教人

▲事鈔云『四分云。殺有二種。一者自殺。謂身現相、口讚死相、阬陷、倚撥、若安殺具、及以與藥等。』資持釋云『先明自殺、初句標。謂下列相。準含註戒本有八、今闕二種、下引足之。身現相或令怖畏墜墮、或示死相等。口讚死相含註戒本作口現相。謂以言說勸教、或以大聲恐喝。今鈔語局初解。阬陷知人行從此道、故設阬陷令墮死也。倚撥審彼倚撥其處、便施刀杖、彼依而死。安殺具安置繩索刀杖、令其取死。與藥可解。文云等者謂自殺謂自行殺、若身若杖、隨死者是。身口俱現相身兼口歎。』

上段記文中所含小註、皆撮略戒疏文義、分釋殺相。宜與大字連合讀之。次段記文中小註亦爾。

△事鈔續云『二教他而殺。隨其前使。若教歎、教遣使、往來使、重使、展轉使、求男子、教求男子、遣書、教遣書等。並任方便、但令命終、稱本期者、三性之中、能教犯重。』資持釋云『教人中、初標示。若教下二列相。含註戒本具列十一、今鈔亦闕二種。教歎含註戒本作遣使歎謂遣人語彼也。教遣使指示所教、令遣人往害。往來使受語往害。還來重往。重使隨續使人乃至百千、令害一人。展轉使彼使不去、轉使他往、乃至百千、最後人殺、隨前所使皆同一重。求男子選擇有勇、令往害之。教求男子使他求也。遣書表於紙墨、令用死者。教遣書使他代作。等取餘二、謂求持刀人謂能殺者。教求持刀人也。並下總示。欲顯上文列相未盡、又遮惡人避此造彼、故

用此語通而攝之。能教犯者且據本犯之人、若論所教則通道俗、若是道人能所皆犯。』已上皆見事鈔記卷十八

所教若是俗人已受五八戒者、亦犯。

第二端　用語破國

▲事鈔云『薩婆多。比丘知星曆陰陽吉凶。由比丘語、征破異國、殺害得財、皆犯盜殺二上罪。優婆塞例同。』　資持釋云『由比丘語者卽教他業。兼犯盜者以攻擊刧掠損彼物故。優婆塞同者五八並制故。』見事鈔記卷十八

第三端　讚死

▲事鈔云『薩婆多。若爲一人讚死、此人不解。邊人解用此法死者、無犯。』　資持釋云『謂剋心專緣一境、無意於他。若心通漫、隨死皆犯。』

△事鈔續云『今多有人自焚。多有愚叢七衆讚美其人、令生欣樂、並如律本結重。』　資持釋云『如律重者同歎死故。』已上皆見事鈔記卷十八

第四端　自殺

▲事鈔云『五分四分、自殺者中罪。謂結其方便。』　資持釋云『以命斷戒失、無可犯故。』見事鈔記卷十八　行宗云『今亦有人、不知所以、自投焚溺、欲冀超昇。苦因未除寧亡三有之報、死而無悔實唯一勇之夫。將謂永滅不生。焉知此沒彼出。固當勤修三學、廣運四弘。誦持方等大乘、繫念諸佛嘉號。冀龍華而得度、指安養爲所歸。深厭死生。善識因果。欲除苦本其要在茲。』見戒疏記卷七

▲事鈔云『十誦、不得自傷毀形、乃至斷指犯罪。』　資持釋云『斷指犯罪者相傳並云下罪。』見事鈔記卷十八

第二類　別明非畜

▲戒本註云『若殺非人、若畜生有智解於人語若能變形、方便殺者並中罪。不死者下罪。　畜生不能變形、若殺者下罪。』見含註戒本卷上　戒疏釋云『智變有勝、加害犯中罪者。以相同人、心非重者何能害也。　若知而害義依法科、不知而害亦從律結。』　行宗釋疏云『初明犯意。　若下斷犯。還約知論依法科者

卽結中罪、不知從律如常犯下罪。』見戒疏記卷七

若知水中有蟲、或用或飲者。亦應準此而結下罪、隨所用所飲一一犯也。

第三項　不犯

▲事鈔云『不犯中。律云。若擲刀杖瓦石材木、誤著彼身而死。　及扶抱病人而死。或以藥食及以來往出入而死者。一切無害心不犯』　資持釋云『前開誤失。　及下次開看病。以藥食者因與而死也。往來出入者含註戒本云扶將病人入房往反、此釋濫上扶抱。但上約臥起下據往還耳、或可約看病者出入闕事釋之。一切無害者上文略舉此句通收、但約無心不唯此二。』見事鈔記卷十八　行宗云『然此誤者由於他事、全無害心。不同前明錯誤之誤。學者知之。』見戒疏記卷七

前明錯誤者、見前持犯總義別簡性重章。

第二節　盜

▲資持云『疏云、非理損者爲盜、公白取者曰劫、畏主覺知爲偸。盜名通攝、故特標之。』

▲事鈔云『性戒含輕重也。性重之中、盜是難護　故諸部明述、餘戒約略總述而已。及論此戒、各並三卷。五卷述之。必善加披括方能免患　有人別標此盜、用入私鈔。抑亦勸誡之意也』　資持釋云『初示相難護。上句總示性戒、次句局就四重、下句獨顯今盜。　故下二據諸文顯難、前示律論。僧祇釋盜涉五卷、十誦四卷、善見三卷。　有下次指別鈔。未詳何人。』已上皆見事鈔記卷十七

盜中分爲三項
- 一犯境
- 二犯相
- 三不犯

第一項　犯境

▲事鈔云『初犯境之中。謂六塵六大、有主之物、他所吝護。非理致損、斯成犯法。　若無主物、及以己物。或爲緣差、境奪、心想疑轉。　雖有盜取之心、而前非盜境、並不結犯。唯有本心方便。』　資持釋云『初示境。六塵六大攝盡一切、如下自釋。　若下二明闕緣又二、初別示闕相。上二句及下境奪並名闕境、非畜物替故云奪也。言緣差者互闕不定、或心息物移前事阻礙等。言想疑者卽闕心也、於人物上異想有三謂非人畜生及無主也、疑亦同之。　雖下通結非犯。一往觀文、似結闕境。然據闕心、前境雖定、若望正作非畜物

疑想時、心不相當、亦非盜境。故下總云唯有本心方便、驗非偏判也。』見事鈔記卷十七

如下自釋者。見下犯相、隨釋有主物、別人物、明盜相文。明闕緣中。參閱前持犯總義、闕緣不成、列名顯相文。及下犯相、列緣、別示闕緣文。

第二項　犯相

犯相中分爲三支
- 一列緣
- 二隨釋
- 三結示

第一支　列緣

列緣中分爲二類
- 一正明犯緣
- 二別示闕緣

第一類　正明犯緣

▲事鈔云『二成犯相中、總緣具六種。一有主物、二有主想、三有盜心、四重物、五興方便、六舉離本處。必具成犯。』　資持釋云『準疏但有五緣、無今第五。今鈔不釋、意亦可見。總括犯緣、不出心境。一四卽境二三及五是心。六中兼二、心境合故。』見事鈔記卷十七

第二類　別示闕緣

別示闕緣中分爲二端
- 一引疏犯緣
- 二依示闕緣

第一端　引疏犯緣

戒疏盜戒犯緣、與事鈔稍異。故須別錄戒疏犯緣、俾與闕緣互對。

▲戒疏云『此戒五緣。初是人物。以盜餘趣不成重故。』　行宗釋云『雖通三寶、至於結重多從主掌、是以初緣通云人物。對簡非畜、如後自分。』

△戒疏續云『物雖人主。及至盜損、還須人想。若生餘想、疑謂別境、則是輕犯。是以第二作人物想。』

行宗釋云『文明疑想卽境想中二三兩句。』

△戒疏續云『問、想知二心有差別否。　答有同異也。了境無疑曰知、當境意謂爲想。俱能了境、想與知同。然知唯了境、想通迷悟、故與知異。　若以此心知是人物、於下闕緣轉想不便、謂實達境、非迷忘故。若謂人

物想卽順闕緣、不乖律文境想互義。』　行宗釋云『問中。或有立云知是人物、故問決之。　答中、初答知想差別、上句通標。了下分示。俱下顯同異。　若下次明立緣是非、前敍立知有濫。意謂若具緣中標云知者、則人謂後闕緣中轉想皆是明了之心、故不可立。若下次明立想順教以律但有想差、不言知故。互卽差也。』

△戒疏續云『想雖當境。若盜輕物、不成重罪。故次第三明是重物。』

△戒疏續云『財雖滿五。若無盜心、本自無咎。故次第四明有盜心。』

△戒疏續云『心雖起盜。財未離處、損主未就、屬己不顯、亦未成重。故次第五明舉離處。』

△戒疏續云『問前後諸戒、緣具方便。今此盜緣無方便者。　答。損財明盜、便成重罪。　有盜成重、不假方便、恐涉濫故。縱有方便亦俱不明、但知未離已前並方便攝。』　行宗釋云『初問。可見若準事鈔、須具六緣、五興方便。今此除之、故發此問。　答中、初示成犯齊限。　有下次明避濫。不出如互用三寶燒薙壞色。寄借抵拒之類。但使虧損卽成盜業、不必方便。然非一向都無、故云縱有不明等。』已上皆見戒疏記卷六

第二端　依示闕緣

依示闕緣中分爲五目
- 一闕初緣
- 二闕第二緣
- 三闕第三緣
- 四闕第四緣
- 五闕第五緣

第一目　闕初緣

▲戒疏云『若闕初境、得三中罪。初非人物替人物處作人想取、二畜生物、三無主物。俱作人想。望本人物。不得境差方便中罪。後之三物。本自無心則非罪也。如前義門、可以通之。　此據小漫、人物並取爲言。若據剋心、王物替張亦同前判、闕境還立。如此識相舉一千。從可謂達持犯者。』　行宗釋云『前約小漫以大漫隨犯、故非所論。上二句總標。初下別示。三種異境替人物處而非本境。故名闕境。俱下示犯。如下指廣。卽境差方便中。　此下次明剋心初躡前以示。同前判者張物。不得境差方便中罪。王物無心則無所犯。對上小漫人趣無闕故云還立如下結歎。』見戒疏記卷六

卽境差方便中者。見前持犯總義、闕緣不成、列名顯相、境差文。

- 大漫——隨犯、故非所論
- 小漫
  - 非人物作人想——中罪盜人物方便罪
  - 畜生物作人想——同
  - 無主物作人想——同
- 剋心——王物作張想——中罪盜張物方便罪

上列之表、且據疏記文而錄寫、稍有闕略、宜檢前殺戒闕初緣中結句列表、對閱可知。

第二目　闕第二緣

▲戒疏云『闕第二緣、據小漫者、九句中罪謂轉想疑心雙闕各三、故有九也。』　行宗釋云『闕第二中、卽闕人想想疑境定心差。雙闕心境俱差、用此三種各歷三句、故成九句。』

△戒疏續云『言轉想者。初須人想可得同境、臨欲取時乃作非人物想。據後心時俱得下罪。然律但結前心之罪、盜人方便、故云人物非人物想取中罪。此句既爾、諸句諸戒例同此解。　二人物畜生物想。　三人物無主物想。罪或有無。若先知人物、後作無主想、則有前心罪。若本作無主、無心故無罪也。』　行宗釋云『轉想三中、初非人物想又三、初明心轉。須人想者示本想也。心境相當故云同也。臨欲等者明後心也。據下次辨罪相。此下三例通諸句。卽下八句。諸戒指殺妄等。若據殺戒亦列句數、但不敍前後心想結罪之義耳。　二畜生物想。　三無主物想罪有無者卽約轉想本迷爲言。今此正明轉想、旁示本迷。』

△戒疏續云『二明疑心者。初是人物、對境生疑、爲人非人物。　爲人畜生物。　爲人無主物。』

△戒疏續云『三明雙闕者。初盜人物、非人物替、闕境緣也。就非人物復生疑心、爲人物爲非人物、闕心緣也。　二畜物來替、爲人爲畜耶。　三無主物替爲主無主耶。並例準知。』　行宗釋云『疑及雙闕同是疑心、但前疑據境定、雙闕約境轉耳。』

▲行宗云『作圖示之。』

- 初轉想三句
  - 一人物、非人物想——前心中罪、後心下罪
  - 二人物、畜生物想——前心中罪、後心下罪
  - 三人物、無主物想——前心中罪、後心無罪

- 二疑心三句
  - 一人物、疑爲人物爲非人物　前心中罪　後心下罪
  - 二人物、疑爲人物爲畜生物　同上
  - 三人物、疑爲人物爲無主物　同上
- 三雙闕三句
  - 一非人物替——疑爲人物爲非人物　前心中罪　後心下罪
  - 二畜生物替——疑爲人物爲畜生物　同上
  - 三無主物替——疑爲有主物爲無主物　同上』已上皆見戒疏記卷六

上錄行宗圖表、依戒疏盜戒文出、故僅有九句若準前殺戒句數、應不止此。宜檢前殺戒闕第二緣中附補之小漫句法表、對閱可知。

第三目　闕第三緣

▲戒疏云『闕第三緣重物作輕想、結前方便中罪。』　行宗釋云『如取滿五、意謂不滿。』見戒疏記卷六

第四目　闕第四緣

▲戒疏云『闕第四緣有盜無盜心、前心下罪。本無、非罪。』　行宗釋云『初約先有後無。前心下罪者遠方便也。　下句次約始終無心。如開緣中、糞掃親厚等取也。　由前具緣不列方便、故此闕中須分二種。當知先有後無。卽闕方便。始終無者。正是闕心。　問、前心犯下罪、那云闕心。答、望未動身。猶非盜等。故名闕心。若爾、至次方便轉入無心、名闕心否。答、身色纔動。盜業已彰。但物未離。未成根本。是以擁住次近。並名闕第五耳。　問、前心後轉、與闕想何異。答。闕想有心。此據無心。又前約動身後轉。此約初心卽轉。如是思之。』見戒疏記卷六

第五目　闕第五緣

▲戒疏云『闕第五緣。未離處二中罪、隨相分別。』　行宗釋云『二中罪。未與物交次方便也、相交未離近方便也、或次或近有阻不成擁住方便。次近不定故令隨分』見戒疏記卷六

第二支　隨釋

- 隨釋中分爲五類
  - 一有主物
  - 二有主想
  - 三有盜心
  - 四重物
  - 五舉離處

隨釋中、悉依事鈔所列犯緣次第解釋。唯初有主物中鈔記之文、至爲繁廣、亙於一卷。今別依戒疏總明物主之文寫錄。二有主想已下、悉錄事鈔。

第一類　有主物

有主物中分爲三端
- 一三寶物
- 二別人物
- 三非畜物

第一端　三寶物

▲戒疏云『初明三寶。謂知事者掌用此物、罪福大深。　如大集中、非聖非淨、何能監護無有瘡疣』

行宗釋云『上敍罪福二皆深者由境勝故。　如下準教簡人彼經云。僧物難掌、佛法無主我聽二種人掌三寶物、一者阿羅漢二者須陀洹（此二聖人）復有二種、一能淨持戒識知業報二畏後世業有諸慚愧及以悔心如是二人自無瘡疣（此二清淨人瘡疣喩破戒惡業）』

△戒疏續云『初盜三寶、總而爲言、有守護者隨盜滿五皆是極重佛物無護、如鼻柰耶斷施主故』

行宗釋云『初望護主、佛下二斷施福、並犯上罪鼻柰耶云、若盜佛塔聲聞塔等幡蓋、皆望斷施主福邊、得棄損不受（卽上罪）』（已上皆見戒疏記卷六）

三寶物中分爲三目
- 一佛物
- 二法物
- 三僧物

第一目　佛物

▲戒疏云『言佛物中有四差別。』

△戒疏續云『初佛受用物者。如堂宇衣服及以金石泥土曾爲佛像之所受用者、不得差互常擬供養、生世大福。　故律云、若是佛園坐具等者、一切天人供養同塔事故。　所以不許者。莫不卽體法身之相表處是深、不得輕故』

行宗釋云『初示物相。　故下引律證。　所下徵所以法身無相、隨物以彰、故此諸物卽法身體』

疏言不得差互者。雖此等物朽爛破壞、不許賣此、轉製他物而供養佛。惟應別製新物供佛受用。於其爛壞之物仍舊存奉、不可棄毀或取販賣。故事鈔引寶梁經云、乃至風吹雨爛、不得貿寶供養。

△戒疏續云『二屬佛物。所以得轉者、由本施主通擬佛用、故得貨易。不同前者曾爲勝相、故唯一定也』

行宗釋云『屬佛物者即錢寶人畜等物。』

疏言得轉得貨易者。於此屬佛之錢寶田園人畜等物、可以隨宜販賣、買取供養具等而供養佛。此云屬佛物、與前段所云佛受用物有異。因錢寶田園人畜等物、不堪受用、但可係屬、故云屬佛物耳。 西竺布施者、或通施三寶、或別指施佛施法施僧。別指施者、各有所屬、不得互用。今云屬佛物、即是別施佛者。雖許轉貿、而所易得者仍屬於佛、不容有濫。

△戒疏續云『三供養物。以幡華等得貨易者、事同屬佛、可以義求。』

供養物者、即是香燈華幡供具之物。 疏言以幡華等得貨易者、此亦有別。華等可以轉貿他物供佛、與前屬佛物同。若幡等唯可轉變、不可轉貿。故資持云、若佛幡多、得作餘佛事者、謂改作繒蓋幢幔等物、然曾供佛體不可變。不同前華可持轉貿。

△戒疏續云『四獻佛物者。開侍衛者用之、義同佛家之所攝故。』 行宗釋云『物即飲食果實等。今時掌佛廟人、義通道俗。善見云、佛前獻飯、侍佛比丘食之、白衣侍佛亦得食之。 古記問云、若用常住僧食供佛、通彼用否。答、法苑云、後還入常住。』已上皆見戒疏記卷六

第二目　法物

▲戒疏云『言盜法物亦有其四。』

△戒疏續云『一法所受用者。謂紙素竹木上書經像、或箱函器樸曾經盛貯、剋定永施、不許改轉。此則一定。敬同聖教。 皆是滅理之所依持、故有損益、並望涅槃而生罪福。』 行宗釋云『前出物體。 皆下示所以。紙素函器止是世物、但望所詮至眞無價故。』

△戒疏續云『有人無識、燒毀破經。我今火淨、謂言得福。 此妄思度。半偈捨身著在明典。兩字除惑亦列正經。何得焚除、失事在福也。』 行宗釋云『前出謬見世中妄傳、說偈得燒故經。不見此疏、焉知誤他。此下次據文斥。上引半偈捨身者、一彰如來求法之勤、二示如來重法、三顯正法難聞。下引經證兩字除惑、顯佛法功深、舉少況多。其過彌甚。倘畏來苦、勿逐魔徒。二緣並出涅槃經。』 資持云『準此明誡、足驗前非。必有損像蠹經、淨處藏之可矣。』見事鈔記卷十七

事在福者、即事在無作。見前宗體篇戒體、戒體相狀、所發業體、無作多少、六者事在無作中委釋。

△戒疏續云『餘之三相、可以準前。』 行宗釋云『前二轉易、後與侍人、並同前判。』已上皆見戒疏記卷六

第三目　僧物

僧物有四。一常住常住物、亦名四方僧物。二十方常住物、亦名現前常住物。三現前現前物、亦名當分現前物。四十方現前物。

▲戒疏云『就僧物中則有四別。』　行宗釋云『僧物中前二屬處永定通名常住但前無分義後是可分故加常住十方以簡之　後二俱是即施通名現前但前局當處後通內外故加現前十方以別之』

△戒疏續云『一常住常住物。如堂宇田園人畜米麪。屬處已定不可分割必欲惠給餘寺、羯磨和與、若直送者是名盜損。或有主掌自盜、不望十方不滿隨取計五便與極重』　行宗釋云『初出物體。屬下示名義。或下明結犯。餘盜望主此義易知、故文但出主自盜耳』　資持云『主自盜者即知事輒用互用等或無主掌、餘人亦同。』見事鈔記卷十七

△戒疏續云『二十方常住物。如飯餅等現熟之食。本擬十方聞聲同飯　有盜此食、望護結重望僧結輕、以僧分業無滿五故』　行宗釋云『初列物體。本下示別名通名同上、故不重出。有下明犯相有二望主重者謂餘人盜望僧輕者即犯中罪、或主客同盜或主自盜』　資持云『有疑醬豉爲熟物、如貯畜鹽醬、是常住常住取入日用、判在十方者。今以意分不問生熟但使未入當日供僧限者並歸前攝、如即十方常住』　資持云『問、常住常住亦無滿五、何以重耶。答、分不分異、重輕致別』已上皆見事鈔記卷十七

△戒疏續云『問。聲鐘告集、是僧皆飯。未知他寺奴畜得否。答不合也。僧具六和、隨處皆是人畜別屬、義非通使、使既是局、食亦如之』　行宗釋云『問中意謂他寺奴畜、彼此通僧、應得食故。答中、初句判定。僧下釋所以、初示僧通之義、人下明奴畜不通。鈔云行至外寺、私有人畜用僧物犯重以施主擬供當處僧、不供別類、非福田故、僧家人畜犯下罪。今多私務將帶人僕食彼僧食明文犯重誡之。』　資持云『僧家人畜結輕者、又須所營同是僧事、雖云僧僕、私幹亦重』見事鈔記卷十七

△戒疏續云『三現前現前物。如今諸俗以供養僧、無問衣藥房具、並同現前僧也』

△戒疏續云『四十方現前物。如僧得施及五衆亡物』已上皆見戒疏記卷六

▲事鈔云『然盜通三寶、僧物最重　隨損一毫、則望十方凡聖一一結罪　故諸部五分中。多有人施佛物者。佛並答言、可以施僧、我在僧數、施僧得大果報』　資持釋云『上二句推過重。隨下示重相。十方凡聖總收五衆三乘因果也。一一結者非謂多罪、但一上罪總望多境故云一一耳。故下引文示四分、

瓶沙施佛園、末利夫人施佛衣、佛答同此。』

△事鈔續云『又方等經云。五逆四重我亦能救。盜僧物者我所不救。　餘如日藏分僧護傳等經廣陳。』

資持釋云『初引經文。特舉逆重以彰極惡。我不救者以佛威神不可加故。非捨棄也。　餘下指略。』已上皆見事鈔記卷十七

第二端　別人物

別人物中分爲三目——一掌主損失
　　　　　　　　　　二明被賊
　　　　　　　　　　三明盜相

第一目　掌主損失

▲戒疏云『初中。妙同鈔引。　善見論中。若守護財物、謹愼不懈、而有盜者私竊而取、或強逼取、皆望本主結者。以非護主能禁之限故也。　若反此者守物須償、以本盜人欺守護故、是須還他。若不還犯。』　行宗釋云『上句指廣。彼約二主分爲七種。一掌護損失主二寄附損失主三被盜物主四賊施比丘物主五收囚縛賊主六狂人施物主七守視人作主。並廣如彼、須者尋之。　下引善見。即彼初位。論中初明守護謹愼望本主者。有二義故。一非能禁二無塡償。本主索償、反成盜故。　若下次明慢藏反上二義。故從守護。』見戒疏記卷六

第二目　明被賊

▲戒疏云『二被賊奪者。如鈔所引、義張二位、謂現不現。結罪時、當隨二主心絕已否。　若財主已絕、賊主得定。此不可奪。如律賊復奪賊。二財主雖定、賊主不定、此則可奪。以緣不具故。三財主遲疑、賊主已定、此不得奪。以緣成故。何問本主。四俱不定。此則收得。由心不定、業非通暢故也。今以四句可約判之。』　行宗釋云『初總舉。現不現者。卽對面現前盜及不現前盜。二主謂財主賊主。　若下別列。初後二俱可解。次句以賊心猶豫盜業未成故云緣不具也。第三反之故不得奪。』見戒疏記卷六

第三目　明盜相

▲戒疏云『三就所盜。略舉通收、情非情道、並攝盡矣。』

△戒疏續云『如明了論解云。盜義極多。且約六根起非法行、若偸六大亦犯重罪。』　行宗釋云『六

根。即約能盜以攝所盜、六大即括所盜以顯能盜。故知盜境該通無窮』

△戒疏續云『如諸仙人是覔行師、有人蛇螫作仙人書見者皆愈、然須價直。比丘被害偷看、不問損與不損、看時即犯。以此例諸祕方要術不許人傳、偷見違惱、何啻在五。所謂眼盜。 下根例之。如誦咒治病、欲學須直、比丘密聽計直犯重。偷覰嘗觸亦例此知。若要方術病緣即差、得直方與得直聽寫、比丘受學心緣得差不與價直故犯重也。 行宗釋云『六根中、初委釋眼根覔行師準論合云覔行蛇毒藥師。謂蛇以覔而行 螫施亦反、謂蟲行毒也。 下下例餘五根。』 資持云『初眼盜色也、如誦下耳盜聲也、偷下略指三塵、若要下意盜法也。』見事鈔記卷十八

△戒疏續云『次約六界。前地水火可知。 如律中。有呪扇藥塗、比丘偷搖不與價直、是謂盜風。若起閣斜臨、妨他起造、是名盜空。智者識界也、人有伎倆不空度他、得直方與、比丘方便就他學、得不與價直、即盜識也。識不可盜、以無形故、但可從緣盜其智用耳。』 行宗釋云『次六大中。大謂六皆廣徧、界謂六相差別、體同名異、前後各標。就文初略指前三。 如律下引釋後三、初明盜風、若下次明盜空、智下後明盜識。伎倆謂藝能也。識不可盜者謂不可盜去、但其機巧為人所學故云盜耳。』已上皆見戒疏記卷六

第三端 非畜物

▲戒疏云『三明非畜物者。如上立義已明。 可尋鈔中罪輕重也。』 行宗釋云『指上立義者近指當戒具緣闕緣、遠指篇前境差方便。 下指鈔者彼明盜非人物、有主望主結上罪、無主望非人結中罪。盜畜生物、古謂犯上罪、今師準十誦多論但結下罪。』見戒疏記卷六

遠指境差方便者。見持犯總義、闕緣不成、列名顯相、第四境差中。

第二類 有主想

▲事鈔云『二明有主想。 若作無主想、始終不轉、無罪。前後互轉、互得輕重。』 資持釋云『律有四句、有主想犯上罪、初句若疑中罪、次句無主物有主想疑中罪。三四兩句略無第三無主想句、義必具之。文中初標成犯緣即第一句。 若下簡闕緣即第三句、初約本迷無犯。前下據轉想前作有主想後轉無主犯中罪、前作無主想後轉有主結上罪、故云互得輕重也。』見事鈔記卷十八

第三類 有盜心

▲事鈔云『三明有盜心。然此一門實德之人未免。 但世盜由心結不望境之是非。 故僧祇、寺主好心

互用三寶物、是盜上罪。謂愚癡犯也』　資持釋云『初明難護。以貪染積深、觸物起念、粗心不覺、豈識邪緣。不體妄情、終罹罪網。實德尚當未免、庸流沒在其中。凡在同心、彌須勵志。　但下示結業。不望境是非者境、即前物。三寶互用物無私涉、爲是入己惡用、爲非。二皆結重。故知不簡也。　故下引證望爲三寶故言好心。若論愚教還是賊心』

△事鈔又云『四分、十種賊心。一黑闇心。謂癡心、愚教、生可學迷、隨作結重。僧祇寺主即是其事。　二邪心者。謂貪心規利、邪命說法以財自殖。　三曲戾心者即瞋心也。與少嫌恨、假瞋得財。或虛示威怒、意存財利。得物犯重。　四恐怯心。或以迫喝。或說法怖取。或自懷疑怖而取財也。　五常有盜他物心。恆懷規奪也。六者決定取。內心籌慮、方便已成。因必克果、動物成犯。　七寄物取。或全觝突。或以少還他。　八恐怯取。謂示身口相、畏敬故與物也。　九見便取。伺求他慢、因利求利也。　十倚託取。或倚名聞威德。或以名字方便也。或依親友强力者、謂假他威勢而取也。或以言辭辯說者、託於論端浮華引接、令前異望而取財利。言誑惑而取者、非法言法、法言非法、但規前利、幻惑羣情』　資持釋云『疏云、律中具出二五盜心。前是五心、後名五取。取是其業、對境行事也。　一中。可學迷者教是可學、不學故迷。　二中。規求也。殖猶積也。　三中。兩釋虛實分之。　四中。準疏又云、或說王官勢力。此與第八名同相別、但約心取、兩以分之、言心未必取言取必兼心。　十中。五相釋之、前三身業、後二口業。又前三中、一是倚自、二倚他名、三倚他力。後二中、前但巧言、後是虛誑』　行宗云『邪命謂邪求養命。　曲謂非理、戾即忿怒。嫌恨約內心、威怒約色相。　迫謂以事逼切。喝謂說時作其大聲、或可作遏謂抑遏也』　行宗云『前五約心、不出三毒。若就通說、莫非希物、五並貪心。若約別論、如文乃異。初二及四並是癡心、三即瞋心、五是貪心。　又前五種、外相非盜、故約心論。後之五種、內外俱盜、故從外事』（已上皆見戒疏記卷六）

△事鈔續云『以此諸文、證知心業、其相略顯。足得垣墻防擬妄境』　資持釋云『妄情逐境、計校萬端、豈唯上列而能括盡。然舉一例、諸觸類而長、則前雖略示亦足防心。既知教相、少識妄心、能遮不起。故如垣墻。心逐境生、心妄則境妄。故云妄境』（已上皆見事鈔記卷十八）

第四類　是重物

是重物中分爲二端 ─┬─ 一明物體
　　　　　　　　　└─ 二列義門

第一端　明物體

▲事鈔云『四重物。謂五錢。若直五錢、卽餘雜物。』　資持釋云『初通示錢物。五錢卽錢體也。直五錢物準錢法也。所以限五者以彼王法滿五至死、佛隨王法盜滿制重。』

△事鈔續云『薩婆多。問曰。盜五錢成重、是何等之錢。答。有三解。初云、依彼王舍國法、用何等錢、準彼錢爲限。二云、隨有佛法處、用何等錢、卽以爲限。三又云。佛依王舍國盜五錢得死罪、依而結戒。今隨有佛法處、依國盜幾物斷死、卽以爲限。雖有三釋、論師以後義應是。』　資持釋云『二別定錢體二、初引諸論解。答中。初二兩解並限五錢。後解隨死、不局物數。初同十誦。二符本宗。三卽論家所取。戒疏云。如多論中、盜相通濫。初釋本錢、何由可曉。（此破初解）後解隨國現斷入死、言亦泛濫、難可依承。（此破第三解）』　行宗云『以錢體多別、故問定之。初解依王舍者以佛在彼國制此戒、故彼是大銅錢一當十六、則盜小錢須滿八十。次解隨國用者無論物體、但滿五數。後解不約多少、但隨國死刑爲準。論取後義。今依次解耳。』（見戒疏記卷六）

△事鈔續云『然五錢之義、律論互釋不同。判罪宜通、攝護須急。故律云、下至草葉不盜。』　資持釋云『二約義定奪三、初示意。律論不同者律如後引、論卽前文。判罪謂犯已處斷、攝護謂專精持奉。今從攝護以定錢體。』

△事鈔續云『今諸師盛行、多依十誦。彼云、盜五錢者古大銅錢得重、若盜小錢八十文。』　資持釋云『二出濫用。捨急從緩、未體教意。古錢一當十六、五錢則成八十。』

△事鈔續云『隨其盜處、所用五錢入重。僧祇。王無定法、斷盜不定。當取瓶沙古法、四錢三角結重。四分但云五錢。準此、廢上律論、以後爲勝。縱四錢三角、善見解之亦同五錢。』　資持釋云『三明正判。中、初二句依論次解以定今義。僧下引據。王無定法者通指諸國也。瓶沙古法者佛依結戒、可以爲準也。此取盜五之法、不定古錢。四錢三角卽入五錢之限、兩角半錢猶屬盜四錢論。角者恐彼錢模變方、此間往古亦鑄方錢、今時圓者但約四字論之。四下準本宗以決廢律論者律卽十誦、論卽多論。初後二解以後勝者卽第二解、望初爲後。疏云、可如多論中間一解、隨國用錢、準五爲限、則諍論自息也。縱下會同。然善見僧祇並約古大銅錢、乃是取本王舍古法以釋五錢之義、至於斷盜、還隨國用、卽彼論云、乃至草葉不得取。故知急護頗合今宗矣。』（已上皆見事鈔記卷十八）

第二端　列義門

▲事鈔云『義門六句不同。一。十誦伽論云。錢有貴賤時。不妨錢貴盜一入重、遇値賤時百千犯輕。』資持釋云『錢貴賤者謂物有重輕、時有豐約故。貴者一當多用、賤者多當少用、如文可解。』

△事鈔續云『二。四分五分善見云。貴處盜物、賤處賣。還依本盜處估價。』　資持釋云『三文皆爾、故盡標之。此謂就本盜處損主以論、不約後賣不滿也。』

△事鈔續云『三。善見云。貴時盜得、賤時賣。若定罪者還依本時。　上三句互反、皆同得輕降也。』　資持釋云『意亦如上。如春時直十、夏但直一之類。　上下總點三句。初句文中已具。次句應云賤處盜物貴處賣、三賤時盜物貴時賣、並依本斷。』

△事鈔續云『四。摩得伽中。取五千不犯重。數數取四錢、數數作斷心。　或不得物而入重。如四分、燒壞色教他等。』　資持釋云『盜多犯輕、不至果故。　不得物犯重、但損他故。』

△事鈔續云『五。不滿五犯重。如四分。衆多人遣一人盜五錢、多人共分。或多人共盜、通作一分。但使滿五、一切同盜結重。　或盜過五結輕。如十誦、盜衆多人未分物者是。』　資持釋云『減五得重過五犯輕。前引四分。兩釋並約人多物少、故不滿五。通望彼物、齊入重刑。　後引十誦。通望彼衆、無滿五義。十方常住類此說。』

△事鈔續云『六。盜五人各一錢、結重。如僧祇。五人各以一錢、遣一人守掌。若盜、望守護人結。　善見云。欲知盜相。如師徒四人互相教、共盜一人六錢。各得一上罪、一中罪。自業不合教他業、但得一中罪。此義應知。』

資持釋云『六中謂盜少成重。初引僧祇。　次善見中。互相教者。如師教三弟子云、彼有六錢、大者取三、小各取一、（教人滿五）我自取一。（自業不滿）乃至小弟子云、和尚取三、同學各一、我自取一。（罪亦同上）一上罪者教他犯也。一中罪者自作犯也。自下釋結中罪義、恐疑共盜應須犯重故。』（已上皆見事鈔記卷十八）　行宗云『僧祇且從本主以立句義。然望護主成重、自是盜五耳。　善見四人互教。乃約異時爲言。若一時中、止可一人爲能教、三爲所教。能教取一即是盜一成重之義。』（見戒疏記卷六）

第五類　離本處

▲事鈔云『離處義、十句分之。』　行宗云『盜戒成犯雖約離處、然其離相不必物離。故以十門括示差別。』（見戒疏記卷六）

△事鈔續云『一文書成辨離處。如律師非法判用僧物之類。善見云、書地作字、一頭時輕、書兩頭時重。』

資持釋云『初句約判斷明犯、非法判用者妄書簿曆之類。善見下如作契書、分判地界。一頭輕者如書所從處時、方便中罪也。兩頭重者復書所至處時、究竟上罪也。』

△事鈔續云『二言敎立者。善見若盜心唱云、定是我地。地主生疑中罪。決定失心者重。 若共爭園田、違理判與、違理判得。乃至口斷多端皆重。 即如四分、若以言辭辯說、誑惑而取、皆重。』 資持釋云『次句但約口斷即犯。善見二節、初約盜地。 若下二約斷諍。違理判與者能判犯也、違理判得者所判犯也。下引四分即約辯說。文如前引。』 行宗云『口斷多端謂强詞巧辯、非理而斷。律中誑惑即邪心勸誘。並望發言決得無疑皆成上罪。』見戒疏記卷六

△事鈔續云『三移標相者。善見。標一舉時中罪、舉二標時重。謂量地度 乃至得一髮一麥皆重、地深無價。繩彈亦爾。』 資持釋云『標者下註顯相、如今丈尺之類。文中且引盜二標犯。準論、若盜三標、一舉下罪、二舉中罪、三舉重。乃至盜十標、前八並下罪、九中罪、十重。』

△事鈔續云『四墮籌者。四分、盜隱記數籌、分物籌。致令欠少也。』 資持釋云『墮籌者謂下籌多而令物少、或不下籌而取多物、雖非文意、世有其事。』

△事鈔續云『五異色者。十誦薩婆多云。氈褥氍毹、上有樹枝葉華。今從樹葉上、盜牽至樹華上、犯重。謂異本色故。 或如借他衣鉢、非理用損、減他五錢、亦結重罪。律云、若壞色故。』 資持釋云『初引十誦律論約異色犯。如毛縧杼織以成華朵鳥獸之物、而牽挽移易、損彼物故。 或如下次準本律約損色犯。』

△事鈔續云『六轉齒者。如十誦、摴蒱移棋子等。』 資持釋云『轉齒如世賭博、多用齒骨擲采博物、盜心移轉、隨物成犯。』

△事鈔續云『七離處明不離處。如僧祇、盜他牛馬未作得想、雖舉四足不成重罪。』 資持釋云『彼明盜四足者、驅向所期、足徧犯重、不隨所向者輕。雖離、但得中罪。本期不定、舉徧即重。本主來逐、心未得者輕。即文中所謂未作得想也。』

△事鈔續云『八不離處明離處。如善見。空靜處盜、決得無疑。如擲杖空中、必無不下。故動即成重。』

資持釋云『善見得心已決、微動即犯、不待離處。如下舉喻可解。』

△事鈔續云『九無離處辨離處。如四分、盜他田宅、攻擊破村燒蘊壞色、皆犯重等。』資持釋云『田宅等物永不可離、不同上句可離不離。』

△事鈔續云『十雜明離處。如空中吹物盜鳥、曲弋、斷流水注等。並不具述。廣如本疏。』資持釋云『第十且出空弋水注三相。律中明處則有十三、疏中次解。今略引示。初地中即是伏藏。有主、望主結。佛僧地、屬佛僧。二地上如今道地得物。三乘謂象馬等乘。若盜乘上物、離乘方犯。若兼乘盜、乘離即犯。四擔同乘兩分。五空謂衣物鳥等、從風所吹、而欲盜取。即此空處以辨離處。善見。盜空中鳥。左翅過右翅、尾處至頭、上下亦爾、俱得重罪。六架即曲弋也。若盜物者、物離方犯。若連架者、架離即犯。七村或盜村物。或盜村體、墼破壞等。八阿練若村外空地。同村可知。九田十誦。若為田故、相言得勝者重。不勝者輕。若作異相過分勝者重。十處所如店肆作處。盜物盜體、同上。十一船處盜物即以船為處。盜船體者、斷纜離處方犯。十二盜水即斷水注也。僧祇。溉灌水或一宿、直一文、或至四五。若壞彼渠、得下罪。水入田、中罪。滿五者、上罪。十三私度關如律、比丘無稅、白衣應稅、村中。為彼過物重。十誦、比丘應稅不稅、亦重。餘廣如疏。』已上皆見事鈔記卷十八 行宗云『五空中。左翅過右翅約橫飛說、尾至頭處約直飛論、上下可解。以空無分齊、還約鳥之飛動以明離處之相。九田中。相言謂詣官詞訟。得勝重者謂非理而得。若作異相者彼云、若不勝已、更作相、若所得地乃至滿五、得上罪。謂作標相取也 十處所中。處所語通。律云、若家、若市肆、果園、菜園、庭前、舍後、若復有餘處等。』見戒疏記卷六

第三支　結示

△事鈔云『然盜戒相隱、極難分了。若廣張體貌、徒盈卷軸、至於披檢、取悟必繁。故略列犯緣、粗知梗概、意存省事知足。憂心念道者、緣境既局、少應清潔。若多眾務而欲高升者、必羅盜網、終無有出。何者。由心懷勝劣、倒想未傾。初果無學、方可營事。有心懷道者、細讀附事、深思乃知。猶恐不肖者謂繁、余心實未言盡約略如前、故且削也。』資持釋云『初示前略意。憂下二明人有順違。初明知足之人懼犯退藏。言憂心者心之可畏、難可禁制、微縱成業、殃及累世、是可憂故。念道者慕出離也。緣境局者為教所禁也。若下明多事求進為盜所陷。多眾務者或好為人師、或樂營世福也。欲高升者名位過人也。羅盜網者結業成也。無有出者苦報無窮也。何下徵示其意、如前大集所揀人也。有下三勸修。初句召後人也。細讀者勸尋教也。附事者以教照境也。深思者以境觀心也。乃知者自省心行也。猶下遮後妄謂、以彰略意。』見事鈔記卷十八

▲戒疏云『此戒人多濳犯、不謂重罪、但是粗心。鈔疏雖繁、猶恐未悟、可例此斟酌犯罪相也。故善見云。戒中宜從急護。此第二戒、事相難解、不得不曲碎解釋、其義理分別、汝當善思。論文如此。臨事可不勉。

耶。』　行宗釋云『初敘數犯所以。　鈔下指撰述勸修。　故下引論文勉學、前引論文。　後二句指文以勸。』見戒疏記卷六　資持云『引論中初句通示教意、此下別指今戒必須繁文曲碎解釋者論涉三卷故也。其義理等者勸詳審也。』見事鈔記卷十八

第三項　不犯

▲事鈔云『三明不犯中。四分云、與想取、已有想、糞掃想、暫取想、親厚意者、皆無犯。　律中。具七法名親厚。一難作能作、二難與能與、三難忍能忍、四密事相告、五互相覆藏、六遭苦不捨、七貧賤不輕。　如是七法、人能行者、是善親友、準此量之。』　資持釋云『初引五想、皆謂無盜心也。與想者意謂他與也。已有者謂非他物也。糞掃者謂無主也。暫取者即持還也。親厚者無彼此也。　律下別釋第五七法中。一竭力代勞、爲之不厭、二己所重物、與之不悋、三極相違惱、了無所恨、四吐露私心、而無所隱、五掩惡揚善、恐傷外望、六囚繫患難、多方拯濟、七貴賤貧富、終始一如。　如是下結顯。故知誠實方入、開位自餘濫託、皆陷刑名。』見事鈔記卷十八

行宗云『不犯中五、前三約心明開、後二就事明開。』見戒疏記卷六

第三節　婬

五戒唯制邪婬、八戒正邪俱制、全同道衆。今文唯於犯相料簡中、略示邪婬之義。餘皆汎明婬相、不簡邪正。學者宜善分別觀之。

婬中分爲三項——一犯境
　　　　　　　　二犯相
　　　　　　　　三不犯

第一項　犯境

▲事鈔云『初明犯境者。僧祇云。可畏之甚。無過女人。敗正毀德。莫不由之。染心看者下罪。聞聲起染亦爾。』　資持釋云『初示過相。上二句示來報。次二句彰現損。　言可畏者訶欲經云、女色者世間之枷鎖、凡夫戀著不能自拔。女色者世間之重患。凡夫因之至死不免。女色者世間之衰禍。凡夫遭之無厄不至。行者既得離之。若復顧念。是爲從地獄出還復思入。又云。女人之相、其言如蜜、其心如毒。譬如清淵澄鏡而蛟龍居之。金山寶窟而師子處之。當知此害、不可近也。　敗正者立事公正。苟荒女色則無所成。即彼經云。室家不和。婦人之由。毀宗敗族。婦人之罪。　毀德者修身立行。或著女色則皆喪失。即經云。凡夫重色。甘爲之僕。終身馳驟爲之辛苦。淨心觀云。貪色者惛。貪財者悋。既惛且悋。雖有餘德亦不足觀。　染下明制急。　然心行微細。粗情不覺。縱知違戒。制御猶難。豈況悠悠。終無清脫。請臨現境自審狂心。或宛轉迴頭。或殷勤舉

眼、或聞聲對語、或吸氣緣根、雖未交身、已成穢業。大聖深制、信不徒然。諒是衆苦之源、障道之本。是以托腂而爲體、全欲染以爲心。漂流於生死海中、焉能知返、交結於根塵網裏、實謂難逃。當自悲嗟、深須勉强。或觀身不淨、卽是屎囊、或諦彼婬根實唯便道、或緣聖像、或念佛名、或誦眞經、或持神咒、或專憶受體、或攝念在心、或見起滅無常、或知唯識所變。隨心所到、著力治之。任性隨流、難可救也。』

△事鈔續云『四分中、犯境謂人非人（天子鬼神等）畜生三趣。據報則男女二形。據處則女人三道、謂大小便道及口、男子二道。此等婬處、若覺、睡眠、若死未壞、少壞、但使入婬處如毛頭、皆上罪。律云、牛馬豬狗雁雞之屬、莫問心懷想疑、但是正道皆重。』資持釋云『二列諸境中三、初列境相。又三、一以趣攝。註云等者卽修羅地獄、四合爲一。二約報有三、該上六趣。三約處亦三、須通三報。此下二定犯分齊。文列四相、二生二死、相別可見。如毛頭者、斷犯處也。律下三明不開疑想。律云、若道、作道想、若疑、若非道想、並上罪。文舉畜趣、餘趣同然。』

△事鈔續云『然婬過粗現、人並知非。及論問犯、犯皆結正。約相示過、耳不欲聞、或致輕笑、生疑、生怪。』資持釋云『三誡輕笑中二、初敍情、見上二句、縱其所知。及下示其制重、問犯謂究問教法也。約下述其愚暗。此有四過、一生厭惡、不欲聞故、二無尊重、生輕笑故、三無深信、疑非佛說故、四不正見、怪作是說故。』

△事鈔續云『故善見云、法師曰、此不淨法語、諸聞說者、勿驚怪、生慚愧心、志心於佛。何以故。如來慈愍我等。佛是世間王、離於愛染、得清淨處、爲愍我等、說此惡言、爲結戒故。又觀如來功德、便無嫌心。若佛不說此事、我等云何得知上罪。有笑者驅出。』資持釋云『二引誡。法師卽論主、將集此戒、故先約勸。文中三、初遮衆情。生下教觀察。生慚愧者、克己自責也。世間愚人、誰能反照。身行鄙穢、殊不省非、及聞教說、反生驚怪。汝必惡聞、何如不作。汝既自作、何得惡聞。此由不知於大慈門、說毗尼藏、全是指出衆生惡業。若能知業、豈復有教。嗚呼、凡愚迷倒至此。志下令觀勝境。初觀佛慈、又下次觀佛德、若下後觀佛教。有笑下明立制。』（已上皆見事鈔記卷十七）

第二項　犯相

犯相中分爲二支
- 一列示犯緣
- 二料簡雜相

第一支　列示犯緣

列示犯緣中分爲二類——一正明犯緣／二別示闕緣

第一類　正明犯緣

▲事鈔云『次成犯相有二緣。一自有婬心向前境、縱有裹隔互障、但入如毛頭、結成大重。具四緣成。一是正境、（男則二道女則三處）二興染心、（謂非餘睡眠等）三起方便、四與境合便犯。』　資持釋云『以自造他逼、犯相有異、故列兩緣。前約趣境論緣、由本有心、故就身明犯。後約境合辨緣、既開身交、故就心明犯。初自造第二註云等者卽不犯中一切無婬意、癡狂心亂等。』　行宗云『自造緣四種、不出心境。前二離明、後二合辨。三卽心爲境發、四謂境與心會。』（見戒疏記卷五）

△事鈔續云『二者若爲怨逼、或將至前境或就其身、佛開身會、制令不染。亦具四緣。一是正境、（不問自他）二爲怨逼、三與境合、四受樂便犯。　善見云。婬不受樂者、如以男根內毒蛇口中及以火中、是不染之相。』　資持釋云『二怨逼中、初示相有二。一逼己婬他、二爲他婬己。開身免難、制心護體。遭婬尚易、持往尤難。自非久習淨心、直恐未逃刑網。　善下示護心法、本謂女根故生染著、今爲蛇火、乃生厭懼、以心隨境轉、其必然乎。』（已上皆見事鈔記卷十七）

第二類　別示闕緣

△戒疏云『一闕初緣非道、道想及疑、得二中罪。　闕第二緣。無染心者、則無有犯、謂入無記及明觀故。闕第三緣。未起方便、威儀不破、但犯下罪、若動身相、則有次近二方便耳。　闕第四緣。未與境合、有二中罪。從破容儀去至對境、犯輕中罪。從境交對、毛分未侵、便止心者、得重中罪。』　行宗釋云『初卽境差、境想後二句。非道如餘身分。　二中。無記開前自造、如睡眠是。明觀開後怨逼、如蛇口火中等。　三四兩闕、卽三方便、隨止之處、闕不成犯。三中、初明犯遠、未起方便、謂未動身、不妨心犯。若下次明次近、以顯所闕。　四中。但犯次近、闕不至果、破容卽動身。止心語通境強疑心及善心息、並如前說。』（見戒疏記卷五）

第二支　料簡雜相

料簡雜相中分爲二類——一通簡犯相／二別示邪婬

第一類　通簡犯相

▲事鈔云『問。此婬戒結犯、通戲笑否。如以小兒根、內口中弄、故無婬心。答。婬心難識。準律云、愛染汙心。是婬欲意。並犯重罪。五分。若刺者是戲中罪、非戲者重。受刺者亦爾。』資持釋云『問中、上申疑問。如下示戲笑之相。答中。初示婬心。並下斷犯。五分下引證。則通兩判。刺者即毛頭相同今宗。非戲者即有欲心、同上所判。受刺亦爾約比丘言之。』

約比丘言之者。若在家人已受五八戒、亦例此結犯。

△事鈔續云『四分云。若為怨家、強持男根、令入三犯境。於三時、心無有樂、皆不成犯。隨始入、入已、出時、一時中、有婬意皆重。若為怨家強捉、二處行不淨。初入覺樂犯重。脫有其事、內指口中齧之、唯覺指痛則免重罪。如前論說蛇口火中可也。』資持釋云『初示犯相又二。前明逼已造他。律中但據初入覺樂、今約三時受始終故。若下二約為他造已。文依律引、不云三時、準前類解。脫下後教對治方法。』

△事鈔又云『若相教、作者能教犯中罪。不作、犯下罪。』資持釋云『中下二罪皆結能教。所教可知。通論四重、能教不同。婬則樂在前人。妄則名利擁彼。二犯並輕。殺盜二戒、損通自他。能所皆重。』已上皆見事鈔記卷十七

第二類　別示邪婬

▲業疏云『云邪婬者、此五戒相、由制他開自故。八戒云邪者、誤也。』濟緣釋云『五戒斷他妻、八戒二俱斷。』見業疏記卷十

▲資持云『邪婬者、俱舍有四。一他妻、二自妻非道、大道口道三非處、非房室中四非時。懷胎乳子受八齋時』見事鈔記卷三十九

第三項　不犯

▲事鈔云『三明不犯中。若睡眠無所覺知、謂開怨來逼己身分不受樂、謂開怨家將造他境一切無有婬意、無愛染汙心故並不犯。』資持釋云『初開無記。二開對治。覺知造遭、亦此所攝。三開非意、如上戲笑非重之類。文云一切、通收衆緣。』見事鈔記卷十七

第四節　妄

五八戒中妄語戒、括有大妄、小妄、惡口、兩舌、綺語。如下分列可見。　戒名唯標妄語、而兼攝惡口兩舌綺語者。如前宗體篇、戒法、歸戒儀軌、五戒料簡雜相中委明。

妄中分爲二項
- 一明大妄
- 二示四過

第一項　明大妄

▲資持云『妄語名通、加大簡小、唯局稱聖。』見事鈔記卷十八

明大妄中分爲二支
- 一犯相
- 二不犯

第一支　犯相

犯相中分爲二類
- 一列緣
- 二隨釋

第一類　列緣

列緣中分爲二端
- 一正明犯緣
- 二別示闕緣

第一端　正明犯緣

▲事鈔云『具九緣。一對境是人、二人想、三境虛、四自知境虛、五有誑他心、六說過人法、七自言已證、八言章了、九前人解。』　資持釋云『緣中、初後屬所對、中七屬能犯。七中、前四是心、後三屬口言。境虛者實無所知也。過人法者無漏聖道、出過凡法故。』見事鈔記卷十八　行宗云『初後是境、二五並心、餘皆妄法。』見戒疏記卷七

第二端　別示闕緣

▲戒疏云『若闕初緣、小漫三句。正剋四句。異境來替、相同前戒。』　行宗釋云『初緣、不明大漫。若對杌木合有三句、即杌作人想杌作非人想杌作畜想。』

相同前戒者即同殺戒。今據疏記之文、列表如下。

- 大漫三句
  - 杌作人想 —— 中罪向人說方便罪
  - 杌作非人想、杌作畜想 —— 下罪向非畜說方便罪
- 小漫三句
  - 非人作人想 —— 中罪向人說方便罪。此約誤言。若錯者、異趣非畜亦結上罪。
  - 畜生作人想 —— 同
  - 杌作人想 —— 同

- 剋心四句
  - 王作張想——上罪。行宗云、大妄不開剋心。
  - 非人作張想——中罪。向人說方便罪。此約誤言。若錯者、異趣非畜亦結上罪。
  - 畜生作張想——同
  - 杌作張想——同

錯誤之義。見前持犯總義、別簡性重、第二節錯誤中委明。

△戒疏續云『闕第二緣。漫心想轉有三。剋心轉想有四、加王人想故。　漫心辨疑有六。剋心辨疑有十、雙闕二緣有四十。作句並如上可解也』　行宗釋云『二中、前明轉想。漫心三句卽約小漫一人作非人想二作畜生想三作杌木想。剋心四句加張作王想。　次明疑心。漫心有六者亦約小漫、直疑有三一非人疑二畜生疑三杌木疑。互疑亦三一爲非爲畜二爲非爲杌三爲畜爲杌。剋心十句及下雙闕並同前戒』

闕第二緣中若列圖表、準前殺戒可知。今不復出。

△戒疏續云『闕第三緣境虛。今謂實者全無罪』

△戒疏續云『闕第四緣知已虛卽增慢者無罪』

增慢於下不犯中委釋。

△戒疏續云『闕第五緣有誑心。今不作究竟意、戲故下罪』

△戒疏續云『闕第六緣說過人法。今說人法、如多論云。自言持戒清淨、婬欲不起、不誦四含不坐禪、而言我誦我是並中罪』　行宗釋云『說人法者據是小妄、但虛稱功行卽大妄闕緣、故結中罪』

△戒疏續云『闕第七緣自言已證。今不言自證。　或有功德歎三寶故。或得下罪、我師是故。或得中罪、虛說他得以謀名利邪命活故』　行宗釋云『初示闕義。　或下明闕相。歎三寶者卽說僧寶通聖賢故。稱師下罪者但虛稱美不爲利故、必謀名利同下犯中罪』

△戒疏續云『闕第八緣。言不辨了、輕中罪』

△戒疏續云『闕第九緣。前人不聞或不了、但中罪耳』已上皆見戒疏記卷七

第二類　隨釋

▲事鈔云『四分十誦多論云。從得不淨觀已上至四果來。若云我得、皆犯重。　若現身相、前人不疑、同重。疑則中罪』　資持釋云『前引犯相。然律論所明聖法多種。文中舉要總而收之。自外凡已去、徹至極

果、所修觀行皆名聖法。即五停心總別相念四禪四空等、例是凡法、並通聖門、故同一犯。三十七品四向四果、即是聖法。若現下簡互造上是正業出口成犯不約他疑此由身造業相不顯故約前人疑信兩判。』
△事鈔續云『又四分云天龍鬼神來供養我等、亦同犯重。』資持釋云『戒疏問、天龍來供、凡尚感發、有何罪故乃入聖中。答相與聖通故齊一重、又過常人之所有故。』
△事鈔續云『又云、欲向此說乃向彼說、一切皆重。』資持釋云『錯互此戒不開。若就所稱之法誤錯則開、如下欲說此而錯說彼是也。』
△事鈔續云『摩得伽云、自稱是佛、天人師等、中罪。』資持釋云『如彼論解。稱佛犯中罪有二義。一、世間一佛、更無第二故。二具足相好異於世人、無人信受故。今時即佛、便謂已是、不復進求、準同此犯。經云、一切衆生皆有佛性。此指理同、須知事異。如冰即水、冰豈成流。似鑛即金、鑛無金用。豈得僭同上聖。惑彼下愚。恣懶慢以謂無修、作鄙穢而言妙用。若此即佛、何止汝徒、經說遮那徧一切處、則山河大地全法王身、蠕動蜎飛皆如來藏。此蓋都迷階漸、一混聖凡。滅法壞人、莫甚於此。自非達者、誰復鑒哉。』已上皆見事鈔記卷十八

第二支　不犯

▲事鈔云『不犯中律云、若戲笑、若疾疾說、屏處獨說、欲說此而錯說彼等。皆不犯重而犯下罪、以非言說之儀軌故也。』見事鈔記卷十八

▲戒本云『除增上慢。』見含註戒本卷上　戒疏釋云『除增上慢者無漏正道、出過相有、名爲增上。然於增上之法、未得謂得、名之爲慢。十誦云。久在山林、不覩妙色、暫伏煩惱、自謂永無、故生慢告。後近城傍、見色起染、知已是凡。更加精進、果成羅漢。佛言、犯下罪。』行宗釋疏云『初正釋中。初釋增上、即目聖道。然下釋慢、謂不進求。二引緣。妙即好也。境虛心實、但乖言議、故得下罪。若據本律、則不結罪。』見戒疏記卷七

第二項　示四過

示四過中分爲四支
- 一小妄語
- 二惡口
- 三兩舌
- 四綺語

已下所列四過、皆結下罪。

第一支　小妄語

▲資持云『小者對大爲言。但離聖法已外、一切皆歸此攝。大局小通、尋之可解。』

▲事鈔云『此戒人多喜犯者。良由妄業熏積、識種尤多。故隨塵境、動便虛構。不思反流之始、但願畢世之終。以此安生爲要、當死定非排業。良可悲夫。　加以犯無定境、起必依心。但使違內想心、不論外緣虛實、一切皆犯。』　資持釋云『初敍數犯以興歎。有二、上句牒示、良下釋所以。上二句明惑重。六識構造爲能熏、藏識含受卽所熏。識中之種、故名識種。故下二句明起業。塵境卽見聞等、虛構事無稽實、卽是妄語。不下二句明迷苦。上句謂不念生死、下句明悠悠度世。以下三句傷歎。上句躡上虛度、下句示後苦報。安生猶言居世也。縱妄守愚自以爲要、臨終神昧任業牽生。故云當死等。當將也、排遣也。對治智勝、業則可排。對治有二、一者事行抑制則能伏業、二者理觀明照則能滅業。以人之將死、善惡相現、惡强善弱、神隨業往。況無少善、豈能排之。　二明心境以勸修。上二句標定、下二句配釋。但使等者釋上次句、不論等者釋上初句。律云、若不見不聞不觸不知、是中見想聞想觸想知想、彼便言我不見不聞不觸不知、知而妄語者犯。若論妄語、境虛成犯、於義易知。今此境實、違想亦犯。敎唯約心、制急可見。虛實俱犯、故言一切。』

▲事鈔云『四分、不犯中、但稱想說、故不犯。文如註戒本中。』　資持釋云『指註戒者、彼云、不見言不見、乃至知言知等。今云稱想、在言雖略、無不攝矣。』已上皆見事鈔記卷二十二

第二支　惡口

▲事鈔云『智論。一人生國中、皆共作因緣。謂內法與外法爲因緣。如惡口業故、地生荆棘等。不作上諸惡者、地則平正。如彌勒佛時、人行十善、地多珍寶。』　資持釋云『內法是業、卽善不善。外法是報、卽所依器界。報由業感、故云與也。引此文者、意彰惡口過重、感報不淨。令自勉也。』

△事鈔續云『律云。佛言、凡有所說、當說善語、不應惡語。便自熱惱、乃至畜生聞毀慚愧、況於人也。』

資持釋云『東彼廣文、故云乃至。彼具云、刹尸羅國婆羅門有牛、與一長者牛鬭力、共駕百車、賭金千兩。婆羅門於衆前作毀呰云、一角可牽。時牛慚愧、不肯出力、遂卽輸金。乃至牛語婆羅門言、汝於衆前毀呰、故爾。又令主倍賭二千兩、當於衆前讚言端正好角。主依牛語、乃得勝彼。多論云、劫初未有三惡道、衆生盡從人天中墮、以宿習近是以能語。』

▲事鈔云『不犯中。相利故說、爲法故說、爲律故說、爲敎授故說、爲親友故說。上皆內無嫌恨、慈濟故示惡語。　或因語次失

口、或誤說等皆不犯。』　資持釋云、『前五皆據師友匠成、語雖粗惡、內無瞋怒、故在開位、如註顯之。疏云、片涉譏嫌、卽是正犯。然瞋心難狀、非智莫曉、彌須審悉、不可自欺。初言相利、卽泛爾同學、異下親友。四云敎授、謂直示時事、異上說法說律也。　餘約掉散遺失、失口謂心知語失、異下忘誤。』（已上皆見事鈔記卷二十二）

第三支　兩舌

▲資持云『兩卽所說之境、舌乃成言之具。疏云、此本翻譯頗是質陋、現翻爲離間語、斯爲得矣。』

▲事鈔云『律云、兩舌者彼此鬬亂令他破也。』

▲事鈔云『律不犯者、破惡知識、惡伴黨等。』　資持釋云『世有濫濁之人、反爲衆首、俗愚無識、妄相親厚、護法利他、故破無犯、惡伴同之。』（已上皆見事鈔記卷二十二）

第四支　綺語

▲資持云『言綺語者、古德釋云、如世錦綺交錯成文、或云綺側語、言乖道理故名綺側、亦名無義語。』

▲事鈔云『成論語雖是實、語以非時故卽名綺語、或雖是時、以隨衰惱無利益故、雖復利益以言無本義理、不次、皆名綺語。』　資持釋云『成論實語次第三相、俱有過故。非時者語不合宜、卽名不義。衰惱謂令他不樂。無本謂師心也。』

▲事鈔云『不犯者、若小語錯誤等一切不犯。』　資持釋云『失口非意、如常所開。』（已上皆見事鈔記卷二十二）

上來持犯別相中第一章性罪竟

第二章　遮罪

已下所列遮罪有五皆結下罪。

遮罪中分爲五節
- 一飲酒
- 二過中食
- 三高大牀
- 四嚴身
- 五歌舞

第一節　飲酒

飲酒中分爲三項
- 一制意
- 二犯相
- 三不犯

第一項　制意

▲事鈔云『律云。若以我爲師者。乃至不得以草木內酒中滴口。因說酒有十過。』　資持釋云『初示嚴敕。以爲資者必稟師教、不可違故。乃下明急制也。今時學法率多嗜酒。臨此慈訓、那不自慚。因顯過。一顏色惡、二少力、三眼視不明、（此三及六損色）四現瞋恚相、（此一與九亂神）五壞業資生、（破家）六增疾病、七益鬬訟、（長業）八無名稱、（喪德）九智慧少、十命終墮三惡道。（上九現惡十卽來苦）觀斯十過。現事灼然。世愚反云益力治病者。不亦謬哉。』（見事鈔記卷二十四）

第二項　犯相

犯相中分爲二支
- 一列緣
- 二隨釋

第一支　列緣

▲戒疏云『三緣一是酒、二無重病緣、三飲咽便犯。』　行宗釋云『第二重病緣開、如後自判。三飲咽。犯須論咽咽。』（見戒疏記卷十五）

飲咽犯須論咽咽者、隨一咽結一罪、多咽結多罪。

第二支　隨釋

▲事鈔云『四分中。但使是酒乃至草木作者無酒色香味、若非酒而有酒色香味、並不合飲。若酒羹和合食飲一切犯。若甜醋酒、食麴、酒糟、亦犯』　資持釋云『初示物體。甜醋酒者律作甜味酒醋味酒、今文合之。』　資持云『此方多有糟藏之物、氣味全在、猶能醉人。世多貪噉、最難節約。想西竺本無、故教所不制。準前糟麴。足爲明例。有道高士。幸宜從急。』

△事鈔又云『四分。若酒、作酒想若疑、若無酒想皆犯。（莫非取境犯。謂前有方便。）』　資持釋云『二明疑想引律境想、事同婬戒。　註中、初句示律文、次句明今釋。謂先有方便欲飲。至後飲時。乃生非酒想疑。後心無犯。成前方便。故須結犯。必先無意。迷忘須開。疏云。諸師約心從境制。余意不同。聖制有以、文少不了。豈有智人由來不

鯕須漿誤飮可結提耶。』已上皆見事鈔記卷二十四

第三項　不犯

▲事鈔云『律不犯者。若病、餘藥治不差、以酒爲藥。若用身外塗創。一切無犯。』見事鈔記卷二十四

▲戒疏云『餘藥不治、酒爲藥者。非謂有病卽得飮也。故須偏以餘藥治之不差、方始服之。』　行宗釋云『恐謂病開而輒爾妄飮。故示文意、不容倚濫。』見戒疏記卷十五

第二節　過中食

過中食中分爲三項
- 一制意
- 二犯相
- 三不犯

第一項　制意

▲事鈔云『智論問曰。若法無時。云何聽時食、遮非時食爲戒。　答曰。我已說世界名字法有非實、汝不應難。亦是毗尼中結戒法、是世界中實有、爲衆人訶責故。亦欲護佛法使久存、定佛弟子禮法故。　佛世尊結諸戒、不應求有何名字相應不相應等。』

△事鈔續云『若爾、云何但說假名時。　答。實時毗尼中說。以白衣外道不得聞、聞生邪見故。　說假名時、以通多分故。』　資持釋云『智論釋六成就中、時成就文。彼明天竺說時有二、一名迦羅、此云實時。謂年月日時四時節氣等、世俗皆計爲實故。二名三摩耶。此云假時。謂隨事緣長短不定、無有實故。佛隨世諦說三摩耶、不說迦羅、爲除外道俗人邪見故。俗人著有、外道計常、若說實時更增彼計。此亦大分爲言、非俱不說。論中、先破彼計實時皆無有實。然毗尼制法多依實時、則顯如來亦說實時、豈是無時。故以爲問、如鈔所引。　答中爲二、初約義釋通二、佛下遮其來難。初中三義。初從假釋。論中難破時已、乃云見陰界入生滅假名爲時無別時。謂時經及餘經等亦說實時、乃是隨世名字故云假名、此與俗說假名言同義別。又準佛說則彼二皆是假名、隨彼而言故云實耳。文云我已說者、卽指上文、世界法有故不妨說時非時、非實故不妨無時。立論已明、不審重問、故反責之云不應難。亦是下、次隨世釋。世界實者俗所計也、衆人訶者卽指緣起、由彼計實而致譏訶、律附世相遮譏故制。亦欲下、三護法釋。謂受戒時分定上中下、互相敬事、令法不滅、故云使久存等。初義約假從眞以釋、後二約實從俗而釋。　遮來難中。以毗尼制敎隨順世諦、從權建立、不可橫以眞理而難俗事、以化就蕩相制、是建立、故云不應求等。』　資持釋云『次難中。論文前云、如來爲除邪見、不言迦羅、說三摩耶。謂餘經中多說假時、如上引律乃說實時、義有相違、故以

爲難。　答中爲二、初明毗尼說實意。上句正示、以下顯意。謂毗尼不許白衣外道聞故可說實時、以道衆自知非實不生邪執故。　說下次明餘經說假意。通多分者道俗俱可聞故。』

△事鈔續云『今有妄學大乘者、多貪著非時食故具引誡之。』　資持釋云『以學語者、恥己貪嗜、濫謂大乘無時非時。故今還引大論以誡邪執。』（已上皆見事鈔記卷二十三）

第二項　犯相

犯相中分爲二支——一列緣／二隨釋

第一支　列緣

▲事鈔云『四緣。一是非時、二非時想、三時食、四咽咽犯。』（見事鈔記卷二十三）

第二支　隨釋

▲事鈔云『律云時者、明相出乃至日中。非時者、從日中乃至明相未出。　僧祇。日正中時、名時非時、若食亦犯。時過如一瞬一髮、食者正犯。』　資持釋云『云至中者此明極限、食必中前。　正中亦犯故知受食必在中前。　經中食時乃當辰巳。古德卯齋護之彌急。有聞諸佛日中食、便謂中前非法、蓋不知教也。』

日中之義、如附錄中日中攷委明。

前列緣中云時食者、如疏鈔所謂豆穀乳酪餅果飯菜及米汁粉汁等、從明相出至於日中、聖教所許、故名時食、非時不許妄服。若清澄之果汁及蜜等、併一切鹹苦辛甘不任爲食之藥、如胡椒黃芪等、以上三類不名時食、若有病者以水和合、非時開服。

△事鈔云『五百問云、食已用楊枝、若灰嗽口。』（已上皆見事鈔記卷二十三）

第三項　不犯

▲事鈔云『律不犯者。若作黑石蜜、和米作。　有病者、煑麥令皮不破、漉汁飲。　若喉中哯出、還咽不犯。善見、出喉還咽、犯。』　資持釋云『黑石蜜者古記云、用蔗糖和糯米煎成、其堅如石。雖兼時食、過中開服。有病開麥汁者以淸澄故。　哯音演、嘔吐也。開文不顯、故引論決之。』（見事鈔記卷二十三）

▲事鈔云『僧祇、一切豆穀麥、煑之頭不卓破者之汁。』　資持釋云『豆等頭不破者若破、非時不得飲。』（見事鈔記卷二十三）

準此、非時開飮、不唯麥汁、兼及豆穀。煑之須皮不破、漉汁淸澄、病者開飮。若皮微破、汁稍濃濁、卽屬時食、愼之。

第三節　高大牀

▲事鈔云『律云、高如來八指。多論、高大悉犯、俗人八戒亦同。八指者、一指二寸。姬周尺一尺六寸、唐尺一尺三寸强。』　資持釋云『初引律示量。多論明高廣俱制、大卽是廣。高量如下、廣者準業疏方三肘者不合坐。五尺四寸疏文又引阿含八種勝牀俱不合升。金銀牙角嚴飾故勝佛師父母從人故勝　八指下定尺數。周一尺二寸爲唐一尺。其餘四寸以三寸六分爲三寸。餘四分在故云强也。』見事鈔記卷二十五

牀者、凡坐臥諸牀皆屬之。　牀足用佛指量、佛指者每一指計周尺二寸。後段鈔文開揩腳木用人指量、人指者每一指計周尺一寸。

周尺體量、如附錄中周尺攷委明。

▲行宗云『律云除入梐孔上、謂入孔枸頭不在數也。』見戒疏記卷十五

▲事鈔云『僧祇、若下溼處、用八指木揩腳得。上開揩腳木、用人八指量。準此下溼處揩牀者、應開得在上禮佛、若揩高者不合也。』　資持釋云『揩謂承藉之物。　註明禮佛世多處牀可開溼處、餘處不得。又止八寸、不得更高。』見事鈔記卷二十五

禮佛世多處牀者、今稱爲拜凳也。

第四節　嚴身

▲資持云『西土以華結鬘貫首及用香油塗身、以爲美飾。此方須除帶佩華瓔脂粉塗面等。』見事鈔記卷三十九

第五節　歌舞

▲業疏云『作倡伎樂者。倡謂俳優、以人爲戲弄也。樂謂金石八音之所奏也。伎通男女、卽奏樂者。』

濟緣釋云『金石絲竹匏土革木謂之八音。奏進也。』見業疏記卷十

上來持犯別相中第二章遮罪竟

上來持犯篇中第二門持犯別相竟

上來第二持犯篇竟

懺悔篇

▲資持云『梵云懺摩、此翻悔往。有言懺悔、梵華雙舉。準業疏云、取其義意謂不造新、懺謂止斷未來非、悔謂恥心於往犯。有將懺字訓首訓鑒、義雖通得、華梵須分。』

▲事鈔云『夫結成罪種、理須懺除、則形清心淨。　故薩婆多云、無有一法疾於心者。不可以暫惡、便永棄之。故須懺悔。』　資持釋云『初敘懺意、上句明造業結業成因、必招來果、故如種焉。次句明須懺。以犯從妄起、罪假緣生、妄體本空、緣生無性、了知妄本則犯相何依、識達緣生則罪根叵得。是以忽追所犯、深恨前非、仰對勝緣、盡披肝膽、罪從心起、還逐心亡、既伏現因、不牽後果。犯而不悔、業苦何窮、有智識非、義無隱覆故也。則下彰益。　故下二引勸、初引論、不下申勸。彼論問曰、何法重於地、何法高於空、何法多於草、何法疾於風。答曰、戒德重於地、我慢高於空、煩惱多於草、心念疾於風。今略引後句、以明昔心造惡、今忽追悔、刹那翻善、不待終日。意令有犯速須求懺。』

▲事鈔云『涅槃云、犯四重者、生報即受。　若披法服、猶未捨遠、常懷慚愧、恐怖自責、其心改悔、生護法心、建立正法、爲人分別、我說是人不爲破戒。　若犯四重、心無怖畏慚愧、發露於彼正法、永無護惜建立之心、毀呰輕賤、言多過咎。若復說言、無佛法僧、並名趣向一闡提道。　云何是業能得現報、不未來受。謂懺悔發露、供養三寶、常自呵責、以是善業、今世頭目等痛、橫羅死殃、鞭打飢餓。若不修身戒心慧、反上諸法、增長地獄。』　資持釋云『初示罪報。　若下二明犯心有二、初約護法說破爲不破、善業勝故、犯心輕故、亦欲進彼護法者故。未捨遠者謂於佛法猶戀慕故。　若犯下次約壞法說爲犯。言多過咎、即說佛法中多過失故。一闡提此云無信。　云下三示悔法。初標問、謂下答釋。初明懺者現報即受、所謂轉重爲輕也。橫謂非橫、羅猶墮也。若下明不懺者生報方受。彼經云、若不觀身無常、名不修身。不觀戒是善梯隥、名不修戒。不觀心躁動制伏、名不修心。不觀智慧有力能斷、名不修慧。』已上皆見事鈔記卷二十八

懺悔中分爲二門
- 一略分化制通局
- 二別明化教二懺

第一門　略分化制通局

略分化制通局中分爲二章
- 一明化教
- 二明制教

第一章　明化教

▲事鈔云『今懺悔之法大略有二、初則理懺二則事懺。此之二懺通道含俗。』　資持釋云『化教具兼兩懺、通被二衆、如文所敍。又復二懺通大小乘。又所犯罪通悔三世、總牒十業。』見事鈔記卷二十八

上來略分化制通局中第一章明化教竟

第二章　明制教

▲事鈔云『若論律懺、唯局道衆。　由犯託受生、汚本須淨。　還依初受、次第治之。』　資持釋云『制中反成五局。言律懺者局小宗也。如文自述局道衆也。託受生者局事行也。依初受者局現犯也。次第治者局名體也。上且分對。次釋文相。初二句標局。言道衆者總收出家五位。　由下釋局所以。文敍犯懺皆依本受。受是稟制。於制順違、遂成持犯。則彰律儀與經天別矣。初句示犯起之本、次句明制懺之意。　還下示立懺之法。』見事鈔記卷二十八

化制二教通局互對、今依記文列表如下。

化教	二懺通大小乘	通被二衆	具兼兩懺	所犯罪通悔三世	總牒十業
制教	局小宗	局道衆	局事行	局現犯	局名體

上來略分化制通局中第二章明制教竟

上來懺悔篇中第一門略分化制通局竟

第二門　別明化教二懺

別明化教二懺中分爲二章
- 一對顯二懺
- 二重廣理懺

第一章　對顯二懺

▲事鈔云『若據通懺、理事二別。』　資持釋云『標云通懺者如上五對、通義可知。』

△事鈔續云『理據智利。觀彼罪性。　由妄覆心便結妄業。還須識妄本性無生。念念分心業隨迷遣。』　資持釋云『理懺者此約觀慧推窮業性明見眞理。罪得伏滅。故云懺也。文中初標根性。且望修事通明利根、若對三觀智用淺深自分利鈍如後可見。　觀下二示觀行。初句示所觀境。　由下明能觀智。上四句明達妄見理、下二句明行成罪滅。分謂分辨、卽觀照也。此中通示理觀。無生之言總下大小三種之理。』

△事鈔續云『若論事懺屬彼愚鈍。　由未見理、我倒常行、妄業翳心隨境纏附、動必起行行纏三有。爲說眞觀、心昏智迷。　止得嚴淨道場稱歎虔仰或因禮拜或假誦持旋繞竭誠心緣勝境。　則業有輕重。定不定別或有轉報。或有輕受。　並如佛名方等諸經所明。』　資持釋云『次事懺中、初標機宜。　由下二示懺法又二、初敘不堪理觀。　止下二正明事懺二、初明事行。　則下明成益上二句示先業言輕重者就過爲言。五逆謗法用僧物等爲重。餘則爲輕。又凡造罪具足三時俱起猛心爲重。或二時一時爲輕。定不定者復簡重業。定業極重縱懺不亡。不定猶輕或容轉易。下二句彰益轉報謂易奪不受。對上輕及不定業也。輕受謂轉重爲輕。卽上重中定業也。　並下指廣。虛空藏經占察經等並明悔法。若準業疏須具五緣、一請佛菩薩爲證卽奉請衆聖也二誦經咒卽誦經諷咒三說己罪名卽說懺悔四立誓言卽今發願五如敎明證。卽今求相簡擇邪正』已上皆見事鈔記卷二十八

今據上段資持釋業有輕重定不定別或有轉報或有輕受鈔文之義、併會通業疏四句、列表如下。其中依業疏增入者、上下用〔　〕記號。

- 業有輕重
  - 就過輕重言
    - 五逆謗法用僧物等爲重
    - 餘則爲輕
  - 就初中後心輕重言
    - 具足三時俱起猛心爲重
    - 〔具足三時非俱起猛心亦爲重業〕
    - 或二時一時俱起猛心爲輕
    - 〔二時一時非俱起猛心愈輕〕
- 重業有定不定別
  - 定業極重縱懺不亡
    - 〔具足三時俱起猛心〕
    - → 或有輕受　謂轉重爲輕
  - 不定猶輕或容轉易
    - 〔具足三時非俱起猛心〕
    - → 或有轉報　謂易奪不受

初中後心三時者、謂方便時、根本時、成已時。猛重心相者、謂方便擧尤害心、根本起尤快心、成已起隨喜心。　其中輕重有無列示句數如前持犯篇、持犯總義、辨犯優劣章、單心辨犯及有心無心辨犯二節廣明。宜檢閱之。業疏釋懺六聚法篇、引他解中、分列四句、至爲明晰。今準其義、附列表如下、以資參考。　文見業疏記卷二十二。

- 三時俱有心時報俱定，幷俱重心 —— 不可不受、則轉重令輕。
- 三時俱有心時定，報不定，雖容有重輕 —— 懺悔可轉、則有相除。
- 非三時有心者時不定，俱有心報定俱重心
- 非三時俱有心時報俱不定有心者非俱重心
  —— 此造業輕、易懺伏也。

▲濟緣云『問、修理懺人須禮誦否。答。愚智兩分、事理無二。上智達理不礙修行。中下昧空故存漸誘。應爲四句、總攝羣機。一得理失事、一心禪觀、外闕莊嚴、如有目無足不能前進。二逐事迷理、計功分課、不了緣生、如有足無目不知所從。三事理雙運、目足相資、萬行圓修、必至彼岸。四理事俱昧、盲而無足、愚癡惰慢、終無出期。是知理事各立未免偏邪。空有一如是眞修習。故曰、實際理地不受一塵、佛事門中不捨一法。諸佛菩薩歷劫熏修、華竺祖師終身苦行。此理深密、何可盡言。略示大途、粗分緇素耳。』見業疏記卷二十二　資持云『今時愚者、錯解佛乘。皆謂理觀寂爾無思、空然無境、取捨不得、能所俱亡。頑然寂住便是眞如、放蕩任情卽爲妙用。由是不禮聖像、不讀眞經、毀戒破齋、嗜酒噉肉。誇爲大道、傳化於人。惡業相投、率多承習。此乃虛妄臆度、顚倒論迴。豈知達法皆眞何妨泯淨。了眞卽用豈礙修行。是知悟理則萬行齊修、涉事則一毫不立。自非通鑒、餘復何言。』見事鈔記卷二十八

上來別明化教二懺中第一章對顯二懺竟

第二章　重廣理懺

重廣理懺中分爲三節
- 一標示用心
- 二別列三觀
- 三結示

第一節　標示用心

▲事鈔云『言理懺者、既在智人、則多方便。隨所施爲、恆觀無性。以無性故、妄我無託、事非我生、罪福無主、分見分思、分除分滅。如人醒覺、則不眠醉。』　資持釋云『初示所修觀相。無性卽空理。以下明罪滅所以。諸世間業皆從我生、我爲業主、我既無託、故所造善惡不從我倒而生、妄業無依、故得除滅。見謂

達理、思謂起修、除謂能觀智、滅卽所觀業、破妄顯眞而非頓證故皆云分。若約位判、分見分思卽內凡人、分除分滅卽初果已去。　如下喻顯。眠醉喻迷、醒覺喻悟、眠覺醉醒相似法故。』（見事鈔記卷二十八）

第二節　別列三觀

▲事鈔云『然理大要不出三種。』　資持釋云『理本是一、何有三者。若權實往分、前二是權、後一是實。若大小相對、前一是小、後二屬大。若約開權會小、終歸一理。若對三宗、性空局小、唯識局大、相空通小大。如是分之。』

△事鈔續云『一者諸法　性空無我。　此理照心、名爲小乘。』　資持釋云『性空中分三、初示所觀境卽諸法二字。諸法之言總包一切。諸經論中或約依正因果、或世出世間、或有漏無漏、或色心非色心、或善惡無記、或陰界入等。若據通論總觀諸法、今就懺悔且指罪業而爲觀境。　性空無我一句卽能觀智。罪從緣有、本無自性。緣卽心境、虛妄心境和合成業、業性自空、非使之空、由存妄計、故受輪轉、但破妄計、覓罪叵得、叵得之處强名空理。言性空者、小機智劣、不能卽法見空。必待推析、窮法體性、然後方空。　此下判位。小乘通收聲聞緣覺。據所乘法諦緣雖殊、若論斷證同見空理。』

△事鈔續云『二者諸法　本相是空、唯情妄見。　此理照用、屬小菩薩。』　資持釋云『相空中亦三、示境同前。　能觀中、言相空者了法無相。猶如幻化、昧者謂眞、亦如空華眼病謂實、故云唯情妄見。　判位中、小菩薩者雖發大心、未窮心本、故設此觀空諸塵境、如諸般若所被初心。言照用者、二乘住寂故但照心、菩薩涉事故云照用。　若對三宗、卽當四分、同觀空理、故云小也。志慕佛乘、故云菩薩。』

△事鈔續云『三者諸法　外塵本無、實唯有識。　此理深妙、唯意緣知。是大菩薩佛果證行。故攝論云、唯識通四位等。』　資持釋云『唯識中三科同上、觀境可解。　能觀中、外塵謂一切境界也。言本無者有二義、一者境卽心故、二者虛妄見故。實唯有識者、言唯則遮於外境、言識則表於內心。　判位中、上二句彰勝。對前粗淺、故云深妙。次二句正判。大菩薩者、初地已去也。故下引證。彼以五十二位總爲四位。論云、一切法以識爲相、眞如爲境。（境卽是體）依此境界、隨心信樂、入信樂位。（此收加行十信十住十行十迴向四十位）如理通達、得入見位。（卽初地也）能對治一切障、得入修位。（二地至七地）出離障垢、得入究竟位。（八地至佛地）初位所修名影像唯識、後三所修名眞唯識。（有人將前小菩薩對加行者、不知觀行不同也）　問。有人云、唯識觀南山判位太高、又云、深位無罪、豈須懺悔。其意云何。答。論文自云唯識通四位、那責南山判耶。此蓋特舉深位以彰理妙、當知悔法正爲下凡、故下勸令任智强弱、隨事觀緣、豈令果

佛而悔罪耶。前修率爾不無小疵、後進狂簡便生輕謗。寄言有識、詳而愼之。』已上皆見事鈔記卷二十八

第三節　結示

▲事鈔云『以此三理。任智強弱。隨事觀緣。無罪不遺。』　資持釋云『據理深淺、由機強弱、當量己分隨力修之。然末世情昏。鮮逢利器。尙未堪於事行。況克意於玄門。三觀微言。於茲殆絕。嗚呼。』見事鈔記卷二十八

上來別明化教二懺中第二章重廣理懺竟

上來懺悔篇中第二門別明化教二懺竟

上來第三懺悔篇竟

南山律在家備覽　略篇

學者宜先詳覽卷首之例言及目表。然後再閱正文。

別行篇

別行篇中分爲六門
- 一敬佛儀相
- 二入寺法式
- 三造像塔寺
- 四瞻視病人
- 五離諸非法
- 六出家宗致

第一門　敬佛儀相

敬佛儀相中分爲二章
- 一先示敬儀
- 二正明敬相

第一章　先示敬儀

▲事鈔云『若塔廟支提受用之物、乃至擬造堂殿牀座材石等已經佛像受用者。縱使風吹雨破。當奉敬之。如形像無異。　故四分中王以園施佛。佛不受。當令奉僧、何以故。若佛園及園物房舍房舍物、衣鉢坐具鍼筒、便是塔廟。一切諸天世人沙門魔梵不能受用。應恭敬如塔。若施僧者、我在僧中。』　資持釋云『初受用功勝中、初正明準前盜戒。佛受用物、乃至爲佛。亦不得賣易支提。亦翻爲廟。　故下引證王卽瓶沙王。施佛則永不通僧。施僧則兼通於佛。』

△事鈔續云『增一云。告諸比丘。禮佛承事有五功德。一者端正。以見佛像、發歡喜心。二者好聲。由見形像、

口自稱號南無如來無所著至眞等正覺。三多財報。由以華香供施故。四生長者家。由見形已、心無染著、志心禮故。五命終生天。此卽諸佛常法。當如是學。』　資持釋云『二承事感報。五功德前四別報並列因果、後一總報通前爲因故。但示果。南無經音義中翻爲歸禮、或云歸敬、或云度我。此卽下勸修。諸佛所行、下凡宜學。』

△事鈔續云『智論。禮法有三。一者口禮。二屈膝、頭不至地。三頭至地、是爲上禮。　地持、當五輪至地作禮阿含云、二肘二膝頂、名輪也。亦云五體投地。　先正立已、合掌、右手褰衣、屈二膝已、次屈兩肘、以手承足、然後項禮。後起項頭、次肘、次膝、以爲次第。（不相亂也）』　資持釋云『三設禮儀式中、初引三禮。口卽言相審問、名下禮。屈膝卽跪、爲中禮。頭至地卽稽首也。　地下示五輪。地持語通、故引阿含續釋。五處皆圓故名五輪、四支及首名爲五體。輪則別指五處、體則通目一身。　先下正示禮儀。正立者攝身儀也。合掌者定心想也。兩掌相抵、指掌齊合、今人但合指耳。屈則先下後上、起則先上後下、故註云不相亂也。手承足者舒手仰承、表敬之極。今人有結印者、不知法也。世衰法喪、不識禮儀。或覽此文、宜須依準。』

△事鈔續云『智論云。若聞諸佛功德心敬、尊重恭敬讚歎、知一切衆生中、德無過上、故言尊也。敬畏之心、過於父母師長君王、利益重故、故云重也。謙遜畏難、故云恭。推其智德、故云敬。美其功德、爲讚。讚之不足、又稱揚之、爲歎。　又云。植佛福田者、植謂專心堅著也。隨以一善、禮誦香華等、至佛無盡。由智勝故。』　資持釋云『四對境用心中引論兩段、前段初三句總標。知下牒釋。六義通是敬心。別分三業、恭敬二字義必兼身。又通約能敬、尊重二字則兼所敬。　又云下引次段、上舉喩。佛如肥田、專心如好種、堅著如投種於田、隨下法合。一善等是因、至佛是果。由下顯意。』

△事鈔續云『毗尼母。不得着革屣入塔繞塔。富羅不得入塔者、彼土諸人著者皆起慢心、故不聽著。寒雪多處聽著靴富羅。　三千云。繞塔法、一低頭視佛、二不得蹈蟲、三不左右視、四不唾地、五不與人語。　又當念佛恩大難報、念佛智慧、念佛經戒、念佛功德、念佛精進乃至泥洹。又念僧恩師恩父母恩同學恩。又念一切人、皆使解脫離苦。又念學慧、除其三毒、求出要道。見塔上草、念手去之。有不淨、卽分除之。若天雨、當脫履塔下、乃上禮佛。』　資持釋云『五入塔法中、母論西國以跣足爲敬故不得入塔。此方以穿著爲禮。或著襪履亦須潔淨。寒雪處聽者謂開邊國。　三千中、初明繞法。一現卑下、二示慈心、三離輕掉、四離觸穢、五離憒鬧。　又當下次明用心。念佛恩者無量劫來、爲度我等、不惜身命、求菩提故。念佛智者權巧方便、不思

議故。念經戒者三藏教法、開發我故。念功德者威神相好、無與等故。念精進者乃至無一芥子地、非捨身處故。念泥洹者示現滅度、令諸衆生、追慕勤修故。乃至者略降生成道轉法輪故。僧是福田、師則攝誘、（上即三寶）父母生育、同學琢磨、皆思報故。念一切人即利他。念學慧即自利。念除草即營福。天雨脫履者即知天晴亦通著。上但須淨耳。如上所念、不出三寶親友。慈悲福慧自利利他。尋之可見。』

△事鈔續云『五百問云。比丘繞塔、女衆隨者、不得有優婆塞、不犯。　大論、如法供養法、必應右繞。　善見云。辭佛法。繞佛三帀、四方作禮而去。合十指爪掌、叉手於項上、卻行。絕不見如來。更復作禮、迴前而去。』

資持釋云『六旋繞法中。五百問息嫌疑。智論示繞法。善見明禮辭。』（已上皆見事鈔記卷三十七）

上來敬佛儀相中第一章先示敬儀竟

第二章　正明敬相

正明敬相中分爲三節
- 一總斥非法
- 二坐立差異
- 三修供時節

第一節　總斥非法

▲事鈔云『佛像經教住持靈儀、並是我等所尊敬。則至眞齊觀。今多不奉佛法。並愚教網。內無正信。見不高遠、致虧大節。或在形像之前、更相戲弄、出非法語。舉目攘臂、偏指聖儀。或端坐倨傲、情無畏憚。雖見經像、不起迎奉。致令俗人輕笑、損滅正法。』　資持釋云『初通斥輕慢之相。二、初斥非致毀中二、初敍合敬。我等者通指末代。敬像同眞佛。敬經同眞法。故云齊觀。今下次正斥又四、初指非。並下示所以。初句無智、次句無信。三即無識。由無此三、不守禮度。故云虧大節也。或下出非相。文敍多事、不出三業。攘謂揎袖出臂。憚難也。致下明過狀。』

△事鈔續云『故僧祇中。禮人不得對於佛法。乃至懸施旛蓋、不得蹋像、別施梯隥。以此文證、明敬處別。既知多過。彌須大愼。至堂殿塔廟、如履冰臨深。覩形像經教、必懾然加敬。此則道俗通知。奉法賢聖。達其信心。且如對王臣令長、事亦可會。凡情難任、聖法宜遵。』　資持釋云『二引教伸誡中二、初引文。禮人懸旛俱非惡事、猶誡輕侮。良由對聖、更無所尊。故云敬處別也。蹋謂足踐。　既下次申誡、初勉愼。至下示法。履冰臨深喻其悚懼。（詩云、戰戰兢兢、如臨深淵、如履薄冰。今借用之。）此下彰益。上句規他、下句感聖。且下舉況。令長即郡縣官典。凡下勸依

任信也。』

△事鈔續云『比世中、多有在下牀上禮佛者。此全無楷模。敬人尚自被責。敬佛自心在慢。有心存道者。必不行之。余親問天竺諸僧。諸國無有此法。來此方見』　資持釋云『二別斥居牀設禮中、初指非。下牀即低。牀今時愚徒。多習訛風。有識苟聞。幸宜悛革。此下正斥。祖師嘗遊晉魏、親覩其事。乃於牀上與僧設禮、彼反責之。故云敬人等楷模即指法律。余下引親傳以驗。既非西竺之法。顯是此土濫行』已上皆見事鈔記卷三十七

準事鈔釋高大牀戒註、於下溼處、應開得在揩牀上禮佛。見前持犯篇、遮罪、高大牀節。

第二節　坐立差異

▲事鈔云『智論云。外道是他法、故輕佛、來至佛所自坐。白衣如客、故命坐。一切出家五衆、身心屬佛、故立。若得道羅漢、如舍利弗等、皆坐。三道已下、並不聽坐、以所作未辦結賊未破故』　資持釋云『前二俗衆俱坐、命不命別。後明道衆或坐不坐。學無學分。三道即三果、凡夫可知。未辦謂所證道、未破謂所斷惑』

歸敬儀云『今有安坐像前。情無敬讓。可謂無事受罪。枉壞身心。如上三果尚立。況下凡乎。像立而坐。彌是不敬。比今君父。可以例諸。此言易矣。臨機難哉。常志在心。努力制抑。方可改革。不爾雖讀。不救常習。思之惟之』見釋門歸敬儀第一

案白衣已受歸戒者、似應同道衆、立而不坐。與論云白衣如客者、異也

▲事鈔云『十誦、得對佛加趺坐』　資持釋云『或爲瞻想。或復禪誦故』已上皆見事鈔記卷三十七

第三節　修供時節

▲事鈔云『僧祇、佛生日乃至涅槃日、爲大衆說法稱揚佛德。薩婆多云、二月八日成佛亦以此日生、八月八日轉法輪亦以此日取涅槃。若依瑞應等經、多云四月八日生。涅槃初云、二月十五日臨涅槃復度十仙、云過三月已入涅槃。月德太子經、八月十五日入滅。此並由衆生見聞不同。故時節不等。智論云、舍婆提城九億家、尚三億見或聞、由慢業故。佛世猶爾。何況末法轉輕、心業最重』　資持釋云『前引僧祇通示四時。文略成道轉法輪二日。故云乃至。今時但知降生涅槃二時供養、餘二舉世未聞。聞者行之。薩下次定日月。又二、初引文示異。三初多論總明四日。但二日重疊。今取下瑞應四月八日降生、復準涅槃二月十五日滅度。則四日各異。修供

可行。復是此方機緣所樂。故一年四日、釋門時節。二月八日成道、二月十五日涅槃、四月八日降生、八月八日轉法輪。適時之義、勿事專隅。次引瑞應別示降生。具云太子瑞應本起經、有二卷。後引涅槃月德別明入滅。涅槃初云者、卽第一卷序分中文、簡後三十故。（一經前後自別、今時卽用後文。）月德中與上多論相近。阿含亦云如來八月八日涅槃。　此並下二約義會通、初正明。二引證。舍婆提卽是舍衛、文中且舉見聞。準論具云、舍衛九億家、三億家眼見佛、三億家耳聞有佛而眼不見、三億家不聞不見。佛在舍衛二十五年、而此衆生不聞不見。何況遠者。由慢業者出不見及不聞之所以。我輩生不值佛、豈非慢重。撫膺自責、深痛沈淪。嗚呼。佛下舉況滅後正法不及現在、像不及正、末不及像、故云轉輕。謂奉佛之心薄也。心業卽慢習也』（見事鈔記卷三十七）

上來敬佛儀相中第二章正明敬相竟

上來別行篇中第一門敬佛儀相竟

第二門　入寺法式

▲事鈔云『俗人士女入寺法。先出文意。息心靜默非喧亂所集、軌法施訓豈漏慢所踐。且心棲相表、形異世儀。歸奉憑趣、理存規則。故應其俯仰、識其履行。是敬事儀式、如法親覲。豈可足蹈淨剎、心形懈慢。非唯善法無染、故得翻流苦業。可不誡哉。』　資持釋云『初敘寺處淸嚴。僧居有二、一者慕靜卽自行、二者施訓卽化他。居靜不宜喧、稟訓不當慢。此四句卽約行顯處也。且下次敘入須法式、二。初明所應爲。上二句標境勝、下六句示須法所以應合也。俯仰卽儀貌、履行卽所爲事。豈下次示不應爲。蹈履也。形見也。非唯等者謂無益有損、流墜也。』（見事鈔記卷三十九）

入寺法式中分爲二章
- 一中國舊法
- 二今師要術

第一章　中國舊法

中國舊法中分爲二節
- 一入寺法
- 二出寺法

第一節　入寺法

入寺法中分爲二項
- 一淸信士法
- 二淸信女法

第一項　淸信士法

淸信士法中分爲二支
- 一示正法
- 二斥非法

第一支　示正法

▲事鈔云『今依祇洹舊法、出中國士民、凡至寺門外、整服一拜、入門復禮一拜。安詳直進、不左右顧眄。先至佛所、禮三拜竟、圍繞三帀、唄讚三契。若未見佛供養、設見衆僧不先與語。禮佛已、方至僧房戶外、禮一拜。然後入見上座、次第至下、各禮一拜。若見是非之事、不得譏訶。若發言嫌責者、自失善利、非入寺之行。僧中亦不可識事似俗、闕檢意則殊。今以俗情檢道、意誠非易。若以見僧之過、則不信心生、生便障道、終無出期。且初入寺、背僧取異、云何得作出家因緣。經云、夫入寺者、棄捨刀仗雜物、然後乃入。順佛而行、不得逆行。設緣礙左繞、恆想佛在我右。入出之時、悉轉面向佛。』資持釋云『初禮敬捨惡等法有五、初入寺門二拜總禮三寶。先下次禮佛。禮佛下三禮僧。戶外總禮、如今衆堂之處。若下四誡守愼。初敍誡。註中俗闕者、謂同俗流、闕於道行。背僧卽不信心生、取異謂求見僧過。經下引證。順佛下五示行法。順佛行卽右繞、西入東出、佛在我右、偏袒右肩、示有執作之務。逆行卽左繞、反上可知。緣礙左繞者、示權開也。入出向佛者、假事表心、歸依不背也。』

△事鈔續云『禮拜佛法僧者、常念體唯是一。何者。覺法滿足、自覺覺他名佛。所覺之道名法。學佛道者名僧。則一體無別矣。始學時名僧、終滿足名佛。僧時未免諸過、佛時一切惡盡、一切善滿也。今我未出家學道、名俗人、迴俗卽是道器。如此深思、我亦有道分、云何輕侮。宜志心歸依、自作出家因緣者、是名圍繞念佛法僧之大意矣。低頭看地、不得高視。見地有蟲、勿誤傷殺。不唾僧地。當歌唄讚歎。若見草土、自手除之。』資持釋云『二想念愼護等法有三、初念三寶。佛僧能覺、因果雖分、所覺道同、故云一體。道卽諸佛果源、衆生心本。極證名佛、始學名僧。僧現學法、終至佛果。若此待僧、豈容輕侮。註中初敎念僧、則三寶備矣。今下次令念己、與僧不殊。尙當尊己、豈敢慢人。低下次離諸過。初二句捨憍慢、次二句止殺害、後一句離觸穢。當下三修淨福。』

△事鈔續云『若有因緣寺中宿者、不得臥僧牀席、當以己物藉之。亦勿臥沙門被中。(應自設供、供養於僧。豈損他供、自害善器。) 幷調戲言笑、說非法事。沙門未眠、不得先寢。爲除憍慢故。又勿坐僧牀席、輕侮僧故。俗中貴士之座、猶不許賤人升之。況出世高僧、輒便相擬。是以經中共僧同牀、半身枯也。如是因緣、如別廣說。若至明晨、先沙門起。(修恭敬之行)』 資持釋云『三有緣暫宿等法有五、初護毀損。註云他供卽臥具等、皆他所施故。善器卽自身堪受道故。並下除調戲。沙門下不先臥。又下敬僧坐處。舉況引證、尋文可了。經中卽寶印手經。又文殊問經云、死坐鐵牀上。若下不後起』(已上皆見事鈔記卷三十九)

第二支　斥非法

▲事鈔云『凡入寺之行、與俗人作入道之緣。建立寺者、開淨土之因。供養僧者、爲出離之軼也。』 資持釋云『初示入寺本意。入道緣者善根由發故。淨土因者心淸淨故。出離軼者期解脫故。軼卽是轍、車所從之道也。』

△事鈔續云『今末法中、善根淺薄、不感聖人示導、僅知有寺而已。不體法意、都無敬重佛法超生因緣、供養福田、而來入寺也。(如此者多、非謂全無敬信者。) 多有人情來往、非法聚會。又在寺止宿、坐臥牀褥、隨意食噉。乞索取借、如俗去還、逐意則喜、違心必瞋。繫綴胸抱、望當圖剝、猶牛羊之牴突、恣頑癡之鄙情。或用力勢逼掠、打撲抄奪。具造惡業、必死何疑。一旦橫骸、神何可滅。隨業受苦、永無救護。可共悲哉。(非三寶不能救、由此人不可拔) 若有智之人、終不行此。敬重寺法、準而行之。護惜三寶、諮請法訓、自招大益。故經云、衆僧良福田、亦是蒺藜園。斯言實矣。當知衰利由心、非前境咎』 資持釋云『二明非法之相二、初敘無知。僅猶略也。不體法意者總迷上三也。都無下二句反上因緣也。供養福田反上出離軼也。多下次出非法三節、初敘無智造業、又四、前斥聚會、今世多然。又下斥侵毀圖剝、謂謀害。牴突卽觸犯。恣頑癡者卽不畏因果。或下斥規奪。具下總示因果。二明有智獲益。三引經合證。經文雙喩、下云衰利、卽合田園。蒺藜有刺、如菱而小。前境謂僧寺。』(已上皆見事鈔記卷三十九)

第二項　淸信女法

▲事鈔云『淸信女人入寺、儀式同前。唯不得在男子上坐。形相語笑、脂粉塗面、畫眉假飾。非法調戲、共

相排遏、持手𢱢人。必須攝心整容、隨人教令、依次持香、一心供養。懺悔自責、生女人中常成礙絕、於此妙法修奉無因。不得自專由他而辦。一何苦哉。應深生鄙悼。若見沙彌、禮如大僧。勿以位小而不加敬。此於大僧爲小於俗爲尊。出家受具、便入僧數。不得以小兒意輕而持接。設有說法、當謹聽受。勿復喚名而走使 資持釋云『初指同。唯下次彰異。又二、初指過。排謂推排、卽牽推等。遏謂縱放𢱢觸也。必下示法。礙絕謂繫屬於人、不自在故。鄙謂厭惡、悼卽悔恨。敬沙彌者恐謂未具、不加敬故。』見事鈔記卷三十九

第二節　出寺法

▲事鈔云『如此等在寺中竭力而行。所爲事訖、辭出寺門、如法作禮。佛前三拜、至門一拜、門外又一拜。若僧少時、次第各禮一拜、多者總禮三拜。凡以穢俗之身入寺、踐金剛淨刹法地、自多乖於儀式。若去時、須自贖其過。隨施多少、示有不空。若布絹香油澡豆華水、下至掃地除糞。』　資持釋云『初結前。所下二正示。初教禮辭。凡下令捨施金剛堅利之寶、伽藍福業之地、故以喻焉。』見事鈔記卷三十九

上來入寺法式中第一章中國舊法竟

第二章　今師要術

▲事鈔云『此入寺法、中國傳之矣。余更略出護過要術。謂一切天人龍鬼、是出家人修道之緣。一切出家人爲天人龍鬼生善境界。出家人既爲四輩生善之處、不得對彼幽顯輕有所失。彼四輩既是出家修道之緣、又不得輒便見過。佛已敕竟、假使道人畜妻挾子、供養恭敬如舍利弗大目連等。莫生見過、自作失善境之緣也。』　資持釋云『初明道俗相資。修道緣者假彼外護故。生善境福智由生故。四輩卽天人龍鬼。幽通三趣、顯則唯人。』

假使道人等文出賢愚經、如下第五門第一章中具引。

△事鈔續云『凡出家者、長標遠望、必有出要之期。始爾出家捨俗、焉能已免瑕疵也。智士應以終照遠度、略取其道、不應同彼愚小、拾僧過失。所以天龍鬼神、具有他心天眼、而護助衆僧者、非僧無過、以剋終照遠耳。今人中、無察情鑒失之見、情智淺狹、意無遠達、暫見一過、毀辱僧徒、自障出要、違破三歸、失於前

導、常行生死不受道化。可謂惑矣。小兒癡矣。』　資持釋云『二誡捨僧過失中、初敍道衆志遠行薄。智下次敎俗士取志舍行。終照卽深識不責目今。遠度卽大量不見小過。略謂揀略。　所下示幽靈同贊。剋猶究也。剋照皆龍天之心、終遠卽出家之志。如感通傳、韋天告祖師云、天竺諸國、不及此方。此雖犯戒、大塗慚愧、內雖陵犯、外猶愼護。故使諸天見其一善、忘其百非。若見造過、咸皆流涕、悉加守護、不令魔惱。　今下斥凡俗多識。初敍其愚迷。自下彰過失。上句障聖道、次二句失善利、後二句招苦報。可謂下結歎。』（已上皆見事鈔記卷三十九）

上來入寺法式中第二章今師要術竟

上來別行篇中第二門入寺法式竟

第三門　造像塔寺

造像塔寺中分爲二章
- 一造像塔法
- 二造寺法

第一章　造像塔法

造像塔法中分爲二節
- 一造像
- 二造塔

第一節　造像

造像中分爲二項
- 一通敍經像意
- 二正明造像

第一項　通敍經像意

▲事鈔云『造經像法意者。如來出世有二益。一爲現在生身說法。二未來經像流布、令諸衆生於彌勒佛聞法悟解、超昇離生。此大意也。』　資持釋云『現在卽化相佛法一期益近、未來卽住持佛法三時益遠。卽經云、應可度者皆悉已度、其未度作得度緣是也。』（見事鈔記卷三十七）

第二項　正明造像

正明造像中分爲二支
- 一中國造立元緣
- 二此方制度漸失

第一支　中國造立元緣

▲事鈔云『恐後生造像無所表彰。故目連躬將匠工、上天圖取。如是三反、方乃近眞。　至於下天、此像垂地來迎。世尊命曰、汝於來世廣作佛事。　因垂敕云。我滅度後、造立形像一一似佛。使見者得法身儀則。乃至幡華供養、皆於來世得念佛三昧、具諸相好。如是造立是佛像體。』　資持釋云『先敍目連圖寫。以佛生七日、摩耶命終、生忉利天。佛後成道、思報母恩、昇天說法、經於一夏。按造像經、時優塡王思念如來、命目連引三十二匠往彼天中、以栴檀木各圖一相、如是至三方得圓足。文云恐者若論圖寫似指目連、取後垂誡須推佛意。雖緣在優塡、意存來世。　後引如來垂誡中二、初明授記。卽優塡王聞佛下天、將像至寶堦所、像卽迎佛自行七步。佛爲摩頂授記、辭如鈔引。低首曲身故云垂地。　因下次正誡敕。法身儀則者威容相好、法身之表。故得念佛三昧者由見色像、三昧易成。故具相好者由生欣慕、能感勝報。故如是者卽指檀像、敕後效之。』見事鈔記卷三十七

第二支　此方制度漸失

▲事鈔云『所以中國傳像在嶺東者。並皆風骨勁壯、儀肅隆重、每發神瑞、光世生善。　逮於漢世髣髴人眞、流之晉宋頗皆近實。並由敬心殷重、意存景仰、準聖模樣。故所造靈異。』　資持釋云『初前代近眞中二、初引西土傳來。嶺東卽此震旦、在葱嶺之東。風骨勁壯言其體貌、勁卽直也。儀肅隆重言其威勢。每發神瑞言其靈異。光世生善言其動人。　逮下次引此土創製。漢世佛法初來、至於晉宋已前也。髣髴猶似像也。並下總出所由。初句心重、次卽追慕、三謂法古。故下結成所引。』

△事鈔續云『今隨世末、人務情巧。得在福敬、失在法式。　但問尺寸短長、不論耳目全具。或爭價利鈍、計供厚薄。酒肉餉遺、貪婬俗務、身無潔淨、心唯涉利。致使尊像雖樹、無復威靈　乃至鈔寫經卷、唯務賤得。弱筆粗紙、惡匠鄙養。致使前工無敬、自心有慢。彼此通賤、法儀滅矣』　資持釋云『二後世失法三、初明非法中二、先敍得失。與之且言福敬、奪之過在無法。　但下次列非相又二、初斥造像。上四句是營勾人非、酒下四句卽匠者之非。致下二句顯其無功。　乃至下次明造經。』

△事鈔續云『致令經像訓世爲諸信首、反自輕侮、威靈焉在。　故致偸盜毀壞、私竊冶鑄、焚經受用、多陷罪咎。　並由違背世出世法。現在未來受無量苦、皆由失法之所致也』　資持釋云『二示過患中三、初敍無靈。經像住持功高故爲信首。　故下顯過。偸盜是遭奪失、毀壞卽風火所損、私竊冶鑄謂金銅等像

鍺爲別物、焚經受用卽金銀字經燒取餘用。多陷罪咎謂累他也。　並下出意。薄賤輕侮、乖俗禮敎、非佛嚴敕、故云違背世出世法現未兩報因像而致後之製造可不愼耶』

△事鈔續云『若使道俗存法造得眞儀鳥獸不敢汙踐何況人乎　但能奉聖像儀佛亦垂形示迹』

資持釋云『三明應法中、初明合法有靈。　但下次明至誠感聖。』已上皆見事鈔記卷三十七

第二節　造塔

造塔中分爲六項
- 一示名
- 二顯報
- 三敬護
- 四造處
- 五供養修治
- 六造毀二報

第一項　示名

▲事鈔云『雜心云、有舍利名塔、無者名支提。　塔、或名塔婆、或云偸婆。此云塚也亦云方墳　支提云廟。廟者貌也』　資持釋云『初示名。舍利及塔、名通凡聖。今明造立、多是佛塔、亦通餘聖。無名支提謂安形像、故下釋云廟貌也。　塔或下翻釋。』見事鈔記卷三十七

第二項　顯報

▲事鈔云『增一阿含云。初起偸婆、補治故寺、並受梵福。　云何梵福。如閻浮一洲人功德、不如一轉輪王功德。如是西東北天下、乃至四天六欲初禪總多、比一梵主功德。　此爲梵福量。當如是學』　資持釋云『初示因果。初起謂新創也。梵福謂梵天王福最勝也。　次校量梵福。　此下勸修。』見事鈔記卷三十七

第三項　敬護

▲事鈔云『四分。若起塔者、應四方若圓若八角。以石墼、木作已、用黑泥乃至石灰白土等。應安基。四邊作闌楯、安香華著上。聽安懸幡蓋物。　不得上塔上闌楯上、護塔神瞋。若有所取與。開彼安幡蓋、不得蹈像上、作餘方便梯凳安之。　若塔露地供養具、雨漬風飄、鳥鳥不淨者、作種種舍覆之。地有塵、種種泥泥之。須洗足器、安道邊、外作牆門安置。　若上美飲食、用金寶等器盛之。令白衣伎樂供養。若飲食、當與比丘沙彌優婆塞。經營塔作者應食。　舍利安金寶塔中、若繒縣中。若持行者、若畜生若頭上肩上擔戴。　若拂、應用樹葉孔雀尾拂。　多有香華、羅列基上闌上。杙上。䦨中、繩貫懸屋簷前。有香泥、作手輪像。乃至有餘、泥地等。』　資持釋云『初明造立。安基爲堅牢故。作闌爲外護故。懸幡蓋物卽梯凳也。　不得下次制踐汙。

若塔下明覆蓋。地下明泥治。須下明器具。以西國俗風多跣足故。安道邊者登上便故。外作牆者恐觸穢故。若上下明獻供養。飲食得與道俗。即守塔人。經營即造立者。舍下明護舍利。若下明箒拂。但可去塵、餘物皆得。多下明莊嚴。手輪者舊云佛手中千輻輪。』見事鈔記卷三十七

第四項　造處

▲事鈔云『僧祇。塔事者。起僧伽藍時、先規度好地、作塔處。其塔不得在南在西、應在東在北。中國、伽藍門皆東向、故佛塔廟宇皆向東開。乃至廚廁亦在西南、由彼國東北風多故。神州尚南爲正陽、不必依中土法也。不得僧地侵佛地、佛地不得侵僧地。』　資持釋云『初明擇地。規謂看視。其下指方。所須東北者以寺門向東、即在前面左邊二方爲之。註中、前示西土。亦合作並。東北風多則穢氣不至殿塔、此示寺門向東所以。下明此方應在南西。今此廚廁多在東北、亦以南西風多故也。不得下制侵犯。西土佛法僧地各有分齊、不相混濫。』見事鈔記卷三十七

第五項　供養修治

▲事鈔云『善生經云。善男子。如來即是一切智藏。是故智者應當志心勤修、供給生身滅身形像塔廟。若於空野無塔像處、常當繫念尊重讚歎。若自力作、若勸人作、見作生喜。如其自有功德力者、要當廣敎衆多之人而共作之。既供養已、於己身中莫生輕想、於三寶所亦應如是。凡所供養、不使人作、不爲勝他。作時不悔、心不愁惱、合掌讚歎恭敬尊重。若以一錢一線一華一香一偈一禮一帀一時、乃至無量寶無量時。若自獨作、若共他作。善男子。若能如是志心供養佛法僧者、若我現在若涅槃後等無差別。若見塔廟、應以金銀銅鐵繩鎖幡蓋伎樂香油燈明而供養之。』　資持釋云『初勸化供養五段、初勸修。一切智者總收十界世出世智無不圓足、含蘊無窮出生無盡、故喩如藏。生身即現在、滅身即舍利。若自下明營辦。自有功德者謂富於道行、人所信重者。於己莫輕者以能供養獲大福德故。凡下明用心。若以下明施物。現在滅後無差別者謂所得福存沒正等故。若見下明供具。』

△事鈔續云『若見鳥獸踐蹋毀壞、要當塗治、掃除令淨。暴風水火人所壞處、亦當自治。自若無力、當勸人治。或以金銀銅鐵土木。若有塵土、灑掃除拂。若有垢汙、以香水洗。』　資持釋云『二見塔塗治。自作勸人、隨力所構。』

△事鈔續云『若作寶塔及作寶像、當以種種幡蓋香華奉上。若無眞寶、力不能辦、次以土木而造成之。成

訖、亦當幡蓋香華伎樂種種供養　若是塔中草木不淨、鳥獸死屍及其糞穢、萎華臭爛、悉當除去。蛇鼠孔穴、當塞治之。銅像木像石像泥像金銀瑠璃頗梨等像、常當洗治　任力香塗。隨力造作種種瓔珞、乃至猶如轉輪聖王塔精舍內當以香塗、若白土塗作塔像已、當以瑠璃頗梨眞珠綾絹錦綵鈴磬繩鎖而供養之　畫佛像時、綵中不雜膠乳鷄子。　應以種種華貫散華、妙拂明鏡、末香散香燒香、種種伎樂歌舞供養、晝夜不絕。　不如外道、燒酥大麥而供養之。終不以酥塗塔像身、亦不乳洗。』　資持釋云『三造立莊嚴中、初明造立。　若是下明淨治。　任下嚴飾。　畫下明雜穢。此土多用魚牛等膠、雖復腥羶、且圖久固。　應下明供養。　不下示非法。酥塗乳洗皆外道法故。』

△事鈔續云『不應造作半身佛像。若有形像身不具足、當密藏覆、勸人令治、治具足已然後顯示。見毀壞像、應當志心供養恭敬、如完無別。如是供養、要身自作。自若無力當爲他使、亦勸他人令作助之。』　資持釋云『四接續毀損。令密藏者不生善故。令恭敬者恐生慢故。今時有作涌壁。或畫佛首相。並宜藏之。』已上皆見事鈔記卷三十七

第六項　造毀二報

▲事鈔云『無垢清信女問經云。未知掃佛塔地、有何善報。佛告女言。掃佛地得五福。一自心清淨、他人見已亦生淨心。二爲他愛。三天心歡喜。四集端正業。五命終生善道天中。　涅槃云。不犯僧佛物、塗掃佛僧地、造像若佛塔、常生歡喜心。皆生不動國。』　資持釋云『初掃治善報二。初無垢女經。五福一是內感。二三卽外應。四五卽來報。四是別報、五卽總報。　二涅槃偈。彼云。東方有佛世界名不動、佛號滿月光明。無畏菩薩白佛、此土衆生造何等業、得生彼國。佛以偈答。如鈔引。上四句卽四種因、正取中二。下一句示果。言不犯者謂不侵損也。』

△事鈔又云『十輪。若破寺、殺害比丘。其人欲終、支節皆疼、多日不語。墮阿鼻獄、具受諸苦。』　資持釋云『二毀壞惡報。破寺報重、反明造立功深。』已上皆見事鈔記卷三十七

上來造像塔寺中第一章造像塔法竟

第二章　造寺法

▲事鈔云『有盛德法師造寺誥十篇。　具明造寺方法。祇桓圖樣、隨有所造必準正教。并護持匡衆僧網

綱要等。事繁不具、略引宗科造寺一法。』　資持釋云『初標人法。卽靈裕法師。稱美道行故云盛德。寺誥卽彼文通題。具下示其所述。事下明今所引。』見事鈔記卷三十七

造寺法中分爲二節——一應法生善　二無法致損

第一節　應法生善

▲事鈔云『謂處所須避譏涉、當離於尼寺及市傍府側等佛殿經坊極令清素、僧院廚倉趣得充事如此則後無所壞。祇桓圖中、凡立木石土宇並有所表。令人天識相、知釋門多法故能影覆邪術、禽獸畏威形儀隱映、爲世欽仰。』　資持釋云『譏謂譏嫌、涉卽干涉。經坊卽今經藏。木石等者植樹、表其生長立石、表其堅貞。戒壇居東、表發生之義。無常院在西、表傾沒非久。立刹、表迷者知歸。樓觀、表道品階漸。池沼、表魔外洗心。栽蓮、表行人心淨。餘如彼說、須者尋之。圖經、近日本將至。文有兩卷。卽祖師撰者。　影覆邪術謂使魔外無其威勢。影猶閉也。禽獸畏威謂令異類不敢侵犯。形儀隱映謂像設可觀。爲世欽仰卽士庶生善。』見事鈔記卷三十七

資持註云圖經等者。宋時由日本齎還、旋復佚失。今再由日本請歸。天津刻經處刊本名祇桓寺圖經、與戒壇圖經合爲一册。

第二節　無法致損

▲事鈔云『但歷代緜積、秉教陵遲。事存法隱、錯舉意旨。俗人既不曉法、衆僧未解示導。但相倣斆、虛費財物。競心精妙、力志勝他。房廊臺觀務令高顯。過彼便止。都不存法。』　資持釋云『初造立非法。緜積猶言長久。秉卽執也。錯舉謂每事廢立皆任意耳。倣斆謂互習訛風。競心謂鬪競爲懷、力志卽竭力用意。高顯卽副競妙之心、過彼乃稱勝他之志。』

△事鈔續云『又還自騰踐。如己莊宅。衆僧房堂、諸俗受用。毀壞損辱、情無所愧。屈道承俗。如奴事主。是名寺法滅也。其甚者、打罵衆僧、種種非法。取要言之、從僧強力抑奪。貸借乞請。乃至停屍僧院、舉哀寺內、置塚澡浴等並非法也。』　資持釋云『二騰踐毀壞。明俗人愚瞽。文敍本主、義通餘人。毀壞約物、損辱約僧。承卽奉事。此科大字並引寺誥、故註以助之。乞請卽求索。請觀諸事、彼時尚然、今何足怪。更有殿堂飲醼、僧廚宰殺、寄著雜物、貯積糧儲。或射作衙庭、或編爲場務、婚姻生產、雜穢難言。斯由道衆之非才、豈獨俗儒之無識。每恨法門之覆滅、孰爲扶持。更嗟獄報之艱辛、誰當救療。必懷深識、豈不再思。是知禍福無門、唯人所召。有力能濟、傳而勉之。』

△事鈔續云『若改往修來、追法更新、愼敬無犯者、是則護持寺法也。俗人造寺、本爲求福、作出家之因、得道之緣、唯應禮拜供養、爲法諮請、時時覲問、如法往來。彼此利益、自他無惱、名護持也。故增一云、阿闍世王得信已後、敕國中、無令事佛之家貲輸迎送。豈非僧傳正法、得信於人乎。』 資持釋云『三引勸俗流中、初正勸改往、謂悔上諸過、修來謂期後超昇、追法卽依教、更新卽起敬。次引經證。闍王造逆、邪見後方歸佛求悔、故行此敕。貲輸謂科配財物也、迎送卽祇奉官僚、事佛之家俱令免放。豈下推得信所以。』已上皆見事鈔記卷三十七

上來造像塔寺中第二章造寺法竟

上來別行篇中第三門造像塔寺竟

第四門　瞻視病人

瞻視病人中分爲四章
- 一制意
- 二簡人
- 三安置處所
- 四說法斂念

第一章　制意

▲事鈔云『制意者。夫有待之形、多諸嬰累。四大互反、六府成病。若不假相提接、薄命則無所託。然則世情流變、始終難一。健壯則親昵、病弱則捐捨。鄙俗恆情、未能忘此。故如來深鑒人物、知善未崇、惡必相遵、故親看病。』 資持釋云『初敘意中、初敘病患。多嬰累者通目衆苦也。四大等者別示病惱也。若下次明瞻視。然下三示凡情。故下彰聖引導。按西域記、祇桓東北有塔、卽如來洗病比丘處。如來在日、有病比丘舍苦獨處。佛問、汝何所苦、汝何獨居。答曰、我性疏懶不耐看病、故今嬰疾無人瞻視。佛愍而告曰、善男子、我今看汝。』

△事鈔續云『故律中。佛言、汝曹不相看視、誰當應爲。乃至世尊爲病人洗除大小便已、掃治臥處極令清淨、敷衣臥之。便立制云。自今已去、應看病比丘、應作瞻病人。若有欲供養我者、應供養病人。佛爲極地之人、猶勵諸比丘、親自下接。況同法義重、如何相棄。』 資持釋云『二引證中、初引緣。便下立制。佛下結勸。』

△事鈔續云『問、供養病者等佛何耶。答。謂悲心看病、拔苦與樂、慈行同佛故也。又論云、隨順我語、名

供養佛。』（已上皆見事鈔記卷四十）　資持釋云『三釋疑中、徵上律文、欲彰功行。　答中、初約心行同佛。　又下次約隨順法制。

上來瞻視病人中第一章制意竟

第二章　簡人

△事鈔云『二簡人中。四分。若有病者、聽和尚乃至弟子、從親至疏。若都無者、衆僧應與瞻病人。若不肯者、應次第差。　若無比丘沙彌優婆塞者比丘尼式叉摩那沙彌尼優婆夷隨所可作應作、不應觸比丘。』

資持釋云『初制本衆有三、一親屬自看。二僧與。三僧差。準無比丘、應令沙彌淨人看。　若無下次開女衆。』（見事鈔記卷四十）

上來瞻視病人中第二章簡人竟

第三章　安置處所

▲事鈔云『三安置處所。若依中國本傳云、祇桓西北角日光沒處爲無常院、若有病者安置其中。堂號無常、來者極多、還反一二。卽事而求專心念法。　其堂中置一立像、金薄塗之、面向西方。其像右手舉、左手中繫一五綵幡、腳垂曳地。當安病者在像之後、左手執幡腳、作從佛往淨剎之意。瞻病者燒香散華、莊嚴病者。乃至若有屎尿吐唾、隨有除之、亦無有罪。傳云。原佛垂忍土、爲接羣生、意在拔除煩惱、不唯糞除爲惡。如諸天見人間臭穢、猶人之見屏廁、臭氣難言。尚不以爲惡、恆來衞護。何況佛德而有愛憎、但有歸投者無不拔濟。乃至爲病者隨機說法。命終恆在佛所、不得移之。』　資持釋云『中國本傳戒壇圖經所謂別傳是也。日光沒處者壇經云、西方爲無常之院、由終歿於天傾之位也。今寺亦有、但方隅不定、不知法故。　其堂中下次明設像。立彌陀者歸心有處也。然十方淨土而偏指西方者、繫心一境、想念易成。故西方諸佛而獨歸彌陀者、誓願弘深、結緣成熟。故是以古今儒釋、靡不留心。況濁世凡愚、煩惱垢重、心猿未鎖、欲馬難調、捨此。他求、終無出路。請尋大小彌陀經、十六觀經、往生論、十疑論等諸文、詳究聖言、必生深信矣。像面向西、病者在後、謂將終之時已前、常須瞻像、令其繫心。忍土者梵語娑婆、此云堪忍、大悲經云此界衆生忍受三毒及諸煩惱故。人間臭穢者感通傳、天人云。人中臭氣、上熏於空四十萬里、諸天清淨無不厭之。但以受佛付

囑、令護於法。佛尚與人同止、諸天不敢不來。恆在佛所者恐心無繫、念世事故。』見事鈔記卷四十

上來瞻視病人中第三章安置處所竟

第四章　說法歛念

說法歛念中分爲二節——一餘人勸導
　　　　　　　　　　——二瞻病勸導

第一節　餘人勸導

▲事鈔云『四說法勸善者。十誦。應隨時到病者所。爲說深法、是道非道、發其智慧。先所習學、或阿練若、誦經、持律、法師、阿毗曇、佐助衆事。隨其解行而讚歎之』　資持釋云『深法但是佛教、通得云深。是道謂出世法、非道卽世間法。』

△事鈔又云『傳云。中國臨終者。不問道俗親緣、在邊看守。及其根識未壞、便爲唱讀一生已來所修善行。意令病者內心歡喜。不憂前途、便得正念不亂。故生好處』　資持釋云『令唱讀者準此、生前所修一切功德並須記錄。凡爲看病、常在左右、策其心行、恆令念善。以捨報趣生、唯在臨終心念善惡』已上皆見事鈔記卷四十

第二節　瞻病勸導

▲事鈔云『其瞻病者、隨其前人病有强弱。心有利鈍、業有粗細、情有去取。當依志願隨後述之。　或緣西方無量壽佛。或兜率彌勒佛。或靈鷲釋迦本師。　或身本無人、妄自立我。或外相似有、實自空無。如至燄處則無水相。或爲說唯識無境、唯情妄見。　各隨機辯而誘導之。』　資持釋云『初明說法中二、前明量機。病强弱者觀其健困也。心利鈍者智明昧也。業粗細者粗如營福、細如禪講等。情取捨者所樂異也。如下西方兜率等是。此四觀察、義無不盡。隨宜方便、臨事自裁。　或下次明說法三、初令緣佛。或教稱名、或令觀相、或歎功德、令生欣樂。　或身下次示心觀。卽性空相空唯識三觀。至燄處者喻相空也。謂如渴鹿逐於陽燄、遙見似水、至彼元無。　各下後示隨緣。不必如上故。』

△事鈔又云『應以經卷手執、示其名號。又將佛像對眼觀矚。恆與善語、勿傳世事。　華嚴偈云。又放光明名見佛、彼光覺悟命終者、念佛三昧必見佛、命終之後生佛前。見彼命終勸念佛、又示尊像令瞻敬、又復勸令歸依佛、因是得成明淨光。』　資持釋云『二示經像中、初示經像。　次引華嚴爲證。』已上皆見事鈔記卷四十

上來瞻視病人中第四章說法斂念竟
上來別行篇中第四門瞻視病人竟

第五門　離諸非法

離諸非法中分爲五章
- 一別請僧衆
- 二受僧食物
- 三謫罰可否
- 四食肉
- 五畜養貓狗

第一章　別請僧衆

▲事鈔云『五分。僧次請者。凡夫、聖人、坐禪、誦經、勸佐衆事、並爲解脫出家者、得入僧次。唯除惡戒人。若言次第上座者是僧次攝、又不知齊幾爲上座。佛言、上無人者皆名上座。以法取人或言禪師等是別請。若言禪師十人、便除法師律師、甄簡異故、不名僧次。十誦善生中、以羅漢法請人、不稱名字、猶名別請、爲佛所訶。』　資持釋云『初簡能受人。文列五種、並堪預數、不可揀擇。若下二示僧次法。又二。初正示。以下顯非。以法取者雖不定名、簡其所學即非僧次。此謂雖通而別、非平等故。十誦下三引文證。彼云、有人請佛五百羅漢。佛言、不名請僧福田。若能於僧中請一、似像極惡比丘、猶得無量果報。與下增一意同。』見事鈔記卷二十三

▲事鈔云『梵網云、別請物者卽盜四方僧物。仁王經、亦呵責別請過。既僧次福大有濫請者、應說僧次功能、開悟俗心、勿令別請。』　資持釋云『初引文示。仁王亦呵責者、彼云、諸惡比丘受別請者、是外道法、都非我教等。既下二令勸讚僧次。』見事鈔記卷三十八

▲事鈔云『增一云、師子長者別請五百羅漢。佛言、不如僧次一人。福不可量。因說如飮大海則飮衆流。師子言、自今已後、當不別請。佛言、我亦不令別施。以無有福。師子便平等施、亦不言此持戒犯戒。佛讚善哉。平等之施、獲福無量。平等施者施中第一。賢愚經。以氎施佛、佛讓與僧、義意同此。正使將來法垂滅盡。比丘畜妻挾子、四人已上名字衆僧、漫請供養、應當敬視如舍利弗等。』　資持釋云『前引增一。彼云、佛在

羅閱城、長者請舍利弗目連等五百人。佛訶如鈔。飲大海者由心通僧寶無所簡擇、雖得一人則爲供養十方凡聖故。　賢愚中。姨母自紡績作一端金色氎上佛。佛言、可以施僧、得福無量。㧉抱也。名字僧　無實德者。』

▲資持云『問、前引五分除惡戒者、此何相違。　答。疏云。五分簡人、精也。賢愚取人、粗也。破戒受施、且取外生物信、令於僧海自感施福、非謂行缺能消信施。疏中意也　私謂。五分除惡戒等、並謂極誡內衆、使自策勤、增一賢愚十誦善生、皆據導俗、恐忽慢僧徒自招枉墜。是知受須戒淨、不淨則自陷無疑。施必普周、不周則所施無福。用斯往判、諒無所違。』已上皆見事鈔記卷二十三

上來離諸非法中第一章別請僧衆竟

第二章　受僧食物

此章諸文多誡道衆不得妄與。而俗衆亦可因是了知於僧食物、不得妄索妄受也。

受僧食物中分爲三節
- 一明用與
- 二約緣開
- 三示汙家

第一節　明用與

▲事鈔云『佛法中無貴賤親疏。唯以有法平等、應同護之。人來乞索、一無與法。若隨情輒與、卽壞法也。』
資持釋云『初勸依法。一無與者謂不非用也。心能依法、如下則聽。』

△事鈔續云『俗人本非應齋食者。然須借問能齋、與食。不能齋者示語因果、使信罪福、知非爲吝、懷歡而退。此中非生人好處、非生人惡處。不得一向瞋人、一向任人。不齋者而食、必須去情存道、善知處量也。是以謹守佛教、慎護僧法、是第一慈悲人。現在未來一切衆生離苦得樂故。』　資持釋云『二示損益。二、初守教之益中、初明善用。註云非生好者以任情故、非生惡者以依法故。　是下結益。』

上云齋者、如宗體篇八戒中委明。　白衣能受齋者得食、出五分律。

△事鈔續云『若不守佛教、隨情壞法。謂聽俗人不齋而食。有來乞請、隨請輒與。令諸衆生不知道俗之分、而破壞僧法、毀損三

歸。既無三歸、遠離三寶。令諸衆生沈沒罪河、流入苦海、失於利樂。皆由壞法。是以不守佛敎、不閑律藏、缺示羣生、自昏時網、名第一無慈悲人也。』　資持釋云『二違敎之損中、初明非用。令下二示過、初明失利、後令諸下明墮苦。道俗分者道修智分、爲俗福田、俗修福分當供道衆。今則反亂故云不知毀三歸者失彼信心、侵陵三寶故。是下三結損。』已上皆見事鈔記卷七

第二節　約緣開

▲事鈔云『五分若白衣入寺、僧不與食、便起嫌心。佛言、應與。便持惡器、盛食與之、又生嫌心。佛言、以好器與之。此謂悠悠俗人見僧過者若在家二衆及識達俗士、須說福食難消、非爲慳吝。』　資持釋云『初引文。此下義決、初指前文且據無信悠悠謂遠離三寶、無所歸者若下次明有信。福食謂檀越求福、施衆僧故。』

△事鈔續云『十誦。供給國王大臣薪火燈燭、聽輒用十九錢不須白僧、若更索者白僧給之。惡賊來至、隨時將擬、不限多少。僧祇、若惡賊檀越工匠乃至國王大臣、有力能損益者、應與飲食。多論云、能損者與之、有益者不合、卽是汙家。若彼此知法、如律亦得。』　資持釋云『初引十誦明用分齊、初給王臣十九錢者彼土大銅錢、一當十六、當今三百也。下明賊難不可約數。次僧祇中通列五人、上三可解。下示王臣須論勢力、必無力者應非所開。多下引決、由上律云損益皆與、既是有益理不當與、在文不了故續決之。若下通上律意。俗知僧物難消、必無虛受、僧知汙家非法、必無妄與。但有緣須給、微亦通之。十誦通開諒在於此。』已上皆見事鈔記卷十七

第三節　示汙家

▲事鈔云『比丘凡有所求、若以種種信施物、爲三寶自身乃至一切、而與大臣俗人等、皆名汙家。由以信施物與白衣故、卽破前人平等好心、於得物者歡喜愛樂、不得物者、縱使賢善、無愛敬心、失他前人深厚福田。又倒亂佛法故、凡在家俗人常於三寶求清淨福、割損血肉以種善根。今出家人反持信物贈遺白衣、俗人反於出家人所生希望心。又若以少物贈遺白衣、因此起七寶塔造立精舍乃至四事滿閻浮提一切聖衆、亦不如靜坐清淨持戒、卽是供養眞實法身。』　資持釋云『凡所求者總收多事、不問公私善惡皆不許之。縱賢善者據比丘言之。』

△事鈔又云『律不犯中若與父母、病人、小兒、妊娠婦女、牢獄繫閉、及寺中客作者、不犯。』已上皆見事鈔記卷十九

與父母者準母論須父母貧苦而先受歸戒者乃可施與。

上來離諸非法中第二章受僧食物竟

第三章　謫罰可否

謫罰可否中分爲二節——一別列／二會通

第一節　別列

別列中分爲二項——一勸俗敬護／二勸俗治惡

第一項　勸俗敬護

▲事鈔云『十輪經云若諸比丘護持戒者、天人供養、不應謫罰。除其多聞及持戒者。若有破戒而出家者、能示天龍八部珍寶伏藏應作十種勝想佛想乃至禮足後生豪貴得入涅槃是以依我出家持戒破戒不聽輪王宰相謫罰況餘輕犯。　破戒比丘雖是死人是戒餘力猶如牛黃麝香眼藥燒香等喻破戒比丘爲不信所燒自墮惡道能令衆生增長善根以是因緣一切白衣皆應守護不聽謫罰』　資持釋云『初四句明持戒。　除下明破戒爲二前約報勸上二句揀除如法若下明破者功能此明破戒必約犯重天龍下彼具列夜叉乃至人非人等今文束之應下勸俗恭敬後下示報是下結意。　破戒下次約喩勸初舉喩牛黃下經云是牛雖死人故取之亦如麝香死後有用又云譬如估客入於大海、斷無量衆生命挑其兩眼和合成藥若盲冥無目乃至胞胎生盲者以此藥塗其眼明淨。彼人雖死其藥有功　又云譬如燒香、香體雖壞熏他令香。破下合法上三句合牛麝人死及香體壞能下合香藥有用香氣熏他以是下結意』見事鈔記卷七

第二項　勸俗治惡

▲事鈔云『涅槃云今以無上正法付囑諸王大臣宰相及於四衆應當勸勵諸學人等令學正法。若懈怠破戒毀正法者大臣四部應當苦治』　資持釋云『初令勸學四衆即僧尼士女下云四部亦同正法者經作定慧。　若下二勸苦治』

△事鈔續云『大集云。若未來世有信諸王若四姓等爲護法故能捨身命寧護一如法比丘不護無量諸惡比丘是王捨身生淨土中。若隨惡比丘語者是王過無量劫不復人身』 資持釋云『初明護如法之益。四姓者西土姓種統之唯四、一刹帝利（王種）二婆羅門（淨行）三毗舍（商賈）四首陀（農人）。若下二明隨惡人之損。』

▲事鈔云『大集云。若末世中有我弟子多財多力王等不治 則爲斷三寶種奪衆生眼雖無量世修戒施惠則爲滅失廣如第二十八卷護法品說』 資持釋云『初明國王縱彼造惡。則下顯過。斷三寶者翳障正法也。奪衆生眼者損他正見也。戒施滅失者損自功德也。』（已上皆見事鈔記卷七）

第二節　會通

▲事鈔云『問、前十輪經不許俗治、涅槃大集令治惡者。』 資持釋云『問中。二經相違、故須和會。』

△事鈔續云『答十輪不許治者比丘內惡外有善相識聞廣博生信處多故不令治必愚闇自纏是非不曉開於道俗三惡門者理合治之如後二經 又涅槃是窮累教本決了正義縱前不許依後爲定 兩存亦得廢前又是』 資持釋云『答中、初兩存釋。又下廢前釋。窮即訓極、累謂囑累。一代所歸故云教本。決前不了故是正義。兩下雙結。』（已上皆見事鈔記卷七）

上來雖諸非法中第三章譏罰可否竟

第四章　食肉

食肉中分爲三節
- 一引大廢小
- 二引小急制
- 三通禁諸物

第一節　引大廢小

▲事鈔云『諸律並明魚肉爲時食、此是廢前教　涅槃云。從今日後不聽弟子食肉觀察如子肉想夫食肉者斷大慈種水陸空行有命者怨故不令食廣如彼說。　經云。前令食肉、謂非四生之肉、但現化耳、爲度衆生』 資持釋云『初引涅槃制斷中二、初示前廢教。涅槃下次引後制斷。爾前雖斷、如楞伽等、但通指其過。涅槃終窮、正爲開會故特引之、出如來性品。初引廢前文三、初二句立制。次一句教觀厭。經云。如夫妻二人、共擕一子、同行曠野。險難糧盡殺子而食。垂淚而飡、不得滋味。今若觀一切衆生肉如子之肉、作

是想時、必不貪食。夫下顯過患。大慈是佛心、卽於己他斷佛種故。水陸空行者、舉處攝物、沈潛飛走無所不收。今食肉者由害彼命、卽彼怨讎。　經下次引決前文、欲彰前敎無諸過故。四生胎卵溼化、經云、爲度衆生故、示現食肉、而實不食。』

△事鈔續云『楞伽云、有無量因緣、不應食肉。略說十種。一者一切衆生無始已來常爲六親、以親想故不應食肉。二狐狗人馬、屠者雜賣故。三不淨氣分所生長故。四衆生聞氣悉生怖故。五令修行者慈心不生故。六凡愚所習、臭穢不淨、無善名稱故。七令呪術不成就故。八以食肉、見形起識、以染味著故。九諸天所棄、多惡夢、虎狼聞香故。十由食種種肉、遂噉人肉故。如斑足王經說。』　資持釋云『二引楞伽示過。楞伽中十過最須觀察。　初恐食噉父母、成惡逆故。梵網經云、一切男女皆是我父母、我生生無不從之受生、而殺而食者卽殺我父母是也。　二恐食其同類、非仁心也。　三謂禽畜交合精血所成。腥臊穢物、自內於口、深可惡也。　四者由多噉肉、易其血氣。衆生聞之、知是殺者。　五卽涅槃所謂斷大慈種也。　六中由是愚癡不淨者所爲、故有食噉無善名稱。　七謂或持咒術、必須精潔、尙誡葷辛、何況肉食。　八謂凡遇畜形、卽思其味故。　九中三過、天報清淨、所以捨棄。不習善法、故多惡夢。身同畜氣、故爲虎狼所食。　十謂由此相因、遂噉同類。斑足王者、其父遊獵至山、染師子而生、人形斑足。後紹王位、一日掌膳者闕肉、求得小兒肉以充之。王覺味殊、因勅常供。殺害旣多、衆欲殺王。王變爲飛行羅刹、十二年中常食人肉。』

△事鈔續云『今有凡愚多嗜諸肉。罪中之大、勿過於此。　故屠者販賣、但爲食肉之人。必無食者、亦不屠殺。故知食者同屠造業、沾殺生分、可不誡乎。』　資持釋云『三伸誡中、初明過重。如向列故。　故下次明業深、同屠殺故。』已上皆見事鈔記卷三十三

第二節　引小急制

▲事鈔云『僧祇云、若爲比丘殺者、一切七衆不應食。乃至爲優婆夷殺、七衆不食亦爾。』　資持釋云『初引僧祇急制。爲一衆殺而制七衆者、以同沾佛戒、意所通故。彼律得食三種淨肉、謂不見不聞不疑爲我故殺者。是知雖云得食、還同禁斷。下引四分、其意益明。』

△事鈔續云『今學戒者多不食之、與中國大乘僧同例。　有學大乘語者、用酒肉爲行解。則大小二敎不收。自入屠兒行內、天魔外道尙不食酒肉。此乃閻羅之將吏耳。』　資持釋云『二斥學罔時、初明學戒

中國學大乘者、皆依梵網楞伽涅槃等制。既修大行、慈濟為先、安有大乘方行殺戮。　有下指斥。行謂為之。無恥解謂執之不疑二教不收者以大小俱制反不依行教所不被故教既不被非佛弟子無慈好殺宜入屠行天魔報勝淨因所克、外道苦行殍風自餓等。故知噉肉未及魔外闍羅將吏信是同倫將吏謂夜叉鬼卒之類。』

△事鈔續云『四分云、若此殺者行十惡業、為我故殺乃至大祀處肉、不得食之。以辦具來者心無定主故。今屠者通殺則依教無肉可食正斷食肉也　律云、若持十善、彼終不為我故斷眾生命、如此應食。準此、何由得肉而噉』　資持釋云『三顯四分密斷中、初明制斷。為我大祀二皆不淨。今下顯意。　次明開食。前與肉者須行十善。豈有行十善者而有肉耶。故云何由得肉等。』已上皆見事鈔記卷三十三

第三節　通禁諸物

▲事鈔云『楞伽云、酒肉葱蒜韮薤之屬、悉不嘗之。』　資持釋云『酒肉兼五辛、文缺興渠。或謂阿魏、或云自有興渠、根如蘿蔔。蒜音算、韮音久、薤胡介反、並葷菜也。梵網云、一切食中不得食。楞嚴云。熟食發婬、生噉增恚。如是世界食辛之人、縱能宣說十二部經、十方天仙嫌其臭穢咸皆遠離、諸餓鬼等因彼食次舐其唇吻常與鬼住、福德日消、長無利益等。』見事鈔記卷三十三

又南山律中嚴禁蠶衣乳蜜唯開重病、不許輒飲。如南山釋門章服儀云。因犢將乳劫蜂賊蜜過之大者、無越蠶衣。比夫屠獵之量萬計倍之諸文至繁、今不委引。上來離諸非法中第四章食肉章竟

第五章　畜養貓狗

▲事鈔云『或畜貓狗、專擬殺鼠。是惡律儀　雜心云、惡律儀者流注相續成也善生成論、若受惡律儀則失善戒』　資持釋云『初顯過。　雜下引示。流注者惡業徧也相續者念念增也所以然者、由彼害心非止一境復無時限故　善生成論失善戒者惡勢強也惡業順惑勢力猛盛一切善戒並絕相續故有云、且望一類鼠上善戒不續非謂餘戒俱無又云、此乃誡勸之切耳』見事鈔記卷七

▲輕重儀云『養畜貓狗、專行殺害。經論斷在惡律儀、同畜便失善戒出賣則是生類業障更深施他還續害心終成纏結宜放之深藪任彼行藏必繫之顯柱更增勞役但依前判、彼我夷然便息生殺怨家新樹慈

悲聖宅』見量處輕重儀卷上

上來離諸非法中第五章畜養貓狗竟

上來別行篇中第五門離諸非法竟

第六門　出家宗致

問、今輯在家備覽、何以最後列出家宗致門耶。答、凡俗士尚未出家、而欲出家者、須先了知出家之後、如何發心、如何苦行、自量己力、以定可否、若其力有未能、應即知難而退、不須率爾出家、免致將來憂悔、以是之故、出家宗致、爲在家者所應預知、因以此門、殿於卷末焉。

出家宗致中分爲三章
- 一出俗本意
- 二先說苦事
- 三應知五德

第一章　出俗本意

▲事鈔云『沙彌建位、出俗之始。創染玄藉、標心處遠。自可行教、正用承修。濫迹相濟、世涉多有。』　資持釋云『初敍本示濫中四、上二句示位。此中須分形法二同、若但剃髮名形同沙彌、若受十戒名法同沙彌。次二句明本志、上句言其始、下句示其終。玄藉通目佛教、處遠直指佛果。復次二句示律可依、後二句斥世無訓。』

△事鈔續云『然信爲道原、功德之母。智是出世解脫之因。夫出家者必先此二。如未曉此、徒自剃著、內心無道、外儀無法、縱放愚情、還同穢俗。所以入法至於皓首、觸事面牆者、良由自無奉信聖智、無因而生。但務養身、寧知出要勝業』　資持釋云『次明信智二門中二、初敍二法之要。道由信立、故爲道原、德自信生、故云德母。治業由智之力、破惑在智之照、故爲解脫因也。非信道德無以發、非智業惑無以除、出家之人爲道求脫、故云必先此二也。如下敍不明之失、初明形心混俗。所下次顯愚法、所以、皓首即白頭也、面牆無所見也。無信則智不發、無智則不慕道、飽食暖衣、悠悠卒世、故云但務養身等也』已上皆見事鈔記卷四十一

出俗本意中分爲七節

- 一出家元緣
- 二勸出有益
- 三障出有損
- 四明出家已行凡罪行
- 五明出家已行凡福行
- 六明出家已行聖道行
- 七大小乘相決同異

▲資持云『標列七科、前三明功、次三明行、後一決疑。』見事鈔記卷四十一

▲濟緣云『次列七科、統明出家始終行相、學者至此、當須自檢、若唯徒說、於己何益、說食數寶、目擊多矣。』見業疏記卷十一

第一節　出家元緣

出家元緣中分爲二項

- 一出家文證
- 二引誡勸修

第一項　出家文證

▲業疏云『如華嚴偈、若有不識出家法、樂著生死不求脫、是故菩薩捨國財、爲之出家求寂靜。五欲所縛不離家、欲令衆生解脫故。以此文證、衆生無始纏著家屬、無思解脫、故大士引出於世。』濟緣釋云『華嚴二偈、前偈爲不識故立法示之、後偈爲著欲故方便引之。初偈上二句示不識之過、下二句明立法之相。云菩薩者即指釋迦因行爲言。捨國財者、菩薩在家爲王太子、次紹王位、國城財寶一切自在、欲明難捨猶須捨之、況餘凡庶不足戀矣。寂靜即涅槃果。後偈初句示著欲、下三句明方便文略、下二句具云、示現不樂處五欲、是故出家求解脫。以下疏家結顯推功歸佛。』

△業疏續云『廣如郁伽長者、涅槃經中。家及非家相比顯過、方起欣厭、得預法門。』濟緣釋云『郁伽長者經、穢居品云、居家菩薩當知在家穢汚之事、常念作故名爲居家、斷諸善根本是名居家、乃至居家如羅網、如毒蛇、如火燒身等。涅槃云、居家迫窄猶如牢獄、一切煩惱由之而生、出家寬曠猶如虛空、一切善法由之增長。若在居家不得盡壽淨修梵行、我今應當剃除鬚髮出家學道。』已上皆見業疏記卷十一　資持云『淨住子說出家有十八法難行能行。父母是孝戀難遣、而能辭親。妻子是恩染難奪、而能割愛。勢位是物情

所競、而能棄榮。飢苦是人所難忍、而能節食。滋味是人所貪嗜、而甘噉蔬澀。翹勤是人所厭倦、而能精苦。七珍是人所悋惜、而能捨離。錢帛是人所畜聚、而能棄散。奴僮是人所資侍、而自給不使。五色是人所欣覩、而棄之不顧。八音人所競聞、而絕之不聽。飾玩細滑人所保著、而能精粗無礙。安身養體人所共同、而能忘形捨命。眠臥是人所不免、而晝夜不寢。恣口朋遊人所恆習、而處靜自檢。白衣飲饌不知絕極、而近口如毒。白衣日夜無所不甘、而已限以晷刻虛腹。白衣則華屋婏(匹詣切配也)偶、而已以塚間離著。(此齊文宣王蕭子良撰、要故錄之。)』(見事鈔記卷四十一)

第二項　引誡勸修

▲業疏云『然世濁惑深、厭苦求樂。初雖欣出、終墜欲海。不修行業、故徒行也』　濟緣釋云『初斥濁世不修、二、初示時機。謂厭在家營趁之苦、求出家供給之樂、即涅槃云為衣食而出家者。初下次明退墮。詩云、靡不有初、鮮克有終、即斯類矣。徒行、謂出家無益也』

△業疏續云『如智論云、六情根完具、智鑒亦明利。而不求道法、唐受身智慧。禽獸皆亦知、欲樂以自恣。而不知方便、為道修善事。既已得人身、宜勉自利益。不知修道行、與彼亦何異。龍樹引誡、為極言也。聞而不行、猶是不聞。今重引告、何得不用』　濟緣釋云『二引聖論極誡二、初論文三偈、初偈上二句明報勝、下二句嗟不學。六情根者情即是識、謂根識無缺也。智能鑒物故云智鑒。唐虛也。身對初句、智慧對次句。次一偈舉況畜是癡報、但知欲樂、即經所謂但念水草、餘無所知也。後一偈中上半合初偈、下半合次偈。龍下結告勸依。必應此偈出在他經、故云引誡、以畜況人、為誡深切、故云極言』

△業疏續云『道行何耶。一切無染者是也。良由眾生無始封著、是此是彼、是得是失、因之起染、纏縛有獄。故世鈍者多著財色、少有利者多貪名見。四科束之、尠不收盡。終歸死去、何事迷乎』　濟緣釋云『三示所修行相二、初示道行、以偈文未顯、故特徵示、用開心路。一切之言通收善惡塵境、染惡則增業、染善則成障。能於日用所行所學觸境無染、無染之智即是般若。背塵合覺、絕縛入道、必始於此。深可體究、慎勿誦文。良下反釋所以又三、初示染本、封著是貪愛、此彼得失即分別、由斯二種輪迴不息、能離此者即名道行、非別有道。故下云道在虛通、達累為本是也。故下次舉世情、財收八穢、色乃荒婬、名謂虛聲、見即妄執。上二常流所著故為鈍、下二學者所求故為利、此且一往分之、然有具四或復互輕、不必一定。尠猶無也。終下重誡。凡在同徒、用斯自照、有一於是、未脫輪迴、積財荒色、諍見沽名、跡混世塵、不思出要、形出

心沒何所利乎』已上皆見業疏記卷十一

形出心沒者、業疏云、雖形附道而心沈世也。

第二節　勸出有益

▲業疏云『如出家功德經。若能放人出家受戒、功德無邊。譬如四天下滿中羅漢、百年供養。不如有人爲涅槃故、於一日夜出家受戒。謂由前施雖多有竭、是欲界繫。爲法出家、非三界業、故說過前。　又云、縱起寶塔至忉利天、亦劣出家功德者。一時欣出、雖未可數、然其積徵是高勝本。』　濟緣釋云『初歎德譬下次引喩有二、初供聖喩前引經、謂下出意。有漏有竭、無漏無窮、優劣可見。　又下二寶塔喩、前引經一下示意。』見業疏記卷十一

第三節　障出有損

▲業疏云『如出家經。爲出家者而作留礙抑制、此人斷佛種故、諸惡集身猶如大海。現得癩病、死在闇獄無有出期。』　濟緣釋云『諸惡集身等謂業深廣、故喩如海。癩病獄卽現生兩報。』見業疏記卷十一　資持云『出既有功、障則損大。留礙如親里不聽、抑制如王臣禁斷。』見事鈔記卷四十一

第四節　明出家已行凡罪行

▲業疏云『據論罪本皆由事縛不思厭背師心妄造。　如大寶積經。出家二縛謂諸見利養也。　如律緣制。由名利故、便生有漏因制諸戒、爲防罪業、障三塗也。』　濟緣釋云『初明罪本中二、初正示、言事縛者卽上四科。因之生罪故爲罪本。　如大下引示寶積諸見卽人法兩執、利養謂所須四事。　律緣卽舍利弗請佛制戒、佛言我自知時、未得利養過漏未起。後須提那等皆由利養豐盈、向道心薄、遂生過漏。故知名利毀戒之緣。欲脫死生深須遠離』

△業疏續云『今世出家翻種苦本不畏沈溺多起下業。　故彼文云又有二癰、謂求見他過自覆已罪向諸行者知來實苦、決定現世不造苦因。如知火燒湯爛、無有納手足者。　佛說罪事、深宜遠離。以不信所燒、隨心造罪、更增俗人。』　濟緣釋云『次明造惡中二、初指世垂誡三、初傷時衆業能生苦故云苦本。出家脫苦、今既造業故云翻。種下業卽三途因。　故下次引文示。卽是寶積、前已標名故此略之。求他覆已於心爲患、故喩癰瘡。　向下三正垂誡二、初勸知果斷因。向謂語告。納猶入也。　佛下次明違敎造業。不信

能喪善根功德、故如燒焉。』　資持云『寶積二縛喻不自在、二癰喻不清淨、並喻自心。智者幸宜自照慎勿自謾謂是他也。』見事鈔記卷四十一

△業疏續云『故十誦云、未來世中、出家人入地獄、白衣生天者。以俗人無法在身、但專信故得生天也。出家有法、爲世福田、乃反毀犯。妄受信施、開諸惡門。令多衆生習學放逸故。』　濟緣釋云『二引教轉證、三、初十誦、二、初引文。以下顯意、前明白衣生天。後明出家入獄。一反道法、二妄受施、三令他習學。白衣無此、故昇沈異焉。』

△業疏續云『四分中、爲說利養難消。六十比丘得無學也、六十比丘熱血從面孔而出、六十比丘畏佛語故便退還俗。』　濟緣釋云『二四分。六十得果卽清淨者。六十流血謂毀犯者。六十退道卽初入者。』

△業疏續云『餘如涅槃、爲利出家、驅逐淨行等。』　濟緣釋云『三涅槃。彼云、我涅槃後、濁惡世時、多有爲飢餓故發心出家、名爲禿人。見有持戒威儀具足淸淨比丘、護持正法、驅逐令出、若殺若害。』已上皆見業疏記卷十一　資持云『涅槃爲飢餓者、以出家人衣食易得故。見有持戒驅逐殺害者、自無戒德、恐相形比失於利養、生嫉忌故。』見事鈔記卷四十一

已上明出家已行凡罪行業疏文科表、別列於下、以備對閱。

- 初明罪本
  - 初正示
  - 二引示
- 二明造惡
  - 初指世垂誡
    - 初傷時衆
    - 二引文示
    - 三正垂誡
      - 初勸知果斷因
      - 二明違教造業
  - 二引教轉證
    - 初十誦
    - 二四分
    - 三涅槃

第五節　明出家已行凡福行

△業疏云『凡出家者、出有爲家、爲解脫者、謂脫纏縛、此爲本也。』　濟緣釋云『出家求脫、經律通言、牒以釋之。示其行本、有爲總目、三界纏縛、且論二惑。』

△業疏續云『今有行者、但知持戒、無心在道。道在虛通達累爲本、此而不思、但持戒善、自餘講解修習觀務悉爲非道。內多瞋忿、久汚淨心。　此戒取結、謂爲最勝。又是見取。體是欲界增生下業。』　濟緣釋云『明凡福行相中四、初持戒二、初敍持戒昧道。言虛通者道之體也、言達累者道之用也。餘爲非道者是此非彼也。內多瞋者怒他不從己欲也。　此下結示行果。凡夫具十使、貪瞋癡慢疑五鈍使也、身見邊見邪見戒取見取五利使也。今此執戒爲勝、卽二種結使煩惱耳。旣無禪觀、未脫欲有、故是下業。』

△業疏續云『若修世禪、緣色緣心、雖經上界、終還生死、未有出期。』　濟緣釋云『二修禪。世禪卽四禪四空定也。緣色故生色界、緣心故生無色界。』

△業疏續云『若修多聞講誦經典、不爲解脫、並增欲有、未成無漏。』　濟緣釋云『三多聞。多聞講誦多爲名聞利養、馳騁見解、是非相勝、皆是下業。學者聞之宜乎自省。』

△業疏續云『若營世事、供養三寶塔寺等相。心無欣道、最是我所。或淪下趣。　由造善時、自愛憎他、行諂行誑、雜惑成樹、故受鬼趣相似果報。以心非實生在惡道、以福事成故受勝處。』　濟緣釋云『四營事二、初明行果。　由下次推心因。以強勝故自愛憎他、以追求故行諂行誑。此等不一故云雜惑。積集旣衆故喻如樹。惡道是總報、勝處卽別報。』

▲濟緣云『愚者見此、便謂持戒多聞皆不足爲。而不知徒行無詣故爲世福。若眞求脫無非聖道。但心有通塞事豈替廢耶。』（已上皆見業疏記卷十一）

△資持云『準知修道事行難分。自非達人、何由可識。』（見事鈔記卷四十一）

第六節　明出家已行聖道行

▲業疏云『但出世道無始未經、皆由著世慣習難斷。　今旣拔俗智鑒明利、若不行者禽獸無別。』

濟緣釋云『初敍難行所以。　今下次勸勵力須修、卽用上文智論偈意。』

△業疏續云『然聖道行、經說乃多、並隨機緣故藥無準。要而言之、不過三種。』

△業疏續云『一者小乘人行。觀事生滅、知無我人善惡等性。　二小菩薩行。觀事是空、知無我人善惡等相。　三大菩薩行。觀事是心意言分別。故攝論云、從願樂位至究竟位、名觀中緣意言分別爲境。』　濟緣釋云『三種觀法並云觀事者事卽觀境、統收諸法。文中且舉我人善惡、故云等也。　初則見相如實、觀

性本空。次則見相如幻、空華水月、當相卽空、不待觀性。後則觀一切法唯心所變、心外無法。　初觀生滅、滅已見空。次觀幻化、生處見空。後觀唯心、生滅幻化無非心變。以心生法生、心滅法滅、生滅有相相如幻化、二乘小聖見之爲空。而不知生滅去來本如來藏。故大菩薩但了唯心、圓修三觀、不偏性相故名中道。　意言分別者謂觀一切諸法、皆由心思口議分別前事、故有差別。萬法皆歸思議、思議不出自心、攝末歸本、故云唯心。　下引攝論卽攝大乘論。願樂位通收加行三賢也、究竟位別指最後妙覺。行雖淺深、皆觀唯識、卽是中道、故云觀中緣謂能觀、意言分別卽所觀故云境也。』已上皆見業疏記卷十一　資持云『三觀並云觀事者、事卽是境。心依境起、隨境立觀、謂色心陰入界有情無情善惡無記等。　若論智解須達諸法、若於時中觀心爲要。隨心所起、起卽是事若善若惡。三理照之、乃知顚倒、但有妄計、本無所有、隨心動用一切皆空。　或推相見性謂之性空、卽相知幻謂之相空、達相是心謂之唯識。猶如夢事、或推夢想從何生滅、或知睡夢當相不實、或知唯心所變無別夢事、喻上三觀略知淺深。　然行位有三、觀境唯一所謂事也。見理有二、前二性相雖殊皆以空爲理也、後一以心爲理。前二爲權、後一是實。然出家超世通學三乘、今依業疏準開會意專指佛乘爲出家本矣。　性空中、初句標位、次句示行。觀卽能觀智、事卽所觀境。下二句見理、以我人善惡性本自無、緣會故生、緣散卽滅、生滅滅處名爲空理、卽是二乘所至之極。　次小菩薩中、位行理三同上分之。三大菩薩中、初句標位、次句明理。觀法唯心、卽事顯理故。下句示行、以一切諸法本唯一識、一識之外更無別法。無始妄動、橫計心境、有彼有此內外差別。窮此差別、皆是意思妄起取著、由取著故妄構名言。是故智者欲觀唯識必以意言爲所觀境、由此意言皆一識故、是則不離思議了非思議、卽於差別達無差別。故下引證。』見事鈔記卷四十一

▲資持云『上之三科總論十界之因故並名行。凡罪卽三途行、凡福卽修羅人天行、聖道卽三乘佛果行。歷示心行、令識因果、捨罪修福、革凡成聖、厭小慕大、趣一佛乘。是故業疏專指大乘爲出家學本。卽戒本云、若有自爲身、欲求於佛道是也。』見事鈔記卷四十一

第七節　大小乘相決同異

▲資持云『相決同異同謂進修方便唯是三學、無別途故。異乃心志廣狹故分二乘、用與別故。』

▲事鈔云『三乘道行、如上已明。　今通決正、不出三學。一切聖人無不行此。』　資持釋云『上二句

躡前。　今下正示。』（巳上皆見事鈔記卷四十一）

大小乘相決同異中分爲二項
- 一小乘三學
- 二大乘三學

第一項　小乘三學

▲事鈔云『若據二乘戒緣身口、犯則問心。執則障道是世善法、違則障道不免三塗。』　資持釋云『初戒中。緣身口者謂制法也。犯問心者推業本也、此據四分空宗爲言。執下二句明持失也、或專慕人天則滯於凡福、或計爲至道則墮於利使。違下二句明犯報也。』

△事鈔續云『定約名色、緣修生滅爲理。故佛性論云、二乘之人、約虛妄觀無常等相以爲眞如。　慧取觀照、與定義別體同。』　資持釋云『二定慧二、前明定學。名色即所觀境。一蘊是色四蘊是心、心道冥昧止可名通故總云名。緣修即能觀心、生滅即所見理。以色心二法念念生滅、生滅故無常、無常故無性、無性故空寂、空寂即滅諦涅槃眞如之理。故下引證、彼明小乘所證非眞見佛性故也。虛妄即名色、無常即生滅、眞如即空理。　次慧學中。定是澄寂、慧取照用、動息不同故云義別。同一心體故云體同。水澄物現、鏡淨像生、定慧一異喻之可解。』（巳上皆見事鈔記卷四十一）

第二項　大乘三學

▲事鈔云『若據大乘戒分三品。律儀一戒不異聲聞、非無二三有異、護心之戒更過恒式。』　資持釋云『初戒二、初標示同異。三品即三聚。　準智論中二乘但有斷惡一聚、雖有作持還歸離過。不修方便教化衆生故無攝善、自調自度故無攝生。是以今文但舉律儀比校同異。　言不異者準業疏。圓宗謂同。三聚彼云。戒分三品。約義收緣。不異諸律（由非明制故云約義）　如殺一戒具兼三位、息諸殺緣即攝律儀、常行慧命即攝善法、護前生命即饒益有情。此一既爾、餘戒例然。（巳上疏文）　性戒並例此說。若論遮戒、如酒寶等、離畜飲過即攝律儀、常行對治即攝善法、息世譏嫌即攝衆生。　若取大小戒本以分、則小教四夷大乘十重、四夷大同、餘六並異。以至畜寶然身等異相極衆。且云二三意顯同多異少故也。　護心戒者防響爾也。如梵網制不慳不瞋等、又涅槃隔壁聞鐶釧聲分別男女心染淨戒之類。』　濟緣云『若準智論、聲聞戒但有斷惡一聚。今用大意決於小宗、約義明同、莫不齊具。疏中且舉殺戒、餘並例作。如婬息諸染緣、常修梵行、不汚前生。如盜則離侵損緣、常行惠施、不惱前生。如妄則離虛妄緣、常行實語、不誑前生等。』（見業疏記卷十一）

三聚之義。於宗體篇、五戒、豫習發戒、依境發心支中、委釋。

△事鈔續云『智論問云菩薩住於實相、不得一法。得破戒否。　答曰。以住於實相故、尚不作福、何況作罪。雖種種因緣、不破戒人。』　資持釋云『二廣示異相中三、初智論住實相者心冥妙理、空無所有故不得一法。既無所得則無善惡、既無善惡則無持破、既無持破則無有戒、既無有戒則應任意施爲不須守戒。世多邪見。故問決之　答中、以福況罪。不作福者不取福相。故云不作種種因緣謂方便化導、隨所動用皆離過故』

△事鈔又云『攝論云。菩薩得無分別智。一切塵不顯現。由有勝智方便。具行殺生等十惡。由前有利益故。自無染濁過失。縱有利益有過失不應行。　準此初地已上方得用此無分別智。故地前不合』　資持釋云『二攝論中。勝智卽無分別。方便謂誘化衆生。　準下判位。初地已上者故知十聖方許行之。地前三賢猶制不合。況餘凡愚安可僭濫』　濟緣云『無分別智謂觀諸法如實平等、故無分別。唯一眞體、外塵本無、故塵不顯現方便卽權巧。有利益者謂利他也、自無染者謂自利也。具此二利。雖行無犯。互有所缺亦不行之故云縱有等　今時愚人、不量位地、不知權行作惡無恥、妄引爲例自誤誤他。難可救也』見業疏記卷十一

△事鈔續云『涅槃。持息世譏嫌戒、與性重戒無別。　因說菩薩持戒相、羅刹乞浮囊喩』　資持釋云『三涅槃中、初明持相。息世譏嫌卽目遮戒。遮性等持故云無別　次以喩顯。渡海人喩菩薩、羅刹喩三毒、浮囊喩具戒。』

▲事鈔云『若論定慧。小觀相空、深觀唯識。　鈍見空時不分別色、利知唯識不分別空。』　資持釋云『次定慧中。由小菩薩涉於大小、小據觀智大約志求、小大雖異並菩薩乘故。且一往通收大中。初示觀別。如上所明。　次校淺深。鈍卽小菩薩、在大爲鈍望小則利、不分別色異上二乘析色故。利卽大菩薩、不分別空超過小菩薩故。由觀唯識住於中道、了一切法無非心識、識非色空非不色空、尚不分別識何況分別空、若知唯識則住實相無分別故。』以上皆見事鈔記卷四十一

上來出家宗致中第一章出俗本意竟

第二章　先說苦事

▲羯磨註云『僧祇云。若初欲出家者、爲說苦事、一食一住一眠、多學問答能者度』見隨機羯磨第三 次科亦爾 業疏釋云『爲說苦事者、以世網苦辛、多厭求樂、初雖慈許、終有退敗。 一食者、佛教之中、一食爲本。託緣開二、不是長途。至今西域、統五天竺、常行一食。希見東華寺別兩頓。 一住者、一坐跏趺、周時方起、自非味重何以致斯。 一眠者、中夜之時、暫爾倚臥、分星月次、尋起緣念。 多學者、慧心常運、不許浮散也』 濟緣釋疏云『世網苦辛、謂工商士農、經營求趁、不容自安、人多厭之、求安閑樂、故反說苦事、知其志願。初慈許者、謂師輒受也、終退敗者、謂貧疲厭也。 一食中、初二句明本制。託下示緣開、因病開粥故。至下引據。希下斥非。今時見便進噉、豈止兩頓。律崩法壞、一至於此。悲夫。 周時、謂盡一日。味重謂禪定樂。 倚臥、謂倚身而已。分星月次、不使長久故。 慧心常運、即遺教云常自省察、不令有失是也』見業疏記卷十一

△資持云『僧祇、先說苦事、欲令知難、免後悔故。 四分、則有十種。謂能耐風、雨、寒、熱、飢、渴、毒蟲、惡言、一食。持戒。』見事鈔記卷四十一

上來出家宗致中第二章先說苦事竟

第三章　應知五德

▲羯磨註云『如請僧福田經。沙彌應知五德。一者發心出家、懷佩道故。二者毀其形好、應法服故。三者永割親愛、無適莫故。四者委棄身命、遵崇道故。五者志求大乘、爲度人故』 業疏釋云『初德發心懷道者、創發蒙俗、情厭諸有。唯欣出要、常懷佩也。佩謂帶持之者也。 二德毀形應法者、道俗路乖、反形易性。故割其所重、服彼所輕。明志絕奢靡、與世違也。 三德割愛懷捨者、以無始所親、慈戀難斷、終歸死別、然不早悟。今近割俗緣、遠成濟度、且從道業、兩捨親疎也。故善見云、瓦鉢貫肩、以四海爲家居。知誰可愛憎也。 四德委命遵道者、明崇奉三學、死而有已也。 五德志大度人者、奉行極教、兼濟於他』 濟緣釋疏云『初德中、初釋上句。唯下釋下句。 二中、初通示。故下別釋。上二句釋反形、下二句釋易性。奢則華侈、靡謂美麗。 三中、初敍情愛。世俗貪生、不知有死、故不早悟。今下釋永割。兩捨親疎、謂無適莫。適字音嫡。故下引證。 四中、奉崇三學、釋下遵道。死而有已、釋上委命。 五中、大乘窮理盡性、謂之極教』見業疏記卷十一

▲資持云『此之五德、出家大要。五衆齊奉、不唯小衆、終身行之、不唯初受。疏云、斯德始終通於五衆、俱堪物養、人天師範。故使誦持、無輕受體及形服也』見事鈔記卷四十一

上來出家宗致中第三章應知五德竟

上來別行篇中第六門出家宗致竟

上來第四別行篇竟

弘一大師晚歲輯南山律在家備覽略編、費時二載、極費苦心、稿凡三易、方得告成。原擬全部寫成現代文言、俾淺顯易讀、而未果遂。據持犯篇註、本書應有附錄、而手稿中無之。妙蓮法師檢大師遺稿、有戒體章名相別攷、日中攷、古今尺略圖、受十善戒法等、酌取以充附錄。猶恐未盡契合大師本意、囑爲附帶聲明如上。案持犯篇末註云、周尺體量、如附錄中周尺攷委明。今檢古今尺略圖後、附有周尺別形、及南山律尺量、因合編爲周尺攷。又滬泉兩地所藏手稿、微有出入。滬稿經校勘後、再寄晉江、由慧容法師就泉州藏稿覆校。遇異同處、往復函商、斟酌取捨。原稿偶有筆誤或疑問時、則以所引原書爲準。（例如二二三頁六行拾僧過失同頁十行誡拾僧過失·兩拾字原稿均作捨。檢大正藏續藏·及大師親校津刊鈔記會本·皆作拾。捨字係筆誤。又如一七七頁八行豈復有教·有字原稿作口。檢四分律戒相表記·及親校津刊會本·扶桑古刊本·大正藏本·續藏本·均作有。惟心燦法師所錄大師校正鈔記副本·批註云·有字疑是誤寫。足徵備覽作口·係表闕疑俟考之意。蓋大師先編戒相表記·次乃校正津刊鈔記會本·後始編輯在家備覽。編備覽時雖疑有誤·而未考定。茲仍從原書作有。）猶慮校對不無疎忽、倘續發見訛誤、當俟再版修訂、期臻完善。

大藏經會謹識

戒體章名相別攷

匆促寫錄·未及詳攷。或有訛誤·俟後改正。又分類編輯·亦多未妥·俟後整理重輯。第二次草藁·己卯十二月二十二日錄竟敬裝·時居蓬峯掩室習律·年六十。弘一

諸法五位

佛家建立諸法有三門
- 一小乘俱舍宗　立七十五法
- 二小乘成實宗　立八十四法
- 三大乘法相宗　立百法

總以之收束於五位
- 一色法　有物質之形者·又以物質爲因而生者。
- 二心法　了識事物者。　亦名心王。
- 三心所法　隨附於心法而起者。　是爲心法所有之法·故名心所法。
- 四不相應法　不附隨於心法者。
- 五無爲法　常住·而不自因緣生者。

△小乘成實宗八十四法·無一一記載之明文·今略。

△小乘俱舍宗·爲物心兩實之宗。

故其次第爲色·心·心所·不相應·無爲。

於此中攝七十五法。
- 色法……十一
- 心法……一
- 心所法……四十六
- 不相應法……十四
- 無爲法……三

（七十五法）

△大乘法相宗·爲唯心無物之宗。

故其次第爲心·心所·色·不相應·無爲。

於此中收百法。
- 心法……八
- 心所法……五十一
- 色法……十一
- 不相應法……二十四
- 無爲法……六

（百法）

△
- 色法　有質礙，而無知覺（緣慮）之用。
- 心法（心王）　無質礙，而有知覺之用，或爲緣起諸法之根本。

（以上二者）在於諸法，謂之色心。在於有情，謂之身心。身卽色也。

△
- 心王（心法）　爲心之主作用。　總了別所對之境。
- 心所　爲心之伴作用。　爲心王之所有，而起貪瞋等之別作用也。　舊譯曰心數。

△
- 心法（心王）
- 心所法

（以上二者）皆名相應法　同時而起之二聚心心所，有五平等之義，故名相應法。

- 一所依平等　謂心王依眼根，則心所亦依眼根也。
- 二所緣平等　謂心王緣青境，則心所亦緣青境也。
- 三行相平等　謂心王了解青色，則心所亦了解青色也。
- 四時平等　謂心王此時起，則心所亦此時起也。
- 五事平等　謂心王其體爲一箇，則心所之體亦各爲一箇也。

三有爲法

此三聚，皆有因緣之作爲，故名有爲法。

- 色法
  - 小乘俱舍：五根、五境、無表色　共十一
  - 大乘法相：五根、五境、法處所攝色　共十一法
- 心法
  - 小乘俱舍：心法（心王）一、心所法四十六　共四十七
  - 大乘法相：心法（心王）八、心所法五十一　共五十九
- 非色非心法
  - 小乘俱舍：不相應法十四
  - 大乘法相：不相應法二十四

七十五法

小乘俱舍宗，立一切法爲七十五，攝爲五類。

△第一，色法十一。

- 一五根。
  - 眼根、耳根、鼻根、舌根、身根　此五法能發識取境，故名根。
- 二五境。
  - 色境、聲境、香境、味境、觸境　此五法能爲五根所對之境，故名境。

（五根、五境）五根五境，有質礙之用，故名色。

- 三無表色。依身口發動之善惡二業，生於身內之一種無形色法，感苦樂果之業因也。——無表色，自體無質礙之用，以存於質礙之四大爲因而生，故亦名色。

△第二，心法一。

於根境相對之時，依根而生，能覺知境界之總作用也。是從於所依之根故，雖爲六識，而其心體是一。此心法必領有他之心所法，猶如國王之於臣民，故亦名曰心王。

第三．心所有法四十六。

此四十六法．皆爲心王所領有．而與心王皆爲對於境界之別作用．故云心所有法。常略稱心所法。

- 一．偏大地法。
  此十法．隨逐善不善無記之一切心王而起．故名偏大地法。略稱曰大地法。
  - 受　領納苦樂捨三境之作用也。
  - 想　想像事物之作用也。
  - 思　造作身口意三業之作用也。
  - 觸　觸對境界之作用也。
  - 欲　希求之作用也。
  - 慧　簡擇之作用也。
  - 念　記憶之作用也。
  - 作意　警覺他心心所之作用也。
  - 勝解　印決事理之作用也。
  - 三摩地　譯爲定。使心心所注住於一境之作用也。
- 二．大善地法。
  此十法．與一切善心相應而起．故名大善地法。
  - 信　使心心所澄淨之作用也。
  - 不放逸　於諸善法不使放逸之作用也。
  - 輕安　使身心輕妙安穩之作用也。
  - 行捨　使身心捨離執著諸法之念．而住於平等之作用也。是行蘊所攝之捨．故揀別於彼受蘊所攝之捨受．而謂之行捨。
  - 慚　於所造之罪．自恥之作用也。（於過自厭）
  - 愧　於所造之罪．他恥之作用也。（於過羞他）
  - 無貪　於順境無貪著之作用也。
  - 無瞋　於逆境不瞋恚之作用也。
  - 不害　不損害他之作用也。
  - 勤　於修善法．使心勇悍之作用也。
- 三．大煩惱地法。
  此六法．常與惡心及有覆無記心相應．故名大煩惱地法。
  - 無明　愚癡爲性．反於上之慧之作用也。
  - 放逸　反於上之不放逸．於善法放逸之作用也。
  - 懈怠　反於上之勤．於善法不勇悍之作用也。
  - 不信　反於上之信．使心不澄淨之作用也。
  - 惛沈　使心惛重之作用也。
  - 掉舉　使心輕浮之作用也。
- 四．大不善地法。
  此二法．與一切不善心相應．故名大不善地法。
  - 無慚　反於上之慚．不自恥之作用也。
  - 無愧　反於上之愧．不他恥之作用也。
- 五．小煩惱地法。
  此十法．名小煩惱地法者．有三義。一．雖與惡心及有覆無記心相應而起．而唯爲修道所斷．不通於見道所斷。二者．但與意識之無明相應．不通於他識。三者．此十法現行各別．而必非十法俱起。
  - 忿　使起忿怒相之作用也。
  - 覆　隱藏己罪之作用也。
  - 慳　使於財施法施慳悋之作用也。
  - 嫉　妬忌他人盛事之作用也。
  - 惱　堅執惡事而惱亂身心之作用也。
  - 害　反於上之不害．而行打罵他人等之作用也。
  - 恨　於忿境．結怨不捨之作用也。
  - 諂　使心心所邪曲不定之作用也。
  - 誑　欺他之作用也。
  - 憍　染著於自法．使心貢高之作用也。
- 六．不定地法。
  此八法．不入前之五地．爲特殊之法．故名不定地法。
  - 尋　尋求事理之粗性作用也。
  - 伺　伺察事理之細性作用也。
  - 睡眠　使心心所闇昧之作用也。
  - 惡作　思念惡作之事．而使心追悔之作用也。
  - 貪　反於上之無貪．而貪愛順境之作用也。

- 瞋　反於上之無瞋，而瞋恚逆境之作用也。
- 慢　對於他人，使心高舉之作用也。
- 疑　於諦理，使猶豫之作用也。

第四．心不相應行法十四。

此十四法，爲非色非心之法，而非與心相應之法，故名心不相應行法。所以名行者，有爲法之總名。又此十四法，爲五蘊中行蘊所攝，故名行也。

- 得　使諸法獲得於身之實法也。
- 非得　使諸法離身之實法也。
- 同分　如人趣者，使人趣之果報同一等，各隨其趣其地，而使得同一果報之實法也。
- 無想果　於無想天中，使心心所都滅之實法也。此是一種外道所執之涅槃。
- 無想定　欲得外道之無想果，所修得之無心定也。
- 滅盡定　不還或阿羅漢之聖者，爲止息暫時所入之無心定也。
- 命根　維持壽之實法也。
- 生　使法生之實法也。
- 住　使法住之實法也。
- 異　使法衰異之實法也。
- 滅　使法壞滅之實法也。
- 名身　色聲等之名也。
- 句身　諸法無常等之章句也。
- 文身　名與句所依之文字也。

第五．無爲法三。

此三法，無生住異滅四相之作爲，故名無爲法。

- 擇滅無爲　依正智簡擇力而得之寂滅法，即涅槃也。此法能使煩惱寂滅，故名滅。
- 非擇滅無爲　非依擇力，但依缺生緣而現之寂滅法也。此法能使生法不更生，故名滅。
- 虛空無爲　無礙爲性，得通行於一切之礙法中也。

七十五法
- 有爲法
  - 色法十一
  - 心法一
  - 心所有法四十六
  - 心不相應行法十四
- 無爲法三

三科

五蘊
- 色（色一有）
- 受、想、行、識（心四有）

十二處
- 六根
  - 眼根（眼處）
  - 耳根（耳處）
  - 鼻根（鼻處）
  - 舌根（舌處）
  - 身根（身處）
  - 意根（意處）
- 六境
  - 色境（色處）
  - 聲境（聲處）
  - 香境（香處）
  - 味境（味處）
  - 觸境（觸處）
  - 法境（法處）

眼處至身處、色處至觸處：色十有；意處、法處：心二有

十八界
- 六根
  - 眼根（眼界）
  - 耳根（耳界）
  - 鼻根（鼻界）
  - 舌根（舌界）
  - 身根（身界）
  - 意根（意界）
- 六境
  - 色境（色界）
  - 聲境（聲界）
  - 香境（香界）
  - 味境（味界）
  - 觸境（觸界）
  - 法境（法界）
- 六識
  - 眼識（眼識界）
  - 耳識（耳識界）
  - 鼻識（鼻識界）
  - 舌識（舌識界）
  - 身識（身識界）
  - 意識（意識界）

眼界至身界、色界至觸界：色十有；意界、法界、六識界：心八有

- 五蘊　蘊者，積集之義。舊譯曰陰，陰覆之義。爲迷於心偏重者，合色而爲一，開心而爲四。
- 十二處　處者，根與境爲生心心所作用之處。舊譯曰入，根與境相涉入也。爲迷於色偏重者，合心而爲二，開色而爲十。
- 十八界　界者，差別之義。爲色心共迷者，開色而爲十，開心而爲八。

△ 根・境・識

- 根：有取境之作用者，謂之根。亦名曰塵，染汚義也。
- 境：爲根所對所緣者，謂之境。
- 識：能緣者，謂之識。眼識，以眼根爲所依，緣色境。乃至意識，以意根爲所依，緣法境。

△ 根

- 扶塵根：扶，又作浮。五根之外形，眼可見者。是爲扶助勝義根之五塵，故謂之扶塵根。此扶塵根爲所依，別有淨色之眼根等，謂之勝義根，有發識取境之實用也。
- 勝義根：又名正根，乃眼等五根之實體也。依之而有發識取境之作用，爲四大種所成之淨色。

△ 意根

- 據小乘，則以前念之意識爲意根。
- 據大乘法相，則以第七末那識爲意根。

△ 六識

- 大乘法相及小乘俱舍，皆謂六識體別。
- 小乘成實，則謂六識體一，謂衆生唯有一識，以一識依於六根而緣六境。

五蘊

蘊者積集之義，謂色心之法，大小前後等積集而成自體也。舊譯曰陰，蔭覆之義。

- 一色蘊：總該五根五境等有形之物質。
- 二受蘊：對境而承受事物之心之作用也。
- 三想蘊：對境而想像事物之心之作用也。
- 四行蘊：其他對境關於瞋貪等善惡一切之心之作用也。
- 五識蘊：對境而了別識知事物之心之本體也。

△ 色・心

- 色 — 色
- 心
  - 受 ┐
  - 想 ├ 此三者，心性上各爲一種特別之作用，故名之曰心所有法（略云心所）。即心王所有之法。
  - 行 ┘
  - 識 — 此一者，爲心之自性，故名之曰心王。

色蘊

△ 俱舍十一色

- 能造：以四大，爲能造作一切色法。
  - 地大、水大、火大 — 實色
  - 風大 — 其體，爲觸境所攝。
- 所造：依四大，而造五根五境無表色之十一。
  - 眼根、耳根、鼻根、舌根、身根、色境、聲境、香境、味境、觸境 — 實色
  - 無表色 — 假色

△ 成實十四色

- 能造：以色等四境，爲能造作一切色法。
  - 色境、香境、味境、觸境 — 實色
- 所造：色等四境和合，方成四大。依此四大，而成聲境及五根。
  - 地大、水大、火大、風大 — 假色
  - 聲境（四大相觸爲聲）、眼根、耳根、鼻根、舌根、身根 — 假色

△ 法處所攝色

總括諸法爲十二處，攝屬於法處，而爲意處之所對者，有五種。

- 一極略色：分析色聲香味觸，眼耳鼻舌身等，有質之實色，而令至極微者。
- 二極逈色：分析虛空青黃等，無質之顯色，而令至極少者。達見爲難，故名極逈色。
- 三受所引色：即無表色也。是爲依受戒，而引發於身中之色，故名受所引色。
- 四遍計所起色：遍計一切法之意識前所顯現之五根五境等影像是也。如空華水月等，皆爲此所攝。
- 五定所生自在色：禪定所變之色聲香味等境也。以勝定力之故，於一切之色變現自在，故名定所生自在色。

色義

- 變壞義——轉變破壞也。變者·有形之物·異其相也。壞者·對於外物不得抵抗·而忽變形體也。
- 變礙義——變壞質礙也。
- 質礙義——有形質而互爲障礙也。
- 示現義——是從五根五境等之極微而成。

色塵有此兩義。故諸色法中·獨取五境中之色塵而名爲色·以色之義勝故也。

△色有二種
- 內色——眼耳鼻舌身之五根也。是屬於內身·故名內色。
- 外色——色聲香味觸之五境也。是屬於外境·故名外色。

△色有二種
- 顯色——青黃赤白之四種也。
- 形色——長短方圓高下正不正之八種也。

此約小乘俱舍論說。若大乘法相·於此外加表色。如行住坐臥取捨屈伸等·顯然可表示於人者·名爲表色。

△色有三種
- 可見有對色
- 不可見有對色
- 不可見無對色

對者·對礙之義。色法之自性·具對礙之自性·而眼可見者·青黃等之色塵是也。具對礙之自性·而不可眼見者·聲等之四塵·眼等之五根是也。無對礙之自性·亦不可眼見者·無表色是也。無對礙之自性而攝於色者·以其爲有對礙之四大所生之法故也。

行蘊

造作於有爲法之因緣·遷流於三世·謂之行。故行蘊有造作遷流二義也。若約此義·餘四蘊亦應名行·但餘蘊雖應名行·以攝行少·故各別受名·行蘊攝行多·故偏得行名。

五蘊中·除色受想識四者·其他之有爲法·通名行蘊。如下表記。

- 七十五法
  - 有爲法
    - 色法十一——色
    - 心法一——識
    - 心所有法四十六
      - 徧大地法十
        - 受——受
        - 想——想
        - 思等
      - 大善地法十
      - 大煩惱地法六
      - 大不善地法二
      - 小煩惱地法十
      - 不定地法八
    - 心不相應行法十四
    - （思等、不定地法八、心不相應行法十四）——行 共有五十八法
  - 無爲法三

識蘊

- 俱舍成實·以爲眼等之六識心王。
- 唯識·以爲八識心王。

此等心王·有種種差別·集於一所·而爲識蘊。

心意識

- 俱舍宗·以之爲一體之異名。論云·集起故名心·思量故名意·了別故名識·（中略）心意識三名·所詮雖有異·而體是一如。
- 法相宗有通別二門
  - 通門。許三名互通。
  - 別門。其實體各別。
    - 第八名心·集諸法種·起諸法故。
    - 第七名意·緣藏識等·恆審思量爲我等故。
    - 餘六名識·於六別境·粗動間斷了別轉故。

△楞伽三種識

- 眞識　如來藏也。又自性淸淨心也。離生滅相之眞如也。起信論名之爲心。亦名如來藏。卽是攝論宗所立之第九識。唯識不立此識。
- 現識　又名藏識。眞心與無明和合而生染淨法之識體也。起信論謂爲阿梨耶識之業轉現三細。唯識論所謂阿賴耶識。但彼論不立眞妄和合之義。
- 分別事識　亦名轉識。緣現識而生之眼等六識也。起信名同。

業

業爲造作之義。身口意善惡無記之所作也。其善性惡性。必感苦樂之果。故謂之業因。過去者謂爲宿業。現在者謂爲現業。

△業體

卽業之自體也。

業體有二種。又云業性。正招苦樂異熟之異熟因也。

- 一.直指身或語之造作爲業
  - 如身之取捨屈伸等造作。名爲身業。
  - 如音聲之屈曲造作。名爲語業。
- 二.以思心所之造作爲業　卽與第六意識相應而起之心所中。思之心所也。思之心所。以造作爲性。故以之爲業體。
  - 動作身之思。爲身業。
  - 動起語之思。爲語業。
  - 作動意之思。爲意業。

小乘俱舍。以第一種爲實業。爲正感果之異熟因。大乘法相。以第一種爲假業。以第二種正發動身語之現行思心所。爲招當果之實業。

△十業道

- 小乘俱舍
  - 身語二業之殺等七支
    - 爲業　業爲身語之二業。自體是業。
    - 爲業之道　業之道爲思心所遊履之處。
  - 意業之貪等三支　唯爲業之道　以彼非自體是業。唯爲思心所遊履之處故也。
- 大乘法相　十支　皆爲業又爲業之道　意業亦自體是業故也。

△三業

- 小乘俱舍　立身語二業爲實業體
- 大乘法相　三業分假實
  - 身
    - 假法　爲取捨屈伸等身形之表色。攝於色處之中。此是無記法。故不立此爲業體。
    - 實法
  - 語
    - 假法　爲音聲之屈曲。攝於聲處。此是無記法。故不立此爲業體。
    - 實法
  - 意
    - 實法

身語意三業之實法。爲意識相應之思心所。思有三種

- 一審慮思　將發身語。而先審慮之思也。
- 二決定思　起決定之心。而將欲作(發動)之思也。
- 三動發勝思　正發身語。而動作善惡事之思也。

一、二取此爲意業之體。三取此爲身語二業之體。

△思

心所法名。以使心造作之作用而名。俱舍云。思謂能令心有造作。唯識云。思謂令心造作爲性。於善品等役心爲業。

作戒無作戒

- 作戒　受戒時。如法動作身口意三業。可見聞之業體。新譯曰表戒。受戒時。受者造作身口。而表示受戒之相於外。謂之表戒。
- 無作戒　依作戒之緣。而生於身中不可見聞之業體。此業體初發之緣。雖由於身口意動作。(卽作戒)而一旦生了。則不假身口意之造作。恆常相續。故稱爲無作。作戒。於身口動作息時。卽滅。而無作戒。則一生之中。恆常相續。堪發防非止惡之功能。是之謂無作戒體。

△
- 約戒　作戒。無作戒。
- 約業　作業。無作業。
- 約色　作色。無作色。

無作戒爲能防之體。二百五十戒等爲所防之境。新譯曰無表戒。依表戒之緣。身內生一種有防非止惡功能之實物。以此於外相無表示故。名曰無表戒。表戒者。受戒時竣。亦卽斷絕。無表戒者。永於身內相續。以護身口之惡也。

作戒。無作戒。作者。身口造作之義。成實論等。表戒。無表戒。表者。身口表示之義。俱舍論等。

作業。無作業。身口教。無教。教者。教示人身口作業之義。薩婆多論。表業。無表業。

作色。無作色。表色。無表色。

戒體義

△約三業

- 小乘俱舍——局於身語二業有表業無表業不立意表業無表業
- 大乘法相——三業皆有表業無表業
  - 表業
    - 身表業　他可見之動作。取捨伸屈等是也。
    - 語表業　他可聞之言語。名句文是也。
    - 意表業　起貪瞋等之念是也。意業雖不表示於他人。然猶於心內自表示。故名爲表業。
  - 無表業
    - 身無表業　與身表業。共於身中。生不可表示於他之一種業體也。
    - 語無表業　與語表業。共於身中。生不可表示於他之一種業體也。
    - 意無表業　與意表業。共於身中。生不可表示於他之一種業體也。

△約表色無表色義

- 小乘俱舍——謂表業無表業。皆爲四大所生實之色性。謂之表色無表色。
- 大乘法相
  - 表業。以現行之思之心所爲體。
  - 無表業。以思之心所之種子爲體。

（其實業性雖爲心法。而現行之思。發起色法之身表業語表業。有防色法之身表語表過非之用。故且就所發所防之色。而假名爲表色無表色。於現行之思心所上。假立表色之名。於思心所之種子上。假立無表色之名。）

△約色心

- 小乘俱舍——業體卽色法
- 大乘法相——業體正屬心法
  - 身語二業非業體
    - 身表業。爲色處中之表色。（色處有顯色形色表色之三。取捨屈伸等。謂之表色。）
    - 語表業。屬於聲處之聲屈曲。
    - 此二共是無記法。而不能招當果。故不立爲業體。
  - 思心所爲業體　論其業體。定爲能發之思心所。但就所發所防之色。而假付以色之名。蓋業體正爲心法也。

立思之心所造作之身表業語表業。爲善性惡性無記性之實法。故直以所發之身語二業爲業體。以其中善惡之業體。爲感苦樂之果。是以業體卽色法也。

△戒體通大小乘有三種

- 色法——小乘俱舍所立　受戒之時。身口二業有發顯之表色。其表色爲依四大而生之一種色法。依此而有防非止惡之功能。名爲無表色。又名無作色。是爲四大所生。故爲色法。而攝於色蘊之中。
- 心法——大乘法相所立　受戒之時。有發動於思之心所。依此之種子相續。而有防非止惡之功能。假名爲無表色。是爲依於受戒時之表色作用而起者。故附以色之名。然實爲心法也。
- 非色非心法——小乘成實所立　是爲成實宗之無作戒體。無形質故非色。無緣慮故非心。

無表色

△三宗無表色

- 小乘俱舍
- 大乘法相
- 小乘成實

受戒時。以強盛之身口表業爲緣。滿身四大製造之一種色體也。此色體有防非止惡之功能。恆防止身口之過非。故以之爲戒體。其物體外相不顯。故名無表。又爲由身內之地水火風四大而生者。故名爲色。是非如他色有物質。有障礙。然由四大之色法而生。故攝於色法之中。受戒時以第六識之思心所之隆盛勢力。於第八識熏其種子。此思心所之種子。有防非止惡之功能。故以之爲戒體。此戒體於外相無表示。故名無表。假名爲色。正攝於心法也。此宗之義。非色非心也。無質礙之性用故非色。無緣慮之性用故非心。

△三種無表色

- 律儀無表色　依受善戒之表業而發，或以禪定共發，或與無漏智共生，有防非止惡之功能者。……極善
- 不律儀無表色　爲正作殺生等惡戒之表業，有防善止善之勢用者。……極惡
- 非律儀非不律儀無表色　非依善戒或惡戒，乃依其他之善惡表業而生者。此中攝善與惡二種。……中善中惡　下善下惡（唯有善惡之表業，而不生無表色。）

△表無表色之功能

- 表色一功能　表色，卽表業之善性惡性。唯有成業道，爲感未來異熟果之異熟因之一功能。
- 無表色二功能　無表色，卽無表業之功能。有二。
  - 一，成業道。
  - 二，別有防非止惡之功能。此功能自未捨戒以來，其功能念念倍增。若捨戒時，失其念念倍增之防非止惡功能，而不失感異熟業道之功能也。

成實四假

- 因生假　一切有爲法，由因而生，皆爲無性。如六因四緣生諸法。
- 緣成假　如攬五蘊成人。
- 相待假　如長短等相待而立。
- 相續假　如一念色聲不成身語業，相續色聲方成身語業。

成實論

成實者，成立修多羅中實義也。觀我法俱空，故超越於薩婆多宗之我空法有觀。但不知空卽不空，故稱之爲偏空觀。成實宗，爲印度小乘中最後所立之宗，卽小乘中之空宗，酷似大乘。

南山三教三觀

△三教

- 性空教　分析小乘教諸法之性分，唯觀其自性之空無。尙許因緣生之假相者。
- 相空教　觀大乘淺教諸法之自性，爲本末如幻卽空。不許其假相者。
- 唯識圓教　見大乘深教萬法唯識之圓理者。

△三觀

- 性空觀　阿含經所說小乘之觀法也。觀諸法爲因緣生，性空無我也。許因緣生之相爲實有，而觀性之空無，故名性空觀。
- 相空觀　般若經所說大乘之初門也。觀諸法之相爲空也。若許因緣生之相爲實有，猶是妄見，此更進而空無諸法之相，故名相空觀。
- 唯識觀　華嚴經等所說，大乘至極之觀法也。觀萬法皆自識所變，故萬法惟爲心識之影像，所歸唯一心識。

戒之四科

- 戒法　如來所制之法。
- 戒體　由於授受之作法而領納戒法於心胸，生防非止惡之功能者。
- 戒行　隨順其戒體，而如法動作三業也。
- 戒相　其行之差別，卽十戒乃至二百五十戒等也。

弘一大師全集

趙樸初署

第二冊

佛學卷

句讀校注

《弘一大師全集》（修訂版）編輯委員會 編

海峽出版發行集團
THE STRAITS PUBLISHING & DISTRIBUTING GROUP
福建人民出版社

初版發起人（敬稱略）

釋瑞今　釋宏船　釋廣洽　釋常凱　釋妙燈　釋廣淨
釋廣義　釋廣範　釋廣餘　釋廣安　釋傳貫　釋晴輝
釋覺定　釋優曇　釋元果　釋隆根　釋自立　釋唯慈
釋妙因　釋妙抉　釋心理　釋圓拙　釋妙蓮　釋妙湛
釋毅然　釋傳常　高文顯　陳珍珍　林子青　虞　愚
蔡吉堂　劉雪陽　豐一吟　金兆年

編輯委員會總顧問：趙樸初
編輯委員會主　任：林子青
副主任：釋圓拙　陳珍珍　沈繼生
編輯委員：釋圓拙　釋妙因　釋妙蓮　林子青
陳珍珍　高文顯　沈繼生　釋法雲　王連茂　陳泗東
陳清泉　陳祥耀　莊炳章　陳存廣　黃柏齡　楊加清
李瑞良　楊貢南　夏宗禹　許在全　余險峯　張虹劍
施榮茂　莊為玠　葉四遊　陳瑞熙　傅佩韓　陳懷嘩

修訂版編輯人員（敬稱略）

編輯委員會總顧問：李木源
顧　問：釋界詮　釋道元　釋本性　釋向願　釋理任　釋常定
汪毅夫　林文斌　余險峯　黃少萍　李育才　陳清泉
潘燕燕　胡曉泉　駱良益
主　編：釋學誠　陳珍珍　陳祥耀
副主編：周焜民　王爾康　吳幼雄　林長紅
編　委：釋學誠　陳珍珍　陳祥耀　周焜民　王爾康　吳幼雄
林長紅　祝閩影　周書榮　釋振宇　釋德昇　釋真仁
張　勇　林　樺

◎一九三二年攝於上海

◎一九四〇年在永春臨別留影，攝於雲龍橋旁。

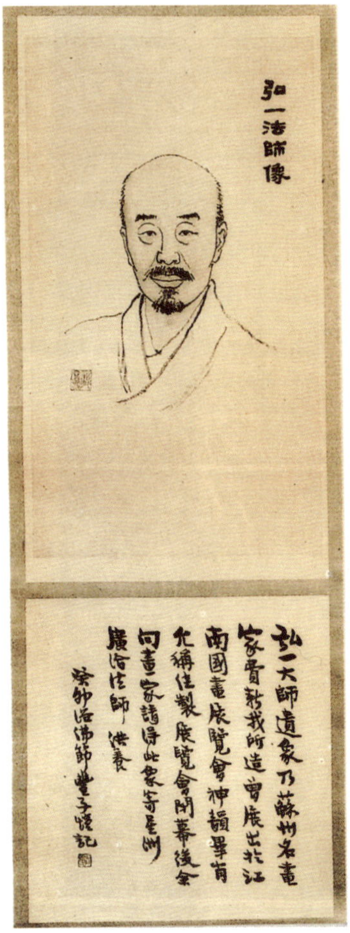

◎弘一法師像 費新我繪

◎與黃柏（福海）居士
一九三九年攝於泉州

◎與寂山（後排中）、因弘
（後排左）和尚等
一九二二年攝於溫州

◎一九三七年攝於廈門萬石巖

◎一九二四年攝於衢州祥符寺
後排：（右）江山 毛世根　（中）龍游 吳南章　（左）姑蘇 尤墨君

◎一九三三年攝於廈門萬壽巖

◎一九三六年夏攝於廈門鼓浪嶼日光巖

◎一九三六年攝於廈門鼓浪嶼黃家渡

第二冊目錄

佛學卷

第二部類　句讀校注

佛學卷

句讀校注

四分律刪繁補闕行事鈔總目

卷首

鈔序

卷一之一 卷上

標宗顯德篇第一　集僧通局篇第二

足數眾相篇第三 別眾法附　受欲是非篇第四

通辨羯磨篇第五

卷二之二 卷上

結界方法篇第六　僧網大綱篇第七

卷三之三 卷上

受戒緣集篇第八　師資相攝篇第九

卷四之四 卷上

說戒正儀篇第十

安居策修篇第十一 受日法附

自恣宗要篇第十二 迦絺那衣法附

卷五之一 卷中

篇聚名報篇第十三

隨戒釋相篇第十四 別釋四中一戒法二戒體三戒行四戒相中四波羅夷

卷六之二 卷中

隨戒釋相篇之餘 十三僧殘二不定三十捨墮

丙子十一月居古浪日光別院標記。適十二月十九日於南陀始完。原刊本所標應標行者用「，今校本中應標行者用」。依科則於之處用一二三……等。[illegible] 後標名別章等多不相劃。有從標記，不及校正。俟後詳審方昇。

卷七之三 卷中

隨戒釋相篇之餘 九十單提四提舍尼百眾學

卷八之四 卷中

持犯方軌篇第十五　懺六聚法篇第十六

卷九之一 卷下

二衣總別篇第十七

卷十之二 卷下

四藥受淨篇第十八

鉢器制聽篇第十九 房舍五行調度眾具法附

對施興治篇第二十

卷十一之三 卷下

頭陀行儀篇第二十一

僧像致敬篇第二十二 造立像寺法附

計請設則篇第二十三　導俗化方篇第二十四

主客相待篇第二十五 四儀法附

卷十二之四 卷下

瞻病送終篇第二十六

諸雜要行篇第二十七 謂出世正業比丘所依法

沙彌別行篇第二十八　尼眾別行篇第二十九

諸部別行篇第三十

四分律刪繁補闕行事鈔序作者非無標名顯別

唐京兆崇義寺沙門釋道宣撰述

夫戒德難思冠超眾象為五乘之軌導實三寶之舟
航依教建修定慧之功莫等住持佛法羣籍於茲息
唱自大師在世偏弘斯典爰及四依遺風無替逮于
像季時轉澆訛爭鋒脣舌之間鼓論不形之事所以
震嶺傳教九代聞之拔萃出類智術而已欲明揚顯
行儀匡攝像教垂彝範訓末學紐既絕之玄綱樹已
顛之大表者可得詳而評之豈非憑虛易以形聲軌
事難為露潔者矣然則前修託於律藏指事披文而

用之則在文信於實錄而寄緣良有繁濫加以學非
精博臆說尤多取類寡於討論生常異計斯集致令
辨析釁戾輕重倍分眾網維持同異區別自非統教
意之廢興考諸說之虛實者孰能闢重疑遣通累括
部執詮行相者歟常恨前代諸師所流遺記止論文
疏廢立問答要鈔至於顯行世事方軌來蒙者百無
一本時有銳懷行事而文在義集或復多列游辭而
逗機未足或單題羯磨成相莫宣依文用之不辨前
事並言章碎亂未可披檢所以尋求者非積學不知
領會者非精鍊莫悉余因聽采之暇顧眄羣篇通非

闕意俱懷優劣斐然作命直筆具舒包異部誠文括
眾經隨說及西土賢聖所遺此方先德文紀搜駁同
異並皆窮覈長見必錄以輔博知濫述必剪用成通
意或繁文以顯事用或略指以類相從或文斷而以
義連或徵辭而假來問如是始終交映隱顯互出并
見行羯磨諸務是非導俗正義出家雜法並皆攬為
此宗之一見用濟新學之費功焉然同我則擊其大
節異說則斥其文繁文繁誰所樂之良由事不獲已
何者若略減取其梗槩用事恆有不足必橫評不急
之言於鈔便成所諱今圖度取中務兼省約救急備

卒勒成三卷若思不贍於時事固有闕於行詮則略
標旨趣以廣於後然一部之文義張三位上卷則攝
於眾務成用有儀中卷則遵於戒體持犯立懺下卷
則隨機要行託事而起並如文具委想無紊亂但境
事實繁良難科擬今取物類相從者以標名首至於
統其大綱恐條流未委更以十門例括方鏡曉遠詮

標宗顯德篇第一　集僧通局篇第二
足數眾相篇第三別眾法附　受欲是非篇第四
通辨羯磨篇第五　結界方法篇第六
僧網大綱篇第七

和大[illegible]物意

第一序教興意。夫至人興世，益物有方，隨機設教，理無虛授。論云：依大慈門說於毗尼，故律云世尊慈念故而為說法。二為對外道無法自居，顯佛法人尊道高，故制斯戒。觀下律中凡所制言，並懷異術，故文云若不撰結，則令外道以致餘言。三為對異宗，故來宗則有其多別。且如薩婆多部戒本繁略，指體未圓，揆俗楷定於時數，御法例通於無準。今曇無德部人法有序，軌用多方，提誘唯存生善，立教意居顯約。上則通明教興，今據當宗以辨。夫教不孤起，起必因人，人既不同，教亦非一。故攝誘弘濟，軌用實多，貴在得其本詮，誠難覈其條緒。所以約開制驗旨，在為人。顯持犯諒意，存無過。今束一律藏，以五例分之，則教興之意可見也。一以遮性往分，性惡則通於化制，遮戒因過便起。然則性戒文緩而義急，謂隨諸重戒並有開文，文雖是開，實結犯，縱成持也，持之實難，如婬則

三時無樂，毀訾則始終慈救，既是根本貪瞋，何能禁心無逸，故知義存急護也。遮戒一往制止，有益便開，開之過興，還復令制，豈非為存化俗，恐墜枉坑，大慈設教，意唯檢失，故毗尼母論具立緩急二儀，令尋之以通望也。二以開制往徵，教則通於三世，故下文云以世尊是一切智人，故制已更開，開已還制。此還未來教也。如五分，雖我所制，於餘方不為清淨者，則不應用，雖非我所制，於餘方必應行者，不得不行。此如來在世教也。然二教相融，互兼彼此。三以報有強弱，教亦亘聽，就制則深防限分，約行則山世不同。四以

機悟爲先。教門輕重致隔，五部異執，豈不然耶。五以事法相對，法唯楷式，乖旨則事不成；事通情性，故隨境制其得失。或託三性之緣，或隨世譏而起。且略引諸條，薄知方詣，總撮包舉者，莫非拯接凡庸，心懷泥曰而興教矣。故文云：世尊何故制增戒學？爲調三毒故。云何爲學？爲求四果故。下諸門中所述制意，止隨前事，令後進者尋條知本焉。

第二制教輕重意。輕重兩意，裁斷實難。何者？原彼能施之教，教主窮機之人；又推此所爲之人，人唯應藥之器。所以藥病相扣，利潤無方，豈可以情斷，寧復言論測也。雖然，重緊其遠，標實被於來裔，在文自顯，何假證成。今序斯大略，所謂有七：一興厭漸頓，二結正業科，三報果不同，四攝趣優劣，五起情虛實，六開制互立，七約行彰異，如喧靜二儀也。凡此諸例，並制教之本懷，據斷之宗體。

第三對事約教判處意。自佛法東流，幾六百載，諸師穿鑿，判割是非，競封同異，不可稱說。良由尋討者不識宗旨，行事者昏於本趣。故須學師必約經遠，執教必憑眞文，何事被於毀譏，豈復淪乎嗤責。今判其持犯，還約其受體；體既四分而受，豈得異部明隨。猶恐

不曉大綱，更示其分齊。謂輒將己所學者判他持犯，脫羅愆失，其唯不學愚癡。今通立定格，其成較準，一披條領，釋然大觀。

第四用諸部文意。統明律藏，本實一文，但爲機悟不同，致令諸計嶽立。所以隨其樂欲，成立已宗，競采大眾之文，用集一家之典。故有輕重異勢，持犯分塗，有無遞出，廢興互顯。今立四分爲本，若行事之時，必須用諸部者，不可不用。故善見云：毗尼有四法，諸大德有神通者鈔出令人知。一本者，謂一切律藏；二隨本；三法師語者，謂佛先說本，五百羅漢廣分別流通，即論主也；四意用，謂以意方便度用，及三藏等廣說也。先觀根本，次及句義，後觀法師語與文句等者用，不等者莫取（第六卷中廣明律師法）。正文如此。然行藏之務，實難取捨之義非易。且述其大詮，以程無惑。謂此宗中文義俱圓，約事無缺者，當部自足，何假外求。餘有律文不了，事在廢前，有義無文，無文有事，如斯眾例，並取外宗成此一部。又所引部類，必取義勢相關者可用證成；必緩急重輕，是非條別者，準論不取。故文列四說，令勘得失，十誦墨印，義亦同之。若此以明，則心境相照，動合規猷，繁略取中，理何晦沒。若不鏡覽諸部

偏執一隅，涉事事則不周，校文文無可據，遂師心臆見，各競是非，互指為迷，誠由無教。若四分判文有限，則事不可通，行還用他部之文以成他部之事，或二律之內文義雙明，則無由取捨，便俱出正法，隨意采用。然行用正教，親自披閱，恐傳聞濫眞故也。又世中持律略有六焉：一唯執四分一部，不用外宗。（如持衣說藥之例，文無止但手持而已。）二當部缺文，取外引用。（即用十誦持三衣加藥之類。）三當宗有義文非明了。（謂狂顛足數睡聾之類。）四此部文義具明，而是異宗所廢。（如捨淨地直言說戒之類。）五兼取五藏通會律宗。（如長含中不令更試外道。）六終窮所歸大乘至極。（如楞伽涅槃僧坊無煙禁斷酒

肉五辛八不淨財之類。）此等六師，各執正言，無非聖旨，但由通局兩見，故有用解參差。此鈔所宗，意存第三第六，餘亦參取，得失隨機，知時故也。

第五文義決通意。夫理本絕名，故立名標其宗極；名隨事顯，故對事而備斯文。然考斯律藏，言事並周。但為年代渺邈，聲彩離追，法為時移，事多殘缺。加以五師捃拾，情見不同，重由翻譯失旨，妄生構立。又為鈔寫錯漏，相承傳濫，所以至於尋究紛慮良多。今總會之以通其大見，若文義俱闕，則可舉一以例諸，或就理有而成前事，或在文雖具，而於義有闕，便以義定之。故論言：以理為正故也。或義雖必立，當部無文，則統闕諸部以息餘謗。然文義決通，誠難廢立，自非深明律相，善達開遮，不然便有累於自心，固無益於他境。故律云：文義俱同，文同義異，文異義同，文義俱異，具舒進止，不勞敘釋。然決判是非者，必總通律藏之旨，幷識隨經之文。如上六師所明，乃可究斯教迹。故十誦云：比丘有三事決定知毗尼相：一本起，二結戒，三隨結。應思惟觀察二部戒律，幷及義解毗尼，增一，開遮輕重，如五大色是不淨，遮非色淨不遮，如是等籌量本末已用也。明了論亦云：比丘能知五相，名解

毗尼。不看他面，文略同上，廣如彼說。

第六教所詮意。詮教之文，文雖浩博，撮其大趣，止明持犯。然持犯之境，境通內外。內謂行心之結業，外謂情事之順違。但令教行相循，始終無犯，則為持也。若生來不學，於法無聞，修造善惡，義兼福罰。今欲科罪，但使與教相應，不問事情虛實，並名犯也。此通名持犯也。若結篇正罪，窮諸治罰，必令束其方便，攬成業果，使量據覈其實情，輕重得於理教，則斷割皎然，更何蕪濫。此別名持犯也。

第七道俗七部立教通局意。顯理之教，乃有多途，而

可以情求大分爲二一謂化教此則通於道俗但汎
明因果識達邪正科其行業沈密而難知顯其來報
明了而易述二謂行教唯局於內眾定其取捨立其
綱致顯於持犯決於疑滯指事曲宣文無重覽之義
結罪明斷事有再科之從然則二教循環非無相濫
舉宗以判理自彰矣謂內心違順託理爲宗則準化
教外用施爲必護身口便依行教然犯化教者但受
業道一報違行教者重增聖制之罪故經云受戒者
罪重不受者罪輕文廣自明所以更分者恐迷二教
之宗體妄迷業行之是非故立一門永用錮別

第八僧尼二部行事通塞意然二部同戒同制則事
法相同行用儀式類準僧法具在諸門隨事詳用若
辨成犯相者戒本自分隱而難知者具在隨相餘有
約位之戒謂輕重不同有無互缺犯同緣異而是當
世盛行種相難知者及別行眾行等法方列尼別行
法中此但分其宗類猶未顯其來詮諸有不同之意
具在大疏
第九下三眾隨行異同意二一眾沙彌若約戒體同大
僧無作檢其本數唯顯於十就餘隨行類等塵沙結
罪居第五篇就位在諸戒末自外行法不同取捨有
異者各就別篇具明式叉摩那六法是其學宗戒體
更不重發自餘隨行對治同諸三眾學之必有不同
具如尼別法所顯
第十明鈔者引用正文去濫傳眞科文酌意初明引
用正經次明世中僞說後明鈔興本意初言正本者
僧祇律（是根本部餘是五部）曇無德部（四分律也鈔者所宗）薩婆多部（十誦律也）彌沙塞部（五分律也）迦葉遺部（解脫律此有戒本）婆麤富羅部（此律本未至此依大集分別）毗尼母論善見論摩得勒伽論薩婆多
論（并傳）毗奈耶律明了論（釋正量部并眞諦三藏疏）五百問法出要
律儀（梁武帝準律集）自餘眾部文廣不列并大小乘經及以

二論與律相應者名隨經律並具入正錄如費長房
開皇三寶錄十五卷中次明諸師異執法聰律師覆
律師（出疏六卷）光律師（兩度出疏）理隱樂三師（各出鈔）遵統師（疏八卷）淵律師（有疏）雲暉願三師（各自出鈔疏）洪勝二師（有鈔）首律
師（有疏二十卷）礪律師（有疏十卷）基律師（有疏）已外曇瑗僧祐靈
裕諸師已下及江表關內河南蜀部諸餘流傳者並
具披括一如義鈔次明世中僞經諸佛下生經六袠
淨行優婆塞經十卷獨覺論金棺經救疾經罪福決
疑經毗尼決正論優波離論普決論阿難請戒律論
迦葉問論大威儀請問論五辛經寶癭論唯識曾決

論初教經罪報經日輪供養經乳光經應供行經福田報應經寶印經沙彌論文殊請問要行論提謂經如是等人造經論總有五百四十餘卷代代漸出文義淺局多附世情隋朝久已焚除愚蒙猶自濫用且述與律相應者如前所列餘文存略後明鈔興本意夫鈔者固令撮略正文包括諸意也余智同螢曜量實疏庸何敢輕侮猷言動成戲論雖然學有所承承必知本每所引用先加覆檢於一事之下廢立意多諸師所存情見繁廣今並删略止存文證及教通餘論理相難知自非通解焉能究盡具如集義鈔所顯

而鈔略證文多不具委但取文義堪來入宗者自外不盡之文必欲尋討知其始末則非鈔者之意故文云諸比丘欲不具說文句佛言聽之毗尼母論云佛令引要言妙辭直顯其義庶令臨機有用無待訪於他人即事即行豈復疑於罪福猶恐後代加諸不急之務增益其中使眞宗蕪穢行者致迷烏鼠之喻復存於兹日矣此之十條並總束諸門例科分析若攬收不盡自下別論天宅身佛海餐味法流形廁僧伍行唯三位若遵仰正戒識達持犯則中卷之中體相具矣自行既成外德彰用則上卷之中綱領存矣自他兩德成相多途則下卷之中毛目顯矣此三明行無行不收三卷攝文無文不委然則事類相投更難量擬若長途散釋則寡於討論必隨相曲分使過在繁碎今隨宜約略通結指歸使舉領提綱毛目自整載舒載覽隨事隨依

四分律刪繁補闕行事鈔卷上之一　南山律要一

唐京兆崇義寺沙門釋道宣撰述

標宗顯德篇第一（初出宗體後引文成德）

夫律海沖深津通萬象雖包含無外而不宿死屍騰岳波雲而潮不過限故凡厠預玄門者克須淸禁無容於非沐心道水者慕存出要無染於世故能德益於時迹超塵網良由非法無以光其儀非道無以顯其德而澆末淺識庸見之流雖名參緇服學非經遠行不依律何善之有情既疏野寧究眞要封懷守株志絕通望局之心首而言無詣意雖論道不異於俗與世同流事乖眞趣研習積年猶迷闇託況談世論孰能體之是以容致濫委以亂法司肆意縱奪專行暴剋尚非俗節所許何有道儀得存致令新學困於磐石律要絕於羈靴於時正法玄綱寧不覆墜耶故

知興替在人也深崇護法者復何患佛日不再曜法輪不再轉乎今略指學體行相令後進者興建有託夫戒者以隨器為功行者以領納為趣而能善淨身心稱緣而受者方克相應之道若情無遠趣差之毫微者則徒染法流將何以為道之淨器為世良田義復安在是以凡欲淸身行徒遠希圓果者無宜妄造必須專志攝慮令契入無滯故經云雖無形色而可護持斯文明矣何者但戒相多途非唯一軌心有分限取之不同若任境彰名乃有無量且據樞要略標四種一者戒法二者戒體三者戒行四者戒相言戒法者語法而談不局凡聖直明此法必能軌成出離之道要令受者信知有此雖復凡聖通有此法今所受者就已成而言名為聖法但令反彼生死仰厠僧徒建志要期高棲累外者必豫長養此心使隨人成就乃可秉聖法在懷習聖行居體故得名為隨法之行也二明戒體者若依通論明其所發之業體今就正顯直陳能領之心相謂法界塵沙二諦等法以已要期施造方便善淨心器必不為惡測思明慧冥會前法以此要期之心與彼妙法相應於彼法上有緣起之義領納在心名為戒體三言戒行者既受得此

戒秉之在心必須廣修方便檢察身口威儀之行克志專崇高慕前聖持心後起義順於前名為戒行故經云雖非觸對善修方便可得清淨文成驗矣四明戒相者威儀行成隨所施造動則稱法美德光顯故名戒相此之四條並出道者之本依成果者之宗極故標於鈔表令寄心有在知自身心懷佩而法下為六道福田上則三乘因種自餘紹隆佛種興建法幢功德不可思議豈唯言論能盡直引聖說成證令持法高士詳而鏡諸就中分二初明順戒則三寶住持辨比丘事二明違戒便覆滅正法翻種苦業但諸經

論歎戒文多隨部具舒相亦難盡今通括一化所說正文且引數條餘更存略

初中分二前約化教後就制門初又分四一就小乘經者如般泥洹經明佛垂滅度世間無師阿難啟請佛言比丘若能奉戒者是汝大師若我在世無異此也遺教等經並同斯示然發趣萬行戒為宗主故經云若欲生天等必須護戒足又如大地能生成萬物故經云若無淨戒諸善功德不生又云依因此戒得有定慧又經云戒者行根住持即喻如地能生成住持也二小乘論如成實云道品樓觀以戒為柱禪定

心城以戒為郭入善人眾要佩戒印是故特須尊重於戒解脫道論戒品中具多讚美文繁不出須者看之戒則不羸毗婆沙云具戒足者戒言尸羅亦言行也亦云守信亦名為器尸羅言冷無破戒熱及三惡道熱故亦名善夢持者常得善夢故亦名為習由善習戒法故亦名為定若住戒者心易得定故亦名為池羣聖所浴故亦名瓔珞老少中年服常好故亦名如鏡由戒淨故無我像現故又名威勢如來在世有威力者是尸羅之力故餘如驅龍事五百羅漢不能逐之有一羅漢但以護戒力故便即驅出以輕重等

持也又戒名為頭能見苦諦諸色乃至知色陰等法故能善護故言守信也能至涅槃城故言行也功德所依名器也尊者瞿沙說曰不破義是尸羅義如人不破足能有所至行者不破尸羅故能至涅槃三大乘經者華嚴云具足受持威儀教法行六和敬善御大眾心無憂悔去來今佛所說正法不違其教能令三寶不斷法得久住大集云十方世界菩薩請佛為五滓眾生制於禁戒如餘佛土為法久住故佛後許之便制禁戒薩遮尼揵云若不持戒乃至不得疥癩野干身何況當得功德之身月燈三昧云雖有色族

及多聞若無戒智猶禽獸雖處卑下少聞見能淨持
戒名勝士涅槃云欲見佛性證大涅槃必須深心修
持淨戒若持是經而毀淨戒是魔眷屬非我弟子我
亦不聽受持是經華嚴偈言戒是無上菩提本應當
具足持淨戒若能堅持於禁戒則是如來所讚歎故
重引之令誦心首四大乘論者智論云若求大利當
堅持戒一切諸德之根出家之要如惜重寶如護身
命以是戒為一切善法住處又如無足欲行無翅欲
飛無船欲度是不可得若無戒者欲得好果亦不可
得若棄此戒雖山居苦行飲水服氣著草衣披袈裟

等受諸苦行空無所得人雖貧賤而能持戒香聞十
方名聲遠布天人敬愛所願皆得持戒之人壽終之
時風刀解身筋脈斷絕心不怖畏地持云三十二相
無差別因皆持戒所得若不持戒尚不得下賤人身
況復大人相報十住毗婆沙中有讚戒戒報二品廣
列深利具如彼說第二就制教中分兩先明律本者
僧祇中云欲得五事利益當受持此律何等五也一
建立佛法二令正法久住三不欲有疑悔請問他人
四僧尼犯罪者為作依怙五欲遊化諸方而無有閡
是為篤信善男子五利四分持律人得五功德一者

戒品牢固二善勝諸怨三於眾中決斷無畏四有疑
悔者能開解五善持毗尼令正法久住又得十利如
攝取於僧等十誦云佛法幾時住世佛答言隨清淨
比丘說戒法不壞名法住世乃至三世佛亦爾一依
律論中明了論解云本音毗那耶此略言毗尼也有
五義一能生種種勝利謂引生世出世善二能教身
口二業清淨及正直三能滅罪障四能引勝義在家
者引令出家乃至引到梵住聖住無餘涅槃五勝人
所行事謂最勝人是佛次獨覺及聲聞是勝人等皆
行其中若凡夫行者亦是勝人方能行此事薩婆多

云毗尼有四義餘經所無一戒是佛法平地萬善由
之生長二一切佛弟子皆依戒住一切眾生由戒而
有三趣涅槃之初門四是佛法纓絡能莊嚴佛法具
斯四義功強於彼善見云佛語阿難我滅度後有五
種法令法久住一毗尼者是汝大師二下至五人持
律在世三若有中國十人邊地五人如法受戒四乃
至有二十人如法出罪五以律師持律故佛法住世
五千年五百問云佛垂泥曰阿難悲泣佛問何以悲
泣乃至佛言我不滅度半月一來又言佛有二身肉
身雖去法身在世若敬法者念法者便敬佛念佛若

持五戒即見法身若護法者便爲護佛如飲水殺蟲
之喻又如半月說戒即見我也薩婆多又云何故律
在初集以勝故祕故如諸契經不擇時處人說而得
名經律則不爾唯佛自說要在僧中故勝也又如分
別功德論云由勝密故非俗人所行故不令見大莊
嚴論云愚劣不堪護持此戒也
二明違戒法滅者還約二教雜明十誦云像法時有
五滅法一比丘小得心已便謂已聖二白衣生天出
家人入地獄三有人捨世間業而出家破戒四破戒
人多人佐助五乃至羅漢亦被打罵又有五種怖畏

一自不修身戒心慧復度他人令不修身戒等法二
畜沙彌三與他依止四與淨人沙彌共住不知三相
謂掘地斷草溉水五雖誦律藏前後雜亂四分中五
種疾滅正法一有比丘不諦受誦律喜忘文句復教
他人文既不具其義有闕二爲僧中勝人上座一國
所宗而多不持戒但修不善後生倣習放捨戒行三
有比丘持法持律持摩夷而不教道俗即便命終令
法斷滅四有比丘難可教授不受善言餘善比丘捨
置五互相罵詈互求長短疾滅正法十誦諸比丘廢
學毗尼便讀誦修多羅阿毗曇世尊種種訶責乃至

由有毗尼佛法住世等多有上座長老比丘學律雜
含云若長老上座中年少年初不樂戒不重戒見餘
樂戒者不隨時讚美我不讚歎何以故恐餘人同其
見長夜受苦故中含云犯戒有五衰一求財不遂設
得衰耗眾不敬愛惡名流布死入地獄涅槃中由諸
比丘不持戒故畜八不淨財言是佛聽如何此人舌
不卷縮廣如彼說摩耶經云樂好衣服縱逸嬉戲奴
爲比丘婢爲比丘尼不樂不淨觀毀謗毗尼袈裟變
白不受染色貪用三寶物等是法滅相智論云破戒
之人人所不敬其處如冢又失諸功德譬如枯樹惡

心可畏譬如羅剎人所不近如大病人難可共住譬
如毒蛇雖復剃頭染衣次第捉籌實非比丘若著法
衣鉢盂則是熱鐵葉洋銅器凡所食噉吞熱鐵丸飲
洋銅汁則是地獄之人又常懷怖懼我爲佛賊常畏
死至如是種種破戒之相不可稱說行者當應一心
持戒問曰有人言罪不罪不可得名爲戒者何耶答
曰非謂邪見麤心言無罪也若深入諸法相行空三
昧慧眼觀故言罪不可得若肉眼所見與牛羊無異
也今誦大乘語者自力既弱不堪此戒自恥穢行多
不承習有引此據不解本文故曲疏出廣如第十五

卷中四分破戒五過一自害爲智者所訶惡名流布
臨終生悔恨死墮惡道十誦有十法正法疾滅有比
丘無欲鈍根雖誦句義不能正受又不解了不能令
受者有恭敬威儀乃至不樂阿練若法又不隨法教
不敬上座無威儀者令後生不受學毗尼致令放逸
失諸善法好作文頌莊嚴章句樂世法故正法疾滅
甚可怖畏

集僧通局篇第二

僧者以和爲義若不齊集相有乖離御法則無成決
之功被事必據入非之位故建首題集僧之軌度後

明來處之通局四分文云當敷座打揵稚盡共集一
處等五分云諸比丘布薩時不時集妨行道佛言當
唱時至若打揵稚若打鼓吹螺使舊住沙彌淨人打
不得多應打三通吹螺亦爾除漆毒樹餘木銅鐵凡
鳴者聽作若唱二時至亦使沙彌淨人唱住處多不
得徧聞應高處唱猶不知集更相語知若無沙彌比
丘亦得打十誦中居士請僧自於寺內鳴稚乃至白
時至及送食女人亦自鳴稚中食施者亦爾增一阿
含云阿難升講堂擊揵稚者此是如來信鼓也十誦
中時僧坊中無人知時限唱時至及打揵稚又無人

灑掃塗治講堂食處無人相續鋪牀及教人淨果菜
食中蟲飲食時無人行水衆亂語時無人彈指等佛
令立維那聲論翻爲次第也謂知事之次第相傳云
悅衆也若準文中七種集法若量影破打作聲作煙
吹貝打鼓打揵稚若唱諸大德布薩說戒時到亦不
言比丘爲之出要律儀引聲論翻揵(巨寒反)稚(音地)此名
磬也亦名爲鐘上具列文今須義設凡施法事先斟
量用僧多少依數鋪設座席然後準文鳴鐘具如集
僧法中雖人並爲之多無楷式若依三千威儀經則
大有科要多少節解之法但時所同廢雖易而難今

通立一法總成大準謂約僧多少就事緩急量時用
之若尋常所行生稚之始必漸發聲漸希漸大乃至
聲盡方打一通如是至三名爲三下佛在世時但有
三下故五分云打三通也後因他請方有長打其生
起長打之初亦同三下中間四稚聲盡方打如是漸
漸斂稚漸稀漸小乃至微末方復生稚同前三下此
古師以經律參校共立此法亦有清衆畫樣鐘所者
然初欲鳴時當依經論建心標爲必有感徵應至鐘
所禮三寶訖具儀立念我鳴此鐘者爲召十方僧衆
有得聞者並皆雲集共同和利又諸有惡趣受苦衆

生令得停息故付法藏傳中罽膩吒王以大殺害故死入千頭魚中劍輪遶身而轉隨斫隨生若聞鐘聲劍輪在空如是因緣遣信白令長打使我苦息即增一阿含云若打鐘時一切惡道諸苦並得停止此並因緣相召自然之理不亡余親承有斂念者被鬼神送物云云世有濫用知鐘者此非聖言諸經論但云打擊樋等知淨之語不通於俗及以自爲早須廢捨

二明來處通局者初明處之分齊二明用之通局初中界之來意開制不同如結界中說今直明其二種差別若作法界則有三別有戒場者四處集僧各得行事一在戒場二在空地三在大界四在界外若無戒場二處各集若小界者既不立相直指坐處無外可集若論自然隨處遠近則有四別謂聚落蘭若道行水界皆不爲物造隨人所居即有分局故曰自然當律無文諸部詳用初聚落中有二若可分別者十誦云於無僧坊聚落中初作僧坊未結界隨聚落界是僧坊界（下文齊行來處此制分齊四分聚落界取院相）此內不得別眾問蘭若處有僧坊欲結界何處集僧答十誦云隨聚落即僧坊界今周帀院相與聚落之相不分不須五里集八故下文無聚落蘭若初起僧坊乃云一拘盧

界故知先有僧坊即同村界律中僧村四相二界不別必院相不周乃可依蘭若集僧若聚落有僧不可知者僧祇中若城邑聚落界分不可知者用五肘弓七弓種一樹齊七樹相去使異眾相見不犯別眾各得成就準相通計七樹六間得六十三步不同前解七間七十三步半如義鈔廢立二明蘭若者統明蘭若乃有多種謂頭陀寄衣盜戒僧界衣界難事且明僧界餘下隨明蘭若一界諸部不定多言僧界盡一拘盧舍（明了論疏云一鼓聲間）雜寶藏中翻爲五里相傳用此爲定若有難者如善見云阿蘭若界者極小方圓七槃陀一槃陀二十八肘若不同意者於外得作法事計有百九十六肘肘各尺八總有五十八步四尺八寸三道行界者薩婆多云比丘遊行時隨所住處縱廣有拘盧舍界此中不得別食別布薩亦不明大小此論解十誦律文云六百步爲拘盧舍四明水界者五分云水中自然界者若在水中行眾中有力人水灑及處善見云若擲水若散沙已外比丘不妨取水常流處深淺皆得作自然潮水不得若船上布薩應下矴不得繫著岸及水中樹根謂與陸地界相連若水中石木樹等悉是水界謂離陸地者今更總論二

界之體若三種作法隨處三局不約方隅若論自然則有不定若聚落中界分可知隨其分齊亦無方圓不可分別人解不同問為身四面各取六十三步為身一面取三十一步半耶答四面各取六十三步故彼文云七樹之間異眾相見而不犯別此二眾相望不論界相問彼此俱秉羯磨自然定量若為廣狹答諸說不同今解彼此二眾各一面有三十一步半通就二眾則六十三步（此自然常有不問秉法不秉法界恆隨定）故僧祇中異眾者望二處比丘身也今若界外無人則身面各三十一步半是隨分自然若有人者但令異界自然

在我自然界外無錯涉之過並成法事今行事之家恐有別眾但為深防故於方面各半倍之實而言之各半減是故薩婆多云比丘隨遊行住處有縱廣自然界問自然界者為方圓耶答昔云定方今解不然若界方（者）四維有餘則無教可準今言自然界中不定方圓若四面四維各無異界此界定圓若有別界則尖斜不定故十誦云方各一拘盧舍者謂身面所向之方非謂界形旻方也文云弟子隨師方面遊行可亦不得四維也五分亦云去身面拘盧舍也善見亦云方圓七槃陀界文自明矣乃至結大界以三由旬

為量明了論云合角量取三由旬也故廣引誠證定方須廢

二明用僧分齊此宗四種論僧汎論僧義並取四人已上能御聖法辦得前事者名之為僧若狂亂睡眠所為之人通及能所相有乖越不入僧數通而辨僧則有七種始從一人乃至二十人各有成敗不同廣如別鈔初明四人僧者謂說戒結界等事用之二五人僧者謂邊地受戒自恣等法若據僧祇捨墮懺悔五人僧攝謂受懺悔主作白和僧為他所量不入僧數今以當宗不了僧祇為定三十人僧謂中國受戒

四二十人僧謂出僧殘罪也前之四僧若取能秉法名僧四人實辦一切羯磨今隨事用故須三別文前四人若據自行以成僧體並須清淨以犯小罪不應羯磨故若論眾法則有二別若為說戒懺悔滅罪必須清淨以有犯者不得說戒不得聞戒不得向犯者懺悔犯者不得受他解罪故也若受戒等生善門中但取相淨便堪足數前人尊仰便成法事故開停僧殘行法犯戒和尚但令不知應受戒事薩婆多云不得用天眼耳知他惡法但以肉眼見聞等廣如足數法中

足數眾相篇第三 別眾法附

上已明其來集而用僧須知應法若託事無違雖非僧體而堪成僧用必於緣差脫不妨清淨入非僧攝以此二途故當料簡使是非兩異取捨自分焉就中例四初明體是應法於事有違故不足數二體境俱非雖假緣亦不足數三體非僧用於緣成足四約緣有礙不妨成法少分不足初明是淨僧相違故不足者四分不足數中所為作羯磨人神足在空隱沒離見聞處別住戒場上六人餘者非無此義故捨戒中顛狂癡聾中邊死人眠人自語前人不解並不成捨

謂不足數也今取他部明文證成十誦中睡眠比丘若聞白已睡者得成擯人未白前睡不足數也亂語人憒鬧人入定人瘂人聾人具二人狂人亂心人病壞心人樹上比丘十二種人摩得勒伽重病人邊地人癡鈍人等滿眾自恣一切不成餘同十誦僧祇中與欲人若隔障若半覆半露中間隔障若半覆半露伸手不相及露地伸手不相及乃至行作羯磨坐則成別住坐臥互作廣如別眾中義加醉人自語不解顛倒異言前人不練不解之人是不足攝就中相隱難知者隨初解析初言所為作羯磨者以此人是乞

法之人為僧所量不入僧限若通四內若將入數僧不滿四唱羯磨時以所牒人不入僧用若爾四人受日四僧不列亦應得成答一人所為三非僧故不能秉法文不列者事同五人並是所為故四人僧者直取能秉不同說戒結界所為則無正作法者為僧作故神足在空毗尼母云空中無分齊故與陸地別也隱沒者謂入地也井窨之類有僧是別非足離見聞者僧祇中謂同覆處離見聞其相如室宿中說此謂離比座見聞不取說戒師羯磨者見聞也如義鈔說別住者昔云同一界不盡集今謂界外比丘濫將入

數非謂眼見在界外以界分不知冥然在外作法不成故云不足戒場上者由前外界不成謂言在內者得此二界同在自然不同一相是別界故睡眠亂語憒鬧入定等由本無心同秉法故十誦中證他受戒各各入定亂語等不知羯磨成不佛言並皆不成準此僧數必多者亦許成就縱在房中睡眠醉亂者理亦開成餘同羯磨法中說瘂聾等三由根不具不成證故大德僧聽不忍者說並闕二能故不足也準伽論云若聞大語聲者得成法事狂等三人由心無記故不足若準律中常憶常來不憶不來此之二人既

不得法。初人成用後人不足。若互憶忘及來不來未得羯磨。不得別他。若得羯磨。縱使病差則通不足。痛惱心亂。例同狂三重病人者。由心昏沈。不樂無情緣法。邊地人者。言不領當中國之人。亦不足。邊。必後知語。二通相足。癡鈍人者。不知言義。未了是非。則非斷割之匠。必言解羯磨齊文而已。亦開成足。與欲之人。心同身乖。言隔障者。謂同障覆而別隔者不成同相。或言露地而隔者。半覆中間障。若伸手不相及者。謂半僧簷下。半僧階下。中間施隔。或復無障伸手不及。並非同住之相。言露地伸手不及者。此言相顯。覆處

不須露地加法。必須相接。說戒羯磨等師並在僧一尋之內。令假手相及。所爲之人。雖非數限。亦須相內。二由具二非假緣不足者。四分中若爲比丘作羯磨。以比丘尼足數。式叉尼。沙彌。沙彌尼。十三難人。被三舉人。滅擯。應滅擯人。二十二種。問。犯邊罪等十八人。及尼中四人。爲自言故不足。爲體不足。答。解者多途。今言此等體既非僧。若僧同知故不足數。必不知者成足。如與欲中。不同前門中知與不知俱不足數。故不持戒和尚中四句料簡。前三句由不知故得戒。第四句由知從此人受戒不得。故不足數。所以文中及

十誦並安若言等。昔人以體不合故不足。即將破戒和尚在十人之外。此非正解。何者。若不知犯則不得輒用他部。以四分制十人僧。若知他犯羯磨則不得牒。以實知非比丘故。十誦中加一白衣。亦不入數。上明僧相並形同出家。相有濫。故得共法事。必著俗服。相形明了。亦無同法之義。十誦白衣謂本受戒不得者。亦有受後難緣須著俗服者。亦應同法。由本是僧。即知作法之時。窮問界內俗人之中。頗有曾受具戒不捨者不。要答無者方無別眾。三舉之人。謂不見不懺惡邪不捨。廣如眾綱中。滅擯者謂犯重已舉至僧

中白四除棄也。應滅擯者。亦犯重已舉來至僧。因有難起。未得加法。故律名入波羅夷說中。若雖犯重。僧未委知。而別人內知。未被糾舉。或不自言。僧不知犯重。眾內一人知者。則非僧數。並入應滅擯中。

第三體雖非僧。託緣成用。即前門中人。據未自言已前。同僧法事並皆成就。若雖言竟無人知者。亦成僧用。由相中無違。便得辦事。故律中犯戒和尚由不知故得成法事。乃至邊罪並安若言等。文云。當以肉眼知他持犯等。十誦云。若犯重罪人。賊詐作比丘。本白衣時破戒人等。若先言有是過。作羯磨不成。若不言

者一切成就薩婆多以有天眼者不說人惡乃至若聽以天眼耳看僧淨穢者人誰無過但有大小無往不見若開說者則妨亂事多故不聽說言自言者謂告人云我犯婬盜之類

四體雖犯法得成僧事四分中訶責擯出依止遮不至白衣家等四人應一切羯磨但爲僧治故不得訶覆藏本日治六夜出罪等四人十誦中行覆藏竟本日竟六夜竟合七人不足僧殘等羯磨不妨應餘法事

次明別眾謂同一界住相中有乖不同僧法故云別眾也有二初明別相後

明成不初中四分云別眾者應來者不來是身口心俱不集二應與欲者不與欲來是身心不集三現前得訶人訶謂心口不集反此三種則成和眾謂初人三業俱集中者心口俱集後人身口集而心不集默坐不訶亦名和合故文云應訶者不訶又云舍利弗見眾僧如法羯磨而心不同應作默然是如法也又六羣比丘往說戒處不坐佛言非法五分中背說戒羯磨坐臥等是別眾僧祇中行作羯磨坐則別眾四儀互作十二種人別眾多相理須明委然與不足數中遞相交涉且大分二若身不至僧中是別眾攝雖

至僧中不足他數是不足數然不足之人名通淨穢二人淨僧睡定身不至僧亦不足也別眾之稱唯據淸淨一色義張四句料簡如別若論學悔是不足限必無解法亦開秉之則亦無過則中間人也二解成不者若別犯下四篇是別眾攝則犯初篇縱謂淨想亦成法事終是體壞無任同住文云無比丘有想羯磨成而犯罪以心不同審知有犯隨意別之十三難人戹等四人三舉三狂等並聾瘂之類或本非是僧或中途被罰形差病報緣礙故開凡此等人未論足別若對首作法前境濫眞例取僧中今行事者多有別相更顯明之

眾取威儀相同不用心順言威儀者如僧祇中行作法事坐則非法五分病人背羯磨佛言別眾四分六羣不坐佛訶責之理非和相別眾中說如行時食食住則犯足相同僧祇二心虛實者但令相順心違亦成證法文云現前應訶者不訶又云見如法羯磨而心不同如前所列若作法時問僧云僧今和合何所作爲答云某事羯磨且待答者坐竟方始作白廣有廢立如義鈔中就僧坐中聽有立者除被治人以是所爲作羯磨者不足僧數餘有所爲坐乞如法文義明說秉羯磨人中除二種人一威儀師立秉單白爲

僧所使不得輒坐二開立說戒爲令衆聞自餘一切皆須坐秉（必有餘緣行臥亦得）

受欲是非篇第四

夫事生不意法出恆情故對情而順其心心順則於法無失故名欲也然則情事相反故立法以撿之撿則有事必明若明故對門而辨初明其緣後明欲法

初中有三一制意釋名明體二有開遮三定緣是非

初中制意者凡作法事必須身心俱集方成和合設若有緣不開心集則機教莫同將何拔濟故聽傳心口應僧前事方能彼此俱辦緣此故開與欲釋名者

凡言欲者多以希須爲義欲明僧作法事意決同集但由緣差不遂情願令送心達僧知無違背故摩得伽云云何名欲欲者所作事樂隨喜其同如法僧事十誦云欲名發心如法僧事與欲名爲欲法辨體者欲之所須有二一自有僧私同須如說戒自恣等以佛制有時限一切同遵若叛有罪自有單僧須者如受戒捨懺等僧須我和我不必須佛不正制也二明開遮律中唯除結界餘竝開之雖非明文以非制故三緣是非者若有犯戒事非法緣而與欲者由事非故不合不成若準文中但云佛法僧塔看病病人六事是緣文具正列而六羣作衣說欲雖非正制僧受行之僧祇等律守房等緣竝如別顯比者比丘多慢斯法不思來業妄行聖法謂無病言病不淨言淨不欲言欲令他傳此妄語對衆而說隨僧多少一一人邊三波逸提所傳之人知而爲告一一三罪惡業不輕何爲自怠

二明欲法就中分三初明與法二明失法三明遇緣成不

就初又分二前明與法二明說法初中四分文不具足義設云大德一心念某甲比丘如法僧事與欲清

淨一說便止準僧祇三說成就今約四分文中但一說成者皆無結略之文三說成法方云第二第三亦如是說準白二羯磨說淨等法依文直成不須云云取他外部問此欲辭中不稱佛法僧事者解云稱者人語不稱正本問說不稱欲法成已不答成也由羯羯中不牒此說欲之緣律中若不記姓名當說相貌猶不記者當言我與衆多比丘說欲等問欲與清淨同異云何答欲應羯磨清淨應說戒若說欲之時竝須雙牒由文正制不同僧祇猶行廢教也言如法僧事者簡非法事不須欲也若非法緣如衆網中此但

言如法則令僧諸法事皆通作無障上明自說今言兼他者謂受欲已更忽緣礙欲轉與他毗尼母云得齊七反說辭云大德一心念我某甲比丘受某甲比丘欲清淨彼及我身如法僧事與欲清淨一說問與欲之相若爲成不答四分中但有病人說欲法而文有具缺艮以病有輕重故也文云若言我說欲若言與我說欲若云爲我說欲若現身相若廣說欲等五種也前四唯重病人後廣說者健病俱用五分斷事中說欲起去文中如此律廣說相似又無略文比人行事或有緣者囑信受欲及語沙彌令傳至他或有

非緣直云爲我說欲者量恐不成故四分病人中若不口說不現身相竝皆不成令健人用病者法誠難定指問現相若爲依如五分病人不能口說聽現身相與清淨欲若舉手若舉指搖身搖頭乃至舉眼得名清淨欲律文如此而取欲者須知同別之相方得成就若違心不同而現相者雖取不成終爲別眾

二明對僧說法應至僧中羯磨者言不來者說欲即具修威儀說云大德僧聽某甲比丘我受彼欲清淨彼如法僧事與欲清淨若眾多比丘隨能記者一時合說若受他欲來自在緣事對僧說者言大德僧聽我某甲比丘病患因緣某甲比丘僧事因緣我受彼欲清淨彼及我身如法僧事與欲清淨說訖即出若自有緣事欲說付僧者當自來僧中說云大德僧聽我某甲比丘如法僧事與欲清淨四分無文僧祇云病比丘與比房比丘欲不受之即自入僧中上座前說佛言善作如法但不受者得罪問對僧說欲其相云何答行法不同或一時來至僧前禮已同時而說者或直來僧前一一說者或在座一時說者或下座一一說者據文竝成準我與眾多欲文及故不說等皆成若取義意者律中開成由有忘誤或復得罪故有

成文必無正緣不得通用約準外宗一一說是五分云令至如法僧中爲我稱名字說及捉籌若不如是一一皆不成僧祇云不得趣爾與人欲與堪能持欲入僧中說者其受者應自思惟我能傳欲不義評云凡取欲者恐有別眾不集令其送心僧知無乖方乃加法今一時總說言辭鬧亂何得委知不來集者五分僧祇明文令在上座前稱名字說意亦可見四分文云應更相撿挍知有來不來者此言彌顯

二明失法謂受欲已遇緣便失不簡病人之所及以僧中今統明失法四分有二十七種受他欲已自言

我是十三難人三舉二滅十八種人由自陳故非是
僧用若不自言相中同順如足數中五分云自說罪
人不名持欲反上即成十誦取欲清淨人始取時若
取竟自言白衣沙彌非比丘乃至十三難皆名清淨
欲不成不到僧所又有七種若命過若餘處行若罷
道若入外道眾若入別部眾若至戒場上若明相出
言餘處行者謂出大界外餘道行也昔解云受欲已
在寺內餘房行者失欲此非解也自恣明文無餘處
行改為若出界外也明相出者謂後夜受欲羯磨在
明故失欲也問此律宿欲不成者若明相未了羯磨

已竟而說戒自恣未竟得經明不答不成故僧祇中
若七萬八萬人自恣恐明相出者應減眾界外自恣
四分中若明相欲出開略說戒故知宿欲不被所為
事也四分又有三種謂神足在空隱沒離見聞處問
為俱離失互離失耶答俱離失也互則不定故文中
若眾大聲小不聞說戒令作轉輪高座立上說之此
則見而不聞也又如多人說戒何由併得見作法者
面此則聞而不見也離此二人則名失欲必互離有
失據隔障等之緣前言離見聞失者通望比座展轉
離也如五分解謂同覆障相離雖說不成僧祇五種

謂隔障等如足數中說五分斷事時若在屋中隨機
過出若在露地去僧一尋等並失若房小不受僧者
聽在前後簷下庭中坐雖不聞羯磨聲得成又有七
人尼等四人狂等三人皆不成欲僧祇多種一在界
外與欲二持欲出界三與欲已自身出界四與欲已
自至僧中默然還出五持欲至僧因難驚起無一人
住者名壞眾失有人住則不失餘同當宗十誦與別
住人失欲即覆等三人上來諸列皆不成欲說亦不
成知而故為反自受罪文云皆不成與欲當更與餘
者欲

三明遇緣不說成者文云若受欲人若睡若入定若
忘若不故作如是者成若故不說得罪而不知成不
理亦應成在開緣明也並謂在僧中若在中道並名
不到四分云若病重者應扶輿來僧中若慮增動僧
就病者所圍繞作法若病者多不能集者僧出界外
作羯磨以更無方便得別眾故若受欲已欲至僧中
道逢諸難便從界外來至僧所與欲清淨得成必界
內有難不往僧所僧又不知羯磨成不文云有比丘
無想作法不成問與欲已事訖不來犯別眾否答不
犯以情和到僧而不將欲緣為羯磨事文云若事休

應往不往如法治不云法不成就若爾受日出界而事休法謝者答受日文中牒事故前緣廢法謝此受欲法不牒事故緣謝欲成

通辨羯磨篇第五

明了論疏翻爲業也所作是業亦翻爲所作百論云事也若約義求翻爲辨事謂施造遂法必有成濟之功焉

僧爲秉御之人所統其唯羯磨方能拔羣迷之重累出界分之深根德實無涯威難與大而世尊棲光既久遺法被世可得而聞但爲陶染俗風情流鄙薄言成瓦礫妄參眞淨之文行乃塵庯虛霑在三之數致使教無成辨之功事有納非之目並由人法無宗轄

得失混同歸焉故律云若作羯磨不如白法作白不如羯磨法作羯磨如是漸漸令戒毀壞以滅正法當隨順文句勿令增減違法毗尼當如是學雖復僧通眞僞於緣得成前事羯磨亦漏是非而乖違號爲非法今欲克翦浮言發揚聖教統辨進否總識科分後有事條案文準式就中分爲二初明作法具緣後明立法通局並曲解羯磨

初中統明羯磨必有由漸且分十門一法不孤起必有所爲謂稱量前事則有三種即人法事也人謂受戒懺悔等法謂說戒自恣等事謂地衣等或具或單乍離乍合必先早陳是非須定二約處以明謂自然界中唯結界一法餘之羯磨並作法界故僧祇云非羯磨地不得行僧事三集僧方法謂敷座打相量僧多少觀時制度等四僧集差別須知用僧進止簡德優劣五和合之相眾中上座略和眾情告僧云諸大德僧等莫怪此集今有某事須僧同秉各願齊心共成遂也須知默然訶舉之相如前說六簡眾云未受具出即隨次出如沙彌別法中餘有住者須明足數不足之相如前說七與欲應和須究緣之是非成不之相廣如前列八正陳本意謂作乞辭等於中有四

一順情爲已多須前乞如受戒捨懺等二違心立治及無心領者則無乞辭應作舉憶念證正知法三僧創立法必託界生則豎標唱相四僧所常行謂說戒等則行籌告令九問其事宗云僧今和合何所作爲謂上座及秉法者言之十答言作某羯磨謂必雙牒事法告僧令知不得單題如云布薩說戒也上來十門總被一切作羯磨者若隨事明或見九緣如結界無與欲也又如受日差遣無有乞辭等並例準知廣如別法

二明立法通局者於中分二初明相攝分齊二別舉

成壞就初總明一切羯磨必須具四法一法二事三人四界第一明法有三種一心念法二對首法三眾僧法且列三位言三名者心念法者事是微小或界無人雖是眾法及以對首亦聽獨秉令自行成無犯戒事發心念境口自傳情非謂不言而辨前事毗尼母云必須口言若說不明了作法不成言對首者謂非心念之緣及界無僧並令對首此通二三人或至四人如下說也謂各共面對同秉法也言眾法者四人已上秉於羯磨此是僧之所秉故云眾法上略明相今曲枝分則有八種初就心念有三一但心念法

二對首心念三眾法心念言但心念者唯得自說有人亦成數列三種謂懺輕吉羅說戒座上發露及六念也二對首心念謂本是對首之法由界無人佛開心念且列七種四分中有安居十誦有說淨受藥受七日五分有受持三衣及捨三衣善見受持鉢也三眾法心念謂本是僧秉亦界無人故開心念四分說戒自恣外部受僧得施及亡人衣二對首法中有二一但對首法二眾法對首初中以是別法不開僧用界雖成眾亦自得成總依諸部有二十九受三衣及捨受鉢及捨受尼師壇及捨受百一供身具及捨捨

請捨戒受依止法衣說淨鉢說淨藥說淨受藥受七日安居與欲懺波逸提懺輕偷蘭懺提舍尼懺重吉羅發露他重罪及自發露六聚僧殘中白捨行法白行行法白僧殘諸行法白入聚落尼白入僧寺尼請教授作餘食法且論略爾二眾法對首同前眾法心念中次明眾法有三一者單白事或輕小或常所行或是嚴制一說告僧便成法事二者白二由事參涉義須通和一白牒事告知一羯磨量處可不便辨前務通白及羯磨故云白二三者白四受戒懺重治舉訶諫事通大小情容乖舛自非一白告知三法量可

焉能辨得以三羯磨通前單白故云白四若就緣約相都合一百三十四羯磨略言如此更張猶有單白有三十九白二有五十七白四有三十八若通前二則百八十四法問耳聞百一羯磨今列不同者答此乃總標非定如數亦可引用十誦彼則定有百一上明攝法分齊即須明非相但鈔意爲始學人本令文顯而易見故不事義章一一分對進不必欲通明須看義鈔今直論是非謂上三法離則八種具明別相若一事差互不應八條並入非中不成羯磨若欲通知細尋此門上下橫括庶無差貳問別人之法何名

羯磨答四分三語中及白衣說法中言是羯磨十誦對首心念分衣佛言是名羯磨一就事明者謂羯磨所被之事更不重明即辨非者所被事中通情非情竝令前境是實片無錯涉皆成法事若一緣有差悉竝不成何者是也如人法中不覆藏者與覆藏羯磨不善非法不成此謂無事有法如瞻波中應與作訶責乃作擯出此謂有藥有病施不相當佛判不成故知事者必須據實方稱聖教且約一事餘者例之如實犯罪自言不犯實不犯自言犯等竝名非法若實言實方爲相稱而彼自言還臣所爲之事若汎臣餘

罪不爲自言非情事中二房羯磨妨難不成離衣杖等必須兩具此竝律之誠文臨事無忘失矣三對人明者亦有三人初辨僧者僧中有四如前所說唯秉羯磨界中有人竝須盡集若不來者便成別衆如足數中但得御於衆法已外對首心念法之與事決定不得二三人中具立二法若作衆法對首兩界無僧盡集作之若數滿四則不成就更須改法若作對首之法兩人各作不相妨礙必有邊人有須問者若三十捨懺須問邊人九十單墮但對即得亦有通須問者謂同覆處露地尋內故須問之必在外有障亦不

在通問若持衣說淨不論通別若是心念一向非分必有其事隨緣作之二人心念獨在界中若作衆法心念對首心念竝界無人方成此法若有一人名非法別衆若據所秉如前法中若作但心念法不論同別四約界者四種自然羯磨法中唯作結界一法是僧執御已外對首心念二法及一二三人衆中雜法四人自恣竝得秉之俱須盡集二者作法攝僧界者亦通二人法通三種就法界中分爲五位一難事受戒小界二因難事自恣三數人說戒此三小界因難曲開但作一法後必閑豫不開作之故文中結已即

解非久住法也四者戒場本爲數集惱僧故開結之唯除說戒自恣乞鉢捨懺亡人衣法受日解界結衣界竝解結淨地受功德衣等五者大界就中竝有通塞隨相可知二別舉羯磨明其成壞法不孤起終須四緣隨義明非不過七種先就但心念法以解七非乃至白四類七可解初明七非者一者人非謂以此法對人而作二者法非口不言了法不稱教三者事非謂重吉羅用責心悔六念等事一一非法妄牒而誦不成有罪四者人法非不妨事如五者人事非不妨法如六者事法非不妨人是七具三非竝同上餘

則例之二對首心念亦具七非數同於上隨事對法各有別相且舉安居一法餘則例之一者人非謂界中有人別衆而作自不依他等二者法非口說錯脫文非明了等三者事非時非夏限處有難緣不依佛制四非已下類前可知三衆法心念如說戒等亦具七非一者人非界內別衆自犯六聚二者法非不陳三說或有漏忘三者事非衆具有闕時非正法四非已下如前例之四但對首如持衣法一者人非所對之人犯戒非法有訶者訶二者法非陳受非正或訶不止三者事非五大色衣及以上染財是不淨之例

四非至七如前例知五衆法對首如自恣等一者人非四人秉法第五受欲或非淨戒知而同法二者法非互不相陳說不明了等三者事非時非夏末衆難不具等四非已下亦如前例六者單白如捨墮法餘例取解而各不同一者人非界內別衆人非清淨等二者法非輕重同法時犯不分妄陳言說三者事非財非合捨有過不陳界非作法衣物不集妄輒託人之類四人法非已下可解七白二中如結界法一者人非不盡標盡相而集界內別衆得訶人訶二者法非唱相不明作法闇託文訶不止等三者事非標相及體三種分齊混然一亂不知彼此二界錯涉重結交互遙唱遙結之類並不成就餘非例知八者白四如受戒法等一者人非受者遮難界中不集僧數有缺人雖五百一一人中五十餘法簡之不中通非正數二者法非受前進止八種調理及論正受執文無差等三者事非界相不明衣鉢非已之類餘非例前餘之正法乃至心念當法自成不相通練別衆一法多或通之廣張非相如義鈔也

次釋羯磨正文令知綱要識解通塞若不具明見增減一字謂為法非然其非相唯在一字然須知處所

不得雷同或依文謹誦曾不改張有無或第二第三亦隨略說或無文稱事有文無事俱有俱無未能增減致使旁人加改重增昏亂或復闇誦不入心府臨事致有乖違於即對衆之中執文高唱如斯等事呈露久聞豈不以愚癡不學自受伊責亦有轉弄精神觀事乃同於法而人事兩緣冥逾夢海量時取法全是師心照教教稱不成結罪罪當深罰是以同法之儔幸宜極誡若作羯磨人要須上座故律云應作羯磨者若上座次座若上座不能當出言語持律者作已外不合今正釋文且就說戒單白及受戒羯磨具

解二文。餘則例解。就單白說戒中分五。一大德僧聽者。告衆勑聽。令動發耳識。應僧同法。二今僧白月十五日布薩說戒者。正宣情事。白衆委知。三若僧時到僧忍聽。正明僧若和集。諦心審聽。量其可否。僧時到者。謂心和身集。事順法應也。忍聽者。勸令情和聽可。勿事乖違。四布薩說戒者。重牒第二根本白意。決判成就。忍可所為也。五白如是者。事既和辨。白結告知。次就羯磨法中明者。且約受戒白四內。上已明白。恐新學未悟。略復述之。各有其志也。白中還五。一大德僧聽。同上舉耳勸聽。二是沙彌某甲從和尚某甲受

戒乃至三衣鉢具。和尚某甲者。此同上牒其緣兆。正宣情事。令衆量宜。三若僧時到僧忍聽。同上心事既和。願僧同忍。四僧今授某甲具戒。和尚某甲者。正明忍可所為。決判根本。五白如是者。表衆令知。此之白文。與前單白文義略同。依之可解。次解羯磨。就中分二。初正決根本。二僧已忍下。結成上文。前中有三。初大德僧聽者。告衆重聽。事既非小。諦緣聲相。決判之緣。二此某甲乃至誰諸長老忍。正辨牒緣。及以根本。謂僧今與某甲受戒等。量其可不。三僧今與某甲受具戒乃至誰不忍者說。單牒根本。決判成就。第二第

三亦如是者。一則事不成辨。多則法有濫非。軌刻令定。限至於此。二結勸云。僧已忍與某甲受具下至如是持。此直付囑結歸。不關羯磨正體。就中加三法料簡。一增減。二通塞。三是非。初中若事輕小。無有緣起。則無乞辭。又不牒事。則白中五句。除第二句。但四句成白。乃至白二類例除之。餘則一準。二明通塞者。單白文中。第一第三第五文義通。一百三十四法更無增減。第二第四句由各隨事故。稱緣而牒。文隨事顯。故限局也。義存告衆。決判成就。故通一切。就羯磨中。大德僧聽誰諸長老忍不忍者說。僧已忍下。文義俱

通。白二白四。中間牒緣牒事。隨機不同。文局義通。類之可解。若鏡此義。得緣便作。不須看文。不了前緣。誦文亦失。三是非者。白中文義俱通三句。羯磨之中。文義通者頭尾一言。不可增略。必須通誦。缺剩不成。餘之文局義通。但令順事合宜。片無乖降。增繁減略。詁訓不同。而文義不失。並成正法。類準諸部羯磨不同。及論義意。亦無有少。至如翻譯梵漢音義全乖。詁訓所傳。非無兩得。故例成也。問。世中時有白讀羯磨。作法成不。答。不成。是定。雖無明決。可以義求。然羯磨戒本。作法相似。戒本必令誦之。羯磨豈得白讀。故四分

僧祇半月無人誦戒應差向他處誦竟還本處說之
不得重說乃至一人說一篇竟更一人說若不能誦
者但說法誦經而已準而言之若得讀者執文即得
何須如此止不讀之又俗中呪術之法讀文被事皆
不成就但以法貴專審令背文誦持心口專正加事
便易必臨文數字出口越散故佛法中呪術誦者加
物遂成未聞讀呪而能被事羯磨聖教佛制誦持況
於呪術律序自顯必不誦者終身附人余親問中國
三藏京華翻經諸師云從佛滅度來無有此法問僧
尼更互得作幾法答律中十誦尼為僧作不禮不共

語不敬畏問訊此三羯磨不須現前自言僧為尼亦
得三法謂受戒摩那埵出罪餘不互通問得對尼等
四眾及以白衣作法否答不得也律令至不見不聞
處方作羯磨除所為作羯磨人摩得伽十誦云白衣
前說戒成者除為瓶沙王等除王眷屬民將獨為王
說令心淨故問羯磨所被幾人答不同也若諫喻和
諍得加多少至於治舉乞為不得至四名非法也四
分雜事得二三人一時受戒五分通諸羯磨不得加
四毗尼母云諸比丘集作非法事若有三四五伴可
得諫之獨一不須諫也何以故大眾力大或能擯出

自得苦惱故應默然不言四分中十五種默大同於
此廣如眾網中問羯磨竟時其文何所答解者多途
今一法以定謂第三說已云僧已忍與某事竟此時
羯磨竟不同前解第三說已名為竟也故律云忍者
默然不忍者說今即說其不忍之意便成訶破必其
忍默三說已無訶亦成任意兩得餘廣如義鈔

四分律刪繁補闕行事鈔卷上之一

四分律删繁補闕行事鈔卷上之二　南山律要一

唐京兆崇義寺沙門釋道宣撰述

結界方法篇第六

結界元始本欲秉法。由羯磨僧宗綱要。匡救佛去像運。狂持功歸於此。理宜十方同遵。許無乖隔。但爲剡浮洲境彌亙既寬。每一集僧期要難剋。加以損功廢道惱事奔馳。大聖愍其頓極。故開隨處局結。作法分隔同界崇遵功成事遂。總意如此。就中分四。一列數定量。二依位作法。三法起有無。四非法失相。

初中大論界法總列三種。一攝衣界如衣法中。二攝食界如藥法中。三攝僧界是此所明。就中分二。一自然界者。未制作法已前統通自然。或空有不同水陸差別。後因難集便開隨境攝各有分限。人所至處任運界起。故曰自然也。約處有四種不同。定量分六相差別。如集僧中。二作法界者。由自然限約未可遂心。設有大小教文已定。用則不可捨則非制。或作大法地弱不勝。故如來曲順物情聽隨處結令楷式軌定。任情改轉便成羯磨弘濟大功。非此作法餘不能辦。就中分三。初言大界者。謂僧所常行法食二同之界也。明量者。文中同一說戒爲界遙還聽十四日說者。

十三日先往。不得受欲。準強百里。毗尼母中同。布薩界極遠聽一日往還。雖有二文未明里數。故僧祇五分善見並云三由旬爲量。明了論云。三由旬者。合角量取。亦不知由旬大小。智論由旬三別。大者八十里。中者六十里。下者四十里。此謂中邊山川不同致行季不等。四分衣法中由旬準有八十里者。此據上品爲言。通用所歸準律文意應百二十里以下品爲定。薩婆多云。尼結界者唯得方一拘盧舍也。必有難緣可用僧祇三由旬內隨意結取。二明戒場者律云。以僧中數有四人衆起乃至二十人衆起令僧疲極。佛

聽結之。不言大小。善見云。戒場極小容二十一人。減則不聽。餘如後結。三明小界者。此並因難事恐廢法事。佛隨前緣故開結之。並無正量。隨人坐處即爲界相。一爲受戒開結小界。舊準戒場身外有界。今依文取義全無外相。如正加中。二爲說戒事。下至四人直坐。三爲自恣事。下至五人圓坐。此三無外量者。由是難開隨人多少。若限約外量終非遮難。故文云。今有爾許比丘集者。止取現集之僧坐處有地依地結之。若事作已即制令解。不同前二以久固作法人所依止。

二明依位別解位則有三如上所列
若有戒場先須結之今且論無者結大界法就中分
二先出緣成後明結解初中有三一料簡是非二竪
標唱相三集僧欲法
初中問大界有村得合結不答五分諸白衣新作堂
舍為得吉利或為非人所惱請僧於中布薩薩婆多
云凡結大界所以通聚落者以界威力故惡鬼不得
便善神所護為檀越故通結聚落四分文中亦結村
取問界中有水得合結不答律中河者除常有橋船
梁得結若駛流者不得必有橋梁及淺水無難準理

應得故尼律中云水者獨不能渡此通界內外也問
一標作兩相得不答一肘已上作者準得明了論疏
中如一大山東西各結別住又云二繩別住等準此
大牆等類可分別者皆得為之問今將石木為相為
取內外耶答若圓者取中央令界相正與標分相當
或取外畔若尖斜之物隨以一分為限餘他物準此
應先須示知尺寸分齊預向僧說不得通指一山妄
充外相致令尋求分齊不可得知問界標與相及體
為分之答標謂山石之物用為指的相即標畔界體
之外表也體謂相內作法之所或標即體或標異體

相必體外臨時處分三所不同並預委也問界得重
結不答律云不得二界相接應留中間若疑有者解
已更結故不開重
二竪標唱相初標相者四分界相不定是非文中若
東方有山稱山有塹稱塹草積汪水糞聚釘杙空處
露地準此立法誠所不可何者凡論立相為知界限
久固作法集眾破夏離衣護食等緣若將空地為處
空則無相可指必有其事隨時準行或是一席之法
聊知空礙兩分必作久固處所準用他部并案本宗
彼此通用善見云相有八種一山相者下至如象大

二石相者下至三十稱若曼石不得應別安石三林
相者草竹不得體空不實下至四樹相連四樹相者
不得以枯樹為相下至高八寸形如針大若無自生
種之亦得五路相者下至經三四村六江相者若四
月不雨常流不絕七蟻封相者下至高八寸八水相
者自然池水者得準論徵律城塹等緣成相可知既
知相為結本界家所依結已即須牓示顯處令後來
者主客俱委無有濫疑又明界形善見明了二論隨
方曲直任處辨形不論定指廣如大疏略說如義鈔
中

二明唱相者今時結法不過有二或在蘭若依山附水旁道緣樹或在城邑便隨牆院籬柵塹渠多是四方時有屈曲先須識過後避過唱之謂先學未達及後進諸師若唱方相使容濫迯如從院外唱云從東南角直至西南角乃至一周正南寺門則有別眾之過以界限從牆掖直過門限外則成界內若寺內作諸羯磨之時牆限外有僧不集豈非別眾故知唱相必須屈曲唱出不令後悔亦不可籠通云隨屈曲屈曲亦通深淺遠近終成不識分齊若從院內唱相從門直過則限內是界外也便有別眾破夏離衣等過

如寺中作法有人說欲訖至門限內還復到來豈非出界入界是別眾也若破夏者有人依界安居明相未出至門明了乃反豈非破夏言失衣者依界結攝衣界明相未出不持衣往明相出界外豈非失衣故委示過然後唱之蘭若之中亦有斯過妄指山谷濫委樹林及至分齊曾何得知結並不成一何自負故明了論中結水波別住一丈五尺以石次之周帀安已便隨石唱善見亦云憂石不得並是明文不容濫迯自陷陷人脫作受法不成令他一生虛過自身未來還逢此界故大集言我滅度後無戒比丘滿閻浮提斯言驗矣明次唱法律中使舊住人唱未唱已前親自案行識知處所屏處闇誦勿使對眾致有謇澀先須東南角為始周帀直指相當律云東方有山等若依東方而唱至角曲迴則不分限齊今行事者據易為之若在空野中結者先指四標在四維然後僧中差一人唱之被差者即起禮僧已立唱云大德僧聽我比丘為僧唱四方大界相從東南角棗樹直西至西南角桑樹從此北行至西北角柳樹從此東出至東北角榆樹從此南來還至東南角棗樹此是大界外相一周訖三說皆爾若臨事別相準改唱之不

容紕謬若城邑中寺多有牆院並從內唱前緣如上後云從寺外院牆東南角內角旁牆西下至南門東頰北土棱隨屈曲南出至門閫裏棱旁閫西下至西頰裏棱隨屈曲北入至門西頰土楞從此西下至外院西南角內角從此北下至外院西北角內角從此東下至外院東北角內角從此南下還至東南角內角是為大界外相一周訖三說已若有五門三門及籬柵牆塹斜角方屈隨處稱之準上式也若有障隔欲穿牆直過當唱院名依院牆唱相

三明集僧與欲法者初言集僧必先盡自然界內若

標寬界陿者盡標集之。僧祇云。避難界中三由旬內有比丘者並呼來。若出界已作法結之。有師云。但盡自然而集。以標內地非自然界故。又未加法。若羯磨已方有別眾。僧祇所明。彼爲難緣恐成障礙。故須集之。準理不然。並集爲要。無正教可準。若標內有村。縱自然內不欲取村者。當繞村唱內相。後唱外相。作法結成。村內比丘不須外集。若相內外有尼界及尼不妨結法。兩不相攝。若有作法僧界。但令比丘不出本界。唱內相已。通結取之。如明了論別住之例。二不得受欲者。具有三義。一結界是眾同之本。理宜急制。二

自然界弱。不勝羯磨。此僧祇正文。三令知界畔。護夏別眾。護食護衣等。十誦云。作羯磨比丘死。餘人不知界處。佛令捨已更結。故須盡集。

二正加聖法。上座云。僧今和合何所作爲。答云。結大界羯磨。當白二結之。文云。大德僧聽。此住處比丘唱四方大界相。若僧時到僧忍聽。僧今於此四方相內結作大界。同一住處同一說戒。白如是。大德僧聽。此住處比丘唱四方大界相。僧今於此四方相內結作大界同一住處同一說戒。誰諸長老忍。僧今於此四方相內結作大界同一住處同一說戒者默然。誰不忍者說。僧已忍於此四方相內同一住處同一說戒結大界竟。僧忍默然故。是事如是持。

二明戒場大界之法者。先豎三重標相。最內一重戒場外相。自然界內標。中間一重自然界外大界內相標。最外一重大界外相標。即須周帀。先唱內標一重已。作法結之。

但爲三相難明。恐法不練。略引圖示。後依圖唱相。使新學曉迷。今行事漠落。誦文而已。曾不委練。令依文讀便即悶亂。定知附事作法不成。必須細心方應遂事。

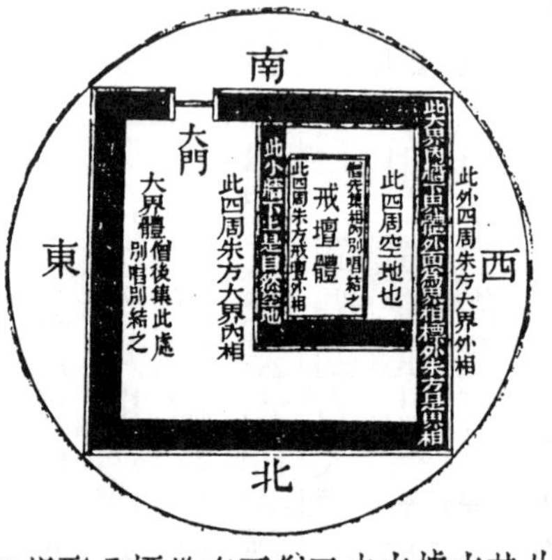

此外朱圓者自然界品。若先在戒壇內集僧者。亦四面集之。圖中所列。據結大界時自然集僧也。其北朱圓院外僧去中央結界僧相去六十三步。中僧去南圓界外僧亦爾。南北二僧相去百二十六步。各得成法。在內不成。乃至餘方並準此。若結作法已。隨標遠近。且據聚落不相分別者爲言。若可分聚落乃至道行水界五別相遠近義類相別。並如前集僧中所述。

此之界圖。謂自然界寬於作法標外周圓取界。必有別界亦隨斜曲也。其內朱方是戒場也。中間周帀號

曰自然。東北一邊。卽用小牆下上爲自然界體。南西
二邊大界牆內則無別相者。應釘杙豎標繩連相著。
當於戒場東南角。去大界牆尺八地旁小牆施一杙。
又於西南角斜去大牆二尺許下一杙。又於西北角
至小牆南旁小牆下一杙。正西令去大牆尺八許。釘
三杙已。仍以繩連三標。則爲自然界。南西二邊若作
二法竟。若二界各有法事。此中有人不妨二處。其戒
場外相東北二邊之相。卽以小牆內院爲相。西南二
畔卽用繩標內邊爲相。其大界內相東北二面以小
牆外院爲相。南西二面以大院牆內爲相。若明外相。

必在院外唱之。若在牆內唱者。至西南角戒場外自
然界邊。則與內相俱合。則不分彼此之異。又不得入
大院牆唱之。由不見其相故。上且略寄一緣以爲相
貌。作法之時未必如圖。若不依此解生餘處亦準不
得。
今明結法分三。初緣前後者。五分云。應先結戒場後
結大界。若先結大界者。當捨已更前結之。然後唱相
結大界。毗尼母善見亦同此說。今猶有人先結大界
者。此不讀聖教。唯信意言。問。先結大界者戒場成不。
答。五分所明應捨已更結。故知成也。但不成後法。故
須解之。五百問云。後結戒場者。於中受戒。恐無所獲。
又云。不知同於未制。賴有此路。則通僥倖。今時結者。
多有非法。或將五六人徑往戒場中。界內不集。總唱
三相已。具加二種羯磨者。或有界內通唱三相已。隨
界加法者。或於大界內遙結者。或先結戒場已。但唱
大界外相。不唱內相而加法者。此等諸濫結並不成。
故須當界各唱各結方得成就。
二明唱相。先於自然界內集僧已。一比丘具修威儀
唱云。大德僧聽。我比丘爲僧唱四方小界場相。從此
處東南角標內旁繩西下至西南角標。從此旁繩內

北下至西北角標。卽旁小牆內東下至小牆東北內
角。從此旁牆內南下至東南角標。此是戒場外相一
周訖。三說已。羯磨者言何所作爲。答云。結戒場羯磨。
大德僧聽。此住處比丘稱四方小界相。若僧時到僧
忍聽。僧今於此四方小界相內結作戒場。白如是。大
德僧聽。此住處比丘稱四方小界相。僧今於此四方
小界相內結戒場。誰諸長老忍僧今於此四方小界
相內結戒場者默然。誰不忍者說。僧已忍於此四方
相內結戒場竟。僧忍默然故。是事如是持。結已。餘僧
且坐。應將四五八知法相者。入大界內安坐定已集

界無人方乃作法。次結大界法。先明唱相有二不同。言別唱者。先唱內相三周已。次唱外相三周。後總結合二者。總牒內外一徧相已。隨徧合之。文明總法。應令一人具儀唱云。大德僧聽。我比丘為僧唱大界四方內外相。前唱內相。從小牆東南角外角穿小牆西出。旁大牆內至西南角內角。從此旁牆北下穿小牆西頭過。至小牆西北角外角。從此旁小牆東下至小牆東北角外角。從此南出。還至小牆東南角外角。此是大界內相一周訖。次唱外相。從寺院外牆東南角外角直西至南門東頰外土棱。隨屈曲北入至門限

裏棱。西下至門西頰限頭。隨限屈曲南出至門西頰外土棱。從此西下至西南角外角。從此北下至西北角外角。從此東下至東北角外角。從此南下還至東南角外角。此是大界外相一周已。彼為內相。此為外相。此是大界內外相一周。如是三徧已。告僧云。已唱大界內外相訖。眾僧作羯磨。唱者復座。已上座如常依前作之。羯磨大同前無戒場結者。唯足內之一字。云。僧今於此四方內外相內結作大界。若據律文。亦不加字。但云於此四方相內結大界。於理亦得。隨意所存。大途無妨。結此界已。如上榜示顯處。

結三小界法。三門分之。初明集僧遠近者。此由留難故起。不同大界集僧。所以佛隨方便曲開此教。如善見中七盤陀量集僧。應得。故彼文中不同意者。對此四分無異也。並謂蘭若之中。必在聚落文中不開。由蘭若迥露。來難易見。一不豎方相者。大界戒場義通久固。僧常居止。理須曉明。此三小界並由事起。有難遮作。佛開暫結。更無有相。隨人多少。即為界體。比人行事。若結小界受戒。多立院限。說戒直坐。自恣圓坐。此二無有外相。此未通知。準如律文。為遮惡比丘故。今猶坐外有界。終不免遮。此三小界相同一法。並指

僧集坐處為界內相。故初云。僧一處集。中云。爾許比丘集。後云。諸比丘坐處。已滿齊。如是比丘坐處。結小界。文止在此。更不言外相。若準僧祇。彼文云。欲捨衣者。至界外。無戒場者結小界。文云。齊僧坐處外一尋已內。於中作羯磨。此則明文有開。但同戒場之法。非關小界。四分戒場法中亦云小界。可即是小界立相也。若作受戒之法。準律界外問難。若至乞受之時。十人叢坐前結。足開一人之分。必半身外界。亦準十誦善見之文。足成僧數。此是定義。必依昔用。結界不成。作法非務。一生虛受。疑恆鎮心。所謂無戒滿世。此言

驗矣。廣有廢立。如義鈔中。若論說戒。隨同師善友。下
道並坐。令使相近。依法結之。若論自恣。五人已上。圓
坐四面。五德在中。四面自恣。此人加用。未必如此。亦
隨緣改張。次明結法。以事希寡。文存略也。
餘有三種界別。一別說戒別利養欲同說戒同利養
二別說戒別利養欲同說戒別利養。三別說戒別利
養欲同利養別說戒。為守護住處故。此四方僧物唱
和法也。佛並開結。末代之中。此法殆盡。必若合寺有
緣濟之。並須白二和僧送之。不得直爾與他。以僧物
不得出界。

次明解界法。先解無戒場者。僧集已。問欲取和已。解
言。大德僧聽。此住處比丘同一住處同一說戒。若僧
時到僧忍聽解界。白如是。大德僧聽。此住處比丘同
一住處同一說戒。今解界。誰諸長老忍僧同一住處
同一說戒解界者默然。誰不忍者說。僧已忍聽同一
住處同一說戒解界竟。僧忍默然故。是事如是持。若
有戒場者。先解大界。却解戒場。此是常準。上座問答
一一隨有單牒。不同受戒一答得作多法。彼由同界
故得。此中不開。為中隔自然。兩界各別。作法不通。若
作法同前而解。次解戒場。應在相內。不得在大界遙

解。律無正法。舊羯磨中用大界法解之。唯稱大小為
別。今不同之。戒場不許說戒。何得牒解。今準難事界
但翻結為解。理通文順。文云。大德僧聽。僧今在此處
解戒場。若僧時到僧忍聽解戒場。白如是。大德僧聽。
僧於此處解戒場。誰諸長老忍僧集此處解戒場者
默然。誰不忍者說。僧已忍解戒場竟。僧忍默然故。是
事如是持。善見云。戒場上不得立房。縱使王立。有慚
愧比丘剔壞。餘材草送住寺比丘。唯置佛殿及樹木
也。外國戒場多在露地。如世祭壇郊祀之所。故律中
或名戒壇。五百問中。受戒值天雨。若移戒場屋下者。

先解大界。更結戒場及結大界方得。解三小界同前
結法。
三明法起有無。有言。法起由作善法。即發善無作。屬
善行陰攝。此善法與處相應。偏標相內皆有法起。非
謂善法與無記地連。非不相及。善見云。依相結已。後
失界相。若人掘地至水際。亦不失界。乃至於上起三
重屋。皆同一界。若有石山上廣下狹。於上結界。山巖
下僧不妨上法。以界是色法。隨處廣狹。下入地也。故
文云。若結已。水蕩成坑。雖有水流。於中豎閣在上作
法者。皆得。準此多文。法起何疑。昔云無有法起。文云。

云何界現前作羯磨唱制限者是此謂加法之所不
論法起有無薩婆多云以界威力故善神所護如前
五分所明小法滅盡經云劫火起時曾作伽藍所不
爲火焚乃至金剛界爲土臺也
四明結處非法失不之相初中所明前已具述恐有
迷忘謂兩界相接中無自然共相錯涉隔水無橋或
不捨本界而重結之及界不盡集羯磨不成方相不
練竝非結法五分云不唱方相不成結界言失不者
一謂決意棄捨十誦云諸比丘捨僧坊去作念不還
是名捨界智論云一宿棄捨則無有界問前善見中

竝言不失者答彼不作永捨心故不失也此云失者
作不還意有捨界心故失文中皆言棄捨故也四分
中治故伽藍不失淨地又云若疑應解已更結故知
界在若作法捨衣食人界三種俱捨一明不失略述
五種一非法惡心解者不失律云惡心解淨地不成
例準二僧尼互結善見云比丘於尼界上結界不失
尼同得成三中邊不相解語亦互重結四失界相如
善見中五空本處五百問云大僧與尼通結得不得
相叉

僧網大綱篇第七

一方行化立法須通處眾斷量必憑律教令遠域異
邦翹心有所界中行者安神進業若斯御眾何事不
行既行正法何人不奉豈止僧徒清肅息俗歸眞方
能扶疏道樹光揚慧日若法出恒情言無所據科罰
同於鄙俗教網唯事重麤能施已是於非所被固多
諠亂故律云非制而制是制便斷如是能令正法速
滅不值佛世生地獄如箭射三千威儀云眾中無知
法人者百人千人不得同住故知同住必遵聖法今
欲刪其繁惡補其遺漏使制與教而相應義共時而
竝合故律云非制不制是制便行如是漸漸令法久

住若出其病患明其損減如下廣明就中分五一約
化制二教明相不同二約僧制眾食以論通塞三約
法就時對人以明四約處就用以明五眾主教授之
相初中分二且明化教教通道俗大集云若末世中
有我弟子多財多力王等不治則爲斷三寶種奪眾
生眼雖無量世修戒施惠則爲滅失廣如第二十九
卷護法品說又云若犯過比丘應須治者一月兩月
苦使或不與語不與共坐不與共住或擯令出或出
一國乃至四國有佛法處治如是等惡比丘已諸善
比丘安樂受法故使佛法久住不滅千輪經云若有

鈍根衆生。爲欲發起善根因緣。懈怠少智。忘失正念。貪著住處衣服飲食四事供養。遠離一切諸善知識。如此衆生。敎令勸化料理僧事。及以佛法和尙闍梨。是爲安置營事福處。若聲聞弟子心不恭敬。不堅持戒。爲法久住而調伏之。若起心念。敎令心悔。又須言語而謫罰者。驅令下意。終不與語。亦於僧中謫令禮拜訶詰嫌責。不同僧利。或在僧前四體布地。自歸伏罪。或時驅出不得共住。我知衆生心所趣向。爲利彼故。廣說諸經地獄等苦。爲欲調伏破戒衆生。若諸比丘護持戒者。天人供養。不應謫罰。除其多聞及持戒

者。若有破戒而出家者。能示天龍八部珍寶伏藏。應作十種勝想。佛想施心。若有破戒作惡威儀。當共要語乃至禮足。後生豪貴。得入涅槃。是以依我出家。持戒破戒。不聽輪王宰相謫罰。況餘輕犯。破戒比丘雖是死人。是戒餘力。猶如牛黃麝香眼藥燒香等喻。破戒比丘爲不信所燒。自墮惡道。能令衆生增長善根。以是因緣。一切白衣皆應守護。不聽謫罰。四方僧衆布薩自恣。三世僧物飲食敷具。皆不預分。優婆離白佛。若非法器。云何驅遣。佛言。我不聽俗人譏訶比丘得作。復有十種非法。卽得大罪。若僧不和。於國王前。

王眷屬前。大臣前。訶白衣婦女小兒中。僧淨人比丘丘尼中。本怨嫌人前。如是等假使舉得少罪。亦不應受。下具出舉法。如律法中。涅槃中種種示相已云。於毀法者與七羯磨。爲欲示諸行惡行者有果報故。當知如來卽是施惡衆生無恐畏者。以現在治罰息將來大怖故。若善比丘置不訶責。當知是人佛法中怨。若能驅遣舉處治罰。是我弟子眞聲聞也。二就制敎以明者。僧令懺悔改迹便止。上品之徒見影依道。下流之類。拒逆僧命。不肯從順。無慚無愧。破戒犯失。續作不止。自非治罰。何由可息。如似遲驢必加楚罰。則

有七種調伏。及惡馬治。默擯不與語等。比佛法東流。多不行此。若聞正說。反生輕笑。薄濫佛法。自穢淨心。有過之徒。實當此罰。反用俗法非理折伏。相雖調順。心未悛革。致使聖網日就衰弱。文云非制而制速滅正法。斯言允矣。今舉彼微言重光像運。有力住持衆主準而行之。四分中凡欲治罰舉人者。自具兩種五德。如自恣法。又須三根具了。徒衆上下同心共秉。犯者聽可。然後舉之。具如律本遮法中說。若違上法舉不知時。反生鬬諍。故文云汝等莫數數舉他罪。以恐壞正法故。必具上法。縱而不治。亦滅正法。今明治法

七種九種。言七法者。一謂訶責。二謂擯出。三者依止。四者遮不至白衣家。五者不見罪。六者不懺罪。七者說欲不障道。加惡馬默擯二法。則爲九也。一言訶責者。先出其過。後明正治。言過多種。四分等律。總處明之。若對僧比丘前倒說四事。謂破戒者。破前三聚。破見者。謂六十二見。破威儀者。下四聚等。破正命者。謂非法乞求。邪意活命。則有五種四種。言五邪者。一謂爲求利養。改常威儀。詐現異相。二謂說已功德。三者高聲現威。四者說已所得利養。激動令施。五者爲求利故。強占他吉凶。言四邪者。一方邪者。通使四方。爲

求衣食。二仰邪者。謂上觀星象盈虛之相。三者下邪。即耕田種殖種種下業。四者四維口食。習小小呪術以邀利活命。此智論解也。律中非法說法。法說非法。雖有前過。三根明委。問答有差。不得舉他。文云。若無根破戒見威儀正命。與作訶責。是名非法羯磨。反上如法。然此治法。不必大罪。但令聖所制學。愚闇自纏。皆得加罰。文云。若不知不見五犯聚。謂波羅夷乃至吉羅。與作訶責。五分有九種。一自鬪諍。二鬪亂他。三前後非一鬪諍。四親近惡友。五與惡人爲伴。六樂自爲惡。七破戒。八破見。九親近白衣。僧祇五種。一身口

習近住。身習住者。與黃門男子童子弟子共牀坐。同眠。共器食。迭互著衣。共出共入。口習近者。迭互染心共語。身口俱者。兩業並爲。又與尼女伸手內坐。以香華果蓏相授。爲其走使。餘如前說。二者數犯五眾戒。三者太早入聚落。太暝出。與惡人爲友。偷人劫賊摴蒱等人。行在寡婦大童女淫女黃門惡名比丘尼沙彌尼處。四好諍訟相言。有五。一自高。二麤弊。此性。三無義語。四非時語。五不親附善人。五恭敬少年。諸比丘度少年弟子。供給如弟子。供給師法。如上五種。一一諸比丘屏處三諫不止。僧作白四訶責折伏。明了

論比丘心高不敬。計他輕慢。大眾爲作怖畏羯磨。猶是訶責異名。上來明過。對僧比丘前者。皆入訶責治之。二加法有四。一明立治。二明奪行。三明順從。四僧爲解。初中立治。此法與餘羯磨有異。故先明之。緣起十種。如上具七法已。八陳意中。此心違故。須僧證正其罪。得伏方與。應召來入眾。當前爲舉（謂僧中德人舉告僧言比丘某甲犯罪）。舉已爲作憶念（謂在某處某時共某人作某罪。令其伏首自言陳已）。應與罪（謂汝犯某事。應作訶責治）。上座應準遮法具問能舉徒眾上下及所舉人已聽許舉之。如上作已。索欲問和。使作羯磨。律文舉鬪諍事及論當時未必如文。隨其有犯

準改牒用。應言大德僧聽。此某甲某甲比丘喜相鬬諍互求長短。令僧未有諍事而有諍事。已有諍事而不除滅。若僧時到僧忍聽。僧為某甲某甲比丘作訶責羯磨。若後更鬬諍共相罵詈者。眾僧當更增罪治。謂作惡馬治驅出眾。白如是。大德僧聽。此某甲某甲二比丘喜相鬬諍互求長短。令僧未有諍事而有諍事。已有諍事而不除滅。僧今為某甲某甲二比丘作訶責羯磨。誰諸長老忍僧為某甲某甲二比丘作訶責羯磨若後更鬬諍者僧更增罪治者默然。誰不忍者說。此是初羯磨。三說己 僧已忍為某甲某甲二比丘作訶責羯

磨竟。僧忍默然故。是事如是持。若明不成者。律云若不舉不作憶念不伏首罪。或無犯犯不應懺罪。若犯罪已懺竟而不現前及八法。二非。並作法不成得罪。二明奪行與作法已。告言已為汝作訶責已。今奪三十五事盡形不得作。必能隨順無有違逆者。僧當量處。何者三十五。有七種不同。初五奪其眷屬。一不應授人大戒。二不應受人依止。三不應畜沙彌。四不應受僧差教授比丘尼。五若僧差不應往。二五奪其智能。一不應說戒。二若僧中問答毗尼義不應答。三若僧差作羯磨不應作。四若僧中簡集智慧者共評論

眾事不在其例。五若僧差作信命不應作。三五奪其順從。一不得早入聚落。二不得偪暮還。三親近比丘。四不應近白衣外道。五應順從諸比丘教。不應作異語。四五奪其相續後犯。一不應更犯此罪。餘亦不應犯。謂為殘作訶責指下篇為餘也。二若相似。若從此生。相似謂同一篇罪也從此生者謂為摩觸訶責而與女屏坐。三若復重於此。謂犯提被治後更犯殘等。四不應嫌羯磨。五不應訶羯磨人。五五奪其供給。一若善比丘為敷坐具供養不應受。二不應受他洗足。三不應受他安洗足物。四不應受他拭革屣。五不應受他揩摩身。六五制其恭敬。一不應受善比丘禮拜合掌

問訊迎逆持衣鉢等。七五奪其證正他事。一不應舉善比丘為作憶念作自言。二不應證他事。三不應遮布薩。四不應遮自恣。五不應共善比丘諍。三明順從者應於上七五事中一一順從無有違者。於僧小食上後食上若說法若布薩時應正衣服脫革屣在一面立互跪合掌白言。大德僧受我懺悔自今已去自責心止不復作。僧當量審然後受之。四明解法律云應來僧中偏露右肩脫革屣禮僧足右膝著地合掌乞言。大德僧聽。我比丘某甲僧為作訶責羯磨。我今隨順眾僧無有違逆從僧乞解訶責羯磨。願僧為我

解訶責羯磨慈愍故三乞已（彼二比丘亦爾）上座如上欲和
解言大德僧聽比丘某甲某甲僧爲作訶責羯磨彼
比丘隨順衆僧無所違逆今從僧乞解訶責羯磨若
僧時到僧忍聽解某甲某甲二比丘訶責羯磨白如
是大德僧聽此某甲某甲比丘僧爲作訶責羯磨彼
二比丘隨順衆僧無所違逆今從僧乞解訶責羯磨
誰諸長老忍僧爲某甲某甲解訶責羯磨者默然誰
不忍者說（三說已）僧已忍與某甲某甲解訶責羯磨竟
僧忍默然故是事如是持其行法中威儀坐處未明
所在準僧殘中下行坐也若有一人三人隨名牒用

不得至四如上已明至時量之二擯出者謂對俗人
倒說四事廣如律文又如隨戒中汙家惡行倒亂佛
法汙他俗人淨善之心以非爲是故須遣出本處折
伏治之使世俗識非達正無復疑惑此之過罪人多
有之特須禁斷若論治法隨順及以解辭略同上法
然初擯中牒其過已離此住處爲異律本委具若隨
順乞解不得輒來當在界外遣信來請僧祇云不得
共諸比丘語論若有咨請推屬本師三言依止者若
與比丘及以白衣共相雜住倒說四事惑亂正法或
在道雖久癡無所知隨緣壞行不能自立數懺數犯

須僧治罰依彼明德咨問法訓使行成益已故也治
法略同於上與依止已親近知法律人學知毗尼明
達持犯者當爲解之涅槃云置羯磨者安置有德之
所餘如師資法中四遮不至白衣家者謂於信心俗
人前倒說四事非法惱亂損壞俗心罵謗白衣輒便
捨去須僧作法遮斷不許使離遣謝白衣故也僧祇
云比丘明日受他必定請至時不去惱信施主須加
此法若得法附已當白二差一比丘具八法者一多
聞二能善說三說已自解四能解人意五受人語六
能憶持七無有闕失八解善惡言議者將被治人至

信俗家語言檀越懺悔僧已爲某甲比丘作謫罰竟
若即共懺者善不肯者具有進不廣如律說若俗人
歡喜即爲解之更總明四三羯磨同異前四法人但
壞其行心猶有信律足僧數應羯磨法而是被治不
可訶舉後三羯磨名爲三舉信行俱壞棄在衆外不
足僧數過狀深重不可攝濟故制極法律簡此色同
於犯重乃至死時所有資產入同舉僧賞功能故涅
槃云爲謗法者作是降伏羯磨又示諸惡行有果報
故今學大乘語人心未涉道行違大小二乘口說無
罪無懺婬欲是道身亦行惡墮已即是違已爲非並

合此治六五明不見舉者倒說四事法說非法犯言
不犯或不信善惡二因感苦樂二果邪見在懷障於
學路或由不達教或知而故犯僧問何不見犯答云
不見僧即遮舉與作不見舉治之爲欲折伏從道且
棄眾外不同僧事目之爲舉作此正法治不見罪人
故曰不見舉也四分云此三舉人令在有比丘處行
之若在無比丘處不得爲解六不懺舉者然罪無定
性從緣而生理應悔除應本清淨而今破戒見四法
犯不肯懺妄陳濫說言不懺悔垢障尤深進道無日
故須舉棄得伏方解經名滅羯磨者治罰前人使作

滅罪僧祇云被三舉人心意調柔白僧言我心調柔
願僧爲我捨法白已却行而退眾主比丘量議可不
然後乞解七惡見不捨舉者欲實障道說言不障邪
心決徹名之爲見見心違理目之爲惡亦於戒見四
法倒說不信須僧舉棄永不任用隨順無違方乃解
之此七治法實爲妙藥持於正法謫罰惡人佛法再
興福流長世故律云如來出世爲一義故制訶責羯
磨乃至惡心不捨舉所謂攝取於僧令僧歡喜乃至
正法久住涅槃盛論七羯磨後廣明護法之相云有
持戒比丘見壞法者驅遣訶責依法懲治當知是人

得福無量又云今以無上正法付屬諸王大臣宰相
及於四眾應當勸勵諸學人等令學正法若懈怠破
戒毀正法者大臣四部應當苦治大集云若未來世
有信諸王若四姓等爲護法故能捨身命寧護一如
法比丘不護無量諸惡比丘是王捨身生淨土中若
隨惡比丘語者是王過無量劫不復人身問前十輪
經不許俗治涅槃大集令治惡者答十輪不許治者
比丘內惡外有善相識聞廣博生信處多故不令治
必愚闇自纏是非不曉開於道俗三惡門者理合治
之如後二經又涅槃是窮累教本決了正義縱前不

許依後爲定兩存亦得廢前又是言惡馬治者律云
若比丘犯罪不問輕重拒云不見僧應棄捨莫問語
云汝所住處亦當舉汝爲作自言不聽汝布薩自恣
如調馬師惡馬難調即合所繫杙棄之汝比丘不自
見罪亦復如是一切捨棄如是人不應從求聽此即
是聽如法驅出言默擯者五分云梵壇法者一切七
眾不來往交言智論云若心強獷如梵天法治之以
欲界語地亦通色有不語爲惱故違情故不語治之
此法最要亦有經中加羯磨者尋本未得雜含云三
種調伏法謂柔耎剛彊也猶不調者殺之謂不與語

初信刊是本

教授教誡也言滅擯者謂犯重比丘心無慚愧不肯學悔妄入清眾濫居僧限當三根五德舉來詣僧憶念示罪令自言已與白四法五分文云大德僧聽此比丘某甲犯某波羅夷罪若僧時到僧忍聽僧今與比丘某甲某波羅夷滅擯羯磨不得共住不得共事白如是大德僧聽比丘某甲犯某波羅夷罪僧今與比丘某甲波羅夷罪滅擯羯磨不得共住不得共事誰諸長老忍僧與比丘某甲波羅夷罪滅擯羯磨不得共住共事者默然誰不忍者說是初羯磨（三說）僧已忍與比丘某甲波羅夷罪滅擯羯磨不得共住共事

竟僧忍默然故是事如是持薩婆多云但實犯重大眾有知不須自言及現前直爾滅擯驅出若準律文必須自言如目連被訶中說即世多有大眾容之自他同穢

二約僧制眾食以論先明世立非法後引正制證成

初中寺別立制多不依教飲酒醉亂輕欺上下者罰錢及米或餘貨賕當時同和後便違拒不肯輸送因茲犯重或行杖罰枷禁鉗鎖或奪財帛以用供眾或苦役治地斬伐草木鉏禾收刈或周年苦役或因遏失奪便令倍償或作破戒之制年別依次鉏禾刈穀

若分僧食及以僧物科索酒肉媒嫁淨人賣買奴婢及餘畜產或造順俗之制犯重囚禁遭赦得免或自貨賕方便得脫或奪賊物因利求利或非法之制有過罪者露立僧中伏地吹灰對僧杖罰如是眾例皆非聖旨良由綱維不依法網同和而作惡業深纏永無改悔眾生有力非法伴多如法比丘像末又少縱有三五伴勢無施故佛預知有不令同法如後引之僧祇云若作非法制者應訶令止不者當說如法欲已起去若眾中有力者不聽當語旁人言此非法制止得三人不得趣爾而作應知識邊作若不得者說

見不欲與護心相應云彼自有業行何關我事如失火燒舍脫身便罷毗尼母云見眾非法事獨不須諫應作默然如上說問非法制中罰取財物犯重罪不答不犯重罪由當時僧眾同和共作後依制罰得不犯非不犯作非法制罪又明如法僧制四分云如法僧要隨順又云應制而制是制便行五分中雖我所制餘方不行者不得行之（謂俗王為僧立制不依經本也）非我所制餘方為清淨者不得不行（即依王法而用不得不依）薩婆多云違王制故吉羅明了論云若僧和合立制比丘不得入城市為作此事必定應作或時須立此制一月一年

或復永斷。若依大集。苦使不得過兩月。十輪中如前
明制。或令料理僧事佛法師僧。或不與語。謫令禮拜。
或復驅出。如前廣列。僧祇中罰舍利弗日中立之。諸
律中制多用七法。如上所明。或復斷食奪衣令立。治
沙彌中法。令除草料理僧事等。並非破戒之緣故也。
十誦云。若僧寺中有制限者。若知有惱。自他力能滅
者白僧滅之。不者餘處去。若如法制應受。四分客比
丘初至。主人比丘先語僧制法式等。一約食以論者。
先明通塞之意。後引聖言。然食為大患。人誰不須。世
尊一化多先陳此。故慰問云。乞食可得不等。今諸別

住局見者多。自壅僧食。障礙大法。現是餓因。來受劇
苦。故古師匡眾之法云。寺是攝十方一切眾僧修道
境界法。為待一切僧經遊來往受供處所。無彼無此。
無主無客。僧理平等。同護佛法。故其中飲食眾具。悉
是供十方凡聖。同有鳴鐘作法。普集僧眾。同時共受。
與檀越作生福之田。如法及時者。皆無遮礙。然法有
通塞。十方眾僧自有食分。依時而來。不須召喚。白衣及中能齋者亦得。出五分律也。此謂通也。不能
受齋非時來者。不與。法宜塞也。唯有任道行之同護法者。不損檀越
事也。本非人情理無向背。不得人情口召來食。及慳惜積聚。計留後日。乃至懷
親疏之心。應與而閉。不應與而開也。若此以明。是非自顯。眞誠出家者。

怖四怨之多苦。厭三界之無常。辭六親之至愛。捨五
欲之深著。良由虛妄之俗可棄。眞實之道應歸。是宜
開廓遠意。除蕩鄙懷。不吝身財。護持正法。況僧食十
方普同。彼取自分。理應隨喜。而人情局狹。用心不等。
或有閉門限礙客僧者。不亦蚩乎。嗚鐵本意。豈其然
哉。出家捨著。尤不應爾。但以危脆之身。不能堅護正
法。浮假之命。不肯遠通僧食。違諸佛之教。損檀越之
福。傷一時眾情。塞十方僧路。傳謬後生。所敗遠矣。改
前迷而復道。不亦善哉。慳食獨啖。餓鬼之業。是謂大迷。或問僧事有
限。外客無窮。以有限之食。供無窮之僧。事必不立。答

曰。此乃鄙俗之淺度。瑣人之短懷。豈謂清智之深識。
達士之高見。夫四輩之供養。三寶之福田。猶天地之
生長。山海之受用。何有盡哉。故佛藏經言。當一心行
道。隨順法行。勿念衣食所須者。如來白毫相中一分
供諸一切出家弟子。亦不能盡。由此言之。勤修戒行。
至誠護法。由道得利。以道通用。寺寺開門。處處同食。
必當供足。判無乏少。又承不斷客寺倉庫盈溢者。主
人心遠而廣施。或寺貧而為客者。由志陋而見微也。
若此兩言。人謂僧用不供者。豈是人之智力所辦事
乎。若人力有分。不能供無限者。所懷既局。斯言允矣。

此乃檀越為道奉給不由人力所致若辨非智力則功由於道然則事由道感還供道眾猶函蓋相稱豈有匱竭耶(今俗中有義食坊猶足供一切自旦至夕行人往反飲食充飽未聞告乏此亦非人力由彼行施義普亦以義然後取取與理通所以不竭此優婆塞等以知因果求將來福猶知如此義行不匱驗於目前況出家道眾如法通食而當不濟乎且世俗禮教憂道不憂貧況出家之士高超俗表不憂護法而憂飲食其失大甚也)所患人情鄙吝腐爛僧粟耳(腐爛餘而不施世俗恥之費僧粟而不通非佛弟子也)余唯見積事而不存道未見道通而事塞也佛法中無貴賤親疏唯以有法平等應同護之人來乞索一無與法若隨情輒與即壞法也俗人本非應齋食者然須借問能齋與食不能齋者

示語因果使信罪福知非為吝懷歡而退(此中非生人好處非生人惡處不得一向瞋人一向任人不齋者而食必須去情存道善知處量也)是以謹守佛教慎護僧法是第一慈悲人現在未來一切眾生離苦得樂故若不守佛教隨情壞法(謂聽俗人不齋而食有來乞請隨情輒與)令諸眾生不知道俗之分而破壞僧法毀損三歸既無三歸遠離三寶令諸眾生沈沒罪河流入苦海失於利樂皆由壞法是以不守佛教不閑律藏缺示群生自昏時網名第一無慈悲人也若接待惡賊非理愚夫說導不能受悟義須準教當擬具如隨相中

二引聖言量者薩婆多云僧祇食時應作四相(謂打犍椎等相)令界內聞知然此四相必有常限不得雜亂若無有定不成僧法若無四相食僧食者名盜僧祇不清淨也又不問界內比丘有無若多若少作四相訖但使不遮比丘若來不來無過雖作相而遮亦犯(故知若換鐘磬應鳴鐘集僧普告知已然後換之後更換亦爾)若大界內有二三處各有始終僧祇同一布薩若食時但各打犍椎一切莫遮清淨無過善見云若至空寺見樹有果應打犍椎無者下至三拍手然後取食不者犯盜飲食亦爾若客比丘來舊比丘不肯打磬客僧自打食者無犯薩婆多云僧祇食法隨處有人多少應有常限計僧料食

一日幾許得周一年若一日一斛得周年者應以一斛為限若減一斛名盜僧祇應得者失此食故增出一斛亦盜僧祇即令僧祇斷絕不續既有常限隨其多少一切無遮隨僧多少皆共食之若人少有餘長者留至明日次第先行如是法者一切無過(應是儉時故法令一定)若行僧餅錯得一番不還僧者即犯盜罪僧祇云若行食時滿杓與上座者上座應斟量得遍當取不得偏饒上座若沙彌淨人偏與本師大德者知事人語言平等與僧食無高下也五百問云上座貪心偏食僧食犯墮不病稱病索好食得者犯重餘僧食

難消如僧護等經說之義者言別客得罪者要是持戒人不與犯罪破戒者不犯律云惡比丘來不應與十誦薩婆多若外道來衆僧與食不犯止不得自手與以外道常伺比丘短故開之今僧寺中有差僧次請而簡客者此僧次翻名越次也即令客僧應得不得主人犯重隨同情者多少通是一盜又此住處不名僧所以簡絕客主非同和僧義大集云若一寺一村一林五法師住鳴椎集四方僧客僧集已次第賦給無有吝惜初夜後夜讀誦講論厭患生死不訟彼短少欲寂靜修於念定憐愍衆生護戒慚愧是名衆

僧如法住大功德海若無量僧破戒但令五人清淨如法護持佛法愍諸衆生福不可計如第三十一卷中餘有瞻侍國王大臣作人惡賊俗人淨人事既多濫容兼犯盜廣亦如隨相

三約法者五分云欲別作羯磨僧不可和者當於說戒前作之以是制衆法僧不敢散故四分云若有人舉罪者不得輒信舉罪人語便喚所告之人對僧詶答先問見聞疑三根若云見者爲自見從他見見在何處犯犯何等罪爲犯戒耶犯何等戒破見耶破何等見破威儀耶破何等威儀如是舉罪人一一能答

有智人者方可隨其所告問衆上中下及所犯人取其自言證正舉治若不能答有智人隨有違者便隨所誣謗罪依法治之故文云若舉無根無餘罪者不成遮治其謗罪文亦不顯情之虛實即結其犯義須斟酌言就時者凡作法事所爲處重多有非法理須照鍊闇夜屛覆過起必多或有昏睡或復鬧語威儀改節便成別衆或不足數廢闕大事不成僧法良由倚旁屛闇不祇奉法事不獲已夜乃爲之幸知不易及明早作則是非自顯目對不敢相輕言對人者凡施法事貴在首領衆主上座先須約勅但見非法即

須糾正不得默坐致招罪失僧祇中多種上座各有示導文廣如彼四分云有三種狂癡一衆僧說戒或來不來二一向不憶不來三者有憶而來初人須與羯磨後二不須十誦云若未作法不得離是人說戒作法已得離五分云若覓不得即遙作羯磨四分中白二與之若狂病止令來乞解白二爲解若復更發依前與法若狂止不來不犯以先得法故亦不應詐顚狂而加法者不成羯磨如律

四對處明用者凡徒衆威儀事在嚴整清潔軌行可觀則生世善心天龍叶贊必形服濫惡便毀辱佛法

十誦中比丘衣服不淨非人所訶華嚴云具足受持
威儀教法是故能令僧寶不斷摩得伽云伽藍上座
應前行前坐看諸年少比丘威儀語令齊整及平等
行食唱僧跋也白衣來當與食為說法等十誦文中
大同智論云佛法弟子同住和合一者賢聖說法二
者賢聖默然準此處眾唯施二事不得雜說世論類
於汙家俳說又眾貴靜攝不在喧亂誦經說法必須
知時成論云雖是法語說不應時名為綺語一者威
儀之形必準聖教薩婆多云剃髮翦爪是佛所制律
云半月一剃此是恆式勿得不為涅槃云惡比丘相

頭鬚爪髮悉皆長利為佛所訶所著袈裟一向如法
不得五大正色及餘上染諸部正宗不許著用必有
破壞隨孔補之條葉齊整具依律本廣如衣法所有
非者寺內不披入眾之時或反披而入及著下衣或
著木履雜屐律並不許廣如鉢器法中四分云入眾
五法善知坐起等十誦云下牀法徐下一脚次下第
二脚安徐而起坐法亦爾入堂法應在門外偏袒右
肩斂手當心攝恭敬意擬堂內僧並同佛想緣覺羅
漢想何以故三乘同法食故次欲入堂若門西坐者
從戶外旁門西頰先舉左脚定心而入若出門者還

從西頰先舉右脚而出若在門東坐者反上可知不
得門內交過若欲坐時以衣自蔽勿露形醜廣如僧
祇四分云不得著俗人褌袴褉褶等今有服袍裘長
袖衫襦之衣尖鞾長鞠大鞾銅鉢及椀夾紵瓦鉢璉
油等鉢及以漆木等器並佛制斷理合焚除善見若
多聞知律者見餘比丘所用不當法即須打破無罪
物主不得索償靈裕法師寺誥云僧寺不得畜女淨
人壞僧梵行設使現在不犯令未離欲者還著女色
經自明證隔壁聞聲心染淨戒何況終身奉給必成
犯重此一向不合僧祇中僧得女淨人不合受尼得

男淨人亦爾此者諸處多因此過比丘還俗滅擯者
並由此生不知護法僧網除其穢境反留穢去淨生
死未央又賣買奴婢牛馬畜生拘繫事同不相長益
終成流俗未霑道分比丘尼寺反僧可知或雇男子
雜作尼親檢校尋壞梵行滅法不久寺家庫藏廚所
多不結淨道俗通濫淨穢混然立寺經久綱維無教
忽聞立淨惑耳驚心豈非師僧上座妄居淨住導引
後生同開惡道或畜貓狗專擬殺鼠牛杖馬鞦韁絆
蓌櫪如是等類並是惡律儀雜心云惡律儀者流注
相續成也善生成論若受惡律儀則失善戒今寺畜

貓狗竝欲盡形非惡律儀何也舉衆同畜一衆無戒大集有言無戒破戒滿閻浮提或佛堂塔廟不遵修飾比丘倨慢處踐非法高聲大笑造非威儀聚話寺門依時不集自滅正法外生俗謗竝由上座三師致而滅法若作說戒常法半月恆遵每至說晨令知事者點知僧衆誰在誰無健病幾人幾可扶來幾可與欲如是知已令拂拭塔廟灑埽寺院如說戒法鳴稚之前衆主上座親自房房案行病者方便誘接告云衆僧淸淨布薩凡聖同遵行者雖在病臥能得一禮覲不努力自勵此身心不可信也或因此不起脫就

後世隨業受生知趣何道欲更聽戒寧復聞乎如是隨時引接餘僧不來竝準此喻

五雜教授毗尼母云能諫之人五法不須受一無慚愧二不廣學三常覓人過四喜鬬諍五欲捨道必先於有過者取欲然後諫之此等衆法竝綱維大德住持一寺有力護法者方得行之若見衆中有過不得卽訶命來屏處一一誨示云此一方住處其大德有之末法之中以威儀爲僧方助佛揚化若衆中有一行一法勝妙者令他處遵學豈得有過令他聞之令生不善自他兩失今大德有某事不善不依佛制願卽改之欲共相成進以引導後生耳必是已之弟子眷屬同友對衆訶舉亦得不得立至四人以不舉僧也非法得罪若有違僧制者當具委示云佛以戒法精妙上人行之我等修學漸染而已但以時代澆薄教所不施故佛令立如法僧要勸同隨順地持亦云若護僧制等故不依隨違教得罪今有某事與制有違願隨謫罰應同僧法亦使將來有犯者爲作鑑戒因緣云云而述若見造六聚罪者屏處委示令與同住竝是宿因但末劫多障持戒者少見造某罪是實以不答是實者依律如法誨示文云有二種癡一不

見犯二犯而不懺有二種智反上語之隨佛語者名眞供養今不肯順可欲從魔耶罪不可積或能轉重引涅槃文示之餘經云一念之惡能開五不善門一者惡能燒人善根二從惡更起惡三爲聖人所訶四退失道果五死入惡道等種種示之若有將被罰者衆主比丘依律告云衆生可畏具知三藏有大勢力道俗欽仰等猶不捨者又云彼衆旣有大力若有違犯正教必舉治汝又不捨者應言非唯舉治而已更奪三十五事不復往來迎送同僧法事乃至不足僧數如是種種示已若不受諫集衆和舉之然衆貴老宿大德

自力奉課方能進道必不自知妄攝眷屬愚叢自守不相長益號年少也故律中阿難頭白而迦葉號爲年少訶言汝衆欲失汝年少比丘俱不善閉諸根貪不知足初夜後夜不能勤修徧至諸家但行破穀汝衆當失以此文證阿難善知法相文是無學尚被譏責自餘凡鄙焉可自輕必欲綱衆於時住持護法者須自行清慎雅操堅貞博通律相兼明二乘識覽時要達究情性者可準上文一方秉御

四分律删繁補闕行事鈔卷上之二

四分律刪繁補闕行事鈔卷上之三　南山律要一

唐京兆崇義寺沙門釋道宣撰述

受戒緣集篇第八 捨戒六念法附

夫受戒者超凡鄙之殘流入聖衆之寶位也既慕心彌博故所緣彌多以多緣故法事攸難以難知故理須詳檢而世情塵染每昏教法爲師爲匠實易實難但由習俗生常不思沿革怱此無知亂彼眞教或但執文謹誦非相莫知或前受遮障無任僧法或結界漠落成不混然或僧數薄惡不能生信或衣鉢假借自是非法如斯師匠秉御誠難虛受費功唐勞一世

後生還爾永無出期故大集經云我滅度後無戒滿洲此言必實深須詳鍊一受已難不宜再造故委顯示至機依準初明具緣成受後加教法

初中五緣一能受有五一是人道以人中受得餘道成難故僧祇云若減七十不能作事不得受之若過七十出家時過一向不合廣如沙彌法中二諸根具足謂身具衆惡病患聾盲百遮等類律中廣列一百四十餘種並不應法準以求之則聾瘂狂亂定不發戒餘者通濫有得不得如義鈔中三身器清淨謂俗人已來至于將受無十三難等雜過四出家相具律云應剃髮披袈裟與出家人同等五得少分法謂曾受十戒也律云不與沙彌戒與受具者得戒得罪第二所對有六一結界成就以羯磨所託必依法界若作不成後法不就故須深明界相善達是非訪問元結是誰審知無濫方可依準不然捨已更結比人行事多不遵用輒爾寺外結小界受此是非法如上已明必有此緣結大界無爽若依毗尼母云直結小界不以大界圍繞亦不得受中國諸師行事受戒大有尊重故傳中凡有受者多駕船江中作法人問其故答云結界如法者少恐別衆非法不成受戒餘事容

可再造不成無多過失夫欲紹隆佛種爲世福田者謂受具戒不宜輕脫故在靜處事必成就二有能秉法僧由羯磨非別人所秉三數滿如法若少一人非法毗尼今言少者非謂頭數不滿也謂作法者至時緣起別衆非法等如足數所明文云自今已去十僧受具故此據中國以明邊方無僧曲開五人持律得受若後有僧用本開法得戒得罪者此十誦所列四界內盡集和合文云更無方便得別衆故五有白四教法則除顛倒錯脫說不明了等六資緣具足文中無衣鉢及借者不名受具第三發心乞受文云不乞

者無心者不成故第四心境相應文云眠醉狂人及無心而受等是心不當境復以文云白四羯磨不如白法作白不如羯磨法作等及前僧非法不令受者起心卽是境不稱心也薩婆多云若般重心受則有無教若輕心受但有其教無無教也第五事成究竟始從請師終至白四九法往來片無乖各界非別衆僧無不足羯磨無非受者心至則成受也與上相違則成非法今引文證毋論云五緣得成一和尚如法二阿闍梨如法三七僧清淨四羯磨成就五衆僧和合與欲多論云若受者在家受五戒八戒出家受

十戒隨五戒破一重受八戒不得乃至不得受具足及作和尚卽十三難中初難攝必有受者前準上緣必不堪任聖教不許

二加法中分二初緣起方便二明體用若集僧羯磨方法如前篇中故重明之以事大故也

緣中有十一受者得法以不四律所明必須十戒於前後聽受具文中不與受十戒衆僧得罪多云所以制十戒者爲染習佛法故不同外道一往頓受佛法不爾猶如大海漸深漸入二明請師法初請和尚者以是得戒根本若無此人承習莫由闕於示導不相生長必須請之善見論云以不請故多造非法諸師訶責反云誰請大德爲我和尚佛因制之若不請者不得與受得罪四分請法不云僧屛計理別處預請何損大理今在衆中者十誦云令受戒人先入僧中教使次第頭面一一禮僧足已然後請之僧祇云今從尊求和尚等五分云請和尚時兩手捧足當具修如上至和尚前旁人教云所以請和尚者此是得戒根本所歸投處種種隨機已計汝自陳不解故教也文云大德一心念我某甲今請大德爲和尚願大德爲我作和尚我依大德故得受具足戒慈愍故三說

僧祇云衆中三請已和尚應語發彼喜心四分云答言可爾教授汝清淨莫放逸弟子答云頂戴持下文更有十種答法問沙彌戒時已曾請訖今何重請答以容改轉不用本師又沙彌時請初來爲受十戒今者沙彌爲受具戒受法不同或可和尚無德不合相攝故二對請之次請二師律無正文據佛阿毗曇中亦有請法文非巧勝故不鈔出卽準和尚例通請之應具儀至師前旁人示語云羯磨戒師阿闍梨者受戒正緣若無此人秉於聖法則法界善法無由得生故須增上重心於戒師所方發無作種種說已教云

大德一心念我某甲今請大德爲羯磨阿闍梨願大德爲我作羯磨阿闍梨我依大德故得受具足戒慈愍故說三次請教授師亦具修至前旁人教云由此人爲汝教授引導開解令至僧中發汝具戒緣起方便並因此師重心請者方乃發戒文如羯磨師法但以教授阿闍梨爲異次請七證師義須準請以羯磨法非是獨秉必取此人證無錯謬十誦正則理例請之則受者生善前師心重彼此俱和豈非同法世多不行但自滅法若論發戒功與三師齊德何爲不請之乎可準三師而請必在大衆多僧亦未必通限更明

十師成不之相四分云弟子知和尚犯戒知不應如是人邊受亦知雖受不得戒如此具知則不成受反上成也餘之九師律無正文準可知也若和尚犯重而羯磨師知亦不成受以了知所牒非比丘用故若十師之內互知犯重法亦不成並了知犯者不得共住知何不該若據律文弟子知和尚破戒未顯輕重準義詳之乃至犯吉羅者亦不成受以犯威儀不應師德知不得戒強受不成由無心故既知必須見聞清淨預須選擇文云令選擇取也和尚德者差互不同律中所列百三十餘種十夏一種必須限定餘之

德相如師資法中故九夏和尚受戒得罪二種闍梨五夏已上律云多已五歲也餘師隨夏多少統明師義幸有老宿碩德則生善於後五百問云比丘五臘不滿度弟子知非而度犯墮弟子不知是非得戒若知不得戒明了論疏若已得五夏爲受大戒作證人及作威儀師七夏已去得作羯磨闍梨既是師位故不得互共同牀坐三教發戒緣薩婆多云凡受戒法先與說法引導開解令一切境上起慈愍心便得增上戒就文如此今以事求初明緣境後明心量初中所發戒相乃有無量由未受戒前惡偏法界今欲進

受翻前惡境並起善心故戒發所因還偏法界若隨境論則鈔應有三十餘紙要而言之不過情與非情空有二諦滅理涅槃佛說聖教文字卷軸形像塔廟地水火風虛空識等法界爲量並是戒體故善生云衆生無邊故戒亦無邊薩婆多云非衆生上亦得無量如十方大地下至空界若傷如塵並得其罪今翻爲戒善故偏陸地即善生言大地無邊戒亦無邊艸木無量海水無邊虛空無際戒亦同等薩婆多云新受戒人與佛戒齊德也以此而推出家僧尼眞是功德善法之聚位尊人天良由於此不論受而具持功

德難數若毀破者猶利無邊故十輪云破戒比丘雖是死人是戒餘力猶能示於人天道行猶如牛黃麝香燒香等喻佛因說偈瞻蔔華雖萎勝於一切華破戒諸比丘猶勝諸外道是故行者破戒之人功德無量遠有出期不受戒者隨流苦海永無解脫智論說言寧受戒而破初入地獄後得解脫不受戒者輪轉三界涅槃亦云雖復得受梵天之身乃至非想命終還入三惡道中良由無戒故致往返如是隨機廣略令其悟解若不知者心則浮昧受戒不得徒苦自他薩婆多云若淳重心則發無教輕則不發豈可虛濫

理當殷重次令發戒應語言當發上品心得上品戒若下品心者乃至羅漢戒是下品毗跋律曰發心我今求道當救一切衆生衆生皆惜壽命以此事受是下品爽心雖得佛戒猶非上勝餘二就義明之云何中品若言我今正心向道解衆生疑我爲一切作津梁亦能自利復利他人受持正戒云何上品若言我今發心受戒爲成三聚戒故趣三解脫門正求泥洹果又以此法引導衆生令至涅槃令法久住如此發心尚是邪想況不發者定無尊尚智論云凡夫始學邪心中語那含果人慢心中語羅漢果者名字語也

如此自知心之分齊得佛淨戒亦有分齊故文云佛子亦如是勤求禁戒本等問此敎宗是何乘而發大乘志耶答此四分宗義當大乘戒本文云若有爲自身欲求於佛道當尊重正戒及迴施衆生共成佛道律中多有誠例光師亦判入大乘律限如是發戒緣境及心有增上此之二途必受前時智者提授使心心相續見境明淨不得臨時方言發心若約臨時師授法相尚自虛浮豈能令受者得上品耶或全不發豈非大事第四律云當立受戒人置眼見耳不聞處若受戒人離見聞處若在界外等皆不名受具恐聽

羯磨故著離聞處猶恐非法令僧眼見五分中以起過故聽安戒壇外眼見處等四分文云界外問遮難等今時受者多在界內理亦無傷順上律文僧祇云教授師應將不近不遠處等若多人共受者應兩處安置一多人行立令望見僧起敬重意二將問難者離僧及離沙彌行處於中問緣必在同處亦得恐後問如前心不尊重應各令反披七條及衣鉢在彼而立五單白差威儀師四分云由界外脫衣看致令受者慚恥稽留受戒事佛言不得露形看當差人問難事五分令和尚語羯磨師長老今作羯磨復語威儀

師長老今受羯磨四分云彼戒師當問誰能爲某甲作教授師答言我某甲能應索欲問和答言差教授師單白羯磨如此四答止得各作一法若總答云受戒羯磨已後更不須和乃至多人例通問答不得過明相戒師應白言大德僧聽彼某甲從和尚某甲求受具足戒若僧時到僧忍聽某甲爲教授師白如是應下座禮僧已按常威儀至受者所六明出衆問緣所以爾者恐在衆惶怖有無差互屏處怖微安審得實即須依律問之但遮難之中有得不得故前廣分別令其識相使問難者據法明斷使問答相應無有

迷謬若問而不解終爲非問故中邊不相解語佛判不成若準律云不問十三難者則不得戒故前須明解彼此無迷脫由不解不成豈不誤他大事應沙彌時教令列名顯數識相誦之此非羯磨不犯賊住若約律本但問十三難事及論作法但問諸遮今就義準著問遮之前又問難之體要唯相解今問汝不犯邊罪不自非明律者方識名知相自外經論雜學必無曉了下一一具之不同舊人蒙籠誦習一邊罪難者謂先受具戒毀破重禁捨戒還來欲更受具此人罪重名佛海邊外之人不堪重入淨戒海也乃至準

論白衣五戒八戒沙彌十戒破於重者同名邊罪二犯比丘尼四分等律並云汙尼不明淨穢故世行事者云汝不犯淸淨尼不此依僧祇而問彼律云若須斯二果及凡夫持戒尼被人汙者初人受樂是壞尼淨行中後人犯不名壞尼難若那含羅漢初後人俱名難也故知唯是淨境方成難攝十誦云若摩觸八尼汙尼八事若一人以八事犯尼令犯重者俗人不成難也善見云若壞尼下二衆不障出家若壞大尼三處行淫皆名難也若以白衣俗服强與尼著而行淫者成難若尼自樂著白衣服就上淫者不障出家

必以義求若知受具戒緣事著於俗服亦應成難但壞淨境不論知淨不淨廣有廢立如疏義鈔問何不言壞比丘耶答亦成難也尼受戒中反問便是由事希故善生經受五戒者問遮難云汝不犯比丘比丘尼不故知同是難攝皆謂俗人時犯若受戒已犯者止名邊罪所收三賊心受戒者律中爲利養故輒自出家若未出家者未受不應受已受得戒僧經說戒羯磨已受者滅擯四分云若至一人二人三人衆僧所共羯磨說戒皆滅擯義詳出一人作對首衆法皆成障戒如說戒自恣等法必聽衆法心念亦成難攝

若對他三人以下對首法。四人已上餘和合法。不秉
羯磨。皆不成。難。善見云。三種偷形。一者無師自出家。
不依大僧臘次。不受他禮。不入僧法事。一切利養不
受。二偷和合者。有師出家受十戒。往他方或言十夏
次第受禮。入僧布薩。一切羯磨受信施物。三二俱偷
者可知。若偷形者。不經法事。不受禮施。爲飢餓故。若
欲出家受戒者得。下二不合。五百問云。沙彌詐稱大道人。
受比丘一禮拜。是名賊住難。四分中但言賊住難者。
謂共羯磨說戒。不說聽聞。不聞及愚癡因緣等。依如
僧祇。若沙彌作是念。說戒時論說何等。卽盜聽之。若

聰明記得初中後語者。不得與受戒。若闇鈍。或緣餘
念。不記初中後者。得受具。若凡人自出家著袈裟。未
經布薩等者。得受。反之不得。摩得伽云。不自知滿二
十而受具。後知不滿者。若經僧布薩羯磨。是名賊住。
四分疑惱戒云。若年不滿。作法不成受者。有知者語
令識之。後更受戒。十誦云。比丘尼如法捨戒。若更受
者不得。卽名賊住難。四破內外道者。謂本是外道。來
投佛法。受具已竟。反還本道。今復重來。彼此通壞。志
性無定。律中令度出家。對僧與沙彌戒。四月試之。使
志性和柔。深信明著。方爲受具。問。信邪來久。何故先

與沙彌戒耶。答。信此投歸。若不以十戒調柔。違相不
顯。又彰佛法深妙。漸次授法。不同外道一往不簡。此
事既希。多述無益。必有律自廣明。五非黃門。律中五
種。一生黃門。二犍作者。三因見他婬。方有妒心婬起。
四忽然變作。五半月能男。半月不能男。世中多有自
截者。若依四分應滅擯。文云。若揵者都截却也。今時
或截少分。心性未改者。兼有大操大志者。準依五分
應得。彼文云。若截頭及半得小罪。都截滅擯。四分云。
若被怨家惡獸業報落等。應同比丘法。若自截者。滅
擯。不明分齊。五分云。時有比丘爲欲火所燒。不能堪

忍。乃至佛訶責言。汝愚癡人。應截不截。不應截而截。
告諸比丘。若都截者滅擯。猶留卵者。依篇懺之。準此
以明。則未受具已截者。終無明教。必須準前勘取。依
餘部爲受。六殺父。七殺母。八殺阿羅漢。此三難爲之
既希。故略知文相。九破僧。卽法輪僧也。若破羯磨僧
非難。十出佛身血。此二難佛滅後無也。僧祇律註云。
佛久涅槃。依舊文問耳。十一非人難。皆謂八部鬼神
變作人形而來受具。律中五分天子阿修羅子犍闥
婆子化爲人等。十二畜生難。亦謂變爲人形而來者。
律中龍變形來受。佛言。畜生者於我法中無所長益。

此上二趣若依本形是人通識。恐變而來。故須問之。
脫有高達俗士來受戒時。語云汝非畜生。不若聞此
言。一何可怪。應方便轉問。如下所陳。十三二形者。謂
一報形具男女二根。若先受後變。猶尚失戒。況初帶
受者滅擯。上已略述難相。而遮事非一。律中略問十
六。自餘受法廣明。皆言不應。亦有得不得者。若不自
稱名字。不稱和尚字。年不滿等。定不得戒。五分諸比
丘度截手腳耳鼻截男根頭挑眼出。極老無威儀。極
醜。一切毀辱僧者皆不得度。若已度得戒。或有先相
嫌。以小小似片事作留難。似瞎似跛似短小。父母不

聽等作難者。吉羅。僧祇云。盲者若見手掌中文。若雀
目。聾者高聲得聞。躄者捉扆曳尻行。鞭瘢若凸凹。若
治與皮不異。得印瘢人破肉已用銅青等作字獸形。
侏儒者或上長下短。下長上短。一切皆遮。不應與出
家。若已出家。不應驅出。僧得越罪。準此諸遮皆言不
應得罪。下文復云。是謂不名受具足。一一皆言不應
驅出。是中清淨如法者名受具足。不名者總結師罪。
何妨有得不得者。如瘂等若有輕遮不障戒者。故言
清淨共住如法。文云瘂者不能與用手作相。又云遺
書舉手作相不現前。如是等不名受。前瘂者文中不

應驅出。作沙彌也。十誦伽論云。瘂聾人不名受具。若
聾聞羯磨聲得受。衣鉢不具者。四分云。若無衣鉢。不
名受戒。若借衣鉢應與價直。五分云。令主捨之。亦不
明得不。今準薩婆多得戒。論問曰。若爾何故必須衣
鉢。答。一為威儀故。二生前人信敬心故。如獵師著袈
裟鹿見以著異服故無怖心。三為表異相故。內德亦
異。引彼證此。文不可和。四分云。不名受戒。此則部別
不同。必誦十誦羯磨依彼開成。準急無損。昔人義準
四分和尚法中。若知借衣鉢受戒不得者。則不得戒。
不知者得。此乃人判。終違律文。必敬佛言。再受依法。

父母聽不者。善見云。若餘方國度者。不須問。僧祇親
兒此彼不聽。自來兒養兒餘處得受。負債者。諸部但
言不應。義準理得。奴者。僧祇云。若家生買得抄得此
彼不得。他與奴自來奴餘處聽度。今有人放奴出家
者。若取出家功德經。若放奴婢及以男女。得福無量。
律中不明放者。但言自來投法度之是非。準奴及兒
彼此通允。五百問中知是佛奴度者犯重。若先不知
後知不遣亦重。問其人是大道人不。答。非也。僧奴準
此。復本奴位。官人者。僧祇有名有祿有名無祿。此彼
國不得度。有祿無名。餘處得度。無名祿者。一切俱聽。

準此俗人來投出家。理須爲受。丈夫者必以建心慕
遠清節不羣。卓然風霜不改其操。鏗然憂喜未達其
心。便爲丈夫之貌。故律云。年二十者方堪受具。謂能
忍寒熱飢渴風雨蚊虻毒蟲。能忍惡言苦事。能持戒。
能一食等。僧祇云。若過二十。減七十。無所堪能。不應
與受具。五種病者。上四應得。狂中有三種。若全不覺
好惡。應不得。餘二應得。善見云。癩癬莫問赤白黑屛
處增長不增。門俱得。露處反前不得。然癩病有二。一
惡業所致。二四大違反。則生。故育王經有疥癩須陀
洹瘡痍阿羅漢也。若出家已癩者。一切僧事共作。若

食莫令在眾。此薩婆多解。文明餘事。更明所以。五分
若先不相識人。不應雲霧暗時受。五百問中要須燈
燭照之。若先曾受具者。十誦問云。曾作大比丘不。答
作。問。清淨持戒不。捨時一心如法還戒不。四分無文。
必有亦同邊罪。幸依十誦十三難前問之。答若有違
則成邊罪故。四分云。若有難緣。如說戒中。當二人三
人一時作羯磨。不得至四。僧祇一和尚。一戒師。一眾
得二人三人並受。若二和尚共一戒師。二三人不得
一眾受。善見云。二人三人一時受戒。一一同等臘等
時不相作禮。上已略明雜相。今正出眾問法。教授師

至受者所。正敷坐具。坐已。語令敷坐具。爲舒正四角。
相對相及申手內。五分云。應安慰言。汝莫恐懼。須臾
持汝著高勝處。彼應取其衣鉢舒示。寄此以爲陶誘。
前執五條語言。此名安陀會衣。又指身所著者。此名
鬱多羅僧。執大衣已語云。此衣名僧伽梨。薩婆多云。
此三衣名。一切外道所無。今示汝名相。若依諸部。此
處卽爲受衣鉢者。或在眾中。戒師受者。四分無文。或
受已方持者。亦隨兩存。幷執鉢已。言此器名鉢多羅。
此衣鉢是汝已有不。彼答言是。卽便襆之。或加受法
如前。應語言。善男子諦聽。今是至誠時。我今當問汝。

汝隨我問答。若不實者當言不實。若實言實。何以如
此。由無始來欺誑聖賢。沈沒生死。今欲捨虛妄證眞
實法。故令汝實答。今問汝遮難。若不實答。徒自浪受。
律云。犯遮難人。七佛一時爲受。亦不得戒。汝第一不
犯邊罪不。答言無者。語云。汝應不識此罪。謂曾受佛
戒而犯淫盜殺妄。作此四者。必不得受。今汝無耶。答
言無者。又語云。汝若不識不解。不得妄答。第二汝不
白衣時汙淨戒比丘尼不。答言無。第三汝不白衣沙
彌時。盜聽他說戒羯磨。詐作比丘不。答言無。第四汝
非曾作外道來投受戒。後還作外道。今復重來不。答

言無第五汝非五種黃門依名示之不答言無者第六汝
非殺父不第七汝非殺母不第八汝非殺阿羅漢不
第九汝非破僧不第十汝非惡心出佛身血不各各
答言無者第十一汝非天子阿脩羅子名爲非人變
爲八形而來受戒不答言無第十二汝非諸龍畜等
能變化者變爲八形而來受不答言無第十三汝今
身中不佩男女二形不答無者應讃言善男子已問
難事十三既無戒可得受更問十遮汝今字誰答言
某甲和尙字誰答云某甲年滿二十不答滿衣鉢具
足不答具父母聽汝不隨有言聽若無言無汝不負債不答無

汝非他賤人佛不許度不是奴不答無汝非官人不
答無汝是丈夫不答是丈夫有如是病癩癰疽白癩
乾痟顛狂汝今無此諸病不答言無者應復語云汝
無遮難定得受也如我今問汝僧中亦當如是問如
汝向者答我僧中亦當如是答應教起立爲正著七
條令威儀齊正著履揲坐具肩上衣鉢襆置手中語
令汝此處立我至僧中爲汝通請若僧許可我舉手
召汝汝可卽來五分云教著衣時密如法視無重病
不種種隨緣廣如彼述或外律中於此受衣鉢者七
單白入衆律云彼教授師還來至僧中如常威儀相

去舒手相及處立此依中國露地戒壇故在申手內必在覆處隨時也當作白
大德僧聽彼某甲從和尙某甲求受具足戒若僧時
到僧忍聽我已問竟聽將來白如是白已勿出僧中
若堂內者至門限內舉手呼言某甲來若在露地不得離僧申手
外也彼來已爲捉衣鉢令至僧中教禮僧足已至戒師
前右膝著地合掌八正明乞戒彼教授師將衣鉢付
戒師已爲正衣服安慰其心懇惻至誠仰憑淸衆求
哀乞戒語云此戒法唯佛出世樹立此法祕故勝故
不令俗人聞之故六道之中唯人得受猶含遮難不
得具受汝今既無甚是淨器當深心乞戒須與之間

入三寶數若輕浮心戒不可得如是隨時作之律論
廣述但乞戒由汝自心但未曉方軌階漸無由故佛
教我爲汝稱述應逐我語大德僧聽我某甲從和尙
某甲求受具足戒我某甲今從衆僧乞受具足戒某
甲爲和尙願僧拔濟我慈愍故三說教已復坐九戒師白和
法彼應白言大德僧聽此某甲從和尙某甲求受具
足戒此某甲今從衆僧乞受具足戒某甲爲和尙若
僧時到僧忍聽我問諸難事白如是問戒師作白和
僧教授無者答羯磨對僧問難先不差之故後須和
教授已被僧差奉命令問何須更和又在屛處不對

眾問問戒師不差教授獨差者答教授師出眾問難
不差無由輒問羯磨眾中而問故不須差更有料簡
如義鈔說十正明對問律直問十三難事無有前緣
今時相傳前問衣鉢還如教授示四種異名已應語
言善男子聽今是眞誠時實語時今隨所問汝汝當
隨實答僧祇云汝若不實答便欺誑諸天魔梵沙門
婆羅門諸天世人亦欺誑如來及以眾僧自得大罪
今問汝十三難事同前教授師所問但眾僧恐屛處
有濫故對大眾一一問汝汝還依彼答一一答我汝
不犯邊罪不汝不犯淨行比丘尼不汝非賊心受戒

不汝非破內外道不汝非黃門不汝非殺父不汝非
殺母不汝非殺阿羅漢不汝非破僧不汝非出佛身
血不汝非非人不汝非畜生不汝非二形不並答言
無者汝字何等和尚字誰年滿二十未三衣鉢具不
父母聽汝不汝不負債不汝非奴不汝非官人不汝
是丈夫不丈夫有如是病癩癰疽白癩乾痟顛狂等
汝今無如是病不上來並隨有無具答
大段第二正明受體若至此時正須廣張示導發戒
正宗不得但言起上品心則受者知何是上品徒自
枉問今薄示相貌臨事未必誦文應語言善男子汝

遮難並無眾僧同慶當與汝戒但深戒上善廣周法
界當發上心可得上法如前緣中今受此戒爲趣泥
洹果向三解脫門成就三聚戒令正法久住等此名
上品心次爲開廣汝懷者由塵沙戒法注汝身中終
不以報得身心而得容受應發心作虛空器量身方
得受法界善法故論云若此戒法有形色者當入汝
身作天崩地裂之聲由是非色法故令汝不覺汝當
發驚悚意發上品殷重心今爲汝作羯磨聖法此是
如來所制發得塵沙法界善法注汝身心汝須知之
應告僧言大眾慈悲布施其戒同心共秉願勿異緣

令他不得應四顧望之不令非別之相有者喚令如
法告言眾僧聽作羯磨大德僧聽此某甲從和尚某
甲求受具足戒此某甲今從眾僧乞受具足戒某甲
爲和尚某甲自說淸淨無諸難事年滿二十三衣鉢
具若僧時到僧忍聽授某甲具足戒某甲爲和尚白
如是作白已問僧成就不乃至羯磨中第一第二第
三亦如是問此僧祇文準此僧中知法者答言成就
十誦因爲他受戒或睡入定閙語闠亂等佛言不成
受戒羯磨時當一心聽莫餘覺餘思惟應敬重法當
思惟心心相續憶念應分別言是第一羯磨乃至第

三不說得罪又應語受者言已作白已僧皆隨喜今
作羯磨動彼戒法莫令心沉舉當用心承仰又白僧
言當聽羯磨大德僧聽此某甲從和尚某甲求受具
足戒此某甲今從衆僧乞受具足戒某甲爲和尚某
甲自說清淨無諸難事年滿二十三衣鉢具僧今授
某甲具足戒某甲爲和尚誰諸長老忍僧與某甲受
具足戒某甲爲和尚者默然誰不忍者說此是初羯
磨問僧成就不告受者言已作初羯磨僧皆默可今
十方法界善法並皆動轉當起欣心勿縱怠意次作
二羯磨如上問已告受者言已作二羯磨法僧並和

合今十方法界善法並舉集空中至第三羯磨竟時
當法界功德入汝身心餘一羯磨在汝當發身總虛
空界心緣救攝三有衆生并欲護持三世佛法直依
此語不同上廣仍白僧言願僧同時慈濟前生同其
合掌佐助舉此羯磨便即作之乃至是事如是持已
若多人一人即須隨竟記其時節四分云有新受戒
者不及後安居便數爲歲佛言不爾有者應和尚闍
梨教授時節云若冬若春若夏若干日月若食前食
後乃至量影應預將一尺本至受訖日中豎之記其
影頭臥尺量之計爲尺寸以爲常法善見云受戒已

立取脚隨身量影示春冬時衆數多少後說四依四
重等若受人多者但有受竟在僧下坐乃至一切作
已方總集上座前同時爲說隨相不必戒師問此新
受戒人相同界外來者何不重和答非是外來當處
新起次明說相據理隨師具學何獨此四爲緣起有
過且制四根本若毀非用餘篇枝條懺復僧數意在
此也應告之云善男子汝受戒已必謹奉持若但有
受無持心者受戒不得空願無益寧起行用不須願
求經論如此但佛世難值正法難聞人身難得奉戒
者難故上品高達能受能持修道會聖下品小人能

受能破心無慚愧現世惡名不消利養死入惡道中
品之徒善不自發望上而學可準下流耶若遂鄙懷
毀破佛戒不如不受必須依佛正教順受隨學五夏
已來專於律部若達持犯辨比丘事修定習慧會正
可期自此已外雜學言說汙染淨戒定慧無由生者
佛則不許故律云若師闕教授當餘處學爲長益沙
門果故然後依文爲說相也次爲受衣鉢坐具若沙
彌時說淨長衣鉢者更請施主總將說淨若沙彌時
不說則已犯長應令將捨作吉羅懺然後說淨並和
尚委示之

次授六念出僧祇文第一念知日月應言今朝白月一日至十五日以純大故不云大小若黑月有大小故須兩分之今朝黑月大一日至十五日或云今黑月小一日至十四日此謂識去布薩遠近出家日月法式如此若據律文爲俗人問令使識知若入聚落先知日月數法準此方土不論黑白若答俗人唯得通相云正月小今是某日此則道俗通知爲允二念知食處於中有三若全不受請者云我今自食已食有言食僧常食有言我常乞食若受請者云我今自食無請處又云我今食僧食無請處又云我今乞食無請處若有請者有背不背應云今有請處念自去若背者謂迦提月病及施衣等緣今有某緣得背請若無緣一日有衆多請者應對人云今日有多請自受一請餘者施與長老在某處應覓五衆捨之若無人時心念捨我某甲今朝檀越施我正食迴施比丘某甲檀越於我不計我得自恣食三說此念法謂獨住蘭若遠行長病飢時依親里住五種十誦開之第三知受戒時夏臘云我於某年月日某時一尺木若干影時受具戒我今無夏後若有者隨夏言之第四知衣鉢有無受淨等應云我三衣鉢具有長已說淨後隨有無衣鉢藥等隨有者念說淨等五念同別食云我今依衆食必有別衆九緣隨開云我今有某緣應別衆食

廣如隨相六念康羸云我無病堪行道有病念療治之僧祇五分云受戒已要畜漉水袋應法澡罐等如隨相中五分新受戒者必令誦戒恐心退者未可亦得善見云佛度比丘已有三衣鉢盂坐具漉水袋針線斧子八事隨身四分云爲比丘與外道相濫佛令問何時何月何和尚闍梨等卽知佛法與外道俗人有異勘問知非賊住時有三時從十二月十六日至四月十五日爲春從四月十六日至八月十五日爲夏從八月十六日至十二月十五日爲冬月有黑白大小不同受戒已抄出與之

二明捨戒者四分云若不樂梵行者聽捨戒還家若復欲於佛法修清淨行者還聽出家受大戒增一阿含開七反捨戒過此非法十誦伽論尼無捨戒更得受具問若無重出家何故開捨答一爲不成波羅夷故二爲來去無障比丘建立義強故開七反尼有一義令在俗無過不生譏醜過失廣如彼部準義應得作下二衆

師資相攝篇第九

佛法增益廣大實由師徒相攝互相敦遇財法兩濟日積業深行久德固者皆賴斯矣比玄教陵遲慧風掩扇俗懷侮慢道出非法並由師無率誘之心資闕

奉行之志。二彼相捨妄流鄙境。欲令光道焉可得乎。故拯倒懸之急。授以安危之方。幸敬而行之。則永無法滅。就中初明弟子依止。後明二師攝受。初中分二。

初明師弟名相。後明依止法。

問。云何名師和尚闍梨。答。此無正翻。善見云。無罪見罪訶責是名我師。其於善法中教授令知。故是我闍梨。論傳云。和尚者外國語。此云知有罪知無罪是名和尚。四分律弟子訶責和尚中亦同。明了論正本云優波陀訶。翻為依學。依此人學戒定慧故。即和尚是也。方土音異耳。相傳云。和尚為力生。(道力由成。)闍梨為正行。(能糾正弟子行。)未見經論。雜含中外道亦號師為和尚。弟子者學在我後名之為弟。解從我生名之為子。文總相攝。尸迦羅越六方禮經弟子事師有五事。一當敬歎之。二當念其恩。三所有言教隨之。四思念不厭。五從後稱譽之。師教弟子亦有五事。一當令疾知。二令勝他人弟子。三令知已不忘。四有疑悉解。五欲令智慧勝師。僧祇師度弟子者。不得為供給自己故度人出家者得罪。當使彼人因我度故修諸善法得成道果。四分云。和尚看弟子當如兒意。弟子看和尚當如父想。準此見想應具四心。一匠成訓誨。二慈念。三矜

愛。四攝以衣食。如父想者亦具四心。一親愛。二敬順。三畏難。四尊重。敬養侍接如臣子之事君父。故律云。如是展轉相敬重相瞻視。能令正法便得久住增益廣大。

二明依止法。先明應法。二明正行。初中言得不依止者八人。四分六種。一樂靜。二守護住處。三有病。四看病。五滿五歲已上行德成就。六自有智行住處無勝己者。七飢儉世無食。十誦云。若恐餓死。當於日日見和尚處住。恐不得者。若五日十五日。若二由旬半。若至自恣時。一一隨緣如上來見和尚。八行道稱意所。五分諸比丘各勤修道。無人與依止。當於眾中上座大德心生依止。敬如師法而住。二須依止人十種。四分云。一和尚命終。二和尚休道。三和尚決意出界。四和尚捨畜眾。五弟子緣離他方。六弟子不樂住處更求勝緣。七未滿五夏。八不諳教網。文云。若愚癡無智者盡壽依止。此約行教明之。十誦。受戒多歲不知五法。盡形依止。一不知犯。二不知不犯。三不知輕。四不知重。五不誦廣戒通利。毗尼母。若百臘不知法者。應從十臘者依止。僧祇中四法。(案記云文脫第一不善知法。)不善知毗尼。不能自立。不能立他。盡形依止。九或愚或智。愚

謂性戾癡慢數犯眾罪智謂犯已即知依法懺洗志非貞正依止於他十不誦戒本毗尼母不誦戒人若故不誦先誦後忘根鈍誦不得者此三人不得離依止前之七人未滿五夏故須依止若滿不須後之三人位過五夏要行德兼備便息依他然五歲失依止約教相而言據其自行終須師誨律云五分法身成立方離依止更通諸教佛亦有師所謂法也如是廣說二明依止正行分二一七種其行法二三種別行法初中七法者一眾僧與師作治罰弟子於中當如法料理令和尚順從於僧設作令如法不違逆求除

罪令僧疾與解罪二若和尚犯僧殘弟子當如法勸化令其發露已為集僧作覆藏六夜出罪等三和尚得病弟子當瞻視若令餘人看乃至差若命終四和尚不樂住處弟子當自移若教人移僧祇能說出家修梵行無上沙門果雖無衣食盡壽不應離和尚若欲遊方者和尚應送若老病應囑人當教云汝可遊方多有功德禮諸塔廟見好徒眾多所見聞我不老者亦復欲去等五和尚有疑事弟子當以法以律如法教除六若惡見生弟子教令捨惡見住善見七弟子當以二事將護法護者應教增戒增心增慧學問

誦經衣食護者當與衣食醫藥隨力所堪為辦此七種法諸部多同僧祇和尚闍梨有非法事弟子不得麤語如教誡法應輭語諫師應作是不應作是若和尚不受語者應捨遠去若依止師當持衣鉢出界一宿還若和尚能除貪等三毒此名醍醐最上最勝不得離之餘廣如後五分中若師犯僧殘求僧乞羯磨弟子應埽灑敷座集僧求羯磨人二明別行法三種一白事離過者律云凡作事者應具修威儀合掌白師取進不若欲外行者師以八事量宜謂同伴去處營事也三種交絡是非作句唯同伴是好人去處無

過營事非惡方令去也五分欲行前要先二三日中白師令知唯除大小便用楊枝不白十誦中一切所作皆須白師唯除禮佛法僧餘同五分若弟子辭師行云當至某城邑某聚落某甲舍非時白中亦爾當量行伴知於布薩羯磨法事會座如是者得去不受語輒往明相出時結罪僧祇不白師得取與半條線半食若為紉一條線不白得罪有剃髮師來和尚不在當白長老比丘師後來時還說前緣餘事準此若弟子大施者師量弟子持戒誦習行道者應語言此三衣鉢具漉囊等出家人應須不得捨之若有餘者

告云此施非堅法汝依是得資身行道不必須捨若
言我自有得處者聽若欲遠行不得臨行乃白應一
月半月前預白令師籌量若不能一一白師當通白
欲作染衣事亦得善見弟子隨師行不得去師七尺
不應蹋師影離是應白知四分多種或出界或與他
物或受他物及佐助衆事並須白師二受法者四分
云彼淸旦入和尚房中受誦經法問義廣如依止中
三報恩法四分云淸旦入房除小便器白時到等應
日別朝中日暮三時問訊和尚執作二事勞苦不得
辭設廣具四紙餘文必須別抄依用一則自調我慢

二則報恩供養三則護法住持正法久住也僧祇云
弟子晨起先右脚入和尚房頭面禮足問安眠不餘
同四分十誦若浴和尚先洗脚次膛乃至胸背若病
先用和尚物無者自用若從他求日三時教弟子云
莫近惡知識惡人爲伴弟子若病雖有人看而須日
別三往語看病者莫疲厭此事佛所讚歎雜含云若
比丘不諂幻僞不欺誑信心慚愧精勤正念心存遠
離深敬戒律顧沙門行志崇涅槃爲法出家如是比
丘應當敬授由能修梵行能自建立故
大門第二明二師攝受法其和尚攝行與依止大同

合而明之就依止法七門一依止意者新受戒者創
入佛法萬事無知動便違教若不假師示導進誘心
神法身慧命將何所託故律中制未滿五歲及滿五
夏愚癡者令依止有德使咨承法訓匠成己益二得
無師時節律中開洗足飲水已說依止十誦無好師
聽五六夜有好師乃至一夜不依止得罪摩得伽至
他所不相諳委聽二三日選擇此律亦爾五百問云
若不依止飲水食飯坐臥牀席日日犯盜若經十夏
不誦戒者罪同不依止三簡師德因明諸師不同四
分五種一出家闍梨所依得出家者二受戒闍梨受

戒時作羯磨者三教授闍梨教授威儀者四受經闍
梨所從受經若說義乃至四句偈也五依止闍梨乃
至依止住一宿也和尚者從受得戒者是和尚等者
多已十歲阿闍梨等者多已五歲除依止若準此文
四種闍梨要多已五歲方號闍梨餘未滿者雖從受
誦未霑勝名若準九歲和尚得戒得罪此雖未滿得
名何損又上四闍梨不得攝人而替依止和尚處由
一席作法非通始終若作師者更須請法律中二師
行德三種一簡年十歲已上二須具智慧三能勤教
授弟子有七種共行法更相攝養如和尚法中摩得

伽云凡欲依止人者當好量宜能長善法者及問餘人此比丘戒德何似能教誡不眷屬復何似無有諍訟不若都無者然後依止僧祇不得趣爾請依止成就五法一愛念二恭敬三慚四愧五樂住四分諸比丘輒爾依止不能長益沙門道行佛令選擇取依止即師有破戒見威儀等並不合爲依止因二歲比丘將一歲弟子往佛所佛訶責云汝身未斷乳應受人教授云何教人耶若師有非法聽餘人誘將弟子去五百問云其師無非法而誘將沙彌去犯重因說老病比丘死緣善見云若不解律但解經論不得度沙

彌及依止僧祇成就四法名爲持律謂知有罪知無罪知輕知重下至知二部律得作和尚三千威儀多有請二師方法及攝受共行之儀四明請師法律中由和尚命終無人教授多壞威儀聽有依止如上和尚法令法倍增益流布僧祇亦得名師爲尊請文云大德一心念我某甲比丘今請大德爲依止阿闍梨願大德爲我作依止阿闍梨我依大德故得如法住三說律文少語加闍梨字彼言可爾與汝依止汝莫放逸五分云我當受尊教誡不者不成先不相識者應問和尚闍梨名字先住何處誦何經等若不如法應語云汝不

識我我不識汝汝可往識汝處受依止若疑應語小住六宿觀之合意爲受若依止師不答許可者不成四分云彼遣使受依止遣使與依止皆不成五師攝受法大同前法僧祇云日別三時教三藏教法不能廣者下至略知戒經輕重陰界入義若受經時共誦時坐禪時即名教授若不爾者下至云莫放逸準此以明今聽講禪齋初學者並令依止每日教誡過成繁重不行不誦徒設何益凡請師法前已明之今重論意有四一作請彼攝我我當依彼慈念矜濟二取道法資神乞令教授行成智立三自申己意我能依

止愛敬如父四能遵奉供養慚愧二法在心必具此四可得請他違此悠悠徒費無辦此有大德多人望重每歲春末受戒者多一坐之間人來投請爲和尚者或十二十及至下座獨己蕭然此則元無兩攝成師之義略同野馬極而言之受同陽燄雜含云五緣令如來正法沈沒若比丘於大師所不敬不重不下意供養依止故反此則法律不退五分二師亦不得以小事留弟子住若於白衣前出鄙拙言應令覺知廣如第二十三卷善見和尚多有弟子留一人供給餘者隨意令讀誦僧祇弟子爲王難師必經理若賊

抄掠等覓錢救贖不者獲罪今次明老弟子法十誦
大比丘從小比丘受依止得一切供養如小事大唯
除禮足餘盡應作僧祇一切供給除禮足按摩若病
時亦得按摩應教二部戒律陰界入十二因緣等義
雖復百歲應依止十歲持戒比丘下至知二部律者
晨起問訊爲出大小行器如弟子事師法六明治罰
訶責法分四初明合訶之法二依法訶誡三不應之
失四辭師出離初中四分有十五種謂無慚作惡不恥無
愧見善不修不受教不如說行作非威儀犯下四篇不恭敬我慢自居難
與語成論云反戾師教惡人爲友好往淫女家婦女家大童

女家黃門家比丘尼精舍式叉尼沙彌尼精舍好往
看龜鼈律文如此今所犯者未必如文但有過者準
合依罰置而不問師得重罪善戒經云不驅擯罰弟
子重於屠兒旃陀羅等由此人不壞正法不定墮三
惡道畜惡弟子令多眾生作諸苦業必生惡道又爲
名聞利養故畜徒眾是邪見人名魔弟子五百問云
有師不教弟子因破戒故後墮龍中還思本緣反來
害師廣如彼說問爲具五過方訶一一隨犯而訶答
隨犯即訶方能行成又若作此過雖犯小罪情無慚
恥理合訶責若心恆謹攝脫誤而犯情過可通量時

而用不必訶止雜含云年少比丘不閑法律凡所施
爲受納衣食貪迷縱逸轉向於死或同死苦捨戒還
俗損正法律謂同死苦犯正法律不識罪相不知除
罪謂同死苦是故比丘應勤學法律二明訶責法凡
欲責他先自量己內心喜怒若有嫌恨但自抑忍火
從內發先自焚身若懷慈濟又量過輕重又依訶辭
進退前出其過使知非法依過順訶心伏從順若過
淺重訶罪深輕責或隨憤怒任縱醜辭此乃隨心處
斷未準聖旨本非相利師訓不成宜停俗鄙懷依出
道清過內懷慈育外現威儀苦言切勸令其改革依

律五法次罪責之四分云弟子不承事和尚佛令五
事訶責一我今訶責汝汝去由過極重遣遠出去二莫入我房
得在寺住在外供給三莫爲我作使容得參承入房四莫至我所外事經營
不得來師左右依止師訶改云汝莫依止我五不與汝語過罪輕小隨得侍奉自三
世佛教每諸治罰但有折伏訶責本無杖打人法此
見大德眾主內無道分可承不思無德攝他專行考
楚或對大眾或復房中縛束懸首非分治打便引涅
槃三子之喻此未達聖教然彼經由住一子地悲故
心無差降得行此罰即涅槃云勿殺勿行杖等此言
何指不知通解輒妄引文縱引嚴師此乃引喻不關

正文。如攝論言菩薩得淨心地得無分別智方便具行殺生等十事無染濁過失等。今時杖治弟子者咸起瞋毒勇憤奮發自重輕他故加彼苦。若準涅槃恕己爲喻則針刺不能忍之。又有愚師引淨度經三百福罰。此乃僞經人造智者共非。縱如彼經不起三毒者得依而福罰。今順己煩惱何得妄依。律中瞋心訶責尚自犯罪。乃至畜生不得杖擬何況杖人。地持論中上犯罰黜中犯折伏下犯訶責。亦無杖治。大集云若打罵破戒無戒袈裟著身剃頭者罪同出萬億佛身血。若作四重不聽在寺不同僧事。若謫罰者於道

退落必入阿鼻。何以故。此人必速入涅槃故。不應打罵。準此以明則自知位地生報冥然。濫自欺枉可悲之深。廣如彼經。僧祇若師訶責弟子不受者當語知事人斷食。若凶惡者師自遠去若依止弟子。師應出界一宿還。若弟子有過和尚爲弟子懺謝諸人云。乃至凡夫愚癡何能無過此小兒晚學實有此罪。當教敕不作。如是悅眾意。三明訶責非法。四分云。盡形訶責。竟安居訶責。訶責病人。或不喚來現前。不出其過而訶責等。並成非法。若被治未相懺謝而受供給依止等。或被餘輕訶而不爲和尚闍梨及餘比丘等執

事勞役者得罪。僧祇若與其行弟子依止弟子衣已。不可教誡爲折伏故奪。後折伏已還與無罪。若與衣時言汝此處住。若適我意爲受經者與汝。後不順上意奪者無犯。十誦若欲折伏剝衣裸形可羞。佛言不應小事折伏沙彌。若折伏留一衣。四明辭謝法。十誦云比丘沙彌得和尚知不能增長善法者應白師言。持我付囑某甲比丘。師應籌量彼比丘教化弟子何似。其眾僧復何似好者應付之。知不具足更付餘師。若和尚不好當捨去。和尚有四種與法不與食應住。與食不與法不應住。法食俱與應住。法食俱不與不

應住。不問若晝若夜應捨去。阿闍梨亦爾。僧祇大同。有苦樂住別。若師令作非法事喚汝來取酒來應耎語云。我聞佛言如是非法事不應作。第二十八九卷中多有行法須者看之。五百問事。若弟子師命令販賣作諸非法得捨遠去。四分若弟子被師訶責令餘比丘爲將順故於和尚闍梨所調和令早受懺。應知折伏柔和知時而受。律云。應向二師具修威儀合掌云。大德和尚我今懺悔更不復作。已外卑辭自述事出當時。若不聽者當更日三時懺悔如上。猶不許者當下意隨順求方便解其所犯。若下意無有違逆求解其過。二師

當受不受者如法治若知不長益令餘人誘將去若弟子見和尚五種非法應懺謝而去白和尚言我如法和尚不知我不如法和尚不知我犯戒和尚捨不教訶若不犯亦不知若犯而懺者亦不知問前共行法令弟子攝和尚今諸律中云何辭去答上言攝者據初雖有過弟子諫喻有可從遂今諫而不受無同法義故須去也僧祇云若師受諫者言弟子汝須早語我我無所知卽承用之若師言汝若諫我我則是汝汝則是我依前二師方便而去七明失師法和尚一種無相失義或可無德更依止他以依得戒無再

請法依止闍棃事須詳正有三不同一請師法二相依住法三請教授法次明失是非者若師被僧治罰不失依止謂不失請法相依住法失請教授法以師有過行法在已弟子無義得請令師得罪以奪三十五事中不得受人依止者謂授他教誡亦是被治人不合作依止若弟子被僧治不失者三種不失欲令師僧教誡弟子順從於僧疾疾爲解開無隨順罪律中二師及弟子互一人決意出界外宿卽日還失依止者失下二法不失請師法若還不須更請師但生請法相依便有法起廣有是非如律大疏四分云多種一死二遠去三休道四犯重五師得訶責六入戒場上七滿五夏八見本和尚九還來和尚目下住若約教失依止

四分律刪繁補闕行事鈔卷上之三

四分律刪繁補闕行事鈔卷上之四

唐京兆崇義寺沙門釋道宣撰述

說戒正儀篇第十（布薩此云淨住。出要律儀云。是僑薩羅國語。六卷泥洹云。布薩者長養二義。一清淨戒住。二增長功德。雜含云。布薩陀婆若正本音。優補陀婆。優言斷。補陀婆言增長。國語不同。亦呼為集為知為宜為同為共住為轉為常也。三千威儀云。布薩者秦言淨住。義言長養。又言和合也。俱舍論名八戒云布薩護也。明了言在心名護。在身口名戒也。律云。布薩法一處名布薩犍度。即說戒也。）

說戒儀軌。佛法大綱。攝持正像。匡維眾法。然凡情易滿。見無深重。希作欽貴。數為賤薄。比雖行此法。多生慢怠。良由日染屢聞。便隨心輕昧。以此論情。情可知矣。昔齊文宣王撰在家布薩儀。普照沙門道安開七

撰出家布薩法。並行於世。但意解不同。心相各別。直得承用。文據莫憑。今求以經意。參以所聞。麤重撰次。備如後列。然生居像末。法就澆漓。若不其相敦遇。終無成辦之益。故先引勸勉。後便文證。善見云。云何得知正法久住。若說戒法不壞是。摩得伽云。布薩者。捨諸惡不善法及諸煩惱。有受證得白法。究竟梵行事故名也。又云。半月半月自觀身。從前半月至今半月中間不犯戒耶。若有犯者。於同意所懺悔。毗尼母。清淨者名布薩義。就中分二。初僧後別。初中分四。一時節不同。二雜法眾具。三正說儀軌。四略說雜法。

初中五種。一十四十五十六三日不同。二食前食後。三若晝若夜。四若增若減。五時與非時。前三出十誦文。四分中三日說戒。如上列也。又云。布薩日應說。五分云。八日十四日說法。十五日布薩。僧祇食前亦得。而不得晨起布薩得罪。以後來比丘不聞故。四分為外界鬬諍比丘來。佛令增減說戒。若知於十四日來。十三日前說。若十五日來。十四日說。若已入界。當令入浴。界內比丘出界而說。若不得者。白僧言今不得說。後十五日當說。又不去者。更增至十五日。若不去。

強和合說。但明二度。不云三度。至三必須同說。亦無三度不說法滅之文。偽傳於久。律云。拘睒彌國六年不說。佛尚在世。何妨一國鬬諍不得安樂。不階聖果。名為法滅。律中阿難疑高勝比丘犯盜。經云。六布薩不與同法。僧祇相嫌。二十年不說戒等。四分。鬬諍來久。不得說戒。今暫和合。須非時說。隨何日諍滅。即日和說。以僧具六和。戒見利身口意等。今不同見戒。則無僧義。不成和合清淨僧法故。

二明雜法眾具。五分。布薩時不時集。妨行道。佛令作時節。如前集僧中。十誦云。行籌者為檀越問僧不知數。佛令行籌。不知沙彌數。行籌數之。若人施布薩物。

沙彌亦得。雖不往布薩羯磨處。由受籌故。四分為受供行籌通沙彌也。若未受十戒。亦得受籌。以同受供故。如涅槃中。雖未受十戒。已墮僧數。若請僧次。理無別他。五分籌極短並五指。極長拳一肘。極麤不過小指。極細不得減箸。有客來不知行籌。收取數之。一人行一人收。乃至收已數之。知數已。唱言比丘若干。沙彌若干。出家人和合若干人。四分云。聽行舍羅。此云籌也。五分。若白衣以華散高座比丘。佛開之。比丘不得。若白衣散華墮比丘身衣上。當拂去。落高座上無苦。比丘欲莊嚴說戒堂。懸繒散華。佛皆聽之。僧祇若

欲誦時。當先淨洗手。已捉籌。若有香汁浴之亦得。餘人欲捉籌者。亦復如是。誦毗尼時。雜碎文句數難持。聽作籌數之。一者五百。二者七百。（以通僧尼戒者）若布薩日。埽塔僧院。使人泥治。香汁灑地。散花香。然燈火。誰應呪願誦戒行籌。並預辦之。四分云。年少比丘應具水瓶燈火等具。上座應處分。僧祇云。若誦戒時。應誦二部律。無者應誦一部。若上座次座應誦。無者乃至能誦者誦。為未受具人說五篇名。得罪。準四分得語一切犯者得突吉羅。若說時。不得覆頭覆肩。應脫革屣偏袒右肩行籌。其受籌者亦爾。先行受具人籌。後行

沙彌籌已。唱法如五分。五分云。上座應說戒持律作羯磨。說戒座上眠睡反抄衣。叉腰著革屣。或臥或倚不恭敬等。並得小罪。若上座說戒忘。應授。猶忘再授。更忘應差人續次誦之。不得重誦。若諸緣事起者。明日布薩。諸羯磨法。並在說戒前作。以是攝僧法故。應直說戒。不得歌詠聲。至八日十四日說法時。白衣聞法歡喜布施者受之。令維那呪願。十五日布薩時。尼來請教誡。乃至上座告云。莫放逸等。如後所說。四分開歌詠聲誦戒。此是五分廢教。十誦云。知布薩法者。盡應供養。不者得罪。以無佛時是人補處故。說戒人

先當闇誦。令利。莫僧中說時錯謬。

三正明說儀。此門布置。據律不具。今行事者。通取諸部。共成一法。而諸家安設。各有不同。今取普照道安二師為本。餘則引律誡文。删補取中。十種。一前須處所。中國布薩。有說戒堂。至時便赴。此無別所。多在講食兩堂。理須準承。通皆席地。中國有用繩牀類。多以草布地。所以有尼師壇者。皆為舒於草上。此間古者有牀。大夫已上。時復施安。降斯已下。亦皆席地。東晉之後。牀事始盛。今寺所設。卒多牀座。亦得雙用。然於本事行時。多有不便。隨處量法。二眾具者。律中舍羅燈

火水瓶坐具等。年少比丘先須辦之。花香莊嚴準前早辦。三於說戒日上座白僧令知。今時維那打靜告白言。大德僧聽。今黑月十四日。眾僧和合某時某處說戒布薩。餘如眾網中。四鳴鐘集僧。不局沙彌。並須入堂。若沙彌有緣依法與欲。後須籌數。若猶有聞疑之相。盡界求覓喚之。若無有相依法而作。沙彌大僧二處各說戒者。鳴鐘之時各集二處。應說聞鐘偈。增一阿含云。降伏魔力怨。除結盡無餘。露地擊揵稚。比丘聞當集。諸欲聞法人。度流生死海。聞此妙響音。盡當雲集此。次入堂時。便合掌恭攝致禮。說偈言。持戒

清淨如滿月。身口皎潔無瑕穢。大眾和合無違諍。爾乃可得同布薩。說已各依位隨次而坐。如上五分恭敬具儀。此是極教所遺。攝僧根本之教。不比尋常諸餘法事。五明供具。若有沙彌淨人。教令摘華香水槃檠鉢貯。五器三器。共華槃交錯羅列堂中。若在冬時或無華月。當具綵花。以物席地。僧中布設。並香爐籌案高座。眾具並令嚴正。使有可觀。六明維那行事。應年少比丘三五人助辦所須。各具修威儀。維那取香水及湯。次第洗手已。持水湯至上座前。互跪盥上座掌已。取籌浴之。各說偈言。羅漢聖僧集。凡夫眾和合。

香湯浴淨籌。布薩度眾生。若上座老年。或不解時事者。維那自浴籌已。餘有淨水香湯隨多少各取行之。令一年少比丘將水行之。各說偈言。八功德水淨諸塵。盥掌去垢心無染。執持禁忌無缺犯。一切眾生亦如是。依安師古法。應左手執手巾上。右手持下。行之。維那執籌唱白者。令餘人行之。及香湯淨巾亦爾。又令一人持香湯行之。各說偈言。香水熏沐澡諸垢。法身具足五分充。般若圓照解脫滿。羣生同會法界融。此之二偈各至座前說之。不得一時也。又水湯二物。但得盥掌。本無漱口之事。往往有之。自出愚叟。其

維那浴籌已。至上座前打靜處立。左手捉籌。右手捉打靜椎。其柄亦須香水淨已。打靜法如雜品中。當舉手打一下。告云。大德僧聽。眾中誰小小者收護。三說。收謂收攝眾具。護謂監護法事也。有云並供養收籌者。準上文中已具。又打一下。唱云。大德僧聽。外有清淨大沙門入。三說。有解云大沙門者賓頭盧也。準律恐不集者更相檢校。故作法命之。不局賢聖。有云前加一白。未受具者出。等。四分說戒不得妄驅沙彌。以戒本說戒人自唱令出。若依僧祇三律。維那在前唱出。故彼戒本云。說戒者言未受戒者已出。等。若高座誦外宗戒本。維那依前唱

出不須道及不清淨者出以言中所囑事在高座序中或自發露便應說戒如是唱訖又打靜云大德僧聽此眾小者已收護未受具已出（誦四分戒本不須此言）外清淨大沙門已入內外寂靜無諸難事堪可行籌廣作布薩我某甲比丘爲僧行籌作布薩事僧當一心念作布薩願上中下座各次第如法受籌三說已云並受囑授人籌便來至上座前互跪授之上座即偏袒互跪合掌諸僧一時隨上座儀式上座說偈言金剛無礙解脫籌難得難遇如今果我今頂戴歡喜受一切眾生亦如是說已受取兩手擎而頂戴之或可受已頂戴說偈彼後收籌者至上座前亦同威儀當還籌時復說偈言具足清淨受此籌具足清淨還此籌堅固喜捨無缺犯一切眾生亦如是便還他籌不得復座待供養已如是展轉乃至大僧訖收籌者來至上座所授之上座取已便數知之維那後來打靜一下云次行沙彌籌三說已有沙彌者徑往坐所行之並取囑授者乃至僧中一偏通告云沙彌籌或有大僧將欲來者如是收已依前付數維那復至上座所互跪取數時上座當告云僧有若干沙彌若干都合若干維那即起打靜云大德僧聽此一住處一布薩

大僧若干沙彌若干都合若干人各於佛法中清淨出家和合布薩上順佛教中報四恩下爲含識各誦經中清淨妙偈僧祇說云清淨如滿月清淨得布薩身口業清淨爾乃應布薩若沙彌別處說戒如後別法七明請說戒師佛令上座說戒縱前已別差終須前請應至上座前具修威儀已合掌白言大德慈悲爲僧說戒若堪說者此說戒事正當我作便即唱之若不堪者云但此說戒任當某甲但爲老病言辭濁鈍恐惱眾僧令次座說即至次座亦如前語若辭不說者應至上座云次座亦辭不堪上座先預知有誦利者應語維那至某甲所云僧差說戒彼至前所具述已還至打靜處陳告之若次座不堪不須次第問下準上僧祇但得次座也彼應告僧言大德僧聽僧差律師某甲爲僧誦律梵音某甲律師升高座彼應具儀至僧中四面禮僧已互跪白言小比丘某甲稽首和南敬白眾僧僧差誦律恐有錯誤願同誦者指授白已一禮升座八明供養說戒法若有高座最善無者在聖僧座上抽聖僧座在下彼說戒者坐已維那打靜小者供養梵唄作之若準律文唄匿如法出要律儀云如此鬱鞞國語翻爲止斷也又云止息由

是外緣已止已斷爾時寂靜任爲法事也彼三五年少比丘持香水僧前左右灑水留中空處擬行來也香湯及花亦同水法散灑已餘有中央當持水花合著一槃總從一頭却行布散使及兩邊空器復本處使人復座當散花時各說偈云華嚴經云散花莊嚴淨光明莊嚴寶華以爲帳散衆寶華徧十方供養一切諸如來彼供養者待散華已然後作禮三拈香已執鑪向上座所坐方互跪炷香鑪中維那云行香說偈此法安師每有僧集人別供養後見繁久令一人代衆爲之廣如本文各說偈言華嚴云戒香定香解

脫香光明雲臺徧法界供養十方無量佛見聞普熏證寂滅維那打靜訖供養者復座維那仍本位九明問答法彼當準上誦之至未受具戒者出諸沙彌等隨次而出儀式如別法中不來者說欲如前欲法若無者維那互跪答云無說欲者又云誰遣比丘尼來請教誡彼受尼囑者起至僧中禮已互跪合掌言如五分法云大德僧聽某寺尼衆和合僧差比丘尼某甲半月半月頂禮大德僧足求請教誡尼人三說已至上座前長跪曲身合掌云大德慈悲能教授比丘尼不答云年老無德乃至二十夏來並須委問不過

下座以無別德可明若無者還至上座前云徧問年德並辭不堪上座云諸大德等何啻堪任持由惜自業故辭請耳若明日尼來請可不當依五分云此無教誡尼人又無善說法者雖然上座有教敕尼衆僧祇云當勤精進如法修道謹慎莫放逸上且出一文示相貼合餘者並有明據不具出之讀此一部之文上下方練彼受囑者復本座尼明日來依命傳告若廣說法時希故略說戒者云僧今和合何所作爲維那互跪答云說戒羯磨不得云布薩說戒以言通用不了彼此維那復本座已然後羯磨作白不得未至座所便作以坐立不同即是別衆此事往往有之上座

不教致令僧衆俱同非法然處衆首是非須知不得低頭合眼不知法網示一律儀永成常準故僧祇中說戒說法並有上座法云云十明說戒竟法若至略教已當更鳴鐘令沙彌集然後誦明人能護戒等若總說已作神仙五通人偈梵後作處世界唄爲令說者從容具儀辭遜之暇其說序前唄亦誦律序以爲唄辭說者辭云小比丘某甲致敬衆僧足下敬謝衆僧僧差誦律三業不勤多有忘失願僧慈悲施以歡喜衆僧各各說自慶偈云諸佛出世第一快聞法奉行安隱快大衆和合寂滅快衆生離苦安樂快便作禮散

就中雜相若界外來者徑至說處若未誦序清淨已來依次而坐不告清淨若已說清淨已後方來者戒師見來即須止住不肯住者訶令住之待坐互跪一人告云大德僧聽某甲比丘若干人等並是清淨若有犯過依過陳之為偏說戒後如法懺便依次為說若外界比丘若多若等縱說戒竟皆令重說不者如法治毗尼母云若犯七聚不淨人前應止不說戒即律文云犯者不得聞戒不得向犯者說等若三寺五寺尼請教授隨意受之總前各列寺號尼名後便總結請意若誦中恐誤當告比近人示令不得大眾同

教致增混亂也四分若說戒日無能誦者當如布薩法行籌告白差一人說法誦經餘諸教誡誦遺教亦得若全不解者律云下至一偈諸惡莫作諸善奉行自淨其意是諸佛教（解此偈文具如阿含中說）如是作已不得不說若不解者云謹慎莫放逸便散並是佛之囑累深有來致令正法久住而世有住寺輕此教網故違不說染汙淨識漸於大法無有滋味是則出家無有利益口言佛是我師師教拒違故是外道弟子也若有犯重罪不預聞戒縱在寺內別眾則無若經懺悔來不隨意僧殘已下依教懺訖得聞如律所顯若座上

憶得莫問疑識對眾發露恐大眾鬧亂者但心念口言自陳云我某甲犯某罪為偏說戒待竟當懺便得聞戒若於罪有疑亦準此陳露

四明略說雜法者四分云若有八難王賊水火病人非人惡蟲人難者明了論云有人欲執縛比丘也餘緣者若大眾集牀座少若眾多病若座上覆蓋不周或天雨若布薩多夜已久（謂懺罪人多經久也）或鬬諍事或論毗曇毗尼或說法夜已久聽一切眾未起明相未出應略說戒十誦云其伴行若住廣說小住略說不住三語說在白衣前不得口言心念云今日布薩說戒

乃至宿處有命梵等難龍鬼之怖皆不得出聲心念口言今日說戒五分貴人惡獸地有生草棘刺蚖窟闇夜地有泥坐迮僧祇若偏暮天陰風雨老病不堪久坐住處遠皆開略說十誦聽在諸王前說令心清淨除大臣兵吏遣去五分說戒時賊來應連聲誦經莫令有絕若有一方眾主綱維徒眾者每至盛夏嚴冬準前略說至時小食上應告僧云今說戒日十方賢聖所共同遵並願眾生同時集會乃至冬熱當為略說勿事他緣自生厭法僧祇律第三十四卷廣立布薩上座法五分云不應以小事囑授應在顯露處

說第二明略法略有二種一者略取謂取諸入篇題首二者略却謂隨篇種類說戒師當量事緩急觀時進不緩則爲廣三十九十略其餘者急則爲說序已餘隨略之說前方便如廣說法至序竟問淸淨已應言諸大德是四波羅夷法僧常聞乃至諸大德是衆學法僧常聞一一各題通結七滅諍下如法廣說至末文也四分文中不了但言餘者僧常聞今準毗尼母論說也若難緣卒至說序已云餘者僧常聞若不得說序云今十五日布薩時各正身口意莫放逸已便隨意去上來就緣而說增減準前一事有違並結

正罪比人行事者云已說三十法僧常聞旣言已說則對衆妄語並可準前或有略緣止而不說並通治罪故須明之

次明一人已上別法律云若獨住者詣說戒堂埽治具調度待客比丘來若四人已上白說戒若三人各各修儀更互說云二大德一心念今僧十五日說戒我某甲淸淨(三說)若二人相向彼此如上三說若一人心念口言今僧十五日說戒我某甲淸淨(三說)若獨行山野聚落無人亦同此法若有罪者不應淨法小罪責心已便說若有重吉羅已上有疑及識或云發露或云待人律無明斷今準通解云須發露云今日衆僧說戒我犯某罪不應說戒布薩(三說)五百問云一比丘住處有界至布薩日先向四方僧懺悔三說已獨坐廣誦戒本

安居策修篇第十一 (受日法附)

夫靜處思微道之正軌理須假日追功策進心行隨緣託處志唯尙益不許馳散亂道妨業故律通制三時意存據道文偏約夏月情在三過一無事遊行妨修出業二損傷物命違慈實深三所爲旣非故招世譏以斯之過教興在茲然諸義不無指歸護命故夏

中方尺之地悉並有蟲卽正法念經云夏中除大小便餘則加趺而坐故知護命爲重佛深制之必反聖言罪在不請結業自纏永流苦海極誡如此依文敬之初中分五一安居緣二分房法三作法不同四夏內遇緣成不五迦提五利解界是非

初中分三一處有是非二結時不同三夏閏延促初中四分不得在樹上若樹下起不礙頭枝葉足蔭一坐如是乃至小屋山窟中坐趣容膝足障水雨若依牧牛人壓油人船上人斫村人依聚落等並成若依牧牛人已下五處者若安居中移徙隨所去處應去

文中不了五分云諸依如上人者先謂作住意得依安居中間忽去隨信樂衣食豐足處去不言失夏若在無護處劫賊塚門鬼神處毒蟲窟露地若有命梵二難並不成安居明了論五種成安一處所有覆二夏初十六日謂爲成前後安居日故三若東方已赤謂十五日夜分盡則東方赤者是十六日限爲破十誦疏家要令十五日及界宿故四若在別住起安居心疏云別住是布薩界安居心三種一爲自行二爲利他三爲料理三寶修治房舍一脚蹋界起安居心即成五在處無五過一太遠聚落求須難得二太近城市

妨修道業三多蚊蟻難或嚙齧人踐傷彼命四無可依人其人具五德謂未聞令聞已聞令清淨能爲決疑能令通達除邪見得正見五無施主施飲食湯藥無此五過乃可安居四分摩得伽中大同此論十誦云無人深山可畏處不須住五分云若在無救處必知無妨害亦開欲安居時先思量有難無難無難應住毗尼母第六卷中大明安居方便法用文廣不錄乃至安居上座於一切僧集時食時粥時漿時應白言爾許時已過餘有爾許時在若行此等行法者是名僧父母亦名僧師云云二結時前後由夏中壞行

義多招譏復重故文云自今已去聽三月夏安居春冬過少必無事不依同結吉羅問何爲但結三月者一生死待形必假資養故結前三月開後一月爲成供身衣服故二若四月盡結則四月十六日得成若有差脫便不得結教法太急用難常準故如來順物始從十六日至後十六日開其一月續結令成上總三時分別今但就夏亦有三時初四月十六日是前安居十七日已去至五月十五日名中安居五月十六日名後安居故律中有三種安居謂前中後也前安居者住前三月後安居者住後三月雖不云中三

月然文中具明前後日數中間不辨於理自明結文各別如後法中因泛明前後一賞罰前後四月十六日是前十七日已去結者並不得五利故名罰也二得罪前後五月十五日已前名前已有緣如法不結無犯無緣吉羅十六日者緣與無緣皆結一罪唯除難事尼同僧犯唯有墮別三難事先後五百問云從夏初日有難事不得結而不出本界至後夏來並名前坐是名三十日安居同至七月十五日受歲若五月十六日安居唯得一日結後七月半已有難者可隨無難日自恣是名一日安居三十日受歲三夏閏

延促者依閏安居無有正文比於薩婆多云夏中有
閏受雨衣得百二十日彼衣開法尙依夏閏而受夏
是制教理宜通護又本結安居要心三月不出今夏
未滿閏中出界卽非相續而滿是以破也若不依閏
者數滿九十日便自恣摩得伽云安居已主作閏月
數安居日滿自恣已受迦絺那衣卽此衣成受不成
受謂依閏不依閏旣二文兼具至時隨緣夏初要心
取閏不得依伽論若反前者通二論兩文問受一月
日得攝閏六十日不答不得以安居策修靜住有益
受日出界亂業曲開非是正修限依一月不得過法

問五事賞勞得攝五月一月含閏二六不答十誦不
開由是開奢法故今約閏月結之進不三例若閏五
月六月定百二十日住若閏四月者從四月十六日
至閏月一日結者並四月住若閏月二日已後結者
漸漸轉少以越閏月過取五月一日實夏成正結故
若五月一日後結者皆三月住以數滿九十日故三
若閏七月者從四月十六日後五月一日結者盡三
月住由未至閏故五月二日已後結者皆四月住由
九十日未滿入閏月不成數故餘如疏鈔
二明分房舍臥具法四分因客僧受房得不好者嫌

責佛令客僧欲安居者自往看房舍臥具已然後分
之白二差一人具不愛等五法知可分不可分五德
已羯磨言大德僧聽若僧時到僧忍聽僧差比丘某
甲分房舍臥具白如是大德僧聽僧差比丘某甲分
房舍臥具誰諸長老忍僧差比丘某甲分房舍臥具
者默然誰不忍者說僧已忍差比丘某甲分房舍臥
具竟僧忍默然故是事如是持彼比丘得法已起禮
僧足白云一切僧各將衣物集堂不得使住處有餘
物衆僧一時房內各將道具赴集訖彼知事人依律
數房舍臥具何者好惡何者經營房主先問經營者

欲住何處房已後便數知僧數至上座前白言大德
上座有如是房舍臥具隨意所樂便取先與第一上
座房次與第二第三乃至下座若有餘者從上座更
分復有餘者更如上分故多者開客比丘住處若惡
比丘來不應與時有得鈌壞房不受佛言隨力修治
之問僧食上下平等房舍不爾隨上座選者答食可
平融一味義通十方房舍臥具事有好惡兼復美好
不同限日非促故任上座而選問若爾利養等物何
制相參不見者擲籌答此現前等分通有一分故制
參亂投策而取僧祇不得與沙彌房若師言但與我

自爲料理者得若房多者一人與兩口已不得不受
語云不爲受用故與爲治事故與若春冬付房具通
二與若上座來隨次第住若安居付房已上座來不
應與住當令餘處住四分安居竟客來不應移若分
房舍不得分衆集處若有別房好窟當於夏前書知
名字坐夏訖便滅名而去
三明作法不同分二一設教對緣二用法分齊初中
律列四種初對首者此通諸界今且就伽藍加法當
對一比丘具儀云大德一心念我比丘某甲依某僧
伽藍前三月夏安居房舍破修治故說三五分彼人告

云知莫放逸答言受持義加依誰持律者答云依某
律師告云有疑當往問若依聚落林野等改前伽藍
住處隨名牒入料理修治隨事有無不同昔愚皇帝
聚落也問依寺所以料理資具者答修治僧房用通
三世前人料理得今受用今復修理以補將來若闕
不修三世不續問持律五種定須何者答四分云春
冬制依四種一謂誦戒至三十二至九十三誦比丘
戒本四二部戒本夏中多緣故須善通塞也制依第
五謂廣誦二部律所以須者五分云有比丘自不知
律又不依持律安居夏中生疑又無問處乃至佛言

往持律處安居若房舍迮者聽近持律師七日得往
反處於中安居心念遙依有疑往問若已結前夏過
緣破者隨日結成四分云比丘夏中不依第五律師
得波逸提春冬不依突吉羅中安居法律有名無法
世中通用後安居法然律列三時分明三名顯別準
義三法不無既明前後中間例準如鉢量制上下定中間不顯而知
應云我某甲比丘依某巖中三月夏安居說三必用舊
法理亦應成後安居者於五月十六日同前所對之
法唯改前置後之一字二明心念者律中無所依人可白佛令心念
當具儀至靈廟前發願乞安隱修道等心念口言我

某甲依某僧坊前三月夏安居房舍破修治故說三住
處多種準前對首若中若後亦隨二改三明忘成謂
先要期此界今從外來與本心境相應雖忘開成律
云忘不心念者若爲安居故來便成安居故知住人
不入開例由本無心必若有要理在通限外來爲事
不爲修安雖忘不開以非爲安故來也四明及界與
園一脚入內明相即出佛開爲安來者成餘廣如疏
二明用法分齊上四安居法約時通三位約處通二
界約人通五衆十誦佛制五衆安居乃至沙彌尼等
四分亦爾約法者對首心念始終三十一日結有閏

六十一日忘成及界人云唯得前後二日中間二十九日不得用以初二法容預而作故月一日結之後二曲開畏失前後故局一日中間之日已不及前何畏失後故不開也又云唯在後夏一日以佛開成有益若不結者一夏便失餘隨憶作法以時容預並非聖言以意用也

四夏中遇緣失不者初明有難移夏後受日逢難初中四分云二難梵行者本時婦大童女淫女黃門伏藏皆因人來欲誘調比丘恐爲淨行留難二者鬼神惡賊毒蟲惡獸不得如意飲食醫藥及隨意使人我若住此必爲我命作留難佛言聽去準此結成者從初去日卽須勤覓安身處若未得已來雖經宿不破夏以非輕心故反前不覓卽破安居若得住處夏法隨身亦不得無緣出界便破夏也結成後去本界無難亦不得反來由已結夏成故須有緣及法也五分食不足父母親戚苦樂等若住恐失道意聽破安居十誦善見若安居中有緣移去無罪不言得夏四分亦爾明了論夏中有八難棄去無犯疏云八難者親情及知識等誘引罷道或作惡也梵行者乃至住處多有博易往還恐犯重罪不云得夏並云得去摩夷云移夏不破安居四分衣法中二處安居二處隨半受衣十誦僧祇命梵二難移夏二處安居乃至自恣處取衣破安居人不得衣分準此無夏不成受衣有受理應得夏問遇緣出界忘不受日經宿破夏不答諸部無文五百問云夏中忘不受七日出界行憶卽悔者得一坐中不得過三悔過三悔不成歲（悔謂若憶悔本忘心卽應反界）問因事出界水陸道斷等難不得反界失歲不答律部無文昔高齊十統諸律師共評並云得夏問界外宿明相欲出得會夏不答準僧祇衣界準得必須入頭手足等於界內若外立不得若依大界安

居戒場及餘小界等人中明相出破夏若依大界外伽藍者通往彼此二界不失（謂結夏在前結界在後者）若依大界內伽藍者出門破夏小界亦爾若根本通依大界不知二界相別者隨本行處不失皆謂與本心相違故義張兩失並緩依法界急隨房處而不得越界分齊四分云若前後安居見有二難當白檀越求移去若聽不聽俱應自去破僧和僧律開去也事希故不出二明得法有緣不來四分受七日出界爲父母兄弟姊妹本二私通等至意留之過日不來得歲若鬼神等水陸道斷盜賊虎狼諸難同前得成準此難靜卽

還反界。因即停止破夏。僧祇夏中受日和僧道行不得迂迴。直道而去。至彼中前和了。中後即還。若停住者。準即破夏。

五明迦提利法。因明解結界法。初中若四月十六日結者。至七月十五日夜分盡訖。名夏竟。至明相出十六日後。至八月十五日已來。名迦提月。明了論云。本言迦絺那。爲存略故。但云迦提。此翻爲功德。以坐夏有功五利賞德也。廣如自恣後法。次明夏中解界法。有人解言。破夏者。以佛令夏竟解結也。此妄引聖言。律云。安居竟。應解界結界者。爲諸界同受功德衣也。各捨通結同

受共解別結。廣文如十誦。又疏中亦明。本非爲夏進不。古人云。安居不竟。解界破夏者。亦可安居不竟。自恣破夏文兼二會。須兩相通。若夏內解界。今言無妨。但結夏情限不同。故須分別。若本依大界安居。後解更結大者。無難依本處。有難準僧祇開之。若本依自然。後結作法。若狹還依本。若寬同前二緣。

二明受日法。夏中有緣故聽受日。必準聖言。依法加受。妄自誑心。受而破夏。虛損信施。可悲之甚。故委示焉。就中分三。一心念。二對首。三衆法。總分三別。一通料簡。二緣是非。三依位解。

初中三種受日有四不同。一對人不同。七日非僧別人邊成。半月一月。非別人法。唯僧得成。若互不得。十誦問。何處受七日。佛言。界內。從誰受。從五衆受。二對界者。七日通二界羯磨局作法。可知。三先後者。若用羯磨受後。更受七日得成。隨緣長短不同。古法。唯前七日後方羯磨。問。先得羯磨後隨緣七日者。何故羯磨云受過七日。答。此言過者。道羯磨是過七日家法。非謂言已用七日竟言過也。四明相攝。若受七日用竟。羯磨受者隨得。若七日未用。或用未盡。更有異緣。或是七日過緣。更受半月者。前法即謝。由羯磨法強

攝。故不得一身二法相續用也。律云。不及七日還聽受十五日。今七日法在。已必有餘緣。故知前法壞也。若前羯磨受日。要須用盡方得受七日。比多有之。謂受一月。不足更請七日。相貼滿三十七日。用之亘不可也。

二對緣進不。就中分八。初定緣是非者。凡受日緣務。要是三寶請喚。生善滅惡者。聽往。若請喚爲利。三寶非法。破戒有難。雖受不成。妄數爲夏。計爲年德。冒受利養。隨有結罪。善見云。自長已夏。受施犯重。若爲私已衣鉢藥艸。如法悉成。若爲治生覓利販賣生口牛

畜等物縱爲三寶並破夏得罪五百問云治生破戒
得財造佛得福不答尚不免地獄何況得福薩婆多
云治生造佛不應禮拜等廣如後文就緣分五一三
寶境界緣僧祇中爲塔事四分中佛法僧事五分亦
爾準此若爲大寺諸處緣者開之若自受他雇畫造
像寫經及自經營佛像或爲俗人縱爲僧家佛事非
法乞求並是邪命破戒不成得罪二道俗病患生善
滅惡爲益彼而無爲利四分中受戒懺悔布施等聽
去十誦問爲誰受七夜佛言爲七衆興福設供懺悔
受戒問疑請法有病遭難但使前見便生善滅惡應

去若遣使不遣使俱得受之若中路聞死反戒八難
起不應去三父母大臣信樂不信樂俱聽律文如此
餘汎俗人生福信樂聽去無信不聽必有力生信義
應開往四爲求衣鉢乃至藥草若自病重不堪受日
聽直去不須受之如上安居命難中說今時有人爲
衣藥等多妄請日準過知足戒失三受三尙結捨墮
今則長財豐足而缺三衣此乃捨制取聽未隨佛化
必長財資具俱乏準乞衣戒直爾外乞藥艸等物亦
謂自貧住處及即日往反處無者聽若反上得辦非
緣不成五爲和僧護法四分中有同界安居因我故

鬭外界僧尼鬭諍須我和滅聽直去然和滅之相難
知約緣而受不傷大理律無正斷故上五緣中律云
不應專爲飲食故除餘因緣衣鉢藥艸等是也今有
夏中多爲乞麥妄言爲衣鉢縱爲而乞律結正罪或
曲命別情令他請召皆不成也律中諸請一一遣信
別請若父母餘人同十誦中並不爲已利故也二對
事離合但使前是應法之緣隨爲多少得合受日如
懺僧殘多罪同法則文中具銜應云今請七日法出
界外爲檀越請并佛事僧事等還此安居也三懸受
者若所爲緣現牒事爲受必無實事虛構成緣或倚

傍昔言彷像未實輒便乞法不成得罪由事虛限濫
日數妄置法不相授故四互用謂爲佛受七日已用
三日更有法事便通餘用故不得也必有本緣何爽
通用十誦中白餘殘夜用謂同是一事未了殘夜白
用非謂異事若本並因三寶事受隨所互用並得以
俱有法故若三寶事後生不是前緣三寶及他雜緣
並不開之由本無心爲受故乃至爲張家施物受日
後受施訖留受戒者亦不應住以無法故若一家通
緣準心應得問此界內僧爲別處三寶病人受日得
不答彌是生善故得問僧次請者得受日不答律制

二請亦得通受問得受他捨請受日不答僧次應得別請不合以非施主元心故五重受者昔解一夏之中開於三法差此不成今云得重廣有徵難如疏述也但事緣如法無問多少一切通開必是犯戒緣者一受不合故律列二十餘緣但云佛未聽我如是事去不言不得重去且約爲事信樂父母則有四重況餘雜請頓便限局五分若有請無請須出界外一切聽受七日十誦中列多七夜緣已文云若自爲身若爲他身若不遣使若遣使應去聽一七夜不聽二七夜謂一時雙牒二七日前後重用若準和僧似一事

上不許重受然彼有不請之文寬於四分重受不開文非明了理須通明五百問云受七日行不滿七日還本界後更行不須更受滿七日已乃復重受明了論中得受疏解云前請七日事了還至界內第八日更請七日出界宿此論眞諦三藏翻中國親承此事寧得自執一隅小見通壅三千佛化乎余親聞見中國翻經三藏及中國來者云佛滅度來無有立一夏三度受日法隨事如法並開餘廣如疏鈔六約事長短縱令前事唯止一日二日皆須七日法律云不及即日還聽受七日去夏末一日在亦作七日法立法楷定作法應爾若路近得還由緣經宿亦須受日七僧尼不同四分尼律中開受七日不云多僧祇尼無羯磨受日法若塔事僧事遊行者受七日去比有濫同僧法者但令緣至三法受日四分無文僧祇明斷足是指歸不勞別解所以不同者尼是女弱不假多遊入俗外化生善義少但開七日亦濟別緣八事訖不來成不者由所牒緣謝法亦無施使失法也即須反界不反破夏明了論云請七日出界訖事竟不還破安居得小罪十誦明不許往僧祇意亦同之

三正加法前明心念法十誦五種人謂獨住等心念

受日若界中有人堪來不待心念不成若待不得界又無人具儀心生口言我某甲比丘今受七日法出界外爲某事故還來此中安居三說此謂無比丘開心念若有沙彌者作念已告以事緣今請七日出界若了即還汝知之十誦令五衆受日五衆邊受準此當衆相共作之無者準前言告其沙彌受日如下別法

二對首受法應具儀對比丘言大德一心念我某甲比丘今受七日法出界外爲某事故還來此中安居三說然心念對首二法諸部無文但開受法相傳準羯磨白文雖非佛說義準無失若受七日未用過七日

用亦得以本緣在故若無法謝不同七日藥彼已限
滿病轉故失若爾病住法應在答由佛制定如論云
服之七日堅病得消問此請七日得兼夜不答不得
以文云至第七日當還不同十誦彼以文中受七夜
故又不得改云七夜以部別不同亦不得秉四分羯
磨用僧祇事訖具如諸部別行法中三明眾法所為
之緣同前通用但令事是半月一月緣者方應羯磨
不同存單之人由不重受七日事緣要必須計理無
停止遂引七日令長用一月羯磨此自汙心教有明
罰餘同前釋今加法中有四不同二家羯磨文相少

見第三光師所撰羯磨問加乞辭舉世同行事須略
述今正學宗並依律本恐輒內乞辭增加羯磨律云
如白羯磨法作今既不如即知非教又諸部並無乞
文不得準著止可隨其綱網順教誦之問用舊羯磨
受日得夏不答應成歲雖增加乞辭而羯磨大宗無
失第四人依律出文云大德僧聽若僧時到僧忍聽
比丘某甲受過七日法十五日出界外為某事故還
來此中安居白如是大德僧聽比丘某甲受過七日
法十五日出界外為某事故還來此中安居誰諸長
老忍僧聽比丘某甲受過七日法十五日出界外為

某事故還來此中安居者默然誰不忍者說僧已忍
聽比丘某甲受過七日法十五日出界外為某事故
還來此中安居竟僧忍默然故是事如是持其一月
日法準前著之不得雙誦十五日者
三料簡雜相若夏中熱極受日者多同緣受者二人
三人應一時羯磨十誦開之若依大界安居戒場及
餘小界內不成受日以非本要心處故若先無大界
依伽藍結者若後結二界隨界受日並成莫非所要
地故縱入戒場不破夏而離衣若本結大界小於伽
藍便依伽藍而坐者由佛制依界故有者不成受日

不得止得却縮取於界相餘廣如疏上是義決非文
有之

自恣宗要篇第十二 迦絺那衣法附

然九旬修道精練身心人多迷己不自見過理宜仰
憑清眾垂慈誨示縱宣己罪恣僧舉過內彰無私隱
外顯有瑕疵身口託於他人故曰自恣故摩得伽云
何故令自恣使諸比丘不孤獨故各各憶罪發露悔
過故以苦言調伏得清淨故自意喜悅無罪故也所
以制在夏末者若論夏初創集將同期款九旬立要
齊修出離若逆相舉發恐成怨諍遞相訟及廢道亂

業。故制在夏末者。以三月策修同住進業。時竟云別。各隨方詣。必有惡業自不獨宣。障道過深。義無覆隱。故須請誨。良在茲焉。故律聽安居竟自恣。毗尼母云。九十日中堅持戒律及修諸善。皆不毀失。行成皎潔。故安居竟自恣。此是自言恣他舉罪。非謂自恣為惡。此雖相顯。有無知者濫行。就中分三。一明緣集相應。二自恣方法。三雜明諸行。

初中分二。前明時節。謂有閏月者。依閏安居七月十五日自恣。不依閏者。依摩得伽中數滿九十日自恣。若閏七月者。取前月自恣。非前夏安居者。過閏已數

滿九十日自恣。二因諍增減自恣。如說戒中。三修道安樂延日自恣。得至八月十五日。然律中但明十四日十五日自恣。及至急施衣中。次第增中十六日自恣。增三中三日自恣。律云。安居竟自恣。則七月十六日為定。律又云。僧十四日自恣。尼十五日自恣。此謂相依問罪。故制異日。及論作法。三日通用。克定一期十六日定。若有難者。如五百問中一月自恣。二明應人是非。若破夏不安居人。雖不得歲。以舉罪義通。理必依眾恣。僧治舉。四分云。若後安居人從前安居者自恣。任待日足。

二明自恣方法。分三。即三人也。就五人已上分四。一明僧集緣起。二五德自恣進不。三尼來請罪。四雜明略說諸事。初中要五僧已上。得白差自恣。當鳴鐘集僧。各在地上敷席而坐。以是互相舉過。處朕慢相不絕。故律云。不得在座。不得在地。應離座自恣。五分云。好泥地布草座。已而自恣。竝偏袒右肩右膝著地合掌。初行水香汁浴籌唱數告令。大同說戒。唯改說戒為自恣之辭。乃至沙彌等亦須集堂。以治舉義同。待唱出已方始得去。在別處行自恣法。如別法明。二五德進不。分二。初六人已上法。後五人法。初中分四。一

簡人是非。二差法正式。三五德行事。四對座說之儀式。初中四分律取具二五法者。謂不愛恚怖癡。知自恣不自恣。此名自恣五德。律文又差知時不以非時。如實不以虛妄。利益不以損減。柔耎不以麤獷。慈心不以瞋恚。此謂舉罪五德。意令和合無諍。有罪非謬。欲使前人懺悔清淨。美德外彰。故能勸喻離於懷惱。愍物與樂。不欲非法。故所以差二人者。四分文不了。十誦僧祇中竝差二人為法。五分中二人已上乃至多人。（謂僧多故更互息作。）三千威儀云。要差二人為僧自恣竟。自相向出罪。不得求餘人自恣。以餘人僧不差故。今

行事者多有人人別差。此未通諸部。又差年少輕躁者多不生善。十誦僧祇多差上座有德者。令下座來向上座自恣也。二加法差遣者。當上座差眾中二人具兩德律五德者。不須喚來立前而作。此是別眾往往而然。直在本座而坐。作羯磨者索欲問和。其欲法云大德僧聽。比丘某甲我受彼欲自恣。彼如法僧事與欲自恣。此律自恣開欲。不同他部。故重示之。作者知之。問和答云自恣羯磨。亦有通別。如上。應云大德僧聽。若僧時到僧忍聽僧差比丘某甲某甲作受自恣人。白如是。大德僧聽僧差比丘某甲某甲作受自恣

人。誰諸長老忍僧差比丘某甲某甲作受自恣人者默然。誰不忍者說。僧已忍差比丘某甲某甲作受自恣人竟。僧忍默然故。是事如是持。三五德行事法。差已即從座起。具儀至上座前。露地伸手內作和白言大德僧聽。今日眾僧自恣。若僧時到僧忍聽和合自恣。白如是。不應立作。別眾不成。若差自恣人時答云差受自恣人羯磨者。不得通用後法。至五德單白前和答言單白和僧自恣羯磨。若如前答直爾通和二法。次明行草法。四分但云離座。不言草座。五分布草而坐。明文依用。當於自恣前預覓乾耎草。隨得多少。

人別一萠安上座前。至五德和已。令年少次第行之。彼至上座前互跪授已。乃至下座。大眾多者。三五人助行之。各取已。於座前敷之。若大德眾主為敷亦得。計是前辦不止臨時。五德至上座前互跪告云。一切僧就草座。偏袒右肩互跪合掌。僧皆依唱從之。四明對僧自恣法。增一云。如來同僧坐於草座。告諸比丘汝等各就草座。我欲受歲。等廣如新歲經中。次正對僧自恣法。其一五德至上座前。大敷坐具互跪。第二五德至次座前立。此僧祇文。四分云。若上座見五德來。即從座起互跪偏袒右肩合掌。一切僧即隨上座法。十誦云。五德是上座

者應加捉足之言。應作法言。大德一心念。眾僧今日自恣。我比丘某甲亦自恣。若見聞疑罪。大德長老哀愍故語我。我若見罪。當如法懺悔。三說上座復本座。其五德至第三上座前立。彼第二五德在次座前立者。同上作法。如是展轉至於下座。隨其說訖還復本座。律開病者隨身所安。準此不病應訖自恣若二五德自恣者。僧祇五德各至本坐處應自恣。不得待僧竟然後自恣。即破十誦家法。若眾僧說已。五德至上座前告云。僧一心自恣竟。便如常禮退。十誦文也若五德及僧舉得六聚之罪。或自言伏首。僧當檢校審實者。各依當篇治

竟然後自恣若別人舉罪窮勘是非覈具事情無有虛濫者依律遮法治之若事實是犯舉根不了並反治謗罪(亦如眾網中)五德舉過無問虛實由是僧差加復具德縱舉成虛三根容謬雖合推繩情在離惡故不入治限不同別人僧不差遣輒爾陳過恐濫清人又內無德多不知時反生諍本何成安眾故虛即結謗若僧滿二十隨所犯罪並得治之若五人已上舉得出罪之事則且白停進不如四人法中說三尼來請出過法若無尼眾來依常自恣不須同說戒問尼有無若尼來者當自恣前語令在眼見不聞處立眾僧

自恣若至五三人量時早晚令尼得還者上座敕五德且住待尼自恣當命之至僧中禮足已令說三事見聞疑等如別法明大眾良久默然上座敕尼云大眾上下各並默然不云見罪者良由尼等內無缺犯外得清淨各精勤行道謹慎如法自恣至寺當傳此教告尼僧令知餘同尼法此謂白日法今時多在十四夜或十五夜自恣者若尼明日來時鳴鐘集僧不來者索欲大眾集已尼來僧中如常威儀請求三事餘同前示問此非僧法何須盡集索欲答以尼依僧住溥使舉罪若一人不和則不成自恣故律云若僧

不滿若不和合則令問訊禮拜不得如廣自恣法處既有僧通須舉治無濫故須集之僧祇教誡中本無羯磨法亦令隨緣說欲訖然後教誡由是僧法理不偏別故今僧尼自恣向是僧法準用不疑五百問夏末尼來受歲若二尼已上得一尼不得以尼獨行出界犯重罪故四明略說雜行言略說者若有八難餘緣如說戒中明者當量僧多少難來遠近等若僧多時熱處所迮狹明相欲出等當令五德於三五上座邊三說已外眾僧一說便止或一人受兩人自恣者互跪須在中間左右取之並須一說示令大眾聞知

律云不得竊語自恣令或兩五德雙頭一時各自恣者此是非法律中一時自恣鬧亂佛令一一次第從上座自恣十誦應從上座自恣不得逆作次第及行行置人如益食法並超越總唱等四分若賊等急難不可閑緩者五德至上座前互跪白言今有難事不得一說當作羯磨各各三說文云大德僧聽若僧時到僧忍聽僧今各各共三語自恣白如是便各各相對人別三說文同前法難事轉近若欲再說一說亦須單白以此自恣不對五德進否無由故須羯磨令眾同聞不類前略不須白告以親對五德多少量時

得自在故四分六種略說第六難事驚急開直爾去
二明難事結小界圓坐自恣事既希少故不出之上
來明六人僧法具述如上次明五人眾法恐濫行故
簡異之若界內五人者索欲不開問和答已便白二
差一五德竟又重差第二人不得牒二人一時同法
以所為人不入僧數故取自恣時一五德同僧坐一
五德展轉取自恣若至坐處二人共說餘同前法二
四人已下至對首法當盡界集不得受欲四人相對
一人別說云諸大德一心念今日眾僧自恣我比丘
某甲清淨說三餘人亦如上述之若二人對首唯云大

德一心念餘辭同前若犯波逸提已下罪者莫問自
言舉來並前懺已自恣若犯四人已上偷蘭僧法但
入偷蘭說中乃至僧殘說中以交無治罰之義若準
用十誦白停後當待眾滿如法治之不應礙自恣四
分說戒中自犯罪若告僧恐妨說戒令心念發露已
後得聞戒既俱是淨行眾法攝治功齊準用無妨理
須牒其所犯以眾不滿未得治之餘者清淨此中口
陳若不實者結罪隨犯三波逸提不是說戒默妄隨
罪結吉也若一人法者律云當往說戒處埽灑敷坐
具盛水器舍羅等待客比丘若無來者應至塔廟前

具修威儀心生口言今日眾僧自恣我比丘某甲清
淨說三若犯輕突吉羅心念懺已自恣若犯故作吉羅
已上無治罰義及以發露則不應自恣之法餘依前
三大明雜相問對僧自恣云見罪懺悔對首心念皆
云清淨者何答僧中通有治舉之義加法容得具足
別人雖有治舉攝治未能得盡故但言清淨舉心應
僧問自恣竟得說戒不答依明了論先說戒後自恣
四分云自恣即是說戒問自恣得在未受具戒人前
作不答律中令至不見不聞處作羯磨自恣若不肯
避去僧自至不見聞處作之律中若別人及僧自恣

已更有客來若少告清淨等多更為說若二人作法
已更有三人僧法自恣二人來者還同對首如前所
明問十五日自恣已得出界不答不得破夏離衣由
夜分未盡故受日至七月十五日滿者亦須反界以
夜不得法文云及七日還問此界安居餘處自恣得
不答僧祇不得結罪問前安居人自恣竟夏分得物
後安居人得不答律令受物餘日應足令滿若分房
舍臥具亦聽為未來故受問一說二說自恣無難緣
成不答不成律中六羣比丘一說二說鞠語疾疾語
不往自恣處往而不坐或不說佛並判不應四分云

年少比丘不知自恣法者和尙闍梨教詔猶故忘不憶使受自恣者教若復忘應共句句說年少如此委示老者云何答云亦同年少之法故律中阿難攝眾無法迦葉訶言年少阿難言我今頭白何故名年少答云汝不善察事同年少老年愚法豈不例之問界中前後安居自恣云何答云從安居多者自恣等問安居竟須離本處不答律云安居竟不去犯罪毗尼母云比丘安居已應移餘處若有緣不得去不犯若緣無者出界一宿還來不犯五分安居已不去一宿者墮若不作限請若非受請處得住增一云告諸比

丘恆一處止有五非法意樂屋舍器物又著財產恐人奪之或多集財物貪著親親恆共白衣往來反此得五功德

迦絺那衣法明了論翻為堅實也能感多衣衣無敗壞又名難活以貧人取活爲難捨少財入此衣功德勝如以須彌大衣聚施也或云堅固或名麤覆古翻為賞善罰惡衣賞前安居人後安居不得也亦名功德衣以僧眾同受此衣便招五利功德也就中分五一受衣時節二衣體是非三簡人差別四受衣方法五捨衣進不竝雜出諸相

初明受衣時者四分云安居竟應受功德衣則前安居人七月十六日受至十二月十五日捨故文云齊冬四月捨如是乃至八月十五日日日亦得受衣故文云卽日來不經宿者謂卽得衣日卽受不得經宿等故十誦云若月一日猶是七月十六日也得衣卽日受若二日三日乃至八月十五日亦爾五分受有三十日捨亦三十日彼但得四月利不同四分五月利也毗尼母云七月十六日應受若事緣不及乃至八月十五日過是不得捨中亦齊五月滿已羯磨捨七月十六日受者得百五十日利八月十五日受者得百二十日利中間轉降可以比知十誦問受功德衣已官作閏月者隨安居日數取滿也則不得攝閏

二明衣體四分云若得新衣若檀越施衣若糞埽衣新物揲作淨若已浣浣已納作淨卽日來不經宿不以邪命得不以諂曲得不以相得不以激發得不捨墮作淨者應法四周有緣五條作十隔若過是條數應自浣染舒張磌治裁作十隔縫治又云不得大色染衣聽用袈裟色此云不正色也十誦若不割截減量作不揲四角若故爛壞覆死人衣到塚取來者四分云糞埽者則非死人衣也及會已受作迦絺那衣竝不成若揲葉衣得成摩得勒伽云死比丘受用三衣及故衣不成若急施衣時衣成受僧祇未曾受用三衣得作五分若浣染

打縫不如法若小若大若錦綺衣若未自恣竟受若
貪利養故捨五事皆不成反上成受善見若七衆衣
得受若三衣中隨受一二得四分必須編邊安紐作
鉤成受
三箇人差別者先明受人後明持人四分云不在僧
前受謂與欲人若有難若無僧伽棃若僧如法受衣而彼
在界外住並不成善見前安居人得受若後安居破
安居異界僧等不得受利若此處僧少不滿五人得
預請界外僧足數成受其異界僧不得受利若住處
有四比丘一沙彌安居欲竟爲沙彌受大戒得足數

成受新受戒者亦得五利一比丘四沙彌亦爾以沙彌夏
坐有功也若住處雖有五人不解受衣得請異界知法僧
來作羯磨受衣異界人自不得受十誦云諸異界僧
欲受衣不可得者各解本界同結受已然後別結捨
者成捨不捨者依利犯僧殘人別住人學悔沙彌擯
人等不成受二明持衣人十誦云守衣人具不愛等
五德謂知得受不得受了了分明善見云若多人送
功德衣應受一衣餘同輕物應分重物屬四方僧若
施主言持三衣作盡與持衣人隨施主意若羯磨迦
絺那衣與衣壞者若衣壞者多與衣壞中老者若老

者多與老中夏多者不得與慳貪人明了論疏云於
初結安居時欲受迦絺那衣悉須白僧我欲受衣僧
觀此人不多緣事不不好失衣不此人從來不貪聚
財物有慈悲心好行惠施者僧即許可若不爾者不
須許之
四受衣方法初作衣法後明受法四分若得未成衣
應衆僧中羯磨差比丘令作若得已成者應如法受
善見云若衣未成應喚一切比丘共成不得說道德
作留難唯除病者不得縫作應却刺之所以殷勤者
此衣諸佛所讚昔蓮華如來一萬六千比丘圍繞共

作故諸部作衣大有明法今時有者多是已成故略
不出二明正受應取橫疊二尺一綴如是五綴置箱
中在上座前僧祇應襞疊衣置箱中衆花散上二明
和僧受衣應鳴鐘集僧即簡破夏不安居人犯僧殘
等如上列人並令別坐一處以不同受衣故餘合受
者共坐一處雖二處別坐應同衆法即須索欲問和
答云受迦絺那衣羯磨上座白言大德僧聽今日衆
僧受功德衣若僧時到僧忍聽僧今和合受功德衣
白如是如是白已與一比丘應問言誰能持功德衣者答某甲能持應作羯磨云
大德僧聽若僧時到僧忍聽僧差比丘某甲爲僧持

功德衣白如是大德僧聽僧差比丘某甲為僧持功德衣誰諸長老忍僧差比丘某甲為僧持功德衣者默然誰不忍者說僧已忍差比丘某甲為僧持功德衣竟僧忍默然故是事如是持（彼從座起禮僧足在上座前互跪合掌當羯磨持衣與之）大德僧聽此住處僧得可分衣現前僧應分若僧時到僧忍聽僧持此衣與比丘某甲此比丘當持此衣為僧受作功德衣於此住處持白如是大德僧聽此住處僧得可分衣現前僧應分僧今持此衣與比丘某甲此比丘當持此衣為僧受作功德衣於此住處持誰諸長老忍僧持此衣與比丘某甲此比

丘當持此衣為僧受作功德衣於此住處持者默然誰不忍者說僧已忍持此衣與比丘某甲受作功德衣竟僧忍默然故是事如是持彼即應起執衣箱至上座前互跪頂戴已授與上座上座亦頂戴如是三反已置箱上座前左手撥除花已右手執衣頭置左手中二尺許又取一疊如是四疊並置左手中來上座前上座見來即互跪舒手其人即右手取疊頭授與上座又却行一疊付第二上座如是却行盡第四上座彼付衣已還至第二上座下間手執衣口云此衣眾僧當受作功德衣此衣眾僧今受作功德衣此

衣眾僧已受作功德衣（說三）彼諸比丘應作是言其受者已善受此中所有功德名稱屬我如是各各說已答言爾即應起至第四上座前右手執衣置左手中如是四疊取已至第五上座前還如第一上座法如是乃至下座已還來上座前執衣向僧互跪白云今僧和合受功德衣竟

五明捨衣雜相四分中聽齊冬四月竟應出有二種捨一持功德衣比丘出界宿二眾僧和合出又廣明要心失捨法今明和合出者律云僧集和合未受戒者出不來者說欲僧今和合何所作為答云出功德

衣羯磨大德僧聽今日眾僧出功德衣若僧時到僧忍聽僧今和合出功德衣白如是僧祇有多種捨法至臘月十五日不捨者至十六日自然而捨餘部八種十種各隨違本心皆成捨也次明五利通塞者律中受此衣故畜長財離衣宿背請別眾食食前食後至他家等各如隨相所明其畜長衣始從七月十六日後受得至十二月十五日一時說淨餘有時非時相攝亦如隨相說思益經云菩薩有四法無所恐畏威儀不轉一失利二惡名三毀辱四苦惱得利心不高失利心不下八法中其心平等為決定說罪福業

不失。

四分刪繁補闕行事鈔卷上之四

四分律刪繁補闕行事鈔卷中著述者多立名標異之一

唐京兆崇義寺沙門釋道宣撰述

篇聚名報篇第十三　隨戒釋相篇第十四

持犯方軌篇第十五　懺六聚法篇第十六

篇聚名報篇第十三

出俗五眾所以爲世良田者實由戒體故也是以智論云受持禁戒爲性剃髮染衣爲相今若冰潔其心玉潤其德者乃能生善種號曰福田不然縱拒自貽伊戚便招六聚之辜報入二八之獄故五篇明犯違犯持行自成七聚彰持順持諸犯冥失而新學之徒

率多愚魯未識條例寧辨憲章隨戒昏同霧遊罪報類之觀海致使順流長逝貪蜜滴而忘歸爲成重業豈超悟而知反故毗尼母論云僧尼毀禁而受利養不現在受者爲向地獄故也然則業隨心結報逐心成必先張因果廣明相號使持戒佛子觀果知因焉

就中先明戒護是違失之宗後明篇聚名報之相

初中所以犯戒果報罪業極大者由戒護是生善中最建立功彊故使違損便招重報明了論述戒護多種且略引之謂在心者名之爲護在身口者名之爲戒有護不必有戒有戒其必是護等經中明佛讚得

戒護人有多章句略述八種一者如王生子爲民所敬得戒護人生聖種中後必得聖如紹王位二者如月光明漸漸圓滿戒護亦爾諸功德等隨時增長乃至得解脫知見三者如人得如意寶珠隨願皆果得戒護人欲生善道乃至菩提必定能得四者如王一子愛惜紹位得戒護人因戒護故必得成聖理須愛惜不得毀損五者如人一目愛之甚重此人亦爾由戒護故得離生死至得涅槃六者如世貧人愛少資糧此愛戒故便得慧命七者如國王三事具足便愛此國一足財二欲塵三正法得戒護人亦爾住戒護

中無量功德心安無憂惱生長正法八者如病人得好良藥戒護亦爾不應棄捨由此離一切惡故如是因緣功業深重不可輕犯犯致大罪

二者列名釋位中分二別初明篇聚後明果報

初中五篇七聚約義差分正結罪科止樹六法今依六聚且釋其名一波羅夷二僧伽婆尸沙三偷蘭遮四波逸提五波羅提提舍尼六突吉羅此上六名並無正譯但用義翻略知途路初言波羅夷者僧祇義當極惡三意釋之一者退沒由犯此戒道果無分故二者不共住非失道而已更不入二種僧數三者墮

落捨此身墮在阿鼻地獄故十誦云墮不如意處薩婆多解云由與魔鬭以犯此戒便墮負處四分云波羅夷者譬如斷人頭不可復起若犯此法不復成比丘故此從行法非用爲名又云波羅夷者無餘也此從衆法絕分爲名故偈云諸作惡行者猶如彼死屍衆所不容受以此當持戒又名不共住者不得於說戒羯磨二種僧中共住故問上言若犯此法名爲斷頭準此言必無重犯戒亦非有答戒之有無此入諍論雜心中解有戒非無若論重犯律自明斷隨犯多少一一波羅夷此篇最初四戒各別隨衆犯淫衆多

重犯餘盜殺妄重犯亦爾此說別解脫戒由境緣別得戒不同故後犯時還隨別犯如薩婆多云寧可一時發一切戒不可一時犯一切戒且如淫戒女人身上發得二十一戒男子身上得十四戒餘法界中男女亦爾今或貪心犯一女一道但名汙一淫戒比丘自餘諸淫戒體光潔無行可違稱本受體如懺初篇還得清淨不言更受由有本戒又如律云打謗犯重比丘皆結墮罪若無戒者止同吉羅問應當足數不名斷頭答懺本清淨理當足數如得作說戒自恣羯磨等但由情過深厚不任僧用故云來不隨意斷頭

之諭此望不階聖果爲言問淫戒雖被汙染但名犯戒出在何文答上已明示更廣張相如下懺法中說戒體定在常恆清淨世中有人犯一婬戒初乃惶懾後復思審謂言失戒遂即靁同隨過皆犯豈不由愚於教網自陷流俗焉知但犯一婬諸婬並皆不犯當篇殺盜常淨儼然下之五聚義同初受故同法之儔理須明察若先嚴淨識託對五塵欲染不生由前方便若先非攝慮對境不能不犯既犯業成必須無覆早懺還成本淨進入僧儔若迷上所設自懷藏疾不參衆務財法並亡便冒受用自他俱負豈不悲乎不

亦誤哉問淫已被染諸戒猶全何故不階聖位答明了論解此四重戒隨毀一重諸餘戒分用則無力如人身中四處得死隨損一處身命便死由戒力弱不發定慧也十輪云若犯四重毀法謗聖死入阿鼻如是之人於其一身不能盡結必墮惡道若有於我法中出家持根本戒常勤勇猛一切供養終不虛受何以故志求解脫乃至捨命終不犯毀何以故以四根本三乘依住故四分中尼有八波羅夷前四同於大僧後四如別所說十誦重犯不同此律同名之罪則有重犯同種之罪則無重犯此據初篇以言故文云

學悔沙彌犯僧殘。令次第僧中行覆藏。六夜出罪等。餘如別部中說。明了論云。律中說罪有五部者。解云此間為篇。今依本義立名部也。有二義。一成就根本義。二隨順根本義。第一波羅夷部有十六罪。解云。一一各有四部。成十六罪。一遠方便。如行婬時先起心。未動身口。責心即滅。二者次方便。謂動身就彼。或口說欲作。此對人懺滅。通名吉羅。三近方便。至彼人邊。或欲摩觸身。未交前。是偷蘭遮。期行淫事。故摩觸。非為戲樂。故成偷蘭遮。不成僧殘。此罪對人懺。第四身交是根本也。前三方便。皆為成就。故名部。若根本未

成前三可懺。若已成就。前三逐根本。悉不可懺。此即隨順義。餘三例此部。四分中但言成者波羅夷。不成者偷蘭。若準十誦。則偷蘭分輕重。明了論中唯結一品。然偷蘭吉羅。體通彼此。類解應知。如懺法中更述。二者僧伽婆尸沙。聚善見云。僧伽者為僧。婆為初。謂僧前與覆藏羯磨也。言尸沙者。云殘。謂末後與出罪羯磨也。若犯此罪。僧作法除。故從境立名。婆沙云。僧伽者為僧。婆尸沙者是殘。若犯此罪。垢纏行人。非全淨用。有殘之罪。由僧除滅。故四分中正明僧殘。便成上解。又云有餘。以行法不絕為名也。毗尼母云。僧殘

者。如人為他所斫。殘有咽喉。故名為殘。理須早救。故戒律云。若犯此罪。應強與波利波沙等。由鄰重罪故也。若約其種。則有十三。僧如隨相。尼有十七。六異七同。廣如別說。明了論解第二僧伽胝尸沙部有五十二罪。諸部說此罪不同。此乃正量部名。有三義。薩婆多部稱僧伽婆尸沙。有一義。與正量部同。解云。由戒見眾人和合。是僧伽義。由此二不同。不由定慧。佛所立戒。故言戒同。同一正見。故言見同。婆尸沙者為殘。若犯此罪。僧中受房舍利養。上中下內最在其外。故名為殘也。摩那埵者。翻為悅眾意。隨順僧教。咸懷歡

喜。阿浮訶那者。翻為呼入眾也。正量部胝尸沙三義。初如前解。第二救義。謂由僧拔濟得免此罪。三者勝義。向犯罪時成下劣人。由僧拔濟還得清淨。從劣得勝。三者偷蘭遮。聚善見云。偷蘭名大。遮言障善道。後墮惡道。體是鄙穢。從不善體以立名者。由能成初二兩篇之罪故也。又翻為大罪。亦言麤惡。聲論云。正音名為薩偷羅。明了論解偷蘭為麤。遮耶為過。麤有二種。一是重罪方便。二能斷善根。所言過者。不依佛所立戒而行。故言過也。如牛突籬。援破出家域外。故然過名亦通。此罪最初犯。為過。後者從初受名。如後牛

隨前者亦得過界。然偷蘭一聚罪通正從體兼輕重。律列七聚六聚並含偷蘭。或在上下。抑有由也。律中或次僧殘後者。由是戒分所收罪名重也。如初二篇遠近方便及獨頭正罪。破僧盜四之類也。或在提舍尼下。則是威儀所攝罪名輕也。如第二篇遠方便及輕獨頭之罪。謂裸身用髮等例是也。然戒與威儀通別互舉。通則戒戒並非威儀皆名犯戒也。若據別以論。上之三篇過相麤著能治名戒也。下四過輕能治之行名曰威儀。若就均雜往分。前四是均。無非正果。下二為雜通輕及因。然偷蘭雜中之重。故在第五也。

四波逸提聚。義翻為墮。十誦云。墮在燒煮覆障地獄故也。四分僧有百二十種。分取三十。因財事生犯貪慢心。彊制捨入僧。故名尼薩者也。餘之九十。單悔別人。若據罪體同一品懺。尼二百八戒。入第三篇三十捨墮。餘入別懺。種相同異。如別顯之。出要律儀云。尼薩耆。舊翻捨墮。聲論云。尼翻為盡。薩者為捨。波逸提者。本名波藥（夷割反）致也。明了論解。波羅逸（羊達反）尼訶部有三百六十罪。正量部翻為應功用。三義解之。一罪多輕細難識好毀。二性罪及制罪。三好毀犯者應作功用對治。勿令滋廣。薩婆多云。波羅夜質胝柯。翻

為應對治。恆須思惟。若犯即覺。上座部云。波質胝柯翻為能燒熱。此罪得大叫喚地獄。因時能焦熱心。果時能燒然眾生。但有三部。有二方便。三十。九十。故百二十。無偷蘭遮。有二吉羅。五波羅提提舍尼聚。義翻向彼悔。從對治境以立名。僧祇云。此罪應發露也。即此律戒本中具明悔過之辭。僧有四種。如下具陳。尼有八種。與僧全別。明了論解第四波胝提舍尼部有十二罪。翻為各對應說。謂對人說所作罪也。六突吉羅聚。善見云。突者惡也。吉羅作也。聲論正音突（徒勿反）膝吉栗多。四分律戒本云。式叉迦羅尼。義翻為應當

學。胡僧云。守戒也。此罪微細持之極難。故隨學隨守以立名。十誦云。天眼見犯罪比丘如駛雨下。豈非專翫在心。乃名守戒也。此律有百眾學。尼法指同大僧。七聚之中。分此一部以為二聚。身名惡作。口名惡說。或云突吉羅惡說者。必有解判。如疏述之。明了論解云。非四部所攝所餘諸罪。共學對及婆藪斗律所說罪。一切皆是第五獨柯多部攝。此是正量部名。以無別身口業。故意是惡作。翻之。薩婆多云突瑟几理多。用身口二業。翻惡作也。同翻一名。而義兩別。分輕重中。重者名獨柯多。輕名學對。梵音息叉柯羅尼中國

世音息佉柯羅尼同翻爲學對若不動身口輕責心
卽滅若動身口者則重對八方滅此間不解分別輕
重通名衆學謬矣若但心地起無方便若動身口有
遠近二方便若懺根本方便隨滅重罪重責心輕罪
但云不應起如此心是名責心懺悔亦通下用四分
戒律通束二百五十以爲綱要上已依篇聚具列麤
釋名目餘不盡者其二不定法託境以言通該六聚
若論罪體生疑不信是突吉羅文彰三罪二罪者略
舉生疑之事廣如疏述七滅諍中罪亦通有但爲競
於四諍彼此未和故制七藥用以除殄文義旣廣理

相又深徒勞宣釋終未窮盡故略不述而僧尼同數
共成通戒焉問五篇七聚何義離合今上所明但云
六聚答言立五篇者僧祇律中當宗所明但云五種
犯五種制五犯聚其六聚七聚卽四分下文今且分
七五不同具有三義則入五中一者名均二則體均
三者究竟均不具此三通入聚攝而六七差分者亦
有義意六中合突吉羅以同體故七中離於惡說以
過多故問上具張六聚名體請知五篇七聚名相如
何答言五篇名者一波羅夷二僧殘三波逸提四提
舍尼五突吉羅言七聚者一波羅夷二者僧殘三偷

蘭遮四波逸提五提舍尼六突吉羅七惡說且列兩
名廣如戒本疏說問律中僧列二百五十戒戒本具
之尼則五百此言虛實答兩列定數約指爲言故諸
部通言不必依數論其戒體唯一無作約境明相乃
量塵沙且指二百五十以爲持犯蹊徑耳律中尼有
三百四十八戒可得指此而爲所防今準智論云尼
受戒法略則五百廣說八萬僧則略有二百五十廣
亦同尼律儀
二明所犯果報就中分二初料簡起業輕重二引文
證成來果初中起業要託三毒而生然毒之所起我

心爲本此義廣張行人須識如懺法中具明業相今
略述起罪必約三性而生受報淺深竝由意業爲本
故明了論解云破戒得罪輕重不定有重心破輕戒
得罪重無慚羞心作無畏難或由見起謂無因果或
由不信生謂非佛制此戒或不信破此戒得此報或
由疑生爲定佛制爲非佛制爲定得報不定得報若
由如此心破得罪便重若不由如此心偶爾破戒重
翻成輕今隨三性具列罪相一者善心犯戒謂如僧
祇中知事比丘闇於戒相互用三寶物隨所違者竝
波羅夷或見他厭生與其死具看俗殺生教令早與

勿使苦惱此竝慈心造罪而前境違重不以無知便開不犯由是可學皆結根本卽律文云愚癡波羅夷乃至吉羅亦爾又如薩婆多云年少比丘不知戒相塔上拔草罪福俱得若論來報受罪則輕由本善念更不增苦不免地獄由違受體若犯性戒具受二罪謂業道也及以違制若犯遮戒如壞草木但得一罪以化教中本不制故無情可惱若後懺洗復本清淨不同犯性廣如下智論中說二不善心者謂識知戒相或復闇學輕慢教網毀呰佛語如明了論述云有四種麤惡意犯罪一者濁重貪瞋癡二者不信業報

三者不惜所受戒四者輕慢佛語故心而造則得重果以此文證由無慚愧初無改悔是不善心故成論害心殺蟻重於慈心殺人由根本業重決定受報縱懺墮罪業道不除如十誦調達破僧犯偷蘭已佛令僧中悔之而於業道尚墮阿鼻故地獄經云一作業定二受果定諸佛威神所不能轉廣如卷末陳說三無記心犯者謂元非攝護隨流任性意非善惡汎爾而造如比丘方坐高談虛論費時損業縱放身口或手足損傷草木地土和僧媒娶妄用僧物長衣過限非時入俗手觸僧器壞身口儀如是衆例竝通攝犯

唯除恆懷護持誤忘而造此非心使不感來果非卽如上前爲方便後眠醉狂遂成業果通前結正竝如論中無記感報問無記無業云何有報答解有二初言感報者謂先有方便後入無記業成在無記心中故言感報而實無記非記果也二者不感總報非不別受如經中頭陀比丘不覺殺生彼生命過墮野豬中山上舉石卽因崩下還殺比丘又如五百問中知事誤觸淨器作啖糞鬼等如成論中睡眠成業是無記業問如前無記有不犯者其相如何答前已略明今更廣示謂學知戒相善達持犯心常競厲偶爾忘

迷由非意緣故開不犯如長衣過日忘不說淨善攝根門便睡漏失扶持木石失手殺人如是等緣竝非結限反上所懷竝結正犯然則業苦縣積生報莫窮虛縱身口汙染塵境既無三善可附唯加三惡苦輪以此經生可爲歎息二引證誡報如目連問罪報經云若比丘比丘尼無慚愧心輕慢佛語犯突吉羅衆學戒罪如四天王壽五百歲墮泥犁中於人間數九百千歲第二波羅提提舍尼如三十三天壽命千歲於人間數三億六十千歲墮地獄中第三波逸提者如夜摩天壽二千歲於人間數二十一億四十千歲

第四偷蘭遮如兜率天壽四千歲於人間數五十億六十千歲第五僧伽婆尸沙罪如不憍樂天壽八千歲於人間數二百三十億四十千歲第六犯波羅夷罪如他化自在天壽十六千歲墮泥犁中於人間數九百二十一億六十千歲涅槃中犯突吉羅罪如忉利天日月歲數八百萬歲墮地獄中與上經文不同者此謂數有大小卽萬萬爲億之量也自上引經竝是佛說正翻非謂失譯疑僞勿得縱心罪境曾不反知一犯尚入刑科多犯理須長劫今時不知敎者多自毀傷云此戒律所禁止是聲聞之法於我大乘棄

同糞土猶如黃葉木牛木馬誑止小兒此戒法亦復如是誑汝聲聞子也原夫大小二乘理無分隔對機設藥除病爲先故鹿野初唱本爲聲聞八萬諸天便發大道雙林告滅終顯佛性而有聽衆果成羅漢以此推之悟解在心不唯敎旨也故世尊處世深達物機凡所施爲必以威儀爲主但由身口所發事在戒防三毒勃興要由心使今先以戒捉次以定縛後以慧殺理次然乎今有不肖之人不知已身位地妄自安託云是大乘輕弄眞經自重我敎卽勝鬘經說毗尼者卽大乘學智論云八十部者卽尸波羅蜜如此

經論不入其耳豈不爲悲故摩耶經云若年少比丘親於衆中毀呰毗尼當知是爲法滅之相涅槃又云若言如來說突吉羅如上歲數入地獄者竝是如來方便怖人如是說者當知決定是魔經律非佛所說以此文證如來懸知未來有此故先說示以定邪正不令有濫而有同前羣黨可謂卽是魔民又遺敎等經竝指毗尼以爲大師若我在世無異此也而故違逆自陷深殃故百喻經云昔有一師畜二弟子各當一腳隨時按摩其大弟子嫌彼小者便打折其所當之腳彼又嫌之又折大者所當之腳譬今方等學者

非於小乘小乘學者又非方等故使大聖法典二途兼亡以此證知今自目覩且菩薩設敎通道濟俗有緣而作不染其風初心大士同聲聞律儀護譏嫌戒性重無別卽涅槃經中羅剎乞微塵浮囊菩薩不與譬護突吉羅戒也又智論云出家菩薩守護戒故不畜財物以戒之功德勝於布施如我不殺則施一切衆生之命等以此文證今濫學大乘者行非可采言過其實恥已毀犯謬自褒揚余曾語云戒是小法可宜捨之便卽不肯可宜持之又復不肯豈非與煩惱合卒難諫諭又可悲乎今僧尼等竝順聖敎依法受

戒理須護持此則成受若元無護雖受不成故薩婆
多云無慇重心不發無作縱使成受形儀可觀佛法
住持理須同護今時剃髮染衣四僧羯磨伽藍置設
訓導道俗凡所施爲無非戒律若生善受利須身秉
御之處口云我應爲之若汙戒起非違犯敎網之處
便云我是大乘不關小敎故佛藏立鳥鼠比丘之喩
驢披師子之皮廣毀譏訶何俟陳顯恐後無知初學
爲彼塵蒙故曲引張猶恐同染悲夫

隨戒釋相篇第十四 此篇來意準律條部但以正本持犯未具下更列之今爲諸篇未足故別生一位使條理隨相揩式軌定

比丘有二百五十戒 智論云若但說名字則二百五十毗尼中略說則八萬四千廣說無量無邊故出家人有無量無邊律儀在家人不具尸波羅蜜出家者卽具戒度也 依之修
行善識其種相者便發生定慧克翦煩惱若闇於所
緣隨流染惑豈能反流生死方更沈淪苦趣所以依
敎出相具顯持犯必準此行之庶無禍害焉今但隨
戒別指直陳進不若通明心境具在方軌持犯中然
戒是生死舟航出家宗要受者法界爲量持者麟角
猶多良由未曉本詮故得隨塵生染此既聖賢同有
欽序何得抑忍不論故直筆舒之略分四別一者戒
法此卽體通出離之道二者戒體卽謂出生衆行之
本三者戒行謂方便修成順本受體四者戒相卽此
篇所明通亙篇聚

就初戒法受緣已明今略標舉顯知由徑且分七門
一聖道本基二戒有大用三略知名趣四具緣不同
五優劣有異六重受通塞七震嶺受緣時代不同初
言聖道本基者如成實云戒如捉賊定如縛賊慧如
殺賊三行次第賢聖行之卽經云依因此戒得生諸
禪定及滅苦智慧又律云爲調三毒令盡故制增戒
學又云戒者行根面首集衆善法三昧成就又智論
云若無此戒者雖諸苦行皆名邪行卽經云諸善功

德皆不得生餘廣如戒本疏述之二戒有大用諸佛
立敎並有勝能明義各別理須略舉夫三寶所以隆
安九道所以師訓諸行之歸憑賢聖之依止者必宗
於戒故律云如是諸佛子修行禁戒本終不迴邪流
沒溺生死海又戒經云若有自爲身欲求於佛道當
尊重正法此是諸佛敎故結集三藏此敎最先善見
云毗尼藏者佛法壽命毗尼藏住佛法方住故先結
之所以爾者餘經但汎明化迹通顯因果事隨理通
言無所寄意實深遠昏情未達雖欲進修尠得其要
多滯筌相由迷敎旨今戒律大藏住持功彊凡所施

造並皆麤現以人則形服異世法則軌用有儀住旣與俗不同雜行條然自別由世隨相有法逐相成便能綱維不墜於地又以法能資人親成眾行使人能弘法故律云以眾和合故佛法得久住三略解名義依彼梵本具立三名初言毗尼或云毗奈耶或云毗那耶此翻為律即四分十八法中毗尼及律二名不並又增一中七種律也謂七毗尼或以滅翻從功能為號終非正譯故以律翻之乃當正義二言尸羅此翻為戒即六度所說良證可知三言波羅提木叉此云處處解脫顯三次第即是一化始終律則據教教不孤起必詮

行相戒則因之而立戒不虛因必有果克故解脫絕縛最在其終次明其義初云律者法也謂犯不犯輕重等法並律所明即教詮也問餘之兩藏亦明行法何不標名答智論云餘藏所詮意存定慧此中顯宣戒行為萬善之因基故先取法名引生後二也所以前標律者由出家五眾形服異世顯內法亦異而外道俗流濫同聖迹無由取別妙以法除故創弘律名用顯知法餘如常解二者戒義如雜心說謂類通法界也廣如後明智論云戒者秦云性善也又善生經云戒者制也制不善法或云迮隘性不容惡或云淸

涼遮煩惱熱或名為上能上天堂至無上道此但從功能彰名或從心辯如經云學也學調伏心等或就體解即作無作戒如雜心云別解脫調伏以體是善非惡無記因明正義戒者性也性通善惡故惡律儀類亦通周故云不律儀也若此立名戒當禁也惡法禁善名之為律樂殺前生行順此法名之為儀若就善律儀反解即是此則以戒從教立名又律云木叉者戒也此因從果為號也三解脫義者近而彰名隨分果也謂身口七非犯緣非一各各防護隨相解脫遠取戒德因戒克聖望彼絕累由遵戒本故律云除

結無罣礙縛著由此解餘如後說四具緣不同若論末代唯論羯磨一受必藉因託緣便能長立其受緣相如上卷一門但受是比丘大綱佛法根本更略標舉依毗尼母論云具五緣一和尚如法二兩阿闍梨如法並謂弟子見聞無破戒事堪為師義是得戒限三七僧淸淨謂受者三根無染通至十師彼此見聞疑中無非法者方得成受片有三根境非足數心不具法了了知非故受不成四羯磨成就者論中云若言語不具前後不次說不明了並不成受五眾僧和合與欲若有別眾之相如足數法中所明受亦不得

又云若在家受五戒八戒乃至十戒隨毀犯一重如此人者後出家不得戒不得作和尚即十三難中初難攝餘十二難同薩婆多云若受五戒破其重者後捨五戒更受五八十具等竝禪無漏戒一切不得乃至破八戒中重者不得如前毗尼母云不就戒場外更不結大界直結小界不得受具今有無難因緣結小界受亦是非法多論又云若般重心則有作與無作輕浮心者不發無作又如受後具持可是願行相應依論得戒有受無持但有空願無行可副則不得戒故律云共比丘同戒也以受持同故可有得戒犯

戒之人反上則無戒亦不犯也多論問云羯磨竟時爲善心得爲不善心乃至無心得答通是得戒若爾何故律云瞋恚睡狂如是等人不名受具答云作白之時具上四心不名得戒羯磨已後方有四心皆是得限前善心不得者謂汎緣餘善無心緣戒又不類餘無心也五優劣者由立此門知戒是勝緣入道之要便能護持無失於相也婆論云木叉戒佛在世有希現故勝禪無漏戒一切時有二有漏木叉通情非情寬故言勝餘二局情狹故不如三有漏木叉從慈心發故勝能爲佛道作因四木叉戒者被及七衆紹

續三乘三寶三道住持功彊餘二無能故劣五木叉戒者唯佛弟子有餘禪戒者外道亦有善見云具足木叉者諸光諸山諸學之中日光須彌學中木叉最以爲勝若非佛出則無有人豎立此法六重受者依薩婆多宗戒不重發亦不重受罪不重犯依本常定故羅漢心中下品戒若爾何故戒有羸不羸耶答此對隨行不論受體亦可作戒在一念隨心一品定無作非心盡形故隨行有增微故成論云有人言波羅提木叉有重發不答云一日之中受七善律儀隨得道處更得律儀而本得不失勝者受名其七善者謂

五戒十戒八戒具戒禪戒定戒道共戒也如薩婆多師資傳云重受增爲上品本夏不失僧傳云宋元嘉十年祇桓寺慧照等於天竺僧僧伽跋摩所重受大戒或問其故答曰以疑先受若中若下更求增勝故須重受依本臘次七震嶺受緣余聞有人言此土受戒先無從始縱今受者少乖緣具理得何疑但作奉戒之心莫非得戒之限忽聞斯語不覺喟然豈以雷霆震地聾者不聞七曜麗天盲者不見既同管識豈妄厝言故引用聖教明白灼然具緣成受不具不得此土受具僧傳顯彰縱緣境有濫依法亦有明訣如

前卷受中所言漢境受緣者自漢明夜夢之始迦竺傳法已來迄至曹魏之初僧徒極盛未稟歸戒止以剪落殊俗設復齋懺事同祠祀後有中天竺僧曇摩迦羅此云法時誦諸部毗尼以魏嘉平年至雒陽立羯磨受法中夏戒律始也準用十僧大行佛法改先妄習出僧祇戒心又有安息國沙門曇諦亦善律學出曇無德羯磨即大僧受法之初也比丘尼受具初緣至宋元嘉七年有罽賓沙門求那跋摩至揚州譯善戒等經又復有師子國尼八人來至云宋地未經有尼何得二眾受戒摩云尼不作本法者得戒得罪

尋佛制意法出大僧但使僧法成就自然得戒所以先令作本法者正欲生其信心爲受戒方便耳至於得戒在大僧羯磨時生也諸尼苦求更受答曰善哉夫戒定慧品從微至著若欲增明甚相隨喜且令西尼學語更往中國請尼令足十數至元嘉十年有僧伽跋摩者此云眾鎧解律雜心自涉流沙至揚州初求那許尼重受未備而終俄而師子國尼鐵索羅等三人至京足前十數便請眾鎧爲師於壇上爲尼重受出高僧名僧僧史僧錄及晉宋雜錄故略出緣起永爲龜鏡二者戒體四門分之一戒體相狀二受隨同異三緣境寬狹四發戒數量初中五門一辨體多少二立兩所以即解名義三出體狀四先後相生五無作多少初中所以別解脫戒人並受之及論明識止可三五皆由先無通敏不廣咨詢致令正受多昏體相盲夢心中緣成而已及論得不涉同河漢故於隨相之首諸門示現準知己身得戒成不然後持犯方可修離問別脫之戒可有幾種答論體約境實乃無量戒本防惡惡緣多故發戒亦多故善生云眾生無量戒亦無量等今以義推要唯二種作及無作二戒通收無境不盡二立兩所以並解名義初中問曰何不立一

及以三種答若單立作作休謝往不能防非又不可常作故須無作長時防非若單立無作則起無所從不可孤發要賴作生二法相藉不得立一何爲不三但由體相道理相違一作無作別二心非心別性不可合但得立二若就所防隨境無量一引證者如薩婆多云若淳重心身口無教初一念色有身口教及以無教第二念中唯有無教無其教也（教者作也不可教示於他）涅槃云戒有二種一者作戒二者無作戒是人唯具作戒不具無作是故名爲戒不具足即如上論以無淳重之心不作奉行之意不發戒也又善生云是十

惡法或有作色無無作色或有作色及無作色如人
手執極香臭物瓦木等喻以上諸文有二非虛次解
名義問曰既知二戒請解其名答云所言作者如陶
家輪動轉之時名之爲作故雜心云作者身動身方
便言無作者一發續現始末恆有四心三性不藉緣
辨故雜心云身動滅已與餘識俱是法隨生故名無
作成論無作品云因心生罪福睡眠悶等是時常生
故名無作云何名戒戒禁惡法故涅槃云戒者直是
遮制一切惡法若不作惡是名持戒善生經中五義
明之如前制逩涼上學等解也三出體狀二論不同

今依本宗約成論以釋先明作戒體論云用身口業
思爲體論其身口乃是造善惡之具所以者何如人
無心殺生不得殺罪故知以心爲體文云是三種業
皆但是心離心無思無身口業若指色爲業體是義
不然十四種色悉是無記非罪福性又有論師以身
口二業相續善色聲爲作戒體以相續色聲法入所
攝意識所得是罪福性也言無作戒者以非色非心
爲體非色者非塵大所成以五義來證一色有形段
方所二色有十四二十種別三色可惱壞四色是質
礙五色是五識所得無作俱無此義故知非色言非

心者體非緣慮故名非心亦有五證一心是慮知二
心有明暗三心通三性四心有廣略五心是報法無
作亦不具此故以第三聚非色非心爲體文云如經
中說精進人得壽長隨壽長得福多以福多故久受
天樂若但善心云何能得多福是人不能常有善心
故又意無戒律儀若人在不善無記心亦名持戒故
知爾時無有作也涅槃云戒者雖無形色而可護持
雖非觸對善修方便可得具足十住婆沙云戒有二
種作者是色無作非色故以多文證成非色四明二
戒先後初解云如牛二角生則同時故多論云初一

念戒俱有二教第二念中唯有無教後解云前後而
起故善生云世間之法有因則有果如因水鏡則有
面像故知作戒前生無作後起論云作時具作無作
者此是作俱無作並是戒因至第三羯磨竟其業滿
足是二戒俱圓故云具作無作不妨形俱無作仍後
生也亦是當一念竟時二戒謝後無作生也五汎解
多少依如多論八種無作一作俱無作如作善惡二
業與作方便齊生二形俱無作如善惡律儀形滅戒
失三事在無作如施物不壞無作常隨僧坊塔像橋
井等物功德常生除三因緣一前事毀破二此人若

死三若起邪見無此三者事在常有惡緣同之四從
用無作如著施衣入諸禪定則令施主得無量福惡
緣弓刀例此可知五異緣無作如身造口業發口無
作口造身業發身無作等若依成論身口互造六助
緣無作如敎人殺盜隨命斷離處敎者得罪七要期
無作亦名願無作如人發願作會作衣等施無作常
生八隨心無作有定慧心無作常生亦名心俱成論
云出入常有善心轉勝故此言隨心者隨生死心恆
有無作非謂隨定慧別脫不爾唯隨於身卽涅槃云
初果生惡國道力不作惡上八種中前七通善惡欲

界繫法後一無作若是世禪局上二界若出道法非
三界業二受隨同異二種無作五義同之一者名同
受隨俱名無作受謂壇場戒體隨謂受後對境護戒之心方便善成稱本清淨故也二
者義同同防七非三者體同同以非色心爲體四敵
對防非同受中無作體在對事防與隨中無作一等
五多品同如成論戒得重發肥羸不定異有四種一
受中總發以願心情非情境一切總得隨中無作別
發行不頓修次第漸成二長短不同受中無作懸擬
一形隨中無作從方便色心俱事止則無故名短也
三寬狹不同受中任運三性恆有隨局善性二無名

狹四根條兩別受爲根本隨依受起故曰枝條二一種
作者有五同一名同二義同三體同四短同五狹同
唯局善性所以準知有四種異一受中總斷隨中別
斷二受本隨條三受是懸防隨中對治四受作一品
終至無學隨一品定隨中作戒多品由境有優劣心
有濃淡故心分三品不妨本受是下品心故雜心云
羅漢有下品戒年少比丘上品戒三明發戒緣境寬
狹上卷受緣已略明發戒方法但心隨境起故今廣
論令知戒德之高廣亦使持者有勇勵就中有四一
能緣心現在相續心中緣二所緣境境通三世如怨

家境雖過去得起惡心斬截死尸現在怨家子有可
壞義未來諸境可以準知故緣三世而發戒也成論
問爲但於現在得律儀從三世衆生得耶答三世衆
生所得如人供養過去所尊亦有福德律儀亦爾三
發戒現在相續心中得四防非者但防過去未來非
現在無非可防問毗尼殄已起戒防未起何得言斷
過去非耶答境雖過去非非過去猶是戒防未起非
又解云一專精不犯戒防未起非二犯已能悔還令
戒淨卽除已起非餘如戒本疏解然則緣境三世得
罪現在過未二境唯可起心說言三世發也若據得

戒唯在現在一念。成論云。慈悲布施是亦有福戒亦可爾。以通三世皆與樂意。又云。慈功備物但通現在。過未已謝。戒則不爾。要心普周若作偏局一向不合。故多論云。以惡心隨戒有增減故。問。戒從三世發唯防二世非者。答。若論受體獨不能防。但是防具要須行者秉持。以隨資受方成防非不防現在以無非也。若無持心便成罪業若有正念過則不生故也。然又以隨資受令未非應起不起故防未非若無其受隨無所生。既起惡業名曰過非為護受體不令塵染。懺除往業名防過非。若爾戒必防非非何故起。答。要須

行者隨中方便秉持制抗方名防非。如城池弓刀擬捍擊賊之譬。餘如戒本疏中解之。四明發戒多少。略如上明。今又述者以世俗多迷故廣銓敘意存識相知法自濟兼入故也。然所發戒數隨境無量。要而言之不過情與非情有無二諦攝相皆盡。任境而彰略說則地水火風空識等界及色聲香味觸等五塵。乃至過未三世法界等法及六趣眾生趣外中陰四生。亦發得戒。上來懸舉。次引文證。俱舍云。戒從一切眾生得定分因不定。何以故。不得從一種眾生得故。分不定者。有人從一切分得戒謂受比丘戒有人從四

分得謂受所餘諸戒。即五八十戒也。因不定者。有二義。若立無貪瞋癡為戒生因則不從一切得。以不相離故。若立上中下品意為戒生因則不從一切得。若不從一切眾生得戒則無也。何以故。由偏眾生起善方得。異此不得。云何如此。惡意不死故。若人不作五種分別得木叉戒。一於某眾生我離殺等。二於某分我持。三於某處能持。四某時能持。五某緣不持除鬬戰事。如此受者得善不得戒。於非所能境云何得戒。由不害一切眾生命故方得。若從所能境得戒此則有損減過。能非能互轉生故。若爾則離得捨因緣得戒捨

戒此義自成。縱離得捨因緣此有何過。惡心不死故不成薄周。毗婆沙問云。若爾草木等未有有時生滅豈非增減。眾生入般豈非減耶。義解作四句。一心謝境不謝。聖無煩惱以境不盡故戒在不失。二境謝心不謝。入般草死戒不失由心過罪在故。三心境俱不謝可知。四心境俱謝根轉之時不同戒失。薩婆多云。於非眾生上亦得無量戒善功德。如三千世界下盡地際傷損如塵皆得其罪。翻惡成善一一塵處皆得戒善。乃至一草一葉一華皮罪順福皆入戒門。故善生云。大地無邊戒亦無邊草木無量戒亦無量虛空

大海。戒德高深亦復如是。以此文證理通法界義須
戴仰。多論又云。於三千大千世界下至阿鼻上至非
想。於一切衆生上可殺不可殺乃至可欺不可欺此
一一衆生乃至如來有命之類以三因緣一一得戒。
又以此推出家僧尼及下三衆奉戒德瓶行遵聖迹。
位高人天良由於此。端拱自守福德恆流。故明了論
云。四萬二千福河恆流。解云。謂四萬二千學處一切
恆流。其猶河水洗除破戒煩惱。言四萬二千者謂根
本戒有四百二十。所以爾者如婆藪斗律戒有二百。
多明輕戒。優婆提舍戒有一百二十一多明重戒。比

丘尼別戒九十九。合成四百二十是。一一戒有攝僧
等十功德。一一功德能生十種正行謂信等五根無
貪等三善根及身口二護。一戒即百合成有四百二
十。豈非四萬二千。又解云。無願毗尼者謂第三羯磨
竟時四萬二千學處。一時並起無一戒不生故稱無
願。據斯以求戒德恆流。問。僧尼二衆戒數各別何以
無願毗尼直言四萬二千耶。一解。此總舉二衆以說。
若取實理各隨本戒。又釋。以轉根義證比丘懸發得
尼戒俱有四萬二千。次對七衆發戒多少。準薩婆多
云。五戒者。於一切衆生乃至如來皆得四戒以無三

毒善根得十二戒。並一身始終三千界內一切酒上。
咽咽皆得三戒。以受時一切永斷。設酒滅盡羅漢入
般戒常成就。準以義推。女人身上婬處有三男上有
二。發由三毒單配則女人所得十八戒男子十五戒。
非情一酒亦得三戒。八戒發者衆生同上非情得五。
十戒三衆情及非情同大僧發四分律文俱發七支。
戒戒下文皆結吉羅故。若爾何故列十。此但示根本
喜作說相令其早知。餘則和尚曲教。故三歸羯磨俱
無戒數之文。說相之中方列十四兩種類解。若約僧
尼。準如婆論。一一衆生身口七支以貪瞋癡起故成

二十一戒。今義準張。三毒互起。二三等分應有七門。
女人九處男子八處。七毒歷之。女人身上得六十三
戒。男子身上。以己七毒惱他得五十六戒。非情戒境
各得七戒。以此例餘法界之中情與非情各得諸戒
無量無邊。故善生中五種為量。衆生大地草木大海
及以虛空。譬戒德量如前分雪。問。七支攝戒盡不。答。
盡也。設有不盡攝入七中。如配戒種類所說。又云攝
戒不盡。以罪性不同。如殺打兩別能防體異。故善生
云。除善惡戒已更有業戒所謂善惡法也。故知根本
七支所收。業戒種類所攝。宜作四句。一者善而非戒。

謂十中後三是也律不制單心犯也二戒而不善卽
惡律儀三亦善亦戒十善之中前七支也以不要期
直爾修行故名善也反此策勵故名戒也四俱非者
身口無記問戒與律儀行相差別如何答通衍無涯
是律儀也對境禁約是戒儀也如比丘具緣受已見
生不殺望此一境名持殺戒望餘四生名持律儀若
殺此生名犯殺戒餘生不殺不犯律儀若就惡律儀
解望殺一羊名持惡戒望餘通類有生皆罪是持律
儀
三者戒行謂受隨二戒遮約外非方便善成故名戒
行然則受是要期思願隨是稱願修行譬如築營宮
宅先立院牆周帀卽謂壇場受體也後便隨處營構
盡於一生謂受後隨行若但有受無隨直是空願之
院不免寒露之弊若但有隨無受此行或隨生死又
是局狹不周譬同無院屋宇不免怨賊之穿窬也必
須受隨相資方有所至問今受具戒招生樂果爲受
爲隨答受是緣助未有行功必須因隨對境防擬以
此隨行至得聖果不親受體故知一受已後盡壽已
來方便正念護本所受流入行心三善爲體則明戒
行隨相可修若但有受無隨行者反爲戒欺流入苦

海不如不受無戒可違是故行者明須善識業性灼
然非爲濫述
四明戒相語相而言有境斯是緣則緜互攝心通漫
今約戒本人並誦持文相易明持犯非濫自餘萬境
豈得漏言準例相承薄知綱領
初篇淫戒已下例分爲三一謂所犯境二成犯相三
開不犯法略知持犯廣如下篇餘義並如戒本疏中
初明犯境者僧祇云可畏之甚無過女人敗正毀德
莫不由之染心看者越毗尼聞聲起染亦爾智論云
婬欲雖不惱衆生心心繫縛故爲大罪故律中婬欲
爲初又比丘法今世取涅槃故四分中犯境謂人非
人天子鬼神等畜生三趣據報則男女二形據處則女人
三道謂大小便道及口男子二道此等婬處若覺睡
眠若死未壞少壞但使入婬處如毛頭皆波羅夷律
云牛馬猪狗鴈雞之屬莫問心懷想疑但是正道皆
重餘摩得伽論具明犯之分齊然淫過麤現人並知
非及論問犯犯皆結正約相示過耳不欲聞或致輕
笑生疑生怪故善見云法師曰此不淨法語諸聞說
者勿驚怪生慚愧心志心於佛何以故如來慈愍我
等佛是世間王離於愛染得淸淨處爲愍我等說此

惡言為結戒故。又觀如來功德便無嫌心。若佛不說此事，我等云何得知波羅夷罪。有笑者驅出。次成犯相有二緣。一自有婬心向前境，縱有裹隔互障，但入如毛頭結成大重。具四緣成。一是正境（男則二道，女則三處）。二興染心（謂非餘睡眠等）。三起方便。四與境合便犯。二者若為怨逼，或將至前境，或就其身，佛開身會，制令不染。亦具四緣。一是正境（不問自他）。二為怨逼。三與境合。四受樂便犯。善見云。婬不受樂者，如以男根納毒蛇口中，及以火中，是不染之相。問此婬戒結犯通戲笑不。如以小兒根納口中弄故無婬心。答婬心難識。準律云

愛染汙心是婬欲意，並犯重罪。五分若刺者是戲偷蘭，非戲者重，受刺者亦爾。十誦云。口中要過齒成犯，餘二道無開。四分云。若為怨家彊持男根令入三犯境，於三時心無有樂，皆不成犯。隨始入、入已、出時，一時中有婬意皆重。若為怨家強捉比丘二處行不淨，初入覺樂犯重，乃至裹隔四句亦爾。脫有其事，納指口中齧之，唯覺指痛則免重罪。如前論說。蛇口火中可也。律云。死尸半壞多分壞及骨間行不淨偷蘭。此婬戒結犯不待出精，但使骨肉間行者皆偷蘭。若元作出精意，精出犯僧殘。如戒本疏說。由元非僧殘

意故。但是正道皆犯。故善見縱使斫頭斷及死人口中頸中行婬亦重。律云。若僧尼互相教作，能教犯偷蘭，不作犯吉羅。下三眾相教作不作俱犯吉羅。作者滅擯吉羅為異（乃至下篇同犯吉羅）。三明不犯。中若睡眠無所覺知（謂開怨來逼已身分）。不受樂（謂開怨家將造他境）。一切無有婬意（無愛染污心故）並不犯。

第二盜戒。性戒含輕重也。性重之中盜是難護，故諸部明述。餘戒約略總述而已，及論此戒各並三卷五卷述之，必善加披括方能免患。有人別標此盜用入私鈔，抑亦勸誡之意也。終須徧覽，故詮次列之。初犯境之中，謂六塵六大有主之物，他所吝護，非理致損，斯成犯法。若無主物及以已物，或為緣差，境奪心想疑轉，雖有盜取之心而前非盜境，並不結犯，唯有本心方便。問何名無主物。答善見云。子作惡事，父母逐去，後時父母死者，是物無主，用則無罪。薩婆多云。二國中間兩過封相，其間空地有物，是名無主。又云若國破王走，後王未統，此中有物又是無主。即如俗令山澤果藪，不令占護，若先加功力不得盜損。二成犯相中，總緣具六種。一有主物。二有主想。三有盜心。四重物。五興方便。六舉離本處。必具成重。今依犯緣次

第解釋就初緣中大分三位一盜三寶物二盜人物三盜非畜物初中先明知事人是非然後解盜用差別所以然者若不精識律藏善通用與者並師心處分多成盜損相如後說故寶梁大集等經云僧物難掌佛法無主我聽二種人掌三寶物一阿羅漢二須陀洹所以爾者諸餘比丘戒不具足心不平等不令是人爲知事也更復二種一能淨持戒識知業報二畏後世罪有諸慚愧及以悔心如是二人自無瘡疣護他人意此事甚難等聖教如此卽爲大誡因卽犯者愚癡慢故所以律云我說此人愚癡波羅夷等並謂不依佛教師心冥犯大罪

今料簡三寶物四門分別一盜用二互用三出貸四將三寶物瞻待道俗法初中盜佛物者正望佛邊無盜罪由佛於物無我所心無惱害故但得偷蘭以同非人物攝故十誦盜天神像衣結偷蘭涅槃亦云造立佛寺用現華鬘供養不問輒取若知不知皆犯偷蘭若有守護主者三寶物邊皆結重罪無守護主望斷施主福邊結罪故鼻奈耶云若盜佛塔聲聞塔等幡蓋皆望斷本施主福邊結罪故五百問中塔上掃土淨地棄之不得惡用摩得勒伽云盜非人廟中物有守護者犯重十誦盜佛圖物精舍中

供養具若有守護計直成犯善生中亦從守塔人得重罪不望佛邊結之所以約守物人結者如盜人物中分別必盜而供養無犯薩婆多論盜佛像十誦中偷舍利並淨心供養自作念言彼亦是師我亦是師如是意者無犯摩得伽中盜佛像舍利不滿五故偷蘭滿五犯重薩婆多云謂轉賣者若佛塔中鳥死及得餘物但供塔用餘用犯盜盜法者法是非情無我所心律中結重者望守護主結也文云時有比丘盜他經卷佛言計紙墨結重佛語無價故十誦摩得伽薩婆多並同望護主結五分盜經者計紙墨書功滿

五犯重摩得伽云偷經物滿五得重不滿犯輕五百問中不得口吹經上塵土像上準同若燒故經得重罪如燒父母不知有罪者犯輕十誦借經拒而不還令主生疑者偷蘭此由心未絕故爾正法念云盜寫秘方犯重問如論中盜像舍利供養無犯盜經亦同一向結重者答佛得遙心禮敬法須執文讀誦故地持云不現前供養名大大供養等若欲互舉亦互結犯如人造像專心爲己不通餘人可不結重造經爲他隨能受用豈可結罪盜僧物者有護主者同上結重若主掌自盜準善見論盜僧物犯重然僧有四種

一者常住常住謂眾僧廚庫寺舍眾具華果樹林田
園僕畜等以體通十方不可分用總望眾僧如論斷
重僧祇云僧物者縱一切比丘集亦不得分此一向
準入重攝二者十方常住如僧家供僧常食體通十
方唯局本處若有守護望主結重同共盜損應得輕
罪僧祇云若將僧家長食還房得偷蘭善見云若取
僧物如己物行用與人得偷蘭（準共盜僧食）若盜心取隨
直多少結是名第五大賊（準似有主）毗尼母亦爾薩婆多
善見不打鐘食僧食者犯盜又空寺中客僧見食盜
噉者隨直多少結罪（準此如上偷蘭）三者現前現前必盜此

物望本主結重若多人共物一人守護者亦望護主
結重四者十方現前如亡五眾輕物也善生經云盜
亡比丘物若未羯磨從十方僧得罪輕（謂計人不滿五但犯偷蘭）
若既羯磨望現前僧得罪重（謂人數有限則可滿五）若臨終時
隨亡人囑授物盜者約所與人邊結罪四分云四方
僧物若僧若眾多人若一人不應分不應賣不應入
已皆犯偷蘭因即有人言若盜僧物云不成盜便即
奪取此未見諸部明文若奪成重四分暫礙僧用故
結輕若永入已同善見斷重五分盜心貿僧好物直
五錢犯夷一錢已上犯偷蘭大集云盜僧物者罪同

五逆然盜通三寶僧物最重隨損一毫則望十方凡
聖一一結罪故諸部五分中多有人施佛物者佛並
答言可以施僧我在僧數施僧得大果報又方等經
云五逆四重我亦能救盜僧物者我所不救餘如日
藏分僧護傳等經廣陳五百問云負佛法僧物縱償
還入阿鼻而得早出何況不償者永無出期因說三
藏法師還債佛（云云）二明互用又分四一三寶互二
當分互三像共寶互四一一物互就初中如僧祇寺
主摩摩帝互用佛法僧物謂言不犯佛言波羅夷謂
知事人取僧糧食器具及以牛馬為佛像家營事使

役並得正重將佛法物僧用亦爾廣文如彼律寶梁
等經云佛法二物不得互用由無有人為佛法物作
主故復無可咨白不同僧物所以常住招提互有所
須營事比丘和僧索欲行籌和合者得用若欲用僧
物修治佛塔依法取僧和合得用不和合者勸俗修
補若佛塔有物乃至一錢以施主重心故捨諸天及
人於此物中應生佛想塔想乃至風吹雨爛不得貿
寶供養以如來塔物無人作價故若準此義佛堂之
內而設僧席僧房之內安置經像妨僧受用並是互
用由三寶位別各攝分齊故若無妨暫安理得無損

文云不得安佛下房已在上房也問招提常住等是
何物耶答中含阿難受別房用施招提僧庵婆女以
園施佛爲首及招提僧文中不了準此房宇等是招
提僧物華果等是僧鬘物五百問本非佛堂設像在
中比丘共宿臥作障隔者不犯由佛在世亦與弟子
同房宿故十誦佛聽僧坊畜使人佛圖使人乃至象
馬牛羊亦爾各有所屬不得互使薩婆多四方僧地
不和合不得作佛塔爲佛種華果若僧中分行得已
聽隨意供養華多無限者隨用供養若經荒餓三寶
園田無有分別無可問白若僧和合隨意處分若屬

塔水用塔功力得者僧用得重若功力由僧當籌量
多少莫令過限過則結重十誦僧園中樹華聽取供
養佛塔若有果者使人取啖大木供僧椽梁用樹皮
葉等隨比丘用亦得借僧釜鑊瓶盆等雜用毗尼母
云已處分房地種樹得木後用治房不須白僧僧木
治塔和僧者得僧祇院內樹薪應準多少供溫室食
廚浴室別房不得過取若無定限隨意多少應取乾
枯者若僧須木用或有樹在妨地而施主不許者使
淨人以魚骨刺灰汁澆令死然後語施主知後乃斫
用若僧田宅連接惡人得語檀越轉易四分瓶沙王

以園施佛佛令與僧等故知三寶不得互用便勸施
僧僧猶得供佛法也若本通三寶施者隨偏用盡不
得破此物以爲三分則乖本施心故善見云伏藏中
物若爲三寶齋講設會得取無罪上律中乃至別人
得用僧薪艸者此要須具戒清淨應僧法者如律所
斷財法皆同若行少缺乖僧用者得罪無量廣如前
經中又如傳云由取僧樹葉染作雜用罪藉藏在石
函身皆入地獄受苦斯由戒非全具心無慚愧故耳
有心行者自隱而參取焉二當分互用謂本造釋迦
改作彌陀本作大品改作涅槃本作僧房改充車乘

皆望前境理義可通但違施心得互用罪律云許此
處乃與彼處及現前堂直迴作五衣並得罪也若本
作佛迴作菩薩本經末論等則情理俱違本造正錄
雜錄眞經乃造人集僞經者因果全乖決判得重福
無福別邪正雜故若東西二龕佛法財物有主不合
無主通用若元通師徒及衆具供養者理通得作而
不通牛馬雜畜非義之人五百問云用佛彩色作鳥
獸形得罪除在佛前爲供養故善見若施主本擬施
園果爲衣服湯藥等盜心迴分食者隨計結重若擬
作僧房舍重物而迴作僧食犯偷蘭若住處乏少糧

食各欲散去無人守護者和僧滅用上園果等重物作食主領守之乃至四方僧房亦得若房破壞賣𩈆者以相治補若賊亂世聽持隨身賊去靜時還復本處欲供養此像廻與彼像吉羅第八第九第十卷中論盜戒大微密十誦勒伽云持此四方僧物盜心度與餘寺吉羅以還與僧不犯重也僧祇若在近寺破無臥具供養者通結一界彼此共用五百問中白衣投比丘未度者白僧與食若爲僧乞白僧聽將僧食在道若僧不許或不白行還須償不者犯重若供僧齋米僧去齋主用供後僧打揵稚得食若不打者一

飽犯重準上不得輒將僧食出界而食本無還心者犯重雖復打鐘猶不免盜以物體攝處定故律中共利養別說戒者須作羯磨和僧方得若直得者何須同界同法也若爲僧差遠使路非乞食之所和僧將食在道亦不必作相準善見守寺之文若寺莊磑不必和僧彼此通用住處各鳴揵稚通食若行至外寺私有人畜用僧物者犯重以施主擬供當處住僧不供別類非是福田故僧家人畜犯吉羅三像共寶互謂住持三寶與理寶互也薩婆多問佛在世時諸供養三寶物中常受一人分何以滅後偏取一大分答

佛在時色身受用故取一人分滅後供養法身功德勝僧故取一寶分又佛在時言施佛者則色身受用言施佛寶者置爪髮塔中供養法身法身常在世間故若施法者分作二分一分與經法一分與誦經說法人若施法寶懸置塔中若施僧寶亦著塔中供養第一義諦僧若施衆僧者凡聖俱取分以言無當故準此受施之時善知通塞勿令互用致有乖失四隨相物中自互先約佛物有四種一佛受用物不得互轉謂堂宇衣服牀帳等物曾經佛用者著塔中供養不得互易如前寶梁經說五百問事云不得賣佛身

上繒與佛作衣又佛堂柱壞施主換訖故柱施僧僧不得用律中佛言若佛園坐具者一切天人供養不得輒用皆是塔故廣敬如僧像致敬法中二施屬佛物五百問云佛物得買取供養具供養十誦以佛塔物出息佛言聽之五百問云佛物不得移至他寺犯棄若衆僧盡去白僧僧聽將去無罪比丘客作佛像書經得物不得取若得佛家牛畜亦不得使使佛牛奴得大罪三供養佛物僧祇供養佛華多聽轉賣買香燈猶故多者轉賣著佛無盡財中五百問云佛旛多欲作餘佛事者得施主不許不得準此迴改作故

不轉變本質如大論云如畫作佛像一以不好故壞
得福一以惡心壞便得罪也四者獻佛物律云供養
佛塔食治塔人得食善見云佛前獻飯侍佛比丘食
之若無比丘白衣侍佛亦得食準此俗家佛盤本不
屬佛不勞設贖言贖僞經文明法物亦有四別一法
所受用如箱函匱篋巾帊之屬本是經物曾經置設
不可迴改餘三得不準上可知三明僧物若二種常
住局處已定不可轉移如上所明若通濟他寺羯磨
和得初之常住止得受用十方常住鳴稚同時即須
食分若惡戒及時有德非時非法而用並結偷蘭二

種互用通和得不準上可知常住人畜必無賣買準
經罪重諸律無文故僧祇中施僧婢並不合受可以
意知若論二種現前罪互如上就輕重二物斷割非
文違者雙結二罪三出貸三寶物僧祇塔僧二物互
貸分明券記某時貸某時還若知事交代當於僧中
讀疏分明唱記付囑後人違者結犯十誦僧祇塔物
出息取利還著塔物無盡財中佛物出息還著佛無
盡財中擬供養塔等僧物文中例同不得干雜十誦
別人得貸塔僧物若死計直輸還塔僧善見又得貸
借僧財物作私房善生經病人貸三寶物十倍還之

餘不病者理無輒貸與律不同疑是俗中二眾文似
出家五眾五百問云佛物人貸子息自用同壞法身
若有施佛牛奴不得受用及賣易之若施軍器亦不
得受餘並如畜寶戒第四瞻待道俗法四分優波離
至一住處不迎接故當日還出佛言若知法知律知
摩夷者凡至所在皆應迎逆供給飲食等亦不言現
前四方僧物準與知事人衣是十方現前物故知非
是四方常住物也十誦云以此人替補我處故須供
給五分若白衣入寺僧不與食便起嫌心佛言應與
便持惡器盛食與之又生嫌心佛言以好器與之此

謂悠悠俗人見僧過者若在家二眾及識達俗士須
說福食難消非爲慳吝如眾網法中說十誦供給國
王大臣薪火燈燭聽輒用十九錢不須白僧若更索
者白僧給之惡賊來至隨時將擬不限多少僧祇若
惡賊檀越工匠乃至國王大臣有力能損益者應與
飲食多論云能損者與之有益者不合即是汙家若
彼此知法如律亦得廣如二篇下說十誦病人索僧
貴藥聽與兩錢半價善見瞻待淨人法若分番上下
者當上與衣食下番不得長使者供給衣食十誦客
作人雇得全日卒遇難緣不得如契者佛令量工與

之準於俗法從旦至中前有難事者給食一頓不與
作直中後已去有難不役則給全日作工又須準佛
語量其功勞看其勤惰雖復役經半日而工故全夫
者亦與本價必惰者亦減餘廣有僧食通局如上卷
中天門第二盜人物中由定有主故望二主結一損
正主二損護主就正主物要有三句一有我所心有
守護如圜中縣絹財物等二有我所心無守護田中
五穀是三無我所心無守護地中伏藏是若盜此三
並損正主結罪就守護主二句不同一有我所心別
守護如僧可分物令人守掌者二無我所心別守護

如關頭奪得禁物及比丘失物為官奪得盜得此物
望守護結今總二主分為七種一掌護損失主善見
云比丘為他別人乃至三寶守護財物若謹慎掌護
堅鎖藏戶而賊比丘從孔中屋中竊取或逼迫強取
非是護主能禁之限者望本主結罪不合徵守物人
若徵犯重若主掌懈慢不勤掌錄為賊所偷者守物比丘
必須償之不望本主若不還者守護結犯二寄附損
失主十誦有比丘遠處寄物著道損破佛言若好心
捉破者不應償惡心破者須償比丘寄居士物不好
看故失者應索取若寄居士物居士寄比丘物如上

二說若借他物者不問好惡二心若損一切須償今
有為他洗瓶鉢及誤破失者並多索償隨滿結重三
被盜物主十誦若眾中失物者眾主不得為其檢校
及以投竄誦呪而取義張二位一不現前盜物主護
心義弱取者得想決徹主雖有心不捨後見此物不
得奪取以離地屬賊義成若奪犯重故律云時有比
丘奪劫者物佛言波羅夷僧祇面不現前一本主不
捨二奪者未作得想後得奪取反上二緣奪得重罪
縱自心不捨前人決定取者正成盜損不得奪之若
先捨者無主物故亦不合奪舉離屬於後取二對面

現前奪由守護義強奪者猶預得想未定本主心弱
而未捨者亦得追奪僧祇賊奪物去比丘逐賊奪得
本物無犯又闇逐賊彼藏物去比丘即取將來又賊
漸近村落比丘逐賊若和喻得若恐嚇得無犯知有
死事不應告人如上諸句皆是對面被劫若已作失
想不問奪者決定不決定後還取者便為賊復奪賊
物並由決屬賊故縱不失想而賊心決取無畏亦是
屬賊不合追奪毗奈耶云若失物官人奪得還比丘
者得取無犯準此面不現前乃至盜金像等雖知藏
處亦不合取十誦若比丘為賊所獲自偷身賊所無

上以結犯之主下亦所盜之物

犯若師奪弟子將來得重四賊施比丘物主十誦賊
偷物來或好心施或因他逐恐怖故施得取此物莫
從賊乞自與者得取之取已染壞色而著有主識者
若索還他若賊比丘邊買得衣者本主見衣不得直
奪應還本直今或有偷三寶物及以金銀經像毀成
器鋌而乞比丘者若準上文應得受之據理已曾經
佛受用但可取之依本處用五收囚縛賊主僧祇官
未收錄未抄物名字而寄附比丘者得取若已收錄
者不得若云施佛塔僧者得取露現持出不得覆藏
若有問者言佛物僧物我物若不許者還之六狂人

施物主摩得伽云若狂人自持物施不知父母親眷
者比丘得取若父母可知不自手與不可取七守視
人作主善見云偷人無罪者謂王人兒落度父母所
遣若父母死若負債等將去者無罪準此私度王稅人有福無罪
盜奴犯重十誦有守邏人與比丘衣疑不知成主不
佛言但隨施者受之不合從乞四分他守視人與比
丘衣物佛言此即是主得受所以不合從乞以物是
別主若受語而施即教他盜物故也明了論中道義
極多且約眼耳鼻舌身心於六塵起不如法行或犯
重或犯輕若人食毒或為蛇螫犯如此罪若人偷地

水火風空等界亦犯波羅夷悉從盜戒判解云有諸
仙人是胸行蛇毒藥師作仙人書字見者皆愈欲見
者須賞直比丘被害偷看之計直犯重乃至他人學
得偷看亦爾秘書疏等偷看準此若誦呪治病欲學須直比丘
密聽計直得重偷齅嘗觸亦如是知若秘方要術病
者心緣即差得直方示得直聽寫比丘受法就師心
緣得差不與價直故犯重也次約六界前三可知有
呪扇藥塗比丘偷搖不與價直若起閣臨他空界妨
他起造即名盜空論云等者等於識界智慧屬識人
有伎倆不空度他須與價直比丘方便就彼學得不

與價直即是盜識謂盜智用自外諸緣不可錄盡但知非
理損財解盜無義不收廣如戒本疏說天門第三盜
非畜物初明非人物若有護者望護主結五分取他
覆塚旛蓋神廟中衣他所護物他心未捨直五錢犯
重僧祇盜外道塔物神祀舍物得重若無護主隨境
結之故十誦盜天神像衣及華鬘等得偷蘭善見取
諸鬼神物及人繫樹物無守護者無罪謂非人亦不護薩婆
多云取非人物五錢已上重偷蘭四錢已下輕蘭今
或多人取諸神衣物者據理得不如上必無人守恐
神護者可擲卜而知捨者盜畜生物四分無文有人

斷同大重者故律云鼠偷胡桃積成大聚比丘盜之
佛言波羅夷故有解非望畜生還望本主以鼠盜疑
豫未決望人猶是本主故還就人結重餘如他部十
誦取虎殘犯吉羅由不斷望故師子殘不犯薩婆多
一切鳥獸食殘取者吉羅一明有主想若作無主想
始終不轉無罪前後互轉互得輕重廣如持犯中三
明有盜心然此一門實德之人未免但世盜由心結
不望境之是非故僧祇寺主好心互用三寶物是盜
波羅夷謂愚癡犯也四分亦云我說此人愚癡波羅
夷理既難知故具鈔示十誦六種盜心謂苦切取輕
慢取以他名字取觝突取假借不還受寄取出息取除出
息一種餘並結重摩得伽三種劫心強奪取耎語取
施已還取也善生中亦同偷罪五分有四一以諂心曲心瞋
心恐怖心而取他物即是盜心四分十種賊心一黑
闇心謂癡心愚教生可學迷隨作結重僧祇寺主即
是其事二邪心者謂貪心規利邪命說法以財自養
三曲戾心者即瞋心也與少嫌恨假瞋得財或虛示
威怒意存財利得物犯重四恐怯心或以迫喝或說
法怖取或自懷疑怖而取財也五常有盜他物心恆
懷規奪也六者決定取內心籌慮方便已成因必克

果動物成犯七寄物取或全觝突或以少還他八恐
怯取謂示身口相畏敬故與物也九見便便取伺求
他慢因利求利也十倚託取或倚名聞威德或以名
字方便也或依親友強力者謂假他威勢而取也或
以言辭辯說者託於論端淨華引接令前異望而取
財利言誑惑而取者非法言法法言非法但規前利
幻惑羣情以此諸文證知心業其相略顯足得垣牆
防擬妄境四重物謂五錢若直五錢即餘雜物薩婆
多問曰盜五錢成重是何等之錢答有三解初云依
彼王舍國法用何等錢準彼錢為限二云隨有佛法
處用何等錢即以為限三又云佛依王舍國盜五錢
得死罪依而結戒今隨有佛法處依國盜幾物斷死
即以為限雖有三釋論師以後義應是然五錢之義
律論互釋不同判罪宜通攝護須急故律云下至艸
葉不盜今諸師盛行多依十誦彼云盜五錢者古大
銅錢得重若盜小錢八十文隨其盜處所用五錢入
重僧祇王無定法斷盜不定當取瓶沙古法四錢三
角結重四分但云五錢準此廢上律論以後為勝縱
四錢三角善見解之亦同五錢善見云若堈中盜寶
內手取已出離堈口得夷又解但離處得夷未出堈

口法師曰於戒律中宜應從急又觀五事處時新故
等是名律師以此文證五錢爲允二以義門六句不
同一十誦伽論云錢有貴賤時不妨錢貴盜一入重
遇值賤時百千犯輕二四分五分善見云貴處盜物
賤處賣還依本盜處估價三善見云貴時盜得賤時
賣若定罪者還依本時上三句互反皆同得輕降也
四摩得伽中取五千不犯重數數取四錢數數作斷
心或不得物而入重如四分燒薶壞色敎他等五不
滿五犯重如四分衆多人遣一人盜五錢多人共分
或多人共盜通作一分但使滿五一切同盜結重或

盜過五結輕如十誦盜衆多人未分物者是卽如亡
人輕物之類六盜五人各一錢結重如僧祇五人各
以一錢遣一人守掌若盜望守護人結善見云欲知
盜相如師徒四人互相敎共盜一人六錢各得一波
羅夷一偷蘭自業不合敎他業但得一偷蘭此義應
知五離本處四分云若牽挽薶藏隨爲一事方便不
成並結偷蘭五分物在地中作盜心得吉羅掘地得
提捉物吉羅動物偷蘭離處方重離處義十句分之
一文書成辨離處如律師疏判以重入輕非法判用
僧物之類善見云畫地作字一頭時輕畫兩頭時重

二言敎立者善見若盜心唱云定是我地地主生疑
偷蘭決定失心者重若來問僧答同皆重若共爭園
田違理判與違理判得乃至口斷多端偷夏唱大得
物皆重卽如四分若以言辭辯說誑惑而取皆重三
移標相者善見標一舉時偷蘭舉二標時重謂量地度乃
至得一髮一麥皆重地深無價繩彈亦爾四墮籌者
四分盜隱記數籌分物籌致令欠少也五異色者十
誦薩婆多云氈褥氍毹上有樹枝葉華今從樹葉上
盜牽至樹華上犯重謂異本色故或如借他衣鉢非
理用損減他五錢亦結重罪律云若壞色故六轉齒

者如十誦摴蒲移棊子等五分蒲博賭物犯吉羅七
離處明不離處如僧祇盜他牛馬未作得想雖舉四
足不成重罪八不離處明離處如善見空靜處盜決
得無疑如擲杖空中必無不下故動卽成重九無離
處辨離處如四分盜他田宅攻擊破村燒薶壞色皆
犯重等十雜明離處如空中吹物盜鳥曲弋斷流水
注等並不具述廣如本疏然盜戒相隱樞難分了若
廣張體貌徒盈卷軸至於披檢取悟必繁故略列犯
緣麤知梗概意存省事知足憂心念道者緣境旣局
少應淸潔若多衆務而欲高升者必羅盜網終無有

出何者由心懷勝劣倒想未傾初果無學方可營事有心懷道者細讀附事深思乃知故善見云戒律宜從急護此第二重戒事相難解不得不曲碎解釋其義理分別汝當善思論文如此以準上列猶恐不肖者謂繁余心實未言盡約略如前故且削也三明不犯中四分云與想取己有想糞掃想暫取想親厚意者皆無犯律中具七法名親厚一難作能作二難與能與三難忍能忍四密事相告五互相覆藏六遭苦不捨七貧賤不輕如是七法人能行者是善親友準此量之

第三殺人戒犯緣具五一是人二人想三起殺心四興方便五命斷初緣人者律云從初識至後識而斷其命也（初識者謂初識在胎猶自凝滑是識所依乃至命終最後一念未捨執持隨煖壞者是也）其相易識故略述之四分云殺有二種一者自殺謂身現相口讚死相坑陷倚發若安殺具及以與藥等二教他而殺隨其前使若教歎教遣使往來使重使展轉使求男子教求男子遣書教遣書等並任方便但令命終稱本期者三性之中能教犯重餘如後篇十誦不得自傷毀形乃至斷指犯罪伽論病人不欲起不欲舒若起者當死看病人强與食藥死者偷蘭

癰未熟强破命終亦爾不與食不治療因而死者亦偷蘭薩婆多比丘知星曆陰陽吉凶由比丘語征破異國殺害得財皆犯盜殺二波羅夷優婆塞例同十誦爲人作坑人死重畜生死偷蘭爲畜作坑畜死如律人死吉羅若本漫心隨境輕重薩婆多若爲一人讚死此人不解邊人解用此法死者無犯今多有人自焚多有愚叢七衆讚美其人令生欣樂並如律本結重又如比丘被官刑戮膾子因相從人索手巾絹帛以作籠頭絞繩等亦有無知五衆與者卽名殺具命終結重僧祇父母被王法比丘語典刑者乞其一

刀尋用語者亦重五分四分自殺者偷蘭謂結其方便不犯中律云若擲刀杖瓦石材木誤著彼身而死及扶抱病人而死或以藥食及以來往出入而死者一切無害心不犯故俗律云過失殺人者以贖論（謂目所不見心所不意共舉重物乘高履危之類）第四大妄語戒具九緣一對境是人二人想三境虛四自知境虛五有誑他心六說過人法七自言已證八言章了九前人解四分十誦多論云從得不淨觀已上至四果來若云我得皆犯重若現身相前人不疑同重疑則偷蘭十誦云問此不淨等是近小法何

以犯重答是甘露初門一切聖人由之而入文四分云天龍鬼神來供養我等亦同犯重文云欲向此說乃向彼說一切皆重摩得伽云自稱是佛天人師等偷蘭餘如戒本疏說不犯中律云自知有得不淨觀若向同意大比丘說若戲笑若疾疾說屏處獨說欲說此而錯說彼等皆不犯重而犯吉羅以非言說之儀軌故也

四分律删繁補闕行事鈔卷中之一

四分律刪繁補闕行事鈔卷中之二

唐京兆崇義寺沙門釋道宣撰述

僧殘篇中故失精戒第一此戒人之喜犯故在初也多論三義故佛制此戒一爲令正法久住故二欲止誹謗故三欲生天龍善神信敬心故四部律中佛並訶責言云何以此不淨手受人信施具三緣一標心作究竟意二方便動轉律中有六種一內色謂受色二外色謂不受色三內外色二色中間四水中逆水順水五風中同水法六空者自空動身乃至餘境也三體分盈流便犯五分睡時不淨出若覺發心身動偷蘭身不動而心動者吉羅善見云若手捉根而睡擬出精者眠

中若出僧殘律中開夢出者不犯若亂意睡眠有五過失一者惡夢二者諸天不護三心不入法四不思明相五喜出精五分得五吉羅以夢故不犯殘也律不犯中若夢中失覺已恐污身衣故以弊物及手捺棄若欲想出若見好色不觸而失若行時自觸兩胜而失若觸衣而失若浴時失若手揩摩而失如是一切不作出精意而自出者無犯十誦擔重遠行騎乘筋節斷解便有種種精出善見云精偏身中故伽論中故出他精偷蘭爲他作境界也

摩觸女人戒第二多論六義一者出家之人飄然無所依止今制此戒與之作伴有所依怙故二爲息鬪諍此是諍競根本故三爲息疑嫌不但爲捉而已謂作大惡故四爲斷大惡之原禁微防著故五爲護正念若觸女人必失正念故六比丘出家理應超絕塵染棲心累外爲世軌則若觸女人則喪世人崇敬心故具五緣成犯一人女二人女想三有染心四身相觸五著便結犯初明人女者律本云四種女人如淫戒中有染心者愛染污心身者從髮至足也言相觸者有三種初比丘往觸無衣覺女睡眠新死少分壞者但使往觸著不問受樂不受樂皆犯僧殘二者女

來觸比丘不必須淫心而比丘要須動身受樂者犯殘此律文不了今準十誦言犯僧殘若不動身而受樂者此律吉羅若先有染心於前女後女來觸比丘不動而受樂者偷蘭遮動則犯殘如上並據二俱無衣以言若互有衣者犯偷蘭二俱有衣犯吉羅若以二形身相觸偷蘭此又律文不了如十誦伽論意在女者僧殘在男者偷蘭律中若欲心觸男子或衣鉢坐具乃至自觸身一切吉羅善見若以髮髮相觸爪爪相觸悉偷蘭以無覺能觸故覺境不覺應作四句十誦比丘及女人身根互壞相觸皆蘭若以爪齒毛

瘡無肉骨觸女身偷蘭若依四分戒本若捉髮者殘謂以覺觸不覺也僧祇律中若觸畜生女者一切吉羅非人女亦爾謂無淫心十誦若觸不能女男身者俱蘭僧祇意謂男子黃門而是女人觸者殘謂前有方便心後稱本境善見云相觸得五罪謂夷殘蘭吉指觸故波逸提不犯中律云若有所取與相觸或戲笑若相解時相觸一切不犯非不犯餘罪僧祇若共女人捉物呪願捉器行食捉繩頭尾捉杖竹木皆非威儀有欲心者吉羅欲心動物及以器繩或灒水著女皆偷蘭若母等近親久別相見抱捉比丘者當正

念住不犯十誦若母女姊妹為病患及水火刀兵深坑惡獸難救者無犯但無染心若為水所沒開比丘手捉雖淫心起但捉一處莫放到岸不應故觸得殘若女人寫水注比丘手水流不斷於女生淫心偷蘭僧祇若城門道迮逢女人鬧者要待希已便過若女人有所須令淨人與無者持著牀几上語言取之若擔重不舉倩比丘者旁無淨人比丘為舉著高處令自擔之若乞食時有端正女持食來比丘若起淫心者放鉢著地令餘人授受之準此若就女人取鍼綫瓶盂等物恐搪觸者當語著地然後比丘自取餘並

例知十誦四分開處猶多若據僧祇水溺難緣至死不開須知急緩之意過集積增莫不由此

與女人麤語戒第三七緣成犯謂人女人女想有染心麤語麤語想六言章了了七前人知解伽論比丘性好麤語偷蘭律中人女者要有所了知解淫欲語也麤惡語者非梵行也未必言聲相有麤醜號為麤惡不妨涉於善事而意表於淫欲故律云若復作餘語者如律云因消蘇著赤衣時女形露便言消蘇好不若女情相領律結僧殘若不解者如僧祇云比丘見女人新染衣著形露比丘言大赤好女人云新染

故爾比丘生疑白佛佛令一比丘問女女具如前答佛言義味俱解僧殘四分解語不解義偷蘭此但論染心向女麤語若準五分具有彼此互向麤語犯下歎身戒亦同律中不犯者為女說不淨惡露觀九瘡九孔九入九漏九流而彼女謂為說麤語若說毗尼時言次及此若說經受經若二人同受若彼問此答若同誦若錯說但無欲心一切無犯

向女歎身索供戒第四論犯七緣一人女二人女想三內有染心四歎身說麤語五麤語想六七同前戒律云歎身者端正好顏色大姓出家持戒修善法行

十二頭陀等不索淫欲供養者偷蘭說欲幷自歎者僧殘若直說麤語犯前戒不犯中若爲女人說法及說毗尼時言次相及而女謂自歎身並無犯

媒人戒第五六緣成犯一是人男女二人想三爲媒嫁事四媒嫁想五言辭了了六受語往還報使犯律文要三時具者方結僧殘一謂受語二往彼陳說三還報知若具二者結偷蘭遮具一時者結突吉羅若受語往彼說而言已嫁若死若賊將去者偷蘭若言癩病等還報者僧殘(以後得媒嫁故)除二道已媒餘身分者偷蘭若媒人男畜生等並吉羅五分不許而報偷蘭

十誦不能男女若道合一道女石女等一切偷蘭此律中諸比丘白二羯磨差人媒嫁一切僧殘今知事白僧媒娶淨人供給婚具問僧同和一切僧殘若用僧物同俱犯重僧祇爲他求好馬種和合故偷蘭餘畜吉羅五分若爲男長倩女使偷蘭(恐後和合)爲女倩男亦爾十誦伽論云若指腹爲媒及自媒者偷蘭四分媒法以語書指印遣使但情相領參互作句皆犯若比丘持他書往不看者及爲白衣作餘使並吉羅僧祇勸歸婦早還者偷蘭律不犯中若男女先已通後離別還和合者開不犯十誦云作券書言非我婦猶故未唱出者偷蘭若婦禮已斷不復來往而和合者僧殘律中開持書者若爲父母及信心精進優婆塞病若在獄繫及爲佛法僧事病比丘事等看書持往不犯

無主僧不處分過量房戒第六具有五過一須人經營妨修道業二多論云長已貪結壞少欲知足故三處處乞覓惱亂人非人二趣不生信敬壞滅正法令不久住故四專任自由不乞處分容障僧事多惱亂故五或自損行違其慈道壞梵行故六緣成犯一無主二爲己三自乞求四過量不處分五過量不處分

想六房成結犯薩婆多云未後二摶泥未竟輕蘭餘一摶在重蘭善見云若留一摶泥在後當成蘭決罷心者僧殘僧祇瓦木板石灰泥草覆乃至最後一把草覆竟即殘若自受用皆吉羅房主若死休道施僧乃可受用律中若作此房先知無妨難已然後來僧中乞法若不可信一切僧共往看之若可信者即當聽作善見云無妨難地處平治如鼓面後至僧中乞長六搩手廣四搩手已下不須乞處分四分云長佛十二搩手內廣七搩手然佛搩手尺量不定今總會諸部校勘是非僧祇佛搩手長二尺四寸明了論同

之善見云中人三摝手長佛一摝手多論云佛一摝手凡人一肘半五分佛摝手長二尺已上通明尺寸分量不定者由翻經有南北二國三藏生處不同故致多別各相矛盾今以義約佛在人倍人身量同爾此震旦國法尺寸隨俗不同而用律曆定勘則以姬周尺斗爲定通古共遵百王不易故隋煬帝立斗尺秤準古立樣余親見之唐朝御宇任世兩用不違古典故唐令云尺者以尺二寸爲尺斗秤二種例準增加準論以言此方人長八尺佛則丈六以此爲率佛摝手依五分二尺爲定當律無文可以用之後進未

知前修昧教者既不達道俗二制隨語卽行一何混亂卽大國唐朝文軌無二及論用尺五種不同必以姬周尺秤以定官市衡量無事不平此則閻浮通用豈止姬周古法乃至鉢量三斗爲上下者斗半以文挍勘尺秤依古爾彰上言故今藥秤古法不改六尺爲步忽絲爲先如是準酌想定綱旨余曾遊晉魏及以關輔諸方律肆每必預筵至論尺斗廢興並未霑述故卽刪補反光九代今用五分尺寸卽以爲率廣二丈四尺長一丈四尺也善見云皆謂明內爲言僧祇邊壁高一丈二尺若男若女在家出家皆爲房主

無此等主故言無主難處者四分中虎狼乃至蟻子也善見下至若有蟻子窟不得作若蟻行覓食遠令去得作何以故如來爲慈愍衆生及比丘故五分四衢道中多人聚戲淫女市肆放牧惡獸隱險處園田社樹墳墓偏村近道等是難處妨處者律云乃至不容草車迴轉處善見云是人田園或怨家賊處尸陀林處王誌護處四周不通十二軌梯間有拳一肘者十誦是舍四邊一尋地內有塔地官地居士外道比丘尼地若大石流水大樹深坑等是妨處明了論或樹空山巖石險等得行住坐卧如作房舍所攝解云

如上處等欲於中住必須隔斷須將比丘羯磨治地所以爾者若不依量用功則多若有妨難自損惱他故知僧私二地並須乞作僧祇若僧中無能羯磨者一切僧就彼作處一人唱言一切僧爲某比丘指授房三說亦得若處遠隔水寒暑雨雪多病不得並往者應差二三人不得羯磨四人往彼指授有四種人一越年二異界僧三作私房者多四妨難二處惡皆不成卽此律云使可信者看故知簡別薩婆多云處分處得作餘處不得餘人就此房上作重屋房主聽得無不處分罪善見云長中減一磔手廣中長一磔

手互減過皆僧殘若房未成而行客爲成者無罪以
人無一口房分若段段計人分滿過量亦犯問何不
同長衣必俱過成犯答此房爲造作故犯長衣貯畜
故犯四分若教他作受教者過量犯若是房主得僧
殘巧師得偷蘭妨難各突吉羅過量不乞二僧殘罪
律不犯中減量無妨難爲佛圖講堂爲僧多人住屋
草庵小容身屋者
有主僧不處分房戒第七制意同前成犯具六緣一
有主二爲已作三長佛六搩手廣四搩手已上房四
不處分五不處分想六作成便犯此房屬於已身若

死遠去不還隨意處分若與三寶親友白衣自賣取
錢隨心自在唯不得賣地地是僧物僧不許賣房僧
得罪若房主不自處分者屬四方僧次第住之律中
妨難二吉羅不乞邊一僧殘罪開通中若處分作草
庵葉庵小容身屋(謂無過量)以小故不須乞處分若作多
人住處等並得
無根重罪謗他戒第八多論爲護自行令法久住故
二爲止謗毀令梵行者安樂修道故問謗他是妄語
得幾罪答善見云無別提罪以謗假虛成今以義通
若元意專謗無妄語墮若兼誑僧望前人得僧殘望

僧虛解得墮如殺父羅漢妄語兩舌相對互說餘如
戒本疏具八緣一是大比丘及尼除下三眾二想心
謂淨不妨實不淨如打破戒犯墮故文云若遮無根
無餘作不成遮治其謗罪二謂作大比丘想三內有
瞋心四無三根五下至對一比丘說僧祇對所謗比
丘前罵謗語語僧殘六者重事加誣七言辭了了八
前人知犯善見云若有謗他在僧中請判者僧未應
判若彼語僧若不是者我便不受僧應語言汝且禮
佛爲其說法後當爲判此事若遷延至瞑者當語明
朝來如是三反猶剛强者語云此處少律師不得斷

可往餘寺彼餘寺僧知如是者亦云此無律師如是
覓寺不得來還本寺心懦折伏隨僧教行者方問被
謗之僧依法斷之律不犯中見聞疑三根說實實有
五種一眞實二想實三事實如殺王還道殺王四三
根不互實五四戒不互實若反此五謗他犯殘十誦
四重互說成謗四分亦同
假根謗戒第九此戒假異事上見根取彼見根道見
此事上犯也事不相當名爲假根故分二戒犯緣同
上律中有五種異分一對異趣二異罪三異人四異
時五假譬也言異分者善見云餘分以羊當人取片

者淫事相似餘相可知
破僧違諫戒第十此違諫等戒逮于下篇或事希法
隱當世寡用（如謗僧拒僧欲不障道等）或但有因用終不辦果局
佛在世有滅後所無（即此二破僧違諫者）如此眾戒其相極多
終非見用徒費抄略並所未詳出至如汙家擯謗因
即設諫諫事是難時所同廢不妨惡行行寔網生或
辨相事可通行或開緣乃當時要故直略其行務以
裨輔神用耳就破僧犯緣理非可犯必須具列庶新
學者知其教相具五緣成一先明立邪三寶二行化
於時三如法僧設諫四固執不捨五三羯磨竟犯違

諫僧殘破僧罪是偷蘭遮別人諫波逸提餘之方法
廣如戒本疏律不犯中若破惡友惡知識及二人三
人欲作非法羯磨或為僧塔和尚闍梨知識親友等
作損減作無住處若破是人者不犯
助破僧違諫戒第十一具五緣一明有人作破僧事
二眾僧如法設諫三四伴助破諫僧四僧如法設諫
五作三法竟便結
汙家擯謗違僧諫戒第十二具六緣犯一作汙家惡
行事二心無改悔三作法驅擯四非理謗僧五僧如
法設諫六三法竟犯汙家非戒本緣謗僧是也四分

四種汙家一依家汙家從一家得物與一家所得之
處聞之不喜所與之處思當報恩二依利養汙家若
比丘如法得利乃至鉢中之餘或與一居士不與一
居士彼得者思報其恩便作是言其有與我物者我
當供養其不與我物我何為供養三依親友汙家若
比丘依王若大臣勢力或為一居士不為一居士所
為者思報其恩便不與餘比丘物四依僧伽藍汙家
若比丘取僧華果枝葉或與一居士不與一居士彼
得者生念其有與我物者我當供養不與我者我不
供養行惡行者自種華果樹及以溉灌自摘華自作

鬘與他及教人作上事若村落中共女人同牀坐起
同一器食言笑歌舞倡伎俳說作鳥聲或嘯或受雇
戲笑僧祇云依聚落得四事供養或免諸難皆名依
義若依村落作非梵行飲酒非時食不名汙家若俗
人先有信心供養眾僧造立寺舍令彼退減是名汙
家多論云若作種種惡業破他信敬善心名汙家也
作不清淨穢汙垢濁文得惡果名為惡行又比丘凡
有所求若以種種信施物為三寶自身乃至一切而
與大臣及道俗等皆名汙家何以故凡出家人無為
無欲清淨自守以修道為心若為俗人信使往來廢

亂正業非出離故。由以信施物與白衣故，即破前人平等好心。於得物者歡喜愛樂，不得物者縱使賢善無愛敬心。失他前人深厚福田，又倒亂佛法故。凡在家俗人常於三寶求清淨福，割損肉血以種善根。今出家人反持信物贈遺白衣，俗人反於出家人所生希望心。又若以少物贈遺白衣，因此起七寶塔、造立精舍，乃至四事滿閻浮提一切聖眾，亦不如靜坐清淨持戒，即是供養真實法身。若有強力能破塔壞像，於僧有折損者，得以塔物僧物隨時消息。律不犯中。若與父母、病人、小兒、姙娠婦女、牢獄繫閉、及寺中客

作者，不犯。若種花果樹自取華，乃至教人貫華持供養佛法僧者，一切不犯。若人欲打，被賊、虎狼、恐怖之處，若擔刺來，於中走避者，不犯。若度河溝渠坑，跳躑者不犯。若伴在後，迴顧不見而嘯喚，不犯。若為父母、若病人、若閉牢獄、若篤信優婆塞有病、若在獄看書持往，若為塔僧病比丘事，開持書往反，一切不犯。

惡性拒僧違諫戒第十三　具五緣：一、自身不能離惡將欲作罪；二、諸善比丘如法勸諫；三、不受來諫，自恃陵他；四、僧如法設諫；五、三法竟犯。此人倚傍略教，但自觀身，不須見過。佛令諫之。多論問：如經中說，但自觀身行，諦視善不善。今戒文展轉相教，豈非相違？答：佛因時制，戒言乖趣合，不相違背。有六種不同：一、前人有愛憎，發言諫有損，故云但自觀身行。若為慈心有利益者，則云共語相諫。二、若鈍根無智，則言說無益，便止。若聰智利根，發言有益，便諫。三、若少聞見，出言無補，便止。若廣聞博見，有所弘益，便諫。四、若為利養名聞，便息。若利安眾生，闡揚佛法，便諫。五、為現法樂，但欲自攝，便止。若欲以化益，使天下同己，則展轉相諫。六、若為新出家者，愛戀妻子，便言但自觀身行。若久染佛法，力能兼人，則令展轉相教等。律不犯中。

初諫便捨。若非法律，若為無智人訶諫時，語彼言：汝和尚阿闍梨所行亦爾，汝可更學問誦經。若其事實爾，若錯說者，一切不犯。

二不定中，文疏久列在戒本解，略述大意。多論制意四種：一為止誹謗故，二為除鬪諍故，三為增尚佛法故，四為斷障道惡業次第故。

初不定中，四緣犯之：一是屏處，二是女人，三無第三人，四隨所作犯。四分：女人者，人女有智，命未終也。獨者，一比丘一女人。在屏處者有二種：一者見屏，若塵霧若黑闇中不相見也；二者聞屏，乃至常語不聞聲

處覆處者上有蓋也障處者若樹牆壁籬若衣及餘
障也可作淫處者得容行淫處僧祇云若母女姊妹
親里非親里若老若少在家出家是女人也設有餘
人若眠若狂嬰兒等悉名為獨善見云見聞屏者謂
無眼者聾者睡者及多女人是也如上諸緣並是犯
位廣如前篇
後不定戒略同前者唯露處為異
三十捨墮懺法如後直明種相
初長衣過限戒多論三意一因開畜長貪於俗利壞
道功德財二比丘積貯與俗無別失信敬心三違佛

四依非節儉行故具六緣犯一是已長衣謂三衣之
外財也四分云長衣者長如來八指廣如來四指是
也多論云佛指面廣二寸準前姬周尺長一尺六寸
廣八寸也若長廣互過減皆不結犯要二俱過多論
云餘不應量者過限捨作吉羅懺故須俱說十誦七
種衣不作淨施三衣坐具雨衣覆瘡衣第七及百一
供身具多論三衣雖不受日過無犯但有缺衣壞威
儀二罪若本說淨今作三衣即失本淨以三衣無長
可防故又捨此衣更受餘衣前衣說淨不者犯長又
比丘有緣得褺指作三衣則不犯長若一衣三肘五

肘外有長說淨問月望衣不割截縫過日犯者答彼
中先有故者堪受持故須作衣相方免長過上論文
指先無三衣者耳已上諸文故須第一是已長衣鼻
奈耶云以一日所成故二雖知是長若忘等緣則無
有罪故二明屬已定三應量之財氀毛之類體非衣攝不合四不
說淨五無因緣謂迦提一月五月等六過十日便犯
多論得應量不應量衣即說淨者益善若不說至十
日無咎若不作淨不受持至十一日地了時應量者
捨作提懺不應量者同前善見若一處縛束一罪若
不縛束計衣段段明相出隨處得罪問能染應量所

染云何答通應不應如足食竟正不正俱犯足若能
染是不應量財而染應量不答大小雖殊捨懺義一
律結大提論結小吉故皆一 染僧祇云若二人共物
未分若施僧物分未入手病人囑授物未與若聞受
戒弟子知識送衣未入手若貿衣決價未入手若織
衣未入手雖過十日皆不犯捨若施僧衣未分者雖
久不犯若已分多人共分中有善毗尼人為眾人作
淨無犯不作過十日犯捨此是共活人前句不共活也律中邊方
開五事長衣入手十日方犯準此餘方未必手捉始
犯伽論云十日衣云何為犯謂入手若膝上肩上作

想是我物。從是數過十日。明了論。有物眼所至得非
身至得。入算數者。如人施衣酥等。但作屬已意過日
犯。有身至得非眼至得有眼身至得非筭數者。若人
不許自受。礙施三寶。有非二至得亦入筭數。四分中
若初日得衣。二日不得。乃至十一日。通皆不犯。如是
等類。具有八門。通不相染。餘無法緣是犯。一二者中間
淨施。三遣與人。四者失衣。五者故壞。謂風吹水漂隨緣灼爛。六
作非衣。謂非服用帽襪之屬。七親厚意。以非己物故。八若忘去。以心迷故。
或忘財體。若忘加法。並開十日。律又云。若捨墮衣不捨更貿餘衣。一
尼薩耆。一突吉羅。昔以財去畜心染犯。論中不爾多

云。若先應量捨墮物。即作應量不應量衣。此衣盡捨
作提懺。若先不應量捨墮物。作前二衣。並捨作吉羅
懺。二若先應量捨墮物。更貿得衣財。即作二衣。此衣
不懺。懺先提罪。準此後衣無染。若不應量貿得二衣。不捨已
入淨故。懺先突吉羅。上律結一尼薩耆者。謂前衣墮
罪。一吉羅者。謂不懺輒貿違佛語故。律云。尼薩耆衣
不捨。不應與人。乃至作三衣等。不犯者。十日內若轉
淨施。若遣與人。若賊奪等想者。此物實在謂賊持去
等。雖經多日。無心故畜無犯。十誦更得十日開之。若
作失想。亦同上解。律云。奪衣失衣燒衣漂衣者。謂衣財實

失後還得者。更得十日說淨。更受持之。取著者。謂前奪失三衣。然有犯長之衣。以三衣體無。即
正衣所攝。斷相續心。直懺先罪。伽論云。頗有過十日衣。即一夜離宿
耶。答。謂取過十日衣。作三衣受。出界外明相出者是
也。故知得作。何故前云犯捨不得作三衣。答。此據有
本三衣。今此且充衣色。罪仍須懺。如善見遭賊得著
五大色衣。及以僧祇中借俗衣受持等。律云。若他與
作被不犯。以是重物。不應輕財。不合說淨故。而未見正文開也。十誦施僧被褥
僧及一人。亦得受。律云。付衣者遠行。謂隔礙不得說也。或水
陸道斷等。不淨施不與人皆不犯。
離三衣宿戒第二 具六緣成犯。一是三衣。二加受持。

三衣人異礙。四不捨會。五無因緣。六明相出便犯。三
衣五衣得波逸提。餘衣突吉羅。非謂畜長之衣。此乃
百一供身服者。佛令受持違受故結吉。長衣淨施有
別人可依。知有何過。不同昔解。又三衣是制通上中
下違故得重。百一衣助身開於中品違受故輕。長則
下類。別施他人自即非貯。故全無犯。餘如戒本疏。二
受衣方法。及以作衣等法。並如下卷衣法中。三衣人
異礙。四分他部相成有四。即染隔情界也。上之三礙
通界並有。若論界礙彼此不通。故文云。失衣者僧伽
藍裏有若干界。謂上三礙在伽藍院內故。衣則有多界。不失衣者僧伽

藍裏有一界。謂無上三礙也。初明染礙者，律云比丘脫衣在
俗人處形露，佛令除村。村有五義，謂誹謗生疑為護
梵行等，即此女人與比丘同處，性相乖忤，多致譏迹。
佛不許同室同坐同行同住，並生染故。若取衣持恐
壞梵行，必與同處，衣須隨身。二者隔礙，律云若水陸
道斷澀難等，離衣開無有過。僧祇寺門外不捉戶鑰，
無十二桄梯，是名離衣。三者情礙，律云若奪想失想，
若賊惡獸命梵等緣。僧祇兄弟分齊之處。多論王來
界內大小行處，近王左右，並非衣界。及以作幻作樂
人等入界，亦如王法。以情隔故，妨於來往，故名失衣。

四者界礙。界有兩種，自然作法。上之三礙入此二界，
通界失衣，並非衣界。若無三礙，二界各別，通得護衣。
五分云：若作法衣界及自然衣界，比丘於中不得自
在往反，是名別界；反上同界。若論作法，下卷明之。今
明自然，有十五界。四分有十一種：一僧伽藍界，二者
村界，各有四種，謂周帀垣牆、柵籬、籬牆不周、四周有
屋也。此等諸相，不周伽藍相，壞樹車等界叢生，故云
若干界。此止是別界，不名僧村二所。今言若干界者，
有上三礙互生來往譏難，故失衣也。僧祇、五分中同
界者，僧羯磨作不失衣界，於中得自在往反；異界者

不得自在往反是也。乃至舍屋、尼寺、聚落、重屋、車乘、
場、露地、道行界亦爾。三樹界者，與人等足蔭覆加趺
坐。如此樹相已上乃有衣界可護也。此但明其小相。十誦不相接樹，
取日正中時陰影覆處，若雨墮時水不及處，置衣在
此，樹身在餘處，若不取衣等皆犯。若相接樹乃至一
拘盧舍者，隨所著衣無犯。善見日正中時影覆處，同
上。若樹枝偏長，衣在陰頭，人在樹根，亦不失衣。林界
者，衣在林中十四肘中不失衣。此林有人來往，無衣
界，應隨身，不隨者失。上十誦林界一拘盧者，謂是大
林無難。此言十四肘，是謂四樹相連，勢非廣及，故衣

界狹小也。僧祇蒲萄蔓架、一切瓜瓠等架，各四相取
二十五肘名衣界。明了論解：若衣在樓樹下，身在上
者失衣；若衣在上，身在樓樹下，不失，以上得落下故。
四場界者，律云於中治五穀處也，謂村外空靜處。五
車界，六船界，並俱在陸地。律云若車船迴轉處。此但
明住車。十誦行車者，前車向中車杖所及處，中車向
前後車杖所及處，後車向中車杖所及處。若不及者，
是名異界。僧祇載船水中，有多住處，若自在往反不
會無犯，反上即犯。七舍界，四分無相，此謂村外別舍。
若據村聚相，後當廣說。僧祇若樓閣梯隥道外二十

五肘名衣界若著衣在閣上下宿有梯道無犯準四
分庫倉界據明內爲言兩無任得對上舍界因解聚
落四分云村界善見無市云村有市名聚落薩婆多
論四句相對一是聚非家界如二聚落各有一家二
是家非聚如一大聚落更無異聚而有多家三亦具
二界聚落有二各多家是四俱非者蘭若界也聚落
者十誦多論人民共住名聚落界言別界者雜飛不
及棄糞掃外箭射及外名爲異界言同界者四邊聚
落各有一家若有車梯迴轉相及得登出入身在梯
根下臥置衣在四聚落不失衣以梯梁相接無隔礙

故聚落止有一家衣在家內車梯上下臥不失衣以無
別家可對故也若自然界內箭射及處至明相出不失衣若
衣在外身在家中亦爾若眾多家衣在家內身在梯
車下失衣以家界各別故家有一界別界別界者父
母兄弟兒子若異食異業雖同一處事各不同是名
族界若同食業名一家界族亦有一界別界各有住
處是名一界別界者若作食處取水處便利處是若
在二處皆失衣僧祇四聚相接衣枕頭臥頭及手腳
各在一界衣在頭底明相出衣離頭犯捨若手腳至
衣所不犯十誦多論云若安衣二界中在二界上臥

不失衣各有身分故十誦舍界者若外道舍門屋食
堂中庭廁處衣在一外道舍身在餘舍者失衣若同
見同論不犯若諸戲笑人遊行營處如前取水處等
失衣若同屬一主不犯此謂情礙多論重舍屬一主人衣
互上下重不失若是異主衣人上下中間不通故失
上竝四分無文理須通允八堂界者律云多敞露九
庫界者積藏諸車乘販賣物十倉界者儲積穀米處
十一阿蘭若界律云蘭若者無界謂迥在空野無別諸界假以樹量大
小八樹中間一樹間七弓弓長四肘通計五十八步
四尺八寸兼其勢分七十有餘次明不足者取外部

成用十二道行界者十誦比丘與師持衣道中行前
後四十九尋內不失多論縱廣亦得四十九尋不失
僧祇道中臥持三衣枕頭明相出衣離者犯準應身
在樹界蘭若也善見若使沙彌俗人持衣前入界比
丘後入不知謂言界外明相出謂失不失衣依止亦
爾律云失想界外爲言若弟子夏未滿爲師持衣值
人說法貪聞法故明相出不犯離師和尚得離衣界
明了論小便等所偪事由他加行難所作憐愍此義
轉車界中廣說解云大小便病怖畏難偪夜出界未
得還而曉亦不失衣又二人共宿三衣同置一處一

人急事須夜行不持自衣誤持住人衣去至曉行人失衣由行人誤取故失不由住人故不失衣行人意晟故言加行由此住人是難許此難不失衣十三洲界者善見云十四肘內不失衣若有人來往衣不隨身者失十四水界善見云蘭若處坐禪夫欲曉患睡脫衣置岸入池洗浴明相出犯捨毗尼母云著衣岸上入一脚水中者不犯失衣僧祇水中道行界者二十五肘若船上者入水卽捨十五井界僧祇道行露地井闌旁宿置衣在二十五肘內身在外者失衣衣在井中應繩連垂手繩井中得會衣與井上界別也

以此例餘坑窨窖等此十五種自然界大小如上若準四分加於勢分文云僧伽藍界者在伽藍邊中人若用甎石擲所及處是名界乃至庫藏界亦如是諸部並無勢分善見中無也彼有擲石之文別爲餘事彼文云中人擲石者不健不羸人盡力擲至落處不取轉處諸師評之一十三步卽以此量十五自然通著唯不通法界必須入界方乃會衣僧祇云比丘有緣至他處留宿彼有比丘及尼衣有長有應借受持無者俗人有被應借取作淨安紐然後受持又無衣者後夜當疾還寺莫逾城出到寺門未開者至門屋

下（以門屋梁連界內故彼律無勢分以此爲自然界不同四分應知也）若無者內手著門孔中水瀆中先以物攪勿令觸毒蟲又無此孔應逾牆入勿令人疑若不得入當捨衣寧無衣犯小罪以輕易重故若準此言必界內有上三礙不得外護必失持衣故文云若在餘處宿明相未出若至擲石所及處（謂界內無三礙）若手捉衣（謂界內有染情礙）若捨衣（謂界內隔礙等及界外事）若不作如上三事明相出隨所離衣犯捨上十五自然衣界各別不通故有別名律云此伽藍界非彼伽藍乃至樹車庫藏一一亦爾而僧村二界攝相義強雖有樹舍沒名不顯諸界相望不論強弱故樹

下有車別有車界車外有樹亦有樹界無別勢分若僧村二界勢分有樹等界便於樹界僧界中分勢分如此例餘準知若堂庫有車船卽從堂庫之界律云庫者積藏諸乘也由彼堂庫四面收攝本障是強不同樹車場等無外可攝故如淨地不周通皆置食不犯類餘諸界相未足攝他若互錯涉各別有界如戒本疏中第五無因緣有緣汎列七種一別人作法或對首或心念（非謂作法開離以輕易重）二對僧作法離有二初有緣乞得四分老病比丘（三十已去名爲老）三衣重者羯磨離衣法如疏說二者共作迦絺那衣三者對處作法離

即不失衣界。四蘭若恐怖離。五王路隔塞命梵等離。六迦提賞勞離。七如五分僧塔諸緣及他要事聽六夜離無罪。若事訖不反吉羅。就七中更分前三得法離。後三無法離。蘭若通有無。六夜送入村無法離恐失遙捨是有法離。得罪分別。第二第四第五六七。一向無罪。以有緣故。五中隔塞或望斷故失衣。不失如後。就第三攝衣界中。無三礙故開通往反。若有三礙不免失衣。第二對僧作法有緣時在。不失限滿便失得罪。餘一一準思知而會通。律不犯中。奪失燒漂壞五想者。衣實見在。妄起想心。經宿失受無罪。決心謂失。即是捨心。無情過故不犯捨也。善見不失

者。師主疑心恐在界外。此謂失體。不同論云衣不失受也。若水陸道斷若賊惡獸命梵等難。若不捨衣不犯。此是情隔兩礙。失受無罪。若先慢不攝。後雖經緣失衣犯捨。若諸難忽生。往會不得。恆懷領受。必不失法。由難忽生。非情過故。離亦無罪。如受欲事。界內有難。持出界外。還來不失。此亦同之。前言失受事隔。不知而經明相失受無罪。若女人來往染礙。進退比二礙可知。又有不立染礙止是情攝者。此不通諸部。問。忘不持衣外行。至夜方覺。取會無緣失不。答。彼人恆自將隨身忽忘。事同長衣開之。上且解如是不盡極多。廣如戒本。含注疏及刪補羯磨疏中明之。

月望衣戒三。此戒是但三衣者得少財為換故衣。以不足故。佛開一月。過限而畜故制。畜長比丘得即說淨。不須此戒。六緣成犯。一故壞三衣。二財少不足。三為換三衣擬替故者。四不說淨作三衣。五無因緣。同長衣六過限犯。此戒三位。初十日常開。若十一日至二十九日得者。隨日作成。不得更開至三十日。若得不得若同不同。一向限之。僧祇云。十日即作。作衣時餘人相助浣染牽裁刺長刺短責染作淨已受持。若恐不竟麤行急竟受持後更細刺。此律但線綴裁割即

即免長過。若三俱故竝少不同。皆開一月。若故衣同足限滿者。下二衣則少不足者亦染犯長。由有故壞三衣。非正替故。所以文云隨衣多少盡捨也。餘同長衣開也。

取非親尼衣戒四。具五緣。一是比丘尼。簡下二眾取得吉羅。二非親里。律云。親里者。父母親里七世有親也。善見。父親者伯叔兄弟兒孫。母親者舅姨乃至兒孫。皆謂同氣義親不雜異姓。又云。出家婦者非親里也。伯叔之婦例同。十誦云。若是親里。少尚持與。何況不足而取。五分。若親里尼犯戒取衣者吉羅。三應量衣。

律中五衣中取一衣故爲犯緣僧祇若取鉢及餘小小物得無犯四虛心送與除乞得無犯僧祇尼借比丘衣得著破還無犯若尼與下二衆及俗人衣云汝持此衣與某甲比丘可得福德取者無犯五領受已伽論尼放衣置地寄大德隨意用便捨去比丘作同意用無犯僧祇使人受同犯十誦多論十僧取尼一衣十僧皆墮十尼持一衣與一僧得十墮十誦若尼先請若爲說法故與一切無犯五分諸尼以衣鉢施比丘若先無心求彼自布施者當觀有長者得取準此犯戒止在貪心制戒之意可見四分亦云佛告尼

言當畜五衣完堅者餘衣隨意淨施若與人既云與人則何簡於道俗律不犯中若從親里比丘尼邊取衣（準律七世父母爲親里且據父親有七世不同一高祖二曾祖三禰祖四父五己身六兒七孫是也）若貿易爲佛圖及僧取者皆不犯

使非親尼浣故衣戒五浣染打實是三戒同由一衣生此戒業重律云語使浣染打若作者三尼薩耆波逸提五緣成一是比丘尼若是下二衆律結小罪二非親里善見令出家婦浣染亦犯若使尼燒水覓樵鑽火一切吉羅五分令非親尼浣而親里浣如是互作五句皆墮僧祇若使尼爲師浣者吉羅今或有人

畜尼弟子多令浣縫以非俗親皆犯捨墮亦誤弟子因交致染遂犯重罪深須慎哉三是已故衣律云乃至一經身著者僧祇云乃至一枕頭善見若革屣囊無犯伽中乃至尼師壇亦犯捨墮四自使浣打僧祇自與使與等四句皆犯若使親尼浣而弟子爲浣不犯若云遣汝弟子爲我浣者犯若著垢膩衣入尼寺爲浣者不犯若先有方便心者犯捨十誦若犯捨衣與浣犯小罪準此無重犯一衣無過有重犯僧祇若爲車馬濺汙使尼湔亦犯捨不可截故全捨五浣染打竟便犯四分使浣打新衣及使尼家二衆俱吉羅

善見云若浣竟比丘言未淨重使尼浣比丘尼薩耆吉羅不犯中律云若病若爲佛僧若借他衣而尼浣等不犯

從非親俗人乞衣戒六多論制不聽乞有四益一令佛法增尚故二爲止諍訟故三爲滅前人不善心故四爲令衆生於正法中生信樂故五百問論昔有比丘多乞積聚不肯爲福又不行道命終作一肉駱駝山廣數十里時世飢餓一國之人日日取食隨割隨生有一他國人來見便斫取便大喚動地人問其故便言吾本是道人爲貪財不施貧此國人物以肉償

之我不負卿物是故喚耳佛告比丘貧爲大患捨之
則應比丘之法又云若人乞比丘物云是好非好若
實好言好得物犯墮不好言好犯棄若貧乏比丘中
前得將白衣沙彌入市乞錢中後不合（應是無戒沙彌也）具
六緣成一三衣具足（縱不具者須乞取衣若乞五穀律結吉羅）二無因緣
謂奪失三衣也非謂迦提月中開從他乞必是無少
交不濟冬隨量乞衣不得盈貯三非親里五分多論
從親里乞好衣若貧匱若與少索多一切吉羅四爲
己乞應量衣十誦僧祇乞得四肘以上犯若自乞使
人乞作寒暑相若爲方便說法是等得者皆墮除乞

漉水囊小小補衣物繫頭物裹瘡衣緣中一條裹脚
踝胜拭手面身巾等皆得若乞是物時施主施全衣
財者得取本有方便心但索小者或容得大者犯捨
五彼與六領受便犯四分若被賊奪衣裸形者佛言
當以耎草樹葉覆形應往寺邊若取長衣若知友邊
取若無者僧中問取可分衣若無者問取僧衣臥具
若不與者自開庫看若褥敷氈被摘解取裁作衣出
外乞若得已應還浣染縫治安置本處若不還本處
如法治十誦本處空隨著近處餘如雜法中律不犯
中若奪失三衣從非親里乞五分開衣壞時得乞通

前五緣律又云或爲他乞他爲己乞或不求而得若
從親里乞若同出家人乞者一切不犯五分非法求
施施非法求二俱犯罪
過分取衣戒七六緣一比丘失奪三衣二非親居士
三爲失奪故施若不爲失隨受無罪四比丘知彼爲
失故施五過知足六領受便犯律云若失一衣不應
取若失二衣餘有一衣重數若二重三重四重應摘
作若僧伽梨乃至安陀會善見云若都失者取上下
二衣餘一衣別處乞四分若自恣多與衣者若衣細
若衣薄若不牢應取作二三四重當安緣肩上應貼

垢膩處應安鉤紐若有餘殘語居士言此餘殘裁作
何等若彼言我不以失衣故與我曹自與大德耳若
彼欲受便取前戒爲他不犯此戒若爲他乞受犯
勸增衣價戒八論犯六緣成一非親俗人虛心辦價
二施期有限三知限施四嫌少勸增五彼爲增價縷
六領受便犯四分中爲居士施衣嫌少更求乃至增
一錢十六分之一分若增縷乃至一線也十誦有勸
增色量價三捨墮律不犯中先受自恣請而往求知
足於求中減少作若從親里求出家人求已爲他他
爲已不求自得不犯餘如疏中

勸二家增衣價戒九制緣同前唯勸合二家爲異五
分乃至勸夫婦合作一衣亦捨墮僧祇中知足者若
與細者云我是練若頭陀林中住索不如者麤者皆
犯捨以口自述德
過限忽切索衣價戒十五緣成犯一施主送寶二爲
貿衣用三付人轉貿四過分索之五得入手便犯律
不犯者若遣使告之若彼言不須即相布施是比丘
應以時要語方便索衣若爲作波利迦羅故與以時
要語方便索得者不犯
乞蠶綿作袈裟戒十一多論四意一爲止誹謗故二

長信敬故三爲行道得安樂故四不害衆生命故四
分因比丘至養蠶家乞未成綿已成綿作臥具便待
看暴繭作聲因訶制之若純作若雜以毳劫貝若麻
及餘縷雜作成者若斤斧細剉斬和泥塗壁及墼多
論中憍奢耶者此是綿名如秦地養蠶法若乞蠒乞
綿乞縷織布成衣者墮言臥具者是三衣也即三衣總名臥
具猶如此方被之相故取通號外國作衣凡有二種一細擘布貯如
作氈法二綿作縷織成衣也亦得作三衣受持以乞
得故作成捨墮善見云乃至雜一毛便犯憍奢耶者
綿中微者蠶口初出名忽僧祇云紐揲經緯穿雜者

一切捨墮受用得越央掘經繒綿皮物若展轉來離
殺者手施持戒人不應受者是比丘法若受者非悲
不破戒涅槃中皮革履屣憍奢耶衣如是衣服悉皆
不畜是正經律今有一方禪衆皆著艾布者豈不順
教五分云蠶家施綿受已施僧不得自入以此諸部
相對故知所制意重野蠶尚犯何況家蠶雜忽尚犯
何況純作多有人乞覓而作三衣此合斬捨不合受
持著著得罪如律明示如諸律所明不得往屠家乞
肉血及作酥乳家乞乳並犯故多論若無蠶家乞蠒
自作綿無罪爲出賣故有蟲者吉羅若乞成綿貯衣

不犯若蟲壞者作敷具無犯作不應量衣一切敷具
吉羅律中自作教他作成者犯墮不成吉羅若爲他
作一切吉羅不犯者若得已成者斧斬和泥塗墼餘
如戒本疏
黑毛臥具戒十二此四臥具戒並是三衣總號昔人
疑之至今不決僧祇氈僧伽梨乃至坐具等四緣成
犯一純黑毛二作袈裟三爲已四作成犯律中自作
教他同犯墮如上不犯者若得已成者若裁割壞元作
擬割若細薄疊作兩重元意後得若作褥若作小方坐具若
作臥氈或襯鉢內氈剃刀囊作帽作襪作攝熱巾作

裹革屣巾一切不犯

白毛三衣戒十三因緣同前佛制參作違敎故犯五緣成一三毛參作二擬作三衣臥具三爲己四增好減惡下至一兩五作成便犯

減六年作三衣戒十四六緣成一有故臥具減六年二不捨故者與人三僧不聽許四更作新者五爲己六作成便犯僧祇以老病持氈僧伽棃不滿六年不得更作若身不羸腴顏色不惡白羯磨衆一一不成四分不犯者僧白二聽及滿六年若減六年捨故更作新者若得已成者若無若他與作一切得

不揲坐具戒十五五緣一先有故坐具二更作新者三爲己四無心以故者揲五作成便犯此與後九十中者相對四句一作新如量不揲犯此戒二作故過量犯後戒後二俱句準知律中造新坐具時若故者未壞未有穿孔當取浣染治搴挽令舒裁割取縱廣一磔手揲新者上若邊若中央以壞色故但言須揲不言氈布隨十種衣通得僧祇氈作方一磔手取故氈時不得從少聞犯戒者無聞者住壞房不治者惡名人斷見人遠離二師者不喜容問人不分別魔事人不應取取則反上不尖邪凹凸缺角穿壞垢膩者時令方圓得正多云若無長者短亦應用善見云故者下至一經坐不須揲律不犯中裁取故者揲若彼自無得處更作新者必有得處如上律論若他爲作若得已成者若純故者作不犯

持羊毛過限戒十六四緣一是好羊毛除賤故律云頭項足毛不犯僧祇持駝毛獺毛豬毛犯越成器不犯五分聽用駝毛貯褥二是己物三自持僧祇三人共有各持齊九由旬重擔者俱犯第四四分若道行得羊毛處須者應取自持至三由旬當令人持乃至彼處中間不得佐助若持吉羅令尼等四衆亦吉若

持餘衣若麻等皆吉若擔餘物貫杖頭亦吉若擔毳裝毳繩及餘處毛若作帽巾等不犯

使非親尼浣染毛戒十七制意犯緣同浣衣戒又多論云爲增尚佛法故制若諸尼衆執作浣染廢修正業則無威儀破增上法又止惡法次第因緣各令淸淨故餘如疏中

畜錢寶戒十八多論云佛制此戒有三益一爲息誹謗故二爲滅鬬諍故三爲成聖種節儉行故寶是八不淨財且因料簡四門一列數顯過二開制不同三結罪輕重四交貿多罪少罪初中列數者一田宅園

林二種植生種三貯積穀帛四畜養人僕五養繫禽
獸六錢寶貴物七氈褥釜鑊八象金飾牀及諸重物
此之八名經論及律盛列通數顯過不應相承次比
如上具述不出佛經一明過者諸戒不對俗制唯此
對之令道俗通禁見畜捉者知非佛子故律經中皆
言沙門四患即此戒是若有畜者非我弟子五分亦
云必定不信我之法律由此八種皆長貪壞道汙染
梵行有得穢果故名不淨也餘如正解中二明開畜
者經中禁重如後所明律中在事小機意狹故多開
畜第一不淨中由是妨道別人不開一口小房有資

道要依上開畜毗尼母云畢陵伽爲國人所重施一
小寺羅網車輿駝驢等畜僧坊所須開受僧祇中爲
僧故得受善見居士施田地別人不得用若供養僧
者得受多論檀越欲作大房舍應開解示語令小作
順少欲法若爲容多人故作者不應違意五分有人
施僧田宅店肆聽受使淨人知之善見若人以池施
僧供給浣濯及一切衆生聽飲用者隨意得受二種
植根栽若如僧祇爲僧營理者得別人不開即汙家
法中自種教他一切不合除供養佛法僧餘如雜法
中說三貯積穀帛昔云儉開三十六石出善生經余

自披撿眞僞二本並無舉世夢傳涅槃云聲聞僧者
無有積聚所謂奴婢僕使庫藏穀米鹽豉胡麻大小
諸豆若自手作食自磨自舂種種非法故若有說言
如來聽畜非法之物舌則卷縮僧祇云若比丘糴粟
時作念此後時恐貴今糴此穀我當依是得誦經坐
禪行道而不言多少準酌一夏之糧亦隨時料其豐
儉鹽則準前穀量盡形藥中加法亦得律中比丘道
行得大麥小麥班豆粳米佛開受之安置囊樸內盛
之應合淨施故文中諸比丘得道路糧開受淨人賞
舉後卷具有說淨方法四畜諸僮僕增一云長者將

女施佛佛不受若受者漸生重罪因說欲過羅剎女
等事僧祇若人云施僧奴若施使人若施園民婦一
切不應受若言施供給僧男淨人聽受若施別人一
切不得若施淨人爲料理僧故別人得受若施尼僧
乃至別人反前唯言女淨人爲異爾今諸伽藍多畜
女人或賣買奴婢者其中穢雜孰可言哉豈唯犯婬
盜亦通犯深知聖制不許凡豈強哉僧祇畢陵伽在
聚落自泥房王與使人三反不受云若能盡壽持五
戒奉齋然後受之十誦守竹園寺有五百人王舍城
中也有十種施無福一謂施女人二戲具三畫男女

合像四酒五非法語六器仗七大刀八毒藥九惡牛十教他作如是施五畜畜生律中比丘畜貓子狗子乃至衆鳥並不得畜僧祇若人施僧一切衆生並不應受衆生者馬驢豬羊麞鹿如是一切自餘野鳥獸等若見比丘不受云我當殺之應語令自施水草守護勿令傷害不得翦翅籠繫若能飛行自活者放去莫拘之善見若施牛羊不得受若云施乳酪等五味得受餘一切畜生亦爾涅槃經中比丘之法不得賣買生口等伽論爲塔故受駝馬驢今有施佛法家畜生而知事有賣者並不合聖教十輪若施四方僧物

田宅淨人不與持戒反與破戒自恣受用并與白衣同共食噉因此刹利居士皆入阿鼻日藏分云於我法中假令如法始從一人乃至四人不聽受田宅園林車馬奴婢等常住僧物若滿五人乃得受之大集亦同四分乘乘戒中開老病得乘男乘女乘尼騎如瞻病法僧祇船車牛馬等乘無病不合唯因水中船行者得六畜錢寶若元作自畜之意並不合若擬淨施與他依律文開僧祇十誦善見云若病人得者令淨人畜爲貿藥故若多人與藥錢直得置氈褥底眼睛求時手觸在無不犯又云末利夫人施僧布薩錢佛

言聽受準義付他又居士持金銀與僧作寺食堂園田比丘不得受犯吉羅應付淨人口得處分若施作飲食衣藥臥具亦不自受若受後作衣服用得吉羅應付淨人雜含云自今已後須𣍐直索𣍐乃至須人工等亦直索之慎勿爲已受取金寶則破四分人解律云若爲作屋故求材木竹草樹皮得受不應自爲身受(若文不了引經自明)餘如正解七聽畜重物毗尼母別人聽受刻鏤大牀唯除金寶若緜褥者他施已成者十誦開受毗尼母四分云氍毹等他施聽受廣三肘長五肘淨施畜若鐵瓦瓶等銅盆銅盌等器別人得受

八者佛不開者善見云不得捉一切穀除米若施器仗者僧應打壞不得賣施樂器者不得捉得賣增一云若得金寶施呪願已還反施主涅槃云若有人言如來憐愍一切衆生善知時宜說輕爲重說重爲輕觀知我等弟子有人供給所須無乏如是之人佛則不聽受畜一切八不淨物若諸弟子無人供須時世饑饉飲食難得爲欲護持建立正法我聽弟子受畜奴婢金銀車乘田宅穀米賣易所須雖聽受畜如是等物要須淨施篤信檀越如是四法所應依止我爲肉眼諸衆生說是四依終不爲慧眼者說若有三藏

反上說者亦不應依又說八不淨財十餘處文皆極
毀破不令畜服又云若優婆塞知此比丘破戒受畜
八法不應給施又不應以袈裟因緣恭敬禮拜若共
僧事死墮地獄十輪經說據不知持犯者並須恭敬
又涅槃經窮終極教不用亦得以護法故小小非要
三明畜罪輕重八中六七金錢鬑褥得墮以違淨施
故餘則吉羅畜者亦少四交貿輕重若以此八貿衣
犯捨以衣得寶鬑毹亦捨若得餘六並得吉羅若以
衣寶相易皆墮貿餘六種吉羅六自相貿皆吉得衣
寶者皆提此謂與俗人增減與五眾得小罪多論若
說淨錢寶後貿衣財作三衣鉢器入百一物數不須
說淨已外須說若犯罪者悔於僧中已用錢寶貿衣
財及百一物者不須捨之已入淨故已外成衣不成
衣一切說淨無罪正解本戒此是畜寶戒九十是捉
寶戒文言手捉別時意也具四緣一是錢寶二知是
三為己四受取便犯此之一戒人患者多但內無高
節外成鄙穢不思聖誡嚴猛唯縱無始貪癡故律言
非我弟子準此失戒矣又云佛告大臣若見沙門釋
子以我為師而受金銀錢寶則決定知非沙門釋子
又雜含云若為沙門釋子自受畜者當知五欲功德

悉應清淨又增一云梵志書述若是如來者不受珍
寶故略引多文證成非濫佛世尊欲增尚弟子令棄
鄙業遠超三界近為世範今乃反自墜陷自畜自捉
劇城市之商賈信佛法之煙雲反自誇陳妄排法律
云但無貪心豈有罪失出此言者妄自矜持不思位
是下凡輕撥大聖一分之利尚討不及俗士高逸何
異螳蜋拒輪之智不殊飛蛾赴火之能豈唯畜捉長
貪方生重盜之始故略述誡勸有智者臨境深思涅
槃云若能遠離八毒蛇法是名清淨聖眾福田應為
人天供養清淨果報非肉眼所能分別又云祇桓比
丘不與受金銀者共住說戒自恣一河飲水利養之
物悉不共之若有共僧事者命終墮大地獄智論云
出家菩薩守護戒故不畜財物以戒之功德勝於布
施又涅槃第十一卷下文云菩薩持息世譏嫌戒與
性重無別廣有明文息世戒者即白四羯磨所得諸
文如彼恆須細讀四分錢者有八種金銀等上有文
像僧祇生色似色皆提生色者金似色者銀(似猶像也)錢
者隨國用一切不得捉捉得提應僧中悔多云七寶
者金銀摩尼真珠珊瑚車渠馬瑙當取犯捨墮莫自
手取如法說淨者不犯若似寶銅鐵琥珀水精偽珠

鍮石等以五種取爲畜故者吉羅不應自取如法說
淨得若捉金薄金像藏舉自他寶並墮不犯此戒若
似寶入百一物數不須作淨皆得畜一百一之外皆
是長物若不入百一數如前說淨僧祇云不淨物者
金銀錢不得觸故餘寶得觸故名淨不得著故名不
淨物若不淨者自捉使人一切皆提若相成就國土
不用得越若凡得錢及安居衣直不得手取使淨人
知無者指腳邊地語言是中知著地已自用葉甎瓦
等遙擲覆上後將淨人令知持去不可信者令在前
行若可信者任意掌舉四分是中捨者告可信人來

已云此是我所不應汝當知之若彼人取還與比丘
者當爲彼人物故受勑淨人掌之若彼爲比丘貿衣
鉢等應持貿易受持之若彼優婆塞取已與比丘淨
衣鉢應取持之若不語彼人知是看是突吉羅僧祇
若知佛法僧事者有錢寶欲舉掌若生地使淨人知
覆處死土使比丘掘若淨人不可信者裹眼三旋然
後知地已內錢坑中若散落者得以甎瓦擲入如是
作已如前裹眼使去後欲須時如前方法至錢寶處
淨人不可信者還裹眼三旋將來取之若施主作金
椀令比丘受用爲得福者當持食來時舒手示器應

言受受受三說已食之不得觸器四邊讚歎手捉此
是後九十中多論五種受一以手受二以衣取三以
器取四言著是中五若言與是淨人皆犯捨下三眾
亦不得畜畜得吉羅僧祇若身者一切身分乃至手
腳等若身相續者謂繫三衣紐乃至鉢盂中皆捨墮
多論五種長物一重寶二似寶三若衣財應量已上
四一切不應量衣及衣財五一切穀米重寶捨與同
意淨人罪僧中悔若錢寶比丘不得畜若僧中次行
者說淨餘似寶及百一物數一切捨與同心淨人罪
作吉羅悔錢寶說淨有二若白衣持來施與比丘比

丘言此不淨物我不應畜若淨當受即當說淨二者
淨人言易淨物畜即當說淨若彼此不語取得捨墮
若捨與白衣不得與沙彌僧祇云目連將專頭沙彌
往阿耨達池取金砂擬安佛澡罐下乃至老比丘將
沙彌還本村眷屬以道行無食以錢繫衣內在道並
爲非人左遶以土坌之罵言此不吉利各以事白便
俱令棄之非人並爲作禮右遶而過此猶可治故逢
幽責如池神譏頻餘有未懺必遭顯戮同頰腫之儔
律不犯中開緣如上若彼人不肯與衣者餘比丘當
語言佛有教爲淨故與應還他物若又不與自往語

言佛教比丘作淨故與汝。不還我者此物應與僧塔
和尚知識及本施主。不欲令失彼信施故。
貿寶戒十九。多論云。此以說淨寶轉易與他求利。當
與他時得捨墮。此與貿衣五種不同。如戒疏說律中
以財物易錢寶故犯。但無衣食為異。五緣成。一是錢
寶。二互相易。三決價。四為已。五受犯。五分。應對僧悔。
不得向二三人前。律不犯中。若以錢貿瓔珞具為佛
法僧。若以錢易錢亦為佛法僧者得。
販賣戒二十。多論四義制。一為佛法增尚故。二為止
鬭諍故。三為成四聖種故。四為長信敬。不生誹謗故。

論犯六緣成。一在家二眾。二共同交貿。三決價。四為
已。五自貿易。六領受犯。律令淨人貿準餘部雙開。四
分衣藥交貿爭價高下。數數上下皆犯。多云。此販賣
墮。一切墮中最重。寧作屠兒。何以故。屠兒止害一生。
販賣一切俱害。不問道俗賢愚持戒破戒。無往不欺。
常懷惡心。設若居穀。悕希天下荒餓霜雹災變。若居
鹽積貯。悕願四遠反亂王路隔塞。多有此過。故此販
賣物作塔像。不得向禮。又云。但作佛意禮之。設與僧
作食。及四方僧房。一切不得住中。持戒比丘不應受
用得罪。若死得羯磨分之。所以爾者。以此販賣業罪

過深重。若生存時僧得用者。此比丘言雖販賣有罪。
猶得作福。續作無已。今不聽僧食用無供僧福。後得
重罪。以此因緣不敢更作。比丘既死無更作理。故得
分之。若販賣食咽咽墮。作衣者著著墮。作臥具隨轉
轉墮。故重結。五百問云。治生得物施人犯捨。若窮厄
無食處。使白衣作食治生。道人白眾言此非我物得
食。不者犯墮。若施俗人。俗人與僧不犯。僧祇。若糴穀
時。此後當貴。糴時越。糶時墮。若恐後貴。擬自食行道。
到後穀貴。食長或與師僧作功德。餘者出糶得利無
罪。諸藥草等亦爾。衣鉢不為利後賣不犯。十誦若相似貿相似。

如衣鉢澡罐瓶戶鉤四藥交貿。不相似者。以衣易鉢
一切墮。若可捨物金銀錢糴粟。或用粟買物。若可食
啖口口吉。可作衣著著提。五百問云。有求利販賣作
福無罪耶。答。此人尚不免地獄。何況得福。由不隨佛
語故。非供養。四分中販賣買三事。但為利故買賣俱
墮。十誦中據一物為語。多論若眾僧衣未三唱得益
價。若三唱已不應益。以屬他故。若眾中三唱得衣。設
悔不應還。十誦若買賣前人悔七日內者還之。若過
不應。四分文不了。此是私賣買也。五分使淨人易時。
應心念寧使彼得我利。我不得彼利。比丘共僧貿易

應陪者當使價均然後交博若貧無可陪僧必知賢善知足聽直與四分衣法中有貴價衣令淨人貿易無淨人者乃至遣比丘貿易準此開之必有淨人亦制與罪僧祇若自問價若使人問價作不淨語爭價高下皆越得物墮四藥隨輕物重物淨不淨物一切相貿得提肆上有衣其價已定比丘齎直來與物主雖搖頭作與相者比丘亦須語言此直知是物也若估客物直五十而索百錢比丘以五十知之如是求者不名為下若前人欲買此物比丘不得抄市當問言汝止未若報云我休者比丘方云我以是價知是

物好不比丘自貿抄市者越若僧中買物得上價取若和尚闍梨取不得抄上若營事比丘雇匠作不淨語乃至為僧月直市油麵等不淨語者越自為得物入手犯墮淨語者以是物價知是好不不淨語分別價者索幾許等若市買物得嫌訶說實前人物此好此惡麤細斗秤大小香臭者無罪五百問若自舉物價前人信之賣取故犯盜罪僧祇若食殘持博酥油等作不淨語犯捨雇治革屣作不淨語越若前與食後治前治後與食無罪乃至殘食雇治草土等準前多論如販賣戒中物或方便有罪果頭無罪如為利居鹽穀後得好心即施僧作福或果頭有罪如為福糴米不賣後見利便賣以利自入即是方便無罪言得施者謂一切俱捨懺也律不犯者聽五眾出家人共交貿應自審定不應共相高下如市道法不得與餘人貿易令淨人貿若悔聽還若酥油相易者無犯準上衣法得令淨人作者謂據有者言之十誦三度語索不得者覓淨人使買淨人不知市易當教以爾所物買是物應知好惡思量得者不犯此賤彼貴有利不犯

畜長鉢過限戒二十一五緣成一先有受持鉢二更

得三如法鉢非餘油瓨等四不淨施善見寶鉢未還直不成受主言但受亦不成受不犯長若度價已熏訖報令取過限者犯五過十日便犯餘如長衣戒

乞鉢戒二十二六緣一先有受持鉢二減五綴不漏三從非親乞四為己五乞如法鉢六領受便犯五綴滿不漏吉事希少故廣如戒疏中律不犯者五綴漏若減漏更求新若從親里索從出家人索若為他他為己不求而得自有買畜皆不犯

自乞縷使非親織戒二十三多云有三義制一為除惡法故二為止誹謗故三為成四聖種故四緣一自

乞縷。二使非親織。三不與價。四織成犯。十誦若爲無衣故。從非親乞縷欲作衣亦吉。若少衣止得乞衣。少縷止得乞縷。五分。自行求縷雇人作衣亦墮。四分若織師與線者俱親不犯。與線者非親看織作縺一切吉羅。不犯者。若自織作鉢囊革屣囊鍼氈禪帶腰帶作帽作袜攝熱巾革屣巾一切不犯。

勸織師增衣縷戒二十四。論犯六緣。一非親居士虛心辦縷遣織。二本期有限。三知有限。四勸讚好織許直。五彼爲增縷。六領受便犯。四分若求衣不得吉羅。不犯者。減少求。從親里索。出家人索。他爲己者。

奪衣戒二十五。五緣。一是大比丘。甄下衆非行類故。二本規同行。三者不定與前人決定取。多生惱故。四句中二句初受與俱決定。二決定與而受者不定奪取重犯。若與受俱不定者吉。四瞋奪。五得屬己。四分不犯者。不瞋恚言我悔不與汝衣還我衣來。若彼知悔卽還。若餘人語便還。若借他衣著他著無道理還奪取不犯。若恐失恐壞。若彼人破見戒威儀若被舉滅擯應滅擯。若爲此事故有命梵難。一切奪舉不藏者。

畜七日藥過限戒二十六。辨明四藥體狀立義加法是非廣如下卷及戒本疏。五緣成犯。一是七日藥體。若直手受不加口法亦無長罪。二明作。二受竟。三不說淨。四畜過七日。五無緣犯。律不犯者。若過七日藥酥油塗戶嚮蜜石蜜與守園人。第七日藥捨與餘比丘食。若未滿七日還彼比丘用塗脚然燈也。

過前求雨衣過前用戒二十七。二戒並由過前故合制。過前求五緣成。一是雨衣。二過前求。三自爲己。四彼與。五領受犯。過前用四緣。一是雨衣。二時中得。三過前受。四過前用犯。四分十種衣中比丘取雨中浴。彼應三月十六日求。四月一日用。若二過前求用犯捨。僧祇。此

衣不得受當三衣。不得淨施。不得著入河池中浴。小小雨時不得用。不得裸身當著舍勒。若著餘故衣。不得著種種作事。若露地食應持作障幕。諸師不曾見此衣。謂如傀儡子戲圍之類。今不同之。猶如三衣披用。僧祇常須大雨時披浴。若雨早止垢液者得著入餘水中洗。多論云。三月十六日應求應作。乃至四月十五日亦爾。畜法者得用浴擔持行來。長丈二尺廣六尺。以夏多雨故爲護三衣。若行路覺欲雨取此衣覆身上。若大雨在路須脫三衣襞舉著此衣行雨中。於露浴亦作此衣。此浴衣語通。以受溼故名浴非唯

著洗浴也。若著餘衣浴須以水灑灑此衣令溼。不得燥置得吉。由此是浴衣故。僧祇四月一日用。八月十五日當捨。五分。若過限不作餘衣受持淨施不施人者吉。僧祇至時唱言。大德僧聽。今僧捨雨衣。三說已。不得至十六日。(準此受時亦應用唱)律不犯者。若捨作餘用若著浴若浣若舉者。

過前受急施衣過後畜戒二十八。(是亦二戒合制不同一衣)過前五緣。一是急施。律云。本是夏竟衣。為緣開前受。若受便得。不受便失。二知是急施。三過前。四無緣。五受便犯。過後五緣。一二同上緣。三是十日內。四不作淨。五過限便犯。事希法隱略知大途。餘如疏本中廣明時非時法。

有難蘭若離衣戒二十九六緣。一是受持三衣。二冬分非時。三有疑怖處。四置衣在村。五無因緣。六過七夜犯。四分。疑者畏有賊盜。十誦疑失一水器。怖畏者乃至惡比丘畏。言村內者。僧祇寄著可疑俗人家(以不畏家知此比丘無衣隨身)。五分。上二衣中隨所重者聽寄一衣。不得寄下衣。以隨身故禮拜入寺乞食。不得單著。但得寄一衣。明兩緣者。僧祇夏三月在蘭若恐怖處。開置一衣村內。不作日限。五分。夏中不許離衣。要待後安居竟賊難恐怖因緣得寄白衣家。不作日限。唯須十日一度往看。恐有溼爛蟲齧等過。善見。蘭若處僧坊堅密。不須寄衣。無者得寄。六夜一看見衣已還蘭若所。上來諸部恐有急難賊怖則開寄衣不作日限。必有他緣方制六夜。四分初緣因蘭若賊劫。佛令置一衣村內。不制日限。後因聚落比丘起過。更開緣至六夜。而不顯緣相。致令古師妄執。今準諸部明文。有緣皆開。五分有恐怖者不限多日。如上。更開塔僧事和尚闍黎事及他事。皆聽六夜留一一衣白衣處。明了論中。蘭若比丘夏安居中須往餘處聽法不可恆將三衣。聽留寄餘處六宿不失。至第七日還取衣。過第七夜已。如前寄之。事若未竟中間恆許。律不犯中。已寄六宿至第七夜明相未出前若到衣所若手捉衣。(謂蘭若俗人家女人處必捉衣)若至擲石所及處若捨衣。餘同聚落離衣戒說。

迴僧物入已戒三十。具四緣。一是通許僧物。二作許想。三迴向已。四入手便犯。律云。僧物有三種。一是已許僧(謂通明施僧而未分僧別二異此迴犯捨也)。二為僧故作未許僧(謂俗家為僧作牀褥器具供僧之物此迴得吉羅也)。三已與僧者。已許僧已捨與僧(此決施於僧不許別屬迴犯棄)。僧祇。若人持物來問僧何處布施。

答言隨汝所敬處與。若言何處果報多。答言施僧。若言何者持戒清淨。答言僧無犯戒不清淨。若言我已施僧。今施尊者。得受無罪。若言此物置何處使我常見受用。答某甲比丘坐禪誦經持戒。若施彼者長見受用。四分。若物許僧轉與塔。許四方僧迴與現前僧。許比丘僧迴與尼僧。許異處迴與異處。乃至許異處迴與此處。一切吉羅。並謂未決定。若決別施隨前犯。僧祇迴此彼畜生物越心悔。十誦多論。若檀越施此自恣僧物迴與彼自恣僧者。物應還此比丘。作吉悔。若不還此僧。計錢成重。乃至此彼一人物迴亦成重。準此定屬僧众。迴與他人。成重。律不犯中。若不知。若已許作不許想。若許惡勸與好者。一切不犯。

四分律刪繁補闕行事鈔卷中之二

四分律刪繁補闕行事鈔卷中之三

唐京兆崇義寺沙門釋道宣撰述

九十中小妄語戒一。此戒人多喜犯者，良由妄業熏積識種尤多，故隨塵境動便虛搆，不思反流之始，但願畢世之終，以此安生爲要，當死定非排業，良可悲夫。加以犯無定境，起必依心，但使違內想心，不論外緣虛實，一切皆墮。六緣：一是人不簡道俗，二作人想，三違想說，四知違想說，五言了，六聞解。多論妄語兩舌惡口相歷作四句。一是妄語非兩舌惡口，傳他此語向彼說，以不實故是妄語，不以分離心故非兩舌，耎語說故非惡口。餘句類上有無可知。成論云：餘口三業或合或離，綺語一種必不相離。善生經：有人於十業道一時作二三四乃至八事，不得作十，以貪瞋不得一時故。其餘八事，六處遣使，自爲二事，一婬他妻，二謂無業道。四分五分：因法師比丘常好論義，以是爲非，以非爲是，餘人問故，答云我實知非，恥墮負處。僧中妄語罪重百羅漢前。多云：不妄語法者，若說法義論傳語，一切是非莫自稱爲是，常令推寄有本，則無過也。不爾，斧在口中。律云：見聞觸知違想說，乃至所見異、所忍異、所想異，皆是妄語。又有三時前後

知是妄語吉羅。正口言妄者墮。若僧說戒時三問憶念罪而不說，吉羅。善生：若有疑心無疑心，若見聞覺知，若問不問，異本音者，是名妄語。若言不大見聞亦犯。若破相說，無覆藏說，非犯。若異音說前人不解，若顛倒語，若發大聲不了語，若有所說前人不解，並犯。僧祇：屠兒等逐畜云走，問言見不，不得妄語，不得示處，應令看指甲等應方便引接令畜生遠去。十誦：若語高姓人云是下姓人者犯墮，若語兩眼人云汝一眼得妄語提，又輕惱比丘故提；若語一眼人云汝是瞎眼人，得輕惱他墮。四分不犯中，但稱想說故不犯，文如註戒本中。

罵戒二。智論：一人生國中，皆共作因緣，謂內法與外法爲因緣。如惡口業故地生荆棘，諂曲心故地則高下不平，慳貪多故水旱不調地生砂礫；不作上諸惡者，地則平正，如彌勒佛時人行十善地多珍寶。律云：佛言凡有所說當說善語，不應惡語，便自熱惱，乃至畜生聞毀慙愧，況於人也。六緣：一是比丘，十誦五分毀下四衆皆吉羅；二自出毀呰，伽論傳他語爲他罵皆吉；三知是毀呰；四作折辱彼意；五言了；六聞知。十誦：六諍本者，瞋恨、惡性、貪嫉、諂曲、無慙愧、邪見。四分

惡法種類毀訾者六品。言卑姓家生。業行亦卑。伎術工巧亦卑。若言汝是犯過人依實亦犯汝多結使人。若盲若禿瞎人。有三行罵法。初面罵者言汝是除糞家生等。二喻罵者汝似除糞種等。三自比罵者我非除糞種乃至我非販賣殺牛羊跛躄人等皆墮。二者善法罵亦有三種。面罵者汝是阿練若乃至坐禪人。餘二罵例知了了說者皆吉。僧祇云。若以上惡法毀餘比丘及父母言汝父母是者得提。汝和尚闍梨是偷蘭。汝同友是越毗尼。餘有中下惡法。行罵父母和尚同友等並遞減一等。面比罵外更加是中有如是人。亦

犯。謂小姓比丘與大姓者共住云此中有小姓比丘。又云。地有金藏好令人鬬諍。律中迦葉舉造房僧過。即日出城宿。佛訶但舉非人等餘類不舉迦葉。以護人心故。不犯中相利故說。為法故說。為律故說。為教授故說。為親友故說。上皆內無嫌恨慈濟故示惡語。或戲笑。但犯吉羅。或因語次失口。或獨處說。或誤說。皆不犯。十誦有比丘說他罪諸比丘知是人身業不淨能於四重飲酒殺草非時食妄語作者應語莫瞋諍相言也。

兩舌戒三具六緣。一是比丘。二說鄙惡事。三傳於彼此。四分離意。五言了。六聞知。律云兩舌者彼此鬬亂。令他破也。僧祇以惡法告言某甲說汝是無有上中下法。欲令他離向已若彼離不離皆墮。多論說已更說墮。若不傳彼此語但兩邊說令離散者一切吉。律不犯者。破惡知識惡伴黨和尚同師親友於僧塔廣作無義利。破如是一切無犯。

共女人宿戒四。五緣成。一是人女。二室相成。三共同宿。四知同宿。五隨轉墮。律中女者人女有智命根未斷。室有四種。一四周障上有覆。即同在一堂內中有隔者準論不合。二前敞無壁。即長行房簷下兩頭有障。三雖覆而不徧。即周帀同一院門上通覆開中央。四雖覆偏而有開處。謂通覆障上少開明孔。此等四室比

丘與女人同宿。或女人後至。或比丘後至。或二人俱至。若亞臥。隨脇轉側。一一波逸提。若與畜生。準僧祇大母畜生亦犯墮。若人黃門二根人宿。一切吉羅。比丘晝日臥。女人立者吉。女人若坐犯屏墮。十誦乃至羅漢不與女人同宿。如熟飲食人之所欲。女人欲男亦爾。此律以羅漢為緣起。尚被淫惱。餘凡何須拒抗。多論善見若都集堂同障內。設使堂中有諸小房。房雖各別。以堂同故猶是一房。若多房共一戶。亦犯墮。即井部平頭率多同戶房。覆者乃至衣縵作屋壁者。乃至高一肘半共宿皆犯。若大屋相接乃至一由旬向一戶出入皆犯。所對境者乃至

同行等戒。皆謂女人能受淫者。餘石女小女等但犯吉。十誦若在室中通夜坐者不犯。必應多人共處有明不睡者。僧祇。一房別戶。有隔無犯。若佛生日。轉法輪日。乃至大會通夜說法。若露地風雨寒雪。當入屋內正身坐。若老病不能坐者。當施障隔。不得用疏物。高齊肩腋下至地。不得容貓子過。若道行入村宿。當別房別隔。若無屋者。乃至如前作。（皆謂以衣服被從房堂內壁直當門中央隔出至舍前簷令與兩頭相當是爲二室不但簾牀也）若無隔者。女人可信應語女言。汝先眠我坐。比丘欲眠。語令起我欲眠。汝莫眠。汝若眠者。汝無福德。（準加諸部男子自伴）多論與十女人

宿。十墮。隨一一起更臥。隨一一轉。各各得十墮。若白衣舍與女人並房不閉戶。吉羅。五分。同覆異隔。若大會說法。若母姊妹近親。患者有知男子自伴不臥者不犯。律。不犯中若先不知室內有女宿。若屋有覆無障。或盡覆半障。或盡覆少障。或盡障不覆。或盡障半覆。或盡障少覆。或半覆半障。或少覆少障。或不覆不障。露地不犯。若此室中若行若坐不犯。若病臥。被縛命梵等難並不犯。

共未受具人宿過限戒五。五緣成。一未受具人男女。餘義如別。伽論云。已二夜共沙彌宿。第三夜共女人宿得二提。二三四緣同前戒。五過三夜犯。律云。共宿至三夜明相未出。應起避去。（準此不去吉羅）至第四宿若自去。若使彼去。善見。至第三明相未出不避者。亦不犯。（謂不犯提）第四宿初夜墮脇者結墮。十誦若通夜坐若病。得與沙彌過限宿。病人臥者開。餘不病比丘不應臥。母論。至第三宿無去處者。比丘不應臥。結加趺坐至明相現。至第四宿又無去處。明相欲現時遣去。若自去。（準此必須第四宿離之若初夜即坐者不成開）五分。與同宿不犯者。常坐不臥。若互坐臥。（非謂護明相皆四夜通夜不臥開）僧祇。至第四宿。因大會道行等緣如前戒。張障幔。不者過三夜犯。犯竟

若未懺悔。復共宿者。轉長罪。無二夜開。悔過已。當別房宿。更得二夜。多論有四句。或人一室異。或室一人異。或人室俱一。俱異皆墮。律中與畜生男過限宿吉。開緣同上。

與未具人同誦戒六。五緣。一是佛說法。二字句味。三未受具人。四齊聲同誦。五說言了即犯。律中法者。佛所說。聲聞所說。仙人諸天所說。若口授。若書授。說了了犯墮。若師不教言我說竟汝可說者。師吉羅。僧祇。若聲聞弟子餘人等說。爲佛印可者犯墮。（決四分不了文）善見。一切三藏佛說者。羅漢結集者。同誦得墮。若自撰

集文字乃至俗書非佛說故不犯十誦隨一品一章一段各得墮此律但云同誦不簡文句多少多論若二人俱經利並誦無犯若比丘無處受法乃至得從沙彌尼受但求持戒德重人作證明伴亦得從白衣受法但不得稱闍棃如是例知但消息令不失威儀律不犯者云我說竟汝說一人誦竟一人書若二人同業同誦若錯說彼此一切不犯

向非具人說麤罪戒七多論寧破塔壞像不說他麤罪則破法身不問前比丘有罪無罪皆墮七緣一是比丘及尼二犯初二篇罪三知犯四無僧法開五向

未受具說六言詞了七前人聞知五分尼向白衣說僧汎爾小小罪過皆墮僧祇若人問言某甲比丘犯淫飲酒者答云彼自當知若已作法人問者倒問彼言何處聞答云某處聞比丘云亦某處聞因俗女來寺六羣示之此人犯僧殘俗女說偈云出家已經久宜應修梵行童子戲不止云何受人施十誦云有訶云佛法中乃有是癡人應答云我家廣大種種皆有律云若說上二篇犯墮下諸篇及自說已罪若說下三眾罪一切吉羅又有五事若說名字若種姓若衣服若房舍若相貌皆墮不犯者若不知若麤惡不麤惡想若白衣先已聞麤罪者一切開

實得道向未具者說戒八問凡夫無聖不可得犯聖人奉戒一制不犯用制何為答制聖為遮凡若後向說即知是凡為護大妄不令有犯豈非是要也

與女人說法過限戒九六緣成一是人女二知三不請四無有智俗男五言章了六過五六語便犯若不請者聽齋五六語若請說若問義隨多少五分由五六語得解故便制戒四分五語者色受想行識無我也六語者眼耳鼻舌身意無常也不得更增一句故僧祇中說六句已云使汝速盡苦得墮律云有智男

子者解知麤惡不麤惡事多論有智男子解人情語可作證明若中邊不同者不聽必是俗人出家不得以事同故正使僧集若多女無俗男者不得說之女謂能受淫者若為尼說得僧祇若盲若聾亦名無人一盲一聾此二當一人若眠亦名無人若母姊妹等亦犯若減七歲若過不解好惡義味亦名無智男子餘如大疏中含云凡有人請問法義者答云欲問便問我聞已當思律中若說不了吉羅不犯者若五六語有智男子前過說若無有智男前請應答廣說授五戒及法授八關齋及說八齋法八聖道十不善法

女人問義不解廣說若錯者一切不犯
掘地戒十多論不掘地壞生三益一不惱害眾生故
二止誹謗故三為大護佛法故若佛不制此二戒者
國王大臣役使比丘由佛制故王臣息心不復役使
得令靜緣修道發智斷惑是名大護五緣犯一是生
地二作生地想三自掘使人四使人時不作知淨法
五傷則犯墮戒緣為修治佛講堂為世尊所訶制今人
多因福造罪謂妄傲倖可悲哉律中地者若已掘地經四月被雨漬
還如本若用鉏钁耒或推打刀刺指搯掊傷地上然
火但使地作地想一切皆墮若不教言知是看是吉

羅十誦若頹牆土石底蟻封土聚若掘吉羅若掘泥
處乃至沒膝吉羅除為僧塔寺畫地作模若赭土墡
土生石黑砂鹽地等一切不犯蜀本多論云生地不
生地生地者謂四月及八月是雨時地相連著潤勢
相淹能生草木名生地餘無雨時日炙乾燥風吹土
起義名不生地若觸此上乾地吉羅下侵溼地犯墮
牆根齊溼處乾土不犯異於地故雖被築治若溼相
淹發起犯墮屋上牆上生草觸傷草犯墮傷土吉羅
僧祇若轉石搭地掃地曳木驅牛馬等欲使地平意
傷如蚊腳一切犯墮土塊一人不勝破者犯提減一

人重者得打杙房壁損成功越先有孔無犯若外被
雨地傷如蚊腳提畫地作字亦提畫上末際無犯若
撤故屋使淨人為之若壞壁使淨人卻泥後自得摘
若已曾被雨使淨人摘兩三行後自摘至基還使淨
人摘井池瀆汪水新雨後使淨人抒若令攪濁若牛
馬先涉後得自抒以雨水能生地故大小便時水手
摩地犯墮若缾器物木甎瓦等在露地經雨已不得
自取取犯墮若純沙無罪半沙者越若死土被雨已
使淨人取盡雨霑溼際然後自取四分若野火燒寺
聽逆除中間草若作坑塹斷若以土滅若逆燒除之

善見若地被燒亦名非地若地有沙以水淘之四分
沙一分土無犯若石上厚四寸燥土得取若野火來
近寺為護住處故比丘得剗草掘土以斷火若把火
燒手擲地不犯五分若野火來當打犍稚唱令餘如
諸部多論使僧尼掘地作知淨語提若教下三眾淨
人不作知淨語吉若三眾不為三寶利益緣自壞土
木者吉羅五分蘭若無淨人聽比丘以水澆地剗草
布蹋使成泥取用僧祇覆處地得自掘四分文中不了律不
犯者若語言知是看是若曳材竹木若籬倒扶正若
反甎石若取牛屎若取崩岸土若鼠壞等若來往經

行若掃地若杖築地若一切不作故掘意不犯

壞生種戒十一具緣如上四分云壞鬼神村者波逸提鬼者非人是村者一切草木是(言草木為非人所依故具引諸部通解恐無知者濫用)十誦云村者蚊蝱蛺蝶蟻子諸蟲以之為舍也僧祇戒本壞種子破鬼神村者墮(如此會通相同明鏡)律中五種村謂根種枝種節種覆羅種(此言雜種)子子種等若斫截墮炒釘杙火燒一切並提若斷多分生草木墮半乾半生吉羅僧祇云根種莖種以刀中破淨節種者以刀破又摘卻牙目淨心種者蘿勒蓼等揉抮淨子種者十七種穀脫皮淨火淨遍五種五果中裹核種(如棗杏之屬也)爪甲淨去核食火淨合食(火淨者謂生熟二棗給核)膚果種者火淨合食(如華茇桑椹梨柰之類)若熟時落地破如蚊脚者名創淨去子食殼果種有火淨(椰子胡桃石榴之屬)檜果種者(香菜蘇荏之類)未有子揉抮有子火淨角果種者淨法如檜果法(大小豆等準此蒿中含子之草應得火淨但令相著即得淨法爾故)又云寺主有穀倉未淨畏年少比丘不知戒相先令淨人火淨訖乃至盡來悔言春去不犯餘事類知若以五生種擲著池井水中大小便中糞埽中越死犯提若草中行欲令草死越傷如蚊脚提石上生衣衣上生毛食餅生毛使淨人知若日曝知乾得自剝除雨後

舉木越傷草者墮淨人先舉比丘後挔無罪(四分中開舉木石者先不知著草也)夏中行畏失道故以餘物繫草為記來還解者無犯泥雨滑倒捉草挽斷更捉亦斷皆開水中浮萍不得撥開牛馬行處得無者捉土石仰擲空中言至梵天上去若後下時打水開得用(此即沙門淨法)若泥作時欲飲水者得葉中飲無淨人取者得就樹上葉中飲不得挽斷高不及者搖取乾葉若已衰黃斷者越華生者提水中翻覆浮萍者越擲岸上墮若入水洗時水草著身者以水澆令入水若斷朝菌吉羅善見云若須華果攀枝下使淨人知亦得抱淨人取

律中比丘道中行妨草者聽以竹壓草若石木鎮上(準前暫前)五分凡諸草木若有所須語淨人言汝知是若不解者又語言汝看是若不解復語我須是若不解復語與我是壞地亦然(皆謂知比丘身不得折損口不合斫掘方乃靜緣心淨)若生草覆道開路故枝折葉落不故作不犯十誦一時壞五種子五波逸提此律一業壞多種隨多少結乃至前戒令淨人掘隨掘隨墮不同僧祇取前事止方結四分中若五生種如柳榴之類就地離地壞皆犯墮非五生種如離地槐櫰榆柏之屬已萎者得若與地連得墮若離地色未改者吉羅名壞相也不犯

者言看是知是若斷乾枯草木若於生草木上曳材曳竹正籬障若撥墼石若取牛屎若生草覆道以杖披遮令開若以瓦石拄之而斷傷草木若除經行地土若掃經行地若以杖築地而誤撥生草木斷者無犯

身口綺戒十二四緣一自作身口業綺二數惱不止三爲僧單白訶止四更作便犯四分云餘語者云汝向誰說爲論何事等一切吉羅作自已語者墮惱他者應來不來應坐不坐等身綺也餘如口綺法成論語雖是實語以非時故即名綺語或雖是時以隨衰

惱無利益故雖復利益以言無本義理不次皆名綺語即律中爲不恭敬人說法皆是善見異成鬬僧默然者得律云若上座喚來不來者吉不犯者重聽不解前語有參錯便言汝向誰說爲論何事乃至我不見此罪若欲作非法無利羯磨不與和合喚來不來不犯若爲作非法羯磨若不欲知教言莫來便來不犯若一坐食若不作餘食法食若病喚起不起不犯若命難梵難教莫起便起不犯若惡心問不與說若作非法事便語者若小語錯誤一切不犯

嫌罵僧知事戒十三六緣一是羯磨所差二知是三如法經營四說嫌罵法五言詞了六前人知聞五分若單白二差人惱者墮僧差不羯磨及餘人作此誣說口口吉羅四分緣起白二差之僧祇罵正拜人倩人倩人更倩人三人俱墮因說大魚有百頭頭頭各異由先爲三藏好惡罵人故四分若嫌者而見不聞處言有愛恚癡罵者反上皆墮若不受上座言嫌罵吉羅不犯者實有其事恐後悔恨語令如法發露便言有愛恚等若戲錯說一切不犯

露敷僧物戒十四六緣一四方僧牀敷二知是三露處四自敷使人五去時不自舉不教人舉六出門便

犯五分見僧臥具在露地以不自敷不使人敷故而不舉亦墮到尼寺敷尼僧臥具不舉亦提白衣入寺應借僧臥具受用又俗人家會借僧臥具食訖比丘不舉亦墮若知事暴僧臥具在邊若禪若眠吉僧祇若僧牀上安像比丘禮拜手觸不舉者墮若多人禮拜悉皆手觸屬最後者犯墮若春月敷牀後付囑人知捨去無犯若行路中挽亂草坐已去時聚已當去多論露地敷已不囑人遊行諸房吉四分彼以僧物付僧知事言我今付授汝汝守護看若都無人者當舉著屏處若無屏處必知無壞當持麤者覆好者上

若卽時還應便隨雨中疾及時還應往彼次第作如
是方便應去若不作初出門墮若方便還悔一切吉
若二人同牀下座應收不者墮吉上座單提若俱不
收二俱墮餘空牀踞牀几等不收及臥具表裏一切
吉羅若露敷僧物而入房思惟吉羅不犯者若取僧
物露敷去時語舊住人摩摩帝經營人令知如上方
便者一切不犯

覆處敷僧物戒十五五緣一是僧物二者屏處三自
使人敷四不自擧不教人擧五或出界或過三宿犯
律中彼應語舊住比丘言與我牢擧若無人不畏失

當移牀離壁高楮牀腳持枕褥臥具置裏以餘麤者
重覆若恐敗壞當取臥具置衣架上豎牀而去若不
作如是出界外犯墮若卽還不久聽二宿界外第三
宿明相未出若自至房中若遣使語知事人不者明
相出犯墮

強敷戒十六五緣一他先借得安止已定二知他先
住三作惱意四強敷中間五隨坐臥犯律云中間者
若頭邊腳邊兩脇邊臥具者草敷葉敷下至地敷臥
氈若知他先得而強宿者墮十誦若爲惱他故開戶
閉戶然火滅火若唄呪願讀經說法隨他不樂事作

一一墮律中不犯者先不知若語已住先與開間若
間寬不相妨若親舊教言但敷我自語主若倒地若
病轉側墮上命梵等難一切不犯

牽他出僧房戒十七四緣一是僧春冬房以夏房入
已牽出犯吉二先安止定三作惱亂意四牽出犯律
中若自作教人牽隨所牽多少隨出房一切墮若牽
多人出一戶多墮一人出多戶多墮若持他物擲著
戶外閉他戶外皆吉僧祇牽他出時若抱柱捉戶倚
壁一一墮若呵叱隨語一一離一一墮若瞋蛇鼠驅
出越若云此無益物驅出無罪十誦若喜鼾眠應起

經行不能經行應起屏處不應惱他五分若降伏弟
子而牽出者不犯若將不喜人來欲令自出出不出
吉羅牽下四眾亦吉律不犯者無恚恨心隨次出其
宿過限遣未受具人出若破戒見威儀爲他擧及擯
應擯因此故有命梵難驅出一切不犯前戒是俗處
不簡淨穢此是僧處故簡穢也

坐脫腳牀戒十八三緣一是重屋二脫腳牀三在上
坐臥犯

用蟲水戒十九四緣一是蟲水二知有蟲三不作漉
法四隨所用犯律云若以草土擲蟲水中若蟲酪漿

淸酪漿若漬麥漿若醋有蟲以澆泥草若以草土擲中一切皆墮教人亦同五分隨用蟲一一墮律中若以草土擲水中隨河池中魚蟲一一提大集云畜生身細猶如微塵十分之一乃至大者百千萬由延僧祇蟲細者三重漉猶有者捨去若用水者日日諦視無蟲便用以蟲生無定或先無今有故五分蟲水者漉囊所得肉眼所見若用水蟲蟲墮無漉囊不得半由旬行若無者用衣角漉之律不犯中不知有蟲作無蟲想若蟲大以手動水令蟲去若漉水灑地若教人漉者一切不犯

覆屋過三節戒二十四緣一自爲己二自作使人覆三至第三節未竟不去見聞處四至三節竟犯

輒教尼戒二十一四緣一不爲僧差二集於尼衆三說法教誡四言了便犯律中僧不差說法八敬俱墮

日非吉羅僧祇前三（在經說戒日十五日後三日後二月二日去布薩）此日去者名爲日非但德須具十人行又希今但爲略法如刪補羯磨

與尼說法至日暮戒二十二六緣一是僧差二尼衆來集三教誡說法四日暮五知想六說法不止犯律中除教授若受經誦經若問若以餘事乃至日暮除尼若爲餘女受經至暮一切吉羅不犯者教授尼至日未暮便休除婦女已爲餘人若船濟處說法尼聽若與賈客共行夜說法至尼寺中若因人請値說便聽者一切不犯

譏教尼人戒二十三六緣一是僧差二情存爲法三內心嫉忌四說爲飮食五言了六前人聞知不犯者其事實爾爲供養故教授誦經受經若問若戲若錯一切不犯

與非親尼衣戒二十四四緣一是尼二非親三與衣四領受便犯律中除貿易若與塔佛僧者一切不犯

與非親尼作衣戒二十五具三緣成犯一是尼二非親三隨作犯律中隨刀截多少隨一縫一鍼皆墮若復披著牽挽熨治以手摩捫若捉角頭挽方正安揲若緣索線一切吉羅不犯者與親里尼作若佛塔僧作若借著者浣染治還主等

獨與尼屛露坐戒二十六四緣一是比丘尼二無第三人三在屛露二處四共坐便犯十誦屛處相去一丈墮丈五吉羅一丈若過不犯僧祇共一尼屛坐或尼請一比丘食一尼共比丘坐一尼往來益食益食去時隨一一墮比丘爾時應起語言我欲起莫令彼

疑作非法。若尼去者不犯。多論：比丘坐住屏覆處者，
無慚愧處可作淫處。律中見聞二屏，如二不定中說。
若盲而不聾，聾而不盲，若立住，一切吉羅。不犯者，比
丘有伴，若有知人非盲聾，若行過，倒地，若勢力持，命
梵難者。

與尼期行戒二十七　五緣：一是尼，二言許共行，三無
緣，四同一道，五度界犯。律不犯者，不共期，若大伴行，
疑恐怖處，若往彼得安隱，命梵等不犯。十誦開為尼
負衣過險徑。

與尼同船戒二十八　四緣：一是尼，二共期，三同乘上

下，四入船犯。律中除直度，船師失濟，上下水者不犯。

食尼歎食戒二十九　四緣：一尼三眾歎得食，二知，三
受得，四咽咽墮。律云：讚歎者，謂阿練若乞食，乃至持
三衣，讚多聞法師、持律坐禪。食者，從旦至中所得食。
食咽咽墮，除飲食，得餘䞋衣燈油吉羅。僧祇：除舊檀
越，乃至下食已，唱等供時，更有餘比丘來，尼言更有
比丘，施主言善哉者不犯。若尼言此十二頭陀者墮。
若言多與好食，平等與，不犯。若言某甲徒眾多聞精
進，當通請一眾，一切犯墮。若言某甲眾主精進，為是
比丘故通請二十人，一人名讚歎，餘者不犯。若有歎
食，不得捨去，當展轉貿食。若比座垢穢不淨，不喜與
貿者，當念此鉢中食是某甲比丘許我當食者，不犯。
若言某甲尊者可常乞食者，不犯。五分：若先不知，臨
食時言好與比丘食者不犯。律中不犯者，若不知，若
檀越先有意，若無教化想，若尼自作檀越，若檀越令
尼經營，若不故教化而與食，不犯。

與女人期同行戒三十　具犯同尼行戒。律緣以無學
為教興，尚被打幾死，何況凡夫。故云若村內一界行
者吉羅。不犯者，先不知，若不共期，須往安隱，命梵緣
者。

施一食處過受戒三十一　五緣：一施主期限一食，二
知是，三重過受，四無因緣，五食便犯。律中開病者，離
彼村增劇也。不犯者，一宿受食，病過受食，若諸居士
請大德住與食，若次第請與食，若水陸道斷等，不犯。

展轉食戒三十二　十誦云數數食，五分同之，僧祇云
處處食。總一明判，云背請戒。五緣：一先受五正請，不
問道俗親非親，二食境堪飽足，三無緣，謂病等也，四
更異主受正食，五隨咽便犯。律中請有二種，若僧次，
若別請也。食者，飯、麨、乾飯（糒粥亦是）。僧祇云：初出釜畫不
成字，是非正食。僧祇：若到俗家言闍黎今日我家食

卽名請處。若作食未熟欲往他家，應白已去。不白去者，至彼得正食犯。二嚫。一不白請家。二是背請。大同四分。文律云：病者不堪一坐食令足。施衣時者十二月中隨有衣食請處開背。若一日受衆多請，自受一請，餘者施人。言長老我應往彼，今布施汝。若不者背去者不得。十誦多論：前家不得隨病食背至第二第三家漸漸食至日中，不得到第四家。律不犯者病時、施衣時，若捨請若請與非食（謂粥餅不正食）或不足（是正而少不足）或無請或食已更得食等，不犯。

別衆食戒三十三。然別衆食準此律文，但明別請，不論不集。故文云：但請三人食，我等不得別衆。若依緣起，則明乞食。故文云：爲攝難調人，自結別衆。若依多論，明界內不集，亦明別請別乞。有不集者，僧次亦有不集。今分三相，各明犯緣，引據證別。初明僧次七緣：一有施主。二是僧次請。三五正食。在時中。四食處成衆。五知界內有善比丘未食不集。六無諸緣。七咽咽犯。多論：若施主就僧界內二處設食，應布薩處請僧，或送一分食。自處不須展轉。若聚落界內無僧界，二施主各請四人已上，二處食，應打犍稚，互請一（已一）互送一分食，更有異比丘入，亦更須展轉，或先僧次後成別請。有客遮不許入，是若不遮，雖先別請，後成僧次，如上立法。此明僧次。言別乞者，善見四句：一四人同乞，或別乞，各不相知，同一主故，同時受食犯。多論：若四人各自乞食，共在一處，亦無有過，以非一家故。若別請人，應令作法，門外唱令，但得一人，卽名清淨。若不作法，界內無人者，一切僧猶得遮食，不清淨罪。若準此言，未假界內不集，必若盡集，亦結其過。故文云：別請四人在僧中次第並坐受食，食不與僧同味，咽咽皆犯。準此以言，僧次一種，唯局不集結罪。乞食

別請，若集不集，俱結。今更約緣隨相總明，令人識知。由過常有，初有施主。四分多論：不問道俗，皆名施主。卽明僧食，無別衆罪。故多論云：若取僧食，別自受啖，不與僧同，或遮客僧，或不作相，是盜僧祇，非別衆罪。廣如上卷。二別僧別乞別請三種。先明別僧，卽是僧次。五分：僧次請者，凡夫聖人坐禪誦經勸佐衆事，並爲解脫出家者，得入僧次，唯除惡戒人。若言次第上座者，是僧次攝。又不知齊幾爲上座。佛言：上無人者皆名上座。以法取人，或言禪師等，是別請。若言禪師十人，便除法師律師，甄簡異故，不名僧次。十誦：善生

中以羅漢法請人不稱名字猶名別請爲佛所呵如
計請法中多論若施主長請比丘或作日限先隨意
請人各使令定至初集日先無別請一切無遮大善
無過不能無遮應打揵稚衆僧集已先別請者且住
一處勸化比丘若施主應立高處舉聲大唱六十臘
入若多若少但得一人卽名清淨乃至唱到一夏及
沙彌等若都無者亦名清淨若初日不唱應日日唱
如初日法若初日唱訖若遮不遮一切無過若不作
此二法若食時有遮界內比丘乃至一人此一切僧
得別衆罪設界內無比丘故有遮食不清淨若九十

日請或長請如初日唱九十日夏訖施主設有續供
一月半月卽前唱法爲清淨不須更唱唯僧房臥具
九十日竟日日唱不者得罪若施主就僧界內作食
堂舍不容次第出在異處食亦得若大界內有二處
僧祇一日中二處俱施食布薩處無過不布薩處不
請布薩處一人不送一分食者此僧犯墮若施主別
請僧次四人入僧布薩界內食或將食入界別請比
丘應布薩處請僧次一人若送一分食若二處三處
亦爾自處不須展轉取人送食設請人送食已外有
異比丘若遮不與食者墮若不爾者三人已下各各

異處食得若作意請僧中一人忽忘不請在前作一
分食置上座頭送與彼僧若道界遠者先取食次第
行之若聚落界內雖無僧界設二檀越請四人已上
於二處食應打揵稚互請一人互送一分食若有異
比丘應入乃至一人若不互請送食皆墮若遮不與
一人食亦墮假令一處欲如法者應好隱悉知聚落
比丘有無不疑者得不爾應打揵稚不打者知有一
人不來食犯墮疑有吉羅若不疑心若打揵稚不問
有無一切不犯或先僧次請來有客比丘遮不聽入
卽成別衆或先別請有客比丘來比丘教化勿遮卽

成僧次不能不遮乃至唱一人入等善見別乞四句
或四人一時乞或別別乞各不相知而同一主一時
往受食者犯二各各去一時受各處食（四分律中不犯墮）三
各去各受各食不犯四或別乞別去一時受食犯義
云僧次請人至請家已門外有比丘不許入界內者
變爲別請設後食時無人亦犯墮若門外僧與家內
相去六十三步外者食時外僧乃名別請別衆不名
僧次別衆四食處成衆善見要別請四人俱受成衆
卽座上一比丘覆鉢不食待餘三食竟後一人食不
犯四分若二人三人隨意食四人若過應分作二部

更互入食多論三比丘一狂心三比丘一滅擯三比丘在界內一在界外若狂擯二人不落僧數雖四不成異界不相足數不成別眾故須知是好比丘多論或食僧食若施主食各取食分雖四人已上於別處食或共一處食不犯別眾若四人各自乞食施一處食亦無別眾律結犯者據一家併乞四人一時受食必前後各自受分者得由自食已食也又有四句一食主是一盡集無過二食一處二彼此乃異以食味同故不犯若界內更有餘比丘二眾俱犯三食別處一如僧盡未食僧食或有施主食有一施主別請四人在僧中並坐受食不與僧同咽咽犯若彼四人先取僧中一口食已後得益無犯此謂露地須申手內若在覆處不必相接四謂食別處別彼此二眾互請一人互送一分食不者二俱犯墮五界內不盡集五分若請比丘僧應比丘沙彌往若請二部僧五眾應往多云凡別眾食必於界內言界者謂眾僧結界聚落界家界曠野處一拘盧舍界此諸界內不得別食別布薩若僧食竟有客比丘來檀越與食四人已上無罪以僧食竟不合同味無乖別過若僧未食客來入界受檀越食咽咽成犯別狂癡滅擯比丘及沙彌無犯上沙彌等三人非別眾若不與

僧食是盜僧祇若沙彌是僧次請來則免四比丘已上別眾罪俱福田故四分諸律並云別請別乞故犯不言不集多論別請別乞如律又加食處不集雖僧次來但使同界不集亦名別眾如上所列善見五種足四不犯一不請足四施主別請四人一人不去主人見少臨中見一比丘即喚與食是名僧次情無簡別二乞食足四亦以別請一人不去臨中乞食比丘至依次與食三沙彌足四四鉢盂足四別請四人三人身至一人鉢請五病人足四此謂狂癡並非別眾得食律中不犯開七緣一病時者下至腳跟劈善見云砂土入中不能行二作衣時者自恣竟無迦絺那衣一月有則五月是也三施衣時者如前背請戒道船二行為四五二緣者下至半由旬內來往上下是六大眾集者食足四人長一人為患是乃至百人長一人為患此謂儉時東西二家各設食供東家成眾西家一人由食處成眾西家一人本是別患豐時則有儉故開之又供具限約不許分送外乞難得儉故開成今京輦設供每有不依疏僧闐闠門首請家拒閉不令輒進大德英達安然坐食知外有僧不思命召親見其事過深鄙俗望諸行者見聞斂迹五分云門外有客比丘不得入者乃至語往本寺取食等廣如訃請法中七者沙門施食時謂在此沙門釋子外諸出家者是也又準論中僧次不犯五分衣

時都合九緣。增一云：師子長者別請五百羅漢。佛言：不如僧次一人，福不可量。因說如飲大海，則飲眾流。師子言：自今已後，當不別請。佛言：我亦不令別施，以無有福。師子便平等施，亦不言此持戒犯戒。佛讚善哉，平等之施，獲福無量，平等施者，施中第一。賢愚經以氎施佛，佛讓與僧，義意同此。正使將來法垂滅盡，比丘畜妻挾子，四人已上名字眾僧邊請供養，應當敬視如舍利弗等。律明開緣，僧次一種，功益自他；病等諸緣，但能自益。謂別請三人，一人若病若行等緣，來入前數，自身是開，益他犯別眾也。律中若無如上諸緣，即起白言：我於此別眾食中無因緣，今欲出；餘人無緣者亦爾。若有別眾食緣欲入者，當白言：我有別眾緣欲入。白已，隨次入。若有緣不白者，吉羅。不犯者，如上所開。

取歸婦賈客食戒三十四，五緣：一是上二緣，二知是，三無緣，四取過三鉢，五出門便犯。

足食戒三十五，五緣：一是可足食，二知境足，三捨威儀，四無緣，五更食犯。律中若飯、麨、乾飯、是正食，堪飽足故，名足食。五緣：一知是飯，由飯等是正足。二知持來，知為我持來境多。三知遮，知前境食少，雖食不遮；多堪飽，雖食一口必遮於後，若是足。四知威儀，知行住坐臥四儀，隨壞一一犯足故。五知捨威儀，境若坐牀而食，前堪足，忽低頭取與，後分離牀之例。足食已，捨威儀，不作餘食法，得而食之，後食若正若不正，枝葉華果細末磨餅油蜜等，隨得一粒入口，咽咽墮。僧祇捨威儀者，八種威儀，行住坐臥長牀短牀船乘。且如牀上坐已，若見師僧塔像在背後者，迴身避坐，曳身不得離牀，若離名捨威儀。若正食時，天雨於上，持蓋無者，合牀舁著覆處，舁時倒地，及諸緣而離本處，更食犯墮。五分五事：一有食，二授與，三受啖，四不復受益，今時有人且受正食，斷心便至中前，依式更啖，此非正量，食無飽期，約境定犯。五身離本處，更得食墮。國土無粥，晨朝開飲麨漿。十誦五種中，糒謂乾飯也，餘同四分。五似食者，床粟䵃麥莠子錯麥迦師等。五

種佉陀食者，一根，二莖，三葉，四磨食稻大小麥等，五果也。僧祇五正同此，五雜正如四分。云佉闍尼者，枝葉華果細末磨。僧祇大小䵃麥米豆作餅、酥油、歡喜丸，一切作餅，除肉，餘者非別眾處處滿足食等。善見云：佉闍尼者，一切果是也。正食者，米麥作飯麨粥，初出釜畫成字，不得食；若米合藥作粥亦爾。若少飯和多水，以離威儀，應作餘食法，乃至米雜肉如芥子大，須作餘食法。一切草根及樹木子作飯，若以豆作飯，不須作餘食法。若以菜和正不正為粥，若說正名成遮，不說正名不成遮。義云：此足者，謂前境足，非敢飽名

足故律中時有比丘見上座來若受不作餘食法者
告言我受不作餘食法便得食尼不敬僧戒中亦爾
故知若起須作餘食法由前境足故不得輒起何況
僧祇八遮四分中病人殘不須作餘食法善見明了
病人殘者或食不食皆成殘僧祇一人作法餘人盡
得此律亦爾律中僧俗二食俱得加法若作餘食法
十五不同能中有三一是比丘二先足食除不正及
不足三身康和除病對法亦三一豐時除儉二所對
是比丘三未足食者食體亦三一時食及清淨多論
不淨食不成作二新淨食非病人殘三不覆藏食自

作三法一自言現前應從淨人受已共未足比丘互
跪云大德我足食已知是看是作餘食法二授與前
人三舒手相及處彼作三法一彼受爲食二口云我
止汝取食之三度與他此三五種並約律文五分佛
言持食著鉢中手擎偏袒右肩右膝著地作是言長
老一心念我某甲食已足餘如上若都不食還之語
云此是我殘與汝亦名殘尼具有殘食法僧祇若持
鉢椀作法但食鉢中鉢中成殘椀中不成義云今有
人食飯未竟喚足食者來與食云此是我殘者應成
無妨若强勸不云殘犯後戒律不犯者食作非食想

不受作餘食法非食不作法若病不作法病人殘不
作法若已作餘食法一切不犯
勸足食戒三十六五緣一他足食竟二知三發言强
勸四不作殘法五前人食犯
非時食戒三十七智論問曰若法無時云何聽時食
遮非時食爲戒答曰我已說世界名字法有非實汝
不應難亦是毗尼中結戒法是世界中實有爲衆人
訶責故亦欲護佛法使久存定佛弟子禮法故佛世
尊結諸戒不應求有何名字相應不相應等若爾云
何但說假名時答實時毗尼不說以白衣外道不得

聞聞生邪見故說假名時以通多分故今有妄學大
乘者多貪著非時食故具引誡之經中說云早起諸
天食日中三世諸佛食日西畜生食日暮鬼神食佛
制斷六趣因令同三世佛故多論四解一從旦至中
其明轉盛名之爲時中後明沒名爲非時二從旦至
中作食時節乞不生惱中後已去反上可知三中前
俗人事務淫惱未發中後閑預入村乞食多被譏謗
四中前乞食濟身過中靜緣修道非是乞時名爲非
時又云晝夜各分九時事同須臾日下近地熱漸寒
甚夜則長也阿含中時非時經具明二十四半月之

相準俗二十四氣量之。僧祇令知時節，若作腳影。事同上經，若作刻漏。（四分亦爾）日極長晝則十八須臾，夜十二也。長夜反之。四緣：一是非時，二非時想，三時食，四咽咽墮。律云：時者明相出乃至日中。按此時爲法，四天下亦爾。非時者，從日中乃至明相未出。僧祇：日正中時名時非時，若食得吉。時過如一瞬一髮食，得提。律云：若比丘非時受食食，咽咽墮。非時漿明相出，七日藥過七日亦墮，盡形壽藥無因緣服吉羅。（以曾加口法，無病不許服。犯有輕重，並謂加口法者；若不加法，非時中服四藥並墮。故戒本唯除水楊枝也。）五分：得嘗食，但不得咽。十誦：教人非時食、殺生草木、空地

然火、手取金銀、掘地、啖殘宿食，爲已不爲已，作者皆二俱犯墮。五百問云：中後一切有形之物不得入口中。食已用楊枝，若灰漱口，不者墮。律不犯者：若作黑石蜜，和米作法爾，故有病者服吐下藥，日時欲過，煑麥令皮不破，漉汁飲。若喉中哯出還咽，不犯。善見：出喉還咽犯墮。

食殘宿戒三十八。三緣：一是殘宿，二知是，三食咽咽犯。律中殘宿食者，今日受已至明日，於一切沙門釋子受大戒者皆不清淨。四藥以論，過限結罪如前戒。善見、十誦、五分：大比丘受食已，或食未食，經夜名殘

宿。問：殘之與宿，爲一爲異？四句答之：一殘而非宿，（日受四藥，不加口法，過中）吉羅。二宿而非殘，亦吉。（謂未受食，或共同宿吉，不宿不犯。）三亦殘亦宿，提。四非殘非宿，可知。殘宿、內宿亦作四句：一是殘宿非內宿，（今日受食，安界外，不共宿，非內宿也）得墮。二是內非殘，三四俱句類知。有云淨地無內宿，文云除去比丘，故知有也。律中殘宿不受食戒，以坐禪比丘爲緣起者，爲防未來惡比丘故。內無道觀，煩惱未伏，妄倚道業，便輕聖戒。此乃心涉愛憎，大我未伐。故諸三乘道人並不輕戒，以深伐我根，傾慢使幢，敬戒而增道業，可不欽尚之哉。十誦：若鉢著不淨脂酥受麨食，應

寫淨鉢中食之。著鉢者棄。繩綴鉢受粥脂出，但棄膩處，餘者得食。若新熏鉢及手酥脂油著，二三澡豆洗，餘膩氣不盡名淨。不淨殘宿鹽食，吉羅。（與四分同罪）伽論：膩故不去者，非食膩故。善見云：多比丘一沙彌行，比丘各自擔食，至時各各自分。分已，沙彌語比丘云：我持已分與大德易之。易得已，復與第二比丘易，乃至下座。若沙彌不解者，比丘自持食與，教共易，得無犯。（無殘宿惡觸等。）乃至持米行，沙彌小比丘得作飯，唯不得然火；若沸不得吹攪，吉羅。熟已如上分展轉易者得。（義準：今食殘食與俗人，若過與他者，惡觸不淨，以心不斷故不淨。）十誦：比丘傳食與沙

彌沙彌傳鉢食與比丘比丘洗手更受以一心實與
沙彌故淨也遠行難得食處聽自持食從他易淨食
者得今有直將食乞淨人還從乞取二彼俱無受捨
不名交淨如善見者好也有比丘使沙彌持鉢沙彌食已持
不淨鉢與師佛言無急事不應使沙彌持鉢若使持
應從沙彌受十誦無水處水上有食棄上飲取下若
下有食飲取上乃至酥油等吹去飲取水泉池中有
食亦爾僧祇多論乞食食已有殘棄曠野石上明日
乞食不得不作本意還從本道石上故飯在者無淨
人自取有烏鳥食處當扠去五百問因緣同上所以

開者以信施重故又無主物如鬱單越法取食者得
五分比丘殘果與淨人已不作還意後淨人還與比
丘佛言離手已名淨食之僧祇莫問時非時受若過
非時如髮瞬若食得噎停過須臾復得停食食噎謂旦
起受食至中過中已去限一須臾若過二時名曰非時比丘晨起應淨洗手齊
腕已前不得麤魯洗五指頭當以灰土洗指令作聲
洗已更相摩者不淨更須洗之今有安餅果手巾上若有肥膩氣勢相連
得殘宿惡觸等若淨巾無過律令以手巾盛食果十誦中手巾日
別洗之僧祇若洗鉢已不得摩拭當停使燥欲食時
當護淨手若摩頭口手相揩者以上洗法洗之捉袈

裟者更須洗之善見若乞食值風雨塵土落鉢中作
念當爲沙彌乞得食還語沙彌如上因緣已沙彌受
已云此是沙彌食今施與大德得食無犯律不犯中
若宿受食與父母若塔舍作人計價與後乞食比丘
從作人邊乞得者若鉢盂有孔罅食入中如法洗餘
不出者得若宿受酥油灌鼻若隨唾出棄餘者不犯
不受食戒三十九十門分之一制受意二能受人三
所受境四所受食五受食處六受食法七須食觀八
食食法九失受法十對文解初中五分云佛未制前
比丘各不受食白衣訶言我不喜見著割截壞色衣

人不受食食是爲不與取多論五義故一爲斷盜竊
因緣二爲作證明三爲止誹謗四爲成少欲知足五
爲物生信令外道得益昔有比丘與外道共行止果
樹下比丘不上樹不搖果又不肯就地取並答言佛
不許作外道知佛法清淨卽隨佛出家尋得漏盡二
能受者是比丘了論能令受者具戒比丘住於自性
求得在此處解云能受者清淨持戒無毀故言住自
性欲求飲食名爲求得此處受食卽度與餘比丘不
須更受卽名此比丘爲能受若破戒被擯別住十三
難三舉滅擯應滅擯學悔等人不成受故三所對境

了論解云除自已及同類餘三類眾生隨一被教不
被教知比丘不得自取食又知此可食物知比丘
是受施人度與比丘若不解此義雖與不成受多論
為作證明故若在人中非人畜生悉不成受五分曠
野無淨人處聽自洗燒器安水淨人安米自煑若熟
從他受僧祇曠野中行牛上受食長袋連紐一日一
繫置牛上人不得觸之至時一比丘引繩一比丘受
取口云受受等十誦蠅不可遮故非觸烏來啄一口
去但棄啄處餘殘得食善見天人鬼神畜生飛鳥皆
成受五分迦葉從帝釋受食僧祇中獼猴邊受蜜十

誦輕繫地獄亦應得受準此六道知解者成反則不
成四所受食初汎明須不二明轉變初中十誦五種
塵不須受謂食塵穀塵衣塵水塵風塵（應是細者若麤須受）善
見若塵大落鉢中可除者去之餘者不犯細者更受
（前十誦者或無人處或是嚮明中塵）行食時比座餘食迸入鉢中成受
僧祇一切塵一切更受除畜生振身塵若作意成受
乃至行餅麨飯等抖擻筐器迸落盋中不作意者不
成反上成受僧尼互淨互受善見若病急緣大小便
灰土得自取明了論名大開量如下卷說律中灰土
泥等須受應有人處十誦聽擔食行不使人見若食

當下道取一搦不受而食又聽過大澤擔糧從他易
淨食（此是有人處前是無人處）僧祇多論見昨日石上殘食不受
開食如前戒說亦急難開事同儉時八事五百問云
山野處無人者日中不得往反應七日自作先淨米
取僧祇濁水應受性黃無犯五分鹹水性鹹不著鹽
聽不受伽論濁鹹灰水見面不須受善見若額頭汗
流入鉢中須更受臂中汗流入手不須受（準此作意額頭亦成）
僧祇楊枝者口中有熱氣生創咽汁應受若誤咽不
犯雪冰雹無淨人處淨洗手自取食有者應受四分
戒本除水及楊枝不言咽非咽也準僧祇好二明轉

變善見受生薑後生牙不失受火淨已生牙牙處更
淨非生牙處得食鹽變成水得食僧祇自重煑不失
受（四分亦爾）酪酥甘蔗石蜜麻油等由中前記識故展轉
不失受等五受食處明了論求得在此處地及水中
空中不成如前受中說六明受食法一器食相對了
論至邊三種一至身邊謂以物置比丘手中二至物
邊謂俗人擔物令比丘自取手至物邊三至器邊以
器貯物授與比丘但捉器受並得二身心相對一身
受非心心緣他事但申鉢受二心受非身施主置食
而去但作意受毗尼母云以嫌比丘故置食捨地佛

言離手已是與竟若準僧祇口加三受三身心平等
非所遮若已足食竟不作殘食法不成受四非身心
受比丘與施主先相領當中前緣事不得對面便晝
地作相後置食於中或入定或禮佛誦經身心不關
故並成受三單心無對受僧祇邪見人不與比丘食
當滿茶邏規地作相若葉蔽鉢下時口云受受受前
畜寶戒俗人寶器不得捉下食時亦云受受受大同
明了十誦亦同不相解等同之五分火燒馬屋送食
置地亦爾僧祇若禪眠與食不覺者不成若不欲自
食自捉與淨人四連絣觸礙者僧祇若繩連器物相

連不斷與比丘者成受非威儀乃至淨人樹上搖果
比丘以衣鉢承取或以手腳口下果時觸枝葉者更
生心言受受善見繩繫不成受以無口加故僧祇若
如上成受非威儀四分若遙過物與者受者俱知中
間無觸礙得墮手中者得僧祇井上懸食下井底比
丘口言受受匆突中間生草木若在屋上當繩連捍
取口言受受十誦寫酥油注鉢中雖不絕成受以注
下流故僧祇淨人行果鹽菜應語懸放果墮草上即
去者者不名受小停者名受中國行道人食法淨衣踞坐已前施食案上安
草置鉢如是食若淨人難得比丘至飯餅果菜邊受取行之

若淨人舉不離地亦名受非威儀當語稍稍授我若
鎗鑊熱不得受者當以兩木橫置地比丘腳躡當安
鎗時口云受受五心境相當受淨人作三法比丘作
三法食無七過等廣如四藥法中六非心境受如上
乞食自取儉開等緣不勞心境自取無罪七食須觀
門五別一計功多少量彼來處二自忖己德行全缺
多減三防心顯過不過三毒四正事良藥取濟形苦
五為成道業世報非意故明了論中云餘一切文句
縱廣道應知解云出家人受食時或受竟先須觀食
然後啖之廣如下卷對施興治中但每日恆須恐未

見後文故略知大旨不爾徒自衣食終為聖訶毗尼
母中鈍根比丘總作一念利根比丘口口作念著衣
者著著作念入房入入作念不爾食出腹中亦如後
卷八正受食法四分受有五種手與手受手與持物
受持物與手受若持物授持物受若遙過物如上說
復有五種身衣曲肘器與還以上四受若有因緣置
地與如上口云受受十誦淨人不解行食半在鉢半棄地若
墮所受草上應食若著土吹卻食土多者水洗食之
僧祇下時覺墮鉢中時不覺二初下不覺墮時覺此
二俱非威儀名受食十誦行食時淨人輕比丘故觸

比丘手不應受不輕者得九明失受法一決意棄捨失了論若人不須此物決捨此食失受更食得罪二捨戒失了論云先受食已後捨戒餘比丘須者更受三捨命失一切退沒故即如亡人不淨食器皆不須翻穢四任運失謂曾受四藥過時法滿更無有受如後律中五轉變失如麻出油漿變成酒酒變成醋生變成熟並失本受若爾僧祇中何故展轉不失答此謂時中加記識故後得無過若時中不記者皆不成法六遇緣觸失如多論淨人觸失更洗手受僧祇亦爾觸今有重受而不洗手者成受皆無賦但先洗手意在淨心非謂有汙十依文解四

分食五種蒲闍尼飯乾飯麨魚肉也五種佉闍尼如上五種奢邪尼酥油生酥蜜石蜜也若不與食自取著口中咽咽墮非時七日限過亦墮盡形無緣不受食吉羅不犯者取淨水楊枝若不受酥油灌鼻與唾俱出餘不犯若乞食時鳥銜食若風吹墮鉢中除去此食乃至一指爪可除去餘者不犯

索美食戒四十四緣一是美食乳酪魚肉二無病一坐間不堪食竟三自爲己四食咽犯祇中不得從屠家乞肉汁八種乳酪家亦不得恐招譏過蠶家乞緜亦同於此五百問不病索好食犯重律不犯者病人自乞爲病人

乞或自他交乞不求自得一切得

與外道食戒四十一五緣一是外道二知三自與食四非置地使人五彼手受便犯五分乞食乞兒乞狗畜量已食分減施十誦外道伺求長短與食不名汙家多論與無見人不犯若衆僧與外道食無過不得手與

不囑同利入聚戒四十二五緣一先受他請以不受故佛開不囑入村二食前後三不囑授四詣餘家無緣五入門犯僧祇若乞食比丘次行乞食到檀越家即請令住因往他家得二墮如上背請中義準若一

人受請無同請者須白請家或白淨人後得餘行一不惱食主來問知處故彼律又云若二比丘各受常請交往亦爾須白施主四分云食前者明相出至食時食後者從食時至日中準此與時經食時同家者男子女人所居白餘比丘者同一界住不同非時以同受請知處若囑授詣村而中道還或至餘家或至寺內庫藏處及邊房若至尼寺中若出彼白衣家並失前囑授當更囑他不者入門墮不犯者若病若白若迦提時若施衣時若無比丘囑至餘庫藏及尼寺若家家多敷坐具請比丘十誦若食不足若不正餘處求不犯多論主人明

日供今日往墮除主人喚廣如下卷
食家强坐戒四十二四食之中是觸食家眼根對色
故名觸食五分男女情相共食僧祇見色愛著故名
食也四緣一是食家二知是十誦若斷淫家若受齋
家男女互受一日戒不犯三强坐屏處五分坐者知
妨其事十誦此舍多人出入不犯四無第四人僧祇
母女姊妹亦犯律云有寶者多論以著寶衣輕明發
欲故也
屏與女坐戒四十四四緣一是俗女二屏處三無第
三人四申手不及戶坐犯多論閉戶無淨人墮開戶

外有淨人吉戶內有淨人不犯僧祇若母姊妹若大
小淨人睡眠癡狂嬰兒雖有是人名獨以人多犯故前已重明故
又出之若淨人作務來往不斷若門向道有行人如食
頃不斷若閣上閣下淨人遙見者不犯律不犯者舒
手及戶坐使乞食比丘見若二比丘爲伴若有識別
人在邊及難緣並開
獨與女人坐戒四十五四緣一是俗女二露處淨人見聞
屏處三無第三人四在申手內共坐犯十誦與女露地
坐隨起還坐隨爾數墮相去一尋內墮二尋半吉二
尋若過無犯前食家不犯者如前若互受一日戒吉

羅
驅他出聚戒四十六四緣一是比丘二期與設食三
無諸緣礙四遣去犯律中不犯與食令去若病若無
威儀人見不喜自送食與若破戒見故命梵等方便
遣不以嫌心
過受四月藥請戒四十七六緣一是藥請二施主限
定三知限四過受五無緣六食便犯僧祇中春夏冬
若過皆犯或一月半月不得更過律中不犯者除四
緣如戒本過藥限墮過夜限吉羅
觀軍戒四十八多論有三意一爲尊重佛法故二爲

滅誹謗故三爲息諸惡增長善法故四緣一是軍陣
二故往觀三無緣四往見犯四分陣者若戲若眞看
者皆墮若軍在前後下道避不者吉羅方便見墮若
被請去力勢道斷等不犯僧祇若逢軍不作意見者
無犯若作意舉頭窺望見墮若天王出作意看者越
乃至看畜生鬬及人口諍看者亦越十誦爲觀無常
故雖觀不犯
有緣軍中過限戒四十九四緣一有請緣多云開往
者爲沙門果故長養佛法故長信敬故又道俗相須
成就佛法故聽往有益二曾經二夜三第三宿不離

見聞處四明相出犯
觀軍合戰戒五十四緣一先有緣在宿二軍陣合戰
三方便往觀四見便犯
飲酒戒五十一三緣一是酒二無重病緣三飲咽犯
律云若以我爲師者乃至不得以草木內酒中滴口
因說酒有十過五分以降龍故得酒醉衣鉢縱橫佛
與阿難舁至井邊佛自汲水阿難洗之著衣臥於牀
上令頭向佛須臾轉側伸脚蹋佛佛集僧言昔日敬
佛今不能敬昔伏毒龍今不能降蝦蟇因說漸斷酒
制乃至嗅酒器多論云此戒極重能作四逆除破僧

又能破一切戒及餘衆惡故四分中但使是酒乃至
草木作者無酒色香味若非酒而有酒色香味並不
合飲若酒煮酒和合食飲一切墮若甜醋酒食麴酒
糟一切吉羅十誦若飲似酒醋酒甜酒糟醫若麴能
醉人咽咽墮多論麴犯墮者謂和酒麴乾持行者若
餘麴不犯四分若酒作酒想若疑若無酒想皆墮莫非
取境犯謂前有方便十誦爲恐冷發和酒與之不看即飲故制
若看知非而是者如上開之律不犯者若病餘藥治
不差以酒爲藥若用身外塗創一切無犯五百問若
醫言必差得和藥服不得空服彊勸人不飲吉飲犯

墮善見若酒煮藥故有酒香味犯吉無者得飲僧祇
一切果漿令人醉越若麴飯和食者提啖糵者越毗
尼
水中戲戒五十二多論四意一佛法尊重理宜敬奉
入水遊戲損壞不輕二動越威儀招世譏過三妨廢
正業四又失正念故三緣一是水二無緣三入中戲
犯律中戲者放意自恣以手畫水或水相澆灒乃至
以鉢盛水弄一切墮除水已若漿若酒弄者吉僧祇
水陸互澆灒越俱水中者提五分搏雪及草頭露弄
者吉伽中乃至水滴地亦吉律中不犯者若道行渡

水沈水取沙石諸物若學知浮法而浮掉臂畫水灒
者不犯
擊攊戒五十三四緣一大比丘二作惱意三首脚十指
四觸著便犯僧祇以指指比丘亦提五指指五提乃
至差會以指某甲去者亦墮沙彌眠喚覺當捥衣五
分若擊攊沙彌乃至畜生亦吉四分若以餘物擊攊
者吉羅不犯者不故作若眠觸令覺一切開
不受諫戒五十四五緣一已欲作非法事二他如法
設諫三知已所作非前人諫者是四拒諫不受五隨
作犯根本違諫波逸提此謂諫時不受犯吉後作六

聚通犯墮也不犯者如僧殘末戒開之
怖比丘戒五十五五緣一大比丘二作怖彼意三以
色聲等六塵事一一示說四者一一相現五見聞便
犯不問前人怖以不怖皆墮律中不了者吉羅不犯
者或闇地無火或大小便處謂是惡獸便怖乃至行
聲聲咳聲等而恐畏若以色示人不恐意餘塵亦爾
若實有是事相或夢中見當死罷道失物和尚父母
重病若死語彼令知若戲若誤一切不犯
半月浴過戒五十六五緣一會前洗浴二未滿半月
三無緣四更浴五洗半身犯四分除熱時春後四十

五日夏初一月病者下至身體臭穢作時下至埽屋
前地風雨二時下至一旋風一滴雨著身道行時下
至半由旬來往皆開無者過洗半身墮方便悔吉多
論天竺熱早從三月初至五月半聽洗隨國土早晚
熱用此限洗十誦大雨空中立洗亦得若有緣不語
餘比丘輒浴者吉不得共白衣同浴室知善好無口
過者聽入比丘揩白衣吉若頭陀不用他揩編繩自
揩身者善五分共白衣浴室中浴者偷蘭多論凡露
覆處浴要不共白衣如論者好要著竭支一當有慚愧二
喜生他欲因說羅漢身爽有凡見便起染失男根乃

至還悔得本身五分已浴師及病人身體已溼因浴
不犯僧祇隨數滿十五日若洗時料理湯火訖然後
打木作聲令一切僧次第入若無緣者作陶家法先
洗兩脞兩腳後洗頭面腰背臂肘胷腋餘如下卷
露地然火戒五十七四緣一是露地二無緣三然草
木有燄者四然便犯五分為炙身然火燄高四指者
墮多論若他已然後隨作何事皆墮四分病者須火
便身也得自然若教人謂在死土石及餘物上也若無緣燒草木
糠糞一切墮若半焦然炭及不云知是看是一切吉
羅僧祇旋火作輪或火中有草木撥聚一切墮若壞

生二罪一壞生二然火在生地理又一墮僧祇若抖
擻火炬在灰上瓦上不得在生地律不犯者語言知
是看是若病人自然教人然有緣看病人為病者煮
糜粥羹飯若在廚屋中浴室中熏鉢煮染然燈燒香
一切並開
藏他衣鉢戒五十八三緣一大比丘衣鉢二驚動意
三取藏便犯多云若五大色衣不淨衣吉羅未熏鉢
鍵鎡衣鉢作淨畜者皆墮準此五大色非佛開律不犯者若實
知彼人物相體悉而取舉若在露地風雨漂漬舉之
若物主為性慢藏衣物狼藉為誡勑故藏之若借他

衣而彼不收故舉若因此衣鉢有命梵等緣故藏一
切不犯（準此今官不許私度在道行有衣鉢自藏應不犯持罪也）
眞實淨不語取戒五十九四緣一是已物二作眞實
淨三不語主四取便犯戒本列五眾者以明犯不犯
義辨相具解展轉淨施問不問俱得
著新衣戒六十四緣一是三衣二是已物三不染壞
四無緣輒著犯善見若遭賊緣等得權著五大色衣
四分新衣者若是新衣若初從人得十誦得他故者
初得故亦名新衣四分云壞色者若青黑木蘭也彼
得衣不作三種壞著者墮若重衣若輕衣不作淨而

畜者吉羅若非衣鉢囊革屣囊針線囊及諸巾不作
淨畜者吉羅若未染衣寄白衣家者吉羅（準此言淨者謂以成色衣或以餘物貼或以點著名淨而並須染壞非謂三衣須染餘者但淨而已若準文中一切不染皆提一切不淨皆吉羅）
五分所以淨者與外道故令與俗別三種
記故失則易覓多論五大色衣不成受黃者鬱金根
黃藍染赤者落沙染青者藍黛染若自染吉羅不成
受應量不應量一切不得著若點著吉羅（此律犯墮）更改
如法色則成受若先如法色後以五大色者不成受
若以五大色點淨者吉還用青黑木蘭三種更互作
點若衣先已作淨後更染色不須更點先已作淨後

洗脫不須更淨故紫草奈皮柏皮地黃絳緋色黃櫨
木皆不如法色以如法色覆卽成受也僧祇憍奢耶
衣欽婆羅衣細耎者染汁麤澀損壞佛言如是好衣
二種淨一割縷淨二點淨餘衣三淨加一染法青者
銅器覆苦酒甕上著器者是藍澱青石青䂼青不持
是等作淨黑者諸果汁合一鐵器中作泥若池井泥
亦爾木蘭者用上果生鐵上磨作點淨餘如衣法中
分別十誦作淨色者謂以別色相點如青衣以泥棧
淨餘互淨亦爾（棧者赤黑猶同四分木蘭皮）多論除靴履一切並
點淨十誦若衣不淨試著吉羅五分得革屣令本主

著下至五六步僧祇作淨者極大齊四指極小如豌
豆（善見如麻子大）不得並作或一三五七九不得如華形作
若浣褻有泥汙鳥足汙卽名爲淨若新僧伽棃趣一
角作乃至一切衣新細揲亦爾若眾多碎衣一處合
補者一處作別者一一作淨
奪畜生命戒六十一多論一出家之人四等爲懷乃
加殺害違慈非愍二自損惱他生死根本障道惡業
故三爲長信敬息誹謗故五緣成同前大殺戒
飲蟲水戒六十二前戒限分此是深防不待命斷五
緣一是蟲水二作蟲想三不作漉法四飲用五隨咽

犯鼻奈耶律說二比丘向佛所一人渴死生天見佛
得道一人飲蟲水後至佛所佛問其故已脫憂多羅
僧示黃金身汝癡人用觀是四大身爲純[illegible]臭處其
見法者則見我身僧祇比丘受具已要畜漉囊應法
澡罐無者用袈裟一角同伴中都無者舉眾有罪若
卒無水洗手著衣可用樹葉拭然後著衣多論舍利
弗以淨天眼見水中空中蟲如水邊砂器中粟無處
不有遂斷食佛言肉眼所見漉囊所得乃至三重猶
有者捨住處去十誦不持漉袋行二十里犯罪若清
流大河泉水從此寺至彼寺者得僧祇若漉水得已

不得厭課看暗眼人看能見掌中細文者看看時如
大象載竹車一迴頃知無應用若施主請比丘食應
問漉水未若未者自看漉或使可信人應教漉不可
信者自應漉蟲不得語莫殺傷蟲水著器中還送本
水來處瀉中若來處遠者近有池七日不消者以蟲
著中若知水有蟲不得持器繩借人若池汪水有蟲
不得唱云此水有蟲若問者答言長老自看知友同
師者語言此中有蟲當漉水用此戒人亦喜犯與澆
用戒同故具鈔出餘如衣法中
疑惱比丘戒六十三五緣一大比丘二故生惱意三

以六事一一說告四言辭了五前人聞知律中六事
惱者若以生時若年歲若受戒若羯磨若犯六聚若
犯聖法隨一一事皆𨹔僧祇當受時應語令知受後
不得恐疑悔（若即用語者如律開）律不犯者其事實爾不故作
彼非爾許時生恐後有疑悔無故受他利養受大比
丘禮敬便語言汝非爾許時生若實無爾許歲恐後
悔受利養敬奉語言未爾許歲若實年不滿二十界
內別眾作白不成羯磨不成非法別眾恐後疑悔受
利養禮敬語彼令知還本處受戒故（準此欲重受戒佛令還本處勘問得不故）若實犯波羅夷乃至惡說恐後悔恨受利養受

持戒比丘禮敬欲令如法懺悔語知犯六聚者又爲
性麤疏不知言語便語汝所說者自稱上人法等若
錯若戲一切皆開
覆他麤罪戒六十四五緣一大比丘二知犯二篇已
上三作覆心四不發露五經明相善見覆他罪百千
共覆一人俱得提（十誦字註云向一人說便止）僧祇向善比丘說
不得輒說若犯者凶惡恐有難緣應念彼人行業自
有果報猶如失火但自救身焉知餘事時與護根相
應不犯多論若疑未了不須說他律中若知他犯麤
罪小食知至食後說吉食後知初夜說初夜知中夜

說。一切吉羅。若中夜知至後夜欲說而未說明相出。墮。除麤覆餘罪。自覆罪。除尼覆餘人罪者。一切吉羅。不犯者先不知不麤罪想。若向人說。或無人向說。若發心向說明相已出。若諸難緣者。並開。

與年不滿戒六十五。四緣。一是年未滿二十。二知。三與受具。四三法竟犯。多云。六十已去不得受大戒。設師僧強授亦不得。以不任堪苦行道。心智鈍弱。聽為沙彌。七歲已下亦不許度。未滿二十不得受者。以其輕躁為寒苦所惱。若受大戒。人多訶責。若是沙彌。人則不訶。僧祇。若減七十不堪造事。臥起須人。是則不

許。過七十。減七歲。不應與出家等。廣如上下二卷。律論言有矛盾。二情兩通無損。律中不犯者。先不知信受戒人語。若旁人證。若信父母語。若受戒後疑者。當數胎中年月。數閏月。一切十四日布薩。以為年數滿者不犯。開和尚墮。餘人吉羅。今取諸部會通。勘餘曆術。總括明練。廣如大疏。但鈔者為末學之流。余雖明委具張。終恐後人不曉。但通略舉一句。以定昔來謬解。謂取極小沙彌臘月三十日生。年滿二十。正月一日受者。實年十八歲二月。便以胎閏等緣增之。則正年二十。猶長五月一日也。此長含虛增月。約實退減。

年十九歲。年月俱不滿者。至八月九日前受。是不滿二十。是罪無戒。九日後受。無罪有戒。然諸國用曆不同。此唐國內。亦有六七家曆法。且據一家。如上略述。自餘易緯律曆。故不重申。至如諸部不滿得戒。具如戒疏引述。

發諍戒六十六。五緣。一是四諍事。若餘私諍律得吉羅。二僧如法滅。三知。四輒發起。五言了結。

與賊期行戒六十七。六緣。一是賊。二知。三期。四同一道行。五不離見聞處。六過限犯。祇中與負債人行越。十誦共惡比丘期行吉。

惡見違諫戒六十八。五緣。一是惡見說欲非障道。二屏諫。三不受。四僧如法諫。五三諫竟犯。

隨舉戒六十九。四緣。一是惡見被舉人。二知是。三隨順同事。四隨一一事結。

隨擯沙彌戒七十。犯緣大同前戒也。

拒勸學戒七十一。五緣。一作止不學意。二前人如法勸。三知己非。前人諫是。四不受勸意。五言辭了便結。十誦說四事一一乃至七滅諍言我不學此。一一墮。五種人不應為說毗尼。如後卷中。

毀毗尼戒七十二。多論為尊重波羅提木叉故。二為

長養戒故。二爲滅惡法故。又多論云。以十二年前常說一偈。今說五篇名爲雜碎。五緣。一是毗尼。二前比丘誦戒時。三作滅法意。不令久住。五分令人遠離毗尼不讀不誦而毀呰墮。十誦何用說爲令人疑惱熱惱不樂。若說隨經律。一切墮。多論若誦一一戒。一一呰。一一墮。通訶一墮。戒序中說二百五十戒義故亦墮。律中毀毗尼墮。阿毗曇及餘契經吉羅。不犯者先誦毗曇。然後誦律。餘契經亦爾。若病者差已誦律。若勤求方便成四沙門果後當誦律不欲滅法者開。

恐舉先言戒七十三。四緣。一是廣誦戒時。二在眾中。

三作不聽之意。四說過五篇。即言我始聞結犯。祇云。隨中間一一戒不聽吉。一切不聽墮。受具已應誦二部毗尼。不能者誦一部。又不能當誦五眾戒。（即五篇也）四三二眾如初句。不能誦二眾當誦一眾及偈。若布薩時廣誦五眾乃至四三二。無者乃誦一眾及偈。餘比丘不得坐禪作餘業。應專心聽。

同羯磨後悔戒七十四。四緣。一是僧得施物。二同羯磨賞他。三輒反謗僧。四言了便犯。

不與欲戒七十五。五緣。一是如法僧事。二知。三不與欲。四輒去。五雙脚出戶結。五分有事與欲去。不與欲應三羯磨屋下隨出一一提。露地去僧一尋提。若不羯磨私房斷事。一一吉羅。僧祇若僧集說法毗尼。有緣不訖座不白去者越。若大小便須臾還不廢僧事。不犯。若疑來晚應白與欲。乃至聽他人讀誦受經皆須白之。中間止作餘語者無犯。五分不羯磨斷事沙彌在中。若起亦吉。律不犯者若與欲去。若爲非法同師作損減不與欲而去者開。

與欲後悔戒七十六。四緣。一如法羯磨。二如法與欲。三輒反悔言不成。四言了結。多論若僧作非法羯磨當時力不能轉默然不訶後言不可無犯。若順法毗

尼者墮。王制不順吉羅。

屏聽四諍戒七十七。五緣。一先起四諍。二前人屏量。三作鬬亂意。四往彼盜聽。五聞便結犯。不待向說。律中若二人闇地共語隱處共語前在道行共語。若不彈指謦欬驚者吉羅。不犯者若恐作無利故聽者開。

瞋打比丘戒七十八。四緣。一大比丘。二生瞋心。三作打意。四著便犯。律中打犯重者亦墮。若以手石杖等墮。若餘戶鑰拂柄挃者吉羅。十誦如一把沙豆散眾多比丘隨著一一墮。伽論欲心打女人。僧殘。僧祇若惡象馬牛羊來入塔寺觸突形像壞華果樹得以杖

打木石恐怖令去不得杖擬畜生一一吉羅律不犯者有病須人椎打食噎椎脊共語不聞觸之乃至誤觸不犯檢諸經律無爲訓治故開比丘行笞杖者釋迦一化並無末代往往見有前卷已明故是法滅之相大集經云若道俗等打破戒無戒比丘罪重出萬億佛身血何以故以能示人出要道乃至涅槃故智論律中結戒爲世間事爲攝僧故爲護佛法故有人有眾生隨逐假名而結戒不觀後世罪多少如道人鞭打殺牛羊罪重而戒輕歎女人戒罪重後世罪輕等

搏比丘戒七十九前是限分此戒深防擬便是犯伽論舉手向眾多比丘一一提

無根僧殘謗戒八十略同第二篇罪墮爲別

突入王宮戒八十一四緣一是刹利王二王共夫人同處三王未出寶未藏（多論眾女者寶衣眾具未藏舉本處）四入王宮門限便犯律中若入粟散小王豪貴長者門限內吉羅

捉寶戒八十二此是捉寶戒多論明文因拾遺爲緣起不用舊語具五緣一是重寶通自他二及莊飾具三非住處及宿處四無心盜取擬還主五捉便犯多論七寶捉者墮七名如三十戒中若似寶銅鐵雜色珠等取得吉羅不取如法說淨不犯若捉金薄金像舉藏若捉他寶自說淨寶得墮似寶入百一物數者得不須說淨僧祇中乃至知佛僧事人有寶不得自取若四月八日及大會供養時浴像金銀塔及菩薩像供養具有金銀塗者使淨人捉若倒地者佐助捉無金銀處若塗徧者裹手捉若浴金銀菩薩使淨人洗乃至使淨人持比丘佐助若已先捉不得後放多論若似寶作女人莊飾具捉者吉羅男子莊嚴具除矛矟兵器樂器餘一切捉無犯若使比丘捉寶亦墮

律中開若是供養塔寺莊嚴具爲牢固收舉不犯（謂無淨人處開）故五百問云知事人不得捉佛法金銀錢亦墮

四分云若在寺內寄宿處有寶自捉教人舉當識囊相器相開解看幾方圓幾新故有索者問相貌同者還不相應者云我不見此物若二人同來取語同者持物置前各自取去不作如是方便吉羅若餘處捉遺落物者墮僧祇若見遺衣物者當唱令之無主者懸高顯處令人見若來取問何處失答相應者與無來者停三月已若塔園中得者作塔用僧園中得者四方僧用若貴價物金寶等不得顯露處屏看相已

有認相應對多人前與教令受三歸語云佛不制戒者眼看不可得無人來者停至三年如上處所當界用之比丘若失物先生心言後知處當取後知得取無罪客比丘遺衣鉢主人徙著餘處藏犯重彼衣主憶來取者無罪若掘地得寶藏者淨人不可信當白王淨人可信停至一二年應作塔用若王覺者答言已用作塔若索者應以塔物若乞還之若王問律中云何答云佛言隨塔僧地得者還作塔僧用之若寶藏上有鐵券姓名亦得直用進退如上成論有人言伏藏屬王取此物犯盜者答云但地上屬王不論地

中何以故給孤獨等聖人亦取此物故知無罪又自然得物不名劫盜僧祇入聚落中有遺物不得取有人取與比丘者得即是施主若曠路無人處有者得取若衣有寶以腳躡斷露捉使人見至住處見有寶者與淨人掌作衣藥直五百問云寄白衣物過期不來白衣持來施比丘不合取若活是有主若死屬僧物

非時入聚落戒八十三五緣一非時分二無啟白喚緣三不囑授四向俗人舍（即寺內淨人家院是）五入門結十誦若入聚落僧坊（尼寺須白）入蘭若處入本住處無犯四分

非時者從中後至明相未出不囑授比丘初入村門墮若僧塔寺事病事當囑比丘若獨處一房當囑比房十誦無比丘白者四衢見應白又無者發心已去無者應白尼三眾僧祇食雖早竟即是非時作白言長老我非時入聚落前人言可爾若道從聚落中過村中有塔天祠者當順行直過若下道左右旋去者墮智論一切白衣舍皆名聚落準此寺內淨人房院何為不白慎之哉慎之哉五分若路所經暮須往宿八難起等並不須白多論若總白隨到所至處若別相白亦善若先不白見異寺比丘白無犯明了論若

有緣須入先簡擇此事謂白同戒觀察正行律中威儀者得不者不合律不犯者若道由村過若有所啟白若喚若請皆不囑授直往有三寶緣者開囑如上

過量牀足戒八十四五緣一是牀二僧牀及已三過量四自作使人五作成便犯本為截者不截方犯律云高如來八指多論木牀高大悉犯俗人八戒亦同八指者一指二寸姬周尺一尺六寸唐尺一尺三寸彊五分得高牀施先作念截卻得受不爾者墮僧祇僧牀亦犯恐施主嫌者木箭盛腳埋之乃至截腳本還措牀腳亦犯隨坐起一一墮若下溼處用八指木

搘脚得。準此下溼處搘牀者應開得在上禮佛若搘高者不合也。若俗家高牀不犯。四分亦同。十誦云截竟僧中懺罪。八指者用我指量。上開搘脚木用人八指量。第三分入梐。準此十誦疏家以八寸為量。四等分之。又云長牀極小容四比丘坐處。臥牀過三肘。降四歲共坐。若減不得坐。牀長一肘半得二人共坐。牀搘不得過八指。四分不犯者去地八指。若減若脫脚無犯。

兜羅貯牀褥戒八十五。五緣。一是兜羅緜。律云白楊華柳華蒲臺也。二貯牀褥。三為已。四自作使人。五成便犯。五分隨坐結墮。要先棄後悔。

骨牙角鍼筒戒八十六。五緣同上。多論云以是小物故不入三十中。又應破。故若反還主不受。若與他主生惱。若入僧則非法。故須毀棄。律不犯者若銅鐵鉛錫鑞竹木葦舍羅草用作鍼筒。若以牙角作錫杖頭鏢鑽。子管反傘蓋子斗頭鏢。纏蓋斗。若作曲鉤。刮舌刀。如意。玦紐。匕杓。鉤衣。鍋眼。鎞。刮汗刀。摘齒物。挑耳鎞。禪鎮。熏鼻筒。一切不犯。

過量尼師壇戒八十七。五緣。成一作坐具。二過量。三為已。四自作使人。五作成便犯。律中長姬周尺四尺。廣三尺。緣外廣長各增一尺。此是定量。餘如衣法廣明文云

若過量若互減互過自他作成皆墮。若不成為他作成不成。一切吉羅。不犯者應量減量作。若從他得已成者截割如量。若作兩重者不犯。今有通量而作者諸部不許。四分七百結集中亦不許。僧祇若欲截悔截卻量外。謂初量外非是增者。依法懺之。餘者說淨。若已曾過十日。如長衣法捨之。準多論衣法。

覆瘡衣過量戒八十八。律云用覆身上種種瘡。上著涅槃僧。得用大價細耎衣作。長姬周尺八尺。廣四尺也。不犯略同前戒。十誦乃至瘡差後十日。過者結墮。

雨衣過量戒八十九。文相如三十中。不解可知。

與佛等量作衣戒九十。多論云佛量丈六。常人半之。衣廣長皆應半也。十誦云長佛九磔手。五祇二律亦同。有本十磔手者錯也。長姬周尺丈八。廣丈二。常人九尺六尺也。事希故無暇廣述。須知。

四提舍尼初戒名在俗家從非親尼取食也。五緣。一俗人舍。二非親尼。三無緣。四自手取食。五咽結。四分食者正不正也。無病自取咽咽結。文中不論自他二食。約緣通之。五分在巷中犯。家內不犯。緣起如此。律不犯者受親里尼食。若有病。若置地與。若使人授。若在僧寺與。若在村外。若尼寺內。一切皆得。

在俗家偏心授食戒。四緣成。一白衣舍。二偏心越次指授。三大眾默受不訶。四隨咽結。五分第一上座應訶不用語者。乃至新受戒者亦得。僧祇三訶不止食者無犯。十誦若二處僧別坐別食。亦須別問已約勑未。未者不得食。後坐人亦爾。律不犯者。若語言大姊且止。須待食竟。若尼自爲檀越。若檀越設食。令尼處分。若不故作偏爲彼此者。

學家過受戒。事希不述。今諸有信家亦五眾繁踐。無度受供。準此自約。豈非明斷。

有難蘭若受食戒。五緣。一是蘭若險處。二先不語檀越。三無病難緣。四自手取食。除置地使人。五食咽犯。

眾學戒中。威儀之要。具在諸門。略收將盡。今撮摘數十。八之喜犯。故復輯敘。

初齊整著涅槃僧者。律云。不齊者。或時下著。繫帶在臍下。高者褰齊膝。象鼻者垂前一角。多羅樹葉者垂前二角。細襵者繞腰細襵。皺此之犯相故作犯應懺突吉羅。以故作故。犯非威儀突吉羅。若不故作突吉羅。尼等四眾亦吉羅。乃至篇末並同此。不犯者。或臍中生創。下著。若膝踌創高著。若僧伽藍內。若村外作時行道者。

二齊整著三衣者。律云。不齊者。下垂過肘露脇。高過腳踌上。象鼻者垂前一角。樹葉者垂前兩角。後褰高。細襵者襵已安緣。不犯者略同前戒。

三反抄衣者。謂左右反抄著肩上也。若脅有病。在寺中道行作時者得。

四反抄坐戒。文相可知。已後約略而解。不復記數。大途可知。

律云。衣纏頸者。總捉衣角著肩上也。開緣同上。

覆頭者。若以樹葉碎段物若衣覆也。不犯者。有病患寒。頭上生創。命梵難。覆頭走者。

跳行者。雙腳跳也。不犯者。有病。爲人打。有賊惡獸。若棘刺。度渠坑而跳過者。

蹲坐者。若在牀在地上。尻不至地也。不犯者。有病尻邊創。若有取與。若禮。若懺悔。若受教誡者。

叉腰者。匡肘也。開緣如纏頸戒。

搖身者。左右戾身趨行也。不犯者。病。若爲人打。避杖度坑。搖身過著衣。看齊整者。

掉臂者。垂臂前卻也。不犯者。病。爲人打。及餘緣舉手遮。浮渡水。若以手招喚伴者。

覆身者。處處身露也。不犯者。病。被繫風吹衣離身者。

左右顧視者在村落處處看也不犯者有病若仰瞻日時節若難緣伺求便道走者

靜默者謂無高聲也不犯者病若聾須高喚囑授若高聲施食若二難高聲走者

戲笑者露齒而笑也不犯者病脣痛不覆齒或念法歡喜而笑者

用意受食者非棄羹飯也不犯者有如是病或鉢小故棄或還墮案上者

平鉢受食者非溢鉢也不犯如上戒

平鉢受羹者非溢出流汙也不犯如上

羹飯等食者非飯至羹盡羹至飯盡也不犯者有病若正須飯正須羹日時欲過二難疾食者

以次食者非謂鉢中處處取食食也不犯者病或患熱挑取冷處若日欲過難緣者

不挑鉢中者置四邊挑鉢中央至鉢底不犯者有病患熱開中央令冷日過難緣者開

自索食不犯者病爲他他爲已不求而得者

飯覆羹不犯者有病若請食或正須羹正須飯者

視比座者誰多誰少也不犯者比座病若眼闇爲看得食不得食淨未淨受未受若自病者

繫鉢想食者謂非左右顧視不犯者有病比座眼闇如前戒日過難緣者

不大揣者非口不容受也不犯者病時欲過二難疾食者

張口待飯者謂飯揣未至先張口也不犯者如前戒

含飯語者飯在口中語不可了令不解也不犯者有病或噎索水難緣者

遙擲口中食不犯者病被縛而擲口中者

遺落食者半在手中半入口中不犯者啖薄餅焦飯瓜果菜者

頰食者令兩頰鼓起如獼猴狀也不犯者病時欲過難緣疾食者

不嚼飯作聲中除有病乾餅焦飯瓜果者無開菜文

噏飯者張口遙呼吸食也不犯者有病口痛食羹乳酪苦酒者

不舐食者吐舌舐飯也除病被縛手有泥垢膩汙舌舐而取者

振手食中除病食中草蟲或手有不淨振去之有未受食手觸汙手振去之者

把散飯食者散棄飯也開如前戒

不汙手捉食器者有膩飯著手也除病或草上受棄上受若洗手受者
洗鉢水者雜飯水也除病若澡盤承取棄之者
生草不得大小便中除病故不堪避若流墮上鳥銜墮者
水中不大小便唾中除病或岸上大小便流墮餘如前戒
不立大小便中除病被縛腳縛垢膩泥汙並開
不恭敬說法不得中除病若為王王大臣者
不佛塔中宿戒除病為守護故止宿強力所執二難緣宿者
不藏物塔中戒除病為堅牢故藏餘難緣如上
著革屣下諸塔邊戒除有如是病或強力喚入塔中者
塔下坐留食戒除一坐食及不作餘食法比丘病比丘聽聚著腳邊一處出時持棄者
塔下擔屍等戒除有病須此道行強力呼去者
持佛像大小便處三開亦爾
向塔舒腳坐除病若中間有隔強力所持
攜手道行戒除病或眼闇須扶接者

餘戒或有病緣通開不恭敬聽法者唯開王及大臣也良由佛法廣流天下者必假王力故也初雖開聽為在通法被及黔黎後必虔仰故無開法
自餘通諸外部非不要須意在卽披卽行且依律述此若遵之無缺者當更括撿如威儀決正法中別卷流用

四分律刪繁補闕行事鈔卷中之三

四分律刪繁補闕行事鈔卷中之四

唐京兆崇義寺沙門釋道宣撰述

持犯方軌篇第十五（以前隨相約事乃分。至於統明。未可精識。故甄別之。若取由途。理在前列。恐初學未了也。）

律宗其唯持犯。持犯之相實深。非夫積學洞微窮幽盡理者。則斯義難見也。故歷代相遵更無異術。雖少多分徑。而大旨無違。但後進新學。教網未諳。時過學肆。詎知始末。若覈持犯何由可識。然持犯之文貫通一部。就境彰名已在隨相。今試約義總論指其綱要。舉事以顯。令披尋者易矣。就中諸門分別。初知持犯名字。二解體狀。三明成就。四明通塞。五明漸頓。六明優劣。七雜料簡。

初明二種持犯名字者。先解二持。言止持者。方便正念。護本所受。禁防身口。不造諸惡。目之曰止。止而無違。戒體光潔。順本所受。稱之曰持。持由止成。號止持戒。如初篇之類。二明作持。惡既已離。事須修善。必以策勤三業。修習戒行。有善起護。名之為作。作持如前解。所以先後者。論云。戒相止。行相作。又云。惡止善行。義之次第。次釋二犯。言初犯者。出家五眾。內具三毒。我倒在懷。鼓動身口。違理造境。名之為作。作而有違。汙本所受。名之曰犯。犯由作成。故曰作犯。此對作惡法為宗。惡既作矣。必不修善。是故第二即明止犯。言止犯者。良以癡心怠慢。行違本受。於諸勝業厭不修學。故名為止。止而有違。反彼受願。故名為犯。此對不修善法為宗。

二明體狀。餘義廢之。直論正解。出體有二。一就能持。二就所持。言能持者。用心為體。身口是具。故論云。是三種業皆但是心。又律云。備具三種業。當審觀其意等。如後更解。二就所持者。持犯二種。並對二教以明。制教有二。一制作。作則無愆。不順有罪。二制止。作則

有過。止則無違。言聽教者。作與不作一切無罪。何故須二者。若唯制無開。中下絕分。進道莫由。若唯開無制。上行慢求。息於自勵。故須二教攝生義足。今分二教攝法分齊。止持作犯唯對二教中事以明。作持止犯通對二教法事兩種。所以前不通法者。法唯進修。方知事但離過自攝。故得明也。就前止持對二教中。制門中事有二。一者可學。制止。如婬通三境。盜分四主等。二者制作。如衣鉢體量等。二者不可學事。由心迷倒。隨境未了等是。廢昔義也。（昔以事不可學。今以心想迷忘不可學。一切心境皆是可學。但迷非學了。故佛一切開也。）就聽門者。事通上二。言可學

者如房舍尺量長衣大小是也不可學者事同前述
但由迷忘於教無違前後想轉故結不定突作持對
制門中法事者法謂教行也教謂律藏行謂對治事
唯可學衣鉢體量等是就聽門中亦對法事法謂處
分說淨等事唯可學長衣房舍等所以不通不可學
者由心迷忘非學能了廣如後述此謂順教而作無
違故皆名作持也三明作犯以翻止持但不依戒相
造行成辦悉名作犯四明止犯以翻作持所對法事
懈怠不學並是
三明成就處所先約心辨止持有二一無惡來汙明

止持行前三心得有止持謂識想受等此三非業流入行心方成別因故分二
也由本有戒體光潔無違名持受體是記三心無記
也二對治行明止持作持必行心成就前三則無善
性便有惡無記無止作二犯行心成就前就持中無貪等三爲行今就犯中貪瞋等三爲行前三亦無卽識想受三心局不善性若前後心
有別持犯所以可知也後三業明成就身二持者離
殺等過名身止持受食食等名身作持口二持者離
口四過名止知淨語等名作身口各二犯反上應知
單意業中不成持犯若動身口思亦成持犯後更說
之

四明通塞四門分之一心門唯就作業以明但塞
不通以心無並慮境不頓現故也二將心望境有通
有塞言塞者持犯不相有言通者持犯自相通如止
持中有作持作持中有止持二犯亦爾若爲取別答
止中有作收作成止作中亦爾舉宗歷然豈是通漫
一止作持心別二止作持境別三止心對作境四作
心對止境若就修行解止持者如止殺盜先修慈悲
少欲等行以行成故名爲作持望境不起名止持卽
止中有作也若就修行解作持者如欲誦戒羯磨先
止外緣望離麤過名止後善行成名作卽作中有止

也作犯心邊有止犯如人作惡先不學善是等類也
止犯心中有作犯如人畜衣過日造房不乞是若望
不學止犯無作犯不卽相成非無後習也三明自作
教人四句皆通如前心令人漉水爲已用是止持令
人持欲僧中說是作持令人殺生又不乞處分遣人
造房作四事已後心作意離諸罪過卽止持中有止
持乃至止犯乃至止犯心中亦具二持犯如前遣人
作四相已後便止不學善法四前後自業相成有塞
有通塞者易解通須方便四四十六如前無異託相
少別如前自安漉具禁閉沙彌安殺具閉戶現相不

與欲。此四作已後修止持。乃至止犯。此後二門。竝對
事修造。以明止犯。
五明漸頓。初就心通漸頓。若作心總斷惡意名止持
心頓。若一切諸惡竝欲造名作犯心頓。若諸善竝修
名作持心頓。若息修者名止犯心頓。若論心漸。以類
可知。莫非與受體有違順。故持犯兩分。二對行說。唯
漸非頓。以一行中不得備修餘行。故作持名漸也。止
持漸者。如正修慈心。不得修餘對治也。作犯唯漸。不
可頓犯一切戒故。且就男子身七心行殺。若以貪心
殺者單犯一戒。六不殺戒。四十九戒。五十六戒等全

不犯。竝如前說。三就止犯別解。四句分之。一不學無
知相對解漸頓。不學之罪先起。無知之罪緣而不了。
後生故漸。文云五歲不誦戒羯磨。方得罪故。二別解
不學之罪通有漸頓。如要心可學境上作不學意。於
一一法上頓得不學罪。以初受時皆發得故。今違願
體頓得多罪。云何為漸。若要心不學羯磨。於餘悉學。
望羯磨邊犯一止罪名漸。若論無知唯漸者。謂緣不
了。方結無知罪。一心不備緣唯漸。問。此不學無知二
罪是何。答。有人言竝是吉羅。今解言不學吉羅。無知
有二。若全根本無知得重。故律云重增無知波逸提。

若疑者得輕。是吉羅也。三分齊者。就教對行。從根三
別。言就教者。學據始終。不學即結。無知之罪。五夏後
結。對行者。恐心逸蕩。自恃少解。望齊賢聖。故學通一
形。優劣相降。文云五歲智慧比丘。從十歲智慧比丘
受依止。乃至五分法身成立。方離依止。約根者。若利
根易悟。始終二罪。以不學故有無知也。若鈍根難悟。
始終不學。無無知罪。非力分故。律云愚癡比丘盡形
依止。四可懺。以不二俱可懺。如息意不學。後緣不了
結無知。若作心學而未知。不結無知罪。已前不學無
知罪有斷義。皆可懺。

六明持犯優劣。先明持。二十門。一約法而言。四種不
同。一威儀戒。二護根戒。三定共戒。四道共戒。初一外
凡假名僧戒。中二內凡和合僧戒。後一聖人眞實僧
戒。德行優劣。三品殊異。持威儀弱。護根持勝。以制心
故。乃至道共為勝。二就位。無學人德圓。故戒行勝。三
果企求未息。戒行為劣。內凡外凡。相望漸弱。三就人。
七眾相望。乃至大比丘戒無願毗尼最勝。四就行。止
持離重過為勝。作持離輕過為劣。此輕重相望。若能
治行者。止持對麤過。故治行易成。故劣。作持對細過
治行難成。故勝。五就心有三。一善心持戒。謂修離染

清淨行對根本惡怨逼三時不染等是也不善心者為名利故世報等是也無記心者狂亂睡眠等若以作持校之上中下不等若望順教莫不持戒不分三心六約就所求四種一賊分齊如諂媚邪命勝他名利等二罪分齊者恐墮三塗故成論云行者深心不樂為惡名淨持戒三福分齊欲生天受樂等四道分齊者縛著等累由戒得解故七約方明持閻浮提者勝煩惱重故西方東方持戒為弱八約佛前後佛在時勝滅後劣正法像法末法漸弱以優波掘多問尼為證佛世六羣極為麤暴滅後無學威儀不及也九

約遮性二戒不同互持強弱十六聚上下互持強弱次明二犯十門優劣初約位分無學悞犯故輕三果故犯為重三果無漏力強雖犯亦輕內凡道劣故重乃至外凡相比可知二對行者作犯是重止犯為輕亦可故重誤輕三就心三品明優劣如卷初篇三性分之四戒威儀篇聚上下輕重可知五就遮性分輕重以犯性故地獄罪不除如智論說六就時約佛前後辨犯輕重如持中可解七將心望境如母論云犯必託境關心成業心有增微境有優劣故也或心境俱重人作人想殺或境重心輕人作非人想或境輕

心重非人人想論通一切不局一戒婬中自有輕重畜生及人人中有在家出家在家中持戒破戒出家五眾持戒破戒乃至聖人重同報異第二盜重者天及人乃至聖人三寶差別僧物最重第三殺戒成論云如六足毗曇中說殺邪見人輕殺蟲蟻此人汙染世間多損減故第四妄戒向在家人說重向出家人說輕八將制約報以明輕重如母論云如媒二房三戒人之喜犯律制情過故制重名既是遮惡招報不重故論云結戒法異輕制重名得罪法異因果相當或犯輕報重如打比丘等性罪義希故律制輕名既

是違理為業心重招報亦重故論云結戒法異重制輕名得罪法異因果相當或犯報俱重如漏失二謗等或犯報俱輕如不憶念身口威儀忘誤或慚愧心犯等此後二句結戒法不異得罪法不異結戒法故九單心三時辨犯輕重如善生經且約殺戒輕重八句位分四別初一句三時俱重謂方便舉尤害心根本起尤快心成已起隨喜心第二三句二重一輕初方便根本重成已輕中云方便輕根本成已重後云方便成已重根本輕第三三句一重二輕初根本重初後輕中云方便重中後輕三云成已重初

中輕第四一句三時俱輕如僧祇摩訶羅不知戒相敎他殺人以憐愍故善生十誦中啼哭殺父母畏苦痛故害父母命等是律據人想八業皆重業隨心故牽報不同故成論云深厚纏殺蟻重慈心殺人十有心無心相對八句四位如前初一句三時有心次三句一初中有心後則無心犯四重二初則無心中後有心亦犯四重三初後有心中間無心犯初重下三戒蘭吉後三句一中間有心初後無心犯四重二初便有心中後無心犯初重餘三戒或蘭吉三後便有心上二無心婬戒犯重以出時樂故若餘三犯吉次

一句三時無心不犯故律中本作是念我當妄語例之後之八句由心有無故犯不犯別不同前八莫不有心後明無心者或無心受樂及殺盜等心或狂亂不覺者

七雜料簡中分五一以不學無知歷位分別二方便趣果分別三具緣成犯分別四境想分別五雜相分別

初不學無知者其相微隱初且敘結然後例開言其犯相者謂受戒已來勤學三藏於境迷忘遇緣而造者隨相境想具之若由來不學事法無知觸便違犯者佛言隨所作結根本更增無知罪既略敘結須配位法今立兩箇九句爲持犯方軌且據一事以通餘戒先就止持明有無輕重罪之分齊初明可學事作九句分三品上品一句識事識犯中品四句初識事疑犯二識事不識犯三識犯疑事四識犯不識事下品四句初疑事疑犯二疑事不識犯三不識事疑犯四不識事不識犯次解釋中上言不識者犯謂不犯迷輕謂重疑中亦爾疑有疑無疑輕疑重也上品俱識故無不學無知罪中品帶識故於罪於事生疑不識故有八罪各有不學無知下品四句十六罪也此

中二十四罪有六波逸提十八吉羅以無知故得重也餘有疑不學者皆吉羅也竝不犯根本名爲止持上品俱識故名上品止持中品罪少名中品止持下品極多故名下品皆止於一事次對不可學事以明止持九句緣事緣罪各三心初有三句一識事識犯二識事疑犯三識事不識犯二疑事識犯疑事疑犯疑事不識犯三不識事識犯不識事疑犯不識事不識犯此三三句中各下二句疑及不識句別各有不學無知二罪合十二罪亦望不犯根本名止持但事是可學以想疑忘生雖緣不了聖不制犯問如殺盜等人非人想有主無

主想律結無罪亦有制犯者何答或緣罪境人非人故便結心犯或緣非罪境無主物故然彼迷心不結正罪莫非緣罪故有無不同又不同前段以法事俱識故是可學有疑不識皆制罪也若爾後緣法中亦有想轉如不處分處分想及疑亦是不犯重何為制罪答此且據止持中約事為言必如所引對法有二九句後作持中更為辨也次就作犯中可學法事如初九句不可學者如後九句與前並同但犯根本為別就中根本不識事中或無犯謂始終無心如誤殺人等除淫酒戒若中間轉想疑事不識事由心差故

是方便若不差結根本或不造前事此後九句識事三句為上品作犯疑中三句為中品不識事三句為下品或無罪故對法類知可解所以前九句中上品一句者以事法俱了未可論罪後九句各分三品者莫非由一事生容兼疑不識故結罪易明故分為二九句也若論緣罪下二心疑及不識合十二罪皆犯究竟以罪是可學故以不學故不識故文云不以無知故得脫若犯罪如法治更增無知法無知及疑皆是究竟若不疑及識一向無罪無果可趣前言無罪者謂無不學無知非謂無根本罪問根本不識事三

句無罪便是六句云何言作犯九句答若就根本唯六句然上三句下不識與疑亦有犯故若爾此下疑等正是不學上犯非是作犯何得說為作犯九句答從根本故得名又必由造前事通名作犯攝也若爾不識事識犯即是無罪正應有八不得有九答如前已解句法相從又解若就可學事上生可學迷一向九句莫不犯根本若可學事生不可學迷唯六句有罪除下品若轉想結前心蘭得有九句並方便罪若迷想就後心唯得六句如有主無主想以無罪故或九句人非人想後心吉羅生罪緣故若兼止犯得有

八句相從造事亦得說九極為分別不知鏡不思之次明作持九句者若從對事法以辨實亦應有兩箇九句但明用差別階降不異故合一九句唯對可學以明今且列句所以如上止持可學事中此但順教作事與前為異就中分三初一句識法（謂知造房須乞白二）識犯（若不乞法便結僧殘）中品四句識法疑犯識法不識犯疑法識犯不識法識犯下品四句疑法疑犯疑法不識犯不識法疑犯不識法不識犯不可學法迷亦有九句如前段後九句說之次論止犯或九或八言九句者上品四句有十六罪中品四句有八罪下品一句但

犯根本一罪如不乞處分造房但犯一僧殘由識法識犯故無不學無知罪所以顛倒前句不同者以犯門解義罪多爲上品犯四根本僧殘各加不學無知如前列數非多何謂言八句者對教行不學以明則無識法識犯下品一句若對事明亦有兩箇九句謂可學迷及不可學迷如不說淨見犯不發卽是可學若迷若忘卽不可學如此廣知隨指一戒達之則類通法界也

二方便趣果者然造修前境必有三時是以大聖隨時而制意令智士剋志不爲略如上引何者前方便

總論諸聚明了論中初篇二篇有三方便第三四篇立二方便第五篇中但心起身口（案記云口下脫思字）唯有根本無方便若動身口思（案記云多思字可移補）亦有遠近方便律中但明成者波羅夷不成者偷蘭亦不分輕重廣如卷初明之今通會輕重約初篇中婬戒以明如內心婬意身口未現名遠方便此犯吉羅故文云或發心作心念作也若爾與單心何別答律制動身口思心名爲期業若單心者制限大乘故善見云凡人恆緣欲境聖人若制心戒者無有得脫之期故律中起心不動身口但自剋責還復好心是名不犯二動身口未到前境名次方便犯偷蘭三者臨至境所身分相交未至犯處已來名近方便是重偷蘭已下諸聚雖輕重多少不同大相可準何名方便以上三緣將至果處或爲七緣阻礙不成故是根本家方便（七緣義如後說）若無七緣並入果本本相如何謂入如毛頭名婬舉離本處名盜斷其命根名殺言章了知名妄如是隨相已明若結罪之時竝攬前因共成一果不同他部因成果已更有本時方便何者後方便謂所造事暢抉稱懷發喜前心未思悔改復結其罪通得吉羅

三具緣成犯者先明成犯意業不自成成假修造諸

緣和具方結罪福必片乖阻概結方便故律中犯相竝託因緣爲罪居六聚懺法又別不同化敎但論成業結犯已外無論違制今依諸戒通別二緣別具犯相已如前隨戒釋訖有人通立五緣用解諸戒者非無此義後進未知今立通緣徧該六聚七種不同一是五眾出家人簡餘十三難等受戒不得無罪可作或是五眾而造境未果或自命終或爲他殺或捨本戒邪見二形生等並非五眾業思乃暢無戒可違二雖受五眾戒而爲重病癲狂癡亂痛惱所纏雖作前事竝無有過若心了知是比丘者隨前所犯三期心

當境非謂對境之時或有迷謬境有錯誤或無記餘緣或睡眠不覺並不正犯若先作方便後隨心三性並結十誦伽論若先作殺母方便已自眠時母死是無記心得逆及重阿羅漢無記犯戒若睡覺即悔過凡夫須準智論阿羅漢不為夢眠但為四大故少時息耳四無命難謂為怨賊非人惡獸斷命緣者得犯前戒若是性戒一向不開豈得殺他誑他而自活命唯淫一戒開與境合三時無染以不損境餘則唯制文云我為諸弟子結戒已寧死不犯若論遮戒有開不開道力既成至死不毀如草繫梅版等例出大莊嚴論

餘志弱者命梵二難開下三篇以上二篇是梵行本故五無梵行難謂若有童女寡婦伏藏水陸多細蟲同住多惡伴如此之事並是犯緣文云若在此住必為我淨行作留難佛言即以此事去準此以言對下三篇體是威儀不開性戒就遮戒中或是遮惡或是事輕或以輕遮重若不開者反上可知毗尼母云犯罪有三一緣二制三重制一緩一急三處決斷是名律師六稱本境謂非道作道想無主物有主想非人人想如是各非本期為異境來差罪住方便也七進趣正果若住即成方便相有四分一由法隔故為方

便一切諸諫戒初白竟捨遂諫故止不成果用二懈怠息欲造前事緣壞離阻或復強盛不可侵陵停廢本心三好心息謂將造過忽憶受體恐汙願求對治防遏令惡不續故也四心疑故息不同想心以至果故今此疑者起心當人疑是非人疑心不決恐殺非人遂即停止故也上所列諸通緣又隨戒中取別緣兩明二犯得知因果輕重犯不犯相方得入懺法不須通漫悔罪不出

四境想不同五門一須制意二汎明境界三有無四定互多少五解輕重言制意者若不制境想則犯罪

濫漫輕重不分有無莫顯故諸戒末佛並具張縱有缺文但多是略耳一明犯境位皆且五一內報二外事三約法四對時五約罪言內報者謂人天非畜若四境齊犯謂如初戒或各升降如盜殺等又就人中道俗分別俗者如販賣食家有寶等道者如謗覆說打搏疑藏等通道俗者如二宿淫觸二麤語等然於道中內外局衣食內如毀兩叉內中通大小大如謗奪小謂減年又具中形報隨順之提局是比丘同路乘船作衣讚食事專尼眾如謗覆說義該兩眾餘通可知又形報中色心分別如淫唯色死屍犯故文言

道道想此通四趣漏失同然境仍是寬自有約心爲境如觀許等想染心衣食大略須知更不具分一外事中如掘地草木不受殘宿勸足酒等亦可長衣鉢類通內外者如盜奪蟲水等三法者有四一自所稱作媒孋語二妄毀呰等二他所作法處分諸諫等三是治法謂隨舉等四法相道理謂十八法等四約時者如日暮非時夏歲二三宿殘宿內宿明相決了等第五約罪者覆說之類等三明有無者約僧律本合二十六戒中有餘者略無謂初四戒二篇六戒三十中一戒九十中十五戒對有三十五謂二房舍七盜

媒孋壞生各有二重故也尼中非無且削略之已如初述次言無者通對前五一內報無者或是理無如漏失戒觸緣斯犯何須境想以階犯位或可略無以道想若疑但得蘭罪故條部律云非道想不疑殘故知是略二定略無如謗奪兩舌毀呰嫌罵等局此境犯應有境想文無者略二外事略無如屏露二敷露然藏衣等三法中理無以無所對法故如殺盜等言略無者如大小二妄及諫隨舉等如僧祇二隨咸有境想故爾媒孋等反此故有法想亦可觀作觀想諫作諫想非法等竝是理有略無也時者如洗浴二入

聚落亦是略無罪略無者如尼覆戒餘戒理無以不對罪故第四多少者境想之法或四或五恐人未練且依殺戒立相列之初句人作人想心境相當二人非人疑境定心疑三人非人想境定心差四非人人想境差心定五非人人疑境差心轉雙闕二緣五句如此所以多少者但由第三人非人想此一不定故或四或五所以爾者昔解若輕重相對定有第三故即成五如婬戒轉想及迷竝得夷蘭若殺妄摩觸二孋語等轉想蘭吉本迷亦吉故須第三以成五階若犯不犯二境相對不處分盜等是也盜戒即四有主無主想故不處分具五不處分處分想五謂轉

想有前心蘭故四約本迷二境全無罪故以此義五若犯不犯或四或五又解重輕之中位有三種若轉想定五迷或四五云何或四五者如對二趣犯境起迷由有吉羅故爲斯具五想對無情一切無犯是以但四如似覆說類前亦爾若對下三輕重應五然落開通此是全謂非罪而覆說者無犯故然是本迷或四或五若準此義犯不犯位亦有三別如上重輕應本定五進就不犯故即成或四五者今犯不犯如盜戒中本是或四五今退就犯中對非畜二物作想轉迷俱五亦成三位此即二對理齊文中綺說謂殺妄

闕等就輕重以辨盜約犯不犯以說故殺五盜四也又且此謂犯中有輕重者如前所論若掘地不處分非時勸足等犯中無輕重義者但有或四五餘準可知又復上來如此釋者通約本異二境論之故言定五或四五句若唯據本境犯之有無者一切境想四即齊四謂本迷故五即俱五謂轉想故但文中互說用斯犯等皆據本境本想若異境後心律並不結其罪如非人疑想偷蘭者是本想蘭也後作非人疑想之時但得吉羅具足五緣殺非人蘭今作人想亦吉羅也故約略銓敘境想之義可對諸戒類明持犯五大釋其文五階之位如前所列以犯不孤起託境闕

心以成其業但以境有優劣是非心有濃淡錯悞或心境相應犯齊一品而業有輕重八品未均或心不當境人非人想非時時想疑或境不稱心非人人想無主主想境犯心不犯地非地想心犯境不犯非地地想有斯差降境想明須業位既定四句之中輕重亦須分判五位於上五階一具四闕初句心境相當通犯究竟二人疑及第五非人疑前疑重以本緣人心不捨臨殺有半緣人心故後疑輕雖半心未捨殺時境非本期故三人非人想四非人人想前想重結本方便心境相當後想輕以殺時單有本心無本境故又更重明本境中疑重想輕

以心境相稱故重單境無心故輕後異境中想重疑輕以生人想與方便不異故重輕者雙闕二緣故也非人闕緣境疑心闕本期故分斯兩位結罪屬本心且解如此

五雜料簡中但以持犯該通非可一法包舉故引諸門博練亦可麤知指歸此門所明既廣不可具羅試列眾名任自陶鑄或約剋漫或約錯誤或隨自他或分身口教人自成兩業各分多人通使緣別業同如斯諸例未得陳之鈔者意在易識即行前論難知希用故且刪約

懺六聚法篇第十六

夫結成罪種理須懺除則形清心淨應同僧法故薩婆多云無有一法疾於心者不可以暫惡便永棄之故須懺悔涅槃亦云如我訶責毀禁之人令彼自責護持禁戒說三惡道為修善故然遂古之師並施悔法增減隱顯臆課者多照教無文檢行違律故佛言有犯不能悔又不能如法懺是為愚人聖教極明但不信受今欲定其綱位格其心境使是非鏡其耳目得失明其能所者則何患妄業不除妄心無託則為聖歎矣故文云有二種智一者有犯能見二見罪能

如法懺也今懺悔之法大略有二初則理懺二則事懺此之二懺通道含俗若論律懺唯局道眾由犯託受生污本須淨還依初受次第治之篇聚立儀悔法準此並如後列

若據通懺理事二別理據智利觀彼罪性由妄覆心便結妄業還須識妄本性無生念念分心業隨迷遣若論事懺屬彼愚鈍由未見理我倒常行妄業翳心隨境纏附動必起行行纏三有為說眞觀心昏智迷止得嚴淨道場稱歎虔仰或因禮拜或假誦持旋繞竭誠心緣勝境則業有輕重定不定別或有轉報或

有輕受並如佛名方等諸經所明言理懺者既在智人則多方便隨所施為怛觀無性以無性故妄我無託事非我生罪福無主分見分思分除分滅如人醒覺則不眠醉然理大要不出三種一者諸法性空無我此理照心名為小乘二者諸法本相是空唯情妄見此理照用屬小菩薩三者諸法外塵本無實唯有識此理深妙唯意緣知是大菩薩佛果證行故攝論云唯識通四位等以此三理任智彊弱隨事觀緣無罪不遣故華嚴云一切業障海皆從妄想生若欲懺悔者當求眞實相如此大懺眾罪雲消然則事懺罪

業福是順生理懺妄本道則逆流一出一入條然自分愚智兩明虛實雙顯故諸行者並識自心若樂罪時須修事懺若樂福時須修理觀理通深淺如上所明若是五眾犯罪則理事兩緣事則順教無違唯識理則達妄外塵本無故論云唯識義不失亦不無能取所取也若非五眾福道兩經必欲試論非是鈔意廣如凡聖行法二十卷中（案記云凡聖行法舊云道整禪師撰未見本文）

次明依律約事立懺懺法乃多要唯六位

初懺波羅夷法觀佛三昧經云有七罪一一經八萬四千劫入阿鼻獄一毀無十方佛二斷學般若三不

信因果四用僧物極重於三寶物五犯重食他信施六污比丘尼七六親所行不淨並廣如彼經中涅槃云犯四重者生報即受若披法服猶未捨遠常懷慚愧恐怖自責其心改悔生護法心建立正法為人分別我說是人不為破戒若犯四重心無怖畏慚愧發露於彼正法永無護惜建立之心毀呰輕賤言多過咎若復說言無佛法僧並名趣向一闡提道云何是業能得現報不未來受謂懺悔發露供養三寶常自呵責以是善業今世頭目等痛橫羅死殃鞭打飢餓若不修身戒心慧反上諸法增長地獄四分云若比

丘及尼犯波羅夷已都無覆藏心令如法懺悔諸師廢立互有是非今括其接誘理無滯結但使覆與不覆臨乞時都無覆者盡形學悔不同僧殘犯多罪已餘者覆藏得將一乞不障法事初篇犯其根本非全淨用若欲改過出彼自心縱不舉罪不礙僧法故抑令首盡求哀爲受僧殘不爾罪是有餘雖先無心得彊加法無問隱顯隨乞隨懺有斯諸異故立兩儀先分別須治後明立法僧祇若犯罪已啼哭不欲離袈裟深樂佛法者令與學悔羯磨比丘不淨食彼亦不淨彼不淨食比丘亦不淨得與比丘受食除火淨五

生種及金銀應從沙彌受食十誦若犯重戒如法乞羯磨佛所結戒一切受行在大比丘下坐不得與大僧過三夜自不得與白衣沙彌過二夜得爲僧作布薩自恣二羯磨不得足數餘一切羯磨不得作得受歲伽論云謂無能作者得爲前二法母論云與白四悔法已名清淨持戒但此一身不得超生離死然障不入地獄治禪病經云犯重懺者脫僧伽梨著安陀會心生慚愧供僧苦役掃厠擔糞等此行懺法須者如彼律中應教乞言大德僧聽我某甲比丘犯婬波羅夷無覆藏今從僧乞波羅夷戒願僧與我波羅夷

戒慈愍故三乞已僧索欲問和答云與波羅夷羯磨應言大德僧聽此某甲比丘犯婬波羅夷無覆藏今從僧乞波羅夷戒若僧時到僧忍聽僧今與某甲比丘波羅夷戒白如是大德僧聽此某甲比丘犯婬波羅夷無覆藏今從僧乞波羅夷戒僧今與某甲比丘波羅夷戒誰諸長老忍僧與某甲比丘波羅夷戒者默然誰不忍者說是初羯磨（第二第三亦爾）僧已忍與某甲比丘波羅夷戒竟僧忍默然故是事如是持佛言與波羅夷戒已當行隨順法奪三十五事略同僧綱法中唯加不得衆中誦律無能誦者聽與波羅夷戒已

僧說戒及羯磨時來與不來隨意若重犯者滅擯若犯僧殘已下依篇聚治十誦與學沙彌（猶是懺重比丘）犯僧殘已乞別住六夜出罪僧次第與之上且約婬戒爲方法自餘盜殺準法除之不同昔人唯婬開懺二明懺僧殘法略知對治有四別一須治覆藏情過謂波利婆沙此方義翻或云覆藏或云別住母論云何名別住別在一房不得與僧同處雖入僧中不得談論亦不得答也二治覆藏罪謂突吉羅如後正懺（懺法在前後與別住覆藏法）三治僧殘情過謂摩那埵者論云秦言意喜也前雖自意歡喜亦生慚愧亦使衆僧歡喜

由前喜故與其少日因少日故始得喜名衆僧歎言
此人因此改悔更不起煩惱成清淨人是故喜耳四
治僧殘罪謂阿浮訶那此中善見翻爲喚入衆羯磨
或名拔除罪根毋論云清淨戒生得淨解脫善持起
去故也二明立懺儀軌僧殘衆中立悔正法須立初
引明文後顯格義初中依明了論偈曰及上起罪五
種方釋曰如人犯僧殘求得出離若人欲爲彼作提
舍那羯磨此人必定應先憶持五種上起方後作羯
磨一觀僧殘罪相二爲簡擇人知藏罪不藏罪相三
觀業聚學處爲簡擇四部等衆四觀業相應學處爲

行曰四等羯磨五觀於十三殘罪中一日一夜等藏
不藏爲顯有藏無藏等地立宿住摩奈多等斯之五
方僧須觀察始可爲人上起罪也方猶法也釋此五
法卽爲五門所以名上起者往前墮在犯罪處故名
爲下罪相續故遮隨戒無作不生今若懺悔約遮相
續還得受持清淨對治護故戒法續生稱之爲起第
二白法翻前犯罪時下故名爲上是以懺悔總名上
起法也又知提舍那者此云發露謂此懺悔是發露
法故欲行上起須知五方第一方者謂知檢定是殘
非殘卽知具闕之義具緣成重闕緣便輕故論云一

觀僧殘罪相者於故意出不淨罪中根本相若人已
受大比丘戒若如來已制此戒若人不至癡法若人
有欲心出不淨若不淨已出等此人則犯僧殘於餘
略說相亦如是廣說如波羅提木叉論準論解律上
來卽是通別二緣謂不至癡法已前是通緣若人有
欲心下是別緣具便犯殘闕便犯蘭乃盡十三一一
別緣以驗前犯究竟方便及以不犯恐無過加罰成
非法故僧祇云持律比丘與他出罪時有罪亦知謂
廣知五衆罪無罪亦知第二方者論曰覆藏相者若
人於僧殘罪中起僧殘罪見不欲從彼上起由無發

露心覆一夜於此人此罪已被藏此謂憶識不疑不
發露故若人不知不憶或疑或起非罪見故藏此罪
此罪不被藏準論解律須諸門分別十種不同一者
形差律中犯殘覆已罷道罷道已還受大戒前犯須
治罷道不須治二者法差捨戒作沙彌如前罷道三
者病差有心亂狂癡病緣多犯僧殘全無罪或病前
犯殘經覆後遇病緣不成覆四者過差被三舉治故
不足僧數五者人差十誦設共賊住人擯人別住人
種種不共住人狂心人啞人聾人邊地人比丘尼乃
至沙彌尼優婆塞等與如是人共住不名覆向發露

亦不成伽論別住摩那埵別住摩那埵竟白衣所亦不名覆五分若於此土多人識重不欲令知不名覆於彼土覆成覆六者業待時差僧祇若入定不成覆若作念云我待某時待人待方當如法作是名非覆非法露七敬難差五分一切覆藏名爲覆藏若於和尚阿闍梨所及諸敬畏人間覆不名覆於餘成覆八無心覆差僧祇云覆亦知謂知罪作覆藏心不覆亦知不作覆心未得發露若忘並不成覆九無慚愧差若犯殘已不作覆心逢人即說心無畏難十者心迷故差律中不憶有疑不識等並不成覆文云若不作

僧殘意不成覆藏直與摩那埵若無僧殘意覆成覆應先教作突吉羅懺已與覆藏羯磨第三方者論曰觀業聚學處爲簡擇四部等衆者四部謂四僧僧雖位四今此懺境前二四人僧後一二十衆異此則不成若行時假境說者前一下至有一人次一局對僧出罪一席法第四方者論曰觀業相應學處爲行白四等羯磨者以其法位雖三此治殘法事並上品故齊白四就中用法位極有四謂別住六夜本日治出罪如前後說之第五方者論曰觀於十三殘罪中一日夜等藏不藏爲顯有藏無藏等地立宿住摩捺多

等者地者處所之名謂波利婆沙等四位於此位中若有藏即行宿住地謂別住法要須經宿行別住法故曰宿住若無藏直行摩那埵故言有藏無藏等地立宿住摩捺多等即是有覆行三法無覆行二法用藥分齊相對法也第二正立懺儀分九一知其罪名種相如第一方解名謂僧殘也種謂漏失摩觸也相謂犯之多少也律云一名多種住別異故二知成覆以不如第二方簡擇十門委練三知用僧多少即第三方能治所對具列如上四知用聖教即第四方白四觀業相應學處五知懺儀置設即第五方宿住差

異六覆日長短相從律中犯衆多殘罪雖憶數不憶數但憶日數長短者總依日數長日治之若不憶日數者從清淨已來治謂壇場受時已來治也十誦不憶日月數應從受大戒已來治要須云乞清淨已來五年十年覆藏不得直言乞清淨已來以知滿分齊故僧祇云不憶夜者當問無歲時犯耶若默然者隨年與若言不爾者更問一歲二三四歲時犯耶隨默然處與之十誦衆中三諫犯殘已即於僧中自唱犯僧殘罪若不即說是名覆藏故知多人雖知犯終須發露也七明總別懺法律中知數不知數等覆不覆

等一名多種等同用一羯磨懺之又云有比丘犯眾多僧殘罪或有覆一日乃至十日者佛令從十日總懺僧祇總別各得如月一日犯一罪覆藏乃至十日犯一罪覆或有覆一夜乃至十夜者應作十番別住乃至一番覆藏者其六夜出罪等例同十誦懺僧殘中具明犯數及若干日覆等八明正加羯磨分二先明懺者威儀教授乞詞二明羯磨所被初中先脫卻新淨餘衣著安陀會及餘麤服上著鬱多羅僧偏露右肩脫革屣合掌曲身低頭來至僧中自慨此罪將入重處如上論云殘有咽喉未死賴蒙如來曲垂慈

愍開立懺法又我自慶預發怖心得生慚愧不知此懺者則五十億六十千歲唐受地獄如是等緣以為悲喜方便深自慨責恥已罪累塵坌清眾如是鞭心已四面禮僧足訖至羯磨者前互跪合掌若自乞陳旁人授之亦得然犯者乃多不過三五今取喜犯者以為法軌大德僧聽某甲比丘犯故漏失摩觸麤語三僧殘罪各不憶數憶者言之或覆藏一夜乃至百夜其間延促從少至多任時所稱今從僧乞百夜覆藏羯磨願僧與我百夜覆藏羯磨慈愍故三乞已次明與法索欲問和答已作云大德僧聽某甲比丘犯故漏失摩觸麤語三僧殘罪各不憶數或覆

藏一夜乃至百夜今從僧乞百夜覆藏羯磨若僧時到僧忍聽僧與某甲比丘百夜覆藏羯磨白如是大德僧聽某甲比丘犯故漏失摩觸麤語三僧殘罪各不憶數或覆藏一夜乃至百夜今從僧乞百夜覆藏羯磨僧今與某甲比丘百夜覆藏羯磨誰諸長老忍僧與某甲比丘百夜覆藏羯磨者默然誰不忍者說是初羯磨第二第三亦爾僧已忍與某甲比丘百夜覆藏羯磨竟僧忍默然故是事如是持行事者依此鈔中羯磨作法得成若準律文依古羯磨即須改張不可謹誦也九明奪行誡勅行護法羯磨者告云此白四羯磨聖教良藥遵之在心奪三十五事是

折伏法勿得有違執眾勞苦奉清淨比丘是調伏法每事順行白等八事是發露法宜加愧恥深自剋責依法而白不得有失失者失宿自慢慢他示語已即因僧集白僧令知應教云大德僧聽某甲比丘犯故漏失僧殘罪餘罪加之不憶數覆藏一夜乃至百夜已從僧乞覆藏百夜羯磨僧已與我百夜覆藏羯磨我某甲比丘從今日行白大德僧知我行覆藏三說其奪三十五事如眾網法中律云彼行覆藏者應日三時見清淨比丘應作者一切如法作不應違逆至布薩日應掃灑布薩處供給調度乃至自在小房中住有客

來遣出者答云不得二人共宿故若衆僧分衣物隨次取之身在下行坐在沙彌上不得與清淨比丘共住經行同一牀一版長牀長版作隔斷然後坐乃至供給清淨比丘如和尚法文同故不出十誦極少四清淨比丘作別住二別住人不得同一牀坐不得在屏處使以客比丘來不見故善見若行別住人有人請或與人受戒得停行法事罷續行之捨時應言我今捨波利婆沙（三說。文如後明）若寺中多有比丘來去難白晝日得捨行法明相未出還須白行之十誦乃至六夜法白僧停得二十五夜四分若大衆難集若不欲

行若彼人輭弱多有羞恥應至清淨比丘所白言大德上座我今日捨教勑不作若欲行時還至清淨人所白云我今日隨所教勑當作彼得自更互作使禮拜迎逆亦得受沙彌淨人禮拜及使律云八事失夜法一往餘寺不白二有客比丘來不白三有緣自出界外不白四寺內徐行者不白五病不遣信白六二三人同一屋宿七在無比丘處住八不半月半月說戒時白隨一事闕皆失一夜（已得不失未得不成）白清淨比丘法（律文不具義準白之）具修威儀白云大德僧聽我某甲比丘犯故漏失（餘罪準知）一僧殘罪不憶數覆藏一夜乃至百

夜已從僧乞百夜覆藏羯磨僧已與我百夜覆藏羯磨我某甲比丘已行若干日餘有若干日未行白大德知我行覆藏（三說）若五人十人總來集一處行者總告白言諸大德聽餘詞同上若不盡集亦無別衆此是別人發露法也有大德勝人來寺應安置房中白之不須門首便成輕脫其餘諸白說戒白等一同上文改白（白）與僧爲異耳十誦若欲行時先思惟我今到前比丘所不若到便去五分若不捨行法出界見比丘應總白云我某甲比丘行別住已若干日餘若干日大德憶持不爾者捨行法已見比丘不須白到餘

處應求彼僧更行之四分寺內徐行者不白失宿若作意欲白前人行疾出界雖不白不失宿無罪十誦客比丘走出界當如常行法不應走逐齊自界住若行別住六夜人病遣使白僧云某甲別住人病不得來白僧令知應具如四分白僧法五分一如法比丘得行別住法如上第五方中說（案記云五字錯合作三字）鈔者云佛法東流行此法者亦少縱有行悔則棄小取大依佛名方等而懺者余意所未安由心懷厭欣未合大道但篇聚依教自滅業道任自靜思皆嫌發露可羞而業由羞故結此正藥病相治不得不行文行覆者

多不滿日諸師立理互加同異今取盛行之師傳授
云此依教懺法大小乘中校量心行折伏爲先若考
別住事業則大成殷重若準十誦不行別住六夜出
罪佛並誡斷得罪得出用彼徵此理須相準雖然恐
事不稱法則改張舊習羯磨者云某甲比丘已行覆
藏日今從僧乞六夜若後諸白羯磨並須準改當於
乞六夜前上座集僧已白云此某甲比丘行僧殘覆
藏已經若干日極意勤苦餘有若干日未行者此既
於僧陳謝僧今已受之可放其餘日和僧已衆若默
然者當與六夜法若行日滿者依法誦之二明與摩

那埵法初明乞法大德僧聽某甲比丘犯故漏失摩
觸麤語三僧殘罪各不憶數或覆藏一夜乃至百夜
已從僧乞百夜覆藏羯磨僧已與我百夜覆藏羯磨
我某甲比丘已行覆藏日(若竟者應云竟)今從僧乞六夜摩
那埵願僧與我六夜摩那埵慈愍故(三乞)上座如前作
法安慰之訖白言大德僧聽某甲比丘犯故漏失摩
觸麤語三僧殘罪各不憶數或覆藏一夜乃至百夜
已從僧乞百夜覆藏羯磨僧已與彼百夜覆藏羯磨
彼已行覆藏日今從僧乞六夜摩那埵若僧時到僧
忍聽僧今與彼六夜摩那埵白如是大德僧聽此某

甲比丘犯故漏失摩觸麤語三僧殘罪各不憶數或
覆藏一夜乃至百夜已從僧乞百夜覆藏羯磨僧已
與某甲比丘百夜覆藏羯磨此某甲比丘已行覆藏
日今從僧乞六夜摩那埵僧今與某甲比丘六夜摩
那埵誰諸長老忍僧與某甲比丘六夜摩那埵者默
然誰不忍者說是初羯磨(第二第三亦爾)僧已忍與某甲比
丘六夜摩那埵竟僧忍默然故是事如是持彼得羯
磨已即於僧中白言大德僧聽我某甲比丘犯故漏
失摩觸麤語三僧殘罪各不憶數或覆藏一夜乃至
百夜已從僧乞百夜覆藏羯磨僧已與我百夜覆藏

羯磨我比丘某甲已行覆藏日已從僧乞六夜摩那
埵僧已與我六夜摩那埵我某甲比丘從今日行白
大德僧知我行摩那埵(三說)若行經一夜者餘詞同上
乃至僧已與我六夜摩那埵我某甲比丘已行一夜
未行五夜白大德僧知我行摩那埵(餘夜準此增減之)若客
比丘來唯改大德僧爲異餘詞並同律云行六夜比
丘亦同行別住覆藏法唯常在僧中宿日日白爲異
(非謂與僧同處宿也)僧祇因數數犯僧殘如波逸提乃至越毗
尼悔故便制六夜懺悔二十人中出罪此上二行中
若覆與前法不覆與後法同俱出罪若二法中重犯

者各壞二法皆重與本日治之餘如別述。三與出罪
法。先教乞云。大德僧聽。我某甲比丘犯故漏失摩觸
麤語三僧殘罪各不憶數或覆藏一夜乃至百夜。已
從僧乞百夜覆藏羯磨。僧已與我某甲比丘百夜覆
藏羯磨。我某甲比丘已行覆藏日。已從僧乞六夜摩
那埵。僧已與我六夜摩那埵。我某甲比丘已行六夜
摩那埵竟。今從眾僧乞出罪羯磨。願僧與我出罪羯
磨。慈愍故。三說 羯磨者如前作法和白言。大德僧聽。此
某甲比丘犯故漏失摩觸麤語三僧殘罪各不憶數。
或覆藏一夜乃至百夜。已從僧乞百夜覆藏羯磨。僧

已與某甲比丘百夜覆藏羯磨。此某甲比丘已行覆
藏日。已從僧乞六夜摩那埵。僧已與彼六夜摩那埵。
此某甲比丘已行六夜摩那埵竟。今從僧乞出罪羯
磨。若僧時到僧忍聽。僧今與某甲比丘出罪羯磨。白
如是。大德僧聽。此某甲比丘犯故漏失摩觸麤語三
僧殘罪各不憶數或覆藏一夜乃至百夜。已從僧乞
百夜覆藏羯磨。僧已與彼百夜覆藏羯磨。彼某甲比
丘已行覆藏日。已從僧乞六夜摩那埵。僧已與彼六
夜摩那埵。此某甲比丘已行六夜摩那埵竟。今從僧
乞出罪羯磨。僧今與某甲比丘出罪羯磨。誰諸長老

忍僧與某甲比丘出罪羯磨者默然。誰不忍者說。是
初羯磨。第二第三亦爾 僧已忍與某甲比丘出罪羯磨竟。僧
忍默然故。是事如是持。與出罪已。依僧祇律當教示
言。善男子。佛在世。比丘能受戒能持戒能得聖果。滅
後比丘能受戒能破戒能入惡道。行者既內無護心
外縱身口。今犯此罪垂至死處。猶有勝因改心懺悔。
大眾隨喜。汝幸自慶。故文云。自今已去形心清淨如
無憂華。更勿復犯。縱更續犯怖心難生。縱怖心生懺
罪無處。故論云。若二十清淨比丘出僧殘罪我法不
滅。今時惡世尚不喜聞犯名。豈當聽汝懺者。如是種

種因緣為說割斷之意。并引涅槃經以貪欲習故死
入地獄畜生餓鬼。從彼得出還為鳩鴿雞雀等。
三懺偷蘭遮法分二。初明罪相。二立懺儀。初中分二。
一者從生偷蘭。謂初二篇下方便。若依十誦初篇生
重。此是近方便。謂身口相加未得暢遂者。應一切僧
中悔。若初篇生輕。二篇生重。應界外四比丘眾中悔。
若僧殘生輕。應一比丘前悔。其懺法與波逸提同。二
者自性偷蘭。亦名獨頭。亦分三品。云何名重。謂盜僧
食具十方現前物。偷四錢及非人重物等。須大眾懺。
云何名中。破羯磨僧。盜三錢已下僧私之物。一有衣

一無衣相觸作僧殘境界如是等類對小衆懺云何
名下如律云畜用人髮剃三處毛灌下部露身行著
外道衣畜石鉢食生肉血等僧祇瞋心裂破三衣鉢
破塔等並偷蘭用一人懺律中初二篇下教人犯偷
蘭者並是究竟輕重同上懺之二正加法分三謂大
衆小衆一人法初明大衆者就中分七初乞多論中
莫問輕重悉隨僧三乞然後請懺悔主其受懺者單
白已對首三悔文如波逸提法今明立大衆要具五
人以上方得行之並界中僧集已具修威儀至僧中
禮足已先陳過於僧然後乞云大德僧聽我某甲比

丘犯婬方便重偷蘭遮罪不憶數今從衆僧乞懺悔
願僧聽我某甲懺悔慈愍故（說三）二明請懺悔主應至
清淨比丘所合掌互跪請云大德一心念我某甲比
丘今請大德爲偷蘭遮懺悔主願大德爲我作偷蘭
遮懺悔主慈愍故（說三）三懺主單白索欲問和答云犯
重罪偷蘭遮單白受懺羯磨應白言大德僧聽此某
甲比丘犯婬方便重偷蘭遮罪不憶數今從衆僧乞
懺悔若僧時到僧忍聽我某甲比丘受某甲比丘懺
悔白如是四當爲說罪名罪種罪相破戒餘習如前
後懺中五正明捨罪文云大德一心念我某甲犯婬

方便重偷蘭遮罪不憶數今向大德發露懺悔不敢
覆藏餘詞如後捨墮中說六呵責云呵責汝心生厭
離答言爾第七上之七相律論各題及論附事皆不
整頓今通引誠用想無紊亂且據一罪餘者準之第
二小衆者十誦四人爲小衆若受他懺則無單白止
得口問邊人四分滅諍中小衆者二三人也縱有四
人止同小法以僧祇正斷五人爲捨墮故如上卷所
明立法有七須乞懺法（同上餘者）初明請懺主一如大衆
二受懺者問邊人取和比捨墮中三爲說罪名種相
四正捨罪其詞曰大德一心念我某甲比丘犯摩觸

女人身上衣偷蘭遮不憶數（憶者言之）今向大德發露不
敢覆藏餘詞如常所述五呵責六立誓並同上第三
一人懺者五法一請懺主二爲說名種相等三正捨
罪牒前下品罪名陳露四呵責五立誓並同
上來三懺事既是稀非謂事稀罪多懺少故也然智
人犯過思悔必多脫隱而不出卽成疏略文已繁廣
事實遺漏必若懺滌足爲準量下之四篇人喜懷犯
故在初首曲更條緒謂律中犯懺必須識知不疑善
宜名種（案記云宜合作知）依聚歷別同篇合懺異聚別悔又
牒罪入法隨數稱之若忘不知乃云不憶又見有行

懺者是非未分輒爲懺主端坐受懺前人既不自曉
故請治之或云衆學諸罪或云預是罪者或若有迷
忘或二篇同懺或無犯而言犯或犯重而云輕如此
失法之愆罪非逃隱反成自累何能辨他故須照達
罪懺明逾水鏡使彼此無私隱情事有相應則可爲
順教佛子矣何者以律宗約相違相心事俱非不類
大乘三報同皆一懺餘如戒本羯磨疏述
第四懺波逸提法分二初明三十捨墮後約九十初
中分三謂僧法衆多人法對首法又初分四一明捨
財二明捨心三明捨罪四還衣雜相初捨財中分四

一辯定須捨得不又二初總明捨法差別二辨財體
是非初中三十戒內且約僧犯尼非無懺清心者希
僧捨墮中自他分二一者自捨如乞蠶緜用爲衣服
但自斬壞不須對境二者對他道俗分二兩種寶戒
必捨俗人餘二十七則對道捨通局分二乞鉢一戒
要本住處又在僧中行鉢等法違則不成餘二十六
處通彼此人舍僧別各有意致非鈔者懷二定財體
諸捨乃多事現三五不過畜長離衣販賣三事乞衣
受衣義通犯不並如隨相就犯長中初明長體後相
染過長體之相不過五種一是屬受持故不須說以

不說故非是長限如三衣坐具鉢盂三事必是受持
隨有衣幞袋杷並不說淨若受百一供具亦須受持
不受者有說不說如下卷中二是隨百一供身具亦
不須說如靴鞋屩襪瓶椀過減鉢等十六枚器尼須
說淨僧直得畜三隨重物故不須說如八不淨體非
隨道律開畜被故非淨限乃至大氈褥帳等準重不
須四入餘捨墮即不淨財不應淨法亦不入長不同
昔解如取尼衣及販賣財入手犯受取過限又犯長
今解不然財無再捨罪不雙結單犯別捨不同他律
僧祇離衣經十日又犯長罪四分多論單有一過五

雖入長限是佛開緣謂負債未入他寄未入買得未
入或雖入手決捨與他或共物未分如是等例是開
限故亦無犯長相染之文如上已明二離衣宿隨其
二三是犯過者牒入文中並必知數非通三衣也三
販賣買物三事須分如上隨戒謂且如買物佛制俗
人而交貿俗所取衣食具一切衣鉢瓶椀紙筆墨等
無問輕重多少無非爭價上下口自斷當雖非犯長
乃入買易皆犯捨墮若買田宅人畜几案牀席但作
吉懺不須入捨若長財販易衣物散多當隨物處別
捨其罪一處總治治罪既竟次第還衣若雖捨衣有

盡不盡犯長相染餘捨通成二忘見本物成不者謂
捨衣多忘喜相染決若捨衣竟若還衣已說淨訖忽
見忘物前捨說淨二法兩成後所忘者更將捨墮若
還財未說而見忘物並即相深通將入犯長捨之前
財雖是乞衣販博捨還事同新得如法說淨但爲長
忘相染故不得說還作長捨若言忘者施他此亦不
成以作屬已前生後乃恐染而捨此非淨施佛不許
之文云若捨已然後遣也其所忘物若是販賣餘捨
片無相染言相染者十日一月急施過後三戒相通
相染以此事勞捨財衣前預生捨念決屬三寶別人

者成捨後更取則是重盜不入此戒須知三修捨威
儀其衣物三處束幞一長衣幞二是離衣三諸雜捨
若衣財多段須一一捨今通連束論云一捨得成又
恐忘物相染故須歷別是長有染雜捨則通離衣一
種染亦不得如是將來僧中收聚一處彼比丘應偏
露右肩脫革屣四向禮僧足互跪合掌曲身低頭執
衣四正說捨詞未得即說僧中上座應告不來諸比
丘說欲及淸淨得和合已然後方捨以律云此捨墮
衣應捨與僧若衆多人若一人不得別衆捨若捨不
成得罪文相如是臨事多忘然後捨云大德僧聽我

某甲比丘故畜衆多(若少云數)長衣(若財)過限不淨施犯捨
墮故離僧伽梨犯捨墮(餘二衣準著下法中更不述)買得衣物(若干)
(衆多)犯捨墮(餘有隨事言之)今持此衣物捨與僧(一說)二明捨心
法前明捨財乃離罪緣法後明捨罪除感報法今明
捨心正除罪因以貯畜相續無心捨淨今故犯罪捨
已猶畜貪心尤結罪因不除雖懺還犯此謂長財之
捨不同餘雜罪種若取通理要斷後畜爲先故文中
由決捨與他彼不還者但得小罪止是失法之愆四
分一律宗是大乘虛通無係故發言誠事無滯結若
依他部一捨已後無反還求任僧處斷或入常住或

入四方或觀所須或棄山水即同此律斬壞入廚施
僧施俗故知行者若欲捨墮先須捨心若心不捨兩
相勞擾但人見狹性非通遠口雖世表行實庸陋今
若不捨要必歸死捨身任業一毫莫隨而不思大事
任世送終以此經生生亦虛過但知僧能除罪行紹
佛蹤何得以世浮財勞心役慮豈唯故爲虛誑聖論
明文須知薩婆多云衣已捨罪已悔畜心斷當日得
本財及意外財得受二衣已捨罪未悔畜心斷當日
得本財及外財得吉羅三衣捨與他罪已悔畜心不
斷當日餘日得本財及意外財並犯捨墮此句正是

捨心之模要。餘句如疏。三明捨罪法有七。一對僧乞懺者。在僧中如前威儀合掌。口言。大德僧聽。某甲比丘。故畜眾多長財不說淨。犯捨墮。（若過限者有則言之。餘不過限。但誦上言也。）離僧伽梨宿。犯捨墮。是衣已捨與僧。是中各有波逸提罪。（長衣云眾多則罪不憶數。若言一二亦須述數多少。若三衣一向知數。若借衣受持。但懺離罪。衣不須捨。若犯多時者云。）犯捨長財已用壞盡。各犯根本波逸提罪不憶數。（若憶數者隨有言之。餘買得財等用盡亦爾。）今從眾僧乞懺悔。願僧聽我某甲比丘懺悔。慈愍故。（此法出律滅諍法中。文不具足。準須具列。）如是三說已。上座告僧云。大眾受彼懺悔。二請懺悔主。必須根本俗人已來不破五戒八戒。入佛

法中不犯十戒。具戒中重者。下四聚罪曾經依律懺法者。然後受他請。所以須簡者。佛言有犯者不得受他懺悔。不得向有犯者解罪。亦不同昔下至不同犯。此妄引五分正文。彼中開命難大緣。不問同犯不同犯俱開。今是閑預。必是非法。律中令覓清淨比丘。若無不得說戒懺悔。正明請法。律雖不出事須義立。應至清淨者前互跪合掌云。大德一心念。我某甲比丘請大德為波逸提懺悔主。願大德為我作波逸提懺悔主。慈愍故。三請已。未得答可不。三懺主單白和僧索欲問和答已。白言。大德僧聽。某甲比丘故畜眾多長財不說淨。犯捨墮。離僧伽梨宿。犯捨墮。此諸衣物已捨與僧。是中犯長波逸提罪不憶數。離僧伽梨一波逸提。犯長捨財已用壞盡。亦有根本波逸提罪不憶數。今從眾僧乞懺悔。若僧時到。僧忍聽。我某甲比丘受某甲比丘懺悔。白如是。作是白已。前所懺者。大於已者告云爾。若小者云可受汝懺悔。四為說罪名種相破戒餘習。先為說持破之相。後分別輕重悔法。當量前事告之。若是犯長者云。比丘之法本無積聚。涅槃文證不名為僧。今以凡心違於佛教。甚可恥等。若離衣者告云。佛言我為諸弟子結戒。寧死不犯。比

丘止有三衣鉢器。行必隨身。猶如飛鳥無所顧戀。今慢佛正法。不制隨身。制者留著。豈成佛子。若離此衣。生名破戒之人。妄食信施。所報（執）鉢盂。即洋銅器。所著衣者。是熱鐵鍱。出在大論。豈是凡言。乃至破戒餘習。破戒衣食故。入畜生中。剔受無毛蟲鳥噉糞眾生等。如是隨機約略斬斫五三句要害事。以示語之。但犯罪長時。心智頑鈍。雖聞苦語未足動心者。亦不必誠示。亦不勞為受。以相續故也。次為說罪名。名有三種。一者根本波逸提。此最後懺。二者從生根本。三突吉羅在根本前懺。三者從生覆藏六品吉羅最在前懺。

云何六品。一者根本覆吉羅。經初夜一品。第二夜一品。例餘著用默妄。各有二品。通前六品。並據犯者言之。必無此九品亦不得謹誦。大見誦者。故重言之。猶恐有誦者。知復柰何。當復柰何。今正初懺六品覆藏。律文在前。不得合墮。應請一比丘。卽向所請者亦得。口言。大德一心念。我某甲比丘請大德爲突吉羅懺悔主。願大德爲我作突吉羅懺悔主。慈愍故。三請已。二正悔罪。應言。大德一心念。我某甲比丘故畜衆多長衣不說淨犯捨墮。離僧伽梨宿犯一捨墮。並不發露犯突吉羅。經夜覆藏。隨夜展轉覆藏。并著用前犯

捨衣突吉羅。經夜覆藏。隨夜展轉覆藏。經僧說戒九處三問默妄突吉羅罪。經夜覆藏。隨夜展轉覆藏。如是六品各是突吉羅。各不憶數。今向大德懺悔。不敢覆藏。願大德憶我。告言。自責心生厭離。答言爾。二次懺三小罪根本著用捨墮。律中善見俱結罪名。說戒默妄文亦同此。如前請訖。更不重言。但正懺本罪。應言。大德一心念。我某甲比丘故畜長財衆多不說淨犯衆多波逸提罪。離僧伽梨犯一波逸提罪。各經夜覆藏犯突吉羅罪。如上多少。又經僧說戒九處三問默妄突吉羅罪。不憶數。又著用不如法衣。犯衆多突

吉羅罪。今向大德懺悔。願大德憶我。一說。呵責立誓如前。然懺法繁重。生善致難。恐停勞僧衆。當於捨衣前。別處悔九品少罪。臨至僧中。卑題根本者最是機要。五正悔本罪法。應在受懺人前。具儀。口云。大德一心念。我某甲比丘故畜長衣衆多不說淨犯捨墮。故離僧伽梨犯捨墮。此衣物已捨與僧。各犯波逸提罪。如上犯數。又犯長捨財已用壞盡。各犯根本波逸提罪不憶數。若無著用自上來並不須也。今向大德發露懺悔。不敢覆藏。懺悔則安樂。不懺悔不安樂。憶念犯發露。知而不敢覆藏。願大德憶我清淨戒身具足清淨布薩。三說。六

呵責治。應告云。汝自責心生厭離。七立誓言爾。大段四門還衣雜法。初料簡是非。三十戒中五長戒者。必須畜斷。然後得還。非五長者。本以受取違法。不由畜過。當座還之。今行事者恐畜心不斷。故令經宿還。今不同之。必不斷心。多日亦犯。若捨心斷。當日得還。如上論文。今且依循舊法。若五長者。謂十日衣。一月衣。長鉢。七日藥。急施過後畜等。經宿還之。律云。若大衆多難集。彼比丘有因緣事欲遠行。僧卽應還彼衣。彼得衣已。屛處付之。須作展轉羯磨。其文如亡人輕物法加云。僧今持是衣與某甲比丘。某甲比丘當還某

甲比丘白如是餘詞並同直付法律云應問彼言此衣與誰隨彼與者與之若非五長及是五長明日還者直作羯磨還之和索問緣答訖白言大德僧聽某甲比丘故離僧伽梨宿犯捨墮（販賣買財隨稱）是諸衣物已捨與僧若僧時到僧忍聽僧今持是衣物還某甲比丘白如是大德僧聽某甲比丘故離僧伽梨宿犯捨墮此衣已捨與僧僧今持是衣還某甲比丘誰諸長老忍僧今持是衣還某甲比丘者默然誰不忍者說僧已忍還某甲比丘衣竟僧忍默然故是事如是持律中若不還衣者得吉羅若依他部如前具解又如

下卷諸部別行事中問先懺根本後懺吉羅罪滅不答如僧殘不異故罪不得出問四人單白得受懺不答前已明之並須五人已上方行羯磨四人若作但得對首如上卷中餘有諸捨如別篇自現故不廣述二明眾多人捨有三初對四人捨法捨財還財如前僧法不異捨心亦同乃至一人豈有須畜若論捨罪則有六種前須乞懺由對僧也以對別故則無白文餘詞同上但改單白為問邊人言諸長老若長老聽我受某甲比丘懺悔者我當受彼言爾餘如刪補羯磨對三人二人法亦大同既是全別初捨衣云眾多

大德一心念然後自陳後云捨與眾多大德捨罪中問邊人與上無異餘法並同二部還衣前須羯磨自他是僧後別人法曰和還得對一人法大略可知捨財還衣直對而已若論除罪無邊人故但具五法如上謹依易知不述三明懺九十單墮法當隨犯多少總別通懺方法同前恐後進未知更重生一位且託妄語為緣自餘有犯隨名牒入若有從生之罪如前根本之初懺之或九品六品四品三品二品依知有無如過量坐具新色三衣並有著用故須先悔並同前示二正懺法先請一清淨知律比丘堪解罪者共

在空靜處或對佛像前具儀請之請法如上不異三請已當為分別罪名種相三種又為說持破兩相令生怖心如上具懺已然後悔根本法詞云大德一心念我某甲比丘犯故妄語一波逸提罪今向大德發露懺悔餘如前說善見云若生時惡罵彼人若入涅槃罵者求悔當於涅槃處作懺悔懺悔已天道門不閉

五明懺提舍尼法昔云與波逸提同一說為異今依律戒自立懺法不取人語隨相四罪文中具顯先請一清淨比丘文云今請大德為波羅提提舍尼懺悔

主餘上下文同前二爲分別罪相三正說捨罪文云
大德一心念我某甲比丘無病從非親尼自手受食
食大德我犯可呵法所不應爲今向大德悔過一說
便止呵治立誓僧祇懺法云餘詞大同四分前人問
汝見罪不答言見語云慎勿更作答言頂戴持
六懺突吉羅法此篇懺儀亦有多別先出方軌後立
條例突吉羅罪依律文中二種不同一故作故犯應
懺突吉羅又犯非威儀突吉羅二若不故作犯非威
儀突吉羅亦不分二懺之法若依摩夷論說故作者
對人一說悔悞作者責心悔明了論薩婆多亦同如

此此則兩懺灼然通衢自顯比來諸師相沿舊解依
文謹誦同皆責心又引律文小罪不從人懺此文未
了須論解之當律明故誤二法諸論明兩懺不同正
理自明何得固執人言易毀聖論難違今立論律二
種懺法先出罪種後明懺儀初明諸篇覆藏罪由識
知故隱非疑不識（案記云非字寫錯合作有字或作若字）則不成覆垢
心既重豈名爲誤次明諸篇方便如婬戒發身欲起
而未動方便乃至吉羅中發心欲令身不齊整著三
衣等無問輕重並須對人以故發不善心欲動其身
口並入故作攝若獨頭吉羅如衆學百戒不從諸篇

後生者諸類極多並有故誤兩犯亦如前二懺問如
初篇方便重吉羅後篇方便輕云何齊責心一說對
人懺答罪名自齊業隨心起重者重悔輕者輕治同
篇一處治故結悔無階降如卷初述文云罪該六聚
名通優劣心居濃淡業必重輕理須別懺義指爲允
次明懺法先對故作分二前悔吉羅如捨法中不得
以同名吉羅故共根本合懺律文自分六聚不可抑
之次懺根本且約婬戒方便餘則例之先請一懺主
其詞如捨墮中三請已便爲說罪名種相已三正捨
罪文云大德一心念我某甲比丘犯婬戒遠方便突

吉羅不憶數今向大德發露懺悔願大德憶我一說
便止餘詞同上此文四分無有今約提舍波逸二懺
已多少不同吉羅最微不可廣誦墮法不同僧祇彼
合墮罪故也次明誤作先出其相謂心不正念過緣
起非外越威儀理須改懺如著三衣必迴顧看視諸
相齊整方乃進路戲笑妄語諸非法相並先不攝念
故起斯過律云佛制攝持威儀比丘若入若出屈申
俯仰攝持衣鉢若衣若食若服藥大小便利若眠若
睡若覺若來若去若坐若臥若語若默常爾一心若
違此制具結其犯次明作法先悔從生後明根本應

具儀至佛廟所致敬已互跪合掌云我某甲比丘犯誤不齊整著鬱多羅僧突吉羅罪不憶數今發露懺悔更不敢作。一說餘並準此。識罪發露至一清淨比丘所具儀云。大德憶念我某甲犯某罪。今向大德發露。後如法懺。三說此謂犯已未經明相者得行斯法。若已經覆後隨露日。卽罪不藏。若雖經說訖後還覆者還成覆藏更須露罪。若犯僧殘未經明相卽首露者免吉羅罪不成覆藏。餘之五聚同免懺吉。疑罪露法餘同如上。應告言大德憶念我某甲比丘於某犯生疑。今向大德發露。須後無疑時如法懺悔。

大論云。戒律雖微細懺則清淨犯十善戒雖懺三惡道罪不除。如比丘殺畜罪報猶在前已具出恐慢性戒謂言懺已無業餘如行法所述。

善見云。於大者懺云大德。小者懺云長老。四分於上座懺者具五法。小者懺具四法除禮足。十誦應具五法偏袒脫革屣右膝著地兩手捉上座足。三說如悔過法與欲清淨受歲出罪等法威儀亦爾。有四種人數數犯罪數數悔過。一無羞二輕戒三無怖畏四愚癡。

鈔者言此卷正宗戒體五眾同須舒軸極繁事意未盡幸上下細披。

四分律刪繁補闕行事鈔卷中之四

四分律删繁補闕行事鈔卷下（註撰非少立名標題）之一

唐京兆崇義寺沙門釋道宣撰述

二衣總別篇第十七　四藥受淨篇第十八
鉢器制聽篇第十九　對施興治篇第二十
頭陀行儀篇第二十一　僧像致敬篇第二十二
計請設則篇第二十三　導俗化方篇第二十四
主客相待篇第二十五　瞻病送終篇第二十六
諸雜要行篇第二十七　沙彌別法篇第二十八
尼衆別行篇第二十九　諸部別行篇第三十

二衣總別篇第十七

夫形居世累必假威儀障蔽塵染勿過衣服若受用有方則不生咎戾必領納乖式便自陷深愆故初總分制聽後依門而解何名爲制謂三衣六物佛制令畜通諸一化並制服用有違結罪何名爲聽謂百一衣財隨報開許逆順無過通道濟乏也就初分三謂三衣坐具漉水袋也後中分四謂百一諸長糞掃俗施亡五衆衣輕重等例

今解初制前明三衣分二初明衣法後攝衣法初中分四一制意釋名功用二作衣方法三加受持法四雜出料簡言制意者薩婆多云欲現未曾有法故一切九十六種外道無此三名爲異外道故分別功德論爲三時故制有三衣冬則著重夏則著輕春則著中亦爲諸蟲故智論云佛聖弟子住於中道故著三衣外道裸身無恥白衣多貪重著也十誦爲異外道故便以刀截知是慚愧人衣雜含云修四無量者並剃鬚髮服三法衣出家也準此而名則慈悲者之服華嚴云著袈裟者捨離三毒等四分云懷抱於結使不應披袈裟等薩婆多五意制三衣也一一衣不能障寒三衣能障故二不能有慚愧三不中入聚落四乃至道行不生善五威儀不清淨故制令畜三便具

上義僧祇云三衣者賢聖沙門標幟鉢是出家人器非俗人所爲應執持三衣瓦鉢即是少欲少事等當宗外部多爲寒故制三四分又云三世如來並著如是衣故次釋名者增一云如來所著衣名曰袈裟所食者名爲法食（此袈裟衣從色得名下文染作袈裟色味有袈裟味若據此土所翻通名爲臥具即三十中臥具者三衣總名如文中）四分云聽以刀截成沙門衣不爲怨賊所劫應作安陀會欝多羅僧僧伽梨入聚落著而此三名諸部無正翻今以義譯慧上菩薩經五條名中著衣七條名上衣大衣名衆集時衣義翻多種大衣云雜碎衣以條數多故若從用名

入王宮聚落衣。七條者名中價衣。從用入衆衣。五條者名下衣。從用院內道行雜作衣。若就條數便云十九十七乃至九條七條五條等。律中無五七九名。但云安陀會乃至僧伽棃。人名七九條也。若就通相亦有縵僧伽棃。則隨力所辦隨用分三。非無大分宗體。

三明功用者。大悲經云。但使性是沙門。汙沙門行形是沙門。披著袈裟者。於彌勒佛乃至樓至佛所得入涅槃無有遺餘。悲華經云。如來於寶藏佛所發願成佛時我袈裟有五功德。一入我法中或犯重邪見等四衆於一念中敬心尊重必於三乘受記。二者天龍

人鬼若能恭敬此人袈裟少分即得三乘不退。三者若有鬼神諸人得袈裟乃至四寸飲食充足。四者若衆生共相違反念袈裟力尋生悲心。五者若在兵陣持此少分恭敬尊重常得勝他。若我袈裟無此五力則欺十方諸佛。僧祇云。僧尼有戒德。俗人索破袈裟段欲禳災者得與小者等。

二作衣方法。八門不同。一求財如法。謂非四邪五邪興利販易得者不成。律云。不以邪命得。激發得相得犯捨墮衣不得作等。二財體如法。必須厚重熟緻者。若細薄生疏綾羅錦綺紗縠紬綃等並非法物。律云。文繡衣不成受持。故僧祇一切生疏毛髮樹皮衣草衣皮衣並不成。五百問云。生絹不得作。必不現身者得以作成如法。故僧祇龍著袈裟免金翅鳥難。必不順教則所被無力故。三色如法。四分云。上色染衣不得畜。當壞作袈裟色。(此云不正色染。具有正翻)若作五納衣者。得上色碎段者裁作五納亦得。涅槃云。聽受衣服皮革等。雖聽畜種種衣。要是壞色。十誦云。一切青黃赤白黑五種純色衣不得著。除納衣。戒本三色青泥棧也。薩婆多云。五大色衣不成受作三衣。得作餘衣著。三點淨用紺黑青。除三衣餘衣三點淨得皂木蘭。一切得受純青淺青碧等點淨

得作衣裏用。若赤白黃不純大色者亦得。若以不如法色染訖更以如法色染覆成受持。袈裟者秦云染也。如結愛等亦名染。眞紫色蘇方地黃柰黃華黃色並是非法。僧祇云。眞緋鬱金染紅藍染皂色青染華色不聽用。聽用根葉華樹皮下至巨摩汁等。戒本青黑木蘭。下文廣有染法。青謂銅青。黑謂雜泥等。木蘭者謂諸果汁等。(此翻律者北方爲木蘭染法。僧祇律在吳地翻以不見故)余於蜀部親見木蘭樹皮赤黑色鮮明可以爲染。微有香氣。亦有用作香者。如善見所說。遺教法律經中五色者。此非正錄。無知者用之。四分云。若青若黑若木蘭一

一色中隨意壞。善見云。善來比丘瓦鉢貫左肩青色
袈裟赤色鮮明。準此木蘭色也。若見著五大色衣比丘。有智
慧者當言此是遭賊失衣比丘。準此赤色不合受也。準上律論
及經並不得純色。必有須壞。不壞不成受持。著著得
罪。如隨相中。四定量是非。四分云。安陀會長四肘廣
二肘。鬱多羅僧長五肘廣三肘。僧伽梨亦爾。然此下
衣極成窄小。當取通文。律言量腹而食。度身而衣。取
足而已。準此無定量。任時進不。雖爾亦須楷準。故十
祇中各立三品之量。今準薩婆多中。三衣長五肘廣
三肘。若極大者長六肘廣三肘半。若極小者長四肘

廣二肘半者。並如法。若過若減成受持。以可截續故。
鉢若過減不成受。不可截續故。若過量外應說淨。不
者犯捨墮。說時應在受後。以法衣外者爲長。五分肘量長短不定。佛
令隨身分量。不必依肘。五條數多少。所以唯隻。如疏
鈔中。四分云。從九條乃至十九條。五條十隔等。十誦
云。若五七九十一。若十五。若過應割截作。薩婆多云。
僧伽梨三品。九條十一十三是下品。十五十七十九。
名中品。二十一二十三二十五條名上品。四分至十
九條。云若復過是不應畜。錯註不字。今時有三十三條等。
無正教制開。聖迹記云。如來著十三條大衣。智論云。

是麤布僧伽梨也。準此以爲大準。隨力辦之。二六堤數
長短。四分文不了。五條七條具明定量長短。大衣準
同。婆論云。大衣下者兩長一短。中者三長一短。上者
四長一短。名如法作。若互增減成受持。著用得罪。所
以須割截者。四分云。不爲怨賊所剝。十誦與外道異
故。律中沙門衣三種賤。一刀賤。謂割壞故。二色賤。不正色染。三
體賤。謂糞掃世棄者。七重數多少。四分等律云。不得細薄。大
衣二重。餘二衣並一重。此謂新者。若用故者。十誦云。
四重作大衣。二重作七條五條等。薩婆多云。若新大
衣三重。一重新二重故。餘如十誦。故彼律云。若三重

作大衣坐具。若以新衣重縫作時吉。過限墮。中間悔
摘卻者吉。律中糞掃衣隨意多作。薩婆多云。縫重三
衣。設有因緣摘分持行。到於異處名不離衣宿。若死
者前言本界內。後言應與看病人。以本是一衣同受
持故。律師云。後是定義。八作衣方法。四分大衣七條
要割截。五條得襵葉。僧祇若作衣餘人相助。一日恐
不成應麤行急竟受持。後更細刺。中含云。世尊親爲
阿那律裁三衣。八百比丘同時爲連合。卽成。四分尼
五日不成僧伽梨得墮。比丘犯吉羅。薩婆多有緣得
一端氎。指作三衣則不犯長。若少一衣五肘外若少

二衣十肘外有長者須說淨四分得縵衣廣長足若
裁割作衣便少令揲葉作若作五納衣得上色碎段
衣亦得裁作五納衣五分若染縵衣作條又縫葉著
衣今時揲葉衲多縫著或𧜟作衣葉四分開𧜟下衣或半向上半向下
作葉一切吉羅若以雜色線縫著衣上作條幅處此
是外道法偷蘭阿難奉教爲諸比丘作衣法左條左
靡右條右靡中條葉兩向靡若得衣不足乃至一長
一短作若猶少者聽揲葉作乃至不足聽作縵安多
會準此本是大衣少故下例成之受法正從二品理
須類用十誦中有縵僧伽梨等僧祇不得畫作葉對

頭縫之應割截作葉極廣應四指極狹如麵麥不得
橫葉相當縫衣葉後衣宣脫應作馬齒縫衣上下破
應安緣要須卻刺急時如前分別借俗人被作三衣
中先作淨安紐受持十誦佛自教比丘施鞊紐法前
去緣四指施鞊後去緣八指施紐應如是作準此以
左肩上常以衣右角覆故出毗柰耶律十誦又云卻
刺者是佛所許如法畜用直縫不得是世人衣爲異
俗故又防外道故又云以一尺二尺物補衣皆應卻
刺若直縫者衣主命過應摘此物與僧及與看病人
四分但云縫僧伽梨準用十誦三千威儀云三衣揲

四角十誦亦爾四分挽角令正安揲等又云應安鉤
紐肩上揲障垢膩處十誦若糞埽衣比丘以佛制不
著割截衣入聚落便補揲作鉤欄施緣佛言卽當割
截上安揲得成受持十誦明文開著入準此貧少衣
服定開入俗三明受衣法就中分二初對首心念也初
中四分但云三衣應受持若疑應捨已更受有而不
受吉羅而無說文昔有人依僧祇法者彼護衣與四
分不同僧祇一夜通會四分唯對用相今依十誦以受持相類故若大衣中
隨條數多少而有正從兩別大衣正有十八品從有
六品七條正有二品從有二十二五條正有三品從

有二十一通合言之七十二種三衣縵通三處合爲
一也餘如鈔疏中今先受法應前安陀會爲始此衣
正有三品謂割截𧜟葉揲葉也加法云大德一心念
我比丘某甲此衣安陀會五條衣受一長一短割截
衣持亦云屈𧜟衣持若揲葉今外相同割截刺一邊開一邊者云揲葉衣
持餘同十誦若兩邊俱縫者但同縵衣若論從者卽用大衣十八品七條二品等
大德一心念我比丘某甲此安多會二十五條衣受
四長一短割截衣持揲葉準同乃至七條其文準用改之若縵衣者明上
從者據安多會爲言若鬱多羅僧僧伽梨並準此改革縵衣改名爲別今據大衣十誦云大
德一心念我比丘某甲是縵僧伽梨受持餘二衣準改一若

中衣云大德一心念我比丘某甲此衣鬱多羅僧七條衣受兩長一短割截衣持（揲葉準改若從衣中準前改法）若上衣者云此僧伽黎若干條受若干長若干短割截衣持（揲葉準用以通九品條堤不同隨衣改之故不定指不同中下二衣少相易明）上明三衣受竟律制並須三說彼律受戒前教言我某甲此衣僧伽黎若干條受若割截若未割截是衣持三說乃至安陀會亦爾（此未割者是縵衣也若全未割截豈得將來入受戒）薩婆多云五大色者不成受則孝僧白布袈裟等非法如是例之多有黑青赤黃四色無多白者正言如上不成今以凡情苦受此則一生無衣覆身一死自負聖責何慮

無惡道分悲哉次明捨法（準用僧祇四分無文）大德一心念我比丘某甲此僧伽黎是我三衣數先受持今捨餘二衣同之一時受一時捨越毗尼若尼受餘二衣者十誦云大姉一心念我比丘尼某甲是衣厥脩羅受長四肘廣二肘半是厥脩羅衣持三說（準似祇支國語不同）是衣覆肩衣長四肘廣二肘半是覆肩衣持三說（今則改張衣相不同本法但云如法作不言肘量應成）僧祇云當作衣覆肩名覆肩衣不者越罪兩衣祇支得提罪尼祇支長佛四搩手廣二搩手互減過亦提尼五衣者覆肩衣水浴衣及三衣也（準此部別不同四分令有祇支覆肩等）一二明心念法五分獨住比

丘三衣中須有所換易應具儀手執衣心生口言我比丘某甲此僧伽黎若干條今捨三說已然後受所長之衣亦如前威儀云我比丘某甲此衣僧伽黎若干條受餘二衣同準四雜料簡分三初明受捨是非者十誦云借衣離宿但懺墮罪不得捨衣五分諸比丘不捨先受持衣更受餘衣成受先三衣說淨亦得不捨故吉羅善見欲易三衣無人可對以手捉衣自說名字者成若不捉不說者不成諸受持衣雖破穿破不失受若上二衣廣邊八指內長邊一搩手內穿不失餘處穿如小指甲失受有橫縷者不失安陀會

廣邊四指內長邊一搩手內穿不失餘處穿失補竟受持薩婆多但使緣斷則失受善見云若施人賊奪若失罷道作沙彌若捨若離宿並名失（穿失如上）四分中若失想道斷難緣等失受具有四凝染隔情界失不失犯不犯並如隨相及鈔疏薩婆多三衣雖不受持過日無離衣罪有壞威儀缺衣二罪（不同善見）若本說淨今作三衣即失本淨又捨此衣已更受餘衣前衣說淨不者犯長二補治浣染者十誦云以小段物補衣若卻刺者不須說淨點淨若直縫者段段須說不者段段得二罪毗尼母云若長衣未滿十日未作淨施

納已作淨縫著納衣上得畜若納未淨縫已淨衣著納此名衣和合淨通二種淨法文中縫之準前時刺善見若衣欲破未穿或一條二條先以物補後割却故者不失受袈裟背處欲破當轉著兩邊先合刺連相著後以刀破開然後却刺緣不失受多論緣斷便失隨情兩論袈裟若大減卻若小以物裨皆不失受若浣增色脫色上色皆不失受五分衣若弊壞聽補治以複線刺卻亦得直縫十誦不開縫者理須時刺一針四分中三衣壞聽著納重線編邊隨孔大小方圓補不得孔大以小物補令縮小應及孔小廣二指大補治應須梳張治之律令早補宜同

善見多論不問大小緣不斷者不失此言通漫兩用無損四分云縫衣患曲以赭色土絣治十誦云衣服恆須淨潔如法不爾則人非人訶第三受用攀舉十誦護三衣如自皮鉢如眼目著大衣者不得捶木石土草掃地敷臥具坐具等不得腳躡敷坐臥上儭身著若入聚落不得曳衣去村遠擛著肩上近村有池汪水洗手腳已若無者取草木拭塵土然後著衣紐而入若逢奔車逸馬當在上風避若有泥棘道迮者不得指突門小側身下著曲身治禪病經懺重罪者脫僧伽梨著安陀會供僧苦役乃至掃塔除糞經八

百日滿已著僧伽梨入塔觀像等十誦所行之處與衣鉢俱無所顧戀猶如飛鳥若不持三衣入聚落俗人處犯罪僧祇亦云比丘三衣鉢須常隨身違者出界結罪除病當敬三衣如塔想五分三衣謹護如身薄皮常須隨身如鳥毛羽飛走相隨四分行則知時非時不行所行之處與衣鉢俱猶如飛鳥羽翮相隨諸部並制隨身今時但護離宿不應教矣明了論受功德衣著一披一得入聚落留一衣四分衣法中有五緣留僧伽梨若有恐怖若疑怖二若雨若疑當雨三經營僧伽梨四若浣染五若深藏舉入聚落必須

著割截衣十誦若納衣施鉤鬬當割截入村聚僧祇得借著大衣入俗五百問云不能著大衣入聚落但持著肩上行者不犯僧祇若著脫三衣必須取衣近身然後脫著之不得脫園中衣著一內衣求入聚落衣應先求入聚落衣自近脫園中衣舉已然後著入聚落衣從聚落出已應取園中衣自近抖擻入聚落衣著常處後著園中衣此謂僧伽梨也著內衣法不得脫入聚落內衣已方求覓園中內衣脫園中內衣著入聚落內衣亦爾亦不得先著入聚落內衣於下挽出園中內衣先著園中內衣不得挽聚落內衣出應從一

邊著一邊出之不著者擗揲舉之因風吹衣落制入
聚者必帶紐行若無用針綴無針者下至手捉若衣
無紐隨入家家得越心悔有而不著越毗尼披衣時
當通肩披著紐齊兩角左手捉時不得手中出角頭
如羊耳五分亦得四揲大衣枕之中含多處文云枕
大衣臥七條中婆沙中亦爾三千威儀經不著泥洹
僧不得著僧祇支如是重重乃至最上著僧伽梨故知
三衣上下重著五分律云比丘反著衣入村人見不喜訶云
與不割截衣無異世尊訶責結罪若出村入村爲草
木鉤衣破裂風雨塵土汙坌入葉中白暴壞色鳥汙

者聽爲護衣故聚落外反著之若衣下易壞聽顛倒
著衣上下安鉤紐及帶雨時不應倒著四分反著衣
同之舍利弗問經初聽偏袒者謂執事恭敬故後聽
通肩披衣示福田相故律中至佛前上座前方偏袒
也經中通肩披衣五百世中入鐵甲地獄三千威儀
若無塔寺無比丘僧有盜賊處國君不樂道到彼國
不著三衣者得若三衣在下身在高處坐不得決正
二部律論著大衣者入村見師僧上座別人不得禮
由敬處尊當自陳意三千威儀云著三衣不得向佛塔上座三
師亦莫背不得口銜及兩手奮眦柰耶云不得垂三

衣前角註云不挑著肩上而垂臂肘前以垂臂上名象鼻也五
百問云無中衣時得著大衣上講禮拜小衣不近身
淨潔者無七條者五條亦得入眾食禮拜等準此行路見塔
著下衣者不得作禮不著三衣受食犯墮借人三衣著不得出
界經宿界內不限日數十誦亦云不著袈裟食者得
罪不云三衣五分得新衣令有德人暫著得福僧祇
得乞小片衣與俗人禳災雜含佛令取阿難鬱多羅
僧與婆四吒女著賢愚經師子敬著袈裟人故成佛
二明作法攝衣界其自然攝衣界十五種不同如隨
相中此但明加羯磨者大義如鈔別疏今略明之一

切大界凡有三種若界大無伽藍但有住舍此須結
之謂僧院外勢分內得護衣勢外界內不免失衣二
界與伽藍等及界小於伽藍此二不須結結竟院外
勢分內反成失衣故也諸家立法不同有立無村結
法者今解不問有無並須結之以結除其妨難故若
有村者現除懸結以村去後隨去置衣若無村者現結懸除未來
村有不得置衣若村去者還得攝也以先結成故直由染礙情礙隔礙
界礙故失衣不由村來去便令衣界增減也此是定
義五分等律明文任情量取薩婆多中所以除者五
義一聚落不定衣界是定二爲除誹謗爲除鬪諍爲

護梵行等四分中初結衣界界有村住後因有事方
言除之加法大德僧聽此處同一住處同一說戒若
僧時到僧忍聽結不失衣界除村村外界白如是大
德僧聽此處同一住處同一說戒今僧結不失衣界
除村村外界誰諸長老忍僧於此處同一住處同一
說戒結不失衣界除村村外界者默然誰不忍者說
僧已忍此處同一住處同一說戒結不失衣界除村
村外界竟僧忍默然故是事如是持解衣界法律云應先
解衣界後解大界十誦先解大界衣界亦失故文云大德僧聽此住處同一
住處同一說戒若僧時到僧忍聽今解不失衣界白

如是大德僧聽此住處同一住處同一說戒解不失
衣界誰諸長老忍僧同一住處同一說戒解不失衣
界者默然誰不忍者說僧已忍同一住處同一說戒
解不失衣界竟僧忍默然故是事如是持
二明坐具者四分為身為衣為臥具故制長佛二搩
吒革反謂展大母指與中指相去也此字應法搩字才邊桀也足邊桀者此蹀字也癡革反謂足一舉為
蹀二舉為步二義各別手廣一搩手半廣長更增半搩手諸部
論搩不定今依五分佛一搩手長二尺準唐尺者則
一尺六寸七分彊此用二尺為搩手準姬周尺也此
通陰陽諸國常準不改即唐令云尺者用一尺二寸為尺但隨流俗

則不定量就此唐國用尺則有五六種不同明了論云八長八尺佛
則倍之丈六是也故廣引正證知尺大小十誦云新者二重故
者四重伽論亦同僧祇云不得趣爾厭課持小故氈
作敷具當二重作若欽跋羅一重劫貝二重不得屈
頭量縮量水灑量欲令乾已長大者成便犯墮受用
越毗尼鼻柰耶云新尼師壇故者緣四邊以亂其色
若作者應安緣五分須褋四角不褋則已四分云若
減量作若疊作兩重並得謂二重為本恐過量故疊十誦不應受
單尼師壇離宿吉羅摩得伽云離宿不須捨墮非佛
制故亦不應離宿僧祇云更增者二重三重對頭卻

刺互減互過皆波逸提諸律增者於緣外增之四分
七百結集中得畜不截坐具是非法故擅而行之準益縷之相
不截不犯過量坐具不截而畜亦應無罪此跋闍子擅行十事
便於闍浮提僧斷了此應久廢今往往重興則用跋闍妄法也
十誦作不益縷邊尼師壇淨伽論言不接頭者墮今時
通量取增文則長五尺等並結提罪如法者準初量已截斷施緣若坐
時膝在地上者依增量一頭一邊接裨之此是定教
正文不依此法一生無如法處坐薩婆多佛在時比丘不臥者多
故小後開益縷際從織邊唯一頭更益一搩手令比
丘臥僧臥具今時有戒本一搩者此是十誦律四分有者錯用故準論凡長小尺六尺廣三

尺僧臥具八尺四尺四分明坐具法異不須用之但用增法必欲準用亦須畜之不成受持且將說淨僧祇坐具者此是隨坐衣不得淨施及取薪草盛巨磨此翻牛屎唯得敷坐善見云須受持不合淨施不出其文義加云大德一心念我比丘某甲此尼師壇應量作今受持三說其用法大同鉢也準例加法持之若破壞須換易者當捨之文同受法改下云今捨也僧祇得敷坐在道行得長疊中疊著衣囊上左肩上擔若至坐處當敷而坐若置本處當中捋之後徐舒而坐凡坐法應先手按然後乃坐賢愚經舍利弗以尼師壇著左肩上入眾降邪道鼻奈耶多文著肩上入山坐禪今在左臂定是非法

三漉水袋法物雖輕小所為極大出家慈濟厥意在此今上品高行尚飲用蟲水況諸不肖焉可言哉故律中為重蟲命偏制飲用二戒由事常現有用者多數故也餘如隨相中今故抽現重明準佛意也薩婆多欲作住處先看水中有蟲不有者作餘井猶有捨去凡用水法應清淨者如法漉水置一器中足一日用取上細氈一肘作囊令持戒審悉者漉水竟著淨器中向日諦視看故有者如前說僧祇蟲太細者三重漉囊猶有蟲者更造井諦視有蟲者捨去四分作漉水袋如杓形若三角若作宏槨若作漉餅若患細蟲出聽安沙囊中漉訖還著水中不得無漉袋行半由旬無者僧伽梨角漉準須覆袋中以淨穢相染故此國多用絹作者余親取已漉竟水內黑色器中微小細蟲無數同水塵量故涅槃有言塵耶蟲耶此言信也後取緻練作袋漉之方盡故明此者由生命處重無益自他性戒無懺終須醻報今不肖之夫見執漉袋者言律學唯在於漉袋然不知所為處深損生妨道者由不畜漉袋縱畜而不用雖用而不寫蟲雖寫而損蟲命且存殺生一戒尚不能遵奉餘之威儀見命常沒其中

二明聽門分四初百一諸長二糞埽衣三檀越施四亡人物

初中分二謂百一供身令受持之長物及餘令說淨畜初中薩婆多云百一物各得畜一百一之外皆是長物若似寶入百一物數不須說淨餘者一切器與非器一外皆應作淨謂施俗人僧祇我弟子著三衣足遮寒苦若性不忍寒者弊故衣隨意重著五分云三衣儭身衣被衣雨浴衣覆瘡衣蚊廚敷經行處衣障壁蝨衣單敷衣覆僧臥具可牀四邊而下垂四角各一尺上安坐具護腨護踝護

蹲護頭衣拭身巾拭手巾拭面巾針線囊鉢囊革屣囊如此諸衣若似衣皆應受持下文聽畜針三口十誦諸如法所用衣僧祇支泥洹僧是衣名作波利迦羅衣音言助身衣云何受應言是某色波利迦羅衣我受用故應五眾邊而受謂當法為言善見三衣雨衣尼師壇等皆須受持不合說淨雖穿破不失受應道其名字手巾得畜二雜衣隨多少餘衣唯得受持一不得多十誦七種衣不作淨施三衣坐具雨衣覆瘡衣六七及百一供身具薩婆多云百一物中三衣鉢必須受持自外若受則可不受無過沙彌畜上下二衣并畜泥洹僧僧

竭支富羅隨身所著各得畜一自外一切盡是長財除錢穀米一切長衣十日內同大僧法唯捨作吉羅悔為異次明長衣法分二初明長相後開說淨初中鼻奈耶云長衣者一日成故僧祇支法此是中國梵音此翻云上狹下廣衣四分應繫僧祇支入聚落若安帶若縫之得上狹下廣衣當用作僧祇支十誦因入聚落露胸臆著僧祇支風吹落應著帶不著吉羅五分不著祇支入聚落吉羅僧祇祇支覆肩衣長四肘廣二肘如是受持準此衣相猶有覆肩之量今時所著者同律上狹下廣此乃後魏中有師改法裁縫之又出疏解廣明涅槃僧法此云內衣僧祇佛於僧前自著內衣教諸比

丘因制戒十誦作時著小泥洹僧三千云泥洹著法一不持下著上二使四邊等三襞頭近左面四結帶於右面五當三繞不垂兩頭餘法如彼五百問云大寒得繫著腳四分不得反襵著以白衣家解露故應作帶著不得以上色若錦及白作應作袈裟色廣三指繞腰三周若得已成者當二三四條之若亂縫合短者繩續若細輭速破作玦鈕此謂以衣繞身訖用帶圍繞收束之今吳蜀之僧多有用此著裙者十誦五分作時取衣從後歧間過襵著前著下衣法左捹其上兩邊兩襵當後兩襵十誦云泥洹僧破應權作俱修羅若輭體比

丘揩蹲破下開五寸許應受之此似裙而周縫合五分有著俱修羅衣者俗人呵言何異我等著貫頭衣便不許著之安陀會壞聽權縫合作暫著是類女人裙今時有著偏袒褡膊方襲諸襲臂衣蹲衣等並無正文可依十誦五大色衣一切毛衣偏袖衣複衣一切氈衣一切貫頭衣兩袖衣一切囊衣一切衫袴褌白衣衣服不得著著得突吉羅四分不得著褉襠袴行縢手衣草衣皮衣皮帽樹皮衣樹葉衣珠瓔珞衣鳥毛衣牛馬毛衣如是諸衣並不合著汝等癡人避我所制更作餘事自今已去一切白衣外道衣並不得著若著如

法治。中阿含云，我說一切衣服飲食牀榻園林人民得畜不得畜者，皆不定。若畜便增長善法，我說得畜。反此不得。四分。衆僧得種種衣開畜。比丘須者借著。若處所壞得移餘處。若本所還立，當依舊安置。若著僧衣當好愛護，勿令汙泥。不得上廁。五分。爲僧作時，得著僧衣。不得襯身。作竟浣舉。四分。因開著檀越施衣。故瓶沙王送所著貴價衣及貴價氍毹。佛令廣三肘長五肘毛長三指者，應淨施畜。餘廣大長毛者不得。若大價衣在地不得在上行。十誦得坐綾羅錦綺上不得行。五分。繡錦褥敷者吉羅。謂俗人家中。四分。給住

房比丘中開與坐褥臥褥地敷襯體衣氈被三衣房衣諸藥等。若故不住者，沙門一切所須皆與。又云，寒雪月患寒聽著複貯衣。又開鉢囊革屣囊針筩襌帶腰帶帽拭脚巾攝熱巾裹革屣巾等及拭面巾拭身巾押淚巾。凡寄衣白衣舍，必須染壞色作沙門衣法。五分。借俗人衣不還則已。四分。不得皮上坐。除邊方。得上色染衣。上色綿衣。不得畜壞色。得畜得畜蚊廚。不得畜皮帽。若患瘡得畜覆瘡衣。無者僧中取將出外亦得。瘡差送本處。中含。阿難得王貴衣，令佛蹈已，然後自用。令施主得大福。餘衣準此。四分。邊方比丘曲開

五事。一持律五人受大戒。以僧少故，三年方集。二著重革屣。以砂石多故。三數數洗浴。生世善故。四數羺羊皮白羊皮鹿皮爲臥具。以彼方無餘臥具故。五聽比丘得衣入手數滿十日。以無人可對故。律云，東方有國名白木條，已外便聽。按梁時貢職圖云，西蕃白木條國來貢獻，則此在彼東，而邊僧既多用本開法，律結正罪，必無僧可得，準用無過。律云，不得畜師子虎豹狃皮野狐及餘不淨可惡等皮。又不得在高大牀上。若獨坐繩牀木牀牙牀覆以馬皮象皮錦褥雜色臥具氍毹。若用狃毛貯褥等，並不得坐。唯白衣舍無餘牀褥可坐者開。除寶牀。不得乞生皮。若汲水繩斷，聽用皮作索。若戶繩壞，聽用皮作。若戶

樞不轉若壞，聽以皮治裹之。若以皮作腰帶襌帶皮器，並不得。若作帳軒不得。道行患熱，以衣爲覆障。三千云，當畜善助，謂襌帶也。廣一尺長八尺，頭有鉤。三重用熟韋。餘法如彼。應私屏處著之。寒雪國須襪，聽從非親使人乞作。不得餘用。毗尼母。寒處聽著俗人靴。五分。作鞾太深，聽齊踝上。比丘作靴如鞾法，不得。若餘國著富羅，若履更有所著，隨意著之。毗尼母云，所以脫革屣繞佛行者，以生俗人呵言起慢心故。五百問云，淨潔靴鞋履得著禮拜。五分。得新履，令淨人著七步。四分。聽爲護身護衣護臥具故，在寺內著一

重革屣若穿壞以樹皮若皮補以筋以毛以皮爲縷線縫之若得生皮聽自柔治若使人柔竟裁作一重革屣不得著入聚落文中因在道在聚落脫革屣偏袒有癈佛言若有所取與隨時準此開入聚落中不脫革屣偏袒明文證之又不得用雜色皮若持絹布作革屣帶若編邊若靑黃赤白色等作革屣等並不合用若得錦色革屣壞色已聽畜若以芒草等作革屣亦不得若在寺內聽著蒲革屣若破以皮著底不得畜四種寶屐若木屐開上大小便厠屐洗足屐也以外一切皆不得畜

二明作淨施法六門一制說意二施主差別三開

說進不四說之法用五辨施主存亡所以六明失法不同初中薩婆多問曰此淨施法眞耶假耶答一切九十六種外道無淨施法佛大慈悲方便力故敎令淨施是方便施非眞施也令諸弟子得畜長財而不犯戒問佛何以不直令畜長財而彊與結戒設此方便答佛法以少欲爲本是故結戒制令不畜而衆生根性不同悟入各異如昔一時開七寶房舍比丘入中便證聖道所以隨其機報先制後開何故開十日答佛知法相不緩不急正開十日使籌量布施人縫治作衣及說淨法毋云若放逸不說淨者以惡心故不滿十日皆犯捨墮地持中菩薩法亦有淨施法涅槃亦爾

二簡施主法就中衣藥鉢寶穀米等並須施主前明上三施主僧祇云五衆得作善見云展轉者五衆中隨得一人作施主眞實者至一比丘所不言對沙彌也五分云五人不應作一不相識二未相諳悉三未相狎習四非親友同師五非時類復有四人一不能讃歎人二不與人好名稱三應淨施五衆四不得與白衣義準前五眞實淨主後四展轉淨主十誦不得稱二三人作淨應與一人若將他淨施物不還應索取不得者彊奪取語言佛有敎爲淸淨故與

汝汝今將去已犯吉羅自今已去說淨者應籌量與一好人謂對首受淨者薩婆多求持戒多聞有德者而作除惡邪四重得戒沙彌聾盲瘂瞎顚狂心行別住六夜五法人等爲令淸淨作證明不生鬭諍如上等人則不如法非此人者用爲施主後得物已於一比丘邊稱施主名而說淨錢寶穀米等並以俗人爲淨主涅槃云雖聽受畜要須淨施篤信檀越薩婆多云先求知法白衣等如後所說

三請法聽不先明須請薩婆多云應求多聞人等若死往他國者更求淸淨者作欲令作證明則名如法故知對面請也乃至錢寶亦

言語令知比丘法。今以檀越為淨主。此明文開請。次
明似不須請。五分云。於五眾中隨意與之。似當時指示當部無
文。隨二部用。德望高遠。不可附及。依五分用。若可召請者必須請法應具儀至大德
所。前告本意許可已。然後說言。大德一心念。我比丘
某甲今請大德為衣藥鉢展轉淨施主。願大德為我
作衣藥鉢展轉淨施主。慈愍故。三請。準善見文。五眾通得。若至
尼所告云。我今請比丘尼為展轉淨施主。幸願為之。
下三眾例爾。請法無文義加。眞實淨者。善見對於比丘。以親對說淨。尼等四眾無共作法義
不開。文云。大德一心念。今請大德為衣藥鉢眞實淨施
主。願大德為我作眞實淨施主。慈愍故。三請。寶施主

者。多論云。先求知法白衣語之。若不知者告令解之。
至彼所云。比丘之法。不得畜錢寶金銀穀米等。今以
檀越為淨施主。後得錢寶盡施檀越。次明合說進不。
薩婆多云。錢寶穀米並同長衣。十日說淨。涅槃經云。
云。四明作淨法。五分獨住比丘心念說者具儀捉衣。
心生口言。我此長衣淨施某甲。從彼取用。得至十一
日。復如前威儀口言。我此長衣從某甲取。還得至十
日。復如初說淨施與某甲。從彼取用。如是捨故受新。
十日一易。僧祇心念說淨。亦成犯吉。內心說淨而口
不言。是名非法淨。越。若口說者無罪。律中捨故受新。

十日一易。應是不說淨者。或可說淨故令展轉。對面展轉者至
一比丘所具儀手捉衣口云。大德一心念。此是某甲
長衣未作淨。為淨故施與大德。為展轉淨故。彼受請者言
大德一心念。汝有此長衣未作淨。為淨故與我。我今
受之。當語言汝施與誰。答言施與某甲。為淨主名字。大德一心念。
汝有是長衣未作淨。為淨故施與我。我今受之。汝與
某甲是衣。某甲已有。汝為某甲故善護持著用。隨因
緣。若鉢藥並準此。外三律由前對面作淨而生諍競。因制不
得對面使知。又施主後知恐犯長。佛言不應語令知。
別處說之。善見。對面淨者并縛相著至一比丘所胡

跪言。我有此長衣。為淨故我今施汝。正得賞護。不得
用。云何得用。若云此是我衣。隨長老用。若爾者得用。
若正作法者同前儀式。大德一心念。我某甲有此長
衣未作淨。為淨故捨與大德。為眞實淨故。二淨依四分文寫。一
二淨成就者。善見言。施與大德捨與大德與大德等
並成。若言願大德受此衣等不成。與眞實受者言我
取我受者成。若云我當取欲取等不成受。一說成。不
須三徧。五分漫標說者具儀至比丘所云。長老一心
念。我比丘某甲。此長財於長老邊作淨施。彼應問言
長老此衣於我邊淨施我持與誰。答言於五眾中隨

意與之彼即語言我今與某甲若須從彼取用好愛
護之（謂展轉淨也此淨法常須記施主及財物所屬）又云革屣令淨人著淨
錢寶淨法者（穀米等例同說）律云當持至可信優婆塞若守
園人所告云此是我所不應汝當知之文中不云令
淨人持應須使俗人令知是物準僧祇不信俗人使
在前行至淨主所如前作法若彼淨人得淨物來者
應受持之餘有進不隨相三十中廣明五存亡進不
僧祇齊三由旬知其存亡五分知其在世在道以不
薩婆多施主若死若入異國更求淨主等四分無文
隨意採用然淨施主法必準論律名行高尚者令遠

近通知若汎爾恆人同寺便成失法（以不知行業不應故）六作
法失不之義僧祇沙彌邊作淨若受具稱無歲比丘
若死者得停十日更須說淨（有人言眞實主亡則失展轉者不失此未讀正律文明二淨俱失以並非正主）若不知施主存亡便失淨法不得過
十日薩婆多施主若死更求淨主除錢寶穀米一切
長財盡五眾邊作淨（二寶俗施主亦須十日內更請）十誦若淨施主
是弟子被師呵責者不得作淨應更淨施餘人施主
若死亦須更覓施主亡者物不入僧以財屬他別人
假名施也（準此前展轉不須者謬矣又上文一人為主不得稱二三人便與五分漫標有違或是立法令取五眾及至作法常指一人）善見若因淨施方便藏匿不還

計直犯罪（故知屬本主）僧祇若衣多忘不識應取一切衣
集著一處當捨言我此衣淨施與某甲我今還捨應
更說之四分若忘者更說論開忘後十日（此謂可分別者）薩
婆多若說淨財寶及以衣財若人貸之後時寶還寶
錢還錢乃至衣財相當者不須說淨若還不相似物
更須說淨（以非異來貪貯過少）毗尼母若衣已說淨及點淨納
末二淨者縫衣著納是名衣和合淨（點淨如隨相中）五正色
并圵色綿雖和合不成若先以正不正色染後以餘
色及正色染是名色和合得畜餘廣如隨相中
二糞掃衣制著意此乃世人所棄無復任用義同糞

掃論云一體是賤物離自貪著二不為王賊所貪常
得資身長道又少欲省事須濟形苦故上士著之十
住婆沙云著糞掃衣十種利一不以衣故與在家者
和合二不以衣故現乞衣相三亦不方便說得衣相
四不以衣故四方非法求索五若不得衣亦不憂六
得亦不喜七賤物易得無有過患八順行初受四依
法九入麤衣數中十不為人所貪奪言衣體者四分
十種謂牛嚼衣鼠嚙衣火燒衣（此三彼國衣有者諱故棄之）月水
衣產婦衣若神廟中衣為鳥銜風吹離處者得取及
塚間衣求願衣往還衣（至塚上返將來）如上是也不問新淨

上色不得直用須作袈裟色受持。又不得取未壞死人衣。（善見下至一針許壞）若塚間得錦文臥氈褥枕氍氀獨坐牀唯除皮繩髮繩餘者應畜。又得輦蓋步挽車水瓶澡鑵杖扇钁鉤刀鎖亦得畜。得錢打破自持作銅用。取糞埽物時本無共要往塚取衣。不得遙占云是我許。隨先至者得。（若已移離舉置屬前移主）不得取神廟中衣。比多有上品行人入諸神廟剝脫形像衣服收束幡蓋繒帛。佛制不為。理有深致。若癡而輒取犯於盜罪。必知而為之不無相惱。致有避神主面藏身劫奪者是重波羅夷。如隨相中。十誦取未壞死人衣得偷蘭。善見

死屍有小瘡如針頭皮未斷令俗人取。十誦四種糞埽。一塚間裹死人。二裹死人已持來施比丘者。三無主衣。四土衣。謂巷陌若塚間有棄弊物者。四分得糞埽衣浣染四角頭點作淨畜。若得貴價革屣雖重開畜。佛言以是糞埽故。

三檀越施衣有二。謂時非時也。言時施者。謂夏竟無迦絺那衣一月有衣五月。是佛饒益諸比丘五利賞勞之時故名時施。唯局前安居人。言非時施者。謂一年之月無簡冬夏有緣即施。不問時節故曰非時施也。今次開位則有四別。就時施中分二。初時現前者。

施主將衣物至安居處數安居人多少各分衣物是也。不須羯磨直爾分之。四種定故。一時定同是七月十六日。若夏未滿受衣得罪。二處定同此界內前安居人。三人定非外界者現前同住。四法定皆直數人相參墮籌分。四分不得異處安居異處受衣。乃至安居未竟亦不得乞衣受衣。又云僧得安居衣破為二部令數人多少分。又云以三衣施佛諸比丘人與兩端氈為安居故。若留夏食而分者佛言食隨施主意不應分。二時僧得施者。謂施主布施該通一化安居之人是僧皆得。故曰僧得。作法之時須僧羯磨。律云

得夏衣未分便行後分夏衣忘不留行者分。佛言成分。又云若一比丘安居大得僧夏衣應心念口言受之。若時中不分流入八月十六日非時分者即作非時僧得施法。以前安居移至他方不得衣分。佛罰諸住人還使通分。僧祇云若安居時衣沙彌持戒能作淨得比丘意隨意與。五分難事破安居得受安居衣施。住日多處取。非時中亦二。初非時現前者施主召僧至宅就寺設供數人多少隨物而施。律云造池造井施縷等因而施物。又云諸檀越大送好衣與諸比丘。佛令數人多少若十人為十分乃至百人為百分。

好惡相參令不見者擲籌若大價不可分者聽裁破分應以刀截衣十誦若時非時僧施乃至亡人衣一切布施物沙彌若立若坐檀越次第自布施多少屬沙彌若檀越不分別分作四分三分與比丘第四分與下三眾五分一比丘分與三沙彌亦同僧祇若沙彌得意者等與若半等準此諸部二種現前等與二種僧得隨僧和合與四分五分但是僧得施下至淨人皆受其分如下亡人物中分之次非時僧得施者謂施主運心周普通該三時不局一界將物至寺或在俗家召僧鳴鐘以財用施便羯磨斷之如分亡人輕物法律云有住處現前僧大得

衣物可分之分物時有客比丘數數來分衣疲極佛令差一人白二羯磨分二部互正亦有四種法四分十誦若施比丘僧乃至無一沙彌若施尼僧乃至無一沙彌尼如是五眾互取就寺不簡僧尼等別皆僧得現前同合受故莫非俱是福田故二眾互受五百問云有人施僧物後更比丘來及在座打稚應得不打不合若有餘䞋物本道人已去後人應問若當來不合若來不來呪願取若或來不得取犯捨墮知死而取犯棄僧物故

四明亡五眾物既財是小人所利非大士所懷然出家濟遠經勞涉樂俗譽非慕唯存出道者則蕭然世表塵染不拘而情性未融素非清潔者唯利是親全無道志然上下二士並預法流上達立法以濟器下達受法而隨懷俱須兩順佛法用通一道淨行然亡僧衣物處斷多途並謂指南俱呈至說但由教有輕重機悟淺深如序所明其例有六至論決斷每有遲疑臨事詳之在於輕重今既事務繁雜非諸門無以別之且張十門用開進不一制入僧餘處不得二對亡者分法不同三同活共財不同四囑授是非五負債還不六定物重輕七具德賞勞八分物時節九正

加分法十雜明受物初門制意者所以五眾亡後皆入僧者生則依三寶出家而物不入佛法以出家六和同遵出要身行所為莫不為僧法所攝故人施佛法比丘無分若施僧者依位受之亦不屬俗非福田故僧祇阿若憍陳如空林中入涅槃牧牛人送衣物與王王即評直五錢依法斷還沙門乃至佛言屬僧十誦跋難陀死衣物直四十萬兩金國王剎利種及諸親里各欲收取佛言王賜諸臣比丘不得乃至親里集會不見喚及僧家財法並同俗人不合此屬僧物二對人死分法不同十種斷別一者糞埽取如五

分界內水漂死人衣挂樹枝隨見者取之。二入當時現前僧，如十誦學悔沙彌尼死、擯比丘死、守戒比丘死，隨更互直取。三入同見僧，如四分邪正二部各執是非，其人中道死，至彼死，皆同見自分。四入功能僧，如四分被舉比丘死，衣物入同羯磨舉僧。五入二部僧，如五分獨住比丘死，薩婆多二界中間死，四分無住處白衣家死。五眾先來者得。六入面所向處僧，如多論二界中間隨面向處僧應取。七入和尚，僧祇中沙彌死，衣物入師和尚等，謂令和尚分別財體，以師物自入沙彌物入僧。(十誦判同比丘。五分亦爾。莫問有戒無戒，並斷入僧，依法分之。)

(以同利養。)八入所親白衣，薩婆多滅擯比丘死，將衣鉢付生緣。(以生不同財法。)九隨所在處得，如十誦有比丘持衣寄阿難，三處共爭，謂能寄人、所寄者、寄物處。佛言屬阿難處僧。界內現前僧應分，以寄人不寄處故。(準此寄處不寄人者物處僧得。)上來九種直爾分之。第十一和清眾死方入羯磨。三同活共財不同，若師本意正與弟子衣食，不共同活，已與者得，未與者師亡已後悉皆入僧，實非同生，假冒取僧物者犯重。若師本契所有財物決心同分，看如兒想，終無分隔，此若互死，任情多少隨身服用，一切入僧。若師徒共契，財物共有，各別當分，且在一處別活，反道悉共半分，是名共活。若分其物，準俗制道，已著之衣服，已用之器物，各屬隨身，並未須分，餘有長財依式分半。若不同活，文非共財，妄言取分，能所俱犯，重則犯重，輕則偷蘭。善生經中亦有兩斷，並據輕物。四囑授是非，四句分之。一囑授善惡，二人物差別，三重單囑授，四成不之相。初中有四。一囑授善者，自知昔來非法儲積，唯結不善，今若命終無一隨者，不如破著捨貪，順本初受，便決誓願，以財付他，生福上處，故是善也。二不善者，恐此財物死後僧得，慳貪俗態，妄授白衣，謂言勝善，此囑非善。三不囑

善者，若病篤之時，唯存出道，於此身中空無無漏，以此恨歎，常知偽財本非真要，縱有勸囑，便在愛增，但論前業福道，此財佛已誠斷，如此而終，不囑亦善。四不囑不善，謂前心欲捨，後便慳覆，展轉互生，不能自決，遂便捨命，是不善也。五百問中比丘愛銅盌事及慳衣事，如隨相說。二差別者，一人物俱現是囑是授，奴婢田宅車牛莊園等重物及輕物不可轉者。(如氍毹布帛之例。)名囑。二可付與，如絹匹衣服寶物等是授。三人物互現，或俱不現，是囑非授，以人在他邦，餘物別處等。四非囑授者，任僧準式，如前說也。三重囑授相，僧

祇囑與衆多人最後人得授與衆多人在前者得準
此決犯如決心與他自言先出或對人陳隨一許竟
後便差損理是他財因不付他或轉餘施財主犯重
由決心與他屬彼已定後乖本意迴他入已損他犯重後人受施如法受之從賊得物佛開取用故也
善生云先許他一衣後便餘大德來轉以施之是得
偷罪明了論決心捨已不犯長四成不相者凡言囑
授正是捨財相應心要心決與生福勝處定無變悔
皆悉成就若云此物死後與我作墓買棺槨碑碣作
像寫經供僧等事並不成就以未死是物主定不自
分死後更有主來處斷不依前法若犯王法知明日

晩間必死今日中前隨時並成由未死前心決成主
若以財物令人造像施僧齋供使我眼見因即命終
者成若言死後同前浮漫故諸部明示四分云若臨
終時囑物與佛法僧若我死後與等佛言一切屬僧
以心不決故十誦大同唯三衣六物不應自處分僧祇若
未付財或得已不作淨還置病人邊並不成若作淨
已置邊者得若言我死當與若差即不捨並不成五
分若生時已與人而未持去僧應白二與之五負債
進不者先以義分若佛法別人負亡人物亡人負佛
法別人物並含輕重者有則相當還無則交絡還以

並收入須依本物重則入常住輕入現前僧若先負
輕物今追得重還須賣取輕物依法分之若本負重
還輕者入常住僧中不同共僧之法若常住僧負亡
者重物不須索取以還入常住故若負輕物追入現前僧得
重物還者依前易取輕物分之若全無可得者便止
十誦云若比丘生時負三寶物應歸若三寶貸比丘
物索取入現前僧故知並索依本而斷乃至四方現前客舊比
丘等亦同上若賒酒不還便死取衣鉢還若無者取
僧物償恐出諸比丘惡名聲故亦不言常住現前之別至時隨緣若
先與他衣價死時還索取他衣未與價若死還本

衣無者賣衣鉢還又債息異處有五句一衣鉢寄在
餘處身在餘處死隨物處僧得二負債處死處負債
處僧得三死處出息處保任處保任處僧得四死處
質物處取錢處質物處僧得五死處取錢處執券書
處執券處僧得此中文猶不了若息物在俗邊索未
得者可準十誦依券徵取若物在僧邊者亡後隨物
處僧得終不得以券書故攝他異界僧物如初句斷
以彼此俱僧故若論重物亦不得取以不聽移此僧
物而送彼僧除羯磨法若負物在俗同無住處五衆
先來者得重物隨見者送寺若多人所知共爭不決

者如十誦五斷或同前人處二寄斷毗尼母若有生息物在外遣寺內僧祇淨人推求取之入此寺常住僧五百問云比丘借人物前人死要須白僧得取本物不白而取得罪若僧不與彊取或僧知而不還自他俱犯祇云若索債者當看前人持戒可信者與不可信者不應與若有可信人證明者應與不信證者不應與六定輕重者然此亡物諸部未融隨情難信理須隨本受體何律受戒即以此律而定重輕若亡人不憶看病未知則隨別住何部行事即以此部處斷是非不得自垢心行妄興與奪實從四分而受當

寺行之便隨貪欲多判輕物入僧便準十誦此由貪故犯非由教是罪今於斷割之前豫須總位然隨持律六種不同如序中列及論附事三階處決一者唯用四分一律有則依文而用無則不取外宗故律中十三章門判物皆盡唯有重輕二別若決判者一切衣鉢坐具盛衣貯器針筩俱夜羅器氍毹應量剃刀等物入輕餘者一切器物之中不列名者並判入重若有道俗衣服者入輕準氍毹量過則入重此一家正斷亦無與二不可抑奪二者四分先準諸部類分義決有無旁出輕重初略分三一佛所制畜如六物等資道要務一向入輕二制不聽畜如田園奴婢畜生金寶穀米船乘等妨道中最不許自營準判入重（此上二判通一切律）三佛開聽中義含輕重如長衣百一及以器物隨身眾具以物乃妨長容得濟形資道此則判有不同今且依鈔者一意位分三別一者性重如一切銅鐵木石盆瓶釜鑊車輿器物以體是重物不堪隨道準判入重二性輕者百一眾具可得隨身布絹莫問多少準判入輕三從用輕重者或事重用輕如剃刀函石盛衣貯器及以針筩銅盌匙筯鍵鎔等器入輕或事輕用重如大小帳蓋行障枕扇氈褥牀席

俗人衣服並是妨礙入重而斷但以敎網具周必須文顯然又聚類七種分之後必有事依門自判（準用十誦律中瓦本等色隨事分物今亦附事廣明）十誦病人死看病者取其衣物浣洗暴卷擗擗（襵）徐擔入眾毗尼母云並取衣物在僧前已遣一人分處可分物不可分物各別著一處如是云云何名重物以物重故廣明別相如彼說第一絲麻毛綿所作四分中坐褥臥褥入重（並謂表裏有綿帛裝治者）氍毹長五肘廣三肘毛長三指入輕此寒雪國中曲開氍毹相同袈裟條葉具足毛內葉外乃至皮作亦然故開皮為臥具此即三衣也被是重物不可例之

以僧祇中有氈僧伽棃故自餘準此爲量被及被單
入重薄顉氈堪可疊披入輕氍氀錦繡等綺色分明
入重律令壞色著之猶同三衣相也綾羅入輕律開
受王大價衣及施主種種好衣文中乃不明了不妨
含於貴價交褑等入輕下文聽著大價疎衣也僧祇
覆瘡衣雨浴衣漉水囊二種腰帶臥具入輕五分劫
貝單敷儭身衣針線囊鉢囊革屣囊入輕準此被單
雖是從被猶同儭身單敷不異可類在輕錦綺毛毯
若氈蚊厨等入重準此四分減量者入輕必依量硬
厚入重不堪披著不同氍氀法服厚輭可服毾㲪類

同錦繡雖是小氈而屬牀几者相隨入重五大色衣
入輕律中上色染衣上色錦衣聽作袈裟色畜若眞
緋等判入重者黃白不應入輕白色佛制不著尙判
絹布入輕例於黃靑赤亦應分也若爾氍氀佛制量
入輕不云色者何判入重答彼離綺錯外同三衣條
葉具足同故入輕準五分文必純色者準律非重絲
麻縷線不問多少義準入輕必含繭含稭便入重色
盛衣袋者(前至臍後至腰)準五分入輕連袋長袋被袋等入
重一切俗服襦禳之類已壞色折破入輕猶是白色
俗衣用服者入重雜綵色線靴鞋及餘男女衣服補

方巾袋等竝入重繡綺鉢袋隨鉢者入輕第二瓦石
鐵木竹等所作四分銅瓶銅盆繩牀木牀水瓶澡鑵
錫杖扇斧鑿燈臺枕車輿及鐵皮竹陶木五種作器
入重此五種作器竝謂能造物具故律云木作器猥
藉無安置處佛令作皮囊盛之非謂所造之物(則通輕重)
(佛則不判)剃刀入輕錢寶等入重下文塚間得錢壞相作
銅用十誦刮汗篦灌鼻筩熨斗香爐熏鉢鉤壁上鉤
禪鎭匙鉢支及鉢小鉢半鉢鍵鎡小鍵鎡鉗鑷截爪
刀子截衣刀戶牌曲戶鉤等入輕若水精貝齒角作
器謂如前小者入輕以外過半斗以上入重(半斗者姬周所

用斗)一切染色若煑未煑不應分僧祇錢金銀眞珠琉
璃珂貝珊瑚頗梨車渠馬腦玉石入重臥牀坐牀木
盤木瓶木盆竹筐竹筥亦爾過量白鉢瓷瓦鐵等入
重準此過量好鉢亦重佛制不用善見針線應分入
楞伽云爲割截袈裟故聽畜四寸刀頭如月刃若生
時造送終調度竝入重櫃簏屛風障子及諸鎖鑰入
重以妨長故戶鉤準輕亦有相隨入重四分俱夜羅
器卽應量減量鉢椀等十誦入輕若是夾紵銅鉢等
亦判入重供養香爐輕可隨身入輕準上十誦有寶
裝校入重以捉寶戒制故若重大者入重根本爲佛

法而作不自攝者。隨本處安置。不得追奪。若隨緣改
賣不定者。如上處分。經架香案經函之屬。輕可隨身。
同上入輕。各有別屬。亦隨本位。佛牀經巾之屬。亦隨
本入佛法。無定者入重。數珠入輕也。(別屬)第三田土園
林房舍等。四分云。伽藍及屬伽藍果樹。別房屬別房
物。若捨布絹為已造房。若已易得重物者。入重。死時
猶是輕物者聽分。若捨輕重物入佛法者。不合追取。
為佛法有別主故。還隨亡者處分。若定莊嚴房舍。如
障幔承塵等。即入屬房物攝。若當處三時分房。無定
客主者。依本安置。若無法者。僧家摘取入常住用。十

誦。豬土染色入重。準此雌黃白墡同之。第四皮革等。
四分。皮衣樹皮衣等。一切不得著。則入重。十誦。皮物
者。盛油囊受半斗以下。鞶革屣韋靴韋籠韋熟韋裹
腳指韋應分。以外入重。平靴斜靴入重。非道服故。餘
者入輕。毗尼母云。經律先有付囑處。即付彼。若無付
囑。隨能受持者與之。不應分賣也。俗書素畫入重。紙
筆墨等準入輕。以堪附道法故。盛澡豆者。唯是器用。
十誦準斷。五畜生者。毗尼母云。駝馬驢等。與寺中常
住僧運致。若私有小寺園果堂房瓶盆之屬養生之
具。此現前不得分。屬四方僧。何者名養生之具。八畜

所須。非養生具者。非人畜所須也。六人民奴婢。四分
云。僧伽藍人入重。所有私物。不問輕重。並入私已。若
僧家奴婢死者。衣物與其親屬。若無者。常住僧用。私
奴死者。義準有二。若同衣食所須資財自取入已。隨
任分處。若不同活。直爾主攝與衣食者。死時資財入
親。無者同僧院內無主物入常住。(入親者準滅擯比丘若死衣物入親)
(若僧供給則不同之)毗尼母云。若有奴婢。應放令去。若不放者。
作僧祇淨人。(準此放去謂賜姓入良後終依律)七四藥者。無問生熟
穀米飯醬湯丸膏煎。並入重。雖有殘宿惡觸。亦無有
失。明了論薩婆多云。以死時心斷清淨故。則無宿觸

販賣不淨也。十誦伽論。若僧中請食已命過。同分衣
法。(令現前分處入重)前已命過後得食者。還歸本處。受他施
衣亦爾。餘有不盡之文。事不可委。具如別判輕重物
中。亦須類知而通解也。三者通用律藏廢立正文及
事要者。不必承用四分為定。如澡罐錫杖扇針諸錐
截刀子等。餘律判入輕。則亦類用。文義廣括。如別卷
述。且依第二足為龜鏡也。七具德賞勞。四分有二五
德。初五明病人難看而能看表瞻病者德滿。一所不
應食而欲食。不肯服藥。二看者有志心而不如實語。
三應行不行。應住不住。四身有苦痛不能忍。五少能

堪能而不作仰他作。又不能靜坐止息內心。六五明
看者行滿。一知病人可食不可食。可食應與。二不惡
賤病人大小便唾吐。三有慈愍心。不為衣食。四能經
理湯藥乃至差死。五能為病人說法令病者歡喜。已
身於善法增益。有此五法應與病人衣物。若小瞻視。
佛判不許。五分。多人看病與究竟者。僧祇四種。一暫
作。二僧次差看。三自樂福德。四邪命而作。並不合得。
若看犯王法死者亦不合賞。若欲饒益病者欲令速
差。下至然一燈。遇終者應得此物。餘如瞻病法中次明所與
物。律中不論德有上下。但與受持衣物。若不知何者

受持。當極上看病與上三衣。中下看病與下中衣。十
誦先問受持何衣鉢。一一別問。若不問不知或不信
者。與不好不惡六物。薩婆多重縫三衣。不以針刺著
者。不入看病人。若先已刺著有緣分持。衣主死亦合
賞之。四分六物者。三衣盛衣器襆鉢及袋坐具針筩。
義準德具六物不具等四句。初德物俱具依法與之。
若德具物不具。乃至俱缺。並隨事商度。若德缺物具
理非賞法。而事勞有功亦須優及。並束入現前羯磨。
隨德有無取物量行。和僧乞與。事情通敏。簡人進不。
五分十誦七眾看比丘病。唯二眾得。沙彌及比丘。餘

五不合。尼中三人得。餘四不合。雖父母兄弟不應與。
謂勞畢竟不滿摩得伽云。白衣看比丘病應與少許。尼三眾
同之。沙彌應盡與。五分十誦與沙彌同等。大僧準此
若眾多比丘沙彌看病應與究竟者。若齊究竟應與
一人。已屏處分之。十誦云。若看病者出行為病人乞
衣藥者留還付之。亦可攝入現前唱和付與。若餘處
安居來看病者合賞。伽論外界看者亦合賞之。八分
之時節。五眾若死僧祇不應即閉其戶。彼有共行弟
子持戒可信者與戶鉤。若不可信持戶鉤付僧知事
人已。供養舍利料理竟。若弟子持戒可信者使出衣。

若不可信應使知事人出衣。然後僧分。十誦云。諸比
丘在屍邊分衣。屍起護物。佛令死屍去後。若僧在異
處應分。毗尼母云。分比丘物者先將亡者去藏已。送
喪僧還來至寺取亡人物著僧前。然後如上依法集
僧分之。九明分法有二。先集錢財衣物。二加法分之。
初中瞻病者將亡人輕重之物並集僧中。若不勝舉
牀甕屋舍園林牛奴等。並須歷帳對僧明讀令知其
多少。初明立法。羯磨對首心念三法。初中若五人者。
得作賞勞分衣二法。若四人者正得用直分一法。如
後明之。今明五人以上僧法。乃至心念一人前緣。一同此例前集財

已後鳴鐘徧召一同僧式不得閉門限客假託昏夜意遮十方並非眾法非上緣者自淨其心僧徒集已彼瞻病人在衣物所具儀捨之大德僧聽比丘某甲命過所有若衣若非衣此住處現前僧應分三說律明六物準論不必須集眾中持律上座即處判之先問僧中誰知亡者負三寶別人物又誰知三寶別人負亡者物一一撿問有者如上處分次明囑授雜相同活共財二別並準上斷已次定輕重訖如上分之重者一處依名抄記輕物一處依名抄之並問看病者不將亡者輕重財物送喪不有者索替入法已三唱和還若無者

先當作賞勞法但五德難具不具不合依賞今時行事對眾問具德以不若答具者此乃自伐其功俗人所恥若不答具有功無賞違佛正制與奪得所出自僧中故律云僧得自在若結不結隨意也今亦未須問德律無正文若知辛苦有功者上座告云長老看病有功佛令優賞當胡跪受羯磨也看病者謙退陳訴無德有愧不堪重賞僧當抑伏令受然後索欲問和答作賞看病人六物羯磨即白二與之大德僧聽比丘某甲命過所有三衣鉢坐具針筩盛衣貯器隨有言之此現前僧應分若僧時到僧忍聽僧今與看病比丘某甲白如是大德僧聽某甲比丘命過所有大衣七條坐具餘者如上此現前僧應分僧今與某甲看病比丘誰諸長老忍僧與某甲看病比丘七條五條鉢及袋衣襆餘如上者默然誰不忍者說僧已忍與某甲看病比丘衣鉢坐具針筩盛衣貯器竟僧忍默然故是事如是持盛衣者即衣襆也貯器者鉢袋若有多箱襆巾帊袋絡者應取常所服用一事賞若三衣各盛者三襆得與之次分輕物律令白二差人今時行事但取知僧事者或臨時口差不用羯磨違法通得持律者先知不具德者沙彌法等多論云三衣餘處者索來此賞若此德不具即隨彼分故知通博用和現物若三肘五

肘外長隨多少應白僧令知和合與者好十誦沙彌死所著內外衣與看病人餘輕物僧分羯磨云某甲沙彌死所有內外衣及非衣餘並同大僧法今時行法者命知事人在僧前胡跪白二與衣律中文少不具今準非時僧施法文云大德僧聽比丘某甲命過所有若衣謂堪著用者若非衣謂鉢器衣財等現前僧應分若僧時到僧忍聽僧今持是衣物與比丘某甲某甲當還與僧白如是大德僧聽比丘某甲命過所有若衣若非衣此現前僧應分僧今持與比丘某甲某甲當還與僧誰諸長老忍比丘某甲命過所有衣物現前僧應分僧今持此

衣物與比丘某甲某甲當還與僧者默然誰不忍者說僧已忍持此衣物與比丘某甲某甲當還與僧竟僧忍默然故是事如是持作法已卽數僧數量其衣物相參擲籌取分五分若衣少不足者和僧與一無衣比丘善見云若一衣極好眾並有衣準律分破行之從上座行之須者直付若衣物極多徒眾有法準聖教分之此是非時僧得施功德徧十方僧不須造像設齋更生漏過以出家人修智分業不以福分為懷縱設集者僧祇為病人求衣藥及為塔為僧知事雖當時

不在並應與分此謂差眾使者得若私營佛法不合次明與沙彌淨人分四律並云若僧和合等與乃至四中與一淨人五中與一若不與者不合分若分得罪自餘廢立如疏鈔中如是總計大數抄名記數然後品物付之律無賣物分法今時分賣非法非律至時喧笑一何顏厚佛令分付為息貪情令各自省今反樂笑不惟終始此習俗生常乃無悛革望諸有識深察斯過若五人共住一人死衣鉢直三人口和賞勞已餘諸輕物依母論四人直作分衣羯磨文中除僧今持此衣物與某甲某甲當還與僧等字餘同前

法作此法已未得分入手來有客僧入界並須更共作法分之故律非時僧施中亦爾故令與一人分之今無人故須更分之有人無想不成二明對首法毗尼母云四人共住一人死三人應展轉分應二人口和以衣賞看病者餘物三人彼此相語云一大德憶念此物應屬我等餘二人亦如是三說若三人中一人死先取衣鉢直付餘物二人展轉如上法四分文中直明彼此三語受共分文詞如論說也三明心念法毗尼母云一相應法者二人共住一人死在者作念此亡比丘物應屬我作此說已後來人不得分理須入已四分一人受僧施中應心念口言此

是我分得也問羯磨文中非衣者此何衣耶答律不顯相文云時有將非衣作鉢囊革屣囊佛言不應作之又云與比丘尼非衣亦不知何等衣也今但通而述之無妨彼此俱攝十明雜分物法若在私莊寺致死或作僧使在莊撿校而死若有家人及比丘守者重物入亡者本寺輕物隨現分之亦不得尼眾分也縱令近僧來攝重物亦不須與以非佛正制若亡者無住處而隨有常住處隨近通攝寺無僧法亦不得取若無比丘守掌同白衣家法四分若比丘在無住處白衣家死彼有信心檀越應掌錄此物若有五眾先來者應

與若無來者應送與近處僧伽藍僧。準此文者若比丘共尼同至隨所同眾死各自取之。不得共分此物。當部亦不須加法直爾攝取。不同共住閑豫加法也。重物如上量之。隨情遠近。若至白衣家知有亡物。必須捉執作屬已意方成。雖見不得。縱捉入手而俗人自攝入已。此則屬俗已定。盜僧成就亦不得反奪。當勸示之與僧令無業道。(僧得作俗人物受。)僧祇比丘持他衣行。衣主命過使將衣別受不與同界比丘越。(準四分不成有比丘無想。)若作羯磨已量影恐客比丘來應知在羯磨前後。(謂攝僧界大不知僧有無。)律中有比丘無想別眾分衣不成問。

將亡人物出界分成不答。四分若衣物難分當唱令來某處某時分。若遣人來若自來應與分者得。諸部結犯不云得成。(僧祇受衣如法者或是同活同意耳。)十誦云比丘寄衣鉢與尼者應索取比丘分之。尼寄比丘物亦爾。(不同白衣家法。)問將亡人物入界其內比丘不知還將出界得先見者分不。答得受。由當界不知分時同法故。

四分律删繁補闕行事鈔卷下之一

四分律刪繁補闕行事鈔卷下之二

唐京兆崇義寺沙門釋道宣撰述

四藥受淨篇第十八

報命支持勿過於藥藥名乃通要分為四言時藥者從旦至中聖教聽服事順法應不生罪累言非時藥者諸雜漿等對病而設時外開服限分無違七日藥者約能就法盡其分齊從以日限用療深益盡壽藥者勢力既微故聽久服方能除患形有三種一盡藥形二盡病形三盡報形明了論云有身必有病雖少差損後必重發加其口法任終而受就此四中五分

明之一明藥體二明淨地處所三護淨不同四淨法差別五二受有別

初中明藥有四一就四藥明者時藥有二四分中有五種蒲闍尼（此云正食）謂麨飯乾飯魚肉也五種佉闍尼（此云不正）謂枝葉華果細末磨食（如隨相中）僧祇時食者蔓菁根葱根藕根蘿蔔根治毒草根（即薺苨根是）時漿者一切米汁粉汁乳酪漿是諸律並明魚肉為時食此是廢前教涅槃云從今日後不聽弟子食肉觀察如子肉想夫食肉者斷大慈種水陸空行有命者怨故不令食廣如彼說經云前令食肉謂非四生之肉但現化耳為度眾生楞伽云有無量因緣不應食肉略說十種一者一切眾生無始已來常為六親以親想故不應食肉二狐狗人馬屠者雜賣故三不淨氣分所生長故四眾生聞氣悉生怖故五令修行者慈心不生故六凡愚所習臭穢不淨無善名稱故七令呪術不成就故八以食肉見形起識以染味著故九諸天所棄多惡夢虎狼聞香故十由食種種肉遂噉人肉故如斑足王經說今有凡愚多嗜諸肉罪中之大勿過於此故屠者販賣但為食肉之人必無食者亦不屠殺故知食者同屠造業沾殺生分可不誡乎僧祇云

若為比丘殺者一切七眾不應食乃至為優婆夷殺七眾不食亦爾今學戒者多不食之與中國大乘僧同例有學大乘語者用酒肉為行解則大小二教不收自入屠兒行內天魔外道尚不食酒肉此乃閻羅之將吏耳四分云若此殺者行十惡業為我故殺乃至大祀處肉不得食之以辦具來者心無定主故今屠者通殺則依教無肉可食正斷食肉也毗尼母大同律云若持十善彼終不為我故斷眾生命如此應食準此何由得肉而噉唯自死者鳥殘猶獲罪也楞伽云酒肉葱蒜韮薤之屬悉不嘗之俗中尚云沾酒

市脯不食況出道高僧以酒肉為意旨所懷亦可見也摩得伽云若以酒煑時非時七日藥得服者謂無酒性得服今時藥酒令昏醉悶氣味具足為貪服之必加苦毒亦不附口以此二途驗知情性去道全遠

非時漿者僧祇一切豆穀麥煑之頭不卓破者之汁若酥油蜜石蜜十四種果漿生果汁要以水作淨若器底殘水被雨濺等亦名淨十誦若蒲萄不以火淨汁中不以水淨及互不淨不應飲俱淨得飲準此通四藥為壞味除貪故善見舍樓伽漿謂蓮華根擣取汁澄清者一切木果一切葉除菜一切花一切草果除甜瓠子冬

瓜甜瓜椰子果已外得非時服毗尼母得種種果多食不盡者破取汁飲若不至初夜變成苦酒者不得飲以酒兩已成故明了論炒米令焦黑餘藥投中釀以為漿亦名非時漿四分八種漿古昔無欲仙人所飲梨酸棗甘蔗甤果蒲萄舍樓伽等漿也若醉人不應飲飲則如法治伽論要須漉除滓澄清如水若有濁汁與時食雜若咽咽飲隨犯波逸提

七日藥者四分酥油生酥蜜石蜜等五種世人所識當食當藥如食飯乾飯不令麤現伽論糖漿亦得七日受乃至未捨自性僧祇加脂一種四分舍利弗風病醫教服五種脂熊羆猪驢魚等也僧祇此藥清淨無時食氣一時受七日服有四百四病風大百一用油脂治火大熱病用酥治之水病蜜治雜病用上三藥治之五分見作石蜜擣米著中佛言作法應爾若合藥法如此者聽非時服十誦石蜜不得輒噉除五種人遠行人病人食少不足人不得食人若施水處和水飲之五分飢渴二時以水和飲僧祇食上多得酪食不盡者動作生酥七日受服若長煎作熟酥七日受驗知酥油各受作法得多七日不名重受若乞食時多得酥者貧病比丘以細緻氎淨漉取酥得七日受若有緣事不得中前作者當

對一比丘記識言此中淨物生我當作七日藥受若忘悮不受不作淨過時是名不淨若得多油如酥中說得胡麻食殘不盡即煑取油七日受之若事緣不得作如酥中說若熊猪等脂如上進不得甘蔗及果並如上善見受酪記酪中酥為七日至第七日鑽得即日服八日犯捨油蜜亦爾摩得伽非時受甘蔗作法不成時內並成然蜜味美重凡聖常言長貪壞行勿先於此兼得必彊力劫掠辦之自非極病難用進口故僧祇佛受獼猴無蜂熟蜜等云云

盡形體者僧祇胡椒蓽茇呵梨勒等此藥無時食氣頓受病比丘

終身服四分云不任為食者一切鹹苦辛甘等不任為食名盡形藥體善見一切樹木及草根莖枝葉為食不任者盡形服之又樹木草無問根莖竝是時藥或根是時藥莖是盡形互有俱是不可名示但令堪食時藥所攝不任者盡形藥明了論疏云若病服七日藥隨病為量若差須捨若無病復不飢非時食者得非時食罪油蜜膏亦爾故論中舉酥等終身藥則不爾有身必有病佛許服此藥防護一期果報身若無容病又不飢渴非時不得服十誦淨苦酒無酒氣無糟者過中得飲上來辨者一切經律隨事辨體同

此宗者具列如上今有愚夫非時妄噉謂杏子湯乾棗汁果漿含滓藕根米汁乾地黃茯苓末諸藥酒煎非鹹苦格口者非時噉之竝出在自心妄憑聖教不如噉飯未必長惡引誤後生罪流長世次二六味定者明了論云五種量乃至大開攝一切物皆盡疏云藥有五種甘味物中除甘草蜜沙糖酥油餘甘味是時量酸味中除阿摩勒果汁等餘酸味是時量辛味中除薑椒蓽茇呵梨勒餘辛味是時量一切苦澀物非食作終身藥七日藥外一切可食物名依時量食從平旦至正中為時過此不得食一切漿甘蔗等名

依更量日夜各分五時從平旦受至二更過則不得服如是輪轉乃至五更此間漬飯為漿屬時量酥油蜜沙糖等名依七日量甘草等名依一期量從受戒後臨一期報終名一期也於此時中無問晝夜恒得服之灰土水屎尿此五名依大開量不須受隨意取服是世間所棄非所惜故四分須受灰土等（此據有人處必無人準用）三明轉變者伽論云如蒲萄漿持戒者應飲若變作酒不應飲若變為苦酒還復得飲十誦甘蔗是時藥清汁是非時分作石蜜是七日燒作灰是盡形胡麻同肉是時藥煎取脂是七日燒作灰是盡形

酪法酪是時藥清汁如水是非時作酥是七日燒為灰名盡形四相和者薩婆多四藥相和從彊而服若以時藥終身藥助成七日藥作七日服由七日藥勢力多故又助成故如以酥煮肉此酥肉汁得作七日服若以時藥七日藥助成終身藥作終身服如以酥乳和葶藶子作丸者是又如附子烏頭等諸毒藥浸豆麥等名盡形藥若以終身七日助成時藥者時中服之如麪食用酥油薑椒等若分數俱等勢力相似者隨以藥首一名標目餘者藥分稱之如石英鍾乳黃耆白朮丸散湯膏煎等竝例知用之

二置藥處所即結淨也略分四門一制意者良由眾生報力不同上中下別若上達之徒身力資彊制令分衛隨緣少欲得濟形命志存道業不假儲畜中下之流情同上士而力劣不堪必須資具方能進策是以大聖慈愍因困餓死方開結之同界別處釋淨名者以飲食繫穢同處生患今既別結情無儲畜食不生罪故名為淨若同處長貪違教受業業是穢因名不淨也此從緣說淨非對穢以明也二列數作法者有四種淨一者籬牆不周淨四分云半有籬障多無籬障都無籬障為露地也非儲積相故開之必三面有院開一面者攝食義彊亦同有罪廚舍孤立有院同之垣牆塹柵亦如是並非牆得周帀隨共成相二檀越淨者有三一食具是他物律云自今已去當作檀越食令淨人賞舉不得自受若有所須隨意索取二處所是他物故云若為僧作伽藍未施與僧雖食在中不名有犯三食處俱是謂處所他有食具是他不屬僧用也此三名他物淨要眞非假今多託冒自誑自負非法有罪十誦瓶沙王施僧粥田比丘上埸佛言未分者應上分竟不應上犯吉羅王崩比丘見無檀越謂犯宿煑佛言閻王替處不名有犯準此例餘皆犯僧祇婆羅門送粥米施佛僧以於僧住處作

故佛言內宿內煑不聽食故知屬僧即同僧法非檀越淨三處分淨者四分若檀越若經營比丘為僧作伽藍時處分如是言某處為僧作淨地僧祇若作新住處營事比丘及僧未住初夜前以繩量度分齊爾許僧住爾許淨屋受之不得過初夜四分經明相若檀越言莫預處分我未施僧此則同他物淨五分作新住處未有淨屋當先指某處作淨地以食置中然後僧住若經明相出則不成善見云何結淨屋初豎柱時云此處為僧作淨屋三說已乃豎之餘者亦爾不爾就一柱上加法亦成若已成者喚本主語令隨指一處為僧作淨屋若無者聚落有老宿召來遣作不解者教之四白二結者謂僧伽藍院相周帀比丘在中有宿煑過不問住之久近隨處結之除去比丘毗尼母云大界內無淨廚者一切宿食不得食乃至藥草亦爾四分因餓死比丘故聽在伽藍內邊房靜處結作必在作法界上不同處分五分諸比丘欲羯磨一房一角半房半角中庭或通結坊內作淨地並聽若通結者羯磨云此住處共住共布薩僧今結淨地除某處謂僧住行來房舍等準此偏界中果菜無過明相出在舍下又云必依地起不在架屋上僧祇若一覆別隔通隔別覆通覆通隔別覆別隔一邊二邊三邊隔

道兩邊作淨中間不淨如是一切並得準此作法羯
磨文中必須明指委曲結竟榜示顯處令主客了之
（律中客問何者淨地何者不淨地）三加法中四淨二種不作（如上處明之）
分一法別人指示如前已明羯磨結者在僧界內先
示處所懸指結取所以不得坐中結者古師云以食
望僧是攝是障（故須遙結在中相雜）以僧望僧非攝非障（淨地有僧）
（不免別眾）律令唱處所應一比丘起唱云大德僧聽我比
丘為僧唱淨地處所若房若處若溫室若堂等隨其
結處任境唱之然後坐訖亦不牒唱人名入羯磨也
次索欲問和已白二云大德僧聽若僧時到僧忍聽

僧今於某處結淨地白如是大德僧聽僧今結某處
作淨地誰諸長老忍僧結某處作淨地者默然誰不
忍者說僧已忍僧結某處作淨地竟僧忍默然故是
事如是持僧祇內作淨廚不得繙汁盪器水流出外
有緣須解者律無文義準反結卽成應云大德僧聽
若僧時到僧忍聽僧今解某處淨地白如是大德僧
聽僧今解某處淨地隨諸長老忍僧解某處淨地者
默然誰不忍者說僧已忍解某處淨地竟僧忍默然
故是事如是持四維出料簡者檀越淨不周淨此二
處不問內外晝夜同宿煑者無過但不得觸若處分

羯磨二淨通比丘在內檢校唯護明相若與同處唯
壞食具更須翻食器令淨有宿煑過也若治故處作
處分者祇云僧住寺中過初夜而欲作處分淨者要
住處破經國土亂新王未立爾時便得受作若此緣
無但令住處及聚落俱停廢二年得名處分若復不
受作處分淨停可食物內宿內煑問結淨竟得中看
煑何為不犯內煑答煑是隨處大界無人亦犯宿是
逐人二界無人不犯
三護淨法五門一翻淨二護淨三罪通塞四互明淨
染五儉緣開八事初中若一方別住維持佛法者必

須結食界同護淨食此則通凡聖僧路順諸佛本懷
今自共宿捉食染亘離者俗中恆人所恥何況淨僧
食之脫經儉難因性染汙後若緣無理須拱手仍事
觸宿心初無悔者不信此心須為師匠欲依聖語而
反穢者有四不同一者緣淨二者體淨三者體不淨
四者緣不淨言緣淨者謂釜器傾溢佐助料理佛開
為緣此不須翻言體淨者不容膩器佛令自得安水
燃火乃至諸僧器未經盛食體是淨物無穢可翻言
體不淨者此是治生興利用造佛供僧制不許禮受
雖不經宿捉翻亦不合食由心惡鄙上三句者並是

正經文偏如鈔並不須翻緣不淨者本是淨具遇緣染汙故須翻穢令淨五分有諸木器肥膩不淨以瓦石揩洗恐破壞者用沸湯洗之僧祇淨人行食淨器墮比丘鉢中尋即却者名淨停須臾者名不淨若是銅器淨洗用木器若膩入中者削刨之不可用者當棄十誦比丘有膩器二三度用澡豆洗故不淨當以木刮却然後澡豆二三偏洗是淨餘有不盡者準以米麪油醬等於尼寺俗家沙彌淨人處一石一石更互博之雖得本物以入手兩相捨善見故多比丘共一沙彌行各自擔食至時自分已沙彌語比丘言今

持我食與大德易易得已復展轉乃至下座若不解者教之亦得準此展轉翻穢者成證若盆甕等器有食膩者釜上蒸之內外熱徹膩出即淨一切銅器磨之鐵器以火燒內趣令膩盡木倉櫃等削刨泥拭土倉窖等隨有更拭石器者或以水洗或以鎢治得無殘膩便止四分得捉眾僧戶鉤鬮若杖若環若匕若角杓銅杓若浴牀則無觸淨（謂非常服用者）問觸淨何過佛苦制之答佛欲增向弟子令行勝行內有勝法外行亦勝如世貴人安坐受食不自執勞以形勝故二爲現大人相三世三聖並不自作今若宿觸失聖人法

故三諸佛立教通大小乘俱無宿煑如楞伽十誦所述四長貪壞信五廢修出業六死入糞坑護淨經云由有宿捉等眾僧食不淨食後墮臭屎池中五百萬世受苦惱竟復各五百萬世墮猪狗及蜣蜋中常食不淨後出爲人生貧窮家衣食不供佛告比丘眾僧住止之處作不淨食不足往食如法持鉢乞白衣食是名淨命因說知事比丘觸僧淨器及食食眾僧故墮餓鬼中五百餘年不見漿水正欲趣厠護厠鬼神打不得近如是廣說因緣智論若沙門福田食以不淨手觸或先噉或以不淨物著中入沸屎地獄中廣

如第十七八九卷中大集日藏分濟龍品中廣明僧食難近難用僧護等經明非法受用僧物文廣不具錄通而言之若無慚愧輕慢佛語自物尚犯何況僧物深須自勉可得出期五百問中明持戒知事指揑僧器羅漢代懺苦緣如是廣知二護淨法前護惡觸十誦比丘食竟以已不淨鉢及食與沙彌白衣沙彌白衣洗鉢竟還著僧器中是名淨一心過與則無惡觸（準此器下殘食令淨人益授有觸失）五分若無淨人行食比丘受已行之無淨人御乘行船比丘亦得僧祇若淨人持不淨手（謂先捉比丘惡觸食者）行麨飯與僧者上座一人得不淨

餘人名淨。若淨人持淨麨寫不淨麨上得抄取上若
不淨麨寫淨麨上。一切不淨。若著淨麨在不淨器中。
得抆取中央若抖擻筐器。一切不淨。十誦若淨食中
著不淨食應卻者除之。餘者食之。餅果等亦爾。〔準此諸抆
者由食相可別者必淨穢相濫卽應都換之。〕僧祇。若曬穀時比丘在上行
者當腳處使淨人抆去。若難事急雖蹈無罪。必天雨
無淨人。得自遙擲淨席物覆捉淨瓶石鎮之。忘覆食
器亦爾。若厨屋中有諸酥油瓶甘蔗竹葦束比丘取
七日油蜜誤瓶捉淨油瓶來。餘人見不得卽語待至
問已是何等油。答言七日油。當語置地不得名字。還

得七日受。〔以誤觸不成故。〕若令取淨油俗人不解誤持七日
油來亦如上法。〔準口法有失。〕自餘錯捉亦爾。若言審悉看
灰瓶已持來此比丘內手瓶中錯把淨麨看故名淨。
若還放瓶中卽爲不淨。〔餘並例之。〕器中明觸者。一切藥卷
是器舒者非器盤緣沒蘿麥爲器。長牀坐牀繩牀緻
織爲器。船在水中車驚牛時非器。無者爲器。若食時
敷牀長板坐牀褥等。或在甘蔗蘿蔔米穀豆囊等上。
令比丘坐不應動身亦不得問。若動問者。一切不淨。
〔由有緣開坐。若動問成觸。〕若棧閣上衣架上有淨食及衣鉢。若取
物動淨器食。一切不淨。若閣堅不動者得。若在船上

載十七種穀上覆以蘧蒢席。比丘得在上坐。不得名
字。若爲風吹迴波漂在岸者。一切不淨。必繩篙不離
水名淨。大車上載諸穀上覆者。比丘得坐上。不得名
字。如船中進不。若小車有淨物若取衣鉢時動車者。
一切不淨。當令淨人取。〔不得以牛在故爲淨。〕應令淨人先上。比
丘後上。若下時比丘先下。若在載物車中。忽卽車翻
離牛者。一切不淨。若牛繩尾未離車者名淨。十誦比
丘與沙彌擔食在道中食時與沙彌。沙彌還與比丘
者。若先不共要得食。反此不得。使沙彌擔食度水恐
沒溺者。乃至得負擔之。雖捉不犯。至岸莫捉。若不淨

器受麨不應。一切棄之。著盂者棄。餘者同僧祇得食。
若以繩綴鉢受熱粥時內有脂出。應直棄脂處。餘者
得食。飯粥羹器傾側聽佐淨人正之已。不得復觸。若
佐揩淨釜亦爾。淨人寫酥油瓶傾側亦爾。人驢牛車
等負食傾側亦爾。天風雨時淨器物空在露地者當
淨洗手舉著覆處。〔此是體淨〕四分。若酥油瓶不覆。無淨人
者自手捉蓋懸置其上。〔謂緣淨也〕若居士持食寄比丘掌
舉。後索還與比丘者得洗手受之。若鉢盂孔臼食入
中。隨可洗者洗之。餘不出無犯。若入僧中食無鉢者。
聽比座若僧中有鉢者借與。〔亦是體淨〕善見比丘以氣噓

淨器者名觸五分酥油瓶卒翻應自正勿得離地若惡人以僧不淨米一把投淨米中可分者除之不可分者趣去一把四分自散種子若生為菜聽食移菜植之以重生故亦得（餘果菜例同之）若沙彌小捉淨食過水聽比丘扶若上坂亦得扶若舉懸淨食須安牀几橙等令得上下十誦負淨人上取大比丘自手觸食吉羅有病服有過藥者屏處勿令人見鼻奈耶得粲米以時賓（律謂令淨人受取）二明自煮者僧祇若練若處淨人病無淨人者得淨穀已比丘自舂作粥與淨人淨人若食不盡不得自食（準十誦先無共心一心與者亦得）僧祇若淨人難

得比丘欲自作食者當自洗不受膩器著水自然火令沸（此是體淨僧器有膩不合自然火也誡之）使淨人著米納湯中已更不得觸使淨人煑沸已得以木橫置地比丘在上令淨人置食器木上口言受受然後自煮令熟與病人莫令不受物落中乃至煮菜令萎同上作法薑湯亦不得自煮以變生故若乞得冷食自溫煮不犯作食時淨人小者得捉其手教淘教寫抒飯等三明內宿者五分使淨人於不淨地洗菜未竟明相出者則無犯四分中有比丘持食來覓淨地未得明相出不犯四明內煮者若在界內元為他煮不專私己與他有

餘洗手受食三明通塞分二初四藥者若是時藥定有宿煮以資用強常須服故餘之三藥不加法者一同時藥若為病緣而加聖法則有通局非時藥者過中明相未出來服用皆得若明相出失其口法殘宿惡觸非時生焉七日藥者作法加已納淨厨中開無殘宿惡捉八日旦起具罪如後盡形壽者必是熟死無生種相律開內宿內煮自煮僧祇自煮薑湯結犯者謂有生分（準此唯開三罪七日不合同宿）十誦石蜜漿舉宿病人開飲（應是難緣）四分殘宿酥油開灌鼻等餘不淨藥不合加法十誦正文二明四過先明過相謂內宿內煮自

煮惡觸初中十誦有三種人共食宿比丘及僧學悔沙彌等名內宿也尼中四人三人如上加式叉尼四分中式叉得與大尼過食不得同宿（或是無沙彌尼故開）內宿者結淨地已僧坊內共食宿是也（都不言淨地有比丘）內熟者結淨地已僧坊內煑者是自熟者大比丘自作如上三種人不應食惡捉者自取果與淨人已更受噉者是（審不決捨與他還受同是惡捉）薩婆多共食宿有三種受食已作已有想共宿不共宿經夜吉羅食則犯提（是殘宿故四分中亦同）若自捉食名惡捉作已有想經宿吉羅若食不受不捉直作已有想經宿食得吉羅若他人食共宿無

過。二將此四過對人約時就處望食以明。初將內宿就處者。不通他物。不周二淨處分白二及界內俱通。就時要經明相。就人唯據比丘三人。知有共犯。律中問淨地未得明相現。狗持食來。風吹果墮。律言不知不犯。尼通四人。並如上。就食者。離地物一切通犯。未離地者。未長足者不犯。已長足逢霜等。並是宿限。對四藥論如上。二內煮者。對處淨地並塞。對時通晝夜。就人通七眾。約食通生熟四藥而言。加法盡形聽界內宿煮。餘三不合。故僧祇阿難為佛溫飯在祇桓門邊。故知不得界內煮。三自煮者。對處通淨不淨地。就

時通日夕。就人局大僧三人。尼中有四人。就食論生。佛開重煮。故不犯。四藥中加法盡形亦開。十誦若生食火淨已得煮。云何淨。乃至火一觸。乃至臥菜等例準也冷食重溫。五百問中若破淨藥。比丘得自合。四惡觸。就處通淨不淨地。就時通日夕。就人者大僧有多種。一者一往不受。徑捉觸。二膩勢相連。如衣鉢巾襆不淨洗相染三任運失受。四藥不加法中後俱失受。若加法三藥各隨限即失受。四遇緣失受。淨人觸牀器也。五決意捨失。如受已不食意後須不受而取得墮若就沙彌淨人。但有膩觸。謂捉比丘鉢已食膩在手不洗而捉僧器。大僧又有四種不成惡觸。一為受而捉。如俗器中盛食與比丘仰手受取前食雖僧俗兩執不成惡觸。鉢中故食亦爾。二遇緣失受。淨人觸失。如法莫觸洗手更從受之。淨人不須洗手。三持戒誤捉。四破戒故觸。並名淨食。更以三句分別。一觸而非惡。十誦云。持戒比丘誤觸僧食。四分忘不受果持行。若見淨人應置地洗手更受。二惡而非觸。十誦破戒比丘故觸名淨。四分諸比丘相嫌故觸他淨食令得不淨。佛言不觸者淨。觸者不淨吉羅。三亦觸亦惡。十誦持戒比丘懈怠故觸名不淨。五分樹上捉果試看生熟亦名惡觸。若就食言通生及熟。四明互覆墮者。四分中安食具在樹上並從根斷。若樹根在不淨地。枝葉覆淨地果墮淨地。或為風吹雨打鳥獸墮者。但

使無人觸知遇緣而墮。雖經明相不成內宿。謂長足果也。若不淨地果菜未長足來運運重生則無內觸。隨時而取得入淨厨。若果菜已離本處者。隨經明相。比丘若知即不得食。上來義約律文不了五分樹根在淨不淨地。比丘亦在淨不淨地。果墮其中。非比丘所為。經宿者得食。若見果墮非淨地。使淨人拾聚經宿不知淨不淨處聽食。若知在不淨地不得食。僧祇樹在淨不淨地果墮淨地隨何時取之。若淨地不淨地果落不淨地。應及時納淨厨中。若不淨地生瓜瓠者摘取及時納淨屋中。有運致穀米豆等準前。並謂比丘不覺

在不淨地者成淨。若知不淨，（四分知不知中大同此律。）第五儉開八事。四分為穀米勇貴，人民飢餓，乞食難得，雖得少食，為賊持去。佛憐愍故，開界內共食、宿內煮、自煮、自取食、僧俗二食、水陸兩果並不作餘食法。若定罪者，應開八罪。內宿、內煮、自煮、惡觸、不受、足食、殘宿等三波逸提，四突吉羅。義加壞生、如水陸果子不受而食，豈令淨耶。律云，若時世還賤，故依開食，佛言不得，如法治之。十誦云，若儉飢時，食竟得持殘去，語施主知。

大門第四淨生種法。就中有三。謂制意、處人、淨法。制意者，四分明了論疏，諸俗人外道謂一切草木有命

根，以佛不制此戒，故比丘傷於草木，為他輕訶，令彼獲罪。又與白衣不別，不生恭敬心，故十誦名為疾滅正法，復曲制也。餘如壞生戒中說。第二明處人。若使淨人作淨有四句。一人果俱在淨地成淨，大善。二人果俱在不淨地成淨不合食，（以內熟故。餘四眾食。）餘二句出十誦。故文云，果在不淨地，淨者在淨地，以火刀作淨，成淨而不得食。若果在淨地，淨者在不淨地，作淨得名淨得食。三明淨法。僧祇每食時，上座應問果菜淨未。無蟲不，問答如法。維那亦爾。四分十種，初五者，謂火淨、刀淨、瘡淨、鳥啄破淨、不中種淨。此五種中，刀瘡鳥

淨去子食，不中種火淨都食。次五者，若皮剝、若剋皮、若腐、若破、若瘀燥，此應是淨根種。又云，水洗連根菜即名淨。準五分，淨根種。僧祇中，採㨮淨。蘿勒蓼等莖種者，摘卻牙目淨。十七種穀，脫皮淨。裹核種，爪淨。膚果種，火淨。穀果種亦火淨。檜果種未有子，採㨮。若有子，火淨。四分云，火淨通五種。毗尼母云，水漂淨、塵坌淨。此應壞相。僧祇多果同器，一果作淨，餘者通得。若別器者，一一別淨。甘蔗、著葉莖莖淨。無者，合束淨。（準此蒿草之類子果散落無淨法。）若粳米（此謂杖打皮落猶有白皮裹者種之可生或如十誦比丘作食。先淨米取也。）蘿蔔根等火淨刀淨。已停未用還生者更

淨。四分，比丘不應自作淨，應置地使淨人作，洗手更受。（此對有人。若無人者。）明了論云，自加行所作，疏解非言得自作淨。然自作有益，如一聚果子，若未淨者，但食皮肉。一一吉羅。若食核，一一波逸提。今以火一觸，止得一吉羅。令一聚果子俱成淨，逸於多罪，豈非利益。十誦云，何火淨，乃至以火一觸。若以火燄、熱灰及炭等，不成淨。比丘自淨，餘比丘不應食。（謂火所觸者。）若刀爪淨，得食。五分根莖二種，以火為淨。僧祇樹果，野火所燒，灰圍穀聚，恐非人偷，亦名為淨。若食果核者，火淨已聽食。若皮淨不火淨，食核提。（此是壞相不壞種也。）若火淨不皮淨，

俱得食核皮俱不淨一提一越俱作無犯然火淨一
法種相俱通餘如隨相明了論疏此淨法不但約一
物以成如一聚桃李但火觸一餘皆成淨隨以刀破
爪傷隨一被淨餘皆名淨此作淨體本以此為法非
使物不生故名沙門淨準米中有穀如上脫皮淨餘
條準此問種相云何別耶答相者謂一切果菜上有
白毛而依本青翠不改其色相同連地者律云草木
七種色者是也所言種者謂可種植或雖離地從緣
得生之類是也律云根有五種廣如隨相
第五受法不同手口二受日別恆用若不廣明教相

難顯略取要務以為八門一制二受意二受通四藥
三對人不同四加法亦別五說淨通局六二受寬狹
七重加進不八雜明罪相初門手受五義如薩婆多
云一為斷盜竊因緣故二為作證明故三為止誹謗
故四為成少欲知足故五為生他信敬心令外道得
益故廣如隨相中五分由未制戒故各起過非白衣
訶言我等不喜見此惡人著割截壞色衣而不受食
而食名不與取次口受意為防護手受故若無口法
過午便失由有口法乃至限滿又為防多罪故手受
但防於二所以如下明之二受通四藥不手受通四

藥為防盜相故口受局三除其時藥亦有口受不通
手受唯局中前餘之三藥手受亦爾若加口法通時
非時十誦云時分藥猶是非時別名七日盡形是三種藥必
須有病非舉宿惡捉者手口二受得服三所授人手
受為五義除自同類餘六眾三趣皆成受口受唯對
比丘餘眾不成薩婆多凡受食為作證明故若在有
人處非人畜生及無知小兒悉不成受在無人處天
神畜生成廣如隨相不受食戒善見止食有三謂手
口眼也四受法差別凡論受法要心境相當如律中
錯受酥油不成受等必須仰手承之五分所云從他淨人邊抄撥而

取非法情相領當謂僧俗二心同緣一事除其眼闇及不喜沙門
驚急緣者置地而受既知情事多違預前運心普受
就中分四時藥受法既數對法亦多具如不受食戒
及對施興厭中廣述此但明加口法者三藥別論初
明非時藥有四法一所受藥二能授人三所受者四
正受法初明藥體無八患者得加口法一內宿內煮
自煮惡觸五殘宿六未曾手受七受已停過須臾僧祇
非時受不得置地停八手受已變動失本味故類甜酢等二能授人四法
一漉澄水色免非時食二煮沸擬後重溫生飲不須
三以水滴淨為壞味故四淨人施心仰手持來三所

受人謂比丘作三法一先自心解前漿類別與淨人
情同二仰手受無盜相三記識言此謂含時食者若單清漿不須之
四正加口法諸部令加不出其文義立應至比丘所具儀云大德
一心念我某甲比丘今爲渴病因緣此是蘁湯爲欲
夜分已來服故今於大德邊受三說若直受進飲無遺不須加法若
蒲萄梨果蜜漿等隨病題名牒入但改藥名字七日
藥四法同上初明藥體自無八患唯改第八非是餘
比丘七日藥或犯竟殘藥餘七同上二能授淨人四
法一淨漉與時食別謂脂除肉汕除滓等二火煎煮三水滴淨
四施心授與心相領當三所受比丘有二初自無五

過一相續畜若畜至七日即日受藥不成僧祇比丘
有第七日石蜜即日更得石蜜是名相汙問此既未
過云何相染答非犯長相汙由前七日服訖病猶不
差更服無益作法不成若得異藥得加七日二相續
畜已曾畜藥至八日犯長即日得藥入手作法被染
更不堪服三曾食他第七日藥即日自得作法不成
以藥味通故僧祇律如此四相續受僧祇比丘七日
中日日受藥受而不食至八日不得更受須一日不
受間之謂貪多過受又不服療四分無文準用亦好五相續犯
僧祇比丘七日恆服至八日正可不得更服不妨受

於異藥上明相續對一蜜藥爲言若得油者亦即加
法僧祇生酥熟酥醍醐展轉易味七日更受二自作
四法一仰手受二分別言作七日油想若本心作然
燈塗足受者不成如僧祇說三記識言此中淨物生
我當受若離時食不須此語四展轉受生酥作熟酥應與淨人煮亦得自
煮二種煮已更從淨人受之雖是先受以味轉失受不名惡觸毗婆沙云七日藥手
受口受已置一處勿令淨人觸之四正加口法應執
藥口云大德一心念我比丘某甲今爲風病因緣此
是烏麻油七日藥爲欲七日經宿服故今於大德邊
受三說安淨地內須者自取餘隨對治如前類準盡形藥四種一

藥無八患如漿中說二能授人作三法一火淨已後
無變生過二與餘藥別謂含時食等藥三施心授與情相領
當三所受比丘作三法一仰手受心境與淨人相同
二記識之如上法若單者不須三分體分謂紫苑丸
是藥體而有羊腎爲藥分二法別來別受總來合受
四加法言大德一心念我某甲比丘爲氣病因緣此
是薑椒橘皮及鼈甲紫苑丸盡形壽藥爲欲共宿長服故今於大
德邊受三說若丸散之中隨其本病對病之藥有五十
三十別色各依本方題名入法如前分別若買藥末
足隨得入手即加口法而體是盡形者依本名加藥

若是時藥七日藥者（如大棗米麥豉醬羊腎虎眼鴉頭白蜜酥油之類）遇緣不得與盡形藥頭一時受者應加法言今為氣病因緣此是羊腎盡形紫苑藥分為欲共宿等餘詞同上（餘者準此例之）若往市買藥令淨人斷價已比丘依名自選取多少一處著之然後令秤次第受取不得置地即覓比丘加之不得過限今奉法者希有一二多並任癡心抑挫佛法得便進噉何論淨穢高談虛論世表有餘攝心順教一事不徹焉知未來惡趣且快現在貪癡有識者深鏡大意五說淨者七日一藥作口法竟偏心屬已須說淨畜一藥體貴重貪積心多二久

延多時無變動義三氣味殊越資身力強制令說淨捨封著也手受七日時少過希亦不須說餘之三藥反前不具故不須淨淨法大同衣法唯以長藥為異六二受通塞手受防盜一人受已通及餘人口法亦爾若據對病題名實亦不通莫非以其口法加他二通之藥（藥味通手受通）故捨前人受法不失何以知之四分云第七日藥與諸比丘食之餘如義鈔及疏說七重加以不若明手受觸失本受即須更受雖重無過口法者薩婆多云五日已還觸者更加七日法不作二日法不從藥勢正從法論六日已去不得重加以藥

將入淨故僧祇但云藥勢相接七日可知如上淨人誤觸七日油中成失成論云如服酥法極至七日堅病得消八雜明諸相薩婆多若病比丘須七日藥自無淨人求倩難得應自從淨人手受從比丘口受已隨著一處七日內自取食之若作口法竟一日乃至五日淨人來觸或更以餘不受藥來雜應加手口二受復得七日服若至六日已去淨人觸餘藥雜並不得加若藥眾多不知何者是本藥應更手受口受然後服之若病重不能口受亦直爾得服設看病比丘手受口受亦成受法當稱病比丘名而受問此手口

二受防護何罪答今分四藥別論如時藥手受防二罪不受惡觸也口受同之非時漿手受防二罪一防一往不受二防不受而捉惡觸口防二罪一防過中失受二防過時失受惡捉七日藥手受防二罪同漿中口防三罪一防過時失受二防過中惡觸三者殘宿昔云防內宿（此無律文以盡形為證例知不開）盡形壽藥手受同上口防六罪一過時失受不受二惡觸三殘宿四內宿五或有內煮六自煮（以變生作熟故）因明生罪（由未受故無諸過患今既二受時過患生）時藥手受過中生二罪失受惡觸經宿生殘宿惡觸二罪非時漿手生二罪同時藥中口受生

三罪明相出有非時殘宿惡觸七日藥手生二罪同
上口生五罪八日明相出爲言謂殘宿非時犯捨墮
惡觸服尼薩耆不捨藥吉羅具足三提二吉問云何
不生不受者答藥本是不受猶加口法失不受至八
日旦起有任運失受非謂能生不受不同殘宿本無
殘宿以有口法八日有殘宿生非時亦爾藥體未有
法無有時與非時（隨病即受皆得）由加口法八日旦名非時
盡形壽者手受同前口受亦有生六罪者無病而服
吉羅餘如隨相非時不受殘宿三戒具明問四藥之
中何故七日罪重餘三輕者答一即用資强垢心厚

重二體現常存聖開說淨反違佛教過限不說故重
餘藥反此故輕問比丘非時而食具足幾罪答時藥
一咽七罪非時殘宿不受三波逸提內宿內煮自煮
惡觸四突吉羅此謂經宿已不受自煮而噉者若非
時中淨人過授亦無不受罪餘罪例此有無

鉢器制聽篇第十九（房舍衆具五行調度養生物附）

養生衆具殷湊繁多隨報開聽事資道立雖在緣廣
被而法據有準違則斯制犯則無赦既混其體貌故
分其條格略言來意別舒如後
就中先明鉢器是制教也故初明之餘有養生衆具

入聽門攝自如後列初中分七一制意二體如三色
四量五受法六失受相七受用行護法初制意者僧
祇云鉢是出家人器非俗人所宜十誦云鉢是恒沙
諸佛標誌不得惡用善見云三乘聖人皆執瓦鉢乞
食資生無有因四海以爲家居故名比丘中阿含鉢
者或名應器二體者律云大要有二泥及鐵也五分
有用白銅鉢者佛言此外道法若畜得罪佛自作鉢
坯以爲後式十誦畜金銀瑠璃銅鑞木石等鉢非法
得罪（四分亦爾）五分畜木鉢偷蘭僧祇云是外道標故又
受垢膩今世中有夾紵鉢棍瓦鉢漆鉢瓷鉢並是非

法義須毀之三色是非四分云應熏作黑色赤色僧
祇熏鉢作孔雀咽色鴿色者如法若準律文並須熏
治律文廣具熏法而世有素瓦白鐵棍鋧（堅硯匠反）爲色
者或先熏鐵鉢而剗落者先熏瓦鉢但捉不磨色淺
落受膩者有用麻油塗者並爲非法親問翻經三藏
云中國無用油鉢者若此土行用一度訖即打破不
許再用五百問中不許受畜準此瓦澡罐義同油鉢
善見云鐵鉢五熏已用土鉢二熏已用受持諸部律
並明熏法此方用熏二徧入籠猶未變色但用法不
同四量是非四分大鉢受三斗小者受斗半中品可

知此斗升不定此律姚秦時譯彼國用姬周之斗此斗通國準用一定不改量法俗算有圭抄撮勺合升斗斛謂因增法名也準唐斗上鉢受
一斗下者五升十誦斗量同四分文彼律云下鉢受
一鉢他飯半鉢他羹餘可食半僧祇鉢他羅者受四升也薩婆多
云鉢量論師種種異說然以一義為正謂一鉢他受
十五兩飯秦秤三十兩飯是天竺粳米釜飯時人咸
共計議上鉢受三鉢他飯一鉢他羹餘可食者半三
鉢他飯可秦斗二斗一鉢他羹可食物半復是秦斗
一斗上鉢受三斗律師云無餘可食物直言上鉢受
三鉢他飯一鉢他羹留上空處食指不觸中中下二

鉢可以準知見一肆上好鉢圓正可愛律師云佛初
出世眾僧無鉢佛勅帝釋令天巧工作十萬鉢在世
間肆上鉢者是彼天鉢非是人造毗尼母云不滿斗
半若過三斗者不成受持然則諸部定量雖無一指
然多以三斗斗半為限但此器名應器須依教立律
云量腹而食度身而衣趣足而已言通增減必準正
教世執小鉢者多大者全希豈非狹局貪嗇斆受多
益之相既號非法不合說淨受持五加受法四分無文但言應受持之今用他部文十誦云大德一心念我某甲此鉢多羅
應量受常用故三說善見云若無人時得獨受持鉢文

準上僧祇云若十日內捨故受新十日一易觀其文意似是獨住比丘法六明失法諸相善見雖先受持若穿如粟米
失受持若以鐵屑補塞已更須受若偏斜破並不成
受善見若買他鉢未還直不成受其主雖言但受持
亦不成若過十日不犯長若買鉢度價竟鉢主熏已
報比丘知不往取過十日犯捨若餘人知熏竟傳向
比丘說聞語不往無犯四分鉢盂孔鑄食入中但洗
餘不出無犯準此不漏故不失受問但畜一鉢不加
受法過限犯捨不答不犯由是制畜事同三衣但犯
不受持鉢罪若有長者準衣說淨七明受用行護法

五百問云若一日都不用鉢食犯墮重病者開不用
若出界去經宿不失五分諸比丘鉢中歠粥苦熱不
可捉聽別作歠粥器毗尼母不得用麤澡豆洗鉢壞
色當熟擣細物篩而用之乃至病亦不得用雜香澡
豆洗身乃至乞食時各自作鉢絡盛鉢自持之因與
淨人鉢行乞外道投藥鉢中比丘死便制也僧祇若
洗鉢無坐處者當僂身踞坐離地一搩手不得用灰
令色脫當取樹葉汁無沙巨磨謂牛糞也不得臨岸危處
應先洗師鉢後洗已鉢不得持已鉢中殘水寫師鉢
中乃至洗訖當踞坐持鉢囊帶串臂著膝上盛之乃

至浣染衣者先與師染浣勿以師衣裏已衣漬之若破綴破鉢要須食竟解綴淨洗已曬令燥還持繩綴舉著常處勿在地上下至無物以水洒之安設也十誦鉢是諸佛標誌不得惡用新熏鉢酥著一心三洗是名淨又不得日中炙令津出吉羅毗尼母不應鉢內洗手一切處不應用除病敬之如目五分護鉢如眼睛洗鐵鉢聽去地一尺瓦鉢離地五六寸許宜著好處安置不得不拭著日中曝若安地上盛宿食煖湯洗盛藥並得罪四分守護此鉢不得著瓦石落處若倚刀杖下若懸物下若當道中若石上若果樹下

或不平地若戶限內戶扉下若繩牀木牀下除暫著若牀間牀角頭除暫著若立盪鉢等並不合不得一手捉兩鉢除指隔中央或一手捉兩鉢開戶除用心乃至足令鉢破等僧祇惡心破鉢三衣塔像解界破僧房等皆偷蘭（好心壞者文中並開）四分不得作非鉢用一切長物不得內鉢中若畫鉢中華像卍字已名一切不得破不得都熳纏鉢四邊若口應熳兩分留一分若星孔多應盡熳之（用白鑞鉛錫也）不得著地熏壞故應以泥漿灑地安之若葉若草上若鉢支故壞者以白鑞熳底不得雜沙牛屎洗以器盛水漬牛屎澄去沙用以

外用葉用華若果汁洗取令去膩若手執難持作囊盛繫口帶絡肩上挾鉢掖下鉢口外向不爾作函盛之恐相搪者以衣樹葉隔之安置杙上五百問不得覆鉢壁上應巾裹懸著壁上善見瓦鉢俗串左肩青色

次聽教中既曰眾具故雜列之四分開十六枚器謂大釜釜蓋大盆及杓小釜釜蓋小盆及杓洗瓶瓶蓋盆及杓水瓶瓶蓋及盆杓則有二釜四盆二瓶四蓋四杓又有鐵作者出家欲作鉢佛開作之須爐椎鉗鞴囊錯鏇器並得畜作俗盛懸杙上亦開畜熏鉢調

度法用等若縫衣時須繩墨赤土白墡雌黃絣線尺度縷線鍼刀子補衣等物並開之作俗盛之患鍼零落作鍼氈及筩安塞治鉢須鑽鍱並得蘭若比丘開以火術出火火母火子及鑽等竝得若得七日藥應著鍵鎔小鉢次鉢大鉢中不作淨施（大鉢義須安著杙上）龍牙杙上不得畜皮木鉢出要律儀鍵鎔為助食器毗奈耶鍵鎔者淺鐵鉢也四分老病不堪步涉聽作步挽車若輦若乘除牸牛騲馬若得輦聽畜須輦轅及皮繩若枕橙並得應使寺民優婆塞沙彌擔舉若得車亦爾應除織皮繩髮繩十誦比丘無鍼不得外

行。五分非行來處若大小便及洗手腳時聽著屐。四分亦爾。僧祇畜塼瓦擬揩腳。十誦聽牛尾拂用拂佛塔故。受。僧祇自今已去聽捉線拂裂氎樹皮等。除犛牛尾馬尾金銀柄一切不聽捉。若白色染壞用。不得如淫女捉作姿作相。是名拂法。五百問云。若僧中說法高座上。不病不得憑几捉麈尾。犯墮。非毛者得。四分得尾拂開畜。不得畜織毛毯。多殺細蟲。不得畜之。十誦四人已上坐處長牀所攝。四分。木師出家。一切作器不應畜。剃髮人出家不得畜剃刀。眾僧得畜剃刀木作器。角器聽用盛油。別人亦畜油器。若得衣須浣開畜浣器及板

剪刀。若不解事數聽用算子。以帒盛懸杙上。為治病故畜刻刀。若煑藥銚若銅釜鐵釜土釜及三種瓶煎餅鏊銅杓銅鐏。眾僧亦得。若鉢不正作鉢支壓坙者作蓋。若須薪染草牛屎等無人處得持之。見白衣下著地。寺內得自移豎石材木等。擣藥須杵臼簸箕簁掃帚並開。為治眼故得畜瑠璃筩。若灌鼻筩。烟筩吹火筩。若鉗若椎火把熢水瓶注水筩。并洗腳者供澡槃洗腳器所須應與。若得大小豆麥胡麻粳米應以鉢器為量。不得畜升斗秤。若酥油等須秤量者聽刻木作鉢兩。齊四五兩作準為斤數。五分。初如四分後

與他物雖多猶瞋少。佛令僧私畜斗斛升合及秤。四分供給和尚聽用銅槃若案若几。所食之物盡持置上。一時授與。得果多壓取汁飲。開畜壓具。若夜集闇須燈器燈炷鐵箸鐵炷轉輪燈樹火爐燈籠掃帚扇並得。別人受。若為護衣故寺內聽以樹皮若葉若竹作蓋。供給蓋具一切得畜。為補革屣故開畜錐。得熟皮作革屣須刀裁板剗磨石等並開。若刀錐斸毛縷皮剗迸散聽作囊盛。若織竹作籠若樹皮籠。聽以毛囊裹外。亦得趣用十種衣作囊。不得以皮作。若刀生壞聽以毳劫貝大皮等裹刀。若髮長者開剃刀及鞘

應以劫貝等障勿令壞。若刃卷手上波石上磨。其石納刀囊中。刀鈍者開畜刮刀。髮散畜盛髮器。又開鑷子剪爪刀刮舌刀揥齒物挑耳篦。供給住房比丘法中聽與大小繩牀大小木牀枕戶排戶鉤鈎杖蓋扇水瓶洗瓶盛水器浴室瓶及牀刮汗刀等。一切白衣器種作耕犁撈等不應畜。一切寶物作諸器並不得。若道行恐蛇蝎諸蟲者當執錫杖搖。若筩盛碎石若破竹作聲。不得執空中杖。若畜如法治。若僧集患熱聽作大扇。若作轉關扇車令沙彌推之。若作餅作豆麨須麨鐱量麨器盛鹽鐱。此等字錯應作匳字音廉。若酒瓶木櫰木

尼七杓椀等皆開若食飲多不節成患者開作浴室。
若住房內臭以香泥乃至四角懸香增一云告諸四
眾造浴室五功德除風差病去塵垢身輕便得肥白。
比丘當方便造立十誦邊房處安浴室所須者辦之。
僧祇浴時不病令人揩者越五眾自揩亦越互揩亦
越毗尼母浴室中上座應爲浴僧說淨因緣不爲嚴
身淨潔故但令除身中風冷得安隱行道當爲厭患
身法調伏心法應生慈心爲令得少欲知足故如是
一一事並有上座說法儀式隨事誡勑不復具之毗
尼母聽畜刀子六種一用割皮剪甲破瘡裁衣割衣

上毛縷六用淨果乃至食時種種須故五分聽畜拔
鼻毛鑷大論供給坐禪法禪杖禪毱禪鎮骨人禪經
好師好照衣服等毗尼母比丘止得畜三衣鉢坐具
鍼線囊瓶盆等是不合畜者女人金銀一切寶物一
切鬪戰具盛酒器等生人嫌疑故五分畫牀不合坐。
凡所用盆瓦器物腳不得作人畜腳相諸有器皿各
儲備一擬後破失四分若染時須釜銅盆器钁斧繩
籤並得若井水池水欄楯一切供給天雨患溼上安
屋露地有薪作屋覆之增一作房施僧名招提僧施。
四分檀越爲比丘作堂如王住殿一切所須並開受。

諸比丘欲作房佛令隨作房法一切聽與律文事事
具出略不明也若分得破房修理不具不肯取佛令
隨力多少應治一切所須供給十誦佛自執木作具
治寺門僧得畜一切作具僧坊壞得持一房賣治一
房亦得用敷具賣治之僧坊上座私房上座每有破
壞雜事先自手作迦葉數數蹋泥泥僧房云云比丘
得自造舍上木僧祇比丘作房欲自泥壁五彩畫之
並得唯除男女和合像餘山林人馬並得四分亦不
得用不應文繡裝挍聽用餘雜色禽獸文者阿難得
別房開受若僧地中作私房有客來應起不起還僧

地以無僧地入已若營屋者不得卒成以不堅牢。若作大重
閣堂聽十二年經營餘者隨大小量宜若營事比丘
作房成莊嚴香熏所須具足者與房住九十日一移。
不得更受餘房若有俗人能治破房者白二與之五
分諸房上皆題某甲檀越房十誦若以房施僧轉施
尼者是非法施非法受非法用若施尼轉與僧亦爾。
若房舍臥具有檀越者但得看視不得奪一與一治
壞房者六年與住作新房者十二年住僧祇先是僧
房破壞更易戶嚮一三年隨功夫多少鶵磨與住若
空房不任住治事者應與一時住若牀几枕褥垢膩

破更染浣補治者亦一時住

對施興治篇第二十

夫福出淨田道起少欲為福之家唯重唯多受施之者唯少唯節多供無厭是為福之法少受限量信行者之儀律云檀越雖施無厭而受者應知足也但出家之士形參聖服有待之形假資方立施時不取後須難得若善應於法則能所無瑕必於事莫準使規成何寄如能善省時資令有力無事者可謂道緣義立行從此生何者貪心出於情著無染良由自節縱心則非味起迷約志則美饍生厭所以善惡發於中

懷生沈寄乎方寸是故為行人者無宜輕縱不思時緣任事生滯都無儉約脫漏深網豈不悲哉然渴愛難滿如海吞流若裁之以法眾患俱息既能形服異世標懷遠大何得於事容斯穢迹但九流子俗尚鄙恥衣食況三寶聖種而滯於發足方墜泥塗一何可歎今略述由漸下引誡文使懷道之士詳而斂迹焉就中分五初明受施之人二明厭治方便三明立觀有教四明作觀方法五明隨治雜相初中善見云比丘受用施物有四種一者盜用若比丘破戒受施名為盜用二負債用者受施之時必須作念不作得罪

負人信施三親友用謂七學人受供四主用阿羅漢毗尼母云受人信施不如法用放逸其心廢修道業入三塗中受重苦故若不受苦報者食他信施食卽破腹出衣卽離身若知前人無業而施與者能施所施二俱為施所墮智論明能施清淨受者不淨如是四句若出家人無戒無慧食於信施入銅橛地獄受鐵丸鐵漿二苦四分乃至犯突吉羅以上罪無故受他利養及持戒比丘禮敬並不合受二明厭治方便如大集中云何比丘觀所著衣作不樂想若縫衣見衣觸衣著衣脫衣觀如是時如血塗皮爛臭可惡蟲

所住處如是觀時於衣貪心卽時除滅云何修習食不樂想若有比丘執持鉢時如血塗髑髏爛臭可惡蟲所住處若得食時應觀是食如死屍蟲若見麨時如末骨想得飯漿時作糞汁想得諸餅時作人皮想所執錫杖作人骨想得乳酪時作濃血汁想若得菜茹作髮毛想得種種漿作血想是名於食生不樂想云何於房舍生不樂想若入房時念如地獄受諸苦惱如是房舍卽是和合所有材木卽是人骨土是人肉乃至一切牀榻被褥亦復如是作是觀時卽名世間不可樂想若能觀察如是想者是人卽得如實法

也四分寧以熱鐵爲衣燒爛身盡不著信心男女衣
服寧在鐵牀燒身焦爛不受信心好牀臥具寧受鐵
屋中住燒身不受房舍在中止宿寧呑熱鐵銅燒爛
五藏從下而出不受信心飲食寧以熱戟刺脚不受
信心接足作禮寧以熱斧自斬其身不受信心手捫
摸其身何以故不以此因墮三惡道若非沙門非淨
行自言是沙門淨行破戒行惡都無持戒威儀邪見
覆處作罪內空腐爛外現完淨食人施故以不消信
施墮三惡道長夜受苦是故當持淨戒受人信施一
切所須能令施主得大果報所爲出家作沙門亦得

成就若明惡報如僧護中廣述五十六事涅槃阿含
等大小乘經論並種種厭觀云云三明立觀有教者
智論云若不觀食法嗜美心堅著墮不淨蟲中洋銅
灌口噉燒鐵丸十誦云每食時應生厭心爲存身命
故摩得伽云若得食時當觀從倉中出地中以糞屎
和合種子得生還養糞身云云毗尼母云若利根比
丘得食時口口作念得衣時著著作念若入房時入
入作念若鈍根者初得衣食房舍總作一念佛藏云
從聚落中乞食得已從聚而出往至水邊可修道處
置食一面結加趺坐當觀其食種種可惡及觀自身

極是惡器廣如彼說四明觀法然衣食房藥四事供
養能施捨慳受施除貪此則能所俱淨生福廣利若
彼此隨情縱逸任性者則俱墮負聖賢同非故涅槃
云或令施主果報減少或復無報等雖利養等同發
有稀數食爲大患時須進口過興旣數整法亦難若
不策其心府改其節操者多陷迷醉矣夫沙門之異
俗由立行有堅貞同鄙世之昏悶餘行亦可知矣故
成論云現見在臭屎中生不在磐石中者由貪味香
故也今故約食時立觀以開心道略作五門明了論
如此分之初計功多少量他來處智論云思惟此食

墾植耘除收穫蹂治舂磨洮汰炊煑乃成用功甚多
計一鉢之食作夫流汗集合量之食少汗多須臾變
惡我若貪心當墮地獄噉燒鐵丸從地獄出作諸畜
生償其宿債或作猪狗常噉糞除故於食中應生厭
想僧祇云告諸比丘計此一粒米用百功乃成奪其
妻子之分求福故施云何棄之二自忖己身德行毗
尼母云若不坐禪誦經不營佛法僧事受人信施爲
施所墮若無三業知故而施俱爲施墮比丘强飽食
施主食憍慢意或自食已食强飽過分爲施所墮以
其食亦從施主得故何以故佛長夜中常歎最後限

食(謂末後滅口食)施持戒者能受能消。施持戒果報大。破戒
果報少(如是呵責如上律文)。足食已更強食者。不加色力。但增
其患故。不應無度食。三防心離過。明了論疏云。律中
說出家人受食。先須觀食。後方得噉。凡食有三種。上
食起貪應離四事。一喜樂過。貪著香味身心安樂縱
情取適故。二離食醉過。貪竟身心力強。不計於他故。
三離求好顏色過。食畢樂於光悅勝常。不須此心。四
離求莊嚴身過。食者樂得充滿肥圓故。二者下食便
生嫌瞋。多墮餓鬼。永不見食。三者中膳。不分心眼。多
起癡捨。死墮畜生中。作諸噉糞樂糞等蟲。初貪重故。
並入地獄。且略如此。反此三毒成三善根。生三善道。
謂無貪故生諸天。中下二可知。四正事良藥觀分二。一
為除故病。飢渴不治交廢道業。不生新病。食飲減約。
宿食消滅。又以二事為譬。初如油膏車。但得轉載。焉
問油之美惡。二欲度險道。有子既死。飢窮餓急。便食
子肉。必無貪味。五為成道業觀三種。一為令身久住
故。欲界之身必假摶食。若無不得久住。道緣無託故。
二為相續壽命。假此報身。假命成法身慧命故。三為
修戒定慧。伏滅煩惱故。持世云。若不除我倒。此是外
道。不聽受人一杯之水。佛藏亦爾。必厭我倒。於納衣

麤食。不應生著。五明隨治雜相。華嚴云。若得食時。當
願眾生為法供養。志存佛道。五分。若不為解脫出家
者。不得受請。若坐禪誦經檢校僧事。並為解脫出家
者。聽受僧次。十誦。若到食處。應默然一心淨持威儀。
生他善心。當徐入徐坐。應觀是食難求難得難成辦。
當觀入口在生藏熟藏。若後出時唯是不淨。由此食
因緣起種種煩惱罪業受苦果報。五百問云。昔有比
丘好樂衣服。晝夜染著。因病致死。後為化生蛇。還來
纏衣。眾僧葬死比丘訖。取衣作法。蛇便延頸吐毒。僧
共看之。有得道者入四等觀。語蛇令去。遂入草中。毒
盛火出燒身。命終入地獄。比尼母云。衣作念云。為除
寒熱羞恥故。房作念言。為障風雨故。食作念言。為除
飢渴因緣故。傳云。凡食不得過三匙。為斷一切惡故
進初匙。為修一切善故進中匙。為度一切眾生故進
後匙。乃至迴向佛道。進餘菜茹等。餘如下說。四分云。
量腹而食。度身而衣。趣足而已。又云。食知止足。故苦
消滅。新苦不生。有力無事。令身安隱。增一云。多食五
苦。一大便數。二小便數。三多睡眠。四身重不堪修業。
五多患食不消化。故佛言食知節量。因說偈云。多食
致病苦。少食氣力衰。處中而食者。如秤無高下。雜寶

藏中有王試外道比丘好惡二食以驗知道法比丘乃至說偈云是身如車好惡無擇香油臭脂等同調滑中含云告諸比丘於生活中下極至邊者謂行乞食世間大諱為禿頭擎瓦鉢行彼族姓子為義故受以厭患生老病死諸苦惱故若愚人出家而行思欲持戒慢緩如以穢洗穢何由可脫前具列正教必須準用臨食五觀口口緣之隨得隨失者為貪等毒所奪

四分律刪繁補闕行事鈔卷下之二

四分律刪繁補闕行事鈔卷下之三

唐京兆崇義寺沙門釋道宣撰述

頭陀行儀篇第二十一

夫報力增上行成精潔故能高超眾累竦拔不羣是以釋迦一化盛稱斯德故凡所制者並為多貪凡開教中先揚此行欲使進疲怠之客趣禪定之城策染塵之夫登尸羅之陛此其大意也智論云佛意令弟子隨道行捨世樂故讚十二頭陀為本有因緣不得已而聽餘事云云就中分四一釋總名二列數明體三諸部異行四雜出諸法初釋總名顯德善見云頭

陀者漢言抖擻謂抖擻煩惱離諸滯著聖善住意天子經云頭陀者抖擻貪欲瞋恚愚癡三界六入一一別論又云我說此人能善抖擻如是抖擻不取不捨不修不著我說此人能說頭陀增一阿含云其有毀讚十二頭陀一一行者則為毀讚於我我常讚行此法由此住世故我法久住於世也十輪云毀破禁戒失頭陀以造逆故非我滅如過去佛之所說破淨戒者不入眾數華手經云以迦葉行頭陀苦行故來至佛所如來移身分座與迦葉辭讓不受雜舍中佛親命以半座手授僧伽梨易迦葉所著大衣於大眾中

稱讚頭陀大行四分佛三月靜坐唯除一供養人時有六十頭陀往至佛所為佛讚歎名供養佛人十住婆沙阿練若比丘略說十利盡形不應捨一自在來去二無我我所三隨意無障四心樂習空處五住處少欲少事六不惜身命為具功德七遠離鬧語八雖行功德不求報恩九隨順禪定易得一心十處於空處易生無礙想若有因緣聽入塔寺有通有局不同外道盡形空處廣說如頭陀品中頭陀名通聚落空野蘭若塚間定出城邑餘之十行喧靜通行二列數者位分為四謂衣食處及威儀也先出相生次第後

一一列行各辨方法初衣服中者衣是資道之緣濟身最要故先就外資以明知足若於此衣取不得方廣生罪累為惡業所纏縛在三有障礙出道即非頭陀是故教諸比丘於彼外資少欲知足受取有方趣得資身長道便罷即是頭陀離諸貪著故衣中立二一者納衣二者三衣雖得衣以障身內有飢虛等惱寧堪進業故就食中立四頭陀一者乞食二不作餘食法三一坐四一揣也然衣食乃具修道義立若處在憒鬧心多蕩亂必托靜緣始成正節是以於處立五頭陀謂蘭若塚間樹下露坐隨坐上來三種並是

助緣。若繫念思量斬纏出要者。無過坐法。故於威儀
立一常坐。二列名行體。初納衣者。四分云。捨檀越施
衣。著糞掃衣。十住婆沙云。比丘欲具足行持戒品。應
著二種衣。謂居士施糞掃得也。以有十利故。一慚愧
二障寒熱毒蟲。三表示沙門儀法。四一切天人見法
衣尊敬如塔。五厭離心者染衣。非貪好。六隨順寂滅
非為熾然煩惱。七由著法衣。有惡易見。八更不須餘
物莊嚴故。九隨八聖道故。十我當精進行道。不以染
汙心於須臾間。寶梁經。周那沙彌洗糞掃衣。諸天取
汁自洗身。二一者三衣。四分。捨諸長衣。著三衣。論云。但

有三衣。更不畜餘衣。有十利。一於三衣外無求受疲
苦。二無守護疲苦。三所畜物少。四唯身所著為足。五
細戒行。六行來無累。七身體輕便。八隨阿練若處住。
九處處住無顧惜。十隨順道行。三乞食法。善見云。三
乘聖人悉皆乞食。薩婆多受乞食法者。一以在眾因
緣故。多諸惱害。二以鞭打僧祇人民共相瞋惱。多諸
非法食不清淨。三以觀他意色心不安。四少欲知足
修四聖種。受檀越請。亦有過失。以請因緣。先麤者更
令精細。若少勸多。若無兼味。教增眾饌。心有希望。自
非少欲聖眾之法。常懷彼我得失之心。若乞食者。蕭

然無繫。意無增減。又眾食有盡。乞食無窮。佛教弟子
修無盡法。四分。蘭若比丘入村乞食者。清旦淨浣手。
至衣架邊。一手舉衣。一手挽取抖擻著。七條已摺大
衣著肩上。若鉢囊中。執打露杖。在道行常思惟善法。
若見人先問訊言善來。若近聚落。便著大衣至於村
門。應看巷相空處相第一門相第七門相。右手捉杖。
左手持鉢。道側而行。次第乞食。若俗人送食。不得迎
取。除喚來往取。不得強乞。應知當得者立待。得食已
作念言。此為賊食。此自食乃至出村安鉢著地摺僧
伽梨如前。進不至蘭若處方共食之。僧祇云。若乞食

時。不得語云與我食。得大富。當在現處默然而立。十
誦。乞食得入三重門。至庭中三彈指。不得便去。食時
先噉熟者。後噉生菜果等。十住云。乞食十利。一所用
活命自屬不屬他。二施我食者令住三寶然後當食。
三施我食者當生悲心。四順佛教行。五易滿易養。六
行破憍慢法。七無見頂善根。八見我乞食餘修善法
者效我。九不與男子大小有諸緣事。十次第乞食於
眾生中起平等心。善見云。分衛者乞食也。僧祇。迦葉
發願乞食。初得施與僧尼。後得者自食。智論。佛將釋
子去迦毗羅城五十里住。來往入城乞食。皆並告苦。

因說不寐夜長疲極道長愚生死長等法增一云大目連乞食爲梵志所圍瓦石打骨肉爛盡爲往業故還見舍利弗便入滅度舍利弗先入滅度爲患重故三界諸天墮淚如雨故知業能隨逐至聖不免但斷總報惡業別報不亡四不作餘食法由食多無度妨道業故智論由求小食中食後食則失半日之功佛法爲行道故不爲益身如養馬養豬等五一坐食者論云先受食處更不得食有十利故一無有求第二食疲苦二於所受輕少三無有所用疲苦四食前無疲苦五入細行食法六食消後食七少妨患八少疾

病九身體輕便十身快樂智論云有人雖一食而貪心極噉腹脹氣塞妨廢行道故受節量食三千云不得數數食應一食以長婬怒癡結不異俗人六一揣食謂數受益故貪心則多今總受內鉢中斟量取足更不受益解脫道論節量食斷於貪恣故取盡二十一揣等如彼十二頭陀品中廣有對治智論節量食者隨所能食三分留一則身輕安隱易消無患如經中說舍利弗云我若食五口六口足之以水則足支身於秦人食可十口許七阿蘭若處者智論名遠離處最近三里能遠益善餘諸雜行如第六十八卷中

四分云空靜處去村五百弓弓長四肘用中肘量也則一肘長一尺八寸六尺爲步積之便有若干里也中國僧寺並在城外尼寺城內十誦云繞祇桓虎吼此寺去舍衛城南千二百步薩婆多云去村一拘盧舍此云一鼓聲謂蘭若閑靜處不令聞村中鼓聲恐亂諸坐禪比丘若僧衣二種蘭若如前明僧祇阿蘭若比丘不得輕聚落比丘應讚言汝聚落中住說法教化爲法作護覆廕我等其聚落者不得輕練若比丘云汝希望名利與禽獸同處從朝竟日止可數歲耳應讚言汝遠聚落在閑靜處思惟上業所崇此乃難行

之處能於此住而息心意等八塚間坐者十住論謂在死人間住者隨順厭離心故常止宿死人間有十利一常得無常想二得死想三得不淨想四一切世間不可樂想五常得遠離一切所愛人六常得悲心七遠離戲調八心常厭離九勤行精進十能除怖畏九樹下坐智論云樹下思惟如佛生時成道轉法入滅皆在樹下行者隨諸佛法常處樹下論云樂不處覆地有十利所謂無有房舍臥具所愛受用疲苦及隨四依法易得無過復無有眾鬧等十在露地者智論云我觀樹下如半舍無異蔭覆涼樂又生愛著便

受露地日光遍照空中明淨易入空定增一云比丘因緣和合乃有此身骨有六百六十毛孔九萬九千脈有五百筋亦五百蟲八萬戶當常思學名最空法善見若受上頭陀法在樹下若在空地乃至不得以袈裟爲屋不得將僧臥具在外受用若能愛護乃至袈裟覆不令溼得用受中頭陀者無雨時露地雨時屋下得用僧臥具論云十利故一不求樹下二遠離我所有三無有諍訟四若餘去無顧惜五少戲調六能忍風雨毒蟲寒熱七不爲音聲荊棘所刺八不令衆生瞋恨九自亦無有愁恨十無衆鬧行處如來依

大畏林風雨交流晝入林中夜便露坐或村人以木枝著耳鼻中或加屎尿及以土坌終不起意向彼云云十一隨坐者論云隨所得坐處不令他起有十利一無求好精舍住疲苦二無求好臥具疲苦三不惱上座四不令下座愁惱五少欲六少事七趣得而用八少用則少務九不起諍因十不奪他所用十二常坐不臥者薩婆多云加趺坐者將正心故然始正身異外道故生人信心故三乘人皆以此坐悟道解脫道論云夜常不臥也如抉定王經中有四法一乃至彈指頃於衆生中不生瞋心二不應與一時頃使睡

眠覆心三引導衆生使得阿練若功德四晝夜不離念佛餘如論說十住論說十利一不貪身樂二不貪睡眠樂三不貪臥具樂四無臥時脇著席苦五不隨身欲六易得坐禪七易讀誦經八少睡眠九身輕易起十求坐臥具衣服心薄四分中蘭若比丘敷好臥具安眠佛言不應爾應初夜後夜警意思惟所爲出家爲存出要觀行法如後說智論云身四威儀坐爲第一食易消化氣息調和求道者大事未辦煩惱賊常伺其便不宜安臥若欲睡時脇不著席三諸部異行毗尼母中云若瞋心不止我則不食待瞋滅方食

智論中後不飮漿由此緣故心生樂著不一其心修習善法寶雲經云四分之一食凡乞得食分爲四分一分與同梵行者第二分與窮下乞丐之者第三分與諸鬼神第四分自供身食但念修道於食中不生貪染心若乞食時繫念威儀終不輕躁諦視目前不過一尋次第乞之除惡狗惡牛先破禁戒隨有人畜能擾惱者皆悉不往可譏嫌處亦不往彼餘如彼十二頭陀中說十住婆沙有著毳衣食後不受非時飮食各有十利如彼說毳衣者卽羊毛等作解脫道中有十三頭陀衣二食五處五十三是常坐勇猛之分十誦多雨

國土四月在露地八月在覆處少雨國反前上列十
二依四分而言統明經論所述並不及解脫道論次
第詳悉正行既成定慧斯立彼論廣有次第法略不
述之四雜法四分蘭若比丘乞食至蘭若中往常食
處淨掃灑具水器殘食器牀座洗脚石盛水器拭脚
巾若見餘蘭若來應遠迎爲取鉢取衣舒張有汙者
應拭揉抖擻浣暴等令其坐訖與彼水器及水洗足
石拭腳巾持革屣安左邊勿令水漬彼洗足已洗足
諸器物復本處將澡豆淨洗手別留賊食便授水與
彼比丘已次授食供給所須苦酒鹽菜等若熱應扇

若日時欲過應俱食不爾者時彼食已取鉢自食已
有餘食者應與人若非人若淨地無草處無蟲水中
餘諸食具淨洗復本處淨掃食地有賊來者語言此
是水此是食爲汝等故別留淨潔若欲食便食之須
善知夜時節及以方相星名恐賊來問答有失十誦
開練若讀星經若見人來先共語和悅顏色不應垂
頭應正憶念餘如四分四分開用鑽木出火在屏處
亦開用火珠善見若頭陀比丘雖住寺中不住僧房
不食衆食施主自爲起房僧不得差爲知事若比丘
有能讀誦教化說法能利僧者亦不得差爲知事好

房舍衣鉢先與之飲食果木得加分與五分若不捨
十二頭陀法在人間受請一一吉羅若不能者皆應
捨頭陀法

僧像致敬篇第二十二 造立像寺法附

法軌被時景仰斯立謙恭斂敬俗禮命章遜恪攝儀
道宗爰始豈以形服標異而得倨慢無知良由致敬
有方故能清革耳故增一云有慚愧二法住世則相
恭敬是故比丘當勤共學比時移情淡禮義云亡鄙
末之小僧妄參衆首眉壽之大德奄就下行以武力
爲智能指文華爲英彥如斯冒罔孰可言哉故輒略

提引永成明誡就中分二初如題所明
初中分三一制相敬意二對敬立緣合不兩相三立
敬儀式初中智論云諸佛不以生身爲禮敬也若見
法身是名供養如佛從忉利天下須菩提在石窟中
觀無常空故爲先見佛蓮華色尼寶階先禮佛不受
之所以相敬者爲除慢法故四分中由諸比丘不知
大小故佛訶責已告言汝謂誰應受第一座第一水
第一食乃至起迎逆禮拜恭敬問訊耶諸比丘言各
不定或云十二頭陀者大姓多聞法師持律禪師等
佛言汝等各長慢故作是語廣說三鳥獸相恭敬

法便說偈言其敬長老者是人能護法現世有名譽
將來生善道敎化人民皆隨法訓汝等於我法律中
出家更相恭敬佛法可得流布自今已去聽隨長幼
恭敬禮拜上座迎逆問訊大悲云佛過去時若見三
寶舍利塔像師僧父母兄弟姊妹耆年善友外道諸
仙沙門婆羅門等無不傾側謙下禮敬以是報故成
佛已來山林人畜見佛行時無不傾側低頭禮拜增
一云無恭敬心於佛者當生龍蛇中以過去從中來
今猶無敬多睡等雜含云告諸比丘若見四眾攝持
諸根長夜安樂等智論云外道是他法故輕佛來至

佛所自坐白衣如客故命坐一切出家五眾身心屬
佛故立若得道羅漢如舍利弗等皆坐三道以下並
不聽坐以所作未辦結賊未破故又云釋迦牟尼佛
無別菩薩僧故文殊師利彌勒等入聲聞僧中次第
而坐云云二明對緣是非四分中有四一不應禮一
切白衣及女人二前受戒人不應禮後受戒者三不
禮犯邊罪等十三難人被舉滅擯應滅擯等四不禮
一切說非法語者寶梁經云若破戒比丘受他持戒
者恭敬禮拜得八輕法一作愚癡二口瘖瘂三顏貌
醜陋四其面側戾見者嗤笑五轉受女身作貧窮婢

使六形體羸瘦夭損壽命七人所不敬常有惡名八
不值佛世此破戒者乃至大地無涕唾處餘如上篇
二應禮分二初無緣合敬律中小沙彌尼如是展轉
乃至如來及塔餘如後說四分十種非威儀不應禮
大小行裸身若剃髮若說法嚼楊枝洗口若飲若食
若噉果增一云塔中不應禮五分相瞋屏處不得禮
十誦睡縫衣大眾中在路行病時不得禮僧祇泥作
浣衣洗浴及手足著一衣時疾行等不應禮十誦佛
塔聲聞塔前自他不得互禮五百問云佛塔前禮比
丘犯墮僧祇禮塔誦經讀經寫經授經闇中並不得

禮皆謂別有所敬故也三立敬儀式分三初敬佛法
二敬僧法三大小致禮法初中敬佛塔法若塔廟支
提受用之物乃至擬造堂殿牀座材石等已經佛像
受用者縱使風吹雨破當奉敬之如形像無異故四
分中王以園施佛佛不受當令奉僧何以故若佛園
及園物房舍房舍物衣鉢坐具針筒便是塔廟一切
諸天世人沙門魔梵不能受用應恭敬如塔若施僧者我在
僧中增一云告諸比丘禮佛承事有五功德一者端正
以見佛像發歡喜心二者好聲由見形像口自稱號
南無如來無所著至真等正覺三多財報由以華香

供施故四生長者家由見形已心無染著志心禮故
五命終生天此即諸佛常法當如是學智論禮法有
三一者口禮二屈膝頭不至地三頭至地是爲上禮
地持當五輪至地作禮阿含云二肘二膝頂名輪也
亦云丘(五)體投地先正立已合掌右手褰衣屈二膝已
次屈兩肘以手承足然後頂禮後起頂頭次肘次膝
以爲次第(不相亂也)智論云若聞諸佛功德心敬尊重恭
敬讚歎知一切衆生中德無過上故言尊也敬畏之
心過於父母師長君王利益重故故云重也謙遜畏
難故云恭推其智德故云敬美其功德爲讚讚之不

足又剟(備)揚之爲歎又云植佛福田者植謂專心堅著
也隨以一善禮誦香華等至佛無盡由智勝故毗尼
母不得著革屣入塔繞塔富羅不得入塔者彼土諸
人著者皆起慢心故不聽著寒雪多處聽著靴富羅
三千云繞塔法一低頭視佛二不得蹈蟲三不左右
視四不唾地五不與人語又當念佛恩大難報念佛
智慧念佛經戒念佛功德念佛精進乃至泥洹又念
僧恩師恩父母恩同學恩又念一切人皆使解脫離
苦又念學慧除其三毒求出要道見塔上草念手去
之不得捉拔有不淨即分除之若天雨當脫履塔下

乃上禮佛五百問云比丘繞塔女衆隨者不得有優
婆塞不犯大論如法供養法必應右繞賢愚舍利弗
辭佛膝行繞百帀也善見云辭佛法繞佛三帀四方
作禮而去合十指爪掌叉手於頂上卻行絕不見如
來更復作禮迴前而去雜含云憍陳如久不見佛後
來便以面掩佛足上致禮二正明相者佛像經教住
持靈儀並是我等所尊敬則至眞齊觀今流俗僧尼
多不奉佛法並愚教網內無正信見不高遠致虧大
節或在形像之前更相戲弄出非法語舉目攘臂偏
指聖儀或端坐倨傲情無畏憚雖見經像不起迎奉

致令俗人輕笑損滅正法故僧祇中禮人不得對於
佛法乃至懸施旛蓋不得蹈像別施梯蹬以此文證
明敬處別既知多過彌須大慎至堂殿塔廟如履冰
臨深覩形像經教必儼然加敬此則道俗通知奉法
賢聖達其信心且如對王臣令長事亦可會凡情難
任聖法宜遵比世中多有在下牀上禮佛者此全無
楷模敬人尚自被責敬佛自心在慢有心存道者必
不行之余親問天竺諸僧諸國無有此法來此方見
又三千威儀云自在高處及上座在前自於後作禮
亦不得座上作禮十誦聽持香爐伎樂在僧佛前行

爲和尙傳信得代和尙禮得對佛加趺坐僧祇云作樂供佛有欲心著卽須捨去俗人倩結華研香供佛者得餘一切不合大論持世經並云爲衆生故碎身如麻米又如芥子令衆生恭敬故得入涅槃僧祇佛生日乃至涅槃日爲大衆說法稱揚佛德薩婆多云二月八日成佛亦以此日生八月八日轉法輪亦以此日取涅槃若依瑞應等經多云四月八日生涅槃初云二月十五日臨涅槃復度十仙云過三月已入涅槃月德太子經八月十五日入滅此並由衆生見聞不同故時節不等智論云王舍城十二億家舍婆

提城九億家尙三億見或聞由慢業故佛世猶爾何況末法轉輕心業最重四分云何得知正法久住佛言若比丘敬佛法僧戒以是故正法不滅反上則滅次明敬僧法若衆主是和尙闍梨隨徒並是弟子者縱有十八二十八立奉敬者亦無有違傳云佛見僧來便立者此無正敎若師僧犯僧殘已下罪者必欲行別住佛制弟子經理亦須恭敬禮拜爲僧設禮非禮弟子（如是例之）次明大小設禮法毗尼母云吾去世後當依波羅提木叉行法當各各謙卑行之除去憍慢安心淨法下座稱上座爲尊者上座稱下座爲慧命

四分五衆相禮如來及塔通禮初小沙彌尼禮大沙彌尼沙彌式叉比丘尼比丘如來及六塔二小沙彌禮大沙彌尼沙彌乃至如來及六塔三小式叉摩那禮大式叉乃至如來以及四塔四小尼禮大比丘如來三人三塔五小比丘禮大比丘及如來二人及塔五百問云得禮師塚還自問曰生時是師死成枯骨何由向禮答佛在世時應須供養泥洹已亦是枯骨師亦如是須報恩故得禮塚也死屍未葬義準禮之四分沙彌當以生年爲次第若生年等者應以出家年爲次第問沙彌得禮大沙彌尼男女位別今許禮

者答莫非未具總名無勝德可彰又非師攝但得向禮及以屍塚也四分至上座前脫革屣偏袒右肩合掌手執兩足云我和南（義云度我）而作禮也出要儀云和南者爲恭敬也聲論云槃那寐此翻爲禮五分若人多但別禮師總禮餘人而去中含云至俗人家先坐已後設禮敬餘廣如彼恭敬經說毗尼母云從無夏至九夏是下座十夏至十九夏名中座二十夏至四十九夏名上座五十夏已去一切沙門國王之所尊敬是耆舊長老僧祇無歲比丘得共三歲坐乃至七歲得共十歲坐若臥牀得三人坐坐牀二人坐長一

肘半牀相降三歲得二人共坐若減併與上座若臥牀過三肘得降四歲共坐若減不得若大集會牀座少得連牀接繫勿令使動得同坐若方褥長三肘得共四歲坐減者不得若散敷草地共坐無罪伽論云地敷得共未受具人坐薩婆多長牀相接但令異席異褥異槃令中空絕各異得與女人坐僧祇受人禮拜不得如啞羊不語當相問訊少病少惱安樂不道路不疲苦等共上座語亦得云慧命

二明造佛像塔寺法初明造經像法意者如來出世有二益一為現在生身說法二未來經像流布令諸

眾生於彌勒佛聞法悟解超升離生此大意也恐後生造像無所表彰故目連躬將匠工上天圖取如是三反方乃近真至於下天此像垂地來迎世尊命曰汝於來世廣作佛事因垂勅云我滅度後造立形像一一似佛使見者得法身儀則乃至幡華供養皆於來世得念佛三昧具諸相好如是造立是佛像體此像中國僧將來漢地諸國不許各愛護之不令出境王令依本寫留之今後傳者乃至四寫彼本今在揚州長樂寺亦云龍光瑞像云云今人隨情而造各生奇薄不追本實競封世染所以中國傳像在嶺東者並皆風骨勁壯儀肅隆重每發神瑞光世生善如長干瑞像是阿育王第四女作腳趺銘云今在京師大發靈相逮于漢世髣髴入真流之晉宋煩皆近實並由敬心殷重意存景仰準聖模樣故所造靈異今隨世末人務情巧得在福敬失在法式但問尺寸短長不論耳目全具或爭價利鈍計供厚薄酒肉餉遺貪婬俗務身無潔淨心唯涉利致使尊像雖樹無復威靈菩薩立形譬類婬女之像金剛顯貌等逾妬婦之儀乃至抄寫經卷唯務賤得弱筆麤紙惡匠鄙養致使前工無敬自心有慢彼此通賤法儀滅矣致令經像訓世為諸信首反自輕侮威靈焉在故致偷盜毀壞私竊治鑄焚經受用多陷罪咎並由違背世

出世法現在未來受無量苦皆由失法之所致也若使道俗存法造得真儀鳥獸不敢汙踐何況人乎近見有賊劫盜瑞像纔入佛殿便忽迷悶莫知所趣至曉寺僧怪問久而方醒云云但能奉聖像儀佛亦垂形示迹善見云佛右牙帝釋處右缺盆骨師子國中增一優填王造栴檀波斯匿王造紫金二像各長五尺

次明造塔法雜心云有舍利名塔無者名支提塔或名塔婆或云偷婆此云冢也亦云方墳支提云廟廟者貌也增一阿含云初起偷婆補治故寺並受梵福云何梵福如閻浮一洲人功德不如一轉輪王功德如是西東北天下乃至四天六欲初禪總多比一梵主

功德此爲梵福量當如是學四分若起塔者應四方若圓若八角以石墼土作已用黑泥乃至石灰白上等應安基四邊作闌楯安香華著上懸幡蓋物不得上塔上闌楯上護塔神瞋大論密迹金剛鬼神道中又云執金剛菩薩常執金剛衛護佛四面五百金剛也五分若有所取與開彼安幡蓋不得蹈像上作餘方便梯隥安之若塔露地供養具雨漬風飄鳥烏不淨者作種種舍覆之地有塵種種泥泥之須洗足器安道邊外作牆門安置若上美飲食用金寶等器盛之令白衣伎樂供養若飲食當與比丘沙彌優婆塞經營塔作者應食舍利安金寶塔中

若繒綿中若持行者若畜生若頭上肩上擔戴若拂應用樹葉孔雀尾拂多有香華羅列基上闌上杙上嚮中繩貫懸屋簷前有香泥作手輪像乃至有餘泥地等僧祇塔事者起僧伽藍時先規度好地作塔處其塔不得在南在西應在東在北中國伽藍門皆東向故佛塔廟宇皆向東開乃至廚廁亦在西南由彼國東北風多故神州尚南爲正陽不必依中土法也不得僧地侵佛地佛地不得侵僧地餘如盜戒隨相說善生經云善男子如來即是一切智藏是故智者應當志心勤修供給生身滅身形像塔廟若於空野無塔像處常當繫念尊重讚歎若自力作若勸人作見作生

喜如其自有功德力者要當廣教衆多之人而共作之既供養已於己身中莫生輕想於三寶所亦應如是凡所供養不使人作不爲勝他作時不悔心不愁惱合掌讚歎恭敬尊重若以一錢一綫一華一香一偈一禮一帀一時乃至無量寶無量時若自獨作若共他作善男子若能如是志心供養佛法僧者若我現在若涅槃後等無差別若見塔廟應以金銀銅鐵繩鎖幡蓋伎樂香油燈明而供養之若見鳥獸踐蹋毀壞要當塗治掃除令淨暴風水火人所壞處亦當自治自若無力當勸人治或以金銀銅鐵土木若有

塵土灑掃除拂若有垢汙以香水洗若作寶塔及作寶像當以種種幡蓋香華奉上若無眞寶力不能辦次以土木而造成之成訖亦當幡蓋香華伎樂種種供養若是塔中草木不淨鳥獸死屍及其糞穢萎華臭爛悉當除去蛇鼠孔穴當塞治之銅像石像木像泥像金銀瑠璃頗梨等像常當洗治任力香塗隨力造作種種瓔珞乃至猶如轉輪聖王塔精舍內當以香塗若白土塗作塔像已當以瑠璃頗梨眞珠綾絹繇綵鈴磬繩鎖而供養之畫佛像時綵中不雜膠乳雞子應以種種華貫散華妙拂明鏡末香散香燒香

種種伎樂歌儛供養晝夜不絕不如外道燒酥大麥
而供養之終不以酥塗塔像身亦不乳洗不應造作
半身佛像若有形像身不具足當密藏覆勸人令治
治具足已然後顯示見毀壞像應當志心供養恭敬
如完無別如是供養要身自作自若無力當為他使
亦勸他人令作助之若人能以四天下寶供養如來
有人應以種種功德尊重讚歎是二福德等無差別
無垢淸信女問經云未知掃佛塔地有何善報四相
塗治華香供養復何福報禪修梵行三歸五戒復得
何報佛告女言掃佛地得五福一自心淸淨他人見

已亦生淨心二為他愛三天心歡喜四集端正業五
命終生善道天中若人信佛圓輪形塗塔地散華燒
香如是供養已彼人命終生弗婆提富樂自在後生
化樂天若人信佛作半月形塗塔散華香者生瞿陀
尼後生兜率天若人信佛於佛塔邊四方塗地散華
燒香彼終生鬱單曰後生炎摩天若人信佛作人面
形塗塔華香供養所有善根果報如是若人入禪修
四梵行歸佛法僧受持五戒彼人無量無數善根福
報無窮後得涅槃涅槃云不犯僧佛物塗掃佛僧地
造像若佛塔常生歡喜心皆生不動國智論沙彌戒

不香塗身云何供三寶答以所貴物隨時所須而用
供養或以塗地及壁幷行來坐處等十輪若破寺殺
害比丘其人欲終支節皆疼多日不語墮阿鼻獄具
受諸苦二造寺法有盛德法師造寺誥十篇具明造
寺方法祇桓圖樣隨有所造必準正教幷護持匡眾
僧綱綱要等事繁不具略引宗科造寺一法謂處所
須避譏涉當離於尼寺及市傍府側等佛殿經坊極
令淸素僧院厨倉趣得充事如此則後無所壞今時
末法造寺唯有處所事得受用亦有用羯磨法者而
限外無儀式表相令人知者故祇桓圖中凡立木石

土宇並有所表令人天識相知釋門多法故能影覆
邪術禽獸畏威儀形隱映為世欽仰但歷代緜積秉
教陵遲事存法隱錯舉意旨俗人既不曉法眾僧未
解示導但相倣斆虛費財物競心精妙力志勝他房
廊臺觀務令高顯過彼便止都不存法又還自騰踐
屈道承俗如奴事主是名寺法滅也（其甚者打罵眾僧種種非法取
要言之從僧強力抑奪貸借乞請乃至停屍僧院舉哀寺內置塚澡浴等並非法也）若改往修
來追法更新慎敬無犯者是則護持寺法也（俗人造寺本為
求福作出家之因得道之緣唯應禮拜供養為法諮請時時覲問如法往來彼此利益自他無惱名護持
也）故增一云阿闍世王得信已後勑國中無令事佛

之家貨輸迎送豈非僧傳正法得信於人乎因即隨明敬護三衣一切衆具並如塔想尊敬攝持乃至剃髮染衣戒體真旨行來俯仰整斂威儀飲食施作心常念法憶而奉行者俗人終不得輕爾陵慢非法干亂假令世中賢人內心堅正外有威儀猶見敬肅不敢侮弄如文侯敬干木似劉氏重孔明等況出世道士披佛法衣遊佛行處威儀庠序見者生善誰不尊敬若有輕笑皆由自失故知無不敬也敬則有儀豈唯恭攝冥招利養田必良美不求種子而種子自投道必純備不須利養而利養潛托由此而觀為俗人所薄者非他咎也以法滅於身得使貴賤所見侵

陵耳若能識法護持人皆宗仰誰敢侮慢之哉以道敬貴人者不得起迎將送亦不得同牀共坐唯得大坐鎮之以道又亦不應生於憍慢

訃請設則篇第二十三

夫昏俗多務慧觀難修制營福分用接愚惑而施乃雜繁皆多設食供每於訃請有違教法外生譏毀內長癡慢反招苦趣未成師誘故撮略經訓試論如別就中分十一受請法二往訃法三至請家法四就座命客法五觀食淨汙六行香呪願七受食方法八食竟收斂九噠嚫布施十出請家法初明受請者十誦為知請故須立維那出要律儀翻為寺護又云悅衆

本正音婆邏此云次第僧祇云若來請比丘明日食者不得定答云決來應語若無緣事當訃之若有請僧者應問姓名客人舊住巷陌不得輒往應先令一人若月直園民沙彌在前訪問恐試弄比丘及有留難恐僧失食故五分白衣家會應借僧臥具僧祇比丘得為俗家設會張幔及諸供具唯不得與女人共輿及以作食四分菩提王子請佛從於階陛布衣令佛蹈上過世尊不受令卻之為未來比丘故增一云如來許請或默然或儼頭或彈指五百問云作得佛物請比丘不合食若先許三會後作一會三行香三施不

了還願若鬼子母食呪願取食沽酒家門一切時不得入更有餘門得若請比丘會當持一日戒一日不沽酒得往屠家亦爾若共師並坐者更無別處得不得同盤食四分請有二種即僧次別請也律開別請然諸經論制者不少梵網云別請物者即盜四方僧物仁王經亦呵責別請過十誦善生雖別請佛五百羅漢猶故不得名請僧福田若能於僧中請一似像極惡比丘猶得無量果報增一成論云如飲海水即飲衆流僧次請僧亦爾五分但為解脫出家者得為僧次唯除犯惡戒人五百問云受別請已遣人代去

主人意無在者得若嫌者犯墮既僧次福大有憑請
者應說僧次功能開悟俗心勿令別請別請法如隨
相中今俗有執名邀請者然口雖許往必須筆註有
人書爲赴字者此未知字學耳必有斯舉可註爲訃
字下之赴上爲赴字 上之赴下爲訃字此乃細碎甚補高望故諺云借
念時還貸念時償事雖鄙陋廉恥之本薩婆多被請
人與僧同去不白先入者墮主人明日作食今日自
往者墮除主人喚若食後主人不喚留自往者墮經
營知事人在僧後到者墮食未覗去者亦墮餘人私
行直報同學者得雖大界內近寺白衣家不白亦犯

若白還晚令僧惱者吉羅善見檀越請比丘沙彌雖
未受具亦入比丘數涅槃乃至未受十戒亦得受請
僧祇若道行作念至某精舍當食若過餘處食者悔
過若值彼僧受請隨去無罪十誦不請自來食犯吉
羅五百問云但打揵稚即得食供不問請與非請何
以故打揵稚本爲集僧故二往訃法四分云若欲受
請應往眾僧常小食大食處住若檀越白時到者上
座應在前如鴈行而去諸比丘應偏袒右肩在後行
若有佛法僧病比丘事者當白上座在前去必於中
有命梵難者若問不問聽去若上座在道行大小便

處應待來然後如前去三至請家法若未安置佛像
及聖僧座者上座有德者先處分安像極令清潔勝
於僧座乃至覆障高顯處訖然後布置聖僧座其法
有五卷梁武帝對中國三藏出之不可具錄如請賓
頭盧法經說令預宿請在空靜處敷設虛輭爲座我
若來時坐處有相今世臨時虛設並無法式既知不
易門師比丘依經豫示必不豫修臨齋上座當索新
輭布綵衣服鮮素者在於僧首令在氍毹上廣張鋪
設足得大坐之處然後上座於次乃坐不須坐訖方
乃分處僧佛二座又不以坐處窄狹排歷在地或安

置佛前或雖處座而狹小舒位如此上座未見其可
既自無敬信勝緣亦令俗士不敬三寶此乃滅法上
座僧祇若檀越請僧不知法不好敷具與上座以好
牀敷與年少上座應教言以不好者與年少若施主
爲知識比丘故敷好牀褥者不得共爭隨施主意乃
至飲食等亦爾若施主未知請僧法知識尼得教安
置形像益食法已然後坐應在別處又不得勝僧所
長含云世尊訃會常在眾中坐左面比丘右面清信
士四就座命客法彼上座置設佛僧二座已然後去
聖僧座一尺許敷尼師壇爲表敬也四分往食處不

應錯亂雜聚而住應隨次坐上座坐已應看中座下
座勿令不如法不善覆身若有者彈指令覺若遣人
語知好如法坐中座坐已看上下座勿令非法下座
坐已亦互看上中亦爾僧祇不好覆身坐者謂著細
生疎衣形體露現摩訶羅坐不正語云正汝衣若不
覺者語云覆汝形尼坐不正不得語令知恐其慚恥
應作方便遣令取物若淫女故作者當自起避去四
分至請家彼此相問年歲大小訖坐若恐日時欲過
聽上座八尼次第坐餘者隨坐僧須準此僧祇勞問
食家云家中何如生活好不等四分不應故在後往

食上分諸比丘起亦得見來不須起若未來者比座
開處僧祇若有可笑事上座應言云何聖毗尼中出
齗現齒呵呵而笑當忍之起無常苦空無我死想等
由不可止當以衣角遮口徐徐制止身不定者當動
手足乃至折草漸漸自制義準至死喪請處及凡食
家並準僧祇慎無喧笑及交頭雜說妄談世論五分
若請處外客比丘不得入語主人聽入不許者語云
與我食分自共等食又不許者應自語委知僧坊有
食可往彼去然後乃食薩婆多通集門外比丘一處
喚一大者入若更餘不集者亦喚入之雖打揵稚終

須不遮方得淸淨如隨相也五觀食法四分上座應
前問言果菜淨不若言未語令淨僧祇上座當知誰
看房誰病應語與食若檀越惜者應語長壽法應與
不得不與若日晚者應先取發遣令去六行香呪願
法四分中食竟方為呪願說法而此土盛行並在食
前道安法師布置此法依而用之於理無失若至請
家施主令讀經者依語為之主人口不言者不須輒
問同類邪命增一云有設供者手執香爐而白時至
佛言香為佛使故須之也賢愚經蛇施金已令人行
香置僧手中乃至執香爐遍請佛僧如富那奇中說

若行香者不令婦人指捏掌中語令懸放必不肯者
便可縮手當使過去若有男子幸遣行之尼法反前
為深防罪故五百問及三千云不得立受香因比丘
受香女觸其手欲發罷道佛言若立受者吉羅行香
時唄未見經文而諸經律多有唄匿比丘十誦為諸
天聞唄心喜故開唄四分若檀越欲聞布施應歎布
施欲聞檀越法為歎檀越法乃至欲聞說過去父祖
應為歎父祖乃至讚佛法僧亦爾僧祇云上座應知
前人所施當為應時呪願若不能次座應說又不能
者乃至下座都無者並得罪比世流布競飾華辭言

過其實。凡豎褒揚貴族。貧賤讚逾鼎食。發言必成虛
妄。舉事唯增訛謟。故成實云。雖是經法。說不應時。名
爲綺語。況於浮雜。焉可言哉。今立正條。永可準用。僧
祇。若爲亡人施福者。應作是呪願。一切衆生類。有命
皆歸死。隨彼善惡行。自受其果報。行惡入地獄。爲善
者生天。若能修行道。漏盡得泥洹。若生子設福者。應
云。童子歸依佛。七世大聖尊。譬如人父母。慈念於其
子。舉世之樂具。皆悉欲令得。室家諸眷屬。受樂亦無
極。若新舍成就。估客欲行。及以取婦。若復出家。各有
呪願。文如彼說。僧上座不知得罪。廣如三十四卷中。

長含。世尊呪願云。可敬知敬。可事知事。博施兼愛。有
慈愍心。諸天所歎。常與善會。五分。佛呪願賈人云。四
足汝安隱。二足汝安隱。去時亦安隱。來時亦安隱。如
耕田有望。下種亦有望。汝今入海望。獲果亦如是。義
準此言。佛可無四辯。對緣止施前法。自餘愚叟。亦安
可強乎。雜寶藏。舍利弗次爲上座。以施主諸慶大集
故。食已行水。對長者呪願言。今日良時得好寶。財利
樂事一切集。踊躍歡喜心悅樂。信心勇發念十力。如
似今日後常然。時摩訶羅苦求誦習。舍利弗不免意
授之。便爲亡人呪願。及損胡麻。繞麥積塚上。迎婦驚

鴈盜謗。七被棒打。方至祇桓白佛。佛言。諸比丘若說
法呪願。當解時宜。憂悲喜樂。知時非時。不得妄說。七
受食行食雜法。四分律中。受䞋已。然後呪願。今此方
不行。五分。於餘方不爲清淨者。亦不行之。今依辨意
長者子經。受食前呪願。四分又云。若爲利故施。此利
必當得。若爲樂故施。後必得快樂。三千威儀。所以淨
衣踞坐食者。佛始成道。受乳糜。觀諸佛法。皆著淨衣
踞坐而食。若有出家弟子。應如是法。以能防衆戒故。
踞坐爲淨衣故。異俗法故。亦爲草座食易故。因踞坐
制九法。一腳前卻。二闊腳。三搖動。四豎。五交。六垂。三

衣覆足。七翹。八累腳。九累髀。並犯吉羅。二明出衆生
食。或在食前唱等得已出之。或在食後。經論無文。隨
情安置。涅槃。因曠野鬼爲受不殺戒已。告鬼言。我今
當勑聲聞弟子。隨有佛法處。悉施汝食。若有住處不
能施者。卽是天魔徒黨。非我弟子。四分。僧伽藍中立
鬼神廟屋。傳云。中國僧寺。設鬼廟。伽藍神廟。賓頭盧
廟。每至二食。皆僧家送三處食。餘比丘不出。愛道尼
經。令出如指甲大。今有爲亡人設食者。依中含云。若
死人布施祭祀者。若生入處餓鬼中者得。餘趣不得。
由各有活命食故。雜含中廣明此事。若親族不生入

處中者但施心施其自得功德云云乃至施主生六趣中施福常隨以持戒但得人身必須餘福助報云云譬喻經餓鬼五百歌舞而行好人數百啼哭而過佛言餓鬼家兒子孫親眷爲作福故行得解脫是以歌舞好人眷屬唯爲殺害無有作福後大火逼所以啼哭云云智論云鬼神得人一口食而千萬倍出也僧祇當留比座坐處行食人過不得默然而看比座應語與是人等若行食至第三人當先澡鉢豫擎待至四分上座見行果時若少果而多與者當問爲誰送來若言爲上座者隨意取若言爲僧語令賦徧乃

至種種美食亦爾半果經云育王施僧半庵羅果八萬羅漢同共食之四分得食便食爲俗譏責佛令唱等得已然後食僧祇唱等供若時欲過隨下隨食無罪十誦云等供五分尼請處未唱隨意食口口提下衆吉十誦因舍利弗爲上座純食好食羅睺白佛佛言從今上座待得徧聞等供聲一切僧共食五分正意受食左手一心擎鉢右手扶緣僧祇當先受飯案著一邊後受羹菜和合而食口中不得迴食當一邊嚼咽之不得令一粒落地皮核聚脚邊增一中諸王設供自手行食庶民同之四分若請二部僧先與比

丘恐日過者一時與之梵摩難經夫欲施者皆應平心不問大小佛令阿難臨飯說僧跋僧跋者衆僧飯皆平等僧祇食時應護右手當以左手受飲器注脣不得深含椀緣不得觸著額鼻及飲盡當留少許於口飲處寫棄之次與下座沙彌食上鬧亂恐壞俗信以水澆灑者不犯弄水四分若不得食分比座爲索若減半與若有餘果菜不得狼藉汙地應聚脚邊去持棄之毗奈耶云不得捻鉢令大指入鉢中十誦食著手不得振却應拾取之僧祇不得哺嗛作聲食毗奈耶云不得縮鼻食五分鉢中飯不得散俗人舍益

食時口中有食者得云須不須等無過僧祇口有食人共語者咽盡方云口內有食不得卽答若聲不異含食得語四分乾餅焦餅果菜等得嚙半善見鉢中飯撩取與衆生水棄白衣家不犯應著隱處不淨處八食竟法僧祇上座應徐徐食不得速竟住看年少狼藉食不飽滿應相望看之乃至待行水隨順呪願已然後乃止又云居士飯僧訖遺餘食料理與比舍賢愚多處文於俗家先行水後下食澡漱等雜含佛及比丘俗家食竟澡漱洗鉢訖然後爲俗人說法九大嚫法五分食後施衣物名爲噠嚫也四分由食竟

默去檀越生疑。不知食好不好。足不足。又言諸外道人皆稱歎布施讚美檀越等。佛令上座爲說大嚫。乃至一偈。(其文如受食法)若上座不能語。能說者。若不語不受並結罪。若說大嚫時。上座四人相待。餘者聽去。薩婆多要食後說法有四益。一爲消信施故。二爲報恩故。三令生歡喜心善根成就故。四爲在家人應行財施。出家人宜行法施。律中令說契經。善見云。修多羅義種種義開發等。聽說義時。要撮諸文者開。五分。諸比丘請破戒邪見諸根不具者歎唄說法。因此惡人得勢。又能辱僧。佛言請法師三藏諸根具足者。伽論云。

若無能誦唄者。當次第差。若都無者。各誦一偈。能者不受偷蘭。不得半唄吉羅。律令說諸惡一偈。增一解云。諸惡莫作戒具足。清白之行。諸善奉行。心意清淨。自淨其意除邪顛倒。是諸佛教者去愚惑想。戒淨故意淨。意淨故無倒。無倒故惑想滅。今此世初無說法之式。若有食竟並將錢財施與。理準五分隨時稱美。不得華侈廣如前說。十出請家法。五分。還寺去時。上座八人相待。餘人前去。應僧徒從座而起整理衣鉢。乃至次第而行。至請門首告云。檀越厚施如法。貧道何德堪之。餘言隨時。語已便去。雜含云。佛及比丘食竟皆入禪室坐禪。晡時從禪起而說法也。

導俗化方篇第二十四

夫道俗相資有逾影響。雖形法兩別而所趣攸同。是故沙門處世道緣須立。法不假彼外護則無附法之心。既能受供資身理須以法濟俗。故得光顯佛日住持像運。使正法隱而重流。僧徒滅而更立者。其在茲乎。而澆末寡識寔多。明律知時人少。凡厥施化止出喉心。於彼正教都無詮述。所以事起非法言成訛濫。反生不善何名引接。皆由自無方寸。師心結法。故善見云。隨逐惡者。皆由無智妄解佛教誹謗如來。作諸

惡業廣生邪見。今以箴誨未聞顯揚聖旨。初明說法軌儀受戒方法。次辨生緣奉敬。後明士女入寺正式。初中大集云。無量眾生白佛護持法故。佛讚言善哉諸大檀越。又云。破戒比丘處眾說法。不得受信施。如葶藶子。破戒相者乃至受畜八不淨物。名痒曲幻賊醉旃陀羅等沙門也。廣如三十一卷中說。四分。爲檀越說法聽說契經。及分別義得。不具說文句不得。二比丘同一高座說法。或共相諍。或說義互求長短。或共相逼切。或二人同聲合唄。及歌詠聲說法等。因說歌聲有五過。一自貪著聲。二令聞者生愛。三令他習

學四令俗人生慢心五以亂定意若說法人少應次
第請說下至一偈諸惡莫作等夜集說法座高卑無
在三千威儀上高座讀經先禮佛次禮經法及上座
後在座正坐向上座坐揵稚聲絕先讚偈唄如法而
說若不如法問不如法聽便止毗尼母云說法比丘
應籌量大眾應說何法而得受解若聞深法得解應
爲說深謂五分十二因緣涅槃等論淺法者謂布施
持戒生天等論若眾樂淺不樂深不益前人名惡說
反此名善說又應知文義之句男女之音云云又應
除貪心不自輕心不輕大眾心應慈心喜心利益心

不動心立此等心乃至一四句令前人如實解者長
夜安樂又不應起怖心何以故怖心說法令身疲頓
音不辨了言不次比說法不妙義亦難解應庠序安
心爲說又應爲眾說厭患法遠離法觀身苦空無常
無我不淨等如第七卷中涅槃若比丘爲利養故說
法所有徒眾亦效是師是人如是便自壞眾眾有三
種一破戒雜僧者雖持禁戒爲利養故與破戒者坐
起行來同其事業二愚癡僧在蘭若處諸根不利少
欲乞食於自恣說戒日教諸弟子淸淨懺悔見非弟
子多犯禁戒不能教令淸淨懺悔而便與共說戒自

恣云何淸淨僧不染利養善知戒相云何知重如四
重禁出家不作作者非沙門釋子云何知輕者三諫
能止等非律不證者若有讚說受用不淨物者不共
同止是律應證者若學戒律不近破戒見順律者心
生歡喜善能解說是名律師善解一字若爲利益眾
生至非法處若是聲聞不應爲也雜含云一法師得
受六十新學比丘教誡說法佛告比丘有問命終者
徒勞耳非如來所樂答者夫生有死何足爲怪當思
十二緣行疾得度此僧祇若有違佛語者比丘犯罪
白衣知如之何五百問云若希望心爲人讀經說法

得物犯捨墮無心貪不犯無衣得取三千威儀云入
他房一於外彈指二當脫帽三作禮四正念住教坐
乃坐五不忘持經入問經五事一如法下牀問二不
得共坐三不解當直問四不念外緣五設解頭面作
禮反向出戶毗尼母云既聽說十二部經欲示現此
義復有疑心若欲次第說文眾大文多恐生疲厭若
鈔撰好辭直說不知如何佛言聽引經中要言妙辭
直顯其義涅槃云若有受持讀誦書寫演說莫非時
非國不請而說輕心輕他自歎隨處而說及滅佛法
熾然世法而說何以故由非時非處等而說法者命

無量人死墮地獄則是衆生惡知識也雜寶藏爲俗人說七種施法不損財一眼二色三言四身五心六牀座七房舍各各果報乃至佛尙無盡智論佛說法已常敎諸比丘入禪定已之所說身亦自行大集云若四眞諦是一念證者則爲一切衆生說一行一法乃至種種因緣調伏不一故便說種種法八萬法聚差別毗尼母云若爲在家人作師敎化作福有五事一不應檀越舍止住二不繫心貪利三爲別別說法布施持戒八齋等四不與共娛樂五不繫心常欲相見又五事爲檀越尊重恭敬一非親舊處不往返二

不求形勢料理檀越家業三不共竊語令家中生疑四不敎良時吉日祠禮鬼神五不過度所求入俗家五法一入時語小二斂身口意三攝心卑恭而行四收攝諸根五威儀庠序生善有九事不應俗家坐一雖爲禮拜心不恭敬二雖往迎逆心不慇重三雖讓令坐而心不實四在不恭敬處令坐五有說法言心不採錄六雖聞有德不信受之七知有甚多若求與少八知有美食反設麤者九雖供給與如市易法並不應坐反此便坐若入聚落應卑恭慚愧不著六塵攝心行之如高山懸巖絕險方寸之處而足蹈之念

念生怖更無餘念臨淵亦爾如月行世動手於空四方無著等云云十誦說法人者應一心說生慈愍心利益心莊嚴語言次第相續辨才無盡隨順諸法實相爲法故說不爲利養此中上座應觀察所說若不如法說應呵止又聽取佛經義莊嚴言辭次第解說其佛經本當直讀誦莫雜論議五分白衣說法歡喜布施若聽之十誦說法呪願讚法時不得食薩婆多若檀越欲作大房舍應開解示語令小作順少欲法若爲容多人故作者不應違意四分不得將世俗呪術敎化當語云莫向如來塔大小便及除糞掃盪器

不淨水等若起房舍及耕田種作當向如來塔又宜於八日十四日十五日入塔寺供養比丘僧受齋法佛告檀越若人慈心以米泔汁盪滌汁棄著不淨蟲水中使蟲得此食氣得無量福況復與人智論佛申鉢受老母臭澱汁佛受億耳羹殘度與頻婆娑羅王善見不得受白衣使若令禮佛讀經呪願集衆種種善事不犯餘惡使者吉羅地持云若見衆生當卽慰問舒顏先語平視和色正念在前問言道路淸泰四大調適臥覺安樂歎言善來又隨世間巧便語言呪願妻子眷屬錢財穀米增長具足見功德者歎施戒

等四分若白衣病來寺中應方便喻遣若稱譽佛法
僧者隨能作爲之若死爲淨伽藍故自擔棄之若白
衣噎者呪願長壽僧祇若入王衆不得譽毀軍陣射
術應云刹利種是上姓如來應供正遍知常在二家
生諸出家人於法力二輪中賴力輪護故得以自安
又不得形相他身云多我慢當生下趣乃至雞豬地
獄中等欲有所論當說已而去俗人若言爲我禮塔
答言若憶當禮如是禮長老比丘亦爾若受請應言
無障礙當來若入諸居士富家不得語云汝坐店肆
輕秤小斗欺誑於人應云如世尊說二輪之中得食

輪已乃轉法輪諸居士等供給衣食是爲難事我依
汝等於如來法中修梵行度生死流皆是汝等信心
之恩若入外道衆不得形訾云邪見無慚愧說其過
惡應譽實事云汝等能出家解繫縛捨於俗服冥心
空閑甚是難事

二明受戒法就中分三初翻邪三歸又分爲四一制
意二懺悔法三立歸法四總料簡初中涅槃云一切
衆生怖畏生死四魔故受三歸名一義異或時說三
爲一說一爲三諸佛境界非二乘所知又金翅鳥不
噉受三歸龍餘如義鈔二懺悔法以信邪來久妄造

非法今創歸投必翻邪業阿含等經並令先悔涅槃
云發露諸惡從生死際所作諸惡悉皆發露至無至
處如第十卷說必論設懺隨時誦習亦得通用三作
法者智論云互跪合掌在比丘前五衆得作當教言我某
甲盡形壽歸依佛歸依法歸依僧三說卽發善法次結
云我某甲盡形壽歸依佛竟歸依法竟歸依僧竟三說
薩婆多若淳重心具教無教四雜料簡大集云姙娠
女人恐胎不安先受三歸已兒無加害乃至生已身
心具足善神擁護薩婆多五道皆得受三歸無受戒
法亦得一年半年五三日間受之不得戒也二明五

戒者分三一簡人是非二作法差別三料簡之初中
成論云五逆罪人賊住汙尼毗尼中不聽作由爲惡
業所汙亦障聖道不聽出家若爲白衣得善律儀不
遮修行施戒等善有世間戒何咎薩婆多中若有先
犯五戒八戒及十具戒而犯重者更受不得故先明
發戒之緣善生云此戒甚難能爲沙彌大比丘及菩
薩戒而作根本戒有五種隨受一分卽得一戒汝今
欲受何分之戒智者隨語爲受二作法者我某甲歸
依佛歸依法歸依僧盡形壽爲五戒優婆塞如來至
眞等正覺是我世尊三說我某甲歸依佛竟歸依法竟

歸依僧竟盡形壽爲五戒優婆塞如來至眞等正覺是我世尊（二說）智論戒師應語言汝優婆塞聽是多陀阿伽度阿羅呵三藐三佛陀爲優婆塞說五戒法相汝當聽受盡形壽不殺生是優婆塞戒能持不（答能）盡形壽不盜是優婆塞戒能持不（答能）盡行壽不邪婬不妄語不飲酒並準上說是爲在家人五戒汝盡形受持當供養三寶勸化作諸功德年三月六常須持齋用此功德迴施衆生果成佛道三料簡成論云隨受一二三皆得律儀亦開重受重發得戒亦隨日多少而受多云應五衆邊受不得俗邊智論以六齋日是惡鬼奪人命日劫初聖人教人一日不食爲齋後佛出世語云汝當一日一夜如諸佛持八戒過中不食是功德將人至涅槃問口中四過何爲但有妄語答但舉妄語餘三並攝又佛法貴實語故在先攝也如說十善爲總戒相別相無量不過中食攝入不貪中如是準知又云一人生國土皆共作因緣謂內法與外法爲因緣如惡口故地生荊棘諂曲心故地則高下不平慳貪多故水旱不調地生砂礫不作上惡者地則平正如彌勒佛時人行十善地多珍寶增一云由行十惡故使外物衰耗何況內物廣如四十三卷

中含第三十三卷善生長者經中明俗人行法及禮事六方薩婆多云五戒之中酒戒最重餘廣如善生經七卷中具明三明八戒法薩婆多等云若從五衆受必無人者但心念口言自歸三寶我持八戒亦得次受法者智論云受一日戒法長跪合掌應作是言我某甲今一日一夜歸依佛歸依法歸依僧爲淨行優婆塞（三說）某甲歸依佛竟乃至僧竟一日一夜爲淨行優婆塞竟次爲懺悔我某甲若身業口業意業不善貪瞋癡故若今世先世有如是罪今日誠心懺悔三業清淨受行八齋是則布薩（論云如此應在受前）次爲說相一如諸佛盡壽不殺生我某甲一日一夜不殺生亦如是如諸佛盡壽不盜我某甲一日一夜不盜一如是如諸佛盡壽不婬我某甲一日一夜不婬亦如是如諸佛盡壽不妄語我某甲一日一夜不妄語亦如是不飲酒不坐高大牀上不著華鬘瓔珞及香塗身熏衣不自歌舞作樂及故往觀聽亦如是已受八戒如諸佛盡壽不過中食我某甲一日一夜不過中食亦如是我某甲受行八戒隨學諸佛法名爲布薩願持是布薩福報願生生不墮三惡道八難我亦不求轉輪聖王梵釋天王世界之樂願諸煩惱盡逮得薩

云若成就佛道。增一阿含。八關齋法廣發大願。一如
三十八卷具如鈔疏。僧祇佛告比丘。今是齋日。喚優
婆塞淨洗浴著淨衣。受布薩法。十誦聚落上座見俗
人來為說深法。示邪正道應說知見教布施持戒忍
辱行善受持八戒。增一。若受八齋先懺悔罪後便受
戒廣如十六卷中中含多聞聖弟子持八支齋時憶
念如來十號名字若有惡思不善皆滅廣如齋經中。
善生云。受八戒者除五逆罪餘一切罪皆滅。成實云
功德與無漏人等。亦得隨受一二三及日月長短並
成俱舍云莊嚴者除非舊莊嚴不生極醉亂心善生

受八戒不得多。唯獨受五分比丘成就八法毀三寶
及戒欲不利諸五戒。五戒人應不敬信若優婆塞瞋
比丘不往其家聚落亦爾。雜含云何名優婆塞在家
淸白修習淨住男相成就口說三歸是也。
二明生緣奉敬法。五分畢陵伽父母貧窮以衣食供
養佛言若人百年之中右肩擔父左肩擔母於上大
小便利極世珍奇衣服供養猶不能報須臾之恩從
今聽比丘盡心供養父母不者得重罪。僧祇父母不
信三寶者應少經理若有信者得自恣與無乏。若父
母貧賤將至寺中。若洗母者不得觸得自手與食父

者如沙彌法無異。一切皆得涅槃。以佛法僧三事常
住啟悟父母乃至七世皆令奉持乃至自學教人。即
名護法者得長壽等。毗尼母云。若父母貧苦先受三
歸五戒十善然後施與若不貧雖受戒不合與。四分。
阿難請授愛道戒中云乳養長大有恩故。佛言若聞
三寶名字已是報恩何況得淨信等。雜寶藏慈童女
長者家貧獨養老母現世得報緣鸚鵡孝養盲父母
得成佛緣。增一云孝順供養父母功德與一生補處
功德一等文云教二人作善不可得報恩謂父母也。
云云是故比丘常當孝順供養父母不失時節當如

是學。五百問云。父母盲病無人供給得乞食與半自
能紡績與衣食犯罪。況為埋藏棺木等。僧祇比丘不
得喚阿爺阿郎阿孃阿婆阿兄阿姊乃至姨姑等。不
得喚本俗名。準應優婆塞優婆夷等。增一云。四姓入
佛法同名為釋迦種子。不得依俗姓。比丘當學。善見
云。喚婢為大姊。不得云婢。阿摩母也。尼者女也。若父
母死自得輿屍。增一云。愛道無常佛自共羅云各扶
牀一角等。淨飯王泥洹佛亦自輿之山林岐峨踊沒。
比丘不須變服依常為要。
三明俗人士女入寺法。先出立意。息心靜默非諠亂

所集軌法施訓。豈漏慢所踐。且心棲相表。形異世儀。
歸奉憑趣。理存規則。故應其俯仰。識其履行。是敬事
儀式。如法親覲。豈可足蹈淨刹。心形懈慢。非唯善法
無染。故得翻流苦業。可不誡哉。今依祇洹舊法。出中
國士民。凡至寺門外。整服一拜。入門復禮一拜。安詳
直進。不左右顧眄。先至佛所禮三拜。竟圍繞三帀。唄
讚三契。若未見佛供養。設見眾僧不先與語。禮佛已。方至僧房戶外禮
一拜。然後入見上座。次第至下。各禮一拜。若見是非
之事。不得譏訶。若發言嫌責者。自失善利。非入寺之
行。僧中亦不可識事。似俗鬬。檢意則殊。今以俗情檢道意。誠非易。若以見僧之過。則不信心生。生便障

道。終無出期。又不識因果業報。但得示改惡修善。總知大分。且初入寺背僧取異。
云何得作出家因緣。經云。夫入寺者。棄捨刀杖雜物。
然後乃入。捨刀仗者。去瞋恚眾僧心也。捨雜物者。去
眾僧乞求之心。具除兩過。乃可入寺。順佛而行。不得
逆行。設緣礙左繞。恆想佛在我右。入出之時。悉轉面
向佛。禮拜佛法僧者。常念體唯是一。何者。覺法滿足
自覺覺他名佛。所覺之道名法。學佛道者名僧。則一
體無別矣。始學時名僧。終滿足名佛。僧時未免諸過。佛時一切惡盡。一切善滿也。今我未出家
學道名俗人。迴俗即是道器。如此深思。我亦有道分。云何輕侮。宜志心歸依。自作出家因緣者。是名圍繞
念佛法僧之大意矣。低頭看地。不得高視。為表下觀已身。是將來作佛之地。不宜馳

散浮生死海。見地有蟲。勿悞傷殺。念一切眾生。同是佛因。起不殺行。即是敬信。信
知因果。作長壽緣。不唾僧地。欲明俗人名為僧地。口尚不應呵毀。欲出家者名唾僧地。況復
呵詰眾僧。豈非悖逆耶。當歌唄讚歎。作愛敬樂。重因緣也。若見草土。自手
除之。事則與僧除糞。法則與僧清過。若有因緣寺中宿者。不得臥僧
牀席。當以己物籍之。亦勿臥沙門被中。應自設供。供養於僧。豈損
他供。自害善器。并調戲言笑。說非法事。沙門未眠。不得先寢。
為除憍慢故。又勿坐僧牀席。輕侮僧故。俗中貴士之
座。猶不許賤人臥之。況出世高僧。輒便相擬。是以經
中共僧同牀。半身枯也。如是因緣。如別廣說。若至明
晨。先沙門起。修恭敬之行。凡入寺之行。與俗人作入道之

緣。建立寺者。開淨土之因。供養僧者。為出離之軼也。
今末法中。善根淺薄。不感聖人示導。僅知有寺而已。
不體法意。都無敬重佛法。超生因緣。供養福田而來
入寺也。如此者多。非謂全無敬信者。多有人情來往。非法聚會。又
在寺止宿。坐臥牀褥。隨意食噉。乞索取借。如俗去還。
遂意則喜。違心必瞋。繫綴胸抱。望當圖剝。猶牛羊之
抵突。恣頑癡之鄙情。或用力勢逼掠。打撲抄奪。具造
惡業。必死何疑。一旦橫骸。神何可滅。隨業受苦。永無
救護。可共悲哉。非三寶不能救。由此人不可拔。若有智之人。終不行
此敬重寺法。準而行之。護惜三寶。諮請法訓。自招大

益故經云眾僧良福田亦是蒺藜園斯言實矣當知衰利由心非前境咎清信女人入寺儀式同前唯不得在男子上坐形相語笑脂粉塗面畫眉假飾非法調戲共相排盪持手撲人必須攝心整容隨人教令依次持香一心供養懺悔自責生女人中常成礙絶於此妙法修奉無因不得自專由他而辦一何苦哉應深生鄙悼若見沙彌禮如大僧勿以位小而不加敬（此於大僧為小於俗為尊出家受具便入僧數不得以小兒意輕而持接設有說法當謹聽受勿復喚名而走使）如此等在寺中竭力而行所為事訖辭出寺門如法作禮（佛前三拜至門一拜門外又一拜若僧少時次第各禮一拜多者總禮三拜）

凡以穢俗之身入寺踐金剛淨剎法地自多乖於儀式若去時須自贖其過隨施多少示有不空（若布絹香油澡豆華水下至掃地除糞）此入寺法中國傳之矣余更略出護過要術謂一切天人龍鬼是出家人修道之緣一切出家人為天人龍鬼生善境界出家人既為四輩生善之處不得對彼幽顯輕有所失彼四輩既是出家修道之緣又不得輒便見過佛已勅竟假使道人畜妻挾子供養恭敬如舍利弗大目連等莫生見過自作失善境之緣也凡出家者長標遠望必有出要之期始爾出家捨俗焉能已免瑕疵也智士應以終照遠度略取其道不應同彼愚小拾僧過失所以天龍鬼神具有他心天眼而護助眾僧者非僧無過以剋終照遠耳今人中無察情鑒失之見情智淺狹意無遠達暫見一過毀辱僧徒自障出要違破三歸失於前導常行生死不受道化可謂惑矣小兒癡矣然則聖人非不能化但此人不可化所以拱手待機熟耳如嬰兒造惡父母所以不教者非父母不解善教嬰兒不可教耳比彼可見諸有同法之儔幸細覽而傳告

主客相待篇第二十五（四儀法附）

沙門釋侶三界之賓逆旅之況頗存於此故律中曲

制主客待遇雜行云云就中分四初入寺法四分云客比丘欲入寺應知佛塔若上座等至門中應開若不能者徐打令內人聞不聞大打猶不聞者持衣鉢與第二比丘至下牆處踰入開門右繞塔過先洗左腳後洗右腳著革屣舊比丘聞客來出外迎為捉衣鉢安置溫室重閣經行處供給水器等二問主人受房等律云問舊比丘我若干歲有房分不答言有者應問有人住不若無人者當問有臥具若被若利養若器物若房衣等有者當取至房所開戶已出牀褥等淨掃地若得針線刀子乃至一丸藥舉之有主識

當與如是治除屋內已還納臥具復本處竟問何處
大小行淨地不淨地佛塔聲聞塔第一上座房乃至
第四上座房等一一別問若不問者主人一一示語
乃至云此是唾器小便器等五分住處窄不相識者
聽同牀坐不得眠三相識敬儀四分客僧受房已問
主人已應先禮佛塔次禮第一上座乃至第四上座
應偏露右肩脫革屣右膝著地捉兩腳如是言大德
我禮若四上座房內思惟應隨座次禮房主人一一
示知十誦若上座時見應禮難見遠者則止四問受
利法四分客僧禮上座已應問何處是眾僧大食小

食夜集說戒處等又問何者是僧差食檀越送食月
八日十五日月初日食檀越請食次到何處復問明
日有何檀越請眾僧小食大食何處狗惡何處是好
人何處是惡人舊比丘當如問而答僧祇舊比丘應
語客僧一切僧家制限若客伴已去者不得語令知
云不及伴應語可小停息更應有伴耳有急事必去
者應給糧食囑累行伴三千云新至比丘以十事與
之一當避與房二當給所須三朝暮問訊四語以習
俗五當教避諱六語請到處七語僧教令八當語某
事可食九示縣官禁忌十語以盜賊處所

二明四儀法夫成善有由憑教相而心發冥因顯果
籍儀形而立宗是以阿說身子具列昔經傳法軌模
亦題方冊故直敘一致別引諸說云云五分若四威
儀不如法者非為於世而作大明僧祇若行時平視
迴時合身迴中含佛告比丘依於獸王法若平旦著
衣持鉢入村乞食善護持身守攝諸根乞食已收舉
衣鉢澡洗手足以尼師壇著於肩上至無事處或經
行坐禪復於初夜經行坐禪淨心中障已於中夜時
入室欲臥四牒憂多羅敷牀上襞僧伽梨作枕右脅
而臥當頭面向佛像處足足相累意係想明相彼後

夜時速起如初夜法僧祇頭向衣架及和尚長老比
丘初夜思惟自業至中夜右脅著下累兩腳合口舌
拄上齗枕右手舒左手順身上不捨念慧思惟起想
餘如上十誦燈明中不得臥毗尼母比丘欲行時先
掃除房內衣服牀褥如法安置在隨相中去時白和
尚阿闍梨若過十臘有法事必能利益者雖師不聽
自往無過去時出寺外望去處方應思量行伴何似
正見不有病相料理不如我心所作不其人威儀常
攝不非懈怠不為利為衰若必好者共去復問同伴
汝等衣鉢乃至一切自隨之物無所忘不兼復誡勅

今當共行汝等時言少語守攝諸根路中處處見者
皆令歡喜發其善心諸下座皆合掌互跪對曰如教
歡喜奉行若有住止發時上座應徧看無遺落物不
下座常在前上座在後語諸下座各自攝心莫令散
亂下座得病上座應爲說法令善心相續雖有急難
不得捨去盡其筋力令其得脫乃至自力不能應至
郡縣檀越所重比丘大臣國王門前營理使得解脫
莫使受苦僧祇行時先下腳跟後下腳指在道行欲
宿遣二年少比丘前覓宿處索前食後食當白非時
入聚落得已還報應展轉相白入智論出入來去安

詳一心舉足下足觀地而行爲避亂心爲護衆生故
是不退菩薩相僧祇不得作駱駝坐應加趺坐若疲
極者當互舒一腳仰臥脩羅伏者餓鬼左脇如貪欲
人具如法者出三十五卷中增一云今聽比丘先以
手憑座後坐此我之教十誦無病不得晝臥若喜眠
應起經行善見臨欲眠時先於六念中一一念也坐
法有二一結加趺二踞坐跪有二一長跪即兩膝及
足指至地二互跪右膝至地各有所立三千云不得於上
座前踞坐踞坐五法一不交足二不雙豎兩足三不
卻踞兩手掉捎兩足四不得揩拄一足申一足五不

上足五事正坐法一不倚壁二不手前據三不肘據
牀四不兩手捧頭五不以手拄頰毗尼母云何名坐
衆僧集會檢容整服加趺而坐儀用可觀又如坐禪
人坐經劫身不動搖觀者無厭人多者歷膝見上座
亦爾不宜寬縱云云三千云不與三師並坐十誦聽
法時上座來不應起下座起者吉羅若和上阿闍梨
恭敬故自起不得起他吉羅乃至聽法不得與沙彌
同牀坐沙彌得與白衣同牀坐大比丘三夏亦同牀
得坐三千云欲上牀有七一當徐卻踞二不得匍匐
上三不使牀有聲四不大拂牀有聲五不大欠大吒

歎息思惟世事六不狗羣臥七起以時節心起不定
當自責本起又若聞揵稚聲即當著袈裟出戶如法
二於堂外住正衣脫帽三有佛像頭面作禮卻禮僧
四當隨次向上座當遺上座處五隨上座坐若踞善
見睡時當須早起浴竟睡者念髮燥便起如是看屋星
月光影爲分齊三千臥當頭向佛二不臥視佛三不
雙申兩足四不向壁臥又不伏臥五不豎膝要以手
撿兩足累兩膝毗尼母比丘貪著睡眠廢捨三業不
復行道金剛力士呵責佛言食人信施不應懈怠夜
二時中應坐禪誦經經行一時中以自消息是名臥

法。僧祇。臥如師子王法。如前所說不得眠至日出。應於後夜當起正坐思惟己業。

四分律刪繁補闕行事鈔卷下之三

四分律刪繁補闕行事鈔卷下之四

唐京兆崇義寺沙門釋道宣撰述

瞻病送終篇第二十六

就中即二。如門分別。初瞻病中略爲四位。一制意。二簡人是非。并供養法。三安置處所。四說法斂念。制意者。夫有待之形。多諸嬰累。四大互反。六府成病。若不假相提接。薄命則無所托。然則世情流變。始終難一。健壯則親昵。病弱則捐捨。鄙俗恆情。未能忘此。故如來深鑒人物。知善未崇。惡必相遵。故親看病。故律中佛言。汝曹不相看視。誰當應爲。乃至世尊爲病人洗

除大小便。已掃治臥處。極令清淨。敷衣臥之。便立制云。自今已去。應看病比丘。應作瞻病人。若有欲供養我者。應供養病人。佛爲極地之人。猶勵諸比丘親自下接。況同法義重。如何相棄。乃至送終。意同斯述。問。供養病者。等佛何耶。答。謂悲心看病。拔苦與樂。慈行同佛故也。又論云。隨順我語。名供養佛。僧祇。二人爲伴往看佛。一伴遇病。便捨來詣佛所。具述因緣。佛種種呵責已。還令看病等。又云。有病人得隨病藥食看守則差。不者則死。是故應好看務令如法安隱。即爲施命得大功德。諸佛讚歎。二簡人中。四分若有病者。

聽和尚若同和尚阿闍梨若同阿闍梨若弟子從親至疏。若都無者。衆僧應與瞻病人。若不肯者。應次第差。又不肯者。如法治。若無比丘沙彌優婆塞者。比丘尼式叉摩那沙彌尼優婆夷隨所可作應作。不應觸比丘。僧祇十誦。當令二師同學同房比房從親至疏看之。當隨病人多少差往。若不看者。一切僧得罪。僧祇又云。道逢病比丘。應求車乘馱載令歸。若病篤無所分別。不問㸺牛草馬。若無者。當留人看。無人看。作菴舍。取薪火。留藥食。語言汝好安意。我走向聚落求車乘迎汝。便捨去。至聚落時。不得繞塔問訊和尚等。

告云。曠野有病比丘。共迎去來。諸比丘云。此多虎狼處。恐食盡。雖聞不得不往。應到彼。若死。供養屍骸。若活將還。還聚落中。比丘供養。無比丘者。告檀越令看。及共迎病人。亦如上。若路見病比丘尼。不得捨去。乃至迎逆。如比丘中。唯除手觸。應倩女人爲按摩身體。死用彼衣鉢雇人闍維。無者捨去。若俗人嫌者。應擔遠送。餘三衆準此。並是佛自號令。理順行之。廣有委具。如律所述。次明供給法。五分。無淨人處。聽比丘自洗燒器著水。令人洮米著中。比丘然火使熟。更從淨人受持與病人。五百問云。病比丘山澤無人處。日中

不得往還者比丘得爲作食七日先淨米受取作之
寶梁經蘭若習禪經廣明獨住患比丘法僧祇病人
有九法成就必橫死一知非饒益食貪食二不知籌
量三內食未消而食四食未消而摘吐五已消應出
而强持六食不隨病七隨病食而不籌量八懈怠九
無慧又云若病人衣鉢外有醫藥直者取之供給無
者衆僧應與若僧無者彼有貴價衣鉢當貿賤者供
給病者若病人惜衣鉢者應白僧言此病人不知無
常慳惜衣鉢不肯貿易白僧已輭語說法使得開解
然後爲貿若復無者應外乞與之若僧中取好食與

看病人又不得愛惜自業而不瞻視四分看病人五
德乃至爲病人說法令得歡喜已身於善法不減如
衣法中善見若病無湯藥得以華果飲食餉人求易
湯藥不犯餘如僧祇三十八卷中廣明看病法及死
法十誦當隨病人所須問病因緣覓師求藥日到僧
厨問有病人食不若無取僧所供給庫中物無者當
爲外求應從善好名聞福德比丘索五分每到行粥
時應問別有病人粥不若無應先與病人然後行與
僧也十誦病人得藥差者但是佛僧中不淨殘宿惡
捉不受內宿並得服之善生經瞻病人不應生厭若

自無物出求之不得者貸三寶物差已依法十倍償
之五百問云看病人將病人物爲病人供給所須不
問病者或問起嫌並不得用若已取者應償不還犯
重比丘病困不得闕三衣鉢而作福德若不即有故
弊衣鉢受持者犯墮摩得伽云不淨膏肉雜鹽羹病
者開四分若病人不能至大小行處當近處鑿坑安
大小便若不能者屋中安便器不離牀者聽穿牀作
孔便器著下不得唾吐汙地等三安置處所僧祇若
大德病應在露現處上好房中擬道俗問訊生善燒
香塗地供待人客十誦病人與中房舍臥具令得容

受看病者若依中國本傳云祇桓西北角日光沒處
爲無常院若有病者安置在中以凡生貪染見本房
內衣鉢衆具多生戀著無心厭背故制令至別處堂
號無常來者極多還反一二即事而求專心念法其
堂中置一立像金薄塗之面向西方其像右手舉左
手中繫一五綵幡腳垂曳地當安病者在像之後左
手執幡腳作從佛往淨剎之意瞻病者燒香散華莊
嚴病者乃至若有屎尿吐唾隨有除之亦無有罪傳
云原佛垂忍土爲接羣生意在拔除煩惱不唯糞除
爲惡如諸天見人間臭穢猶人之見屏廁臭氣難言

尙不以爲惡恆來衞護何況佛德而有愛憎但有歸投者無不拔濟乃至爲病者隨機說法命終恆在佛所不得移之四說法勸善者十誦應隨時到病者所爲說深法是道非道發其智慧先所習學或阿練若誦經持律法師阿毗曇佐助衆事隨其解行而讚歎之若阿練若者當輭語汎話訖告云大德今者病篤如此唯當善念不畏惡道何者自病已前行頭陀大行佛弟子中唯有迦葉世尊在衆常讚歎之乃至捨座捨衣佛親爲也以行勝行聖人共遵大德行紹聖縱必生善處何憂死至但恐失念妄緣俗有此是幻

法更勿思之若誦經者告云大德常誦某經以爲正業實爲勝行凡聖同欽鸜鵒聞四諦尙七反生天後得道迹大品有經耳品涅槃常住二字尙聞不生惡道況復依教廣誦無謬濫過何能墜陷必生善處等若持律者云大德護持禁戒順佛正言能於像末載隆三寶正法久住由大德一人今者疾患緜久恐將後世人誰不死但恐無善大德以善法自持兼攝他人諸佛自讚豈唯言議但當專志佛法餘無妄緣若法師者云由大德說法教化令諸衆生識知三寶四諦開其盲眼破其心病光顯佛法使道俗生信能令

作佛又使正法久流實大德之力若禪師者云佛法貴如說行不貴多說多誦又云不以口之所言而得清淨如說行者乃是佛法大德順佛正教依教而修內破我倒外遣執著此則成聖正因勿先此業如是等隨其學處於後讚之若佐助衆事者告云大德經營僧事與聖同儔故沓婆王種捨羅漢身爲僧知事求堅固法乃至迦葉踏泥造五精舍祇夜破薪供僧受用身子掃地目連然燈並大羅漢豈有惡業但示僧爲福聚凡愚不知各捨自業佐助衆事然僧田福大不同佛法如成論中諸人以衣奉佛佛令施僧我

在僧中由僧隨我語名供養佛爲解脫故名供養法衆僧受用名供養僧供養僧者具足三歸故知僧德大也大德既順佛正命料理僧徒佛所歎尙是第一行何人加之經云憶所修福念於淨命等傳云中國臨終者不問道俗親緣在邊看守及其根識未壞便爲唱讀一生已來所修善行意令病者內心歡喜不憂前途便得正念不亂故生好處智論經中云從生作善臨終惡念便生惡道從生造惡臨終善念而生天上問曰臨終少時何以勝一生行業答以決徹故捨諸根事急故便能感苦樂也必須別處安置故五

百問云昔有比丘念著銅鉢死作餓鬼僧分物時便來求鉢其身絕大猶如黑雲有得道者以鉢還之旣得便舌舐放地而去諸比丘取之絕臭更鑄作器猶臭不可用又有比丘愛衣而死作化生蛇等如前說故須移處爲要其瞻病者隨其前人病有强弱心有利鈍業有麤細情有去取當依志願隨後述之或緣西方無量壽佛或兜率彌勒佛或靈鷲釋迦本師或身本無人妄自立我或外相似有實自空無如至餤處則無水相或爲說唯識無境唯情妄見各隨機辯而誘導之四分當問病者持何等衣彼病人受不好

衣鉢及送與他恐瞻病者得應準告云此三衣鉢具佛所制畜有披著者出世因緣乃至未來受生常著三衣而生如面王比丘未知持何等衣鉢坐具當見告示爲取著之現在未來爲佛所讚若見貪物心無大志者告云此衣物等並是幻有大德儲積來久爲之疲勞及至病苦眼看不救乃至脫死亦無一隨大德生從胎出亦不將一財來脫至後世亦不將去經云往昔國王爲寶所誑及至臨終無一隨已可不實乎不須憂念幻假錢財但須存勝業耳亦不須付囑餘人此則妄行顏面終非送大德死法但用佛語普召十方凡聖大眾羯磨分之如法受用令大德乘此功力必生善處此是佛勑可不好也如是種種軟言諫喻不得違逆又非順意以臨終妄業競集多無立志此是一期大要善惡昇沈天隔應以經卷手執示其名號又將佛像對眼觀矚恆與善語勿傳世事華嚴偈云又放光明名端嚴彼光覺悟命終者見彼臨終勸念善因是得生諸佛前又示尊像令瞻敬又復勸令歸依佛因是得成明淨光又請大德行人智者數來示導善見云看病人讚病者言長老持戒具足莫戀著住處及衣物知識朋友但存念三寶及念身

不淨於三界中愼莫懈怠隨命長短而作云云毗尼母云病人不用看病人語看病人違病者意並吉羅須依前斟酌不得縱任若終亡者打無常磬

二明送終法然僧法儀式遠存出離送終厚葬事出流俗若單省隨時則過成不忍必虛費莊飾便同世儀今當去泰去約務存生善就中分二初將屍出法二明葬法初中當從像前輿屍至廓舍下外安幃幔圍之內作絹棺覆屍當以竹木爲骨仍以麤衣覆屍上和尚闍梨鋪牀在幔外坐擬人客來弔慰同學弟子等小者布草立大者坐草上近屍邊五百問云師

亡不得舉聲大啼應小小泣淚耳四分尼椎胸啼哭
泣淚一一嘖比丘吉羅若準雙林之終未離欲者宛
轉在地椎胸大叫此並悲切深重不省自身故耳必
同此何嫌若高節拔羣由來清卓者故不局世情必
任情喜怒隨俗浮沉者至父母二師終亡而護夏不
來雖來不展哀苦者亦道俗同恥彼外來弔人小於
亡者至屍所設禮執弟子手慰問已然後至師所依
法弔慰若奔喪來者直來屍所禮拜展哀情已次第
依位若大德上座來弔者依本威儀隨時坐立五分
屍以衣覆根五百問云應先白僧以亡人泥洹僧祇

支履屍而送不得蘊過五錢犯重應師僧弟子同學
當出財殯送若無當眾僧別人各斂少財供養舍利
又無者貸亡人衣物權將殯之還來倍償入羯磨已
白僧乞之其將屍之與輕省而作上施白蓋周帀褁
圍四人擎之燒香導從毗尼母云闔寺眾僧並送葬
所二明葬法中國四葬水葬投之江流火葬焚之以
火土葬埋之岸旁林葬棄之中野爲鵰虎所食律中
多明火林二葬亦有蘊者五分云屍應蘊之若火燒
在石上不得草上安僧祇陳如右脅著地涅槃又云
若死者雇人闍維之十誦有比丘死林中烏啄腹破

出錢等四分云如來輪王火葬然則火葬則殘屍雇
人展轉準得增一諸比丘以香華散目連屍上僧祇
得供養亦爾四分中世尊五眾得起塔從小沙彌尼
已上並得禮上座塚也五百問云得爲亡師立形像
高僧傳中多有寺中葬者經律中亦有之僧祇持律
法師營事比丘德望比丘應起塔相輪懸施幡蓋在
屏處安置不得在經行處多人行處作之若違結罪
若眾僧不許者敎令和合已作之增一云如來自輿
母牀一角阿難羅云等各輿一腳不令餘人代擔爲
報恩故準此和尚闍梨長養法身父母兄姊長養生

身躬自抱屍而送恩德豈能盡也善見不得送白衣
喪除爲觀無常故若手執母屍殯殮無罪聖敎如此
必準行之理須量機堪可中時

諸雜要行篇第二十七 謂出世正業等比丘所依

森然萬境何事非持忽略不行奄遭幽責故須一一
之事起種種誡誡而必行理須明識若由途相攝具
上諸門別類統收羅下三部以外繁類斷續雜務紛
綸碎亂瑣文合成此別其中眾諸雜事爲軌導初門
必具修聖行理宜徧覽則遊處諸方而無怯懦焉十
種分之一佛法僧二眾中雜事三別人自行四共行

同法。五出家要業。六遇賊法。七大小便法。八慈濟畜生法。九避惡衆生法。十雜治病法。智論。菩薩晝三夜三常行三事。一者淸旦偏袒右肩合掌禮十方諸佛。言我某甲三世三業罪願令除滅更不復作。二者十方三世諸佛功德願隨喜勸助。三者勸請十方諸佛初轉法輪及久住於世。行此三行功德無量。薩婆多。不得以華香瓔珞莊嚴具著佛身上得散地。供養僧亦爾。不得以香華著漿飲食上供養僧。五百問。先上佛幡得取作餘佛事。若施主不聽不得。薩婆多。若食是佛臘等雖先受捉後買得食。以捉時無已想故。十

誦。知僧事人應巡行僧坊先修治塔次四方僧事常作是念願諸比丘未來者來已來者供給四事不令有乏。敎沙彌使人亦爾。善見。佛常使一比丘食時守寺。智論。差僧使從下起。薩遮尼乾經。或嫌塔寺及諸形像妨礙除滅送置餘處如是惡人攝在惡逆衆生分中上品治之俱舍亦爾。智論云。一人以佛塔惡故壞之更好作得福。一人以佛塔善故壞滅之得罪。僧祇。佛塔惡壞更好作得。智論。供養說法人是供養法寶。十誦。比丘應作維那知時打犍稚掃治堂宇敷牀敎淨果飲食。衆亂時當彈指。沙彌多者立一沙彌事

知分處沙彌。淨人多者取勤能處分者立爲主帥。僧祇。若僧地種果樹有功者。若一樹一園聽與一熟。不能併取年取一枝。枝徧則止。若種瓜菜與一翦。五分。若月直監食欲知生熟鹹酢得掌中舌舐嘗之。若白衣入寺應借僧臥具受用。僧有五種物不可賣不可分。一地。二房舍。三須用物。四果樹。五華果。僧祇。衆僧田地。正使一切僧集亦不得賣不得借人。若私受用。越毗尼。幷損賣計物犯重。若園田好惡人侵者語本施主任其轉易。僧牀臥具亦爾。四分。僧物不應賣分入已。偷蘭遮。僧祇。若佛生日轉法輪日若大會多出幡蓋供

養支提。若卒風雨一切共收。不得云我是行人。大德等應隨近房安置。不得護房。應抖擻揲舉。何以故。汝等依是得活。若治牀褥打犍稚時不得徐行當共治補。又不得云有德行。毗尼母。若治塔奉僧治僧坊人。計其功勞當償作價並須籌量。違法得罪。損他施利。若彼病者慈心施食隨病所宜。若非隨病食施得罪也。嬰兒獄囚懷妊等慈心施之勿望後報。二衆中雜事。入衆堂法。先須戶外豫安靜心。律云。應以五法。一、以慈心。由僧通凡聖行涉麤細通須慈敬名重法尊人。二應自卑下。如拭塵巾。推直於他引曲向已常省已過不訟彼短。三應知坐起。若見上座不應

安坐若見下座不應起立人應於眾俯仰得時四彼在僧中不爲雜語談世俗事若自說法若請他說法眾依於法動必有方五見僧中有不可事心不安忍應作默然出無善伴舉必非時故懷忍默權同僧用善見優波離上高座取象牙裝扇結法藏訖放扇下座禮僧已復座智論若欲說法先禮僧已坐師子座僧祇若爲律師法師敷師子座散華著上不拂卻不得坐打靜法維那先戶外具儀斂掌傍門面入已至打處立合掌右手取稚舉起擬砧訖然後打一聲不得有重響方乃臥稚手從柄處捋之然後合掌有所啟白若有施與呪願唱告等得等維那口

陳其緣不得打稚以爲事用除爲眾亂等三別人自行十誦五人不應爲說毗尼謂試問無疑問不爲悔所犯故問不受語問詰故問者並不須答四分上座不學戒亦不讚歎戒有餘比丘樂學戒者不能以時勸勉讚歎我見如是上座過失故不讚歎恐餘人習學長夜受苦五分爲知差次會等學書不得爲好廢業不聽卜相及問他吉凶四分開學誦學書及學世論爲伏外道故雜法中新學比丘開學算法十誦好作文頌莊嚴章句是可怖畏不得作毗尼母吾教汝一句一偈乃至後世應行者即行之不應行者亦莫

行之後世比丘所說亦爾五分佛制半月一剃髮除無人難緣論家四種次第一上座二髮長三先洗頭四有緣欲行並前爲剃毗尼母剃髮者但除頭上毛及鬚餘毛一切不合卻所以剃者爲除憍慢自恃心故四分比丘不得爲白衣剃髮除欲出家者若頭極長若兩月若廣兩指一剃爪極長如一麥翦之不得用翦刀翦髮聽畜盛髮器十誦髮當瘞坑中涅槃頭鬚爪髮悉皆長利破戒之相增一佛告比丘沙門出家有五毀辱法一頭髮長二爪長三衣裳垢坋四不知時宜五多有所論因即又生五過人不信言不受

其教人不喜見四妄言五鬭亂彼此當如是學四分喜往白衣家五過一不囑比丘入村二在欲意男女中坐三獨坐四在屏覆處五與女人說法過限又有五過一數見女人二既相見便附近三轉親厚四便生欲意五爲欲意故或至死若次死苦五種不應作親厚若喜鬭諍若多作業若與勝人共爭若喜遊行不止不爲說法言示人善惡成論出家人捨五慳財物慳法慳家慳住處慳稱歎慳廣相如彼四分世間五寶難得一值佛出世二聞佛說法三聞而解之四如法而行五得信樂心十輪十事不成就禪法樂著

作役言說睡眠種種所求及以六塵但爲利養多諸過罪乃至入阿鼻獄中我聽清淨比丘受第一供養若坐禪比丘闕少衆具但念諸惡若衆緣具心得專一四分不得賣卜誦呪處方治病等由事容不實謗毀好人故羅漢射事不中況凡夫乎律云凡有言誓應言我若作是事南無佛若汝作是事亦南無佛不得雜餘地獄等增一云若有恐怖者當念如來法及聖衆皆悉除滅五分無緣入尼寺步步墮五百問有緣在尼界得宿不得入房四分不嚼楊枝五過口氣臭不善別味熱陰不消不引食眼不明五分嚼已應

淨洗棄以蟲食死故四分三事屏處大小便嚼楊枝經行五益堪遠行能思惟少病消食飲得定久住十誦若經行應直行不遲疾畫地作相亦有經行堂閣三千云一於閑處二於戶前三講堂前四於塔下五於閣下五處經行也僧祇然燈法者不得卒持入房應唱言諸大德燈欲入乃至滅燈亦爾先以手遮語之不聽用口吹手扇衣扇當鞘折頭焦去油多得竟夕一一如三十五卷中五百問云續佛光明晝不得滅佛無明暗中以本無言念齊限故滅有罪賢愚中目連次知日直滅燈故也五分若與乞兒乞狗乞烏

應量已食多少取分然後減乞不得以分外施之四分云若食時若人非人應與一摶毗尼母云詣寺乞人無糧食者嬰兒獄囚懷妊等類施之無過比丘應學僧祇然火七事無利一壞眼二壞色三羸四衣垢壞五壞臥具六生犯戒緣七增世俗話撰集百緣經掃地五德一自除心垢二亦除他垢三去憍慢四調伏心五增長功德得生善處四共行同法所謂誦持未必須多道貴得要而神用莫準互有強弱有人聞誦極多於義不了此則入道遲鈍故涅槃云寧以少聞多解義味十住云佛法貴如說行不貴多讀多誦

既知如此請依古德所示云誦勝鬘一卷攝一切佛法根本盡如來藏一卷亦同趣得便誦戒本一卷攝一切止持行盡出家人初受具已佛制即誦之羯磨一卷攝一切作持法盡五歲已上不誦終身不離依止由道有根本行別止作也誦此三卷統攝佛法綱要諸餘大部經藏必須博讀有廣見之長亦匡輔心行助於道業得無罷散俗中有要覽一卷十篇並論爲人志行之法亦可披讀雖不依文生見而以俗方道固免於愆犯也已外長時則坐禪問義請解求異等若多聞多義則非此所論則生而知之者上矣三千云沙門業者誦經坐禪勸化衆事若不行

者徒生徒死或有受苦之因十誦將來恐怖者說法無慈愍心受持不通利樂世法故莊嚴章句等善見云若師猶在應聽律藏及廣義疏年别應受非一過也諷誦通利是名律師恭敬於律佛藏五夏已前依人受學律藏五夏已後具知應學無我人法善見云何學律謂讀誦解義也多云凡顯德有二一爲名利二爲佛法衆生隨時自在無所障礙十誦律云除疑故得現通聖也五出家要業道俗二衆福智別修理須識其分齊別知其通局非謂福智兩異道俗別行但由俗網繁多靜業難繼道門閑豫得專勝行故分

二途必準兩通不無雙遂今且兩言出家之人以身戒心慧爲本不得造經像寺舍等業錯亂次第故唯得指授法則勸化俗人是以僧有法能造俗有事能作終日相由而執據恆別若乖法雜亂失於聖制者名滅佛法各住自分互相資成是住持之士俗人以金石土木牙角布帛而作佛像道人修五分法身學三佛行名爲造像謂俗以事作道由法造俗以紙素竹帛筆墨抄寫以爲經卷道以聞思修慧爲造法也俗以草木牆宇而用造寺道以菩提涅槃智慧宮殿萬行所住大乘之宅爲寺雖形事相交而道意懸隔不可亂業

而相干雜能護之者則知要矣兼而行之盡美盡善力之不逮各從本業上來古德所遺今引文證智論云出家多修智慧智慧是解脫因緣俗人多修福德福德是樂因緣故知爲樂則非出家本意僧祇云供養舍利造塔寺非我等事彼國王居士樂福之人自當供養比丘事者所謂結集三藏勿令佛法速滅即初受戒約告云當勸化作福治塔供養衆僧此是福分應學問誦經勤求聖果此是道分始終兩修二途意別六遇賊法四分被賊剝不得露身行得罪當以輭草若樹葉覆形應取長衣著之無者若知友邊僧中覓衣著無者應問有

臥具不有者當與不與者自開庫取褥被擿解裁作衣覆身出外乞衣得已應還浣染縫治安置本處不者結罪善見行路見賊即持衣與年少令走若賊逐失衣者衆中隨得一人折草樹葉付與餘人使得遮身向寺因失衣故或得白衣服五大色不割截乃至外道衣著不犯毗尼母令虛發弓聲使賊去十誦賊來當擊鐘振鈴擲石云石上石下怖之令去若逐失衣著僧衣還本處若無人空隨於近處有僧者付本處還立應取還之僧祇云若賊言僧物何處比丘不得示寶處又不得妄語應示房舍牀座等佛物指塔

邊供具等若道中行有露令少年在前有賊獸難老
者在中央欲令賊起慈心者老僧前行七大小便法
四分不應久忍大小便若去時捉厠草彼厠多人集
聽在前者至厠外彈指若謦咳令人非人知安衣置
杙上若石草上若風雨漬者當著衣手堅捉令不觸
厠兩邊堅安腳漸舉衣漸蹲勿令前卻近兩邊使大
小便涕唾入厠孔餘如常法已應別處洗穢留殘水
勿令有聲以弊物拭若手臭用土灰泥牛屎石指墼
指澡豆一一洗之不得在厠邊受誦經作衣妨餘比
丘見有糞掃應除之五分小便器入房中密塞口房

外應滿盛水不得裸身上厠三千威儀不洗大小便
處不得坐僧坐具上座三寶若禮無福應脫袈裟僧
祇支大小便八慈濟畜生法四分慈心解他被繫狗
子出他被溺豚子解蘭若處賊繫牛並不犯僧祇有
神力奪賊物人放諸禽畜皆云慈作者不犯十誦獵
師逐畜入寺從比丘索比丘言那得還汝彼去生疑
佛言不犯又被射鹿入寺獵師言此鹿中箭當更射
殺汝等避箭諸比丘不與避亦不與鹿便呵已去去
後鹿死佛言應還獵師若悲壞羅網及獄但犯吉羅
猪被箭入寺比丘言何處又是誰猪無有猪主去後

白佛佛言有如是因緣當作餘語不犯九避惡畜生
法五百問行路寄鬼神屋宿不得有觸擾意生者犯
墮四分若蛇入屋若以筩盛若繩繫應解已棄之若
患鼠入舍應驚出若作檻出之若患蝎蜈蚣蚰蜒入
屋者以弊物以泥團以掃箒盛裹棄之應解放勿令
死有呪蛇法文廣不出若窗嚮患蝙蝠燕雀入織作
籠疏若安檽子不得在多人住處拾蝨聽以器若毳
若縣弊物拾著中若走出筩盛蓋塞繫脉腳裹然律
不明養法準上蛇鼠並令出之不令內死準須將養
不爾殺生若眾烏鳴亂者應作聲驚若彈弓若打木

令去十雜明治病法善見作醫師得吉羅爲出家五
眾合藥者得若和尙父母在寺疾病弟子亦得爲合
藥又父母貧賤在寺內供養淨人兄弟姊妹叔伯及
叔伯母姨舅並得爲合藥無者自有亦得借用不還
者勿責如是乃至七世五百問若道人慈心作醫治
得不得取物自入前人强與爲福應取若病不得服
氣唾腫同外道故四分得學呪腹中蟲病若治宿食
不消若學呪毒等爲自護不爲活命患吐用頭髮燒
末以水和漉服患熱以栴檀塗沈水亦佳患毒服腐
爛藥已落地者以水和漉受服未墮地者以器盛之

水和漉服不須受田中泥亦須水和受服五分青木
香著衣中辟蟲誦呪時不敢鹽不眠牀佛聽神呪法
爾僧祇生癰癤用小麥研塗之十誦不淨脂鹽得服
四分不淨酥用灌鼻

沙彌別行篇第二十八此翻爲息慈謂息世染之情以慈濟羣生也又云初入佛法多存俗情故須息惡行慈也

沙彌建位出俗之始創染玄籍標心處遠自可行教
正用承修濫迹相濟世涉多有然信爲道原功德之
母智是出世解脫之因夫出家者必先此二如未曉
此徒自剃著內心無道外儀無法縱放愚情還同穢

俗所以入法至于皓首觸事面牆者良由自無奉信
聖智無因而生但務養身寧知出要勝業故先明出
俗本意後依意隨解

初中七門一明出家元緣二勸出有益三障出有損
四行凡罪行五行凡福行六明行聖道行七大小乘
相決同異初中華嚴云若有不識出家法樂著生死
不求脫是故菩薩捨國財爲之出家求寂靜五欲所
縛不離家欲令衆生解脫故示現不樂處五欲是故
出家求解脫以此文證故知出家功由菩薩郁伽長
者經涅槃經等竝有出家之法二明勸出有益者華

手經菩薩有四法轉身當作善來比丘蓮華化生現
增壽命一自樂出家亦勸助他人令其出家二求於
佛法無有懈倦亦勸他人三自行和忍亦勸他人四
習行方便深發大願出家功德經云若放男女奴婢
人民出家功德無量譬四天下滿中羅漢百歲供養
不如有人爲涅槃故一日一夜出家受戒功德無邊
又如起七寶塔至三十三天不如出家功德智論云
出家人雖破戒破戒墮罪罪畢得解脫如蓮華色尼
本生經說如佛度醉婆羅門以無量世來無出家心
因醉發心後當得道因說出家偈本緣經云一日一

夜出家故二十劫不墮三惡祇律一日一夜出家修
梵行離六百六千六十歲三塗苦三障出有損出家
功德云若爲出家者作留礙抑制此人斷佛種諸惡
集身猶如大海現得癩病死入黑闇地獄無有出期
四明既出家已行凡罪行大寶積經云出家有二種
縛一見縛二利養縛有二癰瘡一者求見他過二者
自覆已罪經中又言有二毒箭雙射其心一邪命爲
利二樂好衣鉢涅槃云我涅槃後濁惡世時多有爲
飢餓故發心出家名爲禿人見有持戒威儀具足清
淨比丘護持正法驅逐令出若殺若害若論罪行且

列五種所謂貪欲瞋恚愛親求利慳嫉等五竝如別
鈔隨事引文。五明出家行凡福行。謂有比丘出家已
後但知持戒不志尙道。以戒爲上。餘悉不爲用爲非
道。內多瞋怒自汙淨心。情無勝進。此戒取見見取煩
惱。欲界下業非上界行。若修世禪是上界業終退生
死未有出期。乃至多聞布施講經誦習竝是欲有未
成無漏。智論云世間法者孝順父母供養沙門布施
持戒四禪四無色定念佛法僧九想等是。成論云於
持戒多聞禪定等少利事中自以爲足。以貪著此少
利事故忘失大利。智者不應貪著小利忘失大利。六

明出家行聖道行。但出聖道無始未曾皆由著世慣
習難捨。今既拔俗必行聖業。經中乃多要分三位。一
者小乘人行觀事生滅知無我人善惡等性。二小菩
薩行觀事生滅知無我人善惡等相。三大菩薩行觀
事是心意言分別。故攝論云從願樂位至究竟位名
觀中緣意言分別爲境。離此無別餘法。上二別行如
餘所明。若入道方便除疑捨障要拔諸行常志行者
如別行門二十卷中具廣分別。七明大小乘相決同
異。三乘道行如上已明。今通決正不出三學。一切聖
人無不行此。若據二乘戒緣身口犯則問心執則障

道。是世善法。違則障道。不免三塗。定約名色緣修生
滅爲理。二乘同觀亦無諦緣之別。故佛性論云二乘
之人約虛妄觀無常等相以爲眞如。慧取觀照與定
義別體同。若據大乘戒分三品律儀一戒不異聲聞
非無二三有異。護心之戒更過恆式。智論問云菩薩
住於實相不得一法得破戒不。答曰以住於實相故
尙不作福何況作罪。雖種種因緣不破戒。人問地持
云寧起身見不惡取空。佛藏寧起斷滅見不起我想
二言何違。答地持爲存世法則有善業惡取空者交
壞世人善心無益自他。佛藏勸斷滅見雖現非善利

後因保著心少便得解脫。各有所明。問菩薩寧起貪
心不一念起瞋。由瞋違生故若爾得起貪不。智論云
如色界天猶斷五蓋十不善得生彼梵世天無始來
不斷欲惡者尙不得生況出聖道遠離欲惡本所不
得。今若有欲何可得耶。攝論云菩薩得無分別智一
切塵不顯現由有勝智方便具行殺生等十惡由前
有利益故自無染濁過失。縱有利益有過失不應行。
準此初地已上方得用此無分別智故地前不合涅
槃持息世譏嫌戒與性重戒無別。因說菩薩持戒相
羅刹乞浮囊喻明五篇六聚護罪法。又云若未住不

動地有因緣故得破戒此則八地以上或可淨心地
以上若論定慧小觀相空深觀唯識鈍見空時不分
別色利知唯識不分別空且分大小二乘略知途路
但相似道相似善難知難學多墮邪林理須通學方
堪正觀不以誦語而爲道業如十住婆沙及十地中
說又經云以因多聞得智慧故便入佛法不得頓學
猶如大海又以三事驗三道也凡夫但自爲二乘自
爲兼他大乘唯爲於他此三發意別故成果亦別若
論緣事心乖事同且知大略而已
就後段中更分爲五一明出家具緣二作法不同三

受戒方式四隨戒相五雜行教示初中僧祇七歲解
知好惡者應與出家八十九十太老過七十臥起須
人不聽度若能修習諸業聽出家若太老太小已出
家不應驅出比丘越悔央掘經老母求佛出家佛以
偈止汝今年衰老出家時已過但當深信心以法自
蘇息淨飯王求佛出家律中佛言但觀無常諸行足
以得道不須出家智論云若二根無根者毗尼中以
無得道根故不得出家失男女相其心不定結使多
智慧淺薄故大乘中無所不容但以其心邪曲難可
拔濟如稠林曳曲木故不得入佛法中善見欲燒寺

者聽不白父母得度出家五百問云父母王法不聽
盜度犯重此謂教化示導令棄背課役故如論中得
度達王教吉羅自來者得又云若賊捉比丘賣後來
投比丘初時得經主不得若主賜姓放出經無正文
僧祇欲新出家者先說苦事謂一食一住一眠少飲
食多學問言能不答可者方得受之四分不得畜二
沙彌若畜者須乞畜衆具德如度人法中祇中不得
畜衆多沙彌聽一極至三人若大德比丘多人與兒
令度苦勸與人猶故不從遣與餘人得自教詔有三
品從七歲至十三名驅烏沙彌從十四至十九名應

法沙彌從二十至七十名字沙彌五百問云若出家
已後盜本家中物犯棄何以故初出家時一切捨非
已物本伏藏本債息亦同二作法者欲出家者至僧
伽藍中立眼見耳不聞處作單白和僧使大衆知聞
爲成問答無失如律中度巧師兒說羯磨云大德僧
聽是某甲從某甲求剃髮若僧時到僧忍聽某甲從
某甲剃髮白如是律云若僧和合者善不爾者房房
語令知作已應與剃髮先請和尚應具儀教云大德
一心念我某甲請大德爲和尚願大德爲我作和尚
我依大德故得剃髮出家慈愍故三請其阿闍梨文

亦準此(謂剃髮及受十戒二師)應以諸部會明立出家儀式在於露地香水灑之周帀七尺四角懸旛中安一座擬出家者復設二勝座擬二師坐欲出家者著本俗服拜辭父母尊者訖口說偈言流轉三界中恩愛不能脫棄恩入無爲眞實報恩者乃脫俗服(出淸信士度人經)善見云以香湯洗浴除白衣氣仍著出家衣正得著泥洹僧僧祇支未得著袈裟便入道場(出度人經)來至和尚前互跪和尚應生兒想不得生汙賤心弟子於師生父想應爲說髮毛爪齒皮何以故有人會觀此五今爲落髮卽發先業便得悟道如羅睺羅落髮未竟便

得羅漢如熟癰待刺蓮華待日爲說法已向阿闍梨前坐(出善見論)以香湯灌頂讚云善哉大丈夫能了世無常捨俗趣泥洹希有難思議敎禮十方佛竟行者說偈言歸依大世尊能度三有苦亦願諸衆生普入無爲樂阿闍梨乃爲剃髮旁人爲誦出家唄云毀形守志節割愛無所親棄家弘聖道願度一切人(出度人經)與剃髮時當頂留五三周羅髮來至和尚前互跪和尚問云今爲汝去頂髮可不答言爾便爲除之除已和尚授與袈裟便頂戴受受已還和尚如是三反和尚爲著之(出善見論)說偈言大哉解脫服無相福田衣披奉

如戒行廣度諸衆生禮佛訖行遶三帀說自慶偈遇哉値佛者何人誰不喜福願與時會我今獲法利禮大衆及二師已在下坐受六親拜賀出家離俗心懷遠大父母等皆爲作禮悅其道意中前剃髮(出度人經)毗尼母云剃髮著袈裟已然後受三歸五戒等三受戒法者分三初緣二體三相初中集僧已安受者見處立作法同前白言大德僧聽彼某甲從某甲出家若僧時到僧忍聽某甲從某甲出家白如是五百問云二人得度沙彌一人不合五分十誦先與五戒後受十戒善見當禮僧足往闍梨所禮已互跪合掌敎言

汝當隨我語敎汝受三歸答云爾出要律儀云捉師衣角者出在人情世末流變也律文似對僧所理須生建立勝緣應問遮難一同僧法必若有者五戒不發何況具十文如僧中二明戒體文云我某甲歸依佛歸依法歸依僧我今隨佛出家某甲爲和尚如來至眞等正覺是我世尊(三說)我某甲歸依佛竟歸依法竟歸依僧竟我今隨佛出家已某甲爲和尚如來至眞等正覺是我世尊(三說)次三明相盡形壽不殺生是沙彌戒能持不答能不偸盜不婬不妄語不飮酒不著華鬘好香塗身不歌舞倡伎亦不往觀聽不得高

廣大牀上座不得非時食不得捉錢生像金銀寶物
並準初法一一牒問答言能者又云是沙彌十戒盡
形壽不得犯授戒相已爲說出家功德高於須彌深
於巨海廣於虛空自餘說法隨時臨辯云云戒相中
未顯者如高牀謂八指以上增一云八種牀等如隨
相中生像者僧祇善見云生色似色卽像也生金像
銀胡漢二彰四分大小持戒中沙彌具得七支幷餘
遮戒準如僧尼二律下三衆通結吉羅故知且列十
戒喜犯前標餘所未知二師別教如大僧四重之例
又由志弱未堪四依故不列之或略無也豈得不行

次爲說五德如福田經云一者發心出家懷佩道故
二者毀其形好應法服故三者委棄身命遵崇道故
四者永割親愛無適莫故五者志求大乘爲度人故
次爲說六念法大同僧中不同俗人佛法僧等六也
由制通沙彌故至第三念時云我今年若干某年月
日時受十戒以律制生年次第又出家年次第二俱
須知僧祇云應爲說十數一一切衆生皆依仰食二
名色三痛痒想四四諦五五陰六六入七七覺意八
八正道九九衆生居十十一切入沙彌法應如是數
準此爲破十種外道者初破自餓外道彼以挑糠飲

汁飡風服氣等二爲破自然外道如犢子飲乳棘尖
烏黑火上水下風輕地重並無有因自然而生三爲
破梵天爲因外道自在梵王衆生父母衆生瞋喜由
於彼天四者破無因果外道如外草木自生自死人
亦同之五破神我外道執於身中別有神我以爲宰
主六破一識外道如一室六局獼猴遍歷根亦如是
一識通遊七爲破不修外道以卻順觀見八萬劫外
更不見境號爲冥諦涅槃如轉縷丸高山縷盡丸止
何須修道等八者爲破邪因外道或持烏雞鹿狗牛
兔等戒或修八禪或修邪慧邪進以爲眞道背於八

正九破色無色天計涅槃外道以二界有無想定非
想定心沈沒處謂是窮理此乃衆生所居十者破色
空外道以外道用色破欲有以空破色有謂空至極
今立十處但是自心運用多少實唯一識本無前境
妄立是非我見不除還受生死故智論云外道能生
禪定船渡欲色界海無色如大海深廣不能度由不
破我心故此上具出破相擬輒賊住來者問之善見
云若欲試知是比丘衆當問何法持三衣等四明隨
戒相沙彌行事法用同僧羯磨一法不在數例自餘
衆行並制同修如說戒自恣旣是常行不得別衆約

盡界集。自然遠近亦同僧法。明了論中乃至優婆塞亦有別界別施。所對之人昔用比丘。今解不然。各別有法。兩不足數。不可通用。還以沙彌爲對。無者同僧心念也。五百問中無沙彌大比丘亦同作法。亦隨所存。次明秉法。類通眾別。先明對首持二衣法。薩婆多沙彌受戒已應持上下二衣。一當鬱多羅僧。二當安陀會。財體是非作之方法失衣分齊。一同僧中。唯受持少別。應對一受戒無犯沙彌手執上衣云。長老一心念。我某甲沙彌。此漫鬱多羅僧受持。（三說。下衣準此。律無受法。準十誦文如此。）受持鉢法。受持坐具。一同僧法。唯改沙彌名

爲異。乃至尼中二眾亦同持之。百一供具例同無異。若畜長衣請二衣施主亦同僧法。說淨之本亦同藥鉢。準此若得錢寶。薩婆多亦請白衣爲之。以沙彌戒中正同僧故。不得自畜。若犯長衣鉢等皆犯捨墮懺罪一同僧法。界內集人作之。不受戒者亦無別眾。文同大僧。唯以突吉羅一罪爲別。至時改之。若犯提舍已下上及僧殘並須懺悔。有覆須治。唯以吉羅爲定。若波羅夷律云三眾突吉羅滅擯。餘有安居受日等事例同大僧。十誦制五眾安居。五眾受日。四分三時遊行戒。三眾亦結罪。故須知之。二明眾法有通別。二

途。若通行者大僧說戒日沙彌多具華香湯水供僧眾具。於布薩處張施羅列。鳴稚將了。並須盡集。有緣囑授受籌。大僧作法。一如常式。至說戒序訖戒師云。未受具戒者出。諸沙彌等各從座起執坐具在僧前禮已互跪。上座告云。此眾僧布薩說戒。汝未受具足不豫聞之。各隨本業誦習謹慎莫放逸。至鳴稚時同赴堂來。告已隨次出。若別行者沙彌有都集處鳴稚訖。二眾各集。（十誦令差一沙彌檢校。）行法一同僧中。行籌訖將至僧中付僧維那總合唱數。彼送籌者還來本處差一人爲說戒師誦沙彌戒經謂愛道尼經及五德十

數等。若誦訖僧中未徹者隨時誦經說法。至鳴稚時總來赴堂。隨次入僧中。於常坐處互跪合掌。彼說戒師爲說明人能護戒已後文。此與大僧相涉行用看僧說戒中。若自恣者準說戒中別堂作法送籌合唱。若通作者僧自恣已五德來向沙彌處互跪說僧自恣之文。以犯舉兩通故。若界中人少對首作法。一同眾法對首。無人者同眾法心念。五雜料簡。其沙彌威儀進止。凡所造修律並制同僧。唯罪結一品。餘如沙彌威儀經。三千威儀及隨戒中具明。不復重出。略指同也。毗尼母。沙彌法應知慚愧善住。奉事師法中不

應懈怠放恣當自慎身口卑已敬人常樂持戒莫樂調戲不應自恃才力復莫輕躁應知羞恥不說無定亂言唯庠序合理自知淨不淨法常逐二師讀誦經法一切僧中若有所作皆不得違如是廣知薩婆多沙彌不爲三寶緣有利益者而掘地犯罪五分下三眾無故造罪亦吉羅四分律結吉羅謂無緣而損傷乃至不受食殘宿自煮等無人則開有淨人故作則結吉羅例之五分若罰沙彌先語其師師亦不應非法助沙彌若治罰應作種種苦使掃地除糞壍石治階道若不爲和尚闍黎及餘人作使應語如法供給

和尚眾僧作使次至應作不應遮不與僧中利養此是施主物四分從大比丘下次第與沙彌房舍臥具若不能愛護不應與若利養隨次與之有人言下三眾律竝制罪者謂是賸結非是實罪此是人語聖教正翻實錄彌須敬行

尼眾別行篇第二十九 善見云尼者女也阿摩者母也重尼故稱之

比丘尼眾細行眾多同大僧者如上所列有無輕重隨事已分今簡取唯別者共爲此科使臨事即披不事浮漫也所以在沙彌後者智論云尼得無量律儀故次應比丘後佛以儀法不便故在沙彌後就中分

三節尼三眾

前明大尼七別一受戒二懺罪三說戒四安居受日五自恣六隨戒七師徒雜行初中前明畜眾四分尼滿十二歲欲度人者應白二羯磨請尼僧聽許不乞者受具犯墮依止式叉沙彌尼吉羅比丘通結吉羅其乞法與白二法如常所顯若得羯磨已一年中度一大尼一六法一沙彌尼一依止隔年又得義須重與法也次明受大戒法文如常引但出非法有濫相者受前八法初請和尚二闍黎一準僧中所以云我依阿姨者此學佛召愛道之號相傳不絕威儀問難

中必須委曲顯示難相并及諸遮亦如僧中以正要急故乃至本法以來具依常法一事或差不成受也餘並如前受戒中二正受戒體初緣分五初明來往是非者四分云若作本法已即日往大僧中不者犯罪有人就尼寺與受戒者不成薩婆多師資傳云非法不成如端正難緣尚自遣信此無難緣縱有不合有人就尼寺外結界而受者律無定決然情爲尼故來非法有罪若判得戒亦可通之問尼得僧寺作本法不答如明了論僧界中爲尼立界令尼作法依式結界而受理得無過問本法人名作何等有戒以不

答但是戒緣未發具足而律中名為比丘尼也二明
僧尼數量者有人作本法已將二三尼將本法尼往
僧中而受者若依律本比丘尼僧應將受戒者至大
僧中乃至文云二部僧具足滿故知僧尼二十人也
僧祇律尼受戒法名二十眾既有定數前行非法五
分明文彼云彼和尚闍梨復集十尼僧往比丘僧中
在羯磨師前小遠兩膝著地乞戒三明尼須結界有
人不立此法然此一法二眾同秉各有別眾非界無
以攝人非界無以羯磨若不信須結但僧獨作應成
事則不爾故知須結審委無疑應自然界尼僧盡集

唱相結之本法尼者且置自然界外下二眾同住無
妨又如尼懺僧殘二眾各結受隨俱同也此結界法
佛法東流行事者用之有不立者少然中國僧來傳
法通有賢聖不共非奪四安置儀式應在二眾各結
界內長舖兩席使中央空二三尺計令申手相及諸
本法尼多者兩處安置一眾多聚處二單身在僧前
一一召來入眾教乞得戒已令在大尼下坐待竟總
為說相五入戒法中先須請戒師律無正文準前須
請以外受法問難戒體隨相一一準僧中行之一明
懺罪法初篇有犯無覆有悔亦開懺悔同僧懺法二

篇一法覆藏全無六夜改僧制限半月以尼女弱情
垢既多要假大僧受隨皆爾若欲懺者二部中行各
滿四人半月悔過及至出罪各具二十但道風漸替
知犯不知有悔縱有懺心集眾難得故闕而不載偷
蘭已下乃至吉羅各有懺儀如中卷列唯當部自結
稱名大姊為異餘辭並同三說戒請法儀善見云初
為女人鈍根故盡聽尼往僧寺受教後為人譏故開
五八來猶致譏聽僧往尼寺四分無文意同二差人
請法於說戒日白二差之文如常說四分白二差一
人已差二三人為伴往僧寺中至所囑人所曲身低

頭合掌云某寺尼眾和合禮比丘僧足求請教授尼
人三說當囑主人無病有智者明日應問可不準此僧
中於布薩日豫差一人擬受囑授於已房外設一牀
座尼至時來餘人示之彼尼至房所囑授者詣座坐
令一比丘為伴立之受尼語已告云待日晚說戒時
為諸眾僧未知有不然尼眾為欲別請為依僧次隨
語答領又告云明日可來此問取進不尼便辭退僧
祇云尼凡入僧寺當在門屋下先白比丘當籌量若
尼賢善自又無事著衣服具者聽入反此不聽比丘
入尼寺亦爾彼至說戒時如上僧布薩法問答已至

明日尼來如前威儀告云昨夜僧集具傳所請無有教誡人又無能說法者雖然上座有敕語尼眾當勤行道謹慎莫放逸使尼合掌云頂戴受持便禮足辭退至寺即鳴稚集眾不來者說欲諸尼雲集並立堂中依位合掌使尼至上座前打靜已白云白眾僧僧差我某甲往僧中請教授而僧云無有教授人及說法者并傳上座勅已諸尼合掌頂戴受持然後禮唱而退出在十五祇等三律問此教誡非羯磨法何須取欲答此集僧之誡授不來者犯罪準僧祇若尼老病等緣不能聽教授雖無羯磨教授義通佛令說欲

乃至自恣使還準說可知四分若比丘僧盡病應遣信往禮拜問訊若別眾若不和合若眾不滿亦遣信禮拜問訊若尼僧盡病若尼眾不和合若眾不滿亦禮拜問訊僧祇若尼來與欲應受不得逝已道德犯罪十誦受囑人尼來時戶外敷一獨坐牀擬後坐上比世中多有行前略法良由廣德難具亦有行廣法者具如本疏其請法中僧尼各五人已上僧中有二十歲者方行略廣二法若不足無二十夏但禮拜問訊四明安居法大同僧中尼無獨住必依大僧律云不依犯墮僧祇若親里請尼安居者先教請比丘不

肯者不得受請餘如彼說善見云尼去比丘住處半由旬得安居過者不得一切僧尼二時集會夏初請法夏竟說證若檀越為請比丘來而尼結安居竟乃至後夏初比丘有緣事不來當更請比丘來若不得應去路有難事得安居若初安居竟比丘有緣去尼後方知已結安居者不得移住無罪若夏竟不得無比丘自恣應覓僧祇雖在一比丘處半月應請問布薩卒無者三由旬內有僧處通結取五自恣法四分尼夏安居竟聽差一比丘尼為尼僧故往大僧中說自恣當白二差之文如常也又差二三人為伴往大

僧中禮足已曲身低頭合掌作如是語比丘尼僧夏安居竟比丘僧夏安居竟比丘尼僧說三事自恣見聞疑大德慈愍故語我我若見罪當如法懺悔（三說僧中上座告勅如上自恣中）彼尼受教已當於明日尼自恣時鳴稚尼僧集已如前教誡中白尼僧傳自恣時大僧所告之語乃至諸尼頂戴訖依上大僧自恣法然後散去律云僧十四日自恣比丘尼僧十五日自恣若大僧病別眾眾不和眾不滿等尼應遣問訊尼眾病乃至不滿亦須問訊大僧十誦云差二勳了知法尼往大僧中問何故制尼依大僧答愛道經云女人但欲惑

色益壽畜弟子亦不欲學問但知須臾之事故依大
僧六明隨戒相尼八重中前四戒大同僧中故不出
摩觸戒六緣成犯一是人男子二作人男子想三彼
此有染心律云謂意相染著也四腋以下膝以上腕
以後身分𩑺去輕境染心既微必無陵逼之過故犯
輕罪若尼以輕觸男重境男以輕境觸尼重境此二
皆重不要取二重境相觸也五身相觸除一有衣一
無衣二俱有衣不犯重六隨觸多少一一結重尼摩
觸戒與大僧四種不同一大僧就壞行中制莫問死
活但觸著便犯據有淫心尼就陵逼中制死者不犯

律云染汙心男子也二僧則不簡女人大小尼觸男
子取能行淫事十誦云男者謂能作淫事三僧隨觸
境便犯尼簡境有上下四僧不問境染淨尼觸必俱
染心僧祇若尼輕處有瘡癰得使男子治之先令二
女急捉令不覺男子手若重處者使女人師治善見
若比丘觸尼尼身不動受樂隨處得罪四分同僧中
十誦不犯者父兄弟兒想若水火刀杖惡緣等一切
無著心故非無吉羅八事成重五緣一人男二人男
想三有染心四犯前七事未懺五八事作犯八事一
捉手者乃至腕以後是重二捉衣者身上衣三入屏處者

謂離伴見聞處四屏處立語行等三事亦爾七身相
倚者二身相及八共期者共行淫處若尼男俱染犯
上七事七偷蘭若不懺犯八事波羅夷準此犯八捉
手不成重若一男犯八一時犯八八年犯八八男成
八但成八重亦無次第僧祇如此不犯者若有所施
與若禮拜若悔過若受法入屏處不作惡事不犯由
俱無染心故下入闇室犯墮者由無所為事涉譏醜
故犯覆藏他重罪戒六緣成一是大尼二犯八重已
三知他犯重四作覆藏心五不發露六明相出便犯
若獨住無人等不成覆如懺罪中十誦若尼被舉狂

亂心覆者不犯若狂止仍覆者犯僧祇若尼見尼犯
重應向人說若犯罪人兇惡有勢力恐有命梵難者
作念云彼行業罪報自當知喻如失火燒舍但自救
身焉知他事得捨心相應準此無記心亦不犯雖非
捨心無記不作覆心故覆藏者不善心中藏匿前罪
恐人外聞故成也若欲發露故不成者謂非清淨者
若對先知不肯發者二俱有過各須發露故不成如
向有犯者懺不成故又識人名罪名種相者須發露
反上不合若前人受意更不須說恐有無窮之過若
彼犯者已發竟餘人雖覆不成根本無過故十誦尼

不得比丘前發露還向尼前若不識種相至比丘所
汎問取解還至尼邊悔四分若尼知尼犯八重食前
知食後時說偷蘭乃至初中後夜時分不說並偷蘭
明相出犯重不犯中若不知若無人可向說意欲說
而未說明相出說時恐有命梵等難不犯十七僧殘
中媒嫁二謗如大僧中言人戒四緣成一詣俗官所
二言白衣三辭列其事四下手疏犯四分詣官共爭
曲直若斷事人下手疏者犯口說者偷蘭善見尼共
居士往官所語居士言汝說理若說尼吉羅居士說
已尼後說偷蘭居士復說尼得理不得理皆殘若居

士言尼官喚來官自判與奪尼不犯若尼至官所言
人令官罰物隨多少犯罪應償若被奪物就官乞護
不道名字官自訪得治罰無犯若人入寺斫伐樹木
不得奪刀斧應還直五分若尼爲人輕陵語父母親
里有力者援護之十誦在斷事人前瞋恨呵罵本所
打人僧殘若向餘人說偷蘭四獨戒獨度河四緣一
是河水四分云獨不能度不云深廣今準道行之戒
但使褰衣度水異陸行威儀皆犯大界內河亦犯有
橋者如常開之二者獨度前尼疾疾入水偷蘭雙腳
上岸僧殘後尼獨入水犯蘭上岸得前尼爲伴不犯

若乘車船度皆不犯律云彼尼當求一尼共度應入
水隨深淺褰衣至彼岸漸下衣已然後一時上岸若
不待後伴偷蘭三無緣除命梵等難伴命終也四獨
度河犯謂後伴隔河便犯無相援故獨入村四緣一
是俗人村不問界內外伽藍中俗人住處獨入亦犯
四分尼獨行詣村隨所至村僧殘若空野無道處一
鼓聲間亦僧殘村中獨行一界吉羅約此坊內家內獨行犯吉僧
祇若尼共伴行至城邑界當相去在申手內共過界
若在申手外過界偷蘭二者獨行三無緣四越界犯
昔云若欲入村隨有橫道但使越過便犯諸部無文

準律云若無界獨行一鼓聲間離伴見聞處犯若至
村門不待後伴雙足入限僧殘若村中先有尼不犯
以前尼爲伴故若出村亦約門限爲分齊犯之得罪
獨宿三緣一離申手外宿不問俗僧兩處兩處置牀
在申手內互相檢校方能離過若本在申手內後因
睡相離者不犯本作離意隨轉側犯故文云若舒手
不相及隨轉一一僧殘僧祇當在申手內一夜中三
度以手相尋不得一時頓三當初中後夜各一度相
尋五分若在不相及處初中後夜偷蘭明相出僧殘
二無緣除命梵難靜等三隨臥一一結獨在後行或

根本獨去或中間作意離伴見聞處行叉伴無諸難
緣故犯四分云見聞俱離殘見聞互離蘭不犯中開
度水者若共伴漸度不失威儀乘船橋上躡梁躡右
伴泥死休道遠行及諸雜難不得作伴並開五分水
淺無畏男子處不犯開入村緣如前具緣中開獨宿
者律云共二尼宿舒手相及處若一尼出大小便或
出受經誦經若樂靜獨處誦經或爲病尼煮羹粥作
飯乃至餘難緣並開僧祇若病賊亂圍城獨宿不犯
開獨行中應在不離見聞處若一尼大小便諸難皆
開僧祇不得出聚落界除道行便利邂逅失伴未及

中間不犯病亦如是五分若恐怖走時老病不及伴
者不犯單墮中紡績一戒律文隨擗引縈織等一一
墮成衣不合懺著餘上下戒非無種相行稀用寡且
略而已七相攝諸行尼以無伴多度非法之人但希
利已不準道教故律中二十餘戒偏結和尚之罪律
云度弟子已應以衣食及法攝取五分師僧應六年
自攝若教他攝弟子違犯墮僧祇和尚尼欲授弟子
具戒應先求善比丘不得臨時選衆若不可得者當
求半許若過半而作法（不犯重者秉法自餘可可足數）四分云受戒
已不得輒離和尚五分當六年依承和尚餘有師徒

教授報恩供養呵責治罰並如上卷師資相攝中次
明諸要行勿過八敬善見佛初不度女人出家爲滅
正法五百年後爲說八敬聽出家依教行故還得千
年今時不行隨處法滅故須勵意今列其名一者百
歲比丘尼見初受戒比丘當起迎逆禮拜問訊請令
坐二比丘尼不得罵謗比丘三不得舉比丘罪說其
過失比丘得說尼過四式叉摩那已學於戒應從衆
僧求受大戒五尼犯僧殘應半月在二部僧中行摩
那埵六尼半月內當於僧中求教授人七不應在無
比丘處夏安居八夏訖當詣僧中求自恣人如此八

法應尊重恭敬讚歎盡形不應違五分應遣三尼來
僧中自恣中含八尊師法中若比丘聽尼問經律毗
曇然後得問不聽者犯第五尊師法僧祇尼入僧寺
應頭面一一禮比丘足若老病不堪隨力多少不偏
者總禮口云我尼某甲頭面禮一切僧足若比丘入
尼寺尼禮亦爾不得云是犯戒是醫師是摩呵羅無
所知及虛實罪比丘得說尼實罪尼若憍慢不敬起
迎禮足者越敬法十誦見大僧不起者墮五分亦爾
僧祇若親里尼得輭語語不得呵責若年少者語云
汝今不學待老耶汝後當教弟子弟子亦學汝是故

應隨順受經誦經。四分尼輒入僧寺墮。五分若立不見比丘不得不白而入。白時比丘籌量可聽以不。如上明之。

二明式叉摩那法。此云學法女。不別得戒也。先以立志六法練心為受緣。四分十八童女應二歲學戒。又云小年曾嫁年十歲者與六法。薩婆多年十二得受具者。為夫家所使任忍眾苦加厭本事。僧祇亦同。十誦中六法者練心也。試看大戒受緣。二年者練身也。可知有胎無胎。廣文如彼。故文中盡形為法。故二歲堪受無胎。故應立離聞處著見處。白四受法後召來與說六法名字乃至答言

能持。如常說。此式叉尼具學三法。一學根本謂四重是。二學六法。即羯磨所為謂染心相觸盜人四錢斷畜生命小妄語非時食飲酒也。文中列婬盜殺妄者隨十戒而言。沙彌已學。三學行法。謂一切大尼戒行並須學之。若學法中犯者更與二年羯磨。若犯根本者滅擯。犯餘行法但名缺行。直令改悔。若滿二年已犯者更與二年。律云。式叉尼一切大尼戒應學。除自手取食授食與他。若自取食食律亦制犯。無沙彌尼者開之。有者得授與尼。自須受取。僧祇云。應學十八法。一在大尼下沙彌尼上坐。二式叉不淨食大尼淨。大尼不淨食彼亦不淨。三大尼得與三宿。自與沙彌尼三宿。四得與大尼授食。除火淨五生種取金銀錢自從沙彌尼受食。五尼不得為說七聚名。六得語云。不婬盜殺妄如是等憶持。七八至布薩自恣日。入僧中互跪合掌云。阿梨耶僧我某甲清淨。僧憶持。三說而退。九十十一十二後四波羅夷犯者更從始學。十三十九僧殘已下若犯一一作吉羅悔。餘如彼說。四分不知戒相故造作非法。制與學法盡行學之。十誦為度妊娠女人後起過。佛令二歲學可知。

三沙彌尼法。大略與沙彌法同。若據行往法。式叉不

與大尼為伴。以戒不滿故。自不得以沙彌尼為伴。以非同學故。若二尼兼一式叉。若二式叉兼一沙彌尼得為伴。餘人不合。

諸部別行篇第三十

古云。博學為濟貧。此言誠驗。若四分缺於事法。他部自有明文。理必準行。不乖二是。然則棄急從緩。捨有求無。捐輕重之是非。任愚懷之取捨。此乃自貽負愧。罪豈他科。當隨本受為宗。鈔序具顯。若全未預法則隨入一部為依持。順文謹用行之。可以為準的。然事乃萬途。尋條難反。且疏要約者用示規模。就中分七。

一明僧數多少二聖法通塞三重犯不同四攝事寬狹五心境差別六捨懺有異七隨相階別初中僧祇和尚受戒十人之外捨墮法入五人僧攝以懺主單白和僧問僧許可自不足數至還財之時是僧作法還得足數類同五人自恣中四分無文諸師四人捨墮第五所爲不入僧數以律列四僧中不言故知得用若準通教上解者非五人受懺始終無妨餘如中卷懺聚法中十誦無和尚人受戒得戒作法僧犯罪薩婆多云先請和尚受十戒時和尚不現前亦得十戒若聞死者不得受具不現前不得戒若僧數滿設

無和尚亦得戒善見無和尚受者得戒得罪黃門爲和尚亦爾伽論云白衣爲和尚與白衣受得戒得罪非出家人亦爾薩婆多云不除鬚髮無衣鉢受者得戒得罪若準四分並不開之律云不名受具足戒也十誦男子作女人威儀如男子受得戒得罪女想反上五分若自截男根若留一卵得受全無者滅擯五百問云壇上師僧或著俗服或犯禁戒若受戒人知是非法不得不知者得弟子著俗服當時不問者得伽論云不知和尚是賊住依彼受戒得戒諸比丘犯吉羅本犯戒人本不和合人非出家人爲和尚亦爾

十誦一界內四人一時受具者得四處展轉與欲若一比丘一處坐足四處僧數一處一人作羯磨被四衆者如以材木牀榻連接四界坐上足四處數得被四人一切羯磨皆如法也摩得伽云頗有比丘與四處人說戒受戒作羯磨爲得不答得乃至五處亦爾八人十二人十五人十八人亦爾善見沙彌犯重得出家除壞尼淨行不得準此開學悔也不得受具二聖法通局四分羯磨略則三種廣則八品加減不成聖印一定如單白不得加白二白二不得作單白等僧祇十誦加得成就應作單白白二白四者彌善減

則不成僧祇加一中間羯磨亦名求聽羯磨明了論中間亦同解云謂在單白白二之間又加白羯磨唱所立事不問聽許不遮餘三羯磨同四分又云中間直白此二羯磨三人等通作餘三必四人已上四分羯磨唯加三人不得僧舉僧若諫法通多少十誦中羯磨得加四人以上受具僧祇不聽與欲人多坐僧少者不成五分聽多人集少持欲來僧祇轉欲即失三明重犯四分戒有重受亦有重犯文云如前後亦如是尼摩觸云隨觸一一波羅夷十誦不重犯由戒不重受故犯淫戒已更犯淫者吉羅犯盜殺人大妄

還得三重文云學悔尼犯僧殘請比丘來與我摩那埵出罪等下篇隨輕重也初篇後犯但吉羅僧祇亦爾四明攝事者且論受日諸部不同四分三品如上已明僧祇有二初明七日同於四分後明事訖便用中間別法任前緣事未了法在不還者得必非破戒三寶正緣故文云大德僧聽某甲比丘於此處雨安居若僧時到僧忍聽某甲比丘於此處雨安居爲塔事僧事出界行還此中住諸大德某甲比丘爲僧事塔事出界行還此處安居僧忍默然故是事如是持十誦受日有二七夜之法同四分而兼夜又用三十

九夜法用白　一羯磨文不同四分故彼律云大德僧聽某甲比丘受三十九夜僧事故出界是處安居自恣若僧時到僧忍聽某甲比丘受三十九夜僧事故出界是處安居自恣白如是大德僧聽某甲比丘受三十九夜僧事出界是處安居自恣竟誰諸長老忍某甲比丘受三十九夜僧事故出界是處安居自恣者默然誰不忍便說僧已忍聽某甲比丘受三十九夜僧事故出界是處安居自恣僧忍默然故是事如是持十誦因梨昌設供在露地佛令白二作淨納中後外道譏言禿居士舍作食及倉篅與白衣何異佛

令僧坊外作食後爲煙火起人來索食少從今日後不聽作淨地羯磨若作犯吉羅先作應捨出二十四卷中人便妄用云不須更結五心境不同四分心境想疑如持犯方軌中五分無疑心以疑通是非故有犯結正彼律云是女疑蟲疑草木疑皆隨犯殘提想是決徹若境心不相當者不犯如四分破僧婬戒受戒不開知疑餘則通開餘如隨相僧祇性惡罪上無疑想故彼云女作黃門想觸僧殘悉從境制若遮惡罪上得有想疑故文云生非生想非生疑吉羅十誦若前有方便心者具除想疑並結正罪彼云有主物

無主想及疑皆重亦不問前境遮性若前無方便心者具有想疑結罪且引大途非無五三不同者六捨懺不同十誦二寶少者永捨多者捨付同心淨人淨人令捨作四方僧臥具罪僧中悔餘同四分五分五種一入僧永棄二寶捨與僧僧差人永棄若僧不棄淨人爲僧貿衣食與僧食用唯本主不得用恐遂本心故二永入僧五敷具入常住用唯本主不得坐臥三入俗僧捨藥與僧僧捨與俗人沙彌塗足然燈本主亦不得用一切比丘不得食餘同僧祇五別一捨入僧無盡財中謂畜貿二寶若生息利行僧房舍中

衣。僧不得分用及食。爲折伏本主貪心故。二捨入僧用。謂五臥具迴僧物。隨僧作何等用。其中純黑憍奢耶。僧不得著用。得作地敷及作罽嵰帳幔等。六年不揲不得爲地敷。僧得著用。不得襯身。白毛臥具好者如前。不好者如後。餘同。善見中金銀若無淨人可教擲去。僧羯磨差一比丘知五法者。使閉目擲去。莫記處所。明了論中若轉車衣。待一月。衣過十日。衣過十日鉢。雨衣急施捨與僧已。僧問須者應還得用。若自無用。永捨入僧。受非親尼衣。捨還本尼。若本尼無捨與尼僧。使尼浣衣。迴僧物。永捨與僧。從非親居士乞

衣。一二居士應捨還彼。彼若不在或不取。捨與僧。過足三反。一切敷具使織師衣。盡捨與僧。瞋心奪衣。還捨與所瞋比丘。七日藥二用。文如彼。具薩婆多云。販賣物若無同心淨人。應作四方僧臥具。爲止誹謗。若作入佛。外道當言瞿曇沙門多貪利故。令弟子捨物持用自入。又除佛福田無過四方僧。不問受法不受法持戒毀戒法語非法語。一切無遮。七隨戒雜相。十誦犯僧殘隨覆罪不行別住六夜。直與出罪得名出罪。衆僧得罪。乃至不行別住直行六夜直與出罪得出得罪。吏有六人全不作法直爾清淨。一者上座犯僧殘。諸人生慢佛言。若一心生念。從今日更不作。即得清淨。二大德多知識。三多慚愧。若遣行者寧反戒。四病重不能互跪無力能懺。五住處不滿二十。道路遇賊死。六衆不清淨往至他方。道路遇賊死。佛言。一心生念如法懺悔。是人清淨得生天上。律子注云。此六懺法不可妄用。及有僥倖唐爲自欺。罪不得除。要須廣問明律者。能斷之耳。

四分律刪繁補闕行事鈔卷下之四

余於唐武德九年六月內。爾時搜揚僧伍。無傷俗譽。且閇戶依所學撰次。但意在行用。直筆書通。不事虬

文。故言多蹇陋。想有識通士。知余記志焉。

三寶弟子孫周大智謹施淨資玖百元刻四分律行事鈔十二卷戒壇圖經一卷伏願

父母步履康健福壽增延信願修行長得精進當來見

佛常住安養一切有情見者聞者同生淨土共證菩提

計刻此鈔連圈計字念六萬七千九百三十七並刻籤條圖共付刻資一千三百七十九元三角

中華民國二十一年　十月　天津刻經處謹識

事鈔持犯方軌篇表記

第一次草稿

乙卯十月輯　沙門弘一撰

持犯方軌篇表記目錄

四行體狀表

成就處所表

通塞表

漸頓表

優劣表

不學無知歷位分別表已下皆屬雜料簡門

方便趣果分別表

具緣成犯分別表

境想分別表

大藏經會謹案弘一大師遺稿中、別有南山戒疏持犯體狀表、戒疏持犯表、戒疏雙持犯表、戒疏殺戒異境表、戒疏殺戒闕想緣表、戒疏制廣教五意中所詮四相表等、皆與持犯有關。茲特編爲附錄、以備參考。

持犯方軌篇總科

- 一知持犯名字此門易解、不立表。
- 二解體狀
- 三明成就處所
- 四明通塞
- 五明漸頓
- 六明優劣
- 七雜料簡
  - 不學無知歷位分別
  - 方便趣果分別
  - 具緣成犯分別
  - 境想分別
  - 雜相分別此章於戒疏中有詳表、今略。

事鈔持犯四行體狀表

- 能持犯體——意思
- 所持犯體——事法分四行、歷明體狀。
  - 止持
  - 作持
  - 作犯
  - 止犯
- 二教對二教以明。持犯四行、並
  - 制門
  - 聽門

△一止持　順古唯局事、無法。

- 制門
  - 可學（無法）——事
    - 制止（篇聚所禁一切惡事、如婬盜等。望無違犯）
    - 制作（衣鉢體量。）
  - 不可學（無法）——事
    - 制止
    - 制作（皆心迷、可知。）
- 聽門
  - 可學（無法）——事
    - 聽止（房有妨難、衣嘗犯過、不合加法。）
    - 聽作（房舍長衣量。望無違犯）
  - 不可學（無法）——事
    - 聽止
    - 聽作（皆心迷、可知。）

△二作持　順古唯局可學。無不可學。

- 制門——可學（無不可學）
  - 事
    - 制作（衣鉢體量。望依作行）
    - 制止（衣鉢體量。望無違犯）
  - 法
    - 制作（一切教行。望依作行）
    - 制止（一切教行。望無違犯）
- 聽門——可學（無不可學）
  - 事
    - 聽作（房舍長衣量。望依作行）
    - 聽止（房舍長衣量。望無違犯）
  - 法
    - 聽作（房處分、衣說淨。望依作行）
    - 聽止（房處分、衣說淨。望無違犯）

△三作犯　翻前止持、可知。

△四止犯　翻前作持、可知。

└┘（原稿用黃線）記號、以示彼此相同。

事鈔成就處所表

△初約三心明止持　三心者、識想受。——三心——止持
- 三心善惡未著。無記非業、——本不名持
- 望受體是記業——說有持義

△二約行心明四行——行心流入行心、思心成業、善惡乃異。
- 止持
- 作持　三性中、唯局無貪等善性。（行心通三性）
- 作犯
- 止犯　三性中、唯局貪等惡性。㊀

△三約三業明四行

- 身
  - 止持——離殺盜等
  - 作持——受食食等
  - 作犯——行殺盜等
  - 止犯——不受食食等
- 口
  - 止持——離口四過
  - 作持——知淨語等
  - 作犯——造口四過
  - 止犯——不作知淨等
- 意
  - 單意業中若約假宗、思心成業。今云單意、乃據警淌（獨頭）制限大乘。——不成持犯
  - 若動身口思籌度所爲事、名身口思。雖未動相、即屬身口。——亦成持犯㊁

㊀若分別言。三善同時而不相離。三惡相別其性相違、作犯多是貪瞋、止犯率由癡慢。

㊁若準戒疏、上是初解。後復解云、獨頭心念忽起緣非不名爲犯、重緣向念可得思覺而不制約即入犯科。又云、任情兩取、後爲正義。順今宗故

〔案〕靈芝科此章、依文分爲三科。或亦可分爲二科、如下所列。

- 先約心辨（四心）
  - 初約三心明止持
  - 二約行心明四行
- 後三業明成就
  - 初明身口業
  - 二明單意業

事鈔通塞表

- 塞　四行各立。
- 通　一行中兼有餘行、或多或少。

- 初門 ── 塞
- 二門 ── 通……持犯自通 / 塞
- 三門 ── 通……持犯互通
- 四門 ── 通……持犯互通 / 塞

△初一心門、此明行心造作通該四行。── 心無並慮 / 境不頓現 ── 謂起心對境各局爲言、不約前後相兼之義。

△二將心望境 但由境事、容兼止作。故心隨境、行有雙具。
- 塞 ── 持犯相望、善惡異故。
- 通 ── 持犯各局、止作通故。

- 舉宗通答
  - 約互收答 ── 止中有作等、如下委明。
  - 約句以簡
    - 止持心（離過）對惡境
    - 作持心（造修）對善境
    - 止犯心（不進修）對善境
    - 作犯心（不離過）對惡境
- ○約行別答
  - 止持 ── 如止殺盜、先修慈悲少欲等行。── 止殺盜、名止持。／修行、名作持。── 止持心中有作持
  - 作持 ── 如欲誦戒羯磨、先止外緣。── 誦戒羯磨、名作持。／止外緣、名止持。── 作持心中有止持
  - 作犯 ── 如人作惡、先不學善。此雖教行、乃約通論。── 作惡、名作犯。／不學善、名止犯。── 作犯心中有止犯
  - 止犯
    - 如人畜衣過日。造房不乞。事法止犯㊀ ── 不說淨過日、不乞處分、名止犯。／違教畜衣、造房、名作犯。
    - 如因不學、望後爲非。不學止犯 ── 不學、名止犯。／望後爲非、名作犯。
    - ── 止犯心中有作犯

㊀止犯有二。事法止犯、此約造修。不學止犯、但望昧教。

△三自作教人 由是教人、不立四行、皆通。塞義
- 先教人 ── 所通 ── 不限多少
- 後自作 ── 能通 ── 唯一行

先教人漉水爲己用、止持。
先教人持欲僧中說、作持。
先教人殺生、作犯。
先不乞處分、教人造房、止犯。
} 作四事已、後自作意離過、止持。── 即止持中、後自通止持乃至止犯。先教人者後自作止持時、先教人四事同時成辦。故一行中、（自作）通有多業。文列先教人四事、據具爲言。乃至一事、亦名通耳。

- 同上 ── 作四事已、後自說淨畜長、作持。── 即作持中、通止持乃至止犯。
- 同上 ── 作四事已、後自作婬事、作犯。── 即作犯中、通止持乃至止犯。
- 同上 ── 作四事已、後自起不學、止犯。── 即止犯中、通止持乃至止犯。

△四自業相成
- 塞 ── 謂自起方便、後趣正果。即是自業相成。此如常途、非今所明。
- 通 ── 通義如前。一中具四、如前無異。自業與教人、事有不同、託相少別。

先自安漉具、止持。
先自禁閉沙彌、作持。
先自安殺具、作犯。
先自現相不與欲、止犯。
} 作四事已、後自作意離過、止持。── 即止持中、後自通止持乃至止犯。先自作前方便者

- 同上 ── 作四事已、後自乞法造房、作持。── 即作持中、通止持乃至止犯。
- 同上 ── 作四事已、後自盜他物、作犯。── 即作犯中、通止持乃至止犯。
- 同上 ── 作四事已、後自作意斷學、止犯。── 即止犯中、通止持乃至止犯。

事鈔漸頓表

△一就心（此門不約造作成行。但望起心總別，以明頓漸。）
- 漸（但望一境而言。）
- 頓（據鈔文約偏通諸境。據實，緣二境以上，皆名爲頓。）
  - 止持頓、作心總斷惡意。
  - 作持頓、作心並修諸善。
  - 作犯頓、諸惡並欲造。
  - 止犯頓、諸善並息修。（此中止是泛爾起心，可望本受通犯吉羅。若對緣正作，隨作結犯。）

△二對行——唯漸（事相各別，心不同時，故唯漸也。）
- 止持漸、如正修慈心不得修餘對治。（修慈是作，收作成止，故是止持。）
- 作持漸、以一行中不得備修餘行。
- 作犯漸、不可頓犯一切戒故。
- 止犯漸、
  - 事法止犯，唯漸非頓。
  - 不學止犯，如下別解。

不學止犯別解
- 二罪對明（約先後言）
  - 不學之罪先起，故頓。（此望初作斷學心也。）
  - 無知之罪後生，故漸。（先不斷學不結無知，必假前成故是漸義。三根不同如後所辨。）
- 分位別解（約一多言）
  - 不學
    - 頓（如要心可學境上，作不學意。於一一法上，頓得不學罪。）
    - 漸（若要心不學羯磨，於餘悉學。望羯磨邊，犯一止罪，名漸。）
  - 無知——唯漸（不學約心，無知隨事。心有總別故通漸頓，事不並修故唯局漸。）
- 結罪分齊
  - 就教
    - 不學——學據始終，（始據初受，終約盡形。）不學即結。
    - 無知——五夏後結。（此約中根。）五夏離師，此據教限。若約成行，至聖乃已。雖非違教，非不違行。
  - 對行——學通一形，乃至五分法身成立。
  - 從根
    - 不學——通據始終，三根無異。
    - 無知
      - 上根、不待五夏。
      - 中根、五夏後結。
      - 下根、一向不結。
- 可懺以否——不學無知二罪，皆可懺。古師謂無知是方便罪，不可懺。今解無知是究竟罪，可懺。

事鈔優劣表

△二持優劣十門（鈔記中，或作勝劣，或作強弱。今皆改作優劣。）
一一門中，皆通二持。並見優劣之義。二犯反此，可知。
- 前三門通道俗
  - 前二門通凡聖四法爲言
    - 一約法顯位
      - 威儀戒 隨境別護，禁身口故。——初一外凡假名僧戒並通薄地——劣
      - 護根戒 通攝六根，制於心故。
      - 定共戒 與禪定俱發故。
        - （護根戒、定共戒）——中二內凡和合僧戒——兩通
      - 道共戒 斷惑證道，同時得故。——後一聖人初果已上眞實僧戒——優
    - 二就位細分
      - 約四聖以分
        - 無學人——戒行優
        - 三位果人——戒行劣
      - 約內外凡以分——相望漸劣，可知。
      - 據戒唯有三位
        - 別解脫戒
          - 威儀戒、護根戒——散業
        - 定共戒——定業
        - 道共戒——無漏業
  - 第三門局下凡別脫以辨
    - 三就人別脫有四，五八十具。約體四位雖同。就人七衆乃別。初劣、後優、中間可知。
- 後七門〇

○後七門據文雖通、約義在道。

四 就行
- 約所犯輕重
  - 止持離重過——優
  - 作持離輕過——劣
- 約能治難易
  - 止持對粗過故、治行易成。——劣
  - 作持對細過故、治行難成。——優

五 就心
- 善心持戒——修對治行、以禁惡。——上
- 不善心持戒——爲名利故、世報等。——中
- 無記心持戒——狂亂睡眠等。不緣善惡、泛爾奉持、並無記攝。——下 無記非業故

（三心約業、優劣乃殊、若就制言、順教無異。）

六 所求
- 賊分齊 望教無違、亦名持戒。——劣
- 罪分齊 常畏罪報、無別所求。
- 福分齊
  ——可知
- 道分齊 此明凡夫稟持別脫、遠能趣果。非定道戒。——優

七 約方
- 南洲——優
- 西洲東洲——劣

八 約時
- 約佛在滅
  - 在時——優
  - 滅後——劣
- 約三時 正法像法末法、相望漸劣、可知。

九 遮性
- 約罪
  - 性罪——優
  - 遮罪——劣
- 約治
  - 遮罪——優
  - 性罪——劣

十 六聚
- 約罪 夷優、吉劣、中間可知。
- 約治 吉優、夷劣、中間可知。

△二犯優劣十門 此門所云重輕者、即是優劣。重故爲優、輕故爲劣。因此是二犯門也。

一 約位（就位）
- 學無學相望
  - 無學人誤犯——輕
  - 三位果人故犯——重
- 聖凡相望
  - 三位果人無漏力強——輕
  - 內凡道劣——重
- 內外凡相望
  - 內凡分見眞理、定慧力強。——輕
  - 外凡未緣諦理、事行道劣。——重㊀

㊀文中且據行位、故至外凡。更通薄地、極爲優矣。

二 對行（就行）
- 約心對事
  - 作犯——重
  - 止犯——輕
- 唯就心論 該上兩犯、各通二心。
  - 故心——重
  - 誤心——輕

三 就心
- 不善心持戒——優
- 善心持戒——劣
- 無記心持戒——至劣

四 戒儀（六聚）
- 約戒儀分
  - 犯前戒分、重。——優
  - 犯後威儀分、輕。——劣
- 統約篇聚 夷優、吉劣、中間可知。

五 遮性
- 犯性罪重、制業俱違。——優
- 犯遮罪輕、但違制教。——劣

六 就時
- 約佛在滅 佛在、根利、犯輕。——劣

（約時 附約方）
- 約三時
  - 滅後、漸濁、犯重。——優
  - 正法像法末法、相望漸優、可知。

（準約三方、南優餘劣。）

七 將心望境○

八 將制約報○

九 單心○

十 有無○

○七 將心望境 謂心境相望、或等或互、以顯優劣。
- 引論通示 且約殺戒、餘戒例通。
  - 或心境俱重。人、作人想殺。——俱優
  - 或境重心輕。人、作非人想殺。
  - 或境輕心重。非人、人想殺。
    ——互有優劣
  - 或心境俱輕。非人、畜杌想殺。——俱劣
- 對戒別明 此中但出境之優劣、心隨境故重輕可知。若約互論、如前作句、無不通曉。
  - 婬 約制罪言、婬不簡境、皆犯夷故。約業道言、業有優劣、受報不同、皆前優後劣可知。
    - 簡趣
      - 人
      - 非人
      - 畜
    - 人中簡道俗
      - 出家
      - 在家
    - 道俗中各簡持破
      - 出家
        - 比丘比丘尼
          - 持戒
          - 破戒
        - 式叉摩那
          - 持戒
          - 破戒
        - 沙彌沙彌尼
          - 持戒
          - 破戒
      - 在家
        - 有戒——優婆塞優婆夷
          - 八戒
            - 持戒
            - 破戒
          - 五戒
            - 持戒
            - 破戒
        - 無戒
    - 持中簡凡聖
      - 無學人
      - 三位果人
      - 內凡
      - 外凡
      - 薄地
  - 盜○
  - 殺○
  - 妄○

○盜 約制罪言、唯簡趣有異、簡凡聖同、簡三寶稍異。約業道言、各有優劣、皆前優後劣可知。
- 簡趣
  - 人
  - 天（非人）
  - 畜
- 人中簡凡聖
  - 無學人
  - 三位果人
  - 內凡
  - 外凡
  - 薄地
- 簡三寶
  - 僧
  - 法
  - 佛

○殺 鈔文、唯簡邪正、據業道言。準義、亦合約趣、道俗、持破、凡聖簡之、如婬中所列。約制罪言、唯簡趣有異、餘皆同。約業道言、各有優劣、皆前優後劣可知。

○妄（約制罪言、唯簡趣有異、餘皆同。約業道言、各有優劣、皆前優後劣可知。）
- 簡趣
  - 人
  - 天（非人）
  - 畜
- 人中簡道俗
  - 在家
  - 出家
- 道中簡五衆
  - 沙彌沙彌尼
  - 式叉摩那
  - 比丘比丘尼
- 簡凡聖
  - 薄地
  - 外凡
  - 內凡
  - 三位果人
  - 無學人

○八 將制約報 制謂律制、報謂業道。
- 制重報輕
- 制輕報重
- 制報俱重
- 制報俱輕

○九 單心 鈔具云、單心三時辨犯輕重。前科對境、此獨論心、故云單也。三時者、初方便時、二根本時、三成已時。若依律制、則皆夷罪。今約化教、獨取心業、故分輕重。
- 初有一句三時俱重（約殺戒言、餘可準此。）
  - 方便—重 縱尤害心
  - 根本—重 起尤快心
  - 成已—重 起隨喜心
- 第二有三句二重一輕
  - 初句
    - 方便—重
    - 根本—重
    - 成已—輕
  - 中句
    - 方便—輕
    - 根本—重
    - 成已—重
  - 後句
    - 方便—重
    - 根本—輕
    - 成已—重
- 第三有三句一重二輕
  - 初句
    - 方便—輕
    - 根本—重
    - 成已—輕
  - 中句
    - 方便—重
    - 根本—輕
    - 成已—輕
  - 後句
    - 方便—輕
    - 根本—輕
    - 成已—重
- 第四有一句三時俱輕
  - 方便—輕
  - 根本—輕
  - 成已—輕

○十 有無 鈔具云、有心無心。有心者、通含輕重、如前門。無心者、與前爲異。前約化教、此據制教。
- 初有一句三時俱有心
  - 方便—有心
  - 根本—有心
  - 成已—有心
  - 四戒、俱重。
- 第二有三句二有一無○
- 第三有三句一有二無○
- 第四有一句三時俱無心○

○第二有三句二有一無
- 初句
  - 方便—有心
  - 根本—有心
  - 成已—無心
  - 四戒、俱重。
- 中句
  - 方便—無心
  - 根本—有心
  - 成已—有心
  - 四戒、俱重。
- 後句
  - 方便—有心
  - 根本—無心
  - 成已—有心
  - 初戒、重。餘三戒、方便蘭、成已吉。

○第三有三句一有二無
- 初句
  - 方便—無心
  - 根本—有心
  - 成已—無心
  - 四戒、俱重。
- 中句
  - 方便—有心
  - 根本—無心
  - 成已—無心
  - 初戒、重。餘三戒、方便蘭或吉。
- 後句
  - 方便—無心
  - 根本—無心
  - 成已—有心
  - 初戒、重。餘三戒、成已吉。

○第四有一句三時俱無心
- 方便—無心
- 根本—無心
- 成已—無心
- 初戒、怨逼禁心。餘三戒、始終迷忘。—無罪㊀

㊀但望教開、故無有罪。非不造事、故入犯中。

依化制二教總判此十門
- 初約位—通化制
- 二對行—制
- 三就心—制
- 四戒儀—制
- 五遮性—制
- 六就時—通化制
- 七將心望境—通化制
- 八將制約報—通化制
- 九單心—化
- 十有無—制

雜料簡五章中、第一章。

事鈔不學無知歷位分別表

一 △敘結本意
- 學者開迷 律中諸戒之後、有境想句法。既開根本、故（迷心昏倒。）據此而立。
- 不學結犯 無枝條。（不學無知。）不可學迷、素既無知、故不論迷。（迷心昏倒。）境想句法、不開不學。㊀

- 學
  - 久學 所謂學者、稱教修行、教行相循。若但尋文、若徒行者、皆不名學。
  - 初學 雖學、未通。
  - 未學 勤求道果、期後習律。如毀毘尼戒、不犯所開。
  - 皆不結不學無知罪。
- 不學
  - 忽慢戒律、都無所知。
  - 雖能學習、不專持奉。雖學、亦名不學。
  - 先曾奉持、中道而廢。
  - 隨有不了、若持若犯、根本皆結不學無知罪。

㈠〔案〕所云境想不開不學者、且據大判。下正配位法中、不學之人、亦依境想而開迷倒。茲附錄記文問答二則於下、以資參考。記云。問、下開句法、為是學人、為不學人。答。此科正論不學無知結犯分齊。學人一向無罪、何用句法簡之。又云。問、前云隨戒境想唯開學人、今不學人何以開耶。答。前文敍結、鈔文科判此章云。初且據大判。不妨不學準例同開。此指例開之後文。若且敍結、然後例開。以義求則迷事不別。若取文證、則業疏顯然。

△例開句法—立兩箇九句為持犯方軌（此二九句、即能所體狀相對而論。）

- 所體
  - 事（緣犯）
  - 法（緣犯）
- 能體
  - 識
  - 疑
  - 不識
  - —以此三心、歷事歷犯、交絡互織、則成九句。法中亦爾。即上事犯、心容迷倒、復為九句。法中亦爾。

- 所體—事犯（法可例知）
  - 總論
    - 如婬戒中犯不淨行、共畜生等。—事
    - 波羅夷—犯
  - 別說
    - 如婬戒中自造怨逼、方便重輕、境想差別。—事（事有無窮）
    - 波羅夷—犯（犯唯六聚）
- 能體
  - 不識
    - 迷有謂無（犯謂不犯）—如墮人胎、與殺具等、謂為無犯。
    - 迷無謂有（不犯謂犯）—如盜無主物、謂犯夷等。
    - 迷輕謂重—如盜鼠物、謂犯重等。
    - 迷重謂輕—如盜四方僧物、謂犯蘭等。
  - 疑—疑有謂無等 但是遲疑、非全不識。
  - 識—可知

前後九句並約三心
- 識—前後同
- 疑、不識—前後異
  - 前九句迷教（愚教）—可學迷
  - 後九句迷心（昏倒）—不可學迷

- 不學罪—吉
- 無知罪
  - 不識—提
  - 疑—吉

事鈔與戒疏句法對照表

事鈔順古、止持作犯唯事無法。鈔文前後皆爾。古謂作持止犯無不可學。鈔中前體狀章、猶順古義。今於作持止犯二行、具明可學不可學、與體狀章異也。

- 事鈔
  - 止持—對事—可學九句／不可學九句
  - 作犯—對事—可學九句／不可學九句
  - 作持
    - 對事—可學九句／不可學九句
    - 對法—可學九句／不可學九句
  - 止犯㈠
    - 對事—可學九句／不可學九句
    - 對法—可學九句／不可學九句
- 戒疏
  - 止持
    - 對事—可學九句／不可學九句
    - 對法—可學九句／不可學九句
  - 作犯
    - 對事—可學九句／不可學九句
    - 對法—可學九句／不可學九句
  - 作持
    - 對事—可學九句／不可學九句
    - 對法—可學九句／不可學九句
  - 止犯㈠
    - 對事—可學九句／不可學九句
    - 對法—可學九句／不可學九句

㈠止犯一位、須分二種。一不學止犯、即不學無知也。二事法止犯、即於制聽善事善法故違不作也。今表依事法止犯故有九句、若不學止犯則唯八句。

止持（止持者、不犯根本也。唯對境守戒、不了犯事、雖有枝條、犯望根本名持。作持、例此可知。）
- 可學九句
  - 上品一句—識事（無罪）—識犯（無罪）㈠
  - 中品四句
    - 識事（無罪）
      - 疑犯（不學吉、無知吉）㈡
      - 不識犯（不學吉、無知提）
    - 識犯（無罪）
      - 疑事（不學吉、無知吉）
      - 不識事（不學吉、無知提）
  - 下品四句
    - 疑事（不學吉、無知吉）
      - 疑犯（不學吉、無知吉）
      - 不識犯（不學吉、無知提）
    - 不識事（不學吉、無知提）
      - 疑犯（不學吉、無知吉）
      - 不識犯（不學吉、無知提）
- 不可學九句
  - 上品三句—識事（無罪）㈢
    - 識犯（無罪）
    - 疑犯（不學吉、無知吉）
    - 不識犯（不學吉、無知提）
  - 中品三句—疑事（開枝條）㈣
    - 識犯（無罪）
    - 疑犯（不學吉、無知吉）
    - 不識犯（不學吉、無知提）
  - 下品三句—不識事（開枝條）
    - 識犯（無罪）
    - 疑犯（不學吉、無知吉）
    - 不識犯（不學吉、無知提）

㈠雖是不學、識事識犯、即同學人精持無異、故云上品。然此等雖容有識、無非斷學、皆不學人。
㈡不學罪、凡經兩結。若初起心、漸頓隨犯、如前漸頓門所明。至後無知、隨事復結、如此句法。
㈢問、此不可學、既是迷忘、何得有識。答、三心交絡作句須爾、其實識心非不可學。

㊃事是現對造修、心想容生遺忘，聖不制罪。犯是冥緣教相，有迷猶是無知。縱令先已學通，還制後心怠惰，故不開也。

作犯（作犯者、犯根本也。止犯、例此可知。）
- 可學九句
  - ㊀上品四句
    - 不識事（犯根本不學吉無知提）
      - 不識犯（不學吉無知提）
      - 疑犯（不學吉無知吉）
    - 疑事（犯根本不學吉無知吉）
      - 不識犯（不學吉無知提）
      - 疑犯（不學吉無知吉）
  - 中品四句
    - 識犯（無罪）
      - 不識事（犯根本不學吉無知提）
      - 疑、事（犯根本不學吉無知吉）
    - 識事（犯根本）
      - 不識犯（不學吉無知提）
      - 疑犯（不學吉無知吉）
  - 下品一句 — 識事（犯根本） — 識犯（無罪）
- 不可學九句
  - 上品三句 — 識事（犯根本）
    - 不識犯（不學吉無知提）
    - 疑犯（不學吉無知吉）
    - 識犯（無罪）
  - 中品三句 — 疑事（開根本及枝條）
    - 不識犯（不學吉無知提）
    - 疑犯（不學吉無知吉）
    - 識犯（無罪）
  - 下品三句 — 不識事（開根本及枝條）
    - 不識犯（不學吉無知提）
    - 疑犯（不學吉無知吉）
    - 識犯（無罪）

㊀犯門以罪多爲上品，可學九句理應倒列。

作持 皆通事法，例前作句可知。

止犯 不學止犯，唯有八句，無識法識犯一句。

雜料簡五章中、第二章。

事鈔方便趣果分別表

一 前方便
- 初篇
  - 遠方便 — 重吉
  - 次方便 — 中蘭
  - 近方便 — 上蘭
- 二篇
  - 遠方便 — 輕吉
  - 次方便 — 下蘭
  - 近方便 — 中蘭
- 三篇已下
  - 遠方便 — 輕吉
  - 近方便 — 重吉

二 中根本 — 隨所犯結 結罪之時，並攬前因，共成一果。不同他部，因成果已，更有本時方便。

三 後方便 — 吉 不論篇聚重輕，並制一吉。〔案〕此吉罪重輕未明，或可準前遠方便。

雜料簡五章中、第三章。

事鈔具緣成犯分別表

具緣成犯
- 通緣 是今所明。
- 別緣 如前隨戒釋相篇別示。

通緣七種
- 四命難五梵難 — 局 命梵二難，不開初二篇，又下三篇中不開性戒。如後委明。
- 餘緣 — 通

△一是五衆
- 簡非衆
  - 十三難人
  - 受戒不得人
- 簡是衆 — 或是五衆而造境未果時 — 四種捨戒
  - 或自命終 — 命終捨
  - 或爲他殺 — 命終捨
  - 或捨本戒 — 作法捨
  - 或邪見 — 斷善根
  - 或二形生 — 二形捨

△二無病緣 — 簡重病 心不了知自已受五衆戒
- 顛狂癡亂
- 痛惱所纏

△三心期境 此緣所立，正取期心。若先期心，後迷亦犯。
- 隨相中，漏觸飲酒等。
- 持犯方軌中通塞門，教人自業
- 戒疏中、沙彌任運等

先作方便、後隨心三性並結正犯。謂後對境，雖入餘心，由先方便，即心當境，故皆結犯。

△四無命難 — 簡命難 命難、諸戒中不盡開。
- 上二篇
  - 婬戒怨逼 — 開
  - 餘戒 — 不開
- 下三篇
  - 性戒 — 不開
  - 遮戒
    - 鈔中三句所收 — 開
    - 餘戒 — 不開

△五無梵難 — 簡梵難 梵難、諸戒中不盡開。
- 上二篇 — 不開
- 下三篇
  - 性戒 — 不開
  - 遮戒
    - 鈔中三句所收 — 開
    - 餘戒 — 不開

△六稱本境 — 簡異境來差

△七進趣果 — 簡住息方便
- 事隔
  - 由法隔故成方便 — 好心
  - 懈怠息故成方便 — 非好心
- 心止
  - 好心息故成方便 — 好心
  - 心疑息故成方便 — 非好心

懈怠息
- 緣差
  - 離阻
    - 非本所期 約殺盜言
    - 慮他所獲
    - 不見前境等
  - 緣壞 — 殺具有闕
- 境強 — 如行殺盜反遭加害等

事鈔境想分別表

- △初釋制意　境想五句
  - 初句——重
  - 二句
  - 三句（此句有罪則出、無罪則除。）
  - 四句
  - 五句——輕
  - 雜料簡五章中、第四章。第五章雜相分別表剋漫等、今闕。於戒疏夷篇義門表中委明、檢之。
- △二明境界
  - 內報——有情
  - 外事
  - 約法
  - 對時
  - 約罪——非情
- 戒境通攝三句
  - 一境通多戒——如情中尼女、非情衣食等。
  - 一戒攝多境——如盜及漏失通情非情等。
  - 一戒攝一境——如外道食、入王宮、牙角、兜羅之類是。
- 內報
  - 犯境通六趣
    - 人——婬——夷
    - 天
    - 非（括三趣）
      - 盜殺妄
        - 人——夷
        - 非人（天）——蘭
        - 畜
          - 殺——提
          - 盜妄——吉
    - 畜
  - ○局人分道俗
  - ○局道通內外
  - ○局內通大小
  - ○局大辨形報
  - ○局報分色心
- ○局人分道俗
  - 俗——如販賣、食家有寶。及乞衣、增價、忽切、乞綿、乞縷、勸織、爲女說法、學家過受之類。
  - 道——如無根假根及殘三謗戒、覆粗罪、說粗罪、比丘、搏比丘、疑惱、藏衣鉢。及奪衣、嫌罵打、知事、別衆、勸足、聲擨、驅出聚等。
  - 通道俗
    - 正舉通例
      - 與女宿
      - 與未具宿及二粗語——通尼女、通白衣及下三衆
    - 別明境通制
      - 婬、觸、——可解
      - 別——屛露坐、同道行、——尼女各戒
- ○局道通內外
  - 外道——自手與食。唯此一戒
  - 內衆——如毀呰、兩舌。
- ○局內通大小
  - 大——如無根假根及殘三謗戒、奪衣
  - 小——如減年。及隨擯沙彌
- ○局大辨形報
  - 比丘——如隨舉比丘等。
  - 尼——如同路、期行、乘船、作衣、讚食。及與衣、浣染衣毛等
  - 通兩衆——如無根假根及殘三謗戒、覆粗罪、說粗罪。
- ○局報分色心
  - 色——如婬、漏失。及摩觸。
  - 心——如觀、即尼受染心男子衣食犯殘。即發諍戒、犯提。即迴僧物戒、望施心成犯。取彼染心爲境。染心衣食。
- 外事
  - 單外境
    - 正示
      - 地等——掘地、壞生及草上便唾二草木戒。
      - 食等——不受、殘宿、勸足、酒。及九十單提衆學中諸食戒、並食爲境。
      - 衣等——長衣鉢。及二離、月望、急施等。（此等據事兼時、且從物論。）并毛綿、乞求、諸戒。
    - 別明
      - 約錢寶等揀——錢寶等
        - 畜、貿、盜、捉、成犯。
        - 水——水中戲、大小便。
        - 火——然火。
        - 水風空——盜、漏、皆犯。
      - 約食揀
        - 正不正
          - 局正食——足、別、背。
          - 通正不正——餘食戒。
        - 四藥——局時藥——過受、索美食。
      - 約四事揀
        - 衣
          - 局七日——畜長藥。
          - 局盡形——四月藥。
          - 通四藥——不受、非時等。
          - 同上
        - 藥——同上
        - 房——如二房、覆屋、牽出、安像等。
        - 臥具——如二敷、兜綿等。
    - 通內外二境——如盜、盜兼奪、奪衣連比丘主物。蟲水。蟲水即二物。及取衣作衣浣打等。
- 約法
  - 自所稱作——媒、粗語二、妄、毀呰。及兩舌、口綺、譏教尼、拒勸、發諍等。
  - 他所作法——處分諸諫。僧諫有五、殘四提一。及與屛諫。
  - 是治法——隨舉。及擯沙彌、滅諍中自言覓罪。
  - 法相道理——十八法。即破僧及同誦、五六語、衆學中諸說法等。
- 約時——教尼日暮、非時食、夏歲不安居、二三宿、或同未具殘宿、或在軍中內宿。及二入聚、長、望、二離、減六年、求雨衣、洗浴等。
- 約罪——覆粗罪、說粗罪及覆藏默妄。
- △三辨有無
  - 無
    - 理無——義不能立、故律不出。
      - 境通——犯境通遍、理不須立。如漏失是
      - 境別——對戒境別、理不可立。如婬盜不約法立句等
    - 略無——事必須具、文無者略。
  - 約內報無
    - 如漏失戒——犯境通遍
      - 或理無準疏、此是古解。理不須立。
      - 或略無準疏、如律明文爲證。此是今義。
    - 如謗、奪、兩舌、毀呰、嫌罵等。——略無
  - 約外事無——如屛露二敷、露然、藏衣等。——略無——準有理無。如婬觸等、不約外事立句。
  - 約法無
    - 如殺、盜等。——理無——殺盜等、不約法立句。
    - 如大小二妄、諫、隨舉等。——略無
  - 約時無——如半月浴過、二入聚落。——略無——準有理無。如婬觸等、不約時立句。
  - 約罪無
    - 如尼覆戒——略無
    - 覆說二戒以外諸戒——理無——皆不約罪立句

△四定多少

律中境想或四句或五句、由於第三句有無不定。

鈔中古今兩解、皆爲評此第三句也。列表如下。

- 昔解
  - 輕重相對定有五句（約轉想本迷俱有罪者、名輕重相對。重謂轉想、輕卽本迷。）
    - 別示無輕重者
      - 婬戒——道非道想
      - 飲酒戒——酒無酒想
      - ——轉想本迷俱重、此定有五句、固不待言。
    - 正示有輕重者
      - 殺戒——人非人想
      - 妄戒——人非人想
      - 觸戒——人女非人女想
      - 粗語戒——人女非人女想
      - 歎身戒——人女非人女想
      - 媒嫁戒——人女非人女想
      - 本迷——吉——輕
      - 轉想
        - 前心蘭
        - 後心吉
        - ——重
      - 相對
      - 此亦定有五句。因第三句緣異境非人、相傳約義結方便吉罪。
  - 犯不犯相對或五句或四句（約轉想有罪本迷無罪者、名犯不犯相對。犯謂轉想、不犯卽本迷。）
    - 律本五句或爲四句
      - 無主房戒——不處分處分想 律中有此句
        - 過量不過量想同
        - 有難無難想同
        - 有妨無妨想同
      - 有主房戒——不處分處分想同
        - 有難無難想同
        - 有妨無妨想同
      - 掘地戒——生地非生地想同
      - 壞生戒——生種非生種想同
        - 生草木非生草木想同
      - 爲尼說法戒——日暮不日暮想同
      - 非時食戒——非時時想同
      - 媒嫁戒——媒嫁不媒嫁想同
      - 轉想——前心蘭——或五——犯
      - 本迷——無罪——或四——不犯
      - 相對
    - 律本四句或爲五句
      - 盜戒——過五有主無主想 律中無此句
        - 減五有主無主想同
      - 粗語戒——粗語非粗語想同
      - 迴僧物戒——已許未許想同
      - 說粗罪戒——粗罪非粗罪想同
      - 覆粗罪戒——粗罪非粗罪想同
      - 用蟲水戒——蟲水無蟲水想同
      - 飲蟲水戒——蟲水無蟲水想同
      - 食尼讚食戒——教化不教化想同
      - 足食戒——足食不足食想同
      - 勸足食戒——足食不足食想同
      - 殘宿食戒——宿非宿想同
      - 不受食戒——不受受想同
      - 發諍戒——觀不成觀想同
      - 本迷——無罪——或四——不犯
      - 轉想——前心蘭——或五——犯
      - 相對

今解

- 約本異二境通三位（人是本境，非畜為異境）
  - 輕重門定有三位
    - 轉想——一切戒俱有第三句——前心蘭——定五（此是第一位。但彼局六戒、與昔解遍同。）
    - 本迷
      - 正就本門（輕重門）以明
        - 殺戒等——人非人想或畜生想——吉——或五（此是第二位。但彼是定五。附結後心吉，與昔解解同。）
        - 殺戒等——人杌木想（無情）——無罪㊀——或四（此是第三位。今解所加。）
      - 附引後門（犯不犯門）類說——說粗罪戒（覆粗罪戒例同）
        - 除粗罪（夷殘）以餘罪說（提等）——吉——或五（迷重為輕，有犯吉羅）
        - 粗罪非粗罪想說——無罪——或四（迷有為無，一向無非）
  - 犯不犯門或三位或二位
    - 三位——盜戒等㊁
      - 轉想——前心蘭——定五（與昔解犯同。但彼是或五。）
      - 本迷
        - 有主物非人物想或畜生物想——吉——或五（今解所加。）
        - 無罪——或四（與昔解不犯同。）
    - 二位——掘地戒等㊂
      - 轉想——前心蘭——定五
      - 本迷——無罪——或四
- 約本境本想定四五
  - 律中唯據本境作句
    - 五句——謂轉想故
    - 四句——謂本迷故
    - 作句雖有四五不同，乃是文中綺互而說，不妨一一皆具迷轉。
  - 律中不約異境結罪——於後轉起非畜之心結吉羅者，乃是相傳約義而結，異境後心罪，律無明文。

㊀資持記云：問，輕重門中必約有罪，今通或四，即是無罪，何名輕耶。答，本迷無犯，亦約造事、教相所開，不妨輕義。

㊁據鈔只收盜及覆說三戒，此依本律。若準戒疏，例取餘部，更兼掘地、非時二戒，加前共為五戒。餘應更有，尋之。

㊂鈔列掘地、不處分、非時、勸足等。若準戒疏，掘地、非時二戒應收入前文三位中。

△五解輕重

- 約具闕通示五句
  - 第一句人人想——心境相當，通犯究竟。
  - 第二句人人疑——重 ┐
  - 第五句非人人疑——輕 ┘——此二句，通涉兩境之疑心同，境有本異，以分重輕。
  - 第三句人非人想——重 ┐
  - 第四句非人人想——輕 ┘——此二句，迷境之想心同，境有本異，以分重輕。
- 約本異別示四闕
  - 本境
    - 疑——重（第二句）
    - 想——輕（第三句）
  - 異境
    - 想——重（第四句）
    - 疑——輕（第五句）

南山戒疏持犯體狀表

壬申居鎮海伏龍寺初稿　乙亥五月五日重編寫時居淨山　演音

持犯

- 約心用（一切諸戒、皆雙持犯。此乃奉持用心、非正簡判。）
  - 止持　禁惡也
  - 作持　起治也
  - 作犯　造惡也
  - 止犯　無治也
- 約教行（須有教令行、（若制若聽或事或法）乃具雙持犯。若無教開作、皆是單持犯。簡判諸戒、正用此義。）
  - 止持　不作惡法爲宗
    - 制門
      - 制止事法（斷惡）（昔解、止持作犯二門唯事無法、作持止犯通對事法。）
        - 可學
          - 可學事　婬盜等不行。
          - 可學法　五邪七非等不行。
        - 不可學
          - 不可學事
          - 不可學法
      - 制作事法（不犯制、離過、無犯、不敢違越。）
        - 可學
          - 可學事　衣鉢體量等依作而不犯制。
          - 可學法　三羯磨等依作而不犯制。
        - 不可學
          - 不可學事　房有妨難衣財犯過不合加法者而不加。
          - 不可學法
    - 聽門
      - 聽止事法
        - 可學
          - 可學事
          - 可學法
        - 不可學
          - 不可學事
          - 不可學法
      - 聽作事法
        - 可學
          - 可學事
          - 可學法　房衣理須加法者即加法而不犯制。
        - 不可學
          - 不可學事
          - 不可學法（已下並同、不復具寫。）
  - 作持　修習善法爲宗（作善、進修、依作、造作、如教策修。）
    - 制門
      - 制作事法
        - 可學　衣鉢體量等依作。
        - 不可學（昔解、作持門中皆無不可學。）
      - 制止事法
        - 可學
        - 不可學
    - 聽門
      - 聽作事法
        - 可學
        - 不可學　房衣理須加法者即加法。
      - 聽止事法
        - 可學
        - 不可學
    - （已上八門中、一三五七爲本位、二四六八爲兼攝。）
  - 作犯　造作惡法爲宗
  - 止犯　不修善法爲宗
    - 制聽止作可不可學悉同二持、但犯爲別。

行宗記云止分二種等、列表如下。

- 止持
  - 一斷惡門止。正攝止持。
  - 二修善門止。旁收作持。
- 作持——作唯有一。但局修門。
- 止惡局前。作中之止則通兩門。→在止則離過不殊、
- 作善定後。→在作則同由善事。

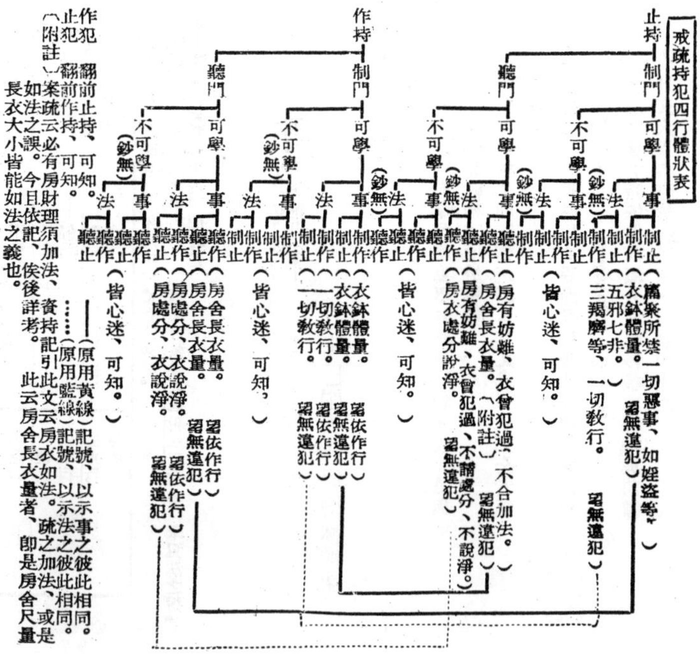
戒疏持犯四行體狀表
止持
作持
制門
聽門
可學
不可學
事
法
止作犯
作犯
（附註）案疏云必有房財，須理加法，資持記云如法衣如長衣之誤，今且依記，能大小皆如法之義也。
（原用黃綫記號，以示事之彼此相同。）
……（原用藍綫記號，以示法之彼此相同。）
此引文房衣法，疏之加法，或此云房舍長衣量者，即是房舍尺量是

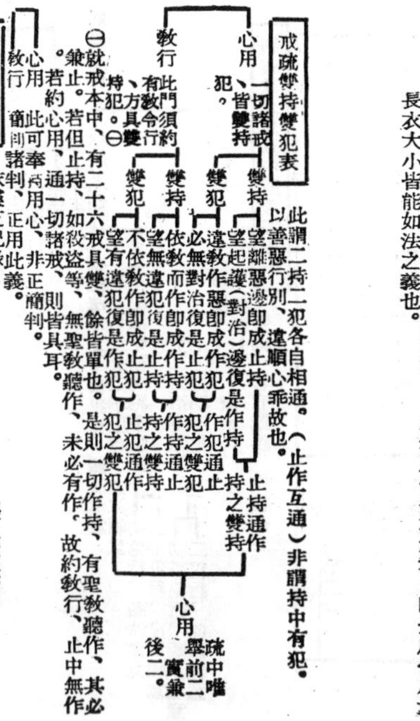
戒疏雙持雙犯表
心用
一切諸戒，皆雙持犯。
教行
此門須約有教方令具雙行
雙持
雙犯
止持通作
持之雙持
心用
疏中唯舉前二，實兼後二。
此謂二持二犯各自相通。以善惡行別，違順心乖故也。（止作互通）非謂持中有犯。
㊀就戒本中，有二十六戒，具雙持犯，餘皆單也。若但止持，如殺盜等，無聖教聽作，是則一切作持，有聖教聽作，其必兼約心用，通一切諸戒，非正簡判。
心用
教行
此可奉行
簡判諸
正用此義
依靈芝記錄

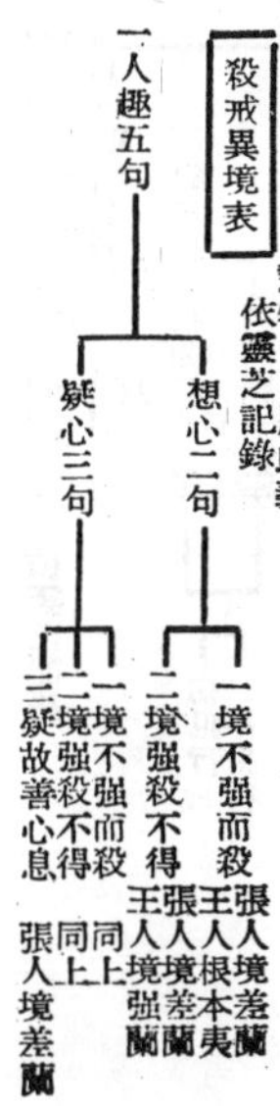
殺戒異境表
一人趣五句
想心二句
疑心三句
一境不強而殺
二境強殺不得
三疑故善心息
張人境差蘭
王人根本夷
張人境差蘭
王人強
同上
同上
張人境差蘭

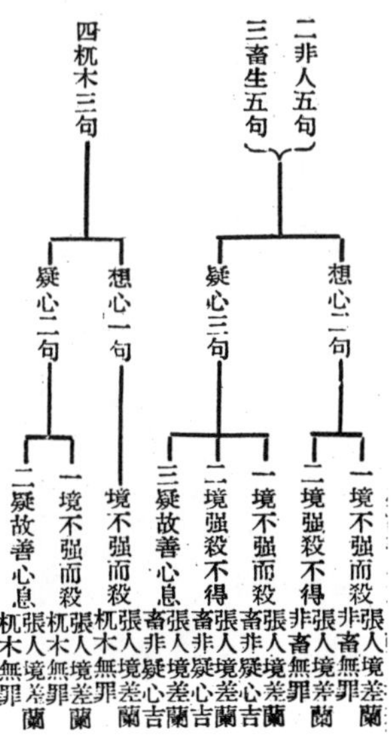
二非人五句
三畜生五句
四杌木三句
想心二句
疑心三句
想心一句
疑心二句
一境不強而殺
二境強殺不得
三疑故善心息
境不強而殺
二疑故善心息

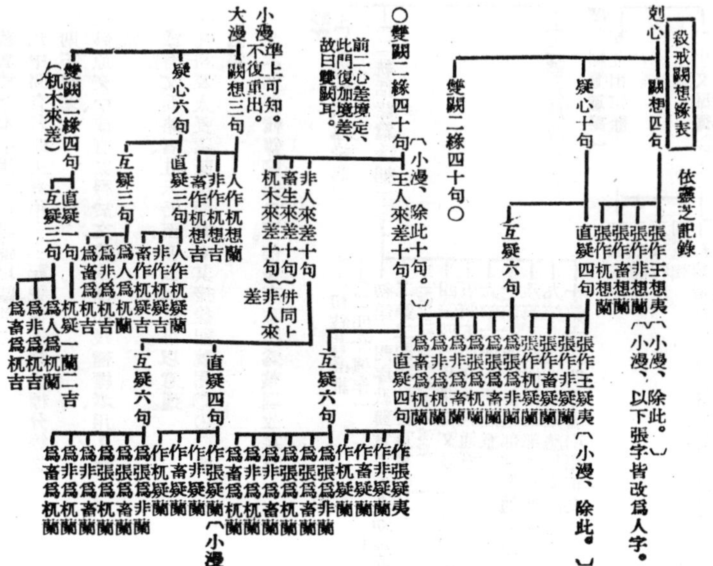
殺戒闕想緣表
依靈芝記錄
剋心
闕想四句
疑心十句
雙闕二緣四十句○
張作王想夷（小漫、除此。）
張作非想蘭（小漫、以下張字皆改爲人字。）
張作畜想蘭
張作杌想蘭
直疑四句
互疑六句
張作王疑夷（小漫、除此。）
○雙闕二緣四十句（小漫、除此十句。）
前二心差境定，此門復加境差，故曰雙闕耳。
王人來差十句
非人來差十句
畜生來差十句
杌木來差十句
併同上
小漫準上可知。
大漫不復重出。
闕想三句
疑心六句
雙闕二緣四句（杌木來差）
直疑三句
互疑三句
直疑一句
互疑三句
人作非想蘭
人作杌想吉
人作畜想蘭
直疑四句
互疑六句
作張疑夷
（小漫、除此。）

依靈芝記錄

制廣教五意章中所詮四相表

- 初犯法
  - 初犯行
  - 二不犯行
- 二不犯法
  - 初開犯不犯法
  - 二對治不犯法
  - 三約制不犯法
    - 初犯行
    - 二不犯行
- 三輕法
  - 初生輕行
  - 二生重行
- 四重法
  - 初生重行
  - 二生輕行

約義重條
- 初約違順
  - 初犯法
    - 初犯行、順法違意
    - 二不犯行、違法順意
  - 二不犯法
    - 初開犯不犯法
      - 初犯行、順法違意
      - 二不犯行、違法順意
    - 二對治不犯法
    - 三約制不犯法
      - 初不犯行、順法順意
      - 二犯行、違法違意
- 二約難易
  - 初犯法
  - 二不犯法
    - 不犯行

新編　若有訛誤、俟後改正。

制廣教五意章中所詮四相表

甲	乙	丙
犯法	犯法 犯行（無不犯行）	犯行（同第二） 不犯行
不犯法（持）	不犯法（有三種） 不犯行	犯行 不犯行
輕法	輕法 輕行	生輕行 生重行
重法	重法 重行	生重行 生輕行

甲乙丙三者、本應具列。今疏中、或存或闕略。

初列名解中、舉犯法之甲乙。二以義分依位互顯犯法二行中、舉犯法之丙。以下諸文、皆唯舉甲丙、而略乙。

事鈔略科

第二次錄寫本

辛巳閏六月居檀林禪苑　弘一

說例

一甲戌之歲、居南閩、曾纂寫事鈔略科一卷。今復輯錄、與前本大同、而較精密、便於尋覽。

一科分依鈔。科文則依靈芝別本。其文或有未完全者、復依鈔補之。

一靈芝科文有與鈔原文異而易致疑惑者、以朱筆記鈔原文於旁。茲改用（）附註其易見者則不記。

一靈芝科文有時依鈔前標分文、而鈔後牒釋時與前標分文大異者。恐致疑惑、用△記號以示之。

一昔年標點鈔記會本中、凡此略科輯錄之科文、皆於彼鈔原文旁記以——記號。或彼鈔原文偶有略而未載者、於今本中用〔〕記號以區別之。

一凡中間有科略去者、用……記號。但僅略去標分等文、則不記寫。

一鈔原文中或有某科於文前未標而後補標者、用┃記號。

一或有文簡略者、註云乃至、亦云如文。可以意通。

一凡科表太長須斷續而寫者、其接後記號用◎⊙○●▲等。

一此本匆促輯錄、聊備自覽。俟後有暇、再爲整理改纂焉。

鈔序
- 〔初通敘撰述緣起〕
  - 〔初敘昔澆訛〕
  - 〔二明今述作〕
- 〔二統括諸篇大綱〕
  - 初第一門序教興意
    - 初通明教興
      - 〔初大慈愍物意〕
      - 二對異外道意
      - 三懸被異宗意
    - 二就當宗以辨
      - 初遮性往分
      - 二開制往徵
      - 三報有強弱
      - 四機悟不同
      - 五事法相對
  - 二第二門制教輕重意
  - 三第三門對事約教判處意
  - 四第四門用諸部文意
  - 五第五門文義決通意
  - 六第六門教所詮意
  - 七第七門道俗七部立教通局意
  - 八第八門僧尼二部行事通塞意
  - 九第九門下三衆隨行異同意
  - 十第十門明鈔者引用正文去濫傳真科酌意
    - 初引用正經
    - 二世中偽經
    - 三鈔與本意
- 〔三總示所詮行相〕

標宗顯德篇第一
- 初先出宗體
  - 初戒法
  - 二戒體
  - 三戒行
  - 四戒相
- 二引文顯德▷
  - 初順戒住持
    - 初約化教 有四。如文。
    - 二就制門 有二。如文。
  - 二違戒滅法

集僧通局篇第二

- 初明集僧軌度
  - 初列文
  - 二義設
- 二辨來處通局
  - 初明處之分齊
    - 初別列二界之相（二種差別）
      - 初作法分齊
      - 二自然分齊
        - 初聚落
          - 初可分別
          - 二不可分別（有僧不可知）
        - 二蘭若
          - （初無難）
          - 二有難
        - 三道行
        - 四水界
    - 二總論二界之體
  - 二明用之通局▷

足數衆相篇第三

- （初足數本文）……
  - 初體是事違▷
  - 二體境俱非▷
  - 三體非緣是▷
  - 四約緣有礙
- 二別衆法附
  - 初明別相
  - 二解成否

受欲是非篇第四

- 初明其緣
  - 初制意名體
    - 初制意
    - 二釋名
    - 三明體
  - 二明開遮
  - 三定緣是非
- 二明欲法
  - 初與法
    - 初與法
    - 二說法
  - 二失法
  - 三過緣成否

通辨羯磨篇第五

- 初作法具緣
  - 初稱量前事乃至
  - 十答所成法
- 二立法通局
  - （初正明通局）
    - 初相攝分齊
      - 初法……
        - 初略明三位
          - 初心念
          - 二對首
          - 三衆法
        - 二曲分八種文如
      - 二事
      - 三人
      - 四界
    - 二別舉成壞
  - 二曲解羯磨……
    - 初釋二法文相（就說戒一二文）
      - 初說戒單白
      - 二受戒白四
        - 初白文
        - 二羯磨
          - 初正決根本
          - 二結成上文
    - 二加三法料簡
      - 初增減
      - 二通塞
      - 三是非

結界方法篇第六

- 初列數定量
  - 初自然界
  - 二作法界……
    - 初大界
    - 二戒場
    - 三小界
- 二依位作法
  - （初結法）
    - （初廣明三種結法）
      - 初結無場大界（且論無者結大界法）
        - 初先出緣成
          - 初料簡是非
          - 二豎標唱相
            - （初豎標）
              - 初明標相
              - 二示界形
            - 二唱相
              - 初明離過（須識過）
              - 二示唱法
          - 三集僧與欲
            - 初明兩種集僧
            - 二辨不開受欲
        - 二正加聖法
      - 二結有場大界
        - 初豎標
        - 二結法
          - 初緣前後
          - （二結戒場）
            - 初先唱相
            - （二正羯磨）
          - 三結大界
            - 初唱相
            - 二羯磨
      - 三結三小界
        - 初集僧遠近
        - 二不豎方相
        - 三指略結法
    - 二略示餘三大界
  - 二解法
    - 初解無場大界
    - 二解有場大界
    - 三解三小界
- 三法起有無
- 四非法失相

僧網大綱篇第七
- 初約化制二教明相不同
  - 初化教
  - 二制教……
    - 初正明七九法
      - 〔初正列七種〕
        - 初訶責
          - 初出過
          - 二正治▷
            - 初立治
            - 二奪行
            - 三順從
            - 四解法
        - 二擯出
        - 三依止
        - 四遮不至白衣家
        - 五不見擧
        - 六不懺擧
        - 七惡見不捨擧
      - 〔二後加二種〕
        - 初惡馬治法
        - 二默擯法
    - 二因示滅擯法
- 二約僧制衆食以論通塞
  - 〔初僧制是非〕
    - 初明世立非法
    - 二引正制證成▷
  - 二衆食通塞（約食以論）
    - 初明通塞
    - 二引聖言
- 三約法就時對人以明
- 四約處就用以明
- 五衆主教授之相

受戒緣集篇第八
- 〔初受戒本篇〕……
  - 初具緣成受
    - 初能受五法
      - 一是人道
      - 二諸根具足
      - 三身器清淨
      - 四出家相具
      - 五得少分法
    - 二所對六法
      - 一結界成就
      - 二有能秉法僧
      - 三數滿如法
      - 四界內盡集和合
      - 五有白四教法
      - 六資緣具足
    - 三發心乞受
    - 四心境相應
    - 五事成究竟
  - 二正加教法⊙
- 二捨戒六念法附◎

⊙二正加教法
- 初緣起方便
  - 一得法以否
  - 二明請師法
    - 〔初正明請法〕
      - 初請和尚法
      - 二請二師法
      - 三請七證法
    - 二料簡成否（十師成否之相）
  - 三教發戒緣
    - 初緣境
    - 二心量▷
  - 四安置立處（第四。—聞處）
  - 五差威儀師
  - 六出衆問緣
    - 〔初示出意〕
    - 〔二辨遮難〕……
      - 〔初明遮難〕
        - 〔初明難〕
          - 初邊罪
          - 二犯尼
          - 三賊心
          - 四破內外道
          - 五黃門
          - 六三殺（殺父等）
      - 二辨餘事
    - 三明正問（正出衆問法）
  - 七單白入衆
  - 八正明乞戒
  - 九戒師白和
  - 十正明對問
- 二正明體用○

○二正明體用
- 〔初受體〕
- 二說相
- 三受淨（爲受—坐具）

（二辨遮）
- 七二逆（破僧等）
- 八非畜
- 九二形

◎二捨戒六念法附
- 〔初六念〕
  - 〔初正明六念〕
    - 初念知日月
    - 二念知食處
    - 三念知夏臘
    - 四念知衣鉢
    - 五念同別食
    - 六念身康羸
  - 〔二兼示雜相〕
- 二捨戒

師資相攝篇第九
- 初弟子依止
  - 初師弟名相
  - 二依止法
    - 初簡應法
    - 二明正行
      - 初七種共行法
      - 二三種別行法
        - 初白事法
        - 二受法法
        - 三報恩法
- 二二師攝受
  - 初制意（依止意）
  - 二無師時節
  - 三簡德
  - 四請法
  - 五攝受
    - 〔初小弟子法〕
    - 二老弟子法
  - 六治罰
    - 初合訶之法
    - 二依法訶誡▷
    - 三不應之失▷
    - 四辭師出離▷
  - 七失法

說戒正儀篇第十
- 初僧法
  - 初時節不同
  - 二雜法衆具
  - 三正說儀軌
    - 〔初正釋〕
      - 初處所
      - 二衆具（於說—令知）
      - 三白告
      - 四集僧
      - 五供具
      - 六維那行事
      - 七請戒師
      - 八供養說戒
      - 九問答
      - 十說覺
    - 二雜辨（雜相）
  - 四略說雜法
    - 〔初略緣〕
    - 二略法
- 二別人法

安居策修篇第十一
- 〔初安居本篇〕
  - 初安居緣
    - 初處有是非
    - 二結時不同
      - 初約制總明三時
      - 二就夏別明三時
        - 〔初正示三時〕
        - 二泛明前後
    - 三夏閏延促

- （承前）
  - 二分房法
  - 三作法不同
    - 初說教對緣
      - 初對首
        - 〔初前安居
        - 二中安居
        - 三後安居〕
      - 二心念
      - 三忘成
      - 四及界
    - 二用法分齊
  - 四遇緣成否
    - 初有難移夏
    - 二受日逢難▷
  - 五迦提解界
    - 初迦提五利
    - 二解界是非
- 二受日法附
  - 初通料簡
    - 初對人
    - 二對界
    - 三先後
    - 四相攝
  - 二緣是非▷
    - 初定緣是非
    - 二對事離合
    - 三懸受
    - 四互用
    - 五重受
    - 六約事長短
    - 七僧尼不同
    - 八事訖不來成否
  - 三依位解▷
    - 初心念
    - 二對首
    - 三衆法
- 三料簡雜相

自恣宗要篇第十二

〔初自恣本篇〕……

- 初緣集相應
  - 初時節差別
  - 二應人是非
- 二自恣方法
  - 初五人已上僧法
  - 二四人已下對首法
  - 三一人心念法
- 三雜明諸行▷

- 二迦絺那衣法附
  - 初六人僧法
    - 初僧集緣起〔五德進否〕
    - 二五德自恣
      - 初簡人是非
      - 二差法正式▷
      - 三五德行事
      - 四對座說儀▷
    - 三尼來請說
    - 四略說雜行
  - 二五人僧法
    - 初受衣時節
    - 二衣體是非
    - 三簡人差別
      - 初受衣人
      - 二持衣人
    - 四受衣方法
      - 初作衣法
      - 二受衣法
    - 五捨衣雜相
      - 〔初捨法不同
      - 二五利通塞〕

篇聚名報篇第十三

〔初先明戒護
二正明篇聚▷〕

- 初明篇聚
  - 初波羅夷乃至
  - 六突吉羅

- 二明果報
  - 初起業重輕……
    - 初善心犯戒
    - 二不善心犯戒
    - 三無記心犯戒
  - 二證成來果▷

隨戒釋相篇第十四

- 初戒法
  - 初聖道本基
  - 二戒有大用
  - 三略知名趣
    - 初翻名
      - 初戒律
      - 二解脫
    - 二釋義
  - 四具緣不同
  - 五優劣有異
  - 六重受通塞
  - 七震嶺受緣
- 二戒體
  - 初戒體相狀
    - 初辨體多少
    - 二立兩解名
      - 初立兩所以
      - 二并解名義
    - 三正出體狀
      - 初作戒體
      - 二無作體
    - 四先後相生
    - 五無作多少
  - 二受隨同異
  - 三境緣寬狹
    - 初能緣心
    - 二所緣境
    - 三發戒
    - 四防非
  - 四發戒數量
    - 初懸舉
      - 〔初境量多少
      - 二發戒多少〕
    - 二引證
- 三戒行
- 四戒相
  - 初四波羅夷◎
  - 二十三僧殘已下唯錄三戒科文、餘悉從略。
  - 三二不定
  - 四三十捨墮◎
  - 五九十單提◎
  - 六四提舍尼
  - 七衆學
  - 八七滅諍欠科

◎初四波羅夷

- 初婬戒
  - 初所犯境
  - 二成犯相
  - 三開不犯
- 二盜戒
  - 初所犯境
  - 二成犯相
    - 初有主物
      - 〔初明物體
      - 二列義門〕
    - 二有主想
    - 三有盜心
    - 四是重物
    - 五舉離處
  - 三開不犯
- 三殺人戒
- 四大妄語戒

- 初三寶物
  - 初知事是非
  - 二盜用差別▷
    - 初盜用
      - 初佛物
      - 二法物
      - 三僧物
        - 初常住常住
        - 二十方常住

- 三現前現前
- 四十方現前
- 二互用
  - 初三寶互
  - 二當分互
  - 三像共寶互
  - 四一一物互▷
    - 初佛物
      - 初佛受用物
      - 二施屬佛物
      - 三供養佛物
      - 四獻佛物
    - 二法物
    - 三僧物
- 三出貸
- 四瞻待
- 二人物……
  - 初掌護損失主
  - 二寄附損失主
  - 三被盜物主……
    - 初不現前盜
    - 二對面現前奪
  - 四賊施比丘主
  - 五收囚縛賊主
  - 六狂人施物主
  - 七守視人作主
- 三非畜物
  - 初非人物
  - 二畜生物

◎四三十捨墮—十八畜錢寶戒……
- 初簡物體（料簡四門）
  - 初列數顯過
    - 初列數
    - 二顯過
  - 二開制不同▷
    - 初田宅園林（第一不淨）
    - 二種植生種
    - 三貯積穀帛
    - 四畜養人僕
    - 五養繫禽獸
    - 六錢寶貴物
    - 七氍毺釜鑊（聽畜重物）
    - 八像金飾牀（八者）
  - 三結罪輕重
  - 四交貿罪多少
- 二解本戒

◎五九十單提
- 三十三別衆食戒
  - （初犯）
    - （初約相分示）
      - 初僧次
      - 二別乞
      - 三別請
    - 二約緣重釋
      - 初第一緣有施主
      - 二第二緣是僧次別請別乞
      - 三第四緣食處成衆
      - 四第五緣界內不盡集
      - （五第六緣無諸緣）
  - 二不犯
- 三十九不受食戒
  - 初制受意
  - 二能受人
  - 三所受境
  - 四所受食
    - 初泛明須否
    - 二明轉變
  - 五受食處
  - 六受食法
    - 初器食相對
    - 二身心相對
    - 三單心無對
    - 四運衭觸礙
    - 五心境相當
    - 六非心境受
      - 初善見五種
      - 二本律七緣 如文
  - 七須食觀
  - 八食食法▷
  - 九失受法
  - 十對文解

持犯方軌篇第十五
- 初名字
  - 初解二持
  - 二釋兩犯

- 二體狀
  - 初能持犯體
  - 二所持犯體……
    - 初止持
    - 二作持
    - 三作犯
    - 四止犯
- 三成就
  - 初一心門
  - 二將心望境
  - 三自作教人
  - 四自業相成
- 四通塞
- 五漸頓
  - 初就心通漸頓
  - 二對行說唯漸
  - 三約止犯別解
    - 初二罪對明（不學一頓）
    - 二分位別解
    - 三結罪分齊
    - 四可懺以否
- 六優劣
  - 初明二持十門 如文
  - 二明兩犯十門 如文
- 七料簡
  - 初不學無知
    - 初敍結本意
    - 二例開句法▷
      - 初止持
      - 二作犯
      - 三作持
      - 四止犯
      - 初可學九句
      - 二不可學九句
  - 二方便趣果
    - 初前方便
    - 二中根本（本相）
    - 三後方便
  - 三具緣成犯……
    - 一是五衆（心了知是比丘）
    - 二無病緣
    - 三心期境
    - 四無命難
    - 五無梵難
    - 六稱本境
    - 七進趣果
  - 四境想分別
    - 初釋制意
    - 二明境界 如文
    - 三辨有無
    - 四定多少
    - 五解輕重▷
  - 五雜相分別

懺六聚法篇第十六
- 初化教通懺
- 二制教局懺（依律—立懺）
  - 初懺波羅夷法……
  - 二懺僧殘法
    - 初略明對治
      - 初分別須治
      - （二正明立法）
    - 二立懺儀軌
      - 初引明文
      - 二顯格義▷
        - （初與覆藏法）
          - 初罪名種相
          - 二成覆以否
          - 三用僧多少
          - 四知用埊數
          - 五懺儀設置
          - 六覆日長短
          - 七總別懺法
          - 八正加羯磨
          - 九奪行行護
        - 二與摩那埵法
        - 三與出罪法
  - 三懺偸蘭遮法
    - 初明罪相
      - 初從生三品
      - 二自性三品
    - 二立懺儀▷
      - 初大乘法
      - 二小乘法
      - 三一人法
  - 四懺波逸提法……
    - 初三十捨墮
      - 初僧法
        - 初明捨財
          - 初辨定須否
            - 初總明捨法差別
            - 二辨定是非▷
              - 初明長（犯長）
              - 二離衣
              - 三販寶
                - 初威儀教乞
                - 二羯磨加被▷
          - 二忘見本物
          - 三修捨威儀
          - 四正說捨詞
        - 二明捨心
        - 三明捨罪
          - 初對僧乞
          - 二請懺主
          - 三作單白
          - 四說罪相
            - 初說持破之相
            - 二分別輕重悔法▷
              - （初總分三種）
              - 二別示二懺（正悔罪）
          - 五正悔罪
          - 六呵責語
          - 七立誓

- 二衆多人法
- 三對首法
- 四明還衣離相
  - 初料簡是非
  - 二正明還法
- 二九十單提
  - 初對四人法
  - 二對三二人法
  - 初明前緣
  - 二正懺法
- ◎五懺提舍尼法
  - 初請懺主
  - 二說罪相
  - 三正捨罪
- ◎六懺突吉羅法
  - 初出方軌
  - 二立條例▷
    - 初出罪種
      - 初簡覆藏唯故犯
      - 二明方便獨頭通二犯
    - 二明懺儀
      - 初懺故作
      - 二懺誤作
        - 初先出其相
        - 二正明作法

二衣總別篇第十七

- 初制門
  - 初三衣
    - 初制意等三
      - 初制意
      - 二釋名
      - 三明功用
    - 二作衣方法
      - 初求財如法
      - 二財體如法
      - 三色如法
      - 四定量是非
      - 五條數多少
      - 六堤數長短
      - 七重數多少
      - 八作衣方法
    - 三加受持法▷
      - 初對首法
        - 初僧尼同法
        - 二尼衆別法（尼受餘二衣）
          - 初受法
          - 二捨法
      - 二心念法
    - 四出離料簡
      - 初受捨是非
      - 二補治浣染
      - 三受用鑿舉
  - 二坐具
  - 三漉袋
  - 初衣法
  - 二衣界……
    - 初結法
    - 二解法
- 二聽門◎
- ◎二聽門
  - 初百一諸長
    - 初百一供身令受持之
    - 二長物及餘令說淨畜▷
      - 初明長相
      - 二開說淨▷
  - 二糞掃衣
    - 初明制著意
    - 二明衣物體
  - 三檀越施
    - 初就一部自論
      - 初二種時施
        - 初時現前
        - 二時僧得
      - 二二種非時施
        - 初非時現前
        - 二非時僧得
    - 二明二部互正
  - 四亡人物
    - 初制入僧
    - 二對亡者分法不同
    - 三同活共財
    - 四囑授是非
      - 初囑授善惡
      - 二人物差別
      - 三重單囑授
      - 四成否之相
    - 五負債進否
    - 六定物輕重……
      - 初制說意
      - 二施主差別
      - 三開說進否▷
        - 初明開請須否
          - 初明須請
          - 二似不須請
        - 二列示請法
      - 四說之法用▷
        - 初衣物淨法
        - 二錢寶淨法
      - 五辨施主存亡

- 一唯取四分不取外宗
- 二四分先準諸部類通
  - 初略分三位
    - 初佛所制畜
    - 二制不聽物
    - 三佛開聽畜
      - 初性重
      - 二性輕
      - 三從用輕重
  - 二廣分七種……
    - 初絲麻毛綿
    - 二瓦石鐵木竹等
    - 三田園房舍等
    - 四皮革
    - 五畜生
    - 六人民奴婢
    - 七四藥
- 三通用律藏廢立正文
- 六明失法不同▷
- 七具德賞勞
  - 初簡德
  - 二與物
  - 三簡人
- 八分物時節
- 九正加分法
  - 初集錢財衣物
  - 二加法分之
    - 初羯磨
      - 初五人已上法
        - 初處判賞勞
        - 二差分輕物
      - 二四人法
    - 二對首
    - 三心念
- 十雜明受物

四藥受淨篇第十八

- 初明藥體
  - 初藥體（就四藥明）
    - 初時藥
    - 二非時藥
    - 三七日藥
    - 四盡形藥
  - 二六味
  - 三轉變
  - 四相和
- 二明淨地處所
  - 初制意釋名
    - 初制意
    - 二釋名
  - 二列數作法
    - 初不周淨
    - 二檀越淨
    - 三處分淨
    - 四白二淨
  - 三正加羯磨（加法）
  - 四雜出料簡
- 三護淨不同
  - 初鄰淨
    - 初緣淨
    - 二體淨
    - 三體不淨
    - 四緣不淨
  - 二護淨
    - 初護惡觸
    - 二護自煮
    - 三護內宿
    - 四護內煮
  - 三罪通塞
    - 初約四藥對四過明通塞
    - 二約四過對四位明通塞
      - 初就處
      - 二就時
      - 三就人
      - 四就食
  - 四互明淨染▷
  - 五儉開八事
  - 初先明過相
  - 二對顯通塞（將此一以明）
    - 初內宿對
    - 二內煮對
    - 三自煮對
    - 四惡觸對
- 四淨法差別▷
  - 初制意
  - 二明處人
  - 三示淨法
- 五二受有別◎

- ◎五二受有別
  - 初制二受意
  - 二受通四藥
  - 三對人不同▷
  - 四加法亦別
    - 初時藥
    - 二非時藥
      - 初所受藥
      - 二能授人
      - 三所受者
      - 四正受法
    - 三七日藥
      - 初所受藥
      - 二能授人
      - 三所受者
        - 初自無五過
        - 二自作四法
      - 四正受法
    - 四盡形藥
      - 初所受藥
      - 二能授人
      - 三所受者
      - 四正受法
  - 五說淨通局
  - 六二受寬狹
  - 七重加進否
  - 八雜明罪相

鉢器制聽篇第十九

- 初鉢器是制教
  - 初制意
  - 二體
  - 三色
  - 四量
  - 五受法
  - 六失受相
  - 七受用行護
- 二衆具入聽門▷

對施興治篇第二十

- 初受施之人
- 二厭治方便
- 三立觀有教
- 四作觀方法
  - 初計功最施
  - 二忖己德行
  - 三防心離過
  - 四正事良藥
  - 五爲成道業
- 五隨治雜相

頭陀行儀篇第二十一

- 初釋總名顯德
- 二列數明體
  - 初相生次第
  - 二列名行體
    - 初納衣
    - 二三衣
    - 三乞食
    - 四不作餘食法
    - 五一坐食
    - 六一揣食
    - 七蘭若
    - 八塚間
- 三諸部異行
- 四雜出諸法

僧像致敬篇第二十二

- （初僧像本篇）
  - 初制相敬意
  - 二對敬立緣合否▷
    - （初不應禮）
      - 九樹下
      - 十露地
      - 十一隨坐
      - 十二常坐
    - 二應禮
  - 三立敬儀式
    - 初敬佛法▷
      - （初先示敬儀）
      - 二正明敬相
    - 二敬僧法
    - 三大小致禮法
- 二造像法附（造佛像塔寺法）
  - （初造像塔法）
    - （初造像）
    - 二造塔
  - 二造寺法

計請設則篇第二十三

- 初受請法
- 二往計法
- 三至請家法
- 四就座命客法
- 五觀食淨汚法
- 六行香呪願法
- 七受食方法▷
- 八食竟收斂法
- 九𠻳噉布施法
- 十出請家法

導俗化方篇第二十四

- 初說法軌儀受戒方法
  - （初說法儀式）
  - 二受戒方法
    - 初翻邪三歸
      - 初制意
      - 二懺悔法
      - 三立歸法▷
      - 四總料簡
    - 二五戒
      - 初簡人是非
      - 二作法差別
      - 三料簡
    - 三八戒
- 二辨生緣奉敬
- 三明士女入寺正式
  - 初出立意
  - （二明法式）
    - 初中國舊法（依祇洹圖法出）
    - 二今師要術

主客相待篇第二十五

- （初本篇）
  - 初入寺法
  - 二問主人受房等法
  - 三相識敬儀
  - 四問受利法
- 二四儀法附

瞻病送終篇第二十六

- 初瞻病
  - 初制意
  - （二簡人并供養法）
    - 初簡人
    - 二供給
  - 三安置處所
  - 四說法斂念
- 二送終
  - 初將屍出法
  - 二明葬法

諸雜要行篇第二十七

- 初明佛法僧
- 二衆中雜事
- 三別人自行
- 四共行同法
- 五出家要業
- 六遇賊法
- 七大小便法
- 八慈濟畜生法
- 九避惡衆生法
- 十雜治病法

沙彌別行篇第二十八

- 初明出家本意
  - 初出家元緣
  - 二勸出有益
  - 三障出有損
  - 四行凡罪行
  - 五行凡福行
  - 六行聖道行
  - 七大小乘相決同異
- 二依位隨解▷
  - 初出家具緣
  - 二作法不同
  - 三受戒方式
    - 初緣
    - 二體
    - 三相
      - （初列戒相）
      - 二說五德
      - 三說六念
      - 四說十數
  - 四隨戒雜相
    - （初通簡同別）
    - 二別示乘法
      - 初別法
      - 二衆法
  - 五雜行教示

尼衆別行篇第二十九

- 初明大尼
- 二明式叉
- 三明沙彌尼
  - 初受戒法
    - 初畜衆
    - 二受戒
      - （初明受本法）
      - 二正受戒體
        - 初往來是非
        - 二僧尼數量
        - 三尼須結界
        - 四安置儀式
        - 五入戒法中
  - 二懺罪法
  - 三說戒法
  - 四安居受日
  - 五自恣法
  - 六隨戒相
    - 初八重
      - 初摩觸
      - 二八事
      - 三覆藏
    - 二僧殘
      - 初言人戒
      - 二四獨戒
    - 三單墮
  - 七師徒雜行▷
    - （初師徒相攝）
    - 二八敬要行

諸部別行篇第三十

- 初僧數多少
- 二聖法通塞
- 三重犯不同
- 四攝事寬狹
- 五心境差別
- 六捨懺有異
- 七隨相階別

歲次鶉尾七月十三日剃染二十三載居茀林結夏書

事鈔戒業疏科別錄合冊

第一輯

沙門弘一撰

目錄

行事鈔科別錄

第一冊

行事鈔序文科

接後記號◎⊙○

- 初通敍撰述緣起
  - 初略歎戒德以標宗
  - 二廣敍弘傳以生起
    - 初正像弘傳
    - 二像季弘傳
      - 初敍昔澆訛
        - 初通明兩土
        - 二別示此方
          - 初總明傳教之失
            - 初標其自任
            - 二列其所失
            - 三結示難易
          - 二別彰講解之過
            - 初斥學解
              - 初通敍局執
              - 二列示乖諍
              - 三結歎難能
            - 二嗟撰集
              - 初別斥
                - 初疏鈔乖宗
                - 二義集繁闕
              - 二總斥
      - 二明今述作
        - 初通敍興懷
        - 二別示文體
          - 初引用取捨
          - 二述作體勢
          - 三統會成異宗
        - 三勒卷分篇
          - 初約文勒卷
            - 初能詮三卷
              - 初遮異說
              - 二示今意
              - 三指所闕
            - 二示所詮三位
          - 二以類分篇
            - 初敍意
            - 二列名
- 二統括諸篇大綱◎
- 三總示所詮行相◎

◎二統括諸篇大綱
- 初敘意生起
- 二分門別示
  - 初第一門序教興意○
  - 二第二門制教輕重意○
  - 三第三門對事約教判處意○
  - 四第四門用諸部文意○○
  - 五第五門文義決通意○○
  - 六第六門教所詮意○
  - 七第七門道俗七部立教通局意○○
  - 八第八門僧尼二部行事通塞意○○
  - 九第九門下三衆隨行異同意○
  - 十第十門明鈔者引用正文去濫傳異科酌意○
- 三總結指廣⊙

○初第一門
- 初標舉
- 二正明
  - 初通明教興
    - 初大慈愍物意
      - 初據論顯意
      - 二引律證成
    - 二對異外道意
      - 初敘本制意
      - 二據律證成
    - 三懸被異宗意
      - 初總約羣宗顯意
      - 二略引二部證成
        - 初薩婆多部
        - 二曇無德部
  - 二就當宗以辨
    - 初指前標後
    - 二約律證明
      - 初敘廣總標
      - 二位分別釋
        - 初正明別意
          - 初遮性往分
            - 初總示通局
            - 二別明緩急
              - 初正明
                - 初未來教
                - 二在世教
              - 二引證
                - 初性戒
                - 二遮戒
          - 二開制往徵
            - 初標舉
            - 二引文示
            - 三明互融
          - 三報有強弱
          - 四機悟不同
          - 五事法相對
        - 二結顯總意
          - 初正明
          - 二引證
- 三結指

○二第二門
- 初標舉
- 二正明
  - 初敘教難裁
  - 二尋文可究
    - 初敘意標舉
    - 二約文別列
    - 三總前結示

○三第三門
- 初標舉
- 二正明
  - 初敘古
    - 初通示乖競
    - 二推究所由
    - 三勸學離過
  - 二顯今
    - 初正判今宗
    - 二更示分齊
      - 初敘妄判
      - 二示通準

○四第四門
- 初標舉
- 二正明
  - 初敘律分宗
    - 初本同計異
    - 二隨計分宗
    - 三別異之相
  - 二明今取用
    - 初正取諸部
      - 初立宗標示
      - 二引論為準
      - 三正明取意
        - 初敘意標示
        - 二舉例取文
        - 三取用之法
          - 初取相關
          - 二明用他事
          - 三示兩存
            - 初明取捨
            - 二示合法
            - 三斥偏局
      - 四檢閱無濫
    - 二兼用六師
      - 初列示諸見
        - 初總標
        - 二列示
      - 二顯今所宗

○五第五門
- 初標舉
- 二正明
  - 初通敘立教之源
  - 二別明律藏之闕
    - 初敘昔遺闕
    - 二顯今決通
  - 三通結

○六第六門
- 初標舉
- 二正明
  - 初標敘能詮
  - 二正辨所詮
    - 初通持犯
    - 二別持犯
      - 初敘意通標
      - 二別示諸例
      - 三評量可否
        - 初明不能
          - 初正明
          - 二引證
        - 二示堪能
          - 初正明
          - 二引證
            - 初十誦
            - 二了論

○七第七門
- 初標舉
- 二正明
  - 初出教體
    - 初敘意總標
    - 二列示二教
      - 初化教
      - 二行教
  - 二示所判
    - 初示宗
    - 二正判
      - 初業分內外
      - 二罪異單重
    - 三徵意

○八第八門
- 初標舉
- 二正明
  - 初正明通塞
    - 初明通
    - 二明塞
  - 二結意指廣

○九第九門
- 初標舉
- 二正明
  - 初二衆沙彌
    - 初明同法
    - 二辨異法
  - 二式叉摩那
    - 初示同行
    - 二指別行

○十第十門
- 初標分
- 二列示
  - 初引用正經
    - 初明三藏正教
      - 初總標
      - 二別釋
        - 初小乘律論
        - 二大小乘經論
      - 三結略
    - 二示諸師異執
      - 初標舉
      - 二引示
      - 三結指
  - 二世中僞經
    - 初標章
    - 二列示
    - 三結斥
  - 三鈔興本意
    - 初標舉
    - 二正明
      - 初標示名義
      - 二謙己伸懷
      - 三正示本意
        - 初敘刪簡
        - 二指餘義
        - 三明不具
        - 四示所為
        - 五遮妄增

終第二次錄稿

⊙三總結指廣

◎三總示所詮行相
- 初約行判文
  - 初總示
  - 二別對
  - 三雙結
- 二示難離過
- 三結略伸勸

接後記號◎⊙○

行事鈔標宗顯德篇科
- 初篇目
- 二本文
  - 初先出宗體
  - 二引文顯德◎
    - 初敘宗勸學
      - 初約喻歎教
      - 二就人勸持
        - 初明順章以顯德
        - 二敘不學以彰非
          - 初明愚教
          - 二彰過失
        - 三舉興替以激勸
    - 二正明宗體
      - 初示意
      - 二顯相
        - 初先敘領受
          - 初正示得失
          - 二結誥用心
        - 二徵釋相狀
          - 初標列
          - 二隨釋
            - 初戒法
              - 初示相
              - 二彰名
              - 三明志
            - 二戒體
              - 初標指彼此
              - 二正示心相
            - 三戒行
            - 四戒相

- ◎二引文顯德
  - 初結前生起
  - 二廣引誠證
    - 初標章指廣
    - 二依位引明
      - 初順戒住持
        - 初分科
        - 二隨釋
          - 初約化教
            - 初標分
            - 二別釋
              - 初小乘經
                - 初標
                - 二釋
                  - 初八法相似義
                  - 二萬行所歸義
                  - 三生戒住持義
              - 二小乘論
                - 初標
                - 二釋
                  - 初成實論
                  - 二解脫道論
                  - 三毗婆沙論
                    - 初總列
                    - 二別解
                    - 三覆釋
              - 三大乘經
                - 初標
                - 二釋
                  - 初華嚴經
                  - 二大集經
                  - 三薩遮尼犍經
                  - 四月燈三昧經
                  - 五涅槃經
                  - 六華嚴經
              - 四大乘論
                - 初標
                - 二釋
                  - 初智度論
                  - 二地持論
                  - 三十住婆沙論
          - 二就制門○
      - 二違戒滅法⊙

- ○二就制門
  - 初標
  - 二別釋
    - 初律本
      - 初標示
      - 二正引
        - 初僧祇律
        - 二四分律
        - 三十誦律
    - 二律論
      - 初標示
      - 二正引
        - 初明功能
          - 初明了論
          - 二薩婆多論
          - 三善見論
          - 四五百問論
        - 二顯祕勝

- ⊙二違戒滅法
  - 初牒章總示
  - 二廣引諸文
    - 初破戒滅法
      - 初十誦律
        - 初五種滅法
        - 二五種怖畏
      - 二四分律
    - 二廢學訶責
      - 初十誦律
      - 二雜含經
    - 三現未衰惡
      - 初中含經
      - 二涅槃經
      - 三摩耶經
      - 四智度論
        - 初引前破戒文
        - 二引後遮疑問
          - 初正引問答
          - 二斥非顯意 終
      - 五四分律
    - 四不學滅法

行事鈔篇聚名報篇科

接後記號◎⊙○●▲

- 初篇目
- 二本文
  - 初敘總意
    - 初位尊所由
    - 二違順得失
    - 三愚教致損
    - 四立篇本意
  - 二開章釋
    - 初分科
    - 二隨釋
      - 初先明戒護
        - 初推釋所由
        - 二引論廣示
          - 初標示
          - 二列釋
          - 三結勸
      - 二正明篇聚
        - 初牒章分位
        - 二依位別釋
          - 初明篇聚
            - 初正明
              - 初標列
              - 二別釋
                - 初波羅夷●
                - 二僧伽婆尸沙●
                - 三偷蘭遮●
                - 四波逸提●
                - 五提舍尼●
                - 六突吉羅●
              - 三結略○
            - 二問答⊙
          - 二明果報◎

- ●初波羅夷
  - 初牒名
  - 二正釋
    - 初翻名釋義
      - 初引教正示
        - 初僧祇
        - 二十誦
        - 三本律
      - 二問答釋疑
        - 初躡前雙問
        - 二準教別答
          - 初正答
            - 初別答
              - 初答戒有無
              - 二答重犯
            - 二合證
              - 初引文證
              - 二舉例證
          - 二轉難
            - 初難體在
              - 初雙問
              - 二別答
                - 初答足數
                - 二答斷頭
            - 二問所出
              - 初問
              - 二答
                - 初正答
                - 二斥迷
                  - 初正斥
                  - 二加勸
            - 三問障道
              - 初問
              - 二答
                - 初引了論釋通
                - 二引十輪勸慎
    - 二對尼同別▲
    - 三他部重犯▲
    - 四本因品數▲

- ▲二對尼同別
- ▲三他部重犯
- ▲四本因品數
  - 初引論正示
    - 初通標部義
      - 初總標
      - 二別釋
      - 三顯部義
    - 二別列罪相
  - 二準律會通

- ●二僧伽婆尸沙
  - 初標名
  - 二正釋
    - 初引教翻名
      - 初善見論
      - 二婆沙論
      - 三四分律
      - 四毗尼母論
    - 二僧尼同異
    - 三引示罪數
      - 初引論文
      - 二引疏解
        - 初總標同異
        - 二引婆沙解
        - 三引正量解

- ●三偷蘭遮
  - 初標名
  - 二正釋
    - 初引教示名
      - 初善見
      - 二聲論
      - 三了論
    - 二列次前後
      - 初標示不定
      - 二約義別釋
        - 初約戒義分
        - 二約均雜分
          - 初正明上下
          - 二覆釋戒儀

- ●四波逸提
  - 初標名
  - 二正釋
    - 初約義翻名
    - 二懺儀開合
    - 三示尼同異
    - 四別翻三十
    - 五辨罪數量
- ●五提舍尼
  - 初標名
  - 二正示
    - 初翻名
    - 二明僧尼
    - 三示罪數
- ●六突吉羅
  - 初標名
  - 二正示
    - 初翻名義
    - 二明僧尼
    - 三辨離分
    - 四示罪量
      - 初翻名義
      - 二分輕重
      - 三示方便
      - 四朗懺法
- ○三結略
  - 初結前標後
  - 二略示不盡
    - 初二不定
    - 二七滅諍
- ⊙二問答
  - 初問篇聚離合
    - 初問
    - 二答
      - 初通示所出
      - 二別釋離合
  - 二問五七名相
  - 三問尼戒虛實
    - 初問
    - 二答
      - 初七五不同
      - 二六七差別
        - 初列數之意
        - 二準論釋通
- ◎二明果報
  - 初標分
  - 二隨釋
    - 初起業輕重
      - 初明起業之源
      - 二約三性示相
        - 初總標
        - 二別釋
          - 初善心
            - 初標
            - 二釋
              - 初別明心相
                - 初正明心相
                - 二引示業報
              - 二總示輕重
                - 初犯性
                - 二犯遮
          - 二不善心
            - 初標
            - 二釋
              - 初示心相
                - 初約縱故成業
                - 二約睡狂成業
              - 二伸問答
                - 初問無記感報
                  - 初問
                  - 二答
                - 二問無記不犯
                  - 初問
                  - 二答
          - 三無記心
    - 二證成來果⊙
- ⊙三結示傷歎
  - 初正示
  - 二證成來果
    - 初正明罪報
      - 初引目連問經歲數
      - 二引涅槃經會不同
    - 二指經勸信
    - 三廣斥愚教
      - 初敘倚濫毀傷
      - 二約理正破
        - 初數逐機分
        - 二三學次第
        - 三如來懸記
        - 四違逆招殃
        - 五相非滅法
        - 六菩薩開制
        - 七受必護持
        - 八事須戒律
  - 三示意結勸

終

行事鈔隨戒釋相篇科

接後記號◎⊙○

- 初篇目
  - 初標題
  - 二注顯
- 二本文
  - 初敘持毀以立篇
  - 二示通別以彰異
  - 三歎德開章
  - 四隨章別釋
    - 初戒法
      - 初標分
      - 二隨釋
        - 初聖道本基⊙
        - 二戒有大用⊙
        - 三略知名趣⊙
        - 四具緣不同⊙
        - 五優劣有異⊙
        - 六重受通塞⊙
        - 七震嶺受緣⊙
    - 二戒體◎
    - 三戒行◎
    - 四戒相〔略〕

- ⊙初聖道本基
  - 初標示
  - 二正釋
    - 初順明
    - 二反顯
  - 三結略
- ⊙二戒有大用
  - 初標
  - 二釋
    - 初略舉勝能
    - 二引文顯示
      - 初引律文證
      - 二舉結集證
        - 初正明
        - 二推釋
- ⊙三略知名趣
  - 初標
  - 二釋
    - 初翻名
      - 初列三名
      - 二顯次第
    - 二釋義
      - 初標
      - 二釋
        - 初律
          - 初正釋
          - 二顯通局
            - 初問
            - 二答
          - 三明前後
        - 二戒
          - 初略示體相
          - 二廣列諸義
            - 初從功能
            - 二從心
            - 三就體
            - 四從教
            - 五以因從果
        - 三解脫
- ⊙四具緣不同
  - 初標
  - 二釋
    - 初敘意
    - 二列緣
      - 初列示人法
      - 二略辨難相
      - 三結界是非
      - 四受心輕重
      - 五得戒時節
        - 初準論以示
        - 二引律以難
          - 初立難
          - 二答釋
- ⊙五優劣有異
  - 初標
  - 二釋
    - 初敘意
    - 二引釋
      - 初多論
      - 二善見
- ⊙六重受通塞
  - 初標
  - 二釋
    - 初多論不重受
      - 初正明
      - 二釋難
        - 初約肥羸以難
        - 二約兩意以釋
    - 二成宗開重受
      - 初正明
      - 二引證
        - 初師資傳
        - 二高僧傳
- ⊙七震嶺受緣
  - 初標
  - 二釋
    - 初通斥二妄
    - 二別顯受緣
      - 初正示
        - 初僧受初緣
        - 二尼受初緣
      - 二指所出
- ◎二戒體
  - 初標列
    - 初戒體相狀
    - 二受隨同異⊙
    - 三隨境寬狹⊙
    - 四發戒數量⊙
  - 二隨釋
    - 初標分
    - 二隨釋
      - 初辨體多少
        - 初通敘立意
        - 二正辨多少
      - 二立兩解名○
      - 三正出體狀○
      - 四先後相生○
      - 五無作多少○

- ○二立兩解名
  - 初標
  - 二釋
    - 初立兩所以
      - 初雙問
      - 二別答
        - 初明不立一
        - 二明不立三
      - 三引證
        - 初標示
        - 二正引
          - 初多論
          - 二涅槃經
          - 三善生經
        - 三結示
    - 二并解名義
      - 初標
      - 二釋
        - 初問
        - 二答
          - 初釋別名
            - 初作
            - 二無作
          - 二釋通名
- ○三正出體狀
  - 初標
  - 二釋
    - 初示宗
    - 二出體
      - 初作戒體
        - 初約業思明體
          - 初出體
          - 二舉例
          - 三引證
          - 四斥異
        - 二約色聲爲體
      - 二無作體
        - 初出體
          - 初示體
          - 二釋成
            - 初非色
            - 二非心
          - 三結歸
        - 二引證
          - 初正引
            - 初引本論證非心
            - 二引涅槃雙證
            - 三引十住證非色
          - 二結示
- ○四先後相生
  - 初標
  - 二釋
    - 初同時解
    - 二前後解
      - 初立義
      - 二釋妨
- ○五無作多少
  - 初標示
  - 二列釋
    - 初作俱無作
    - 二形俱無作
    - 三事在無作
    - 四從用無作
    - 五異緣無作
    - 六助緣無作
    - 七要期無作
    - 八隨心無作
  - 三通簡
- ⊙二受隨同異
  - 初牒章
  - 二正釋
    - 初無作同異
      - 初五同
      - 二四異
    - 二作戒同異
      - 初五同
      - 二四異
- ⊙三隨境寬狹
  - 初標指示意
  - 二列釋四種
    - 初通標
    - 二列釋
      - 初能緣心
      - 二所緣境
        - 初正明
        - 二引證
      - 三發戒
      - 四防非
        - 初正明
        - 二釋妨
          - 初敍難
          - 二釋通
            - 初會同未起釋
            - 二約兩妨釋
    - 三別簡
      - 初簡示
      - 二引證
      - 三問答
        - 初問
        - 二答
          - 初正答
          - 二轉難
            - 初正難
            - 二答釋
- ⊙四發戒數量
  - 初標示
  - 二正明
    - 初懸舉
    - 二引證
      - 初結前標後
      - 二廣引諸文

- 初境量多少
  - 初俱舍明境徧
    - 初總標
    - 二別釋
      - 初釋不定
        - 初分不定
        - 二因不定
      - 二釋定
        - 初略釋
        - 二廣示
          - 初示離五種分別
          - 二明徧能非能境
            - 初明非能通得戒
            - 二示能境生諸過
              - 初約互轉明過
              - 二約得捨明過
              - 三約惡心明過
            - 三據所宗釋增減
              - 初引彼所問
              - 二約義答通
  - 二多論明非情境
    - 初引論正明
    - 二引善生轉證
  - 三多論明情境
    - 初正示境量
    - 二因明戒福
      - 初引論
      - 二問答
        - 初問
        - 二答
          - 初約兩衆解
          - 二就一衆解
- ○二發戒多少
  - 初總標
  - 二別釋
    - 初列示
      - 初五戒
        - 初引論
        - 二義準
      - 二八戒
      - 三十戒
        - 初指數
        - 二釋妨
      - 四具戒
        - 初引論
        - 二義準
        - 三結指
    - 二問答
      - 初問七支攝戒
        - 初問
        - 二答
          - 初答盡
          - 二答不盡
            - 初正答
            - 二料簡
      - 二問威儀差別
        - 初問
        - 二答
- ◎三戒行
  - 初標示
  - 二解釋
    - 初正釋
      - 初對體辨行
      - 二互顯相須
    - 二問答
      - 初問
      - 二答

終 戒體章第二次錄稿

事鈔盜戒科

接後記號◎⊙○●▲

- 初標名
- 二釋相
  - 初敍意
  - 二列釋
    - 初所犯境
      - 初總列諸境
      - 二別問無主
    - 二成犯相
      - 初總列六緣
      - 二隨釋五種
        - 初標示
        - 二正釋
          - 初有主物○
          - 二有主想○
          - 三有盜心○
          - 四是重物○
          - 五舉離處○
      - 三結示囑累⊙
    - 三開不犯◎

- ○初有主物
  - 二初隨標釋分
    - 初三寶物
      - 二初正分釋示
        - 二初知事是非盜用差別
          - 三二初伸引示誡示意
        - 二初隨標釋分
          - 初盜用▲
          - 二互用▲
          - 三出貸▲
          - 四瞻待▲
    - 二人物●
    - 三非畜物●

- ▲初盜用
  - 初佛物
    - 初望佛結
      - 二初引正證明
    - 二望主結
      - 三二初推引正所證明以
        - 二初證斷從施守福護
          - 二初文例證證
    - 三盜供養
      - 三二初決引伽律論論結明犯開
  - 二法物
    - 二初問正答明
      - 四三二初盜借損正寫拒壞盜
        - 二初引示證犯
  - 三僧物
    - 二初通明犯相列釋四種
      - 二初別總釋標
        - 四三二初十現十常方前方住現現常前前住
          - 二初引定示犯
            - 二初不明作輒相用
    - 三別示初位
      - 初斥妄執
        - 三二初通正引律斥文意
      - 二彰過重
        - 三二初報業制重重重

- ▲二互用
  - 二初隨標釋分
    - 初三寶互
      - 二初通明犯相廣辨通塞
        - 三二初明明明受田人用園畜物
          - 四三二初證釋準示暫招定通用提設塞
    - 二當分互
      - 二初釋標
        - 二初通示別釋
          - 二初準列文示誡諸誥文
            - 初多論等文如
          - 二初僧佛物法物
            - 三二初本二本通處末可通迴否塞互
    - 三像共寶互
      - 二初標示引釋
        - 二初通問別答
          - 三二初施施施佛僧法
      - 三誡誥
        - 三二初諸與明雜餘迴用處易
          - 二初引示義決
            - 三二初將莊出帶所界人通可畜用否
    - 四一一物互
      - 二初釋標
        - 初佛物
          - 二初總標別釋
            - 初佛受用物

- ▲三出貸
  - 二初釋標
    - 三二初別三三人寶寶貸出互息貸
      - 三二初輒不明用開開
    - 三二法物僧物
      - 二初通標別釋
        - 二初二種常住現前
          - 三二初示簡明人受局畜用處
      - 四三二初獻供施佛養屬物佛佛物

- ▲四瞻待
  - 二初釋標
    - 六五四三二初作淨病王白道人人人臣衣人等
  - 三結指

- ●二人物
  - 二初釋標
    - 三二初結別總指釋分
      - 初明結犯之主
        - 初立句法以簡罪
          - 二初三二句句望正護主
            - 二初別總釋標
        - 二分二主以辨相
      - 二示所盜之物
        - 二初引引疏論解文
          - 二初六六界塵
      - 初不現前盜
        - 二初引正證明
      - 二對面現前奪
        - 初可奪
          - 二初引正證明
        - 二不可奪
          - 二初引正證明
        - 二初十毗誦奈耶律

- ●三非畜物
  - 二初隨標釋章
    - 初掌護損失主
    - 二寄附損失主
      - 二初釋標
        - 二初正明寄附斥世非法
    - 三被盜物主
      - 二初釋標
        - 二初示明盜檢相校
          - 二初別總釋標
    - 四賊施比丘主
      - 二初三別人寶物
    - 五收囚縛賊主
    - 六狂人施物主
    - 七守視人作主
      - 二初釋標
        - 二初約守盜者與人明物主
    - 初非人物
      - 二初無有護護主主
        - 二初引示取犯相
    - 二畜生物
      - 二初引標明示古本兩宗判
        - 二初引明示先正引神解非物解
- ○二有主想
- ○三有盜心
  - 二初標示相緣
    - 三二初誡正敍誥明意
      - 四三二初四五伽十分分論誦十四王六種種種
- ○四是重物
  - 二初示標相緣
- 初明物體
  - 二初通定示別錢體錢物
    - 初引諸論解

- 二列義門
  - 初總標
  - 二列示
    - 初貴賤時等如文
    - 二約義定奪
      - 初示意
      - 二出濫用
      - 三明正判
      - 四引文證
- ○五舉離處
  - 初標章
  - 二正釋
    - 初引律示相
    - 二約義分句
      - 初總標
      - 二別列
        - 初文書成辨離處
        - 二言教立
        - 三移標相
        - 四墮籌
        - 五異色
        - 六轉齒
        - 七離處明不離處
        - 八不離處明離處
        - 九無離處辨離處
        - 十離明離處

終[illegible]二文錄稿

- ⊙三結示囑累
- ◎三開不犯

行事鈔持犯方軌篇科

接後記號◎⊙○●

- 初篇目
  - 初正示篇名
  - 二注顯列意
- 二本文
  - 初敘意生起
    - 初敘義深難見
      - 初指宗示難
      - 二敘古無異
    - 二彰述作興由
      - 初明後學未識
      - 二示今文大體
  - 二開章正明
    - 初列章
    - 二隨釋
      - 初名字◎
      - 二體狀◎
      - 三成就◎
      - 四通塞◎
      - 五漸頓◎
      - 六優劣◎
      - 七料簡◎
- 初名字
  - 初總標
  - 二別釋
    - 初解二持
      - 初標
      - 二釋
        - 初正示名字
        - 二徵釋前後
          - 初止持
          - 二作持
    - 二釋兩犯
      - 初標
      - 二釋
        - 初作犯
        - 二止犯
- ◎二體狀
  - 初標章
  - 二正釋
    - 初總標正解
    - 二別陳相狀
      - 初能持犯體
        - 初標能攝之教
        - 二明立教之意
          - 初列示名義
          - 二徵釋相須
        - 三正出所持犯體
      - 二所持犯體
        - 初總四行明分齊
        - 二別對四行明體狀
          - 初止持
            - 初總標
            - 二列釋
              - 初制門止作事
              - 二聽門止作事
          - 二作持
            - 初總標
            - 二列釋
              - 初順古局示可學
              - 二示今難通不可學
                - 初制門法事
                - 二聽門法事
          - 三作犯
          - 四止犯

- ◎三成就
  - 初牒章
  - 二正釋
    - 初約三心明止持
      - 初始終成就
      - 二前後不同
    - 二約行心明四行
    - 三約三業明四行
      - 初總標
      - 二別釋
        - 初明身口業
        - 二明單意業
- ◎四通塞
  - 初標舉
  - 二列釋
    - 初一心門
    - 二將心望境
      - 初標舉
      - 二正釋
        - 初約義總分
        - 二立問推釋
          - 初問起
          - 二答通
            - 初舉宗通答
            - 二約行別答
              - 初止持
              - 二作持
              - 三作犯
              - 四止犯
    - 三自作教人
      - 初標舉
      - 二正釋
        - 初約止持具顯
        - 二約餘三例通
    - 四自業相成
      - 初標舉
      - 二正釋
        - 初總指
        - 二示相
  - 三點示
- ◎五漸頓
  - 初牒章
  - 二正釋
    - 初就心通漸頓
      - 初標舉
      - 二正明
      - 三顯意
    - 二對行說唯漸
      - 初標舉
      - 二別示
        - 初雙示二持
        - 二單明作犯
    - 三約止犯別解
      - 初標舉
      - 二正明
        - 初二罪對明
        - 二分位別解
          - 初標
          - 二釋
            - 初正明漸頓
              - 初不學通漸頓
              - 二無知唯局漸
            - 二雙示罪體
        - 三結罪分齊
          - 初標列
          - 二隨釋
            - 初就教
            - 二對行
            - 三從根
        - 四可懺以否
- ◎六優劣
  - 初標章
  - 二正釋
    - 初明二持
      - 初標舉
      - 二別釋
        - 初約法
          - 初標列四位
          - 二配顯優劣
        - 二就位
        - 三就人
        - 四就行
        - 五就心
          - 初別列三心
          - 二結示優劣
        - 六所求
        - 七約方
        - 八約時
        - 九遮性
        - 十六聚
    - 二明兩犯
      - 初標舉
      - 二列釋
        - 初約位
        - 二對行
        - 三就心
        - 四戒儀
        - 五遮性
        - 六就時
        - 七將心望境
          - 初標章
          - 二正釋
            - 初引論通示
            - 二對戒別明
              - 初婬
              - 二盜
              - 三殺
              - 四妄
        - 八將制約報
          - 初標舉
          - 二正釋
            - 初犯重報輕
            - 二犯輕報重
            - 三二俱輕重
        - 九單心
          - 初標章總舉
          - 二分位列句
            - 初正示句數
              - 初一句三時俱重

- 二會通制教
  - 二三句二重一輕
  - 三三句一重二輕
  - 四一句三時俱輕
- 十有無
  - 初標舉
  - 二列釋
    - 初正列句數
      - 初一句三時俱有
      - 二三句二有一無
      - 三三句一有二無
      - 四一句三時俱無
    - 二引律通例
  - 三料簡
    - 初簡前單心
    - 二重示無心
- ◎七料簡
  - 初標分
  - 二隨釋
    - 初不學無知
      - 初標敘分章
      - 二隨章別釋
        - 初敘結本意
        - 二例開句法
          - 初結前生後
          - 二正配位法
          - 三指通一切○
    - 二方便趣果⊙
    - 三具緣成犯⊙
    - 四境想分別⊙
    - 五雜相分別⊙
- 初止持
  - 初總標
  - 二別釋
    - 初可學九句
      - 初列句
      - 二解釋
        - 初標
        - 二釋
          - 初點前文
          - 二示罪數
            - 初正示
            - 二結宗
    - 二不可學九句
- 二作犯●
- 三作持●
- 四止犯●
- ●二作犯
  - 初標舉
    - 初列句
    - 二示罪
    - 三問事開
      - 初正顯事開
      - 二躡前伸問
        - 初引殺盜有無以問
          - 初問
          - 二答
            - 初正答不同
            - 二對前簡異
        - 二引緣法例同以難
          - 初敘難
          - 二釋通
  - 二正釋
    - 初略示二九同異
    - 二委釋不可學九句
      - 初正明
        - 初通簡罪相
          - 初正簡有無
          - 二結示品類
        - 二廣辨句法
      - 二結告
  - 初總示二九所以
    - 初示枝條體量
      - 初結數示意
      - 二重示罪體
    - 二辨句法增減
      - 初單約本迷解
        - 初約根本以問
        - 二約枝條以答
          - 初正答
          - 二轉難
            - 初難止犯非宗
            - 二難第七非罪
      - 二約本迷轉想解
  - 二別明後九罪相
- ●三作持
  - 初標舉
  - 二正釋
    - 初敘略指例
      - 初具明可學九句
      - 二指略不可學九句
    - 二列示句法
- ●四止犯
  - 初標舉
  - 二正明
    - 初唯約可學明八九
      - 初事法止犯具九句
        - 初列句示罪
        - 二對前顯異
      - 二不學止犯唯八句
    - 二對事有迷明二九
- ○三指通一切
- ⊙二方便趣果
  - 初牒章
  - 二正釋
    - 初敘本意
    - 二列示三時
- 初前方便
  - 初標問
  - 二示相
  - 三釋名
    - 初標示二文
    - 二會通輕重
    - 三指例餘篇
- 二中根本
- 三後方便
  - 初標舉
  - 二列示
    - 初遠方便
      - 初正示方便
      - 二簡異單心
    - 二次方便
    - 三近方便

- ⊙三具緣成犯
  - 初標章
  - 二正釋
    - 初敘由簡異
    - 二正示緣相
      - 初通敘二緣
      - 二別釋通緣
    - 三總結誡告
- 初是五衆
- 二無病緣
- 三心期境
  - 初遮疑示相
  - 二引教證成
- 四無命難
  - 初通示難相
  - 二別簡遮性
    - 初性戒不同
    - 二遮戒同開
- 五無梵難
  - 初通示難相
  - 二準判遮性
    - 初總判二戒
    - 二引論證成
- 六稱本境
- 七進趣果
- ⊙四境想分別
  - 初牒章分科
  - 二隨文別釋
- 初釋制意
- 二明境界
  - 初牒章分位
  - 二隨位別釋
    - 初內報
      - 初正明
        - 初犯境通四趣
        - 二局人分道俗
        - 三局道通內外
        - 四局內通大小
        - 五局大辨形報
        - 六局報分色心
      - 二結示
    - 二外事
    - 三約法
    - 四約時
    - 五約罪
- 三辨有無
  - 初標章
  - 二正釋
    - 初準文明有
      - 初總示僧戒
      - 二略指尼戒
    - 二約義辨無
      - 初總舉
      - 二別釋
        - 初內報
        - 二外事
        - 三約法
        - 四約時
        - 五約罪
- 四定多少
  - 初牒章
  - 二正釋
    - 初敘由列示
    - 二約義簡辨
      - 初總徵
      - 二別釋
  - 三結顯
- 五解輕重
  - 初引昔解
    - 初正明
      - 初輕重相對成定五
      - 二犯不犯成或四五
    - 二結示
  - 二示今解
    - 初約本異二境通三位
      - 初正明三位
      - 二結示齊理
      - 三料簡不具
    - 二約本境本想定四五
- 初標舉
- 二正釋
  - 初通敘
  - 二正釋
    - 初總分具闕
    - 二別配重輕
      - 初約具闕通示五句
        - 初輕重三位
        - 二犯不犯三位
      - 二約本異別示四闕
        - 初明一具
        - 二示二疑
        - 三示二想
- 三結略
- ⊙五雜相分別
  - 初標章
  - 二正釋
    - 初敘廣生起
    - 二列示衆名
    - 三結顯略意

終 第二次錄稿

懺六聚法篇略科

- 初篇目
- 二本文
  - 初正示本篇
    - 初敘來意
      - 初敘意引勸
      - 二斥古非法
      - 三顯今依教
    - 二明懺法
      - 初總分化制通局
        - 初明化教
        - 二明制教
      - 二廣明二懺方法
        - 初化教通懺
          - 初通標
          - 二正示
            - 初對顯二懺
              - 初理懺
              - 二事懺
            - 二重廣理懺
              - 初標示用心
              - 二別列三觀
                - 初標示
                - 二正明
                - 三結示
                  - 初性空
                  - 二相空
                  - 三唯識
          - 三勸修
            - 初兩懺對根不同
            - 二二衆緣修各異
        - 二制教局懺
          - 初明懺法
            - 初標舉
            - 二隨釋
              - 初懺波羅夷法
                - 初標
                - 二釋
                  - 初示業報
                    - 初觀佛三昧經
                    - 二涅槃經
                  - 二明懺法
                    - 初引律辨異
                    - 二立章示法
                      - 初分章
                      - 二別釋
                        - 初分別須治
                          - 初僧祇
                          - 二十誦伽論
                          - 三母論
                          - 四治禪病經
                        - 二正明立法
                          - 初正明
                            - 初對僧陳乞
                            - 二正與羯磨
                            - 三懺已行相
                              - 初奪行
                              - 二入衆
                              - 三重犯
                          - 二結示
              - 二懺僧殘法等〔略〕
          - 二明發露
          - 三重示罪性
          - 四正明儀式
  - 二通結中卷

終第二次錄稿

沙彌別行篇略科

- 初篇目
- 二本文
  - 初敘來意
    - 初敘本示濫
    - 二明信智二門
  - 二開章釋
    - 初分門
    - 二隨釋
      - 初明出家本意
        - 初標列
        - 二隨釋
          - 初出家元緣
          - 二勸出有益
            - 初標章
            - 二正釋
              - 初能勸人益
              - 二出家人益
          - 三障出有損
          - 四行凡罪行
            - 初標示
            - 二正釋
              - 初引教顯相
              - 二總列五種
          - 五行凡福行
            - 初標章
            - 二隨釋
              - 初正明
              - 二引證
          - 六行聖道行
            - 初標
            - 二釋
              - 初述意總標
              - 二列示三位
              - 三結略指廣
          - 七大小乘相決同異
            - 初標章
            - 二正釋
              - 初總示
              - 二別釋
                - 初小乘三學
                  - 初戒
                  - 二定慧
                - 二大乘三學
                  - 初戒
                  - 二定慧
                    - 初標示同異
                    - 二廣示異相
                      - 初智論
                        - 初正引論文
                        - 二問答釋疑
                          - 初會斷常二見
                          - 二決貪瞋二心
                      - 二攝論
                      - 三涅槃經
                - 三結勸
                  - 初指結
                  - 二重示
      - 二依位隨解〔略〕

終

亡軀得其死所、竭思有其所歸其猶
溺巨海而遇芳舟、墜長空乃乘靈鶴、
慶躍之至、手舞何階故感之慶之、唯
聖賢之知我也

己卯七月二十七日裝竟謹書

唐清涼國師文以志慶忭　弘一

大藏經會謹案此文原題於行事鈔科之首頁、茲移置卷末。下戒疏科及業疏科首頁題文準此。

戒疏科別錄　第一册

戒疏諸篇方便章科

接後記號◎⊙○

- 初標章
- 二正釋
  - 初今家三方便
    - 初標示所出
    - 二引疏以解
      - 初通釋部義
      - 二別配諸篇
        - 初示總數
        - 二顯相
          - 初總舉
          - 二別釋
            - 初列示因本
              - 初遠方便
              - 二次方便
                - 初依論示罪
                - 二引律和會
                  - 初引多宗會通
                  - 二準本律取捨
              - 三近方便
              - 四根本
            - 二結成部義
        - 三指例
    - 三結告
  - 二引古德四方便◎

◎二引古德四方便

- 初總標
- 二列示
  - 初遠方便
    - 初通明
    - 二列釋
      - 初夷
      - 二殘
      - 三提
      - 四提舍吉羅
    - 三舉例
    - 四示立意
  - 二近方便
  - 三進趣方便⊙
  - 四闕緣方便⊙

⊙三進趣方便

- 初初師約違理明無
  - 初示名義
  - 二正立
  - 三問答
    - 初約福善以難罪
    - 二引諫戒以難無
- 二次師或有或無
  - 初立義
    - 初對初師立
    - 二對次師立
  - 二釋難
    - 初約進趣難方便何異
    - 二約同進趣以難不別
    - 三約歸二位以難不須
- 三後師約制明有

⊙四闕緣方便

- 初標分
- 二隨釋
  - 初列名顯相
    - 初列名
      - 初示名
      - 二斥古
      - 三正列
    - 二顯相
      - 初標
      - 二釋
        - 初闕緣
          - 初標舉
          - 二列示
            - 初通名
            - 二別名
            - 三亦通亦別
        - 二境強
        - 三緣差
        - 四境差
          - 初標示諸境
          - 二別釋犯相
            - 初明人異境
              - 初正明
              - 二問答
                - 初問異境無心
                - 二問因果差別
                  - 初敍問
                  - 二引解
                    - 初古解
                    - 二今解
                      - 初難破
                      - 二立義
                      - 三釋妨
              - 三指廣
            - 二明餘異境
              - 初通示
              - 二釋疑
                - 初釋人異境難
                - 二釋律境想難
                  - 初敍難
                  - 二引釋
                    - 初引他師約本境釋
                    - 二約兩境難
                      - 初蹋境強難破
        - 五想差
          - 初標舉
          - 二列釋
          - 三料簡
        - 六疑心
          - 初總舉
          - 二列句
            - 初互法
            - 二雙句
        - 七善心息
          - 初正明
          - 二釋難
            - 二申今正解
              - 初約想心解
                - 初示他解
                - 二約義斥
                - 三引強爲例
              - 二斥疑心解
  - 二校量同異○

○二校量同異

- 初標
- 二釋
  - 初明多少寬狹
    - 初自造置多少
    - 二尅漫寬狹
  - 二心境分別
  - 三宗致分別

終

戒疏持犯義章科

接後記號◎⊙○●▲

- 初標分
- 二隨釋
  - 初知名字
    - 初總舉
    - 二別釋
      - 初明二持
        - 初標
        - 二釋
          - 初示名義
            - 初釋止持
            - 二釋作持
          - 二釋所以
      - 二明兩犯
        - 初標
        - 二釋
          - 初釋作犯
          - 二釋止犯
  - 二明體狀◎
  - 三釋成就◎
  - 四辨位置◎

◎二明體狀

- 初標
- 二釋
  - 初引昔解
  - 二引正解
    - 初斥破
      - 初正破
        - 初約律制難
        - 二約意地難
        - 三約悔法難
      - 二結顯
    - 二正立
      - 初標示
      - 二正明
        - 初能持犯體
          - 初正明
          - 二引證
          - 三結示
        - 二所持犯體⊙

⊙二所持犯體

- 初總舉
- 二別釋
  - 初先出能攝之教
    - 初標
    - 二釋
      - 初列示
        - 初制教
        - 二聽教
      - 二引證
      - 三出意
  - 二正明所持犯體
    - 初總論攝法分齊
      - 初引昔解
      - 二明今義
    - 二別顯持犯體狀
      - 初止持○
      - 二作持○
      - 三作犯○
      - 四止犯○

○初止持

- 初制門
  - 初總示
  - 二別釋
    - 初制止事法
      - 初可學
        - 初可學事
        - 二可學法
      - 二不可學
        - 初列示
          - 初不可學事
          - 二不可學法
        - 二釋疑
    - 二制作事法▲
- 二聽門●

▲二制作事法

- 初正明
- 二問答
  - 初問與前合亂
  - 二問與後何別
    - 初正申問答
    - 二因明雙義
      - 初標分
      - 二隨釋
        - 初約心用
        - 二據教行
          - 初約義正明
          - 二引怨逼以難

●二聽門

- 初總標
- 二別釋
  - 初可學
  - 二不可學

○二作持

- 初標示
- 二正釋

- ○○三作犯
- ○○四止犯
  - 初正明
    - 初依古出法
      - 初制教
        - 初總舉
        - 二隨釋
          - 初通示二持
          - 二別問止持
      - 二聽教
    - 二明今難破
      - 初引古解
      - 二示今義
        - 初引文立理
        - 二釋通疑妨
        - 三顯今異昔
  - 二雙結
- ◎三釋成就
  - 初總舉
  - 二別示
    - 初對心明止持
    - 二就行明四位
      - 初始終心
        - 初明二持
        - 二明兩犯
      - 二前後心念
    - 三就業明四行
      - 初標
      - 二釋
        - 初明身口業
        - 二明意業
          - 初引示無犯
          - 二難通有犯
            - 初引文難
            - 二約義答
              - 初約業思釋
              - 二約重緣釋
              - 三結斷
  - 三指略
- ◎四辨位置
  - 初標
  - 二釋
    - 初敍結
    - 二配位
      - 初總標
      - 二別釋
        - 初止持⊙
        - 二作犯⊙
        - 三作持⊙
        - 四止犯⊙

⊙初止持
- 初可學
  - 初標示
  - 二列釋
    - 初歷句法
      - 初上品
      - 二中下二品
    - 二隨難解
    - 三示罪相
      - 初隨品顯數
        - 初上品
        - 二中品
        - 三下品
      - 二總合
  - 三問答
- 二不可學
  - 初通標
  - 二列示
    - 初上品
    - 二中品
    - 三下品
  - 三總合
    - 初合數
    - 二顯義
    - 三問答
      - 初舉事難通後法
      - 二引律有無不同

⊙二作犯
- 初指句法同異
- 二料簡罪相
  - 初明後九句不識事
  - 二示二九所以
    - 初問答示意
    - 二引句顯相
      - 初明前九句
      - 二明後九句
        - 初通明立句
        - 二別示下品
          - 初約本迷以解
            - 初問三句無罪
            - 二約上犯非宗難
            - 三約初句全無難
          - 二約兩迷總分

⊙三作持
- 初可學
  - 初示二九同異
  - 二列句法品位
    - 初上品
    - 二中品
    - 三下品
  - 三明結罪分齊
- 二不可學

⊙四止犯
- 初指句
- 二引古解
  - 初斥不立不可學
  - 二引八九句法不同

波羅夷約義以明章科
- 初標敍生起
- 二依門別釋
  - 初配三毒
    - 初標示
    - 二正明
      - 初婬戒
      - 二殺盜二戒
        - 初通標
        - 二別顯
          - 初殺
          - 二盜
      - 三妄語戒
        - 初正示
        - 二斥非
    - 三總判
  - 二配三業
    - 初標
    - 二釋
      - 初通分
      - 二別分
        - 初婬
        - 二殺盜
          - 初明不互造
            - 初正示
            - 二釋難
              - 初約咒法非身難
              - 二約人畜吼咄難
              - 三約口造身業難
          - 二明互造
            - 初出前所計
            - 二正示今宗
              - 初引論以示
              - 二約義以分
              - 三互造通塞
        - 三妄
  - 三自作教他
    - 初總舉
    - 二別釋
      - 初明教
        - 初標
        - 二釋
          - 初婬
          - 二殺盜
          - 三妄
      - 二明遣
  - 四罪趣分別◎
  - 五自他始終◎
  - 六明剋漫◎
  - 七明錯誤◎
  - 八教興門◎
  - 九先後對治◎
  - 十沙彌任運◎

接後記號◎

◎四罪趣分別
- 初標分
- 二隨釋
  - 初以罪對趣
  - 二以趣分罪
    - 初標
    - 二釋
      - 初婬戒
      - 二餘三戒
        - 初通示輕重
        - 二別顯制意
          - 初明盜
            - 初通明餘趣
            - 二別問天報
          - 二明殺
            - 初約緣勝劣
              - 初正明
              - 二引證
            - 二約事希數
              - 初正明
              - 二釋難
                - 初問婬天同重
                - 二問非畜差別
                  - 初正申問答
                  - 二引緣轉難
          - 三明妄
            - 初約招利解
            - 二約修道解
              - 初正解
              - 二轉難
                - 初引佛例難
                - 二約義以答

◎五自他始終
- 初總標
- 二別釋
  - 初自他
  - 二始終
    - 初標舉三例
    - 二配釋四戒
      - 初婬
      - 二盜
        - 初正示
        - 二釋疑
      - 三殺
        - 初總示前三例
        - 二別釋第二例
          - 初引教明無罪
          - 二引古明有罪
            - 初正明
            - 二問答
            - 三指例
      - 四妄

◎六明剋漫
- 初標
- 二釋
  - 初示名義
  - 二配四戒
    - 初婬盜殺
      - 初對立相
      - 二釋
        - 初引他義
        - 二示今解
    - 三妄
      - 初標
      - 二釋
        - 初引他解
        - 二明今解

◎七明錯誤
- 初標
- 二釋
  - 初釋名義
  - 二配四戒
    - 初總標
    - 二別釋
      - 初婬
      - 二盜
        - 初約三趣
          - 初明大漫
          - 二明小漫
        - 二對人趣
        - 三對同主
      - 三殺
        - 初明三趣
        - 二就人趣
          - 初正示
          - 二釋疑
            - 初問
            - 二答
      - 四妄
        - 初列示
          - 初明三趣
          - 二對人趣
          - 三約所稱法
        - 二問相違

◎八教興門
- 初標
- 二釋
  - 初正示
  - 二釋疑
    - 初問對惑雙雙
      - 初問
      - 二答
        - 初正答
        - 二引證
    - 二問立戒配惑
    - 三問對尼八重

◎九先後對治
- 初標
- 二釋
  - 初先後
  - 二對治
    - 初喜犯釋
    - 二對毒釋
- 初標徵
- 二引釋
  - 初引人解

- 三問答
  - 初問大小不同
    - 二引教釋
      - 初僧祇
      - 二智論
  - 二道俗不同
    - 初問
    - 二答
      - 初正答
      - 二轉難
        - 初立難
        - 二引釋
          - 初約方便釋
          - 二約無慈釋
          - 三約從俗釋

◎十沙彌任運
- 初標
- 二釋
  - 初泛明造業
    - 初通標不定
    - 二引示有無
      - 初立義
      - 二釋難
        - 初引經立難
        - 二約強弱釋通
  - 二正釋義門
    - 初標示
    - 二正釋
      - 初引不立
        - 初正引
        - 二證釋
      - 二明須立
        - 初立義
        - 二配釋
          - 初正釋
          - 二轉難
        - 三簡異
          - 初舉善戒例
          - 二約惡強以釋難

終

婬戒犯緣闕緣章科
- 犯緣
  - 初總標
  - 二別釋
    - 初通緣
    - 二別緣
- 闕緣
  - 初總標
  - 二別釋
    - 初闕通緣
    - 二闕別緣
      - 初列示四緣
      - 二指通諸篇

終

制廣教五意章科

戒疏婬戒中文

- 初標示分章
- 二隨章解釋
  - 初教名體
  - 二所禁遮性
    - 初總示
    - 二別釋
      - 初釋遮戒
      - 二釋性戒
    - 三引古解
      - 初引示經論
      - 二結顯輕重
    - 四引文解
    - 五問答
      - 初敘問
      - 二答釋
        - 初約過以分
        - 二引文以證
        - 三約義以推
  - 三廣緣三性
    - 初標示
    - 二列釋
      - 初善性
      - 二不善性
      - 三無記性
        - 初正示
        - 二釋疑
  - 四所詮四相
    - 初總示四字
      - 初標示
      - 二會釋
      - 三牒釋
    - 二別分二門
      - 初總分
      - 二別釋
        - 初列名解
        - 二以義分
          - 初明犯不犯
          - 二明輕重
          - 三初
          - 四⊙
            - 初正明
            - 二引證
            - 三問答

接後記號◎⊙○

- 五制教六位◎
  - 初依位互顯
    - 初犯法二行
      - 初標示
      - 二問答
        - 初敍問
        - 二答釋
    - 二不犯法二行
      - 初總舉
      - 二別釋
        - 初開犯爲不犯
        - 二起對治明不犯
        - 三制不犯法明二行
  - 二約義重條○

○二約義重條
- 初總示
- 二別釋
  - 初違順
    - 初舉犯法明二行
    - 二舉不犯法明二行
  - 二難易

⊙二三四明輕重
- 初輕法二行
- 二重法二行
  - 初標舉
  - 二隨釋
    - 初開犯爲不犯
    - 二合釋後二不犯

◎五制教六位
- 初標分
- 二隨釋
  - 初深防
    - 初標
    - 二釋
      - 初明通
      - 二明別
  - 二限分
    - 初標
    - 二釋
      - 初明通
      - 二明別
  - 三約相
  - 四示過
  - 五心境
  - 六內外
    - 初正明
    - 二斥異
      - 初引非難破
      - 二釋通疑妨

終

戒疏婬戒中文

境想義門章科
- 初總舉
- 二隨釋
  - 初明制意
  - 二明有無
    - 初正釋
    - 二斥非
  - 三定四五句
    - 初標
    - 二釋
      - 初輕重明定五
      - 二犯不犯明四五
  - 四互四五句
    - 初標
    - 二隨釋
      - 初從四至五
      - 二從五至四
  - 五輕重
    - 初標
    - 二釋
      - 初約疑想分
      - 二約本異分
      - 三明本異重輕

終

戒疏大盜戒科

接後記號◎⊙○●▲▼

- 初標名
- 二隨釋
  - 初敍次第
  - 二開章釋
    - 初約義釋
    - 二隨文釋◎
      - 初總標
      - 二別釋

- 初制意
- 二釋名
  - 初標

- 二釋
  - 初釋盜字
    - 初問
    - 二答
      - 初約趣爾答
      - 二約義通釋
        - 初通列四名
        - 二別顯今種
      - 三約揀濫釋
  - 二釋戒字

- 三具緣
  - 初標舉
  - 二隨釋
    - 初引列示
      - 初是人物
      - 二人物想
        - 初示緣相
        - 二揀想知
      - 三是重物
      - 四有盜心
      - 五舉離處
    - 二問答
      - 初問不列方便
      - 二經論不同

- 四闕緣
  - 初標示
  - 二列釋
    - 初闕初緣
    - 二闕第二緣
      - 初標示
      - 二隨釋
        - 初轉想
          - 初標
          - 二釋
            - 初非人物想
            - 二畜生物想
            - 三無主物想
        - 二疑心
        - 三雙闕
    - 三闕第三緣
    - 四闕第四緣
    - 五闕第五緣

◎二隨文釋
- 初釋戒緣
  - 初標分二段
  - 二牒釋盜緣
    - 初釋緣
    - 二釋所犯
      - 初正釋
      - 二問答
- 二釋戒本
  - 初敍意
  - 二正釋
    - 初總分
    - 二別釋
  - 三結勸⊙

- 初釋當戒三句
  - 初釋第二句
  - 二釋第三句●
  - 三釋第四句●
- 二釋後辨相○
  - 初總釋二處
    - 初通釋
    - 二別釋
      - 初釋村處
      - 二釋靜處
  - 二別釋諸處▲

▲二別釋諸處
- 初總分
  - 初總明主
  - 二消文相▼
- 二別釋
  - 初總舉
  - 二別明

- 初三寶物
  - 初標
  - 二釋
    - 初略示知事
    - 二總明三判罪
    - 三別解三寶
      - 初佛物
        - 初總標
        - 二別釋
          - 初佛受用物
          - 二屬佛物
          - 三供養佛物
          - 四獻佛物
      - 二法物
        - 初總舉
        - 二別釋
          - 初明受用物
          - 二指餘物
            - 初正明
            - 二斥謬
      - 三僧物
        - 初總示
        - 二別釋
          - 初常住常住
          - 二十方常住
          - 三現前現前
          - 四十方現前
- 二人物
  - 初總舉
  - 二別釋
    - 初掌主損失
      - 初歷句辨相
      - 二問答釋疑
    - 二明被賊
    - 三明盜相
      - 初標舉
      - 二別釋
        - 初總標
        - 二引文
          - 初六根
          - 二六大
- 三非畜物

▼二消文相
- 初物處差別
  - 初總示
  - 二別釋
    - 初地中
    - 二地上
    - 三乘上
    - 四擔上
    - 五空中
    - 六架上
    - 七村
    - 八阿練若
    - 九田處
    - 十所處
    - 十一船處
    - 十二水
    - 十三私度關塞
      - 初標
      - 二釋
        - 初引文以示
        - 二約義決通
- 二物體差別
  - 初標
  - 二釋
    - 初取信物
    - 二取水
    - 三楊枝
    - 四園果
      - 初標指
      - 二誡語
      - 三引示
    - 五無足
    - 六二足
      - 初標指
      - 二隨釋
        - 初明盜出家
        - 二奪賊所盜
        - 三誘盜奴婢
    - 七四足
    - 八多足
- 三契要差別
  - 初同財業
  - 二共要
    - 初標
    - 二釋
      - 初共盜違要
      - 二受施違要
      - 三克期違要
  - 三伺候
  - 四守護
  - 五還道

●二釋第三句
- 初釋不與
  - 初牒文釋
    - 初釋文
    - 二釋註
  - 二明離處
    - 初標舉
    - 二別釋
      - 初文書成明離處
      - 二言教立
      - 三移標相
      - 四隨籌
      - 五異色
      - 六轉齒
      - 七離處非犯
      - 八不離處明離處
      - 九無離處明離處
      - 十雖明離處
- 二釋盜心
  - 初釋文
  - 二釋註
    - 初標舉
    - 二牒釋
      - 初釋五種心
        - 初黑闇心
        - 二邪心
        - 三曲戾心
        - 四恐怯心
        - 五常有盜心
      - 二釋五種取
        - 初標簡
        - 二牒釋
          - 初決定取
          - 二恐怯取
      - 三指餘相

- 三寄物取
- 四見便取
- 五倚託取

三釋隨法
- 初釋文
- 二釋註
  - 初牒文釋
  - 二定鍵體
    - 初引論三種
    - 二示今取捨
      - 初引文取意
      - 二斥時從緩
      - 三破前後解
      - 四取中間解
  - 三斷盜相
    - 初總示
    - 二別釋
      - 初貴賤時等 如文

●三釋第四句
- 初標示
- 二顯意
  - 初今解
  - 二引他解
- 三牒釋
  - 初示文倒
  - 二釋四文相
    - 初正釋
    - 二釋疑
  - 三指餘文

○二釋後辨相
- 初標指
- 二隨釋
  - 初釋犯
    - 初自作
    - 二教人
      - 初分示
      - 二隨釋
        - 初心同物異
        - 二物同心異
    - 三境想
      - 初標示
      - 二示句闕
        - 初示所以
        - 二引難
          - 初引殺戒具五難
          - 二約緣罪有無答
            - 初正答
            - 二轉難
              - 初引處分緣法難
              - 二約可學事法答
                - 初正答
                - 二轉難
                  - 初引二戒緣事難
                  - 二約轉想通答 終第三次錄稿
      - 三明無主物
  - 二釋不犯●

●二釋不犯
- 初標示
- 二牒釋
  - 初與想取等 如文

⊙三結勸

大殺戒犯緣闕緣章科

- 具緣
- 闕緣
  - 初標
  - 二別釋
    - 初闕初緣
    - 二闕第二緣
      - 初通舉三位
      - 二別釋剋心
        - 初明闕心
        - 二明雙闕 終
      - 三指略二漫
    - 三闕第三
    - 四闕第四
    - 五闕第五
  - 三指例

大妄語戒犯緣闕緣章科

- 犯緣
- 闕緣
  - 初標
  - 二釋 有九如文

終

僧殘義門持犯方軌章科

- 初標判
- 二正明
  - 初徵
  - 二釋
    - 初對古立義
      - 初引古
      - 二今破
    - 二分位明相
      - 初生起
      - 二正釋
        - 初分事法各辨四行
          - 初事
          - 二法
            - 初正示
            - 二問答
        - 二歷句法明止犯
          - 初總標
          - 二別列
            - 初上品
            - 二中品
              - 初正示
              - 二問答
            - 三下品
              - 初正示
              - 二解釋
                - 初釋迷疑
                - 二示品位
                - 三問輕重

終

捨墮義門持犯方軌章科

- 初標
- 二釋
  - 初雙持犯
    - 初總舉
    - 二別釋
      - 初五長五戒
      - 二離滅六三戒
      - 三畜寶一戒
  - 二單持犯

終

單提義門持犯方軌章科

- 初標示
- 二正明
  - 初列示雙單
    - 初雙持雙犯
      - 初列示
      - 二釋成
        - 初古解
        - 二今解
          - 初約事顯相
          - 二明懺同別
      - 三斥非
        - 初斥立七日
        - 二斥立覆藏
      - 四釋妨
    - 二單持雙犯
  - 二廣分品位
    - 初標指
    - 二列釋
      - 初止持
        - 初標敍
        - 二列句
          - 初正明
            - 初上品
            - 二中品
            - 三下品
          - 二釋疑
          - 三示罪
      - 二止犯
        - 初敍立
        - 二列句
          - 初正列
          - 二明倒

終

提舍義門持犯方軌章科

- 初總示
- 二列釋
  - 初雙持犯
    - 初明第二
      - 初二持
      - 二二犯
    - 二明第四
  - 二單持犯

終

衆學義門持犯方軌章科

- 初標
- 二釋
  - 初明心用雙持
  - 二明教行雙持

終

疏云止得勤勤自勵一死知生何道也

記釋云一死之語請爲思之其有卒世不聞無非重障其或始終無缺須慶宿因宜自深思更增勇勵

己卯七月二十七日裝竟謹錄時年六十居蓬山

弘一

業疏科別錄

第一冊

業疏俗人受法章科

接後記號◎⊙○

- 初標分
- 二隨釋
  - 初受三歸法
    - 初敘引
      - 初敘非示意
      - 二斥古撰述
      - 三引文彰勝
    - 二正明
      - 初義門懸解
        - 初標舉分章
        - 二隨章別釋○有六章如下列
      - 二牒文正釋⊙
  - 二受五戒法◎
  - 三受八戒法◎

○初明業體
- 初引問
- 二引解
  - 初教無教爲體
  - 二約三業爲體
  - 三善五陰爲體

○二歸依本意
- 初標章
- 二引釋
  - 初明歸意
    - 初引論
    - 二隨釋
  - 二引昔緣
  - 三引問答
    - 初問提婆有歸無護
    - 二問不救設歸無益

○三約境寬狹
- 初標章
- 二引釋
  - 初定寬狹
  - 二伸問難

○四境通眞僞
- 初標章
- 二引釋
  - 初佛
    - 初問所歸名義
    - 二問正歸何身
    - 三問出血得罪
  - 二法
    - 初問所歸法體
    - 二問自他盡處
      - 初牒引問答
      - 二牒釋
        - 初釋盡處
        - 二揀凡聖
        - 三結諳
  - 三僧
    - 初問所歸
    - 二再難

○五作法不同
- 初標章
- 二正釋
  - 初善見
  - 二多論
    - 初明倒說成否
    - 二問一體何分
    - 三問互減成否
      - 初問答
      - 二轉難
      - 三引示
    - 四問異師別受
    - 五問受時長短
    - 六問爲師遠近

○六對趣分別
- 初標章
- 二正釋
  - 初正明
  - 二引示
  - 三義決

⊙二牒文正釋
- 初牒章分文
- 二隨文解釋
  - 初釋標文
  - 二釋受法
    - 初釋成法處
    - 二釋三結
    - 三釋無戒

◎二受五戒法
- 初標列義門
- 二隨文釋義
  - 初分文
  - 二別釋
    - 初標
      - 初標文
      - 二注解
        - 初戒德高勝
          - 初標指
          - 二牒釋
            - 初持戒勝行施
            - 二因戒以成施
        - 二簡器堪能
          - 初標指
          - 二牒釋
            - 初審問量能
              - 初釋善生問遮難
              - 二引成論簡輕重
            - 二行淨納法
          - 三問答
    - 二法⊙
    - 三相⊙

⊙二法
- 初作法延促
  - 初標指
  - 二正釋
    - 初受緣差別
      - 初漸頓
        - 初多宗局頓
        - 二成宗通漸頓
      - 二重受
      - 三延促
    - 二作法詞句
      - 初分文
      - 二牒釋
        - 初指緣境
        - 二釋詞句
          - 初總示
          - 二列釋
            - 初稱名
            - 二歸境
            - 三時節
            - 四多少
            - 五三號
              - 初總示
              - 二問答
              - 三牒釋
        - 三釋三授
- 二發戒時節
  - 初牒文標指
  - 二引論正釋
    - 初正示時節
    - 二因明具戒

⊙三相
- 初標指分文
- 二牒文解釋
  - 初就相告令
    - 初正釋戒條
    - 二料簡諸相
      - 初例通自誓
      - 二辨遮性
      - 三明七支
  - 二指略餘文

◎三受八戒法
- 初標分
- 二隨釋
  - 初前三約義辨
    - 初釋名簡法
      - 初釋名
        - 初顯正解
        - 二斥異說
      - 二簡法
    - 二要期立志
      - 初標
      - 二釋
        - 初明緣難
        - 二明斷惡
    - 三功益之美
      - 初標
      - 二釋
        - 初多論
        - 二善生經
        - 三智論
        - 四成論
  - 二後二對文釋
    - 初分文
    - 二牒釋
      - 初標緣
        - 初標指
        - 二正釋
          - 初受齋日
          - 二授法人
          - 三受儀
          - 四日限
      - 二受法
        - 初分文
        - 二隨釋
      - 三明相
        - 初標分
        - 二別釋
          - 初列相示
            - 初總示
              - 初引論分位
              - 二明離合不同
            - 二別釋
              - 初初戒
              - 二第三
              - 三第五
              - 四第六
                - 初二方修飾
                - 二辨兩土禮儀
              - 五第七
                - 初總示
                - 二別釋
                  - 初釋高牀
                  - 二明倡伎
                    - 初牒釋
                    - 二點示
              - 六第八
          - 二明願引
            - 初釋文
            - 二點注

終

業疏出家宗致章科

- 初總舉
- 二別釋
  - 初出家元緣
    - 初標
    - 二釋
      - 初引教正明
      - 二就機對辨
        - 初明利鈍不同
        - 二歷四句以簡
      - 三引誡勸修
        - 初斥濁世不修
        - 二引聖論極誡
        - 三示所修行相
  - 二有益超世
    - 初標
    - 二釋
      - 初明立法本意
      - 二引諸教明功
        - 初華手經
        - 二出家功德經
        - 三智論
  - 三障出有損
    - 初標
    - 二釋
      - 初明罪本
      - 二明造惡
        - 初指世垂誡
        - 二引教轉證
          - 初十誦
          - 二四分
          - 三涅槃
  - 四行凡罪行
    - 初標
    - 二釋
  - 五行凡福行
    - 初標
    - 二釋
      - 初出家之本
      - 二明凡福行相
      - 三引論通證
        - 初持戒
        - 二修禪
        - 三多聞
        - 四營事
  - 六行聖道行
    - 初標
    - 二釋
      - 初敘難勸修
      - 二列示行相
        - 初標舉
        - 二列示
        - 三結指
  - 七大小乘相決同異
    - 初標
    - 二釋
      - 初總示
      - 二別釋
        - 初小乘三學
          - 初戒
          - 二定
          - 三慧
            - 初明修證
            - 二示通凡
            - 三辨三學
        - 二大乘三學
          - 初戒
          - 二定慧
            - 初約法明同異
            - 二就人簡同異
            - 終
- 三結語

業疏戒體相狀章科（法體）

- 初敘問開章
- 二隨章牒釋
  - 初明戒體
    - 初分門
    - 二隨釋
      - 初釋名體
        - 初分門
        - 二列釋
          - 初立所由
            - 初標
            - 二釋
              - 初示今所立
              - 二釋其所以
                - 初問不通多少
                  - 初問
                  - 二答
                - 二問不立三合
                  - 初問
                  - 二答
                    - 初正答相須
                    - 二對簡聖戒
          - 二引經證
            - 初標
            - 二正引
              - 初涅槃經
              - 二善生經
              - 三雜心論
            - 三結示
          - 三解名義
            - 初標
            - 二隨釋分
              - 初釋作
              - 二釋無作
              - 三釋戒
                - 初略釋
                - 二引示
                - 三顯正
      - 二明先後相⊙
      - 三通敘相⊙
  - 二辨同異◎
  - 三緣境相◎
  - 四敘數量◎

接後記號◎⊙○●▲

- 四明業體
  - 初標
  - 二隨牒釋章
    - 初問所受以發起
    - 二問體相以開章
    - 三隨門以解釋
      - 初明教宗
        - 初標
        - 二釋
          - 初問
          - 二答
            - 初舉宗以答
            - 二約義顯異
      - 二陳體狀○
      - 三列異執○
      - 四顯正義○

○二陳體狀

- 初標
- 二釋
  - 初剋定名體
  - 二指體通標
  - 三依宗別釋
    - 初假名宗●
    - 二實法宗
      - 初標宗
      - 二依釋
        - 初作戒體
          - 初舉名標示
          - 二諸師定體
            - 初約色心爲體
            - 二約論示體
              - 初約論正立
              - 二問答遮難
            - 二立理遮妨
            - 三約方便色聲爲體
          - 初五塵非記難
          - 二違前心助難
          - 三違前心體難
          - 四聲非相續難
          - 二伸正答
            - 初約要期釋
            - 二約斷續釋
            - 三約互造釋
        - 二無作體
          - 初正示體相
            - 初通示名體
            - 二別示二非
              - 初釋非色
              - 二釋非心
          - 二引諸文證成
            - 初引成論
              - 初證非心
                - 初引初段
                - 二引後段
              - 二證非色
                - 初引前問答
                - 二引後問答
            - 二引涅槃經
            - 三十住婆沙論
          - 三難作戒立色

●二實法宗
- 初標章敍起
- 二依位別釋
  - 初別分六位
    - 初有爲無爲分別
    - 二三聚分別
      - 初標
      - 二釋
        - 初約義以釋
        - 二引教以證
    - 三三色分別
      - 初標
      - 二釋
        - 初總束三色
        - 二正配二戒
        - 三別釋無對
    - 四本報方便分別
      - 初標
      - 二釋
        - 初二種作戒
          - 初總示
          - 二別釋
            - 初身作戒
            - 二口作戒
              - 初正明
              - 二問答
        - 二二種無作戒
          - 初正示體相
          - 二引經證成
    - 五三性分別
      - 初標
      - 二釋
        - 初作戒
        - 二無作戒
          - 初通簡善性
            - 初初師通約二色
            - 二次師唯據方便解
          - 二別簡色聲
            - 初簡色
            - 二簡聲
    - 六始終分別
      - 初標
      - 二釋
        - 初出諸解
          - 初初師據終非始
            - 初正明
            - 二遮難
          - 二次師始終通收
            - 初立理難破
            - 二覆救初師
        - 二明今斷
  - 初問二色同異
  - 二問所依非記業
    - 初正伸問答
    - 二引教轉難
  - 二總明體相
    - 初示體引示
    - 二問答釋疑
      - 初約非對見難名色
      - 二約有對礙難相違

○三列異執
- 初牒章
- 二正明
  - 初明法執
    - 初通明兩土弘傳
    - 二別就此方諍計
      - 初明前乖競
      - 二示後分宗
      - 三略敍異計
        - 初假宗執難心伸難
        - 二有部約細色釋通
  - 二明迷執
    - 初結前標後
    - 二列示不同
      - 初正敍列起
        - 初光師
        - 二齊末師
        - 三河北師
        - 四江南師
      - 三總責

○四顯正義
- 初牒章
- 二正釋
  - 初歷示三宗
    - 初示體標宗
    - 二依宗別釋
    - 三指略結成
  - 二總結囑累●
- 初實法宗
  - 初標示
  - 二正釋
    - 初依宗示體

- 二假名宗
  - 初標示
  - 二正釋
    - 初由宗通示
    - 二約義考體
      - 初正示體相
      - 二問答釋疑
    - 二引律顯正
    - 三斥前諸說
- 三圓教宗
  - 初標示
  - 二正釋
    - 初敍立教本致
    - 二根器差殊
    - 三所受之體
      - 初約圓義以示體相
      - 二約隨行以明持犯
      - 三舉因果以細勸
        - 初攝律儀戒
        - 二攝善法戒
        - 三攝衆生戒

●二總結囑累
- 初斥迷示本
  - 初舉現事呵破
  - 二引諸文證非
  - 三指所歸重勸
- 二立問釋疑
  - 初問乖宗假緣
  - 二答
    - 初約圓義以釋
    - 二舉本宗以況

⊙二明先後相
- 初牒章標舉
- 二引示諸解
  - 初引他師異解
    - 初執二戒同時
    - 二執二戒前後
  - 二示今決通
    - 初牒前總問
    - 二約義各釋
- 初引昔通
- 二示今解通
  - 初約三時以通前
  - 二約同時以示相

⊙三通敍相
- 初牒章總舉
- 二隨位別明
  - 初作俱無作
  - 二形俱無作
  - 三要期無作
  - 四異緣無作
  - 五助緣無作
  - 六事在無作
  - 七從用無作
    - 初正明
    - 二問答
  - 八隨心無作
    - 初依多論釋
    - 二引成論釋

◎二辨同異
- 初牒章分科
- 二隨科別釋
  - 初釋兩名
    - 初牒章
    - 二隨釋
      - 初總問
      - 二別答
        - 初釋受名
        - 二釋隨名
          - 初正明
          - 二問答
  - 二分善戒
    - 初標章
    - 二正釋
      - 初問有犯不名隨
        - 初問
        - 二答

- 二問二作應非戒
  - 初問
  - 二答
- 三辨同異
  - 初標分
  - 二隨釋
    - 初釋二作
      - 初總舉
      - 二正釋
        - 初先釋二名
        - 二正辨同異
          - 初明五同
            - 初標示
            - 二列釋
              - 初名同
              - 二義同
              - 三體同
              - 四知同
              - 五狹同
          - 二辨四異
            - 初標示
            - 二正釋
              - 初總別異
              - 二根條異
              - 三懸對異
              - 四一多異
                - 初正明
                - 二問答
                  - 初問
                  - 二答
                    - 初約輕重答
                    - 二約勤怠答
    - 二解二無作⊙

⊙二解二無作
- 初標舉
- 二別釋
  - 初先解二名
  - 二正明同異
    - 初明五同
      - 初標
      - 二釋
        - 初名同
        - 二義同
        - 三體同
        - 四敵對同
          - 初正示二同
          - 二會古今異
        - 五多品同
    - 二辨四異
      - 初標舉
      - 二正釋
        - 初總別異
        - 二長短異
        - 三寬狹異
        - 四根條異

◎三緣境相
- 初牒章總舉
- 二隨位別明
  - 初就成宗
    - 初總示
    - 二別釋
      - 初能緣心
      - 二所緣境
        - 初舉事以明
        - 二引論以示
          - 初正明
          - 二徵釋
      - 三發戒相
      - 四約防非
        - 初略示
        - 二問答
          - 初問不防現非
            - 初問
            - 二答
              - 初正答
              - 二重舉
          - 二問斷過去非
            - 初問
            - 二答
              - 初約義正答
              - 二翻破古解
          - 三問立二戒所以
            - 初問
            - 二答
              - 初正答
              - 二轉難
                - 初牒難
                - 二釋通
          - 四問懺悔滅幾世
            - 初問
            - 二答
  - 二依多論⊙

⊙二依多論
- 初標舉
- 二正明
  - 初通列四意
  - 二別明戒境
    - 初總示諸境
      - 初示境相
      - 二問趣外
      - 三指非情
    - 二別釋情境
      - 初引俱舍
        - 初明從生起
          - 初通明三種
            - 初總標定不定
            - 二別釋不定
              - 初分不定
              - 二因不定
          - 二別分四位
            - 初總標
            - 二別列
          - 三結示定意
        - 二明離五過
        - 三明偏緣意
          - 初舉事以徵
          - 二約義以釋
            - 初明從所能過
            - 二明離得捨過
            - 三正示所以
      - 二指二論
      - 三引婆沙
        - 初立難
        - 二釋通
          - 初正通
          - 二轉難
            - 初約入般以難
            - 二張四句通收
      - 四點成論
      - ◎四敘數量
        - 初牒章總舉
        - 二依位分釋
          - 初五戒
            - 初總舉
            - 二正釋
              - 初引論
                - 初正明
                - 二問答
                  - 初問邪婬
                  - 二問多少
                    - 初問答
                    - 二蹑難
                  - 三問偏制
              - 二義推
          - 二八戒
          - 三十戒
          - 四大戒
            - 初示數量
              - 初有情量
                - 初引論
                - 二義推
              - 二非情量
            - 二引文證
              - 初通證二境
              - 二引證非情
            - 三問攝戒
              - 初總問
              - 二別答
                - 初攝盡
                - 二攝不盡
                  - 初約義正明
                  - 二徵釋經意
                  - 三料簡戒善
                    - 初正簡具戒
                    - 二對餘三戒
                    - 三對菩薩戒

終

第二次錄稿

業疏懺六聚法篇略科

接後記號◎⊙○

- 初敘意生起
  - 初敘有犯須懺
  - 二斥無知自矜
  - 三引聖言勸勉
- 二分章判釋
  - 初先以義顯
    - 初標分
    - 二隨釋
      - 初對治方法
      - 二事理不同○
      - 三大小對緣○
      - 四滅伏之意○
        - 初標
        - 二釋
          - 初立懺之意
            - 初生罪因緣
            - 二識過立懺
            - 三釋名示意
          - 二可懺不可懺
            - 初引二文
            - 二引他解
          - 三問答釋疑
            - 初問罪滅空名
            - 二問懺爲斷伏
              - 初敘問
              - 二答釋
                - 初約伏業釋
                - 二引理事解
                  - 初總徵
                  - 二別釋
                    - 初事滅有行
                    - 二理懺空行
    - 三結示⊙
  - 二後就文釋◎

- ○二事理不同
  - 初標
  - 二正釋
    - 初強弱異
    - 二空有異
    - 三次第異
    - 四類遺異
- ○三大小對緣
  - 初標章
  - 二正釋
    - 初大乘懺
      - 初總示
      - 二別釋
        - 初理懺
        - 二事懺
          - 初敘懺意
            - 初敘境心
            - 二明事業
            - 三示過誡勸
          - 二明正修
            - 初總舉
              - 初請佛菩薩等
              - 二誦經咒
              - 三說己罪名
              - 四立誓言
              - 五如教明證
            - 二別釋
    - 二小乘懺
      - 初總舉
      - 二別釋
        - 初能懺
        - 二所對
        - 三懺心
        - 四心境相應
        - 五事成
- ○四滅伏之意
  - 初標章
  - 二正釋
    - 初引他解
    - 二示今解
      - 初明大小理懺
        - 初正明
        - 二結誥
      - 二小乘事懺
- ◎二後就文釋
  - 初分示
  - 二牒釋
    - 初釋緣
    - 二釋法（略）
      - 初經律事理兩懺
        - 初列釋
          - 初釋律
          - 二釋經
        - 二總結
      - 二二懺對根不同
        - 初通釋兩懺
          - 初事懺
          - 二理懺
            - 初通釋二義
              - 初正明
              - 二引證
            - 二別明滅義
              - 初約位以明
              - 二舉凡以勸
        - 二別釋對根
          - 初利根依理
          - 二鈍根依事
- ⊙三結示

- 初經中化懺
  - 初牒釋
  - 二通示
    - 初引論通標
    - 二略舉理觀
      - 初小乘
      - 二大乘
- 二律宗制懺
  - 初罪名種相
  - 二有疑不識
    - 初牒釋
    - 二引難釋
      - 初約迷忘例同難
      - 二約彼此無心難
  - 三懺滅分齊

終 第二次錄稿

事鈔云應自卑下如拭塵巾推直於他引曲向己常省己過不訟彼短記釋云行者反照於己如何

己卯十月二十六日錄竟時居十利律院

輯錄南山律在家備覽 弘一

律鈔宗要隨講別錄

附略科

辛巳八月居芾林禪苑寫錄

沙門弘一撰

律鈔宗要略科

- 第一門撰述來意
  - 初正明
    - 初通意
    - 二別意
  - 二總結
- 第二門教主差別
  - 初約經論
  - 二據律部
- 第三門說教時分
  - 初正明
  - 二釋疑
- 第四門三藏所攝
  - 初通示三藏
  - 二問答料簡
  - 三別示今宗
- 第五門乘有通局
  - 初明兩乘
    - 初約體分位
    - 二正示鈔意
      - 初正明
      - 二引證
    - 三斥世濫妄
  - 二明五乘
    - 初戒通多種
    - 二正示今意
    - 三問答遣疑
- 第六門辨定宗旨
  - 初分定教旨
  - 二對明差別
    - 初正明
    - 二結指
  - 三正示鈔意
- 第七門所受法體
  - 初別列三宗
  - 二示今所受
- 第八門隨行限分
  - 初別列
  - 二問答
- 第九門就文科判
  - 初引古科判
  - 二今約義求
    - 初判三卷
    - 二判諸篇
- 第十門明宗簡濫
  - 初正明
    - 初敍意
    - 二別列
  - 二問答

律鈔宗要隨講別錄　第一次草稿

舛誤紊雜、應未能免。俟後修正。

文中鉤科尾記號一一此錄冠牒文記號▲△題四字、今刊本遺去、應補寫。刊本前列八字、即是本文、非題目也。

▲**宗要**　宗者、語之所主也。要、凡要也。統括總舉之詞。

諸有　有者、生死相續之義。諸有者、三有九有二十五有等。

四依　有三種、一人四依、二行四依、三法四依。如資持記廣明。（卷一、十八）今約人四依言

- 內凡爲初依
  - 初果爲二依（經作初果二果）
  - 二果三果爲三依（經作三果）
  - 四果爲四依

涅槃云。有四種人、能護正法、爲世所依。此並大權示聲聞像、傳法化人。衆生所賴、四並名依。

▲**卒**　蒼沒切、同猝、急也。

教興　事鈔序有三大科、第二中有十門、第一門曰序教興意。（卷一、四十二）教興之言汎廣、今且約毗尼說。

攝誘弘濟軌用實多　此二句明機別教廣。上句明能說之意、下句顯所說之教。

曲施方便（即一切事法）、普令獲益（止作兩行）

貴在得其本詮誠難覈其條緒　此二句敘今從要。

（教之大旨）（事之別相）

詮　事之眞理也。

覈　何麥切、考驗也。

△**馴**　音旬、順也、善也。

興意　鈔序中第十門、第三鈔興本意。（卷二、四十四）

下文云等　隨戒釋相篇、無主不處分過量房戒。（卷十九、二十二）

九代　自後漢時佛法傳入、至唐時、凡歷九代。後漢魏晉宋齊梁陳隋唐。（卷一、十九）

△**序云庶令臨機有用即事即行**　鈔序中第十門、第三鈔興本意之文。資持云、二語偶對、語別義同。（卷二、四十六）

庶　望也。

又云載舒等　事鈔序第三大科之文。（卷二、五十）

載　重也。

載舒載覽　此句勸學、開其解也。

隨事隨依　此句勸修、成其行也。

等　已下無文。即向內等、亦云向上等也。

△**序云用濟等**　事鈔序第一大科之文。（卷一、二十九）

費功　有二。一者昧教妄行、則費行功。二者文散難求、則費學功。

又下文云等　見通辨羯磨篇。（卷五、三十五）

二

▲**滅理**　四諦之滅諦也。苦集病亡、修道藥遣、空理現前、是其所證。

五分　戒定慧從因受名、解脫解脫知見從果彰號。由慧斷惑、惑無之處、名解脫。出纏破障、反照觀心、名解脫知見。

▲**尊勝之報**　即他受用身、亦名勝應身。爲地上菩薩所見者。

三

▲**始說三歸五戒**　佛初爲商主提謂等在家弟子受之、如廣律所明。

善來　已下四種、業疏記中委明。（卷十二、四——末）有已證初果者、佛言善來比丘等、即得戒。善者、許其出家、許與大戒。來者、從白衣位來入出家位、從無戒位入具戒位。

八敬　佛之姨母大愛道同五百女、求佛出家。佛令阿難傳八敬法、若能行者、即與出家及感具戒。八敬法、見尼衆別行篇。（卷四十二、廿五廿六）

三語　有欲往佛所、中途而止。佛令諸羅漢三語度之、憑歸三寶、即發具戒。八年制斷、令與羯磨。

羯磨等受
- 邊方五衆
- 中國十衆 —— 僧
- 二十衆 僧尼各十。
- 遣信 娛美、開差使詣僧乞受、返告便感戒。
- 小年曾歸 十二得受具戒。
- 邊方義立十衆 攝律無文、取僧爲例。 —— 尼

自宣略教等 廣略二教名義、如戒疏記中委明。〔卷二、五十二——六十〕略教不待犯制、廣教待犯方制。略教唯被淨機、（初犯者無罪、猶同於淨。）廣教通於淨穢。（不得用天眼知他惡法。）佛成道後十二年前（或作二十年前）佛自宣略教、後制廣教付弟子說。

鶴林 佛於娑羅雙樹間入滅時、樹一時開花、林色變白、如鶴羣居、故云鶴林。

義鈔云等 見卷首。

▲鹿苑初來小乘所攝 天台宗分別佛一代說法、爲五時。第一華嚴時、佛成道後三七日中、說華嚴。第二鹿苑時、說華嚴經後、十二年中、於鹿苑等處說小乘。

四

▲四藏 三藏外、加雜藏。雜藏者、陀羅尼等。（復有種種異說。）

五藏 行宗記云、四含爲四、加雜藏、名爲五藏。復有異說、見辭典。

八藏 四藏大小俱有、是爲八藏。

婆娑 具云阿毗達磨大毗婆沙論。唐玄奘譯、二百卷。爲解釋發智身論者。

二部 上座部及大衆部、是爲根本二部。

上座部律名摩訶僧祇、此據資持記。復有他解、今不錄。

五部
- 曇無德部 律名四分
- 薩婆多部 律名十誦
- 彌沙塞部 律名五分
- 迦葉遺部 律名解脫此方唯有戒本
- 婆粗富羅部 此方不傳

部類名義、如戒疏記委明。〔卷一、四十八——六十二〕部類傳承、古今諸家有種種異說。今唯據南山靈芝撰述寫錄。

▲詮 具說也。

戒疏曰餘藏等 〔卷一、四十二〕

行事 行以運造爲義、事卽對理彰名。

化制二教 資持謂、梵網等大乘律及五八戒皆屬化教。〔卷二、三十三〕

序第七門 〔卷二、三十——三十四〕

五住心惑 根本之煩惱、能生枝末之煩惱、故名住地。有五種。見辭典。

七支業非 小乘正禁七支。若約本宗、相同十業、重緣入犯。如下第八門委明。

現通說法憶念 戒疏記委明。〔卷一、十六——二十 又、廿五——廿七〕此三、名曰三輪。以能摧業惑、故名爲輪。憶念者、佛囑累弟子憶持。（是則三輪並歸教主。）

▲隨律之經 律中說經、名隨律之經。

五

▲人理教行 人者修行之人、理者依行而證之理、教者能詮之聖教、行者依教而修之行法。

經部 具云經量部。又名說度部等。小乘十八部之一。

圓教 靈芝謂。此與天台圓教、理同說異。理同者、疏中引法華文用法華意立此圓體、但彼教統攝、此局一事。說異者、今此爲明戒體、直取佛意融前二宗、自得此談、非謂取彼、但名相濫、是故異也。

▲顯性談常重扶之意 涅槃經謂之扶律談常教。重扶戒律、廣說佛性常住、以顯佛性。

序中正存第六持律 〔卷二、十五——十八〕前代諸律師有六見、其第六云、終窮所歸大乘至極。是今鈔所宗、亦非全同。

標宗所引華嚴等 〔卷三、二十——二十七〕

發心受戒爲成三聚 〔卷八、二十五〕聚卽總攝爲義。三聚者、一攝律儀戒遠離諸惡也、二攝善法戒修習諸善也、三饒益有情戒亦名攝衆生戒將護衆生也。賢首梵網戒疏謂。攝三聚戒者、有二義。一若從勝爲論、各戒分配三聚。二若通辨、一一戒皆具三聚。今按、前者爲大乘通途之分判、後者卽南山律宗所承用。資持云。當發心時、爲成三聚。故於隨行、隨持一戒、禁惡不起、卽攝律儀。用智觀察、卽攝善法。無非將護卽攝衆生。〔卷十一、六、十八〕又業疏記中委明。〔卷十一、十五十六〕與資持文大同。

出家學本志求解脫 〔卷四十一、二三又八九〕又業疏記中委明。〔卷十一、一——十二〕資持云。出家超世、通學三乘。今依業疏、準開會意、專指佛乘爲出家本矣。

懺六聚罪事理雙明 〔卷二十八、一——十二〕又業疏記中委明。〔卷二十二、一——十二〕
- 化教通懺
  - 事懺
  - 理懺
    - 性空
    - 相空
    - 唯識
- 制教局懺 犯六聚中性罪者、若惟依制教懺、則業道全在。故須兼修化懺。

△下引勝鬘等 〔卷十四、四十九五十〕

戒疏所引大集經等 〔卷一、五十五〕

不妨諸佛法界涅槃 言諸佛者簡二乘故、法界者簡偏眞故。雖履權乘、無非會大。

又引無量義經等 〔卷一、五十八〕疏文上云、理本一也、悟有淺深等。故續引經以喩證之。法水喩理一、江河喩機差。

▲光師等 〔卷八、二十七二十八〕光師、卽北齊慧光律師。北齊、濟緣記作元魏。

分齊 分、附問切、去聲。齊、限也。言因其地位而各有本分爲限制也。

為求四果等〔卷一、五十一—五十二〕

四果 據所證。

三毒 約所斷。

增戒學 出世正道增上勝法。非謂漸制而言增也。又戒德尊勝、出過衆善、故云增戒。

開結淨地 業疏記中委明。〔卷九、一—八〕楞伽涅槃諸大乘經、禁僧坊作食及積貯等。四分開結淨地。

魚肉正食〔卷二十三、一—六〕魚肉正食、諸律皆然。若涅槃楞伽諸大乘經、悉不聽食肉。

又鈔云等〔卷八、二十七〕

業疏云等〔卷十六、二十三〕

輒 獨也。

△假實兩宗 即空有兩宗之別名、見第六門。

- 實法宗——專判爲小——劣
- 假名宗——分通大乘——優

▲五乘 人、天、聲聞、緣覺、佛。

且約下文〔卷二十六、三十〕下列四種、皆約標心期限、故名分齊。

內實腐爛 此就心言。事鈔上文云、不善心者、爲名利故。又云、若望順教、莫不持戒、不分三心。

賊分齊 邪諂希利、有如賊焉。

下云等〔卷四十一、十一〕但彼文、科云明犯報也、即已身口成犯。今則指以不善心持戒者、雖未成犯、約業報言亦不免三塗也。

△戒見二取利使所收〔卷四十一、七〕業疏記大同。〔卷十一、九〕

- 十使（使者煩惱之異名）
  - 五利使（由迷於四諦之理性而起之、爲銳者。）
    - 身見（我見）
    - 邊見
    - 邪見
    - 見取見
    - 戒取見
  - 五鈍使（由迷於世間之事物而起之、爲鈍者。）
    - 貪
    - 瞋
    - 癡（無明）
    - 慢
    - 疑

但知持戒、不求解脫。是此非彼、內多瞋怒。以專持戒、名戒取。又專執戒爲上勝、名見取。

△欲有 縱得生天、止在欲界。

色無色有尚非其分 習根本四禪者生色界天、習四空定者生無色界天。

△三乘聖賢等 戒疏云、若元制意爲道方便、三乘學人必由斯迹。

道分齊 此明凡夫稟持別解脫戒、遠能趣果。非謂定共戒道共戒也。

故律云等 四分律序偈。見四分律首。

結 繫縛衆生而不令解脫也、即煩惱之異名。

又經云等 晉譯華嚴經偈。

與輪王梵王等 四輪王是人主、以十善化人、令生人天。大梵天王是天主、說四無量心化人、令生色界。劫初便有。唯說世法、惠利衆生。

▲則同三聚圓行 則、即也。業疏云、是故行人常思此行、即三聚等。記釋云、即之一字、點小爲大、乃是圓宗融會之意。

二疏 戒疏。〔卷一、十一—十四〕業疏。〔卷十六、八—二十五〕

▲而序云等〔卷一、十三〕

凡聖合論等 凡聖合論者、通被兩機、以彰利普。唯在聖道者、專窮聖意、用顯教源。

戒疏所謂等〔卷二、四十〕

如序云等 即戒經中廣略二教總流通偈句。言如序者、即後序也。

第一道 謂因奉戒、發生定慧、破惑證聖、故云第一道也。

祛 丘於切。遣也、解也。

六

▲有部 梵名薩婆多、此翻說一切有。此部謂我空法有。下空宗則謂我法二執俱空、但是偏空、異於大乘耳。

婆多 即薩婆多毗尼毗婆娑。南山撰述中略稱多論。釋十誦律之論也。

▲故名經部 經部與曇無德部異、亦屬空宗、故附及之。

善見 即善見律毗婆娑。釋四分律之論也。

▲鄰虛塵 色法之最極少分、鄰似虛空者。新譯曰極微。有部宗雖立極微爲實有。然以爲因緣所作、業力盡、極微亦壞、故是無常生滅。若外道則謂此鄰虛塵於三災劫末時亦不壞、分散於虛空而常住。此有部與外道之區別也。

約根對境 濟緣云。既不推心、故唯根見。眼耳鼻等爲扶塵根、見聞覺知即勝義根。二皆是色、唯意是心。

- 根 能生之義。如因眼根、有強力、能生眼識等。
  - 扶塵根 亦名浮塵根。五根之外形、眼可見者、是爲扶助正根之五塵、故謂之扶塵根。又此塵根爲虛浮之法、故謂之浮。此扶塵根爲所依。別有淨色之、眼耳根等、此謂之正根。或勝義根、有發識取境之實用也。
  - 勝義根 爲五根之實體也。四大種所成、清淨如珠寶云。

識別諸塵 濟緣云。四分小妄戒、釋見聞觸知、謂眼識能見、耳識能聞、鼻舌身識能觸、意識能知。識即是心、不同有部但云眼見等。又云。既推心識有所分別、則顯通深。但不談七八、與大異耳。

四起業異 業疏記中委明。〔卷十五、八—三十九〕

界繫 三界業繫也。

身口善惡 能造是色、所起亦色。

欲色兩界 欲界粗段四大、色界清淨四大、所造之業、所感之果、皆是色法。無色界非四大造、則無有色、故此不論。

大種 地水火風也。此四者、周徧於一切色法故名大、能造色法故名種。

色聚 彼宗、諸有爲法、總爲三聚。一色聚、二心聚、三非色心聚。

雖通三業必審觀意 卽四分律序偈意。偈云、備具三種業、當審觀其意。雖具三業、主在於意、故偏審之。

並指心成 律中。凡比丘犯過、問佛求決。佛問汝以何心犯。有心則斷成犯、無心則云不犯。

故云離心等 此是成實論文、事鈔併二疏皆引用之。事鈔。〔卷十六、九〕戒疏。〔卷四、三十八〕業疏。〔卷十五、十八〕

離心無思無身口業 心者、指意識言、屬於心王。思者、心所法名、謂能令心有造作也。心王者、心之主作用。心所者、舊譯作心數、爲心王所有貪瞋等多數之別作用也。若據行宗云。心者、此指意識、猶通四陰。以思從心起、成業、須至行心、行卽是思。身口二業復由思成。今從業本、故言心耳。

七衆七支齊禁 五八十戒亦發七支者、但舉妄語、餘三並攝。

戒不重受亦不重發 重發據多戒、重受約一戒。不重發者。如下品心受五戒、中品心受十戒、先得五戒更無增勝、後五戒方勝耳。餘可例推。不重受者。彼計一受永定。既不重發、更受不能增勝、故不立也。

夷不重犯 彼宗犯婬已、更犯婬者吉羅、若犯餘三乃結夷罪。本宗不爾、若犯婬已、更犯亦夷。故尼戒本中、摩觸戒云、隨觸、一一波羅夷。

彼局時數 時者。彼宗、五戒必盡形、八戒必一日夜。此宗、延促任意。數者。彼宗、五八戒必具分受乃可得戒、否則唯是汎善。此宗、隨受一二、皆得戒體。

八秉宣異 約羯磨增減而言。

增減 彼宗羯磨、增得成就。應作單白、白二白四者彌善。減則不成。此宗羯磨、加減不成、聖印一定。如單白不得加白二、白二不得作單白等。

九捨懺異 事鈔、懺捨墮中、分爲四門。一捨財、二捨心、三捨罪、四還衣。財者犯緣、心是業本。心捨罪除、衣仍淸淨、故復還之。鈔云、若依他部、一捨已後無反還求、任僧處斷等。

彼須永棄此則還用 今案。依事鈔懺六聚法篇、及諸部別行篇詳研、所謂彼者、非指十誦、乃約五分、僧祇而言。五分、五臥具永入常住。僧祇、五臥具捨入僧、隨僧用。與此宗還付者異也。鈔引多論云、衣已捨、罪已悔、畜心斷、當日得本財等。記謂本財卽僧還者。〔卷二十九、十五〕又記云、準前多論但取畜斷、不必經宿等。〔卷二十九、二十三〕多論釋十誦律者、是則十誦亦可還用、非是永棄也。或謂彼須永棄之文指錢寶言、十誦明示。此亦未合、因本宗不能還用也。

七

▲所受法體

律論不述、成實雜心俱舍諸經論委明。

羯磨疏〔卷十五、八—卷十六、三十三〕又事鈔。〔卷十六、一—二十三〕

作無作戒 作者、受戒時、動作於外之作業。無作者、其時領納於內之業體。（作是能造、無作是所發。）

- 始登壇後
  - 作戒——生（未竟）
  - 無作戒——因成未現（潛發）
- 三法竟第一刹那（初一念）
  - 作戒——圓滿
  - 無作戒——圓滿（示現）
- 第二刹那（第二念）
  - 作戒——謝
  - 無作戒——獨存

無作、有作俱無作及形俱無作等。今且約形俱無作言。若論懸防未來、對禁非止現起之功能、實屬無作。無作不能自生、要由作戒而發。故二法相藉、不得立一。

方便 運動造作也。始於登壇、終三法竟（白四竟）第一刹那已前、以身口種種營爲構造是也。

法入 十二入之一。新譯作法處。意識所緣之境。

假色 對前五塵實礙之色、故名假色。爲法入所攝、故云法入假色。五塵卽色聲香味觸之五境、爲眼等五根所緣之境也。

非對非礙 資持云。五根五塵、能所俱礙、皆是色故。能所俱對、互不通故。假色不爾。雖與意對、意根通緣一切塵故、（意根通緣五塵通歸法入）卽非對義。又假色是色、意根非色、故非礙義。

今祖師究體 已上之文、且據彼宗所計。下二行文、乃南山約義考體、的指體相、方爲盡理、契佛本懷。

中陰 亦名中有。謂六趣之外幽陰業識、未至前趣、在死生之間、故名中陰。

細色 資持云、指爲細色、獨出今疏。濟緣云、如來由此說業爲色。

▲身口業思能造身心作戒體也

- 身 拜跪俯仰登降等。
- 口 陳詞乞戒對答等。
  - ——色 身口乃是造善惡業之具、自無功用。
- 業思 立志要期、希法緣境。身口造作、由此統率。
  - ——心 色不自發、必由心助。
- ——能造——作戒體

能造身心、或改爲能造色心、文益明顯。

非色非心五義求之了不可得 非色者。既能造是心、故所發非色。若約色義反證、色有五義、今並無之。非心者。雖能造是心。然其所發、體是頑善、無有覺知、不能緣慮、故曰非心。若約心義反證、心有五義、今並無之。五義、如鈔疏委明。

祖師考體 同前釋。

卽心造業 業疏云、考其業體、本由心生。由心生者、從作起也。此句推業體發生之始。

熏習有用能起後習 業疏云、還熏本心、有能有用。此云能起後習、卽有能也。有用、謂防非。能起後習、謂發起後行。此二句示業體生已之功。

巳上三句卽祖師正示業體也。卽是密談善種。

生起┬心爲能生
　　└業體爲所生

熏習┬業體爲能熏
　　└心爲所熏

心與業體互爲能所

心不可狀假色以顯 此二句明作戒、下數句明無作戒。濟緣云、本唯心造、心冥色顯、所以兼之。

異前作戒 不由色心造作也。

强名二非 濟緣云、强名者、此明小教不可直示、且附權意、別彰異名。資持云。若在彼宗、但計非二。纔云强號、卽顯教權。須知强號之言、始見今疏。

▲義說動靜 此句、文同業疏。靈芝釋云、動卽是作、靜卽無作。

圓成實義 圓滿成就諸法功德之實性。與眞如實相等同體異名。

梨耶藏識 梵云阿梨耶、或云阿賴耶。此云含藏識。謂含藏一切善惡因果染淨種子。

隨緣流變造成業種 隨染淨緣、造黑白業。

能造六識 造雖在六、起必依八。與前不同。

作成之業梨耶所持 任持不失也。

名善種子 善是法體、種是譬喩。謂塵沙戒法納本藏識、續起隨行、行能牽來果。猶如穀子投入田中、芽生苗長、結實成穗。相對無差、故得名也。

業雖心造乃至對礙 指成宗。 復是四大乃至可分 指多宗。

業雖心造 此約作戒。依善性之行心而造作也。

一成已後與餘識俱性非對礙 此約無作戒。與餘識俱一句、雜心論文。餘識卽四心、識想受行。望前作戒行心、故云餘也。

作戒──行心──善性──────一念
無作戒──四心──三性 識想受、皆無記。行、通三性。──常存

性非對礙者。鈔及業疏皆委明色有五義、今並無之、故知非色。靈芝判此五義中、第四非礙、第五非對。故文云性非對礙也。

四大所造 多宗二戒俱色、如前已明。

體有損益 濟緣云。有損益者、示彼所計。如善戒、犯則戒羸。罪業、造則更增、懺則除滅。由有此義、故立爲色。又云、身口七業、持之則損惡而益善、毀之則損善而益惡。若在成宗、無作非色、故無有惱害損壞之義。濟緣云。問、有犯則體羸、四捨則戒失、那云無惱壞耶。答。缺行故羸、本得無損。教權故失、業性不亡。此卽成宗通深之意。

如涅槃中等 涅槃云。我於經中或說爲色、諸比丘便說爲色。或說非色、諸比丘便云非色。皆由不解我意。濟緣釋云、謂不知佛方便說故。

並以涅槃等 文舉涅槃、義兼法華。濟緣云。問、依何教義、立此圓教耶。答。下引法華涅槃二經爲證。法華開聲聞而作佛、涅槃扶小律以談常等。

後昆 子孫後世也。

故業疏云等〔卷十六、二十二〕

域 此字或與寓通、寄也。

▲摸象 盲人摸象、見涅槃經。

八

▲三業成就處所 戒疏記中委明。〔卷四、五十二五十三〕

▲重緣向念 重緣者、後念還追前事。向、卽前也。

可得思覺 此句之下、疏有而不制約四字。

單意 卽指下文獨頭心念言、此唯大乘、故成宗不制。

▲業疏云等

暫爾 卽獨頭異名。

九

▲彌天 卽苻秦道安法師。

彼云兩序如下引破 見資持記。〔卷一、十一十二〕

例準業疏 業疏中、祖師自判十篇爲三分。第九篇正宗分、第十篇流通分。第一篇序分、第二至

雜行 卽第二十七諸雜要行篇。

▲今就正宗 前列遵古有二解。今約第一解、以三十篇爲正宗分。

序文自約三行用分三卷〔卷一、三十二〔又卷二、四十七—末〕 上卷爲衆行、中卷爲自行、下卷爲共行。資持云。然據行體、止是二持。但就作中、別簡羯磨僧法以爲衆行、自餘雜法總歸共行。上且就大分而言。三卷之中、亦有互相參者。

今列篇名如下、俾便核對已下諸文。

下列諸篇別指者以藍點標記之。

上卷……衆行
- 標宗顯德篇第一
- 集僧通局篇第二
- 足數衆相篇第三
- 受欲是非篇第四
- 通辨羯磨篇第五
- 結界方法篇第六
- 僧網大綱篇第七
- 受戒緣集篇第八
- 師資相攝篇第九
- 說戒正儀篇第十
- 安居策修篇第十一
- 自恣宗要篇第十二

中卷……自行
- 篇聚名報篇第十三
- 隨戒釋相篇第十四
- 持犯方軌篇第十五
- 懺六聚法篇第十六

下卷……共行（別行）
- 二衣總別篇第十七
- 四藥受淨篇第十八
- 鉢器制聽篇第十九
- 對施興治篇第二十
- 頭陀行儀篇第二十一
- 僧像致敬篇第二十二
- 計請設則篇第二十三
- 導俗化方篇第二十四
- 主客相待篇第二十五
- 瞻病送終篇第二十六
- 諸雜要行篇第二十七
- 沙彌別行篇第二十八
- 尼衆別行篇第二十九
- 諸部別行篇第三十

▲由途相攝 以前二十六篇中、科義相由、事類條貫。顯非雜亂。

古科但據等 檢文未獲、俟後再檢。

別類統收 別類者、沙彌及尼對大僧爲別、諸部對本宗爲別。統收、亦彰不雜。

諸雜要行 諸雜者、簡餘篇統一。要行者、彰時用所須。

陶練 揀別也。

十

▲潛 音刪。流淚貌。

▲業疏所謂宗骨等〔卷十五、四十三—末〕

摘 舉發也。 揣 稱量忖度也。

△故其序云等〔卷二、四十六四十七〕

不急之務 或廣張法相等。

鳥鼠之喻 出佛藏經。彼明比丘不修戒行、非道非俗。猶如蝙蝠、非鳥非鼠。篇聚名報篇委明。〔卷十四、五十三〕

△擊 鼓勵也。 匡 正其訛濫。 持 護持永久。

戒疏大妄等〔卷七、五十七五十八〕

他日 多日也。 意所異也 律祖自謂。 横 去聲。不循正軌也。

▲若爾等 問有二義。初疑不許學聖教。況復下、疑疏鈔復引用。答中亦二。初釋前疑。諸文撮要下、釋後疑。

八月十二日錄訖

四分律行事鈔資持記目次

四分律行事鈔資持記目次

南山撰述中，屢引明了論疏，靈芝云未見。今攷高麗義天（與靈芝同時）新編諸宗教藏總錄載，律二十二明了論義記五卷，真諦述，海東有本。即此疏也。

日本古目錄，屢云律鈔科簡一卷，道宣述，靈芝記中亦未說及。

甲戌六月二十六日依律宗會元校訖，稍有改正。

二十

南山鈔疏靈芝記三大部標誌例

（一）鈔疏文中本有之科文，用 ——。
（二）記文於鈔疏每段中分科之文，用 ——。（表）（別編）但小科則用 ——（即是表中所未列者）。有時劃列表記文題額分之。列出科用 ——。
（三）最要句，紅黑併圈 ○●○●○。（記中小科，亦有時缺略一科文者。）
要句及警策、東句，多用紅密圈 ○○○○○。
次要句及釋義要處，多用黑密圈 ●●●●●。
以上且就大分而言，亦未能一律。因全部非一時圈點，有時忘前失後也。
（四）鈔疏刻本分段之處，有誤連寫。今須改為提行者，用 └。
記文有總論後數段，或前數段之鈔疏文者，用 └。
（五）記文每段之前，有預示全段義者，有時用 └。但多略之。
記文後向，總全段義者，用 └。（及記文中段有）（又習持記釋序題文中，因文太長，亦特用 └ 以別之。但他處則不用。）
（六）朱勒皆鈔疏與記對照。勒形長短粗細有種種之別，宜細看。
鈔
記
（七）記文多而不易分者，朱勒之中，或夾黑勒。
僅向本節義者，（不是全段義）用 一。
（八）疏牒（含註戒本或隨機羯磨之文（大字及小註））而釋者，文旁用 ⋮。記牒補釋者亦用 ⋮。
（九）記牒鈔疏之文而釋者，用 ⋮。
（十）記牒科文而釋者，用 ▽▽▽。
（十一）記中長文分段之標目，有時用 ⋮。
（十二）記中補釋戒本注或羯磨注之記文，即是勒鈔疏所略，而記補釋者，全文用藍圈點 ○、。上下端多用 凵 以別之。鈔勒亦用 一。唯科文用 ——。
（十三）記中釋鈔疏小注處，起止用藍括孤 〔 〕。
（十四）記中引文之處，於其盡處多用 △ 記號。易見者則從略。（此外尚有法後續寫。）原刻本有誤脫等，擇要改補之。改者用紅記號。補者用小紅圈。
（十五）凡鈔記通釋及濟覽中另有解釋者，於此鈔記文旁，用 ——。
通釋及濟覽二書，日本古寫本，南山律苑藏。
（十六）記中引南山他種撰述，於其止處，用藍三角記號 △。但標者甚少，俟後補標。

四分律行事鈔資持記卷第一上一之一

大宋餘杭沙門元照撰記

出家之士稟戒爲體聚法居身行必據體而修故因名隨行身必稱法而動故果號法身誠由發趣有宗依因得所故也且夫一識元明垢淨叵得從緣流變彼我熾然觸物生情隨妄興業繫諸有獄受萬類形億劫昇沈罔有寧息故我如來乘眞實道闡大慈門將令究盡苦源故制先除漏業譬夫伐樹始必刊枝豈唯種果無依抑使根株漸朽毗尼爲教厥致在茲伏自蘊結中天五宗競演譯傳

東夏四分偏弘雖九代相承而六師異說而我祖師示四依之像秉一字之權彰力扶顚爲如來所使垂慈軌物作羣生導師首著斯文統被時眾莫不五乘並駕七眾俱霑攝僧護法之儀橫提綱要日用時須之務曲盡規猷是故歷代重之以爲大訓然則理致淵奧討論者鮮得其門事類森羅駕說者或容遺謬由是硏詳可否搜括古今罄所見聞備舒翰墨仰承行事之旨題曰資持不違三行之宗勒開卷軸良以一部統歸三行三行無越二持科釋文言貴深明於法相銓量事用使剋奉於受隨是則教行雙弘自他兼利首題一興部意全彰但由聖智通玄凡情寡陋以蠡酌海長嗟罔測其深捧土塞河實愧不知其量式酬祖德少副夙心庶永流通冀裨萬一者爾

歷觀往古述作凡五十餘家各謂指南俱稱盡理然今所立頗異昔傳故於卷首略標五例一曰定宗二謂辨教三敘引用四明破立五示闕疑

初定宗者三藏分宗所詮乃異據行則雖通兼濟在教則各有司存往哲未詳固多濫涉並廣談論學以亂律乘（卽增暉等記隨文結釋涅槃四果等並依法相廣列章門是也）況復

所引之論多依俱舍婆娑蓋用實宗釋今假部可謂宗骨顚倒理味差僻致令後銳枉費時功忝在傳持義當糾正故今言教則唯歸律藏語行則事據戒科決持犯之重輕建僧宗之軌範此爲正本餘並旁兼猶恐專隅更須明證戒疏大妄戒中斥古云有人依解廣豎義章動經他日意所異也舉宗以明持犯爲正自餘隨律之經略知名相而已諸經論師自分宗體彼尙不解律刑此豈橫知他學縱有前聞亦不得述費時損日徒張無益自宗猶困於未聞況餘經論何由道盡可謂不識分量

也須臾死去莫涙多事等已上全文請考斯文足爲軀鏡宜須反迹勿事氷情

二辨教者夫教者以詮表爲功隨機爲用雖廣開戶牖而軌度無差雖剋定楷模而攝生斯盡圓音隨應情慮難求且依業疏三宗以示一家處判然教由體立體卽教源故須約體用分教相一者實法宗卽薩婆多部彼宗明體則同歸色聚隨行則但防七支形身口色成遠方便此卽當分小乘教也二者假名宗卽今所承曇無德部此宗論體則强號二非隨戒則相同十業重緣思覺卽入犯科

此名過分小乘教也三者圓教宗卽用涅槃開會之意決了權乘同歸實道故考受體乃是識藏熏種隨行卽同三聚圓修微縱妄心卽成業行此名終窮大乘教也然今四分正當假宗深有兼淺之能故旁收有部教蘊分通之義故終會圓乘是則大小通塞假實淺深一代雄詮歷然可見

三引用者自古引文多無楷式或全寫經論或具錄祖乘或汎列儒書或多援字解既乖鈔旨實穢眞宗今意所存類分三別初用三藏意聖教繁富未可具舒事鈔建題撮要爲本故下序云自外不盡之文必欲尋其始末則非鈔者之意今或申明幽隱或讎校差違並具引正文仍隨難注釋自餘易曉例不廣之二明用祖教者謂疏鈔傳錄儀集圖讃部文既廣非學不知其或以後廢前或指廣如彼或斥奪謬妄或和會異同諸餘義章例亦不舉三用俗書者莊嚴章句違律刑科讃詠外書如經極誡祖乘有用義不徒然或是舉俗況道或復取義助文豈得專事浮華混同世論今或語勢相涉或借用彼文但撮要示之令知所出及論字體多從義訓兼復通依衆典不必專據字書

四破立者慈訓遠流傳迷彌衆考教義則綱領俱喪逐名相則得失互彰必委而攻之則過成繁費苟縱而不舉則人惑多歧至於大義有妨或復異計難革但隨文略指使理有所歸逐事爭鋒甚非今意

五闕疑者斯鈔大體詞簡事周淺識寡聞何由盡曉竊恐相承傳濫或是鈔寫乖眞或詳覈未通或檢尋未獲義非臆度例並闕如或但標曰未詳或且俱存衆說或擬尋文據或俟後講磨盍遵聖論推本之徽抑憑祖教廢前之例故也覽斯五例臧

釋四分律行事鈔。文分爲三。初叙緣發起。二初題號。二初標題。

否條然且舉大端餘廣如後。

四分律刪繁補闕行事鈔序（作者非無。標名顯別。）

釋序題。四分者。五部之別名。一宗之通號。從文段數。即以爲目。翻就此方。總六十卷。新學多昧。委引示之。初分二十卷。（從序至第二十。比丘戒本。）第二分十五卷。（從二十一至二十八。八卷。比丘尼戒本。）受戒揵度一。（二十九至三十三。五卷。梵語揵度。此云法聚。即篇品之名。）說戒揵度二。（三十四五。二卷。此兩揵度在第二分末。）第三分十四卷。（總十六揵度。）安居揵度三。（三十六。）自恣揵度四。（三十七。）皮革揵度五。（三十八。）衣揵度六。（三十九。四十。）藥揵度七。（四十一。四十二前半。）迦絺那衣揵度八。（四十二後半。）拘睒彌揵

度九。（四十三前半。從國爲名。）瞻波揵度十。（四十三後半。從城爲名。）訶責揵度十一。（四十四。）人揵度十二。（四十五前半。）覆藏揵度十三。（四十五後半。）遮揵度十四。（四十六前半。）破僧揵度十五。（四十六後半。）滅諍揵度十六。（四十七。）尼揵度十七。（四十八。）法揵度十八。（四十九。）第四分十一卷。（前有二揵度并後結集等四段。）房舍揵度十九。（五十。）雜揵度二十。（五十一二三。共三卷。戒疏云。二十揵度離分三分是也。）五百結集。（五十四前半。）七百結集。（五十四後半。）調部毗尼。（五十五六七。共三卷。）毗尼增一。（五十八至六十。三卷。）以法正尊者於根本部中隨己所樂采集成文。隨說止處。即爲一分。凡經四番。一部方就。故號四分。非同章疏約義

判文。故業疏云。四分即說之斷章。（斷字上呼。止也。）戒疏云。四度傳文。盡所詮相。此據說之所至。非義判也。二十揵度離分三分。可是義開耶。問。教流此土。四律已翻。（四五十祇。）祖師何意偏宗四分。答。此土受緣。始從四分。餘部雖翻。未聞依用。業疏云。神州一統。約受並誦四分之文。今所判釋。約受明隨。故立一部。以爲宗。本下云。今判其持犯。還約其受體。斯意明矣。（義淨三藏反宗有部。未體此意。）問。有引人法有序等文。而云四分部勝。其義云何。答。非無此義。必依十誦受戒。可以部劣而宗四分耶。序明勝劣。爲彰部計淺深。至第

三門始論約教判處耳。問。且據現翻。總六十卷。梵本仍多。如何四度誦終一藏。答。非謂一座名爲一度。蓋取一期不定時限。隨集至處。未終且散。即爲一度。如是至四。一部方終。五分十誦大同於此。唯八十誦律。一夏之功。遂席爲目。隨時各立。未可一槩。律者。梵云毗尼。華言稱律。今約戒疏。統括諸文。不出三義。初言律者法也。從教爲名。斷割重輕。開遮持犯。非法不定。下文云。又如世法據刑約制。道法亦爾。依根附教。各有差降。不可乖越。故曰法也。二云律者分也。謂須商度。據量有枉（在）。若律呂之分

氣也（一年十二月，奇月屬陽名律，偶月屬陰名呂。一律一呂各分二氣，則二十四氣）。又云：教相所詮，四字斯盡。謂犯、不犯、輕與重也。若解四字，通決無疑，是則上品持律之最。何名為犯？境緣具也。何名不犯？起對治也。何名為輕？因果微也。何名為重？反上句也。然此四相，非律不分，持犯不濫，有同氣候也。三云：律字安聿，聿者筆也（楚謂之聿，秦謂之筆。出字書注）。必審教驗情，在筆投斷。又云：處劾決正，非筆不定等。問：如上三義，何以分之？答：三並世法比擬取名。教詮楷定，即法義也；辨析重輕，即分義也；臨事決判，即筆義也。具含此三，故稱為律。自餘翻釋

廣在中卷。刪繁補闕者，刪謂能刪，繁即所刪；補謂能補，闕即所補。世多不曉，故須委釋。即分為二。初刪繁者，自古傳律，情見不同，或疏或鈔，十有餘家，口相傳授，亦非一二。凡於一事，解釋多途，必備而引之，則翳於行事。但直申正義，餘並削除，止用一言標破，如云不同前解、諸說不同、餘義廢之、昔解多途等。今以標破之言，謂之能刪，屬在刪字；削去諸說，並號所刪，屬於繁字。上據義說，更須文證。鈔興意云：每所引用，先加覆檢，於一事之下，廢立意多，諸師所存，情見繁廣，今並刪略，止存文證等。問：

繁有幾種？答：略有二義。一者繁廣，即上所明諸師情見刪除之者，如自然定方、七樹七間、戒場先後、夏中結解、受日限定等，並有多說，今於鈔中例皆不引，即義鈔、兩疏所引古解者是。二者繁濫，如欲詞牒緣、受日加乙之類，今並除之。即羯磨篇云：今欲剋翦浮言，發揚聖旨等。又如知鐘之語、說戒淨口、安居通聚、自恣為非、僧網篇中廣列非制、師資篇中妄行杖罰之類。即僧網云：今則刪其繁惡，補其遺漏等。若依序文，正存前意；今取後說，非不兼通。縱有多述，不出於此。問：上明所刪，為律為疏？答：

自昔不明，去取兩異。今為分之，謂本宗他部、大小經論、西土此方先賢文紀、諸家鈔疏，但使今鈔引者，並是取文，皆屬鈔字。至於諸師情見，或筆於文，或傳於口，今鈔不錄削除之者，並是所刪，即刪繁字攝。應知刪補之義，鈔文前後時或有之，豈得凡見引文，例稱刪補？傳迷來久，學者深須究之。問：如戒本緣起、廣解辨相，律藏文廣，今鈔不引，豈非刪律？答：律是聖教，今家所宗，但可取文，豈宜刪去？一者，下文指廣如律，并及大疏，何得率爾例斥為繁？二者，鈔興意中但云情見繁廣，不云刪律。一家宗

部並無此語如何不思輙見輕誚若爾說戒篇云
今以普照道安二師爲本餘則取律誡文删補取
中豈非删律答此迷語也彼以古師儀式有闕有
繁故憑本律删彼所繁補彼所闕是則繁闕在二
師之本删補屬今鈔之用據斯以言彌彰上義問
若不删律應卽删疏答但是異端或文或說豈局
於疏及乎取彼要當還屬鈔取自餘不引始號删
繁故鈔興意中但云情見不言疏鈔也二明補闕
者自古持律或隨己執見或暗於教部至於行事
未適時宜如尺量短長由旬大小羯磨例皆白讀

問難不取解知臥具謂非三衣畜長不科減量淨
地不立唱相七證全無請詞斯類極多例皆遺闕
今鈔約義準文補令詳備故下房戒定尺量已云
余曾遊晉魏及以關輔諸方律肆每必預筵至論
尺斗廢興會未霑述故卽補闕反光九代印本作故卽删
補然既未霑述豈得有删今準古本爲正今以往古未論之事卽爲所
補鈔中所引文義理例是爲能補問補闕與下文
義決通爲同爲異答決通通先有補闕局元無餘
如序中第五門說問隨機羯磨云律藏殘缺義有
遺補豈非補律答正由律缺行事不周故引文約

例補彼羯磨至如律文仍前自缺何嘗補之問輕
重儀云删補舊章撰述事鈔準此删補不在於律
如何不許删補章疏答所删所補多出舊章能删
能補並見今鈔但章疏語局情見言通口授文傳
理無不攝請詳鈔意勿事遲疑行事者行以運造
爲義事卽對理彰名然事相多途義須精簡初以
事通善惡此唯善事二就善中簡餘泛善局明戒
善三約上下兩卷眾共二行名作善中卷自行名
止善四約諸篇細分諸事上卷十二篇標宗一篇
總勸行事集僧已下有五事初眾法緣成事集僧足數

受欲羯磨結界五篇二匡眾住持事僧網三接物提誘事受戒師資
四檢察清心事說戒自恣五靜緣策修事安居中卷四篇
有二事初專精不犯事篇聚釋相持犯二犯已能悔事懺篇
下卷十四篇分八事初內外資緣事二衣四藥鉢器二節
身離染事對施頭陀三卑己謙恭事僧像四外化生善事
計請導俗五待遇同法事主客瞻病六日用要業事雜行七訓
導下眾事沙彌及尼八旁通異宗事諸部是則一部始終
所詮行相無非三業鼓動方便緣搆而成故云行
事首題標此特異羣宗本設化根源正教詮宗骨
反光九代斯言不虛故序云顯行世事方軌來蒙

者百無一本此乃一家大要徧見諸文凡預學宗
彌須詳練苟迷斯旨餘復何言問準下持犯事法
兩分今唯題事則非攝法答彼明止作各攝分齊
故須兩分今望運造無問事法通歸事耳問題云
行事下云三行語音別召同異云何答行據造修
行取成德由行成行語別義同莫非流入行心緣
構成業也鈔者有二義一採摘義二包攝義謂於
三藏正文聖賢遺記採拾要當以爲文體下云撮
略正文即初義也彼文既廣備錄則繁故於其間
略提首後詞省理足下云包括諸意即次義也至

第十門當自廣說序有三訓隨義以釋爾雅云東
西牆謂之序如世牆序在堂奧之外即喻序文冠
一鈔之表此端序義也二序即訓敘謂撰述始終
十門例括三行條流使一部文義歷然不混此即
次序義也三訓緒者如繅繭得緒則餘絲可理學
者觀序則諸篇可求此謂由序義也一言標序三
釋並通問昔云總別兩序其義如何答首標一題
那云兩序今所不取略言三失凡言總別共彰一
事如持犯總別二衣總別之例今序不爾前明製
撰成文後括諸篇大義前後敵異總別焉成若以

十門不同而云別者則總義持犯所列七門亦應
是別戒業二疏各有總義並列多門例難亦爾此
則全無總別之義爲失一也又倣經宗通別二序
且經中通序通於諸經別則簡於餘典今此鈔序
爲通何文爲簡何典又以總序爲發起別序爲證
信者且彼經家通是證信別爲發起今則反之一
何顛亂若言準彼得云兩序者彼以通他局此之
異經後經前不同證信使百世無疑發起顯教非
徒設科分二序其意在茲考此序文全非比擬妄
引彼例爲失二也且鈔以十門統其大綱又云此

之十條並總束諸門等是則十門全無別義不曉
文旨爲失三也今申正解對下三十別篇止可通
云總序於一序中大分三段前明著述但敘能詮
之文中列十門乃括諸篇之義文義二種並屬教
收教不徒然指歸濟行故後分三行統攝羣機一
序始終教行斯足略示大要餘在臨文題下注字
顯上別名含多意一者異古下斥古云顯行世
事方軌來業百無一本今標行事得律宗旨二謂
簡濫古師撰述皆云四分律鈔疏等故加別目知
非餘者三爲釋疑疑云宗律撰鈔但以所宗立題

二序文。三。初通敘撰述緣起。二。初略

二撰號

可矣何必更參刪繁等語若不注顯疑情不決故
也中下兩卷語別意同
京兆崇義寺沙門釋道宣撰述
撰號中本為標名示文所出名容相涉別之以寺
寺或同名揀之以處京兆者即古長安城今之永
興軍也自古帝王建都之地故立此號京者訓大
言土境之廣兆即是衆言士庶之多即律師行化
之境亦即本所生地有云長城或云丹徒者長城湖州
丹徒潤州此謂祖宗之所出非生處也行狀云大師在
京華生長足為明據其出世示滅中間化事備載

行狀此不煩引撰述者通而為言撰亦是述今既
兩標故須別釋撰謂操觚染翰詮次成章述謂謙
己推他相循舊轍若準後批云武德九年撰而戒
疏批云貞觀初年以武德九年即改貞觀故無所
妨彼疏又云貞觀四年遠觀化表於泌部山為擇
律師又出鈔三卷乃承吾前本更加潤色筋脈相
通準此乃是重修前本案目錄中乃當貞觀八年
即今所傳之本也舊云有六卷又云後分十二卷準下序云三卷攝文文無不委
則是非見矣
夫戒德難思冠超衆象為五乘之軌導實三寶之舟

歎戒德以標宗。

航依教建修定慧之功莫等住持佛法羣籍於茲息
唱
釋序文初段歎戒中初二句標歎為下釋成又二
上二句舉喻彰德依下四句對餘藏顯勝戒德即
所歎之法難思乃能歎之詞戒有四義法體行相
今從總相唯歎戒法所以不云難議者以心思切
近口議疏遠思之既難必非可議或可句局理必
兼之冠下一句顯上難思之義既超象外無物可
比故非凡小心力所及冠字去呼謂束戴也冠為
首飾取高出之義象謂世間諸所有物問軌導舟

航豈非象耶答經律歎戒舉象雖多但得少義未
可全同此中略舉二物少喻戒功軌導即車轍明
其發趣也舟航取其運載也又標宗云是汝大師
以能軌物也或如人足能有所至也或云大地生
成住持也道品樓柱聖道所依也禪定城郭定慧
所憑也乃至如池如鏡如纓絡如頭如器又智論
中如重寶如命如鳥翅如船等尋之可知又篇聚
中先明戒護具列八喻如王子如月光如如意珠
如王一子如人一目如貧資糧如王好國如病良
藥又戒本序如海無涯如寶無厭僧祇戒本如猿

猴鎖如馬轡勒廣在經律不復繁引良以戒德高
廣故非一物可喻偏舉諸象各得一端不能全似
故云冠超也五乘者人天聲聞辟支及佛能乘人
也五戒十善諦緣六度所乘法也乘此法者必由
奉戒故以戒法通爲軌導也常途如此今別解云
如戒本中欲得生天上若生人中者常當護戒足
豈唯五戒十善耶然戒有四位五八十具若約鈍
根通爲世善若論上智俱作道基故善生云五戒
甚難能爲大比丘菩薩戒而爲根本故知四戒皆
導五乘今此標歎總含四位正在具足問戒疏云

爲道制戒本非世福但據三乘今云五乘者答彼
則專窮聖意用顯教源此明通被兩機以彰利普
然則三乘爲語尚乃兼權若論雙樹重扶咸歸常
住故知四戒皆導佛乘根器不同故分三五如是
知之三寶舟航者三寶四種一體理體就理而論
化相一種局據佛世住持一位通被三時功由戒
力運載不絕故如舟焉何以然耶由佛法二寶並
假僧弘僧寶所存非戒不立如標宗中順則三寶
住持違則覆滅正法又如華嚴云具足受持威儀
教法能令三寶不斷等餘如後引或可越度凡流

二二廣敍知住以生起
二初正緣知傳

入三寶位必須受戒以合舟喻文通此釋前解爲
正實字音植訓實訓是次顯勝中有二初對二學
明所詮行勝下對兩藏顯能詮教勝定慧莫等者
須約兩意互明勝劣若望斷惑證眞則慧爲勝戒
但止業定唯攝散故若約修行次第必戒爲始禪
定智慧因之而生故今云建修正從後義故云莫
等遺教依因成論捉縛並同此意次顯教中羣籍
即目經論二藏於茲乃指住持之事經論不談故
云息唱謂剃染稟戒入道次第以至僧中受懺安
恣結說治諫師資上下行住坐臥飲食衣服眾法

別行此諸事相佛法紀綱住持萬代功由於此唯
斯律藏委示規模餘藏非宗故所不辨故善見云
毗尼藏者佛法壽命毗尼藏住佛法方住曲論來
致備如中卷準上所詮亦須兩釋若詮理發智破
妄顯眞則經論爲勝若軌事攝修滅惡生善則毗
尼獨尊故知三藏各具勝能今望住持故有優劣
問標宗所引大小經論亦明戒律那云息唱答雖
復兼明號隨經律止是略歎戒功至如上列住持
等事非彼所論故得云耳
自大師在世偏弘斯典爰及四依遺風無替

無普他本作無替

敘弘傳中初文正法像法各一千年末法萬年如來定在正法四依通於正像文爲二段上明敎主親弘下明弟子傳化住法圖贊列二十五祖即以如來爲開法大師迦葉已下爲傳法聖僧今此戒律佛出方制本其元始故云自也大師者所謂天人之師即十號之一以道訓人故彰斯目然以師通凡小加大簡之是則三界獨尊九道依學唯佛大聖得此嘉號自餘凡鄙安可僭稱故十誦云若比丘言我是大師說大師事法得蘭夷罪同大妄故（言我是犯蘭說事法得夷）言在世者娑婆五濁所取之土也

大千世界所化之境也賢劫中第九減劫人壽百歲出世之時也三十成道說三乘法度人無量八十唱滅今指五十年中行化之時故云在世言偏弘者謂雖談衆典然於毗尼最所留意故篇聚云世尊處世深達物機凡所施爲必以威儀爲主是也又經通餘人所說律唯金口親宣大權影響但知祇奉況餘小聖安敢措詞又復諸經說有時限律則通於始終義鈔云始於鹿苑終至鶴林隨根制戒乃有萬差等具斯三意示異餘經偏弘之言想無昧矣爰即語詞此明如來滅後迦葉而下結

二像季弘傳二初
敘昔澆訛二初直
明兩土

集傳持故云無普普即廢也言四依者凡有三種一人四依（內凡爲初依初果爲二依二三兩果爲三依四果爲四依）涅槃云有四種人能護正法爲世所依此並大權示聲聞像傳法化人衆生所賴四並名依二行四依（糞掃衣長乞食樹下坐腐爛藥此四種行入道之緣上根利器所依止故）三法四依（謂依法不依人依義不依語依智不依識依了義經不依不了義經此之四法簡辨邪正末世所憑故得名也）今此所標即人四依昔來但列二十四祖今意不爾二十四師且據相承傳法之者若約橫論同時弘闡人實非一毱多五子豈不明乎就豎而言師子已下豈無傳教況復下云逮于像季則知四依之言

兼該正像弘法之師豈唯二十四人而已（二十四師名字化迹廣在付法藏傳及住法圖贊須者尋之）逮于像季時轉澆訛爭鋒脣舌之間鼓論不形之事像季弘傳初科明兩土中如來中夜入滅後夜不如正法像法益多乖諍況像季乎如感通傳天神所述西方諍競大小不融至於經卷互相投毀及空有兩宗各分黨類若論此方隋唐已前五部未分假實未判是此非彼各尚己宗故多乖諍以下文中別指震旦故知此科通語兩土然祖師出世當佛滅後一千五百餘年即入像法之末是故齊

二別示世弊二初 總明傳教之失 三初標其自任

此以明訛替澆謂澆薄醇味漸微訛謂訛變本體全失時實不然由人故耳鋒即利刃世中兵鬭謂之爭鋒脣舌相攻以圖勝負事有同焉鼓謂擊動論即言議事無形質顯是虛諍故云不形

所以震嶺傳教九代聞之拔萃出類智術而已

次科傳教失中初文上既通敘兩土澆訛下不別敘西方蓋非今意但明此土引生述作因前而致故標所以震嶺者震是梵言之省略嶺即土境之通名如世州郡多以江山川澤通而召之又如釋相云震嶺受緣即明東夏得戒之始耳又僧傳中贊曇延法師云震嶺宏標遺教法主準知震嶺之號但目此方不煩穿鑿（舊云國嶺兩標震是此方嶺即葱嶺非也）具云震旦亦云真丹此翻漢地傳教者指弘通之人九代者自後漢明帝佛法初傳至於大唐祖師出世凡歷九代（後漢魏晉宋齊梁陳隋唐）草之出叢曰拔萃人之超羣曰出類（語出孟子有若歎孔子曰出於其類拔乎其萃自生民已來未有盛如孔子也今借用之）事出胸襟謂之智術此明前代諸師任意自裁不憑正教上句彰其英敏下句斥其師心

二列其所失

欲明揚顯行儀匡攝像教垂彝範訓末學紐既絕之玄綱樹已顛之大表者可得詳而評之

列失中凡傳教之務不出有三一弘揚教法二訓誘來蒙三扶持顛墜今觀前代於此三事會未論之故下結云可得詳而評之蓋言不能詳評故也是以文中科為三失初揚顯下二句闕第一也行儀謂行事軌式以像末之教不顯行儀安能久住匡謂正其訛駮攝謂持之久永垂下二句闕第二也以後學無知若非師範進道無由彝即法也紐下二句闕第三也玄綱大表並喻律乘紐謂接續既即已也樹字上呼顛即是倒此二句舉喻雖別所顯義同

三結示難易

豈非憑虛易以形聲軌事難為露潔者矣

結示中上句躡前智術既無典據故云憑虛下句躡上三事不能詳評故曰難為以即用也形謂構其相狀聲即發其言詞露潔猶言顯白也任情虛說無教照對故易軌行實事是非外彰故難上約虛實相對釋次就理事釋者有解云上句指虛通理性即經論之學下句明軌範事相即毗尼之教彼引僧傳僧休法師聽洪律師講四分律三十餘徧顧諸徒曰予聽涉多矣至於經論一徧入神今聽律部逾增逾暗豈非理可虛求事難通會乎（文引）

戰國策云畫鬼魅者易爲巧圖犬馬者難爲功又云淄州名恪律師親問南山卽以此對未知何出

此謂諸師談經說理無不精窮考律行事未能決白此釋可取故兩存焉

然則前修託於律藏指事披文而用之則在文信於實錄而寄緣良有繁濫加以學非精博臆說尤多取類寡於討論生常異計斯集

次彰講解序學解中初科又二初至繁濫正敘執文上二句標執下二句顯過前修卽指前代諸師律藏且據本宗一部每有行事必據誠文雖是實錄然由年代渺邈五師捃拾翻譯失旨鈔寫錯漏

致有殘缺不了之文今家則用文義決通如下所標律文不了是也寄緣猶附事也良卽訓實以文害事故有繁濫如依律羯磨各差五德有覆不開懺重覆竟解界二十八人不足數四人捨墮之類加以下次明兼生妄計初句標過濫之源爲學有二一須研味精詳二必聞見廣博既乖此二故多虛謬臆下三句出其過相臆卽胸臆言其任意尤卽訓甚如手持衣藥執臥具爲越礙之類取類者或引類例有乖如小界立相引僧祇捨衣界一尋爲例無衣鉢得戒以破戒和尚四句爲例等或取流類不等如用僧祇加衣法及用解大界解小界羯磨而解戒場等隨聞卽用不究可否故云寡討論也愚執畢身不能遷善

故云生常計也寡卽訓少集卽是聚言其多也

致令辨析釁戾輕重倍分衆網維持同異區別

次科有二上明辨罪據別行也下云衆網約僧事也釁戾皆目於罪展轉增多各據一見故曰倍分如盜僧物得重而言犯蘭無知得提例判爲吉此則以重爲輕盜畜物犯吉而斷犯夷捨墮物貿新衣得吉而云犯提此謂以輕爲重也僧事中如僧網治罰說戒自恣受日懺罪諸餘衆務一方行化立法須通任情則事派千差依教則理歸一揆既迷教旨義無所憑朋黨者則同憎嫉者故異世途目擊今古皆然故云同異等區亦分也

自非統教意之廢興考諸說之虛實者孰能闘重疑遣通累括部執詮行相者與

三中因前異計執諍紛紜是非難定遲疑不決故推博學深識方能裁斷文中初二句簡其堪能上句明精窮律藏教有廢興偏局之者固執成諍下句明評量諸師釋說多異後進未達取捨莫從必具二能方堪此任故云自非等孰能下顯餘人不能闘卽開也重疑者謂展轉生疑如執夏中不得解界人已生疑因又疑曰必若解之爲成夏否又如執一夏三度受日疑云必欲重受爲失夏耶又

如小界立相疑云。必行受戒爲得戒否。略舉數端。以遺文相。凡此之類隨時引之。大論疑者事既不明任運滋廣。故云重疑。遣猶除也。累字去呼。謂滯礙也。心既有疑事即成礙。人無不爾故云通也。或作罪累釋者。如執夏末受日十五限滿不還成夏。又七日藥開無內宿盜常住物令奪取等。足使人疑。依行有罪。必決其疑則令離過。故云遣也。此二句對上考諸說虛實。括下二句對上統敎意廢興。部執且指五部。五師情見互立不同。若偏守一宗則必成諍論。故須統括考校異同。斟量取捨方明行事故云爾也。與字平呼。即語詞也。此四句二事。古作四義釋者非。

常恨前代諸師所流遺記。止論文疏廢立問答要鈔。至於顯行世事。方軌來蒙者。百無一本。次明撰集。別斥中。初科。上二字傷歎。前下敘其虛費。上二句總示所出。遺記者通目疏鈔。如第十門具列者是。下二句別列非相。言止論者貫下兩句。謂撰疏者但相廢立。作鈔者唯逞難問。更無他意故也。如義鈔兩疏時或引之是也。問。此中既斥彼邪引之答。此明行事。故須奪破。彼演義章。不妨引用。又古文極繁。彼唯摘要。取其少分以辨是非。所以義鈔題云拾毗尼義是也。至下斥其失宗。行事訓蒙。毗尼宗體於茲既失。餘不足言。今鈔首題即彰此意。高超遠古。深契佛心。紐絕扶顛。誠在於此。是以諸篇演布。唯存行事爲宗。隨處提撕專以訓蒙爲意。咨爾來學勿負祖恩。言世事者謂是世中台行之事。非世俗之事也。準下撰述一十六師。今云百無一者。汎舉至多。以明至少。猶不可得。言都無所取也。

時有銳懷行事。而文在義集。或復多列游辭。而逗機未足。或單題羯磨。成相莫宣。依文用之。不辨前事。

次義集者。即諸本羯磨。以羯磨文散在廣律。並以義類集結成篇。故云文在義集。如今隨機羯磨亦稱撰集。又業疏中召出羯磨人爲集法者。皆可證矣。此科文意爲遮後疑。恐云上斥疏鈔繁費乖宗。且諸本羯磨直顯行事。如何上云百無一本。無乃誣彼先賢耶。今雖許有。還成無用。言時有者。明其不多也。銳懷者美其敏利也。即目鎧諦光願四師。上標人法。或下指過。初二句即光願二本。光本多以義求。願本廣引緣據。詞繁事隱不濟時用。故云

二總斥

二明今述作三初通叙興懷

多列等閑緩非要謂之游詞好廣者樂從尙簡者
不顧故云逗機未足逗猶濟也次單題下即鎧諦
二本上二句斥文略題即書寫彼唯出法不辨緣
成故云莫宣猶言不述也下二句明無用既不曉
成敗加被無功故云依文等故業疏序中總斥四
本云增減繁略互見得失等昔來所釋都無所曉
並言章碎亂未可披檢所以尋求者非積學不知領
會者非精鍊莫悉
總斥中通前疏鈔及以義集故云並也碎謂文無
章節亂謂義非倫序所以下二句對上文碎故難
尋求次二句對上義亂故難領會

余因聽采之暇顧眄羣篇通非屬意俱懷優劣斐然
作命直筆具舒
第二明今述作初文爲二初明覽古聽采暇者在
首師講席習學之時顧眄者明非正學也迴觀曰顧斜視
曰眄音麵羣篇通指前代所流也撰集雖眾一無可取
故曰通非等屬音燭訓當非當意者不契祖心也
上句示無取下句出所以問劣則可爾優何不契
答以羣篇中優劣互見優雖有取劣不可存欲得
全優未之有也云非屬意其義如斯慈訓所興良

二別示文體三初引用取捨

由於此斐然下次明撰述斐然者文章駮雜之貌
文出論語孔子在陳思魯乃云吾黨之小子狂簡斐然成章作命即撰文
命謂典章之異號即目今鈔也論語云爲命禆諶草創之等正義曰
命謂政令文詞爲即作也直筆者即後批云不事虬文此有三
意一顯行事故二被新學故三彰謙意故具謂委
陳行相舒謂演布文詞一部之文盡於此句有科此爲
刪四分繁包下爲引他文補非也
包異部誠文括眾經隨說及西土賢聖所遺此方先
德文紀搜駮同異並皆窮覈長見必錄以輔博知濫
述必覈用成通意

次科引用中爲二先列所引文有四句初句統收
諸律即五十祇等次句收大小乘經經中談律名
爲隨經之律故云隨說第三收大小乘論第四總
諸師疏鈔及布薩儀高僧傳師資傳寺誥等此之
四句括盡一部引用之文是則貫攝兩乘囊包三
藏遺編雜集攢聚成宗以鈔標題義見於此搜下
次明取捨又二初二句取捨三藏搜謂摘取駮即
簡除言同異者初約本宗他部同異相對以明搜
駮有四句一與本宗同故搜十誦持衣加藥諸部不足數入婆論三衣
局量五分通量母論轉欲之類二同故駮魚肉正食已教咸爾今鈔用後廢之三與

二述作體勢

本宗異故搜。僧祇五人捨墮在眾自說欲。五分通結淨地。諸部自然界量。母論略說戒
等。四異故駮。僧祇三徧說欲。牒緣入欲。通夜會衣。不立勢分。羣部不開淨地。增加羯磨。
如是等例。次就他部自明同異亦四句。一他部同故搜
者。五分僧祇於上座前一一說欲。十誦多論盜畜物犯吉之類。二同故駮。十誦善見
無和尚得戒。僧祇十誦四重無重犯。三他部異故搜。善見三衣內穿失法。婆論緣斷。
雜寶藏俱盧舍五里。多論二里。並取用之。四異故駮。十誦受三十九夜。僧祇事訖。委如別
行中尋之。長見下。取捨諸師文紀。何以知然。以三藏聖
言。豈論短濫。義可見矣。初二句明取者。如下諸篇
所引疏鈔解釋問答。多不標名。至於僧傳寺誥等。
各題本號。此明取文皆屬鈔攝。昔云補闕誤矣。輔即助也。

濫述下。明捨下諸篇中或直翦者。如云七樹七間。
如義鈔廢立。或引破者。忘成及界不開中安居。解
界失夏等。又布薩儀中唱未受具人不清淨者出
等。出要律儀禮敬捉衣角之類。若不翦除。人情滯
塞。故云成通意也。
或繁文以顯事用。或略指以類相從。或文斷而以義
連。或徵辭而假來問。如是始終交映。隱顯互出。
次體勢中。初別列有四句。初句明繁者。或作繁廣
釋。上卷諸篇廣張行事。中卷盜戒離衣畜寶別眾
食等。下卷二衣四藥導俗沙彌等。或作繁累釋。如

結界唱相。有場無場兩種大界。並先委示。正唱復
出。受戒遮難。亦先釋相。出眾對眾。復兩列之。說戒
懺殘。並前廣引諸教。然後還引前文。排布儀式。上
就當篇各明。若約別篇互望。亦有此義。如結界篇
重明集僧。又羯磨篇中復列集僧結界簡人受欲
等。及受戒篇還述集僧等。釋相篇復明受戒具緣
等。釋相對施兩出五觀食法等。如是並為顯於行
事不可闕略。即下所謂若略減取其梗槩用事恆
有不足是也。第二略指者。初約諸篇互指。如集僧
指結界在後。結界指集僧如前。說戒指白眾在僧

網。安居指五利如自恣。羯磨中簡眾與欲並指前
篇。文各就當篇門者。如足數中指四儀別相廣如
別眾。懺殘指覆藏如後。如此相指徧該一部。且舉
一二類。謂同流。從即訓順。如安居竟合明迦提五
利。不欲更繁。然夏竟受利。與下自恣同流相順。故
指如彼。餘皆倣此。又釋如無場大界已出結法。後
有場大界即指如前。乃至加三衣法具出一法。餘
並例指。受日中出半月羯磨已。一月如前。此釋亦
通不無其義。三文斷者。如受欲中明說欲相引五
分僧祇文斷已續云義評等。下諸篇中義云義曰

相待，他本作相持。

義詳義準等皆同此例。古解云云一無可取。四徵詞者。即推覈之語。謂推覈深隱。必假問端以爲發起。汎論問答。爲立賓主。賓則申疑推究。主則隨義決通。欲使言議相待。教理明顯。一咨請問。即結界中諸問。如云大界有村得合結否。二假疑問。受欲中問不稱緣欲法成否。羯磨中問白讀成否等。三破古問。集僧中問自然方圓足數。中問邊罪等人自言據體等。四相並問。受戒中問戒師白和教授不和。又問戒師不差教授獨差。五推窮問。受欲中問此律宿欲不成。及受戒中問十誦尼無重出家。何故開捨戒。六互違問。釋相問毗尼殄已起。戒防未起。何言斷過去非。盜戒問盜像供養無犯。盜經結重等。諸篇之中所有問答不出此例。文中一句收無不盡。上來四句。總括一部文體大

要意。使預知。至文不惑。今更以四句助顯其意。初句繁而不費。次句略而不闕。三參而不亂。四幽而不隱。如下通結。如是者指示之詞。謂上四種徧在一部。不使前後義有相違。故云始終交映。又除顯事用。不令前後文有繁複。故云隱顯互出。交亦是互。映即照也。

并見行羯磨諸務是非。導俗正儀出家雜法。並皆攬爲此宗之一見。用濟新學之費功焉。

會異中。前明引用之意。次彰撰述之體。至於所引羣部若事若法。討非本宗。容生疑濫。兼復示之。故云并也。初四句列相。並皆下顯意。初明羯磨對世寡用。故曰見行。衆法多據本宗。別法多出諸部。今文通收他部衆別之法。衆法中滅擯通結淨地出五分。沙彌分衣法出十誦。別法如持衣加藥等出十祇。二諸務言通。須收諸篇所引他宗之事。下二句即指導俗沙彌篇中諸事。由此二篇多集羣部。少出本宗。故別會之。尋文可見。既並他部收歸本宗。故云攬爲一見等。此宗者。若對餘部即指四分。若對諸家即歸今鈔一家行事。費功有二。一昧教妄行則費行功。二文散難求則費學功。

然同我則擊其大節。異說則斥其文繁。文繁誰所樂

之。良由事不獲已。何者。若略減取其梗槩。用事恆有不足。必橫評不急之言。於鈔便成所諱。

勒卷中。初科。遮異說者。或當時實有。或假設預防。若比諸師行事義集。似傷繁細。然不達深意。故須明之。後世有作行事策者。甚非祖意。同我異說並指他人情見有順違也。如世歌曲其和者必擊物以聲諸節。節謂曲之大段。故云大節。斥猶責也。文繁誰所下示意。樂好也。獲得也。何下轉釋不已所以。初徵起。若下正釋。初明須繁。必下顯非繁。梗槩猶麤略也。橫評謂非理多說。諱即遮忌。鈔以撮要包含爲義。不急

二示今意

三指所閑

之言非所宜故。

今圖度取中務兼省約救急備卒勒成三卷。

今意中圖度者以智斟量取中者離繁略過務省約者是鈔正宗救急備卒是今正意衆別行相不可暫忘故云急也事起不常無由措手故云卒也師資篇云故拯倒懸之急第十門云庶令臨機有用斯即急卒意也中字平呼如上釋也或可去呼謂允當也是知斯典一文一句無非要行片無閒詞嗟夫末世昏愚志性下劣唯誇講說專事脣吻重輕篇聚身無不爲戒定修治曾無一念致令慈訓棄若朽遺救急之言於茲喪矣但恐苦輪之下欲罷不能聖道之中進身無日有識英俊寧不動懷。

若思不贍於時事固有闕於行詮則略標旨趣以廣於後。

指闕中思即籌慮贍猶濟也固即訓實行詮即諸義解此明今鈔專列時事義章辨論有不濟者例皆不引委在餘文故云於後上卷多指義鈔中卷多指戒疏下多指業疏凡所指略皆此意耳如篇聚中二不定七滅諍皆先提大意已乃云文義

二示所詮三位

二釋分篇二初敘意

既廣徒勞宣釋終未窮盡故略不述等釋相中四違諫戒意亦同此故云略標等。

然一部之文義張三位上卷則攝於衆務成用有儀中卷則遵於戒體持犯立懺下卷則隨機要行託事而起並如文具委想無紊亂。

示所詮中衆務謂四人已上羯磨僧事成謂能辨用即舉行遵即奉持之心機謂時須之急託事即衣藥等緣並下結示無闕紊音問亦亂也如古所傳三卷三位即名衆自共三行今更以義判略爲三別初約止作上下對事造修名作持行中卷守戒離過名止持行二約衆別上卷僧務名衆行中下自修名別行三約純雜上中各局故純下卷隨機故雜至論互相投寄不無相兼且據大途如上所判。

但境事實繁良難科擬今取物類相從者以標名首。

分篇敘意中初明難判人爲能行事是所造故云境事科謂分節擬即度量今下正分言物類者今先舉示如安居分房釋相明法體懺六聚中明事理兩懺二衣分亡人物導俗明說法儀沙彌中出家業及七篇中所注法附若據篇題實非該攝然

夏中分房同安居類故但標安居其餘自攝餘皆準此是則三十首題並據一篇之主耳若爾何以有注法附或不注者答有親疏故

至於統其大綱恐條流未委更以十門例括方鏡曉遠詮

標宗顯德篇第一　集僧通局篇第二

足數眾相篇第三 別眾法附　受欲是非篇第四

通辨羯磨篇第五　結界方法篇第六

僧網大綱篇第七　受戒緣集篇第八 捨戒六念法附

師資相攝篇第九　說戒正儀篇第十

安居策修篇第十一 受日法附

自恣宗要篇第十二 迦絺那衣法附

篇聚名報篇第十三　隨戒釋相篇第十四

持犯方軌篇第十五　懺六聚法篇第十六

二衣總別篇第十七　四藥受淨篇第十八

鉢器制聽篇第十九 房舍五行調度眾具法附

對施興治篇第二十　頭陀行儀篇第二十一

僧像致敬篇第二十二 造立像寺法附

訃請設則篇第二十三　導俗化方篇第二十四

主客相待篇第二十五 四儀法附

瞻病送終篇第二十六

諸雜要行篇第二十七 謂出世正業比丘所依法

沙彌別法篇第二十八　尼眾別行篇第二十九

諸部別行篇第三十

列名中據從敘意之下即列篇名則文理相貫然以十門生起間之甚有不便古科列名在十門之首釋云為顯諸篇是十門所括今謂不爾豈有敘致於前列名在後況勒卷分篇次第有序今詳至於已下二十二字合在列名之後則使篇名接前敘意生起冠後十門文次義顯永無疑濫今文倒

亂恐是傳誤豕亥之訛古今皆爾以理為正豈不然乎 講者至以標名首已即讀篇名入後十門覆讀生起

○大段第二諸篇大綱敘意中統大綱者諸篇事相皆別目故言條流者總中別相義類異故上二句即顯前文但敘述作不明義例故云未委更以下生後意括謂包收鏡明也遠詮謂教相大旨將釋十門略知次第大聖立教為顯一乘欲使群迷咸歸實道不堪受化暫用權方適物隨宜凡心叵測然則將傳遺教必曉來源俾夫學有所歸行非虛造教興之意故在初明既達此門麤知來旨何因

制度輕重不倫故次明也上列二門通論律藏宗部既別教相莫融必有事興依何處斷故有三也雖知用教約體有宗此土受緣並遵四分或於本部攝事不周餘部誠文如何取用故有四也上且據文文容乖闕乖須義定闕必文通廢立既難須明軌式故有五也已前辨教並約能詮教不徒施必詮正行行非一轍須指大宗故有六也上來六意教行具彰教行被機機分多異故七八九通局次明前之九段機教兩明頗彰化意然教傳此土眞偽相參若不甄除容生疑濫又斯文之作特異

前修興意所存來學須曉故次第十委而示之次第相由大略已顯至下別釋隨更明之

第一序教興意

第一教興中標云意者爲屬於誰答觀前二意似屬於佛據下諸門則有相妨今須一槩並爲祖意以毗尼教旨昔世未聞縱有所明猶非盡理十門意趣出自今師故以序字屬於能序教興二字卽爲所序意之一字通指此門文文標十意謂裁度之懷前云十門謂由之而入後言十條謂義類不同並對下諸篇隨名不定

夫至人興世益物有方隨機設教理無虛授論云依大慈門說於毗尼

通明中初科顯意分二初約義通敘雖文在初科而無虛之語通含後二論下引文正示釋迦如來道成積劫德超三聖化於人道示相同之是以且就人中美爲尊極故曰至人又佛身充滿隨物現形示生唱滅拯接羣品今此且據娑婆所見誕育王宮厭世修行降魔成佛故云興世言有方者方謂方法卽明如來權巧之智窮盡眾生差別心行故所立教咸適機宜皆令成益故曰無虛論卽十

住婆沙彼云脩多羅依十力等流說（一是處非處力二業力三定力四根力五欲力六性力七至處道力八宿命力九天眼力十漏盡力等流等謂無偏流卽無擇）毗尼依大慈等流說阿毗曇依無畏等流說（謂四無畏一切智無所畏漏盡無所畏說障道無所畏說盡苦道無所畏）據佛施教通有三心約法對機不無偏勝是故說法開解偏在智力破邪豎論特須無畏立制檢過唯是大慈所以然者如來興慈出現于世欲說妙法普令開悟眾生頑鈍遂說三乘有遇法音卽登道果故以略教束其過非人根轉劣破略起非復開廣教指過立制猶不能遵以至三千八萬無量律儀正法之時尙

多毀犯、況當像末、焉可勝言。如是次第、曲就下凡、不遺微物、自非大慈、豈至於此。故戒疏云、依大慈門、曲授祕方、偏賜內衆等。

故律云、世尊慈念故而爲說法。

引證中。卽本律增一中文。彼云、佛在跋闍國池水邊、告諸比丘、汝謂我以何心爲汝說法耶。鈔引答詞、略衆生二字。

二爲對外道無法自居、顯佛法人尊道高、故制斯戒。

對外道中、初文言外道者、不受佛化、別行邪法。多論販賣戒云、根本六師、教十五弟子、各各受行異

見、六師各別有法、與弟子不同、師弟通有九十六。如是相傳、常有不絕。僧祇總有九十六種出家人、則佛道爲一、外道九十五。未詳合數爾出不同。雖各立法、而非正道、與無不異、以無法故空然獨居、故云自也。人尊者、位過人天、故道高者、俱能出離。故制斯戒者、戒是聖法、制令受行、受之則聖財內備、行之則義德外彰、出過外俗、所以尊高。爲對二字、正是佛心、制戒之言、唯在金口。昔來科爲結集敘興故、此一句極多虛諍。

觀下律中、凡所制言、並懷異術。故文云、若不撰結、則令外道以致餘言。

引證中二、初通指制戒證。觀下律者、卽諸犍度、據前戒本、諸俗譏言、無有正法、外道無異、佛因制戒、頗符此意。然是他譏、佛意未顯、故指下文制法以明。如說戒犍度、因諸外道八日十四十五三時集會、瓶沙王見已白佛、因制半月說戒。安居犍度、因六羣春夏冬三時遊行、居士譏言、諸外道尚三月安居、此諸釋子一切時遊行、因制安居。自恣犍度、因諸比丘結安居已、作制不共語、問訊佛言、汝曹癡人、同於外道共受瘂法。衣犍度中、有比丘持木鉢、佛言不應持如是鉢、此是外道法、乃至比丘畜

繡手衣、著草衣、樹皮衣、葉衣、瓔珞衣、皮衣、鳥毛衣、人髮衣、馬尾牛尾衣、露身。佛一一皆言不應爾、此是外道法。乃至結云、如是一切外道法不應作。且引一二、以息世疑。下諸犍度其文非一、故云凡所及並懷也。舊記指下結集中譏謗之文、則凡所並懷之語、如何釋耶。懷卽佛意、異術卽外道。術音述、道也。故下別引結集證。此卽本律五百結集緣起之文。以佛滅後、外道譏言、沙門瞿曇法律若煙耳。世尊在日、皆共學戒、而今滅後、無學戒者。於是迦葉遂與結集、卽告衆曰、我等可共論法毗尼、勿令外道以致餘言。祖師取意加上一句、使文易見。問

三懸被異宗意
二初總約對宗顯意

今明佛意那引結集文耶。答。當科所明並引佛世文既非一。不可別舉。故通指之。然結集之文語意彰顯。故得更引展轉爲證。問。結集時事既在滅後那證聖心。答。結集存法既爲絕於餘言。佛意本與信專懷於異道。如下五例開制往徵。亦引後文。用彰元意。此爲明例何事疑乎。（此約迦葉結集意釋。）又佛始歸眞便讖法滅。反知在日對彼何疑。（此取外道讖謗意釋。古記錯解。）故特委示。

三爲對異宗故來。宗則有其多別。

對異宗中。初科上句明佛意毗尼之教因茲而制

故云來也。即義鈔云。如來始於鹿苑終至鶴林。隨根制戒。乃有萬差。良由眾生根器不同。樂聞有異。故令聖制輕重不等。緩急有殊。諸部輕重乃有無量。雖復不同。各稱根性。皆有奉行之益。以是義故聖制本有五名。又引付法藏傳。佛現在世。分爲五部等。（大集夢氎亦同此意。）若爾。義鈔下文復云無五意者。答。此明佛在不分之意。謂隨機立制。豈有五意。故使現在但有五名。不分五別。不妨輕重緣急。即是懸被將來。故彼云聖者之制現無五意。但有懸記之言。佛去世後始有諸部分張等。次句彰異言多別

二略引二部證成二
初引薩婆多部

者。統論分部。初則二初捌初各集。次一百年後上座部中分出五部。又云。二百年後分十二部。四百年後分十八部。（通根本爲二十。）乃至復分五百部。（備如義鈔。此不煩引。）相傳云。本作。宗則有其十八。後修時改爲多別。

故知此語通含。非唯五部。

且如薩婆多部。戒本繁略。指體未圓。接俗楷定。於時數。御法例通於無準。

引證中。既云多別。不可備陳。略引二部以明異相。故云且如等。所以特引此二部者。此方盛弘假實二解。敵對相反。於義易見。或可。部計雖多。不出空

有。是以下明戒體。亦出兩宗耳。兩部勝劣略列四種。今合釋之。初戒本繁略。對下立敎顯約。十誦著三衣有六戒。（一太高。二太下。三象鼻。四多羅葉。五參差。六襵綴。）內衣同上。共十二戒。則爲繁也。大小便利止有一戒。敬塔都無。此爲略也。四分敬塔便唾各隨別相具列多戒。故云顯也。著衣立二義。無不收。故名約也。或可二部廣律戒本對辨優劣。學者尋之。二指體未圓。對下軌用多方。十誦色爲戒體。能造所造二俱是色。俱不談心。未窮業本。故未圓也。四分二非爲體。體從心發。然限在小宗。曲從權意。別立異名。退非是

小進不成大密使行人心希實道多方之義其在茲焉故業疏云由此宗中分通大乘業依心起故勝前計等問此句既明戒體何以但云軌用多方答此宗法相不唯談體如羯磨疏五義分通故茲一句通含多意復彰今體望前雖勝對大猶偏但云多方足彰部意故戒疏云斯人博考三機般鑒兩典包括權實統收名理等若爾前宗何以直示答彼部所立正合小宗定爲偏計更無他意故直顯體義兼隨行亦非圓故三接俗楷定對下提誘生善多宗五戒必須盡形八戒唯止一日一夜此時定也二戒不開分受縱有分受得善無戒此數定也四分二戒長短並通全分皆得接俗之教但存生善故非楷定四御法無準對下人法有序彼宗人位雖同不無差異如無和尚得成受戒及界內一人四處足數一界之內多處作法互相受欲此人無準也三種羯磨加則彌善減則不成卽法無準也（文中似單明法然御之一字卽能兼人對下須知二皆無序）一四分僧有四位四人除三法（自恣受戒悔殘）五人除二法（中受悔殘）十八除一法（悔殘）二十人通作一切又須精簡足數別眾卽人有序也法有八位心念有三（但對眾也）對首有二

二約律正明二 初敘廣總標

二就當宗以辨二 初指前標後

二曇無德部

（但及眾也）眾法有三（單白白二白四）眾別羯磨各攝分齊互不相通少有增減判歸非法此法有序也上明兩宗不同之相皆是如來隨機施教淺深不等懸鑒未來部計支分作輕重說教興之意於茲明矣（古師科此爲分部教興者遠矣）

今曇無德部人法有序軌用多方提誘唯存生善立教意居顯約

上則通明教興今據當宗以辨

次當宗中初文上句指前下句標後言通明者以前三意統毗尼藏義該羣部不局一宗然上三意能所互彰初就能施必兼所被以慈不虛發專爲劣機後之二種文約所爲用顯能施次則彰正法之尊高後乃明教門之差別

夫教不孤起起必因人人既不同教亦非一故攝誘弘濟軌用實多貴在得其本詮誠難覈其條緒所以約開制驗旨在爲人顯持犯諒意存無過今束一律藏以五例分之則教興之意可見也

正明中初科上二句明教起由機人既下四句明機別教廣攝誘謂曲施方便弘濟謂普令獲益軌用卽一切事法止作兩行上句明能說之意下句

二隨分別釋二。初正明別意五。初遮性往分二。初總示通局。

顯所說之教。貫下六句，敘今從要本詮謂教之大旨。對下條緒，卽事之別相。所以等者，探後二例示本詮相。（開制卽第二，持犯卽第一。或可此二通該五例，以一一例中並具兼故。）驗諒二字，謂以智窮考。旨意二字，卽立教本懷。諒，信也。今下總標。一部之文，不過五例，以少明多，故云束也。

一以遮性往分。性惡則通於化制，遮戒因過便起。

初遮性者，毗尼所制，無出遮性，用此二門，求一律藏，總歸二意，故曰往分。初通局中，十不善道違理之業，體本是惡，三藏齊禁。然毗尼中但制七支，更

增篇聚，故通二教。壞生掘地等，本非不善，息世譏疑，制方成過，故局制教。據文合云遮戒則局於制教，文中爲示遮性之義，故云因過等。然性戒元有，無論大聖制與不制，無非結業感報三途。遮戒不爾，佛出方制，故經論中或名主客，或號新舊，或約違理違事分之，餘如戒疏。

二別明緩急二。初正明二。初性戒

然則性戒文緩而義急，謂隨諸重戒，並有開文。文雖是開，開實結犯，縱成持也。持之實難，如婬則三時無樂，毀訾則始終慈救。旣是根本貪瞋，何能禁心無逸。故知義存急護也。

次科性戒中，初句正標教意，謂下釋成。初二句示文緩，此收一切性戒，故云並有。文雖下，釋義急。初明教急行難。如下略舉兩戒，顯上教急。旣下二句，釋上行難。故知下，結歸。三時者，謂初入、入已、出時，於三時中微動樂念，還卽成重。毀訾卽九十中罵戒，慈心誨勗，雖罵無犯，微生瞋怒，亦結正科，故曰開實結犯等。（二戒開文並見戒本）

二遮戒

遮戒一往制止，有益便開。開之過輿，還復令制。豈非爲存化俗，恐墜枉坑。大慈設教，意唯檢失。

遮戒中，初明緩急。制卽是急，開卽是緩。對前性戒，

義立四句：一文緩義急，性中開也；二文急義緩，遮中制也（以非性業，隨緣開故）；三俱急者，性中制也；四俱緩者，遮中開也。豈非下，正示興意。上明護俗，大慈下明制道。道旣無失，俗則生善，一制兩得，權巧在茲。涅槃所謂息世譏嫌，卽其義也。枉坑者，枉謂邪曲，以於僧起謗，必墮邪道，永無有出，喻之若坑。或可約報，卽喻苦趣。

二引證

故毗尼母論具立緩急二儀，令尋之以通望也。

引證中，彼論第七明犯罪有三種：一初犯緣，二因犯故制，三重制。於重制中又有二種因緣：一者急

二開制往徵三、初標舉。

二引文示三、初未來教。

二者緩急謂乃至共畜生與人同犯緩即聽捨道還家行婬後若樂道還聽出家受具此明性戒又云世人嫌言云何比丘無慈心斷樹生命佛因制戒是急爲護住處開斷草木是緩此明遮戒二儀儀謂法式令尋之者出論家意謂前且引二戒顯相意令準此例尋諸戒無不皆然故云通望用此證前遮性二戒急緩之義通該一切矣

二以開制往徵教則通於二世

次開制中唯據遮戒與前爲異標云徵者訓求訓驗二義皆通

故下文云以世尊是一切智人故制已更開開已還制此還未來教也

引示中初科言下文者即五百結集文彼明迦葉結集已長老富那羅重更詰問結集次第迦葉一一答已彼云我盡忍可唯除八事親從佛聞憶持不忘佛聽內宿內煮等迦葉答言實如汝所說世尊以穀貴故聽時世還豐佛仍制斷彼復言佛是一切知見不應制已還開開已復制意云開制無定則非一切知見鈔引迦葉答辭仍易知見爲智人耳此明時有豐儉不可一定故興此教被及後世即了論中時

二在世教

毗尼也

如五分雖我所制於餘方不爲清淨者則不應用雖非我所制於餘方必應行者不得不行此如來在世教也

在世教中五分文出第二十二卷上明聽違佛制彼疏釋云如手搏食此方不爲善又如袒膊跣足之類雖非下明聽從他制如用匙筯及鞋履偏袖及依王制等問消文可爾興意如何答時數遷流豐儉不定方隅隔越風土不同立法檢非難爲一槩意使隨時適變逐處所宜故立未來豐通像末仍施現在橫被邊夷旨在爲人義見于此問

時方名相未知何出答明了論有時處毗尼彼云邊地受五得數浴洗中國不聽此名處也昔用三歸今時不得熱時數洗寒時不得此即時也故知時方不唯一事問既曰當宗以辨那引五分而明在世耶答本律明開邊方五事但文局事定未顯通收故假彼文以申當部耳今世愚僧不知教相破戒作惡習俗成風見持戒者事與我違便責不善隨方呵爲顯異邪多正寡孰可言之法滅世衰由來漸矣又東南禪講半夜啜粥過午方齋木鉢紗衣不殊外俗循名昧實並謂隨方不學愚癡一至於此愼

下引戒疏見律刻疏記卷五第六十八頁已下。

三四互融

三報有强弱

之。

然二教相融互兼彼此。

互融中二教即二世教。此有二釋。前教本爲未來即兼佛世。後教本興現在。仍通像末。或可恐疑引用五分故此釋之。彼此兩字即指二宗。謂四分制已更開。即兼在世。五分雖制不用。亦兼未來。旣而彼此相兼。即知本宗自具二世。但文不顯。故用彼文。問。遮性中亦明開制。與此何別。答。前通遮性。此唯在遮。若是性戒。不論時處。故了論中一切時處毗尼謂婬盜等是也。

三以報有强弱。教亦重聽。就制則深防限分。約行則山世不同。

第三例中。酬因曰報。言强弱者。或約男女二位。對下就制也。又男女中各分三根。對下約行也。所以不言重輕而言聽者。以重輕之言不該約行。故以重聽通收二種。就制即止持。約行即作持。初中準戒疏。深防限分各有通別。制四重防三毒。即根本防制種類。防四重名深防。此即通也。又云。過犯未窮。預加重約禁微防。著故曰深防。如尼觸犯夷等類。等餘三重約戒以論。即名別也。若飮蟲水防殺畜。手搏防打。亦號深防。非此中意。以不對報故。言限

四機悟不同

分者。指重緣心。以爲下凡限分之制。此即名通。通諸戒故。又云。若就相論。可有修學。並是限分。如漏失。僧殘。尼墮。此爲別也。又如僧中輒教尼等。及尼中四獨。紡績一切不同之戒是也。今此約報强弱。須從別論。古記反破此解。請以戒疏爲準。約行者。山謂蘭若。即上根也。世謂聚落。即中下根也。然上士不獨居山。中下豈唯在聚。取其大約。以處分機。初明山者。僧尼二衆通行四依。一糞衣。二乞食。三樹下坐。四腐爛藥。此上根也。尼樹下坐。但非蘭若。二明世者。衣中根報。次者制三衣。又次者畜百一。又次者畜長。又次者被褥等重物。又次者聽衆寶莊嚴。此非常教。唯天須菩提耳。上準戒

疏明五開。彼云。良由衆生根報不同。强弱不等。致令大聖方便開遮。此五前强後弱。中間互通。食中開受僧別二請。僧常檀越送等處開二房。藥開三種。此四開中下機。問。制行二位。强弱何分。答。制則强輕而弱重。强依限分。弱假深防。行則强制而弱聽。强者堪耐。弱必隨開。

四以機悟爲先。教門輕重致隔。五部異執。豈不然耶。

四中。初句明機差。此謂佛世起教之機。非五部師也。次句示教別。即對諸部以明輕重。輕重言通。不出罪事。如初篇重犯。婬制毛頭。盜限滿五。羯磨楷定。受法簡人之類。即此重餘輕。又開結淨地。捨財

還主接俗生善之類又諸部境想不同五分不開疑想僧祇性惡無疑想十誦前有方便除疑想今鈔準用四分除破僧婬酒不開疑想餘戒通開上並此輕他重下二句證成異執卽是各計非貶斥也問此就當宗以辨興意那以五部爲證耶答此舉羣宗爲顯四分

五以事法相對法唯楷式乖旨則事不成事通情性故隨境制其得失或託三性之緣或隨世譏而起

五中初句通標事謂止持門一切諸戒如婬盜等法卽作持門一切制法如結說安恣衣藥受淨及

餘一切衆別羯磨法下別釋初二句明制法意上列諸法通制一化行必有方違則獲罪如諸羯磨並託緣成必須四準評量七非檢校故曰法唯等事下四句出制事意情謂有情性卽三性因情起故云情性然以情變不常隨緣無量故令聖制教等塵沙事託境生故云隨境有犯不犯故云得失或託下釋上隨制三性犯戒廣如中卷篇聚名報及戒疏中今依疏文略引示之彼云託善緣以興教者如坐禪讀誦講導開悟必以正命居懷制伏煩惱此名善法方希名利邪命自居相雖是善反成貪毒壞心障道勿過於此是故大聖與教防之此通遮性性如慈心斷命好心互用三寶等遮如乞衣過受勸增等類言不善緣以興教者如十惡等體是不善能廣三途增惱障道故聖因過制教防之此局性惡言託無記以興教者如草土等體雖無記數作不已外彰譏醜內增心亂故制防約作者犯墮餘廣如後此唯遮戒言世譏者卽諸戒緣多因俗譏起過方制一往以分則上句通遮性下句唯局遮然性戒緣起亦兼世譏故此二句不可偏判思之可知古多錯解故爲曲示如上五例三四約機爲顯於教餘三就教非不對機又前二局

就止持後三通於止作

且略引諸條薄知方詣總撮包舉者莫非拯接凡庸心懷泥曰而興教矣

總意中初文爲二上二句結前總下示意大毗尼藏與意極多五例統收大要略盡望其別條實爲未備故云且略等薄知言可取解方詣明有所歸方謂方所詣卽至詣統一律之始終故云總撮指一意以該攝故云包舉拯拔也凡庸者若據所化實通諸趣若取可度別在人中三歸五戒餘道俱霑具足律儀唯人可受必約通別兩意釋之然此

二引证

所明乃是如來出世大意語該三藏義涉五乘且
就所宗故爲律意耳泥曰或云泥洹涅槃等西音
之轉小遠疏中翻之爲滅智論涅名爲出槃名爲
趣言永出諸趣疏就所證之理論約能證之智古
記至此廣列義章今意不存如前已示然須略舉
以遺文相諸小乘論通明二種涅槃謂二乘之人
見思永盡眞空極證報質未亡故名有餘依也及
乎化火焚身身智俱滅同太虛空故名無餘依也
若約大教即指常住不生滅性爲大涅槃今文泥
曰須通兩釋若就權宗即指前二若取開會須歸

後一扶律談常即其意也下文調三毒求四果等
並同此釋
故文云世尊何故制增戒學爲調三毒故云何爲學
爲求四果故
引證中兩段並本律增三中文初段三句上二句
即孔雀冠婆羅門問阿難之語下一句即阿難答
詞彼具云爲調貪欲瞋恚愚癡令盡故增戒學者出世正道增上勝
法非謂漸制而言增也定慧亦同云何下二句即引後
段上句即佛問諸比丘語爲字平呼下句是比丘
答詞彼具云云何增戒增心增慧學學此三學得須陀洹乃至阿羅漢等文中束之所引

三结指

二文辭理無異但上約所斷下據所證耳問戒止
業非那云調毒及求果耶答如戒疏說尋之可解
古記於此廣談斷證紊亂學宗戒疏委斥如前具
引文云今所學者正爲求此四果以斯宗正屬聲
聞乘故談至此以爲極矣昔嘗聽習每臨此語不
勝痛咽可謂屈抑祖乘聾瞽來學受戒篇明上品
發心沙彌篇說出家學本篇聚所引勝鬘智論並
以毗尼即摩訶衍羯磨疏中圓教出體即同三聚
終歸大乘域心於處何得不思致虧發足如是等
文云何銷釋致使一家教門宗骨俱喪後賢有識

深須鏡諸
下諸門中所述制意止隨前事令後進者尋條知本
焉
結指中上三句指下篇別事下二句示此中總意
下諸門者即三十篇所以不言篇者以一一篇中
隨諸別事各有制意今此偏指篇中別科故云諸
門耳下總結云此之十條並總束諸門豈非指下
諸篇耶有云後九門者非也尋條知本者條即前事是別相
故本謂今文示總義故餘九同此但文略耳

四分律行事鈔資持記卷第一

四分律行事鈔資持記卷第二上一之二

宋餘杭沙門元照撰記

第二制教輕重意

第二門初標舉者教興大意如上已明然其罪事重輕不同欲本大聖裁量之意故次明之

輕重兩意裁斷實難何者原彼能施之教教主窮機之人又推此所爲之人人唯應藥之器所以藥病相扣利潤無方豈可以情斷寧復言論測也

正明中初科前二句標難上句指佛心下句卽祖意何下釋難裁所以初徵原下釋上二句約人推教則教密難裁又下就教推機而機差叵究原亦推也窮卽極也衆生性欲唯佛窮盡隨宜授道毫釐不差既出聖謀故非凡測若取偶對上句對下合云識病之人下句對上合云受法之器法喻互舉語簡義彰所以下雙結扣音口亦去呼擊也方謂方所如來立法量同空界羣生萬類無不沾益故其所利不在一隅故曰無方既其無方則非思議所能及故云豈可等

雖然重覈其遠標實被於來裔在文自顯何假證成

今序斯大略所謂有七

次科雖然者與奪未決之語對前乍覽故云重覈前約當機故難裁斷今取被後故言自顯遠標卽律教教以指道喻之如標超諸世典命之云遠裔謂衣裾取其末下以比後學在文者卽下七例並見律中凡論教義或無明文須引證據律文既顯故不假證示現總相故云大略

一興厭漸頓二結正業科三報果不同四攝趣優劣五起情虛實六開制互立七約行彰異如喧靜二儀也

別列中初例準業疏中明受捨漸頓先五次十後具名漸徑受具足三戒俱得名頓捨具戒作沙彌捨具十作優婆塞名漸直作白衣名頓（此古記解未見制教輕重意）今約持犯篇中不學無知漸頓釋之戒疏云行違本受厭而不學故名止犯不學具漸頓起心有通局無知唯局漸緣境不了犯不學罪漸中隨境結故輕頓則一切犯故重（不學出受戒說相無知出不攝耳戒）二結正業科卽篇聚之罪各從種類並約七支業理輕重以分上下如篇聚云正結罪科止樹六法是也三報果不同者此明人類報有差別謂男女黃門二形之類四夷俱重摩觸麤語媒嫁等則有輕

降。如律廣解。具列其相。可尋注戒。舊約僧尼別制釋。或引母論犯報四句釋。於義似疏四攝趣優劣者。律明趣有三種。人及非畜。非人一種通含四趣天脩鬼獄。又非畜中各有男女黃形。並如戒本所列。人趣爲優。畜則爲劣。非人通優劣。且約四重以示其相。初人趣四戒俱重。二非人婬重。餘蘭。畜生婬重盜吉。殺有智蘭無智提。餘篇自尋五起情虛實者。此有多釋。一如謗妄等戒情虛故重。情實皆開。諸戒不犯文中並標實爾無心等是也又諸戒境想。初句情虛故重。疑想情實俱輕。除婬酒戒又諸戒中或標知故字者。即顯情虛。如故斷畜命知水有蟲等非故不

知。即是情實。即如本律犯必問心。無心不犯。制教重輕。尋之可見。六開制互立者。一切諸戒若止若作。有制未始不開。有開未嘗不制。二教相待。義無獨立。且如婬戒乃至畜生毛頭即犯。仍開怨逼。此即制中開也。雖許境合。三時無樂。開中制也。又如本制三衣。次開百一。復制加持。後開畜長。仍制說淨。時緣不暇。復開十日。不說則犯。又如本制安居。緣開受日。復制限內須還。又開難緣不返等。但制即是重。開並爲輕。如是類求。方體教意。七中喧即聚落中下兩根。靜即蘭若頭陀上行。四依教重。四

三總前結示

第三內二。初標舉。

二正明二。初敘古。三初直示乖競。

開教輕。此明如來制教重輕。又云在文自顯。須就本律詳而求之。故今所釋。頗與昔異。

凡此諸例。並制教之本懷。據斷之宗體。

結示中。上句屬佛。下句屬鈔主。據本制懷臨事處斷。則輕重合教。萬無一失。料簡七種。初受隨簡。一是背於受體。餘六制於隨行。二就行中止作簡。二三四五是止。第七是作。六通止作。三就止中能所簡。第二是所犯罪。三四即所對境。五即能犯心。如是知之。

第三對事約教判處意。

第三標中言對事者。一約判罪。二據行法。三謂亡物。二衣篇云。隨本受體。何律受戒。即以此律而定輕重。應須問曰。教門輕重

聖意可知。然現翻四律。互有乖違。重輕不定。今之學者依何爲準。此門所立。其意在茲。

自佛法東流。幾六百載。諸師穿鑿。判割是非。競封同異。不可稱說。

敘古中。初科。佛滅千年至後漢明帝時。騰蘭初至。人雖剃染。未有歸戒。跨及曹魏將二百年。曇摩柯羅。或作迦羅。此云法時。依四分羯磨。立十人受戒。爲始出僧祇戒本。令眾誦習。第一差也。至姚秦時。十誦廣律初翻人即依用。此二差也。其次四分僧祇五分三部廣文並

傳此地人謂僧祇與先戒本文理相合乃捨十誦多演僧祇（此三差也）唯四分五分曾未弘通至于元魏法聰律師方悟前非旋卽罷講僧祇首傳四分然以人情執舊多未伏從及乎隋朝智首律師作五部區分鈔往往未能盡理尚有紛紜故今鈔中特須提示歷年既久執諍仍繁不能備陳故但通斥云諸師等東流者標其所至或云西來言其所從幾字平呼近也自漢至唐撰鈔之時凡五百五十九年故云近耳（若取曹魏得戒已來近四百年）穿鑿者學無師稟肆意攻求不從正理故以比焉（孟子云所惡於智者爲其鑿也注云惡人用智而妄穿鑿）

良由尋討者不識宗旨行事者昏於本趣

推所由中上句明迷教下句示迷行宗旨謂假實不同本趣卽色非色別

故須學師必約經遠執教必偏眞文何事被於毀譏豈復淪乎嗤責

勸學中初句勸入學學師謂稟學於師次句勸憑正教何下明離過二句語別義同但上約破斥下取輕誚淪猶墮也嗤卽是笑

今判其持犯還約其受體體既四分而受豈得異部明隨

正判中初文上二句卽曉其本趣體下謂識其宗旨業疏云如戒一受願行須同焉有受依假宗隨行實敎神州一統約受並誦四分之文及論隨行皆依有部行學非唯體相乖各亦乃緩急隨情等

猶恐不曉大綱更示其分齊謂輒將己所學者判他持犯脫羅愆失其唯不學愚癡（有將體既等語爲聽師語非也）

更示中據上所明於理已顯所以重示者一恐疑云俱是聖教縱令互判亦有何過二文恐云四分可爾餘宗不然故復釋之初文上二句標下釋如已學四分卽依四分判彼十誦受戒之者餘互亦爾同則不言乖則有過故云脫羅等脫忽也羅遭也愆卽是罪上句明判斷之失下句示違犯之罪愚癡卽無知也

今通立定格其成較準一披條領釋然大觀

次科上二句正示諸宗判處並同此例故云通立等格式也較音覺正也後二句結告條領卽今所立纔覽此門疑滯卽遣如冰之泮故云釋然大觀謂所見通遠也

第四用諸部文意

第四門上明考體專用一宗然或被事不周須通他部故此明之欲曉此門文相大意須以三問前以激之問受體既從四分秖合專依本宗何以今鈔備引諸部約體明隨其義安在問三藏所詮事理兩異既宗律藏何以下引阿含等經及餘小論豈非化制不分耶問律是小乘教限須別安得輒用華嚴涅槃地持智論豈非大小濫耶若不明示學者俱疑故此決之尋文可見問今鈔通用三藏何以但標諸部答諸律體相既殊須明引用分齊是故此門正明諸律至後六師方通經論（有云諸部通收經論非也）

統明律藏本實一文但爲機悟不同致令諸計嶽立

敘分宗中初文言統明者總括諸部也如來滅後迦葉結集爲八十誦律五師相繼一百來年並無支派後因諍計遂分五宗流既出於一源枝必歸於一本故云實一文也但下示分所以上句明如來赴機設教不等（有以機悟屬五師者非也）下句明諸師各執不同嶽立喻其所執如山之固注戒序云雲飛二部五部之殊山張十八五百之異（有謂五嶽對五部非也況諸計之言不唯五部請以注戒質之）

所以隨其樂欲成立己宗競采大眾之文用集一家之典

次科上二句敘分宗義鈔云毱多受法既少不能均融故分五部然既大聖懸記蓋是時機所宜執諍雖殊無非證道即大集云五部雖異不妨諸佛法界涅槃是也下二句明各集競謂爭馳言大眾者此濫窟外部高僧傳論云上座大眾創分結集之場彼言大眾乃是窟外此云大眾定是窟內即今摩訶僧祇此翻大眾以五百人亦大眾故（智論則云千人）是則大眾名通二部上座唯局窟內學者須細辨之一家者且據五部各自爲言

故有輕重異勢持犯分塗有無遞出廢興互顯

三中初輕重異者一約罪釋本宗初篇重犯餘部但吉本宗犯罪方便隨滅餘律仍存四分女觸比丘蘭十誦結殘十誦身根互壞觸者蘭四分捉髮亦殘（且略遣文餘尋釋相）二約亡物釋下云然此亡物諸部未融等錫杖澡罐鉞錐等物四分歸重餘律並輕（如二衣中）三約事釋如四分受戒緣具方成故重餘宗緣闕並開（如無和尚無衣鉢等）本宗轉欲則輕餘宗不開故

二明今取用三初正取諸部四初立宗標示

二引論為準

重本宗悔殘微乖法式悔罪不出故重十誦不行別住六夜直得出罪故輕二持犯分途者即如上引境想不同又四分婬戒並據毛頭十誦論犯過皮過齒四分隨處盜五成犯十誦取本古錢方結僧祇通夜護衣四分限在明相三有無遮出者遮亦互也即如上引眾學有無及盜非畜物四分無文並準十誦四分二寶蠶緜並無悔法十誦出之又四分衣界通有勢分餘部皆無等四廢興互顯者四分歌聲說戒用廢五分直說取興四分開結淨地用廢十誦制斷取興又如僧祇牒事說欲用

廢四分不牒取興之類

今立四分為本若行事之時必須用諸部者不可不用

次明取用初科標示中立四分為本者順本受體離前互判過也須用諸部者行事有據離後執隅過也

故善見云毗尼有四法諸大德有神通者鈔出令八知一本者謂一切律藏二隨本三法師語者謂佛先說本五百羅漢廣分別流通即論主也四意用謂以意方便度用及三藏等廣說也先觀根本次及句義後觀法師語與文句等者用不等者莫取第六卷中廣明律師法正文如此

引論中欲明取舍有所準故此論五百羅漢造釋四分律初牒釋婬戒緣起已將入戒本即變為宗論其中一羅漢曰於戒句中即下隨本於戒本中即下本也於問難中即法師語若欲知者有四毗尼諸大德等如鈔所引然諸羅漢並具神通不無勝劣故選召能者耳鈔出者傳于貝葉也上是告眾之詞一本下出四法之相初本中云一切律藏即指當部諸戒非謂通諸律也二隨本下略其釋文論云四大處

名為隨本論文難解諸釋不同且依古記約通別二緣註之佛告諸比丘我說不淨性惡遮惡俱是不善故不清淨而不制癡狂心亂並通開故然此隨入不淨一念心憶是比丘便入犯位於淨不入是名不淨不順開教故淨不入即是犯罪故名不淨第二佛告諸比丘我說不淨如上而不制如上然此隨入淨是名淨心不憶知順開入淨由不成犯故得名淨第三佛告諸比丘我說聽淨如婬怨逼儉開八事然此隨入不淨三時有樂時豐不止二並歸犯於淨不入於汝輩不淨乖於開教故淨不入並結正犯故言不淨第四佛告諸比丘我說聽淨如上然此隨入淨於汝輩淨順於開教並無犯故一切諸戒並具通別二緣通如持犯別在隨相今此四句前二通

緣後二別緣又前後二句中並初句是犯後句不犯一一戒下皆有二緣故名隨本是一切戒大要之處名四大處三法師語先說本者即上二本廣分別者即論中解釋之文一一並云法師曰是也即論主一句祖師助顯非本論文四意用論作自意彼云何謂自意並置本置隨本置法師語如詳一戒則涉三法且置此三待加意度及對三藏方可取捨以意度籌量可否用方便度詳其理趣及三藏者上是意詳下以教勘彼云以脩多羅廣說以阿毗曇廣說以毗尼廣說以法師語文略下句故云等也此謂三藏中法師語也先觀下正示意用

次第之法根本即本句義即隨本文句等不等者謂以上三對考三藏等即同也註中指廣今略引之彼云律師者有三法然後成就一於本諷誦通利句義辨習文字不忘二於律中堅持不雜三從師次第受持不令忘失在文難曉故詳引之廣更如彼正下一句結示

然行藏之務實難取捨之義非易且述其大詮以程無惑

取意中初文行藏者約行事之廢立取捨者謂考古之是非實難非易文之互耳大詮亦即總意前云遠詮本詮並同程示也下列科條取捨有據故云無惑

謂此宗中文義俱圓約事無缺者當部自足何假外求餘有律文不了事在廢前有義無文無文有事如斯眾例並取外宗成此一部

舉例中初明本圓不取宗有所宗如重輕篇聚眾法羯磨受懺治擯結說安恣等用人用法多出本宗又下標云部別不同不取外部皆此意也餘下二列示四例初不了有二一不明了如十五種略說戒及東方有山稱山之類二不了足如四人法不除懺捨等下文一一別標用此二意尋之可見

二廢前者如歌聲說戒鈔云此是五分廢教如試外道魚肉正食雖同廢教至下六師方可言之此中且據諸律古記一混學者須知三有義無文者如顛狂人前捨戒不成是有不足之義故引十誦等證之如定由句準律十四說戒十三先往準強百里遂用智論下品爲定又十三難不問壞比丘準尼受反問引善生明文此皆屬後六師中四無文有事如云三衣應受持及非時殘宿不受皆明三藥加法而無受文或云結界集僧無自然六相文等如下結示

又所引部類必取義勢相關者可用證成必緩急重輕是非條別者準論不取故文列四說令勘得失十

誦墨印義亦同之

取用法相關中初文爲二初正明取舍緩急重輕四義條別初如受衣文僧祇通夜多論無衣鉢得戒等並緩別也二如僧祇轉欲卽失捨財入僧丞棄等名急別也三如前所引境想不同卽重別也四初篇無重犯等謂輕別也是非一句通收上四互望爲言又引事釋者足數中古師以破戒和尚在十八外今斥云不得輒用他部又受日云不得秉四分羯磨用僧祇事訖等餘尋諸部篇準論不取者卽同意用也故下二引證言四說者本律增

四中云佛告諸比丘有四種廣說一若比丘作是語長老我於某村某城親從佛聞受持不忘此是法是毗尼是佛所教若聞彼說不應嫌疑亦不應訶應審定文句已尋究法律若相違者應語彼言汝所說者非佛所說或是長老不審佛語不須復誦亦莫教餘人今應棄捨若與法相應者應語彼言是佛所說應善誦習教諸比丘等此名一廣說也第二從僧中上座前聞第三從知法衆多比丘所聞第四從知法一比丘所聞並如上檢校文同不引十誦墨印者卽是四分四說故云亦同但名異耳四分約能說人十誦據能證教彼云若言我從佛聞乃至一比丘聞未應歎毀應向三藏聖教印定是也引此二文者由先世諸師隨情引用今約部類檢勘可否卽同意用若作此釋方見所引四說墨印頗符論意

若此以明則心境相照動合規猷繁略取中理何晦沒

次科初句躡前次二句明合教心謂行心境卽前事心不昧教事非暗託故云相照規猷謂法則卽前四法四說四印也下二句明合理相關方引旣

無横評之繁條別不取仍無關事之略前文所謂圖度取中至此方彰故非晦沒晦暗也沒隱也

若不鏡覽諸部偏執一隅涉事事則不周校文文無可據遂師心臆見各競是非互指爲迷誠由無教

三中初二句標其偏執卽同下文初師見也隅卽是角涉下示其過失上句卽行事闕下句謂檢教闕遂下明自任乖諍如手持衣藥之類互下出乖諍之由

若四分判文有限則事不可通行還用他部之文以成他部之事

三示兩存

四檢閱斥濫

二當用六師 二初列示諸見 三初總標

用他事者上科所引既號相關乃是彼此相通之事必若本律限齊分明止可全取彼部故云還用等如僧中有緣自說欲行僧祇事（四分止有受轉說文卽有限故）通結淨地行五分事（四分止有別結）不應量衣說淨行多宗事（四分但明應量）十三難中犍黃門得受鈔云必須勘取依餘部為受（四分自截滅擯）別衆食開緣後二（四分有七加多論僧次五分衣時）自然衣界後四（本宗十一洲井水道並出他部）略示一二餘尋鈔中（舊記反作不得全依以釋請用上諸事質之）或二律之內文義雙明則無由取捨便俱出正法隨意采用

兩存中四分楊枝不受僧祇咽汁須受又如教授師壇外受衣（五分）或在衆中戒師受者（僧祇）多論須請淨主五分但令漫標僧祇淨主三由旬內多論若死若入異國更須別求（下並云隨意用）又善見三衣穿破失法多論緣斷等餘自尋之

然行用正教親自披閱恐傳聞濫眞故也

檢閱中傳聞者或章疏所出或口相傳授容有舛誤不可輒憑故皆親檢使後無疑

又世中持律略有六焉

次用六師列見中初標問所以此門之後明六師

二列示

者答此有多意一彰引用三藏並有準據二顯諸計通局未融三示今意總通六見四明此鈔所宗有歸問所以唯標六者答前代已來弘唱雖多取其建立不出六見故標六種攝無不周師資相傳至唐不絕故云世中也

一唯執四分一部不用外宗（如持衣說藥之例無止但手持而已）二當部缺文取外引用（卽用十誦持衣加藥之類）三當宗有義文非明了（謂狂顛足數睡聾之類）四此部文義具明而是異宗所廢（如捨淨地直言說戒之類）五兼取五藏通會律宗（如長含中不令更試外道）六終窮所歸大乘至極（如楞伽涅槃僧坊無煙禁斷酒肉五辛八不淨財之類）

列示中問第二與第三何異答第二師但見缺文直取外部第三不爾先求本部之義後引他文意顯事出己宗不乖本趣今鈔所取意亦同之問第四師意復有何別答前雖取他不敢廢本此師不黨以理為長五藏者四阿含外加一雜藏（長增中雜是為四含雜藏者分別功德經云非人弟子諸天所說或說宿世因緣三無數劫菩薩所生文義非一故名雜藏阿含此翻法歸謂衆法所歸也）五辛者葷菜也（葷謂臭氣一蔥二薤三韭四蒜五興渠）除初師外下五註釋並見諸篇第二師文見衣藥兩篇第三見足數第四見說戒四藥第五見沙彌第六酒肉五辛見四藥八不淨見釋相並

如後引。
此等六師各執正言無非聖旨但由通局兩見故有
用解參差。
通結中上句總牒次二句是縱下二句卽奪謂在
教皆正因人有殊言通局者初約大小前五局小
第六通大小二約三藏前四局律後二通經論三
就前四本異分別第一局本宗後三通異部四就
後三取捨分別第二第三取他成本故局第四捨
本從他故通五就二三融隔分別第二缺文直取
則部類相隔故局第三有義方求則彼此相融故

通若約相兼明通局者初不兼後故局後得兼前
故通中間兩望則含通局。
此鈔所宗意存第三第六餘亦參取得失隨機知時
故也。
顯今中第三在律爲當識宗旨故第六於三藏爲
當知所歸故上明正宗二師餘下示參取餘四如
結淨地取第一師業疏云如鈔序中小持律也持
衣加藥直言說戒廢試外道下並用之然於餘事
有不取者故云參耳得失謂考其可否隨機謂摘
其時要知時卽祖師自謂一取一捨皆合宜故問

第六既是所宗何以今鈔不廢淨地若爾合歸參
取豈是正存耶思之。
第五文義決通意
第五標舉中文義決通言通能所所則有三一文
義俱闕二文具義闕三義具文闕能則有二一文
二義義復分三兼理及例別開成四捨別從總但
云文義然此一門從能爲目因前三闕學者疑壅
故以此二疏決令通。
夫理本絕名故立名標其宗極名隨事顯故對事而
備斯文。

敘立教中初句示理體言理有二小乘有部唯說
生空四分假宗則兼法空並名權理大教則指常
住眞性名爲實理當分過限二意通之然斯二理
體唯眞寂名字莫詮言說叵及故云絕名次句明
立教名卽是教標示也美於理體故云宗極宗則
萬化之同歸極謂諸法之源底通論名教咸詮眞
理羯磨序云大教膺期指歸爲顯一理故使高超
輪梵之典迥殊儒道之書人天獨尊良由於此上
明依理以立於教下明教興必從於事事卽世諦
隨世假名立教詮理所謂如來說法常依二諦是

業疏文出記會本卷十八第四十頁

二別明律藏之缺。二。初敘昔遠缺。

也。斯文之言通含一化。所以下文別指律藏。問。律文詮事應非顯理。經論詮理應非隨事。答。統明佛教託緣而興。無非對事。皆爲顯理。但藥病相對不無親疏。故分三學對治有異耳。

然考斯律藏。言事並周。但爲年代渺邈。聲彩靡追。法爲時移。事多殘闕。加以五師捃拾。情見不同。重由翻譯失旨。妄生構立。又爲鈔寫錯漏。相承傳濫。

別明中。初科。初二句敘教本具周。斯律藏者。且據所弘四分一部。言即能詮。事謂所詮。但下正明遺闕。有四意。初示正意。上二句明去聖時遙。次二句顯法隨時變。此約四分結集之時。即當佛滅一百年後。故云渺邈。即遙遠也。聲謂言音。彩謂好相。靡追。猶言莫及也。五師相付百年已來。如來在日親宣之事莫能及追。教逐時訛。故有遺闕。如優婆毱多問尼佛在日事。及令魔現佛。斯可證也。加以下。三種並是兼意。故例標重增之語。捃居運反。採掇也。前云隨其樂欲。成立已宗。故不樂者。則捨而不存。故有闕矣。上二並是西土結集之差。下二即明此方翻傳之失。業疏云。覺明論主誦本東傳。至於翻時。隨出便寫。貴在一本無瑕。覆疏尋復返西。此

二顯今決通。三。初敘意通標。

二別示諸例

土行用。故多闕耳。又結淨地四句成白。疏云。此是結集闕文。同上二意。或是覺明漏誦。又可竺念遺筆。同後二意。此中欲顯決通。先明殘闕。殘闕之由不必一致。故以此四詳而求之。然亦不須舉事強配。

所以至於尋究。紛慮亘多。今總會之。以通其大見。

顯今中。初文。紛慮謂心想之亂。總會者。以三種條例收一部遺闕。後學披覽不滯一端。故云通大見也。

若文義俱闕。則可舉一以例諸。或就理有而成前事。或在文雖具而於義有闕。便以義定之。故論言以理爲正故也。或義雖必立。當部無文。則統關諸部以息餘謗。

別示中。初至前事。即第一俱闕例。能決有二。一例二理。例中如律無解戒場法。例三小界翻結成解。諸律無受七日法。例半月眾法白文立之。又無請二師文。例準請和尚法。此據作法釋也。又如破白讀羯磨舉誦戒爲例。忘不持衣往會不及。以長衣開忘爲例。牒多緣受日以懺殘多罪同法爲例。惡心解界不成疑。界不得重結。並以淨地爲例。三種安居以三品鉢爲例。上是本宗。下引他部。明相會夏以僧祇

護衣爲例。安居依閏。以多論受雨衣爲例。此約行
事釋也。（餘更尋之）理決中。言理有者。此謂無例道理合
然。如此界僧爲別處三寶病緣及僧次請皆開受
日。又當日出界遇難義判得夏。又十六遮中負債
入準理得戒。此等並無文義及例。故云理也。又說
恣中前後梵唄偈詞唱告上座誡敕不出教文者。
及受戒中開示境心威儀安慰正羯磨時白告警
策等。亦名理有而成前事也。二文具義闕。如律盜
四方僧物犯蘭。決云此約暫礙僧用故輕。理須犯
重。又云至二三八所共作法成賊住難。決云此約

眾法對首爲言。又得受布薩錢。決云準須付他。四
分夏中和諍開直去不須受日。決云約緣而受不
傷大理等。如是尋之。論言者。古記云。即是善見尋
文未獲。此所謂不以文害意也。三義具文闕。如有
難移夏準摩夷不破安居。遇緣出界忘不受日。引
五百問憶即悔者得。又四分不明重受日法。引五
百明了二文決之。據義雖當。恐謂師心。故云息謗
也。問。如上所引非無相濫。更請分之。答。無文引事
相比名爲例決。又復無例號爲理決。以意定文曰
義決通。引文成事曰文決通。問。義之與理如何分

別。答。通而爲言理義不別。下義決云以理爲正。別
而爲語非不如上。問。上則單配。有相兼否。答。理決
一種定無相兼。餘三相兼略舉一二。初明例得兼
理。不兼文義。以無文義方成例故。如依閏安居以
雨衣爲例。仍云夏是制教理宜通護。二義決中三
句。自有義決兼於例者。如四分邊罪等二十二人
今師定自言不足數義。云體既非僧若僧同知故
不足數。必不知者成足。又引不持戒和尚四句爲
例等。自有義決亦兼文者。如四分盜畜犯重。決云
此望鼠心未定從人判罪。仍引十誦多論等文。盜

畜物犯吉。復有兼文例二種者。如律令夏竟解界。
決云此爲諸界同受德衣。仍云文如十誦。又引安
居未竟自恣不破夏爲例。三文決通中亦三句。自
有文兼例者。如移夏不破。引摩夷文。又引十誦僧
祇二處受衣爲例。亦有文兼義者。四分但云尼開
受七日。引僧祇云尼無羯磨受法。仍云所以然者
以尼入俗生善義少故。又如引五分一一說欲。又
加義評等。自有兼義例者。如自然界無異界定圓
有則不定。此即義決。仍引了論三由旬界合角量
取爲例。又引十誦善見等文。問。今言決通爲決本

宗爲他部耶答昔人不曉並云決通四分今意不
然但有時事或昔所未行或諸家異見學者疑壅
故有決通若爾何以前文敘律闕耶答祇由律闕
故令事暗更爲明之一自有本文還決本律如受
欲中釋餘處行即以自恣中出界外決之又此律
僞欲不被所爲事還以四分明相欲出開略說戒
決之又如合河結界還以尼律界中渡河決之如
前所引惡心解界引淨地等皆本律事耳二自有
本律一文即自決通如三小界不立相還以三小
羯磨決之又如淨地不得僧住文云除去比丘又

立淨地唱相律云應唱房名還即本文以決本事
上二句屬義決通 三自有他部還決他律如集僧中多論
道行一俱盧即以十誦六百步決之又如僧祇七
樹中間不明兩眾半分乃以多論比丘遊行有縱
廣自然決之四自有本宗反決他部如十誦可分
別聚落齊行來處乃以四分村界院相決之用此
諸意徧尋一部無不通達問文義俱闕爲局當部
爲通他部答通該三藏何止本異他部有文即落
後句由無文故即無義也問義決通中爲通爲局
答亦通他部十誦伽論尼無捨戒再受之義決云

應得作下二眾又十誦令五眾受日五眾邊受決
云準此當眾相共作之無者準前言告等古多錯
解不覺太繁略亦非難但恐不解餘亦未盡學者
更詳
然文義決通誠難廢立自非深明律相善達開遮不
然便有累於自心固無益於他境
不能中初科上二句示難前四決中文有取捨義
是意裁寡學淺知故非所及對彼古解故云廢立
下云決判是非意亦同此自下二句揀非顯是律
相言通開遮語別開遮二法在律尤難故別舉之

不下二句顯過不然者反上非深明等累謂疑滯
或可約罪二釋俱通他境即前事以不明教旨皆
是妄施行不成持故云無益此約自行或可他境
即指餘人弘演化他並非正教故無益也
故律云文義俱同文同義異文異義同文義俱異
舒進止不勞敘釋
引證中引律第六十卷末佛在跋闍國池水邊教
諸比丘修行聖道莫相鬭諍彼云於阿毗曇中種
種諍語應語言諸長老所說文義相應不應共諍
初句 復作是言長老所說文異義同此是小事莫共

二引證二初十誦

二示堪能二初正明

鬪諍句二復作是言長老所說文同義異莫共鬪諍。句三復作是言長老所說文義俱異莫共鬪諍。句四下二句指律廣文。彼云應作如是觀察若共鬪諍於沙門法作留難否。復問是可訶否。復問能進善根得沙門果否。答諸比丘皆一一答之。此謂進也。文云若作如是諍事滅者應語彼比丘言汝為我等滅此諍事彼比丘答我從世尊所聞如是法今為汝說若彼比丘聞已便捨諍事此名止也佛說如是諸比丘聞信樂受持。今引此文以明佛世尚恐文義相諍特此訓之證上決通難為廢立則非虛矣。

然決判是非者必總通律藏之旨并識隨經之文如上六師所明乃可究斯教迹。

示堪能中初句牒其能者。必下示其博贍。上二句明學通三藏。下二句明解總六師。吾祖律師即其人也。聖人出現為物垂範謂之教迹雖言通三藏而別指律宗故云斯也。

故十誦云比丘有三事決定知毗尼相。一本起二結戒三隨結。應思惟觀察二部戒律并及義解毗尼增一開遮輕重如五大色是不淨遮非色淨不遮如是等籌量本末已用也。

第六六二初標舉

二了論

引十誦律五十九卷初列示三事。一即緣起二即戒本三即重結如初戒乃至共畜等。應下勸籌量文為三初總列一部律文大為三節二部戒律即初僧尼戒本義解即隨戒下廣解之文故云及也。毗尼總中間諸揵度增一即律後法數上明觀教二開下明判斷開遮輕重貫通一部且舉衣色略示相狀青黃赤白黑五方正色俗流所尚能發貪染故是不淨佛所制斷故云遮也非色即青泥棧三種染壞三聖同遵相超世表所以云淨是佛所教故云不遮三如是下結告通指一部始終故云本末。

明了論亦云比丘能知五相名解毗尼不看他面文略同上廣如彼說。

引明了論彼云如諸佛立戒於一一戒中應了別五相一緣起處即國土也二緣起人即初犯人三立戒即戒本四分別所立戒若犯此罪不得其住五決判是非於三處犯不看他面者判斷公直不取顏情也略同上者會前十誦三事也初二兩相同上本起第三同上結戒隨結四五二種似同廣解由不全同故云略也下文指廣即如上引。

第六教所詮意。

第六門標中前五並屬能詮教教必詮行一宗旨
趣萬行元基理須明識故云教所詮意詮顯也
詮教之文文雖浩博撮其大趣止明持犯
正明中初文上敘文廣一部律文總六十卷故云
浩博下指行要故云大趣以前僧尼戒本及後調
部卽止持行二十犍度已後等文卽作持行文多
明犯意在成持翻上二持卽成兩犯宗部之要豈
踰於此故云止也
然持犯之境境通內外內謂行心之結業外謂情事
之順違但令教行相循始終無犯則爲持也若生來

不學於法無聞修造善惡義兼福罰今欲科罪但使
與教相應不問事情虛實並名犯也此通名持犯也
所詮中通別持犯先知名相然後釋文謂學知戒
相明達持犯於一切時護本所受通望受體一無
所犯不隨緣別名爲通持不學無知制通篇聚隨
所不了無非結罪故云通犯隨對一境方便遮防
行順本受名爲別持違受起非則名別犯言別有
三一制法別篇聚重輕種類異故二對境別情與
非情三趣男女道俗不同故三犯緣別隨戒多少
不相濫故又復通別二持俱通止作通犯唯止犯

別犯兼兩犯通持中前敘境通上二句通標境卽
總指塵沙情非情類心隨境起與理向背構善惡
業故通內也又事由境生身口動作與教違順成
持犯行故云通外下二句別釋上句釋通內卽指
化業下句釋通外卽明制行身口造作故云情事
如婬盜等事由教制故有順違順卽二持違卽兩
犯但下次明持相境緣雖通今明持犯不論化業
且據制行故云但令等教卽律制行謂身口以教
檢行約行從教故曰相循循卽順也隨一一戒究
盡重輕犯不犯相故云始終古師所明但不作惡

卽是持戒今師不爾必約動慮體達教相起行防
過方成二持安有臥地而名持戒無記非業豈得
名持教行相循義意在此今明通持者止持有二
一行前三心受體無汙義名止持二約行心通緣
受體善惡事法歷然不昧卽是二持也次通犯中
不學無知二罪通持犯故通重輕故通虛實故然
不學罪結犯有二初發心斷學隨心頓漸一一吉
羅二臨境不解隨事別結若論無知隨境不了唯
有別結但該篇聚得名通耳文中上二句明發心
斷學修下二句明隨境無知善收二持惡兼兩犯

二別對犯

不學之人持亦成犯望善是福愚教故罰其兩犯中則通三性不善無記一向名罰善性犯者亦兼有福如知事互用慈心歎死塔上拔草治生造像穢食供僧掘地壞生塗治塔廟之類根本罪外例加二罪今下明結罪科即判也與教相應者教即通指止作持犯行與教合無非結犯故虛謂可學實即不可學故持犯篇約二教四行可不可學歷位辨罪有無多少是也此下雙結

若結篇正罪窮諸治罰必令束其方便攬成業果使量據覈其實情輕重得於理教則斷割皎然更何蕪濫此別名持犯也

別持犯中此約六聚根本果罪具上三義故云別也初四句示犯相正罪即目果頭治罰義兼懺悔由有犯者拒必加治順即開懺並須考實不容濫故四分果成因沒故云必令等使下二明能斷初句勘心心容疑想罪即差降實情之語通犯不犯次句明合教教無非橫故云理教則下二句獎其能斷既非妄判不乖真教同彼嘉苗不雜穢草故非蕪濫此下雙結而前不明持者翻犯顯持易故不出今明其相如婬觀不淨殺起慈悲怨逼無樂

第七門二。初標章

二正明二。初出教體二。初叙意總標

二別示二教二。初化教

毀訾慈救等如是知之

第七道俗七部立教通局意

第七門約機明教標舉中若約人稟教則道通俗局若約教被人則化通行局今從後義故云立教通局

顯理之教乃有多途而可以情求大分爲二

教體中初科上二句示所判之繁顯理教者通目聖典如上所明有多途者大小兩乘各分三藏三學等故下二句標能判從要如戒疏中或約三輪或約化行或約化制或約制聽彼取三輪今用化行隨時用與未須和會但在古猶局於今乃通名同理異對疏可見言情求者顯義判故言分二者一代時教總歸化行開其信解用捨任緣故名化教制其修奉違反有過名爲行教

一謂化教此則通於道俗但汎明因果識達邪正科其行業沈密而難知顯其來報明了而易述

列示中初文上二句標名體但下示教相十不善業三惡道因十善五戒三善道因此世間因果三十七道品六度萬行是三乘因即出世因果大小雖殊行業無異隨緣開示教非定約故云汎明又

經中多破外計委辨魔事指示正道恐墮邪徑故云識達又行業是因通收善惡心因冥邈故曰難知來報是果亦通苦樂果相麤著故云易述二謂行教唯局於內眾定其取捨立其綱致顯於持犯決於疑滯指事曲宣文無重覽之義結罪明斷事有再科之愆

次行教中初標名體定下示教相初二句明眾行上句正示若取能秉即簡人是非若論所被並須合教如受戒遮難說恣有犯七九治罰六聚悔露一一事中皆有取捨次句釋成取捨之意謂顯佛

法尊高超于世表僧門淸白不容非濫住持萬載功由於此顯下二句明別行上句正示下句釋成亦同上如條部中波離對聖重條咨問意可見矣上明教有限齊反前汎明指下示其顯了反上沈密上二句示文顯下二句明事備初文如諸戒相國土犯人舉過訶責制戒牒釋方便境想下眾同別犯及不犯輕重等相一一皆然聖智通明故言不勞重覽凡愚淺識不可輒爾僭同且祖師聽二十徧猶言未是心證僧休聽三十徧尙恨逾增逾暗是知昏鄙安可自務結罪等者如婬兩結（不捨戒共

畜生）別眾七開（施衣作衣等七緣開）一一通前重入戒本故云再科

然則二教循環非無相濫舉宗以判理自彰矣

所判初科上二句示相濫以七支十業無別體故如環連續以喩相涉不易分故下二句標判謂內心違順託理爲宗則準化教外用施爲必護身口便依行教

正判中初文即約三業相對以分上三句判化教經論明心顯理是故心業以理爲宗下三句判行教施爲即事也律藏約事辨行故身口業以事爲

宗如篇聚中起業輕重受報淺深篇聚即約行起業即依化又持犯中單心三時辨犯八句重輕此依化也八殺俱重即約行也又如懺篇三品理觀即是化教六位悔法即準行教又沙彌篇凡福聖道即依化教剃落與戒即是行教餘更尋之若爾化教應不禁身口行教應不制內心答此據道眾雙稟二教爲言世多不曉故爲委示初約違明四句一違化不違制（瞥爾貪瞋律宗不制在家人作十不善是也）二違制不違化（即犯諸遮戒也）三俱違（犯諸性戒）四俱不違（理觀內照戒律外檢）次約順四句一順化不順制（性相唯識三觀破迷）二順制不

順化心無慧觀專守事戒三俱順如上第四四俱不順造業凡愚三約受戒四句一稟化不稟制淨名云汝但發心即名具足是二稟制不稟化自智不明循律軌度三俱稟心希出離受律禁戒向聖道佛世利根善來三語即得道果又涅槃出家菩薩是也四俱不稟可知四約懺罪四句一化淨制不淨如犯篇聚理觀明照達罪性空而不依律懺縱得好相不入淨僧二制淨化不淨但犯依律悔而無觀慧滅違制業性罪確然三俱淨依教篇聚滅業道四俱不淨愚者犯不肯懺任靜思問化行二教爲大爲小答化收大小制唯局小若爾梵網善戒大乘行教那判爲化答大乘三藏制不制別得名爲行若望今宗還屬於化以菩薩戒通道俗故問五八二戒

既是戒制應是行攝然局俗人不通兩衆如何判之答化教所攝律中明者隨律之經引證如別如是簡判略識化行更須精辨恐繁且止今時學者尚不知名況明行相若不曉此大小三藏一切皆迷

然犯化教者但受業道一報違行教者重增聖制之罪故經云受戒者罪重不受者罪輕

罪異中上二句明在家爲惡出家亦有犯者如獨頭心念是下二句明出家毀戒犯化不必違行違行必兼犯化業外加制故云重也問性戒可爾遮非本惡爲有幾罪如壞生掘地非不違慈畜長捉寶寧無貪染乘者有智請爲通之又問化教亦兼事行豈無身口行教通禁三業豈不明心何以上文離開三業以配兩教亦請答之故下引證即善生經彼明二八同作一罪受戒者重不受者輕智論文同如懺篇引

文廣自明所以更分者恐迷二教之宗體妄迷業行之是非故立一門永用鑑別

徵意中初躡上經文以爲徵詞謂彼經既顯此不須分恐下示所爲上句指迷言宗體者即上所判

也次句遮妄言是非者化行相濫也世聞淨名發心即是具足妄判戒之有無或迷三性犯制乃謂業均一品或云營福違戒無過或執心觀便毀律儀或謂堅持無勞慧觀或依方等二懺而云制罪都亡或依篇聚六治乃謂性業皆滅故有依大教懺夷足小乘僧數如斯迷濫從古至今至下懺篇更爲廣說故下明今立通及後世無復謬濫故云永用等鑑簡也標宗僧網懺法沙彌等皆辨二教臨文詳之

第八僧尼二部行事通塞意

二正明二初正明通
塞二初明通

二明塞

第八門前門人法並通此門並局以人唯二眾教局行科然而報相兩殊故使教分同別故須辨示方見諸篇

然二部同戒同制則事法相同行用儀式類準僧法具在諸門隨事詳用若辨成犯相者戒本自分隱而難知者具在隨相

通塞中初文同戒即止持戒本初篇四重二篇七戒三十中十八九十中六十九眾學一百七滅諍也同制謂作持諸法具諸門者同戒在中卷同制則上下二卷其全同者則無別舉如集僧與欲羯

磨僧網之類少有異者隨事點示如結界中尼界二里有難同僧捨戒中明尼無再受受日中尼唯七日二衣中尼加二衣之類上通明兩同若下別顯同戒上文指易戒本分者即律廣文隱下顯難隨相即中卷如離衣中三衣五衣皆提眾學中通示尼等同犯又篇聚中示尼八重又持犯境想云尼中非無亦指同僧通緣中總標五眾之類餘有約位之戒謂輕重不同有無互缺犯同緣異而是當世盛行種相難知者及別行眾行等法方列尼別行法中

次明塞中前明止行初句標示約位戒即與僧異者八夷後四十七殘中十戒三十中十二單提中一百四八提舍尼尋尼戒本對之可見謂下釋異文列三句例括異戒略為引之輕重不同中三初僧殘六戒漏失二麤二房僧重尼輕摩觸僧輕尼重殘篇唯有此句二捨墮九戒五敷為五六取尼衣七浣故衣八擔羊毛九擗羊毛並尼吉僧提三單提十三戒一為尼作衣二與尼衣三屏坐四期尼行五期同船六期女行七受讚食八勸足食九索美食十牙角鍼筒十一過量坐具十二覆瘡衣十三佛衣等量並僧提尼吉有無互缺中二初捨墮尼無二戒一過前求雨衣二蘭若離衣二單提尼無三戒一輒教尼二說法日暮三譏訶教尼人犯同緣異亦二初捨墮

一戒長鉢同提僧開十日尼止一夜二單提五戒結罪同提緣相有異一背請二足食二戒合為一制三與外道食兼白衣男四與年不滿二年學法五雨衣常開上約鈔疏以明更以義求八夷後四及二不定即是有無八提舍尼四八相望亦即有無對索美食即同輕重而下指尼篇如上多異不可盡列故選時要方入別行盛行謂數犯難知謂微隱互專一義亦所不出即如下篇止列六戒夷中出三觸八及覆殘中出二言人四獨單提出紡績一戒及下一句示作行言眾行者下列七門六即隨戒一門餘之六種并屬眾行謂受懺說恣安居師資也方下總指

此但分其宗類猶未顯其來詮諸有不同之意具在大疏

結意中上二句結前分宗類者即向所明通塞條別未顯來詮者不明立教同別來意也諸下指廣不同意者即上止作別相各有所以大疏即祖師所稟首師律疏二十卷而言大者或隨大部爲言或簡今家戒業二疏非謂尊師故也今見義鈔戒疏不能廣錄學者自尋

第九下三衆隨行異同意

第九門標云異同有二初明沙彌即對大僧下明

式叉即望三衆

二衆沙彌若約戒體同大僧無作檢其本數唯顯於十就餘隨行類等塵沙結罪居第五篇就位在諸戒末

沙彌中初科上句標名沙彌是梵語此云息慈(息其世染慈濟羣生)若下明體同檢下示相局就下明行偏等塵沙者副本體故下云除羯磨一法不在數例自餘衆行並制同修等結下明犯第五篇即突吉羅無論遮性二一槩結吉示教輕故就下顯位諸戒末者即指廣律並列戒後別尊卑故問體既是同那分大小答境量雖同志願碩異有願無願豈不明乎若爾既偏塵沙何唯列十答若論戒體發在三歸後說十戒略陳其相如大僧四重之例故下云且列十戒喜犯前標餘所未知二師別教等

自外行法不同取捨有異者各就別篇具明

辨異中言自外者如五德十數持衣說淨別堂說恣有緣掘壞之類並如下篇事容是非故云取捨沙彌如本篇沙彌尼附尼法故云各就等

式叉摩那六法是其學宗戒體更不重發自餘隨行對治同諸三衆學之

次式叉中初文上句標名此云學法女由尼報弱就小學中別提六行爲具方便二年則驗胎有無六法則顯行貞固十誦所謂練身練心即此義也六法下明體同沙彌自下明行同三衆六法者一摩觸二盜四錢三殺畜四小妄五非時食六飲酒學宗謂行本也言學有三一學根本(謂四重也)二學法(即六法也)三學行(一切大尼行)不重發者以式叉尼轉根爲男即入僧沙彌故業疏云此學法女無戒體也但受別教位過沙彌以人不解謂分三衆有三戒體等問沙彌尼戒既偏塵沙何以式叉方行此六答

二指別引

選其喜犯重更約勒無體再發即其義矣同三衆
者指下文也同大僧則具在諸篇同大尼沙彌則
各如別篇沙彌合一故言三衆
必有不同具如尼別法所顯
別行中如無沙彌尼得與大尼授食之類下文具
委

第十門二。初標分。
上字為今刊本所增 古本皆無

第十明鈔者引用正文去濫傳眞科文酌意初明引
用正經次明世中僞說後明鈔興本意
第十門標分中鈔者祖師自號也引下三句即括
三科但科酌之言對下少異然下云鈔與但明鈔

略之意此言科酌正明量處之謀前後異名其成
一意言正經者正謂入諸正錄經者訓法訓常名
兼通別通該三藏別在修多今此從通以收羣部

二列示三。初引用正經二。初明三藏正教三。初總標。二別釋二。初小乘律論。

初言正本者僧祇律是根本部餘是五部曇無德部四分律也鈔者所宗
薩婆多部十誦律也彌沙塞部五分律也迦葉遺部解脫律此有戒本
婆麤富羅部律本未至此依大集分別毗尼母論善見論摩得勒
伽論薩婆多論并傳毗奈耶律明了論釋正量部眞諦三藏疏并五
百問法出要律儀梁武帝準律集自餘衆部文廣不列

二大小乘經論

小乘律論中又三初明諸律具云摩訶僧祇此翻

三結略

大衆從衆爲名即窟內部曇無德亦云曇摩毱多此翻法正

亦云法護法鏡法密從人爲目薩婆多或云薩婆諦婆
此云有亦云一切有從計爲名彌沙塞此云不著有無觀迦
葉遺亦云迦葉毗此云重空觀此二從行爲名婆麤富羅
亦名婆蹉富羅此云著有行亦從計名上列六部前之
四部戒本廣律此土已翻即根本獲一五部得三
翻傳時代備如戒疏下之二部據非今鈔所引相
因列之知名而已註云依大集者義鈔所引三藏
口傳及遺教法律並以僧祇列爲五部所出不同
故此示之毗尼下次列諸論此科所列名爲律論
亦名戒論婆沙成實等自屬經論昔人不曉例云

小乘論傳濫久矣多論下註并傳者即師資傳了
論註云釋正量部者此亦上座部中分出律本不
到此方即了論所宗也眞諦即陳朝翻經三藏出
疏五卷解釋了論其文未流東南五百問法亦云
五百問事經出要律儀梁武帝集凡二十卷自下
三指廣如三千威儀毗跋律決正二部律論等皆
律之部類有云二部十八二十部或云遺教愛道經等皆非
并大小乘經及以二論與律相應者名隨經律
次經論中二論亦即大小此總化教
並具入正錄如費長房開皇三寶錄十五卷中

二示諸師異執 三初標舉

結略中費長房後周高僧周武滅法遂爲翻經學士隋文帝開皇十七年撰歷代三寶錄凡十五卷今見大藏

次明諸師異執

次明異執標中有人謂聰覆二師首傳四分祖師不合科爲異執今謂異執之言目其各計有何毀斥縱容妄解豈不思所稟首師亦列于後又前云五部異執則所宗部主亦在其中又何獨黨於聰覆耶非聖人者無法卽斯人也

二列示

法聰律師覆律師（出疏六卷）光律師（兩度出疏）理隱樂三師（各出）

鈔 遵統師（疏八卷）淵律師（有疏）雲暉願三師（各自出鈔疏）洪勝二師（有鈔）首律師（有疏二十卷）礪律師（有疏十卷）基律師（有疏）

二列示

列示中所列諸師並出續高僧傳古記廣引今不同之若依寫取此復何難但恐徒喪時功糅雜鈔旨必欲知者取傳尋之今但列名略注師稟耳法聰（元魏朝人本學僧祇初弘四分傳論云自初開律師號法聰是也）道覆（聰師弟子聰但口傳覆乃作疏六卷傳論云但是長科至於義舉未聞于世）慧光（自光至暉皆北齊人光依覆學初製疏十卷後裁爲四卷故云兩出）洪理（鈔二卷）曇隱（鈔四卷）道樂（鈔四卷三師並光師弟子）洪遵（初依道雲學後聽暉講爲國僧統故以爲名）洪淵（稟尋遵師後撰疏未知多少）道雲（疏九卷鈔一卷）道暉（疏七卷）法願（上三師並光門人願卽隋朝人疏十卷鈔二卷）道洪法勝智首（並隋朝人依洪聽習首卽祖師所承）法礪（洪淵弟子祖師亦嘗從學一月而終今疏猶存）基師（僧傳不書）

三結指

已外曇瑗僧祐靈裕諸師已下及江表關內河南蜀部諸餘流傳者並具披括一如義鈔

結指中曇瑗（陳朝人）僧祐（梁朝人卽祖師前身二師並先學十誦後傳四分未詳撰述）靈裕（隋朝人疏五卷）江表表卽外也或云江外江左並指吳越在江漢之外故也關內卽京兆河南卽洛陽蜀部卽東西兩川指義鈔者未見其文上來所明並是所鈔卽前序云包異部等四句收之可見又異執中傳演雖多不出六見亦如上引

二世中僞經 三初標章

次明世中僞經

次明僞經者一世多不辨隨得濫用二事乖正典反爲執據如三百福罰三十六碩餘糧五部五色衣以錢贖佛食等並如下破今宗引用並據眞文使來學生信行事無疑此章之來意如此矣

諸佛下生經六帙淨行優婆塞經十卷獨覺論金棺經救疾經罪福決疑經毗尼決正論優波離論普決論阿難請戒律論迦葉問論大威儀請問論五辛經寶鬘論唯識普決論初教經罪報經日輪供養經乳光經應供行經福田報應經寶印經沙彌論文殊請

三結斥

冡字為今刊本所改，古本皆作叢。

三鈔興本意

二初標舉

二正明三初標示名義

二謙己伸懷

三正示本意五初叙删简

問要行論提謂經。
列示中。經論參列。凡二十五本。經有十四。論有十一。其間諸佛下生。乳光提謂。並有眞僞二本。他宗或引。並正本耳。
如是等人造經論。總有五百四十餘卷。代代漸出。文義淺局。多附世情。隋朝久已焚除。愚冡猶自濫用。且述與律相應者。如前所列。餘文存略。
結斥。可知。隋帝敕令長房録中所不收者。並集焚毀。搜之不盡。當時猶用。故此斥之。然尼鈔義鈔或復引用。未詳何意。

後明鈔興本意。
鈔興中。標云本意者。下云臨機有用等是。
夫鈔者。固令撮略正文。包括諸意也。
正明中。初科攢多歸少。曰撮略。舉一總衆。名包括。餘如前解。
余智同螢曜。量實疏庸。何敢輕侮猷言。動成戲論。
次科。智謂識見。量即器度。侮慢也。猷言即自所鈔。猷法也。空有二計。雙亦雙非。四執相攻。名爲戲論。
今宋摭衆典。取捨諸家。恐疑同彼。故須遮之。
雖然學有所承。承必知本。每所引用。先加覆檢。於一

二指餘義

事之下。廢立意多。諸師所存。情見繁廣。今並刪略。止存文證。
正示中。初文上句推其師受。顯非自裁。次句呈於己懷。明須去取。每下。正敘刪削。初二句示檢討覆謂反覆。於下四句明所刪。一事舉少類多。一事尚然。況一部行事。其繁可知。文中繁有二重。一廢立多者。約諸家相望也。二情見繁者。就諸家自論也。今下示能刪。此亦有二。一者全除。刪如受戒法及十三難羯磨戒本等。並廣列義門。今鈔不録。二者對破刪。如下但云諸說不同。昔解多途。廢昔義等。

而不委引彼說者是。如自然界體廣狹方圓三小立相安居受日等。並多古解。一一標破。此但直申今義。即引誠教證。令取信。故云今並等。且引一事。餘準明之。如下問云。自然界爲方圓耶。答云昔云定方。（不引彼說即刪略也）下引十誦本律五分善見了論等文。仍云廣引誠證定方須廢。（此謂止存文證）首題刪繁。文唯據此。如上所示。想無惑矣。
及教通餘論。理相難知。自非通解。焉能究盡。其如集義鈔所顯。
指餘義中。然今此鈔。雖並刪略。諸師申釋。未必全

三明不具

非或義章開其戶牖或問答釋於幽微何以此中一槩除削文明此意據合存之止由難解不逗新學故別爲一部目爲義鈔文有三卷下卷已亡故今所指彼文多闕義鈔與致明文在玆古多妄說或云二疏之餘或云二疏張本如別所破具云拾毗尼義鈔此中語省以集字代之下單云義鈔別鈔皆此例也文中通猶容也餘論即目義解容彼之說明其可存上二句明義之幽隱自下二句明不益初心言通解者以目博知深識之士具下正指彼文

而鈔略證文多不具委但取文義堪來入宗者自外不盡之文必欲尋討知其始末則非鈔者之意故文云諸比丘欲不具說文句佛言聽之毗尼母論云佛令引要言妙辭直顯其義

明不具中遮世疑云三藏正教義無改作何以引用輒有去取故此釋之仍引證據初明取意堪入宗者涉今行事也自下指所餘撮要包括是鈔所宗橫評繁文即今所諱故云非鈔者意也故下引證初引本律出三十四卷次引母論文出第六並因比丘爲人說法不能廣說白佛故聽律文具引

四示所為

五遮妄增

論略白語要謂精當該攝妙即善巧適機

庶令臨機有用無待訪於他人即事即行豈復疑於罪福

示所爲者即鈔興意也庶望也訪問也上明法有倫序不假他求下顯事有準承無疑得失臨機有用即事即行二句偶對語別義同此之四句一部大宗獨異諸師高超九代盡如來權巧之旨闢羣生解脫之門三寶所以住持五乘所以發軫者功在於茲矣是以行事之目標在首題訓學之詞徧于一部凡爲道眾率由此門禪教雖殊無不受賜曲尋弘濟可勝言哉

猶恐後代加諸不急之務增益其中使眞宗蕪穢行者致迷烏鼠之喻復存於茲日矣

遮妄增者此即聖意懸鑒未來各興解釋必乖本趣故此止之初敘妄增不急務者即世現行諸家章記或廣張法相或多雜俗書顚覆祖宗翳昏智眼請詳聖訓自可鑒之便下次顯過患上句明壞教今鈔始終盡稽聖典故曰眞宗次句明迷行教行兩亡則破戒造惡非沙門行如烏鼠焉此出佛藏經彼明比丘不修戒行非道非俗猶如蝙蝠非

三總結指廣

三總示所詮行相。三、初約行判文、三。初總示。

烏非鼠。具引如篇聚中。意謂此鈔既興，人知持奉。由彼穢雜後進還迷，故云復存也。茲日通指斯時。卽今學者專攻章記，爭馳講論，以爲己能，身作重夷，口護輕吉，自謂精明，盜相反侵，損於四方善達姪科，更荒迷於三道，昏殆饕飫，尙說過中，夕飲酤醄，猶談酒制，人前歛相，詐現威容，屏處爲非，略無畏忌。此徒擊目，豈是誣言，良由章記之乖訛，復是師承之庸鄙，不令教於不令，一盲導於衆盲，皇祖眞宗，於茲殆絕。一尋此意，不覺嗟呼，因筆斯文，益增哽痛。自非聖鑒，孰見余心，悲夫。

此之十條，並總束諸門，例科分析。若攬收不盡，自下別論。

總結中，上三句結前，言總束者，則驗十門非別序明矣。諸門者，卽下諸篇，則顯敎興中指諸門非九門明矣。析辨也。若下指廣，可知。別論者，則三十篇望序爲別，又復明矣。

夫宅身佛海，餐味法流，形預僧伍，行唯三位。

大段第三示所詮行相。初總示中，宅居也。佛門廣大，包納淸澄，喻之如海。僧稟佛化，卽居其中。如犯重禁，名爲邊罪，謂漂出佛海邊外，卽其義也。流卽是水，法能滋物，故比於水。預也，伍衆也。此明比丘身具三寶，所修法行，雖乃萬途，以衆自共攝無不盡。然據行體，止是二持。但就作中，別簡一色，羯磨僧法，以爲衆行，自餘雜法，總歸共行。欲使綱目兩分，衆別無濫，故云唯三位也。

二別對

若遵仰正戒，識達持犯，則中卷之中，體相具矣。自行既成，外德彰用，則上卷之中，綱領存矣。自他兩德成相多途，則下卷之中，毛目顯矣。

別對中，初明自行。上句明建志，攝修。次句示學知敎相，出離聖道，不類邪術，故云正戒。文指體相，必

具法行，體附釋相，相總四篇，故此二字統於中卷。自下次明衆行。上句躡前，次句正示。凡行僧事，必先簡衆，故須體淨，方應秉宣。言綱領者，對下毛目也。匡攝住持，存乎衆法，隨事奉修，在乎別行。衆法存則別行修，綱領舉則毛目正。上下作持離分在此。自他下明共行。上句示行相。凡爲道衆，彼我同須，卽是共義，故云兩德。德亦行也。下句顯繁多，除僧法羯磨已外，一切作行，皆歸共收，唯此共行攝相最廣，故曰多途。或可上句躡前兩行，次句正示行相，謂必須共行輔成自衆，故云成相多途。問。自

眾兩行亦制同遵豈非相濫答自行則護體防心義非他共止作體別此不在言就論眾行作業辦事多是為他義非常行有緣方舉共行不爾日用恆須是僧俱稟獨彰斯目如衣藥鉢器訃請導俗等類比論二行別相可知然三行之目古德所傳若取今文明標自行又復前云上卷則攝於眾務則自眾二行名義灼然唯斯共行雖復無文兩德之言義取無爽古多妄解不免繁詞（古云四人羯磨為眾行一人心念為自行二人對首為共行者誤矣）問前文已分何意重述答前判能詮則以文攝行此明所詮則指行在文雖文

行俱明而正意兩別問前以上卷在初此則中卷為首何以不同答意如上解若爾何不依行次第以自行為上卷耶答此有二意一約行次第則先止後作自行合初二約事勝劣則住持功大眾須在首故律序云以眾和合故佛法得久住今取後意如文所列

此三明行無行不收三卷攝文無文不委

雙結中教行兩備攝機斯盡

然則事類相投更難量擬若長途散釋則寡於討論必隨相曲分使過在繁碎

次科初二句標難謂事隨篇類則使三行互有投寄如上卷標宗亦明法體行相及捨戒六念別人說恣識疑發露之類則眾行兼自共也又中卷懺六聚中眾別悔法則自行兼眾共也下卷攝衣攝食亡物等諸羯磨法并雜行等則共行兼眾自也三行相參不可一判故云難也若下釋其難相成繁闕過上二句示闕略過長途散釋者謂不約三行收束也寡討論者謂不稱機宜也以言無所歸人難披檢故下二句明傷繁過言曲分者謂逐卷隨篇明三行簡判過在繁碎者亂於教旨也

今隨宜約略通結指歸使舉領提綱毛目自整載舒載覽隨事隨依

三中初示今判上二句正示對翻兩過隨宜者離前寡討論過也約略者翻前曲分也通結者謂大分三行翻上散釋也指歸者雖有相投舉行攝屬離上繁碎過也下二句顯意使謂令於後人也綱領即三行毛目即諸篇行相整理也載下結勸上句勸學開其解也下句勸修成其行也載即重也

四分律行事鈔資持記卷第二

○二正列諸篇三○初上卷十二篇明眾行三初標卷題

四分律行事鈔資持記卷第三上一之三

宋餘杭沙門元照撰記

四分律删繁補闕行事鈔卷上

上卷首題委如前釋今總分對略為四別初約能所上三字律題是所宗下七字鈔題是能宗又律題中四分屬能集律是所集鈔題中删補行三字是能繁闕事三字為所文鈔字是能行事屬所二約通別律題為通貫諸部故鈔題為別局今文故又四分為別五中一故律字是通諸宗同稱故删等六字為別無所濫故鈔字為通容相涉故三約

人分律是佛制四分即部主集鈔即祖師撰四約華梵上三字翻梵成華下並華語梵云折埵理質埵理此翻分四從此方俗迴易其語辨律華梵如釋相中極知繁碎講學剖文不得不爾忘筌之士更繁何患執指之徒無言亦著豈不然乎

二列篇目

標宗顯德篇第一　集僧通局篇第二
足數眾相篇第三　受欲是非篇第四
通辨羯磨篇第五　結界方法篇第六
僧網大綱篇第七　受戒緣集篇第八
師資相攝篇第九　說戒正儀篇第十
安居策修篇第十一　自恣宗要篇第十二

列篇中標宗勸學文局上卷義該一部下十一篇正明眾行然成辦僧事必假四緣人法事處闕一不可今此諸篇依之而列第二三四即能秉之人第五即所秉之法第六即秉法之處已下六篇即所被之事事復有三七及八九即有情事十與十二即非情事安居一篇即二合事人依處故若約篇中分房受日並非情耳

三隨篇釋二○初標宗一篇總標宗體以勸修學二初篇目

標宗顯德篇第一初出宗體後引文成德

釋標宗篇一部之文兼該三藏文體正意唯歸戒

律故當標出正宗顯彰勝德使夫學者投心有所功不虛費故以此篇冠於卷首標即訓指宗即是戒問下列四種何者是宗答若就別論唯法為宗下云宗體或云法體宗法互舉別指何疑若約通論四並是宗良由戒法總餘三故言顯德者廣引教相贊述戒功令知本受專勤守護即下科云順戒則三寶住持辨比丘事至文可見自昔章記並以標宗科為僧體甚失文意如後攻之今明此篇指示學宗激勵持奉通貫諸篇總發三行是以尼鈔題云勸學準彼驗此方見聖心學者臨文彌須

用意提攜開誘最所精詳必欲智眼開明學路無壅此而不達餘並徒然勉夫注有二意一是開章以此篇中不別分故二即釋題由是二門合之爲目恐人不曉故注釋之

夫律海沖深津通萬象雖包含無外而不宿死屍騰岳波雲而潮不過限

歎教文中律字是法海下並喻今先出喻然後合法初三字明竪深次句明横廣雖下二句明容而不雜騰下二句明遏而不濫沖亦訓深漸漸深入莫窮底故通萬象者天地萬物皆蒙潤故包含等

者百川所歸故不宿屍者性清潔故騰岳等者勢蕩遏故岳喻其高雲喻其動喻中喻故潮不過者涌有時故法合中初合竪深遠古諸佛三乘聖賢由戒資成至於現未展轉無窮故戒疏云前聖果圓後賢因滿引生來業展轉住持衆生無盡戒亦無竭即戒本云如過去諸佛及以未來者現在諸世尊皆共尊敬戒是也二合横廣三義釋之初明徧境者十方法界依正二報情非情類無非戒故二約禁業者三業四儀施爲舉動三千八萬皆聖制故三約資行者萬行由生衆善所住三聖道成卒由戒檢故合第三中戒法弘通九道師訓人收七衆趣該非畜（本宗通受五八）攝濟不遺故云無外然則或違重禁教所不容五衆則坌汙清流必加擯罰其餘則入道無益永障出家若論治擯實通諸篇然對死屍須約四重即律序云譬如有死屍大海不容受爲疾風所漂棄之於上岸諸作惡行者猶如彼死屍衆所不容受以是當持戒合第四者謂止作持犯隨緣興制詮相浩博喻若波濤然篇聚重輕犯緣具闕定犯不犯纖毫不差衆別行相施造有儀如非成敗無容濫託如潮有信法喻彌彰

律云海有八奇特法一一切衆流皆往投之二常不失潮限三五大河皆投於海而失本名四五大河及天雨盡歸於海無有增減五海水盡醎同爲一味六不受死屍七多出珍寶八大形者所居此中略舉未必全同如戒本序但明二德必欲强配臨文自裁

故凡廁預玄門者克須清禁無容於非沐心道水者慕存出要無染於世故能德益於時迹超塵網良由非法無以光其儀非道無以顯其德

勸持中初科明出家之人所務唯二一須稟戒二

二叙不学以彰非二
初明愚教

當學道初中上句標人凡謂非一廁預者對下沐心即指身口佛法深妙有信得入故曰玄門克下示所學克猶必也淸禁即戒法戒防七業故不容非二學道中初句標人正道淸澄洗沐塵垢故喻如水慕下明所修慕即志念出要即指定慧定靜慧明不隨塵欲故無染世上約三學事理業惑相對以明乃知出家之士義無偏學專事戒道未異凡流樂道忘事何由修證上是對明三學故下合示兩利初二句正示德益時者外用無非住持生善成利他也超塵網者寡欲絕累成自利也良下

推其所以上二句顯利他之功本由淨戒下二句明自利之德實因定慧法即是戒道即定慧

而澆末淺識庸見之流雖名參緇服學非經遠行不依律何善之有情旣疏野寧究眞要封懷守株志絕通望局之心首而言無詣意雖論道不異於俗與世同流事乖眞趣研習積年猶迷闇託況談世論孰能體之

敘不學中初科上二句標人澆末是時淺識者無所解故庸見者同塵俗故雖下示庸淺之相先且分定初二句明學寡次二句明行薄又次二句明情疏復次二句明志塞局下至體之明言論鄙俗名參者無實德故緇服即黑色衣不依律者違聖教故疏野者無所拘故眞要與下眞趣並指前三學封猶閉也守株喻其愚也韓子曰宋人有耕者見田中株兎走觸之折頸而死因釋耕守株冀復得兎志即是心絕通望者無所見也就言論中初二句謂無稽實局塞也之猶於也首即頭也此句躡上生下次四句明混同流俗事即所說之事研下舉積學比況闇託謂不達前事眞然爲之體即解也

二彰過失

是以容致濫委以亂法司肆意縱奪專行暴剋何非

俗節所許何有道儀得存致令新學困於磐石律要絕於羈靮於時正法玄綱寧不覆墜耶

彰過中四初明濫委所行違制妄謂依律故云濫委法司即律宗律實不然愚者謂是故爲彼亂即世學者說律訓人自貿椹衣言遵王制夜粥晏齋謂是隨方非時噉飯妄言未必長惡貪飮藥酒便言有病療治不學愚僧傳爲口實誣聖亂法豈復過是來者有識愼勿隨邪肆下次明專任肆恣也順己情者非制而制曰縱違我意者是制便斷名奪事旣非法人有不從即以威武抑而挫之所謂

二正明宗體。二
初示意。

二舉興替以徵勸

持戒比丘反遭治擯，乃至羅漢亦被打罵，即其事也。暴謂兇惡，剋即侵害。倘非下三，舉況。俗節即世禮，禮以節人故也。孔子云：非禮勿視，非禮勿聽，非禮勿言，非禮勿動。曲禮曰：傲不可長，欲不可縱。是則儒典動必合禮，不容縱傲，安有出世道人反成肆恣，故云也。致令下四，彰損。上句明塞學路，次句明滅法律。下二句傷歎。磐謂大石。周易困卦云：困於石，據於蒺蔾。（注云：石之爲物，堅而不納者也。）喻上庸流濫爲師首，妄行非法，則使來蒙解行不進，如困於石；若復不學，恥墮無知，如據蒺蔾。此謂進退不可之象。世

途擊目，豈不昭然。羈居宜反，馬絆也。鞸毗必反，車束也。此二即乘駕之要物，律爲住持中最，故以比焉。

故知興替在人也。深崇護法者，復何患佛日不再曜，法輪不再轉乎。

舉興替中，初句語通上下。前敘淺識故替，後勸深崇必興。次句囑於後學。復下顯益。佛智朗然，故喻如日；法能摧輾業惑，故喻如輪。苟得其人，則三寶重興，反前覆墜，故云再也。

今略指學（宗）體行相，令後進者與建有託。

二歎相。二初先敘領受。二。初正示得失。

正明中，初科望下釋相，故云略指。宗即是法。證題不疑。令下示意。與謂發心，建即立行，識體進行，成因感果，故云有託，如後結文。

夫戒者以隨器爲功，行者以領納爲趣，而能善淨身心，稱緣而受者，方克相應之道。若情無遠趣，差之毫微者，則徒染法流，將何以爲道之淨器，爲世良田，義復安在。

領受中，初文爲二。先示法體，上句明戒法有濟物之能，下句明戒體爲立行之本。器即是機，大小凡聖道俗七部上中下心皆獲得故。趣謂歸趣，體能

生行，行還護體，以行望體，體爲所歸。故知比丘以體爲本，領受少差，畢身虛喪，一生大事，可不慎乎。而下次明得失。初明得者，準受戒中必具五緣方發戒品：一能受有五（一是人道，二諸根具，三身器淨，四出家相具，五得少分法）；二所對有六（一界，二僧，三數滿，四盡集，五白四法，六資緣具）；三發心乞戒；四心境相當；五事成究竟。今以善淨一句對收一三，稱緣一句即收第二，方克一句即收第四五。克猶遂也。若下次明失。初三句明緣乖不得，即反五緣，不待全差，少乖即失，故云毫微徒虛也。將下彰無戒之過，上二句失自利，下二句失利他。

二徵釋相狀二初標列

二結誥用心

是以凡欲清身行徒遠希圓果者無宜妄造必須專志攝慮令契入無滯故經云雖無形色而可護持斯文明矣

結誥中初二句指所誥人清身謂志樂建修圓果即心期極證無下一句誡輕易必下教用意專志者有所詣也攝慮者無異想也契謂心會前法入即納法歸心滯礙也故下引證即涅槃十八卷彼云云何念戒菩薩思惟有戒不破不漏不壞不雜（不破即四重不壞即餘戒不漏不雜即重輕方便此依此遠疏）雖無形色而可護持（色非）雖非觸對善修方便可得具足（心非）諸佛菩薩

之所讚歎是大方等大涅槃因此證重心領納有戒何疑

何者但戒相多途非唯一軌心有分限取之不同若任境彰名乃有無量且據樞要略標四種一者戒法二者戒體三者戒行四者戒相

徵釋中初科上二字徵上所受發下開章但下釋意初敘廣且下示要初中上二句據法明廣五八十具四位不同或約業者七支種類也或從制者重輕篇聚也軼（徒結反又音逸）車相交過喻其多貌次二句約心明廣即上四位各有三品若下二句就境明廣情及非情不可數故示要中樞即門樞亦取要義欲達四科先須略示聖人制教名法納法成業名體依體起護名行爲行有儀名相有云未受名法受已名體今謂不然法之爲義貫徹始終安有受已不得名法須知下三從初得號是故一一皆得稱戒或可並以法字貫之方顯體及行相非餘泛善問所以唯四不多少者答攝修始終無缺賸故隨成一行四義整足言有次第行不前後問法之與體同異云何答業疏云體者戒法所依之本是則法爲能依體是所依不可云同又云戒體

者所謂納聖法於心胸即法是所納之戒體據此不可云異應知言法未必是體言體其必是法不即不離非同非異問行相何異答三業分之

二隨釋四初戒法三初示相

言戒法者語法而談不局凡聖直明此法必能軌成出離之道要令受者信知有此

戒法中初文二初標示語猶敘也直下正明法雖兩通不能委辯但從聖論故云直也必定也軌成者示法義也出離道者聖所證也釋相科爲聖道本基即同此意要下出從聖所以然此但示法之功力文不明指何者是法意令學者思而得之

二彰名

三明志

二戒體二初標指彼略

雖復凡聖通有此法，今所受者就已成而言，名爲聖法。

次科，初二句躡前，今下正示。已成者，初果已上所修三學名聖道故，今雖在凡，亦名聖法，因中果號也。

但令反彼生死，仰厠僧徒，建志要期，高棲累外者，必豫長養此心，使隨入成就，乃可秉聖法在懷，習聖行居體，故得名爲隨法之行也。

三中，初明立志，上二句明慕近事，背俗向道，得事解脫，在凡因故；下二句明希遠果，斷惑證理，即理

解脫，是聖果故。累即三界結使，外謂二種涅槃。又可上約身儀異世，下據心行清昇。必下勸令早學。言必豫者，不得臨時故。此心者，即上近遠二心。隨入者，任機優劣故。乃下示相應，初句納法爲體，次句依體起行，行必兼相，四種備焉。故下結名，以依體起持，名隨行故。

二明戒體者，若以通論，明其所發之業體；今就正顯，直陳能領之心相。

戒體中，初科爲二，初指餘文通論，即宗論，非別解故，如成實、婆沙、雜心、俱舍等，所發即無作。今下標

二正示心相

今意，相謂心之相狀。

謂法界塵沙二諦等法，以已要期施造方便，善淨心器，必不爲惡，測思明慧，冥會前法，以此要期之心，與彼妙法相應，於彼法上有緣起之義，領納在心，名爲戒體。

正示中三，初二句示戒量，法界者，十界依正也；塵沙者，喩其多也；二諦者，佛所立教也。此謂約境顯戒，故云等法。以已下正明心相，初句立誓盡一形壽，次句通包禮敬陳詞身口二業，善下明屛絶妄念，測下明心法相應。測思者，成業之本，得戒之因，

三品心中隨發何等；明慧者，反照心境，如理稱教，而非倒想妄緣前境。或以四字別解者，測謂發心，思即緣境，明謂有記，慧即檢察。上明用心，下明合法。由上起心必須徧緣塵沙等境，法從境制，量亦普周，心隨法生，法廣心徧，心法相應，函蓋相稱，故云冥會。冥，暗；會，合也。法猶在境，以心對望，故云前法。下云彼法，義亦同然。以此下明納體，初二句躡上冥會，於下明法隨心起，法是無情，由心緣故，還即隨心。故三羯磨時，初動於境，次集於空，後入於心，法依心故，名爲法體。領下示體所在。若據當分，

體是非心不顯所依體與心異今言在心乃取圓意即指藏識爲所依處此之二句正示無作昔人反云此是作體安有心中但領作耶問若是無作即是所發何以前文指如通論答此中但言領納在心不明所納是色非色故指如彼釋相廣明問前云正顯能領心相豈非作戒答此謂以作顯無作耳問何不直示無作而明心相耶答能領之心發體正要獨茲曲示餘並無文若乃考得法之元由決所受之戒否苟迷此旨餘復何言或無記妄緣或泛爾餘善一生罔象畢世遲疑無戒滿洲聖言有旨故茲提示義不徒然

三言戒行者既受得此戒秉之在心必須廣修方便檢察身口威儀之行克志專崇高慕前聖持心後起義順於前名爲戒行故經云雖非觸對善修方便可得清淨文成驗矣

戒行中三初躡前科必下示行相方便有二即教行也教謂律藏必依師學行謂對治唯在已修由本與心稟教期行以爲受體今還如體而學而修文明檢察似偏約行然離過對治非學不立廣修之語理必兼含檢察即心心即行體準疏具三能

憶能持能防一心三用無非順受方成隨行此謂能察身口威儀即所察此二句須明成就二持遠離兩犯而云身口且據麤非約準今宗義通三業上云檢察正示修行下云慕聖明其標志克猶定也崇重也前聖通目三乘已成道者持下結示名義持心即行後起順前示隨行義下引經證文如前引但易具足爲清淨耳具足無缺即清淨故

四明戒相者威儀行成隨所施造動則稱法美德光顯故名戒相

戒相中二初即承前隨下正示問釋相篇中以戒本爲相與此異者答此約行明彼就法辨然行必循法法必軌行文云動則稱法豈不明乎

此之四條並出道者之本依成果者之宗極故標於鈔表令寄心有在知自身心懷佩而法下爲六道福田上則三乘因種自餘紹隆佛種興建法幢功德不可思議豈唯言論能盡直引聖說成證令持法高士詳而鏡諸

顯德中初科初至能盡結前文也直引下生後意也初文上三句結歎出道本依對下成果即約修因以論本依即基址義宗極者法身由成故轉爲

二依經引略二初順戒住持二初分科二隨釋二初約化教二初標分

二廣引誡證二初標章指廣

果德故眾聖敬護故即如戒本三世諸佛皆共尊敬聖賢稱譽等故下示標宗意表首也知下明開悟佩持也下下明自他益自餘下明住持益功德下結示無窮生後中直引者更無自說使生信故令下稱美後學使堅持故或可從初至有在爲結前知自下即生後結前同上釋就生後中初至能盡即敘德直下明引顯即題中顯德二字聖說者下引大小經律論或是佛說或餘人說無非聖故又可雖通餘人還述佛意是則聖說唯在如來詳審也諸之也

就中分二初明順戒則三寶住持辨比丘事二明違戒便覆滅正法翻種苦業但諸經論歎戒文多隨部具舒相亦難盡今通括一化所說正文且引數條餘便存略

引證中初科前約違順開章比丘事者通於眾別言翻種者戒爲脫苦因受反增故種字去呼苦業即惡因也但下敘廣標略言經論者律在其中一化者始於成道終至唱滅中間教法無不引之故言一化亦名一期

初中分二前約化教後就制門初又分四一就小乘

二別釋四初小乘經二初標二釋二初人法相似義

二萬行所歸義

經者如般泥洹經明佛垂滅度世間無師阿難啟請佛言比丘若能奉戒者是汝大師若我在世無異此也遺教等經並同斯示

小乘經中初科般泥洹經東晉法顯所翻本彼因魔王請佛涅槃佛即許之阿難悲惱三請世尊住壽一劫佛說偈云我所說諸法即是汝等師又云汝等勤精進如我在無異今取經意文有少異遺教文見卷首論釋云示現波羅提木叉是修行大師故示現人法住持相似故等者如諸經佛臨滅時阿難請問四事第二問云佛滅度後以誰爲師佛言以戒爲師（初問依何而住令依四念處住三問經首安何語令安如是我聞等四問治惡性比丘令默擯治之）

然發趣萬行戒爲宗主故經云若欲生天等必須護戒足

二中發趣者發謂起行趣謂所期萬行舉其大數宗是尊義主義萬行之中戒爲尊主所以然者有多義故一由資始故二有期誓故三有本體故四攝境徧故五止作統故餘行無此故爲卑爲賓耳故下引證古記云即善生經然與戒本序語意相涉上句總彼兩句故云等也戒以足喻頗符發趣

之義。然從權意且指人天。須知所趣實通五乘。如前已辯。

又如大地能生成萬物。故經云。若無淨戒。諸善功德不生。又云。依因此戒得有定慧。又經云。戒者行根住持。卽喻如地能生成住持也。

三中。初舉喻地有二義。一能生。二能持。兩引遺教止得初義。上云諸善通漏無漏。及動不動。下云定慧須約聖道。唯在無漏及不動耳。又下次引律文。雙示二義。卽本律說戒犍度中文。而言經者。名通三藏皆佛語故。舊云善生經者。檢彼無文。先引文。卽下喻合。

云行根。卽能生故。上三約喻。則初師。二足。三地。合法者。初是軌物。二卽攝行。三能生功德。

二小乘論。如成實云。道品樓觀。以戒爲柱。禪定心城。以戒爲郭。入善人眾。要佩戒印。是故特須尊重於戒。

小乘論中成實三喻。柱喻依持。郭喻防禦。印喻爲人所信。初言道品。卽是慧學。次第增深。隨有所見。故如樓觀。卽三十七品。四念處一身不淨。二受是苦。三心無常。四法無我。破四顛倒。卽是念處。四正勤。一已生惡令斷。二未生惡不令生。三未生善令生。四已生善令增長。於正道中勤行故也。四如意足。一欲。二精進。三心。四思惟。所願皆得。故名如意。五根。一信。二精進。三念。四定。五慧。並取能生。故名爲根。五力。卽上五根。望能壞有漏不善。故名力。七覺分。一擇法。二精進。三喜。四除。五捨。六定。七念。無學實覺。七事能到。故名覺分。八正道。一見。二思惟。三語。四業。五命。六精進。七念。八定。八並離邪爲正。能通涅槃名道。二禪定者。顯是定學。定以防心。抑制妄動。故喻如城。卽同遺教喻隄塘也。謂四禪四空定及餘無漏諸禪三昧。戒爲郭者。郭謂外城。三入眾者。卽屬戒學。謂羯磨說戒二種僧中。具戒淸淨。方可預故。下二句結勸。

解脫道論。戒品中具多讚美。文繁不出。須者看之。戒則不羸。

解脫論第二分別戒品。指令尋之。今爲略引。彼云

若人有戒。爲有戒故。成就無畏。榮顯親友。聖所憐愍。是親友依。是善莊嚴。是領諸行。是功德處。是供養處。是可貴同學處。於諸善法不畏不退。成就一切意願淸淨。雖死不忘。成伏解脫樂方便。如是無邊戒功德。

毗婆沙云。具戒足者。戒言尸羅。亦言行也。亦云守信。亦名爲器。

毗婆沙論。初中初句牒所受。下列四義。尸羅梵言。此翻爲戒。今以梵語猶含多義。故反釋之。尸羅言冷。無破戒熱及三惡道熱故。亦名善夢。持者

常得善夢故亦名爲習由善習戒法故亦名爲定若住戒者心易得定故亦名爲池羣聖所浴故亦名纓絡老少中年服常好故亦名如鏡由戒淨故無我像現故又名威勢如來在世有威力者是尸羅之力故餘如驅龍事五百羅漢不能逐之有一羅漢但以護戒力故便卽驅出以輕重等持也又戒名爲頭能見苦諦諸色乃至知色陰等法故能善護故言守信也能至涅槃城故言行也功德所依名器也

次科初明尸羅義含九種故須皆以尸羅二字貫之令池纓鏡頭此五從喻夢習定勢此四從法又第四明生定鏡頭喻發慧餘六當體是戒又六中初明體二是所感三卽牽行池謂滅惑纓謂德彰勢謂功勝破戒熱是因中結業三惡熱是果上受苦纓絡者論明世纓老少中年有好不好戒纓則常好如鏡者鏡明則像現戒淨無我理顯無我字祖師加之威勢中初舉聖以明如來德懾魔軍威伏外道若親在衆破僧不成強狠衆生見卽歸命餘下引事以證論云罽賓國有龍名阿利那受性暴惡住處近僧伽藍數爲暴害時有五百羅漢其集以禪定神力而不能遣後有一人不入禪定直

彈指語言賢善遠此處去龍卽遠去諸羅漢問之彼云我不以禪定力直以謹愼於戒守護輕戒猶如重禁文中但以下卽引彼答但束其詞耳如頭者頭則具納六塵戒則總收衆善故以喻焉論中備對六塵今舉初後略其中間故云乃至今引足之謂聞名身等義覺意華（卽七覺支）嘗出離無事寂靜三菩提味（三菩提翻正覺）覺禪定解脫等觸苦是三界果相故如色也色陰等者卽餘四陰論云知總相別相（總卽心色五陰則色總心別十二入則心總色別十八界心色俱別）二守信者以違本受則爲無信三行四器一並從喻

尊者瞿沙說曰不破義是尸羅義如人不破足能有所至行者不破尸羅故能至涅槃

覆釋中瞿沙師資傳云五十二餘師之數善能說法彼以別義釋上尸羅故論取之如下舉喻行下合法卽同戒本護戒足也通前共爲十義

三大乘經者華嚴云具足受持威儀教法行六和敬善御大衆心無憂悔去來今佛所說正法不違其教能令三寶不斷法得久住

大乘經華嚴有多譯今引晉譯六十卷者卽第八明法品文文有四段彼云菩薩摩訶薩教化衆生

二大集經

發菩提心，是故能令佛寶不斷。開示甚深諸妙法藏，是故能令法寶不斷。具足受持威儀教法，是故能令僧寶不斷。此初段也。復次悉能讚歎一切大願，是故能令佛寶不斷。分別解說十二緣起，是故能令法寶不斷。行六和敬，是故能令僧寶不斷。即第二段。復次下佛種子於眾生田，生正覺芽，是故能令佛寶不斷。不惜身命護持正法，是故能令法寶不斷。善御大眾，心不憂悔，是故能令僧寶不斷。即第三段。今鈔上五句並摘僧寶中文。初二句明別行，次句即眾行，後二句明攝眾，行必依法，故無憂悔。去來已下即第四段，總結中文。三世佛法奉順無違，則護三寶故。

大集云：十方世界菩薩請佛，爲五滓眾生制於禁戒，如餘佛土，爲法久住，故佛後許之，便制禁戒。

大集引彼十九護法品文。初引菩薩請詞。五滓阻史反。濁也。言五濁者，一劫濁。劫濁無別體，但四濁聚於此時。悲華云：從滅劫人壽二萬歲時爲劫濁。二見濁。五利使。三煩惱濁。五鈍使。四眾生濁。亦無別體，攬前利鈍果報，立此假名。五命濁。連持色心，摧年促壽。如餘土者，引他爲例，以申請意。佛言止止，佛自知時，因緣未出，則不預制。由不即制，故云後許。

三薩遮尼揵經　四月燈三昧經　五涅槃經

薩遮尼揵云：若不持戒，乃至不得疥癩野干身，何況當得功德之身。

薩遮尼揵即外道名，以爲經題，廣如第二。今略引之。彼明佛在鬱闍延城時，有大薩遮尼揵子與八十八千萬尼揵子遊行諸國，教化眾生，此並大權示化。次至鬱闍城時，國主嚴熾王問尼揵子：如來相好莊嚴之身，以何爲本，從何爲始？尼揵答言：一切功德助道之行，舉要言之，以戒爲本，持戒爲始。續云：若不持戒等，如鈔所引。破戒墮獄，畜是別報，故云不得。又畜爲下趣，而復疥癩，猶故不得，欲明毀戒尚無劣報，以勵持者，必加勝功。野干：應法師云：形色青黃，如狗，羣行夜鳴，如狼。

月燈三昧云：雖有色族及多聞，若無戒智猶禽獸。雖處卑下少聞見，能淨持戒名勝士。

月燈經中偈文。彼經不出，未詳所以。上半偈明俗貴道賤。色謂儀貌，族即貴姓，多聞謂足學。無戒即無智，畜無此二，故舉比之。下半明俗輕道重。反上二句，卑謂形陋，下即賤姓，人中尊貴，故名勝士。以色族是世俗妄法，戒智乃出世真道，故非比倫。

涅槃云：欲見佛性，證大涅槃，必須深心修持淨戒。若

六華嚴經

四大乘論二初標

二釋三初智度論

持是經而毀淨戒是魔眷屬非我弟子我亦不聽受持是經。

涅槃經有南北二本此引北本第十七梵行品文。今但括意文少不等初二句舉因果索機必下示修證之法若下出其違行我亦下遮其受經所以然者經明衆生佛性如雜血乳停搆煎煖乃出醍醐佛性亦爾爲煩惱雜三學修治漸至佛果欲斷煩惱先須止業止業之要豈過戒律今時濫染大乘便言不拘不檢無持無犯何善何罪師徒傳妄作惡無窮又云持戒人天果報請詳佛語宜息邪

情況華嚴圓頓上乘涅槃終窮極唱金言猛厲可不信乎。

華嚴偈言戒是無上菩提本應當具足持淨戒若能堅持於禁戒則是如來所讚歎故重引之令誦心首

華嚴偈上句示功無上菩提者以果彰因也次句勸修下半偈明聖所歎以順敎故故下祖師示意望前已引故言重也。

四大乘論者智論云若求大利當堅持戒一切諸德之根出家之要如惜重寶如護身命以是戒爲一切善法住處又如無足欲行無翅欲飛無船欲度是不可得若無戒者欲得好果亦不可得若棄此戒雖山居苦行飲水服氣著草衣披袈裟等受諸苦行空無所得人雖貧賤而能持戒香聞十方名聲遠布天人敬愛所願皆得持戒之人壽終之時風刀解身筋脈斷絕心不怖畏。

大乘論智論釋般若經具云大智度論今引第十四文爲五段初二句舉果總勸大利如上二經一切下二敘功勸諸德根及下善法處同前大地喻也出家要者同前華嚴文也如下舉世二物喻令護惜又下三約無戒損失勸上舉三喻若下法合

好果語通五乘對前大利須指佛果若棄下四舉無益苦行勸文列諸外道法袈裟語通或即外道服或可外道借著袈裟如販賣戒外道與跋難陀袈裟相易爲戒緣起或可通名不受佛戒之人不專外道人雖下五約現報勸初明生前報上二句標持人香聞下三句即戒本中名譽樂香喻美德外揚爲他所聞所願一句即利養樂此謂戒德所感非求而得之持戒下次明臨終報準俱舍中人命終時三大次解火大解時令心躁悶翻睛吐沫水大解時形體洪腫筋脈爛壞(此相必受惡報)風大解時

二地持論

瞥爾命終不知不覺地大堅重不能解也生時由此三大支節連持此三既散支節即死故云解也今取最後故舉風大能解支節故喻如刀或云風輕利故或云楚痛如刀傷故心不怖者淨業熏習正念現前毀戒惡露懷憂心怖

地持云三十二相無差別因皆持戒所得若不持戒尚不得下賤人身況復大人相報

地持三十二相者一足下平如奩底持戒不動施心不移安住實語如須彌山二足下千輻輪相於父母所和上師長乃至畜生以如法財供養供給三手指纖長四足跟長五身方直不殺不盜於父母師長常供給生歡喜六網縵指如白鵝王修四攝法攝取眾生七手足輭父母

師長病苦時自手洗拭捉持按摩八節踝臃滿九身毛上靡持戒聞法惠施無厭十鹿王腨專心聽法演說正教十一身圓滿如尼拘陀樹十二立手過膝十三頂有肉髻十四無見頂於諸眾生不生害心飲食知足常樂惠施瞻病給藥十五陰藏相見怖畏者為作救護見裸跣者施與衣服有云馬陰藏相十六皮膚細輭十七身毛右旋親近智者遠離愚人善喜問答掃治行路十八身金色十九常光明曜常以衣服飲食臥具醫藥香華燈明施人二十七處滿行施之時所珍之物能捨不吝不觀福田及非福田肩臂腳各二及頸為七二十一柔輭聲布施之時心不生疑二十二缺骨充滿二十三師子上身二十四臂臃纖如法求財以用布施上身謂胷臆有師子臆是也二十五四十齒白淨齊

三十住婆沙論

密遠離兩舌惡口恚心二十六四牙相於諸眾生修大慈悲二十七師子頰有來求者隨意給與二十八味中上味隨諸眾生所須之食悉皆與之二十九廣長舌自修十善兼化他人三十梵音聲不訟彼短不謗正法三十一目睫紺色見諸怨憎生於喜心三十二白毫相不隱他德稱揚其善然諸經論名數不同如上且依涅槃具出智者云三十二相因雖各各論其真因持戒精進精進無戒尚不得人天況餘相耶故知因者須分通別若論別因如上所配若論通因皆由持戒今從通意以彰戒德故云無差別也上三句推果本因若下舉劣況勝以不持戒必墜三塗所以不得人中賤報

十住毗婆沙中有讚戒戒報二品廣列深利具如彼說

十住婆沙以文廣故指而不引今趣撮之彼讚戒品云菩薩如是淨持尸羅能攝種種功德又云是出家人第一所喜樂處成就諸出家者一切大利等戒報品云菩薩行深般若波羅蜜尸羅清淨若未離欲作四天下轉輪聖王得千輻金輪種種珍寶莊嚴其輞琉璃為轂周圓十五里百種夜叉神所共持護云云問如上所引為歎菩薩戒為聲聞戒答

須分二意若據通論小不兼大大必攝小如涅槃大集等若約別論互不相攝今所引者借大歎小如華嚴十住也

第二就制教中分兩

制教中觀下諸文所歎持戒大約有三一者住法二者自利利他三者生善滅惡用此三意尋之可知

先明律本者僧祇中云欲得五事利益當受持此律何等五也一建立佛法二令正法久住三不欲有疑悔請問他人四僧尼犯罪者爲作依怙五欲遊化諸方而無有礙是爲篤信善男子五利

僧祇五意初二即住法建立即現在久住通未來三五是自益四是益他篤厚也

四分持律人得五功德一者戒品牢固二善勝諸怨三於衆中決斷無畏四有疑悔者能開解五善持毗尼令正法久住又得十利如攝取於僧等

四分中初引持戒五德上三屬自第四即他又一三是生善二四即滅惡第五可知勝諸怨者即四魔怨五陰煩惱死及天也又下引制戒十利如來隨結一戒皆云有十種利今舉初利二令僧歡喜

三令僧安樂（戒疏云此三明戒生衆功德）四未信令信五已信令增長六難調者令調順七慚愧者得安樂八斷現對有漏九斷未來有漏（此六生別人德上二生善下四滅惡）十令正法久住（此一興建正法行）

十誦云佛法幾時住世佛答言隨清淨比丘說戒法不壞名法住世乃至三世佛亦爾

十誦彼明波離別申三問初問過去佛法次問未來三問今佛並問幾時住世佛一一別答如文但今總示故云乃至等

二依律論中明了論解云本音毗那耶此略言毗尼也有五義一能生種種勝利謂引生世出世善二能教身口二業清淨及正直三能滅罪障四能引勝義在家者引令出家乃至引到梵住聖住無餘涅槃五勝人所行事謂最勝人是佛次獨覺及聲聞是勝人等皆行其中若凡夫行者亦是勝人方能行此事

了論解中初定名有下顯益二中言清淨者離染濁故言正直者離邪諂故四中始從在家次第引至五種住處乃至者略天住（欲界六天）梵住（色無色天）聖住（三乘學人）無餘涅槃（三乘究竟）五中初約三乘第論其勝若下明凡夫中勝自非負識高達之士不肖下流豈

能奉律耶文中其中此事皆指毗尼

薩婆多云毗尼有四義餘經所無一戒是佛法平地萬善由之生長二一切佛弟子皆依戒住三一切衆生由戒而有三趣涅槃之初門四是佛法纓絡能莊嚴佛法具斯四義功強於彼

婆論三藏對論以彰律勝二中一切佛弟子者通該七衆一切衆生且指三善道第四纓絡即喻住持

善見云佛語阿難我滅度後有五種法令法久住一毗尼者是汝大師二下至五人持律在世三若有中

國十人邊地五人如法受戒四乃至有二十人如法出罪五以律師持律故佛法住世五千年

善見五法言相交涉初遵稟教法二淨僧成衆三傳受不絕四行業清淨五住持久永所以唯據五人者能辨受戒等衆法故所以約五千年者論問千年已佛法爲都滅耶答不都滅於千年中得三達智通達三世復千年中得愛盡羅漢無三達智復千年中得阿那含復千年中得斯陀含復千年中得須陀洹學法五千歲得道後五千年學而不得道萬歲後經書文字滅盡但現剃頭有袈裟而已

五百問云佛垂泥曰阿難悲泣佛問何以悲泣乃至佛言我不滅度半月一來又言佛有二身肉身雖去法身在世若敬法者念法者便敬佛念佛若持五戒即見法身若護法者便爲護佛如飲水殺蟲之喻又如半月說戒即見我也

五百問初敘阿難懷憂乃至者略阿難答云世間無師佛言下答有三段並指戒即是佛所以然者佛有生法二身法身復二一理法身即所證理顯二事法身即五分德圓生身有生滅此二法身即是常住故馬鳴釋於我滅後珍敬木叉云示現不

盡滅法身常住世間作究竟度故是知佛本無身全是積劫修成功德之聚還以已德開示羣生故名爲戒當知此戒即是如來故云若我在世無異此也苟迷此旨佛語何通後學至此宜切注意初示親臨法實不來高座演說有同來故又言下二顯同體初正示文中敬念持護並同於佛如下喻顯飲水殺蟲者合上任運兩得之意智者勿責喻又如下三明面對良以一聞淨戒體用高深即是如來不漏果德故云見也

薩婆多又云何故律在初集以勝故祕故如諸契經

不擇時處人說而得名經律則不爾唯佛自說要在僧中故勝也又如分別功德論云由勝密故非俗人所行故不令見大莊嚴論云愚劣不堪護持此戒也

次釋祕勝多論中又云者對前文故初句引問與彼頗異彼云契經阿毗曇不以佛在初獨律誦以佛在初（謂廣律戒本並初標世尊在某處等經中先云如是我聞故有是問）今云初集未詳聖意以下是答初句略答勝謂高超餘藏祕謂不使他聞如下此釋上三句明餘藏非勝祕不擇時處人者彼云契經中諸弟子說法有時釋提桓因說佛言如是有時化佛說律下彰律祕勝

唯佛說者反上擇人也彼云一切佛說故在僧中者反上擇時處也彼云若屋中有事不得即結必當出外（即擇處也）若白衣邊有事必在眾結（此明不對二眾即擇時也）故勝下合有祕字（舊記妄解不免委曲）又下引二論轉證（上是小乘經論下是大乘論由轉證多論故在此引）功德論雙證勝祕密即祕也彼云毗尼猶王者祕藏非外官所司故曰內藏此戒律藏者亦爾非沙彌淸信士女所可聞見故曰律藏今但取意以三句括之莊嚴論單證祕義彼是偈文若有智慧者能堅持禁戒愚劣不堪任護持如是戒（此明白衣根鈍力所不堪故不令聞）

二違戒滅法二初標示

二廣引律文四初破戒滅法二初十誦律二初五種滅法

二明違戒法滅者還約二教雜明

違戒中還約者但望二教爲言然前唯各辨此是雜明則不同也

十誦云像法時有五滅法一比丘小得心已便謂已聖二白衣生天出家人入地獄三有人捨世間業而出家破戒四破戒人多人佐助五乃至羅漢亦被打罵

十誦五滅法中彼因長老難提白佛正法滅後像法時有幾非法今但引佛答詞初妄稱德故二道俗反故三乖道行故四惡黨盛故五善人弱故此

五滅法並因毀戒云小得心者心即是定如五停四念也此謂未證謂證惑眾駭世今時即佛事亦同之第二業疏云俗人無法但專信奉故得生天出家有法爲世福田乃反毀犯妄受信施開諸惡門令多眾生習學放逸故入獄也又阿難七夢經中夢出家人轉在不淨坑中在家白衣登頭而出佛告阿難當來比丘嫉妬相殺死入地獄白衣精進死生天上三如訖栗枳王夢一大象閉在室中唯有小窗象於室內出得大身猶礙（閡）小尾表釋迦弟子捨世業出家如擲身出貪著名利如礙（閡）小尾

四如王夢衆多獼猴以水灌一疥癩獼猴頂立之
爲王表佛弟子立破戒人爲主五中乃至者略凡
夫持戒賢聖學人等法滅盡經云佛告阿難吾涅
槃後五濁惡世魔道興盛魔作沙門壞亂吾道乃
至菩薩辟支羅漢精進修德等衆魔比丘咸共憎
嫉擯出不令得住上並古記所引在文雖繁甚資心行故依錄之況是今時目覩之事知佛懸鑒可自策勤
又有五種怖畏一自不修身戒心慧復度他人令不
修身戒等法二畜沙彌三與他依止四與淨人沙彌
共住不知三相謂掘地斷草溉水五雖誦律藏前後
雜亂

五怖畏者佛告波離文也前四妄攝眷屬過後一
懈怠過初云不修身戒心慧者此句貫下讀之一
往以分戒屬身口慧是心觀或可心即是定備舉
三學此明自行既闕必無利他故三相文中自列
溉水亦是損地並須淨語既迷戒相直使作之是
爲滅法
四分中五種疾滅正法一有比丘不諦受誦律喜忘
文句復教他人文既不具其義有闕二爲僧中勝人
上座一國所宗而多不持戒但修不善後生倣習放

捨戒行三有比丘持法持律持摩夷而不教道俗即
便命終令法斷滅四有比丘難可教授不受善言餘
善比丘捨置五互相罵詈互求長短疾滅正法
四分五種滅法即增一文學者深思彌須弘護初
慢學誤他二居上作惡三能教慳法四所教愚鈍
五彼此鬬諍倣謂相效持法即經摩夷即論
十誦諸比丘廢學毗尼便讀誦修多羅阿毗曇世尊
種種訶責乃至由有毗尼佛法住世等多有上座長
老比丘學律
十誦中佛制比丘五夏已前專精律部若達持犯

辨比丘事然後乃可學習經論今越次而學行既
失序入道無由大聖呵責終非徒爾又彼律云佛
見諸比丘不學毗尼遂讚歎毗尼面前讚歎波離
持律第一後諸上座長老比丘從波離學律也今
時纔霑戒品便乃聽教參禪爲僧行儀一無所曉
況復輕陵戒檢毀呰毗尼貶學律爲小乘忽持戒
爲執相於是荒迷塵俗肆恣兇頑嗜杯臠自謂通
方行婬怒言稱達道未窮聖旨錯解眞乘且戒必
可輕汝何登壇而受律必可毀汝何削髮染衣是
則輕戒全是自輕毀律還成自毀妄情易習正道

二雜含經　三現未衰惡五初中含經　二涅槃經

難聞拔俗超羣，萬中無一，請詳聖訓，能無從乎。

雜含云：若長老上座中年少年，初不樂戒，不重戒，見餘樂戒者，不隨時讚美。我不讚歎，何以故？恐餘人同其見，長夜受苦故。

雜含出第三十卷。初四句明自不學。彼文初下有始字，謂從初不學也。見下二句明不喜他學。我下顯非。上句明佛不讚，謂縱有餘善，不可稱之。何下示不讚之意。三塗幽暗，歷劫莫返，故云長夜。

中含云：犯戒有五衰：一求財不遂，設得衰耗，衆不敬愛，惡名流布，死入地獄。

明衰惡中。中含五衰，上四現相，下句生報。四中，上二明失利，由福薄故；三不敬者，由德尠故；四惡名者，由行穢故。耗謂損減。

涅槃中，由諸比丘不持戒故，畜八不淨財，言是佛聽。如何此人舌不卷縮，廣如彼說。

涅槃出第五如來性品。彼明或人作如是說，故斥之耳。八不淨名相，如畜寶中。如何下是佛訶辭，以誣佛謗法，合得現報故。卷字上呼，謂曲轉也。下句指廣。彼云：若有說言佛大慈故，憐愍衆生，皆聽畜者，如是經律悉是魔說。

三摩耶經　四智度論二初引前破戒文

摩耶經云：樂好衣服，縱逸嬉戲，奴爲比丘，婢爲比丘尼，不樂不淨觀，毀謗毗尼，袈裟變白，不受染色，貪用三寶物等，是法滅相。

摩耶經。彼因摩耶夫人問阿難法幾時滅，阿難次第明千五百年事，並從佛聞。彼云：始從結集，終至七百年，龍樹出世，滅邪見幢，然正法炬。（非今正意，故鈔不引。）初二句八百歲事，奴下二句九百歲事，不下一句一千歲事，毀下千一百歲事。（又此年諸比丘如俗行媒嫁事。）千二百歲中，比丘及尼作非梵行，若有子息，男爲比丘，女爲比丘尼。（鈔略此年。）袈裟下千三百歲事。（今時袈裟多從紫染，豈唯條白，法滅之驗矣。）貪下千四百歲事。千五百歲，俱睒彌國三藏與羅漢弟子互殺，惡魔外道競破塔寺，殺害比丘，一切經藏，阿耨達龍王悉持入海，於是佛法滅盡。（此據拘睒彌一國爲言。或有處說五千年，或正像各千年、末法萬年等，或六萬年、七萬年等，並衆生業緣所見異耳。）

智論云：破戒之人，人所不敬，其處如塚，又失諸功德，譬如枯樹；惡心可畏，譬如羅剎；人所不近，如大病人，難可共住；譬如毒蛇，雖復剃頭染衣，次第捉籌，實非比丘。若著法衣鉢盂，則是熱鐵葉洋銅器；凡所食噉，吞熱鐵丸，飲洋銅汁，則是地獄之人。又常懷怖懼，我

二斥非顯意

二引後遮疑問二
初正引問答

爲佛賊常畏死至如是種種破戒之相不可稱說行
者應當一心持戒
智論破戒文中爲五初以五喻顯其惡相羅剎梵
語此云速疾鬼雖下二明形濫體乖若下三因中
示果又下四自懼惡報上二句懼現報下句畏來
報此據智人往往盲愚死而無悔如是下五結勸
問曰有人言罪不罪不可得名爲戒者何耶答曰非
謂邪見麤心言無罪也若深入諸法相行空三昧慧
眼觀故言罪不可得若肉眼所見與牛羊無異也
問中彼論前云若於罪不罪不可得故是時名爲

尸羅波羅蜜後即問曰若人捨惡行善是爲持戒
云何言罪不罪不可得今鈔倒之意使易解答中
但引罪不可得彼續云罪無故不罪亦不可得若
肉眼下二句疑引別文尋之未獲彼又云復次衆
生不可得故殺罪亦不可得罪不可得故戒亦不
可得何以故以有殺罪故則有戒若無殺罪則亦
無戒 若體此意方名持戒淸淨不爾止是世福學者聞此豈不疑之
今誦大乘語者自力既弱不堪此戒自恥穢行多不
承習有引此據不解本文故曲疏出廣如第十五卷
中

五四分律

四不學滅法

斥非中非己所有故云誦語此名得實宜須內省
今習律者多用此語指斥他宗不知己學亦誦語
耳何以然耶汝雖學律律行安有故知末世大小
兩宗皆是學語良可悲夫疏字平呼文見十四而
指十五彼此藏經分卷有異非是筆誤
四分破戒五過一自害爲智者所訶惡名流布臨終
生悔恨死墮惡道
四分五過亦出增一即現當兩損自害者喪失世
出世善故臨終悔者苦逼神昏業狀競現自知前
往必非善處死時恐懼於茲驗矣

十誦有十法正法疾滅有比丘無欲鈍根雖誦句義
不能正受又不解了不能令受者有恭敬威儀乃至
不樂阿練若法又不隨法敎不敬上座無威儀者令
後生不受學毗尼致令放逸失諸善法好作文頌莊
嚴章句樂世法故正法疾滅甚可怖畏
不學滅法中十誦十法彼列五法中以同義類故
合明之文略二種有比丘下明初五法上四句即
第一法無欲謂心不希望但性昏愚不可敎耳又
下一句即第二法彼云亦不能令他解了不能下
二句即第三法乃至者略第四彼云有說法者不

能如法教鬬諍相言也。不樂下卽第五。上四教授非法。下一戀著喧憒。四中初是所教，二通能所，三四屬能教。又不隨下卽次五法。初句卽第一。下略第二。彼云：不隨忍法，隨不忍法。（隨情瞋怒）不敬下是第三法。謂見上乖儀，輒生輕傲。令後下卽第四。彼云：因上座不以法教授故。致令下是第五。彼云：因上座命終故。上三局所教，下二通能所。好作下卽五怖畏文。彼云：一不修身戒心智，無欲鈍根；二與尼相近，捨戒還俗；三如來所說甚深脩多羅等，無憐愍愛樂心，好作等如鈔；四爲衣食故捨練若入聚落；五爲衣食故多所求覓擾亂。（五皆云怖畏者，正法將滅故。鈔引第三下半。）

四分律行事鈔資持記卷第三

四分律行事鈔資持記卷四上一之四

宋餘杭沙門元照撰記

集僧通局篇第二

釋集僧篇案下分題集僧即目能集謂作相軌度通局即召所集謂約界用人是則集僧不收通局通局得兼集僧此即羯磨篇中三四兩緣合爲一篇耳又解集謂能集即是軌度僧屬所集人即下用僧分齊通局目所集處即下界之分齊並如文中古記並云標宗是僧體集僧已下明僧用此由不識僧體故此妄判且業疏廣明僧體正取四人

假用何嘗以戒爲體用彼決此不攻自破故今科判迥異前修標宗止是勸學集僧已下始明行事若爾鈔文無處明僧體耶答此篇下科用僧分齊有文明體如後所辨

僧者以和爲義若不齊集相有乖離御法則無成決之功被事必據入非之位故建首題集僧之軌度後明來處之通局

敘意中初句標僧義僧者通目七位一二三人雖不秉眾法亦得名僧以僧假別成從因彰號不同古記謂簡別人和者有六戒見利三名體和身口意三名相和又初果已去名理和所證同故內凡已還名事和即六和也若下反明須集之意上二句明人非乖離者總三種別御下法非被下事非法事縱如由人非故二並不成故下文含三意一釋首題二結篇意三即分章

四分文云當敷座打犍稚盡共集一處等

示前後中文出說戒犍度必先設座後方鳴鐘疏云由聲告即集牀座未施佇待悽惶非成獎務制先定座良在茲也

五分云諸比丘布薩時不時集妨行道佛言當唱時

至若打犍稚若打鼓吹螺使舊住沙彌淨人打不得多應打三通吹螺亦爾除漆毒樹餘木銅鐵凡鳴者聽作若唱二時至亦使沙彌淨人唱住處多不得徧聞應高處唱猶不知集更相語知若無沙彌比丘亦得打

制法中初緣起佛言下立制初列示四相使下明能打人不下明打法三通如後說吹螺倣上打人故云亦爾彼云沙彌守園人吹除下簡物漆毒樹相傳云恐傷手故上明布薩時若下明大小食時住處多者別房散遠故若下明開許疏云此召僧

二引定打八三初明俗打　二增道打二初阿含　二十誦

法制非具道者所爲必無二人方聽兼助也
十誦中居士請僧自於寺內鳴稚乃至白時至及送
食女人亦自鳴稚中食施者亦爾
明俗打中初引背請戒文彼明居士作食持入祇
桓打犍槌諸比丘問答云請比丘食耳乃至下出
提舍中初旬出第二戒彼因居士請佛及二部僧
明日食至晨朝敷座遣使白佛時到（此證唱令）及下出
第四戒彼云諸女持食入僧坊打犍槌與僧分食
等中食下未詳何文
增一阿含云阿難升講堂擊犍稚者此是如來信鼓
也
道打中初文出彼十六佛在舍衛鹿母園中夏竟
受歲令阿難打之此是下即阿難語信鼓者於事
則告眾有期在法則歸心無二鼓謂擊動發聲名
通鐘磬
十誦中時僧坊中無人知時限唱時至及打犍稚又
無人灑掃塗治講堂食處無人相續鋪牀及敎人淨
果菜食中蟲飲食時無人行水眾亂語時無人彈指
等佛令立維那聲論翻爲次第也謂知事之次第相
傳云悅眾也

三鼓通意　三翻梵號

十誦緣起闕事有八四段明之無人下即闕作相
正是今用下並因引文下即闕作務及下是闕指
授彼作苦酒中蟲今言食者恐局從通飲下即闕
理眾佛下明立法顯上作相比丘爲之（文準行水亦通比丘）
下引他文釋名可了
若準文中七種集法若量影破竹作聲作煙吹貝打
鼓打犍稚若唱諸大德布薩說戒時到亦不言比丘
爲之
通意中律列八種第三打地作聲今略爲七未詳
何意量影者謂剋時令集八中煙影是色餘六是
聲又唱告是情餘並非情亦下示通此明律不局
道意彰通俗上引諸文證定能打乃是暗破當時
妄執尼鈔云今時諸寺僧尼立制不許沙彌白衣
打鐘此迷教甚矣
出要律儀引聲論翻犍（巨寒反）稚（音地）此名磬也亦名爲
鐘
梵號中若諸律論並作犍槌或作犍稚如字而呼
乃是梵言訛轉唯獨聲論正其音耳今須音槌爲
地又羯磨疏中直云犍地未見稚字呼爲地也後
世無知因玆一誤至於鈔文前後以及一宗祖教

二義設二初標示
二正明二初略明鋪設
二正示打法三初打音多規

凡犍槌字並改爲稚直呼爲地請尋古本寫鈔及
大藏經律考之方知其謬但以稚椎相濫容致妄
改今須依律論並作犍槌至呼召時自從聲論或作椎亦爾世有不識梵語云是打鐘之槌及砧槌等此又不足議也若準尼鈔云西
傳云時至應臂吒犍槌臂吒此云打犍槌此云所
打之木或用檀桐木等彼無鐘磬故多打木集人
此則與今全乖不可和會且依鈔疏鐘磬翻之謂
金石二物也應法師經音義大同尼鈔然祇桓圖中多明鐘磬而云彼無者或恐少耳
音義又云舊經云犍遲亦梵言訛轉宜作稚直致
反明知稚字不呼爲地此迷久矣故爲辨之

上具列文今須義設
義設者以前諸教雖令作相尚無倫序故須酌理
安布儀式而先文後義者欲彰行事並出正教非
是徒然
凡施法事先斟量用僧多少依數鋪設座席然後準
文鳴鐘具如集僧法中
明鋪設中指集僧法即今現行軌度圖經武德七
年撰
雖人並爲之多無楷式若依三千威儀經則大有科
要多少節解之法但時所同廢雖易而難

二示今立法二初量時法
二明常法二初明打法三初示三通

敘昔中初二句斥時若下引示彼第二卷前明五
事後明七法名十二時犍槌一常會時謂說淡羯
磨講法等集先從小起至大二十下稍小二十一下小小十下復大三下共五十四下此似五分三通但多少
有異準下又名一通耳二旦食時八下謂小食也三晝食
時一通同前常會謂中齋也四暮投槃時一通同上如今昏鐘投槃疑是梵語未詳
所翻五無常多少隨時上並常用下七卒緣一縣官二大火三大水
四賊盜此四並隨時五會沙彌三下六會優婆塞二下七呼
私兒一下科要即十二時節解即打數解猶段也但
下明不行所以事非深奧故易不知法制則難
今通立一法總成大準謂約僧多少就事緩急量時
用之

量時法者不定打數此法至要必在智者斟酌而
用
若尋常所行生稚之始必漸發聲漸稀漸大乃至聲
盡方打一通如是至三名爲三下
三通中非謂單三下也始終共四十下生下二句
明初十下圖經云執杵定心虛楷十下尼鈔云不
得大打驚動衆心漸稀下明中間二十七下稀疏
也乃下示後三下即目此三名爲三通圖經云集
三乘也今時衆法講說宜準此式庶得其中

二明長打

三指所出

二示運想 二初具儀立誓

佛在世時，但有三下，故五分云打三通也。後因他請，方有長打。其生起長打之初，亦同三下。中間四稚，聲盡方打，如是漸漸歛稚，漸概漸小，乃至微末，方復生稚，同前三下。

長打中，初明佛世本無，後下二句示滅後緣起。如下所引。其下正明打法，接前四十，增兩四十，共百二十。初明第二四十下，指生起同前者，謂虛指漸大，共十八下。中間四槌，十九至二十二。此救四惡趣苦，地獄餓鬼畜生脩羅，次第配之。如是下，從二十三已去後十八下，歛謂收聲，概密也。四下明第

三四十下，指同前者，亦有少異，從三十六去打三下，名三通。末後二下，名息槌。圖經云，念三寶，存五眾，眾各八輩，故以四十為差。三道乘之，則百二十為節。（八輩謂四果四向，三道謂三乘。）

此古師以經律參校，共立此法，亦有清眾畫樣鐘所者。

指出中，經律即如前引，非出一處，故云參校。亦下此指當時，今亦多有。

然初欲鳴時，當依經論建心，標為必有感徵應，至鐘所禮三寶訖，具儀立念，我鳴此鐘者，為召十方僧眾，

二引事顯功

有得聞者，並皆雲集，共同和利。又諸有惡趣受苦眾生，令得停息。

立誓中，初標勸徵驗也。應下示威儀。我下出誓詞。上明生善，又下即滅惡。餘更隨時，不必專此。

故付法藏傳中，罽膩吒王以大殺害故，死入千頭魚中，劍輪繞身而轉，隨斫隨生。若聞鐘聲，劍輪在空。如是因緣，遣信白令長打，使我苦息。即增一阿含云，若打鐘時，一切惡道諸苦並得停止。此並因緣相召，自然之理不亡。余親承有歛念者，被鬼神送物云云。

顯功中，初引傳，罽膩吒王，即月氏（音支）國主，與安息

國王戰，殺九億人，尋生悔心，於馬鳴所，鳴為說法，令其重罪得輕，尚受是報。隨生下，彼云須臾之間，頭滿大海。若聞下，彼因羅漢為僧維那，依時打鐘，功加於彼，後受彼白，即為長打，過七日已，受苦即畢。即下引經。會傳初正引，此下顯意。因緣者，疏云，罪者遇善，為因打者，發願為緣，故得聲傳苦滅，自然感應。今文語簡，可用彼釋。召謂如相呼召。亡猶失也。余下引現事合經，即智興律師，初依首師講會。大業五年仲冬，次掌維那。時至鐘所，役奉倍勤。寺僧有兄從帝南幸江都，中路亡歿，初無凶告，忽

三斥世濫用

通夢於妻曰吾不幸病死生於地獄受苦叵言今月初一日蒙禪定寺智興鳴鐘響震地獄同受苦者一時解脫今生樂處思報其恩可具絹十疋奉之並陳吾意睡覺告人初無信者尋又重夢後經旬日凶問奄至恰與夢同乃奉絹與之而興並施大衆有問其故興曰余無他術因見付法藏傳及阿含經鐘聲功德敬遵此轍苦力行之每至冬登樓寒風切肉僧給皮裓余自勵意露手捉之掌中凝血不以爲辭又始願諸賢聖同入道場次願諸惡趣俱時離苦等衆伏其言所謂斂念者也貞觀六年季

春卒此即祖師目覩故著之爲傳今時新學忽爲小事多不存誠請詳上諸文冀因斯一悟或次掌維那準上威儀仍須重誓則拔苦與樂成大行也」

世有濫用知鐘者此非聖言諸經論但云打擊檛等知淨之語不通於俗及以自爲早須廢捨

斥濫中初二句引濫斥妄彼謂比丘使人打鐘須云知鐘是爲淨語若直云打鐘名不淨語諸下二句約教顯非文舉經論言略於律打如前引四五十律擊如阿含檛出智論知下以理難破前明打鐘能教所教俱通道俗然知淨語能不通俗所不

二辨來處通局二初標示

二隨釋二初明處二分齊二初標示

二正明二初列釋二界二初相二初作法分齊

通道事非相例故用難之知淨不通俗者能教局道也鐘則不爾通彼俗士使人打故及自爲者所教局俗也鐘亦不爾通彼比丘受教自打故早下勸勉疏云知鐘之言雖非巨害然是知法者之大忌古記妄解以疏對照曲而釋之

二明來處通局者初明處之分齊二明用之通局

第二辨來處總標通局分科云分齊者何耶答通謂體同局謂相別同則略分別須委示從局標名故言分齊下科用人例亦同此問通局何相答一處二人言處者作法自然二界是通作法有三自

然分六則爲局也人中別人及僧二位爲通別有三階僧分四種故爲局也語冠首題一篇綱要略知條目始可尋文

初中界之來意開制不同如結界中說今直明其二種差別

標示中制意開緣下篇既顯不可兩繁故指如後以類相從此之謂矣

若作法界則有三別有戒場者四處集僧各得行事一在戒場二在空地三在大界四在界外若無戒場二處各集若小界者既不立相直指坐處無外可集」

作法三者，場及大小，然有場四集，雖兼大界，正意
明場。又集僧約事有通有別，通謂說懺內外俱集，
別卽餘法隨界各行。今文兩界並從別論。問：如通
集中，場上不來，犯別眾否？答：法成得罪，不妨異界。
無別眾過。問：小界說懺有通集否？答：本由說懺開
結遮訶，是則三小唯有別集。
若論自然，隨處遠近，則有四別，謂聚落、蘭若、道行、水
界。皆不爲物造，隨人所居，卽有分局，故曰自然。當律
無文，諸部詳用。
次明自然。初科分二，初示相。四中聚蘭各二，則爲

六相。皆下釋名，對彼作法，緣搆成故。當下標所出。
問：所以當律都不立者？答：止是闕略，義必具之，準
三小界明指集處。疏云：雖當部中無自然界，異處
下道卽是誠文，道是一界，下是蘭若。今言無者，或
非明文，或無分齊故也。
初聚落中有二：若可分別者，十誦云：於無僧坊聚落
中，初作僧坊，未結界，隨聚落界是僧坊界。（下文齊行來處此制）
（分齊四分聚落界取院相）此內不得別眾。
初明聚落可分別中，準疏分二，謂僧則在無易委，
（人可分別）聚亦周院可悉（處可分別）尼鈔云：城外村坊、邊夷
城邑，人民稀尠，可得分別，故應作四句。初人處俱
可分，則依此相。二人處俱不可分，如後步量。三人
可處不可，四處可人不可，並依後集。故知此相必
須具二。文引十誦二十二卷，彼因比丘問佛。初至
結界，卽引問詞。彼接云：爾時界應幾許？言無僧坊
者，人可分也。聚落卽處可分。隨下是佛答，謂隨處
廣狹，卽是界限。注：行來處見四十七。故云下文，此
下先以義決，分齊卽同勢分，顯非聚落界體。意不
取之，故業疏云：縱彼文中齊行來處，此制通攝，恐
妨界內，必作法時，身在門外，亦得兩成，等四分下。

次引文決，卽盜戒聚落，止取四相。（一四周牆，二柵籬，三籬牆不周，四四周有屋。）則顯彼此村聚相同，不須遠取，此由他執
故特注顯。（古記妄解，準疏爲正。）
問：蘭若處有僧坊，欲結界，何處集僧？
問中以蘭若處本是空曠，今有僧坊，非蘭非聚，集
僧難定，立問明之。
答：十誦云：隨聚落卽僧坊界。今周帀院相，與聚落之
相不分，不須五里集人。
例決中，初準前文，今下比例，卽指僧坊便同聚落，
復是蘭若，得同可分。

故下文無聚落蘭若。初起僧坊。乃云一拘盧界。故知先有僧坊。即同村界。

反顯中。下文還指四十七。初引文。故下反例無聚落者。顯是空迴之處。初起僧坊者。此約創起院相未完。先結界者爲言。

律中僧村四相二一界不別。必院相不周。乃可依蘭若集僧。

會同中。疑謂聚落乃是民居。伽藍相異。安得例同。故此會之。言律中者。即指盜戒具出四相。如上所引。及後離衣釋伽藍界。更不別列。略指如上。故知

是同。必下簡濫。準不周淨。三邊有相。須準聚集。兩面一面。還依蘭若。有人迷此。謂城邑中院相周帀處。並可分別。請觀結界篇中圖相。藍院四周自然四出。即知謬妄。不勞攻之。今謂。上明伽藍同可分聚。唯局蘭若。不通餘處。學者詳辨。在文皎然。

若聚落有僧不可知者。僧祇中若城邑聚落界分不可知者。用五肘弓。七弓種一樹。齊七樹相去。使異衆相見。不犯別衆。各得成就。準相通計。七樹六間。得六十三步。不同前解七間七十三步半。如義鈔廢立。

不可分別中分二。初約人明。僧下二約處辨。疏云。

或約僧之來去。難可知之。或約處所散落。不知際域。隨有一種。即歸此收。尼鈔云。中華之處。人民繁多。不可分故。用下示量。彼因有人問佛種樹法。佛教令七弓種一樹。續後波離問集僧量。即用答之。異衆相見者。約兩向作法爲言。準下計數。五肘弓一肘尺八。弓長九尺。七九共成六丈三尺。六尺爲步。一間計十步半。如是合之。不同下。破古疏云。昔云七十三步半者。錯算七間也。或執舊云樹限兩頭。各有勢分。又云周圓種樹。又改僧祇爲八樹字。餘廣如彼。下指義鈔。即刪繁意。彼文已亡。意如前

示。古記不知所以。例云指誤。假令是誤。一處可爾。況此上卷凡十餘處指廣如彼。檢彼並無。豈皆誤耶。誣聖辱祖。不慮招殃。引誤後生。何可窮也。

二明蘭若者。統明蘭若。乃有多種。謂頭陀寄衣盜戒僧界衣界難事。且明僧界。餘下隨明。

次明蘭若。上略阿字。亦云阿練若。即空靜處。有六不同。恐名相濫。故先標簡。六中寄衣。即三十恐怖離衣戒。僧界有二。如此所明。難事即提舍末戒。餘可知。

蘭若一界。諸部不定。多言僧界盡一拘盧舍。明了論疏云。一

二有難

鼓聲間。一雜寶藏中，翻爲五里。相傳用此爲定。

無難中，初示不定。疏云：諸部皆云一拘盧舍，而互說不定。大則二千弓，弓長五肘，出僧祇，計十里。小則五百弓，弓長四肘，出十誦，計六百步爲二里。注引了疏，翻同本律。然鼓有大小，聲有遠近，亦不可準。雜下明今取彼經云一拘屢奢，注云秦言五里。

若有難者，如善見云：阿蘭若界者，極小方圓七槃陀，一槃陀二十八肘。若不同意者，於外得作法事。計有百九十六肘，肘各尺八，總有五十八步四尺八寸。

有難中，初引文示言於外者，謂訶法人不同界也。

計下示數。百九十六肘，總三十五丈二尺八寸。三十丈爲五十步，四丈八尺爲八步，所餘如數。問：何名有難？答：昔人但云惡比丘作留難，故多妄解。今須簡定。此謂本界得訶之人，心不同忍，故來訶法，令事不成，故名難耳。即善見云不同意者，豈不明乎。有以鄰寺難集而名有難，謬矣。問：有難一種，何法用之？答：此局三小，不通餘法。故知有難從三小得名。疏釋三小集僧文云：既有難緣，不比常途，宜用善見七槃陀集。豈非明據。此是定義，不勞驚惑。有人不肯，請以結界篇中三小對之，是非可見。若不爾者，有難自然爲行何法。思之。

三道行

三道行界者，薩婆多云：比丘遊行時，隨所住處縱廣有拘盧舍界。此中不得別食別布薩，亦不明大小。此論解十誦律文云，六百步爲拘盧舍。

道行中二。初引云文出別眾食戒。若論別眾，道行不犯。今云不得者，此約停住爲言。無別所以，至隨相爲辨。亦下定量。初句指論通漫，此下引律會釋。問：蘭若、道行並一拘盧，而大小別者？答：蘭若諸部既別，宜取其中；道行止出多宗，理同彼律。疏云：部別有由，當取十誦是也。

四水界

四明水界者，五分云：水中自然界者，若在水中行，眾

中有力人水灑及處。善見云：若擲水若散沙，已外比丘不妨。取水常流處，深淺皆得作自然。潮水不得。若船上布薩，應下矴，不得繫著岸及水中樹根，謂與陸地界相連。若水中石木樹等，悉是水界，謂離陸地者。

水界中，初引五分。水中行者，謂徒涉也。水灑及處者，示界限也。次引善見分三。初定分齊，準下離衣勢分，相傳以十三步爲定。取下次簡可否。取常流者，界相定故。潮水不得者，疏云以乍溢故。若下三明乘船又二。初明下矴。疏云若橦所以爾者，或恐自然界限不定，或結船界相有參差故。不下明繫

纔得否可尋若準善見水中不得結作法界疏云此論以水相虛浮體相難識故也今則約岸分標義亦可得如結界中問所以唯六相者答攝處盡故問幾事用之答結法未興唯除說恣通行餘法制後僧事局開結界心念對首及別眾食並須約界問用有通局可得聞乎答有難蘭若唯局三小自餘五相並通大界水道二處義無戒場別眾食中亦止五相除有難蘭若問相或相涉何以分之答聚蘭二種相別易知道行非二攝水界通三處

今更總論二界之體

論體中前明分齊即界體量然諸家所判廣狹方圓是非異論故重辨定不隨別顯故云總論

若三種作法隨處限局不約方隅

三種作法大界戒場各隨標相小界一種隨人多少

若論自然則有不定若聚落中界分可知隨其分齊亦無方圓

自然中可分聚落亦隨四相同上作法故云亦無

不可分別人解不同

不可分別標中不同有三即三問答並有多說

問為身四面各取六十三步為身一面取三十一步半耶

初問前明六十三步為約四面各取為約一面取半而兩向共成耶

答四面各取六十三步故彼文云七樹之間異眾相見而不犯別此二眾相望不論界相

答中初判定故下引證此下點示

問彼此俱秉羯磨自然定量若為廣狹

第二問中正定界體故約兩處秉法設問

答諸說不同今解彼此二眾各一面有三十一步半

通就二眾則六十三步（此自然常有不問秉法不秉法界恆隨定）故僧祇中異眾者望二處比丘身也

答中初科初句刪異說今下申正解為二初定量下引證還即前文既約二處則知各半明矣注中釋疑此約秉法顯相恐謂不秉不勞界故故

今若界外無人則身面各三十一步半是隨分自然若有人者但令異界自然在我自然界外無錯涉之過並成法事

次科初約無人顯體若下約有人明集準此六十三步須以二名表異彼此此名隨分自然彼名異

界自然據下，亦號限分深防。

今行事之家，恐有別衆，但爲深防，故於方面各半倍之。實而言之，各半減。是故薩婆多云：比丘隨遊行住處有縱廣自然界。

三中，初明深防，不問有無處有別衆，過分倍集，故曰深防。實下示限分。故下引證，此明凡爲比丘隨處有界，則知僧祇七樹不屬一人，證上半減義無差矣。

問：自然界者爲方圓耶。

第三問中，由古異執，故問以闢之。

答：昔云定方，今解不然。若界方四維有餘，則無教可準。

答文初科上句牒古，彼謂六十三步但據東西南北四方量之，不約四維，故定方也。今下斥非。俗中算法方五斜七，且約限分自然四方六十三步，四維則賸二十餘步，深防準知。方準僧祇，維無所據，故此斥之。

今言自然界中不定方圓。若四面四維各無異界，此界定圓。若有別界，則尖斜不定。

顯正中初二句立義宗，若下釋定不定兩相可知。

有別界者，或是作法，或約自然水陸相侵，則隨遠近故也。

故十誦云：方各一拘盧舍者，謂身面所向之方，非謂界形畟方也。文云：弟子隨師方面遊行，可亦不得四維也。

遮妄中，初引彼所據，但云方各，不言維故。謂下釋通文意，身面所向者則通一切，不局方維也。非下遮簡。畟音測。文下舉事例難彼執。十誦方名二字不量四維，故以此並而質之。受戒犍度明弟子法云：若師遣往方面，周旋不得辭，設託因緣住，故云隨師也。

五分亦云：去身面拘盧舍也。善見亦云：方圓七槃陀界，文自明矣。乃至結大界以三由旬爲量，明了論云：合角量取三由旬也。

正解中引文有三，初引五分證不局方，但云身面，可決十誦。次引善見證必須圓，言方圓者，方指四向，圓即界體。乃下引了論證取四維，然彼是作法。今爲自然，但量法不殊，故得引證。合猶和也。角即四隅。論中正遮取方餘角故。

故廣引誠證定方須廢。

結勸可知。文中但明不可分聚餘四例準。

二明用僧分齊。此宗四種論僧。汎論僧義。並取四人已上。能御聖法。辦得前事者。名之為僧。若狂亂睡眠。所為之人。通及能所。相有乖越。不入僧數。通而辨僧。則有七種。始從一人。乃至二十人。各有成敗不同。廣如別鈔。

二明用僧。明僧義中。初句示位。律云。有四種僧。一者四人僧。除受戒（白召對問二單白中受一白四）自恣（五德和僧一白）出罪（懺殘一白四）餘一切羯磨應作。（疏云除二單白二白四自餘皆四僧攝。）二者五人僧。除中國受戒出罪。三者十人僧。除出

罪。四者二十人僧。一切羯磨應作。汎下示名義。若下簡濫。略舉非相。委如足數。文中五句。初句及四。並約能秉。次句是所為。第三通能所。如對眾問難捨墮受懺。能秉之人。即所量故。第四相乖。如四儀差互等。上四別示。下句總括。通下指廣。言七種者。總收眾別也。疏云。對心念法。立一人僧。對於對首。立眾多人僧。（二三人也）對於眾法。立四人僧。又云。莫不弘秉。通號僧焉。（舊云僧簡別者謬矣）下指義鈔。文逸。（舊云檢彼無文非也）業疏總義中。廣明體相。非可卒示。須學方知。即下羯磨篇。亦明七位。法事如非。尋之可領。

初明四人僧者。謂說戒結界等事用之。二五人僧者。謂邊地受戒自恣等法。若據僧祇。捨墮懺悔。五人僧攝。謂受懺悔主作白和僧。為他所量。不入僧數。今以當宗不了。僧祇為定。三十人僧。謂中國受戒。四二十人僧。謂出僧殘罪也。

別列中。別位易解。略而不明。此篇集僧。且據大眾

初四人者。疏云。僧雖有四。體相分二。初一為體。非四不名為僧。後隨事分。故有三別。文中且舉說結。其實百三十四法中。除上五種。餘並四人作之。五人中。初示本宗邊受二法。教授白召。戒師對問。自

恣白和。唯此三白。是五人用。若約僧體。四人能辦。但由事緣相假。非五不成。故四外加一。為五人僧。邊受白四。還四人攝。若下。次取他部。本宗受懺亦止四人。今依祇律加入五中。彼云。五眾羯磨者。自恣邊受一切尼薩耆是也。（案摩訶僧祇律卷第二十四明雜誦跋渠法云。五眾羯磨者。受自恣。輸那邊地受具足。一切尼薩耆。五人得作。是名五眾羯磨。又云。應五眾作羯磨。四眾作不成就。應作四眾羯磨。若五眾作成就云云。）十人者。疏云。中國僧多。前受生慢。故倍前五為十人僧。二十人者。二篇鄰重。犯悔情浮。故倍中受為二十人僧。準疏問曰。受開邊五。例準出罪亦應開十。答。受是生善。開之有

益出罪滅惡開則增過餘廣如彼。

前之四僧若取能秉法名僧四人實辦一切羯磨今隨事用故須三別。

體用中初句通括四位若下別示僧體初明體通今下明用別上即依律略示僧體律本但有約數明體謂一人衆多人四人也若取假用乃準成論詳今文意雖非正辨四人實辦非體而何則顯古記指前標宗爲僧體者誤矣。

又前四人若據自行以成僧體並須淸淨以犯小罪不應羯磨故。

簡淨穢中初文自行取淨唯約自知微有所犯悔已同法不爾必約三根檢勘淸濁淸可豫數濁必擯治根不外彰亦容參豫故也。

若論衆法則有二別若爲說戒懺悔滅罪必須淸淨以有犯者不得說戒不得聞戒不得向犯者懺悔犯者不得受他解罪故也。

次科簡淨中初三句簡定文略自恣以下釋成初釋說戒上句制能說下句制所聽後釋懺罪上句制能懺下句制所受問一切羯磨生善滅惡二門統收如何分之答如諸悔罪治擯滅諍設諫等法名爲滅惡已外一切並號生善昔見下云生善便科此爲滅惡致令後學妄謂說恣同滅惡收當知文中具明二種說戒是生善懺悔屬滅惡有智考之幸毋混亂。

若受戒等生善門中但取相淨便堪足數前人尊仰便成法事故開停僧殘行法犯戒和尚但令不知應受戒事薩婆多云不得用天眼耳知他惡法但以肉眼見聞等廣如足數法中。

次通穢中初正明故下引例有二初律開白停僧殘赴前受戒二律中有人受戒已疑和尚犯戒有

四句三句不知皆得後句知故不得如次篇具引薩下引證問爲約所爲不知爲能秉互不知答且論受戒所爲之人不疑微犯方得成法若論能秉唯據四重各不相知亦成法事下篇具委故此指之。

足數衆相篇第三（別衆法附）

釋足數篇題云足數足猶滿也即律中得滿不得滿等如後具引數有七位始自一人終至二十然今多據衆法明之對首心念同須應法疏云一人說戒辨與百千敷敎齊等故可知矣然下文中多

明不足爲顯成足故約堪能以目篇首眾相者有本作僧相人卽解云僧翻眾故今則不然四例簡辨其相非一故云眾耳別眾附者足別相關以類相從故

上已明其來集而用僧須知應法若託事無違雖非僧體而堪成僧用必於緣差脫不妨清淨人非僧攝以此二途故當料簡使是非兩異取捨自分焉

敘來意中上二句明相生僧雖已集眞僞相參法假人弘人乖法敗制令簡練其意可知若下示二途初至僧用明體非相足此爲一途卽第三例必

下至僧攝明相乖體淨此爲一途卽初例也託事於緣並約三業外相爲言以下躡前發後料簡卽下四例是非約所簡取捨據僧用

就中例四初明體是應法於事有違故不足數二體境俱非雖假緣亦不足數三體非僧用於緣成足四約緣有礙不妨成法少分不足

就四例中卽前二途開出二例初句出第四並體如故第三出第二俱體非故舉要爲言初體是相非故捨第三體非相是故取第二俱非故捨第四俱是亦取亦捨對文可知二云體境者體謂戒體境卽人境

初明是淨僧相違故不足者四分不足數中所爲作羯磨人神足在空隱沒離見聞處別住戒場上六人

初例據文中標四分者卽瞻波犍度彼作四句一得滿不應訶（四羯磨人見第四例）二不得滿應訶（欲受大戒人開訶卽下沙彌唯此一法）三不得滿不應訶（二十八人今鈔取六人體如在初例二十二人體非在第二例）四得滿應訶（善比丘也篇中所簡正取此人今須分二一體相俱善二體乖相善卽第三門並成訶足）六人名相下文自釋

餘者非無此義故捨戒中顚狂瘂聾中邊死人眠人自語前人不解並不成捨謂不足數也

約義中初科捨戒文有兩出一出婬戒二出受法若受法中更有醉人注羯磨備引彼云受戒捨法內云睡眠醉狂悉不相領並不成等今此且引婬戒中文或因錯解妄加改作或恐寫脫顚狂是一人（律文次列亂心痛惱二人今以顚狂總之）瘂聾顚總爲三人中互望爲二人律文甚廣取要且列九人謂下示義也

今取他部明文證成十誦中睡眠比丘若聞白已睡者得成擯人未白前睡不足數也亂語人憒鬧人入定人瘂人聾人具二人狂人亂心人病壞心人樹上比丘十二種人

二伽論三人
三僧祇九人
二義加二人

十誦文見五十四。彼先問云，若衆僧睡眠，擯一比
丘得名擯不？若聞下，引彼答詞。聞白成者，既知所
爲情和已彰故。具二者，瘂聾兼也。結文寫誤，合云
十一。然彼實有十二，而白衣一人由體非故，摘歸
後科。餘如後解。
摩得勒伽：重病人、邊地人、癡鈍人等滿衆自恣，一切
不成。餘同十誦。
伽論三人，取其異者；同則指前。然彼有轉根人，即
落第二尼中，故不重引。
僧祇中，與欲人，若隔障，若半覆半露，中間隔障，若半

覆半露，伸手不相及，露地伸手不相及，乃至行作羯
磨，坐則成別，住坐臥互作，廣如別衆中。
僧祇前五如後解。互作者，四中隨舉一儀作法，餘
三成別，則一儀有三，歷爲十二。疏云：且從四儀，即
合前九。
義加醉人，自語不解，顛倒異言，前人不練，不解之人，
是不足攝。
義加二人，初醉人，出受法捨戒中。二自語下四句
是一人，即如上引捨戒文也。上二句明自不解，下
二句明他不解，是下一句正彰義斷。餘人並有諸

二隨難別解二　初標示　二正解四　初四分六　初兩多人二　初正釋
二通難

部文證此二，獨無理非可足，故名義加，非謂祖師
自意加之。古記云：義加三人，將不解之人爲不解律人，非也。一不識義加，二讀文句破，三不曉癡鈍即不解律人，如下所解及業疏中。已上總三十一人。
就中相隱難知者，隨初解析。初言所爲作羯磨者，以
此人是乞法之人，爲僧所量，不入僧限。若通四內，若
將人數僧不滿四，唱羯磨時，以所牒人不入僧用。
初科別解四分所爲中，初標，以下釋。上明不足所
以。文約乞法，據攝多種，今分三別：一乞法，處分畜衆、求懺等，陳詞乞受日，無詞乞。二不乞直與，如諸差人及治諫等。三自身作法，
即是所爲，戒師白和、捨墮受懺。爲僧量者，量謂觀察前人可

否。既是自乞，豈容自量？制不許足，旨在於此。若通
下，次明入數非法。此之二句，語意似重，或恐意別，
詳之。
若爾，四人受日，四僧不列，亦應得成。答：一人所爲，三
非僧故，不能秉法。文不列者，事同五人，並是所爲，故
四人僧者，直取能秉，不同說戒結界所爲，則無正作
法者，爲僧作故。
通難中，本律四人但除三法不得作之，受戒、自恣、出罪，具如前篇，
而不列除受日，則知四人得作。此由當時濫行，
復欲盡申所爲之義，故問以決之。答中初三句正

二神足
三隱沒
四離見聞

答同上文下推不除所以初明非五人故下顯攝在四人律中唯三單白是五人法自餘差人德衣受日等並須五人作而非五人法故云事同耳並所爲者總上諸法不同下簡異恐云若不許四人受日說戒戒師結界唱相身外三人何以得成故此釋之言爲僧者顯前爲別

神足在空毗尼母云空中無分齊故與陸地別也

神足中謂有神通足履空者以界限約地不論空處故云無分齊等

隱沒者謂入地也井窨之類有僧是別非足

隱沒中窨於禁反地穴也由處坑坎身不現故

離見聞者僧祇中謂同覆處離見聞其相如室宿中說此謂離比座見聞不取說戒師羯磨者見聞也如義鈔說

離見聞中初明其處露地但取手不相及故簡覆處方有此相如室宿者即九十中與女宿戒室相有四一四周障上有覆二前敞無壁三雖覆而不徧四雖覆徧而有開處如下具釋此下示所離下欲法中見聞俱離成失今亦同之如下指略古有異說故指如彼其文已亡業疏云今解皆望同坐輾轉不約作羯磨者如轉輪說戒八萬

五別住
六戒場上
二十誦三初睡眠
等四人

自恣何由普聞但取相連即非別衆等

別住者昔云同一界不盡集今謂界外比丘濫將入數非謂眼見在界外以界分不知冥然在外作法不成故云不足

別住中初出古解既同一界豈名別住故不用之今解中初二句立義非下遮疑以下釋疑

戒場上者由前外界不成謂言在內者得此二界同在自然不同一相是別界故

戒場中前釋別住既約異界自攝戒場不當重列故對前科假疑以釋初敘疑此下決疑二界即別

住及戒場同在自然者場雖法地然在自然之外故業疏云場雖大界所圍兩不相接中間空地即異界也

睡眠亂語憒鬧入定等由本無心同秉法故十誦中證他受戒各各入定亂語等不知羯磨成不佛言並皆不成準此僧數必多者亦許成就縱在房中睡眠醉亂者理亦開成餘同羯磨法中說

十誦初四人中初明不足所以本無心者業疏兩分上三由入無記不緣善惡入定善人別有靜慮故十誦下引證即六羣爲緣佛言下文略彼因立

二瘂等三人

三狂等三人

制聽羯磨者當一心莫餘覺餘思惟專心敬重心心同憶等準下義決有二初決在眾數過謂四位之外縱下次決不集非別以乖僧用故餘下指略卽十緣第六簡眾中

瘂聾等三由根不具不成證故大德僧聽不忍者說並闕二能故不足也準伽論云若聞大語聲者得成法事

次三人中初示所以耳舌兩根證法爲要故天下引法釋成二能卽上說聽盲具二能所以成足乖別之相容他檢故準下引論以決亦取辨了羯磨者耳

狂等三人由心無記故不足若準律中常憶常來不憶不來此之二人既不得法初人成用後人不足若互憶忘及來不來未得羯磨不得別他若得羯磨縱使病差則通不足痛惱心亂例同狂三

後三人初出所以若下引示差別初示上下二品並不須法常憶卽下品不憶卽上品言憶不憶者且約說恣常行法也若互下明中品須法白二遙加解方入數故云縱使等痛下例同餘二皆分三品以三相雖殊同顛狂類故也四分名痛惱卽前

三伽論三初重病人

二邊地人

三癡鈍人

病壞心人文中不釋樹上比丘彼律云比丘在高上解擯不成然高上語通祖師欲令易曉且約一相故云樹耳以高下處別相非同住故業疏云若枝委界外地者身在界內成別界外非別若不委地內外俱別而是不足數收通簡十一初四好人卽座心乖下六病報三闕耳舌三失意根後一乖儀尋文可見

重病人者由心昏沈不樂無情緣法

伽論三人初重病顯相必約神昏身雖困篤心猶不昧律令輿至或僧就彼或出界外故知是足

邊地人者言不領當中國之人亦不足邊必後知語二通相足

邊地者伽論止明邊不足中本律捨戒互不成捨故下約中國明之必下義決本由言不相領而不足故

癡鈍人者不知言義未了是非則非斷割之匠必言解羯磨齊文而已亦開成足

癡鈍中初示不足意卽不解律人如經論禪宗及餘雜學不諳律部並在此收縱稱學律時過學肆不了綱緣都迷成敗趨時附勢濫豫人師自謂精

三半覆二人 二隔障人 四僧祇四初與欲人

英賢同凝鈍故業疏所解廣列五迷今爲引之宜乎自省彼云誦文合眼恐有停延緣入非違傍無人覺此一迷也（總示四法都不檢校）或同誦一法前後無乖文相能所不識彼我此二迷也（此謂迷法）或約文謹攝深練自他增減乖務事法錯濫不召令住此三迷也（謂迷事也）或文句乃明牒事非濫人有別緣是非通默此四迷也（即迷人也）或人法乃具事局界境成否冥然端拱送忍此五迷也（此迷界也）觀此五迷深明四法微爲弘獎僅涉僧倫齊五所收義歸不足（四法即人法事界）必言等者言謂羯磨言義齊字去呼如臨說戒

止解一白言相始終即足說戒一席之數以人難具美恐法事廢闕微通此類耳

與欲之人心同身乖

僧祇九人四儀易解但釋五人初與欲中心雖同法身不現前衆取相同乖故不足

言隔障者謂同障覆而別隔者不成同相或言露地而隔者

隔障中二初約覆障處或下約露地以文中止云隔障故通二釋

半覆中間障若伸手不相及者謂半僧簷下半僧階下中間施隔或復無障伸手不及並非同住之相

半覆中合釋二人以相雖兩別約處同故初雙牒謂下合釋上二句示處同中間下明相別並下總結

二釋疑二初問 二正釋二初列人數二初本宗二十二人二初列示 二體境俱非二初牒意 四露地人

言露地伸手不及者此言相顯覆處不須露地加法必須相接說戒羯磨等師並在僧一尋之內令假手相及所爲之人雖非數限亦須相內

露地中初句牒名此下釋相此言者指上所牒也相顯者詮示無濫決知簡覆也覆下對覆釋成說下別簡恐謂餘人須爾二師所爲並不須故一尋

內不過八尺則容相接

二由具二非假緣不足者

第二例中二非即體境也問境與緣何異答境謂人之美惡緣謂三業乖和

四分中若爲比丘作羯磨以比丘尼足數式叉尼沙彌沙彌尼十三難人被三舉人滅擯應滅擯人二十二種

本宗列示中尼是報別沙彌未具式叉沙彌尼則兼二義十三難人體非三舉法隔二滅體壞

問犯邊罪等十八人及尼中四人爲自言故不足爲

體不足。

釋疑中。初牒前問。由多異說。故問決之。尼中四人。中合作等。

答。解者多途。今言此等體既非僧。若僧同知。故不足數。必不知者。成足。如與欲中。不同前門中。知與不知俱不足數。故不持戒和尚中四句料簡。前三句由不知故得戒。第四句由知從此人受戒不得。故不足數。所以文中及十誦並安若言等。

答中。初標古。即刪繁意有執體者。如下難破。今下正解。初正義若知即當此例。不知自屬後門。如下。

二指類。下篇云受欲已自言我是十三難人等。由自陳故非是僧用。（此證知不足）若不自言。相中同順。（此證不知成足）不同下三遮簡。前是緣乖。此取緣如。故下四引例。即受戒法中有從破戒和尚受戒後生疑問佛。佛爲決之。生疑有四。故成四句。一問汝知和尚破戒不。答不知。（佛言得戒）二問汝知彼破戒不。答知。復問汝知不合從此人受不。答不知。（佛言得戒）三問汝知彼破戒不。答知。復問汝知不合從彼受不。答知。又問汝知從此人受不得不。答不知。（佛言得戒）四問如上三句並答知。（佛言不得）故不足數。此句例成今義。三句得戒例足。後句不得例不足。所下五取證文中即瞻波犍度。彼不足中前後兩出如上等人別眾中一出。並云若自言犯邊汙尼等。十誦者。文見第三例。

昔人以體不合。故不足。即將破戒和尚在十八之外。此非正解。何者。若不知犯。則不得輒用他部。以四分制十八僧若知他犯。羯磨則不得牒。以實知非比丘故。

破古中。初出彼解。由執體故。即爲受戒四句所妨。遂曲釋云。彼不知得戒。謂在數外。此下一句直破。

何下雙難。上約不知難乖宗。下文約知難乖法。五十祇中和尚在外。四分附足中國十人。

十誦中。加一白衣。亦不入數。

十誦一人而言加者。本宗無義。直準彼文增成今數。共二十三人。

上明僧相並形同出家。相有濫。故得共法事。必著俗服。相形明了。亦無同法之義。十誦白衣。謂本受戒不得者。亦有受後難緣。須著俗服者。亦應同法。由本是僧。即知作法之時。窮問界內俗人之中。頗有曾受具戒不捨者。不要答無者。方無別眾。

二三舉　三滅擯　四應擯

釋中初科初通示謂並列二十三種並由形濫同
法須簡古謂白衣即本具戒緣須俗服之者故特
點之干下牒釋初正釋業疏云此與邊等何異重
來前十三難有過障戒此好白衣五八十具雖並
心淨不妨加法參差不成仍本名故亦下反古義
初示所以疏云今不同之不以威儀定僧體狀內
具戒見財法應僧外虧道相爲緣亦得即知下因
示行事

三舉之人謂不見不懺惡邪不捨廣如衆網中

三舉中比丘犯罪拒云不見或不肯懺或說婬欲
不障道名惡邪不捨此三並白四法舉棄衆外如
物無用故名三舉下句指廣尋之自見

滅擯者謂犯重已舉至僧中白四除棄也

滅擯者上三暫棄後解還足此即永棄不復本淨

應滅擯者亦犯重已舉來至僧因有難起未得加法
故律名入波羅夷說中若雖犯重僧未委知而別人
內知未被糾舉或不自言僧不知犯重衆內一人知
者則非僧數並入應滅擯中

應擯者應猶當也罪合當擯而未擯故初約加法
未成釋波羅夷說即目初篇由未加擯無可名召

三體非緣是二 初牒章　二正釋二 初示人數 三初指前顯相　二舉律例成　三引文轉證二 初証自言

且以初篇犯法攝之故云入也(殘蘭等同此說)若下次約
二三人知而未舉釋或下三約一人獨知不舉釋
並下結示業疏更出爲非公顯無力遮治亦名應
擯所言知者謂三根不濫也所以必約知者欲顯
此門不足之義無一人知即成足故

第三體雖非僧託緣成用即前門中人據未自言已
前同僧法事並皆成就若雖言竟無人知者亦成僧
用由相中無違便得辦事

第三例顯相中初句示數即二十三人據下釋所
以上明不言成足若下示縱言亦成言本取知衆
既不知同不言故如在屏說或他處說等

故律中犯戒和尚由不知故得成法事乃至邊罪並
安若言等文云當以肉眼知他持犯等

準律中上二如前文云者即七滅中自言治緣起
目連以天眼牽犯戒者出衆鈔引佛訶詞

十誦云若犯重罪人賊詐作比丘本白衣時破戒人
等若先言有是過作羯磨不成若不言者一切成就
轉證中初文十誦初句即應擯次句即賊住本下
二句即邊罪並及餘難故云等也若先下是今正
據

二証天眼
二釋自言
四約緣有礙二 初體集
二二隸二初本宗 四羯磨人
二二律犯殘七人

薩婆多以有天眼者不說人惡乃至若聽以天眼耳看僧淨穢者人誰無過但有大小無往不見若開說者則妨亂事多故不聽說

次科婆論初明立制乃至下顯制意上明不許見聞文唯明見聞可例同大小者過重輕也若下明不許說

言自言者謂告人云我犯婬盜之類

釋自言者前雖累云自言猶恐未曉故示言相一須對告前人二須言義明了能使他知方成不足慈訓深切故此委曲

四體雖犯法得成僧事

第四中標云犯法法即制罪

四分中訶責擯出依止遮不至白衣家等四人應一切羯磨但爲僧治故不得訶

本宗四人初列名相如僧網中應下明成法以所犯情過非極重故但下示少缺由是犯過白四治罰故不得訶者以三十五事中所制故律中科爲得滿不得訶人餘如下科

覆藏本日治六夜出罪等四人十誦中行覆藏竟本日竟六夜竟合七人不足僧殘等羯磨不妨應餘法事

犯殘七人初列名數具如懺篇本宗四人但據正行第四人業疏上加將字於相甚顯此四出人法中不在四滿句十誦三人並約行竟恐謂行竟妄將充數故業疏云六夜竟與將出罪何異答律文兩位約遠近耳六夜竟望出罪遠將出即近又問與四羯磨人何異答前但小犯情過可訶故足數收此犯次死罪深難拔故不足也不足下示少分義謂唯除悔殘四法是不足耳以同犯者不合同治故不妨下明應法此十一人準疏判乃知今鈔全依律出猶同古解彼

云有人云四羯磨者眾法皆通僧殘諸治局二篇悔若作此解焉有被訶責者得更治人犯二篇者開餘懺主審約事情律文不了以義糾定應分二途若同犯同治理無豫加律言足數謂差結等此一途也若自有犯必無淸過以有罪人不合解罪乍可應餘非罪羯磨此一途也若作斯通始終無妨準此決前十一人但應生善名足一切滅惡犯治並不成足鈔存不了義用疏廢之問前四後七有何別耶答據律則別疏決無殊不妨同歸少分不足得爲一例問四門同別可得聞乎答初二兩門一向不足第三相翻名足第四或足不足又初後

具戒中二多別尼等四人有而非類邊等十三全
無舉滅皆有全壞以分問三例不足爲總幾人答
初例三十一次門二十三第四十一共六十五準
下別眾學悔不足業疏更加背說戒坐共爲二人
不係前例
次明別眾謂同一界住相中有乖不同僧法故云別眾也有二初明別相後
明成不
別眾法附標列中注釋前二句示相上句明異界
非別下句言通三業四儀後二句結名可知然別
通能所就能別中下至一人眾法心念亦制盡集

若論所別並通多少問此與別食何異答食中能
別局四三人無過所別同上又食有九緣可開法
無方便得別食則犯提制重業輕法唯犯吉制輕
業重若一界之內兩眾各秉則是破僧犯中品蘭
問別眾之名爲能爲所答制過在能從能立號戒
疏云若取語便應云眾別可以決之問何名爲別
答別是異義一三業異二四儀異三向背異並如
下明食中但是食不同味名同事別
初中四分云別眾者應來者不來是身口心俱不集
二應與欲者不與欲來是身心不集三現前得訶人

訶謂心口不集
三業中初科文出瞻波犍度應來者謂應羯磨人
簡前體淨緣差中瘂聾狂亂重病癡鈍等及體境
俱非一門之人皆不應來故二應與欲者有如法
緣簡非緣者不合與故三得訶者謂具德知法簡
不合訶者如四羯磨等問不與欲人口亦不集何
不列者答身既不集理無訶故若爾初人身亦不
集答彼無欲緣身合當集容有口訶故同不集此
則不爾有如法緣許不集故若準業疏單配三業
乃爲盡理初身不集次心不集後口不集反爲三

和亦從單歷
反此三種則成和眾謂初人三業俱集中者心口俱
集後人身口集而心不集默坐不訶亦名和合故文
云應訶者不訶又云舍利弗見眾僧如法羯磨而心
不同應作默然是如法也
次科上二人可知後人心不集者此謂有可訶事
心不同忍必無訶事則同初人故下引證初即瞻
波文彼明非法和合羯磨云有同一住處同一和
合一處羯磨應與欲者與欲現前應得訶者不訶
作白二乃作白四白此事乃爲彼事此文可證相

順心違又下即雜法中文初引身子懷疑問佛上如法字寫誤彼正作非法應下是佛所斷彼云佛言聽默然即具出十五種默如羯磨篇引

又六羣比丘往說戒處不坐佛言非法五分中背說戒羯磨坐臥等是別衆僧祇中行作羯磨坐則別衆四儀互作十二種人

四儀中初引本律即說戒法中彼云六羣念言我往說戒處不坐恐餘比丘爲我作羯磨若遮說戒佛言不應爾今以非法替之顯是別衆也次引五分四儀縱同身面向背以論同別下引僧祇文如前解大約乖儀同上四分然彼文歷句顯相猶詳

別衆多相理須明委然與不足數中遞相交涉且大分二若身不至僧中是別衆攝雖至僧中不足他數是不足數

料簡中初科大分一往以判不妨身不至僧而是不足隱沒與欲樹上之類自有來至僧中得成別衆如上乖儀面背等

然不足之人名通淨穢二人（淨僧睡定身不至僧亦不足也）別衆之稱唯據清淨一色義張四句料簡如別

簡淨穢中淨即初例穢即第二例然三舉二滅可得云穢尼等四人未必約犯十三難人無體可破然今但取境非淨僧通云穢耳穢本不足淨相難知所以注中但示淨者清淨一色且據不犯四重爲言色猶類也下指句法準業疏云一是別非足（應來不來及不與欲）二是足非別（即善比丘身參衆侶）三亦足亦別（得訶人）四非足非別（睡定癡聾等）彼文甚廣非學不知故略引示

若論學悔是不足限必無解法亦開秉之別亦無過則中間人也

簡學悔中初示不足前未明故問究論學悔四例

何收答既毀根本體非淨僧故非初例來否隨意復開秉法故非第二生善滅惡一切不足復非第四前既不收此中方示雖開秉法須在數外準此乃知秉法之任信非率爾且羯磨之詞不過數句若唯謹誦誰不能之豈得衆中竟無解者文標無解此語可思律制堪能須知有以觀今罔冒實爲悲哉別下正示所簡開秉豫衆異彼穢流足別俱非寧同淨用故云中間也

二解成否者若別犯下四篇是別衆攝別犯初篇縱謂淨想亦成法事終是體壞無任同住文云無比丘

有想羯磨成而犯罪以心不同審知有犯隨意別之
次成否中即明別眾成不成相正簡中初科上二
句明成別犯下諸篇不壞本故別犯下明不成根
本已壞眾法絕故文又為二初約不知明成法引
律無作有想以例穢作淨想理無差故羯磨成者
佛判法成即彰非別罪即吉羅心不同者出結罪
意審下二約眾知明隨別
十三難人尼等四人三舉三狂等並聾瘂之類或本
非是僧或中途被罰形差病報緣礙故開凡此等人
未論足別

雜類中初列人相三狂總亂心病壞也須簡下品
及中品未得法者或下明非別所以上句對十三
難次句對三舉形差對尼等沙彌法未滿文略此
句疏則具之病報對三狂瘂聾緣下一句通括上
四開謂許別也凡下總判言未論者未猶不也足
謂足數別即別眾由上諸人二中不攝此中本明
非別然與非足人相不殊故兼示之若云足別人者此說別眾
安得專明足數又前引捨戒受欲自言等並準對首豈是未論
若對首作法前境濫眞例取僧中
指例中以別眾之相正約眾僧別他作法恐謂同

食別人非別故此示之眾法對念有別可知對首
心念亦有不集如上所簡成否同僧
今行事者多有別相更顯明之
重明中標文斥世以為生起
眾取威儀相同不用心順
違順中通標二句判定義宗此門並如前引恐人
未曉約義重條
言威儀者如僧祇中行作法事坐則非法五分病人
背羯磨佛言別眾四分六羣不坐佛訶責之理非和
相別眾中說如行時食食住則犯足相同僧祇

外儀中上二文如前四分中初示文彼但云不應
爾即是訶責坐立既乖理非和相故判別眾即如
前引應來等文彼非和相故說別眾顯今不坐相
亦非和是別不疑如下引例足食戒中明約四儀
辨之下句會同即指當科
二心虛實者但令相順心違亦成證法文云現前應
訶者不訶又云見如法羯磨而心不同如前所列
內心中虛即心違引證可知
若作法時問僧云僧今和合何所作為答云某事羯
磨且待答者坐竟方始作白廣有廢立如義鈔中

坐立差別中。初科。以世多妄行故特示之。如說戒所斥。然說戒時。維那起對上座。故有此濫。餘法即座對答。則非所論。下指義鈔。必有他說其文亦亡。就僧坐中。聽有立者。除被治人。以是所爲作羯磨者。不足僧數。餘有所爲。坐乞如法。文義明說。

次科初明開立治罰折辱。不許彼坐。以下釋聽立意。餘下明制坐。如離衣杖囊悔罪之類。乞須謙下。對僧互跪。跪同坐相。故云坐乞。律中凡從僧乞法。並列五儀云。應至僧中偏露右肩脫屣禮僧足右膝著地合掌。故云明說。

秉羯磨人中。除二種人。一威儀師。立秉單白。爲僧所使。不得輒坐。二開立說戒。爲令眾聞。自餘一切皆須坐秉。（必有餘緣。行臥亦得。）

三中。初明開立文列二人。各示教意。今世教授入眾先坐問和後起秉法。名爲坐和立秉。此由受戒法中止約總答。不出前和坐立之相。故致盲爭。至今未已。今應問曰。威儀立秉本爲敬僧。今輒先坐。豈得先倨後敬。鈔文明示不得輒坐。汝今坐和。豈非輒耶。倘能從理。不勞紛紜。二說戒師。若準尼鈔。亦不開之。彼云。如律眾大。開作轉輪高座說戒。未必立說。得成。舊開立說。意恐不成。（準彼校今。猶循舊說。是知唯開白召一法。）自下。次明制坐。注中餘緣。謂開有病坐立非別。業疏云。若病在眾。如滅諍草覆中。兩眾伏地向羯磨人一心聽受。準此仰伏皆開。背是別相。是別是足。必堪同僧。而故仰伏者。就開成別等。

四分律行事鈔資持記卷第四

三受欲篇第四文二初篇目

二本文二初敘意標意

宋餘杭沙門元照撰記

受欲是非篇第四

釋受欲篇欲法有三在屏對首能對名與欲所對名受欲對眾正陳名說欲今但云受者一取欲本意爲遣他傳二初傳後說並在受人一標受欲通攝初後三觀緣受法持詣僧中是非成否並歸受者文中可見問自然界中得受欲否答不得若爾對首別法何局法地答初雖別法終成僧事唯此一法異餘對首所以下云界外受不成等篇中大判不出二門一緣二法各有是非故以命題

夫事生不意法出恆情故對情而順其心心順則於法無失故名欲也然則情事相反故立法以撿之撿則有事必明若明故對門而辨初明其緣後明欲法

敘意中初至欲也來敘欲意上二句明所欲事謂羯磨所被除說欲二種自餘一切機發莫期故云不意法即羯磨衆所常行但有事生必須加被故曰常情此明事是臨時法唯常定故也故下明能欲對情者即上常情謂僧心也順其心者謂以心順之心順無違顯非乖別羯磨得遂故法無失故下舉名結釋然下敘立法意生起下文初句明緣差情即欲心事謂欲緣心順事違故云相反故立下明制法法即通目傳欲之教總下二門非獨詞句若無制法事則容濫故云撿也撿則下明須敘觀緣可辨成否有事者總於緣法若明下審機須敘發起開章若猶欲也

初中有三一制意釋名明體二有開遮三定緣是非

初中制意者凡作法事必須身心俱集方成和合設若有緣不開心集則機敎莫同將何拔濟故聽傳心口應僧前事方能彼此俱辦緣此故開與欲

制意中初標凡下釋復爲二初敘僧事身心者且對不與欲來者言之對前可見有云語略義必包口設下明欲法上明不開則失機故下示立法故成益機緩敎急故曰莫同彼即僧事此謂欲緣僧私兩遂故云俱辦緣下結示

釋名者凡言欲者多以希須爲義欲明僧作法事意決同集但由緣差不遂情願今送心達僧知無違背故摩得伽云云何名欲欲者所作事樂隨喜共同如法僧事十誦云欲名發心如法僧事與欲名爲欲法

二釋名

釋名中初標示多以者如下所引諸文是也欲明

二明開遮

注文未明了，宜捡向齊緣記

三明體

下釋成。初示欲本，但下明欲緣，令下明欲法，達即到也。故下引證。論云，樂隨喜。律云，發心皆希須意。又俱舍云，欲者希求所作事業。唯識云，於所樂境希望爲性。皆符此意。

辨體者，欲之所須有二。自有僧私同須，如說戒自恣等。以佛制有時限，一切同遵。若叛有罪。自有單僧須者，如受戒捨懺等。僧須我和，我不必須，佛不正制也。

明體中。業疏有三。一者從法，想欲爲體。（想陰心聚所攝名法）二者從相，色聲爲體，或動身色，（重病現相）或動聲相。（廣略四種）三者從事，即同今文。初總標欲爲能須事，即所

欲除結界外，一切羯磨，大分二事。說恣制同遵，餘法皆別爲也。自下別釋。初明同須。時限即半月夏竟也。叛即背也。疏云，必私逃叛，遠出亦犯。自有下次明別須。單僧須者，私不須也。僧須我者，恐乖別也。我不須者，非己事也。非謂無心同須法事。問三體何異。答，初是能欲，後即所欲，中即說詞。鈔出後解，餘義存略。

二明開遮。律中唯除結界，餘並開之。雖非明文，以非制故。

開遮中。初明遮。遮即是制。律文唯結三種大界、羯

三定緣是非二。初定是非

磨之前，並云不得受欲。故曰唯除。（義準三小戒場亦遮）餘下明開。初句判定。下二句義決，欲法制緣，出說恣二揵度，戒本單白，捨德衣白。前列問欲，自餘並無。故云非明文也。除結界法，制不取欲，餘並不制。意即是開。故云以非制也。所以唯遮結界者，答如本篇明之。

三緣是非者，若有犯戒事非法緣，而與欲者，由事非故，不合，不成。若準文中，但云佛法僧塔看病病人六事是緣。文具正列。而六羣作衣說欲，雖非正制，僧受行之。僧祇等律，守房等緣，並如別顯。

緣中爲二。初簡非緣。犯戒非法，語略事含，通於一切治生邪命放逸縱恣，不應所列，並入非緣。要知欲法，事不得已，故曲開之。微涉濫委，無非背叛。重病羿至，教意可知。寄言學者，彌須競慎。不合者遮未說也。不成者斥已說也。若下次明如緣。有六。律文欲法中本無塔事。注羯磨亦列五種。今準不與欲戒加之。彼云，僧事塔寺事，瞻視病人，並開與欲。上引正緣，而下示旁緣。出與欲後悔戒，非正制者。不出欲法故。僧受行者，示可取故。僧祇彼更有蘭若衣鉢（經營衣鉢）王賊禁閉，並開。下句指略。有云義鈔。

二斥妄行

二明欲法二。初牒事分科。三隨科別釋三。初與法二。初分事。二隨釋二。初與法二。初列示兩法二。初自與法。二。初出法。

今見疏中。比者比丘多慢斯法不思來業妄行聖法謂無病言病不淨言淨不欲言欲令他傳此妄語對眾而說隨僧多少一一人邊三波逸提所傳之人知而爲告二一一三罪惡業不輕何爲自怠

斥世中初指非多慢卽心非妄行是事非斯法卽欲有準尼鈔是慢說戒羯磨法者彼此別致不可一例謂下釋相言無病者此約牒緣者爲言令下顯過初明與欲人過令傳至僧成教人業據理初與時前對不知亦得三罪所下出受欲人過由知不實自他同犯言三罪者

卽上三妄今不牒緣則無初妄必若體淨亦無第二不欲言欲定有可知後二句訶誡尼鈔問云無病既不合說得成法事否答成前人自有妄語之罪

二明欲法就中分三初明與法二明失法三明遇緣成不就初又分二前明與法二明說法初中四分文不具足義設云大德一心念某甲比丘如法僧事與欲清淨一說便止

二欲法自與中初科以律但云佛言不應稱事與欲清淨聽如法僧事與欲清淨無上二句故云不

二釋相五。初定陳詞多少。

二明不牒緣意

三明示錯成否

具業疏云律云廣說不正出文今比轉欲裁出故云義設詞中初句告前憶持次句自言名號第三句牒所欲事第四句正陳本心

準僧祇三說成就今約四分文中但一說成者皆無結略之文三說成法方云第二第三亦如是說準白二羯磨說淨等法依文直成不須云云取他外部

次定多少中初示他部今下明不取卽序所謂是非條删故也初示本宗立法分齊無結略者如捨戒悔吉等不云三說單白白二不云第二第三等是也文中且指白四爲言若三歸乞詞對念說悉

並直云三說準下舉法例成以轉欲中無結略故不下斥非疏云有人依五分僧祇云不三說不成欲故此斥之所以一說卽成者疏云莫非呈心至僧眾多忘隱明判開之豈限三說方成一法

問此欲辭中不稱佛法僧事者解云稱者人語不稱正本

不牒緣中古本羯磨欲並稱緣恐後疑執故此問破此欲詞者指上義設人語者卽曹魏僧鎧翻譯時加律中轉欲則無前既準律故云正本

問說不稱欲法成已不答成也由羯磨中不牒此說

欲之緣。律中若不記姓名。當說相貌。猶不記者。當言我與衆多比丘說欲等。

明乖錯中。稱字去呼。謂對說時。與前詞句不相稱可。以餘衆別羯磨。不許落非。獨此欲詞。有成法義。故立此問。（古作平呼。謂不稱欲緣。且上既云不稱正本。何乃反問成否。於理不然。）一答中。初句斷成。由下釋所以。如結界唱相。受懺陳乞。既牒入法。不可有乖。欲但通情。既不入法。有乖許得。律中下引證甚明。文如後引。

問。欲與清淨同異云何。答。欲應羯磨。清淨應說戒。若說欲之時。並須雙牒。由文正制。不同僧祇猶行廢教

也。

欲淨同異者。即第四句。據本非同。欲生後義。假設來問。答中初分示由律緣起。欲淨各傳。從文而釋。猶同昔義。故業疏云。有人言等。後出今解云。欲者表心無貳。以應僧體。（三業中心口集。即相和也。）清淨表行無玷。實通假用。（戒見利同即體和。僧體假用名之異耳。）據此義通一切羯磨。不可偏配。唯自恣時。希僧舉罪。不敢陳淨。但云與欲自恣耳。若下明合說。律本各傳。因六羣與欲不與清淨。僧中有事起。持欲者言我持欲來。不得清淨。稽留說戒。佛言。自今已去。與欲時應與清淨。從此雙傳。故云正制。不下簡濫。亦由昔人執彼行事。故此簡之。彼云。時集與清淨。（半月說戒常定故。）非時集與欲。（餘羯磨不定故。）此即四分所廢之教。

言如法僧事者。簡非法事不須欲也。若非法緣。如衆網中。此但言如法。則令僧諸法事皆通作無障。

釋如法中。初牒釋。下指非緣。如衆網者。彼列二十餘件。乃至科索酒肉媒嫁淨人賣買奴婢如是等並不須與。此下顯通。律中亦因六羣稱事。（謂僧中事。如云爲受戒事與欲等。）僧中有餘事起。稽留法事。佛言不應稱事。聽如法僧事與欲清淨。諸法事者。須簡結界。

上明自說。今言兼他者。謂受欲已。更忽緣礙。欲轉與他。毗尼母云。得齊七反。

轉欲。敘緣中。初二句結前標後。謂下釋開意。律云。持欲比丘自有事起。佛言聽授與餘比丘。毗尼下。引證。彼云。七相應法受已轉與一人。如是至七皆成。文但至七。已外應開。僧祇十誦若轉即失。部計不同。疏云。或是異宗所廢。且從當部。

說辭云。大德一心念。我某甲比丘。受某甲比丘欲清淨。彼及我身。如法僧事。與欲清淨。一說。

詞句中。六句。初後四句同前。受某甲下一句。牒前

欲詞若轉多人須一一別牒人名或忘姓相但云與眾多比丘受欲清淨餘詞並同彼下一句自他雙牒以付後傳

問與欲之相若為成不

問成否中律中五種而世濫行故作此問

答四分中但有病人說欲法而文有具缺具以病有輕重故也文云若言我說欲若言與我說欲若云為我說欲若現身相若廣說欲等五種也前四唯重病人後廣說者健病俱用

答中初文三先明律緣律中本為病人開故具即一廣缺即四略具下示具缺所以文下二引示說戒中云有比丘白佛有病比丘不來佛言自今已去聽與欲若言與汝欲成與欲鈔以此句在下又汝字作我復多說字注羯磨同律可驗鈔中傳寫錯倒若言我說欲成與欲即鈔初句餘三並同下皆云成與欲業疏分二四略一廣又復為二四口一身前下三義判就四重病中更分輕重上三猶輕現相最重廣中病即是輕病猶廣說健則可知

五分斷事中說欲起去文中如此律廣說相似又無略文

次科五分即不與欲起去戒彼因不與欲起去故制須說欲彼云今僧斷事我某甲比丘如法僧事中與欲此即同今廣說言無略者據下有現相一略但無三種口略上判四略為重病此引他宗判急即彰口略不可輒用意在下科

此人行事或有緣者囑信受欲及語沙彌令傳至他或有非緣直云為我說欲者量恐不成故四分病人中若不口說不現身相並皆不成今健人用病者法誠難定指

三中初示濫有二初緣如事非囑信謂遣使往告語沙彌者亦同遣使但傳詞耳或有下二緣法俱非上引兩文正為破此以無病非緣輒略非法初判不成量合作良音誤故下示其所以引病例健於義難成所以斷語猶進退者由無明文且據義決況略是律開欲取通意未可一向故云難定然今行事不可從緩有病堪能亦須廣說方契聖心

問現相若為

問現相者本律有名無相欲引外部明之故設此問

依如五分病人不能口說聽現身相與清淨欲若舉

手若舉指搖身搖頭乃至舉眼得名清淨欲律文如此而取欲者須知同別之相方得成就若違心不同而現相者雖取不成終爲別衆

答中初示五相隨病者所爲亦非止此律下次誡令詳審律即五分由無名句色相難辨故在取者默識趣向

二明對僧說法應至僧中羯磨者言不來者說欲即具修威儀說云大德僧聽某甲比丘我受彼欲清淨彼如法僧事與欲清淨若衆多比丘隨能記者一時合說

說欲中初爲他分二前儀後法若爲他傳待索方說兼他自說不必待索由緣來不時不可定約如便利卒患可待問耶具威儀者如下所決法中初句告衆同聽次句牒彼人名我下一句傳初受辭彼下二句牒應僧也若下示總說僧祇不得至四本宗唯多無在但於次句總牒諸名若不記者當云我受衆多比丘欲清淨疏云此據迷忘必思審者不得籠通

若受他欲來自在緣事對僧說者言大德僧聽我某甲比丘病患因緣某甲比丘僧事因緣我受彼欲清淨彼及我身如法僧事與欲清淨說訖即出

合說中出法詞句大同轉欲唯初告僧爲異而依古牒緣者一暫借別緣簡異彼此二恐後學不曉牒緣之相故特示之臨事正說必須削去故尼鈔但云我某甲彼某甲等

若自有緣事欲說付僧者當自來僧中說云大德僧聽我某甲比丘如法僧事與欲清淨四分無文僧祇云病比丘與比房比丘欲不受之即自入僧中上座前說佛言善作如法但不受者得罪

自說中初示法與前與欲文同但初句別今時後

生不識僧別多於衆中而云大德一心念或云大德憶念愚癡迷法法恐難成四分下指所出此行他部事引緣可解彼但云我某甲清淨僧憶念持今不用彼詞善作者歎其能也如法者釋其疑也不受得罪者彼云越毗尼通明五法初二屏與後三對衆又前三正出本宗後二兼行他部故注羯磨中止列三法顯知後二準前裁出

問對僧說欲其相云何

次決通中以當時諸家行事多別義須指定故問決之

答。行法不同。或一時來至僧前禮已同時而說者。或直來僧前一一說者。或在座一時說者。或下座一一說者。

答中。初文四相。一是合說。二是各說。又前二對僧禮不禮別。後二就位下不下異。

據文並成。準我與眾多欲文及故不說等。皆成。若取義意者。律中開成。由有忘誤。或復得罪。故有成文。必無正緣。不得通用。約準外宗。一一說是。

取舍中。初科爲二。初至皆成來。一往暫許。據文有二。一據忘名律中若不憶姓相但云眾多比丘與欲清淨。次準不說並如後引。若下二取義奪破律中等者。釋上文意。忘誤得罪。對上兩文。無緣不得顯非常開。上來釋通本部。約下勸準他宗文見次科。

五分云。令至如法僧中。爲我稱名字說及捉籌。若不如是。一一皆不成。僧祇云。不得趣爾與人欲。與堪能持欲入僧中說者。其受者應自思惟。我能傳欲否。

引文中。初五分明與欲人囑彼傳者。準此爲他傳欲至僧中。隨多少須爲捉籌。今多不知。次引僧祇二節。初明與者揀境堪能。其下次明受者自量可否。準此受欲必選精明。據業疏中戒具解昏不聽

持欲觀此二文。亦不明各說。而委囑精選。意使僧中識知名字。不容莽鹵。取此義意。證非合說。

義評云。凡取欲者。恐有別眾不集。令其送心。僧知無乖。方乃加法。今一時總說。言辭鬧亂。何得委知不來集者。五分僧祇明文。令在上座前稱名字說。意亦可見。四分文云。應更相檢校。知有來不來者。此言彌顯。

義評中。初本其欲意。今下責其同說。五下準文決正。五分僧祇即上所引。然前二文並云僧中即上座前也。或可別有明文。如前僧祇病比丘自入僧中上座前說。五分未見有文。下引四分集僧文。決上顯然。彌甚也。然上引文義。取前各說。又準二律須上座前。今時行事。一一別說。頗合今文。然就座前。猶同古見。理雖無害。恐未盡善。

二明失法。謂受欲已。遇緣便失。不簡病人之所。及以僧中。今統明失法。

失法標中。律明失有三處。一房內。二中道。三僧所。文中。初示失相。不下顯通三處。今不別分。故云統明也。

四分有二十七種。

本宗。標數。準下列相並業疏。合云二十八。若據律文。即無隱沒。今詳祖意。準不足數。合須具之。但是

二列示三初十八人體非[illegible]二初列相

二引證

二七人遇緣失 二初列相

若餘處行業疏作若出界去

文略或是此間律本寫脫必無他意
受他欲已自言我是十三難人三舉二滅十八種人
由自陳故非是僧用若不自言相中同順如足數出
體非中初文二初約自言明失文列十八人所以
無尼等四人者準業疏意此前足數止是略無五
分明列如後所引若下二約不言不失指同足數
即前二三兩例
五分云自說罪人不名持欲反上即成十誦取欲淸
淨人始取時若取竟自言白衣沙彌非比丘乃至十
三難皆名淸淨欲不成不到僧所

引證中二文並約自言則彰前判有誠據矣五分
說罪言通必據四重由證體非故反上謂不自說
十誦始取即屛處取竟收中道僧中白衣同前本
受不得者沙彌非數非比丘即上二人此示說時
言有不定
又有七種若命過若餘處行若罷道若入外道衆若
入別部衆若至戒場上若明相出
遇緣失中初命過準業疏若房中及中道可非欲
到若在僧中未說不成已說在僧成餘如彼說罷
道者準疏釋云受已自言還俗尋悔亦失由隔俗

二隨釋二初餘處行

二明相出二初正明

二問答

情故入外道者謂同寺內外道居處西國多有此
土不爾別部者或謂達邪黨或部計異宗戒場者
疏云疑前出界此局內故
言餘處行者謂出大界外餘道行也昔解云受欲已
在寺內餘房行者失欲此非解也自恣明文無餘處
行改爲若出界外也
釋餘處中初正解昔下斥非自下此決說恣二處
列相並同而二名互出故不足疑
明相出者謂後夜受欲羯磨在明故失欲也
釋明相中初科後夜者據近顯相遠則可知律中

結界廣故十四日布薩十三日往不得受欲
問此律宿欲不成者若明相未了羯磨已竟而說戒
自恣未竟得經明不答不成故僧祇中若七萬八萬
人自恣恐明相出者應減衆界外自恣四分中若明
相欲出開略說戒故知宿欲不被所爲事也
問中以僧事多別如受懺等即法便成則不在言
若說恣亡物德衣之類羯磨雖成事容未竟故有
是問答中初句直判故下引決二律開意並防失
欲疏云若但經白時節可知何勞略也（自恣減衆文略意同）
故知下結成所以然者一欲濟卒緣義無長久故

二欲是開、教開必須制故。三前緣若在容可再傳故。

四分文有三種。謂神足在空、隱沒、離見聞處。

相乖中、初文神足者、十誦空有互與、皆非法故。隱沒人三處通失。故知受他欲已、不得入井窨等處。離見聞者、疏中約三處俱有。初在房受已作不送意、互離未失、俱離方失。中道但作不送意、離生念處亦約俱離。三在僧中如下問答。

問。爲俱離失。互離失耶。

問中古多異說、故須決之。

答。俱離失也。互則不定。故文中若衆大聲小不聞說戒、令作轉輪高座立上說之。此則見而不聞也。又如多人說戒、何由併得見作法者面。此則聞而不見也。離此二人、則名失欲。必互離有失、據隔障等之緣。

答中、初科此師正約作羯磨人以辨俱互。業疏云、今解皆望同坐展轉、不約作羯磨者(疏標今解、前是古義、不疑)。文中、初二句總判。故下別釋。初準說戒明互離不失、離此下、即明俱離失。言二人者、初人更須離見、後人又復離聞、則是俱離矣。必下次準隔障明互離失、成上互不定義。

前言離見聞失者、通望比座展轉離也。如五分解、謂同覆障相離、雖說不成。

今解中、科文要見諸部人數、故從僧祇已下並爲他部。然細觀諸文、文似引明離見聞義。今先從義分文爲二。從前言至雖說不成、明俱離失。僧祇下至得成來、明互離失。初中上三句定所離。前言者、牒前列相顯示重解。然在事猶疑、故無標破、雙出兩義。俟後疏文。如下引示、即下房小等文。彼明相接不聞、得成說戒。今取彼意、反顯相離不成說欲。然非正文、故云五分解耳。互離中又二。初引僧祇

初與欲人、房道僧中、隨與即失、不論見聞。餘四人、兩是隔障、即聞而不見失。兩是伸手不及、即見而不聞失(據遠爲言)。次引五分、初明倒出失、即見而不聞。初明覆處過、即是度。彼約不與欲起去、隨出隨犯。故云幾度。今準彼文、以論失欲。一出即失、故羯磨中止名倒出人耳。若在下、次明露處、亦即倒出。既非堂宇、故限一尋。若房下、證取比座。可知。疏云、雖不了語、皆爲法來、並名布薩。疏有四句。一聞而不見(僧祇隔障。五分雲霧黑暗、先不相識、不成受戒。又如背說戒師坐、成別衆、欲並不成)。二見而不聞(即前五分覆露倒出)。三俱見聞失(即前神足)。四俱離失(僧祇

覆處離見聞不成受具文五分同覆障處相離不成

僧祇五種謂隔障等如足數中說

次他部中僧祇五人出彼足數欲法無文由不足故理非持欲約義取之餘人如上言與欲人者謂受他欲已自復與欲他欲即失且如彼律轉欲尚失何況直與義準三處通有此失學者詳之古記不數此人乃謂足數中隔障自有五人義加一人然今文及羯磨並云僧祇五人如不足數亦不除與欲及加隔障難可憑信

五分斷事時若在屋中隨機過出若在露地去僧一尋等並失若房小不受僧者聽在前後簷下庭中坐

雖不聞羯磨聲得成又有七人尼等四人狂等三人皆不成欲

五分中覆露倒出合為一人共下尼等為八

僧祇多種一在界外與欲二持欲出界三與欲已自身出界四與欲已自至僧中默然還出五持欲至僧因難驚起無一人住者名壞眾失有人住則不失餘同當宗

僧祇後五正出欲法多種者彼有十一如後續引初人疏云能所俱非二即受者非法三即與者非四即愚教失彼因病人與欲已聞僧中有好大德來入眾聽法久疲默出以先欲故更不重說疏云以身到僧前緣久廢故須復說五即難緣彼云若暴風雨若火若賊驚散故下句指廣亦不全同轉欲失此不同一宿欲失此明相出與比丘尼與沙彌此二同五分受者還戒此同罷道與者還戒此亦不同

十誦與別住人失欲即覆等三人

十誦三人疏云四分覆法明言非數豈合持也準同足數合有正行四也總前諸部共四十九人對前足數料簡差別癡邊重病瘂聾等義無與他故不論失受已瘂聾及睡定等人雖不滿數自成持欲樹上比丘枝委外地在外則同前出界在內則相中乖別二

種並失四羯磨人不失可知應作四句一是足數非持欲覆藏等人足生善故二非足數是持欲即睡定人三俱非如上多人四俱是可知

上來諸列皆不成欲說亦不成知而故為反自受罪

文云皆不成與欲當更與餘者欲

結斷中初三句正判皆不成者通收二處也說不成者局僧中也知下示犯罪通自他令僧成別自即違教二並吉羅今此文中且從自說下引律文一證不成二令再與彼列五種欲已云若不現相不口說皆不成等如文所引疏云前既非法能所

乖儀故更簡人秉法便詣故也。

三明遇緣不說成者

遇緣中三科前明故誤後明逢難並約受者中明重病即與欲人

文云若受欲人若睡若入定若忘若不故作如是者成若故不說得罪而不知成不理亦應成在開緣明也並謂在僧中若在中道並名不到

初中上明誤心成法若故下明故心獲罪然文但制罪不云成否故以理決之在開緣者列定忘後故並下總示成處

四分云若病重者應扶輿來僧中若慮增動僧就病者所圍繞作法若病者多不能集者僧出界外作羯磨以更無方便得別眾故

二中次第三開如業疏解初扶來者表和違僧也二僧就者僧以法濟也三出界者病多僧少相連不及故以下二句釋成三種顯示和同攝僧極教故云更無等

若受欲已欲至僧中道逢諸難便從界外來至僧所與欲清淨得成必界內有難不往僧所僧又不知羯磨成不文云有比丘無想作法不成

三中有二初正明傳欲前明出界即失欲法此由難緣故開暫出必下次明遇難不往恐謂出界開成輒例同故下引文決須知別眾制急雖難不開

問與欲已事訖不來犯別眾不

問事訖中有執成別故問通之

答不犯以情和到僧而不將欲緣為羯磨事文云若事休應往不往如法治不云法不成就

答中初句直斷以下申所以上句示欲意下二句顯非所為反顯若以欲緣為羯磨事則容有別疏云欲本不稱謂不牒緣意在下答僧為又別正同此意但知通意

故兩無違義須應往故結小犯文下引決如法治者吉羅異名

若爾受日出界而事休法謝者答受日文中牒事故前緣廢法謝此受欲法不牒事故緣謝欲成

轉難中事休是同而法謝不謝有別故引相並答文易解

通辨羯磨篇第五明了論疏翻為業也所作是業亦翻為所作百論云事也若約義求翻為辦事謂施造遂法必有成濟之功焉

釋羯磨篇律中羯磨大有三位別開八品隨事細歷則有一百八十四種今此篇中總明緣法是非

二本文二初敘意三初歎功能

成敗望下諸篇隨事各別故云通辨羯磨梵言或云劒暮音之訛轉注中初引文示了疏兩翻大體無異前則名作爲業後直指作無復異名業謂行心鼓動身口假緣搆造則有勝功能遂前事疏云業謂成濟前務必有達遂之功是也百論云事亦業之異名無非造作即體爲目次義求中此從昔義疏中不取彼云自古至今翻爲辦事者非無此義但用功能往翻謂下釋義疏出彼解謂成辦生善滅惡之事問此與百論何異答彼論直召能造不從所辦問疏家所以不取者答凡立名定體從用則疏如燈能照暗燈不名照水能滅火水不名滅但分體用名亦無在所以疏家旁通舊解

僧爲秉御之人所統其唯羯磨方能拔羣迷之重累出界分之深根德實無涯威難與大

敘意中初科初句示能秉人即前三篇次句明所秉法即是此篇統即是總僧位所立止存秉御無他所爲故曰其唯方下二句顯功亦即所被事即後諸篇僧獨無能假法彰勝故曰方能羣迷重累謂三不善業界分深根即五住煩惱業縛自心縛之彌固故云重累惑生業苦生之無窮故曰深根

羣迷指六道正報界分即三有依報此明超凡趣聖功由羯磨矣文有解云上句滅惡下句生善非無此義即如疏云生善之大勿過受體滅惡之大勿過懺重等德下二句正歎上句歎體成濟之廣下句歎用諸法中最

二敘訛替三初敘訛示過

而世尊棲光既久遺法被世可得而聞但爲陶染俗風情流鄙薄言成瓦礫妄參眞淨之文行乃塵膚虛霑在三之數致使教無成辦之功事有納非之目並由人法無宗轄得失混同歸焉

敘訛中初敘正教可聞如來滅度常光隨息故曰棲光但下次明因人訛替初六句敘人非上二句明無志次二句明無言下二句明無行無此三者未足稱僧況爲師首輒秉聖法寧無媿乎陶化也俗風謂世事由心染世故情鄙薄鄙謂下劣薄即輕浮礫謂礫石言喻瓦石不足貴也眞淨文即羯磨參即是雜或約參預秉御或可增減文句在三者謂君父師是人倫之大本君則義重父則恩重師即君父之間弘明集云君親之義在三之訓是也致下一句明法非事下明事非納入也並下推過還結三非雖行眾事莫知得失故曰混同

故律云若作羯磨不如白法作白不如羯磨法作羯磨如是漸漸令戒毀壞以滅正法當隨順文句勿令增減違法毗尼當如是學

引證爲三初明違法如猶依也如是下顯過僧綱既亂衆別行虧三寶覆墜故云令戒等當下勸順教初二句正勸初句制罪下句制學

雖復僧通眞僞於緣得成前事羯磨亦漏是非而乖違號爲非法

對顯中人法相並欲明人猶通僞法不容非初二句明人得成前事者如足數中三四兩門下二句

顯法上句比同故云亦也下句示異漏落也

今欲克窮浮言發揚聖教統辨進否總識科分後有事條案文準式

篇意中上二句明刊定是非剋削也浮言即目凡語以古來集法及世中秉唱並容加減故須刊正疏云削彼繁蕪增其遺漏是也既雜浮言隱覆聖教故今窮削還復顯揚故也次二句正示篇意上句逃文下句開機題云通辨義見於此進否謂如非成敗科分謂緣法條流後二句勸臨事依承

就中分爲二初明作法具緣後明立法通局並曲解

羯磨初中統明羯磨必有由漸且分十門

具緣中標云統明者以此十緣該衆別故言由漸者藉緣構造非頓施故

一法不孤起必有所爲謂稱量前事則有三種即人法事也人謂受戒懺悔等法謂說戒自恣等事謂地衣等或具或單乍離乍合必先早陳是非須定

初稱量中此明凡欲行法不許輒加先須評議事緣可否故在初明初標示則下列相然人法事三名通能所若準業疏二俱稱量如舉一事須假人成用何羯磨爲是何事（事復有三即如鈔列）復在何界今此

止明事中三耳愼勿相濫地約結界衣謂攝衣言具單者此約一事容有相兼準疏分七三單如鈔三複有三一人法（差比丘問法差受自恣等）二人事（離衣杖囊差人行籌之類）三法事（滅諍說戒修道自恣之類）具足一句（滅諍行籌白云如是語者捉籌唯此具三）言離合者此約一法被緣多少如懺六聚異篇離懺同篇多罪離合皆得又如受日受戒並開多人可以類說必下正示稱量

二約處以明謂自然界中唯結界一法餘之羯磨並作法界故僧祇云非羯磨地不得行僧事

二中唯明衆法兩界各攝互不相通若論別法兩

界通作說欲一法唯局法地
三集僧方法謂敷座打相量僧多少觀時制度等
三中列示兩事下制觀量者即敷座多少打相短
長
四僧集差別須知用僧進止簡德優劣
四中差別之言須通人處文但明人人分四位隨
事用舍故云進止選取堪能秉御證正已外隨喜
多少從之故云優劣然須更知處之差別作法三
種自然六相各攝分齊並如前篇
五和合之相眾中上座略和眾情告僧云諸大德僧

等莫怪此集今有某事須僧同秉各願齊心共成遂
也須知默然訶舉之相如前說
五中有二初約上座勸勉須下約三業從順如前
即別眾中
六簡眾云未受具出即隨次出如沙彌別法中餘有
住者須明足數不足之相如前說
六中二初簡小眾尼三同遣今人行法俗士擁住謂未受具止遣沙彌白衣無妨律崩法壞於茲甚矣餘下簡大僧指前可知
七與欲應和須究緣之是非成不之相廣如前列
七中文云須究者語屬能秉緣是非者推能與也

成否相者勘所受也
八正陳本意謂作乞辭等於中有四一順情為己多
須前乞如受戒捨懺等二違心立治及無心領者則
無乞辭應作舉憶念證正知法三僧創立法必託界
生則豎標唱相四僧所常行謂說戒等則行籌告令
八中初標示略舉順情釋之於下列示初雖是順
情未必齊乞故云多須如受日差人等並不加乞
二立治者謂七羯磨無心領者疏列十三七治如
上上七亦列無心領中今離之耳八罪處所九顛狂十學家十一
覆鉢十二不禮十三擯沙彌文無情有六亦名無心領即屬下科謂大

界戒場小界攝衣淨地戒堂一應作舉等正示陳意作舉謂僧中
德人舉罪告僧憶念謂指定時處令伏首自言證
正謂能秉勘實知法即所犯伏罪法即是罪僧綱
云證正其罪得伏方與是也三豎標者不應在八
疏云若行事時豎標第三由豎標訖然後集僧今
此相從唱相列之第四可解
九問其事宗云僧今和合何所作為謂上座及秉法
者言之
九中初出問法謂下示問者答雖多別問無異辭
十答言作某羯磨謂必雙牒事法告僧令知不得單

三結指

題如云布薩說戒也
十中上出答相某即別事羯磨是法謂下遮濫然
復須知總別兩答言總答者如受戒三單白一白
四差教授時總云受戒羯磨餘之三法並不須問
捨墮自恣類此可知言別答者四法別提如云差
教授師單白羯磨等
上來十門總被一切作羯磨者若隨事明或見九緣
如結界無與欲也又如受日差遣無有乞辭等並例
準知廣如別法
結指中上三句示通若下揀別結界無第七受差

無第八此存古解疏中則標有人言又云結淨地
不唱相故云等也疏云今解並須具之結界無欲
立緣顯之受差無乞豈不須告結淨不唱此不尋
文律云應唱房名其事極顯等又云對首心念亦
須具十如受衣法一五大上色義加不成二事通
兩界三口召對人四約界明集有則對首無則心
念五前對相可六癡鈍非數七取欲非法八執衣
言議九敕前審諳十答問可者又如眾法心念且
舉說戒一商度時節二審諸界相三作法楇擊四
約處無人五觀其和別六自量是非七獨集非欲

二立法通局二初正明通局二初牒事不科
二隨科正釋二初相攝分齊二初敘意總標
二依位別釋四初法界唯三位二初列位
二牒釋二初徵名
二釋義三初心念

八具理籌水九激動說緣十如緣作業此且略引
廣在彼文下指別法應是隨機羯磨
二明立法通局者於中分二初明相攝分齊二別舉
成壞
次立法中標云通局者法事人處四種是通隨一
一中各有別相如後可見又初科言分齊者每一
位中各有條例不容相濫且如法中三種八種差
互不成餘三亦爾
就初總明一切羯磨必須具四法一法二事三人四
界第一明法有三種一心念法二對首法三眾僧法

且列三位言三名者心念法者事是微小或界無人
雖是眾法及以對首亦聽獨秉令自行成無犯戒事
發心念境口自傳情非謂不言而辨前事毗尼母云
必須口言若說不明了作法不成
心念中初示位事微小者即本位也眾法對首兼
開法也行成無犯出開意也發下釋名初正釋境
即所為事發心是意傳情即口必兼身儀三種備
足方成羯磨非下遮濫恐有迷名不加口說引證
明委成否可知據論作業非三不成但由獨秉多
不專誠故偏從意以立名耳然心念多途如衣食

[二對首]
[三衆法]
[二曲分八種二初結前標後]
[二分位解釋二初別法二初心念二初標列]
[二正釋三初但心念]

房舍隨時作念律中所制常爾一心此同觀行不必口言也

言對首者謂非心念之緣及界無僧並令對首此通二三人或至四人如下說也謂各共面對同秉法也

對首中非心念者示本法也無僧對首明開法也此下明人數三人者但對唯悔中品蘭以制小衆故衆法對首通三可知四人唯自恣及懺捨墮至後還衣復歸衆法謂下示名義面對者面即是頭故云對首

言衆法者四人已上秉於羯磨此是僧之所秉故云

衆法

衆法中上明法位所秉有三不參別法所以然者上得通下下不兼上是以對首通一衆法兼二餘如次科此下示名

上略明相今曲枝分則有八種

次曲分中初科曲謂委悉枝即從本開張疏分九品下為略點

初就心念有三一但心念法二對首心念三衆法心念言但心念者唯得自說有人亦成數列三種謂懺輕吉羅說戒座上發露及六念也

[二對首心念]
[三衆法心念]
[二對首二初標列]
[二正釋二初但對首]

但心念中但猶獨也若據本法止名心念由通後二加但簡之文中初示但義數下列相可知

二對首心念謂本是對首之法由界無人佛開心念且列七種四分中有安居十誦有說淨受藥受七日五分有受持三衣及捨三衣善見受持鉢也

對首念中初敘本制開兼釋名義對首本制心念後開本末雙標法無混濫下皆同此且下列相並須時要順教攝持可入開限如文可見善見受鉢準應兼捨

三衆法心念謂本是僧秉亦界無人故開心念四分

說戒自恣外部受僧得施及亡人衣

衆法念中科約同前外部即十誦

二對首法中有二一但對首法二衆法對首初中以是別法不關僧用界雖成衆亦自得成總依諸部有二十九受三衣及捨受鉢及捨受尼師壇及捨受百一供身具及捨請捨戒受依止法衣說淨鉢說淨藥說淨受藥受七日安居與欲懺波逸提懺輕偷蘭懺提舍尼懺重吉羅發露他重罪及自發露六聚僧殘中白捨行法白行行法白僧殘諸行法白入聚落尼白入僧寺尼請教授作餘食法且論略爾

二眾法對首

三眾法三初總標

二別釋三初單白

但對首中初示名義總下列法相依諸部者言通本異前受捨等並出異宗其餘多是本部文中雜列今束爲五內外資緣法共十二（前八受捨及三淨並受藥）悔犯法六（從波逸提下四懺及二露）白告法六（從僧殘下四白及尼二白）制法有二（依止安居）雜開有五（捨請捨戒七日與欲餘食）已上共三十一法而云二十九者後二屬尼故所以列者對僧作故在數外者局尼眾故且論略者示不盡故此須料簡與疏相違一列數不同彼云二十八即合白僧殘法入白行法中以同是白行故（據行覆藏有多種白法總以白行收之尋懺篇可見）二分品異彼明九品即摘中蘭獨爲中上以定須小眾三人問邊故三離合異此中三十九十同在但對彼離三十爲眾法對首

二眾法對首同前眾法心念中

眾法對中指同心念但出四法隨機羯磨更加捨墮則有五種

次明眾法有三一者單白事或輕小或常所行或是嚴制一說告僧便成法事

眾法中單白爲二初示法二顯名下二分文同此

初列三句以明省要總括三十九法事輕小有十（二十七捨墮受懺行鉢剃髮十戒具戒前三受德衣捨德衣非時和）常行有十一（說戒有四常和滅諍一增二增自恣有五常和難事略延日一增二增僧懺悔僧發露）嚴制有十八（餘語觸惱滅諍中五簡智人遣不誦戒不學律人遣捨正義草覆地五百結集中六白七百結集中五白行籌白不入數示不盡故）

二白二

三白四

二者白二由事參涉義須通和一白牒事告知一羯磨量處可否便辨前務通白及羯磨故云白二

白二中總五十七種如差結等事非一致故云參涉望前爲重對後猶輕從僧乞得有七（二房爲二離衣六年臥具畜眾受日杖絡囊）僧制法十一（試外道狂癡及解不往學家及解分僧物賞看病分亡物付德衣持房與道俗修治二法）差遣十四（分臥具說麤罪往敎尼五德守藏守德衣懺白衣行籌人料理房舍覆鉢分粥食等尼中求敎授往自恣遣信受戒）結界十九（大界并解二同界一同界三小並三解戒堂並解攝衣並解淨地並解戒場結食同結庫藏）懺治有六（二十七還衣護鉢與覆鉢及解尼中與僧作不禮及解）

三者白四受戒懺重治舉訶諫事通大小情容乖舛自非一白告知三法量可焉能辨得以三羯磨通前單白故云白四

白四三十八通大小者大如受具懺殘等小即諫習近住等情乖舛者謂治罰滅諍等諫法十三（僧殘中四諫九十中惡邪諫擯沙彌二法尼中隨舉尼習近住勸習近住嗔捨三寶發諍近習居士子）受法有二（具戒及尼式叉）治罰十四（七治並七解）懺法五（僧殘有四並學悔）滅諍四（憶念不癡罪處所及解）

三結數二。初總結

二釋疑

二指示非相三。初叙意指廣

若就緣約相都合一百三十四羯磨。略言如此。更張猶有單白有三十九。白二有五十七。白四有三十八。若通前二。則百八十四法。

總結中。初正結眾法。約法止三。隨事多別。故云就緣。若下兼結別法。應知三位八品從法而論。百八十四隨事彰數。準此別法應有五十。然前止有四十七。心念十四。對首三十三。兼尼二法則四十九。疑此且舉全數。來學尋之。

問。耳聞百一羯磨。今列不同者。答。此乃總標。非定如數。亦可引用十誦。彼則定有百一。

釋疑中。耳聞者。此由世傳頗乖前數。故舉以爲問。答中。初順問釋。謂百是總數。隨事皆一羯磨。被之例如百一供身之義。故云總標等也。亦下違問釋。見今藏中有題大沙門百一羯磨。即出十誦。疏云若據伽論恰列百一。故彼列名單白二十四。白二四十七。白四三十。古人誦他異部。自略本宗。(伽論即十誦宗)

上明攝法分齊。即須明非相。但鈔意爲始學人。本合文顯而易見。故不事義章。一一分對。進否必欲通明。須看義鈔。

二略示非相

指非相中。初科上二句示須意者。上明分齊準用皆如。必有差違成否莫辨。義當於此委示非相。但下明略意。進否即成不成。必下指廣。彼文亦亡。事義兩鈔撰述來意序中略明。請詳此文方知不謬。

問。此既略之。何以下文委列七非。答。此指律中文七非耳。羯磨委列。疏中略舉。猶張四門。古來解釋科約滋廣。今符鈔意。亦所不引。直爾列名。一非法非毗尼羯磨。二非法別眾羯磨。三非法和合羯磨。四如法別眾羯磨。五法相似別眾羯磨。六法相似和合羯磨。七訶不止羯磨。

今直論是非。謂上三法。離則八種。具明別相。若一事差互。不應八條。並入非中。不成羯磨。若欲通知細尋此門。上下橫括。庶無差忒。

略示中二。初正示是非。謂下三句明是。別相即法所攝。事若下四句明非。如但心念止齊三事。若加餘事即是非攝。乃至白四唯被三十八事。若加說恣差結等事即名非法。如是八位例之可知。此謂約法加事交互彰非。欲使初學略識其相。若欲下指義。七非。言通知者。上文但明法非。未顯下三皆有非。故此門者總指相攝一科。上下即前後四位。

各有非相隨位總收故云橫括卽如下科單複爲句其相可見庶望也貳異也
問別人之法何名羯磨答四分三語中及白衣說法中言是羯磨
釋別號中古執羯磨名局眾法故須決之答中本宗二文初出受法已與白四卽斷三語舍利弗問云三語受戒是善作羯磨否佛言是善作羯磨自制已後不名受具足及下卽說戒中彼因六羣說戒日與諸白衣言語問訊作羯磨（卽三歸五戒）說戒（卽五戒相）說法佛言此是上座應作以三語五戒兩並對

人且證對首下引十誦雙證二法彼明疑問佛爲決之羯磨下續云後來比丘不與分
二就事明者謂羯磨所被之事更不重明卽辨非者第二明事有三一情事二非情事三二合事百八十四此三攝盡標指中由前八法各出別相故云不重
所被事中通情非情並合前境是實片無錯涉皆成法事若一緣有差悉並不成
正辨中初科爲二初示體相文標二事二合在中並下明是非以人法及界各局自分事涉多種非相不一故云一緣等且如受戒遮難衣資發心陳乞又如治舉窮勘三根作舉憶念如是求之
何者是也
別示徵中也合作耶
如人法中不覆藏者與覆藏羯磨不善非法不成此謂無事有法如瞻波中應與作訶責乃作擯出此謂有藥有病施不相當佛判不成
情事中初科引文有二初引人法者彼因比丘犯二僧殘二俱覆藏憶一罪不憶一罪僧與二罪覆藏法憶者甚善不憶則非爲知法客比丘所訶文

如鈔引彼又云僧作突吉羅懺此下顯非又引瞻波文彼明波離問佛今引問詞佛言此不如法故下云佛判也此下判非
故知事者必須據實方稱聖教且約一事餘者例之如實犯罪自言不犯實不犯自言犯等並名非法若實言實方爲相稱而彼自言還臣所爲之事若汎臣餘罪不爲自言
結意中二初結前標示一事卽治罰自餘受懺等事並可準之如下二舉事正明先出非相若下明如法而下於如中復簡臣謂伏首以罪有種相不

同種中造作各異，如摩觸犯殘，首言實犯，然非本時之事，與舉相違，不合加法。世傳結界須解妨疑，立義云：縱非曾結，且徒施一法，請觀此文，聖法被事，可虛謬耶。

非情事中，二房羯磨妨難不成，離衣杖等，必須兩具。

非情中，且舉處分說恣結解等例，須勘覈離衣杖等，即二合事。離衣緣病不堪持行，杖因老病用扶羸頓。離衣須人病衣重，乞杖則老而兼病，有一不成，故云兩具。

此並律之誠文，臨事無忘失矣。

結誥可知。

三對人明者，亦有三人。

第三明人有七，一至二十，四僧三別。

初辨僧者，僧中有四，如前所說，唯秉羯磨，界中有人，並須盡集，若不來者，便成別眾，如足數中，但得御於眾法，已外對首心念法之與事，決定不得。

僧中，初示位，即指集僧，唯下明當局，但下簡非分。

二三人中，具立二法，若作眾法對首，兩界無僧，盡集作之，若數滿四，則不成就，更須改法，若作對首之法，兩人各作，不相妨礙，必有邊人，有須問者，若三十捨懺，須問邊人，九十單墮，但對即得，亦有通須問者，謂同覆處露地，尋內故須問之，必在外有障，亦不在通問。若持衣說淨，不論通別，若是心念，一向非分，必有其事，隨緣作之。

二三人中，三，初明當法，上二句總標，若下別釋，初明開法，滿四不成者，且約多分自恣則成，若作下次示本位，初正示，必下料簡，問邊，初明懺提須問，但約必與不必，以分三十九十，此猶循舊；若準疏意，捨墮落前眾法，對中九十單對，不必須問，中蘭定問，兩人不成，若持下簡餘法，不須，若是下簡非分，必下勸依。

一人心念，獨在界中，若作眾法心念對首心念，並界無人，方成此法，若有一人，名非法別眾，若據所秉，如前法中，若作但心念法，不論同別。

心念中，初通示，若下別釋，初明開法，指如前者，即上立法通局中開有齊限，不可濫涉，若作下示本法。

四約界者。

第四明界有八，自然為一，三小三大及戒場也。

四種自然，羯磨法中唯作結界一法，是僧執御，已外對首心念二法及一二三人眾中雜法，四人自恣，並得秉之俱須盡集。
自然中初明眾法唯局。已下明別法並通。雜法如打槌白告不係對念所攝者，言並得者，須記除欲。言盡集者，且據開法爲言。
二者作法攝僧界者，亦通二人法，通三種。
作法界中二人總前七位，三法統收八品。
就法界中分爲五位。
別明中上對自然，總明眾別人法俱通。此就法界唯論眾法通塞之相。
一難事受戒小界，二因難事自恣，三數人說戒。此三

小界，因難曲開，但作一法，後必開豫，不開作之。故文中結已卽解，非久住法也。
三小爲二，初列三相。數人說戒者，亦彰難事不容多故。言難事者，不同意人欲訶法也。此下明通塞。
各專一法，當分名通，餘法則塞。受戒小界始終四法，說恣各一，亦有通者。疏云，非無舉罪卽有白懺。若望下二，一向名塞。開豫謂難靜無緣，文令卽解，明知不通。
四者戒場本爲數集惱僧，故開結之。唯除說戒自恣、乞鉢捨懺、亡人衣法、受日解界、結衣界、並解結淨地、受功德衣等。
戒場準疏古解除十五法，乞鉢捨懺合四，淨地兼解德衣略捨，故言等也。又疏前文形法二同，不通場上。（又德衣有差人亡物有賞勞，共除十九。）除者是塞，餘則名通。說恣亡衣，此三有難，微通場上。所以除者，說戒普集，制本大界；自恣受日德衣，須安居處；乞鉢亡衣物歸僧庫；解界須本結處；衣食必依僧住；形法合界通知。
五者大界就中並有通塞，隨相可知。
大界中戒堂三小戒場等結解，大界不行，故塞；餘則皆通，故云並有等。

二別舉羯磨明其成壞。法不孤起，終須四緣，隨義明非，不過七種。先就但心念法以解七非，乃至白四類七可解。
次明成壞敘由中，對文七非，故云隨義。以作業辨事，成在四緣，還卽就緣歷句簡練，隨一一事單複括之，推覓非違，欲逃無路。問：前敘四緣，後列句中不言界者？答：合在事故。所以爾者，二意求之：一欲倣文非皆七數故；或可別法無非通兩界故，眾法則有局法地故。由不該徧，合少從多故。

二依位列釋八。如文。

初明七非者。一者人非，謂以此法對人而作。二者法非，口不言了，法不稱教。三者事非，謂重吉羅用責心悔，六念等事一一非法，妄牒而誦，不成有罪。四者人法非，不妨事如。五者人事非，不妨法如。六者事法非，不妨人是。七具三非，並同上。餘則例之。

但心念中三單可解。三複還準單中。第四句如對人說詞句差脫而悔輕吉。五如對人六念六事虛濫詞句無差等。六如悔重吉口不言了，而是獨作。七具三者對首無言發露非罪。餘七並爾，臨文自歷。

二對首心念亦具七非，數同於上，隨事對法，各有別相。且舉安居一法，餘則例之。一者人非，謂界中有人，別眾而作，自不依他等。二者法非，口說錯脫，文非明了等。三者事非，時非夏限，處有難緣，不依佛制。四非已下類前可知。

第二人非中上二句明別他，下句即損己，謂不依第五律師也。三中非夏限者，越三種安居故，有難緣者，不避命梵故，不依佛者，結上二事故。四下略三複一具。此中從法且列八七，若從事者百八十四一一具七，句數則多。

三眾法心念，如說戒等亦具七非。一者人非，界內別眾，自犯六聚。二者法非，不陳三說，或有漏忘。三者事非，眾具有闕，時非正法。四非已下如前例之。

第三人非中亦約自他兩明，以臨說戒必須行淨故。事非中一人獨秉眾具須備，時非者越三日故。

四但對首，如持衣法。一者人非，所對之人犯戒非法，有訶者訶。二者法非，陳受非正，或訶不止。三者事非，五大色衣及以上染，財是不淨之例。四非至七如前例知。

第四人非中犯戒者境穢不足，有訶者行淨別眾也。法非中言非正者容差互也。訶不止者縱令如教，但使他訶不止亦非。事非中上染謂五間及錦綺等，財不淨者邪命得也，體量裁製文中略也。

五眾法對首，如自恣等。一者人非，四人秉法，第五受欲，或非淨戒，知而同法。二者法非，互不相陳，說不明了等。三者事非，時非夏末，眾難不具等。四非已下亦如前例。

第五人非中上明別眾，以界滿五不開對首，又對首法不開受欲，必須集至，還依本位方名如法。或非下次簡非數。事非中時非者亦三日外，難不具

者非時得作有難方開本律增減五百問一月是
也。
六者單白如捨墮法餘例取解而各不同一者人非
界內別眾人非清淨等二者法非輕重同法持犯不
分妄陳言說三者事非財非合捨有過不陳界非作
法衣物不集妄輒託人之類四人法非已下可解
第六法非中上句明根本從生異篇合懺次句明
犯與不犯未窮情實妄陳者括上兩過事非中初
明非長如毛緜帽袜小白鉢器等次明隱犯僧不
委知三明地弱不勝羯磨四明濫託言寄誰處

七白二中如結界法一者人非不盡標盡相而集界
內別眾得訶人訶二者法非唱相不明作法闇託又
訶不止等三者事非標相及體三種分齊混然一亂
不知彼此二界錯涉重結交互遙唱遙結之類並不
成就餘非例之知
第七人非中上二句明身別下句口別事中三初
迷三相二昧兩界三遙唱結
八者白四如受戒法等一者人非受者遮難界中不
集僧數有缺人雖五百一一人中五十餘法簡之不
中適非正數二者法非受前進止八種調理及論正

三結示指略

曰二曲解羯磨
二初敘意示非
二初敘意

受執文無差等三者事非界相不明衣鉢非己之類
餘非例前
第八人非中初句是所為非界下即能秉非上句
明別眾僧下顯非數言五百者趣舉至多顯非易
得五十法者據足數中六十餘人然第四門十一
人猶足生善故減言之法非中八種者即受法中
十種方便除少分法及教發戒緣隨機羯磨亦立
八耳一請師二安置三白差四出問五召入六乞戒七戒師白八對僧問上即緣非
及下正示法非事非中三位眾法並出界非以局
處故

餘之正法乃至心念當法自成不相通練別眾一法
多或通之廣張非相如義鈔也
結示中初正結離此八條入非之者故云餘正法
也當下明法事並塞別下明人別多通唯除二但
自餘皆有廣下顯略彼文亦亡
次釋羯磨正文令知綱要識解通塞若不具明見增
減一字謂為法非然其非相唯在一字然須知處所
不得雷同
曲解羯磨前通眾別別法可解故此一章唯明眾
法敘意中初三句顯意綱要者即初釋文是羯磨

二斥白讀

二斥非三。初委判非相。三初斥執文。

大體(不必強分綱緣)通塞者。即後料簡。示文義差別。(不必局指一科)若下。示妄謂。然下。明非。處上二句是縱。下二句是奪。言知處者。綱定不成緣通成否。未可一槩。故云不得等。(禮云無雷同。注云雷之發聲物無不同時應者。)或依文謹誦。會不改張有無。或第二第三。亦隨略說。或無文稱事。有文無事。俱有俱無。未能增減。致使旁人加改。重增昏亂。

斥執文中。初二句總示。或下。別顯。初斥連誦結略。諸白四法。翻譯省文。故安此語。不當誦之。或下。二斥專執詞句。初句如律覆藏法。但云某甲犯僧殘覆藏。僧今與某甲隨覆藏日羯磨。然前犯有差別。覆日或多少。若依律誦。則不稱前事。(懺篇云。依鈔作法得成。若準律文。依古羯磨。即須改張。不可謹誦是也。)一次句如賞勞法備牒六物。物缺須改。今亦依誦。(下注云隨有言之是也。)一言俱有者。如受日法。牒佛法僧緣。連書半月一月。文事雖備不合俱牒。(下云不得雙誦半月是也。)俱無如結有場大界法。律無文事。不復增加。(下云須加內外相內是也。)亦可如訶責法。文據闕諍。必有餘犯。不能隨改。(下云及論當時未必如文。)致下。明知法者。訶莫知所措。

或復闇誦不入心府。臨事致有乖違。於即對眾之中。

三斥師心

二結誥勸人

執文高唱。如斯等事。呈露久聞。豈不以愚癡不學。自受伊責。

白讀中。如後問決。初敘非法。豈下。彰過。伊即訓是。責。即是罪。不學。無知。非法。罪。外加之。

亦有轉弄精神。觀事乃同於法。而人事兩緣。冥逾夢海。量時取法。全是師心。照教教稱不成。結罪罪當深罰。

斥師心中。初句示人轉弄謂非智強智。雖非愚塞。復是狂簡。觀下。示彼行事。初句明乍觀似是。而下。示再考還非。初明人事兩非。謂人迷足別。事昧虛實。夢中觀海。而況逾之。迷可知矣。量下。明法非。雖不守文句而自裁過甚。照下。總結上非違教結罪。

是以同法之儔。幸宜極誡。若作羯磨人。要須上座。故律云。應作羯磨者。若上座次座。若上座不能。當出言語持律者作。已外不合。

結誥中。初二句正勸。加事不成。自他兩損。過非輕細。故令極誡。必須親學。方免諸過。若下。明選人。上座者。如五分說。即上無人。雖居眾首。必取解法。高臘無知何足算也。故下。引證律列四人。上座次座約位簡人。誦律不誦約法簡人。文闕第四言持

二正釋文句二初標示

二正釋二初釋二法文相二初說戒單白

律者即是第三疏云非謂誦文必兼識義四不誦者疏云雖不連文累紙而曉答成否又云四分總列並據有能應預未閑亦開學悔已下遮濫可知四今正釋文且就說戒單白及受戒羯磨具解二文餘則例解

正釋中所以唯約受說者由此二法世中數用故又人常誦亦易解故

就單白說戒中分五一大德僧聽者告眾敕聽令動發耳識應僧同法二今僧白月十五日布薩說戒者正宣情事白眾委知三若僧時到僧忍聽正明僧若

和集諦心審聽量其可否僧時到者謂心和身集事順法應也忍聽者勸令情和聽可勿事乖違四布薩說戒者重牒第二根本白意決判成就忍可所為也五白如是者事既和辨白結告知

白中五句初後中間三句相傳為綱者總該諸務指式軌定故二四兩句名緣本者即法所被事隨機不同如說戒云白月十五日即是緣也布薩說戒即本事也又受戒云某甲從和尚乃至三衣鉢具等並名緣也今從僧乞戒即本事也第二則緣本雙陳第四則單牒根本縱有兼緣翻傳失治如

二受戒白四二初標示

是分對隨文可解初句云動耳識者恐緣他事無心同秉故聽字去呼次句布薩說戒華梵雙標言成重複刪定戒本改前云眾僧說戒則人法兩舉後云和合說戒則忍可已彰然眾亦即僧為成句故言情事者即能秉心蘊所白事不須和會情非情等第三中初牒句通釋若者未定之詞兩期以問僧下分句別釋初釋時到上句人如下句事法兩如界在事中四緣現前作業時至此謂時宜之時業疏同此戒疏則分為二一者人到清淨大沙門入二者時到十五日布薩時至彼局一事此通一切然僧和緣會大意不乖次釋忍聽聽字平呼疏云今約心和勸聽

可也前約身和勸聽聞也兩聲別否事義亦乖不解兩緣名非數也四中前是告情故須兩示此彰忍可無勞雙牒第五云如是者指上所白故云白結令知業就故云告知

次就羯磨法中明者且約受戒白四上已明白恐新學未悟略復述之各有其志也

次釋羯磨標中二初標法內字似賸又恐字誤強釋亦通但恐無理上下示重明白意恐疑繁費故預遮之前是正釋頗稱久成此被未悟為利新學前後志別故云各也

二分釋二初白文

二羯磨二初總分

二別釋二初正決根本

白中還五。一大德僧聽同上舉耳勸聽。二是沙彌某甲從和尚某甲受戒乃至三衣鉢具和尚某甲者。此同上牒其緣兆。正宣情事令衆量宜。三若僧時到僧忍聽同上心事既和願僧同忍。四僧今授某甲具戒和尚某甲者。正明忍可所爲決判根本。五白如是者。表衆令知。此之白文與前單白文義略同。依之可解。白文同上釋言緣兆者謂牒緣告衆情事始形。即成業之兆。此之下指同顯略。

次解羯磨就中分二。初正決根本。二僧已忍下結成上文。

次釋羯磨總分中三番羯磨是法正體審衆量可。故云正決僧法所加本爲受具故云根本下云結成明彰體外。

前中有三。初大德僧聽者告衆重聽事既非小。諦緣聲相決判之緣。二此某甲乃至誰諸長老忍正辨牒緣及以根本。謂僧今與某甲受戒等量其可否。三僧今與某甲受具戒乃至誰不忍者說。單牒根本決判成就。第二第三亦如是者。一則事不成辦多則法有濫非軌刻令定限至於此。

別釋中。若約綱緣還分五句。今此隨義止分三段。

二結成上文

二加三法料簡二初標列

初句唯綱。後二綱緣合論。且初段對前白文故云重聽生善中最故云非小和決因聞故指爲緣。第二段分二。前緣後綱。緣中文略。但標乃至具云此某甲從和尚某甲求受具足戒。此某甲今從僧乞受具足戒。某甲爲和尚某甲自說清淨無諸難事。年滿二十。三衣鉢具此並緣也僧今授某甲具足戒某甲爲和尚本也綱中長老之言乃召別人。疏云事違在僧成否在別。又云或有文云大德忍者終問別人。隨時稱謂。上是牒文。正下略釋上二句別點緣本。下二句通釋綱緣顯示文意。第三段爲二。初示

根本受合云授仍除今字具下加足乃至中略某甲爲和尚。綱中略上者默然三字單下點示可知。第下釋結略。初牒文。一下正釋。上二句明得中下二句示制意。

二結勸云僧已忍與某甲受具下至如是持。此直付囑結歸不關羯磨正體。

結文中亦分綱本。僧已忍竟僧忍默然故是事如是持。此爲綱也兩句在上下竟字當中間與某受戒某甲爲和尚還結前本也。此下點文可解。

就中加三法料簡一增減二通塞三是非。初中若事

輕小無有緣起則無乞辭又不牒事則白中五句除第二句但四句成白乃至白二類例除之餘則一準

三法料簡增減中據律單白及白二中白或止有四句闕第二句者則名為減然本無增望彼五句相待為言若是羯磨及白四中白定無增減故非所論文中先出所以不出三意若是事重如諸說恣還衣亡物之類若有緣起如諸結界須比丘唱相緣起（謂羯磨前緣非謂本制緣）若有乞詞如諸受懺（謂捨墮單白非受戒及餘懺也）不牒事者如上結界受懺並以前緣牒入羯磨若上三種必具五句若但四句成者反此三

意兼不牒入如文所列即說戒堂及滅諍結集中諸白並諸差人白二等是也然又須知唯略第二至第四句緣本雙牒必無有缺尋之可知餘下明增例皆五句然律文亦有翻傳脫漏之者如結法同食別界及結淨地既有緣起而列四句如疏所判漏誦遺筆想無所疑

二明通塞者單白文中第一第三第五文義通一百三十四法更無增減第二第四句由各隨事故稱緣而牒文隨事顯故限局也義存告眾決判成就故通一切

通塞中單白分二綱則俱通緣有通局初綱可解

第二下明緣初示文局義下次顯義通

就羯磨中大德僧聽誰諸長老忍不忍者說僧已忍下文義俱通白二白四中間牒緣牒事隨機不同文局義通類之可解

羯磨中初明俱通舉文不備臨說加之中下示通局指類白中

若鏡此義得緣便作不須看文不了前緣誦文亦失

結示中功成由解不必泥文故云不了等

三是非者白中文義俱通三句羯磨之中文義通者

頭尾一言不可增略必須通誦缺賸不成

是非初中綱中增減一向屬非白中三句總一十四字羯磨正體一十七字結文一十四字此並楷定縱無增減而音聲淆混言相不明亦歸非攝餘之文局義通但令順事合宜片無乖降增繁減略詁訓不同而文義不失並成正法類準諸部羯磨不同及論義意亦無有少至如翻譯梵漢音義全乖詁訓所傳非無兩得故例成也

緣中初明理順以言雖通許理不可乖往往世愚輒便加減增下明開許初句開增減疏云如結大

三釋疑五初向白讀成否二初問
二答三初判定
二引例二初戒本例

界卽列二同戒場小界攝僧義一豈得二別何不列也準此增著亦得如五分結場增文同一布薩等（此明戒場三小得增）減卻二同亦得如諸界等（此明大界得減）次句開易語詁訓謂言異義同如云某甲作和尚從僧求戒衆僧誦戒之類而下二句結上二開類下引例有三初引部別證五分白及羯磨一槩四句並無第四十誦受戒法云年歲已滿衣鉢具足等又外部羯磨綱中尙有增減五分長老忍下無者字結詞僧已下無忍字十誦第四句牒本已云忍者是長老默然又說字上有便字共加五字至下

二引翻譯證疏云翻三衣爲臥具敷具略得其相失其本體等（如減六年羯磨）三詁訓證字訓義同故云兩得故下一句結上三例

問世中時有白讀羯磨作法成不

初問白讀謂對衆公白而讀明非暗誦也如前所斥恐生異計故此決破

答不成是定雖無明決可以義求

答中初句判定雖下申理無明決者非正敎所斷以義求者生下所明

然羯磨戒本作法相似戒本必令誦之羯磨豈得不讀故四分僧祇半月無人誦戒應差向他處誦竟還本處說之不得重說乃至一人說一篇竟更一人說若不能誦者但說法誦經而已準而言之若得讀者執文卽得何須如此止不讀之

戒本例中言相似者告衆義同故故下引示不得重說者此明多人共往學誦故不令重準下推制意

二呪術例

又俗中呪術之法讀文被事皆不成就但以法貴專審令背文誦持心口專正加事便易必臨文數字出口越散故佛法中呪術誦者加物遂成未聞讀呪而

能被事羯磨聖敎佛制誦持況於呪術律序自顯必不誦者終身附人

呪術例中初明俗呪越謂言乖散謂心亂反上專正也故下明道呪羯磨下合例況比也律序顯者彼云神仙五通人造設於呪術如來立禁戒半月半月說（上喩下法）必下顯制律云五夏不誦戒羯磨盡形不得離依止故云終身

三示親聞

余親問中國三藏京輦翻經諸師云從佛滅度來無有此法

親聞中祖師嘗預譯場所傳得實可以爲據

二問二眾互作二 初問

問僧尼更互得作幾法

問互作中以僧位別不容參濫故須簡示

二答

答律中十誦尼爲僧作不禮不共語不敬畏問訊此三羯磨不須現前自言僧爲尼亦得三法謂受戒摩那埵出罪餘不互通

答中初明尼爲僧作文中三法由僧非法尼無奉敬恐違敬教得法方開然下無屈上止得遙加故云不須等次明僧爲尼作三並現前四分更有捨教授法亦同遙被

三問得對餘眾二 初問

問得對尼等四眾及以白衣作法不

第三問據前簡眾已顯不通猶恐濫行故此重示

二答

答不得也律令至不見不聞處方作羯磨除所爲作羯磨人摩得伽十誦云白衣前說戒成者除爲瓶沙王等除王眷屬民將獨爲王說令心淨故

答中初明通制上句直判白衣無法三眾未具尼是別類並不許聞疏云尼同僧法應預同聞莫非女類無知多生慢習制令耳目不矚則重法尊人也律下引示若沙彌將受尼來自恣止開眼見除所爲者沙彌受具及尼中三法已外不合摩下明別開瓶沙具云頻婆娑羅此云顏色端正疑比丘半月一集所圖何事故獨開之決疑歸信故云心淨

四問所被多少二 初問

問羯磨所被幾人

第四問相有差別故問簡之

二答二 初正答

答不同也若諫喻和諍得加多少至於治舉乞爲不得至四名非法也

答中初句總答若下別示上二句明通由是勸喻不處乖別故至下顯局治舉違惱或致破僧僧不舉僧律文明制治舉可爾乞爲受懺並是順情何以同禁不得至四學者尋之

二引証

四分雜事得二三人一時受戒五分通諸羯磨不得加四毗尼母云諸比丘集作非法事若有三四五件可得諫之獨一不須諫也何以故大眾力大或能擯出自得苦惱故應默然不言四分中十五種默大同於此廣如眾網中

引證中四分證上乞爲五分下彰部別和諫亦制故云通也母論及下四分並證治舉文中四五件可諫不處擯治則知不得加眾明矣十五種默者雜犍度中舍利弗見作非法佛聽默然因說五法不應默若作如法羯磨事雖如法緣有差違須訶令止若得同意

二五問作法成處。
二初問
二答三初示今定。
二破古解

件。不處眾治。此同母論。若見小罪。眾有犯輕。僧體不失。為作別住。謂在界外。在戒場上。界中別界。此二處非。如是五法。默然者非法。非法有罪。又不同意可訶不訶復是默妄。又云有五法應默然見他非法默然。即舍利弗。不得伴。亦同母論。鈔云大同唯伴二句耳。犯重。眾有犯重。僧體已壞。訶無益故。同住。非別界也。在同住地。非場上也。此二處如故不應訶。如是五法應默然。此雖不同由是開故。則非默妄。又有五事應和合。若如法和合。應來者來。三業俱集。若默住之。得訶不訶。若與欲。應與欲者與欲。若從可信人聞。自不違故。他云如法我亦同和。先在眾中默然而坐。前約作法時和。此明先在眾中忍可所作。下文指廣。彼亦略示。

問。羯磨竟時。其文何所。

第五問。欲明分齊知法成處故。

答。解者多途。今一法以定。謂第三說已云僧已忍與某事竟。此時羯磨竟。

答中。初句指繁。凡有三解。一盡結文。二至說字。三至竟字。今下判定。即第三解。不同前解第三說已名為竟也。故律云。忍者默然。不忍者說。今即說其不忍之意便成訶破。必其忍默。三說已無訶亦成。任意兩得。餘廣如義鈔。

破古中。初標今異古。故下引文質非。必下旁存舊解。故云兩得。然不訶可爾。訶則非成。若從竟字則無此妨。下指義鈔。即上卷發戒時節中。彼亦取竟字。文亦非廣。尋對可見。

四分律行事鈔資持記卷第五

四分律行事鈔資持記卷第六上二之一

宋餘杭沙門元照撰記

結界方法篇第六

釋結界篇。結謂白二限約，即能被之法。界謂分隔彼此，即所加之處。疏云：如法約處，除彼局此，故曰界也。律云：界者作羯磨唱制限者是。又了論疏解本音四摩。此云別住，謂此住作法與餘住不相通。各不取欲，故得名也。方亦訓法，連緜爲語。即下四門爲後世依承，悉名方法。然題中界字，若望初結似通自然，今約結成，即是作法。作法有三，僧及衣食。今正明僧，餘二如後。僧復三種，大小及場。大小各三，則爲七種。如是知之。

結界元始本欲秉法。

敘意。初科元始者，推制法本因秉法者。明立界所爲。然律假緣興，雖因布薩，至論制意，實通衆務。疏云：結界衆同之本，理須通和，餘法衆同之末，並因後起。是知除結界外，一切羯磨並依法地。

由羯磨僧宗綱要匡救佛法，像運任持，功歸於此。理宜十方同遵，許無乖隔。

次科，釋上二句，發下制意。初敘羯磨僧以和爲義。和但在心，非言不顯，故須聲教表示僧情。人法二同，水乳無別，故云綱要。受說治諫，僧綱既舉，佛法可存，匡救之功，亦由羯磨。若據任持，實通三時。今云像運通語滅後，於此者，即指羯磨。上二句舉三寶以彰德，下二句約時以顯功。理宜下，次明和同以法既高勝，人必齊遵。十方者，且據閻浮。許猶使也。

但爲剡浮洲境彌亙既寬，每一集僧期要難剋，加以損功廢道，恆事奔馳。

發起緣中分二。初二句明境廣。剡浮閻浮贍部皆音轉也。方志釋爲輪王居處，以四輪王咸居此故。金輪統四，銀輪除北，銅除西北，鐵除東西北。又加提者，釋迦譜云：翻爲洲也。水中可居曰洲。今在須彌山南大海中，故彌大也。亙廣也。俱舍云：三邊各廣二千踰繕那，一踰繕那十六里。三面各三萬二千里。南邊廣三踰繕那半。五十六里。周迴共九萬六千五十六里。人面像焉。增輝云：此據五天四至而已。準住法圖贊，三邊各二十八萬里，南邊中有八萬里。至南漸狹。周迴可有百萬里。每下，敘制緣有二。上明衆法難成。下明自行有損。要字平呼，約也。剋，遂也。說戒犍度云：爾時諸比丘聞佛聽諸比丘詣羅閱城說戒，在諸方聞者來集疲極。比丘白佛：自今已去，隨處結界等。

大聖愍其頓極，故開隨處局結，作法分隔，同界崇遵。功成事遂，總意如此。

立教中，初二句明開許。頓極者，總上二緣。作法分隔，示結法也。同界崇遵，明制約也。同遵羯磨，則衆不成。功成，即自業無廢。事遂，謂衆法易成。此彰益也。下句總結。又翻上釋者，局結反上通集，作法反上自然，同界反上十方，功成事遂反上二損。

就中分四：一列數定量，二依位作法，三法起有無，四非法失相。

標列四章，前二明結時緣法，後二辨結已是非。

初中，大論界法，總列三種：一攝衣界，如衣法中；二攝食界，如藥法中；三攝僧界，是此所明。就中分二：

標簡中，攝衣、攝食所以列者，同界攝故。指本篇者，各從其類故。注羯磨云：衣界者，攝衣以屬人，令無離宿罪；食界者，攝食以障僧，令無宿煮罪；僧界者，攝人以同處，令無別衆罪。此三分相，宗旨甚明。

一自然界者，未制作法已前，統通自然，或空有不同，水陸差別。後因難集，便開隨境攝，各有分限，入所至處，任運界起，故曰自然也。約處有四種不同，定量分

六相差別，如集僧中。

自然中，初明統通自然，即上剗淨一集，空即蘭若，有即聚落，水即水界，陸即道行，四種攝處，相無不盡，未分已前，通為一集。後下明六相自然，即初開也。初三句敘緣，開隨境，即上四處分限，即界量，入下釋名。不假造作，故曰任運。言界起者，但是隨身到處，即有界限，非謂有法生起也。約下指量可知。

二作法界者，由自然限約，未可遂心，設有大小，教文已定，用則不可，捨則非制，或作大法，地弱不勝，故如來曲順物情，聽隨處結，令楷式軌定，任情改轉，使成

羯磨弘濟大功，非此作法，餘不能辦。就中分三：

作法中二：初敘自然，上二句通標，設下別釋，有二：初四句明展縮有妨。教文定者，六相分齊也。用不可者，界限與處不相稱故。捨非制者，不依六相，無教開故。下二句明不勝，羯磨法既尊特，常地莫行，如持祕呪，必結壇場，羯磨呪術，其類頗同故。下次明作法界，初敘開結，此即第二開也。開已復開，故云曲順。楷式定者，開中制也。任下顯益，上一句反上初患，下四句反上次患。問：至此凡幾開耶？答：初明統通，即本制也。（律中令結說戒堂，猶是統通一界，即同本制。）次分六

相即初開也復令局結第二開也又作法中復有二開數集結場難事結小若望法食二同法同食別二種大界亦次第開然莫非大界故所不論已上凡經四開文中宛爾古多妄解故須辨示問六相自然開秉羯磨否答此無明説以義定之若準八年已興羯磨受具十二年後令弟子説廣由此始立結界驗知未結已行羯磨標指戒堂亦在自然他部所計自然地中得成受戒亦由此耳若爾邪云地弱不勝答由在自然不勝故結或可約開已爲言疏云一開已後凡有作業非界不成故制

崇和益在斯矣先開後制也若不爾者六相自然開之何用豈可一向作對念耶又僧祇七樹異衆兩頭豈唯結界問今時有結説戒堂者何耶答此迷教也結戒堂法由未開別結通一自然僧集難準故令指處局結纔興戒堂即廢況戒堂之法但是標指至論僧集還依自然全非結界安得妄行又有錯引初制大界羯磨爲戒堂者謬復甚矣然今末世知法者希同住百千來無數十若令盡集事必無成必欲別結一處用擬行法可準圖輪之例須加大界羯磨若據説忩本制通集然律明布薩場上有僧得罪得成雖乖制意且圖成法況愚徒不集事等難緣判罪酌情義非咎失

初言大界者謂僧所常行法食二同之界也

大界中標云法食二同者準注羯磨合云人法彼云界有三種謂人法二同（同一住處同一説戒）法食二同法同食別（此二如後）傳寫之誤無別所以（昔云僧所常行收第一法食二同含後二非也後二下文自列）

明量者文中同一説戒爲界遙還聽十四日説者十三日先往不得受欲準強百里毗尼母中同布薩界極遠聽一日往還雖有二文未明里數

示里數中初引四分説戒中文同説戒者謂法同界也不受欲者宿欲不成也強百里者約日定程未可指的故云強也此則爲下會歸之張本次毋論中彼名畫相應法故云一日往還據此猶狹四分（舊解同律一日往還非也）雖下雙結上云百里乃義準耳故僧祇五分善見並云三由旬爲量明了論云三由旬者合角量取亦不知由旬大小智論由旬三別大者八十里中者六十里下者四十里此爲中邊山川不同致行季不等四分衣法中由旬準有八十里者此據上品爲言

明由旬中初引四部量同如五分云時有結無邊界者佛制極遠應三由旬合角者方維量等也次引智論示由旬不同初列三品此下釋所以平坦則延之令長險阻則折之令促疏云由旬乃是中梵量名正名踰繕那此無正翻乃是輪王巡狩之停舍猶此古亭堠局里數大分爲言四十里也相傳爲定此與俱舍不同四分衣法下彼說諸釋種能遠射或有一由旬中的或七十里乃至三十里中的者由旬既列七十里上故云準有等此下準論決律通用所歸準律文意應百二十里以下品爲定

定判中初句總會諸部次句則考本宗並如上引應下定里數以下取由旬則本部他宗同歸一致

薩婆多云尼結界者唯得方一拘盧舍也必有難緣可用僧祇三由旬內隨意結取

尼界中初明常途量一拘盧者準前道行多論拘盧定取二里尼鈔注云義準五里五字應誤以雜寶藏則五里故疏云以恐遠險易陵辱也必下二明難開量則同大僧彼因王賊等難故開寬結隨意往避不出界故

二明戒場者律云以僧中數有四人衆起乃至二十人衆起令僧疲極佛聽結之不言大小善見云戒場極小容二十一人減則不聽餘如後結

戒場中先引開緣數字入呼衆起卽羯磨僧事四位僧中略舉初後中二大同善下示量以二十人僧通行一切衆法更兼所爲故容二十一人減則不周故所不許此據一衆爲言必兼二衆須容四十一人問二界立量同異云何答大界制廣狹則不拘場界制狹廣則無在所以然者大界更廣不免奔馳之勞場界更狹行法有所不足故壇經中烏仗那壇縱廣二百餘步疏云律中壇上相覓不見故可知矣

三明小界者此並因難事恐廢法事佛隨前緣故開結之並無正量隨人坐處卽爲界相

三小界初科先敘本緣難事者心不同也恐廢者示權意也並下定量

一爲受戒開結小界舊準戒場身外有界今依文取義全無外相如正加中二爲說戒事下至四人直坐三爲自恣事下至五人圓坐

列示中三初受戒中前出古解結戒場法亦名小界故得準之彼計問難安立並須界內獨此一種

須立外相今下直示正義指斥如後文義並見次
科下列說忞直坐圓坐此亦循古一往分之義必
無在
此三無外量者由是難開隨人多少若限約外量終
非遮難故文云今有爾許比丘集者止取現集之僧
坐處有地依地結之若事作已即制令解不同前二
以久固作法人所依止
釋無外中初句牒前由下正釋初示義故下引文
即說戒小界羯磨緣也若下復約制解以彰不立
疏云不應不解而去顯無外相起必迷方不下顯

前須立
二明依位別解位則有三如上所列
依位解者即三法界
若有戒場先須結之今且論無者結大界法就中分
二先出緣成後明結解
大界標中先結場者此言合在有場法中當時有
執昔見故預點之
初中有三一料簡是非二豎標唱相三集僧欲法
出緣成中料簡一科義是稱量第二即陳本意若
約唱相合須在後今望豎標故當次列第三即攝

能秉五緣義兼託界是則三科總含八緣問答二
種見正加中
初中問大界有村得合結不答五分諸白衣新作堂
舍爲得吉利或爲非人所惱請僧於中布薩婆多
云凡結大界所以通聚落者以界威力故惡鬼不得
便善神所護爲檀越故通結聚落四分文中亦結村
取
初問村者即是俗舍西竺僧坊多有俗住此土或
容暫止或復界寬恐疑故問答中初引五分旣請
布薩必先結界此文乃是全在俗舍類顯僧界有

村不妨次引婆論明文通結聚落即村名通大小
今取男女所居下至一家即名聚落後引四分即
攝衣文疏云四分明文除村村外明知攝僧不簡
村也有引法食二同文者非彼明界相耳村取者昇本作取村或云
誤寫合作聚字
問界中有水得合結不答律中河者除常有橋船梁
得結若駛流者不得必有橋梁及淺水無難準理應
得故尼律中云水者獨不能渡此通界內外也
次問中律雖明約理非全閉故此決之答中引律
者彼因比丘隔河結界十五日欲往說戒而不能

四向四外

三向標相

度故佛制之除船橋者此明開也橋梁事一物有大小若駃流者此明制也駃疾也必下準理決通語略船字雖是疾流但令可度不障來集故判理得下引尼律轉證無橋得結不疑即僧殘中獨度河戒彼云但使褰衣度水乃至界內亦犯故云通也

問一標作兩相得不答一肘已上作者準得明了論疏中如一大山東西各結別住又云二繩別住等準此大牆等類可分別者皆得爲之

三問恐二界相接又欲顯示標量故也答中初從古定量次準論示通初明大者山即一標東西其用即爲兩相又下明小二繩者如兩寺相鄰一欲結界而鄰僧作難故開此法先於本處隨地安相以繩圍繞引繩遠去但使彼僧在自然外（不必蘭若非同三小）至彼先安相已復以繩圍僧集於中循繩唱相兩處繩圍故名二繩中間一繩左右兩邊即爲兩相準下正決大牆準山可分準繩上云一肘雖不顯破然準論文頗彰彼局疏云相去一肘無有正文約同二繩得分便罷是也

問今將石木爲相爲取內外耶答若圓者取中央令

五向三相

界相正與標分相當或取外畔若尖斜之物隨以一分爲限餘他物準此應先須示知尺寸分齊預向僧述不得通指一山妄充外想致令尋求分齊不可得知

四問中物有多別須定內外答中初明圓物通內外先明內者如傍地閭求穿諸柱不勞循外舊云生樹穿中容生長故見穿柱者反乃嗤笑且問中通閭石木木可云生石寧有長必有圓石穿中得否文中但云令界相正耳請細詳之勿事麤鹵或下明循外若下次明尖斜取外方者易解文中不言一分者若角若楞須分內外東西的指分齊餘下指例應下誡審恐非唯唱者理須合界通知不下遮濫今時行事潛錄界相遣他令誦曾不案行同住之僧莫知其處徒相勞擾法定不成下云結界如法者少斯言不虛

問界標與相及體若爲分之答標謂山石之物用爲指的相即標畔界體之外標也體謂相內作法之所或標即體或標異體相必體外臨時處分三所不同並預委也

五問中標等三相結界宗要一事有迷衆緣徒設

故須明委答中先示三種標即物者即次科所引四分善見等相即標畔者內外兩相皆依其畔體之表者謂方圓曲直即下界形也疏云標即唱者之所據相即羯磨之所牒體即作法之依地斯文益顯或下示離合初二句簡標體標即體者據外唱也標異體者約內唱也次一句簡體相一向不異臨下識早辨

問界得重結不答律云不得二界相接應留中間若疑有者解已更結故不開重

第六問律無明斷世有濫行故此釋之答中初以

義決文出說戒既制相接驗不開重彼云時諸比丘二界相接佛言不應爾當作標式彼二界共相錯涉佛言不應爾應留中間今鈔合之耳若下引例決即藥法中開淨地文彼云諸比丘不知何處是淨地白佛佛言若疑先有淨地解已然後結如篇末備引故下通結二文昔人有作行事策者云凡欲結界恐往世曾結必須先解後世相承名解妨疑不問空有水陸曾結不結例皆先解弊風罔世三百餘年雖英敏間生曾無一悟況執迷鼓論于今尚然有據此文故須略釋直引明據餘廣如

別今言疑者略有二種一疑先結如非二疑標相分齊初中如受戒篇云羯磨所託必依法界若作不成後法不就故須深明界相善達是非訪問元結是誰審知無濫方可依準不然解已更結戒壇經云至於結界持護要須是非相顯若疑若誤捨已重加豈非敬慎之至也又下云先結大界後結戒場不成後法故須解之又五百問云於中受戒恐無所護又受戒中引僧伽跋摩恐界不如法駕船江中等二疑標相者下云結已即須牓示令後主客俱委無有濫疑又云作羯磨比丘死餘人不

知界處佛令捨已更結又下引治故伽藍不失淨地若疑應捨已更結故知界在等請考諸文足爲明據豈是先不結處強自生疑且羯磨所加緣如則法就事須考實豈得妄施過濫實多未可卒敘必遵善教何用浪爭

二竪標唱相初標相者四分界相不定是非文中若東方有山稱山有塹稱塹草積汪水糞聚釘杙空處露地準此立法誠所不可何者凡論立相爲知界限久固作法集眾破夏離衣護食等緣若將空地爲處空則無相可指必有其事隨時準行或是一席之法

二引他部

聊知空礙兩分，必作久固處所，準用他部，并案本宗，彼此通用。

次明豎標，本宗中二。初列相，且列八種，今須委引，要知出處。初制大界法云：當唱方相，若空處（如文，即蘭若）、若樹下、若山、若谷、若巖窟、若露地（如文，無覆處也）、若草積（如文，積聚）、若園邊、若冢間、若水澗、若石積、若樹杌、若荆棘邊、若汪水（如文）、若渠側、若池、若糞聚（如文）、若村、若村界（共有十九，文引五相）。重制法中，山塹如文（律云如東方餘方亦爾）。若村、若城、若疆畔（謂封疆界際也）、若園、若林、若池、若樹、若垣牆、若神祀舍（共十二種，文引前二）。戒場中云：若安杙（如文）、若石、若疆畔（三相引一）。三處所出，或有同異，對之可見。準下二評量，初二句指濫，何下出意。文中略舉空地。若準疏云：如空處、露地、草積、釘杙，皆非久固，不可依承（汪水、糞聚、荆棘等亦然）。必下明臨事用舍。初通標，或下別示。初明暫用。空謂指空為相，礙謂以物為相，由物相間，空處可辨，故曰兩分。必下明久固準他部。

善見云：相有八種。一山相者，下至如象大。二石相者，下至三十秤，若曼石不得，應別安石。三林相者，草竹不得，體空不實，下至四樹相連。四樹相者，不得以枯

二屬合牓示

樹為相，下至高八寸，形如鍼大，若無自生，種之亦得。五路相者，下至經三四村。六江相者，若四月不雨，常流不絕。七蟻封相者，下至高八寸。八水相者，自然池水者得。準論徵律，城塹等緣，成相可知。他部八種，並有分量，在文易解，難者略釋。二曼石，準論曼字從水，謂無楞角也。四中八寸者，據量太小，恐有損折，止可暫用，必作久固，須選大者。第五三四村者，有人往還，必無荒廢。論云：窮路不得（極底路也）。六中四月者，三時中舉一時也。久無旱涸，相不失故。論又云：水深二尺得作。七中蟻攻土成聚，謂之蟻封。第八自然水者，非造作也。論云：若通水入田，或坰盛水，皆不得。準下會通徵證也。城塹等者，如上所列山石澗渠林樹垣牆久固之物，律但通列，不明分齊，須論證之。然而論中路江池水，亦難準據；鍼樹蟻封，寧為久固。若今行事，未可全依。

既知相為結本，界家所依，結已即須牓示顯處，令後來者主客俱委，無有濫疑。

牓示中，若據此文，合在結後，欲明標相是界所依，傳告後來，須存久永，故於相後預而示之。無濫疑者，必無牓相，容生疑濫，結處生疑，文據彌顯。

二示界形

次明界形。善見明了二論。隨方曲直。任處辨形。不論定指。廣如大疏。略說如義鈔中。

界形文略。指廣如他。今須引論示其名相。善見五種。一方二圓三鼓形四半月五三角。了論十七種。皆名別住(即界名)。一長圓(兩頭並圓)二四角(四方)三水波(標相屈曲如波浪然)四一山五一嵓(隨山嵓形勢即為界畔)六半月。七自性(即蘭若處隨地分齊)八圍輪(中間別結多界外以大界通圍如鐵圍山繞四天下)九一門(恐是多界同門)十方土(隨國邑境界)十一四廂(周迴有屋中間空露)十二二繩(如上)十三比丘尼十四優婆塞十五垣牆十六圓(其地周圓)十七顛狂。此中一二三六十六。

五種約其地形。四五七八九十十一十二十五九種就其處所。十三十四十七三種約人別居。不論形相。問。界形與相同異云何。答。若對前文標體相三此門。上科即是其標。次明界形即同前相尋之可知。

二唱相二。初標。二釋二。初明所離過二。初敘由標示。

二明唱相者。今時結法不過有二。或在蘭若依山附水旁道緣樹。或在城邑便隨牆院籬柵壍渠。多是四方。時有屈曲。先須識過。後避過唱之。

唱相離過。敘由中。初舉空有兩處時所多行。先下誡須預知不容罔冒。

二列釋過相二。初城邑二。初外唱過。

二內唱過

謂先學未達。及後進諸師。若唱方相。便容濫迹。如從院外唱云。從東南角直至西南角。乃至一周。正南寺門則有別眾之過。以界限從牆掖直過。門限外則成界內。若寺內作諸羯磨之時。牆限外有僧不集。豈非別眾。故知唱相必須屈曲唱出。不令後悔。亦不可籠通云隨屈曲亦通深淺遠近。終成不識分齊。

外唱中。初敘過源。如下出濫相分三。初示彼唱法。正南下二推過濫。此約寺門當垣牆之間。故有內外兩唱之過。如下圖中所示。必若寺門齊牆內外。亦無此患。隨處明之。未必皆爾。故知下三教如法。

隨曲唱。結後行法時無別眾患則無悔也。亦下遮濫。然行事之時若籬牆曲折深遠。須立標相。從於某處至於某處。必若分齊分明。少有迂迴。恐成繁累。略云隨屈曲者。亦無有過。但令唱者及同法僧識知其處。近世有人計其尺寸牒入相中。太成細碎。不必須爾。

若從院內唱相。從門直過。則限內是界外也。便有別眾破夏離衣等過。如寺中作法。有人說欲訖。至門限內。還復到來。豈非出界入界。是別眾也。若破夏者。有人依界安居。明相未出。至門明了乃反。豈非破夏。言

失衣者依界結攝衣界明相未出不持衣往明相出
界外豈非失衣故委示過然後唱之
內唱中初出彼唱便下推過初總示如下別釋為
三初釋別眾以與欲出界失法成別若下次釋破
夏依界者對無界依藍則無此過言下三釋離衣
以自然護衣亦無此過故約作法衣界明之故下
結示
蘭若之中亦有斯過妄指山谷濫委樹林及至分齊
曾何得知結並不成二何自負
蘭若中今時立相標物相遠中無倚附遙指暗唱

頗符此責自負謂負罪即非法吉羅違教雖輕結
業彌重即如下云自陷陷人是也
故明了論中結水波別住一丈五尺以石次之周帀
安已便隨石唱善見亦云曼石不得並是明文不容
濫述自陷陷人脫作受法不成令他一生虛過自身
未來還逢此界故大集言我滅度後無戒比丘滿閻
浮提斯言驗矣
引教斥中了論水波一丈五尺謂標石相去非謂
長短高下也並下正斥初通舉兩損脫下別舉受
戒釋成損中尤甚故上二句釋陷他自下二句明

自陷故下引證令信極勵存心
明次唱法律中使舊住人唱未唱已前親自案行識
知處所屏處闇誦勿使對眾致有謇澀
唱人中律使舊住者一往且據諳練方所準業疏
云律制堪能豈局主客斯為通論固可依承末下
委示唱者唱之方便要在親矚不唯誦文
先須東南角為始周帀直指相當律云東方有山等
若依東方而唱至角曲迴則不分限齊今行事者據
易為之
定初始中初示法東南為始且據此方門多南向

餘向隨改不必一定若約通論不問方隅但從寺
門左角發首可為定準相當者始末還合也律下
遮濫恐執律文妨行事故以起方則四維不分起
維則方維俱顯又方面通漫起無所從故也
若在空野中結者先指四標在四維然後僧中差一
人唱之被差者即起禮僧已立唱云大德僧聽我比
丘為僧唱四方大界相從東南角棗樹直西至西南
角桑樹從此北行至西北角柳樹從此東出至東北
角榆樹從此南來還至東南角棗樹此是大界外相
一周訖三說皆爾若臨事別相準改唱之不容紕謬

二城邑中二初示相

空野唱中須起立者使衆見聞也不稱名者以羯磨牒唱恐濫爲別故準業疏云亦有牒名義亦通得莫非成僧故知不局相中四樹出法示相隨物隨改不必須樹紙謬猶錯亂也

若城邑中寺多有牆院並從內唱前緣如上後云從寺外院牆東南角內角旁牆西下至南門東頰北土棱隨屈曲南出至門閫裏棱西下至西頰裏棱隨屈曲北入至門西頰土楞從此西下至外院西南角內角從此北下至外院西北角內角從此東下至外院東北角內角從此南下還至東南角內角是爲

大界外相一周訖三說已

城邑法中前緣者謂禮僧等相文準下圖中大牆爲法對之可見今時錄相復從簡要隨門所向望前爲出至後爲入左去名上右去名下又起角處則云從此餘處不著雖非鈔意於事易明義須準用三說者律無定制疏準受懺乙詞例須三徧以俱是前緣羯磨所牒故

二辨異

若有五門三門及籬柵牆塹斜角方屈隨處稱之準上式也若有障隔欲穿牆直過當唱院名依院牆唱相

三集僧簡衆二初標意

二正釋二初明兩種集僧二初明本集

次科五門三門者今亦從易至於東頰穿限頭入循限裏唱徹至西頰還穿限出在事省繁於義無失障隔穿牆須唱院名有所簡別或院牆不一更加方隅別名標異

三明集僧與欲法者初言集僧必先盡自然界內若標寬界陿者盡標集之僧祇云避難界中三由旬內有比丘者並呼來若出界已作法結之有師云但盡自然而集以標內地非自然界故又未加法若羯磨已方有別衆僧祇所明彼爲難緣恐成障礙故須集之準理不然並集爲要無正教可準

集僧中初科先出正解又二初明標狹界寬若下二明標寬界狹僧下引證從標不疑避難者彼第八云一住處諸比丘前安居後安居日已過有難事起若賊若王難若奪命若破戒若水多蟲漉不能淨欲至餘精舍避此諸難故聽結之有下斥非初出彼計僧下彼以明文爲妨故作強釋爲難緣者顯非常途也恐障礙者攝處既廣情容不同故舊記妄云古師謂僧祇難緣爲惡比丘者非準下正斥但彰無據言準理者疏云雖在自然之外非別所收然作法文中通牒標內擬成二同唱時結時別衆在內律無開

處何得非別。

若標內有村，縱自然內不欲取村者，當繞村唱內相，後唱外相，作法結成，村內比丘不須外集。

次科，村界中村內不集者，據結已爲言，初結須集」。

若相內外有尼界及尼，不妨結法，兩不相攝。

尼界者，僧尼二衆各不相足，互結無妨。

若有作法僧界，但令比丘不出本界，唱內相已，通結取之，如明了論別住之例。

僧界中，令不出界者，自然不攝法地人故，唱內相者，中留自然也，如下舉例如前釋。

二不得受欲者，具有三義：一、結界是衆同之本，理宜急制。二、自然界弱，不勝羯磨，此僧祇正文。三、令知界畔，護夏別衆護食護衣等，十誦云，作羯磨比丘死，餘人不知界處，佛令捨已更結，故須盡集。

不受欲中三義，初約結法對餘羯磨明制緩急，有開不開。業疏續云，餘法是衆同之末，並依後起；二界弱者，欲法本開爲成同界羯磨衆法，地既不勝欲將何用，此義唯除結界就餘法明之。疏云，自然本弱，僧事不行此明通制餘法下釋唯開結界，不開一結，用通僧界諸務，不立故此白二乃是前開上明結界未有欲法以顯不開下明欲本應僧須在法地不通自然，欲是末緣，必憑僧起，界是作法強故攝之。舊記謬解不勝欲羯磨故委示之。三令知界，此義最優，文據復顯，餘人不知者，若約同法，理合皆知，或容後忘，或是後來比丘，未立牓示，致有斯緣。結處起疑此文更顯。

二正加聖法，上座云，僧今和合何所作爲，答云，結大界羯磨，當白二結之。

加法中，初科，但答結大界者，結法唯一，無所簡故，不須更加白二之言。

文云，大德僧聽，此住處比丘唱四方大界相，若僧時

到僧忍聽，僧今於此四方相內結作大界，同一住處同一說戒，白如是。大德僧聽，此住處比丘唱四方大界相，僧今於此四方相內結作大界，同一住處同一說戒，誰諸長老忍僧今於此四方相內結作大界，同一住處同一說戒者默然，誰不忍者說，僧已忍於此四方相內同一住處同一說戒結大界竟，僧忍默然故是事如是持。

白羯磨中，律中本無作字，隨機羯磨及古本寫鈔皆無，定是後人妄加，雖無巨害，終成參濫。

二明戒場大界之法者，先竪三種標相，最內一重戒

二正釋二初釋標　二初示三標

二立圖相四初敘意

場外相自然界內標中間一重自然界外大界內相標最外一重大界外相標卽須周帀先唱內標一重已作法結之

有場界中言戒場者受隨等法多行於中疏云似世諸場莫非聚結異品收拾勝利故也然圖中標爲戒壇者謂於場中別更封土若據初開未必有壇所以律中約通從本但云場耳三標內外尋圖可見

但爲三相難明恐法不練略引圖示後依圖唱相使新學曉迷今行事漠落誦文而已曾不委練令依文

讀便卽閙亂定知附事作法不成必須細心方應遂事

敘意中初示意今下斥世上二句通斥愚暗漠落喻不明也曾下出不明之相定下決破必下誡愼

觀夫祖訓極明人誰不讀及乎臨事還溺此迷豈非妄習積深良醫莫治今略引示幸宜改之謂主法者一月已前自錄界相令他暗誦唱者未嘗目覩同住都無曉知而乃對眾執文號爲證相秉燈數字不使差訛側耳尋聲莫知方詣況自然分齊曾不觀量作相集僧寧思足別白告則巧莊對偶

標下壇標字

二示圖二初圖相

不異伶倫秉結則引弄音聲便同歌伎唯念明晨散席坐位高低更憂請主相酬施利多少如斯罔世非是一朝誤彼大緣自沈萬劫來學有恥極須誡之

圖中圖相正意爲分三標令唱法易見二復示前
無場唱法三明穿牆之相四明自然體圓五明相
望作法自然遠近六明循門出入離過七大小二
牆絣繩釘杙爲顯一標兩相八復示標通大小不
必一肘九明中隔自然隨物可分十明大牆外唱
不相錯涉略求十意餘更尋之
此外朱圓者自然界相若先在戒壇內集僧者亦四面集之圖中所列據結大界時自然集僧也

二注顯三初示自然

注中初明自然者以結場時更出西南別取步量
圖中不可雙示故特點之

二明遠近

其北朱圓院外僧去中央結界僧相去六十三步中僧去南圓界外僧亦爾南北二僧相去百二十六步

各得成法在內不成乃至餘方並準此若結作法已隨相標遠近
遠近中先明自然若下示作法
且據聚落不可分別者爲言若可分別聚落乃至道行水界五相遠近義類相別並如前集僧中所述

三指餘界

餘界中點示同別唯可分聚一向爲別餘之四種
廣狹雖別周圓則同問前定自然各半減取唯約
不可分別聚落餘五如何答疏云此一既爾餘之
自然大小乃殊例有通局皆半約之異界已分其名論爲通各半局
然可分聚落唯局不通以僧在外既非同聚自
有別界餘皆同處各半可知

三釋相三初自然相

此之界圖謂自然界寬於作法標外周圓取界必有
別界亦隨斜曲也
釋中自然界相不必定圓示知別相

二戒場相

其內朱方是戒場也中間周帀號曰自然東北二邊
即用小牆下上爲自然界體南西二邊大界牆內則
無別相者應釘杙豎標繩連相著當於戒場東南角
去大界牆尺八地旁小牆施一杙又於西南角斜去
大牆二尺許下一杙又於西北角至小牆南旁小牆
下一杙正西令去大牆尺八許釘三杙已仍以繩連
三標則爲自然界南西二邊若作二法竟若二界各
有法事此中有人不妨二處其戒場外相東北二邊

之相即以小牆內院爲相西南二畔即用繩標內邊
爲相
戒場中三初示場體中下二明中隔自然初二句
通標東下先示東北言下上者下即牆際上謂地
面次明西南初示豎標云尺八者不必可知後南
西下明結已作法若論說恣即須通集其戒場下
三示場外相

三大界相

其大界內相東北二面以小牆外院爲相南西二面
以大院牆內爲相若明外相必在院外唱之若在牆
內唱者至西南角戒場外自然界邊則與內相俱合

則不分彼此之異。又不得入大院牆唱之由，不見其相故。

大界相中，初示內相；若下，明外相。此圖不通內唱，特示西南相涉，令識過相。又下恐避參涉而穿牆心唱，故此遮之。

上且略寄一緣以爲相貌，作法之時未必如圖。若不依此解，生餘處亦準不得。

結示中，初二句結前。一緣者，通指圖相。作下，示不定。若下，明須立。

今明結法分三。

結法中，初明前後。以昔相傳後結戒場，人猶執舊，故須決破。

初緣前後者，五分云：應先結戒場，後結大界。若先結大界者，當捨已，更前結之，然後唱相結大界。毗尼母、善見亦同此說。

引據中，先引五分。上二句示正法；若下，明倒結。先結大界者，示忘誤也。當捨者，解二界也。更前結者，即戒場也。更字去呼，望前重也。亦可平呼，改前倒也。然後下，即大界也。毗尼下，略指二論同，故不引。母論第一云：結界法先結小界，後結大界。又云：若忘結淨地，解已次第結等。彼宗大界不開淨地，故別結小界以爲淨廚，而結解次第與今頗同。善見尋文未獲，後解界中引五百問文亦同此。

今猶有人先結大界者，此不讀聖教，唯信意言。

斥非中，即光師羯磨彼執緣起立結次第，故疏云：律文雖有先後由緣起，故不即因此明結法式理如五分。不可依人。又壇經云：若先結大界，後結戒場，約何法制以分兩界？雖預開空域，終是無法之地。鈔中直破云不讀等。

問：先結大界者，戒場成不？答：五分所明，應捨已更結，故知成也。但不成後法，故須解之。五百問云：後結戒場者，於中受戒，恐無所獲。又云：不知同於未制，賴有此路，則通僥倖。

問決中，前雖略斥，未定成否，猶恐妄執，須更明示。答文爲二，初明先結得成。文既令捨，即顯結成。所以爾者，唱結無乖故。但下，二明後法不成。所以然者，違制法故。五下，引證復二，初明故違不成。又下，明不知許成。言不知者，謂秉結之人未閱教故。於後纔知，即不成法。然是愚教，須加二罪，或可後行受者。不知元結失於次第，約心許成。賴下，示曲開

二總示非法

之意僥倖者疏云非分遇福也
今時結者多有非法或將五六人徑往戒場中界內不集總唱三相已具加二種羯磨者或有界內通唱三相已隨界加法者或於大界內遙結者或先結戒場已但唱大界外相不唱內相而加法者此等諸濫結並不成故須當界各唱各結方得成就

示非中初通標或下別示次列四種初界中不集者謂自然限內有別眾過即人非也總唱者即就場中遙結大界謂事非也二中界內即大界不合通唱及下二種並是事非第三可知四中不唱內

相即兩界錯涉也此下總結上二句示非故下明是當界者大界戒場各自局故

二結戒場三初先唱相

二明唱相先於自然界內集僧已一比丘具修威儀唱云大德僧聽我比丘為僧唱四方小界場相從此處東南角標內旁繩西下至西南角標從此旁繩內北下至西北角標即旁小牆內東下至小牆東北內角從此旁牆內南下至東南角標此是戒場外相一周訖三說已

結場中相及羯磨皆云小界者對外大界在中名小與下三小名同相別

二正羯磨二初作白

二羯磨

羯磨者言何所作為答云結戒場羯磨大德僧聽此住處比丘稱四方小界相若僧時到僧忍聽僧今於此四方小界相內結作戒場白如是大德僧聽此住處比丘稱四方小界相僧今於此四方小界相內結戒場誰諸長老忍僧今於此四方小界相內結戒場者默然誰不忍者說僧已忍於此四方相內結戒場竟僧忍默然故是事如是持

三結已法

結已餘僧且坐應將四五人知法相者入大界內安坐定已集界無人方乃作法

結已中止將四五人往結大界者一往且示兩處

界別各不相妨若準不開說欲要知界相理須盡往

三結大界二初標示 二正明二初唱相二 初通示總別

次結大界法先明唱相有二不同言別唱者先唱內相三周已次唱外相三周後總結合二者總牒內外一徧相已隨徧合之

次結大界唱相中總別唱者別即內外各唱總謂逐徧合唱若行別唱者先三唱內相竟結云此是大界內相三周訖復次三唱外相竟結云此是大界外相三周訖然後通結云此是大界內外相各三周訖不須同下云彼此等以是別唱無相濫故

雖文出總法而別唱便易今宜從別

文明總法應令一人具儀唱云大德僧聽我比丘爲僧唱大界四方內外相前唱內相從小牆東南角外角穿小牆西出旁外牆內至西南角內角從此旁牆北下穿小牆西頭過至小牆西北角外角從此旁小牆東下至小牆東北角外角從此南出還至小牆東南角外角此是大界內相一周訖次唱外相從寺院外牆東南角外角直西至南門東頰外土棱隨屈曲北入至門限裏棱西下至門西頰限頭隨限屈曲南出至門西頰外土棱從此西下至西南角外角從此北下至西北角外角從此東下至東北角外角從此南下還至東南角外角此是大界外相一周已彼爲內相此爲外相此是大界內外相一周如是三徧已告僧云已唱大界內外相訖

正明中初總舉前下別唱初唱內相次下二唱外相並有標唱結三段標結之詞通須牒唱彼下雙牒總結如下唱已通告

衆僧作羯磨唱者復座已上座如常依前作之羯磨大同前無戒場結者唯足內之一字云僧今於此四方內外相內結作大界若據律文亦不加字但云於此四方內相結大界於理亦得隨意所存大途無妨

羯磨中牒緣加減明加內外二字而言足一字者未詳所以有云外字義通本有則非加也若據下示不須加以體望相並是外故

結此界已如上牓示顯處

結三小界法三門分之初明集僧遠近者此由留難故起不同大界集僧所以佛隨方便曲開此教如善見中七盤陀量集僧應得故彼文中不同意者對此四分無異也並謂蘭若之中必在聚落文中不開由蘭若迥露來難易見

三小中集僧分三初敘緣彰異如下二正示遠近

七盤陀者如集僧中有難蘭若唯結三小請無所疑故下會同律論以明可取論明不同意者在七盤陀外得作法事律云不同意者未出界（謂在本界）聽在界外疾疾一處集結小界受戒名相相符故云無異並下三示結處上明開閉由下釋所以迴遠也迴故來難露故易見聚落反此不開可會

二不豎方相者大界戒場義通久固僧常居止理須曉明此三小界並由事起有難遮作佛開暫結更無有相隨人多少即爲界體

不竪相中正義分二先敘二界須相此下正明三小不立初約緣顯無有難謂不同意遮作卽來訶止隨下二句剋定體量

比人行事若結小界受戒多立院限說戒直坐自恣圓坐此二無有外相

二斥古非二初標古義

次科古義中彼謂受戒出衆問難入衆正受必在界中故須立相餘二不爾故但隨身疏引古云及作受戒相如熨斗柄是中問遮是也

二中今破三初敘緣示妨

此未通知準如律文爲遮惡比丘故今猶坐外有界終不免遮此三小界相同一法並指僧集坐處爲界

內相

今破中初科爲二初文示妨明不可立此下示同明不當異

二准文顯同

故初云僧一處集中云爾許比丘集後云諸比丘坐處已滿齊如是比丘坐處結小界文止在此更不言外相

次科引文卽三種結法中牒緣文也初卽受戒中文一處者疏云知無異外也中云卽說戒文爾許集者疏云知數人外無界也後卽自恣文齊坐處者疏云知坐處外非界也文下通示止在此者謂上三文皆約坐處也

三遮彼濫引

若準僧祇彼文云欲捨衣者至界外無戒場者結小界文云齊僧坐處外一尋已內於中作羯磨此則明文有開但同戒場之法非關小界四分戒場法中亦云小界可卽是小界立相也

遮濫中以僧祇文是彼所據故須釋之文出第八彼明比丘犯長求懺以大界難集或恐勞僧故出界作至界外者卽指戒場以隔自然故云外也無場方出界外別結文云者卽彼結法彼云大德僧聽若僧時到僧忍聽僧於此地卽接齊僧等三句

此下決破上句是縱下二句卽奪上句指類戒場以名通故下句顯非三小由非難故四分下質彼迷名

三顯行事二初明受戒

若作受戒之法準律界外問難若至乞受之時十人叢坐前結足開一人之分必半身外界亦準十誦善見之文足成僧數此是定義必依昔用結界不成作法非務一生虛受疑恆鎮心所謂無戒滿世此言驗矣廣有廢立如義鈔中

行事中初出正義界外問難受法明文叢坐者前後兩邊身相連及非謂環繞使中空也足開者足

可相容也。疏云：十人融通開間納取，必半身者，舉分況全也。十誦：一比丘一處坐，足四處僧作法證，今半身即成同界。善見未詳何文，是定義者。疏云：如斯行事，內準佛教，外約凡詞，僧有授法之功，前無虛受之願可也。必下二斥非法鎮壓也。下指義鈔文逸。今見業疏破立頗詳。

若論說戒，隨同師善友下道並坐，令使相近，依法結之。若論自恣，五人已上圓坐四面，五德在中，四面自恣。此人加用，未必如此，亦隨緣改張。

說恣中，初明說戒同師善友者，非不同意也。下道者道路之下，即蘭若也。使相近者，必有空間，非一界也。自恣圓坐，示相可知。此下雙結不可必固。

次明結法，以事希寡，文存略也。

指結法中，事希故略者，非鈔意也。今略引之。說戒文云：大德僧聽，今有爾許比丘集，若僧時到，僧忍聽結小界。白如是。羯磨準知。（餘二緣相，如前已引。）

餘有三種界別。一別說戒別利養，欲同說戒同利養；二別說戒別利養，欲同說戒別利養；三別說戒別利養，欲同利養別說戒，為守護住處故。此四方僧物，唱和法也。佛並開結。末代之中，此法殆盡。必若合寺有緣濟之，並須白二和僧送之，不得直爾與他，以僧物不得出界。

示餘三中，初謂一處有食無法，一處有法無食，各解同結，自他相濟，名為法食二同界。二謂二俱有食，一處有法，名法同食別界。（此二并上人法二同，即三種大界。）三謂二俱有法，一處無食，名食同法別界。為下別釋第三，初示開意。言守護者，不令彼處僧散寺廢故。四方唱和者，顯非結界。而前標云三種界者，以利養相通義同一界。下云開結，意亦同之。疏云：本非結界，因前同別故有。事來末下，傷今不行，殆將也。

必下勸令遵奉。

次明解界法。先解無戒場者，僧集已，問欲取和已，解言：大德僧聽，此住處比丘，同一住處同一說戒，若僧時到，僧忍聽解界。白如是。大德僧聽，此住處比丘，同一住處同一說戒，今解界，誰諸長老忍僧同一住處同一說戒解界者默然，誰不忍者說。僧已忍聽同一住處同一說戒解界竟，僧忍默然故，是事如是持。

解中無場法，可解結歸中聽字，或存或去，諍論紛紜，然非是綱。去之無在，比諸羯磨並無此言，疑是律文傳寫之誤。

若有戒場者。先解大界。卻解戒場。此是常準。

次有場中。初示前後反前結法。

上座問答。二一隨有單牒。不同受戒一答得作多法。彼由同界故得。此中不開。爲中隔自然。兩界各別。作法不通。若作法。同前而解。

解大界中。初明問答。恐謂兩解妄行通答。故又準注羯磨結解二法。不得通答。以解在法地結依自然。故必依次解。人衣食界理得通答。若下卽指前解。無別法故。

次解戒場。應在相內。不得在大界遙解。

解場中。示解處者。絕濫行故。

律無正法。舊羯磨中用大界法解之。唯稱大小爲別。今不同之。戒場不許說戒。何得牒解。今準難事界但翻結爲解。理通文順。

廢古中。言律無者。傳譯脫漏故。舊下引古疏。指光師。曇諦本亦然。今下點非。由前大界牒二同解。立場本非說恣。復非住處。所以前結不牒。後解何得稱之。疏中又出他師用三小解。破云三小無相。一席作法如何類之。今準下顯正。準難事者。卽小界也。若爾與他師何異。彼用解法之文。今準相翻之義。故不同也。

文云。大德僧聽。僧今在此處解戒場。若僧時到。僧忍聽解戒場。白如是。大德僧聽。僧於此處解戒場。諸長老忍僧集此處解戒場者默然。誰不忍者說。僧已忍解戒場竟。僧忍默然故。是事如是持。

善見云。戒場上不得立房。縱使王立。有慚愧比丘。剔壞。餘材草送住寺比丘。唯置佛殿及樹木也。外國戒場多在露地。如世祭壇郊祀之所。故律中或名戒壇。五百問中。受戒值天雨。若移戒場屋下者。先解大界。更結戒場及結大界方得。

雜相中。初引善見。前明非僧住處。剔他歷反。解也。壞音怪。毀也。外下明立場處。如祭壇者。亦如宮觀醮壇。五下證在露處。

解三小界。同前結界法。

解三小中。言同前者。亦事希也。今略出之。文云。今有爾許比丘集。解此處小界。

三明法起有無。有言法起由作善法。卽發善無作。屬善行陰攝。此善法與處相應。徧標相內。皆有法起。非謂善法與無記地連。非不相及。

三法起中。古有異說。準教詳定。故取前解。初師立理中前明法起所以作及無作二法相待安得有作而無無作耶善行陰者五陰攝法此旣造作故屬行陰行通三性此屬善性行卽是心心動成業故疏云然初結處非心不起地是依報何得不從隨心業力有法依地等此下明偏處非下示法體不與地連者色及非色記與無記性不合故非不相及者界是色法業依色起故

善見云依相結已後失界相若人掘地至水際亦不失界乃至於上起三重屋皆同一界若有石山上廣下狹於上結界山巖下僧不妨上法以界是色法隨

處廣狹下入地也故文云若結已水蕩成阬雖有水流於中閣豎在上作法者皆得準此多文法起何疑

引證中此引前後二段前段又二初至一界來證上不與地連以掘去本土亦不失故於上起屋別加外物亦同界故言水際者土輪下是金輪金下水輪水下風輪風外卽是虛空法極金輪故言水際以界依堅處水相浮蕩非本期故三重屋者且舉一相多層亦然彼文正作起三層樓變其語耳若下證上非不相及初是論文以下卽鈔家釋意上句示界體標相限域爲眼所對故互不相通是

障礙故界具二義故云色法有將法字在下讀反成破句故下次引後段亦明處毀法存證成有法水流字下略知其處所一句論本具之則顯不知不可作法準下結證前義

昔云無有法起文云云何界現前作羯磨唱制限者是此謂加法之所不論法起有無薩婆多云以界威力故善神所護如前五分所明小法滅盡經云劫火起時曾作伽藍所不爲火焚乃至金剛界爲土臺也

次貶無法中分三初出彼計業疏引云謂能作是情所爲非情何有法起誰領繫者故知但是約界

集處仍引文據如鈔所示此卽滅諍中五現前文彼云云何法現前所持法滅諍者是云何毗尼現前所持毗尼滅諍者是云何人現前言議往返者是云何僧現前應來者來等是界如鈔引此下點彼誤解薩下引文質非婆論五分並明界功非人不惱豈非有法前料簡中備引故略指之下引經證文義益顯如土臺者謂無作業相天眼所見壇經云結界之地隨其限域至金剛輪雖經劫壞終焉莫毀等

四明結處非法失否之相初中所明前已具述恐有

迷忘謂兩界相接中無自然其相錯涉隔水無橋或
不捨本界而重結之及界不盡集羯磨不成方相不
練並非結法五分云不唱方相不成結界
第四明非法中初三句示重意指前述者下文隨
示謂下列非相初至結之有三非如前料簡問答
已明及下三非不集羯磨如前結戒場中方相如
前唱法故云前具述也並下通結五下別證總束
諸非不出四種錯涉隔水方相三並事非重結即
處非不集謂人非羯磨是法非
言失否者一謂決意棄捨十誦云諸比丘捨僧坊去

作念不還是名捨界智論云一宿棄捨則無有界
棄捨失中必約作意捨去後更不還無一人住方
名失界疏云雖非作法僧義絶故又引文殊問經
云下至有一優婆塞宿是名不失文中前引十誦
明須作念故知不作則不失也智論限定一宿故
知未宿還來亦不失也
問前善見中並言不失者答彼不作永捨心故不失
也此云失者作不還意有捨界心故失文中皆言棄
捨故也四分中治故伽藍不失淨地又云若疑應解
已更結故知界在

釋難中初問前引善見掘地水蕩亦無僧住皆言
不失顯是相違疏云善見水蕩計僧並散豈人水
下宿守界耶答中初約捨心有無和會無違文中
皆言者即上十誦智論四分下證前不失無捨心
故文出藥犍度故伽藍者顯是荒廢之處不失淨
地者明知大界猶存又下彼云比丘不知何處是
淨地佛答如鈔故下一句結顯二文解疑之文本出藥法有智
細詳方知昔謬
若作法捨衣食人界三種俱捨
作法捨中若約法儀必須先捨衣後捨人

界若論失法但捨人界三種頓失疏云雖本失未
亡而非正則亂倫獲罪今云俱捨語通漸頓若準
行事須依漸法
二明不失略述五種一非法惡心解者不失律云惡
心解淨地不成例準二僧尼互結善見云比丘於尼
界上結界不失尼同得成三中邊不相解語亦互重
結四失界相如善見中五空本處
不失中五種初惡心者律因比丘欲令餘人得不
淨食故解淨地佛判不成大界無文故云例準二
云互結者文出善見彼但明結今準結類解結既

二別証以第二

兩成解亦不失故疏標云僧尼互解（古記云結必先解者謬矣）三準捨戒兩不相足故通互結解亦不成第四可知五如四分治故伽藍若準業疏則列六種初二同鈔三異見互結四邪正互結五是中邊六卽合今四五兩種

五百問云大僧與尼通結得不得相叉

別證中然與論文小異今具引之彼前問云二衆結界得互相叉結否答得叉（謂不共行法故）得其結（謂受戒出罪僧尼同法鈔變其語故云不得相叉）後問云大僧得與尼通結界否答得今鈔所引上二句卽後問答下一句卽是前答疏云不相叉者恐出僧外非成同法故

四分律行事鈔資持記卷第六

四分律行事鈔資持記卷第七上二之二

宋餘杭沙門元照撰記

僧網大綱篇第七

釋僧網篇僧宗事多如網此篇五門如綱用此五者如提其綱則餘網目無有不正從喻為題以彰正要住持攝衆舍此何為仰夫聖教昭彰遵之甚易但以人非清正舉之或難有教無施可用長歎一方行化立法須通處衆斷量必憑律教令遠域異邦翹心有所界中行者安神進業若斯御衆何事不行既行正法何人不奉豈止僧徒清肅息俗歸眞方

能扶疏道樹光揚慧日

敘意中初文四段前四句明凡為衆主必遵於教一方者通語遠近傳弘之處立法通者舉事依教餘方共遵曲任私情不流於外故也上二句明立制軌物下二句明臨事處斷令下四句二明近益遠域異邦語重事一或可遠域近指郡縣異邦遠指他國如神師聲飛五竺之例上二句明外化景慕下二句明內化日益翹謂舉踵而望神即是心業即是行無相觸撓心神故安境勝緣靜行業乃進若下三明生必從化上二句明事皆可舉下二句明人無敢違豈下四示遠益上二句躡前近益發起下文故云豈止也肅靜也下二句正示遠益道與慧並佛正法道能生長故喻如樹慧能破暗故喻如日扶疏豐茂之貌方猶將也

若法出恆情言無所據科罰同於鄙俗教網唯事重麤能施已是於非所被固多諠亂故律云非制而制是制便斷如是能令正法速滅不値佛世生地獄如箭射三千威儀云衆中無知法人者百人千人不得同住故知同住必遵聖法

彰損中反前四義初四句反前初義出恆情者明

自任也言無據者明非教也科罰下明行事俗惡如下第二門中所列能下二句反上餘三能施非者必兼人法人即衆生法即非制諠亂之言總合三過一人不從化二無近益三無遠益故下引證滅法過重荷法功深學者知此當如之何不値佛世是當來餘報生地獄即是生報如箭射者言其疾也引三千經明僧必依法既闕良導是為愚聚故下準文示意

今欲刪其繁惡補其遺漏使制與教而相應義其時而並合故律云非制不制是制便行如是漸漸令法

久住。若出其病患，明其損滅，如下廣明。

篇意中，初明去非，此中刪補，不同章疏廣解之繁。但是世人妄行非制，名爲繁惡，隱其正制，名爲遺漏。使下顯是。言制者，卽下五門所立之法，並稽於教，故曰相應。義謂事之與用，皆適於時，故云並合。此用律中如來制戒，知時義合之語。故下引證，言漸漸者，翻非爲是，不可頓革。若下指略，病患卽非法之過，能使法滅，故言損滅，卽下五門皆出非相是也。

就中分五：一約化制二教明相不同，二約僧制衆食以論通塞，三約法就時對人以明，四約處就用以明，五衆主教授之相。

初中分二：且明化教，教通道俗。

化教標中，通道俗者，略示化義，顯下制教唯局道也。下引三經，初引大集通道俗治，次十輪中唯聽道治，不許俗治，後引涅槃，且明道治。下更引文，亦通二衆，決通同異，並在下明。

大集云：若末世中，有我弟子多財多力，王等不治，則爲斷三寶種，奪衆生眼，雖無量世修戒施惠，則爲滅失。廣如第二十九卷護法品說。又云：若犯過比丘應須治者，一月兩月苦使，或不與語，不與其坐，不與其住，或擯令出，或出一國，乃至四國，有佛法處，治。如是等惡比丘已，諸善比丘安樂受法，故使佛法久住不滅。

大集中，初明國王縱彼造惡，則下顯過。斷三寶者，翳障正法也。奪衆生眼者，損他正見也。戒施滅失者，損自功德也。言無量世者，舉遠多以況近少，則滅失可知。修戒施惠，略舉六度，初二也。廣下指文，見二十八分卷之異。彼云：寧護如法比丘一人，不護無量諸惡比丘，乃至云：若能護持法者，當知是人乃是十方諸佛世尊大檀越也。又下明道衆自治。文中五法，上三可解，不共住者，或不同財法，或不同住處，擯出者，約異國而論，以西土多諸小國，此間州郡，可以同之。有法處者，使同類見聞，令生慚恥，改過從善，故治下顯益。善人安樂者，示現益；佛法久住者，明後益。業疏所謂揀除稊稗，增長嘉苗，豈不然乎。

十輪經云：若有鈍根衆生，爲欲發起善根因緣，懈怠少智，忘失正念，貪著住處衣服飲食四事供養，遠離一切諸善知識，如此衆生，教令勸化，料理僧事，及以

二治破戒法

佛法和尚闍梨是爲安置營事福處
十輪四段前二出第二後二出第三又前後各出
非相連續初段中初三句示能教者不遺於物懈
怠下示鈍根相有四初句二種過次句不攝念過
貪下三句不知足過四事中住處攝臥具飲食收
醫藥遠離下明縱逸過如此下正明發起由出家
學道本須修習鈍劣不堪以事漸誘且令營福勸
化者令彼化導於他下列三寶二師生福勝境故
若聲聞弟子心不恭敬不堅持戒爲法久住而調伏
之若起心念教令心悔又須言語而謫罰者驅令下

意終不與語亦於僧中謫令禮拜訶詰嫌責不同僧
利或在僧前四體布地自歸伏罪或時驅出不得其
住我知眾生心所趣向爲利彼故廣說諸經地獄等
苦爲欲調伏破戒眾生
二中初三句示所治之過爲下二句明能治之心
若下列治罰相初明密誡禁微過也又下明屏罰
治輕過也初罰須語正罰不與語故云終也亦下
明對眾罰治重過也治法有五上三句三法治次
重過或下二法治極重過四體布地異上禮拜謂
身面伏地折辱令恥如草覆治相謝之相我下如

三不許俗治

來自陳設教之意
若諸比丘護持戒者天人供養不應謫罰除其多聞
及持戒者若有破戒而出家者能示天龍八部珍寶
伏藏應作十種勝想佛想施心若有破戒作惡威儀
當其輭語乃至禮足後生豪貴得入涅槃是以依我
出家持戒破戒不聽輪王宰相謫罰況餘輕犯破戒
比丘雖是死人是戒餘力猶如牛黃麝香眼藥燒香
等喻破戒比丘爲不信所燒自墮惡道能令眾生增
長善根以是因緣一切白衣皆應守護不聽謫罰四
方僧眾布薩自恣三世僧物飲食敷具皆不預分

三中初四句明持戒除下明破戒大分爲二初至
謫罰勸俗敬護四方下二明財法兩亡初文又二
前約報勸破戒下次約喻勸初中上二句揀除如
法若下明破者功能此明破戒必約犯重天龍下
彼具列夜叉乃至人非人等今文束之應下勸俗
恭敬十種勝想者一應作念佛想二應思惟聖戒
三當起施心四柔和質直常行忍辱五不生卒暴
心無狂亂六喜樂正法七常好閑靜阿蘭若處八
欲入涅槃無畏之城九其輭語十禮足（鈔引一三九十餘六經不歷顯故曲分之）後下示報是下結意又喻勸中初舉喻

四不對俗治

牛黃下經云是牛雖死人故取之亦如麝香死後
有用又云譬如估客入於大海斷無量眾生命挑
其兩眼和合成藥若盲冥無目乃至胞胎生盲者
以此藥塗其眼明淨彼人雖死其藥有功又云譬如燒香香
體雖壞熏他令香破下合法上三句合牛麝死人
及香體壞能下合香藥有用香氣熏他以是下結
意
優波離白佛若非法器云何驅遣佛言我不聽俗人
譏訶比丘得作復有十種非法即得大罪若僧不和
於國王前王眷屬前大臣前訶白衣婦女小兒中僧

淨人前比丘尼中本怨嫌人前如是等假使舉得少
罪亦不應受下具出舉法如律法中
四中經云善男子善學四根本持戒毀戒是法器
非法器諦自觀察不識彼短等因是波離起問如
鈔所引佛答中初二句遮俗許道復下制道離過
若僧不和此句準經二一貫下十中缺二國王下
有婆羅門前怨嫌人下有嗔恚心訶中間白衣為
第五婦女小兒第六九種對人明非第十即自已
非又九中前七是俗眾尼即道眾本怨嫌人則通
道俗如是下明能舉既非犯者宜拒下下明如法

三涅槃經

二制教、二初牒來
二隨機、二初敘來意、三初敘根立法

舉同律故不出彼云清淨比丘威儀具足成就五
法即五德也應頂禮僧足語惡比丘言我今舉汝罪是
實不虛是時非時慈心輭語為使佛法久住下句即同
利益不以損滅若聽我說我當如法舉汝等
涅槃中種種示相已云於毀法者與七羯磨為欲示
諸行惡行者有果報故當知如來即是施惡眾生無
恐畏者以現在治罰息將來大怖故若善比丘置不
訶責當知是人佛法中怨若能驅遣舉處治罰是我
弟子眞聲聞也
涅槃中種種示相者彼第三云毀謗正法及一闡

提或有殺生乃至邪見及故犯禁等於毀下明立
治意七羯磨同下制教當知下彰利益若善下敕
依行
二就制教以明者僧令懺悔改迹便止上品之徒見
影依道下流之類拒逆僧命不肯從順無慚無愧破
戒犯失續作不止自非治罰何由可息如似遲驢必
加楚罰則有七種調伏及惡馬治默擯不與語等
制教敘意中初科初明從諫不治改迹迹謂罪狀
上品者明智能還善不勞治法下下明愚不受教
生起立治故知此法唯被下愚然人分三品但敘

二示濫勸行

上下者。以中人之性隨流不定。可上則亦能依道。隨下必加治罰。攝屬二根。故不明也。見影者。謂如良馬見鞭影。即喻從諫如流。遲驢謂策之不進。喻縱治不悔。雜含云。佛告比丘。有四種馬。一者見鞭影即便驚悚。隨御者意。此喻上根。二者觸毛便能如上。中人可上。三者觸肉然後乃驚。中人可下。四者徹骨然後方覺。即喻下流。七種如後所列。及下二種足七成九。不與語即是默擯。助名令顯。

比佛法東流。多不行此。若聞正說。反生輕笑。薄濫佛法。自穢淨心。有過之徒。寶當此罰。反用俗法。非理折

伏。相雖調順。心未悛革。致使聖網日就衰弱。文云。非制而制。速滅正法。斯言允矣。今舉彼微言。重光像運。有力住持。衆主準而行之。

斥濫中。初二句傷時不行。若下二斥輕陵正教。薄謂輕人。濫即罔教。薄濫二心。結業熏積。更增迷暗。故云自穢等。有下明妄行非法。悛改也。致下彰損。網即教網。允信也。今下三示意勸行。微言即治法。並佛誠教。隱而復顯。故曰重光。有力謂德可歸人。非雄豪附勢而已。住持謂志存荷教。非僭竊住處而已。嗟今講者。學非經遠。行乃塵庸。媚世趨時。爲

師據位。豐華四事。盛聚來徒。馳逐五邪。多求利養。誰念弘揚三寶。但知虛飾一身。未善律儀。妄能軌衆。率由臆度。妄立條章。故有罰米。贖香。燒衣。行杖。遂使僧宗濫濁。佛化塵埃。道在人弘。誰當斯寄。嗚呼。

四分中。凡欲治罰。舉人者。自具兩種五德。如自恣法。又須三根具了。徒衆上下同心。共秉犯者。聽可。然後舉之。具如律本遮法中說。若違上法。舉不知時。反生鬪諍。故文云。汝等莫數數舉他罪。以恐壞正法。故必具上法。縱而不治。亦滅正法。

示可否中。初列示舉法。如後正加中。若下明兩遮俱損。故知必在衆主用舍適時。方能免過。

今明治法七種。九種。言七法者。一謂訶責。二謂擯出。三者依止。四者遮不至白衣家。五者不見罪。六者不懺罪。七者說欲不障道。加惡馬默擯二法。則爲九也。

治法中。總列九種。所以後二在七外者。以前七藥病互不相通。後之二藥該前七病。即訶責羯磨云。當更增罪治是也。

一言訶責者。先出其過。後明正治。

初訶責法。律明佛在舍衛。因智慧盧醯那二比丘

鬬諍爲緣故立此法。

言過多相四分等律總處明之。

總舉中總處明者，即下四部前後示相，多少參涉。至文須簡，四分中若準緣起，止因鬬諍文明四事。本出遮法耳。

若對僧比丘前倒說四事，謂破戒者破前三聚，破見者謂六十二見，破威儀者下四聚等，破正命者謂非法乞求邪意活命，則有五種四種。

總列中初二句標簡，須對道眾，又但口說，未必身行，故加此罰。謂下列示戒見儀命，佛法大綱，修行

要務，四皆名正，俱離偏邪。正戒是入道之基，正見乃絕縛之慧，正儀則攝物之相，正命爲成道之緣。今皆反倒，惑亂時心，約過驗情，宜加苦罰。一令犯者改迹，二使外化淸正。設教之意，於斯明矣。戒儀二事，七聚分配，且約麤細，從別以論，若就通明，七皆名戒，亦總名儀。六十二見者，且約五蘊，逐蘊生計，則有四句：一即色是我，二離色是我，三我大色小，色在我中，四色大我小，我在色中。餘四例此。一蘊有四，四五二十，復歷三世，爲六十，更加斷常，則六十二。邪意者，專爲求利，致使身口變現無窮。且

據喜爲何止四五。

言五邪者，一謂爲求利養，改常威儀，詐現異相；二謂說己功德；三者高聲現威；四者說己所得利養，激動令施；五者爲求利，故強占他吉凶。言四邪者，一方邪者，通使四方，爲求衣食；二仰邪者，謂上觀星象盈虛之相；三者下邪，即耕田種殖種種下業；四者四維口食，習小小呪術，以邀利活命。此智論解也。律中非法說法，法說非法。

釋邪命中，初引智論釋前五人所常行，實德未免。後四治生活業賤劣，所爲辨相歷然，無勞曲解。剖

文長說，未是精窮，省己離邪，方名善達。五中初是身惡，餘皆口惡。四邪中前三是身，後一即口。準論四皆名口者，並謂求口食故。盈虛謂日月虧盈，星辰纏度。四維者，喻不正也。又引律釋，即盜戒中賊心取物，倒亂說法，妄悅求財，即是邪命，故此引之。

雖有前過，三根明委，問答有差，不得舉他。文云：若無根破戒見威儀正命，與作訶責，是名非法羯磨。上如法。

舉法中，初示非問答差者，或罪是不同，或人處有異，見聞雖實，還即無根。引證可解。下句顯是。一一

反上。
然此治法。不必大罪。但令聖所制學。愚闇自纏。皆得
加罰。文云。若不知不見五犯聚。謂波羅夷乃至吉羅。
與作訶責。
合治中。上二句通標。但下略舉無知示相。聖制學
者。不出教行。教謂律藏。行謂對治。即可學境也。愚
暗纏者。謂可學迷也。文下引證。不知謂素所未聞。
不見謂聞而不識。未必須犯。但不知見。即合加治。
五分有九種。一自鬪諍。二鬪亂他。三前後非一鬪諍。
四親近惡友。五與惡人為伴。六樂自為惡。七破戒。八

破見。九親近白衣。
五分中。破戒須除初篇。通收餘聚。破見同四分。
僧祇五種。一身口習近住。身習住者。與黃門男子童
子弟子共牀坐同眠共器食。迭互著衣。共出共入。口
習近者。迭互染心共語。身口俱者。兩業並為。又與尼
女伸手內坐。以香華果蓏相授。為其走使。餘如前說。
二者數犯五眾戒。三者太早入聚落。太瞑出。與惡人
為友。偷人劫賊。樗蒲等人。行在寡婦大童女姪女黃
門惡名比丘尼沙彌尼處。四好諍訟相言。有五。一自
高。二麤弊。此性。三無義語。四非時語。五不親附善人。

五恭敬少年諸比丘。度少年弟子。供給如弟子供給
師法。如上五種。一一諸比丘屏處三諫不止。僧作白
四訶責折伏。
僧祇五種。一中。初二句總標。身下別釋為二。前明
男子離合三種。尋文可知。又下次約尼女。但明身
習。略示共坐。餘下指上同眠共器等。計亦有三例
上可解。蓏即果反。草實也。二中。五眾即是五篇。且
舉全數。準奪行中。止明下四。若犯初篇。不入此治。
三中有三別。初謂出入非時。與下二謂親近不善。
偷人謂私竊者。樗蒲謂博奕。行在下三即遊履非

處。四中。由好諍訟。復生五過。上二心過。中二口過。
第五身過。此性即指鬪訟。第五反敬。近世多然。有
識宜誡。如上下結過明治。
明了論。比丘心高不敬。計他輕慢大眾。為作怖畏羯
磨。猶是訶責異名。
了論中。本無輕慢二字。故知止是不敬大眾。然計
他語隱。故加助釋。
上來明過。對僧比丘前者。皆入訶責治之。
簡濫中。簡下擯出。對白衣說。
二加法有四。一明立治。二明奪行。三明順從。四僧為

解初中立治。此法與餘羯磨有異。故先明之。緣起十種。如上具七法已。八陳意中。此心違故。須僧證正其罪。得伏方與。應召來入眾。當前為舉。謂僧中德人舉告僧言。比丘某甲犯罪。舉已。為作憶念。謂在某處某時共某人作某罪。令其伏首自言陳已。應與罪。謂汝犯某事。應作訶責治。上座應準遮法具問能舉徒眾上下及所舉人。已聽許舉之。如上作已。索欲問和便作羯磨。

正治具緣中。初文明異。十中前七及九並同。唯八及十諸法皆別。但舉治勘覈法事特離。故云異耳。

如下示相。初指前七。問答在後。止明第八。初示舉意。證即證明。正謂罪實。應下明舉法有三。初舉罪中。通云犯罪。且使眾知。二憶念者。用時處人罪四種勘覈。令憶無拒。為取自言。三與罪者。的示犯科。令受責罰。訶責具明餘六例解。上下明和眾。初明問聽。合在舉前。恐虛謬故。和上下者。恐情乖故。問所舉者。恐違拒故。律名求聽。求彼聽可。然後方舉。是謂五德知時。合宜。索下問和。此含問答二緣。足上為十。

律文舉鬬諍事及論當時。未必如文。隨其有犯。準改牒用。應言大德僧聽。此某甲某甲比丘喜相鬬諍。互求長短。令僧未有諍事而有諍事。已有諍事而不除

滅。若僧時到僧忍聽。僧為某甲某甲比丘作訶責羯磨。若後更鬬諍共相罵詈者。眾僧當更增罪治。謂作惡馬治驅出眾。白如是。大德僧聽。此某甲某甲二比丘喜相鬬諍。互求長短。令僧未有諍事而有諍事。已有諍事而不除滅。僧今為某甲某甲二比丘作訶責羯磨。誰諸長老忍。僧為某甲某甲二比丘作訶責羯磨。若後更鬬諍者。僧更增罪治者默然。誰不忍者說。此是初羯磨。三說已 僧已忍為某甲某甲二比丘作訶責羯磨竟。僧忍默然故。是事如是持。

正加中。示知改法。遮謗誦故。總前四部所列過相。隨犯牒入。故云準改。應下出羯磨。白中加二人者。以過同故。未有而有。謂初起也。已有不滅。謂更增也。第四句中。作訶責者。單牒本也。更鬬諍等者。預示後罰。非今正加。義歸緣攝。

若明不成者。律云。若不舉。不作憶念。不伏首罪。或無犯。犯不應懺罪。若犯罪已懺竟。而不現前。及人法二非。並作法不成得罪。

不成中。初三種反上正陳法無所被。或下四種用法差也。無犯及下懺竟者。無病加藥也。不應懺者。藥病不當也。如在俗前倒說四事罪。須加擯。不合

二五中第四律中斷諍先作單白簡集智人愚不預數治者同然

三五奪其順從一不得早入聚落二不得偪暮還三親近比丘四不應近白衣外道五應順從諸比丘敎不應作異語

三五中第三制親近者先遠離故律文上有應字第四令遠離者喜親近故第五不應異語者即九十中口綺問前後五種未治得作可得名奪第三五過及第四前三過餘時並制本不得作何名奪耶答誠如來問今望遮斷前所喜犯亦得名奪但違行法故異常犯

四五奪其相續後犯一不應更犯此罪餘亦不應犯謂爲殘作訶責指下篇爲餘也二若相似若從此生相似謂同一篇罪也從此生者謂爲摩觸訶責而與女屏坐三若復重於此謂犯提被治後更犯殘等四不應嫌羯磨五不應訶羯磨人

四五中初二並兼兩相初云此罪者即被治之過注餘罪中且約殘論提下相望例亦應爾但至吉羅則無餘也第二注中相似謂同名罪從生謂種類罪三中注文準知此治不至四重四約訶法五是訶人心嫌口訶訶必因嫌上下互舉然據四五

二奪行二。初牒名。
二正示二。初陳告。
二列相二。初總舉。
二別釋七。初五奪眷屬等如文。

訶責故云不應餘皆例此上並事非不現前者謂遙被也戒疏云人非法是及下即人法非人謂別眾不足法即羯磨差脫等並下通結上九

二明奪行

奪行中前加羯磨表眾同治折辱剛強正存奪行觀其違順驗其剛柔取舍審量斯爲正要

與作法已告言已爲汝作訶責已今奪三十五事盡形不得作必能隨順無有違逆者僧當量處

初陳告中已爲等者誡令諦受也言盡形者恐令畏懼也必能等者誘令改悔也

何者三十五有七種不同初五奪其眷屬一不應授人大戒二不應受人依止三不應畜沙彌四不應受僧差敎授比丘尼五若僧差不應往

初五中四五事同受往分異既不聽受何有差者然僧既加罰理必不差爲顯行法在身不堪訓眾故制之耳

二五奪其智能一不應說戒二若僧中問答毗尼義不應答三若僧差作羯磨不應作四若僧中簡集智慧者共評論眾事不在其例五若僧差作信命不應作

本非篇聚。而列相續犯中。未詳所以。亦可上三犯罪。下二犯事。

五五奪其供給。一若善比丘爲敷坐具供養。不應受。二不應受他洗足。三不應受他安洗足物。四不應受他拭革屣。五不應受他揩摩身。六五制其恭敬。一不應受善比丘禮拜合掌問訊迎逆持衣鉢等。

五六二五。尋文可解。

七五奪其證正他事。一不應舉善比丘爲作憶念作自言。二不應證他事。三不應遮布薩。四不應遮自恣。五不應共善比丘諍。

七五中。第二謂評論法理。證他是非。第三中。準律遮法。比丘知他有犯。對僧舉告。不令衆僧同彼布薩。故云遮也。自恣亦然。今並不得。五謂論理教相。亦屬證他。

三明順從者。應於上七五事中。一一順從。無有違者。於僧小食上後食上。若說法若布薩時。應正衣服脫革屣。在一面立。互跪合掌白言。大德僧受我懺悔。自今已去。自責心。止不復作。僧當量審然後受之。

順從中。初明犯者調順。於下從僧求解。僧下僧量許可。

四明解法。律云。應來僧中。偏露右肩。脫革屣。禮僧足。右膝著地。合掌乞言。大德僧聽。我比丘某甲。僧爲作訶責羯磨。我今隨順衆僧。無有違逆。從僧乞解訶責羯磨。願僧爲我解訶責羯磨。慈愍故。三乞。已。彼二比丘亦爾。

解法中。乞詞下注二比丘者。二合作一。傳寫之誤。前後羯磨並牒二人故。

上座如上。欲和解言。大德僧聽。比丘某甲某甲。僧爲作訶責羯磨。彼比丘隨順衆僧。無所違逆。今從僧乞解訶責羯磨。若僧時到。僧忍聽。解某甲某甲二比丘訶責羯磨。白如是。大德僧聽。此某甲某甲比丘。僧爲

作訶責羯磨。彼二比丘隨順衆僧。無所違逆。今從僧乞解訶責羯磨。誰諸長老忍。僧爲某甲某甲解訶責羯磨者默然。誰不忍者說。三說 僧已忍。與某甲某甲解訶責羯磨竟。僧忍默然故。是事如是持。

其行法中。威儀坐處。未明所在。準僧殘中。下行坐也。

雜相中。坐處準僧殘者。卽行別住也。下行者。不入臘次也。

若有一人三人。隨名牒用。不得至四。如上已明。至時量之。

多少中。準上鬪諍。應是同過。別過亦通。作法非便。

不至四者、律制僧不舉、僧恐破別、故指如上者、即羯磨篇被人多少中。

二擯出者、謂對俗人倒說四事、廣如律文、文如隨戒中汙家惡行、倒亂佛法、汙他俗人淨善之心、以非爲是、故須遣出本處、折伏治之、使世俗識非達正、無復疑惑、此之過罪、人多有之、特須禁斷。

二擯出者、佛在䩭離那國、因阿溼卑富那婆娑二比丘汙家惡行爲緣、故制、羯磨罰已、驅出當界、故得名也。出過中、初指所出、上句簡濫、指四事者、亦即遮法、如前不異、須知倒說四事、通於七九、但約

對道對俗有信無信、以分異耳、次指隨戒、即本緣起、律文廣列、此不繁引、故指如後、倒下、顯過、故下、明治、使下、彰益、此下、勸依。

若論治法、隨順及以解辭、略同上法、然初擯中、牒其過已、離此住處、爲異、律本委具。

治法中、前總指四種治法、字中義兼奪行、然奪行隨順、諸治並同、初治及解、隨過乃異、然下、略示初法、下指律本、今略引之、律云、大德僧聽、此阿溼卑富那婆娑比丘、於䩭離那國、汙他家、行惡行、俱有見聞、若僧時到、僧忍聽、爲阿溼卑富那婆娑作擯、汝汙他家、行惡行、俱有見聞、汝可離此住處去、不須此處住。白如是。羯磨準知、以此爲法、隨過牒彈、解中亦先三乞、其乞辭及解法、一同前文、但改諸訶責字爲擯字耳。後諸治罰亦然、此處知之、下更不點也。

若隨順乞解、不得輒來、當在界外遣信來請、僧祇云、不得共諸比丘語論、若有咨請、推屬本師。

求解中、初明乞解、由不入界、故須遣信、僧下、明制約、若有等者、謂餘比丘私有請問、由不得共語、推令問師。舊云被治人止得問師、恐餘人或隨舉故、準戒疏、隨舉唯局惡見、況隨舉亦不開師、其謬可知也。

三言依止者、若與比丘及以白衣共相雜住、倒說四事、惑亂正法、或在道雖久、癡無所知、隨緣壞行、不能自立、數懺數犯、須僧治罰、依彼明德咨問法訓、使行成益已、故也。

三依止者、佛在舍衞、僧芻比丘愚癡犯罪、共白衣雜住、相親因制此法、出過中、初明倒亂、必兼兩眾方入此治、或下、正律本緣、但令數犯、不約對人、須下、正明立法、仍見名義、使下、顯益。

治法略同於上、與依止已、親近知法律人、學知毗尼、明達持犯者、當爲解之、涅槃云、置羯磨者、安置有德

之所餘如師資法中。

加治中。初指治法。奪行在中。律作白云。大德僧聽。此僧芻比丘癡無所知。多犯眾罪。共白衣雜住而相親附。不順佛法。若僧時到僧忍聽。與僧芻比丘作依止羯磨。白如是。（羯磨準知）與下明依人。明下略示順從及解法。涅槃下示異名。餘下指行法。彼云。愚癡無智者。盡形依止。十誦受戒多歲。不知五法。盡形依止。（五法謂不知犯不犯輕重及不誦廣戒）毗尼母。百臘不知法。從十臘依止等。彼篇頗詳。且略引示。

四遮不至白衣家者。謂於信心俗人前。倒說四事非

法惱亂。損壞俗心。厲謗白衣。輒便捨去。須僧作法遮斷。不許使離。遣謝白衣故也。僧祇云。比丘明日受他必定請。至時不去。惱信施主。須加此法。

遮不至中。佛在舍衛。舍利弗目連俱在伽尸國遊行。至摩梨園中。住質多居士請二尊者。具辦美饌。其園中舊住比丘名善法。往看嫉妒心生。便言居士所辦飲食最勝。唯無胡麻滓。質多言。善法懷如是多寶。根力覺意禪定正受。作如是麤言。便說譬喻。如國土無雞。有賈客持雌雞至。雌無雄故。與烏共通生子。不作雞鳴。復不烏喚。即名烏雞。如是善法懷如是多寶等。而作此麤言。善法言。居士罵我。我今捨去。乃至佛所。為佛所訶。故制治法。出過中。此亦對俗加罵為異。上明餘過。罵是正過。須下明立治名相兩顯。言作法者。白云。大德僧聽。此善法比丘質多居士信樂檀越。常好布施。供給眾僧。而以下賤惡罵罵之。若僧時到。僧忍聽。今為善法作遮不至白衣家羯磨。白如是。（羯磨準作）奪行並同。僧下示削過。雖非罵謗。損惱同故。

若得法附已。當白二差一比丘具八法者。一多聞。二能善說。三說已自解。四能解人意。五受人語。六能憶

持。七無有闕失。八解善惡言議者。將被治人至信俗家語言。檀越懺悔。僧已為某甲比丘作謫罰竟。若即共懺者善。不肯者。具有進不。廣如律說。若俗人歡喜。即為解之。

遣謝中。初明選差。八法中第五受人語者。不妄拒也。七約行業。餘並解能。八中議字。律本不從言。單作為正。將下明往懺。初令語告檀越懺悔者。召令受也。若下次教覲量。具有等者。律云。若不受。應至眼見耳不聞處。安羯磨比丘著眼見（令彼目覩心柔受懺）耳不聞處。（恐聞作法）教令如法懺悔。復來語言。居士懺悔。

彼比丘先犯罪已爲懺悔罪已除彼若受者善若不受者犯罪比丘應自往懺悔若俗下後示開解懺竟俗喜足顯從順故

更總明四三羯磨同異

總簡中以前後七法過相相涉治法乃殊故約信行大分二類隨相細簡各別如文

前四法人但壞其行心猶有信律足僧數應羯磨法而是被治不可訶舉

前四中律足數者前篇具明

後三羯磨名爲三舉信行俱壞棄在衆外不足僧數過狀深重不可攝濟故制極法律簡此色同於犯重乃至死時所有資產入同舉僧賞功能故涅槃云爲謗法者作是降伏羯磨又示諸惡行有果報故

後三中同犯重者財法亡故引涅槃經初示正意謗法者通前七過降伏者總目七法若準經中通明七種今此引之且證三舉又下明別意果在當來愚多不信輕撥聖教公然作惡故立治法使知因果驅歸正信故也

今學大乘語人心未涉道行違大小二乘口說無罪無懺婬欲是道身亦行惡隨已即是違已爲非並合此治

斥濫中三初三句標人上句是所學下二句明心行未涉道者隨塵染故違大小者不稟教故口下二示濫上二句即明學語罪福性空出普賢行法婬欲是道出無行經乃大乘之通說非止一經爲顯業相皆如幻故復示業性不可得故復示染淨同一源故復示諸法唯一心故復令衆生於諸惡中得解脫故非謂使汝作不淨行今身爲惡傍倚此語用飾己非取適愚情實乖聖意即楞嚴云先斷婬心是名如來先佛世尊第一決定清淨明誨若不斷婬修禪定者如蒸砂石欲其成飯經百千劫終名熱砂等又梵網經云菩薩應生孝順心救度一切衆生淨法與人而反更起一切人婬乃至無慈悲心是菩薩波羅夷罪汝謂楞嚴梵網是大乘乎若專彼語此復云何悲夫悲夫身下顯上心行上句示行下二句明心隨即是順謂愚叢從化違謂智者所非愛惡熾然去道甚遠並下三勸罰

次五明不見舉者倒說四事法說非法犯言不犯或不信善惡二因感苦樂二果邪見在懷障於學路或由不達教或知而故犯僧問何不見犯答云不見僧

二總示行處

二不懺舉二。初出過明治。

即遮舉與作不見舉治之爲欲折伏從道且棄衆外不同僧事自之爲舉作此正法治不見罪人故曰不見舉也

不見舉中佛在拘睒彌國闡陀比丘犯罪餘比丘語言汝犯罪見不答言不見比丘舉過佛因訶制出過有二初即倒亂或下二明信壞但是作惡不畏來報即爲邪見非同斷善頓棄三寶而失戒矣或由下二句推上過源僧下示其拒逆邪見在懷非言不顯故假問答爲舉本緣僧即下次加治法初明加法白云大德僧聽此闡陀比丘犯罪餘比

丘語言汝犯罪見不答言不見若僧時到僧忍聽今爲闡陀比丘作不見罪舉羯磨白如是（羯磨例準奪）行等並同爲下二明舉意且謂權暫簡滅擯永棄故作下示名義如物舉棄不復用故

四分云此三舉人令在有比丘處行之若在無比丘處不得爲解

行處中三法並爾故此總示有僧處者令慚恥故

六不懺舉者然罪無定性從緣而生理應悔除應本清淨而今破戒見四法犯不肯懺妄陳濫說言不懺悔垢障尤深進道無且故須舉棄得伏方解經名滅

二總示求解

三惡見不捨舉

羯磨者治罰前人使作滅罪

六不懺舉者亦因闡陀僧問汝有罪懺悔答言不懺故制舉之出過中初明應懺上句示罪可懺輕者即滅重者轉輕故云不定從緣生者釋成不定所以而下明不懺上四句示過言濫說者即倚傍聖言誑惑無知拒逆僧命故垢下二句彰損重故下二句明治法詞句同前但改諸見字爲懺字餘無少差經下會異名即涅槃也

僧祇云被三舉人心意調柔白僧言我心調柔願僧爲我捨法白已卻行而退衆主比丘量議可不然後

乞解

求解中僧量議者理須細察還復正信不察虛詐縱解不成

七惡見不捨舉者欲實障道說言不障邪心決徹名之爲見見心違理目之爲惡亦於戒見四法倒說不信須僧舉棄永不任用隨順無違方乃解之

七惡見者佛在舍衛利吒比丘惡見生言我知佛所說法行婬欲非障道法諸比丘殷勤諫諭利吒堅持惡見而言此是眞實餘皆虛妄諸比丘白佛因制出過中初明本過因即示名亦下明餘過須

下加治法。白云：大德僧聽。此利吒比丘作如是語，行婬欲非障道法。若僧時到，僧忍聽，僧今與利吒比丘作訶諫，捨此事故。阿利吒莫作是語，莫誹謗世尊。謗世尊者不善，世尊不作如是語。世尊無數方便說行婬欲是障道法，若犯婬欲，卽爲障道。白如是。（羯磨第二句如前牒已，更將第四句續。則緣本雙陳，與白爲異。已前諸法並然。）此七治法，實爲妙藥，持於正法，讁罰惡人，佛法再興，福流長世。

結益中，初文爲三。上二句彰法勝，次二句顯功深，上句住法，下句攝僧，後二句讚弘護。

故律云：如來出世，爲一義故，制訶責羯磨，乃至惡心不捨舉。所謂攝取於僧，令僧歡喜，乃至正法久住。

引制教中，卽律增一中文。共有十句，鈔文從初至於僧來，卽初句也。令下九句皆略云耳。如云如來出世，爲一義故，制訶責等，所謂令僧歡喜。（乃至第十皆準此。）增二九句，如云如來出世，爲二義故，制訶責等。謂攝取於僧，令僧歡喜。（第二句亦如上標，已云謂令僧歡喜，令僧安樂。如是展轉至十皆爾。）增三爲三義，故有八句，乃至增九爲九義，故有二句。增十律略不出，合有爲十義故一句。（古記解錯，故具引之。）

涅槃盛論七羯磨後，廣明護法之相云：有持戒比丘見壞法者，驅遣訶責，依法懲治，當知是人得福無量。又云：今以無上正法付囑諸王大臣宰相及於四眾，應當勸厲諸學人等，令學正法。若懈怠破戒毀正法者，大臣四部應當苦治。

涅槃亦出第三。初指前標，後有下正勸。爲二：初勸道眾，懲音澄，誡也。（經本作糺。）又下勸道俗。爲二：初令勸學。四眾卽僧尼士女。下云四部亦同。正法者，經作定慧。若下二勸苦治。

大集云：若未來世有信諸王若四姓等，爲護法故，能

捨身命，寧護一如法比丘，不護無量諸惡比丘。是王捨身生淨土中。若隨惡比丘語者，是王過無量劫不復人身。

大集經亦出護法品。文爲二：初明護如法之益。四姓者，西土姓種統之唯四：一刹帝利（王種），二婆羅門（淨行），三毗舍（商賈），四首陀（農人）。若下二明隨惡人之損。

問：前十輪經不許俗治，涅槃、大集令治惡者。

問中二經相違，故須和會。

答：十輪不許治者，比丘內惡外有善相，識聞廣博，生信處多，故不令治。必愚闇自纏，是非不曉，開於道俗，

三惡門者，理合治之，如後二經。又涅槃是窮累教本，決了正義，縱前不許，依後爲定。兩存亦得，廢前又是。

答中，初兩存釋，又下廢前釋。窮即訓極，累謂囑累，一代所歸，故云教本。決前不了，故是正義。兩下雙結。

言惡馬治者，律云：若比丘犯罪，不問輕重，拒云不見，僧應棄捨，莫問語云：汝所住處，亦當舉汝，爲作自言。不聽汝布薩自恣，如調馬師，惡馬難調，即合所繫杙棄之。汝比丘不見自罪，亦復如是，一切捨棄，如是人不應從求聽，此即是聽，如法驅出。

惡馬治中，初示緣，莫問者，不用自言故。語下正治爲三：初示他處不容，如下二明當衆所棄，合和也。杙即繫馬杙。上是舉喻，汝下合法。不見罪者，合上惡馬難調。一切捨者，合上和杙棄之。如是下三明治已驅遣，不求聽者，由彼兇惡，必不聽故。此即聽者，默受僧訶，無所辭故。

言默擯者，五分云：梵壇法者，一切七衆不來往交言。智論云：若心強獷，如梵天法治之，以欲界語地，亦通色有，不語爲惱，故違情故。不語治之，此法最要。亦有經中加羯磨者，尋本未得。雜含云：三種調伏法，謂柔輭、剛強也，猶不調者殺之，謂不與語教授教誡也。

默擯中，初引示梵壇者，有云：梵王宮前立一壇，天衆不如法者，令立壇上，餘天不與往來交言。五分因闡陀惱僧，故用此治。次智論中，強獷謂性麤惡。以下出所以，語地以語爲樂故，通色有者，梵天行故。言故違者，謂特意也。此下勸行。亦有等者，即僧祇二十四卷，因摩訶羅犯衆罪，雖懺猶作，乃作不共語羯磨。今云尋本未得者，示有遺忘故。雜下引證，柔輭謂勸喻，剛強即讁罰，（通收七法。）殺之即默擯，謂下顯相，有三種，不與語，即常所言論，教授約學業。

教誡約過失。（昔以柔輭配四羯磨，剛強配三舉，詳之。）問：後之二法，既不出過，何時用之？答：此謂強狠，再犯重加。前羯磨云更增罪治，及雜含中猶不調者，驗此二法，必無單作，以不足數中無此人故。問：同異云何？答：前須出界，不制他言；後在本住，衆不與語。若論犯過，即同前七。問：輕重云何？答：前輕後重，前但如棄，後喻殺故。問：二法爲次第用耶？答：惡馬治是律所加，默擯他宗所出，斟量情過，隨用一治。問：此二何無奪行？答：既是增罰，奪行在前故也。

言滅擯者，謂犯重比丘，心無慚愧，不肯學悔，妄入淸

三對異標簡

二正加擯法

衆濫居僧限當三根五德舉來詣僧憶念示罪令自言已與白四法

滅擯中若據前標但云七九由同謫罰寄此明之然本律中但令滅擯加法無文若翻疏漏故引他部用成行事

五分文云大德僧聽此比丘某甲犯某波羅夷罪若僧時到僧忍聽僧今與比丘某甲某波羅夷滅擯羯磨不得共住不得共事白如是大德僧聽比丘某甲犯某波羅夷罪僧今與比丘某甲波羅夷罪滅擯羯磨不得共住不得共事誰諸長老忍僧與比丘某甲

波羅夷罪滅擯羯磨不得共住共事者默然誰不忍者說是初羯磨三說僧已忍與比丘某甲波羅夷罪滅擯羯磨不得共住共事竟僧忍默然故是事如是持

加法文中若準五分白與羯磨例皆四句今並加之以成一體序文所謂見行羯磨擯爲此宗一見者義見此也緣中不共住者羯磨說戒二種僧中不攝故不共事者利養絕分故

薩婆多云但實犯重大衆有知不須自言及現前直爾滅擯驅出若準律文必須自言如目連被訶中說

簡異中多論不取自言衆皆委故不現前者許遙被故若下準律決論如下指事足數已引此亦大衆同知佛亦訶止令取自言故知不許又不現者律亦不開五法現前通諸羯磨然論許者或是兇惡衆不可制聖論所出必不徒然

四示世不行

即世多有大衆容之自他同穢

斥濫中彼時法律盛行尚云多有況今末世蓋不足言

二二約僧制衆食以論通塞二初牒文

二隨釋二初僧制是非二初分章

二別釋二初明世立非法三初總列諸過

二約僧制衆食以論先明世立非法後引正制證成

初中寺別立制多不依教飲酒醉亂輕欺上下者罰錢及米或餘貨賕當時同和後便違拒不肯輸送因

茲犯重或行杖罰枷禁鉗鎖或奪財帛以用供衆或苦役治地斬伐草木鉏禾收刈或周年苦役或因過失奪僧令倍償或作破戒之制年別依次鉏禾刈穀若分僧食及以食物科索酒肉媒嫁淨人賣買奴婢及餘畜產或造順俗之制犯重因禁遭赦得免或自貨賕方便得脫或奪賊物因利求利或非法之制有過罪者露立僧中伏地吹灰對僧杖罰如是衆例皆非聖旨

大科第二非法中總列分三初二句總標餘下二列相初列諸非治或作下二明三種非制初中飲

酒等者示所犯過罰錢下列能治法大分五種初罰財物賕亦財寶輸即盡也雖非法制以先同和不送成重餘四可解周年苦役一句連屬上文爲一種鉏壟刈割也次列三種制者同今衆院規繩之類初破戒制中所列多相並律明禁反立爲制鉏刈即犯掘壞分僧食即盜常住賣買等即畜不淨物自餘可知即今禪衆不知戒相普集僧衆擇菜造食舉世盛傳矜爲正則流弊斯久孰爲改之科索謂率斂也畜即生口產謂田土順俗制中三種赦即放也俗王普赦僧取爲制貨賕得脫者效

俗贖刑因利求利者失少奪多也非法制中亦三露立即倮身吹灰謂吹地灰塵如是下三通結良由綱維不依法綱同和而作惡業深纏永無改悔衆生有力非法伴多如法比丘像末又少縱有三五伴勢無施故佛預知有不合同法如後引之

推釋中初示非法所以上明背教下示任惡綱維即衆首衆生下二明善不加惡如後引者即指下科

僧祇云若作非法制者應訶令止不者當說如法欲已起去若衆中有力者不聽當語旁人言此非法制止得三人不得趣爾而作應知識邊作若不得者說見不欲與護心相應云彼自有業行何關我事如失火燒舍脫身便罷毗尼母云見衆非法事獨不須諫應作默然如上說

引證中僧祇次列三法初明善強惡弱容可訶故若下示惡強善弱力制不聽故開語他用自免過止三人者至四成僧義須訶諫恐破別故不趣爾者恐非同意自苦惱故若不下復不容語故開心念目對非法意所不同名見不欲又母論中言如上者指同僧祇如羯磨篇具引

問非法制中罰取財物犯重罪不答不犯重罪由當時僧衆同和共作後依制罰得不犯非不犯作非法制罪

決犯中恐疑罰錢非理成犯盜故答中初明非犯非不下明有犯非法制者通得吉羅制輕業重故也

次明如法僧制四分云如法僧要隨順又云應制而制是制便行五分中雖我所制餘方不行者不得行之（謂俗王爲僧立制不依經本也）非我所制餘方爲清淨者不得不行（即依王法而用不得不依）薩婆多云違王制故吉羅

二列示諸制

正制中。初四分要字平呼。謂制約也。又下。上句立制。下句勸依。五分二段。上開違佛。下令順時。如今國制尼不依僧帳籍公憑之類。下引婆論轉釋五分戒疏中解如持禁物出境之例。此多濫用。學者須辨。

明了論云。若僧和合立制。比丘不得入城市。為作此事必定應作。或時須立此制一月一年。或復永斷。若依大集。若使不得過兩月。十輪中如前明制。或令料理僧事佛法師僧。或不與語。論令禮拜。或復驅出。如前廣列。僧祇中。罰舍利弗日中立之。諸律中制多用

七法。如上所明。或復斷食奪衣令立。治沙彌中罰令除草料理僧事等。並非破戒之緣故也。

列示中。了論初示如法制。為下勸隨順。或下通延促。或時須者。示有緣故。大集中恐廢道業。示有限齊。十輪如上。僧祇彼因佛制坐具量小。諸比丘諍謗舍利弗為上座。為佛訶云。汝見是說何得默然。今罰汝日中立等。諸律下七法可知。斷食等出僧祇。彼云若師訶責不受當語知事人斷食等。又云與弟子衣已不可敎誡。為折伏故奪等。廣如師資中引。上明治大僧法。治下罰小衆法。壞生觸食皆

三除滅非法

四告語衆客

二衆食通塞 二初標列

二隨釋二初明通塞五初敘意示非

二引古顯正

非犯故。並下總結。

十誦云。若僧寺中有制限者。若知有惱自他力能滅者。白僧滅之。不者餘處去。若如法制應受。

四分。客比丘初至。主人比丘先語僧制法式等。

二約食以論者。先明通塞之意。後引聖言。

然食為大患。人誰不須。世尊一化多先陳此。故慰問云。乞食可得不等。今諸別住。局見者多。自壅僧食。障礙大法。現是餓因來受劇苦。

第二食中。初科為二。初敘意。云大患者。欲界衆生。皆資摶食以存身命。不可闕故。慰問者。世尊凡見

弟子。必先此問。諮知事重。今下二。示非別住。卽目僧寺。

故古師匡衆之法云。寺是攝十方一切衆僧修道境界。法為待一切僧。經遊來往受供處所。無彼無此。無主無客。僧理平等。同護佛法。故其中飲食衆具。悉是供十方凡聖。同有鳴鐘作法。普集僧衆。同時共受。與檀越作生福之田。如法及時者。皆無遮礙。然法有通塞。十方衆僧自有食分。依時而來。不須召喚。白衣及中能齋者。亦得出。五分律也。此謂通也。不能受齋非時來者。不與。法宜塞也。唯有任道行之同護法者。不損檀越事也。本非人情。理無向背。不得人情口召來食。及慳惜積聚計留後日。乃至懷親疏

之心應與而閉。不應與而開也。

引古中。即裕師寺誥文。爲二。初明立寺之意。又三。初敘道通爲待。下明事通。無下。釋上兩通。然律中亦有主客相待者。且約住者有新舊強分主客。若論道事必無彼此。僧理者。若約理和。即是眞理。若論事和。止是道理平等。即和也。故下次正明飲食之制。先敘義通。如法。謂出家五衆體相無虧。及時即中前而至。然下次明用與任道者。任謂荷任。即命衆生。

若此以明是非自顯。眞誠出家者。怖四怨之多苦。厭

三界之無常。辭六親之至愛。捨五欲之深著。良由虛妄之俗可棄。眞實之道應歸。是宜開廓遠意。除蕩鄙懷。不吝身財。護持正法。

勸開懷中。初二句牒前以告。眞下敘意以勸。初明出家本志。四怨即四魔。四並障道。喻之如怨。六親謂父母兄弟妻子。虛妄俗者。即上四種。眞實道者。涅槃果也。是下正勸。

況僧食十方普同。彼取自分。理應隨喜。而人情忌狹。用心不等。或有閉門限礙客僧者。不亦蚩乎。鳴鐵本意。豈其然哉。出家捨著。尤不應爾。

責忌狹中。初敘通意。而下正責。鳴下。乖事本也。出下。乖道本也。

但以危脆之身。不能堅護正法。浮假之命。不肯遠通僧食。違諸佛之教。損檀越之福。傷一時衆情。塞十方僧路。傳謬後生。所敗遠矣。改前迷而復道。不亦善哉。

慳食獨啖。餓鬼之業。是謂大迷。

示損中三。初推局見保守身命。心不慕遠。違諸下。二示損害。上四句是損。自傳下。即悞他。請詳諸過。傷害極深。聞而不行。未審何意。後生謂是承習無窮。故云遠也。改下。三誡勸。

或問。僧事有限。外客無窮。以有限之食。供無窮之僧。事必不立。

釋難中。僧事即食具。

答曰。此乃鄙俗之淺度。瑣人之短懷。豈謂清智之深識。達士之高見。夫四輩之供養。三寶之福田。猶天地之生長。山海之受用。何有盡哉。

答無盡中。初四句反責非問。瑣小也。夫下。正示福田。四輩謂天人龍鬼。即能施之主。三寶即所施之境。猶下。略舉四物以喻無盡。天地生長。喻四輩供養相續不絕。故山海受用。喻三寶福田出納無窮

故。
故佛藏經言當一心行道隨順法行勿念衣食所須者如來白毫相中一分供諸一切出家弟子亦不能盡由此言之勤修戒行至誠護法由道得利以道通用寺寺開門處處同食必當供足判無乏少。
引證中初引經文行道道即定慧法行即戒律佛白毫相者有百千億分福減一分供舍利及諸弟子由下準經示勸
又承不斷客寺倉庫盈溢者主人心遠而廣施或寺貧而爲客者由志陿而見微也

舉現事中承謂親自傳聞事似相反義實當然言爲客者謂因待客故致罄乏也
若此兩言人謂僧用不供者豈是人之智力所辦事乎若人力有分不能供無限者所懷既局斯言允矣
非智辦中初句領上人下斥來問初牒問責非若下順計顯局既患人力不供此心即爲局局事必不足彼言不虛故云允矣
此乃檀越爲道奉給不由人力所致若辦非智力則功由於道然則事由道感還供道衆猶函蓋相稱豈有匱竭耶今俗中有義食坊猶足供一切自旦至夕行人往反飲食充飽未聞告乏此亦非人力由彼行施義普亦以義然後取取與理通所以不竭此優婆塞等以知因果求將來福猶知如此義行不匱驗於目前況出家道衆如法通食而當不濟乎且世俗禮教憂道不憂貧況出家之士高超俗表不憂護法而憂飲食其失大甚也所患人情鄙吝腐爛僧粟耳腐爛餘而不施世俗恥之費僧粟而不通非佛弟子也余唯見積事而不存道未見道通而事塞也
明道感中初示所感之由然下明無乏之意注中引俗事以勸初舉事亦下一句出論語彼云義然後取人不厭其取明此義食事既合宜人亦樂施故不竭也此下正勸初指前事以況且下引世禮以況亦論語文彼云君子謀道不謀食余下嗟時重誡積謂多聚事即飲食

佛法中無貴賤親疏唯以有法平等應同護之人來乞索一無與法若隨情輒與即壞法也
明用與中初科云一無與者謂不非用也心能依法如下則聽
俗人本非應齋食者然須借問能齋與食不能齋者示語因果使信罪福知非爲吝懷歡而退此中非生人好處非生人惡處不得一向瞋人一向任人不齋者而食必須去情存道善知處量也是以謹守佛教慎護僧法是第一慈悲人現在未來一切衆生離苦得樂故
次科明益中初明善用注云非生好者以任情故

四示教之損

三指略

二引聖言二初膳(?)二隨釋五初促食通示其二初引文二初作相雜過

非生惡者以依法故是下結益
若不守佛教隨情壞法(謂聽俗人不齋而食有來乞請隨情輒與)令諸衆生不知道俗之分而破壞僧法毀損三歸既無三歸遠離三寶令諸衆生沈沒罪河流入苦海失於利樂皆由壞法是以不守佛教不閑律藏缺示羣生自昏時網名第一無慈悲人也
明損中初明非用令下示過初明失利後令諸下明墮苦道俗分者道修智分爲俗福田俗修福分當供道衆今則反亂故云不知毀三歸者失彼信心侵陵三寶故是下結損

若接待惡賊非理愚夫說導不能受悟義須準教當擬具如隨相中
指略中隨相卽盜戒賊及無信皆開與食當擬謂對量也
二引聖言量者薩婆多云僧祇食時應作四相(謂打犍椎等相)令界內聞知然此四相必有常限不得雜亂若無有定不成僧法若無四相食僧食者名盜僧祇不淸淨也又不問界內比丘有無若多若少作四相訖但使不遮比丘若來不來無過雖作相而遮亦犯(故知若換鐘磬應鳴鐘集僧普告知已然後換之後更換亦爾)若大界內有二三處各有

二遮受如非

始終僧祇同一布薩若食時但各打犍椎一切莫遮淸淨無過善見云若至空寺見樹果應打犍椎無者者下至三拍手然後取食不者犯盜飲食亦爾若客比丘來舊比丘不肯打磬客僧自打食者無犯
次引聖言作相中多論文爲二初明制法前三句制須作僧祇此云大衆卽常住食注四相中等取吹貝打鼓唱令然下制須定以鐘鼓不常僧集無準致有得失故非僧法若下明不作之過盜僧祇者須明二種常住夷蘭之別如盜戒中又下二明免過初明同界來否注文準上制定以決時務若

大界下明多處互作善見大略同前
薩婆多云僧祇食法隨處有人多少應有常限計僧料食一日幾許得周一年若一日一斛得周年者應以一斛爲限若減一斛名盜僧祇應得者失此食故增出一斛亦盜僧祇卽令僧祇斷絕不續旣有常限隨其多少一切無遮隨僧多少皆共食之若人少有餘長者留至明日次第先行如是法者一切無過(應是儉時故法令一定)若行僧餅錯得一番不還僧者卽犯盜罪僧祇云若行食時滿杓與上座者上座應斟量得徧當取不得偏饒上座若沙彌淨人偏與本師大德者

知事人語言平等與僧食無高下也五百問云上座貪心偏食僧食犯墮不病稱病索好食得者犯重餘僧食難消如僧護等經說之

造受中多論前段明造初明常限趣舉一斛以示其相十斗曰斛今所謂一石也若減下明增減兩結盜罪並約知事既下明人多少多則均之少則留之注決論文豐必不爾次若下明受須均等不得過分下引律論意亦同之論中偏食彼約眾僧偏與故輕不病索食正入盜科兼復妄語理得二罪除下指經彼說迦葉佛時比丘爲僧上座不能禪誦不解戒律飽食熟睡但能論說無益之語精餚供養先僧飲食以是因緣入地獄中作大肉瓮火燒受苦至今不息彼經事廣須者尋之今時眾主多有斯過雖傳經律不識因果別修異饌對眾獨食縱恣貪心侵虧常住豈念違於佛教傷彼眾情著少頃之甘肥爲長夜之苦楚深嗟鄙悋知復何心

義者言別客得罪者要是持戒人不與犯罪破戒者不犯律云惡比丘來不應與

義決中明破戒者唯據四重財法絕分僧殘已下皆不可別下九十中論別眾者約施主食故犯提罪此明常住別他成重虧彼自分成盜損故

十誦薩婆多若外道來眾僧與食不犯止不得自手與以外道常伺比丘短故開之

供外道中不自手與提中制故伺即候也

今僧寺中有差僧次請而簡客者此僧次翻名越次也即令客僧應得不得主人犯重隨同情者多少通是一盜又此住處不名僧所以簡絕客主非同和僧義

僧次中初示非法簡謂簡除即下結犯上三句結眾主下二句結合眾又下顯過不名僧所者同俗舍故

大集云若一寺一村一林五法師住鳴椎集四方僧客僧集已次第賦給無有客惜初夜後夜讀誦講論厭患生死不訟彼短少欲寂靜修於念定憐愍眾生護戒慚愧是名眾僧如法住大功德海若無量僧破戒但令五人清淨如法護持佛法愍諸眾生福不可計如第三十一卷中

住處中分二初至德海明法師如法前明住處五人能成邊隅受戒住持之本故偏舉之鳴下明待

容初下明修業若下次明庇覆破戒如下指廣今
在二十八卷
餘有瞻待國王大臣作人惡賊俗人淨人事既多濫
容兼犯盜廣亦如隨相
明瞻待中列六種人指隨相者下引十誦供給王
臣用十九錢不須白僧更索須白僧作人者量功
與之惡賊者隨時將擬上四人出十誦俗人者五分悠悠
無信者好器與食達識信士說食難消等淨人者
善見分番上下者當番與食長使者常供衣食撮
略引之並廣如後

三約法者五分云欲別作羯磨僧不可和者當於說
戒前作之以是制眾法僧不敢散故
約法中初云別作羯磨者謂懺罪受日之類
四分云若有人舉罪者不得輒信舉罪人語便喚所
告之人對僧訓答先問見聞疑三根若云見者為自
見從他見見在何處犯何等罪為犯戒耶犯何等
戒破見耶破何等見破威儀耶破何等威儀如是舉
罪人一一能答有智人者方可隨其所告問眾上中
下及所犯人取其自言證正舉治若不能答有智人
隨有違者便隨所誣謗罪依法治之故文云若舉無

根無餘罪者不成遮治其謗罪文亦不顯情之虛實
即結其犯義須斟酌
舉罪中初明來舉所告人即目犯者先下明勘覈
不出三種一根二處三罪根處舉見以問聞疑準
同罪中文略邪命如下明酬對前明能答依作有
智人即眾主也若不下明妄舉反治舉重治殘舉
殘治提舉提治吉故云依法也下引證中無餘罪
即四重此謂實犯但無根故即犯謗罪不成遮者
謂能舉本意遮他說戒故文亦下以義決文謂對
答雖差情容虛實故誡斟酌未可一向

言就時者凡作法事所為處重多有非法理須照鍊
闇夜屏覆過起必多或有昏睡或復鬧語威儀改節
便成別眾或不足數廢闕大事不成僧法良由倚旁
屏闇不祇奉法事不獲已夜乃為之幸知不易及明
早作則是非自顯目對不敢相輕
就時中初舉事誡慎所為重者前篇所謂拔羣迷
重累出界分深根是也闇下示作法時節前明夜
中非法言改節者坐立乖也祇即是敬事下勸早
作言不易者謂事重也
言對人者凡施法事貴在首領眾主上座先須約勒

但見非法即須糾正不得默坐致招罪失僧祇中多種上座各有示導文廣如彼

對人中上座法指僧祇者如說戒中引

四分云有三種狂癡一衆僧說戒或來不來二一向不憶不來三者有憶而來初人須與羯磨後二不須五十誦云若未作法不得離是人說戒作法已得離五分云若覓不得即遙作羯磨四分中白二與之若狂病止令來乞解白二爲解若復更發依前與法若狂止不來不犯以先得法故亦不應詐顛狂而加法者不成羯磨如律

狂癡中初通列三品初示中品二即上品三即下品十誦下三律別示中品下指羯磨者律因那那由比丘心亂狂癡故制白言大德僧聽此那那由比丘心亂狂癡或憶說戒或不憶說戒或來或不來若僧時到僧忍聽與此比丘作心亂狂癡羯磨若憶若不憶若來若不來僧作羯磨說戒白如是

羯磨準作

四對處明用者凡徒衆威儀事在嚴整淸潔軌行可觀則生世善心天龍叶贊必形服濫惡便毀辱佛法十誦中比丘衣服不淨非人所訶華嚴云具足受持威儀教法是故能令僧寶不斷摩得伽云伽藍上座應前行前坐看諸年少比丘威儀語令齊整及平等行食唱僧跋也白衣來當與食爲說法等十誦文中大同

四對處明用威儀中初敘損益十誦下引文證伽論中並明上座軌衆之法初看威儀是今正相下行食等因而引之僧跋梵言即上平等行食之唱法耳赴請篇中亦同此引即等供也十誦下指同

智論云佛法弟子同住和合一者賢聖說法二者賢聖默然準此處衆唯施二事不得雜說世論類於汙

家俳說又衆貴靜攝不在喧亂誦經說法必須知時成論云雖是法語說不應時名爲綺語

處衆法中初引論示法賢聖即弟子衆準下準論誡過不得下反上說法又下反上默然

二者威儀之形必準聖教薩婆多云剃髮翦爪是佛所制律云半月一剃此是恆式勿得不爲涅槃云惡比丘相頭鬚爪髮悉皆長利爲佛所訶所著袈裟一向如法不得五大正色及餘上染諸部正宗不許著用必有破壞隨孔補之條葉齊整具依律本廣如衣法所有非者寺內不披入衆之時或反披而入及著

二入眾行坐法

下衣或著木履雜屐律並不許廣如鉢器法中
修飾中初科分二上二句通標蔭下別釋前明剃
翦初多論明制違則有罪次引四分限時不得更
過三引涅槃顯過頭鬚爪髮有云語倒合作頭髮
鬚爪或可簡異餘毛故曰頭鬚即說文云面毛是
也雜篇明指爪極長一麥應翦長字平呼經云是
破戒之相故云佛訶所下次明著用示非如相在
文可曉下指履屐如鉢器亦見二衣篇中
四分云入眾五法善知坐起等十誦云下牀法徐下
一腳次下第二腳安徐而起坐法亦爾入堂法應在

門外偏袒右肩斂手當心攝恭敬意擬堂內僧並同
佛想緣覺羅漢想何以故三乘同法食故次欲入堂
若門西坐者從戶外旁門西頰先舉左腳定心而入
若出門者還從西頰先舉右腳而出若在門東坐者
反上可知不得門內交過若欲坐時以衣自蔽勿露
形醜廣如僧祇
次科初明入眾五法者一修慈愍物二謙下自卑
三如鈔引四說於法語五見過修默十誦下初明
起坐次明入堂初運想法次下出入法文明東西
舉足且據堂門面南為言以要示之但使出入先

三著用離俗法

二就處明制二初 住處非法四初 畜女穢染

舉門頰邊腳則通餘處不必東西也若欲下示坐
法
四分云不得著俗人褌袴襖褶等今有服袍裘長袖
衫襦之衣尖鞾長靿大鞾銅鉢及椀夾紵瓦鉢璭油
等鉢及以漆木等器並佛制斷理合焚除善見若多
聞知律者見餘比丘所用不當法即須打破無罪物
主不得索償
著用離俗中初明俗服褶亦袴類袍亦襖類裘謂
皮衣靿即是鞾銅下明俗器瓦鉢體如列在非者
或色量不如故寫本或無瓦字璭古困反油字去呼並下

明違教善下引證當猶應也無罪者據壞他物本
是盜收心在護法故開無犯
靈裕法師寺誥云僧寺不得畜女淨人壞僧梵行設
使現在不犯令未離欲者還著女色經自明證隔壁
聞聲心染淨戒何況終身奉給必成犯重此一向不
合僧祇中僧得女淨人不合受尼得男淨人亦爾比
者諸處多因此過比丘還俗滅擯者並由此生不知
護法僧網除其穢境反留穢去淨生死未央又責買
奴婢牛馬畜生拘繫事同不相長益終成流俗未善
道分比丘尼寺反僧可知或雇男子雜作尼親撿挍

尋壞梵行滅法不久。

就處明用。初科引寺誥。前示過誡約。經即涅槃三十一云。雖不與彼女人相合嘲調戲笑於壁外遙聞女人瓔珞環釧種種諸聲。心生愛著。如是菩薩毀破淨戒汙辱梵行。僧下引證。比下斥時。初示僧寺留穢謂畜女。去淨即除淨人。央盡也。今時下愚多因鍼縷履涉婬舍招俗譏訶。或在僧坊牽延累日。取與不護於摩觸語笑豈慎於麤言染意窺看。念念重吉。深寮坐起。一一單提現身遭世俗之刑。袈裟永離。生報有泥犁之苦。燒煮難堪。宜奉聖言。可保終吉。拘繫同者。謂如囚禁也。下明尼寺對反僧中。

寺家庫藏廚所多不結淨道俗通濫淨穢混然。立寺經久綱維無教。忽聞立淨惑耳驚心。豈非師僧上座安居淨住導引後生同開惡道。

次科中。初示不結之過。庫藏即倉廩也。文中兩言淨者。即是淨地。道俗濫者。無所別也。淨穢混者。不辨宿煮犯不犯也。立下次責無知。言忽聞者。或知法者諭令行。故惑耳者。聞不解故。驚心者。謂爲始立故。豈下推過。淨住即伽藍之異名也。

或畜貓狗專擬殺鼠。牛杖馬鞦韁絆蒼楲。如是等類。並是惡律儀。雜心云。惡律儀者。流注相續成也。善生成論若受惡律儀則失善戒。今寺畜貓狗。並欲盡形非惡律儀何也。舉眾同畜。一眾無戒。大集有言無戒破戒滿閻浮提。

三中。初顯過。鞦即乘馬具。(謂鞍轡等)韁即馬繩。絆即羈束。蒼音倦。牛鼻鐶也。楲具月反。繫牛馬杙也。雜下引示。流注者。惡業徧也。相續者。念念增也。所以然者。由彼害心非止一境。復無時限故。善生成論失善戒者。惡勢強也。今下準斥。舉猶合也。言同畜者

或眾主自爲。眾心不欲。義無該眾。言無戒者。惡業順惑勢力猛盛。一切善戒並絕相續故。有云且望一類。鼠上善戒不續。非謂餘戒俱無。又云此乃誡勒之切耳。

或佛堂塔廟不遵修飾。比丘倨慢處踐非法。高聲大笑造非威儀。聚話寺門依時不集。自滅正法外生俗謗。並由上座三師致而滅法。

四中。非法初列倨傲也。言依時者。謂法食等時。自下示所損。並下推過源。

若作說戒常法。半月恆遵。每至說晨。令知事者點知

僧眾誰在誰無健病幾人幾可扶來幾可與欲如是知已令拂拭塔廟灑掃寺院如說戒法鳴稚之前眾主上座親自房房案行病者方便誘接告云眾僧清淨布薩凡聖同遵行者雖在病臥能得一禮覲不努力自勵此身心不可信也或因此不起脫就後世隨業受生知趣何道欲更聽戒寧復聞乎如是隨時引接餘僧不來並準此喻

說戒檢校中初明指授鳴下敎勸導

五雜教授毗尼母云能諫之人五法不須受一無慚愧二不廣學三常覓人過四喜鬬諍五欲捨道必先

於有過者取欲然後諫之此等眾法並綱維大德住持一寺有力護法者方得行之

五雜教授能諫中初引論五法自有過失不堪諫他必下取彼聽許則無違諍此下正示能諫

若見眾中有過不得卽訶命來屛處一一誨示云此一方住處共大德有之末法之中以威儀爲僧方助佛揚化若眾中有一行一法勝妙者令他處遵學豈得有過令他聞之令生不善自他兩失今大德有某事不善不依佛制願卽改之欲共相成進以引導後生耳必是已之弟子眷屬同友對眾訶舉亦得不得

立至四人以不舉僧也非法得罪

諫眾過中二初示屛諫諫詞又三初且泛誘今下正陳欲下示意必下次明對眾諫得罪者違敎犯吉

若有違僧制者當具委示云佛以戒法精妙上人行之我等修學漸染而已但以時代澆薄敎所不施故佛令立如法僧要勸同隨順地持亦云若護僧制等故不依隨違敎得罪今有某事與制有違願隨謫罰應同僧法亦使將來有犯者爲作鑑戒因緣云云而述

諫違制中初泛勸引地持者明雖是人制佛令護之故不可違今下二正陳勸他自省故云鑑戒略陳方軌餘任臨時故示云云

若見造六聚罪者屛處委示今與同住並是宿因但末劫多障持戒者少見造某罪是實以不答是實者依律如法誨示文云有二種癡一不見犯二犯而不懺有二種智反上語之隨佛語者名眞供養今不肯順可欲從魔邪罪不可積或能轉重引涅槃文示之餘經云一念之惡能開五不善門一者惡能燒人善根二從惡更起惡三爲聖人所訶四退失道果五死入惡道

二攝衆知法二
初明主法之過

等種種示之。

諫六聚中，此與初諫何異？答：前在衆中泛爾麤暴，心性未調，但云有過，不言何聚。文中初泛諭，見下二審犯勸悔，反上語者。一者見犯，二犯已能懺。注令引經者，彼云勿謂小罪以為無殃，水滴雖微，漸盈大器。餘經未詳何文。五不善中，一是斷已生善，二即起未生惡，三違教，四障道，五來報。

若有將被罰者，衆主比丘依律告云：衆僧可畏，具知三藏，有大勢力，道俗欽仰等。猶不捨者，又云：彼衆既有大力，若有違犯，正教必舉治汝。又不捨者，應言：非

唯舉治而已，更奪三十五事，不復往來迎送，同僧法事，乃至不足僧數。如是種種示已，若不受諫，集衆和舉之。

諫將罰中，初以僧德勸，又云下以治舉勸，又不下以奪行勸。餘文可知。

然衆貴老宿大德，自力牽課，方能進道，必不自知，妄攝眷屬，愚叢自守，不相長益，號年少也。故律中，阿難頭白，而迦葉號為年少，訶言：汝衆欲失，汝年少比丘，俱不善閑諸根，貪不知足，初夜後夜不能勤修，徧至諸家，但行破穀，汝衆當失。以此文證阿難善知法相，

二明綱衆之人

又是無學，尚被譏責，自餘凡鄙，焉可自輕。

明攝衆中，初明益，牽字去呼，猶引也。課，牽也，引而率之者，言導誘無倦，令衆獲益也。必下，彰損。初正示，年雖老邁，於法無知，同年小也。故下，引證。律中阿難徒衆非法，為迦葉所訶，衆欲失者，失猶壞也。汝年少者，命阿難也。俱下二句，斥放逸。初下二句，斥懈怠。徧下二句，斥虛食信施，故言破穀。又解：穀即訓善，言壞他淨信。論語云：三年學，不至於穀。注云：穀，善也。以下準文誡約善知法相者，以多聞故。若據佛在，阿難猶是學人，今云無學者，從後為言。自輕，謂不以攝衆

為重故。

必欲綱衆，於時住持護法者，須自行清慎，雅操堅貞，博通律相，兼明二乘，識覽時要，達究情性者，可準上文，一方秉御。

簡人中，初標示，須下六句列示五德：初行潔，二志堅，三學廣，中間二句四識高，五智深。可下二句示堪能。今時昏鄙，無有一德，輒居僧首，羣愚共聚，造作非法，但謀利養，愚無所知，悲夫。

四分律行事鈔資持記卷第七

四分律行事鈔資持記卷第八上三之一

宋餘杭沙門元照撰記

受戒緣集篇第八捨戒六念法附

釋受戒篇受即能領心戒謂所納法受通五種善一來二三語三破結四八敬五羯磨戒分四位五八十具今此所標受據羯磨戒指具足就羯磨中自分六位僧中十八五八尼中二十八義立十八小年曾嫁遣信兼前共成十受今此據文正明大僧中國十人羯磨行事義兼邊五眾異事同故不別顯緣即文中五種就別離為十四眾緣會聚作業方成故云集也疏云佛世利機契動便感末時澆薄聖制從緣緣集則作業功成緣散則戒德無立文意頗同所以不言因者若據相籍成業則因緣義通若論功有親疏則內外體別今云緣集且就通論餘處兩分乃從別意

夫受戒者超凡鄙之穢流入聖眾之寶位也

標歎中凡鄙者通目六道煩惱業苦垢染不淨故云穢流聖眾則總召三乘無漏聖道人天所尊故云寶位上明所捨下明所獲

既慕心彌博故所緣彌多以多緣故法事攸難以難知故理須詳檢

敘緣中六句三意次第相生初明心廣緣多上句躡上超入下云緣多者即下五位總別諸相有云緣多即法界境者甚非文意次二句明緣多事難法事者目下正加攸即語詞或可作尤下二句明事難須審

而世情塵染每昏教法為師為匠實易實難但由習俗生常不思沿革忿此無知亂彼眞教

通斥中初二句斥無知秉御每猶多也師匠義一文家疊舉學教知法舉事成益故云實易不學昏教自他俱損故曰實難意云為師本易在彼反難也但下推妄行所由沿謂從舊革乃更新事雖古傳容有訛正彼唯執舊故曰不思眞教即律

或但執文謹誦非相莫知或前受遮障無任僧法或結界漠落成不混然或僧數薄惡不能生信或衣鉢假借自是非法

列非中五句即括四緣二五事非餘三可見執文即白讀障即是難遮通得否難則永閉薄謂中邊不滿惡謂體相非數文略別眾義必兼含假借衣鉢過在能受故云自也

如斯師匠秉御誠難虛受費功唐勞一世後生還爾永無出期

四引證勸依

二今事發二初標意

二隨釋二初具緣成受三初列示五緣二初標舉

二列釋五初能受五法二初總標

二別列五如文

結損中上二句指斥虛下明損他唐亦虛也後下彰自損

故大集經云我滅度後無戒滿洲此言必實深須詳鍊一受已難不宜再造故委顯示至機依準

引勸中初引經此下準經勸慎不可誤他若據本律得更重受今望事難故云不宜耳故下正彰篇意

初明具緣成受後加教法初中五緣

具緣中舊記並科此爲古五緣謂正加中十種方便爲今師十緣毀祖師教盲後學眼罔冒之甚勿過於此且此五緣行事始終包攝斯盡簡練可否

檢勘得失能授之龜鏡一篇之綱領首題所以特示總意所以先標況𪊍磨注文亦同此列疏中解釋復更詳委都不討論輒便穿鑿來學未達傳妄何窮

一能受有五一是人道以人中受得餘道成難故僧祇云若減七十不能作事不得受之若過七十出家時過一向不合廣如沙彌法中

人道中初簡餘道若準多宗餘道通受三歸不霑戒法成宗亦通五八但障出家今明受具餘皆難攝如下列之所以然者天多著樂修羅懷疑鬼神諂誑畜生愚騃地獄常苦唯斯人道苦輕下趣樂劣上天強識念力能崇道業並廣如疏撮略引之

僧祇下復簡人道文有兩節上簡堪能年減亦制下簡年歲縱能亦遮下文指廣彼云八十九十太老過七十臥起須人不聽度若能修習諸業聽出家謂作沙彌

二諸根具足謂身具眾惡病患聾盲百遮等類律中廣列一百四十餘種並不應法準以求之則聾瘂狂亂定不發戒餘者通濫有得不得如義鈔中

二諸根具者以儀相有虧汙辱僧眾故須簡之文爲三段初釋緣相身具等者略示三根百遮者舉其大數律下指廣如後具引準下決律文初簡永定疏云耳舌意三助道勝也由耳聽法意緣邪正有疑通決非舌不明此三有缺則不成受餘下明不定如上所列相有重輕如正問中下指義鈔文見上卷

三身器清淨謂俗人已來至於將受無十三難等雜過

三身器中若全未受容有汙尼賊住五逆受五八

十則有邊賊故云俗已來等十三難者且通舉之此簡身器唯論造業但收邊尼賊破五逆九種故云雜過等非畜初緣收黃形第二攝

四出家相具律云應剃髮披袈裟與出家人同等

四相具者律中倮形著俗服外道衣等並不得受故

五得少分法謂曾受十戒也律云不與沙彌戒與受具者得戒得罪

五中初示緣相有願未具故言少分下引律制言得戒者白四頓發也得罪者失漸次制也上五次

簡從寬至狹初約諸趣簡人二就人中簡報三就勝報簡業四就業淨簡儀五就具儀簡法又總爲三前二並報中業同前後二體相形法二同又約遮難收者一二三重難無者方成餘三輕遮有亦通許更自辨之

第二所對有六一結界成就以羯磨所託必依法界若作不成後法不就故須深明界相善達是非訪問元結是誰審知無濫方可依準不然捨已更結

第二所對結界中初科爲二初明須界所以故下誡令審悉則有二種一明界相知集限分二達是非者究本行事不然者即反上二或標相無準或先結不如微涉疑濫並須再結疏云捨結極易何得自輕

比人行事多不遵用輒爾寺外結小界受此是非法如上已明必有此緣結大界無爽若依毗尼母云直結小界不以大界圍繞亦不得受

斥古中初二句明違本制輒下斥妄行前篇已破故指如上必下指教此緣者或僧難集或疑舊界須出界外故然大界本制不爲難緣兼須立相小界反此故判非法若加大界緣相並如故云無爽

次科引傳即其事矣上決小界若依下次示戒場恐後濫用故此引示

中國諸師行事受戒大有尊重故傳中凡有受者多駕船江中作法人問其故答云結界如法者少恐別衆非法不成受戒餘事容可再造不成無多過失夫欲紹隆佛種爲世福田者謂受具戒不宜輕脫故在靜處事必成就

引勸中初三句通示言諸師者以傳中所述僧伽跋摩既是西僧例知皆爾故總指之故下正引即梁高僧傳宋元嘉十一年祇桓寺慧照於跋摩重

受大戒寫船江中人問者即慧義法師難曰布薩僧事常在寺內及論受戒何出邑外答下並跋摩語初示所疑別眾非法者或本結時僧有乖別或今受時界無分齊致有別眾餘下答寺內布薩夫下答出外受戒前云尊重蓋指此也脫猶略也

二有能秉法僧出羯磨非別人所秉

第二能秉與下數滿何異答能秉據僧體數滿約事用

三數滿如法若少一人非法毗尼今言少者非謂頭數不滿也謂作法者至時緣起別眾非法等如足數

所明文云自今已去十僧受具故此據中國以明邊方無僧曲開五人持律得受若後有僧用本開法得戒得罪者此十誦所列

三中分二初釋緣相作無軌度名非法事違教制曰非毗尼今下遮濫必取應法昧教寡德多亦非滿文下二引本制初明兩位中邊分齊如二衣中所以五人獨言持律者邊地僧少恐不簡練故特標之非謂中國便容濫預古師錯解如疏委斥此土邊陲本是開位僧既漸多還遵中制末世浮薄德學全虧必準本開理亦無過是知律制五人持律經開千里無師非謂無僧但實行者不易得耳若下決上邊開得戒謂僧法無缺得罪即本制有乖若爾中國五人可同此否答中本無開不可相例此下指所出伽論亦然

四界內盡集和合文云更無方便得別眾故

第四和集文據可解

五有白四教法則除顛倒錯脫說不明了等

五中則下二句且括四非或昧綱緣白讀謹誦皆不成法故云等也

六資緣具足文中無衣鉢及借者不名受具

六中疏云內欣勝法外假勝儀身心相依如魚有水問與能受中第四何異答前約小眾容儀此據大僧道具能所內外豈不明乎統上六緣還歸四種人法事處單複配之又前五不具定不成受第六有闕容多諍論若準祖意例亦不成如後委辨又準羯磨復加一種謂佛法時中毗曇論云若至法滅一切結界受戒皆失沒故

第三發心乞受文云不乞者無心者不成故

第三緣者上並旁助此正因本必須開悟方堪進受若論發乞合是兩緣心口雖殊希求義一故合

四心境相應

五事成究竟

之耳文下引示律中佛言教乞戒而不乞不得受具足又云時有強與授戒後便逃走還家佛言不得強授人具足戒即無心也

第四心境相應文云眠醉狂人及無心而受等是心不當境復以文云白四羯磨不如白法作白不如羯磨法作等及前僧非法不令受者起心即是境不稱心也薩婆多云若殷重心受則有無教若輕心受但有其教無無教也

四心境者無別緣相即合二三相對以論計有四句標即俱如是今正取俱非易解止明二互初句

先引律緣眠醉狂三皆因受已後覺返道佛並制斷心俱無記正缺戒因無心同上若準多論通列四心善惡無記及以無心文收二種善惡準之復下次句文中略引人法二非事處亦爾薩下引證文但明心義必兼境重心者即上相應輕心者即眠醉等教無教者即是成宗作與無作會釋名義委在中卷

第五事成究竟始從請師終至白四九法往來片無乖各界非別眾僧無不足羯磨無非受者心至則成受也與上相違則成非法

二引論通證

三誡令捡勘

五中通括前後具緣正加一一無違方成究竟初約正受釋言始從者總攝八緣終至者正納法體其爲九法下列十緣除初及三但取八種如下明之言往來者行事出入施造之相界下二約具緣釋略舉心境以明成否

今引文證毋論云五緣得成一和尚如法二二阿闍梨如法三七僧清淨四羯磨成就五眾僧和合與欲多論云若受者在家受五戒八戒出家受十戒隨五戒破一重受八戒不得乃至不得受具足及作和尚即十三難中初難攝

引證中上列諸緣皆依律本此但通證立緣簡辨非無所據至論列相不必全同初毋論中總束五緣不過人法略證所對三四五也次引多論唯明邊難略證能受第三一緣然其邊罪律據具戒論通白衣故約三戒次第明相初列三受隨下顯難文出破五即障餘三中間省略受十不得故云乃至破八障二破十障一第論可知然五八戒相不分輕重還準具戒殺盜婬妄各有大小酒是遮惡犯則非障不作和尚者設有濫受體非僧故

必有受者前準上緣必不堪任聖教不許

檢勘中，初令準勘，必下示簡除。

二加法中分二：初緣起方便，二明體用。若集僧羯磨方法，如前篇中，故重明之，以事大故也。

第二正加，點示中，覆釋所對成法。諸緣，初指前文。且舉二篇，結界足數，義同文省。方法者，總於上二故。下示重意，又解即此提示便為重明。

緣中有十。

緣起有十，前取八法，羯磨篇云：八種調理注羯磨中亦列八緣。所以多少異者，答：一三兩種容在餘時，不定受前事儀次第，若爾此何列耶？答：未請師

前，僧須檢問；既請師已，義必開導，出沒隨時，不妨兩是。問：前五後十並號為緣，如何分異？答：前則立定綱格，檢括是非；後謂布列行儀，發起正體，所以前云具緣成受，後云緣起方便。業疏科云：前是約法辨緣，後是就事辨緣。文理極顯，云何妄判為今古耶？斯為大失，知非宜改。

一受者得法，以不四律所明，必須十戒於前，後聽受具。文中不與受十戒，眾僧得罪。多云所以制十戒者，為染習佛法故，不同外道一往頓受佛法。不爾，猶如大海漸深，漸入。

得法中，初明制受，四律即四五十祇，文中即指本律。多下，二出制意。外道之法，但入彼道便同事業，無漸次故。問：此中不云先受五戒，何耶？答：十是具緣，故當此示。五是十緣，如沙彌篇中。尼鈔註云：不受五戒直受十戒，得戒得罪。即多論云：先以五戒調伏身心，信樂漸增，方受十戒是也。有人見此不言五戒，刪欲廢之，如別所破。

二明請師法，初請和尚者，以是得戒根本，若無此人，承習莫由，闕於示導，不相生長，必須請之。

請和尚中，初言根本者，戒從彼生，故承習謂稟學。

示導謂軌行，生長謂成得。不附嚴師，此三俱喪。

善見論云：以不請故，多造非法，諸師訶責。反云：誰請大德為我和尚？佛因制之。若不請者，不得與受，得罪。

引緣中，得罪者，準伽論得戒。

四分請法，不云僧羯磨，計理別處預請，何損大理。今在眾中者，十誦云：令受戒人先入僧中，教使次第頭面一一禮僧足已，然後請之。僧祇云：今從尊求和尚等。五分云：請和尚時，兩手捧足。

請儀中，初定處所，前示四分文通，古有定執在眾，故此決破。疏云：必預須受前一年一月，亦無傷也。

今下據他部對衆次引僧祇示請詞之異。五分亦爾下引五分明致敬之極。

當具修如上至和尚前旁人教云所以請和尚者此是得戒根本所歸投處種種隨機已許汝自陳不解故教也。文云大德一心念我某甲今請大德爲和尚願大德爲我作和尚我依大德故得受具足戒慈愍故三說

請詞中初明具儀如上者指前十誦旁下明教導種種者應更接前若無此人等語文下出詞句準疏分五大德念者請專意也爲和尚者明所祈也

願爲作者慈副本望也我依受具者三學由生也慈愍者已述所懷勸聽許也

僧祇云衆中三請已和尚應語發彼喜心四分云答言可爾教授汝清淨莫放逸弟子答云頂戴持下文更有十種答法

答法中初示須答之意四下出答詞疏云初可爾者總領請詞許爲師也又云可是答諾下流爾是應酬上位準此但答云可教授汝者非但事攝有法弘訓也清淨者宜重戒本攝持三業也莫放逸者諸過之源由行放逸當攝情根遠五欲也準疏四句共成一答初是許詞後三相攝不同古解隨一成答今時行事多不依用妄搆浮言殊無軌度下文者卽增五中彼云有五法與人依止若言能若言可若言是若言善自修行若言不放逸復有五法與人依止若言善哉若言好若言起若言去若言與依止二五共十種也舊記指師資篇非也

問沙彌戒時已曾請訖今何重請答以容改轉不用本師又沙彌時請初來爲受十戒今者沙彌爲受具戒受法不同或可和尚無德不合相攝故二對請之

釋疑中答有三解初改轉者遠行及道死等緣也

又下約法異或下約德闕故下總結三義十具各請故云二對

次請二師律無正文據佛阿毗曇中亦有請法文非巧勝故不鈔出卽準和尚例通請之

請二師法標示中彼論但有請十戒闍梨法非巧勝者彼云大德憶念我某甲從大德乞出家願大德度我出家憐愍我慈愍故例通者和尚一法兼請二師但改名字故

應具儀至師前旁人示語云羯磨戒師阿闍梨者受戒正緣若無此人秉於聖法則法界善法無由得生

故須增上重心於戒師所方發無作種種說已教云大德一心念我某甲今請大德爲羯磨阿闍黎願大德爲我作羯磨阿闍黎我依大德故得受具足戒慈愍故三說

請羯磨中初具儀二教示三正說

次請教授師亦具修至前旁人教云由此人爲汝教授引導開解令至僧中發汝具戒緣起方便並因此師重心請者方乃發戒文如羯磨師法但以教授阿闍黎爲異

教授法中分三同上

次請七證師義須準請以羯磨法非是獨秉必取此人證無錯謬十誦正則理例請之則受者生善前師心重彼此俱和豈非同法

後請七證立請中初標定以下示義言非獨者疏云據成羯磨合眾齊功豈獨三師偏受其賜十誦正則者即上引云一一禮僧已然後請之驗知非局猶非明文故云理例則下推益

世多不行但自滅法若論發戒功與三師齊德何爲不請之乎可準三師而請必在大眾多僧亦未必通限

斥世中初正斥若下顯功等可下令準請亦應具儀至七師前總請旁人教云以羯磨法非是獨秉必須此人證無錯謬若論發戒功與三師齊德故須請之法中但改尊證或云七證爲別必下遮濫七證之外不煩盡請

更明十師成不之相四分云弟子知和尚犯戒知不應如是人邊受亦知雖受不得戒如此具知則不成受反上成也餘之九師律無正文準可知也

料簡十師弟子知中初引示此即四句中一句如足數具引如下準判具知者即上三種餘下例準

若和尚犯重而羯磨師知亦不成受以了知所牒非比丘用故若十師之內互知犯重法亦不成並了知犯者不得共住知何不該

互知中初約二師所牒者羯磨緣中牒和尚故若下次明十師不共住者不入羯磨僧中此語簡絕一切犯重之人故云知何不該該猶通也

若據律文弟子知和尚破戒未顯輕重準義詳之乃至犯吉羅者亦不成受以犯威儀不應師德知不得戒強受不成由無心故既知必須見聞清淨預須選擇文云令選擇取也

二簡德驗二。初正示階漸。

決犯中，初示文缺。準下義判，十師相知，局約四重。
白停僧殘，得預數。故弟子知師，則通諸篇。故云乃
至等。如下責強受。既下識揀擇文。下律云：彼不選
擇人受依止，而師破戒見等。佛言：自今已去，不得
不選擇師受依止。準明和尚
和尚德者，差互不同。律中所列百三十餘種。十夏一
種。必須限定。餘之德相，如師資法中。故九夏和尚受
戒得罪。二種闍梨五夏已上。律云多已五歲也。餘師
隨夏多少。
階漸中，初通指。準增五中列二十六箇五句。今略

引之。有五法不應授人大戒。無戒無定無慧無解脫無知見。又云：復有
五法應授人大戒，即反上五句，下諸五句皆爾。復有五法：自無上五，復不能教人令住此
五。復有五法：不信不慚無愧懈怠多忘。復有五法：不知增戒增定增慧，不知
白，不知羯磨。復有五法：不知威儀戒，不知增淨行，不知木叉戒，不知白，不知羯磨。復
有五法：不知犯，不知犯懺悔，不知犯已懺淨，不知白，不知羯磨。復有五法：不知
有難，不知無難，不知白，不知羯磨，不滿十歲。復有五法：不能教人增戒增心增慧，不能
作瞻病人，不滿十歲。復有五法：不能教弟子威儀增淨行增木叉，不能令捨惡見，不滿十
歲。復有五法：不知犯不犯輕重，不廣誦二部毗尼。復有五法：不具持木叉，不
多聞，不能教弟子毗尼毗曇，不滿十歲。復有五法：不具持木叉，不能教弟子毗尼毗曇，
復不能教捨惡見住善見。復有五法：不能教弟子毗尼毗曇，不能教捨惡見住善見，不樂

二通簡宿德

住處不能移，有疑不能開解。復有五法：四法同上，五不滿十歲。復有五法：
不知木叉，亦不能說，不知布薩，不知布薩羯磨，不滿十歲。復有五法：不善知犯，不善知犯
懺，不善入定，不知出定，不滿十歲。復有五法：不知犯不犯輕重，不滿十歲。復有
五法：不具持木叉，不多聞，不能教弟子增戒，不能瞻病，不廣誦二部律。復有五法。
不具持木叉，不多聞，不能教弟子增戒學，捨惡見，不善誦律。復有五法：三種同上，四不
樂處不能移，不堅住毗尼。復有五法：不具持二百五十戒，不多聞，不能教弟子增戒學，有
疑不能解，不能斷諍事。復有五法：第三不能教弟子增定學，餘四同上。復有五
法：二不能教弟子增慧學。復有五法：二不能令增威儀戒學。復有五法：
二不能教增淨行學。復有五法：二不能教增木叉戒學。已上總一百三
十種。十下別定，二下明二師，多已五歲即師位故。

餘下即七證也。
統明師義。幸有老宿碩德，則生善於後。五百問云：比
丘五臘不滿度弟子，知非而度，犯墮。弟子不知是非，
得戒。若知不得戒。明了論疏：若已得五夏，為受大戒
作證人，及作威儀師。七夏已去，得作羯磨闍梨。既是
師位，故不得互共同牀坐。
通簡中，初勸取宿德。碩，大也。臘高德重，久而彌固。
故云生善於後。五百問下，和尚不滿。了疏中，諸師
階級。威儀同上。餘並增加。不共牀者，通明九師。引
此二文，意取高臘。然須具德兼更老成，寡德多年，

何足可取問少多既別如何取正答若依制限須準本宗幸有者年宜用了論鈔意在此故旁引之

三教發戒緣薩婆多云凡受戒法先與說法引導開解令一切境上起慈愍心便得增上戒就文如此今以事求初明緣境後明心量

三發戒緣敍意中初引論明須師教說法語略總下境心言開解者解即是智戒法深廣非智不剋一切境者即情非情問慈愍一切全非小行答善戒經中七眾所受爲菩薩方便業疏云向不緣慈如何容大意在後也增上即上品就下準文生起

以論語通未足開導識境發心納體正要不可麤略故須約義廣明體量學者至此必須深究多見誦語以盲導盲二俱墜陷寧無畏乎問所以須示境者答眾生造惡由迷前境惡業既因境起善戒還從境生是制法之所依爲發戒之正本若不明境將何用心特此廣張深有遠致問戒本防心何須制境答機分大小教殊漸頓大機達境唯心直從心制即菩薩戒也小機謂境異心故從境制即聲聞戒也教雖制境理實制心權巧方便於茲彰矣

初中所發戒相乃有無量由未受戒前惡徧法界今欲進受翻前惡境並起善心故戒發所因還徧法界若隨境論別鈔應有三十餘紙要而言之不過情與非情空有二諦滅理涅槃佛說聖教文字卷軸形像塔廟地水火風虛空識等法界爲量並是戒體

示境中初科初二句總示戒量由下明戒徧所以境本無惡惡心該徧故名惡境戒發所因即指諸境謂翻惡心徧戒境即徧若下正列境相初三句指廣疏云有師別出一卷戒方便相每至將受依說引化未詳何人其文已墜諒亦無他止是展演

情非情耳必欲委列何啻三十餘紙束廣從略亦不出下兩行之文要下撮示有三情非情者此二總攝十界依正二空下五句別舉二寶據情非情攝境斯盡爲遮疑濫故須別示上句明化相法也佛說四諦即攝世及出世凡聖因果苦集道三名有諦滅即空諦亦名眞俗二諦次句理即理體法也異上空諦是教攝故佛下三句即住持三寶問此並非情何須重舉答恐謂聖境非戒緣故問化理二法云何發戒答疏云俱有損壞毀謗義故如提婆破法之類問化相不明佛住持不言僧者答

並情收故理中佛僧俱無別體所以可知三地水下二句別舉六大上五非情後一是情風空及識境相難見故復示之如盜戒說又復須知隨戒多別如婬殺等單情境也如掘壞唯非情也如盜妄等則兼二種謂盜分四主物兼六大妄對所誑復規利養法下總結言法界者若就敎限則局三千大千今從圓意須論十方法界無作之體稱境而發等法界量故云並是戒體古記云今示戒境又云此是能領心體誤之甚矣

故善生云衆生無邊故戒亦無邊薩婆多云非衆生上亦得無量如十方大地下至空界若傷如塵並得其罪今翻爲戒善故徧陸地卽善生言大地無邊戒亦無邊草木無量海水無邊虛空無際戒亦同等

引證中初證有情薩下二證非情非情境廣且舉地塵示其多相卽下復引四物轉證善生五種前後離明若復細論飲食衣服房舍臥具常住現前四種僧物行住坐臥俯仰威儀大小便利一切作務無非制法所謂森然萬境何事非持若不爾者豈名具足若不先發行自何生故知受前預須委學沙彌建位正存於此今時昧敎誰復知之

薩婆多云新受戒人與佛戒齊德也以此而推出家僧尼眞是功德善法之聚位尊人天良由於此不論受而具持功德難數若毀破者猶利無邊故十輪云破戒比丘雖是死人是戒餘力猶能示於人天道行猶如牛黃麝香燒香等喩佛因說偈瞻蔔華雖萎勝於一切華破戒諸比丘猶勝諸外道

顯德中初科初引示凡戒因行佛戒果德凡聖優劣實非相擬一往且望淸淨義同故云齊德以下就人顯勝善法聚者攬無邊戒法歸無盡識藏成善種子作聖道基翻無始惡緣俱爲戒善變有漏

苦報卽成法身我等云何不自珍敬佛恩深重粉骨難酬苦海導師朽宅慈父願從今日盡於未來竭力亡身常贊三寶廣度羣品少答聖慈不下舉毀破校量初正明故下引證經據犯重故曰死人如僧網具引四喩中略眼藥喩故云等也偈中上半舉喩下半合法瞻蔔此云黃華華小而香西土所貴故多舉之有毀戒者見此言相似順愚情妄自矜誇謂犯猶勝此乃一途引接隨時之義聖制令受意在成持卽下文云寧起行用不須願求又云若毀佛戒不如不受敎旨甚明愼勿錯會

是故行者破戒之人功德無量還有出期不受戒者隨流苦海永無解脫智論說言寧受戒而破初入地獄後得解脫不受戒者輪轉三界涅槃亦云雖復得受梵天之身乃至非想命終還入三惡道中良由無戒故致往返

勸受中初躡前敘勸即以破戒無戒比校損益智下引證前引釋論雙證損益即蓮華色尼勸化婦女出家之語如中卷引後引大經但證其損文明極有勝報尚爾餘凡可知往謂昇天返即入惡

如是隨機廣略令其悟解若不知者心則浮昧受戒

不得徒苦自他薩婆多云若淳重心則發無教輕則不發豈可虛濫理當殷重

結勸中隨機者須觀利鈍所宜廣略大論示導取解爲期浮謂不重昧即不明薩下引示得否由心重輕誡令策進必使開解

次令發戒

心量中如諸律論多言上品前引多論但云增上彼論又於五十具中各分上中下心則爲九品然是通論心之濃薄亦不明示三品之相此中欲令受者知心限量故約文義次第明之獨此精詳餘皆不述

應語言當發上品心得上品戒若下品心者乃至羅漢戒是下品

勸發中唯言上品故知中下非是正意爲顯上品令知優劣若下毗曇所明有一羅漢戒是下品年少比丘卻得上品皆由最初發心有異乃至者始從凡夫終至無學歷諸階位更不增長或云受體是定隨行有增或約作戒永定無作通增並具如後

毗跋律曰發心我今求道當救一切衆生衆生皆惜

壽命以此事受是下品輭心雖得佛戒猶非上勝

下品中毗跋律藏錄不出言求道者所期果也救衆生者所修行也然雖救生行有深淺一不害彼命二以法開導三令得究竟度前不得後後必兼前約義推之初但護命不令得脫即二乘心前云求道正據小果中品所修以法開解自他兩利度非究竟即小菩薩雖期佛果行處中間望前雖勝比後猶劣上品引導令至涅槃同歸佛道即大菩薩行準沙彌篇三位配之恰然符合學者至此宜須明辨三心所期行果分齊舊記解釋但述名言

二就義明二品二。初標列。二引別釋二。初明中品。二明上品三。初正明。

執卷討尋，殊無緇素，故當剖析，不可籠通。

餘二就義明之。云何中品？若言我今正心向道，解衆生疑，我爲一切作津梁，亦能自利，復利他人，受持正戒。

中品中，初明期果，須約佛乘。解下，期行，明兼兩利。津梁是喻，衆生墮疑，故受生死，能爲開解，令彼得度生死，如津。我身如梁，法喻可見。

云何上品？若言我今發心受戒，爲成三聚戒，故趣三解脫門，正求泥洹果，又以此法引導衆生，令至涅槃，令法久住。

上品中，初明自利行，又下明利他行，令法下明護法行。初中發心受者，即今正受比丘戒也。爲成下，明遠期也。上二句大乘三學，即因行也。下句求大涅槃，即圓果也。三聚戒者，出瓔珞經。聚即總攝爲義，小乘七聚，從教以論，菩薩三聚，攝行斯盡。一攝律儀戒，（律儀禁惡，結業煩惱，究竟斷故，即止行也。）二攝善法戒，（世出世間大小修證，究竟修故，即作行也。）三攝衆生戒。（一切含識，究竟度故，即四攝行，謂布施、愛語、利行、同事。亦名饒益有情戒。此三須配三脫、四弘、三身、三德，如別所明。）三解脫者，雖是觀慧，非定不發，即定慧二學，絕縛證眞，由此得入，故號三解脫門。然名通小教，今對三聚，須局大乘。

二結勸

一空解脫門，（即性空也。）二無相解脫門，（即相空也。）三無作解脫門，（即唯識也，亦名無願。）懺篇三觀別配三位。此明大行，須約圓修。泥洹果者，名亦通小，取大可知。問：今此所受，爲即三聚，爲非三聚？若云即者，後須更受菩薩戒不？又復大小混亂，如何分別？若云非者，戒從心發，既發此心，那非此戒？大見錯解，故特提示，使自求之。次明利他，此法即上因行，涅槃即上果德，三護法中，自利利人，傳傳相續，佛種不斷，故得久住。深慮詞繁，略示梗概，所謂書不盡言，言不盡意，自非經遠優柔，積習淺識，麤心何由可解？餘廣如疏。

如此發心，尙是邪想，況不發者，定無尊尙。智論云：凡夫始學，邪心中語，那含果人，慢心中語，羅漢果者，名字語也。如此自知心之分齊，得佛淨戒，亦有分齊，故文云：佛子亦如是勤求禁戒本等。

結勸中二，初舉況以勸。言邪想者，凡夫結惑全在，未見正理，隨所動作，皆是邪倒。亂心事善，容有退沒，所以然者，如多論中凡夫感戒，具有四過：一欣下有羸，二容退道法，三容變二形，四邪見斷善。內凡已去，分見眞理，方無此患。初心薄地，非邪而何？尊尙謂心不崇重。智論下，引證。彼明世界語言有

三、一邪、二慢、三名字。是中二種不淨、一種淨。凡人具三。（鈔舉前一、必兼後二。下亦同之）見道學人有二、無邪語。（鈔舉三果以收初二、愛未盡故、猶有慢語）聖人唯一、無邪慢。（見愛永斷、隨世假名）如下。

二約自知以勸、良以無作假作而生、既非心色、無由表示、必約能領、顯戒優劣。前明上品所期遠大、所納之體定知增上、故云有分齊也。故下引勸、卽律序偈疏云、相召爲佛子、卽是此文。勸求者謂能受心禁戒本者、卽所納體。然與彼文語有少異。偈云、如人欲度河、用手及浮囊、雖深無沒憂、便能到彼岸。（上偈舉喻、下偈合法）如是諸佛子、修行禁戒本、終不迴

邪流沒溺生死海。

問、此教宗是何乘而發大乘志耶。答、此四分中、義當大乘。戒本文云、若有爲自身、欲求於佛道、當尊重正戒、及迴施衆生、共成佛道。律中多有誠例。光師亦判入大乘律限。

釋疑中、前明上品、越教乖宗、故須問釋。答中、初二句標示、言義當者、則顯教宗本非是大、有義相當。卽如下引疏云、分通意亦同此。戒下委釋、初引義例、律下指廣、疏中總列五義云、相召爲佛子、（文如上引）施生成佛道、（如此所引）沓婆厭無學、捨財用非重、塵境非根了、此皆誠例也。光師下攀古例。然彼所判太成通漫、文雖引據、意不全取。四分是大、將何爲小。卽應梵網體行全同、菩薩聲聞二戒無別。定知不爾。是以祖師所立、語意從容。義當分通、深符教旨。待至中卷、更爲詳明。（今亦有人直判爲大、不識教限、妄自云云）問、上品心者、爲全是大、爲分通耶。答、扶成本宗、分通義耳。問、分通之義、出自何人。答、如來立教、被此機緣、部主深知、還符佛意、別立成宗。是以前後律序、法正所安、多伸此意、豈不明乎。（有人妄斥南山不合立分通義、寡陋之識、何足議也。）

如是發戒緣境、及心有增上。此之二途、必受前時智者提授、使心心相續、見境明淨。不得臨時方言發心。若約臨時師授法相、尚自虛浮、豈能令受者得上品耶。或全不發、豈非大事。

結告中、牒上二科、誡令早示。使下二句、卽上心境。心須念念無間、境必法法無昧、毫差卽失、可不愼乎。今時昧教、事同兒戲。乍登壇上、心志驚惶、恐師授昏冥、但知學語、自無所曉、將何示人。豈非宿業所追、致使此生虛喪。深須責己、期遂將來。虛浮者、以臨事倉卒、多容舛謬故。

第四律云當立受戒人置眼見耳不聞處若受戒人離見聞處若在界外等皆不名受具恐聽羯磨故著離聞處猶恐非法令僧眼見五分中以起過故聽安戒壇外眼見處等

第四緣文據中初科初引律文上示如非界外不名受者疏云此通白四之時令約時緣界外無失恐下顯意上二句釋不聞處猶下釋見處復引五分轉釋非法言起過者彼因比丘借他衣鉢受已送還諸比丘令其乞食去彼言自無衣鉢佛不制我莫借故比丘白佛因制

四分文云界外問遮難等今時受者多在界內理亦無傷順上律文僧祇云教授師應將不近不遠處等

次科初示處今下指時事壇經云戒場內東階設席擬問遮難是也以見前云若在界外不名受具故云順上文也僧祇不言內外故知兩通不近不遠望僧坐處爲言

若多人共受者應兩處安置一多人行立令望見僧起敬重意二將問難者離僧及離沙彌行處於中問緣必在同處亦得恐後問如前心不尊重應各令反披七條及衣鉢在彼而立

儀式中反披衣者示緩相故及下合有捉字

五單白差威儀師四分云由界外脫衣看致令受者慚恥稽留受戒事佛言不得露形看當差人問難事

五中引緣可解

五分令和尚語羯磨師長老今作羯磨復語威儀師長老今受羯磨四分云彼戒師當問誰能爲某甲作教授師答言我某甲能

作法中初文爲二初出他部和尚白告或是彰異或令旁取下引本部正明今用

應索欲問和答言差教授師單白羯磨如此四答止

得各作一法若總答云受戒羯磨已後更不須和乃至多人例通問答不得過明相

和僧中初正問答如下明總別四答者即別答也初答如上二召入（云召沙彌入衆單白羯磨）三對問（云對衆問難單白羯磨）四正受（云授具足戒白四羯磨）總答中前後四法無非受戒一言總收鈔用總答下無別問乃至等者雖通多人可盡日夕然於行事或容停止義非連續相涉疑濫必欲準行且通一坐今諸州郡年別開壇多人併受反用別答理雖無害事成繁重餘文可解

戒師應白言大德僧聽彼某甲從和尚某甲求受具足戒若僧時到僧忍聽某甲爲教授師白如是應下座禮僧已按常威儀至受者所

六明出衆問緣所以爾者恐在衆惶怖有無差互屏處怖微安審得實即須依律問之

六出問所以中恐在衆者謂正問時安審者或約能問委悉或是所問詳緩言通兩釋

但遮難之中有得不得故前廣分別令其識相使問難者據法明斷使問答相應無有迷謬若問而不解終爲非問故中邊不相解語佛判不成

廣辨中初敘由有得不得如下自明令下顯意上三句令能問知法得不無昧故云明斷使下令能所俱解若下示非即舉中邊不足爲例

若準律云不問十三難者則不得戒故前須明解彼此無迷脱由不解不成豈不誤他大事應沙彌時教令列名顯數識相誦之此非羯磨不犯賊住

預教中初引制故下明須解應下明先教此下遮疑據論賊住同法方成必讀羯磨理應非障此由古執問難不取相解猶恐妄計同於羯磨不可預讀故一往遮之下文正明賊住即引四分一二三人及衆僧所共作方成或可因讀後聞易解就深防爲言

若約律本但問十三難事及論作法但問諸遮今就義準著問遮之前

安布中律因脱衣慚恥佛言自今已去聽問十三難即列其相故云但問等至教授出衆戒師對僧兩列問法但問十六遮故云及論等今此合之難在遮前故云義準等

又問難之體要唯相解令問汝不犯邊罪不自非明律者方識名知相自外經論雜學必無曉了下一一

具之不同舊人蒙籠誦習

能問中體謂大體即本意也一一具者謂列名顯相簡辨是非也不同等者疏云有師解云夫受戒法作法令誦但應依文十三使足答道無者便即得戒何須解義祖師即引捨戒中邊不解不足僧殘麤語不解不犯相並難破此不委明略斥之耳

一邊罪難者謂先受具戒毀破重禁捨戒還來欲更受具此人罪重名佛海邊外之人不堪重入淨戒海也乃至準論白衣五戒八戒沙彌十戒破於重者同名邊罪

初釋邊罪從喻爲名文中備釋前依本律且據具足下準多論通前四戒皆號邊罪然俗戒中大小通制準僧篇聚定約大重所以具戒須云捨者犯重不捨自號二滅欲明成障故約捨來後三犯即障戒不論捨與不捨

二犯比丘尼四分等律並云汙尼不明淨穢故世行事者云汝不犯清淨尼不此依僧祇而問彼律云若須斯二果及凡夫持戒尼被人汙者初人受樂是壞尼淨行中後人犯不名壞尼難若那含羅漢初後人俱名難也故知唯是淨境方成難攝

二明汙尼定淨穢中初示通濫即律本云汝不汙比丘尼耶五十皆爾故云等律故下二明簡淨前引時事下文準用此下出彼所據初果三界思惑全在二果欲界思惑未盡故此二聖猶受染樂凡夫總收內外薄地問必不受樂前境不壞成障戒不答汙壞成難從能得名但取慢辱不論前境上論受樂爲簡初中後人成不成耳三果欲界思盡四果結使俱亡此二必無染樂故知下雙決

十誦云若摩觸八尼汙尼八事若一人以八事犯尼令犯重者俗人不成難也

餘犯中觸八二戒尼通夷重恐謂俱障故引簡之文中若摩觸爲一句下二句明八事上句約八人共成下句約一人獨作準疏八尼合作八人傳寫誤也彼律問云頗有汙尼未受戒者應受已受不應滅擯耶佛言有若以身相觸汙尼是又問頗有汙尼人得與受戒耶答有若八人以八事汙尼尼名汙八人不名汙又復一人以八事汙尼尼名汙是人不名汙今下二句總結二戒八事具如尼篇

善見云若壞尼下二眾不障出家若壞大尼三處行婬皆名難也若以白衣俗服強與尼著而行婬者成難若尼自樂著白衣服就上婬者不障出家

雜相中論文三段初簡下眾若下明通三道據本成婬不勞此示爲遮疑濫謂餘非障故若下辨形服

必以義求若知受具戒緣事著於俗服亦應成難但壞淨境不論知淨不淨廣有廢立如疏義鈔

義決中初正決上言自著不障不約知與不知故須兩判但下遮濫恐謂前境淨穢亦同形服約知不知故特簡之下文指廣義鈔第一業疏第三疏云有師言但是具戒何論淨穢陵辱慢重故障出

二壞比丘
三總示
三賊心二初標
二釋二初正示名體二初引律通明二初引示

家乃至祖師云宜用僧祇明判淨穢是也
問何不言壞比丘耶答亦成難也尼受戒中反問便是由事希故善生經受五戒者問遮難云汝不犯比丘比丘尼不故知同是難攝
壞比丘中答文初句判定尼下例決彼問云汝不犯淨行比丘耶言事希者出僧中略意故下引文決彼具問云汝不盜現前僧物不於六親所比丘比丘尼所行不淨行不父母師長有病棄去不不殺發菩提心衆生不
皆謂俗人時犯若受戒已犯者止名邊罪所收

總示中俗人須約未受五八者
三賊心受戒者
三明賊心法財非分詐竊歸己故以爲名
律中爲利養故輒自出家若未出家者未受不應受已受得戒曾經說戒羯磨已受者滅擯
引示中初引本緣律因波羅柰國穀貴有一年少外道見佛及僧多得供養卽自剃髮著衣持鉢入衆中食諸比丘窮問彼乃自言佛因制斷若下判成不初明偷形未出家者謂十戒也未受者卽具戒也不應受者約前知也已受得者據後知也律

二決通
二引他部細辨

具云若至一比丘乃至僧所不共羯磨說戒若未出家受具戒不得與出家受具戒若已與出家受具戒聽卽名出家受具戒文牘者字去之卽義顯曾下明偷法正是難位故令滅擯前但同遮縱僧預知違制得戒
四分云若至一人二人三人衆僧所共羯磨說戒皆滅擯義諍出一人作對首衆法皆成障戒如說戒自恣等法必聽衆法心念亦成難攝若對他三人已下對首法四人已上餘和合法不秉羯磨皆不成難
決通中前引律文下示義決上文但云一二三人

不明衆但須以義定餘和合者如說恣告衆和僧立制等
善見云三種偷形一者無師自出家不依大僧臘次不受他禮不入僧法事一切利養不受二偷和合者有師出家受十戒往他方或言十夏次第受禮入僧布薩一切羯磨受信施物三二俱偷者可知若偷形者不經法事不受禮施爲饑餓故若欲出家受戒者得下二不合五百問云沙彌詐稱大道人受比丘一禮拜是名賊住難
他部中善見三種並號偷形若據第二正是盜法

二非簡盜法三 初簡因解

所以疏中但言三種。或恐寫誤。一字合在偷形字上。則同義鈔。或可稱夏受禮濫大僧形。故通標耳。初明偷形。言利養者。須約二種現前僧物。飲食供設。是彼所希義無不受。所以下云爲饑餓故是也。二偷和合者。律唯約法。論通四種。加臘禮利。並成障戒。故疏問云。偷和合者應在羯磨。何以文中具列夏等。答。夏次禮儀及信施等。並是僧家六和表相。由有戒故便有夏次等。以盜戒相令他信之故也。若偷下判斷得不。同前四分。引五百問。別證受禮。

四分中但言賊住難者。謂共羯磨說戒。不說聽聞不聞及愚癡因緣等。依如僧祇。若沙彌作是念。說戒時論說何等。即盜聽之。若聰明記得初中後語者。不得與受戒。若闇鈍。或緣餘念。不記初中後者。得受具。若凡人自出家著袈裟。未經布薩等者。得受。反之不得。

料簡中。初科爲二。前示本律言通。依下次引僧祇決正。初明偷法。彼云沙彌潛身牀下。盜聽初中後語者。即攝羯磨。言相始終。俱記成障。不具不成。文雖約記。義須明解。古記云。作白爲初。五篇爲中。略教爲後。此釋甚謬。說戒可爾。若單作羯磨約何分耶。若凡下明偷形。反之謂經布薩也。問。不聞羯磨但聽戒相。爲成障否。答。此有二別。若身在

二約年不满

衆。妄同僧列。但聽即成。不必羯磨。若論潛聽。必約羯磨。若但聞戒義。應非障。即前文云。不秉羯磨。皆不成難。又如疏云。偷和合者。應在羯磨。若爾。何以僧祇云。說戒時論何事耶。答。以說戒時。必作羯磨故。若爾。何以說戒遣未具者。答。恐生輕易。不論障戒。如戒疏云。下衆無知。多生慢習。制令耳目不屬。則重法尊人。生其欽仰。準知簡出意。令尊重。且如大尼亦遣。豈慮障戒耶。問。私習秉唱。未具忍聞。及未受前曾披經律。因讀羯磨。了知言義。成障戒不。答。準前後文。並論僧中。正作詐竊。成障。安有讀文而成障戒。如前善見。偷僧和合。屏唱私讀。僧和安在。以義斟酌。定非成障。前云此非羯磨。不犯賊住意。如上解。不可專執。古記並云成難。古來高僧。多有在俗先披大藏。今時信士。多多亦如之。若皆障戒。無乃太急。學者詳之。

摩得伽云。不自知滿二十而受具。後知不滿者。若經僧布薩羯磨。是名賊住。四分疑惱戒云。若年不滿。作法不成。受者有知者語令識之。後更受戒。

年不滿中。伽論。經布薩者。謂知而故爲。然亦須準聞解。以判。次四分中。以年不滿及法不成。疑惱他人。即制提罪。今引不犯開語中文。受者二字。綴上

三明尼捨戒

四破內外道三 初標名

讀之文舉二事不滿可解言作法者謂作白羯磨
不成非法別眾也有知等者謂知實不滿及非法
恐後疑悔受利養禮敬語彼令知還本處受戒故
引此反明本受不得輒受禮利則爲賊住同伽論
也
十誦云比丘尼如法捨戒若更受者不得即名賊住
難
尼捨戒來不偷形法據非賊住但由佛制尼無再
受故違捨之望前在道即同盜法故名賊住與前
雖異約過顯同

四破內外道者
四破內外者律因倮形外道與舍利弗論義便謂
沙門釋子智慧聰明後見跋難陀即從出家問跋
難陀義而不能答彼即休道比丘白佛佛言自今
已去聽與外道四月共住白二羯磨先與剃髮受
十戒後作羯磨（此制試初來外道非破內外者）後又有一外道纔
四月試即得正信佛令便與受具前倮形聞已復
來出家佛言此壞內外道者於我法中無所長益
從此制斷所言破者邪正兩見俱壞故疏云正取
破內兼實破外是也

二正釋二 初示 二破名相

二明初來踰度二 初引緣示制

二向通與戒

三結略

謂本是外道來投佛法受具已竟反還本道今復重
來彼此通壞志性無定
示名相中初投重來兩番破外受竟反還即是破
內又須定約具戒爲言若受十戒破不成難彼下
出障所以
律中令度出家對僧與沙彌戒四月試之使志性和
柔深信明著方爲受具
引制中因前破內故制令試初投之者若破內外
即是永障豈復試耶人多錯解故曲示之（準沙彌篇此即長含廢教疏中亦令依彼然須觀機用舍未可全廢故此出之）

問信邪來久何故先與沙彌戒耶答信此投歸若不
以十戒調柔違相不顯又彰佛法深妙漸次授法不
同外道一往不簡
問中意謂但令在眾可驗順違而律文中未與羯
磨先須十戒制意難顯故問申之答中二意可解
此事既希多述無益必有律自廣明
結略中此土黃巾或有信樂宜準前法律廣明者
先令剃髮次與十戒應至僧中乞法云大德僧聽
我某甲外道從眾僧乞四月共住願僧慈愍故與
我四月共住三說僧即安彼著眼見耳不聞處作

羯磨云大德僧聽彼某甲外道今從衆僧乞四月
共住若僧時到僧忍聽與彼某甲外道四月共住
白如是羯磨準作彼行共住竟令諸比丘心喜悅然後
與受具戒
五非黄門律中五種
五黄門者疏云黄是中方之色昔刑其勢號曰閹
人以衞中禁之門故曰也
一生黄門二揵作者三因見他婬方有妬心婬起四
忽然變作五半月能男半月不能男
通列中生謂生來即是揵如下釋餘三可解

世中多有自截者若依四分應滅擯文云若揵者都
截卻也今時或截少分心性未改者兼有大操大志
者準依五分應得彼文云若截頭及半得小罪都截
滅擯
分截中初句指事若下正判上明都截成障今下
反顯少分不成截根之人色心隨變故約未改必
已改者少分亦障小罪者即下云依篇懺是也
四分云若被怨家惡獸業報落等應同比丘法若自
截者滅擯不明分齊五分云時有比丘爲欲火所燒
不能堪忍乃至佛訶責言汝愚癡人應截不截不應

截而截告諸比丘若都截者滅擯猶留卵者依篇懺
之準此以明則未受具已截者終無明敎必須準前
勘取依餘部爲受
都截中二文並明比丘蓋準已受例決未受耳本
律四種上三緣壞下一揵壞不下點下一種不簡
都分五分初引緣起乃至者略自截之語應截者
欲情可治故不應截者報色無記故即四十二章
經云若斷其陰不如斷心是也告下明佛判諸文
都截並制滅擯唯此五分有少留之開下令準之
依篇懺者自害身分犯重偷蘭殺方便也準下例

決已截謂都去少留者準前勘者即心性未改等
餘部即取五分本部都截定不得故疏云四分無
文可準例也
六殺父七殺母八殺阿羅漢此三難爲之既希故略
知文相
三殺中六七違恩第八違福及下第九即障他正
道第十兼違恩福五皆違反中極總號五逆若有
犯者必墮阿鼻亦號五無間業
九破僧即法輪僧也若破羯磨僧非難十出佛身血
此二難佛滅後無也僧祇律註云佛久涅槃依舊文

問耳。

二逆中。破僧名濫。故兩分之。破法輪者。立邪五法。盡形乞食納衣樹下不食酥鹽及魚肉。破如來四依八正。犯上品蘭。破羯磨者。一界兩衆俱時作法。犯中品蘭。十出血者。耆婆治病鍼刺出血。生梵天一劫。調達推山迸石傷足。墮阿鼻一劫。故下正問。加惡心簡之。此下總示。唯佛世調達造此二逆。餘無能者。疏云破法輪逆今時微有。西土猶有調達之黨。此土亦有邪見滅法。又引古解毀形損像或有血光並入逆攝。又云不須血光但論惡心損是逆例。祖師云故引示之可斟酌矣。

十一非八難。皆謂八部鬼神變作人形而來受具。律中。五分天子阿脩羅子揵闥婆子化爲人等。

非人中。且示鬼神。須通四趣。天脩鬼獄律下引證必取變化方在問攝。四分但列三名而已。五分因脩羅厭患老死化作人形受戒後往居士家食五百分食招譏故制。律文略舉二趣三部。餘必須具。阿脩羅此云非天。以多諂詐非天行故。揵闥婆此云齅香亦名食香。

十二畜生難。亦謂變爲人形而來者。律中龍變形來受。佛言畜生於我法中無所長益。

畜生中。同取變化。故亦前科。律下引證即善見龍王厭身化爲外道出家受戒已因睡現本形佛即制斷如文所引。龍爲緣起。餘畜皆然。

此上二趣若依本形是人通識。恐變而來故須問之。脫有高達俗士來受戒時語云汝非畜生不若聞此言一何可怪。應方便轉問如下所陳。

轉問中。初明問意。脫下教改轉如下自出也。脫猶忽也。

十三二形者。謂一報形具男女二根。若先受後變猶尚失戒。況初帶受者滅擯。

二形中。初示相。善見三種。一能自受胎復能令他受胎。二但能自受。三但令他受。三並是難。皆二形故。若下以失況受。即四捨中一。準疏三障收者。黃門愛欲多煩惱障收。又不能男亦報障攝。邊尼賊破五逆九並業障。非畜二根三是報障。

四分律行事鈔資持記卷第八

四分律行事鈔資持記卷第九上三之二

宋餘杭沙門元照撰記

上已略述難相而遮事非一。律中略問十六。自餘受法廣明。皆言不應。亦有得不得者。

次辨遮中。初科初句指前。而下敘廣指受法者。彼有一百四十餘種。前後雜列。今依六根括示。眼根二十三靑黃赤爛紅黃赤色或靑黃白翳水精極深三角彌離大張睞盲尖出斜突瞋怒一眼門眼眼瘡。耳根有一聾也文不明鼻舌根有二瘂及具二。身有九十七。髮毛有六髮痶瘓靑黃白無髮無毛。頭有十七象馬駱駝牛驢猪羖羊白羊鹿蛇魚鳥等頭二頭三頭多頭尖頭蟲頭。顏色有七一切靑黃黑赤白或駮或斑。口有六鋸齒無齒喉戾兎缺無舌截舌。形相二十六前突後突前後突內曲外曲內外曲太長太短如女身婦女蹲蟲身捲足指跛曳腳一手一腳一耳無手無腳無耳一卵無卵癲曲指六指縵指。病患二十三患瘡死相現癭癰氣病疾病吐沫常病疥姪瘡常臥不轉老極乾痟男根病左臂壞右臂壞風病熱病瘡癊病癖病內病外病內外病。截壞十二截手截腳截手腳截耳截鼻截耳鼻截男根截卵截根頭截臂截肘截指。意有三不知好惡多諸苦惱顛狂五根共百二十六并下雜遮共百四十餘種。雜類二十餘不稱名不稱和尚名不乞戒者俗服外道服莊嚴具眠醉倮形瞋恚無心有名籍避租賦官人負債奴衣鉢年歲父母不聽五病等。皆言下總示得不如後。

若不自稱名字。不稱和尚字。年不滿等。定不得戒。

三遮中。據無衣鉢應合同科。然非明文容多異解。

今師義判。故在後列。問。據定不發。何不名難。答。名可改稱。年容待滿。非同永障。不在難收。年不滿者。須論胎閏頻大布薩增不滿者。

五分。諸比丘度截手腳耳鼻截男根頭挑眼出極老無威儀極醜一切毀辱僧者。皆不得度。若已度得戒。或有先相嫌。以小小似片事作留難。似瞎似跛似短小。父母不聽等作難者。吉羅。

五分中。初列是遮制僧輒度。或下次明非遮制僧作難。

僧祇云。盲者若見手掌中文。若雀目。聾者高聲得聞。

躃者作展曳尻行。鞭瘢若凸凹若治與皮不異。得印瘢人破肉已用銅靑等作字獸形。侏儒者或上長下短。下長上短。一切皆遮。不應與出家。若已出家。不應驅出。僧得越罪。

僧祇多種。大同四分。略舉七相。雀目卽屬盲中。聾人下準彼合有瘂者。下科牒解。必應寫脫。躃音辟。不能行也。尻苦高反。臀也。鞭瘢音盤。杖痕也。凸起也。徒結反。凹陷也。烏洽反。印瘢今謂雕靑也。獸形彼云作種種鳥獸像。侏儒短人也。彼律諸遮皆以不應等語別別結之。今此總括。故云一切等。

準此諸遮皆言不應得罪。下文復云是謂不名受具足。一一皆言不應驅出。是中清淨如法者名受具足。不名者總結師罪。何妨有得不得者。如瘂等若有輕遮不障戒者。故言清淨共住如法。文云瘂者不能語用手作相。又云遣書舉手作相不現前。如是等不名受。前瘂者文中不應驅出作沙彌也。

明得不中。初示四種總結之詞。彼文遮難四結並同。唯以應驅不驅簡異。下文等者。如云若不稱和尚名不稱受者名不稱僧名不名受具足諸遮之下皆有此語。餘三即是前科總括文也。是下正簡。

是中者即指彼律。辨遮中。初示兩結。彼律凡應法者則名受具。如波離問佛。一和尚一戒師一眾得並受不。佛言如是二三人亦得並受是名受具足。餘皆例爾。若是遮者則云不名受具足。若與出家者越毗尼。此語通含。故云何妨等。如下引示有二。初明通得不得。又下示一向不得。初中瘂等者等取盲聾。彼云盲者眼一切不見。（此即不得）若見掌中文。雀目得與出家。（此同如法）聾者不聞一切聲。（重者）若聞高聲得出家。（輕者）鞭瘢凸凹（重者）治與皮不異得出家。（輕者）彼律瘂中不示輕相。必取似能言者例上盲聾重輕兩別。清淨共住者即指得與出家之語。上明通得。文云下示不得。次一向不得中。遣書下彼有遣印手字。今此合之謂寄書受也。舉手作相者無言求乞也。無舉手字。今加以助之。不現前者身不至僧。如是等者。彼云不問（不問遮難）前人不欲（無心受也）非法不和合眾不成就。自不成就羯磨不成就若一一不成就不名受具足。前下覆點重者盲聾等亦同。

十誦伽論云瘂聾人不名受具。若聾聞羯磨聲得受。

十誦伽論重輕得不同上僧祇。

衣鉢不具者。四分云若無衣鉢不名受戒。若借衣鉢

應與價直。五分云令主捨之亦不明得不。

衣鉢中。四分因無衣鉢者受具已諸比丘語令入僧乞食。彼言我無衣鉢。因制。又有借他衣鉢受戒已其主還取。倮形羞慚故制不得。若欲與衣者當令乞與。不與者當與價直。（此約永賣方成。今有暫償還同假借）下引五分轉證借者。既令主捨成己物故即同四分當令乞與也。

今準薩婆多得戒論問曰。若爾何故必須衣鉢。答。一為威儀故。二生前人信敬心故。如獵師著袈裟鹿見以著異服故無怖心。三為表異相故。內德亦異。

多論中。初標定得戒。論下引文反難。意謂無旣得
戒。復何須制。答中三義。顯本制意。別非專受戒故。
內德者。不出慈悲解脫慚愧也。
引彼證此。文不可和。四分云。不名受戒。此則部別不
同。必誦十誦羯磨。依彼開成。準急無損。
決判中。部別者。疏引難云。如無和尚。不可從彼。必
下謂緩急條別。不可通用。彼宗無和尚。著俗服等
並開成受。在敎太緩。四分不爾。立法有異。況受戒
事大。義無輕略。故令準急也。
昔人義準四分和尚法中。若知借衣鉢受戒不得者。

則不得戒。不知者得。此乃人判。終違律文。必敬佛言。
再受依法。
斥例中。準疏古有二解。一云。依多論十誦。縱無亦
開得戒得罪。上科已破但不標古 又有人云。若無衣鉢全是
非法。若借得者。當時是有。義準破戒和尚四句。節
今所斥。初引古。此下正斥。疏云。得不無文。凡情難
信。幸依聲敎。則無惑也。
父母聽不者。善見云。若餘方國度者。不須問。僧祇親
見此彼不聽。自來見養兒。餘處得受。
父母中。律因身子輒度羅云。淨飯王白佛。因制。上

引善見。餘方通許。下約僧祇。明簡親疏。然彼西土
多諸小國。同此古來隨方割據。今時一統四百餘
州。夷狄不通。事亦希有。準文約國。於時非要。縱有
亦希。且約一國。須問聽不。但此間風俗。篤奉僧伍。
多由親捨。勘有此遮。自來者。世有孤窮。投人爲父。
養兒者。始生嬰孺。從他求養。
負債者。諸部但言不應。義準理得。
負債。準得者。容有償他。約事非重。據云不應。僧應
有罪。但由西土負債出家。王所不理。故須結犯。此
方不然。有戒無過。

奴者。僧祇云。若家生買得鈔得。此彼不得。他與奴自
來奴。餘處聽度。
奴中。初文。祇律五種。上三屬主。義強。下二則弱。故
兩分之。此間投法。多是良人。事亦稀也。
今有人放奴出家者。若取出家功德經。若放奴婢及
以男女。得福無量。律中不明放者。但言自來投法度
之。是非準奴及兒。彼此通允。
次科。初指時事。若下準經明許。律下示律所闕。下
二句準經決律。經兼男女。因決前科。故云及兒。由
前祇律三見五奴。並不論放。故局彼此。今準經文。

但是被放不問親疏彼方此國一切皆得故云通允允猶許也疏云本若被放何論彼此是也

五百問中知是佛奴度者犯重若先不知後知不遣亦重問其人是大道人不答非也僧奴準此復本奴位

三中佛奴者或費佛物傭雇或是他施侍佛盜佛兩結此據主論故云犯重大道人即目比丘雖已受具必還奴位故云非也此據永作或在傭限不爾則非所論

官人者僧祇有名有祿有名無祿此彼國不得度有祿無名餘處得度無名祿者一切俱聽準此俗人來投出家理須爲受

官人者律中因度波斯匿王勇將出家王譏故制疏云謂勳品已上在位文武百官僧祇四句可解名謂才業爲時所稱準下即準俱無例決常俗以律中係名籍人亦遮攝故

丈夫者必以建心慕遠淸節不羣卓然風霜不改其操鏗然憂喜未達其心便爲丈夫之貌

丈夫者疏云弟子通名丈者極形之量孔子九尺餘亦有一丈者初科四句初句志大次句節高三

謂行有始卒四即心無輕動必反此四雖是男子則非丈夫卓然謂高立也風霜喻衰辱危難等事鏗堅也達至也

故律云年二十者方堪受具謂能忍寒熱飢渴風雨蚊虻毒蟲能忍惡言苦事能持戒能一食等僧祇云若過二十減七十無所堪能不應與受具

次引證中律文初以年簡能謂下列示所能即十種苦事寒下六字爲六蚊蝱毒蟲爲七惡言苦事爲八持戒爲九一食爲十僧祇中年雖應法不堪亦簡故知出家專存修業豈不思之

五種病者上四應得狂中有三種若全不覺好惡應不得餘二應得

五病中初文五種如下自列狂中唯除上品

善見云癩癬莫問赤白黑屏處增長不增門俱得露處反前不得然癩病有二一惡業所致二四大違反則生故育王經有疥癩須陀洹瘡痍阿羅漢也若出家已癩者一切僧事共作若食莫令在衆此薩婆多解

別明中疏引善見屏處增長不得不增得度與今不同或是祖師改之從寬或恐傳寫之誤然下究

病所起意彰開得下引果人釋成初義疏云由惑盡此生業終報故總集受也若下明受已病生因而引之或可已受既共僧事故知未受必不障戒

次明餘事更明所以

餘事中言所以者謂受戒事重諸部制嚴所明餘事重彰此意故也

五分若先不相識人不應雲霧暗時受五百問中要須燈燭照之

初科五分反顯相識猶通暗受續引燈照不容濫委

若先曾受具者十誦問云曾作大比丘不答作問清淨持戒不捨時一心如法還戒不四分無文必有亦同邊罪幸依十誦十三難前問之答若有違則成邊罪故

次科初引十誦次第三問次點本宗無文有義下勸準前事儀有序今多不行頗違祖意

四分云若有難緣如說戒中當二人三人一時作羯磨不得至四僧祇一和尚一戒師一眾得二人三人並受若二和尚共一戒師二三人不得一眾受善見云二人三人一時受戒一一同等臘等時不相作禮

三中四分難緣開多人受僧祇善見乃是常開今時行事不須執難八難餘緣後篇委列故略指之僧祇中因波離有二沙彌欲令並受白佛因開文引佛答一眾謂二師外兼餘教證共十人也並受字下彼云不得眾受今此略之若下遮非彼云二三人共一羯磨師別和尚共一眾受不名受具足比今所引少有不次善見中不相禮者謂不互禮應得對禮

上已略明雜相今正出眾問法

正問中下明行事文相詳委不更細釋然於科段

稍有次序必在講師臨文點竄須令新學明曉事儀今時愚師凡見義章多饒唇舌至於行事撥而不辨便謂文寬無可尋究及論附事一無所知空負傳通全乖鈔旨苟聽忠告宜須慎之七科行事次第相由

教授師至受者所正敷坐具坐已語令敷坐具爲舒正四角相對相及申手內五分云應安慰言汝莫恐懼須臾持汝著高勝處

初中申手內者亦約空露高勝處者疏云戒遮既淨堪爲道器緣成業具位登僧寶豈卑下也有云壇上

非也。
彼應取其衣鉢舒示。寄此以爲陶誘。前執五條語言。此名安陀會衣。又指身所著者此名鬱多羅僧。執大衣已語云此衣名僧伽梨。薩婆多云。此三衣名一切外道所無。今示汝名相。若依諸部。此處卽爲受衣鉢者。或在衆中。戒師受者。四分無文。或受已方持者。亦隨兩存。并執鉢已言此器名鉢多羅。此衣鉢是汝已有不。彼答言是。卽便襆之。或加受法如前。

二中。疏云。衣鉢名字泛顯之詞。以通言路耳。陶化也。前下示衣。若下定加持前後。諸部通指二律。並

在受前。此處卽依五分。在衆謂壇上。卽出僧祇。或下示古所傳乃在受後。隨兩存者。此猶未決。若準業疏定依五分。彼云豈同古人雷同受後。今時別立持衣闍梨。餘處前受。理雖無爽。然非祖意。并下示鉢。

應語言善男子。諦聽。今是至誠時。我今當問汝。汝隨我問答。若不實者當言不實。若實言實。何以如此。由無始來欺誑聖賢。况沒生死。今欲捨虛妄證眞實法故。令汝實答。今問汝遮難。若不實答。徒自浪受。律云犯遮難人。七佛一時爲受亦不得戒。

三中。不實謂帶難。實卽淸淨。浪虛也。下引律示舉聖況凡。勉令實語。然遮亦通得。此據重者爲言。

汝第一不犯邊罪不。答言無者。語云。汝應不識此罪。謂曾受佛戒而犯婬盜殺妄。作此四者。必不得受。今汝無耶。答言無者。又語云。汝若不識。不解不得妄答。第二汝不白衣時汙淨戒比丘尼不。答言無。第三汝不白衣沙彌時盜聽他說戒羯磨詐作比丘不。答言無。第四汝非曾作外道來投受戒後還作外道今復重來不。答言無。第五汝非五種黃門（依名示之）不。答言無者。第六汝非殺父不。第七汝非殺母不。第八汝非殺

阿羅漢不。第九汝非破僧不。第十汝非惡心出佛身血不。各各答言無者。第十一汝非天子阿脩羅子。名爲非人。變爲人形而來受戒不。答言無。第十二汝非諸龍畜等能變化者。變爲人形而來受不。答言無。第十三汝今身中不佩男女二形不。得無者。應讚言善男子。已問難事。十三既無。戒可得受。

四中。第五黃門。註云依名示者。必須如前細述其相。令彼解知。今時諸師依本誦云黃門有五種所謂生犍妒變半。若作此示。受者聞之何由可曉。如前文云終爲非問。卽此類也。

五更問十遮

六囑後同答

七具儀安立

更問十遮汝今字誰答言某甲和尚字誰答云某甲
年滿二十不答滿衣鉢具足不答具父母聽汝不隨有言聽若無言無
汝不負債不答無汝非他賤人佛不許度不
是奴不答無汝非官人不答無汝是丈夫不答是丈
夫有如是病癩癰疽白癩乾痟顛狂汝今無此諸病
不答言無者
五中前云十六遮今合衣鉢父母五病故為十也
兩問字誰準疏並改云名以此方道俗名字別故
父母中註隨有者準須先問有無答言有者方問
聽否痟即瘦病

應復語云汝無遮難定得受也如我今問汝僧中亦
當如是問如汝向者答我僧中亦當如是答
六中初贊許如下勸憶
應教起立為正著七條令威儀齊正著履揲坐具肩
上衣鉢襆置手中語令汝此處立我至僧中為汝通
請若僧許可我舉手召汝汝可即來五分云教著衣
時密如法視無重病不種種隨緣廣如彼述或外律
中於此受衣鉢者
七中坐具肩上準感通傳乃是前制今須在臂通
請者謂問僧可不五分種種隨緣者謂指諭安慰

〇七單白入衆二 初標 二釋二 初作白

二召入

〇八正明乞戒二 初標 二釋三 初置衣安慰

等彼云應慰勞言汝莫恐懼須臾持汝著高勝處
若先不相識不應雲霧暗黑時受並如上引教師因教
著衣時密視等如此所引又云應問汝三衣何者
是僧伽梨何者是優多羅何者是安陀會彼若不
知應語云此是等又云應與受三衣鉢或下前雖
兩存意在五分故重舉之
七單白入眾律云彼教授師還來至僧中如常威儀
相去舒手相及處立此依中國露地戒壇故在申手內必在覆處隨時也當作
白大德僧聽彼某甲從和尚某甲求受具足戒若僧
時到僧忍聽我已問竟聽將來白如是

七明白召初中前示威儀言如常者同前出眾禮
僧致敬等此一單白唯須立秉疏云諸羯磨法威
儀必同此既坐立極成乖別由本僧差往外為問
事須酬對坐和失相如立說戒俱是為僧意可見
也今行別答先坐和已後起作白深乖儀相如前所斥當下次秉法
白已勿出僧中若堂內者至門限內舉手呼言某甲
來若在露地不得離僧申手外也彼來已為捉衣鉢令至僧中教禮
僧足已至戒師前右膝著地合掌
次文初呼入眾覆露兩制並不離僧彼下教致敬
八正明乞戒彼教授師將衣鉢付戒師已為正衣服

安慰其心懇惻至誠仰憑清衆求哀乞戒

八正乞戒初科爲脟衣者疏云乍入僧中威儀未涉且爲代擔示其方便也

語云此戒法唯佛出世樹立此法祕故勝故不令俗人聞之故六道之中唯人得受猶含遮難不得具受汝今既無甚是清器當深心乞戒須臾之間入三寶數若輕浮心戒不可得如是隨時作之律論廣述但乞戒由汝自心但未曉方軌階漸無由故佛教我爲汝稱述應逐我語

次文初歎法勝意在生欣故下次明難得以令自

慶上二句對餘趣簡人下二句就人簡淨當下勸用心隨時作者示不盡也律論廣者如前教發戒中所引是也但下示教意縱能自誦亦須從教由佛制故

大德僧聽我某甲從和尚某甲求受具足戒我某甲今從衆僧乞受具足戒某甲爲和尚願僧拔濟我慈愍故（三說教已復坐）

乞詞爲四初告僧正意二前牒初緣云從和尚也三後牒今意云從僧受重牒和尚者表戒法從僧行隨師也（此二句依疏釋）四祈請慈濟律本作願僧慈愍故拔濟我羯磨亦然疑是寫倒註令復坐者教授受差所任事畢

九戒師白和法彼應白言大德僧聽此某甲從和尚某甲求受具足戒此某甲今從衆僧乞受具足戒某甲爲和尚若僧時到僧忍聽我問諸難事白如是

問戒師作白和僧教授無者答羯磨對僧問難先不差之故後須和教授已被僧差奉命令問何須更和又在屏處不對衆問

九白和對揀中初問答中二意初約前差答文下次約非衆答

問戒師不差教授獨差者答教授師出衆問難不差無由輒問羯磨衆中而問故不須差更有料簡如義鈔說

次問可解私謂各專一法故互有無耳下指義鈔準彼續難云若爾結集法藏亦在衆作何以白差答結集爲僧不爲別人若不差不知誰問誰答故須差問答人定方得結集其羯磨師爲別人受戒兼請師已定義須在衆是故不差

十正明對問律直問十三難事無有前緣今時相傳前問衣鉢還如教授示四種異名已應語言善男子

聽今是眞誠時實語時今隨所問汝汝當隨實答僧祇云汝若不實答便欺誑諸天魔梵沙門婆羅門諸天世人亦欺誑如來及以眾僧自得大罪今問汝十三難事向前教授師所問但眾僧恐屏處有濫故對大眾一一問汝汝還依彼答一一答我

十正問初科中前明示衣律中屏問則有對問則無今用世傳非出律本故示令知應下正勸引僧祇文令知虛誑尚不免罪云何感戒魔王居欲天梵眾居色界沙門通收凡聖婆羅門即淨行居士上云諸天魔梵等即別舉天人之勝者下云諸天

世人通餘一切如來是立戒本師眾僧即發戒正緣疏云以戒法所通下被上達非緣而受體是乖儀欺妄之深乃通徧也

汝不犯邊罪不汝不犯淨行比丘尼不汝非賊心受戒不汝非破內外道不汝非黃門不汝非殺父不汝非殺母不汝非殺阿羅漢不汝非破僧不汝非出佛身血不汝非非人不汝非畜生不汝非二形不並答言無者

汝字何等和尚字誰年滿二十未三衣鉢具不父母聽汝不汝不負債不汝非奴不汝非官人不汝是丈夫不丈夫有如是病癩癰疽白癩乾痟顛狂等汝今無如是病不上來並隨有無具答

問遮難中直依律列少有加減及至臨事宜準前法所以爾者欲顯前問是今潤色或可受者已知止須直示故不加也

大段第二正明受體若至此時正須廣張示導發戒正宗不得但言起上品心則受者知何是上品徒自枉問今薄示相貌臨事未必誦文

第二正受敘由中言正須者顯前發戒且令預習未是正用今將納法縱令已解更須委曲選擇要

語激動蒙心戒師當此不可率易策導開解納法之本故云正宗不下遮濫枉猶虛也今下標示

應語言善男子汝遮難並無眾僧同慶當與汝戒但深戒上善廣周法界當發上心可得上法如前緣中今受此戒爲趣泥洹果向三解脫門成就三聚戒令正法久住等此名上品心

示境心中初明許可但下勸發初二句指法體上句標歎下句示量具足律儀對五八十故云深也聖道基本對世十善故云上也當下正示發心同前取解

次爲開廣汝懷者由塵沙戒法法汝身中終不以報得身心而得容受應發心作虛空器量身方得受法界善法故論云若此戒法有形色者當入汝身作天崩地裂之聲由是非色法故令汝不覺汝當發驚悚意發上品殷重心今爲汝作羯磨聖法此是如來所制發得塵沙法界善法注汝身心汝須知之

開懷中初教運想五蘊色心宿因所感故云報得法既周廣劣報不容必須運動方堪領納故云應發心等虛空無邊身量亦等心法相稱攬法歸心還依報得但發非心色非異非同猶如結界無作

依地不與地連非不相及故也故下引示未詳何論汝當下示知作法

應告僧言大衆慈悲布施其戒同心共秉願勿異緣令他不得應四顧望之不令非別之相有者喚令如法告言衆僧聽作羯磨

白中初科布施戒者以法濟也同心秉者勸正意也下令顧望制檢校也

大德僧聽此某甲從和尚某甲求受具足戒此某甲今從衆僧乞受具足戒某甲爲和尚某甲自說清淨無諸難事年滿二十三衣鉢具若僧時到僧忍聽授某甲具足戒某甲爲和尚白如是作白已問僧成就不乃至羯磨中第一第二第三亦如是問此僧祇文準此僧中知法者答言成就十誦因爲他受戒或睡入定鬧語闇亂等佛言不成受戒羯磨時當一心聽莫餘覺餘思惟應敬重法當思惟心心相續憶念應分別言是第一羯磨乃至第三不說得罪

正作中問成不爲二初總示問答十誦下引本制緣初示緣起即六羣也佛下判非當下示制有四初制妄緣餘即是異覺謂初起思惟即籌慮應下二制慢法當下三制間斷應分下四制昧暗不說

得罪此局不答爲言準羯磨云有違結罪則通前四隨違並吉豈唯受戒餘法皆然但由事重寄受以明故知秉結必遵四制若不爾者何名作業豈能辦事法雖祕勝全假人弘加被功成全由念力心強境勝授受無虛律擇堪能信非徒設凡居師列可不愼耶

又應語受者言已作白已僧皆隨喜今作羯磨動彼戒法莫令心沈舉當用心承仰又白僧言當聽羯磨

初羯磨中初文動彼法者以前白告情令衆知委此正量處舉發前法初則鼓令動轉次則舉集在

空後則法入深心領納究竟三法次第各有所主由心業力不思議故隨所施爲無非成遂三番羯磨並先策進受者自告衆僧然後乘唱尋文可見

沈舉沈謂昏冥舉卽輕掉

大德僧聽此某甲從和尚某甲求受具足戒此某甲今從衆僧乞受具足戒某甲爲和尚某甲自說清淨無諸難事年滿二十三衣鉢具僧今授某甲具足戒某甲爲和尚誰諸長老忍僧與某甲受具足戒某甲爲和尚者默然誰不忍者說此是初羯磨問僧成就

不告受者言已作初羯磨僧皆默可今十方法界善法並皆動轉當起欣心勿縱怠意次作二羯磨如上問已告受者言已作二羯磨法僧並和合今十方法界善法並舉集空中至第三羯磨竟時當法界功德入汝身心餘一羯磨在汝當發身總虛空界心緣救攝三有衆生拜欲護持三世佛法直依此語不同上廣仍白僧言願僧同時慈濟前生同共合掌佐助舉此羯磨便卽作之乃至是事如是持已

第三羯磨重提心量益令勇進救生讚法括束上品盡此二句時逼心切不宜枝蔓囑令直依意在於此加法竟時剎那思滿戒業成就此處合辨無作體相然是衆行正出受儀識體攝修宗歸中卷廣文如後故此不論

若多人一人卽須隨竟記其時節

三明敎示時節中初科隨竟記時者此間不行影法多用俗中年月日時每一時中分上中下以定前後

四分云有新受戒者不及後安居便數爲歲佛言不爾有者應和尚闍梨敎授時節云若冬若春若夏若干日月若食前食後乃至量影應預將一尺木至受訖日中豎之記其影頭臥尺量之計爲尺寸以爲常

法

四分中初引制緣不及後安居者謂五月十七已後受者應下示量法計尺寸者若食前受影長爲上影短爲下食後反之

善見云受戒已立取腳隨身量影示春冬時衆數多少後說四依四重等

善見中謂令一人立於日中齊頭影處以腳相接或約全腳半腳及指隨計多少以分上下食前食後同上分之衆數多少卽指受人而語通上下若連上釋卽謂示時定衆不亂若貫下釋卽謂受已

同聽說相。

若受人多者，但有受竟在僧下坐，乃至一切作已，方總集上座前，同時爲說隨相，不必戒師。

次安置中，初示坐處。在僧下者，壇場界廣，準此可知。今時壇窄，故出界外，乃下明說相。不必戒師者，此示古非。疏云：有人行事，十人登壇，隨人說相。一一誡語，今解羯磨加法，隨緣至三示相誨約，任時前後，不專局也。

問：此新受戒人相同界外來者，何不重和？答：非是外來，當處新起。

釋疑中，前約通答，後人受時，直爾作法，故須此問。別答不須準此通答，止被現僧，必有外來，更須別問。

次明說相，據理隨師具學，何獨此四爲緣起？有過且制四根本，若毀非用，餘篇枝條，懺復僧數，意在此也。

說相中，初科爲緣起者，律因比丘受具已，與本二行不淨行，諸比丘呵擯，彼云何不先語戒耶？白佛因制爲說四夷，十誦、僧祇更說僧殘，是戒分故。

應告之云：善男子，汝受戒已，必謹奉持，若但有受無持心者，受戒不得，空願無益，寧起行用，不須願求，經

論如此。但佛世難值，正法難聞，人身難得，奉戒者難。故上品高達，能受能持，修道會聖；下品小人，能受能破，心無慚愧，現世惡名，不消利養，死入惡道；中品之徒，善不自發，望上而學，可準下流耶？若遂鄙懷，毀破佛戒，不如不受，必須依佛正教，順受隨學。五夏已來，專於律部，若達持犯，辦比丘事，修定習慧，會正可期。自此已外，雜學言說，汙染淨戒，定慧無由生者，佛則不許。故律云：若師闕教授，當餘處學，爲長益沙門果故，然後依文爲說相也。

次科爲二，初敘勸，然後下正說。初中二節，前勸護本體，初舉受隨相須勸，但下次舉四難勸，故下三舉上根勸。經論如此者，如標宗所引勸持等文。必須下勸修三學，會正即三乘聖道。已外雜學者，謂世俗典籍，醫卜伎藝，皆非本業，故知出家，專崇道行。道行雖多，不出三學，如沙彌篇廣示，學本宜須隱括，取悟於心，下引律文，證須當學至聖乃已，故云長益沙門果也。正說中，但云說相，必兼四依，言彼文者，即指律本，但文相具委，人多誦之，故略不出。然今備載隨機，羯磨須者尋誦，此更不引，寫之甚易，不欲兩繁。既說相已，次說四依。

次為受衣鉢坐具若沙彌時說淨長衣鉢者更請施主總將說淨若沙彌時不說則已犯長應令將捨作吉羅懺然後說淨並和尚委示之

受淨中初明受衣等者此猶同古戒壇經云諸部並在問難前今時在受戒後無文所出不足行用

又疏云安有受後方事持衣相越常模故乖正教若下明教淨施已未兩相尋文可委

次授六念（出僧祇文）

法附中既受具戒節須六念憶戒緣身師當先授因附此篇牒章中注明所出若準四分衣食起觀俯仰威儀常爾一心念除諸蓋此據通相觀行尤難今此僧祇別指六緣制令繫意近而可別簡而易成故引彼文通成今用

第一念知日月應言今朝白月一日至十五日以純大故不云大小若黑月有大小故須兩分之今朝黑月大一日至十五日或云今黑月小一日至十四日

此謂識去布薩遠近出家日月法式如此

初念中前示念法此下顯意有二上約憶戒下據異俗謂月分黑白非俗法故

若據律文為俗人問令使識知若入聚落先知日月數法準此方土不論黑白若答俗人唯得通相云正月小今是某日此則道俗通知為允

示別緣中初引示細詳教意若唯對俗事非正要縱不能答亦無大損故知託彼為緣終歸繫念準下教隨方對俗通相謂不言黑白允猶順也

二念知食處於中有三若全不受請者云我今自食已食有言食僧常食有言我常乞食

第二念不受請中準注羯磨我今字誤合作我常

三並言常方異受請世多念云食僧常食此局不受請者安得濫用又言有請不背意謂無請則食僧食有請則赴他請兩期言之若此濫通何名剋念妄情臆度全乖律檢故須清晨念定不容後改

亦有念已復從他請貪情恣任無由約也

若受請者云我今自食無請處又云我今食僧食無請處又云我今乞食無請處

受請中初科準羯磨云謂不常定者（有作若無請者）

若有請者有背不背應云今有請處念自去

有請中不背可解

若背者（謂迦提月病及施衣等緣）今有某緣得背請（若無緣一日有眾多請者）應對人言今日有多請自受一請餘者施與長老在某處

三念知夏臘

應貧五眾捨之若無人時心念捨我某甲今朝檀越施我正食迴施比丘某甲檀越於我不訐我得自恣食三說此念法謂獨住蘭若遠行長病飢時依親里住五種十誦開之

開背有二初有緣背法註列三緣即展轉食戒開通文也羯磨念云我有請處今依背緣若無下無緣背法文中但出捨法準羯磨念云我有請處今捨與人然後捨之先捨後念理通註五眾者此出僧祇彼云我今得食施與某甲比丘乃至沙彌尼準此本眾對作餘則言告並通捨之以彼四眾皆福田故舊云當眾相對未善文意心念中迴施某甲者漫指一人但自

離過不必人往註中五種十誦開者彼因波斯匿王請佛及阿難食阿難先已受請不憶後受王請明日入王宮食入口已方憶前請不與他佛知阿難心悔告云心念與他已便食波離問佛餘人得爾不佛言不得除五人一者坐禪即今蘭若坐禪語通故用替之二獨住非蘭若處今在初列趣舉不次餘三如注饑時依親里住此即第五一種有將為二誤也此三亦據無人

第三知受戒時夏臘云我於某年月日某時一尺木若干影時受具戒我今無夏後若有者隨夏言之

第三念依文但稱年日月時不必妄加甲子乙丑

五念同別食 此段亦應合併註文讀之

四念知衣鉢

六念自康羸

等

第四知衣鉢有無受淨等應云我三衣鉢具有長已說淨後隨有無衣鉢藥等隨有者念說淨

第四註云隨有無者謂衣鉢制物攝理須具遇緣暫闕繫念早營及餘三長限內未暇恐妄須憶今人常無制物生不說淨逐日對聖言稱闕衣及未說淨迷教慢法一至於此法語之言改之為貴

第五念同別食云我今依眾食必有別眾九緣隨開云我今有某緣應別眾食廣如隨相

五念中上明無緣不別法準羯磨云我今不別眾

食然別眾唯約受請為言若常住食則無別過可準此文但云依眾必下有緣開別九緣別眾戒中委出故知如後

六念康羸云我無病堪行道有病念療治之

六中康謂安健羸即有病文出二法隨時兩用已上六事總束為三一三是戒二四及五內外兩資第六即身身是道器衣食道緣戒即道基三皆助道故制常念晨朝不作止犯六吉此是羯磨須合四緣法須口說言章無濫事即六緣無非詣實人唯獨作處通兩界緣乖法敗隨有結犯古記云防二十七罪

又即行六念云晨朝不作得三十二罪。此無所出，妄穿鑿耳。

僧祇云：受戒已，要畜漉水袋、應法澡罐等。如隨相中

雜相初科。應法澡罐，謂一斗已下小者。指隨相者，漉袋如飲蟲水，澡罐即畜寶。彼云：鐵、瓦、瓶、銅盆、銅益等器，別人得受。彼律雨衣入六物，漉囊爲衆具。

五分：新受戒者，必令誦戒；恐心退者，未可亦得。

二中言心退者，鈍根未堪，故開後誦，不過五夏。四分先誦經論，及病亦開。

善見云：佛度比丘已，有三衣、鉢盂、坐具、漉水袋、鍼線、斧子，八事隨身。

三中，佛度比丘，即善來受者，隨身制物，自然所感。引聖況凡，理須恒具。鍼、斧二物，補衣須用。據論爲制，在律歸聽。

四分云：爲比丘與外道相濫，佛令問何時、何月、何和尚、闍梨等，即知佛法與外道俗人有異，斷問知非賊住。

四中，即賊住緣起。此明時緣，爲別邪正，故須常憶，用擬他問。

時有三時：從十二月十六日至四月十五日爲春；從四月十六日至八月十五日爲夏；從八月十六日至十二月十五日爲冬。月有黑白、大小不同。受戒已，鈔出與之。

五中，年有三時，月分黑白者，戒疏云：道俗位殊，時數亦改故也。俗則年有四時，道則歲唯三位，略於秋分也。故三時之始，冬分在初，表無常也，令有慧者觀時入道，不容非逸也。彼以八月十六冬分爲始，此中隨俗列春在初，準疏爲正。又先黑後白者，三時之始，必十六日爲初也。

二、明捨戒者

捨戒中，總有四捨：一、作法捨；二、命終捨；三、二形生；四、斷善根。此明作法一種。又捨通漸頓，若直作白

衣，則三戒齊失，名爲頓捨。五十具也。若捨具作沙彌，或捨具十作優婆塞，則名漸捨。略知如此，餘廣如疏。

四分云：若不樂梵行者，聽捨戒還家；若復欲於佛法修清淨行者，還聽出家受大戒。增一阿含開七反捨戒，過此非法。

僧捨中，初引開法。律因跋闍子比丘不樂淨行，還家與故二行不淨，佛因開捨。文引佛語，不出捨法。律云：我捨佛、捨法、捨比丘僧、捨和尚、捨阿闍梨、捨諸梵行、捨戒、捨律、捨學事、受居家法，我作淨人、外道等。即頓捨也。我作優婆塞，我作沙彌。此漸捨也。須對比丘

二居捨示　二初引

二釋疑

捨之二一說卽成多論所謂受如採寶亦如登山必假多緣多力捨如失財如從高墜不假多緣故唯一說增一下明分齊彼經因僧伽摩比丘七反降魔後更受具得阿羅漢因開七反已外不聽

十誦伽論尼無捨戒更得受具

尼捨中引示云無更受者女流報弱多無志操佛初許度尚是曲開何況再受理非容納

問若無重出家何故開捨答一爲不成波羅夷故二爲來去無障比丘建立義強故開七反尼有一義合在俗無過不生譏醜過失廣如彼部準義應得作下二衆

釋疑答中初列二義比丘下示開制僧兼二種尼但初義各顯所以在文可見注文義決唯障具戒

四分律行事鈔資持記卷第九

四分律行事鈔資持記卷第十上三之三

宋餘杭沙門元照撰記

師資相攝篇第九

釋師資篇師通多種今局二位一得戒和尚二依止闍梨餘並一席作法不論相攝資取也即目弟子取學於師若據沙彌亦依二師行法大同相攝無異然此所明專約具戒縱容相涉非是正意言相攝者括下一篇不出三種一約心者謂父子想二法三財互相濟故問此無羯磨那屬上卷答計此合入受戒篇中所以律文合爲一聚約前所攝故同衆行但事繁行廣故兩分之

佛法增益廣大實由師徒相攝互相敦遇財法兩濟日積業深行久德固者皆賴斯矣

來意中初科上二句明立教之意住持三寶全賴人弘師徒相攝僧寶不斷則佛法增廣也增益謂從微至著廣大即徧布流通互下示相攝之益上二句通舉三攝敦遇即心相攝謂厚顧也日下示解行二益業謂所學文通師資義在弟子

比玄教陵遲慧風揜扇俗懷侮慢道出非法並由師無率誘之心資闕奉行之志二彼相捨妄流鄙境欲令光道焉可得乎

彰非中上四句敘非法初句明教壞次句明人愚三即俗輕四謂道妄並下推所因率猶引也二下示所損上明損自他欲下損佛法

故拯倒懸之急授以安危之方幸敬而行之則永無法滅

篇意中上句示悲懷拯急即拔苦故次句明慈行安危即與樂故愚教任情動成惡業墮在苦處喻如倒懸（孟子云當今之時萬乘之國行仁政民之悅之猶解倒懸）下二句勸修彰益

就中初明弟子依止後明二師攝受初中分二初明師弟名相後明依止法

問云何名師和尚闍梨答此無正翻善見云無罪見罪訶責是名我師共於善法中教授令知故是我闍梨論傳云和尚者外國語此云知有罪知無罪是名和尚四分律弟子訶責和尚中亦同明了論正本云優波陀訶翻爲依學依此人學戒定慧故即和尚是也方土音異耳相傳云和尚爲力生（道力由成）闍梨爲正行（能糾正弟子行）未見經論雜含中外道亦號師爲和尚

師名中問標三名師是華言義通二師文指和尚

二資名
二總辨相攝二
初標

答中初句略答非此本有故無正翻顯下諸文皆義翻耳善下引示初引見論師卽和尚彼因瞿陀沙彌爲育王説法王以八分食供養沙彌云迴與我師及闍梨王問二名沙彌隨答文引答詞無罪者令無所犯故其於者兼彼和尚故論下會上師名初論傳者諸記並云見論及法顯傳疑是一文外國者中梵自指五天之外次引四分詞和尚者卽云我犯戒和尚不訶不犯戒亦不知等如後具引三引了論正本者中天語也準疏本音鄔波陀耶彼云明了論疏稍近梵音猶乖聲論余親參譯

委問本音如上所述卽下點示邊語疏云如昔人解和中最上此逐字釋不知音本四引相傳糾猶舉也疏云阿闍梨者亦訛略也如梵天音阿遮利耶唐翻教授五引雜含示通邪正已上且引諸出不同華梵二音準疏爲定

弟子者學在我後名之爲弟解從我生名之爲子

資名中以師望資猶弟猶子以資望師如兄如父祖師義釋獨出今文諸宗製撰率多承用

次總相攝

總相攝者通論彼此心相向慕對下共行別行事

二釋三 初六方礼經
二僧祇律
三四分律

條各異故云總也

尸迦羅越六方禮經弟子事師有五事一當敬歎之二當念其恩三所有言教隨之四思念不厭五從後稱譽之師教弟子亦有五事一當令疾知二令勝他人弟子三令知已不忘四有疑悉解五欲令智慧勝師

六方禮經佛世有長者名尸迦羅越早起六方各禮四拜佛問其故答云承上如斯佛言不以事禮各有所表東方父母事南方師長事西方夫婦事北方親屬朋友事下方奴婢事上方沙門道人事

今引南方彼此五心可解

僧祇師度弟子者不得爲供給自己故度人出家者得罪當使彼人因我度故修諸善法得成道果

僧祇中初制非法末世皆然唯圖力役焉知誤彼得罪者約制小過論業亘言當下教如法

四分云和尚看弟子當如兒意弟子看和尚當如父想準此兒想應具四心一匠成訓誨二慈念三矜愛四攝以衣食如父想者亦具四心一親愛二敬順三畏難四尊重敬養侍接如臣子之事君父故律云如是展轉相敬重相瞻視能令正法便得久住增益廣

大。

四分中三。初引示準下義分。初四心中一是法攝。二三心攝。上謂愍其未能。下謂憐其有善。四卽事攝。後四心中上二懐恩如怙於父。下二致嚴如事其君。敬下二句總顯四心。事父唯孝。事君唯忠。兼之者師也。儒禮云。師者教人以道之稱。楊子云。師者人之模範。今人無道。以何教人。將何模範。妄攝徒屬。羣居不義。閙四趣門。塞三乘路。毀戒作惡。互相贊護。楊子所謂模不模。範不範。不爲不多矣。信哉。故下結益。

二依止法。二。初標名。

二正釋。二。初簡應法。

二明依止法。先明應法。二明正行。初中言得不依止者八人。四分六種。一樂靜。二守護住處。三有病。四看病。五滿五歲已上。行得成就。六自有智行。住處無勝己者。

二。初開不依止。二。初總標。

次明依止開不依中。本宗六人。初開頭陀。次三開緣礙。後二開行成。上限五夏。下通未滿。

二列釋。二。初本宗六種。

二他部二種

七飢儉世無食。十誦云。若恐餓死。當於日日見和尚處住。恐不得者。若五日十五日。若二由旬半。若至自恣時。一一隨緣。如上來見和尚。八行道稱意所。五分。諸比丘各勤修道。無人與依止。當於衆中上座大德心生依止。敬如師法而住。

他部二種。七據十誦。文明和尚依止義同。故隨住有食之處。故近遠不定。恐不得者猶無食故。二由旬半。其一百里。自恣者竟夏一來。極相遠故。一一下。總上近遠處也。此雖往見。由不同界依止不成。故在開緣。八中五分無人與依止者。攝他損已惜道業故。私心依他亦不成法。還同不依。

二須依止。三。初總標。

二須依止人十種。四分云。一和尚命終。二和尚休道。三和尚決意出界。四和尚捨畜衆。五弟子緣離他方。六弟子不樂住處更求勝緣。七未滿五夏。

二列示。二。初前七人。

須依中。初七人。上四明師闕。次二弟子有緣。並須卽求依止。後一未過教限。言勝緣者。别選人處。

二後三人

八不諳教綱。文云。若愚癡無智者。盡壽依止。此約行教明之。十誦。受戒多歲。不知五法。盡形依止。一不知犯。二不知不犯。三不知輕。四不知重。五不誦廣戒通利。毗尼母。若百臘不知法者。應從十臘者依止。僧祇中四法。不善知毗尼。不能自立。不能立他。盡形依止。九或愚或智。愚謂性戾癡慢。數犯衆罪。智謂犯已卽知。依法懺洗。志非貞正。依止於他。十不誦戒本。毗尼母。不誦戒人。若故不誦。先誦後忘。根鈍誦不得者。此二明正行，二。初標分。

二義評

三通簡，二。初分判。

三人不得離依止。

後三人中，第八引文有四。四分文下，合云約行似多教字。十誦五法並據戒本上四不識相下一不誦文。毋論中律制依止本為學法。學簡智勝，不取臘高。老年依少，但除禮足耳。僧祇中文脫第一不善知法。古本元有，非是文略。初謂施造乖儀，次即愚於教相，三無志操，四不兼他。九十可解。

前之七人未滿五夏，故須依止，若滿不須。後之三人位過五夏，要行德兼備，便息依他。

通簡中，初文七人夏滿不須者，此據行業成就為言，必無所立，還屬後三，息止也。

然五歲失依止，約教相而言，據其自行，終須師誨。律云：五分法身成立，方離依止。更通諸教，佛亦有師，所謂法也。如是廣說。

義評中，五夏業就，許不依他，於教無違，在行猶缺，必希進趣，當復從師。此則無簡愚智，皆須盡壽也。律下引證可知。通諸教者，即涅槃文。又成論云：佛初成道，觀一切人無勝己者，念言我所得法，因此成佛，還當依法為師。多出經論，故令廣說。

二明依止正行，分二：一七種共行法，二三種別行法。

二隨釋，二。初七種共行法，二。初釋本宗行相，二。初總標。二別列七，如文。

次正行中，初七共行，謂師資互須，故後三別行，唯在弟子故。

初中七法者，一眾僧與師作治罰，弟子於中當如法料理，令和尚順從於僧，設作令如法，不違逆，求除罪，令僧疾與解罪。二若和尚犯僧殘，弟子當如法勸化，令其發露已，為集僧作覆藏六夜出罪等。三和尚得病，弟子當瞻視，若令餘人看，乃至差若命終。四和尚不樂住處，弟子當自移，若教人移。僧祇能說出家修梵行無上沙門果，雖無衣食，盡壽不應離和尚。若欲遊方者，和尚應送，若老病，應囑人，當教云：汝可遊方，

多有功德，禮諸塔廟，見好徒眾，多所見聞，我不老者，亦復欲去等。五和尚有疑事，弟子當以法以律如法教除。六若惡見生，弟子教令捨惡見住善見。七弟子當以二事將護，法護者，應教增戒增心增慧學問誦經；衣食護者，當與衣食醫藥，隨力所堪為辦。

本宗中，初治罰者，謂七羯磨。弟子下分二：上明不令僧罰，設下明已罰令解。二中，初勸發露為下，次為求懺。三中，差及命終看視，功畢不可中止。四中本明弟子移處，下引僧祇師送弟子，由是共行，不妨互顯。僧祇中，初制不得離，若欲下明開暫離。上

二句明師不遮若下明弟子憂念當下明師安慰第五與下法護何異此謂事有過失容生疑悔以教解之下令修學故非相涉六惡見謂著邪背正七中出家學道以法爲本故先明法以資慧命次列衣食用攝形累須知二護義有親疏

此七種法諸部多同僧祇和尚闍梨有非法事弟子不得麤語如教誡法應輭語諫師應作是不應作是若和尚不受語者應捨遠去若依止師當持衣鉢出界一宿還若和尚能除貪等三毒此名醍醐最上最勝不得離之餘廣如後五分中若師犯僧殘求僧乞羯磨弟子應掃灑敷座集僧求羯磨人

引諸部中初標示僧下正引初僧祇文同五六前明諫勸可不言輭語者師兼父德不許犯顏依止出界者隔明失法得別依人若和尚下明有益不離醍醐味中最勝可喻明師下相攝中廣引故此指之次引五分同上第二

二明別行法三種一白事離過者律云凡作事者應具修威儀合掌白師取進不若欲外行者師以八事量宜謂同伴去處營事也三種交絡是非作句唯同伴是好人去處無過營事非惡方令去也

次明別行白事中四分前明弟子白師事通一切若下明師當量可且約外行八事者三事互歷爲八一伴是處事非二處是伴事非三事是伴處非(一是二非三句)四伴處是事非五伴是事處非六事處是伴非(二是一非三句)七三種俱是八三種俱非三種交絡者總指八句唯下簡上七句皆不令去獨取俱是一句聽去

五分欲行前要先二三日中白師令知唯除大小便用楊枝不白

五分中初別示他行唯下通明一切文除不白顯餘須白

十誦中一切所作皆須白師唯除禮佛法僧餘同五分若弟子辭師行云當至某城邑某聚落某甲舍非時白中亦爾當量行伴知於布薩羯磨法事會座如是者得去不受語輒往明相出時結罪

十誦初通明諸白同五分者並除大小便等若下別顯出行前明白法非時亦爾者非時入聚對餘人作牒處同上當量下明師可不布薩名淸淨謂對治止過也羯磨名業謂如緣作善也法事會坐者說法誦戒兩集也(座合作坐)不受語者謂師不許而

故違之。

僧祇不白師得取與半條線半食若爲紉一條線不白得罪有剃髮師來和尚不在當白長老比丘師後來時還說前緣餘事準此若弟子大施者師量弟子持戒誦習行道者應語言此三衣鉢具漉囊等出家人應須不得捨之若有餘者告云此施非堅法汝衣是得資身行道不必須捨若言我自有得處者聽若欲遠行不得臨行乃白應一月半月前預白令師籌量若不能一一白師當通白欲作染衣事亦得

僧祇文爲四節初白師須不上明少物不白若下明作務須白紉女鄰反索線也有下明師出轉白師後來者謂歸本處也說前緣者述前已白也餘準此者例通多事也若弟子下二誡資行施亦由來白故有斯誡非堅法者有漏世福容謝滅故若達法空不取施相成無漏善則是堅法若欲下明出行白若不下明通白染衣事中所攝多事皆不須白文如經營佛法僧事隨舉總相一事白之故云通耳古記並立通白法云從今清旦至明清旦所作一切事白阿闍梨知便謂晨朝白已一日不須此不出正教妄生搆立且律制白師本取可不

但云一切爲是何事如何量宜況前引諸教多種白法皆應無用今猶行之無知故也

善見弟子隨師行不得去師七尺不應蹋師影離是應白知。

善見中彼有七法一太遠恐不聞二太近恐蹋師影三上風恐臭氣熏師四高處恐成憍慢五當前礙師觀望六當後迴顧嗅難七立於左右七尺許今引二七兩法

四分多種或出界或與他物或受他物及佐助衆事並須白師

四分可解

二受法者四分云彼清旦入和尚房中受誦經法問義廣如依止中

受法中指下依止下云日別三時教三藏教法等

三報恩法四分云清旦入房除小便器白時到等應日別朝中日暮三時問訊和尚執作二事勞苦不得辭設廣具四紙餘文必須別鈔依用一則自調我慢二則報恩供養三則護法住持正法久住也

報恩中四分爲二前略引行相二事者律云一修理房舍二補浣衣服廣下二指文勸依即受戒揵

度第三十一卷末彼云自今已去制弟子法應行若不行應如法治然後列相此不繫引須者尋之

僧祇云弟子晨起先右腳入和尚房頭面禮足問安眠不餘同四分

僧祇中右腳者傍門左入以從順故同四分者除大小器等

十誦若浴和尚先洗腳次脞乃至胷背若病先用和尚物無者自用若從他求日三時教弟子云莫近惡知識惡人爲伴弟子若病雖有人看而須日別三往語看病者莫疲厭此事佛所讚歎

十誦初明弟子勤勞先腳至上浴法須爾病用物者謂藥餌之資日下明師攝濟惡知識者順己欲情染習易故最不可近故切誡之一壞名聞二障學業三喪德行四失正信五伐善根六墮惡道近善知識反上可知智論云隨逐惡者皆由無智古儒云見賢思齊見不賢而內自省成論四輪一住善處二依善人三發正願四植善根況今末劫人非上智志性無定好惡隨緣凡在學流切宜擇善因玆言及聞者三思佛所歎者看病福勝如下卷引

雜含云若比丘不諂幻僞不欺誑信心慚愧精勤正念心存遠離深敬戒律顧沙門行志崇涅槃爲法出家如是比丘應當敬授由能修梵行能自建立故

雜含中初明弟子如法上二句離二過諂僞是心欺誑卽口信下三句修三業義分五行一離惑倒二無放逸三不懈怠四絕妄緣五遠塵染次第對之深下奉教行志下期聖道如是下勸師敬念（授字古本作愛）

大門第二明二師攝受法其和尚攝行與依止大同合而明之就依止法七門

二明攝受標示中和尚攝行同者下七門中三及五六通明二師餘四唯局依止

一依止意者新受戒者創入佛法萬事無知動便違教若不假師示導進誘心神法身慧命將何所託故律中制未滿五歲及滿五夏愚癡者令依止有德使咨承法訓匠成己益

制意中初敘由故下引制咨承是資行匠成卽師德此二句出制教之意

二得無師時節律中開洗足飲水已說依止

二中四分因比丘不洗足飲水便依止迷悶倒地

佛因開之。
十誦無好師聽五六夜有好師乃至一夜不依止得罪。
十誦開五六夜爲選擇故與下伽論延促少異。
摩得伽至他所不相諳委聽二三日選擇此律亦爾。
五百問云若不依止飲水食飯坐卧牀席日日犯盜若經十夏不誦戒者罪同不依止。
五百問中初不依止受用犯盜者須約私物師復不許既非相攝輒用同盜必是僧物十方同分或師通允不爲竊盜理如十誦遣教吉羅或可論家

制急約緣辨犯義非重夷若下不誦戒者臘同師位教行無知不堪利養故同犯盜亦如上通。
三箇師德因明諸師不同四分五種一出家闍梨所依得出家者二受戒闍梨受戒時作羯磨者三教授闍梨教授威儀者四受經闍梨所從受經若說義乃至四句偈也五依止闍梨乃至依止住一宿也和尚者從受得戒者是和尚等者多已十歲阿闍梨等者多已五歲除依止。
第二列名中初出家者即十戒師和尚闍梨等者謂與二師夏次同也亦名同和尚同闍梨依止必

滿十夏不在等中所以除之。
若準此文四種闍梨要多已五歲方號闍梨餘未滿者雖從受誦未霑勝名若準九歲和尚得戒得罪此雖未滿得名何損。
得名中前約夏簡未滿不名若下準例得名。
又上四闍梨不得攝人而替依止和尚處由一席作法非通始終若作師者更須請法。
攝人中若作師更請者上四闍梨必滿十夏欲從依止前法已失故令更請。
律中二師行德三種一簡年十歲已上二須具智慧

三能勤教授弟子有七種共行法更相攝養如和尚法中。
列德中律中因制依止有新受戒者受人依止多起非法故制十歲又有十歲愚癡比丘受他依止多造非法復制十夏有智慧者又有自謂有智慧者受人依止復制闍梨行法令教誡等此三必具闕一不成下指共行法與前無別。
摩得伽云凡欲依止人者當好量宜能長善法者及問餘人此比丘戒德何似能教誡不眷屬復何似無有諍訟不若都無者然後依止。

二僧祇

三四分五百問

選擇中伽論初明自選及下明問他言都無者總上三種謂戒德無缺教誡無倦眷屬無諍

僧祇不得趣爾請依止成就五法一愛念二恭敬三慚四愧五樂住

僧祇五法並制弟子此彰師德歸攝人心能感弟子成此五者方可依止即屬簡德古云此五約師非也

四分諸比丘輒爾依止不能長益沙門道行佛令選擇取依止即師有破戒見威儀等並不合為依止因二歲比丘將一歲弟子往佛所佛訶責云汝身未斷乳應受人教授云何教人耶若師有非法聽餘人誘

將弟子去五百問云其師無非法而誘將沙彌去犯重因說老病比丘死緣

四分三段初明選德言輒爾者律云彼不選擇人受依止故即下示過文略訶責等四治故云等也因下二明簡年二歲比丘即律緣起尊者婆先也未斷乳者喻於嬰兒豈能生子也若下三明誘去律因二師破戒見等佛言聽作如是意誘去欲令長益沙門法故引五百問反示如法不聽言犯重者成盜人故因說者彼云昔有比丘輒誘沙彌去此老比丘無人看視不久命終故制律中六羣誘

四善見僧祇

五三千威儀

他弟子佛言不應上犯吉羅論中重者約盜心

善見云若不解律但解經論不得度沙彌及依止僧祇成就四法名為持律謂知有罪知無罪知輕知重下至知二部律得作和尚

善見中明簡學業檢行決疑必依解律故餘不許下引僧祇轉釋解相遮濫預故知二部律不係四中不能如上觀察機緣然知律相容可咨問自餘不許故云下至

三千威儀多有請二師方法及攝受其行之儀

三千威儀彼文甚廣撮要引之第二卷首云新至

比丘欲到賢者所請作依止阿闍梨當先自說言我為某先陳己名遠離三師各去是若干里今獨來在此本意欲學連遇國郡不安故來到是今自歸賢者賢者為我作依止阿闍梨賢者用某自歸故受某甲為弟子賢者當用法故為某甲作阿闍梨說已頭面作禮陳請等又云弟子依止阿闍梨有五事一者當數往二者至戶當三彈指三者入當頭面禮四者長跪問消息五者當還向戶出復有五事一旦往問訊二師呼即著袈裟往不應單身三當掃地具澡水拂拭牀席四若有所作若出入行

止當報。五受經問解得不得不應有恐意。

四明請師法。律中由和尚命終無人教授，多壞威儀。聽有依止。如上和尚法。令法倍增益流布。

第四示緣中。言多壞者。律云：不按威儀，著衣不齊整，乞食不如法，處處受不淨食，受不淨鉢食，在大食上小食上高聲大喚，如婆羅門會坐無異。聽下示制。元立依止，補和尚處也。

僧祇亦得名師為尊。請文云：大德一心念，我某甲比丘今請大德為依止阿闍梨，願大德為我作依止阿闍梨，我依大德故得如法住。（三說。律文少語，加闍梨字）彼言可爾。

與汝依止，汝莫放逸。

請法中。準律具儀，跪膝合掌，然後陳請。僧祇異名，如前篇引。注中示知加改。彼云：我某甲求大德為依止，願大德與我依止，我依止大德住。故知加改不唯闍梨二字。

五分云：我當受尊教誡。不者不成。先不相識者，應問和尚闍梨名字，先住何處，誦何經等。若不如法，應語云：汝不識我，我不識汝，汝可往識汝處受依止。若疑，應語小住，六宿觀之，合意為受。若依止師不得許可者，不成。四分云：彼遣使受依止，遣使與依止，皆不成。

成不中。五分，初明弟子受教之詞。本律無文，今須準用。先下明不識觀量。若依下明師不答。四分遣使，謂身不現前，不成作法。遣受即弟子慢易，遣與謂師之率爾。

五師攝受法。大同前法。

五中。標云大同者，即共行七法。

僧祇云：日別三時，教三藏教法。不能廣者，下至略知戒經輕重、陰界入義。若受經時、共誦時、坐禪時，即名教授。若不爾者，下至云莫放逸。

教誡中。初文僧祇廣略次第四節。初明廣說三藏。晨朝、日中、昏暮為三時也。不下略說三藏。律藏戒相，經論三科，皆其要者。（五陰、十二入、十八戒為三科）若受下復以禪誦便當教授。若不下直言約勸，不引經律。

已上四法，言雖繁省，並須三時。

準此以明，今聽講禪齋初學者，並令依止。每日教誡，過成繁重。不行不誦，徒設何益。

指過中。以文開略法，自可依行。況法語難遵，人情易厭，故指其繁重，意使隨宜。禪齋者，謂坐禪時及中食時也。

凡請師法，前已明之。今重論意有四：一作請彼攝我。

我當依彼慈念矜濟。二取道法資神。乞令教授行成智立。三自申己意我能依止愛敬如父。四能遵奉供養慚愧二法在心。必具此四可得請他。違此悠悠徒費無辦。

請意中。計論請意合在前科。然敘資心為彰師攝故。此明耳。初二句卽指上科。前但出法不明意。故或可指簡德中僧祇五法。或指總相攝中父想四心。以五法四心卽同四意。此但廣之。故云重也。四中初示相依。二明順學。三敬慕。四執勞。二法者雜含云告諸比丘有二淨法能護世間。卽慚愧也。必下結示可不。悠悠謂閑慢也。辦成也。

比有大德多人望重。每歲春末受戒者多。一坐之間人來投請為和尚者或十二十。及至下座獨己蕭然。此則元無兩攝。成師之義略同野馬。極而言之。受同陽燄。

斥非中。蕭然寂靜也。兩攝。或約師資相望。或約財法二事。成下喻師資非久也。野馬者。天台云風動塵故曠野中如野馬。莊子云塵埃也。極下喻受法不成也。陽燄者。智論云飢渴悶極見熱氣謂為是水。此謂似有而無也。

雜含云。五緣令如來正法沈沒。若比丘於大師所不敬不重不下意供養依止。故反此則法律不退。

引誡中。大師者。德重學優堪為世範。非今紫服濫稱之者。不下列示五緣。上二可見。下意供養依止為三。

五分。二師亦不得以小事留弟子住。若於白衣前出鄙拙言。應令覺知。廣如第二十三卷。

五分。小事謂供給承事也。若下恐俗輕侮正其所失。準彼乃是弟子覺師。今此反之。意通彼此。下指廣相。文見二十七。

善見。和尚多有弟子。留一人供給。餘者隨意令讀經。

善見。留一者。乃知師攝意本利他不圖役力。

僧祇。弟子為王難。師必經理。若賊抄掠等。見錢救贖。不者獲罪。

僧祇中。王難謂為官繫閉等。賊抄須贖者。屬彼強故。若奪成盜。必自脫免師攝無過。不下一句。遮上兩制。結師小罪。

今次明老弟子法。

老弟子中。但令夏次在上。不必年老。

十誦。大比丘從小比丘受依止。得一切供養。如小事

二僧祇

六治罰二初標分

二正辨四初合訶之法三初示過二初依律列相

大唯除禮足餘盡應作

十誦可解

僧祇一切供給除禮足按摩若病時亦得按摩應敎二部戒律陰界入十二因緣等義雖復百歲應依止十歲持戒比丘下至知二部律者晨起問訊爲出大小行器如弟子事師法

僧祇中初句標同除下簡異禮足永閉按摩時許應下示同上明師以法攝同上日別三時敎三藏敎法等百歲須依者舉多況少也下至知二部律謂不具上知有罪等四法也晨下明弟子報恩

六明治罰訶責法分四初明合訶之法二依法訶誡三不應之失四辭師出離

第六標分中合訶是過訶誡即法餘二可知

初中四分有十五種謂無慚(作惡不恥)無愧(見善不修)不受敎(不如說行)作非威儀(犯下四篇)不恭敬(我慢自居)難與語(成論云反戾師敎)惡人爲友好往婬女家婦女家大童女家黃門家比丘尼精舍式叉尼沙彌尼精舍好往看龜鼈律文如此今所犯者未必如文但有過者準合依罰置而不問師得重罪

示過中初文律列八箇五事總四十句初至不恭敬即初五事次五云無慚無愧(此二八五並同)難與語惡人爲友(此二句下七五並同)好往婬女家(後六五事上四句並同唯第五句別)(乃至以看龜鼈等一句接通前成八五也)今東其同者止取別相但十五事又式叉沙彌尼律中合列第七五中今離爲二相耳上六注釋可解戾猶逆也友惡人者近習不善故婬女下七種履涉非處故看龜鼈者放恣嬉遊故律下例通餘過勸令依罰重罪者制唯犯吉約業尤重如下引示

二引教勸治

善戒經云不驅謫罰弟子重於屠兒旃陀羅等由此人不壞正法不定墮三惡道畜惡弟子令多衆生作

諸苦業必生惡道又爲名聞利養故畜徒衆是邪見人名魔弟子五百問云有師不敎弟子因破戒故後墮龍中還思本緣反來害師廣如彼說

善戒中舉極惡人以況其罪猶更過之好爲人師者寧知不易乎施陀羅經音義中譯云嚴熾亦云主殺人即魁膾之名也五百問中彼云迦葉佛時有比丘度弟子不敎多作非法命終生龍中受苦不能忍便觀宿命本作沙彌不持禁戒師亦不敎作念瞋師會其師與五百人乘船度海龍即出水捉船索此比丘衆人即問乃述本緣衆不得已欲

捉比丘彼曰我自入水不須見捉即便投水喪命」問爲具五過方訶一一隨犯而訶答隨犯即訶方能行成文若作此過雖犯小罪情無慚恥理合訶責若心恆謹攝脫誤而犯情過可通量時而用不必訶止」釋疑中前引過相八五列之恐疑犯五方訶故須明決答中初正答文下教酌情用舍如文易會

雜含云年少比丘不閑法律凡所施爲受納衣食貪迷縱逸轉向於死或同死苦捨戒還俗損正法律謂同死苦犯正法律不識罪相不知除罪謂同死苦是故比丘應勤學法律

引勸中彼經有一年少比丘出家未久不聞法律當乞食時不知前後次第比丘訶諫不從佛因垂誡文如鈔中不閑等者謂愚教也凡所下明造過也轉向下示現報也捨戒下釋上轉向死也犯正下釋上同死苦也是下結勸文中兩言謂同死苦準經上句合云謂向於死經云所言死者謂捨戒等同死苦者謂犯正等經中牒釋今易於下結語不當異引經對校定是傳誤須考本文無勞強釋」

二明訶責法凡欲責他先自量己內心喜怒若有嫌恨但自抑忍火從內發先自焚身若懷慈濟文量過輕重又依訶辭進退前出其過使知非法依過順訶心伏從順若過淺重訶罪深輕責或隨憤怒任縱醜辭此乃隨心處斷未準聖旨本非相利師訓不成宜停俗鄙懷依出道清過內懷慈育外現威儀苦言切勅令其改革

第二訶誡敘如非中分三初誡自量若懷下次示正法次第有四初句明利他次句明觀察又依下出過相依訶者即下五種重輕隨用故云進退依過下正訶責若過下三勸依教初列非宜下正勸停止也鄙懷者即上諸非出道者即前四法然

言之甚易爲之極難若不懷瞋安見訶責雖云世有何嘗見之苟自識心不如抑忍

依律五法次罪責之四分云弟子不承事和尚佛令五事訶責一我今訶責汝汝去由過極重遣遠出去二莫入我房得在寺住在外供給三莫爲我作使容得參承入房四莫至我所外事經營不得來師左右依止師訶改云汝莫依止我五不與汝語過罪輕小隨得侍奉

列如法中四分五種注釋甚明無勞煩釋但初重後輕中三互望並通輕重

自三世佛教每諸治罰但有折伏訶責本無杖打人法比見大德衆生內無道分可承不思無德攝他專

行考楚或對大眾或復房中縛束懸首非分治打便引涅槃三子之喻此未達聖教然彼經由住一子地悲故心無差降得行此罰即涅槃云勿殺勿行杖等此言何指不知通解輒妄引文縱引嚴師此乃引喻不關正文

執涅槃中敘過為二初示正教三世者釋迦為現已前為過彌勒已後為當然過去已滅當來未立安知其教蓋諸佛道同舉現可驗又復現教並明過未故可知也但佛法仁慈必無陵物恆沙皆爾豈止釋迦乎比下指非法便下斥妄引初標破彼

經第三因迦葉菩薩問長壽因佛答應護眾生同於子想迦葉白佛若有破戒作逆毀正法者何得皆子想因此令以羯磨治罰乃至云若見比丘見壞法者置不驅遣訶責舉處當知是人佛法中怨等迦葉復白佛言如佛所言則不等視一切眾生同一子想如羅睺羅乃至佛言譬如國王大臣宰相產育諸子若二三四將付嚴師教詔假使三子病杖而死餘有一子必當苦治要令成就乃至如來亦爾視壞法者等如一子愚人執此故行杖罰然下委斥初出經意一子地悲者若準經中正明

二約深位責濫

二執淨度經 二初斥妄執

二引正教三初 本律

如來下引攝論則通初地即下引經反質即第十卷偈云一切畏刀杖無不愛壽命恕己可為喻勿殺勿行杖不知下責其妄引嚴師為喻即如上引

如攝論言菩薩得淨心地得無分別智方便具行殺生等十事無染濁過失等今時杖治弟子者咸起瞋毒勇憤奮發自重輕他故加彼苦若準涅槃恕己為喻則鍼刺不能忍之

引深位中初正引淨心者即初地亦名歡喜地無分別智於諸眾生同於一子無取捨故方便者示現權巧度眾生故十事即十不善今下斥濫準涅

槃者即上偈文恕猶度也智論云苦力多樂力少若人偏身受樂一處鍼刺眾樂都失但覺刺苦

又有愚師引淨度經三百福罰此乃偽經人造智者共非縱如彼經不起三毒者得依而福罰今順己煩惱何得妄依

淨度偽經如序所列舊記云彼明重罪打三百中罪打二百下罪打一百皆得福也此下斥非初指偽隋朝焚毀古德不用故云智者共非縱下縱破可解

律中瞋心訶責尚自犯罪乃至畜生不得杖擬何況

杖人。
引正教中，本律瞋心訶責，即毀呰戒，開慈救故，杖擬畜生，犯吉，出打比丘戒。
地持論中，上犯罰黜，中犯折伏，下犯訶責，亦無杖治。
地持中，約過輕重，以分三犯。罰黜者，不令依住。折伏者，以事陵辱，如律奪衣斷食之類。訶責者，苦言訶誡。舊約夷殘提吉分三犯者，未必然也。
大集云：若打罵破戒無戒袈裟著身剃頭者，罪同出萬億佛身血。若作四重，不聽在寺，不同僧事，若謫罰者，於道退落，必入阿鼻，何以故，此人必速入涅槃故。不應打罵。準此以明，則自知位地生報冥然，濫自欺枉，可悲之深，廣如彼經。

大集中，初示極誡，罪同等者，舉重為比，出一佛血，一劫阿鼻，何況萬億。若下，敎治罰，僧事即羯磨說戒。若下，出能罰之報。何以下，出不聽之意。準下，準經以責前，明初地可行十事，已是下凡，不宜僭濫。結業既重，死墮惡道，故曰冥然。
僧祇：若師訶責弟子，不受者，當語知事人斷食。若凶惡者，師自遠去。若依止弟子，師應出界一宿還。若弟子有過，和尚為弟子懺謝諸人云：乃至凡夫愚癡，何能無過。此小兒晚學，實有此罪，當教敕，不作如是悅眾意。
僧祇中三：初明折辱法，謂可罰者。若凶下，明捨離法，即不可責罰者。若弟子下，弟子惱眾，師為懺謝法。
三明訶責非法。四分云：盡形訶責，竟安居訶責，訶責病人，或不喚來現前，不出其過而訶責等，並成非法。若被治未相懺謝而受供給、依止等，或被餘輕訶而不為和尚闍梨及餘比丘等執事勞役者，得罪。
三非法中，四分前列五非，上二時久，失訓誨故；病人，律因二師不看病者困篤，故不喚現前，不知訶故，不出過，不知何罪故。若下，明師乖法。或下，即弟子悖戾得罪，二字總上諸非。律文並言不應故。

僧祇：若與其行弟子依止弟子衣已，不可教誡，為折伏故奪，後折伏已還與，無罪。若與衣時言：汝此處住，若適我意為受經者與汝，後不順上意，奪者無犯。
僧祇初明暫奪。共行，謂和尚親度者。七法相攝，故名共行。若據依止，亦共七法，從本彰目，以簡親疏。若與下，明永奪，以先要故。此並奪衣戒中不犯緣也。適，悅也。

十誦若欲折伏剎衣裸形可羞佛言不應小事折伏
沙彌若折伏留一衣
十誦剎衣折辱異上兩奪初緣起佛下立制沙彌
二衣故須留一準小例大須留下衣
四明辭謝法十誦云比丘沙彌得和尚知不能增長
善法者應白師言持我付囑某甲比丘師應籌量彼
比丘教化弟子何似其眾僧復何似好者應付之知
不具足更付餘師若和尚不好當捨去和尚有四種
與法不與食應住與食不與法不應住法食俱與應
住法食俱不與不應住不問若晝若夜應捨去阿闍

梨亦爾
四辭謝法去住中十誦文為二初辭好師法但不
勤訓誨故欲從他先明白師次明師為選擇若和
尚下遠離不好師法下列四句二住二去法是本
務食乃旁資有食無法徒養於穢軀有法無食終
成於慧命聖制有以何得不思
僧祇大同有苦樂住別若師令作非法事喚汝來取
酒來應輒語云我聞佛言如是非法事不應作第二
十八九卷中多有行法須者看之
僧祇中初明去住彼亦四句二去二住不問而去

同上無法無食問而去有食無法苦住有法無食盡壽不應去樂住有食有法
雖遣不應去若下二明諫爭喚汝來者彼律正作婦女
字今此寫誤
五百問事若弟子師命令販賣作諸非法得捨遠去
五百問中今時末法多有斯事雖欲從他抑遏打
罵故令晚進白首面牆法墜於時率由斯致必負
高識無枉自他
四分若弟子被師訶責令餘比丘為將順故於和尚
闍梨所調和令早受懺應知折伏柔和知時而受律
云應向二師具修威儀合掌云大德和尚我今懺悔

更不復作已外卑辭自述事出當時若不聽者當更日三時懺悔
如上猶不許者當下意隨順求方便解其所犯若下
意無有違逆求解其過二師當受不受者如法治若
知不長益令餘人誘將去若弟子見和尚五種非法
應懺謝而去白和尚言我如法和尚不知我不如法
和尚不知我犯戒和尚捨不教訶若不犯亦不知若
犯而懺者亦不知
辭去中為二初明訶責懺謝又二初明求人調和
法應知下令師觀察律下二自對求懺法前明弟
子勤懇若下下制師必受次若知下明知非捨離

初聽他誘去。律開必能長益沙門果者，故知能誘必約好師。若弟子下，二自白捨去。五種即下白法五句。依師本意，檢過策勤，五並不知，師義安在，去非就道，固其宜矣。

問。前共行法令弟子攝和尚，今諸律中云何辭去。

釋難中。前七法中，弟子於師訶責犯殘，並須經理。有疑惡見，復須諫正，此明捨去，故須和會。

答。上言攝者，據初雖有過，弟子諫喻，有可從遂。令諫而不受，無同法義，故須去也。

正答可解。

僧祇云。若師受諫者，言弟子，汝須早語我，我無所知，即承用之。若師言，汝若諫我，我則是汝，汝則是我，依前二師方便而去。

引示中。前明受諫。若師下，明拒諫。依前二師者，和尚遠去，依止出界。

七明失師法。和尚一種無相失義，或可無德，更依止他。以依得戒，無再請法。依止闍黎事須詳正，有三不同：一請師法，二相依住法，三請教授法。

七失師法列示中，初明和尚無失無德，依他者，但可捨去，相依乃在。以下示無失所以。初受期心盡壽親附，不同依止容有再請故也。二明依止有失。若論依止，但有請法義分三種，故云詳正。若失請法，則須重加。若失下，二起心而已，如後所明。

次明失是非者。若師被僧治罰，不失依止，謂不失請法。相依住法失，請教授法，以師有過行法在。已弟子無義得請，令師得罪，以奪三十五事中，不得受人依止者。謂授他教誡，亦是被治人不合作依止。若弟子被僧治，不失者，三種不失。欲令師僧教誡弟子，順從於僧，疾疾為解，開無隨順罪。

互治中二。前明師被治中，復二。初定失法。律云，和

尚闍黎僧與作訶責擯出，依止遮不至白衣家作舉，佛言不失依止。【弟子亦同】今以義約，即不失上二也。【舊云三舉失下二者非也】以師下，釋失所以，言得罪者，若輒教誡，則違行法，一一吉羅。以奪下，轉釋得罪。不得依止，即奪眷屬也。若下，次明弟子被治，三皆不失，開無隨順者，合眾同治，餘人隨順，並制吉羅，師獨開之。【不同隨舉，彼局惡見犯提故】

律中二師及弟子互一人決意出界外宿，即日還，失依止者。失下，二法不失，請師法若還，不須更請。師但生請法，相依便有，法起廣有是非，如律大疏。

互出界中。初牒文。律云。和尚闍梨決意出界去不還。而即日還。佛言。此失依止。（弟子亦同）失下文義決。不失。請者不越宿故。言但生者。謂起意也。請法謂求教授。律約即還。故云決意。若論隔宿。不問決與不決。三法俱失。指大疏者。古記引云。師徒決意出界心隔。雖即日還便失依止者。（謂失下二）若爾離衣破夏何待經宿。答。師徒各有兩捨之心。故失。人有離衣處心。衣處無離人意。故須經宿。又衣夏約明相論失。依止約心。約界明失。故不同也。

四分云。多種。一死。二遠去。三休道。四犯重。五師得訶責。六入戒場上。七滿五夏。八見本和尚。九還來和尚目下住。若約教失依止。

通列中。律文前後摠括有九。第四犯重者。律云。和尚闍梨僧爲作滅擯。佛言。失依止。（弟子亦同）五如上引。通七羯磨。且舉訶責。餘七種即出受戒犍度。八五句中。對文可見。彼云。有五法失依止。（一師訶責。二去。三休道。四不與依止。五入戒場上。）復有五事。（一死。二去。三休道。四不與依止。五若五歲若過五歲。）復有五事。（五見本和尚。四句同前。唯第五別。自下並爾。）復有五事。（五和尚闍梨休道。）復有五事。（五弟子休道。）復有五事。（五和尚闍梨命終。）復有五事。（五弟子命終。）復有五事。（五還在和尚目下住。）第二第六。必約

經宿。若即日還。如上所判。第八謂師先遠去。弟子別求依止。後見本師。還復依學。彼法即失。第九亦爾。但約弟子離師後還爲異。準律上六通於師資。下三唯局弟子。言約教失者。別點第七。且約教限。若就行論。法身成立。方離依止。如上所明。問。訶責約教明言不失。答。上準奪行。亦即是教。問。遠去訶責即上二門。何須重示。答。遠去即還。律文判失。而義有不失。訶責等七。律判不失。而約義有失。所以此二先明。後方通列。問。約前三法別配九種。同異云何。答。訶責失一。如上可知。遠去兩別。即還失二。越宿失三。餘之七種。約教失三。尋之可見。（古云。死與休道三法俱失。訶責失一。餘並失下二。非也。安有犯重入場請法仍在耶。）

四分律行事鈔資持記卷第十

四分律行事鈔資持記卷第十一 上四之一

宋餘杭沙門元照撰記

說戒正儀篇第十

釋說戒篇戒即本受法體量等塵沙從緣舉要且列二百五十為持犯蹊徑使攝修之易然恐物情懈怠不自策勤故黑白兩半畢集一處作法宣告庶使因言直已治行日新雖廣略兩殊僧別三位一言統攝無非淨行故云說戒正儀者以普照道安及當時律肆立法雖殊多無典據此篇所述皆憑聖量參詳經律搜駁是非題曰正儀對簡非正

又復上云說戒克指所說之法下云正儀統該能辨之緣能所兩標緣法雙顯故也

布薩此云淨住

注文示正譯中即下三千威儀初義是今正用故先舉之言淨住者二義釋之一不失義聞持無犯體常存故下云清淨戒住是也二依止義禁制三業安住戒中即廣弘明集云淨身口意如戒而住是也

出要律儀云是憍薩羅國語六卷泥洹云布薩者長養二義一清淨戒住二增長功德雜含云布薩陀婆若正本音優補陀婆優言斷補陀婆言增長國語不同亦呼為集為知為宜為同為共住為轉為常也三千威儀云布薩者秦言淨住義言長養又言和合也

廣引中出要律儀但指國語續引泥洹始是翻名憍薩羅者方志云係中印度周六千餘里城周四十餘里大信佛法等泥洹有二本今云六卷簡雙卷者長養即總翻二義是別釋初義同上次義即下伽論證得白法等或可長對次義養對初義雜含中梵語雖具猶訛則知單云布薩訛而復略下引正音二義分配斷謂止惡同上戒住下義相對可知國語不同訛上兩字故亦呼下上是具翻復含餘義則有七名初云集者戒序云共集一處也

二云知者即自知犯不犯等下云從前半月至今半月中間不犯戒耶三宜者戒疏云晦望兩半折中之宜四同者下云十方凡聖所共同遵故五共住者奉慎清淨住二種僧中有犯者不得聞故六云轉者轉諸業惑證白法故七云常者僧所常行餘皆稀故經但出名今以意詳引文約義略如上釋三千中三譯一同上釋和合者三體三相非說不顯故下二云義言顯上正翻故已上多名總歸四種淨住斷轉止惡為名增長長養生善為名集同共和遵奉為名知宜及常從制為名然雖多出

但準前標止翻淨住。俱舍論名八戒云布薩護也明了言在心名護在身口名戒也律云布薩法一處名布薩揵度即說戒也會通中俱舍明八戒皆云受布薩護故云名也名即是召次引了論戒護兩分會同俱舍二論言護名義頗同布薩與戒華梵互舉事同名異彼引律者律中二十揵度第二即說戒揵度後五百結集中迦葉敘波離結集乃云布薩揵度即知前標說戒後云布薩前後互舉故云即也此句正指同前篇目問爲布薩翻說戒耶且布薩自翻淨住戒乃梵語尸羅既非對翻云何律論二名互顯問何以

不云布薩正儀耶思之可解。學者多昧故當曲釋

說戒儀軌佛法大綱攝持正像匡維眾法

敘意中初顯教益上二句標歎下二句釋成上句約時顯功正像語略理須兼末即下云云何得知佛法久住等下句約法明用以同遵故清淨和合餘法可行下云攝僧根本之教是也

然凡情易滿見無深重稀作欽貴數爲賤薄比雖行此法多生慢怠良由日染屢聞便隨心輕昧以此論情情可知矣

次科初四句先示情見滿猶厭也稀作者如結界受懺等數爲即半月常行此下正斥初二句斥慢易良下推所以日染者常所習故屢聞者一月兩說故屢數也以此下結歎情即妄緣逐物流變愛此惡彼貴稀賤數寄此一事足見凡情故云可知彼時尚爾豈況於今僧寺雖多行之彌寡縱有行處事不獲已豈非宿業生値斯時念道之流願須珍敬

昔齊文宣王撰在家布薩儀普照沙門道安開士撰出家布薩法並行於世但意解不同心相各別直得承用文據莫憑今求以經意參以所聞麤重撰次備

如後列

三中初敘古二顯今初中先列諸本齊即南齊蕭子良生封竟陵王死謚文宣王在家布薩者或五戒八戒或云菩薩戒其文已亡不可尋矣或云即淨住子二十卷也普照指歸云徧尋傳記詢訪名公未知何代人道安者晉高僧製僧尼軌範爲三例一行香定座上經上講之法二常日六時行道飲食唱時法三布薩差使悔過等法天下寺舍皆準行之廣敘德業備如梁傳但下許量得失上二句示古差殊下二句顯今縱奪意解即所見也心相謂處事也

顯今中云經意者語通三藏皆得名經下引諸部
律文大小經論等例如下云各誦經中清淨偈文出僧祇即目律爲經所聞
謂世中相傳重謂對前諸本撰次即目綴文。
然生居像末法就澆漓若不共相敦遇終無成辦之
益故先引勸勉後便文證。
生起中初嗟時示意故下指前標後敦遇有本作
敦勵先引勸勉即前云凡情易滿等。
善見云云何得知正法久住若說戒法不壞是摩得
伽云布薩者捨諸惡不善法及諸煩惱有受證得白
法究竟梵行事故名也又云半月半月自觀身從前

半月至今半月中間不犯戒耶若有犯者於同意所
懺悔毗尼母清淨者名布薩義。
引諸文中善見上二句比丘問佛下句即佛答詞。
伽論初明斷惡上云諸惡通指十業下諸煩惱不
出二惑受字寫誤論作有愛即示惑體證下次明
生善白法者通於凡聖凡則事淨聖則理顯究竟
梵行唯局極聖又下省已悔露即是清淨故下續
引母論顯之。
就中分二初僧後別。
開章中標分僧別兩位料簡不同僧是本制四人

已上作法誦戒別即緣開對首心念但陳三說又
下四門一二通僧別第四唯局僧第三有通局如
鳴鐘衆具制通一人行籌告令唯局僧耳。
初中分四一時節不同二雜法衆具三正說儀軌四
略說雜法。
初中五種一十四十五十六三日不同二食前食後
三若晝若夜四若增若減五時與非時前三出十誦
文。
時節中初科若約三日諸部通制及食前後亦出
僧祇今以前三全出十誦故總列之下引諸文會

釋後二唯出本宗故下皆標四分。
四分中三日說戒如上列也又云布薩日應說五分
云八日十四日說法十五日布薩。
別釋中初文前引四分示同布薩日通含三日問
三日隨用得否答世多執諍未善祖意若謂通得
者業疏那云十四爲俗說法授歸十六爲難開延
未可常準若唯執十五者疏文那云三皆通正隨
用開得必用二日七非檢勘何非所收二皆有妨
然疏中但恐世人常用餘日意欲剋取十五爲定
故別分之至於有緣通用不名非法亦猶自恣雖

通三日鈔取十六為定非謂餘日不得可以相例下引五分顯異四分亦同引此文者欲取十五為常度故疏云前二為俗則說法授歸後一為道則淨心說戒是也

僧祇食前亦得而不得晨起布薩得罪以後來比丘不聞故

第二即約中齋以分前後又但制前後皆通故所以不擇晝夜者既制侵早日夕可知故律中恐明相現開略說戒則通夜明矣

四分為外界鬭諍比丘來佛令增減說戒若知於十

四日來十三日前說若十五日來十四日說若已入界當令入浴界內比丘出界而說若不得者白僧言今不得說後十五日當說又不去者更增至十五日若不去強和合說

增減中初引緣起業疏云外界鬭諍不自消殄反來清眾塵染何疑佛下引開法初明減前由避諍人不待十五向前二日故云減也然十四本是正日亦為諍緣故入減中若十六來十五日說由是正日不名為減若下明增後諍人入界不得說故延過兩半故云增也文有四節初明即時潛避未須增也令入浴者眾僧出界使不知故若下是第二增白僧者作單白法又下即第二增疏云兇惡不忍本界未和故來異住望同清蕩等亦須單白若下開與同法心本非和恐廢眾事且令同作故云強也是則減為二日增亦二半增減皆二在文可解

但明二度不云三度至三必須同說亦無三度不說法滅之文偽傳於久律云拘睒彌國六年不說佛向在世何妨一國鬭諍不得安樂不階聖果名為法滅律中阿難疑高勝比丘犯盜經六布薩不與同法僧祇相嫌二十年不說戒等

斥古中彼據善見十誦幾時住世之文便云不增至三以三半不說法即滅故初示律開限諒無他意但恐僧事停廢耳亦下遮濫述律下引文破初本律二文拘睒彌者因比丘鬭諍故言佛在者顯法非滅也何妨下縱彼所計一國可爾而非都滅高勝比丘為長者門師長者臨終將寶藏付之云候我二子長大與其好者他日付弟兒生怨心來告阿難阿難疑之經六布薩不與同法後阿難問高勝具陳父意阿難云汝吉羅不犯次引僧祇即

弗迦羅聚落比丘妒蘭若比丘有名利彼十四來
語云十五說待彼去後說明日來云昨日已說汝
叛布薩得罪我不與汝共食如是經二十年故云
相嫌等然彼二文非謂不說用此質前文似非類
一往且望不同法邊得云不說耳
四分鬬諍來久不得說戒今暫和合須非時說隨何
日諍滅卽日和說以僧具六和戒見利身口意等今
不同見戒則無僧義不成和合清淨僧法故
非時和中初引緣卽拘睒彌國鬬諍破爲二部後
非時於舍衞和合故佛開之疏云二衆歡心同崇

淨敎說不待期故也以下釋開所以初示僧義今
下敘其不和反顯須和以明開說之意不同見戒
者因諍法相卽見不同廢布薩事是戒不同然戒
和者言通受隨今約隨行說戒以論（有本或無戒字）
二明雜法衆具
雜法中此門廣引諸教雜顯事相欲顯下科行事
儀軌並有準據下爲點之
五分布薩時不時集妨行道佛令作時節如前集僧
中
作相中文云不時者謂不同時下指前篇謂唱令

打揵槌等
十誦云行籌者爲檀越問僧不知數佛令行籌不知
沙彌數行籌數之若人施布薩物沙彌亦得雖不往
布薩羯磨處由受籌故四分爲受供行籌通沙彌也
若未受十戒亦得受籌以同受供故如涅槃中雖未
受十戒已墮僧數若請僧次理無別他
行籌中初科引十誦文初通明二衆緣起若下別
示下衆同利初正明言不往者謂正羯磨時身不
預衆也四分下次引證初引本律卽法同沙彌若
下引涅槃明形同沙彌

五分籌極短並五指極長拳一肘極麤不過小指極
細不得減箸有客來不知行籌收取數之一人行一
人收乃至收已數之知數已唱言比丘若干沙彌若
干出家人和合若干人
次科五分中前示製法並五指者謂中人五指相
並當五寸也拳一肘謂尺八也（舒手則二尺故）然不明物
體今時多以竹木爲之客來下明行法和合若干
總合數也
四分云聽行舍羅此云籌也
三中梵名準聲論翻之疏云舍羅草名以爲籌計

三散花莊嚴

四淨水等物

五分若白衣以華散高座比丘佛開之比丘不得若白衣散華墮比丘身衣上當拂去落高座上無苦比丘欲莊嚴說戒堂懸繒散華佛皆聽之

散華中五分初明開俗比丘不得即明制道初句制自散彼律因諸比丘以華散高座比丘居士譏言如王大臣佛因制之若白衣下次制受散謂雖開受不得墮衣當拂去者乖道相也座上無苦無上過也比丘下三開自散前制供人此開嚴處前皆因引此文正用

僧祇若欲誦時當先淨洗手已捉籌若有香汁浴之

亦得餘人欲捉籌者亦復如是誦毗尼時雜碎文句數難持聽作籌數之一者五百二者七百（以通僧尼戒本）若布薩日掃塔僧院使人泥治香汁灑地散花香然燈火誰應呪願誦戒行籌並預辦之四分云年少比丘應具水瓶燈火等具上座應處分

淨水物中初引僧祇三節初明淨手當先淨者文似說戒師今即行籌人香汁浴之者上是淨水此即香湯二並淨手誦下二明置籌此開數戒與前不同雜碎文句即戒條也多論云十二年前常說一偈今說五篇名爲雜碎五百對一部數則過倍七百對二部猶多百餘此謂籌數宜多不必限定故也若下三明所須眾具誰應下即預差三人或容施物須人呪願下五分中即令維那爲之此方事稀故不行耳四分中眾具同上但明年少具辦上座處分尊卑之任不相亂也

僧祇云若誦戒時應誦二部律無者應誦一部若上座次座應誦無者乃至能誦者誦爲未受具人說五篇名得罪準四分得語一切犯者得突吉羅若說時不得覆頭覆肩應脫革屣褊袒右肩行籌其受籌者亦爾先行受具人籌後行沙彌籌已唱法如五分

次人法中初科僧祇文爲四初明所誦法而言律者舉教目行即戒本也誦二部者準安居中即第四律師問僧說尼戒何益答本受體中總發得故又爲尼所依須教授故若下明能誦人上座說者德居物尊發言誠重在座誡敕聽者依承次遷無人方聽能者今時多差新戒深乖教意高臘恃尊懷慚不誦豈知替補佛處傳弘任重乎爲下簡聽眾彼部通禁五名四分得語下聚以下眾有犯通結吉故此謂二師指教非謂得聞戒也問戒本偈序列三篇名下眾得聞者答略舉總名不說條目

二恭敬忘誦等法

故若說下制恭謹上二句誡聽衆不覆頭者應開
有病不覆肩者西土敬儀此方不爾應下示行籌
下指唱法即如上引
五分云上座應說戒持律作羯磨說戒座上眠睡反
抄衣叉腰著革屣或臥或倚不恭敬等並得小罪若
上座說戒忘應授猶忘再授更忘應差人續次誦之
不得重誦若諸緣事起者明日布薩諸羯磨法並在
說戒前作以是攝僧法故應直說戒不得歌詠聲至
八日十四日說法時白衣聞法歡喜布施者受之令
維那呪願十五日布薩時尼來請教誡乃至上座告

云莫放逸等如後所說四分開歌詠聲誦戒此是五
分廢教

次科中五分雜明有七初簡能說誦戒取德臘秉
法選堪能故須二人也疏云上座昏朽秉御是難
依文誡約有同佛世是也今則年少誦戒上座羯
磨都相反也若彼高座識達是非依律自秉必涉
疑昧須擇堪能不必上座說戒下制所聽慢相極
多且列七種並犯嚴刑人猶不畏智首律師每臨
說戒合掌危坐晤恩法師潸然自感並至畢席僧
傳明載下愚慢法同坐同聞尚不免過從何取益

三供給知法等法

三正說儀軌二初牒章

二正釋二初總示

請披佛誡豈不省非上座下明遺忘若諸下明移
日謂三日內也諸下明作餘法應下明說儀至下
明三日所爲不同下引四分以彰部別律云諸比
丘欲歌詠聲說法佛言聽後有一比丘過差歌詠
聲說法佛聞已告曰汝莫如是說法乃至過差歌
詠聲說法有五過失一自生貪著音聲二令聞者
貪著音聲三令聞者習學四俗人生慢心不恭敬
五靜處思惟但緣音聲以亂禪思故知本宗亦不
全許今指爲廢教意是不取即用序中第四師義
也今時誦者引弄音聲文句不顯人不樂聞反生輕悔何啻五過宜準今文直說爲善必非過差

隨用兩得

十誦云知布薩法者盡應供養不者得罪以無佛時
是人補處故說戒人先當闇誦令利莫僧中說時錯
謬

三中初制供養知法之人說下教誦者預習
三正明說儀此門布置據律不具今行事者通取諸
部共成一法而諸家安設各有不同今取普照道安
二師爲本餘則引律誡文刪補取中十種
三正說儀總示中初明通用他部下引五分僧祇
並阿含華嚴而下明所據古本準此應有多本二

師尤長用為綱骨。即下諸偈不標經律者是也。然事容繁闕。不可全依。故云餘則等。

一前須處所中國布薩有說戒堂。至時便赴。此無別所。多在講食兩堂。理須準承。通皆席地。中國有用繩牀。類多以草布地。所以有尼師壇者。皆為舒於草上。此間古者有牀。大夫已上時復施安。降斯已下亦皆席地。東晉之後牀事始盛。今寺所設率多牀座。亦得雙用。然於本事行時多有不便。隨處量法。

初中三。前明處所。理下定牀座。初二句判定。言準承者。令依中國也。中下次示國土不同。中國用牀

者。如露敷脫腳等戒也。類即例也。綴下讀之。此間古者。西晉時五品已上。即州牧得坐牀。大夫謂上大夫。中下大夫亦無。皆席地者。古禮皆然。至今北地其風不絕。洎晉室羅亂。至於東晉。節制無準。故通庶人。今下三評品可不。初二句指時用。亦下縱許。然下奪歸言不便者。或由坐立乖相難知。或受籌跪地事須上下。今多在牀互跪。全非敬儀。屢見愚僧斜身倚靠高豎一膝而受籌者。事乖正則。漸致澆訛。故尼鈔中明入堂已。即斥僧尼牀上禮佛。亦其意也。隨下囑令斟酌。準釋相中。地卑溼處。開牀設禮楮腳八寸。餘則不聽。容有此緣。不可一定。故令隨處。

二眾具者。律中舍羅燈火水瓶坐具等。年少比丘先須辦之。花香莊嚴準前早辦。

眾具中。令準前者。即上僧祇四分。

三於說戒日上座白僧令知。今時維那打靜告白言。大德僧聽。今黑月十四日眾僧和合某時某處說戒布薩。餘如眾網中。

白告中。準下略法。令於小食時白。上座白者律文正制。今下當時所行。令準用也。今時維那白已。上

座依下略法中文。復加勸勉。亦可準行。然策眾之語當隨機要激動時情。不必謹誦。指僧網者。前云每至說晨令知事點檢僧數。眾主上座親自按行等。

四鳴鐘集僧。不局沙彌。並須入堂。若沙彌有緣。依法與欲。後須籌數。若猶有聞疑之。相盡界求覓喚之。若無有相依法而作。

集僧中。初科前明盡集。不局等者。即大小同行法。下約二處集。即是別法。兩明其相。意令通曉。若猶下明檢校。

二聞鐘說偈

沙彌大僧二處各說戒者，鳴鐘之時各集二處，應說聞鐘偈，增一阿含云：降伏魔力怨，除結盡無餘，露地擊犍稚，比丘聞當集，諸欲聞法人，度流生死海，聞此妙響音，盡當雲集此。

次科中，初明集處，即在堂外行立，應下明說偈，即須大眾同聲說之。若云打鐘人說者，合在前明，豈待集至堂前方令說耶。又業疏云：律令舊住淨人下位打者，此召僧法制，非具道者所為，必無二人，方聽兼助，必使淨人令說何益。又文中顯言聞鐘偈，豈是能打耶。有人執本緣起是阿難鳴鐘時說，便云此偈是打者說，又輒改聞為鳴，委如別破。下諸偈詞相承不解，人雖誦之，多迷文理，略為科釋。聞鐘二偈，初偈明事用，後偈明所期。初中，上半明功，下半顯用。四魔強盛，能障善道，故有力也。欲相侵害，故如怨也。結即三界見思，盡無餘者，即無學極果也。上句修因，下句證果。後偈中，上半明所集之意，下半明能集之願。聞法人者，總凡聖也。雲集者，喻其奔赴也。

三入堂恭攝

次入堂時，便合掌恭攝致禮，說偈言：持戒清淨如滿月，身口皎潔無瑕穢，大眾和合無違諍，爾乃可得同布薩。說已，各依位隨次而坐，如上五分恭敬具儀。此

六維那行事。二：初大小同法，二。初盥浴法。二初盥掌浴等。

五供具

是極教所遺，攝僧根本之教，不比尋常諸餘法事。

入堂中，初示儀式，有三：初禮敬，次說偈，三就坐。偈中上半偈明自行成就，次一句明眾行無違，末句自眾兩具，方成法事。自行中，上句受體無缺，下句隨行無犯。大眾字有本作清淨。如下次誡侮慢，如上即離法中。極教者，若取制之深極，則指律文；若約教之中極，即指涅槃。彼云：我不滅度，半月一來。遺謂佛之遺誡，言根本者，望餘法事皆是枝條。有人於此妄立歡喜偈者，若言表淨，前偈已具，何勞重述。若是陳過有犯，自當懺露，豈但乞僧歡喜而已。習俗日深，苦諫不捨，知非遷善，未見其人。

五明供具。若有沙彌淨人，教令摘華香水，槃槃缽貯五器，三器莊華，槃交錯羅列堂中。若在冬時，或無華月，當具綵花，以物席地，僧中布設，并香爐籌案高座眾具，並令嚴正，使有可觀。

第五與前第二相濫，以意通之，前約預辦，今此眾集，始將入堂，有同持獻，方合科次，則非重疊。此間不爾，多是預安，故難通曉，後進更詳，以物席地，為藉眾器也。僧中設者，明是後安也。

六明維那行事，應年少比丘三五人，助辦所須，各具

修威儀。維那取香水及湯次第洗手已。持水湯至上座前互跪。盥上座掌已。取籌浴之。各說偈言。羅漢聖僧集。凡夫衆和合。香湯浴淨籌。布薩度衆生。若上座老年或不解時事者。維那自浴籌已。

六明行事。盥浴中。初明出衆。二五八者。今則一人。維那行籌唱告。四人兼助行湯水等。具威儀者。謂安詳恭謹。不必設禮。（今時出衆各禮三拜。復座展坐具已還來取物。並非正儀。）次維那淨手。持下上座。盥掌。準文維那爲之。今多年少。義亦無爽。取下上座浴籌。各說偈者。合衆同音。今並維那獨唱。事訛變也。偈中上半聖凡和合。

明所集也。下半法事利生。示所爲也。維那自浴者。尼鈔云。今時多是上座浴籌。此非敬儀。據理年老代浴無損。今須準用。

餘有淨水香湯。隨多少各取行之。令一年少比丘將水行之。各說偈言。八功德水淨諸塵。盥掌去垢心無染。執持禁戒無缺犯。一切衆生亦如是。

行水中。令一年少者。今須二人。行湯水。二人行淨巾。偈文上句歎水德。一清淨。二不臭。三輕。四冷。五輭。六美。七飲時調適。八飲已無患。次句顯事用。外則德水以盥掌垢。內則道水以滌心塵。第三句自行成立。末句化他同已。盥公玩反。

依安師古法。應左手執手巾。上右手持下行之。維那執籌唱白者。令餘人行之。及香湯淨巾亦爾。

行巾中。左右手者。取其順便。及下因點湯巾同上法也。

又令一人持香湯行之。各說偈言。香水熏沐澡諸垢。法身具足五分充。般若圓照解脫滿。羣生同會法界融。

湯偈中。初句明事用。已下寄事表法。以立要誓。次二句遠期果德。上句法身。具兼理事二種。下句二

德可解。末句攝生同證。即自他兩利。會即證也。法界差別。同歸一體。故云融也。又解。淨水表斷惡。復是因行。香湯表修善。故祈果德。前因後果。並兼利生。

此之二偈。各至座前說之。不得一時也。

指說偈者。世有妄行。故特點之。

又水湯二物。但得盥掌。本無漱口之事。往往有之。自出愚叟。

斥非中。古德誦經法。須以香湯漱口。後世傳訛。乃將布薩時用。往往有者。尼鈔云。承香湯水時。不得

漱口吐地數見故別標記
其維那浴籌已至上座前打靜處立左手捉籌右手
捉打靜椎其柄亦須香水淨已打靜法如雜品中
唱法打靜中指雜行篇彼明取放並須搯柄不得
重響等
當舉手打一下告云大德僧聽眾中誰小小者收護
三說收謂收攝眾具護謂監護法事也 有云並供養收籌者準上文中已具
正明中初文問監護者準上本宗年少辦具文也
雖已先差須白告眾注釋收護言通始終今時多
召收籌者誤也有下刪其繁長也注云上文具者

收護通包也
又打一下唱云大德僧聽外有清淨大沙門入三說
之
第二召集下云準律檢校文也
有解云大沙門者賓頭盧也準律恐不集者更相檢
校故作法命之不局賢聖
斥異中初科先出古局釋準下示今通解文云賢
聖理更兼凡
有云前加一白未受具者出等四分說戒不得妄驅
沙彌以戒本說戒人自唱令出若依僧祇三律維那

在前唱出故彼戒本云說戒者言未受戒者已出等
若高座誦外宗戒本維那依前唱出
次科初出古非前加者謂在召集之前亦應上云
大德僧聽四分下準本宗必削說戒自唱者即問
和簡眾也若下依他部可存三律者五十並同故
既唱已出故知先遣
不須道及不清淨者出以言中所囑事在高座序中
或自發露便應說戒
後科中初遮揀以下申理有二上明不合前唱或
下謂不得輒遣前云準律誡文刪補取中即此諸

文也
如是唱訖又打靜云大德僧聽此眾小者已收護未
受具已出誦四分戒本不須此言外清淨大沙門已入內外寂
靜無諸難事堪可行籌廣作布薩我某甲比丘為僧
行籌作布薩事僧當一心念作布薩願上中下座各
次第如法受籌三說已云並囑受授人籌
告眾中初結前兩告復唱未具者一令識古法二
兼被他宗內下正陳所為無諸難者謂八難餘緣
也唱已名者令眾委知即僧祇云誰應行籌也僧
當下祈受籌言如法者前僧祇中令脫革屣褊祖

等故囑授人卽與欲者爲他傳欲須代受籌今人
無知多不行也

便來至上座前互跪授之上座卽徧袒互跪合掌諸
僧一時隨上座儀式上座說偈言金剛無礙解脫籌
難得難遇如今果我今頂戴歡喜受一切衆生亦如
是說已受取兩手擎而頂戴之或可受已頂戴說偈

大僧籌中初科有三初具儀二說偈三示敬偈中
上半歎其難得下半喜其已得初句卽三德金剛
喻法身無礙目般若亦卽託事表法希有次句兩
難得親遇疏遇者不必皆得得者必因於遇故兩

言之如今果者兌已爲喻淨心觀云萬類之中人
身難得如提謂經說今得人身難於軀木次半偈
中上句頂戴是身歡喜是意口陳偈句三業備足
卽自利也下句攝生同已

彼後收籌者至上座前亦同威儀當還籌時復說偈
言具足淸淨受此籌具足淸淨還此籌堅固喜捨無
缺犯一切衆生亦如是便還他籌不得復座待供養
已

還籌中偈詞初句受隨無毀堪預捉籌次句納籌
入數還簡體淨堅固對受卽表持戒喜捨對還卽

表布施疏云不盜卽施財不殺卽施無畏或可四
無量心略舉二心慈悲在中義見下句不復座者
皆須互跪至傳香偈已方坐聽戒叔世怠惰事必
難依且據受籌一時而已必有奉法勵已行之

如是展轉乃至大僧訖收籌者來至上座所授之上
座取已便數知之

納籌中據文上座數知今多收者告數理亦通得
但令上座檢知不可全憑他語

維那後來打靜一下云次行沙彌籌三說已有沙彌
者徑往坐所行之並取囑授者乃至僧中一徧通告

云沙彌籌或有大僧將欲來者如是收已依前付數

沙彌籌中通前四唱並須三說今時一徧唱已三
唱後句卽當三說此非正法出自愚情或恐延時
準後諸白乍可一說此告衆法非同羯磨三一示
定單說無損乃下恐有大僧傳沙彌欲故須告問
此謂界無同類故開之耳

維那復至上座所互跪取數時上座當告云僧有若
干沙彌若干都合若干

六取數中初文可解

維那卽起打靜云大德僧聽此一住處一布薩大僧

若干沙彌若干，都合若干人，各於佛法中清淨出家和合布薩。上順佛教，中報四恩，下為含識，各誦經中清淨妙偈，僧祇說云：清淨如滿月，清淨得布薩，身口業清淨，爾乃應布薩。

次科唱法準前五分。初告人數，上下次明所為。國王父母師僧檀越，是為四恩。心依色中，名為含識。總收六道有情之眾，各誦偈者，表行淨也。經中者，經名雖通，今若唱時宜云律中。僧祇因調達破僧自說戒竟，如來聞之，便說此偈，告阿難言：非法眾已作布薩，如法人自作布薩去。初半偈明佛所制，

上句自行，下句眾法。下半偈彰已合教，應猶當也。或可去呼。

若沙彌別處說戒，如後別法。

小眾別行法：沙彌集處自行籌已，將付僧中總合唱之。

七明請說戒師。佛令上座說戒，縱前已別差，終須前請。

七請師中，初云佛令，即前五分文也。

應至上座前，具修威儀已，合掌白言：大德慈悲，為僧說戒。若堪說者，此說戒事正當我作，便即唱之。若不堪者云：但此說戒任當某甲，但為老病，言辭濁鈍，恐惱眾僧，令次座說。即至次座，亦如前語。若辭不說者，應至上座云：次座亦辭不堪。上座先預知有誦利者，應語維那至某甲所，云：僧差說戒。

次科三：初請上座，前明維那陳請，後即上座對答。有堪不堪二答，如文。出法之辭，臨機裁度，今多誦語年少康強，亦稱老病，非所應也。即至下二請次座，若辭下三差能者。先預語，重疑是多寫。

彼至前所，具述已，還至打靜處陳告之。若次座不堪，不須次第問下，準上僧祇，但得次座也。彼應告僧言：

大德僧聽，僧差律師某甲為僧誦律，梵音某甲。律師升高座。

三中，初明往告，若下次示二座，餘不須問，準僧祇者，前云若上座若次座應誦等。

彼應具儀至僧中，四面禮僧已，互跪白言：小比丘某甲，稽首和南，敬白眾僧：僧差誦律，恐有錯誤，願同誦者指授。白已，一禮升座。

四中，稽首者頭至地也。和南，西語，出要律儀翻為恭敬。

八明供養說戒法。若有高座最善，無者在聖僧座上。

（二打靜梵唄）（三灑散花水）

抽聖僧座在下。

八供養中。初文無高座處。戒師坐上。聖僧抽下者。傳佛教誡。聖凡同稟。亦猶使者執王敕命。百官雖貴。孰敢見輕。

彼說戒者坐已。維那打靜。小者供養。梵唄作之。若準律文。唄匿如法。出要律儀云。如此鬱鞞國語。翻爲止斷也。又云止息。由是外緣已止已斷。爾時寂靜任爲法事也。

次科。初總列事儀。小者供養。且約出眾。故此先標。若論行事。如後所顯。若下。別釋梵唄。初引所據。出

下翻名義。如此二字。即指梵名。或膩如字。鬱鞞國彼文自指未詳何處。鞞字。陛奚反。兩翻其名。單釋斷義。以意分之。斷約外緣。息據內心。則有別矣。

彼三五年少比丘持香水。僧前左右灑水。當中空處。擬行來也。香湯及花亦同。水法。散灑已。餘有中央。當持水花合著一槃。總從一頭。卻行布散。使及兩邊。空器復本處。使人復座。當散花時。各說偈云。華嚴經云。散花莊嚴淨光明。莊嚴寶華以爲帳。散眾寶華徧十方。供養一切諸如來。

三中。初順灑。散下。逆灑。卻行。謂倒退也。後出詞句。

（四行香供養）（九問答二初問緣二初簡小眾）

合在前說。彼經佛在普光明殿放光說法。菩薩偈讚。上半指事。用下半偈申所爲。

彼供養者待散華已。然後作禮。三捻香已。執鑪向上座所坐方互跪。炷香鑪中。維那云。行香說偈。此法。安師每有僧集。人別供養。後見繁久。令一人代眾爲之。廣如本文。各說偈言。華嚴云。戒香定香解脫香。光明雲臺徧法界。供養十方無量佛。見聞普熏證寂滅。維那打靜訖。供養者復座。維那仍本位。

四中。初示正儀。三捻香者。供三寶也。向上座者。表代爲也。次明說偈。初維那唱告。此下。點所出。下指

廣者。其文已亡。不可尋也。各下。引偈詞。上半明能供。下半即所供。初中。上句託彼香事。即表法供也。慧及知見解脫通收。則五分備矣。七言爲句。不可安加。（由慧得脫。由脫具知見。舉中即攝初後。）下句冥想。如彼光雲。所供中。初句明上求。下句即下化。涅槃翻寂滅。即果德也。維那下。明復位可見。

九明問答法。彼當準上誦之。至未受具戒者出。諸沙彌等隨次而出。儀式如別法中。

九問緣中。初文言準上者。即前雜法。或令恭敬。或令直聲。或不錯謬等。（有本準上下有法字。）或可指戒本前序。

下指別法。彼明禮僧互跪上座誡敕等法。此明簡眾不唯沙彌或尼三眾俗士瞻禮並須遣出及十三難三舉二滅有犯等人三根明委亦須簡練或令懺露人不知法但遣沙彌白衣叢聽雜穢同聞深乖法律極成輕易悲夫

不來者說欲如前欲法若無者維那互跪答云無說欲者

二中若有說者答云說欲及清淨已

又云誰遣比丘尼來請教誡

三中召問之辭若依古戒本云比丘尼眾遣何人來耶今準光師戒本而問誰字亦即召彼尼眾

彼受尼囑者起至僧中禮已互跪合掌言如五分法云大德僧聽某寺尼眾和合僧差比丘尼某甲半月半月頂禮大德僧足求請教誡尼人三說已

略法中初科儀法可解

至上座前長跪曲身合掌云大德慈悲能教授比丘尼不答云年老無德乃至二十夏來並須委問不過下座以無別德可明

次科尼唯長跪僧通長互如三千威儀圓覺等經並云長跪豈唯尼耶舊云長跪表代尼者謬矣言別德者教尼須具十德一具持戒行二多聞三誦二部戒本利四決斷無疑五善能說法六族姓出家七顏貌端正八堪爲尼說法令尼歡喜九非爲佛出家被三法衣而犯重法十二十夏若過第八第十唯局教尼名別德餘名通德

若無者還至上座前云徧問年德並辭不堪上座云諸大德等何曾堪任持由惜自業故辭請耳若明日尼來請可不當依五分云此無教誡尼人又無善說法者雖然上座有教敕尼眾僧祇云當勤精進如法修道謹慎莫放逸上且出一兩律文示相貼合餘者並有明據不具出之讀此一部之文上下方練

三中初受囑反白上下正出答法疏云以見不學識者年高座首動無法則空遣尼還曾不對答識者齊恥故具引之初褒美大眾何曾者言德有餘也若下令傳略教也注中初示前餘下指後即尼篇中更引善見十誦僧祇等文尋之可見

彼受囑者復本座尼明日來依命傳告

若廣說法時希故略

指廣法中言時希者尼篇云良由廣德難具故也

說戒者云僧今和合何所作爲維那互跪答云說戒

十說竟。三。初說已梵唄。

二誡衆首

羯磨。不得云布薩說戒。以言通用。不了彼此。維那復本座已。然後羯磨作白。不得未至座所便作。以坐立不同。即是別衆。此事往往有之。上座不教。致令僧衆俱同非法。

事宗中。初科。注文斥古羯磨。言通用者。二名無異故。不了彼此者。華梵齊舉故。如羯磨篇中已明。不得下遮濫。指過斥非在文可見。

然處衆首。是非須知。不得低頭合眼。不知法網。示一律儀永成常準。故僧祇中。說戒說法。並有上座法云云。

次科。初垂誡。示下勸依。一律儀者。即指上誡。故下。

指證。云云者。三十四卷初。因難陀布薩時不來。後來已即去。衆皆不知。白佛。因制上座法。應知十四十五日布薩。若晝若夜。又當知處所。若溫室講堂林中。又應知廣誦五篇戒。下至四事及偈。餘者僧常聞。又應令人唱告時處。又應先使人掃治。誰應呪願行籌。此制知說戒也。又應知說戒時檀越來。當爲說法共相勞問。此制知說法也。乃至第二上座亦爾。廣在彼文。

十明說戒竟法。若至略教已。當更鳴鐘令沙彌集。然後誦明人能護戒等。若總說已。作神仙五通人偈。梵

二下座陳詞

三衆僧自慶

後作處世界唄。爲令說者從容具儀。辭遜之暇。其說序前唄。亦誦律序以爲唄辭。

十說竟中。初科。再鳴鐘者。必無小衆亦不須之。若下明梵唄。即律序末後二偈。神仙五通人造設於呪術。此舉世喻。爲彼慚愧者攝諸不慚愧。爲善攝惡。如來立禁戒半月半月說。合上喻也。已說戒利益稽首禮諸佛。迴向歸敬。尼鈔云。若不解前唄。作處世界亦得。爲下明所以。不同前作爲止息故。其下因示前唄。即序初二偈。稽首禮諸佛及法比丘僧。歸敬三寶。今演毗尼法令正法久住。歸敬本意。上句明意。下句明益。優波離爲首及餘身

證者。推本結集之衆以爲證信。今說戒要義諸賢咸共聽。舉事誡衆多見衆文訛錯。復不解義略爲注釋。律制不得半唄。今或但誦優波離下四句者。正乖法律。雖非大害。寧免無知。

說者辭云。小比丘某甲致敬衆僧足下。敬謝衆僧差誦律。三業不勤。多有忘失。願僧慈悲施以歡喜。

二中。施以歡喜。以合作與。

衆僧各各說自慶偈云。諸佛出世第一快。聞法奉行安隱快。大衆和合寂滅快。衆生離苦安樂快。便作禮散

三中。偈詞。上三句喜遇三寶。下句拔濟羣生。四並

言快快卽是樂值佛最難故云第一得聞正法近
障三塗遠淸二死故云安隱事和無諍統理平等
故云寂滅上三慶已下一喜他卽兩利也安樂字
尼鈔作解脫注令禮散尼鈔更加三歸今須準用
上來十科行事並據正文況經聖心研詳安布今
諸律肆妄自改作執非爲是見是謂非此由素闕
討尋抑又自無明識或多輕略廢置而不行縱有
行之事同於厭課塵緣可棄不憚奔趨正法宜尊
反生薄濫業繩彌固苦海尤長徒喪天齡眞可憐
愍

二雜顯二初標

就中雜相

雜相者前列行事且據一途事起臨機何由盡述
略之則闕參之則繁是以總括諸相別科於後述
作之意在文可見

二移八初外來告淨

若界外來者徑至說處若未誦序淸淨已來依次而
坐不告淸淨若已說淸淨已後方來者戒師見來卽
須止住不肯住者訶令住之待坐互跪一人告云大
德僧聽某甲比丘若干人等並是淸淨若有犯過依
過陳之爲偏說戒後如法懺便依次爲說

告淨中但約長行序後三問以爲分齊初明問前
不告後自問故若下明問後須告又三初止住說
戒戒師自止謂知法者不住須訶謂迷教者待下
明告淨待坐字語通上下據義則綴上爲優約句
則貫下爲便詳之一人告者恐妨僧故若有下明
發露依次說者接前止處也準此不明再和以陳
淨入坐和相已彰今時有行略和未見所出

二主客相從

若外界比丘若多若等縱說戒竟皆令重說不者如
法治

次科中多等須重說者謂制主從客若少不須或
出界說或往他寺謂制客從主此約說竟爲言未
竟隨來告淨同聽不勞再說有將前科爲制客從主非如法治

吉羅異名也

三對犯不說

毗尼母云若犯七聚不淨人前應止不說戒卽律文
云犯者不得聞戒不得向犯者說等

三中對犯不說此制戒師也或令悔露或加治擯
事在臨機如比丘犯盜佛不爲說然佛初自說衆
唯純淨必有安隱五百金剛杵碎其頭後付弟子
則通淨穢故知必約三根無濫不可對說也卽下
會同律論

四多居求請

若三寺五寺尼請教授隨意受之總前各列寺號尼

名後便總結請意。

四中總前各列者如云某寺某寺尼眾和合僧差某尼某尼後總結者半月半月已下詞也。

五恐誤示令

若誦中恐誤當告比近人示令不得大眾同教致增混亂也。

五中比近人謂鄰高座者令字去呼謂言教也準此先須定囑一人不下遮非今多此過不得不慎。

六簡修經法二。初制法次第。

四分若說戒日無能誦者當如布薩法行籌告白差一人說法誦經餘諸教誡誦遺教亦得若全不解者律云下至一偈諸惡莫作諸善奉行自淨其意是諸佛教（解此偈文具如阿含中說）如是作已不得不說若不解者云謹慎莫放逸便散。

六中初文說戒本制竟無能者方誦經法疏云所以次者戒制附相切要易持經授心識許虛難攝故隨時制輕重不倫各其致也文中三位初誦經法語通無在然須軌範行門誡勸切要之者頗符今用故云餘教誡等今藏中略教誡經亦可依誦（舊云三千威儀經者文繁事碎何由可誦文云下卷令誦勝鬘佛藏下明常時受持亦非說戒時誦）若全下次令說偈此即迦葉佛略教注指阿含解者下卷引云上句戒具足清白之行次句心意清淨第三句除邪顛倒末句去愚惑想若不下後略誡敕詳此律意未必愚暗而至於此欲明住持之本攝僧之要必不可廢故曲示之。

二舉功深勉

並是佛之囑累深有來致令正法久住而世有住寺輕此教網故違不說染汙淨識漸於大法無有滋味是則出家無有利益口言佛是我師師教拒違故是外道弟子也。

次科初顯示深益佛囑累者即上制法而下斥世不行初指非染下彰失汙淨識者輕法之源實由染世不聞正法已是盲冥況舉輕心更招殃禍欲令反本其可得乎於法無味者積惡漸深去道轉遠故大法者通目佛教出家無益者乖本意故口下斥言行相違師徒義絕揀從外道不亦宜乎高僧傳中隋東川僧雲法師住寶明寺以四月十五臨說戒時乃白眾曰戒本防非人人誦得何勞徒眾數數聞之可令一僧豎義令後生開悟當時無敢抗者訖於夏末廢說戒事至七月十五日早將昇草座失雲所在大眾崩騰四出追覓乃於寺側三里許古塚間得之徧體血流如刀屠割借問其故云有一大丈夫執三尺大刀厲色瞋雲改變布

薩刀膾身形痛毒難忍因接還寺竭情懺悔乃經
十載說戒布薩臨終之日異香迎之神色無亂欣
然而卒此乃上智故動幽呵今時下愚竟無顯驗
縱令永廢反自安然法滅於時可用長歎
若有犯重罪不預聞戒縱在寺內別眾則無若經懺
悔來否隨意僧殘已下依教懺訖得聞如律所顯
七中初別簡初篇僧下總示諸聚若約聞戒通塞
則六聚並同若論別眾成否則根條兩異如律顯
者卽如戒本有犯懺悔無犯默然
若座上憶得莫問疑識對眾發露恐大眾鬧亂者但

心念口言自陳云我某甲犯某罪爲偪說戒待竟當
懺便得聞戒若於罪有疑亦準此陳露
八中二初明對首露言對眾者謂於眾前對人作
法律云當至一清淨比丘所具威儀說所犯名種
白云大德憶念我比丘某甲犯某罪今向大德發
露後如法懺悔三說說戒時憶者須用此法餘時依法懺悔又律中比
丘於犯有疑復逼說戒佛言應發露已得聞戒亦
對人云大德憶念我比丘某甲於某犯生疑今向
大德發露後無疑時如法懺悔三說已上準注羯磨出之恐下
二明心念復二初明識罪法律中爲在座上忽憶

本罪向比座說舉眾鬧亂佛令發露心念而不出
文鈔家義立準羯磨說戒字下更加一句云恐鬧
亂眾故亦須三說若下明疑罪法應云我某甲於
某犯生疑餘詞準同
四明略說雜法者
第四略法中標云雜者據略則純但緣與法各有
多別故云雜耳
四分云若有八難王賊水火病人非人惡蟲人難者
明了論云有人欲執縛比丘也餘緣者若大眾集牀
座少若眾多病若座上覆蓋不周或天雨若布薩多

夜已久謂懺罪人多經久也或鬪諍事或論毗曇毗尼或說法
夜已久聽一切眾未起明相未出應略說戒
緣中本宗八難餘緣者若據緣難二名不局今須
標簡重者名難輕者爲緣王難者疏云或將士眾
擁寺列兵病人與下緣中相濫應以重輕分之非
人卽鬼神爲惱惡蟲通目畜獸能爲命難者人難
引論釋之此據常人不同賊也餘緣者通收無限
故但言餘且列八相並以若或字簡之前四通晝
夜後四唯局夜下云明未出者止結後四應略說
者通結前八

十誦云其伴行若住廣說小住略說不住三語說在白衣前不得口言心念云今日布薩說戒乃至宿處有命梵等難龍鬼之怖皆不得出聲心念口言今日說戒五分貴人惡獸地有生草棘刺蛇窟闇夜地有泥坐迮僧祇若偪暮天陰風雨老病不堪久坐住處遠皆開略說

他部中初科三律十誦約道行緣從制至開一廣三略略中上是眾法下二別法準眾法對念多人不開必應異界分眾作之或恐彼部緣開不可常途為妨開心念者道行中復有緣故制白衣前恐

聞障戒為濟他故乃至下命梵緣為利已故若論心念說不明了不成作法有緣故開不足怪也布薩說戒華梵言重臨事單牒五分中七緣除草棘地泥餘同四分僧祇五緣偪暮天陰來客處遠此三不同四分

十誦聽在諸王前說令心淸淨除大臣兵吏遣去五分說戒時賊來應連聲誦經莫令有絕

對說中十誦王難開說即瓶沙緣如羯磨篇中引五分賊難事同僧祇彼因突入聞說不為說故便加苦惱制令改誦

若有一方眾主綱維徒眾者每至盛夏嚴冬準前略說至時小食上應告僧云今說戒日十方賢聖所共同遵並願眾僧同時集會乃至冬熱當為略說勿事他緣自生厭法僧祇律第三十四卷廣立布薩上座法五分云不應以小事囑授應在顯露處說

義立中寒熱二緣不出諸教理合開故初示緣例準至下白眾勸導冬熱者文脫古本云冬寒夏熱出法雙提隨時別用僧下引示初指僧祇明制上座文如前引次引五分明制徒眾囑授即是與欲露處說者即明與欲恐在私屏無人見聞容非濫故有云此明說戒令客比丘來易覓故文似不貫

第二明略法略有二種一者略取謂取諸八篇題首二者略卻謂隨篇種類

次略法中初科言二種者此標取卻二種義耳提名為取除相為卻一言略者即具二義二下釋初釋略取取八篇題者如云是四波羅夷法等是也次釋略卻者卻即是除除隨篇種類者謂不誦篇中諸戒但云僧常聞是也上云八篇下云隨篇皆謂通舉戒本全數至於正誦或多或少皆不定也有人云單誦八箇題首名略取說戒誦一兩篇名略卻說戒致令後生妄行至今尚爾如別所破

二正明略法二。初通示緩急兩相。

問八篇可都略否答下依母論故廣滅諍約準尼
鈔八篇齊略（古記云滅諍是吉羅少分不名爲略又人云七滅是息諍之要故不可略）
（以尼鈔證皆穿鑿耳）問今存幾略耶答今但通云略戒不言
幾種若提名略則兼取卻二義若不提名如下卒
緣序竟卽略但有卻義則無取也問如誦一二篇
已略其餘者此名何略答前所誦者自名爲廣文
不云乎爲廣三十九十又云七滅諍下如法廣說
餘不誦者方名略耳問如律本中廣一二篇已難
緣忽至卽云餘者僧常聞復是何略答既不舉名
止是略卻問如提篇目略至二三忽有難至卽云

餘者等復是何略答前提名者具兼二義後言餘
者止是卻耳問今明略法爲依何出答文中緩則
爲廣三十九十及後卒難說序已略並依本宗不
說序略準注羯磨乃依僧祇中間各題通結自出
母論故後文云四分文不了等（古記反引本宗十五略配之致增迷）
（昧注羯磨亦云律有三五略法文非明了故依母論故知非也）以昔多迷不免繁
細餘所未盡備在釋中
說戒師當量事緩急觀時進否緩則爲廣三十九十
略其餘者急則爲說序已餘隨略之
略法中初科緩急兩相事在高座緩則可進急則

二別顯急緣儀式三，初容預示說法。

宜否並準上緣須合應教文中初雙標緩下牒釋
急緣語通多種如下所明
說前方便如廣說法至序竟問清淨已應言諸大德
是四波羅夷法僧常聞乃至諸大德是眾學法僧常
聞一一各題通結七滅諍下如法廣說至末文也四
分文中不了但言餘者僧常聞今準毗尼母論說也
別顯中初文初指前緣卽十緣中上九種也說竟
儀式亦同廣法由緣不定多不至後故且指前至
下示略法爲三問清淨已者卽廣前序也應言下
略中間七篇言各題者七名別舉也通結者並云

僧常聞也七滅下廣後文也不略七滅者戒少言
約復接後文是可說故若準尼鈔八並通略無勞
臆說以誤來蒙故疏云今有行略多無法式就緣
緩急稱時爲要常途寒熱容所敘致可廣始終（前序
及七滅已下也）而略中廣（卽七篇也）準此明據豈復疑乎四分
下指所出初點本律不題篇首故云不了今下取
他文卽指上法有誠據也本律說戒犍度初明先
廣後略次第八段彼云比丘作是念今以難緣聽
略說戒難來猶遠我等得廣說彼比丘應廣說不
說如法治（下七例此作之）又云我曹不得廣說可說至九

十。又云不得說九十可說至三十。又云不得說三十可說至二不定。又云不得說二不定可說十三。又云不得說十三可說四事。又云不得說四事可說戒序。又云不得說序卽從座起去。（次第八段，前一是廣，後七是略。古人妄傳爲七略，一直者非也。）後明先略後廣三五說戒。彼云有五種說戒。一說序已餘者應言僧常聞。（已下並從說序去。一一皆以餘者等結之。）二至四事，三至十三，四至二不定，五廣說。（三十已後）復有五種。一說序四事已餘者略之，二至十三，三至不定，四至三十，五廣說。（九十已下）復有五種。一說序至十三，二至不定，三至三十，四至九十。

五廣說。（提舍已下）律本甚廣，今云不了，明非正用。恐人未曉，略引令知。

若難緣卒至，說序已云餘者僧常聞。

二中，且約說序竟舉初例後。故羯磨云應隨到處云已說至某處餘者僧常聞。又疏釋云誦至隨戒。難卒排門，不可轉誦，故知通後也。

若不得說序，云今十五日布薩時，各正身口意，莫放逸。已便隨意去。

三中，此出僧祇。（古記將此爲本律，一直者非。）未說序者，謂作白纔竟也。問：必未作白，難至如何？答：不成略法，理須再說。或待難靜，或出界外，或衆或別，隨緣作之。

上來就緣而說，增減準前。一事有違，並結正罪。比人行事者云已說三十法僧常聞，既言已說，則對衆妄語。並可準前，或有略緣，止而不說，並通治罪，故須明之。

結斷中，初結勸。言就緣者，示略法之本也。並結正者，卽前七略中若可廣說不廣說，乃至可說序不說序，並如法治。比下斥非，初斥略法乖儀，或下斥託緣不說。

次明一人已上別法。律云若獨住者，詣說戒堂掃治

具，調度待客比丘來。

次明別法說戒中，初文律因佛制衆僧說戒，一比丘住處不知云何白佛，故制。調度者，律云敷坐具，具水瓶洗足瓶，然燈火，具舍羅等，待客來者。疏云出家之人漂泊無侶，何有定住，是我所也。遊化觀方，縱任自在，隨所弘道，不局坊寺。堂剎爲居，四海爲食故也。

若四人已上白說戒。

次科衆法中，此明別法，而列四人者，由本獨住待擬外客，來不可期，因而明之。不同初位常途僧法。

至於行事還復同前。

若三人各各修儀更互說云二大德一心念今僧十五日說戒我某甲清淨說三若二人相向彼此如上三說。

對首中文約三人後指二人作法詞中但除二字疏問僧說戒者一人秉說餘皆默坐下至對首皆各表淨者答僧法位强成辦力大故白說戒通四方故別人力弱但表內淨應上教也。

若一人心念口言今僧十五日說戒我某甲清淨說三

若獨行山野聚落無人亦同此法。

心念說戒中初出法若下示餘緣上依律文且據蘭若山行聚落無人義同故準開之。

若有罪者不應淨法小罪責心已便說若有重吉羅已上有疑及識或云發露或云待人。

露罪中初文初明輕罪可懺是本位故重不可懺。故致異說。

律無明斷今準通解云須發露云今日眾僧說戒我犯某罪不應說戒布薩說三

次科初示無文今下義定云今日下出法言通解者取上初義拔自恣中即準座上發露為例即對次義為局故云通也。問此發露已為須更陳三說布薩否。答文云不應說戒似不再陳準注羯磨引五百問令如上三說又約疏中引僧祇若無客者作念若得清淨比丘罪如法除念已當心念口言三說布薩此即向四方僧發露大如僧中疏文今詳羯磨及疏並作念發露無別詞句故依三說此既立法即當布薩不勞更陳然今臨事依疏為佳。

五百問云一比丘住處有界至布薩日先向四方僧懺悔三說已獨坐廣誦戒本。

三中向僧懺悔即作念陳露也或可輕罪責心即

滅三說者謂作法布薩也廣誦戒者識知持犯也然非教制本不須誦以前作法即成說戒不同僧法白告和僧非陳淨故心念既爾前對首中殘及重蘭例開發露如自恣中。

四分律行事鈔資持記卷第十一

行事鈔資持記卷第十二上四之二

宋餘杭沙門元照撰記

安居策修篇第十一受日法附

釋安居篇形心攝靜曰安要期在住曰居此依疏解隨時警勵曰策三業運善曰修上通人處下局行業就此一門總有四別初約法有四對首心念忘成及界又及界中園界兩所足有雙隻則爲七矣時有三種前中後也處通兩界自然作法人該五眾並通一制問安居別法那爲眾行答有三意一受說安恣次第相由故二夏安居竟其必自恣以後

攝故三本篇雖是別法分房受日皆眾法故

夫靜處思微道之正軌理須假日追功策進心行隨緣託處志唯尚益不許馳散亂道妨業

制意中初科爲二初釋安義兼示策修隨下明居義此敘教意仍見篇題處字上呼訓止訓息攝慮專注爲靜處也觀緣勝法爲思微也微之一字兼含事理事則憶本所受即戒學也理則達妄冥眞即定慧也即沙彌篇性空相空唯識三觀性相二空即空爲理唯識一觀即識是理此三種行名爲聖道非靜不思非思不證三乘雖異入道皆同故云正軌剋期夏限不捨寸陰故云假日追功勉慎懈怠無遺正念故云策進心行次釋居義初句明所須即下了論處無五過次句明標志即下起三種安居心不許下明守制即下三過對之可見

故律通制三時意存據道文偏約夏月情在三過一無事遊行妨修出業二損傷物命違慈實深三所爲既非故招世謗以斯之過教興在茲

次科初敘通意律因諸比丘一切時遊行蹋生草木斷眾生命世人譏訶蟲鳥猶有巢窟佛因制曰不應一切時遊行文下明偏意三過中初是自損

二即損他三損自他招世譏者如上緣起問三時情過多少在文可明制有重輕如何以辨答春冬有緣則聽夏月有無俱制又夏有結法春冬則無又春冬不結但犯一吉夏中不結至後安居日日吉羅又夏時不坐則失一歲又夏中制依第五律師春冬依餘四位若論違制三時並吉約上諸緣緩急可見

然諸義不無指歸護命故夏中方尺之地悉並有蟲即正法念經云夏中除大小便餘則加趺而坐故知護命爲重佛深制之必反聖言罪在不請結業自纏

三開章釋三 初安居本篇二 初標列

二隨釋五 初安居緣二 初標列

二隨釋三 初處有是非四 初別示所依

永流苦海極誡如此依文敬之

後科中分三初別指卽下引證故下結勸上二句指過勸必下約犯勸必反等者違制重也結業纏者違理深也流苦海者受報長也俗刑有上請名例律謂條其所犯別請減罪也十惡不用此律卽是不請言其已定也今此公然違教情過已彰合入犯科故不待請極下正勸極誡如此卽上律制也

初中分五一安居緣二分房法三作法不同四夏內遇緣成不五迦提五利解界是非

開章標列對下法附故言初中就此五門初及三四正明本法第二第五以類相從但分房在前迦提夏竟

初中分三一處有是非二結時不同三夏閏延促

次列可解

初中四分不得在樹上若樹下起不礙頭枝葉足蔭一坐如是乃至小屋山窟中坐趣容膝足障水雨若依牧牛人壓油人船上人斫材人依聚落等並成若依牧牛人已下五處者若安居中移徙隨所去處應去文中不了五分云諸依如上人者先謂作住意得

二總明五法

依安居中間忽去隨信樂衣食豐足處去不言失夏若在無護處劫賊塚間鬼神處毒蟲窟露地若有命梵二難並不成安居

緣中初科示所依中前引四分初簡非處律因比丘在樹上大小便樹神瞋故制若樹下示可依處樹是頭陀屋通喧靜並舉極小自外準知上約僧居若依下五種並據俗舍上四暫居處下一久住處並因緣起佛皆許之初明可依後明移徙牧養也聚落名通大小乃至一家男女所居皆是聚落移徙中隨所去者隨上五種人所移處也或可彼人移去資具有闕隨比丘意別往皆得文中不約

住意以斷得失卽是不了故引五分決之文分爲二初明開去住意者謂審彼五家在此竟夏方可依之必無久意不可依住移應失夏若在下次明非處上別列命難下總收二難

明了論五種成安一處所有覆二夏初十六日謂爲成前後安居日故三若東方已赤謂十五日夜分盡則東方赤者是十六日限爲破十誦疏家要令十五日及界宿故四若在別住起安居心疏云別住是布薩界安居心三種一爲自行二爲利他三爲料理三

三明難處

寶修治房舍一脚蹋界起安居心即成五在處無五過一太遠聚落求須難得二太近城市妨修道業三多蚊蟻難或嚙齧人踐傷彼命四無可依人其人具五德謂未聞令聞已聞令清淨能爲決疑能令通達除邪見得正見五無施主施飲食湯藥無此五過乃可安居四分摩得伽中大同此論

次五法中一擇處二定位三剋時四要心五假緣位中彼論亦同此律但有前後兩位十七日去俱是後攝剋時中言爲破等者此明了疏特立日限之意以十五日猶屬春分非夏限故今時僧舍多

有此過相與循訛率由暗教況乃但營齋供各競豐華至於結法曾不遵用隨情罔聖重事輕法良可悲夫起心中疏列三種初是修習二即營福第二兩兼五中復五據處是通約相則別三中嚙齧是妨己踐傷即害物嚙子合反齧五結反四無可依者即第五律師謂下五句即列五德初約授法二即檢行餘三可解五無施主謂闕資緣即第五過四分下指略文相既同故不繁引

十誦云無人深山可畏處不須住五分云若在無救處必知無妨害亦開欲安居時先思量有難無難無難應住

三難處中初引十誦一往簡非次引五分決通可否

季華記云云云二字應是小注前後鈔文中若有云云二字者皆然攷諸古本亦然是也

四示白法

毗尼母第六卷中大明安居方便法用文廣不錄乃至安居上座於一切僧集時食時粥時漿時應白言爾許時已過餘有爾許時在若行此等行法者是名僧父母亦名僧師云云

白法中初指廣今撮引之彼云比丘夏安居處先往看之有敷具否無音聲惱亂否無師子虎狼賊蚊蝱等難否可得安居竟否又云應自思惟此處

安居飲食如意否若病時隨病醫藥可得否復觀共住者如法否乃至病時不捨去否復觀大眾中無有健鬭諍者否不生我惡心惡語否更思惟眾中有知法解三藏否不使我夏中有犯欲滅無所否又思此眾中有僧如父母教訓子者否又思眾中無健鬭者夏中不起破僧因緣事否先受安居竟後受房舍敷具應一一料理等若有三寶緣聽受七日又云眾中上座應問大界標處失衣不失衣處淨地處布薩處等又云安居上座法如鈔備引乃至下示法今準義加於小食上維那打槌告

云白大眾安居已過一日餘有八十九日在當勤精進謹慎莫放逸餘日準此加減若下勸依僧父母者道因彼生故言僧師者行從彼範故彼文猶廣故注云云彼續云安居比丘自恣時得作一事謂說見聞疑罪後作四事一解界二還結大界有二因緣須解界一為水漂相壞不知處所二為賊難僧皆捨去故須解結無緣不須下斥古計夏中解界破夏亦恐古執此文三受迦絺那衣亦隨有無四受敷具二結時前後由夏中壞行義多招譏復重故文云自今已去聽三月夏安居春冬過少必無事不依同結吉羅

第二總明三時中初文顯制即本緣起初二句敘過即上三義故下引文夏是別制春冬即通制若據二時妨道雖同無多傷害招譏亦輕故云過少

問安居是制而云聽者答制聽相對聽即是開開聽相望聽通開制如聽造房畜長聽結界聽略說戒等此聽即開如云聽問十三難聽依止師聽白說戒聽行舍羅聽安居竟自恣此聽即制今云聽三月者頗同此意借義以訓聽猶令也謂使令作之不可違故若作此解餘文無復壅矣

問何為但結三月者一生死待形必假資養故結前三月開後一月為成供身衣服故二若四月盡結則四月十六日得成若有差脫便不得結教法太急用難常準故如來順物始從十六日至後十六日開其一月續結令成

問中一時四月約過是同而不盡制故須問釋以彰教旨答有二意初約開後答唯被前安居人身為苦器飢渴寒熱隨時所須故號待形準通五利且舉外資是正開意故但云衣服也次約開前答則攝中後二位教太急者攝機不盡也用難常者機緩不及也異緣或阻不可期故

上總三時分別今但就夏亦有三時

次別明三時標中結前生後前明一年三時緩急後明一夏三時前後

初四月十六日是前安居十七日已去至五月十五日名中安居五月十六日名後安居故律中有三種安居謂前中後也

正示中初文前列三位故下引證即增三文疏云增三具明前中後也據時定分前後一日中間安居二十九日

二列釋三。如文。

二注明前後二。初通標。

二注之文同

前安居者住前三月後安居者住後三月雖不云中三月然文中具明前後日數中間不辨於理自明結文各別如後法中

次科初引文示卽安居犍度彼云佛言有二種安居有前安居有後安居住前三月四月十六坐也住後三月五月十六結也雖下義決初句點文缺然下顯義具文指二日為前後則義必含中故云於理自明也疏云犍度中但明前後各住三月則無中也故舍利弗欲於佛所安居十七日至制後安居據相以言但前一日為前安居餘三十日為

後安居莫不望初俱名後故則缺中也下指結文三法別故

因泛明前後

次科標云泛明者此中正明安居前後而下三門名同事別以類相從故云泛也

一賞罰前後四月十六日是前十七日已去結者並不得五利故名罰也二得罪前後五月十五日已前名前以有緣如法不結無犯無緣吉羅十六日者緣與無緣皆結一罪唯除難事尼同僧犯唯有墮別三難事先後五百問云從夏初日有難事不得結而不

出本界至後夏來並名前坐是名三十日安居同至七月十五日受歲若五月十六日安居唯得一日結後七月半已有難者可隨無難日自恣是名一日安居三十日受歲

初中是前下合云得受五利名賞結者下合云是後上下相映在文省約二中初明前不結有犯不犯十六日下明後不結皆犯除難事者示開緣也尼同別者簡通濫也同謂同前別卽別後以尼外化義少不許遊涉故重於僧三中初明前者乃至後夏不結者雖未暇加法而身已在界故並成前

坐是名下謂結夏日異受歲日同前一月中隨日可結故云三十日安居也問難事不息都不結者為得夏否答疏云或五日三日乃至一月雖不結之不失前坐以難不結非是故心若下明後以後安居人本是八月十五日夏滿聽隨前安居人探前自恣今由難阻隨息開作故通一月此卽結夏日同受歲日異問前中二種有難開否答準理應通若爾律中有難開增自恣者答彼是外界鬬諍此卽王賊等阻障俱號難緣名同事別上三前後初賞罰以前安一日為前後三十日為後次得罪

中以前三十日爲前後安一日爲後三難事中即約安恣互明前後疏有六種三種同前第四位約前後初後兩夏各十六日中間二十九日五明行住住謂舊住行即外客對念二法行住通用忘成及界以是行人先有要故又云必舊有要例亦開之六據法不同對念作法以容預故忘成及界恐乖前後直爾便得準疏後亦加法

三夏閏延促者

夏閏中標云延促者依閏爲延不依名促又閏中三例住日多少延促可尋

依閏安居無有正文比於薩婆多云夏中有閏受雨衣得百二十日彼衣開法尚依夏閏而受夏是制教理宜通護又本結安居要心三月不出今夏未滿閏中出界即非相續而滿是以破也

依閏中三初示文闕比下二取例比即是例前引論文彼云若閏四月者則取前四月受雨衣滿百二十日故知含閏在其間矣彼下以開況制開緩尚依制急宜準又下三釋疑疑云閏是虛坐既非正月閏中出界應不破夏何須坐閏故此通之今明依閏雖經四月閏不在數但恐閒絕三月實夏故依之耳

若不依閏者數滿九十日便自恣摩得伽云安居已王作閏月數安居日滿自恣已受迦絺那衣即此衣成受不成受謂依閏不依閏

次不依中初標示摩下引據安居已作閏者顯是初結未知有閏故通數滿下明受衣言成受者以不依閏數日滿故言不成者或有依閏日未滿故謂下對釋可解

既二文兼具至時隨緣夏初要心取閏不得依伽論若反前者通二論兩文

兩判中初句指前文多論唯明依閏伽論文通兩位故云兼具次句明雙用夏下正判初明須依謂先知有閏宜從多論不得不依故不取伽論若下次明通依不依言反前者謂夏初不知有閏結已方立或依不依隨人取捨故云通二論也西土作閏不定此方不爾預出年曆並是先知皆須依閏舊謂先知有閏要依不依隨人所欲者非疏云即彼伽論前安居已王作閏月本知有故則依閏不合受衣本不知有數日成夏

問受一月日得攝閏六十日不答不得以安居策修

靜住有益。受日出界亂業曲開。非是正修。限依一月。不得過法。問。五事賞勞得攝五月一月。含閏二六。不答。十誦不開。由是開奢法故。

問答中。此兩重問並謂以開難制。兩答不同。在文可見。言二六者。一月五月中間兼閏。則二月六月也。一月中局。開七月。五月中通含七八九十十一五箇月也。開犯獲利。故云奢法。問。雨衣亦開。何攝閏者。答。熱時須用。有益無損。故不同也。

今約閏月結之。進否三例。

差別中標云進否。謂日多少也。

若閏五月六月。定百二十日住。

初位五六二月。由在中間不涉結解。故定一位。

若閏四月者。從四月十六日至閏月一日結者。並四月住。若閏月二日已後結者。漸漸轉少。以越閏月過。取五月一日實夏成正結故。若五月一日後結者皆三月住。以數滿九十日故。

次閏四月。初句通標。從下別釋三位。自下並約結去以分同異。庶令易解。初四月住中。四月十六結者。七月十六去。乃至三十日結。七月盡日去。閏月一日結。八月一日去。結去各十六日。若閏下。明第二位。住日多少皆不定故。

閏月二日結者。百十九日住。乃至閏月三十日結。則九十一日住。故云轉少也。前通二十九日結同至八月一日去。越閏過者。釋上漸少所以也。若五下。卽第三位。既不涉前閏。故唯三月。五月一日結。八月一日去。乃至十六結。八月十六去。結去各十六日。準疏此有三句。或有安居隔一月。四月三十日與五月二日結者並隔閏月。自恣降一日。四月三十結七月盡日去五月一日結八月一日去卽降一日。或有安居隔一月。閏月一日與五月一日結者亦名隔一月。自恣同日去。並八月一日去。如是漸減。應云安居隔二十九日等。乃至安居隔一日。閏月三十日與五月一日結卽隔一日。自恣同日去。亦同八月旦去。

三若閏七月者。從四月十六日後。五月一日結者。盡三月住。由未至閏故。五月二日已後結者。皆四月住。由九十日未滿入閏月。不成數故。餘如疏鈔。

三閏七月中。初標閏。從下列釋。初三月住。四月十六結。七月十六去。五月一日結。前七月盡日滿閏月一日去。故云未至閏也。結去各十六日。五月下。明第二位。五月二日結。至前七月盡日。始得八十九日。故須跨過虛月。取八月旦一日足滿。明旦出界。卽初二去。乃至五月十六結去可知。結通十五日去有十五日。疏立二句。或有安居隔一日。五月一日與二日結是隔一日。自恣隔一月。五月一日結七月盡滿閏月旦去二日結者八月旦滿二日方去即隔一月乃至安居隔十四日五月二日乃至十六日結者自恣隔一月五月二日結八月二日去三日已後結者前退後增乃至十六結八月十六去並隔一月餘下指廣今見業

疏如上略引義鈔文逸

二明分房舍臥具法

分房法中三時分易西土常儀將恐保著生常不思厭世薄情遺滯莫先此法東華不爾故所絕聞或其止一堂頗符水乳或別房各住而不異俗流且君子安遷小人懷土況出世高逸反更守株致使聖訓空存行儀永墜嗚呼

四分因客僧受房得不好者嫌責佛令客僧欲安居者自往看房舍臥具已然後分之

制緣中初明主心局狹簡於客舊故致嫌責以為由始佛下明制舊住自知但令客看目見好惡則息諍情

白二差一人具不愛等五法知可分不可分五德已羯磨言大德僧聽若僧時到僧忍聽僧差比丘某甲分房舍臥具白如是大德僧聽僧差比丘某甲分房舍臥具誰諸長老忍僧差比丘某甲分房舍臥具者默然誰不忍者說僧已忍差比丘某甲分房舍臥具竟僧忍默然故是事如是持

行法中初文具五法者名為五德上四約心名為通德通一切故第五約事名為別德隨事各局故順己無黨故不愛違心無憎故不恚達教無疑故不怖知機適變故不癡知可分等者或約人論大僧為可惡比丘及沙彌為不可或約處者房舍為可眾處不可更總為言必須通解分法始終方堪差舉羯磨下引法可解

彼比丘得法已起禮僧足白云一切僧各將衣物集堂不得使住處有餘物眾僧一時房內各將道具赴集訖

次科初五德唱告下明眾僧集物隨己所有並持入眾唯除牀榻臥具等

彼知事人依律數房舍臥具何者好惡何者經營房主先問經營者欲住何處房已後便數知僧數至上座前白言大德上座有如是房舍臥具隨意所樂便取先與第一上座房次與第二第三乃至下座若有餘者從上座更分復有餘者更如上分故多者開客比丘住處若惡比丘來不應與時有得缺壞房不受佛言隨力修治之

三中初數知房舍經營主者或彼剏造或復修治任意選取以賞勞績鉢器篇云營事比丘房成與房住九十日一移等餘廣如彼後下二依次分與若有下明人少房多再三分之故下明更分無用故令留置問既隨所樂可取先所住處否答必取先住還因分得理應無過然本教意恐著住處苟能遷徙節已稱法在人爲之若惡下三明簡人時下四示嚴制

二問答 二 初約行食立難

問僧食上下平等房舍不爾隨上座選者答食可平融一味義通十方房舍臥具事有好惡兼復美好不同限日非促故任上座而選

問答中初難者律制行食不得偏饒上座不同分房故用相並答中上二句明食味均通下明房舍局定二義反之初明好惡已定反上平融也好惡可會美好不同者好中復簡謂好相多別也限下二明時長反上短促也

二約分物重徵

問若爾利養等物何制相參不見者擲籌答此現前等分通有一分故制參亂投策而取

次問中以現前僧物好惡亦定復是別屬理應任選而制參取故躡爲難舊云先以施物好惡相雜然後書現前人名於籌上使不見物者投之於上也答中現前者須通二種如盜戒中等分謂平等而分此句反房不等也通有一分者以望未分未成別屬此句即反房非通有也投策即擲籌言之變耳

三辨餘相 二 初僧祇

僧祇不得與沙彌房若師言但與我自爲料理者得若房多者一人與兩口已不得不受語云不爲受用故與爲治事故與若春冬付房具通二與若上座來隨次第住若安居付房已上座來不應與住當分餘處住

餘相中僧祇三節初明小眾可否若房下明重分若春下明三時緩急夏房專爲治事故與春冬更兼受用而與故云具通二與

二四分

四分安居竟客來不應移若分房舍不得分眾集處若有別房好窟當於夏前書知名字坐夏訖便滅名而去

四分亦三初明客來不移同上可見若分下簡非處若有下明預定律因諸比丘見阿練若好窟念言當於此安居後餘比丘見已亦如是作念至十六日共至住處迮狹佛聽先作相者住即書云某

甲欲於此安居詳此似非分房應是山間嵓窟庵舍孤立之處可自標定必是僧坊自行分法理無預占滅名去者恐妨後人故滅即除也

三明作法不同分二一設教對緣二用法分齊初中律列四種

三明作法設教中標云四種對首本制常途所行餘三緣開心念開無人忘成開非心及界開奔赴

初對首者此通諸界今且就伽藍加法

對首中前安居標云通諸界者謂作法自然或聚落蘭若或僧坊俗舍並通安居故今下標今立法

當對一比丘具儀云大德一心念我比丘某甲依某僧伽藍前三月夏安居房舍破修治故三說五分彼人告云知莫放逸答言受持義加依誰持律者答云依某律師告云有疑當往問

出法中初具儀二示法準疏分八初句告所依證無餘想也我某甲者簡非他也依某處者定所標也前者簡中後也三月者通餘一月為開制也夏者除春冬也安居簡遊行也房舍等者料理資緣也三說者表無謬濫也上出本律次引五分續成對答彼人即所對者莫放逸者誡敕之語答受持者言議往返也後以義加者下引本宗五分並制依人準牒詞中意令專奉今多但誦三說不道餘詞準理應成依文為善

若依聚落林野等改前伽藍住處隨名牒入料理修治隨事有無不同昔愚皇帝聚落也

改轉中前文且約一相以明處既多別故須隨改料理之語唯局僧坊不通餘處不下令非彼謂通依一國一城則處寬易護然束約攝修唯狹彌善如上引律起不礙頭坐趣容膝安有畏失而通一國乎恐無知倣習故須指破

問依寺所以料理資具者答修治僧房用通三世前人料理得今受用今復修理以補將來若闕不修三世不續

初問答中有三初通示制意前人下別列三世若下反彰違失若據安居攝靜修道反令營事全乖教本後賢有智宜求斯旨

問持律五種定須何者答四分云春冬制依四種一謂誦戒至三十二至九十三誦比丘戒本四二部戒本夏中多緣故須善通塞也制依第五謂廣誦二部律

二推究所由

二中安居

次問答中五種持律且約誦文多少次第然前四
種通須解義曉達持犯方可依之
所以須者五分云有比丘自不知律又不依持律安
居夏中生疑文無問處乃至佛言往持律處安居若
房舍迮者聽近持律師七日得往反處於中安居心
念遙依有疑往問若已結前夏遇緣破者隨日結成
四分云比丘夏中不依第五律師得波逸提春冬不
依突吉羅
推究中初句徵五分下釋初引五分制法有比丘
者即緣起也乃下立制往彼處者明親附也若房

下明遙依也若已下明往返遇緣隨結成者請法
因緣非心慢故準下還成前安次引四分制犯罪
相階降在文可知
中安居法律有名無法世中通用後安居法然律列
三時分明三名顯別準義三法不無既明前後中間
例準（如鉢量制上下定中間不顯而知）應云我某甲比丘依某巖中
三月夏安居（說三）必用舊法理亦應成
中安居初標律下釋有五節初句指律有名者即
增三云前中後也無法即犍度中但出前後二位
也世下示古然下義立初二句準增三之名謂由

三忘成

二心念

三後安居

有三時故列三名以名顯時故云分明次三句決
犍度義具故可例立（註）引鉢量律文但出上下二
品與今頗同應下出法既約山嵓故除修治必下
縱古注羯磨依律但出前後二法疏中所謂莫不
望前並名後故
後安居者於五月十六日同前所對之法唯改前置
後之一字
後安中初標於下釋初句定日同下指法同異
二明心念者（律中無所依人可自佛令心念）當具儀至靈廟前發願
乞安隱修道等心念口言我某甲依某僧坊前三月

夏安居房舍破修治故（說三）住處多種準前對首若中
若後亦隨二改
心念中注示開緣當下明儀法住下令改轉
三明忘成謂先要期此界今從外來與本心境相應
雖忘開成律云忘不心念者若爲安居故來便成安
居故知住人不入開例由本無心必若有要理在通
限外來爲事不爲修安雖忘不開以非爲安故來也
忘成中初釋名相身已在界不憶加結佛開成夏
故云忘成律下引示律中四法次第相由故指心
念爲忘必忘對首例亦同開故知下準決初示文

四及界

二用法分齊

局以律本緣開外來故必下顯義通但約要心不局內外初明舊住有要亦通下明外客無要反塞言爲事者別有所務明非要故

四明及界與園一腳入內明相卽出佛開爲安來者成餘廣如疏

及界中疏云界者入攝僧界園者僧伽藍園（藍是梵語園卽華言卽院相也）此須料簡若藍狹界寬及藍界俱等並約界論或藍寬界狹或復無界則約園說律據僧坊準通俗舍此收四種疏云園界兩所足有雙隻（謂園與界各有雙隻二種故爲四也）問隻足尚成何須雙足答律因緣起隨機緩急先雙後隻次第開之既約隻成雙則無用所以文中但言一腳耳下指廣者疏云所以一腳入界明相出成者以悤切不暇開不結成又問雙足入出成敗相對（敗卽破夏）未知一足入出得例前不答要須兩足出界辨破以利勝故若一出破一入不成皆損行人不名開制大有理也

二明用法分齊上四安居法約時通三位約處通二界約人通五衆十誦佛制五衆安居乃至沙彌尼等四分亦爾約法者對首心念始終三十一日結有閏六十一日忘成及界人云唯得前後二日中間二十

九日不得用以初二法容預而作故月一日結之後二曲開畏失前後故局一日中間之日已不及前何畏失後故不開也又云唯在後夏一日以佛開成有益若不結者一夏便失餘隨憶作法以時容預並非聖言以意用也

次明分齊卽前四法約時處人法四位總收使無通濫故也初約時者謂上四法通前中後一時有四成十二也次約處中自然作法並通安居各有十二成二十四又約人者五衆各有二十四則成一百二十種安居（疏中又分及界爲四成七種法用歷三位成二百一十種倣上）

（作之）約法中上文四法既通三時不勞此位然對異說通局不同故須重簡初明對念通三可知後明忘及初引異解初解局開前後注羯磨中亦標此義又下次解局開後夏並下結斷今準祖意並通三時隨日結成隨滿受歲義無抑塞乍觀兩解從急似善然律本中但明四法不簡初後故云並非等也問忘及二法爲加法否答準疏亦須陳詞但夏成在前加法在後不以加法爲結之始問疏云忘等直得後用加法何爲答制開義立何得不有（直得是開加法依制。）

四夏中遇緣失否者。初明有難移夏。後受日逢難。初中四分云。二難。梵行者。本時婦。大童女。婬女。黃門。伏藏。皆因人來欲誘調比丘。恐爲淨行留難。二者。鬼神惡賊毒蟲惡獸。不得如意飲食醫藥及隨意使人。我若住此。必爲我命作留難。佛言聽去。

四遇緣中。二科。據論受日合在法附。但出界逢難失否義同故此明耳。初引律開。即開二難。初總標梵下。別釋。初釋梵難。略舉婬盜餘事準知。地有伏藏容生盜取。二下。釋命難。佛下。示開。

準此結成者。從初去日。即須勤覓安身處。若未得已

來雖經宿不破夏。以非輕心故。反前不覓。即破安居。若得住處夏法隨身。亦不得無緣出界。便破夏也。結成後去本界無難亦不得反來。由已結夏成故須有緣及法也。

次詳定中。初科。初句牒前。從下。正斷爲二。初明求處約心以明成破。若得下。二明得處約緣以辨通塞。法隨身者。處有前後。法仍相續。故出界便破者。亦據越宿。結成後去者。法既隨身。不必作法。但望所至之處立心止住。名爲結耳。須緣及法者。緣即難事。法謂受日。反無緣法。破夏何疑。

五分。食不足。父母親戚苦樂等。若住恐失道意。聽破安居。十誦。善見。若安居中有緣移去無罪。不言得夏。四分亦爾。明了論。夏中有八難。棄去無犯。疏云。八難者。親情及知識等誘引。龍道或作惡也。梵行者。乃至住處多有博易往還。恐犯重罪。不云得夏。並云得去。

文義證中。初科。引文有五。五分。食不足者。道緣闕故。親戚苦樂者。苦生憂惱。樂恐染著。皆妨道故。十誦下。合示三文。四分亦爾者。即如上引。牧牛人等五處隨去也。了論中。初通舉八難。同說戒中。疏下。別釋二難。不云下。二句通結諸文。

摩夷云。移夏不破安居。四分衣法中。二處安居。二處隨半受衣。十誦。僧祇。命梵二難。移夏二處安居。乃至自恣處取衣。破安居人不得衣分。準此。無夏不成受衣。有受理應得夏。

次明決中。初引文決。摩夷即母論。正言摩怛理迦。此云本母。故注羯磨云。毗尼母云。移夏不破安居。諸部無文開是也。四分下。準義決。三律移夏既得受衣。成夏明矣。

問。遇緣出界忘不受日。經宿破夏不。答。諸部無文。五百問云。夏中忘不受七日出界行。憶即悔者得一坐

中不得過三悔。過三悔不成歲。悔謂若憶悔本忘心，卽應反界。

雜辨中，初科，忘不受日者，以五百問中有此開文，故問以引之。答中，初明開者。此實迷心，故開憶悔。必有濫託，則非教意。二「坐下」示制，以教太緩，故須限約。必過三悔，縱實亦破。注示憶悔之相，卽返界者，疾還本處受日往也。

二出界遇難

問：因事出界，水陸道斷等難，不得反界，失歲不？答：律部無文，昔高齊十統諸律師共評，並云得夏。

遇難中，疏云：當日出界遇難，經宿，必有斯緣，無文開得。此謂有事無文，故須明決。答中由文義俱無，

故取人語。高齊，卽北齊，高洋簒南齊蕭氏，爾時大興佛教，置昭玄司，立律德十人，以統天下僧尼，號昭玄十統。問：既無正量，何得從人？答：諸師所評，準前移夏及受日遇難，不來不失等文，必專守護，而非心過，情是可愍，故準開之。疏云：高齊十統，並懷慈濟，通僥倖，故悠悠慢犯，失夏何疑。

三明相會夏

問：界外宿，明相欲出，得會夏不？答：準僧祇衣界，準得。必須入頭手足等於界內，若外立不得。

明會夏中，恐謂安居必身在界，不開明會，故須問決。答引會衣例，同會夏。彼律，衣界不立勢分，故須身分入內方成。

四藍界寬狹

根本。他本亦作相本。

若依大界安居，戒場及餘小界等入中，明相出破夏。若依大界外伽藍者，通往彼此二界不失。謂結夏在前，結界在後者。若依大界內伽藍者，出門破夏。小界亦爾。若根本通依大界，不知二界相別者，隨本行處不失，皆謂與本心相違，故義張兩失，並緩依法界，急隨房處，而不得越界分齊。

藍界寬狹中，初明依界有二。初至明出破夏，明別依戒失。二跨取後文若根本下，明通依不失。由本結時不知別界，故通彼此。若依下，二明依藍亦二。

初明藍寬界狹，或藍界齊等，明不失，以有界處本須依界，今乃依藍，故須注顯。舊云順古者非。與下文多違故。若依界內下，二明藍狹界寬，或依別院別房之類。小界亦爾者，如別結一房，依房安居，出門卽破，皆謂下。總結，言兩失者，依界依藍，各有一失一不失，卽約本心有違不違，而非明文，故云義張也。法界多寬故緩，房處從狹故急。必有行人棲止大界，自意依房，捨緩從急，彌符教旨。

五遇緣自去

四分云：若前後安居，見有二難，當白檀越求移去。若聽不聽，俱應自去，破僧和僧，律開去也。事希故不出。

遇緣去中。二難。卽命梵爲己緣。破和卽爲他緣。律中本處因我住故破他界因我往故和爲害事重。故並開之。諍見僧壞西土多然。此方罕有。故云希也。

二明得法有緣不來。四分受七日出界。爲父母兄弟姊妹本二私通等至意留之。過日不來。得歲。若鬼神等。水陸道斷盜賊虎狼諸難。同前得成。

受日逢難。引文中。初是親緣。若下。卽命難。律文佛判並言得歲。同上親留故云同前。

準此難。靜卽還反界。因卽停止破夏。僧祇夏中受日

和僧道行不得迂迴。直道而去。至彼中前和了。中後卽還。若停住者。準卽破夏。

義決中。在文尤緩。恐致妄行。故須準急。初正決。二引證可知。

五明迦提利法因明解結界法。初中。若四月十六日結者。至七月十五日夜分盡訖。名夏竟。至明相出。十六日後。至八月十五日已來。名迦提月。明了論云。本言迦絺那。爲存略故。但云迦提。此翻爲功德。以坐夏有功。五利賞德也。廣如自恣後法。

五中。迦提分三。初明時限。此謂無衣常開一月。二

釋名義。引論翻名。注文釋義。三指廣。問。下篇旣廣此何重示。答。若論受利。雖自恣後。然所獲利。全由夏功。又彰夏時四月制開分齊。又此論無衣。後約有衣。若爾有衣受法。此何不明。答。行事次第。合在自恣後故。

次明夏中解界法。

解界中。此章來意。爲破古執。以息後疑。非關夏限。故曰因明。以迦絺韆度中云。安居竟有四事應作。自恣應解界應結界應受功德衣。前引母論亦然。古師據此故有妄釋。

有人解言。破夏者。以佛令夏竟解結也。此妄引聖言。律云。安居竟應解界結界者。爲諸界同受功德衣也。各捨通結。同受。共解別結。廣文如十誦。又疏中亦明本非爲夏進否。古人云。安居不竟解界破夏者。亦可安居不竟自恣破夏。文兼二會。須兩相通。

引古中。初出彼計。疏云。有人言本依界故成安居。若解本界便失夏也。以失所依卽日雖結亦不成就。故文云。安居竟應解界。未竟而解。故知非也。此下。難破有四。初斥妄律下。二顯正。初牒律文。爲下示意。但文非明顯。致令錯會。故準十誦德衣之文。

方決疑壅廣下指彼三十五云夏竟眾多僧坊共結一界受功德衣已捨是大界諸比丘皆名受功德衣否答一切皆得受之又下三引證舊記云指首師律疏本非爲夏乃顯別有所爲文雖不示義應同上古下四引難古人云者已爲前代古德難破今引用之疏中標云有人言是也前引律云安居竟應解界應自恣二文不異故引相並然律通三日自恣十四十五未竟皆成及中後人隨前自恣住待日滿用此相並明知解結非破夏矣文兼等者不竟解結若云破不竟自恣亦應破自恣既

不破解結云何破上句示文同下句明義合破則齊破成則俱成不可偏故疏又難云如在攝衣界中護衣緣故須解亦應失本所依卽日明離然未經宿不說離衣夏亦同此何得卽破（前云解界卽日破夏不待經宿故有此難）

若夏內解界今言無妨但結夏情限不同故須分別若本依大界安居後解更結大者無難依本處有難準僧祇開之若本依自然後結作法若狹還依本若寬同前二緣

今解中初二句判定但下明前後寬狹初生起若下示相爲二初明依界前狹後寬僧祇避難界縱廣三由旬問先廣後狹爲依何處答準下自然亦應依本從狹彌勝若下二明依藍疏中又有師云自然中安居已結界受日失本自然亦破夏也難云本依自然結夏尚成今結作法牢强於本何得云破以不離界故此不標古直伸今意初明後狹若下明後寬二緣卽有難無難也（昔云前註文順古者準此知非）

二明受日法夏中有緣故聽受日必準聖言依法加受妄自誑心受而破夏虛損信施可悲之甚故委示焉

受日敘意中初敘開必下明制妄下顯過西土施物多依夏數此地亦然故多此過可下生起

就中分三一心念二對首三眾法總分三別一通料簡二緣是非三依位解

標分中初列三法下分三科通論上三故云總分也

初中三種受日有四不同

初科標云三種者卽上三法開別合眾或是七日半月一月三位則合別離眾也

一對人不同七日非僧別人邊成半月一月非別人

法唯僧得成。若互不得。十誦。問何處受七日。佛言界內。從誰受。從五眾受。

對人中。引十誦二問。明所依處及所對人。制行受日不離當界。須從五眾各局爲言。比丘通僧別。餘眾唯局別。不行月法故。

二對界者。七日通二界。羯磨局作法。可知。

次科易見。

三先後者。若用羯磨受後。更受七日得成。隨緣長短。不同古法唯前七日後方羯磨。

三中。古執三種次受。不得前後。今此反之。須知古

師執法。故不許差。今師義約隨緣。即得。故不同也。

問。先得羯磨後。隨緣七日者。何故羯磨云受過七日。答。此言過者。道羯磨是過七日家法。非謂言已用七日竟言過也。

釋疑中。即古所計。疏云。昔人云。先受七日後便十五。以文云受過七日法故。答中。道謂口言。方俗之語。使人易解。三法半倍。半月倍七日。一月倍半月。故知文牒倍過之過。

四明相攝。若受七日用竟。羯磨受者隨得。若七日未用。或用未盡。更有異緣。或是七日過緣。更受半月者。前法即謝。由羯磨法強攝故。不得一身二法相續用也。律云。不及七日還聽受十五日。今七日法在已必有餘緣。故知前法壞也。

相攝中。以眾法是強。別法爲弱。強必攝弱。法容隱顯。故有此門。初科。先敘用竟。顯非所論。若七日下正示相攝。初立義。由下釋所以。律下引文據。

若前羯磨受日。要須用盡。方得受七日。比多有之。謂受一月不足。更請七日。相貼滿三十七日用之。良不可也。

次科。初正示。比下斥非。上且從古。不顯今意。疏中

標有人言。後正解云。今解不無此理。本是一緣。不得有長短二法。可如前判。前約異緣。故今不取。今前後別緣。各依受日。前法被事。事未是息。何得失法。如爲患事須服酥油。兩緣未差。口法隨在等。舊記云。此科全出古義。今謂不然。安有製撰全出他義。但由撰鈔時猶同彼見。後疏方廢。餘同此意。

二對緣進否。就中分八。初定緣是非者。凡受日緣務。要是三寶。請喚生善滅惡者。聽往。若請喚爲利。三寶非法。破戒有難。雖受不成。妄數爲夏。計爲年德。冒受利養。隨有結罪。善見云。自長己夏受施犯重。

對緣八門。初門通明。中他緣分二。初明如法。若下。

出非法言妄數者非緣受日法乖夏破不成歲故
引證可解然但失利若上中下座則不可亂內法
傳云凡破夏人但不獲利豈有昔時受敬今翻禮
卑習以成俗本無憑據傳文雖非明文於理爲允
若爲私己衣鉢藥草如法悉成若爲治生覓利販賣
生口牛畜等物縱爲三寶並破夏得罪五百問云治
生破戒得財造佛得福不答尚不免地獄何況得福
薩婆多云治生造佛不應禮拜等廣如後文
私緣亦二初明是若爲下出非初明多種惡求縱
下明經營善事雖爲三寶而覓利販賣亦成非法

指廣如後即下五中初緣或是中卷販賣戒
就緣分五一三寶境界緣僧祇中爲塔事四分中佛
法僧事五分亦爾準此若爲大寺諸處緣者開之若
自受他雇畫造像寫經及自經營佛像或爲俗人縱
爲僧家佛事非法乞求並是邪命破戒不成得罪
三寶緣中二初引文示準此下以義決初明如法
故開大寺者簡非自己諸處者通目三寶若自下
列示非法則有四別初受雇及下爲己或下爲俗
縱下爲僧並下通結四種
二道俗病患生善滅惡爲益彼而無爲利四分中受

戒懺悔布施等聽去十誦問爲誰受七夜佛言爲七
衆興福設供懺悔受戒問疑請法有病遭難但使前
見便生善滅惡應去若遣使不遣使俱得受之若中
路聞死反戒八難起不應去
第二緣中初定是非總下多相不出此三病中兼
收遭難受戒布施興福設供問疑請法並是生善
懺悔即滅惡四分下引緣相四分且出三種如後
具引十誦八種興福者造井橋梁博施濟衆之類
若遣下即能請有別四分遣信聽往下云十誦寬
於四分即此文也若中下明所請量時

三父母大臣信樂不信樂俱聽律文如此餘況俗人
生福信樂聽去無信不聽必有力生信義應開往
三中初引律餘下義定父母恩重大臣勢力故雖
不信亦聽受往餘人反此故簡有信生福是事信
樂即心有力生信謂已有道行力能迴邪前雖無
信義當拯救故開往也舊解彼人有力者非
四爲求衣鉢乃至藥草若自病重不堪受日聽直去
不須受之如上安居命難中說今時有人爲衣藥等
多妄請日準過知足戒失三受三倚結捨墮今則長
財豐足而缺三衣此乃捨制取聽未隨佛化必長財

資具俱乏準乞衣戒直爾外乞藥草等物亦謂自貧
住處及卽日往反處無者聽若反上得辦非緣不成
四中初如法又二謂受法及直去也今下二斥妄
行初出非雖爲衣藥而各已外求故云妄也準下
例斷初斷乞衣過知足戒三十中第七戒實因奪
失現闕三衣不許全受故舉爲況今則下顯過捨
制謂闕法服取聽謂積長財必下明通許乞衣卽
第六戒次斷求藥自乏處遠須此兩緣方入開例
五爲和僧護法四分中有同界安居因我故鬭外界
僧尼鬭諍須我和滅聽直去然和滅之相難知約緣

而受不傷大理律無正斷故
五中初引文因我鬭者能生諍也須我和者能滅
諍也然下義評別顯往和令依受日初句是縱約
下卽奪謂前緣無準可依直去事必有期何妨受
往律雖令去不云受日不得故云無正斷也
上五緣中律云不應專爲飲食故除餘因緣衣鉢藥
草等是也今有夏中多爲乞麥妄言爲衣鉢縱爲而
乞律結正罪或曲命別情令他請召皆不成也律中
諸請一一遣信別請若父母餘人同十誦中並不爲
已利故也

結斥中初引別文通證如法律文初句明制除下
示開衣鉢等者釋上餘因緣也今下遮妄初斥求
乞上明事虛違法縱下示事實亦非乞衣戒中若
遭奪失直令乞衣若乞五穀皆結吉羅故云律結
正也如釋相所明或下次斥邀請如今弔喪賀吉
問疾詢安書疏往來意令召命之類是也律下證
非同十誦者如上八緣上來五緣總括律文諸緣
皆足但前後不次今爲隨次引之一者律因波斯
匿王邊國反叛王領軍往討王所供養佛僧衣被
飲食所須之物不信樂大臣便奪諸比丘欲往白

王路遠佛開受日（佛僧事也）二有比丘誦六十種經爲
求同誦人故開受（法事）三匿王往討邊國不信大臣
欲鑿祇桓通渠比丘欲往白王亦聽（僧事已上初科三寶緣）一
四有檀越請比丘欲布施比丘自念彼處遠不得
卽日還佛未聽有如是因緣得去諸比丘白佛佛
言聽受七日去（下諸緣並同此不更煩引）不應專爲飲食除餘
因緣（如上釋）五他處比丘請懺殘六比丘尼請懺殘
七式叉請懺悔更受戒（重受六法）若受大戒八沙彌請
受戒沙彌尼請欲受六法（六法尼中受應是請僧指教耳已上卽第二緣）
九不信樂大臣欲相見若有益無益聽去（二重）二十有

信樂大臣欲相見，若病若憂惱事若爲利益。（三重）十一不信樂父母欲相見，若不信令信，若惡戒令持戒，若慳教令施，若無智教令智。（四重）十二信樂父母請欲相見，若病若憂惱事若有利益。（上是父母共請，下是各請）十三有母請相見。十四父請相見。兄弟（共請各請有三）姊妹（共請各請亦三）及諸親里知識亦如是。（已上卽第三緣，通前共二十一種。半月一月並同）又云：若爲衣鉢坐具鍼筒乃至藥草，至七日應還。（此卽前檀越請緣，今約不請自求爲第四耳）時有比丘在住處，見有比丘欲破僧，念言：莫爲我故破僧耶。白佛聽去。二見尼亦爾。（尼來僧中助破）三聞比丘。四聞尼亦爾。五有比丘於住處安居，聞彼比丘欲破僧，自念：我若往呵諫，必用我言，止不破僧。又念：若自往或不用我語，我有親厚能止彼諍事，我當語彼令止破僧事。佛聽以此事去。六聞尼亦爾。（已上共六緣。律令直去，鈔約可期令受日，故列爲第五）又上五中，第四爲自，二三爲他，初後通自他。

二對事離合。但使前是應法之緣，隨爲多少得合受日。如懺僧殘多罪同法，則文中具銜。應云：今請七日法出界外，爲檀越請并佛事僧事等，還此安居也。

離合中三。初立義。一日已去是七日緣，八日已上卽半月緣，十六日去卽一月緣。七日合者，疏云：若俱三日，或復互減，可同七日，彼此兼用。如一是八日，一是二三日，可合受半月。疏云：或張王各是七日，不可合用羯磨半月，以事是別人所行，止得前後受七日。一是十六日，一是二五乃至十日，得合受一月。如下二引例銜合也。應下三出詞句，通僧別二法用之。

三懸受者。若所爲緣現，牒事爲受，必無實事，虛構成緣，或倚傍昔言，彷像未實，輒便乞法，不成得罪。由事虛限濫，日數妄置，法不相授故。

懸受者，謂前事如法，期限已定，但時未至，預先得受，過日方用。初示如法，所爲緣現，顯非濫託。必下遮濫。初敘非，由下出意，事非的實，聖教之所不被，故云不相授也。疏列四過：一不可倚傍，二本無實緣，三不知期限（對此限濫），四妄受僥倖（對輒乞法）。

四互用，謂爲佛受七日，已用三日，更有法事便通餘用，故不得也。必有本緣，何爽通用。十誦中白餘殘夜用，謂同是一事未了，殘夜白用，非謂異事。

互用正明中，初科準疏，古師不分本異兩緣，例得互用。今意不爾，如文所明。前明異緣不合，必下明本緣開得。十誦因比丘受日到聚落中七夜未盡。作事未竟來還。白佛。因聽餘殘夜白云。我受七夜。二夜已過。餘有若干夜往彼出界。今若依用。宜準此白。唯改夜爲日。卽知本是一緣。故云非謂異事也。

若本並因三寶事受。隨所互用並得。以倶有法故。若三寶事後生。不是前緣。三寶及他雜緣並不開。之由本無心爲受故。

次科。望三寶則通。對餘三寶爲塞。如本作釋迦後作別像。雖同佛事。非本所期。法僧例此。在文可見。乃至爲張家施物受日。後受施訖。留受戒者。亦不應

住。以無法故。若一家通緣。準心應得。

後一家中。初明塞。若下顯通。如但受彼請。不定別緣。通標諸事。隨爲作之。故云準心等也。

問。此界內僧爲別處三寶病人受日得不。答。爾是生善。故得。

釋妨中。恐疑異界不開。故有初問。或謂僧次非的請。故有次問。或疑捨請非我緣故。有後問。

問。僧次請者。得受日不。答。律制二請。亦得通受。

二請者。卽僧次別請。

問。得受他捨請受日不。答。僧次應得。別請不合。以非施主元心故。

後云僧次應得者。以施家心漫。故元卽本也。

五重受者。昔解一夏之中。開於三法。差此不成。

重受中。昔解者。疏云。有人言安居立行。修道爲宗。緣急開三。以濟時要。何得重受。無此理也。故十誦中爲破僧聽受一七夜。不得二七夜。乃至三十九夜已。破安居去。此明文矣。下指和僧文。卽此是也。彼但有七夜三十九夜二法不同四分。開三法者。不許重也。差不成者。不許前後亂也。彼謂必須先受七日。次受半月。縱七日緣。亦請半月。一月亦爾。三法用足。或有急緣。破安居去。

更不開也。此由不曉受日從緣作法據實。故有此判。

今云得重。廣有徵難。如疏述也。但事緣如法。無問多少。一切通開。必是犯戒緣者。一受不合。故律列二十餘緣。但云佛未聽我。如是事去。不言不得重去。且約爲事信樂父母。則有四重。況餘雜請。頓便限局。

今解中。初科初句判定。次二句指廣。疏引古難云。修道務急。何得制住。必有緣來。隨意開得。又今難云。如前檀越召受七日已。後有三寶要須經營。何得不開。明知亦得。但下正立。又三。初申理。由受日

二引證二。初引誡教證四。初五分律。

法本爲緣開緣來法應何有限三不前後也故知
昔人全迷教意故下二指證二十餘者如前所引
且下舉況文亦如上

五分若有請無請須出界外一切聽受七日

引證中五分一切之言豈局一番耶

二十誦律

十誦中列多七夜緣已文云若自爲身若爲他身若
不遣使若遣使應去聽一七夜不聽二七夜謂一時
雙牒二七日前後重用若準和僧似一事上不許重
受然彼有不請之文寬於四分重受不開文非明了
理須通明

十誦中初破執不聽二七之文初引文列多緣者
如上興福等八種自爲如衣藥等爲他如受懺等
謂下釋通古師執此以爲明據故須決破雙牒者
別緣加二七夜是非法故疏云彼受日法但有二
位對首七夜何得重加故不得二七夜不妨前後
去者亦得若下破執和僧文如上已引初縱彼計
故云似耳由似是故致令誤解然下是奪不請文
者彼不遣使亦開受往同上五分四分一一遣信
別請卽是急也此中且約寬急相並以彰不局疏
釋云和僧用二法已破安居去者受法依限前二

有期故開隨受既用法盡和滅難期知用何法往
彼和也理須破夏是所開故重下斥彼所據令須
依理

三五百問論

五百問云受七日行不滿七日還本界後更行不須
更受滿七日已乃復重受

五百問中文理甚明疏云此卑摩羅叉口決其人
翻十誦者既有此通義無疑矣（十誦本什師翻後卑摩重翻故）

四明了論

明了論中得受疏解云前請七日事了還至界內第
八日更請七日出界宿此論眞諦三藏翻中國親承
此事寧得自執一隅小見通塞三千佛化乎

了論得受者謂得開重也疏解中業疏引云雖請
七日事竟不還破安居得小罪若事未了極得六
夜第七日還至八日更請七日（今云事了者疑脫未字）若後
仍不了更請七日等此下指人爲證眞諦卽西印
土優禪國人梁陳二朝至此廣有翻經寧下責其
局執一隅者無通變也壅塞也佛化本通固執乃
塞

二述傳聞證

余親聞見中國翻經三藏及中國來者云佛滅度來
無有立一夏三度受日法隨事如法並開餘廣如疏
鈔

親聞中。大唐之世。玄奘西歸。那提同至。敕詔祖師同預翻譯。因得備聞中國之法。足爲明據。故引示之。下文指廣如上略引。餘更如彼。

六約事長短。縱令前事唯止一日二日。皆須七日法。律云。不及卽日還聽受七日去。夏末一日在亦作七日法。立法楷定。作法應爾。若路近得還由緣經宿亦須受日。

長短中。三位極限爲長。一日八日十六日爲短。中間長短可知。文中唯明七日短緣長易知故。半月一月例準同之。律下引文示立下申所以。若下釋

疑。但約緣長不必路遠。

七僧尼不同。四分尼律中。開受七日。不云多。僧祇尼無羯磨受日法。若塔事僧事遊行者。受七日去。

僧尼中。初文僧法可知。尼中不同。故須簡別。四分僧祇明文可了。不云多者不明餘二也。

比有濫同僧法者。但令緣至三法受日。四分無文。僧祇明斷足是指歸。不勞別解。

次科。初出濫行。四分下判非法。

所以不同者。尼是女弱。不假多遊入俗外化生善義少。但開七日。亦濟別緣。

三中。文敘二義。別緣者簡非衆故。必有長緣事須前往。或容返界重受七日。或比難緣義通直去。

八事訖不來成否者。由所牒緣謝法亦無施。便失法也。卽須反界。不反破夏。明了論云。請七日出界訖事竟不還破安居得小罪。十誦明文不許往。僧祇意亦同之。

事訖中。疏引古計云。事訖不來夏亦不失。以法在故。今師不同。如文所示。初示所以施猶用也。問。事訖卽謝。返界路遙中途經宿。無法隨身應須失夏。答。法託緣生。緣謝法失。本期還來未及本處。事猶

未息。故非失夏。問。事訖法亡。或緣未竟期限已滿。約何明失。答。四分十誦日夜兩別。如後自明。明了下引證。十誦不許者。前云中路聞死反戒八難起不應去等。僧祇同者。前云中前和了。中後卽還等是也。

三正加法。前明心念法。十誦五種人。謂獨住等。心念受日。若界中有人堪來不待。心念不成。若待不得。界又無人。具儀心生口言。我某甲比丘今受七日法出界外。爲某事故。還來此中安居。說三

正加中。心念中。初文本是對首。以無所對。故開心

念初明開緣獨住等者等取蘭若遠行謂寄道中安居長
病飢時依親里五緣並約無侶有卽不開故下猶
須相待若界下示非法卽成別眾人非所收若待
下明如法
此謂無比丘開心念若有沙彌者作念已告以事緣
今請七日出界若了卽還汝知之十誦令五眾受日
五眾邊受準此當眾相其作之無者準前言告
次科初指上開若下正示告法十下遮濫有執此
文謂通互對等故然此且據七日爲言羯磨月法
不通餘四前文但簡尼眾準理沙彌亦然

其沙彌受日如下別法
指沙彌中下亦不出還指同僧
二對首受法應具儀對比丘言大德一心念我某甲
比丘今受七日法出界外爲某事故還來此中安居
三說
對首中受法分五初求他審諦二述己情懷三標
期無濫簡眾法故四牒事非虛五期還奉制
然心念對首二法諸部無文但開受法相傳準羯磨
白文雖非佛說義準無失
簡辨中初科云準羯磨白者卽第三句緣本詞也

不無加減對之可見
若受七日未用過七日用亦得以本緣在故若無法
謝不同七日藥彼已限滿病轉故失
次科正明中初立理不下簡異世凡論病七日則
轉藥不加病故限七日
若爾病住法應在答由佛制定如論云服之七日堅
病得消
次科疑者云病轉可爾不轉過日法應隨在住猶
存也答如論者卽多成了論如四藥引
問此請七日得兼夜不答不得以文云至第七日當

還不同十誦彼以文中受七夜故又不得改云七夜
以部別不同亦不得秉四分羯磨用僧祇事訖具如
諸部別行法中
問答中並由昔世妄行故特辨示答中初句義定
此唯約第七夜爲言非謂不兼前六夜也以下釋
所以文明七日餘二準同又下止非又二初正斥
妄改亦下因斥濫用曇諦羯磨後隨出事訖法有
昧教者輒用故問兩宗失受同異云何答失法則
異破夏乃同四分受日日沒卽失十誦受夜夜盡
方謝及論破夏並約八日明相爲言疏云第七夜

分明相未出自屬前夜。明相若出卽屬八日。制七日夜須及界中。又云十誦亦及七夜返還同四分。有何異耶。問諸律立法差別何相。答五分三品則同四分。十誦有二。一七日。二羯磨三十九夜法。僧祇亦二。一七日。二羯磨事訖。是則別法咸同衆法。時異文指後篇尋之可領。

三明衆法所爲之緣。同前通用。但令事是半月一月緣者方應羯磨。不同存單之人由不重受七日事緣。要必須計理無停止。遂引七日令長用一月羯磨。此自汙心教有明罰。餘同前釋。

衆法示緣中先出今意。又二。初示緣同者。卽前三寶等五種。故律受七日中備列已。半月一月並指如上。但下明限異。此明前緣衆別並同日限長短爲異。不同下次斥古非。彼以短緣而加長法。疏又云。古師用七日已後有短緣受月爲非。令破夏去。故知有二古解。此下二句正斥。上句謂結業。下句卽違教。餘下指前重受。

今加法中有四不同。

立法中通標四家。此與諸文差異。故須委出。疏序云。或單翻出鎧師。或依律文卽今一家依本直誦。或準義用光師。

或引緣據願師。至受日中云。初師加乞鎧師。二準覆藏光師。三準六夜願師。四云近世諸師不加乞詞卽上序中第二。用此二文對鈔又別。如下自見。

二家羯磨文相少見。

指二家者應是鎧願二本。舊指鎧諦。初鎧本先出乞辭云。大德僧聽。我比丘某甲受過七日法。十五日若一月日出界外。爲某事故還來此中安居說三白及羯磨同今鈔中。疏云。初人加乞羯磨不牒恐成增法。此古羯磨是也。次願師本其文已亡。疏云第三人序是第四。但準六夜乞法牒緣誦事並盡中六夜白法初牒所犯。次牒乞覆行覆。後牒乞六夜最詳悉故。意詳乞法同下。光本白及羯磨。唯第四句中加云。僧今與比丘某甲受過七日法。十五日若一月日出界外爲某事故還來此中安居。故云誦事並盡。素師云。願本無片言增減者。謂準德衣立六緣耳。非關羯磨。

第三光師所撰羯磨。問加乞辭舉世同行。事須略述。今正學宗並依律本。恐輒內乞辭增加羯磨。律云。如白羯磨法作。今既不如卽知非教。又諸部並無乞文。不得準善。止可隨其綱紐順教誦之。

第三師中。疏序亦第三。受日中列在第二。初三句示彼所立。疏云。

第二人雖著乞詞準乞覆藏兩偏牒事(謂白中加第二故云兩偏)時到已前增加乞詞忍聽已後略事而作羯磨亦爾此乃全依曇諦舊本今略引之乞云大德僧聽我比丘某甲此處夏安居受過七日法十五日若一月日出界外爲某事故還來此中安居今從僧乞受過七日法十五日若一月日羯磨願僧與我比丘某甲受過七日法十五日若一月日羯磨慈愍故(三說)正加中白云大德僧聽比丘某甲此處夏安居受過七日法十五日若一月日出界外爲某事故還來此中安居今從僧乞受過七日法十五日若一月日羯磨(此謂增加乞詞)若僧時到僧忍聽僧今與比丘某甲受過七日法十五日若一月日羯磨(不云爲某事等故云略事作也)羯磨於第二句緣中牒乞詞下加本事云僧今與比丘某甲受過七日法十五日若一月日羯磨(第四句及結詞中單牒根本同上白中)一舉下指過初生起前二少見不在評論此既盛行須知過失今下正示又四初敘今意以彰昔非內猶入也律云下據文斥又下取例斥止下勸依後法

問用舊羯磨受日得夏不答應成歲雖增加乞辭而羯磨大宗無失

問得否者爲破古解疏云有人定判依受夏破是也答言無失者疏云增乞減乞各有所憑羯磨大途規模在故依受不失(意詳不無非法之罪)

第四人依律出文云大德僧聽若僧時到僧忍聽比丘某甲受過七日法十五日出界外爲某事故還來此中安居白如是大德僧聽比丘某甲受過七日法十五日出界外爲某事故還來此中安居誰諸長老忍僧聽比丘某甲受過七日法十五日出界外爲某事故還來此中安居者默然誰不忍者說僧已忍聽比丘某甲受過七日法十五日出界外爲某事故還來此中安居竟僧忍默然故是事如是持

第四師者疏云近世諸師不加乞詞依本直誦(卽同疏序云卽今一家依本直誦也)舊指願師本者且願出北齊則非近世問前四中不列曇諦本者答同光師故不復出之問既除乞詞羯磨緣中應無正陳本意答疏明古師立緣增減謂受日無乞闕第八緣祖師難云受日無乞豈不須告準此今行事時受者應具儀至僧中告云比丘某甲欲受十五日(若一月日)出界爲某事故還來此中安居白已方可加法(此爲諸文多違後進難曉不免繁長)

其一月日法準前著之不得雙誦十五日者

一月法中不得雙誦者以律本中不別出法於十五日下連書一月翻譯省文意令隨改往往愚者依文謹誦故此遮之疏云則四十五日故也疏又問云受一月不云過半月者解云七日別人餘皆衆法但云過七日明知餘二俱自二也又云若受半月數日滿足以加法云十五日故若受一月則隨大小私謂若從初一受則可隨月或中間受而遇小月如何數之準亦依小得二十九日以受月故如十六日受至月盡止得十四日後更數十五日耳

三料簡雜相

三料簡中通明受日安居差別之義故云雜也

若夏中熱極受日者多同緣受者二人三人應一時羯磨十誦開之

初科夏熱即餘緣此且略舉餘例開之須同緣者牒事便故異緣不得下指所出然與四分受戒頗同亦可例準

若依大界安居戒場及餘小界內不成受日以非本要心處故

依處中依界可準

若先無大界依伽藍結者若後結二界隨界受日並成莫非所要地故縱入戒場不破夏而離衣

依藍中初文即前云結夏在前結界在後故云先無也二界即大界戒場言離衣者此據作法攝衣爲言自然亦不失也

若本結大界小於伽藍便依伽藍而坐者由佛制依界故有者不成受日不得止得卻縮取於界相餘廣如疏

次科云本結者明先有界也言佛制者比丘住處佛制必先結界制令依界明矣伽藍有緣未及結

界或依村舍等處可依自然若僧坊有界定須依界今人行法有界之處令依藍結則餘場小往返無妨意謂依藍依界隨人所欲反謂此文是順古義從前至此三處出此義並指爲古謬之太甚後學無知皆隨盲導何可救也言卻縮者捨寬藍從狹界得教意故下指廣者疏明先本無界依藍結者後云立心行者行護從急若後作法遠於自然但依自然分齊既無緣難不可後開若結狹本有說依新他解意以安居隨本自然爲定由本作法意在羯磨安居隨處不要加結古記見此便謂先有界處亦不須依界謬矣

二結指

上是義決，非文有之。

結指中。點上所判。講者因先諸記妄云順古，便云此是斥古。妄上加妄，此妄何窮。且鈔文前後，義評義準，其言非一，豈非文者皆不取耶。

四分律行事鈔資持記卷第十二

行事鈔資持記卷十二　安居策修篇十一　五五

弘一大師全集

趙樸初署

第三冊

佛學卷

《弘一大師全集》（修訂版）編輯委員會 編

句讀校注

海峽出版發行集團
THE STRAITS PUBLISHING & DISTRIBUTING GROUP
福建人民出版社

初版發起人（敬稱略）

釋瑞今　釋宏船　釋廣洽　釋常凱　釋妙燈　釋廣淨
釋廣義　釋廣範　釋廣餘　釋廣安　釋傳貫　釋晴輝
釋覺定　釋優曇　釋元果　釋隆根　釋自立　釋唯慈
釋妙因　釋妙抉　釋心理　釋圓拙　釋妙蓮　釋妙湛
釋毅然　釋傳常　高文顯　陳珍珍　林子青　虞　愚
蔡吉堂　劉雪陽　豐一吟　金兆年

編輯委員會總顧問：趙樸初
編輯委員會主　任：林子青
副主任：釋圓拙　陳珍珍　沈繼生
編輯委員：釋圓拙　釋妙因　釋妙蓮　林子青
陳珍珍　高文顯　沈繼生　釋法雲　王連茂　陳泗東
陳清泉　陳祥耀　莊炳章　陳存廣　黃柏齡　楊加清
李瑞良　楊貢南　夏宗禹　許在全　余險峯　張虹劍
施榮茂　莊為玠　葉四遊　陳瑞熙　傅佩韓　陳懷曄

修訂版編輯人員（敬稱略）

編輯委員會總顧問：李木源
顧　問：釋界詮　釋道元　釋本性　釋向願　釋理任　釋常定
汪毅夫　林文斌　余險峯　黃少萍　李育才　陳清泉
潘燕燕　胡曉泉　駱良益
主　編：釋學誠　陳珍珍　陳祥耀
副主編：周焜民　王爾康　吳幼雄　林長紅
編　委：釋學誠　陳珍珍　陳祥耀　周焜民　王爾康　吳幼雄
林長紅　祝閩影　周書榮　釋振宇　釋德昇　釋真仁
張　勇　林　樺

◎ 一九二〇年攝於杭州

◎與劉質平（左）、豐子愷（右）合影
一九一八年攝於杭州

◎佛門弟子尊大師為南山律宗第十一代祖師
一九四二年攝於泉州開元寺

◎尊勝院——泉州開元寺支院之一，一九三三年大師創建南山律學苑於此。

◎一九三三年攝於泉州開元寺

◎一九三三年攝於泉州開元寺

◎與廣義（右）、傳如（左）法師一九四二年攝於泉州百源寺

◎一九三五年與寬願法師合影留念

◎與在家文友合影於上海（右立第一人為馬一浮）

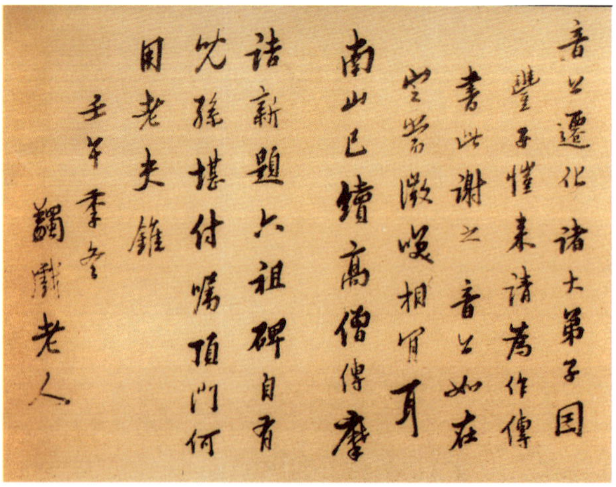

◎馬一浮居士聞大師於泉州遷化，題詞悼念。

第三冊目錄

佛學卷

第二部類　句讀校注（續）

佛學卷

句讀校注

四分律行事鈔資持記卷第十三上四之三

宋餘杭沙門元照撰記

自恣宗要篇第十二 迦絺那衣法附

釋自恣篇釋名敘意文自詳委行法通塞須略示之謂人該五眾法別三階時局夏竟處通二界餘在文中言宗要者若論眾同之本攝僧大教此同說戒即法爲要若治惡挫慢淸心增善眾行中最即行爲要若律論廣博眾說繁累撮錄時用以成此篇即文爲要三釋俱通後義尤善

然九旬修道精練身心人多迷己不自見過理宜仰憑清眾垂慈誨示縱宣己罪恣僧舉過內彰無私隱外顯有瑕疵身口託於他人故曰自恣

自恣意中初科上二句躡前生起俗中以十日爲一旬人下正敘來意又二初敘意妄情外騖無始慣習不自反照故多迷己縱下示名上二句標內下釋初二句釋上縱宣己罪即明自義誠心露過故曰內彰屈身坐草發語求誨故云外顯即三業也玉病曰瑕人病曰疵並喻於罪身下一句釋上恣僧舉過即彰恣義故下結名

故摩得伽云何故令自恣使諸比丘不孤獨故各各

憶罪發露悔過故以苦言調伏得淸淨故自意喜悅無罪故也

引證中初問起使下列釋四義並以故字結之不孤獨者三業憑他不自有故苦言即所陳詞句以自述己過使眾聞故初即明制相依餘並淸過二約有犯四即無犯三通有無又初後生善中二滅惡

所以制在夏末者若論夏初創集將同期欵九旬立要齊修出離若逆相舉發恐成怨諍遞相訟及廢道亂業故制在夏末者以三月策修同住進業時竟云別各隨方詣必有惡業自不獨宣障道過深義無覆隱故須請誨良有茲焉

制夏末中初科初句徵若下釋又二初敘不前意上明來集之心欵誠也要制也若逆下彰前舉之過逆謂未竟而先舉也故下二明須後意初句重牒前徵以下釋初敘將散方詣謂所往之處必下明立法不獨宣者多迷己故障道等者顯須悔故故下結意

故律聽安居竟自恣毗尼母云九十日中堅持戒律及修諸善皆不毀失行成皎潔故安居竟自恣

次科律論皆云竟證上彌顯論中持戒律者是遵制教及諸善者即依化教化制無違故云皆不毀等

此是自言恣他舉罪非謂自恣爲惡此雖相顯有無知者濫行

遮濫中初二句正名非下黜謬昔人應以賞勞五利開破五戒是任意毀犯而立其名此下示意

就中分三一明緣集相應二自恣方法三雜明諸行

開章標列中言緣集者謂定時簡人並須合教方成法故雜明者料簡釋疑非一相故

初中分二前明時節謂有閏月者依閏安居七月十五日自恣不依閏者依摩得伽中數滿九十日自恣若閏七月者取前月自恣非前夏安居者過閏已數滿九十日自恣

時節含閏中初明閏四五六月七月十五日且約前安居人中後結者多隨前坐故不別標不依者謂先結後閏具如前篇此即隨竟自恣不局時節若下明閏七月非前夏數滿者此據中後者多必前多後少亦隨前作住待日滿耳

二因諍增減自恣如說戒中

增減中減前二日增後二半猶不去者開強和合一同說戒故指如前

三修道安樂延日自恣得至八月十五日

延日中律因諸比丘安居精勤行道得增上果恐往餘處不得是樂白佛因令作白增益自恣白云大德僧聽若僧時到僧忍聽僧今不自恣四月滿當自恣白如是

然律中但明十四日十五日自恣及至急施衣中次第增中十六日自恣增三中三日自恣律云安居竟自恣則七月十六日爲定律又云僧十四日自恣尼

十五日自恣此謂相依問罪故制異日及論作法三日通用克定一期十六日定若有難者如五百問中一月自恣

詳定中初定無難若下明有難初中又二初引文以定初云律中者即自恣犍度云諸比丘欲十四十五自恣佛言聽次引急施者初句通指一戒次句別指戒中釋衣時應畜文彼云若自恣十日在七月六日得急施衣受已至一月無衣五月畜有衣也此即時前開十日後無所增乃至明日自恣應受十五受衣十六自恣故言明日一月五月外更增九日謂初七得衣前減一日後增一日乃至十五前減九日後增九

日故云次第增也此明十六自恣合上犍度三日明矣引增三中律云有三種自恣十四十五月初日十六是黑月初律云下正定此亦犍度中文雖通三日前二非竟不符文意故取十六也律又下二釋妨初引文此出尼犍度中恐人固執故須釋通此文且約處遠爲言準理須云僧十五日尼十六日又尼近處不勞隔日如下文中雙出二法是也此下正釋初二句釋通言相依者疏云僧須在前自恣白衆治舉既犯清淨方合受尼故及下示通局文既通三今取十六亦非專必故云一期克猶約也恐無知者前自恣已出界破夏今世多然爲過斯久封懷昧教聞之不行深可悲矣

二應人是非

二明應人是非若破夏不安居人雖不得歲以舉罪義通理必依衆恣僧治舉四分云若後安居人從前安居者自恣住待日足

人是非中列三種人初先結後破二一向不結三結有中後恐疑上二不可同法故此辨之通成應教文中初明前二種四分下示後一種但云後者義必兼中亦約望前通名後耳

四二自恣方法二。初標列

二明自恣方法分三即三人也

方法中標云三人者對法即衆法對首心念也

二隨釋三。初五人已上僧法二。初六人僧法二。初標列

就五人已上分四一明僧集緣起二五德自恣進不三尼來請罪四雜明略說諸事

僧中又二六五兩分初中四門對下五人唯第二門差五德法雙單有異餘三竝同

二隨釋四。初僧集緣起三。初鳴鐘敷設

初中要五僧已上得白差自恣當鳴鐘集僧各在地上敷席而坐以是互相舉過處牀慢相不絕故律云不得在座不得在地應離座自恣五分云好泥地布草座已而自恣並偏袒右肩右膝著地合掌

緣起中初科爲二初示入法分齊當下正明緣相有四一作相各下次敷座準餘法事牀席兩通獨此自恣唯局席地律下三布草上二句遮非下句示法不在座者謂所坐席處不在地者爲護身衣須以草藉應離座者捨席就草也古云互跪者非然不許在地義須草上而文中不明故引五分以決並下四修敬

二行籌水唱告

初行水香汁浴籌唱數告令大同說戒唯改說戒爲自恣之辭

次科指同前者即諸偈詞及唱告言令言布薩處並須改之然行事之時須知次第至於說清淨妙

偈已即須梵唄散灑華水亦須供養有云說戒須供戒法自恣不須非也此供三寶豈唯戒法又自恣豈不須供梵唄既畢說傳香偈已
上座即敘事告眾選擇德人後秉差法方接下科
行事
乃至沙彌等亦須集堂以治舉義同待唱出已方始
得去在別處行自恣法如別法明
小眾中同別二法同法者既唱出已至僧自恣竟
鳴鐘召來依次坐草對五德自恣別法者送籌入
僧已口差沙彌爲五德餘事並同僧
二五德進不分二初六人已上法後五人法初中分

四一簡人是非二差法正式三五德行事四對座說
之儀式
五德中標分二者其五人法跨指略法之後欲彰
差法之異
初中四分律取具二五法者謂不愛恚怖癡知自恣
不自恣此名自恣五德律文又差知時不以非時如
實不以虛妄利益不以損減柔輭不以麤獷慈心不
以瞋恚此謂舉罪五德意令和合無諍有罪非謬欲
使前人懺悔清淨美德外彰故能勸喻離於懷惱愍
物與樂不欲非法故

簡人中初科上二句雙標謂下別釋初五德中上
四通德如前篇分房中下一別德初約人釋破夏
不結前後等人並應自恣三舉二減抱過不露等
名不自恣次約時釋三日是時餘爲非時增減難
事並須曉故三約法者一廣六略觀緣緩急並合
宜故疏云眾雜是非染淨同住無宜枉濫坌汙僧
倫謂知人也知時知法共上爲三非人不顯故須之也律下
明次五德初列五相一一相中是非相對言知時
者與上何異上是時節此即時宜謂量僧和諍可
舉即舉疏云舉過靜諍無不和順是也意下隨釋

初句釋初德次句釋第二德欲下三句釋第三德
故下二句釋第四德愍下二句釋第五德五中上
二是智能觀量故次二是悲皆拔苦故後一是慈
以與樂故又第四是口餘四並心此謂各人自具
二種五德有人行事差一人爲自恣五德一人爲舉罪五德謬矣問既具二
五何以不名十德耶答罪事別故通局異故若爾
今云五德從何得名答用分通局義有兼正約事
就局從正爲名
所以差二人者四分文不了十誦僧祇中並差二人
爲法五分中二人已上乃至多人謂僧多故更互息作三千威

儀云要差二人為僧自恣竟自相向出界不得求餘人自恣以餘人僧不差故

次科初徵二釋為三初點本宗但令差人及羯磨中唯牒一名故云不了次示三律並差二人往釋多人謂二對三對作法差已隨對起復互相替換始終二人非謂齊作後引三千正明所以僧自恣竟者即同十誦下不用之此中但取差二之意

今行事者多有人人別差此未通諸部又差年少輕健者多不生善十誦僧祇多差上座有德者令下座來向上座自恣也

三中初斥專執謂逐人差也以見本宗差法單牒名故未通諸部者即上所引也又下次斥輕易今時皆爾況復庸愚空無一行妄充僧命輒號五德名存實喪豈不悲乎十下引證下座來向者臘高德重不可勞動故

二加法差遣者當上座差眾中二人具兩德五德者不須喚來立前而作此是別眾往往而然直在本座而坐

差法中初科前明簡德文令上座差選或堪能羯磨者隨作亦得不下定處由世濫行故須指破

作羯磨者索欲問和其欲法云大德僧聽比丘某甲我受彼欲自恣彼如法僧事與欲自恣此律自恣開欲不同他部故重示之作者知之問和答云自恣羯磨亦有通別如上

次科中初明索欲餘諸羯磨通傳欲淨獨此有異故須別出此下示部別僧祇等律並不開故問和中且約通答後顯別答指如上者即羯磨篇

應云大德僧聽若僧時到僧忍聽僧差比丘某甲某甲作受自恣人白如是大德僧聽僧差比丘某甲某甲作受自恣人誰諸長老忍僧差比丘某甲某甲作

受自恣人者默然誰不忍者說僧已忍差比丘某甲某甲作受自恣人竟僧忍默然故是事如是持

三五德行事法差已即從座起具儀至上座前露地伸手內作和白言大德僧聽今日眾僧自恣若僧時到僧忍聽和合自恣白如是不應立作別眾不成

五德行事和僧中初文前示威儀今時多在僧前禮已和白不應下遮非

若差自恣人時答云差受自恣人羯磨者不得通用後法至五德單白前和答言單白和僧自恣羯磨若如前答直爾通和二法

草。二行草二初授

二唱告

次科初示別答若下指通答

次明行草法四分但云離座不言草座五分布草而坐明文依用當於自恣前預覓乾輭草隨得多少人別一藭安上座前至五德和已令年少次第行之彼至上座前互跪授已乃至下座大眾多者三五人助行之各取已於座前敷之若大德眾主爲敷亦得計是前辦不止臨時

行草中初科爲四初示所出如前所明當下二合預辦人別一藭者意使各敷恐相連布故當用一握長二尺許藭已束之須令展布可容一坐即爲

準矣至下三明次行上座跪授餘人不須各下四明敷布於座前者即所坐席外地上也注文有云重囑預覓或云定是預覓何必重囑今謂此文注上敷草謂若至五德唱已始敷事容倉卒眾復稽遲故令受已前敷待唱即坐有不依此特注示之辦謂布草備擬坐處也

五德至上座前互跪告云一切僧就草座偏袒右肩互跪合掌僧皆依唱從之

唱告中就草座者告令即時離本座處偏袒等者囑後自恣具儀致敬注令從之非謂合眾即皆互

四對僧說儀　二初略示聖儀

跪下云見五德來方從座起故知爾前但坐草上人多錯解令眾疲極迷文故也問所以須坐草者答自恣一法異餘眾事由是露過求他誨示必現卑遜褥席坐具不以襯藉屈身平地同彼罪囚恐損身衣故令布草疏云言離座者捨憍慢故布草坐者恐有損故斯爲明證豈復疑乎舊云佛成道時吉祥童子施草今倣佛故因又妄述受草偈穿鑿太甚請以疏驗早宜廢之然今行事多從妄習隨用少草繫以縉綵五色間鬭事同兒戲又令管勾之僧或復淨人分頭俵散平身拋擲及至唱告手擎項戴依古謬傳誦吉祥偈然後揭起坐

具投之於下身不離座復不敷草違背正教恣任妄情況自矜誇我能講說至於行事還逐訛風臨此明文信同夢海況氷情固執見善不遷畢身長負於無知來報便增於愚塞知非改過其唯智人乎

四明對僧自恣法增一云如來同僧坐於草座告諸比丘汝等各就草座我欲受歲等廣如新歲經中

對說中初引聖儀誡令倣上大聖尚爾下凡不稟其可得乎疏具引云佛坐草座告諸比丘汝各坐草座默久告諸比丘我欲受歲我無過咎於眾人

乎。又不犯身口意乎。如是至三。舍利弗言。無三業過。所以然者。不度者度。作眼目醫王。大千界尊。何有過也。指新歲經者。彼云。時三千大千世界六反震動。一萬比丘得道跡。八千比丘得羅漢。空中八萬四千諸天皆發無上正真道意等。

二正明行法二。初明自恣四。初五德來儀。

次正對僧自恣法。其一五德至上座前。大敷坐具。互跪。第二五德至次座前立。此僧祇文。

正自恣法四科。初中。二五德來。一跪一立者。明非雙頭一時說也。今多並跪。深乖法律。縱前後說。外儀相濫。不能顯別。亦非法也。

二眾僧自恣二。初明制法二。初制示二座二。初上座二。初修敬。

四分云。若上座見五德來。卽從座起。互跪偏袒右肩合掌。一切僧卽隨上座法。十誦云。五德是上座者應加捉足之言。

次科上座法中。初修敬者。律因六羣反抄衣衣纏頸裹頭通肩披衣著革屣地上坐牀上坐自恣。佛因制具儀。律列四禮。文略脫屣偏袒一法。此土不宜。僧隨上座者。律因上座具儀自恣。餘人猶故在座。佛又制之。此亦據五德來時。非謂大眾齊跪。十誦捉足者。投身仆地。舒手執足。示敬之極。彼又云。若是下座。不得執足。乖儀式也。

二陳詞

應作法言。大德一心念。眾僧今日自恣。我比丘某甲亦自恣。若見聞疑罪。大德長老哀愍故語我。我若見罪。當如法懺悔。三說。上座復本座。

陳詞中。準疏分五。初句正告五德求聽說也。次句牒僧自恣時也。三我某甲等者。下應上法。縱陳過咎。恣僧舉也。四若見等者。我有三根。慈誨賜示。疏云。解行具故名大德。年臘高遠名長老。又云。前單牒者。但告五德。後雙牒者。勤重之志在於僧也。謂囑僧中別人。僧祇則云長老及僧自恣說。故知通告也。五我若下。從聞悔過。成我清美。三說者。仰囑之勤。非濫託也。復本座者。還

歸席位也。律因上座跪待疲極。白佛。聽之。

二次座

其五德至第三上座前立。彼第二五德在次座前立者。同上作法。

次座中。修敬陳詞。一如上座。故但指之。

二總結餘眾

如是展轉至於下座。隨其說訖。還復本座。

總結中。上以二座為法。餘並同然。故云如是。所以展轉別對各說者。由是求他舉過。必使大眾識知名字。觀量有無。若令合說。言相參濫。何由辨別。所以律中一說二說。竊語疾語。皆名非法。意在此也。

二示開法

律開病者隨身所安。準此不病應訖自恣。

開中隨身安者亦須坐草但不具儀耳故律云時
有病比丘偏袒脫屣互跪合掌時久病增白佛因
開注中云訖自恣者謂自陳三說竟也非謂合眾
都訖上云隨訖復座豈不明耶
若二五德自恣者僧祇五德各至本坐處應自恣不
得待僧竟然後自恣即破十誦家法
五德處中準僧祇文須依位者不失次故破十誦
者彼取僧竟同上三千威儀故
若眾僧說已五德至上座前告云僧一心自恣竟便
如常禮退十誦文也

唱告中今時行事五德歸位已呪願迴向然後梵
唄說自慶偈三歸禮散多見不說偈者非也
若五德及僧舉得六聚之罪或自言伏首僧當檢校
審實者各依當篇治竟然後自恣若別人舉罪窮勘
是非覈其事情無有虛濫者依律遮法治之若事實
是犯舉根不了並反治謗罪亦如眾網中
舉罪中依篇治者約心違順通收懺罰初科分二
初明五德眾僧舉必無私曲依法加治不假窮勘
若下二明別人舉恐懷損減須究虛實初明事根
俱實依遮法者作舉憶念若下明事實根謬反治

者降等治之注指前篇尋之可見
五德舉過無問虛實由是僧差加復具德縱舉成虛
三根容謬雖合推繩情在離惡故不入治限不同別
人僧不差遣輒爾陳過恐濫清人又內無德多不知
時反生諍本何成安眾故虛即結謗
反治中初簡五德不治有二義故一是眾差二謂
具德言推繩者覈實加刑也不同下次明別人須
治反前二義在文顯然
若僧滿二十隨所犯罪並得治之若五人已上舉得
出罪之事則且白停進不如四人法中說

僧具缺中初舉極位僧辨法備故若下明次位僧
被事不足故指後法者令發露也
三尼來請出過法若無尼眾來依常自恣不須同說
戒問尼有無
尼來請說初無尼中以說戒時尼請教誡身不現
前有無俱問自恣不爾縱有不問
若尼來者當自恣前語令在眼見不聞處立眾僧自
恣若至五三人量時早晚令尼得還者上座敕五德
且住待尼自恣當命之至僧中禮足已令說三事見
聞疑等如別法明大眾良久默然

白日法中初科爲三初安尼立處衆下出僧自恣當下命尼陳說指別法者下具云比丘尼僧夏安居竟比丘僧夏安居竟比丘尼僧說三事自恣見聞疑大德慈愍故語我我若見罪當如法懺悔(三說)上座敕尼云大衆上下各並默然不云見罪者良由尼等內無缺犯外得清淨各精勤行道謹慎如法自恣至寺當傳此教告尼僧令知餘同尼法此謂白日法

次科上告下名敕古語通用今唯王者所稱餘下指後彼云尼於自恣時傳僧所告諸尼頂戴訖然

後自恣等

今時多在十四夜或十五夜自恣者若尼明日來時鳴鐘集僧不來者索欲大衆集已尼來僧中如常威儀請求三事餘同前示

隔日法中以夜中作法尼來不及故制重集唯此爲異餘並同前

問此非僧法何須盡集索欲答以尼依僧住薄使舉罪若一人不和則不成自恣故律云若僧不滿若不和合則令問訊禮拜不得如廣自恣法處既有僧通須舉治無濫故須集之僧祇教誡中本無羯磨法亦令隨緣說欲訖然後教誡由是僧法理不偏別故今僧尼自恣同是僧法準用不疑

問中以欲應羯磨今既不作而制傳欲故須問釋答中初申理尼八敬中依僧自恣衆不和集非依僧故故律下引證初引開略文處下反彰廣法僧祇下準例初舉文彼明尼請教誡還寺傳告亦制尼僧盡集不來說欲由下合例

五百問夏末尼來受歲若二尼已上得一尼不得以尼獨行出界犯重罪故

尼來中言犯重者僧殘戒分望下爲言身既有過

不堪自恣也今時尼法節制不行幸而聞之無復見矣

四明略說雜行

略說中標云雜行者緣法二種各有多別故言略說者若有八難餘緣如說戒中明者當量僧多少難來遠近等

指緣中令量時者事在五德衆法選舉非庸昧所堪可不慎乎

若僧多時熱處所迮狹明相欲出等當令五德於三五上座邊三說已外衆僧一說便止或一人受兩人

自恣者互跪須在中間左右取之並須一說示令大
衆聞知律云不得竊語自恣
五德對略中初文爲二初標略緣時所有者略舉
四種當下示略法初明先廣已下明次略文略再
說疏云對五德有二略二說一說也（人云無再說非）受兩
人者縱受三人理亦無損但不得至四耳
今或兩五德雙頭一時各自恣者此是非法律中一
時自恣鬧亂佛令一一次第從上座自恣十誦應從
上座自恣不得逆作次第及行行置人如益食法並
超越總唱等

斥非中初示非雙頭者二五德齊跪一時者兩座
同說也律下引證初引本律因非特制次引十誦
上句示法不下遮非有四逆作者從下至上也行
行者分頭各取也超越者間隔坐次也總唱者合
衆同聲也
四分若賊等急難不可閑緩者五德至上座前互跪
白言今有難事不得一一說當作羯磨各各三說文云
大德僧聽若僧時到僧忍聽僧今各各共三語自恣
白如是便各各相對人別三說文同前法難事轉近
若欲再說一說亦須單白

僧對略中初標難緣五下五德白告便下衆僧對
說疏云不對五德有三略如百人爲五十對一時
彼此三說再說一說也三說望法是廣對人爲略
下二人法俱略單白中唯改再一爲異
以此自恣不對五德進不無由故須羯磨令衆同聞
不類前略不須白告以親對五德多少量時得自在
故
明作白中初明須白不下簡前不須
四分六種略說第六難事驚急開直爾去
直去中初句總舉五種如上下別示第六（廣略合論去爲七法）

直爾去者由難卒至不容對說此據五德和白
已後未白難來得靜自恣即五百問通一月也（舊云落增減者非也彼爲外界諍緣非八難故）
二明難事結小界圓坐自恣事既希少故不出之
難事小界如結界中已明難名通漫略爲簡示受
說安恣並以王賊水火等八難餘緣爲難增減說
恣即因他界鬬諍來此爲難三小開者並以當界
不和爲難緣相各別不可混濫（人多錯用故此示之）
上來明六人僧法具述如上次明五人衆法恐濫行
故簡異之

二正明作法

二四人已下對首法三。初正自恣。

二明犯懺二。初正懺。

二示可懺二。初列示罪相。

五人法中初科恐濫行者往往有人同上雙差五
德故
若界內五人者索欲不開問和答已便白二差一五
德竟又重差第二人不得牒二人一時同法以所爲
人不入僧數故取自恣時一五德同僧坐一五德展
轉取自恣若至坐處二人共說餘同前法
次文爲二初明差法初問和便下秉法前後各差
互爲能所故不下遮濫取下正對自恣
二四人已下至對首法當盡界集不得受欲四人相
對一人別說云諸大德一心念今日衆僧自恣我比

丘某甲清淨三說餘人亦如上述之若二人對首唯云
大德一心念餘辭同前
四人法中初文標緣作法可解四人二人大同小
異
若犯波逸提已下罪者莫問自言舉來並前懺已自
恣
次科可懺中自言即自求也舉來約他舉也
若犯四人已上偷蘭僧法但入偷蘭說中乃至僧殘
說中以交無治罰之義
不可懺中初科偷蘭三品上品界內大衆懺能所

二準用告露

三示妄陳

六人方可行故入說中者意顯此人已入罪聚故
交即訓俱僧數不滿不應前事故云俱無也
若準用十誦白停後當待衆滿如法治之不應礙自
恣四分說戒中自犯罪若告僧恐妨說戒令心念發
露已後得聞戒既俱是淨行衆法攝治功齊準用無
妨理須牒其所犯以衆不滿未得治之餘者清淨
發露中初準十誦當悔未悔故且白停即同發露
犯者既露餘戒皎然義須自恣故云不礙也四分
下準例以無文故初舉事即座上發露開聞說戒
既下例同說恣衆法義無異故文中有三一淨行

同者俱護體故二衆法同者皆是攝僧本故三攝
治同者有犯並須悔露故理下改詞句應具云諸
大德一心念今日衆僧自恣我比丘某甲犯故漏
失僧殘罪即接文中以衆等語詳此即是自恣以
身帶犯不可言淨須牒入法前云五人已上舉得
出罪指如四人者準應白停已依常自恣不必改
詞以僧自恣法中不陳淨故
此中口陳若不實者結罪隨犯三波逸提不同說戒
默妄隨罪結吉也
妄陳中犯三提者以三說故一一人邊皆結三罪

舊云望三比丘各得一提者非也以前對一二不必定故不下簡異彼不形言犯緣缺故

若一人法者律云當往說戒處掃灑敷坐具盛水器舍羅等待客比丘若無來者應至塔廟前具修威儀心生口言今日衆僧自恣我比丘某甲清淨三說

一人法中初文前明備具者由本衆法無人乃開故辦所須擬同大衆也若下作法可解

若犯輕突吉羅心念懺已自恣若犯故作吉羅已上無治罰義及以發露則不應自恣之法餘依前

次科約人被事可不兩相悔犯露過並須對人不可行故然亦可準座上發露牒犯自恣故云依前

詞句例前作之又說戒篇準五百問向四方僧懺已說戒亦可例用

三大明雜相

雜相中前明緣法徑顯行事其教義差別是非之相併列於後故云大明

問對僧自恣云見罪懺悔對首心念皆云清淨者何

答僧中通有治舉之義加法容得具足別人雖有治舉攝治未能得盡故但言清淨舉心應僧

初問答中僧治足者上得通下故一往對論若約盡辨必須二十非謂大衆得作對念但望人多是可行故別人未盡者下不攝上故七聚爲言須分三位一唯僧治有六中下二蘭單提提舍重輕二吉三通僧別者懺捨墮也自恣攝僧必取行淨內彰不隱口述無瑕故云舉心應僧也然對念二法言相雖殊俱須體淨方堪陳說

問自恣竟得說戒不答依明了論先說戒後自恣四分云自恣即是說戒

第二問中以所出不同恐成偏計故答中俱出正法隨人采用四分云諸比丘自恣竟說戒坐久疲極白佛因開文引佛語

問自恣得在未受具戒人前作不答律中令至不見不聞處作羯磨自恣若不肯避去僧自至不見聞處作之

三問中律因六羣尼來遮比丘莫爲六羣作羯磨及遮自恣乃至遣式叉沙彌尼白衣來遮佛並制不得在此等人前自恣又因匿王遣兵護僧諸比丘欲自恣佛令語使避去等文如答引初明遣避

若下即自避今世無知多容士女擁隘相喧深乖

法制宜須先遣
律中若別人及僧自恣已更有客來若少告清淨等
多更爲說若二人作法已更有三人僧法自恣二人
來者還同對首如前所明
客來中初總示僧別準律自恣未竟客來若少若
等（客主數同）若多（客多於主）並隨上下座依次自恣（今文不引以易
知故）若自恣竟舉衆未起若已起客來少者應與清
淨不與如法治若等若多應更自恣不者如法治
若下別示別人僧法即五人對首同四人故並指
如前

問十五日自恣已得出界不答不得破夏離衣由夜
分未盡故
第五問答中破夏可解言離衣者以未入迦提故
受日至七月十五日滿者亦須反界以夜不得法文
云及七日還
受日中此謂七月九日受者下引文證疏云如律
所制及七日還今限明相乃在界外絕此分齊故
說破夏又云七月十日受七日至第七日是夏滿
不來無犯（準知從十已去受者前緣未竟不來奔夏）
問此界安居餘處自恣得不答僧祇不得結罪

六問答中四分受日往餘處自恣及客來多少有
難出界並非當處而僧祇結罪者乃制無緣輒往
耳
問前安居人自恣竟夏分得物後安居人得不答律
令受物餘日應足令滿若分房舍臥具亦聽爲未來
故受
第七問中謂時僧得時現前此二種施並賞夏勞
故非時二施非所論矣若二衣中時現前施局前
安居人者中後非分如後明之答中初引文明許
雖是中後夏功齊故破夏不結定不預分若下引

房爲例律中分房已猶故多者開客住處乃知中
後安居得受房舍夏竟分物可以例證
問一說二說自恣無難緣成不答不成律中六羣比
丘一說二說竊語疾疾語不往自恣處往而不坐或
不說佛並判不應
八問中有緣開略無難如何恐致濫行故須問決
答中律明六羣恐餘比丘爲作羯磨遮自恣故乃
起諸過文列七種五是非法二是別衆因一說二
說佛即制斷自今已去三說自恣竊語謂低聲佛
言應了了自恣足使他聞疾疾即急語佛言應徐

二教詔年少

古本皆作三今改爲二

九前後相從

十夏竟離處

徐自恣。

四分云：年少比丘不知自恣法者，和尚闍黎教詔，猶故忘不憶，使受自恣者教；若復忘，應其句句說。年少如此委示，老者云何？答云：亦同年少之法。故律中阿難攝眾無法，迦葉訶言年少。阿難言：我今頭白，何故名年少？答云：汝不善察事，同年少。老年愚法，豈不例之。

明教詔中，初教年少有三：初二師預教，猶下五德臨事教，句句謂隨教者語逐句說之；二教年老，初躡前問答中初答同，故下引例。

問：界中前後安居自恣云何？答云：從安居多者自恣等。

九問答中，律因前後安居八雜住，不知隨何自恣，白佛，初令隨上座，上座中又有前後（主客各有上座），次令隨舊住，復有前後，令隨多者，如文所引。

問：安居竟須離本處不？答：律云：安居竟不去犯罪。毗尼母云：比丘安居已，應移餘處，若有緣不得去不犯；若緣無者，出界一宿還來不犯。五分：安居已不去，一宿者墮；若不作限請，若非受請處，得住。增一云：告諸比丘，恆一處止，有五非法：意樂屋舍，器物，又著財產，恐人奪之，或多集財物，貪著親親，恆共白衣往來。反此得五功德。

第十問答中，初引制教定犯。四分文通，下引母論。既云出界，即是僧住，無緣結犯，應得輕吉。文言緣者，或是三寶，或約難事，隨有阻礙不可去者。五分受請，正據俗舍，有惱請主，故結重提；非請處者，即是僧舍，反上得住，準前應吉。次約化教顯過。五中一二可見，或下三句為三種，二三相濫，以義分之：上是慳吝，下即貪求；或可上約田宅園林，下是錢寶穀帛。此五無非慳貪多事，非出家業，遠離此者，成德可知矣。

四二迦絺那衣法限二初釋名

迦絺那衣法。（明了論翻為堅實也，能感多衣，衣無敗壞。又名難活，以貧人取活為難，捨少財入此衣，功德勝如以須彌大衣聚施也。或云堅固，或名廕覆。古翻為賞善罰惡衣，賞前安居人，後安居不得也。亦名功德衣，以僧眾同受此衣，便招五利功德也。）

迦絺那衣，律中佛在舍衛拘薩羅國，諸比丘夏安居竟，往見世尊，道路值雨，衣溼，僧伽梨重，疲極。又寒雪國糞掃衣比丘來見世尊，亦值天雨疲極，因聽受功德衣，開五種利。注中翻名，了論四名，第二從施主，餘三就功能，上二名下自釋。無敗壞者，補舊易新也。（有云畜長過限不犯捨非也。）堅固者，能使五戒無缺

也瘧覆者令眾得五利也次古翻二名可解五利如下說開並爲益故同名利

就中分五一受衣時節二衣體是非三簡八差別四受衣方法五捨衣進不並雜出諸相

分章中並雜出者即下五利時非時等

初明受衣時者四分云安居竟應受功德衣則前安居八七月十六日受至十二月十五日捨故文云齊冬四月捨如是乃至八月十五日日日亦得受衣故文云即日來不經宿者謂即得衣日即受不得經宿等

初科本宗中初定時分齊前引文示開受之始後引文證制捨之終中間則下準知五月明矣應受者即佛聽也前安居簡除中後也冬四月者連夏一月共爲五也如下明餘日得受故下引證謂下轉釋但云即日故知不局所以不許經宿者二意詳之一恐久延過時失受二是開奢必須制約故十誦云若月一日(猶是七月十六日也)得衣即日受若二日三日乃至八月十五日亦爾

十誦證上受通一月是明文也四分十誦受有三十日捨唯一日下引母論亦然

五分受有三十日捨亦三十日彼但得四月利不同四分五月利也

五分中受同諸部捨法獨異彼約得衣日去數滿四月事同安居前減後增並通一月問何以異耶答準詳諸部皆開四月但是宗計各見不同五分則取受衣爲始四分以迦提常開不在其數若據八月十五受者不妨四分還成四月五分卻得五月思之可解

毗尼母云七月十六日應受若事緣不及乃至八月十五日過是不得捨中亦齊五月滿已羯磨捨七月

十六日受者得百五十日利八月十五日受者得百二十日利中間轉降可以比知

母論初明受捨後七月下計日數事緣不及謂衣未辦或似緣礙亦開隔日(上諸文中且據作法捨餘捨則不定)

十誦問受功德衣已官作閏月者隨安居日數取滿也則不得攝閏

十誦不得攝閏是奢法故

二明衣體四分云若得新衣若檀越施衣若糞掃衣新物揲作淨若已浣浣已納作淨即日來六經宿不以邪命得不以諂曲得不以相得不以激發得不捨

墮作淨者應法四周有緣五條作十隔若過是條數
應自浣染舒張碾治裁作十隔縫治又云不得大色
染衣聽用袈裟色此云不正色也
衣體中四初示體若得新者即時非時施本非作
德衣也檀越施者正爲作德衣施通七眾也糞衣
下準律合有若是新衣若是故衣二句並釋上糞
衣耳新物揲淨即上新衣以故揲也浣納淨者明
上故衣不勞更揲也即日來一種準律在應法字上今科於下不以下
次明求乞離過次列六種上五簡非如二衣釋下
一顯如謂道眾所施說淨長物也僧祇亦云淨財得作三上

云即日來及應法此二明受法言應法者即下簡
人秉法皆須合教四周下四明作衣法又三初示
堤條若過是者謂七條大衣也應云七條二十一
隔大衣亦類增之應自下明裁製且示下衣餘可
例準又下明色相律因六羣以大色染衣錦衣白
色衣作之佛因制斷律云云何僧不成受功德衣
謂不浣不碾不治不安緣不裁隔不編邊不刺緣口不
安紐不作葉不安鉤邪命得諂曲得相得激發得
離徧衣捨墮不作淨前不捨墮兼收離衣不即日來不應法
受衣反前應法可解不四周安緣自下三種如後簡人中引不在僧前

受若有難若界外住如是並不成反之則成
十誦若不割截減量作不揲四角若故爛壞覆死人
衣到塚取來者四分云糞掃者則非死人衣也及曾已受作迦絺那
衣並不成若揲葉衣得成
十誦中初簡作若故下簡體到塚取者釋上覆死
衣注中和會前文應知四分常用糞衣亦無所擇
若揲下示如法
摩得勒伽云死比丘受用三衣及故衣不成若急施
衣時衣成受
伽論急施及時衣本非德衣施經徧亦成受

僧祇未曾受用三衣得作
僧祇未用即上新衣
五分若浣染打縫不如法若小若大若錦綺衣若未
自恣竟受若貪利養故捨五事皆不成反上成受
五分明非有七並以若字標之上四簡衣即製造
體色量皆非法也第五簡時六七並簡受人故捨
五事者準彼上有若欲二字五事即畜長等五戒
上明貪利下即慢戒有以五事爲五相彼文不然
善見若七眾衣得受若三衣中隨受一二得四分必
須編邊安紐作鉤成受

三簡人差別者。先明受人，後明持人。四分云：不在僧前受，（謂與欲人。）若有難，若無僧伽梨，若僧如法受衣，而彼在界外住，並不成。

三明簡人。初簡受中，四分四種。有難者，謂王賊等難，衆不得受，即簡受人也。戒疏云：律云有難無大衣，今既賊難故不合受，無難應成。（文見蘭若離衣戒，古云十三難人謬矣。）無僧伽梨者，非本開意，如前緣也。若爾，無下二衣成受不？答：文中不簡，思之可知。界外住者，身雖現前，相不足數故。

善見。前安居人得受，若後安居、破安居、異界僧等不得受利。若此處僧少不滿五人，得預請界外僧足數成受，其異界僧不得受利。若住處有四比丘、一沙彌安居，欲竟爲沙彌受大戒，得足數成受，新受戒者亦得五利。一比丘四沙彌亦爾。（以沙彌夏坐有功也。）若住處雖有五人，不解受衣，得請異界知法僧來作羯磨受衣，異界人自不得受。

善見。初通簡是非，文中必該中安居、不安居者。若下，別示界外，初不滿及後滿五不解，並簡異界不得，中明僧及沙彌，僧爲受已成足，得利，並顯當界成受。（謂請僧爲受戒已，但共新戒受衣。）

十誦云：諸異界僧欲受衣不可得者，各解本界，同結受已，然後別結。捨者成捨，不捨者依利。犯僧殘人、別住人、學悔沙彌、擯人等不成受。

十誦。初明曲開異界同結者，彼云：安居竟，四邊僧坊若八若九若十，若過共結一界受迦絺那衣，一切比丘皆得名受。後別結者，謂作法受已即解，即結非五月滿也。彼問：如上僧坊共結受已捨，是大界是諸比丘名受衣耶？答：皆名受捨者等者。如有一處衆不樂利，不待時滿，或作法捨，或遇緣失，不妨餘處故也。彼問：衆多僧坊共結受已捨是界已，捨迦絺那衣一切比丘皆名捨耶？答：捨者捨，不捨者不捨。今引答詞，仍變其語耳。二簡犯過，擯人即滅擯，彼文止列四人，今加等字更收應擯及三舉人，以棄衆外不合同法故。（諸文不簡四羯磨人，義詳似得。）

二明持衣人。十誦云：守衣人具不愛等五德，謂知得受不得受，了了分明。

持人中，十誦五德上四可解，謂下釋第五得不得者，須約時衣人三種釋之。

善見云：若多人送功德衣，應受一衣，餘同輕物，應分重物屬四方僧。若施主言持三衣作，盡與持衣人，隨

三了疏

四受衣方法二。初標列。二隨釋二。初作衣法三。初差人。

施主意。若羯磨迦絺那衣與衣壞者、若衣壞者多與衣壞中老者、若老者多與老中夏多者。不得與慳貪人。

善見中、初明用衣多少。重物者如送錢寶等。若羯磨下、此明於五德中復選缺乏、以衣屬彼有所濟故。此科所明、正簡持衣五德。又論云、三衣隨施主語悉與受衣人(即是五德)眾僧不得受迦絺那衣。(舊謂五月滿已還以此衣與眾中衣壞等誤矣。)

明了論疏云、於初結安居時欲受迦絺那衣、悉須白僧我欲受衣。僧觀此人、不多緣事、不不好失衣、不此人從來不貪聚財物、有慈悲心、好行惠施者、僧即許可。若不爾者、不可許之。

了疏、夏初先白者令僧觀察日久可知。所觀有五、不多事者專守衣故、不好失者眾所憑故、不貪財者非為此衣故、有慈悲者憐愍眾故、好惠施者令他得利故。問、持衣人自得利否。答、但持不受故不得利。問、三衣自具、受時如何。答、善見云、持衣比丘捨已所受僧伽梨、著迦絺那衣、往白上座云、我以法持僧伽梨迦絺那(準此先捨已說淨迦絺那加法受持)。

四受衣方法、初作衣法、後明受法。四分、若得未成衣、

二明共作

三示畧意

應眾僧中羯磨差比丘令作。若得已成者、應如法受。

四受衣法、作中、初科、律令差人、亦不出法。僧祇文云、大德僧聽、僧得此衣財、若僧時到、僧拜某甲比丘及餘人作僧迦絺那衣。白如是。大德僧聽(合牒白中)緣本。諸大德忍某甲比丘(云云如上)者默然、若不忍者便說。僧已忍某甲比丘云云竟、僧忍默然等如常。(必有用者、依本宗綱緣改之。)

善見云、若衣未成應喚一切比丘共成。不得說道德作留難、唯除病者。不得縫作、應卻刺之。所以殷勤者、此衣諸佛所讚。昔蓮華如來、一萬六千比丘圍繞其

作故。

次科、初明開制。不得說道德者、遮其詞免作留難。若不共作、令彼經宿、不成受故。所以下、示意。諸佛讚者、能使得利安樂修道故。論云、昔有佛名蓮華、有弟子名須闍多、作迦絺那衣未成、故與諸比丘共作。

諸部作衣、大有明法。今時有者、多是已成、故略不出。後科指廣、仍申略意。此雖不出、前衣體中文亦詳矣。更引僧祇示之。彼云、若外人施衣財、不得默受、應作是說、我今受迦絺那衣財。受已到僧中白二。

告僧云大德僧聽僧得此時衣財若僧時到僧取此迦絺那衣白如是（羯磨準作合上緣本為第二句）次差能作衣者若一人若二三人白二差之（如上差已一人作主三說）受衣財時應作是言受此迦絺那衣財僧當受（三說）浣時應云浣是迦絺那衣僧當受如是裁時縫時染時點淨時隨所作如上三說不說而作亦成但得越毗尼罪

二受衣法二。初置衣法式

二明正受應取橫疊二尺一綴如是五綴置箱中在上座前僧祇應襞疊衣置箱中衆華散上

正受中初科橫疊者從長量也疊即是襵兩頭兩

綴中間三綴五綴則為四疊（準此長量止八尺許明矣）

二秉法事二。初先秉法三。初簡衆和僧法

二明和僧受衣應鳴鐘集僧即簡破夏不安居人犯僧殘等如上列人並令別坐一處以不同受衣故餘合受者共坐一處雖二處別坐應同衆法即須索欲問和答云受迦絺那衣羯磨上座白言大德僧聽今日衆僧受功德衣若僧時到僧忍聽僧今和合受功德衣白如是

秉法中初簡衆總前諸部共十一人一與欲人（不即現前）二有難（此通一衆）三無大衣四異界五中後安居六破七不結八犯殘九別住十學悔十一擯人令別

坐者以合受人必相連接行事便故不依次第也雖下遮情恐謂兩分容乖別故問答中且據通答通下三法若行別答隨法牒之白中問此與自恣法差白前後者答有人言德衣聽教通作不作先和告衆許作方差自恣嚴制無慮不行直爾先差後方和衆或可德衣三法並上座作自恣白和須五德秉故不等也又可制法不同不須比難

二差持衣人法

（如是白已與一比丘應問言誰能持功德衣者答某甲能持）應作羯磨云大德僧聽若僧時到僧忍聽僧差比丘某甲為僧持功德衣白如是大德僧聽僧差比丘某甲為僧持功德衣誰

諸長老忍僧差比丘某甲為僧持功德衣者默然誰不忍者說僧已忍差比丘某甲為僧持功德衣竟僧忍默然故是事如是持

差人中注示儀式與一比丘者謂相對問答文似別對餘人準律即是五德

三持衣與法

（彼從座起禮僧足在上座前互跪合掌當羯磨持衣與之）大德僧聽此住處僧得可分衣現前僧應分若僧時到僧忍聽僧持此衣與比丘某甲此比丘當持此衣為僧受作功德衣於此住處持白如是大德僧聽此住處僧得可分衣現前僧應分僧今持此衣與比丘某甲此比丘當持此衣

為僧受作功德衣於此住處持誰諸長老忍僧持此衣與比丘某甲此比丘當持此衣爲僧受作功德衣於此住處持者默然誰不忍者說僧已忍持此衣與比丘某甲受作功德衣竟僧忍默然故是事如是持

與衣中注文先示五德具儀當下上座作法羯磨緣中可分衣即目輕物此牒緣也僧下牒本上二句示僧眾付衣此比丘下明五德受衣

彼即應起執衣箱至上座前互跪頂戴已授與上座上座亦頂戴如是三反已置箱上座前左手撥除華已右手執衣頭置左手中二尺許又取一疊如是四

疊並置左手中來上座前上座見來即互跪舒手其人即右手取疊頭授與上座又卻行一疊付第二上座如是卻行盡第四上座

次受衣中次科上座跪者準下三座皆然卻行即退身也所以自恣對二三人今對四人者思之可解

彼付衣已還至第二上座下間手執衣口云此衣眾僧當受作功德衣此衣眾僧今受作功德衣此衣眾僧已受作功德衣三說彼諸比丘應作是言其受者已善受此中所有功德名稱屬我如是各各說已答言爾

陳詞中三初五德作法末受令受曰當正受是今結今名已二僧受詞中其受者通指眾僧善受者無非法過此中者指所受衣衣名功德名必有實功既屬我必獲五利各各說者非合誦也三五德對答四人說已總以一答四分唯有僧法僧祇開對首心念受者應是部別故所不引

即應起至第四上座前右手執衣置左手中如是四疊取已至第五上座前還如第一上座法如是乃至下座已還來上座前執衣向僧互跪白云

今僧和合受功德衣竟

五明捨衣雜相

捨法中律因六羣不出功德衣以久得五事故捨故佛因制捨若不出過功德衣分齊突吉羅

四分中聽齊冬四月竟應出有二種捨一持功德衣比丘出界宿二眾僧和合出又廣明要心失捨法

本部中初科上二可解又下律云有八種因緣捨功德衣一去作不還意出去便失由本受時並有要心後違故失也二竟出界作衣作竟即失三不竟出界作念亦不作衣亦不還衣不竟即捨四失出界作衣竟去衣亦失五望斷出界外希望作衣至所望處不得望斷即失六聞出界作衣

竟聞眾僧出德衣即失。七出界。出界作衣竟在界外眾僧出功德衣即失。八共出在界外作衣若竟不竟還住處和合出功德衣前五違本要心故失。後三還因羯磨出之。問。後三與前僧和合出有何異耶。答。前是時滿。後三不定。故不同也。

今明和合出者。律云。僧集。和合。未受戒者出。不來者說欲。僧今和合何所作為。答云。出功德衣羯磨。大德僧聽。今日眾僧出功德衣。若僧時到僧忍聽。僧今和合出功德衣。白如是。

別顯中。初明問和者。律中唯此羯磨及戒本序。前具列之。餘皆例用。故須詳示。令知所出。文中六緣

且據問者。終須具十。如上篇中。

僧祇有多種捨法。至臘月十五日不捨者至十六日自然而捨。餘部八種十種。各隨違本心皆成捨也。

他部。僧祇有十種。一衣竟捨受已作念衣竟當捨後竟即捨二受時捨作念受衣時當捨後受即捨三時竟捨作念爾許時當捨期滿即捨四聞捨作念聞和上闍黎捨時當捨後聞即捨五送捨作念是衣與他已當捨後送即捨。六壞捨受已中間自言我今捨作是語時即捨。七失捨作念是衣中間敗壞失不現當捨後壞失即捨。八出去捨作念此中住去時當捨後去即捨。九過時捨。如鈔所引彼云得越毗尼。十究竟捨。至臘月十五日僧中一人唱云大德僧今日僧捨迦絺那衣三說。指餘部者。五分八事失。一時竟即僧祇過時。

二失衣。三聞失。四遠去。五望斷此四同上四分六衣出界。將德衣出界經宿也七人出界同四分持人出界宿八白二捨。四分單白了論有八。一竟。二成就未詳三出離同前去也四失。五聞。六過位即時過也七望斷。八共拔除作法出也十種如上僧祇。各隨下。通示諸文之意。違本心者。且據多分。其間不無作法過時。

次明五利通塞者。

五利中。標云通塞者。通謂五月得利。塞即時外不開。此中止論存衣五月。其一月常開。如安居篇。不可相濫。

律中。受此衣故。畜長財。離衣宿。背請別眾食食前食

後至他家等。各如隨相所明。其畜長衣。始從七月十六日後受得至十二月十五日一時說淨。餘有時非時相攝。亦如隨相說。

通塞中。初通列五相。總開八罪。畜長攝三十日月望急施離衣含二聚蘭釋相具明。並指如後。所以開者。夏竟營衣出入多務。若不開通無成濟故也。準十誦得九利。一十夜長衣二六夜。三一夜即二離衣四五緣留僧伽梨。一恐怖二雨三營大衣四浣染五深藏五五緣留雨衣。六數數食。七別眾。八九二時不白入聚落。四分不開非時部別不同其下別簡畜長。初明分齊。一年之中。五月為時。七月

古本皆作持相攝。今本改為時。扶桑會本作指。今依之。

二誡等心

名非時。餘下時相攝。時前十日開受急施。即非時攝時也。自恣竟不為安居施者。時攝非時也。

思益經云。菩薩有四法。無所恐畏。威儀不轉。一失利。二惡名。三毀辱。四苦惱。得利心不高。失利心不下。八法中其心平等。為決定說罪福業不失。

誡等心中。恐於利養得失動懷。故引經示令心平等。初列四法。即是八風。四違四順。文先舉違故云有四。後方合辨。則云八法。無恐是心。以安住故。不轉即身口。以守常故。得下示得失平等。初別釋第一。是今正意。餘三因引。故所不明。八法者。一利二

衰即上得失三毀。四譽。五稱。六譏。七苦。八樂。四違對上四順。相反可知。上即修己。為下示他。得失榮辱皆本業緣。違順風來。故無欣慼也。印本以前段作注字。又無經文。傳之訛脫。

四分律行事鈔資持記卷第十三

四分律行事鈔資持記卷第十四（中一之一）

宋餘杭沙門元照撰記

四分律刪繁補闕行事鈔卷中（著述者多立名標異）

中卷題號，並同前釋。文列四篇，總明自行，無非離惡護本，所受約行次第，德成有用，合為上卷。今望住持功有勝劣，故居次焉。

京兆崇義寺沙門釋道宣撰述

篇聚名報篇第十三　隨戒釋相篇第十四

持犯方軌篇第十五　懺六聚法篇第十六

列篇中上下諸篇皆宗羯磨，此卷四篇並依戒本，前三精持，後一犯悔。又上三中前二隨文，第三總義。又上二中初解通名，二釋別相，有斯諸異，所以分之。

篇聚名報篇第十三

釋篇聚篇。篇聚者，攝犯之大科，據斷之綱格，辨業輕重，定報淺深。篇即章品之名，謂罪分局段。聚是攢集之號，謂犯有條流。篇出僧祇，聚出本律。名殊義一，故此雙標。疏引古解，具三均者名篇：一名均（五篇當局同一名故，均即等也），二體均（犯懺同故），三究竟均（不為諸篇方便）。不具號聚，如蘭吉之類，但有名均，體則不均（蘭分三懺，吉分兩悔），究竟不均（蘭局初二從生，吉通諸篇方便）。今師不爾，篇聚名通，不必偏對，唯約五七以分均雜。故疏云：縱使聚從五位，義具三均；篇名在七，本因雜攝是也。問：若約戒本自有八篇，今分五七，如何相對？答：今言篇聚不局戒本，但是立名統收眾罪。若以五數以對戒本，三十九十合之為一，不定滅諍總歸吉羅。然本立名不逐文相，但使律儀所制，境偏塵沙，因果重輕，統歸五七。但五收根本，七雜本因，以為異耳。問：吉羅一聚，三均義闕，那入五中？答：誠如來難，故下文中均雜往分，但據前四。今準戒疏，且約戒本百戒為言。題中篇聚言通，貫下名報；名報語別，即後二門。名謂教所制刑，報謂因所感果。尋名則識教，觀果則知因。此章之來，於是見矣（有本作來報，傳之誤賊）。

出俗五眾所以為世良田者，實由戒體故也。是以智論云：受持禁戒為性，剃髮染衣為相。

敘意初科，上二句徵，實下釋所以。戒體者，是善法之聚，聖道之基，超越人天，堪為物供，生福益世，實由此焉。是下引證。受謂受體，持謂隨行，性即體也。

今若氷潔其心，玉潤其德者，乃能生善種，號曰福田。不然，縱拒自貽伊戚，便招六聚之辜，報入二八之獄。

故五篇明犯，違犯持行自成，七聚彰持，順持諸犯冥失。

次科初明順益。上二句自利行，上句喻止持，下句喻作持。或可上是意業，下卽身口。冰體淸潔，玉性溫潤，離染成德，宜以爲喻。乃下利他行，上句明功，下句顯名。善種福田，法喻雙舉，若論受體亦名善種，今對生他，故喻田也。不下明違損。初句示能犯之心，反上二持，故曰不然。縱謂恣任欲情，拒卽違逆聖教。次句示所犯之過，不出兩犯。貽，贈也。伊，是也。慼，謂憂慼，語通因果。罪由心造，非人所加，是自贈耳。便下釋上。伊慼上句成因，下句感果。辜，罪也。

獄者，梵云捺落迦，此云受苦器；那落迦，此云受苦者，卽依正二報。智論明十六獄，八熱者，一炭坑，二沸屎，三燒林，四劍林，五刀道，六鐵刺林，七鹹河，八銅橛。又此八熱，每獄四門，每門有四遊增獄（增上罪人受苦）：一塘煨，二屍糞，三鋒刃，四烈河。八寒者，一頞浮陀（少多有孔），二尼羅浮陀（無孔），三訶羅羅（寒戰聲），四阿婆婆，五睺睺（二並患寒之聲），六漚波羅（外壁似青蓮華），七波頭摩（紅蓮華，罪人生中受苦），八摩訶波頭摩（大紅蓮華），並居贍部洲下大地獄傍。經論明獄名相多別，且據一文言二八耳。故

下彰教意，以篇聚重輕指歸持犯，明犯令違，彰持使順。文中五七各對持犯，爲文綺互，義無偏局。

而新學之徒，率多愚魯，未識條例，寧辨憲章，隨戒昏同霧遊，罪報類之觀海，致使順流長逝，貪蜜滴而忘歸，爲成重業，豈超悟而知反。故毗尼母論云：僧尼毀禁而受利養，不現在受者，爲向地獄故也。

三明損中。初二句明性鈍，率，皆也。次二句明不學。條例卽篇聚品類，憲章謂犯不犯相。隨下明昧教。隨戒卽戒相。霧遊觀海，並喻不明。致下彰過。上二句明隨塵嗜欲，故云忘歸；下二句任業牽生，故不知返。逝，往也。

大集云：昔有一人避二醉象（生死），緣藤（命根）入井（無常），有黑白二鼠（日月）嚙藤將斷，旁有四蛇（四大）欲螫，下有三龍（三毒）吐火張爪拒之。其人仰望，二象已臨井上，憂惱無託。忽有蜂過，遺蜜滴入口（五欲），是人唼蜜，全忘危懼。今喻比丘不畏眾苦，貪著五欲，無心厭背也。故下引證。彼明破戒受施，必感現報，腹則破裂，袈裟離身。或無此相，爲有生報，故云也。然則業隨心結，報逐心成，必先張因果，廣明相號，使持戒佛子觀果知因焉。

四立篇中。初敘業報之本。業卽是因，謂所成兩犯。

古本皆作少頃，今刊本誤爲頃。

報即是果謂墮獄劫數因果皆心語通大小必約教限簡判淺深必下伸撰述之意初二句示文望後釋相故云先張因果即後科犯報中先簡起業即是明因後引文明果相號即六聚名義對下二門文敘不次從語順便固無他意使下顯意佛子之言通目末代奉法之士約大褒美深符宗意觀果者覩長劫之苦報知因者推少頃之業非由教而知既知必懼且夫心緣境發果自因成造受更資况流長劫因緣遇會形影無差至於火爍湯煎痛非可忍霜寒氷凍聲不可聞萬苦衝心如鎔鐵

聚翻思往業雖悔何追剝乃戴角披毛飛空潛水氣命繫於屠獵血肉委於庖廚或復炬口鍼咽飢虛切體臭癘穢屎食啖聊生下敘泥犁且論總報三塗雜類隨業何窮信乎禍福無門昇沈由己況佛經廣示祖訓重彰積惡時深略無信奉嗚呼含靈蠢蠢生死悠悠方便多門其誰一悟豈得袈裟之下不惜人身那於良福田中自生荆棘且中人可以語上智者言必三思見惡直似探湯遇善常如不及方名佛子少膺沙門觀果知因得其人矣辭雖繁費意復何窮

二開章釋 二初分科

二隨釋 二 初先明戒護 二 初推釋所由

二引論廣示 三 初標示

就中先明戒護是違失之宗後明篇聚名報之相

開章中科云先明戒護者欲明篇聚嚴猛犯報深酷實由所受功深致使有違罰重特須先示方顯後文宗即是本

初中所以犯戒果報罪業極大者由戒護是生善中最建立功彊故使違損便招重報

明戒護中初科先徵起由下釋通定慧依因萬行宗主故云生善最也匡攝僧宗緣持佛法故云建立彊也略舉兩端以彰體用標宗所謂順則三寶住持辦比丘事違則覆滅正法翻種苦業即同此

意也

明了論述戒護多種且略引之謂在心者名之爲護在身口者名之爲戒有護不必有戒有戒其必是護等經中明佛讚得戒護人有多章句略述八種

引論標中初示所出言戒護者舉行目體兼收法相謂下釋名相初分對惑業彼論治三界心惑名對治護故云在心也防身口邪業則名戒護故云在身口也今但云戒一往別對有護下示單複以惑爲業本若但護心惑不至身口故云不必有戒又業假惑成若禁防邪業必兼防心故云其必是護然護治

惑非謂理觀即是戒行彼論謂之惑毗尼是也經中者未詳何文或恐了疏所引古云論中自指者檢彼無文

一者如王生子爲民所敬得戒護人生聖種中後必得聖如紹王位二者如月光明漸漸圓滿戒護亦爾諸功德等隨時增長乃至得解脫知見三者如人得如意寶珠隨願皆果得戒護人欲生善道乃至菩提必定能得四者如王一子愛惜紹位得戒護人因戒護故必得成聖理須愛惜不得毀損五者如人一目愛之甚重此人亦爾由戒護故得離生死至得涅槃六者如世貧人愛少資糧此愛戒故便得慧命七者

如國王三事具足便愛此國一足財二欲塵三正法得戒護人亦爾住戒護中無量功德心安無憂惱生長正法八者如病人得好良藥戒護亦爾不應棄捨

由此離一切惡故

列釋中八段一一並有法喻前三喻戒體後五並言愛惜即喻戒行四與初濫前以王子直喻受體後以父愛子乃喻隨行目喻正見糧比助道國謂具德藥即除障尋文可知三中如意珠者智論云龍腦中出衆生得之除貧去毒或云金翅鳥心或云古佛舍利善道即人天菩提即佛果中略三乘故云乃至七中三事足財謂國富欲塵謂色聲等境國足塵財王者適意故下以心安合之正法即禮樂號令不失其所合法中無量下三句配上三事

如是因緣功業深重不可輕犯犯致大罪

結勸中功業重者總上八喻歸前二義餘並生善中最第一第四及七中末喻即建立功强也

二者列名釋位中分二別初明篇聚後明果報

初中五篇七聚約義差分正結罪科止樹六法今依六聚且釋其名一波羅夷二僧伽婆尸沙三偷蘭遮四波逸提五波羅提提舍尼六突吉羅此上六名並

無正譯但用義翻略知途路

次明篇聚正明中初科前敘名數差互五篇取均七聚據雜仍分身口故云約義吉羅罪衆從具兩分罪無異體故但有六問前引古解定五爲篇以七爲聚今家前後諸文並云五篇七聚還同古執其意云何答但攻彼局即彰篇聚名通既曰兩通隨用有何不可今下約結罪列名佛出中梵立此刑名此土本無將何對譯故下諸名或望聖道如夷蘭也或約行業夷殘吉羅或對衆法夷殘或就來報夷提或從懺法僧殘捨墮提舍大略如此餘如後釋

初言波羅夷者僧祇義當極惡三意釋之一者退沒由犯此戒道果無分故二者不共住非失道而已更不入二種僧數三者墮落捨此身墮在阿鼻地獄故

初夷聚中僧祇初句總翻三下別釋具兼三義彰惡之極初退沒義如下問答二種僧者同下四分墮阿鼻者目連問經但示劫數不顯獄名雜心中墮燄熱地獄一晝夜此文明判及十輪經並云阿鼻即無間獄如涅槃云間無暫樂常受苦故間無空處身與獄等八萬由旬故言無間智者觀此寧無怖懼乎

十誦云墮不如意處薩婆多解云由與魔鬪以犯此

戒便墮負處

十誦中初引律文彼翻波羅夷為墮即受戒已為說四墮是也僧祇墮義轉釋極惡與此不同文中多意字嘗用多論古鈔對勘並無言不如者謂不如魔即墮負義下引論釋明知寫誤魔有四種常相謀害當用戒兵防禦戰敵然今行者戒力既虧魔軍得勝故以為喻

四分云波羅夷者譬如斷人頭不可復起若犯此法不復成比丘故此從行法非用為名又云波羅夷者無餘也此從眾法絕分為名故偈云諸作惡行者猶如彼死尸眾所不容受以此當持戒又名不共住者不得於說戒羯磨二種僧中共住故

本律三義初斷頭者即受法說相中四喻之一次云如斷多羅樹心三如鍼鼻缺四如破石為二分能喻雖四同喻體壞永障聖道故云行法非用也次無餘者即遮法云若遮無根無餘作等殘為有餘名亦出彼行壞無功不參眾務故云絕分也故下引證即律偈序上卷已引三不共住名見戒本問與上無餘何異答上約己說如彼死屍下對僧論如海飄出對前祇律初義頗同此後二名同彼第二

問上言若犯此法名為斷頭準此言必無重犯戒亦非有

問答中問詞為二初躡前準下正問有二一問重犯二問有無

答戒之有無此入諍論雜心中解有戒非無

初答中上二句示不定下二句從有而立入諍論者涅槃諍論品云善男子我於經中作如是說若有比丘犯四重已不名比丘不復能生善芽種子譬如焦種不生果實等我諸弟子聞是說已不解我意唱言如來說諸比丘犯重禁已失比丘戒此執

二答重犯

無也善男子我於經中爲純陀說四種比丘一者畢竟到道無學二者示道初二三果三者受道通內外凡四者汙道薄地犯四重者卽是汙道我諸弟子聞是說已不能解我意唱言如來說諸比丘犯四重已不失禁戒此執有也問經中但云不解我意佛意如何答尚非菩薩二乘境界況凡鄙然雖叵測亦須略示當知佛說有則必有無則定無何以故然耶如來如實見諸衆生善惡業性隨宜而說如實不虛古記妄出佛意云受體仍在名比丘但無力用故如焦種此則還成有執何名佛意雜心解者彼云有說犯初衆罪衆則是篇名捨律儀此則不然若捨律

儀者犯根本罪已還俗應得更出家已捨律儀故又云於別解脫律儀是比丘於無漏律儀非比丘又云但是犯戒非捨戒彼問此還計有應成諍論答在彼爲諍於今非諍何以故知時合宜深解佛意非執計故是以僧網明畜貓犬及隨相中畜八不淨並斷失戒人不見此故多遲慮

若論重犯律自明斷隨犯多少一一波羅夷此篇最初四戒各別隨重犯婬衆多重犯餘盜殺妄重犯亦爾

次答中初據宗以答此卽初戒廣解之文戒本亦

二合證二初引文證

云後犯亦爾此下簡辨名種重犯有二一同名之罪謂四重互望二同種之罪謂四戒各論上通十誦下局本宗文約四戒各別論重卽明今宗同種之義

此說別解脫戒由境緣別得戒不同故後犯時還隨別犯如薩婆多云寧可一時發一切戒不可一時犯一切戒且如婬戒女人身上發得二十一戒男子身上得十四戒餘法界中男女亦爾今或貪心犯一女一道但名汙一婬戒比丘自餘諸婬戒體光潔無行可違稱本受體

合證者有戒重犯義不相離故引文中初敘宗意律儀從境故名別脫道定從心卽是總脫如下引論委釋初舉文受是懸擬故可總發犯是臨境故唯別犯且下歷示初明總發準釋相中彼論但約三毒以歷七支離三爲七是今義推具如後釋文中別舉婬支以明餘可例顯婬境約道女三男二婬心三毒三單三複一具隨緣間起以心歷境故發多戒如文所列今下明別犯問餘婬不犯故有重者若還以貪心復於前女本道行婬爲成重不問十誦不立重犯那取彼論以證今宗耶問不可

一時犯諸戒者不學之罪那得頓犯耶如是思之
如懺初篇還得清淨不言更受由有本戒又如律云
打謗犯重比丘皆結墮罪若無戒者止同吉羅
例證中二初約懺重例又下打謗例九十中打比
丘及僧殘謗二戒大僧不簡淨穢若下反質打謗
三眾並吉羅故
問應當足數不名斷頭
初難中問有二句卽是兩難律中二滅學悔並不
足數又斷頭之名行法非用同彼死屍今云餘戒
體淨光潔無違豈非相反故須委示

答懺本清淨理當足數如得作說戒自恣羯磨等但
由情過深厚不任僧用故云來不隨意
答足數中初準懺明足卽簡二滅不在所論如下
例證十誦開作說恣羯磨不開餘法亦聽眾中誦律無堪
能處既容秉御身預淨僧義同足數故云理當也但
下約過明不足情過深者犯極惡也不任用者虧
德業也故下引示律云僧說戒及羯磨時來不隨
意故知雖懺必無足理縱聽秉法身不入數但望
二擯財法永亡不參眾務以為優耳上云理足文
含二意一為救無知謂失例犯二為救犯者抱過

不悔故此諸文委曲提示問世云小無懺重之文
那云懺淨哉答大小兩乘通明懺重小雖開懺但
障獄業不能復本故云無耳若爾依大懺淨可預
數不答化制不同化據業道制就違教縱依方等
事理懺滅於今制教不懺須擯懺成學悔若行制
懺縱業不亡還名清淨須知化制懺法天別人多
妄述故曲疏之餘在後篇
斷頭之喻此望不階聖果為言
答斷頭義如下問答
問婬戒雖被汙染但名犯戒出在何文

次難所出者如上諸文具依律論欲彰有據生後
勸勉故發是問
答上已明示更廣張相如下懺法中說戒體定在常
恆清淨
正答中初句指前更下標後下引僧祇學悔行相
一切同僧十誦乞羯磨已佛所結戒一切受行毋
論與悔法已名清淨持戒等故云體在等
世中有人犯一婬戒初乃惶懾後復思審謂言失戒
遂卽雷同隨過皆犯豈不由愚於教網自陷流俗焉
知但犯一婬諸婬並皆不犯當篇殺盜常淨儼然下

之五聚義同初受
斥迷中初文爲三初敘非慴之涉反怖也百喻經
云有人養牛二百五十其一大者爲虎所食其主
念言數既不全何用看守遂一時殺之愚癡比丘
亦爾既犯一戒餘卽雷同頗符此意豈下正斥焉
下重示上二句明同種淨當下明同名淨堅固不
動謂之儼然下下明異名異種淨
故同法之儔理須明察若先嚴淨識託對五塵欲染
不生由前方便若先非攝慮對境不能不犯既犯業
成必須無覆早懺還成本淨進入僧儔若迷上所設

自懷藏疾不參衆務財法並亡便肎受用自他俱負
豈不悲乎不亦誤哉
次科初二句囑其所告受隨一等故名同法若下
正勸初示持行嚴謂謹攝淨識卽心五塵皆境所
謂方便正念常擬對治也嗚呼末世凡流沉溺滋
久攝念離染未見其人自非宿善資熏明師訓匠
勤求聖教精擇良明志慕孤高行希清卓時時不
懈日日如新或體達前塵反求欲本或冥心所受
專意通持故得對境蕭然遇緣確爾翔而後集默
而識之其猶揮手於空了無滯矣著鎧入陣何所

畏乎然惑業未銷死生可懼豈唯言說卽是清昇
在欲遠塵良恐非爾所及居凡學聖故且抑而爲
之勿事悠悠宜切切因茲言及一爲深思若下勸
犯悔上二句明成犯既下示懺益若下明不懺之
損懷卽是心藏疾喻其覆過體非淨用不堪利養
覆過妄受故云肎也自負可解言他負者作法則
前事不成受施則能施亦墮豈下悲傷冀其改往
大慈博愛於物無遺雖惡行下愚亦苦加提引祖
恩所及無得而知
問婬已被染諸戒猶全何故不階聖位

三問中此卽難前斷頭之喻
答明了論解此四重戒隨毀一重諸餘戒分用則無
力如人身中四處得死隨損一處身命便死由戒力
弱不發定慧也
答文了論中初約喻以顯四處則腦咽心腰由下
示不階之意卽雜心云非第一義比丘是也
十輪云若犯四重毀法謗聖死入阿鼻如是之人於
其一身不能盡結必墮惡道若有於我法中出家持
根本戒常勤勇猛一切供養終不虛受何以故志求
解脫乃至捨命終不犯毀何以故以四根本三乘依

二對尼同別

三他部重輕

住故
十輪中初明犯報正用四重因引毀謗人阿鼻者謂生報也如是下明障道也結卽見思等惑言墮惡者釋成不盡結也今時多學邪空訶佛毀教流言鄙俗反自矜誇爲知一慢尊容長淪暗道一輕聖典永墜邪林業理灼然如何不信若下顯持益初索持人初篇四重出生諸戒故名根本一下示功行一切者總收四事乃下勸堅持言捨命者卽同本律寧死之誡三乘依住者出世行本故嘗讀斯文敬詳佛語詞切理顯足爲龜鏡願專誦心首以自策勤

四分中尼有八波羅夷前四同於大僧後四如別所說

對尼中後四如別者卽別行篇謂摩觸八事覆重隨舉女流報弱情多喜犯故枝條之罪例同重制十誦重犯不同此律同名之罪則有重犯同種之罪則無重犯此據初篇以言故文云學悔沙彌犯僧殘令次第僧中行覆藏六夜出罪等餘如別部中說三他部中初標部計同下示異同種犯已後作得吉故無重也此下簡濫下篇種類不同有二一上

四明品數二
初引論正示二
初通標部義

二別列罪相
三初總標

二別釋

下相望有重可解如文所引學悔犯殘二一下衆當局亦有重犯如別篇云下篇隨輕重是也

明了論云律中說罪有五部者解云此間爲篇今依本義立名部也有二義一成就根本義二隨順根本義

四明品數引論中初科上句牒本論律中卽指所宗正量部也解下疏釋初示方言不同卽如僧祇四分五聚亦相近也今下釋部義初通標有下別示方便根本由具二義則成黨類故得部名

第一波羅夷部有十六罪解云一一各有四部成十

六罪

別列中初云一一者卽指四重戒也

一遠方便如行婬時先起心未動身口責心卽滅二者次方便謂動身就彼或口說欲作此對人懺滅通名吉羅三近方便至彼人邊或欲摩觸身未交前是偸蘭遮期行婬事故摩觸非爲戲樂故成偸蘭遮不成僧殘此罪對人懺第四身交是根本也

別釋四段初方便中且舉婬事以明次第言起心者此卽心犯同今四分然無分齊故須定判重緣及思簡去瞥爾上明心犯則不兼色次方便下並

明色犯還本於心動身口說就具辨相通名吉者總點遠次名同體別近方便中初示犯相期下釋疑觸本犯殘今結偷蘭故須通決然期婬合重今則反輕戲樂須輕如何反重但輕則有果可趣重則當體成業所以異也對入懺者彼明蘭罪不分三悔在言通濫如下具明

前三方便皆為成就故名部若根本未成前三可懺若已成就前三逐根本悉不可懺此即隨順義餘三例此部

三中前釋成就義以後果本不可頓犯假彼相成故若根本下釋隨順義纔至果罪共成一體無別方便此同四分則異十誦餘下指例

四分中但言成者波羅夷不成者偷蘭若準十誦則偷蘭分輕重明了論中唯結一品然偷蘭吉羅體通彼此類解應知如懺法中更述

會通中初引三文四分不成不言多少了論一品不顯重輕唯茲十誦甚有眉目疏引彼文初二兩篇各有遠近方便彼唯立二方便位分三階初篇近者界內僧懺上品初篇遠者二篇近者界外四人悔同是中品二篇遠者一人前悔下品準持犯中三罪則依了論

遠者重吉此據本宗次近二蘭全取十誦然下會同次罪十誦中蘭了論重吉今欲用蘭替吉略示令知餘指如後凡定罪體必約懺論中蘭據法雖對小眾正捨本罪還同吉羅一人對滅故體通彼此者即指兩文類解者令較二罪

二者僧伽婆尸沙聚善見云僧伽者為僧婆為初謂僧前與覆藏羯磨也言尸沙者云殘謂末後與出罪羯磨也若犯此罪僧作法除故從境立名

第二僧殘善見中唯就行懺釋其名義僧伽是通貫於前後初殘是別即命懺時首尾二法以攝中間合云僧伽為眾然此所尚呼人為僧故此諸文用梵顯梵非相翻也言從境者境即所對人也

婆沙云僧伽者為僧婆尸沙者是殘若犯此罪垢纏行人非全淨用有殘之罪由僧除滅故

婆沙中名義與下四分母論大同初別釋僧義同前殘字目罪言犯此罪少有餘行故有下合結

四分中正明僧殘便成上解又云有餘以行法不絕為名也

四分中初指同又下示異有餘亦即殘義行法對上無餘合云眾法疑是寫誤亦可行通眾別此據

四毗尼母論
二僧尼同異
三引示罪數二初引論文
二引疏解三初總標同異

衆行
毗尼母云僧殘者如人爲他所斫殘有咽喉故名爲
殘理須早救故戒律云若犯此罪應强與波利婆沙
等由鄰重罪故也
母論初牒名如下喻釋上三句喻殘理下一句喻
僧此望初篇名爲斷頭不可救故故下引律助顯
强與即是早救餘罪不然從彼自悔爾
若約其種則有十三僧如隨相尼有十七六異七同
廣如別說
僧尼中六異者弄觸二麤二房七同者媒嫁二謗

四諫此約僧戒對尼爲言若以尼望僧則有十異
一言人二四獨三度賊女四解舉五受染心男子
食六勸受七相覆違諫八勸同惡住違諫九小恚
捨正違諫十喜諍謗僧違諫（尋尼戒本對之）下指廣者即
別行篇
明了論解第二僧伽胝尸沙部有五十二罪
罪數中引論五十二罪者十三根本一一各有三
方便故吉羅爲遠下蘭爲次中蘭爲近胝字竹尼
反
諸部說此罪不同此乃正量部名有三義薩婆多部

二引婆沙解
三引正量解

稱僧伽婆尸沙有一義與正量部同
疏解中初科三義者一僧殘二救三勝婆論止有
初釋故云一義同也
解云由戒見衆人和合是僧伽義由此二不同不由
定慧佛所立戒故言戒同同一正見故言見同婆尸
沙者爲殘若犯此罪僧中受房舍利養上中下內最
在其外故名爲殘也摩那埵者翻爲悅衆意隨順僧
教咸懷歡喜阿浮訶那者翻爲呼入衆也
次科解云者疏引彼解也初釋僧伽上二句標示
由下簡異戒見事和定慧理和今但取事不取理

故文中多上不字曾以古本校勘復對下釋寫錯
不疑（舊記不知隨文謬解）佛下別釋可解次婆尸沙乃約所
得利養之餘以釋殘義此即求懺行別住者若犯
不懺不同僧利後釋二名者以僧伽之義該通三
法波利婆沙此云別住文雖不列義見上文故但
出二法即六夜出罪
正量部胝尸沙三義初如前解第二救義謂由僧拔
濟得免此罪三者勝義向犯罪時成下劣人由僧拔
濟還得清淨從劣得勝
引正量中指同釋別尋文可見

三者偷蘭遮聚善見云偷蘭名大遮言障善道後墮惡道體是鄙穢從不善體以立名者由能成初二兩篇之罪故也又翻爲大罪亦言麤惡

三偷蘭聚善見中初翻名障善道者即罪之力用也下翻罪惡過者就罪之當體也後下釋義惡能障善從業爲名（古云調達破僧令法輪不轉名障善者一暗文相二成局狹）從下出所以又下出異名

聲論云正音名爲薩偷羅

聲論但出梵名而不翻與上同故彼離問經云吐羅遮者邊國語也（舊記云彼論具云薩偷蘭祇僧此翻麤罪未見本論不知何出）

明了論解偷蘭爲麤遮耶爲過麤有二種一是重罪方便二能斷善根所言過者不依佛所立戒而行故言過也如牛突籬拔破出家域外故然過名亦通此罪最初犯爲過後者從初受名如後牛隨前者亦得過界

了論中初總翻名次別釋初釋麤義重方便者同上善見斷善根者謂成逆也次釋過義先約法釋如下以喻顯拔謂拔護即籬圍也然下簡通別上句示通以餘諸罪並是不依佛戒故云通也此下明局問初二篇罪吉羅最初那推蘭耶答若三方便次第相成吉但成蘭蘭方成重故蘭爲初又復吉通諸聚蘭局二篇去通就局故言初矣

然偷蘭一聚罪通正從體兼輕重律列七聚六聚並含偷蘭或在上下抑有由也

前後中初標云罪通等者示雜相也律列上下明不定也抑是語助

律中或次僧殘後者由是戒分所收罪名重也如初二篇遠近方便及獨頭正罪破僧盜四之類也或在提舍尼下則是威儀所攝罪名輕也如第二篇遠方便及輕獨頭之罪謂裸身用髮等例是也

別釋中初科正明中通約篇聚大分爲二初二兩篇過相麤重多是止離故名戒分提罪已下多制衣藥身口乖違號威儀分約此二分以釋列次初明前列遠近方便者且順十誦二罪爲言約前所立遠應云次初篇具二次篇唯近遠在下收獨頭即果罪名簡從生或下明在後裸身用髮皆同外道並制犯蘭

然戒與威儀通別互舉通則戒戒並非威儀皆名犯戒也若據別以論上之三篇過相麤著能治名戒下四過輕能治之行名曰威儀

古今皆作後重，今助改爲從。

二約均雜分

四波逸提。二初標名，二正示五。初約義翻名。

釋戒儀中初二句總示通下別釋先釋通者卽律戒緣佛並訶云汝所爲非非威儀又云如此癡人多種有漏最初犯戒戒戒皆爾故知一切並兼二名以上篇重戒亦是乖儀下聚威儀無非禁惡故也若下釋別如上所分正從別也

若就均雜往分前四是均無非正果下二爲雜通輕及因然偷蘭雜中之重故在第五也

均雜分中止明在下之意初分前後然下示次第問雖通上下止出一名卽應前不收輕後不攝重答隨列前後並收三品但在前後（從）重輕者同歸在後從輕上下齊攝問下云五篇義具三均今言四是均者答準戒疏說且取吉羅果罪以應五篇五犯之數究理而論吉須在雜故唯四耳問獨頭蘭有方便不答文雖不明義同下聚立二方便

四波逸提聚義翻爲墮十誦云墮在燒煮覆障地獄故也

四波逸提翻名中燒煮是酷罰之事覆障卽處所之相乃地獄通號或可燒煮收八熱覆障總八寒準下了疏墮大叫喚獄心論墮衆合獄一晝夜所出不同耳

二據懺開合

三示尼同異

四別翻三十

四分僧有百二十種分取三十因財事生犯貪慢心彊制捨入僧故名尼薩耆也餘之九十單悔別人若據罪體同一品懺

次科初示總數分下明離合前約事明離因財故貪違教故慢若下據罪明合

尼二百八戒入第三篇三十捨墮餘入別懺種相同異如別顯之

僧尼中初示數三十者明捨墮全同餘下示單提同別尼總有百七十八九十對之共有七十四戒尼無十六戒輒教日暮譏教作衣與衣屏座尼期行期乘船女期行受讚食勸足索美牙角坐具覆瘡佛衣自餘尼中一百四戒尼戒具列名數既繁不可具引須者看之指如別者同如釋相別在尼篇又義鈔戒疏具有料簡

出要律儀云尼薩耆舊翻捨墮聲論云尼翻爲盡薩耆爲捨波逸提者本名波藥（夷割反）致也

別翻中初引出要律儀單翻薩耆而云墮者因而雙牒墮名同上自可解故（舊云上略波逸提字者非）聲論盡捨耆準下懺法捨有三種一財二心三罪義雖通三名專財事長染有遺不成捨懺故云盡也下波逸

提但正梵言名義同上故不重釋。

明了論解波羅逸（羊達反）尼訶部有三百六十罪正量部翻為應功用三義解之一罪多輕細難識好毀二性罪及制罪三好毀犯者應作功用對治勿令滋廣薩婆多云波羅夜質胝柯翻為應對治恆須思惟若犯即覺上座部云波質胝柯翻為能燒熱此罪得大叫喚地獄因時能焦熱心果時能燒然眾生但有三部有二方便三十九十故百二十無偷蘭遮有二吉羅。

五中亦三初示總數二翻名義次引三律所譯不

同正量三義其釋一名初約繁細一百二十數過諸篇故云罪多體是威儀故云輕細二約參濫制即是遮異上兩篇但除媒房餘並性罪已後諸篇皆是遮罪三約數犯由前二義以成第三故結名在後應即佛制功用不出解行問此與眾學立名何異答此具三義治行尤難故須功用吉非性業制行亦輕但云當學次引婆論與前正量語有少殊義同後一前之二部並就能治行為名後上座部即從不善業體為目即同墮義也此業能汙善淨之心故因中如焦然也復能轉變獄報炎熾故果時受燒熱也三但下明方便罪但二罪者示現重輕有差降故

五波羅提提舍尼聚義翻向彼悔從對治境以立名僧祇云此罪應發露也即此律戒本中具明悔過之辭。

五提舍尼翻名中初示名言向彼者即對首人故云對治境也次引證僧祇得上悔義不兼所對戒本具明即云應向餘比丘悔過等是也

僧有四種如下具陳尼有八種與僧全別

次科尼有八者即無病乞酥油蜜石蜜乳酪魚肉

對此八物而制八戒

明了論解第四波胝提舍尼部有十二罪翻為各對應說謂對人說所作罪也

示數中四戒各二方便故有十二各對者即對別人顯非眾也

六突吉羅聚善見云突者惡也吉羅作也聲論正音突（徒勿反）膝吉栗多四分律戒本云式叉迦羅尼義翻為應當學胡僧云守戒也此罪微細持之極難故隨學隨守以立名十誦云天眼見犯罪比丘如駛雨下豈非專翫在心乃名守戒也

六突吉羅。初科。前翻律中名言惡作者。通收身口四分下。翻戒本名。初翻名有二。善見云。式叉翻學。迦羅尼云應當。今迴其語順此方言。胡僧者。卽祖師親承。非所出也。疏云。若就所防應名眾突吉羅。今就能治行以立目也。此下。雙釋多論。問。何故此篇獨名應當學。答。餘戒易持而罪重犯懺是難。此戒難持而易犯。常須念學。故。十誦下。結顯。文舉疾雨。喻其犯者甚多。意顯持之非易。豈下二句。雙結兩名。專翫在心。卽學義也。

此律有百眾學。尼法指同大僧。

僧尼中。諸部名數不同。僧祇六十六。十誦百單七。五分數同而相別。故標此律簡之。尼戒本中不列眾學。指略如僧。相同故也。

七聚之中。分此一部以爲二聚。身名惡作。口名惡說。或云突吉羅惡說者。必有解判如疏述之。

三中。律文前後列七聚名。第六或異。乃華梵互舉耳。下指廣者。戒疏云。惡作惡說。從具標目。故毋論云。身名惡作。口名惡說。作義是長。通名身口。故律下文(卽六聚中)不問身口。皆突吉羅。如善見解惡作是也(疏文)。故知突吉羅名。在六通含身口。在七唯局於身。又復七中惡作名通體局。惡說名體俱局。

明了論解云。非四部所攝。所餘諸罪其學對。及婆藪斗律所說罪。一切皆是第五獨柯多部攝。此是正量部名。以無別身口業。故意是惡作翻之。薩婆多云。突瑟几理多。用身口二業。翻惡作也。同翻一名。而義兩別。

第四科四段。並了疏文。初中又二。初示量。二此下。翻名。初中。前約本部。但簡前篇方便。各隨本篇。自餘正從。不限多少。通收第五。故云非四部等。學對。卽同今宗應當學也。及下。通攝他部。婆藪斗此云

品類。下云戒有二百。多明輕戒。獨柯多。卽突吉羅。梵音異耳。一切者。顯示此部無限量故。次翻名中。正量部。推末從本。同歸於意。故云無別身口也。從本至末。色聲所動。皆由意起。故云意是惡作也。薩婆多中。彼宗論業。不明心造。身口雖殊。無非鼓動。故通名作。下二句簡判。同一名者。並號惡作。故義兩別者。心色各計故。

分輕重中。重者名獨柯多。輕名學對。梵音息叉柯羅尼。中國世音息佉柯羅尼。同翻爲學。對若不動身口輕。責心卽滅。若動身口者則重。對人方滅。此間不解

分別輕重通名眾學謬矣。

次科初分名世音即彼俗語顯上息叉是正梵音若下分體不動身口者顯是意犯彼但約三業以分兩體此下斥謬眞諦本是西僧得其聲實故斥此土傳譯之失然順彼文且分兩別今家特異亦須略識一者名通無問輕重但從過邊皆突吉羅若望行邊並應當學二者體異無論三業故心齊重誤皆犯輕

若但心地起無方便若動身口有遠近二方便若懺根本方便隨滅

三中初明輕吉謂獨頭心念如想鉢默妄惡覺失念之類若諸篇遠方便則不論有無若下明重吉二方便者即成就義亦約起心動色以明次第因本罪同下無別聚故言隨滅者即隨順義

重罪重責心輕罪但云不應起如此心是名責心懺悔亦通下用

四中初明懺重吉雖是對首還須自責以責心之言通諸悔故懺法如後故此不出又懺輕中因引懺法下篇不出故此指通

四分戒律通束二百五十以為綱要上已依篇聚具列麤釋名目餘不盡者

結略中初科前示總數上下結前餘下標後

其二不定法託境以言通該六聚若論罪體生疑不信是突吉羅文彰三罪二罪者略舉生疑之事廣如疏述

二不定中初示所疑言託境者對前文也六聚者戒本三罪二罪謂婬觸語歎屏露二坐蘭吉即方便提舍如蘭若受食若下明本犯文下釋疑以戒本中不具六聚故以略舉通之下指廣者即如戒疏略引示之明制意者如來立教專為攝修不相

鑒察容無自厲隨信舉發以存相利所以篇列第三者既通六聚上收戒分下攝威儀文義便故釋名義者二即屏露兩處於所犯事不決定故名為不定言罪體者此戒罪體但取生疑犯突吉羅文言應一一治自依篇聚耳僧有尼無即不同戒也

七滅諍中罪亦通有但為競於四諍彼此未和故制七藥用以除殄文義既廣理相又深徒勞宣釋終未窮盡故略不述而僧尼同數其成通戒焉

七滅諍中初示所諍罪通有者初現前毗尼因六羣誣沓婆犯盜二憶念為慈地謗沓婆犯婬三不

二問答三。初問篇聚離合二。初問

癡因難提顛狂多犯衆罪四自言因比丘犯盜自連牽出五多人語因破僧鬪諍六罪處所因象力妄語七草覆地爲諸比丘其諍經年多犯諸罪則知所斷亦該六聚故云通有有云僧尼通有或云七通有吉並非今戒本中但制能斷用法有差皆吉羅罪問既通六聚何列最後答不同不定事起一人此犯雜生故列於後總結前篇但下明制意四諍是病七滅是藥疹卽滅也今依義鈔略識名數一詳法是非定理邪正彼此諍言遂成乖異故名言諍以現前多人語二滅滅二內有三根何覓前罪舉來詣僧遂生其諍故名覓諍以現前憶念不癡罪處四滅滅三具緣造境違教作事名之爲犯因評此犯而致紛紜名爲犯諍以現前自言草覆三滅滅四評他已起羯磨彼此不和遂生其諍故名事諍以一切滅滅言覓犯中各有事諍還同上三用藥對病故云一切文下示略義鈔戒疏其文甚廣而下示尼統論八篇一夷殘單墮提舍多少異也二不定有無異也三捨墮衆學滅諍彼此並同故云通戒

二問五七名相　二六七差別　二別釋離合二。初七五不同。　二答二。初通示所出。

問五篇七聚何義離合今上所明但云六聚

問答中初問有二前問五七離合今下問六七離合前云約義差分故今問顯

答言立五篇者僧祇律中當宗所明但云五種犯五種制五犯聚其六聚七聚卽四分下文

答中初文前示五篇問篇名本出僧祇題中標云篇者乃目他宗非關本部答五法本同立名乍異今借彼名以標本部況篇聚義通隨用無在故也其下明聚下文卽諸犍度中或六或七間列不定

今且分七五不同具有三義則入五中一者名均二者體均三者究竟均不具此三通入聚攝

別釋中初科可解入五中者僧祇四分篇聚異名

昔多偏計今但云五無所局也下亦合云通入七攝而云聚者順今宗也

而六七差分者亦有義意六中合突吉羅以同體故七中離於惡說以過多故

次科六據體同者前云正結罪科止有六法故七約過多者吉羅罪衆量等塵沙隨具兩分簡易可識故

問上具張六聚名體請知五篇七聚名相如何答言五篇名者一波羅夷二僧殘三波逸提四提舍尼五突吉羅言七聚者一波羅夷二者僧殘三偸蘭遮四

三問尼戒虛實二初問
二答二初列數之意

波逸提。五提舍尼。六突吉羅。七惡說。且列兩名。廣如戒本疏說。

次問中。猶恐新學昧彼名數。委曲提示。慈念之深矣。下指戒疏文見第一。彼問吉羅既通方便。如何在篇。答。簡究竟者。以入篇中。餘方便者入聚所攝。問。卽應偸蘭並簡從生。取究竟者用以入篇。答。不同也。偸蘭究竟或均或雜。或前或後。難定其罪。大約分三。懺同墮位。故入聚收云云。

問。律中僧列二百五十戒。戒本具之。尼則五百。此言虛實。

後問中。五百之言。他文所出。與律不同。故問以審之。

答。兩列定數。約指爲言。故諸部通言。不必依數。論其戒體唯一無作。約境明相。乃量塵沙。且指二百五十。以爲持犯蹊徑耳。律中尼有三百四十八戒。可得指此而爲所防。

答中初文爲二。初示數不定。約卽略也。通言卽僧尼兩數。論下次顯略所以。初通明體量。且下別示兩數。初明僧戒蹊徑卽小路。律下示尼戒。戒是能防。過是所防。戒通過別。從別爲言。故云所防。

二準論釋通
二明果報二初標分
二隨釋二初起業輕重三初明起業之源

今準智論云。尼受戒法。略則五百。廣說八萬。僧則略有二百五十。廣亦同尼律儀。

次釋通中。彼云。略則八萬四千。廣則無量無邊。今對上五百。且以八萬爲廣。望下無量。還成略耳。既無數量。則知五百言非虛矣。

二明所犯果報。就中分二。初料簡起業輕重。二引文證成來果。

二犯報中。先明起業者。欲明苦果。須考業因。況造業萬差。何由一揆。如下引經。墮獄年劫。且據制罪一往以分。自有犯輕而報深。不妨犯重而報淺。須

推能造所起不同。善惡報應。絲毫不昧。是知化制兩教。辨業天乖。制則從教重輕。化則論心濃薄。教唯指定。緣具則例入刑科。心既不常。動發則須分體性因果既異。化制斯分。必昧宗途。未窮業本。故先料簡。委示來蒙。

初中。起業要託三毒而生。然毒之所起。我心爲本。此義廣張。行人須識。如懺法中具明業相。今略述起罪。必約三性而生。受報淺深。並由意業爲本。故明了論解云。破戒得罪輕重不定。有重心破輕戒。得罪重。無慚羞心。作無畏難。或由見起。謂無因果。或由不信生。

謂非佛制此戒或不信破此戒得此報或由疑生爲
定佛制爲非佛制爲定得報不定得報若由如此心
破得罪便重若不由如此心偶爾破戒重翻成輕
初文前示業本業無自性必假緣生緣雖衆多不
出心境由境發毒搆造成業境是外緣毒從內發
故明起業惟推三毒毒從我生我卽妄計卽斯妄
計是業之本故名妄業經云一切業障海皆從妄
想生諦求妄本畢竟無依但是一心隨緣不覺以
不覺故硜然計我由我起毒因毒生業業成感果
果全是苦苦卽生死流浪出沒造受更資如是億

劫莫知所止從本至末就果推因少識妄源麤知
苦本諸賢覽此豈不自思悲夫此下指廣請尋後
篇不復煩引今下次正敘重輕又二初示犯報分
齊上二句明犯從心起示因差也下二句明報約
心分示果異也三性者性卽心體心雖萬狀論體
唯三二是有記一號無記然據善心應受福報由
心愚癡損境義一業道制教二俱有犯但業有少
輕制還依教意業謂能造之主總上三性但性據
始起業取已成故下引文顯相上二句通示有下
別釋前明制輕業重爲三初標二無下列相爲四

初二句無慚心無畏難者釋無慚相次二句邪見
心或下四句不信心又二一不信聖教二不信果
報或疑下五句疑惑心同上二種三若由下結示
次若不下明制重業輕反上四心可解

今隨三性具列罪相

次示相標中三性者心之總相重輕篇聚無出此
三對境造作隨前事別又不善心可通一切善無
記心或有不通如婬妄漏失媒麤毀兩之類可以
思之

一者善心犯戒

初善心者雖非麤惡然是無知結業乃輕違制無
別

謂如僧祇中知事比丘闇於戒相互用三寶物隨所
違者並波羅夷或見他厭生與其死具看俗殺生教
令早與勿使苦惱此並慈心造罪而前境違重不以
無知便開不犯由是可學皆結根本卽律文云愚癡
波羅夷乃至吉羅亦爾

別明中初文初明好心犯盜或下次明慈心犯殺
並見下戒不以下示犯所以卽下引證殘下諸聚
並加愚癡故云乃至等

又如薩婆多云。年少比丘不知戒相。塔上拔草。罪福俱得。若論來報。受罪則輕。由本善念。更不增苦。不免地獄。由違受體。

次科。初明犯報。由下釋報輕。上二句明酬本業。下二句明酬違制。

若犯性戒。具受二罪。謂業道也。及以違制。若犯遮戒。如壞草木。但得一罪。以化教中本不制故。無情可懺。若後懺洗。復本清淨。不同犯性。廣如下智論中說。

輕重中二。初明性戒雙犯。若下明遮戒單犯。又三。初正明。以下釋所以。若下示懺淨。上明懺遮。不下。

簡懺性。篇聚雖懺。業道不亡。指智論者。如後懺篇。彼云。十善戒雖懺。三惡道不除等。

二不善心者。

次不善心者。謂貪瞋癡三毒所起。單複等分。鼓發七支故。

謂識知戒相。或復闇學。輕慢教綱。毀呰佛語。如明了論述云。有四種麤惡意犯罪。一者濁重貪瞋癡。二者不信業報。三者不惜所受戒。四者輕慢佛語。故心而造。則得重果。以此文證。由無慚愧。初無改悔。是不善心。

正明中又二。初通敘。上二句別舉犯人學不學故。下二句合明心相。如下引示。四中初是總相。攝一切故。濁重難顯。且約三時無悔名上品心。下三別相。開癡心故。二是邪見心。三即放逸心。四即憍慢心。故下二句總示業報。以下鈔家結示。無慚無悔。即是不善。始終二心。該前四種。一一相兼。初無者。古記云。初猶都也。雖不出字書。借訓顯義。從古無妨。

故成論。害心殺蟻。重於慈心殺人。由根本業重。決定受報。縱懺墮罪。業道不除。如十誦。調達破僧。犯偷蘭

已。佛令僧中悔之。而於業道。尚墮阿鼻。故地獄經云。一作業定。二受果定。諸佛威神所不能轉。廣如卷末陳說。

引示中。初引成論。證業隨心重。約制則蟻輕人重。篇聚定故。就業則蟻重人輕。心行別故。由下推論所以。如下次引十誦。轉證懺業不亡。調達具云提婆達多。此翻天熱。是佛堂弟。阿難兄也。破僧犯蘭。制教罪也。逆罪最重。故墮阿鼻一劫。故下三引經。轉證悔已墮獄。亦名地獄報應經。業定不定。但約三時具闕分異。三時具者。則爲定業。定有二義。如

文列之不定亦二反明可解諸佛不能轉者衆生業力勝佛力故下指卷末即懺篇中

三無記心犯者

三無記多別一無情局無記有情通三性二就情中報色是無記心則通三性三就心中三心局無記行心通三性下明二種初縱放者謂汎爾無記次約睡狂即昏迷無記

謂元非攝護隨流任性意非善惡汎爾而造如比丘方坐高談虛論費時損業縱放身口或手足損傷草木地土和僧媒娶妄用僧物長衣過限非時入俗手

觸僧器壞身口儀如是衆例並通攝犯唯除恆懷護持誤忘而造此非心使不感來果

示心中初文又二前示心相如下次列犯事別舉諸戒臨文自對高談費時者律制行來俛仰常爾一心違皆犯吉故方大也上明不學制犯唯下簡勤學開迷

非即如上前爲方便後眠醉狂遂成業果通前結正並如論中無記感報

次科初句指前列相未盡即猶止也前方便者或自作犯如初睡時作漏失意或教他犯如殺盜等或自業相成犯如自安殺具等若據果成雖在無記由假方便故云通前等如論即下成實

問無記無業云何有報

初問中徵上指論

答解有二初言感報者謂先有方便後入無記業成在無記心中故言感報而實無記非記果也二者不感總報非不別受如經中頭陀比丘不覺殺生彼生命過墮野豬中山上舉石即因崩下還殺比丘又如五百問中知事誤觸淨器作啖糞鬼等如成論中睡眠成業是無記業

答中初句通示初下別釋先約方便釋即上睡狂無記也初明因前故感報而下明正成則非報二約總別兩報釋此義通前兩種無記總報謂地獄總受別報謂餘趣別受如下引證有三前二證上縱放後一證上睡狂如經者未詳何經有指十二頭陀經彼文不出不覺是無記心五百問彼說昔有一執事比丘手捏物器墮餓鬼中有羅漢於廁聞呻吟聲問之答云曾於此寺爲僧執事手捏淨器使不淨食與僧墮餓鬼中爲蟲噉身不得糞食故此呻吟羅漢爲悔方得噉糞等誤觸即無記心成論睡眠業

者如夢漏失五吉之類教人自業如上所明
問如前無記有不犯者其相如何
次問中徵前開忘
答前已略明今更廣示謂學知戒相善達持犯心常
競厲偶爾忘迷由非意緣故開不犯如長衣過日忘
不說淨善攝根門便睡漏失扶持木石失手殺人如
是等緣並非結限反上所懷並結正犯
答中初二句指前標後謂下正答初敘學人偶下
示迷忘如下略列戒相反上謂非學人翻對可解
然則業苦緜積生報莫窮虛縱身口汙染塵境既無

三善可附唯加三惡苦輪以此經生可為歎息
結歎中初二句示生死長久業苦通舉因果緜謂
出沒久遠積謂造受眾多生報別示苦果窮盡虛
下嗟毀犯陷墜隨妄興業故云虛縱無三善者多
惡因也加三惡者無善果也附憑也加增也以下
正歎經生猶度世也息即是氣
二引證誠報如目連問罪報經云若比丘比丘尼無
慚愧心輕慢佛語犯突吉羅眾學戒罪如四天王壽
五百歲墮泥犁中於人間數九百千歲
第二引證正明中初目連問經亦名犯戒報應輕重經初標

犯人據下三眾皆犯吉羅罪報同僧今約通該六
聚故但舉二眾耳無慚下示犯心然果報隨心延
促不定或濁重邪見縱犯輕罪何止此數或慚愧
慈心雖犯重愆未必如數準知經中且據一相故
約無慚輕慢以定來果不差必具此心則定如歲
數矣上四句準經貫下六聚犯下列相經中通云
墮獄準雜心別對六獄泥犁即是獄名此翻無去
處初吉羅中四天王宮與日月齊在須彌峯半腹
墮泥犁者即等活地獄天五百歲為獄一晝夜人
間九百千者以人間五十年為天一日一千五百

年為一月一萬八千年為一年十八萬年為十年
一百八十萬年為百年九百萬年為五百年上約小數
若用大數十萬為千合云九十千竊疑經誤
第二波羅提提舍尼如三十三天壽命千歲於人間
數三億六十千歲墮地獄中
二提舍中三十三天在須彌頂此墮黑繩地獄彼
天千歲為獄一晝夜下皆準之人間數者人間一百年
為天一日三千年為一月三萬六千年為一年三
十六萬年為十年三百六十萬年為百年三千六
百萬年為千歲亦準大數千萬為億故以三千萬為三億十萬為千故將六百萬為

六十千也。

第三波逸提者。如夜摩天壽二千歲。於人間數。二十一億四十千歲。

三波逸提。夜摩及後三天。並依空住。通前即欲界六天也。此墮眾合地獄。人間二百年爲天一日。六千年爲一月。七萬二千年爲一年。七十二萬年爲十年。七百二十萬年爲百年。七千二百萬年爲千年。十四千四百萬年爲二千歲。千萬爲億。成十四億。十萬爲千。成四十千。校經本作二十四億。二字錯合作字。鈔云二十一者。據算甚差。必應傳誤矣。

第四偷蘭遮。如兜率天壽四千歲。於人間數。五十億

六十千歲。

四偷蘭遮。墮嘷叫地獄。人間四百年爲天一日。萬二千年爲一月。十四萬四千年爲一年。一百四十四萬年爲十年。一千四百四十萬年爲百年。十四千四百萬年爲千年。二十八千八百萬年爲二千歲。五十七千六百萬年爲四千歲。千萬爲億。成五十七億。十萬爲千。成六十千。鈔與經文。皆云五十億者。脫七字耳。

第五僧伽婆尸沙罪。如不憍樂天。壽八千歲。於人間數。二百三十億四十千歲。

五僧殘。墮大叫地獄。人間八百年爲天一日。二萬四千年爲一月。二十八萬八千年爲一年。二百八十八萬年爲十年。二千八百八十萬年爲百年。二十八千八百萬年爲一千年。八箇二十八千萬。即二百二十四千萬。八箇八百萬爲六千四百萬。共計二百三十千四百萬爲八千歲。大數以論。即二百三十億四十千歲。經本作三十千歲字誤。

第六犯波羅夷罪。如他化自在天。壽十六千歲。墮泥犁中。於人間數。九百二十一億六十千歲。

六波羅夷。墮燄熱地獄。一晝夜。人間一千六百年。爲天一日。四萬八千年爲一月。五十七萬六千年

爲一年。五百七十六萬年爲十年。五千七百六十萬年爲百年。五十七千六百萬年爲千年。五百七十六千萬年爲十千歲。三百四十五千六百萬年爲六千歲。共計九百二十一千六百萬年爲十六千歲。大數而論。如鈔所合。

涅槃中犯突吉羅罪。如忉利天日月歲數。八百萬歲墮地獄中。與上經文不同者。此謂數有大小。即萬萬爲億之量也。

次涅槃中。初引經。忉利天。即三十三天。日月歲數。亦約人間計之。與下通會。俗中算數。十十爲百。十

二指經勸信

三廣斥愚教 三初叙倚濫毀傷

百爲千十千爲萬十萬爲億十億爲兆(此爲小數)或以
百百爲千千千爲萬萬萬爲億等(此爲大數)前經據其
大數涅槃從小數然二經對天不同九百八百之
異未可和會
自上引經並是佛說正翻非謂失譯疑僞勿得縱心
罪境會不反知一犯尚入刑科多犯理須長劫
勸信中初指經是佛說者人可信也目連問經即
漢安世高譯涅槃是北涼曇無讖譯藏中經有失
譯謂無譯主名字又有疑經謂真僞難明復有僞
經淺近可別者猶恐愚者雖見經文意謂時賒土

異傳文至此焉知佛說故特遮之今時多同此見
率墮邪林良用悲痛勿下正勸不反知者謂不省
已過刑科謂六獄受苦長劫者智論云如大城方
四千里滿中芥子有長壽仙百年取一芥城雖空
劫猶未盡又四千里石百年一拂石雖磨盡劫亦
未盡此喻時劫不可窮也
今時不知教者多自毀傷云此戒律所禁止是聲聞
之法於我大乘棄同糞土猶如黃葉木牛木馬誑止
小兒此戒法亦復如是誑汝聲聞子也
斥愚中初科上句示其愚暗自毀者身爲佛子反

二約理正破 初教正機分

毀佛教故又自身稟戒反毀戒律故如黃葉等此
明倚濫即佛經中有此言故涅槃云嬰兒啼哭之
時(喻小機也)父母即以楊樹黃葉而語之言莫啼我與
汝金(喻如來施權也)嬰兒見已生真金想便止不啼(謂得涅槃)
然此楊葉實非金也(非大涅槃)木牛木馬木男木女嬰
兒見已亦復生於男女等想(喻亦同上)此明如來追述
爾前施小之意至涅槃時決了權疑同歸常住寧
復有小耶此所謂不知教也
原夫大小二乘理無分隔對機設藥除病爲先故鹿
野初唱本爲聲聞八萬諸天便發大道雙林告滅終

顯佛性而有聽衆果成羅漢以此推之悟解在心不
唯教旨也
正破中初文初二句敘教本融若據大小理教實
異今約從本施出或約開會有歸故云無分隔耳
對下明因機故異故下引證初證說小悟大即無
量義經彼云善男子初說(鹿苑中說)方等(般若)今說(即當經也)
文詞是一而義別異故衆生解異解異故得道亦
異善男子初說四諦爲求聲聞人而八億諸天來
下聽法發菩提心(此證前義鈔作八萬)次說方等般若菩薩
修行而百千比丘無量人天得須陀洹等(此同後文)雙

二三學次第

下證說大悟小卽涅槃云須跋陀羅聞佛說大涅槃甚深妙法得法眼淨乃至漏盡得阿羅漢果等以下準經顯意此謂如來一音演法衆生隨類得解然此但望言敎是一至於佛意不無密赴故使隨類得益也此明不以所學卽判大小但達其大者一切歸大何妨學律志之小者所爲皆小徒自窮經故曰在心不唯敎

故世尊處世深達物機凡所施爲必以威儀爲主但由身口所發事在戒防三毒勃興要由心使今先以戒捉次以定縛後以慧殺理次然乎今有不肖之八

不知己身位地妄自安託云是大乘輕弄眞經自重我敎卽勝鬘經說毗尼者卽大乘學智論云八十部者卽尸波羅蜜如此經論不入其耳豈不爲悲

次科爲二初推戒功先敘佛偏弘施爲者通語一期化物軌度威儀卽目戒學主猶尊也但下出所以初明對病身口卽業心使是惑勃卒也今下明次治顯戒學居初釋成爲主耳今有下二斥誑妄

初敘所計位地謂薄地凡夫安託謂無疑畏輕眞經者毀律敎也重我敎者黨所習也卽下據敎反質二文並約開會之義由本小敎歸一佛乘故兩

五相非滅法

四違逆招殃

三如來懸記

皆云卽八十卽目段數部卽指根本一部聲聞但云尸羅菩薩則加波羅蜜卽六度之一如下傷其愚暗敎雖顯了聞而不信故云不入耳

故摩耶經云若年少比丘親於衆中毀呰毗尼當知是爲法滅之相涅槃又云若言如來說突吉羅如上歲數入地獄者並是如來方便怖人如是說者當知決定是魔經律非佛所說以此文證如來懸知未來有此故先說示以定邪正不令有濫而有同前羣黨可謂卽是魔民

三中初引摩耶毗尼住持偏勝毀之則法將滅矣

次引涅槃初敘邪說如上指前所引方便怖人言不實等如下決破上引經文以下準經深責

又遺敎等經並指毗尼以爲大師若我在世無異此也而故違逆自陷深殃

四中標宗中引般泥洹經善見論並同遺敎故言等經然既喩師固當承順違師則陷逆毀戒則墮苦故也

故百喩經云昔有一師畜二弟子各當一脚隨時按摩其大弟子嫌彼小者便打折其所當之脚彼又嫌之又折大者所當之脚譬今方等學者非於小乘小

六菩薩開制

乘學者文非方等故使大聖法典二途兼亡以此證
知今自目覩
五中引經師喻如來弟子喻學者腳喻兩乘按摩
喻尋究其下喻學大毀小彼下喻學小毀大譬下
法合可解方等即大乘之通名以下顯驗
且菩薩設教通道濟俗有緣而作不染其風初心大
士同聲聞律儀護譏嫌戒性重無別即涅槃經中羅
刹乞微塵浮囊菩薩不與譬護突吉羅戒也又智論
云出家菩薩守護戒故不畜財物以戒之功德勝於
布施如我不殺則施一切衆生之命等以此文證今

濫學大乘者行非可尒言過其實恥已毀犯謬自褒
揚尒會語云戒是小法可宜捨之便即不肯可宜持
之文復不肯豈非與煩惱合卒難諫諭又可悲乎
六中初敘深位上二句示化教義聲聞之教止通
道耳有緣作者爲利衆生現行十惡故不染風者
自無染濁過失必具二利方許行之準下文須至
八地或云初地已去次明初心文三初示所修自
地前三賢等未破無明容生染濁未可如上而同
聲聞者以出家菩薩必兼小戒故又三聚中律儀
斷惡大小不異故即下二引證涅槃羅刹喻三毒

七受必護持

八事須戒律

浮囊喻戒體一全乞喻犯重二乞半喻犯殘三乞
三分之一喻犯蘭四乞手許喻捨墮單提五乞微
塵許喻犯吉（六聚中闕提舍義同吉故）文舉吉羅以輕況重又
下引智論不畜財者亦護遮故而言等者彼云不
盜者已施法界有情之財即用戒法行已化他即
名法施徧衆生界以下三準斥初敘濫行非可尒
所爲庸常也言過實者高談虛論也恥已犯者慮
他見輕也謬自褒者言我大乘人不拘小檢也尒
下明面折煩惱合者縱放爲惡順欲情也
今僧尼等並順聖教依法受戒理須護持此則成受

若元無護雖受不成故薩婆多云無慇重心不發無
作
七中明今禪講之衆所學雖殊未有不受戒者若
本爲持則發戒品反此徒受定無有戒則將何以
爲僧寶以何而消信施空自剃染終爲施墮又復
方等大乘止開心解不拘形服淨名居士華嚴知
識隨緣化物不假形儀今既通方何勞剃染如能
省己當自摩頭
縱使成受形儀可觀佛法住持理須同護今時剃髮
染衣四僧羯磨伽藍置設訓導道俗凡所施爲無非

三示意心結勸

戒律若生善受利須身秉御之處口云我應爲之若汙戒起非違犯教網之處便云我是大乘不鬬小教故佛藏立鳥鼠比丘之喻驢披師子之皮廣毀譏訶何俟陳顯。

第八科分二初勸其護法前舉體相以勸成受是體形儀即相今下列住持之相剃染入也羯磨法也伽藍處訓道事也四僧或約四位或但初位若下次責其誑妄初敘貪利附小若汙下明拒犯倚大故下引責佛藏第一佛告舍利弗譬如蝙蝠欲捕鳥時則入穴爲鼠欲捕鼠時則飛空爲鳥而實

無有鳥鼠之用其身臭穢但樂闇冥舍利弗破戒比丘亦復如是既不入布薩自恣亦不入王者役使不名白衣不名出家等 捕捉也謂人欲捕也 又十輪經第七云自於大乘諸行境界不曾修學未能悟解於大眾中自號大乘爲名利故誘誑愚癡令親附已共爲朋黨譬如有驢披師子皮而便自謂以爲師子有人遙見謂眞師子及至鳴已皆識是驢等廣下指前二經略如上引俟待也言彼經詳委不待此陳而後知也

恐後無知初學爲彼塵蒙故曲引張猶恐同染悲夫示意中初示廣斥之意彼即濫大不肖之者塵蒙謂邪言惡見壞信喪道猶如塵垢穢於淨物故也猶下囑累所謂素絲易染朱紫難分雖委曲指陳猶未能知返豈非禁情節欲舉世之所難縱意爲非是人之所欲且祖師之世其風尚然況及於今無足怪矣

四分律行事鈔資持記卷第十四

四分律行事鈔資持記卷第十五中一之二

宋餘杭沙門元照撰記

隨戒釋相篇第十四

釋釋相篇題中戒相二字通目戒本卽是所釋隨釋二字局在今鈔卽爲能釋然戒本中但列名種辨成持犯備在廣律今還採摘律文旁涉羣部隨於戒下條別委示故云隨戒釋相也問此是宗鈔那云釋耶答釋謂隨舉一戒直顯持犯重輕之相非同戒疏隨文牒釋問何者爲相答如後釋戒三科束之一所犯境二成犯相三開不犯總爲相矣

更以義求亦爲三別一犯與不犯二犯中有輕重不同三有方便根本差別統論其相不出心境如下更解

此篇來意準律條部但以正本持犯未具下更列之今爲諸篇未足故別生一位使條理隨相楷式軌定

注題中上二句標示所準條部者律中僧尼戒本二十犍度五百七百結集之後別爲一篇涉於三卷名條部毗尼乃條前戒本決釋疑滯如前婬戒末明三道分齊道俗二境成犯之相波離一一別問如來隨問答釋使前戒本持犯委足然今藏中律本多爲調字竊疑音誤無別所以有人釋云佛在世時星羅別制波離調和部類故云調部以條字義顯大師易之此說無據未足可取但下三句先示條部所立正本卽前戒部下列者以條部在第四分後故今下正明此篇所準諸篇卽指此鈔上下文也未足有二一雖有犯名二百五十未必盡故二縱有名種未知成犯緣相楷式故然條部在律之末隨相當鈔之中今但準彼未足重條之義非謂準於前後也

比丘有二百五十戒智論云若但說名字則二百五十毗尼中略說則八萬四千廣說無量無邊故出家人有無量無邊律儀在家人不具尸波羅蜜出家者卽具戒度也依之修

行善識其種相者便發生定慧克翦煩惱若闇於所緣隨流染惑豈能反流生死方更沈淪苦趣所以依教出相具顯持犯必準此行之庶無禍害焉

本文初科三段初明順教成益若下二明迷教致損所下三示今述作初文初句標教本注引智論尸波羅蜜中文說名字者此局戒本爲數也毗尼中者指廣律也八萬四千對塵勞門也望上爲廣望下猶略故云略說無量無邊此從境也故下校量道俗意令學者知己尊勝勿自輕也尸波羅蜜與下戒度梵華互舉令易解也依下二句明順教

二示通別以彰異

三歎德開章

上句是行下句即解行解兩具戒學功成便下顯勝益克能也或作剋削也次段反上三意初句暗教即無解也所緣是境由迷於教故不了境或可所緣即指教相次句隨染即闕行也染謂封著惑即迷亂豈下二句彰損可知三中上二句示迷作依教之言別在今宗通該三藏必下勸修庶望也禍害即上苦趣謂三途也此且舉損以勸須知奉戒不唯免害發生定慧必由此爾

今但隨戒別指直陳進不若通明心境具在方軌持犯中

示通別中此篇逐條顯相名別事持犯後章統收篇聚名總義持犯由別顯總以總收別前後相照持犯方明欲令預曉二篇來意故此示之指即示也直陳者簡去義章在後篇故進謂無過可行不謂有教制止方軌持犯準題文倒

然戒是生死舟航出家宗要受者法界爲量持者麟角猶多良由未曉本詮故得隨塵生染此既聖賢同有欽序何得抑忍不論故直筆舒之略分四別一者戒法此即體通出離之道二者戒體即謂出生衆行之本三者戒行謂方便修成順本受體四者戒相即此篇所明通互篇聚

第三科中初二句標歎戒功依此淨戒得越苦海故如舟航凡入道門無不稟戒故是宗要受下明多犯所以受時徧境俱發故通法界隨中一行猶難故如麟角（麟是瑞獸國君有道乃現止有一角舉此喻其少耳）受多持少患在迷教故云良由等本詮即目律教塵染即是毀犯此下示意列章據此首題止標戒相今欲委述法體及行故當先示須明之意上句引聖爲況上標此字即指前戒聖賢欽序者即標宗所引諸經律論贊戒之文是也何下顯今須述故下列示

章門通出離者貫徹因果故生衆行者基址義故順本受者是隨行故通篇聚者屬教詮故互即徧也問何以不但釋相而總論四戒者答戒是一也軌凡從聖名法總攝歸心名體三業造修名行覽而可別名相由法成體因體起行行必據相當知相者即是法相復是體相又是行相無別相也若昧餘三直爾釋相既無由序不知所來徒自尋條終難究本故戒體中云人並受戒少有明識故於隨相之首諸門示現準知己身得戒成不然後持犯方可修離聖意昭顯學者宜知

就初戒法受緣已明今略標舉顯知由徑且分七門
一聖道本基二戒有大用三略知名趣四具緣不同
五優劣有異六重受通塞七震嶺受緣時代不同
初科聖道者通語三乘本謂根本基即基址本喻
戒法發生於聖道基喻聖道依憑於戒法
初言聖道本基者如成實云戒如捉賊定如縛賊慧
如殺賊三行次第賢聖行之即經云依因此戒得生
諸禪定及滅苦智慧又律云爲調三毒令盡故制增
戒學又云戒者行根面首集衆善法三昧成就
次順明中初正明賊即三毒能劫善財侵害慧命

故以喻焉隨境禁制故如捉攝止一處故如縛用
智照破故如殺捉縛通凡殺唯局聖初果破見亦
得名殺終至無學殺方究竟是以羅漢彰名殺賊
然雖聖道親在縛殺推其元由功由先捉本基之
義於玆彰矣賢者現修聖人已成大小雖殊行門
無別是以五分功德以戒爲初無上菩提以戒爲
本安有棄戒別求聖道智論所謂無翅欲飛無船
欲度聖言深勉可不信乎即下引證文有三段遺
教依因同前基本諸禪定者四禪四空定相差別
故馬鳴釋云有色無色解脫功德是也滅苦智者

苦即見思二惑是苦本故智即三十四心以能滅
故次引四分示佛制意本爲聖道調毒令盡即是
果成後文即本律說戒犍度釋波羅提木叉文標宗
亦引有言善生者非上句喻顯根喻生長面首喻高勝下二
句法合集衆善者統萬行也三昧成者資禪觀也
具斯二義故同根首
又智論云若無此戒者雖諸苦行皆名邪行即經云
諸善功德皆不得生
反顯中初引論示下引經證亦遺教文如標宗委
釋此明無戒具諸過失本基之義於此彌彰

餘廣如戒本疏述之
指略中彼第一云爲道制戒本非世福又云若原
制意爲道方便三乘學人必由斯迹廣文如彼餘
自尋之
二戒有大用
次科下敘功能而首標大用者良由有用方見功
能功由用彰所以先舉
諸佛立教並有勝能明義各別理須略舉夫三寶所
以隆安九道所以師訓諸行之歸憑賢聖之依止者
必宗於戒

二引文顯示。二
初引律文證

略舉中二初通敘教旨夫下別彰戒功初中上二句總示三藏須約通別二意釋之若就別從强經論二藏斷證功高毗尼一法住持最勝從通兼具經論並列流通住持毗尼特彰絕縛元始義雖兩通文從別意故云並有等也明義別者通示三藏不同也須略舉者獨標律藏也言略有二一對餘藏此不明故二就律藏但舉要故別彰中前四句別舉必下通結貫上諸句初句住持義次句軌物義九道者除佛道外三聖六凡皆被戒訓故若準涅槃我亦有師所謂法也戒經云三世諸佛皆尊

敬戒是知戒法佛猶師奉今望無非可治故云九道耳三發趣義四本基義此之四句攝盡戒功比於餘藏優劣見矣

故律云如是諸佛子修行禁戒本終不迴邪流沒溺生死海又戒經云若有自爲身欲求於佛道當尊重正法此是諸佛教

次引證中初引本律通證餘三義後引善見別證初義又律序偈明越度生死戒本偈明能至佛道準律序偈先舉喻云如人欲度河用手及浮囊雖深無沒憂便能到彼岸鈔引合法對喻可知戒本

二舉結集證。二初正明
二推釋
已下鈔文三段及記文三段意應連續

偈中初句召行人次句明本志第三示行法正法卽指戒也下句除惑倒

故結集三藏此教最先善見云毗尼藏者佛法壽命毗尼藏住佛法方住故先結之

舉結集中初文上二句彰勝善下引示有情之類色心存亡依于壽命佛法興廢實在毗尼此卽論家顯示當時結集之意

所以爾者餘經但汎明化迹通顯因果事隨理通言無所寄意實深遠昏情未達雖欲進修尠得其要多滯筌相由迷教旨

推釋中初句總徵餘下別釋先經後律經中又二

初四句示詮相虛通化迹謂往昔因緣因果卽三世報應事隨理者事別理通經宗理故設有事相融歸於理故有一多互入大小相容況意在忘言隨立隨遣故云言無寄也意下六句顯幽深難學猶恐愚者不體今意妄生輕重故此遮之筌卽取魚之器喻言教也

今戒律大藏住持功彊凡所施造並皆麤現以人則形服異世法則軌用有儀住既與俗不同雜行條然自別由世隨相有法逐相成便能綱維不墜於地

次明律藏中初四句比前顯勝故知化教住持功
劣實由詮相微隱故也以下舉事釋成初約異相
釋又下約眾法釋初文中人通五眾法該僧別住
即是處下引寺誥伽藍制置並存表對又大界淨
地攝人攝食各有分齊皆異俗之相也雜行言通
眾自共行行即是事故此四句即是人法處事攝
相斯盡然此四相道宗綱領與世懸殊提誘羣生
住持萬載實賴此矣由下四句示住持義初明世
諦依相成立由諸眾生不知空寂但隨虛妄有為
之相乃有世間故云爾也次句明如來順世立法

如來說法常依二諦一依眞諦泯絕諸法二依俗
諦建立諸法今此律藏建立持犯滅惡生善隨情
附相引接初心是以凡所制戒並託緣生隨有開
遮皆防譏毀故云法逐相也
又以法能資人親成眾行使人能弘法故律云以眾
和合故佛法得久住
次眾法中佛所立戒令人稟行即以法資人也上
明自行既立方堪秉御以成眾行即是弘法故云
親成等是知法有資人之用人有弘法之能非法
則人亡非人則法滅人法相資乃能久住耳故下

三略解名題二 初標 二釋二初翻名二 初列三名

引證亦律序偈上半偈云聖眾若和合聖通事理二和凡唯
在事和世尊所稱譽悅可聖心下半如鈔引釋成世尊稱
譽所以
三略解名義依彼梵本具立三名初言毗尼或云毗奈耶或
云毗那耶此翻為律即四分十八法中毗尼及律二名不
並又增一中七種律也謂七毗尼或以滅翻從功能
為號終非正譯故以律翻之乃當正義二言尸羅此
翻為戒即六度所說良證可知三言波羅提木叉此
云處處解脫
三解名義列三名中初毗尼又四初二句翻名注

顯異號皆傳訛耳即下引所出十八法者即調達
執九邪破佛九正共為十八法非法八正軌生物解是法調達
說為非五邪不能生解為非彼說為法律非律八正調身口離七非名律彼為非律五邪
反前說彼說為律犯不犯不剃髮不翦爪佛制有罪名犯調謂有命若不剃翦說為不犯
心念作惡不制有罪名不犯彼說心起三毒反說為犯若輕若重遮惡為輕調見壞葉
障能便謂皆重初篇永障為重彼見先作無犯便言俱輕有殘無殘犯下四篇非一生障
名有殘彼說無殘犯初篇永障名無殘反說有殘麤惡非麤惡初二篇下方便重蘭
名麤惡波逸提下及餘偷蘭名非麤惡故皆反說常所行非常所行八正道常
所用彼說非常五法非常用調說為常制非制五篇是佛制彼說非制五法非佛說名非
制調說為制說非說四是重禁餘是輕約名正說調說為非四輕餘重是非說調為是說

多見妄解，故引疏注出。此據破僧戒所列，至拘睒彌犍度出第二云毗尼非毗尼，前後兩處華梵各舉，故云不並。是知此名律自翻耳。下復引經，命七滅諍以為七律，所據益顯矣。或下指非，文見母論，疏云古譯毗尼皆稱為滅，以七毗尼殄四諍故，如水滅火，水不名滅，名不附體，故所不取。故下顯正名依體立經律明據，故云正也。次戒名中初翻名，即下顯據六度者，一檀（此云施）二尸羅（戒）三羼提（忍辱）四毗尼耶（精進）五禪定六般若（智慧）六種皆名波羅蜜，此翻為度。今用第二證名可知，此即經論常談，故通指耳。後

木叉中此無異翻，故直示名而已。處處亦名別別。

顯三次第，即是一化始終，律則據教，教不孤起，必詮行相，戒則因之而立，戒不虛因，必有果克，故解脫絕縛最在其終。

顯次第中初標示教行果三，不唯戒律，一切教門次第皆爾，故言一化。律下正顯，初句明律先，教不下明戒次，戒不下明木叉在後。

次明其義，初云律者法也，謂犯不犯輕重等法，並律所明，即教詮也。

釋律義中初科上句訓字法，以楷定為義，如釋題中。謂下釋義，一切戒本大分為二，前明犯相，後明不犯。犯中復二，即輕與重，四義攝盡毗尼大藏，就輕重中復有因果缺緣開制之異，故云等也。顯示律名從教而立，故云並律等。

問：餘之兩藏亦名行法，何不標名。

問中以聖人之教皆修行之法，而修多羅取貫攝為目，阿毗曇以析理彰名，故申此問，意顯今宗獨專此號。

答：智論云，餘藏所詮意存定慧，此中顯宣戒行，為萬善之因基，故先取法名，引生後二也。

答中引論示意，還約三學引生次第。戒範在先，故獨名法。若爾，經亦訓法，論翻對法，無比法等，是則餘藏亦得名法，豈獨律耶。答：修多翻線，西竺本名，此土字書訓經為法。又論稱法者，或從法相，如陰界入等，或即法門，諦緣度等，或就法體，涅槃理等。毗尼不爾，中梵本名，復是教詮，名相楷定，是非可否，必從文斷，故與餘藏法義天別。問：彼法門義亦即從教。答：若就通論，三藏教詮並名為法，但戒引生軌物義勝，先據斯目，餘雖號法，弱故不彰。若約別論，三名各異，如上所列。

所以前標律者由出家五眾形服異世顯內法亦異而外道俗流濫同聖迹無由取別妙以法除故創弘律名用顯知法餘如常解

前後中初徵若據世傳云經律論此從語便若對三學律必當先故申其意由下釋以定慧幽隱邪正難分簡別雜濫必用律法用既在首義必先標內法謂八正道外俗濫同謂偷形者以法除者如律中時世饑饉有外道偷形隨眾僧後僧以受戒時分和尚闍梨等詰之並云不知因即陳首妙要也故下結示創初也餘下指略或約三學次第或

是佛法壽命故合居先此即常聞故所不釋或指戒及木叉或指戒疏皆非

二者戒義如雜心說謂類通法界也廣如後明

次釋戒義中初科引雜心者顯示戒義類通周徧無境不發無惡不禁簡餘世善局狹不周禪無漏戒唯情境發皆非類通也指廣如後即戒體中

智論云戒者秦云性善也又善生經云戒者制也制不善法或云迮險性不容惡或云清涼遮煩惱熱或名為上能上天堂至無上道此但從功能彰名

廣列中初科智論言性善者彼云好行善道不自放逸謂性是善不使從惡故善生五釋學義摘在次科

或從心辯如經云學也學調伏心等

二從心中此就所治為名身口五根通須調伏不唯在心故云等也

或就體解即作無作戒如雜心云別解脫調伏以體是善非惡無記

三中初示召體之名如下引論示體初句舉名此與從心語濫以下示體即約三性簡體是善無作問此與上性善何異答準前論釋望遮惡為言故

判屬功能也

因明正義戒者性也性通善惡故惡律儀類亦通周故云不律儀也若此立名戒當禁也惡法禁善名之為律樂殺前生行順此法名之為儀若就善律儀反解即是此則以戒從教立名

四中前引諸教局善以釋於義未盡是故鈔主以義繼之故云因明名義兩通故曰正義初句示名不局戒言性者借訓顯義勿滯字書惡律儀亦名惡戒屠兒獵師旃陀羅輩常行殺害名受惡戒持惡律儀問如何受答以殺為業發意受行即為受

也如雜心說順惡易成不假緣發但望殺心徧該生類故名律儀隨殺生命卽爲持戒不律儀者非善故言不類通故言律儀卽惡律儀所出異耳若此下釋義初二句通示戒以性名性通三性且論善惡互不相容各得禁義惡下別釋初明惡戒通禁制止名律造作有相名儀若下明善戒令反解者但應同倒善惡二字改樂殺爲慈護卽可見矣

又律云木叉者戒也此因從果爲號也

五中引律者此說戒法中釋戒序文戒是因木叉是果今召戒爲木叉卽是因從果也

三解脫義者近而彰名隨分果也謂身口七非犯緣非一各各防護隨相解脫遠取戒德因戒克聖望彼絕累由遵戒本故律云除結無罣礙縛著由此解餘如後說

解脫中約近遠兩義釋之近中又二初標言隨分者顯非頓脫卽處處義也謂下釋初二句示境緣別也次一句明治行不頓也下一句示分果也此望隨境起護脫免過非故云隨相又遠義者此以凡地所受望後聖果故云遠取卽前聖道本基義故云因戒等克猶護也聖總三乘累該五住故下

引證亦律序偈彼云衆經億百千戒爲第一最欲求第一最今世及後世當持此禁戒終身莫毀犯餘二句如鈔問近遠兩釋何以分之答此有多異一近約止業遠望除惑二近是凡地遠卽聖道三近是就因遠卽從果四近是漸防遠卽頓破卽戒疏云戒障有二一者業非二者煩惱戒淨障業惑待智亡望分所除故云別脫（此明近義）後智除惑乃稱究竟解脫（此證遠義）下文指後卽戒體中發戒數量門彼明境量等卽別脫之義可見

四具緣不同若論末代唯論羯磨一受必藉因託緣

便能長立其受緣相如上卷一門但受是比丘大綱佛法根本更略標舉

四具緣門敘意中初示受法末代唯羯磨者以五受中善來三語八敬唯局佛在破結微通稀而復隱故藉因緣者或發心爲因餘事名緣或能受爲因所對爲緣或俱因緣如前已辨其下明重述意一門卽受戒篇比丘大綱者攝僧要故佛法根本者住持勝故

依毗尼母論云具五緣一和尚如法二兩阿闍梨如法並謂弟子見聞無破戒事堪爲師義是得戒限三

七僧清淨謂受者三根無染通望十師彼此見聞疑中無非法者方得成受片有三根境非足數心不具法了了知非故受不成四羯磨成就者論中云若言語不具前後不次說不明了並不成受五眾僧和合與欲若有別眾之相如足數法中所明受亦不得

列緣中此但撮前受法徑示是非分對解釋前已具委久聽既知不喜煩釋新學未曉自可尋之故略點示耳初列五緣並出母論三中初明受者知師下至小罪通望下明十師互知唯據重夷心不具法謂無戒者如十三難十誦白衣之類

又云若在家受五戒八戒乃至十戒隨毀犯一重如此人者後出家不得戒不得作和尚卽十三難中初難攝餘十二難同薩婆多云若受五戒破其重者後捨五戒更受五八十具等並禪無漏戒一切不得乃至破八戒中重者不得如前

雜相中初又云者懸取論意或可引前受緣五八戒下並略破重之言故云乃至十戒等二引論示彼明六種戒隨犯一重餘皆絕分文中具舉五戒餘並略之故云乃至等八字寫訛準論合作十戒卽越過八戒也不得如前者同上五戒也

毗尼母云不就戒場外更不結大界直結小界不得受具今有無難因緣結小界受亦是非法

三結界中初斥單結界場更下不字疑是多寫去之則義便直結小界卽目戒場對大言小如前結法可知今下次斥無緣結小界此卽三小有難應法無故爲非

多論又云若殷重心則有作與無作輕浮心者不發無作又如受後具持可是願行相應依論得戒有受無持但有空願無行可副則不得戒故律云共比丘同戒也以受持同故可有得戒犯戒之人反上則無戒亦不犯也

四中初引論示心重輕二心雖顯其相非謂徒然懇惻而已要在見境明白上品要誓方名增上重心亦如前說恐忘故重示耳又下約行顯相初示得失依論卽上多論以期持奉卽殷重故下引文證律自釋云共比丘者共餘比丘受大戒是共比丘義(此謂受體同刪定戒改云共戒是也)同戒者釋云結此戒已寧死不犯共餘比丘同是同戒義(隨行同也)此卽律本婬戒中文雖文局初戒而義通二百五十所以戒首標此者意明必具受隨二戒乃有持犯非受則無

五得戒時節二 初準論以示

隨非隨則無受此證願行相副方成得戒明矣願
行即受隨也。

多論問云羯磨竟時爲善心得爲不善心乃至無心
得答通是得戒。

五時節中初科問列四心中略無記故云乃至無
心者論作入滅盡定準業疏問三性通得則合無
心入無記耳答云通者彼云先以善心禮僧合掌
白四起業相續成就是名善心發善心得若先以
善心乃至起業羯磨未竟起不善念藉前善心力
故發業任運而起與不善俱是名善心發惡心得

無記睡心入滅盡定者亦爾。

二引律以難二 初立難

若爾何故律云瞋恚睡狂如是等人不名受具

次立難中即前受戒犍度中文瞋是不善睡狂是
無記

二答釋

答云作白之時具上四心不名得戒羯磨已後方有
四心皆是得限前善心不得者謂汎緣餘善無心緣
戒又不類餘無心也

答中初示得不羯磨已後者謂初白竟第一羯磨
已去名爲後也業疏引十誦云知時犯不知時清
淨如犯殘懺闍出罪白後睡不覺羯磨竟者是也

二釋二 初叙意

準此以通前聞白已後睡得戒此祖師所據也。由前陳乞
事委十師既聞作白足彰情許雖入餘心不妨感
戒廣如業疏前下別點善心恐疑善心本是得限
那云白時具上四心不得戒耶故此釋之又下復
恐見云無心緣戒便謂濫上無心故重遣耳

五優劣有異二 初標

五優劣者

五優劣中優即勝也前後六門並單論別脫此兼
道定還欲對顯別脫功勝又別脫一戒通含五受
若對七科四通三局尋文可見欲釋此門先須略
知道定名相初別脫對境彰名定道從心爲目與

定慧二心同時故並言共亦名爲俱其定戒者成
論離禪定爲二戒色無色別故多宗合爲一俱不
動業故道戒或名道俱道共無漏等異此辨名也
二別定並有漏道共唯無漏別脫欲界業定共上
二界業道共非三界業此論體也三別定通凡聖
道共唯局聖此位分也四別脫假緣受定道隨心
發此明因也五別脫但隨身要期盡形故定道名
隨心生死不絕故此示功也略知如此餘如後解
由立此門知戒是勝緣入道之要便能護持無失於
相也

敘意中失相謂違教也。

婆論云木叉戒佛在世有希現故勝禪無漏戒一切時有二有漏木叉通情非情寬故言勝餘二局情狹故不如三有漏木叉從慈心發故勝能爲佛道作因四木叉戒者被及七眾紹續三乘三寶三道住持功彊餘二無能故劣五木叉戒者唯佛弟子有餘禪戒者外道亦有

次科多論五種初時二境三心四功五人如次釋之初時希常者以木叉須佛出世制方有故餘二縱非佛出亦有得定證道之者故常有也希現勝

者猶如世物希少則貴常者不如故二境中木叉遮性通禁餘二但止性惡故境通局也三約心者慈卽大心故是佛因論云禪無漏戒不以慈心得謂從智得此專自利卽二乘心劣可知也四明功有二一攝生廣被七眾故二住持勝紹續等故住持中三種並以紹續字貫之初所乘法二卽所住境三謂所成果古記引毗羅三昧經云人天涅槃是爲三道非論中但云三乘道果相續不斷故知餘文並鈔加也五約人中外道無無漏戒故但舉禪戒耳以彼亦得色無色定故

善見云具足木叉者諸光諸山諸學之中日光須彌學中木叉最以爲善若非佛出則無有人豎立此法

善見中初標示諸下挾量初總舉法喻光山是喻學卽是法戒定慧三故言諸也日下別對顯勝若下出其所以此與多論初義頗同

六重受者

重受中此章所明意令行者審已所受更求增勝故也

依薩婆多宗戒不重發亦不重受罪不重犯依本常定故羅漢心中下品戒

多宗中初科文列三種並異四分言不重發者三戒永定如下心受五中心受十本俗仍下餘五方勝中心受十上心受大亦爾彼云木叉戒者無有重得若微品心受得五戒後以中上品心受十戒先得五戒更無增勝於後五戒乃得增耳不重受者彼計一受卽定既不重發更受不增故不立也準下但明具戒意詳五八十亦爾以五制盡形八限日夜縱逐日受望當日中不可重故不重犯者此據初篇同種爲言依本定者本謂壇場初受也故下引證婆沙中年少苾芻得上品戒以能起上

二釋難二。初約肥羸以難

二約兩意以釋

品心受故羅漢苾芻得下品戒以先發下品心受後不增勝故問羅漢既發定共道俱豈得不增戒必不增耶得聖道如是思之

若爾何故戒有羸不羸耶

釋難中初難者如戒本云戒羸不悔謂將欲趣犯戒力微弱故云羸也堅持守護其體光潔故如肥也體既肥羸理有增減則與上常定義實相違故以為難

答此對隨行不論受體亦可作戒在一念隨心一品定無作非心盡形故隨行有增微

答中初二句約受隨判開此對隨行者行有持犯故說肥羸不論受體者受依本定故無肥羸亦下次就受體作無作分上二句明作戒一念者明時促也隨心者謂逐境遷謝不可追改上中下心隨發一品則永定也若爾彼宗作戒是色法耶云隨心答此約心念剋定成時故雜心多論並以初念二念用分初後如下自明下二句明無作非心者反上隨心也盡形者反上二念也彼計無作為色故但云非心耳隨行增微者謂持心勤怠故體有肥羸即彼所計身口七業皆色損益義也若爾異

二成宗向重受二。初正明

二引證二。初師資傳

上隨行復有何別答上則專論隨行此謂以隨資受古記以後解謂同成論許重受者非也彼自約行說體肥羸豈令重受耶

故成論云有人言波羅提木叉有重發不答云一日之中受七善律儀隨得道處更得律儀而本得不失勝者受名其七善者謂五戒八戒十戒具戒禪戒定戒道共戒也

二成宗中初引論而標故者因前起後非引證也對破彼計假設疑問答中初答重發出彼第九七善律儀品具云有人受一日戒是初律儀即日受優婆塞戒是第二律儀即日出家作沙彌是第三

律儀即日受具足是第四律儀即日得禪定是第五律儀即日得無色定是第六律儀即日得無漏是第七律儀上云無漏且據初果下復統收二三四果故云隨得道處本論作道果而下示重發義本得不失者從前體增為後體故勝者受名從後彰名前名沒故其下列釋可知問重發重受如何分別答重發據多戒重受約一戒若爾論明重發耶見重受答由體重發即得重受以彼重受一體發故

如薩婆多師資傳云重受增為上品本夏不失

引證中師資傳今藏中無本諸記云梁僧祐撰有五卷此即多

二高僧傳

七震嶺受緣
二初標

二釋二初通斥
二妄

宗餘師之義，雖違己宗，乃順今部，故特引之。
僧傳云：宋元嘉十年，祇桓寺慧照等於天竺僧僧伽跋摩所重受大戒。或問其故，答曰：以疑先受，若中若下，更求增勝，故須重受，依本臘次。
僧傳，卽梁高僧傳，嘉祥寺慧皎撰。此引跋摩傳。壇經作十一年。祇桓卽此土楊都寺名。慧照等五十人，影福寺尼慧果等三百二十三人，同從重受。僧伽跋摩，此云衆鎧。或問者，傳云有慧義法師擅步京邑，見跋摩行重受事，謂爲矯異，執志不同，親與跋摩拒論，是也。答下，卽跋摩語。慧義問曰：夫戒非

同見之色也，頃見重受戒者，或依舊臘次，或從後受爲始，進退之間，足致深疑。跋摩答曰：人有二種，故不一類，若年歲不滿，胎月未充，則依今受爲初；若先年已滿，便入得戒之位，但疑先受有中下心，理須更求境勝而重受戒，卽依本臘而永定也。餘廣如壇經。

七震嶺受緣

七中，意明此土得戒元緣，令知所從，不妄承奉，故也。震嶺，卽目此方。下云漢境，足可相照也。
余聞有人言，此土受戒，先無從始，縱今受者，少乖緣

二別顯受緣二初
正示二初傳受初緣

具，理得何疑？但作奉戒之心，莫非得戒之限。忽聞斯語，不覺喟然，豈以雷霆震地，聾者不聞，七曜麗天，盲者不見，旣同管識，豈妄脣言？故引用聖教，明白灼然，具緣成受，不具不得。此土受具，僧傳顯彰，縱緣境有濫，依法亦有明訣，如前卷受中。
通斥中，初敘妄有二：一謂無端始，二謂緣乖亦得。忽下，正斥。初斥妄言，由不披教，輕發此言，故宜深責。今時多爾，無知可悲。喟，卽歎息之聲。霆謂疾雷。七曜者，日月五星。（南方熒惑，北方辰星，東方歲星，西方太白，中宮土宿。）麗卽訓著，布著於天也。此明祖師將謂聖教人所同聞，

而不意愚者都無所曉，因彼妄述，不覺驚歎，故云豈以等，亦猶具耳眼者聞雷至響，見耀極明，而不謂聾盲無所聞見也。管識，謂管中闚喻識見之狹。脣置也。故下，示所出。初顯緣成，引用聖教者，指前第四門。此下，示從始。縱下，遮妨，猶恐執著諸律論中容有緣缺而感戒者，便謂不必假緣，故縱而奪之。如本律不受十戒，多宗不具衣鉢，伽論師僧不如法等，卽緣境濫也。然成否之相，並見受戒篇中，故指如前。
所言漢境受緣者，自漢明夜夢之始，迦竺傳法已來，

迄至曹魏之初，僧徒極盛，未稟歸戒，止以翦落殊俗。設復齋懺，事同祠祀。後有中天竺僧曇摩迦羅，此云法時，誦諸部毗尼，以魏嘉平年至洛陽，立羯磨受法，中夏戒律始也。準用十僧，大行佛法，改先妄習，出僧祇戒心。又有安息國沙門曇諦，亦善律學，出曇無德羯磨，即大僧受法之初也。

別顯中，僧緣爲二。初句重牒前標，自下引示。又三：先敘教流之始，後下正示受緣，即下結示。初中，漢是朝代，明即帝號。後漢明帝永平三年，夜夢金人飛空而至，旦集羣臣占之。傅毅奏曰：臣按周書異

記云：西域有神，其名曰佛，昭王時生，穆王時滅。滅時此方午時，天陰，大地震動，白虹一十二道貫於太微，竟夕至曉。穆王問於羣臣，時扈多臣之姓名，上音戶。奏曰：西國聖人入滅之兆，千年之後，教法合流此土。王敕刋之於石，瘞於南郊天祠之前。臣算至今，正千年矣。陛下所夢，將必是乎。帝以爲然，遂遣蔡愔等十八人往西國求佛教焉。迦竺者，傳法僧名，即迦葉摩騰、竺法蘭，皆中天竺人。時蔡愔等至月氏國，遇騰、蘭同契遊化，遂迎至洛陽，譯四十二章經，又齎畫釋迦像，即此方三寶之始也。迄，亦至也。

曹即帝姓，魏是國號，爲有後魏相濫，故加姓簡之。自漢明已來，跨一百九十餘年。未稟等者，謂體俗形異也。設復等者，謂法闕事非也。祠即神廟，祀謂祭祀。所以騰、蘭不即授歸戒者，此乃聖人知機而作，化存由漸故也。受緣中文二：初明迦羅行受，亦云柯羅。嘉平即齊帝時年號，凡得五年。洛陽即魏所都。立羯磨受者，納法爲體，異前形同也。業疏云：依法正部，行十僧受戒。又云：神州一統，約受並誦四分之文，即此爲始矣。此土僧尼得戒，功始迦羅，律宗不以繼祖，忘本故也。文中但云羯磨，則三歸、五十義必具矣。中夏者，大

國曰夏，且局此方言中，其實西梵印度乃閻浮之中心耳。改妄習者，立僧法式，替前祠祀。出戒心者，令依持也。出謂翻文，心以總要爲義，律文雖廣，要歸戒本，故云心也。教宗之亂，自此爲始，聽師已前盛弘僧祇，亦由此矣。又下次明曇諦譯羯磨。曇諦，梵言，未詳華語。若據藏中僧鎧羯磨，亦出曹魏，但迦羅不用別請曇諦出之，故今但推曇諦，即僧傳云請胡僧出羯磨是也。迦羅行受，諦但譯文，後人反以諦爲祖，獨遺迦羅者，未之思耳。

比丘尼受具初緣。至宋元嘉七年，有罽賓沙門求那

跋摩至揚州譯善戒等經又復有師子國尼八人來
至云宋地未經有尼何得二衆受戒摩云尼不作本
法者得戒得罪尋佛制意法出大僧但使僧法成就
自然得戒所以先令作本法者正欲生其信心爲受
戒方便耳至於得戒在大僧羯磨時生也諸尼苦求
更受答曰善哉夫戒定慧品從微至著若欲增明甚
相隨喜且令西尼學語更往中國請尼令足十數至
元嘉十年有僧伽跋摩者此云衆鎧解律雜心自涉
流沙至揚州初求那許尼重受未備而終俄而師子
國尼鐵索羅等三人至京足前十數便請衆鎧爲師

於壇上爲尼重受
次尼緣中初標若據曇諦羯磨尼法備足則知曹
魏以來即從一衆邊受此準五分十一衆受十僧
之外須一尼爲和尚方可行之理必先有西尼到
此今云初緣乃二衆受戒之初耳至下引示初示
求那許請文又爲三初敘求那西至元嘉即宋文
帝時改號凡三十年求那跋摩此云功德鎧揚州
即宋所都今昇州也後於南林寺前園中築戒壇受戒
即此土立壇之始又下二敘發起端由先明西尼
怪問據傳乃影福寺尼慧果等騰西尼語咨問跋
摩摩下答釋可解諸下三敘懷疑求受先明宋尼
虔請下示跋摩許可次至十年下云衆鎧代成初
敘衆鎧西來即天竺國人初下次明行法先示前
緣德鎧即十年九月死俄下明尼滿數俄謂非久
即十一年也通前共十一人此據正用爲言故云
十數
出高僧名僧僧史僧錄及晉宋雜錄故略出緣起永
爲龜鏡
指出中僧傳梁慧皎撰唐傳祖師撰宋傳贊寧撰二傳在後今非所指名
僧傳梁寶唱撰僧傳序云琅耶王巾撰僧史齊竟

陵文宣王撰三寶記傳或稱佛史或號僧錄等晉
宋雜錄即俗典詳今鈔文多引僧傳然其事迹偏
在諸文故通指之令生信奉故下顯意龜辨吉凶
鏡分好醜千載之下不容濫迹也
四分律行事鈔資持記卷第十五

四分律行事鈔資持記卷第十六中一之三

宋餘杭沙門元照撰記

二者戒體四門分之一戒體相狀二受隨同異三緣境寬狹四發戒數量

戒體四門初二論體二中兼行三四屬法四中有相一往麤分委如下說

初中五門一辨體多少二立兩所以即解名義三出體狀四先後相生五無作多少

初科五章初立二戒乃至第四並明二種第五獨論無作又前四局戒義通善惡後科通雜正爲顯戒

初中所以別解脫戒人並受之及論明識止可三五皆由先無通敏不廣咨詢致令正受多昏體相盲夢心中緣成而已及論得不澈同河漢故於隨相之首諸門示現準知已身得戒成不然後持犯方可修離

明多少中初文爲三初究受多識少大唐之世釋門興震英俊如林尚云三五況今衰末焉可言哉皆下二顯不識所以上二句明專愚不學致下明無知妄受盲喻無知夢喻不實及下明成否不決河漢喻其茫然不知涯際故下三總示來意據此

一篇止釋戒相今就其初廣法體行意見於此諸門者通指前三總別科目

問別脫之戒可有幾種答論體約境實乃無量戒本防惡惡緣多故發戒亦多故善生云眾生無量戒亦無量等今以義推要唯二種作及無作二戒通收無境不盡

二中初問幾種者通論諸教所說不定約境從制就位（五八十具）剋體（作及無作）或對七支或總三業或分遮性或據受隨有斯多異通而問之答中初約境示量今下舉要統收今正明體此二爲要故偏舉之

通收盡者由此二戒懸防總發體中含攝故此收法體而言境者欲明偏境之法皆歸二戒故

二立兩所以並解名義

第二科中前但通立次申所以理趣既顯引據復明所立已定即須顯示二種名義故以解名寄之於後

初中問曰何不立一及以三種

初科問中言不一者欲顯相須故約互廢以問及以三者業疏作何不三合謂有作俱無作二法同時直應更立一合次前爲三

答若單立作作休謝往不能防非又不可常作故須無作長時防非若單立無作則起無所從不可孤發要賴作生二法相藉不得立一

初答爲二先明作須無作作休不防者以作短故不可常作者心或餘用故次若單下明無作須作

二下結示

何爲不三但由體相道理相違一作無作別二心非心別性不可合但得立二若就所防隨境無量

次答中作無作別者動靜異故心非心別者體相違故業疏三句一作是色心無作非色心二作者

初緣無作後業三作是運動無作非故（鈔無第二餘二此對大同）若下釋疑以不許立三恐謂戒法唯局此二故特釋之顯上且據能防故唯二也

二引證者如薩婆多云若淳重心身口無教初一念色有身口教及以無教第二念中唯有無教無其教也（教者作也不可教示於他）

引證中多論初二句明從因感發初下明成就分齊注中示名初句會同下句釋義業疏云此明業體一發續現不假緣辦無由教示方有成用卽體任運能酬來世故云無教今時經論多云無作義例同也（準此注中他字乃指業體非屬人也）俱舍名無表亦同此釋

涅槃云戒有二種一者作戒二者無作戒是人唯具作戒不具無作是故名爲戒不具足卽如上論以無淳重之心不作奉行之意不發戒也

二中初示二戒是下明緣具因闕下復指論以顯經意

又善生云是十惡法或有作色無無作色或有作色及無作色如人手執極香臭物瓦木等喻

三中彼明化教十不善道然二色義同故可爲證業疏作是十種法則通善惡頗應下喻由心重輕

有發不發故云或有無等如下喻顯極喻重心香臭喻善惡瓦木喻輕爾無記手執喻作除去物已餘氣有無用配三心可見（舊云此經與俱舍同宗非也安有佛經與論同宗耶宜云俱舍等宗此經可也）

以上諸文有二非虛

結中問曰今宗二戒名體並異那引多論善生而爲證者答今此不論名體但證二數是同請觀結文幸無遲慮

次解名義問曰既知二戒請解其名

次解名義問中結前生後總問三名

二答二初釋別名二初作

答云所言作者如陶家輪動轉之時名之爲作故雜心云作者身動身方便

答中作即方便搆造爲義陶家謂土作家輪即範土爲坏器之車運之則轉故以喻焉四大質體名報色從緣動作名方便報起方便方便依報二法相假不一不異但言報未必是方便言方便其必具報今以輪水喻報質輪動喻方便即名其動以爲作耳故下引證身及動身對喻可解（心論即有部計作戒是方便色故但云身）

坏音裴 土陶瓦未燒者

二無作

言無作者一發續現始末恆有四心三性不藉緣辦

故雜心云身動滅已與餘識俱是法隨生故名無作成論無作品云因心生罪福睡眠悶等是時常生故名無作

無作中一發者一猶始也此句明業體初成即第三羯磨竟第一刹那與作俱圓是體發也作戒既謝無作獨存相繼不絕故云續現（舊云一發者作戒落謝無作續起此解非也）一始即上句一發之時末即是終謂命終捨也雜通四捨且約常途故餘三不舉此句明業體久長也四心者通舉四陰三性者別示行陰三陰唯無記行陰通三性故此句顯非心也下句正示無作義也若翻對作解初句反前即謝也次句反一念也第三句反善行心也第四句反緣搆也故下引證有二雜心中初句躡前作謝生起無作（本論與上釋作戒文相連故）餘識即四心後心望前作心故云餘也俱即同時是法即無作隨生謂任運起也成論中通明業理非局戒也因心者示現從作發也因是相假之義心即簡別有宗生罪福生即是發罪福即善惡無作文舉無記等取餘心

二釋通名

云何名戒戒禁惡法故涅槃云戒者直是遮制一切惡法若不作惡是名持戒善生經中五義明之如前

制進涼上學等解也

通名中初二句直示正義由此二戒俱斷惡故故下引證涅槃遮制即禁斷義直是者一言盡理更無餘論故善生如前即戒法第三門制等五字即括五義對前可見

三出體狀二初標

三出體狀

三出體中法體幽微頗涉言論但鈔爲新學直申正理文義簡略致多謬妄此既律教之源復是修行之本事須廣釋少資心用標云體狀謂體之相狀無別所以

二釋。二。初示宗。

者字他本無。

二論不同。今依本宗。約成論以釋。

示宗中。初句通示異計。今下別示本宗。二論卽指多成。言不同者。統括部計。不出四門。所謂空有雙非兩亦雙非入空兩亦歸有。故此四計還卽二門。此土翻傳雖有四律。十誦四分時所盛弘。故今但對多宗辨異。一者。四分曇無德部。名爲空宗。亦號假名宗。卽成實所宗也。二者。十誦薩婆多部。名爲有宗。亦曰實法宗。今。婆沙俱舍多論雜心並同彼計。略知如此。委辨異相者。具如疏中。多見講解不辨教宗。名相交參。何由識體。寄言學者。最宜留意。

然今鈔中依宗明體。指略多宗。然恐後學至文壅滯。妄致穿鑿。故須略示業疏廣列六位分別。今但撮要。引而示之。初明二戒並是有爲。非三無爲。由假緣搆造。四相所爲故。(此有爲無爲分別。三無爲者。虛空擇滅非擇滅也。四相卽生住異滅。)二諸有爲法總爲三聚。一色聚。二心聚。三非色心聚。二戒並色。非餘二聚。(此有爲中三聚分別。)三色有十一。總括爲三。一可見有對色。(卽色塵也。)二不可見有對色。(五根四塵。)三不可見無對色。(卽法塵少分。法塵有二。一心法。謂諸心數法。二非心法。過去色法。無作卽此色所收。)今作戒者。身作卽初色。口作卽第二色中聲塵。身口無作並第三色。(此色聚中三色分別。)

二出體。二。初作戒體。二。初約業思明體。四。初出體。

造作下他本有也字。

四色中又有二。一本報色。謂四大也。二方便色。謂運動造作。作戒非本報。是方便無作。非二色。(此身口色中二色分別。)五作戒是善色。聲非惡無記。無作戒體是善可知。(此方便中三性分別。)六作業始終皆得爲戒。不同餘善無作當體是戒。非此所論。(此就善中唯約作戒始終分別。)已上六位。顯示彼宗。二戒俱色。作色卽是色聲兩塵。無作色者。法入中攝。名爲假色。問。無作旣非見對。那名色耶。答。此有多義。一。從能造名色。疏云。戒體所起。依身口成。隨具辨業。通判爲色。是也。二。損益名色。又云。彼宗七業皆是色中有損益故。三。礙故名

色。又云。無作雖非見對。然爲四大造。更相障礙。據所可分。故名爲色。問。旣相障礙。應同根塵。旣是法入爲意所對。卽非無對。答。五根五塵能所俱礙。皆是色故。能所俱對。互不通故。假色不爾。雖與意對。意根通緣一切塵故。卽非對義。又假色是色。意根非色。故非礙義。餘廣如疏。

先明作戒體。論云。用身口業思爲體。論其身口。乃是造善惡之具。

作戒中。初科。言作者。始於壇場。終白四竟。第一刹那已前。三業營爲方便搆造者。是初引論。又二。上

二舉例　三引証　四示同異

句正出體。身口業思者。謂行來跪禮是身作也。陳詞乞戒即口作也。立志要期。希法緣境。心徹始終。統於身口。故名身口業思。即此業思。是作之體。論其下示兼緣義。言造具者。顯示身口自無功用。推歸心故。如世造物。百工之器自不能成。必由人用。比擬可知。問。業疏初解色心爲體。此何異耶。答。身口即色。業思即心。故無異也。鈔從顯要。令易解耳。所以者何。如人無心殺生。不得殺罪。故知以心爲體。舉例中。以犯例受者。善惡雖殊。發業義一。故如律心疑想差不至果本。又不犯中者擲刀杖瓦木誤著而死。扶抱病人往來致死。一切無害心皆不犯。此雖動色。但由無心。故不成業。引證即是成論。初二句推末歸本。下二句明捨本文云。是三種業。皆但是心。離心無思。無身口業。無末。問。今論作體。爲是心王。爲意思耶。答。前云業思。何須疑問。若觀論文。三業皆心。離心無思之語。似指心王。然而王數體用以分。由體起用。用即是體。今論作業。就用爲言。故業疏云。言心未必是思。言思其必是心。宜細詳之。若指色爲業體。是義不然。十四種色。悉是無記。非罪

二約色聲爲體

福性。斥異者。對破有宗五根五塵四大。爲十四色。由此宗中。塵境推識。了善惡本心造。是故根塵並屬無記。彼不論心。根塵四大。俱通三性。又有論師。以身口二業相續善色聲。爲作戒體。以相續色聲。法入所攝意識所得。是罪福性也。次色聲中。此師所立色聲有二。一外五塵及報色非罪福性。內方便色是罪福性。二者一念色聲眼耳所得非罪福性。相續色聲法入所攝是罪福性。今取方便相續色聲以爲作體。文中分二。初立體相續簡一念也。行來跪屈至作法竟。即相續色。陳詞乞戒言句具足相續聲也。善者簡五塵報色也。以下遮妨。由此宗中十四種色悉是無記。今立色聲恐謂乖宗。故釋之耳。法入攝者過去色也。意識得者。謂能受人跪屈陳詞心所緣也。舊記云三師七僧意識得者謬矣。問。前立業思於義既顯。何以後師復立色聲耶。答。合教順宗。甚有眉目。講者未達。妄生輕貶。後學慎勿隨之。問。雙出兩解。依何爲定。答。文無去取。不妨兩得。但諸文中多用前義。雙存偏用。好自深思。問。此與多宗作戒何異。答。異宗各立。必應有異。

二無作體二 初出體三 初示體

引前對照約塵分析如指諸掌餘如別述

言無作戒者以非色非心爲體

次解無作示體中非色非心者此卽成論第三聚名亦號不相應聚此聚有十七法無作卽其一也良由無作體是非二故入此收卽以聚名用目其體然自昔至今談體多別據如業疏總列二執一者法執有講四分乃依雜心出非色心體有學十誦反準成論立色爲體出體順計據敎乖宗故名法執二謂迷執有弘假宗立色爲體或傳有部執非色心光師以理爲體願師以受戒五緣爲體此

卽祖師已前尙有諸異洎撰業疏廣列義章分宗定體文理坦然但由學者不善討論異端義起今略引之增輝記主定非色非心是種子義卽立種子爲體有人云非色非心是第三聚名由此一類無作不與心色相應驅入第三聚中故名非色心耳有人云非色非心卽是細色同彼有宗以南山解云非色者非塵大所成等豈非麤色麤心唯取細色耶有人釋非色心引業疏云考其業體本由心生是則南山撰入大乘也有人云非色非心者患種爲體如是云云無一可取如別所破祖師

二擧成二 初非色

所謂宗骨顚倒理味差僻摘揣過濫何可勝言世有人云非色非心畢竟其體是何法耶今爲通曰其體畢竟卽是非色非心何以故名以定體故文云二非乃是簡除之言名下無體應反問曰律中非法非人並是對簡爲有體不此皆不曉教有權實名不浪施故多妄述

非色者非塵大所成以五義來證一色有形段方所二色有十四二十種別三色可惱壞四色是質礙五色是五識所得無作俱無此義故知非色

釋非色中二初約能造以作顯無作謂能造是心

故所發非色疏云旣非心起豈塵大成是也塵卽五塵大謂四大問所以約能顯所者答爲對破有宗彼計色造塵大成故以下義證唯就所發以顯非色先列色者統論色義不出有五一相二異三損四礙五對配文可見形段者有相貌故方所者有所在故十四色如上二十者顯色十二青黃赤白光影明暗煙雲塵霧此局無記形色有八長短高下方圓斜正此通三性惱壞者有情具二無情唯壞論云色是惱壞相無作惱壞相中不可得故問無惱可爾若云無壞何以戒有肥羸及四捨耶答此卽成宗通深之義無下顯非色

二非心

註中也字，他本無。

三結歸

二引證。二。初正引。三。初引本論證

非心

可解。
言非心者。體非緣慮。故名非心。亦有五證。一心是慮
知。二心有明暗。三心通三性。四心有廣略。五心是報
法。無作亦不具此。
非心中。初對能造作戒。以心爲體。心是緣慮。無作
頑善。體無覺知。故非緣慮。或云。無作不可以心緣者。不曉言相也。心亦
下義證。以心顯非心。五義明心。通收四陰。慮知即
行心。明暗者。或約愚智。或取憶忘。或明是行心。暗
即三心。三性者。三心局無記。唯行通三性。廣略者。
若約緣境漸頓。即是行心。或約心法。一心分四蘊

六入六識等。迭論廣狹可尋。報法者。疇因曰報。眾
生感報。心性差別。或約肉團。此即色攝。無下顯非心無上五
義。故云不具。
故以第三聚非色非心爲體。
結中。成論四聚。一色。二心。三非色心。四無爲。無作
當第三聚中第十七法。得。非得。同分。命根。無想果。無想定。滅盡定。生。住。異。滅。名身。句身。字身。老。死。凡夫法。無作。是爲十七。
文云。如經中說。精進人得壽長。隨壽長得福多。以福
多故。久受天樂。若但善心。云何能得多福。是人不能
常有善心故。又意無戒律儀。若人在不善無記心。亦

名持戒。故知爾時無有作也。
引證中。本論兩段。初段中。彼先問云。有人云。作業
現可見。若布施禮拜殺害等。是應有。句無作業不
可見。故應無。此約作難無無無作。答。若無無作。則無離殺等
法。既能離殺驗有無作。問。離名無作。不作則無法。如人不語
時無不語法。生不見色時。亦無不見色。此約對境難餘時無。
引喻可解。答。因離殺等得生天上。若無法者。云何爲因。
此約感報顯餘時有。問。不以離故生天。以善心故。此推善心爲因難功
非無作。答曰。不然。方接鈔中如經等語。經中即論家
自引。精進即作業。壽長即現報。隨壽福多。謂無作

增長。福即善無作也。福多受天樂者。此證生天本
由無作。非善心故。若下反質來難。明非善心。不由
善心。即知無作任運自爾。則非心明矣。不能常有
者。凡人之心未必一向專善故。後段中。初句立義。
律儀即受體。若下釋成。不善即相違。無記不成業。
準論。無記心下有無心字。此言受體。若是心者。但
應善心成持。不應餘心亦名持也。即三性任運之
義。故下準決。爾時指上不善無記心時。無有作者。
以作必善心。今在餘心。何容起作。既無有作得名
持戒。乃是本受無作。不假緣搆。任運恆有。顯知無

二引涅槃双证

三引十住证非色

二结示

作非心明矣舊云寫倒論作有無作也業疏作無有作解驗知論中寫誤
涅槃云戒者雖無形色而可護持雖非觸對善修方
便可得具足
涅槃中具如標宗所引無形色明非色也非觸對
即非心也
十住婆沙云戒有二種作者是色無作非色
十住中色非色者彼大乘宗作是色者即心之色
故不言心無作非色者體即是心故不言非心今
但取彼非色之名以爲證耳
故以多文證成非色

結示中向引諸文雖是雙證正欲對破有部計色
所以文中但結非色非心之義既無所對何假證
成故不言也舊云文略者未善此意上且依論而示克論體
相未甚精詳至於業疏方陳正義乃有三宗今略
引示凡欲考體須識三宗造義淺深兩乘教相差
別纖毫無濫始可論體初明有宗當分小教彼謂
小機力劣不約心論善惡二業皆由色造能造是
色所發亦色故作無作並色爲體彼部宗師雖多
解判未善權意故至業疏的指體相方爲盡理故
疏文云如律明業天眼所見善色惡色善趣惡趣

對破他本作對廢

隨所造行如實知之以斯文證正明業體是色法
也又云然此色體與中陰同微細難知唯天眼見
見有相貌善惡歷然豈約塵對用通色性諸師橫
判分別所由考其業量意言如此故知彼論但計無對法入假色
指爲細色獨出今疏二明本宗成論過分小乘教雖是小義
乖小道雖通大乘非全大教比前爲勝望後還劣
是故立體兩楹之間初明作戒色心能造色是本
教心即過分及論所發非色非心非色過分非心
本教大集所謂曇無德師覆隱法藏戒疏亦云包
括權實其義在茲若論作戒猶可循文獨茲無作

歷代沈喪故須顯示非色非心得名多別一對作
釋如上成宗二翻作釋疏云由作初起必假色心
無作後發異於前緣故强目之非色心耳三簡教
釋非色簡小非心讓大四遮廢釋作戒云身口是
具無作名非色即對破有宗二戒又言非心自廢
本宗作戒五遣疑釋初疑作既假具必應是色故
言非色及解無作乃云心起又疑是心故云非心
若論其體既是心成體豈他物但由教限不可濫
通教既是權體寧從實且如成論言色則無記頑
色談心則六識妄心是以非色則云非塵大所成

非心，乃謂體非緣慮，良由善性記業，比色全乖。業體無知，與心實異。究論體貌，實唯心業，但不談種子，故名非色；不說梨耶，故言非心。故業疏云：考其業體，本由心生，（從作起故。）還熏本心，（本心即六識，望作云還。）有能有用，（能謂牽後，用即對防。）心道冥昧，止可名通，故約色心，窮出體性，兼緣義也。各以五義，求之不得，（不相應也。）不知何目，強號非二。（兩求不得，不可名兩，名故云強號。若在彼宗，但計非二，纔云強號，即顯教權。須知強號之言，始見今疏。）三圓教者，即大乘義，前之二釋，俱不了教，故涅槃中或色非色，俱爲諍論，如來明判，不解我意。是以祖師深取大乘圓實了義，決開權教。

顯示我等壇場受體，意使修持，投心有處。今分爲二。初示圓體，即明梨耶隨緣變造，含藏種子。初明能造，還即六識，但依八起，即異小乘。縱有兼色，此色亦心，不同小宗心色體別。二明所發，即心所造善根種子，藏識所持，隨心無絕。如楞伽中識海識浪，浪從海起，還復海中，浪無別浪，還即海水，能造所發，全體是識，更無別法。當知此種色相具足，故說爲色；不同塵大，復無覺知，故說非二。隨宜方便，悟入爲先，大小權實，極須精考。故業疏云：智知境緣本是心作，不妄緣境，但唯一識，隨緣轉變，有彼

四先後相生二、初標

有此。欲了妄情，須知妄業，故作法受，還熏妄心，於本藏識成善種子，此戒體也。二明圓修者，既知受體，當發心時，爲成三聚，故於隨行，隨持一戒，禁惡不起，即攝律儀；用智觀察，即攝善法；無非將護，即攝眾生。因成三行，果獲三佛，由受起隨，從因至果，斯實行者出家學本，方契如來設教本懷。故業疏云：是故行人常思此行，即三聚等。又云：終歸大乘，故須域心於處。又云：既知此意，當護如命，如浮囊。略提大綱，餘廣如彼，洎爾後學，微細研詳。且五濁深纏，四蛇未脫，與鬼畜而同處，爲苦惱之交煎，豈

得不念清昇，坐守塗炭，縱有修奉，不得其門，徒務勤劬，終無所詣。若乃盡無窮之生死，截無邊之業非，破無始之昏惑，證無上之法身者，唯戒一門，最爲要術。諸佛稱歎，偏在羣經；諸祖弘持，盛於前代。當須深信，勿自遲疑，固當以受體爲雙眸，以隨行爲兩足，受隨相副，雖萬行而可成，目足更資，雖千里而必至。自非同道，夫復何言，悲夫。

四明二戒先後

四先後中，若論作戒，則無先後，獨茲無作，有多解釋，故須辨定。

初解云如牛二角生則同時故多論云初一念戒俱有二教第二念中唯有無教

初解上二句舉喻故下引證初念俱有可驗齊生後解云前後而起故善生云世間之法有因則有果如因水鏡則有面像故知作戒前生無作後起後解初科中初句標義故下引證世間法者緣搆成故因卽作戒果謂無作如下喻顯故下準定論云作時具作無作者此是作俱無作並是戒因至第三羯磨竟其業滿足是二戒俱圓故云具作無作不妨形俱無作仍後生也亦是當一念竟時二戒謝

後無作生也

次科由立前後違上論文初念俱有故須釋之初牒妨此下釋通初明作俱齊起不下示形俱後生上云仍後在言未顯猶恐濫同初念之時故重遣之云亦是等已前二解並是古義若準業疏卽取初解但不明三時義未盡耳(舊記將不妨下作今義非也)疏出今義云今解一時非前後起豈有作絕無作方生(此斥次師)由本壇場願心形限卽因成也(二戒因生)至後剎那二戒俱滿(二戒果滿)故云作時具無作也(結示論文故知此文非明作俱無作)又約一受明三時無作一因時無作(從始登壇作俱隨作生形俱因成未現)二果時無作有二(三法竟時一卽同上作俱二是形俱果滿)三果後無作(第二剎那通於形終)

五汎解多少依如多論八種無作

五多少中此科不局戒體總列八種善惡定散世出世業一切通收故云汎也標中云依多論者若順多宗應云無教但各通彼此趣爾舉之

一作俱無作如作善惡二業與作方便齊生

列釋中問作俱既與方便齊生何名無作答雖與作俱不妨彼體不假緣搆以二法相違性不可合故疏云不由心起任運相感故卽號曰作俱無作

是也

二形俱無作如善惡律儀形滅戒失

二形俱者期盡壽故形滅失者據論受體實通四捨且據本期一相爲言上之二種戒善兩通今明受體唯在此二餘無相涉五六義兼隨行要期可同自誓

三事在無作如施物不壞無作常隨僧坊塔像橋井等物功德常生除三因緣一前事毀破二此人若死三若起邪見無此三者事在常有惡緣同之

三中初明善事下句反例惡事如置殺具類上說

之。
四從用無作。如著施衣、入諸禪定。則令施主得無量
福。惡緣弓刀、例此可知。
四從用者。上但物在此約事用。善惡類解。
五異緣無作。如身造口業。發口無作。口造身業。發身
無作等。若依成論。身口互造。
五中初依多宗。身口不互。則有異緣。妄是口業。現
相表聖假身成故。盜是身業。呪物過關假口成故。
若下點異成宗。不爾。隨造成業。不說異緣。如口造
身。即發口業。身造亦爾。

六助緣無作。如教人殺盜、隨命斷離處。教者得罪。
六助緣者。能教發業。假彼所教前作助成。文出殺
盜教善準知。
七要期無作。亦名願無作。如人發願、作會作衣等施。
無作常生。
七要期者。與形俱何異。答。形俱隨報。要期不定。疏
云。如十大受及八分齋。要心所期。如誓而起。十受出勝鬘。八齋開自誓。文舉善事。惡亦同然。
八隨心無作。有定慧心。無作常生。亦名心俱。成論云。
出入常有。善心轉勝故。此言隨心者。隨生死心恆有

無作。非謂隨定慧別脫不爾。唯隨於身。即涅槃云。初
果生惡國。道力不作惡。
八隨心者。此明定道二戒。文分為二。初依多宗。彼
謂入定入道有禪無漏律儀。出定則無故。次引成
論。初二句對破彼宗。論中常有字下。更有常不為
惡一句。善心者。示隨心故。若爾。定道無作。應非非
心。答。但能隨心。而實非心。由彼業性能起後習。故
云善心轉勝耳。此下示名。別下簡異。唯隨身者。期
盡形故。問。成宗別脫。亦由心造。何但隨身耶。答。教
限義故。若爾。何以疏云功由心生隨心無絕耶。答。

過分義故。即下引證道力。即道俱戒。又智論云。初
果生殺羊家。寧死而不殺。此證定道隨生死心明
矣。業疏問云。從用與作俱何異。答。業相虛通。不相
障礙。間雜同時。隨義而別。且如持鞭常擬加苦。既
無時限。即不律儀。為形俱業。要誓常行。即名願業。
口教打撲。即是異緣。前受行之。又是助業。隨動業
起。即是作俱。鞭具不亡。即名事在。隨作感業。豈非
從用。惡念未絕。又是心俱。故舉一緣。便通八業。餘
則例準。知有無也。準此以明。或單或具。間雜不定。
精窮業理。在斯文矣。

上八種中前七通善惡欲界繫法後一無作若是世
禪局上二界若出道法非三界業
通簡中前七局欲界者體是事亂故後一中若世
禪者單簡定共局二界者有漏業故若出道者通
收道定非三界者俱無漏故上約界簡更以義求
次約善惡簡前七通善惡後一唯局善三世出世
簡前七局世法七惡定局世七善通出世爲道方
便故後一中定共通世出世道共局出世四就前
七善初二及七通戒善餘四局泛善五定共有邪
正六道共通大小如是廣之

二受隨同異二種無作五義同之一者名同受隨俱
名無作受謂壇場戒體隨謂受後對境護戒之心方便善成稱本清淨故也二者義同
同防七非三者體同同以非色心爲體四敵對防非
同受中無作體在對事防與隨中無作一等五多品
同如成論戒得重發肥羸不定
大門第二受隨同異無作五同中四敵對同言體
在者謂本受不失對事者事即是境由有本體方
起防護即名本體能防非也與隨中一等者疏云
對非興治與作齊等此無作者非是作俱謂起對
防即有善行隨體並生作用既謝此善常在故名

此業爲隨無作與非敵對故與受同準此隨無作外別有作俱
隨作即謝五中戒重發者明受體有三品也肥羸不定
者隨體亦三也以業隨心發受隨二戒各具三心
故使無作各有三品標成論者對簡有宗受唯一
品隨有三品則一多不同也
異有四種一受中總發以願心情非情境一切總得
隨中無作別發行不頓修次第漸成二長短不同受
中無作懸擬一形隨中無作從方便色心俱事止則
無故名短也三寬狹不同受中任運三性恆有隨局
善性二無名狹四根條兩別受爲根本隨依受起故

曰枝條
四異中初受但起心故可總發隨是造修止得別
發二中言隨無作事止無者非無無作但由隨戒
隨作防非作謝善在無防非能不名隨戒故云無
耳前引疏云此善常在文證明矣三中言二無者
即惡無記
二種作者有五同一名同二義同三體同四短同五
狹同唯局善性所以準知
次明作戒五同中名體反前義同如上短同者二
戒並約方便色心動滅則止狹同者不通惡無記

故若爾如多論中四心得戒又下持犯中自作教人自業相成並約前作方便餘心成業豈非二作通三性乎思之可解

有四種異一受中總斷隨中別斷二受本隨條三受是懸防隨中對治四受作一品終至無學隨一品定隨中作戒多品由境有優劣心有濃淡故心分三品不妨本受是下品心故雜心云羅漢有下品戒年少比丘上品戒

四異中第四初示異故下引文證受初云受一品者問多宗可爾成論戒得重受耶云一品定耶答

雖開重受三品不俱故若爾無作何以受分三品答無作非色心故雖有三品增為一體作是色心縱增三品初後各異故無多品隨中下示多品義境優劣者即就所防顯境輕重謂初篇最優眾學最劣中間相望優劣可知或約能防難易分者吉羅至難為優重夷易遣反劣中間可解

三明發戒緣境寬狹上卷受緣已略明發戒方法但心隨境起故今廣論令知戒德之高廣亦使持者有勇勵

第三文中本說所緣而分四科者心隨境起故先明心心境相應即發受體故三明戒戒必有用故後明防四義相緒不可孤立故初科先明前略但下顯今廣上二句示意下二句顯益上句開解下句資行

就中有四一能緣心現在相續心中緣

初能緣心中現在簡過未相續簡一念疏云念念雖謝不無續起即以此心為戒因本

二所緣境境通三世如怨家境雖過去得起惡心斬截死尸現在怨家子有可壞義未來諸境可以準知故緣三世而發戒也

二中初示境如下舉事顯相如與已為怨其怨已死即過去也怨或有子即現在也孫雖未生生必為讎即未來也業疏云當生之非為未來是也舊以腹中子為未來者悞也即屬現在故於此三境俱能起害欲成淨戒必息惡心故所緣境徧該三世涅槃云若人斬截死屍以是業緣應墮地獄

成論問為但於現在得律儀從三世眾生得耶答三世眾生所得如人供養過去所尊亦有福德律儀亦爾

引證中論文標問為破多宗答中初句正答所即

指境如下舉例且約過去未來亦然

三發戒現在相續心中得

三發戒者問與上能緣何異答前是能緣心此即所發戒由彼受體無可表示還約能緣以彰所發又前二作戒後二無作又三局受體四落隨行

四防非者但防過去未來非現在無非可防

四明防非初文現在無非者此約對治心行以論三世防是預擬不令起非對治現前則防未非纔失正念即落過非故知現在無有防義

問毗尼殄已起戒防未起何得言斷過去非耶

釋妨中初問者業疏標云如昔所傳則知古來相承此語毗尼即七滅諍前因諍起乃用法滅即殄已起也已起即是過去據此止可言戒但防未來而兼過去豈非相違故須決破

答境雖過去非非過去猶是戒防未起非

答中初文境雖過者怨家死也非非過者斬截事存也非雖不亡望今淨戒禁之不生還成未起故曰猶是等猶是者如云還同也此釋順成古解戒防未起之義

又解云一專精不犯戒防未起非二犯已能悔還令戒淨即除已起非餘如戒本疏解

次釋即約犯懺明戒亦通兩防反破古傳之局業疏云昔解毗尼除已起者據七毗尼戒防未起謂壇場受體此局論耳今解毗尼亦除已未如四諍對除是殄已起明觀正斷應起不起即絕未非（戒兩防義亦同鈔解）餘下指戒疏又見業疏彼又出多宗四位能緣局一念所緣唯現在發戒亦一念防非通過未

然則緣境三世得罪現在過未二境唯可起心說言三世發也若據得戒唯在現在一念

別簡中初科前簡所緣得罪現在者隨中持犯必對實境故過未唯起心者境非對現止可心緣故說言者顯非皆實故若下次簡所發一念者局三法竟一剎那時以前明緣境通三世發戒通相續此須重簡局示分齊

成論云慈悲布施是亦有福戒亦可爾以通三世皆與樂意又云慈功備物但通現在過未已謝戒則不爾要心普周若作偏局一向不合故多論云以惡心隨戒有增減故

引證中論文明戒而舉慈施者以施六度之首大

[三問答三。初問。] [二正答二。初正答。] [二轉難二。初正難。]

士之行。用以校量。足知高勝。文爲二節。初明施戒功等。又下明施不及戒。又二。初明施慈局狹。言備物者。謂財食等物。可濟現境。不及過未。故戒下次顯戒通周。下引論證。示偏局過。即同俱舍能非能境互轉生義。下文自見。

問。戒從三世發。唯防二世非者。

問中。緣防相並。欲顯防非不通現在之義。

答。若論受體。獨不能防。但是防具。要須行者兼持。以隨資受。方成防非。不防現在。以無非也。若無持心。便成罪業。若有正念。過則不生故也。然又以隨資受。令未非應起不起。故防未非。若無其受。隨無所生。既起惡業。名曰過非。爲護受體。不令塵染。懺除往業。名防過非。

答中。先約隨行。明不防現在。初直定無非。若無等者。釋無非所以。上二句顯成過非。下二句明即屬未非。然下次望受體。說防過未。初明防未起非。既下次明防過去非。

若爾。戒必防非。非何故起。

轉難中。上明受體能防過未。欲推能防。功歸隨行。故此徵之。

[二答釋] [四明戒數量。二初標示] [二正明。二。初懸舉]

[此段業疏文，載津刊本濟緣記卷十六第四十七八頁。]

答。要須行者隨中方便。兼持制抗。方名防非。如城池弓刀。擬捍擊賊之譬。餘如戒本疏中解之。

答中。初正示。如下喻顯。城池弓刀喻受體。擬捍擊賊喻隨行。下指戒疏。文亦出業疏。疏云。戒實能防遮斷不起。常須隨行。策持臨抗。方遊塵境。不爲陵侵。如世弓刀。深能御敵。終須執持。乃陷前陣。

四明發戒多少。略如上明。今又述者。以世俗多迷。故廣銓敘。意存識相。知法自濟。兼人故也。

四發戒。標中。指如上者。亦受戒篇。世俗。即隨流之徒。非白衣也。相即境相。法即戒法。下句顯益。即兩利也。

然所發戒數。隨境無量。要而言之。不過情與非情。有無二諦。攝相皆盡。任境而彰。略說則地水火風空識等界。及色聲香味觸等五塵。乃至過未三世法界等法。及六趣衆生。趣外中陰。四生。亦發得戒。

懸舉中。初二句明廣徧。要下舉要略示。初總舉。任下別示。初明六大。通情非情。次約六塵。即非情也。下約六趣等。即有情也。言中陰者。業疏。問云。六趣生外。更有發否。答。如來非趣攝。中陰亦復爾。心論云。四生收諸趣。中陰非趣攝。以趣是到義。中陰但

二引証二初結前標後
二廣引証文二初境量多少三初俱舍明境徧二初總標

傳識故
上來懸舉次引文證俱舍云戒從一切眾生得定分
因不定何以故不得從一種眾生得故
引文中俱舍初科學者多昧先須略示分即是支
謂七支業因即戒因謂能受心此文欲明五八十
具四位之戒並徧生境故舉支心兩相比校謂戒
支受心有盡不盡容可得戒生境不徧定不發戒
謂三戒但發四支具戒全發七支此明七支多少
皆是得戒即分不定也又若約三善則三心同時
若約三品則隨得一品此明三心全缺皆可發戒

云他本作言

即因不定也獨眾生境不可不盡故云定也何下
徵釋定義不得從一種者言必須徧也

二別釋二初釋不定二初分不定

分不定者有人從一切分得戒謂受比丘戒有人從
四分得謂受所餘諸戒即五八十戒也
分不定中一切謂七分也俱舍即有部計謂比丘
戒方得七支是具戒故餘三四支以非具故若準
成宗四戒並發七支即皆從一切得定也今依彼
引宗計須知

二因不定

因不定者有二義若立無貪瞋癡為戒生因從一切
得以不相離故若立上中下品意為戒生因則不從

一切得
因不定中先明三善一切者三心俱時也若起三
毒則有單具若起三善必不相離故次明三品不
從一切者三心不俱故

二釋定二初畧釋

若不從一切眾生得戒則無也何以故由偏眾生起
善方得異此不得云何如此惡意不死故
釋定中比前分因不從一切皆發得戒緣境反之
故云若不從等何下釋無戒所以云下轉釋不得
之意死息也

二廣示二初示離五種分別

若人不作五種分別得木叉戒一於某眾生我離殺

等二於某分我持三於某處能持四某時能持五某
緣不持除鬬戰事如此受者得善不得戒
廣示中初五分別者謂初受時發心斷惡於此五
事有能不能故生取捨初簡生類有能不能二簡
戒支彼宗五八局數定故若受一二但得善行成
論不爾分滿皆得十具二戒體是出家遮性俱斷
則有此過三謂國土郡縣四即年月日時五戒盡
壽以論八戒日夜中說彼部時定成宗二戒盡形
半日隨機長短五中自釋除鬬戰者謂遇此緣不
能持故如下通結準知戒善偏不偏異耳

於非所能境云何得戒由不害一切衆生命故方得」
次明能非能者如於此類衆生不能持名非所能
境於彼類能持名所能境疏云以屠者持野獸戒
卽所能境屠於家畜爲非所能獵者持家畜戒亦所能也獵以野獸爲非所能初
科文中上二句問起謂於此類衆生旣非所能今
亦通緣望彼發戒有何所以問意如是由下釋通
謂心無所簡始相應故
若從所能境得戒此則有損減過能非能互轉生故」
次科初過中先牒計此下斥奪上句指過損字寫
誤準疏合作增下二句申理謂所能生非能中戒

則有減非能生能中戒則容增故云互轉生也疏
云如獵持豬羊戒死生麞鹿戒則減也或鹿生羊
中戒則增也屠者例爾
若爾則離得捨因緣得戒捨戒此義自成
第二過中若爾者躡上增減義則下指過以戒受
捨並假因緣今自增減正乖戒義
縱離得捨因緣此有何過惡心不死故不成溥周
第三過中初縱許上義謂戒自增減不假因緣義
亦何失惡下指過由害心不盡縱所能境心亦不
定疏云如獵者持家畜行獵不獲路逢豬羊心還

起殺準知得戒之心不容毫髮之惡高超萬善軌
導五乘衆聖稱揚良由於此
毗婆沙問云若爾草木等未有有時生滅豈非增減
衆生入般豈非減耶
三釋增減婆沙問者卽俱舍自引若爾者躡前爲
難前云互轉有增減過今難縱令普周不免此過
故須釋之文中先約非情有增減過未有者如冬
受春生戒則有增有時者如春受秋滅戒則有減
次約有情唯有減過入般者證阿羅漢入般涅槃
此約灰身入無餘者不於三界受生卽衆生減也」

義解作四句一心謝境不謝聖無煩惱以境不盡故
戒在不失二境謝心不謝入般草死戒不失由心過
罪在故三心境俱不謝可知四心境俱謝根轉之時
不同戒失
答中初句世疑戒本防非三乘果人煩惑旣傾業
非永喪何用戒爲又經律中如來成道方始感戒
羅漢破結上法得戒準此初句頗決深疑更有別
通文在義鈔境不盡者經云衆生無盡戒亦無盡
此舉正報必兼依報故非情境亦無盡也第二句
正通前難餘三相因而來心過在者以惑心未破

二多論明非情境二 初引論正明

三多論明情境二 初正示境量

二引善生轉證

妄業隨興害生斷草心不息故三二俱句凡夫現境二皆存故四中不同者如初四重名僧尼同戒後四重尼有僧無漏觸麤歎僧有尼無名不同戒如僧轉爲尼漏觸等境非我所防復無能防故云俱謝此句論謝卽不同前謝滅之謝比之可知

薩婆多云於非衆生上亦得無量戒善功德如三千世界下盡地際傷損如塵皆得其罪翻惡成善一一塵處皆得戒善乃至一草一葉一華反罪順福皆入戒門

次明非情中初文論約大千者據宗限也下文多

云法界其語猶通須約大小簡辨寬狹此意常切知之罪福卽善惡也

故善生云大地無邊戒亦無邊草木無量戒亦無量虛空大海戒德高深亦復如是以此文證理通法界義須戴仰

善生中且舉無情四義如下配戒中以下結勸可知

多論又云於三千大千世界下至阿鼻上至非想於一切衆生上可殺不可殺乃至可欺不可欺此一一衆生乃至如來有命之類以三因緣一一得戒又以

二因明戒福二 初引論

此推出家僧尼及下三衆奉戒德瓶行遵聖迹位高人天良由於此端拱自守福德恆流

三情境中阿鼻非想別舉上下統攝中間可不可者或約三世可卽現在不可卽過未又現在中五道相隔又人中遠近不及又近中凡聖可否等乃至者略婬盜也如來者獨指釋迦亦當分義大取恆沙三因緣者卽三善也又下結歎通五衆者境量同故戒德瓶者卽喻受體智論云持戒之人無事不得破戒之人一切皆失譬如有人常供養天以求富貴天愍此人乃與一器名曰德瓶所須之

物從此瓶出其人得已應意所欲以至憍佚立瓶上舞瓶卽破壞衆物皆滅持戒之人亦復如是種種妙樂無願不得若憍佚自恣亦如彼人破瓶失物端拱謂縱不持也福德卽無作

故明了論云四萬二千福河恆流解云謂四萬二千學處一切恆流其猶河水洗除破戒煩惱言四萬二千者謂根本戒有四百二十所以爾者如婆藪斗律戒有二百多明輕戒優婆提舍戒有一百二十一多明重戒比丘尼別戒九十九合成四百二十是二一戒有攝僧等十功德二一功德能生十種正行謂信

等五根無貪等三善根及身口二護一戒即百合成有四百二十豈非四萬二千又解云無願毗尼者謂第三羯磨竟時四萬二千學處一時並起無一戒不生故稱無願據斯以求戒德恆流

了論中初科分二初引論據下二結歎初中先引論文次引論解此又分二初配數顯德前釋名義福即善業河即譬喻破戒煩惱即業惑二道言下合數三段先示戒數所引律戒皆彼論自指此土並無又指尼別戒亦據彼部不可以今宗校之問了論宗正量何以戒數不依彼部答或恐正量戒本宗彼二律又恐欲顯多相故用別部也二一戒下次以十利配戒一戒有十利總成四千二百二一一功德下後以十行配利一利有十行一戒成百行總成四萬二千信等者等取二精進三念四定五慧身口二護通一切戒不可專配七支又下二舉名顯具謂以無願之名顯滿足之義言學處者是修行者所依處故

問僧尼二眾戒數各別何以無願毗尼直言四萬二千耶

問中論取僧尼二戒合成四百二十今據一眾不

當具發四萬二千故以為問

一解此總舉二眾以說若取實理各隨本戒

初解中謂一眾邊實不可具準前二律僧有三百二十一戒則有三萬二千一百尼戒但出與僧別戒之數未知彼部尼戒少多不可妄配舊記以四分戒配數非也

又釋以轉根義證比丘懸發得尼戒俱有四萬二千

次解中以僧尼轉根即互入眾更不重受故知比丘一體具二眾戒尼亦例爾

次對七眾發戒多少

準薩婆多云五戒者於一切眾生乃至如來皆得四戒以無三毒善根得十二戒並一身始終三千界內一切酒上咽咽皆得三戒以受時一切永斷設酒滅盡羅漢入般戒常成就

次七眾多少五戒引論中先明有情並下示無情始終者彼宗五戒局盡形故設下通示五法不隨緣境有滅失故此中情無情共論三善別配總十五戒

準以義推女人身上婬處有三男上有二發由三毒單配則女人所得十八戒男子十五戒非情一酒亦

得三戒。

義準中，初明情境，先離婬境，則對女六戒，對男五戒。發下配心毒，下示非情。若情非情合數，則對女二十一，對男十八。此約單配，準開七毒，則女四十九，男四十二。

八戒發者，衆生同上，非情得五。

八戒中，指情同上，亦約依論義準二數不同。非情五者，一酒，二華纓，三高牀，四歌伎，五不過中食。一一三戒，若情非情合數，依論則得七十七戒，義準則對女三十三，對男三十，私約七毒，對女七十七，

對男七十。可知。上且依彼論四支示數。

十戒，三衆，情及非情，同大僧發四分律文，俱發七支。戒戒下文，皆結吉羅故。

十戒，初中上示境同僧，下準文以證，律文即大小持犍度，戒戒下者，即二部戒本，標四分者，簡餘宗。不爾，多論四支同前五八故也。

若爾，何故列十？此但示根本，喜作說相，令其早知，餘則和尚曲教，故三歸羯磨，俱無戒數之文，說相之中，方列十四兩種類解。

釋妨中，說相列十，而云同僧，正相違故，此下釋通。

初出列相之意，故下以具戒自四比類，方列十四者，十即十戒，對上三歸，四即四重，對上羯磨。

若約僧尼，準如婆論，一一衆生，身口七支，以貪瞋癡起故，成二十一戒。

具戒中，論文且約單犯，一一衆生所對境也，身口七支，即所造業，戒所禁也。三毒即能造心業之本也，論舉有情非情三戒，一一亦爾也。

今義準張三毒互起，二三等分，應有七門，女人九處，男子八處，七毒歷之，女人身上得六十三戒，男子身上以已七毒惱他，得五十六戒，非情戒境各得七戒。

義準中，初離毒心三單，如論互起中二三者，謂複有三也。一貪瞋，二貪癡，三瞋癡等分，即具足一也。通上三單，共爲七毒，女人下離過境也，於七業中非婬可離，所以爾者，如婬一道，餘道無汙，殺有四處，隨一即死，故不須分。腦喉心腰七下以毒歷支，以支對境，一一支中各有七毒，對男女境合數可見，後二句歷非情境，則不可數。

以此例餘，法界之中，情與非情，各得諸戒，無量無邊，故善生中，五種爲量，衆生大地草木大海及以虛空，譬戒德量如前分雪。

二問答二初問七支攝戒二初問

二答三初答盡

戒疏見律刊本行宗記上卷八八卯七八九頁、義鈔續律刊本卷三第三頁

二答不盡二初正答

結指中善生五種統攝戒境但舉境比法故云譬耳非譬喻也雪猶理也

問七支攝戒盡不

問攝戒中以佛制戒其相非一而前對情境但說七支疑其未盡故申此問

答盡也設有不盡攝入七中如配戒種類所說

初答盡中配戒種類文出多宗戒疏義鈔並引止以四重攝一切戒種名乃通諸篇條相各自為種類名則局唯據殘下諸聚是種之類今明種類且約偏對種即四重根本異故類即餘篇枝條生故

縱有無量不出此四

又云攝戒不盡以罪性不同如殺打兩別能防體異故善生云除善惡戒已更有業戒所謂善惡法也故知根本七支所收業戒種類所攝

次不盡中初句立義以下釋所以殺打別者所防過異也（疏作輕重不同）能防異者對治行別也故下引證彼具云除十善業及十惡業（化教業道）善戒（制教七支）惡戒已（即不律儀）更有業戒所不攝者謂善惡法（此依古記所引）今鈔略舉善惡戒耳準此經文則以根本隔出業戒可證七支不攝餘戒故云故知等此二句若取偶

二料簡

二問戒儀差別二初問

二答

對合云七支根本所收或不改上句則下句合云種類業戒所攝在文順便今戒本中初篇四重及九十中兩舌毀呰口綺則七支戒除此已外皆業戒也（舊記以殺妄大小謂七支攝九戒非也此亦輕重不同何得相攝）問據此所解即應不立種類耶答前後兩解大途不異但前以七支總攝種類後以七支自為根本別立業戒統收種類多見妄解故此細釋

宜作四句一者善而非戒謂十中後三是也律不制單心犯也二戒而不善即惡律儀三亦善亦戒十善之中前七支也以不要期直爾修行故名善也反此

策勵故名戒也四俱非者身口無記

作句中前約根本種類統收眾戒然與業道容有相濫故須料簡初句後三者即貪瞋邪見化教所禁故名善律所不制故非戒四分重緣相同十業可入戒收若約菩薩十善俱戒如是知之第三句中初示相以下雙釋不要期者顯示世善無願體也反此者謂有要期受體然後如體而修

問戒與律儀行相差別如何

問戒儀中上明戒體周偏頗濫律儀故當分析

答通行無涯是律儀也對境禁約是戒儀也如比丘

〇三戒行。二：初標示

二解釋。二：初正釋。二：初對體辨行

具緣受已。見生不殺，望此一境名持殺戒，望餘四生名持律儀。若殺此生名犯殺戒，餘生不殺不犯律儀。若就惡律儀解，望殺一羊名持惡戒，望餘通類有生皆罪，是持律儀。

答中，初以義略分。行猶偏也。以律訓法，法即偏制。恆令不起，不待對事。戒者訓禁，禁即對過，防遏爲功，必約對境。二皆有相，故並名儀。如下舉善惡委示。又二：初善，二惡。尋文可解。

三者戒行，謂受隨二戒遮約外非，方便善成，故名戒行。

三戒行中，初科言二戒者，示現隨戒義，故方便言通，且約遠離對治之智。

然則受是要期思願，隨是稱願修行。譬如築營宮宅，先立院牆周帀，即謂壇場受體也；後便隨處營構，盡於一生，謂受後隨行。

正釋中，初文前約法明，要期即盡形斷惡，決絕之誓；思即緣境周偏慈愍之心，合此二心混爲一願，即受體也。稱願者，合上要思，即隨順義。譬下次約喻顯。初營宮宅，喻求聖道；下喻受隨，可知。營構謂造立屋宇。

二互顯相須

屋宇，他本作室。

二問答。二：初問

二答

若但有受無隨，直是空願之院，不免寒露之弊。若但有隨無受，此行或隨生死，又是局狹不周，譬同無院屋宇，不免怨賊之穿窬也。必須受隨相資，方有所至。

相須中，初敘互缺。先明缺隨，寒露者，喻無善蓋覆，弊謂困死，喻沉惡道。若下次明缺受，隨生死者，但是世善，非道基故。又局狹者，緣境不偏，惡心存故。穿窬謂穿壁窬牆也。由無外院，其間房室，容彼穿窬。此明無受防約，雖修善行，還爲塵擾喪失善根。如賊穿窬盜竊財寶也。必下示相須。

問：今受具戒，招生樂果，爲受爲隨。

問中，上明相須，其功一等。招生感果，必有親疏，故須顯示。

答：受是緣助，未有行功，必須因隨，對境防擬。以此隨行，至得聖果。不親受體，故知一受已後，盡壽已來，方便正念，護本所受，流入行心，三善爲體，則明戒行隨相可修。若但有受無隨，行者反爲戒欺，流入苦海。不如不受，無戒可違。是故行者，明須善識業性灼然，非爲濫述。

答中，初對顯親疏。上二句明受疏也；必下明隨親也。以壇場初受，頓起虛願，對境防約，漸修實行，行即成因。因能感果。故業疏云。故偏就行能起後習。不約虛願來招樂果。然受隨二法。義必相須。但望牽生。功有強弱。隨雖感果。全自受生。受雖虛願。終爲隨本。是則懸防發行。則受勝隨微。起習招生。則隨強受弱。教文用與。學者宜知。故下二別彰行相。又三。初成隨之相。一受等者。舉始終也。方便者對治智也。正念者攝妄緣也。護本受者隨順義也。入行心者。即示二持成業處也。三善體者。明業性也。則明等者。示必修也。以知感果。功在隨中。則知徒受不持。無益矣。若下。明無隨之失。爲戒欺者。功業

深重。犯致大罪故。不如不受者。激勵之切。非抑退也。是下。結誥。行者之言。通囑末代也。令善識者。誡精學也。一須識教。教有開制。二須識行。行有順違。三須識業。業有善惡。四須識果。果有苦樂。必明此四。始可攝修。業性等者。如向所明。順持違犯。善惡因果。皆如業理。非妄抑揚。令生信故。灼明也。

四分律行事鈔資持記卷第十六

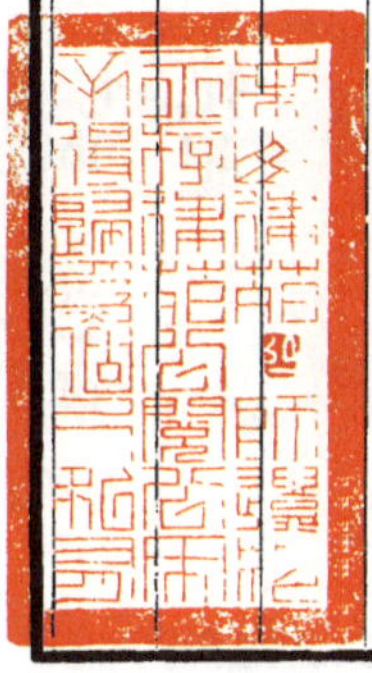

四分律行事鈔資持記卷第十七中一之四

宋餘杭沙門元照撰記

四明戒相

四戒相者。正當本篇。相有形狀。覽而可別。前明戒法。但述功能。次明戒體。唯論業性。後明戒行。略示攝修。若非辨相。則法體行三。一無所曉。何以然耶。法無別法。即相是法。體無別體。總相爲體。行無別行。履相成行。是故學者於此一門。深須研考。然相所在。唯指教詮。大略而言。即二百五十。篇聚不同。一一篇中。名種差別。一一種內。有犯不犯。一一犯

中。因果重輕。犯緣通別。舉要示相。不出列緣。緣雖多少。不出心境。罪無自體。必假緣搆。非境不起。非心不成。若曉此意。類通一切。皎如指掌。餘更如文。語相而言。有境斯是。緣則縣亙。攝心通漫。今約戒本。人並誦持。文相易明。持犯非濫。自餘萬境。豈得漏言。準例相承。薄知綱領。

敘意中。初敘相廣難持。有境是者。彰其偏也。緣者或指上境。或約心緣。縣猶遠也。通過未故。亙即偏也。周法界故。攝心漫者。凡心微劣。持奉難故。今下明本文顯要。則有三易。一人誦常聞。二文相有據。三條別不濫。自下遮疑。恐謂戒相既廣。但釋戒本。已外持犯。何由可通。故此釋之。準例者。準此例彼。一切類通。相承者。以彼承此。楷模不異。若達戒本。萬境皆然。解一千從。故云薄知等。

初篇

篇目者。篇聚都名。前篇已解。持犯總義。廣在後云。此則單錄別條。直顯行相。古來講解。例以刪定戒本。輒加注釋。乃用鈔文。牒釋戒相。顛亂祖乘。昏迷後學。爲弊斯久。卒難曉喻。今略點示。有識知非。早須廢捨。鈔是宗鈔。那得釋文。序云。若長途散釋。則

寡於討論。必隨相曲分。便過在繁碎。今反以宗鈔。牒釋戒文。深乖鈔旨。此一非也。含注戒本。自有解申。乃全依本文。一無改易。即戒序云。今依律本。具錄正經。仍隨佛解。即爲注述是也。但以翻傳詞尚淳質。故仍刪定。專被誦持。對於律解。義同文異。故皆注。殊乖祖心。（有云。未刪定時已注。故從古本。未知此意。）況以淺近浮詞。妄參聖語。雜碎科條。溷節眞經。嘗論紛紜。爲知知注釋須準古文。若但誦持。可依刪定。今則兩本自誤。此二非也。又章記至此。且入戒序科文解釋。至後戒條。例分爲二。一戒本。二鈔文。且此科文爲

屬戒本爲屬鈔文是則科段交參兩無所攝深非常途撰述之體此三非也又復以鈔釋戒殊不相符且如初戒云共戒同戒不捨戒等今鈔直列境緣曾無一詞相對雖强科配終成乖各此四非也又含注戒本全依佛語注釋精詳復有義疏解文委備當須徧學方盡始終今以鈔釋戒彼成無用即今律肆罕見傳通良由於此況剽竊疏文冒爲已注文無起盡義不周旋雖欲究尋終成徒爾必若鈔文釋戒後復撰疏何爲此五非也且略責五非極多不便今並刪削直點鈔文但摘撮本緣令

知端始或文略義壅則引疏決通或諸部互違則旁引比對欲知要旨妙識犯緣此乃釋相之綱宗持犯之樞鍵者也

婬戒已下例分爲三一謂所犯境二成犯相三開不犯法略知持犯廣如下篇餘義並如戒本疏中

婬戒 佛在毗舍離國須提那子出家已還本村與故二共行不淨因制僧祇婬戒五年冬分制餘三戒並六年冬分制

標中例分三者義通文別言義通者終盡眾學一一皆然文或有缺義必當具言文別者隨一一戒境緣不同一所犯者別簡境也二成犯者心境合也三不犯者心境互缺也略下指廣欲彰此處不涉義章下篇猶略故復指疏釋名制意義門開制古今別解釋疑會異盡在彼文今多不引或須相照時有鈔撮釋通文相無他意焉

初明犯境者僧祇云可畏之甚無過女人敗正毀德莫不由之染心看者越毗尼聞聲起染亦爾智論云婬欲雖不惱眾生心心繫縛故爲大罪故律中婬欲爲初又比丘法今世取涅槃故

犯境初科僧祇上二句示來報次二句彰現損言可畏者訶欲經云女色者世間之枷鎖凡夫戀著不能自拔女色者世間之重患凡夫因之至死不

免女色者世間之衰禍凡夫遭之無厄不至行者既得離之若復顧念是爲從地獄出還復思入又云女人之相其言如蜜其心如毒譬如清淵澄鏡而蛟龍居之金山寶窟而師子處之當知此害不可近也敗正者立事公正苟荒女色則無所成即彼經云室家不和婦人之由毀宗敗族婦人之罪毀德者修身立行或著女色則皆喪失即經云凡夫重色甘爲之僕終身馳驟爲之辛苦淨心觀云貪色者憍貪財者惛既憍且惛雖有餘德亦不足觀染下明制意然心行微細麤情不覺縱知違戒

制御猶難豈況悠悠終無淸脫請臨現境自審狂心或宛轉迴頭或殷勤舉眼或聞聲對語或吸氣緣根雖未交身已成穢業大聖深制信不徒然諒是衆苦之源障道之本是以拕腥臊而爲體全欲染以爲心漂流於生死海中焉能知返交結於根塵綱裏實謂難逃當自悲嗟深須勉強或觀身不淨卽是屎囊或諦彼婬根實唯便道或緣聖像或念佛名或誦眞經或持神呪或專憶受體或攝念在心或見起滅無常或知唯識所變隨心所到著力治之任性隨流難可救也智論中彼謂殺戒違

惱過重何以律中婬戒在初故此通之文有二義初約染著義若望違惱則殺重婬輕若論染著則殺輕婬重又下次約障道義以障道中貪欲重故比丘法者對簡菩薩歷劫度生不專自利故大乘戒殺初婬後比丘不爾所以反之然今所引但彰過重耳

四分中犯境謂人非人（天子鬼神等）畜生三趣據報則男女二形據處則女人三道謂大小便道及口男子二道此等婬處若覺睡眠若死未壞少壞但使入婬處如毛頭皆波羅夷律云牛馬猪狗鴈雞之屬莫問心

懷想疑但是正道皆重餘摩得伽論具明犯之分齊次科中四初列境相文三一以趣攝注云等者卽脩羅地獄四合爲一二約報有三該上六趣三約處亦三須通三報此下二定犯分齊文列四相二生二死相別可見如毛頭者斷犯處也律下三明不開疑想律云若道作道想若疑若非道想並波羅夷文舉畜趣餘趣同然餘下四示異彼約根節論犯分齊口要過齒二道過皮此律毛頭微入卽犯性重宜急不必待過戒疏云極微尙犯何況餘者是也

然婬過麤現人並知非及論問犯犯皆結正約相示過耳不欲聞或致輕笑生疑生怪故善見云法師曰此不淨法語諸聞說者勿驚怪生慚愧心志心於佛何以故如來慈愍我等佛是世間王離於愛染得清淨處爲愍我等說此惡言爲結戒故又觀如來功德便無嫌心若佛不說此事我等云何得知波羅夷罪有笑者驅出

三中初敘情見上二句縱其所知及下示其制重問犯謂究問教法也約下述其愚暗此有四過一生厭惡不欲問故二無尊重生輕笑故三無深信

疑非佛說故。四不正見怪作是說故。故下引誡法師，即論主，將集此戒，故先約勸。文中三：初遮眾情，生下教觀察。生慚愧者，克己自責也。世間愚人，誰能反照。身行鄙穢，殊不省非，及聞教說，反生驚怪。汝必惡聞，何如不作；汝既自作，何得惡聞。此由不知於大慈門說毗尼藏，全是指出眾生惡業。若能知業，豈復有教。嗚呼凡愚，迷倒至此。志下令觀勝境。初觀佛慈，又下次觀佛德，若下後觀佛教。有笑下明立制。

二成犯相。二初列示犯緣。二初總標。二別釋。二初自造

次成犯相，有二緣。一自有婬心，向前境，縱有裹隔，互

障，但入如毛頭，結成大重。具四緣成：一是正境，男則二道，女則三處。二興染心，謂非餘睡眠等。三起方便。四與境合便犯。

犯相中初科以自造他逼犯相有異，故列兩緣。前約趣境論緣，由本有心，故就身明犯。後約境合辨緣，既開身交，故就心明犯。初緣先示犯相，次正列緣。裹隔者，用物裹根以隔之。律文四句皆犯：一有隔有隔，彼此俱有。二有隔無隔，此有彼無。三無隔有隔，此無彼有。四無隔無隔，彼此俱無。善見云：於女三道，或以樹葉，或衣，或熟皮等，隨得物而用隔也。第二緣註云等者，即不犯中一切無婬意、癡狂心亂等。

二怨逼

二者若爲怨逼，或將至前境，或就其身，佛開身會，制令不染，亦具四緣：一是正境，不問自他。二爲怨逼，三與境合，四受樂便犯。善見云：婬不受樂者，如以男根內毒蛇口中，及以火中，是不染之之相。

怨逼中初示相，有二：一逼己婬他，二爲他婬己。開身免難，制心護體。遭婬尚易，持住尤難。自非久習淨心，直恐未逃刑網。善下示護心法。本謂女根，故生染著；今爲蛇火，乃生厭懼。以心隨境轉，必其然乎。

二料簡犯相。四初戲笑

問：此婬戒結犯，通戲笑不？如以小兒根內口中弄，故無婬心。答：婬心難識。準律云：愛染汙心是婬欲意，並犯重罪。五分：若刺者是戲，偷蘭；非戲者重。受刺者亦爾。十誦云：口中要過齒成犯，餘二道無開。

次料簡中初科問中上申疑問，如下示戲笑之相。然大小二道難論戲笑，故但約口道明之。答中初示婬心，即摩觸戒釋婬意文。並下斷犯，如調部中有乞食比丘見小兒根起，遂著口中，生疑白佛，佛言：波羅夷是也。五分下引證，則通兩判。彼因比丘以根刺他口中，生疑白佛，佛斷如文。刺者即毛頭相同。今宗非戲者即有欲心，同上所判。受刺亦爾。

二怨逼

約比丘言之。次十誦中。上論戲笑皆約口道。觀其引意似決上犯。復似顯別。學者詳之。口道同伽論。二道同四五二律。

四分云。若爲怨家彊持男根令入三犯境。於三時心無有樂皆不成犯。隨始入入已出時。一一時中有婬意皆重。若爲怨家強捉比丘二處行不淨。初入覺樂犯重。乃至裹隔四句亦爾。脫有其事。內指口中齧之。唯覺指痛則免重罪。如前論說蛇口火中可也。

怨逼中三。初示犯相。文二。前明逼已造他。律中但據初入覺樂。今約三時收始終故。若下二約爲他

造已。文依律引不云三時。準前類解。乃下次明裹隔四句同前。造他造已並同犯故。脫下後教對治方法。

三境壞

律云。死屍半壞多分壞及骨間行不淨偷蘭。此婬戒結犯不待出精。但使骨肉間行者皆偷蘭。若元作出精意精出犯僧殘。如戒本疏說。由元非僧殘意故。但是正道皆犯。故善見。縱使斫頭斷及死人口中頸中行婬亦重。

壞境中。初示犯。此下二簡濫。以境通兩戒犯隨心別故須辨之。文又分三。初示當戒分齊。若下二約心簡濫前簡漏失。由下後顯今戒。指戒疏者。彼問死屍半壞行染得何罪。答有二緣。若唯重婬意入便偷蘭。縱出不淨不犯僧殘。若欲喜樂意者。如十誦五分。乃至骨間出不淨殘。不出止蘭。故下三引證。斫頭即少壞。死即未壞。同前結重。然引重證輕。文似不合。但由彼論既約婬心。可證非僧殘意。止就婬戒結蘭明矣。

四教他

律云。若僧尼互相教作。作者能教犯偷蘭。不作犯吉羅。下三眾相教。作不作俱犯吉羅。作者滅擯吉羅爲異。乃至下篇同犯吉羅。

教他中。初明僧尼蘭吉二罪皆結能教。所教可知。通論四重能教不同。婬則樂在前人。妄則名利擁彼。二犯並輕。殺盜二戒損通自他。能所皆重。次示三眾罪唯一品。上明能教。作者下簡所教。注中通示下眾犯相。不論相教。

三向不犯

三明不犯中。若睡眠無所覺知。謂開怨來偪己身分。不受樂。謂開怨家將造他境。一切無有婬意。無愛染污心故。並不犯。

不犯中三。初開無記。二開對治。覺知造逼亦此所攝。三開非意。如上戲笑非重之類。文云一切通收眾緣。

〇二盜戒三 初標名

二釋相二 初敘意

詮字他本作銓

二列釋三〇初所犯境二初總列律境

第二盜戒

盜戒佛在羅閱城檀尼迦比丘在靜處作瓦屋佛令打破遂取王材王臣訶責因制疏云非理損者爲盜公白取者曰劫畏主覺知爲偷盜名通攝故特標之

性戒含輕重也性重之中盜是難護故諸部明述餘戒約略總述而已及論此戒各並三卷五卷述之必善加披括方能免患有人別標此盜用入私鈔抑亦勸誡之意也終須徧覽故詮次列之

敘意中初示相難護上句總示性戒次句局就四夷下句獨顯今盜含輕重者通夷殘蘭提故下

二據諸文顯難前示律論僧祇釋盜涉五卷十誦四卷善見三卷有下次指別鈔未詳何人終下三生下所述上句明考前諸文下句示後科

初犯境之中謂六塵六大有主之物他所各護非理致損斯成犯法若無主物及以已物或爲緣差境奪心想疑轉雖有盜取之心而前非盜境並不結犯唯有本心方便

釋犯境中初示境六塵六大攝盡一切如下自釋若下二明闕緣文二初別示闕相上二句及下境奪並名闕境非畜物替故云奪也言緣差者互闕不定或心息物移前事阻礙等言想疑者即闕心也於人物上異想有三謂非人畜生及無主也疑亦同之雖下通結非犯一往觀文似結闕境然據闕心前境雖定若望正作非畜物疑想時心不相當亦非盜境故下總云唯有本心方便驗非偏判也方便即偷蘭廣如下篇明之

二別問無主

問何名無主物答善見云子作惡事父母逐去後時父母死者是物無主用則無罪薩婆多云二國中間兩邊封相其間空地有物是名無主又云若國破王走後王未統此中有物文是無主即如俗令山澤果

藪不令占護若先加功力不得盜損

別問答中示相有四初見論約人家以明西天可爾此土屬官則非無主婆論二種初即可用第二須約國亂無主物處亦無官典守護取則無過封相即封土作疆界處即下一種據俗令者恐是唐令既不令占即無所屬故是無主若下今例加功占據還成有主

〇二成犯相三 〇初總列六緣

二成犯相中總緣具六種一有主物二有主想三有盜心四犯物五興方便六舉離本處必具成重

犯相中初文準疏但有五緣無今第五彼問云今

此盜緣無方便者答損財明盜便成重罪有盜成重罪不假方便恐涉濫故縱有方便亦俱不明但知未離已前並方便攝今鈔不釋意亦可見總括犯緣不出心境一四卽境二三及五是心六中兼二心境合故

今依犯緣次第解釋就初緣中大分三位一盜三寶物二盜人物三盜非畜物

初中先明知事人是非然後解盜用差別

初緣三寶物中先簡知事

所以然者若不精識律藏善通用與者並師心處分多成盜損相如後說

初科上句徵覈何故先明若下示意如後者卽互用及瞻待中

故寶梁大集等經云僧物難掌佛法無主我聽二種人掌三寶物一阿羅漢二須陀洹所以爾者諸餘比丘戒不具足心不平等不令是人爲知事也更復二種一能淨持戒識知業報二畏後世罪有諸慚愧及以悔心如是二人自無瘡疣護他人意此事甚難等

次科兩經合引文理同故初示難護僧物有主用與多過是故難掌佛法無主用與由人文復難矣

我下簡人初簡聖人文舉初後二三兩果何以不明或可知故或約二惑究盡處故更下次簡凡夫初人知因後人懼果或可上簡精持下容犯悔無瘡疣者喻能離過故

聖教如此卽爲大誡因卽犯者愚癡慢故所以律云我說此人愚癡波羅夷等並謂不依佛教師心冥犯大罪

申誡中初指前經因下示制罪今時學律侵損僧物如已所有不識業因不畏來苦覩此慈訓不知愼護斯地獄人不可拔也

今料簡三寶物四門分別一盜用二互用三出貸四將三寶物瞻待道俗法

盜用中標分四門上三通論三寶後一唯明僧物

初中盜佛物者正望佛邊無盜罪由佛於物無我所心無惱害故但得偸蘭以同非人物攝故

初門佛物中初科正明言同非人者若據非人擲卜而取非無我所但望惱微與人相降今殿塔靈儀有同神像故得例同

十誦盜天神像衣結偸蘭涅槃又云造立佛寺用現華鬘供養不問輒取若知不知皆犯偸蘭

引證中初舉例證文如後引次引文證言不問取

者。即盜相也。知即識法故違。不知謂愚教迷犯。古云大乘約境判者非也。此即愚癡波羅夷之類耳。言犯蘭者。正望佛結。縱有主掌。經家不論。然罪名雖輕。據業則重。

若有守護主者。三寶物邊皆結重罪。無守護主。望斷施主福邊結罪。

望主中。初文兩判可解。施主即本主也。結罪者。準下犯夷。尼鈔亦直云結重。有云犯吉非也。

故鼻奈耶云。若盜佛塔聲聞塔等幡蓋。皆望斷本施主福邊結罪故。五百問中。塔上掃土淨地棄之。不得惡用。

引證中。初文彼因波離問佛。鈔引佛答。彼云。謂檀越施與塔寺。斷彼施主福。成棄捐。不受。波羅夷翻為棄捐。捐亦棄也。不受即不共住也。引五百問。彼云。佛塔上掃得土棄之有罪。不答得棄不得餘用。引此似證損福。

摩得勒伽云。盜非人廟中物。有守護者犯重。

次證中。初例證者。則知非人罪通兩結。佛亦同之。

十誦。盜佛圖物精舍中供養具。若有守護。計直成犯。善生中。亦從守塔人得重罪。不望佛邊結之。

次十誦及下善生並是顯文。佛圖即全梵語。或召塔者。亦以藏佛遺身從人為目。

所以約守物人結者。如盜人物中分別。

所以中。指如後者。下明不勤掌錄有填償義故。

必盜而供養無犯。薩婆多論盜佛像。十誦中偷舍利。並淨心供養。自作念言。彼亦是師。我亦是師。如是意者無犯。

盜供養中。初中二文不異。故合引之。云淨心者。即非盜業。自下示淨心相。

摩得伽中。盜佛像舍利不滿五故偷蘭。滿五犯重。薩婆多云。謂轉賣者。若佛塔中鳥死。及得餘物。但供塔用。餘用犯盜。

次文。初伽論結犯與上相違。下引婆論決之。既為轉賣。明非淨心供養故犯。若下明餘可轉賣還歸佛用。

盜法者。法是非情。無我所心。律中結重者。望守護主結也。

第二盜法。正盜中。初科。佛是有情。可同非人。法則不爾。但望掌護。以論犯故。

文云。時有比丘盜他經卷。佛言。計紙墨結重。佛語無價故。十誦摩得伽薩婆多並同。望護主結。五分。盜經者。計紙墨書功。滿五犯重。摩得伽云。偷經物。滿五得

重不滿犯輕
引證中四五二律約計紙墨言通兩主十誦伽論
明指護主
五百問中不得口吹經上塵土像上準同若燒故經
得重罪如燒父母不知有罪者犯輕
損壞中準論此有兩節前段中彼問經上塵土草
穢得吹去不答不得吹吹犯捨墮像上同者鈔家
義準竊詳論意恐成觸汙輕慢經法須以淨物拂
拭不可口吹故制罪耳（舊云損色未必然也）若下即引後段
彼問戒律不用流落可燒不答不得不知有罪燒

捨墮（今云犯輕是也）若知燒有罪故燒犯決斷（即偷蘭今云重者對上墮故）
與方便破僧同（以壞法故）亦如燒父母（法身由生故舉此決）
（上犯蘭同二逆故）準此且望無主為言必是有主理從上
判（多見錯解故具引釋）古云如燒故經安於淨處先說是法
因緣生偈已焚之此乃傳謬知出何文引誤後生
陷於重逆疏云有人無識燒毀破經我今火淨謂
言得福此妄思度半偈捨身著在明典兩字除惑
亦列正經何得焚除失事在福也準此明誡足誡
前非必有損像蠹經淨處藏之可矣
十誦借經拒而不還令主生疑者偷蘭此由心未絕

故爾
三中借拒犯蘭此結方便若心決絕則至果本
正法念云盜寫祕方犯重
四中盜寫祕方此非經教與法類故須約前人悋
護計直定犯
問如論中盜像舍利供養無犯盜經亦同一向結重
者答佛得遙心禮敬法須執文讀誦故地持云不現
前供養名大大供養等若欲互舉亦互結犯如人造
像專心為己不通餘人可不結重造經為他隨能受
用豈可結罪

問中牒前多論相例為問答中二初約禮誦以判
若下次約互舉決通初中遙心敬者過去色相意
可緣故執文讀者現前色塵眼可對故縱能暗誦
亦容忘故故下證成彼云有三種供養所謂現前
供養得大功德不現供養得大大功德共現前不
現前供養（或眼觀或心緣）得最大大功德是名菩薩自作
供養今取第二以證上義二中即鈔主義決在文
既局據義則通故知佛法並具通塞
盜僧物者有護主者同上結重若主掌自盜準善見
論盜僧物犯重

二列釋四種二 初總標

二別釋四 初常住常住

二十方常住二 初定犯

僧物中初科兩結望守護者餘人盜也主自盜者即知事輒用互用等或無主掌餘人亦同上通四種下局初位

然僧有四種

列釋標中僧物雖多四種攝盡初屬處永定不可分判故雙疊之二雖局處隨人分食故云十方第三人局現數物據即分故雙云也四物雖即分入無定限羯磨遮約故名十方約名定體物分四別如下自明

一者常住常住謂眾僧廚庫寺舍眾具華果樹林田園僕畜等以體通十方不可分用總望眾僧如論斷重僧祇云僧物者縱一切比丘集亦不得分此一向準入重攝

別釋常住中初簡物體疏加米麪準五穀醬菜饌食眾物皆此所攝以下斷犯如論即善見引僧祇證言縱一切集者恐謂當界不可分徧十方集則可分故

二者十方常住如僧家供僧常食體通十方唯局本處若有守護望主結重同共盜損應得輕罪

二十方中初簡體疏云如飯餅等現熟之物本擬

二引示二 初明輒用

二不作相

十方作相同食是也有疑醬豉為熟物判在十方者今以意分不問生熟但使未入當日供僧限者並歸前攝如貯畜鹽醬是常住常住取入日用即十方常住體下二斷犯同共者主客同心無掌執故得輕者即偷蘭罪疏云以僧分業無滿五故問常住常住亦無滿五何以重耶答分不分異重輕致別

僧祇云若將僧家長食還房得偷蘭善見云若取僧物如己物行用與人得偷蘭（準共盜僧食）若盜心取隨直多少結是名第五大賊（準似有主）毗尼母亦爾

引示中初科僧祇長食非已分者善見五賊並謂竊法求利故彼云非梵行自稱是梵行受諸施者名第一大賊而惡比丘偷善比丘法求名利養名第二大賊謗諸賢聖偷竊聖法名第三大賊以僧重物餉致白衣妄取其意是第四大賊第五如鈔引前段犯蘭註云共盜者文中但云取同已用故後段犯重注有主者文標盜心故母論同故不引

薩婆多善見不打鐘食僧食者犯盜又空寺中客僧見食盜啖者隨直多少結罪（準此如上偷蘭）

不作相中上下兩段不顯罪名注文並斷蘭者以

不打鐘，或結主掌，或通主客。次空寺中，顯是無主。亦由不作相，犯準必作相，理得啖之。

三者現前現前，必盜此物，望本主結重。若多人共物，一人守護者，亦望護主結重。

三中不出物相。疏云：如今諸俗，以供養僧，無問衣藥房具，並同現前僧也。文通二主，本主者，即本施主。

四者十方現前。如亡五眾輕物也。善生經云：盜亡比比物，若未羯磨，從十方僧得罪輕（謂計人不滿五，但犯偷蘭）；若既羯磨，望現前僧得罪重（謂人數有限，則可滿五夷）。若臨終時，隨亡

人屬授物，盜者，約所與人邊結罪。

四中初示物體，文出一相。或是檀越時非時施，並同此攝。善生下斷犯三段。初中，未羯磨者，準下分衣具列二法，約後付分以定限齊。注犯蘭者，同上十方常住也（古云：結無邊蘭，準戒疏、尼鈔止云犯蘭，若犯無邊，為結多少？太成浮漫，此無所出，講者猶傳）。次段注斷犯夷，有人云：總望現僧盜五成重。同前常住常住之例。又云：現前百僧，須盜五百方成滿五，減則得輕。問：秉羯磨已，即付五德，此同主掌，何不望結？答：此據出物正作法時，爾前必有知事看守，應從守護結重，後付五德，令為僧分。

現物屬僧，即非掌護。若下三明囑授，既屬別人，不望僧結，準亡物中囑授不決，還同僧物，如上所判。

四分云：四方僧物，若僧若眾多人若一人，不應分，不應賣，不應入己，皆犯偷蘭。

別示斥妄中，初文出房舍犍度。彼因世尊從迦尸國與五百人至鞞連國，彼有四比丘先分僧物為四分（一伽藍房舍，二瓮瓶釜鑊，三牀褥臥具，四竹木華果），乃至舍利弗目連至彼住處，白佛因制，如鈔所引。

因即有人言，若盜僧物，云不成盜，便即奪取。此未見諸部明文，若奪成重。

二中彼執律文，言盜僧物不犯重罪；或有盜者，便即奪取，意謂律中不許奪賊物者，由成重故；既不成重，奪則無過。此下斥其寡薄，諸部明文，即見下科。

四分暫礙僧用，故結輕。若永入己，同善見斷重。五分：盜心貿僧好物，直五錢犯夷，一錢已上犯偷蘭。大集云：盜僧物者，罪同五逆。

三中初通前本律結蘭之意。若下次準他文決通妄執。善見如前引。僧祇亦然。五分益顯。大集化教，例同逆業，重可知矣。

然盜通三寶僧物最重隨損一毫則望十方凡聖一
一結罪故諸部五分中多有人施佛物者佛並答言
可以施僧我在僧數施僧得大果報
彰過中初文上二句推過重隨下示重相十方凡
聖總收五眾三乘因果也二一結者非謂多罪但
此一夷總望多境故云一一耳故下引文示四分
瓶沙施佛園末利夫人施佛衣佛答同此僧有二
種一羯磨僧二應供僧佛不入僧秉法而同僧受
施故云我在數也
又方等經云五逆四重我亦能救盜僧物者我所不

救餘如日藏分僧護傳等經廣陳
次科初引經文特舉逆重以彰極惡我不救者以
佛威神不可加故非捨棄也餘下指略日藏分具
云大方等日藏經彼第二云佛告頻婆娑羅王破
戒之相所謂不樂供養三寶和尚闍梨亦不信重
乃至常貪利養名聞等事亦盜眾僧田宅園林奴
婢象馬駝騾牛驢等物是破戒相失比丘法應當
擯出又云破戒之人無有慚愧以劫盜心取彼僧
物以爲己有如法比丘遣令出眾若不出者應告
國王有勢力者驅逐令出若王不遣如法比丘默

然捨去等僧護傳本名爲經即明僧護比丘遊海
邊見地獄等事彼云僧護至一寺聞揵椎聲入僧
坊已見僧和集食器敷具人及房舍悉皆火然又
入僧塔見諸比丘坐於火牀互相爪劃肉盡筋出
五藏骨髓亦如燋炷後還祇桓白佛佛言汝初見
寺乃是地獄迦葉佛時是出家人四方僧物不打
揵椎眾默共用以是因緣受火牀苦汝見第二寺
亦是地獄迦葉佛時是出家人檀越造寺四事豐
足檀越要打揵椎諸比丘不打客比丘來不得飲
食受火牀苦迦葉佛涅槃已來受如是苦至今不

息二經甚廣恐煩不錄請觀業果幸宜改迹
五百問云負佛法僧物縱償還入阿鼻而得早出何
況不償者永無出期因說三藏法師還債佛云云
三中彼云久負佛物云何償答直償本物（依本物還也下
出所以云）以佛物不出入故不加償雖爾故入地獄續
引因緣云佛泥洹後一比丘精進聰明能說法使
人得四道果（以此故云三藏法師）因與婆羅門女作不淨行
遂用佛法僧物合一千萬錢（今一萬貫）後詣沙佉國乞
大得物欲還償之路中爲七步蛇螫彼知七步當
死六步內便向弟子處分償物遣還本國償訖還

報卽起七步便死墮阿鼻初入未熱謂是温室便舉大聲經唄呪願獄鬼聞之數千人得度獄卒以鐵叉打之命終生三十三天今文撮略故云縱償等何下鈔家深誡引此以明縱償入獄以彰報定諸有聞者宜應極誡而有愚人自矜講學云我墮獄亦應早出然彼法師精進聰明使人得道又自塡償今時誰爾輒攀高例此深不達祖師引意後學聞說急須掩耳於三寶物敬護遠離必妄矜持自貽殃禍佛不能救況餘人乎

二明互用又分四一三寶互二當分互三像共寶互

四一物互

二互用四門從寬至狹初互可知二當分者各就一寶論彼此故三像寶者各就彼此分事理故四一一者各就事中物類別故隨釋自見

就初中如僧祇寺主摩摩帝互用佛法僧物謂言不犯佛言波羅夷謂知事人取僧糧食器具及以牛馬爲佛像家營事使役並得正重將佛法物僧用亦爾廣文如彼律

初通明中前明佛判摩摩帝是梵語卽知事人謂不犯者彼以好心非入已故謂下示互用相彼因佛塔無物衆僧有物遂取僧物修佛塔故下指廣文大略如上

寶梁等經云佛法二物不得互用由無有人爲佛法物作主故復無可咨白不同僧物所以常住招提互有所須營事比丘和僧索欲行籌和合者得用若欲用僧物修治佛塔依法取僧和合得用不和合者勸俗修補若佛塔有物乃至一錢以施主重心故捨諸天及人於此物中應生佛想塔想乃至風吹雨爛不得貿寶供養以如來塔物無人作價故

次辨通塞受用物中初文三節前明佛法不互文

列二義一無主二無可白不同下次簡僧物開通

初句顯異反上二義故云不同所以下明互有二一者僧別互常住招提是二者通佛用僧物治塔是以法白和皆非互故若佛下三示不開之意文敘佛物法物準同

若準此意佛堂之內而設僧席僧房之內安置經像妨僧受用並是互用由三寶位別各攝分齊故若無妨暫安理得無損文云不得安佛下房已在上房也

次科初句準經佛下明不合若下示暫開下引戒文顯知佛在僧房可證暫安無妨

三釋招提

四証暫用

問。招提常住等是何物耶。答。中含阿難受別房用施招提僧菴婆女以園施佛爲首。及招提僧文中不了。準此房宇等是招提僧物。華果等是僧鬘物。

三中前云招提恐昧其相故特問之。答中初引經兩節。前引阿難轉施名相甚顯。疏云中含施招提僧房所謂別房施是也。謂施主置房施十方僧。別自供給不涉衆僧常住。故有和送而非私房故名招提常住也。次引菴婆女施即頻婆娑羅王女以金瓶行水白佛毗舍離城所有園苑最勝並以奉佛。應是最初園施故云爲首。文下決判言不了者

但云園施相不顯故。準此等者以園中必有房宇華果等物。故作兩判。僧鬘者今鈔且取華果結鬘之義。疏云經中僧鬘物者（名出涅槃）此梵本音據唐言之對面物也。即是現前對面之施耳。鈔引昔解謂華果者隨字顯相乖事義也。（疏文）準此經中園施言招提者但是別指房宇耳。

五百問本非佛堂設像在中比丘其宿臥作障隔者不犯。由佛在世亦與弟子同房宿故。

四中此似復示暫安之義。但文不相接彼論具問非佛屋佛像在中可在前食臥不答得食若佛在世猶於前食況像不得但臥須障。今止引臥文。彼不明罪相。今云不犯者與佛同處本得小罪故。

二明人畜

十誦佛聽僧坊畜使人佛圖使人乃至象馬牛羊亦爾。各有所屬不得互使。

人畜中但明僧佛二寶。法亦同之。

薩婆多四方僧地不和合不得作佛塔爲佛種華果。若僧中分行得已聽隨意供養華多無限者隨用供養。若經荒餓三寶園田無有分別無可問白若僧和合隨意處分。若屬塔水用塔功力得者僧用得重。若功力由僧當籌量多少莫令過限。過則結重。

田園中初科多論文有四段。初明僧地不和不得佛用。和則通得。若僧下二明僧園華果得供佛用。言分行得者別人已分故。言無限者有餘賸故。若經下三明園田混雜開不成互。若屬下四明用水得否屬塔水者或在塔地或但屬塔用。塔功力者即治塔人經營而得。彼言若致功力是塔人者應賣此水以錢屬塔不得餘用。用則計錢。今但略云僧用得重。（古云語倒合云者得不見彼文故也）若由僧下彼云若塔無人致水功力一由僧人。（謂無營塔人即顯功過由僧得故從僧用）限重者亦據用有制限約水多少計直判罪。

十誦僧園中樹華聽取供養佛塔若有果者使人取啖大木供僧椽梁用樹皮葉等隨比丘用亦得借僧釜鑊瓶盆等雜用

十誦中初明華通供佛如上或已入已或有餘賸故若下明果木供僧樹皮下明雜物開別皮葉等物理得永用釜鑊等物但開暫用

毗尼母云已處分房地種樹得木後用治房不須白僧僧木治塔和僧者得

母論僧樹初開私用不須白者先已得法即同白故下明治塔即通佛用作法開故

僧祇院內樹薪應準多少供溫室食廚浴室別房不得過取若無定限隨意多少應取乾枯者若僧須木用或有樹在妨地而施主不許者使淨人以魚骨刺灰汁澆令死然後語施主知後乃斫用若僧田宅連接惡人得語檀越轉易

僧祇有三初明取薪通局溫室即今火閤也取乾枯者護壞生故若僧下次示取樹方便或僧須用或在妨處有此二緣故開取用魚骨灰汁生樹所忌然使淨人須作知淨若僧田下三開轉易

四分瓶沙王以園施佛佛令與僧等故知三寶不得

二準文誡法

互用便勸施僧僧猶得供佛法也若本通三寶施者隨偏用盡不得破此物以為三分則乖本施心故

四分中初引示故下準決初明三寶通塞若下次明本通隨用

善見云伏藏中物若為三寶齋講設會得取無罪

善見伏藏應在三寶地中還歸三寶用故無罪反明自入取離成盜若非三寶地如入物中無我所心無守護望主成犯

上律中乃至別人得用僧薪草者此要須具戒清淨應僧法者如律所斷財法皆同若行少缺乖僧用者

得罪無量廣如前經中又如傳云由取僧樹葉染作雜用罪籍藏在石函身皆入地獄受苦斯由戒非全具心無慚愧故耳有心行者自隱而參取焉

誡詰中初牒前文即十誦隨比丘用僧祇供別房也此下明可否初簡合用言具戒者成就自行也應僧法者堪入眾法也若下次明不合反上二行指前經證者即方等大集等經又引傳者即高僧傳彼云齊州靈巖寺有僧暴死見觀音舉一石函出記眾僧罪籍並為取僧樹葉柴薪等此僧還活具陳於眾斯下出所以有下伸誡信法向道名有

心厲已攝修名行者自隱者令審己也參取者令
詳教也前引經律緩急互見量德全缺隨依用之
二當分互用謂本造釋迦改作彌陀本作大品改作
涅槃本作僧房改充車乘皆望前境理義可通但違
施心得互用罪律云許此處乃與彼處及現前堂直
迴作五衣並得罪也
當分互釋中初列三寶大品即般若經皆下斷犯
理可通者釋迦彌陀並是果人般若涅槃皆出正
錄房舍車乘並常住常住故違施心者乖本願也
文中不出罪名準下善見迴供彼像十誦盜與餘

寺皆犯吉羅律下引證初引迴僧物戒準律只犯
吉及下引尼律尼在露地說戒居士施錢造堂彼
云說戒隨處並得今可迴作五衣施主知已譏嫌
佛制尼提僧吉二文並證違施心犯
若本作佛迴作菩薩本經末論等則情理俱違本造
正錄雜錄眞經乃造人集僞經者因果全乖決判得
重福無福別邪正雜故
佛法物中初科前明經像本末互言俱違者違情
即乖本施心違理即本末全別顯其過重須同下
判本造下次明經卷眞僞互文中二錄通指藏錄

謂入此錄中經皆眞經也因下判犯福下示犯所
以
若東西二龕佛法財物有主不合無主通用
次科龕即是塔有主謂各有掌護無主謂無別主
管
若元通師徒及眾具供養者理通得作而不通牛馬
雜畜非義之人五百問云用佛彩色作鳥獸形得罪
除在佛前爲供養故
三中言元通者如人施財擬造一殿不定在佛師
即是佛徒即菩薩弟子之類牛馬等物並非佛家

所宜故不通也非義人者除神王部從餘不合者
皆名非義五下引證初制罪者謂別用也除供養
者開元通也引此決上所宜用者亦得作之彼又
問佛物得作天人世人畜生像否答佛邊得作
善見若施主本擬施園果爲衣服湯藥等盜心迴分
食者隨計結重若擬作僧房舍重物而迴作僧食犯
偷蘭若住處乏少糧食各欲散去無人守護者和僧
減用上園果等重物作食主領守之乃至四方僧房
亦得若房破壞賣麤者以相治補若賊亂世聽持隨
身賊去靜時還復本處欲供養此像迴與彼像吉羅

第八第九第十卷中論盜戒大微密

僧物中初科二段初明互僧物欲供下次明互佛物初中又二前明迴互擬施園果等者謂施主施園果所出財利供僧四事主者分食此迴常住常住爲現前現前而有盜心故犯重罪也次擬作僧房重物即錢寶等迴作僧食者此迴常住常住爲十方常住而不云盜心或是僧食有闕但不和僧輒用故犯蘭也若住下次明開互爲護住處和僧故開初迴園果作食乃下開貿現房作食若下明貿房治房若賊下明暫移糧食互佛物中結吉者

迴互彼此違施心故第下指廣卷軸既繁不可撮錄須者看之

十誦勒伽云持此四方僧物盜心度與餘寺吉羅以還與僧不犯重也僧祇若在近寺破無臥具供養者通結一界彼此共用

次科初引十伽結吉不作法故次引祇律通結免出界故

五百問中白衣投比丘未度者白僧與食若爲僧乞白僧聽將僧食在道若僧不許或不白行還須償不者犯重若供僧齋米僧去齋主用供後僧打揵稚得食若不打者一飽犯重

雜用中初科引論三門初明供給未度彼云白僧得不白犯墮若下二明將持在道還須償者準持去時先作還心不爾離處即犯此爲僧乞尚爾今多爲己輒取僧物制罪雖同來報不等若下三明食用齋米供僧米者即屬常住常住前後得食作相免過準前不作相例須結蘭今云犯重應望盜僧齋米非盜食也舊云熟食應蘭論云犯棄故知非矣言一飽者彼論結犯以一食爲限然飽無分齊準須計直

準上不得輒將僧食出界而食本無還心者犯重雖

復打鐘猶不免盜以物體攝處定故律中共利養別說戒者須作羯磨和僧方得若直得者何須同界同法也若爲僧差遣使路非乞食之所和僧將食在道亦不必作相準善見守寺之文

義決中初科爲二前明不白定犯初牒前論文雖下斷犯雖打鐘者恐謂在道作相無過故以下示犯所以律下例證四種界中食同法別如結界所明若爲下二明白已免過下指所據文如上引準彼和僧減用之義檢對可知

若寺莊磑不必和僧彼此通用住處各鳴揵稚通食

次科寺莊者。處別物通。不勞和法。磑五內反磨也。謂磨米麪之處。

若行至外寺。私有人畜用僧物者。犯重。以施主擬供當處住僧。不供別類。非是福田故。僧家人畜犯吉羅。

三中。即如世中將帶僕畜往至他寺。用常住物。文有二判。初明私有犯重。以下示犯意。僧家下次簡僧者結輕。彼此通給。但不白故。又須所營同是僧事。雖云僧僕。私幹亦重。今時禪講殊不避此。可為悲哉。

三像共寶互。謂住持三寶與理寶互也。

三像寶互標中。三寶有四位。初一體。（眾生心性具覺了軌持和合義故。此局大乘。）二化相。（釋迦四諦五俱鄰也。）三理體。（五分法身滅諦涅槃學無學功德也。）四住持。（形像經卷削染也。）上之二種則非所論。三四兩位俱通末代。施心不同。故必簡濫。然寶名乃通。今且就局。像即住持寶。唯理體。

薩婆多問。佛在世時。諸供養三寶物中。常受一人分。何以滅後偏取一大分。

次科通問中。約化相佛以難理佛。一人分者。應供同僧故。一大分者。三寶位別故。

答。佛在時色身受用。故取一人分。滅後供養法身功德勝僧。故取一寶分。又佛在時言施佛者。則色身受用。言施佛寶者。置爪髮塔中供養法身。法身常在世間故。

答文初約存沒生法不同。又下次約現在施語有異。然文中但約化理相對。不言像者。以化例像可以準同。

若施法者。分作二分。一分與經法。一分與誦經說法人。若施法寶。懸置塔中。

法中亦約施者之意。初言通故。人法兩用。下云寶者。以別指故。準知西竺三寶皆置理塔。

若施僧寶。亦著塔中。供養第一義諦僧。若施眾僧者。凡聖俱取分。以言無當故。

僧中兩判。在文可解。初果已上號第一義僧。內凡已下名世俗僧。無當謂不的指也。

準此受施之時。善知通塞。勿令互用。致有乖失。

誡語中。上座知事審究施主。此土道俗不知像理。受用不同。所施通汎。言無指的。止是住持。絕聞理寶矣。

四隨相物中自互。

四一一互者。此與當分不同。如佛一種當分乃對

二釋三初佛物二初總標

二別釋四如文

餘佛明之此門即就一佛自辨

先約佛物有四種

佛物標中佛法二位所有之物不出四種前二重物但望受用可不可別後二輕物永暫不同至於物體四種條別臨文簡之

一佛受用物不得互轉謂堂宇衣服牀帳等物曾經佛用者著塔中供養不得互易如前寶梁經說五百問事云不得賣佛身上繒與佛作衣又佛堂柱壞施主換訖故柱施僧僧不得用律中佛言若佛園坐具者一切天人供養不得輒用皆是塔故廣敬如僧像

致敬法中

受用中初示物體如下指前證五下引示二段初云繒者即是繒蓋準論無身字但云佛上又下即次段準論但云佛堂壞下云故材施僧今兩加柱字疑是傳訛律下即瓶沙施園佛勸施僧之詞下文指廣大同寶梁所說

二施屬佛物五百問云佛物得買取供養具供養十誦以佛塔物出息佛言聽之五百問云佛物不得移至他寺犯棄若衆僧盡去白僧僧聽將去無罪比丘客作佛像書經得物不得取若得佛家牛畜亦不得使使佛牛奴得大罪

二施屬者即錢寶田園人畜等物不堪受用俱係屬耳引文爲三初引論明貿易十誦下二引律明出息五下三復引論有二節初明移處通塞比丘下次明別人受用論中自爲三節初客作得物不得取者以屬佛故鈔加書經字彼論本無若下即第二節彼云比丘作佛事得佛奴牛驢等得借使否答若知本是佛物不得彼文但云不得不明罪相今言大罪必須準前盜佛斷之下又云佛奴小兒不得使便是佛物今鈔不引

三供養佛物僧祇供養佛華多聽轉賣買香燈猶故多者轉賣著佛無盡財中五百問云佛旛多欲作餘佛事者得施主不許不得準此迴改作故不轉變本質如大論云如畫作佛像一以不好故壞得福一以惡心壞便得罪也

三供養者即香燈華幡供具之物初引律明轉貿可解次引論明轉變初引文準下義決上云得作餘佛事者謂改作繒蓋幢幔等物然曾供佛體不可變恐將別用故特示之不同前華可持轉貿如下引例好心壞者意是改變還令好故

四者獻佛物律云供養佛塔食治塔人得食善見云
佛前獻飯侍佛比丘食之若無比丘白衣侍佛亦得
食準此俗家佛盤本不屬佛不勞設贖言贖僞經
四獻佛者卽飲食之物初引示律取營治似局道
人論約給侍明通道俗準下次斥濫有執僞經用
錢贖食準論白衣侍佛直云得食良可決正
次明法物亦有四別一法所受用如箱函匱篋巾帊
之屬本是經物曾經置設不可迴改餘三得不準上
可知
法物中前明受用示其別相指略餘三同前佛物

名體不異故不委示
三明僧物
僧物中據理亦應同上具四然此四物不出常住
現前四位所收故不論耳
若二種常住局處已定不可轉移如上所明若通濟
他寺羯磨和得
二種常住中初科言如上者卽指善見世有講者
或遷住處隨意持去不敬佛言不識因果不畏來
苦地獄罪人何可語也
初之常住止得受用十方常住鳴稚同時卽預食分

若惡戒及時有德非時非法而用並結偸蘭二種互
用通和得不準上可知
次科分二初明別用二位用別在文可見惡戒有
德須約四重持破以簡時及非時卽據日中前後
以論非法用者主掌過也二種下次指互用準上
卽當分互中然前文止開四方互作十方如減園
果賣房作食之類若論十方物非停久卽無互作
四方之義若約二位各論互者如賣房治房持重
物與餘寺此四方自互也又如四分法別食同卽
十方自互也然上三互並須和僧則開不和則閉

故云得不也
常住人畜必無賣買準經罪重諸律無文故僧祇中
施僧婢並不合受可以意知
三中唯明四方常住初二句約義判定下準文決
通初句指經言罪重者卽上涅槃等諸下引律初
示無文故下取義謂若許賣者必應開受旣不合
受驗不可賣故云意知若準五百問施佛牛奴得
受使用不得賣卽爲明據如下所引
若論二種現前罪互如上就輕重二物斷割非文違
者雙結二罪

二現前中。罪如上者。例同二種常住也。現前現前同初常住。十方現前同次常住。或二種更互。或各自論互。亦約僧和則開。不和得罪。大同於上。故略指之。就下別示亡物。即十方現前自論互也。斷重歸輕夷。斷輕歸重蘭。一一各兼非法吉羅。故云雙結也。有云不學無知非也。

三出貸三寶物。

三出貸者。謂暫借也。

僧祇。塔僧二物互貸。分明券記某時貸某時還。若知事交代。當於僧中讀疏分明唱記付囑後人。違者結

犯。

釋中。初文且約塔僧法物亦爾。券即契書。讀疏者。歷帳告僧。違結罪者。一違此教理須得吉。一不還三寶隨物結犯。

十誦。僧祇塔物出息取利。還著塔物無盡財中。佛物出息還著佛無盡財中。擬供養塔等。僧物文中例同。不得干雜。

次科。以錢出利。如母生子。故名息也。西竺三寶各存無盡財。謂常存供養。滋生不竭。故干雜謂相亂。此句通結上文。

十誦。別人得貸塔僧物。若死。計直輸還塔僧。善見文得貸借僧財物作私房。

別人貸中。初科兩文並許。

善生經。病人貸三寶物。十倍還之。餘不病者。理不輒貸。與律不同。疑是俗中二眾。文似出家五眾。

二中。初引經。餘下準判。以彼病者尚須倍還。況不病者。不開明矣。與下和會經律開制極成相反。於義可疑。在文有妨。彼經云。出家菩薩若畜出家弟子。先當教告令不放逸。若闕所須病時當為求覓。若自無應貸三寶物。若差十倍還之。以出家弟子

猶通道俗。故云文似也。

五百問云。佛物人貸子息自用。同壞法身。若有施佛牛奴。不得受用及賣易之。若施軍器亦不得受。餘並如畜寶戒。

三中。引論有二節。初自用者。論云與佛物同復犯重罪。壞法身者。同逆業故。若有下。即次段。論作得受使用。言為佛受用也。今變其語云不得者。遮餘人也。下指後戒者。彼云施軍器應打壞樂器許賣等。

第四瞻待道俗法。四分。優波離至一住處。不迎接故。

當日還出佛言若知法知律知摩夷者凡至所在皆應迎逆供給飲食等亦不言現前四方僧物準與知事人衣是十方現前物故知非是四方常住物也十誦云以此人替補我處故須供給

四明瞻待初文爲三前引制亦下定物初點文通漫準下例決律中沓婆爲僧知事僧以十方現前所得衣賞之十誦下顯意此人卽上知法等

二白衣

五分若白衣入寺僧不與食便起嫌心佛言應與便持惡器盛食與之又生嫌心佛言以好器與之此謂悠悠俗人見僧過者若在家二眾及識達俗士須說

福食難消非爲慳吝如眾網法中說

二中初引文此下義決初指前文且據無信悠悠謂遠離三寶無所歸者若下次明有信福食謂檀越求福施眾僧故

三王臣等人

十誦供給國王大臣薪火燈燭聽輒用十九錢不須白僧若更索者白僧給之惡賊來至隨時將擬不限多少僧祇若惡賊檀越工匠乃至國王大臣有力能損益者應與飲食多論云能損者與之有益者不合卽是汙家若彼此知法如律亦得廣如二篇下說

三中初引十誦明用分齊初給王臣十九錢者彼土大銅錢一當十六當今三百也下明賊難不可約數次僧祇中通列五人上三可解下示王臣須論勢力必無力者應非所開多下引決由上律云損益皆與既是有益理不當與在文不了故續決之若下通上律意俗知僧物難消必無虛受僧知汙家非法必無妄與但有緣須給微亦通之十誦通開諒在於此指二篇者卽下僧殘汙家戒也彼云父母病人牢獄繫閉等不犯

四病人

十誦病人索僧貴藥聽與兩錢半價

四病人中兩錢半卽今四十準前應是齊此不須

白僧耳

五淨人

善見瞻待淨人法若分番上下者當上與衣食下番不得長使者供給衣食

五淨人中二短作分番長使通給

六作人

十誦客作人雇得全日卒遇難緣不得如契者佛令量工與之準於俗法從旦至中前有難事者給食一頓不與作直中後已去有難不役則給全日作工文須準佛語量其功勞看其勤惰雖復役經半日而工故全夫者亦與本價必惰者亦減

六中初引文契卽約也準下義決又二初準俗法

三結指

約中前後。又下準上律文量功勤惰。
餘廣有僧食通局。如上卷中。
三結指中。指上卷者。卽僧網篇。
四分律行事鈔資持記卷第十七

宋餘杭沙門元照撰記

大門第二盜人物中

二盜人中通收道俗。

由定有主故望二主結。一損正主。二損護主。

總分中。正主即是物主。損彼物故。護主即看守人。雖非彼物。失必塡償。還成損護故。

就正主物要有三句。一有我所心有守護。如匱中緜絹財物等。二有我所心無守護。田中五穀是。三無我所心無守護。地中伏藏是。若盜此三。並損正主結罪。

句法中。初三句。第二云無守護者。非無人守。謂此物不可藏貯故。三言無我無守者。此望不知。心不繫故。據此合有無我所心有守護。此句見下文。若下總判反相。

就守護主二句不同。一有我所心別守護。如僧可分物令人守掌者。二無我所心別守護。如關頭奪得禁物。及比丘失物爲官奪得。盜得此物。望守護結。

後二句中。上句僧物各有已分。故有我所。下句官物不屬於已。故無我所。關謂界上門也。盜下總判。可解。

今總二主。分爲七種。

次明盜相標云總二主者。下七種中。前二約護主而兼本主。後五並本主亦通護主。

一掌護損失主。善見云。比丘爲他別人乃至三寶守護財物。若謹愼掌護。堅鎖藏戶。而賊比丘從孔中屋中竊取。或逼迫強取。非是護主能禁之限者。望本主結罪。不合徵守物人。若徵犯重。若主掌懈慢。不勤掌錄。爲賊所偸者。守物比丘必須償之。不望本主。若不還者。守護結犯。

初中善見文爲二。前明護主謹愼則損本主。以無賠償理故。若主下次明護主懈慢則損護主。以須償故。

二寄附損失主。十誦。有比丘遠處寄物。著道損破。佛言。若好心捉破者不應償。惡心破者須償。比丘寄居士物。不好看故失者應索取。若寄居士物居士寄比丘物。如上二說。若借他物者。不問好惡二心。若損一切須償。

第二正明中十誦二段。初明寄附。若借下二明假借。初中前明比丘受他寄物。則觀已心好惡論償不償。捉字律本作投字。傳寫之誤。次明比丘以物寄俗則觀他心謹慢論索不索若寄下指例初句即居士受寄比丘物例同前段償不償也次句即居士以物寄比丘例同後段索不索也二句同前故指如上假借中既借他物有損必償恐濫寄附故特標簡

今有爲他洗瓶鉢及誤破失者並多索償隨滿結重

次科言誤破失者明是好心逼索成盜今多有之不知教故

三被盜物主

第三標中被盜物主者此正對本主也

十誦若衆中失物者衆主不得爲其檢校及以投竄誦呪而取

檢校中所以不得者恐奪賊物反成盜故投竄者古云空其一室夜暗令衆人過投物於中竄即放也誦呪者世有呪術能獲盜者卜筮擲筊義同不合

義張二位

盜相中標云義張者諸律非無盜奪之文而無現不現前結犯之相故以義分意令易解

一不現前盜物主護心義弱取者得想決徹主雖有心不捨後見此物不得奪取以離地屬賊義成若奪犯重

不現中初文但約盜者決與不決定犯不犯

故律云時有比丘奪劫者物佛言波羅夷僧祇面不現前一本主不捨二奪者未作得想後得奪取反上二緣奪得重罪縱自心不捨前人決定取者正成盜損不得奪之若先捨者無主物故亦不合奪舉離屬於後取

引證中初引本律正文云時有比丘他盜取物而奪彼盜者物疑佛言波羅夷劫合云盜恐是寫訛

次僧祇三斷奪並成重初約彼此得捨二心奪者亦合云盜者縱下二單據盜者得心不取主心若下三單約本主捨心不論盜心謂於已物作棄捨意縱令不捨以先捨故亦不可奪屬後取者即能盜也

二對面現前奪由守護義強奪者猶預得想未定本主心弱而未捨者亦得追奪

次明現前可奪中初文前明可奪之意猶字去呼本下釋疑恐謂護弱不可奪故準此不問強弱但心不捨皆可奪之

僧祇賊奪物去比丘逐賊奪得本物無犯又闇逐賊彼藏物去比丘即取將來又賊漸近村落比丘逐賊若和喻得若恐嚇得無犯知有死事不應告人如上諸句皆是對面被劫

次科僧祇初引句有三初句直奪二即自取三即言教有死事者謂所盜物至於死刑恐爲人所獲故如下總示

若已作失想不問奪者決定不決定後還取者便爲賊復奪賊物並由決屬賊故縱不失想而賊心決取無畏亦是屬賊不合追奪

不可奪中初科前明主心決捨不約賊心縱下次明賊心決取不問主心此同前斷但約對面爲異

毗奈耶云若失物官人奪得還比丘者得取無犯準此面不現前乃至盜金像等雖知藏處亦不合取

引證有二毗奈耶中官奪得取反明比丘自不合奪準下決通前位以上文中官還方取不還不得可例知處亦不可取

十誦若比丘爲賊所獲自偷身賊所無犯若師奪弟子將來得重

十誦中自偷身無犯者疏云弟子體是正報故強賊得力用弱故師奪重者弟子屬賊是強師是弱故今引此文但取下犯以證不可奪耳

四賊施比丘物主十誦賊偷物來或好心施或因他逐恐怖故施得取此物莫從賊乞自與者得取之取已染壞色而著有主識者若索還他若賊比丘邊買得衣者本主見衣不得直奪應還本直

第四十誦中初明施與制不從乞開取自與西天可爾此土國禁必有取者雖佛教無違而世刑可慮若下次明買得

今或有偷三寶物及以金銀經像毀成器鋌而乞比

丘者若準上文應得受之據理已曾經佛受用但可取之依本處用

次科上文開取不簡所盜然既知是三寶之物文雖得受理不可用不知應得依本處者或本盜處或但是三寶處皆可用之別人之物縱知來處賊自爲主不妨受用

五收囚縛賊主僧祇官未收錄未鈔物名字而寄附比丘者得取若已收錄者不得若云施佛塔僧者得取露現持出不得覆藏若有問者言佛物僧物我物若不許者還之

五中謂犯王法收禁牢獄者初明未收面寄言未收錄者謂官未捉獲若已下次明已收口囑露現出者示公顯故言我物者彼既施僧我亦預分故此門且據佛敎以論可不此間王制不可行之

六狂人施物主摩得伽云若狂人自持物施不知父母親眷者比丘得取若父母可知不自手與不可取

六中伽論所明具二得取一須自與二須不知若下反上二緣故不得取若反一緣據理亦得謂雖知親屬而自手與或雖不自與而不知親屬是也

七守視人作主

七中標云守視人者謂爲他守物人

善見云偷人無罪者謂王人見落度父母所遺若父母死若負債等將去者無罪(準此私度王稅人有福無罪)盜奴犯重

初科列三種人將去無罪謂無守視也三種者落度爲一父母死爲二謂非所遺者負債爲三則不論父母但望債主非守視故注中準負債人以決世疑疑謂度王稅人出家成犯盜故如受戒篇說盜奴重者主爲守視故

十誦有守邏人與比丘衣疑不知成主不佛言但隨施者受之不合從乞四分他守視人與比丘衣物佛言此即是主得受所以不合從乞以物是別主若受語而施即教他盜物故也

次科前引二律開意大同守邏者舊云遊兵禦寇者所以下徵上十誦之意

明了論中盜義極多且約眼耳鼻舌身心於六塵起不如法行或犯重或犯輕若人食毒或爲蛇螫犯如此罪若人偷地水火風空等界亦犯波羅夷悉從盜戒判

所盜物中論文初標示廣相且下次約塵界統收

初明六塵三業成盜名不如法行食毒等相如下疏解螫音釋蟲行毒也若人下次明六界

解云有諸仙人是習行蛇毒藥師作仙人書字見者皆愈欲見者須價直比丘被害偷看之計直犯重乃至他人學得偷看亦爾(祕書疏等偷看準此)若誦呪治病欲學須直比丘密聽計直得重偷齅嘗觸亦如是知若祕方要術病者心緣即差得直方示得直聽寫比丘受法就師心緣得差不與價直故犯重也

疏解初六塵中前標所盜習行者謂蛇以習當前而行毒藥者一切害人命者謂諸仙人能治上二

毒故號爲師作下列示盜相初至亦爾眼盜色也
書字者如今之符籙若誦下耳盜聲也偷下略指
三塵類上說之若祕下意盜法也
次約六界前三可知有呪扇藥塗比丘偷搖不與價
直若起閣臨他空界妨他起造即名盜空論云等者
等於識界智慧屬識人有伎倆不空度他須與價直
比丘方便就彼學得不與價直即是盜識（謂盜智用）
六界中前三易解故不出之有下盜風若下盜空
論下明盜識註云智用者伎倆藝術並依識起則
簡識體非可盜故

自外諸緣不可錄盡但知非理損財解盜無義不收
廣如戒本疏說
三結指中初示廣但下舉要統收廣下指略文在
第二彼隨文釋顯相極繁須者尋之不復重引也
大門第三盜非畜物初明非人物若有護者望護主
結五分取他覆冢旛蓋神廟中衣他所護物他心未
捨直五錢犯重僧祇盜外道塔物神祀舍物得重
非人物中初文先定犯五分下引二律以證他護
他心並顯護主僧祇文漫但約結重可驗有主
若無護主隨境結之故十誦盜天神像衣及華鬘等

得偷蘭善見取諸鬼神物及人繫樹物無守護者無
罪（謂非人亦不護）薩婆多云取非人物五錢已上重偷蘭四
錢已下輕蘭
無護中初科上二句定犯言隨境者望非人犯也
故下引示有三十誦多論示相可解善見無罪故
加註釋
今或多人取諸神衣物者據理得否如上必無人守
恐神護者可擲卜而知捨吝
次科當時有行糞掃衣者故有取之得否如上者
即前所明有主無主又無主中神護不護必下示
其取法擲卜即投杯珓卜問於神也捨吝謂非人
護不護也

盜畜生物四分無文
畜物中初文律中比丘取烏巢中物及鼠穴中物
比丘疑佛言畜生無用無犯而不應受如是物（準不應得吉但文不顯）
有人斷同大重者故律云鼠偷胡桃積成大聚比丘
盜之佛言波羅夷故
引古中初解上句判犯故下引據律云時去寺不
遠有村諸鼠往村中取胡桃來寺內成大聚六羣

盜心取食彼疑佛言波羅夷。
有解。非望畜生。還望本主。以鼠盜疑豫未決。望人猶是本主。故還就人結重。餘如他部。十誦取虎殘。犯吉羅。由不斷望故。師子殘。不犯。薩婆多。一切鳥獸食殘。取者吉羅。

正解中。初通本律犯重之意。以言六羣盜心取故。顯知是彼村人之物。故判成重。鼠疑豫者。畜心難辨。但約未藏。或復未食。可以知耳。餘下引他部。定犯。十誦中。師子殘不犯者。舊云此獸不食冷肉。所遺不繫故。

二明有主想。若作無主想。始終不轉。無罪。前後互轉。互得輕重。廣如持犯中。

第二緣中。律有四句。有主想犯重。初句 若疑偷蘭。次句 無主物。有主想疑偷蘭。三四兩句 略無第三無主想句。準下持犯義必具之。文中初標成犯緣。即第一句。若下簡闕緣。即第三句。初約本迷無犯。前下據轉想。前作有主想。後轉無主。犯蘭。前作無主想。後轉有主。結夷。故云互得輕重也。疑及境差二句。並見後篇。

三明有盜心。然此一門。實德之人未免。但世盜由心結。不望境之是非。故僧祇。寺主好心互用三寶物。是盜波羅夷。謂愚癡犯也。四分亦云。我說此人愚癡波羅夷。理既難知。故具鈔示。

第三緣敘意中。初明難護。以貪染積深。觸物起念。麤心不覺。豈識邪緣。不體妄情。終羅罪網。實德尚當未免。庸流沒在其中。凡在同心。須彌勵志。但下示結業。不望境是非者。境即前物。三寶互用。物無私涉。爲是。人已惡用爲非。二皆結重。故知。不簡也。故下引證。望爲三寶。故言好心。若論愚教。還是賊心。理下生後所引。

十誦。六種盜心。謂苦切取。輕慢取。以他名字取。觝突取。假借不還 受寄取。出息取。除出息一種。餘並結重。

正明中。十誦。苦切。謂敦逼前人。同下四分迫喝取也。輕慢。謂現相陵物。及下觝突。並同第八。準疏會之 名字同第十。受寄同第七。唯後出息不同。今宗雖是盜心。彼此相允。故特除之。觝音底。

摩得伽。三種劫心。強奪取。輒語取。施已還取也。善生中亦同偷罪。

伽論中。強奪同下第四。依疏 輒語同辨說。施已還取。與後不同。謂決施與人。後還。或取。善生同論。註以示之偷罪即犯盜也。
五分有四。一以諂心曲心瞋心恐怖心而取他物即是盜心。
五分中諂心同下第二（依疏）曲心同第九瞋心同第三恐怖同第四。
四分十種賊心。一黑闇心謂癡心愚教生可學迷隨作結重僧祇寺主即是其事。二邪心者謂貪心規利。邪命說法以財自壅。三曲戾心者即瞋心也與少嫌恨假瞋得財或虛示威怒意存財利得物犯重。四恐怯心或以迫喝或說法怖取或自懷疑怖而取財也。

五常有盜他物心恆懷規奪也。六者決定取內心籌慮方便以成因必克果動物成犯。七寄物取或全觝突或以少還他。八恐怯取謂示身口相畏敬故與物也。九見便便取伺求他慢因利求利也。十倚託取或倚名聞威德或以名字方便也或依親友強力者謂假他威勢而取也或以言辭辯說者託於論端淨華引接今前異望而取財利言誑惑而取者非法言法法言非法但規前利幻惑羣情。
四分十種疏云律中具出二五盜心前是五心後名五取。取是其業對境行事也。一中可學迷者教是可學不學故迷。二中規求也壅猶積也。三中兩釋虛實分之。四中準疏又云或說王官勢力此與第八名同相別但約心取兩以分之言心未必取言取必兼心。第九律本注戒及疏並作見便取今文多一便字必是傳誤不勞異解（或可下便字訓即）。十中五相釋之前三身業後二口業又前三中一是倚自二倚他名三倚他力後二中前但巧言後是虛誑今時講士多尚乞求諂笑趨時巧言媚俗或厚於餉遺豈避汙家或勤於請謁寧知屈道不識者詐識非親者強親口說多方心謀百計終朝役慮

畢世勞形一言蔽諸無非愛物雖云爲眾實乃治生未知祝髮壞衣意圖何事談經講律自矚何言諒乎惑業日增故使奔趨忘倦可謂徒生徒死深嗟不覺不知請細覽斯文反求諸己忠言逆耳當自深思嗚呼。
以此諸文證知心業其相略顯足得垣牆防擬妄境結詁中妄情逐境計校萬端豈唯上列而能括盡然舉一例諸觸類而長則前雖略示亦足防心然既知教相少識妄心能遮不起故如垣牆心逐境生心妄則境妄故云妄境。

○四是重物二初標緣 二示相二初明物體 二初直示錢物 二判定錢體二初引論解 二約義定奪四初示[illegible] 二出濫用

四重物謂五錢若直五錢即餘雜物

第四明物體中初文五錢即錢體也直五錢物準錢法也所以限五者以彼王法滿五至死佛隨王法盜滿制重

薩婆多問曰盜五錢成重是何等之錢答有三解初云依彼王舍國法用何等錢準彼錢爲限二云隨有佛法處用何等錢即以爲限三又云佛以王舍國盜五錢得死罪依而結戒今隨有佛法處依國盜幾物斷死即以爲限雖有三釋論師以後義應是

定錢體中初引論答中初二兩解並限五錢後解隨死不局物數初同十誦二符本宗三即論家所取戒疏云如多論中盜相通濫初釋本錢何由可曉（此破初解）後解隨國現斷入死言亦泛濫難可依承（此破第三解）

然五錢之義律論互釋不同判罪宜通攝護須急故律云下至草葉不盜

定奪中初科律論不同者律如後引論即前文判罪謂犯已處斷攝護謂專精持奉今從攝護以定錢體故下引證即受法說相中文

今諸師盛行多依十誦彼云盜五錢者古大銅錢得重若盜小錢八十文

三明正判

出濫中捨急從緩未體教意古錢一當十六五錢則成八十

隨其盜處所用五錢入重僧祇王無定法斷盜不定當取瓶沙古法四錢三角結重四分但云五錢準此廢上律論以後爲勝縱四錢三角善見解之亦同五錢

正判中初二句依論次解以定今義僧下引據王無定法者通指諸國也瓶沙古法者佛依結戒可以爲準也此取盜五之法不定古錢四錢三角即

入五錢之限兩角半錢猶屬盜四錢論角者恐彼錢模叚方此間往古亦鑄方錢今時圓者但約四字論之四下準本宗以決廢律論者律即十誦論即多論初後二解以後勝者即第二解望初爲後疏云可如多論中間一解隨國用錢準五爲限則諍論自息也縱下會同善見云二十摩娑迦（古大銅錢）成一迦利沙槃分（量名）四分取一故限五錢僧祇以十九摩沙迦成一吉利沙四分取一則四錢三角也恐謂僧祇不同四分故以善見會之然善見僧祇並約古大銅錢乃是取本王舍古法以釋五錢

之義至於斷盜還隨國用即彼論云出家人者乃至草葉不得取故知急護頗合今宗矣

善見云若堈中盜寶內手取已出離堈口得夷又解但離處得夷未出堈口法師曰於戒律中宜應從急又觀五事處時新故等是名律師以此文證五錢爲允

引證中初至從急引前段文彼明盜八寶藏故約堈中顯其犯相彼具云若滿堈寶以手搦取手未離處指中迸一分出還落堈中偷蘭遮若出離堈得波羅夷即鈔初解有法師解堈底取寶已離堈底未出堈口得波羅夷鈔中又解法師下如鈔引此即論主取後師解又觀下引後段言五事者彼云智慧律師若諍事起先觀五處然後判斷處者若我欲取此物語已已得罪應觀此物有主與無主若有主捨心不捨若未捨心而偷且計律罪若已捨心得波羅夷等此觀一事時者取時此衣有時輕有時重若輕時即以輕時價直得罪若重時即以重時價得罪等此第二事又云有物新貴後賤如新鐵鉢完淨無穿初貴後穿破便賤是故隨時計直新故爲兩事又云隨身用物者隨用爲一事此中復有五如刀斧初貴後賤若偷

他斧應問斧主幾直買若云用一分買五錢又問買來用未若曾經用便成故物也一如眼藥杵及戶鑰或燒或磨亦爲故也二又如浴衣或一入水或用裹物亦名故也三蘇油或易器或蟲蟻落中亦名爲故也四或石蜜初強後軟乃至爪掐即名爲故也五若比丘是偷他物應問物主若未用則貴已用者賤汝等應知下總結云此是五處律師善觀然後判事引此兩段前證從急後證隨處明前廢立準此二意以定五錢允當也

二以義門六句不同一十誦伽論云錢有貴賤時不妨錢貴盜一入重遇值賤時百千犯輕

義門中初句錢貴賤者謂物有重輕時有豐約故貴者一當多用賤者多當少用如文可解

二四分五分善見云貴處盜物賤處賣還依本盜處估價

次句三文皆爾故盡標之此謂就本盜處損主以論不約後賣不滿也

三善見云貴時盜得賤時賣若定罪者還依本時上

三句互反皆同得輕降也

三中意亦如上如春時直十夏但直一之類上下

總點三句初句文中已具次句應云賤處盜物貴
處貴二賤時盜物貴時貴並依本斷
四摩得伽中取五千不犯重數數取四錢數數作斷
心或不得物而入重如四分燒蘸壞色教他等
第四句即盜多犯輕不至果故不得物犯重但損
他故
五不滿五犯重如四分眾多人遣一人盜五錢多人
共分或多人共盜通作一分但使滿五一切同盜結
重或盜過五結輕如十誦盜眾多人未分物者是即
如亡人輕物之類

第五句減五得重過五犯輕前引四分兩釋並約
人多物少故不滿五通望彼物齊入重刑後引十
誦通望彼眾無滿五義指下亡物謂未作法時十
方常住亦類此說
六盜五人各一錢結重如僧祇五人各以一錢遣一
人守掌若盜望守護人結善見云欲知盜相如師徒
四人互相教共盜一人六錢各得一波羅夷二偷蘭
自業不合教他業但得一偷蘭此義應知
六中謂盜少成重初引僧祇易解次善見中互相
教者如師教三弟子云彼有六錢大者取三小各

取一教人滿五我自取一自業不滿乃至小弟子云和尚取
三同學各一我自取一罪亦同上一波羅夷者教他犯
也一偷蘭者自作犯也自下釋結蘭義恐疑其盜
應須犯夷故
五離本處四分云若牽挽蘸藏隨爲一事方便不成
並結偷蘭五分物在地中作盜心得吉羅掘地得提
捉物吉羅動物偷蘭離處方重
第五離處釋中初科四分明未離不成下引五分
明已離方成文列五罪掘地一提有無不定餘四
須具是方便故盜心吉者遠方便也掘地提者謂
生地也善見犯吉是盜方便故捉物吉者次方便也準今所判犯蘭

動物近方便可解
離處義十句分之一文書成辨離處如律師疏判以
重入輕非法判用僧物之類善見云畫地作字一頭
時輕畫兩頭時重
次科別列中初句約判斷明犯以重入輕者凡判
亡物須差律師處斷重輕歷疏告眾判重爲輕犯
夷判輕爲重得蘭並望文疏成時以定犯相非法
判用者此約常途妄書簿曆之類善見下如作契
書分判地界一頭輕者如書所從處時方便蘭也

兩頭重者。復書所至處時。究竟夷也。畫字誤。論作
書字。戒疏亦依論引。或云畫地作字。不約契書者。恐不合科意。
二言教立者。善見若盜心唱云定是我地。地主生疑
偷蘭。決定失心者重。若來問僧答同。皆重。若共爭園
田。違理判與違理判得。乃至口斷多端。偷夏唱大得
物皆重。即如四分。若以言辭辯說誑惑而取。皆重。
次句。但約口斷。即犯。善見二節。初約盜地。僧皆重
者。以同情故。若下二約斷諍。違理判與者能判犯
也。違理判得者所判犯也。下引四分。即約辯說文
如前引。

三移標相者。善見標一舉時偷蘭。舉二標時重。謂量地度。
乃至得一髮一麥皆重。地深無價。繩彈亦爾。
第三句標者。下註顯相。如今丈尺之類。文中且引
盜二標犯。準論若盜三標。一舉吉。二舉蘭。三舉重。
乃至盜十標。前八並吉。九蘭。十重。舊云前九蘭者。不見論文。
四墮籌者。四分盜隱記數籌。分物籌致令欠少也。
四墮籌者。謂下籌多而令物少。或不下籌而取多
物。雖非文意。世有其事。
五異色者。十誦薩婆多云。氈褥氍毹上有樹枝葉華。
今從樹葉上盜牽至樹華上。犯重。謂異本色故。或如

借他衣鉢。非理用損。減他五錢。亦結重罪。律云若壞
色故。
五中。初引十誦律論。約異色犯。如毛縣杼織以成
華朵鳥獸之物。而牽挽移易損彼物故。或如下次
準本律約損色犯。文義可見。
六轉齒者。如十誦摴蒲移棋子等。五分蒲博賭物犯
吉羅。
六轉齒。如世賭博多用齒骨擲采博物。盜心移轉。
隨物成犯。摴蒲蒲博皆賭物之異名。亦名博奕。文
中先引十誦示盜相。次引五分明賭博。

七離處明不離處。如僧祇盜他牛馬未作得想。雖舉
四足不成重罪。
七中。彼明盜四足者。驅向所期。足徧犯重。不隨所
向者輕。雖離但得蘭罪。本期不定。舉徧即重。本主來逐。心
未得者輕。即文中所謂未作得想也。
八不離處明離處。如善見空靜處盜。決得無疑。如擲
杖空中。必無不下。故動即成重。
第八句。善見得心已決。微動即犯。不待離處。如下。
舉喻可解。
九無離處辨離處。如四分盜他田宅。攻擊破村。燒爇

○三結示囑累

壞色皆犯重等。九中田宅等物，亦不可離，不同上句可離不離。十雜明離處，如空中吹物、盜鳥、曲弋、斷流水注等，並不具述，廣如疏本。

第十且出空弋水注三相。律中明處則有十三，疏中次解。今略引示。初地中，即是伏藏有主望主，結佛僧地屬佛僧。二地上，如今道地得物。三乘，謂象馬等乘，若盜乘上物，離乘方犯；若兼乘盜，乘離即犯。四擔，同乘兩分。五空，謂衣物鳥等從風所吹而欲盜取，即此空處以辨離處。善見盜空中鳥，左翅過右翅，尾處至頭，上下亦爾，俱得重罪。六架，即曲弋也，若盜物者，物離方犯；若連架者，架離即犯。七村，或盜村物，或盜村體，擊破壞等。八阿練若，村外空地，同村可知。九田。

十誦若爲田故相言，得勝者重，不如者輕；若作異相過分，勝者重。十處所，如店肆作處盜物，盜體同上村中。十一船處，盜物即以船爲處，盜船體者，斷繩離處方犯。十二盜水，即斷水注也。僧祇溉灌水，或一宿直一文，或至四五，若壞彼渠得越，水入田蘭，滿五者夷。十三私度關，如律，比丘無稅，白衣應稅，爲彼過物重。十誦比丘應稅不稅亦重。餘廣如疏。

然盜戒相隱，極難分了。若廣張體貌，徒盈卷軸。至於披檢取悟，必繁，故略列犯緣，麤知梗概，意存省事。知足憂心念道者，緣境既局，少應淸潔。若多眾務而欲高升者，必羅盜網，終無有出。何者，由心懷勝劣，倒想未傾，初果無學，方可營事。有心懷道者，細讀附事，深

○三明不犯

思乃知。故善見云：戒律宜從急護。此第二重戒，事相難解，不得不曲碎解釋其義理分別，汝當善思論文。如此以準上列，猶恐不肖者，謂繁余心，實未言盡，約略如前，故且削也。

結示中，文爲三段。初示前略意；憂下，二明人有違；初明知足之人，懼犯退藏；若下，明多事求進，爲盜所陷。言憂心者，心之可畏，難可禁制，微縱成業，殃及累世，是可憂故。念道者，慕出離也。緣境局者，爲教所禁也。多眾務者，或好爲人師，或樂營世福也。欲高升者，名位過人也。羅盜網者，結業成也。無有出者，苦報無窮也。何下，徵示其意，如前寶梁所揀人也。有下，三勸修，初句召後人也；細讀者，勸尋教也；附事者，以教照境也；深思者，以境觀心也；乃知者，自省心行也。故下，引論以勸。論中初句通示教意；此下，別指今戒必須繁文曲碎解釋者，論涉三卷故也；其義理等者，勸詳審也；論下，準論顯意。初二句指上列釋，蓋準論文；猶下，遮後妄謂以彰略意。

三明不犯中。四分云：與想取，己有想，糞掃想，暫取想，親厚意者，皆無犯。律中具七法名親厚：一、難作能作。

◎三殺人戒二初標名
二釋相二初明犯二初列緣
二隨釋二初明述人相

二難與能與三難忍能忍四密事相告五互相覆藏
六遭苦不捨七貧賤不輕如是七法人能行者是善
親友準此量之
不犯中初引五想皆謂無盜心也與想者意謂他
與也已有者謂非他物也糞掃者謂無主也暫取
者卽持還也親厚者無彼此也律下別釋第五七
法中一竭力代勞爲之不厭二已所重物與之不
恡三極相違惱了無所恨四吐露私心而無所隱
五掩惡揚善恐傷外望六四繫患難多方拯濟七
貴賤貧富終始一如如是下結顯故知誠實方入
開位自餘濫託皆陷刑名

第三殺人戒
殺戒佛在毗舍離諸比丘修不淨觀厭身歎死外道比丘難提受雇行殺居士驚怖因制標
名中簡於非畜不犯重故或名大殺簡後小故
犯緣具五一是人二人想三起殺心四興方便五命
斷
初緣人者律云從初識至後識而斷其命也初識者謂初識
在胎猶自凝滑是識所依乃至命終最後一念未捨執持隨煖壞者是也其相易識故略
述之
隨釋中初文引律極齊初後總攝殺相註中初至

注中一人二字他本無

二廣辨殺相七初自作殺人

所依釋上初識大集經云歌羅邏時此云雜穢入胎七日狀如
凝酥卽凝滑也卽有三事一命二煖三識出入息爲命不
臭不爛爲煖業持火大色不臭爛此中心意識爲識若壞凝
滑卽壞識之所依命煖隨謝便名犯殺乃至下釋
上後識謂四大將解識神未去害亦成重疏云隨
有煖處識在其中卽識住處爲命根攝其下顯略
四分云殺有二種一者自殺謂身現相口讚死相阬
陷倚發若安殺具及以與藥等二教他而殺隨其前
使若教歎教遣使往來使重使展轉使求男子教求
男子遣書教遣書等並任方便但令命終稱本期者

三性之中能教犯重餘如後篇
辨相中初科先明自殺初句標謂下列相準注戒
有八今闕二種下引足之身現相或令怖畏墜墮或示死相等
口讚死相注戒作口現相謂以言說勸教或以大聲恐喝今鈔語局初解阬陷知人
行從此道故設阬穽令墮死也倚撥審彼倚撥其處使施刀杖彼依而死鈔作發字寫誤安
殺具安置繩索刀杖令其取死與藥可解文云等者謂自殺謂自行殺
若身若杖隨死者是身口俱現相身兼口歎教人中初標示若教
下二列相注戒具列十一今鈔亦闕二種教歎注戒
作遣使歎謂遣人語彼也教遣使指示所教令遣人往害往來使受語往害還來
重往重使隨續使人乃至百千令害一人展轉使彼使不去轉使他往乃至百千最後

人殺隨前所使皆同一重求男子選擇有勇令往害之教求男子使他求也遣
書表於紙墨令用死者教遣書使他代作等取餘二謂求持刀人
謂能殺者教求持刀人也並下總示欲顯上文列相未
盡又遮惡人避此造彼故用此語通而攝之能教
犯者且據本犯之人若論所教則通道俗若是道
人能所皆犯後篇即持犯自作教人中

二自殺形體

十誦不得自傷毀形乃至斷指犯罪
次科斷指犯罪者相傳並云犯吉有云然指犯提
未見所出

三看病致死

伽論病人不欲起不欲舒若起者當死看病人強與

食藥死者偷蘭癰未熟強破命終亦爾不與食不治
療因而死者亦偷蘭
三中明不善看病因而致死但無害意故並結蘭
初與食破癰兩犯並謂不合與而與次不下謂合
與而不與

四用語破國

薩婆多比丘知星曆陰陽吉凶由比丘語征破異國
殺害得財皆犯盜殺二波羅夷優婆塞例同
四中由比丘語者即教他業兼犯盜者以攻擊劫
掠損彼物故優婆塞同者五八並制故

五坑陷剋漫

十誦為人作阬人死重畜生死偷蘭為畜作阬畜死
如律人死吉羅若本漫心隨境輕重
五阬陷中初約剋心為人畜死蘭為畜人死吉者
並約剋心互有境差故如律即提罪若下漫心謂
不簡人畜皆欲害之

六讚死二初引論示相

薩婆多若為一人讚死此人不解邊人解用此法死
者無犯
六中初文謂剋心專緣一境無意於他若心通漫
隨死皆犯

二斥世妄行

今多有人自焚多有愚叢七衆讚美其人令生欣樂
並如律本結重又如比丘被官刑戮膾子因相從人

索手巾絹帛以作籠頭絞繩等亦有無知五衆與者
即名殺具命終結重僧祇父母被王法比丘語典刑
者乞其一刀尋用語者亦重
斥世中初斥贊助如律重者同歎死故義淨三藏
寄歸傳廣斥世人燒身然指意謂菩薩大士之行
非出家比丘所宜古來章記相傳引誡講者寡聞
用為口實此由不知機有淺深教分化制律明自
殺方便偷蘭燒指然香違制得吉梵網所制若不
燒身臂指非出家菩薩犯輕垢罪此蓋小機急於
自行期盡報以超生大士專在利他歷塵劫而弘

七自殺

濟是以小律結其大過大教歎其深功況大小兩教俱是聖言一抑一揚豈容乖異且經明出家菩薩邪云不許比丘彼云捨身非沙門所爲傳列苦行遺身豈是專存通俗彼云經中所引事存通俗荆溪所謂依小不燒則易依大燒之則難保命貪生物情皆爾今以義判且爲三例一若本白衣不在言限故全不受戒此依經中足指供養勝施國城若依梵網直受大戒順體奉持然之彌善二若單受小戒位局比丘不燒則順本成持燒則依篇結犯三若兼受大戒名出家菩薩燒則成持不燒成犯或先小後大或先

大後小並從大判不犯律儀若此以明麤分進否豈得雷同一槩頓斥爲非然有勇暴之夫情存矯誑邀人利養規世聲名故壞法門乃佛教之大賊自殘形體實儒宗之逆人直是惡因終無善報今時頗盛聾俗豈知則義淨之誡亦有取矣又下次斥與物命終重者同前安殺具也膾子即殺者之名以能膾割人故僧祇下三斥妄教用語重者即同遣使也典刑者或是官吏或即膾子

五分四分自殺者偸蘭謂結其方便

七明自殺二律制同謂下釋上結蘭以命斷戒失

二不犯

○四大妄語戒

二初標名

無可犯故

不犯中律云若擲刀杖瓦石材木誤著彼身而死及扶抱病人而死或以藥食及以來往出入而死者一切無害心不犯故俗律云過失殺人者以贖論謂目所不見心所不意共舉重物乘高履危之類

不犯中初引本律有二前開誤失及下次開看病以藥食者因與而死也往來出入者注戒云扶將病人入房往反此釋濫上扶抱但上約臥起下據往還耳或可約看病者出入闕事釋之上引伽論皆結蘭者若無害心不合有犯若有害心結犯復

輕進退難定今以義求但看病者心有強弱若懷慈濟因而致死如律所開況爾爲之不顧得失失治死者由本無心故不結重近於殺業緣闕故蘭思之一切無害者上文略舉此句通收但約無心不唯此二故下次引俗例不意而死謂之過失以物贖罪謂之贖刑註中上二句示過誤之相下二句明因事而死舉重者有所傾壓也乘高履危役使於人也乘登也

第四大妄語戒

大妄戒佛在毗舍離時世穀貴婆求河邊有安居者互相稱歎得上人法遂獲利養佛訶而

制妄語名通加大簡小唯局稱聖
具九緣一對境是人二人想三境虛四自知境虛五有誑他心六說過人法七自言已證八言章了九前人解
列緣可別緣中初後屬所對中七屬能犯七中前四是心後三屬口言境虛者實無所知也過人法者無漏聖道出過凡法故
四分十誦多論云從得不淨觀已上至四果來若云我得皆犯重若現身相前人不疑同重疑則偷蘭十誦云問此不淨等是近小法何以犯重答是甘露初門一切聖人由之而入
釋相中初科文二前引犯相然律論所明聖法多種文中舉要總而收之自外凡已去徹至極果所修觀行皆名聖法即五停心總別相念四禪四空等例是凡法並通聖門故同一犯三十七品四向四果即是聖法若現下簡互造上是正業出口成犯不約他疑此由身造業相不顯故約前人疑信兩判十誦下次引釋疑言近小者外凡初位所能修故甘露味中最勝可喻聖道
又四分云天龍鬼神來供養我等亦同犯重

次科戒疏問天龍來供凡尚感發有何罪故乃入聖中答相與聖通故齊一重又過常人之所有故
又云欲向此說乃向彼說一切皆重
三中錯互此戒不開疏云由詐顯道德謀誑在人表聖招利境損義一但使言竟錯誤皆犯若就所稱之法誤錯則開如下欲說此而錯說彼是也
摩得伽云自稱是佛天人師等偷蘭餘如戒本疏說
四中如彼論解稱佛犯蘭有二義一世間一佛更無第二故二具足相好異於世人無人信受故今時即佛便謂已是不復進求準同此犯經云一切眾生皆有佛性此指理同須知事異如冰即水冰豈成流似鑛即金鑛無金用豈得僭同上聖惑彼下愚恣懶慢以謂無修作鄙穢而言妙用若此即佛何止汝徒經說遮那遍一切處則山河大地全法王身蝡動蜎飛皆如來藏此蓋都迷階漸一混聖凡滅法壞人莫甚於此自非達者誰復鑒哉下指如疏文見二下
不犯中律云自知有得不淨觀若向同意大比丘說若戲笑若疾疾說屏處獨說欲說此而錯說彼等皆不犯重而犯吉羅以非言說之儀軌故也

不犯五相。初開實得求他作證文簡同意復須大僧。戲笑者實無誑意。疾疾者言不辨了。屏說者不爲他聞。錯說者語不如意。上是列相。皆下斷犯。初句通結前五。而下別簡中三。以初後二種無所犯故。

四分律行事鈔資持記卷第十八

四分律行事鈔資持記卷第十九　中二之一

宋餘杭沙門元照撰記

僧殘篇中

故失精戒第一

釋十三僧殘第一戒（佛在舍衛，迦留陀夷欲盛身瘦，便念弄失，諸根悅豫，佛訶制戒）標名言故者，對下開通不作意也。此戒人之喜犯，故在初也。

釋相中，初科準戒疏意，不獨此篇，餘篇皆爾，舉之可知。喜字去呼，猶好也，又數也。

多論三義故佛制此戒：一爲令正法久住故，二欲止誹謗故，三欲生天龍善神信敬心故。四部律中佛並訶責言：云何以此不淨手受人信施。

次科爲二，先引論三義，初即通意，通一切故；二止謗者，論釋云：世人外道當言沙門釋子作不淨行，與俗無異；三生信者，論云：雖復屏處，諸天善神一切見之。四下次引律訶，訶翻顯制意，爲令行淨堪受施故。四部文同，彰其意切。縱不爲失，以手捫陰，極爲鄙賤，世多有之，請以斯語反自剋責，寧無愧乎。

具三緣：一標心作究竟意，二方便動轉（律中有六種：一內色，謂受色；二外色，謂不受色；三內外色，二色中間；四水中，逆水順水；五風中，同水法；六空者，自空動身，乃至餘境也），三體分盈流便犯。

列緣中，初即結業之本，下二相成之緣。究竟意者，期出乃已也。若但爲弄，理應結吉。第二緣注中示境，釋成方便。內色外色者，即情非情（五塵並有內外）。受謂執受，即有情也，不問自他（五分內色己身，外色他身，與此不同）。不受即無情，反上可解。內外色者，謂情非情二物相兼，如以手持物隔衣就身之類。問：下列水風，亦即非情，何意重出？答：若據二色，收無不盡，但水風二物，物來觸身，恐謂不犯，故須細簡。空境亦爾，以不假

色，疑無罪故。猶恐上六攝境不盡，仍以乃至統而收之。問：前婬戒中，半壞多分骨間等境，作出精意犯僧殘者，此爲何色？答：雖無執受，義歸內色，但取情類，豈簡死活。

五分：睡時不淨出，若覺，發心身動，偷蘭；身不動而心動者，吉羅。善見云：若手捉根而睡，擬出精者，眠中若出，僧殘。

隨釋中，初文五分結輕，本不作意，闕初緣故，出時方覺，因動身心，故罪分兩等。言心動者，即生樂念。次引善見重者，雖在無記，稱前方便故。

律中開夢出者不犯若亂意睡眠有五過失一者惡夢二者諸天不護三心不入法四不思明相五喜出精五分得五吉羅以夢故不犯殘也

次科中律明除夢因示五過如文所列乃至云反此得五功德等然文中但言過失不明罪相故引五分決之今斷此罪若初眠時攝意夢失如律無犯不攝而失悔五吉羅（無記結業準此文也）亂意不失理非結限但不繫想違律得吉初眠即結非是夢犯五中第三過者律制思惟善法故第四過者律制分星月想明相故

律不犯中若夢中失覺已恐汙身衣故以弊物及手捺棄若欲想出若見好色不觸而失若行時自觸兩胜而失若觸衣而失若浴時失若手指摩而失如是一切不作出精意而自出者無犯

不犯中律文七種初是夢中已出而棄非故弄也欲想者心想婬欲而失不作出意與下見好色事同然此二種非無吉羅但不犯殘故在開限心思眼見以至漏失業相麤顯豈得無過律制惡覺染心看女皆制吉罪足爲明準（有云欲想出而不出者不出無犯何得論）開一切等者約事而論豈唯七種故加此語統收多相則開意可知矣

十誦擔重遠行騎乘筋節斷解便有種種精出善見云精徧身中故

他部中十誦諸緣並非意故言斷解者力窮疲頓筋脈舒緩也善見彼又云除髮爪及燥皮無精耳

伽論中故出他精偷蘭爲他作境界也

伽論中上句示犯爲他下釋出其相

摩觸女人戒第二

第二（迦留陀夷以佛制前戒便伺女人將入房手捉捫摩故制）戒名中能所合標別餘境故

多論六義一者出家之人飄然無所依止今制此戒與之作伴有所依怙故二爲息鬭諍此是諍競根本故三爲息疑嫌不但爲捉而已謂作大惡故四爲斷大惡之原禁微防著故五爲護正念若觸女人必失正念故六比丘出家理應超絕塵染栖心累外爲世軌則若觸女人則喪世人崇敬心故

制意六種初意通一切戒故知比丘以法爲伴必無戒者窮獨何依二意者女多繫屬人所忌故三中不但等者出他疑嫌之相四中根本婬業即大惡源制此防彼故第五順本貪欲不能攝心故六

中初敘比丘志行若下明非所應爲既乖超絕即失自利喪人崇敬即失利他僧田既失佛法隨壞三寶滅故幸細尋諸意以警策自心

具五緣成犯一人女二人女想三有染心四身相觸五著便結犯

初明人女者律本云四種女人如婬戒中

釋初緣中女境多種隨戒各異觸境同婬故指婬戒

有染心者愛染汙心

釋第三中恐濫大婬故約愛染釋出心相非期婬也

身者從髮至足也

釋第四中初科髮至足者舉其上下以攝中間

言相觸者有三種初比丘往觸無衣覺女睡眠新死少分壞者但使往觸著不問受樂不受樂皆犯僧殘二者女來觸比丘不必須婬心而比丘要須動身受樂者犯殘此律文不了今準十誦言犯僧殘若不動身而受樂者此律吉羅若先有染心於前女後女來觸比丘不動而受樂者偷蘭遮動則犯殘如上並據二俱無衣以言若互有衣者犯偷蘭二俱有衣犯吉羅

明觸中初標差云相觸者律云若捉摩重摩或牽或推逆摩順摩或舉或下或捉或捺若餘方便等三種者初至以言二俱無衣爲一若互下互有爲二二俱下俱有爲三（準疏分之）初中又二如文自標初比丘觸女方便自造約觸明犯初句標簡無衣下即列四境但下斷犯二女觸比丘爲彼所嬈約樂論犯初二句標簡由爲他觸不約前期故云不必婬心據後受樂即婬心也而下斷犯又二初約動身受樂初斷僧殘兼身心故此下點示上判有所

據故律不了者以無動身受樂判犯句故文云欲心染著動身不受樂受樂不動身等皆偷蘭（此下句有染心故蘭不同下文本無染故但吉羅）準十誦者彼云女人欲心摩觸無衣比丘比丘有欲心身動受細滑僧伽婆尸沙此文明顯故今準決若不下次約不動受樂復分三別上約猗心有無分吉蘭異下動犯殘即同上判此律吉者文云若女人作禮促足覺樂不動身吉羅如下結示二互有中彼此有無爲二句三俱有爲一句通前共爲四句並由染樂重輕故罪分差降也

若以二形身相觸偷蘭此又律文不了如十誦伽論
意在女者僧殘在男者偷蘭

二形中律據非女結犯乃輕故準十伽約心兩決
若約在男應吉由實非男故加等矣

律中若欲心觸男子或衣鉢坐具乃至自觸身一切
吉羅

男子中準律男子下有身字文脫觸衣鉢等事通
男女雖非觸樂妄適婬情故同一制上明觸他乃
至下明自觸如自按摩而覺細滑是也

善見若以髮髮相觸爪爪相觸悉偷蘭以無覺能觸

故覺境不覺應作四句十誦比丘及女人身根互壞
相觸皆蘭若以爪齒毛瘡無肉骨觸女身偷蘭若依
四分戒本若捉髮者殘謂以覺觸不覺也

第二別釋中初文前引善見但示不覺相觸下令
作句者一覺觸不覺（如下四分手捉髮殘）二不覺觸覺（十誦爪等皆蘭準鈔亦殘）三俱覺（結殘可知）四俱不覺（犯蘭即上善見）次引十誦
初明互壞雖二俱覺境而病壞樂輕罪亦減降身
根者對塵名根即通身分若以下唯約能觸文列
五相上三不覺下二病壞無肉骨者世有病壞或
然手指有餘骨者即是其相若下即據本宗決上

十誦戒本即律戒本彼云若捉手若髮一一身分
僧殘（刪定戒本除之）覺觸不覺既結僧殘不覺觸覺義須
同犯故戒疏云善見髮髮相著爪爪相觸悉得偷
蘭俱無覺故若互觸者理結僧殘同戒本也則知
不取十誦明矣

僧祇律中若觸畜生女者一切吉羅非人女亦爾謂
無婬心

非畜中引僧祇四分亦同文中非畜同犯祖師意
謂非人制輕故以無心決之必有婬心理應蘭罪

十誦若觸不能女男身者俱蘭僧祇意謂男子黃門

而是女人觸者殘謂前有方便心後稱本境

黃門中十誦結蘭在男女之間故僧祇心差不當
結重故以前心通之

善見云相觸得五罪謂夷殘蘭吉指觸故波逸提

四中引善見觸該五聚唯無提舍夷者舊云婬是
內觸或可尼觸結重殘及蘭吉並見上文指觸提
者擊攊他也

不犯中律云若有所取與相觸或戲笑若相解時相
觸一切不犯非不犯餘罪

不犯中初科有三取與相解因事故觸戲笑非正

意故取謂從他取物與即以物授他相解謂解彼
鬬競非不犯者總上三開容有蘭吉故續引僧祇
明之
僧祇若共女人捉物呪願捉器行食捉繩頭尾捉杖
竹木皆非威儀有欲心者吉羅欲心動物及以器繩
或瀵水著女皆偷蘭若母等近親久別相見抱捉比
丘者當正念住不犯
次科僧祇爲三初明共捉非威儀者通是吉羅又
簡欲心應得二吉必無欲心但犯非儀欲心下次
明動物罪乃加前若母下三明抱捉正念者攝心

在戒微生染樂準前斷犯
十誦若母女姊妹爲病患及水火刀兵深坑惡獸難
救者無犯但無染心若爲水所沒開比丘手捉雖婬
心起但捉一處莫放到岸不應故觸得殘若女人寫
水注比丘手水流不斷於女生婬心偷蘭
十誦文爲三初救諸難猶須無染若爲下別示拯
溺文中捉後生婬故開至岸必先起婬理不應捉
若女下動物成犯義同上科
僧祇若城門道迮逢女人鬧者要待希已便過若女
人有所須令淨人與無者持著牀几上語言取之若
擔重不舉倩比丘者旁無淨人比丘爲舉著高處令
自擔之若乞食時有端正女持食來比丘若起婬心
者放鉢著地令餘人授受之準此若就女人取鍼線
瓶盂等物恐搪觸者當語著地然後比丘自取餘並
例知
僧祇中初避道法若女下與物法若擔下佐助法
若乞下受食法準下例決準前婬心放鉢例取餘
事縱無染意義須深防
十誦四分開處猶多若據僧祇水溺難緣至死不開
須知急緩之意過集積增莫不由此

指廣中二律開多即如向引僧祇意急者彼云若
他女人沒水作地想持出不爾與竹木繩索等是
知女想則不開也須下結勸二律緩者止爲濟他
僧祇急者防於損已過集等者出其急意
與女人麤語戒第三
第三迦留陀夷因制前戒便於女前欲心說麤語故制名中境業合稱
七緣成犯謂人女人女想有染心麤語麤語想六言
章了了七前人知解伽論比丘性好麤語偷蘭
犯中初科前列犯緣後引伽論簡異由彼慣習出
語成犯不必具緣故

律中人女者，要有所了知解婬欲語也。

釋中。初緣示境取知解者，以前婬觸通於死活老幼睡覺，此戒必取解知言義，不解非犯，故特簡之。麤惡語者，非梵行也。未必言聲相有麤醜號爲麤惡，不妨涉於善事而意表於婬欲，故律云：若復作餘語者。

第四緣語相中，初二句示麤惡相，卽說婬欲二道好惡，故言非梵也。此明語意俱惡，未必下明語善意惡，故下引證卽廣解文。餘語者，非正麤語也。如律云：因消蘇著衣時，女形露，便言消蘇好，不若女情相領，律結僧殘。

別證中。初文出律條部，消蘇舊云是女名，疑是梵語。此假人名，意問女根耳。

若不解者，如僧祇云：比丘見女人新染衣著形露，比丘言大赤好。女人云：新染故爾。比丘生疑，白佛，佛令一比丘問女，女具如前答。佛言：義味俱解，僧殘；四分解語不解義，偷蘭。

次科僧祇相同緣別，不可濫前。大赤者，卽假衣色以歎女道。由不解意，還以衣答，故云新染等。佛令比丘問者，審實女意也。佛言下，斷犯兩別。義謂言義味，卽意趣。二具方殘，則顯上緣解義，不解味理應輕降，故引四分明之。此中語義，卽上義味。

此但論染心向女麤語，若準五分，具有彼此互向麤語犯。下歎身戒亦同。

互向中。比丘向女，如前可知。女向比丘麤語，比丘領意，亦同前犯。歎身同故，探前點之。

律中不犯者，爲女說不淨惡露觀，九瘡九孔九入九漏九流。而彼女謂爲說麤語。若說毗尼時，言次及此。若說經受經，若二人同受，若彼問此答，若同誦，若錯說，但無欲心，一切無犯。

不犯中。初別舉七事，並以若字分之。前六皆據說法受經因而言及，故開無犯。初說法中，九瘡眼耳鼻各二，口及大小道，破肉如瘡，竅穴爲孔，外通物入，內出流漏，故列多名。四中比丘與女同受，則同聲故。六但同誦，非從人受，與上爲異。但無下，此語通攝，不唯前事。

向女歎身索供戒第四

第四迦留陀夷聞佛制前三戒，故將女入房歎身索供，因制。名中境過一一須分。索供者，誘調前女，令以欲供也。疏問：既修梵行牒戒本文義無行非，何以索欲供者？答：必實行欲索

者偷蘭大婬方便也今本不行口言其相妄開婬門擬通適耳

論犯七緣一人女二人女想三內有染心四歎身說麤語五麤語想六七同前戒

犯中列緣六言章了了七前人解知近故指之

律云歎身者端正好顏色大姓出家持戒修善法行十二頭陀等不索婬欲供養者偷蘭說欲幷自歎者僧殘若直說麤語犯前戒

釋四中先出歎相有三初端正等歎報色二大姓者歎種族刹帝利婆羅門名大姓毗舍首陀爲下

姓三出家下歎德行是中出家是遠離行持戒即止作行修善是少欲行下舉頭陀釋成修善律中更列唄嚯多聞說法持律坐禪故云等也不下結犯差別有三句初結蘭者歎而不索故次犯殘者索歎兩兼故三同前者索而不歎即屬麤語

不犯中若爲女人說法及說毗尼時言次相及而女謂自歎身並無犯

不犯中且列二相注戒更開錯說

媒人戒第五

第五佛在羅閱祇迦羅比丘善知俗法與俗爲媒招譏故制名標人者簡餘類故疏云媒謀也討度二姓用爲好合

六緣成犯一是人男女二人想三爲媒嫁事四媒嫁想五言辭了了六受語往還報便犯

律文要三時具者方結僧殘一謂受語二往彼陳說三還報知若具二者結偷蘭遮具一時者結突吉羅若受語往彼說而言已嫁若死若賊將去者偷蘭若言癩病等還報者僧殘以後得媒嫁故除二道已媒餘身分者偷蘭若媒人男畜生等並吉羅五分不許而報偷蘭

犯中釋第六文有五節一約三時具缺辨犯差降

具三可知具二謂受往而不報具一即受而不往若受下二明四種緣差三輕一重注顯後一由女尚存病容差故除下三明非正道問女有三道但除二者答口雖通婬非本媒意縱有亦屬餘身分耳若媒下四簡異報也五分下五明事不成也

十誦不能男女若道合一道女石女等一切偷蘭

釋第三中初文不能男女即二種黃門或彼此互是或二俱是並同下犯下列二女道合一道是一種舊分二女非也石女者根不通婬者羯磨列遮云二道合道小即同此矣

五媒相　四倩使　三畜類　二非法

此律中、諸比丘白二羯磨差人媒嫁、一切僧殘。今知事白僧媒娶淨人、供給婚具、問僧同和、一切僧殘。若用僧物、同俱犯重。

次科。先引律緣、一切殘者、盡界同犯也。今下準斥非法。雖不羯磨白衆同情故。若下因責盜用、非此犯相。

僧祇爲他求好馬種和合故偸蘭、餘畜吉羅。

三中。好馬勝於餘畜故罪分二品。今世愚僧多畜猫狗、求合雌雄、二一吉罪、制急過重、知者誡之。

五分。若爲男長倩女使偸蘭。恐後和合。爲女倩男亦爾。

第四中、恐後合者、以男女類殊、聚必相染故。

十誦伽論云、若指腹爲媒、及自媒者偸蘭。四分媒法以語書指印遣使、但情相領、參互作句、皆犯。若比丘持他書往不看者、及爲白衣作餘使、並吉羅。

五中。十誦二相。指腹者未生而媒。古記準俗算法預占胎中男女。學者無知、便對俗女輪珠計數、以爲己能、且無學射事、尚致俗譏、何況盲愚、復憑世術。高達有恥、聞而革之。四分中、初列四法。律有五種。此闕現相。疏云、若使及書言中自了、指印現相必假言通等。言指印者、舊云手墨印紙、約橫豎文

六勸還　二不犯　二初開和合

以表其意。或云、西人指上貫印、持以爲信。然無所據、未知孰是。參互作句者、律以五法歷於三時、交絡作句。今略引示。先以遣使傳語、參自作爲四句。一自受語自往自還、二自受語自往遣使報、三自受語遣使往自還報、四自受語遣使往遣使報。次以遣使持書、參自作爲四句。一自受語自作書往自持書報、二自受語自作書往遣使持書報、三自受語遣使持書往自持書報、四自受語遣使持書往遣使持書報。指印現相各四句亦如是。並法上持書參之。餘句廣在律文、不復繁引。無問交參、但使三時具者、一切皆殘。具二皆蘭、具一

並吉。則不勞作句、無不通達。若下因制二事、非道所宜。事通一切、不局媒嫁。文制不看、看知可不容有開。持如不犯所明。

僧祇。勸歸婦早還者偸蘭。

六中。雖本夫婦、有同媒故。

律不犯中、若男女先已通、後離別還和合者、開不犯。

十誦云、作券書言非我婦、猶故未唱出者偸蘭。若婦禮已斷、不復來往而和合者僧殘。

不犯中二。前開本犯、後開因制。初中、先示本律文相、通濫。下引十誦、明分兩斷、在文可委。券書即今

俗謂離書是也。

律中開持書者。若爲父母及信心精進優婆塞病。若在獄繫。及爲佛法僧事病比丘事等。看書持往。不犯。

次科中前開濟俗急緣。及下次開爲道要事。

無主僧不處分過量房戒第六

第六佛在羅閱祇。開聽作房。比丘大作乞求。惱俗斫樹。惱神。因制。名標無主簡後戒故。過量不乞二過合制。同一房故。具有五過。一須人經營妨修道業。二多論云。長已貪結壞少欲知足故。三處處乞覓惱亂人非人。二趣不生信敬壞滅正法令不久住故。四專任自由不乞處

分。容障僧事多惱亂故。五或自損行違其慈道壞梵行故。

制意中。初是今加。四出多論。一是長業。二即增惑。三謂惱俗。律緣曠野比丘乞覓多故居士迴避。乃至迦葉入城亦避。此謂惱人也。又有比丘斫伐神樹。樹神白佛。佛爲說法令往他樹等。此謂惱非人也。四即惱道。立法制乞爲取僧和。不乞自任僧事不行。故云障也。五中上句標。下二句釋。違慈者或惱二趣。或傷物命故。壞行者非沙門法故。已上五意總束爲三。初二損自。三四損他。後一自他兩損。

又復第四是制不乞法意。餘皆制過量意。

六緣成犯。一無主。二爲已。三自乞求。四過量不處分。五過量不處分想。六房成結犯。

犯緣中。四五二緣文兼兩過。第六結犯義總二殘。

薩婆多云。末後二摶泥未竟輕蘭。餘一摶在重蘭。善見云。若留一摶泥在後當成蘭。決罷心者僧殘。僧祇瓦木板石灰泥草覆乃至最後一把草覆竟即殘。若自受用皆吉羅。房主若死。休道施僧。乃可受用。

釋中。初科多論摶泥。示犯分齊。彼宗中下二蘭爲殘方便。文中對輕故言重耳。善見結蘭同上。決罷

殘者。雖留摶泥事畢竟故。僧祇諸物。但取最後不局摶泥。受用吉者由本非法制不聽用。彼云於中熏鉢作衣若受誦若思惟一切越毗尼。死等開僧用者相續斷故。

律中若作此房。先知無妨難已。然後來僧中乞法。若不可信。一切僧共往看之。若可信者即當聽作。

釋第四中。初科前明來乞。若不下明僧審量。

善見云。無妨難地處平治如鼓面。後至僧中乞。長六搩手廣四搩手已下不須乞處分。四分云長佛十二搩手內廣七搩手。

二校勘尺寸三。
初總引諸異

次科長廣中出量有二前善見是乙法量後四分
即作房量一磔二尺計數可會（搩字當從石張也謂母指中指相去為磔）若不滿六磔過乙俱無（應有妨難）若十二磔已內有
乙無過已外過乙俱有若已得法但有過量如是
知之
然佛搩手尺量不定今總會諸部校勘是非僧祇佛
搩手長二尺四寸明了論同之善見云中人三搩手
長佛一搩手多論云佛一搩手凡人一肘半五分佛
搩手長二尺已上通明尺寸分量不定者由翻經有
南北二國三藏生處不同故致多別各相矛盾

勘尺量中初文為三初通標僧下二正引僧祇了
論數同善見即三尺多論肘半二尺七寸也五分
是今所取已下三出所以有二一譯處異二譯人
異聞見不同各據所見故南即揚都北指京洛又
東晉宋齊梁陳相繼為南朝後魏後周隋謂之北
朝僧祇東晉佛陀羅與法顯譯了論陳眞諦譯善
見南齊僧伽跋陀羅譯多論失譯獲本西蜀五分
宋佛陀什共竺道生譯其間生顯是華人餘並梵
僧故云生處不同也矛即鏘戈盾謂旁牌（韓子云宋人有賣矛盾於市有買矛者云此矛甚利所刺皆陷有買盾者云此盾極堅無能陷者或人謂云用子之矛刺子之盾如之何因而絕對今喻語之互違耳）

二約義去取二。
初判定

今以義約佛在人倍人身量同爾此震旦國法尺寸
隨俗不同而用律曆定勘則以姬周尺斗為定通古
共遵百王不易故隋煬帝立斗尺秤準古立樣余親
見之唐朝御宇任世兩用不違古典故唐令云尺者
以尺二寸為尺斗秤二種例準增加準論以言此方
人長八尺佛則丈六以此為率佛搩手依五分二尺
為定當律無文可以用之
次科判定中初標示佛量文見了論多論亦同此
下定尺寸初二句通示不同疏云元魏擾亂文籍

焚除無可依據故隨世立是也而下明周法可準
律曆即俗中陰陽數曆定星辰纏度分秒無差故
姬即周姓周乃國號故隋下引兩朝以證煬帝隋
第二主準古即姬周也唐朝即神堯受隋禪改號
唐國御宇謂君臨宇宙也兩用謂周唐並行至今
亦爾然唐尺但加周尺二寸故云不違古也唐令
即唐朝律令魏徵撰二十卷周十寸為尺五斤為
秤三升三合等為斗尺加二寸斗秤例增兩倍準
下示所取論即多了二論此方據南洲也八尺之
人可張一尺佛身既倍明知二尺方彰五分所謂

無差故爲今取矣。卒字戒疏音律。卒猶算也。
後進未知前修昧教者。既不違道俗二制。隨語卽行一何混亂。
斥濫中初文上二句指人。未知謂學之未及。昧教謂雖學不通。既下顯濫。道謂諸教異同。俗則朝代差互。未能通會。故二俱不達。
卽大國唐朝文軌無二。及論用尺五種不同。必以姬周尺秤以定。官市衡量無事不平。此則閻浮通用。豈止姬周古法。乃至鉢量三斗爲上。下者斗半。以文校勘。尺秤依古彌彰。上言。故今藥秤古法不改。六尺爲

步。忽絲爲先。如是準酌。想定綱旨。
次科舉證有四。初據時用。上二句敘國法大同。文謂文章。軌卽制度。及下明尺秤多別。五種者。舊云南吳尺（短周二寸）姬周尺（十寸爲定）唐尺（加周二寸。尺二爲尺。）山東尺（加唐二寸。尺四爲尺。）潞州羅柯尺。（加山東二寸。尺六爲尺。）國家不禁致此多別。至於公用還準周尺。故云必以。等衡謂秤之斤兩。量卽尺之分寸。（今朝私用周尺。公用唐尺。）此下推其本始。通閻浮者顯是輪王之舊法耳。乃下準鉢量以律。斗量正用姬周。則尺秤從周不足疑慮。故云以文等也。疏釋鉢量文云。姚秦時政用古未訛。故此翻文頗有通允是也。故下明存古。藥秤卽今世中五斤秤也。六下示本立法。孫子算經云。數之始起爲忽。（卽蠶口初出也。）十忽爲絲。十絲爲毫。十毫爲釐。十釐爲分。十分爲寸。十寸爲尺。十尺爲丈。十丈爲引。六尺爲步。二百四十步爲畝。百畝爲頃。如下結告。
余曾遊晉魏及以關輔。諸方律肆每必預筵。至論尺斗廢興並未霑述。故卽刪補反光九代。
斥闕略中。晉卽河東。魏卽相部。關輔卽關中三輔。（左馮翊。右扶風。中京兆。共輔長安。）廢興卽如前用。舍刪補字傳誤。累得古本。並云補闕。（古今傳講既無霑述。豈得有刪。準古爲定。）此明從

古未論方今考定。則垂範後昆。光逾前代矣。
今用五分尺寸。卽以爲率。廣二丈四尺。長一丈四尺也。善見云。皆謂明內爲言。僧祇邊壁高一丈二尺。
正示中。廣長字寫互。比對戒本及疏。迴易讀之。次引善見示量法。下引僧祇明豎量使有分齊。必過此外應非正犯。
若男若女在家出家皆爲房主。無此等主。故言無主。
釋第一中。明主以釋無主。後戒反此可知。
難處者。四分中虎狼乃至蟻子也。善見下至若有蟻子窟。不得作。若蟻行覓食。逐令去得作。何以故。如來

爲慈愍衆生及比丘故。五分，四衢道中，多人聚戲，婬女市肆，放牧惡獸，隱險處，園田，社樹，墳墓，偪村近道等，是難處。

釋第四難處中，初引四分，即命梵二難。文略，師子諸獸故云乃至。（疏云：虎狼爲命，蟻子爲梵。）又云：若有石樹株杌荊棘，使人掘出；若有坑溝渠陂池，當使填滿；若畏水淹漬，當預設防隄。（疏云：樹石水漬無非在後爲命留難。）若地爲人所認，當共斷當，無使他有語。（疏云：田園等處計是妨緣，今入難位，恐後諍競起，非淨行故。）是謂難處也。（總結諸相，除蟻子及地二種梵難，餘並命難。）善見：但明微物，則餘類可知。遂去得者，因蟻出窟，無所損故。何下徵示制意，慈愍之言通該彼我，彼遭害命，我成殺業故也。五分難處有十三種，文錄十一，前二句及後一句各是一處，爲三；婬下兩字爲一相，有八。（唯隱險下加一處字，彼作嶮巇處。）彼更有水溢突處、道路嶮巇處二種，故言等也。彼律云：無難處，有行處者，得與處分；難處如上言，行處者，繞四邊得通車。唯出一相，同今四分，不同善見、十誦，尋之可知。（古記不尋文，乃云上難處亦參有妨處，非也。）

妨處者，律云：乃至不容草車迴轉處。善見云：是人田園，或怨家、賊處，尸陀林處，王誌護處，四周不通十二輒梯，間有拳一肘者。十誦：是舍四邊一尋地內，有塔地、官地、居士外道比丘尼地，若大石流水大樹深坑等，是妨處。

明妨處中，難約害己，妨據礙他，故分二位。四分特云草車，以草車最大故，以爲量。善見五種，尸陀此云寒林，棄死屍處。誌，記也。輒即梯橙，拳一肘，一尺八寸。上下有十二間，計二丈一尺六寸。（不通橫梯迴轉，故名妨也。）十誦九相，並據房外尋內爲言，故先標之，有下列示，五種他所護地，四種嶮礙處。（準善見、十誦，妨處與四分難處，相濫蓋所集不同耳。）

明了論：或樹空、山巖、石陰等，得行住坐臥，如作房舍所攝。解云：如上處等，欲於中住，必須隔斷，須將比丘羯磨治地。所以爾者，若不依量用功則多，若有妨難自損惱他，故知僧私二地並須乞作。

處分中，初科了論三相無多營造，亦令乞法，餘須可知。樹空，大樹中空可居者；巖即山穴；石陰即山谷。陰字去呼。若據善見長六廣四，始可乞法，樹空頗窄，計不須乞。今詳了論，或不約量，或取外地通歸樹巖。解下引疏釋，初明制乞，所下顯意，初列示兩過，故下準過以決。諸律多約僧地，據斯二過何

二指授是非

簡僧私。此二句準戒疏是鈔家語。

僧祇。若僧中無能羯磨者。一切僧就彼作處。一人唱言。一切僧爲某比丘指授房。三說亦得。若處遠隔水寒暑雨雪多病不得並往者。應差二三人。不得羯磨四人。往彼指授有四種人。一越年。二異界僧。三作私房者多。四妨難二處。悉皆不成。卽此律云使可信者看。故知簡別。

指授中僧祇有二法。初至亦得引第一僧法。卽比丘來三乞已僧與處分法。必無能秉。方開三說。止二皆是僧作。若處下引第二僧差使法。由前僧法合眾往

彼。今爲病等七緣不得同往。故開遣使。彼比丘亦於僧中三乞已。僧作羯磨差使觀察至彼審無妨難者。一比丘云僧已示作房處。三說。今鈔不引。不得羯磨四人者。謂白二差人不得加四。彼云不得眾羯磨眾。故極至三人。往彼下簡指授成不四種人卽能指授比丘也。第一彼云先年預指授。以乞造必在年內。不當先與指授故。二中彼云他界不名指授。以不知此處妨難故。第三彼云若僧中一人二三人不作房不應指授。不作者少。顯作者多。恐相覆隱故。若不作房者多聽作。第四彼云若水中非砂地非碎石地非石上非火燒地。反明非上水中是下

二向公合

三過量二。初過減二。初正明

三房處通局

四地方成指授。以非生地故。據此約處亦由不善知法妄行指授。還屬簡人。卽下轉證律中乞法比丘若不可信眾僧往看。若僧不去。應遣僧中可信者看。

薩婆多云。處分處得作。餘處不得。餘人就此房上作重屋。房主聽得。無不處分罪。

三中多論。初明房處必須相應。餘下示有不乞得作之義。重屋卽樓閣也。

善見云。長中減一磔手。廣中長一磔手。互減過皆僧殘。若房未成而行。客爲成者無罪。以人無一口房分。若段段計人分滿過量亦犯。

過量中。初科善見應有四句。文出二互。二俱易解不在言故。文中且舉一磔爲度。至論過減不必限此。若下明多人共成。此有兩別。初明無犯。客爲主成。主不至果故言無罪。準有方便。以下釋無犯意主客共成非別屬故。若下次明有犯。上約一房前後而成。此據大房同時而造。若通擬多人不別計者。文在開通。

問。何不同長衣必俱過成犯。答。此房爲造作故犯。長衣貯畜故犯。

問答中。房衣過量犯相不同。故須決釋以申教意。」

四分若敎他作受敎者過量犯若是房主得僧殘巧師得偸蘭

二教作中初引律文但云犯者由通能所兼合重輕故不別指若下義判房主卽能教巧師卽所教文據過量且云得蘭不乞妨難應具四罪卽注戒云爲他成者二蘭二吉是也

妨難各突吉羅過量不乞二僧殘罪

五中且據具有爲言注戒云互相有無隨其所犯

律不犯中減量無妨難爲佛圖講堂爲僧多人住屋草菴小容身屋者

不犯中八相三類前二種翻犯明不犯注戒更有如量僧處分如法耕地共上成五佛圖等四非專己故草庵等二非過量故

有主僧不處分房戒第七

第七佛在俱睒彌國王爲闡陀造房所路中神樹人訶因制此由有主大小從他故無過量但恐妨難特制自專故分二戒

制意同前

釋中初科制意同者此既有主無擾二趣然據緣起事異義同

成犯具六緣一有主二爲己作三長佛六搩手廣四搩手已上房四不處分五不處分想六作成便犯

此房屬於己身若死遠去不還隨意分處若與三寶親友白衣自賣取錢隨心自在唯不得賣地地是僧物僧不許賣房僧得罪若房主不自處分者屬四方僧次第住之

釋第二中初句示所屬前房自作屬己無疑此既有主恐謂未有所屬故特標簡若下明有緣隨用有二初明自判若死謂將死也不許賣地緣是僧物必是私有理亦應通僧不許賣常住常住物故房僧得罪若賣成盜故前房賣用應同此房受若用亦制但文互現耳

房下明不自判可解

律中妨難二吉羅不乞過一僧殘罪

六中列罪須知有無不定

開通中若處分作草菴葉菴小容身屋謂無過量以小故不須乞處分若作多人住處等並得

不犯中初句翻犯作下三處量減若下不爲己注戒云與前並同唯無過量爲異故云等也注無過量者此據乞法量爲言

無根重罪謗他戒第八

第八佛在羅閱祇沓婆爲知事慈地次得惡房惡食便令妹尼對僧以重謗故制名中

無根對下戒重罪揀次篇
多論爲護自行令法久住故二爲止謗毀令梵行者安樂修道故
制意中初護自行者淨口業故二止謗者不惱他故
問謗他是妄語得幾罪答善見云無別提罪以謗假虚成今以義通若元意專謗無妄語墮若兼誑僧望前人得僧殘望僧虚解得墮如殺父羅漢妄語兩舌相對互說餘如戒本疏
次科以古師互判故問以決之答中初據文答無

別提者以謗即是妄無二業故今下約義釋元意兩期意是業本故兼二犯如下舉例有二初例若約各論殺父羅漢並結一夷更兼一逆若父證羅漢則一夷二逆望父違恩養望羅漢損福田故次例即多論將口三過互織辨犯如小妄中委引彼云傳他此語向彼說以不實故是妄語作分離心故名兩舌此並一境兩犯足爲前例餘下指廣彼問云元謗望僧治何因言了結答能謗意在治治擯唯僧力遂瞋暢思決言了便成犯
具八緣一是大比丘及尼除下三眾二想心謂淨不妨實不淨如打破戒犯墮故文云若遮無根無餘作不成遮治其謗罪二謂作大比丘想三內有瞋心四無三根五下至對一比丘說僧祇對所謗比丘前罵謗語語僧殘六者重事加誣七言辭了了八前人知犯
列緣中第二緣準疏古解有二初約體淨彼據戒本非波羅夷爲證次師約想淨即如鈔引文中初出彼所立故下準疏是今師引破彼云無餘是重作是會犯是則明知有犯亦成謗罪豈須想淨耶今師但據自無三根不論彼境淨穢循古引示而非所取故別立第二八前人知者但取所對不必所謗

善見云若有謗他在僧中請判者僧未應判若彼語僧若不是者我便不受僧應語言汝且禮佛爲其說法後當爲判此事若遷延至暝者當語明朝來如是三反猶剛强者語云此處少律師不得斷可往餘寺彼餘寺僧知如是者亦云此無律師如是覓寺不得來還本寺心儒折伏隨僧教行者方問被謗之僧依法斷之
釋中論明謗者强戾僧折伏法初教僧詳緩若下

出彼請判論具云若言衆僧爲我判此罪莫停若是者我當受持若不是我不受（受即執也此是爾向求斷之語）僧下示折伏法有三初教遷延瞑即暗也猶下次令出界如是覓寺下後明爲斷懦柔弱也

律不犯中見聞疑三根說實實有五種一眞實二想實三事實如殺王還道殺王四三根不互實五四戒不互實若反此五謗他犯殘十誦四重互說成謗四分亦同

不犯中初通示實有下別簡五實具五成開闕一成犯第二約心餘皆約境眞實者字誤準疏作眞

境實謂所對不謬也想實者想心謂不淨也若下總結論開須具五實反犯止在一虛後引二律別證第五縱知實犯互亦成謗

假根謗戒第九

第九（慈地因見羊行婬便言瓶羊如沓婆母羊如慈地尼向諸比丘我今親見非前無根因此而制也）

此戒假異事上見根取彼見根道見此事上犯也事不相當名爲假根故分二戒

辨異中初示相異事即見羊婬此事謂比同人犯疏云若異事見向僧道聞便是無根落在前戒餘根準此事不下顯名假謂詐託別事意表有根如下五異俱名假也

犯緣同上

釋中指緣如上須知第四假根有別

律中有五種異分一對異趣二異罪三異人四異時五假響也言異分者善見云餘分以羊當人取片者婬事相似

次科中初如緣起說二謂見犯下聚以初聚謗三謂餘人與所謗者名姓相同以彼所犯用謗此人四即本在俗時曾作重過今用加舉五謂自語聞

彼響聲言作婬盜等上四義通三根後一唯屬聞疑言下論釋甚顯

餘相可知

三指略者注戒云辨相開通並同前故

破僧違諫戒第十

第十（佛在羅閱祇提婆教人害佛惡名流布利養斷絕便別衆食爲佛訶責因即破僧舉過設諫因制）

戒名中破僧有二一立五法化世破四依八正名破法輪僧二同界各作衆法名破羯磨僧作白四法諫三諫不捨犯殘餘三戒並爾

此違諫等戒逮于下篇或事希法隱當世寡用（如謗僧拒）

二示汙家廣意

或但有因用終不辦果。局佛在世有滅後所僧欲不障道等無。如此眾戒其相極多。終非見用徒費鈔略並所未詳出。即此二破僧違諫者

總示中。初科。前列五諫。初二句總舉。此違諫者即當篇四戒。逮下篇者即單提中有一。寄此預明。或下別釋。初明三戒。如注所列。謗僧即汙家。拒僧即惡性。事希謂過非常有。法隱即羯磨不行。或但下。明二戒有二意。因不辦果者閻浮一化唯提婆一人破僧究竟。餘但方便。故局佛在者。以佛滅後無可競化。故若破羯磨僧容有至果。復通滅後。然今

論犯須具二破。正取法輪為所諫耳。如下總結不廣所以。言相多者。謂一一戒下成犯緣相。至如汙家擯謗因即設諫。諫事是難時所同廢。不妨惡行行實網生。或辨相事可通行。或開緣乃當時要。故直略其行務以裨輔神用耳。

次科。初重敘諫事生起下文。不下正明惡行必廣之意。網生謂如網目喻其多也。辨相即下所引四分等文是也。開緣即下不犯文。直略者去餘廣相也。行務即上通行時要也。裨輔謂補助也。神即心識。用謂解能。

二正釋今戒。二。初列犯緣。

二示四非相

二示杠

○十一助破僧戒。二。初標名。

就破僧犯緣。理非可犯。必須具列。庶新學者知其教相。具五緣成。一先明立邪三寶。二行化於時。三如法僧設諫。四固執不捨。五三羯磨竟犯。

次釋今戒。列緣中。先出意。後正列。邪三寶者調達為佛。五法為法乞食糞衣露坐不食酥鹽及魚肉五並盡形無開。四伴為僧。名如下列。

違諫僧殘。破僧罪是偷蘭。違別人諫波逸提。餘之方法廣如戒本疏。

示罪中。違諫殘者。注戒云。僧諫時白二竟捨者三蘭。乃至白竟捨者一蘭。白未竟一吉。破僧蘭者五

逆之一。別人提者。拒屏諫故。餘方法者。即僧屏二諫。古今廢立委如彼疏。此不煩引。

律不犯中。若破惡友惡知識。及二人三人欲作非法羯磨。或為僧塔和尚闍梨知識親友等作損減作無住處。若破是人者不犯。

不犯中。初二破惡侶者以慈濟故。及下破非法。二三人者此明成僧不可輒破故。或下皆謂朋黨相謀害故。損減者非理侵犯也。無住處者妄行驅擯也。

助破僧違諫戒第十一

十一 因前諫主伴黨助破反諫正僧故制。

具五緣：一、明有人作破僧事；二、衆僧如法設諫；三、四伴助破諫僧；四、僧如法設諫；五、作三法竟便結。

初緣中，初二並屬破主，下三正是伴助。三中言四伴者，一、三聞達；二、騫茶達婆；三、拘婆離；四、迦留羅鞮舍。諫僧者，如戒本云：是比丘語彼比丘言：大德莫諫此比丘等。結犯開緣，大同前戒。

汙家擯謗違僧諫戒第十二

十二 佛在舍衛，有比丘在鞞連聚落，行惡汙家。舍利弗往擯，反謗故制。戒名舉下列緣配對可見。

具六緣犯：一、作汙家惡行事；二、心無改悔；三、作法驅擯；四、非理謗僧；五、僧如法設諫；六、三法竟犯。汙家非戒本緣謗僧是也。

列緣中，二云心無悔者，善見明有六比丘同在聚落，聞舍利弗將至，二人遠去，二人懺悔，二人不去不悔，被擯故謗也。汙家下，簡示兩緣，顯戒正制。

四分四種汙家：一、依家汙家，從一家得物，與一家，所得之處聞之不喜，所與之處思當報恩；二、依利養汙家，若比丘如法得利，乃至鉢中之餘，或與一居士，不與一居士，彼得者思報其恩，便作是言：其有與我物者我當供養，其不與我物，我何爲供養；三、依親友汙家，若比丘依王、若大臣勢力，或爲一居士，不爲一居士，所爲者思報其恩，便不與餘比丘物；四、依僧伽藍汙家，若比丘取僧華果枝葉，或與一居士，不與一居士，彼得者生念：其有與我物者我當供養，不與我者我不供養。

釋初緣。四分中初科依者，取附傍之義。所依四別，所汙不殊。第三一種，但令恃勢意涉私曲，不必與物。四皆名汙者，莫非壞彼淨信，令生厚薄，故今時比丘曾不染道，貪求無足，搆召門徒，送惠無時，唯

希請命，與少得多，有同市易，能所俱墮，豈望生福，覆滅之甚，莫若於斯，負出家兒，慎莫習此。

行惡行者，自種華果樹，及以漑灌，自摘華，自作鬘，與他，及教人作。上事，若村落中，共女人同牀坐起，同一器食，言笑歌舞，倡伎俳說，作鳥聲，或嘯，或受雇戲笑。

惡行中，三：初種華等者，掘壞業；若下，習近婬欲業；歌下，掉戲業。三中一一皆有身作口作，尋文可見。漑音蓋，澆也。倡伎即作樂人，俳說謂同俳優浮俗之語。

僧祇云：依聚落得四事供養，或免諸難，皆名依義。若

依村落作非梵行飲酒非時食不名汙家若俗人先有信心供養衆僧造立寺舍令彼退滅是名汙家

僧祇中先釋依義若依下簡惡行若俗下明汙家通括前後釋此二相大約不出自他兩損

多論云若作種種惡業破他信敬善心名汙家也作不淸淨穢汙垢濁又得惡果名爲惡行

多論通標中初明汙家言種種者如後所列作下明惡行文舉因果以顯名義

又比丘凡有所求若以種種信施物爲三寶自身乃至一切而與大臣及道俗等皆名汙家何以故凡出

家人無爲無欲淸淨自守以修道爲心若爲俗人信使往來廢亂正業非出離故

別釋中五段前四示制後一暫開又初四損自二三損他初云凡所求者總收多事不問公私善惡皆不許之何下出意以非沙門所宜爲故

由以信施物與白衣故即破前人平等好心於得物者歡喜愛樂不得物者縱使賢善無愛敬心失他前人深厚福田

二中縱賢善者據比丘言之

又倒亂佛法故凡在家俗人常於三寶求淸淨福割損肉血以種善根今出家人反持信物贈遺白衣俗人反於出家人所生希望心

三云贈遺遺字去呼獻也

又若以少物贈遺白衣因此起七寶塔造立精舍乃至四事滿閻浮提一切聖衆亦不如靜坐淸淨持戒即是供養眞實法身

四中起塔等者有爲世善猶不離過罪福雙感故不如靜坐等者無漏淨業出離因故眞法身者即是戒體

若有强力能破塔壞像於僧有折損者得以塔物僧

物隨時消息

五中難開緣如盜戒寄語來學細覽斯文且心識非愚耳目猶具何事終年講讀殊無一句染神豈異盲聾信同土木必懷高操勿混下流不唯沈屈平生更乃毀傷三寶願詳聖訓返照自心忽悟前非早須改迹

律不犯中若與父母病人小兒妊娠婦女牢獄繫閉及寺中客作者不犯若種華果樹自取華乃至教人貫華持供養佛法僧者一切不犯若人欲打被賊虎狼恐怖之處若擔刺來於中走避者不犯若度河溝

渠坑跳躑者不犯。若伴在後迴顧不見而嘯喚不犯。若爲父母若病人若閉牢獄若篤信優婆塞有病若在獄看書持往若爲塔僧病比丘事開持書往反。一切不犯。

不犯中二。初汙家不犯得與七人。若種下惡行不犯得作五事。初非掘壞自作敎人皆爲供養。文言自取義非自摘。若人下開走。若度下開揚跋行。即跳行也。此二前惡行中不出。若伴下開呼嘯。若爲下開作使。律云若不看書持往及爲白衣作使皆突吉羅前亦闕引。前列共女坐及歌舞等。此無開者性惡之漸蕩逸之端故可知矣。

惡性拒僧違諫戒第十三

十三佛在拘睒彌闡陀惡性拒諫因制。

具五緣。一自身不能離惡將欲作罪。二諸善比丘如法勸諫。三不受來諫自恃陵他。四僧如法設諫。五三法竟犯。

列緣云自恃者。即如闡陀。諸比丘諫時反云我應教諸大德我聖主得正覺故。由本侍佛控馬逾城入山成道後乃出家故常恃此陵慢於他。

此人倚旁略敎但自觀身不須見過佛令諫之。

釋中初文旁略敎者即拘留孫偈。

多論。問。如經中說但自觀身行諦視善不善。今戒文展轉相敎豈非相違。

通會中。問引略偈難今廣文。論指經中即十誦戒本與四分詞有少異。

答。佛因時制戒。言乖趣合不相違背。有六種不同。一前人有愛憎發言諫有損故云但自觀身行。若爲慈心有利益者則云共語相諫。二若鈍根無智則言說無益便止。若聰智利根發言有益便諫。三若少聞見出言無補便止。若廣聞博見有所弘益便諫。四若爲利養名聞便息。若利安衆生闡揚佛法便諫。五爲現法樂但欲自攝便止。若欲以化益使天下同己則展轉相諫。六若爲新出家者愛戀妻子便言但自觀身行。若久染佛法力能兼人則令展轉相教等。

答中。初總舉。云因時者隨機興制不可一槩。故言乖謂文或有異。趣合謂各有其理。二下別示。六中。第五並是善事自他二利分之自別。餘五皆善惡相對。初約愛憎慈心損益對。二約根利鈍對。三聞見廣狹對無補謂不益於人。四求利爲法對。六初心久學對兼人謂倍人之智。

律不犯中。初諫便捨。若非法律。若爲無智人訶諫時。

語彼言汝和尚阿闍梨所行亦爾汝可更學問誦經若其事實爾若錯說者一切不犯

不犯中五事初即順諫二非法者諫不如教故三無智訶者不當理故四實爾者省已無非故五錯說者不作意故

二不定中文疏久列在戒本解略述大意

二不定標示中屏露不同爲二不審實犯爲不定上總戒分下攝威儀故當第三文下二句指廣文疏通指古疏故云久列疏釋廣律比丘戒本辨此二戒廣列義門故云在戒本也今此但明成犯緣

相自餘義章並見戒疏義鈔故云略述大意也

多論制意四種一爲止誹謗故二爲除鬬諍故三爲增尚佛法故四爲斷障道惡業次第故

制意中初二爲他意見戒緣三是爲法四即爲已婬重由成故云惡業次第也

初不定中

一屏處不定佛在舍衛迦留陀夷與優婆夷共屏覆坐說非法語毗舍佉母見白佛因制

四緣犯之一是屏處二是女人三無第三人四隨所作犯

犯緣中隨作犯者若論所犯各自如篇此中但制令俗生疑正篇犯吉疏云緣通七聚犯唯在吉斯明證也

四分女人者人女有智命未終也獨者一比丘一女人在屏處者有二種一者見屏若塵霧若黑闇中不相見也二者聞屏乃至常語不聞聲處覆處者上有蓋也障處者若樹墻壁籬若衣及餘障也可作婬處者得容行婬處

釋中本宗文有三初簡境人女簡非畜有智簡幼小狂睡未終簡死境獨下二明所造事望人有二

男女各一故名爲獨在下三釋屏處又四初明二屏但取他人兩不見聞不必房室常語者聲不大小也覆處蓋者文不指物隨有皆成障處樹等事局故云及餘無不收也可作處者具上三故

僧祇云若母女姊妹親里非親里若老若少在家出家是女人也設有餘人若眠若狂嬰兒等悉名爲獨

他部中初科前列諸境以遮疑濫設下明第三人皆無辨識縱多非證

善見云見聞屏者謂無眼者聾者睡者及多女人是也

善見文釋初緣義兼第三以盲聾等非明證故言多女者同類喜聞容相隱覆雖復聞見猶非證人

如上諸緣並是犯位廣如前篇

結示中即指篇眾

後不定戒略同前者唯露處爲異

二露處不定（國土犯人並同前戒唯露處爲別）初句標名次句指同犯緣亦四唯改第一爲露處餘三並同今更辨異一所在異即戒兩分二所作異謂可婬不可婬三所說異前唯說婬後通麤語四所疑異前三後二並如戒本

四分律行事鈔資持記卷第十九

四分律行事鈔資持記卷第二十　中二之二

宋餘杭沙門元照撰記

三十捨墮懺法如後直明種相

三十捨墮名兼罪懺律本隨戒並列悔法故獨此篇指懺如後即懺篇也

初長衣過限戒

初戒佛在舍衛六羣畜多長衣彼常經營莊嚴衣服積而藏舉因制

多論三意一因開畜長貪於俗利壞道功德財二比丘積貯與俗無別失信敬心三違佛四依非節儉行故

制意中功德財者財喻戒法能濟貧苦若貪世利必喪道財欲富道財須遠世利初是增惑二即長業三違教行

具六緣犯一是已長衣謂三衣之外財也

第一緣中初科上句定所屬謂下示名體三衣外者若受百一則百一外爲長

四分云長衣者長如來八指廣如來四指是也多論云佛指面廣二寸準前姬周尺長一尺六寸廣八寸也若長廣互過減皆不結犯要二俱過多論云餘不應量者過限捨作吉羅懺故須俱說

簡辨中初科前引二文定量若下次辨犯相初明應量下引多論明不應量昔人據律不應非犯今據聖論罪分提吉犯懺不殊

十誦七種衣不作淨施三衣坐具雨衣覆瘡衣第七及百一供身具

簡濫中此據正加受者爲言必在受外通須淨施

多論三衣雖不受日過無犯但有缺衣壞威儀二罪若本說淨今作三衣即生本淨以三衣無長可防故又捨此衣更受餘衣前衣說淨不者犯長又比丘有緣得褻指作三衣則不犯長若一衣三肘五肘外有

長說淨

三中又三初不受無犯者無別長故缺壞二罪遂日隨結若下用長爲受上明加受失淨無長防者以淨本防長今非長故下明捨受重說恐謂已淨後不須故又下指擬非長即入三衣數故問後用加持不答指但免長不即加持故知衣成別自加受下約肘量者則明量外非法服限文舉一衣餘二類準褻本音辥字當作㲚音氎即布帛也

問月望衣不割簪縫過日犯者答彼中先有故者堪受持故須作衣相方免長過上論文指先無三衣者

耳。問中以月望衣從十一日至二十九隨足卽成。已出十日不容更開但線綝裁製卽免長過(便加此受故)則與上指作相違故須會通。答中約先有無以分兩別。初明月望彼因但三衣比丘伽棃故爛十日不辦遂開一月。故知先有明矣。上下決上指作不開本有。

已上諸文故須第一是已長衣。鼻奈耶云。以一日所成故。

結中須是已者簡示他物非所犯故。下引證者彼

約日數以分四衣。大衣爲五日衣。七條爲四日衣。五條爲二日衣。長衣爲一日衣。彼恐營衣廢業故約日限之。則明非他物矣。

二雖知是長若忘等緣則無有罪。故二明屬己定。三應量之財。(緜毛之類體非衣攝不合)四不說淨。五無因緣。謂迦提一月五月等。六過十日便犯。

餘緣中。初科第二屬已定者。雖是已長。忘等緣差容不定屬。故言忘等者。卽下八門不犯皆非定也。

三中注緜毛者。此約不成衣相者爲言。

多論。得應量不應量衣。卽說淨者益善。若不說。至十日無咎。若不作淨不受持。至十一日地了時。應量者捨作提懺。不應量者同前。

釋第三緣明分齊。中言地了者。卽明相現方維可辨。故指同前者。上云過限作吉羅懺。

善見。若一處縛束。一罪。若不縛束。計衣段段明相出。隨處得罪。

次科縛束者。不問財體同異多少同爲一物。不縛束者。縱在一處亦隨別犯。說淨離合事亦同之。

問。能染應量所染云何。答。通應不應。如足食竟。正不正俱犯足。

相染中。初日得者爲能染。後九日得皆名所染。恐謂財體大小不同不相染故。或可昔計不應量非犯。故問決之。初問答中上句正答。如下引例。以足食戒前足約五正。後犯通二食。可例所染。(舊云俱作提懺非也。衣雖相染罪隨大小不可濫故。)

若能染是不應量財。而染應量。不。答。小大雖殊。捨懺義一。律結大提。論結小吉。故皆一染。

次問答中上明懺同。下示染同。大卽應量。小卽不應量。律提論吉。如前所引。

僧祇云。若二人共物未分。若施僧物分未入手。病人

囑授物未與若聞受戒弟子知識送衣未入手若貿衣決價未入手若織衣未入手雖過十日皆不犯捨若施僧衣未分者雖久不犯若已分多人共分中有善毗尼人為衆人作淨無犯不作過十日犯捨此是共活人前句不共活也

釋第四中僧祇文為二初通明六緣皆未入手故不犯若施下二別示僧物又二初明未分問與前何別答前云分未入手則顯分已未入此言僧物未分則是一向未分若下次明已分共分一人作淨通及餘人注中前明二人共分為犯此言不作過日犯捨故須和會共活屬已已定不共反之故不相違

律中邊方開五事長衣入手十日方犯準此餘方未必手捉始犯

四分五事者二衣中具列長衣入手五中之一邊僧既少卒無對說但未手捉容得待人準此下義決餘方者通指有僧之處且如此土雖在邊隅僧多須開必無僧處可準上開

伽論云十日衣云何為犯謂入手若膝上肩上作想是我物從是數過十日

伽論四種三是身受想即心繫不待身觸

明了論有物眼所至得非身至得入算數者如人施衣酥等但作屬已意過日犯有身至得非眼至得有眼身至得非算數者若人不許自受擬施三寶有非二至得亦入算數

了論約眼與身歷為四句初句言入算數者從此為初計十日故次句不出其相如雲霧闇中受物是也第三雙亦入算可知反明非算特顯異相第四雙非如物在他處遣報令受及伽論作想之類皆得入算

四分中若初日得衣二日不得乃至十一日通皆不犯如是等類具有八門通不相染餘無法緣是犯二者中間淨施三遣與人四者失衣五者故壞謂風火水淫隨緣灼爛六作非衣謂非服用帽襪之屬七親厚意以非已物故八若忘去以心迷故或忘財體若忘加法並開十日

釋第二中八門不染初委示第一門律中句法頗繁須者自檢彼有十段初段十日俱得今鈔不出第二段但一日不得自有九句鈔云二日不得者此舉初句文云初日得二日不得三日乃至十日得九日中所得盡尼薩耆中間略卻七句在乃至中收如云一日得二日

（得三日不得如是逐句降一日）乃至十一日者此舉第九句（合作十日字誤世多錯解由不檢文）文云一日二日三日乃至九日得十日不得九日中所得衣盡尼薩耆（律中下去八日得二日不得乃至最後一日得九日不得其八段鈔並略之但明第二位首後二句餘可知矣）但使不得衣日則無相染故云通皆不犯如下結前標後故總云八門無法緣者謂非八門開也二者下列餘七門（作句並同前具出如別）四即奪失五謂燒漂故注顯之灼即燒也六中轉作帽袜不入長故第八注中初句總標次二句別釋後句例開

律又云若捨墮衣不捨更貿餘衣一尼薩耆一突吉羅

貿易中初文以律言通容彼異解故須決正昔以財去畜心染犯論中不爾多云若先應量捨墮物即作應量不應量衣此衣盡捨作提懺若先不應量捨墮物作前二衣並捨作吉羅懺二若先應量捨墮物更貿得衣財即作二衣此衣不懺懺先提罪（準此後衣無染）若不應量貿得二衣不捨已入淨故懺先突吉羅

次科初二句出古解彼謂貿得新衣為前衣染犯故尼薩耆不合著用故突吉羅論下引斥文有二段初明捨懺後雖更改皆從本犯應及不應二種相別（上是因引下文正用）二衣即應量不應量下同二若下正明貿易文明後衣不懺不捨頗見昔非已入淨者新衣無染應淨法故

上律結一尼薩耆者謂前衣墮罪一吉羅者謂不懺輒貿違佛語故律云尼薩耆衣不捨不應與人乃至作三衣等

三中初明一提準上論云懺先罪故次判一吉下引律證文制不應違教結吉明矣

不犯者十日內若轉淨施若遣與人

不犯中初科即前八門二三兩位下明奪失燒漂同前四五餘略不出

若賊奪等想者此物實在謂賊持去等雖經多日無心故畜無犯十誦更得十日開之若作失想亦同上解

次異想中言奪等者律列四想此但明奪餘三下指同本律但開不犯不明更開故引十誦決之

律云奪衣失衣燒衣漂衣者（謂衣財實失後還得者更得十日說淨更受持）之

三中初文四緣開者前據虛想此約實失故注以

簡之。問。若實奪失。何容後得耶。答。奪失水漂皆可再獲。燒有餘殘義亦無爽。注文末句因點受持由奪等緣失本受法。後得重加。義在離衣。緣同因示。取著者（謂前奪失三衣。然有犯長之衣。以三衣體無。即正衣所攝。斷相續心。直懺先罪。）伽論云。頗有過十日衣。即一夜離宿耶。答。謂取過十日衣。作三衣受。出界外明相出者是也。故知得作。何故前云犯捨不得作三衣。答。此據有本三衣。今此且充衣色。罪仍須懺。如善見遭賊得著五大色衣。及以僧祇中借俗衣受持等。

次科為三。初牒釋。言取著者。謂有犯捨三衣。由失正衣。即無長過。可取著用。故列不犯。注釋頗詳。伽論下次引證。過十日衣。即犯長者。意以有犯必無離宿。故設此問。答中可證加受得成。何下三釋妨。指前云者。即貿易中。彼言不得故須通會。答中初句釋通前文。今下正顯今意。色猶數也。下引二文。色體不如。並許加受。足為今例。問為開暫時。為得永作。答文似暫開。不妨永用。今以義判。或有可別求。卒營未及。暫用彌善。或守已少欲。趣足被形。義通久永。善見五大。通收正間。僧祇俗衣。彼因借被作淨安紐故。

律云。若他與作被不犯。（以是重物。不應輕財。不合說淨。故而未見正文開也。）十誦施僧被褥。僧及一人亦得受。

四中。注云重物者。以用重故。準知入淨方有長過。被褥說淨。諸律無文。故云未見等。下引十誦僧別得受。但得受用。不明說淨。

律云。付衣者遠行。（謂隔礙不得說也。）或水陸道斷等。不淨施不與人。皆不犯。

五中。付衣者。律作受付囑衣者。即所囑藏舉人也。水陸等者。此並人衣隔絕。不及故開。例餘緣阻通入不犯故云等也。

離三衣宿戒第二。

第二。（佛在舍衛。六羣持衣寄親厚。往人間遊行。故制。）名中。三衣簡餘衣。宿者結犯限分。

具六緣成犯。一是三衣。二加受持。三衣人異。四不捨會。五無因緣。六明相出便犯。

列緣中。第三通收四礙。如後具釋。第四有緣不及。律開遙捨。或復奔會。二皆無犯。非此則為犯緣。第五下列七緣。通入開位。

三衣五衣得波逸提。餘衣突吉羅。非謂畜長之衣。此乃百一供身服者。佛令受持。違受故結吉。長衣淨施

二約根顯因共
二第二
三第三。二。初總示。

有別人可依知有何過不同昔解
釋第一中初文先示罪相五衣者附明尼制祇支
覆肩皆入制故非下釋上餘衣初正釋長下點古
彼謂餘衣言通長物離亦吉故
又三衣是制通上中下違故得重百一衣助身開於
中品違受故輕長則下類別施他人自卽非貯故全
無犯餘如戒本疏
約根中前二並受罪重輕者制聽別故後二皆聽
罪有無者法分受淨物屬自他故下指戒疏見離
衣戒

二受衣方法及以作衣等法並如下卷衣法中
二中本明受持而指作衣法者以作如法方成受
故
三衣入異礙四分他部相成有四卽染隔情界也上
之三礙通界並有若論界礙彼此不通故文云失衣
者僧伽藍裏有若干界（謂上三礙在伽藍院內故衣則有多界）不失衣
者僧伽藍裏有一界（謂無上三礙也）
三中初科前指所出如下釋中具標部號上下示
通塞初正示作法自然一一界中皆具三礙故云
通界並有界礙不通者律云此伽藍非彼伽藍樹

二別釋四。初染礙。
古本皆作同室。今準記改為宿。
二隔礙
三情礙

車等皆爾是也故下引證通義古謂伽藍相壞樹
車叢生故言若干今意不爾故注以示之
初明染礙者律云比丘脫衣在俗人處形露佛令除
村村有五義謂誹謗生疑爲護梵行等卽此女人與
比丘同處性相乖忤多致譏迹佛不許同室同坐同
行同住並生染故若取衣持恐壞梵行必與同處衣
須隨身
別釋中染礙爲二先引制緣令除村者卽作法攝
衣羯磨所牒五義出多論文略一三一聚落散亂
不定衣界是定三爲除鬬諍卽下文釋制意女情

婬蕩僧本貞潔故云乖忤忤猶違也縱不爲非亦
生疑謗故云譏迹佛下總舉諸戒類顯今制宿行
各一坐收屏露及二不定同住卽是除村若下結
示名相
二者隔礙律云若水陸道斷澀難等離衣開無有過
僧祇寺門外不捉戶鑰無十二桄梯是名離衣
隔礙中引律緣雖無離罪不妨失受故得成礙澀
字寫錯律作嶮難下引僧祇彼無勢分捉鑰有梯
並可入故反此成礙
三者情礙律云若奪想失想若賊惡獸命梵等緣僧

祇兄弟分齊之處。多論。王來界內大小行處近王左右。並非衣界。及以作幻作樂人等入界亦如王法。以情隔故。妨於來往。故名失衣。

情礙中三文。並約心想成礙。本律文見不犯。僧祇如後族界。多論大小行者。論作行來處。即是行路。或云便利處。王臣恃勢。幻術惑衆。樂音蕩情。凡此等人。皆可畏避。故即成礙。以下結名。

四者界礙。界有兩種。自然作法。上之三礙入此二界。通界失衣。並非衣界。若無三礙。二界各別。通得護衣。五分云。若作法衣界。即自然衣界。比丘於中不得自

在往反。是名別界。反上同界。

界礙中。初科前示兩界。上下明界礙。初明界通三礙。若下正顯界礙。文明各界通護。則顯互望不通。五下引證。不自在者。謂有三礙。反上者。謂得自在。若論作法。下卷明之。今明自然。有十五界。

別釋中。初文作法語通。此謂結攝衣界。若單攝僧。止屬自然伽藍界耳。下卷即二衣篇。

四分有十一種。一僧伽藍界。二者村界。各有四種。謂周帀垣牆。柵籬。籬牆不周。四周有屋也。

次科僧村界中。初科體別相同。故合明之。初列名。各下示相。垣牆是一。柵籬為二。此二並約周帀。籬牆不周為三。謂四圍有缺。若但三面有障。亦成村相。四周屋為四。謂上有覆。必兼簾壁等障。

此等諸相不周。伽藍相壞。樹車等界叢生。故云若干界。此止是別界。不名僧村二所。

次科引古中。先出彼意。此下奪破。既云相壞。則非藍村。樹車自立。故云別界。疏云。若缺非藍。事同空野是也。

今言若干界者。有上三礙。互生來往。譏難。故失衣也。僧祇五分中。同界者。僧羯磨作不失衣界。於中得自

在往反。異界者。不得自在往反是也。乃至舍屋尼寺聚落重屋車乘場露地道行界亦爾。

今解中。初立義。僧下引證。文如前釋。乃下指例。舍屋總倉庫等。尼寺即伽藍。餘相可至。三礙同別並同藍村。故言亦爾。

三樹界者。與人等足蔭覆加趺坐。如此樹相已上乃有衣界可護也。此但明其小相。

樹界中。初文與人等者。示高量也。蔭跏趺者。即廣量也。此相極小。已下非用。故注示之。

十誦。不相接樹。取日正中時陰影覆處。若雨墮時水

三上下　三僧祇　二善見

不及處，置衣在此樹，身在餘處，若不取衣等皆犯。若相接樹，乃至一拘盧舍者，隨所著衣無犯。

次科，十誦中獨株名樹，相接爲林，各顯分齊，如文可見。拘盧舍即二里。

善見日正中時，影覆處同上。若樹枝偏長，衣在陰頭，人在樹根，亦不失衣。林界者，衣在林中，十四肘中不失衣。此林有人來往，無衣界，應隨身，不隨者失。上十誦林界一拘盧者，謂是大林無難。此言十四肘是謂四樹相連，勢非廣及，故衣界狹小也。

善見中，初引論文，樹取影覆，隨時大小，林無限齊。

故約肘量，十四肘計二丈五尺二寸，得四步餘尺。二人來往者謂有礙也。上下會通，律論林相不同，難即是礙。

僧祇蒲萄蔓架一切爪瓠等架各四相取二十五肘名衣界。

僧祇中蔓即藤蘿，二十五肘計四丈五尺，得七步半。四面取之，則相去十五步。此據極廣，以量約之，狹則隨架大小。

明了論解，若衣在樓樹下，身在上者失衣，若衣在上，身在樓樹下不失。以上得落下故。

三四場界　四五六合明車船　五七舍界　二初　正明舍界

上下中，引了論正取樹相，樓是相因，上落下者，言有此義，不必須落。

四場界者，律云於中治五穀處也，謂村外空靜處。

場界隨處，故不明量。

五車界、六船界並俱在陸地。律云，若車船迴轉處，此但明住車。十誦行車者，前車向中車杖所及處，中車向前後車杖所及處，後車向中車杖所及處。若不及者，是名異界。僧祇載船水中，有多住處，若自在往反不會無犯，反上即犯。

車船中，初列名，並在陸地者，車無入水，何須簡陸。

據義合云俱在地住。言相方顯。律下引示，初明住量，迴轉取周圓內地。十下明行量，初明行車，約多車相接爲言，杖所及者，杖即駕車人所持。僧祇下，明行船，多住處者，即一船中前後各據也。

七舍界。四分無相，此謂村外別舍。若據村聚，相後當廣說。僧祇若樓閣梯隥道外二十五肘名衣界，若著衣在閣上，下宿有梯通無犯，準四分庫倉界據明內爲言，兩無任得。

舍界初科，先示體。律但列名，故云無相。村外舍者，即今田野間草舍之類。村聚如後，即指下科。僧下，

〔二因解聚落。三初標示。〕〔二正釋三。初聚落二。初通簡名體。〕〔二別明不齊二。初對家聚明同別二。初出律論定名。〕〔二引多論顯相。三初聚界。〕

明量先準僧祇樓閣取梯橙外。次約本宗倉庫據四周內。二律不出舍界正量故云兩無今準用別界隨人取舍故云住得（有云無四障依僧祇有則取四分。）對上舍界因解聚落。

次科標中若據村聚合在初明但舍在聚外故須對顯復由舍聚二界相濫寄此辨之故云對上因解也。

四分云村界。善見無市云村有市名聚落。薩婆多論四句相對。一是聚非家界如二聚落各有一家。二是家非聚如一大聚落更無異聚而有多家。三亦具二

界聚落有二各多家是。四俱非者蘭若界也。

聚落中初文四分村聚名相不別。善見約市且分名異至論護衣相亦無異。多論四句聚止一家則依聚界多家即從家界須此簡異方無相濫。

聚落者十誦多論人民共住名聚落界。

次科定名中共住即聚義落猶居也。今此通釋不取見論約市兩分。

言別界者雜飛不及棄糞掃外箭射及外名為異界

言同界者四邊聚落各有一家若有車梯迴轉相及得登出入身在梯根下臥置衣在四聚落不失衣以

〔二家界〕

〔古今皆作光梯，今據前鈔文改為桄。〕

梯梁相接無隔礙故。聚落止有一家衣在家內車梯上下臥不失衣（以無別家可對故也）。若自然界內箭射及處至明相出不失衣若衣在外身在家中亦爾。若眾多家衣在家內身在梯車下失衣以家界各別故。

聚界中分二初明別界文列三相隨一為準論約中人射箭不近不遠此謂聚外分齊內是一界外為別界。次同界中又二初至亦爾即是聚非家。次若眾下即是家非聚初中前約多聚連接車梯回轉者論云兩邊有聚中間有道容車行來若車軸兩頭列聚不失衣又云四邊有聚以十二桄梯四

向到墻上得登出入不離衣文標車梯而以梯示相車可準同此謂四聚相及合為一界隨衣在處皆不成失。聚下次約一聚通護初明家外不失以通聚故如注所顯。車梯上下者論作車上梯下若自然者即聚外分齊上約衣內身外若衣下互反上義並同不失（上並多論初句）。次是家非聚中以多家界別不通聚故（即前二三兩句）。

家有一界別界。別界者父母兄弟兒子若異食異業雖同一處事各不同是名族界若同食業名一家界家界中初標示二牒釋別界不通即為族攝同界

通家故是本位
族亦有一界別界各有住處是名一界別界者若作食處取水處便利處是若在二處皆失衣
族界中標釋同上各住處者謂一家中別族分齊別界有二初作食等卽眾共處次二處者卽異族處
僧祇四聚相接衣枕頭臥頭及手腳各在一界衣在頭底明相出衣離頭犯捨若手腳至衣所不犯十誦多論云若安衣二界中在二界上臥不失衣各有身分故

多聚中二文可解僧祇衣離頭犯者以起時身在別聚故（不同多論車梯所及。）
十誦舍界者若外道舍門屋食堂中庭廁處衣在一外道舍身在餘舍者失衣若同見同論不犯若諸戲笑人遊行營處如前取水處等失衣若同屬一主不犯（此謂情礙。）
別舍中十誦舍界名濫四分顯相自別如文可見初文前明異見門屋等卽眾處一舍餘舍卽各居處若下明同見以情同故彼此通護戲笑人謂諸伎藝人所戲翫者遊行營者往還暫寄都聚之舍

辨犯不犯大同外道
多論重舍屬一主人衣互上下重不失若是異主衣人土下中間不通故失
重舍中亦約主之同別辨失否相尋文可解上並四分無文理須通允
結示中允猶用也問四分村界與此何別答若據相論村局四相聚通分齊若就名論村聚不別又村唯一相聚通多處問此門所明聚家等界十五種中歸何所攝答此卽總會諸部廣前村界差別之相就別則諸相不同通論則皆歸村攝堂及庫

倉並取限內義同村相但事用有別故分異耳
八堂界者律云多敵露九庫界者積藏諸車乘販賣物十倉界者儲積穀米處十一阿蘭若界律云蘭若者無界（謂迥在空野無別諸界假以樹量大小。）八樹中間一樹間七弓弓長四肘通計五十八步四尺八寸兼其勢分七十有餘
蘭若中注釋無界恐人錯解無蘭若界故八樹有七間一弓有七尺二寸七弓成五丈四寸七間計三十五丈二尺八寸六尺爲步算之五十步計三十丈八步計四丈八尺所餘如鈔兼勢分者更加

一十三步則七十一步四尺八寸故云有餘
次明不足者取外部成用十二道行界者十誦比丘
與師持衣道中行前後四十九尋內不失多論縱廣
亦得四十九尋不失僧祇道中臥持三衣枕頭明相
出衣離者犯準應身在樹界蘭若也
他部中道行界初文先明界量四十九尋一尋八
尺計三十九丈二尺總六十五步有餘多論下明
縱廣謂從人身四向取也僧祇下決疑妨道中離
犯似無外量故約樹蘭異界決之
善見若使沙彌俗人持衣前入界比丘後入不知謂

言界外明相出謂失不失衣依止亦爾律云失想界
外爲言若弟子夏未滿爲師持衣值人說法貪聞法
故明相出不犯離師和尚得離衣罪
別緣中初科善見有二初明不失人衣同界起虛
想故依下比例師前入界資謂界外不失依止律
下會異律中奪失等想失衣無罪與論不同故約
界外通之準後注云律據失體論約失受故失不
失異則不論界之內外也若下次明失夏未滿者
以滿五夏許離依止故離師犯吉聽法故開和尚
離衣益不及他故

明了論小便等所偪事由他加行難所作憐愍此義
轉車界中廣說解云大小便病怖畏難偪夜出界未
得還而曉亦不失衣又二人共宿三衣同置一處一
人急事須夜行不持自衣誤持住人衣去至曉行人
失衣由行人誤取故失不由住人故不失衣行人意
晟故言加行猶此住人是難許此難不失衣
遇緣中先引論文有二緣小便等是自急緣加行
是他因緣轉車界者古記引彼疏云比丘出界歸
寺數步明出白佛佛令於明出處中間安一車以
一竹量伽藍高處將此杖一頭入車中一頭出車

外迴轉此車若杖頭撥及藍墻又轉及明相出處
不失衣即離衣開緣具有多相故云廣說又引疏
解初解自緣病怖畏者解上等字又下解他加行
初敘開後行人下牒解許此難者解所作憐愍作
謂與此開教也
十三洲界者善見云十四肘內不失衣若有人來往
衣不隨身者失
洲界十四肘亦據大者小即隨處
十四水界善見云蘭若處坐禪天欲曉患睡脫衣置
岸入池洗浴明相出犯捨毗尼母云著衣岸上入一

腳水中者不犯失衣。僧祇水中道行界者二十五肘。若船上者入水即捨。

水界善見毋論約水陸兩界辨失。僧祇據水中明量。謂涉水者船上即屬船界故特簡之。

十五井界。僧祇道行露地井闌旁宿置衣在二十五肘內身在外者失衣。衣在井中應繩連垂手繩井中得會。衣與井上界別也。以此例餘坑窨窖等。

井界中初井邊宿則依肘量。下明井中但依井護不取外量。手繩者或手或繩皆得會也。與上別者出所以也。以下指例可解。

此十五種自然界大小如上。若準四分加於勢分文云僧伽藍界者在伽藍邊中人若用甎石擲所及處是名界乃至庫藏界亦如是。

勢分中初文上三句結前。若下引示。初引藍界文。餘十種並同故云乃至等。

諸部並無勢分。

諸部中標云並無者。若據了論轉車義多論箭射及處等似是勢分但不明指耳。

善見中無也。彼有擲石之文別為餘事。彼文云中人擲石者不健不羸人盡力擲至落處不取轉處諸師評之一十三步。即以此量十五自然通著。唯不通法界必須入界方乃會衣。

善見中初句標示。彼下引別文為餘事者彼釋盜戒聚蘭分齊非衣界故。諸師下定量十三步計七丈八尺。即以下明諸界通塞。問作法所以不通者答戒疏有三釋。一有法故無無法故有。二自然內外俱是無法作法內是有法外則無法。三自然是本制故開作法是開故不復開。

僧祇云比丘有緣至他處留宿彼有比丘及尼衣有長有應借受持。無者俗人有被應借取作淨安紐然

後受持。又無衣者後夜當疾還寺莫踰城出到寺門未開者至門屋下。以門屋梁連界內故。彼律無勢分。以此為自然界不同四分應知也。若無者內手著門孔中水瀆中先以物攪勿令觸毒蟲。又無此孔應踰牆入勿令人疑。若不得入當捨衣寧無衣犯小罪以輕易重故。

僧祇中初科文有六開。初開借道眾長衣加受準應遙捨本衣無下次開借俗物作淨謂點壞也。又下三開奔還門外莫踰城出者西土伽藍多在蘭若故。注中初明至門不失所以。彼下點部別。若無下四開身分入界。若無謂門屋不與界連者瀆溝

也。又下五開逾牆勿令疑者，當須言告使人知之。
若不下六開遙捨，明旦犯缺壞。二吉不至捨墮，故
云輕易重也。
若準此言，必界內有上三礙，不得外護，必失持衣。故
文云：若在餘處宿，明相未出，若至擲石所及處（謂界內無三礙）若手捉衣（謂界內有染情礙）若捨衣（謂界內隔礙等及界外事）若不作
如上三事，明相出，隨所離衣犯捨。
次科初明準上二急教，以校本宗。雖開勢分，必約無
礙。有則同彼，故下引示。初明不犯三事緩急。初明
無礙有勢分，下二顯有礙無勢分。注云界外事者，

雖非內礙，在外有緣，亦開捨故，寄此明之。若不下
次明離犯。
上十五自然衣界各別，不通，故有別名。律云：此伽藍
界非彼伽藍，乃至樹車庫藏一一亦爾。
強弱中，初文一一者，律中十一界皆有此語故。
而僧村二界攝相義強，雖有樹舍，沒名不顯，諸界相
望不論強弱，故樹下有車，別有車界，車外有樹，亦有
樹界，無別勢分。
相攝中，初文前明僧村可攝餘界，藍中有村則不
相攝。二皆強故。樹舍者，舍即堂庫等。諸下明餘界

自不相攝，互相通涉，故無別勢分。
若僧村二界勢分有樹等界，便於樹界僧界中分勢
分。如此例餘準知。
二中初明僧村相外有別界，言中分者，各取半故。
隨處遠近，不必十三步，如下指例。
若堂庫有車船，即從堂庫之界。律云：庫者，積藏諸乘
也。由彼堂庫四面收攝，本障是強，不同樹車場等無
外可攝故。如淨地不周，通皆置食，不犯類餘諸界相。
未足攝他，若互錯涉，各別有界。如戒本疏中。
三中堂及庫倉三皆有相，故別簡之。初明堂庫攝

餘界，文略倉界。不下次明餘界不相攝。初正明，如
下舉例。不周淨者，籬牆不帀四淨之一，下卷具明。
類即是例，舉彼例此，可明不攝。若下明各立。如樹
下有車，依樹則樹界，依車則車界，故云各別。如疏
者，彼云樹下生樹及車場等，既無別院，異界叢起
等。
第五無因緣有緣汎列七種
釋第五中，標云汎列者，律明無緣止約迦提一月
五月，今通括諸開於此廣示故也。
一別人作法，或對首，或心念（非謂作法開離，以輕易重）。二對僧作

法離有二初有緣乞得四分老病比丘（三十已去名爲老）三衣重者羯磨離衣法如疏說二者共作迦絺那衣三者對處作法離即不失衣界四蘭若恐怖離五王路隔塞命梵等離六迦提賞勞離七如五分僧塔諸緣及他要事聽六夜離無罪若事訖不反吉羅

別釋中初謂有緣界外令捨受法不同對僧作法開離故注簡之二中分二初乞法中注云三十者即開乞分齊舊記云多論作七十然律文戒疏並作三十未詳孰是如疏即戒疏離衣戒中廣明緣相必約人病衣重方成作法互有不成次作迦絺

者羯磨受已開五月離亦同對僧作法故如自恣中三對處中非謂開離結攝衣已藍外界內同不失故四如後戒五即當戒開通六謂夏竟通開一月七亦出蘭若離衣戒但約賊難別緣爲異耳

就七中更分前三得法離後三無法離蘭若通有無六夜送入村無法離恐失遙捨是有法離

料簡中初科蘭若通有無者無法是本位有法歸初開（準此賊難別緣同開六宿有人錯解後戒請以此證）

得罪分別第二第四第五六七一向無罪以有緣故次科但列五緣無罪則顯餘二有罪第一以輕易重有罪可知第三對處何得有罪此謂三礙後生或容離犯非一向無故

五中隔塞或望斷故失衣不失如後就第三攝衣界中無三礙故開通往反若有三礙不免失衣第二對僧作法有緣時在不失限滿便失得罪餘一一準思知而會通

三中第五望斷失者由遭隔塞不知衣之在無意謂失故不失如後即不犯中勤守護者第二有緣謂病未差時在謂未滿五月餘一一者第四有難不失難靜應失第六迦提未出不失限滿即失第

七六宿不失過此即失唯第一緣捨之永失

律不犯中奪失燒漂壞五想者（衣實現在妄起想心經宿失受無罪決心謂失即是捨心無情過故不犯捨也善見不失者師主疑心恐在界外此謂失體不同論云衣不失受也）若水陸道斷若賊惡獸命梵等難若不捨衣不犯此是情隔兩礙失受無罪

不犯中初明五想壞想者謂故爛等注中初釋不犯決下二句釋失受意無下二句釋無罪意次引善見和會相違初句指論即前道行界文師下出論意但疑在外隔明失法不慮失體故此下出今律意異上可知若下次列諸緣並是難開此下總

斷五想賊獸等是情礙水陸道斷是隔礙

若先慢不攝後雖經緣失衣犯捨若諸難忽生往會不得恆懷領受必不失法由難忽生非情過故離亦無罪如受欲事界內有難持出界外還來不失此亦同之前言失受事隔不知而經明相失受無罪

勤慢中義判有三初明先慢失法得罪若下次明勤護法在無罪文爲二初正判上二句標難緣恆下明法在由下釋無罪如下二舉例彼旣欲在此應法存前下三明失法無罪卽上不犯科中事隔則通收諸礙不知謂迷其在否由事隔故失法非

情過故無罪此亦勤護之人但約不知望斷以爲異耳

若女人來往染礙進退比二礙可知又有不立染礙止是情攝者此不通諸部

染礙中進退卽犯不犯準上情隔二斷故云比二界礙可知故不在言又下示古不通諸部者緣出多論等如前所引

問忘不持衣外行至夜方覺取會無緣失不答彼人恆自將隨身忽忘事同長衣開之

問中律不犯文不明忘故答中還約勤怠二心以判事下準例可解疏又問云如戒緣開何分勤墮答諸戒相開並爲奉者必有墮學隨犯根本非是通開

上且解如是不盡極多廣如戒本含注疏及刪補羯磨疏中明之

結指中戒本疏廣明自然羯磨疏廣明作法故兩指之

月望衣戒三

第三佛在舍衞國三衣比丘僧伽棃故壞十日不辦聽畜長爲滿足故六羣取同衣不足者寄人間遊行因制名中月卽開之時限望謂希其滿足

此戒是但三衣者得少財爲換故衣以不足故佛開一月過限而畜故制畜長比丘得卽說淨不須此戒

釋中初科前敘本制畜下示教限

六緣成犯一故壞三衣二財少不足三爲換三衣擬替故者四不說淨作三衣五無因緣同衣長六過限犯

犯緣中第二且約後位以論中位少財但有染犯

五卽迦提一月五月

此戒三位初十日常開若十一日至二十九日得者隨日作成不得更開至三十日若得不得若同不同一向限之

釋中初科初位十日內雖滿不犯若至十日得足當日須成不爾十一日明出便犯中位十九日同足卽犯後位一日不足亦犯得不得者不同中位得足犯故同不同如後解

僧祇云十日卽作作衣時餘人相助浣染牽裁刺長刺短煮染作淨已受持若恐不竟麤行卽竟受持後更細刺此律但線綷裁割卽卽免長過

次科僧祇且據初位滿足示相作衣下明卽作所以爾者以但三衣人不說淨故初明可竟若下開急竟此律下合上急竟綷謂疏綴令定

行事鈔資持記卷二十　隨戒釋相篇十四　三十一

若三俱故並少不同皆開一月若故衣同足限滿者下二衣則少不足者亦染犯長由有故壞三衣非正替故所以文云隨衣多少盡捨也

三中先明同不同者如營一衣得多零段體色相類名爲同衣餘不類者不堪共作卽不同衣皆開一月者或求三衣同時一月或復前各取一月但得少財卽爲初日若下明染犯同足卽中位限滿是後位由下釋所以所下引證

餘同長衣開也

不犯指前同是長故

取非親尼衣戒四

第四佛在羅閱祇蓮華色尼脫所著貴衣換比丘弊故納往佛所因問而制。戒名取卽是業非親簡親尼別下眾

具五緣一是比丘尼簡下二眾取得吉羅二非親里

律云親里者父母親里七世有親也善見父親者伯叔兄弟兒孫母親者舅姨乃至兒孫皆謂同氣義親不雜異姓又云出家婦者非親里也伯叔之婦例同十誦云若是親里少尚持與何況不足而取五分若親里尼犯戒取衣者吉羅

行事鈔資持記卷二十　隨戒釋相篇十四　三十二

犯緣第二中初句標緣律下釋相爲三前明親非親相本律通示親里以顯非親善見別簡初示二親乃至者略兄弟兒孫卽舅姨家者皆下釋親義唯約父母二姓所屬又下簡非親出家婦者由姓異故伯叔之婦亦是異姓論中不出故例同之十誦下二明開親之意少尚與者謂尼貧乏僧猶濟何況等者言無此理律云若非親里亦不籌量可否若是親里則便籌量知有無可取不可取等五分下三簡親尼淨穢制吉罪者遮世譏故

三應量衣律中五衣中取一衣故爲犯緣僧祇若取鉢及餘小小物得無犯

第三中初約緣定境僧祇簡餘輕物無犯者望墮爲言非無輕吉疏云衣多喜與故重鉢唯有一故輕

四虛心送與除乞得無犯僧祇尼借比丘衣得著破還無犯若尼與下二眾及俗人衣云汝持此衣與某甲比丘可得福德取者無犯

四中虛心謂專勤一意無他想故（有云揀實心非也）乞無犯者非虛心與故僧祇初明暫借無犯非決取故若下明轉施無犯從餘人取故據下二眾亦應得吉非全無犯如上通之

五領受已伽論尼放衣置地寄大德隨意用便捨去比丘作同意用無犯

五中初文受寄無犯非正與故僧祇使人受同犯

次科使人同犯能使教他所使情諂故

十誦多論十僧取尼一衣十僧皆墮十尼持一衣與一僧得十墮

三中僧尼互論人分多少罪無差降

十誦若尼先請若爲說法故與一切無犯五分諸尼以衣鉢施比丘若先無心求彼自布施者當觀有長者得取準此犯戒止在貪心制戒之意可見四分亦云佛告尼言當畜五衣完堅者餘衣隨意淨施若與人既云與人則何簡於道俗

四中十誦先請及說法者皆因別緣非本意故五分先無心者遮方便故當觀尼者制籌量故準下決開意戒制取衣復開受施制開難準故約心斷下引四分證成尼施明有可取然貪情難識對境誰無雖有寬文宜從急制勿憑此語自誑誑他

律不犯中若從親里比丘尼邊取衣（準律七世父母爲親里且據父親有七世不同一高祖二曾祖三禰祖四父五己身六兒七孫是也）若貿易爲佛圖及

僧取者皆不犯

不犯有四如文相別注列七世從父上下各取三世高爲最上七世極故曾猶重也重禰祖故禰即始也謂父之父是初祖故母親準說但以舅姨兒孫數之

使非親尼浣故衣戒五

第五（佛在舍衞迦留陀夷與偷蘭難陀尼共坐相視失不淨汙安陀會令尼洗故制）名中戒制三事以首者標名

浣染打實是三戒同由一衣生此戒業重律云語使浣染打若作者三尼薩耆波逸提

明合制中初示合意此下勸持初句示業道律下
約制顯重言三罪者隨事成犯單複不同此據併
犯故言三也
五緣成一是比丘尼若是下二衆律結小罪二非親
里善見令出家婦浣染亦犯若使尼爕水覓樵鑽火
一切吉羅五分令非親尼浣而親里浣如是互作五
句皆墮僧祇若使尼爲師浣者吉羅
緣中第二初科善見出家婦謂先曾爲婦後爲尼
者異姓非親故犯若下餘事犯吉情過輕故五分
作句示犯一令非親浣而親浣二令非親浣而親

非親共浣三令親非親共浣而親自浣雖親自浣本使非親
故犯四令親非親共浣而非親自浣五令親非親共
浣而親非親共浣僧祇爲師非己故輕
今或有人畜尼弟子多令浣縫以非俗親皆犯捨墮
亦誤弟子因交致染遂犯重罪深須愼哉
伸誡中前明損己亦下累他
三是己故衣律云乃至一經身著者僧祇云乃至一
枕頭善見若革屣囊無犯伽中乃至尼師壇亦犯捨
墮
第三中初引二律以明故相後引二論以簡餘物

善見無犯小物義稀故伽中亦犯同制衣故
四自使浣打僧祇自與使與等四句皆犯若使親尼
浣而弟子爲浣不犯若云遣汝弟子爲我浣者犯若
著垢膩衣入尼寺爲浣者不犯若先有方便心者犯
捨十誦若犯捨衣與浣犯小罪準此無重犯一衣無
過有重犯僧祇若爲車馬灒汗使尼湔亦犯捨不可
截故全捨
四中僧祇初明四句一自與使人受二使人與自
受三自與自受四使與使受若下明使親尼弟子
浣者雖是非親元非意故若云遣者敎他使故若

著下明不使自浣方便犯者稱本期故十誦明有
過衣準下義決無重者者先洗後打不結隨故無
過有重者準疏三十中四戒得重犯浣衣擔擗雨
衣是也文云語使浣染打三尼薩耆故僧祇明湔
洗半洗曰湔不下示捨法
五浣染打竟便犯四分使浣打新衣及使尼家二衆
俱吉羅善見云若浣竟比丘言未淨重使尼浣比丘
尼薩耆吉羅
五中四分明輕皆謂非犯緣故善見明重使結二
罪者尼薩耆是前犯吉羅卽後罪卽犯捨衣無重

義也
不犯中律云若病若爲佛僧若借他衣而尼浣等不
犯
不犯三相病是難緣佛僧借他皆非己物也
從非親俗人乞衣戒六
第六（佛在舍衛跋難陀爲人說法索所著衣俛仰與之單衣入城俗譏因制。）名中簡
親及道皆非犯故
多論制不聽乞有四益一令佛法增尚故二爲止諍
訟故三爲滅前人不善心故四爲令衆生於正法中
生信樂故

制意中初文一以多求則壞佛法二由俗有上下
不必同心三以求索過度爲人輕慢四因覩少欲
信法尊勝初是住持中二滅惡下即生善
五百問論昔有比丘多乞積聚不肯爲福又不行道
命終作一肉駱駝山廣數十里時世飢餓一國之人
日日取食隨割隨生有一他國人來見便斫取便大
喚動地人問其故便言吾本是道人爲貪財不施負
此國人物以肉償之我不負卿物是故喚耳佛告比
丘貪爲大患捨之則應比丘之法又云若人乞比丘
物云是好非好若實好言好得物犯墮不好言好犯

棄若貧乏比丘中前得將白衣沙彌入市乞錢中後
不合（應是無戒沙彌也）
次科論引昔緣初叙現業命下生報駱駝山者形
大背高有如山焉佛告下明聖誡比丘之法少欲
爲本貪求不厭未殊鄙俗況講法談禪身當衆首
非唯自陷抑誤後生請詳上緣仍思佛誡人非木
石寧不動心哉又下約施明制乞字去呼與也好
非好者謂持毀也此句即彼問辭實犯墮者自述
德故（同下勸增）不實犯棄者即盜取故若貧下約開明
急曲濟貧乏復制中後不自手捉知意急矣注中

謂形同無戒猶類淨人有戒法同制同上衆
具六緣成一三衣具足（縱不具者須乞取衣若乞五穀律結吉羅）
犯緣第一注中上明直乞下明爲衣乞穀情容詔
故五穀者黍稷菽麥稻也
二無因緣謂奪失三衣也非謂迦提月中開從他乞
必是無少交不濟冬隨量乞衣不得盈貯
二中初示緣相非下遮簡恐謂迦提開乞無犯故
特示之必下通許此謂實無微通濟急非教所開
交俱也限約所須故云隨量
三非親里五分多論從親里乞好衣若貧匱若與少

索多。一切吉羅。
第三律論三相。據親無過。約惱故吉。論云親里多財。從乞無犯。今以貧匱惱他索多無足雖親亦罪。
匱之也。
四爲己乞應量衣。十誦僧祇乞得四肘以上犯。若自乞。使人乞。作寒暑相。若爲方便說法。是等得者皆墮。除乞漉水囊。小小補衣物。繫頭物。裹瘡衣。緣中一條。裹腳踝胜拭手面身巾等。皆得。若乞是物時施主施全衣財者得取。本有方便心但索小者或容得大者。犯捨。

四中兩緣合示。十祇文中。初明應量。謂此戒犯量非定。三衣。四肘計七尺二寸。若下釋爲己。文列四相。皆爲邪求。除下明開。乞繫頭物。舊云帽帶巾帊之類。緣中一條。謂三衣揲緣。若下明乞小得大。開遮可見。
五彼與。六領受便犯。
四分。若被賊奪衣裸形者。佛言當以輭草樹葉覆形。應往寺邊。若取長衣。若知友邊取。若無者。僧中問取可分衣。若無者。問取僧衣臥具。若不與者。自開庫看。若褥氈被摘解取裁作衣。出外乞。若得已應還浣染縫治。安置本處。若不還本處如法治。十誦。本處空。隨著近處。餘如雜法中。
緣開中。初緣起。佛下示法。次第四開。初取己長。二借他物。後二並僧物。可分衣卽十方現前物。僧衣者常住常住物。若得下明還法。如法治者。不復本處違制吉羅。若取入已應重雜篇廣示遇賊法故此指之。
律不犯中。若奪失三衣。從非親里乞。五分開衣壞時得乞。通前五緣。律又云。或爲他乞。他爲己乞。或不求而得。若從親里乞。若同出家人乞者。一切不犯。五分。非法求施。施非法求。二俱犯罪。

不犯中。初正示開緣。前五緣中。本宗四種。文闕燒漂。此五反上第二緣。律下次五取中。上三反第四。下二反第三。次五分下明能所俱犯。上句明受施者。謂行邪諂乞求他施。正犯此戒。下句卽能施人。謂不擇前境而故與之。爲施所墮。上局比丘。下通道俗。道應輕罪。俗必成業。卽與治中二俱爲施所墮是也。

過分取衣戒七。

第七。佛在舍衛。比丘失衣。有信居士多送衣與。比丘言不須。六羣令取持與我。更受。因制。戒

名失三受二是爲知足失三受三故名過分下列
緣云過知足是也
六緣一比丘失奪三衣二非親居士三爲失奪故施
若不爲失隨受無罪四比丘知彼爲失故施五過知
足六領受便犯
犯緣第三約彼施心以定犯相
律云若失一衣不應取若失二衣餘有一衣重數若
二重三重四重應摘作若僧伽黎乃至安陀會善見
云若都失者取上下二衣餘一衣別處乞
釋第五中失一不取者或重衣可摘或容別求都

失取二者疏云以失衣處施主厚心不可全取也
四分若自恣多與衣者若衣細若衣薄若不牢應取
作二三四重當安緣肩上應貼垢膩處應安鉤紐若
有餘殘語居士言此餘殘裁作何等若彼言我不以
失衣故與我曹自與大德耳若彼欲受便取
三中言自恣者明非爲失故施反釋上緣餘殘問
者若言爲失故與者則不應取曹輩也注戒欲受上無彼字
前戒爲他不犯此戒若爲他乞受犯
簡濫中所以爲他犯者疏云由情謟故若直爲他
無情好者未必取衣也謂知彼不得過取故爲取之準戒疏無乞字今文寫

律不犯中若知足若減知足若多與衣謂自恣請若
細薄不牢若二三重作有餘如上語知並不犯
勸增衣價戒八
第八佛在舍衛居士夫婦共議持衣價爲跋難陀買衣後知往彼家勸令廣大新好堅緻招譏制故名中衣價謂買衣價直
論犯六緣成一非親俗人虛心辦價二施期有限三
知限施四嫌少勸增五彼爲增價縷六領受便犯
犯緣第二有限者少多定故五增價縷二物隨一
成犯
四分中爲居士施衣嫌少更求乃至增一錢十六分

之一分若增縷乃至一線也十誦有勸增色量價三
捨墮
釋中十六分之一者舊記云即今一小錢以彼國
古大銅錢一當十六故一分一線者舉其極少以
爲限齊十誦三種四分但無增色廣長堅緻即是
量價
律不犯中先受自恣請而往求知足於求中減少作
若從親里求出家人求已爲他他爲已不求自得不
犯餘如疏中
不犯有六初受恣請知足減少釋成開意雖容恣

索而不貪求故若從下五相可分指如疏者彼云此戒犯相要在本絹於上勸增若令買布屬前乙戒又問勸增一縷卽犯乙衣一條方犯（卽上十衹四肘量也）與此不同答乙本施主無心乙時任其多少惱義是微故一條方犯勸增中虛心限約已定不荷嫌少索多貪惱最重故多少同犯

勸二家增衣價戒九

第九（佛在舍衞二居士夫婦共議與跋難陀買衣彼聞往勸二家共作招譏因制）制緣同前唯勸合二家爲異

文指制緣改前第四但於勸字下加二家兩字疏問勸二居士共作一衣價本不增爲有犯否答如文云增（戒本云共作一衣爲好故卽是增義）不增非犯問但制合二不云三者答例可知也

五分乃至勸夫婦合作一衣亦捨墮僧祇中知足者若與細者云我是練若頭陀林中住索不如者麤者皆犯捨（以口自述德）

示犯中五分雖是一家同合二故僧祇雖順少欲止須直索輒自稱述故入犯科不如謂非好者麤下斷犯麤同細犯故言皆也疏云麤亦同犯是也

不犯同前戒

過限忽切索衣價戒十

第十（佛在羅閱城大臣遣使送衣價與跋難陀彼將衣價付淨主已因事急索致令被罰因制）戒名越三語六默名過限逼迫淨主爲忽切疏問此戒爲損王臣爲損淨主答本雖王臣後在淨主切惱故制唯在後人又云此戒應在畜寶後以制淨主故

五緣成犯一施主送寶二爲貿衣用三付人轉貿四過分索之五得入手便犯

犯緣中四過分者此有三位一純語得六反二三反語六反默齊九反（二默當一語戒本同此相）二純默齊十二反過三分齊犯默索者善見云口不語喚坐不坐與食不受說法呪願一切不得若言何因至此答言居士自知

律不犯者若遣使告知若彼言不須卽相布施是比丘應以時輭語方便索衣若爲作波利迦羅故與以時輭語方便索得者不犯

不犯中初明語主戒本云若不得衣從所來處卽語本主然彼施主於物不繫則無逼切之義若爲下正列不犯初明餘物若據戒緣但云貿衣準此須約法衣成犯波利迦羅此云助身輭語者非逼

切故。

乞蠶緜作袈裟戒十一。

十一。佛在曠野國。六羣至養蠶家索蠶緜作臥具。看暴繭招譏而制。戒本作臥具。

昔人迷名。故直標袈裟以異之。

多論四意。一爲止誹謗故。二長信敬故。三爲行道得安樂故。四不害衆生命故。

制意中。初意如戒緣起俗人譏云害衆生命無有正法。二修慈行故。三無營求故。四不惱他故。上二爲俗。下二爲道。二對各有生善滅惡。文闕犯緣。傳寫脫漏。準疏五緣。一是蠶緜。二自乞求。三作法衣

四爲已。五作成便犯。

四分因比丘至養蠶家。乞未成緜已成緜作臥具。便待看暴繭作聲。因訶制之。若純作。若雜以毳劫貝。若麻及餘縷雜作成者。若斤斧細剉斬和泥塗壁及墍。

犯中。初引本宗。先引緣起。比丘即六羣。未成緜即蠶繭。若下明純雜俱制。毳即獸毛。劫貝即木緜。若斤下明制捨法。斤即刀類。墍謂土墼。

多論中。憍奢耶者。此是緜名。如秦地養蠶法。若乞繭乞緜。乞縷織布成衣者。墮。言臥具者。是三衣也。即三衣總名臥具。猶如此方被之相。故取通號。外國作衣。凡有二種。一細擘布貯如作氈法。二緜作縷織成衣也。亦得作三衣受持。以乞得故作成捨墮。

諸部中。初科多論四節。初示名。彼宗戒本云憍奢耶作敷具。故論牒之。論失譯主。應是秦翻。故言秦地。若下顯犯。言下正名。注文出本翻意。古謂戒制被敷。迷名故耳。如疏廣斥。外下示緜衣法。亦得作者展轉來故。乞得犯者。制情過故。

善見云。乃至雜一毛便犯。憍奢耶者。絲中微者。蠶口初出名忽。僧祇云。紐褋經緯穿雜者。一切捨墮受用得越。

次科。先引善見。一毛者。即下微絲。舉毛爲況。下釋梵名與前少異。忽是此方之名。舉以合之。僧祇中紐積褋葉製造雜也。縱經橫緯財體雜也。

央掘經。繒緜皮物。若展轉來。離殺者手。施持戒人。不應受者。是比丘法。若受者非。悲不破戒。涅槃中皮革履屣憍奢耶衣。如是衣服。悉皆不畜。是正經律。今有一方禪衆皆著艾布者。豈不順教。

三中。已前律制。但據蠶家。大教轉來。不許受用。乃知聲聞行劣。但取離非。菩薩慈深。遠推來處。雖離殺手。無非殺來。足蹋身披。皆沾業分。非大士可忍。

二結顯

四小乘意急

豈比丘所宜請考經文少懷信仰廣敘利害章服
儀備矣經文前明能施如法離殺手者非蠶家故
不下明所施可否初不受應法大小俱順故受者
非悲違大順小故小從大出望制雖順約義還違
故知持戒行慈方符聖旨縱情受用全乖道儀故
章服儀云且自非悲之語終爲永斷之言據此爲
論頗彰深切次引涅槃乃終窮囑累決了正教明
文制斷何得遲疑今下舉現事此指唐時若僧傳
中敘南嶽道休二師不衣緜帛並服艾絮故祖師
云佛法東漸幾六百載唯斯衡嶽慈行可歸今時

禪講自謂大乘不拘事相綾羅鬭美紫碧爭鮮肆
恣貪情背違聖教豈不聞衡嶽但服艾絮以禦風
霜天台四十餘年唯被一衲永嘉食不耕鋤衣不
蠶口荊溪大布而衣一牀而居良由深解大乘方
乃專崇苦行請觀祖德勿染邪風則稟教修身眞
佛子矣

五分云蠶家施緜受已施僧不得自入

四中五分不乞自施尚不自入意急可見也

以此諸部相對故知所制意重野蠶尚犯何況家蠶
雜忽尚犯何況純作

三指非

二辨犯輕

三自作教他

結顯中初示教意野下舉文以況戒本云雜野蠶
緜故兩舉以況之世有野蠶食桑就樹作繭破繭
爲飛蛾取此爲緜不損物命雜忽見上文

多有八乞覓而作三衣此合斬捨不合受持著著得
罪如律明示如諸律所明不得往屠家乞肉血及作
酥乳家乞乳並犯故

指非中初示過此下決犯合斬捨者根本墮也著
著罪從生吉也如諸下引事例顯

多論若無蠶家乞繭自作緜無罪爲出賣故有蟲者
吉羅若乞成緜貯衣不犯若蟲壞者作敷具無犯作

不應量衣一切敷具吉羅

犯輕中多論五節初明自作無蠶家者展轉來故
言無罪者以無蟲故若是有蟲出賣尚犯豈容自
作爲下二明出賣不爲作衣故彼續云若無蟲者
無罪若乞下三明已成而不犯者非蠶家故若蟲
下四明蟲壞無所損故論作蠶壞恐寫誤作下五
作餘衣並結吉者必約蠶家乞得爲言彼云下至
四肘捨墮反知不應者輕又云若合麻衣劫貝褐
衣欽婆羅作敷具者吉故云一切

律中自作教他作成者犯墮不成吉羅若爲他作一

切吉羅。

第三科教他重者，譏過同故；爲他輕者，貪非已故。

不犯者，若得已成者，斧斬和泥塗埵，餘如戒本疏。

不犯中，戒制造作，已成不犯，然須斬壞，不壞還墮。

指如疏者，彼云已成斧斬，此言切人也，如何可通。如五分云施已成亦犯墮等。

黑毛臥具戒十二

十二。佛在毗舍離，梨車子多行邪行，披黑毛氈夜行，使人不見，六羣學作，招譏而制。

此四臥具戒並是三衣，總號昔人疑之，至今不決。僧祇氈、僧伽梨乃至坐具等。

會名中，總決前後四戒，十誦並號敷具，昔人疑者，彼謂臥具是被褥，故僧祇彼因諸比丘作氈三衣坐具招譏，因制文舉伽梨略餘二衣，故云乃至此證。二毛非被褥明矣。

四緣成犯。一純黑毛，二作袈裟，三爲已，四作成犯。律中自作教他同犯墮如上。

犯相中指如上者，即蠶緜戒。

不犯者，若得已成者，若裁割壞。元作擬制。若細薄疊作兩重。元意後得若作褥，若作小方坐具，若作臥氈，或襯鉢內氈，剃刀囊，作帽，作襪，作攝熱巾，作裹革屣巾，一切不犯。

不犯十二相，一二三注顯，皆謂本作是心，故作成不犯。襯鉢內者，障塵垢故；攝熱巾者，爲襯手故。

白毛三衣戒十三

十三。佛在舍衛，六羣純以白毛作臥具，招譏故制。

因緣同前，佛制參作，違教故犯。

指同異云，因緣同前者，黑白雖異，起過招譏事不別故。參作者，黑白尨三種間雜。

五緣成。一三毛參作，二擬作三衣臥具，三爲已，四增好減惡，下至一兩，五作成便犯。

列緣第四據戒本中，共有四分，黑毛二分，白毛尨毛各一分。尨謂麤毛也。增黑一兩提，增白二兩吉。增尨不犯。疏問：黑白同犯，何故前黑不制參耶？答：兩戒明參，文則繁複，以後例前，黑參非犯。又問：三毛俱參，何以黑多尨少？答：就白制戒，故黑多耳。約前黑戒，白亦須多。又云黑色雖貴，順法衣相；白是俗服，是以少也。

減六年作三衣戒十四

十四。佛在舍衛，六羣嫌故臥具重，不捨更作，常營求藏積故制。

六緣成。一有故臥具減六年，二不捨故者與人，三僧不聽許。四更作新者。五爲己。六作成便犯。
犯緣第三。以戒本文除僧羯磨故。
僧祇。以老病持氈僧伽棃不滿六年不得更作。若身不羸腴顔色不惡。白羯磨衆一一不成。
釋中。僧祇初示本緣。以年不滿故開羯磨。若下簡濫。雖老不病。雖病不重。並不開。四分比丘得乾痟病。不堪持衣行。開羯磨作。
四分不犯者。僧白二聽。及滿六年。若減六年捨故更作新者。若得已成者。若無。若他與作。一切得。
不犯六緣。滿六年者制限外也。捨故作者無本衣

也。疏云。豈捨受持方復造衣。本造擬捨。故成不犯。成而不捨。罪則自科。若無者如失壞也。餘可知。

不貼坐具戒十五。案貼戒本作揲下同

十五。佛在舍衛。徧行諸房。見故坐具狼藉。因制揲故。六羣違制。故立此戒。
五緣。一先有故坐具。二更作新者。三爲己。四無心以故者貼。五作成便犯。
緣中。先有故者。準此無故即應不犯。然制揲故本爲壞好。無故不揲貪好不殊。豈得無犯。請試詳之。
此與後九十中者相對四句。一作新如量不貼犯此戒。二作故過量犯後戒。後二俱句準知。

對揀中。四句。文出互二句。三作故如量前後不犯。四作新過量不貼犯二戒。若行懺時。準疏先悔量外。然後捨懺。
律中。造新坐具時。若故者未壞未有穿孔。當取浣染治牽挽令舒。裁割取縱廣一磔手貼新者上。若邊若中。以壞色故。但言須貼。不言氈布。隨十種衣通得。
牒釋中。初科前示揲法。但下定衣體。
僧祇。氈作方一磔手。取故氈時不得從少聞犯戒者無聞者住壞房不治者惡名人斷見人遠離二師者不喜荅問人不分別魔事人不應取。取則反上。不尖邪凹凸缺角穿壞垢膩著時令方圓得正。

次科。僧祇初示體量。取下簡人。從乙文列八人。少聞犯戒惡名斷見。此三無行。無聞不荅問不別魔此三無解。不治房遠二師即怠墮人。取反上者非此八人也。不下示裁揲之相。
多云。若無長者短亦應用。
三中。多論不及一揲亦許揲之。問。此用何磔量。荅。戒文不簡。人多疑之。今準十誦戒本明用如來磔手。故須縱廣二尺爲定。
善見云。故者下至一經坐。不須貼。
律不犯中。裁取故者貼。若彼自無得處更作新者。必有

得處如上律論若他爲作。若得已成者。若純故者作。不犯。

不犯五相。注顯無求爲遮，倚濫律論指前所引。

四分律行事鈔資持記卷第二十

四分律行事鈔資持記卷第二十一 中二之三

宋餘杭沙門元照撰記

持羊毛過限戒十六

十六（佛在舍衞跋難陀得羊毛貫杖頭行招譏故制）名云過限者出三由旬故

四緣一是好羊毛除賤故律云頭項足毛不犯僧祇持駝毛獺毛豬毛犯越戒器不犯五分聽用駝毛貯褥

緣中第一四分簡諸賤者疏云今若生譏徇論貫賤擔於毳等亦越威儀（擔毳亦不犯文）但緣在於毛故制開外耳（準此擔賤犯吉下引僧祇可見）僧祇簡餘獸獺字音誤律本作狙獸名似狼而赤成器者疏云謂衣相也五分但云貯褥應得持行

二是己物三自持僧祇三人共有各持齊九由旬重擔者俱犯

第三僧祇共擔一人各得三由旬限俱犯者物同一處俱過限故

第四四分若道行得羊毛處須者應取自持至三由旬當令人持乃至彼處中間不得佐助若持吉羅令尼等四眾亦吉若持餘衣若麻等皆吉若擔餘物貫杖頭亦吉

第四四分中初明自持限滿問等是招譏許自持者答疏云以資身助道若全禁約有須無濟更別追求勞擾又甚故也當下明使他若持吉者即佐助也唯許白衣不得四眾譏過同故若下明餘物衣麻即係當戒貫杖附明下篇

若擔毳裝毳繩及餘處毛若作帽巾等不犯

不犯有四上三準疏並吉毳裝舊云音壯即細羊毛毳雨中披行北方多也餘毛即頭項等

使非親尼浣染毛戒十七

十七（佛在迦維羅衞六羣使姨母尼染羊毛汙色在手佛見故問因制）

制意犯緣同浣衣戒又多論云爲增尚佛法故制若諸尼眾執作浣染廢修正業則無威儀破增上法又止惡法次第因緣各令清淨故餘如疏中

指制緣中五緣同前唯改第三是己羊毛四自使浣染擗（同前三戒合制）又下重示制意前但通云業重此中引論別示應知前後文相互通論文兩意初意在尼後通兩眾指如疏者彼云浣衣戒彼制故者新是輕犯此既勞功新故同犯

畜錢寶戒十八

十八佛在羅閱城大臣為跋難陀留食分兒以五錢取食跋難陀取錢寄市上人譏故制名
中畜謂藏積錢寶是八穢之一
多論云佛制此戒有三益一為息誹謗故二為滅鬪
諍故三為成聖種節儉行故
制意中一行濁招譏二因交致諍三增貪障道制
戒防約滅惡生善故也
寶是八不淨財且因料簡四門一列數顯過二開制
不同三結罪輕重四交貿多罪少罪
初中列數者一田宅園林二種植生種三貯積穀帛
四畜養人僕五養繫禽獸六錢寶貴物七氈褥釜鑊

八象金飾牀及諸重物此之八名經論及律盛列通
數顯過不應相承次比如上具述不出佛經
釋相列數中第六正屬當戒餘並附明八中及諸
重物者疏云佛不開物如女人器仗之屬此下結
示初明三藏所出但云八不淨八毒蛇八穢等涅
槃雖列諸物復無次第故云通數顯過不應如下
具引相承下明依古列次疏云古來相傳既有八
名須知八相故言不出佛經
二明過者諸戒不對俗制唯此對之令道俗通禁見
畜捉者知非佛子故律經中皆言沙門四患即此戒

是若有畜者非我弟子五分亦云必定不信我之法
律由此八種皆長貪壞道汙染梵行有得穢果故名
不淨也餘如正解中
顯過中二初明過重前引制緣毗尼祕勝不許外
聞獨此對俗意如文顯律云佛告大臣若見沙門
釋子以我為師而受金銀錢寶者則決定知非釋
子故下次示四患酒婬錢寶邪命此四不唯本律
故通指之即此戒是者四患中一也非弟子者此
即如來深切之誡諸有畜者當自深思下引五分
釋上非弟子之義由下次釋總名長貪即心不淨

汙行是業即因不淨穢果即報不淨餘下即指後
科
二明開畜者經中禁重如後所明律中在事小機意
狹故多開畜
開制中初科上明大乘機教俱急經即涅槃下明
小乘機教俱緩律在事者違事故輕則顯經宗於
理違理故重小機意狹不堪故開反上大機堪任
故重世人反謂小乘須戒大教通方者幾許誤哉
第一不淨中由是妨道別人不開二口小房有資道
要依上開畜

第一物中初科上明田園由字寫誤古本作田下明房舍房有礫量故云小也依上即前無主房

毗尼母云畢陵伽爲國人所重施一小寺羅網車輿駝驢等畜僧坊所須開受僧祇中爲僧故得受善見居士施田地別人不得用若供養僧者得受多論檀越欲作大房舍應開解示語令小作順少欲法若爲容多人故作者不應違意五分有人施僧田宅店肆聽受使淨人知之善見若人以池施僧供給浣濯及一切衆生聽飲用者隨意得受

次科引文有六並明重者開僧咎別母論畢陵伽婆蹉此云餘習（五百生惡性麤言今得道果餘習在故）兩引善見田池別故多論施別爲容多人即是僧故

二種植根栽若如僧祇爲僧營理者得別人不開即汙家法中自種教他一切不合除供養佛法僧餘如雜法中說

第二中初引他律即下次會本宗一切不合即制別除供養等即開三寶

三貯積穀帛

三中標云穀帛帛謂絹布文所不明準開淨施昔云儉開三十六石出善生經余自披檢眞僞二本並無擧世夢傳

釋中初文先示妄傳余下決破不辨是非罔然相授故云夢傳

涅槃云聲聞僧者無有積聚所謂奴婢僕使庫藏穀米鹽豉胡麻大小諸豆若自手作食自磨自舂種種非法故若有說言如來聽畜非法之物舌則卷縮

次科引經中初二句明制所下列相正取穀米麻豆等物餘事相帶而引非此科意若有下遮妄

僧祇云若比丘糴粟時作念此後時恐貴今糴此穀我當依是得誦經坐禪行道而不言多少準酌一夏之糧亦隨時料其豐儉鹽則準前穀量盡形藥中加法亦得

引律中初僧祇開儉爲資道故而下鈔家準酌別人一夏可一石許或遇豐儉用有寬窄故令隨時鹽準前者亦計一夏所須多少

律中比丘道行得大麥小麥班豆粳米佛開受之安置囊幞內盛之應合淨施故文中諸比丘得道路糧開受淨人賞擧後卷具有說淨方法

本律中初明開受囊幞盛之明非多故應下引決由非儉緣不得自畜後卷指二衣篇

四畜諸僮僕。增一云。長者將女施佛。佛不受。若受者漸生重罪。因說欲過羅剎女等事。僧祇。若人云施僧奴。若施使人。若施園民婦。一切不應受。若言施供給僧。男淨人聽受。若施別人。一切不得。若施淨人。爲料理僧故。別人得受。若施尼僧。乃至別人。反前。唯言女淨人爲異等。

四開制中。初文。增一。彼因梵志將女施佛。佛不受。時一老比丘勸佛受取與我。佛訶云。汝昔曾爲羅剎。感今復還遭此女迷。僧祇中。初示通制。若言下別簡。初明開僧。唯須男子。若施下明制別。下雖開

受。還是爲僧。後若施下。明尼開制。

今諸伽藍。多畜女人。或賣買奴婢者。其中穢雜。孰可言哉。豈唯犯婬。盜亦通犯。深知聖制。不許。凡豈強哉。

次科。初出非。其下正斥。盜亦犯者。費損僧物故。

僧祇。畢陵伽在聚落自泥房。王與使人。三反不受。云若能盡壽持五戒。奉齋。然後受之。十誦。守竹園寺有五百人。王舍城中也有十種施無福。一謂施女人。二戲具。三畫男女合像。四酒。五非法語。六器仗。七大刀。八毒藥。九惡牛。十教他作如是施。

次開受中。僧祇開別。必約奉戒。王即瓶沙王。十誦開僧。因瓶沙王往彼見大迦葉蹋泥修房。王問何以自作。答誰當爲我作。王言我當與人。後捕得五百羣賊。王問能供給諸比丘。當放汝命。乃至給田宅等。去竹園不遠立淨人聚落。下引十施無非生他惡業。尚不免過。豈得有福。今文正取第一。餘皆連引。前九自作。後一教他。通上九種。

五畜畜生。律中。比丘畜貓子狗子。乃至眾鳥。並不得畜。僧祇。若人施僧一切眾生。並不應受。眾生者。馬驢豬羊麞鹿。如是一切。自餘野鳥獸等。若見比丘不受云我當殺之。應語令自施水草。守護勿令傷害。不得

翦翅籠繫。若能飛行自活者。放去莫拘之。善見。若施牛羊。不得受。若云施乳酪等五味。得受。餘一切畜生亦爾。

第五中。初文前引二律。僧別俱制。僧祇護命暫開。意在後放。次引善見。開受施意別故。五味者。乳酪生酥熟酥醍醐。文別舉牛。餘畜例準。但令可作餘施者亦開。

涅槃經中。比丘之法。不得賣買生口等。伽論。爲塔故受駝馬驢。今有施佛法家畜生。而知事有賣者。並不合聖教。

賣買中引經明制論中得受既屬佛塔義不許賣
今下指非
十輪若施四方僧物田宅淨人不與持戒反與破戒自恣受用并與白衣同共食噉因此刹利居士皆入阿鼻
能施中經文不明畜獸田宅淨人合在前科而僧物之語亦可通收今此但明施者非法之相
日藏分云於我法中假令如法始從一人乃至四人不聽受田宅園林車馬奴婢等常住僧物若滿五人乃得受之大集亦同

四中彼取五人持律能辦邊受佛法住世四人雖僧未全大用故不聽也文中通舉諸物馬當此攝餘屬前章
四分乘戒中開老病夫乘男乘女乘尼騎如瞻病法僧祇船車牛馬等乘無病不合唯因水中船行者得
五中乘乘戒出雜犍度彼因六羣輒乘象馬車乘佛制不應後說老病比丘不能行不敢乘騎佛因開之如文所引上乘字平呼下去呼男乘立車女乘坐車尼騎即草馬瞻病中云至道逢病比丘求車乘載歸不問牸牛草馬等僧祇無病通制暫趁行船有緣故也
六畜錢寶若元作自畜之意不合若擬淨施與他依律文開
第六初科以初受財未容即淨故約作意以分開制
僧祇十誦善見云若病人得者令淨人畜爲貿藥故若多人與藥錢直得置氈褥底眼睛求時手觸在無不犯又云末利夫人施僧布薩錢佛言聽受準義付他又居士持金銀與僧作寺食堂園田比丘不得受

犯吉羅應付淨人口得處分若施作飲食衣藥臥具亦不自受若受後作衣服用得吉羅應付淨人
明開中前引三文濟病開觸又下二段亦出十誦初文但云聽受理非捉畜故以義決之末利西域記云此云柰由昔施柰得今報故又居士下次段復二初明園田是常住物但有受犯後明四事即現前物受用俱犯文明用罪受亦應同由本施僧故有輕降準知僧物亦不合畜
雜含云自今已後須水直索水乃至須人工等亦直索之慎勿爲已受取金寶則破四分人解律云若爲

七氈褥釜鑊

八像金飾牀

作屋故求材木竹草樹皮得受，不應自為身受。若文不了，引經自明。餘如正解。

明制中，初引經，則下斥非。古記云：卽相部疏，彼據律文，謂言作屋聽受金寶，以文不顯，須經決破。如註所明。然律得受，準須付他。如輕重儀中委破正解。卽下釋戒文中。

七聽畜重物。毗尼母：別人聽受刻鏤大牀，唯除金寶。若縣褥者，他施已成者，十誦開受。毗尼母、四分云：氍毹等，他施聽受。廣三肘、長五肘，淨施畜。若鐵瓦瓶等銅盆銅盔等器，別人得受。

七八標名與前頗異，前據不淨一向不聽。然此二物各有開制，故此別標。七約聽畜，八是不開。故此二門互相通涉。七中重者卽入後八，八中輕者卻在前七。尋文自見。初明牀几，除金寶者，此屬後科。若下明氈褥，十誦開受，準長衣戒不入淨限。氍毹取袈裟量已外不合。若鐵下明諸器。盔，苦回反，盂也。

八者佛不開者。善見云：不得捉一切穀，除米。若施器仗者，僧應打壞，不得賣。施樂器者，不得捉，得賣。增一云：若得金寶施，呪願已還反施主。

三引教通結

二、初引示開制

八中，善見不得捉穀，捉卽貯畜，除米者，如上所開。此歸第三器仗殺害之具，故須壞之。樂器逸蕩之物，猶可出賣。增一寶施，復是第六。呪願還他，意表受故。已前列物，出沒不定，隨文辨相，各攝所歸，則無濫矣。

涅槃云：若有人言，如來憐愍一切衆生，善知時宜，說輕為重，說重為輕，觀知我等弟子有人供給所須無乏，如是之人，佛則不聽受畜一切八不淨物。若諸弟子無人供須，時世饑饉，飲食難得，為欲護持建立正法，我聽弟子受畜奴婢金銀車乘田宅穀米賣易所

須。雖聽受畜，如是等物要須淨施篤信檀越。如是四法所應依止。我為肉眼諸衆生說，是四依，終不為慧眼者說。若有三藏反上說者，亦不應依。又說八不淨財，十餘處文皆極毀破，不令畜服。又云：若優婆塞知此比丘破戒受畜八法，不應給施，又不應以袈裟因緣恭敬禮拜，若共僧事，死墮地獄。

引教中，涅槃三段，初引開聽，卽如來性品辨定邪正，有作此說，乃可依行。或是異說，則不可依。故云有人言也。初標示方便，觀下舉事以釋。初釋說輕為重，體非性業，故輕受畜患多，故重。若諸下釋說

三結罪輕重

二會通相違

重爲輕如上是重資道故輕文列四緣無供須是
一饑饉是二護法爲三及後淨施爲四我聽下通
列開物是知縱無供須豐時亦開縱兼儉世非護
不開縱爲護法不淨亦制必具四緣方開受畜如
是四法下結勸我爲等者此即法四依後文肉眼
不辨邪正須說四依慧眼了法故不爲說經云是
諸比丘當依四法何等爲四一依法不依人法即法性
人即聲聞法性即如來聲聞即有爲二依義不依語義即常住語謂綺飾文詞三
依智不依識智即如來識謂聲聞不能善知如來功德四依了義經不
依不了義經了義即菩薩乘不了義即聲聞乘謂前開四緣乃是

大乘了教勸令依止若下決前不了教文下指禁
斷文多出第六文云下引誡道俗文初誡俗眾若
下誡道眾餘如後引
十輪經說據不知持犯者並須恭敬又涅槃經窮終
極教不用亦得以護法故小小非要
會相違中初指十輪如僧網云乃至畜妻挾子恭
敬如舍利弗不聽責罰等又下決破涅槃了義廢
前不了故云不用以下出廢所以涅槃護法事重
十輪爲存俗信故云小小
三明畜罪輕重八中六七金錢縣褥得墮以違淨施

四交貿罪多少 二初交貿輕重

二說淨絕否

故餘則吉羅畜者亦少
三結罪中初明二重縣不入淨此據成衣相者褥
同重物亦不入淨應是小者餘下明六輕言畜少
者謂事稀故
四交貿輕重若以此八貿衣犯捨以衣得寶縣氈亦
捨若得餘六並得吉羅若以衣寶相易皆墮貿餘六
種吉羅六自相貿皆吉得衣寶者皆提此謂與俗人
增減與五眾得小罪
四交貿中有五初二句以八易衣犯販賣故以下
四句以衣易八得寶即犯貿寶縣氈俗邊犯販賣

若以下四句上明二自相貿衣易衣犯販賣寶易
寶犯貿寶下明以二貿六得輕可知六下四句六
種自貿或對貿或互易並吉又以六易二販貿二
墮準上可明此下點上販賣對人輕重上云犯捨
且據俗論
多論若說淨錢寶後貿衣財作三衣鉢器入百一物
數不須說淨已外須說若犯罪者悔於僧中已用錢
寶貿衣財及百一物者不須捨之已入淨故已外成
衣不成衣一切說淨無罪
明說淨中初明淨財易物衣鉢百一入受持故已

外說者。若準業疏並不須說。即入淨故。若下明犯長錢寶未懺先用易物。後但悔罪。物不須捨。準有輒用吉羅。悔於僧中句絕。已外須說者。既已入淨則應淨法。

二解本戒。二。初標簡。

正解本戒。此是畜寶戒。九十是捉寶戒。文言手捉。別時意也。

解本戒中初科。以舊戒本云若自手捉錢若金銀等語濫後戒。故須簡之。刪定戒中改捉爲受。則無濫矣。別時意者。畜中言捉犯後戒。故準作四句。一是畜非捉。唯犯前戒。教人口受。二是捉非畜。但犯後戒。觸自淨寶及他八寶捉金像等。三亦畜亦捉。前後俱犯。手受而畜。四二非無犯。如法受淨。

二釋相。二。初明犯。二。初列緣。二隨釋。二。初敘過誡後。二。初引文斥濫。

具四緣。一是錢寶。二知是。三爲己。四受取便犯。

此之一戒。人患者多。但內無高節。外成鄙穢。不思聖誡嚴猛。唯縱無始貪癡。故律言非我弟子。準此失戒矣。又云。佛告大臣。若見沙門釋子以我爲師而受金銀錢寶。則決定知非沙門釋子。又雜含云。若爲沙門釋子自受畜者。當知五欲功德悉應清淨。又增一云。梵志書述。若是如來者。不受珍寶。故略引多文證成非濫。

次科。斥濫中。先敘貪畜之意。內即是志。外謂爲行。不思聖誡。即慢法。縱貪癡是自任。故下引證。初引本律。準明失戒。非弟子者。不稟師教故。非沙門者。不修淨行故。非釋子者。不係聖族故。今多受畜。爲教所擯。雖自剃染。即魔外之徒。又云下。佛告珠髻大臣之詞。又引雜含。以五欲法非善功德。復非清淨。今畜財寶。正是順欲。若許受畜。反成功德。亦應清淨。此顯出家絕欲求道。反爲欲縛。深非所宜。後引增一。彼云。梵志超術欲以金錢奉定光佛。自念我有書名。禮記云。若是如來。必不受金寶。遂易蓮華五莖。用上彼佛。釋迦因行。從此獲記。故下結示。引意前文敘誡。並據誡教。故云非濫。

二述誡勸思。二。初舉過誡勵。

佛世尊欲增尚弟子。令棄鄙業。遠超三界。近爲世範。今乃反自墜陷。自畜自捉。劇城市之商賈。信佛法之煙雲。反自誇陳。妄排法律。云但無貪心。豈有罪失。出此言者。妄自矜持。不思位是下凡。輕撥大聖。一分之利。尚討不及俗士高逸。何異螳蜋拒輪之智。不殊飛蛾赴火之能。豈唯畜捉長貪。方生重盜之始。故略述誡勸。有智者臨境深思。

述誡中。初科。初敘制戒之意。棄鄙業者。謂捨惡也。

遠超等者謂增善也今下斥其違制劇甚也行商
坐賈皆求利者今僧貪積往往過之故云甚也煙
雲者律云日月有四患故不明不淨不能有所照
亦無威神謂阿脩羅煙雲塵霧沙門有四大患飲
酒淫欲持金銀邪命能令沙門不明不淨不能有
所照亦無威神今謂沙門行淨則佛法光輝行既
鄙穢則能障蔽故如煙雲反下責其謗法初敘謗
詞排毀也出下斥僧濫矜謂自高持謂執以爲是
不思等者善戒經云菩薩爲利衆生故聽畜憍奢
耶金銀等愚人據此輒擬同倫是不思也況菩薩

語通在家出家如涅槃經中出家菩薩遮性等持
縱云開畜涅槃地持俱令淨施縱依善戒本爲利
生今乃順己貪愛諂詐追求爲聚積則多索無厭
見貧病則一毫不給豈與夫大士不分高下耶輕
謂侮聖擬謂無法一分尚計者舉少況多不及俗
士者引俗誡道原憲居于環堵蓬戶不掩顏淵處
於陋巷簞食瓢飲晉宋高賢齊梁達士視富貴如
糞土慕儉約爲高尚偏于史籍豈不聞乎何下喻
其無智螳蜋飛蛾皆喻愚人輪喻律教火喻惡道
上喻現因下喻來果豈下顯其增過以制畜捉遠

二引文証戒

防盜故故下結勸雜心云未來捨輪王位易現在
不取一錢難故令臨境深思未知何人能稟斯囑
悲夫
涅槃云若能遠離八毒蛇法是名清淨聖衆福田應
爲人天供養清淨果報非肉眼所能分別又云祇桓
比丘不與受金銀者共住說戒自恣一河飲水利養
之物悉不共之若有共僧事者命終墮大地獄智論
云出家菩薩守護戒故不畜財物以戒之功德勝於
布施又涅槃第十一卷下文云菩薩持息世譏嫌戒
與性重無別廣有明文息世戒者即白四羯磨所得

諸文如彼恆須細讀
引文證中偏引涅槃智論者由是大乘了教意絕
愚者濫託餘文涅槃中初令遠離由能害人是可
怖畏故喻毒蛇應下明現當二報以離八穢行業
果報凡愚莫識故云非肉眼等又下舉佛世現事
以清淨僧恥與共事汙辱淨僧故智論中戒勝財
施者業疏云不盜即施法界有情之財不殺即施
法界有情無畏即用此法行已化他即名法施徧
衆生界財是局狹集散之法能開煩惑惱害之門
戒法清澄故絕斯事重引涅槃準經分二種戒一

性重戒謂四重禁二息世譏嫌戒謂不作販賣小斗欺誑田宅種植象馬車乘僮僕七寶等即遮性等持故云無別息下示上戒相經云菩薩摩訶薩復有二種戒一者受世教戒(遮譏生善故云世教)一者得正法戒(翻惡順理故云正法即十善業)菩薩若受正法戒者終不為惡(以十善業並禁性惡準知十善須從人受)受世教戒白四羯磨然後乃得(白四雖通遮性性惡本業重增制罪遮非本有必受者具故偏指遮為白四得)遮諸下指廣委囑略如前引餘不煩錄學者尋之

四分錢者有八種金銀等上有文像

釋第一中初四分八種錢文標二種等取銅鐵白鑞鉛錫木胡膠隨國所用受畜皆犯

僧祇生色似色皆提生色者金似色者銀(似猶像也)錢者隨國用一切不得捉捉得提應僧中悔

次僧祇文初示金銀上句列名下二句釋相生色金者天生黃故似色銀者可用塗染像於金故次明錢中隨國用者體通八種不得捉者捉犯後戒然畜必由捉故多標之

多云七寶者金銀摩尼真珠珊瑚車渠馬腦當取犯捨墮莫自手取如法說淨者不犯若似寶銅鐵琥珀水精偽珠鍮石等以五種取為畜故者吉羅不應自取如法說淨得若捉金薄金像藏舉自他寶並墮不犯此戒若似寶入百一物數不須作淨皆得畜一百一之外皆是長物若不入百一數如前說淨

多論四節初明重寶摩尼此翻離垢言不為垢染故真珠即蚌珠珊瑚智論云海中石樹車渠尚書大傳云大貝如大車之渠(渠即車輞)馬碯石類應法師云此寶色如馬之腦當取等者示開遮法若下次明似寶琥珀者博物志云松脂入地千年化為茯苓茯苓千年化為琥珀水精千年寒谷中氷凌所變偽珠世中以藥石燒者鍮石等者準論更列銅錢白鑞鉛錫(論約錢體故入似寶捉但犯吉今所不取僧祇四分八種錢並入正寶)五取如後引為畜吉者則知不畜捉亦無過若捉下三明捉寶文舉金寶理通前七金薄謂裹貼之物金像如鑄成聖像(四分不犯)自寶者論作自說淨寶若似下四簡似寶百一受持故不假淨

僧祇云不淨物者金銀錢不得觸故餘寶得觸故名淨不得著故名不淨物若不淨者自捉使人一切皆提若相成就國土不用得越若凡得錢及安居衣直不得手取使淨人知無者指腳邊地語言是中知著地已自用葉瓶瓦等遙擲覆上後將淨人令知持去

二作淨之法 初四分

不可信者令在前行若可信者任意掌舉
釋第四中初科三段前定名體彼以金銀錢爲重寶名不淨物餘寶名淨不淨物初明重寶止列三種多論七寶俱制與此不同不得觸者示不淨義次釋餘寶除上三物通收一切言得觸者不制捉故不得著者同制畜故著即貪畜畜犯吉羅若下次明犯相初通明重寶若相等者別顯錢體言相成者如胡膠皮木等錢及此間鐵錫之類必國土尚用亦應提罪若凡下三示受法使淨人知者或且令受或即作法無者謂無淨人暫安地處言是中知即淨語也令知持去者若不可信令持付他但云知是若可信人即令掌舉須作淨法詞見次科

四分是中捨者告可信人來已云此是我所不應汝當知之若彼人取還與比丘者當爲彼人物故受敕淨人掌之若彼爲比丘貿衣鉢等應持貿易受持之若彼優婆塞取已與比丘淨衣鉢應取持之若不語彼人知是看是突吉羅
次作淨中四分即已犯財對俗捨文準疏分四節初句牒前制過告下二明捨錢方便覓淨主付也

二僧祇

三領受之相

若彼下三謂不達施意佛爲淨故令彼受之彼不解故不敢即受乖淨施法當爲彼物受者既捨與彼即屬彼故若爲貿衣須易受者以先淨法不成故若彼下四此約解意即取迴淨不須轉易若下別明淨語疏云看是謂看於錢寶知是謂非我所作爲淨與爾何得不道失法故吉

僧祇若知佛法僧事者有錢寶欲舉賞若生地使淨人知覆處死土使比丘堀若淨人不可信者裹眼三旋然後知地已內錢坑中若散落者得以瓿瓦擲入如是作已如前裹眼使去後欲須時如前方法至錢寶處淨人不可信者還裹眼三旋將來取之若施主作金椀令比丘受用爲得福者當持食來時舒手示器應言受受三說已食之不得觸器四邊讚歎手捉此是後九十中

僧祇初明知事藏取法裹眼三旋意令迷處防盜損故若施主下次明受用寶器法應言等者謂有緣開口受不得字貫下三相不讚歎者表非所好抑彼貪故此下總點二段皆非己物欲顯受畜三寶物法故連引之仍恐參涉故特點示
多論五種受一以手受二以衣取三以器取四言著

是中五若言與是淨人皆犯捨下三眾亦不得畜畜得吉羅僧祇若身者一切身分乃至手腳等若身相續者謂繫三衣紐乃至鉢盂中皆捨墮

頌受中多論初列五法前三身業後二口業下明三眾制同罪異僧祇兩相並是身業世有奉戒以袖接嚫或令人受不作淨法此由不學致茲委濫後生無識往往相承傳誤甚矣

多論五種長物一重寶二似寶三若衣財應量已上四一切不應量衣及衣財五一切穀米重寶捨與同意淨人罪僧中悔若錢寶比丘不得畜若僧中次行

者說淨餘似寶及百一物數一切捨與同心淨人罪作吉羅悔錢寶說淨有二若白衣持來施與比丘比丘言此不淨物我不應畜若淨當受即當說淨二者淨人言易淨物畜即當說淨若彼此不語取得捨墮若捨與白衣不得與沙彌

四開畜中初通列長相五總爲三上二並寶中二皆衣重寶下別釋二寶初釋重寶即上七種此約犯捨故云罪悔若錢下次釋似寶及百一物及字寫誤準論是除字以百一不須捨故錢寶下示二種淨法初是比丘對施主語爲將付淨人也若淨當受者謂易淨物也二淨人持物對比丘語據此言論本非淨法故並云當若作此已不勞更說當字去呼若捨下簡淨主可解

僧祇云目連將專頭沙彌往阿耨達池取金砂擬安佛澡鑵下乃至老比丘將沙彌還本村眷屬以道行無食以錢繫衣內在道並爲非人左遶以土坌之罵言此不吉利各以事白便俱令棄之非人並爲作禮右遶而過此猶可治故逢幽責如池神譏頻餘有未懺必遭顯戮同頞腫之儔

五下眾中上云不得與沙彌故續引示之初別舉

兩緣專頭即目連弟子亦云均提並爲下合示幽責以事同故左遶西土以爲不祥此不吉利者所遇不清淨故各以事白者即二沙彌各白師也棄之作禮者捨穢還淨是可敬故此猶下追古傷今言可治者即前二沙彌如池神者僧祇云昔有比丘至一池邊見蓮華香乃盜齅之池神責云何故盜華須臾狂象入池踐蹋池神默爾比丘反責池神彼云師是出家豈同於畜謂前沙彌是可責者故有非人遶之未懺即今捉畜不可責者顯戮即現報惡疾凶終多由毀戒母論所謂腹則破裂袈

裟離身是也同頰腫者百喻經云昔有癡女婿歸
婦家羞不食爲飢逼故乃盜米飡其頰鼓起妻見
謂頰腫固執不言乃召醫師火鑽烙之頰穿米出、
喻愚人負罪不思求懺必待顯報耳
律不犯中開緣如上若彼人不肯與衣者餘比丘當
語言佛有教爲淨故與應還他物若又不與自往語
言佛教比丘作淨故與汝不還我者此物應與僧塔
和尚知識及本施主不欲令失彼信施故
不犯中如上者謂作淨語及前捨法但前是犯已
捨悔此明得物即捨若下明淨主不還往索之法、

行事鈔資持記卷二十一 隨戒釋相篇十四 二五

先令他索若又下後明自索與僧塔等者以彼可
索故此動之
貿寶戒十九
十九（佛在羅閱祇跋難陀往市肆上以錢易錢居士譏嫌因制）
多論云此以說淨寶轉易與他求利當與他時得捨
墮此與貿衣五種不同如戒疏說律中以財物易錢
寶故犯但無衣食爲異
對簡中初引論簡畜寶不說淨財已犯前戒無重
犯故若以錢買金而畜緣相是異則容兩犯如戒
疏中又疏有四句一是畜非貿俗施錢寶也二是

貿非畜用衣易錢寶也（準此但令所貿是錢寶犯不論能貿）三俱是
以錢買金畜之四俱非即衣物相易也言轉易者
示戒名也此下簡販賣五異指如疏者彼云初對
人不同貿寶七衆俱犯貿衣唯二俗犯（在家二衆）二貿
寶自作教他爲已同犯除爲三寶貿衣使人不犯
三貿寶一制不開貿衣則開酥油相易四衣寶捨
則道俗不同（衣對道捨寶對俗捨）五還財本非本別（衣捨還元物故
云本寶捨易淨物故非本）律下準律顯異律有七物交互並犯
金有三品一已成金（華釵莊嚴具是）二未成金（即金鋌也）三已
成未成金（鎔瀉成器未鋌治者）銀亦三種錢唯一品總爲七

行事鈔資持記卷二十一 隨戒釋相篇十四 二六

也但下簡異則知此戒唯約寶論
五緣成一是錢寶二互相易三決價四爲己五受犯
犯緣中是錢寶者局所貿也能貿則通衣寶餘物
五分應對僧悔不得向一二三人前
明懺中此戒不對僧捨恐隨別悔故特遮之以過
重故
律不犯中若以錢貿瓔珞具爲佛法僧若以錢易錢
亦爲佛法僧者得
不犯中唯開三寶餘無所通
販賣戒二十

二十（佛在舍衛跋難陀往無住處村以生薑易食又其外道博衣悔而不還譏訶因制）戒
名準疏分三爲利故收爲利故出諍語而高爲販
也爲利而取故減前價名買也爲利故出强增價
而高曰賣也（販但先收犯還同賣）
多論四義制一爲佛法增尚故二爲止鬭諍故三爲
成四聖種故四爲長信敬不生誹謗故
制意中四聖種卽四依行制斷賣買令修四法
論犯六緣成一在家二衆二共同交貿三決價四爲
已五自貿易六領受犯
犯緣中初緣簡五衆不犯

律令淨人貿準餘部雙開四分衣藥交貿爭價高下
數數上下皆犯
略示中初示開貿上句指律文見不犯次句準餘
部如下僧祇十誦若據下引四分衣法亦開比丘
不獨他部四分下示犯相律云以時藥易時非時
七日盡形波利迦羅衣如是互易（隨一一物爲頭以歷諸物）疏
云此指緣起說若以錢買衣屬此戒攝反則前戒
（準知販貿兩戒但據所貿以分）
多云此販賣墮一切墮中最重寧作屠兒何以故屠
兒止害一生販賣一切俱害不問道俗賢愚持戒破

戒無往不欺常懷惡心設若居穀悕希天下荒餓霜
雹災變若居鹽積貯悕願四遠反亂王路隔塞多有
此過故此販賣物作塔像不得向禮又云但作佛意
禮之設與僧作食及四方僧房一切不得住中持戒
比丘不應受用得罪若死得羯磨分之所以爾者以
此販賣業罪過深重若生存時僧得用者此比丘言
雖販賣有罪猶得作福續作無已今不聽僧食用無
供僧福後得重罪以此因緣不敢更作比丘旣死無
更作理故得分之若販賣食咽咽墮作衣者著著墮
作臥具隨轉轉墮故重結

次廣明中初科前明業重甚於屠者以心普故此
販賣下次明施物營福不開用者物體穢故初示
制約所以下徵制意若販下三結犯相罪重結者
物唯一捨罪則合懺
五百問云治生得物施人犯捨若窮厄無食處使白
衣作食治生道人白衆言此非我物得食不者犯墮
若施俗人俗人與僧不犯
次科初明受施經營活業名爲治生言犯捨者謂
受施人若下示儉開須彼告白僧作白衣物受卽
是開法若施下明轉施得受彼旣決捨卽是淨物」

三糴糶開制　四對易同異　五作福無功　六結犯名同

僧祇若糴穀時此後當貴糴時越糶時墮若恐後貴擬自食行道到後穀貴食長或與師僧作功德餘者出糶得利無罪諸藥草等亦爾(衣鉢不爲利後賣不犯)

三中初明結罪卽犯販也若下明開自食興福因出所餘非本意故衣鉢義同故註示之

十誦若相似貿相似如衣鉢澡灌瓶戶鉤四藥交貿不相似者以衣易鉢一切墮若可捨物金銀錢糴粟或用粟買物若可食啖口口吉可作衣著著提

四中初明對易相似謂以九物相易不相似者卽互易二種俱犯若下可捨物卽已犯金寶用此糴

粟以粟易物雖復轉易亦不合用食但犯吉異上多論

五百問云有求利販賣作福無罪耶答此人尚不免地獄何況得福由不隨佛語故非供養

五中初標問答中初正答由下釋所以涅槃云隨順佛語名供養佛

四分中販賣買三事但爲利故買賣俱墮十誦中據一物爲語

六中前明四分上標三事下略販者以收時名買出卽名賣但云買賣卽攝販也隨事皆墮故言俱

七唱買是非　八遣貿陪直　九準律攝開

也十誦云爲利故買而不賣吉爲利故買已還賣提故知一物兩事方犯不同四分

多論若衆僧衣未三唱得益價若三唱已不應益以屬他故若衆中三唱得衣設悔不應還十誦若買賣前人悔七日內者還之若過不應四分文不了此是私賣買也

七中初明益價分齊如僧中買物一人還價知事三唱告衆爲限不可復益若衆下明悔還可否論據僧物故不聽還十誦私物乃制日限彼律若下本有私字疑在下示故前略之指四分者卽下不

犯云若悔聽還不明僧私復無限齊故言不了

五分使淨人易時應心念寧使彼得我利我不得彼利比丘共僧貿易應陪者當使價均然後交博若貧無可陪僧必知賢善知足聽直與

八中初明遣貿方便比丘下次明僧別對易陪謂以物陪償均平也貧乏直與者此約十方現前物和僧得與如賞知事贍待法師之例四方常住必無開理

四分衣法中有貴價衣令淨人貿易無淨人者乃至遣比丘貿易準此開之必有淨人亦制與罪

九中、初引緣、衣法即衣犍度、準下義決則知彼此俱開有人制罪理應得吉。

僧祇、若自問價若使人問價、作不淨語爭價高下皆越。得物墮。四藥隨輕物重物淨不淨物一切相貿易提。肆上有衣其價已定、比丘齎直來與物主雖搖頭作與相者、比丘亦須語言此直知是物也。若估客物直五十而索百錢、比丘以五十知之、如是求者不名爲下。若前人欲買此物、比丘不得鈔市、當問言汝止未。若報云我休者、比丘方云我以是價知是物好不。比丘自貿鈔市者越。若僧中買物得上價取若和尚闍梨取不得鈔上。若營事比丘雇匠作不淨語乃至爲僧月直市油麵等不淨語者越。自爲得物入手犯墮。淨語者以是物價知是好不。不淨語分別價者索幾許等。若市買物得嫌訶說實前人物此好此惡麤細斗秤大小香臭者無罪。

十中、僧祇有三。初略示結犯。四藥下二明八物相貿、彼云、若以時物（此即能貿下皆所貿）買時物夜分物七日物終身物（上即四藥）隨身物（三衣六物即鈔隨輕物）重物（木牀褥等）不淨物（金銀等。鈔闕此句。恐是寫脫。或是所貿落前戒故此略之）淨不淨物（即似寶等）（隨一爲頭互易準上）肆下三明比丘自貿法、復有五種。初明須淨語、即開中制法齎持也。搖即是動。若估下二明斟量事雖似減據實無過、此約市價常定或是可斟酌者爲言、然心事難明、理如五分寧使彼得我利多與爲善。若前下三明鈔市。初明入市易物。下明僧中唱買、從少增多名爲鈔上。二師不得奉尊上故。若營下四明淨不淨語、初明結犯。上是爲衆故越、下明自爲故提。次出二種語相、可知。分別是心業、索即口業。若市下五明嫌訶、然須據實。實好言惡即名下價、亦兼誑妄。此好等者示嫌說相。

五百問、若自舉物價前人信之責取故犯盜罪。

五百問中、此約比丘賣物索價過五得物成盜。不妨自賣有本提罪。

僧祇、若食殘持博酥油等作不淨語犯捨、雇治革屣作不淨語越。若前與食後治、前治後與食、無罪。乃至殘食雇治草土等準前。

僧祇中、初是時藥易七日、下明以食雇作非貿物故止犯越罪。前後無罪者非對貿故。

多論、如販賣戒中物、或方便有罪果頭無罪、如爲利居鹽穀後得好心即施僧作福、或果頭有罪、如爲福糴米不賣後見利便賣、以利自入、即是方便無罪言得施者謂一切俱捨懺也。
多論初句指戒。或下正明。初明有因無果。下明無因有果。言下釋前施僧文。以物體穢不開僧受。故約捨懺通之。
律不犯者。聽五衆出家人共交貿。應自審定。不應共相高下如市道法。不得與餘人貿易。令淨人貿。若悔聽還。若酥油相易者無犯。準上衣法得令淨人作。者謂據有者言之。
不犯中三。初明本衆不犯。言不應高下者。準知高下亦應犯吉。不得下次明對俗遣人不犯。若悔聽

還謂不當己意。律作應還。應準十誦七日已內。若下三明輕物不犯。戒疏約外用者。前引諸文四藥皆犯。據內資也。上三引文。準下約義明不犯。上衣法者。即雙開中文。言據有者。意顯無人即在開限。十誦三度語索不得者。覓淨人使買。淨人不知市易。當教以爾所物買是物。應知好惡。思量得者不犯。此賤彼貴有利不犯。
十誦中初明比丘淨語自貿。以不得故。方覓淨人。以爾所下教人淨語也。上明開買。此下明開賣。

畜長鉢過限戒二十一

二十一（佛在舍衛。六羣畜鉢多故。招譏因制。）五緣成。一先有受持鉢。二更得。三如法鉢。非餘油𤭛等。四不淨施。善見。買鉢未還直不成受。主言但受亦不成受不犯長。若度價已熏訖報令取過限者犯。五過十日便犯。
犯緣中第三如法者。體色量三皆須應教。油字去呼。𤭛古鈍反。等取白鉢。並是非法。準多論畜但犯吉。第四引善見。若未還直不成受犯者猶屬他故。若度價已他邊亦犯。即己物故。
餘如長衣戒。

指略中即前八門轉降相染等義同故不出。廣在疏中。

乞鉢戒二十二

二十二（佛在舍衛。跋難陀鉢破求衆多畜。招譏故制。）六緣。一先有受持鉢。二減五綴不漏。三從非親乞。四爲己。五乞如法鉢。六領受便犯。五綴滿不漏吉。事希少故。廣如戒疏中。
列緣中。五綴者。律云。相去兩指間一綴。（中人一指面一寸。即取痕脈長二寸許。即爲一綴。五綴共一尺也。）綴者即以鉛錫等補。今時鉢損未必待綴。但約破脈滿尺。即開他求。不漏吉

者緣不具故事下指疏彼文廣明捨法鈔本行事時既不行不復多引但知一鉢趣養餘生勿事多求則符聖教矣

律不犯者五綴漏若減漏更求新若從親里索從出家人索若爲他他爲己不求而得自有買畜皆不犯

不犯八緣五綴漏者此開吉罪自有買者註戒作若自有價買畜者文相方顯謂不從他乞也

自乞縷使非親織戒二十三

二十三 佛在舍衛難陀縫衣乞線多持線使織自作繩招譏因制

多云有三義制一爲除惡法故二爲止誹謗故三爲

成四聖種故

制意中捨惡法者馳求涉俗長貪壞行故止謗者如戒緣說

四緣一自乞縷二使非親織三不與價四織成犯

犯緣第三反知雇人不犯正罪與下五分不同

十誦若爲無衣故從非親乞縷欲作衣亦吉若少衣止得乞衣少縷止得乞縷五分自行求縷雇人作衣亦墮

釋中初緣十誦無衣乞縷情諂故吉隨缺直乞如下所開五分雇人酌情結墮準緣不具今宗應吉

四分若織師與線者俱親不犯與線者非親看織作繩一切吉羅

釋第二中上明開親疏云以離損謗之緣故義準四句初二俱是親如上不犯二二俱非親三與線者親織師非親並墮四與線非親織師是親如下結吉與下明輕犯看織下準律合有自織繩蘇內反謂著絲於車也

不犯者若自織作鉢囊革屣囊鍼氈禪帶腰帶作帽作袜攝熱巾革屣巾一切不犯

不犯中開自織者疏云但爲小細過非深故至於

妨道非不是損

勸織師增衣縷戒二十四

二十四 佛在舍衛居士出線與跋難陀作衣乃往彼家擇取好線與織師織又許與價因譏制而

論犯六緣一非親居士虛心辦縷遣織二本期有限三知有限四勸讚好織許直五彼爲增縷六領受便犯四分若求衣不得吉羅

列緣中第四正是業本許直者戒本云乃至一食直四分下別釋第六此結方便多論云前戒憑勢遣織作成即犯此戒自求領受便結疏問此戒損

縷與前一二居士何異？答：前面對縷主，此屏勸織師，故兩制也。

不犯者，減少求，從親里索，出家人索，他爲己者。

不犯中，親里及出家人皆約縷主，若勸織師，豈無小過？思之。

奪衣戒二十五

二十五（佛在舍衛，跋難陀欲與難陀弟子共行，先與衣，後不隨彼意，即奪衣，因制。）

五緣：一是大比丘，甄下眾非行類故。二本規同行。三者不定與前人決定取，多生惱故。四句中，二句初受與俱決定，二決定與而受者不定，奪取重犯。若與受

俱不定者，吉。四瞋奪。五得屬己。

緣中，初緣簡下位，準疏云奪但犯吉。三中總有四句，初句此戒正緣，四下二句歸前盜攝，若下一句緣闕故輕。第五準律，奪而藏者犯，奪未藏者吉，謂對面奪。若非對奪，離處即犯。

四分不犯者，不瞋恚言，我悔不與汝衣，還我衣來，若彼知悔即還，若餘人語便還，若借他衣著，他著無道理還奪取不犯。若恐失恐壞，若彼人破見、戒、威儀，若被舉、滅擯、應滅擯，若爲此事故有命梵難，一切奪舉不藏者。

不犯有八，初開善取，餘七並以若字分之。彼知悔者，謂自知即還，不待他索。命梵者，因與致難，奪取則免。二下總結。傳文訛脫，古今疑之，準註戒云：一切奪取不藏舉者皆不犯。以律面奪藏舉方結，今明不犯，意顯諸緣並是可奪，不必須藏，即以此語通結上緣，故云一切。或可無緣面奪不藏，但吉不結正罪，故入不犯，則足前八爲九開也。

畜七日藥過限戒二十六

二十六（佛在羅閱祇，先開服七日藥，畢陵伽徒眾大畜流漫，故制。）

辨明四藥體狀，立義加法是非，廣如下卷及戒本疏。

指廣中，立義即義門，簡辨加法可否之相。四藥篇及戒疏文義最廣，今釋此戒，略示名體，使知犯相。言七日者，約能就法盡其分齊，從日限爲名。其藥體者，本宗五藥，謂酥、油、生酥、蜜、石蜜。僧祇開脂，並七日體，是今犯相。

五緣成犯：一是七日藥體，若直手受，不加口法，亦無長罪。二明作二受竟。三不說淨。四畜過七日。五無緣犯。

犯緣第一，以手法過中即失，非延久故。次緣由先手受口法方成，故兼二受。四中藥取治病勢分爲

期限外無功，故至七日應說淨畜，故違不說八日結犯。五無緣者，律中遺與人、失壞、作非藥、親厚意忘去等緣，皆無犯。

律不犯者，若過七日藥酥油塗戶嚮、蜜石蜜與守園人，第七日藥捨與餘比丘食，若未滿七日還彼比丘用塗腳、然燈也。

不犯中，初過七日者，即初日受藥至八日也。具兼諸過，僧不合食，故與園人。第七日者，即二日受者。既無脩觸口法，尚存，故聽僧食。三未滿者，即三日受始得六日，限法不過，理合說淨，但隨染犯，無更服義，止得外用。初是能染，下二所染，故分三別。據此犯，懺捨藥之法，而入開通者，以捨用乖法，皆有吉羅，此開小罪，故入不犯。戶嚮，即門臼。

過前求雨衣過前用戒二十七（二戒並由過前故合制）

二十七。（佛在舍衛，毗舍佉母施浴衣，為佛所贊，六群常求故制。）名中求用有限，二並預前，俱名過也。

過前求五緣成：一是雨衣，二過前求，三自為己，四彼與，五領受犯。過前用四緣：一是雨衣，二時中得，三過前受，四過前用犯。

犯緣中，犯相既異，故須各列。過用中第二時中者，

準此，若犯過前求，則不犯過前用。（多論止犯吉羅）三中，或但受畜，或同衆受，如下註顯。

四分，十種衣中，比丘取雨中浴，彼應三月十六日求，四月一日用。若二過前求用，犯捨。

廣辨中，初科初示衣體，彼下明兩限。十種衣，如二衣中。

僧祇此衣不得受當三衣，不得淨施，不得著入河池中浴，小小雨時不得用，不得裸身，當著舍勒若著餘故衣，不得著種種作事，若露地食，應持作障幕。

受用中，僧祇文列六制：一不得當三衣者，本非法衣故。（急緣應得）不淨施者，復非長故。（上二並約時內，如下五分過時須受說）不入河者，恐易壞故。（下云垢液亦開）小雨不用者，不成浴故。不裸身著者，恐汗觸故。舍勒梵語，舊記云短裙之類，鼻柰耶云泥洹僧也。餘故衣，如襯內圍巾之類。不著作事者，非本開故。聽作障者，無所損故。諸師不曾見此衣，謂如傀儡子戲圍之類。今不同之。猶如三衣披用。

衣相中，指古云傀儡子者，木戲人也。今下顯非。

僧祇常須大雨時披浴，若雨早止，垢液者得著入餘水中洗。

引文中僧祇浴彌彰上義疏謂律貳

多論云三月十六日應求應作乃至四月十五日亦爾畜法者得用浴擔持行來長丈二尺廣六尺以夏多雨故爲護三衣若行路覺欲雨取此衣覆身上若大雨在路須脫三衣襞舉著此衣行雨中於露浴亦著此衣此浴衣語通以受溼故名浴非唯著洗浴也若著餘衣浴須以水薄灑此衣令溼不得燥置得吉

由此是浴衣故

多論中初明求作彼云從三月半至三月盡應作若得成衣四月一日應畜（畜卽用也）若不成衣乃至四月半聽求聽作故云乃至亦爾等又云設三月十六日得一二日卽成者亦得畜用約準今宗正犯後戒部計之異不可和會須知求通一月用限半月不可濫也次明畜法初明本開長下明衣量四分長六磔手則同彼論廣二磔手半則廣五尺以夏下明開意既爲護衣故得覆雨不唯著浴也此浴下釋妨恐謂浴衣那將覆雨故此釋之若據今戒名雨浴衣謂著雨中浴是則戒本名兼用局多論名局用通也僧祇不通餘用與論小異若著下以不用正衣方便免過也

僧祇四月一日用八月十五日當捨五分若過限不作餘衣受持淨施不施人者吉僧祇至時唱言大德僧聽今僧捨雨衣三說已不得至十六日（準此受時亦應通唱）

捨法中前引二律明制捨下引僧祇出捨法文無受法故註準之但改受字爲異不得十六者以入冬分故

律不犯者若捨作餘用若著浴若浣若舉者

不犯有四初開限滿不捨吉二著浴者此約無犯明不犯浣舉二緣開不用吉

過前受急施衣過後畜戒二十八（是亦二戒合制不同一衣）

二十八（佛在毗蘭若聽受夏衣六羣多受後於舍衛安居中大臣爲安居施因開而制）戒名中施主本爲安居故施忽有急緣不及夏竟預先持施佛開安居未竟十日內受故有二過如緣所解註文簡濫疏云不同兩衣一事生二以受用雖異同是雨衣此戒過前犯由受施過後罪據畜長故云不同也

過前五緣一是急施律云本是夏竟衣爲緣開前受若受便得不受便失二知是急施三過前四無緣五受便犯過後五緣一二同上緣三是十日內四不作淨五過限便犯

列緣有二一過前中初緣引律釋急施開意三中自恣十日在即七月初六已後得受爾前輒受名過前四無緣者律不犯中若奪衣失衣過前取無犯過後中第三緣者準知前後無互犯也四中律云若寄衣比丘遠行水陸道斷過後不犯第五若七月六日受至八月十五即說不說十六日犯（若受德衣至十二月十五說淨下增準說）初七受者前減一日後增一日（八月十六說淨不說十七犯）如是乃至十五日受前減九日後增九日（八月二十四說淨不說明日犯）是名次第增也

事希法隱略知大途餘如疏本中廣明時非時法

次科指廣今且撮示時非時相夏竟一月五月名時餘則非時初明本是時衣非時而受故於時外更開十日（即急施也）時中受衣本非急施故不外開（十六已去所得夏衣）二非時受衣跨入時中十日須說（夏未竟得非時衣入時中限滿須說）三時內得衣非安居施衣利寬故亦同一月五月開之四明絺那五月可攝一月同是時故五一月中不攝十日時非時異故略知如此

有難蘭若離衣戒二十九

二十九（佛在舍衛蘭若比丘爲賊打奪什物佛令留寄村舍六羣寄衣遊行因制）名中有難簡非安靜蘭若標異前戒此謂空野比丘處慮賊奪衣佛開寄於村聚身在蘭若無慮奪失故也

六緣一是受持三衣二冬分非時三有疑怖處四置衣在村五無因緣六過七夜犯

緣中第二律云八月半後五無緣者即奪失等想

水陸命梵等礙會衣不及大同前戒

四分疑者畏有賊盜十誦疑失一水器怖畏者乃至惡比丘畏

釋第三中十誦明疑怖皆謂舉輕以況重也言村內者僧祇寄著可疑俗人家（以不良家知此比丘無衣隨身）四中可疑家者即盜竊者註顯可見

五分上二衣中隨所重者聽寄一衣不得寄下衣以隨身故禮拜入寺乞食不得單著但得寄一衣

一中五分初明開制以下顯制意

明兩緣者僧祇夏三月在蘭若恐怖處開置一衣村內不作日限五分夏中不許離衣要待後安居竟賊難恐怖因緣得寄白衣家不作日限唯須十日一度往看恐有溼爛蟲齧等過善見蘭若處僧坊堅密不須寄衣無者得寄六夜一看見衣已還蘭若所上來諸部恐有急難賊怖則開寄衣不作日限必有他緣方制六夜

次明兩緣引諸部中僧祇開夏不同四分五分後安居竟則同今宗十日一看開中制也善見僧坊不須非蘭若故無者得寄止開緣故六夜一看異上五分上來下總結初示怖緣無限三部所同必下明別開六夜如後所引

四分初緣因蘭若賊劫佛令置一一衣村內不制日限後因聚落比丘起過更開緣至六夜而不顯緣相致令古師妄執

斥古中初示開緣即前註引初是本開不作日限同上諸部後下即是重開聽至六夜同後諸文聚

落比丘即是六羣不顯緣相者雖開六夜不言僧塔等緣古師妄執者疏云古來諸師尋文不了謂是恐怖故開六夜今約戒本文相自分前是難緣戒本從初至置村舍內是恐怖緣後是別緣及有緣事是六夜緣問今恐怖處若無日限與上列緣如何通會答今明蘭若賊怖亦止六夜若爾何以鈔云蘭若賊劫不制日限答此是本開後因起過兩緣同制若爾與古師何別答古師不明戒本雙列二緣故斥之耳準知戒本前牒兩緣乃至下雙結兩犯

今準諸部明文有緣皆開五分有恐怖者不限多日

如上更開塔僧事和尚闍梨事及他事皆聽六夜留一一衣白衣處明了論中蘭若比丘夏安居中須往餘處聽法不可恆將三衣聽留寄餘處六宿不失至第七日還取衣過第七夜已如前寄之事若未竟中間恆許

準決中初標示五下引文五分初指怖緣更下示別緣即三寶二師及他事者謂道俗命召等疏引僧祇因往斷事亦開六宿了論聽法故開言七日還取者謂持還蘭若或止村中以一宿間之問前聚落比丘起過故開爲開聚落不答緣因聚落開

唯蘭若了論明證豈復疑乎

律不犯中已寄六宿至第七夜明相未出前若到衣所若手捉衣謂蘭若俗人家女人處必捉衣若至擲石所及處若捨衣餘同聚落離衣戒說

不犯中初示日限若下明來會有四初約容緩二有染情兩礙註示染礙準前兼之三謂奔赴纔及勢分必約界無三礙四即隔礙餘失受失衣有罪無罪並同前釋故總指之問此與前戒幾別答一聚蘭二處二有疑無疑三一宿六夜四前因病緣此唯賊難五前通三時此除夏分六前開羯磨此

但直離如是簡之

迴僧物入已戒三十

三十佛在舍衛居士飯僧施衣跋難陀聞語言施僧者多今可施我舉過因制戒名疏

云許僧物者於已有濫迴容稱心喜爲故制佛法

之物無濫義稀雖迴制輕

具四緣一是通許僧物二作許想三迴向已四入手

便犯律云僧物有三種一是已許僧謂通明施僧而未分僧別二異此迴犯捨也二爲僧故作未許僧謂俗家爲僧作牀褥器具供僧之物此迴得吉羅也三已與僧者已許僧已捨與僧此決施於僧不許別屬迴犯棄

釋初緣三種文註頗詳前二當戒重輕分異第三

盜攝上句牒示下二句顯相

僧祇若人持物來問僧何處布施答言隨汝所敬處與若言何處果報多答言施僧若言何者持戒清淨答言僧無犯戒不清淨若言我已施僧今施尊者得受無罪若言此物置何處使我常見受用答某甲比丘坐禪誦經持戒若施彼者長見受用

釋第三初文僧祇五種對答學者宜依豈唯離罪頗彰大度凡愚覩施誰不動懷不知教制多迴入已貪婪鄙吝不異下流惡業積深終歸異趣覩此聖訓豈不介懷文中得受無罪者非曲迴也

四分若物許僧轉與塔許四方僧迴與現前僧許比丘僧迴與尼僧許異處迴與異處乃至許異處迴與此處一切吉羅並謂未決定若決別施隨前犯僧祇迴此彼畜生物越心悔

次科文列五相皆非入已故罪階降所許雖別但是泛指施心未決如注所顯隨前犯者文見下科

僧祇迴畜物非人準同必迴決施隨境成盜

十誦多論若檀越施此自恣僧物迴與彼自恣僧者物應還此比丘作吉悔若不還此僧計錢成重乃至此彼一人物迴亦成重準此定屬僧次迴與他人成重

三中初迴僧物作吉悔者由非入已故不成墮又即還僧復非成重乃下迴別人物準下義決越次即同迴別

律不犯中若不知若已許作不許想若許惡勸與好者一切不犯

不犯三相上二約心好惡約物律中更有許少勸多謂許僧少物勸令增多也許少人勸多人若戲言若錯說等故示一切也

四分律行事鈔資持記卷第二十一

四分律行事鈔資持記卷第二十二 中三之一

宋餘杭沙門元照撰記

九十中

單提中九十三十同一提篇但因財事有無故使類分前後欲使結犯易明懺法無濫故也

小妄語戒一

初戒（佛在釋翅瘦國象力比丘與外道論議不如便反前語至僧中問復反前語因制）戒名中注戒標云故妄語戒疏釋云言非稱實爲妄彰在於口爲語非心不犯名故今云小者對大爲言但離初篇所列聖法已外一切皆歸此攝大局

小通尋之可解

此戒人多喜犯者良由妄業熏積識種尤多故隨塵境動便虛構不思反流之始但顧畢世之終以此妄生爲要當死定非排業良可悲夫加以犯無定境起必依心但使違內想心不論外緣虛實一切皆墮

欽意中初敘數犯以興歎加以下二明心境以勸修初中上句牒示喜字去呼好也良下釋所以六識構造爲能熏藏識含受卽所熏識中之種故名識種上二句明惑重故下二句明起業塵境卽下引見聞等虛構事無稽實卽是妄語不下二句明迷苦上句謂不念生死下句明悠悠度世以下三句傷歎上句躡上虛度下句示後苦報妄生猶言居世也然沙門居世修道爲急縱妄守愚自以爲要臨終神昧任業牽生故云當死等當將也排遣也對治智勝業則可排對治有二一者事行抑制則能復業二者理觀明照則能滅業以人之將死善惡相現惡强善弱神隨業往況無少善豈能排之欤勸修中卽明教急上二句標定下二句配釋但使等者釋上次句不論等者釋上初句律云若不見不聞不觸不知是中見想聞想觸想知想彼

便言我不見不聞不觸不知知而妄語者波逸提若論妄語境虛成犯於義易知今此境實違想亦犯教唯約心制急可見虛實俱犯故言一切

六緣一是人不簡道俗二作人想三違想說四知違想說五言了六聞解

犯緣中三是妄業四卽故爲

多論妄語兩舌惡口相歷作四句一是妄語非兩舌惡口傳他此語向彼說以不實故是妄語不以分離心故非兩舌輭語說故非惡口餘句類上有無可知

釋中初科多論四句初句具列餘句例作應云二

是妄語是兩舌非惡口。傳他此語向彼說以不實故是妄語作分離心故是兩舌輭語說故非惡口。三是妄語非兩舌是惡口。不實麤言不作分離心是四是妄語是兩舌是惡口。比上可知初句單配唯局此戒中二雙犯則涉兩戒第四句犯則通三戒言有無者妄語四句齊有兩舌惡口初句都無中二各一第四方具彼論作句在兩舌戒以兩舌爲頭餘二指略今鈔準彼就妄語列之則知三戒皆具四句但以本戒爲頭歷之可解

成論云餘口三業或離綺語一種必不相離

成論中口有四業上文但明三種離合故引釋之

言綺語者古德釋云如世錦綺交錯成文或云綺側語言乖道理故名綺側亦名無義語問若不相離如妄語時應結二罪答言不離者非謂同犯但餘三語邪曲非義即同綺攝是則綺語名通相別若論別犯戒疏云戲掉壞心過非乖越通皆小罪若僧作法方得提罪如後口綺是也

善生經有人於十業道一時作二三四乃至八事不得作十以貪瞋不得一時故其餘八事六處遣使自爲二事一婬他妻二謂無業道

善生中此即化教十業離合初明自作教八同時成業極至於八不得十者以三心業起不同時下約邪見癡心顯相且云貪瞋不得一時若舉貪業則無瞋癡瞋癡亦例爾其下示相七支之外兼一心業故得成八又三心業必無教他身口七支六可遣使婬必自造所以文中二事必約自爲若據毗尼教婬犯蘭此約根本故非所論言他妻者化教十善禁邪許正無業道者謂撥無邪見即是癡業但癡通難顯故舉別相耳

四分五分因法師比丘常好論義以是爲非以非爲是餘人問故答云我實知非恥墮負處僧中妄語罪

重百羅漢前多云不妄語法者若說法義論傳語一切是非莫自稱爲是常令推寄有本則無過也不爾斧在口中

示犯中初科前引二律法師比丘者四分象力五分沙蘭戒疏云因論善法便行誑妄以爲因起況餘雜事而得成信僧中下五分說慈地謗沓婆佛語云若於堅信比丘前妄語重殺傷無量衆生內凡已去名堅信於一堅法比丘前妄語罪過堅信百倍初果已去名堅法於僧前妄語罪過百羅漢四八已上凡聖僧也通引此文者以世講師或臨衆說法或有所言論率多

虛誑故特誡之百羅漢者且舉多聖以況少凡聖
猶過之勉勵深矣言罪重者此約業道非制罪也
次引多論彼云若說法義論若傳人語則顯所說
所論從他傳者自稱論作自攝謂攝取他說以為
已是寄附也有本者或覽他文或從口授必推所
得以示於人古今學者孰逃此過聖教明約其不
內省不下文出智論彼偈云夫士之生斧在口中
所以斬身由其惡言此偈喻顯下偈對合應訶而讚應讚而
訶口集諸惡終不見樂上三句合斧在口中下一句合斬身此喻非理言論
妄業即成先自損故

律云見聞觸知違想說乃至所見異所忍異所想異
皆是妄語又有三時前後知是妄語吉羅正口言妄
者墮若僧說戒時三問憶念罪而不說吉羅
引文中四分為三初列根塵見聞知是根觸即是
塵觸中含三律云觸者鼻識舌識身識也是則根
塵互舉六種備矣言違想者即見言不見乃至知
言不知律中更列不見言見乃至不知言知合成
八境別開則有十二文略後四故云乃至所見異者行心
中見諸惡像言見好相故云異也所忍異者忍苦
言樂也或同作羯磨不忍言忍也所想異者怨想

言親律更有三今引續之所欲異者欲求財色言
樂正法所觸異者得冷云熱也所心異者緣此說
彼也並依疏解問上皆違想何以分之答疏自判云前
是於六塵中行妄之相所見異等即行心思度違
反而說約意地也又下次明三時律列四句初云
本作是念我作妄語初時妄語時自知是妄語正作時
妄語已知是妄語後時第二前中二時知同上後時不
憶第三本不作是念前時無心中後時知第四前
後無心正作時知律據中時有心四並提罪鈔約
義斷前後得吉以律中本作是念正妄語時不憶得吉故初中不憶後憶亦吉四

句中具缺不定文中且據具者言之問前心吉者
與違方便何異答同異不定或復前起不關方便
若準戒疏則名前後方便然方便言通義須揀辨
不可濫也若僧下三明默妄有犯不悔在眾表淨
但不口言故罪降等
善生若有疑心無疑心若見聞覺知若問不問異本
音者是名妄語若言不大見聞亦犯若破相說無覆
藏說非犯若異音說前人不解若顛倒語若發大聲
不了語若有所說前人不解並犯
善生中有二初出妄語之相有三段並以若字分

之有疑無疑者。如律云於見聞觸知中生疑便言無疑我見聞等於不見聞生疑亦爾又於見聞中無疑便言有疑云我見聞等或言不見聞等皆墮二見聞等即是根塵大同前律覺即是觸由觸而覺故三問不問即指所誑下釋中並約前人是也異本音者轉其言相意令不解若言下次釋犯不犯相先釋見聞不大等者本實曾見而云髣髴也破相即破執著我見而言無見等如經論中破根境之例無覆藏者如行懺法發露悔過云不見不聞不覺不知等此雖相同妄語而非誑他故無犯

也次釋異音初二句通標若顛倒下別列三相顛倒謂前後倒亂如世反語大聲不了言雖不倒混然莫辨所說不解者謂胡漢異音楚夏別語隱竊語等但令使彼不解皆此所收問列緣據解異音不解而云犯者答雖非正解不妨聞於不正之言又緣中言解止取聞知故十誦兩舌戒云解已更說波逸提多論釋云解應言聞此可例證

僧祇屠兒等逐畜云走問言見不不得妄語不得示處應令看指甲等應方便引接令畜生遠去

僧祇中虛則妄語實則教殺兩皆不得看指甲者彼正作指押子注云胡音與不見同古記云非謂答云不見但方便引接令彼看不見故注云方便等然彼正作應云明是答詞若準注意義又非便以在胡正爲妄語在漢復是異音二皆不可指歸云指甲乃是腳迹令彼自看獸迹則免上過又斥僧祇注文是後人妄加未詳孰是疑故並存

十誦若語高姓人云是下姓人者犯墮若語兩眼人云汝一眼得妄語提又輕惱比丘故提若語一眼人云汝是瞎眼人得輕惱他墮

十誦三種語他初是虛誑正犯此戒次兼妄惱則

犯二戒後即稱實止犯後戒即下六十三疑惱戒也

四分不犯中但稱想說故不犯文如注戒本中

不犯中指註戒者彼云不見言不見乃至知言知等今云稱想在言雖略無不攝矣

罵戒二

第二佛在舍衛六羣毀罵斷事人因制戒名有云惡口然據律中亦通善法今云罵者但是辱他通收善惡

智論一人生國中皆共作因緣謂內法與外法爲因緣如惡口業故地生荊棘諂曲心故地則高下不平

慳貪多故水旱不調地生砂礫不作上諸惡者地則平正如彌勒佛時人行十善地多珍寶

引勸中智論彼九十二云一切菩薩道皆淨此三業初淨身口意後爲淨佛土自身若淨亦淨他人何以故非但一人生國中皆共作因緣同處受生共業所感

此明菩薩欲取淨土必須化他令淨三業乃可同感故也今引下二句以謂一人受生所依報土悉是多人共業所感今止取意不必泥文謂下是論自釋內法是業卽善不善外法是報卽所依器界報由業感故云與也如惡下先示三惡因緣以配三報且據口意略不明身因果相對尋文可了不作下次明三善反上三報故云平正也下舉彌勒爲證彼佛當來人壽八萬歲時出世引此文者意彰惡口過重感報不淨令自勉也

律云佛言凡有所說當說善語不應惡語便自熱惱乃至畜生聞毀慚愧況於人也

次本律中彼云善語者善樂因果故惡語者自熱惱苦因果故乃下舉況束彼廣文故云乃至彼具云刹尸羅國婆羅門有牛與一長者牛鬪力共駕百車賭金千兩婆羅門與衆前作毀呰音紫云一角可牽時牛慚愧不肯出力遂卽輸金乃至牛語婆羅門言汝於衆前毀呰故爾又令主倍賭二千兩當於衆前讚言端正好角主依牛語乃得勝彼多論云劫初未有三惡道衆生盡從人天中墮以宿習近是以能語具如疏引

六緣一是比丘十誦五分毀下四衆皆吉羅二自出毀呰伽論傳他語爲他罵皆吉三知是毀呰四作折辱彼意五言了六聞知

緣中二引伽論證須自語傳爲並輕故言皆吉

十誦六諍本者瞋恨惡性貪嫉諂曲無慚愧邪見

釋中初科六諍本者不出三毒上二是瞋次一卽貪下三並癡一切諍起不越此六故云本也能治此六則無諍矣

四分惡法種類毀呰者六品言卑姓家生業行亦卑伎術工巧亦卑若言汝是犯過人依實亦犯汝多結使人若盲若禿瞎人有三行罵法初面罵者言汝是除糞家生等二喻罵者汝似除糞種等三自比罵者我非除糞種乃至我非販賣殺牛羊跛躄人等皆墮二者善法罵亦有三種面罵者汝是阿練若乃至坐禪人餘二罵例知了了說者皆吉

罵相中本律分二初明惡法又二先出語相種類

者六品是種隨一品下多相爲類一卑姓家生者即旃陀羅除糞種竹師種車師種等二行業者即屠獵漁捕作賊守城等三伎術卑者鍛（丁貫反）作木作瓦陶（音窰）作皮革作等四犯過者作七聚罪也註中若據餘五依實亦同恐謂實犯呵毀無過故特註之問不實成謗爲犯何戒答前謗戒中引僧祇云對所謗人前罵謗語語僧殘不言罵罪今此註云依實亦犯反知虛亦成罵今準前文謗妄離合若元誣謗意兼毀辱理應合結若單爲謗如上僧祇若專爲罵但犯此戒又七聚中謗分三犯罵局

一提如是知之五多結使者從瞋恚乃至五百結（依律引之未詳配數）六若盲下且列三病律中更列跛聾瘂及餘衆患等疏云前三明其外相就姓業爲言後三明其內報約身心爲語次有三下正行罵業即用上六分爲三位初是直說二即比他三謂比己文中皆略舉卑姓第三更兼行業病患餘以等字攝之乃至二字但略卑姓中多種非越次也二善法中三皆例上且出面罵文略乞食衲衣故云乃至並謂假其善事意在毀辱但望前惡語情過輕微故罪分差降耳

僧祇云若以上惡法毀餘比丘及父母言汝父母是者得提汝和尚闍梨是偷蘭汝同友是越毗尼餘有中下惡法行罵父母和尚同友等並遞減一等面比罵外更加是中有如是人亦犯（謂小姓比丘與大姓者共住云此中有小姓比丘）

引僧祇上法者彼云汝是栴陀羅剃髮師瓦師織師皮師種姓此中罵已唯重罵他三階親疏別故中罵者彼云汝是中間種姓（吏兵姓伎兒姓）下者彼云汝是刹帝利婆羅門種姓作是語欲使彼慚者犯（準彼律前是下罵此爲上罵蓋約種姓尊卑今鈔同互乃就惡語深淺或恐上下二字前後寫誤）中

罵已及父母皆蘭和尚同友並吉下罵一切皆吉故云並遞減一等面比外者彼律不論面比應是躡前四分爲言離前諸相別加一種注中且約種姓出相餘皆準知

又云地有金藏好令人鬪諍律中迦葉舉造房僧過即日出城宿佛訶但舉非人等餘類不舉迦葉以護人心故

息諍中二初即僧祇彼明闡陀宿業爲長者奴曾打婆羅門從人訶之不止本主得天眼見靜處地有金藏故使其鬪引此以明起諍之由法爾使然

莫測其故。有云賤人居貴地不自安故。次引本律。即房戒緣起。
世尊聽造私房。曠野城中諸比丘乞求煩多。諸居
士遙見走避。復有一比丘斫伐神樹。神往白佛。
及迦葉入城乞食。人皆逃避。迦葉審問。悵默不樂。
後因佛入城。迦葉來至佛所。白已即出城去。恐諸
比丘生瞋恚故。世尊集僧制戒。但云樹神來告。又
引從龍乞珠。從鳥乞翅之緣。故云但舉等。竟不言
迦葉舉過。引此令效聖蹤。遠防相毀。
不犯中。相利故說。為法故說。為律故說。為教授故說。
為親友故說。上皆內無嫌恨。慈濟故示惡語。或戲笑。但犯吉羅。或因語次

失口。或獨處說。或誤說。皆不犯。
不犯有九。前五皆據師友匠成。語雖麤惡。內無瞋
怒故。在開位。如註顯之。疏云。片涉譏嫌。即是正墮。
然瞋心難狀。非智莫曉。彌須審悉。不可自欺。初言
相利。即泛爾同學。異下親友。四云教授。謂直示時
事。異上說法說律也。餘四即約掉散遺失。註犯吉
者。以乖儀故。失口謂心知語失。異下忘誤。
十誦。有比丘說他罪。諸比丘知是人身業不淨。能於
四重飲酒殺草非時食妄語作者。應語莫瞋諍相言
也。

十誦中。說他罪者。自既毀破。義無益他。舉必成諍。
故令勸止也。
兩舌戒三
第三。佛在舍衛。六羣傳他彼此語。令眾鬪諍。不能除滅。故制。名中。兩即所說
之境。舌乃成言之具。疏云。此本翻譯。頗是質陋。以
雖兩舌。不作分意。不犯此戒。現翻為離間語。其為
得矣。今經論中云離間者。皆唐譯耳。
具六緣。一是比丘。二說鄙惡事。三傳於彼此。四分離
意。五言了。六聞知。
犯緣第一。律列十眾。道俗各五。俗五眾者。一眾已

外。加王臣外道。戒疏云。當類犯提。餘九皆吉。
律云。兩舌者。彼此鬪亂令他破也。僧祇以惡法告言
某甲說汝是無有上中下法。欲令他離。向已若彼離
不離。皆墮。多論。說已更說。墮。若不傳彼此語。但兩邊
說令離散者。一切吉。
犯相中。先引本律釋名。次引僧祇示犯。云惡法者
即同罵戒。彼有七事。上三事有下中上。初種姓有
三。下謂旃陀羅等。中即兵吏等。上即剎帝利等。二業行三者。下即屠兒等。中即賣
香肆上人。上即金銀肆上人等。三相貌三者。下即瞎鋸齒。中謂太白太黑。上謂三十二
相。後四則無三品。皆名為下。四病者。疥癩顛狂等。五罪

者。夷至吉羅。六罵者。作世間婬穢醜惡語。四分無此。七結使者。愚癡暗鈍等。某甲說汝是句絕。即指上七種傳告彼人也。若前三種有下中上。一切皆墮。後四無有下中上。亦一切墮。今引後四結文通收七種。無論品類欲離皆犯。故云無有等。離不離墮者。離取起心。不論前境。後引多論彰異。上句明重結。如一說未離再三說故。下明緣闕。此戒所犯必兼二處。今但自搆故入輕中。準此若但傳言不欲離散理亦非重。一切吉者。彼論但云突吉羅而前列多相並是輕罪。故加一切統而收之。彼云說汝是多食戲笑欺誑多詐

等傳向比丘者。聞則吉羅。不聞亦吉。

律不犯者。破惡知識。惡伴黨。和尚同師親友於僧塔廣作無義利。破如是一切無犯。

不犯中。上之二種破近習惡人。世有濫濁之僧反為眾首。俗愚無識妄相親厚。護法利他故破無犯。惡伴同之。和尚等者。次破共謀惡事。無義利者謂欲共議侵壞僧塔。律云。數數語方便欲作是也。破下總結。律文更列壞僧助壞僧非法非律羯磨等。

共女人宿戒四。

第四。佛在舍衛。阿那律行寄婬女舍宿。彼裸身來嬈。故制。

五緣成。一是人女。二室相成。三共同宿。四知同宿。五隨轉墮。

緣中。第一簡下畜女得吉。又須可婬。簡下黃形石小皆吉。

律中。女者人女有智命根未斷。室有四種。一四周障上有覆。即同在一堂內。中有隔者。準論不合。二前敞無壁。即長行房簷下兩頭有障。三雖覆而不徧。即周帀同一院門上通覆開中央。四雖覆徧而有開處。謂通覆障上少開明孔。此等四室。比丘與女人同宿。或女人後至。或比丘後至。或二人俱至。若亞臥。隨脅轉側。一一波逸提。若與畜生。準僧祇大母畜生亦犯墮。若人黃門二根人

宿。一切吉羅。比丘晝日臥。女人立者吉。女人若坐犯屏墮。

釋中。初科有三。初示女相。有智謂解知好惡。以簡幼稚。命根未斷。即簡死壞。室下次明室相。初相可知。註中上句示相。下二句釋疑。準論即下引多見同一室中有諸小房亦犯是也。第二註云長行房謂相連接者。簷下兩頭即三邊有障顯前敞也。第三註中通覆者。即四圍有屋。中開庭心。異下少開纔漏光耳。此下三辨犯相。又二。前明正犯。初二句通標。或下列相。上三句明至室俱。互若亞臥一句示業分齊。言亞臥者。謂身斜倚。但令著處即同臥

攲音欺，亦作敧。乃攲字異。鈔作攲臥，與所依藏合。

二引聖誡凡

三引律文辯相。五初多見。

相律作攲臥（去寄切。不正也）。隨下結犯。隨轉犯者業深敎急故。若與下次明輕罪有三。初明異趣。註引好畜染同人類。若人下明異報。並由前境非勝故罪輕降。比丘下明異儀。準疏同宿一須僧女俱臥。二須局在夜分。若互坐臥及晝日俱臥並犯。屛坐今此僧臥女立故但犯吉。坐則犯提。如注所顯。即指後戒。

十誦乃至羅漢不與女人同宿。如熟飲食人之所欲。女人欲男亦爾。此律以羅漢爲緣起。尚被婬惱。餘凡何須拒抗。

引誡中。十誦初示制急。羅漢聖人雖無故犯。欲顯過重極誡凡夫。故同一制。如下喻顯女情意令遠離。此律即鞞律緣起。餘下正責拒抗。謂特違聖制。多論善見若都集堂同障內。設使堂中有諸小房。房雖各別以堂同故猶是一房。若多房共一戶亦犯墮。（即并部平頭㮏多同戶房）覆者乃至衣縵作屋壁者乃至高一肘半。共宿皆犯。若大屋相接乃至一由旬同一戶出入。皆犯。所對境者乃至同行等戒皆謂女人能受婬者。餘石女小女等但犯吉。

引文中多見二論。初明室相。有二。即都堂及共戶也。註釋共戶。部即是州。舊云彼間作屋上不起棟。平以土覆中間開溝洩水。或十間五間不隔同一門也。次釋覆壁。壁即是障。並舉極小。已上可知。若下示室量。文出極廣。已下可準。所對下次簡女境。行坐乘船皆同此辨。故云乃至。

二十誦

十誦若在室中通夜坐者不犯。必應多人共處有明不睡者。

十誦中初引文。必下義決。即準下五分有伴之文有明謂秉燭也。

三僧祇

僧祇一房別戶有隔無犯。若佛生日轉法輪日乃至

大會通夜說法。若露地風雨寒雪當入屋內正身坐。若老病不能坐者當施障隔。不得用疏物高齊肩腋下至地。不得容貓子過。若道行入村宿當別房別隔。若無屋者乃至如前作。（皆謂以衣服被從房堂內壁直當門中央隔出至舍前簷令與兩頭相當是爲二室不但簾牀也）若無隔者女人可信應語女言。汝先眠我坐。比丘欲眠語令起。我欲眠汝莫眠。汝若眠者汝無福德。（準如諸部男子自伴）

僧祇三開。初開別戶即同別室。若佛下次開遇緣。施障隔斷事同異處。註示施障須成兩室各不相通方免斯過。一頭著內壁一頭出門簷故云相當。

當猶抵也。末句遮濫。若無下三明互相臥起方便
離過。言無福者。令僧犯戒故。註中以互坐臥合犯
屏坐。故準五分有伴通之。
多論與十女八宿十墮。隨一一起更臥。隨一一轉各
各得十墮。若白衣舍與女人並房不閉戶。吉羅。
多論初明多犯。趣舉十墮。餘則例知。若下次明深
防。雖非同室亦制小罪。
五分同覆異隔。若大會說法。若母姊妹近親患者有
知男子自伴不臥者。不犯。
五分異隔。必是都堂同戶之處。準此有伴亦不許

臥。
律不犯中。若先不知室內有女宿。若屋有覆無障或
盡覆半障。或盡覆少障。或盡障不覆。或盡障半覆。或
盡障少覆。或半覆半障。或少覆少障。或不覆不障。露
地不犯。若此室中若行若坐不犯。若病臥。被縛命梵
等難並不犯。
不犯中三。初迷忘不犯。若下非室不犯。三位九別。
初三句覆偏障缺。次三句障周覆缺。後三覆障俱
缺。言此室者。總前九種。開行坐者。據成室相有伴
方開。此諸非室無伴亦許。準約同臥亦應犯輕。若

病下難緣不犯。
共未受具人宿過限戒五
第五 佛在曠野城。六羣與俗人共處宿形露因制。後於拘睒彌開二三宿。重結此戒。
五緣成。一未受具人。男女餘義如別。伽論云。已二夜
共沙彌宿。第三夜共女人宿。得二提。二三四緣同前
戒。五過三夜犯。
列緣中。第一指餘義者。疏云。昔云男犯非女犯。以
制隨宿義無三夜。今此不引。直取論證。
律云。共宿至三夜明相未出應起避去。準此不去吉羅。至第
四宿若自去。若使彼去。若見至第三明相未出不避

者亦不犯。謂不犯提。第四宿初夜隨脇著結墮。
釋中初科。戒本廣解。宿限不同。不可和會。此引廣
解。故至四夜。疏云。約戒本犯至三宿者墮。尅相為
言。入第三夜臥即是犯。故十誦戒本過二夜提。致
使解者有緩急。準疏定奪。應從戒本。下引諸文。見毋二論及
僧祇。則同廣解。十誦伽論頗符戒本。
十誦。若通夜坐。若病。得與沙彌過限宿。病人臥者開。
餘不病比丘不應臥。毋論至第三宿無去處者。比丘
不應臥。結加趺坐至明相。善。至第四宿又無去處。明
相欲現時遣去。若自去。準此必須第四宿離之。若初夜即坐者不成開。五分

與同宿不犯者常坐不臥若互坐臥（非謂護明相皆四夜通夜不臥）開。

二中十誦兩開通夜坐者同下五分母論兩宿由無去處開坐免過註中初夜卽第四夜初此戒初夜本合犯提論家開坐故不卽犯及至將明還制互去若一向開何須令去準下註中必須四夜通坐方開此兩節註似斥古非有謂第四夜坐開無犯故雖不明指語意可見

僧祇至第四宿因大會道行等緣如前戒張障幔不者過三夜犯犯竟若未懺悔復共宿者轉長罪無二夜開悔過已當別房宿更得二夜。

三中僧祇初明緣開不下示犯過三夜者卽第四夜初犯竟下明未懺疊犯轉長罪謂展轉增犯夜夜別結故不開二夜據開三夜但第三夜將入犯位不爲開故

多論有四句或人一室異或室一人異或人室俱一俱異皆墮

四中多論四句故知結犯不問人室同異但取過夜耳

律中與畜生男過限宿吉。

開緣同上。

不犯指前但過三爲異

與未具人同誦戒六

第六戒（佛在曠野城六羣與俗誦經聲高亂坐禪者因制） 所以制此戒者

多論四意初爲異外道二師資位別三分別言章四依實義不在音聲具斯四益所以一制

五緣一是佛說法二字句味三未受具人四齊聲同誦五說言了卽犯

列緣二中三種不同隨一成犯註戒云句義句味字義釋云句義者同誦不前不後也（疏云同誦偈也此通長行文盡見義故云句義）句味者眼無常等（一句之下理味自足）字義者同誦阿字也（誦呪之類）用此三種配緣中三字小有差倒

第四謂授法時鈔前合誦也

律中法者佛所說聲聞所說仙人諸天所說若口授若書授說了了犯墮若師不教言我說竟汝可說者師吉羅

釋初緣中初科前簡所誦二聖二凡則通四人智論更加化人若口下示犯相初結同誦犯口授卽同誦書授謂已誦他書若師下結不教犯凡欲授法必先誡約縱不同聲不教亦犯

僧祇若聲聞弟子餘人等說爲佛印可者犯墮。決四分不了文。善見一切三藏佛說者羅漢結集者同誦得墮。若自撰集文字乃至俗書非佛說故不犯。十誦隨一品一章一段各得墮。此律但云同誦，不簡文句多少。

決通中。初決所誦之法。僧祇餘人，即天仙佛印可者，還同佛說。本宗但通四人，故註以示之。善見初明佛說。若下簡餘人說。十誦下次決結犯分齊。品及章段名異義同，隨經所立，故具列之。一部多品隨得多罪。此下點律通漫。

多論若二人俱經利並誦無犯。若比丘無處受法乃至得從沙彌尼受，但求持戒德重人作證明伴，亦得從白衣受法，但不得稱闍梨，如是例知。但消息令不失威儀。

釋第四中。初開俱利，非始授故。若下次開從下受法，則通同誦。如是例者，以學有先後，故開從受。位有尊卑，必無師奉，故令消息，不可乖儀。然則上下亂倫，師資義倒，必有本眾未可從他。近世愚徒率從儒士求學俗書，白衣高座，可恕無知。比丘行列，殊無慚色，毀辱佛法，無過於此。有智聞之，切宜深誡。

律不犯者，云我說竟汝說，一人誦竟一人書，若二人同業同誦，若錯說彼此，一切不犯。

不犯中三。初即口授書授，二並如法。二同業者，謂同受學。疏云非師資位故曲開耳。三錯說可解。

向非具人說麤罪戒七

第七佛在羅閱城，有行別住比丘在下行坐。六羣以所犯事向白衣說。餘比丘皆慚愧，故制。

多論寧破塔壞像，不說他麤罪，則破法身。不問前比丘有罪無罪皆墮。

明過中。破法身者，亦同大集。若打破戒罪同出萬億佛身血。疏云豈非形服異世，爲聖道標，若加輕毀則三寶通壞，故雖破戒，乃是法身之器，制罪雖輕，業道尤重。

七緣。一是比丘及尼，二犯初二篇罪，三知犯，四無僧法開，五向未受具說，六言詞了了，七前人聞知。

緣中第四律因調達破僧，佛令白二差身子徧告白衣，即戒本中除僧羯磨也。

五分尼向白衣說僧汎爾小小罪過皆墮。

釋中初科，尼說大僧，違八敬法，不問輕重，與僧不同，故引示之。

僧祇若人問言某甲比丘犯婬飲酒者，答云彼自當知若已作法人問者倒問彼言何處聞答云某處聞比丘云亦某處聞因俗女來寺六羣示之此人犯僧殘俗女說偈云出家已經久宜應修梵行童子戲不止云何受人施十誦云有訶云佛法中乃有是癡人應答云我家廣大種種皆有

次文僧祇三節初是無法不答若已下明有法開答因下引緣誡約女人偈詞上半明所應作不作下半示不應作反作此言深切有信聞之能無媿乎十誦中答詞乃是護法綱紀遮俗輕慢故也

律云若說上二篇犯墮下諸篇及自說已罪若說下

三眾罪一切吉羅又有五事若說名字若種姓若衣服若房舍若相貌皆墮

三中律文前明說犯疏云所以不列偷蘭名者猶含輕重重者犯提輕則犯吉若列蘭名謂輕亦提避濫不出也又下次明指人衣服房舍即是所說之人服飾住處

不犯者若不知若麤惡不麤惡想若白衣先已聞麤罪者一切開

不犯中三初不知者反第三緣謂迷教也不麤想者謂迷心也迷重為輕說亦犯吉迷有為無則無有犯白衣先聞者非由我說故律中更列若眾差說

實得道向未具者說戒八

第八佛在毗舍離以前大妄語緣集僧訶責已便制名云實得道者此據初果已上是戒所制多論二義故制一大人法者功德覆藏諸惡發露今稱德匿過是小人法二自顯聖德賢愚各異若有聞者偏心專敬失本平等淨善之心末世事稀故不備解今引疏文略知緣相一內實得道除增上慢二自言已證三向未具人說四言了五聞解

問凡夫無聖不可得犯聖人奉戒一制不犯用制何為答制聖為遮凡若後向說即知是凡為護大妄不令有犯豈非是要也

問答之意恐疑此戒被物無功故敘本制知非徒爾答中聖既無犯說即知凡若不制者世人無識謂為實證故雖制聖還成制凡故為要也註戒云並如初篇若言業報自言業報得通若戲錯並不犯

與女人說法過限戒九

第九佛在舍衛迦留陀夷在姑前與兒婦耳語說法因制後開五六語及有智男也過限謂五六語已外也

六緣成。一是人女，二知，三不請，四無有智俗男，五言章了，六過五六語便犯。

若不請者，聽齊五六語。若請說，若問義，隨多少。

釋第三中，請問不制者，以虛心求請義，非强說，故不限多少。

五分有五六語得解，故便制戒。四分，五語者，色受想行識無我也；六語者，眼耳鼻舌身意無常也。不得更增一句，故僧祇中說六句已云：使汝速盡苦得墮。

釋第六緣，先引五分以顯開限。彼律有女風病，比丘不爲說法，因死，故開。次引四分出語相，無我無

常字，並貫上五六。如云色無我，乃至識無我；眼無常，乃至意無常。詳律後緣，且舉陰入，或說餘法，用此爲限。後引僧祇，以明過限所以爾者，良以目對女人，鮮能自攝，欲情内動，强援忘勞，故雖聖法，不許多及，凡情皆爾，世事昭然。

律云：有智男子者，解知麤惡不麤惡事。

釋第四中，律取解知者，則簡小兒癡狂等。

多論：有智男子解人情語，可作證明。若中邊不同者，不聽，必是俗人，出家不得，以事同故。正使僧集，若多女無俗男者，不得說之。女謂能受婬者，若爲尼說得。

多論：初簡男子，又二：初須相解，必下，二須俗男。女下，次簡女人。且分道俗，小石等女亦應非犯。

僧祇：若盲若聾亦名無人。一盲一聾，此二當一人。若眠亦名無人。若母姊妹等亦犯。若減七歲，若過不解好惡義味，亦名無智男子。餘如大疏。

僧祇簡伴有四，並以若字分之：初病，二眠，三親，四愚。下文指廣。戒疏問云：有請及男俱不說犯，何故唯除男耶？（此難戒本）答言：除男子，不勞更除請；若著請者，疑謂有男須請得說故。

中含云：凡有人請問法義者，答云：欲問便問，我聞已

當思。

重釋中，引經明示受請儀式，意令依稟。

律中，若說不了吉羅。

釋第五，不了，輕者業不具故。

不犯者，若五六語，有智男子前過說，若無有智男子，請，應答廣說，授五戒及法，授八關齋及說八齋法，八聖道，十不善法，女人問義不解廣說，若錯者，一切不犯。

不犯中四：初是順教，有下，伴證，若無下，他請，若錯下，非意。五戒即三歸體，及法謂五戒相，八齋亦同。

掘地戒十

第十(佛在曠野城六羣爲佛修講堂自掘地招譏因制)

多論不掘地壞生三益一不惱害衆生故二止誹謗故三爲大護佛法故若佛不制此二戒者國王大臣役使比丘由佛制故王臣息心不復役使得令靜緣修道發智斷惑是名大護

引論制意大同後戒故此雙明第一此戒則傷害螻蟻壞生則毀損蝗飛次意如戒緣中居士譏言無有正法斷他命根(彼計生地生草皆有命故)第三廣釋如文可解故知比丘爲體高超物表人天所尊或遭驅

役但由自感請觀已行勿咎於他

五緣犯一是生地二作生地想三自掘使人四使人時不作知淨法五傷則犯墮

犯緣第四若作淨語則開使人

戒緣爲修治佛講堂爲世尊所訶制(今人多因福造罪謂妄傲倖可悲哉)

引誡中欲明佛是勝緣復非爲已而被訶制以況餘事深非所宜註中破戒獲罪妄謂得福是爲傲倖矣(此註合是大字)

律中地者若已掘地經四月被雨漬還如本若用鉏钁耒或推打刀刺指搯抓傷地上然火但使地作地想一切皆墮若不教言知是看是吉羅

釋中初文爲三初示地相律云若未掘即是生地易知故略但明已掘文中二相初約四月謂經時故二約被雨由滋潤故由此二緣還成生地故不可掘四月不論被雨被雨不待四月(有以四月被雨爲一事此未見律文)若用下明掘傷钁即鑿類耒謂手耕之具抓古黠反謂以手物指動作地想者結過由心若不下明使人不教先犯此罪

十誦若頹牆土石底蟻封土聚若掘吉羅若掘泥處

乃至沒膝吉羅除爲僧塔寺畫地作模若赭土墡土生石黑沙鹽地等一切不犯

別釋中十誦初明似地發生力薄故並犯輕頹崩也石底即石所壓地泥字去呼謂泥塗處恐深至地故制沒膝已下無犯除下明緣開作模謂規地作相此開生地若準前註未可從寬若下明非地不犯赭即赤土(不生物者)墡即白土生石天生石地

蜀本多論云生地不生地生地者謂四月及八月是雨時地相連著潤勢相淹能生草木名生地餘無雨時日炙乾燥風吹土起義名不生地若觸此上乾地

吉羅下侵溼地犯墮牆根齊溼處乾土不犯異於地故雖被築治若溼相淹發起犯墮屋土牆上生草觸傷草犯墮傷土吉羅

多論言蜀本者簡關中本文多闕漏止有八卷首師從蜀僧求得第九卽今藏中現傳者是文釋二地初句通標生地者下牒釋初釋生地罪相可知故文不出餘下釋不生地初示名地無不生從緣彰號故云義名若下顯相有三初明觸地乾土吉者與溼連故不連無犯次明牆土溼字誤論作齊築處卽指牆體故云異於地也雖字上論有地字

謂牆根邊地溼淹犯墮不溼應吉發起卽掘動三明牆屋上土傷草是後戒下文或明草木皆相因而引非此中意知之

僧祇若轉石搭地掃地曳木驅牛馬等欲使地平意傷如蚊腳一切犯墮土塊一人不勝破者犯提減一人重者得打杙房壁損成功越先有孔無犯若外被雨地傷如蚊腳提畫地作字亦提畫土末際無犯若撤故屋使淨人為之若壞壁使淨人卻泥後自得摘若已曾被雨使淨人摘兩三行後自摘至基還使淨人摘井池漬汪水新雨後使淨人抒若令攪濁若牛馬先涉後得自抒以雨水能生地故大小便時水手摩地犯墮若缾器物木甎瓦等在露地經雨已不得自取取犯墮若純沙無罪半沙者越若死土被雨已使淨人取盡雨霑溼際然後自取

僧祇中初作務毀傷轉石謂翻轉也搭地謂以物按搭令平二明土塊大小三明損壁打合作釘損成功者示犯義也若外下四明重生地土末際謂地極盡際雨不沾處若撤下五明摘壞此謂地上疊累為壁如今土牆初約有泥令人除已自得摘若下次明無泥被雨令除潤際自摘中間行字戶

綱反（或去呼北地俗語）井下六明治水漬卽是溝汪水謂雨暫停處抒常呂反洩水也大下七明抒傷謂在生地若瓶下八明動物九明砂土十明死土

四分若野火燒寺聽逆除中間草若作坑塹斷若以土滅若逆燒除之

次緣開中四分火難上開壞生若下開掘地土滅者以土撲也逆燒燒字去呼謂迎前野火也除卽去土不使旁延

善見若地被燒亦名非地若地有沙以水淘之四分沙一分土無犯若石上厚四寸燥土得取若野火來

近寺為護住處故比丘得剗草掘土以斷火若把火燒手擲地不犯

善見前明非地文列三相砂地土少無犯僧祇半砂吉義準砂少即同生地若野火下示緣開

五分若野火來當打犍稚唱令餘如諸部

五分中但引作相召眾下指諸部同開掘壞重故不引

多論使僧尼掘地作知淨語提若教下三眾淨人不作知淨語吉若三眾不為三寶利益緣自壞土木者吉羅

釋第四緣論文前明僧犯僧尼作淨語者法不對人作不成故餘眾不作者有人無法違佛制吉掘即犯提下明三眾無緣犯者有緣開故

五分蘭若無淨人聽比丘以水澆地剗草布蹋使成泥取用僧祇覆處地得自掘（四分文中不了）

五分緣開有淨人則犯剗草斬乾草不和泥也僧祇下註文以律不犯中除屋內土不犯但云除土不言得掘是文不了（下不犯中不引）疏引古解云屋內死浮土也今師云準如僧祇露處死土屋中自掘藏物者得（是知露處約死覆處不論死活）

律不犯者若語言知是看是若曳材竹木若籬倒扶正若反甎石若取牛屎若取崩岸土若鼠壞等若來往經行若掃地若杖築地若一切不作故掘意不犯

不犯中初開作法若下明作務九相疏云四分反甎曳材不犯僧祇犯者俱有心也（前云曳木驅牛馬等）然律開文緩而義急故一切通開不故掘也（疏文）是則僧祇無心亦開四分故意亦犯（凡與上文相違並宜此斷）

壞生種戒十一

十一（佛在曠野城因前造房斫伐神樹非沙門法訶責而制）壞音怪損也壞即是業生種即境禁斷此過名戒

具緣如上

指緣同前但改一二為生種耳

四分云壞鬼神村者波逸提鬼者非人是村者一切草木是（言草木為非人所依故具引諸部通解恐無知者濫用）十誦云村者蚊蝱蛺蝶蟻子諸蟲以之為舍也僧祇戒本壞種子破鬼神村者墮（如此會通相同明鏡）

正名中初標戒本鬼者下引律牒釋註中初示村義故下遮濫恐有迷名謂毀神廟諸部即下所引十誦中蝱音盲合作蝱蛺蝶上古恊切飛蛾也僧祇兩分即名草木為鬼神村

律中五種村謂根種枝種節種覆羅種此言雜種子子種等若斫截墮炒釘杙火燒一切並提若斷多分生草木墮半乾半生吉羅

釋初緣中四分初示生種五種者古記引首疏云合五為三一根種分二不假節生者名根種如薑芋蘿蔔若假節生者名覆羅種如蘆葦芹蓼等二枝種亦二不假節生名枝種如柳榴之類假節生名節種如藕蔗等三種子子復生子故名子子如五穀等註雜種者離四種外總收一切戒疏則指芹竹芹菜與竹僧祇以為勒蓼具如上註若下次明損壞斫截墮注戒作墮落上明全生者若斷下明萎乾者多分生謂生分

過半也

僧祇云根種莖種以刀中破淨節種者以刀破又摘卻牙目淨心種者羅勒蓼等揉搓淨子種者十七種穀脫皮淨火淨通五種五果中裹核種如棗杏之屬也爪甲淨去核食火淨合食火淨者謂生熟二棗合核膚果種者火淨合食如華茇桑椹棃柰之類若熟時落地破如蚊腳者名創淨去子食殼果種有火淨椰子胡桃石榴之屬檜果種者香菜蘇荏之類未有子揉搓有子火淨角果種者淨法如檜果法大小豆等準此蒿中含子之草應得火淨但令相著即得淨法爾故

僧祇初科先配五種莖即枝也心即覆羅蘿勒蓼即蘭香也揉搓兩手相錯十七穀者一稻二赤稻三小麥四穬麥五小豆六大豆七胡豆八豌豆九粟十黍十一麻十二薑句十三闍豉十四婆羅陀十五荸子稗子十六脂那十七俱陀婆諸梵言並未詳何物火淨通五者上四淨法皆局對故次明五果註二棗者熟謂在樹熟者生如青棗以火觸故表裏皆淨故得合核膚謂皮膚無核有子註華茇味辛而香柰似林檎而小創字平呼檜者指歸云麤糠皮故謂之檜此果最小皮如麤糠輕重儀中謂松柏子也角即菱豆也註中蒿者此屬子種恐謂葉隔不

成火淨故準檜角以決之耳但下示作淨法已前五果火淨亦通餘淨各局在文可尋

又云寺主有穀倉未淨畏年少比丘不知戒相先令淨人火淨訖乃至盡來恆言春去不犯餘事類知若以五生種擲著池井水中大小便中糞埽中越死犯提若草中行欲令草死越傷如蚊腳提石上生衣衣上生毛食餅生毛使淨人知若日曝知乾得自剝除雨後舉木越傷草者墮淨人先舉比丘後佐無罪四分中開舉木石者先不知著草比也夏中行畏失道故以餘物繫草為記來還解者無犯泥雨滑倒捉草挽斷更捉亦斷皆

開水中浮薸不得撥開牛馬行處得無者捉土石仰擲空中言至梵天上去若後下時打水開得用（此即沙門淨法）若泥作時欲飲水者得葉中飲無淨人取者得就樹上葉中飲不得挽斷高不及者搖取乾葉若已衰黃斷者越華生者提水中翻覆浮薸者越擲岸上墮若入水洗時水草著身者以水澆令入水若斷朝菌吉羅

行護中有十一節隨次點示初明總淨畏年少者恐彼不作淨語故言春去者由先已淨不須淨語已前種果皆可準之故云餘事類知若以下明壞種越是方便死提即果罪若草下明踐草言欲令者即是故心石下明護衣毛石衣即苔蘚毛謂蒸潤生者皆有生性故雨下明舉物與下不犯相違故註和會夏下明暫繫夏有時限故偏言之泥下明緣開水下明護浮薸擲石至天者何有此理開必須法令無自任恐生輕疑故特註之若下明作務就葉飲者以泥作手汙不執餘器故水下明損浮萍水草即萍等若下明非久物朝菌即地蕈指歸云此生於地八月有朝生暮死準此例上衣毛損應得吉

善見云若須華果攀枝下使淨人知亦得抱淨人取

善見以淨人幼小故開

律中比丘道中行妨草者聽以竹壓草若石木鎮上（準前暫時）

四分中註文指前即僧祇繫草文

五分凡諸草木若有所須語淨人言汝知是若不解者又語言汝看是若不解復語我須是若不解復語與我是壞地亦然（解謂知比丘身不得折損不合斫掘方乃靜緣心淨）若生草覆道開路故枝折葉落不故作不犯

釋第四緣五分初明淨語次列四種解一即止隨言通得四皆云是即指前物註顯知淨知屬前人淨在比丘由解此義故號淨人不合下應加言字助之若下明緣開開路不犯文言不故異上僧祇十誦一時壞五種子五波逸提此律一業壞多種隨多少結乃至前戒令淨人掘隨掘隨墮不同僧祇取前事止方結

罪多少中初對十誦明當戒十誦從種故止五罪此律約業故隨多少乃下次對僧祇辨前戒

四分中若五生種如柳榴之類就地離地壞皆犯墮非五生種如離地槐櫰榆柏之屬已萎者得若與地

連得墮若離地色未改者吉羅名壞相也
明離地中引律前明五生通約就地柳榴枝種枝可植故離地亦犯榴即石榴後明非五生但除枝種餘離地者亦列三判尋之可見槐櫰同類葉細而靑者名槐大而黑者曰櫰與地連者猶屬生故
不犯者言看是知是若斷乾枯草木若於生草木上曳材曳竹正籬障若撥甎石若取牛屎若生草覆道以杖披遮令開若以瓦石拄之而斷傷草木若除經行地土若掃經行地若以杖築地而誤撥生草木斷者無犯

不犯有十初作法開下九皆以若字間讀墼謂土塊除經行土者因損苔草故

身口綺戒十二

十二佛在拘睒彌闡陀犯罪餘比丘問以餘事答作白制已遂惱僧喚來不來等又作白制違白而作故制身口二業邪曲惱僧喻如文綺此據僧法故犯提罪餘非義語止犯吉羅戒本云妄作餘語惱他删定戒作異語惱僧餘語即口綺惱他即身綺即二戒同制也

四緣一自作身口業綺二數惱不止三爲僧單白訶止四更作便犯四分云餘語者云汝向誰說爲論何事等一切吉羅作白已語者墮惱他者應來不來應坐不坐等身綺也餘如口綺法

釋中本律先明口綺諸比丘問言汝自知犯罪不即作餘語如文所引而云等者律文續云爲論何理爲語我爲誰是誰犯罪罪由何生我不見罪云何言我有罪惱下明身綺由制不得餘語後便觸惱衆僧等者律接云喚來不來不喚來便來應起不起不應起便起應語不語不應語便語此語屬身綺與上不同下指如前即結罪相

成論語雖是實語以非時故即名綺語或雖是時以

隨衰惱無利益故雖復利益以言無本義理不次皆名綺語即律中爲不恭敬人說法皆是善見畏成鬪僧默然者得律云若上座喚來不來者吉

諸文中成論實語次第三相俱有過故非時者語不合宜即名不義衰惱謂令他不樂無本謂師心也即下指律衆學說法等戒並非宜故善見下此開應語不語律下此約別人以論

不犯者重聽不解前語有參錯便言汝向誰說爲論何事乃至我不見此罪若欲作非法無利羯磨不與和合喚來不來不犯若爲作非法羯磨若不欲知教

言莫來便來不犯若一坐食若不作餘食法食若病喚起不起不犯若命難梵難敎莫起便起不犯若惡心問不與說若作非法事便語者若小語錯誤一切不犯

不犯中初開口綺重聽謂己疾不問參錯謂他言不了若欲下次開身綺初約非法羯磨明來不來若一下次約頭陀病難明起不起若惡下約非問非法明語不語如上三位一一相違事同非犯以緣別故若小下失口非意如常所開

嫌罵僧知事戒十三

十三佛在羅閱城慈地比丘嫌罵沓婆故制與僧殘二謗同時名中云僧簡私請故疏云嫌罵兩戒同惱知事不殊故合制也

六緣一是羯磨所差二知是三如法經營四說嫌罵法五言詞了六前人知聞

緣中一三六屬知事餘三屬能犯

五分若單白白二差人惱者隨僧差不羯磨及餘人作此誣說口口吉羅四分緣起白二差之

初緣中初科五分通單白四分唯白二餘人即佐助者誣謂欺枉四分緣起即沓婆羅漢厭無學身求堅固法佛令營僧事羯磨請之

僧祇罵正拜人倩人倩人更倩人三人俱墮因說大魚有百頭頭各異由先為三藏好惡罵人故

次科初示犯正拜即僧法差者彼律通召差人為拜人不獨知事業疏引云一切拜人羯磨並四人法是也展轉倩人同犯者由彼自倩即同正人五分餘人應非自倩或是部別之異因下引緣彼云時捕魚者網得一大魚有百頭頭各異世尊見之呼名即應佛問汝母何處答在圊廁中佛言此魚迦葉佛時作三藏比丘以惡口故受雜類頭報母愛其利養作廁中蟲引此緣者深誡後學而世

講師身臨法座多相毀讟請思來報彌須畏慎

四分若嫌者面見不聞處言有愛恚癡罵者反上皆墮若不受上座言嫌罵吉羅

釋第四中註文傳誤合作大書反上若聞聲不見面如隔障處疏云此與罵戒有四別一前是泛僧此僧知事二前戒不問虛實此說實不犯三罵詞不同前列多種毀呰此戒但言愛恚四前非知事見聞互離輕此敬護重互離犯提若下相因而制

不犯者實有其事恐後悔恨語令如法發露便言有愛恚等若戲錯說一切不犯

四十四露敷僧物戒 二初標名

二釋相 二初明犯緣

二釋 初五分 第五四

二僧祇

不犯中。明同友相利。故無有過。

露敷僧物戒十四。

十四。佛在舍衛。長者請僧。十七羣取僧坐具。露敷往食。不收。風塵蟲鳥壞汙。因制。多論。三義故制。一須掌護使資身行道得安樂故。二同心愛惜長彼信敬故。三令受用福反資施主善根成就故。

六緣。一四方僧牀敷。二知是。三露處。四自敷使人。五去時不自舉不教人舉。六出門便犯。

列緣中。僧物有三。如迴僧物戒。今取已捨與僧犯墮。餘二結輕。牀即繩牀木牀。敷謂臥具坐褥。

五分。見僧臥具在露地。以不自敷不使人敷故而不舉亦墮。到尼寺敷尼僧臥具。不舉亦提。白衣入寺應借僧臥具受用。又俗人家會借僧臥具食訖。比丘不舉亦墮。若知事暴僧臥具在邊。若禪若眠吉。

釋五中。五分初明犯墮。並以事異而犯同故。三皆言亦。初見不舉雖非自敷不惜護故。尼寺犯者皆僧物故。借俗犯者恐損失故。若下明犯輕。二緣俱非心過。但情慢故吉。

僧祇。若僧牀上安像。比丘禮拜手觸不舉者墮。若多人禮拜悉皆手觸。屬最後者犯墮。若春月敷牀後。村

三多論

四四分

囑人知。捨去無犯。若行路中挽亂草坐已。去時聚已當去。

僧祇中。初明安像。必約露處手觸即同受用故犯。若下明囑他不舉亦開。文標春月不慮損故。餘時義應不許。若行下。明別制。此非僧物。但是乖儀有違應吉。

多論。露地敷已。不囑人遊行諸房吉。

多論遊房吉者非捨去故。

四分。彼以僧物付僧知事。言我今付授汝汝守護看。若都無人者。當舉著屏處。若無屏處。必知無壞當持

麤者覆好者上。若即時還應便隨雨中疾及時還。應往。彼次第作如是方便應去。若不作初出門墮。若方便還悔。一切吉。若二人同牀下座應收。不者墮吉。上座單提。若俱不收。二俱墮。餘空牀踞牀几等不收及臥具表裏。一切吉羅。若露敷僧物而入房思惟吉羅。

四分有四。初明捨去方便。次第四種並以若字分之。初囑知事。二舉屏處。三好蓋覆。四作意還。上句明即還。應下脫去字。律云便應去。又疑便字寫倒。今將連下讀之。言雨中者。律云若疾雨疾還不壞坐具者應往。若中雨中行及得還者應往。若少雨

少行及得還者應往。（皆謂去時作如是意）今但云隨雨及時通收義足。彼下總結。初明順法。若不下明違犯。正罪方便如文所列。言還悔者。律云。一足門外一足門內欲去而不去也。若二下次明同犯。律云。下座意謂上座當收而上座竟不收故犯二罪。不收故提復以非威儀故吉。（輒使上座故犯二罪）又上座意謂下座當收而不收上座犯提。俱不收者。律云。二人不前不後也。（謂同臘者）餘下三明餘物。空牀非所用臥者。表裏即內外。謂摘開各處。非全物也。若下四明別務思惟即禪也。

不犯者。若取僧物露敷去時語舊住人摩摩帝經營人令知。如上方便者。一切不犯。

不犯中。但明囑付二人。律文更列力勢所持命梵二難不作次第而去不犯。

四分律行事鈔資持記卷第二十二

宋餘杭沙門元照撰記

覆處敷僧物戒十五

十五（佛在舍衛客比丘在邊房宿不語便去臥具壞爛故制）僧物制意同前

五緣。一是僧物。二者屏處。三自使人敷。四不自舉不教人舉。五或出界或過三宿犯。

緣中第五犯相有二。如後釋中。疏云所以分二戒者。一屏露異。二得罪異。露則出門。屏則出界。又決去出界暫往三宿。三開緣異。露則兩相緩急。（緩則如上方便急謂勢力命梵等緣不作次第）屏則開於二夜。（屏是房室故有斯開）

律中。彼應語舊住比丘言與我牢舉。若無人。不畏失。當移牀離壁高搘牀腳。持枕褥臥具置裏。以餘麤者重覆。若恐敗壞。當取臥具置衣架上。豎牀而去。若不作如是出界外犯墮。若即還不久。聽二宿界外。第三宿明相未出若自至房中若遣使語知事人。不者明相出犯墮。

釋中。初明出界犯。前示方便。若不下結犯。若即下次明三宿犯。初示方便。不下結犯。不犯者。如上方便已在界外水陸命梵等緣皆開。

強敷戒十六

十六（佛在舍衛六羣十七羣同道行至無住處十七羣求得住處六羣知強於中間敷臥具宿故制）

五緣。一他先借得安止已定。二知他先住。三作惱意。四強敷中間。五隨坐臥犯。律云。中間者。若頭邊腳邊兩脇邊。臥具者。草敷葉敷下至地敷臥氈。若知他先得而強宿者。墮。十誦。若為惱他故。開戶閉戶然火滅火若唄呪願讀經說法隨他不樂事作。一一墮。

釋中。律文分三。初釋中間。約身四邊者。明其迫窄不相容也。以間寬不妨開無犯故。次釋臥具。且列四種。餘物準知。若下三約心明犯。開不知故。十誦於中敷已。文作多事惱他意令避去。故隨事結。且列八種。不出聲色。隨他之語總收一切。

律中不犯者。先不知若語已住。先與開間。若間寬不相妨。若親舊教言但敷我自語主。若倒地若病轉側墮上。命梵等難。一切不犯。

不犯中。初句不知。次五並以若字分之。下明難緣。共成七也。語已住者彼許容也。親舊教者彼自召也。倒地轉側皆非意也。命梵等者文略力勢所持及繫閉也。

牽他出僧房戒十七

十七佛在舍衞六羣十七羣在道行至小住處十七羣先入寺掃灑令淨六羣知故驅起牽出因制

四緣一是僧春冬房以夏房入已牽出犯吉二先安止定三作惱亂意四牽出犯

犯緣中初簡三時春冬分房有上座來下座應避非定屬已牽出數故夏房不爾稀故結輕

律中若自作教人牽隨所牽多少隨出房一切墮若牽多人出一戶多墮一人出多戶多墮若持他物擲著戶外閉他戶外皆吉

釋中四分爲二初通示多少隨所牽者此約人也

隨出房者卽約處也若牽下別釋多少並約出戶明犯分齊文引兩句互明多犯準律初後出二俱句文云若牽多人出多房多墮一人出一房一墮則四句備矣上約牽出犯重若持下明不牽犯輕

律云若持他物出好將出也若擲著戶外謂棄擲也此是兩相不可連讀閉戶外者因彼出外不令入故

僧祇牽他出時若抱柱捉戶倚壁一一墮若訶叱隨語一一離一一墮若瞋蛇鼠驅出越若云此無益物驅出無罪

僧祇初明牽人牽出是身犯訶叱卽口犯一一墮者不同四分約出戶也若瞋下次明驅畜

十誦若喜鼾眠應起經行不能經行應起屏處不應惱他

十誦中鼾音汗鼻聲也據非驅逐惱他事同文制不應違須小過

五分若降伏弟子而牽出者不犯若將不喜人來欲令自出出不出吉羅牽下四衆亦吉

五分初開折辱弟子以慈濟故若下次制惱他不喜人謂他所怨嫌者出亦吉者非驅逐也

律不犯者無恚恨心隨次出其病過限遣未受具人

出若破戒見威儀爲他擧及擯應擯因此故有命梵難驅出一切不犯

不犯有四初開非意無恚者謂後至人隨次出者卽前住者謂見上座來自避去也其下次開護戒若下三開簡穢以此九人非同儔故四破中闕正命因下四開難緣若不牽出必致損己故云因此

前戒是俗處不簡淨穢此是僧處故簡穢也

辨異中強敷不開穢境故須明之俗處不簡寄他舍故僧處須簡非同住故

坐脫腳牀戒十八

十八。佛在舍衛，有比丘在重屋上住，坐脫腳牀，腳脫墮比丘身，壞身出血，仰面恚罵，因制。

三緣：一是重屋，二脫腳牀，三在上坐臥，犯。

但標名列緣而不釋者，末世事稀，若復委明，不濟時要。前後諸戒有略皆爾。不知此旨，全迷鈔宗。然恐初學臨文致壅，故略引釋。餘廣如疏。初緣重屋，平地非犯。疏有四緣，第二云薄覆，明易陷也。二脫腳。律云：腳入陛。疏云：明將脫不久也。三坐臥犯者，廣解唯臥犯，今從戒本，坐臥齊犯。律中若獨坐牀、一板牀、浴牀，坐者皆吉。不犯者：若坐鏇腳、直腳、曲腳、無腳牀，皆謂不脫。若牀支大，雖脫有所承故。若脫腳安細腰，謂有釘鈕。若重屋板覆、厚覆等。若板牀坐，謂以板藉。若脫腳坐，除去腳也。並開。

用蟲水戒十九。

十九。佛在俱睒毗，闡陀起屋，蟲水和泥，招譏故制。

此中大意，過在違慈，疏引光師云：重己所輕，房屋。輕他所重，蟲命。深乖慈惻，故須急制。

四緣：一是蟲水，二知有蟲，三不作漉法，四隨所用，犯。

律云：若以草土擲蟲水中，若蟲酪漿、清酪漿、若漬麨漿、若醋有蟲，以澆泥草，若以草土擲中，一一切皆墮。教人亦同。五分：隨用蟲，一一墮。律中若以草土擲水中，隨河池中魚蟲，一一提。

釋第四中，初明蟲水，若下，次明諸漿。律云：除水已，若有蟲酪漿等，則知餘物皆制，不獨蟲水也。酪分清濁，餘二可解。戒本但明用澆泥草，今就廣文互投皆墮。二一切下，總結罪相。下引五分用水澆物，本律以物擲水，並計蟲魚多少爲量，故云一一墮也。問：此戒爲約用水，爲約蟲死？答：戒疏云：此不就損命中制，是深防制。若彼命斷，自依畜戒。是知蟲雖不死，計數成犯。問：蟲不可知，罪寧有數？答：此據漫心，不論知數，隨用隨擲，冥獲多罪。徧云轉轉，食云咽咽，衣云著著，例皆爾也。若爾，懺悔如何陳相？答：

罪必可知，隨數牒入；不可知者，但云不憶，如後自顯。

大集云：畜生身細猶如微塵十分之一，乃至大者百千萬由延。

釋第三中，初引經明麤細二類，意顯細蟲明須漉用。十分之一，明其極細；千萬由延，示其極麤，如摩竭魚、金翅鳥、蟒蛇之類。

僧祇：蟲細者三種漉，猶有者捨去。若用水者，日日諦視，無蟲便用。以蟲生無定，或先無今有故。五分：蟲水者，漉囊所得，肉眼所見。若用水，蟲蟲墮。無漉囊，不得

半由旬行若無者用衣角漉之
次科僧祇初護梵行不可居也若下明漉用或是元無或曾漉竟春夏朝中並應諦視五分初示蟲水蟲取可見卽入制限多論身子天眼觀空中蟲如水邊砂器中粟遂斷食佛因制云但肉眼所見漉囊所得文與此同故知大集微塵十分之一教所不制也若下次明用犯無下三制持行違此吉羅

律不犯中不知有蟲作無蟲想若蟲大以手動水令蟲去若漉水灑地若教人漉者一切不犯

不犯中初開迷想心不當境若下次開手觸若漉下明順教也

覆屋過三節戒二十

二十（佛在拘睒毗闡陀起房重覆不止屋便摧破八嫌故制）

四緣一自爲己二自作使人覆三至第三節未竟不去見聞處四至三節竟犯

緣中第二戒疏無自作字以但制看覆故疏云何故看覆無自覆者答不看房成有受用義自覆招譏重故不許或可從緣起說由使人作因卽制戒

第三緣若去見聞互離吉羅俱離不犯得房受用言三節者若約緣起則是三重覆已更覆故致摧倒若據律文卽約苫草以分節段縱橫皆犯五分草瓦板等皆可爲覆此多用瓦應取縱橫三行卽爲三節如疏廣之四中問戒本過三方犯此言竟者答戒制指授三節未竟若去非過看竟卽過此據看過非三節過不犯者注戒云如上指授遠離見聞卽不犯

輒教尼戒二十一

二十一（佛在舍衞愛道請教授佛令僧次六羣次往說世論因制）名中不差擅往故云輒也

四緣一不爲僧差二集於尼眾三說法教誡四言了便犯

緣中疏列五種前加佛開說法八敬餘四同此初不差者律制白二僧法差往二中疏云簡別房別說不犯

律中僧不差說法八敬俱墮日非吉羅僧祇前三（在經說戒日十五日後三日）後二（去布薩月二日）此日去者名爲日非

釋中初文前明教誡說法八敬者律云非教授日說八敬吉僧不差與說法墮古師執文謂日非說敬二吉不差說法一提今師不爾日非故吉不差

故提八敬說法文中五列。故知受差日非。說二俱吉。不差輒教。二亦俱提。如彼廣之。（八敬名相，如尼篇列。）次明日非。引僧祇者律無文故。前三者彼云時未至也。註中後三日。即十六十七十八。（黑月說戒，即初一初二初三。）後二者彼云過時。註中去猶至也。二日。即二十九三十日。（白月即十四十五。）又云無間黑白中間十日當往。（白月十九至二十八。黑月初四至十三。）但德須具十八行又希。今但爲略法。如刪補羯磨。次科上明廣法稀行。今下指略法如別。十德如說戒篇。

與尼說法至日暮戒二十二。

二十二。（佛在舍衛。難陀僧差往教授已。愛道重請至暮。尼出祇桓。還至舍衛城門已閉。宿城塹中。俗譏故制。）疏云。本在僧寺。因過方制。令住尼寺。緣中可見。

六緣。一是僧差。二尼眾來集。三教誡說法。四日暮。五知想。六說法不止。犯。

列緣中。初緣以不差者但犯前戒。

律中。除教授。若受經誦經若問。若以餘事乃至日暮。除尼。若爲餘女受經至暮。一切吉羅。

釋中兩節。初約法簡。若問即問義。餘事離上諸緣。通收一切。遷延及暮也。疏云。餘誦受經至暮譏同。如何輕者。以教授有法集尼易故重。餘無攝法故輕。除尼下次約人簡。亦具上四。略舉受經。文脫等字。註戒有之。

不犯者。教授尼至日未暮便休。除婦女已爲餘人。若船濟處說法。尼聽。若與賈客共行。夜說法。至尼寺中。若因人請值說便聽者。一切不犯。

不犯中。且列六段。初是順教。除下次對男子。此開吉罪。三船濟處。四與客行。二並別緣。尼因聽故。五至尼寺者。由本緣起。尼來僧寺。故有此開。若取後

制。應非開也。六因人請。此亦僧寺。律云。說戒日來請教授人。值說故聽是也。

譏教尼人戒二十三。

二十三。（佛在舍衛。尼聞教授師來。出迎供給。六羣生嫉。云彼無實。但爲飲食故。因制。）

六緣。一是僧差。二情存爲法。三內心嫉忌。四說爲飲食。五言了。六前人聞知。

列緣中。一二與六。並屬所譏人。四即譏詞。

不犯者。其事實爾。爲供養故教授誦經受經若問若戲若錯。一切不犯。

不犯中。初至若問。並約事實爲供養。字貫通下四。

戲錯二種非意故開。

與非親尼衣戒二十四

二十四 佛在舍衛乞食比丘尼數請不受後得衣與尼尼輒受彼嫌責數向人說故制。

四緣一是尼二非親三與衣四領受便犯。

緣中疏有五種加第三作非親想初緣多論尼三眾同犯下作衣期行亦爾必須大尼小眾但吉今宗疏準浣衣戒下二斷輕第三中疏云文中不明尺寸而於過咎大小俱提。

律中除貿易若與塔佛僧者一切不犯。

不犯中除貿易者律云以衣易衣非衣易針刀縷線下至藥草等下與三寶所為別故文略親里註戒具之。

與非親尼作衣戒二十五

二十五 佛在舍衛迦留陀夷為尼作大衣裁作婬像令眾前著生俗譏笑故制。

具三緣成犯一是尼二非親三隨作犯。

緣中戒疏有四加第三自送遺作。

律中隨刀截多少隨一縫一鍼皆墮若復披著牽挽熨治以手摩捫若捉角頭挽方正安揲若緣索線一切吉羅。

釋三中初示正犯若復下明餘犯疏云既作鍼刀故隨運結明正犯也餘熨摩等方便但輕。

不犯者與親里尼作若佛塔僧作若借著者浣染治還主等。

不犯有三上二可解借用治還本非為作相同異緣。

獨與尼屏露坐戒二十六

二十六 佛在舍衛迦留陀夷與尼各有欲意在門外坐居士共譏故制。

四緣一是比丘尼二無第三人三在屏露二處四共坐便犯。

初緣疏中作尼三眾除俗女不犯此戒第二二比丘一尼已外有人名第三人不簡道俗男女有卽非犯第三緣疏云緣中門外同坐止是露攝戒本明屏故知雙結戒本云在屏覆處坐準知屏露合制。

十誦屏處相去一丈墮丈五吉羅二丈若過不犯僧祇共一尼屏坐或尼請一比丘食一尼共比丘坐一尼往來益食益食去時隨一一墮比丘爾時應起語言我欲起莫令彼疑作非法若尼去者不犯。

釋四中十誦丈尺三階辨相而不明露處準下女坐一尋內墮一尋半吉二尋已上無犯僧祇明多罪義初句標示或下顯相初約共食以明犯相但

令使尼來成第三人去卽結犯隨彼來去則有多界比丘下文明免過謂使尼去時比丘恐犯故先自起欲令尼去

多論比丘坐住屏覆處者無慚愧處可作婬處律中見聞二屏如二不定中說若盲而不聾聾而不盲若立住一切吉羅

釋三中初引多論別示屏過以人不見放逸無慚思行淫欲故以二過以命其處文引律文通釋三緣初釋第三指如前者煙塵闇黑名見屏常語不聞名聞屏據此以論未必覆障若下文釋二四疏

云盲聾互有不成全證故吉又是坐戒立故是輕

不犯者比丘有伴若有知人非盲聾若行過倒地若勢力持命梵難者

不犯有四初是同侶二卽俗人此二皆謂有第三人三謂非意四卽遭難文闕病緣

與尼期行戒二十七

二十七 佛在舍衞六羣與六羣尼共行人譏故制

五緣一是尼二言許共行三無緣四同一道五度界犯

緣中準疏有六加第四不離見聞處離則非犯第二言

共到某村城國等第三謂非伴行疑怖緣第五村聚隨村分齊衆多界一一墮空處至十里墮若減一村減十里皆吉

律不犯者不共期若大伴行疑恐怖處若往彼得安隱命梵等不犯十誦開爲尼負衣過險徑

不犯有四一不共期者疏云除偶相值或期不許而不離見聞皆不犯二大伴者律緣衆多比丘與衆多尼皆欲從舍衞至毗舍離以佛制戒不與同行尼衆在後爲賊所劫白佛故開兩衆多人故云大伴今一比丘多尼亦開又疏云行途迥遠招譏

過大縱多比丘一尼亦犯要得多尼方開坐處譏輕有兩比丘卽不犯位前戒開通僧多尼少不犯三若往安隱者如病等別緣必須前詣四命梵難緣文略力勢被繫故云等也下引十誦過險開意同前但加負衣耳

與尼同船戒二十八

二十八 佛在舍衞六羣與六羣尼共乘船人譏故制

四緣一是尼二共期三同乘上下四入船犯

緣中準疏有六但於三中分出四五三同一船四順流上下文開直渡必約上下往來方結又但取

度与渡通。

二發第一之三初 本律等如文

作意纔入卽犯不待船行第五謂非直渡失濟之
緣第六雙腳入犯律中一腳在船一腳在地吉羅
準疏俗女亦犯
律中除直度船師失濟上下水者不犯
不犯中律云直渡彼岸也但開過岸非謂遠途失濟者本爲
直渡上下非意又云往彼岸不安隱卻返上下勢力繫
閉命梵等皆開
食尼歎食戒二十九
二十九佛在舍衛居士請舍利弗目連食偸蘭難陀尼言是皆下賤人勸請調達是龍中龍因制

四緣一尼三衆歎得食二知三受得四咽咽墮
緣中第二知者疏云知是非法
律云讚歎者謂阿練若乞食乃至持三衣讚多聞法
師持律坐禪食者從旦至中所得食食咽咽墮除飲
食得餘䞋衣燈油吉羅
釋中本律初明讚歎上二句卽十二頭陀略舉初
後三種故云乃至讚下四種名相可知次釋食中
初明時食疏云大小二食俱犯除下明餘物疏云
衣輕者財重難捨燈油物微故也
僧祇除舊檀越乃至下食已唱等供時更有餘比丘

來尼言更有比丘施主言善哉者不犯若尼言此十
二頭陀者墮若言多與好食平等與不犯若言某甲
徒衆多聞精進當通請一衆一切犯墮若言某甲衆
主精進爲是比丘故通請二十人一人名讚歎餘者
不犯若有歎食不得捨去當展轉貿食若比座垢穢
不淨不喜與貿者當念此鉢中食是某甲比丘許我
當食者不犯若言某甲尊者可常乞食者不犯
僧祇爲七初句彼因長者見長老比丘辦食供養
尼爲料理往請白時至行食等比丘疑不敢食乃
至白佛佛聽除舊檀越此明元是舊識非因彼歎

而致請故二乃至下彼云有唱供時歎始下食時
歎初作食時歎作食辦已歎有請時歎此五並以
更有至墮等文該之今舉二種故云乃至前云更
有比丘非歎不犯復言此是頭陀正歎故墮三若
言多與非犯者彼云此不名讚歎四若言徒衆並
犯者語通該故五若言衆主一人犯者以別指故
六若有歎食下恐別乞失時方便開食初令對貿
次開心念許字連上讀指物多少之詞七若言尊
者下言雖通濫而非歎美可猶少也
五分若先不知臨食時言好與比丘食者不犯

五分中先讚不知臨食非讚故皆不犯
律中不犯者若不知若檀越先有意若無教化想若
尼自作檀越若檀越令尼經營若不故教化而與食
不犯
不犯中六種並以若字間之初是迷心二不因彼
讚故三即想轉律云教化作無教化想教化即勸讚令請也
四五可解第六文誤律云不故教化而乞食與尼謂直乞施主遂與非歎得也此中一三屬比丘二五屬檀越四六
屬尼
與女人期同行戒三十

行事鈔資持記卷二十三　隨戒釋相篇十四　十七

三十佛在舍衛婦與姑諍還毗舍離阿那律欲往彼國此女爲伴夫便逐及那律被打幾命斷佛因訶制
具犯同尼行戒
指緣同前但改初緣人女爲異疏有六種加第五
不離見聞又第三無緣疏云無伴然準律文不開
伴援疑彼寫誤今云無緣對下不犯不共期等
律緣以無學爲教興尚被打幾死何況凡夫故云若
村內一界行者吉羅
引緣如上聖人斷欲尚遭誣毀具縛凡夫豈免譏
責故下顯制律中越村結墮村中犯吉是則舉步

即制足彰過深苦誡來蒙理須謹奉
不犯者先不知若不共期須往安隱命梵緣者
不犯中初二句止是一緣不知若三字寫多律云
先不共期須往彼得安隱疏云開緣不期及難故
知共期多伴亦犯不類尼中以同法故下明二難
力勢繫閉文略不引
施一食處過受戒三十一
三十一佛在舍衛拘薩羅國無住處村居士作住處常供一食六羣數受故制
五緣一施主期限一食二知是三重過受四無因緣
五食便犯

行事鈔資持記卷二十三　隨戒釋相篇十四　十八

緣中初緣疏作非親居士則簡親也第四即下開
病
律中開病者離彼村增劇也
不犯者一宿受食病過受食若諸居士請大德住與
食若次第請與食若水陸道斷等不犯
不犯中五初句順制次病過者謂因病過受也若
諸下多人共留若次下次第各請律中若多檀越
若兒女姊妹次第請住多日是也若水下急難爲
阻不可往也文略賊盜虎狼等
展轉食戒三十二

三十二佛至阿那頻陀國因諸比丘先受大臣請復受婆羅門濃粥往大臣家不能多食大臣瞋恨爲佛訶責後佛還羅閱城諸比丘先受樂師請後居士施五正食食已後赴先請不能多食遭瞋故制。

十誦云數數食。五分同之。僧祇云處處食。總一明判云背請戒。

會異中。四律三名無非重食。今云背請乃是相傳。於義易顯。故云明判。疏云隨俗取解亦無過也。

五緣。一先受五正請不問道俗親非親。二食境堪飽足。三無緣謂病等也。四更異主受正食。五隨咽便犯。

初緣疏有四句。初前後俱正提。二前正後非正吉。三前不正後正。四俱不正並不犯。三云病等者具如不犯中。五隨咽者疏云不待飽也。

律中。請有二種。若僧次若別請也。食者飯麨乾飯糒粥亦是僧祇云初出釜畫不成字是非正食。

釋初緣。正請中。初引二請通皆有背。次明食體。五正列三。不存廢教。稠即濃厚。合上成四。下引僧祇簡上稠粥物雖一體濃薄分異取初出釜不約凝澱。

僧祇。若到俗家。言闍梨今日我家食。即名請處。若作食未熟欲往他家。應白已去。不白去者至彼得正食。犯二墮。一不白請家。二是背請。大同四分。

釋背中。僧祇有二。初明前請。若作下次明結犯。不白請家者犯後四十二戒。

又律云。病者不堪一坐食令足。施衣時者十二月中隨有衣食請處開背。若一日受眾多請。自受一請。餘者施人。言長老我應往彼今布施汝。若不者背前家咽咽墮。背後家咽咽吉。五百問云。若主人嫌代去者不得。

釋第三。初科有三。初釋病緣。律因病比丘不得隨病食故。次釋是衣緣。律中一家單食請。一家衣食請。

佛開背前。又律云。自恣竟無衣一月有衣五月。此通開背不約兼衣又云。若復有餘施食及衣等。此明兼施不限時與非時。故云十二月也。若一日下明捨請。初示捨法。若不下明犯相。引五百問決上可否。主嫌不捨亦應成背。準前六念開心念捨。

十誦多論。前家不得隨病食。背至第二第三家。漸漸食至日中。不得到第四家。

次科。彼宗開病限至三家。但開背二。若容更背恃開無節。教緩機慢。故不得四也。

律不犯者。病時。施衣時。若捨請。若請與非食。謂粥餅不正食。

或不足（是正而少不足）或無請或食已更得食等不犯
不犯中七前三如上第四註中粥謂出釜稀者餘
則枝葉細末等五中註云少者犯取境足故第六
無請豈得有犯七謂前後重食乃可犯足而不犯
背必不壞儀足亦非犯律又云一處前後食謂同
主異食非背可知文中不出故云等也

別眾食戒三十三

三十三（佛在羅閱祇提婆教人害佛教闍王殺父惡名流布利養斷絕乃與五人別乞因制）
釋戒名者謂能別之人食處成眾以眾別他不共
同味若取語便應云眾別然據所別非不通眾但

犯由能別故獨彰名又能唯約眾所通眾別委如
本疏
然別眾食準此律文但明別請不論不集故文云但
請三人食我等不得別眾若依緣起則明乞食故文
云為攝難調人自結別眾若依多論明界內不集亦
明別請別乞有不集者僧次亦有不集
約相中初科本律有二初約廣解明別請即開緣
文佛初未開比丘凡有他請皆用此言對之如鈔
所引至後白佛故有七開若依下次約緣起明別
乞難調人即召提婆明佛制戒為攝彼故（本宗止有此二）

多論具三皆論不集初句總標亦下別列上云亦
明者亦前律文下云亦有者亦上二種
今分三相各明犯緣引據證別
分相解中總標云各明緣者三位各具七緣如下
所列引據證別者即下多見二論辨三相不同
初明僧次七緣一有施主二是僧次請三五正食在
時中四食處成眾五知界內有善比丘未食不集六
無諸緣七咽咽犯
僧次中初科且據僧次餘二例同但改第二為異
多論若施主就僧界內二處設食應布薩處請僧或

送一分食自處不須展轉若聚落界內無僧界二施
主各請四人已上二處食應打犍稚互請一一互送
一分食更有異比丘入亦更須展轉或先僧次後成
別請有客遮不許入是若不遮雖先別請後成僧次
如上立法此明僧次
次科有二初明僧界開法須布薩處即知法者所
居以布薩是攝眾之法請彼一人則表眾集自處
不須者即彼二處不相請送與下俗舍不同若下
次明聚落初明作法加打犍槌僧界人多不可作
相但有二法更下明重作以後來者復成別故或

下明互轉如後廣之如下結示
言別乞者善見四句一四人同乞或別乞各不相知同一主故同時受食犯多論若四人各自乞食共在一處亦無有過以非一家故
別乞中見論四句且引初句餘三如後多論各乞同處反明同乞異處成別
若別請人應令作法門外唱令但得一人即名清淨若不作法界內無人者一切僧猶得遮食不清淨罪
若準此言未假界內不集必若盡集亦結其過故文云別請四人在僧中次第並坐受食食不與僧同味

咽咽皆犯
別請中作法即鳴鐘唱令召夏臘等遮食罪準理是吉若下約集明犯準上界內無人之文下引文證同坐異味亦即集犯
準此以言僧次一種唯局不集結罪乞食別請若集不集俱結
準決中總斷三位不集皆同集犯有別僧次若集則無有過餘二集犯者別請如上別乞準同
今更約緣隨相總明令人識知由過常有
次重釋中標云約緣者即上七緣文中但釋五種

三七易解故令下二句出重廣之意
初有施主四分多論不問道俗皆名施主即明僧食無別眾罪故多論云若取僧食別自受啖不與僧同或遮客僧或不作相是盜僧祇非別眾罪廣如上卷
初中前明揀濫今世有人一槩但云別眾不知僧食自犯重盜又有見將異味在眾獨啖便言別眾食者事雖非理名教天乖不可濫也故下引證僧祇翻眾即目常住眾物耳上卷即僧網中
二別僧別乞別請三種
第二緣標云別僧者即如下云施主別請僧次四

人是也但不定名故云僧次
先明別僧即是僧次五分僧次請者凡夫聖人坐禪誦經勸佐眾事並為解脫出家者得入僧次唯除惡戒人若言次第上座者是僧次攝又不知齊幾為上座佛言上五人者皆名上座以法取人或言禪師等是別請若言禪師十人便除法師律師甄簡異故不名僧次下誦善生中以羅漢法請人不稱名字猶名別請為佛所訶如計請法中
僧次中五分為三初簡能受人文列五種並堪預數不可揀擇除惡戒者疏云僧次一種必以淨戒

二釋別請四初
請僧就舍

為先微犯憲章不令受利等（準犯小罪即為所簡）若下二示僧次法又二初正示以下顯非以法取者雖不定名簡其所學即非僧次此謂雖通而別非平等故十誦下三引文證彼云有人請佛五百羅漢佛言不名請僧福田若能於僧中請一似像極惡比丘猶得無量果報與下增一意同如下指略即下卷赴請篇

多論若施主長請比丘或作日限先隨意請人各使令定至初集日先無別請一切無遮大善無過不能無遮應打犍稚眾僧集已先別請者且住一處勸化

比丘若施主應立高處舉聲大唱六十臘入若多若少但得一人即名清淨乃至唱到一夏及沙彌等若都無者亦名清淨若初日不唱應日日唱如初日法若初日唱訖若遮不遮一切無過若不作此二法若食時有遮界內比丘乃至一人此一切僧得別眾罪設界內無比丘故有遮食不清淨若九十日請或長請如初日唱九十日夏訖施主設有續供一月半月即前唱法為清淨不須更唱唯僧房臥具九十日竟日日唱不者得罪

別請中初科初至不清淨來明初請法二若九十

二就界作食

日下明續供法初中復二初明先請長請謂不限日也至下明來集初明無遮盡集先無別請者謂長請之外一切普設無別召者則二日已去縱遮無過不能下次明有遮免過不能無遮者食不足供也勸化比丘即是門師言六十臘者趣舉多者為言乃至者五十九下次第減唱言都無者虛唱成法為免後患若不下明違教結犯有無皆罪文相可知二法即打槌唱臘（或可初日日日為二）及次續供中即前法者以相續不絕故僧房等須唱者準似夏初四事皆唱食味是通唱法亦續故不更唱房舍

別屬期限已滿故須別唱

若施主就僧界內作食堂舍不容次第出在異處食亦得若大界內有二處僧祇一日中二處俱施食布薩處無過不布薩處不請布薩處一人不送一分食者此僧犯墮若施主別請僧次四人入僧布薩界內食或將食入界別請比丘應布薩處請僧次一人若送一分食若二處三處亦爾自處不須展轉取人送食設請人送食已外有異比丘若遮不與食者墮若不爾者三人已下各各異處食得若作意請僧中一人忽忘不請在前作一分食置上座頭送與彼僧若

道界遠者先取食次第行之。

二就界中文有三節。初明食一處異。味同不犯。二若大界下。明一界兩院。由布薩有無請送須不。三若施主下。明俗士將食入界請僧之法。初明僧次雖不揀擇而人數有限故云別請僧次（或分二請在文非便）。或將下明別請。初示作法。自處不須者。謂二三處不互送也。取字合作請。設請下明遮後成犯。若不爾下方便離過。若作下迷忘開法。僧中即布薩處。置上座頭者表屬彼僧示欲送往。若道遠者彼云相去十拘盧（二十里也）。取食次行表送彼僧故。

若聚落界內雖無僧界。設三檀越請四人已上於二處食。應打揵稚互請一人互送一分食。若有異比丘應入。乃至一人。若不互請送食皆墮。若遮不與一人食亦墮。假令一處欲如法者應好隱悉知聚落比丘有無。不疑者得。不爾應打揵稚。不打者知有一人不來食犯墮。疑有吉羅。若不疑心若打揵稚不問有無一切不犯。

三聚落中初明二處互送。文大同前。假令下次明一處盡集。初明集法。不打下明違犯。若不下開不犯。問。上云別請界中無人亦犯。今云不疑有亦無犯何耶。答彼有遮心故不同此。

或先僧次請來有客比丘遮不聽入即成別眾。或先別請有客比丘來比丘教化勿遮即成僧次。不能不遮乃至唱一人入等。

四互轉中。初轉僧成別。或下轉別為僧並從後斷。

俱失本名（上四段並多論全文）

善見別乞四句。或四人一時乞或別別乞各不相知。而同一主一時往受食者犯。二各各去一時受各處食（四分律中不犯墮）。三各去各受各食不犯。四或別乞別去一時受食犯。

三明別乞各見四句。即以去乞受食四事互論同別。但語有省略。下隨足之。初句同乞別乞並須兼去。以一向同乞犯相易知故此雙標。或同或別。而下明受時食處。此二皆同。次句合有各乞則具三別。唯有受同（註中辨異者。論據受同異處亦犯。律約共處不共故開。今須依律。故此句中略犯相也）。第三合有各乞隱在去中。則四種皆別。第四二別二同。四種皆備。

義云。僧次請人至請家已門外有比丘不許入界內者變為別請。設後食時無人亦犯墮。若門外僧與家

三於第四、二初標緣
二正釋、二初明衆
二初五人食非衆
二境乖非衆
二辨處二初約
初受後食以明

內相去六十三步外者食時外僧乃名別請別衆不名僧次別衆

義決中上引多論變僧爲別不約界內無人故此決之初決犯若下示名

四食處成衆善見要別請四人俱受成衆即座上一比丘覆鉢不食待餘三食竟後一人食不犯四分若二人三人隨意食四人若過應分作二部更互入食

釋第四緣明衆中初科善見四分大同二部互入者前後兩衆不滿四故

多論三比丘一狂心三比丘一滅擯三比丘在界內一在界外若狂擯二人不落僧數雖四不成異界不相足數不成別衆故須知是好比丘

次科多論先列三相若下釋所以狂擯體相非僧異界緣隔不足故下結示但收上二或可相乖亦名不好問睡定等人成別衆否答亦應不成論中更列亂心病壞心人比丘尼二衆沙彌界外定中皆非犯今略舉狂心以攝緣差等睡定等滅擯可收體穢十三難二舉等異界則攝相乖界場露地申手外等

多論或食僧食若施主食各取食分雖四人已上於別處食或共一處食不犯別衆若四人各自乞食於

四於第五、二初標名
二務相三初普召
往赴通局
二約食對處
料簡

一處食亦無別衆律結犯者據一家併乞四人一時受食必前後各自受分者得由自食已食也

辨處中初科引論前明僧施二食僧食無別於義可解若施主食準下亦須前後異時若四人下明別乞律下會釋不同以律緣起諷達五人別乞而制故初示律結犯必下決論不犯兩文互現義不相違

又有四句一食主是一盡集無過二食一處二彼此乃異以食味同故不犯若界內更有餘比丘二衆俱犯三食別處一如僧盡未食僧食或有施主食有一

施主別請四人在僧中並坐受食不與僧同咽咽犯若彼四人先取僧中一口食已後得益無犯此謂露地須申手內若在覆處不必相接四謂食別處別彼此二衆互請一人互送一分食不者二俱犯墮

料簡中初句盡集者即食處俱一第二句者如前堂舍不容出外之類第三句初示犯相僧盡集者謂處一也不同味者即食別也若彼下明開法得益謂同益食故註約露地釋上並坐覆處更遠亦名處一第四句可解

五界內不盡集五分若請比丘僧應比丘沙彌往若

請二部僧五眾應往。

第五緣釋中。初科五分即約僧次施心無擇普召爲言。以下三眾同福田故。

多云。凡別眾食必於界內。言界者。謂眾僧結界聚落界家界曠野處一拘盧舍界。此諸界內不得別食別布薩。若僧食竟有客比丘來。檀越與食四人已上無罪。以僧食竟不合同味無乖別過。若僧未食客來入界。受檀越食咽咽成犯。別。狂癡滅擯比丘及沙彌無犯。上沙彌等三人非別眾。若不與僧食是盜僧祇。若沙彌是僧次請來則免四比丘已上別眾罪。俱福田故。

對界中。論文初列四界。不出作法自然聚落有二。如結界中家即村舍亦屬聚界。曠野即蘭若。一拘盧準論二里。道行水界文雖不明義須準說。但有難蘭若則非所論。別布薩者相因而引非此中意。若僧下辨成犯相。初明所別食竟無犯。以前僧必無重食之理故云不合也。若僧下明未食結犯。下文簡境且列三人。如向備引。註文兩節。初通示三人不障僧食。恐謂非別不與食故。其中滅擯財法雖亡然體猶存。除餘僧施尚沾食分。若下別示沙彌。以別雖無損而集則有益。即前唱法乃至沙彌是也。僧次取淨狂擯不成。

四分諸律並云別請別乞故犯。不言不集。多論別請別乞如律。又加食處不集。雖僧次來但使同界不集又名別眾。如上所列。

明三位中。初示諸部止有二種。次明多論復加僧次。註指上者。前文廣引問戒初已列三位。何以重明。答。前文但標所出。此明三位通有不集故不同也。

善見五種足四不犯。一不請足四。施主別請四人。一人不去。主人見少臨中見一比丘即喚與食是名僧

次。情無簡別。二乞食足四亦以別請一人不去臨中乞食比丘至依次與食。三沙彌足四。四鉢盂足四。別請四人。三人身至。一人鉢請。五病人足四。此謂狂癡並非別眾得食。

第六緣中。初引善見五足。前二乃是轉別成僧故免別過。下三並謂眾不滿四非別可知。第五註中恐濫病時故特簡之。以病但開已。狂等開他故也。

律中不犯開七緣。一病時者。下至腳跟劈。善見云。砂土入中不能行。

本宗七緣。一病緣中。且舉至輕以攝餘重。劈普激反。分裂也。疏云。身抱患惱若不開別無由濟命。

二作衣時者，自恣竟無迦絺那衣一月，有則五月是也。

二作衣中一月五月者，與後五分衣時何異？今準疏釋，前云作衣延久，恐廢正業，釋後云衣時通給，爲補夏勞，故知雖並時中，而前約製造，後通時內，不作皆開。

三施衣時者，如前背請戒。

第三前云十二月中隨有衣食請處，開背二戒緣同，故略指耳。疏云施衣不受，後須難得故。

道船二行爲四五二緣者，下至半由旬內來往上下

是。

四五道船二行云下至者，示極小量已上皆開，減應須制。疏云道船途路多有留難。

六大衆集者，食足四人，長一人爲患，是乃至百人長一人爲患。此謂儉時，東西二家各設食供，東家成衆，西家一人，由食處西家成衆，一人本是別患。豐時則有，儉故開之。又供具限約，不許分送，外乞難得，儉故開成。

六中初科四人百人，此謂能別，必須滿衆，長一人者，此謂所別，未必多人，能使彼衆皆犯別過，故云爲患。此以本犯反釋開意，但語意難曉，故須註釋。初約儉開示相，又下釋成開意，言限約者，謂施家物少也。乞難得者，明比丘不可避也。疏云食少人多不開送故。

今京輦設供，每有不依，疏僧闐闓門首，請家拒閉，不令輒進，大德英達安然坐食，知外有僧不思命召，親見其事，過深鄙俗，望諸行者見聞歛迹。五分云門外有客比丘不得入者，乃至語往本寺取食等，廣如計請法中。

次科初敘過，京輦即京兆府。王者都處謂之輦下。不依疏僧非名請者，闐音田，闓音噎，謂隘塞也。親下訶誡遮客獨噉，下流所爲，況僧海同和，反自安忍，故云過

深。歛迹謂掩其惡迹勿復爲之。五分下引證，彼云應語主聽入，若不許者始令往寺，故云乃至。

七者沙門施食時，謂在此沙門釋子外諸出家者是也。

七中律緣瓶沙王妹有子於外道出家，詣僧坊設食，故佛開之。疏云將化入道，故開受供。又準論中，僧次不犯，五分衣時，都合九緣。

他部緣中，疏問律明作衣已是開限，何用衣時？答據本受意有長短也。文云下至一縫者極短也。短即四分作衣長，謂五分衣時。

增一云，師子長者別請五百羅漢。佛言：不如僧次一人，福不可量。因說如飲大海，則飲眾流。師子言：自今已後，當不別請。佛言：我亦不令別施，以無有福。師子便平等施，亦不言此持戒犯戒。佛讚善哉：平等之施獲福無量，平等施者施中第一。賢愚經以氎施佛，佛讓與僧，義意同此。正使將來法垂滅盡，比丘畜妻挾子，四人已上名字眾僧，漫請供養，應當敬視如舍利弗等。

次別證中，前引增一。彼云：佛在羅閱城，長者請舍利弗目連等五百人，佛訶。如鈔飲大海者，由心通

僧寶無所簡擇，雖得一人，則為供養十方凡聖故。師子下受教奉行，佛讚下為聖所讚。賢愚中，姨母自紡績作一端金色氎上佛，佛言：可以施僧，得福無量。若於十六具足（增輝云：僧尼各有四果四向），未足為多。餘如鈔中。挾，抱也。名字僧，無實德者。問：前引五分除惡戒者，此何相違？答：疏云：五分簡人，精也；賢愚取人，麤也。破戒受施，且取外生物信，令於僧海自感施福，非謂行缺能消信施（疏中意也）。私謂五分除惡戒、佛藏不消杯水、母論腹裂、律中畜寶，對俗訶制，對施興治，能所俱墮。如是等類，並謂極誡內眾，使自

策勤。增一、賢愚、十誦、善生，皆據導俗，恐忽慢僧徒，自招枉墜。是知受須戒淨，不淨則自陷無疑；施必普周，不周則所施無福。用斯往判，諒無所違。

律明開緣，僧次一種，功益自他；病等諸緣，但能自益。（謂別請三人，一人若病若行等緣來入前數，自身是開，益他犯別眾也。）

總判中，初明功益，通揀九種，註顯八緣，其相可解。

律中，若無如上諸緣，即起白言：我於此別眾食中無因緣，今欲出。餘人無緣者亦爾。若有別眾食緣欲入者，當白言：我有別眾緣欲入。白已，隨次入。若有緣不白者，吉羅。

次告白中，初無緣者，疏云：無上九中前六也。有緣之者且能自益，無緣之人故須白出。若下有上六緣，制令白入。後三通眾，故但云六。若據大眾，亦是通眾，以非儉時則分為二部，互白出入。疏云：所以白出者，護施主意故；白入者，護內比丘意故。言隨次者，律云：隨上座次入。疏云：身是有緣，入須儀式。不白吉者，違教故也。問：無緣白出，不白犯不？答：望同違教，理應準結。或可不白而出，無損於眾；入則反之，故制與罪。

不犯者，如上所開。

不犯指前本界九種。

取歸婦賈客食戒三十四

三十四。佛在舍衛。婦人將還夫家。辦食頻施。經時不還。夫別取婦。又取商客食分路中數施。爲賊所劫。因此二緣合制一戒。

五緣。一是上二緣。二知是。三無緣。四取過三鉢。五出門便犯。

列緣第一、指上標名。第三疏云。卽戒本中無病過受則此開有病也。第四、疏云。多論土鉢取一無罪。二鉢是犯。中鉢取二。下鉢取三。各不犯。過則犯。一人取過三鉢犯。謂下鉢也。若四人取過三鉢。前三

人不犯。後一人犯。律中不犯。齊兩三鉢。若病若自送寺中等。

足食戒三十五

三十五。佛在舍衛。說一食法。乃至諸比丘憔悴。佛聽得食取飽。又因看病人開餘食法。後有比丘貪食不知足。得便食之。因制。

五緣。一是可足食。二知境足。三捨威儀。四無緣。五更食犯。

初緣可足卽是正食。第四或病或作餘食法則無犯故。

律中若飯麨乾飯是正食。堪飽足故名足食。五緣。一知是飯。由飯等是正足。二知持來。知爲我持來。境多是足。三知遮。知前境食少。雖食不遮於後。若多堪飽。雖食一口。必遮於後。足故。五知捨威儀。若坐牀而食。前境堪足。忽低頭取與。後分離牀之例。四知威儀。知行住坐臥四儀隨壞一一犯。足食已。捨威儀。不作餘食法。得而食之。後食若正若不正。枝葉華果細末磨餅油蜜等。隨得一粒入口。咽咽墮。

通釋中律文分三。初示名相。次列五緣。初簡食體。二須曾受。三明食境多少成遮不遮。如註所顯。四約制教。五據正犯。二緣似同而異。足下三明結犯。僧祇捨威儀者。八種威儀。行住坐臥長牀短牀船乘。且如牀上坐已。若見師僧塔像在背後者。迴身避坐。曳身不得離

牀。若離名捨威儀。若正食時。天雨。於上持蓋。無者。合牀舁著覆處。舁時倒地及諸緣而離本處。更食犯墮。

僧祇。八中。上四通約四儀。與前無異。下四別就坐相以明離處。由坐通地物不犯故。且下舉牀示相。餘船乘例同。初約動身明犯。若正下。次約擡舁明犯。問。倒地等緣既非故作。何得結犯。答。此有法開自可作法。故違而食。不復重開。彼云。在船上。船築岸觸木石迴波。身離本處。若在乘上。乘上坂下坂。坂謂大坡不平故有上下。若翻身離本處等。

五分。五事。一有食。二授與。三受啖。四不復受益。今時有人

且受正食少一口已便言不作斷心便至中前依式更啖此非正量食無飽期約境定犯五身離本處更得食隨國土無粥晨朝開飲麨漿五分中第四不益者顯境足也註中初出異計彼謂足食飽足方犯但少一口即不名足此下責非法今準五分不受益緣明取境足誠有據矣餘四可解國下明別開以麨是正食隨方所宜故。十誦五種中糒謂乾飯也餘同四分五似食者床粟穬麥莠子錯麥迦師等五種佉陀食者一根二莖三葉四磨食稻大小麥等五果也。

釋初緣食體中十誦有三初明五正糒音備此與前異故特出之前引三種更兼魚肉為五正梵語蒲闍尼此云正食五似中床音眉即穄子也穬麥通名大小諸麥莠音酉即稗草子錯麥是華言迦師即梵語謂碎麥飯也以錯碎故有云麵者濫下末磨食彼文明五似或言錯麥則不言迦師或言迦師則不言錯麥鈔中華梵並列意彰一物二名耳五種佉陀即不正也四中稻即正食麥是似食但磨細故入不正收已上十誦總十五種僧祇五正同此五雜正如四分云佉闍尼者枝葉華果細末磨僧祇大小穬麥米豆作餅酥油歡喜丸一切作餅除肉餘者非別眾處處滿足食等

僧祇初明五正言同此者即指十誦彼云麨飯麥飯魚肉彼無乾飯而言同此者以麥飯乃當五似故次明五雜正者即不正也與四分同故引合之佉闍尼此云不正對上十誦枝即是莖此無彼根彼無此華僧祇下三明餘物米麥等皆謂磨作餅也歡喜丸古記云西國多用酥油砂糖為糰故名丸也一切下牒上諸物以明不犯肉是正食故特除之別眾處處此前二戒相因而列滿足即此戒也

善見云佉闍尼者一切果是也正食者米麥作飯麨粥初出釜畫成字不得食若米合藥作粥亦爾若少飯和多水以離威儀應作餘食法乃至米雜肉加芥子大作餘食法一切草根及樹木子作飯若以豆作飯不須作餘食法若以菜和正不正為粥若說正名成遮不說正名不成遮

善見初通示二食與前少異初不正唯果應收枝葉等正食且列三相麥飯同上十祇粥初下別釋初明正食粥藥稠厚即同米飯少飯和水體非稀粥米雜肉者亦約粥論以單米稀粥開噉無過若雜少肉即在正收一切下釋非正初約一體若以下示相和言說正者如云米粥不說正者如云果

茱等粥。此亦約稠者言之。

義云：此足者謂前境足，非噉飽名足。故律中時有比丘見上座來，若受不作餘食法者，告言我受不作餘食法，便得食。尼不敬僧戒中亦爾。故知若起須作餘食法，由前境足故，不得輒起。何況僧祇八遮。

義決中前註已破，由世盛傳，故此重示。初立義遮非。故律下引決。初準四分，僧敬上座，尼敬大僧，二俱是制，違則有罪，由受頭陀，二皆不犯。取彼決此。非直明文，故云義也。何下次指僧祇。彼云足食有八種。一自恣足。（檀越自恣與，比丘言我已滿足。如是離坐，不作殘食法，犯提。下皆例同。）二少欲足。（檀越多與，而動手現少取相。）三穢汙足。（行食淨人手疥癩不淨，比丘惡之，言不用過去。）四雜足。（淨人持乳酪器盛麨，比丘惡言過去等。）五不便足。（淨人行麨，比丘問已，言此動我風，不便，過去。乃至與病不便等例說。）六自陷曲足。（淨人行食，比丘現手作相，若搖頭，若縮鉢作相。）七停住足。（淨人行食時，比丘言莫先行飯，當先下茱等。）八自已足。（比丘乞食，自有麨囊，從檀越乞水。彼意謂須麨，卽問比丘須否。比丘意謂檀越至家中取水，答言須。彼捉比丘麨囊授與，比丘言且置。）彼但云八種。今以隨作一相，卽名遮後，故云八遮。上明境足，猶是從寬。僧祇更急，故引此況，足顯彼非。

四分中病人殘不須作餘食法。善見明了。病人殘者或食不食，皆成殘。僧祇一人作法，餘人盡得。此律亦爾。

釋第四須不中。初明病殘不須，僧祇下明他作不須。

律中僧俗二食俱得加法。若作餘食法，十五不同。能中有三：一是比丘，二先足食，除不正及不足，三身康和除病。

本律作法中，初三中云先足者，約境爲言。

對法亦三：一豐時除儉，二所對是比丘，三未足食者。

所對三中，除儉者，律中儉開八事，不作餘食法是其一。數言未足者，律云食已爲他作不成。（準僧祇開）

食體亦三：一時食及清淨，多論不淨食不成作；二新淨食，非病人殘；三不覆藏食。

食體三中，簡不淨者，謂興利邪緣宿觸等，別有所犯故。不覆藏者，謂以惡食覆好食也。

自作三法：一自言現前，應從淨人受已，具未足比丘互跪云：大德，我足食已，知是看是，作餘食法；二授與前人；三舒手相及處。

自作三中，自言現前，非遣他故。律云使淨人作不成。言授與者，律云自手捉食作、持食置地作，皆不成。

彼作三法。一彼受爲食，二口云我止汝取食之，三度與他。

彼作三中云我止者，正示殘法。

此三五種並約律文。

五分佛言持食著鉢中手擎，偏袒右肩右膝著地，作是言長老一心念我某甲食已足，餘如上。若都不食，還之語云此是我殘與汝，亦名殘。尼具有殘食法。僧祇若持鉢椀作法，但食鉢中，鉢中成殘，椀中不成。

引諸文中五分示前威儀，作下出詞句。如上者，續云知是看是作餘食法。若都下示略法，但取他語。

不必須食。尼具有者，此出五分，古謂尼無故特點之。又身綺中尼受不作餘食法，則僧尼同有明矣。僧祇下明器各別法有成否。彼云若比丘持食來，欲作殘食，即於鉢上椀中作殘者，止得椀中名作殘食。鉢中不名作，若椀中汁流鉢中，得俱名殘食。今文反之，存大意耳。

義云今有人食飯未竟，喚足食者來與食，云此是我殘者，應成無妨。若強勸不云殘，犯後戒。

決通中初明直與成殘，若下明強勸別犯。

律不犯者，食作非食想，不受作餘食法，非食不作法。若病不作法，病人殘不作法，若已作餘食法，一切不犯。

不犯有六。初是想差，如稠粥作稀想。二即上行，示無有犯。三約食體不淨（或前食非正）。四即病緣。五謂已殘。六是順教（儉開不作，文無理有）。

勸足食戒三十六

三十六（佛在舍衛，有弟比丘貪食，兄比丘以過責，心懷恚故，兄食已便強勸食，反以過責因制。）名中強以飲食勸已足者，故云勸足食。疏中對前戒四別：一前身犯，後語犯；二前開病，後不開病；三前貪心，後三性；四前已咽犯，後他咽已犯。

五緣：一他足食竟，二知，三發言強勸，四不作殘法，五前人食犯。

列緣可知。若彼受食咽咽二俱墮。問：已有前制，理應不違，復開殘法，自可依作，如何受勸重興此戒。答：元彼懷恚意，欲令犯，強設巧言，悏令不覺。至論成犯，必與俱時，但所勸犯，前能勸犯，後故律中若彼棄之與人自作殘法等，則能勸但吉耳。

非時食戒三十七

三十七（佛在羅閱城，人民節會，難陀跋難陀共看伎，并受食而暮還耆闍山。又迦留陀夷夜入城乞食，女人電中見稱言是鬼，由此二緣故制。）

二釋相二初明制意四初立中意二初引示

智論問曰若法無時云何聽時食遮非時食爲戒答曰我已說世界名字法有非實汝不應難亦是毗尼中結戒法是世界中實有爲衆人訶責故亦欲護佛法使久存定佛弟子禮法故佛世尊結諸戒不應求有何名字相應不相應等若爾云何但說假名時答實時毗尼不說以白衣外道不得聞聞生邪見故說假名時以通多分故

制意中初科智論釋六成就中時成就文彼明天竺說時有二一名迦羅此云實時謂年月日時四時節氣等世俗皆計爲實故二名三摩耶此云假時謂隨事緣長短不定無有實故佛隨世諦說

三摩耶不說迦羅爲除外道俗人邪見故俗人著有外道計常若說實時更增彼計此亦大分爲言非俱不說論中先破彼計實時皆無有實然毗尼制法多依實時則顯如來亦說實時豈是無時故以爲問如鈔所引答中爲二初約義釋通二佛下遮其來難初中三義初從假釋論中難破時已乃云見陰界入生滅假名爲時無別時謂時經及餘經等亦說實時乃是隨世名字故云假名此與俗說假名言同義別又準佛說則彼二皆是假名隨彼而言故云實耳文云我已說者即指上文世界法有故不妨說時非時非實故不妨無時立論已明不審重問故反責之云不應難有下闕時字實下脫法字論本

二顯意

有之亦是下次隨世釋世界實者俗所計也論文實下有非第一實一句又無有字衆人呵者即指緣起律中女人呵迦留陀夷云寧自破腹不應夜食由彼計實而致譏呵律附世相遮譏故制亦欲下三護法釋謂受戒時分定上中下互相敬事令法不滅故云使久存等初義約假從道以釋後二約實從俗而釋遮來難中以毗尼制教隨順世諦從權建立不可橫以眞理而難俗事以化就蕩相制是建立故云不應求等論具云諸佛世尊結諸戒是中不應求有何實體之虛實有何名字名之有無何者相應何者不相應義之違順何者是法如是相何者是法不如是相相之

是非以是故是事不應難化教詮理必須四義求之次難中論文前云如來爲除邪見不言迦羅說三摩耶謂餘經中多說假時如上引律乃說實時義有相違故以爲難答中爲二初明毗尼說實意上句正示不字誤論文正作中字以下顯意謂毗尼不許白衣外道聞故可說實時以道衆自知非實不生邪執故文中下聞字論作而字說下次明餘經說假意通多分者道俗俱可聞故古多錯解妄改文字學者難曉不免繁文

今有妄學大乘者多貪著非時食故具引誡之

顯意中以學語者恥已貪嗜濫謂大乘無時非時

故今還引大論以誡邪執近世學大學小噉食無時不畏佛戒銅漿鐵丸焦爛喉腹痛徹心髓誰當代之悲夫

經中說云早起諸天食日中三世諸佛食日西畜生食日暮鬼神食佛制斷六趣因令同三世佛故

次科經即毗羅三昧經通列四時前後三種大約不定日中一種佛佛常法以住中道假事表理故凡所化儀無不皆中佛制下止顯教意上有三趣地獄同鬼類欲超三界必斷六因故制比丘不同彼食令依極聖出離可期嗟彼愚人多飡晚食肯

數諸佛而甘同鬼畜不知何意乎

多論四解一從旦至中其明轉盛名之爲時中後明沒名爲非時二從旦至中作食時節乞不生惱中後已去反上可知三中前俗人事務妊惱未發中後閑預入村乞食多被譏謗四中前乞食濟身過中靜緣修道非是乞時名爲非時又云晝夜各分九時事同須臾日下近地熱漸寒甚夜則長也

三中多論初釋時非時四義中初約日月出沒餘三約乞食合宜不宜二三約他事第四就已行又下明時分不定晝夜各九時（且約相等）增輝引古解云

晝夜都十八時一時有十五臘縛十八時總九百臘縛三十臘縛爲一須臾（三百爲十須臾九百爲三十須臾）事同者同下僧祇故（俱舍一百二十剎那爲一怛剎那六十怛剎那爲一臘縛三十臘縛爲一須臾三十須臾爲一日夜）日下近地者準俱舍日月在須彌山半腹去地四萬由旬準此則無下義但日行極南望之似下以天上南北相去有一百八十道日於此中來去以分八節且約夏至日在北第一道向南行越四十五道是立秋又越四十五道秋分又越四十五道是立冬又越四十五道極南第一道是冬至（從北至此熱減寒至甚也所以寒者一云南州北闊日光多故南狹日光少故

又云近須彌山邊冰山故又云去人遠故）從此卻迴至立春春分立夏夏至各經四十五道還至極北如是終而復始阿含中時非時經具明二十四半月之相準俗二十四氣量之僧祇令知時節若作腳影事同上經若作刻漏（四分亦爾）日極長晝則十八須臾夜十二也長夜反之

四中時非時經即阿含別品是以雙標彼約腳影定一年中日夜長短須者尋之準俗者此方亦以十五日爲一氣一氣有三候一候明五日三氣爲一節（四十五日）一年有四時八節二十四氣七十二候

三十六旬。僧祇腳影者。立日中以腳步影也。刻漏
者。量水為數。隨時增減。滴漏定時。謂之刻漏。
四緣。一是非時。二非時想。三時食。四咽咽墮。律云。時
者。明相出乃至日中。按此時為法。四天下亦爾。非時
者。從日中乃至明相未出。僧祇。日正中時名時。非時
若食得吉。時過如一瞬一髮。食得提。
釋初緣中。引律定時。云至中者。此明極限。食必中
前。四天下者。俱舍云。日轉四天下。正照一面。傍照
兩面。長背一面。又云。北洲夜半。東洲日沒。南洲日
中。西洲日出。四洲皆約從明至中。故云亦爾。下引

僧祇。正中犯吉。故知受食必在中前。經中食時乃
當辰巳。古德卯齋。護之彌急。有聞諸佛日中食。便
謂中前非法。蓋不知教也。又有訛云。不過中食。便
聽鍾奉戒。況打鍾不定。何足為準。瞬即動目少時。
髮謂影移少地。義淨內法傳云。宜於要處安小土
臺。圓闊一尺。高五寸。中插細杖。或時食上豎竹箸。
可高四指。取正午之影。畫以為記。影過畫處便不
合食。西方在處悉有之。名薜攞斫蒭羅。譯為時輪。
律云。若比丘非時受食食。咽咽墮。非時漿明相出。七
日藥過七日。亦墮。盡形壽藥。無因緣服吉羅。以曾如可法無病不許服。犯有輕重。並謂加口法者。若不加法。非時中服四藥並墮。故戒本唯除水楊枝也。

三中。文列四藥。各有時非時。時藥約中前後。非時
七日限中是時。過限非時。盡形者。疏云。有病加服
名時。無病輒服名非時。若非口法從時食論。故下
註云。犯有輕重是也。註文分二。初別示。盡形並下。
通明三藥。故下引證。即不受十戒開文。顯知四藥
通制也。
五分得嘗食。但不得咽。
四中。初科五分開嘗者。謂非時中約咽結犯。嘗但
沾舌故。

十誦。教人非時食。殺生草木。空地然火。手取金銀。掘
地。啖殘宿食。為已不為已。作者皆二俱犯墮。
二中。十誦六戒。教人同犯。四戒同本律。非殘二戒。
彼文制重。故引示之。
五百問云。中後一切有形之物。不得入口。中食已用
楊枝。若灰漱口。不者墮。
三中。五百問有形物者。語通四藥。不漱墮者。準律
應吉。咽物方墮。
律不犯者。若作黑石蜜和米作法爾。故有病者服吐
下藥。日時欲過。煮麥令皮不破。漉汁飲。若喉中哯出

還咽不犯、善見。出喉還咽犯墮。

不犯中三。黑石蜜者、古記云。用蔗糖和糯米煎成。其堅如石。此名七日。雖兼時藥、過中開服。有病開麥汁者。雖似時漿。以清澄故。上二加法。如前所開。此據暫時直受者耳。哯音演。嘔吐也。開文不顯、故引論決之。

四分律行事鈔資持記卷第二十三

四分律行事鈔資持記卷第二十四 中三之三

宋餘杭沙門元照撰記

食殘宿戒三十八

三十八（佛在羅閱祇迦羅坐禪乞食疲苦食先所得者佛訶制戒。）

三緣。一是殘宿。二知是。三食咽咽犯。

律中殘宿食者今日受已至明日於一切沙門釋子受大戒者皆不清淨。四藥以論過限結罪如前戒。善見十誦五分大比丘受食已或食未食經夜名殘宿。

釋中初科前示名相必約受已方得成殘。四下示藥體時藥過中吉隔宿提非時七日過限盡形無

病緣皆名殘。同前非時。上引本律。善下引他部。約受論殘不取食殘。

問殘之與宿為一為異。四句答之。一殘而非宿。（已受四藥不加口法過中。）吉羅。二宿而非殘亦吉（謂未受食或共同宿吉不宿不犯）三亦殘亦宿提。四非殘非宿可知。

對簡中初科四句。一三兩句正屬此戒。輕重分異。第二乃犯內宿。第四無過故云可知。初句注中上句通明手受。下句別指三藥時藥無口法故。

殘宿內宿亦作四句。一是殘宿非內宿（今日受食安界外不共宿非內宿也）得墮。二是內非殘。三四俱句類知。有云淨地無內宿。文云除去比丘故知有也。

次科初正簡。四句中三亦殘亦內。一提一吉。四非殘非內無犯。初句屬此戒。第二屬內宿。第三涉二戒。有下斥濫。古謂結淨地已開僧同宿。故引律破之。既令除比丘。明知有宿。

律中殘宿不受食戒。以坐禪比丘為緣起者。為防末來惡比丘故。內無道觀煩惱未伏。妄倚道業便輕聖戒。此乃心涉愛憎大我未伐。故諸三乘道人並不輕戒。以深伐我根傾慢使幢敬戒而增道業可不欽尚之哉。

勸持中。初示教意。下不受食戒糞衣乞食比丘恐妨道業取廟中食。故合示之。世以禪觀為真道戒檢為閒務。豈知道觀非戒不成。故云妄倚等。此下顯過。取道棄戒故。心涉愛憎輕戒慢聖。故大我未伐。故下引勸。上敘眾聖尊戒。下句勸令效聖。近世禪講率多此見。請披聖訓勿任凡情。

十誦。若鉢著不淨脂酥麨食應寫淨鉢中食之。著鉢者棄繩綴鉢受粥脂出。但棄膩處餘者得食。若新熏鉢及手酥脂油著。二三澡豆洗餘膩氣不盡名淨。不淨殘宿鹽食吉羅（與四分同罪。）伽論膩故不去者非食

膩故。

行護中初科十誦三相初棄膩物若下淨膩器不淨下簡食體四藥皆重臨非貪嗜故罪輕降不淨謂內宿惡觸等下引伽論證上洗鉢

善見云多比丘一沙彌行比丘各自擔食至時各各自分分已沙彌語比丘云我持已分與大德易之易得已復與第二比丘易乃至下座若沙彌不解者比丘自持食與敎共易得無犯無殘宿惡觸等乃至持米行沙彌小比丘得作飯唯不得然火若沸不得吹攪吉羅熟已如上分展轉易者得義準今食殘食與俗人若過與他者惡觸不淨以心不斷故不淨

次科善見中初持食轉易以比丘自持容有宿觸對小眾易之食則免過乃下作食轉易事亦同上注中準上互易心斷開成反明不斷不淨可知準四藥中淨人觸失洗手更受此由與他不合受食

十誦比丘傳食與沙彌沙彌傳鉢食與比丘比丘洗手更受以一心實與沙彌故淨也還行難得食處聽自持食從他易淨食者得今有直將食乞淨人還從乞取二彼俱無受捨不名交淨如善見者好也有比丘使沙彌持鉢沙彌食已持不淨鉢與師佛言無急事不應使沙彌持鉢若使持應從沙彌受。

十誦前明互傳初引文以下義決亦同轉易但加洗手耳遠下次明易淨初引示今下點非二彼俱無受捨者反明俱有方開成淨初直乞時僧無捨心俗無受心及後乞取僧無受心俗無捨心故言俱無上乞字音氣乞即易也注令如上者論中展轉易淨明有受捨心故有下三明受鉢初緣起佛下立制應從受者或恐鉢有餘膩故令作彼物受

十誦無水處水上有食棄上飲取下若下有食飲取上乃至酥油等吹去飲取水泉池中有食亦爾

取食中十誦無水處者謂別求難得水中有食雖復宿膩緣故開之隨食浮沈飲取清者

僧祇多論乞食食已有殘棄曠野石上明日乞食不得不作本意還從本道石上故飯在者無淨人自取有烏鳥食處當执去五百問因緣同上所以開者以信施重故又無主物如鬱單越法取食者得

次科初引律論開取故食又開自取應是儉緣或雖豐時乞求不得時遍無人故兩開之执史鄰反撥除也五百問中初指緣同上所下出開意初明開食又下釋自取鬱單越此云勝勝三洲故彼人

於物無我所心故。

五分：比丘殘果與淨人，已不作還意，後淨人還與比丘，佛言：離手已名淨食之。

三、中不作還意，即是斷心。

僧祇：莫問時非時受，若過非時如髮瞬，若食得墮。停過須臾，復得停食食墮。謂旦起受食至中，過中已去，限一須臾，若過二時，名曰非時。比丘晨起應淨洗手，齊腕已前，不得麤魯。洗五指頭，當以灰土洗，指令作聲。洗已，更相摩者，不淨，更須洗之。今有安餅果手巾上，若有肥膩氣勢，相連得殘宿惡觸等，若淨巾無過。律令以手巾盛食果。十誦中，手巾日別洗之。

護淨中：僧祇初明過時，文中二罪：上是非時，下即停食。未過須臾但犯非時，若過須臾，併結二墮。注中初示時限，若下明非時。二時者，一是過中，二過須臾。比丘下次明淨手，為防宿膩麤魯，謂約略也。洗已更摩，謂後復相觸，而曾執物容有不淨，故須更洗。注中準淨手以決觸巾，下引二律轉證注文。律令盛食，明須淨者。十誦日洗，護淨可知。

僧祇：若洗鉢已，不得摩拭，當停使燥，欲食時當護淨手。若摩頭口手相揩者，以上洗法洗之。捉袈裟者，更須洗之。

次科僧祇初明洗鉢不摩拭者，恐損色故，當護下明護手。捉袈裟者，容有塵汗，故須更洗。舊云因明著袈裟須淨手者，非。

善見：若乞食值風雨塵土落鉢中，作念當為沙彌乞得食，還語沙彌如上因緣。已沙彌受已，云此是沙彌食，今施與大德，得食無犯。

三中風塵落鉢，不受相雜，捨受聽食，方便免過。文約沙彌，餘眾淨人理應通許。諸文所明，不唯當戒，不受、惡觸事犯相涉，文中可見，臨文辨之，勿使參濫。

律不犯中，若宿受食與父母，若塔舍作人，計價與後

乞食比丘，從作人邊乞得者，若鉢盂有孔罅，食入中，如法洗，餘不出者，得。若病受酥油灌鼻，若隨唾出棄餘者，不犯。

不犯四節：初不自食，二與作人還從乞得，義同新故，三鉢中所餘，無由淨故，四為治病，非欲食故。西土患眼，多以酥油灌鼻。

不受食戒三十九

三十九。佛在舍衛，人為父母等於四衢道乃至廟中祭祀供養，糞掃衣乞食比丘自取食之，俗譏，因制。名中：比丘凡食，必從人受，故違此教名不受食。然受兼手口，食通四藥，如後具明。

十門分之一制受意二能受人三所受境四所受食五受食處六受食法七須食觀八食食法九失受法十對文解

初中五分云佛未制前比丘各不受食白衣訶言我不喜見著割截壞色衣人不受食食是爲不與取多論五義故一爲斷盜竊因緣二爲作證明正爲止誹謗四爲成少欲知足五爲物生信令外道得益昔有比丘與外道共行止果樹下比丘不上樹不搖果又不肯就地取並答言佛不許作外道知佛法清淨即隨佛出家尋得漏盡

制意中初引五分白衣訶詞義分三過他不喜者招譏謗也著割截衣者不生物善也不與取者同盜竊也後制此戒即反三過以爲三益多論五義初爲除重盜二假彼能授證非竊盜三四易會五中引緣顯示生信初外道令比丘上樹比丘言我法樹過人頭不應上又令搖樹取果比丘言我法不得搖落果(不壞生故)外道上樹取果擲地與之比丘言我法不得不受而食故云並答等

二能受者是比丘了論能令受者具戒比丘住於自性求得在此處解云能受者清淨持戒無毀故言住自性欲求飲食名爲求得此處受食即度與餘比丘不須更受即名此比丘爲能受若破戒被擯別住十三難三舉滅擯應滅擯學悔等人不成受故

第二了論初引論文準彼無令字寫錯不疑次引疏解初釋自性即指戒體欲下釋求得謂有所須此下釋此處謂受食處下云地及水中是也與餘不須者顯示能受法通他故即下簡濫初指上能受若下簡餘不能並非住自性故被擯一種攝四羯磨總二十五人若十三難人自他俱不成餘並自成望不通他故總云不成耳(准後懺篇學悔成受)

三所對境

三所對者即明授食人也

了論解云除自已及同類餘三類眾生隨一被教不被教知比丘不得自取食又知此可食物知比丘是受施人度與比丘若不解此義雖與不成受多論爲作證明故若在人中非人畜生悉不成受

釋中初科了論上二句簡除謂自及同類皆非能授餘下正示三類即人非人畜文取解知必具三種不具不成多論人中不通非畜謂多人處反知無人方開異類

五分曠野無淨人處聽自洗燒器安水淨人安米自煮若熟從他受僧祇曠野中行牛上受食長袋連紐一日一繫置牛上人不得觸之至時一比丘引繩一比丘受取口云受受等十誦蠅不可遮故非觸烏來啄一口去但棄啄處餘殘得食

次科五分既無淨人而令安米者或是年小或可暫倩文中但開自煮惡觸二吉羅耳僧祇牛上亦據無人開從畜受但授受非儀須加口法引即牽也十誦蠅停烏啄不名失受故得食之

善見天人鬼神畜生飛鳥皆成受五分迦葉從帝釋

受食僧祇中獼猴邊受蜜十誦輕繫地獄亦應得受準此六道知解者成反則不成

三中善見總列四趣鬼收脩獄則爲六趣五分下三律別舉三趣合上論文僧祇即佛受獼猴蜜十誦目連尊者億耳沙彌皆受彼食則餘重獄義無從受準下總決即前了論意也

四所受食初汎明須不二明轉變初中十誦五種塵不須受謂食塵穀塵衣塵水塵風塵（應是細者若麤須受）善見若塵大落鉢中可除者去之餘者不犯細者更受（前十誦者或無人處或是嚮明中塵）行食時比座餘食迸入鉢中成受僧

祇一切塵一切更受除畜生振身塵若作意成受乃至行餅麨飯等抖擻筐器迸落盆中不作意者不成反上成受僧尼互淨互受

四中十誦五塵不受在文少漫如注通之善見初明塵落可決十誦注中兩意和會律論嚮明窗隙飛塵細中復細者則不須受行下次明食墮亦約作意故成僧祇初簡諸塵言作意者塵飛入時須起受意乃下明諸食初明迸落成不僧下明不淨成受僧尼宿觸互望爲淨

善見若病急緣大小便灰土得自取明了論名大開

量如下卷說律中灰土泥等須受應有人處

二中善見四物不受非可愛故了論五量攝一切物如四藥備引便利水土並名大開量謂得自取無所遮故律文令受與論不同故約有人通之據上二論有人亦開

十誦聽擔食行不使人見若食當下道取一揣不受而食又聽過大澤擔糧從他易淨食（此是有人處前是無人處）僧祇多論見昨日石上殘食不受開食如前戒說亦急難開事同儉時八事五百問云山野處無人者日中不得往反應七日自作先淨米取

四河水

五流汗

六楊枝等物

三中十誦初開不受擔行不使人見食須下道皆
謂避譏嫌故搦寧厄反謂手一握也又下次制易
淨二文相違故注以會之僧祇多論文如前引亦
下決通開意四分儉時開八事内宿内煮自煮惡
觸僧俗二食水陸兩果不作餘食法五百問中七
日一受自作不失先淨米取文脫彼具云先淨米
受取謂火淨已受也
僧祇濁水應受性黃無犯五分鹹水性鹹不著鹽聽
不受伽論濁鹹灰水見面不須受
四中水本大開且約清者今論鹹濁亦須受之僧

祇伽論約色五分據味
善見若額頭汗流入鉢中須更受臂中汗流入手不
須受準此作意額頭亦成
五中流汗有同鹹水故亦須受注中上句決上臂
汗下句例成額汗
僧祇楊枝者口中有熱氣生創咽汁應受若誤咽不
犯雪冰雹無淨人處淨洗手自取食有者應受四分
戒本除水及楊枝不言咽非咽也準僧祇好
六中僧祇楊枝分咽不咽冰雪約人有無四分楊
枝不分兩用故令準上

二明轉變二初標

二釋二初自性轉變

二造作轉變

五受食處

六受食法二初標

二釋六初器食相對

二明轉變善見受生薑後生牙不失受火淨已生牙
牙處更淨非生牙處得食鹽變成水得食
明轉變中下六諸物雖有變動不易本質故皆不
生受善見生薑生牙須重淨
僧祇自重煮不失受四分亦爾酪酥甘蔗石蜜麻油等由
中前記識故展轉不失受等
僧祇注文即指律中阿難爲佛溫飯之緣酪酥等
者謂中前受酪蔗麻欲中後作酥蜜油須加記識
法云此中淨物生我當作七日藥受非時亦同過中變
造俱不失受

五受食處明了論求得在此處地及水中空中不成
如前受中說
五中空中不成謂能受在空若論所對在空亦應
不成故知能所俱須在地如前即指第二門
六明受食法一器食相對了論至邊三種一至身邊
謂以物置比丘手中二至物邊謂俗人擔物令比丘
自取手至物邊三至器邊以器貯物授與比丘但捉
器受並得
六受法中初科了論三位可解今時就盤取食準
至物邊理應成受

二身心相對。一身受非心，心緣他事，但申鉢受。二心受非身。施主置食而去，但作意受。毗尼母云：以嫌比丘故，置食捨地。佛言：離手已是與竟。若準僧祇，口加三受。三身心平等，非所遮。若已足食，竟不作殘食法，不成受。四非身心受，比丘與施主先相領當，中前緣事不得對面，便畫地作相，後置食於中。或入定，或禮佛誦經，身心不關，故並成受。

二身心中四句。初句非心成受者，雖非專緣食境，必須心境分明，一向無心則不成受。第二句，初示相，毗尼下引緣。彼因毗舍離穀貴，神足比丘往外

國乞，彼嫌比丘等如鈔所引。若下顯異，口加如後。第三平等，謂正意仰手而受，上明如法，若下簡非法。身心雖等，違法不成。第四先有方便，故開後成，關即涉也。

三單心無對受。僧祇邪見人不與比丘食，當滿荼邏規地作相，若葉蔽鉢下時，口云受受受，前畜寶戒俗人寶器不得捉，下食時亦云受受受，大同明了。十誦亦同，不相解等同之。五分火燒馬屋，送食置地亦爾。僧祇若禪眠與食，不覺者不成；若不欲自食，自捉與淨人。

三單心者，即前第二句。前對身心歷句，此中獨約心論。僧祇中，初引邪見緣，彼因登瞿國是邊地邪見，嫌比丘故，不親授食，當下應有作字。滿荼邏，此云壇，規圓也。口云三受，以替手法。前下指寶器緣，畜寶所引，亦僧祇文。彼因施主作金椀盛食，比丘以手示器口加三受等。明下指略，即彼二部皆開口受。又中邊不相解語亦同開之。五分施主送食，未及授與，急緣置地，應加口法。僧祇禪眠，彼云覺者成受，若不覺者，覺持欲食，當從淨人更受。若不欲食等，如鈔引得自捉者，以非自噉，故無惡捉。

四連絣觸礙者。僧祇若繩連器物，相連不斷，與比丘者成受，非威儀。乃至淨人樹上搖果，比丘以衣鉢承取，或以手腳口下果時，觸枝葉者，更生心言受受，善見繩繫不成受，以無口加故。僧祇若如上成受，非威儀。

四中僧祇，初明繩連。彼因蘭若比丘入井抒水，時到恐水還滿，就井中食，令淨人盛食器中，繩繫懸下。比丘一手挽繩，一手承之，作言受受，非儀犯吉。乃至下，明遙擲。善見下，會異。

四分若遙過物，與者受者俱知，中間無觸礙，得墮手

中者得。四分遥擲成受須約能所同知無礙。僧祇井上懸食下井底比丘口言受受勿突中間生草木若在屋上當繩連捍取口言受受。三僧祇中初明懸下即向所引若下明引上捍音汗護也。十誦寫酥油注鉢中雖不絕成受以注下流故。十誦雖不絕者謂初出瓶未落鉢中者。僧祇淨人行果鹽菜應語懸放果墮草上即去者者不名受小停者名受中國行道人食法淨衣踞坐已前施食案上安草置鉢如是食

若淨人難得比丘至飯餅果菜邊受取行之若淨人舉不離地亦名受非威儀當語稍稍授我若鎗鑊熱不得受者當以兩木橫置地比丘腳躡當安鎗時口云受受。僧祇文四段初明淨人行受懸放恐觸器故即去謂即時迸去者注文釋上墮草踞坐謂兩足踞地準赴請篇食須踞坐三千威儀云諸佛法皆著淨衣踞坐而食若有出家弟子應如是法以能防眾戒故為淨衣故異俗法故因制踞坐法廣如後引此土跏坐受食隨方所宜非教所許若淨人下明

比丘受行初示緣開若下明就地受又二初明物重法稍稍猶言略略若下明器熱法。五心境相當受淨人作三法比丘作三法食無七過等廣如四藥法中。五中淨人三法一火淨二別藥體三施心授與比丘三法一仰手受二或加記識三分體分七過一內宿二內煮三自煮四惡觸五殘宿六未手受七受已停過須臾準下更有手受已變動謂之八患六非心境受如上乞食自取儉開等緣不勞心境自取無罪。

六中言非心者由不對境直爾自取故無受心如上即僧祇多論取石上故食儉開即本宗八事七食須觀門五別一討功多少量彼來處二自忖己德行全缺多減三防心顯過不過三毒四正事良藥取濟形苦五為成道業世報非意。七食觀中一觀外食二事上句念種作下句思施意二觀己行全多缺減下三並觀現心三即離過心上食多貪下食多瞋中食多癡離此三心乃可進口四即對治心言正事者謂更無他意正欲事同服藥以治飢病即遺教云受諸飲食當如服藥

八受食法二初標 二釋二初明多種受法 四顯意 三指廣

是也有云正謂簡邪命或云事即四事之一皆非文意五即出離心道業
通三乘三學世報即人天
故明了論中云餘一切文句縱廣道應知解云出家
人受食時或受竟先須觀食然後啖之廣如下卷對
施與治中
指廣中了論明受食法已而以餘一切等二句結
之即是指略食觀故下引疏略釋餘皆指後
但每日恆須恐未見後文故略知大旨不爾徒自衣
食終為聖訶毗尼母中鈍根比丘總作一念利根比
丘口口作念著衣者著著作念入房入入作念不爾

食出腹中亦如後卷
顯意中初明重出之意不爾下申誡毗尼下引證
口口入入非唯少時四事通觀不獨飲食不爾者
彼云受人信施不如法用放逸其心廢修道業入
三途中受重苦故若不受苦報者食他信施食即
破腹出衣則離身等
八正受食法四分受有五種手與手受手與持物受
持物與手受若持物授持物受若遙過物如上說復
有五種身衣曲肘器與還以上四受若有因緣置地
與如上口云受受

二對行食辨成否 九失受法二初標 二釋六如文

八中初科四分十法初五手物俱互為四句第五
遙過即非手物如上即前所引知無觸礙等次五
中上四物物相對如云身與身受等第五置地則
無所對注準僧祇須加口法
十誦淨人不解行食半在鉢半棄地若墮所受草上
應食若著土吹卻食土多者水洗食之僧祇下時覺
墮鉢中時不覺二初下不覺墮時覺此二俱非威儀
名受食十誦行食時淨人輕比丘故觸比丘手不應
受不輕者得
次科十誦墮地皆成準前應是停案上者僧祇約

心前後有無應具四句文出二互得罪成受二俱
不覺準應不成後十誦中觸謂以物搪觸輕不應
受者以非授心受亦不成故
九明失受法一決意棄捨失了論若人不須此物決
捨此食失受更食得罪二捨戒失了論云先受食已
後捨戒餘比丘須者更受三捨命失一切退沒故即
如亡人不進食器皆不須翻穢四任運失謂曾受四
藥過時法滿更無有受如後律中五轉變失如麻出
油漿變成酒酒變成醋生變成熟並失本受若爾僧
祇中何故展轉不失答此謂時中加記識故後得無

過若時中不記者皆不成法六遇緣觸失如多論淨
人觸失更洗手受僧祇亦爾今有重受而不洗手者成受皆無膩觸但先洗手意在淨心非謂有汙
九中初決意者謂作斷念理應更受二中餘須更
受故知已失三中初二句亦即了論由失本體故
行法皆失故云一切沒即滅也即下引例分亡物
中殘宿內宿惡觸等食餘比丘得食以彼命終諸
罪皆失例今頗同四中時藥過中失受三藥不加
口法同時藥斷若加口法各隨限滿即失如後即
對解中五中初示相若下會通僧祇如前轉變不

失中引答文可解第六注中初判不流亦成此據
無膩有則須洗但下本其洗意謹奉佛制不妄貪
噉即是淨心雖有此通縱令手淨但得成受不無
違制
十依文解四分食五種蒲闍尼飯乾飯麨魚肉也五
種佉闍尼如上五種奢耶尼酥油生酥蜜石蜜也若
不與食自取著口中咽咽墮非時七日限過亦墮盡
形無緣不受食吉羅
十對文解犯中初列諸食三五十五前二可知奢
耶尼即七日藥文闕非時盡形若下結犯初通示

犯相非下別簡三藥上二藥限中無過盡形一藥
法無限齊但約無病結犯仍輕
不犯者取淨水楊枝若不受酥油灌鼻與唾俱出餘
不犯若乞食時鳥銜食若風吹墮鉢中除去此食乃
至一指爪可除去餘者不犯
不犯中上二非食若不下治病若乞下開物墮麤
者可除或不可辨理應再受餘即除不盡者準上
善見細塵更受以一向不可除故

索美食戒四十

四十佛在舍衛跋難陀以商賈爲檀越便語云欲得雜食彼問何患思此答言無患但意欲耳

彼譏因制
四緣一是美食乳酪魚肉二無病一坐間不堪食竟三自爲已四
食咽犯
犯緣第一注示四物簡餘得輕緣起云雜食通收
此四戒疏具五緣加第二隨非親乞準此開親
祇中不得從屠家乞肉汁八種乳酪家亦不得恐招
譏過蠶家乞緜亦同於此
釋初緣中前引僧祇以明譏過八種是總舉乳酪
即別相彼律酥油乳酪蜜石蜜魚肉爲八種言招
譏者彼律俗人譏言瞿曇沙門不能乞麤食而乞

酥油等此敗壞人何道之有。

五百問。不病索好食犯重。

次五百問以示別犯。彼約盜心不病言病故成重罪。今此無病直索故不同之。舊云論重律輕。非以犯相別故。

律不犯者。病人自乞爲病人乞。或自他交乞。不求自得。一切得。

不犯中四。第二律作爲病人乞得而食之。此開自食。自他交乞。乃是爲他。律云或已爲他他爲己是也。

與外道食戒四十一

四十一。佛將弟子從拘薩羅遊至舍衛。大得餅食。令阿難分與乞人。遂以粘餅與女人。餘皆得一。女獨得二。彼因譏謗。又外道得食。入問便云禿居士處得。以此二緣故制。

五緣。一是外道。二知。三自與食。四非置地使人。五彼手受便犯。

五分乞食乞兒乞狗畜。量己食分減施。十誦外道伺求長短。與食不名汙家。多論與無見人不犯。若衆僧與外道食無過。不得手與。

明開中。五分不明外道。乞兒語通。故此引之。下二乞字並去呼。十誦多論二文並開。但非自手則同今宗。無見即邪空外道。或住邪見無正見者。文略

不犯。準律有五。一若捨著地與。二若使人與。三若與父母。謂住。外道者。僧祇不開。四與塔別房作人。計作食價與。五若力勢强奪去。

不囑同利入聚戒四十二

四十二。佛在舍衛。長者爲跋難陀飯僧。彼時欲過方來。比丘食竟不足。又羅閱城大臣得果令僧中分。後食已詣餘家。僧不得食。二緣故制。名云同利。即同受請者。凡受他請。有緣入聚。須白同請令知所在。不白故犯。

五緣。一先受他請。以不受故佛開不囑入村。二食前後。三不囑授。四詣餘家。無緣。五入門犯。

僧祇若乞食比丘次行乞食到檀越家。即請令住。因往他家。得二墮。如上背請中。

釋初緣中。僧祇二墮。前戒委引。

義準。若一人受請無同請者。須白請家或白淨人。後得餘行。一不惱食主。來問知處故。彼律又云。若二比丘各受常請交往亦爾。須白施主。

義決中。以文制同利則據多人。不明獨請。故準僧祇令白請家等。一合作以。或可來上脫二字。即配上兩白也。彼下引證。常請謂長供不絕。交往謂我往他家。他來此家。

四分云。食前者明相出至食時。食後者從食時至日

[有三初標名] [二釋名] [二示犯二。初引本律不犯] [二引他部雜相] [或約他本作戒緣。]

中。(準此與時經食時同)家者男子女人所居。白餘比丘者同一界住。(不同非時以同受請知處)若囑授詣村而中道還或至餘家。或至寺內庫藏處及邊房若至尼寺中若出彼白衣家並失前囑授當更囑他不者入門墮。

釋後四中初釋食前後食時者相傳以為辰時用此為中以分前後。注同時經即時非時經。文釋餘家可解。白下明囑授。初明所囑人。注文簡異以非時白通界內外。若下明失囑法有六緣。中道還者準約息意不往故失。或餘家者非向所囑家。不下結犯。

不犯者。若病若白若迦提時若施衣時若無比丘囑至餘庫藏及尼寺若家家多敷坐具請比丘。

不犯中初文六節。上四可解。第五律作若無比丘不囑授而至餘處等以無法可違故。六家家請如欲往彼請家中途他家相命因而暫止。律文更開難緣今此略耳。

十誦若食不足若不正餘處求不犯。多論主人明日供今日往墮除主人喚廣如下卷。

他部中十誦約正足此開背請亦聽不囑。多論明犯非關此戒或約輒往令眾不知少有同故寄此

[三辨相二。初列犯緣]

明之下卷即訃請篇。

食家強坐戒四十三

四十三。佛在舍衛迦留陀夷與本俗友婦繫意往其家其婦嚴身其夫極愛比丘食已坐住夫瞋故制。

四食之中是觸食家眼根對色故名觸食。五分男女情相共食。僧祇見色愛著故名食也。

釋名四食者一段食(麤細為二麤則可知細謂中有食香天及劫初食無變穢如油沃沙散入支體故名為細)二觸食(根境識三和合生諸觸如見色生喜樂等今戒當此)三思食(謂意業也思心希望能延命故)四識食(中陰地獄無色眾生入滅盡定雖無現識識得在故小乘則識蘊大教即棃耶勢力所資能任持諸根故)段食局欲界餘

三通三界。略知如此。他宗法相不可廣故。五下引證。五分情者但就識論。僧祇具列根境識三。

四緣。一是食家。二知是。十誦若斷婬家若受齋家男女互受一日戒不犯。三強坐屏處。五分坐者知妨其事。十誦此舍多人出入不犯。四無第四人。僧祇母女姊妹亦犯。

緣中第二十誦斷婬謂夫婦修梵行受齋即八戒斷正婬故。三中五分妨事者令彼夫婦不得隨意故。十誦多人即同第四人故。四中三人外更有一人不犯故云第四。僧祇簡非證人彼律有比丘伴

無犯白衣雖多亦犯。多論二師父母尊人在座不犯。四分開緣並通道俗，不同僧祇。

律云有寶者，多論以著寶衣輕明發欲故也。次科有寶者，律列金銀眞珠等，卽以嚴身之具目於女人，引論顯意可見。律不犯中若舒手及戶處坐，已內不及則犯。若二比丘爲伴，有識別人，或客人在一處，準此通俗。若不盲聾，互闕吉羅，俱闕非證。或從前過不住，多人行處。或病發倒地，力勢所持，命梵難緣等並開。

屏與女坐戒四十四

四十四。迦留陀夷念前戒開手及戶處坐，卽與女人在戶扉後坐，共語招譏故制。若準

戒本亦標食家，乃是因前而制。至於論犯，不必假夫，故略之耳。

四緣：一是俗女，二屏處，三無第三人，四申手不及戶坐犯。

緣中屏處者，律云若樹牆壁籬柵若衣及餘物障。多論閉戶無淨人，墮；開戶外有淨人，吉；戶內有淨人不犯。

釋第三，多論約戶內外。次列三相，今時入聚須帶淨人，或對女坐勿使離身，可得免過。不爾如論結犯。

僧祇。若母姊妹若大小淨人睡眠癡狂嬰兒，雖有是人名獨。以人多犯故前已重明故又出之。若淨人作務來往不斷，若門向道有行人如食頃不斷，若閣上閣下淨人遙見者，不犯。

僧祇初簡非證，七人三類：初三親屬、小淨人、嬰兒無解，睡狂無知，皆非可畏。大字讀爲太。二不定及強坐中已釋，故注顯重明之意。若淨人下，明假緣成證。三相可分。

律不犯者，舒手及戶坐，使乞食比丘見，若二比丘爲伴，若有識別人在邊，及難緣，並開。

不犯並同前引。

獨與女人坐戒四十五

四十五。亦因迦留陀夷與女露坐，招譏故制。

四緣：一是俗女，二露處，淨人見聞屏處，三無第三人，四在申手內共坐犯。

列緣第二注釋露處。由此二屏皆無障故，前云塵霧暗黑名見屏，常語不聞聲名聞屏。

十誦與女露地坐，隨起還坐，隨爾數墮；相去一尋內墮，一尋半吉，二尋若過無犯。

犯相中，十誦初約身動止，相去下二就處近遠罪

三點前開

相遞減、識過淺深故。一尋八尺，卽伸手內。
前食家不犯者如前、若互受一日戒吉羅。
點前中。前引十誦但云不犯、恐前遺筆寄此點之、
或別有意來者更詳。注戒指不犯同前。
驅他出聚戒四十六。
四十六。佛在舍衛，跋難陀與比丘鬬，結恨在心，便誘至城中無食處，知還寺時過，便驅出，令彼不得食，疲乏因制。
四緣：一是比丘，二期與設食，三無諸緣礙，四遣去犯。
犯緣第三無諸緣者，卽下不犯破戒見命梵等也。
律中不犯，與食令去，若病若無威儀人見不喜自送

食與、若破戒見故命梵等方便遣，不以嫌心。
不犯爲三，初先與後遣，若病下二緣先遣後送，若
破戒等不與而遣，文令方便反明嫌心非無小過。
過受四月藥請戒四十七。
四十七。佛在釋翅瘦，施主請僧給藥，六羣求難得藥，彼爲市求，便訶罵之，因制。戒名。
四月且從緣說，準下僧祇一月半月。
六緣：一是藥請，二施主限定，三知限，四過受，五無緣，
六食便犯。
犯緣第一、十誦四藥通犯、過受四月時食者提索
餘事吉。謂非四藥。四月過已索七日終身，卽盡形也。亦提非

二釋第二　二犯相二。初列緣。　二辨相二。初制意。

時藥吉。五無緣者卽下四緣。
僧祇中、春夏冬若過皆犯，或一月半月不得更過。
釋中。僧祇三時各有四月，通有過限。
律中不犯者，除四緣，如戒本。
不犯中四緣者，一常請，彼言我常與藥也。二更請，斷已後復更請與之。三分請，持至僧伽藍分與之。四盡形請，我當盡形與藥。疏云：常與
盡形有何別者，就能所以分也。常請約能施，盡形約所施。
過藥限墮，過夜限吉羅。
示犯中。猶同昔義。準疏反之。彼云此戒索輕過限
重也。所以然者，先有好心，四月與藥期限已滿，供

養心息，過受置惱敗損處深，又承前受請人喜過
日故重，餘不具引。
觀軍戒四十八。
四十八。佛在舍衛，人民反叛，王領軍征伐，六羣觀陣，匿王不悅，故制。
多論有三意：一爲尊重佛法故，二爲滅誹謗故，三爲
息諸惡增長善法故。
制意中。初明住持，二是化他，三成自行。由觀兵鬬
凶暴無慈，失諸善利。
四緣：一是軍陣，二故往觀，三無緣，四往見犯。
初緣。律中下至一馬一車一步卒皆犯。第三卽下

二隨釋二，初通釋諸緣

二別釋第二

儀仗，古本皆作儀伏，今刊本改為仗

被請道斷等開。

四分陣者若戲若眞，看者皆墮。若軍在前後下道避，不者吉羅。方便見墮，若被請去，力勢道斷等，不犯。

釋中，初科四分初明犯，上二句釋軍陣，戲謂遊驛敎習之時，眞謂正鬬，律作若戲若鬬，其相可解。若軍下次明相値，方便謂雖下道，偷目顧眄。若被下明不犯，律列多種，謂若有事往，若下道避惡獸賊難，大水漲，命梵等，不下道無犯。

僧祇若逢軍不作意見者無犯，若作意擧頭窺望見墮。若天王出，作意看者越，乃至看畜生鬬，及八口諍

看者亦越。十誦爲觀無常故，雖觀不犯。

釋二中，僧祇初明逢軍，準意斷犯。若天下明非陣三相皆輕。天王即國君儀仗，畜鬬八爭皆相因而制。十誦由覩相殘，易生厭離，雖有此文，世多濫倚，自非實行，往觀皆犯。

有緣軍中過限戒四十九

四十九六羣有緣至軍中宿，招譏因制。

四緣：一有請緣，多云開往者，爲沙門果故，長養佛法故，長信敬故，又道俗相須，成就佛法故，聽往，有益。二曾經二夜，三第三宿不離見聞處，四明相出犯。

二釋相二，初犯三，初列犯緣

二明制意三，初本律

初緣多論四意，上三利他，四即相利。彼又云，若不開往，便謗云比丘有求不喚自來，無求時雖喚不來。若往說法，令悟道果，故開往也。律不犯者，第三宿明相未出，離見聞處，水陸道斷，命梵等不往，皆開。

觀軍合戰戒五十

五十六羣有緣在軍中，觀鬬力，一人被箭射，舁歸，招譏故制。此戒因前而制。

疏云，旣有緣至，應坐說法，後看合戰，爲刃所中，犯同於初。即觀陣戒。不犯亦同前戒，故文不列。

四緣：一先有緣在宿，二軍陣合戰，三方便往觀，四見

便犯。

飲酒戒五十一

五十一佛在支陀國，娑伽陀比丘降龍，示俱睒彌王，得酒飲醉臥路，因制。

三緣：一是酒，二無重病緣，三飲咽犯。律云，若以我爲師者，乃至不得以草木內酒中滴口。因說酒有十過，

制意中，本律初示嚴敕，以爲資者必稟師敎，不可違故，乃下明急制也。今時學法，率多嗜酒，臨此慈訓，那不自慚。因下顯過，一顏色惡，二少力，三眼視不明，此三及六損色四現瞋恚相，此一與九亂神五壞業資生，破家六增疾病，七益鬬訟，長業八無名稱，喪德九智慧少，十

命終墮三惡道。上九現惡，十即來苦。觀斯十過，現事灼然，世愚反云益力治病者，不亦謬哉。

五分以降龍故得酒醉，衣鉢縱橫。佛與阿難舁至井邊，佛自汲水，阿難洗之，著衣臥於牀上，令頭向佛，須臾轉側，伸腳蹋佛。佛集僧言：昔日敬佛，今不能敬。昔伏毒龍，今不能降蝦蟆。因說漸斷酒制，乃至嗅酒器。

五分緣同四分，彼云娑竭陀比丘梵音少異。初緣起舁音餘，對舉也。佛集下，立制。初示過，上二句無恭敬，下二句無威德。因下，正制。

多論云：此戒極重，能作四逆，除破僧；又能破一切戒，及餘眾惡故。

多論初句通標制重，能下，舉事別釋。有三：初成逆業，破僧立佛，醉者人必不信，所以除之。二能破戒。一切者，總收五八十具。彼論云：有人飲酒，婬母盜雞，殺人，人問皆云不作。即妄語也。四戒尚毀，餘則可知。良以昏神亂思，放逸之本，沙門大患，可不然乎。三餘眾惡者，謂非戒所攝三不善業也。

四分中但使是酒，乃至草木作者，無酒色香味；若非酒而有酒色香味，並不合飲。若酒煮酒和合食飲，一切墮。若甜醋酒、食麴酒、糟，一切吉羅。十誦若飲似酒醋酒、甜酒、糟、醫若麴能醉人，咽咽墮。多論麴犯墮者，謂和酒麴乾持行者。若餘麴不犯。

釋中初科，四分初明是酒，不論色香味，草木作者，律云：梨汁酒、閻浮果酒、甘蔗、舍樓伽、蒲萄酒等。若非下，明非酒，具三同酒，必不具者，如下甜醋，但犯吉羅。若酒下，明和食準注戒煮字下，多酒字。上明犯重，若甜下，明結輕。律作甜味酒、醋味酒。今文合之。十誦五種皆墮，並取能醉。四分結吉，應非醉者。醫即酒滓，食麴能醉，於義難顯，故引多論決之。論云：以麥及藥草以酒和之，後乾持行，和水飲，令人

醉也。

四分：若酒作酒想、若疑、若無酒想，皆墮。莫非取境犯，謂前有方便。十誦，為恐冷發和酒與之，不看即飲，故制；若看知非而是者，如上開之。

次科初引律境想，事同婬戒。注中初句示律文。次句明今釋，謂先有方便欲飲，至後飲時乃生非酒想疑，後心無犯，成前方便，故須結重。必先無意，迷忘須開。疏云：諸師約心從境制，余意不同。聖制有以文少不了，豈有智人由來不齅，須漿誤飲，可結提耶。十誦彼約不看，同今取境，看則非意，可證迷

心無方便者。
律不犯者。若病餘藥治不差。以酒爲藥。若用身外塗創。一切無犯。
不犯中。初文兩緣可解。
五百問。若醫言必差。得和藥服。不得空服。彊勸人。不飲吉。飲犯墮。善見。若酒煮藥。故有酒香味。犯吉。無者得飲。
次科。以律語漫。引論決之。五百問中。必取醫語。以定可不。彊下。卽教他犯。次引善見。必無香味。兩準論意。須知制急。不可濫託。

僧祇。一切果漿。令人醉。越。若麴飯和食者。提。啖蘖者越毗尼。
三中。僧祇果漿。同上甜酒。麴和飯提。亦約能醉。蘖卽米牙。謂糟粕也。此方多有糟藏之物。氣味全在。猶能醉人。世多貪啖。最難節約。想西竺本無。故教所不制。準前糟麴。足爲明例。有道高士。幸宜從急。
水中戲戒五十二。
五十二。佛在舍衛。十七羣在阿耆羅婆提河中。嬉戲澆灒。匿王與末利夫人在樓上見。夫人令以石蜜奉佛。便訶責而制。
多論四意。一佛法尊重。理宜敬奉。入水遊戲。損壞不輕。二動越威儀。招世譏過。三妨廢正業。四又失正念故。
制意中。初是壞法。二卽損他。三四損已。佛慈制戒。反損成益。
三緣。一是水。二無緣。三入中戲犯。
犯緣。第二謂道行渡水等。皆不犯故。
律中戲者。放意自恣。以手畫水。或水相澆灒。乃至以鉢盛水弄。一切墮。除水已。若漿苦酒弄者。吉。僧祇。水陸互澆灒。越。俱水中者。提。五分。搏雪及草頭露弄者吉。伽中。乃至水滴地亦吉。

釋中。第引四文。攝相斯盡。罪有輕重。隨時不同。莫非皆約戲弄之意。
律中不犯者。若道行渡水。沈水取沙石諸物。若學知浮法而浮。掉臂畫水。灒者。不犯。
不犯三緣。皆非戲意。道行渡水。一也。沈水取物。二也。學浮防難。三也。準注戒。而下多浮字。掉臂畫水。浮法須爾。因而灒故。
擊攊戒五十三。
五十三。佛在舍衛。六羣中一人擊攊。十七羣中一人幾死。因制。戒名者。古謂以手於腋下挾弄令痒。若準犯緣。必具惱意。故知成犯非唯戲劇。

四緣。一大比丘。二作惱意。三手腳十指四觸著便犯。僧祇。以指指比丘亦提。五指指五提。乃至差會以指某甲去者亦墮。沙彌眠喚醒（覺）當挽衣。五分。若擊攊沙彌乃至畜生亦吉。四分。若以餘物擊攊者吉羅。

釋中。僧祇指觸須論惱意。言挽衣者深防意也。若準四分眠觸皆開。五分簡異類。四分簡餘物。

不犯者。不故作。若眠觸令覺。一切開。

不犯中。略行來掃地誤以杖頭觸他。

不受諫戒五十四。

五十四。佛在拘睒毗。闡陀欲犯戒。比丘諫言莫作。不從他諫。即犯諸罪。故制。

五緣。一已欲作非法事。二他如法設諫。三知已所作非前人諫者是。四拒諫不受。五隨作犯根本。違諫波逸提。此謂諫時不受犯吉。後作六聚通犯墮也。

緣中。初通列五緣。此下。點上四五。前僧殘中違僧命重隨諫即結。此別人諫要待作成。若不作事便成受勸故也。又不同下拒勸學戒。諫於止犯出言即止。此諫作犯待作成違。上並疏意。

不犯者。如僧殘末戒開之。

不犯指上者。若無智人諫報言可問汝師和尚更學問等。若戲笑獨語夢中語錯亂。

怖比丘戒五十五。

五十五。佛在波羅㮈毗國。迦婆羅比丘為佛侍者。於經行處反披拘執怖佛。明旦制此戒。

五緣。一大比丘。二作怖彼意。三以色聲等六塵事。一一示說。四者一一相現。五見聞便犯。不問前人怖以不怖皆墮。律中不了者吉羅。

緣中。三四隨一成犯。律云。若說色聲等恐怖說而了了者提。此約說也。又云。若以色聲恐怖人。一一皆墮。此示相也。言色怖者。或作象馬鬼形等。聲怖者。或貝鼓啼聲等。香怖者樹葉華果香及臭氣等。味怖者醋

甜苦澀令彼嘗怖。觸怖者熱冷重輕麤細滑澀令觸怖。法怖者語云。夢汝死罷道等。五見聞者對上兩緣。不下示犯。不問前人者。以怖就能犯作意為言。不取所怖。

不犯者。或闇地無火。或大小便處。謂是惡獸。便怖。乃至行聲謦欬聲等。而恐畏。若以色示人。不恐意。餘塵亦爾。若實有是事相。或夢中見當死罷道失物和尚父母重病若死。語彼令知。若戲若誤。一切不犯。

不犯中。初開色聲謦欬。謂嗽聲也。若以下。開非意。則通六塵。若實下。點法塵。下開戲誤可知。

半月浴過戒五十六

五十六佛在羅閱祇竹園有池瓶沙王聽比丘常在中浴六羣後夜入浴王與婇女詣池相値王不得浴大臣嫌恚因制戒名云過謂未至半月過越聖制故疏標云減半月浴戒是也若準後開邊方五事得數洗浴爲生世善故知此戒局制中國此當邊地計是常開然省事知足依制彌善

五緣一會前洗浴二未滿半月三無緣四更浴五洗半身犯四分除熱時春後四十五日夏初一月病者下至身體臭穢作時下至掃屋前地風雨二時下至一旋風一滴雨著身道行時下至半由旬來往皆開無者過洗半身墮方便悔吉多論天竺熱早從三月初至五月半聽洗隨國土早晚熱用此限洗

釋開緣初科有六初明熱時春後四十五日者三月初一至四月十五夏初一月者四月十六至五月十五其七十五日名熱時病等五緣皆約極下以爲開限再詳教意止爲約勒下流營身無度由非大過故隨事通容下引多論別顯初緣卽同上解方土熱雖早晚七十五日爲定故云用此限十誦大雨空中立洗亦得若有緣不語餘比丘輒浴者吉不得共白衣同浴室知善好無口過者聽入比丘揩白衣吉若頭陀不用他揩編繩自揩身者善五分共白衣浴室中浴者偸蘭多論凡露覆處浴要不共白衣如論者好要著竭支一當有慚愧二喜生他欲因說羅漢身輭有凡見便起染失男根乃至還悔得本身

次科十誦有四初開雨中若下明有緣須白謂有上開緣示非專輒故不得下明同俗可不揩俗制罪者屈道乖儀故若下立自洗法五分制不通俗偸蘭應犯下品多論初明制俗十誦容許善好五分但制室中不如論文覆露齊約故注取之要下

明浴衣竭支卽祇支相量四方披身而浴二種制意初有慚者今時裸形由無恥故次意引緣可解

五分已浴師及病人身體已溼因浴不犯

爲他中因他開已同作務故

僧祇隨數滿十五日若洗時料理湯火訖然後打木作聲令一切僧次第入若無緣者作陶家法先洗兩髀兩腳後洗頭面腰背臂肘胸腋餘如下卷

二中初示時限不必黑白兩月若下明浴法言無緣者由依制限不必約緣陶家卽範土家洗法先下後上於事順便故取爲式下卷指雜行篇

露地然火戒五十七

五十七佛在曠野城六羣露地拾柴草然火向之蛇從木出遂驚擲火燒佛講堂故制

四緣一是露地二無緣三然草木有燄者四然便犯

五分爲炙身然火燄高四指者墮

釋中五分四指卽四寸此爲分齊

多論若他已然後隨作何時皆墮

多論隨何事者事卽指物彼云凡有五事一草二木三牛屎四木皮五糞掃若一時以五種著火中一提二一著火中二一提

四分病者須火便身也得自然若教人謂在死土石及餘物上也

若無緣燒草木穅糞一切墮若牛焦然炭及不云知是看是一切吉羅

四分中初明緣開恐謂生地故注簡之若下二明無緣結犯且列四物律中更有枝葉紵麻芻摩牛屎亦攝於四上三卽草木下一卽糞掃若牛焦句絕與下然炭各是一事律云若被燒半焦擲著火中及然炭者突吉羅

僧祇旋火作輪或火中有草木擲聚一切墮若壞生二罪一壞生二然火在生地理又一墮僧祇若抖擻火炬在灰上瓦上不得在生地

僧祇初明本罪旋火作輪者彼云弄火輪謂以手旋火炬有如輪焉若下明兼犯二然火句絕在字上脫一若字古本有之謂燒生地文犯掘戒則有三罪據文二罪此準義加故下復引彼文爲證此約隨有不必定具若在死地復然乾木則單犯此戒

律不犯者語言知是看是若病人自然教人然有緣看病人爲病者煮糜粥羹飯若在廚屋中浴室中熏鉢煮染然燈燒香一切並開

不犯中初是法開若下已病有下看病若在下諸作務等

藏他衣鉢戒五十八

五十八佛在舍衛六羣背取十七羣衣物藏之諸比丘察知因制

三緣一大比丘衣鉢二驚動意三取藏便犯多云若五大色衣不淨衣吉羅未熏鉢鍵鎔衣鉢作淨畜者皆墮準此大五色非佛開

初緣卽簡下眾多論上明非法物犯輕不淨者彼作駝牛雜毛衣今以不淨二字替之末下明如法結重注中以色衣白鉢據理應同而論分輕重則知色衣定爲非法故特示之以懲謬濫

律不犯者。若實知彼人物相體，悉而取舉；若在露地風雨漂漬舉之；若物主爲性慢藏衣物狼藉，爲誡敕故藏之；若借他衣而彼不收，故舉；若因此衣鉢有命梵等緣故藏。一切不犯。（准此今官不許私度，在道行有衣鉢自藏，應不犯持罪也。）

不犯分五，以若字間之。初是同心，二爲愛護，三爲誡敕，四已有，五即難開。注謂國禁關津，或藏衣離宿，准此難開例決。離衣故云不犯持罪。若治生經販犯禁之物，即名盜稅，自餘隨身道具，例得自藏。

眞實淨不語取戒五十九

五十九。（佛在舍衛，六羣眞施親厚比丘，後不語取著，因制。）

四緣：一是已物，二作眞實淨，三不語主，四取便犯。戒本列五衆者，以明犯不犯義，辨相具解。

釋疑中，犯不犯者，僧尼同重，下三衆並輕。不犯正罪，辨相具解。指律廣解，疏云爲明五衆俱有犯相，雖輕重異，淨施義同，故通列名。至於淨法，自從律法。（謂眞實淨，主各對本衆，不得互爲。）展轉淨施，問不問俱得。

簡異中，淨施有二：眞實淨者，物過主邊，故有輒取；展轉不爾，取用通得。

著新衣戒六十

六十。（佛在舍衛，六羣著白色衣行，俗譏，因制。）名中且約初作不染爲言，不妨體故，亦入犯科，下引十誦，於義可見。

四緣：一是三衣，二是已物，三不染壞，四無緣輒著，犯。善見若遭賊緣等，得權著五大色衣。四分新衣者，若是新衣，若初從人得。十誦得他故者，初得故，亦名新衣。四分云：壞色者，若靑、黑、木蘭也。彼得衣不作三種壞，著者墮；若重衣、若輕衣不作淨而畜者，吉羅；若非衣鉢囊、革屣囊、針線囊及諸巾，不作淨畜者，吉羅；若未染衣寄白衣家者，吉羅。（准此言淨者，謂以成色衣，或以餘物貼，或以點著名淨，而並須染壞，非謂三衣須染，餘者但淨而已。若準文中，一切不染皆提，一切不淨皆吉羅。）

釋第三中，初科四分初定色相，彼下辨犯分二：初明不染，若重下次明不作淨。上列餘衣，重謂被褥，輕即助身。下示非衣，其相可解。若未下明寄俗舍。注有二意：初至染壞，明作淨之法，必須通染，言成色者即已染也，物貼點著，此二種淨，隨一即成。非下例通餘衣，若下準文決犯。以前文但云得衣不壞者墮，則知通該一切，若據列緣，唯約三衣，或可彼從緣制，或是此就急論，思之。然餘衣染壞，但據助身可染者爲言，故戒疏云：非謂巾屣以三色染，更成驚俗，可笑之甚。（故知巾襪但須點淨。）

五分所以淨者異外道故令與俗別三種記故失則
易覔。
次科五分三意一異外道二異俗三防失三種記
者即三色也。
多論五大色衣不成受黃者鬱金根黃藍染赤者落
沙染靑者藍黛染若自染吉羅不成受應量不應量
一切不得著若點著吉羅(此律犯墮)更改如法色則成受
若先如法色後以五大色者不成受若以五大色點
淨者吉還用靑黑木蘭三種更互作點若衣先已作
淨後更染色不須更點先已作淨後洗脫不須更淨

故紫草柰皮柏皮地黃緋色黃櫨木皆不如法色
以如法色覆即成受也。
三中多論分四初明本染非法鬱金根方志云出
烏仗那國根黃赤可染衣黃藍指歸云即今紅華
染紅黃色落沙應法師云應云歎叉此云猩猩血
藍黛即今藍靑點著吉者謂以三如法色點上非
色論但犯輕而律中本染須如故注簡之若先下
次明改如爲非若以下三明點色是非故下四明
先非後如列諸色中除紫草緋餘並黃色緋即
赤色。

僧祇憍奢耶衣欽婆羅衣細輭者染汁麤澀損壞佛
言如是好衣二種淨一割縷淨二點淨餘衣三淨加
一染法靑者銅器覆苦酒甕上著器者是藍澱靑石
靑碰靑不持是等作淨黑者諸果汁合一鐵器中作
泥若池井泥亦爾木蘭者用上果生鐵上磨作點淨
餘如衣法中分別。
僧祇中二初明麤細二種梵言即絲毛細者下云
餘衣即是麤者然上細衣若是三衣必先通染若
餘服飾止須點割靑者下次辨三色用以爲點靑
有四種第一銅靑是如法色下三皆非法色石靑

者有石生靑可磨以取之碰靑亦生石中可以爲
藥黑色云作泥者謂以泥置上器中染黑而用木
蘭指衣法者下云僧祇翻在吳地不見木蘭謂是
果色等。
十誦作淨色者謂以別色相點如靑衣以泥棧淨餘
互淨亦爾(棧者赤黑猶同四分木蘭皮)
十誦中三如法色互點作淨一一衣中皆具三種
泥即黑色棧如注顯
多論除靴履一切並點淨十誦若衣不淨試著吉羅
五分得革屣令本主著下至五六步。

四中多十兩文正明制約後引五分決上論文雖不制點而有別法。

僧祇作淨者極大齊四指極小如豌豆（善見如麻子大）不得並作或一三五七九不得如華形作若浣𦤎有泥汙烏足汙即名爲淨若新僧伽棃趣一角作乃至一切衣新細揲亦爾若衆多碎衣一處合補者一處作別者一一作淨。

五中僧祇初明點之大小豌烏丸反之古記云似今菉豆不得下明安著多少若豌下明染汙成淨若新下明隨作無在一切衣謂餘衣新細揲謂補

揲者若衆下明總別俱通律不犯者得白衣染作三色餘輕重乃至巾等作淨已畜也。

奪畜生命戒六十一

六十一（佛在舍衛迦留陀夷不喜見烏以竹弓射殺成大積招譏因制）

多論一出家之人四等爲懷乃加殺害違慈非愍二自損惱他生死根本障道惡業故三爲長信敬息誹謗故。

制義中三初爲順行二爲趣道上二自利三是化他四等即慈悲喜捨亦名四無量心誹謗者戒緣居士禮拜因見共譏嫌是也今時沙門不知因果多害生命以資口腹削鱗擣羽火炙湯煎但嗜甘肥寧思痛苦刀砧自執實壞服之屠兒血肉輒飡信髡頭之羅剎俗中君子隱惻爲心出世道人兇頑若此深願後學思而勉之雖取適於一時奈招殃於萬劫悲哉。

五緣成同前大殺戒。

指五緣者一是畜生二作畜生想三有殺心四起方便五命斷不犯亦同前但無殺意錯誤皆開。

飲蟲水戒六十二

六十二（佛在舍衛六羣取雜蟲水飲招譏故制）

前戒限分此是深防不待命斷。

簡示中須知飲用二戒俱是深防。

五緣一是蟲水二作蟲想三不作漉法四飲用五隨咽犯鼻奈耶律說二比丘向佛所一人渴死生天見佛得道一人飲蟲水後至佛所佛問其故已脫憂多羅僧示黃金身汝癡人用觀是四大身爲純咸臭處其見法者則見我身。

引勸中云渴死者彼云春後大熱遇水多蟲故言生天者即生三十三天戴寶冠先至佛所餘並如文。

僧祇比丘受具已要畜漉囊應法澡罐無者用袈裟一角同伴中都無者舉衆有罪若卒無水洗手著衣可用樹葉拭然後著衣

釋中僧祇制必須具澡罐二斗已下名應法無水開葉須取枯者

多論舍利弗以淨天眼見水中空中蟲如水邊砂器中衆無處不有遂斷食佛言肉眼所見漉囊所得乃至三重猶有者捨住處去

多論緣起以明制限

十誦不持漉帒行二十里犯罪若清流大河泉水從

此寺至彼寺者得

十誦犯罪違制吉羅

僧祇若漉水得已不得厭課看暗眼人看能見掌中細文者看看時如大象載竹車一迴頃知無應用若施主請比丘食應問漉水未若未者自看漉或使可信人應教漉不可信者自應漉蟲不得語莫殺傷蟲水著器中還送本水來處瀉中若來處遠者近有池七日不消者以蟲著中若知水有蟲不得持器繩借人若池汪水有蟲不得唱云此水有蟲若問者答言長老自看知友同師者語言此中有蟲當漉水用

僧祇中五初明漉已看法厭課謂事不得已有同課率象步遲緩況有所載迴必延久故取爲限若施下明請家漉蟲法不得語者恐彼知而成犯故蟲水下明還水法不消謂經久不過若知下明知已存護法

此戒人亦喜犯與澆用戒同故具鈔出餘如衣法中顯意中指同前戒疏云若據蟲水應合爲一爲重物命故內外兩結律不犯中先不知若無蟲想若蟲麤觸水使去若漉水飲用並無犯

疑惱比丘戒六十三

六十三佛在舍衛十七羣語六羣言云何入初禪云何得羅漢果彼報言汝說者犯波羅夷佛訶因制

五緣一大比丘二故生惱意三以六事一一說告四言辭了五前人聞知

初緣者多論十三難顛狂比丘吉羅學悔六夜別住四羯磨僧尼互疑惱皆提

律中六事惱者若以生時若年歲若受戒若羯磨若犯六聚若犯聖法隨一一事皆墮僧祇當受時應語令知受後不得恐疑悔若卽用語者如律開

釋第三六事初生時者卽云汝非爾許時生二一年

歲者云汝非爾許歲如餘受者三受戒者云汝受
戒年不滿又界有別眾四羯磨者汝受時羯磨不
成五六聚者云汝犯夷乃至惡說六聖法者云汝
所問法則自稱上人法犯重非比丘也隨下通俗
上引僧祇但開正受注準不犯亦開受後
律不犯者其事實爾不故作彼非爾許時生恐後有
疑悔無故受他利養受大比丘禮敬便語言汝非爾
許時生若實無爾許歲恐後悔受利養敬奉語言未
爾許歲若實年不滿二十界內別眾作白不成羯磨
不成非法別眾恐後疑悔受利養禮敬語彼令知還

本處受戒故(準此欲重受戒佛令還本處勘問得不故)若實犯波羅夷乃
至惡說恐後悔恨受利養受持戒比丘禮敬欲令如
法懺悔語知犯六聚者又為性麤疏不知言語便語
汝所說者自稱上人法等若錯若戲一切皆開
不犯中初二句通標彼下別列還對前六事以明
開相初至時生開第一也若實無下即第二也若
實年下合明三四也注決重受先須究勘今時受
者年多不滿十師愚教不能提誨下壇已後輒同
僧事冒受信施寘可憐愍若實犯下即第五也又
下即第六也上六並謂心懷慈濟餘戲錯等皆非

惱意故並開之
覆他麤罪戒六十四
六十四(佛在舍衛跋難陀與親友比丘數犯向說不語人知後與共鬪便相說因制)名
標麤罪對簡下篇
五緣一大比丘二知犯二篇已上三作覆心四不發
露五經明相善見覆他罪百千共覆一人俱得提(十誦字注云向一人說便止)
釋中初科善見所覆雖一能覆情同多人皆犯一
覆多人多罪可知注引十誦示發露相但為表已
心無私曲復恐相惱故不須多

僧祇向善比丘說不得輒說若犯者凶惡恐有難緣
應念彼人行業自有果報猶如失火但自救身焉知
餘事時與護根相應不犯
次科僧祇初簡對露若下次明難開護根謂意根
也
多論若疑未了不須說他
三中多論開疑由未審決不成覆故
律中若知他犯麤罪小食知至食後說若食後知初
夜說初夜知中夜說一切吉羅若中夜知至後夜欲
說而未說明相出墮除麤覆餘罪自覆罪除尼覆餘

八罪者，一切吉羅。

四中引律明犯，初約晝夜各分時限，遮明知說，故知露罪制在半日之內。問：小食時知，食後不說，復有罪不？答：約義以求，初夜中夜不說皆吉，並是方便。若論犯墮，須約明相。文中結墮，因前次第，且據中後夜耳。除下，次明所覆輕重。餘罪即下三篇。自下三篇自他不同。疏云：覆他名重而治輕（但悔本罪），自覆名輕而治重（覆殘行別住，餘篇並先悔）。又云：覆他有本，故重制令露，以戒淨故（釋上有本）；自覆本壞，不須重制等。除尼下四篇餘眾，覆尼同僧，此論輕罪，故簡除之。餘

八即三眾也。

不犯者，先不知、不麤罪想、若向人說、或無人向說、若發心向說明相已出、若諸難緣者，並開。

不犯中，初不知者，無心覆故；不麤想者，由心差故；若向說者，已發露故；無人向者，闕所對故；若發心者，非覆意故；若諸難者，如上僧祇開護心故。

四分律行事鈔資持記卷第二十四

四分律行事鈔資持記卷第二十五 中三之四

宋餘杭沙門元照撰記

與年不滿戒六十五

六十五（佛在羅閱城十七羣童子大者十七小者十二以信出家不堪一食夜啼故制）四緣一是年未滿二十二知三與受具四三法竟犯

犯緣三法竟犯此制和尙犯墮餘師但吉

多云六十已去不得受大戒設師僧强授亦不得以不任堪苦行道心智鈍弱聽爲沙彌七歲已下亦不許度未滿二十不得受者以其輕躁爲寒苦所惱若受大戒人多訶責若是沙彌人則不訶

釋中多論前明制老初示制以下顯意力衰故不堪苦情耄故智鈍七下次明制少初簡極小者亦不得作沙彌未下明七歲已上者不得受具以下釋意亦二初不堪苦二是招譏

僧祇若減七十不堪造事臥起須人是則不許過七十減七歲不應與出家等廣如上下二卷

僧祇與論少同老別如下會通造事造卽作也指廣上卷卽受戒篇下卷卽沙彌篇

律論言有牟盾二情兩通無損

通會中二情卽兩部各計論約六十已上堪苦則如律不遮律據七十已還不堪則同論亦制故云兩通無損牟合作矛

律中不犯者先不知信受戒人語若傍人證若信父母語若受戒後疑者當數胎中年月數閏月一切十四日布薩以爲年數滿者不犯開和尙墮餘人吉羅

不犯中二初憑他語師僧無過受者無戒若受下次開後疑有戒無過據此止開三位頗大一位古師相傳故戒疏中不用亦得

今取諸部會通勘餘曆術總括明練廣如大疏但鈔者爲末學之流余雖明委具張終恐後人不曉但通

略舉一句以定昔來謬解

別示中敘意爲二初指廣言諸部者伽論云從母胎數取一切閏月（不數布薩）五分中初定數胎次聽數閏後聽以沙門年足（亦無布薩而有沙門果亦四分上法但四分不列開中）

母論初聽數胎中年次聽數閏三數十四布薩四言實得羅漢（此同四分羅漢卽上法也）勘曆者古師云此國用曆三年一閏疏破云勘餘曆術三十二三月方有一閏何限三年（頗大亦出俗曆）但下顯略初敘略意但是下示略法言一句者句通長短卽下今古二科以自古算法立義極繁今以數行總括大要意彰至

少故云一句

謂取極小沙彌臘月三十日生年滿二十正月一日受者實年十八歲二日便以胎閏等緣增之則正年二十猶長五月一日也

次科出古算中彼謂年滿月不滿方開增算故取極小須十八年二日也便以等者疏文甚詳此不細錄但約四位直示算法初算胎法大約道俗文典九月爲胎以胎中七日一轉如五王經七七日成八如是總有三十八轉一轉七日總二百六十六日五大四小共得九月自此以前與母同氣爾後四日將欲趣產與母別氣約準成月則九月四日通前十八年九月六日二算閏法大略爲言十九爲章謂十九年爲一大段以七爲閏十九年中有七閏月三年一閏有三初中後共九年五年再閏有四兩中間十年故有七也計前十八年九月六日一章猶少兩月二十四日不滿十九年準得六月二十七日閏通前十九年四月三日也三頻大法總張前年成二百三十三月三日頻大之法四十九月爲章一章有三頻大初兩十七月各有一大次十五月有一大如是周而復始則用前一百九十六月成四章一章有三日總得十二

日餘三十六月得兩頻大成十四日通前成十九年四月十七日也四布薩法通以十四日布薩謂抽大月布薩日數爲歲一年除閏六大得十二日六小得六日準得十八日通記十九年四月抽得三百四十八日用二十八日爲月則三百三十六日爲一年餘二十日在帖前居零十七日則成一月一日通前則爲二十年五月一日故云長也上是出古謬解

此長含虛增月約實退減年十九歲年月俱不滿者至八月九日前受是不滿二十是罪無戒九日後受無罪有戒

今算中初明退法此長者指上五月一日也約實者謂用此虛月還填令實則有四月二十日準戒疏出填補法則有四月十八日彼云就五月中七大布薩減取七日二大月得四日三小月得三日又減閏餘弱得五日四月十八日中有二小盡得二日并每月餘二十八半分卽十四分四月十八日共得六十五分將六十四分爲二日共得四日零一分今總開前爲一百二十九分將爲五日本三十二分爲一日今始成二十六分故云弱也今鈔但還四日不取弱得又減頻大弱得半日以八箇月方得半日今四月十八日取半日故云弱也今鈔不還此日以不成半日故總計所減弱得十三日減前五月一日就實唯四月

十八日準此年暮日生滿十九者八月十二日應預得受若除頻大則八月二十六日得受今鈔閏還四日頻大不還說但虛增十一日五月一日還十一日豈非四月二十日實也退減者謂於十八年二日內退除四月二十日故至八月九日後受者即當十日已滿二十矣然於下細算猶少二日故疏中約弱得多填兩日由閏與頻大皆沾少分故探取所退成滿所增故也然自古章記不出今師算法後學多迷不免繁重故略出之今師約年月俱不滿者開算此年十九者前臘月盡日當一

年實唯十七年七箇月零十一日還約四位明之初胎法者九月四日足前成十八年四月十五日二閏者十九為章一章七閏計十八年四月十五日猶少七月十五日則不滿一章應得六月二十三日將此足前成十八年十一月八日也三頻大者展前成二百二十七月零八日四十九月為章一章有三日用一百九十六月為四章得二十日餘三十一月零八日應得二日共十四日足前成十八年十一月二十二日四布薩者十八年十一月抽得三百四十日將三百三十六日為一年添

成十九年餘四日添前十一月二十二日成二十六日約二十八日為月則少二日在戒疏至十二日方得則於今鈔十日外更加一日恰成一月方得滿足二十年也今則以疏為定然此算法連代共迷講師至此謬妄尤甚學者聽之但增昏悶故特委曲勿謂繁長至於詳細卒書何盡故且削之然諸國用曆不同此唐國內亦有六七家歷法且據一家如上略述自餘易緯律曆故不重出至如諸部不滿得戒具如戒疏引述

三中初指俗曆六七家者此蓋鈔主所見未詳誰

撰一家者古記亦多妄指但是臆度曾無所據故今不定易緯八卷王弼撰鄭玄注至下指餘義不滿得戒者即十誦中若年不滿二十自想不滿或忘不知僧問滿不答滿得戒答不滿不得又前引五分母論上法得戒不待年滿指戒疏者彼文甚廣不學不知

發諍戒六十六

六十六　佛在舍衛六羣鬪諍如法滅已後更發起故制

五緣一是四諍事若餘私諍律得吉羅二僧如法滅三知四輒發起五言了結

初緣四諍者。一言諍。評教理是非犯相輕重。二覓諍。評三根清濁五德是非。三犯諍。於五犯聚懺評有濫。四事諍。通上三種評羯磨是非迷悟不決名言中事諍評用法治舉徵覈虛實名覓中事諍非法羯磨定罪重輕名犯中事諍。私諍者。律云除此諍若餘鬭罵發者若發已諍。謂先諍後發。除二衆餘人諍而發起者。一切吉羅。不犯中若先不知若觀作不觀想。僧如發觀斷想謂不善觀若事實爾語言不善觀等。謂實非法若戲若錯等。

與賊期行戒六十七。

六十七。佛在舍衛衆多比丘至毗舍離賈客度關不輸王稅與比丘爲伴爲守關人所捉王俗譏呵因制。

六緣。一是賊。二知。三期。四同一道行。五不離見聞處。六過限犯。

犯緣第六過限者。若村間處處道行至一道犯提。半道吉。曠野處行十里提。若減吉。方便共期不去亦吉。

祇中。與負債人行越。十誦共惡比丘期行吉。

釋中。二律伴行雖非是賊。或恐近習或生譏過故制。準此遊方必擇良伴。不犯者。先不知不共結伴。逐行得安隱力勢命梵等並開。

惡見違諫戒六十八。

六十八。佛在舍衛阿黎吒惡見說婬欲不障道比丘諫不捨佛令白四諫便訶而制。婬欲鄙惡障謂非障固執不舍故云惡見亦名惡邪。然雖可說傷毀正化引誤盲愚開惡道門令他墮陷爲害甚重特須禁斷。

五緣。一是惡見說欲非障道。二屏諫。三不受。四僧如法諫五三諫竟犯。

初緣中。此由經說婬欲是道不知卽事顯理令通染性復是大慈曲被重障鈍根具縛凡愚未離欲者結緣下種以爲來習非佛本意倚濫聖教不達深旨堅執化人故須訶諫諫而不捨復加舉法令學大者多墮此見戒制口說故作訶治必若身行定須擯棄餘同前諫戒唯罪名異耳。

隨舉戒六十九。

六十九。因前作舉六羣供給所須同羯磨故制。疏中三意故制。一增彼見熾盛。二必同染著。三違僧命重。

四緣。一是惡見被舉人。二知是。三隨順同事。四隨一一事結。

緣中第三隨順有二。一供給所須。有二種若法若財。二共同羯磨。同說戒羯磨。三止宿言語。謂一切覆障或一切覆不一切障或一切障不一切覆或不盡覆不盡障或彼此先後入或俱時入隨脇著地一一墮。不犯中若

不知若屋一切覆無障半障少障或一切障無覆半覆少覆或半覆障少覆障露地若病被繫命梵難等

隨擯沙彌戒七十

七十佛在舍衛跋難陀二沙彌共行不淨便說欲不障道佛令白四遙諫不捨滅擯六羣誘將畜養因制

犯緣大同前戒也

指同前者疏云一是被擯沙彌二知三同事止宿四隨事同犯自餘並同

拒勸學戒七十一

七十一佛在拘睒毗比丘如法諫闡陀乃言我今不學此戒當難問餘智慧持律者故制

五緣一作止不學意二前人如法勸三知已非前人諫是四不受勸意五言辭了便結

十誦說四事一一乃至七滅諍言我不學此一一墮

五種人不應為說毗尼如後卷中

釋中初明結犯四事即四重五下次明對答彼欲難問故令答者須察來意五種人者一試問二無疑三不為悔所犯四不受語五詰問並不須答不犯者彼諫者癡不解語云汝還問和尚闍棃學問誦經等

毀毗尼戒七十二

七十二佛在舍衛比丘共集誦毗尼六羣恐舉乃言用學雜碎戒為可至十三事佛便訶制

多論為尊重波羅提木叉故二為長養戒故三為滅惡法故又多論云以十二年前常說一偈今說五篇名為雜碎

制意中多論三意初即重戒是道本故二增已行三是護法毗尼禁惡毀則惡法熾然又下釋雜碎義若據律緣指下三篇威儀為雜論約廣略對明純雜

五緣一是毗尼二前比丘誦戒時三作滅法意不令久住

緣中二誦戒時者不必在眾五緣列三疑是寫脫準疏加之四發言毀五言詞了

五分令人遠離毗尼不讀不誦而毀訾墮十誦何用說為令人疑惱熱惱不樂若說隨經律一切墮多論若誦一一戒一一訾一一墮通訶一墮戒序中說二百五十戒義故亦墮律中毀毗尼墮阿毗曇及餘契經吉羅

釋中初引五分今時新戒欲誦戒本師多苦障或加毀訾正犯此戒十誦初出毀詞恐犯故疑惱有

犯則熱惱若下斷犯多論初訶戒本通別兩犯下明戒序通得一罪引律契經吉者多論四義故毀毗尼重一能生萬善二一切佛弟子依住三趣涅槃初門四是佛法瓔珞餘經無故輕又疏云此據小乘爲言毀大乘罪重非校量所辨私謂約制教邊大小同吉就業道邊重輕須分智論云此間劫火起其罪未盡故轉至十方世界大地獄中若彼火劫起復展轉至他方他方火劫起復生此間阿鼻地獄展轉如前是破般若波羅蜜罪又如法華譬喻品偈廣明惡報

不犯者先誦毗曇然後誦律餘契經亦爾若病者差已誦律若勤求方便成四沙門果後當誦律不用滅法者開

不犯中並謂期心後誦非毀滅故初開先習經論雖無所犯乖學次第非本教意淨心觀云越學空宗佛不隨喜是也次開病緣後開進行謂直修三學破惑取果擬後誦之故知至聖不違此制

恐舉先言戒七十三

七十三佛在舍衛六羣中一人自知有罪恐舉故先詣清淨比丘所言我始知此法戒經所載耳佛因制戒戒名恐舉據彼情也疏作不攝耳戒推其本也古師云詐驚張戒與今語別意同

四緣一是廣誦戒時二在衆中三作不聽之意四說過五篇即言我始聞結犯

祇云隨中間一一戒不聽吉一切不聽墮受具已應誦二部毗尼不能者誦一部又不能當誦五衆戒即五篇也四三二衆如初句不能誦二衆當誦一衆及偈若布薩時廣誦五衆乃至四三二無者乃誦一衆及偈餘比丘不得坐禪作餘業應專心聽

釋中僧祇初明結犯彼律但據不聽判犯輕重不必如緣待言方結疏云若曾問戒即是久知而言

始知結妄語提若無知解但有不攝罪受下次明制學二部一部並約廣律又下即是戒本如初句者文中略牒三篇應準上云又不能當誦四衆戒等及偈即諸惡莫作等若下三明制說初制能說餘下制聽衆餘業謂誦經等戒是行本攝修之要故須正制不許餘事不犯中若實未聞廣說今始聞若戲錯等

同羯磨後悔戒七十四

七十四佛在羅閱祇沓婆摩羅子爲知事僧得貴衣白二與之六羣後悔故制

四緣一是僧得施物二同羯磨賞他三輒反謗僧四

言了便犯。

初緣。僧物四種，如盜戒說。一種現前可以和賞。二種常住，一切不開。即衣鉢鍼筒尼師壇下至飲水器隨用賞之。三中反謗者，即戒本云：諸比丘隨親友以僧物與也。不犯者，其事實爾，隨親與之，若戲錯說。

不與欲戒七十五

七十五。佛在舍衛，多比丘論法毗尼，六羣相謂：諸比丘似爲我作羯磨，從座起去。比丘喚住，而故去，因制。

五緣。一是如法僧事，二知，三不與欲，四輒去，五雙腳

出戶結。

初緣。疏云：此唯斷四諍事，不與欲者犯提，餘者吉羅。第五緣，律云：一足在戶內，方便欲去而不去，吉。

五分：有事與欲去，不與欲應三羯磨，屋下隨出，一一提。露地去僧一尋，提。若不羯磨私房斷事，一一吉羅。

釋中初科五分，初明正犯，三羯磨謂單白、白二、白四。下約覆露明犯分齊。若下次明輕過。

僧祇若僧集說法毗尼，有緣不訖，座不白去者越。若大小便須臾還，不廢僧事，不犯。若疑來晚，應白與欲。乃至聽他人讀誦受經，皆須白之。中間止作餘語者。

無犯。

次科僧祇，初說毗尼，但非斷諍，故犯小罪。白即說欲。大小便不犯者，準此暫去即來，不須說欲。下明誦經亦須白者，止是白告比座，不必陳欲。中間餘語非三藏正教故。

五分不羯磨斷事，沙彌在中，若起亦吉。

三中五分明非羯磨，故不簡眾。

律不犯者，若與欲去，若爲非法，同師作損減，不與欲而去者開。

不犯中文略，口噤不說。

與欲後悔戒七十六

七十六。佛在舍衛，六羣恐舉，六人相隨，無由得作。後時作衣，僧喚受欲，即與比丘作舉羯磨。後六羣言：我以彼事與欲。佛訶，因制。

四緣。一如法羯磨，二如法與欲，三輒反悔，言不成，四言了結。

初緣。多論除僧法，餘事和後悔吉羅。第三反悔者，作是言：汝作羯磨非法，羯磨不成，我以彼事故與欲，不以此事。

多論若僧作非法羯磨，當時力不能轉，默然不訶，後言不可，無犯。若順法毗尼者，墮；王制不順，吉羅。

釋中多論初明緣開若下次明正犯順法謂如法羯磨王下因示別制如今國令違皆小罪世人妄以紫服爲王制者餘僧服褐皆應犯制但欲飾非寧知毀教不犯中其事實爾作非法羯磨錯說彼此者開

屏聽四諍戒七十七

七十七佛在舍衞六羣聽諸比丘鬭已而向彼說令諍不滅故制

五緣一先起四諍二前人屏量三作鬬亂意四往彼盜聽五聞便結犯不待向說

緣中第五不待說者疏云戒本向彼說者據聽者意至於結罪但聞便犯若待向說落兩舌中又云兩舌未有諍聽不必生待說方有此先有諍往聽必生故深前制豈待其說

律中若二人闇地共語隱處共語前在道行共語若不彈指謦欬驚者吉羅

釋中三種共語不許竊聽凡情所好智者誡之

不犯者若恐作無利故聽者開

不犯中略非法羯磨欲知故聽

瞋打比丘戒七十八

七十八佛在舍衞六羣中一人打十七羣中一人大喚故制

四緣一大比丘二生瞋心三作打意四著便犯

初緣簡下衆吉

律中打犯重者亦墮若以手石杖等墮若餘戶鑰拂柄捶者吉羅

釋中初科犯重墮者不簡境故若下約事分犯重輕兩別捶陟栗反撞觸也

十誦如一把沙豆散衆多比丘隨著一一墮

次科十誦一一墮者若取所打即望多人若約能打即隨沙豆多少

伽論欲心打女人僧殘

三中論約欲心戲打即同摩觸若但瞋心應同餘衆

僧祇若惡象馬牛羊來入塔寺觸突形像壞華果樹得以杖打木石恐怖令去不得杖擬畜生一一吉羅

四中僧祇擬畜即急護之急耳

律不犯者有病須人椎打食噎椎脊共語不聞觸之

乃至誤觸不犯

不犯中乃至者文略睡時身委他上若來往經行時共相觸若掃地時杖頭誤觸

檢諸經律無爲訓治故開比丘行笞杖者釋迦一化

並無末代往往見有前卷已明故是法滅之相
斥非中初科笞音癡小杖也一化者諸教不開卽
知佛世所不行也前卷卽師資篇
大集經云若道俗等打破戒無戒比丘罪重出萬億
佛身血何以故以能示人出要道乃至涅槃故智論
律中結戒爲世間事爲攝僧故爲護佛法故有八有
衆生隨逐假名而結戒不觀後世罪多少如道人鞭
打殺牛羊罪重而戒輕歎女人戒罪重後世罪輕等
次科大集舉能說法化世有益雖破戒無戒罪業
猶爾況餘持戒固不在言一切罪中五逆爲重五

逆罪中出血復重出一佛血一劫阿鼻況萬億耶
由罪極重故以比之智論初敘制戒隨順世相結
戒是制教後世罪卽業道如下舉相以示欲彰鞭
打業重令信者誡之歎女卽麤語
搏比丘戒七十九
七十九亦因六羣以手搏十七羣故制戒名者僧祇中六羣側掌
爲刀相用擬於人號爲搏也
前是限分此戒深防擬便是犯
釋中對前戒者疏云本爲打非搏但打家方便吉
羅本爲搏非打動心卽搏方便

伽論舉手向衆多比丘一一提
次科伽論一一提者約所搏之人復隨舉手以明
多罪律不犯中若有緣事須舉手遮招觸等
無根僧殘謗戒八十
八十亦因六羣以無根僧殘謗十七羣故制
略同第二篇罪墮爲別
指略中恐忘前戒略引緣成有八一是大比丘二
作大比丘想三內有瞋心四無三根五下至對一
人說六以殘罪加謗七言詞了了八前人知犯
突入王宮戒八十一

八十一佛在舍衛末利夫人奉信聽比丘入宮無障迦留陀夷入宮夫人拂牀形露因制
四緣一是刹利王二王共夫人同處三王未出寶未
藏多論采女著寶衣衆具未藏舉本處四入王宮門限便犯
初緣刹利卽四姓之長律約灌頂受位卽戒本中
水澆頭也餘三姓如是立者亦名灌頂次緣同處
準下王未出須約寢宮方犯已外應輕此土王庭
不許輒入事亦希也四入門限者疏云深防而制
初入已結何況見寶
律中若入粟散小王豪貴長者門限內吉羅
釋中粟散言餘小王如粟之多不犯中若有奏白

請喚若命梵難

捉寶戒八十二

八十二（佛在舍衛外道路中止息忘千兩金比丘見之持還便言金少王斷罰謫入宮因制）

此是捉寶戒多論明文因拾遺爲緣起不用舊語

正名中初示名有據論如下引因下廢古所立彼執緣起謂拾遺犯提手捉但吉故召爲拾遺

具五緣一是重寶通自他二及莊飾具三非住處及寄處四無心盜取擬還主五捉便犯

戒緣中此戒犯相有二若但捉寶唯有三緣初二及五若於聚落拾他遺寶方具五緣若拾遺衣但

應得吉伽藍寄處有寶無寶一切開拾如下引明

三非住處即非伽藍及寄處者謂非俗舍

多論七寶捉者墮七名如三十戒中若似寶銅鐵雜色珠等取得吉羅不取如法說淨不犯若捉金薄金像舉藏若捉他寶自說淨寶得墮似寶入百一物數者得不須說淨

釋第一中多論初明眞寶七名即金銀摩尼眞珠珊瑚硨磲碼碯律中又有琥珀琉璃貝玉（彼論錢入似寶）若下次明似寶取得吉者論云爲畜故取也不取者論作不應自取如法說淨（準不爲畜捉應無過）上文通論畜捉若捉下單明捉犯金薄謂裹貼之物金像或貼或鑄者似寶入百一捉畜皆開已外俱吉

僧祇中乃至知佛僧事人有寶不得自取若四月八日及大會供養時浴像金銀塔及菩薩像供養具有金銀塗者使淨人捉若倒地者佐助捉無金銀處若塗偏者裹手捉若浴金銀菩薩使淨人洗乃至使淨人持比丘佐助若已先捉不得後放

僧祇中初通明制意知事當開教亦不許而況餘人故云乃至若下別示供具有三初通列供會供養具下明鋪設供具裹手捉者恐損壞故暫開佐

助世有持戒者裹手捉錢愚教之甚若浴下正明浴像不得後放者必須先放意表助他故

多論若似寶作女人莊飾具捉者吉羅男子莊嚴具除矛矟兵器樂器餘一切捉無犯若使比丘捉寶亦墮律中開若是供養塔寺莊嚴具爲牢固收舉不犯（謂無淨人處開）故五百問云知事人不得捉佛法金銀錢亦墮

釋第二中多論初明女飾下簡男物兵樂二器捉亦犯吉所以除之矟所角反矛之長者若下明使同類能所俱重律下次引本律即不犯中文與上

相違故注決之下引論證顯非常開
四分云若在寺内寄宿處有寶自捉教人舉當識囊相器相開解看幾方圓幾新故有索者問相貌同者還不相應者云我不見此物若二人同來取語同者持物置前各自取去不作如是方便吉羅若餘處捉遺落物者墮
釋第三緣四分先明方便還他言自捉者據此捨遺明開自捉二人同取謂二人各來識認語同謂二皆相應無有辨故若餘下明無緣結犯
僧祇若見遺衣物者當唱令之無主者懸高顯處令

人見若來取問何處失答相應者與無來者停三月已若塔園中得者作塔用僧園中得者四方僧用若貴價物金寶等不得顯露處屏看相已有認相應對多人前與教令受三歸語云佛不制戒者眼看不可得無人來者停至三年如上處所當界用之比丘若失物先生心言後知處當取後知得取無罪答比丘遺衣鉢主人徙著餘處藏犯重彼衣主憶來取者無罪若掘地得寶藏者淨人不可信當白王淨人可信停至一二年應作塔用若王覺者答言已用作塔若索者應以塔物乙若還之若王問律中云何答云佛言隨塔僧地得者還作塔僧用之若寶藏上有鐵券姓名亦得直用進退如上
僧祇五節初明捨衣以物輕故停三月下是貴寶故待三年若貴下次明拾寶由是貴物多容妄認故但屏看異前衣也受三歸者因而接引眼看不得者明非汝分也如上處所者卽隨佛僧用也比丘下三明失物作念若心捨棄後取成盜答下四明移他遺物徙卽訓移言犯重者此約盜心恐彼還取故重若爲收藏雖移無過彼取無罪容心不捨主意未決故若掘下五明取伏藏淨人不可信

須白王者恐爲告首故上約無名下據有名進退如上者同前白王答王等
成論有人言伏藏屬王取此物犯盜者答云但地上屬王不論地中何以故給孤獨等聖人亦取此物故知無罪又自然得物不名劫盜
成論對破他義故先標爲問答中二義初明無屬給孤取者論自引證彼得二果故云聖人在聖旣取可驗無犯又下次顯非盜引此以明伽藍之處得取伏藏
僧祇人聚落中有遺物不得取有人取與比丘者得

卽是施主若曠路無人處有者得取若衣有寶以腳蹋斷露捉使人見至住處見有寶者與淨人掌作衣藥直

僧祇但制聚落開曠路者唯開拾衣而非捉寶以無人處不慮妄索必畏後患不取彌善

五百問云寄白衣物過期不來白衣持來施比丘不合取若活是有主若死屬僧物

五百問中謂比丘以衣寄白衣家也不犯中若僧伽藍及寄宿處（此開拾遺）若供養塔寺莊嚴具收舉（此開捉寶）或約無淨人處或是部計緩急令或併淨塔廟

且就本宗開之

非時入聚落戒八十三

八十三（佛在舍衞跋難陀非時入村與居士摴蒱故制）明了疏二意故制一恐作羯磨不知所至則惱眾僧二令不自在入白衣家

五緣一非時分二無啟白喚緣三不囑授四向俗人舍（卽寺內淨人家院是）五入門結

犯緣第二啟白喚召兩緣不白非犯

十誦若入聚若僧坊（尼寺須白）入蘭若處入本住處無犯

釋第四十誦三處不白初卽聚落中僧坊注簡尼寺同俗舍故本住處謂所居寺

四分非時者從中後至明相未出不囑授比丘初入村門墮若僧塔寺事病事當囑比丘若獨處一房當囑比房

初緣四分中初釋非時不下示犯相若下明白緣

十誦無比丘白者四衢見應白又無者發心已去無者應白尼三眾

第三初科十誦開四衢者住處無人出街求也發心去者衢中復無擬道逢也白三眾者道中又無開別類也疏云淨人亦得知其去處有可尋求

僧祇食雖早竟卽是非時作白言長老我非時入聚落前人言可爾若道從聚落中過村中有塔天祠者當順行直過若下道左右旋去者墮

次科僧祇初明非時不必中後時內亦犯急於本宗作下引示白法準羯磨云長老我非時入聚落至某城邑聚落某甲舍（依此誦之）若下制其遲迴道從聚過者如今通街店也中有塔廟不得旋迴開中制也

智論一切白衣舍皆名聚落準此寺內淨人房院何爲不白愼之哉愼之哉

三中智論語通例準淨人住處亦犯若攝衣村界必須男女此制專輒不由識染單男亦犯

五分若路所經暮須往宿八難起等並不須白

四中五分開難八難如說戒篇

多論若總白隨到所至處若別相白亦善若先不白見異寺比丘白無犯

五中多論總白應云長老我非時入聚落隨到所至處（隨至多家皆得）別相如上

明了論若有緣須入先簡擇此事謂白同戒觀察正行律中威儀者得不者不合

六中了論明觀量可否初標示此事總下三事謂下釋有三曰同戒者即作法也觀正行者量其所作事也律中威儀者齊整著衣也疏引云所以開白謂於死人處觀過失故爲護法故爲受依止故爲說聽法故爲有食請故並有利故聽往其處須避天廟店肆婬女外道出家女處觀察遠離（此即正行）論中又明著僧伽棃等（即律威儀）

律不犯者若道由村過若有所啟白若喚若請皆不囑授直往有三寶緣者開囑如上

不犯中如上指前四分略命梵難緣

過量牀足戒八十四

八十四（佛在舍衛迦留陀夷知佛從此道來敷高好牀白言看我牀座佛訶因制）

五緣一是牀二僧牀及己三過量四自作使人五作成便犯本爲截者不截方犯

列緣第二僧私兩牀俱犯準緣作成方犯今時坐已成者準僧祇犯吉

律云高如來八指多論木牀高大悉犯俗人八戒亦同八指者一指二寸姬周尺一尺六寸唐尺一尺三寸彊五分得高牀施先作念截卻得受不爾者墮

釋第三初引律示量多論明高廣俱制大即是廣

高量如下廣者準業疏方三肘者不合坐（五尺四寸）疏文又引阿含八種勝牀俱不合坐（金銀牙角嚴飾故勝佛師父母從八故勝）八指下定尺數周一尺二寸爲唐一尺其餘四寸以三寸六分爲三寸餘四分在故云彊也五分作念即成持故

僧祇僧牀亦犯恐施主嫌者木篅盛腳埋之乃至截腳木還揞牀腳亦犯隨坐起一一墮若下溼處用八指木揞腳得（準此下溼處揞牀者應開得在上禮佛若揞高者不合也）若俗家高牀不犯（四分亦同）

第二僧祇初明制僧牀犯者亦約作成爲言揞謂

承藉之物。若下明開。注明禮佛世多處牀可開溼處。餘處不得。又止八寸。不得更高。

十誦云。截竟僧中懺罪。八指者用我指量。上開揩腳木用人八指量第三分入梐準此十誦疏家以八寸爲量。四等分之。又云。長牀極小容四比丘坐處。臥牀過三肘降四歲共坐。若減不得坐牀長一肘半得二人共坐。牀揩不得過八指。

釋五中。十誦初明悔法。八指下明量。注文簡濫可解。第下統明高量。第三分。卽最上八寸。四等者。二分爲腳。一分爲揩。一分在陛。云第三者。不數揩故。

又下明廣量。初明長臥二牀。降四歲者。如已六夏可共十夏人坐。已一夏共五夏人坐。若降五歲不許共坐。以同闍梨位故。據律本制降已三歲。由牀大故。聽降四歲。故云減不得也。二明坐牀。三明揩木數量可知。

四分不犯者。去地八指。若減若脫腳無犯。

兜羅貯牀褥戒八十五

八十五。佛在舍衛。六羣作兜羅貯褥。居士譏。以殺生故制。兜羅是梵語。多論云。草木華緜之總稱。又翻霜緜。所以制者。多論云。以是貴人所畜故。又人所嫌故。喜生蟲故。又若臥輭煖。後得麤硬不堪忍故。

五緣。一是兜羅緜。律云白楊華柳華蒲臺也。二貯牀褥。三爲己四自作使人。五成便犯。

初緣中。注列三物。柳華卽柳絮。蒲臺卽蒲華抽出若臺。隨方呼召耳。第三爲他作吉。第五不成亦吉。

五分。隨坐結墮。要先棄後悔。

釋中。示犯及悔法。不犯者。非前三物。若他施棄而用之。

骨牙角鍼筒戒八十六

八十六。佛在羅閱祇。有信工師爲僧作骨牙角鍼筒。廢業無衣食。招譏故制。

五緣同上。

指緣同上。一是骨牙角。三物隨犯。二作鍼筒。三爲己四自作使人。五作成犯。

多論云。以是小物故。不入三十中。又應破故。若反還主不受。若於他主生惱。若入僧則非法。故須毀棄。

次科多論二意。故不入捨。初意可解。又下次意以捨墮不出四別。一還主。如長離等。二與他。如寶藥等。三入僧。如乞鉢。四斬壞。如蠶緜。此戒不同前三。如文次簡宜同第四。故云須毀也。若爾蠶緜何在三十。答。彼非小物。但有應破一義。此具二義。故在

九十

律不犯者，若銅、鐵、鉛、錫、鑞、竹、木、葦、舍羅草用作鍼筒；若以牙角作錫杖頭鏢鑽（子管反），傘蓋子、斗頭鏢、纏蓋斗，若作曲鉤、刮舌刀、如意、玦紐、匕杓、鉤衣鍘、眼鎞、刮汗刀、摘齒物、挑耳鎞、禪鎮、熏鼻筒，一切不犯。

不犯中，初明諸物作筒，非牙角故；若下，次明牙角非作筒故。總十七物，律文並以若字間之。一錫杖頭及鏢鑽，鏢音飄，或去呼，刀劍鞘下飾，今謂錫杖鑽飾也。傘下六字一事二物。指歸云：傘蓋子即蓋莖上簦柄；斗頭鏢亦傘上仰承斗以牙角飾也。寄歸傳說西國僧多自持小傘故。四纏蓋斗，未詳何物。七如意即爪杖，用以搔痒。八玦紐，音決，謂環不相連。二衣篇云：以衣繞身訖，用帶圍繞收束之也。九匕即匙。十一鉤衣鍘，音滑，謂紐中橫鉤。十二律云眼藥錍。十四摘，宅歷反，律正作擿。十六禪鎮，即坐禪時鎮頂用也。

過量尼師壇戒八十七

八十七（佛在舍衛，聽諸比丘作尼師壇，六羣大作，故制。）

五緣成：一作坐具，二過量，三爲己，四自作使人，五作成便犯。律中長姬周釋四尺，廣三尺，緣外廣長各增一尺，此是定量。餘如衣法廣明（文云：若過量，若互減互過，自他作成皆墮；若不成，爲他作成不成，一切吉羅。）

釋中引律，初示釋量。增一尺者，初則一頭一邊增之，今準感通傳，須於四周各增五寸。文下次明結犯。

不犯者，應量、減量作，若從他得已成者截割如量，若作兩重者不犯。（今有通量而作者，諸部不許，四分七百結集中亦不許。）

不犯中，得已成者兩種修改，並謂受時即作此意。言兩重者，以過量故襵疊令如法。注斥非法，諸部即僧祇、十誦等，七百結集四分下文。

僧祇：若欲懺悔，截卻量外（謂初量外，非是增者），依法懺之；餘者說淨；若已曾過十日，如長衣法捨之。準多論衣法。

懺法中恐人但截外增，故特注之；若增量有過，亦須截之。餘者謂量外截除者，以不入受持故。準多論者，彼三衣量外須說淨，不說過日犯長。

覆瘡衣過量戒八十八

八十八（佛在舍衛，比丘患瘡，聽作覆瘡衣，六羣大作，故制。）此下三戒並不列緣，例上尼師壇作之，但改初緣爲異。

律云：用覆身上種種瘡，上著涅槃僧，得用大價細輭衣作。長姬周尺八尺，廣四尺也。

制法中，初明制用；得下，示衣體細輭者不損瘡故。長下，示尺量。戒本云：長佛四搩手，廣二搩手故。

不犯，略同前戒。

不犯中，下三同前，故並不出。十誦乃至瘡差後十日，過者結墮。次科。十誦瘡差須淨，以無緣故。

雨衣過量戒八十九

八十九。（佛在舍衛，毗舍佉母送雨浴衣，佛令隨上坐與，不足者，六羣大作，故制。）前戒委明求用時節。律中長佛六搩手，即一丈二；廣二搩手半，則五尺。

文相如三十中，不解可知。

與佛等量作衣戒九十

九十。（佛在釋翅瘦，難陀短佛四指，人遙見謂佛，佛令難陀著黑衣，六羣等佛量作，故制。）注戒名過量三衣戒。四分三衣隨身長短，唯以佛衣爲分齊。若爾，鉢量所以同者？答：由體別故。（佛用石鉢。）衣量別者，以體同故，互彰同異，則無濫也。

多論云：佛量丈六，常人半之，衣廣長皆應半也。十誦云：長佛九磔手，五祇二律亦同。有本十磔手者，錯也。長姬周尺丈八，廣丈二；常人九尺、六尺也。事希故無暇廣述，須知。

示量中，初引多論示佛身量；十誦下，總會諸文；長下，正示尺量；事下，顯略，廣在疏中。

四提舍尼

四提舍尼篇

初戒名在俗家從非親尼取食也。

初戒。（佛在舍衛，世儉穀貴，人多餓死，蓮華色尼入城乞食，三日並施比丘，遂餓在道，人譏，故制。）五緣：一、俗人舍，二、非親尼，三、無緣，四、自手取食，五、咽結。

犯緣中，第三謂無病也。

四分食者，正不正也；無病自取咽咽結。文中不論自他二食，約緣通之。

釋第四，初明食體；無下，示犯相；文下，決通律文。據律緣起，乃尼自食，而不云他；今約犯緣自他俱犯，故云通之。

五分在巷中犯，家內不犯，緣起如此。

初緣中，五分結犯不同本宗，彼據緣起；若據四分緣亦道中，但結戒本須在俗舍，不可和會。

律不犯者，受親里尼食，若有病，若置地與，若使人授，若在僧寺與，若在村外，若尼寺內，一切皆得。

不犯中，初開親里。疏云：以在俗家人情相委，親非譏故。次有病者。疏云病人苦惱譏醜不生。置地及遣人者。疏云敬相無絕所以後開。已下三處開受。譏過少故。

在俗家偏心授食戒

第二。佛在舍衛。眾多比丘與六羣白衣家食六羣尼索羹飯越次與六羣因制。

四緣成。一白衣舍二偏心越次指授三大眾默受不訶四隨咽結。

犯緣第二屬於尼也。

五分第一上座應訶不用語者乃至新受戒者亦得。僧祇三訶不止食者無犯。十誦若二處僧別坐別食

亦須別問已約敕未。未者不得食。後坐人亦爾。

釋中五分眾中隨得一人訶之。不用語者謂不須上座訶也。僧祇三訶開者恐時過故。疏云聞訶不止非眾容惡是故聽食。四分一訶不止亦開。十誦兩處別問者恐彼此處不相知故。

律不犯者若語言大姊且止須待食竟若尼自為檀越若檀越設食令尼處分若不故作偏為彼此者。

不犯中初是作法反第三緣。尼自為者反初緣也。若檀越下反第二也。

學家過受戒

第三。佛在羅閱城居士夫婦俱得見諦無所愛惜供養既多衣食乏盡招譏故制。

事希不述。今諸有信家亦五眾繁踐無度受供準此自約豈非明斷。

事希者於凡無用非鈔意故。今略明之。五緣成犯一見諦學家。餘凡有信應可犯吉。二僧作法制。佛令白二制斷故知無法不犯。餘三緣同上下戒。不犯者若先請若病若從他受若白二法解脫。今下因示誡誥。初出過準下申誡。然今末世雖非聖家招譏無異故令節約。

有難蘭若受食戒

第四。佛在釋翅瘦尼拘律園城中女人送食供養為賊觸嬈即制此戒。

五緣。一是蘭若險處二先不語檀越三無病難緣四自手取食除置地使人五食咽犯。

初緣險處謂賊怖也。第二不語語即非犯。佛言應語諸婦女莫出道路有賊怖若已出城應語言莫至僧伽藍中。以寺去城遠故。三無病者律云若故持食來聽病人受第四律云若有施主以食置地若教人與二皆不犯故云除也。不犯者若來受教敕聽法自食令授。

眾學戒中

眾學篇罪無限量故云眾易犯難持故令學唯此

篇題與前迥異。威儀之要，具在諸門，略收將盡。今撮摘數十八之喜犯，故復輯敘。

敘意云諸門者，即指上下諸篇。數十者，下釋五十餘條耳。對望諸篇，故云復敘。此篇既略，學者多迷，或是時須，何宜不識？故今記中隨相點之，委釋教旨。如戒本疏，又前諸戒並列犯緣，此獨無者，由故誤皆制，動即成犯，必欲强立，準具五緣，如云一是涅槃僧，二知，三無緣（病等諸開），四不齊整，五隨著犯。自餘例此可知。

初齊整著涅槃僧者。

初戒（佛在舍衛，六羣不齊整著內衣，居士譏言：如似俳說人，如王大臣，無異。故制此篇，百戒多在舍衛，多因六羣，下更不出時，有別者，隨爲點之）。名云涅槃僧者，此云內衣，即是裙也。以西土裙法橫疊圍身，長繩四繞，抽拔使正，多致不齊。此間作裙並連腰帶，但著有高下，亦違律制，當依母論，踝上三指，即爲齊整。

律云：不齊者，或時下著，繫帶在臍下；高者褰齊膝；象鼻者，垂前一角；多羅樹葉者，垂前二角；細襵者，繞腰細襵皺。

釋不齊中，非法有四：初是高下，二象鼻，三多羅葉者，西域記云：形如櫻櫚，用比兩角；四細襵者，止得前後兩跨爲四襵，多則非法。今時葦筒同彼女流，非道服矣。

此之犯相，故作犯應懺突吉羅，以故作故犯非威儀突吉羅；若不故作，突吉羅。尼等四衆亦吉羅。乃至篇末並同此。

示犯中，此中結犯獨異諸篇，良由輕細喜犯難護，故則雙結，悞復不開，聖意弘深，麤情莫曉，自非謹攝，信難窮矣。疏云：應懺吉者，對首一說，失儀之罪，責心悔也。已後諸戒犯相無異，故指並同。

不犯者，或臍中生創，下著；若膝踹創，高著；若僧伽藍內，若村外，作時，行道者。

不犯中，踹時輭反，腳脛也。村外不爲他譏，作務道中有所不暇故也。

二齊整著三衣者。律云：不齊者，下垂過肘露脇，高過腳踹上；象鼻者，垂前一角；樹葉者，垂前兩角，後褰高；細襵者，襵已安緣。不犯者，略同前戒。

第二（居士譏言：如俗無異）。初標名。律下釋不齊相，四過同上。襵安緣者，似今裙類，或云安左臂緣上，僧祇齊整披衣，不得如纏軸，當通肩披，著紐，齊兩角，左手捉時不得出角如羊耳。

三反鈔衣者謂左右反鈔著肩上也。若肋有病在寺中道行作時者得。

第三(識云無有慚愧如王大臣)初標名。謂下示相。僧祇云、若值風雨得鈔一邊偏袒右肩得鈔左邊通肩披者得鈔右邊不見肘也見長老比丘還卽下之。若下明不犯。

四反鈔坐戒文相可知。

第四同上。但坐爲別。

已後約略而解不復記數、大途可知。

律云、衣纏頸者總捉衣角著肩上也。開緣同上。

衣纏頸戒(識詞同上)捉角肩上以緣繞頸也。

覆頭者若以樹葉碎段物若衣覆也。不犯者有病患寒頭上生創命梵難覆頭走者。

覆頭戒(識云覆頭如盜賊)不犯中今時帽覆、入俗須除、禮佛侍上皆爲媟慢但患寒有病例準開之。

跳行者雙腳跳也。不犯者有病爲人打有賊惡獸若棘刺度渠坑而跳過者。

跳行戒(識云不慚入室如似烏雀)

蹲坐者若在牀在地上尻不至地也。不犯者有病尻邊創若有取與、若禮若懺悔若受教誡者。

蹲坐戒(蹲坐倒地形露招譏)尻苦刀反臀也。不犯中禮懺等跪同蹲故。

叉腰者匡肘也。開緣如纏頸戒。

叉腰戒(識云以手叉腰如人新婚得志憍放叉坐戒妨比座故)匡肘謂兩肘有如匡器焉。開緣指上。卽有病肩臂有瘡僧寺內等。

搖身者左右戾身趨行也。不犯者、病若爲人打避杖度坑搖身過著衣看齊整者。

搖身戒(識云如王大臣)戾曲也。

掉臂者垂臂前卻也。不犯者病爲人打及餘緣舉手遮浮渡水若以手招喚伴者。

掉臂戒(識嫌同上)前卻卻卽後也。不犯中餘緣者或惡獸或擔刺舉手遮者貫上三事。浮渡者必掉兩臂故。

覆身者處處身露也。不犯者病被繫風吹衣離身者。

覆身戒(識云不好覆身如婆羅門)此以正行列爲戒本、如齊整靜默用意平鉢等或標過狀遂戒尋之。

左右顧視者在村落處處看也。不犯者有病若仰瞻日時節若難緣伺求便道走者。

左右視戒識云如盜竊人。

靜默者謂無高聲也。不犯者、病若聾須高喚囑授若高聲施食若二難高聲走者。

靜默戒識言如婆羅門無有正法。施食者如供聖呪願等。

戲笑者露齒而笑也。不犯者、病脣痛不覆齒或念法歡喜而笑者。

戲笑戒識云不慚戲笑如獼猴。已前諸戒並謂入聚落中乖越威儀不生世善。若在伽藍豈得不爾。但緣起在俗故結爲戒。時開寺內非是常途。安有處寺而容縱放。教誡律儀並明寺內威儀之行。義準諸戒內外通犯。學者思之勿謂無過。

用意受食者非棄羹飯也。不犯者、有如是病或鉢小故棄或還墮案上者。

用意受食戒由不用意捐棄羹飯。識云沙門無厭貪心多受如穀貴時。

平鉢受食者非溢鉢也。不犯如上戒。平鉢受羹者非溢出流汙也。不犯如上。

平鉢二戒識亦如上。古師云離偏斜過謂擎鉢不正。今師約食故云非溢。

羹飯等食者非飯至羹盡羹至飯盡也。不犯者、有病若正須飯正須羹日時欲過二難疾食者。

等食戒居士下飯已入內取羹還食飯已盡與彼羹已復還取飯還食羹盡。識云似餓人。

正須者謂隨食盡已更須受益非貪速故。

以次食者非謂鉢中處處取食食也。不犯者、病或患熱挑取冷處若日欲過難緣者。

次食戒識言如豬狗牛驢駱駝烏鳥。

不挑鉢中者置四邊挑鉢中央至鉢底。不犯者、有病患熱開中央令冷日過難緣者開。

挑鉢中戒識嫌同上。

自索食不犯者、病爲他他爲已不求而得者。

自索食戒識云何有正法受取無厭。

飯覆羹不犯者、有病若請食或正須羹正須飯者。

飯覆羹戒識言如飢餓人。

視比座者誰多誰少也。不犯者、比座病若眼闇爲看得食不得食淨未淨受未受若自病者。

視比座戒見比座分多便云居士有愛故制。

繫鉢想食者謂非左右顧視。不犯者、有病比座眼闇如前戒日過難緣者。

繫鉢戒因左右顧視不覺比座取別藏之。

不大揣者非口不容受也。不犯者、病時欲過二難疾食者。

張口待飯者謂飯揣未至先張口也。不犯者、如

前戒含飯語者飯在口中語不可了令不解也不犯
者有病或噎索水難緣者
大揣張口含飯語三戒識同文食
遙擲口中食不犯者病被縛而擲口中者
擲口戒識言如似幻師
遺落食者半在手中半入口中不犯者啖薄餅焦飯
瓜果菜者
遺落識云如豬狗牛驢駱駝烏鳥
頰食者令兩頰鼓起如獼猴狀也不犯者病時欲過
難緣疾食者

頰食識云如獼猴食
不嚼飯作聲中除有病乾餅焦飯瓜果者無開菜文噏飯
者張口遙呼吸食也不犯者有病口痛食羹乳酪苦
酒者不舐食者吐舌舐飯也除病被縛手有泥垢膩
汙舌舐而取者
嚼飯噏飯舐食三戒招識同上遺落言半在手者西土手
摶食故此方餅果亦多用手縱用匙筯亦準手犯
下列諸物開殘在手注云無開菜者文雖不出意
準開之垢汙開舐以非食故
振手食中除病食中草蟲或手有不淨振去之有未

受食手觸汙手振去之者
振手戒識云無有正法如王大臣未受食汙手或容粘綴故
把散飯食者散棄飯也開如前戒
把散飯戒識言如雜鳥或誦爲爬非此謂手握而落對
前遺振須分別相餘剩在手即是遺落揮散左右
名振手摶握零落爲手把
不汙手捉食器者有膩飯著手也除病或草上受葉
上受若洗手受者
汙手捉器戒識云無法如王大臣謂捉已器必捉僧器則觸
僧食不論手汙不汙並名惡觸草葉上者此謂口

受非手捉故
洗鉢水者雜飯水也除病若澡盤承取棄之者
棄鉢水戒因飯狼藉識云多受如餓人
生草不得大小便中除病故不堪避若流墮上烏銜
墮者水中不大小便唾中除病或岸上大小便流墮
餘如前戒不立大小便中除病被縛腳縛垢膩泥汙
並開
生草淨水立大小便三戒並識云如豬狗駱駝牛驢等從初至
此五十一戒明敬僧威儀文列四十一并衣纏頸下十條各有白衣舍坐
不恭敬說法不得中除病若爲王王大臣者

不恭敬者總明八戒明敬法威儀。五十二反鈔衣
五十三衣纏頸五十四覆頭五十五裹頭五十六
叉腰五十七著革屣五十八著木屐五十九騎乘
不得佛塔下至舒腳坐二十六條明敬佛威儀
不佛塔中宿戒除病爲守護故止宿强力所執二難
緣宿者不藏物塔中戒除病爲堅牢故藏餘難緣如
上。
六十塔中宿六十一塔中藏物今時愚敎多於殿
塔著物一一隨犯況加無知
著革屣下諸塔邊戒除有如是病或强力喚入塔中

者。
著革屣中收五戒故云諸也六十二著入塔六十
三捉入六十四著繞六十五著富羅入六十六捉
入。
塔下坐留食戒除一坐食及不作餘食法比丘病比
丘聽聚著腳邊一處出時持棄者。
六十七塔下食戒初制不得塔下食後開有緣聽塔下食但不汙地。比見
多在佛殿設齋肖像安坐果菜棄遺縱橫汙地違
制雖輕惡業彌重有識高士願速改過自餘愚叟
何足語之開二頭陀者或有所棄不容身起故聽

聚邊。
塔下擔屍等戒除有病須此道行强力呼去者。
擔死屍等者總包九戒六十八擔屍六十九埋屍
七十塔下燒七十一向塔燒七十二四邊燒七十
三持衣牀塔下過七十四塔下大小便七十五向
塔七十六繞四邊
持佛像大小便處三開亦爾
七十七持佛像中三開者即上病須此道强力呼
也下略六戒七十八塔下嚼楊枝七十九向塔八
十繞四邊八十一塔下涕唾八十二向塔八十三

繞四邊。
向塔舒腳坐除病若中間有隔强力所持。
八十四向塔坐戒中間隔者有物障也文略八十
五安佛下房在拘薩羅國制或有病或命梵難皆開從八
坐己立下十五戒出能敬之人於四儀中離明敬
上三寶行八十六人坐己立說法戒八十七人臥
八十八人在座八十九人在高座九十人在前行
九十一人在高經行處九十二人在道。
攜手道行戒除病或眼闇須扶接者。
九十三攜手在道由攜手在道遮他男女遭譏故制。九十四上樹

三示開緣

四明結略

戒比丘在大樹上安居於上大小便樹神瞋欲斷其命故制九十五杖絡囊戒跋難陀絡囊中盛鉢貫杖頭擔居士謂是官人皆下道避因制九十六持杖人說法九十七持劍人九十八持矛人九十九持刀人一百持蓋人。

餘戒或有病緣通開。不恭敬聽法者唯開王及大臣也。㫖由佛法廣流天下者必假王力故也。初雖開聽爲在通法被及黔黎後必虔仰故無開法。

示開緣中有二。初示病緣通開可成。不下次明王臣別顯敬法諸戒。初示開。㫖下顯意。初下明開制隨時。黔黑也黎衆也言黑首衆人卽召生民也。

行事鈔資持記卷二十五 隨戒釋相篇十四 四五

自餘通諸外部非不要須。意在卽披卽行。且依律述此若遵之無缺者當更括檢如威儀決正法中別卷流用。

結略中初指廣通外部者疏云僧祇六十六戒十八戒四分無十誦一百七戒四十七四分無五分一百戒四十四戒四分無解脫九十六戒五十三四分無檢諸戒本尋之意下次顯略。且局本宗欲令易見。此雖不引上下威儀亦自具之。此下囑累威儀決正法者古云道儼律師所出二十卷或恐指敎誡儀爲決正法耳。滅諍一篇所以不釋者以相雜難明末世稀用既非鈔意故此削之。如集義鈔戒疏具委。

四分律行事鈔資持記第二十五

行事鈔資持記卷二十五 隨戒釋相篇十四 四六

四分律行事鈔資持記卷第二十六 中四之一

宋餘杭沙門元照撰記

持犯方軌篇第十五

釋持犯篇持犯名義如下名字門自釋持謂執持犯卽侵犯並從本受而建斯名篇列七門徧該法界是開解之龜鏡實立行之楷模解行所憑故云方軌

（以前隨相約事乃分至於統明未可精識故甄別之若取由途理在前列恐初學未了也）

注分二段初敘此篇來意上二句指前篇約事分者顯示別相故至下三句生起此篇言統明者示總義故是則二篇皆宗戒本但前是別釋此據總論耳故甄別者正顯篇意甄卽是簡卽前隨相是所簡此篇七章爲能簡或可據論持犯理合同篇今望總義別在後明故云甄別若下次辨前後由途謂相因次第常途著撰先總後別如戒業疏並前列總義後釋別文今此反之故特點示意在新學取解易耳

律宗其唯持犯持犯之相實深非夫積學洞微窮幽盡理者則斯義難見也

指宗中初二句歎相深上句標示下句正歎初中上二字示能詮之廣下四字明所詮所歸言其唯者此有二釋謂依體起行行有順違遂分持犯機緣非一制等塵沙攝爲能詮號毗尼藏考其本制非別所明此通約教本釋也又四分一律初列僧尼戒本是止持翻成作犯後二十犍度等是作持違則止犯且據大約爲言若論相兼則一部始終四行皆備此別就部文釋也下句正歎由是總義故曰實深總是詮相之大綱義乃文外之通理對前別事二並非深非下三句明歎解初二句簡人上句簡學功蓋有積學至困而不能洞微者非學也下句簡解能蓋有窮幽從僻而不能盡理者非解也或可兩句四義釋之初約學久次約解明三是功深四謂理正則下顯難反明是此人者始可與論持犯則易見也

故歷代相遵更無異術雖少多分徑而大旨無違

敘古中初二句示古以其難故無敢改作歷代者通指諸師鈔疏如序所列遵猶循也術音遂路也雖下二句遮妨上句是縱以諸師所述非無小異故云分徑舊云首疏立八門（未見本疏）勵師立五門（一釋名二體狀三漸頓四先後五優劣曾見彼文）下句是奪謂取其大概比

校皆同故曰無違古記於此浪述古異且彼文皆亡何由究實抑使後學轉加迷暗況是所斥縱述徒爲故今例削

但後進新學教網未諳時過學肆詎知始末若覈持犯何由可識

彰述作中初科初四句叙學淺上二句約創學未久下二句約泛學無功教網通指三藏詮相非一如網目焉諳悉也詎豈也始末不能盡究也若下二句示無知

然持犯之文貫通一部就境彰名已在隨相今試約義總論指其綱要舉事以顯令披尋者易矣

次科初通指一鈔一往以判上下兩卷爲作持中卷爲止持就下別指前篇發起於後今下止敘此篇以示文意對翻隨相三種不同約義翻前約事也總論翻前別相也綱要翻前網目也舉下明以別顯總使前後相照如下諸門舉戒配釋者是

就中諸門分別初知持犯名字二解體狀三明成就四明通塞五明漸頓六明優劣七雜料簡

列章有七立名有義義必有體體通能所行有成處境事非一通塞有殊起心不常漸頓乃異上五局制六通化制制有緩急業分輕重故須歷辨以明優劣上六相生各專一義然律宗持犯義非一途故立第七統收多位七門大義括盡始終心境兩明行相無昧於茲深達則一切戒律明如指掌學者幸留意焉

初明二種持犯名字者

名字中名即是字連綿爲語無勞強分（業疏破者彼明問遮名字須別然非今意）持犯兩名並望受體違順爲名尋文可見

先解二持言止持者方便正念護本所受禁防身口不造諸惡目之曰止止而無違戒體光潔順本所受稱之曰持持由止成號止持戒如初篇之類

止持中初牒名方下釋義初釋止義方便者起對治也正念者離邪染也身口者且據七支必通三業止而下釋持義持由下雙結如下舉事言之類者二篇已下但是離非悉歸止攝

二明作持惡既已離事須修善必以策勤三業修習戒行有善起護名之爲作持如前解

作持中初句牒名惡下釋義初躡前生起必下釋作義持下指略三節同前應以前文續之但改止

爲作。應舉事云衣鉢體量等。
所以先後者。論云。戒相止。行相作。又云。惡止善行。義
之次第。

先後中。謂取理順。修善離惡。作應在先。今何反之。
若準生起。其意已明。恐疑無據。故復引釋。初徵。論
下釋。卽百論也。彼因外道與內衆論義。外曰。佛說
何等法相。內曰。惡止善行法。外曰。已說善行。不應
復說惡止。以惡止卽善行故。內曰。止相息。行相作。
性相違故。又下彼論。外道難曰。善行有妙果。應先
說善行。後說惡止。內曰。次第法故。若不止惡。不能
修善。先除麤垢。後染善法。今但取意。變其語耳。

次釋二犯。言初犯者。出家五衆。內具三毒。我倒在懷。
鼓動身口。違理造境。名之爲作。作而有違。汙本所受。
名之曰犯。犯由作成。故曰作犯。此對作惡法爲宗。

作犯中。初牒名。出下釋義。初釋作義。言五衆者。能
犯人也。皆發塵沙。通有犯故。內下二句。起業本也。
鼓下。所造業也。作而下。釋犯義。犯由下。結合。此下
指宗。惡法卽婬盜等。合云惡事。法語頗通。卽善生
云。是十惡法是也。有人以五邪七非釋之。謬矣。問。所以結宗者。
答。止作兩犯。心境不同。但恐相濫。故須別判。問。前

二持中。何不結者。答。今鈔略耳。疏則具之。彼止持
云。此對不作惡法爲宗。作持云。此對修習善法爲
宗是也。

惡既作矣。必不修善。是故第二卽明止犯。言止犯者。
良以癡心怠慢。行違本受。於諸勝業。厭不修學。故名
爲止。止而有違。反彼受願。故名爲犯。此對不修善法
爲宗。

止犯中。初躡前生起。言下。正釋名義。初句牒名。良
下釋義。初釋止義。止而下。釋犯。此下。結宗可解。

二明體狀

體狀中。體之相狀。亦不須分。

餘義廢之。直論正解。出體有二。一就能持。二就所持。

總標中。初句刪古。疏引云。有人立十善爲止持體。
十惡爲作犯體。行檀禮誦頭陀四弘等爲作持體。
違此名止犯體。不明化行。於理頗疏。委如彼破。直
下標今。直論者。不敘他義。故正解者。能所二體並
依本宗制教而立。疏云。今更依教立持犯體。能所
分別。是也。文中能所。例略犯字。義須具之。

言能持者。用心爲體。身口是具。故論云。是三種業皆
但是心。又律云。備具三種業。當審觀其意等。如後更

解。

能持犯中、初牒名、用下出體、上句正示、疏云、若不思慮、不成持犯、故以意思為能持犯體、下句簡非以身口色但是成業之緣、非正業本、疏云身口是具、不名為業、故下引據、初即成論推業之本、彼又續云離心無思無身口業、次引本律、彼序偈云造善具三業、今以備具普之、以通持犯、故意業是主、身口由成、故偏審之、以明成不而言等者、如律結犯並同、行心諸不犯中例開忘誤、下指如後、即第三門問論云、三業皆但是心、此即心王、那得上定

意思為體、答心王意思、體用分耳、論推三業之本故就體論、此定成業之能、故從用說、若爾、何不如論從本明者、答體通四陰、用局行心、捨通從局、論業彌顯、又復心未必是思、思必是心、體不兼用、用必得體、今云意思、則體用齊收、義無乖異、問受中作戒色心為體、今此能持即是隨作、何但取心而不兼色、又問唯心造業、何異大乘、又問既簡身口、何以後成就門復通三業、此恐文繁、如別所顯、

二就所持者持犯二種、並對二教以明、

所持犯中、初科古師出體化行不分、今局律宗專依行教、律藏雖廣、行相極繁、制聽二門、攝無不盡、以對機不等、立教有殊、若不兩分、體狀交雜、先標二教、其意在茲、故云以明也、舊記以此為立體誤矣、

制教有二、一制作、作則無愆、不順有罪、二制止、作則有過、止則無違、言聽教者、作與不作、一切無罪、

立教意中、初文約罪有無顯示二教名義分齊、足為明準、聽中不作無罪者、此望上行、不稟為言、中下稟用、須依制法、違即有罪、若論聽教、亦有止作、文中不出、如後明之、

何故須二者、若唯制無開、中下絕分、進道莫由、若唯

開無制、上行慢求、息於自勵、故須二教、攝生義足、

次科、初句徵起、若下釋通、初釋須聽、若下次明須制、以中下不堪專制、上智不樂常開、偏立一端、皆容退道、失於機器、豈曰知時、然文對三根、一往分異、須知制本通於中下、聽亦時開上根、故下雙結、生即是機、通目三類、古記科前文為正明體狀、今分已下為四行攝法、今應問曰、出體既竟、那忽於後而明攝法、若謂攝法不關體者、何以不列餘六門中、而不知前文且敘二教、今分已下、方出體狀、一迷於此、歷代虛爭、請以理求、勿事冰執、

今分二教攝法分齊。止持作犯。唯對二教中事以明。作持止犯通對二教法事兩種。所以前不通法者。法唯進修方知。事但離過自攝。故得明也。

出體中初文欲分四行歷明體狀。故先總示各攝分齊。初二句標示。言攝法者。法之一字即所持體。通目事法。止持中事豈不名法。如戒本云四夷法等。須知事法名有通別。隨文用舍。不可專隅。通則事亦名法。即今所標攝法者是。法亦名事。如作羯磨俱名行事。別則事專境事。法唯制法。如下止作二門別配可見。止下分對通塞。所下點前局事。初

句徵問。法下釋通。上句明不通法。反明婬盜等事非進修。故言方知者。謂作門善法爲之乃知。顯下止門惡事不待爲故。止可自攝而已。下二句明局事。故得明者。謂止持門止得明事耳。若準戒疏。指爲古義。後自立云。五邪七非俱非正法。義同殺盜。則明止作二門俱通事法。古來章記便引疏文續之。例云順古。且今鈔撮要意在易明。豈得一向橫引古語。或有不取文自標云。餘義廢之。廢昔義等。但知傳謬。未詳所以。今爲略舉。餘隅反之。以初撰鈔猶同昔見。故多循舊。時有改作。疏在後製。垂暮重修。研窮盡理。始加刊削。故今判釋。未可便以鈔疏交參。翻使披尋轉迷文意。故須且作今義釋之。不同之處。文外自點。須至學疏。好自披括。乃至句法。意亦同此。

就前止持對二教中制門中事有二。一者可學。制止如婬通三境。盜分四主等。二者制作。如衣鉢體量等。二者不可學。事由心迷。倒隨境未了等。是廢昔義也。（昔以事不可學。今以心想迷忘不可學。一切心境皆是可學。但迷非學了。故佛一切開也。）

止持制門。初句總舉。下別示可學文二。初制止中舉婬盜者。正示體狀也。三境即三趣。皆重故云

通也。四主更加三寶。犯相各異。故云分也。文中且舉初篇二戒。自餘篇聚所禁一切惡事並屬此門。（疏中更加制止法。如五邪七非。體乖聖教。不得行故。）次制作中衣鉢等者。即體狀也。衣鉢各須三如。文中略色。且舉體量。（疏加制作法。如羯磨等。）三問。此即作持門事。那在止門明之。答爲示雙持義故。疏明雙持雙犯。則有二種。初約心用。一切諸戒皆雙持犯。以凡持一戒。必起對治。禁惡名止。起治名作。兩犯亦爾。凡所造惡。必無治故。（此可持奉用心。非正簡制。）二據教行。即諸戒中或有教制奉行之者。若制若聽。或事或法。且如三衣。教遣須具。依教而

作爲作持望無違犯是止持餘皆類說自餘婬盜等無制法者並是單持隻犯耳（簡判諸戒正用此義）如上雙持止持屬此門作持歸後攝是則止持具有二種一對惡事明止正是本位二對善事明止兼收後門應知衣鉢等事前後俱明約行須別不可相濫餘廣如疏不可學中初示今義律境想中本迷轉想疑心皆開本罪今云迷倒總上三種謂此迷心臨事忽起無由防護故云不可（有云心迷學不可得者非）隨境不了者疏云於殺盜境疑慮不分望非犯位故是止持而心不了是不可學（若對法者四依五邪七非三法是非相濫忘思不了也）

廢下刪古注簡有二初出古意昔以事者彼於止持通立可學不可學制作門事是可學制止門事是不可學以唯離過非進修故作持唯是可學無不可學（如後指破）今下顯今所立初示異古約事分通塞乃別今約心迷統該篇聚二下申理上二句示可學言一切者總指諸戒也皆可學者並須明練守護無違也但下明不可學此依律文境想以立唯除破僧婬酒（酒有義斷）餘戒並開想疑故云佛一切開也此謂素並明達臨境忽忘不同愚教一向無知

就聽門者事通上二言可學者如房舍尺量長衣大小是也不可學者事同前述但由迷忘於教無違前後想轉故結不定

聽門中事本是作持由通止作故分二門謂房衣如法名聽作房有妨難衣曾犯過不合加法故名聽止言下別釋初釋可學（準疏有法即處分說淨等）不可學中初指同但下略示謂房量過減長財大小迷忘互生但不違教故名止持迷非可學故不制犯（法謂作法是非昏迷雜起也）上二句始終迷如作房衣過量一向謂爲如量等下二句明轉想如前心欲作過量後轉

謂如量前心蘭後心無犯故云不定今望後心爲不可學

次作持對制門中法事者法謂教行也教謂律藏行謂對治事唯可學衣鉢體量等是

作持中可學制門初總標法下別釋前釋法中初句總示下二句轉釋言律藏者復分二類一者總收制作三種羯磨眾法如受結說恣治諫懺擯等（處分杖囊等在聽門）對首即安居依止持衣加藥之類（衣藥說淨等屬聽門）心念如六念責心等二者總收眾共兩行除羯磨外律諸犍度所制行法如師資僧網衣鉢行

護之類通有制聽具如上下兩卷行謂對治者如
衣食房藥隨時起觀行住坐臥常爾一心之類次
明事中與前止持制作無異但取造修是今本位
準此亦有制作制止但止在前門故此不分耳
就聽門中亦對法事法謂處分說淨等事唯可學長
衣房舍等
聽門法事可見
所以不通不可學者由心迷忘非學能了廣如後述
此謂順教而作無違故皆名作持也
次難通中已前一向依古唯明可學彼以惡事爲

不可學作門事法俱善故不可立今約迷心爲不
可學無問善惡一切皆通欲顯古今不同故於文
後徵破即如疏云若依此明與昔持犯通塞全異
是也古塞今通初牒前徵起由下直以今義難破謂長
衣開忘房開想疑既同迷忘亦合齊立何得不通
耶廣如後者指雜料簡句法中若準戒疏徵文之
下先出古解云非此所明以非進修聖不制學此示不可學義
此略其古解直示今義耳或有改字爲亦通者或云與疏影略者皆非安有影略文在別部耶
不同止持通不可學事唯離過故得明也今
此下點示行宗恐謂迷忘非作持故

三明作犯以翻止持但不依戒相造行成辦悉名作
犯四明止犯以翻作持所對法事懈怠不學並是
後明兩犯並翻二持以無別體狀但望順違兩分
持犯前作犯云但不依戒後止犯云所對法事即
略指其體至於制聽止作可不可學並同前耳昔
人有立制聽二教爲體今謂二教乃是攝法總科
所攝事法乃是其體故知非也又有章門以四行
無作爲體謂與受體不別今謂受隨前後發業不
同云何持犯與受不別況兩犯無作體是不善豈
同受體是亦不然又有人立萬境爲體今謂境乃

持犯之緣非是其體又諸戒列緣境專一種若唯
立境不攝諸緣則成局故又婬觸麤媒說法同宿
行坐乘船止一女境若唯立境則迷諸相又如一
女六十三戒若唯立境不顯多戒若爾母論云犯
必託境豈非誠據答論云託境豈非犯緣至論所
犯須云犯戒豈得犯境問如上三家爲有何失答
前已略示更爲明之舉要爲言都違祖訓且文中
自云制聽二教以明顯是約教明體那云二教即
是體耶又體狀一門未見一言談及無作及與萬
境那得於外各自強立又諸章記並科前段明二

教文。以為立體。今分已下。正明體處。自論四行。止用此求有何關涉。自餘謬妄何足論之。問。今此所立指何為體。答。一教大宗豈容擅立。況在文昭顯。何假別求。一準鈔文。如前委釋。恐有未悟。更略提示。如文前出二教名義。（戒疏科云。先明二教之意）後分二教。各顯事法。事法即體。豈復疑乎。問。事法是何等。（答）欲識事法。且對釋相。即是戒本一切諸戒。若通今鈔。即是三卷三行一切制法。若通祖教。即是一宗大小部文所詮行相。若通所宗。即是本律始終止作之法。若通諸部。即五百十八五部二部大毗尼藏。若

通佛制則三千八萬乃至無量。若通諸境則三世十方。數等塵沙。量同法界。若望佛佛道同。三乘齊奉。前聖後賢相承不絕。即是戒法。若望領納在懷。即為業體。略舉數端。麤識事法。宜須研究。方見資深。況是一宗之宏綱。萬行之根本。苟迷斯旨。餘復何言。縱欲攝修。直恐投心無所。雖云講習。終為枉費時功。聖意極詳。凡情罔測。棄文考體。何殊緣木求魚。強立異端。豈異為蛇添足。幸負反隅之識。勿封是昔之迷。搜括古今。決擇可否。則吾祖之道。何患於喪乎。

三明成就處所。先約心辨止持有二。一無惡來汙明止持。行前三心得有止持。（謂識想受等。此三非業。流入行心方成別因。故分二）也。由本有戒體光潔無違名持。受體是記。三心無記也。

三成就門約心中。初二句標示。謂分四心以明二止。三心中止。此科所明。行心中止。即如後述。統論四行。唯止持通二。自餘三行並局行心。二下正明。初立義。此中但明一種。望後約行故標一耳。注簡四心。顯示分二所以。識謂了別所緣境。（通指六識）想謂取所領之相。受謂領納所緣。（上三善惡未著。故云非業）行謂造

作之心。能取於果。（思心成業善惡乃異。故云別因。餘如別述）由下示立所以。三心非業。本不名持。但望受體說有持義。受下遮疑。以持是記業。無記非持故。（此由古謂但不作惡即名止持。今約四心分為二別。則無前濫。）

二對治行明止持作持。必行心成就。前三則無善性便有惡無記。無止作二犯。行心成就。（前就持中無貪等三為行。今就犯中貪瞋等三為行）前三亦無。（即識想受三心）局不善性。

次約行中。初科前明二持。上約四心簡去三心。下約三性簡去二性。以行心通三性故。止作下次明二犯。亦約四心三性。以簡行體。在文可分。注分善

二前後不同

惡者以行心語通恐相濫故三善同時而不相離三惡相別其性相違作犯多是貪瞋止犯率由癡慢一往大判非不互兼

若前後心有別持犯所以可知也

前後中上文各據二行爲言則持犯不同止作各異此明四行間雜同時卽下自作敎人自業相成二門之義前後心者如初敎人及後自作也別持犯者一行之中兼異行也言可知者義易見也

三約三業明四行 初總標 二別釋 二 初明身口業

後三業明成就身二持者離殺等過名身止持受食食等名身作持口二持者離口四過名止知淨語等

名作身口各二犯反上應知

後約三業身口中二初明二持次明二犯言反上者行殺盜等名身作犯不受食名身止犯爲口四過名口作犯不作淨語名口止犯並略舉事配餘者例說

二明單意業

單意業中不成持犯若動身口思亦成持犯後更說之

意業中意至身口名身口業未至身口則名單意

此明諸篇遠方便及惡覺不攝意默妄自覆等果頭體初判不成此通兩宗所計若彼實宗定無意

業動色成犯若約假宗思心成業卽指譬爾名爲單意若下次明通成籌度所爲事名身口思雖未動相卽屬身口不妨上文若準戒疏上是初解後復解云獨頭心念忽起緣非不名爲犯重緣向念可得思覺而不制約卽入犯科又云任情兩取後爲正義（順今宗故）指後說者卽第七門方便趣果中

四通塞 三 初標舉

四明通塞四門分之

四明通塞標中四行各立名塞一行中兼有餘行或少或多皆號爲通初門唯塞第三唯通二四兩兼又二中通者持犯自通三四中通持犯互通如

是求之

二別釋 四 初一心內

一一心門唯就作業以明但塞不通以心無並慮境不頓現故也

一心中初標唯下立義言作業者此明行心造作通該四行非謂作持之作謂起心對境各局爲言不約前後相兼之義若爾雙持雙犯如何明之答止作緣異還成不通以下釋所以心並境頓無此理故若爾不學有頓犯者豈非境頓如後明之

二將心望境 二 初標舉

二將心望境有通有塞

第二標中但由境事容兼止作故心隨境行有雙

具。即前所明雙持犯義。但心用教行二義相參在文難曉。

言塞者持犯不相有。言通者持犯自相通。如止持中有作持。作持中有止持。二犯亦爾。

總分中。上釋塞義。持犯相望善惡異故。下釋通義。持犯各局。止作通故。

若爲取別。

推釋中。止作相濫無所簡故。

答。止中有作收作成止。作中亦爾。舉宗歷然。豈是通漫。一止作持心別。二止作持境別。三止心對作境。四

作心對止境。

通答中。初約互收答止中有作者。若約教行。止中無作。此據心用義見。下科作中有止。教行心用二種皆具。二下約句以簡。上二句簡二持。初云心別者。止心離過。作心進修。次境別者。止境是惡。作境是善。下二句別簡兩犯。上句止犯。下句作犯。

若就修行解止持者。如止殺盜。先修慈悲少欲等行。以行成故。名爲作持。望境不起。名止持。即止中有作也。若就修行解作持者。如欲誦戒羯磨。先止外緣。望離麤過名止。後善行成名作。即作中有止也。

次約行中。前明二持。即心用雙持。通一切戒。修觀止緣通約化業。並非制教。準知心用止作則通化制教行止作唯局制教。慈悲愍物行治殺。少欲知足行治盜。離染淨行治婬。如實語行治妄。

作犯心邊有止犯。如人作惡。先不學善。是等類也。止犯心中有作犯。如人畜衣過日。造房不乞。是。若望不學。止犯無作犯。不即相成。非無後習也。

後明二犯。即約教行。雙持然作犯中。作惡須論犯戒。不學亦據制科。此雖教行。乃約通論。後止犯中所舉房長。即是別戒。止犯有二。上明事法止犯。若

下簡不學止犯。上二句明塞。下二句示通。雖不即成。望後可說。如因不學。遂致爲非。亦止中有作也。

問。教行雙持。別就戒本。爲有幾戒。答。今爲括之。僧殘有二。二房制量有處分故。三十有九。長衣月望長鉢長藥急施此五有淨法二離滅六年皆有法開畜錢寶說淨付俗。九十有十二。說麤教尼羯磨開背別德衣開二入聚制白足勸有餘食法殘宿不受七日盡形口法眞實淨問主僧斷事與欲。提舍有二。尼指令訶止蘭若制語知。眾學有一。杖囊羯磨開。總二十六戒皆二持犯。餘並單持犯耳。昔記不以心用教行二門簡之極爲浮漫。

三明自作教人四句皆通。

三教人中標云皆通者。由是教人。塞義不立。教他

爲所通自作爲能通所通通多少能通唯一行

如前心令人漉水爲己用是止持令人持欲僧中說是作持令人殺生又不乞處分遣人造房作四事已後心作意離諸罪過即止持中有止持乃至止犯

釋中初科文列四事據具爲言乃至一事亦名通耳殺生是作犯不乞是止犯作下總示通義自修止持前敎四事同時成辦故一行中通有多業乃至止犯心中亦具二持犯如前遣人作四相已後便止不學善法

次餘三中乃至者應云遣人作四事已自坐誦戒即作持中具四行或作婬盜即作犯中具四作圖示之

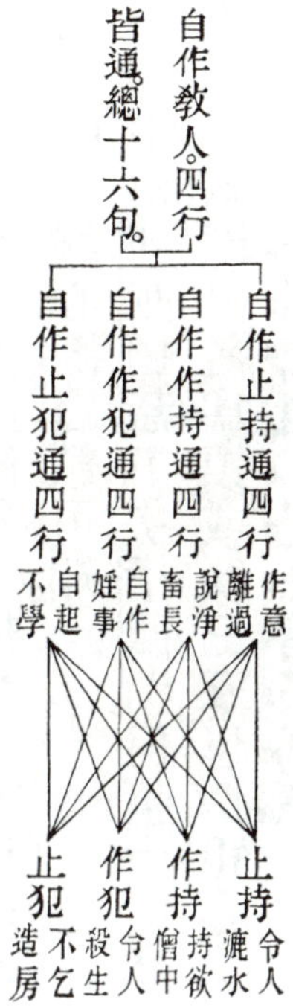

四前後自業相成有塞有通塞者易解通須方便四四十六如前無異託相少別

四明相成總指中塞謂自起方便後趣正果即是自業相成此如常途故云易解通義如前一中具四故云無異自業與敎人事有不同故云相別如下可見

如前自安漉具禁閉沙彌安殺具閉戶現相不與欲此四作已後修止持乃至止犯

示相中初四句即列四行當自分之禁沙彌者即作持也律制敎沙彌常須禁閉在房故此下二句總示此四者是前方便後修止持前四同就一中通四餘三同此乃下指餘三行類準作之亦爲圖相

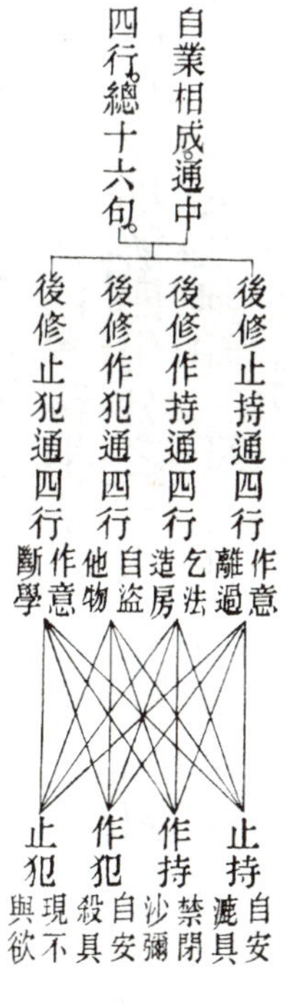

此後二門並對事修造以明止犯

點示中前第二門具通兩種止犯後二並約造作不論不學止犯問如敎人事已自起斷學何有不得答能通可說文點所通耳

五明漸頓初就心通漸頓

五漸頓門。就心中。此門不約造作成行。但望起心總別以明頓漸。

若作心總斷惡意。名止持心頓。若一切諸惡並欲造名作犯心頓。若諸善並修。名作持心頓。若息修者名止犯心頓。若論心漸。以類可知。

正明中。初列四頓。若下次指四漸。但望一境爲言。問偏通諸境。可名爲頓。或緣三五。起持犯心爲漸爲頓。答。但一名漸。自二已去皆名爲頓。

莫非與受體有違順。故持犯兩分。

顯意中。此論持犯。但望起心與體違順。不同次科

對事造作。應知二持心頓。即約通持。望本受體塵沙事法。發無邊善。兩犯亦爾。若論作犯。對緣正作。自隨前犯。此中止是泛爾起心。可望本受通犯吉罪。止犯頓漸如下別解。

二對行說唯漸非頓。

次對行中。事相各別。心不同時。故唯漸也。但明三行。止犯一行。以涉義門。在下別解。

以一行中。不得備修餘行。故作持名漸也。止持漸者。如正修慈心。不得修餘對治也。

二持可解。修慈是作。收作成止。故是止持。

作犯唯漸。不可頓犯一切戒故。且就男子身。七心行殺。若以貪心殺者。單犯一戒。六不殺戒。四十九戒五十六戒等。全不犯。並如前說。

作犯中。初示漸義。且下舉事以顯。初則舉殺戒。七心即三不善單複歷之。四下指餘諸戒。男子五十六。女人六十三。七殺在上明之。故男四十九。女五十六也。指如前者。釋相初也。

三就止犯別解。四句分之。一不學無知相對解漸頓。不學之罪先起。無知之罪緣而不了。後生故漸。文云。五歲不誦戒羯磨。方得罪故。

止犯中。若據事法。止犯唯漸非頓。合在上科。文略不出。此門唯明不學止犯。四句。即下四科。初門泛論漸頓有二不同。一者先後。即是此門。二者一多。即如次門。文中不學先起者。此望初作斷學心也。準義鈔。先起下有故頓二字。文脫。無知後生者。先不斷學。不結無知。必假前成。故是漸義。三根不同。如後所辨。文下引文證漸。

二別解。不學之罪。通有漸頓。如要心可學境上作不學意。於一一法上頓得不學罪。以初受時皆發得故。今違願體頓得多罪。云何爲漸。若要心不學羯磨於

餘悉學望羯磨邊犯一止罪名漸
別解不學中初總標如下別釋文二初明頓犯云
下釋漸犯
若論無知唯漸者謂緣不了方結無知罪一心不備
緣唯漸
無知中初標謂下釋不學約心無知隨事心有總
別故通漸頓事不並修故唯局漸又不學罪凡經
兩結若初起心漸頓隨犯如此所明至後無知隨
事復結如下句法
問此不學無知二罪是何答有人言並是吉羅今解

言不學吉羅無知有二若全根本無知得重故律云
重增無知波逸提若疑者得輕是吉羅也
示罪中以古今異判故問辨之答中初出古解今
下正判初句明不學一品無下明無知重輕引律
證重卽不攝耳戒疑猶涉解故罪輕降問不學罪
為出何處答受戒說相卽制依師今違此教故結
吉羅
三分齊者就教對行從根三別言就教者學據始終
不學卽結無知之罪五夏後結
分齊中就教為二初標章學下正釋上明不學學

謂持奉必無中廢故言始終始據初受終約盡形
下明無知限五夏者受戒法中制五夏學有所未
知未卽結罪五夏已後於事不了顯是解慢故隨
結犯
對行者恐心逸蕩自恃少解望齊賢聖故學通一形
優劣相降文云五歲智慧比丘從十歲智慧比丘受
依止乃至五分法身成立方離依止
對行中五夏離師此據教限若約成行至聖乃已
雖非違教非不違行文中初標恐下次釋初敘立
逸蕩是縱放自恃齊聖卽貢高優劣不限夏數但

優於己遞互相師故云相降文下引證亦出受法
依止須具三德一滿十夏二有智慧三勤教授至
法身者不必一形況復如來以法爲師自餘凡愚
豈能自立
約根者若利根易悟始終二罪以不學故有無知也
若鈍根難悟始終不學無無知罪非力分故律云愚
癡比丘盡形依止
約根中初標若下釋若論不學通據始終三根無
異無知之罪位分三別上根不待五夏故云始終
二罪有云頓得二罪非也不學有頓無知無頓中根五夏後結義見前科故不

下根一向不結，（復出）文明利鈍。不顯中根，義取前科。則三根備矣。

四可懺以不二俱可懺。如息意不學，後緣不了，結無知。若作心學而未知，不結無知罪。已前不學無知罪有斷義，皆可懺。

可懺中，初標問，二下釋通。初句總示，對破古解。古謂不學可懺，作心欲學斷相續故，無知不可懺，欲知未了，無有斷義，故不可懺，後緣得解，即是解惑相除，復不須懺（由解除惑罪無依故，相字平呼）。今直出正解，古解如義鈔引之，如下別顯。初明先犯，若下明後斷，以纔起心學，即無無知，二俱有斷，故皆可懺。

六明持犯優劣，先明二持十門。

六明優劣，持犯各十門。初持十門，一一門中皆通二持，並見優劣之義。

一約法而言，四種不同，一威儀戒，二護根戒，三定共戒，四道共戒。

約法中，初科威儀者，隨境別護禁身口故。護根者，通攝六根，制於心故。定共與禪定俱發故。道共斷惑證道，同時得故。上二散業，三是定業，四無漏業。據戒唯有三位，上二並得別脫，但約內外兩凡，麤細分之。威儀通凡聖，道共唯局聖，中二相望通局可知。

初一外凡假名僧戒，中二內凡和合僧戒，後一聖人眞實僧戒，德行優劣，三品殊異，持威儀弱，護根持勝，以制心故，乃至道共爲勝。

次科初以四戒配對三位。外凡散修事觀，未緣諦理，無實德，故名爲假名，即五停心、總別相念及薄地凡夫也。內凡多在定，心緣四諦境，分見眞理，名爲和合，即煖、頂、忍、世第一也。初果已去證眞諦理，號眞實僧。德下次約三位顯示優劣，初劣後勝。中二兩通，乃至者略於定共、內凡兩戒，復須分之。

二就位，無學人德圓故戒行勝，三果企求未息戒行爲劣，內凡外凡相望漸弱。

次門初約四聖以分道共，自有優劣。三果謂三位果人，比降漸劣。企望也，望上進求，德未圓故。次內凡中二戒通四人，世第一爲勝，煖位爲劣，中二可知。外凡威儀三位亦爾。若約通論，唯無學爲優，五停至劣，中間九位可以比知。問：二門並明人法，如何取別？答：前是約位顯法，後即就位細分。

三就人，七衆相望，乃至大比丘戒，無願毗尼最勝。

第三門前通凡聖四法爲言此局下凡別脫以辨別脫又四五八對在家二衆十戒對下三衆具戒對僧尼二衆約體四位雖同就人七衆乃別初劣後勝中間可知

四就行止持離重過爲勝作持離輕過爲劣此輕重相望若能治行者止持對麤過故治行易成故劣作持對細過治行難成故勝

四中前通道俗此下七門據文雖通約義在道文中分二初約所犯輕重二約能治難易

五就心有三一善心持戒謂修離染清淨行對根本

惡怨逼三時不染等是也不善心者爲名利故世報等是也無記心者狂亂睡眠等

五中初科善心且結治婬餘皆類準離染淨行即不淨觀不善心者爲求名聞利養人天樂報然戒序中名譽利養死得生天彼謂持戒冥感非是惡求無記且舉狂睡不緣善惡泛爾奉持並無記攝若以作持校之上中下不等若望順教莫不持戒不分三心

次科上二句示優劣言作持者作即行心起護通該二持（舊以作持一行釋者爲名誤也）謂取作心比校故有三品優劣善心爲上不善爲中無記非業爲下若下會同以三心約業優劣乃殊二持就制順教無異

六約就所求四種一賊分齊如諂媚邪命勝他名利等二罪分齊者恐墮三塗故成論云行者深心不樂爲惡名淨持戒三福分齊欲生天受樂等四道分齊者縛著等累由戒得解故

六中四種皆約標心期限故名分齊初劣後優中二可會若論業行初不善業並四趣因二三世善人天分之四無漏業三乘因本初謂邪諂希利有如賊焉望敎無違亦名持戒二謂常畏罪報無別

所求三據戒序四準律序彼云除結無罣礙縛著由此解此明凡夫稟持別脫遠能趣果非定道戒

七約方明持閻浮提者勝煩惱重故西方東方持戒爲弱

七中煩惱重處爲善者希復由苦逼心必猛盛所以獨勝餘二弱者煩惱輕故北洲難地故所不論經云南洲一日一夜發心修行勝東西二洲五十小劫是也

八約佛前後佛在時勝滅後劣正法像法末法漸弱以優波掘多問尼爲證佛世六羣極爲麤暴滅後無

學威儀不及也。

八中初標前後，即約時也。次釋有二：上約在滅以論，下約三時而說。此法千年具教理行果，像法千年闕果，末法萬年闕行果。人根轉濁，漸劣可知。以下引證。付法藏傳第五祖師度人既多，時人號爲無相好佛。（行化同佛，但無相好。）掘多意謂與佛同等。時有老尼見佛在時事，多往問之。彼尼先以器盛油，安戶扉後。掘多入房，傾油數滴。多問尼云：佛在世時所化何如我耶？尼云：佛世六羣數入我房，未嘗傾油一滴。今尊者弗及六羣。鈔撮其意，如文所云掘多。

亦云毱多。

九約遮性，二戒不同，互持強弱。

九中約罪則性強遮弱，約治則遮優性劣，故云互也。

十六聚上下，互持強弱。

十中篇聚準上兩意，互論優劣。

次明二犯十門優劣。初約位分，無學悞犯故輕，三果故犯爲重。三果無漏力強，雖犯亦輕，內凡道劣故重。乃至外凡相比可知。

第二犯中十門，初門爲三：初學無學相望，無學見思已盡，故無故犯，事習未亡，故容有悞。三果殘思未盡，容有故心。（上二但犯遮戒。）初二兩果欲惑未盡，故心犯性，但不造他，復不結業，不受總報，與凡爲異。（須斯二尼怨逼受樂，如受戒引。）文云三果亦指三位。次約聖凡相望，聖人見理，業不集故，內凡未證，惑全在故。三約內外相望，乃至者，合云內凡分見眞理，定慧力強，故輕。外凡未緣諦理，事行道劣故重。上約四位相望。總而爲言，無學最劣，五停至優，中間互通，準前可解。文中且據行位，故至外凡。更通薄地，極爲優矣。

二對行者，作犯是重，止犯爲輕，亦可故重悞輕。

二中初止作者，約心對事下，故悞者，唯就心論，該上兩犯各通二心。

三就心三品明優劣，如卷初篇三性分之。

三中指前，即篇聚中不善爲優，善心爲劣，無記至劣。

四戒威儀，篇聚上下輕重可知。

四中指篇聚者，犯前戒分重故爲優，犯後威儀輕故爲劣，又復統約篇聚夷優吉劣，迭望可解。

五就遮性分輕重，以犯性故，地獄罪不除，如智論說。

五中犯遮罪輕，但違制教，犯性罪重，制業俱違，指智論者文見懺篇。

六就時約佛前後辨犯輕重如持中可解。

六中指前持者佛在根利犯輕滅後漸濁犯重三時相對輕重亦然。準約三方。南優餘劣。

七將心望境

第七標中謂心境相望或互以顯優劣。如母論云犯必託境闕心成業心有增微境有優劣故也或心境俱重人作人想殺或境重心輕人作非人想或境輕心重非人人想論通一切不局一戒

引論中初準文通示以罪假緣成緣卽心境境是

外緣故云託也心是內緣故云闕也心起不常故有增微境緣非一故有優劣或下歷句別簡初句俱優下二句互有優劣義立俱劣一句如非人作畜杌想之類論下點上論文語通篇聚句中且約殺戒顯相故別歷四重諸餘例通

婬中自有輕重畜生及人人中有在家出家在家中持戒破戒出家五眾持戒破戒乃至聖人重同報異

婬中初句通標畜下別簡有四初句簡異類理加非人次於畜趣二人中簡道俗三道俗中各簡持破在家更簡無戒有戒持中復有士女五八出家

先簡五眾大僧最重五中各有持破四持中簡凡聖薄地持戒外凡已去乃至無學陵辱極重末句總示重同謂制罪婬不簡境皆犯夷故報異謂業道業有優劣受報不同後三制報俱異可知

第二盜重者天及人乃至聖人三寶差別僧物最重

盜中三初簡趣亦合加畜爲首二人中簡凡聖三簡三寶佛輕法次僧重如釋相說

第三殺戒成論云如六足毗曇中說殺邪見人輕殺蟲蟻此人汙染世間多損滅故

三中引論唯簡邪正人輕蟻重且據業論不約制

教準義亦合約趣道俗持毀凡聖簡之文略不出所以殺阿羅漢出佛身血皆在逆收豈非重也六足毗曇成論自指六足者卽論別目七論共爲一部後一發智論爲身餘六如足故也簡佛毗曇及婆沙雜心等毗曇故

第四妄戒向在家人說重向出家人說輕

四中三趣同盜人則反之如文所顯又出家中五眾乃至聖人漸輕可解若如五分僧中妄語重百羅漢前故知誑僧極重上四但出境之優劣心隨境故重輕可知若約互論如前作句無不通曉

八將制約報以明輕重

第八標中制據律刑報約化業或等或差故須簡辨隨約重輕以分優劣四句並出母論

如母論云如媒二房三戒人之喜犯律制情過故制重名既是遮惡招報不重故論云結戒法異輕制重名得罪法異因果相當

初句為二前舉戒示相二引論證成（下二同此）遮惡制殘故知不等下篇掘壞類此明之論文上二句證犯殘上句示異業理故下句釋異下二句證招報上句示異異制教故（得罪者即今業因以能招報故云報異舊云將來得罪法異即以報為罪非也）下句釋異果由因剋因即心業非關制教故

行事鈔資持記卷二十六　持犯方軌篇十五　三五

或犯輕報重如打比丘等性罪義希故律制輕名既是違理為業心重招報亦重故論云結戒法異重制輕名得罪法異因果相當

次句初標如下釋分文同上打比丘等者等取殺畜飲蟲之類論文分釋二亦同上

或犯報俱重如漏失二謗等或犯報俱輕如不憶念身口威儀忘悞或慚愧心犯等此後二句結戒法不異得罪法得罪法不異結戒法故

三中合明二句初雙示上句初篇易解故但舉次篇漏失欲染二謗壞眾二麤四諫下篇性業例亦同之下句有二上是無記下約善心此下合證即制教業道二俱等故

九單心三時辨犯輕重如善生經且約殺戒輕重八句位分四別

第九標中前科對境此獨論心故云單也三時初方便時二根本時三成已時如善生者示所出也且約殺者餘可準也心念不常前後具缺不出八句括之斯盡

行事鈔資持記卷二十六　持犯方軌篇十五　三六

初一句三時俱重謂方便舉尤害心根本起尤快心成已起隨喜心

初句歷示三心重相尤即訓甚但非極甚即是輕心然極甚難明略須示相但約起心念念不間色心躁悶不愧旁人神思昏迷都忘善事奔趨前境暢悅己情或邪見居懷撥無因果向親姻作穢對塔殿行非凡此用心皆名定業能牽來報縱懺不亡以此自量何容輕動識心之士豈不畏乎文中句數交絡欲令新學易曉為圖示之

初一句三時俱重

方便　根本　成已

重

第二三句二重一輕

初句：方便　根本　成已
重　輕

中句：方便　根本　成已
輕　重

後句：方便　成已　根本
重　輕

第三三句一重二輕

初句：根本　方便　成已
重　輕

中句：方便　根本　成已
重　輕

後句：成已　方便　根本
重　輕

第四一句三時俱輕

方便　根本　成已

輕

若以四位分之。上句最優。下句至劣。中二通優劣。

若約八句論之。則句句相降。中間二位各有三句。

並依重輕次列。比之自見。第二三句。二重一輕。初方便根本重。成已輕。中云方便輕。根本成已重。後云方便成已重。根本輕。第三三句。一重二輕。初根本重。初後輕。中云方便重。中後輕。三云成已重。初中輕。第四一句。三時俱輕。如僧祇。摩訶羅不知戒相。教他殺人。以憐愍故。善生十誦中。啼哭殺父母。畏苦痛故。害父母命等是。

第四中。引諸經律。舉事顯相。雖懷憐愍。非無殺意。俱輕可知。

律據人想。八業皆重。業隨心故。牽報不同。故成論云。深厚纏殺蟻。重慈心殺人。

會通中。初正明。謂若依律制。則無輕重。今取心業。故分八句。故下引證。律據制罪。人重於畜。論就心業。畜重於人。

十有心無心相對八句。四位如前。

第十門。標中。有心通含輕重。無心與前為異。歷句並同。

初一句三時俱有心

方便　根本　成已

有

第二三句二有一無

初句：方便、根本——有；成已——無。四戒俱重

二句：方便——無；根本、成已——有。四戒俱重

三句：方便、成已——有；根本——無。初戒重餘三方便蘭成已吉。

第三三句一有二無

初句：根本——有；方便、成已——無。四戒俱重

二句：方便——有；根本、成已——無。初戒重三戒方便蘭吉。

三句：方便、根本——無；成已——有。初戒重三戒成已吉。

第四一句三時俱無

方便、根本、成已——無。婬戒怨逼禁心三戒始終迷忘。

優劣之義亦如上明若八句相望者但以第二位中後句在下第三位中初句在上則次第義便問下句無罪豈名犯耶答但望教開故無有罪非不造事故入犯中

初一句三時有心次三句一初中有心後則無心犯四重二初則無心中後有心亦犯四重三初後有心中間無心犯初重下三戒蘭吉後三句一中間有心

初後無心犯四重二初便有心中後無心犯初重餘三戒或蘭吉三後便有心上二無心婬戒犯重以出時樂故若餘三犯吉次一句三時無心不犯故律中本作是念我當妄語例之

引例中欲示此門有所據故本作念者即方便時正妄時知即根本時說已即成已時如小妄中具引

後之八句由心有無故犯不犯別不同前八莫不有心

料簡中初科可解應知前約化業此據制教

後明無心者。或無心受樂。及殺盜等心。或狂亂不覺者。

次文初牒前對上輕重。故云後明。（或可別點第四俱無）或下示相。初句別簡婬戒。此門明婬並據怨逼。三時有無。若約自造境合即犯。不約三時境想。不開無心亦重。故非所論。及下合示三戒通約迷心不了前境。文復。婬戒於三時中隨有一時無非皆重。俱無方開。餘之三戒重輕不定。初有餘無或吉或蘭。並方便故。中有餘無皆重。並根本故。後有餘無皆吉。並隨喜故。約十門一二三四五十並就制教。初六七八俱通化制。第九唯局化教。如是尋之。

四分律行事鈔資持記卷第二十六

七料簡。二初標
二隨標五。初不學無知。二初標敘例意
二隨章別釋。三初敘結本意

四分律行事鈔資持記卷第二十七 中四之二

宋餘杭沙門元照撰記

七雜料簡中分五。一以不學無知歷位分別。二方便趣果分別。三具緣成犯分別。四境想分別。五雜相分別。

第七門五章敎義共聚一門故云雜也。標中初是通犯枝條之罪該一切故。下皆別犯因果異故。二卽方便。三是根本。四卽簡辨因果輕重有無。此之三科並義通事別。第五雜中復雜以持犯義廣不可具彰故攬諸目總列後門示其不盡故也。

初不學無知者其相微隱初且敘結然後例開

不學中初二句標示難解意令學者用功精究。下二句分章。卽下二科。

言其犯相者謂受戒已來勤學三藏於境迷忘遇緣而造者隨相境想具之若由來不學事法無知觸便違犯者佛言隨所作結根本更增無知罪。

敘結中初句牒章。謂下釋義。先明學者開迷若下正敘不學結犯。初中文爲四節。初句示其從始次句明其違敎於下二句明隨行容迷。上句謂緣境心差。下句謂對治力弱。隨下一句指開犯所據律中諸戒之後皆有境想句法既開根本故無枝條不可學迷據此而立。如第四門所辨。次正敘中亦四。初句同前。餘三翻上。由從也。次句愚敎。三謂行違。素既無知故不論迷。佛下引據。問何名爲學。答凡學有二。一敎二行。敎以照行。行以踐敎。非但尋文卽名爲學。故疏云。佛立敎相止爲奉行若但讀誦非本意也。如戒名眾學豈但讀文耶。又若徒行復不名學。縱令持奉猶不免過。疏云若於二持雖不違負望非明決不名爲福。故知學者止是稱敎修行。敎行相循方名爲學。至如顏淵好學不遷怒

不貳過。楊雄談學行之爲上言之爲次。在儒尙然況超世拔俗之敎而專以誦文爲學耶。今時學律解無所曉行不可觀放情造過殊無慚恥輒謂我是學人免無知罪。此乃自欺罪何可免。又復矜持吾縱犯過業亦非重。猶如鐵鉢入水能浮。此又不聞淨心誡觀云。知而故違重不知者。今欲曉下句法必須準律分相。但取下壇已來期心持戒專依師範咨稟法訓。兢兢守護不敢妄違則名爲學。此分三種。一者久學解行成立如文所敘。二者初學雖學未通如漸頓說。上二依三學次第。三者未學謂勤求

道果期後習律如毀毗尼不犯所開（此開不次第學）如上三人一向不結不學無知次明不學亦分三種一者始下壇場或迹混流俗或越學餘宗或禮誦等業忽慢戒律都無知者如文所敘二者雖復學習不專持奉目矚耳聽心背行違知而故犯末世多然準上疏文不名爲學三者先曾奉持守心不固中道而廢還爲不學此等三科一切事法隨有不了若持若犯皆結二罪如此格量麤分途徑矣問下開句法爲是學人爲不學人答此科正論不學無知結犯分齊學人一向無罪何用句法簡之古來章記例以學不學人相參而說傳迷來久見此好爲一悟

二例開句法三。初結前生後。

既略敘結須配位法今立兩箇九句爲持犯方軌且據一事以通餘戒

例開中初科上句結前次句生後罪相交雜非句不辨故云須也今下示所立標云今者簡諸古師句法異故此二九句卽能所體狀相對而論所體有二卽事與法事法之下各帶犯相能體有三一識二疑三不識以此三心歷事歷犯各有三心交絡互織則成九句（法中亦爾）卽上事犯心容迷倒復爲九句此之二九披括心境用歷一切塵沙事法檢察心行無不通達事法無量二九徧該楷模一定故云方軌且下例通據一事者謂舉少出法非定一事如下止持作犯略舉殺盜作持止犯但引房長是也通餘戒者戒相萬別句法齊通以通貫別無不爾故

二正配位法四。初止持二。初總標。

先就止持明有無輕重罪之分齊

止持標中有無者識則俱無疑及不識俱有輕重有二一者不學輕無知重又無知中疑心輕不識重

二別釋二。初可學九句二。初列句。

初明可學事作九句分三品上品一句識事識犯中品四句初識事疑犯二識事不識犯三識犯疑事四識犯不識事下品四句初疑事疑犯二疑事不識犯三不識事疑犯四不識事不識犯

可學中初科初句標位次句總示上下列句作圖示之

上品一句——識事識犯　無罪

中品四句
- 初識事疑犯　二吉
- 二識事不識犯　一提一吉
- 三識犯疑事　二吉
- 四識犯不識事　一提一吉

下品四句

初疑事二吉	疑犯二吉	
二疑事二吉	不識犯一提一吉	
三不識事一提一吉	疑犯二吉	
四不識事一提一吉	不識犯一提一吉	

次解釋中上言不識者犯謂不犯迷輕謂重疑中亦爾疑有疑無疑輕疑重也

釋中但牒不識犯不犯等語通事犯以止作二門一切事法隨一事法必兼於犯且如婬戒犯不淨行共畜生等即是事也波羅夷者即名犯也乃至衆學齊整著內衣是事應當學即犯此就總論若約別說一婬戒中自造怨遍方便重輕境想差別種種別相皆名為事法亦如之是知事法乃有無窮犯則不出六聚犯謂不犯者如墮人胎與殺具等謂為無犯此下合有不犯謂犯如盜無主謂犯夷等輕謂重者如盜鼠物言犯重等亦合云迷重謂輕如盜四方僧物犯蘭等疑中有無即犯不犯亦應四句但是遲疑非全不識臨文自說避繁且止

上品俱識故無不學無知罪中品帶識故於罪於事生疑不識故有八罪各有不學無知下品四句十六

罪也此中二十四罪有六波逸提十八吉羅以無知故得重也餘有疑不學者皆吉羅也

罪數中初科文二初別示此下總合尋圖可數注分輕重顯上總數

並不犯根本名為止持上品俱識故名上品止持中品罪少名中品止持下品極多故名下品皆止於一事

次科初二句舉宗謂對境守戒不了事犯雖枝條有犯望根本名持上下分品戒疏謂之三品持律皆下遮疑恐見三品謂為多事應知隨止一事九心不同且如止婬九人各解但望結罪有無多少故分三類耳問疏中既云三種持律那云句法唯不學人答雖是不學對境止非本罪不犯故名持律識事識犯即同學人精持無異故云上品然此九人雖容有識無非斷學皆不學人問前約持戒以定學人今既成持何名不學答非謂不學一向無持非謂學人永無有犯但望學心有進有止故兩分之問既是不學何有事犯俱識答如前所出三種不學自可明之

次對不可學事以明止持九句緣事緣罪各三心

次不可學。標中事罪各三心。即用六心單雙互織故成九句。同前可學。但列品異耳。上品三句。初句即前上品一句。後二即前中品前二句。中品三句。初句即前中品第三句。後二即前下品前二句。下品三句。初句即前中品第四句。後二即前下品後二句。

上品三句
- 識事 識犯
- 識事 疑犯 二吉
- 識事 不識犯 一吉一提

中品三句
- 疑事 開迷 識犯
- 疑事 開迷 疑犯 二吉
- 疑事 開迷 不識犯 一吉一提

下品三句
- 不識事 開迷 識犯
- 不識事 開迷 疑犯 二吉
- 不識事 開迷 不識犯 一吉一提

問。何以二九列品不同。答。作犯門自說。問。此不可學既是迷忘。何得有識。答。三心交絡作句須爾。其實識心非不可學。問。前云隨戒境想唯開學人。今不學人何以開耶。答。前文敘結且據大判。不妨不學準例同開。若以義求則迷事不別。若取文證則業疏顯然。臨文自舉。此不繁引。問。前後句法並約三心。如何分異。答。識心是同。疑及不識則別。前是迷教。後是迷心。問。舊云明白心中成可學迷忘心中故不可學。其義云何。答。如前可學識事識犯可是明白。疑及不識則非明白。故知不爾。又迷忘之心是不可學。豈得迷忘成不可學。義亦不然。疏鈔兩文並無此語。今但準下分二種迷。前九名可學迷。後九名不可學迷。問。二迷何別。答。前迷是愚教。後迷即昏倒。問。後九迷者。必須先識後容起迷。學人可爾。不學應無。答。前明不學自有解者。從先不解亦容有迷。如主無主想。人非人想。臨事即生。豈待先學。如是思之。

初有三句。一識事識犯。二識事疑犯。三識事不識犯。二疑事識犯。疑事疑犯。疑事不識犯。三不識事識犯。不識事疑犯。不識事不識犯。

此三三句中。各下二句疑及不識句別各有不學無知二罪。合十二罪。亦望不犯根本名止持。

示罪中。初正示。尋前圖相對文可曉。三箇初句並無罪故。指下二句疑不識別者示犯上二心對事是總。故犯云別。亦下結宗義同前示。

但事是可學。以想疑忘生。雖緣不了。聖不制犯。

事開中。初科但明事開。準疏續云。罪是可學。若有迷者皆結其罪。彼則具明犯結。又云。由不識事境非可學事開不妨於犯是可學故犯結。有斯明據。復何所疑。問。一等是迷。何以開結不同。答。事是現對。造修心想吝生遺忘犯是冥緣教相有迷猶是無知縱令先已學通還制後心怠墮細詳聖意諒不徒然有人言前九句結不學人後九開學人以不學人先既不學無迷忘故更開犯上十二罪今謂且學人生可學迷尚不結罪那得迷忘方欲開罪又若開十二罪者則句法俱無有罪用立何爲又有人云今是迷心不迷教學人須於事上放十二枝條此中順古且說事開犯結若今師以迷心望之則事犯根條俱放豈有事開犯結乎且罪是佛制那得由汝輒自放耶又疏鈔皆明事開犯結汝反

攻破豈不公違祖訓又若以此爲順古則作犯門中辨十二罪文極詳委皆應是古則此一門都無今義下文囑云不知鏡不豈令鏡古耶嗟乎世之講學多習舊迷但務守文寧思開悟自緣宿善濫染祖乘麤能考校古今剖決可否嘗形筆墨曲盡是非雖或相從鮮能詳究故茲略示猶愧繁詞信乎持犯之相實深不學無知微隱指唯標月書不盡言必欲通明終須面扣

問如殺盜等人非人想有主無主想律結無罪亦有制犯者何

初問中準律境想難上事開初作本迷後心釋言律結無罪者異境後心律不結故亦制犯者準殺非人相傳犯吉故

答或緣罪境人非人故便結心犯或緣非罪境無主物故然彼迷心不結正罪莫非緣罪故有無不同

答中初示有無所以言心犯者以有殺非人心故結吉罪然下正答通來問初約根本通前事開正罪即根本莫下次約罪境答上有無次準戒疏約轉想前心釋問云律結無罪者如盜戒無第三句也亦制犯者即殺戒第三句結偷蘭也答中云結

心犯者前心方便也非罪境者始終迷心也故戒疏云然彼迷心並不結犯皆約前心方便爲言疏文且存兩釋學者思而擇之

又不同前段以法事俱識故是可學有疑不識皆制罪也

對簡中以前九句疑及不識本是愚敎皆可學迷言同義別故特簡之使無相濫法事者法即是犯

若爾後緣法中亦有想轉如不處分處分想及疑亦是不犯重何爲制罪

次引難有二意一爲古師於作持門中不通不可

二釋通

學今欲準事例法並通二九故二一爲至後作持不復重出欲明句法開結理齊故文云若爾者牒前緣罪有無義也二房處分望初篇殺盜故云後也殺盜制止事處分聽作法故云緣法也處分五句境想文引二三兩句不犯重者卽開想轉不至殘也言亦是者比前不結正也制罪者二句皆結蘭也何爲二字正是立難意謂若云殺緣罪境故有犯盜非罪境故無犯者處分緣法亦非罪境理應無過何爲結蘭是則緣法不開迷耶

答此且據止持中約事爲言必如所引對法有二九

句後作持中更爲辨也

答中有二初示此門言且據者未暇兼明也必下指後門如所引者承前難意也對法有二九者此顯作持通不可學與古不同旣立迷忘比今止門開結無異是則律制偷蘭亦爲前心方便至於迷想俱無有過以人妄解故特委釋或引戒疏問答相比者而不知彼此難勢自別致使尋求無由可曉

二作犯二初標

次就作犯中

作犯標中準前名體持犯各明此論句法持犯間列者欲顯句法同流相翻易曉

二正釋二初明示二九同異

可學法事如初九句不可學者如後九句與前並同但犯根本爲別

同異中初指同但下示異初中標云法事者文多法字今以二意定其傳誤一檢鈔前後止持作犯並不言法戒疏方立未可預標二比前止持亦單標事兩門體一豈得相違用此以求故須削去或可準前目於犯法舊作惡法解者非恐新學難曉更爲列句準止犯中犯門以罪多爲上可學九句理應倒列今指同前且依上出不可學九則不通倒思之可知

初可學九句

上品一句——識事識犯（犯根本無枝條）

中品四句
- 識事（根本）／疑犯（二吉）
- 識事（根本）／不識犯（一提一吉）
- 識犯／疑事（根本二吉）
- 識犯／不識事（根本提吉）

下品四句
- 疑事（根本二吉）／疑犯（二吉）
- 疑事（根本二吉）／不識犯（一提一吉）
- 不識事（根本一提一吉）／疑犯（二吉）
- 不識事（根本一提一吉）／不識犯（一提一吉）

二委釋不可學九句二 初正明二 初通簡罪相二 初正簡有等

二不可學九句

上品
識事根本 識犯
識事根本 疑犯二吉
識事根本 不識犯一提一吉

中品
疑事開根條 識犯
疑事開根條 疑犯二吉
疑事開根條 不識犯一提一吉

下品
不識事開根條 識犯
不識事開根條 疑犯二吉
不識事開根條 不識犯一提一吉

就中根本不識事中或無犯謂始終無心如悞殺人等除婬酒戒若中間轉想疑事不識事由心差故是方便若不差結根本或不造前事

次委釋中可學易解不勞解釋不可學九上品可見疑及不識罪相難明故須特簡罪相中初科爲二初明本迷除婬酒者此二不開迷故若下次明轉想如前作人想後作非人想之類前心犯蘭故云方便後心無犯卽是開迷若不差者或約轉迷還復爲識或約先明後迷亦犯如前隨相摩觸夢失之類或不造者卽是息心或善心息或緣差息

二結示品類

此後九句識事三句爲上品作犯疑中三句爲中品不識事三句爲下品或無罪故對法類知可解

結品中初分品位上品有三根本及四枝條其七罪則犯多爲上也疑及不識罪量一等然律境想疑定有犯想則不定想卽不識以容迷轉有無不同故下品云或無罪也對下次例通止犯亦由古判止犯位中無不可學下文不出故此點示前止持中指後作持今作犯中類通止犯義意頗同思之自見舊作惡法釋之誤也又以口家四過爲惡法誤又甚也所以前九句中上品一句者以事法俱了未可論罪

二廣辨句法二 初總示二九所以

後九句各分三品者莫非由一事生容兼疑不識故結罪易明故分爲二九句也

二別明後九罪相 二初示枝條體量 二初結數示意

辨句法中初科爲二初別示不同前明可學但示上品戒疏云中下各四者由緣一事帶疑不識交絡互明出其犯相次明不可學總示三品一事生者此明緣事三心不同故分三品一一事下各有緣犯三心故云容兼等也戒疏云由不識事境非可學不妨於犯是可學故致列其相事總而罪別一品之中緣事是一故云事總緣犯三心故云罪別結下總明所以若論緣罪下二心疑及不識合十二罪皆犯究竟以

罪是可學故以不學故不識故文云不以無知故得脫若犯罪如法治更增無知法

次科結數中初文前示罪數識犯在初故云下二心也以下示犯結所以古記放罪至此豈不疑乎故下引文證犯上是律文若下即戒本文

無知及疑皆是究竟若不疑及識一向無罪無果可趣前言無罪者謂無不學無知非謂無根本罪

示體中以古師云不學可懺謂是究竟無知不可懺謂是方便故此但明無知耳初二句判定若下三句反釋謂後不疑及識既無別有果可驗前罪

行事鈔資持記卷二十七 持犯方軌篇十五 十五

非是方便前下遮疑上云一向無罪恐謂後識都無犯故

問根本不識事三句無罪便是六句云何言作犯九句

辨句法中上中二品罪相自定下品不定故須料簡初問作犯立句必約有罪下品無犯不應此門

答若就根本唯六句然上三句下不識與疑亦有犯故

答中初縱後奪謂若望事開則可除之由兼犯結還須具九

若爾此下疑等正是不學止犯非是作犯何得說爲作犯九句答從根本故得名文必由造前事通名作犯攝也

初難二犯行別各攝所宗如上所通豈非相濫答中初正答枝必隨本從本爲言文下轉釋恐謂開迷何有根本然雖迷忘不結正罪何妨造境得名作犯

若爾不識事識犯即是無罪正應有八不得有九答如前已解句法相從

次難中若兼止犯可如前言下品初句既無枝條

行事鈔資持記卷二十七 持犯方軌篇十五 十六

理須除去答中指如前者即上相從根本之義下云相從造事亦得說九是也

又解若就可學事上生可學迷一向九句莫不犯根本若可學事生不可學迷唯六句有罪除下品若轉想結前心蘭得有九句並方便罪若迷想就後心唯得六句如有主無主想以無罪故或九句人非人想後心吉羅生罪緣故若兼止犯得有八句相從造事亦得說九

次解中前文二局一單約本迷二定須九句此解反上一兼通轉想二作句不定文分爲二初敘可

學者此中正意料簡後九欲彰兩位定不定別故先示之不可學中三位分別初約本迷轉想對明六九若下次單就本迷後心明六九若據律文後心無罪今取心緣罪境義結吉羅若兼下三就後心無罪明八九

極爲分別不知鏡不思之

結告中初句示前委曲次句審問學者下二字勸思目視其文耳聽其說心思其義此爲學之大端也文是色塵說是聲塵義即法塵見聞局塞所解麤疏思測虚通所得深細雖根性各異而大分多

然故勸思之意令精考故也上來諸文止爲不可學中事開犯結罪相有無故茲辨示文義詳委矚累深切古今講解不知自誤反謂諸文皆是順古況罔祖訓壅塞來蒙願速改迷無宜謗法

次明作持九句者

作持中古師唯立可學今先依彼具出可學九至後方立不可學九欲使是非兩異今古雙明立破俱存取舍無惑故也（下止犯中亦同此意）

若從對事法以辨實亦應有兩箇九句但明用差別階降不異故合一九句唯對可學以明今且列句所以如上止持可學事中此但順教作事與前爲異

釋中初科爲二初敘略上三句明事法句別但下明略出法句明用別者此明事法異也且如房戒尺量是事白二是法長衣過日是事說淨是法等階降不異者此示作句同也唯對可學者彰古局也今下指例初句標今略示所下例前廣釋上二句指同言所以者括前有四一者辨釋疑不識義二者顯罪有無多少三者結宗謂不犯本罪名爲作持四者分品謂三品作持等次此下點異

就中分三初一句識法（謂知造房須乞白二）識犯（若不乞法便結僧殘）中

品四句識法疑犯識法不識犯疑法識犯不識法識犯下品四句疑法疑犯疑法不識犯不識法疑犯不識法不識犯

列句中爲圖示之

可學九句

上品一句——識法識犯（無罪）

中品四句
- 識法——疑犯（吉二）
- 識法——不識犯（吉提）
- 疑法（吉二）——識犯
- 不識法（吉提）——識犯

不可學九句

下品四句：疑法吉二 疑犯吉二／疑法吉二 不識犯吉提／不識法吉提 疑犯吉二／不識法吉提 不識犯吉提

上品三句：識法 識犯／識法 疑犯吉二／識法 不識犯吉提

中品三句：疑法 識犯／疑法 疑犯吉二／疑法 不識犯吉提

下品三句：不識法 識犯／不識法 疑犯吉二／不識法 不識犯吉提

前止持中指如後者，即此所立不可學九，則明緣法同有迷忘，法開犯結與事不殊，以異昔人局論可學。故戒疏云：法雖可學，迷倒忽生，佛開不犯。不同昔解，是以律中不處分想疑皆非殘故。

不可學法迷亦有九句，如前段後九句說之。

次論止犯或九或八。

止犯中前明八九，即古所解；後明二九，方是今義。

言九句者，上品四句有十六罪，中品四句有八罪，下品一句但犯根本一罪。如不乞處分造房，但犯一僧殘，由識法識犯，故無不學無知罪。

事法止犯中初科，上中二品罪數如文，下品一句舉法顯相，以明罪少，故為下也。

所以顛倒前句不同者，以犯門解義，罪多為上品，犯四根本僧殘，各加不學無知，如前列數，非多何謂。

顯異中初徵對前作持順倒別故，以下釋所以。中品不動，上下通倒，文中但出上品罪多，中下漸降則可知矣。問：止犯既爾，作犯如何？答：兩犯是同，準須迴倒，而作順止倒者，欲彰順倒皆無在故。

言八句者，對教行不學以明，則無識法識犯下品一句。

次八句中，此謂隨對事法，心緣不解，結不學無知。犯門解義，必須有罪，既無根本，下品不立，故唯八句。

若對事明，亦有兩箇九句，謂可學迷及不可學迷。如不說淨見犯不發，即是可學；若迷若忘，即不可學。

二九中初明立句，言對事者，止犯有二，事法止犯此約造修不學止犯，但望昧教法及不學，如上所明，故但標事，以事例法亦具二九，不學唯八，不通迷故。如下舉事證成長衣覆罪，故犯忘開並通二九。前云對事，後舉說淨發露，乃是制法。由此二戒

具兼事法故得互舉今且依法列句事準作之

可學九句

上品四句
- 不識法根本提吉　不識犯提吉
- 不識法根本提吉　疑犯二吉
- 疑法根本二吉　不識犯提吉
- 疑法根本二吉　疑犯二吉

中品四句
- 不識法根本提吉　識犯
- 疑法根本二吉　識犯
- 識法根本　不識犯提吉
- 識法根本　疑犯二吉

下品一句
- 識法根本　識犯無罪

不可學九句

上品三句
- 識法根本　識犯無罪
- 識法根本　疑犯二吉
- 識法根本　不識犯提吉

中品三句
- 疑法迷開　識犯無罪
- 疑法迷開　疑犯二吉
- 疑法迷開　不識犯提吉

下品三句
- 不識法迷開　識犯無罪
- 不識法迷開　疑犯二吉
- 不識法迷開　不識犯提吉

戒疏云如昔解云止犯法中無不可學今言迷倒

隨位皆有是也

如此廣知隨指一戒達之則類通法界也

指通中初句指前勸學隨下舉一類通問今家句法總有幾句答若對四行止持作犯對事各有二九作持止犯並對事法各有二九共四箇二九若依戒疏四行並通事法則八箇二九若以二九通對諸戒則二百五十戒戒皆具二九乃至塵沙戒法塵沙二九又一一戒下事法多别隨事隨法無非二九類通法界義在於此

二方便趣果者然造修前境必有三時是以大聖隨時而制意令智士剋志不爲略如上引

第二方便敘意中初示三時即方便根本成已也是下顯制意剋猶約也略如上者前優劣中引律小妄三時之文

何者前方便

前方便標問中通三方便望後根本俱名爲前總論諸聚明了論中初篇二篇有三方便第三四篇立二方便第五篇中但心起身口唯有根本無方便若動身口思亦有遠近方便律中但明成者波羅夷不成者偷蘭亦不分輕重廣如卷初明之

示相中初科前引了論五篇三位夷殘有三提及提舍各二吉羅中有無不定上二句明無方便卽思心犯也（彼論名輕吉。責心卽滅）身口字下脫思字若下二句明有方便卽惡作惡說也（彼論名重吉。對人方滅）身口下多思字可移補上篇聚中引云若但心地起無方便若動身口有遠近二方便引彼證此字誤不疑次引本律且約初二兩篇壅住者爲言據文但云不成偷蘭不分輕重一不了也文復不明罪數多少二不了也亦復不分諸罪差降三不了也卷初卽篇聚中

今通會輕重約初篇中婬戒以明

次科標中以了論三方便遠是輕吉次卽重吉近犯偷蘭亦不分輕重四分無吉但云偷蘭今用十誦三品偷蘭分配二篇止取了論一吉故云會通等也如初篇遠吉次中蘭近上蘭第二篇遠吉次下蘭近中蘭尋文可見

如內心婬意身口未現名遠方便此犯吉羅故文云或發心作心念作也

遠方便中初科上三句示相此下斷罪（今約故誤分吉但是故心皆重不用了論）故下引證發心卽上方便心念卽果頭罪

若爾與單心何別答律制動身口思心名爲期業若單心者制限大乘故善見云凡人恆緣欲境聖人若制心戒者無有得脫之期故律中起心不動身口但自剋責還復好心是名不犯

簡異中初問以菩薩十業後三通制今明心犯大小濫故答中初釋律制身口思者謂計度身口所作事故此心麤著屬身制口心期身口故名期業若下簡單心疏約瞥爾垂緣分之彌善故下引證初善見中但以小機不堪深制且禁七支望息麤

非卽名得脫此文須通兩宗所計若彼有部定不制心遠方便罪猶須動色了論空宗通制三業但望瞥爾名不制心次引律者卽同了論不動身口輕責心卽滅今此引證單心無犯若據了論明判輕吉況復今文令自剋責那云不犯學者請試詳之

二動身口未到前境名次方便犯偷蘭

三者臨至境所身分相交未至犯處已來名近方便是重偷蘭

次近方便在文易見

已下諸聚雖輕重多少不同大相可準

指例中上且約婬示相三戒準同餘篇不明故須略指僧殘一吉二蘭提下三篇例皆二吉輕重多少不同可見然殘中三罪一同初篇提下二吉止分遠近遠則同前復合次近總爲一吉大相可準其義如是

何名方便以上三緣將至果處或爲七緣阻礙不成故是根本家方便（七緣義如後説）若無七緣並入果本

釋名中即用了論成就隨順二義釋之初即成就義注指七緣文見次科若下即隨順義

行事鈔資持記卷二十七　持犯方軌篇十五　二十五

本相如何謂人如毛頭名婬舉離本處名盜斷其命根名殺言章了知名妄如是隨相已明若結罪之時並攬前因共成一果不同他部因成果已更有本時方便

根本中前明根本之相初句通問謂下別釋初列示四重如下總指諸篇若下明攬因成果簡異他宗使無濫用

何者後方便謂所造事暢決稱懷發喜前心未思悔改復結其罪通得吉羅

後方便中不論篇聚重輕並制一吉故云通也翻前方便二三不同蘭吉有異故也

三具緣成犯者

三明具緣標中語含通別二種通則徧該諸聚名數齊均別則隨局戒條體相各異凡於一犯考以兩緣則成否歷然判斷有據矣

先明成犯意業不自成成假修造諸緣和具方結罪福必片乖阻概結方便故律中犯相並託因緣爲罪居六聚懺法又別不同化教但論成業結犯已外無論違制

敘由中初標示業下正敘爲二初明作業成否上

行事鈔資持記卷二十七　持犯方軌篇十五　二十六

明緣具成業必下明緣缺不成罪即惡業福即善業此論成犯正明罪業但緣搆義同故茲通示故下次明化制不同初敘制教上二句指律制因緣則總通別或可二緣不出心境因即是心緣即是境爲下二句顯所以即爲二別上句明制科楷定下句顯六懺不互不下次簡化教彼明造業亦是緣成但不局名數故爲異耳對上二別反爲二通一者罪通十業二者懺通三世

今依諸戒通別二緣別具犯相已如前隨戒釋訖有人通立五緣用解諸戒者非無此義後進未知今立

通緣徧該六聚七種不同。
次科通敘中初總標依諸戒者二緣並出律文戒本故別下二別示初指別緣有下立通緣先示古立（舊云願師立五緣一是大比丘二有所對境三有心四心境相當五事成究竟）非無此義者示有可取不盡非故後進未知者彰其所失未盡善故謂人多承用曾未思審用今對校方顯是非今下次標今立考下七緣自有通局如命梵二難不開夷殘又下三篇不開性戒何須此緣然今對別大約爲言故云徧六聚也

一是五眾出家人簡餘十三難等受戒不得無罪可

作或是五眾而造境未果或自命終或爲他殺或捨本戒邪見二形生等並非五眾業思乃暢無戒可違

第一緣中初句標緣以大小雖殊塵沙徧發故通五眾異上古師餘文簡濫初簡非眾或是下簡是眾文列五相即是四捨並下總結業思暢者除命終他殺餘三種也

二雖受五眾戒而爲重病癲狂癡亂痛惱所纏雖作前事並無有過若心了知是比丘者隨前所犯

二中重病即通標顛下二句別顯兩相若下正示緣相顯上重病皆不了知

三期心當境非謂對境之時或有迷謬境有錯悞或無記餘緣或睡眠不覺並不正犯若先作方便後隨心三性並結

第三初科初標緣非下示相又二初遮簡文列對境四種無心律文所開據無方便恐人妄謂一向無犯故云非謂等若下顯正謂後對境雖入餘心由先方便即心當境故皆結犯如隨相中漏觸飲酒等及前通塞教人自業戒疏沙彌任運等類然此緣所立正取期心但始終相當於義易曉所以唯明後心無記耳

十誦伽論若先作殺母方便已自眠時母死是無記心得逆及重阿羅漢無記犯戒若睡覺即悔過凡夫須準智論阿羅漢不爲夢眠但爲四大故少時息耳

引證中初明先期後犯文據無疑逆重即業制二俱犯也阿下引聖例凡然羅漢夢犯本非方便但取無記有犯例成上義故云凡夫須準也智論轉釋疑情以無學結使已盡無睡眠故準遺教論有三種睡眠一從食起二從時節起三從心起羅漢有上二凡夫通三種四五兩緣不通諸戒先須料簡初對上二篇唯婬怨逼時開命難餘並無開梵

難一切不開次就下三篇一切性戒俱不開三就遮戒非下三句所收者亦復不開如三十開二戒九十二十八戒眾學二十六戒如下引配。

四事命難二。初通示難相。

四無命難謂爲怨賊非人惡獸斷命緣者得犯前戒

四中初文標釋可解

二別簡遮性二。初性戒不同。

若是性戒一向不開豈得殺他誑他而自活命唯婬一戒開與境合三時無染以不損境餘則唯制文云我爲諸弟子結戒已寧死不犯

次科性戒中初正明文二初總示性重且舉殺妄顯無開理唯下別簡婬戒三時無染者雖開還制

異遮戒故不損境者出開所以簡異餘重一向無開文下引證即初戒釋同戒文我爲者爾大慈門也結戒者授祕方也寧死不犯勸令守護甚於命也此證性惡不開命難據本文意則通一切

二遮戒同開

若論遮戒有開不開道力既成至死不毀如草繫海版等例出大莊嚴論餘志弱者命梵二難開下三篇以上二篇是梵行本故

遮中初總示道下別釋初釋上根不開非教不開但上根之士重法輕生護遮同性故也草繫者彼論第二云昔有諸比丘曠野中行爲賊剝衣賊懼比丘往告聚落即以草繫之諸比丘護戒不敢挽絕中有老比丘語諸年少云汝等善聽人命短促如河駛流設處天堂不久磨滅況人間命而可保乎既云不久云何爲命而毀禁戒此言切要故爲具引海版者論云昔有諸比丘與估客入海採寶船壞時一年少捉一板上座不得板將沒水中上座語年少言汝不憶佛制當敬上座年少思惟如來實有斯語乃說偈云爲順佛語故奉板遺身命若不爲難事終不獲難果便即捨板時海神感其精誠接置岸上論文緣廣此略提名不復具引故云等也有云等鵝珠者彼乃護性非此中意餘下明中下根通開兼梵難者採

示後開並下根故又復應知此明開不開者即約機大判後就下根自有開不開者乃約教細分

五事梵難二。初通示難相。

五無梵行難謂若有童女寡婦伏藏水陸多細蟲同住多惡伴如此之事並是犯緣文云若在此住必爲我淨行作留難佛言即以此事去

五中初科標名顯相婦女是婬緣伏藏是盜緣蟲即殺緣惡伴是破眾戒緣文下引證即安居中文彼開破夏直去無罪故

二準判遮性二。初總判二戒。

準此以言對下三篇體是威儀不開性戒就遮戒中

二引論证成

或是遮惡，或是事輕，或以輕遮重。若不開者，反上可知。

次科總判中，初簡上二篇不下，次簡性戒，就下二簡遮戒。文列三句，今引律文開者，以義分對。言遮惡者，謂事非極惡，遮譏而制。輒教尼、與尼坐、與尼行、同乘船、食家屛坐、與女露坐、觀軍三戒、入王宮等，並開。言事輕者，三十中離衣、奪衣，九十中餘語、二數、强數、牽出房、覆屋、一食過受、食前後至他家、驅出聚、過受藥、覆麤罪、與賊期、二隨舉、非時入聚，及衆學中二十餘戒。言以輕遮重，謂恐臨重境，預防輕過。共女宿、未具宿、藏衣鉢等。如上三句，無非過輕，故開。二難不開，反上者，或雖遮惡而事重，故如掘壞、畜捉、販貿、背別、非殘足索、不受等例。或雖過輕而無開理，如三十中求畜製造諸衣戒等，及九十中水擊、怖、半疑惱、減年、諸衣過量之類，本無命梵陵逼之義，何有開者。請以諸意細尋，註戒更自攻討。

毗尼母云：犯罪有三：一緣，二制，三重制。一緩一急，三處決斷，是名律師。

次引論證開不開意。緩急隨宜，故非一概。緣即緣起，如婬戒須提那，制即本制，如云犯不淨行，重制即後因比丘婬畜，復更前制，如云乃至共畜生。制必攝護爲急，開爲時緣名緩。一一戒下皆具此義。如

三總結誡告

六稱本境 七進趣果

序廣引。

六稱本境。謂非道作道想，無主物有主想，非人人想。如是各非本期，爲異境來差，罪住方便也。

六中初標緣，謂下釋相。文舉三戒，境差方便，反顯不差方成究竟。此與第三似同而別，比之可見。

七進趣正果。若住即成方便，相有四分：一由法隔，故爲方便。一切諸諫戒初白竟捨，逐諫故止，不成果用。二懈怠息，欲造前事，緣壞離阻，或復强盛不可侵陵，停廢本心。三好心息，謂將造過，忽憶受體，恐汙願求，對治防過，令惡不續故也。四心疑故息，不同想心，以至果故。今此疑者，起心當人，疑是非人，疑心不決，恐殺非人，遂即停止故也。

七中初標緣，若下反釋四義，以通諸戒。初總示，二下別釋。前二事隔，後二心止。又初三好心，餘非好心。二中緣壞離阻，謂緣差也。疏云：如欲殺盜，往逢異人，或恐有事，或要期未遂，即此離阻。或刀杖毀壞，即此緣壞。言强盛者，疏名境强，如行殺盜反遭加害等。上所列諸通緣，又隨戒中取別緣，兩明二犯，得知因果輕重，犯不犯相，方得入懺法，不須通漫悔，罪不出。

總結中初令依用，謂須兩緣可決犯懺，不下止濫。

四境思不同五門一須制意二汎明境界三有無四定互多少五解輕重

言制意者若不制境想則犯罪漫漫輕重不分有無莫顯故諸戒末佛並具張縱有缺文但多是略耳第四制意中初敘須意漫亦是漫境想五句初句皆重後四俱輕又第三一句有罪則出無罪則除輕重有無對文可釋故下指所出上二句示其通具下二句點其所缺委辨如後

二明犯境位階且五一內報二外事三約法四對時五約罪

次門五階篇聚境想數過塵沙五位總收罄無不盡矣又復此五不出二境初總有情四開非情四中二四並世法五即制教第三兼二對下自明內報六位從寬至狹別對諸戒簡練精詳在此而已人不見之但云萬境不知何境境作何相況復自有一境通多戒如情中尼女非情衣食等自有一戒而攝多境如盜及漏失通情非情等自有一戒攝一境如外道食入王宮牙角兜羅之類是且舉一條諸餘例顯用前三句照會諸戒通局之相如指諸掌

言內報者謂人天非畜若四境齊犯謂如初戒或各升降如盜殺等

初四境中初句示境即是六趣或總三趣若下且對初篇四境無論男女人中不簡道俗大小內外初戒齊犯可知餘三戒人境同夷非人並蘭畜則殺提盜妄俱吉故云升降也又如摩觸媒麤對趣差別尋前隨相

又就人中道俗分別俗者如販賣食家有寶等道者如謗覆說打搏疑藏等通道俗者如二宿婬觸二麤語等

道俗中三位初唯對俗等取乞衣增價忽切乞綿乞縷勸織為女說法學家過受之類二唯局道謗收無根假根及殘三戒覆麤罪說麤罪打比丘搏比丘疑惱藏衣鉢等取奪衣嫌罵知事別眾勸足擊攊驅出聚等三通二者與女宿通尼女與未具宿及二麤語並通白衣及下三眾婬觸可解或有境通而制別者如屏露坐同道行尼女各戒是然於道中內外局衣食內如毀兩

內外中外即外道自手與食唯此一戒故云局也內即內眾毀呰兩舌並對比丘

又內中通大小。大如謗奪，小謂減年。
大小中，謗奪如上。小中更兼隨擯沙彌。
又具中形報隨順之提局是比丘，同路乘船作衣讚
食事專尼衆，如謗覆說義該兩衆。餘通可知。
形報中三：初局比丘，隨順即隨舉比丘，且舉一戒。
餘者同上。二局尼衆，同路即期行，餘名自顯。更加
與衣浣染衣毛等。三通兩衆，二麤僧尼皆提。
又形報中色心分別，如婬唯色，死屍犯故，文言道道
想。此通四趣漏失同然，境仍是寬，自有約心爲境，如
觀許等想染心衣食。

色心中，初明色者，婬屍既犯，不必假心，文下引證，
即婬戒境想初句，謂但是正道，不問死活，四趣合
作四境，覺睡未壞少壞，婬通四趣，已見初科。此中
所明在文不貫，漏失同者，亦色爲境，婬唯內色，漏
總六境，內外中間水風空處。今就內色以論四境，
多分壞白骨間皆漏失境，故云仍寬。若據摩觸亦
通四女，觸屍亦殘，理同婬判。自下次明心中，觀即
發諍戒，望僧能觀心成犯，許即迴僧物，望施心成
犯，染心衣食，即尼受染心男子衣食犯殘，取彼染
心爲境。

大略須知，更不具分。
結示中上句結前，下句示略。
二外事中，如掘地草木，不受殘宿，勸足酒等，亦可長
衣鉢類，通內外者，如盜奪蟲水等。
外事中，草木即壞生及草上便唾，又錢寶等物，畜
貿盜捉成犯，又水爲境，如水中戲大小便，火謂然
火，又水風空盜漏皆犯，不受等九十及衆學等諸
食戒並食爲境，又食局正食者如足別背，餘通正
不正，或局時藥過受索美食，是局七日者畜長藥，
是局盡形者四月藥，是通四藥者即不受非時等。

長衣鉢，二離月望急施等，據事兼時，且從物論，故
云亦可也。此應更收毛綿乞求等諸戒，若約四事
衣藥如上，房如二房覆屋牽出安像等，臥具二敷
兜綿之類。上明單外境，通下明兼二境，盜兼主物，
奪衣連比丘，蟲水即二物，取衣作衣浣打等皆可
準說。
三法者有四：一自所稱作，媒麤語；二妄毀呰等；二他
所作法，處分諸諫等；三是治法，謂隨舉等。四法相道
理，謂十八法等。
約法中四：初中等取兩舌口綺譏教尼拒勸發諍

等二中僧諫有五殘四提一及與屏諫第三更收擯沙彌滅諍中自言覓罪亦不說也第四十八法即破僧犯境更兼同誦五六語及眾學諸說法等

四約時者如日暮非時夏歲二三宿殘宿內宿明相決了等

約時中教尼日暮非時食夏歲不安居尼提僧吉制出律中有以歲爲滅年非也以八年歲非時境故二三宿或同未具或在軍中殘內二宿言明相者示犯分齊及二入聚又長望二離滅六年求雨衣洗浴等

第五約罪者覆說之類等

約罪中類取覆藏默妄

三明有無者

第三門標中以律諸戒出沒不定故須辨之然今學者不看本律臆度暗指錯謬妄說都迷此門始終文意今爲具引律中句法然後尋文渙然冰釋勿謂繁費深愍後學事不已也

○初篇四戒有五重

○初婬戒五句

道作道想夷
道非道疑夷
道作非道想夷
非道道想蘭
非道非道疑蘭

○二盜戒二重

初過五四句

有主有主想夷
有主有主疑蘭
無主有主想蘭
無主無主疑蘭

二減五四句

有主有主想蘭
有主有主疑吉
無主有主想吉
無主無主疑吉

○三殺戒五句

人作人想夷
人作人疑蘭
人作非人想蘭
非人人想蘭
非人非人疑蘭

○四妄戒五句

人作人想夷
人作人疑蘭
人作非人想蘭
非人人想蘭
非人非人疑蘭

今刊本与古本同。茲據律補增一句。

○僧殘中六戒有十三重

○二摩觸戒五句
- 人女人女想　殘
- 人女人女疑　蘭
- 人女非人女想　蘭
- 非人女人女想　蘭
- 非人女非人女疑　蘭

○三麤語戒二重
- 初約法四句
  - 麤語麤語想　殘
  - 麤語麤語疑　蘭
  - 非麤語麤語想　蘭
  - 非麤語非麤語疑　蘭
- 二約人四（五）句
  - 人女人女想　殘
  - 人女人女疑　蘭
  - 人女非人女想　蘭
  - 非人女人女想　蘭
  - 非人女非人女疑　蘭

○四歎身戒五句
- 人女人女想　殘
- 人女人女疑　蘭
- 人女非人女想　蘭
- 非人女人女想　蘭
- 非人女非人女疑　蘭

○五媒嫁戒二重
- 初約法五句
  - 媒嫁媒嫁想　殘
  - 媒嫁媒嫁疑　蘭
  - 媒嫁不媒嫁想　蘭
  - 不媒嫁媒嫁想　蘭
  - 不媒嫁不媒嫁疑　蘭
- 二約人五句
  - 人女人女想　殘
  - 人女人女疑　蘭
  - 人女非人女想　蘭
  - 非人女人女想　蘭
  - 非人女非人女疑　蘭

○六無主房戒四重
- 初處分五句
  - 不處分不處分想　殘
  - 不處分不處分疑　蘭
  - 不處分處分想　蘭
  - 處分不處分想　蘭
  - 處分處分疑　蘭
- 二過量五句
  - 過量過量想　殘
  - 過量過量疑　蘭
  - 過量不過量想　蘭
  - 不過量過量想　蘭
  - 不過量不過量疑　蘭
- 有難有難想　吉

三難處五句
- 有難有難疑吉
- 有難無難想吉
- 無難有難想吉
- 無難無難疑吉

四妨處五句
- 有妨有妨想吉
- 有妨有妨疑吉
- 有妨無妨想吉
- 無妨有妨想吉
- 無妨無妨疑吉

○有主房戒三重
- 不處分不處分想殘

初處分五句
- 不處分不處分疑蘭
- 不處分處分想蘭
- 處分不處分想蘭
- 處分處分疑蘭

二難處五句
- 有難有難想吉
- 有難有難疑吉
- 有難無難想吉
- 無難有難想吉
- 無難無難疑吉

- 有妨有妨想吉

三妨處五句
- 有妨有妨疑吉
- 有妨無妨想吉
- 無妨有妨想吉
- 無妨無妨疑吉

○三十中一戒有一重

○三十迴僧物戒四句
- 已許已許想提
- 已許已許疑吉
- 未許已許想吉
- 未許未許疑吉

○九十中十五戒有十六重

○七說麤罪戒四句
- 麤罪麤罪想提
- 麤罪麤罪疑吉
- 非麤罪麤罪想吉
- 非麤罪非麤罪疑吉

○十掘地戒五句
- 生地生地想提
- 生地生地疑吉
- 生地非生地想吉
- 非生地生地想吉
- 非生地非生地疑吉

○十一壞生戒二重
- 生種生種想提

初生種五句
- 生種生種疑　吉
- 生種非生種想　吉
- 非生種生種想　吉
- 非生種非生種疑　吉

二生草木五句
- 生草木生草木想　提
- 生草木生草木疑　吉
- 生草木非生草木想　吉
- 非生草木生草木想　吉
- 非生草木非生草木疑　吉

- 蟲水蟲水想　提

○十九用蟲水戒四句
- 蟲水蟲水疑　吉
- 無蟲水蟲水想　吉
- 無蟲水無蟲水疑　吉

○二十三爲尼說法戒五句
- 日暮日暮想　提
- 日暮日暮疑　吉
- 日暮不日暮想　吉
- 不日暮日暮想　吉
- 不日暮不日暮疑　吉

○二十九食尼讚食戒四句
- 敎化敎化想　提
- 敎化敎化疑　吉

- 不敎化敎化想　吉
- 不敎化不敎化疑　吉

○三十五足食戒四句
- 足食足食想　提
- 足食足食疑　吉
- 不足食足食想　吉
- 不足食不足食疑　吉

○三十六勸足食戒四句
- 足食足食想　提
- 足食足食疑　吉
- 不足食足食想　吉
- 不足食不足食疑　吉

○三十七非時食戒五句
- 非時非時想　提
- 非時非時疑　吉
- 非時作時想　吉
- 時作非時想　吉
- 時作時疑　吉

○三十八殘宿食戒四句
- 宿作宿想　提
- 宿作宿疑　吉
- 非宿宿想　吉
- 非宿非宿疑　吉

- 不受不受想　提

○三十九不受食戒四句
- 不受不受疑　吉
- 受作不受想　吉
- 受作受疑　吉

○五十一飲酒戒五句
- 酒作酒想　提
- 酒作酒疑　提
- 酒無酒想　提
- 無酒有酒想　吉
- 無酒無酒疑　吉

○六十二飲蟲水戒四句
- 蟲水蟲水想　提
- 蟲水蟲水疑　吉
- 無蟲水蟲水想　吉
- 無蟲水無蟲水疑　吉

○六十四覆麤罪戒四句
- 麤罪麤罪想　提
- 麤罪麤罪疑　吉
- 非麤罪麤罪想　吉
- 非麤罪非麤罪疑　吉

○六十六發諍戒四句
- 觀作觀想　提
- 觀作觀疑　吉
- 不成觀成觀想　吉
- 不成觀不成觀疑　吉

二正釋二。初畢文明有二。初總示僧戒。

二畧指尼戒

二約義辨無二。初總舉。

約僧律本合二十六戒中有餘者略無謂初四戒二篇六戒三十中一戒九十中十五戒對有三十五謂二房合七盜媒麤壞生各有二重故也

準文中初科單對合數並見圖中準下明無還用五位顯有。一內報有（四夷五重摩觸麤語後一歎身媒嫁後一迴僧物發諍共十一重）二外事（無主房後三有主房後二掘地壞生中二尼讚食足食勸足殘宿不受飲酒飲用蟲水通內外且收外中共十六重）三約法（麤語媒嫁各前一二房各前一共四重）四約時（敎尼日暮非時食共二重）五約罪（覆麤說麤二重）

尼中非無且削略之已如初述

次科初句顯具示同僧故次句指略明非用故如初述者指前制意義具文略故也若據尼戒本對僧二十六除九戒即婬麤語歎身二房讚食日暮足食勸足（婬中不出下八並不同戒）餘十七戒并染心衣食並具出境想

次言無者通對前五

明無中除前戒外自餘二百二十四戒律並不出故準前五境辨其所以無有二種義不可立名理無事必須具名略無理無又二一犯境通徧理不須立如漏失是二對戒境別理不可立如婬盜無法想是略無亦二通理略者名或略無如漏失戒

一向略者名定略無如謗奪等準此理無亦應有
二一或理無即漏失二定理無如餘戒無罪想如
是先分入文易見
一內報無者或是理無如漏失戒觸緣斯犯何須境
想以階犯位或可略無以道想若疑但得蘭罪故條
部律云非道想不疑殘故知是略二定略無如謗奪
兩舌毀呰嫌罵等局此境犯應有境想文無者略
內報中初標或下釋文爲二初明理略無理無可
會略無中先準婬戒後二句爲例即非道道想及
疑在婬爲境差漏失即想差反例須有後引條部

明文爲證謂非道作非道想不疑即是漏失心境
相當故知必有想疑等句準疏上是古解下即今義疏中不取此猶雙存
二定略無可解
二外事略無如屏露二敷露然藏衣等
外事及時唯一略無法罪兼二無或可上二局約
當境望餘戒不通皆有理無如婬觸等不對敷具
不限時節準如罪中並通此說
三法中理無以無所對法故如殺盜等言略無者如
大小二妄及諫隨舉等如僧祇二隨咸有境想故爾
媒麤等反此故有法想亦可觀作觀想諫作諫想非

法等並是理有略無也
法中初示理無言下辨略無初列諸戒二妄即自
稱法大妄但出人非人句不出法句諫是他作法隨舉即治法如
下例證初引僧祇別證隨舉彼文隨舉比丘戒有
四句一舉作不舉想無罪二不舉作舉想吉三舉
作舉想提四不舉不舉想無罪隨順沙彌四句同
上次引媒麤反例二妄由同有語法而二妄皆無
媒麤獨有故云反此後引發諍別例諸諫由僧斷
諍類同設諫斷諍既具諫亦須有非法等示諫作
句也以諫通如非交絡互歷應云如法如法想殘

如法如法疑蘭如法非法想蘭下二可知
時者如洗浴二入聚落亦是略無
時中洗浴即半月浴過也
罪略無者如尼覆戒餘戒理無以不對罪故
罪中上明略無以戒本中唯覆說二戒對罪爲境
僧戒皆有故取尼覆明無
第四多少者境想之法或四或五恐人未練且依殺
戒立相列之初句人作人想心境相當二人非人疑境定心疑
三人非人想境定心差四非人人想境差心定五非人人疑境差
心轉雙闕二緣五句如此所以多少者但由第三人非人想

二約義簡辨 二初總徵

二別釋二 二初引昔解二 二初正明 二初輕重相對成定五

此一不定故或四或五。

第四門敘由中三初敘立門意卽前圖中四五不定須辨所以使通教意且下列示句法且約一戒示其相狀比前律句小有不同前第二云人作人疑第五非人非人疑或恐疑涉兩境故此易之或不見律傳誤寫錯請以諸戒句法比之皆無異轍雖通上釋從律爲正第五注云雙闕者非人是境闕疑卽心闕所下示多少所以

所以爾者

次簡辨中徵意乃推第三不定所以不可濫上故

下古今兩解皆爲評此第三一句自餘四句一向永定故不在言

昔解若輕重相對定有第三故卽成五如婬戒轉想及迷並得夷蘭若殺妄摩觸二麤語等轉想蘭吉本迷亦吉故須第三以成五階

昔解中彼立二義總判諸戒初約轉想本迷俱有罪者名輕重相對重謂轉想輕卽本迷二取轉想有罪本迷無罪者名犯不犯相對犯謂轉想不犯卽本迷初輕重中初標二門如下收諸戒婬戒轉迷並夷蘭者從境制故俱夷非道想邊俱蘭準婬無輕

二結示

二犯不犯成或四五

重酒戒亦爾轉迷俱提。二麤卽麤語歎身等取媒嫁。媒麤並人想五句殺等六戒並緣非人皆有輕重轉想蘭吉是重。前心蘭後心吉本迷唯吉卽輕故下結示定五此門兼上婬酒總收八戒

若犯不犯二境相對不處分盜等是也盜戒卽四有主無主想故不處分具五不處分處分想五謂轉想有前心蘭故四約本迷二境全無罪故

犯不犯中初標示不處等者二房七重掘地壞生二重日暮非時媒嫁法想此等諸戒律中並約轉想前心有罪故有五句則名爲犯若約本迷始終

無罪止有四句則爲不犯盜戒二重麤語法想迴僧物二麤罪二蟲水尼讚食足勸殘宿不受發諍此等律據本迷無罪止出四句名不犯若據轉想須有五句盜下顯相略舉二戒餘皆例準初盜戒注中卽示律文不出之句以非罪緣本迷無罪故無此句次不處分注顯律本現有之句轉想前心有方便罪故立此句五下釋成可解二境者本主無心無主無過此門總收二十戒媒麤通二門

以此義五若犯不犯或四或五

結示中此義卽上輕重義五上合有定字或四五

二示今解二。初約本異二境通三位三。初正明三位二。初輕重三

者隨就一戒爲言，非謂盜房相對而說。傳誤久矣。須知上論轉想本迷，唯說第三一句，恐忘故重示之。

又解：重輕之中位有三種。若轉想定五，迷或四五。云何或四五者？如對二趣犯境，起迷由有吉羅，故爲斯具五。想對無情，一切無犯，是以但四。如似覆說類前亦爾。若對下三輕重應五，然落開通，此是全謂非罪而覆說者無犯故，然是本迷或四或五。

今解似取他義，故不標。今此師大判第三一句，若望轉想一切俱有，故爲定五。若是本迷有結罪者則爲或四五；若無罪者，則一向四句，不具三位。

二犯不犯三位

輕重中，初總示通三位，云下別明或四五。初中，準前八戒，婬酒唯定五，則無或四。餘六通三位，問輕重門中必約有罪，今通或四，卽是無罪，何名輕耶？答：本迷無犯，亦約造事教相所開，不妨輕義。別明中，轉想定五，易故不明。迷或四五，難故須釋。初牒問，如下引釋。初就本位以明，上約非畜明或五，如對人作非人想或畜生想，皆是罪緣，故有吉罪。下約無情明或四，如人作杌木想，皆非罪緣，故無有罪。此通六戒俱有三境，故不別舉。如下次引後門類說。覆說四句亦通三位。說麤戒云：除麤罪（夷殘）以餘罪說（提等）吉羅（覆麤文同）。上二望下，故云對也。此則迷重爲輕，有犯吉罪，合爲五句，開通卽不犯。彼文云：非麤罪想說不犯（覆麤亦同）。此則迷有爲無，一向無罪，故但四句。然是下結示，更兼轉想定五，還成三位。

二結示理齊

若準此義，犯不犯位亦有三別，如上重輕應本定五。進就不犯，故卽成或四五者。今犯不犯，如盜戒中本是或四五，今退就犯中，對非畜二物作想，轉迷俱五，亦成三位。

次門三位，初標示同前，如下對昔顯今，前師偏立。今並反之。初示前門，如上卽指前昔解諸戒不犯

在後，故云進也。今下正明今位，如盜戒者，亦指前解犯文在前，故云退也。對非畜罪緣，如有主物作非人物想或畜物想，皆吉。轉迷俱五者，轉想是本或五，今爲定五。本迷或五，卽今所加。更兼本四，卽三位也。此門據鈔，止收盜及覆說，自餘境無輕重，止有二位，如後料簡。

此卽二對理齊，文中綺說，謂殺妄觸等就輕重以辨，盜約犯不犯以說，故殺五盜四也。

結示中，初句示位同，謂並通三位。次句明文互，謂盜四約本迷無罪，轉迷二五則在殺戒，殺五約轉

三料簡不具

二約本境本想

定四五

迷有罪。本迷無罪。在盜戒。影略互舉。故云綺說。謂下釋上文綺。

又且此謂犯中有輕重者。如前所論。若掘地不處分非時勸足等。犯中無輕重義者。但有或四五。餘準可知。

料簡中。初示前具三。若下簡後不具。無輕重者。且據本律。若準戒疏。例取餘部。更兼掘地非時二戒。彼云。如見論掘沙多土少無罪。半沙半土亦吉。又伽論掘燒壞地得吉。又見論云。日正中時名時非時若食亦吉。僧祇亦爾。今謂生地作半沙地想非時作

時非時想。並有輕罪。加前共爲五戒。餘應更有。尋前隨相。下云或四五者。五即轉想。四即本迷。此則不妨古師犯不犯中或四五義。但彼據一概無所簡辨。故未盡耳。準依今解。輕重門中。定有三位。犯不犯。三二不定。如是細思。

又復上來如此釋者。通約本異二境論之。故言定五或四五句。若唯據本境犯之有無者。一切境想四即齊四。謂本迷故。五即俱五。謂轉想故。但文中互說。用斯犯等。皆據本境本想。若異境後心。律並不結其罪。如非人疑想偸蘭者。是本想蘭也。後作非人疑想之時。但得吉羅。具足五緣殺非人蘭。今作人想亦吉羅

三結顯

也。

定四五中。初指前釋。人是本境。非畜爲異境。若下示後解。初正示。一切諸戒通有二位。文互說者。即指諸戒四五不同。不妨一一皆具迷轉。用下結顯。本境本想。謂本人想。前心方便。異境後心。謂後轉起非畜之心。律中夷殘疑想句法。止結蘭罪。並無吉故。前三位中。後心吉羅。即是相傳約義結之。如註所出。註中初定律制之罪。後下明後心義結。其下反例。非人五緣者。一是非人。二非人想。三有殺心。四興方便。五命斷。作人想者。即想差也。亦吉羅

者。前作非人想自結本想吉。此謂後心轉作人想而加害故。即後心罪。與上義同。故云亦也。準作五句。一非人非人想。根本偸蘭。二非人非人疑。吉。三非人人想。吉注引此句。四人作非人想。吉。五人作人疑。吉。

故約略銓敘境想之義。可對諸戒。類明持犯。

結顯中。上二句結略銓量也。下二句指通一切諸戒。犯必心境。心差境異。通有句法。律雖不具。但是略無。或復四五。莫非綺互。故茲總指。自可通求。問。罪有輕重。可存境想。婬酒俱重。用列何爲。思之可見。

五次釋其文五階之位如前所列以犯不孤起託境闕心以成其業但以境有優劣是非心有濃淡錯悞或心境相應犯齊一品而業有輕重八品未均或心不當境（人非人想疑 非時時想疑）或境不稱心（非人人想 無主主想）境犯心不犯（地非地想）心犯境不犯（非地地想）有斯差降境想明須

五解輕重通敘中初明心境相須但下次明重輕

初總示差別上句明境言優劣者就一戒而論境想五句此收初句如婬通三境盜有三寶別人漏失有內色外色摩觸有好醜之類是謂境定收二三兩句非謂境差卽四五兩句下句明心言濃淡

者如尤害泛爾之類亦就一戒分之卽收初句錯謂想差卽收二三誤謂境差心謬卽收四五（此明錯誤通目疑想不同後引）或下別分初句對上優劣濃淡一品約制罪八品據業道如前優劣門已説二五兩句對上心錯誤也三四兩句對上境是非也此之四句望前初句制業俱輕四句自論制罪皆同如諸境想上二篇俱蘭下三篇俱吉若論業道二四心差則重三五境異爲輕又復統約五句迭論重輕如後可見有下結顯律文須立之意

業位既定四句之中輕重亦須分判五位於上五階

一具四闕

正釋中初科上句結前五位四下分示五句四句輕重者以初一句業雖不均望犯究竟一向是重計不須論然必依律五階次第具釋故云亦須等

初句心境相當通犯究竟

一具可解

二人疑及第五非人疑前疑重以本緣人心不捨臨殺有半緣人心故後疑輕雖半心未捨殺時境非本期故

二疑中初雙標二句（此標律文句法符）前下辨釋重輕釋

前疑云半緣者疑心猶豫通涉兩境故後疑中云非本期者異境來曾本無害故此之二句疑心不別境分本異故説重輕後想亦爾

三人非人想四非人人想前想重結本方便心境相當後想輕以殺時單有本心無本境故

二想中初雙標前下辨釋前云本方便者取前心也望後正對心不當境後云單有心者作人想故無本境者非人曾故

又更重明本境中疑重想輕以心境相稱故重單境無心故輕後異境中想重疑輕以生人想與方便不

異故重輕者，雙闕二緣故也。非人闕緣境，疑心闕本期，故分斯兩位，結罪屬本心。

次本異中，初句標示，本下列釋。初示本境二句，初雙示，以下配釋，後下釋異境二句分三：初標示，以下列釋，故下總結。兩位即想疑。想唯闕境，疑兼兩闕，故罪屬本心者，不從異境故。

且解如此。

結略中，示不盡義，廣在疏中，故云且也。

五雜料簡中，但以持犯該通，非可一法包舉，故引諸門博練，亦可麤知指歸。此門所明既廣，不可具羅，試

列眾名，任自陶鑄。

第五生起中為三。初敘所詮廣徧，以持犯大體即是制教所明善惡二業，業相隨緣無量，故曰該通。教義不可盡收，故非一法包舉。故下示能詮廣略。初示前有歸，諸門即指已前總別科義。此下顯今從略，羅亦列也。陶鑄喻研究也。範土曰陶，鎔金曰鑄。

或約剋漫，或約錯悞，或隨自他，或分身口，教人自成兩業，各分多人通使，緣別業同。

列名有五。戒疏文廣，不可具錄，恐未見疏，且就四重，略撮名義，以示新學。初明剋漫，先釋名。剋謂情專一境，漫謂心涉多緣。漫復有二：一者大漫，如本標心，偏通三趣，俱是所期，隨作成犯；二者小漫，但該人道，不兼非畜。次配四戒。唯婬一戒，不問乖差，但使境交，無非大重。盜殺二戒，大漫則隨境成犯，小漫則異趣非犯。剋定一人，三趣非犯。妄語一戒，三境俱現，內知歷然，犯無剋心，通境隨犯。三趣不現，隨剋隨犯。二明錯誤。先示名，錯就現緣境差為義，誤就不現緣境差，心謬忘為義。二對戒者，婬戒隨犯，不論錯誤。盜戒分三：大漫三趣齊犯；小漫非

畜物不犯；剋心又二：若對異人以論，盜張得王不犯；若就一主，盜金得銀，即還不犯。殺戒漫心同上，剋心以論，錯開不犯，現境歷然，心緣別故；誤則成重，緣王張解，人想不差故。妄語一戒大漫同上，小漫錯犯，對現境故；誤不犯，不並現故。剋心有二對：人誑他義，一錯誤俱重；對法為言，說聖稱凡，迷凡謂聖，錯誤皆開。若就聖法，如錯說三四禪，皆重。三自他中，初通示三例：一自造他境，二他造自境，三自造自境。二別配四戒。婬戒三句皆重，盜戒初例重，餘二無罪。殺戒初二例有無可解，自殺自犯偷

三結顯畧意

蘭妄語上二易會自誑義準犯吉非言說軌儀故四分身口通約四戒前三身犯後一口犯別約互造婬局身造後三並通互造五教人自成即是兩業隨戒不同故云各分初明教人婬戒自作成重教他樂在前人不得同犯（教人作者犯蘭不作犯吉）盜殺自作教人損境暢思彼我俱重妄戒教人名利霑彼故不同犯次明遣人教則利己義疏遣則向己義親如遣人婬已遣人說聖皆重盜殺無遣故非所論多人通使亦即教人婬無此義言多人者謂重使及展轉使重使者謂隨續使人乃至百千展轉使

者謂所遣人不得自去復轉使人乃至眾多也文出殺戒義必通三我遣彼作故云緣別彼我齊犯是業同（有將口讚坑陷等釋之非也）上且略舉數名非謂已盡若彼疏文義章極廣如上引釋略通名相必欲窮盡積學猶迷故不繁引順鈔意也

如斯諸例未得陳之鈔者意在易識即行前論難知希用故且刪約

結顯中初二句示上眾名鈔下顯今略意易識爲令解教即行爲令成行難知希用對翻可知

四分律行事鈔資持記卷第二十七

四分律行事鈔資持記卷第二十八 中四之三

宋餘杭沙門元照撰記

懺六聚法篇第十六

釋懺六聚法篇懺是能懺之心六聚卽所懺之罪法謂懺之軌度梵云懺摩此翻悔往有言懺悔梵華雙舉準業疏云取其義意謂不造新懺謂止斷未來非悔謂恥心於往犯有將懺字訓首訓鑒義雖通得華梵須分然懺通化制及以理事今此且據制教事行以爲篇目

夫結成罪種理須懺除則形淸心淨應同僧法故薩婆多云無有一法疾於心者不可以暫惡便永棄之故須懺悔涅槃亦云如我訶責毀禁之人令彼自責護持禁戒說三惡道爲修善故

敍來意中初科爲二初敍懺意上句明造業且約篇聚所制二犯之罪結業成因必招來果故如種焉次句明須懺以犯從妄起罪假緣生妄體本空緣生無性了知妄本則犯相何依識達緣生則罪根叵得是以忽追所犯深恨前非仰對勝緣盡披肝膽罪從心起還逐心亡旣伏現因不牽後果犯而不悔業苦何窮有智識非義無隱覆故也則下二句彰益上句自行無瑕下句眾法有用故下引勸前引論文勸速改初引論不下申勸彼論問曰何法重於地何法高於空何法多於艸何法疾於風答曰戒德重於地我慢高於空煩惱多於艸心念疾於風今略引後句以明昔心造惡今忽追悔刹那翻善不待終日意令有犯速須求懺次引經文彰佛勸經明如來訶責示惡之意欲令行者有過尋悔上訶毀禁令成止行下說惡道令成作行

然遂古之師並施悔法增減隱顯臆課者多照教無文撿行違律故佛言有犯不能悔又不能如法懺是爲愚人聖教極明但不信受

斥古中初示非遂往也古師卽指諸家集羯磨者如僧鎧羯磨初出懺殘二懺偷蘭白二法懺不分重輕三懺捨墮不簡單提四懺餘罪不顯罪相提舍吉羅並不出法又曇諦羯磨初亦懺殘二懺捨墮三懺餘罪謂單提提舍蘭吉同一法懺詞句並同捨墮事儀加改謂之增減立法出沒謂之隱顯若準下文則古謂夷罪必須都無覆心方開懺悔又唯婬開懺餘三不開又僧殘中覆藏別住或云盡行或俱不行又提舍中同懺提法又眾學罪同

皆責心增減隱顯尋之可見臆課多者責其師心課猶說也照教無文謂事無所據撿行違律謂行用非法故下引斥即律增二中明二種愚人初人抱過不悔次人悔不依教今取次人證上非法律文又出二種智人與愚相反如下科引聖下二句示師心所以上句示後悔法皆見律文下句顯前諸師不能依用

今欲定其綱位格其心境使是非鏡其耳目得失明其能所者則何患妄業不除妄心無託則爲聖歎矣故文云有二種智一者有犯能見二見罪能如法懺

也

顯今中分二初敘撰述上二句正示定綱位者六懺差別不相濫故格心境者各顯緣法無所昧故隨一懺中緣法雖多不出心境如下所示懺過陳露即能懺心也託處對人用法等事皆屬所對境也格即訓正下二句顯意上句明立法有準今古相形是非鏡矣下句示行事無疑心境相照得失彰矣能所即心境也此下二句隔句對釋上文二句尋之可見則何下次障功益明今依法罪必可除心有所寄翻前違律悔罪不出臆課無憑故云

何患等爲聖歎者順佛語故故下引律示歎以命能懺爲智人故

今懺悔之法大略有二初則理懺二則事懺此之二懺通道含俗

次明懺法總分中化教具兼兩懺通被二衆如文所敘又復二懺通大小乘又所犯罪通悔三世總牒十業

若論律懺唯局道衆由犯託受生汚本須淨還依初受次第治之篇聚立儀悔法準此並如後列

制中反成五局言律懺者局小宗也如文自述局

道衆也託受生者局事行也依初受者局現犯也次第治者局名體也上且分對次釋文相初二句標局言道衆者總收出家五位由下釋局所以文敘犯懺皆依本受受是稟制於制順違遂成持犯則彰律懺與經天別矣初句示犯起之本次句明制懺之意還下示立懺之法次第治者隨其所犯須依篇次不可亂故篇聚立儀者制教差降故悔法準此者依教立法故

若據通懺理事二別

次廣明二懺化教中標云通懺者如上五對通義

可知。理據智利，觀彼罪性，由妄覆心，便結妄業，還須識妄本性無生，念念分心，業隨迷遣。

對顯中，理懺者此約觀慧推窮業性，明見眞理，罪得伏滅，故云懺也。文中初標根性，且望修事通名利根。若對三觀，智用淺深，自分利鈍，如後可見。觀下示觀行，初句示所觀境，由下明能觀智，上四句明達妄，見理下二句明行成罪滅，分謂分辨，即觀照也。此中通示理觀無生之言，總下大小三種之理。

若論事懺，屬彼愚鈍，由未見理，我倒常行，妄業翳心，隨境纏附，動必起行，行纏三有。爲說眞觀，心昏智迷，止得嚴淨道場，稱歎虔仰，或因禮拜，或假誦持，旋繞竭誠，心緣勝境，則業有輕重，定不定別，或有轉報，或有輕受，並如佛名方等諸經所明。

次事懺中，初標機宜，由下示懺法，又二：初敘不堪理觀，止下正明事懺。初明事行，不出三業，禮拜旋繞是身業，稱歎誦持即口業，虔仰竭誠等即意業。勝境不出三寶，則下明成益，上二句示先業，言輕重者就過爲言，五逆謗法用僧物等爲重，餘則爲輕。又凡造罪具足三時，俱起猛心爲重，或二時一時爲輕。定不定者，復簡重業，定業極重，縱懺不亡，不定猶輕，或容轉易。下二句彰益，轉報謂易奪不受，對上輕及不定業也。輕受謂轉重爲輕，即上重中定業也。並下指廣，佛名經文見第十方等陀羅尼經三卷，虛空藏經、瞻察經等並明悔法。若準業疏，須具五緣：一請佛菩薩爲證，即奉請衆聖也。二誦經咒，即誦經諷咒。三說己罪名，即說懺悔。四立誓言，即今發願。五如教明證。即今求相簡擇邪正。

言理懺者，既在智人，則多方便，隨所施爲，恆觀無性。

以無性故，妄我無託，事非我生，罪福無主，分見分思，分除分滅，如人醒覺，則不眠醉。

重廣中，初示所修觀相，無性即空理，以下明罪滅所以。諸世間業皆從我生，我爲業主，我既無託，故所造善惡不從我倒而生，妄業無依，故得除滅。見謂達理，思謂起修，除謂能觀智，滅即所觀業，破妄顯眞，而非頓證，故皆云分。若約位判，分見分思即內凡人，分除分滅即初果已去。如下喻顯，眠醉喻迷，醒覺喻悟，眠覺醉醒相似法故。

然理大要，不出三種。

次列三觀標中理本是一何有三者若權實往分前二是權後一是實若大小相對前一是小後二屬大若約開權會小終歸一理若對三宗性空局小唯識局大相空通小大如是分之

一者諸法性空無我此理照心名爲小乘

性空中分三初示所觀境即諸法二字諸法之言總包一切諸經論中或約依正因果或世出世間或有漏無漏或色心非色心或善惡無記或陰界入等若據通論總觀諸法今就懺悔且指罪業而爲觀境性空無我一句即能觀智罪從緣有本無

自性緣即心境虛妄心境和合成業業性自空非使之空由存妄計故受輪轉但破妄計覓罪叵得叵得之處强名空理言性空者小機智劣不能即法見空必待推析窮法體性然後方空其中須分利鈍利者體法即空鈍者析法見空或云有宗唯證人空假宗人法二空此下判位小乘通收聲聞緣覺據所乘法諦緣雖殊若論斷證同見空理

二者諸法本相是空唯情妄見此理照用屬小菩薩

相空中亦三示境同前能觀中言相空者了法無相猶如幻化昧者謂眞亦如空華眼病謂實故云唯情妄見判位中小菩薩者雖發大心未窮心本故設此觀空諸塵境如諸般若所被初心言照用者二乘住寂故但照心菩薩涉事故云照用若對三宗即當四分同觀空理故云小也志慕佛乘故云菩薩相召佛子即爲明例

三者諸法外塵本無實唯有識此理深妙唯意緣知是大菩薩佛果證行故攝論云唯識通四位等

唯識中三科同上觀境可解能觀中外塵謂一切境界也言本無者有二義一者境即心故瞻察經云一切境界從本已來體性自滅未曾有故因如

此義是故但說一切諸法依心爲本當知一切諸法悉名爲心以體不異爲心所攝故二者虛妄見故經云但以衆生無明癡暗熏習因緣現妄境界令生念著又云若無覺知能分別者則無十方三世一切境界差別之相唯識論云唯識無境界以無塵妄見如人目有翳見毛如月等事實唯有識者言唯則遮於外境言識則表於內心或眞妄和合爲阿梨耶識謂眞能隨緣與妄俱起故或云眞識即是常住本淨眞心即是中道一實境界然修觀有二一者直爾總觀謂觀念性即是眞識其體

清淨平等周徧含攝諸法出生無盡究竟一相寂然常住二者歷事別觀一切時中隨緣動念衣食四儀若善若惡皆能了知一識流變若前總觀乃彼上智深位所修末世初心唯後別觀是所機教判位中上二句彰勝對前麤淺故云深妙業疏云初淺滯教謂境是空（即小菩薩）了境本非性唯識也（即今位也）又鈔云鈍見空時不分別色（謂小菩薩不同二乘析色故）智知唯識不分別空（即簡相空）三觀相望淺不知深深必兼淺故後唯識即爲圓觀次二句正判大菩薩者初地已去也故下引證彼以五十二位總爲四位

論云一切法以識爲相眞如爲境（境即是體）依此境界隨心信樂入信樂位（此收加行十信十住十行十迴向四十位）如理通達得入見位（即初地也）能對治一切障得入修位（二地至七地）出離障垢得入究竟位（八地至佛地）初位所修名影像唯識後三所修名眞唯識（有人將前小菩薩對加行者不知觀行不同也）問有人云唯識觀南山判位太高又云深位無罪豈須懺悔其意云何答論文自云唯識通四位那責南山判耶此蓋特舉深位以彰理妙當知悔法正爲下凡故下勸令任智强弱隨事觀緣豈令果佛而悔罪耶前修率爾不無小疵後進狂簡便生輕謗寄言有識詳而慎之又有人云題云懺六聚法那出事理懺乎答此又不曉化行二教罪懺相須若唯依化懺則制罪不亡若專據制科則業道全在故當化行齊用則使業制俱除下云五衆犯罪理事兩緣又云篇聚依教自滅業道任自靜思是也舉宗無濫故以六聚標題以類相從何妨二懺兼述儻懷通鑒無事專隅

以此三理任智彊弱隨事觀緣無罪不遣故華嚴云一切業障海皆從妄想生若欲懺悔者當求眞實相

如此大懺衆罪雲消

結告中初結示據理深淺由機强弱當量已分隨力修之然末世情昏鮮逢利器尙未堪於事行況克意於玄門三觀微言於茲殆絕嗚呼故下引證華嚴偈初句示罪相一切者總十惡也能遮善道故云障也深廣波騰故喩海也次句示生處不了唯心取著前境妄想也下半偈示悔法上句索機下句示法當求者示能觀智眞實相者若約通論總上三理若據經意別在唯識故下云大懺也本作端坐念實相端坐是靜緣念即能觀如下結歎準經續云衆罪如霜露慧日能消除是故應志心

三勸修二，初兩懺對根不同。

二二眾緣修各異

勤懺六根罪。上半示其功勝。下半勸其勤修。然則事懺罪業。福是順生。理懺妄本。道則逆流。一出一入。條然自分。愚智兩明。虛實雙顯。故諸行者並識自心。若樂罪時須修事懺。若樂福時須修理觀。理通深淺如上所明。

勸修中。初科前示二懺不同。福順生者。人天有漏順生死故。道逆流者。三乘無漏逆生死故。出入據所克之果。愚智即能修之機。虛實約所修之行。一一分對事理二懺淺深可見。故下正勸。文出心論。令自觀量。樂罪修事者。轉愚為智也。樂福修理者。

轉鈍為利也。理通深淺者。利有強弱也。

若是五眾犯罪。則理事兩緣。事則順教無違。唯識理則達妄外塵本無。故論云。唯識義不失。亦不無能取所取也。若非五眾。福道兩經。必欲試論。非是鈔意。廣如凡聖行法二十卷中。

次科又二。前明道眾通化制。初總標事遵律制。理照內心。故云兩緣。緣即觀也。事下別釋。事則順教者。謂作律懺歷事緣境。常照起心。知唯本識隨緣流動。趣向於理。故云無違。唯識也。理則達妄者。即了此心妄緣境起。達境即心。心外無境。唯一真識。

二制教局懺四，初明懺法二，初標舉，二隨釋六，初懺波羅夷二，初標，二釋二，初示業報二，初觀佛三昧經

清淨本然。故云外塵本無也。故下引證。即攝大乘論。唯識不失者。證上緣理也。不無能取所取者。證上緣事也。能取即心。所取即境。此除疑執。恐聞緣理便謂自心兀然不動。恐聞無境便謂境界豁達都無。今時愚者錯解佛乘。皆謂理觀寂爾無思。空然無境。取捨不得。能所俱亡。頑然寂住。便是真如。放蕩任情。即為妙用。由是不禮聖像。不讀真經。毀戒破齋。嗜酒噉肉。誇為大道。傳化於人。惡業相投。率多承習。此乃虛妄臆度。顛倒輪迴。豈知達法皆真。何妨泥淨。了真即用。豈礙修行。是故悟理則萬

行齊修。涉事則一毫不立。自非通鑒。餘復何言。若下。次明俗眾局化教。初顯略。福道兩經通目化教。福經如佛名方等。道經如諸般若等。廣下。指示。凡聖行法。舊云道整禪師撰。未見本文。嘗考諸祖教觀。無非適機。若乃決白自心的指妙境。甄別大小。簡練偏圓。歷位淺深。涉道次序。唯天台摩訶止觀足可投心。但末世弘傳。變成名相。故令晚進取悟無從。必欲深明。當求哲匠。

次明依律約事立懺。懺法乃多。要唯六位。初懺波羅夷法。觀佛三昧經云。有七罪。一一經八萬四千劫。入

二涅槃經

阿鼻獄二毀無十方佛二斷學般若三不信因果四
用僧物極重於三寶物五犯重食他信施六汚比丘
尼七六親所行不淨並廣如彼經中
次明制懺波羅夷法中前示業報欲令犯者識過
求悔觀佛經中初示報二下列罪初絕所依二杜
智解三撥正信四五盜勝境僧物重於三寶者僧
物有四今簡常住常住爲最重故信奉者施故云
信施犯重非僧食則成盜六七陵辱尊上準經汙
尼語通染淨若論戒障必約淨境六親者據經但
云姊妹親戚今文易之使通收故並下指廣請勝

七過反照身心儻曾有犯寧不畏乎
涅槃云犯四重者生報即受若披法服猶未捨遠常
懷慚愧恐怖自責其心改悔生護法心建立正法爲
人分別我說是人不爲破戒若犯四重心無怖畏慚
愧發露於彼正法永無護惜建立之心毀呰輕賤言
多過咎若復說言無佛法僧並名趣向一闡提道云
何是業能得現報不未來受謂懺悔發露供養三寶
常自呵責以是善業今世頭目等痛橫罹死殃鞭打
飢餓若不修身戒心慧反上諸法增長地獄
涅槃文爲三初示罪報若下二明犯心初約護法

二明懺法二初引律辨異

說破爲不破善業勝故犯心輕故此據化教故言
不破若約制教違即成破亦欲進彼護法者故未
捨遠者謂於佛法猶戀慕故若犯下次約壞法說
爲犯言多過咎即說佛法中多過失故一闡提此
云無信云下三示悔法初標問謂下答釋初明懺
者現報即受所謂轉重爲輕也橫謂非橫罹猶墮
也若下明不懺者生報方受彼經云若不觀身無
常名不修身不觀戒是善梯隥名不修戒不觀心
躁動制伏名不修心不觀智慧有力能斷名不修
慧

四分云若比丘及尼犯波羅夷已都無覆藏心令如
法懺悔諸師廢立互有是非今括其接誘理無滯結
但使覆與不覆臨乞時都無覆者盡形學悔不同僧
殘犯多罪已餘者覆藏得將一乞不障法事初篇犯
其根本非全淨用若欲改過出彼自心縱不舉罪不
礙僧法故抑令首盡求哀爲受僧殘不爾罪是有餘
雖先無心得彊加法無問隱顯隨乞隨懺有斯諸異
故立兩儀
次明懺法辨異中初科引律本文諸下示古今兩
判初指古非古釋都無覆者謂從犯已後曾無一

念覆心方開有則不開又見律中懺法因犯婬爲緣便謂唯婬開悔餘重不開故云互有是非也今下中今解初二句示教意立教接機不可抑塞故云理無滯結也但下二顯正解謂僧犯多罪必須盡悔故云都無覆耳不下三簡異僧殘容不盡悔文又爲三初直示不同初下比校兩篇不同所以凡有三別一犯重本壞二悔出自心三抑令首盡僧殘反上言有餘者反上一也得強加法反上二也隱顯隨懺反上三也有下結示諸異卽上三義相反兩儀卽指二篇懺法差別

先分別須治後明立法僧祇若犯罪已啼哭不欲離袈裟深樂佛法者令與學悔羯磨比丘不淨食彼亦不淨彼不淨食比丘亦不淨得與比丘受食除火淨五生種及金銀應從沙彌受食

須治中僧祇三節初示悔心令下明開懺比丘下出行法初明同行彼此不淨者宿觸同故下明別行得受食者同下位故除火淨者異下位故及金銀者異淨人故從沙彌受食者不自捉故

十誦若犯重戒如法乞羯磨佛所結戒一切受行在大比丘下坐不得與大僧過三夜自不得與白衣沙彌過二夜得爲僧作布薩自恣二羯磨不得足數餘一切羯磨不得作得受歳伽論云謂無能作者得爲前二法

十誦中初明開懺如法乞者卽悔心也佛下簡行法初通示同行在下別示不同行有四一明坐次二明宿臥三明秉御所以唯開此二法者住持之要不可暫廢事不已故餘不開者由無限制容別求故四明受歳雖不依大僧臘次不妨增臘故下引論決上秉法非是常開

母論云與白四悔法已名清淨持戒但此一身不得超生離死然障不入地獄

母論中初明得法名下示復本但下顯無勝用然下明障來苦

治禪病經云犯重懺者脫僧伽梨著安陀會心生慚愧供僧苦役掃廁擔糞等此行懺法須者如彼

治禪病經脫著衣者示卑下故生慚愧者示悔心也供僧等假事折辱示盡誠也經有二卷彼云除糞八百日後洗浴著僧伽梨入塔觀像若見好相令誦戒滿八百徧得成清淨比丘問懺既清淨那不足數答戒德劣故不任僧用問既不足數開懺

何爲答若不求懺財法兩亡僧須滅擯由懺淨故得入僧中但不足數又復能除獄報九百二十一億六十千歲地獄之苦頓然淸淨豈非益耶問世中皆云小乘無懺重之文今諸律中云何開懺答律開懺者爲同財法及障來報若望體壞無任僧用不復本位猶同不懺故云無耳非謂不許懺也問依前化教理事二懺得罪淨不答若修理懺罪無不遣若修事懺或不違行法或得好相重罪得滅如佛名方等虛空藏治禪病經等並有明文問若依理事懺已制罪滅否答滅否難知須準教判

化懺心業制懺違教準知制罪不滅問得相驗淨可足數否答事懺得相乃約化經足數作法自是律制兩不相涉將得致疑古德云安用大教懺夷以足小乘僧數也欲辨化制四句明之初業滅制不滅二制滅業不滅三俱滅四俱不滅思之可見問有人言準虛空藏經得足數者答此猶不辨化制故也問有人準初教經三十僧中懺重得入僧數者答此引僞經不足爲據如序所簡

律中應敎乞言大德僧聽我某甲比丘犯婬波羅夷無覆藏今從僧乞波羅夷戒願僧與我波羅夷戒慈憫故三乞已

次明立法陳乞中律令敎乞事同初受縱使自能亦須他敎問此明懺罪那云乞戒答根本既喪從僧重受終身奉持即是懺悔若爾犯已未懺應無體耶答準上以明體本不失但望力微故須再受餘如篇聚所明

僧索欲問和答云與波羅夷羯磨應言大德僧聽此某甲比丘犯婬波羅夷無覆藏今從僧乞波羅夷戒若僧時到僧忍聽僧今與某甲比丘波羅夷戒白如是大德僧聽此某甲比丘犯婬波羅夷無覆藏今從

僧乞波羅夷戒僧今與某甲比丘波羅夷戒誰諸長老忍僧與某甲比丘波羅夷戒者默然誰不忍者說是初羯磨第二第三亦爾僧已忍與某甲比丘波羅夷戒竟僧忍默然故是事如是持

佛言與波羅夷戒已當行隨順法奪三十五事略同僧網法中唯加不得衆中誦律無能誦者聽

行相中初科上文指同唯下顯異即二五奪智能中不得說戒今準伽論衆無能者得作說恣二法例知無人即開誦戒唯此爲異

與波羅夷戒已僧說戒及羯磨時來與不來隨意

次科來否隨意者勝前不懺財法俱亡異餘淨眾
不來不得
若重犯者滅擯若犯僧殘已下依篇聚治十誦與學
沙彌猶是懺重比丘犯僧殘已乞別住六夜出罪僧次第與
之
三中初明本篇重犯又須同種之罪方得名重若
犯下明餘篇重犯正明引證在文可見
上且約婬戒爲方法自餘盜殺準法除之不同昔人
唯婬開懺
結示中初正不下點古非

二明懺僧殘法略知對治有四別
第二懺殘對治中二罪各須先治情過情即是心
據論諸篇皆有情過然初篇雖重縱懺無用下篇
諸過體非極重故但直懺本罪無勞預治僧殘鄰
重恐壞本體事須繁累不可輕略唯斯悔法獨異
餘篇
一須治覆藏情過謂波利婆沙此方義翻或云覆藏
或云別住母論云何名別住別在一房不得與僧同
處雖入僧中不得談論亦不得答也二治覆藏罪謂
突吉羅如後正懺懺法在前後與別住覆藏法三治僧殘情過謂

摩那埵者論云秦言意喜也前雖自意歡喜亦生慚
愧亦使眾僧歡喜由前喜故與其少日因少日故始
得喜名眾僧歎言此人因此改悔更不起煩惱成清
淨人是故喜耳四治僧殘罪謂阿浮訶那此中善見
翻爲喚入眾羯磨或名拔除罪根母論云清淨戒生
得淨解脫善持起去故也
初情過中二義翻之上約情罪下就治罰續引母
論別釋次名二中註示前後猶同古判戒疏準殘
還須後懺三中初翻名前下釋義又二初列示二
義由下出其所以初明自喜言前喜者謂行覆日

滿少日即六夜眾下明僧喜四中初翻名有二初
名者謂由僧羯磨得入二種僧故次名如下論釋
論中上二句即生善滅惡下句謂由僧拔除不墮
罪處故云起去
二明立懺儀軌僧殘眾中立悔正法須立初引明文
後顯格義初中依明了論偈曰及上起罪五種方釋
曰如人犯僧殘求得出離若人欲爲彼作提舍那羯
磨此人必定應先憶持五種上起方後作羯磨一觀
僧殘罪相二爲簡擇人知藏罪不藏罪相三觀業聚
學處爲簡擇四部等眾四觀業相應學處爲行白四

二別釋二。初先釋
總名。

等羯磨五觀於十三殘罪中一日一夜等藏不藏爲顯有藏無藏等地立宿住摩捺多等斯之五方僧須觀察始可爲人上起罪也方猶法也釋此五法卽爲五門

次明懺儀總示文中初引論偈下引論釋初明犯人求悔若下制僧知法文列五方卽是四法一二及五並屬所被事三是人四卽法集人加法義必兼處委釋名相並見下文

所以名上起者往前墮在犯罪處故名爲下罪相續故遮隨戒無作不生今若懺悔約遮相續還得受持

清淨對治護故戒法續生稱之爲起第二白法翻前犯罪時下故名爲上是以懺悔總名上起法也又知提舍那者此云發露謂此懺悔是發露法故欲行上起須知五方

二正釋五方五。初
第一方二。初引論釋。

釋總名中三初釋上起又下二釋提舍那欲下三釋制憶持初中又三初徵名往下釋義初約先犯反顯次約懺悔順釋約遮相續謂以善遮惡也受卽受體持卽隨行是下總合提舍那者亦卽懺悔之通名

第一方者謂知檢定是殘非殘卽知具闕之義具緣

二對律解

成重闕緣便輕故論云一觀僧殘罪相者於故意出不淨罪中根本相若人已受大比丘戒若如來已制此戒若人不至癡法若人有欲心出不淨若不淨已出等此人則犯僧殘於餘略說相亦如是廣說如波羅提木叉論

第一方初科初約義略釋故下引論委釋初明制觀察若下明具緣成犯通緣列三別緣出二皆略示耳於下例通餘戒廣下指廣彼論自指佛陀波羅造彼廣明十三罪相

準論解律上來卽是通別二緣謂不至癡法已前是

通緣若人有欲心下是別緣具便犯殘闕便犯蘭乃盡十三二一別緣以驗前犯究竟方便及以不犯恐無過加罰成非法故僧祇云持律比丘與他出罪時有罪亦知謂廣知五眾罪無罪亦知

次義釋中初牒論釋據前了論會釋今宗故云準論解律欲明論文卽是釋律二緣故也恐下示論意僧下引證有罪知者謂知犯也無罪知者知不犯也文通諸聚不局此篇但取有無兩知證須觀察

二第二方二。初引
論釋。

第二方者論曰覆藏相者若人於僧殘罪中起僧殘

二對律解二初總舉
二別釋十如文

罪見不欲從彼上起由無發露心覆一夜於此人此罪已被藏此謂憶識不疑不發露故若人不知不憶或疑或起非罪見故藏此罪此罪不被藏

第二方中初科前明成覆僧殘罪見者謂自知有犯也若下次明不成覆

準論解律須諸門分別十種不同一者形差律中犯殘覆已罷道罷道已還受大戒前犯須治罷道不須治

次對律解十門初云形差謂罷道反俗形服別故

二者法差捨戒作沙彌如前罷道三者病差有心亂狂癡病緣多犯僧殘全無罪或病前犯殘經覆後遇病緣不成覆

三中有二初不成根本或下明不成覆藏

四者過差被三舉治故不足僧數五者人差十誦設共賊住人擯人別住人種種不共住人狂心人啞人聾人邊地人比丘尼乃至沙彌尼優婆塞等與如是人共住不名覆向發露亦不成伽論別住摩那埵別住摩那埵竟白衣所亦不名覆五分若於此土多人識重不欲令知不名覆於彼土覆成覆

五中十誦十六人種種不共住即訶責等四羯磨人乃至者略式叉沙彌謂與如上等人共處無淸淨僧既不成發露則覆亦不成也伽論五人五分知識多處縱有淨僧亦不成覆

六者業待時差僧祇若入定不成覆若作念云我待某時待人待方當如法作是名非覆非發露

六云業待時中更兼人方言待時者或爲緣阻未暇發露期在後故待人者求知法故待方者擇勝處故皆謂期心欲露故非覆也

七敬難差五分一切覆藏名爲覆藏若於和尚阿闍棃所及諸敬畏人間覆不名覆於餘成覆

七中以前境尊勝不可輕言故

八無心覆差僧祇云覆亦知謂知罪作覆藏心不覆亦知不作覆心未得發露若忘並不成覆

八中初明有心不下正示無心有二上約知而無心下約遺忘無心

九無慚愧差若犯殘已不作覆心逢人即說心無畏難

九中雖非正露無所隱故

十者心迷故差律中不憶有疑不識等並不成覆又云若不作僧殘意不成覆藏直與摩那埵若作僧殘

四分第四方
古本皆無論曰二字。今刊本增入。

三分第三方

意覆成覆。應先教作突吉羅懺已與覆藏羯磨。十中先示三心並不可學迷若可學迷根本罪外。更加無知前無心中若忘不成者謂識犯忘不發露此迷本罪與前不同文下引證可解已前十門或出本宗或取他部或約義立對文自見又復諸篇通有覆藏例用此十簡辨成否如是知之

第三方者論曰觀業聚學處爲簡擇四部等衆者四部謂四僧僧雖位四今此懺境前二四人僧後一二十衆異此則不成若行時假境說者前一下至有一人次一局對僧出罪一席法

第三方中初正明作法用僧先引論文言業聚者謂作業假衆聚卽衆也四部下牒釋四僧者一四人二五人三十人四二十人若下次明行時對境前一卽覆藏時對一人白次一卽六夜須僧中白出罪無可行故云一席耳

第四方者論曰觀業相應學處爲行白四等羯磨者以其法位雖三此治殘法事並上品故齊白四就中用法位極有四謂別住六夜本日治出罪如前後說之

第四方中初標論業卽羯磨言相應者事必稱法

五分第五方

不可差故前後皆言學處者作持行法聖制學故以下牒釋初約事簡法法位三者單白白二白四就下明用法多少雖通四法不必盡用且總列之故云位極有四然此四位有定不定別住本日隨有行之此二不定六夜出罪此二則定前四對治及後正懺並明諸位故此指之

第五方者論曰觀於十三殘罪中一日夜等藏不藏爲顯有藏無藏等地立宿住摩捺多等者地者處所之名謂波利婆沙等四位於此位中若有藏卽行宿住地謂別住法要須經宿行別住法故曰宿住若無

藏直行摩那埵故言有藏無藏等地立宿住摩捺多等卽是有覆行三法無覆行二法用藥分齊相對法也

第五中初引論一日夜者舉少類多故云等也爲顯等者謂一日夜中曾藏則有覆藏罪須地立宿住卽行別住也不藏則無覆藏罪但行摩捺多卽六夜也地者下牒釋又二初正釋處所名者以行別住別在一房故等四位者通舉諸位也摩捺多摩那埵梵音轉也卽下二點示此與第二方相濫彼約有藏以簡成否此辨有無以明用藥故不同

也。
第二正立懺儀分九
顯格義中九段前五卽依了論五方後四卽準律文別立會合律論布列行事故前云格義此標懺儀也。
一知其罪名種相如第一方解名謂僧殘也種謂漏失摩觸也相謂犯之多少也律云二名多種住別異故。
初科爲三初標指名下次牒解名卽同篇之通號故云僧殘種卽十三之別相故云漏失等有云漏失婬種類者非也相謂成犯之數目故云多少律下三引證一名證通號多種證別相十三自爲一聚與餘不濫故云住別異也

二知成覆以不如第二方簡擇十門委練三知用僧多少卽第三方能治所對其列如上
三中能治卽四僧二十僧所對卽行時假境一人及僧
四知用聖教卽第四方白四觀業相應學處五知懺儀置設卽第五方徧住差異六覆日長短相從律中犯衆多殘罪雖憶數不憶數但憶日數長短者總依日數長日治之若不憶日數者從淸淨已來治謂壇場受時已來治也
第六正明中初科前明以短從長若下二明以忘從受
十誦不憶日月數應從受大戒已來治要須云乞淸淨已來五年十年覆藏不得直言乞淸淨已來以知滿分齊故僧祇云不憶夜者當問無歲時犯耶若默然者隨年與若言不爾者更問一歲二三四歲時犯耶隨默然處與之
次科前引十誦明乞詞要須云者謂乞詞所牒須加年數次引僧祇明次第究勘無歲時卽初受未得臘也

十誦衆中三諫犯殘已卽於僧中自唱犯僧殘罪若不卽說是名覆藏故知多人雖知犯終須發露也
三中初引文故下準判發露出已不取他知而已
七明總別懺法律中知數不知數等覆不覆等一名多種等同用一羯磨懺之文云有比丘犯衆多僧殘罪或有覆一日乃至十日者佛令從十日總懺
七中初本律但明總懺別懺可知故前引三種一數憶忘二心覆露三同名異種此三種別並通合

懺。又下次引覆日。以短從長。亦即總懺。幷上爲四。

僧祇總別各得。如月一日犯一罪覆藏。乃至十日犯一罪覆。或有覆一夜。乃至十夜者。應作十番別住。乃至一番覆藏者。其六夜出罪等例同。

僧祇中。初總標。如下顯相。初且約十日。日犯一殘。俱不發露。第十日犯者則覆一夜。初日犯者則覆十夜。應下正明總別。十番是別。一番即總。

十誦懺僧殘中具明犯數及若干日覆等。

十誦中明乞詞羯磨須牒罪日兩數。恐謂總懺作法通漫。故引決之。

八明正加羯磨。分二。先明懺者威儀教授乞詞。二明羯磨所被。初中先脫卻新淨餘衣。著安陀會及餘麤服。上著鬱多羅僧。偏露右肩。脫革屣。合掌曲身低頭。來至僧中。自慨此罪將入重處。如上論云。殘有咽喉。未死。賴蒙如來曲垂慈愍。開立懺法。又我自慶預發怖心。得生慚愧。不知此懺者則五十億六十千歲。唐受地獄。如是等緣。以爲悲喜方便。深自慨責。恥己罪累塵坌清眾。如是鞭心已。四面禮僧足訖。至羯磨者前互跪合掌。若自乞陳。旁人授之亦得。然犯者乃多。不過三五。今取喜犯者以爲法軌。

第八明威儀中。初明入眾儀式。自下次明披露克責。又三。初悲其所犯。慨責也。或作嘅歎也。如上論者。指篇聚中所引母論。賴下喜其開悔。上明喜聞聖教。下明慶已發心。如是下教其殷重。四面下三明設禮陳乞。文作乞陳。疑似寫倒。

大德僧聽。某甲比丘犯故漏失摩觸麤語三僧殘罪。各不憶數。憶者言之。或覆藏一夜。乃至百夜。其間延促。從少至多。任時所稱。今從僧乞百夜覆藏羯磨。願僧與我百夜覆藏羯磨。慈愍故。三乞已。

乞詞有五。初囑僧專意。次句自稱已名。三犯故等

者陳露所犯。四今從僧下正申所懇。五願僧等者乞副所求。

次明與法。索欲問和答已。作云。大德僧聽。某甲比丘犯故漏失摩觸麤語三僧殘罪。各不憶數。或覆藏一夜。乃至百夜。今從僧乞百夜覆藏羯磨。若僧時到。僧忍聽。僧與某甲比丘百夜覆藏羯磨。白如是。大德僧聽。某甲比丘犯故漏失摩觸麤語三僧殘罪。各不憶數。或覆藏一夜。乃至百夜。今從僧乞百夜覆藏羯磨。僧今與某甲比丘百夜覆藏羯磨。誰諸長老忍。僧與某甲比丘百夜覆藏羯磨者默然。誰不忍者說。是初

羯磨。第二第三亦爾僧已忍與某甲比丘百夜覆藏羯磨竟。僧忍默然故是事如是持。行事者依此鈔中羯磨作法得成。若準律文依古羯磨。即須改張。不可謹誦也。

羯磨中註文。初令依用。若下點律所闕古羯磨。即曇諦出者。謂翻譯家用入律故。彼云大德僧聽。比丘某甲犯某僧殘罪覆藏。此比丘某甲犯僧殘罪隨覆藏日。已從僧乞覆藏羯磨。若僧時到僧忍聽。僧今與比丘某甲隨覆藏日羯磨。白如是。鈔中加改比之可見。而云犯某僧殘不提罪相隨覆藏日。言相浮漫。不足依之。

九明奪行誡勑行護法。羯磨者告云。此白四羯磨聖教良藥。遵之在心。奪三十五事是折伏法。勿得有違。執衆勞苦奉清淨比丘是調伏法。每事順行。白等八事是發露法。宜加愧恥深自剋責。依法而白。不得有失。失者失宿自慢慢他。

第九示法中初科。教示有四。初示羯磨。二示奪行。三示執事。四示白告。對文分之。

示語已。即因僧集白僧令知。應教云。大德僧聽。某甲比丘犯故漏失僧殘罪。餘罪加之。不憶數覆藏一夜乃至百夜。已從僧乞覆藏百夜羯磨。僧已與我百夜覆藏

羯磨。我某甲比丘從今日行。白大德僧知我行覆藏。三說

其奪三十五事。如衆網法中。

律云。彼行覆藏者。應日三時見清淨比丘。應作者一切如法作。不應違逆。至布薩日。應掃灑布薩處。供給調度。乃至自在小房中住。有客來遣出者。答云不得二人共宿故。若衆僧分衣物。隨次取之。身在下行坐。在沙彌上。不得與清淨比丘共住經行。同一牀一版。長牀長版作隔斷然後坐。乃至供給清淨比丘如和尚法。文同故不出。十誦極少四清淨比丘作別住。二別住人不得同一牀坐。不得在屏處使。以客比丘來不見故。

四中。初令見僧。應下二示作務。乃下三明住處。若衆下四明同利。身下五明坐次。乃至下六明供給。文同不出者。指師資篇。十誦中初制在僧處。不同下五分。有云此據正作法時者。詳之。二制同犯各坐。恐得同伴心無慚故。三制顯處。文自出意。

善見。若行別住人有人請。或與人受戒。得停行法。事罷續行之。捨時應言。我今捨波利婆沙。三說文如後明。若寺中多有比丘來去難白。晝日得捨行法。明相未出還

須白行之。十誦乃至六夜法，白僧停得二十五夜。四分若大眾難集，若不欲行，若彼人輭弱多有羞恥，應至清淨比丘所白言，大德上座，我今日捨教勑不作。若欲行時，還至清淨人所白云，我今日隨所教勑，當作。彼得自更互作使，禮拜迎逆，亦得受沙彌淨人禮拜及使。

五中善見初明有緣白停法，若下明晝捨夕行。明未出須白者，即當一日。故十誦中六夜亦開，仍制日限。本宗白停久近皆得。四分中，初明白捨，前示開捨。若下明白行。彼下明受禮作使。上明同類，下

明下眾。

律云，八事失夜法：一往餘寺不白，二有客比丘來不白，三有緣自出界外不白，四寺內徐行者不白，五病不遣信白，六二三人同一屋宿，七在無比丘處住，八不半月半月說戒時白，隨一事闕皆失一夜。已得不失，未得不成。

六中八事，一三並出外寺，非寺分二。四對客比丘。入出以分六七，約處人無人，分五八各為一事。徐行謂緩步，簡疾行者。不白不犯，多人同屋，非別住故。又八事中前五及八並不白故失，六七事非故失。註云已得，謂前已行日。未得，謂所失之日。若後重行，但續已得，足滿前數。

白清淨比丘法（律文不具，義準白之）：具修威儀，白云大德僧聽，我某甲比丘犯故漏失（餘罪準知）一僧殘罪，不憶數覆藏一夜，乃至百夜，已從僧乞百夜覆藏羯磨，僧已與我百夜覆藏羯磨。我某甲比丘已行若干日，餘有若干日未行，白大德知，我行覆藏。說二若五人十人總來集一處，行者總告白言，諸大德聽，餘詞同上。若不盡集，亦無別眾，此是別人發露法也。有大德勝人來寺，應安置房中白之，不須門首便成輕脫。其餘諸白，說戒

白等，一同上文，改日與僧為異耳。

七中，初白一比丘法，往餘寺，客比丘等皆準此白。詞中大德僧聽者，傳寫之誤，合云大德一心念。由是白別人故。若五人下，白眾多人法。若據對僧合云僧聽，而云諸大德者，由非僧法，但不能別白，從省故耳。後說戒白，方可稱僧。有下，白客僧法。比丘中有德望者，須異常人。其下，指白僧法、說戒等者。謂一切眾集時。

十誦，若欲行時，先思惟我今到前比丘所，不。若到便去。五分，若不捨行法出界，見比丘應總白云，我某甲

比丘行別住已若干日餘若干日大德憶持不爾者
捨行法已見比丘不須白到餘處應求彼僧更行之
八中十誦明往餘寺若到便往者恐違白法失宿
故也五分明出界
四分寺內餘行者不白失宿若作意欲白前人行疾
出界雖不白不失宿無罪十誦客比丘走出界當如
常行法不應走逐齊自界住若行別住六夜人病遣
使白僧云某甲別住人病不得來白僧令知應具如
四分白僧法五分一如法比丘得行別住法如上第
五方中說

九中四分欲白不及非意故開十誦初明見客執
儀若下次明有病遣白詞句闕略故指四分即前
所引五分明行時對境指第五方五字錯合作三
字
鈔者云佛法東流行此法者亦少縱有行悔則棄小
取大依佛名方等而懺者余意所未安由心懷厭欣
未合大道但篇聚依教自滅業道任自靜思皆嫌發
露可羞而業由羞故結此正藥病相治不得不行
評量中初科爲四初嗟悔法不行當隋唐之世僧
英極眾佛法大興何云亦少況今末法焉可言哉

古本皆作三今疑或是二字後學幸更詳之

六聚懺法墜地久矣僧徒造惡穢迹叵言或臨布
薩則安坐默然抱過畢生死猶無悔豈非妙藥雖
留毒氣深入不肯服耶悲夫縱下二責棄制從化
初出過余下斥非上三句責其取捨眞誠爲道義
必兼行不當厭小欣大但下三示其懺別皆下出
其情狀以制懺指定犯相對眾折辱況行別住奪
行苦役羞媿不爲化懺不爾故多行之業由羞結
者造業自纏對人覆諱覆故罪積於心稱故業更
滋廣是則罪種轉盛徒懺何爲此下四結勸須依
又行覆者多不滿日諸師立理互加同異今取盛行

之師傳授云此依教懺法大小乘中校量心行折伏
爲先若考別住事業則大成殷重若準十誦不行別
住六夜出罪佛並訶斷得罪得出用彼徵此理須相
準雖然恐事不稱法則改張舊習羯磨者云某甲比
丘已行覆藏日今從僧乞六夜若後諸白羯磨並須
準改當於乞六夜前上座集僧已白云此某甲比丘
行僧殘覆藏已經若干日極意勤苦餘有若干日未
行者此既於僧陳謝僧今已受之可放其餘日和僧
已眾若默然者當與六夜法若行日滿者依法誦之
次科爲二初明不滿可否若行下明日滿依法初

中前示異說或云盡行日滿或隨行少日或都不行若上根從急宜用初師若下流機緩則依十誦不行別住出罪得成今取盛行頗合時機不違聖教矣今下次顯今所取初引彼所傳用彼徵此者用十誦緩文徵此宗急教義須取中故云相準徵證也雖然下約義加改初教改易羯磨後諸白羯磨卽六夜出罪等當下令白僧問和後二乞詞羯磨並準不滿牒之

二明與摩那埵法初明乞法大德僧聽某甲比丘犯故漏失摩觸麤語三僧殘罪各不憶數或覆藏一夜

乃至百夜已從僧乞百夜覆藏羯磨僧已與我百夜覆藏羯磨我某甲比丘已行覆藏日（若竟者應云竟）今從僧乞六夜摩那埵願僧與我六夜摩那埵慈愍故（三乞）

六夜中註云竟者謂行日滿者

上座如前作法安慰之訖白言大德僧聽某甲比丘犯故漏失摩觸麤語三僧殘罪各不憶數或覆藏一夜乃至百夜已從僧乞百夜覆藏羯磨僧已與彼百夜覆藏羯磨彼已行覆藏日今從僧乞六夜摩那埵若僧時到僧忍聽僧今與彼六夜摩那埵白如是大德僧聽此某甲比丘犯故漏失摩觸麤語三僧殘罪各不憶數或覆藏一夜乃至百夜已從僧乞百夜覆藏羯磨僧已與某甲比丘百夜覆藏羯磨此某甲比丘已行覆藏日今從僧乞六夜摩那埵僧今與某甲比丘六夜摩那埵誰諸長老忍僧與某甲比丘六夜摩那埵者默然誰不忍者說是初羯磨（第二第三亦爾）僧已忍與某甲比丘六夜摩那埵竟僧忍默然故是事如是持

羯磨中如前卽索欲問和等

彼得羯磨已卽於僧中白言大德僧聽我某甲比丘犯故漏失摩觸麤語三僧殘罪各不憶數或覆藏一

夜乃至百夜已從僧乞百夜覆藏羯磨僧已與我百夜覆藏羯磨我比丘某甲已行覆藏日已從僧乞六夜摩那埵僧已與我六夜摩那埵我某甲比丘從今日行白大德僧知我行摩那埵（三說）若行經一夜者餘詞同上乃至僧已與我六夜摩那埵我某甲比丘已行一夜未行五夜白大德僧知我行摩那埵（餘夜準此增減）之若客比丘來唯改大德僧爲異餘詞並同

白告中初科前明白僧法若客下白別人法白僧又二初卽座白法若行下餘日白法

律云行六夜比丘亦同行別住覆藏法唯常在僧中

宿日日自為異非謂與僧同處宿也。
次科初示同唯下顯別反明別住不常在僧非日日白僧但行法制必僧中不得同宿恐有濫行故註示之
僧祇因數數犯僧殘如波逸提乃至越毗尼悔故便制六夜懺悔二十八中出罪
三中本由懺易故使犯數提吉多犯舉以為況故云如波逸提等
此上二行中若覆與前法不覆與後法同俱出罪若二法中重犯者各壞二法皆重與本日治之餘如別

述
四中各壞二法者且如本犯漏失行百日別住已行一月復犯前戒還依百日治之故云本日也六夜亦爾已行五夜再犯本罪重行六夜然本日治法無別羯磨但是再加覆藏六夜二法如別述者即隨機羯磨及疏中
三與出罪法先教乞云大德僧聽我某甲比丘犯故漏失摩觸麤語三僧殘罪各不憶數或覆藏一夜乃至百夜已從僧乞百夜覆藏羯磨僧已與我某甲比丘百夜覆藏羯磨我某甲比丘已行覆藏日已從僧乞六夜摩那埵僧已與我六夜摩那埵我某甲比丘已行六夜摩那埵竟今從眾僧乞出罪羯磨願僧與我出罪羯磨慈愍故三說
出罪中乞及羯磨並先牒覆藏次牒六夜後云從僧乞出罪方是今法又覆藏中先牒所犯或下次牒覆日已下三牒乞詞僧已下四牒得法我某甲下牒已行日六夜中有三初牒乞二得法三已行細對羯磨分之不可麤讀六夜法中先牒覆藏亦爾。
羯磨者如前作法和白言大德僧聽此某甲比丘犯故漏失摩觸麤語三僧殘罪各不憶數或覆藏一夜

乃至百夜已從僧乞百夜覆藏羯磨僧已與某甲比丘百夜覆藏羯磨此某甲比丘已行覆藏日已從僧乞六夜摩那埵僧已與彼六夜摩那埵此某甲比丘已行六夜摩那埵竟今從僧乞出罪羯磨若僧時到僧忍聽僧今與某甲比丘出罪羯磨白如是大德僧聽此某甲比丘犯故漏失摩觸麤語三僧殘罪各不憶數或覆藏一夜乃至百夜已從僧乞百夜覆藏羯磨僧已與彼百夜覆藏羯磨彼某甲比丘已行覆藏日已從僧乞六夜摩那埵僧已與彼六夜摩那埵此某甲比丘已行六夜摩那埵竟今從僧乞出罪羯磨

三誡勅法

僧今與某甲比丘出罪羯磨誰諸長老忍僧與某甲比丘出罪羯磨者默然誰不忍者說是初羯磨第二第三亦爾僧已忍與某甲比丘出罪羯磨竟僧忍默然故是事如是持

與出罪已依僧祇律當敎示言善男子佛在世比丘能受戒能持戒能得聖果滅後比丘能受戒能破戒能入惡道行者既內無護心外縱身口今犯此罪垂至死處猶有勝因改心懺悔大眾隨喜汝幸自慶故文云自今已去形心清淨如無憂華更勿復犯縱更續犯怖心難生縱怖心生懺罪無處故論云若二十

清淨比丘出僧殘罪我法不滅今時惡世尚不喜聞犯名豈當聽汝懺者如是種種因緣爲說割斷之意并引涅槃經以貪欲習故死入地獄畜生餓鬼從彼得出還爲鳩鴿鷄雀等

誡勅中初泛明持毀佛住滅後勝劣有殊據受猶同行果全異行者下正誡能悔有三初喜其已懺故下二勸其堅持初引文勸應即僧祇梵云絳賴叉此云無憂即佛生處樹華喻其殊勝也或翻靑蓮華喻其清淨頗合文意縱下舉難勸論即善見如是下三結告隨機并下兼示來報經續云後得爲人復受黃門二形無根等報故云等也

四分律行事鈔資持記卷第二十八

四分律行事鈔資持記卷第二十九 中四之四

宋餘杭沙門元照撰記

三懺偷蘭遮法分二初明罪相二立懺儀初中分二

一者從生偷蘭謂初二篇下方便若依十誦初篇生重此是近方便謂身口相加未得暢遂者應一切僧中悔若初篇生輕二篇生重應界外四比丘眾中悔若僧殘生輕應一比丘前悔其懺法與波逸提同

第三偷蘭從生中初標名若下引示彼律分三階三懺如文次列初二兩篇各三方便遠者犯吉次近皆蘭蘭有三品初篇近者上品初篇次者二篇

近者並中品二篇次者下品懺法與提同者如下可見

二者自性偷蘭亦名獨頭亦分三品云何名重謂盜僧食具十方現前物偷四錢及非人重物等須大眾懺云何名中破羯磨僧盜三錢已下僧私之物一有衣一無衣相觸作僧殘境界如是等類對小眾懺云何名下如律云畜用人髮剃三處毛灌下部露身行著外道衣畜石鉢食生肉血等僧祇瞋心裂破三衣鉢破塔等並偷蘭用一人懺律中初二篇下教人犯偷蘭者並是究竟輕重同上懺之

自性中初示名不從他生故云自性當體是果故云獨頭上品中僧食具即十方常住十方現前即如亡物未羯磨時通望十方無滿五義且舉四相等取二逆婬非道殺非人之類中品破羯磨者簡法輪故僧殘境者為他出不淨也及殘中諸果蘭如觸二形黃門髮爪相觸之類皆中品攝下品中三處毛腋下及大小便道灌下部者謂以酥油灌身下分（西國耽欲者多然）石字上合有木字木鉢同外道石鉢濫佛律中凡事濫外道者皆制蘭罪如草衣葉衣鳥毛衣皮衣食風服氣等皆下品攝僧祇即

下品四分教人初篇歸上品次篇歸中品故云輕重同上

二正加法分三謂大眾小眾一人法初明大眾者就中分七初乞多論中莫問輕重悉隨僧三乞然後請懺悔主其受懺者單白已對首三悔文如波逸提法今明立大眾要具五人以上方得行之並界中僧集已具修威儀至僧中禮足已先陳過於僧然後乞云大德僧聽我某甲比丘犯婬方便重偷蘭遮罪不憶數今從眾僧乞懺悔願僧聽我某甲懺悔慈愍故（三說）

二明請懺悔主應至清淨比丘所合掌互跪請云大

德一心念我某甲比丘今請大德為偷蘭遮懺悔主願大德為我作偷蘭遮懺悔主慈愍故（二說）三懺主單白索欲問和答云犯重罪偷蘭遮單白受懺羯磨應白言大德僧聽此某甲比丘犯婬方便重偷蘭遮罪不憶數今從眾僧乞懺悔若僧時到僧忍聽我某甲比丘受某甲比丘懺悔白如是四當為說罪名罪種罪相破戒餘習如前後懺中五正明捨罪文云大德一心念我某甲犯婬方便重偷蘭遮罪不憶數今向大德發露懺悔不敢覆藏餘詞如後捨墮中說六呵責云自責汝心生猒離答言爾第七

行事鈔資持記卷二十九　懺六聚法篇十六　三

次懺儀中初乞分二先引論示乞請對悔通三品受懺單白此局上品今下次明陳乞又三初明集僧懺主作白受懺為僧所量不入僧數故須五人已上次明具儀先下三正陳乞詞中且據不憶言之憶須稱數二中清淨比丘必約自無三根解通律藏發已信敬者方可請之三中答法云重罪者文誤罪字合在遮字下四中指前後者前即僧殘後即提中五中略餘詞者續云懺悔則安樂不懺悔不安樂憶念犯發露知而不敢覆藏願大德憶我清淨戒身具足清淨布薩六中準後或作汝自責心於義皆通七名立誓欲以答詞連上故以標數在下

上之七相律論各題及論附事皆不整頓今通引誠用想無紊亂且據一罪餘者準之

結告中初指前所出前之儀式乃準本律多論兩文共成然彼此互缺故云各題也準前論文有四一乞懺二請主三白和四對悔缺此三法本律有五則無一三故云不整頓也今下明安布且下例通餘罪

第二小眾者十誦四人為小眾若受他懺則無單白止得口問邊人四分滅諍中小眾者二三人也縱有四人止同小法以僧祇正斷五人為捨墮故如上卷所明

行事鈔資持記卷二十九　懺六聚法篇十六　四

小眾中初科先引十誦判定以懺主白和身外非僧故無單白次引四分釋妨彼即以別望僧為小此就僧中對事用人為小恐執彼文為妨故準僧祇例決上卷即集僧篇

立法有七須乞懺法（同上餘者）初明請懺主一如大眾二受懺者問邊人取和比捨墮中三為說罪名種相四正捨罪其詞曰大德一心念我某甲比丘犯摩觸女

人身上衣偷蘭遮不憶數憶者言之今向大德發露不敢覆藏餘詞如常所述五呵責六立誓並同上

次懺法中初須乞者以懺主未作白猶在僧數故註同上餘者二字標下六法二問邊者應云諸大德若大德聽我受某甲比丘懺悔者我當受餘八答云爾文列七法而以請主為初止於第六者或是去留無在或可意在不立欲示中下二品次第漸降或恐僧別相參如是思之

第三一人懺者五法一請懺主二為說名種相等三正捨罪牒前下品罪名陳露四呵責五立誓並同

後一人法可解

上來三懺事既是稀非謂事稀罪多懺少故也然習人犯過思悔必多脫隱而不欲即成疎略文已繁廣事實遺漏必若懺滌足為準量

懺波逸提結前中初示事稀所以然下明須出之意文下顯前文可準

下之四篇人喜懷犯故在初首曲更條緒

生後中標云四篇據後懺法合云三篇疑是字誤或可吉羅離惡作惡說或可提中開三十九十故云四耳

謂律中犯懺必須識知不疑善宜名種依聚歷別同篇合懺異聚別悔

正示中初文識不疑者約能犯人善宜名種據受懺者宜合作知同篇合懺上篇可爾若吉羅中覆藏根本雖是同篇亦不合懺異聚可知

又牒罪入法隨數稱之若忘不知乃云不憶

次科當隨憶忘不可一例

又見有行懺者是非未分輒為懺主端坐受懺前人既不自曉故請治之或云眾學諸罪或云預是罪者或若有迷忘或二篇同懺或無犯而言犯或犯重而

云輕如此失法之甚罪非逃隱反成自累何能辨他故須照達罪懺明逾水鏡使彼此無私隱情事有相應則可為順教佛子矣何者以律宗約相違相心事俱非不類大乘三報同皆一懺餘如戒本羯磨疏述

三中又六初敘愚教或下列非相六種自分預是罪者以不知犯漫云預入此篇者則懺之或迷忘者謂疑不識或直牒迷忘而懺者如下結示或違教罪或不學無知故云罪非逃也故下勸令依法水鏡清明而又過之故云逾也彼即能懺此即受懺者何下徵釋所以三報現報生報後報也餘下

指廣。

第四懺波逸提法分二。初明三十捨墮。後約九十。初中分三。謂僧法。眾多人法。對首法。

三十標中本是僧法。由界僧少。文開二位。就下二位。皆是別法。但事儀有別。故兩分之。

又初分四。一明捨財。二明捨心。三明捨罪。四還衣雜相。

僧法中。財是犯緣。心是業本。罪是已成之業。必能感報。雖具三捨。得名唯據捨財。就意正在捨心。心捨罪除。衣仍清淨。故復還之。立此四科。括懺盡矣。

初捨財中分四。一辯定須捨得不。又二。初總明捨法差別。二辨財體是非。初中。三十戒內。且約僧犯。尼非無懺。清心者希。僧捨墮中自他分二。一者自捨。如乞蠶綿用為衣服。但自斬壞。不須對境。二者對他。道俗分二。兩種寶戒。必捨俗人。餘二十七則對道。捨通局分二。乞鉢一戒。要本住處。又在僧中。行鉢等法。違則不成。餘二十六處通彼此。人含僧別。各有意致。非鈔者懷。

捨財中捨法差別。從寬至狹。四重料簡。初僧尼相對。僧捨下。就僧分自他。簡去蠶綿一戒。二下。他中分道俗。文簡畜貿兩戒。通下道中分通局。復簡乞鉢一戒。言局有二。一局當界。二局僧中。通則反之。故云餘二十六等。

二定財體。諸捨乃多。事現三五。不過畜長離衣販賣三事。乞衣受衣。義通犯不。並如隨相。

定體中。初科三五者。三即長離販賣。五即更加乞受。上三最數。下二次之。故云通犯否。餘戒非無但是稀耳。

就犯長中。初明長體。後相染過。長體之相。不過五種。一是屬受持。故不須說。以不說故。非是長限。如三衣

坐具鉢盂三事。必是受持。隨有衣幞袋帊並不說淨。若受百一供具。亦須受持。不受者有說不說。如下卷中。二是隨百一供身具。亦不須說。如靴鞋屩襪瓶椀過減鉢等。十六枚器。尼須說淨。僧直得畜。三隨重物。故不須說。如八不淨體非隨道。律開畜被。故非淨限。乃至大氈毾帳等。準重不須。四入餘捨墮。即不淨財。不應淨法。亦不入長。不同昔解。如取尼衣及販賣財。不入手犯。受取過限。又犯長。今解不然。財無再捨。罪不雙結。單犯別捨。不同他律。僧祇離衣經十日。又犯長罪。四分多論。單有一過。五雖入長限。是佛開緣。謂員

債未入他寄未入買得未入或雖入手決捨與他或
共物未分如是等例是開限故亦無犯長
長體中初科前明六物若下明百一物受持則一
向不說不受則有說不說如雨衣覆瘡衣等縱不
加法並不須說餘衣巾等即同長物須說二隨百
一者若合加受法已見上科此謂一向不須加者
故別簡之屩音腳草履也十六枚器釜瓶各二盆
蓋杓各四僧尼俱開說不說異三中言隨重物者
謂隨身所須八穢體非被褥用重既不入淨故無
長過四中初正明不下斥古初引古非今下顯今

解初示正義不下簡部別四分多論如長衣戒引
五中五種緣開上三並未入下二約已入
相染之文如上已明
相染指上者亦即長戒如十日中皆得衣初日爲
能染餘日爲所染皆隨能染判犯
二離衣宿隨其二三是犯過者牒入文中並必知數
非通三衣也
離衣中隨二三者謂須提名別牒非下遮濫
三販賣買物三事須分如上隨戒
販賣標中三事名相各別前戒已分不重引也

謂且如買物佛制俗人而交貿俗所取衣食具一切
衣鉢瓶椀紙筆墨硯無問輕重多少無非爭價上下
口自斷當雖非犯長乃入買易皆犯捨墮若買田宅
人畜几按牀席但作吉懺不須入捨
明入捨中初列輕物入捨佛所開物犯者數故若
下次明重物不入由佛不聽爲之稀故
若長財販易衣物散多當隨物處別捨其罪一處總
治治罪既竟次第還衣若雖捨衣有盡不盡犯長相
染餘捨通成
總別中初明別捨別還罪得合懺若下次簡捨衣

有染不染三十戒中唯五長有相染義謂衣中有
三十日月望急施及長鉢長藥爲五此明唯畜長
制須盡捨離衣販乙等隨別捨之不盡相染
二忘見本物成不者
忘見標中謂懺長罪捨衣時遺忘不盡及懺罪已
方見忘物而染不染別故須辨之
謂捨衣多忘喜相染決若捨衣竟若還衣已說淨訖
忽見忘物前捨說淨二法兩成後所忘者更將捨墮
若還財未說而見忘物並即相深通將入犯長捨之
前財雖是乙衣販博捨還事同新得如法說淨但爲

長忘相染故不得說還作長捨
正明中初科上二句示義決字古記云字誤合作汙（有節決字在下於文非便）若下辨相染初明不染由入淨故前捨說淨卽是二法若還財下次明相染由未說淨無法簡故前財卽已懺者乞販亦捨者但使忘物是長不論捨者是長非長
若言忘者施他此亦不成以作屬已前生後乃恐染而捨此非淨施佛不許之文云若捨已然後遣也
次科初示見物作念意欲不染此下斷犯謂纔見忘物卽有屬已之念故曰前生前心已染方起施

心故判不成文下引證捨謂捨懺遣卽與人反明不懺不成施故
其所忘物若是販賣餘捨片無相染言相染者十日一月急施過後三戒相通相染
三中簡其所忘餘戒本非貪畜但是受納乖方故不相染三長反此故有染也
以此事勞捨財衣前預生捨念決屬三寶別人者成捨後更取則是重盜不入此戒須知
四中謂捨財者恐有所忘決心預捨後見無染卽須付彼

三修捨威儀其衣物三處束幞一長衣幞二是離衣三諸雜捨若衣財多段須一一捨今通連束論云一捨得成又恐忘物相染故須歷別是長有染雜捨則通離衣一種染亦不得如是將來僧中收聚一處彼比丘應偏露右肩脫革屣四向禮僧足互跪合掌曲身低頭執衣
威儀中初明處置衣物彼下後示捨衣儀相初中前明別幞若下示離合初明得合謂三幞中別段同束也又下示須離爲分忘染故長本有染由貪積故離定無染受持物故雜捨通者據本無染但

爲捨還入淨故染故云通也然據捨財未必有忘但欲表示三品不同故須各襆私釋又爲還財有隔日卽座之異故須各處離衣雖同卽座受淨法異故復兩分
四正說捨詞未得卽說僧中上座應告不來諸比丘說欲及淸淨得和合已然後方捨以律云此捨墮衣應捨與僧若衆多人若一人不得別衆捨若捨不成得罪文相如是臨事多忘然後捨云大德僧聽我某甲比丘故畜衆多（若少云數）長衣（若財）過限不淨施犯捨墮故離僧伽梨犯捨墮（餘二衣準著下法中更不述）買得衣物（若干衆多）

犯捨墮。餘有隨事言之。今持此衣物捨與僧。一說
正說中。初明和僧。雖不秉法。須問表和。成僧法故。以下引證。雖通僧別。必約盡界。制不別眾。彌彰僧法。故必先和。文相等者。準文囑累。然下次正陳詞。具列三物。出法如是。未必齊具。
二明捨心法。前明捨財。乃離罪緣法。後明捨罪。除感報法。今明捨心。正除罪因。
次明捨心。標中財為犯境。故是罪緣。罪是結業。故能感報。心為業本。故是罪因。今行悔法。三種俱捨。故並云除。

以貯畜相續。無心捨淨。今故犯罪。捨已猶畜。貪心尤結。罪因不除。雖懺還犯。此謂長財之捨。不同餘雜罪種。若取通理。要斷後畜為先。故文中由決捨與他。彼不還者。但得小罪。止是失法之愆。
正明中。初文又三。初敘相續。此下顯異。若下示要。下指文者。即律明捨已。僧不還者。犯吉而不成盜。決意可知矣。
四分一律。宗是大乘。虛通無係。故發言誠事。無滯結。若依他部。一捨已後。無反還求。任僧處斷。或入常住。或入四方。或觀所須。或棄山水。即同此律斬壞入廚。施僧施俗。
顯宗中。初敘本宗。宗大乘者。分通義也。虛通無係者。因果推心也。即業疏云。捨財用非重。知心虛通。故發言誠者。即對僧捨也。言表於誠。既陳捨詞。則無貪畜。故云無滯結也。若下次明他部諸捨不同。如十誦二寶少者亦捨。多付淨人。作四方僧臥具。五分二寶入僧亦棄。五數亦入常住。僧祇二寶入僧無盡財中。五臥具捨入僧。隨僧用。善見金銀擲去。了論長衣長鉢兩衣急施。捨與僧已。僧問須者應還。餘廣如諸部別行。中文中常住通二種。四方

局常住。常住棄山水者。即諸律二寶亦棄也。即同此律者。本宗亦有亦捨之義。蠶綿違慈過重。故須斬壞。乞鉢損處事深。故罰入廚。七日藥以味重故。齊七日者。施僧過七日者。與守園人。問。既同他律。豈是虛通。則與上文一何相反。答。酌情之致。隨緣緩急。知機而設。故非一槩。
故知行者若欲捨墮。先須捨心。若心不捨。兩相勞擾。但人見狹性非通遠。口雖世表。行寔庸陋。今若不捨。要必歸死。捨身任業。一毫莫隨。而不思大事。任世送終。以此經生。生亦虛過。但知僧能除罪。行紹佛蹤。何

得以世浮財勞心役慮豈唯故爲虛誑聖論明文須知。

誡告中初科爲五初直勸兩相勞擾者能懺所對皆徒爲故但下出不捨所以見即識見性謂心性口說解脫故云世表行縛塵事故云庸陋今下舉死事激勸要必歸死者意謂必待至死而將去耶大事即出家所爲經生猶言度世但下舉勝行深勉豈下引生下文。

薩婆多云衣已捨罪已悔畜心斷當日得本財及意外財得受二衣已捨罪未悔畜心斷當日得本財及

外財得吉羅三衣捨與他罪已悔畜心不斷當日餘日得本財及意外財並犯捨墮此句正是捨心之模要餘句如疏。

次科論中初句一切如法本財即僧還者意外財謂別得者以心斷故本財既淨不染外財故並得受第二句但未悔罪不合先受止得非法之罪由心斷故亦應得受第三句但心不斷當日餘日本異二財皆犯墮罪前句心斷當日得受此句不斷餘日尚犯可證行懺捨心爲要餘句如疏者見戒疏捨墮中（舊指首疏非。）若羯磨中亦出三句準有衣已捨罪未悔畜心不斷墮此句罪同第三故所不出

三明捨罪法有七一對僧乞懺者在僧中如前威儀合掌口言大德僧聽某甲比丘故畜眾多長財不說淨犯捨墮（若過限者有則言之餘不過限但誦上言也）離僧伽梨宿犯捨墮是衣已捨與僧是中各有波逸提罪（長衣云眾多則罪不憶數若言一二亦須述數多少若三衣一向知數若借衣受持但懺離罪衣不須捨若犯多時者云）犯捨長財已用壞盡各犯根本波逸提罪不憶數（若憶數者隨有言之餘買得財等用盡亦爾。）今從眾僧乞懺悔願僧聽我某甲比丘懺悔慈愍故（此法出律滅諍法中文不具足準須具列）如是三說已上座告僧云大眾受彼懺悔

捨罪對僧乞中初示威儀口下次陳詞句初囑聽稱名二故畜下牒示兩捨今從下正明求懺牒犯中又三初約長財註文以物容染犯有過不過故須隨牒若有過者應於不說淨上加之次約離衣註中三段上簡長離牒相通局次明借衣不須捨下標長財用壞正乞中註文云不具者彼但云合掌說罪名種作如是懺今以義加之

二請懺悔主必須根本俗人已來不破五戒八戒入佛法中不犯十戒具戒中重者下四聚罪曾經依律懺法者然後受他請。

二請主簡人中。初文前約犯重簡五八十戒邊罪。具戒戒二滅。準通十三難人皆不得請下約輕罪簡。所以須簡者。佛言有犯者不得受他懺悔。不得向有犯者解罪。

次科佛言即律文。上句制所對。下句制能懺。

亦不同昔。下至不同犯。此妄引五分正文。彼中開命難大緣。不問同犯不同犯俱開。今是開預。必是非法。

律中。令覓清淨比丘。若無不得說戒懺悔。

三中。初示古。彼謂但不與同犯即堪對懺。不必全淨。此下斥非。初句略斥。彼下決通。初決五分開意。

今下申今不開。上二句義判。律下準例。即說戒中文。

正明請法。律雖不出。事須義立。應至清淨者前。互跪合掌云。大德一心念。我某甲比丘請大德為波逸提懺悔主。願大德為我作波逸提懺悔主。慈愍故。三請已。未得答可不。

請法中。初標示。應下具儀。大下出法。

三懺主單白。和僧索欲問和。答已。白言。大德僧聽。某甲比丘故畜眾多長財不說淨。犯捨墮。離僧伽梨宿。犯捨墮。此諸衣物已捨與僧。是中犯長波逸提罪不憶數。離僧伽梨一波逸提。犯長捨財已用壞盡。亦有根本波逸提罪不憶數。今從眾僧乞懺悔。若僧時到。僧忍聽。我某甲比丘受某甲比丘懺悔。白如是。作是白已。前所懺者大於己者。告云爾。若小者云可受汝懺悔。

三中。初問和。二作白。三受懺。白中長離合牒。長財用壞。並是出法。隨時有無。不可謹誦。

四為說罪名種相破戒餘習。先為說持破之相。後分別輕重悔法。當量前事告之。若是犯長者云。比丘之法。本無積聚。涅槃文證。不名為僧。今以凡心違於佛

教。甚可恥等。若離衣者告云。佛言我為諸弟子結戒。寧死不犯。比丘止有三衣鉢器。行必隨身。猶如飛鳥。無所顧戀。今慢佛正法。不制隨身。制者留著。豈成佛子。若離此衣。生名破戒之人。妄食信施。所報鉢盂即洋銅器。所著衣者是熱鐵鍱。出在大論。豈是凡言。乃至破戒餘習。破戒衣食。故入畜生中。別受無毛蟲鳥噉糞眾生等。如是隨機約略斬斫五三句要害事以示語之。但犯罪長時。心智頑鈍。雖聞苦語。未足動心者。亦不必誡示。亦不勞為受以相續故也。

第四說持破中。初教量宜。若下次出法式。初示畜

長過涅槃即訶八不淨中文彼云若人受畜八不
淨財我非彼師彼非我弟子等次示離衣過初敘
佛本制今下示破毀因果出大論者如標宗引乃
至下合示二戒餘習如是下勸令從要但犯下教
觀機宜
次爲說罪名名有三種一者根本波逸提此最後懺
二者從生根本三突吉羅在根本前懺三者從生覆
藏六品吉羅最在前懺云何六品一者根本覆吉羅
經初夜一品第二夜一品例餘著用默妄各有二品
通前六品並據犯者言之必無此九品亦不得謹誦

大見誦者故重言之猶恐有誦者知復柰何當復柰
何
次科總分中初文三位中初是根本後是從生中
一望前爲從生望後名根本故兼二名言三罪者
謂犯本罪已最先覆藏及著用犯捨衣復經僧說
戒默妄語各得一吉罪後從生六品者即於三吉
之下各有初夜二夜覆藏二罪共爲六罪合上三
罪則爲九品若據羯磨止存八品除根本覆藏一
吉直於根本罪上立二品從生究理爲論疏爲了
義並下結示以世多誦語不問有無故此囑累重

言即上並據等三句若欲易曉略爲圖示

如畜長犯提 一根本罪 出生三罪
- 一根本覆藏 一吉 復生二罪
  - 一經夜覆藏 一吉
  - 二展轉覆藏 一吉
- 二著用犯捨衣 一吉 復生二罪
  - 一經夜覆藏 一吉
  - 二展轉覆藏 一吉
- 三經說戒默妄 一吉 復生二罪
  - 一經夜覆藏 一吉
  - 二展轉覆藏 一吉

今正初懺六品覆藏律文在前不得合墮應請一比
丘即向所請者亦得口言大德一心念我某甲比丘
請大德爲突吉羅懺悔主願大德爲我作突吉羅懺
悔主慈愍故三請已
次請懺主上二句標舉次二句遮濫應下正請即
向所請者謂波逸提懺主

二正悔罪應言大德一心念我某甲比丘故畜衆多
長衣不說淨犯捨墮離僧伽梨宿犯一捨墮並不發
露犯突吉羅經夜覆藏隨夜展轉覆藏幷著用前犯
捨衣突吉羅經夜覆藏隨夜展轉覆藏經僧說戒九
處三問默妄突吉羅罪經夜覆藏隨夜展轉覆藏如
是六品各是突吉羅各不憶數今向大德懺悔不敢
覆藏願大德憶我告言自責心生厭離答言爾
別示中懺六品文根本且舉長離從生備出六品
行懺者臨事加減問所以覆藏但至二夜者答且
舉二夜以明展轉故言二罪若覆多日即應多品

問何名隨夜展轉答如經一夜望覆根本一罪二夜即覆初夜三夜復覆二夜如是相望乃至百千皆名展轉所以前羯磨中牒百夜覆藏等舊云所以但至二夜者恐犯無窮之過謬矣

二次懺三小罪根本著用捨墮律中善見俱結罪名說戒默妄文亦同此

懺三種中初文根本即最初覆藏著用捨墮下合有衣字律論俱結罪者指所出也默妄同此者亦謂彼論同此律也

如前請訖更不重言但正懺本罪應言大德一心念

我某甲比丘故畜長財眾多不說淨犯眾多波逸提罪離僧伽梨犯一波逸提罪各經夜覆藏犯突吉羅罪如上多少又經僧說戒九處三問默妄突吉羅罪不憶數又著用不如法衣犯眾多突吉羅罪今向大德懺悔願大德憶我一說呵責立誓如前

懺法中初指請法由是同篇不須更請即對前主直爾陳悔但下懺本罪

然懺法繁重生善致難恐停勞僧眾當於捨衣前別處悔九品少罪臨至僧中單題根本者最是機要

三中今前悔者今時行事宜依此式

五正悔本罪法應在受懺人前具儀口云大德一心念我某甲比丘故畜長衣眾多不說淨犯捨墮故離僧伽梨犯捨墮此衣物已捨與僧各犯波逸提罪如上犯數又犯長捨財已用壞盡各犯根本波逸提罪不憶數若無著用自上來並不須也今向大德發露懺悔不敢覆藏懺悔則安樂不懺悔不安樂憶念犯發露知而不敢覆藏願大德憶我清淨戒身具足清淨布薩三說

正悔中初明威儀口下作法準疏分文為八初大德念者告令攝想也二我某甲者牒已名號也三故畜下張列種相定罪多少也四今向發露者表

無覆藏說罪本故此之一句是懺本也五懺則安樂者遠得禪果用適心形故曰二也形安心樂為二六不懺下明為惡業纏縛三途身既不安心寧懷樂也七願大德下請證明也八戒身具足者前犯如染今懺順本故曰也清淨布薩者自行內清見聞外淨懺本犯已應成僧法故得內外和合也體淨內和應僧外和所以三說者表情重之勤也多見誦語故為錄出詞中註云無著用等者謂著用壞盡據有言之已前乞懺及懺主白中皆牒必若無者例須除去故云自上並不須等

六呵責語 七立誓 四明遣衣雜相二初標示 二正明二初明遣衣二初料簡是非二初總分兩意位

二評量行事

六呵責治應告云汝自責心生猒離七立誓言爾

大段四門還衣雜法初料簡是非三十戒中五長戒

者必須畜斷然後得還非五長者本以受取違法不

由畜過當座還之

還衣中料簡中初文兩判且據麤分若準戒疏則

有多別彼云三十戒中綿衣二寶三戒不對僧綿衣斬壞二寶與俗二十七戒對僧捨四戒卽歸二離二毛非

相染故二離卽聚蘭二毛謂黑白四並法服故無染過七日藥雖染制身

外用亦卽日還長藥四戒經宿還以畜續故十日月望急施

長鉢通上長藥爲五長餘十八戒別別捨者不須經宿非貪

貯故已上疏文今明五長準前多論但取畜斷不必經

宿若據宿還乃依本律但世多專執故須指破是

以二疏五長並經宿還及此下文亦還循舊

今行事者恐畜心不斷故令經宿還今不同之必不

斷心多日亦犯若捨心斷當日得還如上論文今且

依循舊法若五長者謂十日衣一月衣長鉢七日藥

急施過後畜等經宿還之

次科爲三初指時事今不下點非然雖有據不可

偏計須知心斷當日可還必存畜心多日亦染指

破還用意在兩通指上論者卽多論初句今且下

二正明遣法二初展轉遣法

取古五長中長藥卽還如上疏說

律云若大眾多難集彼比丘有因緣事欲遠行僧卽

應還彼衣彼得衣已屏處付之須作展轉羯磨其文

如亡人輕物法加云僧今持是衣與某甲比丘某甲

比丘當還某甲比丘白如是餘詞並同直付法律云

應問彼言此衣與誰隨彼與者與之

還法中初文前引開緣大眾多者界廣人眾隔明

重集事成勞擾此一緣也難集者同住縱少或有

別緣情和難遂此二緣也準業疏分上二是他緣遠行

卽己緣由此諸緣雖是五長卽日便還應還彼者

彼卽代受比丘展轉羯磨文不具出今依刪補羯

磨引之白云大德僧聽某甲比丘故畜眾多若干長衣

犯捨墮此衣已捨與僧若僧時到僧忍聽僧今持

是衣與某甲比丘某甲比丘當還此比丘準須提名白

如是羯磨云大德僧聽某甲比丘故畜眾多長衣

犯捨墮此衣已捨與僧僧今持此衣與某甲比丘

某甲比丘當還此比丘誰諸長老忍僧持此衣與

某甲比丘某甲比丘當還此比丘者默然誰不忍

者說僧已忍持此衣與某甲比丘某甲比丘當還

某甲比丘竟僧忍默然故是事如是持律令問彼

者卽問懺罪比丘令誰代受準須羯磨前問彼應稱名答僧與某甲比丘

若非五長及是五長明日還者直作羯磨還之和索問緣答訖白言大德僧聽某甲比丘故離僧伽梨宿犯捨墮（販賣貿財隨稱）是諸衣物已捨與僧若僧時到僧忍聽僧今持是衣物還某甲比丘白如是大德僧聽某甲比丘故離僧伽梨宿犯捨墮此衣已捨與僧僧今持是衣還某甲比丘誰諸長老忍僧今持是衣還某甲比丘者默然誰不忍者說僧已忍還某甲比丘衣竟僧忍默然故是事如是持

直還中初標所被由前五長不許卽還故開展轉是則前法唯局五長（準疏局四）此明直還則通二十七戒又復五長兼通兩法二十二戒唯局直還和下正作法

律中若不還衣者得吉羅若依他部如前具解又如下卷諸部別行事中

雜相中初科前示本宗制還若下明他部多別前後已出故但兩指如前卽捨心中

問先懺根本後懺吉羅罪滅不答如僧殘不異故罪不得出

次科問中根條互倒恐謂成法故答中例決律中懺殘先悔覆藏後出本罪法有倫次倒作違教準理不成

問四人單白得受懺不答前已明之並須五人已上方行羯磨四人若作但得對首如上卷中

後問中或決當時妄行或遮後世濫用答中指前卽懺蘭中上卷亦指集僧

餘有諸捨如別篇自現故不廣述

指餘中謂蠶綿二寶長藥並如隨相明之

二明眾多人捨有三初對四人捨法捨財還財如前

僧法不異捨心亦同乃至一人豈有須畜若論捨罪則有六種前須乞懺由對僧也以對別故則無白文餘詞同上但改單白爲問邊人言諸長老若長老聽我受某甲比丘懺悔者我當受彼言爾餘如刪補羯磨

眾多人中初總指三位並同若下別示捨罪有異言六種者準前偷蘭不入乞懺故下別標用捨隨人意是不用餘同上者準須具列一請懺主二問邊人詞句如文唯此爲別三說罪相四正悔罪五呵責六立誓（若入乞懺則具七法）

對三人二人法亦大同。既是全別。初捨衣云眾多大德一心念。然後自陳。後云捨與眾多大德。捨罪中。問邊人與上無異。餘法並同。二部還衣。前須羯磨。自他是僧。後別人法口和還得。

三二人中。初示同。既下顯別。初明捨衣。言全別者。對前四人兼僧別故。準羯磨云。諸大德聽。我某甲比丘故畜眾多長衣。犯捨墮。我今捨與諸大德。次捨罪須具六法。列次同前。二下後明還衣。二部。即四人與三二人。其三二人法。文中不出羯磨。令準捨衣法。應云。諸大德。若大德聽。我還某甲比丘衣

者我當還之。

對一人法。大略可知。捨財還衣。直對而已。若論除罪。無邊人故。但具五法。如上謹依。易知不述。

對首中。捨衣應云。大德一心念。我某甲比丘。故畜長財或離僧伽梨等犯捨墮。今捨與大德。還衣不出詞句。羯磨令準捨衣法。應云。長老。我今持是衣還汝。除罪中無人可問。故但五法。一請懺主。二說罪相。三正悔。四訶責。五立誓。五並無異。故令謹依。

二明懺九十單墮法。當隨犯多少。總別通懺。方法同前。恐後進未知。更重生一位。且託妄語為緣。自餘有犯。隨名牒入。若有從生之罪。如前根本之初懺之。或九品六品四品三品二品。依知有無。如過量坐具。新色三衣。並有著用。故須先悔。並同前示。

次懺九十。前緣中。初指法同前。恐下明今重示。且下舉事出法。若下略示從生。九品六品者。示其不定也。如過量等者。別提著用。

二正懺法。先請一清淨知律比丘堪解罪者。共在空靜處。或對佛像前。具儀請之。請法如上。不異。三請已。當為分別罪名種相三種。又為說持破兩相。令生怖心。

正懺中。初請主。即初法也。當下說罪。即第二法。如上具懺已。然後悔根本法。詞云。大德一心念。我某甲比丘犯故妄語一波逸提罪。今向大德發露懺悔。餘如前說。

次科初重示次第。恐妄行故。如上具懺。謂須同上先悔從生諸品。後悔根本。即第三法。四訶責。五立誓。此篇並用五法。

善見云。若生時惡罵彼人。若入涅槃。罵者求悔。當於涅槃處作懺悔。懺悔已。天道門不閉。

三中。惡罵犯提。彼人即所罵。罵者即能罵。謂別求

對首於屍所行悔。非對死人懺也。天道門不閉者。
由與解㒒不障善道。彼我俱益。故引勉之。

五明懺提舍尼法。昔云。與波逸提同。一說爲異。今依律戒自立懺法。不取人語。隨相四罪文中具頌。

提舍尼法。斥古中。即如前引古羯磨也。律戒即本律戒本。頌合作班音課。

先請一清淨比丘。文云。今請大德爲波羅提提舍尼懺悔主。餘上下文同前。

正示中。初請主。即一法也。請詞頗略。前加云大德一心念我比丘某甲。後續云願大德爲我等。故云上下同也。

二爲分別罪相。

次說相。即第二法。

三正說捨罪。文云。大德一心念我某甲比丘無病從非親尼自手受食食。大德我犯可呵法所不應爲。今向大德悔過。一說便止。呵治立誓。僧祇懺法云。餘詞大同四分。前人問汝見罪不。答言見。語云。愼勿更作。答言。頂戴持。

三捨罪。即第三法。呵治立誓。足上爲五。下引僧祇者。上即義準四分戒文出法。猶恐循古疑非正懺。故引彼文以示同異。初指同。云字寫多。削之彌善。前下顯異。初審見罪。義是懺前。即當說罪。下誡勿作。即今呵誓。故知前法事義已具。若準羯磨。正用彼詞。

六懺突吉羅法。此篇懺儀亦有多別。先出方軌。後立條例。

突吉羅中。標云有多別者。或故誤兩異。或覆藏方便獨頭不同故。

突吉羅罪。依律文中二種不同。一故作。故犯應懺突吉羅。又犯非威儀突吉羅。二若不故作。犯非威儀突吉羅。亦不分二懺之法。若依摩夷論說。故作者對人一說悔。悞作者責心悔。明了論薩婆多亦同如此。此則兩懺灼然通衢自顯。

方軌中。初科。前引本律。即眾學中文。故心二罪。誤但一罪。而無對責兩懺。故云不分等。次引三論。罪懺兩具。可決今宗。而探責諸師偏執。故云通衢顯也。摩夷即母論。

比來諸師相沿舊解。依文謹誦。同皆責心。又引律文小罪不從人懺。此文未了。須論解之。當律明故悞二法。諸論明兩懺不同。正理自明。何得固執。人言易毀。

聖論難違。
斥世中。初示其偏計。又下決彼所據。此文未了者。
無所簡故。或可且就誤犯爲言。須論解者。論卽三
論。當下會通律論。正下以理結責。
今立論律二種懺法。先出罪種。後明懺儀。
次科先出罪種。
初明諸篇覆藏罪。由識知故隱。非疑不識。則不成覆。
垢心既重。豈名爲誤。
簡覆藏中。識知故隱者。明唯故心也。疑不識不成
者。顯無誤也。非字寫錯。合作有字。或作若字。或節在上。

讀於義雖通。語不貫。下理須改正。
次明諸篇方便。如婬戒發身欲起而未動方便。乃至
吉羅中發心欲令身不齊整著三衣等。無問輕重。並
須對人。以故發不善心。欲動其身口。並入故作攝。若
獨頭吉羅。如衆學百戒。不從諸篇後生者。諸類極多。
並有故誤兩犯。亦如前二懺。
次科正明中三。初明方便又二。前別舉六聚。初二
兩篇但遠方便。已下諸篇遠近二方便。今此且就
遠者爲言。故並云發心也。文中上身字寫誤。合作
心字。無問等者。總示犯相。據通故誤兩犯。但昔謂

遠方便罪。例皆責心。是以文中但明故心須對人
耳。若準了論。遠罪責心。雖有所出。然非今用。若下
二明獨頭。可解。諸下三總結兩懺。方便獨頭。故言
諸類。
問如初篇方便重吉羅。後篇方便輕。云何齊責心一
說對人懺。
問中以獨頭果罪名體皆均。方便隨篇應分輕重。
故舉爲問。云下正難。意云。既有重輕。理應別悔。不
當誤則齊責心。故則俱對說也。
答。罪名自齊。業隨心起。重者重悔。輕者輕治。同篇一

處治。故結悔無階降。如卷初述。
答中初科上二句示罪。罪名齊者。謂罪同約制也。
業隨心者。謂重輕就業也。重下明懺。上二句明心
悔有殊。下二句明制懺無別。卷初卽篇聚中云。重
者重責心。輕者輕責心。行事之時。雖同對責。當隨
事重輕用心厚薄。
又云。罪該六聚。名通優劣。心居濃淡。業必重輕。理須
別懺。義指爲允。
次答中上二句示罪通本位。居第六方便通上五。
故云該六聚也。同號吉羅。而前篇爲重。後篇漸輕。

故云名通優劣也。次二句明業異。下二句判別懺。準此雖同吉羅隨聚各悔。則心境相應重輕不濫矣。上釋據文故云同篇一處。此解從理故云義指爲允。允當也。

次明懺法。先對故作分二。前悔吉羅。如捨法中不得以同名吉羅故共根本合懺。律文自分六聚不可抑之。

懺法中從生即覆藏。初指前捨法即捨墮。不下遮濫。律云若犯僧殘乃至吉羅知而覆藏者應先教作突吉羅懺。然後如法懺。初篇準同。故云律文自分等。

謂覆藏等罪與六聚本罪分懺。今若合懺即是抑遏教文。故云不可抑之。準此同篇有不合者。

次懺根本。且約婬戒方便。餘則例之。先請一懺主。其詞如捨墮中。三請已便爲說罪名種相已。三正捨罪。文云大德一心念我某甲比丘犯婬戒遠方便突吉羅不憶數今向大德發露懺悔願大德憶我一說便止。餘詞同上。

根本中初科又二。初標舉。先下示法。準前須五。一請主。二說相。三捨罪。如文。次列餘詞同上。即呵誓二法。

此文四分無有。今約提舍波逸二懺已多少不同。吉羅最微不可廣誦墮法。不同僧祇。彼合墮罪故也。

次科初句示前法。言文無有者顯是義立。今下斥濫。古本羯磨墮吉同法。意謂提舍在上詞句尚已少於逸提。豈得吉羅反同墮法。故云今約等。有云已字合作以者非也。不下遮妨。彼宗墮吉合一懺法。宗計各異。不可輒用。

次明誤作。先出其相。謂心不正念遇緣起非。外越威儀理須改懺。如著三衣必迴顧看視諸相齊整方乃進路。戲笑妄語諸非法相並先不攝念故起斯過。律

云佛制攝持威儀。比丘若入若出屈申俯仰攝持衣鉢若衣若食若服藥大小便利若眠若睡若覺若來若去若坐若臥若語若默常爾一心。若違此制。具結其犯。

誤作中出相分三。初通示三業。如下舉事顯相。律下引證。初句總標。比丘下別釋。文中不出三業。初並身業。語默口業。一心即意業。身口是別。意業爲通。又前身中不出四儀。內外資緣便利睡臥等括盡日事皆須攝心。眠睡語重止是一事。律作睡眠覺悟是也。若違下示犯。準此有犯並須責心。故知

二明發露二初識罪發露

二正明作法

眞出家人無時忘念此制微細逗彼上根末世下
愚故非力分準如毋論衣食作觀利根之人著著
口口鈍根總作一念然須勵力望上增修未可自
屈甘爲下根便卽縱怠故當勤策準此攝修是則
出家不徒然矣問誤心迷忘卽不可學那得結罪
答凡誤有二一者對境迷心二則放情忽忘諦知
兩相想必無疑

次明作法先悔從生後明根本應具儀至佛廟所致
敬已互跪合掌云我某甲比丘犯悞不齊整著鬱多
羅僧突吉羅罪不憶數今發露懺悔更不敢作一說餘

並準此

作法中初悔從生卽覆藏等後根本中止有二法
一對靈像具儀露過義同請主說罪兩緣二陳悔
詞卽正捨罪雖無呵訾理當自責後更無違還同
三法餘準此者且舉一法類通一切故也若準戒疏眾學
諸戒故心犯者犯二罪一應懺吉對首悔二非威儀吉責心悔準此責心不必誤犯學者詳之若
彼了論但云不應起如此心卽名責心然無軌式
不足準用

識罪發露至一淸淨比丘所具儀云大德憶念我某
甲犯某罪今向大德發露後如法懺三說此謂犯已未

四正明儀式　三重示罪性　二疑罪發露

經明相者得行斯法若已經覆後隨露日卽罪不藏
若雖經說訖後還覆者還成覆藏更須露罪若犯僧
殘未經明相卽首露者免吉羅罪不成覆藏餘之五
聚同免懺吉

第二發露法識疑兩露該通六聚相從事類寄此
明之識罪中初示法此下次簡辨初簡覆露差別
又三初明卽露若已下次明後露若雖下後明重
露若犯下二簡所免罪相準覆六聚犯通一吉

疑罪露法餘同如上應告言大德憶念我某甲比丘
於某犯生疑今向大德發露須後無疑時如法懺悔

疑罪中初指具儀應下示詞句若說戒座上亦有
識疑兩露如說戒中

大論云戒律雖微細懺則淸淨犯十善戒雖懺三惡
道罪不除如比丘殺畜罪報猶在前已具出恐慢性
戒謂言懺已無業餘如行法所述

第三重示中二初引智論先明化制兩業不同如
下舉戒顯相謂提罪雖滅業道猶存前下示重明
之意餘下指廣亦卽凡聖行法

善見云於大者懺云大德小者懺云長老四分於上
座懺者具五法小者懺具四法除禮足十誦應具五

二通結中卷

法偏袒脫革屣右膝著地兩手捉上座足說如悔過法與欲清淨受歲出罪等法威儀亦爾有四種人數數犯罪數數悔過一無羞二輕戒三無怖畏四愚癡

明儀式中初引善見明稱召大小不同者此亦一往以分若就通相德重爲長臘高名老次明禮法初四分明大小具缺小者於上座具五上座於小者但四言五法謂偏露右肩脫革屣禮足互跪合掌也十誦亦同四分而闕合掌捉足即是設禮然今不必手捉但作仰承之勢耳如悔過者謂同從尊謝過之相欲清淨即傳欲時受歲即自恣出罪即悔六聚餘諸乞法皆準此儀故云等也上明具儀之相有下示數犯之人四句括情情可見矣

鈔者言此卷正宗戒體五衆同須舒軸極繁事意未盡幸上下細披

勸修

通結中初句指所詮次句示所被舒下顯略幸下勸修

四分律行事鈔資持記卷第二十九

四分律行事鈔資持記卷第三十下一之一

宋餘杭沙門元照撰記

四分律刪繁補闕行事鈔卷下一（註撰非少立名標顯）

下卷題號並同前釋註撰註宜作著列篇生起如釋題及序中備釋

京兆崇義寺沙門釋道宣撰述

二衣總別篇第十七

釋二衣篇衣資雖眾制聽收盡以教名物故云二衣言總別者即下二門物相繁細恐難辨析故先總條貫然後別解即以科目用入題中然考篇題所立各異四藥從法鉢器從教對施頭陀等即約行僧像赴請等乃就事如是求之

夫形居世累必假威儀障蔽塵染勿過衣服若受用有方則不生咎戾必領納乖式便自陷深愆故初總分制聽後依門而解

敘意中三初敘資用以顯功言功有二一能成儀即上二句二能障染即下二句識心具縛色質有待故云世累塵染謂身之垢穢或可形色生人愛著若下二明順違以生起上明順法成持下明違教成犯方式並訓法咎戾即目罪也故下三約二教以分章

何名為制謂三衣六物佛制令畜通諸一化並制服用有違結罪何名為聽謂百一衣財隨報開許逆順無過通道濟之也就初分三謂三衣坐具漉水袋也後中分四謂百一諸長糞掃俗施亡五眾衣輕重等例

總分中初示名義制聽名義約罪有無就下正分初分制物即六物中五種屬衣如文所出鉢在本篇（亡物賞看病法乃以鉢筒為六與此不同）後列聽物百一諸長為一糞掃為二俗施為三亡物為四

今解初制前明三衣分二初明衣法後攝衣法初中分四一制意釋名功用二作衣方法三加受持法四雜出料簡

言制意者薩婆多云欲現未曾有法故一切九十六種外道無此三名爲異外道故分別功德論爲三時故制有三衣冬則著重夏則著輕春則著中亦爲諸蟲故智論云佛聖弟子住於中道故著三衣外道裸身無恥白衣多貪重著也十誦爲異外道故便以刀截知是慚愧人衣

制門三衣制意中文列十段義節爲五初意多論

示希有義三名卽僧伽梨等尚無此名況有實乎功德論中有二意一對三時亦下二爲障蟲言三時者乃是興制之緣非謂三時不通互著人多錯會學者須知智論聖弟子者通目凡聖修聖道者外道裸身表著空也白衣重著表著有也比丘三事不多不少表住中道不著空有二邊也十誦中以外道有著全段白氎故截以異之

雜含云修四無量者並剃鬚髮服三法衣出家也準此而名則慈悲者之服

次意中雜含四無量者卽慈悲喜捨心徧生境故稱無量準下示名

華嚴云著袈裟者捨離三毒等四分云懷抱於結使不應披袈裟等

三中華嚴三毒四分結使皆目煩惱戒壇圖經云五條下衣斷貪身也七條中衣斷瞋口也大衣上衣斷癡心也卽配三毒及三業也

薩婆多五意制三衣也一一衣不能障寒三衣能障故二不能有慚愧三不中入聚落四乃至道行不生善五威儀不清淨故制令畜三便具上義

四中多論初意可解第二應云一衣不能有慚愧

三衣能有等餘三亦然疏解云由常一衣染淨通著慚愧不生以隨三用各有法式屏露行護發生善心故第三反明三衣則中入聚疏云由僧伽梨隨聚方服生物信故第四具三衣則道行生善疏云若在道行反披高揲準下村外得反披或揲肩上敬護如塔幽顯懷德故第五明三衣威儀淨者疏云四儀受用各有所在故

僧祇云三衣者賢聖沙門標幟鉢是出家人器非俗人所爲應執持三衣瓦鉢卽是少欲少事等當宗外部多爲寒故制三四分又云三世如來並著如是衣

故。

五中僧祇賢聖通目大小三乘。幟音志，旗之異名。又通幟、試二音。字合作識，即訓記也。鉢是出家人器者，亦謂表異外道俗流。據在後明，相因引耳。當宗爲寒者，衣犍度中，佛因夜寒，初中後夜次第取三衣重著，因制三衣。佛言：當來善男子不忍寒苦，畜三衣足，不得過。外部即上二論。三世如來並著者，特推極果，以顯聖儀，意令服者起勝想故。

次釋名者，增一云：如來所著衣名曰袈裟，所食者名爲法食。此袈裟衣從色得名，下文染作袈裟色、味有袈裟味。若據此土所翻，通名爲臥具，即三十中臥具者，三衣總名，如文中。

釋名中，總名者，上中下衣同一號故。增一但有梵名，前後所引經律多號袈裟。真諦雜記云：袈裟是外國三衣都名，名含多義，或名離塵服，斷六塵故。或名消瘦服，割煩惱故。或名蓮華服，離染著故。或名間色服，三如法色成故。註中，初示梵號，從色名者，即經所謂壞色衣也。下文即後引云，此翻不正色染是也。袈裟味者，此示非正衣名。疏云：如六味中有袈裟味，可是衣也。若下次辨古翻。三十中者，即蠶綿、二毛、減六年、四戒。

四分云：聽以刀截成沙門衣，不爲怨賊所劫。應作安陀會，儭體著；鬱多羅僧、僧伽梨，入聚落著。

別名中，初科前明製造，應下列名。鬱多羅僧下，脫「入衆著」三字。

而此三名，諸部無正翻，今以義譯。慧上菩薩經：五條名中著衣，七條名上衣，大衣名衆集時衣。

次約義翻，引經中具云慧上菩薩問大善權經，有二卷，今引下卷。五條云中著者，最在內故；七條上者，五條上故。問：伽梨最上，何不名者？答：若據二衣並五條上，但伽梨稀用，從別標名。

義翻多種：大衣云雜碎衣，以條數多故；若從用名，入王宮聚落衣。七條者名中價衣，從用入衆衣。五條者名下衣，從用院內道行雜作衣。

次科，初標示，大下列釋。三名，雜碎約相，中價約直，在二衣之間，下就著用最在下故。王宮聚落，生物善故，及說法授戒亦須著之，示尊相故。入衆語通，謂齋講禮誦諸羯磨事，並著七條。院內即寺中居房室等，道行謂曠路中行，雜作即諸作務，並服下衣。

若就條數，便云十九、十七，乃至九條、七條、五條等。律

中無五七九名但云安陀會乃至僧伽梨八名七九條也

三約條分非出本律世中相傳故云律無等十九十七趣當中品如後細分若就通相亦有縵僧伽梨則隨力所辦隨用分三非無大分宗體

四通相中文舉縵衣爲例即如三衣互爲從衣但是約用加名不論體相然雖互通本制須定有闕開從故云非無大分等

三明功用者大悲經云但使性是沙門汙沙門行形是沙門披著袈裟者於彌勒佛乃至樓至佛所得入涅槃無有遺餘

三中大悲經文出第三初舉破況持性謂受體次舉無況有形謂容儀無破尙爾況受持耶彌勒當來人壽八萬歲時出世三會說法度人無量釋迦遺法弟子初會先度縱不得度乃至千佛最後樓至釋迦弟子無不度盡故曰無遺也樓至經作盧遮此云啼哭從悲爲名

悲華經云如來於寶藏佛所發願成佛時我袈裟有五功德一入我法中或犯重邪見等四衆於一念中

敬心尊重必於三乘受記二者天龍人鬼若能恭敬此人袈裟少分即得三乘不退三者若有鬼神諸人得袈裟乃至四寸飲食充足四者若衆生共相違反念袈裟力尋生悲心五者若在兵陣持此少分恭敬尊重常得勝他若我袈裟無此五力則欺十方諸佛

悲華文出第八如來因地爲大悲菩薩時發此願也五中初與四滅惡力初是除業四即息諍餘三生善力二獲來果三感現樂五增長威勢四中共相違反者經云其有衆生不相從順多饒怨嫉共相鬪戰乃至交戰之時能念袈裟令彼衆生得悲心輭心無怨心等五云勝他者彼云衆生若於鬪戰諍訟爲護身故尊重恭敬供養袈裟常持自隨令彼衆生所在常勝無能陵者縱鬪戰諍訟安隱解脫等諒是慚愧人衣慈悲之服忍生思念即息諍情故諸比丘深思佛語或起瞋毒當自觀身旣服袈裟寧無慚恥若我下述誠求證菩薩說是願已寶藏如來伸金色臂摩菩薩頂讚言善哉善哉大丈夫汝所言者是大珍寶是大賢善汝成道已袈裟能成此五聖功德

僧祇云僧尼有戒德俗人索破袈裟段欲禳災者得

與小者等。
僧祇開與禳災頗彰勝德。禳汝陽反除殃也。
二作衣方法八門不同。一求財如法謂非四邪五邪興利販易得者不成。律云不以邪命得激發得相得犯捨墮衣不得作等。
第二作衣方法求財中。如法者離下諸過清淨財也。謂下示非法。四邪五邪如僧網解。律下引證。邪命總上四五。激發現相亦屬五邪別舉兩相耳。捨墮衣對上販賣。更兼犯長乞浣等。犯然邪心難識略爲辨之。如今禮誦講經或復世俗雜伎。心希他

物。通號邪緣。或私畜長財箱囊盈溢。於已物則一毛不拔。於他施則多積無厭。濫倚此緣。故從他乞。酌情檢事不淨何疑。負識高流幸宜改迹。
二財體如法必須厚重熟緻者。若細薄生疏綾羅錦綺紗縠紬絹等並非法物。
財體中。初科前示如法。熟緻即紬絹麻苧熟練厚緻者。然據律文猶通紬絹。若準章服儀感通傳皆非如法。今略引之。傳中天人云。佛法東傳六七百載。南北律師曾無此意。安用殺生之財而爲慈悲之服。師何獨拔此意。祖師答曰。余因讀智度論見佛著麤布伽梨。因懷在心。何得乖此。及聽律後便見蠶衣臥具縱得已成並斬壞塗埵。由此重增景仰。又云。復見西來梵僧咸著布氎。具問答云。五天竺國無著蠶衣。由此興念著章服儀等。義淨三藏內法傳中。反加誹毀。彼學小乘有部。故多偏執。今宗大乘了義。非彼所知。若下簡非法。生疏即今有用生紗生苧蕉葛等物作袈裟。並是非法。文中紗則生熟俱非。紬即生者不得。絹古云生絲繒也。又云蜀中出細薄絹名綃。
律云。文繡衣不成受持。故僧祇一切生疏毛髮樹皮

衣草衣皮衣並不成。五百問云。生絹不得作。必不現身者得以作成如法。故。
引證三段。四分證上綾綺。僧祇證上生疏毛髮樹皮等並外道服。五百問紬絹等不現身者雖生而厚障形不露。故云如法。
僧祇龍著袈裟免金翅鳥難。必不順教則所被無力故。
引勸中。彼律明此鳥兩翅相去五百五十由旬。以龍爲食。欲取龍時以翅扇開海水。龍宮即現。龍怖此故求片袈裟著宮門上。鳥見生敬不敢取食。又

時有能取袈裟戴於頭上尋岸而行烏不能害斯由製造依法顯有殊功故引誡之。

三色如法四分云上色染衣不得畜當壞作袈裟色此云不正色染具有正翻若作五納衣者得上色碎段者裁作五納亦得涅槃云聽受衣服皮革等雖聽畜種種衣要是壞色。

色如引文中初科上二句簡非言上色者總五方正間青黃赤白黑五方正色也緋紅紫綠碯黃五方間色也當下顯如註中兩句上句對翻下句指所出即下多論翻染是也言正翻者顯前臥具等

名皆非正故章服儀云如經律中通云壞色故文云當以三種青黑木蘭隨用一壞成如法色又云不正壞色唯釋門所懷別邪正也明知不正即袈裟色等若下明開五納即五色碎段重納為衣雖是正間非純色故涅槃下引證壞色即不正也。

十誦云一切青黃赤白黑五種純色衣不得著除納衣戒本三色青泥棧也。

廣辨中十誦初出非色即是五正除納衣簡所開也戒下示如法色泥即黑色棧即木蘭。

薩婆多云五大色衣不成受作三衣得作餘衣著三點淨用紺黑青除三衣餘衣三點淨得皂木蘭一切得受純青淺青碧等點淨得作衣裏用若赤白黃不純大色者亦得若以不如法色染訖更以如法色染覆成受持袈裟者秦云染也如結愛等亦名染眞紫色蘇方地黃柰黃華黃色並是非法。

婆論三節初明點淨袈裟下次示翻名眞紫下三簡非色初中又二初明五正開作餘衣三點謂三色點紺謂青赤色即木蘭異名得皂下二別簡正間得不之相皂即黑色準應非正及木蘭皆應法赤白黃亦得者謂同青碧作衣裏用翻名云染即是正

翻但語通如非故前註中加不正色三字助之名義方顯如結愛者舉例顯義結愛煩惱染汙淨心以色染物義亦同此如墨子見染絲而悲之類簡非中眞紫即紫草染者蘇方木名今時蘇木是也地黃謂土黃柰黃用柰皮染者華黃謂紅華槐華等染嘗考大藏但有青黑木蘭三色如法今時沙門多尚紫服按唐紀則天朝薛懷義亂於宮庭則天寵用令參朝議以僧衣色異因令服紫袈裟帶金龜袋後僞撰大雲經結十僧作疏進上復賜十僧紫衣龜袋由此弊源一洩于今不返無知俗子濫跡釋門不

務內修唯誇外飾矧乃輒預耆年之上僭稱大聖之名國家之所未詳僧門之所不舉致使貪婪嗇吝之輩各逞奢華少欲清淨之風於茲墜滅且儒宗人倫之敎則五正爲衣釋門出世之儀則正間俱離故論語云紅紫不以爲褻服（褻服私服也註云不爲褻服則公服可知矣）文中子云君子非黃白不衣尚非俗禮所許豈是出世正儀況律論明文判爲非法苟不信受安則爲之又學律者畜不淨財買非法服及講至此目矚相違遂飾己過以誑後生便云律中違王制犯吉我依王制耳且多論明違王制乃謂比

丘不遵國禁如今國家束約僧徒二十出家係名簿藉出外執憑帶持禁物似此等事有違結犯何嘗禁僧不聽著褐如此說者豈唯誹謗正法抑亦不識王制涅槃所謂如何此人舌不卷縮諒有生報故未彰現相耳

僧祇云眞緋鬱金染紅藍染皁色青染華色不聽用聽用根葉華樹皮下至巨摩汁等戒本青黑木蘭下文廣有染法青謂銅青黑謂雜泥等木蘭者謂諸果汁等（此翻律者北方爲木蘭染法僧祇律在吳地翻以不見故）余於蜀部親見木蘭樹皮赤黑色鮮明可以爲染微有香氣亦有用作香者如善見所說

僧祇初示染物如非鬱金樹根可染黃色紅藍即紅華青染即藍澱華色謂斑文聽用下次明如法巨摩即牛糞西土牛食香草人所貴之此方不宜故不應用戒本下次明如色名相初引戒本示名次引廣文顯相銅青謂青褐如舊銅色（今詈成銅青乃是正色耳）雜泥謂以果汁浸於鐵器遂成黑色河底緇泥亦可染黑木蘭謂果汁者皮乖色相故注以會之此翻律者此即本部姚秦都長安故云北方僧祇翻在揚都故云吳地余下引親見爲證可驗僧祇

翻傳失旨蜀部即川中準知木蘭乃是華語指善見者即如次科赤色鮮明是也

遺教法律經中五色者此非正錄無知者用之四分云若青若黑若木蘭一一色中隨意壞善見云善來比丘瓦鉢貫左肩青色袈裟赤色鮮明（準此木蘭色也）若見著五大色衣比丘有智慧者當言此是遭賊失衣比丘（準此赤色不合受也）

斥濫中初斥用僞經彼經分五部衣色謂僧祇著黃五分著赤四分著皁迦葉遺著木蘭十誦著絳色（以僧祇入五部本枝不分又五部中闕婆麤部）此雖指斥義鈔復引未

詳何意。又舍利弗問經、僧祇迦葉遺同上。四分著赤。十誦著皁。五分著青。然服飾隨時，未必一定。兩經互說，不足致疑。縱用彼文，止是名濫，如諸部青黑，豈得正色乎。四分下引律論證非。四分三色隨壞，善見謂為遭賊。明知五大本非如法。註文兩段。前定色相，以名濫故。後準文決，恐妄執故。準上律論及經，並不得純色，必有須壞，不壞不成受持，著著得罪。如隨相中。

結斷中，初指諸教純色，謂五方正間。必下示成否。隨相即九十新衣戒。

四量是非。四分云：安陀會長四肘，廣二肘。鬱多羅僧長五肘，廣三肘。僧伽梨亦爾。然此下衣極成窄小，當取通文律言量腹而食，度身而衣，取足而已。準此無定量，任時進不。

定量中，四分有通局二量。初示定量。安陀會長七尺二寸，廣三尺六寸。此謂下衣道行作務，故不宜大。業疏云：諸部極小，唯四分文。出家貧乏，故是常也。餘二衣長九尺，廣五尺四寸。然下出通量，但云下衣極小，準餘二衣非小明矣。然恐身量短長不定，是故三衣俱準通量，言度身者。此有二法：一準多論，佛身丈六，衣長丈八，廣丈二。常人半之，衣長九尺，廣六尺。與四分小異。據此以算，人身長一尺，則長邊得一尺一寸二分半，廣邊得七寸五分。如是增之，則八尺之人可著長九廣六之衣也。更增至佛量亦無差。設或身相長短不稱，減成儉約，過須說淨。二準業疏，就身裁度。疏云：從肩下地踝上四指以為衣身，餘分葉相足可相稱。此謂人身多是長短不定，尠有肥羸，縱有肥羸不妨服用。是故但出廣量，不明長法。有云餘分葉相即是長量。今謂葉相廣長齊有，何獨長邊。且今時人少至八尺，但取九尺已內足可相稱。良由袈裟右角本在左肩，或垂腋下，是故九尺之服頗宜八尺之身。今則右角前垂，著用乖法，遂使長邊何啻丈二，廣邊不滿五尺，長拖象鼻，動越威儀，習久迷深，何由諫諭。必懷奉法，夫復何言。文中節量等語，本是誡節貪求，令知止足。故云取足而已。今此引用，意顯隨宜。故云準此等。度字入呼，謂裁度也。取字去呼，謂麤略也。

雖爾，亦須楷準。故十祇中各立三品之量。今準薩婆多中，三衣長五肘，廣三肘。若極大者長六肘，廣三肘半。若極小者長四肘，廣二肘半者，並如法。若過若減

成受持以可截續故鉢若過減不成受不可截續故
若過量外應說淨不者犯捨墮說時應在受後以法衣外者爲長
引諸文中初二字躡上通文亦下一句生後引用
然四分下衣雖云窄小而諸部中三衣或等足可
準繩恐見度身便即任意廣長無法故云雖爾等
今執丈二長衣便云律有通文者正墮此過故下引示諸文初指二律
十誦上衣長五肘廣三肘亦同四分下衣長四肘廣二
肘半長同四分廣加九寸則四尺五寸七條量在上下之間僧祇
三衣各有三品上者長五肘廣三肘亦同四分中者長
五肘一不舒手謂五中一肘不舒手量不滿五肘準彼論肘舒手量之廣三

肘一不舒手下衣長四肘半八尺一寸廣三肘一不舒
手中下二衣亦各三品並如上婆論中三事通有
三品長五廣三中衣同四分若極大者長六肘一丈八寸廣
三肘半六尺三寸若極小者長四肘廣二肘半上出三
品如法下明過減非法初判成受過者可截減則
可續鉢無此義故受不成若過下判犯準知今時
丈二長衣既不說淨皆犯長罪註出受淨前後以
受持外者屬長物故故知法衣之上連帶長物今按尼鈔祖師明斷若過量外必須淨施
五分肘量長短不定佛令隨身分量不必依肘

五分初緣亦依肘量但隨人用不能一準故云不
定佛令隨身須依業疏肩踝爲度若前諸部乃據
中人八尺指定況分三品適足隨身故存品量也
上引二量攝盡機緣定量則抑彼貪情通量則被
於異報大論教意從儉爲先故章服儀云減量而
作同儉約之儀過限妄增有成犯之法或容犯長或制非法
又云頂載下流驕奢其度至論儉狹未見其人餘
如別說有云鈔引通文廢其定量者此順執情妄誹聖訓問必準通文過
量得否答若準多論量外說淨非謂不得但今著
者不行說淨有犯長過又復著用有所不便耳問

今服長衣爲有何過答此有多過一量外犯長提
二著用犯捨衣吉三長垂肘外有象鼻相步步吉
羅倘懼因果請從正教
五條數多少所以唯隻如疏鈔中
條數中初科條即豎條五七九至二十五皆從隻
數故徵所以如疏鈔者業疏云以沙門行慈仁育
爲本同世陽化故數非偶隻是陽數能發生故偶是陰數能肅殺故兼
指鈔者應是義鈔逸文
四分云從九條乃至十九條五條十隔等十誦云若
五七九十一若十五若過應割截作薩婆多云僧伽

梨三品。九條、十一、十三是下品。十五、十七、十九名中品。二十一、二十三、二十五條名上品。

多少中。初科。四分止十九條中品之極。十誦止十五條中品之初。皆略上品。故並云若過也。然文非顯了。故引多論具列大衣三位九品。業疏云。所以極齊二十五條者。欲爲二十五有作福田故。

四分至十九條。云若復過是不應畜。(錯註不字)今時有三十三條等。無正教制開。

次科。先引律文。衣揵度云。諸比丘不知當作幾條衣。佛言應五條不應六條(下衣)。應七條不應八條(中衣)。

應九條不應十條。乃至應十九條不應二十條(大衣)。若能過是條數應畜。(略上三品)準律本無不字。後人不曉妄註於邊。後有知者。不卽削除。於下復註。熟出前非至後鏤板。不能刋正故也。(今下正斥)無正教制開者。謂非教制。復非所開。不足承用。

聖迹記云。如來著十三條大衣。智論云。是麤布僧伽梨也。準此以爲大準。隨力辦之。

三中。聖跡記有二卷。靈裕法師撰。其文但示條相。智論明其衣體。故引以成之。(今有反求細布。有過絹直。放彼拈此。未善教意)言大準者。謂九品之衣。隨力所辯。從本須作二十五條。力不足者。次第減降。下至九條。以佛但著下品上衣。故知足以爲準。

六堤數長短。

六中。堤謂橫堤。堤如田之堤岸。章服儀云。條堤之相事等田疇。如畦貯水而養嘉苗。譬服此衣生功德也。佛令像此。義不徒然。

四分文不了。五條七條具明定量長短。大衣準同。

示數中。初科。四分定量文如前引。長短如上略示。五條十隔(一長一短)。餘二衣準之。應云七條二十一隔(兩長一短)。九條二十七隔等。次第增之。據律定量則出

二衣長短唯據五條。文中通舉。須知兩異。

婆論云。大衣下者兩長一短。中者三長一短。上者四長一短。名如法作。若互增減成受持。著用得罪。

次科。初明如法。所以長增至四。短唯局一者。疏云。法服敬田。爲利諸有。表聖增而凡減。喻長多而短少。若下簡非法。所以成受。著用犯者。疏云。著取儀相。用生物善。長短差違。乖慈梵故。隨步越儀。一一結罪。(今時禪眾多作九條。長短不定。或紗或綾。或緋或碧。自號法衣。體色量相俱乖正制。何法之有)

所以須割截者。四分云。不爲怨賊所剝。十誦與外道

異故律中沙門衣三種賤一刀賤（謂割壞故）二色賤（不正色染）三體賤（謂糞掃世棄者）

割截意中初徵意二引釋四分不爲賊剝者以無所直故十誦異外道者彼著全段白氈故引律三賤正取刀賤人所棄故已上諸意皆託外緣括其所歸爲破貪結善巧之旨其在茲乎

七重數多少四分等律云不得細薄大衣二重餘二衣並一重此謂新者若用故者十誦云四重作大衣二重作七條五條等

第七明多少中初文若據諸律重作或以布通縵或兩衣縫合今準感通傳天人示法遂相塡之彼敍天人問云大衣重作師比行之然於葉下乃有三重豈得然耶即問其所作便執余衣以示之此葉相者表於稻田之塍壃也以割截衣段就裏刺之去葉麵麥已後此則條內表田葉上表渠相豈不然耶今則通以布縵一非割截二又多重既非本制非無著著之失問下引多論摘分持行豈非多衣重沓邪答祖師爾前並依論作垂終感聖方復改之故此傳文決了三藏不明之事如坐具四增安左臂等世並行之何獨疑此縱欲通縵準論

應得但非截多重之難無以通之問大衣單作加受成否疏云得成受持著用得罪

薩婆多云若新大衣三重一重新二重故餘如十誦故彼律云若三重作大衣坐具若以新衣重縫作時吉過限墮中間悔摘卻者吉

相參中唯大衣可說餘非所論初引論示數餘下引律顯制以新衣止得二重今多一重故有犯長也

律中糞掃衣隨意多作

三中糞掃棄物不限多重

薩婆多云縫重三衣設有因緣摘分持行到於異處名不離衣宿若死者前言本界內後言應與看病人以本是一衣同受持故律師云後是定義

摘分中初明急緣開許謂衣厚重不可持行摘分謂拆開也若下次明死後所屬論出二解本界內者卽留寄處分之賞看病者索往死處與之

八作衣方法四分大衣七條要割截五條得襵葉

八中初科律中上二衣本要割截若少揲葉（各得二種）下衣復得襵葉（更加此一爲三種謂作小襵略分葉相）

僧祇若作衣餘人相助一日恐不成應麤行急竟受

持後更細刺。中含云。世尊親為阿那律裁三衣。八百比丘同時為連合卽成。四分尼五日不成僧伽梨得墮。比丘犯吉羅。

二中。初僧祇勸助。恐犯缺衣。故須急竟。續引經示在聖尚爾。況餘人乎。今時多用女工者。章服儀云今有不肖之夫。情纒嗜好。自迷針縷。動必資人。但論刺作之纖媚。不計功價之高下。或有雇縫之直。倍於衣財。履歷孀荒。譏過斯負。通觀誡教。衣唯自縫。今則反之。罪由此起。準此比丘男子為之彌善。四分下。次明結犯。針工是尼本習。故重於僧。此中且約大衣為言。準鼻奈耶。七條四日成。五條二日成。

薩婆多。有緣得一端氎。指作三衣。則不犯長。若少一衣五肘外。若少二衣十肘外。有長者。須說淨。

三中。一端此間謂之一疋。指作。謂指擬欲作而未作也。五肘謂取長五廣三。財體是法衣量。不須說淨。已外須說。引此證前定量彌顯。

四分得縵衣廣長足。若裁割作衣便少。令揲葉作。若作五納衣。得上色碎段衣。亦得裁作五納衣。

四中。初科。前明轉作三衣。若下。次明製作納衣。

五分。若染縵衣作條。又縫葉著衣。今時揲葉衲多縫著。或襵作衣葉。四分開襵下衣。或半向上半向下作葉。一切吉羅。若以雜色線縫著衣上作條幅處。此是外道法。偸蘭。阿難奉教。為諸比丘作衣法。左條左靡。右條右靡。中條葉兩向靡。若得衣不足。乃至一長一短。作若猶少者。聽揲葉作。乃至不足。聽作縵安多會。準此本是大衣。少故下例成之。受法正從二品。理須類用。十誦中有縵僧伽梨等。

五分中。初出非法。前四犯吉。後一結蘭。言染作者。謂以別色染為條葉。縫著謂不卻刺。故註以斥之。襵葉準彼三衣俱為非法。四分開下衣。餘二亦非。

襵半向上下者。謂開葉相俱須順下。不得逆上。阿難下。次明如法。初教安條葉。靡猶順也。謂條葉相壓須順左右。且如七條。兩邊三條各順左右一向。中間一條。兩壓左右之上。故云兩向順。若下。次明隨物裁製。初引文。若得衣者。或衣財。或已成者。不足。謂作二十五條大衣。財猶少也。次第減降。故兩云乃至。準下義決。初決文相。二示受法。三引文證。

僧祇。不得畫作葉。對頭縫之。應制截作葉。極廣應四指。極狹如麵麥。不得橫葉相當縫衣葉。後衣宣脫。應作馬齒縫。衣上下破。應安緣。要須卻刺。急時如前分別。借俗人被作三衣中。先作淨。安紐受持。
僧祇初示非法。彼云。有比丘對頭縫。佛言不應對
頭縫。應作葉。謂彩畫條葉。直爾縫之。邊緣相屬故
言對頭。應下教如法。有六。初制截。割。極下二示條
葉大小。業疏云。今多廣大。澆風扇也。章服儀云。如
小獷麥得分畦畔。爲世福田。今則過其正度。故非
法服。準須依教。不應廣闊。不下三明長短相差。縫
下四明縫刺。宜謂散解。馬齒縫。舊云偷針刺。若馬
齒闊。或作鳥足縫。疏云。押葉丁字有三叉相是也。
衣下五明施緣。疏云。以周緣故。持無速壞。急時如

前。謂麤行急竟。後更刺也。借下六明安紐。卽指離
衣戒。彼明比丘有緣至他處留宿。暫借俗被受持。
作淨安紐等。
十誦佛自教比丘施鞙紐法。前去緣四指施鞙。後去
緣八指施紐。應如是作。準此以左肩上常以衣右角
覆故。出毗柰耶律。
第五中。初引律示法。鞙胡犬反。鉤也。準下顯示文
意。業疏云。通邊緣四指安鉤。擬反向後八指取紐。
以覆左肩故有遠近也。章服儀云。良以用衣右角
掩覆左肩。前鉤後紐收束便易。所以西來聖像東

土靈儀。衣在左肩。無垂肘膝等。今時垂肘象鼻非法。
十誦又云。卻刺者是佛所許。如法畜用。直縫不得。是
世人衣。爲異俗故。又防外道故。又云。以一尺二尺物
補衣。皆應卻刺。若直縫者。衣主命過。應摘此物與僧。
及與看病人。四分但云縫僧伽梨。準用十誦。
六中。初明制刺。卻卽是倒。謂倒針刺。異俗者。彼唯
直縫故。防外道者。有比丘直縫衣。爲彼抽線使零
脫故。又下明補衣亦刺。四下準決本宗。
三千威儀云。三衣揲四角。十誦亦爾。四分挽角令正
安揲等。又云。應安鉤紐。肩上揲障垢膩處。

七中。初明揲角。疏云。相助爲力故。又下次明安紐
揲肩。然須揲者。爲障垢膩。疏云。數浣本衣。恐速壞
故。
十誦若糞埽衣比丘。以佛制不著割截衣入聚落。便
補揲作鉤欄施緣。佛言。卽當割截。上安揲得成受持。
十誦明文開著入聚。準此貧少衣服。定開入俗。
八中。初引者。聚落下應加犯吉字。助釋方顯。鉤欄
卽條葉。當字去呼。十下例開貧乏。上句躡上開文。
下二句準例。貧無餘服。糞埽五納。安揲分相入聚
無過。

三明受衣法。就中分二：一、對首，二、心念也。初中四分但云三衣應受持，若疑應捨已更受，有而不受吉羅，而無說文。昔有人依僧祇法者，彼護衣與四分不同（僧祇一夜通會四分唯對用相），今依十誦（以受持相類故）。

三明受持對首中用法分二：前示四分缺文。初句立制，若下明再受疑，謂先受後忘或復失否未了，並令捨已更受明白。昔下次明古今用別。初引古註顯不同之相。彼律約夜分三：內宿初夜成犯，覆罪護夏約明相犯，離衣犯雖明相持通夜分。準戒疏四句簡之：一、明去暗還（日未沒去夜分還界，諸律不犯）；二、暗去明還（僧祇不犯通夜會故，四分十誦成犯隔明相故）；三、明去明還（日未沒去隔明方還，諸部同犯，僧祇唯此一句犯）；四、暗去暗還（諸部非犯）。次明今用註示取意見上次句。

若大衣中隨條數多少而有正從兩別。大衣正有十八品，從有六品；七條正有二品，從有二十二；五條正有三品，從有二十一。通合言之七十二種，三衣縵通三處合為一也。餘如鈔疏中。

分品中初明大衣正即本位之衣，從謂缺於本衣用別衣當數。正十八品者，割截揲葉各有九故。從有六者，七條二品（割揲），五條三品（割揲𧝞），縵衣一品。正從合論則二十四品，三衣互為正從各二十四品，總七十二矣。縵通三者，隨用分故。合為一者，據體同故。義鈔缺文，業疏具顯。

今先受法，應前安陀會為始。此衣正有三品，謂割截、𧝞葉、揲葉也。

加下衣中，初句示先後，前下合有加字。業疏云：前令持鉢後乃持衣，儀相非便（此斥古也）。意以先問內衣，如名加受便著之也；次受鬱多羅，隨上披體；後受僧伽梨，乍可揲襆鉢為第二衣，服既被方可手執；坐具第三，最後加持疊置肩上（此約三衣鉢具一時加者，乃從著法以明次第，或不同時隨緣不定）。此下示品數。

加法云：大德一心念，我比丘某甲，此衣安陀會五條衣受，一長一短，割截衣持。亦云屈𧝞衣持（若揲葉令外相同割截，刺一邊開一邊者云），揲葉衣持。餘同十誦（若兩邊俱縫者，但同縵衣）。

加正衣中，初正加割截，亦下例通餘二。前段註中教揲葉法，上邊須刺，下邊須開，令同割截。餘同者，即指上餘詞出十誦故。後註中遮非揲葉，尚令倣同割截。今時割截例皆縫合，時開寸許，古記相傳謂之明孔，或云明相，又號漏塵，舉世傳訛，予今未省。今按章服儀云：裁縫見葉，表其截相。今並縫合無相可分。如此明文人猶執諍愚之甚矣。是知今時不開葉相即同下眾服縵衣耳。

若論從者即用大衣十八品七條二品等大德一心念我比丘某甲此安多會二十五條衣受四長一短割截衣持揲葉準同乃至七條其文準用改之

從衣中牒下衣名者以名是通隨用分故牒上衣條數者由體是定如實稱故有云五條衣受者非註云乃至七條應云此安陀會七條衣受兩長一短割截衣持

若縵衣者上明從者據安多會爲言若鬱多羅僧僧伽梨並準此改革縵衣改名爲別今據大衣十誦云大德一心念我比丘某甲是縵僧伽梨受持餘二衣準改

縵衣註中初點前從法縵下正標縵法

若中衣云大德一心念我比丘某甲此衣鬱多羅僧七條衣受兩長一短割截衣持揲葉準改若從衣中準前改法

若上衣者云此僧伽梨若干條受若干長若干短割截衣持揲葉準冊以通九品條堤不同隨衣改之故不定指不同中下二衣少相易明

上衣註中初句例通揲葉以下點詞中若干

上明三衣受竟律制並須三說彼律受戒前教言我某甲此衣僧伽梨若干條受若割截若未割截是衣持三說乃至安陀會亦爾此未割者是縵衣也若全未割截豈得將來入受戒

結歎中初文上句結前律下示數彼律即十誦恐疑未割以爲衣財故註決之

薩婆多云五大色者不成受則孝僧白布袈裟等非法如是例之多有黑青赤黃四色無多白者正言如上不成今以凡情苦受此則一生無衣覆身一死自負聖責何慮無惡道分悲哉

次科前引論文則下斥非法前斥白色如下次斥四色人所喜著故云多有白色非孝僧不用故云無多白者近時□者黲色漸淡則白者又多矣正言即指上論今下

傷歎苦受猶言堅執也一生無衣乖法制故死負聖責違教結犯故何慮無惡道分定墮苦趣故上二句是現業次一句即來報下二字歎詞今時有以布衣爲喪服者且布衣是如來正制三乘道標豈意一朝反成凶服加以素帶長垂或復麤麻表異五杉集釋氏要覽輔教編並謂僧無服制但布麤爲異或緇巾纏項或白布兜頭鄙俗之風盛傳于世法滅之相果現於茲矣

次明捨法準用僧祇四分無文大德一心念我比丘某甲此僧伽梨是我三衣數先受持今捨餘二衣同之一時受

一時捨越毗尼。捨法中。註準僧祇者。十誦缺文。故注羯磨云。一說便止。所以前受不取僧祇者。以加受為持。持護既別。故須取類。捨是棄背。彼此無乖。隨用通得。一時受捨者。謂三衣一併加也。但得小罪。理應法成。

若尼受餘二衣者。十誦云。大姊一心念我比丘尼某甲。是衣厥脩羅。受長四肘廣二肘半。是厥脩羅衣持。三說。準似祇文國語不同是衣覆肩衣長四肘廣二肘半。是覆肩衣持。三說。今則改張衣相不同本法但云如法作不言肘量應成

尼法。初科又二。初總示。十下列法。厥脩羅即四分僧祇支。故云國語不同。經音義翻為掩腋衣。謂覆左腋著帶繫右腋下。長七尺二。廣四尺五。次加覆肩。文略初二句。例上加之。註中以上二法並牒肘量。當時製造多乖本式。故須改張。則事法相稱。故業疏云。尼受二衣。覆肩肘量薄有所承。祇支全改。文雖約量漸訛變也。準羯磨改云。大姊一心念我比丘尼某甲。此僧祇支如法作。我受持。覆肩同此問。此是尼衣。僧開畜不。答。準尼戒中。尼離五衣。俱提。僧離二衣犯吉。明知得作。百一受持。但尼是制物。僧入聽衣。問。僧得著否。答。準住法圖贊。阿難容質姝

好女見生愛。故獨聽之。古來僧徒亦多著者。故圖贊斥云。今時僥倖而妄服者濫矣。是也。問。今僧為可著不。答。雖有此斥。而不全廢。然西土袒露為禮。此方服飾成儀。若據方土所尚。不可不著。問。若爾。今學律者何以不著。答。是人皆著。敢云不著。但世人不識。褊衫即是祇支覆肩二物。故復於其上重更覆耳。當知褊衫右邊即是覆肩。但順此方縫合兩袖。截領開裾。猶存本相。豈不然耶。今有堅執重著者。應須問曰。覆肩本為露髆。故令覆之。今內有衫襖。上有褊衫。有何露處。苦欲更覆。有云著之

生善者。若爾。是僧須著。何獨新戒。聽律之人則須生善。餘宗不著。應生不善。況輕紗紫染。儀相囂浮。人興流俗之譏。教有婬女之責。塵翳釋門。何善之有。又云。律學須著要分宗途者。且同稱釋氏。禀佛為師。三學齊修。威儀一制。機緣微薄。不可通弘。是故三藏分宗。三師競化。而云服飾標異。未之前聞。但由不學愚癡。任情妄述。聞義不徙。斯妄何窮。僧祇云。當作衣覆肩。名覆肩衣。不者越罪。雨衣祇支得提罪。尼祇支長佛四搩手。廣二搩手。互減過亦提。尼五衣者。覆肩衣。水浴衣。及三衣也。準此部別不同四分令有祇支

覆肩等
顯部別中僧祇初明制畜不同若準今宗不畜二
衣俱提尼下示祇支制量彼律一磔長二尺四則
計九尺六廣四尺八與前頗異尼下總列五衣同
別可見
二明心念法五分獨住比丘三衣中須有所換易應
具儀手執衣心生口言我比丘某甲此僧伽梨若干
條今捨三說已然後受所長之衣亦如前威儀云我
比丘某甲此衣僧伽梨若干條受餘二衣同準
心念中五分初示緣言獨住者不問村野但據無

人疏云但界無人即開心念雖有非數豈得對首
應下出法初示捨法三說者且依彼文準注羯磨
亦同一說然下次出受法
四雜料簡分三初明受捨是非者十誦云借衣離宿
但懺墮罪不得捨衣
雜料簡初門借衣中不得捨者非畜積故
五分諸比丘不捨先受持衣更受餘衣成受先三衣
說淨亦得不捨故吉羅
次科先三衣說淨者後衣法成前衣自失即入淨
故不捨吉者違制罪也

善見欲易三衣無人可對以手捉衣自說名字者成
若不捉不說者不成諸受持衣雖被穿破不失受若
上二衣廣邊八指內長邊一磔手內穿不失餘處穿
如小指甲失受有橫縷者不失安陀會廣邊四指內
長邊一磔手內穿不失餘處穿失補竟受持薩婆多
但使緣斷則失受
三中善見初示緣開心念諸下次辨受法失不八
指內謂在八指限齊之間磔手四指亦同有橫縷
者謂有少絲連綴也此約穿破明失下引多論據
緣斷明失二論具引隨意取用若準業疏唯取後

解疏云以緣周相在受持限故雖中間破開補治
之若又失受破非意故煩累則多但約緣存攝緣
即足（此出不取善見之意）
善見云若施人賊奪若失罷道作沙彌若捨若離宿
並名失（穿失如上）四分中若失想道斷難緣等失受具有
四礙染隔情界失不失犯不犯並如隨相及鈔疏
四中初引善見文列七緣兼上成八四分初別舉
情隔具下通示四礙恆懷守護不失無罪忽爾遇
緣失法無罪先慢不攝失法得罪三斷並見離衣
戒故指如上義鈔無文疏即二疏

薩婆多三衣雖不受持過日無離衣罪有壞威儀缺
衣二罪善見不同若本說淨今作三衣即失本淨又捨此
衣已更受餘衣前衣說淨不者犯長
五中多論初明不受無離亦復非長善見離亦犯提故
註顯異若下次明加受失淨
二補治浣染者十誦云以小段物補衣若卻刺者不
須說淨點淨若直縫者段段須說不者段段得二罪
毗尼母云若長衣未滿十日未作淨施納已作淨縫
著納衣上得畜若納未淨縫已淨衣著納此名衣和
合淨通二種淨法文中縫之準前時刺

補治中初科十誦乃約刺縫以分持犯二罪者不
說淨提不點淨吉母論中初以未淨縫已淨者所
依有法攝能依故若下次以已淨縫未淨者能依
有法染所依故上明衣和合淨彼論更有色和合
淨故云通二種也羯磨引云若色非法縫著如法
者是名色和合淨更不須別淨謂不更點淨也論文但云
縫著註令準上十誦通之
善見若衣欲破未穿或一條二條先以物補後割卻
故者不失受袈裟背處欲破當轉著兩邊先合刺連
相著後以刀破開然後卻刺緣不失受多論緣斷便失隨情兩論

袈裟若大減卻若小以物裨皆不失受若浣增色脫
色上色皆不失受
次科善見中二初明補治不失欲破即補者彼論
穿破即失受故註中若準多論義須重加言隨情
者任便取用準前疏意須從多論若浣下次約色
明不失增色謂洗已鮮澤也脫退也上加也
五分衣若弊壞聽補治以複線刺卻亦得直縫十誦不開
縫者理須時刺一針
五分中複線謂雙索者下云重線亦同文開直縫
於義非便故須註顯

四分中三衣壞聽著納重線編邊隨孔大小方圓補
不得孔大以小物補令縮小應及孔小廣二指大補
治應須桄張治之律令早補宜同善見多論不問大
小緣不斷者不失此言通漫兩用無損
四分中初引示律下準決初示律意言律令者即
躡上文但非明顯故令同論即前所引欲破未穿
文也多下次定失否初舉論此下決判上句點多
論下句存善見
四分云縫衣患曲以赭色土絣治
三中赭音者赤土也絣北萌反振繩墨也

十誦云衣服恆須淨潔如法不爾則人非人訶四中幽顯俱訶者乖威儀故涅槃亦云衣服不淨法滅之相今時有人故著弊衣妄稱道者內無慚恥外失威儀汙辱吾門何道之有

第三受用攀舉

大門第三言受用者謂服著也攀舉謂持行也

十誦護三衣如自皮鉢如眼目著大衣者不得撻木石土草掃地敷臥具坐具等不得腳躡敷坐臥上襯身著若入聚落不得曳衣去村遠摶著肩上近村有池汪水洗手腳已若無者取草木拭塵土然後著衣

紐而入若逢奔車逸馬當在上風避若有泥棘道迮者不得指突門小側身下者曲身治禪病經懺重罪者脫僧伽梨著安陀會供僧苦役乃至掃塔除糞經八百日滿已著僧伽梨入塔觀像等

敬護中十誦初通明三衣敬護之心著下別示大衣著用方法有四初制作務不得腳躡下次制汙觸若入下三明入聚若逢下四明過避撻力展反謂撟運也坐具謂牀凳坐褥等昔人謂或著大衣不得敷尼師壇迷名故也壇經明阿難結集時迦葉尊者披僧伽梨捉尼師壇至阿難前敷尼師壇禮阿難等斯為明據幸無疑焉曳謂拖曳上風避者恐塵坌故泥棘謂泥塗棘刺治禪病經即明大衣不許作務此經開懺重苦役觀像即化教中取相懺也

十誦所行之處與衣鉢俱無所顧戀猶如飛鳥若不持三衣入聚落俗人處犯罪僧祇亦云比丘三衣鉢須常隨身違者出界結罪除病當敬三衣如塔想五分三衣謹護如身薄皮常須隨身如鳥毛羽飛走相隨四分行則知時非時不行所行之處與衣鉢俱猶如飛鳥羽翮相隨諸部並制隨身今時但護離宿不應教矣

二中初引諸文多舉鳥羽以喻常隨四分行知時等者謂出處合宜也翮胡革反鳥翼也諸下結勸今時希有護宿何況常隨多有畢生身無法服是則末世護宿猶為勝矣但內無淨信慢法輕衣貞出家兒願遵聖訓問必不隨身為有何過答如上十祇並云犯罪應吉羅

明了論受功德衣著一披一得入聚落留一衣四分衣法中有五緣留僧伽梨若有恐怖若疑怖二若雨若疑當雨三經營僧伽梨四若浣染五若深藏舉入聚落必須著割截衣十誦若納衣施鉤鈕當割截入

村聚僧祇。得借著大衣入俗。五百問云。不能著大衣入聚落。但持著肩上行者不犯。

三中。初科。前引二文明開。了論著一。即五條。披一即七條。留一。即大衣。四分疑怖者。疑有恐怖故。入聚下。次引三文以明制法。今入聚不著。步步違制。

僧祇若著脫三衣。必須取衣近身。然後脫著之。不得脫園中衣。著一內衣。求入聚落衣。應先求入聚落衣自近。脫園中衣。舉已然後著入聚落衣。從聚落出已。應取園中衣自近。抖擻入聚落衣著常處。後著園中衣。此謂僧伽梨也。著內衣法。不得脫入聚落內衣已。方求覓園中內衣。脫園中內衣。著入聚落內衣亦爾。亦不得先著入聚落內衣。於下挽出園中內衣。先著園中內衣。不得挽聚落內衣出。應從一邊著。一邊出之。不著者擗揲。舉之。因風吹衣落。制入聚者必帶紐行。若無用針綴。無針者下至手捉。若衣無紐。隨入家家得越。心悔。有而不著越毗尼。披衣時當通肩披著。紐齊兩角。左手捉時。不得手中出角頭如羊耳。

次科僧祇。初明脫著法。因下。二明帶紐。披下。三明齊整。初文又二。前明著三衣法。後明著內衣。初中。上三句總示三衣。彼明比丘畜二副三衣。一副入聚落著。即新好者。一副在寺內著。長衣故者。是以三衣並有入聚落衣及園中衣。不得下別示大衣。初明入聚脫舊著新法。園中衣即寺內所著大衣也。僧伽藍翻眾園。寺院通號。從本須達買園爲名。自近。自猶在也。從下次明出聚脫新著舊法。出彼第三十五卷。彼具明大衣已。餘衣準同。今文略之。註字釋疑。恐將園中衣爲五條故。古記反作五條釋之。或云移註於聚落衣下。或云梨合作藍。釋上園中字。如是妄說。皆由不尋本文。後內衣中。出入二事。亦同上說。文中。初遮非法。前制出入。先求後脫。後制重著。抽挽。應下。示如法。古無解者故此曲示。帶紐行者。準似鉤紐。不綴衣上。未詳西土如何用之。

五分。亦得四揲大衣枕之。中含多處文云。枕大衣臥七條中。婆沙中亦爾。

四中。謂五條身著。七條敷床上。大衣作枕。故云臥七條中。今恐損汙。但著五條。臥坐具上。七條大衣。襵揲頭所。

三千威儀經。不著泥洹僧。不得著僧祇支。如是重重。乃至最上著伽梨。故知三衣上下重著。

五中。如是重重者。應云不著祇支。不得著安陀會等。註云重著。亦觀時緣。非謂常爾。

五分律云比丘反著衣入村人見不喜訶云與不割截衣無異世尊訶責結罪若出村入村爲草木鉤衣破裂風雨塵土汙坌入葉中日暴壞色鳥汙者聽爲護衣故聚落外反著之若衣下易壞聽顛倒著衣上下安鉤紐及帶雨時不應倒著四分反著衣同之

六中五分前明反著初緣起世尊下立制若出下開緣若衣下後明倒著四分大同故略不引

舍利弗問經初聽偏袒者謂執事恭敬故後聽通肩披衣示福田相故律中至佛前上座前方偏袒也經中通肩披衣五百世中入鐵甲地獄

七中引經示褊袒通肩之意律中佛上座前方袒可驗餘時通披經中未詳何經謂對佛僧不恭敬故

三千威儀若無塔寺無比丘僧有盜賊處國君不樂道到彼國不著三衣者得若三衣在下身在高處坐不得

八中初明遇難暫開不著準知無難不暫離身彼有四事到彼國不著如文所列但略去標文耳若下制敬護

決正二部律論著大衣者入村見師僧上座別人不得禮（由敬處尊當自陳意）

九中不禮皆據對別不約對僧註出所以敬處尊者即指大衣恐彼不知故須陳意應云某甲身著大衣不得設禮

三千威儀云著三衣不得向佛塔上座三師亦莫背不得口銜及兩手奮眂柰耶云不得垂三衣前角註云不挑著肩上而垂臂肘前（以垂臂上名象鼻也）

十中初明著時或對佛僧不得向背理應側身要須屏處口銜手奮恐汙損故眂柰耶中註云象鼻即犯衆學不齊整戒文注顯然今皆垂肘豈知步

步越儀犯吉今準感通傳天人所示凡經四制世多迷執略爲引之彼云元佛初度五人爰及迦葉兄弟並制袈裟左臂坐具在袈裟下西土王臣皆披白氎搭左肩上故佛制衣角居臂異俗（此一制也）後徒侶漸多年少比丘儀容端美入城乞食多爲女愛由是制衣角在肩後爲風飄聽以尼師壇鎮之（此二制也）後有比丘爲外道難言袈裟既爲可貴有大威靈豈得以所坐之布而居其上比丘不能答以事白佛由此佛制還以衣角居于左臂坐具還在衣下（此三制也）於後比丘著衣不齊整外道譏言狀如

婬女猶如象鼻由此始制上安鉤紐令以衣角達
于左臂（達即到也）置於腋下不得令垂如上過也（今須準此）
（乍可挑著左肩若垂臂肘定判非法步步結罪舊云今在左臂為正但不得垂尖角者非也）
五百問云無中衣時得著大衣上講禮拜小衣不近
身淨潔者無七條者五條亦得入眾食禮拜等（準此行路
見塔著下衣者不得作禮）不著三衣受食犯墮借人三衣著不得
出界經宿界內不限日數十誦亦云不著袈裟食者
得罪不云三衣
十一中五百問三段初明互著無中衣者謂闕七
條大衣本非入眾闕故開之小衣即五條淨者亦

開入眾準此若闕大衣下二應開入聚若闕下衣
大衣不許作務七條應得註中以道行中多著下
衣或有見塔而設禮者論中無衣暫開故知常途
不許今時入塔禮誦多不易衣熏觸靈儀更增慢
業識者誡之次明受食制須法衣三明借衣制須
在界下引十誦決上論文似制三衣重著受食或
局受持袈裟語通隨著一事或復餘長皆無有過
言得罪者準犯吉羅（準此判犯不用前論）
五分得新衣令有德人暫著得福僧祇得乞小片衣
與俗人禳災雜含佛令取阿難鬱多羅僧與婆四吒

女著賢愚經師子敬著袈裟人故成佛
十二中五分僧祇並謂法隨人勝雜含顯著故得
道賢愚明敬故成佛雜含云此女有七子六子相
續命終念子發狂裸形被髮至佛所遂得本心慚
愧蹲坐佛令阿難取鬱多羅僧與著已為說法生
信後第七子又終都不悲泣化夫與己投佛出家
得阿羅漢賢愚云有一師子名堅誓軀體金色不
害羣生時獵師剃髮著袈裟內佩弓箭見彼師子
念言我今大利取皮上王時師子睡獵師以毒箭
射之師子驚覺即欲馳害見著袈裟念言此人不

久必得解脫遂忍毒而死乃至佛言師子者我身
是獵師者提婆是
二明作法攝衣界其自然攝衣界十五種不同如隨
相中此但明加羯磨者大義如鈔別疏
二攝衣界中持衣約處以明離護處雖多種總歸
有二一者依自然護衣本宗他部共十五相攝處
斯盡如前三十離衣戒辨二依作法攝衣唯有一
種即今所明古今廢立委在業疏諸界篇中今此
直示正義指如別疏義鈔無文
今略明之一切大界凡有三種若界大無伽藍但有

二明解結二。初
結法二。初立法二。
初標古立今。

住舍。此須結之。謂僧院外勢分內得護衣。勢外界內。不免失衣。二界與伽藍等及界小於伽藍。此二不須結。結竟。院外勢分內反成失衣故也。

次料揀須否中。初總標。若下別示。前明無藍須結。初示相判定。由本不結但隨住舍難護易離。今若結之徧界通護故結有益。注羯磨作界寬藍狹與此事別義同故知須結。則通兩相。謂下出不結之患。僧院即上住舍。勢分內者。一切自然衣界之外各有十三步勢分。二下次明餘二不須。藍界等者尚不須結。況界小乎。借令大界出藍十三步許結亦徒然。結竟下示加結之過。

二相俱有院外失衣。界小於藍院內亦失。

諸家立法不同。有立無村結法者。今解不問有無並須結之。以結除其妨難故。若有村者現除懸結。以村後去。隨去置衣。若無村者現結懸除。未來村有不得置衣。若村去者還得攝也。以先結成故。直由染礙情礙隔礙界礙故失衣。不由村來去便令衣界增減也。

立法中。初科。上二句標古法。上句通示諸家。此由羯磨文牒除村故生異執。準疏凡有二解。初師云。有村須除無村不須。何得雷同俱須除也。此依曇諦羯磨。彼註云。有村除村。無村不須唱除村。第二師云。有村結者現除懸不

二結告顯征

結後村移出不合攝衣。由本有村牒除則村處無法。故云不結。彼謂除村體。故。無村結者現結懸除。村來不攝村去還會。本無村結。彼謂除體據現無村。偏界有法但村來爲礙耳。下句別指初解。彼記舊則於羯磨詞中除去除村等語。故云無村結法。妄出古解全乖疏文。今下立今義分三。初通立。上二句明結法俱通。下一句明牒除所以。若下二別顯。現謂即今。懸謂擬後。羯磨緣云結不失衣界此即結也。除村村外即是除也。有村即除故云現除。然其村處雖不攝衣不妨通結擬後村去故云懸結。即異古師懸不結也。無村即徧故云現結。雖現無村擬後村至不得

通攝故云懸除。註釋可見。下註村有二字寫倒。以下三雙釋。上句明結徧。以雖有村不礙法故。直下顯除通。以除緣難不除體故。

此是定義。五分等律明文。任情量取。薩婆多中所以除者五義。一聚落不定。衣界是定。二爲除誹謗。爲除鬬諍。爲護梵行等。四分中。初結衣界界有村住。後因有事方言除之。

次科。初句結斷。一者理通如上所述。二者有據如下所引。不存舊解故云定義。五分下證有無通結。十誦多論並同故云等也。五分云若本無村結不

失衣界竟村後入者不須更結先已結故（謂村去後仍前攝衣）若本有村結衣界已村移出界卽此空處有不失衣界是非既顯猶恐執迷故云任情量取量謂評量薩下證除緣礙初引多論五義初云聚落不定謂遷徙散落不止一處衣界定者謂作法自然分齊不可亂故次義如四分緣起三除諍者或入聚會衣容生忌故四護梵行等取第五爲除嫌疑此二可解次引本制緣律因比丘置衣在村脫著時形露以事白佛因制除村

加法大德僧聽此處同一住處同一說戒若僧時到

僧忍聽結不失衣界除村村外界白如是大德僧聽此處同一住處同一說戒今僧結不失衣界除村村外界誰諸長老忍僧於此處同一住處同一說戒結不失衣界除村村外界者默然誰不忍者說僧已忍此處同一住處同一說戒結不失衣界除村村外界竟僧忍默然故是事如是持

加結中除村謂村界分齊村外界卽村外勢分

解衣界法（律云應先解衣界後解大界十誦先解大界衣界亦失故）文云大德僧聽此住處同一住處同一說戒若僧時到僧忍聽今解不失衣界白如是大德僧聽此住處同一住處同一說戒解不失衣界誰諸長老忍僧同一住處同一說戒解不失衣界者默然誰不忍者說僧已忍同一住處同一說戒解不失衣界竟僧忍默然故是事如是持

解法註中初引本律次第解者疏云法儀倫式前後有據不可亂也以結時先僧次衣後食解則反之爲次後引十誦明隨失者疏云衣法假本本失末亡而非正則亂倫獲罪（倫卽次也亂次犯吉）

四分律行事鈔資持記卷第三十

四分律行事鈔資持記卷第三十一 下一之二

宋餘杭沙門元照撰記

二明坐具者。

坐具中。梵云尼師壇。此翻隨坐衣。

四分。爲身爲衣爲臥具故。制長佛二搩（吒革反。謂展大母指與中指相去也。此字應法搩字。才邊桀也。足邊桀者。此蹀字也。癡革反。謂足一舉爲蹀。二舉爲步。二義各別。）手。廣一搩手半。廣長更增半搩手。

制意中。初顯意。爲身者。恐坐地上有所損故。爲衣者。恐無所籍。三衣易壞故。爲臥具者。恐身不淨汙僧床褥故。長下示量。註中。前示正體應法。謂合

字書。若準戒疏。從石爲正。即訓張也。足下蹠非。佛一搩長二尺。二搩即四尺。廣搩半即三尺。是本制量。更增者。律因迦留陀夷身大。對佛說之。即聽廣長各增半搩。戒疏云。更增者。開緣也。還從本制限外別開。（謂從本制量。限外增之。）

諸部論搩不定。今依五分。佛一搩手長二尺。準唐尺者。則一尺六寸七分彊。此用二尺爲搩手。準姬周尺也。此通陰陽諸國常準不改。（即唐令云。尺者用一尺二寸爲尺。）但隨流俗則不定量。（就此唐國用尺。則有五六種不同。）明了論云。人長八尺。佛則倍之丈六是也。（故廣引正證。知尺大小。）

定搩量中。初指諸部不定。具如隨相無主房中。此但撮略彼文。對之可見。今下示今所取。周尺一尺二寸爲唐一尺。七寸二分爲六寸。所餘八分爲唐七分不啻。故云強也。唐令及五六種尺等。並如釋相房戒委辨。

十誦云。新者二重。故者四重。伽論亦同。僧祇云。不得趣爾厭課持小故氎作敷具。當二重作。若欽跋羅一重。劫貝二重。不得屈頭量。縮量。水灑量。欲令乾已長大者。成便犯墮。受用越毗尼。鼻奈耶云。新尼師壇。故者緣四邊以亂其色。若作者應安緣。五分。須揲四角。

不揲則已。四分云。若減量作。若疊作兩重並得。（謂二重爲本。恐過量故疊。）

次科。十誦伽論。新故重數。制同三衣。僧祇。厭課謂不已而爲。欽跋羅。毛氎之類。麤厚故不可複屈頭。謂轉尺頭也。縮量謂不預桄張也。水灑意令退縮也。鼻柰耶。亂謂參亂。即四分云爲壞色故。不揲則已。已止也。謂揲不揲兩皆得耳。四分。疊兩重者。謂得過量者。襵而刺之。註意可見。

十誦。不應受單尼師壇。離宿吉羅。摩得伽云。離宿不須捨墮。非佛制故。亦不應離宿。

三中。十誦。不得單者。本爲籍身。制必厚重。離宿吉者。一物常隨。離宿非重。伽論。非佛制者。謂捨墮中無此戒。故不應但吉。亦不失受。

僧祇云。更增者。二重三重。對頭却刺。互減互過。皆波逸提。諸律增者。於緣外增之。

四中。初科三段。僧祇明增量。初示增法。二三重者。並隨本物。對頭謂兩緣相鬭。下制限量。止得一尺。互過減者。長過廣減。廣過長減。俱過可知。俱減無過。諸下。通指餘部增法皆同。

四分。七百結集中得畜不截坐具。是非法。故擅而行之。準益縷

之相。不截不犯。過量坐具。不截而畜。亦應無罪。此跋闍子擅行十事。便於閻浮提僧斷了。此應久廢。今往往重興。則用跋闍妄法也。十誦作不益縷邊。尼師壇淨。伽論言不接頭者墮。今時通量取增文。則長五尺等。並結提罪。

次科三段。初引緣示妄。以佛滅百年。毗舍離國跋闍子比丘擅行十事。有耶舍伽郱子比丘向諸俗衆說爲非法。跋闍子言。汝先罵僧。見罪否。伽郱答言。我不詈僧。跋闍與衆便與作舉。伽郱乃求離婆多爲伴。徧閻浮境。集七百羅漢同會證定。重集法藏。故以爲名。畜不截坐具。即十事之一。準下次約義。顯非。上二句。牒彼所執。益縷即是增量。十誦戒本名爲益縷。謂加縷線。從邊織增故。彼謂但取增量之相。不須截斷。下三句彰其非理。九十中制過量犯提。今既不截。正犯過量。引彼質此。頗彰非法。

注十事者。古記錯引妄釋非一。今盡依律正文具引示之。一應兩指抄食。謂足食已。捨威儀不作餘食法。得二指抄食。二得聚落間。足食已不作餘食法。兩村中間得食。三得寺內。在寺內得別衆羯磨。四後聽可。界內別衆羯磨已。聽可謂後與欲。五常法。彼謂比丘作事當觀三藏法律。若不觀法律。違反於法。已作未作。皆不應作。若觀法律。不違本法。已作未作應作。如儉開八事。不違法律。亦得常開。故云常法。六得和。足食已。捨威儀。以酥油生酥蜜石蜜酪和一處食。

七得與鹽共宿。得用其宿鹽著食中食。八得飲闍樓羅酒。諸果釀酒。九得畜不割截坐具。即今所引。十得受金銀。比丘得自受畜。彼謂十事是清淨法。是佛所聽。說以化人。因重結集。此下斥世妄行。彼時已斷。故云久廢。十誦下。三據文定犯。十誦不益縷淨者。即跋闍子計爲清淨。故下引犯相決上非法。伽論即解十誦。註中判犯。並犯九十過量戒故。今時統絹爲底面上裁增。並犯過量。義須截悔。如法者。準初量已截斷施緣。若坐時膝在地上者。依增量一頭一邊接裨之。此是定教正文。不依此法。一生無如法處坐。

正法中三初句標示準下出法上二句令先依本制準初量者卽齊長四廣三之內餘衣過量猶通坐具尺數最須審悉微過犯戒作可減小截斷者遮通量之非施緣謂刺合邊緣一切成已緣謂邊際非謂四圍揲者作時不須截揲若下次教增法先令坐試意彰須否必可容身不須增矣依上增量卽長五廣四頭謂長頭邊卽廣邊各增一尺應須二緣鬬頭連刺感通傳天人令破開一尺四周增之今爲定式且迦留減佛四指身軀極大尙止於增量而已今時報劣尠過六尺堅執增廣斥初制不唯愚暗加復我八細讀斯文早希悛革文準三十當須揲故縱廣二尺壞其新好此下

結告定教則千聖不易正文乃三藏所傳猶恐不遵復加註勉大慈深切愚者寧知

薩婆多佛在時比丘不臥者多故小後開益縷際從織邊唯一頭更益一揲手令比丘臥僧臥具今時有戒本一揲者此是十誦律四分有者錯用故準論凡長小尺六尺廣三尺僧臥具八尺四尺四分明坐具法異不須用之但用增法必欲準用亦須畜之不成受持且將說淨

四中初引他部別緣多論卽解十誦彼律長增一揲廣則不增論家欲顯增長之意故云令臥等則與四分開緣全異有執須增者乃引此文爲據不見下文故益卽是增際謂邊際註中初辨戒文準下次示尺數四分下次準今宗揀異上句指本宗如上所明其異有二一者但增半揲二者長廣各增下二句揀他部今宗四分不可依彼故云不須用之然從織邊益縷可證截斷後裨故云但用增法註中恐有欲畜故復示之

僧祇坐具者此是隨坐衣不得淨施及取薪草盛巨磨此翻牛屎唯得敷坐善見云須受持不合淨施不出其文義加云大德一心念我比丘某甲此尼師壇應量作今受持三說其用法大同鉢準例加法持之也若破壞須換易者當捨之文同受法改下云今捨也

受捨中初明受法僧祇初示名不下制受及下顯用善見制受理必須法義下正加法文準鉢法故註示之持用離犯皆無異故若下次明捨法止用捨字替受持字耳

僧祇得敷坐在道行得長疊中疊著衣囊上左肩上擔若至坐處當敷而坐若置本處當中捺之後徐舒而坐凡坐法應先手按然後乃坐賢愚經舍利弗以尼師壇著左肩上入衆降邪道鼻柰耶多文著肩上入山坐禪今在左臂定是非法

持用中初明用法僧祇初句總示在下別顯初明

道中用長疊謂豎爲四襵中疊謂橫半攝之若置
下次明寺中用本處卽常所坐床令中掩者未坐
恐塵汙故後徐舒者坐時復展故凡下因示坐法
因外道試比丘床倒形露故制賢愚下次明持法
經律並著肩上前引僧祇亦然下斥非法乃據廢
前準感通傳外道難破還置左臂今須依傳
三漉水袋法物雖輕小所爲極大出家慈濟厥意在
此今上品高行尙飲用蟲水況諸不肖焉可言哉故
律中爲重蟲命偏制飲用二戒由事常現有用者多
數故也餘如隨相中今故抽現重明準佛意也

漉袋中制意爲二初敘意出家之人修慈爲本慈
名與樂無殺爲先物類雖微保命無異此乃行慈
之具濟物之緣大行由是而生至道因茲而剋同
儔負識勿以爲輕厥意在此謂制畜之意在於慈
濟今下指非故下引誡餘多單制蟲水兩分故云
偏也餘下生起上句指前下二句示重意準佛意
者佛制二戒爲重蟲命今鈔重明其意亦爾
薩婆多欲作住處先看水中有蟲不有者作餘井猶
有捨去凡用水法應清淨者如法漉水置一器中足
一日用取上細氎一肘作囊令持戒審悉者漉水竟

著淨器中向日諦視看故有者如前說僧祇蟲太細
者三重漉囊猶有蟲者更造井諦視有蟲者捨去
次科多論中初明求處法凡下次明用水法細氎
今須密絹持戒者卽簡破戒輕物命故審悉者於
持戒中復簡輕躁故有如前者卽作餘井捨去等
僧祇蟲太細者據漉囊所得若論天眼所見何由
可盡
四分作漉水袋如杓形若三角若作宏槨若作漉缾
若患細蟲出聽安沙囊中漉訖還著水中不得無漉
袋行半由旬無者僧伽梨角漉準須覆袋中以淨穢相染故

三中杓形者今多用銅鐵竹木作圓捲施柄者是
三角亦然但形異耳宏槨者以木爲篋有同藥羅
之類安沙囊中謂以細沙置於囊底然後漉之半
由旬二十里註中覆字入呼注上還水以囊內穢
外淨當覆轉洗之
此國多用絹作者余親取已漉竟水內黑色器中微
小細蟲無數同水塵量故涅槃有言塵耶蟲耶此言
信也後取緻練作袋漉之方盡故明此者由生命處
重無益自他性戒無懺終須疇報
四中初敘親行水塵者雜心論云七極微成一阿

耨塵彼是細色唯天眼及菩薩輪王見七阿耨爲銅上塵七銅上塵爲一水上塵七水上塵爲一兔毫塵等緻練即堅密熟絹故下次明述意無益自他者已成殺業他遭殘害性戒無懺業不亡故今不肖之夫見執漉袋者言律學唯在於漉袋然不知所爲處深損生妨道者由不畜漉袋縱畜而不用雖用而不寫蟲雖寫而損蟲命且存殺生一戒尚不能遵奉餘之威儀見命常沒其中

五中初敘謗彼謂小事故特指此薄於律學然下責非愚教故不知所爲處深無慈故不知損物不

思出離故不知妨道初斥不畜縱下次斥不用雖下三斥不護然漉水一法極爲微細人雖行之尠能免過教誡儀中文極詳委尋之且下傷歎律中四事破戒破威儀破正見破正命戒相麤顯餘三微細麤者尚破餘三叵言故云常沒其中

二明聽門分四初百一諸長二糞埽衣三檀越施四亡人物

聽門中前之六物通被三根此門四科初對中下次局上根若據四依名爲本制望非定約用舍由人故歸聽攝受施分物通三可知

初中分二謂百一供身令受持之長物及餘令說淨畜

初門總分中百一供身謂時須要用者加受憶識二俱通許異前必受故云令也長物局衣更收錢穀等物故云及餘也

初中薩婆多云百一物各得畜一百一之外皆是長物若似寶入百一物數不須說淨餘者一切器與非器一外皆應作淨（謂施俗人）

百一中初科初通示名體若下別簡似寶不得自畜除行須之具即得畜用如水精僞珠銅鐵等物

如隨相三十中具明

僧祇我弟子著三衣足遮寒苦若性不忍寒者弊故衣隨意重著五分云三衣儭身衣被衣雨浴衣覆瘡衣蚊廚敷經行處衣障壁蝨衣單敷衣（覆僧臥具可牀四邊而下垂四角各一尺上安坐具）護脞護踝護蹲護頭衣拭身巾拭手巾拭面巾針線囊鉢囊革屣囊如此諸衣若似衣皆應受持下文聽畜針三口

開許中僧祇通示所開不唯百一義通餘長五分三衣即是本制同受持故相從列之脞左右股也踝足跟旁骨蹲市兗反亦作腨腳腨腸也如下結

示諸衣即前多種似衣即後巾囊等
十誦諸如法所用衣僧祇支泥洹僧是衣名作波利
迦羅衣（晉言助身衣）云何受應言是某色波利迦羅衣我受
用故（應五衆邊而受謂當法爲言）
受法中初科前示通名云下次出受法某色即牒
衣目亦合先云大德一心念我某甲是僧祇支方
接餘文後註中上六字是彼文下五字即鈔家點
示恐謂五衆互相對故
善見三衣雨衣尼師壇等皆須受持不合說淨雖穿
破不失受應道其名字手巾得畜二雜衣隨多少餘

衣唯得受持一不得多十誦七種衣不作淨施三衣
坐具雨衣覆瘡衣六七及百一供身具薩婆多云百
一物中三衣鉢必須受持自外若受則可不受無過
沙彌畜上下二衣并畜泥洹僧僧竭支富羅隨身所
著各得畜一自外一切盡是長財除錢穀米一切長
衣十日內同大僧法唯捨作吉羅悔爲異
次科初明受持雖穿不失者三衣有失不失雨衣
已下一向不失道名字者法中別牒也手下次簡
多少手巾二者擬更換故雜衣似針線囊幞之類
餘衣即雨衣坐具等十誦七衣三衣爲三上六不

係百一故以六字結之婆論中衣體制受違則有
過（坐具亦爾論中不言）百一聽受亦須加法故云則可若但
憶識不加亦許故云無過（古云不受成上根者非）沙彌中初
示制衣并下即百一自下即餘長除錢穀者施俗
衆故
次明長衣法分二初明長相後開說淨初中鼻奈耶
云長衣者一日成故
次明長衣服飾中初科彼云大衣五日成七條四
日成五條二日成長衣一日成若據通論但使受
持之外俱名爲長今此且對受持欲明長衣是餘

小物故約一日可成非謂不通大小
僧祇支法（此是中國梵音此翻云上狹下廣衣）四分應繫僧祇支入聚
落若安帶若縫之得上狹下廣衣當用作僧祇支十
誦因入聚落露胸臆著僧祇支風吹落應著帶不者
吉羅五分不著祇支入聚落吉羅僧祇祇支覆肩衣
長四肘廣二肘如是受持（準此衣相猶有覆肩之量今時所著者同律上狹下
廣此乃後魏中有師改法裁縫之又出疏解廣明）
祇支中註文翻名即據下律文從相爲名前翻掩
腋頗得其實四分下引示初引三律明制法後引
僧祇示制量註中上明本相下示後改後魏即元

魏今時褊衫文復變也疏解其文已亡
涅槃僧法此云內衣僧祇佛於僧前自著內衣教諸比丘
因制戒
涅槃僧中初文註翻內衣西國本無裩袴即以此
衣襯體著故僧祇中制戒即衆學初戒
十誦作時著小泥洹僧三千云泥洹著法一不持下
著上二使四邊等三襞頭近左面四結帶於右面五
當三繞不垂兩頭餘法如彼五百問云大寒得繫著
腳四分不得反襵著以白衣家解露故應作帶著不
得以上色若錦及白作應作袈裟色廣三指繞腰三

行事鈔資持記卷三十一 二衣總別篇十七 十三

周若得已成者當二三四條之若亂縫合短者繩續
若細輭速破作玦紐此謂以衣繞身訖用帶圍繞收束之今吳蜀之僧
多有用此著裙者十誦五分作時取衣從後岐間過
襵著前著下衣法左掩其上兩邊兩襵當後兩襵
十誦作時即作務時三十中三繞即約帶準彼當
上有帶字餘法後明露著泥洹僧上無僧祇支不
得著袈裟不得上塔至佛像講堂三師上座僧前
等五百問得繫腳者謂繫裙裾以閉風故四分反
襵著謂不用帶繞反襵抄之二三四條以小無力
重加助之條之謂不使亂玦如環少缺即同鉤類

由恐數繫易損故以玦珽束勒之吳即南方蜀即
川界今時作裙上施腰帶即同此土俗女方裙雖
乖本制而便於著用少有不齊之過十五二律岐
間即兩服之中左掩上者謂先以左邊在內掩向
其右後以右邊於上掩從其左故也前云襞頭近
左章服儀云如俗所傳左衽是也今多右掩頗乖
此法當後當即前也
十誦云泥洹僧破應權作俱修羅若輭體比丘揩蹲
破下開五寸許應受之此似裙而周縫合一五分有著俱修羅
衣者俗人訶言何異我等著貫頭衣便不許著之安

行事鈔資持記卷三十一 二衣總別篇十七 十四

陀會壞聽權縫合作暫著是類女人裙
三中十誦俱修羅經音義云此翻爲圓像其衣形
而立名也謂如圖隱若準註文即周圓縫合而無兩頭
名俱修羅耳五分俗呵則知俱修本同俗服故並
權開貫頭衣古云南海人開衫竇著之穿頭先出
次出兩袖謂之貫頭註云類女裙者今時女裙亦
不縫合
今時有著偏袒褡膊方裙諸裙臂衣蹲衣等並無正
文可依
餘衣中初科偏袒謂止存左袖袒露右邊即本祇

支褡膊亦卽覆肩。此二雖是聽衣，但乖本式。方裙舊云女人上馬裙。諸裙自餘裙襜等業疏云且順律文，非俗非外。準方俗所宜，義應得著。

十誦五大色衣，一切毛衣、偏袖衣、複衣、一切氈衣、一切貫頭衣、兩袖衣、一切囊衣、一切衫袴褌、白衣衣服，不得著。著得突吉羅。四分不得著襖褶袴、行縢、手衣、草衣、皮衣、皮帽、樹皮衣、樹葉衣、珠瓔珞衣、鳥毛衣、牛馬毛衣，如是諸衣並不合著。汝等癡人，避我所制，更作餘事。自今已去，一切白衣、外道衣，並不得著，若著如法治。

十誦初卽色非，毛氈體非，餘並製造非。偏袖卽偏袒。複謂重袷。兩袖衣謂但施兩袖，唯覆肩領，而無襟裾。囊衣如帽、襪、手衣之類。四分中，初示別制。前五相非，並是俗衣；餘是體非，並外道衣。褶謂短袴。行縢卽行纏。汝等下，引總制。律因六羣起過，佛隨制斷，復作餘衣。如是煩累，佛因總斷，故云避我制等。如法治卽吉羅。

中阿含云：我說一切衣服、飲食、牀榻、園林、人民，得畜不得畜者，皆不定。若畜便增長善法，我說得畜；反此不得。

開畜中，初科引經，得不兩意，隨宜方便，無非爲道。

四分眾僧得種種衣，開畜。比丘須者借著，若處所壞，得移餘處。若本所還立，當依舊安置。若著僧衣，當好愛護，勿令汙泥。不得上廁。五分爲僧作時，得著僧衣，不得儭身作竟浣舉。

列物中，初科四分中，初示僧物；比丘下，明開借。謂有緣故，開處所壞，卽借衣處，移餘處者，謂暫置他處。若著下，明愛護。五分作務開制同之。

四分因開著檀越施衣，故瓶沙王送所著貴價衣及貴價氎𣰽，佛令廣三肘、長五肘，毛長三指者，應淨施畜。餘廣大長毛者不得。若大價衣在地，不得在上行。十誦得坐綾羅錦綺上，不得行。五分繡錦褥敷者吉羅。謂俗人家中。

次明貴物。初示開畜貴價衣，卽同比丘三衣。西土國王，此方古者王臣，亦多著之。氎𣰽卽毛褥也。若下，制踐踏，恐損壞故，誡奢逸故。註文決上，得坐以五分制犯，故知寺內不開，卽下云唯白衣舍無餘牀褥可坐是也。

四分給住房比丘中，開與坐褥、臥褥、地敷、儭體衣、氈被、三衣、房衣、諸藥等。若故不住者，沙門一切所須皆

與又云寒雪月患寒聽著複貯衣又開鉢囊革屣囊
針筩禪帶腰帶帽拭腳巾攝熱巾裹革屣巾等及拭
面巾拭身巾揩淚巾凡寄衣白衣舍必須染壞色作
沙門衣法五分借俗人衣不還則已
三中初科給住房者即制舊住待客比丘法或彼
有缺故房衣即障幕等複貯如今時給絮衣也寄
俗須染者有所別故五分即比丘以衣借俗
四分不得皮上坐除邊方得上色染衣上色綖衣不
得畜壞色得畜得畜蚊㡑不得畜皮帽若患瘡得畜
覆瘡衣無者僧中取將出外亦得瘡差送本處中含

阿難得王貴衣令佛蹈已然後自用令施主得大福
餘衣準此
次科初簡皮敷謂帶毛者次簡染色三開蚊㡑障
呬嚕故四制頭帽五聽瘡衣以病緣故下引中含
似決四分上染錦衣或似凡受貴物皆須有德先
著故註準之
四分邊方比丘曲開五事一持律五人受大戒以僧少故
三年方集二著重革屣以砂石多故三數數洗浴生世善故四數羺
羊皮白羊皮鹿皮為臥具以彼方無餘臥具故五聽比丘得衣
入手數滿十日以無人可對故律云東方有國名白木條已

外便聽按梁時貢職圖云西蕃白木條國來貢獻則此在彼東而邊僧既多用本開法律結正罪必無僧可得準用無過
邊方五事即迦旃延在阿槃提國為億耳沙彌受
戒三年方得僧足故遣億耳請佛開之受戒洗浴
並是因引餘三正用初中注云三年方集即億耳
之緣五云得衣入手者若手未捉多日不犯律下
示中邊分齊律言東方即中梵之東白木條已內
皆屬五天境界準應四方皆有分齊文略餘方註
引貢職圖梁湘東王撰一卷號百國貢職圖此在
彼東者謂此震旦又在白木條東故指彼為西蕃

也而下決開制初五兩開僧多還制餘三永開
律云不得畜師子虎豹狸皮野狐及餘不淨可惡等
皮又不得在高大牀上若獨坐繩牀木牀牙牀覆以
馬皮象皮錦褥雜色臥具氍毹若用狙毛貯褥等並
不得坐唯白衣舍無餘牀褥可坐者開除寶牀不得
乞生皮若汲水繩斷聽用皮作索若戶繩壞聽用皮
作若戶樞不轉若壞聽以皮治裹之若以皮作腰帶
禪帶皮器並不得若作帳軒不得道行患熱以衣為
覆障三千云當畜善助謂禪帶也廣一尺長八尺頭
有鉤三重用熟韋餘法如彼應私屏處著之寒雪國

須襪。聽從非親使人乞作。不得餘用。

皮革中。初科為三。初制不畜狚。都達反。山海經云獸形如狙。又不下。制不坐除寶床者。縱在俗舍亦不得故。不得乞下。明乞用開制。戶樞即今之門臼。帳軒舊云即車上之屋。一頭低一頭舉故。或似今時牀帳軒屋。律因六羣作帳軒如王臣。俗呵而制。三千中。善助者用修禪故。熟韋即已熏皮。指餘法者。彼有五相。一廣一尺。二長八尺。三頭有鉤。四當三重。五不得用金鉤。從後轉向前勾兩膝過束。令不動。此非常用。故令屏著。寒雪國開襪。即此方所宜。

毗尼母。寒處聽著俗人靴。五分作鞾太深。聽齊踝上。比丘作靴。如鞾法不得。若餘國著富羅若履。更有所著。隨意著之。

次科。製造中。鞾亦作鞹。即鞾鞠也。靴法謂俗中靴樣。富羅亦靴之類。履謂皮底鞋。

毗尼母云。所以脫革屣繞佛行者。以生俗人呵。言起慢心故。五百問云。淨潔靴鞋履得著禮拜。

三中。母論明制脫意。五百問示開著。

五分。得新履令淨人著七步。

四中。明淨法抑貪情故。

四分。聽為護身護衣護臥具故。在寺內著一重革屣。若穿壞。以樹皮若皮補。以筋以毛以皮為縷線縫之。若得生皮。聽自柔治。若使人柔竟。裁作一重革屣。不得著入聚落。文中因在道在聚落脫革屣偏袒有廢。佛言。若有所取與隨時。準此開入聚落中不脫革屣偏袒。明文證之。又不得用雜色皮。若持絹布作革屣帶。若編邊。若青黃赤白色等作革屣等。並不合用。若得錦色革屣。壞色已聽畜。若以芒草等作革屣亦不得。若在寺內。聽著蒲革屣。若破。以皮著底。不得畜四種寶屐。若木屐開。上大小便廁屐洗足屐也。以外一切屐不得畜。

五中。初明革屣。後明諸屐。初中五段。初明聽著。若穿下。明修補。若得下。明入聚開制。前引制文。西土以著履為非禮。故不聽入俗。此方反之。後引開文。即皮革犍度。彼云在道行脫革屣取水與師。或失革屣。或毒蟲齧。白佛。佛言不應脫革屣及偏袒。師欲隨方土令著履入俗。故註準之。又不下。明著帶編邊。謂以絹布等作革屣緣也。若得下。明雜屣聽。不下。次明屐中。四種寶者。金銀瑠璃及寶莊飾也。若木屐開句絕。上下列示所開二種。

二明作淨施法六門。一制說意。二施主差別。三開二隨科別釋六。初制說意三。初引論明意。

說進不。四說之法用。五辨施主存亡所以。六明失法不同。

初中。薩婆多問曰、此淨施法眞耶假耶。答。一切九十六種外道無淨施法。佛大慈悲方便力故。教令淨施。是方便施。非眞施也。令諸弟子得畜長財而不犯戒。問。佛何以不直令畜長財而彊與結戒。設此方便。答。佛法以少欲爲本。是故結戒制令不畜。而衆生根性不同。悟入各異。如昔一時開七寶房舍。比丘入中便證聖道。所以隨其機報。先制後開。何故開十日。答。佛知法相不緩不急。止開十日。使籌量布施人。縫治作衣及說淨法。

第二淨法制意中。初科引論。前明開說意。後明十日意。前中又二。初問眞假。次問開意。後答中指昔緣者。分別功德論云。天須菩提五百世中常上生化應天（卽他化自在天）。下生王者家。出家後佛令麤衣惡食草蓐爲床。彼聞辭退。阿難曰。君且住一宿。卽往王所借種種坐具幡華香燈事事嚴備。此比丘於中止宿。以適本心。乃至後夜。卽得羅漢。佛語阿難。夫衣有二種。有可親近不可親近。著好衣時益道心。此可親近。損道心。不可親近。是故阿難。或從好

三大小同制

二不說爲開

衣得道。或從納衣得道。所悟在心。不拘形服等。智論亦云。昔有比丘一心求涅槃。背捨世間者。欲著聽著。價重十萬兩金衣。亦聽。食百味食。癡人聞此。便謂佛慈開我受用。然佛開爲道。豈但養身。況對別緣。非是常教。汝今著世。多積資生。順己貪情。何嘗慕道。倚濫聖教。誑惑無知。佛藏所謂盃水縷衣。尙不可銷。那以庸愚。濫同高迹。請觀身行。不亦誤哉。

母云。若放逸不說淨者。以惡心故。不滿十日。皆犯捨墮。

次科母論。貪物違教。卽是惡心。準知今時不說淨者。隨得。成犯。不待過限矣。

地持中。菩薩法。亦有淨施法。涅槃亦爾。

三中。地持論云。菩薩先於一切所畜資具。爲非淨故。以清淨心捨與十方諸佛菩薩。如比丘將現衣物捨與和尙闍梨等。涅槃云。雖聽受畜。要須淨施篤信檀越是也。今時講學。專務利名。不恥五邪。多畜八穢。但隨浮俗。豈念聖言。自下壇場。經多夏臘。至於淨法。一未沾身。寧知日用所資。無非穢物。箱囊所積。並是犯財。慢法欺心。自貽伊戚。學律者知

而故犯。餘宗者固不足言。誰知報逐心成。豈信果由種結。現見袈裟離體。當來鐵葉纏身。爲人則生處貧窮。衣裳垢穢。爲畜則墮於不淨毛羽腥臊。況大小兩乘通明淨法。儻懷深信。豈憚奉行。故荊溪禪師輔行記云。有人言。凡諸所有非己物想。有益便用。說淨何爲。今問。等非己財。何不任於四海。有益便用。何不直付兩田。悲敬而閉之深房。封於囊篋。實懷他想。用必招愆。成濫忽謂已財。仍違說淨。說淨而施於理何妨。任已執心後生傚倣。已上彼文故知不說淨人深乖佛意。兩乘不攝。三根不收。若此出家。

豈非虛喪。嗚呼。

二簡施主法。就中衣藥鉢寶穀米等。並須施主。前明上三施主。僧祇云。五衆得作。善見云。展轉者五衆中隨得一人作施主。眞實者至一比丘所不言對沙彌也。

次文衣藥鉢主中。初科。僧祇五衆語通。義是展轉。善見兩分。通局可見。不言對沙彌者。必應他師謂同展轉而用互對。如後正請復註顯之。

五分云。五人不應作。一不相識。二未相諳悉。三未相狎習。四非親友同師。五非時類。復有四人。一不能讚歎人。二不與人好名稱。三應淨施。五衆。四不得與白衣。義準前五眞實淨主。後四展轉淨主。

次文初列相。狎親也。非時類。謂新舊不同。或尊卑有隔也。義下決判。

十誦。不得稱二三人作淨。應與一人。若將他淨施物不還。應索取。不得者彊奪取。語言。佛有教。爲清淨故與汝。汝今將去。已犯吉羅。自今已去。說淨者應籌量與一好人。謂對首受淨者。

三中。初明淨主。若下簡對首。前引緣違教故吉。決取應重。自下明制簡。

薩婆多。求持戒多聞有德者而作。除惡邪四重得戒沙彌聾盲瘂瞎顛狂心行別住六夜五法人等。爲令清淨作證明。不生鬬諍。如上等人。則不如法。非此人者。用爲施主。後得物已。於一比丘邊稱施主名而說淨。

四中。初簡取。除下次簡除。總十六種人。惡邪擯三舉。四重即二滅。得戒沙彌即學悔。五法者。正行二人。行竟二人。及本日治人。爲下示簡意。

錢寶穀米等。並以俗人爲淨主。涅槃云。雖聽受畜。要須淨施篤信檀越。薩婆多云。先求知法白衣等。如後所說。
次明錢寶等主。必施俗人。復是眞實。義無展轉。
三請法聽不。先明須請。薩婆多云。應求多聞人等。若死往他國者。更求清淨者作。欲令作證明。則名如法。故知對面請也。乃至錢寶。亦言語令知比丘法。今以檀越為淨主。此明文開請。

開請中。初科準多論文。道俗二主並須面請。次明似不須請。五分云。於五眾中隨意與之。似當時指示當部無文。隨二部用。德望高遠不可附及依五分用。若可召請者必須。次科。五分文通。似非預請。註中兩存。各有所以。今若行時。隨用皆得。

請法。應具儀至大德所。前告本意。許可已。然後說言。大德一心念。我比丘某甲。今請大德為衣藥鉢展轉淨施主。願大德為我作衣藥鉢展轉淨施主。慈愍故。三請。準善見文。五眾通得。若至尼所。告云。我今請比丘尼為展轉淨施主。幸願為之。下三眾例爾。請法無文。義加。

請法中。展轉法分二。初請本眾。衣藥鉢者。戒本五長並須淨施。衣中總收十日月望急施三種。次請餘眾。但同示告。理無具儀。止須一說。

眞實淨者。善見對於比丘以親對說淨。尼等四眾無共作法義不開。文云。大德一心念。今請大德為衣藥鉢眞實淨施主。願大德為我作眞實淨施主。慈愍故。三請

眞實法中。註文遮濫。如上已明。

寶施主者。多論云。先求知法白衣語之。若不知者告令解之。至彼所云。比丘之法。不得畜錢寶金銀穀米等。今以檀越為淨施主。後得錢寶。盡施檀越。次明合說進不。薩婆多云。錢寶穀米。並同長衣十日說淨。涅槃經云云。

請俗法中。初出請詞。亦止一說。次明合說進否者。欲明此淨正教所許。文證可見。涅槃已如上引。故指云云。

四明作淨法。五分。獨住比丘心念說者。具儀捉衣心生口言。我此長衣淨施某甲。從彼取用。得至十一日。復如前威儀口言。我此長衣從某甲取。還得至十日。復如初說淨施與某甲。從彼取用。如是捨故受新。十日一易。僧祇。心念說淨。亦成犯吉。內心說淨而口不言。是名非法淨越。若口說者無罪。律中捨故受新十日一易。應是不說淨者。或可說淨。故令展轉。

第四心念中。初引五分出法。正說分三。初遙施彼得過制限。故云十一日。復如前下。次復取還不越

常開故但十日恐至明相戒犯長故復如初下又說與彼如前得過所以爾者疏云既是別人捨心難盡且令轉換得延時限終須對說方始究竟次引僧祇或示同開或遮疑濫恐謂心念不須言故初標判內下釋成下引本律顯別應是不說淨者疏云一是長衣一是受持更番受淨不得過限計受持者不畏犯長無奈淨者將是過限故限十日內轉之註中謂同五分以律語通未敢一定故兩存之

對面展轉者至一比丘所具儀手捉衣口云大德一

心念此是某甲長衣未作淨爲淨故施與大德爲展轉淨故彼受請者言大德一心念汝有此長衣未作淨爲淨故與我我今受之當語言汝施與誰答言施與某甲爲淨主名字大德一心念汝有是長衣未作淨爲淨故施與我我今受之汝與某甲是衣某甲已有汝爲某甲故善護持著用隨因緣若鉢藥並準此外三律由前對面作淨而生諍競因制不得對面使知又施主後知恐犯長佛言不應語令知別處說之

對首中展轉爲二前出法中爲三初財主捨物恐犯長故而云展轉簡眞實故彼下受者反問以言展轉不自專屬故大德下後明受者遙囑淨主還付財主爲彼守護疏云此有三轉財主付淨爲一轉淨主淨者遙囑爲二轉淨主不知還付財主三轉淨也俱淨貪著之意故云淨也外下次引制緣三律即五十祇次第三制初制對面即淨主前執據不還故生諍競因下次制語知又下後制不須彼謂已物故恐犯長

善見對面淨者并縛相著至一比丘所胡跪言我有此長衣爲淨故我今施汝正得賞護不得用云何得用若云此是我衣隨長老用若爾者得用若正作法

者同前儀式大德一心念我某甲有此長衣未作淨爲淨故捨與大德爲眞實淨故二淨依四分文寫眞實中初引示儀法若正下次出詞句註中通示二法不用他宗

二淨成就者善見言施與大德捨與大德與大德等並成若言願大德受此衣等不成與眞實受者言我取我受者成若云我當取欲取等不成受一說成不須三徧

次文初標成就者此明作法言相通濫成否之相善下引示初明財主與詞則通二淨言受不成者

語似決施故眞下次明受者答詞局簡實淨以展轉法無此答故言當欲等不成者似非決受故二

下後示說數似斥濫行故云不須等

五分漫標說者具儀至比丘所云長老一心念我比丘某甲此長財於長老邊作淨施彼應問言長老此衣於我邊淨施我持與誰答言於五眾中隨意與之謂展轉淨也此淨法常須記施主及財物所屬又云革屣令淨人著淨

三中初淨長財文亦爲三初能施捨財彼應下受者審主通指五眾故云漫標彼即下彼爲轉施言

某甲者任彼受者趣與一人註言展轉對簡眞實不通此法故囑令記主者由非別請恐忽忘故後明淨鞋履法

錢寶淨法者穀米等例同說律云當持至可信優婆塞若守園人所告云此是我所不應汝當知之文中不云令淨人持應須使俗人令知是物準僧祇不信俗人使在前行至淨主所如前作法若彼淨人得淨物來者應受持之餘有進不隨相三十中廣明

錢寶法中初標舉律下示法守園人戒經所謂僧伽藍民也文中但云持至不顯自他故下約義據

文決之令知是物謂先須淨語也餘指三十者前云若彼取還與比丘者當爲彼人物故受勑淨人掌舉謂不解淨法反還比丘也若得淨衣鉢應持貿易受持

五存亡進不

第五標中進謂成主否即不成準文存通進否亡一向否

僧祇齊三由旬知其存亡五分知其在世在道以不薩婆多施主若死若入異國更求淨主等四分無文隨意採用

存亡中僧祇必在百二十里內五分取知不定近

遠多論須在本國然國境廣遠但約州郡不可相聞理須別請

然淨施主法必準論律名行高尚者令遠近通知若汎爾恆人同寺便成失法以不知行業不應故

簡德中論即多論律即十誦泛爾常人謂無名德者恐疑同寺不應失法故註示之

六作法失不之義僧祇沙彌邊作淨若受具稱無歲比丘若死者得停十日更須說淨有人言眞實主亡則失展轉者不失此未讀正律文明二淨俱失以並非正主若不知施主存亡便失淨法不得過十日

六中初科僧祇文爲二初令改名謂作法時應云某甲無歲比丘若下次明失法初明死亡失註中斥非初出異計疏引云眞實主亡則須改人展轉非面復何勞也此下據文斥正律即指上文既云若死更說理通二淨何得專執且眞實法五衆不互上施沙彌顯是展轉故知妄執頗乖正量若不

下次明不知失可解

薩婆多施主若死更求淨主除錢寶穀米一切長財盡五衆邊作淨二寶俗施主亦須十日內更請

多論五衆邊亦約展轉注二寶者即眞似也上對

五衆而云除錢寶等恐謂不開故特註之

十誦若淨施主是弟子被師呵責者不得作淨應更淨施餘人施主若死亦須更覓施主亡者物不入僧以財屬他別人假名施也準此前展轉不須者謬矣又上文一人爲主不得稱二三人便與五分漫標有違或是立法令取五衆及至作法常指一人善見若因淨施方便藏匿不還計直犯罪故知屬本主

十誦初約呵責失施主下次約主亡失註中初重斥彼謂實淨物屬於他故須更說展轉在已故不須之然上十誦眞實主亡物不入僧可驗二淨並是屬已義無偏判故再斥之又下和會初示相違

上文即前簡人中十誦文也或下義詳五分謂前漫標非是通指五衆義猶未決故云或是等善下引論轉證顯非他屬

僧祇若衣多忘不識應取一切衣集著一處當捨言我此衣淨施與某甲我今還捨應更說之四分若忘者更說論開忘後十日此謂可分別者

次迷忘中初引僧祇通捨再說下引律論隨憶重開不同祇律故註簡之論即多論

薩婆多若說淨財寶及以衣財若人貸之後時寶還寶錢還錢乃至衣財相當者不須說淨若還不相似

物更須說淨以非異來貪貯過少

三中貸借後還相當不說如註所顯互還須說反註可知

毗尼母若衣已說淨及點淨納未二淨者縫衣著納是名衣和合淨點淨如隨相中五正色并上色綿雖和合不成若先以正不正色染後以餘色及正色染是名色和合得畜餘廣如隨相中

四中初明衣和合文引縫衣著納準論若衣未淨納已淨縫著亦然五下次明色和合有二初二句明色衣和合論云舍利弗得上色納縫著衣上佛

聽畜之。（今文不引注，羯磨引之。）上色錦色白色雖和不應畜。
（文簡錦白，今鈔通除五正。而上文開畜，應非好色。）若下次明染色和合先
以正不正者，謂先正染對下餘色，即不正也。先不
正染對下正色，指如隨相即新衣戒。
二糞掃衣制著意。此乃世人所棄，無復任用，義同糞
掃。論云：一體是賤物，離自貪著；二不為王賊所貪，常
得資身長道；又少欲省事，須濟形苦，故上士著之。
糞掃衣制意中，初科上句標，此下釋。初示名，論下
顯意。論即多論，文有三意：初二滅惡，除自他貪；後
一生善。

十住婆沙云：著糞掃衣十種利：一不以衣故與在家
者和合，二不以衣故現乞衣相，三亦不方便說得衣
相，四不以衣故四方非法求索，五若不得衣亦不憂，
六得亦不喜，七賤物易得無有過患，八順行初受四
依法，九入麤衣數中，十不為人所貪奪。
次科十利亦不出上三意。前六即同初意，十即次
意，七八九即後意。八中以初受具時即說四依法
故。九入麤衣數者，即預糞衣頭陀也。
言衣體者，四分十種，謂牛嚼衣、鼠嚙衣、火燒衣、（此三彼國
衣有者諱，故棄之。）月水衣、產婦衣、若神廟中衣、為鳥銜風吹
離處者得取；及塚間衣、求願衣、往還衣，（至塚上返將來。）如上
是也。不問新淨，上色不得直用，須作袈裟色受持。又
不得取未壞死人衣。（善見下至一針許壞。）若塚間得錦文臥氈
褥枕氍氀獨坐牀，唯除皮繩、髮繩，餘者應畜。又得韋
蓋步挽車水瓶澡罐杖扇钁鉤刀鎖，亦得畜。得錢打
破自持作銅用。取糞埽物時，本無其要，往塚取衣，不
得遙占云是我許，隨先至者得。（若已移離舉置屬前移主。）不得取
神廟中衣。
衣體中初科，前三如註顯。月水、產婦、塚間、往還，皆
人所惡故。神廟、離處、山澤林野祭神求願而棄擲

者，此二並無主故。文欠第九王職衣，傳文之脫。無
別所以，謂加官易服，則棄其舊者。（古云此方不行，故略之者，非。如
牛嚼等，此方豈行耶？）又不下次示開制。後云不得取神廟衣。
前十種中乃是風吹鳥銜離處之者。
此多有上品行人入諸神廟，剝脫形像衣服、收束幡
蓋繒帛，佛制不為，理有深致。若癡而輒取，犯於盜罪；
必知而為之，不無相惱，致有避神主面藏身劫奪者，
是重波羅夷，如隨相中。
次科初示非，佛下顯過。佛制即指上科。癡取犯盜
者，似約無守護，望非人結蘭。必知相惱者，謂知有

二別示死人衣

三淨畜之意

三檀越施二。初標舉。二隨釋二。初總釋名義。

主管故盜犯重。神主即今守廟者。

十誦取未壞死人衣得偷蘭。善見死屍有小瘡如針頭皮未斷令俗人取。十誦四種糞掃。一塚間裹死人。二裹死人已持來施比丘者。三無主衣。四土衣謂巷陌若塚間有棄弊物者。

死人衣中初制不取未壞。善見皮未斷令俗取者。顯知皮斷方聽自取。十下示四種糞掃。

四分得糞掃衣浣染四角頭點作淨畜。若得貴價革屣雖重開畜。佛言以是糞掃故。

畜意中雖重謂貴重也。準知拾糞掃者乃通眾物

不獨在衣但人所棄不必麤弊。

三檀越施衣有二。謂時非時也。言時施者謂夏竟無迦絺那衣一月有衣五月是佛饒益諸比丘五利賞勞之時故名時施。唯局前安居人。言非時施者謂一年之月無簡冬夏有緣即施不問時節故曰非時施也。

檀越施釋名義中初釋時施則有二局。一月五月。謂時局也。前安居人謂人局也。非時反上。時通一年內人不約安居。準此互論則時中有非時。即一月五月不爲安居施。非時中有時。如急施是也。

二分位別釋二。初就一部自論二。初總舉。二正釋二。初二種時施二。初標。二釋二。初時現前二。初出體示法。

二引文顯相

二時僧得二。初出體示法。

今次開位則有四別。就時施中分二。初時現前者。施主將衣物至安居處數安居人多少各分衣物是也。不須羯磨直爾分之。四種定故。一時定同是七月十六日。若夏未滿受衣得罪。二處定同此界內前安居人。三人定非外界者現前同住。四法定皆直數人相參墮籌分。

時現前中初示名相安居是時。數人即現前。不下明分法。

四分不得異處安居異處受衣。乃至安居未竟亦不得乞衣受衣。又云僧得安居衣破爲二部令數人多

少分。又云以三衣施佛諸比丘人與兩端氎爲安居故若留夏食而分者。佛言食隨施主意不應分。

次科初證處定。乃下證時定。又下證法定。又下證人定。夏食謂所餘齋糧衣有別屬食味是通故分不分異也。

二時僧得施者謂施主布施該通一化安居之人是僧皆得故曰僧得作法之時須僧羯磨。

時僧得中初文爲二。前示名體安居是時該通是僧得此但時定餘三不定。作下次明分法注羯磨云如非時僧得施法。

二引勅相三初明作法

律云得夏衣未分便行後分夏衣忘不留行者分佛言成分又云若一比丘安居大得僧夏衣應心念口言受之若時中不分流入八月十六日非時分者即作非時僧得施法以前安居移至他方不得衣分佛罰諸住人還使通分

引文中初科前明須法古謂不須羯磨如疏斥之未分便行者即同安居人先出界去言成分者由身出界不妨作法故又下次明心念受者應云此是我物三說若時下次明時定律因舊住時中不分意令客去人少物多佛罰之者以非時人多得

物反少故知此施必在時中既轉同非時則須羯磨義復明矣

二分下眾

僧祇云若安居時衣沙彌持戒能作淨得比丘意隨意與

次科隨意與者或等或分也

三結破夏

五分難事破安居得受安居衣施住日多處取三中住日若等即二處受以是難緣不成破故據此時現前施亦應得受

二二釋非時施二初標 二釋二初非時現前二初示體數法

非時中亦二初非時現前者施主召僧至宅就寺設供數人多少隨物而施律云造池造井施縷等因而施物又云諸檀越大送好衣與諸比丘佛令數人多少若十人爲十分乃至百人爲百分好惡相參令不見者擲籌若大價不可分者聽裁破分應以刀截衣

非時現前中初示名相下引律緣因事而施顯是非時又下次引分法

二例通下眾

十誦若時非時僧施乃至亡人衣一切布施物沙彌若立若坐檀越次第自布施多少屬沙彌若檀越不分別分作四分三分與比丘第四分與下三眾五分一比丘分與三沙彌亦同僧祇若沙彌得意者等與若半等（準此諸部二種現前等與二種僧得隨僧和合與）四分五分但是僧

得施下至淨人皆受其分（如下亡人物中分之）

次科初明與三眾法本出二種僧得今欲例同二種現前故此引之初明檀越自分若檀越下次明比丘爲分後引二律會同可解然諸文通泛故註以決之四下後分淨人註指如後

二非時僧得二初出體示法

次非時僧得施者謂施主運心周普通該三時不局一界將物至寺或在俗家召僧鳴鐘以財用施便羯磨斷之如分亡人輕物法

非時僧得中初示名相三時總指一歲以釋非時不局一界通攝十方即明僧得也將下次明分法

斷字上呼止也

律云有住處現前僧大得衣物可分之分物時有客比丘數數來分衣疲極佛令差一人白二羯磨分

次科白二同下分亡物法但改緣云此住處僧大得可分衣現前僧應分等

二部互正亦有四種法

二部標中謂檀越通施僧尼隨來者得故云互正言四種者謂二部僧得二部現前各有時非時故四分十誦若施比丘僧乃至無一沙彌若施尼僧乃至無一沙彌尼如是五眾互取就寺不簡僧尼等別皆僧得現前同合受故莫非俱是福田故二眾互受

二部互中初別示互正律云時有住處二部僧多得可分衣物僧多尼少佛言分作二分若無尼純式叉純沙彌尼亦分作二分若無尼三眾比丘僧應分此僧爲正若尼多僧少若無僧乃至沙彌亦爲二分俱無二眾比丘尼應分此尼爲正如下總示分法初明本部各分注羯磨云至當部中皆須作羯磨分不下顯互取之意非謂五眾得同作法

五百問云有人施僧物後更比丘來及在座打稚應得不打不合若有餘嚫物本道人已去後人應問若當來不合若永不來呪願取若或來不得取犯捨墮知死而取犯棄僧物故

當部互中初明受施作相及在座者謂就本座而施者若有下次明取他遺物謂比丘受請在白衣舍去後遺物後來比丘或因俗施受取進否故須明之知來犯墮由是他物不合取故但俗所施不成盜重知死犯棄者縱是他施亦合僧分

四分律行事鈔資持記卷第三十一

四分律行事鈔資持記卷第三十二下一之三

宋餘杭沙門元照撰記

四明亡五衆物既財是小人所利非大士所懷然出家濟遠經勞涉樂俗譽非慕唯存出道者則蕭然世表塵染不拘而情性未融素非淸潔者唯利是親全無道志然上下二士並豫法流上達立法以濟器下達受法而隨懷俱須兩順佛法用通一道淨行

亡物敍意中初科上二句示財物利宜也然下敍人根初明上士慕道濟遠謂越二死海濟度也經勞謂歷於苦事涉樂謂趣於無爲俗譽卽世間名

聞蕭然卽脫離之貌上四句敍其志下二句明其行次明下士希利融通也然下明相濟論語云君子上達達仁義也小人下達達財利也今借彼語用目二機謂上士雖輕於利當行法以利人故云濟器下根雖重於財當依法而稟行故云隨懷然上士不可以輕利而棄法下流不可以重財而任情故云俱須等通謂流通一道淨行卽分衣法三世同遵故云一道離塵遣著故曰淨行

然亡僧衣物處斷多途並謂指南俱呈至說但由教有輕重機悟淺深如序所明其例有六至論決斷每有遲疑臨事詳之在於輕重

次科初敍諸師處斷指南者古有作指南車亦名司南以示迷方者但下示各執所以六師持律尋序可見至下點古未詳臨下示今要旨

今既事務繁雜非諸門無以別之且張十門用開進不一制入僧餘處不得二對亡者分法不同三同活共財不同四囑授是非五負債還不六定物重輕七具德賞勞八分物時節九正加分法十雜明受物

三中十門初二及十各局一門三下七科次第行事

初門制意者所以五衆亡後皆入僧者生則依三寶出家而物不入佛法以出家六和同遵出要身行所爲莫不爲僧法所攝故入施佛法比丘無分若施僧者依位受之

制意中初意上二句徵問生下釋通又二初約義定以下出所以故下引決

亦不屬俗非福田故僧祇阿若憍陳如空林中入涅槃牧牛人送衣物與王王卽評直五錢依法斷還沙門乃至佛言屬僧十誦跋難陀死衣物直四十萬兩金國王剎利種及諸親里各欲收取佛言王賜諸臣

比丘不得，乃至親里集會，不見喚及僧家財法並同。
俗人不合，此屬僧物。
次意中，初義判僧下，引示。僧祇具云阿若多，此翻解本際。又云知無知空無故。憍陳如此云火器，其先事火故。十誦初引緣起，跋難陀此云歡喜，利利種，即諸釋種王子。次引佛判，初明不屬王親，僧下次明唯屬於僧。

二對人死分法不同。十種斷別。

分法十種，隨難釋之。

一者糞掃取，如五分界內水漂死人衣挂樹枝，隨見者取之。二入當時現前僧，如十誦學悔沙彌尼死，擯比丘死，守戒比丘死，隨更互直取。

二中學悔可解，被擯即擯出，非滅擯也。守戒即清淨。此三同處隨有死者，存者取之。

三入同見僧，如四分邪正二部各執是非，其人中道死，至彼死皆同見自分。

三中云中道死，謂往而未達。

四入功能僧，如四分被舉比丘死，衣物入同羯磨舉僧。

四中被舉即三舉，唯本作法者得之。

五入二部僧，如五分，獨住比丘死，薩婆多二界中間死，四分無住處白衣家死，五眾先來者得。

五中二部謂僧尼也。

六入面所向處僧，如多論二界中間隨面向處僧應取。

第六單就一眾，彼論有一比丘持衣鉢向彼寺，未至在二界中間死，佛言隨所去處僧得，若不知去處，隨面向處僧得。

七入和尚僧，祇中沙彌死，衣物入師和尚等，謂令和尚分別財體，以師物自入，沙彌物入僧。十誦判同比丘，五分亦爾。

莫問有戒無戒，並斷入僧，依法分之，以同利養。

第七初引文，謂下次釋，恐謂一向入和尚故，注中上文引證既同比丘，故知入僧，莫下義決。

八入所親白衣，薩婆多滅擯比丘死，將衣鉢付生緣。以生不同財法。

第八入俗僧無分義。

九隨所在處得，如十誦有比丘持衣寄阿難，二處共爭，謂能寄人所寄者寄物處，佛言屬阿難處僧，界內現前僧應分。以寄人不寄處故。準此寄處不寄人者物處僧得。

九中引十誦初緣起，有比丘即牟羅比丘，能寄人

即牟羅所寄即阿難本居處物處是阿難受寄處
下明佛判
上來九種直爾分之第十一和淸衆死方入羯磨
十中上二句簡前直爾分者謂隨於本界據現而分不作羯磨下二句正示即後所明對前一三五六九故云一和對前二四七八故云淸衆前九並是直分故云方入舊云前九直爾者望亡期攝入爲言若細推之約攝歸後須作法分公違正言其謬甚矣

三同活共財不同若師本意正與弟子衣食不共同活已與者得未與者師亡已後悉皆入僧實非同生

假冒取僧物者犯重
同活中初科易解同生生亦活也假冒謂虛誑也
若師本契所有財物決心同分看如兒想終無分隔此若互死任情多少隨身服用一切入僧
二中初敘本契此下示分法任情多少謂餘財也隨身服用即亡者物也
若師徒共契財物共有各別當分且在一處別活反道悉共半分是名共活若分其物準俗制道已著之衣服已用之器物各屬隨身並未須分餘有長財依式分半

三中初立契別活返道謂本立要預約後事若下分法言準俗者俗法爾故已用服器未須分者各屬定故言依式者即準俗法
若不同活又非共財妄言取分能所俱犯重則犯重輕則偷蘭善生經中亦有兩斷並據輕物
四中云能所能即衆主輒斷所謂妄取物者下指善生兩斷即夷蘭也上約重輕二物經中唯就輕物但望羯磨前後分之
四囑授是非四句分之一囑授善惡二人物差別三重單囑授四成不之相初中有四一囑授善者自知

昔來非法儲積唯結不善今若命終無一隨者不如破著捨貪順本初受便決誓願以財付他生福上處故是善也二不善者恐此財物死後僧得慳貪俗態妄授白衣謂言勝善此囑非善三不囑善者若病篤之時唯存出道於此身中空無無漏以此恨歎常知僞財本非眞要縱有勸囑便在愛增但論前業福道此財佛已誠斷如此而終不囑亦善四不囑不善謂前心欲捨後便慳覆展轉互生不能自決遂便捨命是不善也五百問中比丘愛銅盆事及慳衣事如隨相說

囑授中初科四句初中順初受者以受戒時稟四依故生福即現因上處期後報謂善道也三中篤猶極也此身未得無漏聖道故云空無無漏勸囑謂他人相勉增字寫誤合作憎或與不與心不等故前業謂向前所作福業或修聖道佛誡斷者判歸僧故四中初示相慳施二心起滅不常故云展轉後引事證二緣並出五百問論彼云昔有比丘念著銅椀僧分物時便來求椀僧遂還之舌舐放地臭不可用等又有比丘喜樂衣服因病致死後化爲蛇來纏衣等銅椀見瞻病篇慳衣在對施篇

而言隨相者或即指下隨篇事相或是傳寫之謬舊云指文誤者或云後失修者未必然也

二差別者一人物俱現是囑是授奴婢田宅車牛莊園等重物及輕物不可轉者如氍毹布帛之例名囑二可付與如絹匹衣服寶物等是授三人物互現或俱不現是囑非授以人在他邦餘物別處等四非囑授者任僧準式如前說也

差別中初科上二句通標上句貫下第二是囑即標當科是授探示第二如下各結可見以初諸重物止可囑與次是輕小可以親授故三中此總三句互現有二謂人現物不現物在別處物現人不現人在他邦人物俱不現人在他方物亦別處如上三句止可囑之上句面囑所與下二但囑餘人四中指前即不囑亦善句也

三重囑授相

重單中初科重囑可解重授謂先已授人物未持去復授餘人屬初人定後授不成

僧祇囑與衆多人最後人得授與衆多人在前者得準此決犯如決心與他自言先出或對人陳隨一許竟後便差損理是他財因不付他或轉餘施財主犯

重由決心與他屬彼已定後乖本意迴他入己損他犯重後人受施如法受之從賊得物佛開取用故也善生云先許他一衣後便餘大德來轉以施之是得偷罪明了論決心捨已不犯長

次科初正判注文前段決犯後段明後受如法善下引證善生證犯了論證不屬已

四成不相者凡言囑授正是捨財相應心要必決與生福勝處定無變悔皆悉成就若云此物死後與我作墓買棺槨碑碣作像寫經供僧等事並不成就以未死是物主定不自分死後更有主來處斷不依前法

成否中正顯爲二初明成相若下次敘不成相上
以義判下出所以生存屬已死後屬僧更有主者
即五德也
若犯王法知明日晚間必死今日中前隨時並成由
未死前心決成主若以財物令人造像施僧齋供使
我眼見因即命終者成若言死後同前浮漫
次科初明囑授與人若下次明囑他營福
故諸部明示四分云若臨終時囑物與佛法僧若我
死後與等佛言一切屬僧以心不決故十誦大同唯三衣
六物不應自處分僧祇若未付財或得已不作淨還

置病人邊並不成若作淨已置邊者得若言我死當
與若差即不捨並不成五分若生時已與人而未持
去僧應白二與之
引文中初句通標四下別引四節可解十誦六物
不應者佛制賞看病故五分令作法者恐僧不知
故
五負債進不者先以義分若佛法別人負亡人物亡
人負佛法別人物並含輕重者有則相當還無則交
絡還以並收入須依本物重則入常住輕入現前僧
若先負輕物今追得重還須賣取輕物依法分之若

本負重還輕者入常住僧中不同共僧之法
負債義求中初科前明互負有下示還法初通示
對互負重還重負輕還輕故云相當重輕互還名
爲交絡以下別釋互還並收入者謂判歸二僧故
依本者推本所負故負輕還重則以重歸輕負重
還輕則以輕歸重對文可了輕物十方共分名共
僧法此入常住故云不同
若常住僧負亡者重物不須索取以還入常住故若負輕物
追入現前僧得重物還者依前易取輕物分之若全
無可得者便止

次科初明負重若下次明負輕無可得者謂常住
匱乏也
十誦云若比丘生時負三寶物應歸若三寶貸比丘
物索取入現前僧故知並索依本而斷乃至四方現前客舊比
丘等亦同上若賒酒不還便死取衣鉢還若無者取
僧物償恐出諸比丘惡名聲故亦不言常住現前之別至時隨緣若
先與他衣價死時還索取他衣未與價若死還本
衣無者賣衣鉢還又債息異處有五句一衣鉢寄在
餘處身在餘處死隨物處僧得二負債處死處負債
處僧得三死處出息處保任處保任處僧得四死處

質物處取錢處質物處僧得五死處取錢處執券書處執券處僧得

引文中十誦初科四節初對三寶互負應歸即還三寶入現前僧者謂索來判處言濫故特注顯或可前云常住負重物不須索取今準十誦以決前義上通明三寶乃至下別舉僧別並須索入故云同上若下次明負酒債注中決上僧物應取十方現前物還必無現前方聽常住故云隨緣遮護法事重故開若先下三明互負衣直言無者謂衣不在也又下四明異處差別彼律五句並因跋難

陀爲緣初句因寄物處死處比丘共爭佛言寄物界內現前僧應分次句彼云跋難陀衣鉢物處處出息與人（即負債處）在異處死二處共爭佛判如文（上二句二處爭下三句即於第二句上各加一處）第三加保任處謂比丘爲彼保掌出息也四加質物處謂以財物在異處質與人也五加執券書者即爲財主掌計薄籍也

此中文猶不了若息物在俗邊索未得者可準十誦依劵徵取若物在僧邊者亡後隨物處僧得終不得以券書故攝他異界僧物如初句斷以彼此俱僧故若論重物亦不得取以不聽移此僧物而送彼僧除羯磨法若負物在俗同無住處五眾先來者得重物隨見者送寺若多人所知共爭不決者如十誦五斷或同前人處二寄斷

次科初句指破若下次顯理非如下三明別斷上明入僧若負下次明在俗前約直取若下後斷互爭十誦五中準後三斷人處二寄即分法中寄人不寄處寄處不寄人二斷也

毗尼母若有生息物在外遺寺內僧祇淨人推求取之入此寺常住僧

母論生息在外即俗人處

五百問云比丘借人物前人死要須白僧得取本物不白而取得罪若僧不與彊取或僧知而不還自他俱犯

五百問借人物者謂以物借他言得罪者彼云一切不得自取犯吉自眾眾還得取眾不還犯吉（結僧罪也）若眾不與彊取犯墮故云自他俱犯也

祇云若索債者當看前人持戒可信者與不可信者不應與若有可信人證明者應與不信證者不應與

僧祇索債謂有比丘死餘人來索事容罔濫故制觀量

六定輕重者。然此亡物。諸部未融。隨情難信。理須隨本受體。何律受戒。即以此律而定重輕。若亡人不憶。看病未知。則隨別住何部行事。即以此部處斷是非。不得自茍心行。妄興與奪。實從四分而受。當寺行之。便隨貪欲。多判輕物入僧。便準十誦。此由貪故犯非。由教是罪。

定輕重中。初科爲二。初正判不下。遮非。初中前明據體。受隨相應故。後約隨處現僧同見故。遮非中。初遮其妄情。實下示其濫用。如下所引。四分衣鉢等外。多判入重。十誦餘物多是歸輕。今欲多得衣

分。乃背受隨。輒用十誦。由貪等者。推過歸心。以判重爲輕。皆犯夷重。輕重儀云。然以人情忌狹。擁結非無。知事則親常住。引輕入重。別僧則私自利。引重從輕是也。

今於斷割之前。豫須總位。然隨持律六種不同。如序中列。及論附事。三階處決。

次科。豫合作預。總撮六見。不出三階。

一者唯用四分一律。有則依文而用。無則不取外宗。故律中十三章門。判物皆盡。唯有重輕二別。

別釋中。第一師。初科。十三章者。一是僧伽藍。二屬僧伽藍園田果樹。三多有別房。四屬別房物。五瓶盆斧鑿燈臺。六多諸重物。等即成衣眾具。如文所列。七繩牀木牀臥具坐褥。八伊梨延陀。此鹿王名。謂鹿皮類。耄羅耄耄羅。此二皆獸名。儀云。狀如虎兕豹貘之類。皮厚毛輭可坐。九守伽藍人。十車輿。十一水瓶澡罐錫杖扇。十二諸雜作器。竹木等作具。十三衣鉢等。如文所引。律斷前十二皆重。後一屬輕。故云唯有重輕二別也。

若決判者。一切衣鉢坐具盛衣貯器針筩俱夜羅器氍毹應量剃刀等物入輕。餘者一切器物之中不列名者。並判入重。若有道俗衣服者入輕。準氍毹量過

則入重。

次科初明輕物。即第十三一章門也。俱夜羅儀云此翻隨鉢器。餘下次明重物。即總前十二門也。若下別簡衣服。

此一家正斷。亦無與二。不可抑奪。

結中。此一家者。即指上判。無與二者。謂與今同也。但彼不用外宗。未爲盡善。不可抑之爲非奪之不存。故云也。

二者四分先準。諸部類分義。決有無。旁出輕重。

次師。初科三義。據體立宗。故四分先準。本宗既闕。

取外相成故取諸部本異俱無仍加義決下之二種對上本宗故云旁出旁即兼也

初略分三一佛所制畜如六物等資道要務一向入輕二制不聽畜如田園奴婢畜生金寶穀米船乘等妨道中最不許自營準判入重此上二判通一切律三佛開聽中義含輕重如長衣百一及以器物隨身眾具以物乃妨長容得濟形資道此則判有不同今且依鈔者一意位分三別

略分中三科各出所以前二輕重各定諸部皆同後一反之故須別判簡去異說故云鈔者一意

一者性重如一切銅鐵木石盆瓶釜鑊車輿器物以體是重物不堪隨道準判入重

三位性重謂金石等物

二性輕者百一眾具可得隨身布絹莫問多少準判入輕

性輕謂布帛等

三從用輕重者或事重用輕如剃刀函石盛衣貯器及以針筩銅盌匙筯鍵鎡等器入輕或事輕用重如大小帳蓋行障枕扇氈褥牀席俗人衣服並是妨礙入重而斷

從用二句應具四句俱重俱輕舉事配之可解事重事即物體用輕謂資身助道用重謂恣情廢業但以教網具周必須文顯然又聚類七種分之後必有事依門自判準用十誦律中瓦木等色隨事分物今亦附事廣明

廣分中初科上二句示引用然下明科判注中取例十誦器物不從體判但隨事用以分重輕今此諸門準彼為例亦隨事判故云附事廣明也

十誦病人死看病者取其衣物浣洗暴卷擗擗徐擔入眾毗尼母云並取衣物在僧前已遣一人分處可分物不可分物各別著一處如是云云何名重物以物重故廣明別相如彼說

次科十誦明持物入眾母論明遣差五德彼廣示分法故指云云下釋重名義含體用輕物名義可以準知

第一絲麻毛綿所作

正判中絲麻毛綿從體標名四種攝盡一切衣物即十三章中十三第八二章也古來科節連環合雜物類不分重輕混亂今並細科有如指掌至於記中略點而已又復古記多引俗書釋物名相古今朝代裁製不同過成繁碎今並刪之至有難曉

時爲略釋。

四分中坐褥臥褥入重。並謂表裏有綿帛裝治者。

四分中。初科注云表裏裝治者。儀云二褥隨其大小。皆謂內以氈爲骨綿襯於外通以布帛縵之。若但一邊氈布者入輕。

氍毹長五肘廣三肘毛長三指。入輕。此寒雪國中曲開氍毹相同袈裟。條葉具足毛內葉外乃至皮作亦然。故開皮爲臥具。此即三衣也。被是重物。不可例之。以僧祇中有氈僧伽黎故自餘準此爲量。

氍毹中。初準律以判。此下。釋輕所以。初示衣相。即

取量同袈裟。過此入重。故儀文云。予昔以量同三衣故入輕收。氈被之屬例此分量。後因天人告云。氍毹體量乃通三衣。中國不開。被寒土耳。又云。諸寒嚴國多用布氈複貯著之。無者以轃草織衣服之。又無者以樹皮槌令轃而服之。又無者可以毛罽如氍毹法割截成三衣毛在內披之。又無者可用諸皮作三衣服之。如此次第漸漸而開。若至中方自有法衣則樹皮等並入重也。故下判云。氍毹如前三衣相者在輕。異者不問大小厚薄皆重。被下簡濫從用重故。以下證成。餘準此者謂餘毛也。

被及被單入重。

三中。被單。儀云。單敷被單之屬。既不同被。相等縵布三衣可從輕限。如下自決

薄轃氈堪可疊披入輕。

四中。薄轃氈輕者。儀云。厚鞹入重而薄堪可裁縫不同氍毹全是俗懷。此氈通於道務也。

氍毹綿繡等綺色分明入重。律令壞色著之。猶同三衣相也。

五中。儀云。氍毹純色入輕。雜者入重。又云。叢毛編織而出毛頭。兼有文像人獸等狀。名曰氍毹此即雜者。律下。釋疑。恐謂律聽壞色而

著不當入重。準知染壞理在輕收。

綾羅入輕。律開受王大價衣及施主種種好衣。文中乃不明了。不妨含於貴價交梭等入輕。下文聽著大價疎衣也。

六中。初正判。綾羅輕者。儀云。雖衣體交錯而色相純同。故律開著細鵝文相衣也。律下。準例。初引律文。下決通。交梭即綾羅紗穀等。儀云。即如紗葛之屬例輕分也。梭蘇禾反。下下引證。上王大價衣。謂是貴物。用證綾羅。若準儀文。天人所告乃是袈裟。西土諸王外理國政則服俗衣內遵法行便懷道

服咸著僧伽梨其價極貴或出萬金故名大價
僧祇覆瘡衣雨浴衣漉水囊二種腰帶臥具入輕
諸部中初科二種帶者彼律因乞食比丘旋風吹
去內衣佛言應著腰帶諸比丘散縷作紐縷作空
中作佛言散縷紐縷盡不聽空中者應當中縫也一
若織編作二
五分劫貝單敷襯身衣針線囊鉢囊革屣囊入輕準
此被單雖是從被猶同襯身單敷不異可類在輕錦
綺毛㲪若氎蚊廚等入重準此四分減量者入輕必
依量硬厚入重不堪披著不同氍毹法服厚輭可服

毾㲪類同錦繡雖是小氈而屬牀几者相隨入重
次科五分初判輕物劫貝即木綿衣單敷儀云謂
敷牀上垂四角者襯身衣儀云即身瘡襯三衣者
準此等者即準單敷類決被單錦下次判重物初
判毛㲪音膀毛織布也準此者即準毛氈校上薄
輭必依量者謂縱不過量而硬厚者亦入重收不
下簡異次判毾㲪儀云謂以經緯班毛如此錦者
用為地敷壁障等三判小氈
五大色衣入輕律中上色染衣上色錦衣聽作袈裟
色畜若真緋等判入重者黃白不應入輕白色佛制

不著尚判絹布入輕例於黃青赤亦應分也若爾氍
毹佛制量入輕不云色者何判入重答彼雖綺錯外
同三衣條葉具足同故入輕準五分文必純色者準
律非重
三中三段初正判儀云由體是應法即堪改轉還
類法衣如律受淨若爾錦衣亦聽壞色而畜理應
入輕答儀云不同錦繡毾㲪染則可得如法未染
體是班文綺錯外相五彩分炳又佛正斷在重無
宜抑例通分是也若下二斥非儀云有人云真緋
正紫大色上染佛斷不服著得墮罪故須入重今

不具引直牒彼計引類難破絹布不出黃白二色
同是五大亦不許著而判在輕故知不可但據佛
制不著便謂入重若爾下例難氍毹前有兩斷彼
謂入輕乃是約量入重正是約色故有此難答中
初明入輕但離綺錯縱純上色亦判入輕故知但
分文之純雜不論色之如非故引五分為證彼云
錦綺毛㲪等不應分若純色者應分
絲麻縷線不問多少義準入輕必含繭含稽便入重
色
四中含包也儀云有蟲之繭著稃之麻並謂未成

縷者稭音皆麻稈也。

盛衣袋者前至臍後至腰準五分入輕。連袋長袋被袋等入重。

五中初判輕注約串於肩上取兩頭以為齊限，即非大者。準五分者，上明數量，即出五分。下三入重。並謂大者。被袋隨被判也。連袋古云兩頭縫合中間開口也。儀云以綺錯所成同俗被袋，不入分限。

一切俗服襦襖之類，已壞色折破入輕，猶是白色俗衣用服者入重。

六中壞色異俗折破非衣，故並入輕。猶是下反上

二種故重。儀云為絕懷俗之心故。襦短衣也。

雜綵色線靴鞋及餘男女衣服補方巾袋等並入重。繡綺鉢袋隨鉢者入輕。

七中綵綿靴鞋者，儀云時有作三臺龍鳳得頭有三層者及錯綵綿綺繡刺成者入重。男女衣服，即童男稚女花綵之衣。補方，舊云即裁五彩叚方補合成者。儀云繡纈結絡綺錯綵袋俱從重收。純色氈袋等並入分也。繡綺鉢袋輕者，隨鉢判故。若準儀文云，繡綵裝飾者可單抽重收，事同繡錦之服故。

第二瓦石鐵木竹等所作。

第二標中五體總收五物。石鐵二種總諸金寶。

四分銅瓶銅盆繩牀木牀水瓶澡罐錫杖扇斧鑿燈臺枕車輿及鐵皮竹陶木五種作器入重。此五種作器並謂能造物具。故律云木作器狠藉無安置處，佛令作皮囊盛之。非謂所造之物。則通輕重佛則不判。

四分初科前總列諸物，即十三章門六章之物。瓶盆及下斧鑿燈臺在第五。二牀在第七。水瓶等在十一。車輿等在十。鐵皮等作器在十二。下明染色針線即第六成衣眾具為入共前律並判重。下引諸部則有科酌。此下別簡作具。儀云古德謂不問能所

皆重。故此決之。初正示。故下引證。注簡所造差別。不可一判。則明上云入重定是能造。儀云鐵作器者鑪冶鉗碪錯等器。陶作器謂輪繩袋薄鍬钁等具。皮作器謂盆瓮牀梡刀剗熨鐵等。竹作器謂刀鋸等。木作器謂斧鋸斤剗等。此皆妨道，不合畜故。

剃刀入輕。

次科剃刀入輕，從用輕故。

錢寶等入重。下文塚間得錢壞相作銅用。

三中錢通八種。金、銀、銅、鍮、鐵、木、皮、胡膠。寶總真似。金銀真珠摩尼珊瑚車𤦲碼碯及諸璧玉為真寶。鍮銅鐵錫偽珠等為似寶。錢及真寶皆重。不淨

物故似寶若本塊段入重入百一數者皆輕下文
卽律衣法中拾糞掃者取之因開此證錢寶是不
得畜
十誦刮汗篦灌鼻筩熨斗香爐熏鉢鉤壁上鉤禪鎭
匙鉢支及鉢小鉢半鉢鍵鎡小鍵鎡鉗鑷截爪刀子
截衣刀戸牌曲戸鉤等入輕若水精貝齒角作器謂
如前小者入輕以外過半斗以上入重（半斗者姬周所用斗）一
切染色若熟未熟不應分
諸部中初科前通列諸物皆是小者半鉢卽淺鉢
戸牌標戸鉤者若下別簡諸器貝卽海蟲殼齒卽

獸牙作器謂上四物所作者如前卽指上諸鉢注
姬周半斗卽今一升半許上明器物一切下判染
色儀云紫草黃蘗梔子乾陀等此皆木類
僧祇錢金銀眞珠瑠璃珂貝珊瑚頗梨車渠馬腦玉
石入重臥牀坐牀木盤木瓶木瓫竹筐竹筥亦爾過
量白鉢瓫瓦鐵等入重準此過量好鉢亦重佛制不
用
次科僧祇三節初判二寶次判牀器方曰筐圓曰
筥皆竹器也亦爾者同上重也三判非法鉢瓦鐵
色量非瓫者更加體非文標色量俱非縱令色如

亦乖佛制故云準此等（如量白鉢理應在輕可熏治故）
善見鍼線應分
三中善見但判鍼耳線見前科
入楞伽云爲割截袈裟故聽畜四寸刀頭如月刀
四中經開畜刀四寸爲限大則歸重
若生時造送終調度並入重
五中送終調度謂車輿棺槨預作墳塋等
櫝籠屛風障子及諸鎖鑰入重以妨長故戸鉤準輕
亦有相隨入重
六中籠卽竹箱籠等戸鉤相隨入重謂屬戸門者

四分俱夜羅器卽應量減量鉢椀等十誦入輕若是
夾紵銅鉢等亦判入重
第七十誦輕者卽如上引不過半斗也夾紵及銅
皆體非也儀文義加漆器謂俗中盤椀蓋合乃至
匙筯食單無問大小多少並入重收以全是俗有
非道用故
供養香爐輕可隨身入輕準上十誦有寶裝校入重
以捉寶戒制故若重大者入重根本爲佛法而作不
自攝者隨本處安置不得追奪若隨緣改貴不定者
如上處分經架香案經函之屬輕可隨身同上入輕

各有別屬，亦隨本位。佛脉經巾之屬，亦隨本入佛法。無定者入重。數珠入輕也。（別屬）

第八有三。初判香爐，前約量判輕，準十誦者，亦半斗也。有下簡寶飾，捉寶制者，戒本云及寶裝飾具故。若下簡過量，根本下簡所屬，如上處分，即約量輕重也。次判佛法供具，並同兩判，不同香爐可約斗量，故但云輕可隨身者。三判數珠。注「別屬」者，由是輕小，得自受用，而無改賣不定之義，故偏判輕。（必有市販亦重）儀云：木槵珠貫雜色偽寶所成之珠，在機正要，勿過數法，投接下根，牽課修業，可準多論，似

寶雜色開為百一物者，得如法用，宜斷輕收，餘木竹等例此分也。

第三田土園林房舍等。

第三田土等，標中即攝十三章中前四也。（共前十二）畜生人民即是第九，一章離為二科。（對律十三章足）皮革出十三輕物，四藥出第二屬伽藍物。

四分云：伽藍及屬伽藍果樹，別房屬別房物。若捨布絹為已造房，若已易得重物者入重。死時猶是輕物者聽分。若捨輕重物入佛法者，不合追取，為佛法有別主故，還隨亡者處分。

四分中，初通列四物，若下別示屬房物。初明輕物易重已未，若下次明已施追取可否。

若定莊嚴房舍如障幔、承塵等，即入屬房物攝。若當處三時分房無定客主者，依本安置。若無法者，僧家摘取入常住用。

次科初示物所屬，若下約分房兩判。

十誦赭土染色入重，準此雌黃白墡同之。

他部中初引彼律，染色在前，正判赭土是屬房物。下準文判，義亦歸重，故云同之。

第四皮革等。

第四中四分諸衣，以同外道服故，寒國雖開而非常教。

四分皮衣樹皮衣等一切不得著，則入重。十誦皮物者盛油囊、受半斗以下，繫革、屣韋、靴韋、籠韋、熟韋、裹脚指韋應分，以外入重。

他部中初科為二，初明囊器，次判諸帶。韋即輭薄皮，熟韋未從用者，已外判重，謂非小者。儀云：必有生皮，理從重攝。

平靴斜靴入重，非道服故，餘者入輕。

二中平謂頭平，斜即頭尖。且望乖道，故判入重。準

儀文云平尖二靴律無正判若準天竺覆羅形如
皮靴面前決開行則左右掩繫必平尖二靴似此
相從並準入輕（以覆羅革屣並敎聽著故）餘入輕者儀云餘有
短鞾高頭類例亦宜從履屨同斷（履屨並從輕故）又云依
僧祇五分斷革屣及囊入分（前靴釆帛爲者與此不同）
毗尼母云經律先有付囑處即付彼若無付囑隨能
受持者與之不應分賣也俗書素畫入重紙筆墨等
準入輕以堪附道法故
三中初明經法隨能與者必擇有德堪能不可罔
濫次判書畫俗書如此方儒道典籍古今字書等

儀云終非久翫故捨入僧（即常住也）素畫儀云異畫之
屬淨情所欣終非筌要宜入常住（必是聖像準上經法判之餘像）
例非三判紙筆等儀中兩判謂兼道務者入輕本意
附俗並從重例以莊嚴章句樂世法故（須量亡者生平所業）
盛澡豆者唯是器用十誦準斷
四中十誦斷者即準量也
五畜生者毗尼母云駝馬驢等與寺中常住僧運致
若私有小寺園果堂房瓶瓫之屬養生之具此現前
不得分屬四方僧何者名養生之具入畜所須非養
生具者非入畜所須也

第五母論初判畜類若下明隨畜之物園果等物
因而引之正判養生之具故下偏釋其名然釋名
中猶通人畜此中正取養畜具耳
六人民奴婢四分云僧伽藍人入重所有私物不問
輕重並入私己若僧家奴婢死者衣物與其親屬若
無者常住僧用私奴死者義準有二若同衣食所須
資財自取入己隨任分處若不同活直爾主攝與衣
食者死時資財入親無者同僧院內無主物入常住
（入親者準擯比丘若死衣物入親若僧供給則不同之）
六中四分初明僧死判奴物入私己者謂還彼也

儀云若能給盡形隨僧處分（去住由僧）若所給盡形前
僧既死後情自改任意去留若他遺供給還送本
主若本是自有倩俗蔭覆依本入僧若暫來非永
隨時將送律據一向須依此五箇之若下次明奴
死判物初明僧奴次明私奴同活取入己者謂任
主僧也不同活二判不可攝入己故注中決上入
親須約不同利者必同僧利一向入僧
毗尼母云若有奴婢應放令去若不放者作僧祇淨
人（準此放去謂賜姓入良後終依律）
母論中二判儀云若本擬盡形供給（謂盡主形）手疏分

明者準母論放去不放者卽前五中二種入僧也
注中準放去者旣取要約分明反例賜姓未離主者通無分限須入常住故云依律卽上四分也後終謂比丘亡時卽儀文云本是賤品賜姓從良而未離本主若主身死可入常住衣資畜產隨身所屬不合追奪

七四藥者無問生熟穀米飯醬湯丸膏煎並入重雖有殘宿惡解亦無有失明了論薩婆多云以死時心斷淸淨故則無宿解販賣不淨也

七中初正判穀米等是時藥湯丸等通餘三藥據

文並重準儀文盡形藥未擣治者入重若已擣和成丸散及服殘餘者入輕分雖下顯淨論云心斷淸淨者故知食境本非穢故

十誦伽論若僧中請食已命過同分衣法令現前分處入重

前已命過後得食者還歸本處受他施衣亦爾

次科請已命過屬亡者故此入常住分衣語通故注決之命過後得非亡者分故歸本處卽食所來處也衣亦爾者同上兩判

餘有不盡之文事不可委具如別判輕重物中亦須類知而通解也

指略中初顯略具下指廣卽輕重儀文有一卷判決精詳不覽彼文何由曉此故云亦須等也

三者通用律藏廢立正文及事要者不必承用四分爲定如澡罐錫杖扇鋮諸錐截刀子等餘律判入輕則亦類用文義廣括如別卷述且依第二足爲龜鏡也

第三師初敘彼所見四部隨引故云通用諸部互有廢立但契已見隨引用之如下引示澡罐等物本律判重然律錫杖據本爲警蟲獸故判重收準約今用正表道儀若論扇者亦有講譚搖風之別

不可一判義須在輕更何所惑文下指廣亦卽儀文且下結誥令依次師龜辨吉凶鏡分好醜七門類判喩有同之

七具德賞勞四分有二五德初五明病人難看而能看表瞻病者德滿一所不應食而欲食不肯服藥二看者有志心而不如實語三應行不行應住不住四身有苦痛不能忍五少能堪能而不作仰他作又不能靜坐止息內心

賞勞中初科顯德五事並約病者五中二事共合爲一不如實語謂多虛詐仰賴也自猶堪能而故

二明行

二明賞物可否

二与物二初引文示物

不爲並頼他作。

次五明看者行滿。一知病人可食不可食。可食應與。二不惡賤病人大小便唾吐。三有慈愍心。不爲衣食。四能經理湯藥乃至差死。五能爲病人說法。令病者歡喜。已身於善法增益。

五行不出三業。二利。差死。謂或差或死。至究竟故。

有此五法。應與病人衣物。若小瞻視。佛判不許。五分。多人看病。與究竟者。僧祇。四種。一暫作。二僧次差看。三自樂福德。四邪命而作。並不合得。若看犯王法死者。亦不合賞。若欲饒益病者。欲令速差。下至然一燈

遇終者。應得此物。餘如瞻病法中

可不中。初正明。五下引示。五分與究竟者。由存始終。即行滿故。僧祇中。初簡不合。自樂福者非益他故。邪命爲衣食故。若下次明合賞。

次明所與物。律中不論德有上下。但與受持衣物。若不知何者受持。當極上看病與上三衣。中下看病與下中衣。十誦。先問受持何衣鉢。一一別問。若不問不知。或不信者。與不好不惡六物。薩婆多。重縫三衣不以鍼刺著者。不入看病人。若先已刺著有縁分持衣主死。亦合賞之。四分。六物者。三衣盛衣器襆鉢及袋

二準義量德

坐具鍼筩。

與物中。初科。前簡上下。律不論者指文漫也。若不知等者以義定也。且約衣多者爲言。若但三事具缺與之。十誦下次明審悉。先問。謂瞻病問病人也。不信。謂瞻病不可憑也。薩下三明重衣。不刺不入。非一體故。四分下示物數。漉囊針筩出沒有異。隨有皆通。器襆袋等並隨六物通入賞勞。

義準。德具六物不具等四句。初德物俱具。依法與之。若德具物不具。乃至俱缺。並隨事商度。若德缺物具。理非賞法。而事勞有功。亦須優及。並束入現前羯磨。

隨德有無取物量行和僧乞與事情通敏。

次科初別簡具缺。初句全與。下三句分與。並須量可故令商度。然德具物缺。或六物不足。則隨有與之。或是全無。則與餘物。二俱缺者。或不須與。或與少餘衣。德缺物具。事涉進否。故下別標。以人性既殊。行難求備。或減略物件。不可輕微。縱德少缺而加全賞。理亦無損。故云亦須優及。謂多與也。並下總示和與。若德物俱具。須先賞勞。餘不具者。或與少物。義應直付。須至分衣法後。方可與之。乞字去呼。敏字訓疾。謂無滯礙。或可字誤。合作允。

簡人進不五分十誦七眾看比丘病唯二眾得沙彌及比丘餘五不合尼中三人得餘四不合雖父母兄弟不應與（謂勞畢竟不滿）摩得伽云白衣看比丘病應與少許尼三眾同之沙彌應盡與五分十誦與沙彌同等大僧準此若眾多比丘沙彌看病應與究竟者若齊究竟應與一人已屏處分之

簡人中初科謂看病通七眾非謂共看也前明僧病次明尼病皆本眾合賞俗眾非分注云勞者即前二五德也伽論開與餘眾沙彌六物於後有用故須具與準下義決其看與究竟者謂前後替看

齊竟屏分謂賞一首者令後自分

十誦云若看病者出行為病人乞衣藥者留還付之亦可攝入現前唱和付與若餘處安居來看病者合賞伽論外界看者亦合賞之

次科初明留付亦可等者以身不現不可羯磨故令白眾直和待還若下次簡合賞以捨己修道遠相濟故伽論雖非夏制頗見懷慈

八分之時節五眾若死僧祇不應即閉其戶彼有共行弟子持戒可信者與戶鉤若不可信持戶鉤付僧知事人已供養舍利料理竟若弟子持戒可信者使出衣若不可信應使知事人出衣然後僧分

時節中初科共行弟子或稟戒或依止師資相濟七種共行如上卷中舍利即死屍

十誦云諸比丘在屍邊分衣屍起護物佛令死屍去後若僧在異處應分毗尼母云分比丘物者先將亡者去藏已送喪僧還來至寺取亡人物著僧前然後如上依法集僧分之

次科十誦屍去後謂葬訖也在異處者離屍邊也母論同之然準上文即後皆得而母論有序是可行之

九明分法有二先集錢財衣物二加法分之初中瞻病者將亡人輕重之物並集僧中若不勝舉牀褻屋舍園林牛奴等並須歷帳對僧明讀令知其多少

第九集財中不勝舉謂重大者不必現前須歷帳者無論大小現不現物皆須錄示至僧集時先令維那打槌披讀

初明立法羯磨對首心念三法初中若五人者得作賞勞分衣二法若四人者止得用作分一法如後明之

加法中五人已上行法整足故別明之

今明五人以上僧法。乃至心念一人前緣一同此例。前集財已。後鳴鐘徧召。一同僧式。不得閉門限客。假託昏夜。意遮十方。並非眾法。非上緣者。自淨其心。僧徒集已。彼瞻病人在衣物所。具儀捨之。大德僧聽。比丘某甲命過。所有若衣若非衣。此住處現前僧應分。三說。律明六物。準論不必須集。

處判中。次科。注中。據律合牒六物。上文但云若衣非衣。蓋準多論。容不集故。彼云。三衣在餘處者。索來此。賞若此德不具。則隨彼分等。母論亦爾。

眾中持律上座即處判之。先問僧中誰知亡者負三寶別人物。又誰知三寶別人負亡者物。一一撿問。有者如上處分。次明囑授雜相。同活共財二別。並準上斷已。次定輕重。訖如上分之。重者一處依名抄記。輕物一處依名抄之。並問看病者。不將亡者輕重財物送喪。不有者索替入法已。三唱和還。若無者。先當作賞勞法。

判物中有三。先問有三。一問負債。二問囑授。三問同活。應令一人答其有無。次判輕重。如上分者。即應對僧逐物提示重輕之意。然後各著一處。三索送喪物。三唱還者。應先告僧若干件數。律送亡者此是看病者物。將替入法。應須還彼。唱云。大德僧聽。僧今持此衣還某甲比丘。三說。若無。謂不將亡物送喪也。

但五德難具。不具不合依賞。今時行事。對眾問具德以不。若答具者。此乃自伐其功。俗人所恥。若不答具。有功無賞。違佛正制。與奪得所。出自僧中。故律云。僧得自在。若結不結。隨意也。今亦未須問德。律無正文。

賞勞中。初科。前標合賞。今下。次辨須否。初斥時對問。以答具不具。二皆不便。俗所恥者。論語顏子云。願無伐善。謂自稱己德。與下。顯今不須。律云。即引結說戒堂文。故云結不結也。此明賞給由僧。不必須問。

若知辛苦有功者。上座告云。長老看病有功。佛令優賞。當胡跪受羯磨也。看病者謙退。陳訴無德有愧不堪重賞。僧當抑伏令受。然後索欲問和。答作賞看病人六物羯磨。即白二與之。

次科。上座告者。即辨飾之意。看病謙者。不自伐也。僧抑伏者。上座應云。此佛嚴制。不在辭遜。當受羯磨。便即互跪。

大德僧聽。比丘某甲命過。所有三衣鉢坐具鍼筩盛衣貯器。隨有言之。此現前僧應分。若僧時到。僧忍聽。僧今與看病比丘某甲。白如是。大德僧聽。某甲比丘命過。

所有大衣七條坐具（餘者如上）此現前僧應分僧今與某甲看病比丘誰諸長老忍僧與某甲看病比丘七條五條鉢及袋衣襆（餘如上）者默然誰不忍者說僧已忍與某甲看病比丘衣鉢坐具鍼筩盛衣貯器竟僧忍默然故是事如是持（盛衣者卽衣襆也貯器者鉢袋若有多箱襆巾帊袋絡者應取常所服用一事賞若三衣各盛者三襆得與之）

羯磨中四處牒緣皆不同者由物不定意令隨改如前注中後注從物名相多少尋文可知

次分輕物律令白二差人今時行事但取知僧事者或臨時口差不用羯磨違法通得

次差人中初科前標示律文今下準用時事注羯磨云有人存三番作法此思文未了（一差人二付衣三分衣律云持衣與一比丘令白二分然律卽指付分一法彼謂有二故是未了）亦有存二番法者（一差人二付分古記謂是口差今家取者非也）今鈔所用卽一番法者以口差人但作付分故不作差法反上律文故云違法知事則本由公選口差則亦顯眾和故云通得問既云違法何不白二差之答律雖明制不出法故諸家所立並是意裁今家不行恐成專擅（作行事策者亦妄出法古記相沿雷同引用都迷聖旨）卽注羯磨云今準律文具含付分二法餘無故不出是也若爾違法卽應有過答律既不出非故不行況知事口差通和義顯理應無過

持律者先知不具德者沙彌法等多論云三衣餘處者索來此賞若此德不具卽隨彼分（故知通博用和現物）若三肘五肘外長隨多少應白僧令知和合與者好十誦沙彌死所著內外衣與看病人餘輕物僧分羯磨云某甲沙彌死所有內外衣及非衣餘並同大僧法

次科初總示持律者卽指五德以瞻病德缺及沙彌分法不行賞勞作分衣羯磨已直爾處分故令先知方可作法多下別釋初釋具德注中上句明

彼得分普該十方故下句顯此分賞隨與少物故三五肘外應白僧者由是長物不合持賞復違法衣不可截去白僧和與彼此通成十下次釋沙彌前引僧祇望入和尚故是直分沙彌自物羯磨同僧乃據十誦意令準用故此引之本部羯磨唯有大僧

今時行法者命知事人在僧前胡跪白二與衣（律中文少不具今準非時僧施法）

付分法中初科注中示法所出律中賞勞法下注云若僧中羯磨差一人分亡者衣物羯磨與此無

異唯益一句。僧與某甲比丘衣某甲當還與僧白如是。已上律注彼但例指。故云不具。或可賞法緣中自牒六物。又不云若衣非衣等。用有不便。故準後法。文云。大德僧聽。比丘某甲命過。所有若衣謂堪著用者若非衣謂鉢器衣財等現前僧應分。若僧時到僧忍聽。僧今持是衣物與比丘某甲。某甲當還與僧。白如是。大德僧聽。比丘某甲命過。所有若衣若非衣。此現前僧應分。僧今持與比丘某甲。某甲當還與僧。誰諸長老忍比丘某甲命過所有衣物現前僧應分。僧今持此衣物與比丘某甲。某甲當還與僧者默然。誰不忍者說。僧已忍持此衣物與比丘某甲。某甲當還與僧竟。僧忍默然故。是事如是持。

羯磨中。誰諸長老忍下。多牒緣十五字。僧下又多今字。準諸羯磨比之。定是傳訛。義須刪去。或當秉御。不須謹誦。

作法已。即數僧數。量其衣物。相參擲籌取分。

大僧物中。初科作上法已。限人已定。五德潛數人數。打槌白眾已。於籌物上各據字號。先行籌已。然後以籌對物付之。

五分。若衣少不足者。和僧與一無衣比丘。善見云。若

一衣極好。眾並有衣。準律分破行之從上座行之。須者直付。

二中。初與無衣猶善。下令隨付實難。注令析破。最為精要。宜準行之。

若衣物極多。徒眾有法。準聖教分之。此是非時僧得施。功德徧十方僧。不須造像設齋。更生漏過。以出家人修智分業。不以福分為懷。縱設。違佛本制。諸部但明分用。凡智不過聖心。

三中。初勸依教。此下次顯功深。不下遮餘用。縱設謂設齋等。

若外界不集者。僧祇為病人求衣藥及為塔為僧知事。雖當時不在。並應與分。此謂差眾使者得。若私營佛法不合。

四中。留物公私兩判。私緣囑授。亦不開與。

次明與沙彌淨人分。四律並云。若僧和合。等與乃至四中與一。淨人五中與一。若不與者不合分。若分得罪。自餘廢立。如疏鈔中。

次沙彌中。等與同僧分也。四中與一。謂僧一分四破分之。準應白槌。一同僧式。五中與一。準上亦然。淨人不可預眾。應白僧已。屏處付之。若下示制。疏即業疏。鈔即義鈔。文逸。

如是總計大數抄名記數然後品物付之
二中記數謂知僧多少品即量也
律無賣物分法今時分賣非法非律至時喧笑一何
顏厚佛令分付爲息貪情令各自省今反樂笑不惟
終始此習俗生常乃無悛革望諸有識深察斯過
三中初示教所不許今下斥世非法初正斥顏厚
謂無羞色也佛下示意今下重責惟即思惟始終
謂生死悛改也望下深勉
若五人共住一人死衣鉢直三人口和賞勞已餘諸
輕物依母論四人直作分衣羯磨文中除僧令持此

衣物與某甲某甲當還與僧等字餘同前法作此法
已未得分入手來有客僧入界並須更共作法分之故律非時僧施中亦爾故令與一人分之今無人故須更分之有人無想不成
四人法中初示僧位衣下明賞勞口和者準羯磨
云諸大德憶念今持此亡比丘某甲衣鉢坐具等物與
某甲看病比丘三說餘下正分衣準注羯磨四句成
白云大德僧聽若僧時到僧忍聽某甲比丘命過
所有衣物現前僧應分白如是準羯合須牒本云僧令分是衣物
羯磨云大德僧聽比丘某甲命過所有衣物現前
僧應分準前牒本誰諸長老忍僧分是衣物者默然等

結詞云僧已忍分是衣物竟等此依母論出法改正不妨作此
下示改法未入手者明入手已則不須改更共作
法者改從五人法也注中引類顯上須改準非時
施中本亦直分因客比丘數數來分衣疲極佛言
應差一人令分今無人故依論直分後有人來類
彼須改有下證成
二明對首法毗尼母云四人共住一人死三人應展
轉分應二人口和以衣賞看病者餘物三人彼此相
語云二大德憶念此物應屬我等餘二人亦如是三
說若三人中一人死先取衣鉢直付餘物二人展轉

如上法四分文中直明彼此三語受共分文詞如論
說也
對首有二初三人法彼此相語故云展轉二人口
和但除諸字次二人法不出詞句應云大德此亡
比丘衣鉢坐具等物與大德看病賞勞指分法如上但
除上二字四分下會同本律但出對首之法不論
賞勞故云直明等文如論者即同上引
三明心念法毗尼母云一相應法者二人共住一人
死在者作念此亡比丘物應屬我作此說已後來人
不得分理須入己四分一人受僧施中應心念口言此是

我分得也。
心念中。初示緣。此下出法。卽須口陳。非謂默然。作下。明重分須不。若三說已。決作已想。或手執捉。卽爲入已。如注所顯。若不爾者。有來須分。四分下。引類。律文續云。更有餘比丘來。不應分與。同上通之。
問。羯磨文中非衣者。此何衣耶。答。律不顯相。文云。時有將非衣作鉢囊革屣囊。佛言不應作之。又云。與比丘尼非衣。亦不知何等衣也。今但通而述之。無妨彼此俱攝。
問非衣中。戒疏云。昔云如幡蓋等。有云如革屣鉢

囊等。此亦非也。又相傳云帽襪之類。古多局解。故問通之。答中。初句通標。文下引示。今下正答。通而述者。卽上所牒。或未成衣財。或僧尼互望。皆可收之。故云彼此俱攝也。
十明雜分物法。若在私莊寺致死。或作僧使在莊撿校而死。若有家人及比丘守者。重物入亡者本寺。輕物隨現分之。亦不得尼眾分也。縱令近僧來攝重物。亦不須與。以非佛正制。若亡者無住處。而隨有常住處隨近通攝。寺無僧法亦不得取。若無比丘守掌。同白衣家法。
十中。初科前明有守掌。又二。初明有住處。若亡下。次明無住處。家人卽俗侍者。不得尼者。顯是僧物故。不與近寺者。明有本處故。注云僧法。卽眾行羯磨。若無下。後明無守掌。
四分。若比丘在無住處。白衣家死。彼有信心檀越。應掌錄此物。若有五眾先來者應與。若無來者。應送與近處僧伽藍僧。
白衣家中。初文可解。
準此文者。若比丘共尼同至。隨所同眾死。各自取之。不得共分此物。當部亦不須加法。直爾攝取。不同其住閑豫加法也。重物如上量之。隨情遠近。

次科。前明本眾各取。不同得施。二部共分。當下次明當部不行羯磨。重物隨遠近者。近有伽藍則攝入常住。無則隨彼五眾攝歸本寺。
若至白衣家。知有亡物。必須捉執作屬己意。方成。雖見不得。縱捉入手。而俗人自攝入已。此則屬俗已定。盜僧成就。亦不得反奪。當勸示之與僧。令無業道。僧得作俗人物受。
三中。初明五眾取法。必約執捉作意以爲得限。縱下。次明俗人不還。盜僧成就。卽彼俗人已成盜業故。若彼俗士從勸還僧。卽同得施。故注示之。

僧祇比丘持他衣行衣主命過便將衣別受不與同界比丘越（準四分不成）若作羯磨已量影恐容比丘來應知在羯磨前後（謂攝僧界大不知僧有無）律中有比丘無想別衆分衣不成

同界集中初明持出別受準似界外受之但犯越者即成分衣但乖法故注引四分例決不成即盜僧物若下次明羯磨限約在前入界作法重分已後入者不須與分下引律證可知

問將亡人物出界分成不答四分若衣物難分當唱令來某處某時分若遣人來若自來應與分者得諸

部結犯不云得成（僧祇受衣如法者或是同活同意耳）十誦云比丘寄衣鉢與尼者應索取比丘分之尼寄比丘物亦爾（不同白衣家法）

釋疑中初問以物屬當界不合出外教文互見故問通之答中初正答言難分者或在本處多人往還叢雜難辨別擇靜處故須唱令白僧令知此即許出界外十誦將僧得施物出界犯吉亡物準同故云結犯注中和會上科出界別受犯越之文十誦下明僧尼互索亦顯攝歸本界注中所簡比上諸文

問將亡人物入界其內比丘不知還將出界得先見者分不答得受由當界不知分時同法故

次問以物入界即屬此處意疑外人不可受故答中二意一以不知知則不許二以同法歸界同分非私屬故

四分律行事鈔資持記卷第三十二

四分律行事鈔資持記卷第三十三下二之一

宋餘杭沙門元照撰記

四藥受淨篇第十八

釋四藥篇。四藥者，攝盡一切所食之物，對治新故二種之病，通名爲藥。受兼手口，俱該四藥，但時藥手口互塞，餘三並通。淨謂說淨，唯局七日。若論護淨，作淨則通四藥。受淨二字從法爲名。

報命支持，勿過於藥，藥名乃通，要分爲四。言時藥者，從旦至中，聖教聽服，事順法應，不生罪累。言非時藥者，諸雜漿等，對病而設，時外開服，限分無違。七日藥者，約能就法，盡其分齊，從以日限，用療深益。盡壽藥

者，勢力既微，故聽久服，方能除患。形有三種：一盡藥形，二盡病形，三盡報形。明了論云：有身必有病，雖少差損，後必重發，加其口法，任終而受。

敘意中上二句敘功，命之延促，宿因所招，故云報命。資養存活，即是支持。支謂相支拄也。次二句顯數，對病據體，不出此四。言下釋名，並從時立。時藥中云事順對上，從旦至中是食時故；法應對上聖教聽服，不違教故。非時中時外即中後，此示非時義也。七日中能謂功能，以藥之力至七日故。盡形中，初示名義，聽久服者即盡形也。次列三相，後引論文別證。第三故今所加須期盡報。

就此四中，五分明之：一明藥體，二明淨地處所，三護淨不同，四淨法差別，五二受有別。

分章中分即科段。初示四體不得相濫，二即安藥之處，三明進噉離過，四淨生相，第五可知。

初中明藥有四：一就四藥明者，時藥有二，四分中有五種蒲闍尼（此云正食），謂麨飯乾飯魚肉也。五種佉闍尼（此云不正），謂枝葉華果細末磨食（如隨相中）。僧祇時食者，蔓菁根、葱根、藕根、蘿蔔根、治毒草根（即齊苨根是）。時漿者，一切

米汁、粉汁、乳酪漿是。

時藥中，四分列正不正，粥通二食，稠稀分之。米粉餻糜並歸不正，細末所收。僧祇蔓菁亦名蕪菁，即溫菘之類。又云北人名蔓菁（井星）薺（徂禮）苨（奴禮）甘菜也。酒醋等並時漿攝。

諸律並明魚肉爲時食。此是廢前教。涅槃云：從今日後，不聽弟子食肉，觀察如子肉想。夫食肉者，斷大慈種，水陸空行有命者怨，故不令食。廣如彼說。經云：前令食肉，謂非四生之肉，但現化耳，爲度衆生。

次揀魚肉，引廢中，初示前廢教，涅槃下次引後制

斷爾前雖斷如楞伽等但通指其過涅槃終窮正爲開會故特引之出如來性品初引廢前文初二句立制次一句教觀厭經云如夫妻二人共攜一子同行曠野險難糧盡殺子而食垂淚而飧不得滋味比丘亦爾今若觀一切衆生肉如子之肉作是想時必不貪食天下顯過患大慈是佛心卽於己他斷佛種故水陸空行者舉處攝物沉潛飛走無所不收今食肉者由害彼命卽彼怨讎經下次引決前文欲彰前教無諸過故四生胎卵溼化經云爲度衆生故示現食肉而實不食

楞伽云有無量因緣不應食肉略說十種一者一切衆生無始已來常爲六親以親想故不應食肉二狐狗人馬屠者雜賣故三不淨氣分所生長故四衆生聞氣悉生怖故五令修行者慈心不生故六凡愚所習臭穢不淨無善名稱故七令呪術不成就故八以食肉見形起識以染味著故九諸天所棄多惡夢虎狼聞香故十由食種種肉遂噉人肉故如斑足王經說

次楞伽中十過最須觀察初恐食噉父母成惡逆故梵網經云一切男女皆是我父母我生生無不從之受生而殺而食者卽殺我父母是也二恐食其同類非仁心也三謂禽畜交合精血所成腥臊穢物自內於口深可惡也四者由多噉肉易其血氣衆生聞之知是殺者五卽涅槃所謂斷大慈種也六中由是愚癡不淨者所爲故有食噉無善名稱七謂或持呪術必須精潔尙誡葷辛何況血肉八謂凡過畜形卽思其味故九中三過天報清淨所以捨棄不習善法故多惡夢身同畜氣故爲虎狼所食十謂由此相因遂噉同類斑足王者其父遊獵至山染師子而生人形斑足後紹王位一日

掌膳者闕肉求得小兒肉以充之王覺味殊因勅常供殺害既多衆欲殺王王變爲飛行羅刹十二年中常食人肉

今有凡愚多嗜諸肉罪中之大勿過於此故屠者販賣但爲食肉之人必無食者亦不屠殺故知食者同屠造業沾殺生分可不誡乎

申誡中初明過重如向列故故下次明業深同屠殺故

僧祇云若爲比丘殺者一切七衆不應食乃至爲優婆夷殺七衆不食亦爾

引小中初科爲一衆殺而制七衆者以同沾佛戒意所通故彼律得食三種淨肉謂不見不聞不疑爲我故殺者是知雖云得食還同禁斷下引四分其意益明

今學戒者多不食之與中國大乘僧同例有學大乘語者用酒肉爲行解則大小二教不收自入屠兒行內天魔外道尚不食酒肉此乃閻羅之將吏耳

次科初明學戒多不食者此指祖師之世奉持者耳若今學戒食肉飲酒猶爲細行更行麤惡不足言之中國學大乘者皆依梵網楞伽涅槃等制既

修大行慈濟爲先安有大乘方行殺戮皇唐之世華竺交通或梵衆東來或此僧西邁彼方風化可得傳聞且如此土亰大高僧至有身不服於繒綿足不履於皮革葷辛乳蜜多不沾嘗蚤蝨蚊䖟從之唖齧斯之學大豈非大乎有下指斥行謂爲之無恥解謂執之不疑二教不收者以大小俱制反不依行教所不被故教既不被非佛弟子無慈好殺宜入屠行天魔報勝淨因所克外道苦行飡風自餓等故知噉肉比丘未及魔外閻羅將吏信是同倫具云閻摩羅此云雙王苦樂並受故又云兄

治男事妹治女事故云雙王將吏謂夜叉鬼卒之類

四分云若此殺者行十惡業爲我故殺乃至大祀處肉不得食之以辦具來者心無定主故今屠者通殺則依教無肉可食正斷食肉也毗尼母大同律云若持十善彼終不爲我故斷衆生命如此應食準此何由得肉而噉唯自死者鳥殘猶獲罪也

三中四分初明制斷爲我大祀二皆不淨今下顯意毗下指同次明開食前與肉者須行十善豈有行十善者而有肉耶故云何由得肉等鳥殘多論

犯吉

楞伽云酒肉葱蒜韮薤之屬悉不嘗之

通禁中酒肉兼五辛文缺興渠或謂阿魏或云自有興渠根如蘿蔔蒜音算韮音久薤胡介反並葷菜也梵網云一切食中不得食楞嚴云熟食發婬生噉增恚如是世界食辛之人縱能宣說十二部經十方天仙嫌其臭穢咸皆遠離諸餓鬼等因彼食次舐其脣吻常與鬼住福德日消長無利益等俗中尚云沽酒市脯不食況出道高僧以酒肉爲意旨所懷亦可見也

舉況中。論語鄉黨說孔子凡祭祀預齋不飲沽來之酒。不食市得之脯。爲僧嗜此。希貪口腹。情無遠趣。故云所懷可見。

摩得伽云。若以酒煑時非時七日藥得服者。謂無酒性得服。今時藥酒令昏醉悶。氣味具足。爲貪服之。必加苦毒。亦不附口。以此二途驗知情性。去道全遠。

引斥中。初引示。今下斥非。二途卽上貪美棄惡。凡庸之情。故可知也。

非時漿者。僧祇。一切豆穀麥煑之頭不卓破者之汁。若酥油蜜石蜜十四種果漿生果汁。要以水作淨。若

器底殘水被雨濺等。亦名淨。

非時漿中。僧祇。豆等頭不破者。破卽時漿。非時不得飮。十四種者。一菴羅漿。二拘梨。三安石榴。四巔哆梨。五蒲桃。六波樓沙。七犍犍。八芭蕉。九罽伽提。十劫頗羅。十一婆籠渠。十二甘蔗。十三呵梨陀。十四呿波梨。上多列梵言。未見翻譯。並果名耳。要水淨等。壞好味故。

十誦。若蒲萄不以火淨。汁中不以水淨。及互不淨。不應飮。俱淨得飮。準此通四藥。爲壞味除貪故。

次科。初引文。火淨壞種。水淨壞味。準下例通。

善見。舍樓伽漿。謂蓮華根擣取汁澄淸者 一切木果。一切葉除菜。一切花。一切草果除甜瓠子冬瓜甜瓜椰子果已外。得非時服。

三中。善見注。蓮華根。卽藕漿也。葉中除菜。草果除瓜瓠等。並時漿故。椰子列在草果。卽今瓢子之類。古云。南海生者。此乃木果。不在簡除。

毗尼母。得種種果。多食不盡者。破取汁飮。若不至初夜變成苦酒者。不得飮。以酒兩已成故。

母論。破取汁。卽壓碎。兩卽味也。北人呼酒味爲兩。

明了論。炒米令焦黑。餘藥投中。釀以爲漿。亦名非時漿。

了論。米藥釀合。據是時漿。而名非時者。必取淸冷無酒氣味故。

四分。八種漿。古昔無欲仙人所飮。梨酸棗甘蔗甤果蒲萄舍樓伽等漿也。若醉人不應飮。飮則如法治。

四分。無欲仙人。謂不多欲。梨棗等。卽列八漿。文略二種。卽闍浮漿。波樓師漿。甤儒佳反。其果味甘。出北方。果漿醉人。卽同酒判。

伽論。要須漉除滓。澄淸如水。若有濁汁。與時食雜。若咽咽飮。隨犯波逸提。

澄漉中。伽論水色卽是別相。

七日藥者。四分酥油生酥密石蜜等五種。世人所識。當食當藥。如食飯乾飯不令麤現。伽論糖漿亦得七日受。乃至未捨自性。僧祇加脂一種。四分舍利弗風病。醫教服五種脂熊羆猪驢魚等也。

七日藥中。初科。當字去呼。資益故當食。除患故當藥。簡餘三藥各專一用。如食飯等者。明其當食也。不令麤者。識其多貪也。伽論糖漿今時謂水糖是也。未捨自性。謂未轉變也。僧祇加脂則有六種。兼上糖漿則有七矣。熊音雄。似豕。羆音碑。似熊而長頭高脚為異。

僧祇。此藥淸淨無時食氣。一時受七日服。有四百四病。風大百一用油脂治。火大熱病用酥治之。水病蜜治。雜病用上三藥治之。

次科初二句顯體。無時食氣。離內分也。次二句示法。有下明功。三大各有百一。雜病即等分亦百一。合數可見。

五分。見作石蜜擣米著中。佛言作法應爾。若合藥法如此者。聽非時服。

三中米是時藥。彼因那律疑。故問佛。故為決之。若合藥等。準類盡形。

十誦。石蜜不得輒噉。除五種人。遠行人病人食少不足人不得食人若施水處和水飲之。五分飢渴二時。以水和飲。

四中。獨簡石蜜。五人得者。若論非時。唯開有病。自餘時中不許輒噉。

僧祇。食上多得酪。食不盡者。動作生酥。七日受服。若長煎作熟酥。七日受。驗知酥油各受作法得多七日不名重受。若乞食時多得酥者。貪病比丘以細緻氎淨漉取酥。得七日受。若有緣事不得中前作者。當對一比丘記識言。此中淨物生。我當作七日藥受。若忘悞不受不作淨。過時

是名不淨。若得多油。如酥中說。得胡麻食殘不盡。即煑取油。七日受之。若事緣不得作。如酥中說。若熊猪等脂。如上。進不得甘蔗及果。並如上。善見。受酪記酪中酥為七日。至第七日鑽得即日服。八日犯捨。油蜜亦爾。摩得伽。非時受甘蔗作法不成。時內並成。

五中。僧祇初明展轉加受。動猶轉也。若長謂猶有餘者。注中古師謂七日不開重受。準上體變得更加受。則知體別不名重矣。餘如第五門說。若下造受差別。初明酥法。須氎漉者。恐雜時食。故記識法者。恐忘故。令憶而知之。若得下次明油法。如酥說

者即同漉淨加記等。得亦可知。若熊下三明脂法。亦先漉治。或中前加受。或有緣記識。故並指如上。得甘蔗等。蔗通非時七日。果局非時。善見八日犯捨者。此明記識即入法限。鑽即煎也。問前作記識。及後成藥用加受否。答前但憶持不言藥病。詞中通泛理必更加。若爾中間藥成爲得幾日。答準上善見自可明之。伽論作法之言則通受持記識二並不成。

二別誡著蜜

然蜜味美重。凡聖常言。長貪壞行。勿先於此。兼得必彊力劫掠辦之。自非極病難用進口。故僧祇佛受獼猴無蜂熟蜜等云云。

誡密中。初明味重過深。經論多舉爲喻。復是常人共知。故云凡聖常言也。兼下次明傷慈害命。強力劫掠者。以取時以烟火逐散奪彼食分。與世劫賊復何異哉。僧傳云。慧遠法師有疾六日。而困篤大德耆年皆稽顙請飲豉酒。弗聽。又請飲米汁。弗聽。又請以蜜和水爲漿。乃令律師披卷尋文得飲以不。展卷未半而終。嗚呼。往哲眞大法師。自餘昏庸何足算也。且吾祖律師荆溪禪師並以惻隱之深終身不食。豈非解大乘法修大乘行者乎。故章服

二明判服

四盡形藥三初示單體

儀云。因犢捋乳。劫蜂賊蜜。比之屠獵。萬計倍之。反覆斯言。宜爲極誡。故下引證。彼因獼猴見樹中無蜂熟蜜。來取佛鉢盛獻於佛。後生忉利。出家成羅漢等。此明無蜂者佛乃受之。反知有蜂其過彌甚。

盡形體者。僧祇胡椒蓽茇呵梨勒等。此藥無時食氣。頓受病比丘終身服。四分云。不任爲食者。一切鹹苦辛甘等。不任爲食。名盡形藥體。善見一切樹木及草根莖枝葉。爲食不任者。盡形服之。又樹木草無問根莖並是時藥。或根是時藥。莖是盡形。互有俱是不可名示。但令堪食時藥所攝。不任者盡形藥。

盡形藥體中。僧祇呵梨勒。今時所謂呵子是也。頓受。謂多藥得作一時加也。四分上句標。下釋。以此藥體繁多。不可別舉。但約六味不任爲食攝無不盡。任堪也。善見初約義定體。又下對時簡辨。初明交雜。但下判定。

明了論疏云。若病服七日藥。隨病爲量。若差須捨。若無病復不飢。非時食者。得非時食罪。油蜜膏亦爾。故論中舉酥等。終身藥則不爾。有身必有病。佛許服此藥防護一期果報身。若無客病。又不飢渴。非時不得服。

次科初示七日隨病爲量者以病七日一轉故復不飢者非謂酥蜜得用充飢然雖開病復須飢空論有等字故舉油蜜類同次明終身是正科意前引七日對顯不同客病卽是新病下云飢渴卽爲主病

十誦淨苦酒無酒氣無糟者過中得飲

三中十誦得飲苦酒者毋論制斷有酒兩故據是時漿由無酒氣作非時飲而在此明未詳何意

上來辨者一切經律隨事辨體同此宗者具列如上今有愚夫非時妄噉諸杏子湯乾棗汁果漿含滓藕

根米汁乾地黃茯苓末諸藥酒煎非鹹苦格口者非時噉之並出在自心妄憑聖教不如噉飯未必長惡引悞後生罪流長世

結斥中初指前所引隨事事卽是物同此宗者此示有不同者則不引故今下斥世非法初列非言非鹹苦格口者顯是甘美利口耳格合作隔礙也並下正斥初句任意次句倚濫彼謂湯藥非時開故不下舉況飯無異味不至貪嗜故舉質之（愚者又謂鈔文許噉飯者謬矣）引下顯過令他毀犯相沿不絕故云長世陷他既爾自損可知今時多作茯苓丸形如拳大煎薑蘋湯稠如糜粥非時輒噉妄謂持齋以事驗心卽因觀果當知卽是吞熱鐵丸飲洋銅汁暫時取適長劫難堪有智思之豈宜貪縱

次二六味定者

六味標中次二寫重可除一字涅槃云有六種味一苦二醋三甘四辛五鹹六淡

明了論云五種量乃至大開攝一切物皆盡疏云藥有五種甘味物中除甘草蜜沙糖酥油餘甘味是時量酸味中除阿摩勒果汁等餘酸味是時量辛味中除薑椒蓽茇呵梨勒餘辛味是時量一切苦澀物非

食作終身藥七日藥外一切可食物名依時量食從平旦至正中爲時過此不得食

時量中初對味別簡六味中缺鹹淡二味甘味中甘草是盡形蜜等卽七日酸中果汁是非時辛味中薑椒等皆盡形苦味不入時食故唯在終身次對七日總簡以七日體別同是可食故除已外一切名時從下顯示時義若論時及盡形皆通六味但時藥微通辛苦盡形少於甘肥非時多是甘酸七日唯局甘味如是求之

一切漿甘蔗等名依更量日夜各分五時從平旦受

至二更過則不得服如是輪轉乃至五更此間漬飯
爲漿屬時量
更量者日中受藥以五更爲限故日夜各五時者
無論長短但將一日分爲五時對夜五更不可定約寅卯等時以夜五更亦不限此時故若準僧祇晝夜三十須臾卽三須臾爲一時且據相等爲言至
二更者謂盡一更交至二更受法卽謝如是輪轉
者謂第二時受卽盡二更至三更謝等若約四分
但盡非時今須依律此下簡濫漬飯漿卽今之漿
水也
酥油蜜沙糖等名依七日量甘草等名依一期量從

受戒後臨一期報終名一期也於此時中無問晝夜
恆得服之灰土水屎尿此五名依大開量不須受隨
意取服是世間所棄非所惜故四分須受灰土等此據有人處必無人準用
大開者望不制受故得此名四分下會異
三明轉變者伽論云如蒲萄漿持戒者應飲若變作
酒不應飲若變爲苦酒還復得飲
轉變中初科苦酒得飲者準上無酒氣味
十誦甘蔗是時藥清汁是非時分作石蜜是七日燒
作灰是盡形肉是時藥煎取脂是七日燒作灰是盡
形胡麻同肉法略是時藥清汁如水是非時作酥是
七日燒爲灰名盡形
二中且約四物餘可類準胡麻同肉者亦通兩轉
故是知一物或通四藥或三或二轉變不定隨舉
說之
四相和者薩婆多四藥相和從彊而服若以時藥終
身藥助成七日藥作七日服由七日藥勢力多故又
助成故如以酥煮肉此酥肉汁得作七日服若以時
藥七日藥助成終身藥作終身服如以酥乳和葶藶
子作丸者是又如附子烏頭等諸毒藥浸豆麥等名

盡形藥若以終身七日助成時藥者時中服之如麨
食用酥油薑椒等
相和中不等有三前明七日初立義由下釋所以
如下舉事次若以下明終身卽盡形異名初立義
如下示相酥是七日乳是時藥浸豆麥者卽用豆
麥浸去其毒後若以下明時藥可解
若分數俱等勢力相似者隨以藥首一名標目餘者
藥分稱之如石英鐘乳黃者白朮丸散湯膏煎等並
例知用之
次科唯據盡形爲言初立義餘藥分者卽通四藥

如下顯相。

二置藥處所卽結盡淨也。略分四門。一制意者。良由眾生報力不同。上中下別。若上達之徒。身力貧彊。制令分衞。隨緣少欲。得濟形命。志存道業。不假儲畜。中下之流。情同上士。而力劣不堪。必須資具方能進策。是以大聖慈愍。因困餓死。方開結之。同界別處。

次明淨地制意中。初總示根器不同。若下別明立教有異。初敘上根從制分衞。卽乞食。經音義云。正言擯茶波多。此云團墮。言行乞食團墮在鉢中也。次敘中下須開。言情同者。謂心雖慕上。力不及故。

行事鈔資持記卷三十三　四藥受淨篇十八　七

因餓死者。藥法中云。時有吐下比丘。使舍衞城人養粥。時有因緣。城門開晚。未及得粥。便死。諸比丘白佛。佛言。聽在僧伽藍內結淨地。

釋淨名者。以飲食繫穢。同處生患。今既別結。情無儲畜。食不生罪。故名爲淨。若同處長貪。違教受業。業是穢因。名不淨也。此從緣說淨。非對穢以明也。

釋名中。初正釋。若下反顯。準業疏中具四義故。方名爲淨。一增貪長慢。名汙淨心。二外俗譏謗。名汙淨信。三宿煑生罪。名汙淨戒。四來受苦報。名汙淨果。此下遮濫。言從緣者。如上所釋。但取離過故。非對穢者。世愚多謂不結地穢故。

二列數作法者。有四種淨。

列數標中。列數通四種。作法局後二。

一者籬牆不周淨。四分云。半有籬障。多無籬障。都無籬障。謂露地也。非儲積相。故開之。必三面有院。開一面者。攝食義彊。亦同有罪。廚舍孤立。有院同之。垣牆塹柵亦如是。並非牆得周帀。隨共成相。

不周中。四分前約籬障二。合以明三相。障卽板壁等物。半有者。二方障也。多無者。一方有也。都無如文釋也。非下示開意。注中廚孤立者。謂寺雖不周。而廚有院者。垣牆下。指略餘相。總上六種。各有三

行事鈔資持記卷三十三　四藥受淨篇十八　六

相。疏云。約文附事。則十八處是也。注中遮疑。恐謂四面俱牆。可爲周帀。餘物相參。便謂不周。故得或作等。

二檀越淨者。有三。一食具是他物。律云。自今已去。當作檀越食。令淨人賞舉。不得自受。若有所須。隨意索取。二處所是他物。故云。若爲僧作伽藍。未施與僧。雖食在中。不名有犯。三食處俱是。謂處所他有。食具是他。不屬僧用也。

檀越淨三種。初食是他物。處是已有。卽施主寄食僧界。隨用施僧也。食具卽所食之物。二處是他物。

食具已有如文自顯。三俱是者，卽今俗舍設會供僧也。

此三名他物淨，要眞非假。今多託冒，自誑自負，非法有罪。十誦，瓶沙王施僧粥田，比丘上埸，佛言未分者應上，分竟不應上，犯吉羅。王崩，比丘見無檀越，謂犯宿煑，佛言闍王替處，不名有犯。(準此例，餘皆犯。)僧祇，婆羅門送粥米施佛僧，以於僧住處作，故佛言內宿內煑不聽食。(故知屬僧，卽同僧法，非檀越淨。)

結斥中，初結示，今下斥非。疏云若道寺是俗造，卽云他淨。(牒彼所計。)一切僧坊俱非道有，於中盜損，望俗

推繩乃至佛法咸無福也。(難破)財物無主，隨施成主。何得仍舊爲檀越淨。十下引證，初引十誦證屬主者成淨，比丘上埸謂埸在僧界，貯米在中，次引僧祇證屬僧不成淨，觀斯聖量，足顯非法。

三處分淨者，四分若檀越若經營比丘爲僧作伽藍時分處如是言：某處爲僧作淨地。僧祇若作新住處營事比丘及僧未住，初夜前以繩量度，分齊爾許，僧住爾許淨屋受之，不得過初夜。(四分經明相。)若檀越言莫豫處分，我未施僧，此則同他物淨。五分作新住處，未有淨屋，當先指某處作淨地，以食置中，然後僧住，若經明相出則不成。

處分中，四分五分可解。僧祇中，注中顯示部別，令依本宗。疏云以初成故，未曾經宿，墾結未多，隨人處分也。

善見云：何結淨屋？初豎柱時云：此處爲僧作淨屋。三說已乃豎之，餘者亦爾。不爾，就一柱上加法亦成。若已成者，喚本主語令隨指一處爲僧作淨屋。若無者，聚落有老宿，召來遣作。不解者教之。

善見初句問起，初下示法，前明未成，餘者亦爾，謂餘柱一一三說，後明已成。

四白二結者，謂僧伽藍院相周帀，比丘在中有宿煑過，不問住之久近，隨處結之，除去比丘。毗尼母云：大界內無淨厨者，一切宿食不得食，乃至藥草亦爾。

白二淨中，須結爲二，初正明。伽藍者，簡處非他物也。院周帀者，簡不周也。不問久近，簡處分也。除比丘者，結已不容僧住也。毗尼下，引證，準知無淨地處不合進口也。

四分因餓死比丘，故聽在伽藍內邊房靜處結作。(必在作法界上，不同處分。)

結法中，初文疏云，以道寄清修，食緣繁雜，俗中節

二五分通別結

士尚遠庖廚，況出世人，奄蒙庸僕，誠不可也。制在邊鄙，文居幽靜，意可知也。文中但云伽藍，恐謂通於自然，故注簡之。

五分，諸比丘欲羯磨一房一角半房半角中庭或通結坊內作淨地，並聽。若通結者，羯磨云：此住處共住共布薩，僧今結淨地，除某處。謂僧住行來房舍等，準此偏界中果菜無過明相出在舍下。又云：必依地起，不在架屋上。

五分，初總示兩開。若下，別示通法。注中，初明所除，準下顯通相，明下示護宿，舍下卽僧住等處也。又下簡示非法，彼云机案上重屋上作淨犯吉。今時行通結者不知所以，任意裁之，但由鈔中略示緣相，不具出法，遂致乖謬。然五分白與羯磨例並四句成法，止於第三句中具牒緣本，並無第四句。祖師意令例準四分五句楷式，故但出緣句，餘並略之。何以知然？請尋僧網滅擯羯磨，足爲明準。恐世妄行，故須具出。白云：大德僧聽，此住處共住共布薩，若僧時到，僧忍聽，僧今結淨地，除某處。白如是。羯磨云：大德僧聽，此住處共住共布薩，僧今結淨地，除某處。誰諸長老忍僧於此處共住共布薩結淨地除某處者默然，誰不忍者說。僧已忍於此處

三僧祇別結

業疏文見律刊會本卷八第三十六頁

共住共布薩結淨地除某處竟，僧忍默然故，是事如是持。共住共布薩，卽四分二同，語少異耳。彼文又有共得施，別結則牒相局處，故不著二同。通結則偏結別除，必須先著，卽是淨法所依之本。今人堅欲削之，一公違鈔文，二濫於別法，三不曉通結之義。問：彼引業疏云淨地元結攝食障人，故不稱本住，又若稱者，恐成相可偏內有宿，不如不結。豈非明據？答：疏因僧衣二界並牒二同，淨地不牒，故作此通。蓋明四分別結之法。今此通結自出五分，那得以釋本宗別結之文而爲五分通結之妨？其謬一也。又彌沙塞師集此羯磨，豈不知有宿煮等患，何待汝輩方復刪改？其謬二也。又上云二同，正顯通結，下自簡除，何有偏內宿煮之過？其謬三也。嗟彼愚僻，卒難示喩，脫臨秉御，定判不成，自累累人，法滅由此。律云：不如白法作白，不如羯磨法作羯磨，能令正法疾滅。又云：如此比丘多人不益，入地獄如箭。豈不畏乎？

僧祇，若一覆別隔、通隔別覆、通覆通隔、別覆別隔，一邊二邊三邊，隔道兩邊作淨，中間不淨，如是一切並得。

僧祇一覆卽上通屋覆下別隔斷通隔卽四周通
圍各別屋覆餘二句準知一二三邊約相連處隔
道兩邊約相隔處中間不淨卽大界也
準此作法羯磨文中必須明指委曲結竟牓示顯處
令主客了之律中客問何者淨地何者不淨地
囑示相中羯磨明指者令別別牒相明示分齊也
注中指律如主客篇引
三加法中四淨二種不作如上明之處分一法別人指示
如前已明羯磨結者在僧界內先示處所懸指結取
所以不得坐中結者古師云以食望僧是攝是障故須

遙結在中相雜以僧望僧非攝非障淨地有僧不免別眾
正加通簡中初辨作法有無前二無法自他分之
後二須法僧別有異懸指結者謂僧在大界遙加
法也所下示遙結所以引古釋之上句謂將食界
望僧以論是攝食是障僧此句正釋下句對顯下句謂以僧
界望僧以論非攝食非障僧必有作法還集一處
不得別眾卽業疏云人食同處加結之時相中不
便是也又有解云必同淨地復有何苦法自簡處
豈同不得等
律令唱處所應一比丘起唱云大德僧聽我比丘爲

僧唱淨地處所若房若處若溫室若堂等隨其結處
任境唱之然後坐訖亦不牒唱人名入羯磨也
結法中初科古師不牒唱相律云應唱房名故云
律令唱也不牒人名者大界羯磨則牒唱人但不
提名今淨地中都不牒故
次索欲問和已白二云大德僧聽若僧時到僧忍聽
僧今於某處結淨地白如是大德僧聽僧今結某處
作淨地誰諸長老忍僧結某處作淨地者默然誰不
忍者說僧已忍僧結某處作淨地竟僧忍默然故是
事如是持

正作中白文依律而出疏云此是結集缺文或是
覺明漏誦又可竺念遺筆比諸結法義有虧緒可
不鏡乎疏文必欲準改當依羯磨牒之
僧祇內作淨廚不得繙汁盪器水流出外
三中流出外者卽淨地外大界中欲令大界精潔
遮世譏嫌故彼律因俗訶言僧住與俗無別故制
不得繙音番淘米汁也
有緣須解者律無文義準反結卽成應云大德僧聽
若僧時到僧忍聽僧今解某處淨地白如是大德僧
聽僧今解某處淨地誰諸長老忍僧解某處淨地者

默然誰不忍者說僧已忍解某處淨地竟僧忍默然故是事如是持

解中有緣者或欲改轉重加故須先解

四離出料簡者檀越淨不周淨此二處不問內外晝夜同宿煑者無過但不得觸若處分羯磨二淨通比丘在內檢校唯護明相若與同處唯壞食具更須翻食器令淨有宿煑過也

料簡中初科上明前二淨同處無過若下明後二淨攝處分齊檢校如知事料理也翻食器者有食亦須翻之

若治故處作處分者祇云僧住寺中過初夜而欲作處分淨者要住處破經國土亂新王未立爾時便得受作若此緣無但令住處及聚落俱停廢二年得名處分若復不受作處分淨停可食物內宿內煑

次科僧祇過初夜者顯示故處也住處破謂僧房荒毀也國亂王未立者未分所屬也住處即僧舍聚落即僧舍所依處停廢二年荒虛潔靜還同新處彼有四句二互俱非三句並不得作故云俱停廢也若不在聚但據住處

問結淨竟得中看煑何為不犯內煑答煑是隨處大界無人亦犯宿是逐人二界無人不犯

問中前云二淨通僧在內檢校故此徵之欲彰宿煑結犯有異答中內煑準據大界中煑不論人之有無內宿但隨人物共處不問界是僧食

四分律行事鈔資持記卷第三十三

四分律行事鈔資持記卷第三十四下二之二

宋餘杭沙門元照撰記

三護淨法五門。一翻淨。二護淨。三罪通塞。四互明淨染。五儉緣開八事。初中若一方別住。維持佛法者。必須結食界。同護淨食。此則通凡聖僧路。順諸佛本懷。今自共宿捉。貪染叵離者。俗中恆人所恥。何況淨僧食之。脫經儉難。因性染汚。後若緣無。理須拱手。仍事觸宿。心初無悔者。不信此心。須爲師匠。欲依聖語而反穢者。有四不同。一者緣淨。二者體淨。三者體不淨。四者緣不淨。

第三護淨。翻淨中。初文爲三。初敘益。一方別住。謂衆同之處。維持佛法者。即弘讚之人。通僧路者。隨處可食。故順佛懷者。不違聖制故。今下二斥非。前斥貪噉乖儀。叵猶不可也。俗中所恥者。儒宗君子尚遠庖厨。故舉以況之。脫下次斥倚濫開教。因染汚者。開宿觸也。若緣無者。謂時豐也。初猶都也。此心即觸宿之心。妄心無準。以教範之。即佛所謂當爲心師而勿師心。彼不信之。故多自任。欲下三生起反穢。謂曾染汚。以法翻之令淨。

言緣淨者。謂釜器傾溢。佐助料理。佛開爲緣。此不須翻。

緣淨中。得佐助者。如下十誦開惡觸也。

言體淨者。不容膩器。佛令自得安水燃火。乃至諸僧器未經盛食。體是淨物。無穢可翻。

體淨中。自安水等者。即下僧祇開惡觸自煮。諸僧器等開觸宿。

言體不淨者。此是治生興利。用造佛供僧。制不許禮受。雖不淨宿捉。翻亦不合食。由心惡觸。上三句者並是正經文。徧如鈔並不須翻。

體不淨中。即引多論。穢財造佛。持戒人不得禮供。

僧不得受食。亦犯提。至死方淨。言心惡者。如隨相引收販之人。常願荒儉。王路隔塞等。上下總示正經。即諸律論。初二不須翻。第三不可翻。

緣不淨者。本是淨具。遇緣染汚。故須翻穢令淨。五分有諸木器肥膩不淨。以瓦石揩洗。恐破壞者。用沸湯洗之。僧祇。淨人行食。淨器墮比丘鉢中。尋即卻者名淨。停須臾者名不淨。若是銅器淨洗。用木器若膩入中者。削刨之。不可用者當棄。

緣不淨中。須臾者但取少時。刨音炮。正作鉋。去呼。刃治木也。

十誦比丘有膩器二三度用澡豆洗故不淨當以木刮卻然後澡豆二三徧洗是淨餘有不盡者準以米麪油醬等於尼寺俗家沙彌淨人處一石一石更互博之雖得本物以入手兩相捨

十誦餘不盡者謂洗器不淨汚染於物故令轉易業疏云隨用少許於六眾中展轉博之準此不必盡易或可類準轉易令易穢器

善見故多比丘共一沙彌行各自擔食至時自分已沙彌語比丘言今持我食與大德易易得已復展轉乃至下座若不解者教之亦得準此展轉翻穢者成

證若盆甕等器有食膩者釜上蒸之內外熱徹膩出即淨一切銅器磨之鐵器以火燒內趣令膩盡木倉櫃等削刮泥拭土倉窖等隨有更拭石器者或以水洗或以鑴治得無殘膩便止

善見初明易食若下明翻器

四分得捉眾僧戶鉤鬮若杖若環若匕若角杓銅杓若浴牀則無觸淨謂非常服用者

四分中注文點上匕杓若是常用亦不得觸非常用者即體淨也

問觸淨何過佛苦制之

問中欲彰聖意故特問之

答佛欲增尚弟子令行勝行內有勝法外行亦勝如世貴人安坐受食不自執勞以形勝故二爲現大人相三世三聖並不自作今若宿觸失聖人法故三諸佛立教通大小乘俱無宿煮如楞伽十誦所述四長貪壞信五廢修出業六死入糞坑

答中初科但制宿觸則免六過三聖即三乘楞伽證大乘彼云寺舍烟不斷常作種種食依實修行者不應食此食十誦證小乘彼初聽結淨已外道譏言禿居士舍倉庫食厨白衣無别因令僧坊外

作

護淨經云由有宿捉等眾僧食不淨食後墮臭屎池中五百萬世受苦惱竟復各五百萬世墮豬狗及蟯蜋中常食不淨後出爲人生貧窮家衣食不供佛告比丘眾僧住止之處作不淨食不足往食如法持鉢乞白衣食是名淨命因說知事比丘觸僧淨器及食食眾僧故墮餓鬼中五百餘年不見漿水正欲趣廁護廁鬼神打不得近如是廣說因緣智論若沙門福田食以不淨手觸或先噉或以不淨物著中入沸屎地獄中廣如第十七八九卷中大集日藏分濟龍品

中廣明僧食難近難用僧護等經明非法受用僧物。文廣不具錄通而言之若無慚愧輕慢佛語自物尚犯何況僧物深須自勉可得出期五百問中明持戒知事指挃僧器羅漢代懺苦緣如是廣知。

引文中護淨經彼云佛往昔共阿難行遇値一池深廣各四十里池中有蟲形如蝌蚪佛語阿難此池中蟲者十方世界本是衆僧食不淨食噇此臭穢糞屎池中常食不淨等餘同鈔引經中噇蟲猪狗蜣蜋並五百萬世故云各也因說知事者彼云昔有羅漢向暗上厠見一比丘在邊呻吟羅漢問

云汝本好人云何噇餓鬼中答言我飢渴來久等餘如鈔又云憶念曾作比丘知僧淨事觸僧淨食以不淨食食衆僧故致此殃羅漢爲呪願得免餓鬼還復人道等蜣蜋噉糞蟲也智論淨信檀越施僧求福名福田食下文指廣須者檢看大集濟龍品彼云時有一盲龍舉聲大哭作如是言大聖世尊願救濟我我今身中受大苦惱日夜常爲諸蟲唼食居熱水中無時暫樂佛言汝過去世時曾爲比丘毀破禁戒內懷欺詐外現善相廣貪畜屬弟子衆多名聲四遠以是因緣多得供養獨受用之見持戒人反加惡説彼人懊惱如是念言世世生中食汝身肉如是惡業死生龍中又過去無量劫中在融赤銅地獄中常爲諸蟲食噉乃至衆中二十六億諸餓龍等悉皆雨淚念過去身雖得出家備造惡業經無量身在三惡道以餘報故猶在龍中受極大苦佛語諸龍汝可持水洗如來足令汝殃罪漸得除滅諸龍以手掬水水皆成火變作大石滿於手中如是至七亦復如是佛敎立大誓願已燄火皆滅乃至八過以手捧水洗如來足至心懺悔佛記彌勒佛時當得人身出家得道等乃

至諸龍得宿命心自念過去或爲俗人親屬因緣或聽法因緣入寺食於僧食等今受龍報云云僧護經彼因僧護比丘海邊見諸地獄多是迦葉佛時比丘不修戒行毀壞三寶貪用僧物慳悋衆食不給客僧故受諸苦尋文細讀適足自勵通下總示前後諸文之意自物犯者雖是己物亦從他施故凡受用豈容非法五百問因緣同前護淨經持戒尚爾破戒可知矣挃（陟栗）撞觸也

二護淨法前護惡觸

次明護淨護惡觸中以文相交參大分三段

十誦比丘食竟以已不淨鉢及食與沙彌白衣沙彌白衣洗鉢竟還著僧器中是名淨一心過與則無惡觸準此器下殘食令淨人益授有觸失

行食中初科注文以令他益授非一心與故

五分若無淨人行食比丘受已行之無淨人御乘行船比丘亦得

次科即一人受已通及餘人準須具戒清淨者如釋相所簡御乘行船因而連引或是船乘運載食具無人故開

僧祇若淨人持不淨手謂先捉比丘惡觸食者行麨飯與僧者

上座一人得不淨餘人名淨若淨人持淨麨寫不淨麨上得抄取上若不淨麨寫淨麨上一切不淨若著淨麨在不淨器中得扠取中央若抖擻簁器一切不淨十誦若淨食中著不淨食應卻者除之餘者食之餅果等亦爾準此諸扠者由食相可別者必淨穢相濫即應都換之

三中僧祇初明穢手注中反顯捉他淨器淨食則非不淨若下次明穢食若著下明穢器抖擻簁器淨穢相混故十誦下注通決諸文

僧祇若曬穀時比丘在上行者當腳處使淨人扠去若難事急雖蹈無罪必天雨無淨人得自遙擲淨席物覆捉淨甎石鎮之忘覆食器亦爾

諸器中初科難事天雨並緣淨故

若厨屋中有諸酥油瓶甘蔗竹葦束比丘取七日油蜜瓶悞捉淨油瓶來餘人見不得即語待至問已是何等油答言七日油當語置地不得名字還得七日受以悞觸不成故若令取淨油俗人不解悞持七日油來亦如上法準口法有失自餘錯捉亦爾若言審悉看灰瓶已持來此比丘內手瓶中錯把淨麨看故名淨若還放瓶中即為不淨餘並例之

次文為三初明比丘誤觸淨物謂未加法者不得

即語恐知非誤即成觸故不得名字亦據未離手時已離不妨還得七日者由不成觸加受無過若令下次明淨人誤觸七日亦如上者即不得名字問答置地等注失口法義須再加若言下三明比丘錯捉淨物應除把者不得還放

器中明觸者一切葉卷是器舒者非器盤緣沒麵麥為器長牀坐牀繩牀緻織為器船在水中車駕牛時非器無者為器若食時敷牀長版坐牀褥等或在甘蔗蘿蔔米穀豆囊等上令比丘坐不應動身亦不得問若動問者一切不淨由有緣開坐若動問成觸若棧閣上衣架

三捨[illegible]等觸七。
初十誦等、如文。

上有淨食及衣鉢。若取物動淨器食，一切不淨。若閣堅不動者得。若在船上載十七種穀，上覆以蘧蒢席，比丘得在上坐，不得名字。若爲風吹迴波漂在岸者，一切不淨。必繩篙不離水名淨。大車上載諸穀，上覆者，比丘得坐上，不得名字。如船中進不。若小車有淨物，若取衣鉢時動車者，一切不淨。當令淨人取。（不得以牛在故爲淨）應令淨人先上，比丘後上。若下時，比丘先下。若在載物車中，忽卽車翻，離牛者，一切不淨。若牛繩尾未離車者名淨。

器具中，初總示諸器𤖹等。繖織者，或繩或藤密穿

之者。若食下，別明諸觸有四。初明坐物。若棧下，次明架閣。卽以爲器棧（上板）棚也。若在下，三明舟船。十七穀如釋相引。蘧（音巨居）蒢（音除）蘆蓆也。風波漂岸，卽成器故。篙（音高）進船竿也。大下，四明諸車。初明大車。如船中者，或停止不行，卽爲不淨。牛繩未離名淨。次明小車。謂比丘身不在車上，但約取物動卽成觸。是以注中不約牛論。若在下，重示大車對簡小車。

十誦，比丘與沙彌擔食在道中，食時與沙彌，沙彌還與比丘者，若先不共要得食，反此不得。使沙彌擔食度水恐沒溺者，乃至得負擔之，雖捉不犯。至岸莫捉。

若不淨器受麨，不應一切棄之。著盂者棄，餘者同僧祇得食。若以繩綴鉢受熱粥時，內有脂出，應直棄脂處，餘者得食。飯粥羹器傾側，聽佐淨人正之已，不得復觸。若佐揞淨釜亦爾。淨人寫酥油瓶傾側亦爾。八驢牛車等負食傾側亦爾。天風雨時，淨器物空在露地者，當淨洗手舉著覆處。（此是體淨）

擔持中，十誦初明轉淨。不共要者，本無心故。使下，次明緣開。以沙彌小力不勝故。若不下，三明簡除。同僧祇者，前云得扠取中央也。飯下，四明佐助。天下，五明自舉。注文點上淨器。

四分，若酥油瓶不覆，無淨人者，自手捉蓋懸置其上。（謂緣淨也）若居士持食寄比丘，賞舉後索還與比丘者，得洗手受之。若鉢盂孔曰食入中，隨可洗者洗之，餘不出無犯。若入僧中食無鉢者，聽比座若僧中有鉢者借與。（亦是體淨）

四分，初明自捉。注中點上無淨人也。若下，次開迴施。若鉢下，三明洗鉢。若入下，四明借鉢。

善見，比丘以氣嘘淨器者名觸。

善見氣嘘，理須淨洗。嘘呵也。（世有呵手捉經像衣鉢者，轉增穢也）

五分，酥油瓶卒翻，應自正，勿得離地。若惡人以僧不

淨米一把投淨米中可分者除之不可分者趣去一把

五分初是緣淨若下次明簡除四分惡心不成觸此由本是不淨故須除之

四分自散種子若生爲菜聽食移菜植之以重生故亦得（餘果菜例同之）若沙彌小捉淨食過水聽比丘扶若上坂亦得扶若舉懸淨食須安牀几橙等令得上下

四分種子雖觸生菜體轉移植亦爾若下次開佐助同前十誦坂（音反）岥也

十誦負淨人上取大比丘自手觸食吉羅有病服有過藥者屏處勿令人見

十誦負謂抱負自觸吉者示制過也有過藥卽曾犯觸宿者病故開之（或云五辛者非）鼻奈耶得粢米以持賓（謂令淨人受取）

鼻奈耶下注決所開義非自畜

二明自煮者僧祇若練若處淨人病無淨人者得淨穀已比丘自舂作粥與淨人淨人若食不盡不得自食（準十誦先無其心一心與者亦得）

自煮中初科開者非自食故注中引前沙彌擔食例決

僧祇若淨人難得比丘欲自作食者當自洗不受膩器著水自然火令沸（此是體淨僧器有膩不合自然火也誡之）使淨人著米內湯中已更不得觸使淨人煮沸已得以木橫置地比丘在上令淨人置食器木上口言受受然後自煮令熟與病人莫令不受物落中乃至煮菜令萎同上作法薑湯亦不得自煮以雙生故若乞得冷食自温煮不犯作食時淨人小者得捉其手教淘教寫抒飯等

次科初煮飯法得洗器等由體淨故使淨人煮非變生故須橫木者表身受故受已自煮同温食故

與病人者通餘人故亦得自食由無過故次明煮菜三制薑湯四開温食五開指教抒謂以筯攪動

三明內宿者五分使淨人於不淨地洗菜未竟明相出者則無犯四分中有比丘持食來覓淨地未得明相出不犯

內宿中二律不犯皆非意故本律復開不知不犯如通塞引

四明內煮者若在界內元爲他煮不專私已與他有餘洗手受食

內煮中開爲他者卽是淨人有餘開食事同自煮

三明通塞分二

通塞二門，並約有罪為通，無罪名塞。

初四藥者，若是時藥，定有宿煮，以資用強，常須服故。

初門時藥唯通，文舉宿煮，具足四過。餘三藥並望限中名局，過限名通。又非時、七日限中，唯開惡觸。盡形方開三罪，則通塞可見矣。

餘之三藥不加法者，一同時藥。若為病緣而加聖法則有通局。非時藥者，過中、明相未出來，服用皆得。若明相出，失其口法，殘宿惡觸，非時生焉。七日藥者，作法加已，內淨廚中，開無殘宿惡捉，八日旦起，具罪。如後。

七日指後，即生罪中。

盡形壽者，必是熟死，無生種相。律開內宿內煮自煮。僧祇自煮薑湯結犯者，謂有生分。（準此唯開三罪，七日不合同宿。）十誦石蜜漿舉宿病人開飲。（應是難緣。）四分殘宿酥油開灌鼻等，餘不淨藥，不合加法，十誦正文。

盡形中初示所開。僧下決前相違。薑是盡形，不開自煮故。注文破古疏云：古師云：七日加法開內宿煮，此無文也。（非時亦然。）獨盡形藥，律開三罪，故云唯也。觸通三藥，故所不云。下引二律斥古所執。十誦開飲，恐彼妄引，故注決之。四分即殘宿食戒開文。唯許外用，然彼但云宿受酥油，義亦通收加法之者。餘下次通簡藥體。下指十誦，如後受法中第二科引。彼明非時等三藥，故云餘也。

二明四過

先明過相。謂內宿內煮自煮惡觸。初中十誦有三種人共食宿：比丘及僧、學悔沙彌等名內宿也。尼中四人，三人如上，加式叉尼。四分中式叉得與大尼過食，不得同宿。（或是無沙彌尼故。）開內宿者，結淨地已，僧坊內共食宿是也。（都不言淨地，有比丘。）內熟者，結淨地已，僧坊內煮者，是自熟者。大比丘自作，如上三種人不應食。惡捉者，自取果與淨人，已更受噉者是。（審不決，捨與他，還受同是。）惡捉。

次門明過中，十誦為二。初示犯人，比丘即別人，僧即眾，僧尼加式叉，二眾共七人。注中以式叉過食非常開，故次明四過。內宿中但云僧坊，致有計云淨地中共宿無過，而文不了，故注點之。內熟自熟熟即煮也。惡捉多種，且據一相。注中顯示必須決捨，再受無過。

薩婆多共食宿有三種：受食已作已有想，共宿不共宿，經夜吉羅，食則犯提。（是殘宿故，四分中亦同。）若自捉食名惡

捉作已有想經宿吉羅若食不受不捉直作已有想經宿食得吉羅若他人食其宿無過

多論三種初受二捉三不受不捉文中共宿經夜吉者即內宿罪初不共宿亦吉者疏云以心貯畜故犯四分無文義豈通許

二將此四過對人約時就處望食以明初將內宿就處者不通他物不周二淨處分白二及界內俱通就時要經明相就人唯據比丘三人知有共犯律中問淨地未得明相現狗持食來風吹果墮律言不知不犯尼通四人並如上就食者離地物一切通犯未離

地者未長足者不犯已長足逢霜等並是宿限對四藥論如上

對顯中內宿對處三處有犯人中三人唯據大僧知有犯者不知不犯下引文示可見狗持風吹皆謂食在大界律字誤合作佛言食中有三初明離地不論長足二未離地須簡長足如果菜等生分未絕皆無內宿三簡四藥唯除盡形是塞三藥皆犯爲通

二內煮者對處淨地並塞對時通晝夜就人通七眾約食通生熟四藥而言加法盡形聽界內宿煮餘三不合故僧祇阿難爲佛温飯在祇桓門邊故知不得界內煮

內煮中對處唯大界中犯故淨地並塞人通七眾此據能造若論食犯唯局三人四藥唯開盡形自煮亦爾

三自煮者對處通淨不淨地就時通日夕就人局大僧三人尼中有四人就食論生佛開重煮故不犯四藥中加法盡形亦開十誦若生食火淨已得煮云何淨乃至火一觸（乃至果菜等例準也）冷食重温五百問中若被淨藥比丘得自合

自煮中約食變生成犯五百問祓淨言通應是火淨生物

四惡觸就處通淨不淨地就時通日夕就人者大僧有多種一者一往不受徑捉觸二膩勢相連（如衣鉢巾襆不淨洗相染）三任運失受（四藥不加法中後俱失受若加法三藥各隨限即失受）四遇緣失受（淨人觸脒器也）五決意捨失（如受已不食意後須不受而取得墮）若就沙彌淨人但有膩觸（謂捉比丘鉢已食膩在手不洗而捉僧器）

惡觸就人中初科又二前明自觸具五決意不食即失受法若欲再噉理須重受若下次明他觸唯一

大僧又有四種不成惡觸。一爲受而捉。如俗器中盛食與比丘。仰手受取前食。雖僧俗兩執不成惡觸。鉢中故食亦爾。二遇緣失受。淨人觸失。如法莫觸。洗手更從受之。淨人不須洗手。三持戒悞捉。四破戒故觸。並名淨食。

次科。初句注云故食亦爾。謂一心度與淨人。雖經兩捉亦不成觸。如前所明。誤觸非作意。故觸非好心。故並不成。

更以三句分別。一觸而非惡。十誦云。持戒比丘悞觸僧食。四分忘不受果持行。若見淨人。應置地洗手更受。二惡而非觸。十誦。破戒比丘故觸名淨。四分。諸比丘相嫌。故觸他淨食令得不淨。佛言。不觸者淨。觸者

不淨吉羅。三亦觸亦惡。十誦。持戒比丘懈怠故觸名不淨。五分。樹上捉果試看生熟。亦名惡觸。

三中初句。四分忘者。亦即開誤。又前僧祇誤持七日油等並同。次句。引四分不觸淨者。謂餘人得食。觸不成故。觸者不淨。即惡心人獨成汙故。

若就食言。通生及熟。

就食中。三藥加受。通無惡觸。

四明互覆墮者。

互覆墮者。根依兩界。枝覆果墮則有互也。準下諸文。在樹並從根判。墮落皆據知論。大略如此。尋文自見。

四分中。安食具在樹上。並從根斷。若樹根在不淨地。枝葉覆淨地。果墮淨地。或爲風吹雨打鳥獸墮者。但使無人觸知。遇緣而墮。雖經明相不成內宿。謂長足果也。若不淨地果茶未長足來。運運重生。則無內宿。隨時而取得入淨厨。若果茶已離本處者。隨經明相。比丘若知即不得食。上來義約律文不了。

四分中。初明安食。律因大界有樹生枝覆淨地。諸比丘欲安物著上。佛言根在不淨地即是不淨。又樹在淨地枝覆大界。比丘欲安食物。佛言根在淨

地得食。故云從根斷也。若樹下。次明互墮。無人觸知者。律云。若不作意欲使墮者淨。故云不成內宿。又云樹在淨地果墮不淨地。比丘不知。佛言淨。文中不引。據墮淨地本無有過。但根在大界果熟不收。疑恐成犯。故下須約長足以論。謂下義判有二。初約未離須分足與未足。若下。次約已離則不分之。律文不明長足離處。故注示之。

五分。樹根在淨不淨地。比丘亦在淨不淨地。果墮其中。非比丘所爲。經宿者得食。若見果墮非淨地。使淨人拾聚。經宿。不知淨不淨處聽食。若知在不淨地。不

得食。

五分初明淨不淨地、即人物俱在二界之間。非所為者、謂非作意觸等。若下、次明物在不淨地、約知不知。初引緣、不下佛斷。

僧祇樹在淨不淨地、果墮淨地、隨何時取之。若淨地不淨地果落不淨地、應及時內淨廚中。若不淨地生瓜瓠者、摘取及時內淨屋中。有運致穀米豆等準前。並謂比丘不覺在不淨地者成淨。若知不淨。四分知不知中大同此律。

僧祇前明生長、同上從根。穀米準同。亦謂及時入淨廚也。注中會同本宗、如上所引。

第五儉開八事。四分、為穀米勇貴、人民飢餓、乞食難得。雖得少食、為賊持去。佛憐愍故、開界內共食宿、內煮、自煮、自取食。僧俗二食、水陸兩果、並不作餘食法。

儉開八事。四分初科、前引儉緣。佛下列八事。內宿、內煮、此二為賊持去故開。自煮、因淨人盡食故開。自取、即惡觸。因路見果、求淨人不得、為人持去故開。二食、兩果、四事同開足食。律云、早起食、即僧食也、謂早受眾食故。從食處持餘食來。即俗食也、謂乞食食已、持餘殘來故。受食已、得胡桃乃至阿婆梨果。即陸果也。食已、得水中可食物。即水果也。此四並因於比丘邊作餘食法、彼或分食或食都盡、故開。此之八事、從緣有八。據事唯五。以後四種同一事故。

若定罪者、應開八罪。內宿、內煮、自煮、惡觸、不受、足食、殘宿等、三波逸提、四突吉羅、義加壞生、如水陸果子。不受而食、豈令淨耶。

定罪中、宿、煮、觸、足對上五事。自取兼不受、內宿兼殘宿、約文七罪、義加壞生、四提四吉、則為八罪。義加準不受者、既不從人、義無遺淨。

律云、若時世還賤、故依開食、佛言不得、如法治之。

還制中、本開儉緣、時豐須制。如法治者、如上八罪。

隨犯治之。

十誦云、若儉飢時食竟、得持殘去、語施主知。

十誦持殘義開諸罪、語主令知、為防譏過。

大門第四淨生種法。就中有三、謂制意、處人、淨法。制意者、四分明了論疏、諸俗人外道謂一切草木有命根、以佛不制此戒、故比丘傷於草木、為他輕訶、令彼獲罪。又與白衣不別、不生恭敬心故。十誦名為疾滅正法、復曲制也。餘如壞生戒中說。

淨法中制意有三。初四分了論二意。一是遮譏、二為異俗。次引十誦、即護法意。下指隨戒前云若佛

不制國王大臣役使比丘由佛制故王臣息心等
第二明處人若使淨人作淨有四句一人果俱在淨
地成淨大善二人果俱在不淨地成淨不合食以內熟故
餘四眾食餘二句出十誦故文云果在不淨地淨者在淨
地以火刀作淨成淨而不得食若果在淨地淨者在
不淨地作淨得名淨得食
處人中初標示二下列句初約義出二俱句注餘
四眾即尼等也餘下次引文示二互句
三明淨法僧祇每食時上座應問果菜淨未無蟲不
問答如法維那亦爾

淨法中初文上座審問令眾知委所食無疑維那
亦爾者隨得一人非謂俱問
四分十種初五者謂火淨刀淨瘡淨鳥啄破淨不中
種淨此五種中刀瘡鳥淨去子食不中種火淨都食
次五者若皮剝若劇皮若腐若破若瘀燥此應是淨
根種又云水洗連根菜即名淨準五分淨根種
次科四分中委如隨相今隨略點初五中不中種
者中字去呼謂不堪種植故次五中皮剝謂自剝
者劇皮即刀甄也瘀謂青黑燥謂萎乾此應等者
業疏云四分十種五種淨種淨根謂前五淨種後

五淨根若準尼鈔注云後五通淨生種又似非局
準五分者疏云五分十種大同四分又加水淨是
也
僧祇中揉搋淨蘿勒蓼等莖種者摘卻牙目淨十七
種穀脫皮淨裹核種爪淨膚果種火淨穀果種亦火
淨檜果種未有子揉搋若有子火淨四分云火淨通
五種
僧祇四法對六物下引四分以示通別
毗尼母云水漂淨塵坌淨此應壞相
母論二淨理須去子

僧祇多果同器一果作淨餘者通得若別器者一一
別淨甘蔗著葉莖莖淨無者台束淨準此蒿草之類子果散落無淨
法若粳米此謂杖打皮落猶有白皮裹者種之可生或如十誦比丘作食先淨米取也蘿
蔔根等火淨刀淨已停未用還生者更淨
三中初科前正簡通別注云蒿草無淨法者疏云
如一盤生菜相種和雜縱火觸相種猶非淨相種
相隔又不相通例餘蒿草有隔非淨理須一一火觸若粳
米下次明重淨注云白皮裹者則今春碓白米無
有生義即不須淨或如十誦者引事以顯彼無淨
人處開淨米已七日自作等火淨刀淨者若上粳

米止用火淨蘿蔔通用二淨
四分比丘不應自作淨應置地使淨人作洗手更受
(此對有人若無人者)明了論云自加行所作疏解非言得自作
淨然自作有益如一聚果子若未淨者但食皮肉一
一吉羅若食核一一波逸提今以火一觸止得一吉
羅令一聚果子俱成淨逸於多罪豈非利益
自他中初明使他(注字指上標下)下明自作加行
即是作為疏解中初彰損今下次顯益一吉羅者
即自煮罪(或云壞相)準須先從他受
十誦云何火淨乃至以火一觸若以火燄熱灰及炭

等不成淨比丘自淨餘比丘不應食(謂火所觸者)若刀爪
淨得食五分根莖二種以火為淨僧祇樹果野火所
燒灰圍穀聚恐非人偷亦名為淨若食果核者火淨
已聽食若皮淨不火淨食核提(此是壞相不壞種也)若火淨不
皮淨俱得食核皮俱不淨一提一越俱作無犯然火
淨一法種相俱通餘如隨相
三中十誦初示如法若下簡非法火燄謂炎上微
處熱灰炭火無燄頭者皆不成淨上明法非比丘
下明人非注火觸者意明火所不及得食無過同
上了論刀爪得食者非自煮故然是自淨不無壞

相五分根莖火淨意障兼通非唯子種僧祇初明
託緣成法灰圍應帶微火有壞種義故若食下次
明相種四句然下準第二句以示兩通
明了論疏此淨法不但約一物以成如一聚桃李但
火觸一餘皆成淨隨以刀破爪傷隨一被淨餘皆名
淨此作淨體本以此為法非使物不生故名沙門淨
準米中有穀如上脫皮淨餘條準此
四中初約物同一處各處不得此下示淨法所以
沙門淨者謂此作法令僧免過耳準下例通米穀
由同米聚穀亦通淨不名壞生

問種相云何別耶答相者謂一切果菜上有白毛而
依本青翠不改其色相同連地者律云草木七種色
者是也所言種者謂可種植或雖離地從緣得生之
類是也律云根有五種廣如隨相
分種相中初問次答前示生相七種者青黃赤白
黑紫縹(青黃之色)所下次明生種離地得生如柳榴類
其枝可栽者從緣即水土也指律五種即根枝節
子雜種也
第五受法不同手口二受日別恆用若不廣明教相
難顯略取要務以為八門一制二受意三受通四藥

三對人不同。四加法亦別。五說淨通局。六二受寬狹。七重加進不。八雜明罪相。

第五標中。初敘須廣之意。略下列章。

初門手受五義。如薩婆多云。一爲斷盜竊因緣故。二爲作證明故。三爲止誹謗故。四爲成少欲知足故。五爲生他信敬心。令外道得益故。廣如隨相中。五分。由未制戒故。各起過非。白衣訶言。我等不喜見此惡人。著割截壞色衣。而不受食而食。名不與取。

初科。前引多論五意。第五即外道見比丘不自取果。發心出家等。次引五分。因呵而制。故知立法意

爲遮譏。即同多論第三意也。不與取即盜異名。次口受意。爲防護手受故。若無口法。過午便失。由有口法。乃至限滿。又爲防多罪故。手受但防於二。所以如下明之。

口受二意。防法防罪。如文可分。後指如下。即防罪中。

二受通四藥。不手受通四藥。爲防盜相故。口受局三。除其時藥。亦有口受不通手受。唯局中前。餘之三藥手受亦爾。若加口法。通時非時。十誦云。時分藥。猶是非時別名。七日盡形。是三種藥。必須有病。非舉宿惡捉者。手口二受得服。

二中。初標問。手下釋通義。分爲三。初明手通。次明口局。時藥亦有口者。即有緣口加。三受也。時藥有二局。一手口互局。二並局中前。餘三可見。十誦中初示緣開。由非正時。故云時分。非下簡藥體。舉宿者。語含殘內。

三所授人。手受爲五義。除自同類。餘六眾三趣皆成受。口受唯對比丘。餘眾不成。

三中。所授即過食者。初科。五義者。指上多論。由有五義。故須餘眾。不許自類。六眾。道四俗二也。三趣。

更兼非畜也。口受二局。眾局比丘。趣唯人道。

薩婆多。凡受食爲作證明故。若在有人處。非人畜生及無知小兒。悉不成受。在無人處。天神畜生成。廣如隨相不受食戒。

次科。作證明者。即上五中第二義也。論中約人有無以明成不。非畜成者。必約知解。

善見。止食有三。謂手口眼也。

三中。止即不須手。眼現相。口即語示。

四受法差別。凡論受法。要心境相當。如律中錯受酥油不成受等。必須仰手承之。五分所云。從他淨人邊抄撥而取非法。情

二正明受法二。初指時藥以總標。

二別三藥以示法三。初非時藥二。初標綱。二隨釋。四。如文。

相領當。謂僧俗二心同緣一事。除其眼闇及不喜沙門。驚急緣
者。置地而受。既知情事多違。豫前運心普受。
四中。敘意爲三。初示法。心境者。心即能緣。境謂前
食。仰手是色。相領即心。上注引非顯正。下注釋成
相領。一事即食境。除下明開。眼雖不覩。亦可聞聲。
有緣置地。彼雖無心。自須起意。不喜即外道相嫌。
驚急即火燒馬屋。具引如釋相。既下敎通受。謂先
須起念是食皆受。後或心差。亦得成法。
就中分四。時藥受法既數。對法亦多。具如不受食戒。
及對施興厭中廣述。此但明加口法者。三藥別論。

受法。標中初指略時藥。此下次標三藥。分位以明。
故曰別論。
初明非時藥有四法。一所受藥。二能授人。三所受者。
四正受法。初明藥體無八患者。得加口法。一內宿。內
煑。自煑。惡觸。五殘宿。六未曾手受。七受已停過須臾。
僧祇非時受不得置地停。八手受已變動。失本味故。類甜醋等。
非時四位。初中八患謂八種過。前五染觸通自他
犯。後三約受。唯據自論。六是不受。七八即失受。第
七且據中後爲言。中前無過。如注所簡。第八注文。
即前轉變體中。中論所說。謂果漿變爲甜醋即失

受法。
二能授人四法。一漉澄水色。免非時食。二煑沸。擬後
重溫。生飲不須。三以水滴淨。爲壞味故。四淨人施心
仰手持來。
二中。須煑沸者。謂生果汁。必是熟者則不須之。
三所受人。謂比丘作三法。一先自心解前漿類別。與
淨人情同。二仰手受。無盜相。三記識言。此謂含時食者。若單淸漿不須之。
三中。前漿類別者。如上體中果蜜等漿。有差別故。
三記識者。或須不須。故注示之。

四正加口法。諸部令加。不出其文。義立。應至比丘所。具儀云。大德
一心念。我某甲比丘。今爲渴病因緣。此是薑湯。爲欲
夜分已來服故。今於大德邊受。三說。若直受進飮無遺。不須加法。若
蒲萄梨果蜜漿等。隨病題名牒入。但改藥名字。
四中。諸律無文。有事故須義立。詞中六句。初令專
審。恐異緣故。二稱己名。簡非他故。準下科中病重
不堪。得代加之。應稱病者名字。三稱病緣。明非濫
託。四云薑湯。別指藥體。五云夜分。期定時限。六於
他受。求前對證。下二法分句同此。注云無遺不須加者。由
加口法本爲延時。必無所留。但直手受。

二七日藥 二 初總標
二 隨釋 四 初所受藥

七日藥四法同上。初明藥體自無八患，唯改第八非是餘比丘七日藥，或犯竟殘藥，餘七同上。

七日中初明八患改第八者，以酥油等無變動故。昔犯竟殘藥，異上殘宿，但是受已經夜，非犯竟者。約自他分異非也。

二能授人

二能授淨人四法。一淨漉與時食別。謂脂除肉，油除滓等。二火煎煮，三水滴淨，四施心授與心相領當。

能授四法大同於前。

三所受人 三 初標
二 釋 二 初自無五過
三 初標示
二 列釋五 如文

三所受比丘有二。初自無五過。一相續畜，若畜至七日即日受藥不成，僧祇比丘有第七日石蜜即日更

得石蜜，是名相汙。問：此既未過，云何相染？答：非犯長相汙，由前七日服訖，病猶不差，更服無益，作法不成。若得異藥，得加七日。

三結指

三中五過，初過分二：初正明，二問答。正明又三：初句標過，若下示相，僧下引證，問答中由未犯長，制受不成，故須問決。答中前釋不成，後簡異藥。

二相續畜，已曾畜藥至八日犯長，即日得藥入手作法，被染，更不堪服。

第二長染不成，可會。

三曾食他第七日藥，即日自得作法不成，以藥味通故。僧祇律如此。

三中藥味通者，義同共畜，故僧祇如此者，若據本宗理應自成。

四相續受，僧祇比丘七日中日日受藥，受而不食，至八日不得更受，須一日不受間之。謂貪多過受，又不服療。四分無文，準用亦好。

四中初引制法，一日即第八日。謂下顯意，上句示間日，下句明非犯。據本不服，理應成受，制須間日為抑貪情，又必曾服食八日成犯，後受相染。今由不服，故得間受。立法有以，故令準用。

五相續犯，僧祇比丘七日恆服至八日正可，不得更服，不妨受於異藥。

五中正可者，藥恰盡也。雖無染犯，不許續加。上明相續，對一蜜藥為言。若得油者，亦即加法。僧祇生酥、熟酥、醍醐展轉易味，七日更受。

結中決上相續，須約同藥。下引僧祇一體轉易，可證異味不妨續受。

二自作四法

二自作四法。一仰手受，二分別言作七日油想，若本心作然燈塗足受者不成，如僧祇說。三記識言此中淨物生，我當受。若離時食不須此語。四展轉受生酥作熟酥。應與

四正受法

三盡形藥、二。初標舉、二隨釋、四。初所受藥。

二能授人

淨人煮亦得自煮。二種煮已更從淨人受之。雖是先受以味轉失受不名惡觸。毗婆沙云：七日藥手受口受已置一處，勿令淨人觸之。

自作中，第二然燈塗足由非服食義無加受。古云：油以除風，塗足能履水，西竺多用。下指所出義須依準。第三記識用舍不定，故注示之。四中注釋展轉之義。油蜜不轉，經煮不失，是以文中唯簡二酥得自煮者，以生酥先熟非變生故。二煮即上自他。據本生酥限滿有觸，味轉失受，事同新物，再受而捉故不成觸。下引婆沙反證可解。

四正加口法：應執藥口云：大德一心念，我比丘某甲，

今爲風病因緣，此是烏麻油七日藥，爲欲七日經宿服故，今於大德邊受。三說。安淨地，內須者自取。餘隨對治，如前類準。

正加中，注安淨地離內宿也。須自取者免觸失也。古謂七日藥開內宿，故特點之。文舉風病油藥爲法，餘皆準改，故云類準。

盡形藥四種。一藥無八患，如漿中說。

盡形中四。初位指前。

二能授人作三法。一火淨已後無變生過。二與餘藥別。謂含時食等藥。三施心授與，情相領當。

三所受者

四正受法、二。初正加口法、三。初總受法。

二別受法

次科前須火淨，且據生者爲言。二與餘別，必約藥分相雜。

三所受比丘作三法。一仰手受，心境與淨人相同。二記識之，如上法，若單者不須。三分體分。謂紫苑丸是藥體，而有羊腎爲藥分。二法別來別受，總來合受。

三中體謂正藥，分即餘助。二法者即手口二受。有云：即體分二藥屬法所收，故云二法。別來謂不同時買，別受謂隨得隨加。

四加法言：大德一心念，我某甲比丘，爲氣病因緣，此是薑椒橘皮及鼈甲紫苑丸盡形壽藥，爲欲共宿長服故，今於大

德邊受。三說。若丸散之中，隨其本病對病之藥有五十三十別色，各依本方題名入法，如前分別。

第四總受中，注牒諸藥，此約藥味未和合者。必是成現丸散，單牒藥名，如云黃芪散、阿魏丸等。若下指例隨何藥病準上改牒。指如前者，即指上注別標藥目。或可同上須辨體分，或可指相和體文。彼云：隨以藥首標目，餘則藥分稱之是也。

若買藥未足，隨得入手即加口法，而體是盡形者，依本名加法。若是時藥七日藥者，如大棗米麥豉漿羊腎虎眼鵶頭白蜜酥油之類。遇緣不得與盡形藥頭一時受者，應加法言：今

（二斥世不行）（三自買法）

為氣病因緣。此是羊腎盡形紫菀藥分。為欲其宿等。

餘詞同上。餘者準此例之。

別受中。初敘有緣。別來而下。明別受。又二。初加藥體同上。不出。若下。次加藥分。注中上八物是時藥。下三物即七日藥。遇緣謂他事所阻。盡形藥頭即藥體之名。文中且舉一味時藥。餘可例牒。故注示之。

若往市買藥。令淨人斷價已。比丘依名自選取多少。一處著之。然後令秤。次第受取。不得置地。即覓比丘加之。不得過限。

三中。令淨人斷價。離販賣故。得自選者。由非己物不成觸故。即覓比丘加者。有則就市。無則還寺。不然且令淨人持還。後從手受。事則容緩。不過限者。時內不過中。非時不過須臾。

今奉法者。希有一二。多並任癡心。抑挫佛法。得便進瞰。何論淨穢。高談虛論。世表有餘。攝心順教。一事不徹。焉知未來惡趣。且快現在貪癡。有識者深鏡大意。

斥世中。初敘恣情慢法。希有一二。言其極少。斯時尚爾。於今可知。聖制不行。即是滅法。故云抑挫。抑謂抑遏。挫謂摧挫。高談下。斥有言無行。高談謂超

（五說淨通局。二。初標。二釋。二。初正明須否。）（二畧指淨法）（六二受寬狹。二。初標。二釋。二。初手受。）

世之語。虛論謂言過其實。攝心則動無自任。順教則專奉律儀。此明好大者。據說則超出世表。撿行即混迹常流。一事行之不徹。則無量法行滅於身矣。此徒滿眼。實為寒心。真誠出家。幸無自屈。焉知下。嗟其愚迷。上句謂迷果。下句即造因。有下。勸其詳審鏡鑒也。

五說淨者。七日一藥。作口法竟。偏心屬己。須說淨畜。

一藥體貴重。貪積心多。二久延多時。無變動義。三氣味殊越。資身力強。制令說淨。捨封著也。手受七日。時少過希。亦不須說。餘之三藥。反前不具。故不須淨。

第五門正明中。初明七日。又二。前明口受須說。文列三義。即體力味。三皆強勝。故多貪著。後明手受不須。雖具三義。止齊中前。故時少貪畜心薄。故過希。希亦少也。餘下。二明三藥不須。時藥有第三義。非時有初義。盡形有第二義。或復兼二。但不具三。故云反前等。

淨法大同衣法。唯以長藥為異。

指法中。藥鉢二淨詞句無別。唯改一衣字耳。

六二受通塞。手受防盜。一人受已。通及餘人。

第六手受中。一不對病。二不題名。故通自他。

口法亦爾。若據對病題名，實亦不通。莫非以其口法加他二通之藥。（藥味通、手受通）故捨前人受法不失。何以知之。四分云：第七日藥與諸比丘食之。餘如義鈔及疏說。

口法中，初句標同，若下示義。初約縱奪以明。謂據法雖局，論藥則通。注示二通。味通者，資身治病兼彼此故。手通如上。何下引文爲證，即長藥戒文。彼明捨有三別，六日藥還主得服，七日如鈔引，八日藥捨與淨人。義鈔、戒疏並見三十。

七重加以不。若明手受，觸失本受，即須更受，雖重無過。

七中手受可解。

口法者，薩婆多云：五日已還觸者，更加七日法，不作二日法，不從藥勢，正從法論。六日已去，不得重加，以藥將入淨故。僧祇但云藥勢相接，七日可知。如上淨人慢觸七日油中成失，成論云：如服酥法，極至七日，堅病得消。

口受中，初示得否，不從藥勢者，釋上不作二日也。正從法論，釋上更加七日也。下引文證，僧祇、成論並證六日已去不得重加。僧祇因病比丘日日求

淨人疲苦，佛問醫言：比丘幾日畜藥得安隱？答：如鈔引，指上誤觸，即護淨中亦僧祇文。此明觸失，顯有重受。堅病謂重病也。

八雜明諸相。薩婆多：若病比丘須七日藥，自無淨人，求倩難得，應自從淨人手受，從比丘口受已，隨著一處，七日內自取食之。若作口法竟，一日乃至五日淨人來觸，或更以餘不受藥來雜，應加手口二受，復得七日服。若至六日已去，淨人觸，餘藥雜，並不得加。若藥眾多，不知何者是本藥，應更手受口受，然後服之。若病重不能口受，亦直爾得服。設看病比丘手受口

受，亦成受法。當稱病比丘名而受。

第八中，初引論四段，初敍本制。緣若作下，二明遇緣再受，即如上引。更加餘藥相雜，若藥下，三明迷忘重加。若病下，四明重病代受。

問：此手口二受，防護何罪？答：今分四藥別論。

防罪中，初科制加二受，本爲離過，欲明所防，名相多少，發問示之。

如時藥手受防二罪，不受惡觸也。口受同之。非時漿手受防二罪，一防一往不受，二防不受而捉惡觸。口防二罪，一防過中失受，二防過時失受惡捉。七日藥

手受防二罪。同漿中口防三罪。一防過時失受。二防過中惡觸。三者殘宿。昔云防內宿。此無律文，以盡形為證，例知不開。盡形壽藥手受，同上口防六罪。一過時失受不受。二惡觸。三殘宿。四內宿。五或有內煮。六自煮。以變生作熟故。

次別論中，罪相交雜，以類收之。手防二罪。四藥並同。不受是提，惡觸得吉。口受四別。時藥口加，但替手受，亦不延時，罪同手受。餘之三藥過中失受，不受提，惡觸吉。此之二罪，則通三藥。殘宿一提，通後二藥。內宿等三，不開七日，唯局盡形。戒疏盡形五罪無內宿者文誤。注文破古，如上護淨罪通塞中。

因明生罪。由未受故，無諸過患。今既二受，時過患生。

次生罪中。此明二受，合論防罪。翻防故生，寄論名數，故云因明。注示罪生，還從受法。

時藥手受過中，生二罪，失受惡觸。經宿生殘宿惡觸二罪。

列釋中。手受二罪，四藥並同，皆云惡觸，即是二吉。若準戒疏，但云過午生惡觸，夜盡生殘宿，則一吉一提。疑今殘宿下多惡觸字，詳之。

非時漿手生二罪，同時藥。中口受生三罪，明相出有非時殘宿惡觸。

口受中時藥。同上手受。非時三罪，二提一吉。通後三藥。

七日藥手生二罪，同上。口生五罪。八日明相出為言。謂殘宿非時犯捨墮惡觸。服尼薩耆。不捨藥吉羅。具足三提二吉。

七日更加犯捨一提，服用一吉。故有五罪。戒疏止生四罪。彼云有人立五謂服此藥，今解不然。服則有罪，不服無過。不同上四不服罪生。故知今鈔猶存昔解。

問。云何不生不受者。答。藥本是不受，猶加口法，失不

受。至八日旦起，有任運失受，非謂能生不受。不同殘宿。本無殘宿，以有口法，八日有殘宿生。非時亦爾。藥體未有法，無有時與非時。隨病即受皆得。由加口法，八日旦名非時。

問答中。戒疏云，有人復立生於不受。今不標古，直示今義。答中，初明不生之意，非謂無不受罪。但不因口法而生故耳。不同下舉非殘對顯。

盡形壽者。手受同前。口受亦有生六罪者。無病而服吉羅。餘如隨相非時不受殘宿三戒具明。

盡形中。口生六罪者，牒古解也。古謂生不受故。同

二問四藥重輕

三問非時幾罪

上防罪。名數可知。無病下。顯今義。即戒疏云。口不生罪。由聖開加法不失故。縱令被觸亦不失受。律中無病服但吉羅。以有法也。若不加法。還同墮矣。準此但結違教一吉。既不失法。則不生罪也。餘下指證。三戒並云。盡形壽藥無病因緣而服吉羅。

問。四藥之中何故七日罪重。餘三輕者。答。一即用資強垢心厚重。二體現常存。聖開說淨。反違佛教過限不說故重。餘藥反此故輕。

次問中。七日犯長。與三藥別。欲彰制意。故問申之。答中二義。初是貪畜。二即違教。餘無此義。故云反此。

問。比丘非時而食。具足幾罪。答。時藥一咽七罪。非時殘宿不受。三波逸提。內宿內煮自煮惡觸。四突吉羅。此謂經宿已不受自煮而噉者。若非時中淨人過授。亦無不受罪。餘罪例此有無。

三問答中。初言七罪。約具爲言。此下示有無不定。

四分律行事鈔資持記卷第三十四

四分律行事鈔資持記卷第三十五下二之三

宋餘杭沙門元照撰記

鉢器制聽篇第十九房舍眾具五行調度養生物附

釋鉢器篇題中鉢是梵言器即華語鉢則局收器皿器則名通眾具具云鉢多羅此翻應器準下加法云應量受則是應量之器對法為名有取三如釋者亦通但無據耳準章服儀云堪受供者用之名為應器此即對人為目或處說云量腹而食故云應器即對食為名上二字總所攝之物下二字即能攝之教物雖眾多二教攝盡一鉢制持有違結罪眾具聽畜方堪受用故約二教通收一切註中五行者即金木水火土總四事之體調度謂調養具度即眾物之通名

養生眾具殷湊繁多隨報開聽事資道立雖在緣廣被而法據有準違則斯制犯則無赦既混其體貌故分其條格略言來意別舒如後

敘意中但明聽門眾具以制唯一鉢義無相濫故不敘之初二句示物之多殷眾也湊聚也次二句明開畜之意上士一鉢足以存生下流少缺不堪進道故云隨報也事資是緣備道立是行成雖下明須依法初句躡前次句示法雖云聽畜非無限量下二句明違犯斯制謂制犯赦放也既下顯今篇意眾具非一畜用有濫故云混也貌即物之相狀格式也略下結示指如後者即下聽門有云前段敘聽門既混下明制教非也

就中先明鉢器是制教也故初明之餘有養生眾具入聽門攝自如後列初中分七一制意二體如三色四量五受法六失受相七受用行護法

初制意者僧祇云鉢是出家人器非俗人所宜十誦云鉢是恆沙諸佛標誌不得惡用善見云三乘聖人皆執瓦鉢乞食資生無有因四海以為家居故名比丘中阿含鉢者或名應器

制門中制意四段僧祇明異俗意非所宜者不相應故十誦善見並做聖意誌記也除受供外並名惡用無有因者彼論正作無所依食飲居處皆非己有故天地四外皆抵大海故云四海中含示名義如上釋

二體者律云大要有二泥及鐵也

明體中初科泥鐵者泥即瓦器

五分有用白銅鉢者佛言此外道法若畜得罪佛自

作鉢坯以為後式。十誦。畜金銀瑠璃銅鐵木石等鉢。非法得罪。四分亦爾。五分畜木鉢偷蘭。僧祇云是外道標故。又受垢膩。

次科五分十誦並簡非法。鉢坯。即未燒者。佛自作者。彼律云佛在蘇摩國作鉢坯令窯師燒成金鉢。次成銀鉢皆言王若知者謂我能作金銀寶乃令蕹之後燒作鐵鉢佛令用之。白蘇摩鉢從國為名。則知制度非出凡謀如前篇云。佛教阿難裁製三衣。良以古佛道法非佛親示餘無知者。凡在奉持。深須自慶。十誦中。業疏云。雜寶為器濫在家人。木

鉢外道。石鉢唯佛。比丘俱離。但用泥鐵由離諸濫。省事易得故也。後引五分決上罪相。仍引僧祇彰犯所以。總判諸鉢。白銅及木可結偷蘭。餘但非法。準同犯吉。

今世中有夾紵鉢。揑瓦鉢漆鉢瓷鉢。並是非法義須毀之。

三中。夾紵即今木骨布漆者是。揑瓦者。昔云以石磨後用土脂揑便燒而不熏者。瓷鉢即上油燒者。義須毀者。或令自毀。或準善見持戒比丘見持木鉢即須打破不為損盜。

三色是非。四分云。應熏作黑色赤色。僧祇。熏鉢作孔雀咽色鴿色者如法。

明色中。初科四分黑赤。僧祇青翠。今多黑色耳。孔雀咽即取咽項毛色。鴿色多別。今取青者。

若準律文。並須熏治。律文廣具熏法。而世有素瓦白鐵揑鋧(堅硯)為色者。或先熏鐵鉢而剝落者。先熏瓦鉢但揑不磨色淺落受膩者。有用麻油塗者。並為非法。親問翻經三藏云。中國無用油鉢者。若此土行用。一度訖即打破不許再用。五百問中。不許受畜。準此。瓦澡罐義同油鉢。

次科先引律制。四分令以泥作熏鉢鑪。以灰平地作熏鉢場。安支以鉢鑪覆上。以灰壅四邊手按令堅。以巨摩(牛糞)壅四邊燒。今多安鑪在下。作圓籠覆上。籠中用鐵條橫架安鉢在中。以竹煙熏之。而下斥非。前列五種。揑鋧古云燒成後入火鋧令牢也。但揑不磨者。準須熏已磨退然後再熏。鐵鉢五徧。瓦鉢二徧。若但一熏揑令牢者則色落受膩。油塗似今瓷器上油燒者。親下證非。初引親聞證此土行用。謂梵僧來此用也。五下引文證。準下例通澡瓶。亦熏為色。

三示熏法

四量三初㩀四分定量

此段記文多科前後不符若準鈔意應云量中初科又二初示三品此下二定斗不同初取周斗準下二會唐斗但古本前後皆作三字今酌改為二後賢幸更詳之

二引他部同異

善見云鐵鉢五熏已用土鉢二熏已用受持諸部律並明熏法此方用熏二徧入籠猶未變色但用法不同

三中初引善見二指諸部三示此方業疏云西來鐵熏由牢固者解熏法也

四量是非四分大鉢受三斗小者受斗半中品可知此斗升不定此律姚秦時譯彼國用姬周之斗（此斗通國準用一定不改量法俗算有粟圭抄撮勺合升斗斛謂因增法名也）準唐斗上鉢受一斗下者五升

量中初科又三初示三品上下之間卽爲中品此

下二定斗不同初取周斗注指俗法者孫子算經十粟爲圭十圭爲抄十抄爲撮十撮爲勺十勺爲合十合爲升十升爲斗十斗爲斛相因增法示可準據準下二會唐斗唐朝雜令用姬周三斗爲一斗今此俗中例用唐斗宜準爲量

十誦斗量同四分又彼律云下鉢受一鉢他飯半鉢他羹餘可食半（僧祇鉢他羅者受四升也）薩婆多云鉢量論師種種異說然以一義爲正謂一鉢他受十五兩飯秦秤三十兩飯是天竺粳米釜飯時人咸共計議上鉢受三鉢他飯一鉢他羹餘可食者半三鉢他飯可秦斗二斗一鉢他羹可食物半復是秦斗一斗上鉢受三斗律師云無餘可食物直言上鉢受三鉢他飯一鉢他羹留上空處食指不觸中中下二鉢可以準知見一肆上好鉢圓正可愛律師云佛初出世衆僧無鉢佛敕帝釋令天巧工作十萬鉢在世間肆上鉢者是彼天鉢非是人造毗尼母云不滿斗半若過三斗者不成受持

次科初引十誦上二句標同謂三品大小也又下示異彼明下鉢受兩鉢他鉢他卽梵國量名準下一鉢他半爲周一斗卽唐三升三合强餘半鉢他

爲周三升三合卽唐一升强總計唐升四升已上爲下品量故註引僧祇合之應知彼律四升卽據下品鉢他羅他與多音之轉耳僧祇在宋朝翻尺斗並依元魏大同唐朝故用四升爲下鉢也次引婆論會同四分文爲五段初標示論師卽彼論自指謂下二定鉢他量釜飯謂釜中煑熟者時人下三合鉢量餘可食者謂蔬菜等則上鉢共受四鉢他半一鉢他秦斗計有六升六合半强（唐二升二合强）四鉢他總二斗六升六合半强（唐九升弱）餘半鉢他計三升三合强（唐一升計）共成三斗（唐爲一斗）律師下四引異議

中下例餘二品斗半爲下品卽今五升中間爲中品見下五引證此文欲明親承古式則前定品量有所準據矣後引毋論證上可知

然則諸部定量雖無一指然多以三斗斗半爲限但此器名應器須依敎立律云量腹而食度身而依趣足而已言通增減必準正敎世執小鉢者多大者全希豈非狹局貪著數受多益之相旣號非法不合說淨受持

三中初指定敎量律下別斥非法又二初遮妄執前引彼所據業疏云有人言律制量腹而食何定

量也隨得成受未必依論此不標古直爾遮之言下正斥上句是縱下句是奪世下次斥執小鉢號非法者違敎量故以須如法方堪受淨故

五加受法（四分無文但言應受持之今用他部文）十誦云大德一心念我某甲此鉢多羅應量受常用故（三說）善見云若無人時得獨受持鉢文準上僧祇云若十日內捨故受新十日一易（觀其文意似是獨住比丘法）

加受中二前引十誦對首法言應量者明合法也體色少濫品量多乖故特標之或可量卽敎量通目三種並須應法方得受持言常用者示受意也衣常披著鉢用有時故加此語憶持不忘善見下次引心念法文準上者但除初句對告之言僧祇下示轉易謂畜二鉢無人說淨故十日內互易受捨則不犯長文如二衣中

六明失法諸相善見雖先受持若穿如粟米失受持若以鐵屑補塞已更須受若偏邪破並不成受

六中初科前明失受分齊屑先結反若下次明加法不成

善見若買他鉢未還直不成受其主雖言但受持亦不成若過十日不犯長若買鉢度價竟鉢主熏已報

比丘知不往取過十日犯捨若餘人知熏竟傳向比丘說聞語不往無犯

次科初明未度價主言不言並判不成若買下次辨已度價主報他報犯不犯別他報不犯者未定實故

四分鉢盂孔罅食入中但洗餘不出無犯準此不漏故不失受

三中初引文孔罅謂未穿者罅呼訝反準下義決問但畜一鉢不加受法過限犯捨不答不犯由是制畜事同三衣但犯不受持鉢罪若有長者準衣說淨

四中前篇所明三衣不加過日非長今欲例同一鉢故問釋之不受持罪即違制吉

七明受用行護法五百問云若一日都不用鉢食犯墮重病者開不用若出界去經宿不失五分諸比丘鉢中歠粥苦熱不可捉聽別作歠粥器

七中初文五百問二段初明制用彼判犯墮準律應吉若下次明開離雖不失法非無違教下引五分緣開不用歠昌悅反大欲也（欲呼合反）苦猶患也

毗尼母不得用麤澡豆洗鉢壞色當熟擣細物篩而用之乃至病亦不得用雜香澡豆洗身乃至乞食時

各自作鉢絡盛鉢自持之因與淨人鉢行乞外道投藥鉢中比丘死便制也

次科母論二節初明洗物因制洗身乃至乞食下次制自持仍示緣起

僧祇若洗鉢無坐處者當傴身踞坐離地一搩手不得用灰令色脫當取樹葉汁無沙巨磨（謂牛糞也）不得臨岸危處應先洗師鉢後洗己鉢不得持己鉢中殘水寫師鉢中乃至洗訖當踞坐持鉢囊帶串臂著膝上盛之乃至浣染衣者先與師染浣勿以師衣裹己衣漬之若被綴破鉢要須食竟解綴淨洗已曬令燥還持繩綴舉著常處勿在地上下至無物以水灑之安設也

僧祇初示洗法傴力主反低首也應下次明兼洗師鉢法先師後己者尊人重法隨事表心故串古患反穿也後明洗衣相因而引漬浸也若下明用破鉢法

十誦鉢是諸佛標誌不得惡用新熏鉢酥著一心三洗是名淨又不得日中炙令津出吉羅毗尼母不應鉢內洗手一切處不應用除病敬之如目五分護鉢如眼睛洗鐵鉢聽去地一尺瓦鉢離地五六寸許宜

著好處安置不得不拭著日中曝若安地上盛宿食煖湯洗盛藥並得罪

行護中初科三段雜明敬護誡絕非用十誦一心謂專意也日炙津出為損色故母論一切處者唯除中齋遮斷餘用目睛為比誡令極護五分初示護法若下遮非煖湯謂沸湯亦損色故或是將燒湯洗物即非用故得罪並制吉羅

四分守護此鉢不得著瓦石落處若倚刀杖下若懸物下若當道中若石上若果樹下或不平地若戶限內戶扉下若繩牀木牀下除暫著若牀間牀角頭除

暫著若立盪鉢等並不合不得一手捉兩鉢除指隔中央或一手捉兩鉢開戶除用心乃至足令鉢破等僧祇惡心破鉢三衣塔像解界破僧房等皆偷蘭好心壞者文中並開

次科四分前列十三種安處非法不得下次明將持非法僧祇六事並蘭謂壞三寶同外道故今取壞鉢餘皆因引

四分不得作非鉢用一切長物不得納鉢中若畫鉢中華像萬字已名一切不得破不得都墁纏鉢四邊若口應墁兩分留一分若星孔多應盡墁之用白鑞鉛錫也

不得著地熏壞故應以泥墼灑地安之若葉若草上若鉢支故壞者以白鑞墁底不得雜沙牛屎洗以器盛水漬牛屎澄去沙用以外用葉用華若果汁洗取令去膩若手執難持作囊盛繫口帶絡肩上挾鉢掖下鉢口外向不爾作函盛之恐相搪者以衣樹葉隔之安置杙上五百問不得覆鉢壁上應巾裹懸著壁上善見瓦鉢帒串左肩青色

三中四分六節初制別用若下次制雕刻萬字梵體作卍佛胸前德人多濫用今或刺於衣角是敎所開破下三明補治墁兩分者凡鉢上下中分三分故不得著下四明安處熏即熏色言故壞者用上四物藉之猶故色壞方令以鑞墁其鉢底不得雜下五明洗法牛屎西國所貴此方不用若手下六明帶持口外向者律因比丘鉢口向脇道行遇雨腳跌倒地隱脇成患佛言不應爾搪謂二鉢相觸五百問明掛鉢當使巾裹與壁相懸不令以口覆壁亦恐損色下引善見決前肩上不明左右

次聽教中既曰眾具故雜列之

聽門物多不可科約故云雜列

四分開十六枚器謂大釜釜蓋大盆及杓小釜釜蓋

小盆及杓洗瓶瓶蓋盆及杓水瓶瓶蓋及盆杓則有二釜四盆二瓶四蓋四杓又有鐵作者出家欲作鉢佛開作之須鑪椎鉗鞴囊錯鏇器並得畜作帒盛懸杙上亦開畜熏鉢調度法用等若縫衣時須繩墨赤土白墡雌黃絣線尺度縷線鍼刀子補衣等物並開之作帒盛之患鍼零落作鍼氈及筩安塞治鉢須鑽鍱並得蘭若比丘開以火術出火火母火子及鑽等並得若得七日藥應著鍵鎔小鉢次鉢大鉢中不作淨施大鉢義須安著杙上龍牙杙上不得畜皮木鉢出要律儀鍵鎔爲助食器毗奈耶鍵鎔者淺鐵鉢也

初文四分七段初明衆器枚枝也今但取箇數耳
謂下列名即二釜二瓶各有四物則下合數可見
又下次明鐵作具䥂薄拜反韋囊吹風入鑪錯即
是鑪鏇音旋作古去呼謂轉軸用以裁嚴似今鏇木塑車
亦下三明熏鉢物即熏鑪熏籠等若下四明作衣
具絣線振墨取直也治下五明補鉢具鑽子算反
錐也鍱音葉蘭若下六明火具火母所鑽物如竹
木等火子取火物如乾艾等鑽即火鑽亦用竹木
爲之若下七明諸鉢初因得藥令置四種鉢中故
知得畜文中通云不作淨施然大鉢應量理必須

說故注決之據律應是不應量者龍牙杙者杙頭雙出像龍
牙故不得下簡非故知上四並據泥鐵爲體者出
下別示鍵鎡上文示異名下文顯體相
四分老病不堪步涉聽作步挽車若輦若乘除牸牛
騲馬若得輦聽畜須輦轅及皮繩若枕橙並得應使
寺民優婆塞沙彌擔牽若得車亦爾應除織皮繩髮
繩
二中初老病開作挽即牽也輦謂小車或用畜駕
或是人荷牸牛騲馬皆謂雌者之異名深防觸染
故簡除之若得下次明他施得畜轅音袁即車前

兩木引而舉前以駕軛音厄皮繩用以束輦枕橙並
輦上所須應下明駕輦人簡比丘故若下指例車
即大者應下簡非織皮有華文故髮繩同外道故
十誦比丘無鍼不得外行
三中彼以鍼綴衣無故衣解形露因制帶行今用
鉤紐則不須之此中但明聽畜耳
五分非行來處若大小便及洗手脚時聽著屐四分
亦爾僧祇畜甎瓦擬指脚
四中非行來處即隱處也
十誦犛牛尾拂用拂佛塔故受僧祇自今已去聽捉

線拂裂氎樹皮等除犛牛尾馬尾金銀柄一切不聽
捉若白色染壞用不得如婬女捉作姿作相是名拂
法五百問云若僧中說法高座上不病不得憑几捉
麈尾犯墮非毛者得四分得尾拂開畜不得畜織毛
毴多殺細蟲不得畜之
五中十誦尾拂得受非已用故犛牛莫交反多出
西方髮尾皆赤多用爲拂僧祇中初明自畜則簡
畜尾裂氎謂翦絹布爲條樹皮即麻苧楊樹等今
多用椶櫚爲之今時後生持扇執拂多作女態教
名婬女豈不懷慚五百問中几即几案麈謂鹿之

六坐牀

七許雜物。三初雜引律文

大者羣鹿行時看尾指處卽隨所往講者持拂指授聽衆故以爲名但不得畜毛爲之故制犯罪四分尾拂似聽毛者但不得長毡者耳毡所交反十誦四人已上坐處長牀所攝

六中長牀卽明開畜

四分木師出家一切作器不應畜剃髮人出家不得畜剃刀衆僧得畜剃刀木作器角器聽用盛油別人亦畜油器若得衣須浣開畜浣器及板翦刀若不解事數聽用算子以帒盛懸杙上爲治病故畜劇刀若煮藥銚若銅釜鐵釜土釜及三種瓶煎餅鏊銅杓銅鑊衆僧亦得若鉢不正作鉢支塵坌者作蓋若須薪染草牛屎等無人處得持之見白衣下著地寺內得自移墼石材木等擣藥須杵臼簸箕箉掃帚並開爲治眼故得畜瑠璃篦若灌鼻筩煙筩吹火筩若鉗若椎火把煖水瓶注水筩并洗腳者供澡盤洗腳器所須應與若得大小豆麥胡麻粳米應以鉢器爲量不得畜升斗秤若酥油等須秤量者聽刻木作鉢兩齊四五兩作準爲斤數五分初如四分後與他物雖多猶瞋少佛令僧私畜斗斛升合及秤

二引供給和尚文

七中文相交雜故細節之初文爲十初明器具剃刀隔絕本習故不聽畜餘人應得若得下明衣具若不下明算子爲下明治病衆具劇符碑反剃也三種瓶卽銅鐵土也鏊五到反若鉢下明鉢具若須下明擔物染草謂可染衣者見白衣放下護譏嫌故擣下明藥具簸比磨反箉所宜反或作篩酥灌鼻治頭痛四邊流出須筩灌之煙下明食具煙筩引煙出舍火把蒲巴反并下明澡洗物澡盤謂灌手者若得下明斗秤二十四銖爲一兩下引五分決上本宗初如四分者謂前制兩同後開出彼

四分供給和尚聽用銅盤若案若几所食之物盡持置上一時授與得果多壓取汁飲開畜壓具若夜集闇須燈器燈炷鐵箸鐵炷轉輪燈樹火爐燈籠掃帚扇並得別人受若爲護衣故寺內聽以樹皮若葉若竹作蓋供給蓋具一切得畜爲補革屣故開畜錐得熟皮作革屣須刀裁板劃磨石等並開若刀錐鬫毛縷皮劃迸散聽作囊盛若織竹作籠若樹皮籠聽以毛囊裹外亦得趣用十種衣作囊不得以皮作若刀生壞聽以毳劫貝大皮等裹刀若髮長者開剃刀及鞘應以劫貝等障勿令壞若刃卷手上波石上磨其石納刀囊中刀鈍者開畜刮刀髮散畜盛髮器又開

鑷子翦爪刀刮舌刀揥齒物挑耳篦

次科五段初明食飲具一時授與謂先從人受然後奉師若夜下明燈具燈器總標下諸物別列燈炷即然燈器鐵炷持燈燼者轉輪燈樹謂作層輪周帀安燈機關運轉形如樹焉若為下明衣蓋為下明補革屣物剗初鴈反或作鏟籠字上呼若刀下明刀鑷等物生壞謂上垢也鞘音笑藏刀器手上波謂於掌上翻覆如波刮刀上垢也

供給住房比丘法中聽與大小繩牀大小木牀枕戶排戶絇杖蓋扇水瓶洗瓶盛水器浴室瓶及牀刮汙

刀等一切白衣器種作耕犁撈等不應畜一切寶物作諸器並不得若道行恐蛇蝎諸蟲者當執錫杖搖若箭盛碎石若破竹作聲不得執空中杖若畜如法治若僧集患熱聽作大扇若作轉關扇車令沙彌推之若作餅作豆麨須麨斂量麨器盛鹽斂此等字錯應作匳字音廉苦酒瓶木欓木卮匕杓椀等皆開若食飲多不節成患者開作浴室若住房內臭以香泥乃至四角懸香

三中八段初明房舍物浴下洗浴具二一切下遮諸俗物犁耕田器撈治田具今俗呼為杷白駕反若下

明執杖錫杖者據律本為警蟲獸準錫杖經乃持乞食振之使聞所出不同不在和會名義制度廣如彼經破竹作聲俗謂散杖是也空中杖如竹筩等律因外道投刃於中白王以誣比丘佛因制斷若僧下明扇轉關謂作輪旋轉繞輪插扇以鼓風也若作下明作食具律本並作斂準字書合作匳或作籢平底器也斂字本是上呼竊疑律本脫竹頭耳欓音儻即短桶也卮合作巵音支謂酒器也匕匙也若食下明浴室若住下明香嚴房室

增一云告諸四眾造浴室五功德除風差病去塵垢

身輕便得肥白比丘當方便造立十誦邊屏處安浴室所須者辦之僧祇浴時不病令人揩者越五眾自揩亦越互揩亦越毗尼母浴室中上座應為浴僧說淨因緣不為嚴身淨潔故但令除身中風冷得安隱行道當為厭患身法調伏心法應生慈心為令得少欲知足故如是一一事並有上座說法儀式隨事誡敕不復具之

第八中初引增一勸造立十誦下明安處僧祇明揩洗自相揩者謂本眾各相揩也母論明說法淨因緣是通標不為等者正示初教離過當下教觀

行上句觀身卽不淨九想等下二句觀心調伏是止惡生慈卽修善爲下示說意如是下指廣二一事謂大小食一切眾集等

毗尼母聽畜刀子六種一用割皮翦甲破瘡裁衣割衣上毛縷六用淨果乃至食時種種須故五分聽畜拔鼻毛鑷

第九可解

大論供給坐禪法禪杖禪毱禪鎭骨人禪經好師好照衣服等

十中大論卽智論禪杖竹葦爲之長八肘下座手

執巡行有睡者點起付之復有睡者轉付亦爾禪毱如毛毱遙擲以警睡者禪鎭如笏坐禪時鎭頂須作孔施紐串耳上睡時卽墮地佛言一墮聽舒一足二墮舒二足三墮應起經行骨人卽今枯骨圖假彼色相以助禪法好師凡欲坐禪必先求師以決疑事須通大小乘三學解行兼備善識時宜之者故云好也好照有說坐禪處多懸明鏡以助心行或取明瑩現像或取光影交射衣服謂觸淨換易故

毗尼母比丘止得畜三衣鉢坐具鍼線囊瓶盆等是不合畜者女人金銀一切寶物一切鬬戰具盛酒器等生人嫌疑故

十一中初列如法不下簡非法物

五分畫牀不合坐凡所用盆瓦器物腳不得作人畜腳相諸有器皿各儲備一擬後破失

十二初制離非人畜腳者似今牀器作獸面豹腳之類諸下開備擬皿卽器之總名

四分若染時須釜銅盆器钁斧繩鑯並得若井水池水欄楯一切供給天雨患溼上安屋露地有薪作屋覆之

十三初明染衣具鑯七籤反釘橛用絞衣也若下護井露下覆薪

增一作房施僧名招提僧施四分檀越爲比丘作堂如王住殿一切所須並開受諸比丘欲作房佛令隨作房法一切聽與律文事事具出略不明也若分得破房脩理不具不肯取佛令隨力多少應治一切所須供給

第十四初科前明受他施招提通四方僧受用諸下次明開自造但須應量如二房中律下指廣卽房舍犍度中彼明作房法若作隔障房前障作內

二明自營治

三莊嚴房功、五。初僧祇等、如文。

房作戶壁半壁大牀小牀須板地敷四邊出舍雜
物一一白佛佛並言聽故云事事等若下明修治
十誦佛自執木作具治寺門僧得畜一切作具僧坊
壞得持一房賣治一房亦得用敷具賣治之僧坊上
座私房上座每有破壞雜事先自手作迦葉數數蹋
泥泥僧房云云比丘得自造舍上木
次科五節初明佛自執作佛在阿羅毗國見寺門
楣損乃自修之僧下明作具僧坊下迴易修治次
僧坊下制上座自作以勵餘人猶恐自恃仍引迦
葉爲況多論云舍利弗經營祇桓精舍目連經營

五百精舍彼論問曰諸弟子所作已辦何故方復
栖栖有所經營作諸福業答一爲報恩故二爲長
養佛法故三爲滅凡劣衆生作小福業自貢高故
四爲將來弟子折伏憍豪心故五爲發起將來衆
生福業故比丘下開道衆役務上字上呼
僧祇比丘作房欲自泥壁五彩畫之並得唯除男女
和合像餘山林人馬並得
三中僧祇開畫壁男女和合即作婬像
四分亦不得用不應文繡裝挍聽用餘雜色禽獸文
者阿難得別房開受若僧地中作私房有客來應起

不起還僧地以無僧地入己若營屋者不得卒成以不堅牢
若作大重閣堂聽十二年經營餘者隨大小量宜若
營事比丘作房成莊嚴香熏所須具足者與房住九
十日一移不得更受餘房若有俗人能治破房者白
二與之
四分初明嚴飾亦不得用同上除男女合像阿難
下明受房若下明僧地造房由地屬僧理須讓客
占據不起奪地還僧若營下明須堅固十二年者
極一紀故若營事下明賞經營人九十日者取一
安居期故若有下明治故房律中比丘自力不搆

俗人相兼由同俗治必須和衆故制羯磨與之
五分諸房上皆題某甲檀越房
五分題名者別標爲記故
十誦若以房施僧轉施尼者是非法施非法受非法
用若施尼轉與僧亦爾若房舍臥具有檀越者但得
看視不得奪一與一治壞房者六年與住作新房者
十二年住
十誦初明僧尼互施非法施是比丘過不合與尼
故非法受者僧尼共有是過非法用是尼過或可
非法受用並屬尼若房下識主者自任奪一與一

約人爲言。此謂檀越旣存，止可隨人看守，不可偏情將同己物，輒生與奪。護施心故。治下明賞功。作新同前，修舊減半，功多少故。

僧祇，先是僧房破壞，更易戶嚮，二三年隨功夫多少。羯磨與住。若空房不任住，治事者應與一時住。若牀几枕褥垢膩，破更染浣補治者，亦一時住。

僧祇初明治破房，隨工多少者，謂二年修治得二年住，三年得三年住。若下次治空房，謂非破壞，但闕受用者。若下三明治受用，謂有什物，但故舊耳。一時同上九十日。

對施興治篇第二十

釋對施篇。對卽能受之人，通於五衆。施謂所受之物。總彼四事。興治卽能觀之智，三毒是所治之過。然出家閑曠，不治田蠶。四事資緣，率由信施。且身衣口食，無時不須，必能隨事對治，則出生世善，厭或恣情貪染，則墜陷冥途。尋此一門，極爲心要。自非負卓拔之識，標出離之懷，則對面千山，咫尺萬里也。

夫福出淨田，道起少欲。爲福之家，唯重唯多。受施之者，唯少唯節。多供無厭，是爲福之法。少受限量，信行者之儀。律云：檀越雖施無厭，而受者應知足也。

敘意中。初文四節，上二句雙標福道之本。福是善業，必從勝境而生，故云出淨田也。田有三種：三寶爲敬田，父母爲恩田，貧病爲悲田。田名雖通，今明對施別指僧寶。道體淸靜，少欲順道，爲道之始，故云起少欲也。卽四依十二頭陀等行也。爲下次別示。初明上句，由田淨故，發彼施心，故云唯重唯多也。受下釋次句，重與節約，心多少據物。多供下三明合法。律下四引證。

但出家之士，形參聖服，有待之形，假資方立。施時不取，後須難得。若善應於法，則能所無瑕，必於事莫準，使規成何寄。如能善省時資，令有力無事者，可謂道緣義立，行從此生。

次科中。初二句示異俗，意明受施不可無法，袈裟是三乘標誌，故云聖服。有下次明受施。若下三明合教，施者無悋，受者不貪，故云能所無瑕。莫無也。規繩卽喻法律，成字音悈。規是圓規，繩卽繩墨。法律不行，隨處覆滅，故云何寄。如下結勸，善省卽興治。時資卽四事。有力謂身安，無事謂少欲。資成道行，故名道緣。若但養身，則是苦因耳。

三推本勸約

四指過激勵

何者貪心出於情著無染良由自節縱心則非味起
迷約志則美饍生厭所以善惡發於中懷升沈寄乎
方寸是故爲行人者無宜輕縱不思時緣任事生滯
都無儉約脫漏深網豈不悲哉
三中初二字徵上順違貪下示其心行上二句明
貪厭由心著故生貪節則無染下二句顯本非前
境此明心之迷厭不由食之美惡如智論云一老
母賣白髓餅有婆羅門貪著飽食後無色味因即
問之老母曰我家夫人隱處生癰以麪酥甘草傅
之癰熟膿出和合作餅是以餅好今夫人癰差是

以餅無色味婆羅門聞已嘔之縱心謂貪著約志
即對治所下二句結示因果善惡是因升沉約果
中懷方寸並目於心謂心在身中四方寸是下誡
勵時緣即供事深網或約罪科或喻苦趣
然渴愛難滿如海吞流若裁之以法衆患俱息既能
形服異世標懷遠大何得於事容斯穢迹但九流子
俗尚鄙恥衣食況三寶聖種而滯於發足方墜泥塗
一何可歎
四中初喻貪毒猛盛若下明法能禁制既下明形
心相反但下舉俗以況九流者一儒流 述唐虞之政宗仲尼

五生起下文

二開章釋二初標分

二隨釋五初受施之人 四初善見業如文

之道 二道流 守弱自卑奉易謙謙 三陰陽流 順天曆象敬授民時 四法流
明賞敕法助於禮制 五名流 正名列位言順事成 六墨流 清廟宗祀養老施惠 七
縱橫流 受命爲使專對權事 八雜流 兼儒墨合名法知國大體事無不貫 九農
流 勸勵耕桑備陳食貨 俗中文典無出九類此明世論尚爾
道不當然故業疏引論語云士不恥惡衣惡食若
恥不足與議也劉子云食足充虛接氣衣足障形
禦寒等子俗寫倒發足謂入道之始方猶反也泥
塗喻惡道
今略述由漸下引誡文使懷道之士詳而斂迹焉
五中上句結前次句生下使下彰意斂謂收攝迹

謂麤相
就中分五初明受施之人二明厭治方便三明立觀
有教四明作觀方法五明隨治雜相
標分中初是簡人次三立法二中二是方便三明
所出四即正觀自餘雜法總攝後科
初中善見云比丘受用施物有四種一者盜用若比
丘破戒受施名爲盜用二負債用者受施之時必須
作念不作得罪負人信施三親友用謂七學人受供
四主用阿羅漢
初科善見四用約事比顯前二凡夫持破分之初

唯薄地。二通內外兩凡。後二聖人學無學異。言盜
用者無德輒受。同劫掠故。言債負者。必償他故。言
得罪者違制教故。負信施者。疇業報故。親友用者。
分屬已故。言主用者。得自在故。
毗尼母云。受人信施。不如法用。放逸其心。廢修道業。
入三塗中受重苦。故若不受苦報者。食他信施。食卽
破腹出。衣卽離身。若知前人無業而施與者。能施所
施二俱爲施所墮。
母論前明受施。後辨能施。前文又二。初示結業。不
如法者。或無厭治。或將非用。入下。次明感報。上句

是生報。若下卽現報。今時作惡受施。不見此相者。
由有生報故也。或可現纏惡疾。有同腹破。遭刑反
俗。卽衣離身。能施中無業。謂無行業知穢。故施心
不清淨。亦獲苦報。故二俱墮。
智論明能施清淨。受者不淨。如是四句。若出家人無
戒無慧。食於信施入銅橛地獄。受鐵丸鐵漿二苦。
智論初通簡能所。四句中但出初句。謂施心無厭。
受者貪染。第二句反上。三俱淨。四句不淨。四中唯
俱淨者名施。餘三非施。若下別示所施無戒是德
薄。無慧卽愚暗。銅橛卽地獄別名。

四分乃至犯突吉羅以上罪。無故受他利養。及持戒
比丘禮敬。並不合受。
四分卽疑惱戒。不犯文彼云。犯波羅夷乃至惡說。
故云吉已上也。恐妄受利。開語令知。如法懺悔。用
斯自檢。寧復有人堪受施者。若但養身。此何足議。
苟能反已。豈不懷慚。上引諸文。並約戒淨。復須臨
境起治。方堪應供。必非此二。俱爲苦因。佛語無虛。
固當信奉。
二明厭治方便。如大集中云。何比丘觀所著衣作不
樂想。若縫衣。見衣觸衣著衣脫衣。觀如是時。如血塗

皮爛臭可惡。蟲所住處。如是觀時。於衣貪心卽時除
滅。云何修習食不樂想。若有比丘執持鉢時。如血塗
髑髏爛臭可惡。蟲所住處。若得食時。應觀是食。如死
屍蟲。若見麨時。如末骨想。得飯漿時作糞汁想。得諸
餅時。作人皮想。所執錫杖作人骨想。得乳酪時作濃
血汁想。若得菜茹作髮毛想。得種種漿作血想。是名
於食生不樂想。云何於房舍生不樂想。若入房時念
如地獄受諸苦惱。如是房舍卽是和合所有材木。卽
是人骨。土是人肉。乃至一切牀榻被褥。亦復如是。作
是觀時。卽名世間不可樂想。若能觀察如是想者。是

人即得如實法也。
二中大集觀察四事文無湯藥隱在食中或可食含四藥離開房褥次列如文此謂以智轉境遣伏狂情錫杖乃乞食之具故列食中茹亦菜也房中言和合者謂土木等所成故乃下即臥具也作下總結上段示名不可樂者即遠離行是解脫因若下歎人如實法者了達貪著是虛妄故遠離虛妄見淨心故又解貪心無我性本空故復知如幻相亦空故復知無境唯一識故由此觀察出離聖行是眞實法。

四分寧以熱鐵爲衣燒爛身盡不著信心男女衣服寧在鐵牀燒身焦爛不受信心好牀臥具寧受鐵屋中住燒身不受房舍在中止宿寧吞熱鐵鉤燒爛五藏從下而出不受信心飲食寧以熱戟刺腳不受信心接足作禮寧以熱斧自斬其身不受信心手捫摸其身何以故不以此因墮三惡道若非沙門非淨行自言是沙門淨行破戒行惡都無持戒威儀邪見覆處作罪內空腐爛外現完淨食人施故以不消信施墮三惡道長夜受苦是故當持淨戒受人信施一切所須能令施主得大果報所爲出家作沙門亦得成就。

四分中初舉現苦比校文列六事即四事外更加禮敬供給律中佛先舉問諸比丘云汝謂實以熱鐵爲衣燒爛身盡汝寧著信心男女衣服耶比丘答云寧著信心男女衣佛呵言汝癡人寧以熱鐵爲衣燒爛身盡何以故不因此墮三惡道故餘五皆爾今文束略故前別列事條後總示所以若下明非法妄受因果之相心無實德故云內空身作威容故云外現是下勸修初三句勸如法受用下四句明自他獲益。

若明惡報如僧護中廣述五十六事涅槃阿含等大小乘經論並種種厭觀云云。

指諸文中上指果報彼明僧護比丘遊海邊見諸鬼受苦五十六條其間多是迦葉佛時比丘妄受信施私用僧物故受斯報經有一卷自可尋之下指治法徧在諸文大略同上故不繁引。

三明立觀有教者

三中欲明觀法經論通誡意使奉信不可暫忘故云立觀有教。

智論云若不觀食法嗜美心堅著墮不淨蟲中洋銅

灌口噉燒鐵丸。
智論上明結業下示來報。蟲是別報。洋銅等是總報。
十誦云每食時應生厭心爲存身命故。
十誦爲存命者卽遺敎云趣得支身以除飢渴無他意也。
摩得伽云若得食時當觀從倉中出地中以糞屎和合種子得生還養糞身云云
伽論倉中出地中謂取種子散田內也。糞屎和合謂壅田也。

毗尼母云若利根比丘得食時口口作念得衣時著著作念若入房時入入作念若鈍根者初得衣食房舍總作一念
母論利根謂攝心成熟者故能隨事觀察不容遺忘鈍根反此非力分故今多食前作觀但從鈍法不妨智士自通始終。
佛藏云從聚落中乞食得已從聚而出往至水邊可修道處置食一面結加趺坐當觀其食種種可惡及觀自身極是惡器廣如彼說。
佛藏中先引事儀正取觀食。

四明觀法然衣食房藥四事供養能施捨慳受施除貪此則能所俱淨生福廣利若彼此隨情縱逸任性者則俱墮負聖賢同非故涅槃云或令施主果報減少或復無報等。
第四門通明中初標四事能下示如非上明如法之益若下示非法之損非猶責也下引涅槃證上同非減少謂獲福不多無報謂都無所獲。
雖利養等同發有稀數食爲大患時須進口過興既數整法亦難若不策其心府改其節操者多陷迷醉矣夫沙門之異俗由立行有堅貞同鄙世之昏悶餘

行亦可知矣故成論云現見在臭屎中生不在磐石中者由貪味香故也。
次科初二句躡前起後言等同者謂上四事並資身故房衣及藥三事用稀食用則數發謂對境起心食下正明食過初敘過整猶理也而言難者或約今文立法或是對境策修二意並通若下重勸初正勸夫下彰非故下引示策心府者不使縱怠也改節操者革其舊習也蟲之託生多依穢處磐石淨處少見生者此約報處以顯宿因。
今故約食時立觀以開心道略作五門明了論如此

分之
正列中初科上句標簡次句顯意道即路也略下
示法所出欲明觀法先知大綱五即所觀之境觀
即能思之心境事是別略列五種心觀該通無非
厭治以通貫別能所合稱故云五觀然心隨境起
境立心明故今論觀但分前境境雖有五總束為
三初即觀食二是觀身三並觀心從疏至親觀法
次第凡臨供施歷觀此五妄情暫伏可用進口不
然縱毒即是穢因殃墜三塗終因一食可不慎哉
初計功多少量他來處

初觀食境有二二句分之計量二字即觀智也
智論云思惟此食墾植耘除收穫蹂治舂磨淅沙炊
煮乃成用功甚多計一鉢之食作夫流汗集合量之
食少汗多須臾變惡我若貪心當墮地獄噉燒鐵丸
從地獄出作諸畜生償其宿債或作豬狗常噉糞除
故於食中應生厭想
智論但明計功一境初句標能觀心墾下列所觀
境又三初觀功力墾耕也植種也耘除謂去穢草
收穫即刈禾穫音鑊蹂治即踐穀蹂音柔或上呼
須下次觀變穢纔入生藏食即酸臭次入熟藏即

成屎尿我下三觀來報故下論家結勸
僧祇云告諸比丘計此一粒米用百功乃成奪其妻
子之分求福故施云何棄之
僧祇具明二境初句總告計下示觀上二句觀功
力文舉一粒以少況多次二句觀來處末句斥損
費
二自忖己身德行
二中標云忖者亦即觀智此謂量己所修行業即
此行業是所觀境
毗尼母云若不坐禪誦經不營佛法僧事受人信施

為施所墮若無三業知故而施俱為施墮比丘強飽
食施主食憍慢意或自食已食強飽過分為施所墮
以其食亦從施主得故何以故佛長夜中常歎最後
限食（謂末後減口食）施持戒者能受能消施持戒果報大破
戒果報少（如是呵責如上律文）足食已更強食者不加色力但
增其患故不應無度食
母論具明能所二人意彰所施無德不堪受故初
簡德業具列三種禪誦是自行營事即利他三業
即上三種比丘下誡節量又三初約後報勸文明
已食亦墮意顯比丘無已食故何下徵示制節之

意宜須遵奉施下次約破毀勸言能受能消反明破戒俱不能故果報少者據有爲言或復無也註中初句結上後句指前即第二門四分文也足下

三約生患勸

三防心離過

三中防是能觀心即所觀此爲觀法之本前後四觀止爲防心故處乎中以統前後

明了論疏云律中說出家人受食先須觀食後方得噉凡食有三種上食起貪應離四事一喜樂過貪著香味身心安樂縱情取適故二離食醉過食竟身心

力强不計於他故三離求好顏色過食畢樂於光悅勝常不須此心四離求莊嚴身過食者樂得充滿肥圓故二者下食便生嫌瞋多墮餓鬼永不見食三者中膳不分心眼多起癡捨死墮畜生中作諸噉糞樂糞等蟲初貪重故並入地獄且略如此反此三毒成三善根生三善道謂無貪故生諸天中下二可知

引示中初總標出家人者通收五衆上下別示初示過相反下後明離過初中三不善心如文次列貪中四過初是貪縱二即貢慢三謂著欲四即愚癡三取容貌光澤四約肌體壯健不相濫也適即悅也醉謂昏迷計猶有也膳亦食之通名凡於中食眼不諦視心不堅著故云不分癡屬捨受故云癡捨初下由前上食未明果相故此示之末句顯略次離過中初標示三善是因三道是果謂下配釋文略下二應云下食不瞋生人中食不癡生脩羅

四正事良藥觀分二初爲除故病飢渴不治交廢道業不生新病食飲減約宿食消滅又以二事爲譬初如油膏車但得轉載焉問油之美惡二欲度險道有子既死飢窮餓急便食子肉必無食味

四中初總標正者簡無他意事猶用也正欲事同服藥爲療形苦耳爲下別釋初對二病故病謂常有故亦名主病以常存故次二譬中初如下引膏字去呼次出涅槃

五爲成道業觀三種一爲令身久住故欲界之身必假摶食若無不得久住道緣無託故二爲相續壽命假此報身假命成法身慧命故三爲修戒定慧伏滅煩惱故持世云若不除我倒此是外道不聽受人一杯之水佛藏亦爾必厭我倒於納衣麤食不應生著

五中三者初須食者託道緣也摶食亦名段食二一

假身者盛道器也三修三學正示道業也下引文
可解持世佛藏並大乘經我即妄執倒即四倒無
常計常不樂謂樂無我計我不淨謂淨
五明隨治雜相華嚴云若得食時當願衆生爲法供
養志存佛道
五中初華嚴偈初句遇境下三句起心所施是僧
願爲佛法三寶具矣
五分若不爲解脫出家者不得受請若坐禪誦經檢
挍僧事並爲解脫出家者聽受僧次
二中五分僧次必約志願簡其可否若涅槃云我

滅度後多有爲衣食故出家者則不任受施也
十誦若到食處應默然一心淨持威儀生他善心當
徐入徐坐應觀是食難求難得難成辦當觀入口在
生藏熟藏若後出時唯是不淨由此食因緣起種種
煩惱罪業受苦果報
三中十誦明赴請法初示威儀默然口是一心是
意淨持等是身應下明觀法有三初觀功力來處
當下次觀變穢入腸上節食未變是生藏下節變
爲糞穢名熟藏由下觀事緣謂經營擾亂發起三
道

五百問云昔有比丘好樂衣服晝夜染著因病致死
後爲化生蛇還來纏衣衆僧共看之有得道者入四等觀語蛇
令去遂入草中毒盛火出燒身命終入地獄
四中引論因緣聞者足以自照化生蛇者畜通四
生故延謂申之令長四等即慈悲喜捨平等慈攝
毒不能加故用此觀
毗尼母云衣作念云爲除寒熱羞恥故房作念言爲
障風雨故食作念言爲除飢渴因緣故傳云凡食不
得過三匙爲斷一切惡故進初匙爲修一切善故進

中匙爲度一切衆生故進後匙乃至迴向佛道進餘
菜茹等餘如下說
五中初引母論歷事生念以明受用非耽世樂次
引傳者未詳何文或可平呼作相傳釋之三匙及
菜即發三聚四弘但二四開合異耳指如下者即
赴請中
四分云量腹而食度身而衣趣足而已又云食知止
足故苦消滅新苦不生有力無事令身安隱增一云
多食五苦一大便數二小便數三多睡眠四身重不
堪修業五多患食不消化故佛言食知節量因說偈

八行乞調伏

七觀食平等

云多食致病苦少食氣力衰處中而食者如秤無高
下
六中四分初敎節量又下彰益苦卽病也增一中
初列過故下引誡偈中法喻可見
雜寶藏中有王試外道比丘好惡二食以驗知道法
比丘乃至說偈云是身如車好惡無擇香油臭脂等
同調滑
七中彼經因迦旃延本國有王邪見佛令旃延往
化之王與麤食遣人問云得適意否答食之勢力
便以饒足後與細食問之亦如前答後王自問我

所施食不問麤細皆云饒足何也旃延卽以偈答
如鈔所引後王與外道麤細二食乃懐瞋喜王遂
於旃延生信故云驗知等偈中初二字是法如下
並喻凡車必須油塗横軸兩頭但取調滑轉載不
擇油脂香臭
中含云告諸比丘於生活中下極至邊者謂行乞食
世間大諱爲禿頭擎瓦鉢行彼族姓子爲義故受以
厭患生老病死諸苦煩惱若愚人出家而行思欲持
戒慢緩如以穢洗穢何由可脫
八中經文初明上行下極邊者更無過故此望世

三結誡

間故云極下若於聖道則爲最上故名上行亦號
聖種彼下次示兩根初示上根族姓子爲上姓貴
族爲義者卽下厭患生死等受謂信奉若下卽下
根思欲者卽經三種不善思惟所謂思惟五欲思
惟瞋害思惟欺誑等
前具列正敎必須準用臨食五觀口口緣之隨得隨
失者爲貪等毒所奪
結中初四句勸修下二句誡勵隨得謂受食隨失
謂忘念爲毒奪者示失所以由毒猛盛念不能成
故卽毋論云若不爾者羅刹所奪羅刹卽喩三毒

然則口腹之患爲害頗深適意片時招殃累劫應
知三毒卽是三塗故當對事防心不啻臨深履薄
故業疏云大丈夫既不能造大過豈爲一口之食
而陷沒耶所爲極弱矣慈訓深切學者倘復自欺
耶嗚呼

四分律行事鈔資持記卷第三十五

四分律行事鈔資持記卷第三十六下三之一

宋餘杭沙門元照撰記

頭陀行儀篇第二十一

釋頭陀篇頭陀梵言翻譯如後此乃達士之美稱上德之嘉名世俗無知循名昧實呼短巾為道者召鬈髮為頭陀有道恥從名實俱喪倘懷深識必也正名

夫報力增上行成精潔故能高超眾累竦拔不羣是以釋迦一化盛稱斷德故凡所制者並為多貪凡開教中先揚此行欲使進疲怠之客趣禪定之城策染塵之夫登尸羅之陛此其大意也

敘意中初科為二初敘機是下顯教初中上二句彰德下二句歎功報是宿因所感行即現生所修精謂深微潔謂清白超眾累者近則絕於欲塵遠則斷於界繫竦即高出之貌異於中下故曰不羣顯教中初二句通指一代如下所引大小經論是也故下別舉律宗上二句據制教反顯言凡所制者即通指衣食房藥等戒也所以諸戒多是頭陀舉過而制凡下引聽教順明如二房戒廣明十二頭陀及長衣戒因六十頭陀來至佛所佛即稱讚因制畜長以開對中下恐其縱逸故先讚上行意令慚恥志慕孤高欲下示教意疲怠客染塵夫皆目中下之器疲怠是慢即屬結惑染塵是欲即屬業非禪定破慢尸羅止欲定必發慧三學備焉定則攝心防禦故喻於城戒則入道漸次故喻於陛陛即階也

智論云佛意令弟子隨道行捨世樂故讚十二頭陀為本有因緣不得已而聽餘事云云

引證中智論初明佛讚意道行即通三乘聖道世樂即五欲苦因四依頭陀是根本制望後開教故

云為本有下示開聽言因緣者即中下機生衣食房藥四種開教皆有緣故不得已者非聖意故餘事者通指一切聽教也

就中分四一釋總名二列數明體三諸部異行四雜出諸法

分章中上二唯局本部三顯他部四出餘行

初釋總名顯德善見云頭陀者漢言抖擻謂抖擻煩惱離諸滯著聖善住意天子經云頭陀者抖擻貪欲瞋恚愚癡三界六入一一別論又云我說此人能善抖擻如是抖擻不取不捨不修不著我說此人能說

頭陀。

釋名中善見初二句翻名抖擻擧棄於物令盡無餘從喻爲名謂下釋義煩惱是惑滯著即業聖善經中彼經天子下有所問字經但示義頗合論名初示行相抖擻即能治之智欲恚癡即所治煩惱一一別論者彼云抖擻貪欲抖擻瞋恚抖擻愚癡抖擻三界抖擻內外六入（六塵爲外六根爲內）今鈔總牒故此指之又下次歎修說初歎修故云能善如是下歎說不取不捨謂於法離有無二執不修謂不取所修行不著謂不取所證道彼云無有少法可取

既無所取則無所捨又無自他兩修則無所證著故（不見自修不見他修）

增一阿含云其有毀讚十二頭陀一一行者則爲毀讚於我我常讚行此法由此住世故我法久住於世也十輪云毀破禁戒失頭陀以造逆故非我滅如過去佛之所說破淨戒者不入衆數華手經云以迦葉行頭陀苦行故來至佛所如來移身分座與迦葉辭讓不受雜含中佛親命以半座手授僧伽梨易迦葉所著大衣於大衆中稱讚頭陀大行四分佛三月靜坐唯除一供養人時有六十頭陀往至佛所爲佛讚

歎名供養佛人。

顯德中初科引文有五增一中毀讚同佛者欲明損益重故由下申重所以十輪中準彼乃是七字偈今鈔第四句下多數字恐是後人妄加彼文但訶破戒由破戒故失頭陀行則彰破戒過重也初句示過次句明過重謂同五逆佛所不救下二句引證不入衆者即二種僧中此據犯初篇爲言華手經中言辭讓者彼云我見聖王尙以爲難況復得與分牀共坐我今得見親近咨請已爲大利況乃見命分牀共坐甚爲希有如來深具慈悲喜捨

等雜含緣同但加易衣稱讚爲異彼明佛在祇桓諸比丘見迦葉著麤衣來起於慢心佛即易衣以息彼慢由行苦行佛尙尊敬則知功勝矣四分即衣犍度文彼明佛在舍衞告諸比丘我欲三月靜坐思惟無使外人入唯除一供養人諸比丘立制若有入者作波逸提懺時長老和先跋闍陀子與波羅國六十頭陀不用諸比丘制俱詣佛所佛讚善哉善哉和先汝等盡是阿蘭若等得隨意問訊諸比丘聞已多習頭陀行乃至捨長衣成大積則知少欲離染隨順佛語即爲供養佛人。

二彰勝利

十住婆沙阿練若比丘略說十利盡形不應捨一自在來去二無我我所三隨意無障四心樂習空處五住處少欲少事六不惜身命爲具功德七遠離鬧語八雖行功德不求報恩九隨順禪定易得一心十處於空處易生無礙想若有因緣聽入塔寺有通有局不同外道盡形空處廣說如頭陀品中

彰利中論明十二頭陀各具十利且引練若一種以彰多利故至下文列相不復引也初標示言略說者明不盡故言盡形者明要期故次列相初謂身無所屬二謂無物所繫三即不爲化阻四中論

云心轉樂習阿練若住處謂樂靜之心轉增勝故五謂無所營求六謂空處無畏以彰本志七離喧憒八以獨處閑靜無所爲故九凡修禪定必託靜緣故十無礙想者謂空三昧論作無障礙想者若下三示緣開有因緣者論云一供給病人二爲病人求醫藥三爲求看病人四爲病人說法五爲餘人說法六聽法教化七爲供養大德八爲供給聖衆九爲讀誦深經十教他令讀深經有通局者約緣有無也外道一制無開故不同之下指彼品文見十三十四

二料簡通塞

頭陀名通聚落空野蘭若塚間定出城邑餘之十行喧靜通行

料簡中初示名通濫蘭下簡行通局謂二局十通也喧靜即目聚蘭

二列數明體二。初標舉分科。

二列數者位分爲四謂衣食處及威儀也先出相生次第後一一列行各辨方法

列數標中總括十二不出四位先出相生但據總數後科列行乃約別數

二依科別釋二。初相生次第四。初衣中有二種。

初衣服中者衣是資道之緣濟身最要故先就外資以明知足若於此衣取不得方廣生罪累爲惡業所

纏縛在三有障礙出道即非頭陀是故教諸比丘於彼外資少欲知足受取有方趣得資身長道便罷即是頭陀離諸貪著故衣中立二一者納衣二者三衣

相生中初文先敘生起故下後列行相初中前明在初之意資道濟身衣食皆爾但食有時限衣必常須故云最要明合居先若於下顯須立所以初敘過非是下示教立少欲知足者離貪求也受取有方者合制法也制法如下所示下之三科一一並有躡前生起列相二段尋文可分

二食有四種

雖得衣以障身內有飢虛等惱寧堪進業故就食中

立四頭陀。一者乞食。二不作餘食法。三一坐。四一揣也。

然衣食乃具。修道義立。若處在憒閙。心多蕩亂。必託靜緣。始成正節。是以於處立五頭陀。謂蘭若塚間樹下露坐隨坐。

三中。蕩卽蕩逸。節謂節行。露坐隨坐。以儀目處。與下異也。

上來三種並是助緣。若繫念思量。斬纏出要者。無過坐法。故於威儀立一常坐。

四中。前三望坐。坐是正修。故名助緣。若望心觀。坐

亦緣耳。繫念思量卽修正觀。斬纏卽破惑。出要卽證理。

二列名行體。

次科。標云列名者。下十二種並首標故。行體者。謂一一顯相示所修故。舊將行體分釋。云依行目行。十二事號體。非。

初納衣者。四分云。捨檀越施衣。著糞掃衣。

納衣中。初文。捨檀越衣者。多過患也。著糞掃衣者。具諸利也。

十住婆沙云。比丘欲具足行持戒品。應著二種衣。謂居士施。糞掃得也。以有十利故。一慚愧。二障寒熱毒蟲。三表示沙門儀法。四一切天人見法衣。尊敬如塔。五厭離心者染衣。非貪好。六隨順寂滅。非爲熾然煩惱。七由著法衣。有惡易見。八更不須餘物莊嚴故。九隨八聖道故。十我當精進行道。不以染汙心於須臾間。

次科。據此論文。通示二衣。並具十利。然今所引。正用糞掃。居士施衣。因帶而引。對上律文。別相可見。十利中。初謂由服此衣不憍逸故。二三四可解。五中者字傳誤。合作著字。論云。以厭離心著染衣。非爲貪好故。六謂少欲順道。多求長惡。七謂檢身。八

爲捨飾好。九中論云。隨順修八聖道。以離邪求。順正命故。十謂由服此衣策勤心行。不染世故。論總結云。見是十利。著二種衣。故知此十不專糞掃。準論。糞衣自有十利。一不以衣故與在家者和合。二不現乞衣相。三亦不方便說得衣相。四不四方求索。五若不得衣亦不憂。六得亦不喜。七賤物易得。無有過患。八不違初受四依法。九入在麤衣數中。謂入糞衣頭陀中故。十不爲人所貪著。

寶梁經。周那沙彌洗糞掃衣。諸天取汁自洗身。

三中。彼經云。佛告迦葉。周那沙彌拾糞掃中物。至

阿耨達池浣洗諸天皆遙爲作禮取其浣汁以自
沐浴（業疏云由心淸淨故）外道持淨氎次後將洗諸天遙遮
勿汙池也（疏云由邪命得體不淨故）然此糞衣並是世人所棄
零碎布帛收拾鬬綴以爲法衣欲令節儉少欲省
事一納之外更無餘物今時禪衆多作納衫而非
法服裁翦繒綵刺綴花紋號山水納價直數千更
乃各鬬新奇全乖節儉經年製造虛廢時功法逐
時訛道隨事喪是則妄稱上行濫預頭陀有識之
流幸宜極誡

二者三衣四分捨諸長衣著三衣

二中初文捨諸長者離貪積也著三衣者或名但
三衣但猶獨也三法服外無別衣故

論云但有三衣更不畜餘衣有十利一於三衣外無
求受疲苦二無守護疲苦三所畜物少四唯身所著
爲足五細戒行六行來無累七身體輕便八隨阿練
若處住九處處住無顧惜十隨順道行

次科五細戒行者由離諸長持奉精微故六行來
無累者不爲物滯故八隨下準論有順字謂練若
空處宜少事故十以八聖道離邪命故

三乞食法善見云三乘聖人悉皆乞食

三中初科三乘皆乞由此正命是聖種故折我慢
故離諸惡故修平等故生物善故令行檀度起大
行故令生慈悲下佛種故極聖尙爾況餘聖乎三
世十方皆爾豈唯娑婆一化乎嗟乎末法五濁益
深我慢自高略無正信而乃奔馳世路請謁門徒
折腰於村叟之前諂笑於闤闠之下或躬爲商賈
或親執耕鋤畢世營生終身不足自甘下劣孰畏
勤勞可謂世間愚人之所輕慢寧知淸淨活命之
妙術自在解脫之法門因中之供施無窮果上之
福田莫等信是發行端緒眞爲入道初階既知萬

劫難逢勿使一生虛度請徧尋大藏深信佛言竭
力奉行則眞佛子矣

薩婆多受乞食法者一以在衆因緣故多諸惱害二
以鞭打僧祇人民共相瞋惱多諸非法食不淸淨三
以觀他意色心不安四少欲知足修四聖種受檀越
請亦有過失以請因緣先麤者更令精細若少勸多
若無兼味教增衆饌心有希望卽非少欲聖種之法
常懷彼我得失之心若乞食者蕭然無繫意無增減
又衆食有盡乞食無窮佛教弟子修無盡法

次科論有五意初謂處衆多惱以食僧食故二謂

造食多過。言非法者。或買物侵虧。或損傷物命。或宿煮惡觸。故不淸淨也。三謂繫屬多患。强顏故色不安。承意故心不安。四順行四依。初示制意。受下彰損益。初敘受請之損。若下明乞食之益。兼味兼猶重也。又下卽第五謂卽事表法。無盡法者。佛法大海無源底故。

四分。蘭若比丘入村乞食者。淸旦淨浣手。至衣架邊一手擧衣。一手挽取抖擻著七條已。㨾大衣著肩上。若鉢囊中。執打露杖在道行。常思惟善法。若見人先問訊言善來。若近聚落。便著大衣。至於村門。應看巷

相。空處相。第一門相第七門相。右手捉杖。左手持鉢。道側而行。次第乞食。若俗人送食。不得迎取。除喚來往取。不得强乞。應知當得者立待。得食已。作念言。此爲賊食。此自食。乃至出村。安鉢著地。㨾僧伽梨。如前進否。至蘭若處。方共食之。

三中。初科先明出蘭若法。著衣執杖行等。卽身業。思惟卽意業。見人問訊等卽口業。打露杖謂去草上露水。恐溼衣故。或云執錫驚蟲獸故。若近下。次入聚行乞法。有六。初著衣法。至下二瞻視法。至第七門相。以律制法不過七家故。若準多論。則有三種次第乞食。一日到一家。得食則食。不足則止。二次第到七家。得食則食。不得亦止。三次第從家至家。食足則止。不限多少。後日乞食。還從先次第。準此隨人標意。受行不同。則非定制。右下三正乞法。道側示謙下故。次第不擇豪賤故。準下。除惡狗惡牛等家。楞嚴中。迦葉捨富從貧。須菩提捨貧從富。俱爲佛訶非平等故。若俗下四受取法。迎取謂見他持來。進前迎受。由乖尊相故制不得。不得下五觀時法。得食下六作念法。準下。須留賊分。或疑賊奪。不專己想。亦薄貪情故也。乃至下後出聚法。如

前進否。同上三業行也。

僧祇云。若乞食時。不得語云與我食得大富。當在現處默然而立。

次科不得語等者。離邪命故。在現處者。令他見故。默然立者。不求自捨。獲大福故。

十誦。乞食得入三重門。至庭中三彈指。不得便去。食時先噉熟者。後噉生菜果等。

三中。三重門者。據有言之。此間俗舍不喜輒入。止可簾障之外。避譏疑也。三彈指者。使內知故。今或振錫代之彌善。不便去者。遲留待出。不出方去。先

四彰勝利 五顯梵名 六引誡勸

噉熟者無所損故。

十住云：乞食十利：一所用活命自屬，不屬他；二施我食者令住三寶，然後當食；三施我食者當生悲心；四順佛教行；五易滿易養；六行破憍慢法；七無見頂善根；八見我乞食，餘修善法者效我；九不與男子大小有諸緣事；十次第乞食，於衆生中起平等心。

四彰利中，一身得自在；二因行勸化；三作念利他生悲心者，謂悲他慳悋少福德故。彼論續云：我當勸行精進（行乞不懈），令善住布施（發起大行），作已乃食（謂作念也）。五易滿易養者，一鉢即足，趣得支身故。六以生業中乞最下故，即經云：自見如是，若起憍慢，當疾滅之是也。七謂護勝果，一切諸佛三十二相中無見頂爲第一相，因中行乞卑下於人，而感此相，故爲善根也。八謂導他；九即少事；十離分別，若受別施心高下故。

善見云：分衞者，乞食也。

五中梵云分衞，此翻摶墮，以西竺多摶食墮疊盂中故。論云乞食，舉事顯也。

僧祇：迦葉發願乞食，初得施與僧尼，後得者自食。智論：佛將釋子去迦毗羅城五十里住，來往入城乞食，皆並告苦，因說不寐夜長、疲極道長、愚生死長等法。增一云：大目連乞食，爲梵志所圍，瓦石打，骨肉爛盡。爲往業故，還見舍利弗，便入滅度。舍利弗先入滅度，爲患重故，三界諸天墮淚如雨。故知業能隨逐，至聖不免，但斷總報，惡業別報不亡。

六中三文：初引轉施以誡獨噉；次引遠道以誡辭勞；三引遭難以誡輕動。智論文出三十三，彼說佛度五百釋種，恐近親里破戒，故將至舍婆提。初夜後夜不睡，精進故得道。佛將還本國迦毗羅仙人林中，去城五十里，故是釋種遊戲園（有改爲三里，非也）。諸釋子比丘以先修行不睡，以爲夜長；從林中入城乞食，患道路長。佛知其心，又有一師子來禮佛足，以是三緣故，佛說偈。鈔引上三句，下句云：莫知正法。又云：佛告比丘：汝未出家，其心放逸，多睡眠故，不覺夜長；今求道滅睡，故覺夜長。此林汝本駕乘遊戲，不覺爲遠；今著衣持鉢，步行疲極，故覺道長。師子毗婆尸佛時作婆羅門，聽佛說法，衆不共語，即生惡念，罵言：此諸禿輩與畜何異？從是至今九十一劫，常墮畜中，以愚癡故生死長；今於佛所心清淨，故當得解脫。增一中，初引緣，目連還歸舍利

弗先歸本村入滅舍利弗常患風疾故云患重諸
天墮淚悲其去世故故下顯業初二句歎業力由
二尊者並償先業故但下示牽報斷總報業者以
破見思業根永喪不墮三惡道故別報卽遭打及
病故亡無也
四不作餘食法由食多無度妨道業故智論由求小
食中食後食則失半日之功佛法爲行道故不爲益
身如養馬養豬等
四中由先食正食堪充一飽日未中前若欲更食
開作餘食法已食之法式具在隨相上根少欲不

受此開故得名耳智論中上明營求證上無度後
食卽餘食失半日者證上妨業佛下示出家意養
馬圖力養豬圖食出家行道不圖色力此與第六
無十利者十住婆沙無此二行故如下諸部異行
中明之
五一坐食者論云先受食處更不得食有十利故一
無有求第二食疲苦二於所受輕少三無有所用疲
苦四食前無疲苦五入細行食法六食消後食七少
妨患八少疾病九身體輕便十身快樂
五一坐者謂但一食不同前行猶受小食十利中

二謂無所餘故三謂無作務之煩五謂一食是食
法中微細行故七妨患者謂多事妨業
智論云有人雖一食而貪心極噉腹脹氣塞妨廢行
道故受節量食
次科有行一食恐飢多噉故有此過節量食法文
見下科
三千云不得數數食應一食以長婬怒癡結不異俗
人
三中以飽食之人多不念道但增長三毒非道人
故
六一揣食謂數受益故貪心則多今總受內鉢中斟
量取足更不受益

六中初科一盂之外更不受益與前復異
解脫道論節量食斷於貪恣故取盡二十一揣等如
彼十二頭陀品中廣有對治智論節量食者隨所能
食三分留一則身輕安隱易消無患如經中說舍利
弗云我若食五口六口足之以水則足支身於秦人
食可十口許
二中解脫論中節量食卽一坐異名二十一揣彼
土揣食此方不爾宜約口論此方人小準下可十

口許應隨人增減不必一定指廣如彼者論云云何受節量食若餐噉無度增身睡重常貪樂爲腹無厭知是過已見節量功德我從今日斷不貪恣籌量所食不恣於腹多食增羸知而不樂除貪滅病斷諸懈怠善人所行等智論初示節量法則下顯益如下論家自引經證彼人身大故五六口可爲此方十口也

七阿蘭若處者智論名遠離處最近三里能遠益善餘諸雜行如第六十八卷中四分云空靜處去村五百弓弓長四肘用中肘量也則一肘長一尺八寸六

尺爲步積之便有若干里也中國僧寺並在城外尼寺城内十誦云繞祇桓虎吼此寺去舍衞城南千二百步薩婆多云去村一拘盧舍（此云一鼓聲）謂蘭若閑靜處不令聞村中鼓聲恐亂諸坐禪比丘

七中智論遠離處者對村聚爲名三里極近減則不成指雜行者論云得身遠離已亦當令心遠離五欲五蓋等及廣明十二上行尋彼看之（文見六十七此間藏經分卷不定）四分空靜者就當體爲名若干里者弓有七尺二寸百弓七十二丈五百弓計三百六十丈六尺爲步六十丈爲百步三百六十丈爲六百步即爲二里中國下引十誦初示彼土寺法尼恐陵辱故須城内十下次引證繞寺虎吼可驗遠城千二百步三百步爲里則四里也多論一鼓聲間準集僧中解即有二里頗同四分然諸文不同宜以本宗爲準如前智論能遠益善

若僧衣二種蘭若如前明

次科指僧衣者名同相別恐相濫故準僧蘭若無難五里有難五十八步四尺八寸如集僧篇護衣蘭若七十餘步如離衣戒

僧祇阿蘭若比丘不得輕聚落比丘應讚言汝聚落

中住說法教化爲法作護覆蔭我等其聚落者不得輕練若比丘云汝希望名利與禽獸同處從朝竟日止可數歲耳應讚言汝遠聚落在閑靜處思惟上業所崇此乃難行之處能於此住而息心意等

三中以事情相反人喜相輕增過滅法故聖特制上業業即是行崇猶重也謂上行中尤重蘭若故

（十利如前）

八塚間坐者十住論謂在死人間住者隨順厭離心故常止宿死人間有十利一常得無常想二得死想三得不淨想四一切世間不可樂想五常得遠離一

九樹下

切所愛人。六常得悲心。七遠離戲調。八心常厭離。九勤行精進。十能除怖畏。

八中。引論名別。則知此法不必塚墓。十利中。前四想者。想即是觀。初無常想者。一切有為法有二種。一眾生。二國土。(即有情無情也)是二皆新新生滅故。無常也。乃至別歷色心陰界入等。一一皆然。由對死境。觀行現前。是故論中並標常字。智論云。因是屍故。觀一切法易得無常相是也。二死想者。謂一期果報。常為二種死之所逐。(分段死。變易死)則出息不報入息也。三不淨者。觀自他身內有三十六物。(如戒疏說)外則九孔惡露常流。從生至終無一淨也。四不可樂者。觀二種世間。一者眾生。二者國土。皆有過惡。無可樂也。(上並依法界次第釋)五謂因觀死屍。即於顏色心不繫故。六傷其世相。七因悲不樂。十常見死屍。無餘怖故。

九樹下坐。智論云。樹下思惟。如佛生時成道轉法入滅。皆在樹下。行者隨諸佛法。常處樹下。論云。樂不處覆地。有十利。所謂無有房舍。臥具所愛受用疲苦。及隨四依法。易得無過。復無有眾鬧等。

九中。初引智論明所效佛在無憂樹下生。菩提樹下成道。吉祥樹下轉法輪。娑羅樹下入涅槃。次引十住示十利。文出七利。今具引之。一無有求房舍疲苦。二無有求臥具疲苦。三無有所愛疲苦。四無有受用疲苦。(今文以無有疲苦上下括之。中間別列四事)五無處名字。(謂無住處名也)六無鬬諍事。(多無護故)七隨順四依法。八易得無過。九隨順修道。十無眾鬧行處。(今鈔略五六九在等字中。舊記將所愛受用為一。四依為四。誤他久矣)

二示所依

十在露地者。智論云。我觀樹下如半舍無異。蔭覆涼樂。文生愛著。便受露地。日光偏照。空中明淨。易入空定。

十中。初科前敘樹下多過。便下明露地深益。

增一云。比丘因緣和合。乃有此身。骨有六百六十。毛孔九萬九千。脈有五百。筋亦五百。蟲八萬戶。當常思學。名最空法。

次科引增一觀法。成上空定。以觀此身。既假骨毛等緣和合而成。當知我身畢竟叵得。是為人空。又了諸緣自體亦空。是為法空。如實了知人法俱空。即破二執。故云最空法也。

善見。若受上頭陀法。在樹下。若在空地。乃至不得以袈裟為屋。不得將僧臥具在外受用。若能愛護。乃至

四顯勝利

十一隨坐

袈裟覆不令溼得用受中頭陀者無雨時露地雨時
屋下得用僧臥具
三中引論初明上法在樹下者謂雨時也受下次
明中法雨歸屋下與上爲異覆處少損故得用僧
物
論云十利故一不求樹下二遠離我所有三無有諍
訟四若餘去無顧惜五少戲調六能忍風雨毒蟲寒
熱七不爲音聲荊棘所刺八不令衆生瞋恨九自亦
無有愁恨十無衆鬧行處如來依大畏林風雨交流
晝入林中夜便露坐或村人以木枝著耳鼻中或加

屎尿及以土坌終不起意向彼云云
四中十利一無求二無繫三無他護四無所愛七
中二利並反樹下明之以樹下猶爲風聲棘刺故
八不占他處九不慮他奪如來下引聖所行令欣
樂故大畏林亦名恐畏林寒林即屍陀林在王舍
城西北十里許彼國人死多送林中名爲林葬爲
人觸惱不起意者示行忍辱垂誡後來經云能行
忍者乃可名爲有力大人是也
十一隨坐者論云隨所得坐處不令他起有十利一
無求好精舍住疲苦二無求好臥具疲苦三不惱上

十二常坐四初明行體

二示心用

座四不令下座愁惱五少欲六少事七趣得而用八
少用則少務九不起諍因十不奪他所用
十一隨坐謂但無人處即坐不必樹下露地解脫
道論名遇得處坐解云不樂人所貪不惱他令避
故十利中一二可解三謂無所讓故四即不令避
故五約希望六約他事八約己務九謂不惱他故
彼具云不起諍訟因緣
十二常坐不臥者薩婆多云加趺坐者將正心故然
始正身異外道故生人信心故三乘人皆以此坐悟
道

十二初科多論前明坐法然下示制意
解脫道論云夜常不臥也如決定王經中有四法一
乃至彈指頃於衆生中不生瞋心二不應與一時頃
使睡眠覆心三引導衆生使得阿練若功德四晝夜
不離念佛餘如論說
次科初標行相即身業也如下引示心行明不徒
坐也經中四法前二治過即自利三是利他四即
投心勝境睡眠掉散則離念佛故不臥也下指論
者即解脫論彼云常坐功德斷生怠處除爲身疾
開病緣也離染觸樂少於纏睡常多寂靜堪修禪定善

三引勝利　四明勸修　三諸部異行三，初標示集，二列示六，初毗尼母論

人所行是業無疑。

十住論說十利：一不貪身樂，二不貪睡眠樂，三不貪臥具樂，四無臥時脇著席苦，五不隨身欲，六易得坐禪，七易讀誦經，八少睡眠，九身輕易起，十求坐臥具衣服心薄。

三中十利，前三治樂，四即離苦，五不縱情，六七成業，八神爽，九身安，十業輕。

四分中，蘭若比丘敷好臥具安眠，佛言不應爾，應初夜後夜警意思惟，所爲出家爲存出要，觀行法如後說。智論云：身四威儀，坐爲第一，食易消化，氣息調和，

求道者大事未辦，煩惱賊常伺其便，不宜安臥。若欲睡時，脇不著席。

四中四分初引緣，佛下明設教，初句立制，應下教修思惟，即修觀。此中不明，故指如後，即主客篇四儀法中（或指沙彌篇三觀）。智論中初讚坐法，求下誡睡眠。大事即指聖道，伺候也。即經云無以睡眠因緣令一生空過，無所得也。又云諸煩惱賊常伺殺人，甚於怨家，安可睡眠不自警悟等。若下教臥法，脇不著席謂倚臥也。

三諸部異行。毗尼母中云：若瞋心不止，我則不食，待

二智度論　三寶雲經　四十住婆沙論

瞋滅方食。

三諸部中，母論對食治瞋，折挫煩惱，即爲上行。智論中後不飲漿，由此緣故，心生樂著，不一其心，修習善法。

智論斷漿，十二之外，不一心者，彼云因飲漿故，遂求種種漿，謂果漿、蜜漿等，如馬不著勒，左右噉草，不肯進路，若著勒則噉草意斷。

寶雲經云：四分之一食。凡乞得食，分爲四分：一分與同梵行者，第二分與窮下乞匃之者，第三分與諸鬼神，第四分自供身食。但念修道，於食中不生貪染心。

若乞食時，繫念威儀，終不輕躁，諦視目前不過一尋。次第乞之，除惡狗惡牛，先破禁戒，隨有人畜能擾惱者，皆悉不往，可譏嫌處亦不往。彼餘如彼十二頭陀中說。

寶雲經四分之一，即乞食別行，初正示行相，匃音蓋，亦乞也。與鬼神者，即今施食。若下因引乞法，先破禁戒者，或在家破五八，或出家反道者。可譏嫌處，即婬女家酒肆等。

十住婆沙，有著毳衣，食後不受非時飲食，各有十利。如彼說。（毳衣者，即羊毛等作。）

十住中彼無餘食一揣故有此二與上不同各有十利者彼云受毳衣有十利一在麤衣數謂同糞掃衣行二少求索三隨意可坐四隨意可臥五浣濯則易六染時亦易七少有蟲壞八難壞九更不受餘衣十不失求道食後不受非時飲食有十利一不多食二不滿食三不貪美味四少所求欲五少妨患六少疾病七易滿八易養九知足十禪誦身不疲極

解脫道中有十三頭陀衣二食五處五十三是常坐勇猛之分

解脫道論彼云二法衣相應謂糞衣及三衣即衣二也五法食相應謂乞食次第乞一坐節量時後不食食五是也五法坐臥相應無事處蘭若樹下露地塚間遇得處處五是也一勇猛相應謂常坐不臥然是勇猛之一事故加之分二字食中多次第乞餘同四分十誦多雨國土四月在露地八月在覆處少雨國反前

十誦多雨處四月在露即冬分也八月在覆春夏雨多也少雨反前者冬春八月在露夏四月在覆

上列十二依四分而言統明經論所述並不及解脫道論次第詳悉正行既成定慧斯立彼論廣有次第法略不述之

結指中初指前列統下揀諸文彼論先總列名次總顯相後逐行別明一一行中並先示過二明受三顯德四辨失故云次第詳悉等且略引示彼云云何受乞食若受他請則妨自業示過我從今日斷受他請受乞食法此即受法餘行並準此立誓受行若不行準下五分須捨云何功德依心所願進止自由銷除懈怠斷滅憍慢顯德若受他請是失乞食辨失餘行並爾具見第二須者尋看

四雜法

四中雜法即蘭若中所須之事

四分蘭若比丘乞食至蘭若中往常食處淨掃灑具水器殘食器牀座洗腳石盛水器拭腳巾若見餘蘭若來應遠迎爲取鉢取衣舒張有汙者應拭揉抖擻浣暴等令其坐訖與彼水器及水洗足石拭腳巾持處將澡豆淨洗手別留賊食便授水與彼比丘已次革屣安左邊勿令水漬彼洗足已洗足諸器物復本授食供給所須苦酒鹽菜等若熱應扇若日時欲過應俱食不爾者持彼食已取鉢自食已有餘食者應

與人若非人若淨地無草處無蟲水中餘諸食具淨洗復本處淨掃食地有賊來者語言此是水此是食爲汝等故別留淨潔若欲食便食之須善知夜時節及以方相星名恐賊來問答有失十誦開練若讀星經若見人來先共語和悅顏色不應垂頭應正憶念餘如四分

初中四分前明備所須若見下次明待同學又三初迎接令其下浣濯便授下與食有餘下三明食已法與人即乞匃者非人即施鬼神禽畜等淨地水中或無人畜留置淨處擬後施故有賊下四明

待賊法制知時節防賊難故下引十誦文證可知星經即陰陽書下指四分即留食等

四分開用鑽木出火在屏處亦開用火珠

二中謂以木鑽鑽木則有火出火珠即水精珠日光照之用艾引火恐同世術故開屏用

善見若頭陀比丘雖住寺中不住僧房不食衆食施主自爲起房僧不得差爲知事若比丘有能讀誦教化說法能利僧者亦不得差爲知事好房舍衣鉢先與之飲食果木得加分與

三中前明頭陀是今所用後讀誦等因之而引如上等人故免差次加分與物皆謂推尊有德誘進後人故也

五分若不捨十二頭陀法在人間受請一一吉羅若不能者皆應捨頭陀法

四中五分受請犯吉且約乞食爲言餘之十一例皆違犯準解脫道論糞掃衣受居士施衣即失但三衣畜長衣即失乞食受請即失如上不作餘食法作則名失一摶食再食則失（此二論無準義明之）蘭若聚落住即失塚間餘勝處坐即失樹下屋舍住即失露地覆處即失隨坐貪樂處坐即失常坐寢臥即失

不捨而違例皆犯吉不能令捨者應云我從今日捨乞食等則知此十二行並須作法受行不能須捨不受不成不捨違犯知之

四分律行事鈔資持記卷第三十六

四分律行事鈔資持記卷第三十七下三之二

宋餘杭沙門元照撰記

僧像致敬篇第二十二 造立像寺法附

釋僧像篇題中上二字即所敬境下二字即能敬儀僧即總於衆別像即攝於經法即下立敬儀中三科之文則三寶勝境通爲所敬矣古云僧是能敬像爲所敬者謬矣取其語便故僧在初準下敬儀佛在前列致即訓至說文云送詣也謂以至敬之心投詣勝境故也

法軌被時景仰斯立謙恭斂敬俗禮命章遜恪攝儀

道宗矣始豈以形服標異而得倨慢無知良由致敬有方故能清革耳

敘意中初文上二句明弘通立法謂比丘之衆舉事有法化被於時光世生善發生物信則彰佛法高深人知歸嚮故云景仰斯立也謙下四句明道俗所宗謙恭遜恪言其內心斂敬攝儀言其外貌退已自卑謂之謙遜尊他專謹謂之恭恪儒宗有禮記首云無不敬是知敬者禮之主也又儒教不出五常而禮統焉故論語云恭而無禮則勞則知謙敬俗典明示故云命章又下引佛制敬佛法僧師資相攝上中下座互相禮敬則知遜恪佛法推先故云矣始或可凡對勝境或見尊上必先致敬故云始也豈下明敬慢可否上二句示非所宜下二句明須立敬形謂削髮服即壞衣倨慢謂傲物方謂法度即下所明然出家異世不但外儀必由內法故云清革

故增一云有慚愧二法住世則相恭敬是故比丘當勤共學

引證中省已所短則內懷慚愧由有慚愧則推重於他則知慚愧是敬之本倨慢自矜無慚故也是下勸修凡在吾門宜遵佛語

比時移情淡禮義云亡鄙末之小僧妄參衆首眉壽之大德奄就下行以武力爲智能指文華爲英彥如斯冒罔孰可言哉故輒略提引永成明誡

三中初敘禮壞上二句通示移謂遷變淡謂淳薄次六句別釋鄙謂庸惡末謂卑下輒爲領袖故參衆首眉謂龐眉壽即高臘反相欺壓故在下行武力謂恃勢陵物之者文華謂世俗文筆之流上四句敘坐次乖道下二句明推舉同俗彼時尚爾況今衰末不足怪矣如下結歎生起提引者即指當

篇明誡者乃彰垂訓。
就中分二。一如題所明。
次科。分章中指如題者卽本篇法附也。
初中分三。一制相敬意。二對敬立緣。合否兩相。三立敬儀式。
初中智論云。諸佛不以生身爲禮敬也。若見法身是名供養。如佛從忉利天下。須菩提在石窟中觀無常空故爲先見佛。蓮華色尼寶階先禮佛。佛不受之。
制意中初科。智論前示眞境。以佛生身是法身所依器故。如下引緣證。佛升忉利天爲母說法。將從

天下。衆皆迎接。須菩提在石室中行空三昧。念言佛常說云。若人以智慧眼觀佛法身爲先見佛。念已但坐室中。蓮華色尼欲先見佛。乃化作輪王千子部從。衆人見已避道。得先見佛。卻復本身前禮於佛。佛言。汝非先見。於我彼須菩提最初見我。以觀空故得見法身。名眞供養。由佛訶止。故云不受。
所以相敬者。爲除慢法故。四分中由諸比丘不知大小故。佛訶責已告言。汝謂誰應受第一座第一水第一食。乃至起迎逆禮拜恭敬問訊耶。諸比丘言各不定。或云十二頭陀者。大姓多聞法師持律禪師等。佛

言汝等各各長慢。故作是語。廣說三鳥獸相恭敬法。便說偈言。其敬長老者。是人能護法。現世有名譽。將來生善道。敎化人民皆隨法訓。汝等於我法律中出家。更相恭敬。佛法可得流布。自今已去。聽隨長幼恭敬禮拜上座迎逆問訊。
次敬意中。初徵示。四分下引釋文出房舍犍度。彼云。爾時佛從王舍城與諸比丘人閒遊行詣毗舍離時。六羣先往取房舍爲和尚親厚等。時舍利弗目犍連後至。不得房宿。臥埵上。因集衆訶誡。如鈔所引。初引佛問諸下衆答。佛下訶責。卽見制意。廣下

引緣。彼云過去有三親厚象獼猴鵽鳥。鵽當刮反。爾雅注云。大如鴿。亦言鳩。或言雀。依一尼拘律樹。彼作是念。我等共住不應不興恭敬。互相問言。憶事近遠。象言。我憶小時此樹觸我臍。猴言。我憶此樹舉手及頭。鳥言。我憶雪山右面有大尼拘律樹。我於彼食果。來此便出。卽生此樹。時象卽以猴置頭上。猴以鳥置肩上。遊行村聚。說偈如鈔。上句行敬。次句顯益。三卽現報。四是後果。汝下勸依。自下立制。今時僧衆。不別尊卑。宿德晚生。互相作禮。受戒徒分時分。坐夏空數淺深。堪嗟世薄情浮。深痛律崩法壞。有心弘護。

二引因果勸修

三明坐立差異

宜切依承。

大悲云。佛過去時。若見三寶舍利塔像師僧父母兄弟姊妹耆年善友外道諸仙沙門婆羅門等。無不傾側謙下禮敬。以是報故。成佛已來。山林人畜見佛行時。無不傾側低頭禮拜。增一云。無恭敬心於佛者。當生龍蛇中。以過去從中來。今猶無敬多睡等。雜含云。告諸比丘。若見四眾攝持諸根。長夜安樂等。

次科。大悲經中。初敘修因。傾謂盡心。側謂迴避。以是下。次明感果。如佛將成道。在尼連河沐浴。身瘦不能自持。感樹垂枝助佛身出。至於入滅雙林變

白之類。無情尚爾。況有情耶。增一中。初示來報。以下推往因。雜含中。誡敕比丘。四眾即所敬。攝諸根者。謂恭謹也。長夜通目現未。安樂通世出世。

智論云。外道是他法。故輕佛。來至佛所自坐。白衣如客。故命坐。一切出家五眾身心屬佛。故立。若得道羅漢如舍利弗等。皆坐。三道以下並不聽坐。以所作未辦結賊未破故。又云。釋迦牟尼佛無別菩薩僧。故文殊師利彌勒等入聲聞僧中。次第而坐云云。

三中。智論初明對佛不同有四。前二俗眾俱坐。命不命別。後明道眾或坐不坐。學無學分。三道即三

二寶梁經

二對敬立緣合不。二初標章。二正釋。二初不應禮。二初四分律。

果。凡夫可知。未辨謂所證道。未破謂所斷惑。又下次明大小坐次。餘佛僧徒。三乘位別。釋迦之眾。純一聲聞。故云無別菩薩僧也。文殊師利。此云妙吉祥。彌勒。此云慈氏。次第謂依夏臘。準此以明。諸大菩薩。必應示受聲聞律儀。即經所謂即現聲聞而為說法是也。

二明對緣是非。四分中有四。一不應禮一切白衣及女人。二前受戒人不應禮後受戒者。三不禮犯邊罪等十三難人。被舉滅擯應滅擯等。四不禮一切說非法語者。

次科。不應中。初文四種。前是俗人。餘皆道眾。又復二是下座。三即非僧。四即無德。三中。十三難人無戒。三舉行缺。二滅擯壞。古來國朝多有令僧反拜君父。蓋不知三寶福田。四生依怙。道超塵網。德跨樊籠。君不得臣。父不得子。不墮四民之數。是為三界之賓。形雖免於屈申。心敢忘於奉敬。但以志求解脫。仰荅劬勞。不怠重修。上資治化。豈唯拜伏。方為報德乎。

寶梁經云。若破戒比丘受他持戒者恭敬禮拜。得八輕法。一作愚癡。二口瘖瘂。三顏貌醜陋。四其面側戾。

見者嗤笑五轉受女身作貧窮婢使六形體羸瘦夭損壽命七人所不敬常有惡名八不值佛世此破戒者乃至大地無涕唾處餘如上篇

寶梁中八輕者由無慚恥慢易有德即因心也下列八法並來報也或可六七通於現未乃至下明德薄毀戒之人片地無分即梵網經云不得國王地上行不得飲國王水五千大鬼常遮其前掃其腳迹罵言大賊等又如佛藏不消一杯之水一納之衣何況四事指上篇者即對施中

二應禮分二初無緣合敬律中小沙彌尼禮大沙彌尼如是展轉乃至如來及塔餘如後說

應禮中初文無緣者緣見次科下禮於上故云合敬下大小相敬中自說故此指之

四分十種非威儀不應禮大小行裸身若剃髮若說法嚼楊枝洗口若飲若食若噉果增一云塔中不應禮五分相瞋屏處不得禮十誦睡經衣大眾中在路行病時不得禮僧祇泥作浣衣洗浴及手足著一衣時疾行等不應禮十誦佛塔聲聞塔前自他不得互禮五百問云佛塔前禮比丘犯墮僧祇禮塔誦經讀經寫經授經闇中並不得禮皆謂別有所敬故也

二中初廣引諸文四分十種大小行爲二增一塔中謂非處也五分相瞋謂心惡也十誦有五并下二塔前爲七僧祇有七分之可見五百問示犯準應得吉僧祇六種皆下別示經塔等不得之意

三立敬儀式分三初敬佛法二敬僧法三大小致禮法

三中標分有三初是佛寶義須兼法下正明云佛像經教住持儀等是也即題中像字下之二科僧別分之即題中僧字

初中敬佛塔法若塔廟支提受用之物乃至擬造堂殿牀座材石等已經佛像受用者縱使風吹雨破當奉敬之如形像無異故四分中王以園施佛佛不受當令奉僧何以故若佛園及園物房舍房舍物衣鉢坐具鍼筒便是塔廟一切諸天世人沙門魔梵不能受用應恭敬如塔若施僧者我在僧中

敬儀中初科初正明準前盜戒佛受用物乃至爲佛亦不得貿易支提亦翻爲廟故下引證王即瓶沙王注文語勢連上合是大書疑其傳誤施佛則永不通僧施僧則兼通於佛

增一云告諸比丘禮佛承事有五功德一者端正以

見佛像發歡喜心二者好聲由見形像口自稱號南無如來無所著至眞等正覺三多財報由以華香供施故四生長者家由見形已心無染著志心禮故五命終生天此卽諸佛常法當如是學

次科五功德前四別報並列因果後一總報通前爲因故但是果南無經音義中翻爲歸禮或云歸敬或云度我如來者成論云乘如實道來成正覺無所著者離塵染故至眞者離虛偽故等正覺者謂三世道同正卽簡異邪妄此卽下勸修諸佛所行下凡宜學

智論禮法有三一者口禮二屈膝頭不至地三頭至地是爲上禮地持當五輪至地作禮阿含云二肘二膝頂名輪也亦云五體投地先正立已合掌右手褰衣屈二膝已次屈兩肘以手承足然後頂禮後起頂頭次肘次膝以爲次第不相亂也

三中初引三禮口卽言相審問名下禮屈膝卽跪爲中禮頭至地卽稽首也地下示五輪地持語通故引阿含續釋五處皆圓故名五輪四支及首名爲五體輪則別指五處體則通目一身先下正示禮儀正立者攝身儀也合掌者定心想也兩掌相抵指掌齊合今人但合指耳屈則先下後上起則先上後下故注云不相亂也手承足者舒手仰承表敬之極今人有結印者不知法也世衰法喪不識禮儀或覽此文宜須依準

智論云若聞諸佛功德心敬尊重恭敬讚歎知一切衆生中德無過上故言尊也敬畏之心過於父母師長君王利益重故故云重也謙遜畏難故云恭推其智德故云敬美其功德爲讚讚之不足又稱揚之爲歎又云植佛福田者植謂專心堅著也隨以一善禮誦香華等至佛無盡由智勝故

四中引論兩段前段初三句總標知下牒釋六義通是敬心別分三業恭敬二字義必兼身又通約能敬尊重二字則兼所敬又云下引次段上舉喻佛如肥田專心如好種堅著如投種於田隨下法合一善等是因至佛是果由下顯意

毗尼母不得著革屣入塔繞塔富羅不得入塔者彼土諸人著者皆起慢心故不聽著寒雪多處聽著靴富羅三千云繞塔法一低頭視佛二不得蹈蟲三不左右視四不唾地五不與人語又當念佛恩大難報念佛智慧念佛經戒念佛功德念佛精進乃至泥洹

六旋繞法

又念僧恩師恩父母恩同學恩又念一切人皆使解脫離苦又念學慧除其三毒求出要道見塔上草念手去之不得捉拔有不淨即分除之若天雨當脫履塔下乃上禮佛

五中母論西國以跣足為敬故不得入塔此方以穿著為禮或著襪履亦須潔淨寒雪處聽者謂開邊國三千中初明繞法一現卑下二示慈心三離輕掉四離觸穢五離憒鬧又當下次明用心念佛恩者無量劫來為度我等不惜身命求菩提故念佛智者權巧方便不思議故念經戒者三藏教法開發我故念功德者威神相好無與等故念精進者乃至無一芥子地非捨身處故念泥洹者示現滅度令諸眾生追慕勤修故乃至者略降生成道轉法輪故僧是福田師則攝誘上即三寶父母生育同學琢磨皆思報故念一切人即利他念學慧即自利念除草即營福天雨脫履者即知天晴亦通著上但須淨耳如上所念不出三寶親友慈悲福慧自利利他尋之可見

五百問云比丘繞塔女眾隨者不得有優婆塞不犯大論如法供養法必應右繞賢愚舍利弗辭佛膝行

繞百帀也善見云辭佛法繞佛三帀四方作禮而去合十指爪掌叉手於頂上卻行絕不見如來更復作禮迴前而去雜含云憍陳如久不見佛後來便以面掩佛足上致禮

六中五百問息嫌疑智論示繞法賢愚明禮辭彼說舍利弗辭佛入涅槃佛問何不住壽一劫答曰世尊年尚八十不久涅槃我不忍見故又三世諸佛上足弟子皆先取涅槃按本起經是佛右面弟子目連左面故也經文但示旋繞續引善見具示儀式雜含中明禮足示敬之極然諸經論皆令右繞古今諍論紛紜不息都緣不曉繞佛繞壇兩儀自別且直據祖教略明大途餘廣如別初明繞佛者歸敬儀云右繞者面西北轉如像面南行者面北舉步迴身面西而去從北而迴右肩袒侍向佛而恭此示正儀比見有僧非於此法便東迴北轉此為右繞出錯見也西竺梵僧闐聚京邑經行旋繞自閱其蹤並乃西迴而為右繞以順天道如日月焉此引親見之事證成上義次明繞壇者感通傳天人述西竺戒壇云眾僧登壇受戒說戒事訖東迴左繞南出而返戒壇經祖師對真懿云律師勿見東迴左繞以為非法耶此乃天常之大理也感通傳云天常乃左人常乃右祖訓

二正明敬相。二初標。二釋二初總斥非法二初通斥輕慢之相二初斥非致毀

二引教伸诫

明顯人妄穿鑿或曲引俗書如執天文誌李長者之說是也或妄
憑世事如執牛踏稻蜘蛛結網之類且繞佛者本乎致敬繞壇
者便乎行事致敬則必須右繞表執侍之恭勤行
事則必須左繞使上下而倫序如入食堂及說淤時入堂之式必
依此判寧復疑乎若爾壇經云東迴北轉繞佛一
帀者答此本登壇爲行受法因旋佛後故云繞佛
豈同殿塔特申卑敬耶古記引秀州靈光舍利左繞爲證予親瞻禮但覩金鐸動搖豈見舍利左右此亦欺罔之甚
二正明相者佛像經教住持靈儀並是我等所尊敬
則至眞齊觀今流俗僧尼多不奉佛法並愚教網內

無正信見不高遠致虧大節或在形像之前更相戲
弄出非法語舉目攘臂偏指聖儀或端坐倨傲情無
畏憚雖見經像不起迎奉致令俗人輕笑損滅正法
正明敬相斥非中初敘合敬我等者通指末代敬
像同眞佛敬經同眞法故云齊觀今下正斥又四
初指非並下示所以初句無智次句無信三卽無
識由無此三不守禮度故云虧大節也或下出非
相文敘多事不出三業攘謂揎袖出臂憚難也致
下明過狀
故僧祇中禮人不得對於佛法乃至懸施旙蓋不得

二別斥居牀設礼

蹈像別施梯隥以此文證明敬處別既知多過彌須
大慎至堂殿塔廟如履冰臨深覩形像經教必懾然
加敬此則道俗通知奉法賢聖達其信心且如對王
臣令長事亦可會凡情難任聖法宜遵
次科初引文禮人懸旙俱非惡事猶誡輕侮良由
對聖更無所尊故云敬處別也蹈謂足踐既下申
誡初勉愼至下示法履冰臨深喻其悚懼詩云戰戰兢兢如臨深淵如履薄氷今借用之此下彰益上句規他下句感聖且
下舉況令長卽郡縣官典凡下勸依任信也
比世中多有在下牀上禮佛者此全無楷模敬人向

自被責敬佛自心在慢有心存道者必不行之余親
問天竺諸僧諸國無有此法來此方見又三千威儀
云自在高處及上座在前自於後作禮亦不得座上
作禮
別斥中初指非下牀卽低牀今時愚徒多習訛風
有識苟聞幸宜悛革此下正斥祖師嘗遊晉魏親
覩其事乃於牀上與僧設禮彼反責之故云敬人
等楷模卽指法律余下引親傳以驗既非西竺之
法顯是此土濫行又下引明文以證彼經有三不
應禮一已在高處上座在下二上座在前已在後

二雜列敍相四初供具等法

二遺身利物

三修供時節

三自在座上不應禮座下今文連引以經對之
十誦聽持香鑪伎樂在僧佛前行爲和尚傳信得代
和尚禮得對佛加趺坐僧祇云作樂供佛有欲心著
卽須捨去俗人倩結華硏香供佛者得餘一切不合
雜列中初科十誦三事初在前行爲導從故伎樂
卽伎者樂器準下僧祇卽是自作非但手持爲下
次代他禮爲傳信故文開和尚餘人理得古云似俗中傳
拜先受命禮據理不然但須師囑上座準同得下三明對坐或爲瞻想
或復禪誦故僧祇初明作樂離過仍決十誦持行
之文次明爲俗所使唯開佛事

大論持世經並云爲衆生故碎身如麻米又如芥子
令衆生恭敬故得入涅槃
次科智論持世並述如來遺身之意欲彰恭敬獲
報甚深麻米芥子並比舍利持世經有四卷第一
云我今雖得阿耨菩提猶精進不息至涅槃時猶
發精進碎身骨如芥子何以故憐愍未來衆生故
又應以舍利度者心得清淨故
僧祇佛生日乃至涅槃日爲大衆說法稱揚佛德薩
婆多云二月八日成佛亦以此日生八月八日轉法
輪亦以此日取涅槃若依瑞應等經多云四月八日

生涅槃初云二月十五日臨涅槃復度十仙云過三
月已入涅槃月德太子經八月十五日入滅此並由
衆生見聞不同故時節不等智論云王舍城十二億
家舍婆提城九億家尚三億見或聞由慢業故佛世
猶爾何況末法轉輕心業最重
三中二段前引僧祇通示四時文略成道轉法輪
二日故云乃至今時但知降生涅槃二時供養餘二舉世未聞聞者行之薩下
次定日月又二初引文示異多論總明四日但二
日重疊今取下瑞應四月八日降生復準涅槃二
月十五日滅度則四日各異修供可行復是此方

機緣所樂故一年四日釋門時節二月八日成道
二月十五涅槃四月八日降生八月八日轉法輪
適時之義勿事專隅成道一日唯出多論生滅二
日如下自明轉法輪日者準今四分成道後五十
六日梵王方請四月初五一小月故尋至鹿野四月調機八月
初七二小月故過此說法卽八日也或有經說成道後過六七日說
法或云二七或云三七皆不可定次引瑞應別示
降生具云太子瑞應本起經有二卷後引涅槃月
德別明入滅涅槃初云者卽第一卷序分中文簡
後三十故彼云娑羅雙樹間爾時與大比丘八十

億百千人俱前後圍繞二月十五臨涅槃時十仙者一闍提首那二婆私吒三先尼四迦葉氏五富那六淨梵志七犢子八納衣梵志九弘廣婆羅門十須跋陀羅此十並外道上首聞佛涅槃歸依得度過三月者即五月半後又第三十卷師子吼言世尊何故二月涅槃佛言善男子二月陽春之月萬物生長華果敷榮江河盈滿百獸孚乳孚猶生也是時眾生多生常想為破眾生如是常心故師子吼言如來初生出家成道轉妙法輪皆以八日何故涅槃獨十五日佛言善男子如十五日月無虧盈

諸佛如來亦復如是入大涅槃無有虧盈故故知一經前後自別今時即用後文月德中與上多論相近阿含亦云如來八月八日涅槃此並下二約義會通初正明二引證舍婆提即是舍衛文中且舉見聞準論具云舍衛九億家三億家眼見佛三億家耳聞有佛而眼不見三億家不聞不見佛在舍衛二十五年而此眾生不聞不見何況遠者論舉王舍億數不說見聞由慢業者出不見及不聞之所以我輩生不值佛豈非慢重撫膺自責深痛沈淪嗚呼佛下舉況滅後正法不及現在像不及正末不及像故云轉輕謂奉佛

之心薄也心業即慢習也古記並以夏殷周三代正朔和會諸文者甚違祖意若可和會即非見聞不同況復經論並據西竺日月那將此方正朔和會耶感通傳祖師問天人云此土傳佛生時不定如何指的天人答云皆有所以弟子是夏桀時生其見佛之垂迹然佛有三身法報二身非人天所見化身普被三千故有百億釋迦隨機所感前後不定不足疑也準知昔記不可依也

四分云何得知正法久住佛言若比丘敬佛法僧戒以是故正法不滅反上則滅

四中初標比丘啟問下佛答中三寶及戒住持綱

領敬慢興廢必其然乎

次明敬僧法

二敬僧者謂四人已上大眾也

若眾主是和尚闍梨隨徒並是弟子者縱有十八二十人立奉敬者亦無有違傳云佛見僧來便立者此無正教

釋中初科前明徒眾侍立無有違者謂順教也傳下指妄傳字平呼今時禪講不知禮法端受眾禮壞滅僧宗且四人僧者辨事功高別人力弱理無反敬為存教誡暫開眾立況外無軌範內德空虛

但欲自尊寧思來報必負高識願聽直言或對大眾必須起敬或受眾禮止可三人或眾圍立恆知非便既居師表豈得懵然

若師僧犯僧殘已下罪者必欲行別住佛制弟子經理亦須恭敬禮拜為僧設禮非禮弟子如是例之

次科僧殘已下者以犯初篇失師位故弟子經理者謂求僧行法弟子預數故亦須敬禮者謂師乞懺設禮陳詞也為下二句明反敬之意是知弟子在僧但據僧別強弱不論師資高下也行懺既爾齋講餘事準義皆同故注以示之

次明大小設禮法毗尼母云吾去世後當依波羅提木叉行法當各各謙卑行之除去憍慢安心淨法下座稱上座為尊者上座稱下座為慧命

大小相敬中初科初母論即佛垂滅囑累之詞初令奉戒以木叉住持中勝故制依之當下次令相敬淨法即律範尊者謂臘高德重為人所尊慧命謂博聞強識以慧為命皆相美讚之辭也

四分五眾相禮如來及塔通禮初小沙彌尼禮大沙彌尼沙彌式叉比丘尼比丘如來及六塔二小沙彌禮大沙彌尼沙彌乃至如來及六塔三小式叉摩那禮大式叉乃至如來及四塔四小尼禮大尼比丘如來三人三塔五小比丘禮大比丘及如來二人及塔

第二次禮中初通示五眾下略及塔字相禮者若五眾相對則四位尊卑二眾沙彌同一位故若五眾各論自分大小當眾同臘則須對禮如來及塔五眾齊敬一向是尊故云通禮塔即墳塚初下別列

五百問云得禮師塚還自問曰生時是師死成枯骨何由向禮答佛在世時應須供養泥洹已亦是枯骨師亦如是須報恩故得禮塚也死屍未葬義準禮之

次科五百問中決前禮塔引佛為比意在報恩死下義準論明禮塚不言屍故

四分沙彌當以生年為次第若生年等者應以出家年為次第

別示中初文若據沙彌亦取受戒前後分上中下此約多人初受排次為言生年即俗年長幼出家年即入道先後

問沙彌得禮大沙彌尼男女位別今許禮者答莫非未具總名無勝德可彰又非師攝但得向禮及以屍塚也

次科問意恐謂下眾同大僧故答中二義初約戒等釋未具總名者同號沙彌故無勝德者戒體同故又下次約非師釋大僧不爾反上二義故百歲比丘尼禮初夏比丘足也

四分至上座前脫革屣偏袒右肩合掌手執兩足云我和南（義云度我）而作禮也出要儀云和南者爲恭敬也聲論云槃那寐此翻爲禮五分若人多但別禮師總禮餘人而去中含云至俗人家先坐已後設禮敬餘廣如彼恭敬經說

三中初示禮儀身口虔恭用彰意重出下顯華梵

五下明總別中下明受俗禮恭敬經即中含所集彼云爾時世尊告諸比丘當行恭敬及善觀敬重諸梵行人若不恭敬必無是處

毗尼母云從無夏至九夏是下座十夏至十九夏名中座二十夏至四十九夏名上座五十夏已去一切沙門國王之所尊敬是耆舊長老

四中母論四名局據夏限若如五分取上無人隨時受稱則通大小今時禪眾無論老小例稱上座不知孰爲下座乎

僧祇無歲比丘得共三歲坐乃至七歲得共十歲坐若臥牀得三人坐坐牀二人坐長一肘半牀相降三歲得二人共坐若減併與上座若臥牀過三肘得降四歲共坐若減不得若大集會牀座少得連牀接繫勿令使動得同坐若方褥長三肘得共四歲坐減者不得若散敷草地共坐無罪

五中初科前明共坐限齊若下次明牀敷大小有三初明牀座臥牀三人坐者謂減三肘者坐牀肘半二尺七寸若減併與者不容並坐故臥牀過三肘者五尺四已上三人有餘故加至四降四歲者如六歲得共十歲坐也大會得連牀者一以牀少

二不許動故暫開之若方下次明氈褥準前牀量若散下後明敷草由無限量故得共坐

伽論云地敷得共未受具人坐薩婆多長牀相接但令異席異褥異槃令中空絕各異得與女人坐

次科伽論地敷義是長連不可動者多論牀連席異謂牀上敷席也中空絕者準須相遠方免譏過論明俗女俗士可知

僧祇受人禮拜不得如啞羊不語當相問訊少病少惱安樂不道路不疲苦等共上座語亦得云慧命

六中初明受禮義無忽傲如啞羊者彼有啞羊外

二造像法附二 初牒章 二正釋二 初造像塔法二 初造像二 初通敘經像意

二正明造像二 初中國造立元緣

道受不語法世有持不語者謂爲上行此外道法宜速捨之問訊之語隨時適變不必依此故云等也其下明呼召慧命名通不專下座故雖耆宿亦得呼之即如經中慧命須菩提是也

二明造佛像塔寺法初明造經像法意者如來出世有二益一爲現在生身說法二未來經像流布令諸衆生於彌勒佛聞法悟解超昇離生此大意也

第二法附造像中初科上句標示如來下正明現在即化相佛法一期益近未來即住持佛法三時益遠即經云應可度者皆悉已度其未度作得度

緣是也

恐後生造像無所表彰故目連躬將匠工上天圖取如是三反方乃近眞至于下天此像垂地來迎世尊命曰汝於來世廣作佛事因垂敕云我滅度後造立形像一一似佛使見者得法身儀則乃至幡華供養皆於來世得念佛三昧具諸相好如是造立是佛像體此像中國僧將來漢地諸國不許各愛護之不令出境王令依本寫留之今後傳者乃至四寫彼本今在揚州長樂寺亦云龍光瑞像云云

次正明中初文先敘目連圖寫至下後引如來垂誡以佛生七日摩耶命終生忉利天佛後成道思

二此方制度漸失三 初前代近真

報母恩昇天說法經於一夏按造像經時優塡王思念如來命目連引三十二匠往彼天中以栴檀木各圖一相如是至三方得圓足文云恐者若論圖寫似指目連取後垂誡須推佛意雖緣在優塡意存來世次垂誡中初明授記即優塡王聞佛下天將像至寶堦所像即迎佛自行七步佛爲摩頂授記辭如鈔引低首曲身故云垂地因下次正誡敕法身儀則者威容相好法身之表故得念佛三昧者由見色相像三昧易成故具相好者由生欣慕能感勝報故如是者即指檀像敕後劫之注中國

僧者即鳩摩羅琰從西天負像欲來此方路經四國皆被留本圖寫注云今後傳者即知第四寫本非優塡造者至龜茲國王抑令返道以妹妻之後生羅什齎至姚秦後南宋孝武破秦躬迎此像還於江左止龍光寺故號龍光瑞像至隋朝於揚州置長樂寺有僧奏請瑞像歸寺今在帝京此據龍光壁記所載若感通傳天神云非羅什將來未詳孰是

今人隨情而造各生奇薄不追本實競封世染所以中國傳像在嶺東者並皆風骨勁壯儀肅隆重每發神瑞光世生善如長干瑞像是阿育王第四女作腳趺銘云今在京師大發靈相逮於漢世髣髴入眞流之晉宋頗皆近實並由敬心殷

重意存景仰準聖模樣故所造靈異
次示此方中初科前敘任情奇薄世染如下自述
所下次引古製初引西土傳來嶺東卽此震旦在
葱嶺之東風骨勁壯言其體貌勁卽直也儀肅隆
重言其威勢每發神瑞言其靈異光世生善言其
動人汪中準冥祥記云東晉咸和四年秣陵尹高
悝（苦回切又音里）因下朝見浦中光起令人漉得一金像
可長三尺光趺並缺乃以所乘車欲載歸宅路經
長干寺（長干是地名干卽地之隴寺在隴側在金陵上元縣也）車乃不進遂
任牛牽入寺復經歲餘有臨海縣捕漁人又撈得

一蓮華趺進於成帝敕於像所與本符合後有五
梵僧詣高尹宅云我從天竺得一育王像將來路
經險阻藏在黃河側後求之不得我等同夢像云
吾流浪江南爲高尹所得故來相訪高尹引僧入
寺禮謁五僧因而住寺後經四十三年有交州合
浦郡採珠師又漉得圓光進簡文帝敕送長干復
合本製腳趺銘者謂阿等七字鐫在座足由是梵
書先無人識後求那至方乃辨定在京師者卽隋
朝入京兆府大興善寺每至六齋常放光明次引
此土剏製漢世佛法初來至於晉宋已前也髣髴

二後世失法三初明非法

猶似像也（髴字音沸）並下總出所由初句心重次卽追
慕三謂法古故下結成所引
今隨世末人務情巧得在福敬失在法式但問尺寸
短長不論耳目全具或爭價利鈍計供厚薄酒肉餉
遺貪婬俗務身無潔淨心唯涉利致使尊像雖樹無
復威靈菩薩立形譬類婬女之像金剛顯貌等逾妒
婦之儀乃至鈔寫經卷唯務賤得弱筆麤紙惡匠鄙
養致使前工無敬自心有慢彼此通賤法儀滅矣
二失法中初科先敘得失與之且言福敬奪之過
在無法但下次列非相文二初斥造像前明經營

不淨菩薩下次示形像乖儀身量論其價直故但
問短長相好不令用工故不論全具爭價利鈍者
利謂匠工欲其多得鈍卽主者不肯增加計供卽
飲食供給上四句是營勾人非酒下四句卽匠者
之非餉遺卽獻送遺字去呼致下二句顯其無功
樹字上呼形體裸露腰身曲折故類婬女（古記謂言不便故音爲遙以訓美好不見意也此責造人豈斥聖像必謂婬女言麤妒婦云何不改今但依字余鍼反之不勞穿鑿）合瞋努目袒膊揮拳故逾妒婦乃至下次
明造經弱筆謂不善書者惡匠謂不擇良工鄙養
卽薄於供給

致令經像訓世爲諸信首反自輕侮威靈焉在故致
偷盜毀壞私竊冶鑄焚經受用多陷罪咎並由違背
世出世法現在未來受無量苦皆由失法之所致也
二中初敘無靈經像住持功高故爲信首故下顯
過偷盜是遭奪失毀壞即風火所損私竊冶鑄謂
金銅等像鎔爲別物焚經受用即金銀字經燒取
餘用多陷罪咎謂累他也並下出意薄賤輕侮乖
俗禮教非佛嚴敕故云違背世出世法現未兩報
因像而致後之製造可不慎耶
若使道俗存法造得眞儀鳥獸不敢汙踐何況人乎

(近見有賊劫盜瑞像纔入佛殿便忽迷悶莫知所趣至曉寺僧怪問久而方醒云云)但能奉聖
像儀佛亦垂形示迹
三中初明合法有靈注中即前長干像在興善寺
遭賊緣具如注又聖賢錄云隋時蔣州興皇寺佛
殿被焚有丈六銅像正當棟下及火發棟墜像自
移南五六尺四面灰炭去五六尺略無塵沾後在
白馬寺鳥雀不侵斯皆造立有法之所致耳但下
次明至誠感聖
善見云佛右牙帝釋處右缺盆骨師子國中增一優
填王造栴檀波斯匿王造紫金二像各長五尺

西土靈儀中善見右牙者準荼毗經說四牙一在
忉利天(即帝釋處)一爲羅刹盜(即天神獻祖師者今在帝京)餘二經
文不載缺盆即項下橫骨繞項而轉至咽凹下如
盆緣之缺闍維時收在忉利天後修那沙彌爲師
子國王於彼天取下增一下二像上別敘造立二下
合示身量
次明造塔法雜心云有舍利名塔無者名支提塔或
名塔婆或云偷婆(此云冢亦云方墳)支提云廟(廟者貌也)
次造塔中初科雜心中初示名舍利梵語訛略具
云室利羅此翻爲身即人之遺身或碎身或全身

髮爪灰骨通號舍利然舍利及塔名通凡聖今明
造立多是佛塔亦通餘聖無名支提謂安形像故
下釋云廟貌也塔或下翻釋塔婆偷婆亦皆訛略
經音義云正言窣覩波義翻方墳翻高顯處(以聳出故)
或云大聚或云聚相(累物成故)
增一阿含云初起偷婆補治故寺並受梵福云何梵
福如閻浮一洲人功德不如一轉輪王功德如是西
東北天下乃至四天六欲初禪總多比一梵主功德
此爲梵福量當如是學
次科初示因果初起即新搆也梵福謂梵天王福

最勝也。如閻下校量梵福。總南洲不如一輪王。總四洲輪王不如六欲。四天依須彌山故別言之。總四州六欲不如初禪梵衆。總上人天不如梵輔。總上人天梵輔不如大梵天王。此下勸修起塔治寺獲得如是。故兮當學。

四分若起塔者。應四方若圓若八角。以石墼木作。已用黑泥乃至石灰白土等。應安基。四邊作闌楯。安香華著上。聽安懸幡蓋物。不得上塔上闌楯上。護塔神瞋。大論密迹金剛鬼神道中。又云執金剛菩薩常執金剛衞護。五分佛四面五百金剛也。若有所取與開。彼安幡蓋不得蹈像上。作餘方便梯隥安

之。若塔露地供養具。雨漬風飄鳥烏不淨者。作種種舍覆之。地有塵種種泥泥之。須洗足器安道邊。外作牆門安置。若上美飲食用金寶等器盛之。令白衣伎樂供養。若飲食當與比丘沙彌優婆塞。經營塔作者應食。舍利安金寶塔中。若繒綵中若持行者。若畜生若頭上肩上擔戴。若拂應用樹葉孔雀尾拂。多有香華羅列基上闌上杙上。嚮中繩貫懸屋簷前。有香泥作手輪像。乃至有餘泥地等。

三中。初明造立。安基爲堅牢故。作欄爲外護故。懸幡蓋物即梯橙也。不得下次制踐汙。注引大論會上神名。又下次釋密迹以菩薩示現故得名耳。金剛即所執之杵。用爲衞護。下引五分佛在侍衞滅後亦然故也。若有所取與開。句絕。若塔下明覆蓋。地下明泥治。須下明器具。以西國俗風多跣足故。安道邊者。登上便故。外作牆者恐觸穢故。若上下明獻供養。飲食得與道俗即守塔人。經營即造立者。舍下明護舍利。若下明簫拂。但可去塵。餘物皆得。多下明莊嚴。手輪者。舊云佛手中千輻輪。

僧祇塔事者。起僧伽藍時。先規度好地作塔處。其塔不得在南在西。應在東在北。中國伽藍門皆東向。故佛塔廟宇皆向東開。乃

至廚廁亦在西南。由彼國東北風多故。神州尙南爲正陽。不必依中土法也。不得僧地侵佛地。佛地不得侵僧地。餘如盜戒隨相說。

四中。初明擇地。規謂看視。其下指方。所須東北者。以寺門向東。即在前面左邊二方爲之。注中前示西土。亦合作。並東北風多則穢氣不至殿塔。此示寺門向東所以。下明此方應在南西。今此廚廁多在東北。亦以南西風多故也。不得下制侵犯。西土佛法僧地各有分齊。不相混濫。下指盜戒。彼明欲於僧地起塔即須作法和僧等。

善生經云。善男子。如來即是一切智藏。是故智者應

當志心勤修供給生身滅身形像塔廟若於空野無塔像處常當繫念尊重讚歎若自力作若勸人作見作生喜如其自有功德力者要當廣教衆多之人而共作之既供養已於已身中莫生輕想於三寶所亦應如是凡所供養不使人作不爲勝他作時不悔心不愁惱合掌讚歎恭敬尊重若以一錢一綫一華一香一偈一禮一帀一時乃至無量寶無量時若自獨作若共他作善男子若能如是志心供養佛法僧者若我現在若涅槃後等無差別若見塔廟應以金銀銅鐵繩鎖幡蓋伎樂香油燈明而供養之

五中初科五段初勸修一切智者總收十界世出世智無不圓足含藴無窮出生無盡故喻如藏生身卽現在滅身卽舍利若自下明營辦自有功德者謂富於道行人所信重者於已莫輕者以能供養獲大福德故凡下明用心若以下明施物現在滅後無差別者謂所得福存沒正等故若見下明供具

若見鳥獸踐蹋毀壞要當塗治掃除令淨暴風水火人所壞處亦當自治自若無力當勸人治或以金銀銅鐵土木若有塵土灑掃除拂若有垢汙以香水洗

次科修治自作勸人隨力所搆

若作寶塔及作寶像當以種種幡蓋香華奉上若無眞寶力不能辦次以土木而造成之成訖亦當幡蓋香華伎樂種種供養若是塔中草木不淨鳥獸死屍及其糞穢萎華臭爛悉當除去蛇鼠孔穴當塞治之銅像木像石像泥像金銀瑠璃頗梨等像常當洗治任力香塗隨力造作種種瓔珞乃至猶如轉輪聖王塔精舍內當以香塗若白土塗作塔像已當以瑠璃頗梨眞珠綾絹縣綵鈴磬繩鎖而供養之畫佛像時綵中不雜膠乳雞子應以種種華貫散華妙拂明鏡末香散香燒香種種伎樂歌舞供養晝夜不絕不如外道燒酥大麥而供養之終不以酥塗塔像身亦不乳洗

三中初明造立若是下明淨治任下嚴飾畫下明雜穢此土多用魚牛等膠雖復腥羶且圖久固應下明供養不下示非法酥塗乳洗皆外道法故

不應造作半身佛像若有形像身不具足當密藏覆勸人令治治具足已然後顯示見毀壞像應當志心供養恭敬如完無別如是供養要身自作自若無力當爲他使亦勸他人令作助之

四中令密藏者不生善故令恭敬者恐生慢故今時有作涌壁或畫佛首相並宜藏之

若人能以四天下寶供養如來有人應以種種功德尊重讚歎是二福德等無差別

五中讚歎能顯佛德故勝寶供

無垢清信女問經云未知掃佛塔地有何善報四相塗治華香供養復何福報禪修梵行三歸五戒復得何報佛告女言掃佛地得五福一自心清淨他人見已亦生淨心二爲他愛三天心歡喜四集端正業五命終生善道天中若人信佛圓輪形塗塔地散華燒

香如是供養已彼人命終生弗婆提富樂自在後生化樂天若人信佛作半月形塗塔散華香者生瞿陀尼後生兜率天若人信佛於佛塔邊四方塗地散華燒香彼終生鬱單曰後生炎摩天若人信佛作人面形塗塔華香供養所有善根果報如是若人入禪修四梵行歸佛法僧受持五戒彼人無量無數善根福報無窮後得涅槃

六中初科無垢經中初即女問三事果報一問掃塔二問塗治供養四相即方圓半月人形三問修四法禪即色無色定梵行即四無量心上二正用

下一因引佛告下如來次答答初問中五福一是內感二三即外應四五即來報四是別報五即總報若人下答第二問四相四節初中若人信佛句絕此句標心因圓下即業行謂於塔地以泥塗爲物像故有方圓等別彼下明獲報即生後二報餘三節文並爾弗婆提即東勝身洲彼人面圓俱舍東洲半月與經不同瞿陀尼即西洲彼人面如半月兜率此翻知足欲界第四天鬱單曰即北洲彼人面方炎摩此云妙善欲界第三天人面形即南洲人面上廣下狹文脫二報彼云後生閻浮提壽終生三十三天所下

二句總結四相若人入禪下答第三問初明修因四梵行即慈悲喜捨彼下明感報善根是現報福報是來果即人天世果禪梵定生天歸戒通人天涅槃即出世果

涅槃云不犯僧佛物塗掃佛僧地造像若佛塔常生歡喜心皆生不動國

涅槃經彼云東方有佛世界名不動佛號滿月光明無畏菩薩白佛此土眾生造何等業得生彼國佛以偈答如鈔引上四句即四種因正取中二下一句示果言不犯者謂不侵損也

智論沙彌戒不香塗身云何供三寶答以所貴物隨時所須而用供養或以塗地及壁幷行來坐處等

二中西國多以妙香塗身供養十戒制斷故此問之答中有二後解是今正用

十論若破寺殺害比丘其人欲終支節皆疼多日不語墮阿鼻獄具受諸苦

三中破寺報重反明造立功深

二造寺法有盛德法師造寺誥十篇具明造寺方法祇桓圖樣隨有所造必準正教幷護持匡衆僧綱綱要等事繁不具略引宗科造寺一法

二造寺法總示中初標人法卽露裕法師稱美道行故云盛德寺誥卽彼文通題其下示其所述事下明今所引

謂處所須避譏涉當離於尼寺及市傍府側等佛殿經坊極令清素僧院廚倉趣得充事如此則後無所壞今時末法造寺唯有處所事得受用亦有用羯磨法者而限外無儀式表相令人知者故祇桓圖中凡立木石土宇並有所表令人天識相知釋門多法故能影覆邪術禽獸畏威形儀隱映爲世欽仰

次引示中初文前敘如法譏謂譏嫌涉卽干涉卽近尼寺市傍等處經坊卽今經藏今下次明非法唯有處所謂但造堂舍而羯磨結界時有行之故云亦有言限外者或堂舍之外或復寺外故下引示木石等者植樹表其生長立石表其堅貞戒壇居東表發生之義無常院在西表傾沒非久立刹表迷者知歸樓觀表道品階漸池沼表魔外洗心栽蓮表行人心淨餘如彼說須者尋之圖經近日本將至文有兩卷卽祖師撰者影覆邪術謂使魔外無其威勢影猶朗也禽獸畏威謂令異類不敢侵犯形儀隱映謂像設可觀爲世欽仰卽士庶生善古記妄釋今並不取

但歷代緜積秉教陵遲事存法隱錯舉意旨俗人既不曉法衆僧未解示導但相倣斆虛費財物競心精妙力志勝他房廊臺觀務令高顯過彼便止都不存法

次無法中初科緜積猶言長久秉卽執也錯舉謂每事廢力皆任意耳倣斆謂互習訛風競心謂鬭競爲懷力志卽竭力用意高顯卽副競妙之心過彼乃稱勝他之志

又還自騰踐如已莊宅衆僧房堂諸俗受用毀壞損辱情無所愧屈道承俗如奴事主是名寺法滅也其甚

者打罵衆僧種種非法取要言之從僧強力抑奪貨借乞請乃至停屍僧院舉哀寺內置塚澡浴等並非法也

次科明俗人愚暗文敘本主義通餘人毀壞約物損辱約僧承即奉事此科大字並引寺誥故注以助之乞請即求索請觀諸事彼時尚然今何足怪更有殿堂飲醼僧廚宰殺寄著雜物貯積糧儲或射作衙庭或編為場務婚姻生產穢雜難言斯由道衆之非才豈獨俗儒之無識每恨法門之覆滅孰為扶持更嗟獄報之艱辛誰當救療必懷深識豈不再思是知禍福無門唯人所召有力能濟傳

而勉之

若改往修來追法更新慎敬無犯者是則護持寺法也俗人造寺本為求福作出家之因得道之緣唯應禮拜供養為法諮請時時覲問如法往來彼此利益自他無惱名護持也故增一云阿闍世王得信已後敕國中無令事佛之家貲輸迎送豈非僧傳正法得信於人乎

三中初正勸改往謂悔上諸過修來謂期後超昇追法即依教更新即起敬注中初敘本施意唯下示所應為彼下顯益次引經證闍王造逆邪見後方歸佛求悔故行此敕貲輸謂科配財物也迎送

謂祇奉官僚事佛之家俱令免放豈下推得信所以

因即隨明敬護三衣一切衆具並如塔想尊敬攝持乃至剃髮染衣戒體眞旨行來俯仰整斂威儀飲食施作心常念法憶而奉行者俗人終不得輕爾陵慢非法干亂

四中初科有二前勸敬奉法物處所受用恆勤屏淨像設香燈常須嚴潔等乃下次勸攝心念法剃染即念其形相本圖何事即經所謂當自摩頭等也戒體即念受體勿違本誓即經所謂念所受法

等也業理幽微世多偽濫故云眞旨行來等者即念聖法謂於四儀四事皆遵開制不容妄動僧既內修俗必加敬

假令世中賢人內心堅正外有威儀猶見敬肅不敢侮弄如文侯敬干木似劉氏重孔明等況出世道士披佛法衣遊佛行處威儀庠序見者生善誰不尊敬若有輕笑皆由自失故知無不敬也敬則有儀豈唯恭攝冥招利養田必良美不求種子而種子自投道必純備不須利養而利養潛託

次科初舉俗事注中文侯六國時魏士干木晉人少貧鉏刈為業草廬而居不求名位後遊西河事

子夏養德不言心通六藝[禮樂射御書數以之六藝]文侯重彼才德命駕謁之干木逾牆避之從者曰干木布衣之士君何重之如是胡不罪之文侯曰干木不趨世利而棲大道隱居陋巷聲馳萬里行依於德寡人光於世段氏光於德寡人富於財干木富於義吾聞世不及德尊財不如義重吾敢不尊賢重道耶後召爲相不就劉氏即蜀先主劉備孔明即諸葛亮字孔明先主重之親命爲丞相先主曰孤之有孔明猶魚之有水也是知富於道德尚爲王者見重餘人可知矣次況道中初明他敬道士本

釋氏之美稱後爲黃巾濫竊遂不稱之披法衣者言其形相遊佛行處言其內心三學八正六度四弘是佛行處威儀等者言其動止若下誡自敬由自失者歸過於己也無不敬者謂於人無所擇也敬則下彰益敬有儀者心形於外也豈惟等者自利兼他也注中顯示冥招之義上舉喻田無求心人將種之故云自投道下法合僧無須意人自供之故云潛託潛即是冥託亦投也

由此而觀爲俗人所薄者非他咎也以法滅於身得使貴賤所見侵陵耳若能識法護持人皆宗仰誰敢侮慢之哉[以道敬貴人者不得起迎將送亦不得同牀共坐唯得大坐鎮之以道又亦不應生於憍慢]

三中初示他輕以下次明自失法滅身者反上形心威儀等事縱放身心內外無法故滅於身若下結勸注示待遇王臣之法初教外儀不迎送者以屈道故不同牀者恐媟慢故又下誡內心然此乃約比丘內有實德王臣並懷深信故可行之今時道俗二俱寡薄未可如文縱令有道猶更觀機事在臨時隨宜適變量器度之寬窄審祿位之高卑觀信樂之淺深顧情分之生熟是故禮記貴於從

俗易書美於隨時苟滯一端必遭禍難古今多有世事昭然

四分律行事鈔資持記卷第三十七

四分律行事鈔資持記卷第三十八下三之三

宋餘杭沙門元照撰記

訃請設則篇第二十三

釋訃請篇。訃是比丘允許。請即施主邀命。往訃前請。意存化導。必施法式。發越彼心。故云設則也。

夫昏俗多務。慧觀難修。制營福分。用接愚惑。而施乃雜繁。皆多設食供。每於訃請。有違教法。外生譏毀。內長癡慢。反招苦趣。未成師誘。故撮略經訓。試論如別。

敘意中。初明俗眾營福所以。智論明福智二分。俗修福分。謂布施也。道修智分。謂學慧也。塵網所縈

故云昏俗。制謂教示。非禁制也。接愚惑者。即前所謂作出家得道因緣。或復且令遠離惡道。生人天中。堪受化故。而下次明道眾受訃乖儀。施通四事故云雜繁。生譏即損他。癡慢即損自。苦趣即自他俱墜。故下示今所述。如別即下十科。

就中分十。一受請法。二往訃法。三至請家法。四就座命客法。五觀食淨汙。六行香呪願。七受食方法。八食竟收斂。九噠嚫布施。十出請家法。

列章有十。攝盡始終。一六及九事通僧俗。餘並在僧。具如後釋。

初明受請者。十誦。為知請故。須立維那。出要律儀。翻為寺護。又云悅眾。本正音婆邏。此云次第。僧祇云。若來請比丘明日食者。不得定答云決來。應語若無緣事當訃之。若有請僧者。應問姓名。客人舊住巷陌。不得輒往。應先令一人。若月直園民沙彌在前訪問。恐試弄比丘及有留難。恐僧失食故。

初門。來請中。十誦明立維那。下翻寺護。謂監護寺事也。餘名如上卷。僧祇。初教答請。恐為緣阻。故不定答。若有下。令審實。不得下。明預探。此約生分。必是舊識。則不須之。

五分。白衣家會。應借僧臥具。僧祇。比丘得為俗家設會張幔。及諸供具。唯不得與女人共興。作及以食。四分。菩提王子請佛。從於階陛布衣。令佛蹈上。過世尊不受。令御之。為未來比丘故。

次科。五分開借僧物。僧祇開僧作務。且據無能。必有能者。但可指授。興合作舁。共擡物也。文中但簡對舁。恐謂得為造食。故注決之。一避觸煮。二為乖儀。四分明離過。引本緣起。以規後世。為未來者。或恐過奢。招世譏謗。或恐末世福尠。不堪銷故。

增一云。如來許請。或默然。或儼頭。或彈指。

三中引佛眞規以爲後則文列三相隨一即成儀
頭經音義云字合作頷世謂點頭是也
五百問云作得佛物請比丘不合食若先許三會後
作一會三行香三施不了還願若鬼子母食呪願取
食沽酒家門一切時不得入更有餘門得若請比丘
會當持一日戒一日不沽酒得往屠家亦爾若共師
並坐者更無別處得不得同盤食
四中五百問有五事初審施物作佛物即今彫畫
佛像之家兼通道俗若先下次明賽願謂施家力
所不及欲以三徧行香三迴施物即當三會以違

本心故云不了若下三受神食鬼子母經云佛遊
大兜國有一母性惡常盜人子佛爲說法告云從
是已去止佛精舍邊人民無子者來求當與今或
有人設食持施比丘也呪願即爲施主求願也廣
在第六沽下四擇施家屠沽之家由涉譏疑不令
輒入前制餘時故云一切餘門得者必約有緣請
僧設食令彼持戒停業方便接引故也若共下五
開同師坐
四分請有二種即僧次別請也律開別請然諸經論
制者不少梵網云別請物者即盜四方僧物仁王經

亦呵責別請過十誦善生雖別請佛五百羅漢猶故
不得名請僧福田若能於僧中請一似像極惡比丘
猶得無量果報增一成論云如飲海水即飲眾流僧
次請僧亦爾五分但爲解脫出家者得爲僧次唯除
犯惡戒人五百問云受別請已遣人代去主人意無
在者得若嫌者犯墮既僧次福大有憑請者應說僧
次功能開悟俗心勿令別請別請法如隨相中
五中有三初引文示四分通二請律開下諸文並
明僧次梵網云一切不得受別請利養入已而此
利養屬十方僧而別請者即取十方賢聖僧物此制

受請文云次第請者即得十方聖賢僧而世人別請
五百羅漢菩薩僧不如僧次一凡夫僧若別請者
是外道法七佛無別請法此制施主仁王亦呵責者彼
云諸惡比丘受別請者是外道法都非我教等十
誦善生等文中卷隨相已引五百問但明別請遣
人代去即是捨請若嫌犯墮即結能遣違施非法
準律應吉既下二令勸讚僧次後二句指略別請
隨相即別眾食戒
今俗有執名邀請者然口雖許往必須筆註有人書
爲赴字者此未知字學耳必有斯舉可註爲訃字之下

赴上爲赴字。上之赴下爲訃字。此乃細碎，甚補高望。故諺云：借念時還，貸念時償。事雖鄙陋，廉恥之本。

六中初指誤，必下改正。注分二字，下赴上者，謂奔趨而往；上訃下者，謂言詞允許。若作趨赴義，似不尊，今書言訃，欲彰大度。訃，至也。今時字書告喪曰訃，即凶訃字，雖是祖訓，不可用之，亦隨時之義也。此下顯意，苟有所不知，則令俗輕道，雖小而大，誠有所補。高望謂德望高遠也。然恐後世忽爲小事，仍引諺語證之。諺謂傳世常言。不稽典者，初句謂暫借他物，應念即時還之；次句謂貸取人財，須思早覓償之。言鄙陋者，謂雖世俗常事，苟有違者，甚失君子之行，故云廉恥本也。指歸云：此出郗嘉賓要覽中文。彼作羊太傅云，故知人語也。時償彼作早償，鄙陋作輕小。

薩婆多，被請人與僧同去，不白先入者墮。主人明日作食，今日自往者墮。除主人喚。若食後主人不喚留自住者墮。經營知事人在僧後到者墮。食未嚫去者亦墮。餘人私行直報同學者得。雖大界內近寺白衣家，不白亦犯。若白還晚，令僧惱者吉羅。

七中多論五制。初制同往，不白先入，惱眾故墮。據律。往他家犯不白同利戒，令是施家應吉。主下二制隔日先往，以招譏故。若下三制食訖自住。經下四制知事後至，以營事入，合先往故。食未下五制未嚫輒起，謂未施財呪願。今僧未行嚫施，終無先去，纔得嚫已，不待呪願者多矣。餘人謂非首領上位者。私行謂潛去。報同學者，令知所緣。雖下覆釋初制，前明施家，此文似是他家。

八中二文並明僧次。論約法同，經聽形同，無非皆善見。檀越請比丘、沙彌，雖未受具，亦入比丘數。涅槃乃至未受十戒，亦得受請。爲解脫出家，即堪受供。涅槃云：雖未受戒，已墮僧數。

僧祇，若道行作念至某精舍當食，若過餘處食者悔過。若值彼僧受請，隨去無罪。十誦，不請自來食，犯吉羅。五百問云：但打揵稚，即得食供，不問請與非請。何以故？打揵稚本爲集僧故。

九中僧祇作念，即晨起六念，念食處故。餘處悔過者，違念吉羅。十誦結犯，且據俗舍別請爲言。下引論決，作相免過。此通施家，不唯常住。古云此據僧舍者非。

二往訃法。四分云：若欲受請，應往眾僧常小食大食處住。若檀越白時到者，上座應在前，如鴈行而去。諸比丘應偏袒右肩，在後行。若有佛法僧病比丘事者，

當白上座在前去必於中有命梵難者若問不問聽去若上座在道行大小便處應待來然後如前去

第二門四分初明眾集言欲受者謂將往也若檀越下次明往赴有三初示威儀隨後相次如飛鴈焉若下二開前去三寶看病是緩緣故制須白命梵急難故通不問若上座下三令相待據文所明下待於上義準上下並須相待恐不及眾容失道故

三至請家法若未安置佛像及聖僧座者上座有德者先處分安像極令清潔勝於僧座乃至覆障高顯

處訖然後布置聖僧座其法有五卷梁武帝對中國三藏出之不可具錄如請賓頭盧法經說令預宿請在空靜處敷設虛輭爲座我若來時坐處有相今世臨時虛設並無法式既知不易門師比丘依經豫示必不豫修臨齋上座當索新輭布緜衣服鮮素者在於僧首令在氈褥上廣張鋪設足得大坐之處然後上座於次乃坐

第三安聖位中初科先明佛像位或有別堂則就本處然下次排聖僧座爲三初引所據梁武所出其文已亡賓頭盧經藏中見有具明請法由彼尊者佛敕在世爲末法四部作大福田志誠虔請多有感應預宿請者經云新牀新褥緜敷以白練覆緜上（即虛輭也）初夜如法請之無不至也來則褥上現有臥處浴室亦現用湯水處大會請時或在上中下座現作僧形人求其異終不可得去後見華不萎乃知之也（謂以鮮華布座聖位不萎爲驗）今此束略但云坐處有相耳今下次令教示請聖事難故云不易俗人咨稟謂之門師俗家之人即門徒也（今反召僧爲門徒非）必下三明自設

不須坐訖方乃分處僧佛二座又不以坐處家狹排

蹙在地或安置佛前或雖處座而狹小舒位如此上座未見其可既自無敬信勝緣亦令俗士不敬三寶此乃滅法上座

斥非中初示非坐訖即慢聖在地佛前並非處狹小謂薄略按尼鈔座不得高尺六又不以常住僧器供養由護戒同凡故或有覬施還入聖僧用（準俗舍無用應付所請僧寺聖僧用之）又但設虛座不得上安形像等云云如下正斥未見其可者以不知法不堪此任故勝緣即佛及聖僧自損損他贈號滅法深所宜矣今時滅法者皆是並宜此名

僧祇若檀越請僧不知法不好敷具與上座以好牀敷與年少上座應教言以不好者與年少若施主爲知識比丘故敷好牀褥者不得共爭隨施主意乃至飲食等亦爾若施主未知請僧法知識尼得教安置形像益食法已然後坐應在別處又不得勝僧所長含云世尊訃會常在眾中坐左面比丘右面清信士

次敷牀中僧祇初明敷牀俗不知法故令教之飲食亦爾同上敷具若施主下次明尼處得教安設者以提舍中制尼指授故在別處者息嫌疑故或在僧下但令相遠不勝僧者尊卑倒故長含有三

意一示佛位在中二明道俗處別三知俗眾得同齋會雖有此通終成參濫多不生善幸有別室異處彌善

四就座命客法彼上座置設佛僧二座已然後去聖僧座一尺許敷尼師壇爲表敬也四分往食處不應錯亂雜聚而住應隨次坐上座坐已應看中座下座勿令不如法不善覆身若有者彈指令覺若遣人語知好如法坐中座坐已看上下座勿令非法下座坐已亦互看上中亦爾僧祇不好覆身坐者謂著細生疏衣形體露現摩訶羅坐不正語云正汝衣若不覺者語云覆汝形尼坐不正不得語令知恐其慚恥應作方便遣令取物若婬女故作者當自起避去

第四門初科前明敷座表敬有二一先聖後已二退身避聖四分次明入位互相檢校不令非法下引僧祇示不如法相糾正之法摩訶羅即愚癡比丘尼但遣起由女多羞婬女即尼眾中有作惡者

四分至請家彼此相問年歲大小訖坐若恐日時欲過聽上座八尼次第坐餘者隨坐僧須準此

次科四分初制相問年歲即夏臘若下示緣開聽八尼者即尼戒本單提中文今此準相

僧祇勞問食家云家中何如生活好否等

三中勞字去呼慰也以至施家無宜默住當先慰問令生喜勇家中是人口生活即事業餘更隨機故云等也然道貴省語不宜多涉隨以時緣引接而已其或巧言令色妄取顏情折腰低首意圖後請豈唯屈道抑亦滅法重道護法必不行之

四分不應故在後往食上令諸比丘起亦得見來不須起若未來者比座開處

四中初制後至故在後者謂自恃已尊意欲動眾今時多然聞須深誡但能蘊德自使他尊豈唯計

校以謂光榮雖可罔於無知實取笑於有識亦下
次開不起縱是尊長非所宜故若下三明留位此
謂知彼有緣而未至者
僧祇若有可笑事上座應言云何聖毗尼中出斷現
齒訶訶而笑當忍之起無常苦空無我死想等由不
可止當以衣角遮口徐徐制止身不定者當動手足
乃至折草漸漸自制義準至死喪請處及凡食家並
準僧祇愼無喧笑及交頭雜說妄談世論
五中僧祇初上座訶止聖毗尼卽佛戒以衆學制
入白衣舍不得戲笑須靜默故斷語斤反齒根肉

也無常等卽四念處死想等卽九想由下次教餘
人自制折草謂以枯乾草手中折之義下例決準
上訶制識令守愼
五分若請處外客比丘不得入語主人聽入不許者
語云與我食分自共等食又不許者應自語委知僧
坊有食可往彼去然後乃食薩婆多通集門外比丘
一處喚一大者入若更餘不集者亦喚入之雖打犍
稚終須不遮方得清淨如隨相也
六中五分初語勸施主又下教往已寺義須遣報
令知給食多論謂外客來多令作法召或施主或

門師立於高處唱云六十臘者入無者漸減唱之隨得一
人卽免衆過更餘不集謂後有來者指隨相卽別
衆戒
五觀食法四分上座應前問言果菜淨不若言未語
令淨
第五中四分問作淨者以見盤中有生果菜故須
問之準隨相中須問漉水未
僧祇上座當知誰看房誰病應語與食若檀越惜者
應語長壽法應與不得不與若日晚者應先取發遣
令去

僧祇明送食長壽法者金光明云有二因緣壽命
得長一者不殺二者施食
六行香呪願法四分中食竟方為呪願說法而此土
盛行並在食前道安法師布置此法依而用之於理
無失
第六門初科四分在後恐謂因法得食濫彼邪緣
世傳在前意令時衆先知情旨然後受食故云無
失然雖兩通依教彌善若據隨機不可一定
若至請家施主令讀經者依語為之主人口不言者
不須輒問同類邪命

二中讀誦必待他請今時俗舍或有喪靈僧徒其往强爲諷誦無意利他止圖齋請重食壞法招俗譏嫌識者宜誡

增一云有設供者手執香爐而白時至佛言香爲佛使故須之也賢愚經蛇施金已令人行香置僧手中乃至執香爐遙請佛僧如富那奇中說

三中初科增一即持香迎僧之緣以能通信故云佛使賢愚即行香緣彼第七云佛告阿難過去無量阿僧祇劫閻浮提有一大國名波羅捺時有一人好修家業意偏愛金勤力積聚因得一瓶於其

舍內掘地藏之如是勤身乃得七瓶悉取藏之後遇疾終作一毒蛇守此金瓶如是展轉受形經一萬歲最後受身厭心忽生見有一人順道而過蛇呼之云吾今此處有一瓶金欲用相託供僧作福設食之時持一阿先提（此云草籠）來取我彼至日擔蛇至寺著眾僧前食時已到僧住行立蛇令彼人次第賦（賦給）香眾僧食訖爲蛇說法歡喜轉增將僧維那到本金所餘六瓶金盡用施僧命終生忉利天佛告阿難爾時持蛇人者則我身是是毒蛇者今舍利弗是富那奇亦即彼經第六云佛在舍衛放鉢國長者有子名富那奇後出家證阿羅漢化兄羡那造栴檀堂請佛各持香爐共登高樓遙望祇桓燒香歸命念佛及聖僧香烟乘空至佛頂上作一烟蓋佛知即語神足比丘同往（前是行香緣後即迎僧緣）

若行香者不令婦人指捏掌中語令懸放必不肯者便可縮手當使過去若有男子幸遣行之尼法反前爲深防罪故五百問及三千云不得立受香因比丘受香女觸其手欲發罷道佛言若立受者吉羅

次科初簡施主是非僧護殘罪尼防重夷五下次明比丘儀式律論並據香片故有斯過今時多以

香煙熏手則男女坐立準理俱通

行香時唄未見經文而諸經律多有唄匿比丘十誦爲諸天聞唄心喜故開唄

三中唄即梵音未見經文者上引諸緣但直行香不云作唄故下指諸文止明開唄意是存之今亦罕用

四分若檀越欲聞布施應歎布施欲聞檀越法爲歎檀越法乃至欲聞說過去父祖應爲歎父祖乃至讚佛法僧亦爾僧祇云上座應知前人所施當爲應時呪願若不能次座應說又不能者乃至下座都無者

並得罪。

呪願中，初科四分，令隨彼欲，欲即是機，應機說法，實難其任，在乎有智，隨事觀量。僧祇選能，不必上座，其在茲矣。乃至者，隨有不能，次第選下也。並得罪者，合衆吉羅。制須學故。

比世流布，競飾華辭，言過其實。凡豎褒揚貴族，貧賤讚逾鼎食，發言必成虛妄，舉事唯增諂誑。故成實云：雖是經法，說不應時，名爲綺語，況於浮雜，焉可言哉。今立正條，永可準用。

正示中，初文，初斥世詭。豎謂未冠之童稚，今但通

目泛常小人，以爲凡豎。貴族謂豪富長者之人。鼎食，鼎即盛食之器，卿大夫已上皆列鼎而食。令他傳誤，謂之誑；強言妄悅，謂之諂。今時讀疏現事昭然，故下引況。經法猶爾，餘何足言。

僧祇：若爲亡人施福者，應作是呪願。一切衆生類，有命皆歸死，隨彼善惡行，自受其果報，行惡入地獄，爲善者生天。若能修行道，漏盡得泥洹。若生子設福者，應云：童子歸依佛，七世大聖尊，譬如人父母，慈念於其子。舉世之樂具，皆悉欲令得。室家諸眷屬，受樂亦無極。若新舍成就，估客欲行，及以取婦，若復出家，各有呪願文，如彼說。僧上座不知得罪，廣如三十四卷中。

次科，亡人偈中，上二句歎無常，餘並示來報。天獄世報，泥洹出世報。以今修善，必獲善報故也。次生子偈，上二句代歸依，七世即七佛。次四句舉喻，謂歸佛得護，如親愛子。後二句旁資親屬。新舍者，彼云：若入新舍，設供者云：屋舍覆蔭施，謂造屋施也。所欲隨意得，吉祥賢善衆，處中而受用。世有黠慧人，乃知於此處，清持戒梵行，修福設飯食，僧口呪願故，宅神常歡喜，善心生守護，長夜於中住。若入聚落

中，及以曠野處，若晝若於夜，天神常隨護。估客者，彼云：諸方皆安隱，諸天吉祥應，聞已心歡喜，所欲皆悉得。兩足者安隱，四足者安隱，去時得安隱，來時亦安隱，晝安夜亦安，謂人畜來去，日夜皆平安。諸天常護助，諸伴常賢善，一切悉安隱，康健賢善好，手足皆無病，舉體諸身分，無有疾苦處。若有所欲者，去得心所願。取婦者，應云：女人信持戒，夫主亦復然，由是信心故，能行修布施，二人俱持戒，修習正見行，歡樂共作福，諸天常隨喜，此業之果報，如行不齎糧。出家者，彼云：若出家人布施，應呪願云：持鉢家家

乞値瞋或遇喜將適護其意出家布施難僧下示
制
長含世尊呪願云可敬知敬可事知事博施兼愛有
慈愍心諸天所歎常與善會五分佛呪願賈人云四
足汝安隱二足汝安隱去時亦安隱來時亦安隱如
耕田有望下種亦有望汝今入海望獲果亦如是義
準此言佛可無四辯對緣止施前法自餘愚叟亦安
可强乎
三中長含偈詞卽讚布施初二句讚其信次二句
美其仁後二句示感報可敬可事卽指三寶敬是

內心事卽供糧五分願詞初一偈願人畜俱安後
一偈願所獲滿意耕田下種喻今布施義下準誡
據聖爲法要在隨宜四辯義無礙辯法無礙辯詞
無礙辯樂說無礙辯對緣緣卽機也
雜寶藏舍利弗次爲上座以施主諸慶大集故食已
行水對長者呪願言今日良時得好寶財利樂事一
切集踊躍歡喜心悅樂信心勇發念十力如似今日
後常然時摩訶羅苦求誦習舍利弗不免意授之便
爲亡人呪願及損胡麻繞麥積塚上迎婦驚鴈盜謗
七被棒打方至祇桓白佛佛言諸比丘若說法呪願

當解時宜憂悲喜樂知時非時不得妄說
四中彼經第六云昔舍衛城有長者猶次請僧時
舍利弗及摩訶羅至彼家已當時估客獲寶歸家
又彼國王分賜聚落封與長者又其妻生男故云
諸慶大集願詞五句初二句稱其慶集寶字音誤
彼正作報次二句歎其行施十力卽佛德以念佛
故而營供養後句呪願摩訶羅苦求者彼云舍利
弗呪願已長者心喜卽以白㲲二張施之摩訶羅
惆悵因從求學後時僧次得作上座彼家入海失
寶婦遭官事兒復喪亡而摩訶羅依上呪願長者

聞已心懷忿恚卽被驅打一 尋入王田胡麻地中
踏踐胡麻守者復加鞭打二 乃涉路前進値他刈
麥積時彼俗法繞積右旋則設飮食左旋則爲不
吉時乃左旋麥主忿之復加棒打言何不右繞呪
言多入三 又復前行逢有葬者繞他冢壙呪言多
入喪主忿之復捉撾打語云汝見死者當愍之云
自今已後莫復如是四 又復前行見他嫁娶呪言
自今已後莫復如是彼又忿怒復加笞打乃曰何
不走避五 遂復狂走値人捕鴈觸他羅網獵師瞋
恚復打乃曰何不安徐匍匐而行六 遂依彼語遇

浣衣者見其肘行謂欲偸衣復加棒打。七歸寺白佛佛因誡衆如文所云。後學臨文愼勿戲笑當恥已無能急須進學脫或汝爲上座當如之何往往播醜於人則後世摩訶羅矣。

七受食行食雜法。四分律中受麨已然後呪願今此方不行。五分於餘方不爲淸淨者亦不行之。今依辯意長者子經受食前呪願。四分又云若爲利故施此利必當得若爲樂故施後必得快樂。

第七門受食中初科有二初定前後。旣並有出隨用無在。辯意經者卽安師所據彼云佛告阿難從

今已後䞋訖下食以此爲常。䞋卽呪願說法。次引願詞利兼財與事樂通世出世。引此爲式餘更隨機。

三千威儀所以淨衣踞坐食者佛始成道受乳糜觀諸佛法皆著淨衣踞坐而食若有出家弟子應如是法以能防衆戒故踞坐爲淨衣故異俗法故亦爲草座食易故。因踞坐制九法。一腳前卻二闊腳三搖動四豎五交六垂三衣覆足七翹八累腳九累䏶並犯吉羅。

次科初出所以有五。一効諸佛由佛効佛而敎弟子令相法故糜卽是粥。二防衆戒者或恐盤坐不穩而犯足食或離諸非儀等。三淨衣者西天跣足盤坐則汙衣故食訖洗足方乃加趺。四異俗者必應彼俗食多盤坐此方不然。五食易者便於事故。必因下立制法前卻卻卽是後謂不齊並也。四豎謂跟著地指向上也交謂左右互交過翹卽翹上一足。

二明出衆生食或在食前唱等得已出之或在食後經論無文隨情安置。

出生食中初文雖通前後理合在前準寶雲經乞食分四分一與同梵行人一與乞人一與鬼神一

分自食故知前出後方自食。

涅槃因曠野鬼爲受不殺戒已告鬼言我今當敕聲聞弟子隨有佛法處悉施汝食若有住處不能施者卽是天魔徒黨非我弟子。四分僧伽藍中立鬼神廟屋傳云中國僧寺設鬼廟伽藍神廟賓頭盧廟每至二食皆僧家送三處食餘比丘不出愛道尼經令出如指甲大。

次科引文中初引本緣涅槃第十五云佛遊曠野聚落有一鬼神卽名曠野純食血肉多殺衆生復於其聚日食一人佛爲說法愚不受敎佛化身爲

二勸設參行施

大力鬼神彼怖歸依佛復本身復為說法令受不殺戒鬼白佛言我及眷屬唯仰血肉以自存活今已受戒當何資立佛因垂敕如鈔所引四分下次明總出傳云者舊云音法猛遊西國傳鬼廟即曠野神或鬼子母今多畫於門首本為出食祭之今人乃謂門神訛替久矣愛道下三示多少此約別出為言下引智論鬼能變食故不在多恐費信施今有為亡人設食者依中含云若死人布施祭祀者若生入處餓鬼中者得餘趣不得由各有活命食故雜含中廣明此事若親族不生入處中者但施心施其自得功德云云乃至施主生六趣中施福常隨以持戒但得人身必須餘福助報云云譬喻經餓鬼五百歌舞而行好人數百啼哭而過佛言餓鬼家兒子孫親眷為作福故行得解脫是以歌舞好人眷屬唯為殺害無有作福後大火逼所以啼哭云云

次科初牒世事依下引勸中含明亡者不必受享入處即餓鬼居處之名前若字下宜加為字助之

雜含勸營福言廣明者彼云有一梵志白佛我有親族命終欲為設食彼得食不佛言餓鬼趣中有一處名為入處餓鬼即得餘處不得以各有食故

三明所施小多

三明食雜法六

初明食法

不生入處謂生餘趣者自得功德謂由施心力故任運冥資持戒即五戒但得人身且據近報顯須施福譬喻經彼因目連見已問佛佛答如鈔顯知施福冥拔幽靈但可修崇不勞祭祀

智論云鬼神得人一口食而千萬倍出也

三中以鬼有通力變少為多此明施生不必多也

僧祇當留比座坐處行食人過不得默然而看比座應語與是人等若行食至第三人當先澡鉢豫擎待至四分上座見行果時若少果而多與者當問為誰送來若言為上座者隨意取若言為僧語令賦徧乃至種種美食亦爾半果經云育王施僧半菴羅果八萬羅漢同其食之

雜法中初科僧祇初令顧比座若下次預擬受食第三人即已上兩座四分令上座觀食均等不許偏饒仍引經示半果經出雜含中彼說育王以十萬億金施唯四億未滿諸臣白太子即敕禁斷乃至手中有半阿摩勒果育王悲歎即以此果呼侍人送雞雀寺令陳意云阿育王問訊諸大聖眾此是最後布施哀愍我故納受此施時彼上座即令研著羹中一切皆得周徧作是事已即便命終

二唱等法　三正受法　四等施法

四分得食便食爲俗譏責佛令唱等得已然後食僧祇唱等供若時欲過隨下隨食無罪十誦云等供五分尼請處未唱隨意食口口提下眾吉十誦因舍利弗爲上座純食好食羅睺白佛佛言從今上座待得徧聞等供聲一切僧共食

次科四分明制緣僧祇示開通十誦會名等供約賦徧等得約受足等即是同隨意即任噉五分結犯文明尼犯下眾小罪僧應準同十誦別緣待得徧句絶

五分正意受食左手一心擎鉢右手扶緣僧祇當先

受飯案著一邊後受羹菜和合而食口中不得迴食當一邊嚼咽之不得令一粒落地皮核聚腳邊增一中諸王設供自手行食庶民同之

三中五分教受食之儀僧祇示進噉之法迴食謂口中迴轉增一勸俗行食王臣執務西土常儀此方梁武躬自行益降尊重法今古無之自餘凡庶未足自重

四分若請二部僧先與比丘恐日過者一時與之梵摩難經夫欲施者皆應平心不問大小佛令阿難臨飯說僧跋僧跋者眾僧飯皆平等

五受用等法　六異食雜法

四中四分明人等二部即二眾則五眾俱沾前僧後尼據日早也次引經文勸食等具云梵摩難國王經失譯僧跋謂令食均一味與前等供不同

僧祇食時應護右手當以左手受飲器注脣不得深含椀緣不得觸著額鼻及飲盡當留少許於口飲處瀉棄之次與下座沙彌食上鬧亂恐壞俗信以水澆灑者不犯弄水四分若不得食分比座爲索若減半與若有餘果菜不得狼藉汙地應聚腳邊去持棄之毗奈耶云不得捻鉢令大指入鉢中

五中僧祇初教護手彼國用手摶食此土餅果亦多用手飲下次教護器飲器即飲湯水者口處瀉者此約多人共用欲與下座故盪令淨食上下三

明警眾四分初明不得食者謂行食有遺不得自索失大度故若有下次明攤拾遺物毗奈耶教食時取鉢

十誦食著手不得振卻應拾取之僧祇不得嚩㗱作聲食毗奈耶云不得縮鼻食五分鉢中飯不得散俗人舍益食時口中有食者得云須不須等無過僧祇口有食人共語者咽盡方云口內有食不得即答若聲不異含食得語四分乾餅燋餅果菜等得嚙半善

見鉢中飯撩取與衆生水棄白衣家不犯應著隱處
不淨處

六中十誦離振手食僧祇離嚼飯作聲嚃喋即聲之貌毗奈耶縮鼻者或食時縮鼻或吸飲如縮鼻聲五分初離手把散飯食鉢下次開含食語續引僧祇別示開制四分開遺落食善見開鉢水棄白衣舍以無飯故

八食竟法僧祇上座應徐徐食不得速竟住看年少狼䟴食不飽滿應相望看之乃至待行水隨順呪願已然後乃止又云居士飯僧訖遺餘食料理與比舍

第八僧祇初制相待唯據上座狼䟴彼獸性暴取喻急速䟴字補蓋反或作狽又下次明餘食恐謂僧餘不應與俗準此明開寺中應開

賢愚多處文於俗家先行水後下食澡漱等雜含佛及比丘俗家食竟澡漱洗鉢訖然後爲俗人說法

次科經中行水謂別器盛貯以備食時滌手食訖澡漱不同今時灑手而已仍引雜含證用澡漱

九大嚫法五分食後施衣物名爲噠嚫也

九中初科達嚫大嚫梵言少異亦云檀嚫此翻財施謂報施之法名曰達嚫文約施衣準應不局世謂以財𣣋食故名嚫者不識華梵文召說法爲施財者並非問爲召施物爲目說法答據名召物今謂行施之時必爲說法因名說法以爲達嚫準理具云達嚫說法事義方全問此與呪願何別答約事似同究義須別呪願則別陳所爲達嚫則通爲說法今或營齋事須雙用

四分由食竟默去檀越生疑不知食好不好足不足又言諸外道人皆稱歎布施讚美檀越等佛令上座爲說大嚫乃至一偈其文如受食法若上座不能語能說者若不語不受並結罪若說大嚫時上座四人相待餘者聽去

次科初引緣起一令生疑二令起謗檀越亦云檀那並訛略也義淨三藏云具云陀那鉢底此翻施主佛下次引佛制注文指上即若爲利故施等偈

說時餘聽去者有緣須往無緣應住

薩婆多要食後說法有四益一爲消信施故二爲報恩故三令生歡喜心善根成就故四爲在家人應行財施出家人宜行法施

三中四益前二利已後二利他

律中令說契經善見云脩多羅義種種義開發等聽說義時要撮諸文者開

五能說之人

六釋一偈之義

七明財施之式

四中。契經脩多羅華梵各出。種種義者。令隨機而舉。開撮文者。不必盡誦也。

五分。諸比丘請破戒邪見諸根不具者。歎唄說法。因此惡人得勢。文能辱僧。佛言。請法師三藏諸根具足者。伽論云。若無能誦唄者。當次第差。若都無者。各誦一偈。能者不受。偷蘭。不得半唄吉羅。

五中。五分簡德。初引緣。破戒無行。邪見無慧。根不具無威儀。惡人得勢。謂假此興謗。佛下立制。伽論選能。文明誦唄。例準說法。必取堪能。

律令說諸惡一偈。增一解云。諸惡莫作。戒具足淸白

之行。諸善奉行。心意淸淨。自淨其意。除邪顛倒。是諸佛教者。去愚惑想。戒淨故意淨。意淨故無倒。無倒故惑想滅。

六中。初標律偈。增一下。引解。初句即身口二業。次句心業。三是正慧。四即正信。

今此世。初無說法之式。若有食竟。並將錢財施與。理準五分隨時稱美。不得華侈。廣如前說。

七中。初斥世。若下。次勸說。準五分者。即呪願中引云。四足汝安隱等。華侈謂綺飾之詞。侈尺紙反。奢也。

十出請家法二　初標來　二正釋　二初出請家法

二歸本處法

十出請家法。五分。還寺去時。上座八人相待。餘人前去。應僧徒從座而起。整理衣鉢。乃至次第而行。至請門首告云。檀越厚施如法。貧道何德堪之。餘言隨時。語已便去。

十中。八人即留兩眾。餘開前去。同上有緣。貧道亦云乏道。皆謙牧之稱。令僧受齋。但知飽食。接嚫而已。律儀法度無一可觀。將何發彼善心。消他信施。悲夫。

離含云。佛及比丘食竟。皆入禪室坐禪。晡時從禪起而說法也。

次科。引經佛在說法。令後倣之。晡即申時。

四分律行事鈔資持記卷第三十八

四分律行事鈔資持記卷第三十九 下三之四

宋餘杭沙門元照撰記

導俗化方篇第二十四

釋導俗篇。導謂能化之法，俗卽所化之機。以法接機，必遵正教，備舒軌度，故曰化方。

夫道俗相資，有逾影響，雖形法兩別，而所趣攸同。是故沙門處世，道緣須立法，不假彼外護，則無附法之心。既能受供資身，理須以法濟俗，故得光顯佛日，住持像運，使正法隱而重流，僧徒滅而更立者，其在兹乎。

來意中初科，前四句通標。影逐形生，響由聲發，形影聲響，不可相離，故取喻焉。形別可解。言法別者，或約戒釋，或約福智二分釋，或可世出世教制法不同。所趣同者，謂道修解脫，因俗結解脫緣，行分遲速，求脫不殊，或可同歸三寶，共弘正化，而為所趣，頗合下文。是故下，廣釋。初釋相資，前四句明道假俗資。附謂親附。後二句明俗須道濟。故下，次釋所趣。初句是佛寶，下二句卽法僧二寶，住持一句，通貫上下。僧徒滅者，僧宗行缺，卽為滅矣。

而澆末寡識，實多明律，知時人少。凡厥施化，止出喉心。於彼正教，都無詮述，所以事起非法，言成訛濫，反生不善。何名引接，皆由自無方寸，師心結法，故善見云：隨逐惡者，皆由無智，妄解佛教，誹謗如來，作諸惡業，廣生邪見。

次科中，初敘妄作。澆末是時，寡識是人。明律謂有解，知時謂有智。言從喉出，事任心裁，不稽典教，故出喉心。所下，彰過失。事任於心，故非法；言出於喉，故訛濫。皆由等者，推妄所以。方寸謂心智。故下，引證。初二句謂隨流俗，次二句謗法，下二句造業，廣生邪見，謂展轉壞他。

今以箴誨未聞，顯揚聖旨，初明說法軌儀、受戒方法，次辨生緣奉敬，後明士女入寺正式。

分章中，箴謂規誡。大分三章：前二教道對俗所行，後一教俗令僧傳告。

初中，大集云：無量眾生白佛，護持法故，佛讚言：善哉。諸大檀越。又云：破戒比丘處眾說法，不得受信施，如葶藶子。破戒相者，乃至受畜八不淨物，名滓曲幻賊、醉旃陀羅等沙門也。廣如三十一卷中說。

說法儀中，初科，初勸俗護法，以佛讚故。經云：若有人能護持法，當知是人，乃是十方諸佛大檀越也。

二謗說是非

又下誡道受施初示誡蓐蘒子喻其至少次釋破相後示惡名淨謂不清淨曲卽不正直幻謂無眞實賊謂侵奪妄損信施醉謂神性昏迷旃陀羅謂能害人慧命指如三十一今見二十八

四分爲檀越說法聽說契經及分別義得不具說文句不得二比丘同一高座說法或共相諍或說義互求長短或共相逼切或二人同聲合唄及歌詠聲說法等因說歌聲有五過一自貪著聲二令聞者生愛三令他習學四令俗人生慢心五以亂定意若說法人少應次第請說下至一偈諸惡莫作等夜集說法

座高卑無在

二中初開撮要不得下制非法有六種二人同座尊無二故復喧亂故相諍謂對較勝負互求長短謂掩長拾短逼切謂詰難不能合唄無所辨故歌聲過失如文自列五過初後損己餘並損他若說下三開略說雖依次請亦須選能智論云少德無智慧不應處高座如豺見師子竄伏不敢出大智無所畏應處師子座譬如師子吼衆獸皆怖畏必爲他請準此自量當須無畏勿令竄伏夜下明設座或是逼夜不暇陳設故開隨坐

三登座儀式

四斟量根機

三千威儀上高座讀經先禮佛次禮經法及上座後在座正坐向上座坐楗椎聲絕先讚偈唄如法而說若不如法問不如法聽便止

三中六法初禮三寶二昇高座三打磬靜衆（今多打木）四讚唄（文是自作今並他作聲絕秉爐說偈祈請等）五正說六觀機進止問聽如法樂聞應說（文中不明下座今加續之）七說竟迴向八復作讚唄九下座禮辭僧傳云周僧妙每講下座必合掌懺悔云佛意難知豈凡夫所測今所說者傳受先師未敢專輒乞大衆於斯法義若是若非布施歡喜最初鳴鐘集衆總爲十法今時講導宜依此式

毗尼母云說法比丘應籌量大衆應說何法而得受解若聞深法得解應爲說深謂五分十二因緣涅槃等論淺法者謂布施持戒生天等論若衆樂淺不樂深不益前人名惡說反此名善說又應知文義之句男女之音云云又應除貪心不自輕心不輕大衆心應慈心喜心利益心不動心立此等心乃至一四句令前人如實解者長夜安樂又不應起怖心何以故怖心說法令身疲頓音不辨了言不次比說法不妙義亦難解應庠序安心爲說又應爲衆說厭患法遠

離法觀身苦空無常無我不淨等如第七卷中
四中五節並以又字間之初明量眾取解為先五
分即五分法身論自解云深法者謂戒定慧解脫
解脫知見（有云五除非也）深即出世法淺即世間法惡說
者成論謂之綺語是也二明解音義男女音者以
男女性乖事業乃異隨其品類言相須分差互混
同不名善說三教用心前明遠離三心貪縱慢也
若為名聞利養眷屬皆是貪心下明成就四心慈
謂愍彼未悟喜即令眾心安利益謂使他開解不
動謂達法本空無捨著故般若云云何為人演說

如如不動一切有為法如夢幻泡影如露亦如電
應作如是觀又法華云大慈悲為室（對今慈喜）柔和忍
辱衣（利益）諸法空為座（不動）能如是者始可說法衒學
矜能俱為謗佛四教安詳怖心五過不怖反之五
令警眾說厭患法不令著世故
涅槃若比丘為利養故說法所有徒眾亦效是師是
人如是便自壞眾眾有三種一破戒雜僧者雖持禁
戒為利養故與破戒者坐起行來同其事業二愚癡
僧在蘭若處諸根不利少欲乞食於自恣說戒日教
諸弟子清淨懺悔見非弟子多犯禁戒不能教令清

淨懺悔而便與其說戒自恣三云何清淨僧不染利養
善知戒相云何知重如四重禁出家不作作者非沙
門釋子云何知輕者三諫能止等非律不證者若有
讚說受用不淨物者不共同止是律應證者若學戒
律不近破戒見順律者心生歡喜善能解說是名律
師善解一字若為利益眾生至非法處若是聲聞不
應為也
五中初誡貪利徒眾效師從上所好今時濫竊貪
利多求聚首為非後生倣傚傷毀佛法自壞壞他
楊子所謂模不模範不範為不少矣悲哉次釋三

眾初雖持戒由心為利與破戒同住故云雜也二
既少欲應不貪利但是根鈍不教餘人故云愚癡
三不染利養復善戒相糾舉自他故云清淨云何
下釋上善知戒相有四一知重二知輕三非律不
證四是律應證文中第釋知輕中且舉次篇諫戒
攝下威儀雜相無不通達非律中略舉不淨自餘
非法例皆擯舉獨不隨流以非為是故云不證是
律中遠惡欣善如法而說一字即律字以律訓法
總含大小開遮重輕故雖博通指歸一字若下明
緣開犯遮非處謂婬酒屠宰之家此謂出家菩薩

六敎誡說法

七受利爲不

在塵不染可得行之聲聞自攝恐遭欲染故制不爲如上三衆今時尙無愚雜況淸淨耶僧宗覆滅佛法安寄嗚呼

雜含云一法師得受六十新學比丘教誡說法佛告比丘有問命終者徒勞耳非如來所樂答者夫生有死何足爲怪當思十二緣行疾得度此僧祇若有違佛語者比丘犯罪白衣知如之何

六中雜含初示攝衆限齊恐其更多難於訓誨無益及他必力能博濟不在言限故古之高僧千徒币座當量才力更審自心勿貪眷屬以圖聲望此乃畜因終當自墜佛下次明非問不答問命終者謂問死時近遠問無所益故云徒勞夫下似止問之詞十二緣者無明及行過去因也識名色六入觸受現在果也愛取有未來因也生及老死未來果也三世因果生死相續從緣故空知生虛妄死復何有達妄修眞得脫生死故云度此也僧祇明道俗違犯彼因比丘與白衣行非比丘比丘尼犯夷白衣無戒不犯故曰知如之何以無名相莫測來報意彰復重令誡俗流

五百問云若希望心爲人讀經說法得物犯捨墮無心貪不犯無衣得取

七中爲利說法卽是邪命無貪不犯者貪心難識幸勿自欺

八入房請問

九鈔說隨宜五初略撮要

三千威儀云入他房一於外彈指二當脫帽三作禮四正念住敎坐乃坐五不忘持經入問經五事一如法下牀問二不得共坐三不解當直問四不念外緣五設解頭面作禮反向出戶

八中入他房者謂入師房請問之法外彈指者警內令知也正念住者無餘想也次問經者卽正問時法下牀問者從座起故不念外緣須諦受故設解作禮謝開示故反向出戶不背師故

毗尼母云旣聽說十二部經欲示現此義復有疑心若欲次第說文衆大文多恐生疲厭若鈔撰好辭直說不知如何佛言聽引經中要言妙辭直顯其義

九中初科母論撮要同前四分此委引本緣以彰開意十二部者一契經二重頌三授記四諷誦五無問自說六因緣七譬喩八本事九本生十方廣十一未曾有十二論義三藏教法不出十二類亦名十二分教撰音選要言謂合機堪用妙辭卽顯白易解

涅槃云若有受持讀誦書寫演說莫非時非國不請而說輕心輕他自歎隨處而說及滅佛法熾然世法而說何以故由非時非處等而說法者令無量人死墮地獄則是眾生惡知識也

次科涅槃誡令重法八緣不說非時謂不當說如眾學所制非國謂不信樂處自歎謂稱己所能隨處不臨眾昇座等滅佛法順己愚情違反正教故何下明不聽所以今時講說多墮諸過非人天師是惡知識

雜寶藏為俗人說七種施法不損財一眼二色三言四身五心六牀座七房舍各各果報乃至佛尚無盡

三中七施一眼謂慈眼視父母師長等當來獲天眼成佛得佛眼二和顏悅色當來得端正成佛金色身三善言輭語當來言詞辯了成佛獲四辯四身起迎逆禮拜等當來得堂堂之貌成佛得三身五心善好當來不狂亂成佛得一切智六牀座（己牀與人暫坐）當來七寶牀成佛師子座七房舍（己房留他暫宿）當來得自然宮殿成佛獲四禪室今以各各二句總而括之

智論佛說法已常教諸比丘入禪定己之所說身亦自行

四中說已入禪大乘垂則嚴勗後來儒中君子言之不出恥躬不逮又云先行其言而後從之況佛法修眞言行相反深嗟彼徒都無慚色

大集云若四眞諦是一念證者則為一切眾生說一行一法乃至種種因緣調伏不一故便說種種法八萬法聚差別

五中引佛說法取悟為先隨宜權巧令後學之初為樂總好略之機攝多為一說行即觀行法即法門乃至下次對樂別好廣之機開一為多說或二或三乃至八萬若據經云無量無數方便亦何止上數言八萬者眞諦云佛始成道終至涅槃經三百五十度說法一一皆具六波羅蜜成二千一百一一皆配四大六塵十法成二萬一千又配三毒等分成八萬四千今舉大數但云八萬耳

毗尼母云若為在家人作師教化作福有五事一不應檀越舍止住二不繫心貪利三為別別說法布施持戒八齋等四不與其娛樂五不繫心常欲相見又五事為檀越尊重恭敬一非親舊處不往返二不求形勢料理檀越家業三不共竊語令家中生疑四不

敎艮時吉日祠禮鬼神五不過度所求入俗家五法一入時語小二斂身口意三攝心卑恭而行四收攝諸根五威儀庠序生善有九事不應俗家坐一雖爲禮拜心不恭敬二雖往迎逆心不慇重三雖讓令坐而心不實四在不恭敬處令坐五有說法言心不採錄六雖聞有德不信受之七知有甚多若求與少八知有美食反設麤者九雖供給與如市易法並不應坐反此便坐若入聚落應卑恭慚愧不著六塵攝心行之如高山懸巖絕險方寸之處而足踏之念念生怖更無餘念臨淵亦爾如月行世動手於空四方無著等云云

第十母論五節初作門師法五中第三所應餘四不應四中第二非利他餘三防媟慢又下令他尊敬法五中二是下賤附近權豪爲他走使四是邪命餘三並避嫌疑竊語謂低聲不公顯也入下入俗威儀法攝諸根者欲境多故有下不宜久住法九事前四輕人五是慢法六卽無信餘三慳鄙如市易者希還報故若入下離過用心法初示法如下喻顯高山臨淵喻卑恭攝心月行動手喻不著六塵

十誦說法人者應一心說生慈愍心利益心莊嚴語言次第相續辯才無盡隨順諸法實相爲法故說不爲利養此中上座應觀察所說若不如法說應訶止又聽取佛經義莊嚴言辭次第解說其佛經本當直讀誦莫雜論議五分白衣說法歡喜布施者聽之十誦說法呪願讚法時不得食

十一中十誦初教善說諸法實相言通大小且據小教卽指偏空此下令訶止當觀是非勿隨好惡又下聽演布但不違義隨意廣張述義可爾臨文不聽由是聖教不雜凡言今有麤心輒注聖典準此例決過非輕細五

分受施先無意故十誦說時不得食者不諦受故薩婆多若檀越欲作大房舍應開解示語令小作順少欲法若爲容多人故作者不應違意四分不得將世俗呪術敎化當語云莫向如來塔大小便及除糞掃盪器不淨水等若起房舍及耕田種作當向如來塔又宜於八日十四日十五日入塔寺供養比丘僧受齋法佛告檀越若人慈心以米泔汁盪滌汁棄著不淨蟲水中使蟲得此食氣得無量福況復與人智論佛申鉢受老母臭澱汁佛受億耳羹殘度與頻婆娑羅王善見不得受白衣使若令禮佛讀經呪願集

眾種種善事不犯餘惡使者吉羅
十二多論辭勉施意爲己須勉爲眾從之四分初
制邪術當下教正行又三初教向背又下教受戒
白黑各三日名六齋日佛下教行施文舉棄物以
況珍羞言蟲以況人類仍引智論因緣爲證彼第
八云佛於舍衛受歲竟阿難從佛遊行諸國到婆
羅城彼王知佛神德感動羣心若來到此誰復樂
我便作制限若有與佛食聽佛語者輸五百金錢
時佛與阿難乞食眾皆閉門空鉢而出時有一老
使人持破器盛臭潘澱 謂洮米泔 出門棄之見佛相

好念言如此神人應食天廚今自降身行乞必是
大慈愍一切故乃白佛言今此弊食須者可取佛
知其心申鉢受之佛即微笑光照天地阿難問佛
何緣微笑佛言是老女人施佛食故十五劫中天
上人間受福快樂後得男子出家學道成辟支佛
受億耳羹句絕彼云沙彌二十億耳以好羹上佛
佛以殘與頻婆娑羅王是知佛受已與則得食不
與則不能消復次爲佛設食佛未食人不能消已
食殘者佛與能消 上是論文今但取受羹少物以證上耳 善見受使
善事不犯以非使故

地持云若見眾生當即慰問舒顏先語平視和色正
念在前問言道路清泰四大調適臥覺安樂歎言善
來又隨世間巧便語言呪願妻子眷屬錢財穀米增
長具足見功德者歎施戒等四分若白衣病來寺中
應方便喻遣若稱譽佛法僧者隨能作爲之若死爲
淨伽藍故自擔棄之若白衣嚏者呪願長壽
十三中地持初相見慰問又下隨緣呪願四分初
明待遇病人方便遣者可遣即遣爲利彼故稱譽
聽作謂有信俗人無所歸者若下隨俗呪願嚏丁
計反噴鼻也律因比丘不呪願招譏故制

僧祇若入王眾不得譽毀軍陣射術應云剎利種是
上姓如來應供正徧知常在二家生諸出家人於法
力二輪中賴力輪護故得以自安又不得形相他身
云多我慢當生下趣乃至雞豬地獄中等欲有所論
當說已而去俗人若言爲我禮塔答言若憶當禮如
是禮長老比丘亦爾若受請應言無障礙當來若入
諸居士富家不得語云汝坐店肆輕秤小斗欺誑於
人應云如世尊說二輪之中得食輪已乃轉法輪諸
居士等供給衣食是爲難事我依汝等於如來法中
修梵行度生死流皆是汝等信心之恩若入外道眾

不得形呰云邪見無慚愧說其過惡應譬實事云汝
等能出家解繫縛捨於俗服眞心空閑甚是難事
十四僧祇三段初入王眾法初制非宜應下教善
語二家卽剎帝利婆羅門諸佛巧便利物入尙德
行則於婆羅門姓中生若尙威勢則於剎帝利姓
中生法輪卽佛法力輪是王臣又下誡觸犯形相
謂以形相人欲下聽陳意俗下示應答恐有遺忘
緣阻故言皆不定次明入居士舍初制不應令他
慚恥失敬信故應下示慰諭方便引接發彼善故
三入外道眾二節同上形呰謂形言毀辱此門所

明說法儀式然事相交雜不唯說法或作門師或
是接對或令教導又復說法之式不專導俗爲師
訓道義亦同然事類相投寄此明耳
二明受戒法就中分三初翻邪三歸又分爲四一制
意二懺悔法三立歸法四總料簡
初中涅槃云一切眾生怖畏生死四魔故受三歸名
一義異或時說三爲一說一爲三諸佛境界非二乘
所知又金翅鳥不噉受三歸龍餘如義鈔
第二三歸中制意引經初正明受意卽多論云如
人獲罪於王投向他國以求救護眾生亦爾繫屬

於魔有生死過歸向三寶魔無如之何故知若受
三歸得脫生死煩惱魔者三毒劫善故五陰魔者
遷謝不停故死魔者逼切報命故天魔者撓令退
道故四皆惱害不能自由故名魔也名下次彰法
勝名一義異者彼經第五自解云佛常法常比丘
僧常此明如來欲示眾生常住眞心一體三寶故
於方便教中隨宜離合故云諸佛境界等既知方
便本爲引實今受三歸無非顯性機雖未達可使
由之而授者用教不可不知之說一爲三者經云
云何爲一佛告摩訶波闍波提憍曇彌莫供養我

當供養僧若供養僧卽得具足汝隨我語則供養
佛爲解脫故則供養法爲受用故則供養僧說三
爲一者如多論問佛亦是法法亦是佛僧亦是法
正是一法有何差別答雖有一義相有差別無師
大智一切功德是佛寶盡諦涅槃是法寶聲聞學
無學功德是僧寶是也又下顯功能故知三寶加
護不爲他害龍畜尙爾況於人乎義鈔卽受戒法
中業疏委備此不煩引
二懺悔法以信邪來久妄造非法今創歸投必翻邪
業阿含等經並令先悔涅槃云發露諸惡從生死際

所作諸惡悉皆發露至無至處如第十卷說必論設
懺隨時誦習亦得通用
二中初敘意但使未歸三寶皆名信邪隨順生死
皆名邪業阿含下引示涅槃生死際即無始時無
至處即未來際謂成佛果證大涅槃即名涅槃名
無至處言其臻極更無所至故業疏云從生死際
至涅槃際是也指第十者彼云自念所作一切不
善如人自害心生恐怖驚懼慚愧除此正法更無
救護還歸正法等必下指法隨時謂逐人別述通
用謂如諸經但懺三世十惡等

三作法者智論云互跪合掌在比丘前（五眾得作）當教言
我某甲盡形壽歸依佛歸依法歸依僧（三說）即發善法
次結云我某甲盡形壽歸依佛竟歸依法竟歸依僧
竟（三說）薩婆多若淳重心具教無教
三中智論有三一具儀二對境三作法道眾望俗
皆是師位故註通之三法中言某甲者稱已名也
盡形壽者述所期也歸三寶者是所投也言發善
者明非戒也後三結者重更囑累不令忘失也引
多論以示成否若輕淨心則無無教故
四雜料簡大集云姙娠女人恐胎不安先受三歸已

兒無加害乃至生已身心具足善神擁護薩婆多五
道皆得受三歸無受戒法亦得一年半年五三日間
受之不得戒也
四中大集母受兼資於子善神護者準大灌頂經
一歸十二天神總三十六神多論對戒簡異有三
初簡趣五道除人已外無受戒者即彼宗所計成
論善見龍畜得受五戒業疏云多論據無知者人
猶不得何況鬼畜如餘得者謂有知解也亦下次
簡時五戒須盡形八戒局日夜成宗不爾如下所
明不下簡法如後五八三歸言下即發戒故

二明五戒者分三一簡人是非二作法差別三料簡
之
初中成論云五逆罪人賊住汙尼毗尼中不聽作由
為惡業所汙亦障聖道不聽出家若為白衣得善律
儀不遮修行施戒等善有世間戒何咎薩婆多中若
有先犯五戒八戒及十具戒而犯重者更受不得
五戒簡人中初成論據十三難並是戒障今明七
難白衣時有但障十具故云毗尼不聽等不障五
八故云若為白衣等世間戒對上出家即出世戒
自餘六難邊須已受破局大僧黃形非畜重故不

二作法差別二
初正納戒體

二敎普戒

論多論唯簡邊罪舊云約末懺爲言非也邊罪永障何得論懺業疏明懺曰通成論七難人耳
故先明發戒之緣善生云此戒甚難能爲沙彌大比
丘及菩薩戒而作根本戒有五種隨受一分卽得一
戒汝今欲受何分之戒智者隨語爲受
次科初令示緣境同前具戒情境皆同非情唯酒
業疏云將欲受戒初須爲說緣境寬狹令受者志
遠見相明白善生下次歎戒功甚難謂功深難得
不可輕受三戒由生故是根本卽善戒經不受五
戒不發十戒乃至展轉不發菩薩戒等五種卽五

條隨人所能多少皆得若受一戒名一分優婆塞
二戒名二分三戒名少分四戒名多分五戒名滿
分先陳戒相審問所能然後爲受準業疏三歸直
授五戒簡入者以翻邪初心難拔宜卽引歸若更
覆疏容還舊迹五戒不爾先已歸正心性調柔堪
思我倒故須簡略
二作法者我某甲歸依佛歸依法歸依僧盡形壽爲
五戒優婆塞如來至眞等正覺是我世尊三說我某甲
歸依佛竟歸依法竟歸依僧竟盡形壽爲五戒優婆
塞如來至眞等正覺是我世尊三說

二示相教誡

二作法中初科詞句分五一陳已名二歸三寶迴
向境界三盡形等顯所期文舉盡壽或一日夜或
月或年隨時自改四爲五戒者正立誓也且舉滿
分或一分二分亦在臨機優婆塞古翻淸信士亦
云近事男女云優婆夷五如來等結歸正本也以
三寶名通九十六種後須顯正非同前濫由此勝
號外道無故如來者乘如實道來成佛也至眞者
體悟無邪也等正覺者道同三世也此寶我歸餘
非敬者故云是我世尊此並撮略業疏釋之餘廣如彼前三歸誓
正發戒緣三法纔竟卽納戒體後三歸結是囑非

體
智論戒師應語言汝優婆塞聽是多陀阿伽度阿羅
訶三藐三佛陀爲優婆塞說五戒法相汝當聽受盡
形壽不殺生是優婆塞戒能持不答能盡形壽不盜是
優婆塞戒能持不答能盡形壽不邪婬不妄語不飲酒
並準上說是爲在家人五戒汝盡形受持當供養三
寶勸化作諸功德年三月六常須持齋用此功德迴
施衆生果成佛道
次科初誡聽多陀此云如阿伽度此云來阿羅訶
此云應應卽應供三藐三佛陀此云正等正覺亦舉三

號令生信奉。盡下列相。邪婬者犯他妻也。俱舍有
四。一他妻。二自妻非道。(大道口道)三非處。(非房室中)四非時。
(懷胎乳子受八齋時)五中前四性戒。有情境發。後一遮戒。非
情境發。飲酒放逸。能作四過。故偏禁之。是下囑累
有四。初囑謹護。二勸作福。三令受齋。四教迴向。年
三者。正五九月。冥界業鏡輪照南洲。若有善惡鏡
中悉現。(或云天王巡狩四天下此三月對南洲。又云此三月惡鬼得勢之時故令修善。)月
六。白黑兩半各有三日。按智論。初八天王使者下。
十四天王太子下。十五天王自下。觀察眾生善惡。
二十三。二十九。三十日亦爾。(小盡準布薩應用初一。)持齋者。

或受八戒。或但持齋。中前一食。中後不得妄噉。(今多
蔬菜不節晚食。此雖非齋。猶勝葷血。又有飲水周
時為清齋者。此乃邪術。一切眾生仰食而住。但勿
過中是
佛正教。)
三料簡。成論云。隨受一二三皆得律儀。亦開重受。重
發得戒。亦隨日多少而受。
三料簡中。成論對反有宗。三皆偏局。一須具受。二
不重增。三定盡形。
多云應五眾邊受。不得俗邊。
多論須五眾者。疏云皆是弘法之人。故俗雖曾受。
非故不聽。

智論以六齋日是惡鬼奪人命日。劫初聖人教人一
日不食為齋。後佛出世語云。汝當一日一夜如諸佛
持八戒。過中不食。是功德將人至涅槃。
智論初段六齋緣起。異上智論。蓋所出不同。先雖
奉齋。盡日不食。復無善法。佛因誘接。故為加改。
問。口中四過。何為但有妄語。答。但舉妄語。餘三並攝。
又佛法貴實語。故在先攝也。如說十善為總戒相。別
相無量。不過中食。攝入不貪中。如是準知。
次科問中。若據有部。但發四支。成宗具七。與論頗
同。故引示之。答中初約義釋。上二句正答。舉一。又

下轉釋舉妄。恐云何不於餘三中輒舉一耶。故此
釋之。如下引例。十善攝無量。妄語攝餘三。相比無
異。故云準知。
又云。一人生國土。皆共作因緣。謂內法與外法為因
緣。如惡口故地生荊棘。諂曲心故地則高下不平。慳
貪多故水旱不調。地生砂礫。不作上惡者。地則平正。
如彌勒佛時。人行十善。地多珍寶。
三中文如隨相。罵戒具釋。內法即往業。外法即依
報。
增一云。由行十惡。故使外物衰耗。何況內物。廣如四

十三卷。中含第三十三卷。善生長者經中。明俗八行法及禮事六方。薩婆多云。五戒之中。酒戒最重。餘廣如善生經七卷中具明。

增一。意亦同上。內物卽正報。以疏況親。必招殃禍。下指諸文。不復煩引。須者尋之。

三明八戒法。薩婆多等云。若從五衆受。必無人者。但心念口言。自歸三寶。我持八戒。亦得。

八戒初科。多論開心念者。卽自誓受。疏云。非謂常途。故彼文云。若無人時。得心念受。明緣開也。

次受法者。智論云。受一日戒法。長跪合掌。應作是言。

我某甲。今一日一夜。歸依佛。歸依法。歸依僧。爲淨行優婆塞。說三 某甲歸依佛竟。乃至僧竟。一日一夜。爲淨行優婆塞竟。

二作法中。初敎具儀。應下正受法。一日一夜。合在三歸之下。文爲四段。初稱名。二歸境。三限期。準下成論。受通長短。隨人加故。四立誓。疏云。言淨行者以所期時奉持九支。同諸佛故。又簡五戒。不斷正婬故。不言如來正覺者。五戒初離邪緣。故以正隔之。今此重增。復何須也。

次爲懺悔。我某甲。若身業口業意業不善。貪瞋癡故。若今世先世有如是罪。今日誠心懺悔。三業清淨。受行八齋。是則布薩。論云如此。應在受前。

懺悔中。布薩翻淨住。亦云清淨。理合先懺後受。論中倒列。故注移之。

次爲說相。一如諸佛盡壽不殺生。我某甲一日一夜不殺生亦如是。如諸佛盡壽不盜。我某甲一日一夜不盜亦如是。如諸佛盡壽不婬。我某甲一日一夜不婬亦如是。如諸佛盡壽不妄語。我某甲一日一夜不妄語亦如是。不飲酒。不坐高大牀上。不著華鬘瓔珞及香塗身熏衣。不自歌舞作樂。及故往觀聽。亦如是。

已受八戒。如諸佛盡壽不過中食。我某甲一日一夜不過中食亦如是。我某甲受行八戒。隨學諸佛法。名爲布薩。願持是布薩福報。願生生不墮三惡道八難。我亦不求轉輪聖王梵釋天王世界之樂。願諸煩惱盡。逮得薩云若。成就佛道。增一阿含八關齋法。廣發大願。一如三十八卷。具如鈔疏。

說相中。初正說相。願持下。二敎發願。初中。一一皆言如諸佛者。疏云。舉聖境所行也。某甲亦如是者。引己同上也。若準羯磨云。如諸佛盡壽不殺生。我某甲一日一夜不殺生。能持否。答云能持。今此所示全依智論疏云有本云我某甲一日夜不殺生亦爾者直述已契上同於佛不假問答亦成說相今依羯磨說之高大牀卽足高尺六已上也或可大卽是廣方三肘者又阿含八種勝牀金銀牙角嚴飾故勝佛師父母從人故勝不必高廣並不合坐西土以華結鬘貫首及用香油塗身以爲美飾此方須除帶佩華瓔脂粉塗面等準文九戒而言八者多論云齋以過中不食爲體八事照明故成齋體謂以八戒禁防非逸方顯持齋清淨故云照明其相支持名八支齋故言八齋不言九也所以不過中食在後獨明若依羯磨則合

高牀歌舞爲一過中爲八又增一中過中爲第六合嚴身觀聽爲一皆所出不同隨依並得發願中初離惡趣八難者三塗長壽天北洲佛前佛後世智辯聰諸根不具我下揀世報願下示所求薩云若亦云薩婆若此云一切智指增一者彼云我今以此八關齋功德不墮惡趣八難邊地持此功德攝取一切衆生之惡所有功德惠施彼人使成無上正眞之道亦使將來彌勒佛世三會得度生老病死言關齋者謂禁閉非逸靜定身心也鈔疏今見業疏

僧祇佛告比丘今是齋日喚優婆塞淨洗浴著淨衣受布薩法十誦聚落上座見俗人來爲說深法示邪正道應說知見教布施持戒忍辱行善受持八戒增一若受八齋先懺悔罪後便受戒廣如十六卷中中含多聞聖弟子持八支齋時憶念如來十號名字若有惡思不善皆滅廣如齋經中善生云受八戒者除五逆罪餘一切罪皆滅成實云功德與無漏人等亦得隨受一二三及日月長短並成俱舍云莊嚴者除非舊莊嚴不生極醉亂心善生受八戒不得多唯獨受五分比丘成就八法毀三寶及戒欲不利諸五戒

五戒八應不敬信若優婆塞瞋比丘不往其家聚落亦爾雜含云何名優婆塞在家淸白脩習淨住男相成就口說三歸是也

雜相中僧祇召受恐俗緣多而不憶故十誦俗來因而勸受增一先懺後受證前所註非自意故中含下三經並明力用十號者如來倣同先迹應供堪爲福田正徧知寂照法界明行足果從因得善逝妙往菩提世間解達僞通眞無上士調御丈夫攝化從道天人師應機授法佛覺悟歸眞世尊三界獨尊齋經彼云受齋之日當習五念一當念佛十號二當念法三十七道品具足不毀三當念衆恭

敬親附。四當念戒。一心奉持。五當念天。後生天上。終得泥洹。成論。初明功勝。彼引帝釋說偈云。六齋神之日。奉持於八戒。此人獲福德。則爲與我等。佛止之曰。若漏盡人。應說此偈。故知天主福報不及。出有聖人。方堪比擬。下明長短並成者。疏云。接俗之教。不可約之是也。古引多論半日不得者。猶執部計。準理皆通。俱舍釋上第七華瓔嚴身。除非舊者。謂去新好之飾服常所用者。故云不生等。醉即昏迷。亂即散逸。善生不得多者。恐人參混。心不專一。泛論歸戒。獨受爲佳。則心不他緣。法無通濫。今多衆受。於理雖通。終

成非。便。有云。約授戒人說。安有多師同時授戒。本無此理。何須制之。又云。受字合作授。謬妄之甚。五分。初教俗不敬道。八法。文舉前五。毀三寶及戒爲四。五不利優婆塞住處。遮部彼所受戒。六作他惡名稱。七欲辱彼住處。八以非法爲正法欺誑於人。或可此三通以不利改之。故不別舉。若有此八。許令不敬。以無德故。若下文教道不往俗聚落亦爾者。上約一家。合聚皆瞋。比丘不往彼聚。雜含示名實。淸白謂不染塵。修淨住謂奉戒行。男相成就謂有丈夫之操。口說三歸謂初須師受。具斯四者。則名實兩副矣。

二明生緣奉訊法。五分。畢陵伽父母貧窮。以衣食供養。佛言。若人百年之中。右肩擔父。左肩擔母。於上大小便利。極世珍奇衣服供養。猶不能報須臾之恩。從今聽比丘盡心供養父母。否者得重罪。

第二辨生緣中。初引緣。佛下。立制。親擔父母者。即執勞奉事。珍奇衣服。即供給所須。右父左母者。順陰陽也。或可彼方偏尊母故。有云。西土以東爲尊。左北右南。北是陰故。然人行所向不定。未必如此。須臾恩者。懷抱長養。至於長大。經涉多時。百年勤苦。不報須臾。況多時乎。以道供俗。本是汙家。唯許二親。故云聽也。得重罪者。違制吉羅。業道重故。有云。逆蘭。詳之。

僧祇。父母不信三寶者。應少經理。若有信者。得自恣與無之。若父母貧賤。將至寺中。若洗母者。不得觸。得自手與食。父者如沙彌法無異。一切皆得。

二中。不信少經理者。逼令歸正故。經理謂供給營幹也。有信恣與者。必無虛費故。開將至寺者。無親可歸故。洗母不觸者。觸不開。親故。父如沙彌者。養同小衆故。唐僧傳云。淨脫常擔母一頭。經書一頭。食時留母樹下。入村乞食。用以充繼。又齊道紀。亦以經書佛像老母掃箒擔荷而行。每謂人曰。經不云乎。掃僧地如閻浮。不如佛地一掌許。親供母者

與登地菩薩齊。人或助擔者，紀曰：吾母也，非他之母，形骸之累，並吾身也。有身必苦，何得以苦勞人？所以身爲苦先，幸勿相助。此乃大度，豈比常途？雖教有小違，而理歸大順，酬恩竭力，今古無之。

涅槃以佛法僧三事常住，啟悟父母，乃至七世皆令奉持，乃至自學教人，卽名護法者，得長壽等。毗尼母云：若父母貧苦，先受三歸五戒十善，然後施與；若不貧，雖受戒，不合與。四分阿難請授愛道戒中云：乳養長大，有恩故。佛言：若聞三寶名字，已是報恩，何況得淨信等。

三中涅槃三寶一體，體無生滅，故皆常住。啟，開也。七世者，北遠疏云：無始皆開，何止七世，但隨世俗且言七耳。卽梵網云：六道衆生皆是我父母，我生生無不從之受生是也。母論貧者先法後食，不貧但法，無所乏故。四分愛道求出家，如來不許，阿難代請之詞。愛道是佛姨母，佛生七日，摩耶命終，姨母乳養長大。愛道在俗已證初果，故云況得淨信。是知生育恩大，雖百年肩荷，不報須臾；三寶一聞，卽酬重德。故唯佛法可報劬勞，自外供須，終名直養。

雜寶藏慈童女長者家貧獨養老母現世得報緣、鸚鵡孝養盲父母得成佛緣。增一云：孝順供養父母，功德與一生補處功德一等。文云：教二人作善，不可得報恩，謂父母也云云。是故比丘常當孝順供養父母，不失時節，當如是學。

四中彼經第一云：佛言：我於過去世時，波羅奈國有長者子，名慈童女，父喪，賣薪日得兩錢奉養老母，次得四錢、八錢、十六錢。後欲入海採寶，母卽抱捉，子挈手，絕母數根髮，遂入海取寶。還發時，有水陸二道，卽從陸道去，乃見有城，紺琉璃色，有四玉

女擎四如意珠，作樂來迎，四萬歲中受大快樂。（酬上二錢）次復前行，見頗梨城，有八玉女擎珠來迎，八萬歲受樂。（酬上四錢）復捨遠去，至白銀城，十六玉女擎珠來迎，十六萬歲受樂。（酬上八錢）又復捨去，至黃金城，有三十二玉女擎珠來迎，三十二萬歲受樂。（酬十六錢）又復捨去，遙見鐵城，心生疑怪，遂入鐵城，有一人頭戴火輪，捨著童女頭上。（酬損母髮）童女問獄卒言：我戴此輪，何時可脫？答言：世間有人罪福如汝，然後可代。又問：今獄中頗有受罪如我者否？答言：不可稱計。聞已思惟：願一切受苦者盡集我身。作是念已，

五供給老病

鐵輪墮地獄卒以鐵叉打頭命終生兜率天時慈童女者即我身是當知父母少作不善獲大苦報少作供養得無量福（童女是長者名非女人也）鸚鵡彼云過去雪山有一鸚鵡父母都盲時有田主初種穀時願言與衆生共食鸚鵡子即常於田採取以供父母田主按行苗稼見諸蟲鳥翦穀穗處瞋恚便設網捕鸚鵡子言田主先有好心何見網捕且田者如母（常生長故）種子如父（相繼續故）實語如子（可寶惜故）田主如王擁護由己（得自在故）作是語已田主歡喜問言汝取此穀何爲答言有盲父母願以奉之佛言鸚鵡者我

身是田主者舍利弗是盲父母者淨飯摩耶是增一兩節初校量功德一生補處即等覺菩薩準知孝養德唯降佛菩薩戒云孝順至道之法儒書亦謂至德要道則萬善之總百行之源儒釋皆然釋門尤切常當思報勿得背恩文下次明恩大文合作又並增一故謂雖以善導罔極難酬故云不可報或可教導餘人可使報恩父母有恩故不望報是下結勸

五百問云父母盲病無人供給得乞食與半自能紡績與衣食犯罪況爲薶藏棺木等

六呼召異俗

七[illegible]後扶舁

五中論舉盲病餘病例然又但闕所須不必在病自能紡績者特舉微賤類餘充足不須強與犯罪即吉同汙家故準此斟量

僧祇比丘不得喚阿爺阿耶阿孃阿婆阿兄阿姊乃至姨姑等不得喚本俗名準應優婆塞優婆夷等增一云四姓入佛法同名爲釋迦種子不得依俗姓比丘當學善見云喚婢爲大姊不得云婢阿摩母也尼者女也

六中僧祇令改俗阿字入呼準應即義準文不出故增一明易姓彼云四姓出家同稱釋氏即謂比

丘非關俗士此明離俗已後不得依本族姓也善見召婢既已出家則非所屬故加美飾不復本名阿摩尼即佛召姨母之號然此二號乃是通召女流僧祇所制即局本時親屬故不同也

若父母死自得輿屍增一云愛道無常佛自共羅云各扶牀一角等淨飯王泥洹佛亦自輿之山林岥峨踊沒比丘不須變服依常爲要

七中初聽輿屍引經顯據彼文云愛道涅槃佛與阿難難陀羅云舉屍殯時梵釋四王欲代爲之佛皆不許爲報恩故淨飯亦然岥音頗峨音我謂傾

動也。次制變服。今時多著綵帛袈裟，乃以布衣爲孝服。又云：僧無服制，但布少麤。是不聞智論云：如來著麤布伽梨。傳謬至今，愚迷不改。又有白帽素絛、蒲鞋、哭杖，倣同鄙俗。一任愚情，覩此明文，早須悛革。

三明俗人士女入寺法。先出立意。息心靜默，非喧亂所集；軌法施訓，豈漏慢所踐。且心棲相表，形異世儀，歸奉憑趣，理存規則。故應其俯仰，識其履行，是敬事儀式。如法親覲，豈可足蹈淨剎，心行懈慢。非唯善法無染，故得翻流苦業，可不誡哉。

第三入寺法。立意中，初敘寺處清嚴。僧居有二：一者慕靜，即自行；二者施訓，即化他。居靜不宜喧褻，訓不當慢。此四句即約行顯處也。且下，次敘入須法式。初明所應爲，上二句標境勝，下六句示須法所以應合也。俯仰即儀貌，履行即所爲事。豈下，次示不應爲蹈履也。形見也。非唯等者，謂無益有損，流墜也。

今依祇洹舊法，出中國士民，凡至寺門外，整服一拜。入門復禮一拜，安詳直進，不左右顧眄，先至佛所，禮三拜，竟圍繞三帀，唄讚三契。若未見佛供養設見眾僧不先與語禮佛已，方至僧房戶外，禮一拜，然後入見上座。次第至下，各禮一拜。若見是非之事，不得譏訶，若發言嫌責者，自失善利，非入寺之行。僧中亦不可譏事似俗關檢意則殊今以俗情檢道意誠非易若以見僧之過則不信心生便障道終無出期又不識因果業報但得示改惡修善總知大分且初入寺，背僧取異，云何得作出家因緣？經云：夫入寺者，棄捨刀仗雜物，然後乃入。捨刀仗者，去瞋恚眾僧心也。捨雜物者，去眾僧乞求之心。具除兩過，乃可入寺。順佛而行，不得逆行。設緣礙左繞，恆想佛在我右。入出之時，悉轉面向佛。

正法中，初科有五：初入寺門，二拜總禮三寶，先下次禮佛。三契，契猶遍也。今則多稱讚佛偈，隨所能者，三遍說之。禮佛下，三禮僧戶外，總禮，如今眾堂之處。若下，四誡守慎。初敘誡。註中前段釋上自失善利。俗關者，謂同俗流，關於道行。後段教隨宜誨示。背僧即不信心生，取異謂求見僧過。經下引證，未詳何經。初令捨惡，次示行法。順佛行即右繞，西入東出，佛在我右，偏袒右肩，示有執作之務。逆行，即左繞，反上可知。緣礙左繞者，示權開也。謂西向有妨，反從東入，佛在我左，頗乖執侍，故今存想。如右無異，則免過也。入出向佛者，假事表心，歸依不

背也
禮拜佛法僧者常念體唯是一何者覺法滿足自覺
覺他名佛所覺之道名法學佛道者名僧則一體無
別矣始學時名僧終滿足名佛僧時未免諸過佛時一切惡盡一切善滿也今我未出家學道名俗
人迴俗即是道器如此深思我亦有道分云何輕侮宜志心歸依自作出家因緣者是名圍繞念佛法僧
之大意矣低頭看地不得高視為表下觀己身是將來作佛之地不宜馳散浮生死
海見地有蟲勿悞傷殺念一切眾生同是佛因起不殺行即是敬信信知佛因果作
長壽緣不唾僧地欲明俗人名為僧地口尚不應訶毀欲出家者名唾僧地況復訶詰眾僧
豈非悖逆耶當歌唄讚歎非愛敬樂重因緣也若見草土自手除之
事則與僧除糞法則與僧清過

次科初念三寶佛僧能覺因果雖分所覺道同故
云一體道即諸佛果源眾生心本極證名佛始學
名僧僧現學法終至佛果若此待僧豈容輕侮注
中初教念僧則三寶備矣今下次令念己與僧不
殊尚當尊己豈敢慢人低下次離諸過初二句捨
憍慢次二句止殺害後一句離觸穢並寄事表法
如注所顯當下三修淨福表對亦如注
若有因緣寺中宿者不得臥僧牀席當以己物藉之
亦勿臥沙門被中應自設供供養於僧豈損他供自害善器拜調戲言笑
說非法事沙門未眠不得先寢為除憍慢故又勿坐

僧牀席輕侮僧故俗中貴士之座猶不許賤人臥之
況出世高僧輒便相擬是以經中共僧同牀半身枯
也如是因緣如別廣說若至明晨先沙門起修恭敬之行
三中有五法初護毀損注云他供即臥具等皆他
所施故善器即自身堪受道故拜下除調戲沙門
下不先臥又下敬僧坐處舉況引證尋文可了經
中即寶印手經又文殊問經云死坐鐵牀上若下
不後起
凡入寺之行與俗人作入道之緣建立寺者開淨土
之因供養僧者為出離之軼也

斥非中初文入道緣者善根由發故淨土因者心
清淨故出離軼者期解脫故軼即是轍車所從之
道也
今末法中善根淺薄不感聖人示導僅知有寺而已
不體法意都無敬重佛法超生因緣供養福田而來
入寺也如此者多非謂全無敬信者多有人情來往非法聚會又
在寺止宿坐臥牀褥隨意食噉乞索取借如俗去還
遂意則喜違心必瞋繫綴胸抱望當圖剝猶牛羊之
抵突恣頑癡之鄙情或用力勢逼掠打撲抄奪具造
惡業必死何疑一旦橫骸神何可滅隨業受苦永無

二清信女法

救護，可共悲哉。非三寶不能救，由此人不可拔。若有智之人，終不行此。敬重寺法，準而行之，護惜三寶，諮請法訓，自招大益。故經云：衆僧良福田，亦是蒺藜園。斯言實矣。當知衰利由心，非前境咎。

次科初敘無知，僅猶略也，不體法意者，總迷上三也。都無下二句，反上因緣也。供養福田，反上出離軼也。注中非全無者，不掩有信故。多下出非法三節。初敘無智造業，前斥聚會。今世多然。又下斥侵毀圖剝，謂謀害。低突即觸犯，恣頑癡者，即不畏因果。或下斥規奪，貝下總示因果。二明有智獲益。三

引經合證。經文雙喻，下云衰利，即合田園。蒺藜有刺，如菱而小。前境謂僧寺。

清信女人入寺，儀式同前。唯不得在男子上坐，形相語笑，脂粉塗面，畫眉假飾，非法調戲，共相排盪，持手撲人。必須攝心整容，隨人教令，依次持香，一心供養，懺悔自責。生女人中常成礙絕，於此妙法修奉無因，不得自專，由他而辦。一何苦哉。應深生鄙悼。若見沙彌禮如大僧，勿以位小而不加敬。此於大僧爲小，於俗爲尊。出家受具，便入僧數，不得以小兒意輕而持接。設有說法，當謹聽受，勿復喚名而走使。

女人法中，初指同，唯下彰異。又二：初指過。假謂虛

二出寺法

二令師要術三。初指前標。

二正示敎誨三。初明道俗相資。

假排謂推排，即牽推等。盪謂縱放，撲觸也。必下示法礙絕，謂繫屬於人，不自在故。鄙謂厭惡，悼即悔恨。敬沙彌者，恐謂未具，不加敬故。注顯可知。

如此等在寺中竭力而行，所爲事訖，辭出寺門，如法作禮。佛前三拜，至門一拜，門外又一拜。若僧少時，次第各禮一拜；多者總禮三拜。凡以穢俗之身入寺，踐金剛淨剎法地，自多乖於儀式。若去時，須自贖其過，隨施多少，示有不空。若布絹香油澡豆華水，下至掃地除糞。

出寺法中，初結前，所下正示。初教禮辭，凡下令捨施。金剛堅利之寶，伽藍福業之地，故以喻焉。

此入寺法，中國傳之矣。余更略出護過要術。

次要術中，初文指中國者，前云祇桓舊法故。

謂一切天人龍鬼是出家人修道之緣，一切出家人爲天人龍鬼生善境界。出家人既爲四輩生善之處，不得對彼幽顯輕有所失。彼四輩既是出家修道之緣，又不得輒便見過，佛已敕竟。假使道人畜妻挾子，供養恭敬，如舍利弗大目連等，莫生見過，自作失善境之緣也。

正示中，初文前敘道俗相資修道緣者，假彼外護故，生善境福智由生故。出家下次明互相敬護。初

道須攝俗四輩即天人龍鬼幽通三趣顯則唯人凡出家者長標遠望必有出要之期始爾出家捨俗焉能已免瑕疵也智士應以終照遠度略取其道不應同彼愚小拾僧過失所以天龍鬼神具有他心天眼而護助衆僧者非僧無過以剋終照遠耳今人中無察情鑒失之見情智淺狹意無遠達暫見一過毀辱僧徒自障出要違破三歸失於前導常行生死不受道化可謂惑矣小兒癡矣

次科初敘道衆志遠行薄智下次敎俗士取志舍行終照即深識不責目今遠度即大量不見小過

略謂揀略所下示幽靈同贊剋猶究也剋照皆龍天之心終遠即出家之志如感通傳韋天告祖師云天竺諸國不及此方此雖犯戒大塗慚愧內雖陵犯外猶愼護故使諸天見其一善忘其百非若見造過咸皆流溺悉加守護不令魔惱今下斥凡俗多識初敘其愚迷自下彰過失上句障聖道次二句失善利後二句招苦報可謂下結歎

然則聖人非不能化但此人不可化所以拱手待機熟耳如嬰兒造惡父母所以不敎者非父母不解善敎嬰兒不可教耳比彼可見

三中初正明此即轉釋上科不受道化之語如下喻顯嬰兒即喻愚俗即上所謂小兒癡是也有將嬰兒喻比丘非也

諸有同法之儔幸細覽而傳告

囑累中乍觀語勢似總一篇細詳文意止結此科耳

主客相待篇第二十五 四儀法附

釋主客篇舊住名主時過名客若對三界則無有主客今望伽藍不無久暫强分主客以明待遇然據律中制主待客但主須筵款客至有儀故云相

待耳

沙門釋侶三界之賓逆旅之況頗存於此故律中曲制主客待遇雜行云云

制意中初二句示出家超世無繫之人故如賓也次二句明遊方漂泊隨處暫止即以寺宇況於逆旅謂同迎客之舍既無定止義當迎待故云頗存於此故下顯制曲即委備云云生起下文

就中分四初入寺法四分云客比丘欲入寺應知佛塔若上座等至門中應開若不能者徐打令內人聞不聞大打猶不聞者持衣鉢與第二比丘至下牆處

踰入開門，右繞塔過，先洗左腳，後洗右腳，著革屣。舊比丘聞客下，出外迎，爲捉衣鉢，安置温室、重閣、經行處，供給水器等。

初科中，前明客來入寺，後明舊住迎接。知佛塔等者，或問於人，或自瞻視。至門應開，謂無關鎖，容自開者。若不能者，卽反上也。此間晝日不佝閉門，事亦稀也。下牆謂低處踰入，此方所忌，未可依用。

二問主人受房等。律云：問舊比丘：我若干歲，有房分不？答言有者，應問有人住不？若無人者，當問有臥具、若被、若利養、若器物、若房衣等。有者當取，至房所開

戶已，出牀褥等，淨掃地。若得鍼線、刀子，乃至一丸藥，舉之。有主識當與。如是治除屋內已，還內臥具，復本處竟，問何處大小行、淨地不淨地、佛塔聲聞塔、第一上座房乃至第四上座房等，一一別問。若不問者，主人一一示語，乃至云此是唾器、小便器等。五分：住處窄，不相識者，聽同牀坐，不得眠。

次科，四分初求房舍，自述歲數，令知上下也。有當取者，舊住給與也。丸藥舉之，不拾他物，特舉至微，例其餘也。次問處所。五分不眠，爲防難故。

三相識敬儀。四分：客僧受房已，問主人已，應先禮佛塔，次禮第一上座，乃至第四上座，應偏露右肩，脫革屣，右膝著地，捉兩腳，如是言：大德，我禮。若四上座房內思惟，應隨座次禮。房主人一一示知。十誦：若上座時見應禮，難見遠者則止。

三中，四分禮僧止於四座，以成眾故；餘座不禮，恐勞擾故。思惟卽禪定，禮誦同之。十誦時見，謂近處也。

四問受利法。四分：客僧禮上座已，應問何處是眾僧大食、小食、夜集、說戒處等。又問何者是僧差食、檀越送食、月八日、十五日、月初日食、檀越請食，次到何處？

復問明日有何檀越請眾僧小食、大食？何處狗惡？何處是好人？何處是惡人？舊比丘當如問而答。

四中，初文先問法食之處，又下次問利養。有六：僧差卽僧次；檀越送食，謂將入寺；月八、十五，卽六齋日，人多設供（業疏云：黑白俱有三日，文少十四）；月初彼國重之，亦多營設；檀越請卽別請（次者，舊云僧次，非）。三問人畜，並據俗舍。

僧祇：舊比丘應語客僧一切僧家制限。若客伴已去者，不得語令知，云不及伴，應語可小停息，更應有伴耳。有急事必去者，應給糧食，囑累行伴。

次科初示僧制若下明延留不語知者恐追伴故
仍安慰之給糧食者準須出己必非常住
三千云新至比丘以十事與之一當避與房二當給
所須三朝暮問訊四語以習俗五當教避諱六語請
到處七語僧教令八當語某事可食九示縣官禁忌
十語以盜賊處所
三中十事與者前二與物後八與語習俗謂風俗
所宜僧教令則隨方制度某事可食事卽物也
二明四儀法夫成善有由憑教相而心發冥因顯果
藉儀形而立宗是以阿說身子具列昔經傳法軌模

亦題方冊故直敘一致別引諸說云云
法附中初科上二句敘教法之功以能成善故有
由謂由於教也次二句敘威儀之勝以能成因感
果故冥因者心業未形故顯果者報相可見故宗
卽是本是以下引證阿說亦云阿說嗜此云馬勝
從佛受學方經七日便備威儀以宿五百世爲獼
猴今猶躁擾出家七日卽改本轍以威儀悟物故
稱威儀第一身子與目連爲友其結契云若得甘
露必當同味後時身子見馬勝威儀庠序乃問汝
師是誰爲說何法答云法從緣生亦從緣滅一切
諸法空無有主（此依五分引或有出云諸法從緣生亦從因緣滅我佛大沙門常作如是說）
身子聞已便證初果次傳向目連亦證初果
後同馬勝往佛所出家也傳法等者卽第五祖優
波毱多威儀肅物率皆從化如佛無異但無相好
時人號爲無相好佛又第二十祖闍夜多善持威
儀見無不敬佛曾記之闍夜多者最後律師故知
諸祖傳道並以威儀令生物善方冊卽付法藏傳
故下結前起後
五分若四威儀不如法者非爲於世而作大明僧祇
若行時平視迴時合身迴中含佛告比丘依於獸王

法若平旦著衣持鉢入村乞食善護持身守攝諸根
乞食已收舉衣鉢澡洗手足以尼師壇著於肩上至
無事處或經行坐禪復於初夜經行坐禪淨心中障
已於中夜時入室欲臥四褋憂多羅敷牀上疊僧伽
棃作枕右脇而臥當頭面向佛像處足足相累意係
想明相彼後夜時速起如初夜法僧祇頭向衣架及
和尚長老比丘初夜思惟自業至中夜右脇著下累
兩腳合口舌拄上斷枕右手舒左手順身上不捨念
慧思惟起想餘如上十誦燈明中不得臥
列示中初文五分明威儀化物功深闕則二利俱

二別示雜相二。初出行法三。初明

失故非大明也。僧祇明行法。平視頭不俯仰也。合身迴不但轉項也。中含、初別示行法。續上僧祇獸王。即師子及象王。若下通明四儀。初明入聚。即示行法。無事處。即阿蘭若。合明食法、文見頭陀。或下次明住坐二法。於中下後明臥法。頭面向像無背違故。係想明相。不著睡眠故。僧祇臥法大途同上。文復詳委。但頭向不同。衣架師長皆尊處故。合口拄齗。心易定故。念慧所修觀行不暫忘故。指如上者。即想明相等。十誦。明燈不臥。恐裸露故。

行事鈔資持記卷三十九 主客相待篇二十五 四五

毗尼母。比丘欲行時、先掃除房內。衣服牀褥如法安置。在隨相中。去時白和尚阿闍梨。若過十臘有法事必能利益者。雖師不聽自往無過。去時出寺外望去處方。應思量行伴何似。正見不有病相料理不如我心所作不。其人威儀常攝不。非懈怠不。爲利爲衰。若必好者其去。復問同伴汝等衣鉢乃至一切自隨之物無所忘不。兼復誡敕。今當其行汝等時言少語守攝諸根。路中處處見者皆令歡喜發其善心。諸下座皆合掌互跪。對曰、如教歡喜奉行。若有住止。發時、上座應徧看無遺落物不。下座常在前。上座在後。語諸下座各自攝心莫令散亂。下座得病、上座應爲說法。

二示行相

三教攝心

二坐臥法二。初通明

令善心相續。雖有急難不得捨去。盡其筋力。令其得脫。乃至自力不能、應至郡縣檀越所重比丘大臣國王門前營理。使得解脫。莫使受苦。

出行中、初科、前明攝淨。隨相即覆處敷僧物戒。去時下。明白告。後去時下。明觀方量伴。利衰謂有益無益。時言謂當言即言。若有下。明暫住復去法。下座得病下。明遇病料理法。上座有病理合看視故但明下座、恐捨棄故得脫。謂差損。

僧祇。行時、先下腳跟後下腳指。在道行欲宿、遣二年少比丘。前覓宿處索前食後食。當白非時入聚落。得

行事鈔資持記卷三十九 主客相待篇二十五 四六

己還報。應展轉相白入。

次科、初示行法。先指後跟是賤下相。在下。明覓處。前食即小食。後食即中齋。當白入者由覓宿食必入俗舍故。

智論。出入來去安詳一心。舉足下足觀地而行。爲避亂心爲護衆生故。是不退菩薩相。

三中。安詳離卒暴故。一心離雜念故。觀地二意。即止作也。不退菩薩舊云初地已去。

僧祇。不得作駱駝坐。應加趺坐。若疲極者當互舒一腳。仰臥脩羅。伏者餓鬼。左脇如貪欲人。具如法者出

三十五卷中增一云今聽比丘先以手憑座後坐此我之教十誦無病不得晝臥若喜眠應起經行善見臨欲眠時先於六念中一一念也坐法有二一結加趺二踞坐跪有二一長跪即兩膝及足指至地二互跪右膝至地各有所立

坐臥中初科僧祇前明坐法駱駝謂兩膝拄地次明臥法仰是慢相伏即餓相左脇婬相如法即右脇臥指三十五者彼云應如師子獸王順身臥若右脇有癰瘡無罪否者越威儀增一手按彼因外道抽除牀㡓故制㡓音曆今謂牀桄十誦制晝臥者有病

應開喜眠令經行者除昏思故善見初制繫想三寶戒施天爲六念下明坐跪各二禪觀加趺飲食踞坐尼令長跪非不通僧僧制互跪則不通尼故法云各有所立也

三千云不得於上座前踞坐踞坐五法一不交足二不雙豎兩足三不卻踞兩手掉捎兩足四不得搘拄一足申一足五不上足五事正坐法一不倚壁二不手前據三不肘據牀四不兩手捧頭五不以手拄頰毗尼母云何名坐衆僧集會檢容整服加趺而坐儀用可觀又如坐禪入坐經劫身不動搖觀者無厭入多者陿膝見上座亦爾不宜寬縱云云

別示中初科三千中明踞坐交足左右交過雙豎謂腳頭向上卻踞謂反向後掉捎謂搖動搘拄謂一足著地搘起一足直申向前上足即翹起一足次明五事應通二坐不前據謂兩手託牀毗尼母論明跏坐檢合作斂

三千云不與三師並坐十誦聽法時上座來不應起下座起者吉羅若和尚阿闍梨恭敬故自起不得起他吉羅乃至聽法不得與沙彌同牀坐沙彌得與白衣同牀坐大比丘三夏亦同牀得坐

次科三千中不與師坐不僭上也十誦初制起他謂恃己陵物也乃下次制濫下

三千云欲上牀有七一當徐卻踞二不得匍匐上三不使牀有聲四不大拂牀有聲五不大佽大吒歎息思惟世事六不狗羣臥七起以時節心起不定當自責本起又若聞犍稚聲即當著袈裟出戶如法二於堂外住正衣脫帽三有佛像頭面作禮卻禮僧四當隨次向上座當遺上座處五隨上座坐若踞

三中初明臥法卻踞謂退身坐佽音欠張口申氣也吒去聲歎息也狗羣謂相倚也起以時節即念

二臥法

明相心起當責謂懈怠躭睡等念又下文明起入衆法遺卽留也

善見睡時當須早起浴竟睡者念髮燥便起如是看屋月光影爲分齊三千臥當頭向佛二不臥視佛三不雙申兩足四不向壁臥又不伏臥五不豎膝要以手檢兩足絫兩膝眠尼母比丘貪著睡眠廢捨三業不復行道金剛力士訶責佛言食人信施不應懈怠夜二時中應坐禪誦經經行一時中以自消息是名臥法僧祇臥如師子王法如前所說不得眠至日出應於後夜當起正坐思惟已業

臥法中善見明念起三千示臥相母論譏躭睡二時謂初後夜一時卽中夜僧祇制晏起注指前說卽右脇著下絫脚合口等

四分律行事鈔資持記卷第三十九

四分律行事鈔資持記卷第四十 下四之一

宋餘杭沙門元照撰記

瞻病送終篇第二十六

釋瞻病篇題中四字即下兩門瞻送是能施病終即所爲。

就中即二如門分別初瞻病中略爲四位一制意二簡人是非幷供養法三安置處所四說法斂念

制意者夫有待之形多諸嬰累四大互反六府成病若不假相提接薄命則無所託然則世情流變始終難一健壯則親昵病弱則捐捨鄙俗恆情未能忘此

故如來深鑒人物知善未崇惡必相遵故親看病

制意中初科初敘病患多嬰累者通目衆苦也四大等者別示病惱也地水火風內外該徧故通名大六府者大腸小腸胃膀胱三焦膽也從頂至心爲上焦從心至腰爲中焦從腰至足爲下焦此三共爲一府若下次明瞻視然下三示凡情昵近也故下彰聖引導按西域記祇桓東北有塔即如來洗病比丘處如來在日有病比丘含苦獨處佛問汝何所苦汝何獨居答曰我性疏懶不耐看病故今嬰疾無人瞻視佛愍而告曰善男子我今看汝

故律中佛言汝曹不相看視誰當應爲乃至世尊爲病人洗除大小便已掃治臥處極令淸淨敷衣臥之便立制云自今已去應看病比丘應作瞻病人若有欲供養我者應供養病人佛爲極地之人猶勵諸比丘親自下接況同法義重如何相棄乃至送終意同斯述

引證中律因病人無人瞻視佛即訶制初引緣便下立制佛下結勸乃下指同存沒雖殊提接義一故茲制意兼該兩門

問供養病者等佛何耶答謂悲心看病拔苦與樂慈

行同佛故也又論云隨順我語名供養佛僧祇二人爲伴往看佛一伴遇病使捨來詣佛所具述因緣佛種種訶責已還令看病等又云有病人得隨病藥食看守則差否者則死是故應好看務令如法安隱即爲施命得大功德諸佛讚歎

問答中徵上律文欲彰功行答中初正答有二初約心行同佛又下次約隨順法制僧祇下引示初引緣起即彰奉佛不如看病又下次引勸讚以顯功深

二簡人中四分若有病者聽和尚若同和尚阿闍梨

若同阿闍梨若弟子從親至疏若都無者衆僧應與瞻病人若不肯者應次第差又不肯者如法治若無比丘沙彌優婆塞者比丘尼式叉摩那沙彌尼優婆夷隨所可作應作不應觸比丘僧祇十誦當令二師同學同房比房從親至疏看之當隨病人多少差往若不看者一切僧得罪

簡人中初科四分初制本衆有三一親屬自看二一僧與三僧差如法治即吉罪準無比丘應令沙彌淨人看若無下次開女衆十誦僧祇二律大略同前

僧祇又云道逢病比丘應求車乘馱載令歸若病篤無所分別不問㹀牛草馬若無者當留人看無人看作菴舍取薪火留藥食語言汝好安意我走向聚落求車乘迎汝便捨去至聚落時不得繞塔問訊和尚等告云曠野有病比丘共迎去來諸比丘云此多虎狼處恐食盡雖聞不得不往應到彼若死供養屍骸若活將還遣聚落中比丘供養無比丘者告檀越令看及共迎病人亦如上若路見病比丘尼不得捨去乃至迎逆如比丘中唯除手觸應倩女人爲按摩身體死用彼衣鉢雇人闍維無者捨去若俗人嫌者應擔遠送餘三衆準此

次科初明本衆有二初有乘迎歸無所分別謂昏迷也㹀牛草馬本不得乘病篤故開若無下次明無乘往求不繞塔等恐遲滯故及共迎者謂召檀越往迎同上比丘也若路下次明尼衆同異可見闍維此云焚燒俗嫌遠送不令見故餘下後明下衆文略不出故令準之

並是佛自號令理順行之廣有委具如律所述

三中初句指前聖制次句勸依下二句指廣即僧祇文

次明供給法五分無淨人處聽比丘自洗燒器著水令人洮米著中比丘然火使熟更從淨人受持與病人五百問云病比丘山澤無人處日中不得往還者比丘得爲作食七日先淨米受取作之寶梁經蘭若習禪經廣明獨住患比丘法

供給中初科五分唯開自煮五百問亦然七日一受更開過中失受惡觸不受先淨謂令淨人火淨下指寶梁彼云乞食比丘或病不能乞食當自伏心云我獨無侶一身出家法是我伴等習禪經今藏錄不出

僧祇病人有九法成就必橫死一知非饒益食貪食二不知籌量三內食未消而食四食未消而擿吐五已消應出而強持六食不隨病七隨病食而不籌量八懈怠九無慧又云若病人衣鉢外有醫藥直者取之供給無者眾僧應與若僧無者彼有貴價衣鉢當貿賤者供給病者若病人惜衣鉢者應白僧言此病人不知無常慳惜衣鉢不肯貿易白僧已輭語說法使得開解然後爲貿若復無者應外乞與之若僧中取好食與看病人又不得愛惜自業而不瞻視四分看病人五德乃至爲病人說法令得歡喜已身於善

法不減如衣法中善見若病無湯藥得以華果飲食餉人求易湯藥不犯餘如僧祇三十八卷中廣明看病法及死法

二中僧祇先明九橫令知看視前七並食八懈怠者不勤調攝故九無慧謂執愚失治故又下次明供給據文有三初須己物二己無則僧物三僧無則乞與好食與看病者獎其勤勞令無退故又不下三制推免四分五德文引第五而略上四一知可食應與二不惡賤便穢三懷慈愍不爲衣食四能經理湯藥五見爲病開餉俗士不犯汙家下指

僧祇略如上引須者自尋

十誦當隨病人所須問病因緣覓師求藥日到僧廚問有病人食不若無取僧所供給庫中物無者當爲外求應從善好名聞福德比丘索五分每到行粥時應問別有病人粥不若無應先與病人然後行與僧也十誦病人得藥差者但是佛僧中不淨殘宿惡捉不受內宿並得服之

三中初十五二律明審問所須應時給付後十誦中開服犯過藥以必差故佛僧中佛無宿觸疑膹佛字

善生經瞻病人不應生厭若自無物出求之不得者貸三寶物差已依法十倍償之五百問云看病人將病人物爲病人供給所須不問病者或問起嫌並不得用若已取者應償不還犯重比丘病困不得闕三衣鉢而作福德若不即有故弊衣鉢受持者犯墮

四中善生初誡始終若下次求物五百問初制看病輒用彼物比丘下次制病者捨棄衣鉢一爲終身不離二爲留賞看病

摩得伽云不淨膏肉雜鹽煮病者開

五中伽論不淨同前十誦謂煮膏肉和以鹽故此

引廢前例通餘物
四分若病人不能至大小行處當近處鑿阬安大小
便若不能者屋中安便器不離牀者聽穿牀作孔便
器著下不得唾吐汙地等
六中四分初安便器次第三開屋中即房內不下
次置唾器既制汙地必有所盛故
三安置處所僧祇若大德病應在露現處上好房中
擬道俗問訊生善燒香塗地供待人客十誦病人與
中房舍臥具令得容受看病者
三安置中初科僧祇好房既是大德十誦中房計

是常人但不得下房不容看病故
若依中國本傳云祇桓西北角日光沒處為無常院
若有病者安置在中以凡生貪染見本房內衣鉢衆
具多生戀著無心厭背故制令至別處堂號無常來
者極多還反一二即事而求專心念法其堂中置一
立像金薄塗之面向西方其像右手舉左手中繫一
五綵幡腳垂曳地當安病者在像之後左手執幡腳
作從佛往淨剎之意瞻病者燒香散華莊嚴病者乃
至若有屎尿吐唾隨有除之亦無有罪傳云原佛垂
忍士為接羣生意在拔除煩惱不唯糞除為惡如諸

天見人間臭穢猶人之見屏廁臭氣難言尚不以為
惡恆來衛護何況佛德而有愛憎但有歸投者無不
拔濟乃至為病者隨機說法命終恆在佛所不得移
之
次文中國本傳壇經所謂別傳是也日光沒處者
壇經云西方為無常之院由終歿於天傾之位也
今寺亦有但方隅不定不知法故以下出別堂所
以今號延壽豈非相反專心念法者由非舊處無
心戀著但念無常必思勝法故也其堂中下次明
設像立彌陀者歸心有處也然十方淨土而偏指

西方者繫心一境想念易成故西方諸佛而獨歸
彌陀者誓願弘深結緣成熟故是以古今儒釋靡
不留心況濁世凡愚煩惱垢重心猿未鎖欲馬難
調捨此他求終無出路請尋大小彌陀經十六觀
經往生論十疑論等諸文詳究聖言必生深信矣
像面向西病者在後謂將終之時已前常須瞻像
令其繫心忍士者梵語娑婆此云堪忍大悲經云
此界衆生忍受三毒及諸煩惱故人間臭穢者感
通傳天人云人中臭氣上熏於空四十萬里諸天
清淨無不厭之但以受佛付囑令護於法佛尚與

人同止諸天不敢不來恆在佛所者恐心無繫念
世事故
四說法勸善者十誦應隨時到病者所爲說深法是
道非道發其智慧先所習學或阿練若誦經持律法
師阿毗曇佐助衆事隨其解行而讚歎之
四中初科十誦文中但是通制下諸詞句皆出祖
師深法但是佛教通得云深是道謂出世法非道
即世間法
若阿練若者當輭語汎話訖告云大德今者病篤如
此唯當善念不畏惡道何者自病已前行頭陀大行

佛弟子中唯有迦葉世尊在衆常讚歎之乃至捨座
捨衣佛親爲也以行勝行聖人共遵大德行紹聖縱
必生善處何憂死至但恐失念妄緣俗有此是幻法
更勿思之
練若中汎話謂問疾安慰以爲勸誘之端捨座即
分半座與迦葉坐捨衣謂脫所著衣易彼糞掃衣
披之
若誦經者告云大德常誦某經以爲正業實爲勝行
凡聖同欽鸜鵒聞四諦尚七反生天後得道迹大品
有經耳品涅槃常住二字尚聞不生惡道況復依教

廣誦無謬濫過何能墜陷必生善處等
誦經中鸜鵒緣出賢愚經中彼云須達家有二鸜
鵒能知人語阿難往其家授四諦法聞已喜悅誦
習飛向樹上次第上下經於七反其暮宿樹野狸
所食即生四天王天阿難聞已問佛生處佛告阿
難緣汝授法命終之後初生四天王天壽五百歲
二生忉利天壽一千歲三生焰摩天壽二千歲四
生兜率天壽四千歲五生無憍樂天壽八千歲六
生化應聲天壽萬六千歲七還生第五天次第還
至四天王天上下七反天壽終已下生閻浮提於

人中出家學道緣前四諦心自開解成辟支佛故
云後得道迹大品即般若經耳品出第三十卷彼
云釋提桓因作念若人聞般若名一經耳者是人
先世佛所作諸功德與善知識相隨何況受持讀
誦常住二字六卷泥洹云善男子善女人當持如
來常住二字歷劫修習是等衆生不久當成等正
覺道二經並明勝報故云不生惡道也
若持律者云大德護持禁戒順佛正言能於像末載
隆三寶正法久住由大德一人今者疾患縣久恐將
後世人誰不死但恐無善大德以善法自持兼攝他

四法師
五禪師
六佐助眾事人

人。諸佛自讚。豈唯言議。但當專志佛法。餘無妄緣。

律師中。毗尼主於住持。故讚興隆等。自持攝他。卽是二利。諸佛讚者。如諸經論讚持戒功深。如標宗具引。

若法師者。云由大德說法教化。令諸衆生識知三寶四諦。開其盲眼。破其心病。光顯佛法。使道俗生信。能令作佛。又使正法久流。實大德之力。

法師中。迷倒如盲。妄想如病。

若禪師者。云佛法貴如說行。不貴多說多誦。又云。不以口之所言。而得清淨。如說行者。乃是佛法。大德順

佛正教。依教而修。內破我倒。外遣執著。此則成聖正因。勿先此業。如是等隨其學處。於後譬之。

禪師中。梵云禪那。此云思惟修。故知禪者。唯是修心。故貶多說。今之參禪。亦務多說。事持言句。忘本久矣。

若佐助衆事者。告云。大德經營僧事。與聖同儔。故沓婆王種。捨羅漢身。爲僧知事。求堅固法。乃至迦葉躡泥造五精舍。祇夜破薪供僧受用。身子掃地。目連然燈。並大羅漢。豈有惡業。但示僧爲福聚。凡愚不知。各捨自業佐助衆事。然僧田福大。不同佛法。如成論中。

諸人以衣奉佛。佛令施僧。我在僧中。由僧隨我語。名供養佛。爲解脫故。名供養法。衆僧受用。名供養僧。供養僧者。具足三歸。故知僧德大也。大德既順佛正命。料理僧徒。佛所歎尚。是第一行。何人加之。經云。億所修福。念於淨命等。

衆事中。初引五聖。爲比沓婆。卽四分沓婆羅漢。捨羅漢者。厭無學也。求堅固者。修大行也。善見云。此人是王子出家。故云王種。迦葉緣者。薩婆多傳云。迦葉於耆山。自經營五寺。通爲一界。自作泥塗壁。祇夜具云祇夜多。雜寶藏云。南天竺有二比丘聞

夜多有大威德。到其住處。見一比丘。形容憔悴。竈前然火。問言。識夜多否。答云。在第三窟。卽至窟中。但見向來然火比丘。禮已問云。旣有威德。何爲自勞。答曰。我念昔時生死之苦。若我頭手可以然者。尚不惜之。況勞身也。身子卽舍利弗。百緣經云。佛世有黎軍支比丘。出家得阿羅漢。乞食不得。入塔掃灑。乞食便足。白衆僧言。從今塔寺。聽我掃灑。後於一日。眠不覺曉。舍利弗見塔塵坌。卽便掃之。黎軍支眠寤。心懷悵恨。語舍利弗言。汝掃我地。令我飢困。由是七日求食不得。遂餐砂飲水。卽入涅槃。

比丘問佛。佛言。過去恚母布施。鎖母房中。母從索
食。答云。何如餐砂飲水。七日母死。其子命終墮獄。
罪畢爲人。故受此報。由昔供佛。故今得道。（目連緣如後篇）
具引然下。顯僧福。天下歎所修。經下勸憶持。即淨名
經。淨命謂無邪求。
傳云。中國臨終者。不問道俗親緣。在邊看守。及其根
識未壞。便爲唱讀一生已來所修善行。意令病者內
心歡喜。不憂前途。便得正念不亂。故生好處。智論經
中云。從生作善。臨終惡念。便生惡道。從生造惡。臨終
善念。而生天上。問曰。臨終少時。何以勝一生行業。答。

以決徹故。捨諸根事急。故便能感苦樂也。
總示中。初科。初引傳。令唱讀者。準此生前所修一
切功德。並須記錄。凡爲看病。常在左右。策其心行。
恆令念善。以捨報趣生。唯在臨終。心念善惡。下引
智論爲證。仍決所疑。答中。初句正答。下二句轉釋。
作惡生善道者。準天台十疑論。三義通之。一者約
心。以造罪時。從虛妄顛倒心生。是虛。今因知識勸
導。改心是實。故二者造罪時。由癡暗虛妄爲緣。是
僞。今遇知識。得聞佛名。發菩提心。是眞。故三決定
者。前造罪時。心有間斷。今臨終時。心猛利。故如萬
年暗室。一燈能破。千年積薪。少火燒盡。（後義即同今鈔）
必須別處安置。故五百問云。昔有比丘念著銅鉢。死
作餓鬼。僧分物時。便來求鉢。其身絕大。猶如黑雲。有
得道者。以鉢還之。既得。便舌舐放地而去。諸比丘取
之。絕臭。更鑄作器。猶臭不可用。又有比丘變衣而死。
作化生蛇等。如前說。故須移處爲要。
次科。初正明。五下引示。初引銅盌緣。後指慳衣緣。
如前。即二衣中。故下結誥。
其瞻病者。隨其前人。病有強弱。心有利鈍。業有麤細。
情有去取。當依志願。隨後述之。或緣西方無量壽佛。

或兜率彌勒佛。或靈鷲釋迦本師。或身本無人。妄自
立我。或外相似有實。自空無。如至燄處。則無水相。或
爲說唯識無境。唯情妄見。各隨機辯而誘導之。
勸導中。初科。前明量機。病強弱者。觀其健困也。心
利鈍者。智明昧也。業麤細者。麤如營福。細如禪講
等。情取捨者。所樂異也。如下西方兜率等是。此四
觀察。義無不盡。隨宜方便。臨事自裁。或下次明說
法。初令緣佛。或教稱名。或令觀相。或歎功德。令生
欣樂。或身下次示心觀。即性空相空唯識三觀。至
燄處者。喻相空也。謂如渴鹿逐於陽燄。遙見似水。

二向衣鉢

至彼元無各下後示隨緣不必如上故
四分當問病者持何等衣彼病人受不好衣鉢及送與他恐瞻病者得應準告云此三衣鉢具佛所制畜有披著者出世因緣乃至未來受生常著三衣而生如面王比丘未知持何等衣鉢坐具當見告示爲取著之現在未來爲佛所讚若見貪物心無大志者告云此衣物等並是幻有大德儲積來久爲之疲勞及至病苦眼看不救乃至脫死亦無一隨大德生從胎出亦不將一財來脫至後世亦不將去經云往昔國王爲寶所誑及至臨終無一隨己可不實乎不須憂念幻假錢財但須存勝業耳亦不須付囑餘人此則妄行顏面終非送大德死法但用佛語普召十方凡聖大眾羯磨分之如法受用令大德乘此功力必生善處此是佛敕可不好也如是種種輭言諫喻不得違逆又非順意以臨終妄業競集多無立志此是一期大要善惡昇沈天隔

二中初引律制問受不好者謂惜好者故及送他者謂妄行顏面故此出病者慳鄙之意故須問之若非此徒則不須問應下準義告示初泛告取著佛制畜者明教嚴也出世緣者顯行強也常著生

三示經像

者彰報勝也面王比丘賢愚經云曾以氎施辟支故五百生白氎裹身而生身大隨大面有王字恐被王損乃投出家善來得戒氎變法衣涅槃後用此衣闍維若分別功德論頭有天冠故名面王若下苦勸貪悋眼看不救謂現見衣物不能濟患也經云者此出莊嚴論彼云昔有國王名難陀貪聚金寶乃以女置高樓若求合者令其納寶乃集一國珍寶皆盡時有一人貧匱求合無由因而成疾其母知之語云汝父死後口中有一金錢可發冢取之送王王怪問曰何處更有寶彼具述之王由此悟曰死後一錢尚不能爲主何苦欲之遂卻散施上勸捨慳亦下次勸依法顏面謂取面情以物餉遺也如是下結示恐心輕動故不可違恐念世事故不可順以下出須諫所以臨終念善生善道則昇念惡墮惡道故沈昇沈止在剎那故是一期大要期時也

應以經卷手執示其名號又將佛像對眼觀矚恆與善語勿傳世事華嚴偈云又放光明名端嚴彼光覺悟命終者見彼臨終勸念善因是得生諸佛前又示尊像令瞻敬又復勸令歸依佛因是得成明淨光

三中初示經像引華嚴爲證經文兩偈傳寫訛脫

此出賢首菩薩品初偈云又放光明名見佛彼光覺悟命終者念佛三昧必見佛命終之後生佛前。次偈脫初句。彼云見彼命終勸念佛。方接鈔中三句。若新譯本云又放光明名見佛此光覺悟將終者令隨憶念見如來命終得生其淨國。此偈讚佛果上光明功德。見有臨終勸念佛及示尊像令瞻敬俾於佛所深歸仰。是故得成此光明。此偈讚佛因中修此光明之行。

又請大德行人智者數來示導。善見云看病人讚病者言長老持戒具足莫戀著住處及衣物知識朋友。但存念三寶及念身不淨於三界中慎莫懈怠隨命

長短而作。云云。毗尼母云病人不用看病人語看病人違病者意並吉羅須依前斟酌不得縱任。若終亡者打無常磬。

四中。初請他勸。善見明看病自勸。母論明互違結犯。依前斟酌指上次科。若下明將死打磬令聞生善。天台智者臨終語維那曰人命將終得聞鐘磬增其正念唯長唯久氣盡為期。云何身冷方聲磬耶。今時死已方打故知無益

二明送終法。然僧法儀式遠存出離。送終厚葬事出流俗。若單省隨時則過成不忍必虛費莊飾便同世儀。今當去泰去約務存生善。就中分二。初將屍出法。二明葬法。

第二送終。敘意中。初示道俗異儀厚葬謂多費財也。若下次明當儉取中。

初中。當從像前輿屍至廊舍下。外安幛幔圍之內作絹棺覆屍。當以竹木為骨。仍以麤衣覆屍上。和尚闍梨鋪牀在外幔坐。擬人客來弔慰。同學弟子等小者布草立大者坐草上近屍邊。

將屍出中。初科前明安屍處絹棺北地所尚此間多用木棺或加絹蓋。次明師徒坐處弔慰。弔即訓

至謂至喪所而慰問也。布草者此間有用薦席或用牀凳。

五百問云。師亡不得舉聲大啼應小小泣淚耳。四分。尼椎胸啼哭泣淚。一一墮。比丘吉羅。若準雙林之終。未離欲者宛轉在地椎胸大叫。此並悲切深重不省自身故耳。必同此何嫌。若高節拔羣由來清卓者故不局世情。必任情喜怒隨俗浮沈者至父母二師終亡而護夏不來雖來不展哀苦者亦道俗同恥。

次科。初引文示制律中以尼女情懦多好哀泣僧則反之故罪分輕重。若下次準義明開。初引涅槃

爲例。卽遺教云若所作未辦者見佛滅度當有悲慼。據位卽內凡已還故云未離欲者。若下次明不泣反非高節之人不妄哀喜故云不局世情任情之者不展哀苦卽非孝誠故云道俗同恥。

彼外來弔人小於亡者至屍所設禮執弟子手慰問已然後至師所依法弔慰。若奔喪來者直來屍所禮拜展哀情已次第依位若大德上座來弔者依本威儀隨時坐立。

三中初小者弔大又二。一近處至者容緩弔慰。二遠來奔赴未暇慰問。次明大者弔小依本儀者謂

不設禮隨時坐立謂任彼意。

五分屍以衣覆根。五百問云應先白僧以亡人泥洹僧祇支覆屍而送。不得薶過五錢犯重應師僧弟子同學當出財殯送若無當衆僧別人各斂少財供養舍利。又無者貸亡人衣物權將殯之還來倍償入羯磨已白僧乞之其將屍之輿輕省而作上施白蓋周帀裙圍四人擎之燒香導從毗尼母云闍寺衆僧並送葬所。

四中五分覆根準應裸露。五百問初明覆屍須白僧者是僧物故裙及祇支今須準用。世云須披五條者非以制

物令賞看病故。不得下次明殯送由並屬僧過五成盜文明所出次第有三。一出親屬卽師僧等。二率衆僧舍利此翻遺身卽死屍也。三貸亡物此卽僧物無故方開令倍償者謂看病人別求他物與本相當者入僧作法和僧還之。如二衣中。其下三示喪儀輿卽擡棺之物。

二明葬法中國四葬水葬投之江流火葬焚之以火土葬薶之岸旁林葬棄之中野爲鵰虎所食律中多明火林二葬亦有薶者五分云屍應薶之若火燒在石上不得草上安僧祇陳如右脇著地涅槃又云若

死者雇人闍維之十誦有比丘死林中鳥啄腹破出錢等四分云如來輪王火葬然則火葬則殘屍雇人展轉準得。

葬法中初科前列四法水葬飼魚鼈林葬濟禽獸律下次引文證諸部文中但無水葬闍維卽火葬十誦比丘有病念言死後僧分我錢遂置羹中啖之後死持棄林中鳥啄腹破故錢出也。然下義決殘卽損害不應自爲。

增一諸比丘以香華散目連屍上僧祇得供養亦爾次科初香華散身生存所制死故聽之僧祇亦爾。

謂同上得散香華。

四分中。世尊五眾得起塔。從小沙彌尼以上。並得禮上座冢也。五百問云。得為亡師立形像。高僧傳中。多有寺中葬者。經律中亦有之。僧祇。持律法師。營事比丘德望比丘應起塔相輪懸施幡蓋。在屏處安置。不得在經行處多人行處作之。若違結罪。若眾僧不許者。教令和合已作之。

三中。初明起塔。五眾並得。即前僧像。次第禮塔是也。此通名墳冢耳。增一中。佛言四人應起塔。輪王羅漢支佛如來。又後分云。輪王無級。羅漢四級。支佛五級。

如來十三級。若十二因緣經。八種塔並有露盤。即四簷也。佛八重。菩薩七重。支佛六重。四果五重。三果四重。二果三重。初果二重。輪王一重。凡僧不得出簷安級。今有出簷者。由不知教。簷同上聖。五下。次明立像。言通塑畫。高下。後明起塔處。傳許寺中。律制屏處。相輪者圓輪聳出。以為表相故也。

增一云。如來自輿母牀一角。阿難羅云等各輿一腳。不令餘人代擔。為報恩故。準此。和尚闍梨長養法身。父母兄姊長養生身。躬自抱屍而送。恩德豈能盡也。

四中。增一。具云。佛告阿難難陀羅云汝等輿大愛道身。即姨母也。我當躬自供養。時帝釋毗沙門天王白佛。勿自勞神。我等自當供養。佛言。止止。長養恩重。乳哺懷抱。不得不報。過未諸佛皆爾。佛即與阿難等各輿一角。飛在虛空。往至冢間。準下例決。生法雖異。長養不殊。比校恩德。法身尤重。抱屍而送。未足報之。故云豈能盡也。

善見。不得送白衣喪。除為觀無常故。若手執母屍殯殮無罪。聖教如此。必準行之。理須量機。堪可中時。

五中。初引論。不得送白衣喪者。必是二親。準理應得。除觀無常者。謂不由他請。非為世情。欲資道行。

故是開限。不可倚濫。以飾己非。執母屍者。摩觸犯境。通死女故。報恩事切。故獨開之。殯即土葬。殮字去呼。謂衣覆屍也。聖下勸依。然雖盡禮。須避譏疑。故令量機等。

諸雜要行篇第二十七 謂出世正業等。比丘所依。

釋諸雜篇。諸雜者。簡餘篇純一。要行者。彰時用所須。即下十門無非正業。皆由本受體徧。故使隨行多途。謹奉之流。宜應注意。

森然萬境。何事非持。忽略不行。奄遭幽責。故須一一之事。起種種識。識而必行。理須明識。

敘意中。初敘法體。初句示境廣。不出情與非情也。森然謂如草木之多。次句明制徧。毗尼事法依境而制。隨於一境復有多事。一切境事不出善惡。對此善惡以分二持。是則無有一事而非持奉之處。三明違犯。忽謂輕忽。不行言通兩犯。四彰來報。幽責語含二報。上二句明持。下二句顯犯。故下次明隨行。上二句明隨事立法。一一事謂境事也。種種誡即律制也。下二句明由解起行。解由教生。故須詮辨。此即通敘一部正教之意。

二對前簡後

若由途相攝具上諸門。別類統收羅下三部。以外繁類斷續雜務紛綸碎亂瑣文合成此別。

次科。初覆點前篇諸門。總上二十六篇。以諸篇中科義相由事類條貫顯非雜亂。故云由途相攝。別下次探示後篇。別類者。沙彌及尼對大僧爲別。諸部對本宗爲別。統收亦彰不雜。羅謂包羅。以下正明本篇。上二句明事雜。繁類謂無條流。斷謂義有孤絕。續謂事或連貫。皆不成科段。故云雜務紛綸喻絲之紊亂也。次二句明文雜。瑣小也。此別即指當篇。對於上下。故云別也。

三勸覽彰益

其中衆諸雜事爲軌導。初門必具修聖行。理宜徧覽

則遊處諸方。而無怯懦焉。

三中。初顯要。必下勸修。則下彰益。怯懦即畏懼也。反知不學動用乖儀。入衆遊方能無疑懼。寄言學者。幸留意焉。

二開章釋二初標列

十種分之。一佛法僧。二衆中雜事。三別人自行。四共行同法。五出家要業。六遇賊法。七大小便法。八慈濟畜生法。九避惡衆生法。十雜治病法。

標列十門。一四五多從化教。非不兼制。餘並制教。時亦兼化。

二隨釋十初明佛法僧七初禮敬

智論菩薩晝三夜三常行三事。一者清旦偏袒右肩。合掌禮十方諸佛。言我某甲三世三業罪願令除滅。更不復作。二者十方三世諸佛功德願隨喜勸助。三者勸請十方諸佛初轉法輪及久住於世。行此三行功德無量。

初門禮敬中。晨午昏爲晝三時。初中後爲夜三時。三事如文。次列據餘經論須行五悔。更加迴向發願。如祖師六時禮文具載儀式。學者宜依。

二供養

薩婆多。不得以華香瓔珞莊嚴具著佛身上。得散地供養。僧亦爾。不得以香華著漿飲食上供養僧。五百問。先上佛幡得取作餘佛事。若施主不聽不得。薩婆

三知事

四毀像

五供法

多若食是佛臘等雖先受捉後買得食以捉時無已
想故
次科多論華纓唯得散地不得散佛僧身及飲食
上非所宜故五百問作餘佛事者雖聽改轉不換
本質如盜戒引多論佛臘謂自恣日食等取餘供
養物雖僧手捉不成惡觸
十誦知僧事人應巡行僧坊先修治塔次四方僧事
常作是念願諸比丘未來者來已來者供給四事不
令有乏教沙彌使人亦爾善見佛常使一比丘食時
守寺智論差僧使從下起

三中十誦明知事法初教勤勞常下次令發願教
示餘衆同此存心故云亦爾善見明守寺智論教
差次請命依臘須從上起差役取卑故從下起
薩遮尼乾經或嫌塔寺及諸形像妨礙除滅送置餘
處如是惡人攝在惡逆衆生分中上品治之俱舍亦
爾智論云一人以佛塔惡故壞之更好作得福一人
以佛塔善故壞滅之得罪僧祇佛塔惡壞更好作得
四中薩遮俱舍制不得壞上品治者同逆罪故智
論僧祇開壞惡易好
智論供養說法人是供養法寶

六差立主掌

七守護三寶三

初守護

五中供人即法者以人解法法依人故
十誦比丘應作維那知時打犍稚掃治堂宇敷牀教
淨果飲食衆亂時當彈指沙彌多者立一沙彌專知
分處沙彌淨人多者取勤能處分者立爲主帥
六中律令選一能者知掌衆務初大僧二沙彌三
淨人尋文可見帥所類反領也
僧祇若僧地種果樹有功者若一樹一園聽與一熟
不能併取年取一枝枝徧則止若種瓜菜與一翦五
分若月直監食欲知生熟鹹酢得掌中舌舐嘗之若
白衣入寺應借僧臥具受用僧有五種物不可賣不

可分一地二房舍三須用物四果樹五華果僧祇衆
僧田地正使一切僧集亦不得賣不得借人若私受
用越毗尼（幷損賣計 物犯重）若園田好惡人侵者語本施主
任其轉易僧牀臥具亦爾四分僧物不應賣分入已
偷蘭遮
七中初科僧祇明賞給言有功者是彼經營故一
熟謂一番採熟留生也一翦謂一番翦也五分三
段初明知事嘗食開舌舐吉次明僧物暫借俗用
相依住故三明五種僧物不分賣者是常住故僧
祇同上初制永定次開轉易四分結蘭暫礙僧用

必侵入已。如上犯重。
僧祇。若佛生日。轉法輪日。若大會。多出幡蓋供養支提。若卒風雨。一切共收。不得云我是行八大德等。應隨近房安置。不得護房。應抖擻揲舉。何以故。汝等依是得活。若治牀褥打揵稚時。不得徐行。當共治補。又不得云有德行。

次科。僧祇收舉補治並制共作。不容辭設。違得小罪。徐行謂緩步。

毗尼母。若治塔奉僧治僧坊人。計其功勞。當償作價。並須籌量。違法得罪。損他施利。若彼病者。慈心施食。隨病所宜。若非隨病食。施得罪也。嬰兒獄囚懷妊等。慈心施之。勿望後報。

三中。母論初明賞給量功多少。若下。次教施食。心無希望。非隨病食。病所忌者。得罪。準前殺戒理應結蘭。或違教吉。已上諸文並如隨相盜戒具委。

二眾中雜事。入眾堂法。先須戶外豫安靜心。律云。應以五法。一以慈心。（由僧通凡聖。行涉麤細。通須慈敬。名重法尊人。）二應自卑下。如拭塵巾。（推直於他。引曲向己。常省己過。不訟彼短。）三應知坐起。若見上座。不應安坐。若見下座。不應起立。（入應於眾。俯仰得時。）四彼在僧中。不為雜語。談世俗事。若自說法。若請他說法。

（眾依於法。動必有方。）五見僧中有不可事。心不安忍。應作默然。（由無善伴。舉必非時。故懷忍默。權同僧用。）

第二門。初科。五法。慈心平等。離分別過。二謙下自卑。離貢高過。註中四句。行者反照。於己如何。上二句即梵網云。惡事自向己。好事與他人。下二句出淨名經。彼文續云。恆以一心求諸功德。三坐起有序。離亂眾過。註中應字去呼。合也。俯下仰上。舉動合宜。故云得時。四不雜語。離戲論過。註中初句明上說法。次句示上不雜語。五令示默。離惱眾過。

善見。優波離上高座。取象牙裝扇。結法藏訖。放扇下座。禮僧已。復座。智論。若欲說法。先禮僧已。坐師子座。僧祇。若為律師法師。敷師子座。散華著上。不拂卻。不得坐。

次科。善見明下座辭謝。裝字去呼。即用象牙為飾。智論明陞座伸敬。師子座謂說法之處。智論云。佛為人中師子。佛所坐處。若牀若地。皆名師子座。僧祇莊嚴法座。拂華坐者。去奢美故。

打靜法。維那先戶外具儀。斂掌傍門而入。已至打處立。合掌。右手取稚舉起。擬砧訖。然後打一聲。不得有重響。方乃臥稚。手從柄處捋之。然後合掌。有所啟白。

三別人自行二初標
二釋十六初不應答法

二勸學戒律

三雜學可否

若有施與呪願唱告等得等維那口陳其緣不得打稚以爲事用除爲衆亂等

三中初入堂威儀傍門面者隨左右頰而舉足也右下次示打法擬砧使稚砧相當也重響謂振聲下數不辨故須左手攪之舊云表衆不一謬矣又見打者以左手就稚作旋轉勢更可笑也然下三明啟白等得亦云等供即大小食時唱食平等不下制非法準知打稚止爲白告靜衆不同鐘磬打爲事用也

三別人自行十誦五人不應爲說毗尼謂試問無疑問不爲悔所犯故問不受語問詰故問者並不須答

第三門此門事雜約義分爲一十六段初中五問無非戲調打辱不爲求法故不須答

四分上座不學戒亦不讚歎戒有餘比丘樂學戒者不能以時勸勉讚歎我見如是上座過失故不讚歎恐餘人習學長夜受苦

次科如標宗具釋

五分爲知差次會等學書不得爲好廢業不聽卜相及問他吉凶四分開學誦學書及學世論爲伏外道故雜法中新學比丘開學算法十誦好作文頌莊嚴章句是可怖畏不得作毗尼母吾教汝一句一偈乃至後世應行者即行之不應行者亦莫行之後世比丘所說亦爾

三中五分差次謂知事差僧及法食會集非唯此二故云等也四分學誦謂誦外書俗典世論謂方算語論雜法即雜犍度十誦文頌即今歌詩可怖畏者法將滅故以書算卜術俗典文頌俱是世法非出家業爲因緣故時復許之今時釋子名實俱喪能書寫則稱爲草聖通俗典則自號文章擇地則名爲山水卜術則呼爲三命豈意捨家事佛隨順俗流之名本圖厭世超昇翻習生死之業故智

論云習外典如以刀割泥泥無所成而刀自損又如視日光令人眼暗然往古高僧亦多異學或精草隸或善篇章或醫術馳名或陰陽顯譽皆謂精窮本業傍涉餘宗無非志在護持助通佛化故善戒經云若爲論義破於邪見若二分經一分外書不犯四分開誦皆此意耳今或沽名邀利附勢矜能形厠方袍心染浮俗畢身虛度良可哀哉毋論一句一偈通指三藏教詮雖是聖教令觀時用舍不可專固故云應行等後世比丘即佛滅後傳法祖師凡有言教亦須隨宜故云亦爾

四剃除髮爪

五分佛制半月一剃髮除無人難緣論家四種次第一上座二髮長三先洗頭四有緣欲行並前爲剃毗尼母剃髮者但除頭上毛及鬚餘毛一切不合卻所以剃者爲除憍慢自恃心故四分比丘不得爲白衣剃髮除欲出家者若頭極長若兩月若廣兩指一剃爪極長如一麥翦之不得用鑷乃翦髮聽畜盛髮器十誦髮當薙阬中涅槃頭鬚爪髮悉皆長利破戒之相增一佛告比丘沙門出家有五毀辱法一頭髮長二爪長三衣裳垢坋四不知時宜五多有所論因即又生五過人不信言不受其教人不喜見四妄言五鬪亂彼此當如是學

四中五分示開制無人謂無剃髮者難緣謂遭世難論家即多論彼明次第即約多人同時剃故毋論簡剃處餘毛即身腋等處律制偷蘭所下示除鬚髮之意遺教論云於上上處最先打伏故四分初制能剃若下次制所剃初制分齊頭字應作髮（或云北人謂髮長爲頭長）兩月與上五分延促不同兩指即二寸不下次制刀器十誦明安置涅槃下明不剃之過彼經第四云頭鬚髮爪今此寫倒破戒相者違佛制故增一中前五過中正取初二餘皆因引垢坋即不淨坋古黠反不知時宜謂觸事拙塞不協人心多所論者謂出言無度不能少語後之五過由此而生如文可解今時不知教者或四季剃頭誇爲高行或拳攣長爪謂爲希奇豈知內成破戒外辱佛法有識聞之早須改轍

五近俗過失

四分喜往白衣家五過一不囑比丘入村二在欲意男女中坐三獨坐四在屏覆處五與女人說法過限又有五過一數見女人二既相見便附近三轉親厚四便生欲意五爲欲意故或至死若次死苦五種不應作親厚若喜鬪諍若多作業若與勝人共爭若喜遊行不止不爲說法言示人善惡

五中喜往俗舍十過前五即容犯五戒初不囑入村二即食家強坐餘三顯然次五中前三身業近習過四即心業染著過五根本業即犯戒過至死即婬夷次死即摩觸等殘次明五種非親厚者皆謂於已無所益故勝人即德學過於已者

六捨捨五慳

成論出家人捨五慳財物慳法慳家慳住處慳稱歎慳廣相如彼

六中家慳謂占據檀越住處慳謂寺舍不容來客稱歎慳謂不稱他善

四分世間五寶難得。一値佛出世，二聞佛說法，三聞而解之，四如法而行，五得信樂心。

七中，五事希有可貴，故名爲寶。初二是勝境，餘三即行業。値佛聞法，發解起行，行成有驗，信樂立焉。

十輪。十事不成就禪法，樂著作役言說睡眠種種所求，及以六塵，但爲利養多諸過罪，乃至入阿鼻獄中。我聽清淨比丘受第一供養，若坐禪比丘闕少衆具，但念諸惡，若衆緣具，心得專一。

八中，初明十事，樂著二字貫下十事，作役言說多求是掉散，睡眠即昏塞，此四合六塵，總爲十矣。我

下次明聽受供給。衆具既闕，多起攀緣，禪法不成故。

四分不得賣卜誦呪處方治病等，由事容不實，謗毀好人故。羅漢射事不中，况凡夫乎。律云：凡有言誓應言若我作是事，南無佛；若汝作是事，亦南無佛，不得雜餘地獄等。

九中，初制習方術。羅漢射事者，十誦目連入村乞食，居士婦懷姙，問言是男是女耶？目連云是男。及生是女，遭謗，問佛，佛言本是男，胎中轉爲女，故目連見前不見後，非妄語也。律下次教呪誓，謂有屈抑之事，發誓以雪之。意是求佛爲證，故云南無佛等。

增一云：若有恐怖者，當念如來法及聖衆，皆悉除滅。

十中，恐怖謂暗黑險難等處，存想三寶，必蒙加被，即得安隱。

五分無緣入尼寺，步步墮。五百問有緣在尼界，得宿不得入房。

十一，律論所制，皆謂避世譏疑，遠防欲染故也。

四分不嚼楊枝五過：口氣臭，不善別味，熱癊不消，不引食，眼不明。五分嚼已應淨洗棄，以蟲食死故。四分

三事屏處。大小便嚼楊枝，經行五益：堪遠行，能思惟，少病，消食飲，得定久住。十誦若經行應直行，不遲疾，畫地作相，亦有經行堂閣。三千云：一於閑處，二於戶前，三講堂前，四於塔下，五於閣下，五處經行也。

十二，前明嚼楊枝，初出不嚼之過。癊，即痰癊，引猶進也。五分教洗棄，四分須屏處，大小二事因而連引。次明經行，初顯益，一謂慣熟，二即專一，三謂血氣均和，四五可解。十誦示行相，畫地謂作直道，不使斜曲故，或用磚石爲之。寄歸傳云：五天之地，道俗多作經行，直去直來，唯遵一路。謂以磚石累爲直道，狹而且長。

人之往來有同經緯故以名焉又云佛經行之基闊二肘長十四五肘闊三尺六長二丈六七許上以石作蓮華開勢高二寸闊一尺有十四五表聖足迹也三千中明作處隨處所宜不可局故

僧祇然燈法者不得卒持入房應唱言諸大德燈欲入乃至滅燈亦爾先以手遮語之不聽用口吹手扇衣扇當踦折頭焦去油多得竟夕一一如三十五卷中五百問云續佛光明晝不得滅佛無明暗中以本無言念齊限故滅有罪賢愚中目連次知日直滅燈故也

十三僧祇明眾處燈初教上燈乃下次示息燈亦爾者同上告僧踦尼鈔作歆以著取物也下文指廣彼云然燈時當先照舍利及形像前燈禮拜已當出滅之乃至若多油者廁屋中當竟夜然若油少者人行斷當滅之次明供佛燈今時所謂長明燈也若佛有明暗則當夜點晝滅以無明暗故不問晝夜本無言念謂施主期心必有齊限滅應無過次引經證彼十一云佛在舍衛有女名難陀乞丐自活見諸國王臣民供養佛僧自心思惟我之宿罪生處貧賤雖遭福田無有種子便行乞丐以俟微供唯得一錢持詣油家具語所懷油主憐愍增倍與油得已歡喜足作一燈奉上世尊自立誓願我今貧窮用是小燈供養於佛以此功德令我來世得智慧照滅除一切眾生垢暗作是誓已禮佛而去乃至竟夜諸燈盡滅唯此獨然是時目連當次直日欲取滅之即舉手扇燈以衣扇燈明不損佛語目連今此燈者非汝聲聞所能傾動正使四大海水以用灌之毗嵐風吹之亦不能滅此是發大心人所施佛說是已難陀女復來頭面作禮佛即授記於來世二阿僧祇劫當得作佛號曰燈

光十號具足

五分若與乞兒乞狗乞烏應量已食多少取分然後減乞不得以分外施之四分云若食時若人非人應與一摶毗尼母云詣寺乞人無糧食者嬰兒獄囚懷妊等類施之無過比丘應學

十四五分乞狗乞烏減乞三乞字並去呼分外謂多受而施四分人即乞人等非人即鬼神禽畜母論人中別類無過謂非汙家

僧祇然火七事無利一壞眼二壞色三羸四衣垢壞五壞臥具六生犯戒緣七增世俗話

十五壞色謂面無神色生犯戒緣卽露地然火掘壞等戒因而成犯。撰集百緣經掃地五德一自除心垢二亦除他垢三去憍慢四調伏心五增長功德得生善處。十六初二自他心淨三執勞作務四挫折自高五現當兩報。

四共行同法

第四門前諸雜事並是隨人各行故名別人自行。此門所明誦持經戒無論利鈍新舊之殊但預道門義當依奉故云共行同法。

所謂誦持未必須多道貴得要而神用莫準互有强弱有人聞誦極多於義不了此則入道遲鈍故涅槃云甯以少聞多解義味十住云佛法貴如說行不貴多讀多誦

正明中初科前敘誦持之要而下顯根性不同神用卽心智互强弱者謂聞多解少或聞少解多有下卽初人故下卽次人

既知如此請依古德所示云誦勝鬘一卷攝一切佛法根本盡（如來藏一卷亦同趣得便誦）戒本一卷攝一切止持行盡（出家人初受具已佛制卽誦之）羯磨一卷攝一切作持法盡（五歲已上不誦終身不離依止）由道有根本行別止作也誦此三卷統攝佛法綱要諸餘大部經藏必須博讀有廣見之長亦匡輔心行助於道業得無罷散俗中有要覽一卷十篇並論爲人志行之法亦可披讀雖不依文生見而以俗方道固免於愆犯也已外長時則坐禪問義請解求異等若多聞多義則非此所論則生而知之者上矣

次科爲四初教誦綱要古德未詳何人勝鬘卽方等大乘經勝鬘夫人對佛所說大乘理教出生無盡收攝無遺故云根本如來藏經佛於耆山爲金

剛慧菩薩說且舉兩經餘任無在故云趣得也上卽別列由下總示道卽定慧行卽是戒一切佛法不出三學以諸衆生迷心爲惑動慮成業由業感報生死無窮欲脫苦果要除苦因故先以戒治其業次以定慧澄其惑業分善惡故止作兩行以相翻惑唯昏散故定慧二法而對破病因藥差機藉教修然後業盡惑除情亡性顯教門雖廣豈越於斯統攝綱要義在於此諸下次教博覽餘文初覽聖教廣見長者資其智解匡輔等者助於行業匡正也輔助也次披世典要覽晉郗超撰方比也已

三引文勸勉

二制學毗尼

下三示誦習餘業。若下四簡利根不局生知。出論語（孔子曰：生而知之上也，學而知之次也，困而知之又其次也，困而不學民斯爲下矣）。然彼世典則曰生知，佛教所明皆由宿習。末劫障重罕見其人，止可準前隨力修學，審諦觀量，無容自昧。

三千云：沙門業者，誦經坐禪勸化衆事，若不行者徒生徒死，或有受苦之困。十誦將來恐怖者，說法無慈愍心，受持不通利，樂世法故，莊嚴章句等。

三中，三千中明三事是出家業，義兼持戒不出三學，自他兩利。徒生死者，空無所得故。或受苦者，彼謂袈裟離身，腹破食出，不爾則墮獄等。十誦恐怖。

且列三種，正用第二，即五怖畏文，如標宗具引。

善見云：若師猶在，應聽律藏及廣義疏，年別應受，非一過也。諷誦通利，是名律師，恭敬於律。佛藏：五夏已前依人受學律藏，五夏已後具知應學無我人法。善見云：何學律？謂讀誦解義也。

次科，善見制其廢忘。師猶在者，即得戒和尚可從學故。設復師亡，當從依止。年別受者，持犯微細處斷從文，故須常學，不可暫廢。吾祖聖師猶聽廣律滿二十遍，自餘庸昧未可自矜，過猶偏也。佛藏經明其兼濟。無我人法，即經論所詮。我人即煩惱，無即空慧。善見示其學方。

三有緣顯德

五出家要業二初標章二正釋二初略明通局

二委示別修二初正示二初明相從不雜

多云：凡顯德有二：一爲名利，二爲佛法衆生，隨時自在無所障礙。十誦律云：除疑故得現通聖也。

三中，謂現通表異，顯已行業，恐成大害，佛制不爲。律論正文，有緣時許。多論：彼問沓婆羅漢爲僧知事，何故常放光明自顯功德。鈔引答文二意：初是不善非教，初開如提婆現通惑於闍王之類；二是開緣，即沓婆之事。爲佛法者，顯其尊勝，使流通故；爲衆生者，息彼嫌疑，令欣慕故。

五出家要業。道俗二衆福智別修，理須識其分齊，別

知其通局。非謂福智兩異，道俗別行，但由俗網繁多，淨業難繼，道門閑豫，得專勝行，故分二途。必準兩通，不無雙遂，今且兩言。

五中，初科前明別修。識分齊者，福智各局故。知通局者，事容相兼故。非下次顯通修。今下標示後科。

出家之人，以身戒心慧爲本，不得造經像寺舍等業，錯亂次第。故唯得指授法則，勸化俗人。是以僧有法能造，俗有事能作，終日相由而執據恆別。若乖法雜亂，失於聖制者，名滅佛法。各住自分，互相資成，是住持之士。

正示中。初科。初敘僧本務。故下示兼資。若下明得失。

二示雜法兩殊

俗人以金石土木牙角布帛而作佛像。道人修五分法身學三佛行名爲造像。（謂俗以事作，道由法造。）俗以紙素竹帛筆墨鈔寫以爲經卷。道以聞思修慧爲造法也。俗以草木牆宇而用造寺。道以菩提涅槃智慧宮殿萬行所住大乘之宅爲寺。

二中。次列三寶。道俗相對。別相可見。三佛法報應三身佛也。（有云三世佛。）聞思修名爲三慧。次第相由。僧寶且約住處以分。亦可俗以剃髮染衣爲僧。道以

諦理和合爲僧。菩提等宮殿。大乘宅爲所住。萬行爲能住。

三指示通局

雖形事相交。而道意懸隔。不可亂業而相干。雜能護之者。則知要矣。兼而行之。盡美盡善。力之不逮。各從本業。

三中。初結歎。別修形事。謂事有形相也。兼下總示通別。

二引證。二。初標指。

上來古德所遺。今引文證。

引證中。初科。古德不知何人。疑是裕師寺誥。

二正引

智論云。出家多修智慧。智慧是解脫因緣。俗人多修福德。福德是樂因緣。（故知爲樂則非出家本意。）僧祇云。供養舍利。造塔寺。非我等事。彼國王居士樂福之人。自當供養。比丘事者。所謂結集三藏。勿令佛法速滅。即初受戒約告云。當勸化作福治塔供養衆僧。（此是福分。）應學問誦經勤求聖果。（此是道分。）始終兩修。二途意別。

次科。智論。樂因緣者。且指人天。如注所顯。出家之人。修出離業。則以涅槃爲樂。次引僧祇證上。可解。是知出家本爲弘法。即下三引受戒說相。以示雙修。

六遇賊法。二。初標示。

二正釋。二。初遭賊法

六遇賊法。四分。被賊剝。不得露身行得罪。當以輭草

若樹葉覆形。應取長衣著之。無者若知友邊僧中覓衣著。無者應問有臥具不。有者當與。不與者自開庫取得被攝解裁作衣覆身。出外乞衣。得已應還浣染縫治安置本處。否者結罪。善見。行路見賊。即持衣與年少令走。若賊逐失衣者。衆中隨得一人。折草樹葉付與餘人。使得遮身向寺。因失衣故。或得白衣服。五大色不割截。乃至外道衣著不犯。

六中。初科。四分被劫。初取已長衣。次借他衣。三取僧臥具。並謂暫著容往外求。善見。初令持走。若下次明逐失。得折草者。開壞生也。得著白衣外道服。

者開非法罪也。

毗尼母令虛發弓聲使賊去。十誦賊來當擊鐘振鈴擲石云石下石下怖之令去。若逐失衣著僧衣還本處若無人空隨於近處有僧者付本處還立應取還之。僧祇云若賊言僧物何處比丘不得示寶處又不得妄語應示房舍牀座等佛物指塔邊供具等若道中行有露令少年在前有賊獸難老者在中央欲令賊起慈心者老僧前行。

次科母論假物發聲方便使去。十誦初明賊來同上驚去。若下次明失衣開著僧物。僧祇初教對問示房舍等並謂不可持去者。若下次明道行。

七大小便法。四分不應久忍大小便若去時捉廁草彼廁多人集聽在前者至廁外彈指若謦咳令人非人知安衣置杙上若石草上若風雨漬者當著衣手堅捉令不觸廁兩邊。堅安腳漸舉衣漸蹲勿令前卻近兩邊便大小便涕唾入廁孔。餘如常法。已應別處洗穢留殘水勿令有聲以弊物拭若手臭用土灰泥牛屎石揩擊揩澡豆一一洗之。不得在廁邊受誦經作衣妨餘比丘見有糞掃應除之。

第七初科又三初登廁法。應下二洗穢法。不得下三制餘務。初中六法。一令卽去恐生病故。二須捉草令謂廁籌。三讓前人。四謦人鬼。五敎安衣。六正上廁言著衣者準似下衣彼約露處不容脫置。此多覆處應須脫之。餘如常者指敎誡儀。洗穢中留殘水者擬他用故。一一洗者隨用一物取淨爲期。準鼻柰耶律以七土洗之說名爲淨。

五分小便器入房中密塞口房外應滿盛水不得裸身上廁。三千威儀不洗大小便處不得坐僧坐具上座三寶若禮無福。應脫袈裟僧祇支大小便。

次科五分三事初安便器二盛淨水三制裸形。三千中初制須洗應下次制脫衣。

八慈濟畜生法。四分慈心解他被繫狗子出他被溺豚子解鵽若處賊繫牛並不犯。僧祇有神力奪賊物人放諸禽畜皆云慈作者不犯。

第八中初科二律解放他物皆爲慈心不爲盜損豚子豬之小者。

十誦獵師逐畜入寺從比丘索比丘言那得還汝彼去生疑佛言不犯。又被射鹿入寺獵師言此鹿中箭當更射殺汝等避箭諸比丘不與避亦不與鹿便訶已去去後鹿死佛言應還獵師若悲壞羅網及獄但犯吉羅。豬被箭入寺，比丘言：何處？又是誰豬？無有豬主。去後白佛，佛言：有如是因緣，當作餘語，不犯。

次科有四。初開妄語，那得還汝意？彰無故。又下次開藏隱，若下。三開盜損，壞網及獄，非儀故。吉豬下。四開餘語。

九避惡畜生法：五百問：行路寄鬼神屋宿，不得有觸擾意，生者犯墮。

九中初文，觸擾意謂欲擾動鬼神也。

四分：若蛇入屋，若以筩盛若繩繫，應解已棄之。若患鼠入舍，應驚出；若作檻出之。若患蝎蜈蚣蚰蜒入屋

者，以弊物以泥團以掃帚盛裹棄之，應解放，勿令死。有呪蛇法，文廣不出。若窗嚮患蝙蝠鷰雀入，織作籠疏若安櫺子，不得在多人住處。拾蝨聽以器若毳若緜弊物拾著中。若走出，筩盛蓋塞繫牀腳裏。然律不明養法，準上蛇鼠並令出之，不令內死，準須將養。不爾殺生。若衆烏鳴亂者，應作聲驚，若彈弓若打木令去。

次科，檻押也。呪蛇法以法呪之，令不傷人。五分云：我慈諸龍王天上及人間，以我此慈心得滅諸患毒。我以智慧聚用心殺此毒，味味無味，毒破滅入地去。窗嚮謂隔眼透明處；籠疏即竹織網也。櫺子，指歸云：窗牖中編木為之。拾蝨中，律文但明拾法，故準蛇鼠將護彼命。世人愚教，多以火焙湯浸爪掐令死，素無慈愍，縱行殺害，心同羅刹，行等屠兒。物命雖微，死苦無別，請披聖訓，深須誡之。

十雜明治病法：善見：作醫師得吉羅，為出家五衆合藥者，若和尚父母在寺疾病，弟子亦得為合藥。又父母貧賤在寺內供養，淨人兄弟姊妹叔伯及叔伯母姨舅並得為合藥，無者自有亦得借用，不還者勿責。如是乃至七世。五百問：若道人慈心作醫治，得不

得取物，自入前人強與為福應取。若病不得服氣唾腫，同外道故。

十中初科為二。初制，次開。五衆親里得合藥者，不為利故；無者謂親里貧乏也。五百問初制取物，唯開強與。今時醫者本為求財，既非道業，正乖聖教。懷慈濟物，未見其人。然古之高僧亦有兼濟，故僧傳明晉有法開善通方脈，或問法師高明剛簡，何以醫術經懷？對曰：明六度以除四魔之疾，調九候以療風寒之病，自利利他，不亦可乎？是知心存利物，無往不可；苟為世財，準律禁斷。若病下，次斷邪

術。唾腫卽今方捉噀水以收腫毒故。

四分得學呪腹中蟲病若治宿食不消若學呪毒等。爲自護不爲活命。患吐用頭髮燒末以水和漉服患熱以梅檀塗沈水亦佳。患毒服腐爛藥已落地者以水和漉受服。未墮地者以器盛之水和漉服不須受。田中泥亦須水和受服。五分。靑木香著衣中辟蟲誦呪時不噉鹽不眠牀佛聽神呪法爾。僧祇。生癧瘺用小麥研塗之。十誦。不淨脂鹽得服。四分。不淨酥用灌鼻。

次科。四分初教學呪。患吐下次教用藥。頭髮微溫

故可止吐。患熱者智論云寒時雜以沈水熱時雜以梅檀以塗其身。腐爛藥未墮不須受者謂曾加受無塵土落中故。五分。靑木香療腫毒消惡氣誦呪不噉鹽等似同邪術緣故聽之。僧祇。小麥須炒合焦黑碾碎新汲水調。十誦。不淨謂宿觸等但開病者。四分。外用健病皆得。

四分律行事鈔資持記卷第四十

四分律行事鈔資持記卷第四十一　下四之二

宋餘杭沙門元照撰記

沙彌別行篇第二十八

此翻爲息慈謂息世染之情以慈濟羣生也又云初入佛法多存俗情故須息惡行慈也

釋沙彌篇沙彌如注兩釋分字解義無非自他二利止作兩行但初通約出家本志後據創反俗情以在俗作惡無慈故也寄歸傳云受十戒已名室羅末尼羅譯爲求寂求即無漏智寂即無生理準知沙彌梵音訛略別行者行字通平去二音若作平呼謂此三篇在前由途相攝之外若作去呼即

此三篇與前大僧本部不同別行別行兩釋並通

沙彌建位出俗之始創染玄籍標心處遠自可行教正用承修濫迹相濟世涉多有

敘意中初科上二句示位此中須分形法二同若但剃髮名形同沙彌若受十戒名法同沙彌次二句明本志上句言其始下句示其終玄籍通目佛教處遠直指佛果復次二句示律可依後二句斥世無訓

然信爲道原功德之母智是出世解脫之因夫出家者必先此二如未曉此徒自剃著內心無道外儀無法縱放愚情還同穢俗所以入法至於皓首觸事面牆者良由自無奉信聖智無因而生但務養身寧知出要勝業

次科初敘二法之要道由信立故爲道原德自信生故云德母治業由智之力破惑在智之照故爲解脫因也非信道德無以發非智業惑無以除出家之人爲道求脫故云必先此二也如下敘不明之失初明形心混俗所下次顯愚法所以皓首即白頭也面牆無所見也論語云人而不爲周南召南其猶正牆面而立也二南統目於詩無信則智不發無智則不慕道飽食暖衣

悠悠卒世故云但務養身等也

故先明出俗本意後依意隨解初中七門一明出家元緣二勸出有益三障出有損四行凡罪行五行凡福行六明行聖道行七大小乘相決同異

出家意中標列七科前三明功次三明行後一決疑

初中華嚴云若有不識出家法樂著生死不求脫是故菩薩捨國財爲之出家求寂靜五欲所縛不離家欲令衆生解脫故示現不樂處五欲是故出家求解脫以此文證故知出家功由菩薩郁伽長者經涅槃

經等並有出家之法
隨釋中初科華嚴二偈明如來爲衆生故方便示現出家修道初一偈開示令知次一偈引導令出如來若不出家當紹金輪王位故云捨國財也寂靜即涅槃理也以下結示菩薩即釋迦本師此明出家從因彰號下指二經具云郁伽羅越問菩薩行經彼云佛告郁伽出家菩薩常念精進智慧無所著也如火在頭憂救然熾等餘廣如彼涅槃云在家逼迫猶如牢獄一切煩惱因之而生出家閑曠猶如虛空一切善法因之增長大小乘教多說

出家之法此不煩引故云等也淨住子說出家有十八法難行能行父母是孝戀難遣而能辭親妻子是恩染難奪而能割愛勢位是物情所競而能棄榮飢苦是人所難忍而能節食滋味是人所貪嗜而甘噉蔬澀翹勤是人所厭倦而能精苦七珍是人所悋惜而能捨離錢帛是人所畜聚而能棄散奴僮是人所資侍而自給不使五色是人所欣覩而棄之不顧八音人所競聞而絕之不聽飾玩細滑人所保著而能精麤無礙安身養體人所共同而能忘形捨命眠臥是人所不免而晝夜不寢

二勸出有益二
初標章
二正釋二初能勸人益

恣口朋遊人所恆習而處靜自檢白衣飲饌不知絕極而近口如毒白衣日夜無所不甘而已限以晷刻虛腹白衣則華屋媲（匹詣切配也）偶而已以塚間離著（此齊文宣王蕭子良撰要故錄之）
二明勸出有益者華手經菩薩有四法轉身當作善來比丘蓮華化生現增壽命一自樂出家亦勸助他人令其出家二求於佛法無有懈倦亦勸他人三自行和忍亦勸他人四習行方便深發大願出家功德經云若放男女奴婢人民出家功德無量譬四天下滿中羅漢百歲供養不如有人爲涅槃故一日一夜

出家受戒功德無邊又如起七寶塔至三十三天不如出家功德
次門能勸中華手經明獲報初總示勝報轉身即當報現增即現報善來者道成初果蒙佛親度金言一召鬚髮自落袈裟在身蓮華化生不受胞胎故一下別列四法一解脫二精進三忍辱四饒益一一皆具自行化他此中正用第一餘三相因而引功德經中初正明二喻顯有二爲道出家無漏功德供聖起塔皆有爲福故所不及一日一夜舉少況多彼經阿難問佛若有人放人出家若自出

家得幾所福若人毀破他人出家受何罪報佛告
阿難若滿百歲中問我我以無盡智慧除飲食時
滿百歲中爲汝說此人功德猶不能盡若人毀破
出家因緣者是人於三惡道中常受生盲若爲人
時在母腹中受胎便盲汝於百歲常問是義我於
百歲以無盡智說是罪報亦不可盡
智論云出家人雖破戒破戒墮罪罪畢得解脫如蓮
華色尼本生經說如佛度醉婆羅門以無量世來無
出家心因醉發心後當得道因說出家偈本緣經云
一日一夜出家故二十劫不墮三惡祇律一日一夜

出家修梵行離六百六千六十歲三塗苦
次科智論二緣初尼緣者彼云如優鉢羅華（即蓮華也）
比丘尼本生經說佛在世時此尼得羅漢果化諸
婦女出家彼言我等持戒爲難恐破戒墮獄尼云
墮者縱墮久有出期我念昔時曾爲戲女因著袈
裟至迦葉佛時乃得出家由破戒故墮獄今値釋
迦卻得出家解脫次引婆羅門緣彼云佛在祇園
彼因醉故來至佛所求度佛敕阿難度之彼既醉
醒乃卻歸家比丘問佛佛答如鈔出家偈曰孔雀
雖有色嚴身不如鴻鵠能遠飛白衣雖有富貴力
不如出家功德勝後引經律以少時善根障多生
惡報年劫多少隨緣赴機不必一定
三障出有損出家功德云若爲出家者作留礙抑制
此人斷佛種諸惡集身猶如大海現得癩病死入黑
暗地獄無有出期
第三中出既有功障則損大經中留礙如親里不
聽抑制如王臣禁斷惡集如海者示業重也癩病
即現報入獄即生後二報餘如上引
四明既出家已行凡罪行大寶積經云出家有二種
縛一見縛二利養縛有二癰瘡一者求見他過二者

自覆己罪經中又言有二毒箭雙射其心一邪命爲
利二樂好衣鉢涅槃云我涅槃後濁惡世時多有爲
飢餓故發心出家名爲禿人見有持戒威儀具足清
淨比丘護持正法驅逐令出若殺若害
四中初科寶積經二縛喻不自在二癰喻不清淨
二箭喻有所損此三並喻自心智者幸宜自照愼
勿自謾謂是他也見謂執見義兼於名此利根也
利養即財物更兼欲色此鈍根也業疏云鈍貪財
色利著名見四利收之勘無不盡涅槃爲飢餓者
以出家人衣食易得故見有持戒驅逐殺害者自

無戒德恐相形比失於利養生嫉忌故
若論罪行且列五種所謂貪欲瞋恚愛親求利慳嫉等五並如別鈔隨事引文
次科罪相繁多約心總攝且列五種故云等也愛親求利屬貪嫉即屬瞋慳即是癡還即三毒爲惡業本（不必將此配上三喩）下指別鈔未詳何文今見業疏
五明出家行凡福行謂有比丘出家已後但知持戒不志尙道以戒爲上餘悉不爲用爲非道內多瞋怒自汙淨心情無勝進此戒取見見取煩惱欲界下業非上界行若修世禪是上界業終退生死未有出期

乃至多聞布施講經誦習並是欲存未成無漏
五中初科即修世間三學初至界行是持戒戒取見見即執見以專持戒名戒取又以戒爲上勝名見取此即五利使中二使故云煩惱欲界下業即是人道縱得生天止在六欲若下明修定即四禪四空定多聞講誦即習慧準知修道事行難分自非達人何由可識
智論云世間法者孝順父母供養沙門布施持戒四禪四無色定念佛法僧九想等是成論云於持戒多聞禪定等少利事中自以爲足以貪著此少利事故忘失大利智者不應貪著小利忘失大利
次科智論所列對上可見總名世間法者即人天善然世出世據心不同至論事行亦無有別成論世樂爲少利出世聖道爲大利心別事同義亦如上
六明出家行聖道行但出聖道無始未曾皆由著世慣習難捨今旣拔俗必行聖業經中乃多要分三位
六中初科初敘難行今下示須行經下總標無始未曾者顯聖行難成也著世慣習者示難成所以也經中通指三藏

一者小乘人行觀事生滅知無我人善惡等性二小菩薩行觀事生滅知無我人善惡等相三大菩薩行觀事是心意言分別故攝論云從願樂位至究竟位名觀中緣意言分別爲境
列示中三觀並云觀事者事即是境心依境起隨境立觀謂色心陰入界有情無情善惡無記等若論智解須達諸法若於時中觀心爲要隨心所起起即是事若善若惡三理照之乃至顛倒但有妄計本無所有隨心動用一切皆空或推相見性謂之性空即相知幻謂之相空達相是心謂之唯識

三結畧指廣

猶如夢事或推夢想從何生滅或知睡夢當相不實或知唯心所變無別夢事喻上三觀略知淺深然行位有三觀境唯一所謂事也見理有二前二性相雖殊皆以空爲理也後一以心爲理前二爲權後一是實然出家超世通學三乘今依業疏準開會意專指佛乘爲出家本矣性空中初句標位次句示行觀即能觀智事即所觀境下二句見理以我人善惡性本自無緣會故生緣散即滅生滅滅處名爲空理即是二乘所至之極次小菩薩中位行理三同上分之三大菩薩中初句標位次句

明理觀法唯心即事顯理故下句示行以一切諸法本唯一識一識之外更無別法無始妄動横計心境有彼有此内外差別窮此差別皆是意思妄起取著由取著故妄搆名言是故智者欲觀唯識必以意言爲所觀境由此意言皆一識故是則不離思議了非思議即於差別達無差別故下引證願樂即十信究竟即妙覺略中間三賢十聖等覺故云至也如懺篇具引名觀中句絕唯識離斷常即是中道故緣意言爲境者如上說

離此無別餘法上二別行如餘所明若入道方便除

七大小乘相決同異二初標章

二正釋三初總示

疑捨障要拔諸行常志行者如別行門二十卷中具廣分別

三中初句顯要上之三觀大小二乘教理行果一切整足法門雖多亦不出此故云無別餘法也上下指略上二句指正行言上二者上三觀前二小乘後一大乘即大小兩別故云別行如餘明者若指當鈔即是懺篇若指別文即如業疏若下次指餘行方便即修之軌度除疑謂破執辨魔捨障謂對破三障要下二句括上三事別行門即道整禪師凡聖行法上之三科總論十界之因故並名行

凡罪即三途行凡福即修羅人天行聖道即三乘佛果行歷示心行令識因果捨罪修福革凡成聖厭小慕大趣一佛乘是故業疏專指大乘爲出家學本即戒本云若有自爲身欲求於佛道是也

七明大小乘相決同異

七中相決同異同謂進修方便唯是三學無別途故異乃心志廣狹故分二乘用與別故

三乘道行如上已明今通決正不出三學一切聖人無不行此

總示中上二句躡前今下正示

二別釋三初小乘三業三初戒

二定慧

若據二乘戒緣身口犯則問心執則障道是世善法違則障道不免三塗

小乘戒中緣身口者謂制法也犯問心者推業本也此據四分空宗爲言執下二句明持失也或專慕人天則滯於凡福或計爲至道則墮於邪使違下二句明犯報也

定約名色緣修生滅爲理二乘同觀亦無諦緣之別故佛性論云二乘之人約虛妄觀無常等相以爲眞如慧取觀照與定義別體同

次科前明定學文二初二句示所修即前性空也

名色即所觀境一蘊是色四蘊是心心道冥昧止可名通故總云名緣修即能觀心生滅即所見理以色心二法念念生滅生滅故無常無常故無性無性故空寂空寂即滅諦涅槃眞如之理涅槃偈云諸行無常是生滅法生滅滅已寂滅爲樂是也聲聞緣覺乘法雖異見理是同故云二乘同觀等聲聞四諦與緣覺十二因緣止是教門開合之異以理融教故云無別當知苦集與十二緣生並世間因果也道滅與十二緣滅皆出世因果也故下引證佛性論即大乘論有四卷彼明小乘所證非眞見佛性故也虛妄即名色無常即生滅眞如即空理即法華云是人於何而得解脫但離虛妄名爲解脫其實未得一切解脫是也次慧學中定是澄寂慧取照用動息不同故云義別同一心體故云體同水澄物現鏡淨像生定慧一異喻之可解

二大乘三業三初戒三初標示同異

若據大乘戒分三品律儀一戒不異聲聞非無二三有異護心之戒更過恆式

大乘中三品即三聚一攝律儀二攝善法三攝眾生初則斷惡二即修善三即度生準智論中二乘但有斷惡一聚雖有作持還歸離過不修方便教

化眾生故無攝善自調自度故無攝生是以今文但舉律儀比校同異言不異者準業疏圓宗謂同三聚彼云戒分三品約義收緣不異諸律由非明制故云約義如殺一戒具兼三位息諸殺緣即攝律儀常行慧命即攝善法護前生命即饒益有情此一既爾餘戒例然疏文性戒並例此說若論遮戒如酒寶等離畜飲過即攝律儀常行對治即攝善法息世譏嫌即攝眾生若取大小戒本以分則小敎四夷大乘十重四夷大同餘六並異以至畜寶然身等異相極眾且云二三意顯同多異少故也護心戒者防瞥爾

也。如下不起貪瞋等，如梵網制不慳不瞋等。又涅槃隔壁聞鐶釧聲，分別男女，心染淨戒之類。

智論問云：菩薩住於實相，不得一法，得破戒不？答曰：以住於實相故，尚不作福，何況作罪？雖種種因緣，不破戒人。

廣示中，智論問中，住實相者，心冥妙理，空無所有，故不得一法。既無所得，則無善惡。既無善惡，則無持破。既無持破，則無有戒。既無有戒，則應任意施爲，不須守戒。世多邪見，故問決之。答中以福況罪。不作福者，不取福相故。云不作種種因緣，謂方便化導，隨所動用，皆離過故。

問：地持云：寧起身見，不惡取空。佛藏寧起斷滅見，不起我想。二言何違？答：地持爲存世法，則有善業，惡取空者，交壞世人善心，無益自他。佛藏勸斷滅見，雖現非善，利後因保著心少，便得解脫。各有所明。

釋疑中，初文，地持論、佛藏經，斷常二見，取捨不同，故須通會，則明菩薩隨機立教，言乖趣合，總括邪見，不出有無。執有名常，著空名斷。身見我想並常見也。惡取空者，謂撥棄因果，即斷見也。答中，初釋地持，交猶能也。次釋佛藏，末後一句，通結二文。

問：菩薩寧起貪心，不一念起瞋，由瞋違生故。若爾，得起貪不？智論云：如色界天，猶斷五蓋十不善，得生彼梵世天。無始來不斷欲惡者，尚不得生，況出聖道？遠離欲惡，本所不得，今若有欲，何可得耶？

次科，以菩薩修慈，殺業居首，瞋制重夷。華嚴云：一念瞋心起，百萬障門開。又云：一念起瞋，殃墜無間。則知菩薩偏制瞋心，而不制貪，故申此問。智下引釋，舉凡況聖。色界四禪天，五蓋十惡俱除，貪故聖道遠。欲惡者，體清淨故，本不得者，無始未經故。

攝論云：菩薩得無分別智，一切塵不顯現，由有勝智

方便，具行殺生等十惡，由前有利益故，自無染濁過失。縱有利益，有過失不應行，準此，初地已上方得用此。無分別智，故地前不合。

攝論中，無分別智者，以住唯識，無外塵故，以諸外塵皆唯識故。故云塵不顯現。彼論云：無分別智自性，應知離五種相：一離非思惟故；二離非覺觀地故；三離滅想受定寂靜故（不住二乘空見）；四離色自性故（不住凡夫有見）；五於眞實義離異分別故（不住菩薩中道）。勝智即無分別，方便謂誘化眾生，前有利益即利他，自無染濁即自利，必具二利，方乃行之，故云縱有等準

下判位。初地已上者，故知十聖方許行之，地前三賢猶制不合，況餘凡愚安可僭濫。

涅槃持息世譏嫌戒與性重戒無別，因說菩薩持戒相，羅刹乞浮囊喻，明五篇六聚護罪法。又云：若未住不動地，有因緣故得破戒，此則八地以上，或可淨心地以上。

涅槃初明持相，息世譏嫌即目遮戒，遮性等持，故云無別。因下次以喻顯，度海人喻菩薩，羅刹喻三毒，浮囊喻具戒。又下判位，初依經判，須至八地不動者，攝論云由一切相作意功用不能動故，則知

行事鈔資持記卷四十一　沙彌別行篇二十八　十五

聖人復須深地，由事極難，恐有倚濫，是故經家復急於論。或下次會論文，淨心即初地，無著論云由見法心淨離諸垢染故。

若論定慧，小觀相空，深觀唯識，鈍見空時不分別色，利知唯識不分別空。

次定慧中，由小菩薩涉於大小，小據觀智，大約志求。小大雖異，並菩薩乘故。且一往通收大中，初示觀別，如上所明。鈍下次校淺深，鈍即小菩薩，在大為鈍，望小則利，不分別色異上二乘析色故。利即大菩薩，不分別空，超過小菩薩故，由觀唯識住於中道，了一切法無非心識，識非色空，非不色空，尚不分別識，何況分別空，若知唯識則住實相，無分別故。

且分大小二乘，略知途路，但相似道、相似善，難知難學，多墮邪林。理須通學，方堪正觀，不以誦語而為道業，如十住婆沙及十地中說。又經云：以因多聞得智慧故，便入佛法，不得頓學，猶如大海。

結勸中，初科上二句結前，但下勸學，初勸揀擇似是而非，故云相似，邪徒之多故如林焉。理下次勸攝修，通學即解也，正觀即行也，不以誦語者遮滯

行事鈔資持記卷四十一　沙彌別行篇二十八　十六

教也。如下指廣，十地即十地經及論。又下引示，舊云涅槃經，上二句示漸學，多聞智慧義兼思修，須具三慧，次句遮狂簡也，後句舉喻令解，如入大海漸漸深故。智論云：智度大海唯佛窮底，初心學者不可躁求。良以道不遠人，理非事外，得之不離方寸，失之何啻千山，固當優而柔之，使自得之，然後取之左右逢其原，從心所欲不逾矩，若斯為學，可謂學矣，自餘記問何足道乎。

又以三事驗三道也，凡夫但自為，二乘自為兼他，大乘唯為於他，此三發意別故，成果亦別，若論緣事心

乖事同。且知大略而已。

重示中。初簡示三道。卽凡夫及大小二聖也。凡夫爲善力不兼人。故自爲也。二乘非不化。導而非正意。故云兼他。大乘發心求道。正爲度生。然凡夫自爲則躭五欲樂。二乘自爲則脫生死苦。二乘爲他則說法現通。大乘爲他則拔苦與樂。發意是修因別。成果卽所證別。若下示觀行同異。事卽所觀境。如上三觀並觀事。故云事同。心卽能觀智。性相唯識淺深有別。故云心乖。且下顯略。以非宗故。然大小兩乘教門雖辨。更以四義明之。一者教別。權實

異故。二者理別。性相唯識偏圓異故。三者行別。諦緣度故。四者果別。三聖道故。又復應知。小乘唯論釋迦一佛。大教則談三世十方。又小宗戒宗之境。局據大千。大教則通該法界。餘如別敘。恐煩故也。

就後段中。更分爲五。一明出家具緣。二作法不同。三受戒方式。四隨戒相。五雜行教示。

初中。僧祇。七歲解知好惡者。應與出家。八十九十太老。過七十。臥起須人。不聽度。若能修習諸業。聽出家。若太老太小。已出家。不應驅出。比丘越悔。央掘經。老母求佛出家。佛以偈止。汝今年衰老。出家時已過。但當深信心。以法自蘇息。淨飯王求佛出家。律中。佛言。但觀無常諸行。足以得道。不須出家。

第二隨解。具緣簡人中。初科。僧祇。前明老少。未度應簡。七歲已上。七十已還。有智堪苦。則是緣。限言其老中。過七十者。時有堪能猶聽出家。謂作沙彌也。若下次制。已度應攝。太老卽八九十。太小卽未及七歲。央掘經。老母卽央掘摩羅之母。央掘受惡人所教。令殺千人。以耳指作鬘。彼卽殺千人。但少一人。乃執劍欲斷母命。佛化之出家。母亦欲出家。故以偈止之。上二句勸止。下二句教修。蘇謂自省。

息謂絕欲。淨飯緣。出本律。先標舉。後引文。觀卽是智。無常諸行是境。

智論云。若二根無根者。毗尼中以無得道根故。不得出家。失男女相。其心不定。結使多。智慧淺薄故。大乘中無所不容。但以其心邪曲難可拔濟。如稠林曳曲木故。不得入佛法中。

次科。智論。初明制教。簡意。二根卽身挾二形。無根謂無男女道。失下釋上無得道根。四句四事。失男女相是報障。心不定卽業障。結使卽煩惱障。四智慧淺者。三障既重。故多愚癡。次明化教通收。卽梵

綱中二形黃門婬男婬女八部鬼神畜生等但解
法師語盡得受戒準約制教黃形非畜盡歸重難
化教並開故云無不容也但下顯示律中制簡所
以大教雖容受戒律制不許出家稠林曲木喻其
難拔稠卽密也
善見欲燒寺者聽不白父母得度出家五百問云父
母王法不聽盜度犯重此謂教化示導令棄背課役
故如論中得度逢王教吉羅自來者得又云若賊捉
比丘賣後來投比丘初時得經主不得若主賜姓放
出經無正文

三中善見燒寺難緣故開彼云有人欲出家比丘
知父母不許不敢與度便云僧若不度我當燒寺
佛言聽度五百問明制犯初引示此下決通初約
義決犯如下引文示開論卽善見初明度父母王
法人又下次明度賊捉人初時謂未賣與人不損
彼財故經主損財故不得度主賜姓者令歸良也
據理得度三藏無斷故云無文
僧祇欲新出家者先說苦事謂一食一住一眠少飲
食多學問言能不答可者方得受之
二中先說苦事欲令知難免後悔故文列五事一
住住卽是坐疏云一坐加趺周時方起一眠卽經
云中夜誦經以自消息四節食五勤學四分則有
十種謂能耐風雨寒熱飢渴毒蟲惡言一食持戒
四分不得畜二沙彌若畜者須乞畜衆具德如度人
法中祇中不得畜衆多沙彌聽一極至三人若大德
比丘多人與兒令度苦勸與人猶故不從遣與餘人
得自教詔有三品從七歲至十三名驅烏沙彌從十
四至十九名應法沙彌從二十至七十名字沙彌
三中四分初制多畜次明乞法三指師德度人法
卽受戒犍度如上卷引僧祇初示得畜制限若下

次明勸令他度離多眷屬過仍自教詔以法通濟
無彼此故有下分品位驅烏者律因小兒出家阿
難不敢度佛言若能驅食上烏者聽度應法者正
合沙彌位也以五歲依師調練純熟堪進具故名
字者本是僧位緣未及故
五百問云若出家已後盜本家中物犯棄何以故初
出家時一切捨非己物本伏藏本債息亦同
四中犯棄卽結重夷則知出家捨心須決伏藏債
息皆不得取故云亦同
二作法者欲出家者至僧伽藍中立眼見耳不聞處

作單白和僧使大眾知聞為成問答無失如律中度巧師兒說羯磨云大德僧聽是某甲從某甲求剃髮若僧時到僧忍聽某甲從某甲剃髮白如是律云若僧和合者善不爾者房房語令知

第二作法初告眾中初明安處見而不聞恐聽羯磨故作下次明作白前出白意仍引本緣以明須作今多不行法滅故也為問答無失者恐人相問眾僧不知答有差故巧師謂工巧者律因其子來求出家比丘與度眾僧不知後父母來尋問僧皆言不見後於寺中覓得譏云度我兒已皆言不見

佛言自今已去應先白僧準於作法之前敘致告眾直陳情旨不須廣誦華綺淨詞次出羯磨是某甲者即俗士也從某甲者即和尚也若據隨機羯磨第二句牒緣云彼某甲欲求某甲比丘剃髮第四句云與某甲剃髮言相顯了宜準彼文律下三明語告不勞秉法

作已應與剃髮先請和尚應具儀教云大德一心念我某甲請大德為和尚願大德為我作和尚我依大德故得剃髮出家慈愍故三請其阿闍梨文亦準此

謂剃髮及受十戒二師

請師中初請和尚教云者準須旁人教示今時所謂引請人也應先示云所以請和尚者由是出家根本所歸投處若無此人則承習莫由闕於訓導汝當竭誠事奉剋志陳詞恐汝未能我今教汝然後請之須三請者示殷重故今有三唱慈愍故即當三徧傳謬故也其下次請闍梨請詞一同但改名耳闍梨多種故注簡之作法詞中義須標別

應以諸部會明立出家儀式

儀式中標云諸部會明者本律事儀多不具故如下一一標之

在於露地香水灑之周帀七尺四角懸旛中安一座擬出家者復設二勝座擬二師坐

釋中節文為十二段次第行事不相混也初中在露地者令眾見故香水灑者令潔淨故周七尺者使相近故四角懸旛莊嚴生善故今時多在殿堂但令嚴飾隨時所宜然多有背佛設座而坐無知慢聖慎勿倣之

欲出家者著本俗服拜辭父母尊者訖口說偈言流轉三界中恩愛不能脫棄恩入無為真實報恩者乃脫俗服出清信士度人經善見云以香湯洗浴除白衣氣乃

著出家衣。正得著泥洹僧、僧祇支、未得著袈裟便入道場。出度人經。

次科。初明辭親者。今時又加辭國王者、以入道位尊君親禮絶、不復拜故。口說偈者。應令互跪、旁人教之偈文。上半明在家之損、下半明出家之益。棄恩割愛情也、入無爲者趣聖境也。則知儒中順色承意、立身揚名、皆是世情、未爲實報。善見令浴、今恐時久滯衆、預令浴之。有以香湯灌頂爲除白衣氣者、未詳文也。

來至和尚前、互跪。和尚應生兒想、不得生汙賤心。弟子於師生父想、應爲說髮毛爪齒皮、何以故、有人曾觀此五、令爲落髮、卽發先業、便得悟道。如羅睺羅落髮未竟、便得羅漢。如熟癰待刺、蓮華待日。

三中。初令相攝、應下次爲說法。髮毛等者、令觀不淨虛幻不實、卽能厭患生死故。有下明說之所以、曾觀謂宿習也。癰蓮喻機、刺日比法。然而說法當須量機、隨時用捨、不必事此。據本和尚爲說、今多闍梨耳。

爲說法已、向阿闍梨前坐。出善見論。以香湯灌頂、讚云、善哉大丈夫、能了世無常、捨俗趣泥洹、希有難思議。

四中。令向坐者、準須跪膝。香湯灌頂者、使身器淸

淨堪受善法故。偈中、上句讚志幹剛決、次句讚心智開悟、第三讚返妄歸眞、末句指上三種、總讚難能。

敎禮十方佛竟、行者說偈言、歸依大世尊、能度三有苦、亦願諸衆生、普入無爲樂。

五中。敎禮佛者、創入道門、令知歸慕故。偈中上二字述能歸心、次句半歎所歸境。大世尊者、人天師故。度三有者、大慈悲故。下二句立期誓、自他兼利。大士行故。無爲樂者、涅槃道故。

阿闍梨乃爲剃髮、旁人爲誦出家唄云、毀形守志節、割愛無所親、棄家弘聖道、願度一切人。出度人經。

六中。文令旁敎、今或合衆同唱、亦甚生善。偈文上二字明外儀、次三字言內志、持之無變故云守也。第二句言智用、三四兩句彰所爲、弘道度人、出家本務故。注示所出、此偈亦出福田經。

與剃髮時、當頂留五三周羅髮。來至和尚前、互跪、和尚問云、今爲汝去頂髮、可不。答言爾、便爲除之。

七中。周羅、經音義云、此翻爲小、梵僧云小髻也。乃彼自引留五三者、趣舉其數、留一亦得。準知落髮本是和尚、恐其煩久、故令闍梨爲除、餘者但留少許和

八授衣披著

九旋繞自慶

十辭親受賀

尚親落。今時先自剃作小髻非本教意。又云。四邊須作八小髻表下八地煩惱。最上一髻表有頂一地煩惱。上地難斷故。令師剃。傳謬久矣。有識宜改。

正落時。合眾誦前出家唄。

除已。和尚授與袈裟。便頂戴受。受已還和尚。如是三反。和尚為著之。出善見論。說偈言。大哉解脫服。無相福田衣。披奉如戒行。廣度諸眾生。

八中。三授與者。示勤至也。三還者。表辭讓也。偈詞本是和尚說。今亦旁人教之。上二句歎衣。解脫者染壞割截不著世故。無相福田者。出世無漏之福

離有為相故。有云無相即縵衣者非也。下二句勸勵。上句自行。如依也。下句利他行。

禮佛訖。行繞三帀。說自慶偈。遇哉值佛者。何人誰不喜。福願與時會。我今獲法利。

九中。令禮佛者。喜形於身也。復說偈者。形於言也。偈詞上半是能喜。上句自喜。下句他喜。下半即所喜。上句喜緣會。下句喜得法。福願並宿因。時即今緣。

禮大眾及二師已。在下坐受六親拜賀。出家離俗。心懷遠大。父母等皆為作禮。悅其道意。

十一剃髮中前

十二即受歸戒

十中。初設禮者。謝證明也。在下坐者。卽令預眾。令欣躍也。受親拜者。形貌纔殊。尊卑卽別也。出下。示堪受之意。據文坐已方賀。似令坐受。理亦無損。今或立者。亦是其儀。

中前剃髮。出度人經。

十一。須中前者。取陽生也。

毗尼母云。剃髮著袈裟已。然後受三歸五戒等。

十二。剃髮已受歸戒者。據論。五戒本在家所受。今雖出家形同體俗。故得受之。若不受者。失漸次故。此乃明文。世有不曉。輒欲廢者。便謂母論是他部

耳。且前云應以諸部會明立出家儀式。何獨不用此文耶。豈非情之所蔽乎。問。剃髮披衣已。那名優婆塞耶。答。形同出家。體是婆塞。如足數中。本受不得者。雖復剃染。尚名白衣。今名婆塞。有何不可。疏云。以法分俗。方絕彼此。謂受十戒已。方是出家。豈以形服而為妨乎。應分二種。一者形同出家。體猶是俗。不妨俗戒。二者法同。既納十戒。已是出家。則不可受在家戒也。問。縱廢不受。為有戒否。答。縱不受十。直爾受具。亦獲三戒。以頓得故。則知五戒無由廢之。若爾頓得。今廢不受。為有何過。答。失漸次故。疏引婆

論云染習佛法必須次第得佛法味好樂堅固難可退敗不破威儀一時受者反上失次又破威儀等又準尼鈔不受五戒直受十戒得戒得罪餘如業疏受法廣爲辨之

三受戒法者分三初緣二體三相初中集僧已安受者見處立作法同前白言大德僧聽彼某甲從某甲出家若僧時到僧忍聽某甲從某甲出家白如是

第三受法作白中指同前者即剃髮中二法並闍棃秉彼某甲即受者從某甲謂和尚

五百問云二人得度沙彌一人不合

二中以出家人必依和尚不同五八唯一人故

五分十誦先與五戒後受十戒

三中以五爲十緣十爲具緣故必先五後十智論云因五戒生十戒因十戒生具戒善戒經云先五次十三具四菩薩譬如重樓四級不由初級至二級者無有是處乃至不由三級至四級者無有是處等如此明誥豈得懷疑

善見當禮僧足往闍棃所禮已互跪合掌教言汝當隨我語教汝受三歸答云爾出要律儀云捉師衣角者出在人情世末流變也

四中初示正儀次斥非法律文但制五法偏袒脫屣互跪合掌禮足本無捉衣之式復非尊敬之意故特點之絕後濫用

律文似對僧所理須生建立勝緣應問遮難一同僧法必若有者五戒不發何況具十文如僧中

五中初示處既作單白義是對僧理下次示問緣立勝緣者爲說法開導委示心境及問遮等舊云五逆中但不問破僧今謂不然雖非正破不無伴助如女不能破尼受問之足爲明準今須具問十三重難遮中除年歲衣鉢但問十三耳下指同僧

即受戒篇

二明戒體文云我某甲歸依佛歸依法歸依僧我今隨佛出家某甲爲和尚如來至眞等正覺是我世尊三說我某甲歸依佛竟歸依法竟歸依僧竟我今隨佛出家已某甲爲和尚如來至眞等正覺是我世尊三說

二體中三歸言下發得業體故指正加爲戒體耳準業疏分五初陳己名二歸三境三我今下別指所重言隨出家準知爾前形雖入道體未出家疏云以法分俗方絕彼此是也四某甲爲和尚者親依有本寄法傳心也五如來等者恐濫餘尊故別指也謂三寶通邪正明前所歸是眞正也

次三明相盡形壽不殺生是沙彌戒能持不答能不
偷盜不婬不妄語不飲酒不著華鬘好香塗身不歌
舞倡伎亦不往觀聽不得高廣大牀上座不得非時
食不得捉錢生像金銀寶物並準初法一一牒問答
言能者又云是沙彌十戒盡形壽不得犯
三相中盡形壽者明所期也不殺生者示戒相也
是沙彌戒者指法從人也問答可解餘並準知從
殺至酒爲五六華鬘七歌舞八高牀九非時十捉
寶華鬘西竺風俗多以衆華結鬘貫於肩項或以
香油塗身業疏云倡謂俳優以人爲戲弄也伎通

男女即奏樂者也
授戒相已爲說出家功德高於須彌深於巨海廣於
虛空自餘說法隨時臨辯云云
次科爲說功德知已勝尊不合自輕山喻無以過
海喻不可窮空喻不得其邊以是無漏解脫功德
出過有爲一切法故下令隨時者應須引前勸彰
損益善巧開演取悟爲先不唯誦語故注云云
戒相中未顯者如高牀謂八指以上增一云八種牀
等如隨相中生像者僧祇善見云生色似色即像也
生金像銀胡漢二彰

三中前釋高牀八指約佛即尺六也增一金銀牙
角佛師父母是爲八種隨相即九十中次釋生像
生色即金天生黃故似色即銀可塗染故似即像
者會上名也生像是翻胡爲漢未詳胡語金銀全
是漢語重疊言之故云二彰胡漢合云華梵循古
爲言古者召梵爲胡以法初來漢地故也
四分大小持戒中沙彌具得七支并餘遮戒準如僧
尼二律下三衆通結吉羅故知且列十戒喜犯前標
餘所未知二師別教如大僧四重之例
四中前準二文初準大小持者具云大小持戒揵

度即雜犍度後文明大僧沙彌持戒同相彼明遮
性奉持並同僧故次準二律即是戒本戒下文
三衆並吉故下次準決僧受既偏塵沙說相但示
四重故可相例也
又由志弱未堪四依故不列之或略無也豈得不行
五中二釋一是理無二即略無
次爲說五德如福田經云一者發心出家懷佩道故
二者毀其形好應法服故三者委棄身命遵崇道故
四者永割親愛無適莫故五者志求大乘爲度人故
五德中福田經佛告帝釋僧有五淨德名曰福田

三說六念

四說十數二。初標舉

由具此五德，能生世福故。今撮業疏釋之。初德者，既厭塵俗，出世聖道，常懷佩故。二德者，反形易性，志絕膏腴，形服相應故。三德者，奉崇三學，死而後已也。彼經及羯磨並列第四，今鈔傳寫倒也。四德者，割愛從道，兩捨親疏故。適音的，適莫，即親疏。五德者，奉行極教，兼濟於他，大士行故。此之五德，出家大要，五眾齊奉，不唯小眾；終身行之，不唯初受。疏云：斯德始終，通於五眾，俱堪物養，人天師範，故使誦持，無輕受體及形服也。

次爲說六念法，大同僧中，不同俗人，佛法僧等六也。由制通沙彌故。至第三念時云：我今年若干，某年月

日時受十戒，以律制生年次第，又出家年次第，二俱須知。

六念中，初指同，不同俗者，簡濫也。化教令念三寶及戒天，施名爲六念。制通沙彌者，明須念所以也。五眾通制，不唯大僧。至下顯別。今年若干，即生年也。某年等，受戒出家年也。以下示意，大僧但記得戒時分，不念生年。沙彌生法二年，以分上下，故須雙念。

僧祇云：應爲說十數。一、一切眾生皆依仰食；二、名色；三、痛痒想；四、四諦；五、五陰；六、六入；七、七覺意；八、八正道；九、九眾生居；十、十一切入。沙彌法應如是數。

二列釋十。初正明十。如文

十數中第一，但出外計。業疏續云：佛法不爾，身假食資，食取濟形，道取濟神，故假形食，緣修道行。至論道也，要修離著爲本。不識道元，乃以斷食爲道，故須破之。

準此，爲破十種外道者。初破自餓外道，彼以洮糠飲汁，餐風服氣等。二爲破自然外道，如犢子飲乳，棘尖烏黑，火上水下，風輕地重，並無有因，自然而生。

二中，疏云：佛法不爾，內報外報，皆有本因。諸眾生有，皆因名色。名即心也。心不可見，止可名談。初始識支，

故轉爲名。假染持識，即染爲色。託彼胎藏，展轉增長，月滿便生，何得自然也。

三爲破梵天爲因外道，自在梵王，眾生父母，眾生瞋喜由於彼天。

三中，前標云痛痒想者，古翻語質，即三受也。痛即苦受，痒即樂受，想即捨受。文出外計。疏云：佛法不爾，生憎愛者，實由陰本，何干天也。初念緣色，名識了達，染淨爲想，領納違順曰受，由三想苦樂捨也便生三受，由三受故，便有三行，故長淪歷，無解脫也。

四者，破無因果外道，如外草木，自生自死，人亦同之。

四中疏云佛法不爾苦集世俗因果滅道出世因果衆生知苦無諦聖人解苦有諦凡聖皆由因果那云無也

五破神我外道執於身中別有神我以爲宰主

五中疏云佛法廣破我在何處爲在色中爲在識中計此身中但有五陰隨陰計我則有五種如是離合（爲復五陰各有一我則是離也若惟一我則在色時餘四應無則是合也）次第求之覓我無從便悟妄執得無我理分成無漏相似聖人

六破一識外道如一室六局獼猴徧歷根亦如是一識通遊

六中局即門戶疏作六窗佛法不爾識隨根起若是一識豈眼根中而聞聲耶

七爲破不修外道以卻順觀見八萬劫外更不見境號爲冥諦涅槃如轉縷丸高山縷盡丸止何須修道等

七中卻即逆也觀前爲逆觀後即順疏云由得五通逆順觀中八萬劫外冥然不委計爲冥諦轉縷丸者譬喻顯也謂以縷繫丸高山放下縷盡丸止以喻無修疏破云佛法不爾要須方便增修乃剋如七覺支簡擇正理方能至詣何有不修耶

八者爲破邪因外道或持烏雞鹿狗牛兔等戒或修八禪或修邪慧邪進以爲眞道背於八正

八中外道三學皆邪烏雞等者以見禽畜今報已盡遠業將起生彼色天不思遠因謂即報是便效彼畜噉草不淨等八禪謂修世禪謂爲涅槃邪慧即彼所見邪進如投嵓臥灰棘等佛法不爾四依爲聖道緣八正爲聖道因並濟心神觀用籌度深見倒想便得出也

九破色無色天計涅槃外道以二界有無想定非想定心沈沒處謂是窮理此乃衆生所居

九中初示外計欲界合爲一四禪四空是爲九居無想即色界定非想即無色定心沈沒者疏云麤心不覺謂會大理大識妄也此下點破三界九居既是衆生居處即非涅槃

十者破色空外道以外道用色破欲有以空破色有謂空至極今立十處但是自心運用多少實唯一識本無前境妄立是非我見不除還受生死故智論云外道能生禪定船度欲色界海無色如大海深廣不能度由不破我心故

十中初出外計疏云彼增修定緣色住心以色滅欲有以空滅色有今下正破上二句點非十處即是定相謂地水火風青黃赤白空識趣道初門故名十入亦名十徧處如觀青色初以少分青色觀之使徧一切處皆青乃至空識亦爾故云自心運用實下顯正法續引智論示不得出離所以

此上具出破相擬輒賊住來者問之善見云若欲試知是比丘衆當問何法持三衣等

結中初句指前次二句示問意善見下引證何法即依何部受戒更問誰是和尚闍梨故云等也

四明隨戒相沙彌行事法用同僧羯磨一法不在數例自餘衆行並制同修如說戒自恣既是常行不得別衆約盡界集自然遠近亦同僧法明了論中乃至優婆塞亦有別界別施

第四通簡中初科羯磨不在數者以作衆法必簡除故說恣不得別者望本衆爲言約界同僧者文指自然準須二界作法一界依僧分齊以衆別二法必託界故明下引證彼有十七別住如結界引尼等下衆皆有別住故云乃至別界謂各有住處非作法結也別施謂施主標意施何等人不通餘衆故

所對之人昔用比丘今解不然各別有法兩不足數不可通用還以沙彌爲對無者同僧心念也五百問中無沙彌大比丘亦同作法亦隨所存

次科初標古非今下顯正義然法多別自恣僧法沙彌自恣大小相對非時入聚通告下衆尼白入寺則對比丘五百問中開無本衆或是不通心念之法古有所據故許存之

次明秉法類通衆別先明對首持二衣法薩婆多沙彌受戒已應持上下二衣一當欝多羅僧二當安陀

會財體是非作之方法失衣分齊一同僧中唯受持少別應對一受戒無犯沙彌手執上衣云長老一心念我某甲沙彌此漫欝多羅僧受持三說下衣準此律無受法準十誦文如此

別示別法中初科前示受持當字去呼皆言當者非正衣故唯下出受法受戒即十戒無犯取行淨受持鉢法受持坐具一同僧法唯改沙彌名爲異乃至尼中二衆亦同持之百一供具例同無異若畜長衣請二衣施主亦同僧法說淨之本亦同藥鉢準此若得錢寶薩婆多亦請白衣爲之以沙彌戒中正同

僧故不得自畜。

次科初受鉢及坐具法三眾俱同次明百一若下三明說淨道俗二主衣寶兩淨與僧無異

若犯長衣鉢等皆犯捨墮懺罪一同僧法界內集人作之不受戒者亦無別眾文同大僧唯以突吉羅一罪為別至時改之若犯提舍已下上及僧殘並須懺悔有覆須治唯以吉羅為定若波羅夷律云三眾突吉羅滅擯

三中初明捨墮若犯下次明上下諸篇有覆須治者謂行別住者若波下三明犯重懺法並同唯罪

為別犯重唯擯必無開悔

餘有安居受日等事例同大僧十誦制五眾安居五眾受日四分三時遊行戒三眾亦結罪故須知之

四中初正示十下引證四分遊行戒即尼戒也

二明眾法有通別二途若通行者大僧說戒日沙彌多具華香湯水供僧眾具於布薩處張施羅列鳴稚將了並須盡集有緣囑授受籌大僧作法一如常式至說戒序訖戒師云未受具戒者出諸沙彌等各從座起執坐具在僧前禮已互跪上座告云此眾僧布薩說戒汝未受具足不豫聞之各隨本業誦習謹慎莫放逸至鳴稚時同赴堂來告已隨次出

次明眾法說戒中初文為四初明眾具鳴下次明來集囑授即說欲至下三明出眾文三一起座二禮眾三受敎勅豫合作預謂廁預也鳴稚時即誦略敎竟重集聽後序

若別行者沙彌有都集處鳴稚訖二眾各集十誦令差一沙彌檢校行法一同僧中行籌訖將至僧中付僧維那總合唱數彼送籌者還來本處差一人為說戒師誦沙彌戒經謂愛道尼經及五德十數等若誦訖僧中未徹者隨時誦經說法至鳴稚時總來赴堂隨次入僧

中於常坐處互跪合掌彼說戒師為說明人能護戒已後文此與大僧相涉行用看僧說戒中

別行中初明集眾注令檢校恐有不集故次明行事行法同僧即唱白行水等送籌入僧者以財法依僧故也三明說戒沙彌戒經亦云沙彌威儀戒本一卷謂字寫誤合作誦字至下四明入僧此下指前令看尋之自見所以得聽前後二序者由是部主所述非正戒本故問律制比丘不得為沙彌說五篇名而前序云四棄等何以得聽答通舉總名不示別相但令預眾生彼欣慕故得聽也

若自恣者，準說戒中別堂作法，送籌合唱。若通作者，僧自恣已，五德來向沙彌處互跪，說僧自恣之文，以犯舉兩通故。

自恣中，通別同上，準如說戒前既遣出，至僧自恣訖應須鳴鐘再集。兩通者，犯相同僧，故犯通上，得治下，故舉通。

若界中人少，對首作法，一同眾法。對首無人者，同眾法心念。

別法中，一切同僧，故不出之。

五雜料簡。其沙彌威儀進止，凡所造修，律並制同僧。唯罪結一品，餘如沙彌威儀經、三千威儀及隨戒中具明，不復重出，略指同也。

第五略指中，雖是下位，俱發塵沙，與僧無別，故並指之。

毗尼母：沙彌法，應知慚愧、善住、奉事師法中，不應懈怠放恣，當自慎身口，卑己敬人，常樂持戒，莫樂調戲，不應自恃才力，復莫輕躁，應知羞恥，不說無定亂言，唯庠序合理，自知淨不淨法，常逐二師讀誦經法，一切僧中若有所作，皆不得違，如是廣知。

廣引中，初科知慚愧，謂不作諸過；善住，謂住於善

處師法中，初總誡，當下次別示。文示善惡，不出三業。無定亂言者，由亂言故，則無定也。淨不淨，或約爲僧作淨，或據自知持犯。

薩婆多：沙彌不爲三寶緣有利益者而掘地，犯罪。五分下三眾無故造罪，亦吉羅。四分律結吉羅，謂無緣而損傷，乃至不受食、殘宿、自煮等，無人則開，有淨人故作則結吉羅例之。

二中，多論唯明掘地開制，五分通示一切法制，四分略列犯相，餘可準知，故云例之。

五分：若罰沙彌，先語其師，師亦不應非法助沙彌。若

治罰，應作種種苦使，掃地、除糞、甎石、治階道。若不爲和尚闍梨及餘人作使，應語如法供給和尚、眾僧作使；次至應作不應遮，不與僧中利養。此是施主物。四分：從大比丘下次第與沙彌房舍臥具，若不能愛護，不應與；若利養，隨次與之。

三中，初明語師，若治下，次示治相，若不下，三制奉給。不應下，四明同利，四分給房，當量可否。

有人言：下三眾律並制罪者，謂是賸結，非是實罪。此是人語，聖教正翻，實錄彌須敬行。

斥謬中，古謂下眾犯同五八，不係篇聚，故有此通。

臏卽多也此下正尺人語出於凡情正敎出於聖意故須準敎不可依人

四分律行事鈔資持記卷第四十一

四分律行事鈔資持記卷第四十二 下四之二

宋餘杭沙門元照撰記

尼眾別行篇第二十九（善見云尼者女也阿摩者母也重尼故稱之）

釋尼眾篇題中上二字通收三位別行如前釋注中翻名總云阿摩尼此云母女即佛呼姨母之稱故云重尼也

比丘尼眾細行眾多同大僧者如上所列有無輕重隨事已分今簡取唯別者共為此科使臨事即披不事浮漫也

敘意初科上二句標廣女流倩著行相倍增故同下示同別初指同即上諸篇今下正敘此篇即披是教有所準故不浮漫是行無所昧故

所以在沙彌後者智論云尼得無量律儀故次應比丘後佛以儀法不便故在沙彌後

次科初徵以約類雖然據位則亂故次引論釋言不便者男女相配涉譏疑故

就中分三即尼三眾前明大尼七別一受戒二懺罪三說戒四安居受日五自恣六隨戒七師徒雜行

初中前明畜眾四分尼滿十二歲欲度人者應白二羯磨請尼僧聽許不乞者受具犯墮依止式叉沙彌尼吉羅比丘通結吉羅其乞法與白二法如常所顯

若得羯磨已一年中度一大尼一六法一沙彌尼一依止隔年又得義須重與法也

大尼受戒中初文十二歲者是師位故僧則十歲業疏云所以加二歲者顯其志弱累年為德也又女人多樂畜眾由本習也年年度人不能教授多有違犯故制乞法令眾量之不乞受具犯墮受人依止度餘二眾並制乞法不乞皆吉比丘通吉者制乞同尼但除式叉違犯一等而無差降其下指乞法文見隨機羯磨及尼鈔若下示制限

次明受大戒法文如常引但出非法有濫相者

受戒標中非法濫相如下正受斥古是也

受前八法初請和尚二闍梨一準僧中所以云我依阿姨者此學佛召愛道之號相傳不絕威儀問難中必須委曲顯示難相并及諸遮亦如僧中以正要急故乃至本法以來具依常法一事或差不成受也餘並如前受戒中

本法中初示前緣八法者一請師二安置立處三差威儀師四出眾問難五單白召入六對眾乞戒七戒師白和八對眾問難文中但示一四兩種律

文請詞云願阿姨爲我作和尚等故此釋之十三難中若據尼女號佛無信本無破僧然有伴助亦須問之十六遮於父母聽下更問夫主先問有無無則不須乃下次明正受餘下指略隨機羯磨甚備須者尋對

二正受戒體初緣分五初明來往是非者四分云若作本法已卽日往大僧中否者犯罪

正受中初緣明是中正教明制必往僧中尼戒本云若比丘尼與人授具足戒已卽本法也經宿方往僧中與之具足戒者波逸提業疏問云經宿失本法

不答不失法由捨故不由隔日若當日不去明日須捨故受新方得

有人就尼寺與受戒者不成薩婆多師資傳云非法不成如端正難緣尙自遣信此無難緣縱有不合有人就尼寺外結界而受者律無定決然情爲尼故來非法有罪若判得戒亦可通之

斥非中二初斥僧來尼寺師資傳明判遣信明例是非可見矣次斥寺外結界律無定決不云成否故以義通之僧須得罪尼應得戒

問尼得僧寺作本法不答如明了論僧界中爲尼立界令尼作法依式結界而受理得無過

釋難中初問由制作本法已方往僧中恐違此教故問決之答中了論既容互結義通諸法故云理得

問本法人名作何等有戒以不答但是戒緣未發具足而律中名爲比丘尼也

次問以受本法二位不收故雙牒名體問以決之答中初答體言戒緣者是正受方便故問既加羯磨理必發體既不發體用受何爲問五爲十緣十爲具緣五十二戒各自有體本法無體其意云何

而下次答名由未發戒體是下位由加本法名同上位以於三眾無所收故

二明僧尼數量者有人作本法已將二三尼將本法尼往僧中而受者若依律本比丘尼僧應將受戒者至大僧中乃至文云一部僧具足滿故知僧尼二十人也僧祇律尼受戒法名二十眾既有定數前行非法

第二斥非中初引古若下今斥初引當宗律本卽尼犍度乃至文云者卽說相中文次引他部僧祇八種受具僧受名十眾尼受名二十眾名數既顯

可驗昔非。

五分明文。彼云。彼和尚闍梨復集十尼僧往比丘僧中。在羯磨師前小遠兩膝著地乞戒。

次科。五分八數事儀委悉。宜應準行。小遠者。若在露處。亦須尋內。

三明尼須結界。有人不立此法。然此一法。二眾同秉。各有別眾。非界無以攝人。非界無以羯磨。若不信須結。但僧獨作。應成事則不爾。故知須結。審委無疑。

第三斥非中。初標古。然下。正斥。初以理直破。一法謂尼受白四。本制同秉。一眾不成。結界本爲攝人秉法。尼既同秉。無界則集人無準。法起無依。故云非界等。若下。次約法反質。

應自然界。尼僧盡集。唱相結之。本法尼者。且置自然界外。下二眾同住無妨。

次科。自然集者。僧作法界。尼望爲自然。故唱相結者。一依僧界。五百問中。不得相叉。以同法故。本法置外者。據非別眾。但名同上位爲防濫疑。縱在界中。不妨僧法。

又如尼懺僧殘。二眾各結。受隨俱同也。此結界法。佛法東流。行事者用之。有不立者少。然中國僧來傳法。通有賢聖。不共非奪。

三中。初舉例。以隨例受。明知須結。此下。引古。初敘此土久行。然下。引梵僧印可。奪猶斥也。

四安置儀式。應在二眾各結界內。長鋪兩席。使中央空二三尺。許令申手相及。諸本法尼多者。兩處安置。一眾多聚處。二單身在僧前。一一召來入眾。教乞得戒已。令在大尼下坐。待竟總爲說相。

四中。初明僧尼坐處。各結界內。或就大界。或在戒場也。長鋪兩席。謂同一行。僧上尼下。或約單排。或是叢坐。兩皆得也。中央空者。謂不相連。使尊卑無濫。或避譏也。申手及者。據露處爲言。諸下。次明安置尼處。事儀大同僧中。

五入戒法中。先須請戒師。律無正文。準前須請。以外受法問難。戒體隨相。一一準僧中行之。

五中。初明請師。此尼受法。尼爲和尚。尼中教授。及至僧中。唯須羯磨。故單請戒師耳。以下。次指餘法。

二明懺罪法。初篇有犯。無覆有悔。亦開懺悔。同僧懺法。

第二懺。初篇中。同開學悔。

二篇。一法覆藏。全無。六夜改僧制限半月。以尼女弱。

情垢既多，要假大僧，受隨皆爾。若欲懺者，二部中行，各滿四人。半月悔過，及至出罪，各具二十。但道風漸替，知犯不知有悔，縱有懺心，集衆難得，故闕而不載。

二篇分三。初標異。僧具三法，尼除覆藏，故云全無。僧但六夜，尼須半月，故云改僧制。限出罪無別，故所不云。以下明二衆所以。女弱謂無志，情多謂易犯。初受亦在二部僧中，故云受隨皆爾。問：夷蘭等罪，何但一衆？答：所以可知。但下示略意。知犯不悔，此即愚人不稟教也。縱懺難集，此謂智人不遇緣也。

偷蘭已下，乃至吉羅，各有懺儀，如中卷列。唯當部自結，稱名大姊爲異，餘辭並同。

偷蘭已下並對本衆，故云自結。結謂加法，名異法同，不復更出也。

三說戒請法儀。善見云：初爲女人鈍根，故盡聽尼往僧寺受教，後爲人譏，故開五人來，猶致譏，聽僧往尼寺。四分無文，意同。

第三引緣中，善見盡往，即是初制。次後兩開，並爲止絕世譏，以法兼濟故。四分難陀教尼，至日暮，尼在祇桓城塹中止宿，爲俗譏訶。西土僧居蘭若，尼止城中，因往僧寺至暮還城，城門已閉，因宿塹中。故知初開尼往僧寺，但不如論次第顯著，故云無文意同。

二差人請法。於說戒日，白二差之，文如常說。四分，白二差一人已，差二三人爲伴，往僧寺中，至所囑人所，曲身低頭合掌云：某寺尼衆和合，禮比丘僧足，求請教授尼人。說三。當囑主人，無病有智者，明日應問可否。

二中，初指差法，文見尼鈔。四分下，次明往寺請法。尼不獨行，故須差伴，但須口差，非正人，故所囑人，即比丘中受囑者。當下令擇所囑，有三：主人，非客；無病，須健；有智，非愚。明下教知取問。

準此，僧中於布薩日，豫差一人，擬受囑授。於己房外，設一牀座。尼至時來，餘人示之。彼尼至房所，囑授者詣座坐，令一比丘爲伴，立之。受尼語已，告云：待日晚說戒時，爲諸衆僧，未知有不。然尼衆爲欲別請爲依僧次，隨語答領。又告云：明日可來，此問取進否。尼便辭退。

次科，初明預擬。彼下，次正受囑。一人爲伴，爲深防故。答詞有三：初即許可，然下審彼所欲，又下囑令來問進否，即有無也。

僧祇云：尼凡入僧寺，當在門屋下，先白比丘，當籌量，

若尼賢善自又無事者衣服具者聽入反此不聽比丘入尼寺亦爾

三中自無事者事卽是過僧入尼寺尼須量僧故云亦爾

彼至說戒時如上僧布薩法問答已

四中僧問答已者應至誰遣比丘尼來請教誡受囑者起至上座前白云大德僧聽某寺尼眾半月半月禮僧足求請教誡尼人等

至明日尼來如前威儀告云昨夜僧集具傳所請無有教誡人又無能說法者雖然上座有勅語尼眾當勤行道謹慎莫放逸使尼合掌云頂戴受持便禮足辭退

五中初示儀指如前者卽於房外坐牀求伴等次誡勅後尼頂受

至寺卽鳴稚集眾不來者說欲諸尼雲集並立堂中依位合掌使尼至上座首打靜已白云白眾僧僧差我某甲往僧中請教授而僧云無有教授人及說法者幷傳上座勅已諸尼合掌頂戴受持然後禮唱而退出在十五祇等三律

六中初文前集尼眾使下次傳教誡諸下尼眾受教禮唱作禮唱三歸等後指所出四分闕文

問此教誡非羯磨法何須取欲答此集僧之誡授不來者犯罪準僧祇若尼老病等緣不能聽教授雖無羯磨教授義通佛令說欲乃至自恣使還準說可知

問中以欲應羯磨旣不秉結不當取欲故問決之答中初明制集同僧事故準下引證教授之法制該大眾故曰義通乃下指例事見次門

四分若比丘僧盡病應遣信往禮拜問訊若別眾若不和合若眾不滿亦遣信禮拜問訊若尼僧盡病若尼眾不和合若眾不滿亦禮拜問訊僧祇若尼來與欲應受不得述己道德犯罪十誦受囑人尼來時戶外敷一獨坐牀擬後坐上

雜相中四分開略前明僧緣有四隨一卽開別眾謂難集不和謂鬬諍後明尼緣同僧亦許僧祇與欲卽來求教誡人也十誦敷牀前文據此

比世中多有行前略法良由廣德難具亦有行廣法者具如本疏其請法中僧尼各五人已上僧中有二十歲者方行略廣二法若不足無二十夏但禮拜問訊

四中廣德謂教授人須具十德如自恣篇引本疏

應是首師律疏。僧中教授尼中使尼並是所為。故各滿五方成廣法。二十歲十德之一也。

四明安居法。大同僧中。

第四。初科三種安居作法等並同。

尼無獨住。必依大僧。律云。不依犯墮。

次科制犯中。八敬所制。依僧安居。不依犯墮。文出提篇。

僧祇若親里請尼安居者。先教請比丘。不肯者。不得受請。餘如彼說。

次文不肯請僧不受夏請。彌彰制急。

善見云。尼去比丘住處半由旬得安居。過者不得。一切僧尼二時集會。夏初請法。夏竟說證。若檀越為請比丘來。而尼結安居竟。乃至後夏初。比丘有緣事不來。當更請比丘來。若不得。應去。路有難事。得安居。若初安居竟。比丘有緣去。尼後方知。已結安居者。不得移住。無罪。若夏竟不得無比丘自恣。應覓僧祇。雖在一比丘處半月應請問布薩。卒無者。三由旬內有僧處。通結取。

三中。善見初示分齊。半由旬即二十里。二下顯相依請法。謂夏初已來咨求教誨。說證即自恣。若下明緣開。初明比丘有緣不至。若初下次明比丘結竟潛去。開制可見。僧祇一比丘者。不必眾故。三由旬通結。謂結為一界。尼界本制二里。有難同僧。彼云。若安居中比丘若死若罷道若餘處去。尼不得去。三由旬有僧伽藍應通結界。半月應往問布薩。使來去無障。不破安居。

五自恣法。四分尼夏安居竟。聽差一比丘尼為尼僧故往大僧中說自恣。當白二差之。文如常也。又差二三人為伴。往大僧中禮足已。曲身低頭合掌作如是語。比丘尼僧夏安居竟。比丘僧夏安居竟。比丘尼僧

說三事自恣見聞疑。大德慈愍故。語我。我若見罪。當如法懺悔。三說。僧中上座告教如上自恣中。彼尼受教已。當於明日尼自恣時。鳴稚。尼僧集已。如前教誡中。白尼僧。傳自恣時大僧所告之語。乃至諸尼頂戴訖。依上大僧自恣法。然後散去。

五中行事有三。初明差人。往下次明陳請。尼自直往僧中請之。不同說戒須憑他請。隔日取問。注僧中下上座誡敕。文指上篇。不復煩引。彼下使尼傳致。

律云。僧十四日自恣。比丘尼僧十五日自恣。若大僧

三、問制意

六、隨戒相。二、初標章

二、正釋。二、初委釋戒以三。初八重。二、初指同。

病、別眾、眾不和、眾不滿等，尼應遣問訊。尼眾病乃至不滿，亦須問訊大僧。十誦云，差二勳了知法尼往大僧中。

次科初明日別。此制相依，從僧請說，使還自恣理須隔日。必是近處，同日何妨。若下次明開略，亦同說戒。十誦明選使尼勳，勳交反，勳了，謂緊捷幹濟。簡遲怠者，知法簡愚昧者。

問。何故制尼依大僧。答。愛道經云，女人但欲惑色，益壽、畜弟子，亦不欲學問，但知須與之事，故依大僧。三中受說安恣，並制依僧，故通問之，總申教意。答

中。經明女性，且示五相。惑色，謂著顏色。益壽，為欲壽長。畜弟子，即好多眷屬。不學問，即懈怠。知須與事，謂短識見。賦性既爾，自無志節，義必從師。教意可見，此據大約，未必皆然。

六明隨戒相。

六中。此門理合廣釋尼戒，但與僧同者，釋相具分，餘有不同，略提時要，令僧通解，教授尼徒。自餘微細，具在尼鈔。

尼八重中。前四戒，大同僧中，故不出。

八重中。初文，前四即婬、盜、殺、妄，犯緣犯相，一切同僧，不須復出。

二、明四共。三、初摩觸。二、初標列犯緣。

摩觸戒。六緣成犯。一、是人男子。二、作人男子想。三、彼此有染心。律云，謂意相染著也。四、腋以下膝以上。腕以後，身分甄去輕境。染心既微，必無陵逼之過，故犯輕罪。若尼以輕境觸男重境，男以輕境觸尼重境，此二皆重，不要取二重境相觸也。五、身相觸。除一有衣、一無衣，二俱有衣，不犯重。六、隨觸多少，一一結重。

異中。尼戒罕聞，恐人不曉，且列緣本，照對文相。五摩觸戒。佛在舍衛，有長者與偸羅難陀尼互相繫意。長者設食，諸尼盡往，唯偸羅不往。長者至寺摩觸嗚之。守房小沙彌尼白大尼，大尼白佛，故制。若比丘尼染汙心，共

二、辨析犯相。二、初成犯。

染汙心男子，從腋已下、膝已上，簡於輕境犯輕。身相觸。若捉若摩，摩身前後。若牽，牽前。若推，推後。若上摩，從下至上。若下摩，從上至下。若舉，舉抱。若下，下抱。若捉，捉前後及髀乳。若捺，同上。已上十相。是比丘尼波羅夷，不共住。列緣中第四，約男女身分輕重境，俱互四句，俱輕得蘭，故云犯輕罪。餘三皆重。業理應殊，五中結犯。二俱無衣，一有一無，並蘭。俱有但吉。染情漸輕，教亦隨降。

尼摩觸戒，與大僧四種不同。一、大僧就壞行中制，莫問死活，但觸著便犯。據有婬心，尼就陵逼中制，死者不犯。律云，染汙心男子也。二、僧則不簡女人大小，尼

二八事二初列犯緣

二不犯

觸男子、取能行婬事。十誦人男者謂能作婬事。三僧隨觸境便犯。尼簡境有上下。四僧不問境染淨，尼觸必俱染心。僧祇若尼輕處有瘡癰，得使男子治之，先令二女急捉，令不覺男子手；若重處者，使女人師治。善見若比丘觸尼，尼身不動受樂，隨處得罪。

犯中初科，僧尼四異，並僧通尼局。一死活異。僧通四境，覺及不覺，新死少壞。引律證者，即前戒本既標汙心，明須活境。二大小異。三身分異。四心境異。下引僧祇善見別證第三，隨處得罪。此約尼犯分境重輕。若論比丘，一向成重。

四分，同僧中不誦。不犯者，父兄弟兒想，若水火刀杖惡緣等，一切無著心故，非無吉羅。

不犯中初指本宗，律云：若有取與及解救等觸，一切無欲心不犯。次引他部，初是想差，若下即急難。一切無著，顯上開意。非無吉者，制非儀故。

八事成重，五緣：一八男，二八男想，三有染心，四犯前七事未懺，五八事作犯。

六八事成重戒。佛在舍衛，長者與偷羅難陀尼繫心，受長者捉手等，尼白佛因制。

若比丘尼染汙心，知男子染汙心，受捉手一手至腕、捉衣二身上衣、入屛處三、共立四、共語五、共行六上四並取離伴見聞處、身相倚七身得相及處、共期八得共行婬處，是比丘尼波羅夷，不共住。

列緣第四，此戒必須八事滿足方犯，懺則不成。

二釋犯相二初明犯二初正釋八事

八事：一捉手者乃至腕，以後是重；二捉衣者身上衣；三入屛處者謂離伴見聞處；四屛處立語行等三事亦爾；七身相倚者二身相及；八共期者共行婬處。若尼男俱染，犯上七事，七偸蘭；若不懺，犯八事，波羅夷。

釋八事中，初文對前戒本可解。

但成八重四字，尼鈔作俱犯重罪。

二科簡異相

準此犯八。捉手不成重，若一男犯八，一時犯八，八年犯八，八男成八，但成八重，亦無次第，僧祇如此。

料簡有三：一男謂八同異，一時八年，明時遠近，無次第者，犯通前後。

二明不犯

不犯者，若有所施與，若禮拜，若悔過，若受法，入屛處不作惡事，不犯，由俱無染心故。下入闇室犯，墮者由無所爲事，涉譏醜故犯。

不犯中，初開屛處，下下簡後戒，即單提中第八十六戒，律因六羣尼與男子入闇室，故制。若比丘尼與男子共入闇室中者，波逸提。彼從譏過，不約染心故也。

三覆藏二初列犯緣

覆藏他重罪戒六緣成：一是大尼，二犯八重已，三知二釋犯相二。初成犯。三。初釋覆藏心。

他犯重、四作覆藏心、五不發露、六明相出便犯。
七覆藏他重罪戒。佛在舍衛偷羅難陀尼妹名坻舍偸羅知彼犯夷恐得惡名遂默然不言後坻舍休道方言白佛因制坻音遲若比丘尼知比丘尼決了彼犯
犯波羅夷不自發露不語眾人一二三人不白大眾四人若過若於異時彼比丘尼或命過或眾中舉爲僧擯舉或
休道或入外道眾後作是言我先知有如是罪於八夷中隨有所犯是比丘尼波羅夷不共住。犯緣中覆重方
犯覆餘罪蘭覆比丘提覆下眾吉。
若獨住無人等不成覆如懺罪中十誦若尼被舉狂
亂心覆者不犯若狂止仍覆者犯僧祇若尼見尼犯

重應向人說若犯罪人兇惡有勢力恐有命梵難者
作念云彼行業罪報自當知喻如失火燒舍但自救
身爲知他事得捨心相應準此無記心亦不犯雖非
捨心無記不作覆心故覆藏者不善心中藏匿前罪
恐人外聞故成也。

二示犯

犯中初科前引文示指懺罪中即中卷懺篇明十
種緣皆不成覆十誦被舉是法隔狂亂即非心僧
祇難緣開不成覆捨心相應謂捨棄不說之心準
下次以義詳初示合開無記謂睡眠遺忘等後明
成犯須不善心。

三釋結犯

二釋發露

若欲發露故不成者謂非清淨者若對先知不肯發
者二俱有過各須發露故不成如向有犯者懺不成
故又識人名罪名種相者須發露反上不合若前人
受竟更不須說恐有無窮之過若彼犯者已發竟餘
人雖覆不成根本無過故十誦尼不得比丘前發露
還向尼前若不識種相至比丘所訊問取解還至尼
邊悔。
次科簡所對人有四別非清淨者初簡有犯不懺
也先知不肯者次簡覆藏不說也二俱有過彼此
皆成覆故向犯者懺有誡例故識人名等者三簡

如實不妄此通能所也若前下明一說若彼下明
非覆十誦不得比丘者四簡異眾僧尼位別不得
對首唯聽不識咨請犯相耳。
四分若尼知尼犯八重食前知食後時說偸蘭乃至
初中後夜時分不說並偸蘭明相出犯重。
三中乃至略食後知初夜說初夜知中後說等委
如釋相解。
不犯中若不知若無人可向說意欲說而未說明相
出說時恐有命梵等難不犯。
不犯中有四初是無心下三並非意八隨順被舉

比丘戒大略同僧中故此不出僧直犯提尼須三
諫不捨方結重吏已上八重前四根本後四枝條
女情偏重故須特制即限分不同戒也
十七僧殘中媒嫁二謗如大僧中
僧殘篇十七戒媒謗及諫大約同僧略示二條餘
希不出
言人戒四緣成一詣俗官所二言白衣三辭列其事
四下手疏犯
第四言人戒（佛在舍衛有尼在蘭若處有居士為於此作精舍後尼捨去居士見即犁此處諸尼往官所言訟令官罰彼因制）若比丘尼詣官言居士若居

士兒若奴若客作人（上並所言之人）若晝若夜若一念頃
若彈指頃若須臾頃是比丘尼犯初法應捨僧伽
婆尸沙（初作便結不同諫戒三法竟犯）緣中初二並局俗人道則
非重
四分詣官共爭曲直若斷事人下手疏者犯口說者
偷蘭善見尼共居士往官所語居士言汝說理若說
尼吉羅居士說已尼後說偷蘭居士復說尼得理不
得理皆殘若居士言尼官喚來官自判與奪尼不犯
若尼至官所言人令官罰物隨多少犯罪應償若被
奪物就官乞護不道名字官自訪得治罰無犯若人

入寺斫伐樹木不得奪刀斧應還直
犯相中四分初示所詣官及斷事人謂鄉邑之長
吏也次簡言相下疏口說狀詞揩定言說通泛故
罪兩分善見初明互相言方便趣果成犯分齊但
取言他不論得理居士言尼不犯可解若尼下二
明奪物犯罪者隨成盜損故應償者是俗物故
五分若尼為人輕陵語父母親里有力者援護之十
誦在斷事人前瞋恨訶罵本所打人僧殘若向餘人
說偷蘭
五分聽求援十誦初制訶罵次簡所詣餘人謂非

官及斷事人也
四獨戒
第七四獨戒（佛在舍衛有尼褰衣渡水為賊觸嬈人譏故制又有尼多諸弟子捨眾獨行入村又於村中獨宿人皆譏云欲得男子又六羣尼與眾尼於拘薩羅曠野中行而常在後人問答云欲得男子訶已因制四戒合制隨一成犯）若比丘尼獨渡水獨入村
獨宿（隨脇著地）獨後行（離伴見聞）犯初法應捨僧伽婆尸沙
獨渡河四緣一是河水四分云獨不能渡不云深廣
今準道行之戒但使褰衣渡水異陸行威儀皆犯大
界內河亦犯有橋者如常開之二者獨渡前尼疾疾
入水偷蘭雙腳上岸僧殘後尼獨入水犯蘭上岸得

前尼爲伴不犯。若乘車船渡皆不犯。律云。彼尼當求一尼共渡。應入水隨深淺褰衣。至彼岸漸下衣已。然後一時上岸。若不待後伴。偷蘭。三無緣。除命梵等難。伴命終也。四獨渡河犯。謂後伴隔河便犯。無相援故。

獨渡河中。初緣又二。初定犯相。道行戒。即尼制邊方有疑怖處人間遊行皆犯提罪。彼明行相通界外內。可決今犯。次明開緣。有橋而渡。不涉水故。車船亦爾。如次所明。第二緣。初示犯相。入水方便上岸至果。文據兩尼以示輕重。律下次敎正儀。三四可知。

獨入村。四緣。一是俗人村。不問界內外。伽藍中俗人住處。獨入亦犯。四分尼獨行詣村。隨所至村僧殘。若空野無道處。一鼓聲間亦僧殘。村中獨行一界吉羅。約此坊內家內獨行犯吉僧祇若尼共伴行至城邑界。當相去在申手內。共過界。若在申手外過界。偷蘭。二者獨行。三無緣。四越界犯。

獨入村中。初文。四分示村野分齊。注示吉罪。坊即是村。謂村中人家也。僧祇明離伴分齊。三無緣。亦謂命梵。

昔云。若欲入村。隨有橫道。但使越過便犯。諸部無文。準律云。若無界獨行。一鼓聲間離伴見聞處犯。若至村門。不待後伴。雙足入限僧殘。若村中先有尼不犯。以前尼爲伴故。若出村亦約門限爲分齊犯之得罪。次科。據本成犯。須約村門。古解越界。乃約村中橫道成殘。不唯太過。抑亦昧文。下引律證。明約村門。足知非解。出村亦犯。即知入出皆名越界。

獨宿。三緣。一離申手外宿。不問俗僧兩處。兩處置牀。在申手內。互相檢校。方能離過。若本在申手內。後因睡相離者不犯。本作離意。隨轉側犯。故文云。若舒手不相及。隨轉一一僧殘。僧祇。當在申手內。一夜中三

度以手相尋。不得一時頓三。當初中後夜各一度相尋。五分。若在不相及處。初中後夜偷蘭。明相出僧殘。二無緣。除命梵難等。三隨臥。一一結。

獨宿中。初緣。初句明犯分齊。次句示犯處。不問僧俗。通一切故。兩處下。明持。若下。示開。故下。證犯。僧祇明相檢法。五分示犯相。

獨在後行。或根本獨去。或中間作意離伴見聞處行。又伴無諸難緣。故犯。四分云。見聞俱離殘。見聞互離蘭。

獨行中。向上三緣。初至處行。即第一緣。根本即發

足時又下即第二緣四分下第三緣

不犯中開渡水者若共伴漸渡不失威儀乘船橋上躡梁躡石伴尼死休道遠行及諸雜難不得作伴並開五分水淺無畏男子處不犯開入村緣如前具緣中開獨宿者律云共二尼宿舒手相及處若一尼出大小便或出受經誦經若樂靜獨處誦經或為病尼煮羹粥作飯乃至餘難緣並開僧祇若病賊亂圍城獨宿不犯開獨行中應在不離見聞處若一尼大小便諸難皆開僧祇不得出聚落界除道行便利邂逅失伴未及中間不犯病亦如是五分若恐怖走時老病不及伴者不犯

不犯四節初獨渡中言共伴者非犯緣也乘船等者不涉水也伴死等者非本意也五分水淺無觸嬈也次入村中指如前者即第三無緣也三獨宿中初約守戒明不犯若下伴有緣也乃下已有難也獨行中伴緣已難並同上開僧祇五分並據緣開可解邂逅不期也

單墮中紡績一戒律文隨擗引縈織等一一墮成衣不合懺著

單提一百二十與僧同者如前釋相異但出一現行數犯餘尋尼鈔自可委明

第一百十四紡績戒佛在舍衛六羣尼自手紡績居士笑言如我婦無異白佛因制若比丘尼自手紡績者波逸提擗謂分擗引即牽引縈謂卷絡織則可會四事隨作皆犯墮恐謂懺竟得著故制不合隨著吉羅今時尼女機織刺繡以為事業棄親入道本圖何事若此出家何如在俗避溺投火即斯人矣

餘上下戒非無種相行稀用寡且略而已

結中上下即戒本前後也

七相攝諸行尼以無伴多度非法之人但希利己不準道教故律中二十餘戒偏結和尚之罪故律云度弟子已應以衣食及法攝取五分師僧應六年自攝若教他攝弟子違犯墮僧祇和尚尼欲授弟子具戒應先求善比丘不得臨時選眾若不可得者當求半許若過半而作法不犯重者兼法自餘可可足數四分云受戒已不得輒離和尚五分當六年依承和尚餘有師徒教授報恩供養訶責治罰並如上卷師資相攝中

第七門中初教攝眾二十餘戒者一度姙身女二度乳母三度年未滿四不與二歲學戒五不與六法六與學法滿眾僧不聽而與受具七度小年曾

二八敬要略三 初敘緣勸勉

嫁減十二與受八小年學戒滿不白眾與受（上並制和尚）九知而爲受（此制作法師）十不教學戒十一不二歲隨和尚（此制弟子）十二僧不聽而授具十三未滿十二歲爲和尚十四滿十二歲僧不聽便授人具戒十五僧不聽故謗僧有愛等十六父母夫主不聽與受具十七知非法女人度令出家十八令捨學法與受具十九從式叉索衣言爲受具二十不滿一歲授人具戒二十一受本法已經宿往僧中二十二不病不往教授（已上並犯單提）凡攝弟子不出有二一者事攝卽衣食二者義攝卽法訓衣食可闕法不

可無五分六年自攝和尚親教也比丘五夏分差降也若敎他攝者付餘人也僧祇次明受具當求半許者據本僧尼各須十人準邊方開但五人耳過半者極至十也注中以犯殘已下並足生善門事故唯簡犯重恐其求備法事難成但選秉法之人餘人但不犯重不必具美故云可可此據無人有則須擇四分下三制依師本律不限年數故引五分決之餘下指略次明諸要行勿過八敬善見佛初不度女人出家爲滅正法五百年後爲說八敬聽出家依敎行故還得

二示遮敬法

二列名示相三 初正列敬法

千年今時不行隨處法滅故須勵意

要行中初科善見本緣如來成道十四年姨母求出家佛不許度以正法千年若度減半故不聽之阿難三請佛令傳八敬向說若能行者聽汝出家彼云頂戴持卽得戒也今下斥時誡勵

今列其名一者百歲比丘尼見初受戒比丘當起迎逆禮拜問訊請令坐二比丘尼不得罵謗比丘三不得舉比丘罪說其過失比丘得說尼過四式叉摩那已學於戒應從眾僧求受大戒五尼犯僧殘應半月在二部僧中行摩那埵六尼半月內當於僧中求教

授人七不應在無比丘處夏安居八夏訖當詣僧中求自恣人如此八法應尊重恭敬讚歎盡形不應違

次科正列中初制禮敬二三制犯上餘五並制依訓準五分愛道聞說八敬再憑阿難重白世尊更乞一願聽比丘尼隨大小禮於比丘如何百歲禮於新戒佛言若聽依臘次無有是處因說女人五障等尊重等者明敬義也不應違者違則有犯示制敎也一二四六七八並墮三五皆吉

五分應遣三尼來僧中自恣中含八尊師法中若比丘聽尼問經律毗曇然後得問不聽者犯第五尊師

法。僧祇尼入僧寺，應頭面一一禮比丘足。若老病不堪，隨力多少，不偏者，總禮，口云：我尼某甲頭面禮一切僧足。若比丘入尼寺，尼禮亦爾。不得云是犯戒，是醫師，是摩訶羅，無所知，及虛實罪。比丘得說尼實罪。尼若憍慢不敬，起迎禮足者越敬法。十誦見大僧不起者墮。五分亦爾。

次科諸文並示異相。五分自恣三尼，一正二伴。中含八法，前後並同，唯第五云不得輒問比丘經律論義，若聽得問，尊師即敬之異名。僧祇初教禮敬，不得下次制譏毀。十誦五分證上違敬。

僧祇若親里尼得輭語，不得訶責，若年少者語云：汝今不學，待老耶？汝後當教弟子，弟子亦學汝，是故應隨順受經誦經。

雜行中，初文僧祇由是親里，故聽語告，若容訶責則違敬法故也。

四分尼輒入僧寺墮。五分若立不見比丘，不得不白而入。白時比丘籌量可聽以不，如上明之。

四五二律教尼入寺，即初敬攝，如上明者，即前說戒中。

二明式叉摩那法。此云學法女，不別得戒也。先以立志六法練心為受緣。

次明式叉，標中注文，初句翻名，次句示體同下位。先下顯加受所以。

四分十八童女應二歲學戒。又云：小年曾嫁，年十歲者，與六法。薩婆多年十二得受具者，為夫家所使，任忍眾苦，加厭本事。僧祇亦同。十誦中六法者，練心也。試看大戒受緣，二年者練身也。可知有胎無胎，廣文如彼。故文中盡形為法，故二歲堪受無胎故。

釋中初科四分通示二位，續引論律別明開小十誦明制法之意。心須法練，身假時知，身淨則可息譏疑，心固則力堪受道。適機立教，其在茲焉。

應立離聞處著見處，白四受法。後召來與說六法名字，乃至答言能持，如常說。

二中準羯磨，先具儀教乞，次離僧作法，三召入說相，廣如彼文，不復煩引。

此式叉尼具學三法：一學根本，謂四重是；二學六法，即羯磨所為，謂染心相觸、盜人四錢、斷畜生命、小妄語、非時食、飲酒也。文中列婬盜殺妄者，隨十戒而言。沙彌已學三學行法，謂一切大尼戒行，並須學之。

三中初科三法，初後二法即本所行，第二六法是今所授，據其體相，沙彌具發，但是重囑意存二練故也文下示列相以律中先牒四重隨明四法如云不得犯不淨行行婬欲法若式叉摩那尼行婬欲法非式叉摩那非釋種女(此牒根本下即今授)若與染汙心男子身相觸缺戒應更與戒是中盡形壽不得犯能持不餘三並爾非時飲酒當體即法無別本也

若學法中犯者更與二年羯磨若犯根本者滅擯犯餘行法但名缺行直令改悔若滿二年已犯者更與二年

次文初示三犯差別若滿下別點學法

律云式叉尼一切大尼戒應學除自手取食授食與他若自取食食律亦制犯無沙彌尼者開之有者得授與尼自須受取

三中初文前引文一切制學明其同也除授食者示其別也此二句共爲一事謂自取授他不同大戒從人受已展轉授也若下釋疑古師將爲二事謂開自取如疏引之初明自食制受無下約人有無以明開閉

僧祇云應學十八法一在大尼下沙彌尼上坐二式叉不淨食大尼淨大尼不淨食彼亦不淨三大尼得與三宿自與沙彌尼三宿四得與大尼授食除火淨五生種取金銀錢自從沙彌尼受食五尼不得爲說七聚名六得語云不婬盜殺妄如是等憶持七八至布薩自恣日入僧中互跪合掌云阿梨耶僧我某甲清淨僧憶持三說而退九十十一十二後四波羅夷犯者更從始學十三十九僧殘已下若犯一一作吉羅悔餘如彼說

次科十八法初是坐位次三種對尼同異二即護淨不淨即宿觸等下不汙上故尼淨上得通下故彼不淨三同宿四授食五六二種並制大尼顯彼

所聞七八眾法餘皆自行後九至十二別配後四重戒犯者更學重與二年問不云前四夷者答在根本制此明學行二法耳問犯後四夷障戒不答犯者更學而不滅擯故知非障業疏云前四限分後四枝條故也餘如彼者十四不非時食十五不停食食十六不捉錢十七不飲酒十八不著華鬘四分不知戒相故造作非法制與學法盡行學之十誦爲度娠女人後起過佛令二歲學可知

三中四分制六法緣行合作形字說十誦制二年緣起過謂生子招譏

三沙彌尼法。大略與沙彌法同。若據行往法。式叉不與大尼爲伴。以戒不滿故。自不得以沙彌尼爲伴。以非同學故。若二尼兼一式叉。若二式叉兼一沙彌尼。得爲伴。餘人不合。

第三沙彌尼中。初指同法。若下顯別行。通明三眾。不獨沙彌。以尼三眾不得獨行。故須簡伴。初制簡伴。若下。次聽兼帶。餘下三制非類。即僧二眾俗男女等也。

諸部別行篇第三十

釋諸部篇題標諸部。通指外宗。若據篇中。亦引四

分。乃是對顯本異。不同別行二釋。亦同前解。

古云。博學爲濟貧。此言誠驗。

敘意。初科古云者。先賢相傳之語。貧謂見聞寡薄。語實有取。故云誠驗。引此欲明學者。不可專守一宗。必須兼該外部故也。

若四分缺於事法。他部自有明文。理必準行。不乖二是。

次科事謂行事。如六相自然足數眾相之類。法謂羯磨。如持衣加藥通結淨地滅擯白四等。彼此通用。故云二是。

然則棄急從緩。捨有求無。捐輕重之是非。任愚懷之取捨。此乃自貽負愧。罪豈他科。當隨本受爲宗。鈔序具顯。

三中。棄急從緩。如取僧祇持衣。用多論無衣缽得戒等。捨有求無。如受日。用僧祇求聽。取十誦二七夜等。則是捨四分之有。求本部之無也。捐亦訓棄。如棄本宗重犯並夷。而用十誦再犯但吉。又如棄四分五錢判盜。而用十誦八十。又如棄四分疑心輕。取五分疑犯重之類。彼此互望。則有是非。上三句別舉三失。不出緩急有無輕重。任愚懷取捨者。

通該上三也。此下彰過。失學任意。動陷刑名。故云自貽等。獲罪可慚。故云負愧。當下示法。指鈔序。即第三門約教判處意也。

若全未預法。則隨入一部爲依。持順文謹用。行之可以爲準的。

四中全未預法。即創入道者。隨入一部。即初受也。順文等者。令依宗也。則明此篇之來。不唯對顯本異之殊。抑誡他宗納體之者。

然事乃萬途。尋條難反。且疏要約者。用示規模。

五中。上二句示廣。通指諸律更兼眾論。條流之繁。

則可知矣難反言其不可窮也下二句顯要卽下
七門也
就中分七一明僧數多少二聖法通塞三重犯不同
四攝事寬狹五心境差別六捨懺有異七隨相階別
標列中第四明受日淨地受日則四分三品爲狹
十誦三十九夜僧祇事訖爲寬或可二宗但有二
法爲狹本宗三位爲寬淨地則四分用廢教爲寬
他宗制斷爲狹
初中僧祇和尚受戒十人之外捨墮法入五人僧攝
以懺主單白和僧問僧許可自不足數至還財之時

是僧作法還得足數類同五人自恣中四分無文諸
師四人捨墮第五所爲不入僧數以律列四僧中不
言故知得用若準通教上解者非五人受懺始終無
妨餘如中卷懺眾法中
釋中初文僧祇初明受戒和尚在外者彼以羯磨
所牒同所爲故次明懺捨初標示以下釋所以自
不足者爲僧所量故還財得足者別有所爲故同
自恣者四分邊受二白自恣一白是五人法僧祇
更加諸尼薩耆計論用人唯白召自恣法是本五
人對和捨墮法是相從五人以戒師懺主爲僧所

量卽所爲人無僧用故餘如業疏舊解同自恣者此類隻差五德時不入僧數者非也四分下斥古初出彼計四僧不言者謂
不言除也律中四人但除三法受戒自恣出罪故
若下通會通教卽僧祇
十誦無和尚人受戒得戒作法僧犯罪薩婆多云先
請和尚受十戒時和尚不現前亦得十戒若聞死者
不得受具不現前不得戒若僧數滿設無和尚亦得
戒善見無和尚受者得戒得罪黃門爲和尚亦爾伽
論云白衣爲和尚與白衣受得戒得罪非出家人亦
爾薩婆多云不除鬚髮無衣鉢受者得戒得罪若準

四分並不開之律云不名受具足戒也
受緣中初科五節前四明無師非師後一明受者
非法通許得戒此等並據一期接誘亦非常敎四
分並不開者以初受一法萬行根本必假多緣方
能成遂各據一途故分兩計
十誦男子作女人威儀如男子受得戒得罪女想反
上五分若自截男根若留一卵得受全無者滅擯五
百問云壇上師僧或著俗服或犯禁戒若受戒人知
是非法不得不知者得弟子著俗服當時不問者得
伽論云不知和尚是賊住依彼受戒得戒諸比丘犯

吉羅本犯戒人本不和合人非出家人爲和尚亦爾
次科十誦男著女服即受緣中闕出家相女想反
上即不得也五分閹犍黃門有得不得五百問初
明師非法則約弟子知不知下明弟子相乖則據
師問不問伽論賊住本犯戒即邊罪此二屬十三
難人本不和者受時別衆也非出家者即白衣也
並約弟子知不知以論得否
十誦一界內四人一時受具者得四處展轉與欲若
一比丘一處坐足四處僧數一處一人作羯磨被四
衆者如以材木牀榻連接四界坐上足四處數得被

四人一切羯磨皆如法也摩得伽云頗有比丘與四
處人說戒受戒作羯磨爲得不答得乃至五處亦爾
八人十二人十五人十八人亦爾
第三中十誦先明與欲四處作法互相取欲若本
四分即爲破僧若下次明足數謂一比丘足多僧
用如材木等舉相以示伽論同上八人者受戒四
人說戒三人一人身兼兩處也十二人者謂兩處
受戒各有四人一處說戒有三人以一人充三處
用十五人者謂兩處受戒各四兩處說戒各三用
一人充四處也十八人者兩處受戒各四三處說

戒各三用一人兼五處且舉五處更多應得
善見沙彌犯重得出家除壞尼淨行不得準此開學
悔也不得受具
第四初引文犯重即邊罪邊尼並難約過輕重故
得否兩殊
二聖法通局四分羯磨略則三種廣則八品加減不
成聖印一定如單白不得加白二白二不得作單白
等
第二門羯磨中初文廣略開合具如上卷業疏加
小衆悔蘭爲中上則有九品參互增減並判非法

僧祇十誦加得成就應作單白白二白四者彌善減
則不成僧祇加一中間羯磨亦名求聽羯磨明了論
中間亦同解云謂在單白白二之間又加白羯磨唱
所立事不問聽許不遮餘三羯磨同四分又云中間
直白此二羯磨三人等通作餘三必四人已上
僧祇十誦制減許增單白通二白二通一白四極至白
四無所通矣僧祇加中間則有四種求聽如受日
法從僧求故了論中間在二間者唱白一分羯磨
一分共爲一法唱事問聽皆不具足如後所引加
白羯磨如今打槌白衆之類直爾白知故不問聽

否及餘三法則有五矣文云下總簡業疏所引更
兼單白則有三法通三人作與今不同故疏通云
準此單白既有問聽云何非僧而得秉御大德僧
聽言何所屬今通其旨三人和白初則改辭（改大德僧為諸大德）餘文準用論通三人豈不然乎（文明單白中間例爾）
四分羯磨唯加三人不得僧舉僧若諫法通多少十
誦中羯磨得加四人以上受具
所被中四分法不加僧且約舉論受懺差人例亦
不許舉是違惱恐成破別諫是順意故通多人十
誦受具義應同此

僧祇不聽與欲人多坐僧少者不成五分聽多人集
少持欲來僧祇轉欲即失
與欲中僧祇五分不許欲多四分約緣不可抑塞
十誦多處展轉與欲頗符本宗坐僧即秉法者轉
欲失者四分母論開之
三明重犯四分戒有重受亦有重犯文云如前後亦
如是尼摩觸云隨觸一一波羅夷
第三門本宗中由體非色故得重增戒從別發故
有重犯文云即戒本四夷結文尼摩觸戒即戒本
文

十誦不重犯由戒不重受故犯婬戒已更犯婬者吉
羅犯盜殺人大妄還得三重文云學悔尼犯僧殘請
比丘來與我摩那埵出罪等下篇隨輕重也初篇後
犯但吉羅僧祇亦爾
他部中由體是色上中下品一發永定不容更增
故不重受受既不重犯亦無再雖從別發根本已
壞無復僧用故初標異故下引示同種不重故後
犯吉同名有重故還三重學悔犯殘可證無重唯
局四夷

四明攝事者且論受日諸部不同
四分三品如上已明
第四門四分三品七日半月一月倍增如上指安
居篇
僧祇有二初明七日同於四分後明事訖便用中間
別法任前緣事未了法在不還者得必非破戒三寶
正緣故文云大德僧聽某甲比丘於此處雨安居若
僧時到僧忍聽某甲比丘於此處雨安居為塔事僧
事出界行還此中住諸大德某甲比丘為僧事塔事
出界行還此處安居僧忍默然故是事如是持
僧祇前指七日次明事訖初示名必下簡緣故下

引法天竺夏分多雨故云雨安居即召夏初爲雨時是也

十誦受日有二七夜之法同四分而兼夜又用三十九夜法用白二羯磨文不同四分故彼律云大德僧聽某甲比丘受三十九夜僧事故出界是處安居自恣若僧時到僧忍聽某甲比丘受三十九夜僧事故出界是處安居自恣如是白大德僧聽某甲比丘受三十九夜僧事出界是處安居自恣竟誰諸長老忍某甲比丘受三十九夜僧事故出界是處安居自恣者默然誰不忍便說僧已忍聽某甲比丘受三十九

夜僧事故出界是處安居自恣僧忍默然故是事如是持

十誦七日同四分者據七是同兼夜則異四分日沒法謝彼宗夜盡方失失法雖有短長護夏同在明相三十九夜眾法是同日數則異牒緣云是處者即指本住處亦同四分還來此中也

十誦因黎昌設供在露地佛令白二作淨內中後外道譏言禿居士舍作食及倉篅與白衣何異佛令僧坊外作食後爲煙火起人來索食少從今日後不聽作淨地羯磨若作犯吉羅先作應捨出二十四卷中人便妄用云不須更結

淨地中十誦初明開結內中內猶入也次明移出黎昌即諸貴族居士或是外道昌車語轉篅即盛食之器後明禁斷僧祇亦然四五二律隨機開結人下斥非古謂既皆制斷一切並作他物淨如疏委破

五心境不同四分心境想疑如持犯方軌中

第五四分指上即五句中疑想二心可學不開不可學皆分輕降

五分無疑心以疑通是非故有犯結正彼律云是女

疑蟲疑草木疑皆隨犯殘提想是決徹若境心不相當者不犯如四分破僧婬戒受戒不開知疑餘則通開餘如隨相

五分無疑引云女疑摩觸二麤等對下犯殘殺蟲壞草對下犯提下引四分相比破僧婬酒並不開疑想對下疑字受戒知師犯戒雖受不得對下知字或約師疑受者年不滿事

僧祇性惡罪上無疑想故彼云女作黃門想觸僧殘悉從境制若遮惡罪上得有想疑故文云生非生想非生疑吉羅

僧祇遮性兩別。

十誦若前有方便心者，具除想疑，並結正罪。彼云：有主物無主想及疑，皆重。亦不問前境遮性。若前無方便心者，具有想疑結罪。

十誦方便有無，各引文據，在文可解。

且引大途，非無五三不同者。

結中不舉細碎，趣言其數，故五三不同也。

六捨懺不同。十誦二：一寶少者永捨，多者捨付同心淨人，淨人令捨作四方僧臥具，罪僧中悔。餘同四分。

六中本宗他部捨懺差別，但舉其異，而指其同本宗。二寶捨與俗，蠶緜斬壞，乞鉢入廚，長藥三用，諸衣臥具並還本主。十誦永捨，謂將棄之，多付淨人令捨者，由犯過財，不聽自捨故，文中似多淨人二字，詳之。

五分五種：一入僧永棄。二寶捨與僧，僧差人永棄。若僧不棄，淨人為僧貿衣食，與僧食用，唯本主不得用。恐遂本心故。二永入僧。五敷具入常住用，唯本主不得坐臥。三入俗。僧捨藥與僧，僧捨與俗人，沙彌塗足然燈，本主亦不得用。一切比丘不得食。餘同。

五分初入僧棄者，即屬僧物，不棄由僧。五敷：一蠶綿，二黑毛，三白毛，四減六年，五不揲坐具。三入俗僧者，先捨與僧，僧與俗故。餘同者，四乞鉢入廚，五諸衣還主，同四分也。

僧祇五別：一捨入僧無盡財中，謂畜貿二寶，若生息利，行僧房舍中衣，僧不得分用及食，為折伏本主貪心故。二捨入僧用，謂五臥具，迴僧物隨僧作何等用。其中純黑憍奢耶，僧不得著用，得作地敷及作鬻㡘帳幔等。六年不揲，不得為地敷，僧得著用，不得襯身。白毛臥具好者如前，不好者如後。餘同。

僧祇寶藏名無盡財，息利作衣，不得分者，恐彼獲分，故云為折伏等。二中五臥具，即上五敷。初總示，其下別簡。純黑即黑毛，憍奢耶即蠶緜。有將為鬻一非也。即門戶。六年不揲得著者，上二細者止得麤用，故不許著。不襯身者，恐壞僧物故。白毛好者如前，同黑毛等；不好如後，同六年等。餘同者，諸衣乞鉢長藥等三，同本宗也。

善見中金銀若無淨人，可教擲去。僧羯磨差一比丘知五法者，使閉目擲去，莫記處所。

善見金銀即二寶也。五法，不愛恚怖癡，知可擲不可擲。

明了論中。若轉車衣、待一月衣、過十日衣、過十日鉢、
雨衣、急施。捨與僧已、僧問須者應還得用。若自無用、
永捨入僧。受非親尼衣、捨還本尼。若本尼無、捨與尼
僧。使尼浣衣、迴僧物、永捨與僧。從非親居士乞衣、一
二居士、應捨還彼。彼若不在、或不取、捨與僧。過足、三
反、一切敷具、使織師衣、盡捨與僧。瞋心奪衣、還捨與
所瞋比丘。七日藥、二用、文如彼具。
了論七段。初段七戒。轉車衣即二離衣、待一月即
月望。受下次段一戒。本尼無者或死反道遠行等。
使下第三段二戒。從下第四段三戒。一二居士即

勸增二戒。過下第五九戒。過足即過知足戒、三反
即慇切索衣戒、一切敷具通收五敷。使織師更含
勸織奪衣爲第六。七日爲第七。二用即與僧俗已
上收二十四戒。二寶販賣、乞鉢、擔羊毛、染羊毛、並
如隨相。
薩婆多云、販賣物、若無同心淨人、應作四方僧臥具。
爲止誹謗。若作入佛、外道當言瞿曇沙門多貪利故。
令弟子捨物、持用自入。又除佛福田、無過四方僧。不
問受法不受法、持戒毀戒、法語非法語、一切無遮。
多論明販賣。初明入僧。若下次明不入佛有二意。

初爲止謗瞿曇。此云地最勝。謂在地人中最勝故。
此即如來因地之姓。人猶稱之。佛昔於劫初作國
王。禪位師瞿曇仙、修道因以爲姓。又下次彰福勝。
不問等者、顯僧海深廣無不攝也。不受法即無戒
也。
七隨戒雜相。十誦、犯僧殘隨覆罪、不行別住六夜、直
與出罪、得名出罪。眾僧得罪。乃至不行別住、直行六
夜、直與出罪、得出得罪。更有六人全不作法、直爾清
淨。一者上座犯僧殘、諸人生慢。佛言、若一心生念從
今日更不作、即得清淨。二大德多知識。三多慚愧。若

遣行者寧反戒。四病重不能互跪、無力能懺。五住處
不滿二十、道路遇賊死。六眾不清淨、往至他方、道路
遇賊死。佛言、一心生念、如法懺悔、是人清淨、得生天
上。律子注云、此六懺法、不可妄用。及有僥倖、唐爲自
欺。罪不得除。要須廣問明律者、能斷之耳。
七中。隨相事多、且出一條特異之者。初明行懺違
法開成。更下次開不懺直得清淨。此六種人、初二
恐壞眾信、爲護法故。三四身心怯弱、爲接引故。五
六行法闕緣、爲命難故。心念懺悔、即復本淨。後不
須悔。若準四分、一切不成。律下引注伸誡遮後倚

□第三批文

濫唐虛也。

余於唐武德九年六月內，爾時搜揚僧伍，無傷俗譽，且閉戶依所學撰次，但意在行用，直筆書通，不事虬文，故言多蹇陋。想有識通士，知余記志焉。

第三批文為三。初年月等，記其時也。且閉戶者，即終南苧麻蘭若，此記處也。但下即彰述作之本。祖師降生於隋世，弘化於唐朝。高祖神堯皇帝受隋恭禪位，始號唐國，改元武德。九年六月，絕筆時也。爾前太史傅奕黨助道宗，誣謗釋氏，奏請沙汰，高祖依之。於是抱道碩德，遁於巖野，故祖師隱於終

南苧麻蘭若，首撰此鈔。至九年，太宗復興吾教，搜揚有德。祖師是輔相之子，道德著聞，皆被搜選，故云爾時等。俗譽，此謂俗中聲譽，無所傷也。言閉戶者，明避難也。依所學者，彰有承也。但下二句，述本志也。直筆書者，不演義章，刪除異論，離諸曲碎故。不下二句，示謙損也。龍身有文彩者謂之虬。語澀故蹇，文鄙則陋。想下二句，囑審悉。有識謂智高通士，謂鑒遠。文多記字，疑是傳錯。

四分律刪繁補闕行事鈔卷下

四分律行事鈔資持記卷第四十二

歲次甲戌，自扶桑國請得古寫本鈔記，並釋及濟覽。乙亥正月居萬壽岩，與此刊本互校，以藍絲一一標記。至四月二十一日乃竟。與四年前抄錄冠科起訖之月日適同，可意巧合。非是故遣，因緣殊勝，誠不可思議也。時居淨峯　演音記

[illegible]二次復校[illegible]過錄諸覽，詳校自乙亥四月二十二日至五月十日，又自六月十四日讀校至九月三日乃訖。[illegible]時居淨峯。是歲九月二十六日補標[illegible]點竟，十月四日於淨峯。

計刻此書連圈計字七十三萬六千七百個，并簽條繪圖掛線共付刻資叁千肆百零捌元二角六分六釐

中華民國十八年　十月　天津刻經處識

辛未正月抄錄冠科，至四月二十一日錄竟。是日適為亡母七旬冥誕，以此功德迴向，願母早證菩提。　演音

剃染後二年庚申，請奉東瀛古版行事鈔記，未遑詳研。甲子四月供施江山，逮於庚午六月居晚晴山房，乃檢天津新刊，詳閱圈點，並抄寫科文，改正訛誤，迄今三載，始獲首尾究竣。是三載中，所至之處，常以供養奉持。辛未二月居法界寺，於佛前發專學南山律誓願。是夏居五磊寺，自誓受菩薩戒，并發弘律誓願。臘月移居伏龍。壬申九月歸臥永寧，十一月至南閩。講含注戒本於妙釋寺，講隨機羯磨於萬壽巖。癸酉五月居溫陵大開元寺（越二月）乃詳點錄校竟。并為述斯事始末，以示後賢。

癸酉六月初五日，先考聊公百二十一年冥誕後五日，初十日圓滿敬書。

行事鈔資持記諸家標目

日本後學釋戒月攷錄

（日本律宗章疏、東域傳燈目錄永超集，皆云新羅智仁述。）

行事鈔記十卷

右一部唐京兆光明寺智仁律師著事鈔一出。諸家著記以師爲始。係所謂六十家之外矣。

行事鈔引源記二十一卷

右一部唐會稽雲門寺靈澈律師述。亦係六十家之外矣。

行事鈔記未考記名及卷數

右一部唐京師西明寺大慈律師述

行事鈔記如上

右一部唐（泉州）龍興寺恆一作弘景律師述

行事鈔當陽記未詳卷數

右一部唐荊州曇勝律師述

行事鈔記未詳記名及卷數

右一部唐蒲州融濟律師述

行事鈔記如上

右一部唐泉州道深律師述

行事鈔西河記未考卷數

右一部唐湖州崇福律師述

（高麗義天新編諸宗教藏總錄云：崇福律師科四卷，律鈔義記五卷，有本。）

（又云：靈萼刪補鈔洪四卷，或二卷，有本。又云：玄本行事鈔記五卷，或三卷，有本。今標目本載。）

行事鈔記未詳記名及卷數

右一部唐（湖州）崇聖寺靈㝢律師述

行事鈔記如上

右一部唐湖州智海律師述

行事鈔記如上

右一部唐湖州法琳律師述

行事鈔記十卷未詳記名

右一部唐蘇州開元寺道恆律師述

行事鈔今古記十卷

右一部唐志明律師述

行事鈔圓成記十卷

右一部唐智蟾律師述

行事鈔富陽記十卷

右一部唐杭州法儼律師述

行事鈔支硎記未考卷數

右一部唐蘇州法興律師述

（高麗義天錄又云：玄儼輔篇記六卷，有本。）

行事鈔輔篇記十卷

右一部唐越州法華寺玄儼律師述

行事鈔發正記十卷

右一部唐會稽開元寺覺胤（曇）一律師述

高麗義天新編諸宗教藏總錄云義威鈔記六卷有存

行事鈔折中記六卷
右一部唐常州興甯寺義宣（一作超）律師述
行事鈔會正（一作目〔昌〕）記未詳卷數
右一部唐志相律師述
行事鈔古今決（一作慈和記）十卷
右一部唐潤州招隱寺朗然律師述
行事鈔闕要記十卷
右一部唐清法律師述
行事鈔集正記未詳卷數
右一部唐潤州惟倩律師述

行事鈔記六卷未詳記名
右一部唐慧超律師述
行事鈔記七卷一作六卷未考記名
右一部唐杭州辯常律師述
行事鈔靈山記未考卷數
右一部唐西京（杭州）禪定寺義威律師述
四分律鈔批（一作華嚴記）十四卷　今存
右一部唐杭州華嚴寺大覺律師述
行事鈔搜玄錄二十卷
右一部唐吳郡雙林寺長壽大師志鴻述

行事鈔順正記十卷
右一部唐揚州慧照寺省躬律師述
行事鈔通玄記未考卷數
右一部唐通玄寺常進律師述
行事鈔記六卷未考記名
右一部唐乾素律師述
行事鈔記四卷未詳記名
右一部唐曇慶律師述
行事鈔顯宗記未考卷數
右一部唐衡嶽寺曇濤律師述

行事鈔集義記（一作後堂記）二十卷
右一部唐鐘陵龍興寺清徹律師述
行事鈔記未考記名及卷數
右一部唐廣雄律師述
行事鈔記十卷未考記名
右一部唐智瓘律師述
行事鈔顯正記十卷
右一部（京兆）總持寺法寶大師玄暢述
行事鈔繼宗記未考卷數
右一部唐京兆從志律師述

高麗義天錄云普照別行事鈔集要錄十二卷也有本

他本或作台州

行事鈔記未考記名及卷數

右一部唐秀州德圓律師述

行事鈔記如上

右一部唐越州開元寺丹甫律師述

行事鈔記如上

右一部唐州仲平律師述 湖

行事鈔集要記十二卷

右一部後梁西明寺慧則律師述 京兆

行事鈔義記五卷

右一部後梁越州大善寺元表律師述

行事鈔長水記未考卷數

右一部後梁秀州全禮律師述

行事鈔上元記如上

右一部後梁慧密律師述

行事鈔竈鏡記如上

右一部後梁徽猷律師述

行事鈔簡正記二十卷 今存

右一部後唐杭州眞身寶塔寺景霄律師述

行事鈔持犯四果章記未考卷數

右一部後唐杭州無外律師述

覺照或作覺熙

記或作録

他本或作溫州

他本或作杭州

行事鈔手鏡記如上

右一部後唐婺州德殷律師述

行事鈔指志記五卷

右一部後唐杭州覺照律師述

行事鈔集義記未考卷數

右一部後唐洪州清儼律師述

述鈔音訓如上

右一部後唐越州崇義律師述

行事鈔記未考記名及卷數

右一部後唐立律師述

行事鈔增暉記二十卷

右一部漢錢塘千佛寺文光大師希覺述

行事鈔拾遺記三卷

右一部宋杭州處雲律師述

行事鈔集解記十二卷

右一部宋越州普濟律師述

行事鈔音義指歸三卷

右一部宋京兆天壽寺通慧大師贊甯述

行事鈔正言記十卷

右一部宋昇州德明律師述

杭州或作台州

高麗義天錄云澄淵律鈔詳集記十四卷有之今標目未載

行事鈔義苑記七卷

右一部宋杭州擇悟律師述

行事鈔會正記十三（一作二）卷

右一部宋錢塘菩提寺允堪律師述

行事鈔簡正記 未詳卷數

右一部宋溫州文博律師述 博或作溥

行事鈔資持記十六（一作二）卷 今存

右一部宋靈芝崇福寺大智律師元照述

行事鈔資持記諸家標目

弘一大師全集

趙樸初署

第四冊

佛學卷

句讀校注

《弘一大師全集》（修訂版）編輯委員會 編

海峽出版發行集團
THE STRAITS PUBLISHING & DISTRIBUTING GROUP
福建人民出版社

初版發起人（敬稱略）

釋瑞今　釋宏船　釋廣洽　釋常凱　釋妙燈　釋廣淨
釋廣義　釋廣範　釋廣餘　釋廣安　釋傳貫　釋晴輝
釋覺定　釋優曇　釋元果　釋隆根　釋自立　釋唯慈
釋妙因　釋妙抉　釋心理　釋圓拙　釋妙蓮　釋妙湛
釋毅然　釋傳常　高文顯　陳珍珍　林子青　虞　愚
蔡吉堂　劉雪陽　豐一吟　金兆年

編輯委員會總顧問：趙樸初
編輯委員會主　任：林子青
副主任：釋圓拙　陳珍珍　沈繼生
編輯委員：釋圓拙　釋妙因　釋妙蓮　林子青
陳珍珍　高文顯　沈繼生　釋法雲　王連茂　陳泗東
陳清泉　陳祥耀　莊炳章　陳存廣　黃柏齡　楊加清
李瑞良　楊貢南　夏宗禹　許在全　余險峯　張虹劍
施榮茂　莊為玠　葉四遊　陳瑞熙　傅佩韓　陳懷嘩

修訂版編輯人員（敬稱略）

編輯委員會總顧問：李木源
顧　問：釋界詮　釋道元　釋本性　釋向願　釋理任　釋常定
汪毅夫　林文斌　余險峯　黃少萍　李育才　陳清泉
潘燕燕　胡曉泉　駱良益
主　編：釋學誠　陳珍珍　陳祥耀
副主編：周焜民　王爾康　吳幼雄　林長紅
編　委：釋學誠　陳珍珍　陳祥耀　周焜民　王爾康　吳幼雄
林長紅　祝閩影　周書榮　釋振宇　釋德昇　釋真仁
張　勇　林　樺

◎ 一九四二年攝於泉州

◎一九三六年攝於廈門南普陀寺

◎一九三六年攝於廈門佛教養正院

◎一九三八年攝於漳州七寶寺

◎與因弘法師、周孟由居士 一九二二年 攝於溫州

◎一九三一年攝於杭州

◎一九三五年攝於廈門萬壽巖講經會

◎一九三八年攝於漳州尊元經樓

◎一九四八年奉送大師靈骨上供於杭州招賢寺
前排：劉質平、劉勝覺、普行法師、弘傘法師；
後排：吳夢非夫人、吳夢非、李鴻梁、潘錫九、
樂歡法師、林子青、巨贊法師、李季谷。

◎一九四二年八月十五、十六兩日大師在此宣
講《佛說八大人覺經》，一九四四年泉州佛教
會立碑紀念。

◎一九四二年大師最後講經處——泉州小山叢竹
書院（朱熹講學處）

第四冊目錄

佛學卷

第二部類　句讀校注（續）

佛學卷

句讀校注

制舉卷 目錄

四分律行事鈔資持記扶桑集釋

弘一大師集釋

例言

一 案吾國及日本古版，皆鈔、記別行，逮日本貞享丙寅歲（清康熙二十五年，一六八六），日本泉州大鳥山神鳳律寺比丘慈光瑞芳，以鈔、記異部，學者對閱未便，乃會合鈔記（並冠靈芝律師科文於上），刊版行世。日本續藏經所載者，即此本也。

一 四分律行事鈔資持記，都四十二卷，輯裝二十冊，天津刻經處刊，依日本續藏原本抄寫，而復校訂者。

一 集釋卷中，先標會本卷數、鈔原分卷及篇次。如會本卷第三鈔一之三標宗顯德篇第一。會本卷第三，即天津刊本之卷三；鈔一之三，即鈔原分卷數，故偏右排；標宗等列篇目、次數。

一 每頁頂線上數字，標會本頁、行。如一．一五，即第一頁第十五行。

一 頁、行數字、頂線下小標題，即牒鈔、記文者。題下空一格，下為釋文。

一 南山律外，引用經、律、論文，皆依各刻經處單行本以標卷、頁；其有手下無書，據藏經查閱者，則但標卷數。輯錄者釋妙因附識。

目次

卷一

卷二

卷三

卷四

卷五

卷六

卷七

卷八

卷九

卷十

卷一

會本卷一 鈔上一之一　釋行事鈔序　十門

一・一〇 蘊結　戒疏七・一：「蘊結西土，千有餘年；譯傳東夏，將四百載。」行宗記：「蘊結，即目結集。」濟緣記一・六：「對西曰東，大國曰夏。」

一・一二 一字　涅槃經三：「善學戒律，不近破戒，見有所行隨順戒律，心生歡喜，如是能知佛法所作，善能解說；是名律師善解一字。」善學，鈔三九・六引作若學。記三九・一八：「一字即律字，以律訓法，總合大小開遮重輕；故雖博通，指歸一字。」

一・一三 如來所使　法華經法師品：「我滅度後，能竊為一人說法華經乃至一句，當知是人則如來使，如來所遣，行如來事。何況於大衆中廣為人說。」唐穆宗贊祖師詞曰：「代有覺人，為如來使，龍鬼皈降，天人奉事。……」

一・一四—一五 攝僧……日用　攝僧護法，貴知大要，故止可提綱。日用時須，法則微隱，故須曲盡。

一・一六 駕說　法言學行篇：「天之道不在仲尼乎！仲尼者，駕說者也。」注：「駕，傳也。」

一・一八 資持　華嚴經：「清淨白法之所資持。」然今文意，科釋鈔文，資助二持之意耳。大同荊溪輔行記之例矣。

二・二 以蠡酌海　文選四五，東方朔答客難：「語曰：以管窺天，以蠡測海。」注：「銑曰：管，竹管也，蠡，蚌蛤也。」漢書東方朔傳注：蠡，瓠瓢也。

二・三 捧土塞河　後漢六三，朱浮與彭寵書：「此猶河濱之人，捧土以塞孟津，多見其不知量也。」孟津，黃河津渡名。在河南省孟縣南。

二・四 流通　孝衡記：澤從上被下，名之為流；無壅隔，名之為通也。

二・五 指南　黃帝與蚩尤戰於涿鹿之野；蚩尤作大霧，兵士皆迷；黃帝作指南車以示四方，遂擒蚩尤。舊說，周公所作。周公治致太平，越裳氏重譯來貢，使者迷歸路，周公錫以軿車五乘，皆為司南之制，載之以南，期年而至其國。（古今注）

二・一〇 增暉等記　增暉記，溫州大覺寺希覺律師撰，凡二十卷。

二・一〇 列章門　鈔第一門敘律教興下曰：「心懷泥曰，而興教矣。」於此廣列義門，號之涅槃章。鈔又曰：「云何為學，為求四果故。」於此述四果章。世或別行是也。

二・一七 隨律之經　行宗無釋。資持記二・三三：「五八二戒……化教所攝。律中明者，隨律之經。」今文意曰，或律中復列四諦、十二因緣、三學、八正道等名釋，雖值之唯略知其名相耳。如廣張其相，吾不為之，非所宗故。

三・五 三宗　三宗者，即有、空、中道也。前二教限，即屬小乘；後一開會，圓大乘也。

三・六 實法宗　芝苑遺編一中・二五：「言有部者，即十誦律主薩婆多師所計三世等法，悉有實性，故名一切有部；又號實法宗。即婆沙、俱舍、雜心、婆多等，同其流也。」

三・九 假名宗　遺編又曰：「言空宗者，即四分律主曇無德師所計五陰諸法，從衆緣生，無有實性，故號空宗；但有名字，號假名宗。」

三・一〇 二非　業疏一六・五：「作戒色心為體。……由作初起，必假色心；無作後發，異於前緣，故強目之非色心耳。」濟緣記：「法體雖有而非色心，無由名狀；且用二非以目其體，故云強也。」

三・一三 三聚圓修　業疏一六・一六：具述三聚三佛德。濟緣記：「初受，圓發三誓；隨中奉持，圓修三行；成因感果，圓證三身。」問：亦通未來否？答：業疏：「由有本種熏心，故力有常，能牽後習。」濟緣記：「言有常者，運運不息，生生常住故。言後習者，有其二別：一者習因，徹至未來；二者習果，即後三佛。」

三・一五 分通之義　濟緣記一六・一九：「假宗知權，不住方便，符通深之部意，為稟大之先容。所以鈔敘發心，為成三聚，此明隨行，次對三身，願行相扶，彼此交映，方見圓宗深有來致。」

四・六 莊嚴章句……讚詠外書　十誦云：莊嚴章句樂世法故，如是能令正法疾滅。又法華五：「不親近諸外道梵志尼犍子等，及造世俗文筆讚詠外書。」或為破邪等，佛亦開許。善戒經：「不犯者，若為論議破於邪見，若二分佛經，一分外書。」瑜伽亦爾。又薩婆多師，十二時中，許一時學外。又曇無德部：俗藝咒術，為防己害，兼以閑邪，開學不犯。又智論二歎結集羅漢曰：「誦讀三藏，知內外經書，諸外道家十八種大經盡亦讀知；皆能論議降伏異學。」

四・一一 考教義　考教義者，如祖師戒體持犯三觀三宗等，歷代沈喪，孰為提綱。

四・一四 爭鋒　下記一・一九：「鋒即利刃，世中兵鬬，謂之爭鋒；唇舌相攻，以圖勝負，事有同焉。」

五・三 五部　五部者：曇無德部四分律，二者薩婆多部十誦律，三者彌沙塞部五分律，四者迦葉遺部解脫律但有戒本，五者婆麤富羅部律本未至，上依鈔列。若準戒疏，除婆麤富羅，加僧祇。鈔所以除，蓋是根本部故也。疏所以採，疑約現流布故。

五・三 從文段數　文段即說段也，如次下引戒疏。

五・四 總六十卷　二部戒本二十八卷，二十犍度二十五卷，二結集合一卷，調部毗尼三卷，毗尼增一三卷，合六十卷。

五・六 八卷比丘尼戒本　問：尼戒本卷數少者？答：與僧同戒，但列戒本；緣起辨相，並例省之。

五・六 此云法聚　問：二部戒本，可亦名法聚耶？答：亦得名也。即濟緣一・五：「且就本律二衆戒本，二十犍度皆名法聚。準五百結集文，比丘事聚在一處，名比丘戒本；尼戒亦然。受戒法聚在一處，名受戒犍度，乃至諸犍度亦爾。犍度梵言，即翻法聚。是則一部始末，通歸法聚所收。」

五・一〇 拘睒彌　五分、僧祇並云拘舍彌，西域記云憍賞彌，梵音楚夏耳。此中說有十八事破僧，有五種犯罪人，及非時和，惡馬治等相。

五・一一 瞻波　爾時世尊在瞻波城伽尸國，婆娑婆聚落，有異住處，客比丘來，舊比丘供給所需，經多日後，舊謂客在此日久，已有知識，自今不須供給；客懷嫌心，舉舊比丘罪。舊往瞻波城具白佛，佛判言非法羯磨不成就。

五・一三 遮　明遮說戒，及舉罪五德（知時不以非時，如實不以虛妄，有益不以損減，柔軟不以粗獷，慈心不以瞋恚）等。

五・一三 破僧　明提婆將五百新學，往伽耶山，破僧羯磨說戒。又廣說提婆往昔因緣。

五・一四 法　明主客相待法，入廁法，乞食法，住阿練若法，衣服浣染法，掃除法等。

五・一五 房舍　明瓶沙以竹園施佛及僧，須達將祇園施佛僧，及定比丘上下座等相。

五・一六 雜　明剃髮，剪爪，嚼楊枝，漉水，然燈，說法，道行等雜相。

五・一七 五百結集　佛入滅後，迦葉集五百羅漢往王舍城，與阿難、優婆離集三藏法門是也。

五・一七 七百結集　佛滅百年，毗舍離國，有跋闍子比丘，擅行十事，離婆多尊者集七百羅漢，再結法藏是也。

五·一七 調部毗尼　律中僧尼戒本，二十犍度，五百七百結集之後，別為一篇，涉於三卷，名調部毗尼。乃條前戒本，決釋疑滯。如前婬戒未明三道分齊，道俗成犯之相；波離一一別問，如來隨問答釋，使前本持犯委足等。

五·一八 毗尼增一　自一法次第增至十法，乃至二十二法。謂二種謗法，三種羯磨，四大賊，五種黃門等是也。

六·三 離分三分　第二分以下，通有犍度，故云三分。

六·五 餘部　按不空表制集，不空三藏築有部石戒壇，依有部而受具。若爾，非一向不依用，但諸人不通用耳。

六·五 神州　戒疏一·三五引河圖云：「崑崙東南方五千里，號曰神州。」記：「物理論云：地神曰祇，大曰黃地祇，統八方內地。小曰神州，據王畿千里內地。是則神主其地，故得名也。……今此通解，但是震旦異名，總目一國耳。」史記騶衍說曰：中國名曰赤縣神州。

六·八 有引　鈔一·四〇：「如薩婆多部，戒本繁略，指體未圓。……今曇無德部，人法有序，軌用多方。」記一·四一：「須精簡足數別衆，即人有序也。……衆別羯磨，各攝分齊，互不相通，少有增減，判歸非法，此法有序也。」

六·一一 梵本　業疏謂于闐有本，約可百卷。

六·一五 八十誦律　記二·七：「如來滅後，迦葉結集為八十誦律，五師相繼一百年來，並無支派，後因諍計，遂分五宗。」

六·一七 從教為名　經詮定，論詮慧，唯律詮五七刑之教，故云。

六·一七 重輕開遮　行宗一·四〇謂：一一戒下，皆具此義；且如婬戒，入如毛頭犯夷，此名重也。半壞多分壞等，及緣差方便等，即輕也。怨逼無樂，則開也。受樂結重，遮也。離此諸過，名持。反此，名犯。諸戒例爾。

六·一九 附教　即律文。俗有古今五刑，道有五、七篇聚。而必按其科條，察其濃淡，不妄加減，故云不可越。至於據斷，同依定例，故曰法也。

六·二〇 若律呂　資行鈔：「俗中有三種律：謂陰律，應律，格律也。簡正記以應律釋分宗。今記意約陰律。」律呂者，前漢律曆志：律有十二，陽六為律，陰六為呂。六律者：黃鐘，太簇，姑洗，蕤賓，夷則，無射也；六呂者：林鐘，南呂，應鐘，大呂，夾鐘，中呂也。

七·一 各分二氣　謂正月節，正月中；乃至十二月亦爾。節中即二氣，十二月通各有，則二十四氣也。

七·六 氣候　五日為一候，三候為一氣，六候為一月，十二月為一年。（羣書拾唾一）

七·六 三云律字　行宗一六·四五：「律下正合筆義。從人從聿，象人執筆。說文曰聿所以書也。楚謂之聿，吳謂之不律，燕謂之弗，秦謂之筆。」

七·七 審教　行宗一六·四五：「審教，謂詳法制重輕；驗情，謂察用意深淺。俗中判斷，落筆定刑；況今律乘，準判即決。」故云筆斷。

七·七 又云處劾　戒疏一·四〇：「處劾決正，非筆不定。筆部法家之象。」行宗：「劾，胡得反，推窮罪人也。法家象者，以法無象，假筆書示，以成其形。故釋名云：筆，述也，述事而言也。」

七·一〇 自餘翻釋　鈔一五·一〇：「或以滅翻，從功能號，終非正譯。」是也。

七·一一 廣在中卷　即鈔一五·五隨戒釋相初戒法中廣說七門釋是也。

七·一三 疏或鈔十有餘家　道覆、慧光、洪理、曇隱、道樂、洪遵、洪淵、道雲、道暉、法願、道洪、法勝等，或鈔或疏，各有撰述。

七·一四 口相傳授　如法聰律師，但口傳授，未製疏釋。又上諸師，可兼口傳也。

七·一七 今以標破　問：諸師情見，如今鈔不錄者，可非所刪。

八・一　無標破故。答：不爾。準下第十門記，有「對破」「全除」二。有標破之言者，對破刪也；如鈔中不錄者，全除刪也。

八・二　略有二義　問：繁廣、繁濫何別？答：情見廣述，不足依用，則繁廣也；出自臆度，倚濫聖教，即繁濫也。

八・二　自然定方　鈔四・一九：「問：自然界者，為方圓耶？答：昔云定方；今解不然；若界方者，四維有餘，則無教可準，今言自然界不定方圓。」

八・二　七樹七間　業疏四・一七：「七弓種一樹，齊七樹為量，相去作法，雖有異衆，各不犯別。約相步之，則有六間，六十三步。昔云七十三步半者，錯算七間也。僧祇疏中七樹六間，猶如四分衣界，八樹中間，諸師衣界，正計七間，如何僧界七樹非六間也。」鈔四・一三：「僧祇中：若城邑聚落界分不可知者，用五肘弓，七弓種一樹，齊七樹相去，使異衆相見，不犯別衆，各得成就。準相通計，七樹六間，得六十三步，不同前解七間七十三步半。」

八・二　戒場先後　業疏八・一三：「先結戒場，後結大界；若已結大界者，應解已，如前次第結之。」鈔六・三〇：「今猶有人先結大界者，此不讀聖教，唯信意言。」

八・三　夏中結解　鈔一二・三〇：「次明夏中解界法。人解有言破夏者……此妄引聖言。律云：安居竟應解界結界者，為諸界內同受功德衣也。各捨通結，同受，共解別結，廣文如十誦。……安居不竟，解界破夏者，亦可安居不竟自恣破夏。……若夏內解界，今言無妨。」

八・三　受日限定等　鈔一二・三三：「先後者，若用羯磨受後，更受七日得成；隨緣長短。不同古法，唯前七日，後方羯磨。」古師執三種次受，不得前後：即初七日，次半月，後一月。又鈔一二・四二：「重受者，昔解一夏之中，開

八・四　於三法，差此不成。今云得重。……但事緣如法，無問多少，一切通開。」

欲詞牒緣　業疏五・六：「所以不稱病等緣者，律無文也。稱者人言，不足承用。」鈔五・六：「問：此欲辭中，不稱佛法僧事者？解云：稱者人語，不稱正本；……由羯磨中，不牒此說欲之緣。」

八・五　受日加乞　刪補羯磨下注：「佛法東流，數本羯磨，乞受日法全缺不同；皆自意言，未尋正教。今學所宗，但依律本；本既無乞，不可妄加；又括諸部，並無加乞。」又業疏二一・六中具出四本羯磨正決可否。又鈔一二・五〇：「光師所撰羯磨，增加乞辭，舉世同行；……今正學宗，並依律本。」

八・六　知鐘　鈔四・九：「世有濫用知鐘者，此非聖言。」

八・六　說戒淨口　鈔一一・二〇：「水湯二物，但得盥掌，本無漱口之事；往往有之，自出愚叟。」

八・七　安居通聚　鈔一二・二〇：「若依聚落林野等，改前伽藍住處，隨名牒入。……不同昔愚皇帝聚落也。」記：「不下，斥非。彼謂通依一國一城，則處寬易護；然束約攝修，唯狹彌善；……安有畏失而通一國乎！恐無知倣習，故須指破。」

八・七　自恣為非　鈔一三・三：「此是自言，恣他舉罪；非謂自恣為惡。此雖相顯，有無知者濫行。」記：「昔人應以賞勞五利，開破五戒；是任意毀犯，而立其名。」

八・七　僧網篇中　鈔七・三四：「寺別立制，多不依教。飲酒醉亂，輕欺上下者；罰錢及米，或餘貨賕。……或行杖罰枷禁鉗鎖，或奪財帛以用供衆；或苦役治地，斬伐草木，鉏禾收刈，或周年苦役」等。

八・九　若依序文　鈔第十門二・四四：「諸師所存，情見繁廣；今並刪略，止存文證。」

八・一一　自昔不明　搜玄錄立九刪九補，所刪中攝本律他部，及

大小經論等故。

八·一五　凡見引文　斥古解也。古記見本律文廣，多略不引，即謂刪律；又見本宗缺文，則引他部，則謂補律；故斥之。今記意古師情見，今鈔不錄者，曰刪；古師行事有闕，今鈔補之，為補也。

九·六　異端　孝經序：「嗟乎！夫子沒而微言絕，異端起而大義乖。」異端，猶言多端也；或文疏鈔，或說口授等多故也。

九·一〇　尺量短長　鈔一九·一九：「通明尺寸分量不定者，由翻經有南北二國，三藏生處不同，故致多別，各相矛盾。今以義約，佛在人倍人，身量同爾。此震旦國法，尺寸隨俗不同；而用律曆定勘，則以姬周尺斗為定。通古共遵，百王不易。」

九·一〇　由旬大小　鈔六·六：「明了論云：三由旬者，合角量取，亦不知由旬大小。智論：由旬三別：大者八十里，中者六十里，下者四十里。……準律文意應百二十里，以下品為定。」

九·一〇　羯磨例皆白讀　鈔五·四七：「或復闇誦，不入心府，臨事致有乖違；於即對衆之中，執文高唱。如是等事，呈露久聞。豈不以愚癡不學，自受伊責。」又五·五五：「問：世中時有白讀羯磨，作法成否?答：不成是定。」

九·一一　問難不取解知　鈔八·三二：「又問難之體，要唯相解。今問汝不犯邊罪不?自非明律者，方識名知相；自外經論雜學，必無曉了。下一一具之，不同舊人蒙籠誦習。」

九·一一　臥具謂非三衣　戒疏一一·五九：「今人衣服，皆犯通開，斯何故耶?迷名者也。文言作臥具故，謂如被也。……但以三衣總號，此土先無，……不知何物。而廣張有相，同此被敷；故即相翻，或云臥具，或云敷具。故僧祇云：敷具者，三衣名也。多論云六年臥具，正三衣也。」

九·一一　畜長不科減量　減量則不應量也。鈔二〇·一：「四分云：長衣者，長如來八指，廣如來四指是也。……準前姬周尺，長一尺六寸，廣八寸也。若長廣互過減，皆不結犯。」戒疏一〇·七一：「如多論云：不應量財，得須說之；不說過限吉羅。……有人不識，恐犯長過，取一疋絹，裂為三片；長雖廣量，闊不入犯。亦是懼罪，終陷刑網。」

九·一一　淨地不立唱相　業疏九·一四：「今時行事，直依羯磨單白四句，自唱自結。……欲依軌儀，白中加第二句，牒其緣本，理得成也。」濟緣：「彼不別立唱相，羯磨緣中牒之，故云自唱自結。」

九·一二　七證全無請詞　準受戒篇律唯有請和尚法；鈔八·一四請二師中曰：「律無正文，……即準和尚例通請之。」而今云七證無詞者，若論二師，古師例請之。但至七證，獨出於今家，故鈔八·一五云：「次請七證師，義須準請……世多不行，但自滅法。若論發戒功，與三師齊德，何為不請之乎!」

九·一四　關輔　即關中三輔，左馮翊，右扶風，中京兆；共輔長安。漢書師古注：自函谷關以西，總名關輔。

一〇·一　至如律文　言律文本自殘缺，補之何為……今於行事有缺，故引諸文補行事耳。

一〇·六　事即對理彰名　言對經論等述理，今詮事之謂也。行宗一·四二：「理體湛寂，事相森羅，冥心湛寂者，則一心貫之，駐意森羅者，則纖毫不濫。」濫，津本作混。

一〇·七　局明戒善　懺篇三觀，訃請道俗等並明汎善。今約旁正，以戒為正。記一·二五例定宗云：「語行，則專據戒科。」是也。

一〇·一四　內外　戒疏：「食飲為內，衣服為外。」鉢器通二，可知。

一〇・二〇 序云　鈔一・二三：「常恨前代諸師，所流遺記，止論文疏廢立，問答要鈔；至於顯行世事，方軌來蒙者，百無一本。」

一一・二 下持犯　即中卷持犯篇也，事通止持、作持；法局作持，即羯磨法也。

一一・三 彼明　鈔二六・九：「法唯進修方知；事但離過自攝，故得明也。」記：「上句明不通法，……方知者，謂作門善法，為之乃知。……下二句明局事者，謂止持門止得明事耳。」

一一・五 行事　行，平呼，何庚切，音衡，步趨也。為也。記一・一〇云：行以運造為義。

一一・五 三行　行，去聲；胡孟切；身所行謂之行。

一一・六 行取　通論云：行有大小淺深，小曰行，大曰德。小補曰：德在內，言於心；行在外，主於行。

一一・一七 總別兩序　依節古記、增暉、義苑、會正，皆為總別兩序。簡正記云：「古今章記，所判不同；若依後堂、順正等記，以總別兩序為序分，標宗以下二十九篇為正宗，諸部別行一篇為勸學流通。其理不然，廣如別破。」

一一・一八 共彰一事　總，總別；別，別總故。

一一・一九 持犯總別　隨戒釋相，別持犯也；各隨戒不同故。持犯方軌名總持犯，諸戒通釋故。

一一・一九 二衣總別　初總分制聽，總也；後依門別解，則別也。如上等能詮文，雖有總別，所詮事但一也。

一二・一 所列七門　持犯方軌設七門判釋諸相，猶如十門別相。總義持犯以義門多，不可云獨別序。

一二・三 經宗通別二序　且如法華經：如是我聞，一時，佛住王舍城耆闍崛山中與大比丘衆等，五事（一者所成聞法，二者能持人，三者聞持時，四者聞持處，五者聞持伴也。或又云六成就。）通序也，諸經通有故。又名證信序，百代無疑故。經爾時世尊四衆圍繞供養恭敬，尊重讚歎，乃至放眉間白毫相光，照東方萬八千世界等，六瑞為別序，局此經故。亦名發起序，顯說經發起故。

一二・八 經後經前　證信序，經家結集時有，故云經後；發起序，在佛在世，非阿難序，故云經前。記主觀經疏云：證信結集方安，名經後序。發起未說先有，名經前序。

一二・一五 後分三行　即鈔二・四七：「夫宅身佛海，餐味法流，形厭僧伍，行唯三位。」已下也。

一二・一六 題下注字　今記意題號注也，鈔批等云注撰號，簡正出二義。有人難今記云題自解云刪繁等，何須注？救曰：「異他立題，故注顯其意也。」注三意中：第一顯別意之義，第二顯別名之義，第三為釋疑之義。

一三・三 崇義寺　會正記：「唐武德七年，高祖廢除僧徒，散落諸寺，大師與師徒七人，同往崇義寺；至武德九年，方入終南撰述，故取所係寺以標之。」

一三・五 長安城　明一統志卅四：鳳翔府長安城，在府城西北九里，漢惠帝所築。呂淵濟曰：漢稱長安，言可長安子孫。漢書曰：長安本名咸陽，漢祖初定天下，欲都洛邑，因婁敬之諫，故帝乃歎曰：朕當於此長安子孫，故以名之。

一三・八 有云長城　增暉記：「俗姓錢氏，湖州長城人。」

一三・九 祖宗之所出　行狀云：祖父是湖州長城縣人，一曰丹徒也，父名申，任陳朝吏部尚書。

一三・九 行狀　相傳是李邕撰，宋傳云天寶元年靈昌太守李邕為碑頌德，或指此乎！

一三・九 在京華生長　別傳曰：申隨陳主入長安，遂為京兆人，大師在京華生長。行狀云：隋文帝開皇十六年四月八日而誕生。

一三・一四 九年即改　今考干支，武德九年，丙戌；貞觀元年，丁亥。又簡正記：「武德十年正月一日改貞觀。」準此等，今文少相違歟！（今料簡，武德九年約撰初；戒疏批貞觀初年者，約其終也。）

一三·一五　彼疏又云　彼批云：「貞觀四年，遠觀化表，北遊并晉，東達魏土，有礪律師，當時峯岫，遠依尋詢，始得一月，遂即物故，撫心之痛，何可言之。乃返泌部山中，為擇律師，又出鈔三卷。」已下如今所引。

一三·一七　案目錄中　又記主撰集錄云：「武德九年製，貞觀四年重修，或云八年。」

一三·一八　舊云有六卷　節古義曰：「增暉云：約紙墨次分開六卷，成十二卷。」又云：「此云三卷，約初製時分，後至貞觀年中重修，開為六卷，今為十二。」

一三·一八　後分　古師謂祖師後自分十二卷，而與下文違謬可知矣。

一三·一八　文無　準後文此二字倒矣；無文不委。

一三·二〇　舟航　簡正記：單船曰舟，雙船曰航。

一四·九　冠字去呼　鈔批曰：未著曰冠平聲；著之在首曰冠去聲。字彙曰：沽歡切，音官，冕弁總名，元服也。指冕弁謂之冠，則平聲；加冕弁於首，謂之冠，則去聲也。

一四·九　束戴　資行：「束髮戴冠也。」

一四·一三　標宗　鈔標宗篇三·一五以下，引大小乘經論廣歎；如下樓柱等。

一四·一五　樓柱　鈔三·一七：「如成實論曰：道品樓觀，以戒為柱；禪定心城，以戒為郭。」郭，外城也。

一四·一六　乃至　鈔三·一八引毗婆沙云：戒言尸羅，亦言行也，亦云守信，亦名為器。尸羅言冷。亦名善夢等。

一四·一六　如池　鈔三·一九：亦名為池，羣聖所浴故。亦名瓔珞，老中年服常好故。亦名如鏡，由戒淨故，無我像現故。……又戒名為頭，能見苦諦諸色，乃至知色陰等法故。……功德所依，名器也。

一四·一七　如重寶如命　記三·二四：「舉世二物，喻令護惜。」

一四·一七　如鳥翅如船　鈔三·二三引智論：「又如無足欲行，無翅欲飛，無船欲度，是不可得；若無戒者，欲得好果，亦不可得。」

一四·一七　篇聚中　鈔一四·六：「先明戒護，是違失之宗；後明篇聚名報之相。」

一四·一八　王子　紹聖位故，如王子；功德因明故，如月光；善願成就故，如如意珠；可愛護故，如王一子；可保重故，如人一目；得慧命故，如貧資糧；具無量德故，如王好國；離衆惡故，如病良藥。

一四·二〇　如海無涯　戒疏二·二九：「就喻有二，初明深廣無涯性不納穢喻；次明能出衆寶使求無厭喻。言戒如海者，海為衆流所歸，戒為衆善所集，體周法界，故曰無涯。清澄離染，性不容穢。……二如寶喻中，寶為世重，求得無厭，欲明戒海非但清澄，兼生道品，三聖所重，故言寶也。常行志求，無時暫息，故云無厭也。……據文，能求之懷也；從義，所求無限也。」

一四·二〇　如猿猴鎖　防逸故，如猿猴鎖，如馬轡勒。

一五·七　豈唯五戒　戒序中指比丘戒為人天因；豈限五、十為人天因乎。

一五·一〇　問戒疏云　又律五八云：為調伏貪欲瞋恚愚癡令盡故制戒。

一五·一五　三寶四種　戒疏二·七：「一理體者：如五分法身為佛寶，滅理無為是法寶，聲聞學無學功德是僧寶。二化相者：如釋迦道王三千為佛寶，演布諦教為法寶，拘隣等五為僧寶。三住持者：形像塔廟為佛寶，紙素所傳為法寶，戒法儀相為僧寶。四一體者：如常所論，唯約心體，義分三相。」又二·一二：「照理邊，即為覺義；體離名言，即法義；至理無滞，和合僧義。」

一六·七　遺教依因　佛遺教經：「依因此戒，得生諸禪定及滅苦智慧。」

一六·七　成論捉縛　鈔一五·五：「如成實云：戒如捉賊，定如縛賊，慧如殺賊」等。縛賊殺賊，必由執捉；定慧修證，則在戒功。

一六·九　稟戒　稟：音丙。受也。書說命：「王言，惟作命。不言，臣下罔攸稟令。」傳：「稟，受令，亦命也。」

一六·一一　紀綱　書經五子之歌：「亂其紀綱。」白虎通三：「何謂綱紀？綱者，張也；紀者，理也。大者為綱，小者為紀，所以疆理上下，整齊人道也。」

一六·一八　隨經律　記一·二六：「經中談律，名為隨經之律。」

一七·一　正法像法　此大悲經、雜含、善見、毗婆沙等說也。若依摩耶經、大論、賢劫經等，正法五百年，像法一千年。或依大乘三聚懺悔經，正像各五百年。

一七·一一　賢劫中　慈恩劫章云：此住劫，稱賢劫，二十中第九劫，此界成後，有千佛出世，既多賢聖，故曰賢劫。

一七·一一　人壽百歲　惠心僧都依立世經作頌曰：六萬四萬二萬時，拘樓那含迦葉佛，百歲釋迦牟尼出，至第十五減劫中，九百九十四佛出，乃後住劫欲終時，樓至如來方出興。

一七·一六　經通餘人　智論二：「佛法有五種人說：一者佛自口說，二者佛弟子說，三者仙人說，四者諸天說，五者化人說。」

一七·一六　金口　止觀一上：「諸師皆金口所記。」輔行：「金口者，此是如來黃金身口業所記。」

一七·一六　大權影響　法華文句三：「影響者，往古諸佛，法身菩薩，隱其圓極，匡輔法王，如衆星遶月，雖無為作，而有巨益，此名影響衆。」即謂文殊普賢等大菩薩也。

一七·一八　鶴林　輔行一云：拘尸城阿夷羅拔提河邊樹有四雙，復云雙樹；佛於中間而般涅槃，林即變白，猶如白鶴，因名鶴林。

一七·一九　三意　三意者：第一毗尼為主之義，第二律局金口之義，第三通於始終之義也。

一八·二　四依　注中同會正釋。然依南本涅槃四依品，內凡為初依，初二兩果為二依，三果為三依，四果為第四依。濟緣記及通真記、鈔批、簡正等，並同經文。又出北本如來性品。

一八·三　大權　盂蘭盆經：「或十地菩薩大人權現比丘。」智旭新疏：「十地菩薩大人者，歡喜地乃至法雲地，分證法身，破無明得中道，應本同流九界，廣度衆生。」又法華：「內秘菩薩行，外現是聲聞。」

一八·五　依義不依語　皈敬儀：「語是言說，止是張筌；義為達理，化物之道。證解已後，絕慮杜言，法尚應捨，何況非法。」法界次第：「義是中道第一義諦。……語是世間語文字章句，虛誑無實。」

一八·六　依智不依識　法界次第：「照了之心，名之為智。……妄想之心，名之為識。」

一八·六　依了義經　涅槃經六：「不了義經者，謂聲聞乘，聞佛如來深密藏處，悉生疑怪；不知是藏，出大智海，猶如嬰兒，無所別知，是則名為不了義也。了義者，名為菩薩真實智慧，隨其自心無礙大智，猶如大人，無所不知，是名了義。」

一八·七　昔來但列　會正曰：今取迦葉等二十四師，是羅漢像故。

一八·一七　空有兩宗　一義云假實二宗，一義云護法清辯二宗。

一八·一七　隋唐已前　至智首方造五部區分鈔，分別五宗，判決假實故也。

一八·一九　震旦　名義集三：「震旦，或曰真丹，旃丹。……華嚴音義翻為漢地。……脂那，婆沙二音。一云支那，此云文物國；即讚美此方是衣冠文物之地也。二云指難，此云邊鄙；即貶挫此方非中國也。西域記云：摩訶至那，此曰大唐。」通釋云：震旦支那等，梵語轉音歟！

一九·五　萃　秦醉切，音瘁，聚也。簡正記：穴草聚生曰萃。中有一莖，迴出於上，故云拔萃。

一九·九　如世州郡　江，如三江九江等。山，如九山等。川，三川四川等。澤，九澤等。

一九·一一　曇延　傳出續傳十而無此語，或恐在別傳。

一九・一二　舊云國嶺，文出會正，簡正、鈔批、集要、增暉、義苑等皆爾。獨大鈔記云：震嶺者，謂此間也。同今記意。

一九・一二　葱嶺　西域記一二：「葱嶺者，據贍部州中。……東西南北各數千里，崖嶺數百重。……寒風勁烈，多出葱，故謂葱嶺。又以山崖葱翠，遂以名焉。」

一九・一三　亦云真丹　見上震旦。

二〇・六　駮　伯各切，音博，雜也。荀子王霸：「粹而王，駮而霸。」亦作駁。莊子天下：「其道舛駁。」成玄英疏：雜糅也。

二〇・八　玄綱大表　佛法衆事，多如網目，以律為綱。表，標也，示方處者。言律綱若絕，則以何任持佛法？律標若顛，則誰又知其所歸？玄、大，歎美詞也。

二〇・一二　憑虛　文選序：「述邑居則有憑虛亡是之作。」張衡西京賦：「憑虛公子。」薛綜注：憑，依託也；虛，無也。

二一・一　戰國策　六國時縱橫之說也；一曰短長書，一曰國本，亦曰國事。劉向撰為三十篇，名曰戰國策。詳劉向序及高誘注。

二一・一　畫鬼魅者　又韓非子一一云：客有為齊王畫者，齊王問曰：「畫孰最難者？」曰：「犬馬難。」「孰易者？」曰：「鬼魅最易。夫犬馬人所知也；旦暮罄於前，不可類之，故難。鬼神無形者，不罄於前，故易之也。」

二一・五　實錄　裴駰史記序：「不虛美，不隱惡，故曰實錄。」今謂正錄所載之誠文，非餘偽經失譯等也。

二一・六　討論　論語憲問：「世叔討論之。」朱注：「討，尋究也；論，講議也。」

二一・八　前修　文選三二離騷經曰：「固前修以葅醢。」注，呂向曰：「前修謂前代修習道德之人也。」

二一・一三　各差五德　律三七：差自恣五德羯磨中，但牒一人，故古師執此不一時雙牒。今依僧祇五分等明文，六人已上，一時雙牒也；若五人僧，宜兩度差。鈔一三・九：「今行事者，多有人人別差，此未通諸部。」記：「以見本宗差法，單牒名故。」言不言某甲某甲，但云箇某甲，故謂不能雙牒。今不爾，六人已上，一時雙牒；若五人先差一人，而其五德遠為衆，更差一人。

二一・一三　有覆不開懺重　鈔二八・一四：「諸師廢立，互有是非；今括其接誘，理無滯結。但覆與不覆，臨乞時都無覆者，盡形學悔。」記：「古釋都無覆者，謂從犯已後，曾無一念覆心方開；有則不開。」

二一・一三　夏竟解界　鈔一二・三〇：「古人云：安居不竟解界，破夏」等。

二一・一三　二十八人不足數　業疏四・二六：「今見講師，但取四分二十八人，是不足限；不用他部。口云律但列此二十八人，明知不列是足數也。」今家諸部通括，有六十五人（本宗三十二人），如足數篇。

二一・一四　四人捨墮　律曰：「有四種僧：一者四人僧，除受戒、自恣、出罪，餘一切羯磨應作。」若執文既四人僧中不除捨墮，似得通辦。然祖師依僧祇明文，捨墮懺悔，五人僧攝。如集僧篇四・二二：謂受懺悔主，作白和僧，為他所量，不入僧數。今以當宗不了，僧祇為定。

二一・一八　小界立相　業疏八・二五：「小界怱急，不明立相，……古師傳用，自恣圓坐，五德在中。說戒直立，開無衆具。……及作受戒相，如熨斗柄，是中問遮。」鈔結界篇謂小界難緣開之，本欲遮訶，故不立相。僧祇捨衣界，非是難緣，故坐處外有一尋；彼以有難例無難，非謬乎！

二一・一八　僧祇捨衣界　鈔六・三六：「若準僧祇，彼文云：欲捨衣者至界外，無戒場者結小界。文云齊僧坐處外一尋已內，於中作羯磨。此則明文有開，但同戒場之法，非關小界。四分戒場法中，亦云小界，可即是小界立相也。」

二一·一八 無衣鉢　鈔九·五：「昔人義準四分和尚法中，若知借衣鉢受戒不得者，則不得戒；不知者，得。此乃人判，終違律文，必敬佛言，再受依法。」

二一·一八 破戒和尚四句　記四·三五：「一、汝知和尚破戒不？答：不知。佛言得戒。二、問：汝知彼破戒不？答：知。復問：汝知不合從此人受不？答：不知。佛言得戒。三、問：汝知彼破戒不？答：知。復問：汝知不合從彼受不？答：知。又問：汝知從此人受不得不？答：不知。佛言得戒。四問如上三句，並答知。佛言不得。」今引例甚不應也。

二一·一九 用僧祇加衣法　鈔三〇·二七：「四分：但云三衣應受持。若疑，應捨已更受，有而不受吉羅。而無說文。昔有人依僧祇法者，彼護衣與四分不同，（僧祇一夜通會，四分唯對明相。）今依十誦。（以受持相類故。）」

二一·一九 用解大界　律無解戒場文，古師輒用解大界及解小界法。然大界有二同文，戒場則無；又小界無相，戒場則立；本不相涉，何得依用，今師翻結為解，理通文順。用解大界等解戒場者，業疏八·一七：「若如光師前本，則以解大界者，通捨戒場。……然則大界結有二同，及解之時，牒同作法；戒場結無同字，明知唯解大界，不在戒場。……有人用三小界解，此亦非義。三小俱無其相，一席作法，如何類耶？今比諸界，反結成解；雖非律文，有比量故。」

二三·四 釁戾　釁，許慎切，音欣，去聲。左傳宣公十二年杜注：「罪也。」疏：「釁，是間隙之名，既有間隙，故為得罪也。」戾，音例，乖違也，罪也。

二三·七 一方　鈔七·一：「一方行化，立法須通。」記：「一方者，通語遠近傳弘之處；立法通者，舉事依教，餘方共遵；曲任私情，不流於外故也。」

二三·八 一揆　孟子離婁：「先聖後聖，其揆一也。」朱注：「揆，度也。」

二三·九 目擊　謂親見也。莊子田子方：「仲尼見溫泊雪子而不言，子路曰：欲見溫泊雪子久矣，不言何耶？仲尼曰：若夫人者，目擊而道存矣，亦不可以容聲矣。」王先謙集解：「目觸之而知，道在其身，復何所容其言說耶。」

三·一九—三三·一 解界。重受。立相等　並如上。

二三·五 夏末受日　前安居人，如七月九日受七日法出界，古師謂通十五日夜分有法，不還無過，若明相出非夏限，不還則成夏。今師判為破夏。

二三·六 七日藥　鈔三四·三六云：七日藥，口防三罪，一防過時失受，二防過中惡觸，三者殘宿；昔云防內宿。記云：此無律文，以盡形為證，例知不開。

二三·六 盜常住物　鈔一七·二二：「有人言：若盜僧物，云不成盜，便即奪取；此未見諸部明文，若奪成重。」

二三·一一 古作四義　會正，增暉均謂闕重疑等四句為四事。

二四·五 訓蒙　書伊訓：「具訓於蒙士。」蔡傳：「童蒙始學之士。」易蒙：「匪我求童蒙，童蒙求我。」疏：「蒙者微昧闇弱之名。」

二五·一 游詞　裴駰史記序曰：「刪其游辭，取其要實。」易繫辭曰：「誣善之人，其辭游也。」

二六·一 駮雜　不純也。駮亦作駁。馬色不純曰駁。

二六·二 狂簡斐然　論語公冶長篇：「子在陳曰：歸與歸與！吾黨之小子狂簡，斐然成章，不知所以裁之。」朱注：「狂簡，志大而略於事也；斐，文貌；成章，言其文理成就，有可觀者；裁，割正也；以為狂士志意高遠，猶或可與進於道也，但恐其過中失正，而或陷於異端耳，故欲歸而裁之也。」

二六・三 草創之　論語憲問：「子曰：為命，裨諶草創之，世叔
討論之，行人子羽修飾之，東里子產潤色之。」注：
「裨諶以下四人，皆鄭大夫。」朱注：「草，略也；
創，造也；謂造為草稿也。……鄭國之為辭令，必更
此四賢之手而成。」
二六・四 後批　後批者，在下卷最末。記四二・四五釋云：「直
筆書者，不演義章，刪除異論，離諸曲碎故。」
二六・一三 隨經之律　十誦與多論均稱經中談律為隨律經，與記
異。多論六：「凡經中有隨律經時。」又多論九：
「入毗尼經者，餘經中諸說戒處是也。」
二六・一四 布薩儀　即普照道安合撰。
二六・一四 高僧傳　梁高僧惠皎作。
二六・一四 師資傳　薩婆多師資傳，僧祐撰。
二六・一四 寺誥　靈裕撰。
二六・一九 持衣加藥　問：持衣，二衣中正依十誦；加藥義立，
故四藥篇三四・二八：「諸部令加，不出其文。義
立。」何今指之？答：刪補羯磨受藥法注：「律本無
口受法，準十誦及多論，制令口受。」故指之耳。
二六・二〇 局量　鈔三〇・一六：「今準薩婆多中，三衣長五肘
廣三肘，若極大者長六肘廣三肘半，若極小者長四肘
廣二肘半者，並如法；若過若減成受持，以可截續
故。」
二六・二〇 通量　鈔三〇・一七：「五分，肘量長短不定，佛令隨
身分量，不必依肘。」
二七・一〇 昔云補闕　增暉曰：搜駮至通意者，結上刪補意言；搜
駮同異者，搜謂取其同見是補闕，駮謂除其異見是刪
繁也。又指歸、義苑、會正、簡正等，並同。
二七・一二 如義鈔廢立　見集僧篇。四卷一三葉。
二七・一三 不開中　不開中者，今家通中後。
二七・一三 唱未受具　謂維那唱白時，外有清淨大沙門入，次加唱
之也。唱有二過，索欲前自問之故；發露不清淨人可
亦預故。說戒篇斥之不出名，依今文布薩儀耳。
二七・一四 捉衣角　鈔四一・二七：「出要律儀云：捉師衣角者。
出在人情，世末流變也。」
二九・一 古解云云　資行：「節古義云：順正云：律中文斷，
今師以義連；以律辨難處但解十三難，及論作法但問
遮；即律散落為文斷，今師引成一處是義連。……會
正云：今謂下或有引用文勢斷絕者，則以義而連續
之。如下畜寶戒中引曰：末利夫人施布薩錢，佛言
聽。不言淨施主，是文斷絕也。大師曰準義付他，
是以義連續也。」問：今師意文斷義評，不同如
何？答：文斷，引之裁斷也；義評，但加自意耳。
二九・五 問不稱緣　鈔五・六：「問：此欲辭中不稱佛法僧事
者？解云：稱者人語，不稱正本。」記：「古本羯
磨，欲並稱緣，恐後疑執，故此問破。」鈔：「問：
說不稱欲，法成以否？答：成也。由羯磨中不牒此說
欲之緣。」記：「稱字去呼，謂對說時與前詞句不相
稱可，以餘衆別羯磨，不許落非，獨此欲詞，有成法
義，故立此問。古作平呼，謂不稱欲緣，且上既云不
稱正本，何乃反問成不，於理不然。」通釋云：準此
釋，今記且同古記歟！濟覽云：今此通二義歟！云不
稱緣之與欲法成不也。
二九・六 自言　鈔四・三四：「問：犯邊罪等十八人及尼中四
人，為自言故不足，為體不足？答：解者多途，今言
此等體既非僧，若僧同知，故不足數；必不知者，成
足。」
二九・六 戒師　鈔九・一六：「問：戒師作白和僧，教授無
者？答：羯磨對僧問難，先不差之，故後須和；教授
已被僧差，奉命令問，何須更和；又在屏處不對衆
問。問：戒師不差，教授獨差者？答：教授師出衆問
難，不差無由輒問；羯磨衆中而問，故不須差。」
二九・八 毗尼　鈔一六・二七：「問：毗尼殄已起，戒防未起，

何得言斷過去非耶？答：境、雖過去，非、非過去，猶是戒防未起非。又解云：一專精不犯，戒防未起非；二犯已能悔，還令戒淨，即除已起非。」

三〇・二 見行　異本或作現行。又簡正記鈔批等牒文云：「並現行羯磨者。」準記釋非指諸師集撰；意云則世所應行，如此要務，出在諸部，今並攬為此鈔一見耳。

三〇・四 出十祇　問：前注但指十誦，今加祇者？答：祇文獨出藥記識法，故意兼彰彼耳。

三〇・一九 梗概　文選五吳都賦曰：「略舉其梗概，而未得其要妙也。」注：「向曰：梗概，大綱也。」

三一・二 兼省約　省謂省略非急務之事也；約者，要約文辭也，故曰兼也。

三一・六 師資篇　鈔九・一：「比玄教陵遲，惠風揜扇，俗懷侮慢，道出非法。……欲令光道，焉可得乎！故拯倒懸之急，授以安危之方」等。

三一・一四 若思……　言義章辨論，不救急務，不勞引之，故闕行詮也。

三一・一四 行詮　記云諸義解，即義章辨論也。

三一・一 四違諫　鈔一九・三二：「此違諫等戒，逮于下篇，或事希法隱，當世寡用……終非見用，徒費抄略，並所未詳出。」

三一・四 隨機　濟緣一・一一：「今本但存現行要用者，故云隨機；機則弩牙，喻其要也。」

三一・八 如古所傳　資行：「鈔批云：上卷明衆法，中卷明自行，下卷明雜務要行也。然簡正、會正，並云衆、自、共也。」

三一・一三 互相投寄　如中卷懺篇，列衆法對首兩懺，是自行兼衆、共也。又上卷衆行，明安居、師資等共行；下卷共行，明攝衣攝食分衣等衆行之類是也。

三一・一七 物類　易繫辭：「方以類聚，物以羣分。」物類相從，即所謂「物以類聚」也。

三二・二〇 七篇中　足數、受戒、安居、自恣、鉢器、僧像、主客相待，皆並有法附也。

三三・三 有親疏故　一義曰，親故注之，所謂物類相從義也。一義曰，疏故注之，謂足數中別衆，受戒中捨戒等，並是違反本篇，疏遠也，不注則難繫屬故也。

三四・六 古科列名　增暉曰：問：既為別序分，何以前列三十篇？答：謂將十門照前，知有遠詮之意。又顯三十篇是十門所括也。集要等同之。

三四・一一 豕亥之訛　家語一〇曰：卜商衛人，字子夏，嘗返衛，見讀史志者曰：晉師伐秦，「三豕」渡河。子夏曰：非也，「己亥」耳。問之晉史，果曰己亥，於是衛以為聖。

三五・一 次明……　即第二制教輕重意也。有三者，第三對事約教判處意。有四者，用諸部文意。有五者，第五文義決通意。有六者，第六教所詮意，即持犯也。七八九通局者，即第七道俗七部立教通局意；第七通七衆故是通，次二限道故是局。又第八對前局也，比後是通，二部通攝下衆故；第九唯局，不通僧尼故。如上互有通局，故云次明。第十者，即引用正文，去濫傳真科酌意。

三五・一四 前二意　即第一教興意，第二制輕重意。如來慈愍，故設教意並教制輕重意併似佛意。

三五・一五 下諸門　即第三已下也，或約教判處意，或用諸部文意等；皆唯祖意，非佛意，故云有妨。

三五・一五 並為祖意　是暗斥古義歟！集要曰：意者，意旨；謂對彼機緣演說斯教意也云云。問：教興意可通三藏否？答：今約所宗，宜局律藏。

三五・二〇 並對下諸　十意十門十條，並皆對下諸篇，是所括故。

三五・二〇 隨名不定　謂云意、云門、云條，各隨名意，亦不同故。

三六・一〇 適機宜　集解云：可發名機，相應曰宜。法華玄義：「夫教本應機，機宜不同，故部別異。」

三六・一〇 十住　檢彼無文，出大毗婆沙第一，俱舍頌疏一引之。

三六・一一 十力　法界次第下云：此十通名力者，即諸佛所得如實智用，通達一切，了了分明，無能壞，無能勝，故名力也。大菩薩亦分得此智力，但比佛小劣，沒不受名。一是處非處力，二業力，三定力，四根力，五欲力，六性力，七至處道力，八宿命力，九天眼力，十漏盡力。

三六・一三 四無畏　法界次第下云：一、一切智無所畏，二、漏盡無所畏，三、說障道無所畏，四、說盡苦道無所畏。

三六・一六 檢過　檢，制也；又檢束也。

三六・一八 略教　文曰：「善護於口言，自淨其志意，身莫作諸惡，此三業道淨，能得如是行，是大仙人道。」（戒疏一六・六四）

三七・五 跋闍　四分律名義標釋二七：「婆闍國，亦云跋闍。善見律云：跋闍者，漢言避也；或云跋闍羅，又云跋耆國。……亦云跋祇，此云金剛國，又云婆伽國。中阿含云婆奇廋國。」

三七・一〇 根本六師　一數論，二勝論，三勒娑婆，四若提子，五自在，六韋紐也。（三藏法數二七，名義集二）

三七・一二 僧祇總有九十六種　僧祇一〇：「若衆僧中賣物得上價取無罪，……一切九十六種出家人邊作淨不淨買者無罪。」又二七：「布薩法者，佛住王舍城廣說如上，爾時有九十六種出家人，皆作布薩；時比丘不作布薩，為世人所嫌，云何九十六種出家人，皆作布薩，而沙門釋子不作布薩。」問：文中九十六種皆外道見，何記主曰佛道為一耶？答：文中云九十六種出家人，皆作布薩者，言總意別也，實但九十五種也。又言總時，合佛道稱九十六種者，同出家人故。又一義，允師云：按彼僧祇九十六種出家人者，皆外道也云云。但分別功德論意，九十六種之中入佛道。彼論四：「九十六部僧，釋僧以為最；九十六種道，佛道為上最。」名義集二：「俱舍玄義云：學乖諦理，隨自妄情，不返內覺，稱為外道。……準九十六外道經，於中一道是正，即佛也；九十五皆邪。華嚴、大論，九十六皆邪者，以大斥小故。百論云：順聲聞道者，皆悉是邪。」此等論文，九十六種中，入佛道也。

三七・一二 未詳合數　多論九十六種，僧祇九十五種開合也。一義曰：九十六種中，一類後入佛家，故九十五也，光師疏意也。又一義云：九十六種中，有師弟同見一類，故九十五種也，阿彌陀經通贊末文有此義。釋要鈔云：師資合論，有九十六，內一道實，故云勝出九十五。法華私志記、名義同此釋。

三七・一七 昔來科　增暉科曰：初佛在日隨機教興（今大慈愍物意）；二滅後結集教興（今對異外道意）；三百年之後分部教興云云。搜玄、集要、義苑、會正、簡正等並同。

三八・三 然是他譏佛意未顯　問：戒緣俗譏，與犍度中譏何異？答：制戒雖由他譏，而未顯對外道之意；至下犍度正對外道立安居等，佛意可見也。

三八・一七 外道譏言　準律，非外道已起譏，遠慮之耳。迦葉燒舍利已，集比丘告言，我先在道，聞跋難陀語諸比丘言，長老且止，莫復愁憂啼哭，我今得自在，摩訶羅在世時，教訶我等應作是不應作是，今我欲作便作，不欲作便不作，我今可共論法毗尼，勿令外道以致餘言譏嫌沙門，瞿曇法律若煙，其世尊在時，皆共學戒，而今滅後，無學戒者云云。（金陵刊本卷五四・三）

三九・五 開制往徵　次下第二，例引結集時迦葉言者是也。

三九・一六 大集夢髭　戒疏一・五九引大集：有一長者，夢髭一段，後分為五。佛告長者，我滅度後，有諸弟子，分五部等。又因緣經曰：頻婆毗羅王，夢一金杖，斬十八段，怖而問佛，佛言我滅度後，一百餘年，有阿輒迦王威加贍部，時苾芻衆散分十八等。

三九·一六 義鈔下文　義鈔引現在已分未分二文；初已分文者，付法藏傳文如記引。又方等云：於五部僧學何毗尼！又復方廣曰：互用五部僧物等云云。次未分文者，又云：若依大集文殊問等，佛在世時，全無五部，所以不分者，具二義故。一、教主是一，共誰諍競而得分之；雖佛弟子名有五人，皆是相承異世，傳通化物，故言一也。二、所被衆生不相是非，何者，衆生利根，各各自念，良由我等根器不同，致令聖制輕重有異，有何可諍，各體化意，隨分修行，以此義故，聖者之制現無五意，但有懸記之言云云。準此付法傳及大集夢氎各是一說；今記還會同一意。

四〇·一 二部　西域記九：「法王去世，人天無導，諸大羅漢，亦取滅度，時大迦葉作是思惟，承順佛教，宜集法藏，於是登蘇迷盧山，擊大犍椎，唱如是言：今王舍城將有法事，諸證果人宜時速集；犍椎聲中傳迦葉教，遍至三千大千世界，得神通者，聞皆集會。是時迦葉告諸衆曰：如來寂滅，世界空虛，當集法藏，用報佛恩；今將集法，務從簡靜，豈恃羣居，不成勝業，其有具三明，得六神通，聞持不謬，辯才無礙，如斯上人，可應結集；自餘果學、各歸其居，於是得九百九十九人……於是迦葉揚音曰：念哉諦聽，阿難聞持，如來稱讚，集素呾纜藏；優波釐持律明究，衆所知識，集毗柰耶藏；我迦葉波集阿毗達磨藏；兩三月盡集三藏訖，以大迦葉僧中上座，因而謂之上座部……諸學無學數百千人，不預大迦葉結集之衆，……更相語曰：如來在世，同一師學，法王寂滅，簡異我曹，欲報佛恩，當集法藏，於是凡聖咸會，愚智畢萃，復集素呾纜藏、毗柰耶藏、阿毗達磨藏、雜集藏、禁咒藏，別為五藏；而此結集，凡聖同會，因而謂之大衆部。」

四〇·一 刱初　二字連續讀。刱，亦作創，楚浪切，始也，初也。

四〇·二 五部　此依戒疏行宗記委釋，具如彼中。一百年後出五部者，一百年間，五師相繼無支派，至毱多五子，分為五分，一薩婆多，二迦葉遺，三彌沙塞，四僧祇（鈔採婆麤富羅，今依疏），五曇無德。二百年後分十二部者，薩婆多出四部：一、婆差部，二、法上部，三、賢胄部，四、六城部。又迦葉遺出二部：一、僧伽提部，二、淺摩提部。又彌沙塞出一部，中間見部是。加僧祇曇無德為十二部。四百年後分十八部者，四百年後上僧祇中出六部：一、遺跡部，二、彌沙部，三、施設部，四、毗陀部，五、施羅部，六、上施羅，此六部合上十二部，則十八部；又合根本二部，為二十部。已上依戒疏行宗且列之矣；若準部執論、宗輪論、文殊問經等名義分數，互有不同。

四〇·三 五百部　行宗一·五七：「智論但有通數，不出人法名字；彼具云：佛法過五百歲後，各各分別，有五百部，乃至堅著語言，聞說般若畢竟空，如刀傷心。」

四〇·四 相傳云　指歸云：有南山鈔稿本，云宗則有其十八，後改為多別也。

四〇·一〇 不出空有　資行：「四分空門，十誦婆麤富羅有門，五分雙非歸空，迦葉遺雙亦歸有。」疏云：統括律計，不出四門，所謂空、有、雙非、雙亦；雙非入空，雙亦入有，故此四門，還即二計。

四〇·一三 三衣有六戒　資行曰：新渡宋本三衣有四戒，內衣十二戒，便利三戒。

四〇·一五 四分敬塔……　敬塔出二五戒，便唾列三戒，故云多戒也。著衣立二者，謂齊整著涅槃僧及三衣也。齊整二戒，收十誦六相故。四分反抄纏覆亦是別相，非著衣四〇・一八 戒，故所不論。

二俱是色　俱舍業品頌疏明薩婆多戒體云：「謂初念無表，與大種俱；此明大種懸造未來衆多無表，故第二念所有無表，依過去大種生；過去大種能造無表具生等五因，名為所依；此為所依，無表得起；無表起時，依現大種；現身大種但能為依，非所依也。論云：為轉隨轉因，如輪行於地，以手地為依。解云：過去大種名轉因，轉之言起，無表起故；現身大種名隨轉因，無表隨逐大種轉故，隨轉之因，依主釋也。以手擲輪，輪依地轉；輪喻無表，手喻過去大種，地喻現身大種也。」

四一・六 戒疏　行宗一・六：「三機者，上機即四依頭陀等；中機謂百一供身，二房二請等；下機如諸長、淨地、鉢器皮革諸重物等。自有通三機者，如三衣鉢具篇聚等制。」

四一・一二 四分二戒　依成論五戒品，五戒分全通得。依七善律儀品，出家戒及五戒，必據盡形，不爾不成。依八戒齋品，八戒分、全通成；又半月一月或半日半夜多少通得。又四分律，五戒亦約盡形。但隨機羯磨及事鈔導俗化方篇，業疏二下同記，資持隨戒釋相篇，表無表章等，並謂成實五八戒隨意樂日月長短重受滅受並得云云。然成論八：「問曰：是戒律儀二種，一、盡形，二、一日一夜。盡形者，若比丘優婆塞；一日一夜者，如受八戒一日一夜，是事云何？答：是事無定，若一日一夜，若但一日或但一夜，若半日或半夜，隨能受時得。出家，則但應盡形；若言我但一月，若但一歲，則不名得出家法；五戒亦爾。」又鈔批云：「賓云：依成實宗，五戒十戒要盡形受；唯有八戒，隨時長短也。」準此等文，五戒盡形，與上不同者？答：所覽不同歟！

四一・一四 無和尚　鈔四二・三四：「十誦無和尚人受戒得戒，作法僧犯罪。」

四一・一五 四處足數　鈔四二・三五：「十誦一界內四人，一時受具者，得四處展轉與欲。若一比丘一處坐足四處僧數，一處一人作羯磨，被四衆者，如以材木牀榻連接四界，坐上足四處數，得被四人，一切羯磨，皆如法也。」

四一・一六 三種羯磨　鈔四二・三六：「僧祇十誦加得成就；應作單白，白四者彌善，減則不成。」

四四・一九 彼論　三重制下，彼接云：云何名緣？修提那與本二行欲，是名緣。云何名制？若比丘行非梵行，乃至畜生犯夷，是名制。云何名重制？毗梨祇子出家後不樂道，歸家與本二行欲，即生悔心，向諸比丘說，諸比丘白佛，佛言初入犯夷。

四四・一九 初犯緣　佛初以略戒攝一切僧，純一清淨，時轉漸降，機亦容雜，遂佛成道後五年十月二十七日中後，須提那子始歸本村，犯婬戒，是初犯緣。二因犯故制者，佛先作開無犯不違廣，故因初犯，制如上作婬事。三重制者，宿惡薄道，煩愛又深，佛先制與人合，遂又共非人、畜生；佛復制乃至共畜生波羅夷，是重制也。

四五・二 又云　彼云：「重制者，如尊者闡陀私作房，從王索材，王言自恣聽取；即伐路中一切人所貴重樹；世人嫌言……佛因是制戒。」

四五・三 斷樹生命　無主房戒緣起。

四五・四 為護住處　鈔二二・三三：「四分：若野火燒寺，聽逆除中間草；若作坑塹斷，若以土滅」等。

四五・一三 彼明　律五四：「時長老富羅那聞王舍城五百阿羅漢共集法毗尼，即與五百比丘俱往王舍城，至大迦葉所，語如是言，我聞大德與五百阿羅漢共集法毗尼，我亦欲預在其次聞法，時大迦葉以此因緣，集比丘僧，為此比丘更問優波離，乃至集為三藏。彼云。……」以下如記略引。

四五・一五 除八事　鈔三四・一九：「儉開八事。四分：為穀米踴貴，人民飢餓，乞食難得；雖得少食，為賊持去。佛憐愍故，開界內共食宿、內煮、自煮，自取食、僧俗二食、水陸兩果，並不作餘食法。若定罪者，應開八罪：內宿、內煮、自煮、惡觸、不受、足食、殘宿等，三波逸提、四突吉羅。義加壞生，如水陸果子，不受而食，豈令淨耶。」

四六・三 在世教　未來約豎而論，通三世故；現在約橫而論，亙十方故。下云互融等，且約橫豎分現未；而現在教通末代，未來教現通十方，故下云互融等。

四六・六 彼疏　彼疏者，法願疏，或云法礪；行宗云四律皆有義疏。

四六・六 手摶　如衆學大摶遺落等，西土皆爾。南海傳云：西方食法，唯用右手，必有病故，開聽畜匙，其筯則五天所不聞。

四六・六 祖膊　即偏袒右肩。

四六・六 跣足　謂徒足履地也。

四六・一一 明了論　一卷，釋二十二偈，佛陀多羅多造，真諦譯。

四六・一一 時處毗尼　本云一處毗尼，九毗尼中第八也。明了論：「一比丘毗尼，二比丘尼毗尼，三二部毗尼，四罪毗尼，五惑毗尼，六有願毗尼，七無願毗尼，八一處毗尼，九一切處毗尼。……一處毗尼者，如受戒洗浴等事；一切毗尼者，謂一切時應共學處。」

四六・一一 彼云　此文出戒疏二・二二。祖師得意釋之，非論全文。

四六・一二 三歸今時不得　謂今受具，皆羯磨得也。

四六・一三 熱時數洗　此尚開中國，四分除熱時者，春後四十五日，夏初一月。多論天竺熱早，從三月初至五月半聽洗；隨國土早晚熱，用此限洗。

四六・一五 邊方五事　一五人受具，二著重革履，三數數洗浴，四敷羺羊皮等，五長衣入手開十日。

四七・一一 重聽　重，該輕也（約制）；聽，該制（約行）。

四七・一一 深防　猶曰遠防也。行宗五・六八曰：前明四重，止得名防；次明餘篇，始彰深義。

四七・一五 不該約行　謂若言重聽，則重謂輕重，對就制也；聽謂制聽，對約行也。

四七・一八 種類　種是四夷，類即殘下諸聚；種謂根本異，類謂枝條生，是種之類，依主釋也。

四七・一八 此即通也　此即通也者，通男女二報故。（通僧尼故，又通諸戒，故云通。）

四七・一九 等餘三重　即八事覆藏隨舉，共上摩觸重，共僧四重，為尼八重。行宗云：「觸八及隨，並是婬類，同對貪毒；覆是妄類，即對癡慢。」

四七・二〇 約戒　承上釋也；言摩觸等後四重，約男女二戒以論，不通僧故，即名別也。對上根本，通於二報。若飲下，因釋，但顯深防義耳。下通別亦倣此。

四八・一 重緣　若約大乘制瞥爾，被上根；有部被下，須形身口；假宗被中，但齊重緣。

四八・三 四獨……　即僧殘中戒，一獨渡河，二獨入村，三獨止宿，四獨後行。紡績，即單提戒也。

四八・四 古記反破　會正曰：諸家約僧尼兩報釋；若然，則一衆中自無強弱之報，及深防限分等義，今據一衆，理必具之。

四八・八 根報次者制三衣　問：十二頭陀是上根所行，彼中有但三衣，今屬中根者？答：常途分三根，十二頭陀皆上行也；今且以四依為上根，自餘通為中下，是一往約豎次第故也。對上糞衣，但三衣尚次。

四八・一〇 天須菩提　王子天須菩提，持信出家，聞說四依，心將退矣；時阿難借王七寶房舍等，令其受用，一宿證道，出分別功德論，今但取意引。

四八・一〇 上準戒疏　見戒疏一〇・五三。

四八・二〇　受法簡人　十誦無和尚，善見黃門和尚，伽論白衣和尚，多論有髮無鉢無衣等，皆得戒云云；四分，通不開也。

四八・二〇　捨財　本宗還主是輕，他宗不還主是重。

四九・一　接俗　十誦不許五八分受，重受，重；四分長短互通，全分並得，輕。

四九・七　事法相對　鈔批云：「如三衣一鉢是事，如法受持是法。」與今記少異也。

四九・七　事通情性　通釋：「意云所防罪事通起情之三性，縱雖好心，違律科則通成犯故。故下，敘意，謂化教說理，但約心判罪福；律教本事，非但問心，亦隨境事，判其得失；縱雖心善，事違律制，或成犯故，如好心互用等。上來一節，漫述愚案，與記少異。」

四九・一三　四準　法、事、人、界，諸羯磨通緣故。

四九・一三　七非　一非法非毗尼，二非法別衆，三非法和合衆，四如法別衆，五法相似別衆，六法相似和合衆，七訶不止羯磨。又有義立七非，則人、法、事，經單三複三，具足一，成七非；均見隨機羯磨卷上。

四九・一八　戒疏中　見戒疏五・六。

五〇・九　古多錯解　會正曰：事法者，事則所被，法則能被云云。

五一・三　小遠疏　資行鈔曰：廬山慧遠云大遠，淨影寺慧遠云小遠。小遠者，北遠也。北遠作涅槃經疏。

五一・三　滅　無生死一切患累，故名為滅；即依滅會真理，故云所證理。見刊定記二。

五一・四　古記至此　上五例中定宗云，即增暉等記隨文結釋，涅槃四果等，並依法相，廣列章門是也。有云增暉等於是廣張涅槃名相，號涅槃章；又於次科為求四果，故文廣敘四果名相，號之四果章；次科記破斥者是也。

五一・一〇　須歸後一　涅槃云：二乘之人，未來畢竟歸於涅槃；如流歸海。即指大涅槃也。

五一・一二　並同此釋　意曰調三毒求四果等文，亦通二教文，且約權宗，故云求四果；若依開會，一佛乘而無餘乘。律後序「施一切衆生，皆共成佛道」之文亦同。

五一・一五　初段　兩段並見律五十八卷。彼求四果段在前，雖後亦說四果斷證之相，今所引與前段文相應。

五一・一六　孔雀冠　名義標釋三八：「彼以孔雀尾為冠，因而名之孔雀冠婆羅門。西域記云：外道服飾，紛雜異製，或衣孔雀羽尾……」

五一・一七　增上勝法　瑜伽論等直名增上戒學，增上心學，增上慧學。

五一・一八　後段　彼云：「爾時有衆多比丘往世尊所，……白世尊言：……云何為學？佛告諸比丘，學於戒故言學。云何學戒？增戒學增心學增慧學，是故言學。」鈔所引文在此文後，故云後段。

五二・二　如戒疏說　疏五・五五：「聖人制戒，非唯止惡；元為開道，是本意也。」又一・一一：「大聖降臨，創開化本，將欲拯拔諸有，同登彼岸，為道制戒，本非世福。」等。

五二・三　古記於此　上所謂增暉四果章，及會正又於此廣張見修二道，明能所斷證是也。

五二・六　受戒篇　鈔八・二五：「云何上品？若言我今發心受戒，為成三聚戒故，趣三解脫門，正求泥洹果。又以此法引導衆生，令至涅槃，令法久住。」

五二・七　沙彌篇　彼列七門，廣明出俗本意；並引大乘經論，演菩薩大行。

五二・七　篇聚　鈔一四・四八：「原夫大小二乘，理無分隔；對機設藥，除病為先。……勝鬘經說：毗尼者，即大乘學。智論云：八十部者，即尸波羅蜜。」

五二・八　羯磨疏　疏一六・一六云：「是故行人常思此行。即攝律儀，用為法佛清淨心也。以妄覆真，不令明淨；故須修顯，名法身佛。以妄覆真，絕於智用；故勤觀察，大智由生，即攝善法，名報身佛。以妄覆真，妄緣憎愛；故有彼我生死輪轉。今返妄源，知生心起，不妄違惱，將護前生，是則名為攝衆生戒。生通無量，心護亦爾；能熏藏本，為化身佛。隨彼心起，無往不應，猶如水月，任機大小。」等。一六・一三云：「欲了妄情，須知妄業。故作法受，還熏妄心，於本藏識，成善種子，此戒體也。」等。

五二・九 域心　業疏一六・二二：「今識前緣，終歸大乘，故須域心於處矣。」濟緣：「識前緣者，塵沙萬境，無邊制法，無始顛倒，迷為外物，故受輪轉；今知唯識，無有外塵，故正受時，徧緣法界，勇發三誓，翻昔三障；由心業力，結成種子，目為戒體。應知能緣所緣，能發所發，能熏所熏，無非心性。心無邊故，體亦無邊，心無盡故，戒亦無盡；當知即是發菩提心，修大慈行，求無上果；此名實道。……此即行人域心之處。」域心，覺恩寺云：「域者，境義也。」謂大乘極處，為所託境，令心住也。天台云：「域懷三由旬化城」，此意也。

五二・一三 後進　論語先進篇朱注：後進，猶言後輩。

五二・一三 尋條知本　鈔批云：謂下三十篇是枝條，此教興一門是本；若尋下三十門之枝條，不識其意者，須尋此門，則識根本制意也。

五二・一八 有云後九　會正云：「下諸門，即下九門也。」鈔記、簡正、鈔批等，並指下三十篇云云。

會本卷二 鈔上一之二 十門之餘

一・三 第二　問：上鈔一・四八曰：「以機悟為先，教門輕重致隔」，與此何別？答：上由機悟異輕重制興故屬教興，今明於輕重教裁量之意，故不同也。

一・五 大聖裁量　言佛制但可一也，何以彼為輕以此為重乎？今欲原佛意也。

一・一一 教密難裁　智論曰：佛三密餘人不知。天台文句云：唯佛自知為密。

一・一一 機差　以何等教被此機耶？根機多別，難了堪否也。

一・一一 原亦推也　亦下「又推此所為」之推也。

二・二三 此古記解　節古義云。搜玄、集要、增暉、義苑、會正，並同。

二・二三 未見制教輕重　謂制教輕重者，約隨行故受捨非文意也。

二・一三 漸頓　鈔二六・二四：「不學之罪，通有漸頓。如要心可學境上，作不學意，於一一法上，頓得不學罪。以初受時，皆發得故，今違願體，頓得多罪。云何為漸，若要心不學羯磨，於餘悉學，望羯磨邊，犯一止罪名漸。若論無知唯漸者，謂緣不了，方結無知罪。一心不備緣唯漸。」問：何故引戒疏？答：為顯興厭之義也。持犯篇唯明不學無知，不明興厭故。

二・一五 不學罪　見上漸頓。

二・一六 受戒說相　鈔九・二四受戒篇說相中云：「必須依佛正教，順受隨學，五夏已來，專於律部。若達持犯，辨比丘事，修定習慧，會正可期。……然後依文為說相也。」又資行鈔引律卷三十五受戒犍度云：佛因緣起，受戒之後，令說四重相。次云應學問誦經勤求方便等。

二・一六 不攝耳戒　即單提七十三恐舉先言戒。戒本曰：「更重增無知罪。」乃至「彼無知故，波逸提」。

三・一 舊約僧尼　節古義曰：男女酬因，既有強弱之別；僧尼立教，則分輕重之殊。如摩觸，僧殘尼夷也。搜玄、集要、增暉並同。今記約所對境，舊約能犯人。

三・一 或引母論　會正曰：果報者，謂上結罪，既有輕重，故今酬因，其亦有輕重，凡有四句，如母論第二云：一犯重報輕，如媒、房等。或犯輕報重，如打比丘等。或犯報俱輕，如不憶念身口威儀忘誤。或犯報俱重，如漏失，二謗。
三・二 律明　律卷一云：「三種行不淨行，波羅夷。人、非
人、畜生。」
三・六 畜生婬重　戒疏五・一一云：「婬則犯夷。盜詐皆吉。
殺則犯提。若知解人語，或能變化，殺詐皆蘭。」
三・八 實爾　行罵戒云：「實有其事。」長衣戒云：「無心故
畜。」
三・九 境想　如殺戒境想有五句：一人作人想夷，二人作人疑
蘭，三人作非人想蘭，四非人人想蘭，五非人非人疑
蘭。初句心境相當，而情虛誑，慢戒故作，故重。疑
即第二與第五二句，想即第三與第四兩句也。
三・一一 制教　約上虛實，虛故重，疑想情實故輕也。虛實業
理，依此制教，乃有輕重，故云尋之。第六門中記釋
行心結業曰化業，釋情事順違曰制行，即持犯篇中有
心無心句數也。
四・一七 未有歸戒　僧史略曰：雖剃染成形，而戒法未備，於
時二衆，唯受三歸。定賓疏曰：迦葉摩騰，遊化此
土，度人出家，與剃髮已，披着縵條，唯受三皈五
戒。搜玄記同。大鈔記及會正同今記，蓋見聞各異
故耳。
四・一七 曹魏　曹操子丕，受漢帝禪，國號魏。故云曹魏。
四・一七 曇摩柯羅　梁僧傳卷一，作曇柯迦羅。
四・一九 姚秦時　晉末姚萇滅前秦苻堅，稱帝建國，故云姚
秦，亦稱後秦。姚秦弘始六年弗若多羅共羅什譯十
誦律。
四・二〇 其次四分……　四分，弘始十二年佛陀耶舍譯。僧祇，
東晉義熙十四年佛陀跋陀羅譯。五分，宋景平元年佛
陀什譯。
五・二 元魏　北魏孝文帝，改拓跋姓為元，故北魏又稱元
魏。
五・三 法聰　續傳云：法聰本習僧祇，因考受體，首傳四分。

又云：初開律師號法聰，元魏孝文，北臺揚緒，口以
傳授等。
五・一〇 孟子　為其鑿也次云：「如智者，若禹之行水也，則無
惡於智矣。禹之行水也，行其所無事也；如智者亦行
其所無事，則智亦大矣。」注云：天下之理，本皆利
順，小智之人，務為穿鑿，所以失之。
五・一二 本趣　謂受體也，隨行之根本所歸趣故。
六・六 有將　此恐指音義指歸。
七・三 三問　第一但於律藏之中問，既受體從四分，不可通用
他部。第二通三藏之中難，既宗律藏，不可通經論。
第三通大小乘難，既教限局於小乘，不可輒通大乘。
七・九 尋文可見　通釋曰：「閱鈔今一門，則上來三問，釋然
而解矣。」
七・一一 至後六師　今第四門有二段，初正用諸部，兼用六師。
初正用中，但局諸部律文，後兼用中，方通經論及大
乘。今標舉從正用題。
七・一一 有云諸部　節古義云：增暉問曰：鈔中通收經論，記
傳何獨言諸部？答：雖引經論，皆是有律經論，攝在
律文也。或今諸部言通會經論，記傳盡在其中，如言
十二部等。集要同之。
七・一五 八十誦律　高僧傳一一，論曰：「自金河滅影，迦葉嗣
興，因命持律尊者優波離比丘使出律藏，波離乃手執
象牙之扇，口誦調御之言，滿八十反，其文乃訖，於
是題之樹葉，號曰八十誦律。」上記一・六云：「唯
八十誦律，一夏之功，逐席為目」是也。
七・一五 五師　迦葉，阿難，末田提，商那和修，優波毱多。毱多
亦作堀多、崛多等。
七・一八 有以機悟　會正云：機悟者，祇由毱多五子，根機解悟有
所差殊，致使各豎宗計，如五嶽之立焉。
八・二 大衆之文　戒疏一・六一：「廣博偏覽五部經典，是
故名曰摩訶僧祇（上引大集），此云大衆，此有其

律。」

八・四　義鈔　義鈔一：「第五師有五弟子，神解不同，莫不皆窮理奧，但執一見，以為楷準，不能均融。於是離分一藏，作衆部之名。堀多在世於後末時，育王大集論師，共論佛法，時各情見不同，有所偏執。堀多受持佛法既少，不能判正。遂分一藏，以為五典；各自相承，並傳季世。」

八・四　受法既少　付法藏二：商那和修告弟子毱多云：如此三昧，我涅槃後皆隨吾滅。七萬七千本生諸經，一萬阿毗曇藏，八萬清淨毗尼，如斯之法，亦隨我滅。故知毱多傳持既闕少矣。

八・五　大聖懸記　羅睺洗佛鉢，失手破為五片。復有長者，夢一氎自裂五段。俱以白佛。佛即記曰，表我滅後，經律當分五部。（四分律名義標釋）

八・九　即今摩訶僧祇　通釋云：按僧祇之私記，則今僧祇即五部中之一支，非根本部也。續高僧傳二十九，論云：粵自金河累言，爰始靈山集法，時尊厚味，道被淳源。雖復設教不倫，互裁輕重，奉者無乖，會聖體意，兩不相非。然夫上座大衆，創分結集之場，五部十八，流宗百載之後。

八・一〇　智論　論卷二云：大迦葉選得千人，除去阿難。

八・一七　下云　鈔二衣篇三二・一三文，彼續云：隨情難信。理須隨本受體。何律受戒，即以此律而定重輕。

八・一九　四分受戒緣具　初能受人具五法：一是人道，二諸根具足，三身器清淨，四出家相具，五得少分法。第二所對境有六法：一結界成就，二有能秉法僧，三數滿如法，四界內盡集和合，五有白四教法，六資緣具足。第三發心乞受。第四心境相應。第五事成究竟。和尚如法，具上僧數滿足中。鈔八・一〇列上緣已，結云：必有受者，前準上緣。必不堪任，聖教不許。

八・二〇　本宗轉欲　業疏五・一八：「次明轉欲……若據十誦僧祇，若轉俱失。四分開之，或是異宗所廢，且從當部。毗尼母云：七相應法者，受已轉與一人，如是至七，皆成欲清淨也。」

九・一　本宗悔殘　四分懺殘具四法：第一、若有覆藏，隨覆藏日數與波利婆沙羯磨，令別住也。若於其間重犯殘，與本日治也。第二、欲治覆藏罪，作吉羅懺。第三、與摩那埵法，則六夜令別住也。（上別住治覆藏情過，今別住治犯殘情過，法式至多，如懺篇中。）第四、與出罪羯磨，具二十人僧，正悔僧殘也。

九・三　過皮過齒　鈔一七・八：「十誦曰：口中要過齒成犯，餘二道無開。」記：「口道同伽論，二道同四、五二律。」伽論云：口中過牙犯重，不過蘭。又曰：大小二道過皮至節重。準此，今文應云十誦過齒，伽論過皮也。

九・四　四分隨處　多論三判：一、準王舍國大銅錢為限。二、隨有佛法處，依其國錢為限。三、隨有國法處，依國法及死罪分齊，不論多少，即用為限。十誦依初，彼曰盜五錢者，古大銅錢得重；若盜小錢，八十文。今師依第二解。鈔一八・一六判云：隨其盜處所用五錢入重。

九・七　四分二寶　律三〇中，一一出自懺法，但此三戒缺如；二寶即貿寶、畜寶。

九・七　無悔法　謂三十捨墮，並有捨財。唯此三戒，對僧不捨，二寶捨俗，蠶綿斬壞。

九・八　廢興　廢則於餘教有廢破，興謂其義於諸教無廢也。歌聲，五分廢教。結淨，十誦涅槃等廢教。牒事說欲，四分廢教，如六羣緣。

九・一五　前互判　即第三門中諸師不依受體，穿鑿競封同異等。

九・一五　後執隅　下六師中第一師是也，唯執一律故。

九・一七　善見云　論共十八卷，蕭齊僧伽跋陀羅譯；今文見卷六。

九・一七　人知　此下彼有「爾時集衆時，問曰何謂為四？」十一字。

九・一八　一本　標釋並牒，彼先標列，後有釋文。標列者：一者本，二者隨本，三者法師語，四自意。釋文者：何謂為本，一切律藏是名本。何謂隨本，如記所引。

九・一八　法師語　彼云：「問曰：何謂法師語？答曰：集衆五百阿羅漢時，佛先說本，五百阿羅漢廣分別流通，是名法師語。」

九・二〇　先觀　彼云：「又問此義云何，莫輒取而行，應先觀根本已，次觀句義，一一分別，共相度量。後觀法師語，若與文句等者而取，若觀不等莫取，是名自意。」

一〇・四　變為宗論　會正曰：自初三卷半，明迦葉結集事，並諸師傳持之相。至第四卷，方解律序。至六卷末，釋初戒緣起畢。至若比丘處，變成宗論。通釋曰：自七卷至第十六前半釋戒相。自十六後半已下，略釋犍度雜相。又雖牒釋之牒文，與四分文多不同。又部計輕重，與本律頗異，故云宗論耳。宗論者，簡釋論也。釋論，牒文徵釋，如釋摩訶衍論等。宗論不爾，宗其教大意論釋，如起信論；但論楞伽、圓覺等宗意，不舉文故。

一〇・一一　且依古記　節古義曰：搜玄、增暉，同約通別二緣釋之。

一〇・二〇　通緣　持犯篇二七・二七出七緣：一是五衆出家人，二無重病緣，三期心當境，四無命難，五無梵行難，六稱本境，七進趣正果。通於諸戒故云通緣。

一一・五　論作自意　濟覽謂：南山於「以意度，用方便度」二句，以用字屬上，故云意用。

一一・一三　律師者有三法　善見六・二三，具釋云：「一切毗尼藏，是名為本。諷誦通利者，若有人不以次第句問，不假思慮，隨問能答。句義辯習者，律本句義，善能分別，義及義疏，皆悉能解。堅持不雜者，有慚愧意，是名堅持。若無慚愧人，雖多聞解義，敬重供養，不依法律，是法中棘刺。何以故？亦能破和合僧，亦能惱僧。有慚愧者，於戒中恆生慚愧，乃可沒命，不為供養而破正法。……不雜者，於文句中不相雜亂，若有人問者次第而答，……如以金椀請師子膏，不得漏失，故名不雜。次第從師受持不忘者，優波離從如來受，陀寫俱從優波離受，須提那俱從陀寫俱受，悉伽婆從須提那俱受，目犍連子帝須從悉伽婆受，又旃陀跋受，如是師師相承，乃至於今。」

一一・一七　行藏　鈔批四：「謂用之則行名取，捨之則藏名捨；行是取，藏是捨。」若依今記，行藏約聖典之用捨，取捨約古師得失。

一二・八　不明了　不明了，謂於相非明了。不了足，謂於義不滿足。

一三・八　十五種略說戒　隨機羯磨注：「律中具有三五略法，隨緣遠近，文非明了。今依毗尼母論」等。

一三・九　東方有山　鈔六・一四：「標相者，四分界相，不定是非，文中東方有山稱山，有壍稱壍，草積汪水，糞聚釘杙，空處露地。準此立法，誠所不可」等，言山有大小等，誠通漫也。

一三・九　四人法不除……　四分僧有四位，四人除三法。詳隨機羯磨集法緣成篇注。參看濟緣記一・二一四人捨墮集釋。

一三・一一　試外道……　鈔八・四〇：「令度出家，對僧與沙彌戒，四月試之。」記：「因前破內，故制令試初投之者；若破內外，即是永障，豈復試耶。」注：「準沙彌篇，此則長含廢教。」魚肉正食者，律有五種正食：飯、麨、乾飯、魚、肉也，諸律通開。至涅槃制斷，不令食魚肉，故云廢教。而指下者，今唯依律，至下六師，方通三藏故云也。

一二・一二　古記一混　依節古義。會正、搜玄、增暉、義苑、鈔批、簡正等，皆此下引用。

一二・一三　捨戒不成　簡正：「謂四分捨戒法中云：夫捨戒者，皆須解知。若對顛狂、啞、聾、具二、睡眠等人，皆不成捨。此是有義也。而瞻波犍度不足數文中，祇列二十八人，已外並無啞聾等不足之文。即無文也。」

一二・一四　定由旬　鈔六・六：「為界遙遠，聽十四日說者，十三日先往；準強百里。……僧祇、五分、善見並云三由旬為量，……亦不知由旬大小。智論由旬三別：大者八十里，中者六十里，下者四十里。……準律文意，應百二十里，以下品為定。」

一二・一五　不問壞比丘　鈔八・三五：「問：何不言壞比丘耶？答：亦成難也。尼受戒中，反問便是，由事希。故善生經受五戒者，問遮難云：汝不犯比丘尼不？故知同是難攝。」

一二・一六　三衣應受持　三衣誦十誦文受持。三藥詞句，諸律不出文，即今師義立。故鈔三四・二八云：「四正加口法，諸部令加，不出其文，義立」等。

一二・一七　自然六相　鈔四・一一：「若論自然，隨處遠近，則有四別：謂聚落、蘭若、道行、水界。……當律無文，諸部詳用。」可分別聚落，出十誦；不可分別，出僧祇。無難蘭若，出僧祇、十誦等；有難，出善見。道行，出薩婆多。水界，出五分、善見等。

一二・二〇　十誦　彼云：「佛何故說四墨印？答：欲說真實法故，來世比丘當了了知是佛說，非佛說。」通真記云：「墨即文句，印謂證明，由教印心。」

一三・七　足數中　即僧祇以和尚為十人外故也。

一三・一九　墨印　鈔批：「十誦文中無墨印事，直指在經，但有四大廣說，同四分義也。……景云：墨印者，是喻也。」

一四・四　意用　即前善見所謂本、隨本、法師語等四法中意用。彼曰：四意用者，謂以意方便度用，及三藏等廣說也。先觀根本，次及句義，後觀法師語，與文句等者用，不等莫取。

一四・四　若作此釋　問：若不作此釋，不符論意耶？答：爾。謂二律意，但與三藏文相應，例皆取之。論意不爾，縱雖正典，觀本、隨本等取其等者，不取不等。準此律論非為全同，但據二律隨聞，不用審定文句尋求法律取捨是非者，亦頗符論意耳。

一四・一一　無闕事之略　此句與上橫評句顛倒歟？不取何無闕事略耶？

一四・一四　各競是非　資行曰：下文初師可有二類，一但手持衣，以之為受持作法。二手不持衣，心憶念不離宿，以之為受持。此二類互自是非他，此義見簡正記。又鈔批曰：謂取他部者，指不取者為迷。有不取者，指取為迷。是初師與餘師相對也。

一五・二　限齊分明　謂上相關，或有文不了，或有義無文，是則彼此共有之法。今此限齊，統無文義，則是本律限齊之外事也。故但用他部文，行他部之事也。

一五・五　犍黃門　鈔八・四一：「世中多有自截者。若依四分應滅擯；……今時或截少分，心性未改者，……準依五分應得；彼文云：若截頭及半得小罪，都截滅擯。」

一五・六　四分有七　即病時、作衣時、施衣時、道行時等七緣也。

一五・七　衣界後四　道行出十誦，洲界出善見，水及井界出僧祇。

一五・八　舊記反作　會正：「若四下此一段文，亦約本部不足，取外引用，不可全依他部，但取少分，以本部判文有限齊故。」釋意曰：「不須過本部判文限齊，全依他部；若不超本部限齊，少用他文，以補本宗不足也。」今記不爾，若本部限齊外事，既本部無文義，故全依他部，而可行之也。記所出之事則是也。又鈔批：「四分衣鉢不足，是不得戒之限；不可取五分借衣之文。又如四分受戒，要須出家相具，此是有限；不可取十誦長髮而為受，故言不可通行也。」釋意曰：「不可違於本宗判文限齊，通行他部也。然上文曰：是非條別者，準論不取此事；上既明了，不可又迷，故知鈔批亦非文意也。」

一五・九　二律　鈔批：「當宗為一律，取餘三部通名一律，故云二律。」簡正：「言二律者，謂離四分外，別明二律，不得將四分對他宗為二也。」若依今記，通二義也。資行：「今記初四分僧祇相望，次餘部相望。」

一六・三　有歸　鈔二・一七：「此鈔所宗，意存第三第六。」通釋：「有歸之言，別指第六，終窮所歸，大乘至極。」

一六・八　狂顛足數　通釋曰：合云狂顛睡聾足數之類歟！律第一婬戒中明捨戒，顛狂睡眠瘂聾等前不成捨戒。然瞻波法中，列不足數中不出之，即是有義而文不了。問：第二師亦文不了，則取他部？答：不爾。彼但守文，不由義取，但文缺方用他。第三求義而用文，故不了則取也。

一六・九　五藏　若依西域記，則述窟外大衆部結集曰：凡聖咸會，愚智畢萃，復集素呾纜藏、毗柰耶藏、阿毗達磨藏、雜集藏、禁咒藏，則為五藏。又依六波羅蜜經，三藏加般若藏、陀羅尼藏為五藏也。

一六・九　長含　業疏一四・一八：「如長含云：我涅槃後，異道梵志來出家者，即聽受具，勿四月試，恐有異端，則生本見，有稽留故。此即廢前試教，可準行之。」

一六・一〇　楞伽　出魏譯第九。

一六・一〇　涅槃　北本一一云：不食肉，不飲酒，不食五辛，不畜飲食廚庫。

一六・一〇　五辛　與梵網說名稍不同。天台梵網疏曰：「舊曰五辛，謂蒜、葱、興渠、韮、薤。」今記同之。

一六・一六　分別功德經　經合作論，全三卷，失譯，附後漢錄。

一六・一九　第五見沙彌　檢之無文，受戒篇記八・四一釋試外道云：「準沙彌篇，此即長含廢教。」資行云：「沙彌篇全無明此事文。」即業疏一四・一八「如長含云」文。

一七・一七　小持律　濟緣記九・六：「用當宗則不取諸律，小持律則不用諸經。指鈔序者，彼十門中第四門後明六師持律，第一唯執四分，不取外宗。今存淨地，正宗此見。但在彼則專守不通；在今則隨時取捨。雖同而異，學者須知！」

一七・二〇　問第六既……　通釋：「傳曰：南山始廢淨地，而下根劣機，沒宿觸中，故曲用廢教結淨地。兼又為濟末代機也，是正知時故也。即業疏九・五曰：問：如上諸教，皆不開結，今結前廢，如何會通？答：曲逐時機，不堪本制，便隨開者，不無其致。」

一八・四　文義決通　依記文科分焉：

所有三　　能有二
一文義俱闕又二　一文決
甲文義闕例具　二義決又三　文義闕例具例決
乙文義例俱闕　甲義決　文義例俱闕理決
二文具義闕　乙例決　文具而義闕義決
三義具文闕　丙理決　義具而文闕文決義決

一八・五　文具　當部文具也。若文明了，則義從而具足，名文義具足。若文不了，則義不具足，名文具義闕，即以義決通也。

一八・五　義闕　當部他部中有文不周備也，則以義決通。

一八・五　義具　通釋云：當部他部中文具也，不妨自文不了。若又都闕，則義從闕矣，即歸文義俱闕例。按義具必約有文。濟覽云：今謂非也，如此釋者，與文具義闕何異之有乎？蓋義具者，義而宜有，而當部文闕者，引他部文決也。鈔云：義雖必立，當部無文，則統闕諸部，以息餘謗，可以知矣。文義俱闕，約本宗他部俱闕也。

一八・五　文闕　當部文闕也，則引他部文決通也。

一八・六　理　當部他部中文義及例俱闕，但有理也。即以理決通也。

一八・六　例　當部他部中文義俱闕，但對餘事有能例，即引例決通也。

一八・一二　四分假宗　成實第五曰：若壞衆生是假名宗；若破壞色，是名法空。

一八・一三　二意通之　有二義：覺恩寺理公義曰：生空當分，法空過分也，故云二意通，是釋親。又允師義云：二空理當分，常住真性過分，故云二意也。初意云：鈔未分三宗，至業疏方開沭，故今約有空二宗耳。後意云：記中今鈔開通實大釋之，其例非一，尤以權實二理通之。

一八・一六　萬化　萬化即緣起諸法，章服儀曰：「夫萬化在一心。」應法記曰：萬化總收十界依正，一心即今現前思念；萬化既出一心，乃知一心俱含萬化。

一八・一八　人天獨尊　本起經云：佛初誕降，周行十方，舉手指天地云：天上天下，唯我獨尊。

一八・二〇　常依二諦　資行曰：「有云順正理論文也。靜見記云中觀論文也。通真記云顯揚聖教論文也。或云成論文也。」

一九・五　聲彩　鈔批有二釋，一同今記；又云：聲者，教也；彩者，色也；教有光澤曰彩。

一九・九　所弘四分　鈔批：「謂八十誦通名律藏，明佛制戒所被時機，滅後結集，言周事足。」準五師捃拾等文，約根本部義符文歟！然今記意不同，意云考斯四分律藏，最初迦葉結集時，言事並周。斯之言指四分之義，親之也。

一九・一四　優婆毱多　即和修弟子，聲振遐邇，所度夫婦得四果者，乃下一籌，籌長四寸，滿丈六石室，人謂化行與佛無殊，但無三十二相，故人號為無相好佛。戒疏一・五四：「同世五師，時既澆漓，情見互起，雖通小聖，不無利鈍；毱多受法，慚劣於師」等。問尼者，即老尼告毱多細行尚不及於六羣之麤猛之緣。（鈔記二六・三一）

一九・一六　重增之語　簡正云：「加以等者，加者，重也；於前非上，更增此重，故云加以。」資行鈔引簡正「加以」字作「加之」。續藏簡正記仍作加以。

一九・一九　業疏　見業疏一八・四〇。又戒疏一・六九曰：「四分律者，罽賓沙門佛陀耶舍，秦言覺明，以弘始十二年，誦出本文，涼州沙門竺佛念譯，釋道含筆受」等。

二〇・一　四句成白　四分白羯磨並五句，唯結淨地，於第二句不牒緣本，故唯四句。疏云者，見業疏九・一五。

二〇・二　上二意　四分結集，在佛滅百年後，年代渺邈，事多殘闕，是一意也。又五師情見不同，不樂者則捨而不存，故有闕，是二意也。通為結集之遺缺。

二〇・二　後二意　翻譯失旨，即覺明漏誦，是一意；鈔寫錯漏，即竺念遺筆，是二意；通為翻傳漏缺。

二〇・四　不須舉事　暗破古記也。搜玄曰：即十誦律主捃拾取其可分聚落之文，僧祇律主取不可分別聚落之文，五分捃取小界，致今諸部有無互缺。

二〇・五　總會　記意唯釋總字也，會即決通也；謂文義俱闕，以例會通；具文義欠，即以義會；具義文欠，以文會也。通大見，謂如上六師，第一師不能決會，故局也；今詳決會之，廓然大見也。

二〇・一四　無解戒場法　鈔六・三九：「律無正法，舊羯磨中用大界法解之，唯稱大小為別。今不同之，戒場不許說戒，何得牒解；今準難事界，但翻結為解，理通文順。」

二〇・一五　無受七日法　鈔一二・四七：「然心念對首二法，諸部

無文，但開受法。相傳準羯磨白文，雖非佛說，義準
無失。」
二〇・一五 請二師　即羯磨師、教授師。鈔八・一四：「請二師，
律無正文。……即準和尚例通請之。」
二〇・一六 破白讀羯磨　鈔五・五五：「問：世中時有白讀羯磨，
作法成不？答：不成是定；雖無明決，可以義求。
然羯磨戒本，作法相似，戒本必令誦之，羯磨豈得白
讀？」
二〇・一七 忘不持衣　鈔二〇・二九：「問：忘不持衣外行，至夜
方覺，取會無緣，失不？答：彼人恆自將隨身忽忘，
例（事）同長衣開之。」
二〇・一八 牒多緣受日　鈔一二・三九：「但使前是應法之緣，隨
為多少，得合受日；如懺僧殘多罪同法。」
二〇・一八 惡心解界　鈔六・四四：「非法惡心解者不失，律云惡
心解淨地不成，例準。」
二〇・一九 不得重結　鈔六・一三：「若疑有者，解已更結。」
記：「若下，引例決，即藥法中開淨地文。彼云：諸
比丘不知何處是淨地，白佛。佛言若疑先有淨地，解
已然後結。」
二〇・一九 三種安居　鈔一二・八：「初四月十六日是前安居；
十七日已去，至五月十五日名中安居；五月十六日
名後安居。故律中有三種安居，謂前中後也。」鈔
一二・二二：「中安居法，律有名無法；……準義，
三法不無，既明前後，中間例準。如鉢量制上下定，
中間不顯而知。」
二〇・二〇 明相會夏　鈔一二・二七：「問：界外宿，明相欲出，
得會夏不？答：準僧祇衣界，準得。必須入頭手足等
於界內。」
二一・一 安居依閏　鈔行一二・一一：「依閏安居，無有正文；
比於薩婆多云：夏中有閏，受雨衣得百二十日；彼衣
開法，尚依夏閏而受。夏是制教，理宜通護。」

二一・三 病緣……　受日及出界遇難等，見鈔一二・二六安居受
日。負債得戒，出鈔九・六受戒問難。
二一・六 前後梵唄　謂勝鬘經偈或律偈文等。偈詞即聞鐘散華
等。唱告謂維那唱白等。上座誡勅即未具遺出誡勅
也，或朝旦勸勉。
二一・六 不出教文者　通釋曰：「梵唄聞鐘偈等，類多出教文。
入堂四快等偈，及唱告誡勅等，不標所出，即祖師以
理補之耳。或又普照道安布薩儀中，以理立之，祖師
從而用之耳。」
二一・七 開示境心……　皆受戒篇，法界塵沙情非情等。
二一・一三 論言　論言者，節古義、會正、集要及增暉、義苑、
簡正等，並云善見。鈔批：「即前善見論文云以意度
用，即斯義也。」
二一・一四 此所謂　曰今此者，義決也，以論云理也。
二一・一五 準摩夷　鈔一二・二六：「摩夷云：移夏不破安居。」
記：「摩夷，即母論。」
二一・一五 遇緣出界　鈔一二・二六：「五百問云：夏中忘不受七
日，出界行，憶即悔者，得。」
二一・一六 四分不明重受日　鈔一二・四二：「重受者，昔解，
一夏之中，開於三法，（七日、半月、一月）差此不
成；今云得重。」鈔一二・四四：「五百問云：受七
日行，不滿七日還本界，後更行，不須更受；滿七日
已，乃復重受。明了論中得受。疏解云：前請七日，
事了還至界內；第八日更請七日出界宿」等。
二一・一八 相濫　今復總括述之：
文義決通，略有三例：
初第一例二：
初示闕——初文義俱闕：如律無請二師法，又如夏中
出界遇難不還。
二能決又二：
初例決——決初文云：例準請和尚法請之。

二理決──決後文云：理判得夏。
次第二例又二：
初示闕──第二文具義闕，如律比丘得受布薩錢。
二能決──義決云：準須付他。
後第三例二：
初示闕──第三義具文闕：如有難移夏。
二能決──文決曰：準摩夷不破安居。
例決……　例決者，文義俱闕，乃引事相比，故名例決。理決者，雖無文義及例，道理合然，故理決。義決者，雖有文而理不相合，即義決通。文決者，本律有事無文，即引他部文決通也。問：理與義如何不同？答：理決約文義俱闕，義決望文具義闕，尋上可見，上約單配，今明相兼有四： 二一・一九 二三・一

初理決──理決無餘三方立，故無相兼之義。
二例決──次明例決，以無文義，方成例故，唯得兼理，不兼文義。如依閏安居，引例決曰：如多論雨衣依閏。理決曰：雨衣開法尚依閏，安居制教，理宜通護。 二三・一

三義決三句：義兼例，義兼文，義兼文例。
第一句──義決兼例者，如四分邊罪等，今師自言不足數。義決曰：體既非僧，若僧同知不足數，不知成足。例決曰：如破戒和尚四句。（此於一事相，兼義例二決也。） 二三・六

第二句──義決兼文者，如四分盜畜犯重。義決云：此望鼠心未定，從人判罪。引文決曰：十誦多論等文，盜畜物犯吉。
第三句──義決兼文例者，如律令夏竟解界。義決云：此為諸界同受德衣。文決云：文如十誦。例決云：如安居未竟自恣，不破夏故。 二三・一〇 二三・五

四文決三句：文兼例，文兼義，文兼義例。
第一句──文兼例者，如移夏不破。文決云：如摩夷。例決云：十誦僧祇二處受衣。鈔一二・二六云：十誦僧祇命梵二難，移夏二處安居，乃至自恣處取衣。 二三・六

第二句──文兼義者，四分但云尼開受七日。文決曰：僧祇云：尼無羯磨受法（知唯限七日）。義決云：以尼入俗生善義少故。（鈔一二・四五）
第三句──文兼義例者，如自然界。（鈔四・一九以下）文決曰：如十誦善見等文。義決云：無異界定圓，有則不定。例決云：如定結界由旬量。了論云：合角量取。（已上準記略寫，但取其意。）

理義不別　如上記，理決中：「當日出界遇難，義判得夏」等。又義決中：「盜僧物犯蘭，決云此約暫礙僧用故輕；理須犯重。」是也。

別而為語　通釋曰：理例二種，一向無文義，既無文義，故以例及道理決通。義必帶文，若文明了，則義隨具，不須決通。若文不了，則義隨闕，此時則以義決文也。文所謂以意定文，曰義決通是也。

四分邊罪……　鈔四・三四：「犯邊罪等十八人及尼中四人，為自言故不足，為體不足？答：解者多途，今言此等體既非僧，若僧同知，故不足數；必不知者，成足。」邊等十八人者，十三難，三舉，二滅。尼中四人者，尼、式叉、兩沙彌也。（已上二十二人）又引不持戒和尚四句者，鈔四・三四：「故不持戒和尚中四句料簡，前三句由不知故得戒；第四句由知從此人受戒不得，故不足數。」

此望　義決。仍引下，文決。

餘處行　鈔五・一六：「言餘處行者，謂出大界外餘道行也。……自恣明文，無餘處行；改為若出界外也。」

宿欲　鈔五・一六：「問：此律宿欲不成者；若明相未

了，羯磨已竟，而說戒自恣未竟，得經明不？答：不成。……四分中，若明相欲出，開略說戒；故知宿欲不被所為事也。」

二三・七 合河結界　鈔六・一〇：「問：界中有水，得合結不？答：律中河者，除常有橋船梁得結。若駛流者不得。必有橋梁及淺水無難，準理應得；故尼律中云：水者，獨不能渡，此通界內外也。」

二三・九 三小界　鈔六・三四：「此三小界，並由事起，有難遮作。佛開暫結，更無有相，隨人多少，即為界體。……並指僧集坐處為界內相；故初云僧一處集，中云爾許比丘集；後云諸比丘坐處已滿，齊如是比丘坐處結小界。文止在此，更不言外相。」

二三・一〇 淨地……　鈔三三・二〇古本無除去比丘文。唱相見鈔三三・二三。又所引二段，出隨機羯磨諸界結解篇。

二三・一二 集僧中　鈔四・一六：「三道行界者，薩婆多云：比丘遊行時，隨所住處，縱廣有拘盧舍界，……亦不明大小。此論解十誦，律文云：六百步為拘盧舍。」

二三・一三 僧祇七樹　鈔四・一三：「僧祇中，若城邑聚落界分不可知者，用五肘弓，七弓種一樹，齊七樹相去；使異衆相見，不犯別衆，各得成就。」又四・一八：「問：彼此俱秉羯磨，自然定量，若為廣狹？答：諸說不同，今解：彼此二衆，各一面有三十一步半。」又四・一九：「故薩婆多云：比丘隨行住處，有縱廣自然界。」

二三・一五 十誦可分別　鈔四・一一：「若可分別者，十誦云：於無僧坊聚落中，初作僧坊未結界，隨聚落界是僧坊界。下文齊行來處，此制分齊；四分聚落界取院相。」

二三・一八 落後句　即義具文闕，是第三例故。問：既他部有之，何云文闕？答：文闕約本宗無明文；義具約他部有明文。

二五・三 應作如是　彼云：「衆僧有諍事起，應和合共集；共集已，應作如是觀察。」

二五・四 留難否　次有「汝謂云何」四字；復問下有「言若有見者」五字。

二五・四 復問　下又有「言若於沙門法作留難，是可呵法」十三字。

二五・五 諸比丘　第一答云：「餘比丘見正理者，應作是言：鬪諍法於沙門法即是留難。」第二答云：「彼言：我意謂於沙門法作留難，即是可呵。」第三答云：「有見正理比丘言：我意謂可呵不能進善根，不能得沙門果。」

二五・五 此謂進也　會正曰：謂四句雖復同異，若能均融使通者，則諍論自息名進，反此曰止。與今記相反。通釋云：「若望能進善根得沙門果，諍事滅即是進，不滅即止；會正意也。若依今記，鬪諍起時為作觀察而詰難等，是乃進也。彼鬪諍人自請滅諍，使捨諍事，是名止也。」

二五・七 我從　彼文上有「我不知他心，但於佛所有信樂，世尊以時為我說法，最上勝妙，開示善惡，如」二十九字。

二五・九 今引此文　濟覽云：「以文義相諍，佛世是多，而皆令莫鬪諍，而尚恐以文義相諍，故訓之；且證決通之難。」

二五・一一 然決判是非　濟覽云：「何故揀前起後乎？曰：決判是非，即上進止也。作進止者，必總通律藏等也；故律云見正理者也。」

二五・一一 隨經之文　會正曰：隨經即大小乘經論隨說律處。又鈔批云：謂隨經之律，即如遺教、善生、涅槃、楞伽是也。

二六・四 義解即隨戒　鈔批曰：「檢十誦中前列二部戒本，次明增文，從一至十，故曰增一。次則解釋上二部戒本等相，一一牒來隨次解釋曰義解，亦如四分調部相似。」義解之釋，與今記異。通釋曰：「現行十誦，初二十卷比丘戒本，自二十一至四十二諸犍度，自四十三至五十尼戒本，自五十一至五十五增一法，五十六已下舉戒本並犍度中事問答辨釋，似四分調部。」

二六・八　棧　各處所引皆作棧。字書：棧，棚也，閣也，無染色之訓。現行十誦作茜，音釋曰：此見切，茜草也。彙云：染絳之草。二衣記云：泥，即黑棧，即木蘭也。

二七・九　持犯之境　境，猶緣也。又心境相對，則內心非境。今約持犯，故內心又為境也。謂持犯託內心事成，故於中有化制別，如記。

二七・九　境通內外　境者，記所謂情非情等塵沙萬境；通內外者，內心結業，外用順違，假境成故。一往依文，似以心為持犯境，而依記云內心依外境緣善惡向背於理，是外境通內心，令成持犯也。

二七・一〇　生來　鈔批云：謂從佛法中，初受具已，名曰生來；非出父母胎也。

二七・一一　義兼福罰　謂不學人，於持犯中，各兼福罰。持中福罰者，約持名福，隨其不解，尚得不學無知之罪，名之為罰。犯中福罰者，且約善性之犯，好心互用，慈心歎死等名福，本條結犯，即是為罰。

二七・一二　通名持犯　簡正記云：今可迴文，應言此名通持犯。

二七・二〇　通犯唯止犯　謂止犯則不學也，於一切可學事法，止而不學，故通一切，頓結斷學吉羅；又於一切惡事，不可一時頓作，故通犯無作犯義。

二八・四　即指化業　即次門二・三二云：「謂內心違順，託理為宗，則準化教；外用施為，必護身口，便依行教。」

二八・五　身口造作　謂身口造作前事，必由情；若無情，何有造作，故云情事。

二八・八　且據制行　已云教行，知是制教矣；化內心，非行故。

二八・一〇　古師所明　古師識受想三心位為止持，今師不爾；夫三心是無記，豈名持護；流入行心，方成二持，故云約動慮等。

二八・一三　止持有二　鈔二六・一六：「一無惡來汙，明止持；行前三心，得有止持，由本有戒體，光潔無違，名持。……二對治行，明止持作持；必行心成就，前三則無。」原注：「謂識想受等，此三非業，流入行心，方成別因。」記：「識謂了別所緣境，通指六識。想謂取所領之相。受謂領納所緣。上三善惡未著，故云非業。行謂造作之心，能取於果，思心成業，善惡乃異，故云別因。」

二八・一六　通持犯……　犯結不學無知，固不在言；持亦成犯，故下記云：「不學之人，持亦成犯。」通輕重者，若夷若吉，隨有所犯，必結枝條故。通虛實者，下記云：「虛謂可學，實即不可學。」謂若可若不可，並不免故。（資行）

二八・一七　一一吉羅　頓於一切作斷心，於一切事法一一吉；若於羯磨一法作斷心，於一切羯磨一一吉。心漸頓如前引持犯篇二六・二四。

二九・五　今下　今欲科罪，但使與教相應，不問事情虛實，並名犯也；此通名持犯也。

二九・一〇　量據　上云須商略據量有在是也，即目律也；如彼律呂分氣故，亦如權衡量輕重故。

二九・一二　根本果罪　簡從生，反不學無知也。

二九・一三　果頭　神智解果頭，佛云：「果位居上，是故云頭。」準此可云：「果罪居上，故云果頭。」

二九・一六　實情之語通犯不犯　謂實情，即不可學也；臨事而心迷忘等，非預可學知，故云不可學。犯者，如人非畜想結方便蘭故。不犯者，如人杌木想；及有主物無主物想，本非罪境故也。

二九・一七　理教　言理教者，非但指化教；凡一代教，並無非橫，故二教皆名理教也。

二九·二〇 怨逼無樂　此句宜移上婬觀不淨下也。恐是錯簡歟！觀不淨者，作不淨觀，觀婬事者，非惡覺不攝意故。

三〇·九 三輪　三輪者：一者神足輪，謂佛雖闡揚正法，愚蒙尚不信；故先現異，令拜手畏敬者是也。二說法輪，謂身雖伏從，智開無路；故次說法，令得解者是也。三憶念輪，謂神解乃明，煩惑未除，義須依行；故須憶念，有二種，謂事與理也。一事者，如戒所禁，緣境思過，警策身口，常志憶持，方能遠離。次理者，聖所說教，同為斷我，我難制故，先以事遮，隨我欣樂，皆約不作，我所不欲，制必行之，故於修捨，漸得調伏，故聖制言，三毒四倒，所不應念，三善四觀，常須依行，推析我源不得，知唯妄謂，本來無我，此理明白，誠由憶念。今經論二藏通釋，收前二輪；如經序六瑞，必用神足說法故。律藏在憶念收，制約事過，無待放光故。（有云律藏局事，三輪通理，故不取！）

三〇·一〇 化行　化行者：一者化教，如阿含等，開演化導，令識邪正因果，義通道俗，離著為先。二行教者，起必因過，隨過制約，言唯持犯，事通止作，戒律一宗，即局斯教。（有人言依觀生解，非行不成，豈局出家，義不可也。）化制者：化則如前，制唯戒律。制聽者：此二教，通歸律藏，如加衣等是制，如畜長等是聽。具如戒疏一·二二以下。

三〇·一〇 彼取三輪　戒疏一·二三：「如上四宗，初約三輪，此有誠量。後三意言，但是義指。」戒疏一·二四以下徵破上四義，初徵化行云：「大聖垂教，實在依持；何但虛談，不存行用……豈偏戒律，局推行攝。」次徵制聽云：「立教之本，義通為先；今唯在道，理如上責。」三舉化制：「因循昔言，聯類已窮，未可徵覈，今敘正義，還順初宗。但憶念輪徵言未盡。……如律文中，現通說法，因見聖跡，其量不少。豈在後輪，方悟正理。……教門不壅，故是所通；然憶念輪，偏懷內衆。」

三〇·一一 但在古……　通釋云：「行之名言，不局戒科，不可以行教名戒律，所以疏不取也。於今乃通者，……依文，行教尚局道，專約戒科，疑今鈔時，仍從古解，至疏方改，此例不少。」

三一·九 受戒　鈔八·四二受戒篇黃門中，「未受具已截者，終無明教，必隨準前勘取，依他部為受」等。又說戒中云：「若有罪者，不應淨法，小罪責心已便說」等。又一三·二一自恣中云：「若犯波逸提已下罪者，莫問自言舉來，並前懺已自恣；若犯四人已上偷蘭僧法，但入偷蘭說中，乃至僧殘說中，以交無治罰之義」等。又七·一五以下僧網訶責羯磨中云：「應召來入衆，當前為舉，舉已為作憶念，應與罪。……若不舉，不作憶念，不伏首罪，……並作法不成，得罪。」又二八·二一懺篇僧殘中云：「第一方者，謂知檢定是殘非殘，即知具闕之義，具緣成重，闕緣便輕。」此等文中，並有取捨義。

三一·九 七九治罰　四羯磨合於三舉為七治；又合惡馬治，默擯為九種治罰也。四羯磨者：一訶責，二擯出，三依止，四遮不至白衣家。三舉者：一不見舉，二不懺舉，三惡見舉。若違拒，捨不用，隨順為解不遮，故云取捨。或可四羯磨又應足數故取，三舉二棄，一向不足故捨也。又四羯磨足生善門是取，三舉二棄居於衆外是捨。或可取順捨拒，六聚悔露亦爾，捨未懺，取悔露。或可此二句釋上說恣有犯，七九治罰是捨，六聚悔露是取也。

三一·一〇 謂顯佛法　謂本文之綱，即大綱，網中之至尊也。謂我未見無綱全網矣，律亦爾也。於佛法至尊，猶網之綱也。致，宗致也。

三一·一五 諸戒。國土……　如婬戒，國土：毗舍離迦蘭陀村。犯人：須提那子。舉過：諸比丘察知已白佛。訶責：佛以無數方便訶責云：「汝所為非，非威儀，非沙門，非淨行。」制戒：自今已去，為諸比丘結戒：「是比丘波羅夷不共住」等。牒釋：謂律廣解，一一牒釋戒本故。方便：如廣解云：「若方便欲行不淨，成者波羅夷；不成者，偷蘭遮。」境想：如云：「若道作道想，若疑，若非道想，並波羅夷；若非道道想，道疑，並偷蘭遮。」下衆同別：如云：「比丘尼波羅夷，下三衆突吉羅。」犯：即如上境犯緣具足者是也。不犯：即諸戒開不犯中文，婬如睡眠等。輕：謂境緣差互。重：謂心境相當也。

三一·二〇 務　古本作矜，為正。

三一·二〇 婬兩結　如戒本云：「不捨戒，戒羸不自悔，犯不淨行。」是初結也（但制女三男二）。「乃至共畜生。」是重結也。即通制三趣，人、非人、畜也。

三二·一 別衆七開　「若比丘，別衆食，除餘時，波逸提。」是初結也。「餘時者：病時、作衣時、施衣時、道行時、船行時、大衆集時、沙門施食時，此是時。」是即重條。

三二·三科文 二示所判　上已分能判教，又有相濫，更示其所判也。示宗，文略也，可云示舉宗判，理自彰也。

三二·三 然則　上分二教：汎明因果等，化教；定其取捨等，行教也。行又有十善因果義，故云然則也。

三二·一一 起業輕重……　如瞋恚殺蟲蟻，罪重慈心殺人，是則約化業判；若約行教，人重蟲輕。受報淺深，亦由業道。持犯單心，具在鈔二六·三六以下。三時：方便，根本，成已。八句：一、三時俱重，二、方便根本重，（並有害快心故。）成已輕。（有悔心故。）三、方便輕，根本成已重。四、方便成已重，根本輕。五、根本重，初後輕。六、方便重，中後輕。七、成已重，初中輕。八、三時俱輕。如十誦中，啼哭殺父母，畏苦痛故。律據人想八業皆重，業隨心故，牽報不同。（八殺即此八句。）

三二·一四 沙彌篇　彼有二大段，初明出俗本意，彼依位隨解，凡福行聖道行在初門；剃落與戒在後段。

三二·一四 凡福聖道　鈔四一·七：「五明出家行凡福行，謂有比丘，出家已後；但知持戒，不志尚道。以戒為上，餘悉不為，用為非道。……此戒取見，見取煩惱。」又四一·八：「六明出家行聖道行。但出聖道，無始未曾；皆由著世慣習難捨；今既拔俗，必行聖業。」

三三·三 善來、三語　母論卷一謂有五種受具：一者善來比丘即得受具，二者三語即得受具，三者白四羯磨受戒，四者佛勅聽受具，五者上受具。善來者，佛告憍陳如曰：善來比丘，聽汝於我法中修於梵行，盡於苦際。此憍陳如即得出家，即得具足。三語者，歸依佛，歸依法，歸依僧，即是出家，第二歸依佛竟，歸依法竟，歸依僧竟，即是受具。

三三·一〇 五八二戒　行宗一·二七：「據前化制，五八二戒，攝局化中。」

三三·一二 隨律之經　多論六：「凡經中有隨律經時。」又多論九：「入毗尼經者，餘經中諸說戒處是。」與今記異。又隨律隨經，見戒疏一·二七，同今記。如次引證。

三三·一二 引證　戒疏一·二七：「問：如律所明，具通俗行，如何橫判以為道教？答：隨得宗意，不有斯疑，一部律文，知何不說，制局篇聚，出世所行，旁兼心觀（五停、四念、五陰等觀），偏被四部（道俗各二），時明餘戒，唯俗二衆；以義判文，初是當宗，餘二隨律，非本意也。如涅槃中八穢（八不淨財）七治（七羯磨），十篇（十戒）五戒；如阿含七滅六報（六聚）犯聚等相，豈是俗行，故名斯文隨經之律。若依此判，得在分途。」

三三・二〇　性戒　鈔一四・三九：「若犯性戒，具受二罪，謂業道也，及以違制。若犯遮戒，如壞草木，但得一罪，以化教中，本不制故，無情可惱。」

三四・二　通之　遮為防性故，自有違理之義，故重得罪。

三四・五　智論文同如懺篇　鈔二九・三六：「大論云：戒律雖微細，懺則清淨。犯十善戒，雖懺，三惡道罪不除。如比丘殺畜，罪報猶在。」化行違過既兩結，懺法互不通可知。

三四・一二　三性　見鈔一四・三八以下篇聚中：初善心犯者，互用三寶物，慈心與殺具，令早死等。次不善心者，三毒所起也。後無記心者，曾無持犯，縱放身口手足，損傷草木地土也。

三五・七　初篇四重　記約僧戒本，明同；若約尼戒辨同異，八重中初四重同，後四僧無。

三五・九　作持諸法　鈔批云：「安、恣、受、說，此皆同制。」

三五・九　中卷　中卷者，有通別二意。別指釋相，通指四篇。中卷四篇，皆釋止持門相故，即今記中所引是也。

三五・一五　眾學……　鈔二五・三六眾學戒中云：「尼等四眾亦吉羅。」又篇聚，彼一四・一七云：「尼有八波羅夷，前四同於大僧」等。持犯，彼二七・四六云：「尼中非無，且削略之；已如初述。」又二七・二七以下通緣涉諸戒，故有七種：一是五衆出家人，二無病，三心期境，四無命難，五無梵難，六稱本境，七進趣果。

三六・五　尼輕　漏失提，二麤偷蘭，二房亦蘭。

三六・六　五敷　一蠶綿，二黑毛，三白毛，四減六年，五不揲坐具。

三六・七　索美食　問：尼提舍尼中制之，何僧戒本中曰尼吉耶？答：戒疏一四・七〇：「尼結輕者，大僧丈夫，身報力強，喜乞美食，取資身故，所以重制。尼乞美食，女人所諱，為希故輕。此吉羅者，結不同罪，實犯提舍。問：不同何罪，而結於尼？答：不同非罪，示不同戒。隨結方便，使異二部。」行宗：「問中，今此吉羅，既非實犯，應成虛結，故問何罪。答中，初明非罪，非正犯故。隨下，次示罪體。」

三六・一一　一背請二足食　第一百四十八戒，文云：「若比丘尼，先受請，若足食已，後食飯、麨、乾飯、魚及肉者，波逸提。」

三六・一二　與外道食　戒本云：「若比丘尼，自手持食，與白衣外道食者，波逸提。」

三六・一二　四與年不滿　文云：「若比丘尼，年滿十八童女，二歲學戒，已滿二十，與授具足戒。若比丘尼，知年不滿二十，與授具足戒，波逸提。」

三六・一二　雨衣常開　行宗：「雨衣過量雖同，用則有別；僧開夏月，尼聽常用，開用長短不同。」

三六・一四　八提舍尼　一乞酥，二乞油，三乞蜜，四乞黑石蜜，五乞乳，六乞酪，七乞魚，八乞肉。此與僧四提舍尼全異，故互望有無。

三六・一六　互專一義　謂婬妄等數犯，而非微隱。或微隱，而行希者，如諸諫戒等。

三六・一九　列七門　鈔四二・一尼衆別行篇，總列七門：一受戒，二懺罪，三說戒，四安居、受日，五自恣，六隨戒，七師徒雜行。第六即明隨戒相，故云六隨戒。

三七・七　非謂　暗破會正，彼云：彼題本無大字，蓋南山尊師耳。

三七・一一　式叉即望三衆　三衆：即大僧，大尼，沙彌，合男女二沙彌。

三七・一七　下云　指沙彌篇四一・三五，羯磨衆行，不足大僧，故云不在。

三七・一八　同修等　鈔四一・三五：「如說戒自恣，既是常行，不得別衆。」

三七・二〇　廣律　在雜犍度末，沙彌篇云大小持是也。

三八・一　有願　戒疏二・二三引明了論毗尼有九義，六者有願，如沙彌十種學處；七者無願，如白四竟，諸戒並起。行宗二・二三：「有願者，具戒方便故；無願者，已滿足故。」又濟緣一〇・一：「初云無願，已獲具足，無願求故。……有願，反上可知。」

三八・六　五德十數　羯磨注：「如請僧福田經：沙彌應知五德；一者發心出家，懷佩道故。二者毀其形好，應法服故。三者永割親愛，無適莫故。四者委棄身命，遵崇道故。五者志求大乘，為度人故。依如僧祇律，應為說十數：一者一切衆生皆依飲食，二者名色，三者痛癢想，四者四諦，五者五陰，六者六入，七者七覺意，八者八正道，九者九衆生居，十者十一切入。」業疏一一・三四以下詳釋之。

三九・一二　訓法訓常　阿彌陀經通贊：「常則百王不易，法則千代同規。」盂蘭盆經疏新記：「法則尊卑共遵，常乃古今不易。」

三九・一四　五部　詳戒疏一・五一，止觀輔行六，法華補注、義讚、私志、私記等。

三九・一六　大集　第二十三。

四〇・一　法護　戒疏一・六六：「法正，謂法正律主，明慧卓朗，除邪倒也。又言法護者，能興建正法，不墜於時。……又言法鏡者，能照達萬法也。」法密，法藏，覆隱密護之義歟！

四〇・二　一切有從計　彼計三世實有，法體恆有等。

四〇・二　不著有無觀　戒疏一・六〇：「經云不作地水火風空識相，名彌沙塞，此云不著有無觀。」

四〇・三　重空觀　戒疏一・六〇：「經云說無有我及以受者，轉諸煩惱，猶如死屍，名迦葉毗，此云重空觀。」行宗：「我即所計倒本，受是能執妄情，凡謂實有，遂生執著。我既本無，執將何附。下翻重空，義在此也。」

四〇・四　著有行　戒疏一・六一：「皆說有我，不說空相，猶如小兒，名婆麤富羅，此云著有行。」行宗：「問：此與外道何別？答：外道妄謂蘊中別有神我，此約觀行，推析我蘊，非一非異，知是虛妄，計妄為有，可得悟道。」

四〇・五　根本獲一　二部中窟內部也。

四〇・七　義鈔所引　義鈔卷一引三藏口傳，明五部分為十二部；又引遺教法律，明五部衣色；並取僧祇，除婆麤富羅。通釋曰：「依祇律私記，亦以僧祇為五部一也。」

四〇・一一　師資傳　珠林百十九云：薩婆多師資傳，五卷，梁朝揚州建安寺沙門釋僧祐撰。

四〇・一五　五百問事經　具題：「佛說目連問戒律中五百輕重事經。」

四〇・一七　有云二部　節古義引增暉云：自餘等者，即二部、九部、十二、十八、二十部等。搜玄、集要、義苑並同。今記斥意，蓋謂彼窟外部及自餘十八部等，未渡此土，如何指之。又遺教愛道皆下文並大小乘經攝，屬次科化教故。

四〇・一八　隨經律　簡正記云隨經律者，謂隨經論中有解律處，如涅槃中禁斷魚肉八不淨物等。合云隨律經，隨律論等。今言隨經律，取語順故。

四一・一　為翻經學士　唐傳二：「時有翻經學士，成都費長房，本預緇衣，周朝從廢因俗。」

四一・一六—二〇　道覆。道雲。道暉　並唐傳二七惠光傳附見。洪理、道樂，同卷曇隱傳附見。智首、法礪見唐傳二八。洪淵、道洪、法勝，均卷二七洪遵傳附見。法願亦見卷二七。

四二・五　曇瑗……　唐傳二七；僧祐，梁傳一一；靈裕，唐傳一一。

四二・五　祖師前身　宋傳一四道宣傳：「母娠而夢月貫其懷，復夢梵僧語曰：汝所娠者，即梁朝僧祐律師，祐則南齊剡溪隱嶽寺僧護也。」

四二·九　云包異部　具云：「包異部誡文，括衆經隨說，及西土賢聖所遺，此方先德文紀。」等是。

四二·一三　三百福罰　鈔一〇·二八：「又有愚師，引淨度經三百福罰，此乃偽經人造，智者共非。是謂師打罰弟子也。」資持云：「舊記云：彼明重罪打三百，中罪打二百，下罪打一百，皆得福也。」

四二·一三　三十六碩餘糧　鈔二一·五：「昔云：儉開三十六石，出善生經。余自披檢，真偽二本並無，舉世夢傳。」

四二·一三　五部五色衣　鈔三〇·一四：「遺教法律經中五色者，此非正錄，無知者用之。」

四二·一四　以錢贖佛食　鈔一七·三九：「俗家佛盤，本不屬佛，不勞設贖；言贖，偽經。」

四二·一六　帙　袠、袟、秩、帙並通，書衣；又書卷編次。

四三·二　列示中　按武周刊定偽經目，經凡列二百二十八部，與今所引，出沒互顯。又彼中但出經及集錄，不出於論，如藏目所載。

四三·一八　四執相攻　遺教論：「四種差別智障法，分別可分別故；如經，汝等比丘若種種戲論，其心則亂故。」記：一切教門，無非方便，若起執諍，通歸戲論，謂執己非他，浮詞異論，同於戲劇，故云戲論。四種差別：一空，二有，三兩亦，四雙非。並是妄計，故名四種能障正道故。是知障釋經種種也，分別是能執，可分別是所執，釋經心亂也。

四三·二〇　所承　後漢書儒林傳序：「若師資所承，標名為證者，乃著之云」注：老子曰：善人者，不善人之師也；不善人者，善人之資也。故因曰師資。

四四·三　推其師受　師即智首師，遺編四：「事鈔序云：學有所承，承必知本；據此南山承首，故為第九祖也。」

四四·一八　教通餘論　謂教即指古師申釋，教可畏故，通，記云猶容也等，言古解之是，而可取入今鈔者；然餘論非急務之事，故且省之也。

四五·五　張本　書言故事曰：預為後地，曰張本。注：張本，底本也。筆削記第二云：欲張其本，故攬廣以略。

四五·五　如別所破　記主義鈔序：「或云戒業二疏不盡之義，收拾成文者，嘗用對考，而文義多同。若其不盡，止可拾其所遺，豈得彼此重見！故知不爾。或云為二疏張本者，且事鈔所指，三部顯然，豈是為疏而為草剏！……又先撰事鈔，當武德之末（九年），次制此鈔，乃貞觀之初（元年），年曆相去，足顯同時。況貞觀之間，始剏二疏（戒疏八年，業疏九年。）以見昔云拾疏不盡者，得非謬哉！」

四五·一三　毗尼母論　卷六云：「諸比丘，佛既聽說十二部經，欲示現此義，復有疑心。若欲次第說文，衆大文多，恐生疲厭。若略撰集好辭，直示現義，不知如何；以是因緣，具白世尊。佛即聽諸比丘，引經中要言妙辭，直顯其義。」

四五·一九　本律出三十四卷　現本出三十五說戒犍度，彼云：「時比丘欲分別說義，當說義時，不具說文句，各自生疑。佛言：聽說義，不具說文句。」

四六·一九　佛藏經　四卷，羅什譯，彼淨戒品云：「譬如蝙蝠，欲捕鳥時，則入穴為鼠；欲捕鼠時，則飛空為鳥。而實無鼠鳥之用，其身臭穢，但樂闇冥。舍利弗：破戒比丘，亦復如是。」

四七·五　饜飫　饜，音厭；飫，於據切，音淤；並飽也。

四七·八　不令　令，即法也；今言非法教於非法，不律教於不律也。

四七·一八　三示所詮行相　序文三：初通敘撰述緣起，一卷一三頁；二統括諸篇大綱，一卷三四頁；三總示所詮行相，即今文。

四八·一四　匡攝住持　序首有匡攝僧徒，住持佛法等文。

四八・一五　綱領舉則毛目正　羯磨注：「前舉綱領，末振毛目。」業疏三・二釋云：「若網目之在綱，如裘毛之依領，故云毛目。」

四八・二〇　自衆　意謂自他同遵，以名共行。自行衆行，並同修奉，此亦共行。若爾，共行之名，豈非混哉。

四九・六　前云上卷　鈔一・三二：「上卷則攝衆務，中卷則遵戒體，下卷則隨機要行。」

四九・一二　意如上解　記上文云：「凡行僧事，必先簡衆；故須體淨，方應秉宜。」

四九・一九　然則　意云上約三卷以分三行，然有事類互相投寄，難量斷擬定者。若以難量擬故，不約三卷，以分三行；但長途散釋，則言無所歸，寡於討論；又事類投故，必每卷隨相曲分三行，便過在繁碎。

五〇・一一　今隨　意云今者隨順機宜，約略條科，不復曲分，通結一部，大分三行，雖有投寄，指歸攝屬，使學律者，舉提三行綱領，諸篇毛目自整然矣。重載舒卷，重載覽文，隨事現前，隨依行焉。

卷二

會本卷三 鈔上一之三　標宗顯德篇第一

一・八　貫諸部故　資行云：濟抄云：祖師所撰三大部、義鈔、尼鈔等，並標四分律，故云諸部。爰知非謂通餘師所述也。

一・一〇　三約人分　資行云：刪等六字，不釋屬對者，允師云：自攝鈔字故歟！智云：上云鈔是能，刪等是所；則是所鈔非屬人，故不論歟！

一・一四　忘筌　莊子外物：「筌者所以在魚，得魚而忘筌。……言者所以在意，得意而忘言。吾安得夫忘言之人而與之言哉！」

二・一四　下云宗體　下鈔三・七云：「今略指宗體行相。」記：「宗即是法。」又下鈔三・九略標四種，即戒法、戒體、戒行、戒相是也。

二・一七　自昔章記　搜玄云：初篇標戒宗以辨僧體，已下三篇約集是非以明僧用。

二・一九　尼鈔　彼亦有三十篇，初篇明勸學，即當事鈔標宗篇。

三・三　此篇中不別分　記以義科此之四條已下為後章，已前為前章；然本文中不標分此二章，故注示之也。

三・七　今先出喻然後合法　通釋云：本文但舉譬說，無合法文。故今記主先釋喻說，然後自補出合法文。喻中分為四義：一豎深，二橫廣，三容而不雜，四逸而不濫；法中亦合此四義。

三・一四　資成　謂萬行之生，皆資戒以成也。

三・一四　戒疏云　行宗二・三〇：「示無窮之益；前聖後賢，並通三乘；上是自行。引下，明化他。來業謂戒善功德，法體常住，在人所興；人相繼接，法何有盡；有同世寶，滋長無窮。」

四・一　戒檢　檢，法度也。又檢束也，制也。

四・一　九道　鈔一五・六：「夫三寶所以隆安，九道所以師訓。……必宗於戒。」記：「戒經云：三世諸佛，皆尊敬戒，是知戒法，佛猶師奉。今望無非可治，故云九道耳。」

四・二　本宗通受五八　受戒篇記八・三：「若準多宗，餘道通受三歸，不需戒法：成宗亦通五八，但障出家。」

四・一一　律云　律三六：佛告目連，海水有八奇特法，所以阿修羅娛樂住者，以此八事故。何等為八，已下如記略引。五大河下，彼列河名。珍寶下，彼云：所謂寶者，金、銀、真珠、瑠璃、珊瑚、硨磲、瑪瑙。大形下云：所謂大形者，身有長百由旬，乃至七百由旬。

四・一一　八奇特法　律三六先出喻說，後明合法。今略舉合法中文云：我法中亦有八奇特：一、我諸弟子，漸次學

戒，皆歸我法，於中學諸善法。二、我諸弟子住於戒
中，乃至於死終不犯戒。三、於我法中，四種姓剎
利、婆羅門、毗首、首陀，以信堅固，從家捨家學
道，滅本名皆稱為沙門釋子。四、於我法中諸族姓
子，以信堅固，從家捨家學道，入無餘涅槃界，而無
餘涅槃界無增無減。五、於我法中，同一解脫味。
六、於我法中，不受死屍；所謂死屍者，非沙門自稱
為沙門，非梵行自稱為梵行，犯戒惡法，不淨汙穢，
邪見覆藏不善業。七、於我法中，亦多出珍寶；所謂
珍寶者，四念處，四正勤，四如意足，四禪，五根，
五力，七覺意，八正道。八、於我法中，亦受大形；
所謂大形者，衆僧中向須陀洹，得須陀洹果，乃至向
阿羅漢，得阿羅漢果。

四·一四 出珍寶　律云：「海水多出珍奇異寶，陸地所無。所謂寶者，金銀……」如前所引。

四·一五 但明二德　通釋：「戒本云：戒如海無涯。又云：衆流海為最，一切衆律中，戒經為上最，海喻，唯此二而已。」資行鈔謂二德指「戒如海無涯，如寶求無厭」二句，與戒疏二·三一及行宗記釋合。

四·一五 必欲強配　謂欲以律八奇特及戒序二德，強配今鈔文，對臨兩文，自裁斷之。

六·一〇 委　與猥音通，鄙也。鈔批云：「任也，迷也。」

六·一七 口實　尚書曰：「予恐來世以台為口實。」故事云：「為人話柄，曰口實。」

七·一 持戒　法滅盡經文，下鈔三·三三引之。

七·一 羅漢　十誦文，下記三·三三引之。

七·七 周易　注十三，傳曰：「石堅重，難勝之物；蒺藜刺，不可據之物。」

七·八 蒺藜　蒺藜子有三角刺人，狀如菱而小，一云旱草。爾雅翼：軍旅以鐵作茨，布敵路，謂之鐵蒺藜。

七·一〇 象　象者，像也，似也。謂取似像之法為象，令見真理；周易有大象，即其事也。出圓覺略疏。

七·一一 馬絆　繫足云絆，繫首云羈。

八·一 證題不疑　前釋篇題中云：「問：下列四種，何者是宗？答：若就別論，唯法為宗，下云宗體（今文），或云法體，宗法互舉，別指何疑；若約通論，四並是宗。」準此今宗體行相，猶曰法體行相也。但科文中，宗體通標四種，宗言通別兼收，體者法體，行相之主質也。

八·三 如後結文　下結前生起文云：「此之四條，並出道者之本依，成果者之宗極，故標於鈔表，今寄心有在。」

八·五 相應之道　隨器得戒體也。

八·五 若情無遠趣　遠謂遠大，趣謂發趣，通謂三品發心耳，是得戒之正因故。

八·六 徒染法流　既不得戒，無沙門性，則虛交道流也；與上名參緇服，文勢相似。

八·一〇 上中下　上心者，菩薩三聚求菩提心；中者，權教菩薩及二乘心；下者，凡夫有漏心也。

八·一五 二所對有六　一結界成就，二有能秉僧，三數滿如法，四界內盡集，五白四教法，六資緣具足。

八·一六 四心境相當　睡眠無心等，及前境羯磨非法，僧衆非法等，心不稱境，境不稱心，並不得戒。

八·一六 五事成究竟　始從請師，終至白四，片無乖各，則成法也；通攝諸相也。

九·六 入即納法歸心　通釋曰：或可心境相當，云契入也；須合得戒無留礙，故云無滯。若異緣者，不得戒故。記分契入，以為二義，無乃繁細乎！

九·七 涅槃　涅槃文，表無表章本引之，詮要二詳解。

九·九 北遠　資行云：淨影寺慧遠稱北遠。

九·九 雖無形色　初二句，勸護持。意云戒雖非青黃長短等形露顯現，可見色法，而有防非體不失，故可護持之，此約隨行。次三句，勸受戒。意云戒雖非見聞觸對緣

慮心法，而如法作法，能發受體，故修禮乞等方便，可得具足，此約受體。諸佛下，結歎。是聖所讚，大果之因。此證下，記主點釋。

九·一一 大方等　彌陀經義疏云：「方謂方廣，等即平等。實相妙理，橫遍諸法，故名方廣，豎該凡聖，故云平等。」

九·一三 何者　徵意云：問，何故頻勸因緣契合，領納戒體，受戒有何勝利耶？故釋中具開四章，歎戒勝利。四章結文云：「此之四條，並出道者之本依，成果者之宗極；知自身心，懷佩聖法，下為六道福田，上則三乘因種。」

一〇·三 有云未受　會正云：受前名法，受後曰戒。

一〇·六 或可並以　問：與初釋何異？若不加法字，但云戒體戒行等者，寧有濫餘泛善耶？答：初釋但於戒善四種相對，後釋對餘善簡名；初則從本得名之義，後則簡異立名之義，是且從所望異為二釋耳。或可方下通結上二釋。

一〇·九 業疏云　記一五·一六云：「定名體中，初示體相。思願要緣，攬法成業；故塵沙戒法為能依，業體無作為所依也。」

一〇·一〇 又云　記一六·九云：「納是能受心，聖法即所受戒，能所相冥，心法和合而成於業。攬法為業，為道基本，故名戒體。體充正報，心為總主，故云心胸。初受則心為能納，法為所納；受已則法為能依，心是所依。」

一〇·一二 應知言法　濟緣一六·一三云：「問：即法是體，法體何分。答：若望未受，但名為法，體是無情，若加期誓，要緣領納，依心成業，此法有功，乃名為體。是故言法未必是體。言體其必是法。」

一〇·一三 三業分之　下記云：「行謂對治，唯在己修」等。又「檢察即心，心即行體。」又鈔戒行文云：「持心後起，義順於前，名為戒行。」又戒相文云：「明戒相者，威儀行成，美德光顯，故名戒相。」準此等文，以心防護為戒行，以身語外儀為戒相耳。

一〇·一四 語法而談　意云：汎談法之言軌持義，是廣通萬法，故云不局。今但別敘戒法，故云直明。要下明從軌成聖道，釋法所以。是則從功德可名聖法，隨相中聖道本基，此意也。此意通凡聖釋，次科別從聖立名約位解。

一〇·一六 法雖兩通　資行云：此戒能軌成凡聖，故云兩通。軌成凡夫者，轉四惡之苦器，軌成人天趣之身。而今不論此，故云但從聖也。

一〇·一八 釋相科為　釋相一五·五亦廣張法體行相之四門，初明法中，又分七門，其第一名聖道本基也。彼記釋云：「聖道者，通語三乘；本謂根本，喻戒法發生於聖道；基即基址，喻聖道依憑於戒法。」通釋云：準此從功能而名聖法也。

一一·一 已成　鈔批云：「約羯磨竟，發得此法，名為已成，為聖道基，能成聖故，名為聖法。」餘師釋大同今說。

一一·一一 結使　即目煩惱。青龍疏云：「結使者，結謂結繫，使謂役使，謂結繫有情，役使三有也。」

一一·一七 今就正顯　意云所發業體，如通論中，非今所明。且就今正所顯直陳能領心相也。即下記指今文云：前云正顯能領心相。

一二·二 二諦等法　等取滅理涅槃，佛說聖教，文字卷軸，形像塔廟，地水火風空識等法。

一二·六 法界　法謂一切諸法也；界者，清涼云是分義，一一差別有分齊故。

一二·六 塵沙　謂持世界為塵，故云多也；沙則恆河中所有沙數數也。圓覺鈔卷五。

一二·七 二諦　問：二諦亦作戒境耶？答：爾。若謗真諦者，或犯破法輪偷蘭。謗俗諦者，或犯毀毗尼戒提故也。

一二·一一　如理　羯磨篇云：「不如白法」等，記云：「如，猶依也。」

一二·一九　初動於境　謂發動周偏境上戒法也。受戒篇云：作初羯磨時，十方法界善法，並皆動轉。

一三·六　以作顯無作　意云前云顯能領心相者，正是作戒；然明作者，為顯無作得相也。

一三·八　獨茲　有二義：一義云獨茲者，指能領心，餘者，色非色等餘種種相也。一義云獨茲者，指當文，餘者指餘處文。受戒發戒緣，雖示心境，未具示能領心；今茲曲示，故云獨茲等也。

一三·一〇　罔象　濟覽：「顯性錄云：罔象亦可云仿像，未審貌。」通釋：今謂昏蒙無知之義歟！謂罔罔然無象也。

一三·一七　由本興心　意云：最初要期，非欲但受戒而休；若止空願，無隨護心，不發體故。由必要期受已，稟教立行，方成受體；故今依體學教修行也。

一三·二〇　準疏具三　彼云：故力有常，能牽後習，起功用故，於諸過境，能憶、能持、能防，隨心動用，還熏本識。

一四·一〇　問釋相篇　謂彼篇中，隨一一戒釋其持犯開遮相，故名隨戒釋相；是則戒法之中，持犯等相，乃名戒相，故與今異。答中明其不離。

一四·一四　知自身心　依記後釋已下為顯德，顯者，引聖言而顯故；德者，戒法勝德也。若依上題注文，須先標引聖言，後敘德。今欲便後引文，故先敘德，而後標引文也。

一六·四　東晉　現本題大般涅槃經者也，全三卷。

一六·七　文有少異　通釋曰：記主引經首文合之，故文少異。今鈔引經下卷，經曰：爾時如阿難言：汝勿見我入般涅槃，便謂正法於此永絕。何以故？我昔為諸比丘制戒波羅提木叉及餘所說種種妙法，此即便是汝等大師，如我住世，無有異也。

一六·七　遺教　經曰：於我滅後，當尊重珍敬波羅提木叉，……此則是汝大師，若我住世，無異此也。

一六·九　臨滅　即出後分涅槃上五，又出智論二卷二頁。

一六·一二　問治　後分為第一，智論為第三，今為第四，不知所出。

一六·一七　資始　易乾卦彖曰：大哉乾元，萬物資始。正義曰：乾元，天德之大始，故萬物之生，皆資之以為始也。

一六·一七　二有期誓故　戒必依要期誓願而成立，故此期誓，有引起萬行之功，餘行未必有期誓。

一六·一九　古記　增暉、會正、集要等。

一六·一九　戒本序　「欲得生天上，若生人中者，常當護戒足。」通釋曰：「今小乘經中也，何引戒本？彼屬後制教中故。又善生經是大乘，豈混小中？」

一七·七　動不動　住法記釋云：「動即欲界散業，不動即上二界定業。」

一七·九　說戒犍度　卷三五云：「波羅提木叉者，戒也。自攝持威儀住處行根面首，集衆善法，三昧成就。」

一七·一一　上三　上小乘經中有三科：第一泥洹經，戒是汝大師；第二戒經序，常當護戒足等；今第三說戒犍度文，大地能生住持等。

一七·一六　道品即是慧學　然三十七科道品，不皆是慧學，如正念處，四正勤，正以慧為體。四如意足，體是定也。五根、五力、七學、八正，通三學中。今從多分為慧學耳。

一七·一九　四如意足　欲，謂希樂正道；精進，於所修道無間雜；心，謂於所修境一心正住，亦名念也；思惟，謂思惟彼理，心不馳散也。依此四行，所願皆滿故名也。

一八·一　七覺分　覺即覺了，謂覺了所修之法，是真是偽也。分即支分，有七支派別故。一擇法，以智慧簡擇諸法真偽也。二精進，於真正法進修，不行無益法也。三喜者，契悟真法，生喜時亦觀察，非顛倒生也。除者，斷除諸見煩惱時，能察其真偽也。捨者，捨離見著時，了其不實，永不追憶也。定者，發禪定時，覺了不生煩惱也。念者，修道時，思念觀察，使定慧均等也。

一八・四　即同遺教　文云：「譬如惜水之家，善治堤塘；行者亦爾，為智慧水，善修禪定，令不漏失。」然城郭以喻防禦妄動，堤塘以喻惜畜定水，雖譬定同，而意少異。

一八・一九　反釋之　若順文則應云尸羅言戒。

一九・一七　破僧不成　提婆別處破僧者，以如來在衆，戒之威力，不可犯也。

二〇・九　二守信　記依上總別科中分文為四：尸羅、守信、行、器；上來九種義，皆屬初尸羅義，故以守信為第二也。

二〇・一三　瞿沙　輔行云：「瞿沙梵語，此云妙音也。」簡正云：「瞿沙者，人名也。」彼論云：「五十二師外，有尊者所解長，有五百人師也。」若準師資傳云：「從迦葉至達摩多羅有五十二師，瞿沙其一也。」

二〇・一九　有多譯　一晉義熙十四年，北天竺佛陀跋陀羅譯，六十卷，是名舊經。二唐永隆元年，中天竺日照三藏譯，出入法界品內兩處脫文。三唐證聖元年，于闐國實叉難陀譯，八十卷，是名新譯。若論支品別偈部類，乃有多譯。

二一・一五　十九　現本第二十五，虛空目分中。

二二・三　薩遮尼犍　四分律名義標釋九：「尼犍此翻離繫，是外道之都名也。」又三十五：「雜含經薩遮翻為火種，具云尼犍連陀，翻為不繫，謂此類外道，躶形自餓，以為少欲，不為衣食所繫故也。」

二二・五　此並大權示化　會正云：「彼經佛告文殊，我國土有諸外道尼犍子，皆是如來住持力故，為欲示現不可思議方便境界。」

二三・九　別報　破戒之外，別異妄業所感尅故。

二三・一三　月燈三昧　此經有二本：一本高齊那連提梨耶舍譯，全部十卷。一本劉宋沙門先公譯。今考二本，並不得文。資行云今文出一卷者云云。龍樹菩薩為禪陀迦王說法要偈：「雖有色族及多聞，若無戒智猶禽獸；雖處醜賤少聞見，能修戒智名勝士。」

二二・一五　俗貴道賤　意云明俗以為貴，道還為賤。謂色族多聞，俗之所貴；然道但以戒智為貴，故雖有色族，若無戒智，以類禽獸。下半例知。

二二・一六　無戒即無智　莊嚴論三云：「若有智慧者，能堅持禁戒，……愚劣不堪任，護持如是戒。」

二三・六　停　與亭同，調也。搆，合也。

二四・九　同前華嚴　通釋曰：「上引華嚴有前後二處，今指前段耳。彼中明比丘衆別行及攝御衆，並以戒為要故。後段但明為菩薩本，不必別為出家人要故。」

二四・一二　袈裟語通　問：準二衣篇，九十六種外道無三衣名，今何云通？答：雖無僧伽梨等三名，袈裟名通，翻云染色，豈不通乎！記三釋：初但約名通，未必體同，文乃云外道服故。次釋約如法衣云僭著。故上二釋並定能著人是外道，而判其所著衣。第三釋能著之人，不局外道，故不妨所著衣釋門袈裟。

二四・一六　名譽樂　戒本後偈云：「明人能護戒，能得三種樂，名譽及利養，死得生天上。」

二五・五　地持　第八初紙已下，明三十二相，此結文在十一紙。

二五・七　持戒不動　記文依涅槃經南本二十六師子吼品。經云：「若菩薩摩訶薩持戒不動，施心不移，安住實語，如須彌山；以是業緣，得足下平，如奩底相。」餘相準之。

二五・一二　尼拘陀　此云無節，亦云白楊，亦云縱橫樹。

二五・一三　肉髻　謂頂有肉，高起如髻。

二五・一三　十四　智論不出之。三藏法數頂髻相，亦名無見頂相。大般若云：高顯周圓，猶如天蓋。

二五・一三　無見頂　謂人、天、二乘、菩薩，皆不能見故。

二五・一四　十五　智論云：「十者陰藏相，譬如調善之象寶馬寶。」三藏法數云：「謂陰相藏密，猶如馬陰，不可見也。」
二五・一五　十六　智論云：「十六者細薄皮相，塵土不著，身如蓮
花葉，不受塵水。」三藏法數云：「皮膚細滑，不受
塵水，不停蚊蚋。」
二五・一五　十七　智論云：「十三者一一孔一毛生相，毛不亂，青
瑠璃色，毛右旋上向。」
二五・一六　十八　智論曰：「十四者金色相。」三藏法數云：「謂
身皆金色，光明晃曜，如紫金聚，衆相莊嚴，微妙第
一也。」
二五・一六　十九　智論云：「十五者丈光相，四邊皆有一丈光。」
大般若云：「世尊常光，面各一尋。」
二五・一七　二十　智論云：「十七者七處平滿相，兩手兩足兩肩項
中，七處皆平滿，端正色淨，勝餘身體。」
二五・一八　二十一　智論、三藏法數無此相，而別出眼色如金精
相。
二五・一八　二十二　資行云：「具云缺盆骨，俗云玉懸骨也。」
智論云：「二十一者肩圓好相，一切治肩，無如是
者。」大般若云：「世尊肩項圓滿殊妙。」
二五・一九　缺骨　通釋曰：是缺盆骨歟！僧像篇引善見云：「佛右
缺盆骨，師子國中。」記三七・二七云：「缺盆，即
項下橫骨，繞項而轉，至咽凹下，如盆缘之缺。」
二五・一九　二十三　智論云：「十九者上身如師子相。」大般若
云：「世尊頷臆並身上半，威容廣大，如師子王。」
三藏法數云：「謂身體平正，威容嚴肅如師子王
也。」
二五・一九　二十四　智論等無此相，而有兩腋滿相。彼云：「十八
者兩腋下平滿相，不高不深。」
二五・二〇　二十五　智論等開之為二相。論云：「二十二者四十齒
相，不多不少，餘人三十二齒。二十三者齒齊相（三
藏法數云齒白齊密相），諸齒等無麤無細，不出不入，
齒密相，人不知者，謂為一齒，齒間不容一毫。」

二六・一　二十六　智論云：「二十四牙白相，乃至勝雪山王光。」
三藏法數云：「謂四牙最白而大，瑩潔鮮淨也。」
二六・一　二十七　智論云：「二十五者師子頰相，如師子獸中王
平廣頰。」三藏法數云：「謂兩頰車隆滿，如師子王
也。」
二六・二　二十八　智論云：「二十六者味中得上味相。有人言
佛以食著口中，一切食皆作最上味。何以故？是一切
食中有最上味因故，無是相人，不能發其因，故不得
最上味。復有人言：若菩薩舉食著口中，是時咽喉邊
兩處流注甘露，和合諸味，是味清淨，故名味中得上
味。」
二六・三　二十九　又云：「二十七者大舌相。是菩薩大舌，從
口中出，覆一切面分，乃至髮際；若還入口，口亦不
滿。」三藏法數云：「廣長舌相，謂舌廣而長，柔軟
紅薄，能覆面而至於髮際也。」
二六・三　三十　大般若云：「世尊梵音，詞韻和雅，隨衆多少，無
不等聞，其聲洪震，猶如大鼓，發言婉約，如頻伽音。」
二六・四　三十一　智論曰：「三十者牛眼睫相。如牛王眼睫，長
好不亂。」三藏法數云：「睫，目旁毛也，謂眼睫殊
勝，如牛王也。」彙：睫，同睫。
二六・四　三十二　智論云：「三十二者白毛相。白毛眉間生，不
高不下，白淨右旋，舒長五尺。」三藏法數云：「謂
兩眉之間，有白玉毫，清淨柔軟，如兜羅綿，右旋宛
轉，常放光明也。」
二六・五　涅槃　北本二八。
二六・一二　十住　龍樹造，羅什譯，十七卷，釋華嚴十地品。
二六・一七　行深般若　問：既標第六深般若，何以尸羅清淨住
耶？答幽贊釋心經題目，出五種般若，所謂實相，觀
照，文字，眷屬，境界是也。即第一真理，第二真
慧，第三真教，第四萬行，第五諸法也。此中第四眷
屬般若，萬行攝前五波羅蜜，故尸羅清淨，亦是行般

若也。然彼論第十五云：「第二地於十地中，名為離垢，慳貪十惡根本永盡，故名為離垢。於此地中，深行尸羅波羅蜜。」若未離欲等已下，如今記引。會正、鈔批引戒報品，並約尸羅，不云般若；今記獨云深般若者，疑所覽異耳。

二七・九 三不欲　鈔批云：「明既秉持戒，識達聖教，不假他問。」

二七・一〇 五欲遊化　又云：「十方佛法，理同無別。若也不識聖教，至處多怖；若順教而行，遊方無怯。」

二七・一八 第五可知　上記制教諸文，大約分三：一住法，二自利利他，三滅惡生善。今釋四分五種功德，上四通自利利他、生善滅惡二釋，第五即住法，文明故云可知。」

二七・一八 四魔　導俗篇記三九・一六云：煩惱魔者，三毒劫善故。五陰魔者，遷謝不停故。死魔者，逼切報命故。天魔者，撓令退道故。四皆惱害，不能自由，故名魔也。

二八・一 生衆功德　衆者非衆多之衆，是則衆別相對之衆也。行宗五・七釋云：大聖立教，利益無邊，取其簡要，且列十種，標分為三，戒為能利，衆、別興建，即為所利。

二八・七 初問　彼云：又問過去佛法幾時住世，佛言隨清淨比丘不壞法說戒時，名法住世。未來現在，並亦如是。

二八・一〇 解云　即真諦疏。

二八・一一 世出世善　簡正云：「智論云：若得人天果為世善，若得三乘果為出世善。」

二八・二〇 不肖　肖，似也；不肖，言不如人。

二八・二〇 下流　論語子張篇云：「君子惡居下流。」注：下流，地形卑下之處，衆流之所歸。喻人身有汙賤之實，亦惡名之所聚。

二九・二 薩婆多　彼云：「凡經中有隨律經時，說訶者，盡波逸提。除隨律經，說餘經時，隨多隨少訶者，盡突吉羅。問云：何以說訶隨律經罪重，餘經罪輕？答：戒是」等，已下如今引，文有少異。

二九・四 莊嚴佛法　下彼接云：「是故罪重。」

二九・五 功強於彼　簡正記云：指經論二文為彼，經是定，論是慧，即定慧無此功德故。

二九・一〇 汝大師　彼次有「是名令正法久住」之語，已下皆爾。

二九・一二 住世　彼結云：「是名持律五德。」

二九・一五 論問　此上文云：「若度女人出家，正法得五百歲住，猶世尊制比丘尼八敬，正法還傳千年。」千年已等如記引。

二九・一七 三達智　過去宿住明，現在漏盡明，未來天眼明。

三〇・八 佛有生法二身　住法記釋論不盡滅法身常住文云：「諸佛皆有生法二身，生身有滅，法身不滅。不滅有二：一本性法身，永無生滅。二修成法身，有生無滅，即是戒定慧等五分功德，從因至果，聚集為身；今指木叉，即此身也。」

三〇・九 此二法身即是常住　問：依相宗於二轉妙果，菩提有為無漏，涅槃無為無漏，爾者五分修成法身，有為之體也。一切有為法，亦生滅無常也，今何云常住？答：於常住有重重，且依相宗，雖自受用身，談有為智體，而名之無間常，今亦同之。雖非不斷常，且約無間常名常住也。

三〇・一〇 馬鳴釋於我滅後　記主住法記釋云：「不盡法身者，諸佛皆有生法二身……」，與前「佛有生法二身」文同。

三〇・一一 常住世間　住法記云：常住世間者，流及未來，無窮已故。作究竟者，能使羣生越生死故。此句即示木叉義也。

三〇・一六 敬念持護並同於佛　謂敬法者便敬佛，念法者便念佛；持五戒即見法身，護法者便為護佛。

三〇・一七　飲水殺蟲　會正、簡正，意同今記。會正云：飲水即飲蟲，損戒即損佛，智者以喻可得解之。簡正云：謂離法無佛，離水無蟲；若護法即護佛，護水即是護蟲，飲水便是殺蟲，破戒即是損佛，故云飲水殺蟲之喻也。又鈔批引十誦二比丘往佛所，遇夏熱，一不飲蟲水，渴死生天，先見佛身。一飲蟲水，後到佛所，為佛所訶之緣。釋相中記亦引之。

三〇・一七　任運兩得　即法佛也，念法念佛，敬法敬佛。勿責喻者，殺蟲甚與上反，今謂飲水則有殺蟲之罪，故合任運念佛也。

三一・三　大莊嚴論　具云大莊嚴經論，十五卷，馬鳴造，羅什譯。又有大乘莊嚴經論，十三卷，無著造，唐波羅頗迦羅密多羅譯。

三一・六　並初標　本律第一戒云：「爾時世尊在毗舍離國。」自餘諸戒及諸犍度，並同此例。諸契經初，先標信聞二成就，次標教主，故不同也。

三二・四　比丘　彼云：「有比丘心得小止，便謂已得聖法，是名初非法在世。」

三二・六　佐助　彼接云：「有持戒者，無人佐助。」

三二・一五　阿難　東晉竺曇無蘭譯，一紙半。

三三・八　五種　第五十三略抄，本畜沙彌為第三，與他依止為第二。溉水作用水溉灌。

三三・八　怖畏　記下文云：「五皆云怖畏者，正法將滅故。」

三三・一〇　五雖　彼云：「已共誦修多羅、毗尼、阿毗曇，以前後著中，以中著前後。」

三三・一三　不修身戒心慧　記二釋：初釋為二事，謂身戒及心慧也，以戒慧二如次配身心。次釋即分為三學。四分律明三學，名增戒增心增慧學，即定名心也。若依簡正及鈔批，彼引涅槃二九即為四事，彼經意云：若比丘不觀身無常不淨，名不修身。若不觀戒是一切善法梯橙，名不修戒。若不觀心躁動而制令調伏，名不修心。若不觀智慧有大勢力，名不修慧。依此，身及戒定慧四事，為所觀事。

三四・六　摩夷　鈔批云：摩夷者，梵音訛略，應云摩坦理迦，此云本母，即阿毗達磨之異名也。謂諸法相，從論出注，故名本母。

三四・七　十誦　出第三十五初紙。

三六・一　摩耶　二卷，蕭齊曇景譯。今引下卷。

三六・五　始從結集　彼經百年已去事，次第說之。初迦葉阿難結集三藏，乃至優波毱多化阿輸迦王，乃至起八萬四千塔。二百歲已，有尸羅難陀比丘，度十二億人。三百歲已，有青蓮華眼比丘，度半億人。四百歲已，有牛口比丘度一萬人。五百歲已，有寶天比丘度二萬人。六百歲已，九十六種外道等邪見競興，破滅佛法，時馬鳴比丘降伏諸外道云云。

三六・一四　俱睒彌　俱或作拘，名義標釋云：中天竺境，國大周六十餘里，都城周三十餘里。

三七・九　與牛羊　止觀一之五云：「名字即者，理雖即是，日用不知，以不問三諦，全不識佛法。如牛羊眼，不解方隅。」輔行記云：「如牛羊下舉譬不知，四方曰方，四維四隅，牛羊雖見，而無了別」等。玄義記曰：「牛羊眼，普超經下卷。」

三七・一〇　前云　十三之初，即大品經文云：「罪不罪不可得故，應具尸羅波羅蜜。」論釋此文也。

三七・一三　若肉眼　歸敬儀上云：「等智有三：我同牛羊之智。出道唯一：牛羊異我非倫。」通真云：「涅槃經云：一切衆生，於三法中，皆有等智，謂婬欲、飲食、恐怖。」

三七・一七　學者　通釋謂常誦罪無罪不可得名言，實執縱修婬恚罪不可得。若見上來所引論文，忽乖所懷，於往所作，豈不生疑！濟覽謂此釋似疎，曰學者若不體不可得，清淨持戒是道業也乎！何言世福乎！聞此蓋上世福也。

三七·一九 疏出　業疏二上曰：疏者，疎也，疎決疑壅，必不曉者，披文見意。

三八·一 非己所有　神智補注云：「但習大乘之語，而無大乘之行。」

三八·四 疏字平呼　平聲，通也，疏決也。去聲，記注也。

三九·九 如來所說甚深修多羅　下彼接云：「空無相無願十二因緣諸深法要，不能信樂受持，雖受不能通利，如是說時，無憐愍心，無愛樂心，好作文頌，莊嚴章句，樂世俗法，隨世所欲，有信樂心，說俗事時，有愛樂心，是故如業所說甚深修多羅空無相無願十二因緣諸深法滅。」

會本卷四鈔上一之四　集僧通局篇第二

一·四 集僧即目能集　記兩釋中，初釋順鈔分科。即文云：「首題集僧之軌度，後明來處之通局。」又云：「二明來處通局者，初明處之分齊，二明用之通局。」是則於約界通局中，兼明用人通局也。

一·五 通局即召所集　所集有二，人及處也。下記云：「言處者：作法自然二界是通；作法有三，自然分六，則為局也。人中：別人及僧二位為通；別有三階，僧分四種，故為局也。」又曰：「通謂體同，局謂相別；同則略分，別須委示。」

一·六 羯磨篇中三四兩緣　彼明十緣中云：「三集僧方法，謂敷座、打相、量僧多少、觀時制度等。四僧集差別，須知用僧進止，簡德優劣。」

一·九 古記並云　依節古義、增暉、集要、鈔批，並指標宗為體。又會正：「前標宗為自行之體，次則依體起用。」

一·一〇 四人假用　業疏二·五云：「言僧體者，有人言：依諸小論，以五陰實法為體。……有人約律準論，……人假為體。實法無用，四人假用為僧之體。而用無別體，望以四人陰本為體。……今存後引。」記釋：五陰實法，即報得色心。人無別體，陰聚為人，望陰是實，故人名假，假通餘趣，簡之以人。實法自體，無記非用；法聚為人，人方有用。問：假之與用，為同為異？答：實法成人為假，人能造作名用。何者是體，謂四人假用為體。假用是能依，故無別體；實法為所依，故還以陰為體。若爾，則與前師何異？答：前指實法，即為僧體；今明陰本，自推假體。故知僧以假為體，假以陰為體，異可知也。

一·一二 前修　序中記云：「前修，即指前代諸師。」

二·一 理和　濟緣云：「初果已去，見真諦理，理無異體，聖證皆同，謂之理和。」又云：「事和通凡聖，理和唯局聖。」

二·三 總三種別　應來者來，應與欲者與欲來，現前得訶人不訶，是名眾和合。反上三，名別眾也。

二·四 法事縱如　遮伏難也，問云：「但可歸人非，何云法非事非耶？」即以文通之。

二·六 四分　出第三十五結界處。

三·一四 歸心無二　按文中約事理釋，初事中：告眾者，告使命也，即是信鼓。有期者，期眾會也。次法中：法，即理也；謂打犍椎集眾者，為令聞信鼓者，皆悉歸投佛處也。所歸唯一佛，能歸無二心耳。即表聞法音歸心於一真，無二念也。

四·一九 羯磨疏　卷四·一〇：「犍槌者，梵本聲論云犍地，此云磬，亦云鐘也，乃金石二物耳。」

五·一 並改　濟緣四·一二云：「今人一概改槌為稚，例呼為地，未披經律，妄自改作。」

五·七 鐘磬翻之　多論音釋曰：凡瓦木銅鐵擊而鳴者，謂犍稚。

五·八 應法師　唐傳第四十云：京師沙門玄應者，亦以字學之富，皂素所推，通作經音，甚有科據也。

五·八　大同　玄應音義十五云：犍稚梵音臂吒犍稚，臂吒，此云打；犍稚，所打之木，或檀或桐，此無正翻，彼無鐘磬故也。舊經多作犍遲，此亦訛傳也。宜作稚，言直致切，但稚椎字形相濫，故誤也。

五·一〇　明知稚字　意云：音義既作稚為直致切，與地音別；地，徒二切。故明知後世無知，作稚直呼為地，是乃誤也。

五·一〇　此迷久矣　此似斥音義，謂音義理應云宜作椎也；然云宜作稚者，應師亦從訛謬，故斥云此迷久矣耳。

六·四　似五分三通　五分三通四十下，今則五十四下，非全同，故云似也。

六·四　準下　指晝暮二時下一通語也。

六·四　又名一通　三千儀總謂五十四下名一通，亦無四十下名。後鈔文及五分以四十下有三節，是名三通，或云三下；亦無五十四下名。故今文云一通，不同下三通之中一通，宜勿濫焉！

六·五　暮投槃　鈔批云：暮投槃時，賓解云蓋收槃器也。

六·一五　名為三下　通釋云：準鈔文，聲盡後下三通，似名之三下。若準記釋，以四十下節為三段，即似指此三節，名為三下，學者辨之。濟覽云：今按記云，即目此三，名為三通。即字所指，在後三下必矣，然則與鈔不違。

六·一九　即目此三　此三者，準今記釋，節四十下以為三段，似即此三段，曰目此三。然據鈔文後三下以為三通。準之，記文指上所謂後三下，以云此三耳。

七·二　長打　百二十下，即四十下三反，連續撞也，但數同相別也。

七·一二　存五衆衆各八輩　問：聲聞可爾，菩薩緣覺豈有四向四果？答：雖無八輩階位，若望斷惑，俱斷九十八使。今從斷品齊義，許亦有八輩。問：緣覺人豈有五衆？答：彼有「麟喻」「部行」異；麟喻雖無，部行多同聲聞，故可有也。

九·二　禪定寺　續高僧傳云：唐西京大莊嚴寺。注曰：隋時名東禪定寺。

九·一四　檛　韻會：張瓜切，音撾，擊鼓也。智論文出二卷，云：「檛銅犍椎。」亦出新歲經。

一〇·五　古記　集要、義苑、會正，例亦同此；下則云用僧分齊故。

一一·一　雖兼大界　謂四處集僧，必由有場，故戒場是正，而大界是兼也；若無戒場已下，大界正義也。

一一·二　通謂　業疏四·一六云：「問：羯磨之設，界中無人則成，何故集他外界？答：行法不同。若作羯磨，則隨界分局，人不相集。若作說恣，則內外通收；以是攝僧綱紀，使內外同崇，不許逃避。乃至外界戒場，見相便求」等。

一一·三　兩界　自然、作法也，界內作法，界外自然。

一一·七　下文　五一云：「又問：若比丘聚落中，初造僧坊，齊幾許作界？佛言：隨聚落，隨聚落界，齊行來處。」

一二·八　即同勢分　彼律離衣戒中云：「謂箭射所及，鷄飛所及，慚愧人大小行處。」制此處以為集僧分齊耳。

一二·一二　彼此　彼十誦，此四分也。

一二·一二　此由他執　濟緣云：「彼律下文云聚落界齊行來處，謂聚外行路也。疑是昔來執為勢分，故特決之。」準此，非定有他執也。

一二·二〇　得同可分　通釋曰：若依自然，行說恣等可爾。若作結界，僧界寬於院相，還可五里集耳。濟覽云：結界篇云：初言集僧，必先盡自然界內；若標寬界狹者，盡標集之。

一三·三　還指四十七　與上指下文處文也。彼云：「問：若比丘阿練若處，初造僧坊，齊幾許作界，佛言各面一拘盧舍。」此出增一中第八誦現本當五十一。然今指下文者，出第九誦問布薩法中，彼云：「問：若比丘無聚落阿蘭若處，始起僧坊，未結界，是中齊幾名為界？答：面齊一拘盧舍。」現本五十。

一三・一一 準不周　四藥篇三三・一八云：一者籬牆不周淨，四分云：半有籬障，多無籬障，都無籬障，謂露地也，非儲積相，故開之。必三面有院，開一面者，攝食義強，亦同有罪。

一三・一二 有人迷此　通釋：指大覺律師歟！鈔批云：此上是可分別聚落，今作兩句束之：若聚周藍不周，則依聚不依藍；若聚周藍亦周，依藍不依聚。不可分別聚，亦有兩句：無聚（院相）復無藍（院相），須依六十三步；若無聚有藍，不依六十三步。濟覽云：非指此乎！今記已謂城邑聚落故。

一三・一五 不通餘處　餘處即聚落中，準此，聚外空林造立伽藍院相一面，與聚相接，是聚落攝，四周不容自然故。若其周圓隔空界，則可蘭若攝。古來諸師，一面與聚相接，例云蘭若者，恐非也。

一四・一 處所散落　業疏又云：「以村聚散落，無有垣塹；又僧雜鬧，往返難究；指步為限，檢括易成。」

一四・三 彼因有人　濟緣云：「彼因婆羅門問種樹法，佛言以五肘弓量七弓種一樹，能令根莖堅固，扶疏生長，不相妨疑。時優波離白佛，已聞種樹分齊，今復聞若有處所，城邑聚落界分不可知，若欲羯磨，應齊幾許，使異衆各各相見，而得成就，不犯別衆耶？」

一四・一〇 意如　第十門記云：目為義鈔，文有三卷，下卷已亡，故今所指，彼文多闕。

一四・一一 古記　會正云：「如義鈔者，誤指也，檢彼無文。」

一五・一 雜寶藏　此經八卷，元魏沙門吉迦夜譯；今文見第一。

一五・五 彼經云　彼經非明蘭若，但明拘屢奢量。

一五・七 槃陀　羯磨疏四・二一云：槃陀者，乃量之總名。濟緣釋：槃陀梵言，此方無譯。

一六・五 此約停住　別衆食戒開緣云：「下至半由旬內來往上下。」今若停住不來往，非開限故。

一六・一三 不得繫　濟緣云：「水中樹，不與地連，準應得繫。」

一六・一九 若橦　濟緣云：「橦，音幢；合作樁，橛也。」

一七・四 唯除說恣　說恣二法，閻浮統通一處說戒，彼因來集者疲極，開隨處結界，如結界篇中明。

一七・九 道行非二攝　謂雖聚蘭二界之中，別立不為彼攝故。

一七・九 水界通三處　雖在聚蘭道三之中自立，故不同道行為水界所攝也。問：聚中池水豈別立乎？答：院相之中池水，自攝聚中。今云不攝者，河水上下流澈者是也。若大河透流聚中，豈攝聚界哉。

一九・一五 方五斜七　謂亘有五寸角有七寸也。四方六十三步，則四維剩二十餘步。俱舍云：「方五斜七；圓三直一。」謂方一寸，則角有一寸四分，一尺則剩四寸，半之則五寸剩二寸，故云方五斜七也。

一九・二〇 義宗　宗者，宗、因、喻之宗也。

二〇・四 文云弟子　簡正云：「準十誦律，弟子為師持三衣在道行，前後師遠，明相出，恐失衣，白佛；佛問相去多少令量也，得四十九尋，佛言齊爾許處不失衣，過是則失衣。多論解云：縱廣亦得四十九尋不失衣，過是則失衣，解此是弟子身面所向之方，雖言其方，可亦不得四維行耶！」

二〇・一〇 因緣住　彼接云：「若辭憚，當如法治。」

二〇・一二 五分　彼云：「有諸阿練若比丘，不知已界應齊幾許，以是白佛；佛言：自然界去身面二句樓賒。」

二〇・一三 結大界　善見云：結布薩極廣得三由旬，不得過；若過，不成界，得罪。

二一・八 白召對問　通釋云：教授師召入衆單白羯磨，問對衆問難單白，自身非所為人，故能秉五人也。差教授師單白，教授師是所為人，故能秉但四人法也。邊五受戒白四羯磨，牒和上名，故不入能秉人，故亦四人法也。

二二・八 五德和僧　自恣有二羯磨：一、差五德白二，五德是所為，故能秉四人法也。二、五德和僧單白，此時五德入能秉中，故五人法也。依懺篇又應除捨墮懺悔；四分四人法不除者，律文不了云云。白召、對問、捨懺，雖自秉羯磨，復為僧所量，故自外具四人，故自他共五人法也。若不自秉羯磨，一向墮所為，則歸四人法，今不爾故。

二二・九 疏云除二　二字誤矣，疏（二二・一七）作三。記云：「除三單白，自恣和僧一白，受戒召入、對問二白。二白四者：正受一白四，出罪一白四。若自恣差五德，受戒差教師，出罪中覆藏六夜，並四人法，不在所除。」

二二・一八 舊云僧簡別　會正云：「僧者，四人已上者，簡二三人也；故文云僧者，四人若過。」

二二・一八 舊云檢彼　會正云：別鈔者，指義鈔；檢彼無文，今據業疏。

二三・一 二五人僧　通釋：懺篇明偷蘭悔，引十誦分三品：上品應一切僧中悔，名大衆懺。中品應界外四比丘衆中悔，名小衆對首。下品應一比丘前悔，名但對首。今明立大衆，要具五人以上，方得行之。今五人僧中，不云上品蘭懺者，意兼含捨墮中，不別舉歟！

二三・一二 事緣　業疏二・一七云：「以自恣受懺，境緣須具，故倍三人。」

二三・一三 邊受　又疏二・一八云：「及至受具，四人亦辦；以羯磨者，入僧數故。」記云：「且據邊受為言。」

二三・一四 彼云　僧祇云：「五衆羯磨者，受自恣輸那邊地受具足一切尼薩耆，五人得作，是名五衆羯磨。」輸那者，邊地名也，出彼律二三。

二三・六 準成論　業疏二・六云：「約律準論，取成實意；攬指成拳，攬陰成人，人假為體。」

二四・一 昔見下云　搜玄云：「釋文二：初滅惡唯淨非穢，二若受下生善通於淨穢。」

二四・七 不得用天眼　行宗一上引目連以天眼舉出犯戒者緣。

二四・一三 不疑微犯　簡正云：「問：犯戒和上為犯何戒耶？答：律文但言犯戒，若據今師下文意，至於吉羅亦不得。」通釋云：「下文者，見受戒篇。」

二四・一四 四重　僧殘已下，雖知成，故有停僧殘行法足僧數。

足數衆相篇第三 別衆法附

二四・一九 多據　捨戒、受欲、自言等，是別法故。

二四・一九 疏云　記云：「心念說恣，籌、花、香、水、鳴鐘集僧，一同大衆，故云與百千等也。」

二五・二 人即解云　會正云，「業疏云：不足僧相，此云衆相，衆即是僧，唐梵互舉」。

二五・二 四例簡辨　一體是事違，二體境俱非，三體非緣是，四約緣有礙。

二五・一四 就中例四

二途	四例
一事如體非	一體是事違……捨
二緣非體是	二體境俱非……捨
	三體非緣是……取
	四約緣有礙……亦取亦捨

二五・一五 四約緣有礙　律四例中得滿不應訶是也。四羯磨、懺殘人、身有奪行，故不得訶，是曰有礙；而足生善門，故云不妨等。

二六・四 瞻波　四分第四十四云：「有四滿數：有人得滿數不應訶，有人不得滿數應訶，有人不得滿數亦不得訶，有人滿數亦應訶。」

二六・一一 出婬戒　彼云：「顛狂人前捨戒，心亂人前捨戒，痛惱人前捨戒，瘂……聾……瘂聾……中國人邊地……

邊地人中國……睡眠人，若死人，若無知……若自不
語，若語前人不解，如是不名捨戒。」

二七・一一　行　疏中（一下）亦始列不足數中，後分四句，簡攝屬中，收亦足亦別句。記云：「身現故足，相乖故別。」

二七・一八　出受法捨戒中　濟緣：「問云：既出捨戒，那云義加？答：由非正列不足數中，然對捨不成義，是不足故也。」

二八・一　非謂祖師　會正云：「大師準捨戒文中，約義加之。」

二八・二　古記云義加　會正云：從顛倒異言，前人不練二句，是釋上自語不解之貌。（是一人。）不解人，即不明律人。（是一人。）共上醉人三人也。

二八・六　所牒　謂羯磨中，牒舉其名。如受日中云：「比丘某甲受過七日法，十五日。」懺墮中云：「某甲比丘，故畜衆多長衣」等。

二八・一八　通難　問：意云若四人受日不成，五人方辦者，何上篇四人僧中，但除受戒、自恣、出罪，不列除受日？既不除之，四人應得成。答：意云四人實不成。何者？四中一人是所為，所餘既非僧故。然四人法，文不列除者，以能所五人而能成事，同五人法，而如受日差人等，其中一人，並通所為也。所餘四人，是為能秉，故四人僧者，但取能秉，不收所為也。故受日等，四僧所攝，非五人法。又問：若爾，如四人說戒、結界，作羯磨人，豈非所為？所餘既三人，恐不能秉。答：說戒等，一衆同秉法事，而所為則無，故非例矣。又問：差教授師、差五德等，豈非能秉四人，一人為僧所量，亦可例攝四人法耶？答：不爾，如受戒所為是受者，教授還屬能秉；又如五德所為即僧事，非別人所為。

二九・二〇　轉輪　記（一下）云：「四分為衆大聲小，不聞說戒，令作轉輪高坐，立上說之。」

三〇・七　由前外界　文意云，上別住及今戒場俱隔自然在外，若爾，由前外界不成自攝，戒場不當重列。然或妄執謂戒場上，以大界內所圍，得足數故，更列之顯其不足；謂此二界以同在自然，不與大界是同一相，是別界故，不得足數。

三〇・一〇　初敘疑　疑意云：上別住及今戒場，俱隔自然在外，若爾由前界外不成，乃謂言在界內者得，何故別住外，更繫出戒場上耶？在內者，謂在攝僧界內者得足數；故釋意云：此別住戒場二界，同在界外，雖在自然，而此二界體相是別，故二相並列，已上記釋意。

三〇・一九　善惡　下疏接云：「雖在衆中，不成作業也。」靜慮下接云：「至於忍默，不同僧和，然身雖在僧，不可為足。」

三〇・一九　別有靜慮　記云：「入定中雖是善行，而非證法，故云別有等。如色無色定，各有所緣，澄心凝住，故云靜慮。」

三一・一二　狂等三人　問：狂人、亂心人、病壞心人，不知如何？答：江西記云：「身口俱狂，即狂人收。身口不狂，即亂心人攝。身心狂而口不狂，即病壞心人攝」，是一往釋耳。心既亂，身口何不狂乎！病惱所逼，說非常說，何云口不狂耶！

三二・九　必約神昏　問：與前痛惱何別？答：重病人心雖昏昧，未失本心，但由困篤，無緣法用。前痛惱人，本心已失。鈔批云：「痛惱纏身，使心悶亂，不同重病，但是心之不樂。」

三二・一〇　律令　出第三十六說戒中。

三三・八　五迷　濟緣云：「文中五迷，初總四法，通云非違。自二已下，別歷非相，法、事、人、處，躡前起後，尋文可知。」

三三・九　微　濟緣云：「觀迷明法，粗可秉宣，未為通博，故云微，僅。」

三三・一六　隔障　上離見聞中，記準失欲，約見聞俱離，彼非隔障故。示此依隔障，縱雖聞聲，亦不足也。

三三・二〇　半覆　記科云半覆二人，謂半覆半露中間隔障，及半覆半露伸手不及也。濟緣四・三五云：「半覆露者，謂半僧簷下，半僧露地也。」

三四・三　合釋　謂下，釋半覆半露，此二句二人同蒙，故云合釋。中間施隔一句，釋初人相；或下二句，釋後人相，故云明相別。並下，結上二相，故云總結也。

三五・四　解者多途　準簡正：古來製作十五六師，解此一文，不過三說。一師意約戒體淨穢論，不須他知及自言體壞，定不足數也。第二師意必須自言及他知兩具，不足數也。第三師意不待兩具，從一不足也。今師但取他知也，縱雖自言，他不知成足故。

三五・五　不同前門　謂不同第一例，彼體如故，不論體之知與不知；但外緣乖違，故不足數也。睡眠、狂、瘂等是也。今體非故，他知則不足，不知則足，故不同也。

三六・一八　難緣須著俗服　通釋云：「如後魏廢毀時，諸高僧或有假著俗服避難之類。」

三七・五　仍本名故　業疏四・三三曰：「有人云：即有具戒，緣須俗服者，故不足數；以無僧威儀也。今不同之。」記云：「次科對簡中，由與邊等，同是無戒，故須簡之。斥非中，初引非。今下，正斥。為緣即有難。」

三七・七　為緣亦得　記四・三四云：「為緣，即有難。善見：比丘為賊所剝，聽著五大色衣，即是俗服，脫臨法席，豈不足數！」

三八・三　業疏　四・二七云：「亦可為非公顯，不懼覆藏；或屏犯重，而過迹陳露，義須驅遣，無力遮治，行本既虧，俱是應擯也。」記濟云：「兇頑強狠，僧不加，但可自知，勿將係數。」

三八・一四　文云　出四十七，彼云：佛告目連，不應如是；若於異時，亦不應如是。目連令彼伏罪，然後與罪；不應不自伏罪，而與罪。

三八・一六　十誦　出二十二布薩中，彼云：「若取清淨人言，我白衣，我沙彌，我非比丘，我外道不見擯，惡邪不捨擯，不共住，種種不共住，犯重罪，本白衣，不能男，汙比丘尼，越濟人，殺父母，殺阿羅漢，破僧，若言惡心出佛身血，應更與他清淨。」

三九・一七　三十五　有七種不同：一奪眷屬，二奪智能，三奪須從，四奪後犯，五奪供給，六制恭敬，七奪證他事；此七各有五，故合三十五事。

四〇・三　此四出人法中　通釋云：人法中，但明與覆藏等羯磨，不明不足義，覆藏法中正明之。彼曰：時六羣自行覆藏、本日治、摩那埵、出罪，更互與覆藏羯磨，乃至出罪；佛言不應爾。彼行覆藏者，作與他受大戒等三十五事，佛言一一不應爾。（四六・一）

四〇・五　遠近　濟緣四・三二云：夜竟未出故是遠，將出臨事故是近。

四〇・八　四法　覆藏、六夜、本日、出罪。

四〇・一一　二篇悔　但不足懺殘羯磨，餘法皆通。

四〇・一三　應分二途　濟緣四・三二釋云：「同犯同治，如犯殘者，不足懺殘；被訶責者，不足訶責；餘準說之。若自有犯，即別犯別治，如犯殘不足捨墮，訶責不足擯出等。犯者不得為人解罪，是律所制；非罪羯磨，亦即生善。」按初之一途，同犯同治，遮不開足；餘犯餘罪，應得足數。次之一途，同別皆塞，別犯別治，自犯之外。

四一・二　三例　通釋云：上四例之中，第三例，體雖非同法數，約外相無乖者，亦應足數，全同善比丘；但由體非，雖不集作法得成，故除之。濟覽云：今謂似迂遠，唯由人數，全同前第二例，故不列耳。

四一・三　三十一　本宗六人，十誦十一人，僧祇九人，伽論三人，義加二人。二十三：第二三共本宗二十二人，十誦一人。十一：本宗八人，十誦三人。

四一・四　業疏　四三・六云：「五分中，病人背說戒者，正判別衆。」

四一・五　不係前例　學悔之人，不攝前例，如下記辨；四・四四。背說戒坐，若強收之，係第一例；何者？業疏釋背說戒坐云是足是別；又作四句中，行住坐臥互乖，收亦足亦別中；準此背坐與四儀乖，是同例也。四儀既收第一例中，此何不攝？

四一・一五　戒疏　一四・三七。衆別之下，彼接云：「取本意故云別衆耳。」記云：「取本意者，調達本緣，別正衆故。」又云：「從語論者，能所便也。」

四二・一四　又云　彼云：爾時舍利弗見衆僧作非法羯磨，欲默然任之，佛言聽默然。有五法不應默然：若如法羯磨而心不同，默然任之；若得同意伴，亦默然任之；若見小罪而默然；為作別住而默然；在戒場上而默然；如是五法默然者，非法。有五法應默然：見他非法默然；不得伴默然；犯重而默然；同住默然；在同住地默然：如是五法應默然。有五事應和合，何等五？若如法應和合，若默然任之，若與欲，若從可信人聞，若先在中默然而坐，如是五事，應和合。記云十五默，則指此也。

四二・一五　是如法也　準律但是示默然如法，非羯磨如法也。

四二・一七　必無訶事　準記釋應訶者不應訶者，似但約法事如非。然依律文，應來者者，汎舉得滿者；應訶者者，律文作應得訶者；此於得滿中，又簡得訶不得訶者，即非四羯磨等不得訶人，故云應得訶者。應訶者不訶，即顯事如法；或雖非法，不訶亦名和合，然墮非法羯磨。故律七非中名之非法和合羯磨。今此證緣非，心不和，而默不訶，亦成和合。

四三・二　彼正作非法　業疏所引，亦作如法。記云：「非法乃據緣乖，此約事如，故云如法。」

四四・四　一是別非足　準收二十五人，應來者不來，應與欲者不與欲來，現前得訶人訶，隱沒，離見聞，樹上，偏覆隔障，覆伸手不相及，半覆半露隔障，半覆半露伸手不及，露地隔障，露地伸手不及，中狂，不加法，四羯磨，殘行七人是也。

四四・五　三亦足亦別　疏釋病人，背僧坐臥，而云是別是足；即知背說戒坐人，亦係此句。

四四・六　四非足非別　此攝多類，第二例二十三人，及初例中別住，戒場上，睡眠，亂語，憒鬧，入定，瘂人，聾人，二具，上狂，中狂，加法，亂心，痛惱，重病，醉人，邊人，癡鈍，不解語人，學悔，神足，所為是也。

四四・一一　答　此中缺第三者，第三體非，不自言足；學悔自言，非第三例，其義易知，故不敘耳。

四四・一三　前既不收　問：既不簡第三，得攝彼例否？答：不爾。第三例雖體非，相如故堪足數，此則不爾，既知學悔，非善比丘，故非四例攝也。

四七・二　說戒時　說戒篇云：「維那復本座已，然後羯磨，不得未至坐處作，以坐立不同別衆；此事往往有之，上座不教，致令僧衆俱同非法。」

四七・一六　總答　羯磨篇記云：「如受戒三單白、一白四，差教授時，總云受戒羯磨；餘三法，並不須問。言別答四法別提，如云差教授師單白羯磨等。」

四七・二〇　轉輪高座　會正云：「一說云今江淮高座，準九尺已來；其轉輪高座者，更高一丈已上，即於其上，更一小須彌座，高二尺五寸許，似須彌形，亦名金剛座也，以佛於上轉法輪，故名轉輪。」。

四七・二〇　未必立說　本律三十六云：「時說戒日，一處有大衆來集說戒者，聲音小，大衆不悉聞，諸比丘往白佛；佛言自今已去，聽當在衆中立說戒；猶故不聞，應在衆中敷高座，極令高好，座上說戒；猶故不聞，應作轉輪高座，在上說戒。」又受欲中，文云：「若衆大聲小，不聞說戒，令作轉輪高座，立上說之。」文既云立說，今何云律不開耶？東野云：「謂律非言必定立說，更有開高座及轉輪座，而昔但云開立說，不明餘義，故今斥之，立說或同廢前義。」

四八·三 如滅諍草覆　上品犯諍，用現前及草覆滅之。戒疏一六·五〇云：「明草覆地者，兩朋相諍，經年難滅。（記云：『拘睒彌諍，經涉六年。』）勘檢罪事，不知首尾，無由以教，取斷是非。故直面對，各陳咎失，不須後說彼我是非，罪諍於此一時俱淨，如草掩泥，（記云：『法藥如草，久諍如泥，從喻為名。』）事諍便止故曰也。」濟緣釋云：「以草覆法，兩衆前後，更互伏地，則秉白時，一坐一伏，不妨成法；準下決開制仰伏非背，所以皆開，須約側臥，乖本開緣，還成別衆，文證如前。」

四八·三 兩衆　行宗云：「兩衆各一上座，先令彼衆伏地，上座白懺，此衆受之。然後此衆，對彼懺亦爾。」

四八·五 成別　本云如僧祇中四儀不足人。

會本卷五鈔上一之五　受欲是非篇第四

一·四 與欲　謂通凡聖，如法華寶塔品，分身諸佛，與欲本師，故經云：「而作是言，彼某甲佛與欲，開此寶塔，遣使諸佛，亦復如是。」

一·五 一取欲本意　通釋云：「文意云僧中取不來者欲，本意為遣他來集者傳彼欲也。今與欲成就，僧法事遂者，正在傳欲人，故顯受欲也。」濟覽云：「今謂本意，可作與欲之本意而解也。下云：「令送心達僧，知無違背」是也。

一·六 二初傳後說　意云初親傳受彼欲，後來僧中說。受、說，並在受欲人故也。

一·一二 事生不意　搜玄云：「三寶病患之事，外來非心所測，故云不意也。法出恆情者，說戒自恣等法，是僧衆恆情之務，由佛制故，所以半月常說。」與今記意不同也。

一·一二 對情　會正云：「故下，情即衆情，心則己心。」與今記同。

一·一三 撿則　會正又云：「既撿，則如非相必明，故開二門。」

一·一六 機發　說文：「主發謂之機。」箭受強（韻會作弦）處也。濟緣云：「機即弩牙，喻其要也。」

二·三 下二門　下科初列示兩法，二對緣辨相。

二·一一 且對　通釋云：「釋身心俱集有二義：初釋意，於前篇別衆法附三種別相中，且對第二應與欲者不與欲來者，但云身心耳。有下第二釋意云別衆法中，既說三種，理可總對云身口心，今不言口者，略矣。然鈔云俱集，記指不集文者，且依律出據，反對取意耳。」

二·一二 對前　前篇別衆法附中云：「四分云別衆者，應來者不來，是身口心俱不集；二應與欲者不與欲來，是身心不集；三現前得訶人訶，謂心口不集。反此三種，則成和衆，謂初人三業俱集，中者心口俱集，後人身口集，而心不集。」

二·一六 希須　須，意所欲也，即濟緣云：「希須謂心有所望。」

三·八 從法，想欲　濟緣五·三云：「初想欲者，想是連引，正取欲心以為今體，須知兩別，不可相混。言從法者，即三聚中心法所攝。雜心問曰：云何心法等聚？答曰：想欲及觸慧，念思解脫，憶念及與受，此說心等聚。論自解云：想者，於境界取像貌，欲者於緣欲受也。（謂於所緣，心欲領受。）」

三·八 想陰　通釋云：「可作想欲歟！想之兼旁，尚論所攝；欲之正用，豈還不云所攝，疑寫誤耳。」

三·九 二者從相　動色，五分卷五：病重，不能口說，聽身與欲，若舉手、舉眼、搖頭，得成。動聲，廣略五法：謂若言與汝欲，若言我說欲，若言為我說欲，現身相，已上四略，重病開；廣說，通病無病。

三·九　廣略四種　凡與欲有五種，業疏所謂一廣四略也。今言四種，除身相一略，口說一廣三略也，故云廣略四種。注羯磨上五云：「有五種與欲，若言與汝欲，若言我說汝，若言為我說欲，若現身相，若廣說欲。」

三·一〇　三者從事　疏五·二云：「從事以論，則有兩種事。一單僧須者，如受懺二法等。二互須者，如說恣等。」意大同今鈔。

三·一五　問三體　業疏所謂從法、相、事者是也。謂想欲為體，色聲為體，僧私所須也。初是能欲者，第一從法，以欲心所為體者，於所樂境，希望為義，故云能欲也。後即所欲者，第三僧私所須，故如法僧事，豈不欲乎！中即說詞者，第二身相說，廣略五種與欲通收也。

三·二〇　三種大界　注羯磨上八云：「今就大界內，又有三種：謂人法二同，法食二同，法同食別。」皆有不得受欲之言，自餘攝衣、攝食及三小界、戒場，法別同利界等並無也。

四·一　三小　受、說戒、自恣，律雖不遮，衆同處理可不開，故云義準，亦遮。

四·三　戒本單白　通釋云：「廣略戒本無單白，即出說戒犍度中，本律譯主佛陀耶舍，更出戒本一卷，即首出單白，具列問欲，其後祖師及懷素等諸師，互增減改正，出戒本並率軌覺明本，世流布注戒是也，又本律單白，無索欲也。」

四·五　如本篇　結界篇六·二三云：「一結界是衆同之本，理宜急制。二自然界弱，不勝羯磨。三令知界畔，護夏別衆等。」

四·九　僧受行　濟緣：「六羣作衣，僧喚與欲，僧作法已，六羣後悔，佛制犯提。僧既受行，故知如法。」

四·一三　委　與猥音通，故借用，猥鄙也。戒疏有比丘法猥濫語。

四·一四　舁　音餘，對舉也。

四·一六　注羯磨　彼云：「若有佛、法、僧事，病人、看病事者，並聽與欲。」

四·一九　僧祇　一七：「若熏鉢、染衣，若病等事、僧事、有緣事，爾時當與欲。」

五·一　見疏中　彼云：「說戒不來者，蘭若為衣鉢、王賊、禁閉、守房等緣，是開欲也。」

五·七　有準尼鈔　會正云：「舊記云多輕慢此傳欲法也。若準尼鈔中云：今時尼衆，輕慢說戒，不敬羯磨等，準彼慢斯法，屬羯磨說戒也。妄行聖法者，屬說欲法也。」

五·九　前對不知亦得三罪　問：若所對知彼欲言不實，不犯妄語否？若不犯者，準妄語戒，不問他信不信，言了即結。答：妄語必先作欺誑之意，故言章了即結。今前對能知，故不欲誑彼，但令傳不實之語，僧中而說，即是教他，故對所對不犯；若所對不知不實，亦對彼犯妄語。

五·二〇　上二句　大德一心念，某甲比丘。

六·四　僧祇　一七云：「不問與者，我與羯磨欲，如是三說。」又三七云：「我比丘某甲，與清淨布薩欲，為我說，如是三說。」

六·六　云云　說文：「像雲氣在天，迴轉之形。」文句記一之一云：「云云，象氣之分散，如雲在天，非可卒量。」輔行云：「云者，未盡之貌。」

六·七　序所謂　十門第四用諸部文意中云：「必緩急重輕，是非條別者，準論不取。」

六·一二　五分　一八云：「若不如法說……皆不名清淨欲。」

六·一三　疏云　記五·七：「衆下，舉例；不憶名姓，但云衆

多，亦成說欲。又準下文，若忘不說，故隱不說，並
名欲到。故知但取通意，不必徒煩。」
六·一七 疑執　今本無緣，疑是寫脫，尚執古本。
六·一八 曹魏　魏志云：「太祖武帝姓曹氏。」曹，帝姓，魏是
國號，為有後魏相濫，故加姓簡之。
六·一八 僧鎧　梁傳第一迦羅傳云：「又有外國沙門康僧鎧者，
亦以嘉平之末，來至雒陽，譯出四部經。」
六·一九 轉欲　彼云：「爾時持欲比丘，有事起，或有僧事，
佛事，法事，病比丘事，時諸比丘以此事往白佛；佛
言，自今已去，聽轉授欲清淨，與餘比丘，當作如是
言：我與衆多比丘受欲清淨，彼及我身，如法僧事，
與欲清淨。」
六·二〇 成已　濟覽云：「已訓成，或訓以。」
七·三 去呼　是轉音，副也，愜也。
七·五 古作平呼　捜玄云：「稱（平聲）本為三寶等事傳欲，
今說不稱欲之緣，欲成就否？」又云：「前問不稱病
等緣，彼問不稱此緣欲。」
七·一二 第四句　上於與欲詞句分為四句：大德一心念，初句；
我某甲比丘，二句；如法僧事，三句；與欲清淨，即
第四句，正陳本意也。
七·一四 今解云　濟緣五·七云：「即約心行以分兩別，欲而非
淨，即不足數；淨而不欲，即是別衆；故須兩具，方
成僧法。僧體假用，名實互舉。」
七·一五 表心無貳　無貳者，爾雅疏云：「貳心，疑不一也。」
大雅大明云：「無貳爾心。」毛傳云：「無敢懷貳心
也。」
七·一六 僧體假用　業疏云：「言僧體者，有人云：依諸小論，
以五蘊實法為體；有人云：約律準論，人假為體；今
存後引。」
七·一八 律本各傳　濟緣五·五云：「律中初令說戒傳清淨，
羯磨傳欲；因說戒時，羯磨事起，不傳欲來，妨僧法
事；佛令合傳。……說戒有限，故云時集；餘法不
定，名非時集。」
八·七 科索　僧網篇中記云：「科索，率斂也。」小補韻會：
「率，募也，領也，用也。斂，收也，科索。」
八·一五 七相應　第八云：「七相應者，取欲者語一人，如是展
轉語第七人，皆得取欲清淨，是名七相應法。」
八·一六 僧祇　二七云：「與欲時，不得越與人。」
八·一六 十誦　四〇云：「從今不得展轉與清淨與欲。……犯者
突吉羅。」
一〇·二 彼云　第八，本有「長老一心念」句。
一〇·一四 斷語　壯健人用略法，由無證文判斷，此止準義難成；
捨制取開，可明律檢矣。
一一·二 而取欲者須知同別　會正云：「取欲人，當須臨時識別
其相；且如搖頭，搖於左右，是不與相；向面後，是
與相。」
一一·一六 本宗唯多　律三六云：「彼受三人欲清淨疑，不受四人
欲清淨，佛言聽受。佛言：若能盡記識字者，隨憶多
少受；乃至若不能記相貌，但言衆多比丘如法僧事，
與欲清淨。」
一一·一八 籠通　濟緣：「籠通，俗語，無簡別故。」
一二·二 依古牒緣　疏五·六云：「所以不稱病等緣者，律無文
也。稱者人言，不足承用，送心達僧，未勞陳說；如
忘名類，但述衆多，可知也。」記云：「鎧師羯磨，
牒緣入法，鈔中轉欲，猶循古本，準今例削。」
一二·四 尼鈔但　彼云：「大姊僧聽，我某甲比丘尼，彼某甲比
丘尼，我受彼欲清淨，彼及我身，如法僧事，與欲清
淨。」
一二·八 上座　彼云：「即往至上座前，脫革屣，胡跪合掌，作
如是言：我某甲清淨憶念持。如是三說已，便去。」
一三·六 故不說　簡正謂受十人之欲，幸記得姓名，今不一一標
舉，但云衆多比丘，亦判得罪。

一三・九 取舍　舍，止息也。論語：不舍晝夜，謂曉夕不息。

一三・二〇 業疏　五・一三云：「戒具解昏，雖行等夢，制取餘者，意在明人」等。記云：「僧取知法，解行兼備，方能被事，常途足別，乃約體淨，秉法持欲，必揀智明，準為四句：一有解無行，非別是足，可秉可持；二有行無解，非別非足，不可秉持；三解行俱滿，一切並成；四解行全無，一切不預。」

一四・二 莽鹵　祖庭事苑第二：「上莫補切，下郎古切，不分明貌。」

一四・六 四分　三五云：「爾時說戒日，住處有一比丘，入房閉戶而眠，諸比丘說戒已，從座起而去。時眠者聞聲即起，問諸比丘言：諸大德欲向何去，不說戒耶？」

一四・一八 二十七種　問：科云二十八，相違云何？答：鈔據律文現列數出科，約義加隱沒一人，故云二十七，隱沒雖不在失欲中，且是不足所攝，故業疏出二十八人也。

一四・一九 若據律文　通釋云：「非謂律中都無，是即說戒犍度簡受欲人中無也。謂彼三十六卷中無隱沒人，餘二十七種皆有，如下列之。隱沒人出第四十四卷，瞻波犍度中，彼出得滿不應訶等四句中，具列諸不足數也。」

一五・一 文略　濟緣五・八云：「鈔云二十七者，可驗文誤。」

一五・五 準業疏意　五・一五云：「有人云：不勞所以，但是略無。」

一五・一九 罷道者準疏　五・九云：「罷道者，受已，言還俗也。尋悔本心，又將前欲入僧作法，謂不失也。但由中隔俗情，欲非俗法也。」故今記、濟緣，文甚似違，委可明。東野曰：「現本疏文，謂不失句，多一不字，傳寫錯誤，合作亦字。況濟緣云：初示相；但下，推失所以。即知今文從疏文寫語，不可疑也。」

一五・二〇 由隔俗情故　濟緣五・九云：「問：為取前人失戒故失耶？答：欲取起心失，戒須作法捨；但使發意，即須再受。」準之，自言還俗，但失欲法，而不失戒，故彼尋悔，須再受欲。

一六・二 別部　業疏五・一〇云：「調達之黨，五法為宗。或同在釋門，而見殊戒等，如五部、十八部。」

一六・三 局內　疏五・一〇續云：「中分異界，與出不疎。」

一六・八 列相　彼云：「囑授比丘，若到病人處便命過，若出界去，若明相出。」

一六・八 二名互出　業疏五・九云：「出界去者，以轉在異域，非欲本也。說戒法中，云餘道行；自恣文中，辯緣一同，便言出界，則無謬也。」

一六・一八 防失欲　濟緣五・一一云：「問中：以羯磨事，或當法即成，如受懺等；或被後行事，如說恣等。然今宿欲，不被羯磨，於理可知。且如後夜白已說恣，至明未竟，前欲可用否？答中：兩引明據，顯知不被，隔宿之事；必有此緣，當更取欲。」

一六・一九 疏云　記五・一一云云，如前條引。

一六・一九 但經白　白竟明出，則是須略。所以然者，說戒白羯磨云：今白月十五日說戒或自恣，既定日限；況又與欲中間明出，宿欲不被所為事，所以須略，故云經白時可知。又未白明現，則更與欲，如常行之，何為須略，故云何勞等。問：若說恣羯磨，牒日限不被所為，其義可然，如亡物德衣等，不牒日限，何不被宿欲耶？答：有三由：欲濟卒緣，義無長久故；欲是開教，開必須制故；前緣若在，容可再傳故；今旨宿欲不被所為也。

一七・三 四分　三六：彼無隱沒，義加之。

一七・四 十誦　五八云：「說戒人在地，諸比丘在高上，得名布薩不？答：不得。」業疏引之，指此文乎？濟緣云：「或空與地受，或地與空受。」

一七・四 空有互與　謂或空而與在地受，或地而與在空受，雖亦見聞，然非同界故。

一七・七 互離　彼云：「互離見聞，勢力未越，故未成失。若俱離者，由過分齊，教相正約，故是失也。」

一七・一三 轉輪　簡正意曰：轉輪者，謂坐於座上，轉八支法，令得涅槃，如世轉輪，故云爾也。

一八・七 無標破　今鈔存兩義，出於古義，標牒今義，無破古文。然業疏五・一二今解破斥舊義，故云俟後疏文。

一八・一一 初與欲人　已下明僧祇五種不足數也，既是不足數，與欲隨失；初人下所謂受他欲已，自復與欲，他欲既失，不論不離見聞。餘四人中，兩是隔障者，足數中云：若隔障，若半覆半露中間隔障也。兩是伸手不及者，又云：若半覆半露伸手不相及，若露地伸手不相及。隔障者，同障雖遠不失；若入別隔，隔見即失。

一八・一一 隨與即失　準下記釋轉欲，不論三處見聞即失也。

一八・一一 餘四人　隔障，半覆半露中間隔障，半覆半露伸手不及，露地伸手不及也。

一八・一二 伸手　謂六尺也，資行云見而不聞，故云據遠為言。

一八・一三 倒出　業疏五・一一：「若在屋，隨倒出離。」倒，往反倒出。

一九・二 僧祇　彼有五人：與欲人，隔障，半覆半露隔障，半覆半露伸手不及，露地伸手不及；足數中詳也。

一九・四 言與欲人者　五種中初與欲人也，此與欲非常途與欲，又非轉欲。今宗（僧祇）取故謂受他欲已，自復與欲，唯自欲而說，不說他欲，設又說轉欲，制故失，然不說故彌失，故說他欲即失。

一九・六 何況直與　他欲一向失，自亦與欲何有他欲乎！故今與欲者，受他欲已，自與欲故失他欲，此（自與欲）取為第一與欲也。

一九・六 古記　簡正：彼五種者：一覆處隔障，二露處隔障，三半覆半露中間隔障，四半覆半露伸手不及，五露地伸手不及五種失欲也。私舊解云：第一與欲，今家取又云五種，故料簡覆露義開為二。又文謂隔障等云，故除與欲，四開為五種見，然今鈔及注羯磨中云如足數中，不除與欲，故除與欲，加隔障一人，難可信取也。

一九・七 自有五人　謂依足數中，鈔四・二七釋自有五人，謂同覆隔障，露地隔障，半覆隔障，半覆伸手不及。欲地隔障所謂義加，合之同覆，則但四種，共與欲人五種也。然足數篇中，無露地隔障，古師義加此一人也。

一九・一〇 若房　一八：「佛言還聽羯磨，衆房作布薩處，次第於中布薩，房小不容受，以是白佛；佛言聽前後簷下庭中坐。諸比丘聞聲不了語，恐不成布薩，以是白佛；佛言：若為布薩在中，得名布薩。」

一九・一一 狂等三人　顛狂，病壞心，亂心也，並如足數中。然彼中尼等四人，出本宗體境俱非例，狂等三人出十誦中；今文所列，俱出五分耳。

一九・一八 彼有十一　彼名十一事，不名與欲。

一九・一九 疏云能所　記五・一六：「能所界外，不礙僧事。」

一九・一九 三即與者非　疏五・一五云：「此與者自非僧事得成。」

二〇・二 宿欲　僧祇：「明日當布薩，今日與欲，是名宿與欲。」

二〇・三 受者　僧祇：「取欲已，還戒受具足，是名取欲已還戒。」

二〇・三 與者　僧祇：「與他欲，還戒受具足，是名與欲已還戒。」

二〇・五 十誦　五一：「又問：得與別住人欲清淨受歲出罪不？佛言不得。」

二〇・五 即覆　東野云：此一句鈔主判也。湛堂云：足數引云：「十誦中，行覆藏竟，本日竟，六夜竟。」

二〇・八 癡邊重病瘂聾等　等瘂聾具，睡眠，入定，樹上，四羯磨四人，別住三人，都合十六人也。問：四羯磨四人不失欲，行別住三人不持欲乎？答：四羯磨人受欲畢，雖被羯磨，不失欲，滿數故。別住等人，不入滿數，雖足生善，行既現行，故無堪義。

二〇・八 受已　此等受已雖起病等成持欲，緣息對衆說欲，成就欲法；若違不成。業疏五・一七云：「入定等，皆名不到。」記云：「約不去，明不到。」

二〇・一〇 枝委外地　即涉兩界，若不委地，但從根判；在外者，比丘身在外也。

二〇・二〇 如文所引　通釋云：「記所引文與鈔所引文之不同也。鈔文出十三難，三舉，二滅，離見聞等人訖總結文。記所引律具文云：若不現身相，不口說欲者，不成與欲，當更引與欲文。」

二〇・二〇 能所乖儀　濟緣云：「能與法違，所傳暗教，二並乖儀，故須別與也。」

二一・六 得罪　律具云：「若入定或忘，若不故作，如是名為成與欲；若故不說者，突吉羅。」

二一・八 誤心成法　問：依文不故作亦成法，何但云誤耶？答：不故作即是誤也，不故作，故不說，文法意別，不可亂。問：若爾，與上忘有何別更列耶？答：按忘是全忘，誤謂欲說而為異緣餘覺等所轉，忽爾迷忘耳。

二一・一一 扶輿　問：重病之人，何不須四略欲？若乃至不堪半月現相，理非足別，何煩扶至？答：準簡正記：「病有三類：一作四略，二不任作而心未昧，三心困迷。」今之扶輿，第二類也，第三非別。即業疏五・二一云：「重病即不足收，何勞輿就？答：氣力虛微，故不能說，神道不昧，是別衆故」是也。

二一・一八 諸難　律三六：「時受欲清淨比丘，遇道路隔塞，有賊難，有惡獸難，若河水大漲，不得至，更從界外來至僧中，與欲清淨，諸比丘念言，為失與欲清淨不？佛言不失，自今已後，聽與欲清淨比丘，若命難，梵行難，若界內不得至僧中，界外來至僧中，與欲清淨，如是不失欲清淨，是我所說。」

二二・六 文云　彼云：「與欲已事休，便生疑不敢就說戒處，諸比丘以此事往白佛，佛言若事休。」以下全同。

二二・九 疏云　業疏五・二三云：「不同受日，牒事而作，事謝法滅，理數宜然。欲本不稱，僧為又別」等。記云：「不同下，遮簡；恐取彼例，故預通之。欲不稱者，一不同也。僧為別者，由彼羯磨正為受日；今此送欲，僧為他緣，二不同也。兩無違者，彼欲不失，僧法得成故也。」

通辨羯磨篇第五

二三・一七 明了論疏　了論一卷，真諦譯，釋正量部，並真諦三藏疏。

二三・一七 百論　三卷，提婆尊者造（佛滅後八百年），天親解，羅什譯。

二三・一八 辦事　濟緣：「問：前云成濟前務等，豈非辦事；今古那分？答：前以業翻名，以功能釋義。今此直以功能翻名，於義頗疎，故所不取。」

二三・一九 大有三位，別開八品：

心念——三品　但心念，對首心念，衆法心念；

對首——二品　但對首，衆法對首；

衆法——三品　單白羯磨，白二羯磨，白四羯磨。

二三・二 劍暮　濟緣一・一八云：「波羅問經，名為劍暮。劍羯暮磨，音小訛耳。」

二三・四 疏云業謂　濟緣一・一七云：「業謂下，釋義。成濟是能加，前務是所被；羯磨詞句，當體言音，身不乖儀，意無異想，三業構造，衆別等行，由之成決，即名此法謂之為業。業以造作成事為義，如十善十惡，能成因感果，故並名業。此就能造作體為名，若論所發無作業性，如後廣明。」

二三・六 無非造作　若依母論五，不局三種羯磨，一切事務，皆名羯磨，彼云：「自恣羯磨者，衆中最下座，應掃堂，敷具，然燈，取香火，如是事皆名羯磨。」布薩羯磨，亦同此說。

二三·八 生善滅惡　業疏一·一七：「但用功能往翻；然能事乃多，要唯有二：初謂生善事，如衣食受淨人法結解。後謂滅惡事，如懺罪治擯滅諍說諫。」

二三·一九 五住　一三界見惑，二欲界思惑，三色界思惑，四無色界思惑，五根本無明。由此五惑，令衆生住著生死，故云五住地也。

二四·一 三有　欲，色，無色。三藏法數十三云：「六道衆生，各隨所作善惡之業，即感善惡之報；因果不亡，故名為有。」

二四·二 又有解云　鈔批云：「意明羣是衆義，迷是昏倒，累是罪累，此句是滅惡，亦云拔苦；下句是生善，亦云與樂。」搜玄、會正、簡正等，皆約生善滅惡也。

二四·三 即如疏云　疏云：「生善之極，勿過受體；由作法和，便發戒業，量同太虛，共佛齊位也。滅惡之大，勿高懺重，若不洗過，生報便墮；由此羯磨拔之，能令九百二十一億六十千歲阿鼻苦報，欻然清淨。」

二四·六 棲光　會正：「佛即息身智二光，棲謂遲意也。」爾雅注云：「棲遲，游息也。」資行曰：「棲，即藏也。」

二四·六 陶染　陶，廣雅云化也。會正：「如物之染色也，蓋言像季之流化，染於俗風耳。」顏氏家訓序致篇曰：「頗為凡人之所陶染。」

二四·八 在三　簡正云：「約三寶為三，謂行塵庸，虛霑在三寶之中一僧寶之數。」

二四·九 宗轄　會正云：「轄者，括輪之總。」淮南子曰：「夫車能轉千里者，其要在三寸之轄也。」今謂法無宗趣，人闕轄束，則得之與失，混同不分，而歸於一矣。

二四·一八 君父之間　師資篇記云：「事父唯孝，事君唯忠，兼之者師也。」

二四·一八 弘明集　全十四卷，僧祐撰。

二五·一 若作　已下三句，出律四十四。如是已下三句，出五七；當隨順已下四句，亦出五七卷。

二五·二 如是　律云：「若比丘非制而制，是制便斷，如是（已下鈔所引），令多人不得利益，作諸苦業，以滅正法。」

二五·二 當隨順　律云：「若比丘說相似文句，遮法毗尼，此比丘令多人不得利益，作諸苦業，以滅正法。若比丘隨順文句，不違法毗尼，如此比丘利益多人，不令作苦業，正法久住。是故諸比丘，汝等當隨順」，已下如鈔。

二五·七 真偽　鈔批：「清淨持戒曰真；十三難、三舉、二滅為偽。」

二五·七 於緣得成前事　鈔批：「雖淨穢別，若無自言，無三根緣，堪足僧數，故云於緣得成前事也。」

二五·七 羯磨　鈔批：「羯磨法則不爾，但使落非，不問知與不知，皆是非法。問：不知穢僧成法事，羯磨不知錯脫，如何不成耶？答：僧據自言，羯磨不爾，冥然落非。」

二五·一〇 三四兩門　不足數四位中，第三體非緣是二十三人，第四約緣有礙十一人，故云三四兩門。

二六·一 由漸　易坤卦云：「非一朝一夕之故，其所由來者漸。」漸，久也。

二六·四 稱量　疏四·三：「言稱量者，若衡斗之增損，識黍絫與圭合也。」記云：「衡，即是秤。如秤之稱，則識黍絫；如斗之量，則識圭合。」

二六·八 然人法事　所被人法事三事，各有能所，且約懺人能治人等。

二六·九 通能所　疏四·四：「即法所加，通名事也；法通能所，人亦如之。」又疏五·三四頁，四緣通評，參閱之。

二六·九 若準業疏　能成四緣，所成三事，故云三具；然舉一事，自具四緣，今且稱量所被事也。

二六・一三　差比丘問法　如七百結集，差智能屏處論法，差比丘是人，問法是法，單白也。

二六・一三　差受自恣　差受自恣五德白二也；差是人，受自恣即法也。（自恣犍度三七）

二六・一三　離衣杖囊　並開病緣，老病等是人，衣及杖囊即事也。

二六・一三　差人行籌　差是人，籌即事，並白二法也。

二六・一四　滅諍說戒　同住多年，彼此交諍，具德和滅，二眾歡喜，說不待期，故云滅諍說戒；律三六。滅諍是事，說戒即法也。

二六・一四　修道自恣　九旬勵修，將克忍位，若更他行，衆具難得；即增一月也。修道是事，自恣法也。律三八。

二六・一四　滅諍行籌　差人是人，籌即事，白二法也。律四七。多人語中云：應作白，作如是語者，捉不破舍羅云云。舍羅此云籌。濟緣云：「如是語是法，者即是人，籌豈非事。」

二六・一六　受日　鈔一二・五三：「受日者多，同緣受者二人三人，應一時羯磨；十誦開之。」

二六・二〇　兩界各攝　謂結界一法，唯局自然；自餘衆法，唯局法地。

二七・六　四中　進止，猶用舍也；如受戒十人僧是進也，舉用故；自餘三位是止，舍不用故。秉御等者，釋優劣也；秉御明秉之人，如受戒通十人或約作羯磨者。證正者，謂證明勸嚴，正其是非，是則十人唯優，已外通劣。業疏云：「作法時，十人通練，片有差殊，即須訶說；豈唯戒師獨秉斯教，有非不識，作業不成。」記云：「十師通練則成，有一不識則否。」已外隨喜，資行：受戒十師外，隨喜人也。

二七・一〇　和合之相　注羯磨上云：「律云：應來者來，應與欲者與欲來，現前得訶人不訶，是名和合；反上三，成別衆。」今但約來集，明上座勸勉之相，及指略和別之相也。

二八・三　無心領　濟緣六・二五云：「僧法加被，前無領受心也。」

二八・四　應作舉憶念　準僧網七・一五云：「八陳意中，此心違故，須僧證正其罪。（記云：證即證明，正謂罪實。）得伏方與。上座應準遮法具問能舉徒衆上下及所舉人已，聽許舉之。（記云：問聽，恐虛謬故。和上下者，恐情乖故。問所舉者，恐違拒故。律名求聽，求彼聽可，然後方舉，是謂五德知時合宜。）應召來入衆，當前為舉，謂僧中德人舉告僧言，比丘某甲犯罪；舉已為作憶念。謂僧在某處某時共某人作某罪，令其伏首自言陳已。（記云：憶念者，用時處人罪四種勘覈令憶無拒，為取自言。）應與罪，謂汝犯某事，應作訶責治。（記云：的示犯科，令受責罰。）」

二八・九　罪處所　處所者，非一義也。含注戒本下云：象力比丘多造罪，初未言告，輒首重，及後舉勘，遂轉陳輕，推情前言應實，故加白四徵取本罪，故云罪處所也。

二八・九　顛狂　業疏三・一八云：「心亂壞神，不守本性，來往違犯，多乖法度。據內非犯，約外招疑；故以法除，雖在不妨，後若病愈，得乞為解。」

二八・九　學家　業疏三・一五云：「見諦俗士，正信居家，不思乞求，致令損竭。凡愚覩相，謂施獲殃，故靜外譏，立制割斷。後既重有，宜崇福會；還須法解，如舊施給。」記云：「羅閱城中一家，夫婦俱得見諦，於物無吝，施多貧乏，世人譏言因施致得，作法制僧不得往乞；後富還開。」

二八・一〇　覆鉢　業疏三・二一云：「得信居士，輕掉論議，既虧舉敬，便成自損；若不制約，過益未明，故作法遮，不許往返，無任受用，如鉢之覆，因以為名也。」記云：「毗舍離國，諸大離奢，受慈地教，言沓婆羅漢，侵犯我婦，佛令作覆鉢法不與往返。佛言有十種法，應與覆鉢。」具如疏記。
二八・一〇 不禮　業疏三・二一：「尼與僧作不禮法者，大僧上
位，威重有儀，輕爾自墜，尼中亂節，致虧下敬；制
遙作法，令自改過，後若恥悔，還解如前。」記曰：
「輕爾自墜，謂不省位尊，甘從下劣也。尼中亂節，
謂不守威儀，恣為惡行也。」
二八・一〇 擯沙彌　業疏三・二四云：「創入聖法，割愛為先；乃
反教迹，說欲非障。初則理諫，義須開曉；必不受行，
宜即擯遣。」記云：「即跋難陀二沙彌共行不淨，
（二篇漏觸。）自謂非障，故令諫諭，違則擯出。
（舊云滅擯非也。）」
二八・一二 伏首　首去乎，舒救切，有咎自陳曰首。
二九・一 布薩說戒　簡正云：「然布薩說戒，唯是羯磨所被事
也；羯磨是法，應須合云說戒羯磨。」
二九・三 三單白　差教授師，喚入衆，對衆問和。
二九・五 捨墮自恣　懺主白和還衣羯磨，差受自恣人正自恣白。
二九・七 上來十門　相攝四緣，業疏五・三〇云：「第三、四、
五、六、七五緣，並攝在僧；九、十兩緣，並攝在
法；初及第八，通攝事收；第二託處，唯局兩界。」
第三集僧方法，第四僧集差別，第五應法和合，第六
簡衆是非，第七說欲清淨即是人也。第九問事端緒，
第十答所成法，即是法也。第一稱量前事，第八正陳
本意，是乃事也。第二法起託處，正是界也。
二九・一三 立緣顯之　據資行云：「問結界無欲，如何立緣？答有
二義：一云雖至不問，至第八正心觀量，知無欲是即
立緣也。二云雖知無欲為具緣，至第八應問言：不來
諸比丘說欲及清淨，答云此中無說欲及清淨者。」
二九・一四 極顯　業疏五・三一云：「或不先陳，何由結法；故須
具十，乃鏡是非。豈唯衆法，須此十緣。」
三九・一五 五大　五大色也，以青、黃、赤、白、黑染之也。上
色，即五間及錦綺等。

二九・一七 前對　業疏記五・三二云：「謂許與對首，即和合。」
二九・一七 執衣言議　業疏記又云：「謂能受人有所白也。勅前審
諦，囑彼對證也。答問可者，所對許也。」
二九・二〇 觀其和別　業疏記：「界中無人即和，有人成別。」
三〇・一 激動說緣　業疏記：「即具儀斂念，有如問事。如緣作
業，謂將作未作，審慮如緣，即同答問。」
三〇・二 廣在彼文　濟緣五・三二云：「衆法心念可爾，但心念
法如何具十？如晨朝六念，初二同前，三自至像前，
四知惟獨秉，五三業無乖，六七可知，八審知日月身
康羸等，九十亦同；隨義意裁，無不通說。」
三〇・一二 及以對首　但對有三十餘法，通心念者但七：安居，說
淨，受藥，受日，受衣，捨衣，受鉢也。
三〇・一三 毗尼母　卷八云：「阿蘭若比丘，獨在一處，僧布薩
日，心念口言：衆僧今日布薩，我亦布薩。是名一切
相應法。」若說已下，出第三卷。
三一・一 常爾一心　律五・三：若在晝日，若行若坐，常爾一
心，令除諸蓋；初夜、中夜、後夜，亦復如是。
三一・一二 上明法位　心念中但云示位，對首中云示本位，今云明
法位，並皆同例也。濟覽云：「衆法人位也。」
三一・一三 衆法兼二　資行：「衆法無人通對、念二法，二法云兼
二。」
三一・一六 疏分九品　卷二・二七：「言條法中，略分為三：謂
心念、對首、羯磨。廣為九位……對首分三：一但對
首，二衆法對首，三小衆對首。」
三一・二〇 發露　注羯磨下一〇：「律本，為在座上，忽憶本罪，
向比座說之，舉衆鬧亂；佛令發露心念：我某甲犯某
罪，為逼說戒，恐鬧亂衆故，待竟當懺悔。（三說。
疑罪，準此。）」
三二・三 對首心念　資行：問：坐具受舍不入數耶？行護，因鉢
準義，可與數歟！
三二・四 十誦　說淨，第五長衣戒中；受藥，二六。受七日，

二四安居法中。五分，二七雜法中。

三三·一二 科約同前　應云：初敘本制開，兼釋名義；衆法本制，心念後開，本末雙標，法無混亂。四下，列相；並須時要，須教攝持，可入開限。外部，即十誦。

三三·一八 自發露　大德憶念我比丘某甲犯某罪，今向大德發露，後如法懺悔。三說。又疑罪發露法：大德憶念我比丘某甲，於某犯生疑，今向大德發露，須後無疑，如法懺悔。

三三·一九 白捨行法　資行云：「受他請，與人授戒，對首捨此行，名白捨僧殘。又彼緣竟還白行，名白行法。」

三三·一九 白僧殘諸行法　資行曰：「蒙覆藏羯磨已，欲行時云：我某甲從今日行，白大德僧，我行覆藏。又見清淨比丘白之。又布薩時白僧等也。」

三三·二〇 分品異　資行云：「以衆法對首心念，為上中下三品。三品各分上中下三法。謂上品衆法三品者：上品白四，中品白二，下品單白。二中品對首三品者：謂上品小衆對首，中品衆法對首，下品但對首。三下品心念三品者：上品衆法心念，中品對首心念，下品但心念。今中品對首三品中，上品小衆對首，故云獨為中上。」業疏一·二七云：「對首之中，亦應三品；如持衣說淨，名中下事；如懺捨墮，是為中中；若懺偷蘭衆多對首，得為中上。」濟緣云：「初明心念：但念為下下，對念為下中，衆念為下上。二明衆法：單白為上下，白二為上中，白四為上上。」又準記蘭三品中：上即衆中為小衆，今之中上是也；下但對首，即今中下是也。

三三·二〇 彼明九品　卷二·二七云：「廣為九品：心念分三：一但心念，二對首心念，三衆法心念。對首分三：一但對首法，二衆法對首法，三小衆對首。羯磨分三：一單白，二白二，三白四。」

三三·二一 三人問邊　即是四人也，十誦云：「中偷蘭對界外四人」是也。若捨墮四人，歸衆法對首例中蘭四人，名小衆對首，歸但對首，例非本位是衆法故。

三三·二〇 二十七捨墮受懺　業疏三·五：「二十七受懺法者，計餘三十，但以二寶綿衣，捨既非僧，因不明懺，故闕此三。餘有白者，捨既在僧，因即懺罪，須白告量。諸白例通，故不更舉也。」記云：「二寶捨對俗人，乞綿制令斬壞；不對僧捨，因略懺法，故缺三白。」

三三·二〇 行鉢　業疏三·五：「一鉢支身，足堪助道；乃廣乞求，妨業招譏。好者奪留，惡者轉換，若不白告，無由得知。」記云：「此行鉢白，即取所乞下鉢，從上座行，易取惡者，與之令持。五德行時，須白告衆；得惡鉢已，復作白二，制令受護。」

三三·二〇 剃髮　律三四：時諸比丘輒度人故，衆僧不知，佛言欲寺中剃髮，當白一切僧等。

三三·二〇 十戒　律三四。即法同沙彌也。

三三·二〇 具戒前三　謂差教授，喚入衆，對衆問難。

三三·二〇 受德衣捨德衣　迦絺那衣，犍度四十三；捨德衣同。

三三·二〇 非時和　業疏三·六：「非時和者，同住多年，更求短缺，此彼交諍，遂成堅固；具德和滅，不定常期，兩衆一心，作法通解，故曰也。」拘睒彌犍度四三。

三三·二〇 說戒有四常和　即半月單行單白，如戒本中；又律三五。

三四·一 滅諍　謂因上非時和二衆歡喜，不得待期，非時說戒是也。律四三。

三四·一 一增　外界鬭諍，不自銷殄，反來清衆，塵染何疑。縱與同法，本心未歇；故且白停，至後半月，待今和去也。

三四·一 二增　凶惡不忍，稽往清衆，縱有舉判，恐增鬭亂，故更停又延半月。問：無第三增耶？答：律令強和合說戒，恐廢衆法故。自恣亦爾。

三四·一 自恣有五常和　常自恣也。律三七。

三四·一 難事略　業疏三·六：「僧正作法，難緣忽生；若猶廣說，惱亂僧衆。德人進否，作白告知，一時兩對，彼此陳露。事有三略：謂一說再說廣說，無非對白，用顯略緣。」律三八。

三四・一 延日　即修道增自恣也，為修道更延一月。律三八。

三四・一 一增二增　業疏三・七：「外界鬭諍，不自銷殄，反來清衆，……故且白停，至黑月末。」是一增也。又三・八：「凶惡不忍，本界未和，故來異住，……已來不首，即是無慚，……故抑且停，更盡後夏也。」是二增也。記：「後夏，即八月半。問：後夏若來，為更增不？答：律令強和合自恣，謂恐廢衆法，強與和合。」

三四・一 僧懺悔　律三六，注羯磨下八云：「佛言：若僧集說戒，盡犯罪者，不得說戒，不得聞戒，不得向犯者懺悔，犯者不得受他懺悔。彼比丘應作白已當懺悔，應作如是白言：大德僧聽。……」疏一九・二五有犯不得說戒等，既有此四制，義從開文，作白同懺，不須更懺；如草覆白，罪諍同滅，故作此白，一切偷蘭已下諸篇罪，同犯不同犯皆除也。上二篇罪須僧別法，故非所論。

三四・一 僧發露　注羯磨，佛言：若說戒時，一切僧於罪有疑者，應作白發露已，聞戒；本罪識已，懺之。

三四・二 餘語、觸惱　即單提十二身口綺戒也。餘語者，濟緣三・五云：「闡陀犯罪，衆僧問之。乃云汝向誰說，為論何等事等，名為餘語，未白犯吉，白已違墮。」觸惱者，應來不來，應坐不坐。與餘語，俱單白訶之，記三・六云：「闡陀因前制故，以身惱僧，喚來不來，應語不語等，名為觸惱。」

三四・二 滅諍中五簡智人　業疏三・九云：「將評言諍，必是義理是非，若闕智人，難為刊定。」故單白簡取智人也。記云：「七滅諍用多人語殄諍之法，須作一白，簡集有智，屏處評已，對衆和滅。」

三四・二 遣不誦戒不學律人　業疏三・九：「斷事令不誦戒律者出二法，戒者正行，毗尼正教，要由斯二，人法方具。今闕處衆，出言無本，內行又乖，雖施豈用，故俱唱遣。」

三四・二 遣捨正義　業疏三・九：「雖具上二，文義浮雜，偽辨亂正，終非順理，故同前遣。」記：「雖誦戒律，所見邪僻，亦須除簡。」

三四・二 草覆地　業疏三・一〇：「兩朋交諍，互是瑕疵，窮勘根源，煩情叵歇；事須猗靡，不說是非，素無重愆，……二衆各攬歸負，面地相愧，猶如草覆，各陳此白，（各上座互白懺。）罪諍俱銷。」記：「如草掩泥，從喻為目。」

三四・二 五百結集中六白　疏三・一〇：一差往王舍城結集法：謂迦葉欲集法藏，登須彌山，打大犍椎，凡聖雲集，迦葉白往王舍城是也。二者論法：謂迦葉白告，結集本意也。三問優波離法：謂集律時，迦葉白問波離也。四優波離答法：波離白答迦葉也。五問阿難法：集經時，亦迦葉白問阿難也。六阿難答法：即白答也。登須彌者，大論意也；依律本似在入涅槃處。本律五四。

三四・二 七百結集中五白　一差比丘論法白：謂佛滅後百年，跋闍比丘擅行十事非法，七百比丘共集，重集法藏是也。二差人論法白：是先差具德，屏處令評邪正也。三正論法毗尼白：謂屏論已定，三量無疑，故對衆正論，又先白告衆也。四問上座白：上座者，一切去比丘，閻浮高臘，百六十夏，尊者優波離，白問一切去，俱阿難弟子也。五上座答白。本律五四。

三四・三 行籌白　業疏三・一二：「計後對衆行籌刊正，應須先白，文略不出。」

三四・三 示不盡　濟緣三・一三云：「後略中，理有文無，示不盡故。」

三四·七　二房為二　有主、無主處分，如隨戒中。

三四·七　離衣　有病，衣重，開離一衣。

三四·七　六年臥具　限內有緣，事須乞法。

三四·八　畜眾　時諸比丘輒度人，不能教授，故彼種種非法也。當視察此人，堪否與之。

三四·八　受日　過七日法也。

三四·八　杖絡囊　即眾學第九五所制，老病羸頓，白二開之。

三四·八　試外道　時外道與舍利弗論議不如，後成跋難陀弟子，問師義不能答，彼還入外道；佛聽四月住陶練。

三四·八　狂癡及解　據內非犯，約外招疑，故加法得無妨。病愈得解。

三四·八　不往學家及解　見諦居家，供費引謗，白二制斷往受。後若還富，得解受乞。

三四·八　分僧物　濟緣三·一九：「僧得施，即十方現前物。」

三四·八　賞看病分亡物　並如二衣篇。

三四·九　付德衣　差五德付令持奉，差法見次科，此則付衣法。

三四·九　持房與道俗修治二法　疏三·二一：「五十一二持故房與道俗治法，僧房……朽壞，多用人工，事須和付。仍以情許，停止量時，故有二也。」濟緣：「檢律無文，應是義具。」

三四·九　分臥具　濟緣三·一三：「以僧物分與別房，事須五德，故白（二）差之。」

三四·九　說麤罪　調達破僧，立邪化時，教闍王作逆，若不早告，濫染佛法，故差身子，往告諸白衣。

三四·九　往教尼五德　須具十德，克教授尼；假眾差往，道風易扇。

三四·九　守藏　僧物通屬，相倚不收，致有損失，即差人令守。

三四·九　守德衣　差具五德人，令守德衣。

三四·一〇　懺白衣　因善法比丘，譏罵懷信質多居士，佛令罰已往彼懺謝，須人通意，故差具八德之阿難同往。即四羯磨中，遮不至白衣家法也。

三四·一〇　行籌人　即斷言諍，取多人語行籌，有三種格量，五德檢勘，故差具德任之。

三四·一〇　料理房　注羯磨曰差比丘料理房法，謂為令僧房相續，故差修補之。

三四·一〇　告覆鉢　注羯磨云差使告覆鉢家法，謂得信居士，輕議虧敬，為令自改，作法遮往返；彼無任受用，如鉢之覆，是則次科與覆鉢法，然僧自作法，彼未曾知，無由改悔，故差人令告，是名告覆鉢。

三四·一〇　分粥食等　濟緣云：房捨法中，但云分粥分小食等、應差五德者分之，即不愛、恚、怖、癡，知可分不可分也。理非漫差，必有和法等。

三四·一〇　尼中求教授　謂於說戒日，尼僧白二差一尼與伴，俱造僧寺請教授。

三四·一〇　往自恣　注羯磨：「佛言：比丘尼夏安居竟，聽差一比丘尼，為尼僧故，往大僧中說自恣。」

三四·一〇　遣信受戒　謂法預尼，既有絕貌，價值半國，出必有梵難，故差人為受，後傳相受。

三四·一一　大界並解　謂人法二同也。

三四·一一　二同界　法食二同也。

三四·一一　一同界　法同食別也。

三四·一一　三小並三解　受戒、說戒、自恣三小界也。

三四·一一　戒堂並解　說戒堂也，是本制；大界後開也。

三四·一一　攝衣並解淨地並解戒場　可知。

三四·一一　結食同　謂食同法別。

三四·一一　結庫藏　濟緣三·一八：「謂依大界，別結庫藏。」

（律四一）

三四·一二　二十七還衣　如上，亦除二寶及蠶綿也。上單白中受懺法，今即還衣也。

三四·一二　護鉢　如上行鉢中云，乞鉢懺法有四：一捨鉢受懺單白，二行鉢單白，此二歸上單白中。三還鉢，此攝今二十七還衣中，四護鉢即此也。業疏三·一四：「乞三四·一二 多奪留，下換還主，恐設瞋忿，作法罰之，用舊持新，始終監護也。」

三四·一二 與覆鉢及解　如上告覆鉢中明。及解，若彼信士改悔，僧即作法，解覆鉢法也。

三四·一二 尼中與僧作不禮及解　疏三·二一：「大僧上位，威重有儀，輕爾自墜，尼中亂節，致虧下敬；制遙作法，今自改過，後若恥悔，還解如前。」此謂尼護八敬，不得不禮，故佛開作法不敬，不可亦對尊儀，面逼陵故，遙得加法，待彼改悔，還解敬禮如故。

三四·一七 僧殘中四諫　破僧，助破僧，汙家，拒僧也。如隨戒篇中。

三四·一八 九十中惡邪，諫擯沙彌二法　惡邪者，單提六十八惡見違諫戒緣也。擯沙彌者，第七十隨擯沙彌緣也。

三四·一八 尼中隨舉尼　尼八事中，第八戒也。律因闡陀犯罪，僧為作舉，羯磨擯出，有尼往返承事，故請尼諫訶也。

三四·一八 習近住　已下四，尼十七殘中，後四戒也。尼有八諫，初四諫同僧；習近住者，律因二尼常相親近，共作惡行，故尼僧諫也。

三四·一八 勸習近住　即六羣尼勸前二尼言：衆僧恚故，令汝別住，汝等莫別住，當自共住。

三四·一八 瞋捨三寶　六羣尼以小事不喜，便云我捨佛法僧，更有餘沙門婆羅門，自可依彼修梵行等，若不設諫，女族無曉，故白四諫之也。

三四·一八 發諍　濟緣三·二五：「尼發四諍，同僧犯提；此由僧諫，違諫犯殘。」

三四·一八 近習居士子　尼單提第一百一戒，戒本云：若比丘尼，親近居士尼共住，作不隨順行等。

三四·一九 具戒　僧尼羯磨通收，疏三·二六：「有別立為二部羯磨，本法有無，各其志也。今以文相大同，故不別顯。」

三四·一九 尼式叉　與學戒白四也。

三四·一九 七治並七解　訶責、擯出、依止、遮不至白衣家四種羯磨，及不見、不懺、惡見三舉也；具如僧綱篇。又四羯磨出本律第四四，三舉出第四五。

三四·一九 僧殘有四　覆藏，本日治，摩那埵，出罪；如懺篇中。又出律四〇。

三四·二〇 學悔　如懺篇中。

三四·二〇 憶念　沓婆為僧知事，慈地以瞋以婬事謗，諸比丘言汝犯重罪耶？答曰：我夢中尚未懷有如是事；諸比丘故詰問不止，佛言為沓婆應與憶念毗尼。戒疏云：「與法證明，憶記無犯也。無著羅漢，方行此法，自餘下凡，不可依據，不合行也。」律四七·一。

三四·二〇 不癡　癡即顛狂心亂，今狂病差，故云不癡。謂病時造罪，差後不犯，然非無疑，故僧作法，證黠不作，故云不癡毗尼，難提緣起，如含注戒本下一八，律四七。

三四·二〇 罪處所　象力釋子論議，因外道切問，前後相違；僧中復問，亦爾。業疏三·二九：「初未言告，便引重罪；及至勘刻，遂轉引輕，審其實情，前言應是；故加治法，徵取本愆，故曰也。」處所者，不一義也；彼發言前後不同，罪狀非一故也。

三四·二〇 及解　含注戒本：「應白四，治取本罪，奪三十五事。若伏首本罪者，應白四羯磨，如法為解。」律四七。

三五·六 四十七　心念十四：但心念三，對念七，衆念四。對首三十三：但對二十九，衆對四。兼尼二法：尼入僧寺，尼請教授，此二但對法。

三五·八 疑此且舉全數　湛堂：予從師嘗聞此篇，閱至此為之疑怪，因竊味全篇，以定其數。別法定有五十，蓋以衆法對首，加捨墮懺，則於對首有三十四法也。然記料簡，鈔疏異中，立難同異，曰鈔三十九十同在但對，疏離三十為衆法對首；今見結數文，則曰單白有三十九，是知今鈔，亦攝捨懺於衆法。下示非相中，列捨懺在單白，則三十為衆法也明矣。已是衆法，理當通衆法對首故，前明對首中：「及界無僧，並令對首，此通二人三人或至四人。」記解云：「四人唯自恣及懺捨墮。」由此而知記主亦屬捨懺於衆法以判鈔，而其所謂離合異別法有四十九者，未詳何意，明律師試為一判。濟覽：案非也，衆對中無捨懺故，而云單白三十九者，下通釋見之。

三五・九　此乃總標　濟緣云：「百是所被事，一即能被法。事無限量，舉百總之；法皆通被，舉一以貫之。」

三六・四　序中略明　記云：「此明行事，彼演義章；所以義鈔題云拾毗尼義」等。

三六・六　張四門　一列數釋名體，二分總別，三體有無，四攝非相。

三六・七　非法非毗尼　濟緣六・四：「非法約事乖，非毗尼據違教。」隨機羯磨上七：「謂一人舉一人，乃至僧舉僧；一白衆多白，一羯磨衆多羯磨；單白、白二、白四羯磨，交絡互作。若有病無藥，有藥無病，有事有法，施不相當，毗尼母云：若說羯磨，言不明了，如是等人法事相，並初非所攝。」

三六・八　非法別衆　羯磨上七：「白此事為彼事作羯磨，名為非法。應來者不來，應與欲者不與欲來，現前得訶人訶者，是名別衆。」

三六・九　法相似別衆　羯磨上七：「謂先作羯磨，後作白，名法相似。別衆同前。」

三六・一〇　訶不止　羯磨上七：「謂如法羯磨，須僧同秉，今得訶人訶，若住應法；違訶不止，即名非法。」（疏六・二一；律四四。）

三六・一三　此門　通釋：「此門者，可廣指立法通局一門，以攝後義立七非故。若言指相攝一科者，則剩義七非。故義釋未詳，或記意於上下之言，攝前後二科歟？上者指前相攝科，下者指後成壞科故。」濟覽：未詳上指法交互，下指事人界非，故今此門者，相攝一科也。

三六・一五　三事　懺輕吉，說戒座上發露，及六念。

三六・一九　上文但明　上文者，但是今一科中，其欲已上文意云，文云：「若一事差互，不應八條，並入非中；不成羯磨」等者，但明法事人界三皆有非，若欲通下三知之，須細尋此相攝一門，上下橫括也。

三七・四　十誦　二八云：「憍薩羅中一住處一比丘住，是中僧得布施，現前僧應分物，我一人非僧，是衣物應云何受？佛言一比丘一處住，諸人為僧故布施諸衣，現前僧應分物，是比丘得此衣，應心生口言，是衣物是僧所得應分物，應屬我，我護、我受、我用，如是作，是名得羯磨，若餘比丘來，不得強與。」

三七・六　舍利弗　本律三五：「復問：三語受具足戒，是受具足戒否？佛言：是受具足戒。所受具足戒者，是善受否？佛言：是善受。作羯磨者，是善作羯磨否？佛言（已下全同）。」

三七・八　彼因　律三五，說法下彼云：「爾時諸比丘以此事往白佛。」

三七・一三　羯磨所被　鈔批曰：「如前總列一百八十四法，應須更列一百八十四事，由前法竟，不更重明所被事也。直顯非耳。」

三七・一五　別相　上記云：「別相者，法所攝事。」

三八・五　人法中　四五云：「彼比丘所憶罪，與覆藏羯磨善；彼不憶罪，與覆藏羯磨不善；非法不成。」簡正云：「此人犍度中，客比丘訶文也。彼云：汝曹善聽，若比丘犯二僧殘，二俱覆藏，俱作覆心，未經明相，憶一罪不憶一罪，彼比丘俱從僧乞覆藏羯磨，僧遂與彼二罪覆藏羯磨；彼行覆藏時，為客三藏問知已，訶言：汝憶者，與覆善；不憶者不成；應與摩那埵，衆僧不善教，無事與法得吉，即無病設藥非也。」

三八・六　瞻波　律四四，擯出之下，彼云：「如法如毗尼羯磨不？」

三八・一二　波離問佛　彼云：爾時優波離從座起，乃至白佛言：應作訶責羯磨，如法如毗尼羯磨不？佛語優波離，此不如法羯磨；佛言不應與作訶責，乃作擯羯磨；乃至草覆地，非法非毗尼羯磨，不應爾。

三八・二〇　種相　總有名種相三別，名謂同篇通號；種乃重四，殘十三等；相謂成犯數目；具如懺篇。

三九・一　首言實　資行：「比丘舉罪，正問犯人，自言同摩獨事。」

三九・一　然非本時　資行：「不答本舉罪時事，答餘時事，異所對故。」

三九・二　世傳　結界篇記云：「昔人有作行事策者云：凡欲結界，恐往世曾結，必須先解；後世相承，名解妨疑，不問空有水陸，曾結不結，例皆先解，弊風罔世，三百餘年。」

三九・七　羸頓　戰國策云：「甲兵頓。」注：「頓言勞弊。」

三九・一九　必有邊人　是順古義，謂懺三十必須問邊人。然無邊人，亦不須問，故云必有等。記云：「約必與不必。」資行：「古懺捨墮，但衆多，但對，無衆法對首，故云爾也。九十但對，三十捨墮，約人有不須必問，故云循昔。」

三九・二〇　問邊人　隨機羯磨下二九：「四人已下對首法（若欲在三比丘前懺悔者，是中懺主應問餘二比丘言：）二長老！若長老聽我受某甲比丘懺悔者，我當受。（彼二比丘答言：）可爾。（方告懺罪者可爾。還衣對二人亦爾。）」鈔批云：「據懺主受他請時，須問邊人，非是正懺罪時也。」

四〇・七　若準疏意　業疏一・二五云：「如懺捨等事，下凡累障，動與持違。衣藥之間，誰能清淨；必有違犯，要假僧除，時緣或乖，減衆亦許。仍從本位，故曰衆法對首。」問：依本宗捨墮中，並皆說受懺單白，故本是衆法，若界無人時，對衆多人乃至對一人通得，故後懺悔篇捨墮悔法，明僧人法，衆多人法，對首法三階，準知可同疏衆法對首，何故此篇為但對首耶？答：恭察鈔主意，即謂若論捨財，本是僧法，界無人時，方開對首捨，云不得別衆捨故；若論悔根本墮罪，但對一人悔之，與九十同但對也。然律明受懺單白者，本是因財捨，即席在僧中悔，故有懺主和白；必若在別席後時悔之，對一人悔之並成，雖界有人，非別衆也。是同昔解耳。若依業疏，準僧祇等捨財悔罪，本是僧法，俱不得別衆，雖與九十同墮罪，三十本因財事，情過重故，別制僧中悔。又如上蘭，雖正悔時對一人，制必在僧中乞請，故名僧懺；彼雖無捨財，亦集僧對一人悔。準彼，今捨墮懺罪，非但對驗矣。

四〇・八　中蘭　破羯磨，盜三錢，有衣無衣相觸；若依懺悔篇，通至四人並名小衆。初請懺主；二受懺者問邊人取和，諸大德：若大德聽我受某甲比丘懺悔者，我當受。答云爾。三說罪名、種、相；四正捨罪；五訶責；六立誓。

四〇・一五　齊限　衆念有四法開，對首心念有七法開。

四〇・一八　三大　業疏一上：「人法二同，法食二同，法同食別。」

四〇・一九　四種　業疏：自然界：聚、蘭、水、道。

四一・三　須記除欲　與欲但對，不開自然界，是勸憶念。

四一・一一　文中　律三五小界中云：「時諸比丘，結界不解而去，餘者嫌往白佛；佛言：不應不解而去。」

四一・一五　四法　三單白，一白四。

四一・一六　說恣各一　正源記：「自恣差五德故一往言一也。」

四一・一六　疏云　業疏二・三四。記云：「捨墮重蘭，隨舉可懺，故通懺白。」

四二・二　乞鉢捨懺含四　戒疏一二・二二：「就此捨懺，與餘不同，初明單白，受懺悔本罪也。二明取最下者，白二與之。三明單白，與鉢次第換。四明白二，以此下鉢令持。計有四法。」濟緣三·五：「乞鉢捨懺，具有四法：懺主白和單白；衆僧還鉢白二；五德行鉢時，須白告衆；得惡鉢已，復作白二，制令愛護。」更有差行鉢人法，行宗一一·一四：「須行五法，二單白，三白二。」又一二·二三云：「若但和還，止用前二法；若次第易，則用三法，除前白二，戒文正明次易。」

四二·六　乞鉢亡衣物歸僧庫　問：據律中奪彼好鉢，從上座次第易之，取最下者與彼令護，今云入僧庫者？答：是約乞多鉢但還一，餘皆入僧庫。戒疏一二·二一：「以鉢無多用，好者奪留僧庫中。」

四二·二〇　合少從多　資行：「作法界不徧該衆別法，故合作法界少分事，從事多徧，故云合少從多。」

四三·一七　第五律師　律云：有五種持律，誦戒序，四事，十三事，二不定，廣誦三十事，是初持律。若誦戒序……廣誦九十事，是第二持律。若廣誦戒毗尼是第三持律。若廣誦二部戒毗尼，是為第四持律。若都誦毗尼，是第五持律。是中春冬應依上四種持律，若不依住突吉羅；夏安居應依第五持律，若不依住者，波逸提。

四三·一九　此中　已下一行餘文，合在八段之終，疑是寫誤。

四四·三　衆具　不具籌水不成就說戒耶？業疏云：「布薩成，得罪。」

四四·七　非正　簡正云：「謂十五條三長一短云兩長一短，陳說詞句，不當此衣，故云非正。」

四五·一　本律增減　自恣篇云：「因諍增減自恣，如說戒。」若知十四日來，十三日前說；若知十五日來，十四日說，謂之減也。增者，如常兩半月，是又一增二增。

四五·五　三者事非　今記約非長，故云毛等。鈔批：事非財體，淨不合捨故。

四五·六　妄輒　鈔批云：「言我此犯長衣，遙心捨與某比丘竟，心無不斷也。」

四五·七　根本從生　總有三種：一根本捨墮。二從生根本：此有三罪，一覆本罪，二著犯捨衣，三說戒默妄，各得一吉。三從生覆藏，此有六品：謂前三品，各生二品。初夜覆藏及隨夜展轉覆藏，此六皆吉。合前三品，共有九品。若依羯磨，正立八品，不立根本覆藏吉。故記云：「究理為論，疏為了義。」

四五·九　毛緜帽袜　興正云：「毛緜不論衣相成不，不須說，緜毛延促不定，本非衣故，豈應說淨乎。」業疏二二·三二：「絲麻毛綿，不入尺寸，如是諸物，雖經多日，不在說限。」記云：「絲麻毛緜，不成衣故。」帽，頭衣也。袜，同襪，腳衣也。帽者，興正云：「當時頸卷為衣類着用，故須說淨；不成衣相頭巾等，不須說淨。」資行：「唐土帽子，不足尺六八寸以上，不須說淨，當時帽子，尺六八寸以上，故須說淨。」

四五·九　小白鉢　本律云：「大鉢小鉢，不須說淨，若作如法，即須說淨。若不說淨，過限者犯吉。」故了論云：「畜白鉢，吉罪故。」

四五·一一　盡標盡相　凡結界法，分標、相、體。結界篇云：「標謂山石之物，用為指的。相即標畔，界體之外表也。體謂相內作法之所。」又業疏云：「標即唱者之所據，相謂羯磨之所牒，體即作法之依地。」結界篇云：「初言集僧，必先盡自然界內；若標寬界狹者，盡標集之。」今文言盡標盡相者，約標寬於界；界內別衆之言，顯界寬於標。

四五·一四　二界錯涉　鈔批云：「大界、戒場相交涉，中間不分自然空地，故云爾也。」業疏七·一三，委曲釋之。

四五·一四　重結交互　鈔批云：「前人既結，後人不知，更於上結者是也。是重結前後互作，故云交互。」

四五·一四　遙唱遙結　結界篇六·三二：「或有界內通唱三相已，隨界加法者；或於大界內遙結者。」記云：「總唱者，即就場中遙結大界，謂事非也。」

四六·五　第四門十一人　本宗四羯磨，覆藏等四人。十誦行覆藏竟等三人。

四六·七　少分法　謂曾受十戒也。

四六·八　一請師　謂請和尚等也。安置立受戒人，置眼見耳不聞處也。白差，即單白差威儀師也。出問，是出衆問緣。召入，單白入衆。乞戒，可知。戒師白，即戒師作白和僧。對僧問，衆中問難。

四六·一一　當法自成　謂如但心念作對首者，是但心念非法；而若遷可作對首法者，却是如法也；是即所以法事之非，各塞不通也。

四七·一　不必局指一科　下料簡中分為三：一增減，二通塞，三是非也。意云今文通塞者，通料簡中三科，不必局指彼第二通塞一科。

四七·四　雷同　濟緣云：「雷聲普徧，故曰雷同，言其不簡。」

四七·一〇　犯僧殘　若依今鈔，則懺篇云：「犯故漏失摩觸麤語三僧殘罪，各不憶數，或覆藏一夜，及至百夜，今從僧乞百夜覆藏羯磨」等。

四七·一三　古羯磨　依業疏序，古家有四師，僧鎧、曇諦二師，在曹魏時。慧光，元魏。法願，隋朝。今文懺篇記云：「古羯磨，即曇諦出者也。」

四七·一六　律無文事　律三五說戒犍度，但有結戒場緣起並法，以大界無圍之事，亦無結文，故云俱無。故隨機羯磨引母論云：「必大界圍繞。」故有場大界法律文云：「僧今於此四方相內。」故正結時，可唱內外相內故也。

四七·二〇　心府　簡正云：「受納名心，藏藏為府，心為納物之義。」

四七·二〇　於即　於字恐是多寫，或是倒寫，合作即於也。

四八·六　師心　涅槃二六：「願作心師，不師於心。」法華文句七·一：「云何師心，反佛違經耶。」荊溪釋：「無稟受故則師心。」

四八·六　深罰　若論制罪，結違教吉；然依業罪，亦結重罪。如受戒、結界等，若令法不成，則誤他之咎，非輕小故。

四八·九　狂簡　論語公治長：「吾黨之小子狂簡。」朱注：「狂簡，志大而略於事也。」

四八·一八　五分　一八云：「諸比丘不知齊幾為上座，以是白佛；佛言，上無人，皆上座。」

四八·一九　律列四人　律第三：「衆中應差堪能作羯磨者，若上座，若次座，若誦律，若不誦律。」

四九·一　不誦　濟緣云：「下準選能，決上誦文，必兼解義；位雖四別，解能必同。」

四九·二　又云四分總列　濟緣七·二二：「次明本宗總列，即前四位，應須未閑，謂得滿者非堪能故。學悔秉法，如上已明。」

四九·九　二今僧白　二四兩句，文全同佛陀耶舍別譯戒本，及含注戒本。若依律文，第二句作今十五日衆僧說戒。第四句作和合說戒。懷素戒本，亦同律本。删定戒本，第二句作今白月十五日衆僧說戒。第四句，同律本。

四九·一〇　若僧　戒疏曰：「若，為語之不定之辭，言由漸也。」

四九·一〇　聽　說文訓許曰：許，聽也。又廣韻：可也，容也。案讀平聲。

四九·一六　緣本　業疏七·二三：「緣是傍疎，本是親正。」記云：「緣謂元敘因由，本即正陳所為。」

四九·一九　今從僧乞　問：據下羯磨中記釋，今從僧乞等文通為緣，今何云本事？答：疏七·二七：「今從僧乞戒，即事本也。」文全同今釋。然準記白與羯磨取緣事不同也。濟緣七·二七：「然據單白，緣本可分。若羯磨前白，則緣本不同。如結界白，比丘為緣，牒相為本；及至羯磨，人相並緣，結界是本。受白亦爾，從和尚等為緣，乞戒為本。若論羯磨，從乞皆緣，僧受為本；隨義裁取，不可一例。」通釋：「羯磨白中，無僧與某甲授具足戒文，故且取從僧乞受文為本也。」

四九・二〇 翻傳失治　謂羯磨有第四雙緣本，是譯者失治。業疏七・二七：「第四句中，單牒根本，略去前緣；縱有雙者，結翻非淨。」

五〇・五 情事　濟緣七・二四：「言情事者，情謂能秉之心，事即所被之事。所被自分情非情分別，今望能秉，一切羯磨並須心和，通為情事。」

五〇・五 不須和會情非情　會正云：「情事，說戒本屬非情，今望制僧半月一說邊為情。」又鈔批云：「今僧白月十五日是情，布薩說戒是事。」此闇破古記。

五〇・八 業疏同此　七・二二：「若僧時到僧忍聽者，法事契會，謂時到也。羣集同舉，謂忍聽也。」記云：「法事契會等者，謂能所相應，稱可衆心故。」

五〇・九 彼局一事此通一切　行宗三・五：「據業疏云：法事契會，謂時到也。彼取合宜之時，則通一切羯磨；此約作法之時，唯局說恣二法；以時有限定，故得此釋。」

五〇・一一 不解兩緣　戒疏三・五：「不解此二聽聽同聲者，則言表不通，不成羯磨。前聽即在去聲，他徑反；後聽是平聲，他丁反。恐不解此，違損事多；自說戒時，罪福猶可，脫臨受戒，惱害尤深，故須極誡也。」

五〇・一三 前是告情　濟緣七・二三：「前是告衆，義必雙標；後決成和，故須單舉。」

五〇・一七 強釋亦通　簡正云：「白四羯磨衆多，今舉受戒盛行之法，此受法在白四三十八番之數內也。」通釋云：「白四法多濫，今加別號，簡別餘法，即受戒法內之白四，依主釋也。」

五一・一 白　文但略牒，文句不具。隨機羯磨上二五：「（大德僧聽。）此某甲從和尚某甲求受具足戒，【此某甲今從衆僧乞受具足戒，某甲為和尚，】某甲自說清淨無諸難事，年滿二十，三衣鉢具。（若僧時到僧忍聽。）【僧授某甲具足戒，某甲為和尚。】（白如是。）」（此中文之上下有（）者是綱，有【】者是本，無此符號者，緣也。下羯磨效之。）」

隨機羯磨云：「（大德僧聽。）此某甲從和尚某甲，求受具足戒，此某甲今從衆僧乞受具足戒，某甲為和尚，某甲自說清淨無諸難事，年滿二十，三衣鉢具；【僧今授某甲具足戒某甲為和尚，】（誰諸長老忍。）【僧與某甲授具足戒，某甲為和尚者默然，】（誰不忍者說。）（是初羯磨。第二第三亦如上，次第問答無違者得。）（僧已忍，）【與某甲授具足戒竟，某甲為和尚。】（僧忍默然故，是事如是持。）」

五一・二 三衣鉢具和尚某甲　通釋云：正受戒鉢白四法，律有兩出，第三三及三五也。白第二句中，末「和尚某甲」字，出第三三中，及五分等羯磨。後三五卷中，無此四字，羯磨出後文，故同除之也，今且連書之耳。

五一・三 緣兆　搜玄云：「兆者，得戒之先表也。」

五一・七 疏云事達　七・三二云：「問羯磨文中，前後並云僧聽忍，中間何以言長老忍者？答：事達在僧，成不在別，別須語默，僧唯六和。假用未彰，還從別舉，故云也。或有文云大德忍者，終問別人，隨時稱謂也。」記云：「語則表別，默則表和，即文云忍者默然，不忍者說」等。

五一・九 稱謂　祖庭事苑二：「漢書注云：凡一物知其名曰識，其所宜皆曰稱謂也。」

五一・一六 不關羯磨正體　問：羯磨成就何時乎？答：有「說」「竟」「持」異說。初「說」字者，雜集：「第三羯磨一剎那竟，得作及無作，是名根本業道。」準此說字以前為正體，故羯磨上卷受戒白四羯磨，誰不忍者說：下注云是初羯磨，第二第三亦如上，無違者得。

「竟」字得者，業疏云：「問：具戒發時，在何言下？答：如智論云：羯磨竟得。又云：與汝受戒竟得。」「持」字得者，慈恩義林表無表章末云：「出家大戒，第三羯磨竟，是事如是持得。」

五三·八 前緣 大德僧德。此住處比丘，唱四方大界相。若僧時到，僧忍德。僧今於此四方相內結大界，同一住處，同一說戒。白如是。

五三·八 受懺 大德僧聽。某甲比丘，故畜衆多長衣犯捨墮，此衣已捨與僧，是中有衆多波逸提罪，今從衆僧乞懺悔。若僧時到，僧忍聽。我某甲受懺悔。白如是。

五三·一一 結集中諸白 律五四，五百結集：「大德僧聽。若僧時到，僧忍聽。今集法論毗尼。白如是。」

五三·一五 如疏所判 業疏九·一四：「今時行事，直依羯磨單白四句，自唱自結。得在依文，失於緣唱。欲依軌儀，白中加第二句；牒其緣本，理得成也。今隨文故，略而不出。恐諸局教，或致餘言。此是結集缺文，或是覺明漏誦，又可竺念遺筆，比諸結法，義無虧緒，可不鏡乎！」記云：「律本結法，白唯四句，故依文為得。然既不立唱相，則第二句中，不牒緣本，故緣唱為失。欲下，教加改。今立唱相，既有前緣，故須加句。今下，示今文。初明不加之意。局教謂守文之徒，餘言即是譏誚。此下，決文缺所以，初推結集過：或波離初集，或法正分宗。次推翻傳過：覺明即佛陀耶舍，誦本西來，此方竺佛念對翻筆受。諸結界法，白並五句，獨此缺之，故有虧緒，謂失條緒也。」

五三·一六 想無所疑 漏誦遺筆，想事無違，靈芝依疏解疑。

五四·四 牒緣牒事 鈔批云：「此住處比丘，稱四方大界相，此云牒緣。僧今於四方相內結大界，此云牒事。」

五四·四 文局義通 業疏七·二七：「文局一事，義通諸務。」記云：「文局一事，謂結、說、受各不相同；義通諸務，謂緣本雙單，諸白無異。」

五四·六 舉文不備 資行云：「羯磨正體十七字，結文十四字，此等綱骨，文不備舉，故臨說時，悉可加之。」

五四·一一 頭尾一言 是且對緣本，唯局中間，而實綱句在初中後也。或可中間綱句，亦通名尾，何者？上分羯磨正解，即為三段，初一段者，大德僧聽四字，是今所謂頭也。次二段綱者在尾，次結成中僧已忍是頭也。竟僧忍默然故是事如是持，尾也。或竟字隔在中間，亦屬尾收，少從多故。若準記釋，羯磨正體為頭，結成為尾歟！或可頭尾即始終也。鈔批云：「大德僧聽是頭，誰不忍者是其尾文也。」通釋云：「今記約正體結文，云頭尾乎！」

五四·一二 白中三句總一十四字 大德僧聽（一句），若僧時到僧忍聽（一句），白如是（一句）。

五四·一三 羯磨正體一十七字 大德僧聽，誰諸長老忍者默然，誰不忍者說。

五四·一三 結文一十四字 僧已忍，竟，僧忍默然故，是事如是持。單白綱唯十四字也。白二、白四，俱通白羯磨四十五字綱也。

五四·一六 詁訓 字書云：詁訓，通古今之言，而明其故也。簡正云：解上繁略字，詁即文略，訓即文繁。爾雅上卷有詁訓三章，各釋一個衆字，詁章云：死者重也，言詞即略；訓章云：薨云增，增衆也，文詞則重疊即繁。故將訓釋繁，將詁釋略。即羯磨中云：衆僧具足戒。詞多名增繁，但云僧具足戒，言詞少是減略。

五四·二〇 疏云如結 濟緣七·三一：「次明緣不定，且取結界，以示可否。初明可增減，二同之語，場小不列，加之不妨；故引五分以為明準。大界具列，減亦無害，反加場小，文皆不列，故云如諸界等。」疏續云：「結大界字，此不可略；正是業本，如是例知。」

五五·二 五分結場 通釋：「五分卷一六，有結小界結戒場白二，並云共住、共布薩、共得施。」

五五·四　言異義同　通釋云：「如舊云盜戒，新云不與取戒；或舊云兩舌，新云離間語；或五陰五蘊，畜生傍生，有情衆生等。」

五四·六　一概四句　資行：「五分卷一六：大德僧聽（一）。第二緣本。若僧時到僧忍聽（三）。白如是（四）。大德僧聽（二）。緣本（二）。誰諸長老忍（三）。默然，若不忍說（四）。故云一概。」

五五·八　五分　通釋云：「五分綱中無『者默然』『者』字，及『誰不忍者說』『者』字。即無兩處者字也。又結詞忍字者，若受戒羯磨直云僧已忍如上，自餘結界等中，多唯云『僧已』，而無忍字，則出沒不定。」

五五·九　十誦第四　資行云：「十誦二一：大德僧聽。誰諸長老忍，僧與某甲受具足，和尚某甲。是長老默然。若不忍便說。此文忍者字不見，是所覽異歟！問：記共加五字者如何？答：忍是長老便五字歟！者默然自本可有之故。」又僧祇白第三句，但云若僧時到僧，無「忍聽」二字。又羯磨誰諸長老忍，作諸大德忍。「者默然」作「者僧默然」或作「忍者默然」，或作「忍者僧默然」。「誰不忍者說」作「若不忍便說」，餘同四分。

五五·一二　如減六年　濟緣云：「作離衣六年羯磨，或梵或華，隨牒通得，又如說戒布薩，互牒皆成。」

五六·一六　律云五夏　通釋云：「考本律無文，十誦母論云：『不誦廣戒本盡形依止。』而不云羯磨。又四分增五中云：『不廣誦二部毗尼，不應無依止住。』又受戒法中：『五歲比丘當誦白羯磨使利，不者當如法治。』」

五六·一八　中國　發真鈔云：「中國者，方志以佛所生國加毗羅城，應是某甲中，居四重鐵圍之內。故經云：三千日月萬二千天地之中央，佛之威神，不生邊地，據此為中也。」又集解上。

五六·一八　京輦　鈔中三之二，記云：「京輦，即京兆府。（王者都處，謂之輦下。）」搜玄云：「京，天子所居之杖邑；輦，帝王所乘之寶輦。如僧會登吳主之輦，道安昇秦帝之輦等。」

五七·三　律中十誦　出四九。濟緣二一．一六：「十誦，僧對尼三：（受戒，半月摩那埵，出罪。尼為僧三：不禮，不語，不敬。）尼為僧中，由僧乖行、尼不禮等，則違八敬，作法遙被，不禮無過。四分中：尼衆非法，僧不往教，作法遙捨，十誦無此；又此律但有不禮，則無餘二。」

五七·六　由僧非法　如前條引，由僧乖行文。

五七·八　四分　四九云：「時六羣比丘尼、沙彌尼、式叉摩那來至寺內，共六羣比丘、沙彌共住，更相調弄，或共唄，或共哭，共戲笑，亂諸坐禪比丘，諸比丘白佛；佛言：應喚來謫罰，若不改，應為沙彌尼和尚阿闍梨作捨教授羯磨。」

五七·一三　摩得伽　第一云：「又問：如佛所說白衣中僧作布薩說波羅提木叉不犯戒耶？答：有瓶沙王因緣，此中應廣說。」

五七·一三　十誦　五九云：「頗有未受大戒人前得說戒耶？佛言我先說除却波斯匿王眷屬，獨為王說，令心清淨故。」

五七·一七　慢習　行宗云：「慢業本有，轉令增長，故云慢習。」

五七·二〇　疑比丘　若依四分律，本由瓶沙王請制半月說戒，何疑之有；況閱十誦及論，無如是文。

五八·一〇　學者尋之　資行：「能所四人，相似破別，故制之歟！」通釋：「僧以六和為義，僧不羯磨僧，深恐破別也。故閑預則雖受懺順情，亦不開。然鬬諍不息，恐至破僧，事既大難，不可不救，故曲開諫喻，聖法抑揚，唯在和合故也。問：何者是耶？答：如助破僧戒諫法，戒本云：若比丘伴黨若一若二若三，乃至無數，即是所諫。」

五八·一一 五分　一六·一五云：「諸比丘將二欲受戒人至受戒處，欲為受戒，二人爭先，不得為受，以是白佛。佛言：先到受戒處者應先與受戒；若二人俱到，年大者應先與受；若同年，和尚大者應先與受；若和尚復同一時羯磨，先稱名者先受。三人亦如是。優波離問佛，餘事亦得羯磨三人不？佛言得。又問：得與四人作羯磨不？佛言：一切不得羯磨四人。」

五八·一七 並證治舉　謂能諫成衆，彼不能輒加治舉故。通釋云：母論或亦證諭諫通多，謂若得三四五伴，可諫諸比丘非法也。

五八·二〇 若作如法羯磨　律五三：「有五法不應默然：若如法羯磨而心不同，默然任之；若得同意伴，亦默然任之；若見小罪而默然；為作別住而默然；在戒場上而默然；如是五法默然者，非法。有五法應默然：見他非 六〇·一
法而默然；不得伴默然；犯重而默然；同住默然；在同住地默然；如是五法應默然。」五事如記。

五九·一 為作別住　上既云不明界畔在身內想在界外訶，不爾別衆；或身在界外想界內歟！

五九·二 在戒場　此約自恣說戒，訶令集會；不爾盡集，非法別衆。

五九·四 亦同母論　彼云：獨一不須諫也。

五九·四 唯伴二句　四分：十五種默然之內，得伴不得伴二句 一·三
耳；大同母論故曰也。

五九·一四 凡有三解　業疏一五·四：「問：具戒發時，在何言下？答：如智論云：羯磨竟得。又云：與汝授戒竟得。有人解云：是事如是持者是竟也。如心論中，第三羯磨剎那頃，作及無作，是根本業，律師以為第三
說字是得戒也。」記云：「前引智論，論出兩解，人 一·五
取後義。如下，後引雜心。根本業，即受體也。律師者，論家自指。」

疏又云：「僧已忍與授戒竟，故至此前，名為戒法；理同智論受戒竟也。」記云：「次釋通收乃竟，即智論初義。」

疏又云：「今以此解，比前二度，似是竟處，引後通收，則未竟也。故第三中，不忍者說，尋有人訶，便不成就。既命令說，依命而說，可成前也。故衆既默，明有所許，故通收云僧已忍與受戒竟，故至此前名為戒法，理同智論。」戒竟受也。

三義中：第一釋結文，同意具義，表無表章云：「出家大戒，第三羯磨竟，是事如是持得。」第二至說字，同定賓義，彼疏云：「三番羯磨以說字為究竟，何第三羯磨時獨以說字不究竟哉！故三番羯磨皆共以說字為究竟。」第三至竟字，是祖師所取也。

取竟字　業疏云：「僧已忍下，至結竟字，牒前忍默，表業成就，作法至此，是竟處也。豈至三說，即是作竟，召令忍默，不忍便說，尋聲則說，安有法成；故至竟字，結前默相，此義定矣。」

卷三

會本卷六 鈔上二之一　結界方法篇第六

三結界　科文。鈔上卷凡有十二篇，初標宗一篇，總標宗體以勸修學；後十一篇別約四緣以明衆行，即分為四：初三篇集僧、足數、受欲，明能秉人。二羯磨篇第五明所秉法。三結界篇第六明秉法處。四僧網以下六篇，明所被事。

疏云　七·四云：「釋名者，明了論疏解云：本音四摩，此正翻云別住是也。諸本云布薩界及戒場者，非正本音。所以明別住者，謂此住作法，與餘住不相通；各不取欲，故得名也。今從律本但云界者，加法

約處，除彼局此，故曰界也。故文云界者，白二羯磨
唱制限者是也。」今記具依此也。
一・六 律云　四七：「云何現前法、毗尼、人、僧界？云何現
前，在界內羯磨，作制限者是也。」
一・八 方亦訓法　會正云：「方法，謂方軌法則也。」
一・八 即下四門　列數定量，依位作法，法起有無，非法失相
也。
一・一〇 作法有三：
甲一、攝僧界三：
乙一、大界三：
丙一、人法二同：是但本制，今篇所明是也。下
二，後隨緣開之。
丙二、法食二同：時有二住處，欲共說戒，同利
養；佛聽各自解界通結。
丙三、法同食別：時有二住處，欲同說戒，別利
養；佛言當各解通結。
乙二、戒場：
乙三、小界：分三：受戒、說戒、自恣。
甲二、攝衣界：
甲三、攝食界：分二：通結、別結。
若食同法別，即：有二住處，為護住處，欲別說戒，
同利養；佛言聽之。此是四方僧物和法，非結界法。
一・一一 餘二如後　攝衣界出二衣篇，攝食界見四藥篇。
一・一五 疏云　彼云：「不得受欲有三義：一結界衆同之本」等
如文。
一・一八 像運　濟緣云：「運即是時。」
二・一 聲教　濟緣云：「教由聲說，因云聲教。」
二・二 水乳無別　戒疏云：「如乳合乳，如水合水，不得云乳
合水。」
二・三 亦由羯磨　謂為僧宗綱要；佛法二寶，匡救之功，亦由
羯磨。

二・八 亙　居鄧切，音庚，遍也。
二・一一 方志　具云釋迦方志，祖師永徽元年撰，或二卷，或四
卷，今文見初卷。
二・一二 釋迦譜　或云釋迦略譜，或云釋氏譜；祖師麟德二年
撰，二卷或云一卷，與僧祐十卷譜別也。
二・一六 此據五天四至　西域記云：「五印土境，周九萬餘里是
也。」
四・九 用則不可　是釋展縮有妨也，謂如說戒等，動有千萬大
衆，如水道等界甚狹小而不能容受；欲展之廣，而恐
羯磨所依之處，與界限不相稱，即是展有妨。
四・九 捨則非制　或如秉四五人小法，不欲必廣集；然如蘭若
五里，太成迥遠，捨之欲二、三里集，而恐違教制，
無難不開，減故是縮，亦有妨也。或可六相限局，不
能容受；今捨定量，欲依廣集，則違教制，是則用捨
有妨也。
四・一四 界限　資行云：「自然界限，與今集僧欲作法事處不相
稱。」
四・一九 凡幾開耶　通釋云：具閱本律三五，記說戒犍度，佛
在羅閱城時，外道梵志，三時集會，問訊俱給，互相
親愛，即月八日、十四日、十五日，時瓶沙王上樓視
已，請佛令比丘如是，佛集僧勅如是集會。又為白衣
說法，後為新學不知戒相，改令說戒，諸比丘隨知友
各別說戒，佛訶制令一處；不知何處，或在仙人所住
山毗呵勒山、或竹園、或耆闍崛山等，相待而疲極，
佛言隨所住處多少，共集一處說戒；諸比丘不知何
處，佛言聽結說戒堂，當如是作：大德僧聽。若僧時
到僧忍聽。在某甲處作說戒堂。白如是。（羯磨準
作。）是則始於耆闍崛山中立說戒堂。後解已，於竹
園更立，時諸方比丘來集疲極，佛言自今已去，隨所
住處說戒聽結界白二羯磨，當唱界方相已，如是結：
大德僧聽。如所說界相。若僧時到僧忍聽。於此一住

處一說戒結界。白如是。（羯磨準作。）佛言：聽結
界應如是結，當敷座打揵椎，盡共集一處，不聽受
欲，是中舊住比丘應唱大界四方相：大德僧聽。此處
比丘唱四方大界相。若僧時到僧忍聽。僧今於四方相
內結大界，同一住處，同一說戒。白如是。（羯磨準
之。）

上二法，俱大界結法，但第一是初制倉卒，結法未
備，故更又出第二法耳。故隨機羯磨出第二法，律文
云：時有四人衆，五人衆，十人衆，二十人衆羯磨事
起，佛言聽結戒場。次聽法食二同，次法同時別，次
法別同利，次小界，次說戒單白，如是次第開聽。準
之說戒之法，自說戒堂，直至大界，而不經中間六相
之開。自餘受戒等羯磨，通於六相。可知說戒，獨似
不通加稱。集僧篇記云：結說未興，唯除說恣，通行
餘法；制後僧事，局開結界，既云除說恣，不通驗
矣。若準會正記，開制四番，初制結會說戒，不知所
處遲回，即聽結說戒堂，第一開也。但是標指之法，
次唱四方相，結說戒處，不通餘法，第二開也。次結
攝僧界，通一切羯磨，第三開也。共初自然有四番云
云。

五・一七 初制大界羯磨　凡結大界白二法，律有兩出，今本三五
之二四以下，如上出之。會正：初為說戒一法大界，
後為諸羯磨大界。然祖師白二法中，但列後不列初，
依此非別法，但後改正耳。（佛自改正）

五・一九 圍輪　疏七・八云：「又如明了論，圍輪別住者，先結
三四小別住訖，周匝安相，四邊開路，即名蘭若地。
此外結大別住圍之，如鐵圍山繞四天下。」

五・二〇 律明　三六云：「說戒日舊比丘來，見客比丘在戒場
上，見而不求，便作羯磨，說戒有罪。」

六・六 昔云僧所　會正云：「隨機羯磨云：界有三。今文謂僧
所常行，宜收前一法食二同，通含後二。」簡正云：

「僧常所行者，謂是人法二同界也。法食二同者，其
餘二界也。」

六・八 文中同一說戒　律云：「若隔河水相去遠，同一住處同
一說戒者，諸比丘十五日說戒，應十四日先往；十四
日說戒，十三日應先往；不得受欲。」

六・九 強百里　濟緣云：「隔日方到，百里有強，故下取諸
文，三由旬量，則百二十里也。」

六・九 毗尼母　卷七云：「復有晝日相應法，若比丘貪樂坐
禪，坐處無有依止師住處，但使一日得往還，遙依止
不失；……若比丘同布薩結大界處，極遠聽一日往
還。」

六・一三 張本　書言故事六：「預為後地曰張本。詮：張，本
也。」筆削二曰：「欲張其本，故攬廣以成略。」

六・一五 舊解同律　簡正：「大德云一日往一日還，非謂一日中
得往返，論文語似不了。」會正引增暉云：「謂一日
往一日還，此義非也。」論中既云晝相，應顯是一日
中往還也，晝夜相應法，受三衣不離宿；二日二夜相
應法，即未受具人同宿。

六・一六 僧祇　卷九下：「一比丘白諸比丘曰：我向持欲來為水
所漂，殆死得出，今可廣結界不？諸比丘言：得，汝
去上下水三由旬作識，若樹，若石，若槌，如是等作
識，來說羯磨者，應作是言……」

六・一六 五分　一八云：「佛言：結無邊界，不成結界，犯者
突吉羅。諸比丘復結十二由旬，或十由旬界，說戒時
往，乃至或遇野火，或遇暴水，或遇賊剝，便有梵行
難，衣鉢難及命難，以是言佛。佛言：若結十二由旬
若十由旬界，不成結界，犯者突吉羅；今聽極遠三由
旬。」

六・一六 善見　一七云：「約布薩界，極廣得三由旬，不得過；
若過不成界，得罪。」

七・二 合角　業疏七・五：「明了論中，三由旬者，隅角量取

也。」記云：「隅角量者，為取四圓；若四方量，則四隅有餘故。」集僧篇云：「明了云：合角量取三由旬。」記云：「合，猶和也；角，即四隅。」

七·三 平坦則延之　意云平坦則八十里為由旬，邊險則促為四十里。若依鈔批異此，彼云：「以中國地平，是故近也；北方山陵高下，是故遠耳。」意云直徑量無別，但山陵處彼曲而去，故行程倍也。今記約行程，譬如八尺絲布，平險二處，兩向徑量，雖有延促，系量還同，謂平坦八十里，險阻四十里，此約在上兩向直徑量之，而險道有屈曲，故行程同也。通釋云：鈔批釋合多論，彼云摩竭國一拘盧舍，於北方半拘盧舍，中國地平是故近也，北方山陵高下，是故遠耳。

七·六 停舍　小補韻會：「亭，道路所舍。」濟緣二上釋今文云：「輪王停舍，與此間古亭，即今之館驛也。」驛，傳舍也。

七·六 大分為言　濟緣云：「據俱舍，止十六里；準教酌中，故云大分。」

七·七 俱舍不同　俱舍以十六里，為一踰繕那故。

七·七 諸釋　此瑠璃王將誅釋種，集四種兵，往舍衛國，去彼不遠，作小營住，時釋種等，放矢射之。

七·一八 明難開量　準僧祇九，此避難界，為王賊等，本為僧而起，兼通尼衆也。彼三一云：「若安居中，諸比丘若死，若罷道，若餘去，尼不得去；三由旬內，有僧伽藍者，應通結，半月應往同布薩，若道路賊難恐怖畏奪命傷梵行，有此等諸難者，至彼安居。」

八·一〇 律中　本律三六。記云：「即前所引說戒法中，比丘在場，或求不得，明非狹矣。」

八·一二 難事　此謂本界得訶人，心不同忍，故來訶法，令事不成故名難。

九·五 文云　卷三五結小界羯磨文也，具云：「大德僧聽。今有爾許比丘集結小界，誰諸長老忍？今有爾許比丘集結小界者默然，誰不忍者說。僧已忍聽爾許比丘集結小界竟。僧忍默然故，是事如是持。」疏二之上引此文云：「知數人外無界。」

九·九 小界羯磨緣　卷三五：「大德僧聽。今有爾許比丘集。若僧時到僧忍聽。結小界。白如是。」羯磨緣亦同此。

一〇·二 即攝衣文　問：結村取文，不似攝衣文，何舉彼乎？答：即準疏也，彼引攝衣證故；又結人法二同文中，無通村言故。

一〇·四 有引法食　會正云：「四分下即指律結法食同中唱相云，若冀聚，若村界是也。」

一〇·四 彼明界相　謂彼但唱界外相耳，非謂結村為界內。卷三五，二同界中云：「當唱四方界相，阿蘭若處，樹下……若村，村界。」

一〇·一四 昇本　有云昇州本也，是依處名；有云智昇本也，是從人名。智昇住唐京兆西崇福寺，於開元十八年，歲次庚午，撰開元釋教錄二十卷。宋僧傳第五卷。

一一·八 二繩別住　二繩者，本寺及集僧處，是為二也。濟緣二上：「二繩者，謂兩處繩，中間連續也。例如本寺與隣寺在一自然界內，而欲與別界作法，即集僧處於本寺外別處，此時用繩一端圍繞本寺，中間相連，另端圍集僧處，連成一界矣。」

一一·一四 不必蘭若　是破古解局也。會正云：「於所結處，隨地形安相已，以繩圍繞，引繩一頭出至蘭若，先安小相，以繩繞之。」又鈔批云：「言二繩別住者，如大聚落兩寺相並，一欲結界，一不肯和，由不同意，故即用一繩圍戒場，一繩圍大界，引出蘭若，唱相結之竟，鑒其蘭若處為坑，恐有比丘入中，作聚落中之別衆。」意云聚落中結界，本寺與此蘭若處集僧處，以同一作法界，後日在彼聚落本寺作法，若異比丘入此蘭若集僧處，本界作法不成，一界有別衆故。又集僧處纔容四人，作法處所至小相也，故通鑒為坑。

問：鈔一標兩相者，喻如有東西兩寺相並，中間豎一標，東楞為東寺界相，標西楞為西寺界相。然今二繩地，中間一繩下界體，繩兩邊界相，見此一繩，非在二寺中間，何引此一標兩相證用之？答：雖非二界中間，既以一繩兩邊為兩相，以之例知，亦以一繩可為二界標相耳。問：古記引繩出蘭若者，明了疏云令出城邑外半由旬（二十里）結之云云。爾者，古者最有所據，何斥之耶？答……（下佚）

一一·二〇 為取內外耶　準記內謂中央，外謂邊畔，通前後兩畔。

一二·六 地閫　濟緣云：「中牆基連木等名之閫。」彙：音限，門閫也。

一二·六 舊云　會正云：「中央者，據生樹為言；若從外唱，長相失，則與標分不相當故。」簡正記亦爾。

一二·二〇 宗要　濟緣七·一三：「斯乃結法，正陳本意。乖此則心無所緣，法無所被，故知為要。」

一三·一 即次科　結無場大界中有三科：一料簡是非，二豎標唱相，三集僧欲法。今言次科者，即第二科也。

一三·三 疏云　濟緣七·一三：「示量中，初科，前分三量：初是周回標物；二謂四圍外表，羯磨牒云四方相內是也；三即所圍內地，循外為相，則標下即體；就裏為相，則標與體異；標體容有異同，體相必不相離。」

一三·六 體相一向不異　「體相必不相離，故云相必體外。」體如身分，相似皮面。一向者，內唱外唱不異也。

一五·四 初制　今引彼文示，律三五：爾時諸比丘，聞佛聽諸比丘詣羅閱城說戒，在諸方聞者，來集說戒疲極，時諸比丘白佛。佛言：自今已去，隨所住處，若村、若邑境界處說戒，聽結界白二羯磨，當作如是結唱界方相，若空處，……若村界，彼稱四方相已，衆中應差堪能羯磨者，如上當作白：「大德僧聽。如所說界相。若僧時到僧忍聽。於此一住處一說戒結界。白如是。」「大德僧聽。如所說界相，僧今於此一住處一說戒結界，誰諸長老忍。僧於此一住處一說戒者默然，誰不忍者說。僧已忍於此一住處一說戒結界竟。僧忍默然故，是事如是持。」佛言：自今已去，聽結界應如是結，當敷座，當打犍椎，盡共集一處，不聽受欲，是中舊住比丘，應唱大界四方相，若東方有山稱山，有壍稱壍，若村，若城，……若神祀舍，如東方相，餘方亦爾。衆中應差堪能羯磨者，如上當如是白：「大德僧聽。此住處比丘，唱四方大界相。若僧時到僧忍聽。僧今於四方相內結大界，同一住處，同一說戒。白如是。」「大德僧聽。此住處比丘，唱四方大界相，僧今於此四方相內結大界，同一住處，同一說戒，誰諸長老忍。僧於此四方相內結大界，同一住處，同一說戒者默然，誰不忍者說。僧已忍於此四方相內，同一住處，同一說戒，結大界竟。僧忍默然故，是事如是持。」時諸比丘有須四人衆羯磨事起，五比丘衆，十比丘衆，二十比丘衆羯磨事起，是中大衆集會疲極，諸比丘白佛。佛言：聽結戒場，當如是結，白二羯磨，稱四方界相，若安杙，若石，若疆畔作齊限，衆中當差堪能羯磨人如上，「大德僧聽。此住處比丘，稱四方小界相。若僧時到僧忍聽。僧今於此四方小界相內結作戒場。白如是。」「大德僧聽。此住處比丘，稱四方小界相，今僧於此四方小界相內結戒場，誰諸長老忍。僧於此四方相內結戒場者默然，誰不忍者說。僧已忍於此四方相內結戒場竟。僧忍默然故，是事如是持。」已上三段文，一連文也。初一段是初制大界標相文，以與記所引同，中略若樹下等十七界相。次佛言已下第二重制，七相方文亦略之。重制者，初制倉卒，唱相等未周備，故重制令極盡，今時結法，正須重制法，思法可有緣起，祇律本一五·七　脫漏而已。時諸比丘下，第三戒場文，所列三相，律與記同焉。

若村若村界　問：此二相何別？答準衣界，即以勢分名界耳；故彼云僧伽藍界者，在僧伽藍邊，以中人若用石若磚擲所及處是名界，乃至庫藏界亦如是。

一五·八　山塹　三五：「是中舊住比丘，應唱四方大界相，若東方有山稱山，有塹稱塹。」

一五·八　律云　此文，本在神祀舍下。

一五·一八　善見　一七云：「界相者，若山界相，大者如須彌山，小者如象大；石界相者，大者如牛，小者三十稱。」

一五·二〇　不實　善見接云：「是以不得作界相。林相者，大林乃至百由旬；小林者，下至四樹連接，亦名為林。」

一六·二　路相　相本作界相，善見接云：「入田路、聚路，向河取水路，窮路，皆不得作界相。大路或車步路，路短者乃至三四肘，皆得作界相。」

一六·二　江相　善見：「好王治化，五日一雨，此雨江水，不得作界相。」

一六·二　常流　善見：「水深二尺，得作界相。」

一六·三　池水　善見：「得作界相。若通水入田，或堈盛水，悉不得作界相，此是八種界相。」

一六·八　極底路　濟緣七．一一：「窮途不得，謂極底路；人絕草生，失本相故。」

一六·一六　牓　與榜同。標榜。

一九·一八　非謂長短　暗破會正也。彼云：「一丈下，此舉石之長短，或丈或尺，周匝次之。」

二〇·八　據易為之　會正云：「從方面唱者，則難分起盡，若從角起，則易曉，故曰行事據易。」

二〇·一〇　多南向　疏九．一七：「祇桓諸寺，門並東開。中梵尚日初方，故門在東為上。又多東風，吹氣散也。」記云：「寺門東向，故廚在西南。然此土寺門，多是南向，尚於正陽；故廚廁宜在東北，亦以多南風故也。」

二二·二　恐濫為別　濟緣七．一九：「彰濫所以，謂唱相若稱，羯磨必牒；若止四人行事，恐謂所牒非數，能秉非僧，故云濫別。」通釋：「五分十誦牒名，四分僧祇不牒名。」

二二·二　亦有牒名　濟緣又云：「亦下，次顯通意。謂羯磨詞中，前縱牒名，後正結界，所為自別，牒亦不妨。」意云羯磨文中云結大界，是即相本，正所為事；故縱初牒名，但是緣耳，無非能秉，所以無濫。

二二·一四　右去名下　四方皆爾，但順轉曰下，逆轉曰上耳。文中西下，北下，東下，南下是也。若依尼鈔，但順名出，所謂西出，北出，東出，南出云云。

二三·一　今亦從易　問：鈔從內唱，記何約外？答：準資行鈔，鈔記出邊邊云云，然云約內，亦無違歟！謂至東頰南出穿入門限木內，更復向西，循限裏（即中心也）穿徹至西頰，至已，還向北穿出也，亦文不違，是則不順屈曲，直至穿徹，故云從易也。通釋：「資行有場大界唱外畔，無場大界唱內畔。」

二三·一五　諸難　僧祇接云：「去三由旬內，若彼有比丘，若呼來，若出界去羯磨者，作是說」云。

二三·一五　故聽結之　彼輒出他，恐破安居，故三由旬內，若有餘寺，通結一界，乃得避難。彼復有諸方界，謂夏中有命梵等難，四方各三由旬內，得自在結界。

二三·一八　舊記妄云　會正：「古謂僧祇明三由旬集者，為惡比丘來留難，恐法不成，故必盡集，此又古師不了祇律也。」今記主意，古師意難緣者，亦為王賊等難，是非常途，然通集者，恐若來入自然，情和難定，故先預集，和結之也。通釋：「惡比丘者，與不同意比丘別也。又舊記所謂指鈔文有師也。」

二三·九　自然不攝　謂自然作法，彼此分隔，無別眾過。

二三·一二　僧祇　九云：「不羯磨地者，不得作僧事；若作者，得越毗尼罪。」

二三・一六　業疏續云　鈔文上二句與疏同，故但引下二句定之也。但鈔下三字，疏作「須通和」。

二三・一八　疏云自然本弱　濟緣七・一六：「二中，初敘僧法不許自然，惟一結界事須開耳；首冠諸務，故曰前開。欲下，次明欲法必須法地，僧本欲末，從本故勝。」

二四・二　舊記謬解　會正：「羯磨即欲羯磨，僧祇云非羯磨地，不得受欲。」

二四・一八　白（中）　業疏七・二三：「前第二句緣本雙陳者，住處、比丘，緣也。唱大界相，本也。及至第四句，緣是傍疎，本是親正，故直舉示，決通和相也。列二同者：結界所為，非正結事。當時為說戒故，便結此界，因牒入法。」

二四・一八　羯磨中　濟緣七・二七：「然據單白，緣本可分。若羯磨前白，則緣本不同。如結界白，比丘為緣，牒相為本。及至羯磨，人相並緣，結界是本。受白亦爾，從和尚等為緣，乞戒為本。若論羯磨，從乞皆緣，僧受為本。集義裁取，不可一例。」

二五・四　似世諸場　業疏八・一一：「釋名如何。戒者，通收正行，場者，揀擇精粗，似世諸場。」如今記八・一一：「戒收正行者，以通諸法，非專受戒而得名故。似世場者，以喻為名；世場則聚積珍奇之貨，以收多利；戒場則舉行羯磨之法，而積大功。」

二五・六　封土　濟緣八・一一：「問：場壇何別？答：封土曰壇，除地曰場。言場則通收所結之地，言壇則別指封土之處。」

二五・一九　方詣　十門記第一門云：「方詣明有所皈，方謂方所，詣即至詣。」

二六・一　伶倫　彙云：「伶倫，古樂師，世掌樂官而善焉，故後世號樂官為伶倫。」

二七・一　圖相　二、示無場唱者，大界外唱，有場無場無別異故。三、穿牆者，亦無場內唱，案之可知故。四、五、六亦復通無場。七、八、九、十及第一，獨約有場明。七中大牆者，如西南方外面，是大界外相；內面即大界內相，自然外相。小牆者，外面即是大界內相；內面是戒場外相。次如絣繩釘杙，如戒場西南二方，外面是自然內相，內面即戒場外相。俱皆一標兩相。然如杙繩，今則不必分其兩面，唯以繩內為場外相，亦為自然內相故也。如小牆內面，亦場外相，亦自然內相亦然。八中，古師局一肘已上故，已見前文。九中，論自然體，或垣牆，或空地，隨物皆得故。十中，有場大界，必須外唱；若須內唱，大界內相與外相錯涉故。

二七・一九　餘皆同處　若準集僧篇四・一二：蘭若處僧坊未結界，準可分聚；但集院相之內。即知今圖，約在不可分聚落中耳。

二九・一三　五分　卷一六。

二九・一四　當捨已更前結之　準五分意，初戒場在大界外結之。簡正云：彼律受戒法云：比丘於界內別衆受戒，佛言非法；自今後聽向界外結小界受，即戒場也。後因諸比丘將受者往彼，路逢劫賊，奪衣鉢等，佛言聽於僧坊內作之。若僧坊中，先結大界竟，別無自然地結戒場如何？鈔引律云：若先結大界者，當捨已更前結之，然後唱相結大界云云。問準五分先未大界內結戒場，然今鈔何云更前結之，先既不結場，對何云更？答：更者，記所謂平呼也。謂未結場先結大界，是則倒矣；今更改之，由次第結也。問：記云：「先結大界者，示忘誤也；當捨者，解二界也。」五分文但先結大界，未結戒場，今何云解二界？又先結大界者，是本制也；後因難緣，界外戒場移大界內，依之先解大界，更次第結，先結大界者，全非忘誤，今何云示忘誤，請為通之！

二九・一六　先引五分　業疏八・一三：「五分，戒場初在界外，後因賊難，聽在界內。若欲結者，先結戒場，後結大界。若已結大界者，應解已如前次第結之。」依之未必忘誤，亦但解大界，非必解二界歟！但今記依次問答意耳。

二九・二〇　又云若忘結淨地　濟緣八・一四：「彼第八云差人先結淨地，次約衆僧房（即小界也），後結大界，此則了論圍輪別住也。若忘先結淨地，解已次第結之，此證戒場理必先結。」彼本文云：若忘結淨廚，還解大界，後解小界；先結淨地等。通釋：「此中小界，即是戒場。」業疏八・一三：「母論文云：直結小界，外無大界者，不得受具。若忘結淨廚，還解大界，後解小界；先結淨地，次結小界，後結大界。」記子注即結小界者，此小界淨地所依小僧界。業疏八・一四：「問淨地加結，須作法界；如上自然，何得忘立？答：如論所述，似順十誦。故彼文云：大界內不許淨地，先有捨之。今若作結，先結一小界，就結淨廚，又別結戒場（上所謂小界），後於兩界外俱分內外相已，通結大界，如明了論圍輪別住。」

三〇・二　次第與今頗同　謂母論於小僧界上結淨廚，又場先大後，頗與本宗同，故曰也。

三〇・二　善見尋文未獲　問：披濟緣八・一四具引善見文，今何云未獲？答：兩記撰述有前後故，彼時獲故引用之耳。有云今現行見論無文云云，依此，撰兩記時所覽本，有具闕異。

三〇・四　意言　任己憶度，心思口議，分別前事，所言師心也。

三〇・五　光師羯磨　鈔批云濟緣，即礪律師也，與今不同。

三〇・五　故疏云　疏八・一三：「今時有人依光師羯磨，先結大界者；律文雖有」等，如今所引。記云：「律下，點執。彼謂律文先結大界，後開戒場，據本緣起，以立次第。」通釋：「本律三五：初開大界，次開戒場；然不云解已更結，故致令古師執之也。」

三〇・一〇　問先結　問：據壇經雖預開空域，終是無法之地云云，結法不成驗矣；今云成者？答：若三標分明，唱結無乖，如鈔即成。若反，如經不成，各互舉耳。或可鈔約誤忘，經依故違。或可壇經無法是極誡耳，非不成也。

三〇・一一　但不成後法　雖界即成，結本乖式；故後受戒等諸衆法，並皆不成，是落界非也。

三〇・一一　五百問云　業疏八・一四：「五百問云：後結戒場而受者，如卑公云恐無所獲；然本不知，同於未制，賴有此路，得通僥倖。即可謂非分遇福也。」記云：「五百問是卑摩羅叉口訣，謂於中受戒，恐無所獲，以本結非法，則後受涉疑，故云恐也。本不知者，未見教制，非故違故。通僥倖者，許有得故。非分遇福，即僥倖義也。」

卑摩羅叉口訣者，私論題云佛說目連問戒律中五百輕重事經，品有十八。又首有如是我聞、一時、佛住等文，今云卑公口訣者何也。按可非謂一論，都皆卑公口訣，但指此所引一節文耳。論正文云：「先結大界，後結戒場，於中受戒，如卑公所云，恐無所得；然云不知，同於未制，賴通此路，可有僥倖。」準此，譯論之人，交書卑公口傳耳。然業疏明受日中，又引五百問訖云：「此卑摩羅叉口訣。」仍考論文，無卑公云文。若爾，論文皆卑公所傳歟！又安居篇資持記一二・四四亦引之。

三一・三　三相　壇經云：「覈論作法，備分三相：一戒場外相，二大界內相，三大界外相。」

三四・三　有云外字　會正：「又下雖有外字，以義通本有，故不言也。」

三四・四　以體望相　鈔批：「魏末光律師明解律宗，時當僧望，每逢此講說，常有千人，後因結界，共他諍此足內字義，諍未已時，有新學少年，便出言曰：『若以相望相，相有內外；以體望相，體必相內。』（謂體必相內，相必體外也。）其光公結舌默久，答曰：『亦應如此。』故知不用加字。」業疏七・三四：「古人有言以相望相，相有內外；以體望相，相在界外，則可知矣。」是也。濟緣：「若準今文，不加為定。」

三四・九　蘭若之中　簡正：「受戒文云無村蘭若，說戒云無村曠野中，自恣文云非村阿練若，故知定是蘭若。」

三四・一二　唯結三小　集僧篇四・一五：「問：有難一種，何法用之？答：此望三小，不通餘法；故知有難，從三小得名。（有人不肯……）」等。

三四・一四　律云　三四：「時有欲受戒者，至界外，六羣比丘往遮受戒，諸比丘以此因緣往白佛。佛言：汝等善聽，自今已後，不同意者」，已下如記所引。

三六・三　文云　僧祇八：「大德僧聽。若僧時到僧忍聽。僧於此地齊僧坐處外一尋已內，於其中作羯磨。白如是。大德僧聽。僧於此地齊僧坐處外一尋已內，於其中作羯磨。諸大德於此處齊僧坐處外一尋已內於其中作羯磨。僧忍默然故，是事如是持。」

三六・一四　準律界外問難　三五：「時有欲受戒者，彼將至界外，脫衣看時，受戒者慚恥，稽留受戒事。世尊言：不得如是露形看而為受戒，自今已去，聽問十三難事，然後受具足戒。」又可見濟緣八・二七。

三六・一五　十誦　卷三八。

三七・一　舉分況全　業疏八・二七：「一足入內，尚預法儀，何況俱也。」

三七・二　足四處　諸部別行篇：「十誦：若一比丘一處坐，足四處僧數。一處一人作羯磨被四衆者，如以材木牀榻連接四界，坐上足四處數，得被四人一切羯磨，皆如法也。」記云：「若下，次明足數，謂一比丘足多僧用。如材木等者，舉相以示。」

三七・七　同師　本律三五：「若布薩日，於無村曠野中行，衆僧應和合，集在一處共說戒。若僧不和合，隨同和尚同阿闍梨善友知識，當下道集一處結小界。」

三七・一二　必固　論語子罕：「子絕四，毋意，毋必，毋固，毋我。」朱注：「必，期必也；固，執滯也。」

三八・三　有食　濟緣八・八：「兩寺相隣，一寺有食，不行說戒；一寺說戒，而闕飲食，今欲各解合結，彼此相濟。法以濟心，食以濟形。」

三八・四　法食二同界　律三五：「爾時有二住處，別利養，別說戒，諸比丘欲結共一說戒共一利養，諸比丘往白佛。佛言：自今已去，聽解界已，然後結，白二羯磨。如是解，彼此各自解界；應盡集一處，不得受欲，當唱界四方相，……當作如是白：大德僧聽。如所說界相。若僧時到僧忍聽。於此處彼處結一利養同一說戒。白如是。大德僧聽。如所說界相，今僧於此處彼處結同一說戒同一利養，誰諸長老忍。僧於此處彼處結同一說戒同一利養結界者默然，誰不忍者說。僧已忍於此處彼處同一說戒同一利養結界竟。僧忍默然故，是事如是持。」

三八・五　法同食別　律又云：「爾時有二住處別說戒別利養，時諸比丘意欲同一處說戒別利養。佛言：自今已去，聽解界，然後結，白二羯磨，彼此各自解，應盡集一處，不得受欲，當唱界方相」，文略如上，白中第二句云：「如所說界方相。」第四句云：「於此處結同一說戒別利養。」羯磨中第二云：「如所說界方相，僧今於此處結同一說戒別利養。」第四句云：「於此界四方相內，結同一說戒別利養。」結成本句，與羯磨第四句全同。

三八・六　食同法別　律又云：「時有二住處別說戒別利養，時諸比丘欲得別說戒同利養，欲守護住處故。佛言聽集僧解界已，白二羯磨結。」衆中當差堪能羯磨者，如上作如是白：「大德僧……」等，白中第二句無之。

即第四句成第三句云：「於此彼住處結別說戒同利養，為欲守護住處故。」羯磨第二句云：「今僧於此彼住處結別說戒，同一利養，為守護住處故。」第四句云：「僧於此彼住處結別說戒，同一利養，為守護住處故。」鈔疏及記中云：此一法是四方僧物之和法，非結界云云。今依文中無唱相文，又無通界攝僧之義，云別說戒故。若一界者，豈得別說戒，非結界驗矣。然文中解界已，白二羯磨結云云；若解堪僧已是自然，豈得羯磨說戒，又白二羯磨結云云，結界明矣。加之業疏二上可引例云，僧祇中通結一界，彼此共用四方牀褥，意可見也。然處處釋文，似非結界法；又三種大界除之，故若作此法，後為更結界否，先已解竟，故乞決之。

三八・一九　並無此言　然律三五結攝衣羯磨，及律三七受日羯磨等，並有聽字，約多分云無歟！

三九・七　注羯磨　彼云：「若結界捨界，理無雙答，並先須詳委，然後答問。」濟緣一下：「事雖同席，託界不同，理無通答。」

三九・一五　指光師　業疏八・一七：「如光師前本，則以解大界者，通捨戒場。故彼注云：此一羯磨，通解二界，隨其大小，文無偏局。」

三九・一六　曇諦本亦然　資行：「今大藏中光本無，諦本有之。諦本注云：解戒場唯除同說戒為異云云；若爾，何難破乎？答：實雖除二，同言以大界解羯磨解，故斥之歟！可勘云云。」

四〇・八　郊祀　會正云：「爾雅云：邑外謂之郊。祀即祭祀。」濟緣云：「帝王都外作壇，三年一度祀，彼所名郊祀臺。」

四〇・一二　宮觀醮壇　資行云：「宮觀，智公道士宮；醮壇，祭酒壇也。」

四〇・一六　小界　接云：「若僧時到僧忍聽。解此處小界。白如是。」

四一・四　疏云　濟緣八・二：「正明有無有二義：一者標結由心，心必發業，如咒加物，物必成用，二依正二報，皆心所成，體既相關，理須發業。」

四一・五　地等　疏八・一：「故徧標內，皆有業力。」

四一・一五　金下水輪　據俱舍：世界以三輪成，謂先依止虛空有風輪，廣無數，厚十六億由旬，其體堅密，金剛不能碎。次有火輪，深十一億二萬由旬。上凝結成金輪，厚三億二萬餘，殘水輪八億。金輪上有九山八海，八海各八萬由旬，水金輪徑十二億三千四百五十由旬。通釋：準九山自海上際，至金輪上八萬由旬，四州土輪，亦可齊此；更加金輪三億二萬，則自此地面，至於水際，三億十萬由旬，結法通徹亦爾。

四一・一七　水相　濟緣：「水相虛浮，界須際畔，要期結地，金屬地收，水非所期，故法不到。」又云：「巖下比丘，由非同界，故不相妨。」

四二・一　有將法　會正：「以界下是大師語，釋上論意，謂法隨巖下。」

四二・九　能作是情　鈔批：「即羯磨疏中，有人言，是礪律師也。立云願律師也。檢礪羯磨疏云：昔解準善見論，似有法起，今釋不爾。如行者造業，發生無作，與行者心俱，謂於心邊有得可得，故有業也。今此結界，非別所為，能作是情，所為非情，何有法起，誰領繫者。」賓述此意云：「凡言無表，是身語業，豈得無情成就無表。若爾，善見如何會釋？答：此是制限之內，非謂法起，但是約界集處，即引律文滅諍犍度中，云何界現前，謂在內作羯磨有制限者是也。」

四二・一三　云何法　法現前羯磨詳評；毗尼現前，單白揀集智人，單白遣出不誦戒等也。人現前，但收所諍人。僧現前，四人已上能秉人是也。界現前，作法攝僧界。具如戒疏行宗一六・四三。

四二・一七　壇經云　彼戒壇功能遠近第十具云：「案結界之地也，

隨其限域，下至金剛之輪，雖經劫壞，終焉莫毀。如諸論說，佛法將滅，結界法失。有論者言，先結不失，後結不成，斯為定義。今案諸傳說，天竺印度咸有聖蹤；並經多劫，於今見在。至於八字捨身之事，子女流血之徵，破骨出骨之苦相，布髮掩泥之遺緒，端然布設，開迹如初。以此往徵，界結非沒。印度諸師相從二釋，初言結界聖相，並是神功；災劫焚漂，斯為俗有。俗非壞道之法，故道法恆存，致使前相，於今不絕。有論師言，斯是佛之化迹，所在弘利，終斯不灰。所以三災起時，淪亡從於大地，為空為水，蹤緒罕尋，世界後成，所有故處，還依舊立，故此聖迹，儼然如初，不足怪也。如彼色欲二界，咸化為空，後成立時，如前置立。衆生業力，一不思議；佛之流化，二不思議；豈以凡謀，奪於聖慮，故結界堅住，必無所損。問曰：若如所述，賢劫四佛，咸有舊蹤，立寺結界，僧之常法，今時立相，豈不與舊界重？重結不成，作法敗矣，如何釋之？答曰：隨一佛化，一佛之僧，何有能仁之子，與飲光為資乎！各師所師，故非別衆。即如釋尊一代，僧具六和，一見不和，兩不足數，各結各部，類例見聞；故知前佛之僧界，不妨後佛之行事也。故律鈔中，五種互結，各不相妨也。然前佛之遺基，後佛皆就而興起也。如舍衛祇桓之地，九十一劫常為佛遊，身子覩蟻窟而興悲，事可知也。自餘更有，辭繁且略。」

四三·五　有三非　若具分之，有四非。謂相接，錯涉，隔水，重結，今合上三耳。

四三·五　如前料簡　相接，錯涉及重結，隔水無船。

四三·一九　四分　四三初云：「爾時治故伽藍，不知為得作淨地不，佛言得作。」

四四·四　即上十誦　又業疏八·四：「十誦中，若聚落屬賊，一切界外，隨意結之。乃至舍利弗共佛遊行，遇宿空精舍，佛言由棄故，一切界外，應結界說戒。」

四五·一　古記云　會正：「互結者，業疏作僧尼互解，由結必須先解，故今言結，例取解義。」

四五·四　異見互結　疏如律中，由諍見故，兩無別衆，同界各說，佛判俱成。記曰：「三中，即拘睒彌國，僧諍不和；同處各說，須各結界，驗成互結。」

四五·四　邪正互結　疏云：「十誦云：如法者，得結界。」

四五·四　六即　疏云：「六失界相及空本界，掘至水輪。」

四五·八　答得叉　通釋：「考現行論本，作不得相叉，得共通結。又次疏文云不相叉，準之，非鈔者變語，但記主所覽不同耳。」

四五·一一　疏云　出業疏一七·四六，濟緣：「僧尼重結得，不得相叉；謂界相須等。準非同法，雖叉無害。」又八·五：「五百問中，彼明尼與大僧共行受懺，尼須結界，與大僧界相不得叉互，恐出僧界，不成同法。」

會本卷七鈔上二之二　僧網大綱篇第七

一·三　四僧網下　科文。大科云上卷十二篇明衆行，二：初、標宗一篇總標宗體以勸修學。二、下十一篇別約四緣以明衆行。後中分四，初、集僧、足數、受欲三篇，明能秉人。二、羯磨一篇，明所秉法。三、結界一篇，明秉法處。第四、僧網下六篇，明所被事。僧網，即今科；六篇者：僧網、受戒、師資、說戒、安居、自恣是也。僧網、受戒、師資，為有情事；說戒、自恣，非情事；安居，則二合事。

一·八　一方　會正云：「隨一住處也。」

一·一〇　豈止　意云不啻令僧人風儀如法，抑亦令正法以明，佛日奕如。道本通定慧，今且目定；上二句明戒，下二句示定慧，則三學備之。

一·一七　聲飛五竺　如祖師本傳云：無畏三藏到東夏朝謁，帝問自遠而來，得無勞乎！欲於何方休息？三藏奏曰：在天竺時，常聞西明寺宣律師秉持第一，願往依止焉。是也。又唐穆宗贊曰：「聲飛五天，辭驚萬里。」

二·二　正示遠益　問：遠近二益何異？答：僧徒行儀，情肅遵軌是近益；由是佛法雅範，顯行天下是遠益也。

三·二　刪補不同　記主釋題號刪繁補闕中，於繁分別二種：一者繁廣，諸師情見章疏廣文等。二者繁濫，即今篇中所列非別，師資篇中妄行杖罰之類也。刪除此二繁，故云刪繁。今但刪繁濫，不刪繁廣，故簡異云不同章疏等。又彼中補闕者，昔受三衣不加詞句，淨地不立唱相等，其類甚多，祖師方立之，故云補闕。然今所謂補其遺漏者，未必其例；何者，彼本律無明文，故古師不行，祖師依他部等補之。然今本律文明，但隱不作，故云遺漏，今依文顯之，故云補也。

三·六　知時義合　律卷一：「爾時舍利弗從座而起，白佛言：世尊，今正是時，唯願大聖與諸比丘結戒。佛告言且止，佛自知時。」乃至「時須提那子歸本村，與故二行不淨，諸比丘具白佛；集比丘僧，世尊知而問，知而不問，時而問，時而不問，義合問，義不合不問，爾時世尊知時義合，問須提那，汝實與故二行不淨耶？」云云。

三·一八　多財　大集：「饒財多寶，有大力勢，王所親愛，一切衆生不能擯治，如是等人，汝等當治，刹利等不能治者，如是四姓，則為斷我三寶種姓，能滅法炬，破壞法船，燋涸法味，奪衆生眼。」

三·一九　雖無量世　大集：「若有國王，雖無量世，修施戒慧，見我法滅，捨不擁護，如是所種無量善根，悉皆滅失。」

四·一六　業疏　四·六：「懺差等相，唯為他興；治擯罰等，自他通被；以斷除稊稗。」已下同。記云：「斷除稊稗，喻被他；增長嘉苗，喻被自。稊，音啼。稗，傍卦反，田中穢草也。」爾雅：「翼稊有米而細，稗草似稻實細。」四分音六〇：「稊，他奚切，穢草也。稗，薄邁切，草似穀者。」

四·一八　十輪經　有新舊二譯，舊譯玄記云大方廣十輪經，八卷，失譯。新譯玄奘所翻，題大乘大集地藏十輪經是也。今引舊譯也。

四·一八　若有　彼明十輪王第二輪中，明三輪：謂建立修定業輪，建立習誦業輪，建立營福業輪；今文第三輪文。此且依新譯引。

五·一〇　謫罰　簡正云：「謫，字林：責也。罰，廣雅：折伏也。」

六·二　若諸　十輪三卷佛答大梵天問文也。謫罰之下，彼接云：「閉繫刖其手足，乃至奪命，悉無足法，何故？」今據新譯經引之。

六·三　珍寶伏藏　簡正云：「謂涅槃之果，隱而不明，稱伏藏也。」地藏十輪：「無邊功德伏藏。」

六·七　死人　記云：「經據犯重，故云死人。」

六·一〇　三世僧物　鈔批云：「房舍臥具，事通三世；過去修治，得今受用；今復修補，用通未來。」

六·一四　必約犯重　地藏十輪：「內懷腐敗，實非沙門，自稱沙門；實非梵行，自稱梵行。」

六·一五　具列夜叉　地藏十輪三：「於我法中而出家者，若有破戒行諸惡法，內懷腐敗，如穢蝸螺，實非沙門，自稱沙門；實非梵行，自稱梵行。恆為種種煩惱所勝，敗壞傾覆，如是苾芻，雖破禁戒，行諸惡行，而為一切天、龍、藥叉、健達縛、阿素洛、揭路荼、緊捺洛、莫呼洛伽、人、非人等，作善知識，示導無邊功德伏藏」等。

六·一六　十種勝想　地藏十輪：「又善男子，於我法中而出家者，雖破戒行，而諸有情，觀其形相，應生十種殊勝思惟，當獲無量功德寶聚。何等為十：謂我法中出家者，雖破戒行，而諸有情，或有見已生於念佛，殷重信敬殊勝，思惟由是因緣，終不歸信諸外道師書論徒衆，乃至能入離諸怖畏，大涅槃城。或有見已生念聖戒殊勝，思惟由是因緣，能離殺生，離不與取，離欲邪行，離虛誑語，離飲諸酒生放逸處，乃至能入離諸怖畏，大涅槃城」等，具如彼中。通釋云：今鈔記所引，是舊譯經，若同新譯，一二三四九十全同，餘少異也。即第五云：或有見已生念出家，精進修行，殊勝思惟等。第六念遠離諸散亂心靜慮等。至第七念智慧，第八念宿植出離善根。然經中自始至第七，以或字隔之，至八九十連續合揉而說之。

又鈔批云：「若新翻經名十種殊勝思惟，舊譯經名十種勝想。一者破戒比丘作真佛想，二觀破戒比丘作持戒想，三慳貪比丘作布施想，四多瞋比丘作忍辱想，五諂曲比丘作質直想，六懈怠比丘作精進想，七聚落比丘作蘭若想，八散亂比丘作禪定想，九愚癡比丘作智慧想，十生死比丘作涅槃想。」與今記不同。

七·四 彼人雖死　言人者，非局人趣。經云：「無量衆生，豈止人乎！餘趣亦稱人者不妨。」或可指彼估客。

七·八 優波離　波離起問經云：「優波離合掌恭敬白佛言：世尊！如佛所說，極善護持四根本戒，諸善男子及善女人，於其法器，其心平等，……不自貢高，不卒呵舉，若如是者，於未來世，有諸苾芻，破戒惡行，實非沙門，自稱沙門，實非梵行，自稱梵行，諸苾芻僧，於此人等，云何方便呵舉驅擯？」等。

八·五 七羯磨　涅槃：「於毀法者，與驅遣羯磨，訶責羯磨，置羯磨，舉罪羯磨，不可見羯磨，滅羯磨，未捨惡羯磨。」經驅遣即律第二擯出，訶責即律第一，置羯磨律依止，舉罪律遮不至，不可見律不見舉，滅羯磨律不懺舉，未捨惡律惡見不捨。

八·一一 犯禁　涅槃：「我於是等悉生悲心，同如子想，如羅睺羅。善男子，譬如國王諸羣臣等，有犯王法，隨罪誅戮，而不捨置。如來世尊，亦如是也。於毀法者，與驅擯羯磨，訶責羯磨，置羯磨，舉罪羯磨，不可見羯磨，滅羯磨，未捨惡羯磨。善男子，如來所以與謗法者作如是等降伏羯磨。」已下如鈔所引。

九·四 四種馬　亦出北涅槃一八，彼為毛、皮、肉、骨。

九·四 見鞭影　第一見鞭影，喻聞他聚落男子女人老病死苦，依正思惟。第二觸毛，喻見他聚落老病死苦，依正思惟。第三觸肉，喻見善知識及所親近老病死苦，依正思惟。第四徹骨，喻於自身老病死苦，能生厭怖，依正思惟。

九·六 徹骨　具文云：「世間良馬，不能顧其鞭影，及觸皮毛，小侵膚肉；乃以鐵錐刺身，徹膚傷骨，然後方驚，牽車著路，隨御者心，遲速左右。」已下有合法文。

一〇·三 皾香　皾，納金免罪也；準今謂納香免罪也乎。

一〇·六 兩種五德　自恣篇云：謂不愛、恚、怖、癡，知自恣不自恣。此名自恣五德。律文：又差知時不以非時，如實不以虛妄，利益不以損減，柔軟不以麤獷，慈心不以瞋恚，此謂舉罪五德。初五德中，初四通德，後一別德，隨事改之。若舉罪則應言知舉罪不舉罪。問：與舉罪五德中知時何異？答：自恣篇記云：「上是時節，下即時宜，謂量僧和諍，可舉即舉。」

一〇·六 自恣　律三七：「有五法應差作受自恣人，若不愛……未自恣。」又第四七遮法云：「內有五法應舉他，何等為五：以時不以非時，……不以瞋恚。」

一〇·九 故文云　四三，取意，拘睒彌法中如來告舉他比丘之語。

一一·二 總處明之　簡正：「總取四分、五分、僧祇等，今呵責過者，總束此一處明之。」通釋：「今記意前後參涉諸文，一處總集明之義歟！」濟覽：「今案今記意取總四分等律一部明之之義歟！」

一一・六 僧比丘前　鈔批：「僧者，謂四人已上；比丘，據一人、二人等。」

一一・六 倒說　濟緣：「彼破言不破，故云倒說。」

一一・七 六十二見　出涅槃德王品，卷二三。又出長含一四，止觀五之三，大乘義章六，補注七。

一三・二 五邪　大論卷一九；四邪，卷三〇。

一三・一四 盜戒中賊心　律盜戒廣解云：「或依親友強力，若以言辭辯說誑惑而取。」鈔盜戒引律增五中，十種賊心釋中，引牒上廣解文，釋云：「言誑惑而取者，非法言法，法言非法；但規前利，幻惑羣情也。」通釋：「非法言法等文，本出律增二。鈔主因便，盜戒下引用之。然記主解本文律中非法說法等文云：盜戒中盜心等者，或謂文出律賊心中歟！而律賊心中，但列十種名無釋，鈔準意作釋耳。」

一三・三 文云　律增五云：「若不知不見五犯者，我說此人愚癡波羅夷，僧伽婆尸沙，乃至突吉羅，是為五種犯。五種制戒，亦如是。若不知不見五犯波羅夷，乃至突吉羅者，僧應與作訶責羯磨。」

一三・九 五分有九種　簡正：「自鬬諍者，據自己謂與前人交言也。二鬬亂他者，即自不交言，但兩頭互說令鬬也。三非一鬬諍者，數數為之也。四親近惡友者，於己無益故，是約暫時。五惡伴者，是約永久也。六樂自為惡者，念念欲作惡也。第九親近白衣者，恐染習惡法故。取意錄之。

一三・一二 除初篇　則知是約身行也。

一三・一三 僧祇五種　二四：「羯磨有五事，一切折伏羯磨，佛在舍衛制。何等五：一習近八事，二數數犯罪，三太早入聚落，太冥出，惡友惡伴非宜處行，四諍訟相言，五恭敬年少。習近八事者，爾時慈地比丘，身習近住，口習近住，身口習近住。身習近住者」，已下大同。東野云：「八事者：慈地，優陀夷，跋陀，梨蘇，毗提，闡陀，無名二比丘，八人犯八事，故彼為八段。」

一三・一六 果蓏　木上曰果，地上曰蓏。又木實曰果，草實曰蓏。又有核曰果，無核曰蓏。

一三・一八 樗蒲　衆經音引博物志云：「老子作之用卜，今人擲之為戲也。」行宗：「樗蒲，即賭博之名。」

一三・一九 相言　行宗二上：「謂詣官詞訟。」

一三・二〇 無義語　簡正：「無義語者，非法語也；非時語者，縱是法語，不知時限，以隨衰惱，號非時也。」

一五・一 此法與餘羯磨有異故先明之　異說紛紜，今依玄記云：「此法者，七羯磨法也。（記云訶責具明，餘六例解故。）餘羯磨者，受戒，懺罪，受日等也。有異者，此是違情羯磨，當世少行；餘是順情羯磨，當代盛行。既是違情，作法之時，須僧證正其罪，又須前舉，復憶念作舉罪，又準遮法，具問同舉徒衆等，此則與受懺等順情之法全異，故前明之，意在行事者了別也。」此解不違鈔文，順羯磨疏，幸請詳察！

一五・五 上座應準遮法　律四六：「遮說戒比丘，至上座前，作如是語，我欲遮某甲比丘說戒，願見聽。上座問汝內有五德否？若言無，教令莫遮。若言有，當問何等五；若不能語，應語令莫遮。若能說，應問言汝已問中座未？若言未問，應教令問。彼應至中座比丘前語言，……」通釋：此中問答，全如上座中。中座問上座、下座已問未了，次彼至下座前問答亦如上，下座亦問言，汝已問彼比丘未？若言未，應教令問此比丘。應往彼比丘所語言：我欲遮長老說戒，願見聽。彼比丘問內五法及上中下座如上，若能一一答已，彼比丘應自觀察，我此事得比丘伴否？若不得伴，當語彼比丘言莫遮，得比丘伴，應語言便可隨時。

一五・五 問能舉徒衆　母論三：「若有比丘犯罪，餘比丘或見聞疑，應先白上座及僧，上座僧若聽，復應問犯罪者，今欲諫汝為聽否？若上座及僧犯事者與欲得諫。要內立五德，然後諫之，諫者或屏處或衆中語言如當憶念本所犯，不得同僧作法事，應出起如法除罪已，後還當入僧」等。

一五·一七　問答二緣　若就別論，索欲問和，是五（和合之相）七（與欲應和）兩緣；約通則通十緣，既非允對，故云含耳。

一五·一九　此某甲某甲　律羯磨云：「大德僧聽。此智慧、盧醯那二比丘喜共鬭諍，共相罵詈，口出刀劍，互求長短，彼自鬭諍已，若復有餘比丘鬭諍者，即復往彼從勸言，汝等勉力莫不如他，汝等多聞智慧，財富亦勝，多有智識，我等當為汝作伴黨，令僧未有諍事而有，已有諍事而不除滅。若僧時到僧忍聽。為智慧等二比丘作訶責羯磨，若復鬭諍共相罵詈者，衆僧當更增罪治。白如是。」通釋：「律直牒當時緣起，事不必恆定，故鈔略存大綱也。」

一六·二　罵詈　正斥曰罵，旁及曰詈。

一六·七　此是初羯磨　五字當子注。

一六·一八　或下四種　若依律應云六種歟！律云：「復有三事：無犯，犯不應懺悔，若犯罪懺悔竟。……復有三事：非現前，非法，別衆，如是三法作訶責羯磨，非法非毗尼，羯磨不成就。」記意亦六種，但約義判，為上四種用法，及下二種人法非也。

一七·二　戒疏　卷一六·四六具云：「由在屏處作滅法，不召犯人問何心取，法是人非，何名實覈，所以制約，須面對論。」

一七·四　奪行　準簡正云：「奪犯者所行之行，是謂奪其行。」若據今記違行法語奪而行之謂乎。然則奪三十五事，令依僧命行，謂之奪行也。

一七·一一　初五　三十五法出第四十。

一七·一一　不應授人大戒　搜玄云：「前足數篇據呵責等四，體未壞故，得授大戒。今言不得者，且約制為言，佛有開制不相違。」

一七·一九　信命　會正云：「信命，為僧作使。」簡正云：「既是僧差，不受莫違僧命否？答：但自陳情即得。」小補韻會：「古者謂使曰信也。」

一八·三　奪其順從　玄記云：「情意作名順從；今奪其順，逆彼情也。」問：是制其順從也，何云奪耶？答：今罰謫云奪耳，謂罰不順從也。

一九·五　六五　一禮拜，二合掌，三問訊，四迎送持衣，五迎送持鉢。（資行）今謂亦可迎送為四，持衣鉢是五。又名句云：「一禮拜合掌，二問訊，三迎送，四持衣，五持鉢。」

一九·一一　準律遮法　律云：「比丘若欲以此見、聞、疑，於彼比丘前，布薩時，從座起，偏露右肩，右膝著地，合掌作如是言：某甲比丘犯波羅夷，僧不應在此比丘前說戒，今遮此比丘說戒，成遮說戒。」

二〇·五　二合作一　暗斥會正耳，彼約三人同犯釋故。又鈔批、簡正釋云：「彼二比丘，即第二比丘。」此釋佳矣。

二〇·一六　行別住　律云：「行覆藏者，身在下行坐，在沙彌上。」（四六）

二一·七　佛在　四四云：「爾時，世尊在舍衛國，時羇離那國有二舊住比丘……彼作如是惡行，自種華樹，教他種，自溉教他溉，自摘華教他摘華，自作華鬘教他作，自持種種花往，教他持往白衣家，有男有女，同一牀坐，同一器食，同一器飲，歌舞戲笑，作衆伎樂，若他作者，即復唱和共作，……時衆多比丘從伽尸國人間遊行，至羇離那國，清旦著衣持鉢，入城乞食，行步進止，威儀庠序。……諸居士見已，作如是言，此復是何等人，諦視而不戲笑，……亦不相慰問，如是人我曹當與飲食。……時諸比丘……還舍衛國，具……白世尊。」云云。

二二·七 觭　律音：居宜切，又云堅奚切。

二二·八 驅出　汙家惡行聚落界，又倒四事界，或僧所住界；下界準解。但呵責、依止對道，擯出、遮不至對俗。又四羯磨未壞信，三舉信行俱壞。

二二·一一 對道對俗　謂倒說四事，訶責對道；擯出對俗；依止對道俗；遮不至對俗，但加罵與上為異。又四羯磨，有信輕治，尚足生善；三舉喪信行故重，治在衆外。又四羯磨人，被治尚作不止則加，後惡罵默擯一治。

二三·一 離此住處　飾宗記云：「訶責人於一切處不許說戒；今此擯治，於所行處不得，於餘處得。」

二三·五 僧祇云　考文不得，按彼律有不共語羯磨，初作折伏羯磨，故作不止，僧更與此法，疑出不共語解法歟！彼第六明捨羯磨，次第有六種，次牒不共語羯磨者，直明解依止羯磨事，則知律本脫失耳。或似被治人欲隨順資請時，師雖不語弟子推屬託本師；又四羯磨人，依律本未制不共語，今準文依奪行中因示制約歟！謂文不得語論者，奪行制故。又恣請者，他來請問法毗尼義也。今被罰故不得自答，故令問師，然非制不共語也。

二三·九 舊云　簡正云：「推屬本師者，謂被治人，或有緣事，不得問餘人；餘人答，恐成隨舉。」會正承之。通釋云：「舊師解有二重謬：一曰隨舉犯，唯局惡見舉，彼以羯磨一例故。二云凡隨舉犯，師及餘人通不開共語來往，今簡餘人開師故。」

二三·二〇 置羯磨者　涅槃云：「於毀法者，與驅遣羯磨，訶責羯磨，置羯磨者，舉罪羯磨，不可見羯磨，滅羯磨，未檢羯磨。」今鈔牒舉彼標名會釋之也。

二三·七 十誦　第二一，依止下，彼接云：「大比丘應從小比丘受他依止不？佛言應受。復問大比丘應承事供養小比丘不？佛言除禮足，餘盡應作。」

二三·八 五法　記云十誦五法，上四不識相，下一者不誦文。母論中律制依止，本為學法，學簡智勝，不取臘高，老年依少，但除禮足耳。

二三·八 毗尼母　四云：「佛告阿難，從今已後，若比丘滿十臘知法者，應受十臘乃至百臘不知法者依止。」

二三·一〇 謂於信心　律云：「比丘有十法，應與作遮不至白衣家羯磨。惡說，罵白衣家，方便令白衣家損減作無利，作無住處，鬬亂白衣，於白衣前謗佛法僧，在白衣前作下賤罵，如法許白衣而不實。」律四四又云：「有五法比丘不應為作遮不至白衣家羯磨。不恭敬父、母，不敬沙門、婆羅門，所應持者而不堅持。」

二三·一二 僧祇　佛在舍衛，難陀持衣鉢至喜優婆夷家，優婆夷云：若前食若後食若粥若餅若果，隨須當作。難陀云：我須前食當好作。答云：如教好作，願明日早來。晨起作美食，敷座而待，不至，即於美食可停者舉，不可舉者便食，如是第二第三日待不來，到第四日方來，優婆夷云：何故不來？難陀曰：若瞋者悔過。優婆夷云：向佛悔過去。難陀便白佛悔過，具白上事。佛言癡人，此優婆夷於佛比丘僧無所遺惜，汝何故擾亂？佛告諸比丘，是優婆夷在家篤信，難陀擾亂，令發不喜，僧今應與難陀作發起羯磨。

二三·一七 唯無　五分二四云：「其家壓油。」涅槃疏云：「此居士少年貧時，曾作此業；故以刺居士，因即說譬云。」（卷三）

二三·一八 覺意　謂七覺意也。第五八云：「念覺意，法覺意，精進覺意，猗覺意，定覺意，喜覺意，護覺意。」

二三·一八 正受　三摩耶，華云正受。圭峯云：「不受諸受，名為正受。」

二三·一八 麤言　彼接云：「善法，我辨如是美食，用胡麻滓作何等？」即復言我今當。

二三·二〇 烏雞　舊鈔僧祇律二四云：「此居士得宿明通，見彼比丘過去世時為烏雞子，作是譏弄。又身雖出家，心行俗行，如彼烏雞。不似一物。」

二四・二　我今捨去　此比丘舊在居士林中住，今即捨去也。律接云：「居士言：大德善法，我不惡言，亦不罵詈，大德善法，可樂在此密林中住，我等當給衣被臥具飲食湯藥。彼作如是言：居士罵我，我欲去。即問言：大德！欲至何處去？答言：我欲至舍衛國世尊所。居士言：如我所共言語具白世尊，無令增減，何以故？汝當還來至我所。爾時善法比丘持衣鉢至世尊所，……以居士所言之事具白世尊，無有增減。爾時世尊以無數方便訶責……」（四四）

二四・九　白二差一比丘　業疏云：「若合自往，無由解紛，制具八德，作法差往也。」濟緣云：「佛令罰已，往彼懺謝，須人通意，故差同往。」

二四・二〇　恐聞作法　作法謂悔罵俗人吉法。飾宗記云：「五分二四云：教作突吉羅悔過言：我某甲比丘，作麤惡語，加某甲白衣，犯突吉羅，今向長老悔過。」（三說）

二六・四　普賢　具云佛說觀普賢菩薩行法經，一卷，劉宋曇摩蜜多譯。具云：「何者是罪，何者是福，我心自空，罪福無主，一切法皆亦如是無住無壞。」

二六・五　無行　具云諸法無行經，二卷，羅什譯。喜見菩薩偈云：「婬欲即是道，恚癡亦如是。如是三事中，無量諸佛道。若有人分別，婬怒癡及道，是人去佛道，譬如天與地。」弘決四云：「經說欲是道者，只道性不出於欲，亦云欲性不離於道；約理云即，約事須離。」止觀五云：「無明癡惑，本是法性；以癡迷故，法性變作無明，起諸顛倒善不善等。如寒來結水，變作堅冰；又如眠來，變心有種種夢。今當體諸顛倒，即是法性。」

二七・一五　四分　訶責犍度取要也。又僧祇二五，有此等文。

二七・一五　在有比丘處　簡正云：「內雖在寺中，不預僧法，無其足別。」通釋云：「依本律二六：不云內外，若依僧祇，著伽藍外云彼廣明行法。」

二七・一八　從緣而生　濟緣云：「罪從緣生者，緣即心境，緣生雖空，生則成業，業必感報。」

二七・一九　妄陳濫說　鈔上文所謂「今學大乘語人，心未涉道，行違大小二乘，口說無罪無懺」等是也。

二九・九　結益中　四分有制戒十利，配當可解。一攝取於僧，二令僧歡喜，三令僧安樂，四未信令信，五已信令增長，六難調者令調順，七慚愧者得安樂，八斷現在有漏，九斷未來有漏，十令正法久住。今準資持記作句。

二九・一三　增一　共有十句　第一句云：如來出世，為第一義故，制訶責等，所謂攝取於僧。第二句云令僧歡喜，第三句云令僧安樂，乃至第十句云令正法久住。然律中亦省略，律具示攝取於僧一句已云乃至正法久住，句句亦如是。增二已下例爾。此十句義，具出第一卷婬戒中。

二九・一六　增二　第一句云攝取於僧，令僧歡喜。第二句云令僧歡喜，令僧安樂。第三、四乃至九，並準上可知。

二九・一八　增三　增四乃至增九，例上作句，但以增減為異耳。

二九・一九　增十　如來出世為十義，攝取於僧令僧歡喜，乃至正法久住。

二九・一九　古記解錯　如鈔批等，以出世塵埃，至無上果為一義，蓋以未見律文，致有謬耳，今記故破。

三〇・一　有持戒　涅槃北本三，會疏第三所引一聯之文。比丘下，彼接云：「威儀具足，護持正法。」

三〇・三　又云　涅槃北本三，會疏三之三。及於四衆，本作比丘、比丘尼、優婆塞、優婆夷。

三〇・一二　若隨　本文已下，在前略鈔，彼云：「若有惡王隨順如是惡比丘語，而是大地云何能載，是王從此過於無量恆河沙劫，終不能復受人身。無量衆生，得解脫已，是王猶未能斷三惡業。」

三一・六　律云　已下至莫問，第六〇，取要，彼文太廣。

三一・七　語云　本文：若比丘犯罪，餘比丘語言，長老汝犯罪見否？彼言不見。時僧應都棄捨，語如是言，隨汝意去，所至之處，欲舉汝者，彼當為汝作舉作憶念作自言遮，汝阿㝹婆陀遮說戒、遮自恣如調馬等。問：若彼云不見，宜與不見舉，今何與惡馬耶？答云：律云有四種犯人，若比丘犯罪，餘比丘語言汝犯罪見不？彼言不見，（已上四種犯人全同）比丘語言長老若見罪當懺悔，此是第一犯人。……餘比丘復語言，長老若見罪應僧中懺悔，此是第二犯人。……比丘復言長老見罪，當於僧中懺悔，此是第三犯人。……時僧應都捨棄，是為第四犯人。今惡馬治，即第四犯人，然前三人，並答云不見。四種犯人，未詳其異。

三一・一〇　求聽　鈔前文云：「問：所舉人聽許舉之。」記云：「問：所舉者恐違拒，故律名求聽，求彼聽可，然後正舉。」準今求聽亦爾，謂求犯者聽故。本文云不應從其求聽，資行未詳。

三一・一七　梵壇法　鈔批中有二釋：「初釋云：梵輔天以下，皆有語言，有尋有伺地故，若中間禪（即大梵天）無尋無伺，則梵天無有語言；今不語治人，故喚為梵天之不語也。第二釋云：梵天雖無尋有伺，然由有言語，二禪已上，方無言語也。梵天中有罪者，以默法治之故云也。」後釋合今記。又尋伺者語因故，簡正云：「準婆沙、俱舍云：夫身語意，總有加行。出入息是身加行，受想是意加行，尋伺是語加行。凡欲發言先須尋伺，尋謂尋求，伺謂伺察。」謂欲界及初禪中下二天，有尋有伺地，大梵天無尋唯伺地；二禪已上，無尋無伺也。

三一・一八　欲界語地　會正云：「以欲界有尋有伺，是言語之地故。亦通色有者，謂初禪亦有尋伺，中間禪（大梵）有伺無尋，二禪已去，尋伺方無。」俱舍云：「心之粗性名之為尋，心之細性名之為伺：尋伺二法，是語言之因，故經云：要有尋伺，方有語言。」

三一・一九　亦有經中　簡正云：「鈔主一度曾見經中有此人名，忘却經之名字，尋求未獲。玄云：祇律卷二四有加不共語羯磨也。若準東塔疏云：『但由比丘犯過，拒云不見，作不見舉治也。心猶強擴，即更加此不語之法，便是增罪治也。但告七衆，莫與伊語言便得，更不秉羯磨。』」

三二・三　五分因闡陀　簡正：「五分云：闡陀比丘在拘睒彌國，一夏之內觸惱衆僧，不共和合。夏竟往迦葉所，以事白之，迦葉令阿難汝往彼國，以佛語作梵壇治之。阿難受語，與五百比丘俱往其所，其闡陀聞阿難來，出外迎逆，問何故此來？答：欲利益汝。問言：如何利益於我？答言：當以佛語作梵壇法罰汝。問：如何是梵壇？答言：一切七衆不得共來往交言。彼悶絕倒地，語阿難曰：此是殺我，何言利益！」

三二・七　犯衆罪　僧祇：「別衆食，停食，共器食，女人同食宿過三宿，共牀眠，共牀坐，不淨果食，受生肉，受生穀，受金銀。諸比丘諫言：長老不應作此事。答言：長老當語我，我當受行。……彼後數數犯，諸比丘以白佛，佛言是摩訶羅出家，不知恩教，不順教誨，僧應與作不共語羯磨。羯磨人當作是說：大德僧聽。是摩訶羅出家不知恩教，不隨教語。若僧時到，僧與摩訶羅作不共語羯磨。白如是。」

三二・一一　昔以柔軟　會正云：「柔軟即訶責等，四信存故，法輕被之則柔。剛強即不見舉等，以信行俱壞，故法嚴。」

三二・一四　例皆四句　謂彼唯白及羯磨第二句，緣本雙牒都無第四句也。又此羯磨，比對五分，文多不同，彼約婬戒出其緣相，今約通相。又彼無不得共住共事文，今義補耳。

三二・一八　薩婆多　卷三：若比丘犯戒內爛，舉衆共知，不須自言，直爾遣出；若與羯磨，便四遠同聞，折伏兇惡，得作無過。

三五·一九 僧祇云　卷三一：若僧中作非法羯磨事，若有力者應遮言，諸長老是非法、非毗尼，不應作。若前人兇惡力勢，恐有奪命傷梵行者，應作見不欲，作是說：「此非法羯磨，我不忍，與見不欲。」如是三說。作見不欲時，不得輒人邊作，應同意人邊作：不得衆作見不欲，得二人三人作；餘者當與如法欲已捨去。若僧中非法斷事，不遮、不與欲、不作見不欲，越毗尼罪。若作是念，隨其業行，如火燒屋，但自救身，得護心相應無罪，是名見不欲。尼鈔下之上亦論此義。

三六·一七 如法僧要　資行：「本朝古本僧字下有制字，要下有須字，即云如法僧制要須隨順也。」又簡正所牒有制字。若依今記，如今現文。

三六·一七 又云　律五七：「非制不應制，是制不可斷。」

三七·一 要字平呼　通釋：「如要期之要，平聲。待也。若制要之意，則去呼。」

三七·二 如今　統紀四四，宋太祖建隆六年詔云：「僧尼無間，實紊教法，自今於尼寺置壇受戒，尼大德主之。」又云：「道場齋會，夜集士女，深為褻瀆，無益修持，宜加禁止。」又云：「勅僧道隸功德，使出家求度，策誦經業，關祠部給牒。」又太宗雍熙三年詔天下係張童行並與制度，自今後讀經及三百紙，所業熟者，正許係張。

三七·三 帳籍　二衣記三〇·一三：「如今國家束約僧徒，二十出家，係名簿籍，出外執憑，帶持禁物，有違結犯。」

三七·四 戒疏　六·五五：引多論，今考多論出第三盜戒中，彼云：「若國禁物，（若持）出王界者，入死罪。若比丘持出，律師初言得重，後云不入重，但有違王教，突吉羅。」

三七·一一 奪衣　簡正：「奪衣者，亦非永奪；折伏了和順却與。」

今立，於僧中立也，非是裸身而立。」

三七·一五 佛制坐具　僧祇二〇：時衆多比丘在講堂上論議，言世尊制尼師壇太小，若敷坐處兩膝則無，若敷兩膝，坐處復無，往白佛，佛問衆中上座是誰，答言舍利弗，因罰。

三七·一六 諠　或曰諠，應是諠。今謂資行作喧，則知寫誤。案：津刊會本已作諠。

三八·四 四分　四九法犍度，明舊比丘法中。取要。

三八·五 通塞　批云：先約僧俗明，次於僧中約持破明；又持中約時明。並有通塞，時則是通，非時是塞也。

三八·六 故慰問云　律云：「世尊慰問諸比丘言：汝等住止和合安樂不？以飯食為苦耶？」律中佛慰問皆爾。僧史略：「律文上慰下則云不審無病無惱，乞食易得否？住處無惡伴否？」

三八·七 自壅僧食　簡正：「鳴鐘作相，普召十方；今既有遮，豈非壅也。」

三八·一八 五分　卷一八：諸比丘食，都不與客，客比丘譏訶云：沙門釋子常讚歎布施，唯受人施，而不施人，以是白佛。佛言：應與客食。既與，著其手中，不與器物。便譏訶云：諸比丘作小兒過我，以是白佛。佛言應與器物下食。又云：有諸比丘食時不分與，不得者諸白衣譏訶言：沙門釋子，如貓狸食；……佛言應相分與，乃至不分與一人犯吉。

三八·一九 不損檀越事　簡正云：「不損檀越事者，謂四事供給。今依道受用，不損檀越四事之福也。」

三九·二 裕師寺誥　資行云：「靈裕法師也，大智律師先身。」簡正：「隋朝相州大慈寺靈裕律師，值後周廢佛法，隱跡終南，身被俗服，領徒在山，每日出於廛市，賣卜得錢供徒弟。後隋家御宇，佛法大行，勅補為僧統。遂於住處造志相寺，法師親立誥十篇。」鈔批：「又淨影寺遠法師，即是裕弟子，於布薩日說欲不出，裕從山來，直至堂頭，衣服粗蔽，衆皆不識，莫有敬者，至說欲時，制衆且止，慧遠房中讀書，乃云法事因緣，衆僧說戒，豈是魔說。使者尋報，遠即走來，流淚悔過，大衆方知是遠和上。」

三九·四　分主客　主客篇記云：「舊住名主，時過名客；若對三界，則無有主客。今望伽藍，不無久暫，強分主客，以明待遇。」

三九·五　若約理和　集僧篇記云：「初果已去名理和，所詮同故。內凡已還名事和，即六和也。」又云：「和者有六：戒、見、利三名體和；身、口、意三名相和。」

三九·一二　遠意。鄙懷　濟覽云：「遠意求涅槃意，鄙懷前四懷。」

三九·一五　六親　蘭盆疏云：「六親者：父母兄弟夫妻。或云男女，不取兄弟。」同記云：「六親依老子注出之，注中或云未詳何典，若準漢書注云：六親者，父母兄弟妻子。」

四〇·三　危脆　三界無安曰危，心體虛寂，本來無身，色蘊假有一團，故名曰脆也。剎那任持，相續假有，名為浮假之命也。

四〇·一八　四輩　盆疏云：「四輩者，僧尼士女。或云人天龍鬼。疑故兩存。」新記云：「言兩存者，各有所出故。」

四一·一三　人謂　意云僧食有限，不可供無限者，局情而已。夫僧田無邊際，福種亦終無盡，豈人心所測乎。若有如是局見，食用實不可足，允不虛矣。

四一·一九　函蓋相稱　簡正：「檀越為道故施，故喻函；僧得還供道衆，猶如蓋；與本相應，是相稱也。」通釋：「食由道感，還供道衆，猶由函造蓋，還合函復，如靈山興靈雲，還潤靈山也。」

四一·二〇　義食坊　西天亦有焉。會正：「寄歸傳云：西國路傍，設義食處，殘器如山。」

四二·一六　非生人好處　會正：「俗士非理妄受，則因斯獲罪，故曰非生人好處。應教而受，則由此得福，故云非生人惡處。一向嗔人，應與而閉也。一向任人，不應與而與也。」

通釋云：「雖合牒非字，祇釋生好生惡耳。意云：任情與食，則生人好樂；依法不與，則生人憎惡；俱非此寺中義。計時雖與，不妄任情；依法雖遮，示語懷歡；則反二過也。」

四三·三　毀損三歸　鈔批：「若不問是非而給者，僧俗混同，將何以為歸敬；不知尊勝，而生賤心，即是毀損之義也。」

四三·六　時網　濟覽謂是隨時教網。

四三·一三　賊及無信皆開與食　隨相篇云：「十誦：惡賊來至，隨時將擬，不限多少。五分：白衣入寺，僧不與食，便起嫌心，佛言應與。此謂悠悠俗人，見僧過者。」

四三·一五　聖言量　即三量之一也。濟緣云：「一現量，理當也；二比量，事例也；三正教量，聖言以證也。」

四三·一六　不得　多論：「不得或時打犍椎，或復打鼓，或復吹具，令事相亂。」

四四·一　始終　簡正：「初置寺時為始，乃至處壞時曰終；於其中間，衆食不絕名始終。」

四四·三　三拍手　簡正云：「三拍手者，表三通也。」

四四·九　須明　所以令明者，作相免罪者蘭罪故。常住常住者，雖作相不可分故。記前文云：「僧祇，具云摩訶僧祇，此云大衆。」今單僧祇，翻大衆者。

四四·一八　錯得一番　上出別衆食戒，此出盜戒。文云：「或是賊，非不與取，如衆僧中行三番餅，盜心取四。」意云淨人行餅，人別各三，挾餅投鉢中，錯至四番，比丘盜心知加故受，故犯盜罪。鈔取意只云一番，即後一番也。此約錯與受已後，知故不還犯論。

四四·一九　僧祇　一四云：「行如是種種粥時，若滿杓（已下如引）。若沙彌行食時，偏與師者，知事人（如引）。

若行食人見僧中大德人便多與，餘人少與，知事人（如引）。」

四五・一八　義者　與別衆食異也，當比校之。

四五・一九　律云　五分二二：「若請僧時，除惡戒人，餘一切人，皆應食。」

四六・二　別他成重　問：十方常住結蘭，今成重者？答：若不遮他自盜用者，望十方僧無滿五義，故但結蘭。今遮現奪彼食分，自犯滿五。十方現前，亦復如是，通望則蘭，別遮則夷也。

四六・三　十誦　一四云：「是諸外道，長夜邪見，是法怨賊，求覓罪過，若為他人刀杖所打，若得毒藥有殺者，必當言是沙門釋子所作。……裸形外道女，自手與飲食者，波逸提。」

四七・一　庇覆破戒　非謂覆藏他破戒也；謂五人戒蔭，覆彼破滿也。

四七・五　十誦　三五：有衆多王臣，數數詣竹園房舍觀看，若來時，索食薪火燈燭，若與畏犯，不與懼作患，不知云何，以是事白佛。佛言應立分處人，立分處人已，不白衆僧，得用十九錢供給；客若更用，須白僧竟與。又云：有賊乞食，知食比丘言：為僧故辦此食，不為汝等，賊即捉比丘斷手及腰。佛言：若有如是怖畏處，少乞少與，半乞半與，都乞都與。

四七・六　作人　三五：「有客作木師，有半月客作者，有一月一歲客作者。」

四七・九　善見　一五：「若朝為衆僧作食，中後自營，中前得與食。若半月為僧驅使，便與衣食；半月自作，衆僧不得與衣食。」

四七・一一　僧不可和　簡正：「僧不可和者，謂集僧取和稍難也。」準知非乖別之不和也。

四七・一一　當於　五分：「六羣比丘說戒竟，不與僧和合作諸羯磨，作諸羯磨不如法。」已下大同。

四七・一四　四分　四六取要文，彼文太詳也。

四八・一二　闇夜　簡正：「日光未沒，即如法之時；屏暗無燈，即非法之時。今據此時，以弁如非之相也。」

四八・一六　前篇　即羯磨篇，羣迷重系，謂三不善業。界分深根，即五住煩惱。

四九・六　十誦　二二云：「若未作狂羯磨，不應別布薩及僧羯磨；若作狂羯磨，若別若共，僧隨意作布薩及諸羯磨。」

四九・一八　四對處明用　處謂衆處，即僧坊也；用謂時用規矩。對處亦分二：初約能住人辨，二約所住處明；科文已分之，可見矣。

四九・二〇　十誦　六三云：「諸納衣比丘，著不淨汙納衣，諸天神金剛神不喜，亦失威德，是事白佛。佛言：不淨汙納衣，不應著；著，突吉羅。」

五〇・七　僧跋　出要律儀有二釋：一云僧跋梵語，此云等供，此同義也。二云僧跋者，同味義也，是異義也。訃請篇記依前義，今記依次義，各據一義以是也。訃請篇云：「僧跋者，衆僧飲食皆平等。」記云：「僧跋謂令食均一味，與前等供不同。」名義云：「僧跋即等跋唱法也。」僧祇云等供，四分云等得。寄歸傳云：「僧跋，訛也。正云三鉢羅佉多，譯為善至意；云供具善成，食時復至。」

五〇・九　智論　卷七七；又增含三四，長含卷一。

五〇・一〇　唯施二事　簡正：「思益經云：汝等集會，當行二事，若聖說法，若聖默然；何為說法、為默然？不違佛，不違法，不違僧，是名聖說；若知法即是法，無為即僧，名聖默然也。」

五〇・一〇　汙家　僧殘記云：「莫非壞彼淨信，令生厚薄故。」

五〇・一一　俳說　俳優也。濟緣一〇・四七：「有云排遣人憂，字義全乖，依文但是戲劇人之通名耳。」

五〇・一六　律云　正出五分一四。四分五一云：「若二月一剃。」

此是極長。

五〇·一六 涅槃云　南本卷四，四相品云：「正法滅後，於像法中，當有比丘貌像持律，少讀誦經，貪嗜飯食，長養其身，身所被服，粗陋醜惡，形容憔悴，無有威德，放畜牛羊，擔負薪草，頭鬚爪髮，悉皆長利，雖著袈裟，猶如獵師，細視徐行，如貓伺鼠，乃至如是等人，破壞如來所制戒律，正行威儀。」雜篇記云：「彼經第四云頭鬚髮爪，今寫倒。」

五一·一 如鉢器　三五·一四：「五分非行來處，若大小便及洗手腳時，聽著屐。」

五一·一六 僧祇　卷三一制共坐法。三五明行坐法、入衆法。

五二·四 夾紵　鉢器篇記云：「夾紵，即今木骨布漆者是也。」

五二·四 璭油　璭，瓦鉢及油鉢也。鉢器篇記：「掍瓦者，昔云以石磨後，用土脂棍便燒而不熏者。」又行宗云：「掍、合作璭，謂掍磨出光也。」又云：「油字去呼，謂以桐荏油塗已燒之。」

五三·九 一一單提　九十中第四四，屏與女坐戒。

五三·一一 終吉　易乾卦象云：「九三學謙，君子有終吉。」

五三·一六 庫藏即倉稟　隨相篇云：「庫界者，積藏諸車乘販賣物；倉界者，儲積穀米處。」

五四·二 善生　卷七云：「受惡戒者，得無量罪，是故經中說惡律儀。」（已下說十五惡律儀。）又云：「毀戒比丘，心無慚愧，如是之人，皆無戒也。」

五四·一二 有云　會正：「一衆無戒者，望無邊鼠上皆殺義，則此一類鼠上，戒善不續，可言失耳；非餘戒俱失，此亦誡之切耳。」

五五·二〇 不得立至四人　準羯磨篇諫諭不論多少，而今云不得四者，以兼訶舉故也。

五六·一七 隨佛語者名真供養　道俗篇及隨戒販賣戒記：涅槃云云云。又瞻病篇戒論云云。又行願品中：「如說修行，名真供養。」

五六·二〇 退失道果　可證而不證，謂之退失，故記云障道也。

五七·五 彼云　涅槃一四：「如舍衛有一丈夫，羅網捕鳥得已籠繫，隨與水穀，而復還放；世尊知其始末因緣，而說偈言：」（偈如所引。）

五八·四 律中阿難　尼犍度云：「爾時世尊在王舍城，阿難有六十弟子，皆是年少，欲還捨戒。時阿難至王舍城，摩訶迦葉遙見阿難來，語言此衆欲失，汝年少不知足。阿難言：大德！我頭白髮已現，云何於迦葉所，猶不免年少耶？迦葉報言：汝與年少比丘，俱不善閉諸根。」已下略如鈔。

鈔批：「迦葉是阿難和上，其阿難是羯磨受戒也。上訶言貪不知足者，非貪於財利，此是樂法貪也。謂貪其多聞博識，不證無學故也。」

又四諦論云：「迦葉呼阿難為小兒，阿難有妹出家，聞之不喜曰：阿難多聞第一，何呼小兒？迦葉曰：阿難二事可恥：一請佛度女人，滅佛正法五百年。二有六十弟子，三十還家，阿難無化導智。」

通釋：「四分尼犍度，又出偷蘭難陀尼生瞋罵迦葉，乃至見乞食唾之緣。」

五八·一〇 今云無學　如來滅後，結集法藏時，牽出阿難，語言汝漏盡可來，言訖自閉窟門。是時阿難涕淚悲泣，求斷惑靡不精誠，至後夜疲極偃息，頭未至枕，即然得悟，三明六通，為大羅漢。

五八·一三 二乘　會正：「二乘，即大小也；時要，隨時要務；達究情性，善量機器。」

會本卷八鈔上三之一　受戒緣集篇

第八 捨戒六念法附

一·三 捨戒六念法附　鈔批：言捨戒法附者，非謂受後要應須捨，恐忽慢情厭道之機，或復遇難緣，非情可禁，

一．四

一．四

帶戒造罪，便能障道，所以聖開，令去來無障。六念 一．五
者，衣鉢受持，常須係念，具防六聚，機要莫加，故
附出也。

受通五種　業疏一二．四：「善來，此人宿樹勝因，早 一．五
蒙開悟，斷惑一輪道成初果，佛親命召，因教感戒。
破結者，此人修慧惑盡，道證無學，會正理窮，自然
感戒；從所破為名，故曰破結也。三語者，此人積行
非遠，未登聖位，於彼羅漢，先有別緣，託仗出家， 一．九
得由三語故曰也。八敬者，女人機發，深厭生死，求
佛出家；以無弘道遠化益故，抑而不許，後還舍衛，
便自剃髮披衣，倚僧坊立，祈聽受戒；時為三請，便 一．一二
授敬法，必具依行，即感具戒，故因名也。中國十衆
者，僧多信少，機欲漸虧，須至十人，方為勝境，因
衆標目故曰也。邊方五人者，以邊隅僧少，至令三 一．一三
年方獲受具，因事曲開，就數彰目也。二十衆受者，
為明女報，惑深智淺，喜生慢怠，必欲受具，僧尼各 二．二
十，方發勝心，因二衆為名也。義立十衆者，大僧邊
邑，僧少便開；尼脫有緣，依僧亦五，彼此具十，義 二．九
應得受。小年曾歸遺信者，姿貌瓌逸，素染俗心，出
寺詣僧，恐成陵染，故開差使詣僧乞受，如常作法，
返告便獲，由使感戒，即以為名。」 二．一〇

僧尼諸受，攝五種故，開則有十如上。五種中：善
來破結羯磨三種通兩衆；三語局僧；八敬唯尼。又善 二．一三
來感初果；破結克四果；三語凡中為勝；八敬局愛道
一人，五百釋女十一衆受云云。羯磨六種通凡聖。又 二．一九
破結中，若因中有期心，至果，果戒俱得；若無期則
不得，故有羅漢白衣。又善來三語八敬，唯局佛在， 三．四
破結通滅後。羯磨通三時得，具如羯磨疏卷一二．四 三．一〇
已下。

善來　佛勅言善來比丘，在我法中，快修梵行，盡苦 三．一三
源，首髮自落，八事隨身，如二十年學法者，果戒俱

得。

三語　母論云：「諸羅漢等教欲受者，偏袒橫服，剃髮染衣，憑歸三寶，依仗心成，於此教下，即發具足。」

八敬　愛道深厭生死，求佛出家，以女無弘道益，還毀辱正法，不聽。彼剃髮披衣，倚祇桓門立而祈求；阿難代三請。佛命奉持八敬，阿難傳說，彼得戒。

離為十四　即上五種中，第一能受有五法，第二所對有六法，共十一。加之上第三發心，第四心境，第五事成，即十四也。

因緣義通　隨戒篇：「唯論羯磨一受，必藉因託緣，便能長立。」記云：「藉因緣者，或發心為因，餘事名緣；或能受為因，所對為緣，或俱因緣。」

且就通論　業疏：「然諸部中，敘緣不一，母論但就緣言，多釋唯列因相，今通會之，總五為約。」

有云緣多　會正：「所緣對法界境也，境既不一，故曰彌多，多云此實不易，故曰攸難；攸，所也。」

在彼反難　如簡正云：「達者不難，迷者非易。」謂在彼不學昧教者，反難也。或可為師非難，但在彼知法益物，實為難而已。

沿謂從舊　意云若舊正則從此可也，若訛則更須改新，何敢固執乎？沿，音延，從流而下也，又循也。

漠落　結界篇有：「行事漠落」語。記云：「漠落，喻不明。」

還爾　因令人受而無戒，故於後報還自遇，不成得戒事。濟緣云：「後生還爾，相似果報故。」

至機　會正云：「至機，臨機正受時也。」

罔冒　行宗云：「迷暗也。」又論注曰：「昏蒙無知貌。」

羯磨注文　彼云：「戒是生死舟航，正法根本，必須緣集相應；有違雖授不得，今解二種羯磨，具足五緣方

成；一能受之人」等。

三・一四　穿鑿　孟子云：「所惡於智者，其為鑿也。」注云：「惡人用智而妄穿鑿。」

三・一九　多宗　多論一云：「凡得波羅提木叉戒者，以五道而言，唯人道成。」又云：「若天，若龍，若鬼神，若鬱單越，若不男，二根，種種罪人，（衹）得受三歸也。」

三・二〇　成宗亦通　多論九云：「問曰：餘道衆生得此戒律儀否？答曰：經中說諸龍等亦能受一日戒，故知應有。」

四・五　八十九十　僧衹：爾時諸比丘度八十、九十人出家，頭白背屈，大小漏出，進止須人，世人譏訶，因而制之。

四・一五　此三有缺則不成受　疏續云：「眼及鼻身少缺通許，約戒受法，能乞能持，雖通在遮，得在開例。」

四・二〇　五逆　言總意別，破法輪非俗所作故。

五・七　律云　三五云：「時有不與沙彌戒，便受具足戒；佛言得受具足戒，衆僧有犯。」

六・五　如上已明　結界篇六・三五：「比人行事，若結小界受戒，多立院限，此未通知。」今指此歟！考文別無文，若準此，彼師行事有二種謬：一坐外立相，二無不同意難，輒結小界；上篇專破初謬，今文正斥後迷。鈔批：「立云：無難結三小不成，非法。一由無難故，二縱有難亦不合豎標唱相。」

六・五　直結　鈔一五・一八：「毗尼母云：不就戒場外更結大界，直結小界，不得受具。」記云：「直結小界，即目戒場，對大言小。」

六・二〇　元嘉十一年　是依僧傳也，若依鈔批、簡正兩記，引薩婆多師資傳云元嘉十年。

七・一　駕船　會正：「度蔡州岸，於船上受戒。」鈔批：「遂令其弟子惠基，靜明，法明三人，度蔡州岸，於船上受戒。」此二記船上受戒也。

簡正：「鏡水大德云傳中不言船上受戒，此是玄記錯解也；寶云在蔡州受戒，此州在上元江裏，洲渚之上，猶似今時砂灘，彼洲上只有數十家住，今改為道人洲也。今時講解，皆曰船上受戒者誤也。」

七・二　跋摩語　戒壇經（天津刊本二）：「（慧義法師）又問三藏昔存之日，布薩僧事，常在寺內，及論受戒，何為猶出邑外等，咸是善法，何以異耶？答：諸部律制，互有通塞，唯受戒法重，不同餘事；以餘法不成，唯得小罪，罪可懺悔。夫紹隆佛種，用消信施，以戒為本；若不成就，非出家人；障累之源，斷滅大法，故累餘者。於是慧義欣然無言，遂令弟子慧基等渡蔡州岸，於船上受戒云云。」

七・一一　文云自今已去　三三：「自今已後聽滿十人，當受具足戒。」邊方已下出三九。

七・一三　十誦　五九云：「優婆離問佛，如佛所說，邊地人持律，第五得受具足戒；頗有十人，但取五人，得名受具足戒不？答：得名具足戒；與受具足戒者，得罪。」

七・一六　中邊分齊　二衣篇記：「白木條已內，屬五天境界。」準應四方皆有分齊，文略餘方。濟覽：「按律三十九南方有塔名靖善，塔外即聽；西方有國山名一師黎仙人種，山方外便聽；北方有國名柱，方外便聽。」

七・一八　如疏委斥　卷一三・七：「戒淨由智明，必於事法開遮，曉通如鏡；方得受體清淨無染；今有人言，但不破戒，即堪足數，此言濫也。」

八・一　經開　梵網經輕蔑新學戒中。濟覽謂準記文如邊方受戒，雖有僧衆，若非其德，不妨準本但用五人。又如梵網所開，雖有人在千里內，其德有虧，則何必從開，但自受乃可耳。表無表章四一：「若不會遇具足功德補特伽羅，爾時應對如來像前自受淨戒。」又四〇云：「若雖聽慧於戒無信解等者，不應從受。」本業云：「若千里內無戒師時，方得自受者，令尊重戒，千里尋師，非要定爾，如女身不自在，或貧病身欲受戒，豈要千里。故知但是一相之語，瑜伽不論處遠，但許自受。」

八・五 文云　三六：「若病者衆多，能集一處者善；若不能，當出界外羯磨。」已下全同。文雖在說戒中，義通一切法。

八・七 則除　顛倒，白與羯磨前後倒亂，或二法文句顛倒。錯者，會正云：「言彼稱此，文句不全。」脫，文句脫落。不明了者，業疏一下：「言語不具，前後不次，說不明了。」今鈔所以除第七一緣者，疏云：「今時未及，故不廣也。」

八・一〇 文中　三四，略鈔記上三之二具引。

八・一三 統上　業疏三上：「上外緣七，亦束為四。一七約處，明本界成；二三四緣，俱成僧義；五白四法；六是事資；離合可委。」

八・一四 單複配之　謂第二能秉僧，第三數滿如法，及第四界內盡集是人；三緣合故名複。第五白四教法，是法；第六資緣具足，是事；第一結界成就，是處；此三單各一，故曰單也。

八・一五 容多諍論　疏一三・九有三義：「一、有人解云：依多論、十誦，得戒得罪。一、有人言：部別不同，何得例也。一、有人言：若無衣鉢，全是非法，不可開也。」祖師決云：「然得否無文，凡情難信，幸依聲教，則無戒也。」濟緣一三・一〇：「初師，準多論明判得戒，但非威儀，故得小罪。次師，但破前解不出正義，即顯須依本部，例判不得。第三師，全無不得，借者見有，約知不知。準和尚四名，前三句不知皆得，後一知故不得。然下，即今師判，上二句貶初後二解；下二句取第二師。聲教即本律也。」

八・一六 毗曇　立世阿毗曇論七卷，陳真諦譯。雜心三云：「持律者，說法沒盡時，先所受律儀相續生不捨；未曾得律儀不得；是故說一切息。」又出十誦五一。

八・一七 皆失沒故　濟緣一三・九：「釋迦一化，滅劫後增，至人壽六萬歲時，法皆滅盡。」鈔批：「佛法滅已，一切羯磨作法及結界，皆不成就。」

九・四 心不當境　業疏：「界成僧具，法正緣合；而意別緣，即心不當境也。心雖殷至，界結不知；雖僧法具，終非緣合，境乖心也。」

九・七 重心　戒法篇記一五・一八：「重輕二心，難顯其相；非謂徒然懇惻而已。要在見境明白，上品要誓，方名增上重心。」

九・一二 多論　第一略云：始自禮僧，乃至羯磨已竟，善心相續，戒色成就；是謂善心中得戒。若先法中，常起善心，白羯磨時，發三毒念，諸不善心，是名不善心得戒也。先以善心起於教業，白羯磨時，睡眠得戒，是名無記心中得戒也。先以善心起於教業，白羯磨時，入滅盡定，是名無心中得戒也。

九・一三 通列四心　隨戒篇一五・九：「多論問云：羯磨竟時，為善心得，為不善心，乃至無心得？答：通是得戒。」記云：「問列四心，中略無記，故云乃至。」鈔又云：「若爾，何故律云：瞋恚睡狂，如是等人，不名受具。答曰：作白之時，具上四心，不名得戒。羯磨已後，方有四心，皆是得限。」通釋云：「準此，今心境相當者，別約作白之時耳。」

一〇・一 初約正受釋　記分今科為二：初約正受釋；二界下，約具緣釋。今一篇鈔開二章，始自能受緣至今事成究竟緣之五緣，為初具緣成受。後十一頁以下列十緣等，為正加教法。今文初章終，故約前後二章述之。故記分之初約正受者，即後正加教法十緣等也。二約具緣者，即上來五緣是也。濟覽云：「上通括前後，可得意知。」

一〇・三 下列十緣　一得法以不，二請師法，三教發戒緣，四安置立處，五差威儀師，六出衆問難，七單白入衆，八正明乞戒，九戒師白和，十正明對問。

一〇・一三 略證所對三四五　謂母論五緣中初三緣，即證上所對中第三數滿如法一緣也。次第四羯磨成就者，證上第五白四教法也。次第五衆僧和合者，證上第四界內盡集也。故云也。

一〇・一七 破八障二　此且約五、八、十、具次第也，若據實亦互望障多也。多論第一：「如破八戒中重戒，更受八戒，若受五戒，若受十戒，若受具戒，兼禪無漏戒，一切不得。」

一〇・一八 各有大小　如漏觸語，同成婬行，名為小婬；餘三大小可解。

一一・四 點示　還點示上所對六種之中也。意云上結界成就，結界篇已明之；能秉僧數滿如法，足數篇明之；界內盡集，則集僧篇明之；白四教法，羯磨篇明之；何故上來所對中更重明之耶？即今文云以事大故也，名之點示。記中有兩釋：初中覆釋者，追而點示上所對之中故；重意者，對各本篇故。次釋中意云，界內盡集，白四羯磨等方法，界明如上，具如前本篇可見，多今此重點示者，以事大故也。初釋以重明之言，屬上所對六緣；次釋以重明屬當科也。

一一・一〇 答未請師　意云請師通僧屏二處，若屏處未請師，正受時僧須檢問已受十戒不？已發心不？故具十也。若已預請師已，師當開導，正受時不須問，故但八緣，存沒兩是。

一一・一四 業疏科云　卷一三・一：「前緣又二，謂法、事也。就法辨緣，言授戒者，標其目也。就事辨緣，言正授者，顯行務也。」記云：「就法辨緣言標目者，謂標列條目，楷模可準；體此五緣，則曉知成敗。就事辨緣言行務者，謂臨機正受次第儀式，準此八緣，則事有倫序。又就法則總收終始。就事則唯局受前。」

一一・一九 不同　此二句本文無，鈔義加也。

一二・六 十戒　多論接云：「如是次第得佛法味，好樂堅固，難可退敗，如遊大海，漸漸深入；入佛法海，亦復如是。」

一二・七 如別所破　沙彌篇四一・二六：「毗尼母云：剃髮著袈裟已，然後受三歸五戒等。」記云：「受歸戒者，據論，五戒本在家所受，今雖出家，形同體俗，故得受之。若不受者，失前漸次故，此乃明文，世有不曉，輒欲廢者，便謂母論是他部耳。且前云應以諸部會明，立出家儀式，何獨不用此文耶？豈非情之所蔽乎？」業疏一二・一六：「諸部中，必先五次十，然後大戒。」記云：「諸部下，次據五分多論；更加五戒，為十方便。……近世有人欲廢五戒，準斯明判，豈非狂簡乎！」

一二・一二 善見　具云：「有婆羅門欲出家，佛令舍利弗白四度之。以多作非法，餘比丘呵責云何造作非法？彼答言：誰請大德與我戒，誰請為和尚，不乞戒與受具足戒？世尊因此制戒，自今已後，若不請作和尚，不乞戒，不得與受具足戒；與受者，結突吉羅。」

一二・一四 伽論　卷三：「不乞和尚為得不得戒耶？答：得戒，衆僧犯突吉羅。」

一二・一五 四分　卷三三：（彼請和尚後文云）「欲受戒者，請僧中等故。」

一二・一六 十誦　卷二一，禮足已下接云：禮僧已，教受衣，應問此衣是汝有不？已下廣說受衣鉢法。受衣鉢已，應求和尚，應言我某甲求長老為和尚，長老為我作和尚，依長老和尚故，我某甲得受具足。三說。

一二・一八 五分　彼云：「應偏袒右肩，脫革屣，兩手捧和尚足，作是言：我某甲今求尊為和尚，尊為我作和尚，我求尊為和尚，依尊和尚故，得受具足戒。如是至三。」

一二・一八 和尚　疏一三・一二：「中梵本音鄔波陀耶，在唐譯言，名之依學；依附此人，學出道故。……人又解云：翻力生，弟子道力，假教生成，得其遠意，失其近語。」

一三・八 明教導　濟緣一三・一五：「文令傍教，義通自誦，觀機利鈍，二並無在。」

一三・一四 可爾　濟緣一三・一六：「可是允許，爾即稟承。」

一三・一八 上位　業疏一三・一六：「雙云可爾，未善知言，全不可也。」記云：「未善知言，斥翻傳也。」

一四・一 四句共成一答　律三三：「和尚當報言可爾，若言如是，若言當教授汝，若言清淨莫放逸。」問：依律明以一句成答：何今記及疏云四句共成？答：準疏四句連類，於義太善，非謂一句不成，記意亦爾，當時行事，一向廢四句義故也，非謂不通耳。

一四・九 相攝　師資篇記一〇・一：「言相攝者，不出三種：一約心者，謂父子想；二法三財，互相濟故。」

一四・一三 佛阿毗曇　全二卷，真諦譯，現本云阿毗曇經出家相品。

一四・一五 但有請十戒　然彼下卷亦有請和尚法，但無請二師文，故云爾也。彼云受持衣鉢已，復作如是請：「大德憶念，我弟子請大德為和尚，願大德為我作和尚，我依大德為和尚，受具足戒。」

一四・一九 阿闍梨　疏一三・一七：「阿闍梨者，本隨傳出，亦訛略也。如梵天音阿遮梨耶，即唐所翻云教授者。……律中所出六種闍梨：一者剃髮，二者出家，三者受經，四者教授，五者羯磨，六曰依止。」今之二師，即當第四第五也。

一五・一四 疏云　記云：「推功合衆，則不偏受三歸之賜也。」

一六・六 成不　簡正：「持戒和法者，名成；破戒無德與授不成，曰不。相，謂相狀也。」

一六・九 如足數具引　彼記云：「一問汝知和尚破戒否？答不知。佛言得戒。二問汝知彼破戒否？答知；復問汝知不合從此人受否？答不知。佛言得戒。三問汝知彼破戒否？答知；復問汝知從此人受不得否？答不知。佛言得戒。四問如上三句，並答知，佛言不得。」

一七・二 白停僧殘　懺悔篇：「善見若行別住人，或與人受戒，得停行，法事罷續行之；捨時應言：我今捨波利婆沙。」記云：「善見明有緣白停法云云。」足數篇云：「犯殘人不足僧殘等羯磨，不妨應餘法事。」

一七・三 律云　三四，破戒見，彼作破戒、破見；已下略去三十字。

一七・七 九夏　律三四：「爾時和尚九歲受戒，得名受具足戒，而衆僧有罪。」

一七・八 律云　三九：「阿闍梨等多已五歲。」彼明五種闍梨。

一七・一〇 階漸　和尚十夏已上，二師五夏已上，七證通初夏。

一七・一二 五法　律云：「復有五法，不應受人大戒；自無戒，無定，無慧，無解脫慧，無見解脫慧；亦不能教人令住戒定慧乃至見解脫慧。」第四五法中，增戒等者，十門記云：「增戒學者，出世正道，增上勝法；非謂漸制，而言增也。定慧亦同。」第五五法中，飾宗記：「增淨行者，上二篇也；木叉者，二部戒本也。」通釋：「威儀戒者，下三篇也。」第六五法中，律云：「不知犯，不知犯已懺悔，不知犯懺悔清淨。」通釋：「第二直不知懺悔也，第三雖知懺悔，而未知還復本清淨也。」

一八・二 不知布薩　資行云：「布薩等者，準飾宗，布薩者，別人懺悔也。布薩羯磨，僧法懺悔也。又有云布薩者，說戒事也；布薩羯磨者，布薩單白羯磨也。」

一八・八 二不能　四段二字合作三，應改第三句故。

一八・八 不能令　今合作教，本云增威儀學；增，增勝義，故戒字恐剩。

一八・一三 五臘不滿　大鈔記云：「第二五臘不滿云云，意云五夏闍梨位，更加五夏為和尚十夏，故知是後五臘。五百一八・一九 問即宗十誦，彼既十夏，此何異乎？」

餘並增加　七夏已上闍梨，五夏已上證師，皆是增也。

一九・四 慈愍心　薩婆多：慈愍心下，有「既得增上學」五字。

一九・八 善戒經中　濟緣一五・二：善戒經即菩薩戒法。……彼云：「若欲受持菩薩戒者，先當淨心受七種戒。如人欲請大王，先當淨治所居屋宅等。即五、十、具三戒，約人為七耳。」準此經意，凡為比丘，必受菩薩大戒，今受小戒，向前緣慈，為受大戒，故云意在後也。準知具足，且就小宗；若望菩薩，猶是方便。問：多論有部，而云起慈，斯即分通，何殊本律？答：施小為大，無非分通；故諸部之中，時有斯意。但四分立教，宗旨灼然，五義證成，下文具引。

二〇・四 空有二諦　通釋：「初句化相法，次一名理體法，次二句住持法。問：三法如何分之？答：化相法是可聞境；金口所演聲塵也。理體法是可念境；諸佛所證之妙理也，屬法塵。住持法可見境；滅後所結集之經卷也，是色塵攝。三異顯然矣。又復應知，衆生心性，本來具足清淨妙理，是名一體之法，聖者證之為理體法，對機演之名化相法，諸聖弟子集之為經名住持之法；雖本是一，隨時更名，若隨境論，別鈔應有三十餘紙，要而言之，不過情與非情，空有二諦，滅理涅槃；佛說聖教，文字卷軸，形像塔廟；地水火風虛空識等，法界為量，並是戒體。」

二〇・四 佛說聖教　文中且就小宗，故不論一體三寶；以小則不知也。若其大乘，亦以一體為戒境，謗自身心性，亦謗法攝故。

二〇・五 法界　妙樂大師云：「所詮無外，故云法界。」清涼云：「界是分義，一一差別，有分齊故也。」

二〇・一四 化相法　戒疏二・七明四種三寶云：「二化相者：如釋迦道王三千為佛寶，演布諦教為法寶，拘隣等五為僧寶。」記云：「諦教即四諦，法門雖多，統攝凡聖因果，大小教門，廣略異宜，無出此四。」

二〇・一六 理體法　戒疏二・七：「一理體者，如五分法身為佛寶，滅理無為是法寶，聲聞學無學功德是僧寶。」

二〇・一七 異上空諦是教攝故　意云理體法是約所證，上空諦屬能詮教，故云異也。是教攝故者，轉釋空諦也，謂空諦是教詮所攝故。

二〇・一七 住持二寶　戒疏二・八：「三住持者、形像塔廟為佛寶，紙素所傳為法寶，戒法儀相為僧寶。」

二〇・一九 如提婆破法之類　如提婆說言五法是正，佛八正道是非，即損壞佛化儀，亦毀謗佛所證理諦故。

二一・一 理中佛僧俱無別體　行宗二・八：「然此理寶，亦即同體。但望佛僧證理邊為別，故多論云：佛亦是法，法亦是佛，僧亦是法，止是一法，相有差別，故分三寶。」通釋云：「四種中一體，理體，是同體也；凡聖分之。化相、住持是別相也；在滅分之。」行宗二・一三：「理體一體，二皆常住，則通三世；化相現在；住持滅後。」又云：「一體在迷，理寶約證。」

二一・八 古記　簡正：「並是戒體者，據理合云戒境，今云體者，由從此境發得戒故，名境為體，亦是因中談果也。」會正：「戒體者，指能領心相為體也。」

二一・一〇 薩婆多　卷一：如不掘地戒，一微塵上得一戒，色亦如是；三千世界，下至金剛地際，一一微塵上得一戒，色亦復如是；二百五十中，若衆生非衆生類上，得戒多少，以義而推，可以類解。得戒時，一時一一戒上，得無量戒。

二一・一八 所謂　諸雜要行篇，記云：「初句示境廣，不出情與非情也；森然，謂如草木之多。次句明制徧，毗尼事法，依境而制，隨於一境，復有多事，一切境事，不出善惡，對此善惡，以分二持，是則無有一事，而非持奉之處。」

二二・五 牛黃　僧網篇記七・七：「經云：是牛雖死，人故取之；亦如麝香，死後有用。」又云：「壁如燒香，香體雖壞，熏他令香。」

二三·五 佛因說偈　本文云：「瞻蔔迦華雖萎悴，而尚勝彼諸餘花；破戒惡行諸比丘，猶勝一切外道眾。」

二三·一五 眼藥喻　僧網篇記引經云：「譬如估客，入於大海，斷無量眾生命，挑其兩眼，和合成藥；若盲冥無目，乃至胞胎生盲者，以此藥塗，其眼明淨。」喻彼人雖死，其藥有功。

二三·二 智論　濟緣一一·六：「智論，彼引蓮花色比丘尼本生經云：佛在世時，此尼得羅漢果，後化諸婦人出家。女云：我等持戒為難，恐破戒墮獄。尼云：墮者從墮，久有出期，我昔曾為戲女，因著袈裟，至迦葉佛時，乃得出家；由破戒故墮獄。今值釋迦佛，却得出家解脫。」

二三·三 涅槃　北本二三：「一切凡夫雖善護身，猶故生於三種惡覺，以是因緣雖斷煩惱，得生非想非非想處，猶故還墮三惡道中。」

二三·一八 彼論　又五戒中有三品：若微品心受戒，得微品戒；若中品心受戒，得中品戒；若上品心受戒，得上品戒。十戒，具足戒，亦各有三品，如五戒說。

二四·五 毗曇　雜心三：「或有年少比丘得增上律儀，雖復阿羅漢，猶成就下心戒。」隨戒篇記一五·二二：「婆沙中，年少苾芻，得上品戒，以能起上品心受故；羅漢苾芻，得下品戒，以先發下品心受，後不增勝故。」

二四·八 或約　鈔又云：「亦可作戒在一念，隨心一品定。無作非心盡形，故隨行有增微。」意云作戒短促，故體一品；無作時長，故體增微，隨持心勤惰，體肥羸故。

二四·八 無作通增　通釋：上二釋約受隨相對，及作無作相對。今伸一解云：隨隨行持破，受體有肥羸；雖有肥羸，不妨一品。喻如短小雖肥，不及中人；長人雖瘦，未名侏儒。

二五·一 籠通　濟緣：「籠通，俗語，無簡別故。」

二五·一三 大涅槃　三德不縱橫，如伊三點，如天三目，故曰大涅槃，是即圓果也。

二五·一六 律儀　通禁制名律，造作有相名儀。四攝行，法界次第下。

二五·一七 含識　應法記：「識蘊色中，謂之含識。」

二五·一八 此三須配　濟緣一六·一七：「一者斷惡誓，受攝律儀戒，修離染行，趣無作解脫門，復本清淨，證法身佛，名為斷德。二者立修善誓，受攝善法戒修方便行，趣空解脫門，復本自在，證報身佛，名為智德。三者立度眾生誓，受攝眾生戒，修慈悲行，趣無相解脫門，復本平等，證應身佛，名為恩德。然此三誓、三戒、三行、三脫、三佛、三德，隨舉一誓，三誓具足，乃至三身三德，一一皆爾。言有前後，理無各別。如是心受，即發圓體；如是心持，即成圓宗。華嚴云：戒為無上菩提本。涅槃云：欲見佛性，證大涅槃，當須持戒等，皆此意也。」今記三脫三身三德，如上。四弘者，眾生誓度，攝眾生戒；煩惱誓斷，律儀戒；法門誓學，菩提誓證，攝善戒。又出受戒方便，芝苑遺編中卷三。

二五·一八 解脫　據法界次第，此三通名解脫者，能通行者，得入涅槃，故名三解脫門。觀一切法皆從因緣和合而生，自性本空，無有我所，如是通達者，名空解脫門；既知一切法空故，觀男女一異等相，實不可得，如是通達，名無相解脫門；既知一切法無相，則於三界無所願求，若無願求，則不造作生死之業，故無惡報，是名無作解脫門。

二六·一 性空　懺篇二八·七：「一者諸法，性空無我；為小乘。」記云：「言性空者，小機智劣，不能即法見空，必待推析，窮法體性，然後方空。」

二六·一 相空　又云：「二者諸法，本相是空；屬小菩薩。」通二六・二　釋：「達相即空也。」

唯識　又云：「三者諸法，外塵本無，實唯有識，是大菩薩佛果證行。」通釋：「達境即心也。」

二六・二　須約圓修　簡次第修也，謂於一心圓修三脫也，謂達諸法，本實唯識，故外塵皆無，即是空解脫；諸相空故，即是無相解脫；空無相故，離為作相，無所願求，即是無作無願解脫。問：既云三聚圓發，至未來際否？答：濟緣云：「運運不息，生生常住。」即知非盡形捨。

二六・三　今此所受　通釋：準遺編釋答云：「體同緣異。」云何體同，俱大戒故；云何緣異，受異故。

二六・四　若云即者　意云若云白四得戒即三聚者，後須更受菩薩三聚戒否耶？通釋答曰：「既云體同，何須更受；或縱受無妨，彼小乘成實尚許重發，況圓宗乎！」

二六・五　又復大小混亂　意云若云不須更受大戒，白四即大戒者，持犯立懺，諸餘行相，大小混亂，約孰判乎也？答云：據遺編：「體雖約圓，行必依受。」受既據四分，故隨行還從四分。

二六・五　若云非者　通釋：「若云即者可也，如上；若非者，不可也，如記所責。」

二六・九　梗概　十門記云：「梗概者，猶粗略也。」文選吳都賦呂向注：「梗概，大綱也。」

二六・一一　尚是邪想　通釋：圓覺經云：始知眾生，本來成佛，生死涅槃，猶如昨夢。又大日經疏云：謂覺自心，從本已來不生，即是成佛，而實無覺無成也。今問汝發求菩提心，不審能求心與所求菩提為是同為不同？若云不同者，所求菩提何所在耶？為在欲界，為在色界，乃至他界。若云同者，汝心從來是菩提，今欲更求，豈非邪想耶？若不達此，濫發心者，名邪倒。若依之發心，亦名暗證者，永失真證，所謂定無尊勝也。是且約圓頓述，然鈔大意，如記釋之。

二六・一一　況不發　業疏一六・二〇：「若不為出，空奉外儀。或以汙心，為名為利，諂誑無慚，詐現持戒，心為業本，終墜生死；不如不受，無持犯也。百論中：罪福俱捨，為天持戒，名不淨也。持世、佛藏云：若不為除我倒而持戒者，名破戒人。」

二六・一七　多論　第二云：「七種戒幾戒羸幾戒不羸？答曰：一戒羸，六戒不羸。一戒捨，六戒不捨。一根變，六根不變。一斷善根，六不斷善根。一戒者，所謂白四羯磨戒也。眾生福德淺薄，感得此戒，致不能牢固，有諸災害也。七種戒者，見諦，善來，三語，三歸，自誓，八法，白四。」一欣下等，濟覽準四捨配之，第一是作法捨，雖捨有頓漸，莫不並欣下而作故。第二是犯重捨，母論云：犯重者，此一身不得起生離死；然則犯重者，於聖道退。第三二形生捨，第四斷善根捨，文義明也。

二六・一八　內凡已去　俱舍頌云：「煖必至涅槃，頂終不斷善，忍不墮惡趣，第一入離生。」準論二三・八：「於下忍得惡趣不生；二形等不生，至上忍方得。」

二七・七　為佛子　濟緣一六・二五：「梵網大戒，乃稱佛子；小乘戒本，但名比丘。而律序云：如是諸佛子，佛子亦如是等，此即部主令歸佛乘。」

二七・二〇　施生成佛道　濟緣又云：「即是戒本迴向之詞，文云：施一切眾生，皆共成佛道。一切成佛之言，乃華嚴、法華圓頓了義，可驗部主知餘二乘，非歸向處。」

二七・二〇　沓婆厭無學　濟緣一六・二四：「僧殘無根謗戒，彼云：沓婆摩羅子，得阿羅漢，在靜處思惟，心自念言，此身不堅固，（無常生滅，終歸空寂。）我今當以何方便，求牢固堅法，（即厭無學身，求菩薩法。）我今宜可以力供養，分僧臥具，差次受請飯食，（修利他行，福業莊嚴。）白佛，因令白二，差為知事等。部主引此，由知小道非究竟故。」

二七・二〇　捨財用非重　濟緣一六・二五：「謂捨墮求悔，先須捨財。捨已，僧用不還，止犯吉羅，而不成盜。知心虛通者，鈔云：四分一律，宗是大乘，虛通無係。故發言誠，事無滯結。若依他部，一捨已後，無反還求，任僧處斷是也。」

二七・二〇　塵境非根了　濟緣又云：「如小妄戒釋見聞觸知，云見者眼識能見，耳識能聞，鼻舌身識能觸，意識能知；識即是心，不同有部，但云眼見等。」

二八・四　從容　周書：「從容以求和。」彙云：從容，舒緩貌，謂鈔語意不的決也。遺編一・二三：「今鈔正依成實，旁用多宗，終歸圓教。蓋取涅槃顯性談常，重扶之意。……如昔光師，直以四分判屬大乘，大為浮漫，此全不曉大小分齊。」

二八・六　答扶成本宗　通釋：「至後業疏，方開三宗，彼中圓教宗，全是大乘。今鈔正宗四分，故但扶成分通義耳。問：大乘與分通為同為異？答：若依四分全部，正是小乘攝，若論分通之處，與大無殊；人聞分通，執四分一律全部是大，謬之甚矣。」

二八・一八　豈非　濟覽：「令人虛受，後生還爾。然則今之能受，遇其非法者，得非宿業之使然乎！既因過感現，現何不引來，有志者不已責耶！」

二九・一　立受戒人　疏一三・一八：「文言立者，行住兩儀，心躁亂故。坐是安靜，未足稱恭。故立望僧，意取翹注。及教師問，又無坐文；行事之家召令對坐，既是別告，理亦應通。然自對僧，輒而自坐，有所輕也。至時籌量，去取恭慢也。」記云：「既下，次決可否，上二句是縱，然下即奪。目對僧者，即壇上十師；坐有所輕，意令跪也；令籌量者，謂觀機恭慢；去慢取恭，不局坐跪也。」

二九・三　五分中以起過故　疏一三・一七：「五分中，由為不如法人受故，因制戒壇外，十衆在壇上，界外問之。」記云：「彼因界外借衣鉢故，由本在餘處起過，故制壇外，十衆壇上，對僧前也；界外問者，即壇外也。」

二九・六　疏云　一三・一八記云：「白四時，謂正受時，不得界外；非謂問難時。」

二九・九　佛不制　五分：「諸比丘云：佛不制無衣鉢不得受具足戒耶？彼云：佛制我借他衣鉢受，諸比丘不知如何，以是白佛；佛以是事集諸比丘僧，告諸比丘，聽將欲受戒者，著戒壇外，眼見耳不聞語處。」

三〇・三　稽留　濟緣一三・一九：「律明受者慚愧返道。」通釋：「本律返道事不見。」

三〇・一六　雖通多人　意云：總答雖通多人，須局日夕，不隔明相，然於行事，或容有中間暫停止，非必連續，若其中間，大衆散集，問答通塞，相涉疑濫；今欲準行，且通一坐。若去更集，縱雖一日，亦更問答。

三一・四　明出衆問緣　問：今問遮難何故云問緣？答：此遮難即是前能受緣中是人道緣，諸根具足緣，身器清淨緣；及所對中資緣具足緣等故。

三一・三　問諸遮　律三五：「教授出衆問之，問云：汝字何等？和上字誰？年滿二十不？」戒師對問，在同卷次頁。

三一・一五　祖師　彼云：餘以事對，必不相解，受具即感，捨戒不解，反律可成；中邊不解，通得足數；麤言不解，亦得正犯；同不相會，如何釋之，遲疑無決。濟緣：「律中捨戒，須彼此相解；又中邊不相解，互不足數；又於女前說麤惡語，彼解方犯；同是不相領會，彼已不成，此何感戒？」

三一・一七　邊罪　涅槃三八大海有八不思議：不宿死屍者，其一也。今犯重者，如斷頭，名為死屍，豈可置之於清淨佛海乎？業疏一三・二三：「邊罪難者，曾受佛戒，理宜謹奉；捉心不固，具緣犯重；為過不輕，業果生報。不思捨悔，反戒更受，義無再攝。分在衆外，名之為邊；一生永障，名之為難。難由邊罪障戒而生，故曰邊罪。」

三三・二　通前四　濟覽：四字疑寫誤歟！合作三也。即五、八、十故。下文云：後三犯即障戒，知傳訛矣。

三三・六　犯比丘尼　僧祇：「若阿羅漢尼，阿那含尼，若初中後一切皆名壞尼淨行。若斯陀含尼，須陀洹尼，凡夫持戒尼，若初受樂者，是名壞尼淨行，中後不名壞。」

三三・九　中後人　第二、第三犯人也，所以不名壞者，以前既體壞非尼，故每有汙，必成慢辱，論中後故。業疏：「由尊境清勝，慢汙成業，不待前壞，即成戒難。」

三三・一三　初果　四教集解卷中：初果已斷見惑，於思惑猶一分未斷，故云全在。二果，欲界九品思中斷前六品盡，後三品猶在，故云未盡，更有上二界思耳。

三三・一七　初中後人成不成　問：中後人何故不成難耶？答：彼境既於初人受汙染，即非淨戒，犯穢境不成難故。三四兩果，不受汙染，戒常清淨，故隨犯初中後人，皆成難也。準之，凡夫及初二果人，禁心不受樂者，隨後犯人，亦可成難，境尚淨故。

三三・一九　摩觸　謂能所俱有染心，觸腋已下，腕以後身分也，不論境淨穢。

三三・一九　八事　一捉手指乃至腕，二捉衣身上衣，三俱入屏處，四俱屏處立，五俱屏處語，六俱屏處行，此四離伴見聞屏處也。七身相倚，八共期行婬處，若具七事七蘭，不懺具八重夷。若一事八犯，但八偷蘭；若一男犯八；若八男犯八，若一時犯八，若八年犯八，但八事俱重，亦無次第。

三四・四　彼律　已下一段問答，檢彼無文。

三四・四　頗　應法記：「頗，有無未決之詞。」

三四・五　又問　本作頗有汙比丘尼人，諸比丘與受戒，是人得出家受耶？

三四・一一　若尼自樂　濟緣一四・一三：「尼自樂著而不障者，亦據不知為言。」

三五・一八　諸比丘　彼云：後供養斷，諸比丘語言，汝往入村乞食。問云：衆僧無食耶？答云：無。彼云：我當云何？比丘報云：汝當乞食。彼言：若乞食，此亦乞，彼亦乞，我當彼間乞食，其人即休道。

三五・二〇　律具云　三四具有六句，初四句不共羯磨說戒，故通得，第五共羯磨而不共說戒，第六二俱共，故後二句不得戒。初句但至一比丘所，二句至一比丘、二比丘所，三句至一比丘乃至三比丘所，四句至一比丘乃至衆僧處，記所引是也。上三句結文如今記文，第五句云至一比丘乃至衆僧所羯磨不共說戒，乃至若已與出家受具足戒者，應滅擯。第六句同此，俱共羯磨說戒為異。

三六・六　四分　次上記引一聯文也。正出三四。

三六・七　義詳　業疏一四・一七：「若於一比丘及僧所，作衆法者成難。若作餘但對首、但心念等法者，非難。由說恣等，體通僧別；攝僧要務，勿過於此，故雖一人心念說恣，即是衆法，聞者成難。」記云：「若下，即偷法。初正明衆法，語通對念羯磨。若作下，簡別法皆非。由下，釋所以。說恣通僧別，該三法故。」

三六・一三　善見　一七，有三種偷：一者偷形，二者偷和合，三者亦偷形亦偷和合等。

三六・一六　三二俱偷　彼具云：「云何亦偷形亦偷和合？無師自出家，依次第受臘，入一切羯磨，受人信施禮拜，是名偷形亦偷和合。偷形者，不經法事，不受信施，不受禮拜，若欲更出家受具足戒得。若有避難出家，饑儉出家，不入一切法事，過願過饑儉已，若欲出家，受具足戒得。」

三六・一八　下二不合　濟緣一四・一五：「初偷形者，臘次，受禮，作法，受利，四並不偷，故判得成。二偷和合，具列四法，隨一成障。三俱偷者，兼前二種。」

三七・一　或可　第二釋，謂偷形一通三種也。問：若爾，第二第三，如何分之？答：於偷形有通別之異。通謂分濫，第二是也；別謂全濫，初及三是也。標數約通，列釋從別，故不相違。然寫誤釋尤善。問：沙彌濫大僧形，稱夏受禮全是偷形，何云分濫？答偷形者，本約無師出家者，故第二本非偷形，但非其位，濫預上位，是一分有偷形義耳。

三七・五　疏問　記一四・一六：「問答中，初約義答。夏禮是戒和，信施即利和，見在其中矣。既不具體，輒便預之，即盜戒相也。」

三七・一二　即盜　本作即先入上座牀下盜聽，若沙彌聰明覺知。

三七・一八　古記　簡正：「初、中、後語者，單白為初，廣序及五篇戒文為中，七佛略教為後，隨此三處，記得章記便是難也。」義苑、增暉亦爾。

三八・一　不必羯磨　通釋：若約本律三四：似局羯磨，彼明至一人，乃至衆僧之所，不共羯磨說戒，得名受具足戒。若共羯磨不共說戒，或俱共羯磨說戒，應滅擯云云。彼無共說戒不共羯磨句，但正意約共羯磨，明滅擯；不論說戒必共。

三八・六　如戒疏　記云：「下下釋制意，慢業本有，轉令增長，故云慢習。」

三八・一二　斟酌　補注云：「斟，取也，計也。」字書云：「取善而行曰酌，又參酌審擇量度也。」

三八・一五　摩得伽　卷三：「何不自知未滿二十，後知不滿二十，經僧布薩羯磨，是名賊住。」

三八・一六　四分　一七：「若年不滿二十，界內別衆，恐後有疑悔，無故受他利養，受大比丘禮敬，令彼知還本處，更受戒，故便語言汝年不滿，界內別衆，其事實爾。」

三九・九　前在道　謂於比丘許再受，尼不許，而作下二衆，今知而故捨，其志操可知，如是者而前趣在道，共羯磨說戒，可謂盜法乎？依此釋意，若比丘尼違佛教制，懷捨戒心，乃至一念之際，其時名賊住。通釋：或可但是類攝而已，謂雖非實賊住，不得再受，同賊住者，故類攝此難之中也。

四〇・一〇　疏中　一四・一八：「如長含云：我涅槃後，異道梵志來出家者，即聽受具，勿四月試。恐有異端，則生本見，有稽留故。此即廢前試教，可準行之。」

四〇・一七　黃巾　事類捷錄云：「道士戴以黃冠。」唐李淳風父播棄官為道士，自號黃冠。播，書言故事作播，未知孰是。類書纂要云：「黃冠師稱道士也。」即老子門葉也，彼皆以黃巾而裹其頭，故佛祖統紀一〇云：「其學者初名鬼卒，後號祭酒。……皆著黃巾以標幟，故時人謂黃巾。」或稱短巾，或呼道者、道士等，即頭陀篇記云：「世俗無知，呼短巾為道者」是也。又僧像篇記云：「道士本釋氏之美稱，後為黃巾濫竊。」問：此土亦有儒道，何但舉黃巾耶？答：按儒道所教，但是以仁義五常，順天地道，正於君臣父子等五倫道耳，是則在俗之通教，而非別求異道，故學此教者，但名有道之俗士，不可稱外道耳。

四一・三　羯磨準作　律云：「大德僧聽。彼某甲外道，從衆僧乞四月共住，僧今與彼四月共住，誰諸長老忍。僧與彼四月共住者默然，誰不忍者說。衆僧已忍與彼外道四月共住竟。僧忍默然故，是事如是持。」

四一・六　黃是中方　濟緣一三・二五：「中方屬土，土色黃，天子中禁，號為黃門。由用閹者為守，因目其人。然古有黃門侍郎之官。即非閹人也。昔刑其勢，即古宮刑。閹，音淹，謂男無勢者。然今五種，不必因刑，但借彼名耳。」黃門侍郎，見後漢書百官志。通釋云：據此土閹人，譯人立黃門名，是借用耳，若依彼土名扇搋迦及半擇迦。扇搋迦此云無根，半擇迦此云樂欲。雜集論明五種半擇迦一生使，謂有生使不成男根，即今生黃門是也。二嫉妬，攝釋云：見他行婬自男勢動，名為嫉妬。三半月，有釋曰：半月起男用，半月不能起男用，非轉形也。四灌灑，攝釋曰：得他精而自男勢起，名為灌灑。五除去，即瑜伽云：若被刀等所損害，或為病藥，若火咒等之所損害。通釋云：此論除變，彼加灌灑，餘三大同，但是大乘論，非今證焉。具如表無表下，詮要六。問：第二妬心，欲界凡夫，豈得見他行婬，男勢不動？答：此妬黃門者，本無男志性，故男勢常不起動，但見他行婬，男勢方起，是異常人，故名黃門。若離欲人而不起動，非是黃門。

四一・七　故曰也　疏續曰：「此不男者，形微志弱，無任道器，反增欲染，雖進學業，終無登趣．故曰也。」

四一・八　犍作　犍，經天切。徐氏法華注作劇。從義補注云：「劇，居言切，以刀去勢也。若爾，借音乎。」

四一・一一　四分　三五：「有比丘自截其男根，諸比丘念言應滅擯否？佛言：應滅擯。」

四一・一三　五分　一七：得小罪，作得突吉羅。都截之下接曰偷蘭遮；若去一卵偷蘭遮；若去兩卵應滅擯。為異獸嚙，若怨象所害，及自爛壞，不復能男，皆應滅擯。

四二・六　自截之語　五分：「自截其形，諸比丘以是白佛。佛言：訶責」等。

四二・七　四十二章經　彼三一章：「有人患婬不止，欲除陰，佛謂之曰：」如文所引。釋名二云：「陰，蔭也；言所在蔭翳也。」

四二・一七　總號五逆　成論五逆品：「次身受報，故名無間；若現受則輕。若惱報少，以其重故，次第疾墮阿鼻地獄。五逆由福德重故，名為逆。」

四三・五　生梵天　業疏一四・三三：「善登梵天，惡沉鼻獄，俱一劫也。」記云：「準前多論，耆婆自生忉利，今云梵天，定非色界。」智論六三：「如調達出佛身血，祇域亦出佛身血，雖同出血心異，故一人得罪，一人得福。如畫作佛像，一人以不好故壞，一人以惡心故破，以心不同，故一人得福，一人得罪。」

四三・九　又引古解　疏一四・三三：「有人云：既不正感真容，何妨毀損形像；或有光現血流，並入逆攝。」通釋：「如記傳中，多諸靈像，變現行步，放光汗流等，恰如生身，可見梁傳一三，唐傳三九，珠林二一及二二等。」

四三・九　又云不須　疏云：「有人言：不可感於血光，但論惡心，損是逆例。如設像代真，敬福齊等，今行惡毀，受罪義一。」

四三・一四　須通四趣　疏一四・三三：「約律明趣，但說為三，謂人非人，及畜生也。……天鬼神等，幽通難識，故合天修鬼獄四道為一趣（非人）也。……律中諸戒，時有離之，如同宿戒，天子阿修羅子，餓鬼子等，地獄輕繫，義應得同；從重者多，故輕不說。」

四三・一六　居士　律云：時王舍城有二居士，同日各請五百僧，諸比丘同往一家。唯化比丘獨至一處，須與食五百人分盡；諸居士譏訶言，云何諸比丘度非人，彼比丘覺人知已，忽便還本。

四三・一七　二趣三部　準楞嚴修羅通四生四種，卵生鬼攝，胎生人攝，化生天攝，濕生畜攝。又據畜贊犍闥婆或天趣攝，或鬼趣攝；今記並為鬼趣也。

四三・一九　亦名食香　淨名疏云：「不噉酒肉，唯香資陰，是天主幢倒樂神，在須彌南金剛窟。」又釋云：「天欲作樂時，此神身有異相出，然後上天。」

四三・二〇　律中　三五：「善現龍王，壽命極長，生厭離心，而求出家。」

四四・二　善見　見字寫誤乎，龍名善現，故疑脫王邊歟！濟覽：案古通用。

四四・三　因睡現本形　律彼與一比丘共房，彼比丘出外小行，善現龍王放身睡眠。諸龍常法，婬睡二時，不離本形，即身脹滿房中，窗戶嚮孔中，身皆凸出；彼比丘還，以手排戶，手觸龍身，高聲唱言：蛇！蛇！比房比丘問已，白佛，因而制之。

四四·七 方便轉問 疏一四·三五：「世俗同知，皆恥聲相。目見是人而問畜者，誠可怪也。當從容轉語。……應語云：世有羣龍，及餘精魅能變化者，趣攝畜生，戒法無預，卿非此等耶。」

四四·一四 四捨 下記云：「一作法捨，二命終捨，三形生捨，四斷善根捨也。」

四四·一四 準疏三障收 疏明十三難，三門分別：一、十三攝盡諸難不？即有盡不盡二解。二、以八難收。三、以三障收，今引第三也。疏又有五門：一明制簡淨意，二釋名體，三得名廢立，四收難多少，五通塞不同。此亦分五門云云。上來屬義門分別，次正釋文相，後正問中牒釋。

會本卷九鈔上三之二 受戒緣集篇第八

一·八 門眼 律作「瞷眼」。音釋曰：「胡間切，戴目也。」說文：「戴目也。」徐曰：「戴目，望陽也。」

一·八 具二 律云：「或聾，或瘂，或瘂聾，本作瘂聾，謂具瘂聾二也。」

一·九 痶瘓 音釋云：「痶，他典切，瘓，土緩切。」慧琳音義：「痶瘓，言髮病也。」

一·九 駱駝 律作馲馳，駱駝，通用。韻會云：「陸曰駝臥，腹不帖地，屈足漏明，則行千里，背有肉鞍如峯，糞煙真上如狼煙。」

一·九 羖羊 字彙云：「牡羊也。」

一·一〇 駮 通作駁，馬色不純。律作鮫，疑律文寫誤歟！鮫，音交。說文：「海魚，皮可飾刀。」又音釋曰：「駁，北角切，與駮同。」律誤可知矣。依律：顏色中可更加獼猴色。彼曰：「一切青，一切黃，一切赤，一切白，一切似獼猴色。」然駁班相濫，依律駁上有身字，故知駁可身色班正顏色即無相濫。

一·一一 免缺 缺脣也。

一·一一 前突 寺本或作身前凸，或後凸，或前後凸。

一·一三 癩 音釋：杜回切，陰病也。

一·一三 患瘡 本作常患疥瘡。

一·一三 氣病 律云上氣病。

一·一三 疾病 律作瘊病。音釋曰：「瘊，戶鈎切，疣癭也。」疣，音由，瘤也。癭，音穎，頸瘤也，按上癭約身瘤。律云身癭，故此疾病，約頸瘤耳。

一·一三 疥婬瘡 本作或身疥燥，或身侵婬瘡，病源論云：「浸婬瘡風熱發於肌膚也。」

一·一四 澹癊病 本作痰癊癖病。寄歸傳音義：「痰，徒含切，病液也。癊，於禁切，心中痛也。」

一·一五 截根頭 律作截男根卵，謂上二種，各但截一，此根卵兼截也。若依記釋，即下五分截男根頭者是也。未詳何是。

一·一五 截肘 字彙：「肘，臂節也。」

一·一六 顛狂 本作或有失威儀行。

一·一七 避租賦 本作避官租賦。

二·三 胎閏 實年十七年七月十一日，胎九月，閏六月二十三日，頻大十四日布薩三百四十日，已上四位二年四月十七日，合實年二十年也。

二·一〇 雀目 病源論云：「人至暮不見物，世謂之雀盲；謂如鳥雀，暝則無所見也。」

二·一二 侏儒 出東方朔傳。鈔批：「通俗文云侏儒者，謂短極短小人也。」梁書諸夷傳：「倭其南有侏儒國，長三四尺。」

三·一 準此 僧祇所列諸遮，不應與出家，故云不應。若已與授，所受得戒，能授越罪，故云得罪也。

三・一 諸遮　僧祇說太小，太長，截手，截腳，截手腳，截耳，截鼻，截耳鼻，盲，聾，盲聾，瘂，躄，……鞭瘢，印瘢，刻筋，拔筋，傴脊，侏儒，王臣，負債，病，外道，奴兒，身分不端，陋形。

三・一 下文復云　僧祇二三明諸遮已，乃言：「是謂不名受具足，是中清淨如法者，名受具足。」

三・二 皆言不應　僧祇明難中，乃云：「若作五無間罪者，不應與出家，已與出家者，應驅出。若度出家受具足戒，越毗尼罪。」又明遮文云：「盲者，眼一切不見色，若見手掌紋者，若雀目，不得與出家；若已出家，不應驅出。若與出家受具足戒者，越毗尼。」

三・二 是中　上引不名受具足，次下之文也。

三・三 不名　已下若度受具足者，越毗尼罪之文也。但變語耳。

三・三 如瘂等　文中依記科釋，如下引示二：初明通得，文下明不得。又云下，第二示一向不得，然文云下，但列相而不判得不，似文未了，今試更科，應云：如下引示，二：初明通得，文下次明不得亦二：初列相，二如是下總結。

三・七 四種　不應與出家，一。若已出家不應驅出，二。若度受具足者，越毗尼罪，三。是謂不名受具足，四。

三・八 唯以　謂前四種中第二，諸難中若已出家應驅，諸遮中若已出家不驅，故云唯等，以之為遮難之異，餘二無殊。

三・八 下文等　彼祇律次上示遮，次下續文。

三・一一 兩結　一應法名受具足（鈔：清淨如法也）。二若是遮不名受具足（鈔：不明者，總結師罪）。然已與，得戒得罪，以通得不云通含也。

三・一七 盲者　僧祇：「盲者，眼一切不見色；若見掌中文，若雀目，不得與出家等。」準今記現本剩一不字。案津本已無不字。

三・一八 聾者　僧祇：「聾者，不聞一切聲，若聞高聲者，得與出家。」

三・二〇 不示　僧祇：「瘂者，不能語，用手現語相，不應與出家。」

四・四 彼無　僧祇二三：現本有舉手字。

四・一一 五分　一七，問難中云：「若言從人借，應語可令主捨之。」

四・一五 賃　以財僱物也。

四・一八 薩婆多　卷二：「若無衣鉢得戒不？答：得戒。」已下同。

四・一九 如獵師著　因果經云：「太子見獵者著袈裟，問曰：云何著此為罪行？答曰：我著袈裟以誘羣鹿，皆來近我，即得殺之」等。釋迦譜二。

五・六 如無和尚　濟緣一三・一〇：「多宗，和尚不現前，或無和尚，皆許得戒。四分不通，顯是部別，不可濫用。」

五・一三 準疏古有二解　濟緣一三・一〇：「初師，準多論，明判得戒；但非威儀，故得小罪。次師，全無不得，借者見有，約知不知，準和尚四句，前三句不知皆得，後一句知故不得。」

五・一四 得罪　如前條引：「但非威儀，故得小罪。」

五・一五 破戒和尚　記一三・一〇：「約知不知……不得。」如前準疏條引。

五・一七 聲教　濟緣云：「聲教即本律。」

五・二〇 身子輒度　時淨飯王悲泣白佛，世尊出家，我有少望，難陀當嗣家業，而佛復度，我復望羅睺羅，而復度之，父母與子，乳養瞻視，多所饒益，而諸比丘父母不聽輒度，願佛制之，佛因制之。

六・九 王所不理　理謂料理，負債之人，既出家竟，不還他債，財主言官，官不料理，故曰不理。天竺如是，震旦不然。

六・一一 僧祇　二四：「奴者，五種：家生，買得，抄得，他與，自來。家生者，家中婢妾生。買得者，雇錢買得。抄得者，抄隣國得。他與者，他人與。自來者，自來作奴。是中家生等（全同），此彼不得，彼作此間不聽，餘處亦不聽。」

六·一一 家生　濟緣一四·二二：「家生謂在主家產者，並下買得抄得，皆損財力，屬主義強。他與自來，無損財力，他處聽之。」

六·一五 出家　全一卷，失譯人名，附見東晉錄，彼云：「若有於此妙法中使人出家，若復營佐出家因緣，於生死中，常受快樂，我滿百歲，說其福德，不可窮盡，是故阿難，汝滿百歲盡壽問我，我至涅槃，說此功德，亦不能盡。」

七·二 疏云　濟緣一四·二二：「若非主放，度即成盜。明是放者，理合通開，何局餘處。」

七·一〇 官人　通釋云準律三四：奴次有一賊囚，其次負債，今鈔前後不出之，攝負債及奴，或上雜遮中名籍等耳。

七·一三 王譏　時人民反叛，王問健將某甲，即以事答，王即譏言：沙門釋子，多欲無厭，何有正法，以此推之，沙門釋子，盡是官人等。

七·一四 勳品已上　濟緣一四·二三：「凡官有九品，並據勳爵以分差次；自下至於一品，故云已上。」

七·一四 僧祇四句　名即聲名，祿謂爵祿。用此二者，歷為四句：有名無祿，如賢臣除謫者；有祿無名，謂世之庸吏；無名無祿，即散任常流也；此彼亦約國士為言。

七·一六 係名籍　謂載官名籍人，故云係等。

七·一七 丈夫　輔行二之二：丈夫者，人長一丈，此則指中人最勝者，方名丈夫。白虎通云：夫者，扶也，以道扶接故也。

七·一九 孔子　孔子家語：「長九尺六寸。」故云餘也。

八·五 僧祇　若減七十不堪造事，臥起須人，是人不聽。

八·一一 五種病　律明時摩羯國界五種病出：一者癩，二者癰，三者白癩，四者乾痟，五者癲狂，時諸病人詣耆婆所求治，乃至家財妻子一切以報，彼不許，病人自相謂言：我曹當往彼信樂處治，便入僧寺得治差已休道，耆婆在道行問彼答曰：我等本無心道，但欲汝治耳。耆婆詣佛所以上因緣白言：唯願自今已去，勑諸比丘勿度五種病，佛因而制。濟緣云：「一癩謂疥癩，二癰疽，三白癩，四乾痟，謂瘦瘠也，五顛狂。」四分三四音釋云：「痟，音消，渴病也。」

八·一四 癩癬　善見一六：「癩者，有赤癩，有白癩，有黑癩，疥癩，皆入癩數，不得出家，癩癬下至於指甲大，不得出家，如指甲大，若在露處，增長不增長悉不得出家；若屏處不現，增長不得出家，若不增長得出家。」濟緣云：「善見屏露兩分，意恐招譏，不生物善故。」

八·一六 育王經　全十卷，梁扶南三藏僧伽婆羅譯，彼云：「有旃羅子得須陀洹，身有惡瘡，醫師語言，汝當取箭刷刷瘡，令其血出，我當傅藥，其人聞已，日日常以箭刷刷身。」又云：「於衆僧中，有一阿羅漢，身有瘡疥，即搔刷。」此佛世事。濟緣一四·二八：「育王經，即明聖人未免業報，則凡夫可知也。」

九·二 業終報　濟緣云：「業終報者，謂所作業，終此一報。」

九·四 餘事　簡正云：「遮難外事，稱之曰餘。」

九·一一 十誦　二一，問遮難中，父母聽否之次，三衣鉢具之前，有此問答也。

九·一七 四分　三四云：佛言：自今已去，有八難事，及餘因緣，二人三人，聽一時作羯磨，不得過。難者：王，賊，水，火，病，人，非人，毒虫。餘因緣者，有大衆集，坐具少，若多病人。

一〇·三 二沙彌　僧祇：「一名陀婆迦，二名婆羅迦，此二沙彌，小小長養，年滿二十，欲具足，作此念，若先與一受者，後者必有恨心，得同一和尚，一戒師，一衆，一時並受具足不？優波離作此念已，具白世尊。」

一〇・九　三明正問　科文。前八卷三一頁四行科云：六明出衆問緣，二：初標；二釋，三：初示出意，二辨遮難，今第三也。

一〇・一三　饒唇舌　書言故事指多言曰饒舌，寒山執胤手曰：「豐干饒舌。」

一〇・一六　為舒　舒，展也；方言：東齊之間，凡展物謂之舒；下科舒示，亦此義也。

一一・二　陶誘　通真記云：「陶謂陶甄，誘即接誘。」

一一・四　薩婆多云　卷四：「所以作三衣差別，欲現未曾有法，故一切九十六種，盡無此三衣，以異外道，故作此差別。」業疏一三・二一：「將多論告者，現未曾有法也。」

一一・五　此處　五分卷七：教師問云，汝三衣何者是僧伽梨等，彼若不知，應語此是僧伽梨等，應與受三衣鉢。

一一・六　或在　僧祇云：欲受戒人，應入僧中，一一頭面禮僧足已，在戒師前胡跪合掌，授與衣鉢教受云云。

一一・一二　若準業疏　卷一三・二一：「如五分中，即加受法，故問其緣。四分無文，義須準的。問：既未白四，義是沙彌，何得加者？答：既云受具，正法有儀；章服被於外容，戒業充於內報，事義相假，何得不持。」又記云：「問：若加受法，誰為對首？答：按壇經云：教授師於此為授衣，準此即對大僧也。若謂沙彌不合與僧對首者，即應難曰：沙彌那得受大僧衣耶？既許沙彌受僧衣，何妨大僧為對首。」

一一・一九　律云　僧祇二三・一九：「此人殺父作無間罪，腐敗亂壞，於正法中，不能生道根栽，正使七佛一時出世，為其說法，於正法中，終不生善。」

一二・九　依名示之　應問云：汝非黃門否？黃門有五種：一生者，生來不具婬根者是也。二犍者，自截却之者是也。三妬者，見他行婬方生妬心，婬心起者也。四變者，忽然變作者是也。五半者，半月能男，半月不能男者是也。汝非此五種黃門否？

一二・二〇　前文云終為非問　前卷辨遮難中云：「若問而不解，終為非問。」

一三・八　準疏　四・三六：「依俗中法，子生三月，孩而名之。年至二十，冠而字之，隨義別立，僧中識者立名異字等。」記云：「俗法如孔子名丘字仲尼之類。僧中識者，如智者字德安，真觀字聖達等，僧傳皆出之，祖師字法徧。」通釋：「依西竺不分名號字，但分姓名，如舍利弗、阿難陀等從名，如迦葉、目連從姓。漢倭二朝，呼人多別，如道宣、元照等從名，法徧、湛如等從字，澄照、大智等從號，和尚、闍梨等，或本朝法印、法師等從位，或南山、靈芝等從處，或律師、禪師、長老、慧命等從德，或僧正、僧統、僧錄等從官。」

一三・八　名字　禮記：「冠而字之，敬其名也。」

一四・二　疏云　鈔足數篇云：「兼羯磨人中，除二種人，一威儀師立秉單白，為僧所使，不得輒坐。二開立說戒，為令衆聞。自餘一切，皆須坐和。」

一四・一四　坐和失相　濟緣四・二八：「坐和失相，謂非為使酬對之儀。」

一四・一五　如前所斥　足數篇記：「今世教授，入衆先坐問和，後立秉法，名為坐和立秉，此由受戒法中，止約總答，不出前和坐立相故，致盲爭立秉，本為敬僧，豈得先倨後敬。」

一五・二　疏云　卷一四・二九。濟緣云：「儀中，師反代資，事乖常式；且欲引接，故云示方便也。」

一五・一八　乞詞為四　濟緣一四・三〇：「法中，牒初緣者，謂先請也。牒今意者，即正乞也。戒從僧者，謂今受體也。行隨師者，即後隨行也。」
一五・二〇 律本作　通釋：「律有兩出，鈔依三八，彼作願僧濟
度我，慈愍故。記所引乃注羯磨，據三五也。按非寫
倒。」
一六・一四 私謂　記釋合上二科而言，謂依差法教授須法，戒師不
須；若據白和，戒師則作，教授不作；各專一法，故
互有無耳；濟緣意爾。
一七・一二 疏云　卷一四．三二。濟緣云：「戒法所通，通何等
人，唯被上達清卓之器。論語云：『君子上達（達於
道義），小人下達（達於財利）。』非緣謂帶難；欺
妄偏者，即人天佛僧，四位收盡。」
一九・五 今為汝作　尼鈔二．一一：「法界善戒而得用羯磨發
者，汝不聞愛道仙人用咒術之力，尚能移山鎮海，迴
天轉日，豈況如來六道之師，所說聖教，法中之上，
而無此力；今白三羯磨，世尊口出，我傳佛教，發汝
戒體，汝須知之。」
一九・一〇 結界　記云：「不與地連者，色及非色、記與無記性不
合故。非不相及者，界是色法，業依色起故。」
一九・一五 聽作羯磨　濟覽：「聽字可去呼。」尼鈔二．一一：
「勿令非法別衆等坐，若有即須喚令正坐；向羯磨師
一心聽說。」
二〇・二 僧祇　卷二三：「是第一羯磨。」注云：「成就不？」
二〇・三 十誦　卷二一。已下至不成受戒。義加。
二〇・一一 此局不答　記意似制答法之人，然十誦第二一云：「作
羯磨者，分別言是第一羯磨，第二羯磨，第三羯磨，
若不分別說，得突吉羅。」依之，似秉法人；簡正
釋，亦約能秉。
二〇・一一 準羯磨云　彼云：「十誦云：羯磨受戒時，當一心聽，
乃至應分別之，違者突吉羅。」
二〇・一三 何名作業　謂了論疏羯磨翻為業也，亦翻為所作。百論
云：事也，若約義求，翻為辦事。

二一・一七 乃至　依上鈔云：「乃至羯磨中，第一、第二、第三、
當如是問。」依之，先問成就已，然後結成，今在
乃至中攝耳。即注羯磨誰不忍者說下注云：「是初羯
磨，第二、第三亦如上；次第問答無違者得。」次僧
已忍等云云。
二二・一九 不宜枝蔓　勸示肝要，斥枝條繁廣，失本事旨。
二三・九 量影　昔者周公造於土圭測影，如宋大安寺慧嚴，道
場寺慧觀二法師，與大史官何承天，共論此土是邊是
中，觀乃引周公測影之法，以一尺土圭，用測日影，
夏至之日，由有餘陰，天竺此日，則無餘陰，立標測
影之法，漢地亦然，且由來漸矣。
二三・一五 善見　一七：「受戒已，應步影。步影者，正立住，
取住腳為始，隨身影長短步影，步影竟，教其時。其
者或冬時，或春時，或夏時竟，教日月時，次教受戒
時，衆數多少。次與四依已，次說四重受戒已。」
二三・一六 四依　一依糞掃衣，二依常乞食，三樹下坐，四依腐爛
藥。注羯磨上二八。
二三・六 此示古非　通釋：「依鈔自有二通：一約所受人，不局
別說，總集說之。二約能說師，不局戒師，餘師通得。
所引疏文，但證初義；然云任時前後，則彰不必戒師
也。」
二三・六 十人登壇　濟緣一七．一三：「初敘非，十人登壇，謂
受戒者；隨人說者，謂隨竟別說；趣舉十人，餘多亦
爾。理雖無害，事成煩重。今下，顯正。羯磨加被，
尚開三人；說相誡約，義無專局。意令受竟都集說
之。」
二三・一六 本二　濟緣二一．一一：「本二即在俗時妻，二謂匹偶
也。」白虎通云：「匹偶，與其妻為偶，陰陽相成之義
也。」統紀三云：「故者，舊妻也；二者，偶也。」
二三・一八 十誦　二一，說四夷更說僧殘。
二三・一八 僧祇　三六：已得具足此戒序法，四波羅夷，十三僧伽

婆尸沙，二不定，三十尼薩耆波夜提，九十波夜提，四波羅提提舍尼，衆學，七滅淨法，隨順法，我今略說教汝如是；後和尚闍梨，當廣為汝說。

二四·八　律云　三四：彼和尚闍梨破戒見等，於沙門法無利益，聽誘將去。

二四·一六　隱括　通釋：「隱括不對文，隱括取意，故云隱括。」行宗：「隱謂沉悉，括即搜羅也。」

二五·六　又疏云　業疏一八．二一：「今從他部，受緣即持；既奉聖儀；須受聖法；然後白四領納戒體。」已下大同。

二五·八　二捨戒　科文。前卷初頁本文二：初受戒本篇，今第二也。

二五·八　次授六念　問：上篇題注標捨戒六念，今顛倒者？答：簡正出三義：一宛陵云：前來篇首，下注文為簡濫故，若云六念捨戒，時人謂六念便堪捨戒，其體是一，所以云捨戒六念。今依位次，故先六念。二依玄記云：標題下注文，蓋是制作家，取受捨相對也；釋中先六念者，據行護次第。三依法寶解：受捨二處，互為先後者，表捨戒通前後等云云。今詳三解，第二名為正也。

二五·八　僧祇　一六：「比丘要當知日數，應施食，知臘數，憶所受持衣，別衆食，病不病。」

二五·九　憶戒緣身　一三是戒，第一日月，知說戒遠近故。第三夏數，正念受體故，餘皆屬身。第六康羸正是念身；第二食處，第五同別內資，第四受淨外資，俱屬身收。

二五·一〇　衣食起觀　律四〇衣犍度：「云何攝持威儀，比丘若出若入，屈伸俯仰，執持衣鉢，若飲食，若服藥，大小便利，若眠，若覺，若來若去，若坐，若住，若睡，若覺，若語，若默，常爾一心，是謂比丘攝持威儀。」又五三大小持犍度：「若行若坐，常爾一心，念除諸蓋。」

二五·一二　簡而易成　易上繫辭云：「易則易知，簡則易從；易知則有親，易從則有功。……易簡而天下之理得矣。」本義云：「人之所為，如乾之易，則其心明白，而人易知；如坤之簡，則其事要約，而人易從。易知則與同心者多，故有親；易從則與之協力者衆，故有功。」

二五·一四　念知日月　於第一念中，今師意有總別之二：別者，初分黑白念者是也。總者，次科若據律文等釋是也。準此當念云：「今朝正月小，一日乃至二十九日。或云今朝正月大，一日乃至三十日是也。」此則此土之俗，不知黑白，故不須強分。而準濟緣，雖依俗問，制要之所歸，唯在繫念，且正為識布薩遠近，故今時行事，分黑白念也。若依尼鈔，白月通唱大，即彼六念篇云：「若是白月，應云今朝白月大一日乃至十五日，以白月一向大故，不須云小；若是黑月，便通大小。」又定賓律師意，與今家不同也。彼疏云：「第一念此月大（或小），白月（或黑月），一日（二三等準數念之），此念意云黑白總論，以辨大小，若論數日，隨黑白中分一二等。」準此釋，即知月大小故應俗人問，令識知之；分黑白故，亦識去布薩遠近也。應念云：「今朝正月大白月一日，乃至十五日。」黑月準之。資行云：「今當寺相傳行事，依此定賓念之。」則知招提寺依行之矣。

二五·一四　白月　宿曜經下云：西國每一月分為白黑兩分，入月一日至十五日，為白月分。（以其光生，漸明白之謂。）入月十六日至三十日為黑月分，（以其光滅損，暗黑之謂。）問：何故名黑白月耶？答：疏云：「十六日已去，白虧黑生；月一日已後，白生黑虧，約相取分，故有斯名。」

二五·二〇　若據律文　簡正：「準律說戒法中，諸長者問比丘言，今日是何日？比丘不知，俗人譏言：日月尚不能知，有何聖法，以此白佛；佛言自今已去，當作數法數日等。時長者又問黑白月，比丘不知，佛言聽作卅屬法，十五屬黑，十五屬白等。」此見本律。而允師鈔云：「若據律文者，指僧祇文也。」準此等釋，西天俗尚，知黑白也。仍應有二意：一為答俗人，二為知布薩時也。而東土之俗不論黑白，故云準此方土也。

二六·七 己食　行宗云：「常食即僧食，別房即己食。」

二六·八 合作我常　注羯磨下云：「我常乞食，（若言）我常自食己食，（若言）我常食僧食。」

二六·九 世多念云　然依注羯磨：「若不常定者，應作是念言：我無請處今乞食，若食己食，若檀越及僧常食等例知。」濟緣：「我無下，次受請者，須加有無。」通釋：既明受請云僧常食，而記云局不受，甚難得心；何者？我常食僧食之常，約能受軌定；我食僧常食之常，名所受食體；故僧常食者，猶曰僧家常例之食也。疑鈔文寫誤歟！注羯磨明據故。

二六·一四 我今自食無請處　若準羯磨應云：「我今無請處自食己食。」又云：「我今無請處，食僧常食。」又云：「我今無請處乞食。」

二六·二〇 今日有多請　羯磨云：「如是施與言：長老我應往彼，今布施汝。」

二七·一 心念捨　羯磨云：「我某甲比丘今朝檀越施與正食，迴施比丘某甲，檀越於我不繫，我當食。」

二七·二 不計　五音集句：「計，畫。」又羯磨作繫，計滯也。

二七·七 僧祇　一六：「諸比丘心疑世尊制戒不得處處食，我等云何當復食，即起白佛；佛白聽作施食法，應作如是言。」

二七·一〇 舊云當衆相對　會正：「五衆，本衆自相對。」義苑：「五衆者，通論也；其實，當衆自相對也。」

二七·一三 入口已方憶　十誦序云：「阿難有二請，不以與他，不敢吐食，為恭敬佛故；又不敢咽，為持戒故。」

二七·一八 夏臘　鈔批：「應師云風俗通曰：漢曰臘，臘，由獵也；取禽獸祭先祖也。此即歲終祭神也。經律言臘，即歲義也。」

二八·二 三衣鉢具　具，即坐具也；二衣篇注云：「三衣鉢具，一時加者」是也。四分云：「持三衣鉢具，詣佛所。」具，此言有二義：一具足義，記所謂衣鉢制物，攝理須具。又尼鈔云：「我五衣具足受持。」簡正記七，西明寺法寶大師云：「三衣與鉢盡皆足故。」二坐具義，下師資篇引僧祇文云：「三衣、鉢、具、漉水囊等。」正勘本文云：「三衣、鉢、尼師壇、漉水囊、草履。」簡正記又座首義云：具字屬於坐具也，既同制物，豈有衣鉢受持，坐具不持哉！

二八·七 法語　語，朱注：「法語，詞麗義正之語。」改者，非徒面從而已。

二八·一二 九緣別衆　別衆食九緣開中，本宗七緣：一病時，二作衣時，三施衣時，四道行，五船行，六大衆集，四人長一人為患，七沙門施食時。

二八·一四 我無病　羯磨云：「我今不病堪行道。若有病者應言：我有病念須療治。」

二八·一六 二四及五　二念食處，五念知食同別，故二五並食，並為內緣。四念衣鉢，即為外緣。

二八·一八 晨朝不作　問：濟緣云：「六念且制清晨，實通朝夕。」相違如何？答：一往以判，第二第五之餘，亦可通夕，而一具制不可離念，故相從第二第五清旦念之，今記約行事，濟緣據理通，故無相違。或可上根理通日夕，常須憶念，如口口著著之制。而下機不堪之故，且制清晨耳。濟緣約上機，今記依下輩也。

二八·一八 止犯六吉　有二義：或約止作對辨，或約斥破古解。下注斥云：「又印行六念云晨朝不作，得三十二罪，此無所出」等是也。

二八·一八 此是羯磨　業疏：「日月衣鉢，非情也，夏數受緣，二合也；念身康羸，惟情也；對人以論；唯是獨秉，可名心念。有緣捨請，乃是對首；對界以論，通諸界作，開無別衆。」記云：「初對事中，一四兩念為非情；二三兩念為二合；第六為情，不列別衆，應收二合受緣中。次人中，四分捨請是對首，僧祇無人開作念。」

二八・二〇 古記云防二十七罪　會正記：第一念防三罪，不作吉，不知布薩日吉，俗問不知吉。第二念防三罪，不作吉，皆前向後提，皆後向前吉。第三念防四罪，不作吉，不依夏坐，不依夏受利，滿五夷，不滿蘭。第四念防八罪，不作吉，衣犯長提，減量吉，鉢不具吉，衣不具吉，衣不受吉，長鉢提。第五念防六罪，不作吉，破僧蘭，違屏諫提，違僧諫殘，別衆食提，有緣不白入吉。第六念防三罪，不作吉，違衆吉蘭，若受女人送食提舍尼，已上二十七罪也。

二九・一 印行　資行曰：「唐朝戒制六念摺之今指之，多印板開六念，故云印行。」

二九・六 五分　卷六：「若恐新受戒人，生疑廢心，教未可誦戒不犯。」毀毗尼中不犯文。

二九・七 四分　一八：「不犯者，語言先誦阿毗曇，然後誦律；先誦餘戒經，後誦律；若有病者須差，然後誦律；當勤求方便，於佛法中，得四沙門果，然後當誦律。」毀毗尼不犯文。

二九・九 善見　卷七：「如來以梵音聲喚善來中修梵行，令盡苦源；佛語不竟，便成比丘，得具足戒，三衣及瓦鉢，貫在右肩上，鉢色如青鬱波羅花，袈裟鮮明如赤蓮華，針線斧子漉水囊皆悉具備。此八種物，是出家人之所當用，自然而有，威儀具足。」

二九・一三 律歸聽　二衣篇中，六物中入水袋，不入針筒，故且約此邊一往云歸聽歟！

二九・一七 賊住緣起　律三四：時穀貴人饑，年少外道，見佛僧多供養，已自剃髮，著袈裟，手執鉢，入衆中食，諸比丘問汝為幾歲？彼不知；復問汝何時受戒？和尚誰？闍梨誰？彼皆不知；即問言汝是誰耶？彼自言因，而制賊心出家。

三〇・三 戒疏　行宗：「故下，推教意。俗以春為始，取其發生；道以冬為初，則取凋落；出家厭世，非求榮故。」

三〇・六 彼以　謂戒疏冬、春、夏次第列之，今鈔春、夏、冬，次第是俗列。戒疏云：「冬四月以八月十六日為初，春四月者……」等。

三〇・八 捨戒　表無表章云：「初得功能，念念增長，令不新長，但順舊住，不同前位，更不新生，即名為捨，非捨昔者曾得體無名捨。」

三〇・一二 如疏　戒疏六・一三明作法捨，具五緣成，彼中委悉。行宗六・一二婬戒不還戒注，可見。

三〇・一七 故二　佛祖統紀三曰：「故者，舊妻也；二者，偶也。」即是本二。

三〇・二〇 我作優婆塞　尼鈔：「若欲留五戒者，應言作優婆夷；若欲留十戒者，應言我成沙彌尼；若欲全捨者，應言我作在家白衣。願大姊憶知，我是白衣。（一說即成。）婆論云：若無出家人可對捨，隨對一白衣外道等，但使情相領解，一捨便成，不須至三。」

三一・一 如登山　漢書張統與子書云：「從善若登，從惡若崩。」又歸敬儀：「為善若登，清升若爪上土，為惡若崩，沉滯如下之地。」

三一・三 七反降魔　行宗六・一二：「降魔不免破戒，故先捨之；極齊七反，已下不開，開中制也。」鈔批：「賓云：謂降煩惱魔也，由被逼煩惱，故捨戒也。高云：為煩惱逼七反捨戒，乃至是被魔降，何成降魔，今亦可約七反受戒，名為降魔也。」鈔批：「有傳云或比丘魔女反來汙之，第七反時，終厭了出家，故云爾也。」
三一·五 十誦　四一：若比丘尼一反戒，不復聽出家受具戒。
三一·九 為來去無障　簡正：「來去者，今開捨戒不犯重，是
去時無障；後時更欲出家不成邊罪之難，是來時無障
也。」
三一·一〇 作下二衆　簡正：「今者體既清淨，心樂佛法，令與十
界六法，調身意，依此修行。」

卷四

會本卷十鈔上三之三　師資相攝篇第九

一·六 若據沙彌　沙彌有二位，各依二師。形同二師者：一
和尚，二剃髮闍梨。法同二師者：一和尚，二十戒闍
梨。和尚始終一人，闍梨隨時一席。若論依止闍梨，
大同和尚文中，既曰亦依，準知亦同上，以和尚及依
止為二師耳。
一·一六 從微至著　原人論云：「從微至著。」淨源錄云：「微
著即粗細，變其文耳。」
一·一九 陵遲　會正：「毛詩云：禮義陵遲，言不進益也。」
二·一七 優波陀訶　多論音釋：迦維羅衛，稱親教師為鄔波陀
耶；北天竺國稱和尚。阿闍梨，此云親教師。
三·二 瞿陀　具云泥瞿陀，賓頭沙羅王之長子修摩那之太子，
阿育王之侄也。育王殺修摩那自立為王，修摩那妃
先已懷姙，已滿十月，假服逃去，乃止泥瞿陀樹下而
生，因名。七年時，有羅漢名婆盧那度泥瞿陀為沙
彌。沙彌著衣持鉢，入城經行，阿育王於窗牖中見喚
沙彌供養，因為王說半偈云：「不懈怠者是涅槃，若
懈怠者是生死。」王聞已，白沙彌云：日供八分。沙
彌答：善哉！當迴與師。王問沙彌師是誰？答曰：無
罪見罪呵責是名我師。王言更與八分食。沙彌答：善
哉！我當與阿闍梨。王復問言闍梨是誰？答：共於善
法教授令知，是我闍梨。
三·六 論傳　鈔批：論傳云者，檢善見論第七卷云：和上者，
外國語，漢言知有罪知無罪，是名和上。
三·六 諸記並云　簡正：「論者，見論第七；傳者，釋法顯傳
也。」會正亦爾。
三·七 指五天之外　名義云：傳云和尚，梵本正名鄔波遮迦，
傳至于闐，翻為和尚，傳到此土，什師翻為力生。又
宋高僧傳辨直譯重譯中云：二重譯如經傳，嶺北樓蘭
焉耆不解天竺言，且譯為胡語，如梵云鄔波陀耶，疏
勒云鶻社，于闐云和尚是也。
四·二 尸迦　全一卷，後漢安世高譯。長阿含一一之初、善生
經三之初之別譯。尸迦羅越，即善生居士也。衆經音
三云：大品經中居士是也。
四·八 承上如斯　謂自上代承來如斯也。彼經云：父在時，教
我六向拜，不知何處，今父亡喪，不敢於後違之。
四·九 各有所表　優婆塞戒經卷一以六方配六波羅蜜禮，謂以
檀戒忍進禪慧，如次配東南西北下上。又彼經卷三明
供養六方，與今所配大同。
四·一二 度人出家　僧祇：「不得為供給自己故，度人出家。度
者，得越毗尼罪。」
四·一六 四分　出三三。又三四初明阿闍梨看弟子亦如是。
五·六 楊子　卷一學行篇云：「師者，人之模範也；模不模，
範不範，為不少矣。」注曰：「傷夫！欲為而不得其
道者多矣。」
五·一二 二守　四分：世尊有制，不得無依止而住，彼輒捨所住
去，住處壞。佛言：聽無依止而住，為護住處故。
五·一三 有智行　律五九，聽無依止住，凡有十段，今總括明之。
五·一七 十誦　四〇云：有一比丘到親里家，住四五日辭別欲
去，親里云：何故去？答云：我須依止。親里言：今
世饑饉，或當餓死，何用依止！以是白佛，佛言：從

今饑餓時，可得日日見和尚處聽住，可日日來；若日日不得來者可至五日；若五日不得來者，布薩時可來；若布薩時不得來者，至二由旬半，至自恣時應來見和尚。

六·八　和尚命終　和尚命終，律三四初，又同卷，失依止中。休道、決意、捨畜，均同卷。闍梨不與依止文，以是例和尚同舉之乎？緣離他方，弟子遠行制速受依止，不樂住處，亦同卷，簡和尚中，彼接云：「方便當移住處。」未滿，五九卷。

七·一　三人　彼接云：「有四種過：一不得畜弟子，二不得離依止，三不得作和尚，四不得作阿闍梨，是名不誦戒者罪。」

七·一二　律云　五九云：「有五法不應無依止而住，謂無戒、定、慧、解脫、解脫知見，反之無依止而住。」

七·一七　涅槃　卷四云：諸佛所師，所謂法也；是故如來恭敬供養。又報恩經六云：佛以法為師，佛從法生。又心地觀經二云：諸佛所師，即是法寶；所以者何，三世諸佛，依修行斷一切障，得成菩提，盡未來際，利益衆生。以是因緣，三世如來，常能供養諸波羅蜜微妙法寶。何況三界一切衆生，未得解脫，而不能敬微妙法寶。又智論卷三。

八·一四　增戒增心　又增三中：「復有三學：增戒學，增心學，增慧學。何等增戒學？若比丘具足持波羅提木叉戒，成就威儀，畏慎輕戒，重如金剛，等學諸戒，是為增戒學。何等增心學？若比丘能捨欲惡，乃至得入第四禪，是為增心學。何等增慧學？若比丘如實知苦諦，知習盡道，是為增慧學。」

八·一五　為辦　接云：「自今已去，制弟子法，如是弟子應行；若不行，應如法治。」

九·八　不受語　彼云：「若言於我更不作，若爾善。若言止止，汝非我和尚阿闍梨，我當教汝，汝更教我，如逆將竹節，汝莫更說；若是和尚者，」已下全同。

一〇·一　事通一切　但除大小便，用楊枝，禮佛法僧不白；餘一切白師故。

一〇·八　白師　彼接云：「師應籌量所住處，有可依止人，乃至聽去。」本無令知字。出一六。

一〇·一三　十誦　四二，又六〇，又六一，彼云：「不白和尚，不得一切有所作；除大小便，嚼楊枝，禮佛。」

一一·二　僧祇　二八云：若欲與他物時，應白師；師應問與誰？若言寡婦女，婬女，乃至不持戒比丘，應語不應與此人等相習近。乃至若欲取他物時，應白師；師應問誰與汝？若言大童女，乃至不持戒比丘與我；應語莫與此人等相習近。若言善持戒者，語取。問：齊幾許得不白？與取半條綖，半食，是名不白與取。文中取與者，非謂師物；取，謂他與自取；與者，將己物與他也。少分，則不白。

一一·三　有剃髮師來　鈔批云：「檢祇云：若和上闍梨入聚落後，剃髮人來，欲令剃髮者，應白餘長老比丘，我欲剃髮，師後還應更白師。」

一一·四　大施　彼云：應白師言：我一切所有盡欲布施。師應語出家人要取三衣革屣。弟子言：我除是外，一切盡欲布施。師應相望，若不善持戒，不受誦習行道，應言聽。若善持戒，能受誦習行道，應語布施非是堅法，汝依是諸物，以備湯藥，得坐禪誦經行道。言我有親里，自供給我衣食病瘦湯藥。師應語若爾者，聽。是名大施。

一一·五　此三衣鉢具　具者，言坐具耳。彼二八云：我一切所有，悉欲布施。師應語出家人要三衣、鉢、尼師壇、漉水囊、草履。弟子言我除是外……

一一·九　染衣事　本文云：「欲染衣時應白，若浣時，煮染時，一一應白。若不能者，但言我欲作染衣事，一白通可。」彼又熏鉢事，出通白法。

一一・一八　古記並立　會正：「今欲一日中免不白者，晨起白言：
大德一心念，弟子某甲，從今日清旦至明旦，所作一
切事，白阿闍梨知。」
一三・四　餘同　彼云：「應出小行器，唾器，著常處。」
一三・七　若病　十誦四二：若和尚病者，弟子應看。若活，若
死，應覓隨病食，隨病藥。應取和尚物，作供養。若
和尚無者，自用；並自無者，從他求。若無知識不能
得者，乞食時，得好者，應與和上。
一三・八　日三時　十誦四二：應日日三時教弟子，早起，食後，
日沒時。早起應教言，莫近惡知識，惡伴，弊惡人。
食後，日沒亦爾。
一三・九　弟子　十誦四二，有和上看弟子病法，前弟子看和尚病
全同，與此文異。
一五・二　十誦　三九：有看病人未滿五臘，入村乞藥，不得藥
故，即於彼處復求依止，依止復病，以是白佛；佛
言：從今聽若五夜，若六夜無依止。爾時，六羣無
緣，五夜不求依止。佛言：有好依止師。已下同。接
云：「若比丘無依止，乃至不得取僧洗腳水用。」
一五・五　摩得伽　卷六・七：「有一客比丘不洗足消息，先求
依止；此比丘體力疲極，求覓依止，迷悶倒地，即便
命終。佛言：聽諸比丘脫衣鉢，拭足塵洗足已，二三
日，然後依止。」
一五・一九　即十戒師　鈔批：「一出家闍梨者，即是剃髮師也。」
與今記異。又簡正：「大德云：此中合有剃髮闍梨，
即攝在出家闍梨內也。」若依玄記云：「出家闍梨非
剃髮，此二各別，故羯磨疏中辨六種，即有剃髮闍
梨。」
一六・九　前法已失　資行：「是指羯磨教授二也，彼受戒時，
既請；恐疑尚有請法，更不請，故今判云前法已失等
也。」
一七・九　二歲　律三三：「和尚始二歲，將一歲弟子，往世尊
所。佛問言：汝今幾年？報言二歲。復問言：弟子幾
歲？報言一歲。佛訶責言：」已下大同。
一七・一〇　若師　三四云：「破戒、破見、破威儀，若被舉、二滅
等，於沙門法無利益。」
一九・一三　彼云　本文云：「請依止法者，應偏袒右肩，胡跪接
足，作如是言：尊憶念，我某甲從尊乞求依止，尊為
我作依止，我依止尊故得住。」
一九・一六　五分　一六云：「我某甲今求尊依止，尊為我作依止，
我依尊住，尊當教誡我，我當受尊教誡。」
二一・一四　野馬　智論：「以日光風動塵故，曠野中動如野馬，無
智人初見之為水。」慧影疏云：「陽春之月，有日光
動塵，西國名為陽燄，此國名為野馬。無智者見之，
執言是水，而實非水。」已上出寶鑰纂解一。
二一・一八　莊子云　逍遙遊篇：「野馬也，塵埃也，生物之以息
相吹也。」口義云：「野馬，遊絲也，水氣也；子美
所謂『落花遊絲白日靜』是也。」玄英疏云：「春之
時，陽氣動發，遙望藪澤中，猶奔馬，謂之野馬。」
音義云：「野馬，春月澤中遊氣如野馬馳也；塵埃，
天地間氣蓊鬱如塵埃揚。」又續云：「言世間生物，
以其氣息自相吹噓也。故空中有此物。」
二三・六　以小事留　鈔批：「謂弟子欲向餘方學集勝業，不得為
小事留之。」
二三・六　出鄙拙言　五分二七：「若在白衣家說法，不應亂語。
若師出鄙拙之言，應令覺知。」
二三・一六　必自脫免　盜戒云：「十誦，若比丘為賊所獲，自偷身
賊所無犯，若師奪弟子將來，得重。」
二三・五　大小行器　彼接云：「唾壺，舉置常處，與齒木，迎
食，浣衣薰鉢等。」
二三・二〇　律列八箇五事　見律三四。
二四・一四　好為人師　孟子離婁上：「人之患在好為人師。」
二四・一五　嚴熾　名義云：「嚴熾，謂惡業自嚴；行時搖鈴，持竹

為標幟故。若不爾者，王必罪之。」今作熾者，恐誤乎！或可借音。

二四·一六 魁劊　涅槃經二九出十六惡律儀，乃至十二魁劊云云。雜心云：「魁劊者，主殺人自活。」

二五·七 雜含　三九，凡所已下二句取意，彼云：「依諸長老，依止聚落，著衣持鉢，入村乞食，不善護身，不守根門，不專繫念，不能令彼不信者信，信者不變，若得財利，衣被飲食，臥具湯藥，染著貪逐，不見過患，不見出離，以嗜欲心食，不能令身悅澤，安穩快樂，緣斯食故，轉向於死，或同死苦。」

二六·一四 由過極重　簡正：「玄云：不但犯重為重，或雖犯輕，約他惱處，故名為重也。」

二九·二 開慈救　彼云：「相利故說，為法故說，為律故說，為教授故說，為親厚故說。」

二九·四 地持　卷四，取意。又出瑜伽四一卷。

二九·七 舊約夷殘　簡正：「犯四重為上過，退在衆外，不得共住。中犯折伏者，謂犯殘也；謂本日治，六夜等。下犯訶責者，謂數犯下三篇，訶責治也。」

二九·八 大集　月藏分八之略鈔。

二九·九 若作四重　彼云：「大殺生，大偷盜，大非梵行，大妄語。」

二九·一八 凶惡　彼接云：「依王力大臣力，能作不饒益者。」

二九·一九 一宿還　準尼鈔還字下有「得住無過」四字，則知師不失依止而住，資非法有過，故越宿失法免其罪。

二九·一九 若弟子　彼云：「若一一見謗經，惡邪見，邊見，諫不捨，作舉羯磨；和尚阿闍梨」，已下大同。

三一·一 十誦　五一：「六羣比丘有大沙彌，隱所毛生，小違逆師意，師即剝衣躶身可羞，人所不喜，佛言不應」，已下全同。

三二·六 面牆　書周官云：「不學牆面，蒞事唯煩。」又論語曰：「人而不為周南召南，其猶正牆面而立也。」

三三·一二 我則是汝　資行：「汝若諫我，我則是汝；諫人是師義，故師可諫汝，今反汝諫我，是逆事也。」故鈔批云：「明汝既訶責，我應是弟子，汝應是我師。」

三四·一二 不失上二　七羯磨者，唯失請教授。

三四·一三 舊云　搜玄：三舉失下二，若被呵責等四，及別住等法，則失弟子三教誡白事一法。義苑：三舉則失上二，得請教授也。增暉同之。會正：被僧治罰者，此約呵責等四，則失下一，若三舉失下二法。

三四·一七 不同隨舉　暗斥古記也，會正：「隨順罪，即隨罪提，餘人則有，師獨開之。」增暉、簡正、鈔批皆如此釋。

三四·一九 但生請法　簡正：但生請法者，語似難會；應云但生請法教授。同今記也。

三五·五 三法俱失　鈔批：又依止及衣夏四句料簡：一心隔宿不隔，失依止不失衣夏。二宿隔心不隔，三種之中，夏不失，謂逢難故也；依止亦不失，即如善見弟子隨師行，為師持衣，值人說法，弟子貪聞法，故無離衣罪，而師失衣也。三俱隔失。四俱不隔可知，資行曰：鈔文雖標律中二師，三法俱失者，言總意別，謂依止一師。

三五·五 師徒決意　通釋引鈔批四句料簡，如前條引。

三五·一〇 一死　簡正：一死者，和尚死，三法俱失。二遠去者，二人互去，失下二法。三休道者，二人互休，失三法。四犯重者，二人互犯，失下二法。五師得呵責，失下一法。六入戒場上者，二人互入，謂是異界，失下三法。七滿五夏，唯弟子失三法。八見本和上者，謂弟子在界內先依別人，和上外來，還本寺住，弟子既見，失下二法。九還來和尚目下住者，謂和尚捨畜衆法，弟子遂別請依止師，今時和尚却仍舊畜衆弟子來目下住，故失下二也。與今記少不同也。

三五·一〇 五師得訶責　上三四頁引律不失法，然祖師約義失下一也；律既言不失，今何列律文多種失法中耶？濟覽謂：此文祖師約義列之歟！
三五・一八 四句同前　準律死、去、休道、不與依止四句。
三五・一八 和尚闍梨休道　問：上第三段中注「四句同前」云云，然四句中第三句既有休道，豈非重複乎？答：律並如此列之，按初三段中第三句休道通師資。第四段第三句別約弟子，二師即第五句故。第五段第三句別約二師例知。
三五・二〇 必約經宿　礪釋異此，礪云：「不待經明相，入時即失；所以爾者，謂既是別住法處，年小無知，容為他所誤，入時即失，不待經宿，不同界非別行法，故經宿方失可知。」
三六・五 問訶責約教　問：意云約教出失依止者，唯局第七滿五夏，第五訶責約義則失下一法，約教明判不失，今何故列失依止中也？答：意云今約奪行邊第五列之，故不云約教；亦可云約教，但非正意，故不出約教失依止中也。東野云：「答意云上準奪行判失之，雖似約行，猶是教制，不同成立法身之行也。」濟覽云：「上二釋似不穩也。今謂問意者，訶責約教不失也，約教尚不失也，況行乎？何列失中乎？答意云：上準奪行云失下一法者，亦約教失也；故今就失下一法，而列失依止中也。」

會本卷十一 鈔上四之一　說戒正儀篇第十

一・三 說戒　說戒緣起，依四分三五，及五分十八：佛在羅閱城，時外道梵師，月八日、十四日、十五日集會，時瓶沙王在閣上遙見，乃至詣佛處白言：諸梵志月三時集會，相親愛，善哉世尊，勅諸比丘今月三時集會。以此因緣，集比丘僧告言：自今已去，聽布薩日說戒云云。依彼二律，以瓶沙為發起。次僧祇三七：布薩法者，佛住王舍城，時九十六種出家人，皆作布薩，時比丘不作，為世所嫌，佛因制。又十誦二二：佛在王舍城，時異道梵志，問諸比丘，汝有布薩？答言不有，彼即嫉妬譏嫌，因聽。祇、十二律，因世人外道譏嫌為緣起。
一・四 且列二百五十　隨戒篇一五・二：「智論云：若但說名字，則二百五十；毗尼中，略說則八萬四千，廣說則無量無邊。」
一・五 蹊徑　蹊徑，路也。徑，步道也。道不容車，故云步道，小道也。
一・七 廣略　增三中十五種略說戒，有三種略，各有五種。謂各前四為略，第五為廣，故云廣略兩殊。濟覽：此義似穿鑿，下明略出取却，二即攝一切，非止十五耳。
一・九 律肆　釋氏要覽下：「肆者，所以陳貨鬻之物也。因後漢張楷字公超，學徒隨之，所居為市，故今學處稱肆焉。」
一・一〇 搜駁　鈔序一・二六：「搜駁同異，並皆窮覈。」記云：「搜謂摘取，駁即簡除。」肇論注云：「搜，尋也；又取也。駁，即訓簡，謂取是簡非；云搜駁是非。」
一・一三 布薩　問：題標說戒，注牒布薩者？答：依簡正暗破古師，古師說戒與布薩分別之，謂說戒防未起，布薩防已起云云。今意不爾，但是梵漢異耳。故戒疏云：「布薩西音，說戒東語。」又下記云：「布薩說戒，華梵互舉。」即知梵語多含，故或翻說戒，或譯淨住等也。
一・一九 泥洹　有二本，內典錄三：大般泥洹經，六卷，晉義熙六年於道場寺法顯譯。又方等泥洹經，二卷，同時譯之。（又會正云東晉法顯與覺賢譯。）
二・六 長對次義　簡正：「二增長功德者，釋上來長義，謂未生之善，由體淨故，無作功德續而生，即是長義。」
二・六 養對初義　簡正：「清淨住者，能資養法身慧命。」
二・一七 三體三相　鈔四・一記云：和者有六：戒見利三名體

和，身口意三名相和。

三·二 會通今目　科文。難云：處處云布薩，今何題說戒？答：俱舍八種戒，名布薩護。律，布薩犍度，亦標說戒犍度，即知布薩說戒，同事異名，故今題說戒篇，即是布薩也。

三·三 俱舍明八戒　簡正云：舊俱舍論也。八戒者，八種戒也。彼云：波羅提木叉護有八種：一比丘戒，二比丘尼戒，乃至七優婆夷戒，八優婆塞戒，即八關戒是。

三·四 戒護兩分　篇聚篇中又引了論與今文同，彼記云：「彼論治三界心惑，名對治護，故云在心也。防身口邪業，則名戒護，故云在身口也。今且云戒，一往別對。」準文，了論護名，通身口心。

三·九 問為布薩　答云：業疏一九·一九引僧祇曰：「佛說清淨，是名布薩。」謂布薩是清淨義，自含多名，說戒、淨住等是也。隨舉皆通，非對翻，然雖俱通，說戒名最親，謂因聽說戒，自憶持犯，清淨而住，說戒能成，淨住所成也，俱名功能。

三·一〇 二名互顯　布薩多翻，長養、斷、增長等，懺罪、八戒，皆號布薩。今不然，但專誦戒故，若約淨三業住禁戒，則用布薩；若約誦戒，則云說戒；若云尸羅，無說義故。

三·一〇 問何以不云　答此二義：一者簡古，簡正所謂暗破古師，彰俱通故，彼謂說戒防未起，布薩防已起，二名別體故。二者簡濫，業疏一九·一九曰：「僧祇中，乃至清信士女，九十六種出家之人，皆半月三受布薩。」記云：「布薩通於俗外，每半三日集會修善，故云三受。」謂但云布薩，乃通外道白衣受善，今簡通濫，故標說戒也。問：若爾，何注牒布薩耶？答：題標說戒，既得無濫，又欲對破古師各執，故注示二名同事。

四·八 齊文宣王　文選卷六十任彥升作行狀云：在家布薩儀，淨住子二十卷是也。文論布薩法式，願誓讚引。

四·八 開士　會正：「應法師云：梵云菩薩，此云開士，謂以法開道之士。」通釋：「僧傳中，羅什稱道安，號印土菩薩。」

四·一四 或云即淨住子　會正：「齊即南齊蕭子良。……因夢東方普光世界天王如來，令修布薩事，遂集淨住子二十卷，即誦菩薩戒儀也。」此義為正。即業疏一九·一九云：「齊竟陵文宣王撰淨住子二十卷，大論布薩法式，願誓讚引，須讀者長人神思也。」濟緣云：「舊云有二十卷，多明在家布薩法，未見其文。」輯錄者案：考大唐內典錄，知唐初已佚其半，今皆不可復見矣。幸律祖將其二十卷，刪略為一卷，載廣弘明集，雖非全文，亦可寶貴。北京刻經處校刻單行，彌足珍焉。

四·一六 道安　梁僧傳五·一：釋道安，姓衛氏，常山扶柳人也。家世大儒，早失覆蔭，為外兄孔氏所養，年七歲讀書，再覽能誦。至年十二而出家。

四·一七 上經上講　資行謂昇座讀經講經，如上堂上廁之例也。

五·八 善見　彼云：「云何令正法久住？佛語阿難：若我滅度後，毗尼即是汝大師也，是名正法久住。」

五·九 證得白法　注顯二義，證得白法等，增長功德義。又云下清淨戒住義，上記配釋如此。

五·一二 毗尼母　能斷所犯，能斷煩惱，斷一切不善法，名布薩義，清淨名布薩。業疏一九·二〇：「母論云：斷犯斷惑，清淨身口，皆名布薩義；掃堂敷座，名布薩事，自恣亦爾。」

五·一五 二惑　見惑思惑也，四教集解上云：見惑有二義：一者從解，所謂見理斷之惑；二者當體，謂見則是假，假三假六十二見等。思即思惟惑，初果已上，重更思惟無漏之智，能斷三界貪瞋等惑。

六·七 十誦　彼云：佛語諸比丘，從今聽二種布薩，一、十四六·一二　日，二、十五日。一、食前，二、食後。一、晝，二、夜。

六·一二　四分中三日　五八：「有三種布薩：十四日、十五日、月初日。」

七·三　又云　律三五云：「時諸比丘，日日說戒疲倦；佛言：……自今已去，聽布薩日說戒。」

疏云前二　疏一九·二二具云：「然律本中亦曰八日、十四日、十五日者，無問黑白，三日布薩也。前二為俗則說授歸，後一為道則淨心說戒也。言十六日者，為難開延，未可常用。」文上所引省略之。

七·五　僧祇　卷二七。彼云若食前食後已下亦同卷。彼云：「有一比丘在聚落中住，晨起作布薩竟，有客比丘來，語舊住比丘言：長老來共作布薩。答言：我已布薩竟。……佛言：從今日後不應早作布薩。」

七·一〇　四分為外　出三八卷自恣犍度，今引例說戒增減。

七·一一　若已入界　律四六：若聞今日來，即應疾疾集一處布薩。若聞已至界內，應出外布薩。若言已入僧伽藍，便應掃除浴室，……彼客比丘入浴室浴時，應一一從浴室中出界外說戒。

七·一三　白僧　彼第一增白云：「大德僧聽。若僧時到僧忍聽。今日僧不自恣，至黑月十五日當自恣。白如是。」又第二增白上，可改黑月言白月。

八·一二　善見　注羯磨：「善見云：說戒法，得知正法久住。」

八·一二　十誦幾時　標宗篇三·二八：「十誦云：佛法幾時住世？佛答言：隨清淨比丘說戒法不壞，名法住世。」

八·一七　長者門師　僧史略云：舉國歸依，則為國師。準此，長者一門歸依崇敬云門師。

九·一　名利　僧祇：時阿練若住處比丘，名弗絺膚，有大德名聲，聚落中比丘見得利養，起嫉妬心。

九·六　四分　三六，又出四三，取要。以僧已下，鈔主判釋。

一〇·二　十誦　彼云：末利夫人為聽法故，到祇園中，問諸比丘言：此處有幾僧？答言不知。諸比丘喚名字數，參錯失數。佛言：應行籌。夫人又問：有幾沙彌？佛言：沙彌亦應行籌。

一〇·三　若人　十誦：末利夫人施僧錢，諸沙彌索分。答云：汝不布薩，不行羯磨，不說戒，不入布薩，故不入分。佛言：沙彌受籌，故應與分。檀越自與者，應等與；若但施僧，大比丘得三分，沙彌得一分。

一〇·一二　箸　僧祇音義云：「削竹如箸云籌。應漆，以筒盛，懸著布薩堂上。」

一〇·一六　拳一肘　有二說：一者一尺六寸，正拳量之。二者一尺八寸，折指中節量之。資持二衣篇中以一尺八寸為舒者，對正舉耳。

一〇·一六　物體　彼云：諸比丘便作金銀籌，以是白佛；佛言：應用銅鐵牙角骨竹木，除漆毒樹。

一一·一　佛開之　簡正云：初比丘不敢受；白衣譏言：不解受人供養；以是白佛，因制之。

一一·七　乖道相　謂似自莊嚴，是道人不應，故云乖也。

一一·一四　四分云　律三五云：時上座比丘先至說戒堂，掃灑敷坐具，淨水瓶具洗足瓶，然燈具舍羅疲極，諸比丘以其事往白佛。佛言：自今已去，年少比丘應作。若年少比丘不知者，上座當教；若上座不教者突吉羅；若不隨上座教者，亦突吉羅。

一一·一八　此開數戒　簡正云：「此蓋是閑豫之時，亦非半月高座正說時。」據此，約餘時之義也。

一二·一　猶多百餘　謂僧二百五十戒，尼三百四十八戒，都合五百九十八戒，餘百二戒，故云多百餘也。

一二·一二　第四律師　安居篇一二·二〇：「一謂誦戒至三十，二至九十，三誦比丘戒本，四二部戒本。夏中多緣，故須善通塞也。制依第五，謂廣誦二部律。」

一二·二〇　三篇　彼云：「欲除四棄法，及滅僧殘法，障三十捨墮，衆集聽我說。」

一三・七　不得重誦　濟緣云：重誦，再說一遍也。

一三・一〇　乃至　彼云：「若僧乞已差教誡人，上座應答從某甲比丘受，若僧無所差人，有能說法者，應答往某比丘邊受；若復無，應答此無差教人，又無能說法者，汝等莫放逸。」

一三・一四　疏云　濟緣云：「持律羯磨，還簡堪能，上座說戒，則通昏朽；如來在世，親臨說戒，今推衆首，事有同焉。」

一三・一八　且列七種　五分一八：佛言上座應說戒、持律作羯磨，時諸比丘或反抄衣，或叉腰，或著革屣，或覆頭，或臥，或倚，作如是等不恭敬聽說戒，以是白佛；佛言：……突吉羅。今鈔增一睡眠，脫覆頭一。今記七相，或鈔六相加一覆頭歟。或加不恭敬，總結而為七耳。

一三・一八　智首律師　續高僧傳二八：「每於晦望說戒，先具法物，華香交飾，瑩發堂中，預在聽徒，合掌跪坐。」

湛堂律師曰：危字誤，傳作跪字。

一三・一九　晤恩　宋高僧傳第七義解篇：每一布薩，則潸洒不止，蓋思大集滿洲之言耳。

一四・七　俗人生慢　律云：「諸長者聞，皆共譏嫌言：我等所習歌詠聲，比丘亦如是說法，便生慢心不恭敬。」

一四・九　第四師　十門第四中有六師，謂或局本宗，不須外部；或文缺取他等也。彼卷二・六：「四、此部文義具明，而是異宗所廢；如捨淨地，直言說戒之類。」記云：「前雖取他，不敢廢本；此師不黨，以理為長。」

一五・七　亦得雙用　捜玄錄云：「亦得雙用者，牀前席地，僧在牀坐，行事者在席地也。」鈔批云：「牀前敷席，僧在牀坐，維那行籌，在地席上，一時用兩處，將為要便，故言雙用。」通釋云：愚案未必一時耳。

一五・一二　西晉　姓司馬氏，起於河南司馬懿，懿二子師、昭，昭子炎，炎魏禪，尊祖父懿為宣皇帝，伯父師為景皇帝，父昭為文皇帝，炎即世祖武皇帝，滅吳，混一天下。四世愍帝，為漢劉聰所滅，自武帝至此四世，五十二年，都於洛陽。移都建康，謂之東晉。

一五・一二　五品已上　濟緣一四・二三：「凡官有九品，並據勳爵以分差次，自下至於一品，故云已上。」

一五・一二　大夫　白虎通一曰：「大夫之為言，大扶進人者也。故傳曰：進賢達能謂之大夫。」大夫有三階：上大夫，中大夫，下大夫。白虎通曰：「三公，九卿，二十七大夫，八十一元士，……一公置三卿，故九卿也。……一卿三大夫佐之，（故二十七大夫也。）一大夫，三元士佐之，（故八十一元士也。）上下合論，凡有官位者，百二十人也。此且約京官耳，理諸國守牧等非此例。」

一五・一四　晉室羅亂　懷帝永嘉五年，為漢兵所執，遷帝及六璽於平陽。七年，帝遇害，愍帝即位，與漢相攻，世猶未治。建武丁丑，帝遇害。建武即東晉元帝年號。

一五・一九　尼鈔中　卷上三七說戒篇云：「初入堂時，先偏袒右肩，脫去鞾履，合掌作禮，若恐人鬧，不及一一作禮，但俛身側入，依次坐。近數見僧尼，及至俗家齋上，僧尼在牀上禮佛。尋討一切經律，及問西國諸德，並無此禮；直是怠惰安身，不存敬意，反招自累。」

一五・二〇　釋相　彼引僧祇云：「若下濕處，用八指木榰腳得。」注云：「準此下濕處榰牀者應開，得在上禮佛；若榰高者不合也。」

一六・一一　復加勸勉　本卷四一頁，衆主應告僧云：「今說戒日，十方賢聖所共同遵」等。

一六・一六　聞疑　律三六云：有客比丘見舊比丘相，不求說戒，不成有罪。見疑亦如是。又云：有客比丘來，聞舊比丘聲，聞已不求，便作說戒，不成有罪。聞疑亦爾。見相便求，求而得之，和合說戒，成法無罪。聞求亦爾。

一七・一〇　有人執本緣起　會正：增一第十六曰：佛告阿難，汝今於露地速擊犍椎，今七月十五日，是受歲之日，乃至阿難聞此語已，即昇講堂，手執犍椎云：我今擊此如來信鼓。又偈曰：降伏魔力怨等。以此文證，則鳴椎者說之。軌度品經所出示據鳴鐘者。又尼鈔集衆篇出此偈，說戒篇中不出，則可驗知，今恐順昔，且言聞鐘，或可聞字作鳴字。法寶行事中，亦注云說鳴鐘偈云云。

一八・七 我不滅度　若依標宗篇三・二〇，彼引五百問，鈔曰：「五百問云：佛垂泥曰，阿難悲泣。佛言：我不滅度，半月一來。」記云：「佛本無身，全是積劫修成功德之聚，還以己德開示羣生，故名為戒，當知此戒即是如來。」住法記上二三曰：諸佛皆有生法二身，生身有滅，法身不滅。不滅有二：一本性法身，永無生滅。二修成法身，有生無滅，即戒定慧等五分功德，從因至果，聚集為身，今指木叉，則此身也。

一八・九 立歡喜偈　會正：「各依位坐者，若據法寶，於此出歡喜偈，未見所出。然彼亦自注曰：其歡喜偈，諸方行之，今依鈔不行亦得。」歡喜偈者，資行：「吉祥童子偈也。」通釋云：「吉祥童子者，佛成道時，帝釋化人，以吉祥草奉佛。自恣篇增暉曰：無量壽經上卷，偈曰：吉祥童子施輭草，如是受之成正覺」等。

一八・一二 檠檠鉢貯　簡正：「檠，其敬切，盛花。」鈔批：「檠檠者，齊竟反，似疊足高，曾京中見，或曰檠，今用小杌。」檠，彙：「前漢地理志：朝鮮民飲食以籩豆。師古云：以竹曰籩，以木曰豆，若今之檠也。」鉢貯，今名布薩鉢，並造華形也。

一八・一三 五器三器　二瓶二鉢為四，共花檠為五。然瓶安鉢中，故合三器也。

一九・一三 尼鈔云　卷上三八：「維那先取香湯洗手，浴籌，至打靜處，維那自浴亦得，今時」已下如引。

二〇・二 應左手執　沙彌經曰：「持手巾有五事：一者當左手持下頭，右手持上頭授人。」雖似不同，取隨宜耳；未必局定。記云「取其順便」是也。

二〇・一〇 理事二種　標宗篇記卷三・二〇：法身復二：一理法身，即所證理顯：二事法身，即五分德圓。

二一・二 打靜　靜非謂所打之鐘磬，但打鐘磬，靜衆喧囂。導俗篇云：「打磬靜衆。」可以證也。

二一・四 雜行篇　鈔卷四〇・二八云：「維那至打處立，合掌。右手取椎，舉起擬砧訖，然後打一聲，不得有重響，方乃臥椎，手從柄處捋之。然後合掌，有所啟白」等。記曰：「擬砧，使稚砧相當也。重響，謂振聲，下數不辨，故須左手攦之。」

二一・七 並供養　簡正：「並供養收籌者，古來今時，兩京行事如此也。鈔意曰上來既云小者收護已盡，不須更唱云並供養收籌之語。」通釋云：古唱小者收護，並供養收籌耳。

二一・一五 賓頭盧　名義集云：賓頭盧，翻不動字也。頗羅墮，姓也。真諦曰捷疾，亦云利根。

二一・一八 理更兼凡　通釋曰：「賢言自兼內外兩凡，更兼者，約薄地耳。」

二三・七 在高座序中　會正曰：「高座中者，即云若有犯者應懺悔。又開座上發露，則非遺出。」

二三・一二 提謂經　十門記二・四三曰：「諸佛下生、乳香、提謂，並有真偽二本，他宗或引，並正本耳。」發真鈔曰：「提謂經真偽二本，故僧祐錄稱宋孝武時，北國沙門曇諦撰一卷者，邪正天別，續高僧傳舊錄別有提謂經一卷，與諸經語同，今所引者是真本。」

二三・一三 龜木　法華妙莊嚴王品，淨藏淨眼二子說曰：佛難得值，如優曇鉢羅華。又如一眼之龜，值浮木孔。而我等宿福深厚，生值佛法。通釋云：或說一眼龜者，頭首無眼，但腹有一目，故不能見浮木，此龜常居海底，三年一出，欲事首於浮木孔，而海廣八萬四千，龜出東則浮木西，或出西浮木東流，億千萬劫不得值；而適得值人身，正法難得如是。

二四·一 疏云　業疏一〇·二二：盡形不盜者，已施法界有情之財；言不殺者，已施法界有情無畏。即以戒法行己化他，即名法施徧衆生界。

二四·一二 通前四唱　審問監護，召集聖凡，告衆受籌，行沙彌籌。

二四·一三 三唱後句　問：此唱白但有一句，云後句者？答：準尼鈔，彼曰：「大德僧聽，次行式叉摩那尼」等，依此通可云大德僧聽。

二五·二 四恩　釋氏要覽說，同於今記；若依心地觀經：一父母，二衆生，三國王，四三寶是也。

二五·八 經名雖通　上曰即目律為經。

二六·一六 稽首　歸敬儀三一頁云：「白虎通云：稽者，至也；首者，頭也；言下拜於前頭至地。即說文云：謂下首者為稽也。三蒼云：稽首，頓首也，謂以頭頓於地也。」

二六·一六 和南　歸敬儀三〇頁曰：「言和南者，謂度我也。今流溺生死河，念依拯濟而得出也。準此以言，豈非和南，先在尊師，義通上聖，念救拔也。」

二七·一〇 梵唄　會正：陳思王曹植嘗遊魚山，忽聞空中梵天之響，哀婉動心，獨聽良久；而侍御莫聞。植深感神理，彌悟法應，乃模其聲節寫為梵唄，撰文制音，傳為後式，梵音先顯，始於此焉。又魏支謙制連句唄，吳僧會亦善作之。

二七·二〇 後出詞句　前順灑時出詞句，故云後出詞句，合在前說，逆灑之間作梵唄也。濟覽云：「此義難信，既上列次第，二梵唄，三散花，豈後出故。但後出詞句者，散花後出，故以為斷耳。合前說者，謂正散花時，當唱焉也。」

二八·三 向上座　準口決今時對本尊，不強向上座也。唄末香役者，先取香爐三禮，偈竟，一禮置香爐。

二八·一四 冥想　謂運心也，內心所思，外形非顯，故云冥想。

二九·一 下指別法　簡正：「儀式如別法者，五德十數之儀，如沙彌篇。」又會正：「或於此處先說五德十數，彼上座方告之亦得。」資行引此二說云：「當世行事，於此讀五德十數者，雖兩祖釋不見，竊依此等文耳。」

二九·一 互跪　歸敬儀三四頁云：「左右兩膝交互跪地，此謂有所啟請，悔過授受之儀也。佛法順右，則以右膝拄地，右髀在空，右指拄地，又左膝上戴，左指拄地，使三處翹翹，曲身前就，故得心有專志，請悔方極，此謂心隨其身行慢失也。」

二九·二 或尼三衆　疏曰：「尼同僧法，應與同聞，莫非女類無智，多生慢習，制令耳目不矚，則重法尊人也。」

二九·一〇 古戒本　今注戒及注羯磨並云：「比丘尼衆遣何人來耶？」同古戒本。又戒疏古三義中初義也。

二九·一三 受尼囑者　據注羯磨卷下，八頁，尼篇四二·八：「僧中於布薩日豫差一人，擬受囑授。於己房外，設一牀座；尼至時來，餘人示之。彼尼至房所，囑授者詣座坐，令一比丘為伴，立之。受尼語已，告云：待日晚說戒時，為咨衆僧，未知有不。然尼衆為欲別請，為依僧次，隨語答領。又告云：明日可來此，問取進否，尼便辭退。」又尼僧布薩日，白二差一人與伴，來僧寺請教授。

二九·二〇 舊云長跪　會正：「長跪者，佛令尼長跪，可表代請，故前言互跪。」長跪者，歸敬儀三五頁云：「兩膝據地，兩脛翹空，兩足指拄地，挺身而立者是也。」

三〇·一〇 上且出一兩　簡正：「貼合者，五衹二律是兩文，五分標其無人，僧衹出其略教，二文相當合聚一處，貼合共成行事。」

三〇·一〇 此一部之文　僧尼二部中，且就僧明法，故云一部，見下尼篇相對解之，上下謂約當段尼別行也。通釋云：「一部者，約鈔一部始終歟！」

三〇・一三　曾不對答　謂本律中，唯出廣法，無略法相，故古師若無能教授人，而無略教對答儀式。故注羯磨中，準僧祇等出略教誡對答之法，故云故具引之。

三〇・一七　復本座　謂受囑人承上上座命勅已，復本位，所為事訖故。明日待尼來，依命傳告，使尼合掌曰：頂戴受持。便禮足辭退。至寺即鳴椎集衆，不來者說欲，諸尼雲集，並立堂中，依位合掌，使尼至上座首，打靜白告，並傳上座勅已，諸尼合掌云：頂戴受持，然後禮唱而退出。

三一・二〇　明人能護戒　注戒本最末曰：「斯文即法護尊者所撰，為廣略二教總流通也。」具文曰：「明人能護戒，能得三種樂，名譽及利養，死得生天上。」等，具有十四偈。

三二・一　處世界唄　超日月三昧經偈曰：「處世界如虛空，如蓮花不著水，心清淨超彼岸，稽首禮無上尊。」

三二・四　末後二偈　依律本序偈，具有四十六偈半；別行戒本，出其少分。

三三・二　清二死　筆削記云：「一分段者，謂三界四生，身有形段，命有分限，始必有終也；二變易者，謂二乘，菩薩，斷煩惱，雖離分段粗苦，猶有賴耶變易行苦，以四相所遷，轉變改易故名。」

三三・二　事和無諍　鈔四・二記曰：「初果已去名理和，所證同故；內凡以還名事和，即六和也。」

三三・一八　若干人等　準尼鈔云：「某甲等若干人。」恐今寫倒。

三三・一八　依過陳之　尼鈔二・四四：「若不清淨者，一一別告云：大姊僧聽，比丘尼某甲犯某罪，為逼說戒，未得懺悔，後當如法懺。」

三四・一〇　此約說竟　然律曰欲說戒客比丘來等，當更與說等云云。欲說戒言，雖似未說時，若依更與說之，似約正說之時；若一向未說，何云更說哉？又說竟，尚重說，況未竟。

三四・一〇　未竟隨來告淨　通釋云：律三六廣明主客相從，彼舊比丘說客來，或客比丘坐說舊比丘來，或客說客來，或舊說舊來，並來多等，制重說；少開告淨。然明後來少文曰：「若已說戒序竟，當告清淨；餘者當次第聽。若說戒竟，舉衆未起，若多未起，若都已起，當告清淨；不者如法治。」舊客互言之亦爾。次明來多來等文曰：「舊比丘欲說戒，客比丘來等，當更與說戒；不說者當如法治。若說戒竟，若舉衆未起，若多未起，若都已起，舊比丘當更與說戒；不者如法治。」主客互說亦然。然律說來少中，有已說戒序等文；說來多等中，但云欲說戒，或云若說戒竟等，而不云未竟事，故記約未竟判；多或少告淨，不勞再說。而依鈔「縱說戒竟」，及「皆令重說」，文似隨說多少，皆更重說。文意云：隨說多少，應更說之；縱都說竟，皆令重說等，追而詳之。

三四・一一　有將前科　義苑、會正並爾。

三四・一三　毗尼母　彼云：「若七聚中，乃至惡語；僧集時，衆中有犯者止；無犯便說。」

三四・一三　律文　彼云：佛告阿難：此如來最後說戒，何以故？有犯者不得與說戒，有犯者不得聞戒；不得向犯戒者解罪，有罪者不得受他解罪。

三四・一七　五百金剛　五分曰：五百金剛隨佛後，三問不答，競舉金剛杵，擊破其頭。

三五・一三　疏云　濟緣一九・三三：「以下，釋通教意。身口近事，故云附相；心識玄曠，故云託虛；附相則易持，託虛則難制。初制說戒，故重；後開誦經，故輕。」

三五・一七　略教誡經　即指般涅槃、遺教經也。

三五・一八　舊云　會正。

三五・一八　勝鬘佛藏　諸雜要行篇四〇・三七曰：「依古德所示云：誦勝鬘一卷，攝一切佛法根本盡。」注：「如來藏一卷亦同；趣得便誦。」今佛藏者，即如來藏經也。彼續曰：「戒本一卷，攝一切止持行盡；羯磨一卷，攝一切作持法盡。」

三六·一三　高僧傳　又唐僧傳第十曰：「齊鄴東大覺寺僧範，曾宿他寺，意欲聞戒，有僧昇座，欲豎義，乃曰：豎論法相，深會聖言，何勞布薩，僧常聞耳。忽見一神，形高丈餘，貌甚雄峻，來到座前，問豎義者，今是何日？答曰：是布薩日。神即以手搭之，曳于座下，委頓垂死。次問上座，搭曳同前。範由是自勵，至終僧事私緣，竟不說欲，乃至疾重，輿而就僧，將終之日，延像入房，下牀跪地，惟悔宿觸而已。」又出珠林百八·四。

三七·八　根條兩異　準攝戒種類，皆收四重為根，僧殘已下為條。根不成別，條成別衆，故云兩異。

三八·八　八難　四分三六：「八難者：若王，若賊，若火，若水，若病，若人，若非人，若惡蟲。」依此，病、人，是二種也。記點病難而牒病人者，宜去人字，但相因曰耳。即濟緣一九·三二：「次第具分，與律全同。」

三八·一二　懺罪　業疏云：「布薩多者，諸懺非一，遂至夜久也。懺為淨罪，即布薩也。」濟緣一九·三二：「布薩言濫，故獨釋之；即目行懺為布薩耳。」

三八·一三　應略說戒　問：何故不能經明相耶？答：律曰：更無方便，可得宿受欲清淨羯磨說戒。」

三八·一七　不同賊　濟緣一九·三二：「賊常劫盜，人但冤仇，所以兩分。」即疏曰：「賊者，如僧祇中，突入聞戒。既不為說，便加苦惱；制令改音誦餘經法，不得斷絕也。水能漂蕩。火能焚灼。病須將護，搖曳毀損。人謂惡者，伺覓捉縛。」

三九·四　五分貴人　彼云：「有十因緣，聽略說戒：一者有貴人，二者有惡獸，三有毒蟲，四有生草，五地有棘刺，六有毒蛇窟，七病，八闇，九地有泥，十坐迮，是名十緣。……乃至不得說戒，應言十四、十五日布薩時，各各正身口意，莫放逸，亦名布薩。」

三九·一三　五分中七緣　依本文有十緣，今鈔略毒蟲及病，但列八緣，準今記合生草棘刺為七緣耳。

三九·一八　如羯磨篇　彼記曰：「瓶沙具云頻婆娑羅，此云顏色端正，疑比丘半月一集，所圖何事，故獨開之，決疑皈信，故云心淨。」鈔引十誦云：「白衣前說戒成者，除為瓶沙王等，除王眷屬民將，獨為王說，令心淨故。」

四〇·一　有云　增暉、會正。五分一八云：「有一住處布薩，諸比丘在隱避處說戒，客比丘來，不知處所，以是白佛；佛言：若無難事，不應避隱處說戒。諸比丘以小事便囑授，以是白佛；佛言：不聽以小事囑授。」通釋云：「本文明說戒囑授，一約說戒一句，文相似不貫，又分文相，上下似不貫歟！」

四〇·一六　八篇　四波羅夷，十三僧殘，二不定，三十捨墮，九十單提，四提舍尼，百衆學，七滅。

四〇·二〇　有人云　問：彼說有何過謬耶？答：略述其非。一彼提題首，但云略取，別立略却，今記不爾，但舉篇名為取，不提戒條為却，應知取必有却，却必有取。二彼局八箇，今記不定。三彼約誦一兩篇解略却義；今記不爾，如下直略，亦是略却，何必約誦；又依其所誦，即是廣說，但約所除，是正義也。何必約誦，如下記辨可見矣。

四〇·二〇　別所破　濟緣一九·三二：「即取篇名，為略取也。僧常聞者，略去戒條而不說者，為略却也。」乃至「自餘妄說，具如資持所破」。彼亦無破文。

四一·二　古記云　濟緣一九·三二：「問：七滅諍為通略否？答：八篇皆略，何有不得；準如尼鈔，滅諍亦略。若爾，文何不略？答：母論略緣，但止衆學；又滅諍不長，容可廣說，引起後結，所以存之。」

四一·一四　準注羯磨　卷下一〇頁曰：「不得說序者，僧祇云：諸大德，今十五日布薩時，各正身口意，莫放逸。便各各隨意去。」

四一·一七　備在釋中　今是預談，至下略法中，記委釋之，故指云在釋中。

四二·六　但言餘者　如文云說序已，應白僧言，餘者如僧常聞云云。依律但有略却之義，無略取法，故準用他部也。

四二·六　母論　彼云：「略說戒有五種：一者說戒序已，稱名說四波羅夷，汝等數數聞，乃至衆學亦如是。」

四二·一三　疏云：濟緣一九·三二：「常下，正釋所出之法。意謂臨時緣來，即須戒師觀緣而略。今依母論，乃是冬夏寒熱等緣；預先備擬之法，故曰容所敘致。」

四二·一七　說戒犍度　磧砂藏卷三六·六二頁第十九行以下。

四二·二〇　下七例此　彼云：時彼比丘作此念，此難事近，我曹不能說戒云云。今點彼比丘已下二句，若例次段，如末續云：彼比丘應說至九十事，不說如法治是也。

四三·五　七略一直　鈔批：「一直者，若難近不誦序，即云諸大德，今十五日，正意。即散去，名一直。」通釋：「彼攝第一一廣，以皈七略；摘第八一略，別立一直，是失文意也。問：略者省廣，從少之義，如後一種，一句不說，何有略義？答：一句不說，正是略却義，可亦名略說戒也；況出律略法中乎？故以次第八段，可云一廣七略耳。」

四三·一九　古記　問：與本宗一直何別？答：本宗直去，不須云莫放逸等也。此戒勑文，出僧祇也。通釋云：「祇二七卷出略法，然無今略法。」

四四·一一　調度　鉢器記三五·一一：「謂調養具度，即衆物之通名。」

四四·一六　望剎　濟緣一九·三四：「望剎為居，到處即止；四海為食，時至即乞。」梵語剎摩，此云土田，通名方處。

四五·六　疏問　濟緣一九·三四：「問中，欲彰僧別二法優劣。答文，初明衆法通收，本攝僧故。別下，次明對首為別，且表淨故。上教即僧法。」

四六·七　依疏為佳　今依業疏一九·三五：「念已，當心念口言，三說布薩。」

四六·八　一比丘住處有界　通釋：「有界字疑寫誤乎？準注羯磨應作有罪。」羯磨下一一：「五百問事云：如上加法已，有罪者向四方僧懺悔已，獨坐誦戒至竟。」

四六·一四　如自恣中　自恣云：「四分說戒中，自犯罪，若告僧恐妨說戒，令心念發露已，後得聞戒，即是淨行。衆法攝治功齊，準用無妨。」又云：「若四人比丘已上，偷蘭僧法，但入偷蘭說中，乃至僧殘說中；若準用十誦白停後，當待衆滿，如法治之，不應礙自恣。」

會本卷十二鈔上四之二　安居策修篇

第十一 受日法附

一·七　則為七矣　謂對首、心念、忘成、及界雙足、及界隻足、及園雙足、及園隻足共為七也。又業疏二〇·二云：「用前七法，下約三時，則二十一種。將此數法以約兩界，自然、作法，合四十二種。將此約人，人有五衆，則合二百一十種也。」

一·九　安居別法　事鈔科分為三卷，上卷名衆行，中卷名自行，下卷名共行。今安居法共行，宜屬下卷，那為上卷？答：釋有三，如文可見。三行配屬，見卷一·三三及卷二·四八頁。

一·一三　靜處　遺教曰：「獨處閑居靜處之人，帝釋諸天所共敬重。」發真鈔云：「靜處以初心修定，處必安靜；所以如來偏讚靜處。」

一·一三　思微　三千威儀云：「禪思入微，究暢幽玄。」寶藏論云：「微者體妙，無形無色無相，應用萬端，而不見容。」

一·一八 性相二空即空為理　鈔四一·八記云：「或推相見性，謂之性空；即相知幻，謂之相空。達相是心，謂之唯識。……前二性相雖殊，皆以空為理也；後一以心為理；前二為權，後一是實。」又三觀之釋，見於懺篇。

二·八 律因諸比丘　律三七，初紙：「時佛在舍衛，時六羣於一切時春夏冬，人間遊行。時夏月天暴雨，水大漲，漂失衣、鉢、坐具、針筒，踏殺生草木。諸居士皆譏嫌言：諸外道法，尚三月安居；乃至蟲鳥，尚有巢窟止住；沙門釋子，不知慚愧，何有正法」等。

二·九 佛因制曰　律曰：「佛以無數方便，訶責六羣比丘已，告諸比丘，汝不應於一切時春夏冬，人間遊行，從今已去，聽諸比丘三月夏安居。」通釋：「不應三時遊行之文，鈔所謂通制三時也；三月夏安居之文，即偏約夏月是也。」

二·一四 日日吉羅　業疏二〇·三云：「二結罪前後者，從四月十六日，至五月十五日為前；以不結者，隨日不結，吉羅。後五月十六日為後，若不結者，尼提僧吉也。」

二·一六 三時並吉　問：依上來文，春冬二時不結安居，通結罪耶？答：據文爾，必須安居。然濟緣二〇·一云：「準通三時，知開非意；此據上根絕世之流，單坐夏時，乃被中下。」準之，中下可開。然律文祖文，未見其開，若無因緣。通須從制，不用結法，但作意耳。又限內有緣出行，不勞受日耳。

三·四 俗刑有上請　漢書二三刑法志：「至成帝鴻嘉元年定律，令年未滿七歲者，賊鬬殺人及犯殊死者，上請廷尉以聞，得減死，合於三赦。」三赦者：同卷云：「三赦：一曰幼弱，二曰老眊，三曰惷愚，生而癡騃者。眊讀與耄同。惷音丑江切，又音貞巷反。」上指天子，請謂求請也。

三·四 名例律　唐律，十二篇，其首篇曰名例律。又魏文侯師李悝著律書六篇，名之古律，其具法一篇，即今名例律也。

三·一二 以類相從　鈔一·三二分篇敘意中云：「但境事實繁，良難科擬；今取物類相從者，以標名首。」

三·一七 乃至　律云：「六羣比丘用蠟蜜塗帳，坐中安居。」

三·一七 小屋　律云：「起不礙頭，坐趣容膝。」

三·一七 若依牧牛人　律三七云：爾時比丘，欲依牧牛者安居往白佛，佛言，自今已去，聽依牧牛者安居，安居中移徙，隨牧牛者所去處應去。已下四種例爾，「時諸比丘欲依壓麻油人安居，佛言，聽。安居中移徙，隨彼所去處應去。時比丘欲於船上安居，佛言，聽。安居中移徙，隨船所去處應去。」依斫材人律文亦同。「時欲依聚落安居，佛言，聽。安居中若聚落分為二分，隨所供給所須具足處住，安居中移徙隨所去處應去。」

三·二〇 作住意　五分律：時有估客營桎，諸比丘欲依安居，佛言，聽。彼估客安居內，忽然復去，諸比丘不知云何，佛言，聽隨去。諸估客分作兩部，佛言，一部信樂所之豐樂隨去。鈔引取意，忽然復去等意而云作住意耳。

五·一六 五句即列五德　謂未聞（一句），已聞令清淨（二句），能令通達（四句）。能為決疑（三句），除邪見得正見（五句），三四前後宜改。

六·一六 受安居　非是結法籌量處所，故云受安居。

六·一八 上座　客比丘中，衆中上座，下結云皆應夏安居中，上座所作。

九·九 舍利弗　律三七：爾時舍利弗、目連，欲共世尊安居，十五日從所住處往，十七日乃至。佛言：聽彼安居，有二種安居。

一〇·八 同謂　同前者，前中二安居不結，尼同無緣吉。別後即後安居不結，尼犯墮。

一一·二 約安恣互明　謂難事結夏，有前後二人；初人結夏，通於前後，自恣局初。後人結局後一，恣通前後。

一一・五 又云必舊　疏二〇・四：「忘成等五，以是行人先有要故；文云為安居來，非舊人也；必舊有約，例亦開之。」

一一・六 準疏後亦加法　疏二〇・五：「若直爾得，後用加法何為？答：制開義立，何得不有。」

一一・一三 未滿閏中出界　濟緣二〇・六：「未滿出界，即下數滿者；閏中出界，即下閏月不安者。」

一一・一六 彼云　具文云：「若閏四月前十六日安居，即日應受持雨衣，至七月十五日，於其中間百二十日常得畜。」

一二・二 數滿　濟緣二〇・六：「從前四月十六去，取九十日；即六月十六日自恣受衣。不依已滿故成受；依閏未滿，故不成受。」

一二・一二 摩得伽　卷三，又卷九，均是取要。

一二・一七 疏云　濟緣二〇・七：「伽論文通依不依，乃據知不知耳。先知後結，定須依閏；先結後知，則開數滿。」

一三・三 十誦　五八：「問：諸比丘受迦絺那衣，當作閏月，何時捨迦絺那衣？答：隨安居日數。」自恣篇迦絺那衣引之。

一三・一四 閏月二日已後　謂自閏月一日至五月一日，此三十一日內結者，俱皆至八月一日去。於中閏月一日結者，百二十日住。二日已去結者，漸漸少；謂二日結者，百十九日住，乃至五月一日結者，九十日住也。

一三・二〇 結去各十六日　結十六日者，自四月十六日，至閏月一日故；去十六日者，自七月十六日至八月一日故，是名初住。

一四・二 前通二十九日　自閏月二日至盡日結，凡二十九結也。此結法，雖有二十九日，而去則同取八月一日也。

一四・一六 結去各十六日　結十六日者，自四月十六日至五月一日故；去十六日者，自七月十六日至閏七月一日故。

一五・一 乃至安居隔十四日　通釋：約五月二日已去論能對所對，結去相隔，次等齊等。若以五月一日為所對論之，五月十五日結者，正隔十四日，若十六日結者，則隔十五日，依此約最後，應云乃至安居隔十五日，今文不爾，似不相順。

一五・六 生常　鈔序記曰：「愚執畢身，不能遷善，故云生常。」又通真記云：「迷倒所纏，習俗難改，故云生常。」

一五・九 君子安遷　曲禮云：「積財而能散，安安而能遷。」注：「雖積財而能散施，雖安安而能從義。」

一五・一一 客僧　律中，客比丘得不好房、惡臥具，便瞋舊住比丘言：汝心不平等，所喜者便與好房、好臥具；汝不喜我，故與我惡房、惡臥具等。

一五・一六 不愛等五法　律三七：「若不愛，不瞋，不怖，不癡，知可分不可分；有如是五法，應差分房舍，分臥具。」

一六・一九 缺壞房不受　律三九：「時有比丘得缺壞房，心念我不受是房，恐使我修治，諸比丘即白世尊；世尊言：應受隨力當治。」

一七・二 鉢器　鈔三五・二二：「若營事比丘作房成，莊嚴香熏，所須具足者，與房住。九十日一移，不得更受餘房。」記云：「若營事下，明賞經營人；九十日者，取一安居期故。」

一七・一〇 美好不同　簡正：「謂隨人意亦各別，或有上座，有事寂靜，欲須邊小等房。或有上座，欲近食堂，佛殿處等，不計房之好惡。或有樂修福者，欲住惡房，方便修補。或恐廢業，不能修治，但要好房，不論遠近，故云美好不同也。」與今記異。

一八・七 不得不受　僧祇：「若不肯取兩，我止得一房足。爾時應語。」已下同。

一八・八 故與　彼接云：「若比丘多，房舍少者，應兩人三人共一房；若故不足，應五人十人共與一房。」

一八・八 若春　彼云：若冬時付房舍，治事故與，受用故與，若上座已下同。春時付房舍等同上。

一八・九 若安居　彼云：「安居時付房舍治事故與，受用故與，上座不應次第住。」當令等五字，本文無之；東野謂：準現本律與鈔記異，律本多寫。

一八・一四 衆集處　律三七：「時諸比丘分僧集處，若溫室，若夏堂，若經行堂，客比丘來不得房，無住處。……世尊言：不應分僧都集處。」

一八・一五 滅名而去　律云：「於此住處去，不滅名字便去，餘比丘見有名字不敢住，佛言：不應不滅名去。」

一九・一 崫窟庵舍　鈔批云：「有施主於僧地上，或蘭若處作別房，供養衆僧，非是僧家常住房；以僧家房三時須分，何得起名字耶？」

一九・二 某僧伽藍　律具云：「依某甲聚落，某甲僧伽藍，某甲房。」問：依止聖教，可亦通耶？答：若無人處，亦應開乎？準業疏一二・二〇：「問：文制依律，方隅持少；自身他依，復須依否？答云：須依，如五分成，方離依止之類；今雖無人，而有誡教，細尋取悟，如律五答可也。」濟緣又云：「涅槃云：佛亦有師，所謂法也。律云：毗尼有五答：一序答，謂序緣起。二制答，即戒制。三重制答，如婬乃至共畜生等。四修多羅答，化教正文，五隨順修多羅答，但順其意，不必依文。」此謂或答疑問，須依經律，則為師者，依教明矣。

一九・三 房舍破修治故　五百問問歲坐事品云：「問：受夏坐人，云何房舍破，當補治，為謂始坐坐訖時耶？答：三月中，破即治。」

一九・四 有疑當往問　今時行事，答云頂戴持。資行問云：「鈔及注羯磨等，無最末頂戴持之言；依之，北京行事不須之，今南都作法加之，為依何文？答：飾宗記出之，於文理合宜，故依用也。」

二〇・一五 若據安居　通釋：依鈔本卷四頁了論疏有三種安居心：「一為自行，二為利他，三為料理三寶，修治房舍。」所謂攝靜修道，是自行，少欲之人；營事修治利他，大行之人；義準三種心中，隨具一心，應成安居。若本佛心，三心具足，正應佛教，自住僧房，三世不續，豈名奉教乎！

二〇・一九 依第五　問：無第五律師時，可依誰耶？答：資行有二義：一云可依餘律師，如今記；二云可依律藏，四分律鈔意也。

二一・二 準下還成　依本卷下文二五頁有難移夏云：「準此結成者，從初去日，即須勤覓安身處，若未得已來，雖經宿不破夏；若得住處，夏法隨身。結成後去，本界無難，亦不得返來。」記云：「結成後去，不必作法，但望所至之處，立心止住，名為結耳。」今鈔結成之文，準之解矣。

二二・一四 忘成　濟緣二〇・二二：「忘成者，夏初在界，忘不加法，後憶方加，許成前坐。」

二三・四 及界　濟緣二〇・二三：「及界者，十六後夜，自外奔至，纔及明現。後方加結，亦成前夏。」

二三・四 園　濟緣：「藍，此翻為園；因給孤買園，祇陀施樹，不忘其始，經律中皆以園林召之，即僧坊之通號。」

二三・一三 悤切　濟緣二〇・二三作悤遽解。忽本作悤，多遽悤匆也。

二三・一四 又問　記云：「初問，入即成安，出謂破夏，雙足可知，隻足乃異，故問通之。答中，出破約雙，入成約隻，有益無損，得教本意，故云有理。」

二三・一八 十誦　二四初：「長老優波離問佛，誰應安居？佛言：五衆應安居。」

二三・一九 四分　二六：比丘尼波逸提，比丘、式叉摩那、沙彌、沙彌尼，突吉羅。

二五・二 本時婦　依律不必本時婦，今約通云耳。準律三七・一四：時有勇健大臣出家，優填王語言：汝何不休道，當與汝婦資生田宅財寶。比丘自念我在此安居，必與我淨行作留難，往白佛，因開去。

二五·二 大童女　律云：「時有大童女來誘調比丘，汝何不休
道？我當為汝作婦」等，餘詞如上。
二五·二 婬女　亦同上，彼言：「我當為汝作婦，或嫁女與汝」
等。
二五·二 黃門　律三七·一四：「有黃門貪愛比丘，故數喚比丘
共行不淨」等。
二五·二 伏藏　律三七·一四：「時有鬼神，語比丘言，此中有
伏藏；比丘自念我在此安居，必為淨行作留難」等。
二五·三 皆因人來欲誘調　律誘調等語，但在大童女及婬女中。
二五·三 鬼神　律三七·一四：「時有鬼神，伺比丘便，欲斷其
命根」等。
二五·四 惡賊　律三七·一五：「有賊伺比丘便，欲斷其命根」
等。依律賊次，有毒蛇，律云：「毒蛇瞋恚，伺比丘
便，欲斷命根」等。
二五·四 毒蟲　律三七·一五：「安居經行處，多諸毒蟲，此
比丘狎習經行體安，不經行不安，彼比丘自念我在此
住，必為我命作留難」等。
二五·四 惡獸　律三七·一五：「諸惡獸瞋伺比丘便」等如上，
上來諸緣，律中一一皆往白佛；佛言：若有此事應去
云云。
二五·八 地有伏藏　鈔批：「問：無主之藏屬王，須達聖人何
為輒取？答：地上屬王，地中無屬，給孤獨取者，是
地中之藏耳。」今文中所言者，應是有主之地中伏藏
也。」
二五·一五 初句牒前　牒前者，上文無結成言。前文二一頁六行
云：「若已結前夏，遇緣破者，隨日結成。」今牒後
文，準次上文料簡也。又前二一頁·一一行記云：
「遇緣隨結成者，……準下還成前安。」下者，指今
文也，前後相望，指彼不疑。
二五·一九 緣即難事　簡正記云：「須有緣及法者，須生善滅惡
請招之緣，即休受日之法，得再來此也。」鈔批亦
爾，與今記釋緣少異；今記緣即難事直去，法即如緣
受日，則為一種。簡正等緣，即受日緣，故祇一事。
疏云：「若後難起，更覺安身，亦得隨返。」記云：
「若後下，明後處有難，後處有難，開還本界。」
二六·一 五分　彼云：「有一比丘安居，粗食不足，作斯念，
我當如何？佛言：以此因緣破安居無罪。」（一九·
四）父母已下，同，五。
二六·一 親戚　孔曰親指族內，戚指族外。盂蘭盆經疏：「眷屬
者，一切姻戚通表裏。」記云：「姻戚皆親也，表即
母族，裏即父族。」
二六·二 十誦　二四：「夏安居不得隨病食，有此難事故，出去
無罪。」又云：不得隨病藥。又云：不得看病人。又
云：女人不如法，諸大德我與汝女若妹等。
二六·一一 四分　四一：「結夏安居已，復往餘住處住，彼不知當
於何處取安居物，諸比丘白佛；佛言：聽住日多處應
取，若二處具等，聽各取半。」
二六·一三 十誦　二七：「跋難陀兩處安居，為布施故，以是白
佛；佛言：何處住日多？答曰：兩處日等。佛言：何
處自恣？答曰：兩處自恣。佛言：何處先自恣，是處
與衣分。」
二六·一三 僧祇　二八：「爾時毗舍離大飢饉，乞食難得，諸比丘
趣舍衛城，值祇洹比丘安居竟分衣，問云：汝何處安
居？答曰：我畏失命故來。佛言：若為失命故來，應
與衣分。又云：王舍城有外道兒出家，時父母欲其罷
道，餘人云：沙門安居中，必無東西，其時可罷。其
姊深信，以事語弟，弟即趣舍衛，值祇陀比丘安居竟
分衣，佛言：畏失梵行故來者，應與衣分。
二六·一六 本母　準瑜伽等，本母，為論藏都名，智慧因此而生，
故云本母；而今母論一論別號歟！母義雖同，通別則
異也。
二七·九 疏云　記云：「文但約夏中暫出，中途遇難。」

二七・一一　北齊　姓高氏，起於高歡，至子洋，受東魏禪立國，號北齊，改元天保，文宣帝是也。與梁簡文帝同時，五主共二十八年，為後周所滅。

二七・一一　南齊　姓蕭氏（道成），漢相國蕭何二十四代孫，受宋禪，都江表，先於高洋七十一年也。七主共二十四年，為梁蕭衍所滅，衍，梁武帝也。

二七・一三　昭玄　僧史略中，三〇：「魏文帝勅曇曜為沙門都統，乃自曜公始也。曜即帝禮為師，號昭玄沙門都統。」續傳云：「釋曇曜以元魏和平年，任北臺昭玄統，綏緝僧衆，妙得其一。（磧砂藏卷一之五頁。）統紀三九云：「魏和平元年，詔沙門統曇曜為昭玄沙門都統，待以師禮。」隋百官志：「昭玄寺掌佛教，置大統一人，統一人，都維那三人，置切曹住簿官，以管諸郡沙門。」

二八・四　若根本通依　簡正：「謂初結時，不知此大界內有戒場小界等別，隨本要期處皆不失。若爾，何故云入場等破夏耶？鈔答云：皆謂與心相違等是也。謂本心依大界，今入界場及餘小界，即與本初心相違。」

二八・一三　舊云順古　會正：「注是猶順古，以古人意在依界，反顯結界在前，不得依藍。」簡正一義，亦同之也。

二八・一三　與下文多違故　下文者，指解界是非科正解段也，本卷三一頁一六行；又五四頁六行，明若有本結大界依藍者安居不成等，謂有界處必依界，是鈔主義也，何云順古哉！後至業疏方立安居隨處，不必加結之義。

二八・一五　各有一失一不失　謂今一科有四段，並以若字分，如記科判第一第四兩句依界；第一是失，第四不失也。中間二句依藍；於中第二即不失，第三是為失。則依界依藍，各有一失一不失也。

二九・二　本處因我　業疏二一・一三：「律中，僧尼兩衆，各鬪亂起，就中為二，初以當界諸僧由我住故，便生鬪亂；為重此和，便出界去。後為彼故，往以言化。今時事在，和忍不行，故略指也。」

二九・一二　即還　彼接云：「不得住待客比丘供養，還時不得從迴道來，當從直道還。」

二九・二〇　無衣　問：既無衣何名迦絺那月耶？答：若具云迦絺那衣，則名有衣。今但云迦絺那及迦提，故約無衣一月也。功德名夏勞，即通有衣無衣也。

三一・三　舊記云指首師律疏　簡正：「又疏中者，首疏也。」會正：「又疏，指大疏也。」

三一・五　古人云　有引文立義云，文既云安居竟應自恣，應解界；今安居不竟解界，可破夏，古人難破之。

三一・七　故引相並　疏二〇・一〇：「若依文說不竟破夏者，亦可不竟自恣，應破夏耶？反難可知。」

三一・一二　疏又　濟緣二〇・一一：「三中，初引自恣，難解界失夏。自恣通三日，預前兩日，是夏末竟。如下，約攝衣，難即日失夏。」

三一・一八　若本　疏二〇・一一頁九行：「若後作法，遠於自然，但依自然分齊；既無緣難，不可後開。若結狹本，有說依新；意以依處安居，隨本自然為定；由本作法，意在羯磨，安居隨處，不要加結。」記云：「初明先狹後寬，古今不異。若下，次決先寬後狹，兩釋不同。有說依新，即示古解，彼謂從急捨寬就狹。意以等者，即明今義，安居要依本期，義須仍舊；結界為行羯磨，事不相干。」亦破夏下，疏續云：「文云安居竟應結也。」記云：「錯執律文，故此妄判。」

三三・二　從五衆受　鈔批：「立謂佛制五衆安居，各自相對受日，非謂比丘對下四衆也。」通釋：準本卷四七心念受日中云：「若有沙彌者，作念已；告以事緣，今請七日出界，若了即還，汝知之。」

三三・四　餘衆　尼鈔三・六：「問：尼得羯磨受日不？答：諸教並無文開，義云：為尼是女弱，不許孤遊；若當延日在外，恐難逼臨危，可懼之甚。所以聖意知時禁防，不在出限。」

三三・二○　更有異緣　此相攝一科二段，從古立異緣相攝義。依下記業疏正義一緣，如今相攝；若異緣，則二法各立。

三四・一　強攝　濟緣云：「別法是弱，衆法為強，先別後衆，則攝弱歸強；前衆後別，則強能禁弱。」

三四・七　攝後　科文。攝後中，且約一緣明相攝義。縱約異緣，依鈔亦應相攝；依疏通前後，異緣則衆別二法當別立也。

三四・七　若前羯磨受日　資行：「科文科此文為攝後，意云要用盡方可得受七日法，見而不用盡，受七日法即法謝。可被相攝得意故，為顯此義，如是科之歟！」

三四・七　比多有之　資行：「問：是於異緣作之歟？將於一緣修之歟？如何哉？答：上文相違一緣也，所詮受日詞句云：還來此中安居。而不還本界，連續住三十七日，故斥之也。」文中難解，故具引資行，然資行亦不明了，恐差脫歟！通釋云：記注「前約異緣，故今不取」者，意云次前科中，約異緣明相攝，故今正義不取之也。今義於一緣有相攝義，於異緣二法別立故也。亦疏文「可如前判」者，謂本一緣，如前科同相攝義，可判之也。又記注「此科全出等」者，相攝一科，雖有二節，通云一科耳。

三四・一三　前約異緣　資行：「指次上科也，約異緣云相攝，非今正義；今異緣不云相攝也。」

三四・一四　舊記云此科　會正：「四下一科，同出古義異緣，今師異緣別開，若據業疏雙出兩義。」

三四・一七　若請喚為利　業疏二○・二七：「縱有召請，心無懷利；但為益他，皆聽往赴。若往非法，或生破戒，雖兼三寶，皆不成受。」濟緣：「雖兼三寶，謂倚傍衆緣，而實為己。」

三四・一九　善見　彼云：「若比丘實一臘言二臘，依二臘次受利養，計錢成重。」

三五・五　治生　鈔二一・二八販賣戒記云：「經營活業，名為治生。」

三五・六　生口　畜錢寶戒養繫禽獸中云：「涅槃經中，比丘之法，不得賣買生口生等。」通釋云：「為利養牛馬等，今蓄滋云生口耳。」

三五・八　薩婆多　卷五：「此販賣物，設與衆僧作食，衆僧不應食；若作四方僧房，不得住中；若作塔，作像，不應向禮。」

三五・一三　僧祇　彼云：「安居時，若為塔事僧事，應作求聽。」

三六・一六　舊解彼人　會正：「有力異上生福，但彼人有勢力及信者，亦開；律中，外道召比丘，佛亦聽往。」今記，簡正，及業疏，並約能往。

三六・一七　為求衣鉢　通釋：「此第四緣，依律文則屬上第二緣，而上約請招，今依自求，故分為一段也。下記點者是也。」

三七・一　直爾外乞　鈔乞衣戒中注云：「縱不具者，須乞取衣；若乞五穀，律結吉羅。」

三七・二　反上　謂自資財具足非貧，或住處得即日往反辦得者也。

三七・六　不許全受　鈔卷二○・四一：「律云：若失一衣，不應取；若失二衣，餘有一衣重數，若二重三重四重，應摘作；若僧伽梨乃至安陀會。善見云：若都失者，取上下二衣，餘一衣別處乞。」戒疏一一・四七：「以失衣處施主厚心，不可全取也。」

三七・九　和僧護法　簡正：「謂和僧即是護法，若不護法，內成破壞，外生不善，損減佛法也。」

三七・一○　聽直去　簡正：「直去者，若準東塔疏斷此四句，俱移夏緣，今作受日緣。」此四句者，彼記準律分四句，一見比丘求欲破僧；二聞；尼中亦有見聞二句，故為四句。此約同界外界和諫，亦有四句，至下當釋。

三七・一一　不傷大理　簡正：「道遠諍事大，可依僧祇事訖。……

譬如律藏未分之前，通而行用，今雖分了，約此用之，亦未違大途道理等。」與今記大異。若依業疏二〇・三〇亦可依準。

三七・一六 專為飲食　律三七：「不應專為飲食故受七日去；除餘因緣，若為衣鉢坐具針筒，乃至藥草，於第七日應還。」

三八・一 初引別文通證如法　所引不應專為飲食等文，上五緣中未出之，故云別文。今引此文，通證上諸緣皆如法而方開也。或亦別文今所引文上五緣中，是屬第二，今為欲證上諸緣如法，故別引一處文，故曰別文耳。

三八・一八 重受六法　準鈔尼篇，四二・二八以下：式叉尼具學三法：一學根本，謂四重，若犯滅擯。二學六法，若犯，更與二年羯磨。三學行法，若犯，但名缺行，直令改悔。學行法者，一切大尼戒行也。今重受者，六法之中，隨有違犯故。六法者，摩觸，小盜，殺畜，小妄，非時食，飲酒。

三九・六 共二十一種　有二義：一云依標數，則有十四；次兄弟有三，姊妹有三，及親里知識之一，共為七；合上十四，則二十一也。一云唯於第三父母大臣緣中，自有二十一也。謂第九不信大臣有二重，第一有信大臣有三重，第十一不信父母有四重，第十二信樂父母有三重，第十三母，十四父各一重，共十四種；合兄弟已下七種，則二十一種也。

三九・八 此即前檀越請緣　律三七：「爾時有檀越請比丘言，我欲布施，佛言自今已去，聽受七日去，不應專為飲食故受七日去。」除餘因緣者，為衣鉢等，如記所引；準此，衣鉢坐具等，似檀越請施之，今且約不請自求，分為第四耳。又本卷三七頁結斥科中，可見之也。

三九・八 時有比丘　簡正：以初四段為四句，彼云：「一云見比丘方便求欲破僧，二聞比丘方便求欲破僧；尼二句亦同上。」此約同界，次往外界，和諍鬬諍，亦有四句，今記引初二句。

三九・九 破僧　律文云：「若比丘是中安居，聞彼破僧，自念我若往訶諫，必用我言，令僧和合；又念我或不能，我有親友能止彼諍，即應以此事去。」（是一句）又云：「若比丘是中安居，聞彼比丘尼破僧」等，亦同上。通釋：「此後二句，約已破故往令和合；記所引前二句，約未破故往止破僧事。都合共有八句，相各不同；記略後二，未詳何意。上八句中，前四句同界，故通見聞；後四句外界，故唯有聞而無見也。然此八句，律中在難緣移夏中出之，不列受日緣中。」

四〇・二 或復互減　謂佛事四日，僧事三日；或僧事五日，佛事二日等，復合受七日，得前後共七日往。

四〇・八 必無　必無下，敘非。有三：初一，一向無實搆緣。或下，倚託昔時汎請。彷下，雖似緣事，而非的實，故法不成得罪。由下，準記出前不成得罪之意。若準業疏四過之中，第三不知期限之過也。準此受日法，必須知緣事虛實，期限長短；若七日緣，妄受半月等，正墮此過。

四〇・九 倚傍昔言　簡正：「如有俗人春間汎說云，我林中有一王家，每至夏內，常施僧物，和尚到此時可來不？比丘至夏，憶春中之說，便欲往彼等。」

四〇・一四 疏列四過　依濟緣以第一配鈔倚傍昔言彷像未實，以第二配鈔必無實事虛構成緣，以第三配鈔事虛限濫日數妄置，以第四配鈔輒便乞法不成得罪。今記相對下二種，上二易知，故不出也。

四〇・一六 四互用　問：說不開餘用，何標互用？答：今師正義，於本緣上，亦開兼用，故即互用義；或可從古標名，至釋顯今。

四〇・一七 白餘殘夜　此有二義：一云不論何日有殘白用之。一云但開限內，若過七日，半月，一月限不用之也。鈔本卷四八云：「若受七日未用，過七日亦得」者，約一向未用開之；若曾用一日，不開過其限內。通釋云：「行事從急為善，宜依後義。」

四一·三　改夜為日　有二義：今師意二律不同，四分第七日沒法謝，十誦第七夜盡法謝，但至結犯，第七夜明相出結，二律大同也。若明相已內還，俱不犯也。但四分無法不犯，十誦有法不犯。若定賓意，二律同，但四分云七日而實兼夜，故通七夜；十誦云七夜而亦兼日，故通七日。

四二·四　疏云　卷二〇·三五記云：「初師中，初立義。彼謂一夏止開三法，不許重受；又須次第，不容先後。故下，引據。彼律但有衆別二法，初別後衆，可證不亂；後今破去，可證不重。」

四二·一五　但云佛未　疏卷二〇·三七：「律中但言，佛未聽我如是事去，因以白佛。佛言：隨聽往，此即重文。以先開故，早已依行；後復緣來，疑以白佛，佛即聽往，豈非重也。」

四二·一七　指廣　簡正：「如疏述者，首疏也。」今記即引業疏，彼中古師有二師，此古師順今師，此師難餘古師，故引用也。又今下，正今師難破文也。」

四二·一七　疏引　業疏二〇·三五前段記引次下文也，此次文云：「有人言，安居立行，……此文明矣。」記科云：「初師，局單受。」「修道務急，……開得。」科云：「次師，開重受，二：初，引古通意。如前檀越召，……亦得。二，明今廢立。」

四三·一　何有　二字貫下二言，謂何有限三，又何有不前後？

四三·六　列多七夜緣　據鈔批，為優婆塞，優婆夷，沙彌，沙彌尼，式叉尼，各列二十二緣。又為學悔，學悔尼，比丘，比丘尼，各列二十三緣。合二百四十二緣，並是七夜事，若如法皆聽去。

四三·七　一時雙牒　如云：今受二七日法出界外是也，濟緣所謂立法已定，不可一法妄加二七，前後各請，理無所防是。

四三·一九　且約寬急相並　鈔批釋「文非明了」等云：「謂十誦和僧，似一事上，不開重受，此則急於四分也。又有不請文，復寬於四分也。今則通會一文，十誦雖不許重受，文不明了；復有不請之文寬，既二文互有寬，今則通明重受無失。」

四四·六　卑摩羅叉　名義一：「此云無垢眼，罽賓國人，澄靜有志，履道苦節，世號青目律師。」

四四·六　口決　五百問，具題佛說目連問戒律中五百輕重事經，有上下二卷，失譯人名，今附東晉錄。然今云羅叉口決者，未詳。結界篇亦引論文，而云卑公口決；然彼中論文，正云卑公，如云今論文則無，若爾，論全文皆為卑公口傳歟！可尋。

　卑公傳云：「道場惠觀，記其所制，內禁輕重，釐為二卷；僧尼爭傳寫之，即五百問事是也。」準非西來卑公口傳，觀公記之也而已。然上云失譯者，未審。

四四·七　卑摩重翻　濟緣二〇·三九：「卑摩羅叉，此云無垢眼，即十誦部師。來至此土，人有請問，隨決成文。十誦本什師翻，未治而亡；卑摩續翻，部文方足。」

四四·九　真諦　名義一：「波羅末陀，此云真諦；亦云拘那羅陀，此云親依。」鈔批：「優禪尼國人，譯經論二十四部，合一百三十一卷。或鋪坐具，跏趺水上，或乘荷渡水」等。

四四·一三　第七日還至八日更請　問：前事未了，第七日得更請出界不？答：一義云：日分不開，法尚在故；入夜應得，先法已謝，無法重過；又第七日既還本界，不違「還來此中安居」文故。一義云：不開之。了業二疏俱云至第八日更請故，又此中安居義，必約經宿成故，後義為正。問：第七日先緣了，更有別緣，得即日受出不？答：是震旦異義也。大鈔記三云：「問：受日事訖，還本處界內，當日不經宿更受日去者得不？答：得。縱四月十六日安居，當日去者亦得。」簡正：「七日還界，定須經宿；戒律從急，豈不然耶！」

四五・一　玄奘西歸　通釋：今鈔重修貞觀四年，或云八年；然按西域記玄奘貞觀三年渡天竺，同十九年歸唐；撰鈔在前，何引後事。有人云：內典錄貞觀初年，西天竺沙門婆羅頗蜜多，持藏論梵本來此云云。又尼鈔云婆頗三藏；今鈔云翻經三藏，疑彼等人云。

四五・一　那提　具云布如烏伐耶，唐曰福生，中印度人，慈恩寺翻經。

四五・一二　四分　二六：「為佛事、法事、僧事、病比丘事，佛言聽受七日法出界。」

四五・一三　僧祇尼無羯磨受　四〇・一：「比丘尼安居中無有求聽羯磨法，為塔僧事而遊行。」問：百一羯磨，尼衆通令同之，何云無耶？答：全同者約多分，未必百一羯磨悉皆令同之，若依古師通闕。鈔批：「亮云：計理用僧百一羯磨，皆通尼行，何獨受日頓不許用？理令通尼，不須引祇相證。祇是事訖羯磨，望我四分，大僧亦不得依，何局尼也。」

四七・一〇　不通餘四　就此沙彌隨比丘一月半月出界者得夏不？資行云：西林寺義不得夏，律無文故云云。西大寺義云可得夏，沙彌隨比丘命故云云。

四八・一　不無加減　下第三句云：「比丘某甲，受過七日法，十五日出界外，為某事故還來此中安居。」今增「大德一心念」及「我今」之七字，減「過十五日」之四字也。

四八・三　不同七日藥　受用，從用行日數之故通過用，彼藥從加法日數之病勢轉故，所以不同。

四八・五　故限七日　問：未至七日，病早除差，法隨滅否？答：不。云限內法謝，然不許無病輒服，還同法謝。疏二一・四：「亦如藥法，病止無用」是也。又疏二一・三：「有人言，事訖，法在，與欲類同，狂病得法，病差不失等例。」決云不同，狂解須乞。通釋：彼制乞不乞法存，此不制乞，故事止法謝。又彼例欲法，決云不同，與欲羯磨不牒云云。

四八・一二　僧祇事訖　諸部別行篇四二・三八：「僧祇有二，後明事訖，……任前緣事了，法在，不還者得。」彼引羯磨緣中，但云為塔事僧事出界行，還此中住，而不牒日數，故得至事訖也。

四八・一七　曇諦羯磨　準資行曇諦譯出四分羯磨，其後出事訖法也，故昧教者，用四分羯磨，輒依僧祇事訖，所以鈔斥之也。

四八・一九　日沒即失　準知行受日法者，必須第七日沒前還，不得入夜分；雖破夏約八日明相，而從急為善；況無非違制，吉乎！

四九・一四　疏又云古師　通釋：依疏不牒古師，但非今義，故記配屬。疏二一・一：「今夏末三日在，不重受家既曾受日，若受月法，又是破夏。由緣不合，止可端然破夏虛歲。」濟緣：「不重受家，即前古師尚有徒黨，前已受日，次須受月，然一二日在，不成月法，故令破夏。」云云。

四九・一六　有二古解　一即上短緣加長；二斥短緣加長，而令破夏去也。俱閉重受。

五〇・一　準覆藏　疏二一・六：「雖著乞辭，準乞覆藏，兩偏牒事；時到已前，增加乞辭，忍聽已後，略事而作。羯磨亦爾。」濟緣：「覆藏羯磨，前陳三乞，後方與法；白與羯磨第二句中牒前所乞，故云兩偏牒事。第四句單云與法，故云略事。」覆藏羯磨，鈔二八・三〇頁。

五〇・二　準六夜　疏二一・七：「第三人但準六夜乞法牒緣，誦事並盡。」記云：「六夜乞辭，牒前覆藏乞法行日等已，方乞後法；諸羯磨中，此最委悉，故特準之。不許簡略，故云並盡。」六夜羯磨，鈔二八・三七頁。

五〇・二　四云近世　疏二一・七：「近世諸師，不加乞辭；準律直誦。以律制斷，……」記云：「近世者，疑是礪師；祖師亦嘗從學，一月而亡。」

五〇・一四　素師　宋傳一四：「著四分律僧尼羯磨文兩卷。」資行云：「懷素開宗記文也。」

五〇・一四　準德衣立六緣　南山羯磨前緣立十緣，法願師準德衣中立六緣。疏五・三五：「如并州（法願）師，依德衣法，以立六緣：一僧集，二和合，三簡人，四取欲，五問緣，六答意。又著序云：無片言增減，正存此六。」

五一・一　謂白中加第二　濟緣二一・六：「白與羯磨第二句中牒前所乞，故云兩徧牒事。」今但云白中者，凡論一切白羯磨，一切必具五句，故不及所論白中四句五句不定故，但云白中即通羯磨，兩徧牒事也。問：何故白中四句五句不同耶？答：凡有乞法等前緣，則具五句，無則四句。若白四中白必五句，具如羯磨篇中。

五一・二　略事而作　濟緣二一・七：「第四句單云與法，故云略事。」略事者，略為某甲事故，故如記具出詞句是也。

五二・一　疏云　記云：「有下，責其妄判。初雖加乞，法依律文；餘雖入法，各有所準，不可判非。」

五二・二　第四師　問和之時，答法如何。依資行西大寺義，答云受十五日白二羯磨也，或云十五日受日白二羯磨；一月準之。次招提寺義，但云受日白二羯磨也。

五二・三　舊指願師　簡正：「第四人是法願律師，出文更不增加，今鈔準此用也。」鈔批：「第四人依律出文者，即并州願師也。」會正：「第四人自願師已降，素師謂願所出，本文無片言增減」等云云。

五三・三　往往　班孟堅西都賦曰：「神池靈沼，往往而在。」善注曰：「往往而在，言多也。」

五三・四　疏又問　記二一・一〇：「初問：三法合須次第云過；後二衆法，並云過七日，故須釋之。解中：羯磨欲顯衆別兩緣，半月一月，短長雖異，無非過別故。」

五三・六　又云　記云：「羯磨中半月牒日，故數日滿；一月牒月，故隨大小。」

五四・七　有者不成　簡正：「有依藍安居，安居不成，受日不成，謂藍中是自然，非羯磨受日地。」

五四・一三　反謂此文是順古義　會正：「止下，要依狹界安居者，此亦順古義。」如業疏有今古兩師，今解云：「安居隨處，不要加結，則知上屬古人。」通釋：「會正以疏文證，而今記會之矣。問：順古者誰師乎？答：首疏有二義：一師云必依界，一師藍寬界狹時依藍。」

五四・一八　有說依新　濟緣二〇・一一：「有說依新，即示古解；彼謂從急捨寬就狹。意以等者。即明今義；安居要依本期，義須仍舊；結界為行羯磨，事不相干。」

五五・二　因先諸記　指增暉、簡正等諸記也。增暉：「今此且順古明之，上是義決者，是古師義決；非文有之者，非文所明，前文云若依大界外藍者，通往此二界不失。」簡正云：「有人不會鈔意，乃云上是南山義決者，錯也。謂本師指前來文中云：由佛制依界，乃縮於界相者，此是古師約義決判也。下句斥云：非文有之，謂是非律文有此說也。」

會本卷十三鈔上四之三　自恣宗要篇

第十二迦絺那衣法附

一・三　自恣　飾宗記八：「梵云鉢利波蘭拏，今三藏翻為隨意，舊云自恣。」

一・一〇　精練身心　通真記：「練事，謂不廢事修。」

一·一〇　人多迷己　簡正：「法律三昧經云：世人但見他非，多迷己過。故藉糺治，方得清淨，故云理宜仰憑等也。」

一·一三　俗中　無出經典耳，說文：旬，徧也。十日為旬。簡正云：「搜玄：旬，歷也。支神有十二：子丑……亥；干神有十：甲乙……癸；以支十二歷干十盡，名為一旬，一夏九旬歷之，故曰九旬等。」

二·三　列釋四義　摩得伽六，文有七義：「何以故，佛令諸比丘自恣？一欲使諸比丘不孤獨故，二使各憶罪故，三憶罪已，發露悔過故，四以苦言調伏故，五而得清靜無病安穩故，六自意喜悅故，七我清淨無罪故。」今鈔二、三合一，四、五合一，六、七合一，故但有四種。業疏二一．一五但合二、三為一，列六種也。

二·八　制在夏末　律三七：「佛言具五法者舉罪，先當語令知求聽，然後應舉；六羣從他求聽已去，或與他聽已去。佛言自今已去，聽安居竟自恣，不應求聽，何以故，自恣即是聽。」

三·一七　具如前篇　安居一二．一二：「若不依閏者，數滿九十日便自恣。摩得伽云：安居已，王作閏月，數安居日滿，自恣已，受迦絺那衣。」記云：「安居已作閏者，顯是初結未知有閏，故通數滿。」

四·一　減前二日　鈔增減自恣如說戒中，記增減中減前二日增後二半云云。自恣犍度三八云：「佛言自恣日，聞異住處比丘鬬諍不和合，來此自恣，彼比丘應若二若三減日自恣；若十五日自恣減作十四日，若十四日自恣減作十三日，若聞今日來便應集僧疾疾自恣；若聞已至界內便應出界自恣。」鈔批云：「此中有三却二增：一常十六日却取十五日，二常十五日却取十四日，三常十四日却取十三日；此由因諍因難故開，此名減也。」通釋：「依律本若二若三減日自恣文，及鈔批釋自恣實見三減，然律正出其相，時約十五日以前，不云十六日，全同說戒二減，故今鈔記指同說戒，云二減也。」

四·一　增後二半　記增後二半等者，律云：若能如是方便得作者善，若不能者，彼比丘應作白增上自恣，如是白：大德僧聽。若僧時到僧忍聽。今日僧不自恣，至黑月十五日當自恣。白如是。若客比丘住至黑月十五日，舊比丘應作白第二增上自恣，如是白：大德僧聽。若僧時到僧忍聽。僧今日不自恣，後白月十五日當自恣。白如是。若客比丘不去，舊比丘應如法如律強和合自恣。鈔一一．八說戒篇記云：「心本非和，恐廢衆事，且令同作，故云強也。」

四·三　修道　業疏三．七：「修道增自恣者，九旬勵修，將尅忍位；待時解脫，末代便多。若更他行，衆具難得，故白停之。會正方作故曰也。」記云：「忍位，即內凡四善根中第三位也。忍有二義：一忍可義，忍可諦理，皆如實故。二決定義，善根決定，無退動故。若至此位，必入初果，是以行人急欲修證。待時解脫者，羅漢有二種：若鈍根者，須待好時方得解脫，名時解脫。準婆沙論待時有六：一須好衣服，二須好飲食，三須好臥具，四須好處所，五須好說法人，六須好同學。若根利者，不待如上六種好時，自得解脫，名不待時解脫。今謂末代，利根者稀，故曰待時多也。會正方作，謂待證聖果，然後自恣也。」

四·三　延日自恣　可閱業疏，濟緣三．七至八頁。

四·八　但明十四日十五日　然自恣犍度三八云：「若自恣日，有異住處客比丘來多，客比丘十五日，舊比丘十四日；舊比丘少，應從客比丘求和合，若從者善，若不從如法治。客比丘十六日，舊比丘十五日，亦如是。」準之，非全無十六日；又按律本十六日字疑誤乎？例律文前後，應十四日，若十六日，祖師豈不列哉，追而考古本！

四·八　急施衣　問：「急施衣」「功德衣」同異如何？答：急

施衣者，即安居衣也，施主因出行先施之也，此謂為賞夏勞人別施之也。功德衣者，前夏人為令得五利，開別作一衣，總施之，一界內僧作法，各共受之也。依資行釋。

四·一三 一月自恣　鈔批：「如從七月半至八月半中間，有難日日欲自恣，為有難不得作，……故名一月自恣。」通釋：前卷一二·一〇，所謂「一日安居，三十日受歲」是也。

四·一九 乃至明日自恣　下云：「一月五月外，更增九日。」準之，則在十五日指十六日，而云明日自恣也。若但定十五日為自恣日，則應云一月五月外更增八日，今云增九日，明知通十六日自恣。

五·七 不勞隔日　通釋：準下出白日，隔日二法，謂若僧白日自恣時，同日來；若僧夜分自恣時，尼隔日來云云。然依律尼來僧中，雖有同日隔日之異，尼於尼寺傳僧所告，及行自恣，依文但有異日。故文云：「明日尼僧自恣時，傳僧所告」等。又云：「僧十四日自恣，尼十五日自恣」云云。然今記約尼來僧中解，律十四十五隔日自恣者，未詳其意。

五·一四 四分云若後安居人　律三七：「前安居者欲自恣，後安居者不知得自恣不，諸比丘以此事白佛；佛言聽受自恣，住待日足。前安居人自恣已數歲，後安居人不知數歲不？諸比丘以此事白佛；佛言不應三月未足，便數歲。」

五·一五 住待日足　問：數歲如何？答：飾宗記云：「不應三月未足便數歲，今詳未足，不合言一夏二夏等，而論禮敬，則未必然。」準之，日未滿尚應依本歲而論座位，可依受戒先後，不應依受歲前後。

六·二 進不　進止也。進止者，用捨也；出羯磨篇記，卷五·三六。

七·一五 不愛恚怖癡　業疏二一·一八：「初自恣五德，取不愛等。以衆雜是非，染淨同住；無宜枉濫，坌汙僧倫。知時知法，非人不顯，故須之也。」記云：「自恣五德中，愛則有黨，恚即起憎，怖則多怯，癡則無知；若此等人，則容枉濫，此釋上四德也。知時者，三日是時，餘並非時；知法者，三位是法，乖則非法；或可約人，行淨應法，有犯不應；或可就事，合教是法，不合非法；釋第五德也。」又前卷一二·一五分房差人科有釋。

八·二 初約人釋　通釋：已下約人時法下，知自恣不自恣，知時非時，廣略法等，並皆歸初五德中第五也。

八·五 六略　五德對略中有二：謂再說，一說也；若三說即名一廣。又僧對略中有三：即三說，再說，一說也。是加直去，名六略也。僧對略者，如百人為五十對是也。

八·九 時宜　禮記云「當其可之謂時」者，是時宜時也，與時期時異。身口綺戒引成論云：「雖是實語，以非時故，即名綺語。」記云：「非時者，語不合宜，即名不義，此以宜釋時也。」行宗云：「非時者，不宜說。」

八·一七 約事　意云今從何名五德，罪事之中，約事通局之中，約局兼正之中，從正而名五德，即別約自恣名也；傍通舉罪。

八·一九 十誦僧祇　十誦二三明差五德二人也；僧祇二七：應差五法成就者，作自恣人。若一若二，不得過。

八·二〇 五分中　鈔批：「五分中二人已上，乃至多人者，謂此非一時差牒衆多人為五德，一時入羯磨，但為僧多，故差或十或二十人為五德，更互息作；差白之時，唯得兩人一時牒名入法也。」

九·三 及羯磨　律令差具五德者，不云差二人；又白羯磨中云僧差比丘某甲，但牒一人名故。

九·八 人人別差　鈔批：「若六人已上作法，須一時差兩五德；今若前後牒名作羯磨者，並是非法，由此未見諸部也。」

九·九 下座來向　飾宗記：「有人言準十誦上座是五德者，餘人來至上座前自恣者謬也。」律二三：「若作自恣人是上座，應從座起，語第二上座，今日自恣來。若下座作自恣人，應從座起，語上座今日自恣來。」述曰：文既相似，何由謬說。

九·一七 此是別衆　問：既是所為之人，何成別衆？答：有云此法是一衆通被，須用一和之相，不同自餘別人之所為云云。

一〇·二 此律自恣開欲　鈔批：「立明僧祇文中，不開說欲；諸部並開。祇意由是舉罪，事須現前，倚倚房中，畏僧糺治，恐有此避，故不開欲。檢祇云不得與欲自恣，若病應將來；若畏死，僧應就彼作法；若病多，僧應出界自恣。礪問云：夫說欲時，不得稱僧所秉之事，但是僧事，皆須與欲，若稱事者，非法也。今自恣欲辭，何故言與欲自恣者？答言：不聽稱事者，義實可爾。今言與欲自恣，謂說己心行，恣僧舉罪，本非稱僧家事，此非類也。」

一〇·四 亦有通別如上　簡正：「若云自恣羯磨，即是通答；若云差受自恣人，或云差五德羯磨，即是別答；至後五德行事秉單白時，又須重和也。當世行事，云差受自恣人白二羯磨也；羯磨中緣本差異難分別，如是之例亦多矣。」

一〇·六 僧祇　二四云：「不得與欲受自恣。」

一〇·一四 伸手內　足數篇：「言露地伸手不及者，並在僧一尋之內，令伸手相及。」記云：「一尋之內，不過八尺。」

一一·二 離座　濟緣二一·二〇：「離座者，避席而起，出露地也。布草恐損，謂護身衣。」

一二·六 舊云佛成道　會正：「坐草者，乃佛初成道之儀也。」方志云：「佛於河沐浴已，將坐念草，帝釋化人以姑尸（此云吉羊）奉佛。」增暉：「受草座時，準無量壽經上卷偈云：吉羊童子施輭草，如來受之成正覺，我等比丘效佛道，受草自恣淨三業。」

一二·七 因又妄述受草偈　簡正八末：「大德云：初行草時，受了，且安在坐具上，至此時便將草安坐具下，合各說偈云：（如前條但末句改坐草自恣。）」玄記：「於行草時，纔受草了，便令說此偈，今時總如此，蓋是未達教文本意，行事無所表彰也。」無量壽經云：「住詣道場，吉羊感徵，表彰功祚，哀受施草，敷佛樹下，跏趺而坐。」通釋：「簡正云出無量壽經，疑依此文造歟！」

一二·九 管句　在唐口決云：知事人也。

一二·九 或復淨人　鈔批：「行草時喚取一童子，俗人投草互跪，上座說偈云：（如前引，但末句改如是自恣。）說已比丘受取行。」

一二·一七 新歲經　簡正云：別譯五紙。

一二·一九 疏具引　濟緣云：「增一阿含經，初敘如來自恣，示同凡法故，垂範後世故，令衆省己故，使折我慢故。舍利下，身子稱歎，三業無過，具三不護故。不度者度，明其慈愍也。作眼目者，明其示法也。作醫王者，明其濟物也。且就教限，故云大千。」

一三·六 大敷坐具　鈔批：「立謂五德不敷草座，故須敷坐具；必要敷草，不須坐具。」

一三·七 僧祇文　鈔批：祇二七云：「若二人作自恣人者，一人受上座自恣，一人下座前立；上座說已，下座復說；如是展轉。至自坐之處受自恣，不得待僧自恣竟，然後自恣。」簡正：「但四分文不了，故取一坐一立也。」

一三·一三 加捉足之言　有云應言偏袒右肩合掌捉足耳。簡正：「羯磨疏二一·一九：如十誦中並差二人，取上座也。（下座）來至（上座前）執足，口說求聽。若是下座不得執足，乖儀式也。」

一三·一八　五德來時　律三七：時上座離座自恣，一切僧故在座自恣；佛言：若上座離座互跪，一切僧亦應離座互跪。時上座自恣竟，互跪乃至一切僧自恣竟，上座疲極。佛言聽隨意自恣竟復座云云。通釋：「準文或似順記主義，或古師義。」

一四·二　若見聞疑罪　詞句中若見聞疑，注羯磨云若有見聞等；律中無有字，允師云：「注羯磨以義加之，今文任律。」

一四·四　準疏　濟緣：「釋文句有五，牒文顯意，能所自別；後示以偏數，少略多繁，故止三說。」

一四·九　僧中別人　濟緣二一·二二：「大德召五德，長老對告僧，而不云僧者，意以下至別人，知我三根，亦求舉過。如羯磨云誰諸長老忍，即僧中召別也。」

一四·九　僧祇　卷二七：「長老憶念。今僧十五日自恣，我比丘某甲，長老及僧自恣說，若見聞疑罪當語我，憐愍故，我若知若見，當如法除。」

一五·五　僧祇　二七文，如本卷一三葉引，據鈔批。

一五·六　十誦　彼云：「若一切僧自恣竟，為僧作自恣人，共作自恣。」

一六·一　降等　降如舉夷治殘，乃至舉吉治吉也。

一六·一〇　如四人法　準下鈔記若五人已上白停已，依常自恣。若四人已下，應改對首詞言：「諸大德一心念，今日衆僧自恣，我比丘某甲犯故漏失僧殘罪，以衆不滿，未得治之，餘者清淨。」三說。以此詞句，成發露及自恣也。

一六·一七　若尼來者　準律二九，尼衆作白二羯磨，差一尼，往大僧中，令說自恣，又差二三人為伴云云。

一七·七　此謂白日法　簡正：「此謂白日法者，即同日法也。」資覽云：「僧與尼同日自恣，云白日法也。次云隔日法，相對於彼也。」又義云：「白日法者，盡日作法事也；對下十四十五夜分作之也。」白日，若對次隔日，宜云同日。然約僧法在晝日作，不須隔日；若僧夜作尼來不及，故制異日，對下夜分，故云白日。

一七·一〇　諸尼頂戴訖　準尼鈔三·一〇：「於明日尼僧自恣時，鳴稚集尼僧已，不來者說欲，尼僧等各依行立，被差尼在上座頭立，宣大僧所告已，諸尼一時合掌頂上，各云頂戴持，然後尼僧安庠自恣。」其或乃至差二五德等，一切同僧中。

一七·二〇　僧祇　三〇云：教誡人到已，應問，尼僧和合未？若言和合，應遣使呼言，比丘尼來聽教誡。若老病服藥，作衣鉢事，不得來者，應與欲。

一八·一五　八難餘緣　依說戒篇：王，賊，水，火，病，非人，惡蟲，人難，名八難。次科僧多，時熱等，為餘緣。彼篇記云：「餘緣者，若據緣難，二名不局；今須標簡，重者名難，經者為緣。」

一八·一九　若僧多　律三八云：「是中難者，王難，賊難……是中事者，若衆僧多，坐處迮，若多人病，若衆僧多若房屋少，若天雨，若布薩夜過多，若鬭諍事，若論阿毗曇，若毗尼斷事，若說法已久，衆僧未起，明相未出，……」皆略說自恣緣；彼中無時熱，準說戒篇，是祖師之義立耳。

一九·二　竊語　下二六頁，一九行：「竊語謂低聲。」

一九·五　有二略　律三八：「諸比丘作如是言：今難事不遠，不得廣說三語自恣，當再說，彼即應再說；若不再說，如法治。作如是言：今難事近，不容得再說，可得一說；即應一說。若不，應如法治。」

一九·八　十誦　簡正八本：「十誦：應從上座次第等者，此是僧祇二七卷文，鈔指十誦，是筆誤也。」通釋：「現本僧祇，全同鈔文。」

一九·九　行行置人　鈔批：「謂一行頭，安一五德；或二行三行頭，著一五德是也。」通釋：「縱僧雖二行三行等坐，二五德唯依年臘次第應取；今二五德各領一行衆，次第取之，故斥也。」

一九・一〇 唱等　彼接云：「言一切大德僧，見聞疑罪自恣說。」

一九・一六 互跪白言　通釋云：「此告白，祖師義立耳。律三八：諸比丘如是言：難事近，不得一說自恣，我等可容各各共三語自恣，諸比丘即應作白。如是白：大德僧聽。若僧時到等。」

二〇・四 唯改再　應云：「僧今各各共再說自恣。」或云：「一說自恣。」不應云再語一語，律並云三說，再說，一說故。

二〇・五 進不無由　三說是進，再說一說是不；若對五德時，五德得自在，故視時緩急進不令說，餘僧不得自在，故須單白方進不也。

二〇・一一 和白已後　問：依律文約白已前，即律三八云：「諸比丘如是言：難事近不得各各共三語自恣，亦不得白，彼比丘即應以此難事去。」既云不得白，何今云和白已後耶？答：凡自恣單白有二：一和僧單白，二難事略單白（並如上出）。所引文中，不得白者，即是難事略單白，此後因難事作。記文和白者，即和僧單白，此難未起前作之，故非相違。

二〇・一二 舊云　會釋六種畢，云此約秉法說，若未秉，則在增減中收。增暉同之。

二〇・一四 圓坐自恣　鈔批：「明衆僧相向坐，五德在中，四向受自恣。」通釋：「準結界篇下局圓坐，此且從古云圓坐耳。」

二一・一八 四人　四人已上者，若能所合則六人也。如記所述，謂六人中，一人能懺，一人受懺，此二人者，為僧所量，故僧體外；今唯明能量僧體，故云四人已上，局約上蘭也，此準今記。問：四人已上言，可通中品蘭懺耶？答：不然，今言四人者，除能懺受懺二人，唯取能量僧；若論中蘭，所為二人外，唯得能量二人得懺，故四人已上之言，不收中品，況文云僧法故。準此據實，可除小衆對首，中品蘭懺，但界內四人作故。若依簡正，四人已上，但除能懺，含受懺，彼云：「若犯四人已上偷蘭遮者，謂一人犯罪，餘但三人即懺，不得比準十誦，四人為小衆，即中品蘭已上無治罰儀。」依之，上中二品為今師除，彼又云：「若準四分滅諍中小衆通二三人，即中品蘭小衆懺亦得，今云四人已上者，即上品蘭也。」依之能所四人故懺中品，唯除上品。通釋：「簡正二義：初義可取，次義不可，違今師義故。可見懺篇中今師義小衆必局四故。」

二三・三 十誦白停　二三：有一住處自恣，時比丘若他人舉，若不舉，若令憶念，若不令憶念，自言我有僧伽婆尸沙罪，是比丘應與別處，不成與，是中應比丘僧中唱，大德僧聽。是中住處，有比丘若他人舉，若不舉，若令憶念，若不令憶念，自言有僧伽婆尸沙罪，是比丘應與別住，不成與。若僧時到僧忍聽。僧是比丘後當與別住。白如是。如是作竟，應自恣，不應與自恣作礙。通釋：「彼律可與摩那埵，亦作單白停之；乃至下篇不能懺悔，亦修白停之，而後有恣也。」問：與常途行覆藏行六夜中間白停何異？答：彼犯者對首云我今捨波利婆沙，三說。今白停者，衆中一比丘唱之，即衆法單白也，不可混矣。

二三・四 四分說戒中　說戒篇一一・三七：「若座上憶得，莫問疑識，對衆發露，恐大衆鬧亂者，但心念口言自陳云：我某甲犯某罪，為逼說戒，待竟當懺；便得聞戒。」

二三・一二 說戒篇　鈔一一・四六：「五百問云：一比丘住處有界，至布薩日，先向四方僧懺悔，三說已。」記云：「向僧懺悔，即作念陳露也，或可輕罪責心即滅；三說者，謂作法布薩也。」同頁三行記云：「約疏中引僧祇，若無客者，作念若得清淨比丘；罪如法除，念已當心念口言，三說布薩。」

二四·一六 律因　彼云：爾時六羣比丘尼作如是念，往寺內遮餘比丘，莫為六羣比丘作羯磨，若遮自恣，諸比丘白佛；佛言比丘尼不應作如是意，往寺內遮餘比丘莫為六羣比丘作羯磨遮自恣；不應在比丘尼前，若作羯磨，若遮自恣，時諸比丘尼遣式叉等云云。

二四·一八 又因　爾時波斯匿王遣兵衛護衆僧，諸比丘語衆兵人言小出外，我曹欲作羯磨自恣。彼人言：王遣我等護僧，今不敢去。諸比丘白佛，佛言應更語便避餘處去，若去者善，若不去自應去，至不見不聞處作羯磨自恣，不應在未受大戒前作羯磨自恣。

二五·五 準律自恣未竟　通釋云：律明客來大有二段：初明大衆彼中明客來少約前中後而說，若明客來等及多，但說前後而不說中。說客少文云：「佛言：若自恣日，有住處舊比丘集欲自恣，自恣時客比丘來少，客比丘上座隨上座次自恣，下座隨下座次自恣。若說自恣竟，舉衆未起，若多未起，若都已起應白與清淨。」次說客等文云：「客比丘來等，舊比丘應更自恣，若不自恣如法治。自恣竟，若多未起，若都已起，客比丘來等，舊比丘應更自恣。」說客多文大同此相說戒法中，多少同此二說。五人中文云：「舊比丘五人，若過五人，知有客比丘未來，彼作羯磨自恣，時客比丘來少，客比丘上座隨上座次自恣，下座隨下座次自恣。若自恣竟，舉衆未起，若多未起，若都已起，客比丘來少，應說清淨自恣，若不說如法治。舊比丘若五人若過五人，知有客比丘未來，彼作羯磨自恣，時客比丘來等，舊比丘應更作自恣，若不，如法治。」通釋云：二段中上段雖不分明，準後段客來等多雖未竟，並令改更作；然今記及說戒中記俱未竟例同客少，似與律違。可見律三八。

二五·二〇 僧祇　彼二七云：「若此處安居，餘處自恣者，越毗尼罪。」

二六·四 律令受物　律三七：「前安居人自恣竟，分夏所得物，後安居者畏慎不敢受分……佛言聽比丘受，餘日應足令滿。前安居者自恣竟分臥具，後安居者畏慎不敢受，……佛言聽為未來故受。」

二六·七 時僧得　二衣篇三一·三六：「時僧得施者，謂施主布施，該通一化，安居之人，是僧皆得，故曰僧得；作法之時，須僧羯磨。」

二六·七 時現前　又云：「時現前者，施主將衣物至安居處，數安居人多少，各分衣物是也。不須羯磨，直爾分之，四種定故。一時定，同是七月十六日，若夏未滿，受衣得罪。（通釋云局前安居。）二處定，同此界內前安居人。三人定，非外界者。四法定，皆直數人相參，墮籌分。」會正：「得物者，此約有時現前，及時僧得施物也。」同今記也。若依鈔批者，局僧得施，彼云：「此云得者，謂是時中僧得物也；若時現前物，一向不合；以時現前物，具四義故。一者時定」等云云，即上四義也。簡正記釋同之。

二六·八 局前安居人　二衣篇三一·三五：「佛饒益比丘，五利賞勞之時，故名時施，唯局前安居人。」

二六·一一 律中分房已　通釋：「記引分房律文而為例證，若依鈔文不爾，此律說安居竟事中文也。」彼云：「前安居者，自恣竟分臥具，後安居者畏慎不敢受，……佛言聽為未來故受。」

二七·四 阿難攝衆無法　簡正：「阿難有六十弟子，皆是少年，欲捨戒還俗。迦葉語阿難言：汝衆欲失，汝年少比丘」等。

二七·一六 問安居竟　此出界制，本尼律單提中制也。彼戒名受請安居竟不去戒，即尼提僧吉也。簡正八：「母論等者，彼云檀越請安居，安居竟比丘尼為飲食故不去，檀越生厭倦，以此白佛，佛言安居竟過一宿，尼提僧吉。又五分尼單提中，受請安尼竟不去，尼亦提；若不局夏中漫心而請無犯。又寺中巖穴等處，一切無犯。」鈔批：「此並據在俗處安居也，有緣不去無罪；必在寺中，不須如是。」通釋：「依此等文，本制是尼，僧亦得吉；但制請家，理開寺內；而今記準前應吉云云，寺內亦犯；若依本文應開。」

二七・一六 律云　二六，尼單提中。

二七・一八 五分　一三・一。尼單提中墮者，彼作：「波逸是，式叉摩那，沙彌尼突吉羅。」得住，彼作「安居不去不犯」。

二七・一九 增一　二五，說不一處住五德。

二八・一 反此　彼云：「不一處住人有五功德：不貪屋舍，不貪器物，不多集財物，不著親族，不與白衣往來。」

二八・三 四分文通　通釋：依律大同母論，尼單提法第九十六安居竟不去戒云：時舍衛居士共立制度，供養安居懺摩，比丘尼安居竟不去，諸居士皆譏嫌，佛制戒言：若比丘尼夏安居訖不去者，波逸提。比丘突吉羅。應出行乃至一宿。不犯者，若彼居士更請住，若家家傳食，若親里男女請食，若遇病無伴瞻視者，或水難惡獸賊強力繫縛命梵等難。準之，但局請家俗舍，記云僧住輕吉者，非文所制，因例約耳。

二八・四 應得輕吉　今案參閱前「問安居竟」——鈔記二七頁，一六行。

二八・一二 難活　簡正：「論疏云：貧人資生短闕，取活為難，故能抽舍少財入此衣，功德甚勝。」

二八・一三 或云堅固　依簡正前堅實約衣不壞，今堅固名戒不破，因受此衣，不犯五種之戒故。

二八・一九 補舊易新　謂遇五月開故，自在往返，能感多衣，却衣蔽壞，以新補易。

二八・二〇 有云畜長　會正：「感多衣者，以受此衣故，畜諸長衣，過限不用捨，故曰無敗壞。」鈔批、簡正，並同此釋。

二九・八 故文云　彼云：「不以邪命得，不以相得，不激發得，不經宿得，不捨墮作淨，即日來、應法。」

三〇・一 五分　二二：「受衣有三十日，捨亦有三十日；若前安居七月十六日受，至十一月十五日捨；若七月十七日乃至八月十五日受，至十一月十六日乃至十二月十四日捨。若後安居八月十六日受，至十二月十五日捨。」簡正云：「五分後安居人，亦得五利；四分不得。」

三〇・一〇 捨中　母論八：「自恣後滿五月捨迦絺那衣，是名五月相應法。」

三〇・一五 十誦　鈔批：「隨安居日數取滿也，則不得攝閏者，立謂受功德衣已，即作閏月者，但從安居滿日已後數取五月日，不得攝閏也。」

三一・一 作淨者　律云作淨，即日來、應法，文即無者字。準記分為三種：作淨，約衣體已說淨者；即日來及應法，約受法也。即日來，非經宿；應法、作法及受人等合教。

三一・八 不勞更揲　若依律云：新衣物帖作淨；若已浣已，納作淨；揲納二淨也。然今記意，作淨者，約說淨解歟！謂揲故已說淨，或浣已納取說淨也。

三一・八 即日來一種準律　律四三：不以邪命得，不以相得，不激發得，不經宿得，不捨墮作淨即日來應法。

三一・一〇 說淨長物　釋作淨一種也，是約說淨而解。簡正：「淨者，簡上諸類已外，如法名淨，乃應此衣體也。」諸記不同。

三一・一〇 僧祇　三八，初云：「淨施衣捨已，得作迦絺那衣。」

三一・一九 前不捨墮，通釋：前明衣體如法中，不列不離衣宿；今反明非法中，則列離衣宿，故點前文以顯兼收，然今離衣宿文，律作經宿得衣；又前中有不經宿得前後齊等，準記釋前文，以即日來不經宿為一相歟！問即日來不經宿何別？答：準今記改明經宿即離宿也。

三二・二　減量　多論四：「有三品量：下品長四肘廣二肘半。」減量者，小於此也。

三二・二　覆死人衣　彼云：「問：毗尼中去來衣不得受作迦絺那衣，云何名去來衣？答：衣覆死人到塚間，還取來，是名去來衣。」

三二・六　和會前文　會正：「疑云：四分糞掃衣是開，此何不得，故特簡之。意云糞衣有十種，死人衣其一也；今所用糞衣，非彼死人衣，若除功德衣，常用糞衣，亦無所擇。」

三二・八　摩德勒伽　卷七云：「不淨衣不得受作迦絺那衣，云何不淨衣？謂死比丘衣。」

三二・八　故衣　同云：「如世尊所說故衣，受作迦絺那衣不成受；云何故？比丘受用三衣。」

三二・一〇　本非德衣施　簡正：「急施衣者，若本受時，擬作功德衣者，即不得受持；本無心故，後見即將作功德衣，成受也。」

三二・一八　有以五事　會正：「貪利者，為貪五月利故，捨五事即五利。四分：五意因緣受功德衣，即畜長離衣等。」問：兩記所立如何？答：資持意云：謂若欲故捨五戒從開，開但為此欲受德衣，故遮不成。而古記意欲捨五利故受功德衣云者，全乖律意。何者，由受衣而得五利，今欲捨五利者，豈可受衣，故為資持家之所破斥也。鈔批：「立明欲貪五利，故受；不為檀越長福心者不成受。」

三二・一九　善見　彼云：「何人得與衆僧迦絺那衣？答云：七衆衣得受作，若僧伽梨、鬱多羅僧、安陀會，隨一一衣得受作迦絺那衣。」

三二・一九　若三衣中　善見一八，初云：「若僧伽梨、鬱多羅僧、安陀會得受作迦絺那衣。」

三二・一九　隨受一二　簡正：「意通三衣，並得受作功德衣，不必如十誦要須僧伽梨，下二衣不得。」

三三・二　若無僧伽梨　問：從衣僧伽梨人可受耶？答：覺恩寺義不許，謂律緣僧伽梨濕雨重，故令受德衣，下二衣無重義故，何重衣人開之哉！又允師義云：緣起雖然，今既當於伽梨受持，何不預衣利，設不得，離衣餘四利豈不開乎！比二義復出簡正，彼云：「問：既闕正大衣，今將下二衣當大衣數，得成受衣否？玄記云：律無明決，然衣通正從，理合得受。復有解云：從衣當正衣，受戒尚開，今亦例此已，今云不得，律開下二衣替數，且免一期闕衣壞威儀之失，已是一重開，更不可開之。」問：五月間可離何衣耶？答：資持釋得法離衣中云：「上二衣中隨離一衣，下衣不許。」又鈔批云：「但是開離大衣，以緣起中為大衣故，下二衣無開離文也。」通釋：今記約律本緣遮無僧伽梨之人，簡正約不可重開不許不同；不開從衣者一也。

三三・五　戒疏　彼問云：「戒本何為無德衣開？」答中有三釋：一約上士不受寬利釋，二約異界比丘不成受釋，今所引即第三義也。疏又與前離衣戒簡異云：「前無賊難德衣開，此則有難不成受。」問：此外難何為受人難？答：受人不祥遇此難，還屬受人。

三三・六　古云　會正：「古云者，增暉云十三難人，身無戒故。」鈔批、簡正同之。

三三・八　答文中　鈔批：「下二衣闕不闕非妨。」

三三・一三　新受戒者亦得五利　資覽：「結前安居沙彌，過後安居竟，更受具戒，出界時不行受日不？答菩薩仰云：可行受日，今文新受戒比丘由沙彌時坐功得受五利，足為準據。」

三四・二　別住人　通釋：理非儭殘行別住人，別出犯僧殘故；今按同上界外住耳。集僧篇四・三：「別住者，今謂界外比丘，濫將入數，非謂眼見在界外；以界分不知，冥然在外，作法不成故。」

三四・九　不待時滿　會正：「成捨者，謂少欲人不欲受五利，至捨界時即成捨；若不欲捨利者，至捨界時，其利自存，故曰依利。」簡正同此，與今記聊不同也。

三四・一八　約時衣人　應云：初約時，迦提一月受衣時，餘名非時。次約衣，如上體色量應法名得受，不應名不得受。三約人，同界前夏等名得受，外界及不安居等是不得受。知此等通塞，為第五德也，。

三四・二〇　若施主　彼云：「若人持三衣與衆僧作迦絺那衣，作是言：若持迦絺那衣者，三衣悉屬隨施主語，悉與受衣人，餘衆僧不得受迦絺那衣。」

三五・一七　善見　所受下彼云：「持僧伽梨迦絺那，我今持。如是三說。三說已，即持置體上，偏袒右肩，往至上座前，合掌向僧說大德我以」，已下同。

三五・一九　迦絺　彼接云：「那衣，願僧隨喜。上座從座起，偏袒右肩，合掌向僧作如是說：長老以法持僧伽迦絺那衣，我隨喜，乃至下座亦如是。」

三五・一九　準此先衣　問：持衣人何時受持德衣？答：古來不分明，興正云：「作法已後，於屏處可受持。」

三六・七　依本宗綱緣改之　大德僧聽。僧得此衣財。若僧時到僧忍聽。僧今差比丘某甲及餘人作迦絺那衣，誰諸長老忍。僧差比丘某甲及餘人作迦絺那衣者默然，誰不忍者說。僧已忍差比丘某甲及餘人作迦絺那衣竟。僧忍默然故是事如是持。

三六・九　所以　彼云：「法師云何以於迦絺那衣如是殷勤，為諸佛所讚故。」已下如說。

三七・八　如是五綴　鈔批：「如是綴等者，此名恐有解故。橫作四攝，兩頭作兩綴，中央作三綴也。」

三七・一〇　從長量　通釋：「衣相從被著相故長短之中，指長為橫，呼短云豎，今但云橫疊，不云疊數。私述襞疊之相者，先須從長量四疊，此反常途疊法也；然後更從短量假容四疊，記中四疊指此云耳。後將系五綴，謂從短四疊中間有三節，及令兩頭為五綴，文云二尺一綴，四疊各有二尺，則八尺也，記注長量八尺是也。」

三七・一四　應同衆法　會正：「若有露地，須伸手相及，覆處不得隔障，即以云二處，恐成別衆故云爾。」

三八・六　三法　差持衣人，持衣，與正受法。

三八・一六　彼從座起　通釋：禮足等儀，此又祖師義立耳。律如上差已，直云僧即應羯磨，衣與持功德衣比丘，作如是言：大德僧聽。此住處等如今文。

三九・一五　所以自恣　通釋：自恣為舉罪，故至四則有別人舉僧失；德衣為受利，故至四無苦也。問：持衣人於何時方可受持德衣？答：不分明，菩薩仰云：作法已前捨本衣已，作法已後，於屏處可持德衣。

三九・一五　思之可解　四人自恣所對三人，三人自恣所對二人；若至四者，應行衆法，所以所對唯局三人者，衆有治罪力故，今無治罪義，所以對人四也。允師云：「自恣相對唱詞句，故相似羯磨，今不必爾云云。又一義云：自恣為舉，恐有舉僧之過，受衣不爾云云。」通釋：依律不云必局四人：又左右手取四疊等相，律並無文，但是行事家之所立耳。又五分二二：僧所與衣物比丘復應偏行，言此衣僧已受作迦絺那衣，諸比丘一一應言此衣僧已受為迦絺那衣，是為善受；此中所有功德，盡屬於我。不說餘行相。

四〇・六　僧祇　二八・三：「若大衆一萬二萬和合難，衆多人得別作迦絺那衣，一切如大衆。……若一人獨作者，取時，應言此迦絺那衣財，今受。」

四〇・一三　律因　六羣比丘不出功德衣，作如是意，以久得五事放捨，諸比丘白佛等，放今作故，傳寫誤。

四〇・一八　一去　律云：「若比丘受功德衣竟，出界外作不還意出去，去便失功德衣。」簡正：「去，本受衣時，要心云我若住此，即受利；若去，即捨功德衣，今遂以本心去時捨也。」

四〇・一八　二竟　又云：「受衣時作念，我作下二衣竟，當捨功德衣，今作下二衣既了也，遂本心故捨。」賓云：「下二衣且據緣說，合舉作展衫。」

四〇・一九　三不竟　鈔批：「此人留下二衣財置界內，出界時，要心言待還當作，若息不作衣，亦不復還等。」通釋：「彼必期云，若不作不還，則捨德衣，還衣所則捨德衣，既至界外已，心即思量，我亦不能作衣，妨廢道業，即絕心不作，即不還來本處，故曰不竟捨也。由元有此要，故不竟亦成捨。」記注亦不還衣等云云，律衣字下有所字也。

四〇・一九　四失　鈔批：「受時要心，本為作衣，故受功德衣；今此山寺多有賊盜，我若失二衣財，無所為作，則不受利，後界被人盜此物去，與本心相應即捨，故名失捨。」

四〇・二〇　五望斷　簡正：「彼受衣時，要心云至前家求衣，若不得，至後家求。」通釋云：「若求不得即捨，今前家不得，復無後家可續，故失。」

四〇・二〇　六聞　礪疏：「元受衣已，要心出界外；若聞僧捨時，我亦捨衣。後聞僧捨，遂本要心，故曰聞捨。」賓云：「縱使虛傳，聞亦失，此聞通虛實。」

四一・一　七出界　鈔批：「謂其人受已出界，界內比丘衆主等為受五利散亂不修道業，即業僧和合捨，其人在界外，冥然自失。若不知捨，受利無罪。」問：六七何異？答：第六約聞，理通事虛；第七事實，不聞亦失；第七必在界外，第六通內外失。

四一・五　律云　四三。僧集者，第三集僧方法，此兼集僧約界，及法起託處。和合者，第五應法和合。未受戒者，第六簡衆是非。不來者，第七說欲清淨。僧今等者，第九問事端緒。答云等者，第十答所成法；此兼第一第八。

四一・一四　僧祇有十種　二受時捨，鈔批：「作是念，受此衣時，當捨迦絺那衣，受時即捨故曰也。」六壞捨，通釋：壞之言難消，古來料簡云壞謂損壞，即損壞德衣之受法之義也。七失捨，記注是衣中間敗壞等者，長衣持衣等也；即捨者，捨功德衣也。八出去捨者，與本宗第一同也。

四二・九　此中止論有衣五月　是暗斥增暉也。彼云：「五利通塞者，約戒而明，五戒開是通，餘不開是塞。或約時辨，有衣五月是通，無衣一月是塞。約人得五利是通，持衣人不得五利是塞也。」

四二・一〇　離衣宿　鈔批：「但是開離大衣，以緣起中為大衣故；下二衣無開離文也。」

四二・一六　十誦　九利古德疑第四五二利，何者，五緣留衣，常時亦開，故今謂常時留衣，必待五緣，今開不待緣，是即五緣留伽梨者，提其所開也。問：即開二離宿，何重立此利？答：常時離衣，即待五緣，恐謂五月開離，亦須待緣，此其所以重立也。

四二・一七　五緣　摩得伽七云：「受迦絺那衣處有十利，廣說如毗尼；不著僧伽梨入聚落有五功德，雨衣亦如是。」

四三・三　思益　全四卷，羅什譯，今文出第一，得利心已下同卷，五言偈頌。八法已下，彼云：「其心堅不動，譬如須彌山，利衰及毀譽，稱譏及苦樂，於此世八法，其心常平等。」

四三・八　八法　玄贊三云：「得財位名利，面讚為譽，背讚名稱，遍悅名樂，於此四事，菩薩不以為喜；翻此四種，衰、毀、譏、苦，亦不生憂。」

四三・一〇　一利二衰　佛地論云：「得可意事名利，失可意事名衰，不現前排撥名毀，不現前讚美名譽，現前讚美名稱，現前誹謗名譏，逼惱心身名苦，適悅身心名樂。」

卷五

會本卷十四 鈔中一之一 篇聚名報篇第十三

一·五 約行次第　意曰行有衆、自、共三，上卷衆行，中卷自行，下卷共行也。若約行次，自德成竟，方竟僧用，理以自行應安上卷；然望住持功有強弱，衆法住持益勝，自行功劣，故善見佛語阿難，我滅度後，有五種法令法久住，乃至下至五人持律在世等是也。

一·七 撰述　上卷記云：「通而為言，撰亦是述；今既兩標，故須別釋。撰謂操觚染翰，詮次成章。述謂謙己推他，相循舊轍。」

一·一六 章品之名　戒疏三·四八：「今立篇義，莫非章品之嘉名，分段之別號也。」

一·一八 疏引古解　疏引昔解三：初約偏頗解，二約三均解，三約文義解；今記所引，第二師義。

一·二〇 三懺　破僧、盜僧食、盜四錢等上品，一切僧中悔。破羯磨，盜三錢等中品，界外四人悔。惡心罵等下品，對首悔。初篇近方便是重蘭，大衆懺；第二篇近方便，初篇次方便並中蘭，界外四人悔；二篇次方便是輕蘭，對首懺。兩悔：故作，對首一說悔；誤，責心悔。從生：謂從他而生，簡非自性也。

二·四 有八篇　一波羅夷，二僧殘，三二不定，四尼薩耆，五波逸提，六提舍尼，七衆學，八滅諍。

二·一〇 戒疏　彼云：「問：吉羅罪中既通方便，如何在篇？答：簡究竟者，以入篇中；餘方便者，入聚所攝。」

二·一一 貫下名報　謂篇聚不離名報，即篇聚之名，篇聚之報故。又名及報語別：名，篇聚形名，即下釋六聚一章是也；報，篇聚所犯來報，下果報一章是也。

三·一〇 語通因果　因即如戒本曰：「如人自照鏡，好醜生欣慼，說戒亦如是，全毀生憂喜」是也；果即下引六地獄報是也。

三·一三 智論明十六獄　通釋曰：據大論卷十六先如常云云。

三·一五 遊增　順正理三一：「此十六中，受苦增劇，過本地獄，故說為增。或於此中受種種苦，苦具多類，故說為增。或地獄中適受苦已，重遭此苦，故說為增。有說有情出地獄已，數復遭苦，故說為增。」已下具名受苦相。

三·一六 一煻煨　世問品頌疏四有釋，又往生要集依瑜伽等。

三·一六 二屍糞　又曰二尿糞增，謂此增內尿糞泥滿於其中，多有娘矩蚳蟲，觜利如針，皆為此蟲錯皮破骨，咂食其髓。

三·一六 三鋒刃　又曰鋒刃增，謂此增內復有三種：一刀刃路，二釰葉林，三鐵刺林。

三·一六 四烈河　又云四烈河增，謂此增內，滿熱鹹水，有情遊中，或浮或沒，骨肉靡爛。

三·一六 八寒　四教儀集解云一頞部陀等云云。又集解標指中之一。又名義集，往生要集頌疏等。漚波羅等三，準大論依報形色似青蓮等耳。若依俱舍等約正報顏面色為名。若準三法度論及正理論則約正報形色，謂青蓮葉細開赤大拆白喻骨拆。

四·五 毗尼母　出卷二，文少異也。彼云：「比丘受人施不如法，為施所墮；墮有二種：一者食他人施，不如法修道，放心縱逸，無善可記。二者與施轉施，施不如法；因此二處，當墮三途。若無三途受報，此身即腹壞食出，所著衣服即應離身。」

四·一七 腹則破裂　對施篇三五·二七亦引此文。記云：「今時作惡受施，不見此相者，由有生報故也。或可現纏惡疾，有同腹破，遭刑反俗，即衣離身。」

五·六 深符宗意　濟緣一六·二五：「梵網大戒，乃稱佛子，小乘戒本，但名比丘，而律序云如是諸佛子」等云云。通釋：律序云：「如是諸佛子，修行禁戒本。」
又曰：「降伏於彼敵，沒死不顧命；佛子亦如是，善
學於禁戒。」又業疏一六·二四濟緣出大乘五義，無
根謗戒沓婆厭無學果，求堅固法。戒本回向文云：
「施一切衆生，皆共成佛道」等也。
五·九　因緣遇會　華嚴經：「假使百千劫，所作業不亡；因緣
遇會時，自業却受苦。」
七·一八　智論　彼云：有人云此寶珠從龍腦中出，人得此寶，毒
不能害。
八·一三　分身口　謂分突吉羅聚為二：身為惡作，反抄衣，衣纏
頸，覆頭，跳行，蹲坐，叉腰等是也。口名惡說，靜
默，戲笑，含食語，不恭敬人說法，人坐己立說法等
是也。
八·一三　從具　濟緣：具即身口。
八·一八　將何對譯　凡譯有二法：一者對翻，二者義翻。彼此
俱有，多從對翻；如閼伽翻水，勢羅翻山，蘇伐羅翻
金，阿路巴翻銀等也。彼有此無，多從義翻；如今六
聚等是也。
九·一　僧祇　退沒墮落出第二。不共住者，其名出第一，而無
釋文。捨身等，彼無墮獄之文，今師義加之。此身下
古本有已字。
九·一四　多意字　十誦第一曰：「波羅夷者，名墮不如，是罪
極惡深重，作是罪者，即墮不如。」多論二云：「波
羅夷者，名墮不如意處；如二人共鬬，一勝一負，比
丘受戒，欲出生死，與四魔共鬬，若犯此戒，則墮負
處。」通釋：「現行多論，即有意字。」
九·二〇　故偈云　律序曰：「譬如有死屍，大海不容受，為疾風
所漂，棄之於岸上；諸作惡行者」等，如今所引。
一〇·六　遮法　上文云：「遮無根作不作不成遮，遮有根作不作
成遮。」本律之四六。無餘等云不作，亦如是。
一〇·六　殘為　彼云：「遮無根有根作不作亦如是。」

一一·一　四種比丘　依瑜伽曰：「一勝道沙門，二說道沙門，
三懷道沙門，四治道沙門。今文第一可知；第二示
道者，謂能調伏三毒，為諸衆生宣示正道；第三受
道者，能伏三毒，受行正道也。具釋如三藏法數第
六。」
一一·七　佛說有則必有　若依慈恩依瑜伽以上纏失戒，中下不
失分之，如表無表下。若太賢義依經部上座部正量部
等，三纏俱失云云。四分、十誦、十輪、雜心等，是
三纏不失，祖師所據也。
一一·一五　僧網　彼云：「或畜貓狗，專擬殺鼠，……並是惡律
儀。……舉衆同畜，一衆無戒也。」
一一·一五　隨相　錢寶戒云此一戒人患者多，但無高節，……唯縱
無始貪癡，故律言非我弟子，準此失戒矣。
一一·二〇　廣解　通釋云：考廣解無文，疑指戒本，犯一一法不得
與諸比丘等文歟！可尋。
一一·二〇　戒本　四夷結文云：「若比丘犯一一法不得與諸比丘
共住如前，後犯亦爾；是比丘得波羅夷罪，不應共
住。」
一二·一　同名　凡戒有名種相，濟緣云：「名如波羅夷，種如
婬盜等，相如一婬中有多少也。」通釋云：同名通一
篇，諸戒同名夷，同名殘等故。同種局一戒；種，種
類義，一種戒故，前後犯一戒，是名同種。相者，於
一婬中，女三男二等犯相多別故。
一二·一四　準釋相中　鈔一六·四〇：「若約僧尼，準如婆論，
一一衆生，身口七支，以貪瞋癡起，故成二十一戒。
今義準張，三毒互起，二三等分，應有七門。女人九
處（七支之中開婬故為二故九處男亦爾），男子八
處，七毒歷之，女人身上得六十三戒；男子身上，以
己七毒惱他，得五十六戒。非情戒境，各得七戒。」
一二·一四　彼論　具云：於一衆生上，起身口七惡；凡起此惡有三
因緣，一以貪故起，二以瞋故起，三以癡故起，以三

因緣起此七惡，三七二十一惡。

一三・一四　不開餘法　懺篇二八・一六：「十誦：得為僧作布薩自恣二羯磨，不得足數，餘一切羯磨不得作。」記云：「所以唯開此二法者，住持之要，不可暫廢，事不已故。餘不開者，由無限制，容別求故。」

一三・一四　衆中誦律　注羯磨下二四云：「律云：不得衆中誦律，無者聽之。」

一三・一七　律云　三四：來不隨意，本作來與不來，衆僧無犯。

一四・一　小無懺重　懺篇二八・一七記曰：「問：世中皆云小乘無懺重之文，今諸律中云何開懺？答：律開懺者，為同財法，及障來報；若望體壞，無任僧用，不復本位，猶同不懺，若云無耳；非謂不許懺也。」

一四・三　障獄業　母論：「從今得羯磨已，名為清淨持戒者；但此一身，不能超生離死，證四果，亦不得無漏功德，然障不入地獄耳。」

一四・一五　下引　懺篇二八・一五：「比丘不淨食，彼亦不淨；彼不淨食，比丘亦不淨。」僧祇出二六。

一四・一六　十誦　又云：「在大比丘下坐，不得與大僧過三夜，自不得與白衣沙彌過二夜」等。

一四・一六　母論　又曰：「但此一身不得超生離死，……然障不入地獄。」

一五・二　百喻經　全二卷，蕭齊天竺三藏求那毗地譯，今文出上卷，文少異也。

一五・五　雷同　羯磨篇五・四七記云：「禮云：無雷同。」注云：「雷之發聲，物無不同時應者。」

一五・一四　所謂　隨相戒行下，一六・四四。持犯篇，明二持科，卷二六・四。

一五・一九　翔而後集　論語鄉黨：「色斯舉矣，翔而後集。」注：「言鳥見人之顏色不善則飛去，回翔審視而後下止；人之見幾而作，審擇所處，亦當如此。」

一五・一九　默而識之　論語述而：「默而識之，學而不厭，誨人不倦，何有於我哉。」注：「識，記也；默識，謂不言而存諸心也。」

一六・三　切切　論語子路：「朋友切切偲偲，兄弟怡怡。」注：「切切，懇到也。」

一六・七　前事不成　據足數四例，若能對不知成辨前事；今云不成者，約有根耳。

一六・七　能施亦墮　對施篇三五・二七：「毗尼母云：若知前人無業而施與者，能施所施，二俱為施所墮。」記云：「知穢故施，心不清淨，亦獲苦報，故二俱墮。」彼又云：「智度論：明能施清淨，受者不淨，如是四句……」記云：「四中唯俱淨者名施，餘三非施。」

一六・一七　十輪　具云「大方廣十輪經」，北涼失譯；今文出三卷，取要。

一七・九　本律　彼云：「我為諸弟子結戒已，寧死不犯。」（卷一）母論云：「如佛說偈，寧吞鐵丸而死，不以無戒食人信施。」（卷二）

一七・一四　八事　一捉手（輕處），二捉衣，三入屏處，四屏處立，五屏處語，六屏處行，七身相倚，八期行婬處，若具八事夷，不具隨事多少各結蘭。

一七・一八　餘如別部　鈔四二・三八：「十誦不重犯，由戒不重受，故犯婬戒已，更犯婬者吉羅；犯盜、殺人、大妄，還得三重。文云：學悔尼犯僧殘，請比丘來與我摩那埵出罪等，下篇隨輕重也。」記釋云：「學悔犯殘，可證無重，唯局四夷。」意云同種不重犯，局四夷；殘已下諸篇同種同名，俱有重犯。

一八・二　別篇　鈔四二・三八頁。四重已下，故云下篇，篇篇皆有重犯；重隨重懺，輕隨輕治。

一八・三　解云　戒疏卷四・一二引之，云：「彼疏釋云……」

一八・四　本義　戒疏四・一二：「今依本義，立名部也。」行宗云：「本義者，即下二種根本也。」

一八・四　有二義　行宗四・一四云：「果由因剋，是成就義；攬因歸果，即隨順義。以蘭吉別聚，由此二義，總歸同一部類。」

一八・一三　責心即滅　行宗四・一三：「遠方便責心者，且依論出，今須對首。了論宗正量部，大同空宗（謂計同立意念罪同空宗義也），故結意犯；若約有部，未入犯科。」

一八・一九　重緣及思　資持一六・一七五例中，判曇無德部云，此宗論體，則強號二非。隨戒相一六・一〇重緣思覺，即入犯科。

一九・二　名同體別　若依了論，遠是輕吉責心悔故；次是重吉，對首懺滅；故云名同體別。若依今宗，遠為重吉，對首懺滅，次即中蘭，小衆悔除；是則名體兩別。若依下釋，蘭吉體齊，當云名體同也。

一九・一二　十祇　持犯篇二七・二五：「若結罪之時，並攬前因，共成一果。不同他部，因成果已，更有本時方便。」

一九・一七　疏引　戒疏四・一三。彼文者，十誦也。出六二，彼云：「四種偷蘭遮，而初篇遠，二篇近，同中偷蘭，故今分三。」

一九・一八　彼唯立二方便　行宗四・一三：「彼宗但立兩方便，動色為始，故云遠也。」

一九・一八　位分三階　行宗四・一三云：「偷蘭三品，分對兩篇，上下各局，中品兩通。」今案：以偷蘭三品，分對夷殘兩篇。夷近方便，局於上品蘭；殘遠方便，局於下品蘭，故云上下品各局於夷、殘也。夷遠方便、殘近方便，皆中品蘭，故云中品蘭兩通於夷、殘也。

一九・一九　界外四人　懺篇二九・四：「第二小衆者，十誦：四人為小衆，若受他懺，則無單白，止得口問邊人。四人滅諍中，小衆者，二三人也；縱有四人，止同小法。」記云：「以懺主白和，身外非僧，故無單白。」問：何不須界內四人？答：既成衆，遠防破僧故。又濟緣記一・二九：「四比丘者，能所合論；須界外者，由制問邊，界內有人，恐謂別衆，準知無人，亦通界內。」

二〇・一〇　攝中間　彼云：「僧與波利婆沙是名初。與波利婆沙竟，次與六夜行摩那埵為中。殘者，與阿浮訶那是名僧伽婆尸沙。」

二〇・一一　僧伽為衆　戒疏三・五〇：「善見論云：僧伽為衆，婆者為初，尸沙云殘。」

二一・三　波利婆沙　此翻覆藏，或云別住。殘懺具四法：一隨覆藏日數與別住，二治覆罪作吉懺也，三治僧殘情過摩那埵也，四治殘罪與出罪羯磨也。具如鈔二八・一九頁。

二二・二　婆論　卷三：「僧伽婆尸沙者，秦言僧殘，是罪屬僧，僧中有殘，因衆除滅。」

二二・六　房舍利養　戒疏三・五〇：「明了論解云：所言殘者，僧中受房舍利養，最在其外故也。」行宗：「了論約行別住治罰以釋，僧中即僧義，在外即殘義。」

二二・一〇　戒見事和　戒見利身口意六和敬，是事和也；理和者，濟緣二・四：「初果已去，見真諦理，理無異體，聖證皆同，謂之理和。」又云：「事和通凡聖，理和唯局聖。」又集僧篇記四・一出事及理和之六和。

二二・一五　義見上文　謂上婆尸沙釋下，云房舍利養有其外者，是顯別住相故。謂行波利婆沙者，在僧中最下劣房行別住故。行宗所謂約行別住治罰以釋是也。或可上文者，指前母論科，謂了論解雖具有之，祖師略之不列，恐兩繁故，後義準文。

二三・三　大罪　出善見九，彼云：「諸罪中，此罪最大。」

二三・三　麤惡　出母論七，彼云：「於麤惡罪邊生，故名偷蘭遮。」

二三・六　一暗文相　謂業體鄙穢，罪之力用，墮於惡道，不得生善道，故名障善道；今約障法輪解，是暗文相也。

二三・六　二成局狹　謂論偷蘭罪，從生、獨頭種類無量，而論業用，俱障善道，故通名障善道；然但約破僧一種解，故云局狹也。

二三·九　波離問經　全一卷，求那跋摩譯，波云：「婬犯三事，婬未食身波羅夷，婬大食身吐囉遮。」又云：「數取一錢，餘滅五錢，直吐囉遮。」

二三·一四　從初受名　如出門，出行，名發足；但從初呼，非謂後時不發足。

二四·八　獨頭　亦名自性，懺篇記云：「不從他生，故云自性；當體是果，故云獨頭。」

二四·一〇　裸身　本律四〇：「若露身，偷蘭遮。」

二四·一〇　用髮　又云：「爾時比丘著人髮欽婆羅衣，佛言：此是外道法，若著者，偷蘭遮。」

二五·四　亦是乖儀　戒疏一〇·一九：「若就通論，五篇治行有防非義，悉名為戒；各有法式，故名威儀。」

二五·一五　十誦　九初云：「波逸提者，是罪名燒煮覆障，若不悔過，能障善道。」

二六·三　同一品懺　謂初捨財，雖對僧衆；至後悔罪，但一人懺，與單提同故。

二六·八　捨墮全同　通釋：全同者，約戒支及捨懺同耳。若依戒相，實有不同。行宗一〇·五〇頁一行：「若尼三十前列十八與僧並同；後列十二，與僧全異。」戒疏一〇·五〇，四行以下，三例列異，一有無不同，二戒：雨浴衣，蘭若離衣。二犯同緣異，一戒：長鉢。三輕重不同九戒：蠶綿、黑毛、白毛、減六年、不揲坐具、取非親尼衣、浣故衣、擔羊毛、使非親尼浣洗毛，尼吉僧提也。

二六·一九　捨有三種　懺篇二九·一三：「前明捨財，乃離罪緣法；後明捨罪，除感報法；今明捨心，正除罪因。」

二六·二〇　長染有遺　懺篇二九·一〇：「若雖捨衣，有盡不盡，犯長相染，餘捨通成。」記云：「三十戒中，唯有五長有相染義，謂衣中有三：十日、月望、急施，及長鉢長藥為五。」又云：「若還財未說，而見忘物，並即相染，通將入犯長捨之。前財雖是乞衣販博，捨還事同新得；如法說淨。但為長忘相染，故不得說，還作長捨。……其所忘物，若是販賣餘捨，片無相染。」

二七·三　三義　戒疏三·五一：「一罪名輕細，難識好毀。二遮性兩罪，其相交雜。三人多輕陵，數犯其過。大須功用對治，勿令滋廣。」記云：「大下，結名。」準之今文「應作」以下，上三義結文乎！

二八·一　示現重輕　非為吉羅重輕篇重輕耳，謂上二聚立三方便，提以下但明二方便，是示差降也。

二八·四　僧祇　二一云：「波羅提提舍尼者，此罪向人發露，不覆藏。」

二八·四　戒本中　彼云：「是比丘應向餘比丘悔過言：大德！我犯可訶法，所不應為，今向大德悔過。」

二八·一八　胡僧　名義一云：「自漢至隋，指西域以為胡國；唐有彥琮法師獨分胡梵，葱嶺已西，並屬梵種，鐵門左皆名胡鄉。」南山所謂胡鄉國，雜戎之地是也。又宋僧傳第三，委分胡梵之相，今所謂胡僧，是胡戎之僧耳，非梵僧乎！又戒疏，行宗卷一·三四出之。

二九·二　善見　彼云：「式又者，學也；迦羅尼者，應學作也。」

二九·四　衆突吉羅　準行宗：「突吉羅翻為惡作，即所防過也。」

二九·一五　或云　準記釋七中突吉羅名體俱局身；又六中惡作，雖體局名通，名通鼓動義同，故六中惡作，名體俱通身口。

二九·一七　母論　彼卷七云：「突吉羅者，名為惡作；犯身口律儀，名為惡作。」

三〇·二　非四部所攝　但約五篇簡意，云前四篇諸方便，以部黨義，各攝本篇；自餘前四篇外，塵沙正從諸罪，通歸第五篇也。

三〇·三　此是正量部名　此是者，點上獨柯多部也，謂獨柯多者，是正量部所說第五部梵名也，所謂惡作翻之。

三一·四　真諦　唐傳一：「拘那羅陀，陳言親依，或云波羅末陀，譯云真諦，並梵文之名字也，本西天竺優禪尼國人焉。……始梁武之末，至陳宣初位，凡二十三載，所出經論傳記六十四部，合二百七十八卷。」

三一·八 誤皆犯輕　懺篇二九·三五注云：「若準戒疏，衆學諸戒，故心犯者犯二罪：一應懺吉，對首悔。二非威儀吉，責心悔。準此責心不必誤犯，學者詳之。」

三一·一二 不論有無　意曰獨頭心念，遠方便吉，罪位既齊；然心念直判，無方便罪。如諸篇遠方便罪，更亦有方便不，而文則不論其有無。通釋云：「此之心念，罪品既齊，心念不立，此不可立，若立有無窮失故。」

三一·一七 責心之言　下懺法中，通六聚皆有訶責立誓，所對訶云：自責汝心生厭離！答云爾是也。

三一·一九 下篇不出　依下懺篇出懺輕法云：「應具儀至佛廟所致敬已，互跪合掌云：我某甲比丘犯誤不齊整著鬱多羅僧突吉羅罪，不憶數，今發露懺悔，更不敢作。」（一說）記釋竟點釋云：若彼了論，但云不應起如此心，即名責心；然無軌式，不足準用。今按下篇不出了論懺法耳，非謂不出今宗悔法。

三二·四 三罪二罪　戒本屏處不定云：「於三法中，一一法說，若波羅夷，若僧伽婆尸沙，若波逸提」等。又露處不定云：「於二法中，一一法說，若僧伽婆尸沙，若波逸提」等。

三二·一〇 制意　戒疏一〇·一八云：「若不迭相鑒察，容無自勵之心；故用屏露隨信舉發，以存相利之道也。」行宗：「若下，別敘此篇，乃是託緣興制，令道俗相檢耳。隨信舉發，即優婆夷也。」戒本所謂「如住信優婆夷所說，應如法治是比丘」是也。即戒緣因迦留陀夷與俗婦在屏處作非法語，毗舍佉母窺見往白佛云云。

三二·一九 現前毗尼　有三法、五法。言諍下品，犯諍下品，但有三法。法毗尼，人，無羯磨故。自餘四諍，通用五法：法、毗尼、人、僧、界，俱秉羯磨。又與三法中，毗尼、人，名同體別也。戒疏：「法教託相，相須面現，屏量闇斷，終未息情。」

三三·二〇 憶念　戒疏：「與法證明，憶記無犯也；無著羅漢，方行此法。」

三三·二〇 不癡　戒疏：「以癡造罪，非心所懷，於教不制；故作白四，證癡不犯。」癡即顛狂心亂，今狂病差，故云不癡；謂病時造罪，差後不犯，然非無疑，故僧作法證點不作，故云不癡毗尼。

三三·一 自言　戒疏：「罪是自生，還須自露；對於人衆，面陳其失，故曰自言。因言其罪，情無隱伏，則曰治也。」

三三·二 多人語　戒疏：「由評法相，取解不同，故召兩朋，同處面決。」德人屏處斷言諍訖，而能諍人，以自不現，謂有欺隱，是以兩衆同聚行籌，籌有二別：一完二破，從正者捉完，從邪者捉破，多者為是，故云多人語也。刪定戒云「多覓罪相」。

三三·二 罪處所　戒疏：「彼比丘多造罪故，輒便首重，及後舉勘，便復引輕；故僧作法，徵其罪處。或此名覓罪相。」處所者，非一義也，初輒首重，後轉陳輕，推量有情，前言應實，故加白四，奪三十五事，首露本罪，故云罪處所也。

三三·三 草覆地　戒疏：「兩朋相諍，經年難滅，故直面對，各陳咎失，罪諍於此一時俱淨，如草掩泥。」從喻立名，兩朋交諍，煩情頗歇，黑喻如泥，各攬歸負，罪諍俱消，白似草覆故名。（白者應一衆中上座作白，言我等行來出入多犯諸罪，除遮不至白衣家，餘罪共長老作草覆地。彼一衆中上座亦如上作白已，彼此和合，罪諍俱滅，更不相問，如草覆地。）

三三·九 言諍　有三品：下品但用三法現前，中品但用五法現前，上品獨用五法及多人語。

三三・一一　覓諍　亦有三品：下品用五法及憶念二法，中品用五法及不癡二法，上品用五法及罪處所。

三三・一三　犯諍　亦分三品：下品用三法及自言，中品用五法及自言，上品用五法及草覆。

三三・一四　事諍　戒疏一六・四〇：「言事諍者，羯磨被事，義在順明；片有乖違，未有成遂。然人情易忍，同和理難；各執一見，事法成壞，由斯致諍。諍起由事，故曰事諍。」行宗：「事諍，唯據羯磨僧事，若非羯磨，並歸上三。事法成壞者，事即所加，法即能被；更兼能秉人，及所託界，四法並有如非成壞。」

三三・一五　各有事諍　戒疏一六・四一：「事諍一種，離為九品，約言覓犯，各生事諍，如何識耶？謂言諍中，若評教理是非，犯相輕重，是名言諍。若評羯磨是非，迷悟不決，此名言諍中事諍」等。彼一一廣說，乃至云：「隨本諍分，上中下異，故成九品。」

三五・七　或均或雜　行宗四・一一：「以蘭果罪，自分三品：當局名均，相收還雜。前後如上。吉羅究竟，體無輕重，故知不雜。定在末篇，故非前後。言同墮者，墮有三懺：大衆、小衆、一人對首。對蘭亦爾，但蘭分三體，互懺不成；墮唯一品，隨界三別，故為異耳。」

三五・一一　他文　母論：「少分毗尼者，有二百五十法，比丘法；比丘尼有五百法。」

三六・一　智論　一三：「式叉摩那若受具足戒，二部僧中受，餘如受戒法，略說則五百戒，廣說則八萬戒。第三羯磨訖，即得無量律儀，成就比丘尼。比丘則三師十僧如受戒法，略說二百五十，廣說八萬，第三羯磨訖，即得無量律儀法。」

三六・三　彼云　智度五八：「但說名字，則二百五十毗尼中，略說則無量無邊。」通釋：「八萬四千者，防八萬四千塵勞故，八萬四千塵勞，出華嚴孔目，在三藏法數卷五十。」

三六・一〇　自有犯輕　古迹引大論云：「毗尼皆為世俗攝意，不論實相，為護佛法，不觀後世罪多少，又後世罪重，戒中便輕，如道人殺牛羊等。讚歎女人戒中重，後世罪輕。」

三八・一三　如僧祇中　下盜戒一七・二五：「如僧祇：寺主摩摩帝，互用佛法僧物，謂言不犯，佛言波羅夷。謂知事人，取僧糧食器具，及以牛馬，為佛像家，營事使役，並得正重。」

三八・一四　與其死具　殺人戒一八・二八：「如比丘被官刑戮，從人索手巾……以作籠頭絞繩等，亦有無知五衆與者，即名殺具，命終結重。僧祇：父母被王法，比丘語典刑者，乞其一刀，尋用語者亦重。」

三八・一六　律文　五九：不知不見五犯者，我說是人愚癡波羅夷，僧伽婆尸沙，波逸提，提舍尼，突吉羅，是為五種犯。

三九・八　如下智論　懺篇：「大論云：戒律雖微細，懺則清淨，犯十善戒雖懺，三惡道罪不除。如比丘殺畜，罪報猶在，前已具出，恐慢性戒，謂言懺已無罪。」謂遮罪經制懺罪滅，性罪行制懺已違制罪雖滅，業罪不滅，更依方等事理，正感好相，倘達罪障不可得理觀，方可業理清淨。不爾，三途苦不可免，可勵哉！

四〇・九　成論　卷七：「或以心重故有定報，如人以深厚纏殺害蟲蟻，重於殺人；如是等餘業，亦有定報。」

四〇・一一　地獄經　譯經圖紀一云：「地獄報應經，一卷，漢安世高譯。」今藏中有佛說罪業報應教化地獄經，定此本乎，而無所引文。

四〇・一三　作業　俱舍業品四頌云：「由重惑淨心，及是恆所造，於功德田起，害父母業定。」（一五・一七）

四〇・一六　提婆達多　觀經疏云：「此云天熱，生時諸天心皆熱惱，知彼出世必破三寶故。斛飯王子，佛堂弟，阿難親兄，三十相，出家誦六萬法聚，十二韋陀。」

四一・一　諸佛不能轉　景德傳燈錄出佛三不能：一不能免定業，二不能度無緣，三不能盡衆生界。

四一・五　三心　持犯篇二六・一六：「先約心辨，行前三心，得有止持。謂識想受等，此三非業，流入行心，方成別因（善惡別相）。……受體是記，三心無記也。」又濟緣一・二二，及行宗二下皆出之。

四一・一〇　和僧媒娶　媒人戒一九・一五：「此律中，諸比丘白二羯磨，差人媒嫁，一切僧殘。今知事白僧，媒娶淨人，供給婚具，問僧同和，一切僧殘。若用僧物，同俱犯重。」問：何在此無記犯？答：祇知緩慢故歟！

四一・一九　前方便者　記云出三相，以或自分。初自作者，唯自業結果，謂初作漏失等方便，後成睡眠裏，或醉狂時，正漏失，果時雖無記，酬方便故結正罪。次教他者，他業邊結自業，謂初教人殺盜，彼正作時，自雖在睡眠等，彼業成時，任運成果。後自業相成者，自他共成，謂初欲殺彼，自安殺具，後彼由死，自其時雖在眠等，彼命斷時，任運結業。持犯亦有此三門，今記準彼歟！而立相不同。

四二・九　成論　卷八：「問云：若處胎中及睡眠狂亂等，能集業否？答云：此等有思則集業，但不俱足。」

四三・一　夢漏失五吉　失精戒云：「律：若亂意睡眠有五過失：一者惡夢，二者諸天不護，三者心不入法，四者不思明相，五者喜出精。五分得五吉羅。」記云：「律中，乃至反此得五功德等。今斷此罪，若初睡眠時攝意，夢失，如律無犯；不攝而失，悔五吉羅。（注曰無記結業，準此文也。）」是約無方便也。又云：「善見云：若手捉根而睡，擬出精者，眠中若出，僧殘。」通釋云：「此有方便，故結本罪，理感總報。」

四三・一七　目連問罪報經　現行經本題云佛說目連問戒律中五百輕重經，卷上失譯人名，今附東晉錄。通釋：下記云漢世高譯，疑本有異本耳。又鈔多所引用之中與現行經頗有不同，或又考現本有闕漏矣。經末高麗大藏都監書曰：按文國本有三百六十七問，圓本同此，則宋本只有二百二十問，今取二本補之，然亦不滿五百云云。以知多異本也。追點皆此日閱僧祇卷尾私記後注云：此下舊有犯戒罪報輕重經一紙，今勘與世高所譯者似同，此不書入。即知藏中別有經矣，今鈔引者是也。非五百問經，處處引彼論則直題五百問，按同經異譯耳。（考和朝藏目無世高所譯罪報經。）

四四・二〇　十萬為千　下記出大算法云：「或以百百為千，千千為萬，萬萬為億等，此為大數。」準之，百百即一萬，一萬為千，計九百萬年，則九百千歲，全合經文，還為經誤算者乎！然自下舉數，並例以十萬為千，此中特異，為經本誤耳。

四五・八　千萬為億　依下萬萬為億，今云千萬；又下百百為千，即一萬也，今十萬為千，竊疑大數亦有多別歟！所謂億有四種等，然億從減千依增者，恐似有差互可尋，然前後通皆十萬為千，千萬為億，蓋又一途法耳。

四八・一三　理教實異　小乘九部所詮教，但生滅四諦及十二因緣，理局我空法有；大乘十二部廣說六度，理該二空。

四九・一　須跋陀羅　西域記云：「唐言善賢，鳩尸那城梵志，年一百二十。」泥洹經云：「須跋聰明多智，誦四毗陀經，通一切之書，為人所敬，聞佛涅槃，方往佛處，聞八聖道，心意開解，遂得初果；從佛出家，又為廣說四諦，即成羅漢。」

四九・九　勃興　左傳莊公十一年：「禹湯罪已，其興也浡然。」孟子：苗浡然興之。爾雅注：浡然，興作貌。」

四九・一三　八十部　十門中記云：「如來滅後，迦葉結集，為八十誦律。」又行宗記一・五〇云：「八十誦者，即根本部，波離結集；一夏九旬，八十番誦，故以為號。」今指根本一部，即根本上座部，摩訶僧祇部。

五〇・一〇　毗尼住持偏勝　序記卷一・一六：「善見云：毗尼藏者，佛法壽命，毗尼藏住，佛法方住。」

五一・七　無別　涅槃云：「菩薩持四重禁及突吉羅，敬重堅固，等無差別。」

五一・一五　現行十惡　攝大乘論曰：「甚深殊勝者，由是品類方便善巧，行殺生等十種作業，而無有罪，生無量福。」然非通開薄地，所謂無性攝論云：「悲願相應，後得妙智，行殺生等十種作業。」世親論云：「以他心智，了知彼心，無餘方便，能轉彼業，行殺生等。」是也。故鈔主及慈恩等，偏約地上判之。

五一・一六　下文　沙彌篇引涅槃云：「若不住不動地，有因緣故得破戒；此則八地已上，或可淨心地已上。」

五二・一一　薩婆多　卷二云：「有殷重心，有身口無教。」

五三・七　四位　集僧篇四・二二明四種僧：「一四人僧，二五人僧，三十人僧，四二十人僧。」具如彼中。

五四・一　不肖　史記五帝本紀曰：「堯知子丹朱之不肖。」肖，似；不肖，言不如人也。

五四・三　素絲　墨子：墨子見染絲者泣而歎曰：染於蒼則蒼，染於黃則黃，故染不可不慎也。非獨染絲然也，國亦有染，湯染於伊尹，故王天下，紂染惡來，故國殘身死天下戮。

五四・三　朱紫　論語陽貨：「子曰：惡紫之奪朱也，惡鄭聲之亂雅樂也，惡利口之覆邦家者。」注曰：朱，正色；紫，間色。

會本卷十五 鈔中一之二　隨戒釋相篇

第十四 別釋四中第一戒法

一・五　戒本中　律本中初二十一卷名僧戒本，每一一戒，初出緣起，次標戒本，後隨文釋。中名戒本，後名廣解，南山祖師別出戒本別行，四分戒本是也。今之所謂戒本，約別行本，廣律指廣解及條部毗尼也。

一・五　名種　名謂八種篇名，種謂篇內戒支。濟緣云：「名如波羅夷，種如婬盜等，相如一婬中有多少也。」

一・九　三科　如婬戒「犯境」：人、非人、畜三趣。約報：男、女、二形等。約處：女三、男二，是等名境。「犯相」具四緣：一正境，二染心，三作方便，四與境合，即成正犯。「不犯」有二：或一向不犯，無染心者。或止方便，境差等也。

一・一七　條前戒本　小補韻會：「師古曰：凡言條者，一一而疏舉之，若木條焉。」

一・一八　未明三道　考律初戒本中，具明女三男二之道，及入毛頭成犯；道非道境想等，但後調部中委曲文耳。又後自婬自面前門及大道之想，又強逼犯不犯等具明之。又前戒本明人男女、非人男女、畜生男女，及二形黃門等，而未分道俗二境，後明委五衆能犯所犯之相等也。

二・六　未知成犯緣相　謂持犯篇中，雖亦明成犯七緣，但是諸戒通緣；而隨戒別緣未彰故。

二・一〇　故出家人　智論十三初品尸羅蜜多中出略云：居家持戒，凡有四種：下人持戒，為今世樂。中人持戒，期後世福。上人持戒，為涅槃。上上人持戒，為佛道。出家戒亦有四種：一者沙彌尼戒，乃至四者比丘僧戒也。復次居家憒鬧多事，結使之根；出家恬澹寂寞，是故出家行道為易。復次出家修戒得無量善律儀，乃至是故白衣雖有五戒，不如出家等。又云：比丘尼略說則五百戒，廣說則八萬戒；第三羯磨訖，即得無量律儀等，如上篇引，今後一段，取此等文爾。

二・一六　尸波羅蜜中文　通釋云：今所引有二段，初出論卷五八尊道品，略言：「阿難白佛，世尊何故不稱舉檀戒等，乃至十八不共法；但稱舉般若波羅蜜？佛言：般若於諸度為尊導故。」又云：「佛告憍尸迦，若受持般若波羅蜜多，正憶念不離薩婆若心，無量戒，衆定二·一七 衆慧衆解脫衆解脫知見衆成就。」今之所引，初文釋此戒衆論文也；次故下文，正第十三卷尸羅波羅蜜中文也。

二·一七 八萬四千　若依教乘法數異上三藏法數，彼結偈曰：「十使互具成一百，歷十法界成一千，身口七支為七千，三世共成二萬一；四心各具二萬一，共成八萬四千數。」上約所防塵立，若依能防，彼出二種：初依纂要，謂二百五十戒，歷四威儀成一千，約三世成三千，配七支二萬一千，約四心八萬四千也。次依楞嚴疏，謂二百五十約四威儀一千，約七支二萬一千，配三毒等分四心，八萬四千。又導俗篇記三九．一〇，更有一說可見。

二·一七 對塵勞門　三藏法數第五十略云：十使互具成一百，約三世成三百，現在時促故但一百；過未二世，每一使復互相具，故二世二百，使成二千，共現在一百成二千一百；約貪瞋癡等分四種成八千四百，又歷四大六塵，總成八萬四千也。出華嚴孔目云云。塵，即染汙之義，謂煩惱也；勞，即勞役，由邪見煩惱，染汙真性，勞役生死故。

三·一二 總義　下張七門，總判諸戒持犯相故；然前云別事，後云總義者，隨戒但約事境，持犯多據義門故也；故以事義二字互安。

三·一二 由別顯總　下篇曰：「以前隨相，約事乃分；至於統明，未可精識，故甄別之。」今記二句偏顯後篇之意，謂以對今別顯後總，後總還統今別，必須前後相照，不可唯局別目也。

三·一六 麟角　顏氏家訓云：學者如牛毛，成者如麟角。通釋：或可法界喻受人多，三千僧尼無不受者故。麟角況持者少，澆末惡世，精持叵得故。極成勸勵，故以至大至小為境，不以能喻責。記，欲能喻所喻均故，約受隨合之。

三·一八 直筆　下卷批文云：「直筆書通，不事虬文。」記云：「直筆書者，不演義章，刪除異論，離諸曲碎故。龍身有文彩者，謂之虬。」

四·一〇 經律論　問：大小二論，賢聖所集，宜欽敬，而序述經律二藏，世尊親演，豈復欽慎而宣之？答：涅槃云：「佛亦有師，所謂法也。」梵網云：「是盧遮那誦，我亦如是誦。」是知「法」是諸佛師，佛唯傳通之人，豈不欽序。又四分戒本後偈云：「如過去諸佛，及以未來者，現在諸世尊，能勝一切憂，皆共尊敬戒，此是諸佛法。」

四·一一 貫徹因果　謂該貫因果二位也，下云：「軌凡從聖，名法。」法有超凡趣聖之功，故云通出離道，道是超趣義，凡聖即因果之二位。

四·一四 軌凡從聖　法從聖名，標宗敘法云：「雖復凡聖通有此法，今所受者，就已成而言，名為聖法。」謂法有革凡成聖之功，故云軌凡從聖，從謂隨順克成之義。

五·九 面首　記喻高勝。若依毗婆沙，又有積集義。彼云：「戒名為頭，能見苦諦等色，聞名身等義，齅覺意花，嘗出離三菩提味，覺禪定解脫等觸，知色陰等法。」記釋曰頭，則具納六塵，戒則總收衆善，故以喻焉。標宗引之，若依之，面首合集衆善法，以根合三昧成就，依戒成三昧，即是根義。

五·九 三昧成就　問：以面首高勝喻，如何合三昧成就？答：三昧中能觀高妙殊勝之理，猶如面首能見高遠之處；然禪觀之功，偏由戒成，故面首高勝，合三昧成就也。

六·一 三十四心　四教集解中：三十四心者，八忍，八智，九無礙，九解脫也。此依大論因時未斷，至樹王下通總斷之。若依俱舍婆沙意云：下八地惑，初修禪時，先已斷竟；非想九品見思，全在用九無礙及九解脫。

六·三 本律　卷三五：「波羅提木叉者，戒也。自攝持威儀住處行根面首，集衆善法，三昧成就。」

七·二　二意釋之　鈔序卷一·一六：「謂剃染稟戒入道次第，以至受、懺、安、恣、結、說、治諫師資上下，行住坐臥，飯食衣服，衆法別行此諸事相，佛法紀綱，住持萬代，功由於此。唯斯律藏，委示規模。餘藏非宗，故所不辨。……若詮理發智，破妄顯真，則經論為勝」等。

七·四　絕縛元始　戒疏一·一一：「為道制戒，煩惑難清，要由方便；致設三學，用為治元。故成論云：戒如捉賊，定縛慧殺。」又同卷，一四云：「律云：為調三毒令盡故，制增戒學。」皆是絕縛為元。

七·一〇　戒經　戒經後偈云：「如過去諸佛，及以未來者，現在諸世尊，能勝一切憂，皆共尊敬戒，此是諸佛法。」

七·一七　證餘三義，謂今科初律偈：如是諸佛子，修行禁戒本，證軌物義。次戒本偈：欲求於佛道，當尊重正法，證發趣本基之二義。正法是戒，次科善見別證第一住持義。問：遠求佛果，須藉萬行資糧，豈貴戒定？答：萬行由戒發趣，萬善本基，於戒而立，故以求道尊戒，證發趣本基二也。

八·二　除惑倒　謂戒本偈，部主法正尊者所置，恐迷惑顛倒，疑非佛語，故結示此是諸佛教，故云除惑倒。

八·三　此教最先　標宗篇卷三·三〇：「薩婆多又云：何故律在初集？以勝故秘故。」本律五四，五百結集中優波離先集律，次阿難集經，後集論，論中不出能集之人。若依大論第二，阿難先集經，次波離集律，後阿難復集論。又本律五百人，智論千人，今鈔依律，故云最先。

八·三　善見　此結集之時文，彼云：「大德迦葉，語諸長老為初說法藏毗尼耶？諸比丘答曰：大德。」（已下同。卷一）

八·八　事隨理通　謂經論所宗，以理融事，如般若以五蘊、十八界諸法為空，楞伽皆為如來藏，起信論一切為真如等。

八·八　言無所寄　如云一切法是空，空亦空；言語虛通，無所寄託。非如律藏，立法軌用有義。

八·一六　筌　莊子第八外物篇：筌者，所以在魚，得魚而忘筌；蹄者，所以在兔，得兔而忘蹄。言者，所以在意，得意而忘言。今案：弘明集：不求魚兔之實，競攻筌蹄之末。

九·四　下引寺誥　僧像篇三七·三五：「有盛德法師，造寺誥十篇，具明造寺方法。……凡立木石土宇，並有所表，令人天識相，知釋門多法。」記云：「木石等者，植樹表其生長，立石表其堅貞，戒壇居東，表發生之義；無常院在西，表傾沒非久；立剎表迷者知歸，樓觀表道品階漸，池沼表魔外洗心，栽蓮表行人心淨。」今文「並存表對」是也。

九·七　綱領　十門鈔云：「舉領提綱，毛目自整。」業疏三·二：「若網目之在綱，如裘毛之依領，故云末振毛目。」

九·八　世諦依相成立　非時食戒卷二三·四五：「智論問曰：若法無時，云何聽時食，遮非時食為戒？答曰：我已說世界名字法有非實。亦是毗尼中結世界法，是世界中實有，為衆人訶責故。亦欲護佛法使久存，定佛弟子禮法故。」

一〇·一　事理二和　行宗：「事和謂六事同和，理和即證理無二也。」六事者：戒見利及三業也。又濟緣記云：「初果已去，見真諦理，理無異體，聖證皆同，謂之理和。」又云：「事和通凡聖，理和唯局聖。」又資持記卷四·一釋明。

一〇·一二　八正　三藏法數略云：謂此八法不依偏邪而行，故名為正；復能通至涅槃，故名為道。一正見：謂人修無漏道，見四諦分明，破外道有無等邪見，是為正見。二正思惟：謂人見四諦時，正念思惟觀察。三者正語：謂人以無漏智，常攝口業，遠離虛妄不實之語。四正業：謂人以無漏之智慧，修攝其心，作清淨正業，斷除一切邪妄之業。五正命：謂當離五種邪命，以乞食自活。六正精進：謂勤修戒定慧，一心專精，無有間歇。七正念：謂思念三學，及五停心，堪能進至涅槃。八正定：謂攝諸散亂，身心寂靜，正住真空之理，決定不移，是名正定。

一〇·一三 五邪　行宗九·三四：「律云：提婆告三聞達多言：我有五法，亦是頭陀勝法，少欲知足，樂出離者。所謂：盡形（貫下五法）乞食，著糞衣，不食酥鹽，不食魚肉，今我持此五法，教諸比丘，足令信樂。」

一〇·一四 不剃髮　行宗九·五二：「髮過半月不剃，爪過一麥不剪，並吉。彼謂繫屬人身，生長不息，即同有命，剪除成損，不剪無害。」

一〇·一五 心念　戒疏云：「心念作惡，雖未身口，理違惡微，不制有罪，說為不犯。調說心起三毒，最是過本，反說為犯。」行宗：「意地心念，小機不制，彼不知機，倒說為犯。」

一〇·一六 墮龍　行宗云：「伊鉢羅龍，曾斷伊羅葉，今受龍報故。」

一〇·一六 先作無犯　又云：「四重並開最初故。」調部毗尼云：「時優波離白佛言：須提那迦蘭陀子與故二行不淨行，是犯波羅夷不？佛語優波離：最初未制戒不犯。」文先作者，佛未制戒之時，此時所作，非是犯戒；諸戒開緣，並云最初未制戒時故。

一一·一 拘睒彌　四三。

一一·四 母論　卷七，又一之初云：「何為滅？能滅七諍名滅毗尼。」

一一·二〇 如釋題　上卷釋題中引戒疏曰：「律者，法也。從教為名，斷割重輕，開遮持犯，非法不定。」又云：「教相所詮，四字斯盡；謂犯不犯，輕與重也。何名為犯，境緣具也。何名不犯，起對治也。何名為輕，因果微也。何名為重，反上句也。然此四相，非律不分，持犯不濫，有同氣候也。」

一二·二 四義攝盡　戒疏五·六二：「若解四字，通決無疑，是則上品持律之最。」

一二·六 貫攝　佛地論云：「經者，貫攝為義，貫穿所應知義，攝持所化眾生。」

一二·七 阿毗曇　四教儀集解：「阿毗曇，此云無比法；聖人智慧分別法義，不可比之，故云無比法。論中多問答研覈義理，故三學中即是慧也。」

一二·七 析理　析謂剖析，理即理解。瑜伽云：「問答決擇諸法性相，故名論矣。問答決擇，是則剖析義；諸法性相，即是理故。」

一二·一二 對法　四教義曰：「新曰阿毗達磨，此曰對法。對有二種：一者對向，乘聖道因，趣涅槃果；二者對觀，以淨慧之心，觀四諦法。法有二種：一者勝義法，謂擇滅涅槃；二者法相法，即通四聖諦。」

一二·一二 無比法　又云：「阿毗達磨，此曰無比法，謂無漏法慧為最勝。」

一三·一七 戒者秦云性善　戒疏曰：「尸羅者，此曰性善，此從體說。」今以漢釋漢也，又今從功能少異也。又疏云：「或名清涼，迮隘，上天，此舉喻明，就能說也。」此與今相通。

一四·三 從心．就體　二科中，戒疏一·二九：「如心論、善生云，別解脫調伏，及學調諸根，此就心說。如諸論中，作無作戒，此就業說。」

一四·三 如經　即善生經也，心等彼接云：「智慧諸根，是故名學。」

一四·一〇 問　記問答中，戒疏：「性善從體說，作無作從業說。」行宗：「問：業與體何別？答：體取戒法，業據受體。若爾，鈔中何以指作無作為體者？答：彼約受體，與今業同，故不相違。」

一四・一二　因明正義　戒疏一・二九：「如古所傳，防非禁惡，以解於戒。然戒通善惡，律儀亦然，不可偏舉以釋戒義。」憑之兩通，義始出於今家耳。問：如上清涼，豈通惡戒？答：戒疏云：「如經論中，多從善戒，約義得名。」準之，清涼且從善戒而名，若約惡戒義，可名熱惱也。

一五・二〇　五住　應法記：「三界見惑，合為一住；三界思惑，離為三住；及無明住也。」

一六・一三　五受中　此約僧尼合數，八敬亦在五中故。若別開則有十受，僧中五受：一善來，二破結，三三語，四邊五，五中十。尼中亦五：一八敬，二二十衆，三遣信，四小年曾嫁，五邊十。然邊五、中十，及尼中二十衆、小年曾嫁、遣信、邊十之六種，俱羯磨受；與自餘善來，破結，三語，八敬四種共唯有五。就此五中，善來，破結、羯磨三種通兩衆。三語局僧，八敬唯尼，具釋如羯磨疏一二・四。又善來感初果，破結得四果，三語凡中為勝，八敬唯局愛道一人，五百釋尼中十一衆受，愛道外無餘尼，故一尼十僧受。若依四分，五百釋女同八敬得。自餘羯磨受，通在世滅後，凡聖。又破結得中，若因中有期心，至果則果戒俱得；若無期心則不得，故有羅漢白衣。

一六・一四　八敬　一、百歲尼禮初夏比丘足，二、不得罵謗比丘，三、不得舉比丘罪說其過失，四、從僧受戒，五、從僧出罪，六、半月求教接，七、依僧安居，八、依僧自恣。阿難受佛勅傳說，愛道尼合掌云：「頂戴持！」即時發得具戒。

一六・一四　破結微通　戒疏云：「破結得戒，通佛滅後，以善見文五十年前得三達智，故知果成戒滿也。」

一六・一五　或發心為因　受戒中列五緣：一能受人五云云，二所對境六云云，三發心乞受，四心境相應，五事成究竟。今發心者，指第三緣；餘事者，自餘四緣也。次釋能受者，指五緣中第一，所對者即第二也。後義通五緣，俱名因緣也。

一六・一九　五緣　受戒篇八・一〇亦引之，記云：「上列諸緣，皆依律本，此但通證。總束五緣，不過人法，略證所對三四五也。」通釋云：五緣第二所對緣有六：一結界成就，二有能秉法僧，三數滿如法，四界內盡集，五白四教法，六資緣具足。今五中初三，當第三數滿如法；第四當彼第五白四教法；第五當彼第四界內盡集也。

一七・九　下至小罪　受戒篇八・一六：「若據律文，弟子知和尚破戒，未顯輕重；準義詳之，乃至犯吉羅者，亦不成受；以犯威儀，不應師德。」又云：「餘九師，律無正文，準可知也。」

一七・一一　又云　記出二義，初釋於今一科中二段，俱多論文，但初約取意，故不標論名，是懸取論意也。受戒篇引多論，大同今初段故。次釋引受戒篇本律五緣中第一能受緣之義也。彼第一能受緣分有五種，其第三名身器清淨，正引之也。問：何汎爾云「又云」耶？答：次上文云其受緣相如上卷，今更略標舉；今此略舉其一二，故只云又云，即還舉受緣文也。

一七・一三　多云　受戒篇記云：「多論唯明邊難，略證能受第三一緣，然其邊罪，律據具戒，論通白衣，故約三戒次第明相，謂受五破重後，不得八、十、具；受八破重，不得十、具；受十破重，不得具。不得禪、無漏，通上三位也。」

一七・一八　六種戒　五、八、十、具，及禪、無漏也。然犯重之言，局前四種。

一八・一〇　犯戒之人，反上　無戒等犯戒者，是謂初受時不要護持，因中說果也；即所謂空願受戒也，故云無戒無犯。

一八・一六　共餘　彼云：「是中共餘比丘一戒、同戒、等戒，是名同戒。」

一九・六　業疏　一五・五：「問：羯磨竟得通三性不？答：多論云：一切皆得。」

一九・六　合無心　同七頁云：「無記睡心，入滅盡定者，是無心得；亦由前善心力故，與滅定俱，故云無心得。非無心而得。」東野云：「無心無記，互而言之，故知義通。」

二〇・八　通含五受　謂今明別脫勝，非局羯磨受，自含餘之善來、三語、八敬、破結也。五受開合，如上出之。

二〇・九　對七科四通三局　謂聖道本基，戒有大用，略知名趣，具緣不同，優劣有異，重受通局，震嶺受緣，此七科中，第四具緣不同，第六重受通塞，第七震嶺受緣，此三名相，偏局別脫；自餘四種名義，通定道二戒。如定慧亦聖道本基，定道二戒亦有大用，亦復名律儀、名戒、名解脫等，類例解焉。東野云：「四科通五受，三科局別脫。」

二三・一二　本俗　本俗者，十戒之中前五戒；餘五者，後五戒也。

二三・一三　如是思之　試會曰：戒雖下品，豈不發定道乎！又戒雖不增，依定慧而克聖，亦又何妨耶！

二四・一三　上云　成論中，自此之前，明無漏戒，故云也。

二五・一〇　慧義問曰　已下之事，不見於僧傳。戒壇圖經第四高下廣狹篇下出，彼文梁僧傳云云，蓋御所覽不同乎！

二五・一六　壇經　具云戒壇圖經，全一卷，南山撰。慧照已下，文出一九頁，一八行。

二五・一九　震嶺　鈔序記一・一九：震嶺者，震是梵言之省略，嶺即土境之通名。……震嶺之號，但目此方，不煩穿鑿。舊云國嶺兩標，震即此方，嶺即葱嶺，非也。

二六・二　雷霆　智論九卷之語。七曜麗天，彼作日出。

二六・一三　管中闚覰　漢書東方朔傳：「以管闚天，以蠡測海。」管，竹管也。闚，傾頭門中邪視也，覰，七慮切，伺視也。莊子秋水：「是直用管闚天，用錐指地也，不亦小乎！」

二六・一七　伽論　彼論云：「不知和尚是賊住，依彼受戒得戒，諸比丘犯吉羅。」

二七・二　曇摩迦羅　見梁傳第一：「時諸僧共請迦羅譯出戒律，迦羅以律部曲制，文言繁廣，佛教未昌，必不承用，乃譯出僧祇戒心，止備朝夕。更請梵僧立羯磨法，中夏戒律，始自乎此。迦羅後不知所終。又有安息國沙門曇諦，亦善律學，以魏正元之中，來遊雒陽，譯出曇無德羯磨，嘉平訖乎五年，次正元有二年，若用曇諦羯磨非嘉平。」

二七・九　後漢明帝　後漢第一世光武帝，明帝即光武帝子也。

二七・九　永平三年　僧史略及注、四十二章經序、佛祖統紀等，並云七年，所出異耳。然譯經圖紀云永平三年，歲次庚申夢云云，至七年甲子帝勅郎中蔡愔等云云；以永平十年歲次丁卯至於洛陽云云，同今記也。

二七・一〇　周書異記　彼云：「周昭王即位二十四年甲寅歲四月八日，江河泉池，忽然泛漲，井水溢出，山水震動，有五色光，入貫大微，遍於西方，盡作青紅色，昭王即問太史蘇由，是何祥耶？由曰：有大聖人生於西方，一千年外，色教及此，昭王即勅鐫石記之，埋於南郊天祠之前，此即佛生時也。」

二七・一一　穆王時　釋迦方志：「周穆王五十三年壬申歲二月十五日平旦，暴風忽起損舍折木，地動天陰，西方白虹十二道，太史扈多云：西方聖人滅矣」云云。

二七・一八　月氏國　史記大宛列傳曰：大月氏在大宛西可二三千里云云，大宛去長安萬一千五百里，月氏在天竺北可七千里。

二七・二〇　又齎　注四十二章經序云：「齎白氎布畫釋迦像，貝多四十二章至。……即永平十年歲次丁卯十二月三十日也。」

二八・一　曹　曹操薨，子丕立，號之魏文帝；三國鼎分，魏其一也。

二八・五　亦云柯羅　現行僧傳作曇摩柯羅，恐後寫誤耳。和漢合運圖云嘉平年，天竺曇柯迦羅至洛陽，始出戒本，中夏戒律之始也云云，言二年者，有所據乎！

二八・一四　教宗之亂　十門記云：柯羅依四分羯磨立十人受，出僧祇戒本第一差也；至姚秦時，十誦律出，人即依用，第二差也；次餘三律出，人謂僧祇與先戒本文理相合，捨十演祇，第三差也；至元魏法聰，方悟先非，罷祇首傳四分云云。

二八・一六　僧鎧　曇摩迦羅傳附出：「又有外國沙門康僧鎧者，亦以嘉平末來至雒陽，譯出郁伽長者等四部經。」彼不顯出羯磨之事。

二八・二〇　求那跋摩　出梁傳三：以元嘉八年正月，達於建業云云。後祇洹慧義請出菩薩善戒等。時景福寺尼慧果淨因等，共請跋摩云：去六年，有師子國八尼至京，云宋地先未經有尼，那得二衆受戒，恐戒品不全。跋摩云：尼戒法本在大僧衆發，設不本事，無妨得戒，如愛道之緣。諸尼又恐年月不滿，若欲更受。跋摩稱云善哉！苟欲增明，甚助隨喜。但西國尼年臘未登，又十人不滿，且令學宋語，別因西域居士，更請外國尼來，足滿十數。其年九月二十八日，奄然已終，春秋六十有五。預告已證二果。

二九・八　僧伽跋摩　略同梁傳文，傳又云：跋摩嘉元十九年，隨西域賈人舶還外國，莫詳其終。

二九・一八　南林寺　於南林寺築戒壇者，亦不見求那跋摩本傳，依戒壇經說歟！又佛祖統紀云：「劉宋文帝元嘉十一年，求那跋摩於南林寺戒壇，為僧尼受戒，為震旦戒壇之始。」又僧史略云：「迦羅以嘉平正元中與曇諦於洛陽出僧祇戒心，立大僧羯磨法，東土立壇，是其始也。」不言南林戒壇事。戒壇圖經第二篇云：「案僧傳云：宋文帝元嘉中聖僧功德鎧者，遊化建業，於南林寺前園中立戒壇，令受戒者登壇於上受也，及其終後，又於壇上而闍維之。」

三〇・一〇　寶唱　唐傳一：梁楊都莊嚴寺，沙門釋寶唱云云。搜括列代僧錄，撰為部帙，號曰名僧傳，三十一卷云。

三〇・一〇　僧傳序　梁傳序云：齊竟陵文宣王三寶記傳，或稱佛史，或號僧錄。……琅琊王巾所撰僧史，意似該綜，而文體未足。

三〇・一〇　竟陵　蕭子良，齊武帝文明二年正月為司徒，同十一年為太傅，隆昌元年四月薨，謚文宣王。說戒篇云：「昔齊文宣王撰在家布薩儀。」記云：「齊即南齊蕭子良，生封竟陵王，死謚文宣王。」

三〇・一二　多引僧傳　通釋：「今對校僧傳，出沒互有，恐傍依餘乎。」今案：記接云：「然其事迹，偏在諸文。」

會本卷十六 鈔中一之三　隨戒釋相篇之餘 第二戒體第三戒行

一・一〇　通雜　謂不局戒，故曰通雜。如明事在從用，異緣等無作也。

一・一三　咨詢　詩經皇華云：「周爰咨詢。」說文：「謀事曰咨，詢亦謀咨也。」

一・一四　河漢　今案河漢，喻大而無當；轉用為忽視其主辭。

一・一七　英俊　行宗引禮記：「才智倍人曰茂，倍十人曰選，倍百人曰俊，倍千人曰英曰賢。」

二・二　前三總別　法、體、行故謂之三，在戒相前，故云前也。總謂法體行，別謂法有七科，體有四門，行有二段，故云總別。

二・一八　約互廢　謂或廢作立一無作，或廢無作立一作，是名互廢。

二・一九　業疏作　通釋云：依業疏自有二問：初問同今；次問有何不三合字，點同異，可在次明，不立三科，恐後

人寫誤歟！今略引之，彼卷一五・九云：「問：何以
不立一無作戒及以三者？答：若唯立作，但在一念，
非通一形，何能防也。一受已難，義非數作，故須無
作，長時能防」等，已下大同今鈔。次問曰：「既立
二戒，何不三合？今解不可，以法體唯二，名實互
乖」等，亦略同今鈔。又記以作俱無作二法同時為一
合，以為第三種，若依鈔疏不爾，但約作無作相違
答，無一合故，但約常途作無作同合可乎；又作俱自
無共許法，故可非所論。
二・一九 作俱　濟覽云：作俱，即如多論初一念有教，無教即與
作俱無作，非八種中作俱。
三・一 不可常作　疏一五・九：「一受已難」（如前引），與
今文異義同。記釋少異，而於義亦通。
三・一四 初一念　業疏一五・一一：「心論云：第三羯磨一剎
那頃，作及無作，是名根本業道。」記云：「一剎那
時，作戒滿足，無作發現。」比例可解今文。
三・一九 一發續現　業疏記云：「一發謂初念，續現第二念，
教猶使也，謂非教使之然，任運自然，酬因感報故
也。」世云無由教示於人者，非也；意云身口之教名
自，所發無教名他，謂彼無教任運自發，不可發示於
彼發故，若依新學異此。表無云：表謂表示，表自內
心，示於他故。舊曰身作義不相應，無表亦有造作義
故云云。準之，表，表示內心於他人，故云表戒教示
義同，無作反之，故云無表。故義鏡曰：無表示功，
故名無表云云。若依疏無由教示，方有成用之釋，記
釋尤合文矣。
三・二〇 今時經論　會異善生、成論、雜心。
四・一六 名體並異　謂有宗作無作，皆以實色為體，故云作色
無作色。空宗不爾，作戒色心為體，無作非色非心為
體，故但云作無作，而不云色。
五・二 身動身　濟緣一五・一二云：「身是報色；動身方便，
即是造作，所謂方便色也。」
六・一二 直示正義　鈔一五・一四：「因明正義，戒者，性也；
性通善惡，……戒當禁也。」彼解戒前出多義（引多
論善生等），今直標正義，故云直示也。
六・二〇 無別所以　按持犯篇中，亦有體狀之一章，依記主遺編
持犯體章，增暉體之與狀兩別釋之章委破之。今亦懸
恐有濫述故預遮云，無別所以，或可當時有異解也；
而古記已亡，不可再尋矣。
七・六 空宗　濟緣一五・一五：「彼明諸法緣生故空，故名空
宗；但有名字，故名假宗；又深取大乘空義，故名經
部師。」
七・一二 穿鑿　今案義理未通，任意牽合，謂之穿鑿。
七・一三 三無為　一虛空無為，若依大乘假喻顯真無為，依小乘
虛空無為作真名無為。二擇滅者，濟緣一五・二八：
「有學地修慧破惑，故名擇滅。」三非擇滅，又云：
「無學，身智俱亡，名非擇滅；或可約有餘無餘二種
涅槃分之，滅即滅諦空理也。」又唯識論卷二有三無
為釋。
七・一五 三聚　準疏實宗不談心犯，故二戒但名色；一切諸法，
不出三聚，故約彼分。
七・一六 三色　次三色中十一者，十二入中，除意根故。色塵一
種，見對兩具，故為第一。五根四塵九種無形，故不
可見；根塵相偶，故云有對，廣如疏記。
七・一八 三不可見　法塵中色，見對俱無故。
八・一 四　疏一五・三一：「身口作戒，以方便色聲為體。」
又曰：「言口作戒，唯是方便，以聲非報法故也。二
種無作，非報非方便者，以從作戒起故；作戒既非報
是方便，明知無作非二色。」——方便色，報色。
八・三 五　疏同卷三六頁：「色無善惡，從方便緣，故說善
惡。」又云：「言無作者，通於二性，無記非業。局
論禁警，唯局善性。」

八·四　六　疏同卷三六頁：「此善作中義通始終，覈論成業，據終非始，以從請師至三羯磨，要心未暢，善而非戒。第三唱已，剎那思滿，即善是戒。又解云：始終通收，並作戒體；若唯一念，前緣不如，亦應感戒，然既不爾，故知通收。」

八·四　不同餘善　疏同卷三六頁云：「律儀所攝，善作名戒。自餘十業（非律儀所攝十業），但單稱善，不名為戒。」

八·七　假色　濟緣一五·二九云：「對前五塵實礙之色，故名假。」

八·八　疏云　記云：「具即身口，能造是色，所起亦色；教與無教二法同聚，故云通判為色。」

八·一〇　色中　記一五·一六：「雜心云：一切身口業，是色性；因四大造故。有損益者，如善戒持則體肥，犯則體羸；罪業造則更增，懺則除滅，由有此義，故立為色。」

八·一一　四大　記一五·三八云：「色具二義，一對二礙。今此無作，具下一義。四大謂地水火風，有內外兩別，此即內四大也。雜心云……」

九·六　業疏初解　彼有二解：初約色心為體，二約方便色聲為體，是第二師，即次下出之，見科可知。對後方便色聲為體，故曰初解。

一〇·七　色聲有二　疏一五·一九：「問：此宗五塵非罪福性，何以色聲為體？答：非外五塵及報色，不妨內方便色也。」記曰：「答中，初簡色體，一簡外塵，由是內報色聲，非無情外物。二簡內報，謂取方便動作，非頑然報法。內即對外，方便對報。」

一〇·八　二者一念　濟緣一五·二〇：「瞥爾一念見聞非業，即屬色聲二入；緣慧相續，則有成業，即落法塵，故云法入所攝，謂拜跪俯仰，為目所緣，陳詞乞戒，為耳所屬，故云意識所得。既為意得，關乎內心，即成記業，故云是罪福性。」

一〇·一四　過去色　凡瞥爾現前色聲，眼耳所緣十一色中，即歸色聲二處，非法入攝，相續色聲，念念落謝，成過去色，正攝法處也。愚按（或是通釋作者）凡色塵中有三種：一者顯色，二者形色，三者表色也。初一無記，正色所攝；後二通三性，意識所緣，法數所攝，雖類從攝色處，其實法處所攝也。云意識得，未必約過去歟！今言過去者，且約論藏法數所攝耳。

一〇·一六　問前　濟緣一五·二六：「問：二師並云依宗立體，何以不同？答：二並據論，所見有殊，前談心造，正取分通，後明色造，欲存小教。問：鈔疏前後，並取初師；今出次解，為取不取？答：初師深窮業本，於理為長；次解曲順宗途，在教為當。今家從理，多用初師；次辨教宗，仍通後解。」

一〇·一七　合教順宗　疏一五·一九：「有人云以色聲為身口業體；故論云身業依止四大，意業依心；若身業非四大為性者，意業依心，亦不應以心為體。」記云：「此師但取前色（決作戒色心故），離為色聲，不談心造，頗符小教；故下，準論反質，彼分三業，所依各異，身口既依四大，故不應以心為體。」

一〇·二〇　多宗　濟緣一五·三七：「此明身口色聲，與成宗次師何異？答：前取相續法入所收，此宗不立相續，唯歸前二（身口色聲）所攝。」

一一·一　前對照　指記所引業疏六位文。

一一·一　約塵分析　通釋云：多宗作戒以色聲兩塵為體，今以相續色聲為體，是意識所得，法塵所攝，故不同也。問：多宗簡報色而取方便色，亦相續色聲，何異此乎？答：雖其體同，論所攝大不同，故云約塵分析等也。謂彼解十四色皆通三性，故身口表業，通收色聲二處；此師不爾，十四色但無記表色聲通三性故，摘歸法入，以為意識得也。答雖此，下更以一解而答，答曰：彼亦雖相續色聲，彼不立相續色聲，故十四種中無記色聲；今師正以相續色聲通三性者，為作體也，是所以異彼也。問：彼亦立十四種通三性，云何言無記？答：有彼雖然於今判無記，所以為異耳。

一一・六　二執　濟緣一五・四二：「法執則出體依宗，文據參亂；迷執則出體差互，文義俱乖。」

一一・七　依雜心　通釋：依雜心有部義，不可有二非戒體立，但依彼三聚中，非色非心聚而出四分二非體耳，次成論準之。

一一・一〇　光師　濟緣一五・四三：「光師即元魏慧光律師，依理者，言理有二：一者大乘實理，即常住真心不生滅性；二者小乘權理，即生空真如生滅盡處。但云依理，為依何理？又戒是緣生，理是本然」等，彼廣破之。

一一・一〇　願師　同四四云：「高齊法願律師，五緣即能受人等五種總緣。此五乃能成之緣，戒業是所感之法，今若指緣為體，所感前法，為是何物？」

一一・一二　坦然　住法記云：「坦，謂平坦。」

一一・一二　討論　論語憲問：「世叔討論。」注：「討，尋究也；論，議論也。」

一一・一三　種子為體　破增暉等。濟緣一六・七云：「且識藏種子，非小教所談，故後立圓教，始可言之。諸師乃以四分二非，即是種子，豈非大小相亂耶？」

一一・一四　有人云　乃第三聚等教觀曰：問：此與正義何異乎？答：唯入第三聚中，未知其體，故為異也。

一一・一六　細色　濟緣一六・七：「雪溪則和會二非，還同細色（四分）。」全迷假實。又云：「問：四分細色與多宗假色何異？答：彼對諸塵（假色法塵故），此論心業（細色業依心起故），故不同。」又卷一五・四四：「雪川岳師融會假實，以為一見。鈔文既云非塵大之色，明知是細色耳。又但妄云細色，不知細色是何等物」等云云。問：四分細色如何？答：疏一六・三三云：「如律明業，天眼所見善色惡色。……」記：「問：四分既明善色惡色，天眼所見，那得談體，却云非色？答：彼明細色，義通大乘，此談非色，正符宗意。」問：上多宗假色對諸塵云云意云何？答：記云：「或約諸塵，謂無作假色，判歸法入，即是法塵。」今按假色者，如彼能造塵大實色無作，雖亦色性微細，非對見故，云不可見無對假色也。

一一・一九　探入　芝苑遺編戒體章一・三云：「問：有人言：四分戒體探入大乘，其義何也？答：教宗既曰分通（公分通），談體何名探入（竊探入），故知非也。」

一一・二〇　思種　戒體章云：「已往諸師，或名思種。或名熏種。然思熏屬作，種是無作，今召無作，何得相濫！或名種子者，種通善惡，是亦不然。今正此名，善種為體。故疏云：成善種子，此戒體也。」且約圓教種子戒體而正其名，今於成宗立曰思種，非翅濫於大小，抑立名失矣。

一一・二〇　如別所破　濟緣卷一六・一七頁。

一二・二〇　成宗通深　業疏一六・五：「由此宗中分通大乘，業由心起，……考其業體，本由心生，還熏本心，有能有用。……不知何目，強號二非。」芝苑遺編戒體章曰：「細詳此文，未即言善種，而曰熏心有用，密談之意，灼然可見，應知此即考出非色非心之體耳。」疏又曰：「問：如正義論，熏本識藏，此是種子能為後習，何得說為形終戒謝？答：種由思生，要期是願，願約盡形，形終戒謝；功由心生，隨心無絕」等，具如彼中。濟緣一五・二六云：「問：有犯則體羸，四捨則戒失，那云無惱壞耶？答：缺行故羸，本得無損；教權故失，業性不亡。此則成宗通深之意。」

一三・三　明暗　濟緣一五・二三：「謂頑善，無有愚智迷悟之異，故無明暗。」

一三・三　三性　又云：「無作唯是善，非惡無記。」

一三・三　廣略　又云：「四唯一定（無作），故無廣略；謂意根為略，四心六識，乃至心數，則為廣也。」

一三・一一　六入　夫六入者，凡有二義：一根塵互相涉入，二根境俱為識（意識）之所入，是以諸經名十二入。

一三・一二　肉團　名義六：「紇利陀那，此云肉團心。」正法念經曰：「心如蓮花開合。」提謂曰：「心如帝王，皆肉團心，色法所攝。」

一三・一六　得　對法一曰：「何等為得？謂於善不善無記法，若增若減，假立獲、成就。」唯識義章私記一末：「有漏無漏身中，成就法上立得名。」

一三・一六　非得　俱舍頌疏根品二，釋得已云：應知非得，與此相違；謂若有法，先未曾失，及重得已，但今初失，此法非得，創至生相，名為不獲，流入現在，名為不成就；故知不獲時不名不成就，不成就時，不名不獲。今案參閱大毗婆沙論一五七・一一頁。

一三・一六　同分　同謂身形等同，謂諸有情身形業用樂欲展轉互相似故；分者，因義，謂由此分，能令有情身形同同之分，故名為同分，依主釋也。又對法一云：謂如是云云，有情於種類相似，假立衆同似。述記二本云：衆者，種類義，同是一義；分者，相似義同，雖通能所，今屬能同衆之同分，依主釋也。不同小乘，彼別有體是同義，衆同之分故。

一三・一六　無想果　唯識論一：無想定前，求無想定果，故所熏成種，招彼異熟識，依之粗動，想等不行，於此分位，假立無想，依異熟立，立異熟名。

一三・一六　無想定　唯識論七：無想定者，謂有異生伏徧淨貪，未伏上染，由出離想，作意為先，令不恆行，心心所滅，想滅為首，立無想名，令身安和，故亦名定。疏七本：異生者，……顯得人聖厭之故；徧淨，謂第三禪天，第三禪以上，貪猶未伏；出離想者，即作涅槃想也。

一三・一六　滅盡定　唯識七：滅盡定者，謂有無學，或有學聖，已伏或離無所有貪，上貪不定，由止息想，作意為先，令不恆行，染汙心心所滅，立滅盡名，令身安和，故亦名定。疏七本：止息想者，謂二乘者，厭患六識有漏勞慮，或觀無漏心粗動等。

一三・一六　生住異滅　俱舍頌疏曰：於法能起名生，能安名住，能衰名異，能壞名滅。薩婆多宗四相有實故也。

一三・一七　凡夫法　彼云：「凡夫法不異凡夫。」唯識所謂異生性也。述記曰：異生，人之生類各異。

一五・二　方便　鈔一六・四三記云：遠離對治之智。

一五・二〇　疏文　一六・三記云：「彼明如來成道，始得三明（宿、天、漏）。天眼中云：「菩薩以三昧定意清淨，結使已盡，以清淨天眼，見衆生生者死者（果報），善色惡色（業相），善趣惡趣（因中果相），若貴若賤（此因中果有差別），隨衆生所造行，皆悉知之，即自知此衆生身行惡，口行惡，意行惡，邪見誹謗賢聖，造邪見業報，身壞命終，墮地獄畜生餓鬼中（此釋上惡色惡趣等）。復觀衆生身行善，口行善，意行善，正見不誹謗賢聖，造正見業報，身壞命終，生天上人中（此釋善色等趣），是謂見衆生天眼智等。」

一六・二　中陰　濟緣一六・四云：「中陰亦名中有，謂六趣之外幽陰業識，未至前趣，在生死之間，故名中陰。應知中有亦是報處，但由小教不談細色，非趣攝耳。如來由此說業為色，諸師不曉，立義強分，故云豈約塵對等。諸下，三結其妄判。……非理曰橫，量即體量，意言謂胸臆自裁。」

東野云：「塵謂法塵，無作假色，判歸法入，即是法塵。此對作戒色聲二塵，故云約塵對，謂無對無作體，是不可見，無對即翻作戒二種有對，故云約對。」

一六·四 故知彼論　意曰：多論計無作為不可見，無對法入假色；若依今師，彼計假色，即是細色。細色者，是心業之色，非塵大色，諸師不曉，但約塵對，實違心業。細色者，獨出今疏矣。

一六·八 非色非心　濟緣一六·四云：「問：四分既明善色惡色，天眼所見；那得談體却云非色？答：彼明細色，義通大乘；此談非色，正符宗意。」

一六·九 大集　戒疏一·五九：「大集云：夢氎一段，後分為五；佛告長者，我滅度後，有諸弟子，顛倒解義，及以說法，覆隱法藏，名曇摩毱多，此云法正，律名四分，凡解行法，先果後因，此就化儀，說相明顯，故倒解之；如四諦法，苦初道後，覆彼常途，因先義也。」

一六·九 戒疏　一·一五序曰：「斯人博考三機，殷鑒兩典；包括權實，統收名理，集結茲藏，通被時賓。」

一六·一二 疏云　一六·五，濟緣曰：「由下，次辨無作。反作為名，不由色心造作，故異前緣。法體雖有，而非色心，無由名狀，且用二非以目其體，故云強也。」

一六·一四 迭廢　以非色廢他，以非心廢自，自他互廢也。

一七·三 梨耶　濟緣一六·九：「梵云阿梨耶，此云含藏識；謂含藏一切善惡因果染淨種子。」

一七·三 業疏　一六·六，記云：「上二句，推發生之始；下二句，示生已之功。若論始起，則心為能生，體是所生；若約熏習，則體為能熏，心為所熏；心與業體，互為能所。」

一七·五 心道冥昧　濟緣一六·六云：「心無形貌，故曰冥昧；但有名字，故曰止可名通。……欲彰業體是彼所造，故云窮出體性。」

一七·六 兼緣　濟緣同云：「本唯心造，心冥色顯，所以兼之。」今緣具（身口）義。東野云：「此約色而言兼緣，即依報之色，故顯正因之心。」

一七·六 不相應　俱舍根品疏云：「體非心所，不與心相應，名心不相應。五蘊門中，是行蘊攝，故名心不相應行。」

一七·七 若在彼宗　濟緣一六·七：「問：兩云強目，是何教意？答：若據本教，翻作為名；今取通意，識達體貌，即知二非附權而立，故云強耳。」通釋：「圓教中，疏及記釋甚廣，比對可見。」兩云強目者，先云由作初起，必依色心；無作後發，異於前緣；故強目之，非色非心故。

一七·八 圓教　濟緣一六·八先立五門，開釋大意。初敘教本，二釋名，三顯體，四出立意，五示所據。初敘教本者：衆生本有真常妙性，由諸妄念，故受輪轉；如來欲令息妄歸真，故於寂場首制心戒；小機力劣，不堪奉持，摘彼少分，以為五、八、十、具。華嚴直與，鹿苑曲示，三世十方，莫不皆爾；所謂於一佛乘，分別說三是也。

二釋名者：以大決小，不待受大，即圓頓義也；前二偏計，空有不均，今悟教權，名殊體一，即圓融義也。前既從權，一期赴化，今此克實，究竟顯示，即圓滿義也。

三顯體者：一切大乘，皆以常住佛性妙理為體。於一體而說種種名：梵云阿梨耶，或云阿賴耶；此云含藏識，謂含藏一切善惡因果染淨種子。此有二宗：唯識師謂真如隨緣，不生滅與生滅和合，非一非異，名阿賴耶，即真妄和合識，攝論師謂外塵本無，實唯有識，是大菩薩佛果證行；此即全指真如為真識。楞伽云：如來藏名阿賴耶，而無明七識共俱，如大海波，常爾不絕。

四出立意者，兩宗出體，教限各殊，若唯依彼，則辨體不明；若復不依，則宗途紊亂；故準二經，別立一教，窮理盡性，究竟決了。

五示所據者：法華開聲聞而作佛，涅槃扶小律以談常，捨此二經，餘無此義。又云：前二云宗，此標教者？答：據云三宗，理無偏局；然既別標，不無其致，由前兩計，各有宗黨；今此直示大乘圓義，以決前體，故但云教耳。

一七·八 不了　大寶積經：「舍利弗，何等經中名為了義？何等經中名不了義？舍利弗，若諸經中宣說世俗，號不了義；宣說正義，名了義云。」

一七·九 俱為諍論　涅槃一六云：云何念戒？雖無形色，而可護持，雖無觸對，善修方便，可得具足。疏曰：「雖無形色，而可護持者，自有三釋：一云僧伽部，謂無無作色，故自無無作，無作亦無色，但有其心，故言而可護持。二薩婆多部，謂無作而復有色，色非質礙，而有無教假色，故須護持。三曇無德部，成論所用，無作是非色非心，如此等說，並是諍論，乃是小乘自論有無；大乘之中，都不用此。」

一七·一二 圓體　準濟緣云：前二偏小，是即大乘，以大決小，全小是大，即圓頓義也。又前空有異，今悟教權，名殊體一；色與非色，莫不皆然，即圓融義也。前既從權，一期赴化，今此克實，究竟顯示，即圓滿義也。次顯體者，以常住佛性妙理為體。

一七·一三 隨緣變造　又云：今明此識，體本真淨，隨緣妄動，精藏業種，名為第八。

一七·一九 境緣　濟緣一六．一三：「境即情與非情二諦等境，緣即隨境所制塵沙等法，二皆唯心。既達妄心，則隨所動用，不緣外境。」

一八·一 欲了妄情　又云：「了，猶盡也；妄情之言，通含見思無明等惑。次句，反觀往業。無始慣習，積惡時深，雖達唯心，卒難調制，若非戒法，淨業無由。故下，如緣納法。善即簡惡，種子是喻。」

一八·一 還熏妄心　濟緣一六．一四：「假前勝境，發動勝心；此心反妄，即是真心。以真熏妄，令妄不起。」東野云：此心反妄，即是真心。本藏識者，示所依處，亦是所熏也。善種子者，顯能依體，亦即能熏。濟緣：「善即簡惡，種子是喻；如世穀果，皆有種子，略說十義：一從衆緣生，二體性各異，三生性常存，四任運滋長，五含畜根條華葉等物，六雖復含畜相不可得，七遇時開綻，八子果不差，九展轉續現，十出生倍多。無作具此，故以比焉。然種子名通；義須細簡；初約十界，四趣為惡，餘六是善；次就善中，人天有漏，四聖無漏；三就聖中，三乘是偏是權，唯佛是圓是實。……行者當知本所受體，即是一體三佛之種。」

一八·七 即三聚等　業疏：「即攝律儀，用為法佛清淨心也。以妄覆真，不令明淨，故須修顯，名法身佛。以妄覆真，絕於智用，故勤觀察，大智由生，即攝善法，名報身佛。以妄覆真，妄緣憎愛，故有彼我生死輪轉，今返妄源，知生心起，不妄違惱，將護前生，是則名為攝衆生戒，……為化身佛。」

一八·八 域心　濟緣一六．二二：「當知即是發菩提心，修大慈行，求無上果，此名實道，……此即行人域心之處。」

一八·九 咨爾　咨，嗟也，嗟歎而告之也。

一八·一二 清昇　歸敬儀：「為善若登清昇，若爪上之土。」

一八·一二 塗炭　商書：「有夏昏德，民墜塗炭。」注曰：「塗，泥也；炭，火也。」

一九·一 初一念　濟緣一六．二六：「此通從初至法竟來第一念也。」

一九·四 善生　善生前後說者是也。謂方便作前起得戒，無作後起也。

一九·五 水鏡　濟緣一六．二七：「水鏡喻作，面像喻無作。」

一九·二〇 三時無作　濟緣一六．二八：「即前經論，初二兩念；

但初念中，取其爾前為因時耳。」

一九・二〇 因時　又云：「因時有二：作俱未竟，形俱潛發，二並為因。」

二〇・一 果時　又云：「即上二種，第一念時，皆究竟故。」

二〇・二 果後　又云：「第二念已去，作俱隨謝，止有形俱耳。」

二〇・一〇 不由心起　濟緣一六・二九：「起心屬作，業力任運，不由作故。如世樹影，可以比焉。」通釋：「譬如豎木，雖不造影，影任運生。」

二〇・一八 此人若死　疏作「造者命終」。濟緣作四句：「初人物俱在，此句不失；二物壞人在，三物在人喪，四人物俱喪，三句並失。若爾，事壞命終，應無福報？答：下云使善業斷，非謂永無；前業恆在，但不相續耳。」

二一・二 諸禪　疏作「無量定」，即諸禪心定。

二一・七 身口不互　身造口業，發身無作；口作身業，發口無作；是云互造，互發無作。今則不然，身造口業，發口無作；口造身業，發身無作，故云異緣。

二一・一七 勝鬘　濟緣一二・二九：「勝鬘經說：勝鬘夫人即波斯匿王女，聞佛授記已，立受十大願，一我從今日乃至菩提（餘九同此）於所受戒，不起犯心；二於諸尊長不生慢心……」

二一・二〇 出入常有　疏一六・三二：「如成論云：有人言：入定入道，有禪無漏律儀；出定則無，是事云何？論云：出入常有；常不為惡，善心轉勝。……雖在事亂，無作不失。」

二二・二〇 隨生死　濟緣一六・三三：「死此生彼，恆不失故。」又云：「謂化火焚身，入無餘依涅槃，此時方無；爾前恆有，故名隨心。」

二三・一 涅槃　又云：「涅槃說：初果生殺羊家，父令殺羊，乃牽羊與刀，閉之一室，竟不肯殺，以至自盡。此由宿生道力戒力，可證隨生死心也。」東野云：「此中涅槃說者，合作智論說。」

二三・一〇 疏云　卷一六・六具文云：「行隨願起，功用超前；功由心生，隨心無絕。」又同一五云：「由有本種熏心；故力有常，能牽後習。」濟緣：「言有常者，運運不息，生生常住。」問：若發三誓，從依別受，三聚圓發否？答：濟緣一六・一九：「初受，圓發三誓；隨中奉持，圓修三行；成因感果，圓證三身」等。

二三・一七 隨作　記一六・三一：「問：隨動起業，與隨作感業，畢竟相濫；如何以分？答：作俱通一切，從用局事物，由具物故，或用不用；是以用時必兼二業。故知作俱未必有從用，從用其必兼作俱。」

二三・一九 知有無　濟緣一六・三二：「上明八業，且據全具為言；須知業理隨念不定，故云知有無也。」又約具戒明八業。

二三・三 事亂　事謂對道俱理，亂即翻定共靜歟！

二三・一一 二種無作　疏一六・三八：「何名受無作耶？即是行者願於惑業相續意。無始妄習，隨念難隔；故對強緣，希求業援，自發言誠，是其因也。僧緣加許，副遂情本，白四之期，動發戒業，業成志意，是其緣也。即此緣業，是行願本，名受無作。隨無作者，剎那（白四竟初一念）已後，隨境對防名作戒；作息業成，即名此業為隨無作。」

二三・一一 名同　疏一六・三九：「莫非是業，任業而起。」故俱名無作，任運而起，是無作義故。

二三・一八 疏云　彼受隨二種，兩段釋之，初明受無作云：「以受體形期，隨非防過；為護體故，即名本體有防非能。能實隨行，行起護本，相依持也。」記釋曰：「初明受體，據受無作，有防非能；而不能自防，故假隨行。如戈矛雖利，要由持用，方陷前敵，故云相依持也。」次明隨無作，如記所引，濟緣釋曰：「次明隨中，初通示；此下，簡濫；謂下，顯相。準此對防，同時多業。一是本受無作，二即隨中作俱，三即隨行無作。」通釋：「三中隨受二種，一體二用，謂本受無作，如刀本利；隨行無作，如用而截，截必依利，利由截彰，二用相藉，故分為二，莫非任運而起防敵，故俱無作。隨中作俱，自是別體，隨作即謝，不同餘二，善行常有。」

二四・一　別有作俱　問：即有隨無作，何外立作俱？答：凡隨行有二：「一臨境起方便對治行，是名為作，即有造作，豈名無作？任運從作起滅，名作俱無作。二隨行無作者，酬壇上要願，任運無作起，常隨受體，造次顛沛不止，受體無覺無對，境防有隨無作，雖常不憶，受體不越所制，隨無作力，故疏云「此善常在」是也。問：若爾，次科隨中無作，事止則無，如何通之？答：彼且約一境上防護，故無相違，又如記會之。

二四・一七　二種作　疏一六・三六：「何名二作？一者受中作戒，如初請師及八緣相，第三羯磨未竟已前，運動方便，名之為作。即此作時，心防過境，名之為戒。二者隨中作戒，即受戒已依境起行，為護受故，名之為隨；於境起護，順本受願，名之為作。不作不有，要由作生，正對境持，故名戒也。」

二五・一　若爾　通釋：多論凡論前作，局業可知。如彼四心得戒，且約無作云耳。豈無心及無記心，特得有作戒乎？今狹同者，唯約方便作耳。持犯二種例爾；謂但由前作方便，後餘心中任運成業，是則因有作戒，果無作戒，果若有方便護心，即名作戒，唯局善性。

二五・一三　初後各異　初受若下，後受或上；初受作法竟，作戒則體謝；雖後受得上，此作新得，故云初後各異。

二五・二〇　故先明心　若具云之，明心下續云：心獨不立，必託境成，故二明境。而今不立者，今門總科，正明境故，即知餘三，境中別開耳。

二六・二　綰　繫也。拘繫也。謂環相似，無始終物也。

二六・二〇　為破多宗　彼云：所緣境現在一念故。彼論曰：別脫依生起發戒，現在一念中得。

二八・六　業疏　記云：「唯除所緣有異，餘三並同成論。」

二八・九　得罪現在　問：如斬死屍，非於過去境得罪？答：若約所截人，雖是過去；約能犯人，還現在境，故不相違。

二八・一九　有增減　如唯對現在有情持殺戒，現在生；若死，戒則滅；若更生，戒則增。餘趣相對說增減亦爾。

三一・七　盡不盡　濟緣一六・四九曰：「盡，猶足也。」

三一・八　發四支　同四八曰：「彼宗唯具戒，具發七支；五八十戒，並發四支。」

三一・二〇　若立　同四九云：「上中下意，即三品發心。隨一品定，故云不俱。此據兩義具缺以明不定。」

三二・一五　局數　疑寫倒，應作數局。

三三・六　問意如是　濟緣一六・五〇：「意謂所能得戒，於義可知；非所能境，云何發戒。」

三三・一二　麞　與獐同，音章，如小鹿而美，故字從章，章，美也。語云：「鹿有角，麞無角。」

三三・一五　若爾　疏一六・五〇：「由戒得捨，必假因緣；今此增減，深乖戒義。」

三三・一七　溥　說文：大也。廣韻：廣也。增韻：偏也。詩：溥天之下。注：亦作普。

三五・一三　善生　彼七云：「衆生無量，戒亦無量；物無量故，戒亦無量。」疑指此文乎！無數，疏作無數，則有衆生無數句。

三五・一六　且舉無情　下善生中，通情非情，出五種量：一衆生，二大地，三草木，四大海，五虛空。今除有情，故舉四義。

三六・四　五道相隔　濟緣一七・一：「或是境弱，如蠕動微物，不可婬妄等；或不可親，如諸天餘趣等。」

三六·五 凡聖　又云：「或約境強，如佛聖人等。」

三九·七 非情五　若八戒時，高牀、歌伎合為一戒，俱散慢緣故。若十戒時，離為二戒，事牀別故，今欲彰其別相，故於八戒中，亦離為二也。

三九·一一 四支示數　謂有宗但發四支，故有情中，唯立四戒；若依成宗，五八十具，通發七支，故有情上立七種戒，合非情五，則十二戒也；離女三婬則十四戒，義準則九十八戒也。

三九·一二 俱發　律云：若居士居士子，剃除鬚髮，被袈裟，捨家入非家道，同除飾好，與諸比丘同戒，（已下具說）不殺生，不偷盜，捨不淨行，不妄語，不兩舌，不麤語，不利益語，不飲酒，不著華纓，不歌伎，不坐高牀，不非時食，不捉金銀等戒也。

三九·一四 大小持犍度。本律五一後半乃至五三終，名雜犍度；於中五三後半，別名大小持戒犍度。曰：「爾時佛以此因緣集比丘僧，為諸比丘說大小持戒犍度。」彼中具說：「不殺，不盜，不婬，不妄語，不兩舌，不麤惡言，離無利益語，不飲酒，不著花香瓔珞，不歌舞倡伎，不往觀聽，不高廣牀，非時不食，不把金銀等相。」既說十戒相，具出口中四過，通發七支，亦可證矣。

四〇·一四 唯婬可離　疏一七·二曰：「問：殺盜隨境各唯一戒，云何於婬遂分三境？答：隨境行婬，皆有染故。若爾，死有四處，亦應一身立四殺戒？答：不可也；隨殺一處，諸根並死；可以隨婬一境，餘境同壞？故四死同一戒，一婬分三品。」

四〇·一五 以毒歷支　謂以七毒歷犯支也；以支對境者，以能犯支對所犯境也。一一支者，然支隨境多少，謂對女九處，則有九支；對男八處，則有八支；九支各具七毒，故女得七九六十三戒；八支各有七毒，故男得七八五十六戒。

四一·一二 殺打兩別　疏一七·五：「七支攝戒盡不？答：盡；通收故；如打搏等，落殺戒中。又解：不盡，何得相攝？一輕重不同，二能防體別，殺打二戒，因果條別。」

四一·一九 隔出業戒　意云：彼善生文十根本外，更隔別出業戒；別更出者，非可攝故。準之，彼根本前七，雖七支收，如彼業戒，不可七支收，故別立種類，攝彼業戒也。依記，根本種類，以為一對；七支業戒，以為一對。故今鈔文互改之，故今記云：「戒本四重，及九十中兩舌、呰、綺，為七支，已外皆業戒也。」若依疏似根本業戒，約業道分七支種類，約戒品別鈔之，偶對不改合文歟！業疏一七·五：「故善生云：除十業外，更有業戒，謂善惡法，故知不盡。若爾，善惡何以但十？答：且列根本，重故先解；自餘支條，略不盡矣。」記曰：「故下，引例。十業前七，則是七支；彼經十外更有業戒，例今七支，不攝明矣。善惡法，法即是業。」

四二·八 律不制　十誦三六·二云：「身作、口作、心作，無但心犯。」摩得伽第一云：「無獨心犯罪。」

四二·九 亦善亦戒　疏云：「隨分修行名善，要期普周名戒。」

四四·七 窬　彙曰：「鑿垣為孔，又踰牆曰窬。」論語陽貨篇：「其猶穿窬之盜。」朱注：「穿，穿壁窬牆。」

四五·一 起後習　習謂習果，謂前時習善，後時起習，亦必樂善；自餘施、戒、禪、慧等，及殺、盜、婬、妄等，例皆牽後習是也。

四五·四 招生　且以世間造業受生而比戒行，謂如世招生，必由業克。無漏亦爾，必由戒業克感聖果，故以例也。

會本卷十七鈔中一之四　隨戒釋相篇之餘第四戒相中四波羅夷

一·四 戒相　又見標宗篇卷三·一。記云：「欲達四科，先須略示。聖人制教名法，納法成業名體，依體起護名行，為行有儀名相。」卷一五．四記文云：「軌凡從聖名法，總攝歸心名體，三業造修名行，覽而可別名相。」

一．七 法無別法　鈔一五．四記云：「當知相者，即是法相，復是體相，又是行相，無別相也。」

一．八 然相　標宗篇三．一四鈔曰：「四明戒相者，威儀行成，隨所施造，動則稱法，美德高顯，故名戒相。」記云：「問：釋相篇中，以戒本為相，與此異者？答：此約行明，彼就法辨；然則行必循法，法必軌行，文云動則稱法，豈不明乎！」通釋：此釋法行不離也。謂釋相：明戒法之相，標宗：明戒行之相，然則戒法相假行而顯，戒行相循法而彰，缺一則不可。

一．一〇 名種　懺篇卷二八．二七，記釋；並見濟緣。

一．一一 因果　因即遠近等方便，果即根本也。如持犯篇方便趣果，鈔二七．二二。通釋曰：若如盜戒，盜心審慮，遠因；決定，近因；舉離本處，果乎！

一．一一 重輕　方便輕，果罪重，是約因果解。或「明二犯十門」，如持犯篇優劣門中——鈔二六．三一。

一．一四 語　標宗篇記，三．一〇云：「語，猶敘也。」

二．六 持犯總義　鈔一五．三：「逐條顯法，名別事持犯；統收篇聚，名總義持犯。由別顯總，以總收別，前後相照，持犯方明。」

二．一〇 鈔是宗鈔　記舉古非，有其五：第一以宗鈔準他疏鈔例，以釋戒文，是「宗」「釋」不分之非也。

鈔有宗鈔、釋鈔之二：釋鈔者，猶釋釋論。今宗鈔，如行事鈔卷二．四三云：「鈔興本意。夫鈔者，固令撮略正文，包括諸意也。」記云：「攢多歸少曰撮略，舉一總眾名包括。」

二．一〇 長途散釋　卷二．四九，記釋云：「謂不約三行收束也。寡討論者，謂不稱機宜也；以言無所歸，人難披檢故也。下二句，明傷繁過；言曲分者，謂逐卷隨篇明三行簡判。」

二．一八 讐論　如羣盲摸象之譬，涅槃經（北本三二，南本三〇）略曰：譬如有王，多集衆盲，以象示之，各問言汝見象耶？衆盲各言我已得見，王言象為何類？其觸牙者，即言象形如萊茯根；其觸耳者，言象如箕；其觸頭者，言象如石；其觸鼻者，言象如杵；其觸腳者，言象如木臼等。又讐說，言不中道，若無目之人也。又可讐與皷通，鈔序曰：「爭鈔唇舌之間，皷論不形之事。」記曰：「皷謂擊動，論即言議。」

三．一四 婬　戒疏五．四二：「婬是耽滯專固為名，故俗中婬字，隨相以釋；水邊垩者，名為雨淫；滯書多者，名為書淫。」記釋：「耽滯，謂染着無厭；專固，謂繫縛難捨；水邊為邪咎者，謂為非過甚也。尚書大禹謨云：罔淫于樂。注云：淫，過也。女邊為邪私者，謂耽女色也。說文曰：私逸也，故字從女垩聲也。故下釋字義，初釋水淫字，隨事雖別，義意頗同。」小補韻會云婬；廣韻：「婬蕩通作淫。」詩正義曰：「淫，謂色欲過度。」

三．一六 婬戒　戒疏五．四九：「就住處，毗舍離者，多論云：廣嚴城也。須提那者，多云：聚落主名也，此云求得；其子耶舍，此翻為明。見論云：有財四十億，深厭此財，生毒害善，使捨有為入無為故曰也。」

三．一六 毗舍離　名義三，亦名維耶離，鞞舍隸，吠舍離；此云廣嚴。

三．一六 故二　本妻也，夫及妻故二也。故二：注羯磨列梵難云本二。濟緣釋曰：「本二，即在俗時妻，二謂匹偶。」

三．一六 僧衹　彼云：「於毗舍離城，成佛五年冬，第五半月十二日中食後，東向坐一人半影，為長老那舍迦蘭陀子制此戒。」又云：「於王舍城，成佛六年冬分，第二半月十日，東向坐，食後兩人半影，為瓦師子長者達貳伽，因瓶沙王及糞掃衣比丘制此戒。」又云：「於毗舍離城，成佛六年冬分，第二半月九日，食前北向坐，一人半影，為衆多看病比丘因鹿杖外道制此戒。」又云：「於舍衛城，成佛六年冬分，第四半月，十三日食後三人半影，東向坐，為聚落中衆多比丘制。」

三·一六 五年冬分　疏五·三〇：「如僧祇中，佛成道後，五年冬分，第五半月十二日中後一人半影，為耶舍犯，故制初戒。則當此間十月二十七日也。」（餘三戒並六年冬分，具如疏中。）

四·四 僧祇　第一；染心已下第二，彼云：「以染汙心，欲着女人，得越毗尼心悔。若聞聲犯越毗尼罪。」

四·五 智論　四六，彼接云：「菩薩不求今世涅槃，於無量世中，往返生死，修諸功德。」

四·九 訶欲經　經彼作法，一紙，羅什譯。

四·九 枷鎖　玄贊曰：「木在項名枷，鐵在項腰名鎖。」

五·一 悠悠　行貌。又詩：「悠悠蒼天。」眇遠無期貌。悠悠旆旌，閒暇貌。下記曰悠悠，不信三寶之貌。

五·二 宛轉　善見一曰：「迦葉聞佛已涅槃，宛轉啼哭，悶絕躃地。」法華譬喻品云：「宛轉腹行。」又壽量品云：「宛轉於地。」文選洞蕭賦作宛轉，注云：宛轉，盤旋也。

五·四 腥臊　今即指父母二渧也。

六·八 口要　彼云：「大便道過皮，口道過齒，波羅夷。」準十誦文決釋此文，大便云皮，小便云節，能所互舉；謂大小道並所約皮，能約根節。

六·一六 夷罪　彼接云：「偷蘭遮，突吉羅，若為人講，聽者說者，以扇遮面，慎勿露齒笑，若」等。

七·六 於大慈門　十住婆沙云：修多羅依十力等流說，毗尼依大慈等流說，阿毗曇依無畏等流說。

八·三 毒蛇口中　又律調部五五云：時有難陀比丘尼，晝日在華樹下衆人戲處，有賊捉婬犯，彼疑，佛言：汝難陀受樂不？答言：大德！如似熱鐵入體。佛言無犯。

八·六 持往　通釋曰：「今文意曰：持往日潔行，不毀受體也。若汙犯，則失往行故。」

八·一二 偷蘭　五分接云：「受者非戲波羅夷，若受者戲偷蘭遮；刺者非戲波羅夷，若俱戲俱偷蘭遮；若俱非戲，俱波羅夷。」

八·一三 十誦　彼云：「口中行婬齊何處得波羅夷？答：節過齒，得波羅夷。」

八·一六 調部　彼云：「時有乞食比丘，晨朝著衣持鉢至白衣家，白衣家有小兒男根起，比丘即持自內口中已，疑我將無犯波羅夷耶？佛言犯。」

九·三 四五　四分如上毛頭判犯；五分云：以男根內上諸處一分，皆波羅夷。

九·九 律中但據　通釋云：據律具歷三時，說云但據初入者，所覽異耳。律一云：比丘為怨家將至人婦女所，強持男根令入三處，始入覺樂，入已樂，始入、入已樂，出時不樂，波羅夷。始入、入已不樂，出時樂，波羅夷。始入樂，入已、出時不樂，波羅夷。始入不樂，入已、出時樂，波羅夷。始入、出時樂，入已不樂，波羅夷。

九·一七 善見　卷八：「若死人頭斷，就頸行婬及口，波羅夷罪。若頸中行欲，偷蘭遮。」又云：「白骨者，若拾取連合，貪細滑者，行婬心若著精出不出，悉突吉羅。若作出精意，僧伽婆尸沙。若不出者，偷蘭遮。」通釋：此一科但為半壞多壞，後段文不足為證；若由元下文，約未壞少壞，以為重婬。見論初文，合引證意；若不爾，則似不符順。

一〇·三 十誦五分　十誦三：「故出不淨者：一發心欲出，二者身動，三者精出。」五分二，與上全同。

一〇·六 婬心　就頸行婬故結蘭者，彼云：「頸中行欲，偷蘭遮。」

一一·二 羅閱　具云羅閱祇伽羅，此云王舍城：摩伽陀國中城名也。名義三。

一一・二　檀尼迦　律中檀尼迦陶師子，在靜處止草屋，入村乞食，取薪者持其草屋去。彼作全成瓦屋，色赤如火，佛遙見已，令諸比丘打破。彼與王守材人親好，往語曰王與我材，汝見與！守材人言：王與汝材隨意取，彼即取要材去；時大臣告王，問檀尼言：吾實與汝材否？彼言實與，王初登位時，口自發言：從今日沙門婆羅門草屋及水聽隨意用，王言我說無主物，不說有主物，汝罪應死，以出家，但訶責放去，人民譏嫌，因制。疏六・三八：「要材者，僧祇云：取雲梯二枚。」記云：「飛梯，亦曰雲梯；即相戰攻城之具。瓶沙王木坊中有五枚，故言取二。」通釋：「蒙求第三，魯般雲梯即是也。多論二云：王初登位時者，問比丘先取材時作此念耶？臨急語耶？答曰：是乘急之語。」

一一・一一　僧祇　毗陵本卷二・一二至卷四竟。十誦：卷一、五三、五六及六一。善見：卷八・一二至卷一〇・一一。

一一・一五　緣差　或欲取李氏物，錯取張家物等，是境差也；或於非畜物，想人物取等，即心差也；通名緣差。

一一・一五　境奪　始見人物，心要夜分盜之，主人移其物跡，置非人物；然於夜分，彼盜之等，雖有盜取之心，不結本罪，乃名境奪。

一一・一六　想疑轉　於是有本迷，轉想別。本迷者，如於人物，始終想非畜物等；轉想者，始想人物，及正取時，想非畜物之類也。

一二・七　善見　彼卷九云：「若人兒落度，父母以水灌頂遣去；或父母死亡，比丘取如是人物，無罪。」落度，卓氏藻林：不得志貌。

一二・二〇　疏但有五緣　通釋云：全同善見。彼一〇・二：「盜戒有五事：一者他物，二者他物想，三者重物，四者盜心，五離本處。」

一三・一　有盜成重罪　戒疏記：「有下，次明避濫不出。如互用三寶，燒埋壞色，寄借抵拒之類，但使虧損，即成盜業，不必方便。然非一向都無，故云縱有不明等。」

一三・三　今鈔不釋　謂列緣六種，今鈔次第釋之，但第五方便一緣，削不釋之意亦至疏欲除之乎耳。凡涉異義者，鈔不多述，今復疑且隨古師歟！

一三・一四　我聽二種人　古迹鈔曰：「凡於大集經有兩處文，法藏並補行。文集引大集第三十二文，總四果分二人，初二三果為一人。」故古迹及事鈔引第二十八文，既無二三兩果云云。文集第三日藏經第一曰：「有二種人堪持僧事，守護僧物。何者為二？一者具八解脫阿羅漢人，二者須陀洹等三果學人。」依此，資持二釋中，初義應文。

一三・一六　更復二種　文集又曰：「寶積經百十三曰：佛告迦葉，我聽二種比丘得營衆事。何等二？一者能淨持戒，二者畏於後世，喻如金剛。復有二種。何等二？一者識知業報，二者有諸慚愧，及以悔心。復有二種。何等二？一者阿羅漢，二者能修八背捨者。迦葉！如是二種比丘，我聽營事，自無瘡疣。」

一四・一八　十誦　彼云：舍衛國有一天神像，能與人願，有一居士從求所願，得隨意願歡喜，故以白氎裹天神像；是中有比丘名黑阿難，有大力，不畏神像，奪神氎去，後生疑，將無得波羅夷耶？是事白佛……不得波羅夷，得偷蘭遮。

一四・一八　涅槃　北本七：若有長者，造立佛寺，以諸華鬘用供養佛；有比丘見華貫中縷，不問輒取，犯偷蘭遮，若知不知亦如是。

一四・二〇　例證　今明佛物結罪，舉非人物為例而證佛物故。

一五・一　古云大乘約境判　古師意謂知有罪取結蘭，可知不知亦結，是大乘約境判故耳。今記主非斥，意曰不知者，愚教迷犯，所謂愚癡波羅夷之類是也，豈非心犯乎！不可言但約境判也。古記鈔釋知不知有三義：初鈔批義，約知得罪，不知不得罪。次一義約知有施主縷，不知有施主縷。第三資持義，即約知法不知法；古師義，初二中義耳。

一五・七　尼鈔　彼云：「若有守護主，計直得重。」（此引文恐不當，別有約於施主文乎！）

一五・八　鼻奈耶　亦曰戒因緣經，全十卷，姚秦竺佛念譯。彼曰鼻奈，秦言去非；耶，秦言真也。去若干非而就真，故曰真。降伏此心，息此心忍不起，故曰真也；降伏，戒也；息，定也；忍，智也。

一五・一五　摩得勒伽　具云：「若人廟中物，支提物，若白衣家中莊嚴具，若比丘偷心取得何等罪耶？答：若有主守護，滿波羅夷，不滿偷蘭遮。若取非人物廟等，亦如是。」物廟二字疑寫倒。

一五・一九　佛圖即全梵語　通釋曰：言塔者，是略言，佛圖全語，西域記作浮圖，即窣堵婆之轉言也。又云偷婆，此翻方墳，亦翻圓塚，或翻高顯，義翻靈廟。戒壇經九頁一〇行云：「原夫塔字，此方字書乃是物聲，本非西土之號；若依梵本，瘞佛骨所，名曰塔婆。」後分經：「佛告阿難，佛般涅槃後，荼毗既訖，一切四衆收取舍利，置七寶瓶，當於拘尸那城內四衢道中起七寶之塔，高十三層，上有輪相。」然準記釋，佛圖似直呼佛體，意曰單言佛者，略音；佛圖為全語。言盜佛圖物者，猶云盜如來物也。或云塔物，塔是非佛，然以藏佛骨，從能依呼，所依為佛也。故塔物者，直名佛物也。

一六・三　十誦　五六云：若盜佛舍利得何罪？答：偷蘭遮。若尊敬心作是念，佛亦我師，清淨心取無罪。

一六・八　摩得伽　彼云：「取佛舍利有主，若為自活偷，滿波羅夷，不滿偷蘭遮。若為供養故，佛是我師，我應供養，滿五錢吉羅。」

一六・八　薩婆多　第二。彼云：「若轉賣得錢，偷蘭遮。」

一六・一八　文云　律五五：時有比丘盜他經，作此念，佛語無價，應計紙墨值，彼疑；佛言：汝以何等心取？答言：以盜心取。佛言：取五錢離本處波羅夷。

一六・一九　十誦　彼云：又問：若盜經卷得何罪？答：隨計直犯。

一六・一九　摩得伽　彼云：問：比丘偷經物得何罪？答：滿波羅夷，不滿偷蘭遮。……若盜經，滿波羅夷，不滿偷蘭遮。若讀誦書寫……

一六・一九　薩婆多　本文云：「若盜佛像為供養故無罪；若為得錢轉賣，得錢偷蘭遮；盜經不問供養不供養，計錢得罪；若盜舍利，偷蘭遮。」

一六・一九　五分　彼云：有比丘盜他佛經，謂是佛語無犯，後疑，問佛，已下同。

一七・一四　是法因緣生偈　通釋：義淨所譯，浴像功德經偈似之，彼云：「諸佛世尊，具有三身，謂法身、受用身、化身；我涅槃後，若欲供養三身者，當供養舍利。然有二種：一者身骨舍利，二者法頌舍利，即說頌曰：諸法從緣起，如來說是因，彼法因緣盡，是大沙門說。」又五分律中馬勝為身子說偈曰：「法從緣生，亦從緣滅，一切諸法，空無有主。」又智論一一馬勝說曰：「諸法因緣生，是法說因緣，是法因緣盡，大師如是言。」又一出云：「諸法因緣生，亦從因緣滅，我佛大沙門，常作如是說。」

一七・一七　半偈　出北涅槃一四，行宗記六・四五具引之。

一七・一七　兩字除惑　涅槃北本七。瞻病記云：「六卷涅槃云：善男子善女人，當持如來常住二字，歷劫修習，是等衆生，不久當成等正覺。」兩字者，即常住二字。又行宗六・四五引涅槃云：「善男子，若復有人，不知如來甚深境界，乃至輪轉生死，增長諸結，多受苦惱，若有能知如來常住，無有變易，或聞常住二字，若一經耳，即生天上，後解脫時，乃能證知如來常住無變易等。」

一七・一八　事在福　鈔一六・二〇明八種無作中云：「三事在無

作，如施物不壞，無作常隨。」橋井等事，隨在福生，緣壞則失，今燒故經，其事亦爾。

一七·二〇　十誦　彼云：比丘從他借經卷已，作是念，我不復還；主來索，曰長老還我經來！作是言不與汝，尋生疑悔心，白佛；佛言：得偷蘭遮。

一八·七　地持　六之二頁。

一九·二　或無主掌餘人亦同　謂同知事結罪也，俱對僧結故。

一九·二　上通四種　四種即四種僧物，上者即望守護餘人盜也；謂有守掌，四種並結重，故云通也。下局初位者，初位即初常住常住也；下者，即知事輒用等，謂知事自用及無主掌，餘比丘取用，並對僧結罪。然常住常住局處，無離分義，故滿五結重。第二第四望十方僧，遂無滿五義故非重；若論第三，雖望現前僧有犯重義，而無滿五成重之義，今約滿五結犯，故唯云局初位也。問：若界內無人時，一人亦復現前僧，若取此物，則滿五可成重？答：若物主一人，即是別人物，非僧物故。今案四種僧物，參閱行宗六．四六。

二〇·六　分不分異　準下一七．三四五百問：僧不聽將僧食出界外，不償犯重；按體通十方，亦局處定，故界內盜損結蘭，界外結重歟！

二〇·一八　薩婆多　彼云：若不作四相而食僧祇食者，不清淨，名為盜食僧祇。

二〇·一八　善見　卷一〇：若寺舍空廢無人，比丘來去，有樹有果，應打犍椎；若無犍椎，下至三拍手，然後取食無罪。若不如是，食犯盜。若聚落外有寺，賊難惡獸難，比丘走入聚落，有客比丘來入寺，見飯食及果，以盜心而食，隨值多少結罪。

二一·三　本主　此乃施主已許僧已，或雖持來，未捨與僧，故望本主結罪耳。若已付與訖，理可望現前僧結之也。鈔云：「共物者，即是付未分物是也。」

二一·一三　準下　出二衣篇三二．三四：「二法者，賞勞、付分二羯磨也。」

二一·一五　戒疏尼鈔　疏六．四八；鈔三．三六；並云不滿五，犯蘭。

二二·二　亡物中　二衣篇囑授是非中云：「若云此物死後與我作墓買棺槨碑碣作像寫經供僧等事，並不成就。」

二二·四　皆犯偷蘭　彼本文云：「時世尊以此因緣集比丘僧已，告言：此四分是四方僧物，不應分，不應自入，不應買賣；亦非僧所賣，非衆多人乃至一人所賣，若彼僧衆多一人自入已，若分若買賣；不成自入，不成分，不成買賣，犯偷蘭。」按此非決心，故結方便蘭耳。次科有人妄執，依此文生也。

二二·六　四比丘　阿涅鞞，不那，婆娑般陀，樓醯那。

二二·七　瓮瓶　瓶，律作瓨。音釋曰：「瓨，湖江切，長頸甖也。」

二二·一六　大集　日藏經第十取意文也，彼云：若有四方常住僧物，或現前僧物，篤信檀越施物，或花或果，或樹或園，飲食資生，牀褥敷具，病疾湯藥，一切所須，私自費用，或持出外去與知識親里白衣，此罪重於阿鼻地獄所受果報。按阿鼻業因，即是五逆，得報……同，故云罪同。梵網古迹云過五逆，照對可知。

二三·二　五分　彼云：瓶沙王白佛言：今以此竹園奉上世尊。佛言：可以施僧，其福益多。王復白佛：願垂納受！佛言：但以施僧，我在僧中。王便受教，以施四方僧。

二三·六　四分　出卷三三。又第四〇，菴婆以園上佛，佛答亦同。

二三·七　末利夫人　耶若達多，婆羅門婢，名黃頭，以飯奉佛，故現成匿王第一夫人，其因緣如律十八。翻名，出名義三．三，又六紙。

二三·一〇　方等　具云「大方等陀羅尼經」，全四卷，北涼法衆譯。此文第一，第三，取意。彼第一中華聚菩薩說陀羅尼了曰：若衆生犯五逆罪，身有白癩，若不除差，無有是處。又第三：若有衆生，但作一念，我當書寫陀羅尼，臨終之日，我必往彼人處，拔其神令生妙樂世界。世尊除二人我所不攝，一者謗方等經，二者用僧祇物。既有拔濟逆罪之文，故曰能救；四重無文，而五逆尚度，況四重耶，故連綿引之。

二三・一一　僧護傳　僧護經全一卷，東晉失譯。

二三・一三　佛威神不可加　法藏梵網經疏云方等經花樹菩薩曰：五逆四重等，同今所引，準此非佛自稱。據輔行文集：方等陀羅尼力，能拔一切苦；但除二種人：一謗方等，二用僧祇物，乃至一比丘之物。

二四・一七　婆羅門　彼云：「有一婆羅門見比丘精進聰明，持女施比丘，作比丘尼，比丘即受，其女端正，後生染意，作不淨行。已下大同。」

二四・一八　一千萬錢　通釋云：錢一千為一貫也。謂一萬錢，是十貫；十萬錢是百貫，百萬錢是千貫，千萬錢一萬貫也。

二五・八　矜持　鈔二一・一七畜寶戒記云：「矜謂自高，持為執以為是。」

二五・一五　不犯　彼云：「供養佛者，便為供衆僧，即持僧物修治塔者，此摩摩帝得波羅夷。」又云：「供養僧者，佛亦在其中，便持塔物供養衆僧，摩摩帝用者，得波羅夷。」

二五・一九　摩摩帝　名義一，此云寺主，羯磨陀那譯為知事。

二六・三　寶梁　寶積經百十三已下，初取意；所以下全文。

二六・四　招提　要覽上曰：「增暉記：梵云拓鬬提奢，唐言四方僧物，但筆者訛也。拓為招，去鬬奢留提，故稱招提，即今十方住持寺院是也。」名義七云：「後魏太武始光元年，造伽藍，創立招提名。」

二七・二　菴婆女　長阿含二：菴婆婆利女前白佛言：此毗舍離所有園觀，我園最勝，今以貢上。佛告女曰：汝可以此園施佛為首，及招提僧。濟覽云：及字，若準記釋應作乃歟！若又準長含本文，記釋似少違。

二七・九　金瓶　彼云：「時菴婆婆提飯佛及比丘僧，種種多美飲食，飲食足已，置鉢於地，持金澡瓶水洗佛手，前白佛言：毗舍離國，有諸園觀，此最第一，今奉世尊，在中住止，唯願哀愍，見為受之。佛告言：汝可奉佛及四方僧；何以故？若佛園佛物，若房舍房舍物，若鉢若衣若坐具，如佛塔廟，一切世間諸天龍神梵天沙門婆羅門諸天及人，無有能用者。婆提言：今以上佛及四方僧，願為受之！時佛哀愍故，為祝願受之。」

二七・一三　名出涅槃　德王品經文云：「招提僧物及僧鬘物，衣著食啖，如自己有。」準鈔釋招提即常住攝，僧鬘現前物所攝歟！然戒疏於現前現前物中，明此二種。涅槃北本二一・一六：「不犯僧鬘物，善守於佛物，塗掃佛僧地，則生不動國。」

二七・一八　由佛在世　鈔批：「謂羅云作沙彌，時諸比丘緣佛制戒，不得與非具人同宿，比遂趕羅云夜宿廁中；世尊夜見喚歸房同宿等。雖喚歸房，世尊竟夜而坐，以與比丘同制戒，故不敢違。」

二八・九　僧用得重　問：若水可賣得錢者，應結重；若處處流溢無人買者，何必結重？答：既用塔功用得，故應計功力多少滿五結重。

二八・一八　合云者得　古師訓文，用塔功力者得，僧用得重；意曰塔人應得，僧用應閉也爾。彼文，塔文賣水屬塔等云云，故今記斥耳。

二九・一六　火閣　洪武正韻：通呼小室曰閣子。資行云：「置火溫，故云火閣。」

三〇・一　若本通三寶　通釋云：「多論五曰：若言施三寶應分作三分：一分與佛寶；一分與法寶，應懸著塔中；一分與僧寶，應置塔中供養第一義諦僧。」據此似分。但多論三寶齊施故離分；鈔文施意物通，不欲分歟？何先須方一偏取用！

三〇・七　如人物中　彼中（次卷初紙）：「有三句：一有我所心有守護，如櫃中絹等。二有我所心無守護，田中五穀是。三無我所心無守護，地中伏藏是。若盜此三，並損正主結罪。」

三一·一 參取 參謂參校對考經律緩急也；取謂取用經律開遮，各有義旨，應詳義旨依行，勿濫用。

三一·五 律云 一四云：「許此處與異處，突吉羅。」

三一·一〇 善見 一五云：「欲供養此像，迴與彼像，突吉羅。」

三一·一〇 十誦 彼云：「有一比丘持四方衆僧物，移著餘房，心生疑，我將得波羅夷耶？佛言：得突吉羅。」

三一·一二 施錢造堂 按為說戒造塔，可是常住常住；然今云現前物者，施主局當現前施之，而不屬常住耳。若現僧不囑授而皆死亡，則歸常住常住也。

三一·一六 因果全乖 意云造真經及造偽經，其行因感果，勝劣全乖，故互用得重。何故修因感果全乖，福、無福別故；諸真經得福，偽經無福。福下，示犯所以有二義故。一直偽二經福無福已別，互用損施福犯重。二真經是正，偽經是邪，今互用，邪正混雜故犯重。

三三·三 佛法 此通屬佛法及與法寶，故得互用；若定屬一佛一寶則不得。

三三·一八 為僧乞 彼云：「為僧乞食道路，己身得食，衆僧不……」

三四·八 非盜食 問：望盜齋米，縱作相亦可犯，今作相則免犯，即知約食體云何？答：按若約食體，不可結重，故強作解，若無盜心，用米作食，作相食之則無犯，今言犯重者，謂以盜心用米作食故，後食時亦不作相，是故一飽犯重耳。問：既齋主用供養何成盜耶？答：齋主既供前僧訖故，雖用供後僧，非為己物供養，取與兩審，知僧物故。濟覽云：「若打犍椎食者，義無盜齋米與盜食之義，已是為十方常住物故。故本文云：打犍椎得食。記為盜齋米之意，蓋如斯歟！前犯蘭者，衹約食故通解，聊似穿鑿，乞決之。」

三五·八 幹 意云此寺僕往彼寺營彼僧事可也，苟私幹受用僧食，犯大罪也。幹者，猶曰私使。

三五·一二 五俱鄰 名義云：「阿若憍陳如，亦曰俱鄰。」通釋曰：「以五人首長別呼之也。」行宗二·八云：「拘鄰此云本際，即鹿苑中初度五人，首曰拘鄰，即憍陳如也；二曰頞陛，三曰跋提，四曰十力迦葉，五曰摩訶拘利。」

三五·一二 五分法身 謂戒、定、慧、解脫、解脫知見也。初三因，後二果也。謂三十四心斷結，即是成佛故。

三五·一五 就局 約局論之，寶名唯局理體，真德常住，三世不毀壞，故名寶住持，變壞不名寶。

三五·一六 問佛在世時 謂佛在時，檀越言施佛及僧，或云施佛法僧，佛取一分。若滅後言施佛法僧為一分，以一大分供佛寶，以一大分供法寶，以一大分衆僧受用之；若檀越言施三寶，各安理寶塔中，化相住持中不受用之，如下明之，準之寶名，獨局理諦。

三七·四 但望受用可不可別 謂初一堪佛受用故可也；次一否，故不可也；第二中記云不堪受用是也。

三七·九 佛園 具文云：「若如來有園物，房舍，房舍物，衣鉢，尼師壇，針筒，即是塔；諸天世人，若魔天沙門，婆羅門，所不堪用。」

三七·一〇 如僧像致敬 鈔三七·八：「已經佛像受用者，縱使風吹雨破，當奉敬之，如形像無異。故四分中，王以園施佛，佛不受，當令奉僧；何以故？若佛園及園物，房舍，房舍物，衣鉢，坐具，針筒，便是塔廟；一切諸天世人，沙門魔梵，不能受用，應恭敬如塔。」

三七·一八 塔物出息 若依上五百問似不開出貸，本卷二四頁記云：「久負佛物云何償？答：直償本物，以佛物不出入故。」本卷四二頁：「善生經：病人貸三寶物，十倍還之。」此等皆部別異耳。又依十誦、僧祇，佛物塔物出息，還著其無盡財中，乃至別人得貸塔僧物云云，同於今文。

三七·一八 不得移至他寺 問：雖此他異，但是僧寺，又非佛物，餘用何故犯棄？答：或施主決屬此寺，隨私欲妄移轉故歟！或望守護結重耳。

三八・六 鈔加書經　書經字論自出，非鈔主加，但別處文，連書一所故耳。彼論佛事品曰：「自有私財，顧比丘作佛像，作者得取物否？答：不得。」又問法事品曰：「問：比丘得書經取物否？答：不得取，犯捨墮。」

三八・一三 施主不許不得　問：若施主不許，而強改之得何罪？答：準上鈔記斷施主福邊犯重；若非斷施福，亦非入己，但違施心邊犯吉。故本卷三一頁鈔曰：「但違施心，得互用罪。」記釋云：「違施心者，乖本願也；文中不出罪名，準下……皆犯吉羅。」準例當位中互用，改作非斷施福，但違施心邊犯吉耳。

三九・一三 同上具四　謂一僧受用物，房舍臥具牀座等，多常住常住所攝。二屬僧物，錢寶田園等，亦常住常住所攝。三供養僧物，幢旛花香等，通常住現前。四獻僧物，二時粥飯是也，十方常住之體也。

四〇・九 四分　出卷三五。

四〇・一〇 上三亙　一、四方作十方，二、四方與餘寺，三、十方與餘寺。

四一・一〇 違者結犯　本作若不讀疏，得越毗尼罪。

四二・一 善見　一〇云：「衆僧果與材木者，借與無罪。」

四二・一一 通道俗　乞衣戒記：「形同無戒，猶類淨人；有戒法同，制同上衆。」又濟緣一一・三一：「如形同單白，但云剃髮；法同白中，始云求出家。驗知受十戒者，方名出家；已前剃髮，體是俗人。」

四三・一 摩夷　一切經音義一：「正言摩怛理迦，此云本母，聖為教本，故以名焉。即論藏名，論能生智，故曰本母。」

四三・六 律中沓婆　律一八曰：時有人施衆僧貴價衣，衆僧自相謂言，此尊者沓婆摩羅子比丘，衆僧差典牀座臥具及分飲食，彼以僧事塔事故，外人有初立寺，初立房，初作池井而設會布施，不得赴；彼講衣服破壞垢膩不淨也，我等宜可以此衣與之，時衆僧白二羯磨已，以衣與之。

四三・一六 將擬　謂纔將少物擬彼也，若彼忍恕則止；與已若尚不忍，更又加與，但以彼意止為限，故不限多少。

四三・一七 僧祇　四〇：若損者，若益者，應與。云何損者？有賊來詣寺，索種種飯食，若不與者，或能燒却寺內，畏作損事，故隨多少與。云何益者？若治衆僧房舍，若泥工木工畫工，及料理衆僧物事者，應與前食後食，及塗身油，非時漿等；若王及諸大力勢者，應與飯食；是名益者應與。

四三・一八 多論　四・三：以種種信物與國王大臣，長者居士，一切在家人，出家人，皆名汙他家。又云：若有強力，欲於僧祇作破亂折減，若僧祇地中隨有何物，賣以作錢，隨緣消息。

四四・一二 善見　彼云：若衆僧清淨人，若朝為衆僧作食，中後自營，中前得與食，中後不得與衣食，一切不得與。若半月為衆僧驅使，得與衣食。

四四・一六 一頓　食一次也。

會本卷十八 鈔中一之五　隨戒釋相篇之餘 四波羅夷之餘

二・四 掌護損失主　通釋：「掌護他物，而損失其財物主，直呼護守也。」

二・一三 寄附損失主　受他寄附，而損失彼寄物主，亦呼護守。

二・一三 十誦　四〇：六羣失衣鉢緣。

三・九 被盜物主　即所盜主也。

四・一二 僧祇三斷　通釋：「依文有四斷：初明二心未捨得，得奪。二反明二心已捨得，奪得重罪。三四二句，如記所釋。」今案雖有四斷，鈔主唯證還奪犯，故取後三耳。

五・一 引證　科文。通釋：依科且屬對面，不可奪證；然準已下二文中，總可為現不現二盜證歟！

五·二 漸近　彼云：漸近聚落，賊便分物，比丘便語賊言：長壽，我出家人，仰他活命，……汝復何用此衣鉢為？若比丘如是得者無罪。若賊罵言：弊惡沙門，我以乞汝命，何敢復來欲得衣鉢！比丘念言：此賊已近聚落，必不言，我當恐怖之，即語賊言：汝等謂我無所怙耶？我當白王，及諸大臣，知汝為賊，若恐怖得者無罪。賊瞋言終不與，汝欲去任意。若比丘告聚落主捉得諸賊，若縛若殺，不應，吉。若語聚落主，方便慰喻，得衣鉢，無罪。

五·九 縱不失想　通釋：現不現二段中，委察義味句法不異，前後各有三句：一本主不作捨心，盜者不作得想者，後得奪。二本主已作捨想，不論盜者得不得想，不得奪。三本主縱不作捨心，盜者決取無畏，亦不得奪。雖前後具齊此三句，但不現中，護心則弱，盜心則強，故律中多不許奪。後對面中，護心則強，盜心則弱，故諸部中多開奪。此約多分，非不互通，故各得具三句。

五·一三 官人　毗柰耶一：或以王力，或以村力捕得，奪彼賊衣鉢還比丘；彼比丘疑白佛，若王力村力奪與者，不成棄損得受。

五·二〇 疏云弟子　鈔但云比丘，疏約弟子自偷身賊所，義全是同，故引證之。

六·三 賊施比丘物主　即以賊為主也，明受此賊施通塞也。

六·四 自與者得取　問：取賊者物世所嫌忌，佛何故開取？答：夫無定主，賊既盜訖，還屬盜者，非本主物；賊還起好心施，故得受之，因此盜者，罪不滋長，豈非起益哉！世人謬謂尚屬本主，故隨和奪之；或見受則起嫌心，佛依正理開之，故異常情。然國家禁之，不得輒受。

六·一七 收囚縛賊主　即犯王法被囚縛賊為主也，明受此施物通塞也。收，補也；囚，拘也。

七·五 狂人施物主　即狂人為主也。

七·一〇 守視人作主　凡守衣物人為主也，今明此開閉也，如善見四種人，初三無守視故開，後奴有守視故閉。

七·一一 守視人　問：守視人者，依記解釋，濫上守護主，以何為二種列？答：記釋雖解，且依愚按，上守護主為他守物；今守視人，謂父母君主負債者之守視人，今一門中，但云人偷之守視人，不云財物之守視故。

七·一二 善見　九曰：「若人兒落度，父母以水灌頂遣去；或父母死亡，比丘取如是人無罪。若負他人債，比丘將去死無罪」等。

七·一二 落度　芴律師在唐口決云：「即放落不守家業者，遣出。」今言初生赤子，灌頂棄捨之，故此兒是無主，將去無罪。離騷：「皇覽揆予于初度。」王逸注：「觀我始生年時。」

七·一三 負債　律受戒法中，明負債人受具已，人間乞食，財主所捉，即喚諸人來語曰放之，或為王所罰，瓶沙先有教，有出家學戒者莫留難，財主放之而瞋恚曰：負我物而不能得，以此推之，沙門釋子，盡是負債人云云。

七·一三 王稅人　稅謂官輸物。戒疏：「又僧祇云：一切出家人不稅」等。

七·一八 如受戒篇　彼云：「諸部但言不應，義準理得。」記云：「負債準得者，容有償他，約事非重。」

八·一 不合從乞　此四字同卷，六頁「自與者得」題引之。

八·四 守邏　戒疏六·六四：「言邏道者，相望通塞，防慮外人」等，然今係守視人科，準記是遊兵禦寇，及守軍中資財人耳。

一〇·九 得否如上　無守護，神亦不護，即上善見者。有守護重，如上五分，僧祇。雖無守護，神不捨者蘭，如上十誦、多論，通皆名否。

一〇·一七 鼠偷　十誦有類文，彼六三云：諸比丘一處有庫藏，以飲食錢物著中，鼠從空中出偷錢物等，持入穴，諸比丘疑誰偷是物去。時一比丘在庫邊食，見鼠從庫中持食出入穴，是比丘輒壞穴得自物及鼠物，自取。諸比丘言汝犯波羅夷，取鼠物故。是比丘生疑，白佛；佛言：不得波羅夷，從今日當自物取，鼠物不應取。又壞鳥巢，突吉羅。

一一·三 十誦 四〇、六四，不犯下接云：何以故？師子斷望故。

一一·一三 律有 卷二云：有主想者，有主有主想，心境相當，故云犯重。若疑者，有主有主疑，境定心不定，故犯偷蘭。有主想疑者，想、境差心定，疑、境差心轉，各蘭。無主想者，有主無主想，境定心差，此乃本迷。

一一·一八 境差二句 準持犯篇盜戒義具五句：一有主有主想，二有主有主疑，三有主無主想，四無主有主想，五無主無主疑。凡論盜戒成犯心境，以有主物為其正境，有主想為正犯心；故五句中第一為心境相當，犯根本重。二三兩句為境差，若具分之，第四境差，第五兩差，並犯方便輕。但第三句本迷轉想有異，如上記。

一三·一一 十誦 五六：優波離問佛言：六種取他物，若苦切取中，何等取得波羅夷？答：除出息取，餘取得波羅夷。

一三·一一 牴突 牴，音底，觸也，排擠也，又擲也。突，觸也，欺也。

一三·一二 出息 四分五二：「但云不應出息物，理可犯吉。若出息三寶物等利息入自應犯重。」故五百問云：「佛物人貸子息自用，復犯重罪。」

一三·一四 準疏會之 疏云：「言恐怯取者，示身口相，令生怖畏，故取彼財；如十誦中，輕慢牴突，而取他物是也。」疏唯有此會，餘相顯故，記主會合之也。

一三·一七 摩得伽 通釋：若依彼論增五，有五種，彼云：復有五種。

圖表 十誦六種盜心與四分會釋中，為圖示之。今案：為易排板，說明如下：

四分十種：一黑闇心。疏云：「謂癡心也，愚於教行，不肯修學，故於盜境，生可學迷。」二邪心。疏云：「謂邪命也，貪心規度，為財說法；外現清白，內實邪濁也。故五分云：諂心取財是盜也。」三曲戾心。疏云：「即瞋心也，與少嫌恨，現相索多，示威怒相。」記曰：「曲謂非理，戾即忿怒，嫌恨約內心，威怒約色相。」四恐怯心。疏云：「迫喝也，或說地獄惡報，或說王官勢力取也。摩得伽云：強奪取是也。」記：「喝，謂作大聲。」五常有盜心。疏云：「恆懷規奪，得物乃休也。」彙：「規，猶謀也。規求計也。」六決定取。疏云：「心慮已定，必得如期。」七寄物取。疏曰：「或全抵債，或以少還他。」八恐怯取。疏曰：「示身口相，令生恐畏取物也。如十誦中：輕慢抵突而取他物是也。」記曰：「抵突，謂觸犯也。」九見使取。疏曰：「伺他慢藏，陽作陰伏之類也。」記曰：「慢藏，謂不勤收舉；陽作，謂詐作餘事；陰伏，謂潛藏他物。」十倚託取。疏曰：「或假名聞威德（通自他也），或恃親友形勝（唯在於他）。」注戒云：「若以言辭辯說，誑惑取是也。」

五分四種：若對四分。一諂心，即二邪心。二瞋心，即三曲戾心。三恐怖心，即四恐怯心。四曲心，即九見取心也。

伽論三種：一強奪取；二施已還取，即四分之四恐怯心；輭語取，即四分十倚託取也。

十誦六種：若對四分則一苦切取，即四恐怯取。二受寄取，即七寄物取。三輕慢取，即八恐怯取。四牴突取，亦通恐怯取。五以他名字取，即十倚託取。六出息取，四分所無。出息者，濟緣云：「出家者，不可作事作之，取其利以為盜心也。如邪命一三·六　說法等例也，已他契入息取之，故非重也。」劫，謂強奪取，輙語取，苦切取，受寄取，施已還取。按五中苦切取，受寄取，同上十誦，故除之，考彼無單說三處。

一三·六　四分　五九，但出其名，釋文並是鈔主之語。

一三·八　謂癡心　疏云：「愚於教行，不肯修學，故於盜境，生可學迷。」

一三·一〇　嫌恨　行宗：「嫌恨約內心，威怒約色相。」

一三·一〇　迫喝　行宗：「迫謂以事逼切，喝謂說時作其大聲。」

一三·一二　說法怖取　疏云：「或說地獄惡報，或說王官勢力而得財故。」

一三·一二　動物成犯　鈔下二二頁引善見：「不離處明離處，決得無疑，如擲杖空中，必無不下，故動即成重。」記云：「得心已決，微動即犯，不待離處。」

一三·一三　七寄物取　善見八云：若比丘受人寄物，舉置藏，其主還，就比丘取，比丘答曰：我不受汝寄，作此言已，得突吉羅罪。令物主狐疑，得偷蘭遮罪。物主言我不得此物，比丘得波羅夷罪。

一三·一五　畏敬　疏云：「令生怖畏，故取彼物。」

一三·一七　或依親友強力　牒律辨相之文也，彼明處中，村處，阿蘭若處，家處，船處等事，皆云若依親厚強力，或以言辭辯說誑惑而取，初得波羅夷。律卷二·二。

一三·一九　言誑惑而取　律牒辨相之文也云云，如次右。

一四·六　前是五心　六·六七記云：「前五約心，不出三毒；若就通說，莫非希物，五並貪心，若約別論，如文乃異，初二及四，並是癡心，三即瞋心，五是貪心。又前五種，外相非盜，故約心論；後之五種，內外俱盜，故從外事。」

一四·一二　五相　或依名聞威德，或以名字方便，或依親友強力，或以言辯說，誑惑而取。

祝髮　祝，斷也；僧削髮，曰祝髮。

一四·一四　不覺不知　法華經譬喻品云：「於火宅內，樂著嬉戲，不覺不知。」

一五·五　答有三解　通釋：考多論彼中三義不分明，今準鈔分節文彼論第二云：盜至五錢得重罪者，或言金錢，或言銀錢，或言銅錢，或言鐵錢，無有定（鈔第一義當此）。盜至五錢得波羅夷者，謂閻浮提現有佛法處，及弗婆提拘耶尼二天下，準王舍城法，以五錢為限（鈔第二義）。又云：五錢成重罪者，佛依王舍國法結戒，故限至五錢得波羅夷，如是各隨國法，依而制罪（鈔第三義）。觀律師意，彼以後義為定。

一五·一三　難可依承　疏六·七〇引俗律證通慢相云：「如此唐律，強盜滿尺，則是極刑；竊盜五十匹，罪至役流；縱多盜者，不加至死。」

一五·一五　判罪　疏六·七〇：「判罪觀緣緩急者，如母論、善見所說；若約護行，草葉不取者是也。」

一六·一　八十文　彼云：「云何是五錢？若一銅錢，值十六小銅錢者是。」

一六·四　僧祇　引此文者，依記意但為五錢結重，證四錢三角尚為四錢攝，四錢三角乃入五錢限，故又非證取古錢也。通釋：又愚按一解云：引僧祇者，為破上諸師用十誦也，謂十誦大銅五錢犯重，然僧祇四錢三角故未滿五，應不犯重；而既判重，即知未必十誦為定，故四分但云五錢，不云古錢，第二說為勝者驗矣。僧祇三云：佛告大王，治國盜齊幾錢罪應至死？……瓶沙王白佛世尊，以十九錢為一罽利沙槃，分一罽利沙槃為四分，若盜一分，若一分直，罪應至死。佛告諸比丘，罽利沙槃為四分，若盜一分、一分直，犯波羅夷。

一六·五　瓶沙　玄應音義云：「此言訛也，正言頻婆娑羅，此云形牢摩伽陀國王也。」

一六·五　四錢三角　彼律無四錢三角文，今約義云也；又彼無五錢成重之文，大銅十九錢四分之一是重盜之限。

一六・一二　嬰方　玄應音義云：「嬰方，謂正方也。」

一六・一六　善見　卷八云：「爾時王舍城二十摩沙迦成一迦利沙槃，分迦利沙槃為四分，一分是五摩沙迦，汝等自當知此迦利沙槃者，乃是古時法，迦利沙槃非今時，留陀羅王為初迦利沙槃，過去諸佛亦以一分結波羅夷；當來諸佛亦以一分結波羅夷；一切諸佛波羅夷罪無異。」通釋云：「彼無隨國用之文，然云三世諸佛皆以一分結，則驗隨時世一分，未必瓶沙五錢，故如僧祇一分，即當四錢三角不可定者可知矣；僧祇吉利沙者，當是善見迦利沙轉音。」

一七・一二　又觀下引後段　通釋：考論上堈中，事在第九卷，觀五事在第八，今還云後段，不詳其意。

一七・一三　處者　善見論八，引昔事。略曰：昔婆帝耶王時，供養大塔，時有比丘自南方來，安衣肩上，禮塔時王入寺，諸人鬧亂，遂失肩上衣，彼比丘念不可尋求，作捨心去。有一比丘見衣已，盜心取之，後生悔心，問律師求判罪。律師言汝得本衣主否？答：不得。語曰：汝處處喚問，彼便入五大寺問，尋無失衣者，後至南方，遂得衣主，即將到律師處。律師問衣主言：此汝衣否？答曰是。又問何時何處失耶？彼以事答。又問：作捨心不？答曰已作。次問取衣比丘汝何時何處取？彼以實答。又問：若無盜心無罪，汝有不？答曰：以盜心取。律師曰：彼既作捨心無主物故不犯盜，但有盜心故犯吉羅，汝宜作吉懺。彼聞律師判已，驚怖已止，如飲甘露，即作吉懺竟。律師語衣主曰：汝已作捨心，應以衣與彼比丘。答曰：善哉！

一七・一三　我欲取此物　通釋：如有賊比丘偷他物來，我欲取此物者，顯心未作得想。語已得罪者，若盜作決心取者，離處結重；今取時非決心故得罪未定，若無主物，唯結方便；若有主物者，應觀主者捨否，若主已捨，不成盜業，但結方便，若主見物無作捨心，此物屬盜者，故結重夷。或對面取亦爾，謂如有遺落物賊比丘作有主想舉，語云：欲取此物，主聞作疑，盜者犯方便；主若不作捨心，盜者犯重；若主捨心已後取之，不犯重，故律師能觀之。

一七・一六　時者　又論中有一比丘得椰子盤，甚可愛，彼常以飲水，一時置寺，往支帝耶山。後一比丘見椰子盤，盜心取之，尋又往支帝耶山，到已即用飲水。本主比丘見問言：汝何處得？彼以實答。本主曰：汝已犯盜。彼疑向諸比丘乞判，無能判者。有一比丘名瞿檀多，能解律，問盜主言：汝何時何處盜耶？彼具答。又問：彼土此椰子殼價值幾？答曰：彼土啖椰子已餘殼棄之，無用故無價值。又問物主：刻椰子殼作盤執作價值堪幾？答曰：堪一摩娑迦。（即大銅錢一錢也。）語曰：如是不滿五錢，不犯波羅夷。是時大衆聞皆歎言：善哉能判！

一九・七　四分　五五，盜五錢彼作取他物得過五錢或多，下同。彼云：「衆多比丘還共分，各得五錢，彼作是念，我等不犯波羅夷？佛言：通作一分，盡波羅夷。」

一九・一六　善見　準本文明師結二蘭，三弟子各結一夷一蘭，今轉用云四人各夷蘭耳。彼第九云：有四比丘，一是師，三是弟子，欲偷六摩沙迦或我偷三，第一弟子言和尚偷三，我偷一，汝二人各偷一，餘二人展轉相教，亦如是，師自偷三錢，偷蘭。教三弟子偷，亦偷蘭遮。何以故，自偷異，教人偷異，是故二偷蘭遮。三人云何得重罪，為教他偷五摩娑迦，故是得重罪。通釋：準之，雖展轉互相教，非共盜也；故自業非重，不同上四分多人共盜五錢，各犯重也。濟覽：如今所引，師若取三，師教他不滿五；師若取一，弟子教他不滿五；若約異時，各是一相，不可云四人各得一夷一蘭，未詳引意。

二〇·五 四分　文云：「若牽挽取，若埋藏，若舉離本處，初離處波羅夷；若方便欲舉而不舉，偷蘭遮。」通釋：「牽挽埋藏等，一一其事若成夷；方便不成蘭。」

二〇·九 餘四須具　依今家但心生未動身口遠方便吉，動身口趣境未相觸著以來次方便蘭，觸著以後未至究竟近方便重蘭，若至究竟根本，具如篇聚及懺篇。若準之掘地是次方便提，動近方便，離處即根本罪，今五分少異。

二〇·一一 善見　卷九：「若比丘言我欲偷地中藏物時，一切方便，悉得突吉羅。」

二一·五 判與　善見九本文只云佗園林，比丘強諍，乃至若僧中判事僧知故違理者，判主得波羅夷。

二一·六 皆重　善見九：「若比丘實一臘，妄言二臘，依二臘次受利養，計錢犯重。」

二一·一一 移標相　律五五：「時有比丘分地，移他標相，疑；佛言移標相，若直五錢波羅夷。」依律唯移標相耳，依鈔記盜標體也。標即量地丈尺等，按或五步十步等各下一標，若盜之則減他地量。若依實理，舉一標應重，但所期未果決，故結方便耳。

二一·一三 乃至　善見九：「若比丘偷他田地，乃至一髮大，作決定盜心，得波羅夷。何以故？地深無價故。」

二一·一三 繩彈　文云：「盜心以繩彈取他物，初一繩置一頭偷蘭遮，置繩兩頭波羅夷。」

二一·一六 四分　五五·一：「盜心倒易他分物籌，又盜他分物籌，又轉側他籌；佛言未離本處偷蘭遮，離本處波羅夷。」

二一·一七 下籌多而令物少　如現前五十人分物，則下籌六十，而令物六十已，初五十分次第布之，餘殘十分物，及籌，竊盜取也。

二一·一七 不下籌而取多物　如記輕重物其數有六十，下籌五十，自餘十分，自盜取之盜也。

二一·一九 氍毹　又作毾㲪。織毛蓐曰氍毹，細者謂之毾㲪。

二二·三 毛緂杼織　據彼律、論明離處，列其諸處中文也。如四分乘擔田架等諸處；然今引用，意約損色，記釋亦爾。十誦一云：「褥者，一種毛，一種名，一處，表處裏處，一色名一處，異色名異處。樹處者，根處莖處枝處葉處花處果處，乃至根鬚處，是諸處。若有五寶，似五寶」云云。多論三云：「在蓐上蓐有異色物，在一色移在異色，即離本處。」依此非必損色，（杼，即梭也，織具，所以行緯者也。）

二二·六 摴蒲　依記通名博奕，賭物；若為別名者，法進梵網疏云：「博物志云：老子入胡作文，用卜吉凶，有五樞木子各長四寸，上各有刻：一四刻，二三刻，三二刻，四一刻，五無刻。擲卜，若得多刻者吉封。」或云西域異道，多作是戲，古以木為子，今以錢博。宏云：今賭錢也。

二二·八 轉齒　行宗六·六六：「轉謂翻轉，齒即骰子，棊子，多用牙骨為之。」

二二·八 擲采　行宗：「先會約物，而盜翻彼采。」采，說文：捋取也。

二二·一六 善見　彼云：「若師教弟子取物決定得，如擲物虛空，必定落地，師教竟得波羅夷。」

二三·八 五空　疏六·五二：「明了論中，約有辨空，（記云：彼論約起閣侵他空處，故云約有辨空。）謂有衣物鳥等，從風所吹，有主之物，而加盜取。明離處者，即空異處，是名離處。」記云：「左翅過右，約橫飛說；尾處至頭，約直飛論。」

二三·九 六架　注戒及疏中同此，然校律本，與今不同，律第一標列中，作樹上處；第二處釋中，唯云上處，文云：「上處者，若舉物在樹上，牆上，籬上，杙上，龍牙杙上，衣架上，繩牀上，木牀上，若大小褥上，枕上，地敷上。」今且舉一種耳。

二三・九　曲弋　弋，檿也，與杙通，用曲弋，言衣架耳。善見九：「問曰：以何為橛？答曰：長一肘鑽頭釘著壁曲橛，象牙橛，一切諸橛亦如是。」通釋：律云龍牙杙等，弋、杙，橛同物耳。

二三・一〇　九田　疏曰：「百穀所生之處，總名為田。」

二三・一一　不如　行宗六・五四：「不如字誤，彼作不勝。」現本戒疏，即作不勝，記主所覽疏作不如乎！今案：津刊會本作「不如」。

二三・一一　若作異相　疏文也，記釋云：「謂作標相取也。」

二三・一一　十處所　律曰：「處所者，若家處所，若市肆處，若果園，若菜園，若池庭前舍後，若復布餘處。」

二三・一二　十二盜水　今依疏而出相也，律作水處，唯明盜水中所藏金寶及魚鼈等，凡今之十三種，舉其所依處，次其物體中，正有取水楊枝等，如注戒列，今此云盜水似濫，後取水，不詳何意。渠者，行宗：即水溝。

二三・一三　一文　彼云：「一錢乃至二三四五錢。」

二五・一三　殺戒　佛與諸比丘歎說不淨觀，彼修習厭患身命，愁憂不樂，即向難提比丘說，汝斷我命，以衣鉢與汝，彼受雇以利刀便斷，斷已生悔恨，時天魔來勸，讚言善哉，汝今獲大功德，度未度者，彼聞已悔恨便滅，持刀入園中，隨求次第殺至六十人，諸俗見已，驚怖譏嫌，時佛說阿那般那三昧，諸比丘修習得增上果證，時佛因上因緣訶責制戒。依善見一〇：彼比丘往昔為五百獵師，殺羣鹿宿殃未盡，必在此半月中遇殺害，若懷怨心還墮惡趣，佛以方便示不淨觀已，半月入靜室，不令人入，但除一供養人，佛不聞故不斷相殺，彼等因佛方便厭患於身，遇殺生善，得生天上。又善見次第增殺五百人云云。又難提，彼云鹿杖沙門。

二五・一三　外道比丘　善見律祇云：「時有比丘字勿力伽難提，是沙門種性出家，似釋氏比丘。」然疏云善見云是外道沙門也，頭留小髮，依比丘住，拾殘食活。

二六・一　大集　彼云：「愛因緣故，四大和合，精血二滴，合成一滴，大如豆子，名歌羅邏是。」已下如引。

二六・二　出入息為命　集解標指鈔中之五，問曰：「息風是色，命是不相應攝，云何息為命？答：依息持命，故從能持，而息為命。」輔行四之二云云，彼具引之。

二六・一一　三性之中　如無作得時方便成就，後心雖在善無記，命斷犯重也。

二六・一二　自殺　東野律師：彼列殺相，先標若自殺，若教殺。自下若遣使殺，若往來使殺，乃至餘方便殺，都合有十九種，今以自殺重入列相，未知所以。若以餘方便為總結，局通標自殺，合為八種，教人亦合再牒列之，後賢訂之！

二六・一三　身現相　疏云：「或令怖畏，墜墮溝壑。」記曰：「示可畏容。」

二六・一四　口讚　本云：「若口說，若身口俱現相。」與藥之下，彼云：「自殺者，若以手，若瓦石刀杖，及餘物而自殺。」隨其前已下十字取意之文，本云：「若遣使殺。」釋中云承此使口歎死，故今取意變語耳。求男子下，彼有殺字，接云：「若求持刀人殺，若教求刀人殺。」

二六・一五　倚撥　律二：倚撥者，知彼人必當倚撥彼處，若樹，若牆，若柵，於彼外，若著火，若刀，若杙，若毒蛇，若毒塗刺，機發使墮中。濟覽：現行律本亦作發，十誦作撥。

二六・一七　教人　總標與十一別相無異，十一相即是教他故。自殺不然，謂身現相，及安殺具皆前作方便，或作相，未以刀自殺故別再列之歟！

二六・一九　作遣使歎　現本作教使歎，律此一相脫。通釋：「注戒此所有一教殺，恐字誤為歎歟！教使歎，彼在後列。」東野云：本作教使，若依本律但去遣使，疑是脫歎字乎！

二六・一九　教遺使　疏七・三〇：「指示所殺，在其方所，而往害也。」今注云所教者，疑寫誤歟！或面示所殺歟！

二六・一九　往來使　律及注戒作往來使殺，下四皆有殺字。又曰：往來使殺者，受語往害，至彼還來，重復往者是也。

二六・二〇　彼使不去　非謂能遣使是一，所遣涉多是互，展轉為能所遣也。故律云：「展轉死者，比丘遣使汝斷某甲命，彼使復轉遣使，若百若千，往斷其命者，波羅夷。」

二七・一　皆同一重　疏云：「乃至列往來重使，皆例同犯也。」

二七・二　持刀人　行宗云：「即旃陀羅輩也。」

二七・七　十誦　三八：「從今不應斷男根；斷，偷蘭遮。」又云：「從今不應自斷指，自斷指者，突吉羅。」

二七・一〇　與食藥　此三字本文無之，鈔主意加之，謂起病人，或舒身強與食藥也。

二七・一六　吉凶　多論：「解關興衰，軍馬形勢。」

二八・一　若本漫心　戒疏五・二四：「論殺戒者，漫無所寄，三趣同害。及至行事，不稱初期，雖有少乖，不妨本有害意，故使錯誤，同成一重。」通釋：是大漫也，同成一重者，非謂三趣同夷，皆本期境，故齊成根本，今非壅方便，且云重也。今鈔云隨境輕重即是也。疏又云：「若論剋局，但是一緣（局但期害人趣），造趣行害，相應成重。若非本期（非、畜等替），則非殺境，及往加害，境則交涉（錯也），或以迷妄（誤也），非、畜雖死，不稱本期，及無殺心，錯誤不犯。」通釋：是小漫也，人趣不論錯、誤皆夷，非、畜結蘭。疏又云：「就人趣以論錯誤，如剋心害張，不欲害王，現境歷然，心緣亦別（心境明白，不生迷妄），及以殺具害張之時，而彼王人，忽然與我刀輪相應；王命雖斷，由非心故，錯則不犯。若論其誤，張去王來，緣王張解，加害者犯。若望後王，雖非本期，以心不了，緣此謂彼；既人想不差，殺緣具故，雖誤犯重。」通釋云：此即剋心，然於四重錯誤，結犯輕重不同：婬，不問剋漫錯誤，一切重夷。盜，大漫小漫同殺，錯誤齊開。大妄，大漫並結本罪，小漫錯犯誤開，剋心錯誤俱犯，所對皆人故。問：盜開誤，殺何不開？答：按盜知物差，即持還本，不損境故開；若後知非，不還，其時結重。殺則不爾，既人作人想，雖非所期，損境已成，無償命義，故與盜異。又疏二・四以下，明殺戒剋漫等，亦與上同。濟覽：漫心，不定為一事作，諸有來者，皆令墮死；人死者，波羅夷；非人死者，偷蘭遮；畜生死者，波逸提；都無死者，偷蘭遮，突吉羅。

二八・二　剋心　本期一人，於餘人等，曾無害心，如欲殺王，張來替，雖害唯蘭，餘戒亦可準知。然於婬戒、不開剋漫，尋疏可見。就此復有錯誤義，且約盜戒述之（見本卷末頁錯誤題）。疏云：「語盜而言，漫心無寄；三趣有物，皆欲盜奪為我所有；及至往趣，縱境差舛，心有迷忘，皆稱欲心，錯誤齊重。」（已上大漫錯誤皆重。）

「若先剋定，要取人物，不盜餘趣；及往盜時，境交想轉，雖舉離處，不成罪攝。不稱本心，猶屬本主，以於此物，元無盜心。心境既非，何過之有；故錯與誤俱不名犯。後知錯誤，即應還主，不還起盜，後方成重。」（已上小漫錯誤，並方便非根本。）

「二對人趣辨錯誤者，俱亦非犯；如欲盜張，忽得王物；既非所期，即是境差。物非本物，又是想差。據此為異，境不稱心，後物無心，心不當境，故錯與物，並同不犯。」（已上人趣中剋心。）

「三對同主辨錯誤者，俱非犯也；故善生云盜金得銀，還置本處，不得盜罪。」（已上一主中剋心。）餘戒亦有錯誤，對疏可見。

二九・一四　儒宗之逆人　孝經云：「身體髮膚，受之父母，不敢毀傷，孝之始也。」今戾此範，故云爾也。

二九・一九　五分　彼云：「比丘重病，諸比丘問訊語病者言：汝等梵行已立，死受天樂，何用久受如是病苦，而不自殺！病比丘言，我等雖爾，不能自殺，何以故？佛制自殺犯偷蘭遮故。」

二九・一九　四分　彼云：「時有比丘欲捨戒墮下業，彼作此念，我不應已於佛法中出家，作如是惡事，即往摩頭山自投身墮斫竹人上，比丘活彼人死，疑。佛言：彼人死無犯；方便欲自殺，偷蘭遮。」

三〇・二〇　大妄戒　時佛在毗舍離高閣講堂，集比丘僧已，告言：今時世穀貴，人民饑餓，乞食難得，汝等各隨同和尚親友於此城左右隨所宜安居，以念衆疲苦，故諸比丘隨佛勅。時婆永河邊，安居比丘，共相謂言：我等至安居家語言某甲比丘得羅漢，得禪等，互歎亦爾。若爾信樂居士所有飲食，不敢自食，不與妻子，當持供養我等，亦相歎言：真福田。我等於此可得好美飲食，不為乞食所苦，議已互歎，獲利顏色光澤。後詣佛所，佛慰問住止安樂，不以乞食為苦，隨佛問具說上因緣，佛訶已制此戒。

三〇・二〇　上人法　戒疏七・三三：「所言上者，謂無漏信戒，凡法之表，故曰上也。」上人法者，注戒云：「自稱說有信、戒、施、聞、智慧、辯才過人。」疏釋曰：「信，謂理解不壞之信；戒，為八正定道之戒；施，為亡我之施；聞，謂道分無漏聞慧；智慧，謂思修懷正之智；辯才，謂四無礙辯，非凡所得也。此之六相，唯聖所感，在凡人上，故曰上人法。」

三一・一四　五停心　一修不淨觀也，治多貪；二修慈觀，治瞋恚也；三修因緣觀，治愚癡也；四修界差別觀，治着我也；五修數息觀，治散亂也。

三一・一四　總別相念　外凡人以次修別想念處也，謂身不淨，觀受無樂，觀心無常，觀法無我；次修總想念處，謂身、受、心、法，總皆觀不淨無樂等也。

三一・一四　四禪四空　世間八定，外道凡夫所行，而二乘復修之，故云通聖門。禪者，法界次第云：「此翻棄惡，能棄欲界五蓋等一切諸惡故云。」空者，又云：「此四定體無形色，故名為空；各依所證之境為處，境法持心，心無分散，故名定也。」

三一・一五　三十七品　謂四念處，四正勤，四如意足，五根，五力，七覺支，八正道及四沙門果向，並世聖法也。

三一・四　錯互　疏文此約小漫，如將謀誑王，張來替聞，但是人趣，錯誤皆重，非、畜非犯。若論大漫，三趣皆犯，故疏五・二六云：「論妄語業，異趣通辨；漫心無簡，錯誤隨犯。」是戒縱雖剋定一人，餘人通犯。故行宗云：「準知大妄，不開剋心。」

三一・五　錯誤　戒疏五・二二：「錯就現緣境差為義，誤就不現緣境差心迷忘為義。」通釋：如白日主伴相並坐，是現緣明白，理無迷忘，而欲殺主，忽加刀輪，手失刀輪中伴等，是境差也（錯義）。次誤者，闇夜（不現緣）如欲害主，忽伴來住（境差），而心作主想害之（心迷忘）是也。今妄戒不開之。濟覽：「但此約剋心，若約小漫，錯尚成犯。」行宗云：小漫本欲誑人，非、畜境交錯亦犯。前後差互，境想開迷，故誤非犯。

三一・五　就所稱之法　上約錯誤，並約所對境；今之所稱，即能說聖法。疏五・二六：「心欲說聖，口錯稱凡，既非聖法，前無所損，故錯非重。又如增慢，迷凡說聖；既非情過，誤亦非重。」

三一・一〇　經云　涅槃經中往往有此語也。

三一・一四　經說　普賢觀經。

三一・一五　輭動　輭，音軟，罪弱也。荀子：「蠕而動。」匈奴傳：「跂行息蠕動之類，莫不就安利而避危殆。」

三二・一五 翾飛　翾，呼淵切，小飛也。楚辭九歌曰：「翾飛兮翠層，展詩兮會舞。」注：「翾，小飛輕揚之貌。」淨心誡觀曰小果。發真鈔釋：翾，許緣切，小蟲飛貌。淮南子曰：「蠉飛蠕蟲飛。」

卷六

會本卷十九 鈔中二之一　隨戒釋相篇之餘 十三僧殘、二不定

一・五 第一戒　律迦留陀夷，欲意熾盛，顏色憔悴，身體損瘦，於異時獨處一房，好繩牀木牀大小褥被枕，地復敷好敷具，飲食豐足，欲意熾盛，隨念憶想，弄失不淨，諸根悅豫，顏色光澤，諸親友比丘見已，問云：汝先憔悴，今光澤，為住止安樂，不以飲食為苦耶？即具以事答，因訶責已，往白世尊，佛因訶制。

一・八 戒疏　五・三九：「由愛染氣分，無始故習；喜懷犯故，所以先明。……如諸篇首，漏失、長衣、妄語等類，可以求也。」

一・一一 四部律中佛並訶責　四分二一：「汝今愚人，舒手受人信施；復以此手弄陰墮精。」五分二〇，十誦三，僧祇六。

一・一七 捫陰　行宗八・一九：「男體是陽，而用屬陰；女體是陰，其用屬陽。凡人溺水，生則沉下，死則浮上；男伏女仰，可驗陰陽。今戒制僧，故目其根以為陰耳。」

二・一 內外色　本云：內外者，受不受色。順水之下，有若以水灑四字。同水法者，彼云：「若順風，若逆風，或口吹。」乃至已下，鈔主義加。

二・二 體分　行宗云：「體分，即不淨。」善見：「舉體有精，除髮爪及燥皮無也。」

二・六 執受　第八識三種境中，依報器界，名非執受，正報根身及種子名執受，符今記釋。唯識論二：「執受有二：謂諸種子，及有根身，此二皆是識所執受，攝為自體，同安危故。」

二・一五 身不動　五分：「若發心，身不動，不出不淨；發心，身不動，出不淨；皆突吉羅。」

二・一六 善見　彼云：「心想而眠，先作方便，以腳夾或以手握，作想而眠，夜夢精出，得僧伽婆尸沙。」

三・二 明相　四分五三：「念當時起，繫想在明，心無錯亂。」

三・五 五功德　彼云：「善意眠有五功德：不見惡夢，諸天衛護，心入於法，繫意在明相，不於夢中失精，是謂五功德。」

三・五 然文中　資覽：「五分二云：爾時諸比丘不一其心，夢失不淨，將無犯僧伽婆尸沙耶？……或有直白佛者，佛種種訶責，汝等不應散心眠；若散心眠，犯突吉羅。散心眠有五過失……」已上同四分。通釋：依五分但云散亂心眠，犯突吉羅；則亂意故得一吉，見今鈔云得五吉者，或以上一吉通下五過歟！或御覽不同歟！記又云：「但不繫想，違律得吉。」準釋初不攝念，覺時違教一吉，後五吉夢犯，是依之通六吉，何但云五吉耶？答：不繫想一吉，常爾一心通制；今五吉且約夢犯，若因果通論，實犯六吉。通釋：按五過中，初後二過，正是夢犯，第三、四正覺時犯，即是不繫想犯，準之，初眠不繫想，不必在五過之外耳。

三・七 無記結業　篇聚篇一四・四一：「無記心犯者，謂元非攝護，隨流任性，意非善惡，汎爾而造。……前為方便，後眠醉狂，遂成業果。通前結正，並如論中無記感報。……如成論中，睡眠成業，是無記業。」若準果成，雖在無記，由假前方便，故云通前等。

三・九　律制思惟　善見一二・一七：「當念佛為初，於十善法中，一一法中，隨心所念，然後眠。」

三・九　律制分星月　又云：「若白日眠，先念某時某時當起，如修多羅中說。佛告諸比丘，若汝洗浴竟，欲眠，當作是念，我髮未燥當起，若如是眠善；若夜亦應知時月至某處當起，若無月，星至某處當起。」

四・二　遠行　十誦：「行時兩髀摩觸，或觸衣，或騎乘載車，自動精出不犯。」精出之下，彼接云：「不發心欲出，身不動，精自出者，無犯。」

四・二　善見　卷一二云：「舉體有精。」

四・九　迦留陀夷　多論三：「問：若欲心多者，何不作大事破戒？答：此人根熟，應得漏盡故，又應度此舍衛城中具足千家，正少一人，是故不作大事。」

四・一三　根本　多論：「若捉女人則生諍亂。」疑嫌之下，彼云：「若比丘設捉女人，人見不謂直捉而已。」已下同。

四・一四　之原　彼接云：「欲是衆過之先，若摩觸女人，則開衆惡門。」下同。

五・四　五緣　問：四、五二緣何異？答：戒疏云：「四、二俱無衣，五、着便犯。」今云身相觸者，謂與方便將身相觸也。第五正是果本，第四尚是在方便，二俱無衣，可成正觸位也。至於第五，正相觸著。

五・六　律本　卷一云：「四種者，覺、眠、未壞、少壞。」

五・九　有染心　今戒律本云：「婬欲者，愛染汙心。」戒本云：「若比丘婬欲意與女人身相觸。」

五・一〇　恐濫大婬　恐謂有染心者，行婬心故，但約愛染汙釋之。然今戒本云：「婬欲意與女人身相觸。」廣解云：「婬欲意者，愛染汙心也。」即知婬欲意婬觸二戒通心，但本期有別耳。

六・二　律云若捉摩　行宗八・二九：「釋云：一捉摩者，摩身前後。二重摩（律文不釋，相亦同上，但重為別。）三牽者，牽前。四推者，推後。五逆摩者，從下至上。六順摩者，從上至下。七舉者，捉舉上。八下者，若立，捉令坐。九捉者，捉前捉後，捉乳捉髀。十捺者，以手按也。」

六・四　三種　一俱無衣，二互有衣，三俱有衣也。今分列之。

初俱無衣，亦二：

初比丘觸女　謂方便往觸，不問受樂不受樂，皆僧殘。

二女觸比丘五：（此五句鈔記中綺出，故準分別列焉。）

初比丘有染前女，女來觸動身心受樂，僧殘。

二比丘無期心，女來觸動身起樂心，亦僧殘。

三比丘有染前女，女來觸動身不受樂，偷蘭。

四比丘有染前女，女來觸不動身受樂，偷蘭。

五比丘無期心，女來觸不動身受樂，吉羅。

二互有衣亦二：

初有衣比丘觸無衣女，偷蘭。謂比丘身覆衣觸女身分也。

二無衣比丘觸有衣女，偷蘭。謂比丘以自身分觸女著衣也。

三俱有衣　謂有衣比丘觸有衣女，犯突吉羅。

六・一一　以無動身　通釋：本律二云：「若女作女想，女人捫摸比丘身，身相觸，欲意染著受觸樂，僧伽婆尸沙。女作女想，女以手捫摸，比丘動身，欲意染著受觸樂，僧伽婆尸沙。」律五七調部中云：「有女人捉比丘足禮覺觸受樂，動足大指，疑，佛言：僧伽婆尸沙。」律文分明，今云不了者，御所覺異耳。

六・一三　此下句　今引文云，下有二句：一動身不受樂，二受樂不動身；今下句者，指次句與下文同須簡別。

七・一　十誦　彼云：「二根所……若是事女人邊，僧伽婆尸沙；即是非人女邊，偷蘭遮。」

八·一 律戒本　律二云：「若比丘婬欲意與女人身相觸，若捉手，若捉髮，若觸一身分者，僧伽婆尸沙。」注戒全同，刪定除「若捉手，若捉髮」之六字，餘全同也。

八·六 非人　彼云：「若緊陀羅女，偷蘭罪。」與此相違，不知可否！

八·八 四分亦同　本律第二云：「若天女，阿修羅女，龍女，餓鬼女，畜生女，能變形者，身相觸，偷蘭遮。畜生不能變形者，身相觸，突吉羅。」本律非人一向蘭，畜分蘭吉。僧祇通吉，依之大異，而云亦同，或御所覽異歟！通釋：律六．二一云：「一切畜生女者，得越毗尼罪；若緊陀羅女，及獮猴女，偷蘭罪。」依之，非「非、畜同犯」歟！

八·一〇 僧祇意謂　諸部別行篇四二．四〇：「僧祇：性惡罪上，無疑想故。彼云：女作黃門想觸，僧殘。悉從境制。若遮惡罪上，得有想疑。故文云：生非生想，非生疑，吉羅。」鈔批第八本云：「依檢祇云：謂是黃門而是女人觸者，殘。又云：謂是男子而是女人觸者，殘。今詳鈔解錯也，何須言前有方便心，後稱本境，此解定非也。今詳乃是祇文，於性戒上不開想疑，故犯殘耳，非關取前方便。」濟覽云：按可云約十誦會通，彼十誦前有方便，除疑想故。

八·一四 善見　彼云：「相觸得五罪者：一者比丘尼摩觸波羅夷，二僧摩觸僧伽婆尸沙，三者比丘以身觸女人衣蘭，四者比丘以衣觸女人衣突吉羅。」

八·一六 內觸　行宗：「婬為內觸，心期婬事，觸則因蘭；摩是外觸，即成殘果。」

九·四 僧祇　卷六，取要。咒願之下，彼云：「者，非威儀，女人捉器，比丘行食。」或濆水已下，卷一九，彼云：「若比丘與女人共行水中」，下同。

九·四 捉繩　犯相大同，善見律五七：「女倚木，比丘欲心動木，蘭；繩牀等爾。又有婬女喚比丘行不淨，以女根示，比丘以石打彼女根，疑。佛問汝以何心，答言：折辱其心，不以欲意。佛言無犯，打女根突吉羅。」

九·九 應得二吉　懺篇二九．三〇：「依律文中二種不同，一故作故，犯應懺突吉羅；又犯非威儀突吉羅。二若不故作，犯非威儀突吉羅。」

九·一三 若為水所沒　律五七：「時有大童女為水所漂，比丘見已慈念即接出疑。佛問言：比丘汝覺觸受樂不？答言不。佛言不犯。」

一〇·一三 女想則不開　通釋：僧祇若作地想持出云云。問：於現量心，豈迷女作地想乎？若現見女人，不可救之耶？答：地想者，謂無染與地想無異耳，未必迷妄謂地也。女想者，約愛染汙心，若無染與地不異，則可持濟耳。又依善見一二：「若母沒溺水中，不得以手撈取，以竹木乃至袈裟接取，若遂溺死，得以手捉擯殯。」又云：「女人所用衣服，一切不得捉，吉羅，惟除布施。若泥木畫女像，一切不得捉，吉羅。」

一〇·一九 後引伽論　摩得伽五：「有比丘性好麤惡語，於女人所作麤惡語，尋生疑悔，乃至佛言犯偷蘭遮。」會正云：「無染心也。」準彼文性好麤惡，故雖無婬心，作麤語，尋生悔心，故云犯蘭。會正無染心釋可然歟！又四分五七曰：「迦留提為性好麤惡語，佛言性好麤惡語，突吉羅。六羣亦爾。」

一一·四 麤惡語者　律三．二云：麤惡者，非梵行；婬欲意者，稱說二道好惡。若自求，若教他求，若問，若答，若解，若說，若教，若罵求者，律一一解之。又善見云：「麤惡者，非法語也。」

一一·五 律云　彼云：「求者，言與我二道，作如是如是事；若復作餘語。」已下往往有此語。

一一·一〇 消蘇著赤衣　本律調部云：時有比丘晨朝著衣持鉢，往白衣家，有女人消蘇形露，比丘見已語言，汝消蘇。彼言大德爾，我消蘇。比丘默然，疑，佛言說不了了，偷蘭遮。時有乞食比丘，晨朝著衣持鉢往白衣家，時有著赤衣女人形露，比丘見已，語言：汝著赤衣。彼答言大德我著赤衣，彼默然，疑，佛言偷蘭遮。通釋云：依律，消蘇、赤衣，乃是二緣也，今鈔合引之。消蘇者，飾宗記四云：「三藏攝注云葉薄，即是此方正目男女交會之事，極不遜語也，古來釋為麤惡戒。」

一一・一一 相領律結僧殘　善見一三・二：「若比丘以欲心方便欲樂此事，假說傍事；若女人解此語，突吉羅。若言欽婆羅毛長，或言短，或言赤，或言黑，突吉羅。一切因事而言，若女人解，突吉羅。若不解，無罪。」與今不同，不可依也。

一一・一六 義味俱解　通釋：或有輕口比丘，向女人言汝之器物亦齊於此，或黑於此等，或言汝曾受他大棒子耳等，彼解義味，亦可犯也。故對女切須慎口。又準律遣使遣書現相等，亦犯。律三云：「隨麤語多少，說而了了者，一一僧伽婆尸沙；不了了者，偷蘭遮；若與指印書遣使作相，令彼女人知者，僧伽婆尸沙；不知者，偷蘭遮。」

一二・四 亦同　律廣解云：若問若答者，汝大小便道如是，汝與夫主外人共通如是，若復作餘語。

一二・五 互向中　疏八・三四：「此律約緣，明比丘向女人說也。就後解中，若問若答，明知女說，染心相領，亦同犯也。」記云：「若答者，即云汝二道如是。」通釋：例上摩觸，女說比丘，縱女雖說默不答，理可非殘。今云同犯者，比丘染心相答故耳。若曾無染，縱女大說，汝何能得汙我乎！一向可無犯也。

一二・九 同誦　彼接云：「若戲笑語，若獨語，若疾疾語，若在夢中。」

一二・一九 修梵行　戒本云：「大妹！我修梵行，持戒精進修善法，可持是婬欲法供養我，如是供養第一最。」是也。

一三・二 擬通適　行宗八・三六：「雖不期婬，發言求索，故云婬門。通即是暢，適即訓悅。」

一三・六 大姓　律云：「我是剎帝利，長者居士，婆羅門種。」

一三・六 修善法　律云：「善法者，樂閒靜處，時到乞食，持三衣。」

一三・一三 唄嘆　說戒篇一一・二七：「若準律文，唄嘆如法；出要律儀云：如此鬱鞞國語，翻為止斷也；又云止息。由是外緣已止已斷，爾時寂靜，任為法事也。」

一三・一七 無犯　律具云：「不犯者，語女言此處妙尊最上，此比丘精進持戒修善法，汝等應以身口意業慈供養彼，諸女意謂自歎身；若受經誦經，若戲笑語，疾疾語，夢中語等。」

一三・一九 媒人戒　依戒本若為成婦事，若為私通，皆犯僧殘。媒，說文：「媒，謀也；謀合二姓。」又周禮注：「媒之言謀也，謀合異類，使和合也。」

一四・一 計度　行宗云：「計度謂量其可否。」

一四・一 好合　行宗云：「好字去呼。」謂善也，美也，並上聲。若去呼，則好愛義。

一四・三 六受語往還報　疏曰：「六受語，七往受，八還報犯。」準下結罪三階，疏之別開甚善。

一四・五 具一時者結突吉羅　疏言：「受語吉羅者，計應是蘭；僧殘方便而吉者，意不往說，對往輕也。」又云：「所言吉者，望為作使，非是威儀，故犯一吉；又傳情欲，更犯一吉；止為息心，故不行往。」行宗：「文明二吉，由此篇犯相，故心雙結；一者應懺，二則非儀；今情欲，即是應懺也。」

一四・七 病等　律云：「若癰，若癩，乾痟，顛狂，若痔病，若道有瘡，若有膿出不斷。」

一四・八 若媒人男　問：媒男子是教他婬，何不結蘭耶？答：為僧媒之，蘭；今為白衣，故吉。又為下三衆，吉。濟覽：為白衣吉等，此解恐非歟！教他罪所教通七衆，皆蘭故。今謂教婬與媒人，其相別故，例如無根與妄語；若媒男意欲令婬，義須有教他蘭；若但媒男，唯當犯吉。

一四・一六 道合　四分三〇：「二道合者，大小便不別。」濟緣：「一道，即大小同處也。」

一五・七 求好馬　僧祇七・一云：「有人多畜馬，而無好種生者，倩比丘語其家有生馬，為我求之，比丘為求得，蘭。」

一五・七 餘畜　僧祇七・二云：「和合男子及畜生，得越毗尼罪。」

一五・一二 伽論　二・二云：「胎中媒嫁，……自媒嫁蘭。」

一五・一二 自媒　鈔批云：「謂比丘自問女家欲求為婦也。」

一五・一七 無學射事　諸雜要行篇四〇・三三：「羅漢射事不中。」記云：「十誦：目連入村乞食，居士婦懷妊。問言是男是女耶？目連云是男，及生是女，遭謗問佛，佛言本是男胎，中轉為女故，目連見前不見後，非妄語也。」

一五・一九 現相　疏云：「僧祇云：作相者，當知見我著垢衣，持空鉢，坐卑牀。說賤語者，不得也，反上吉相。」行宗：「應云見我著淨衣，鉢持好食，坐高牀，說法語，即得相也。」

一六・六 自作書往　通釋：「此即自作書自持往，自持報也。若遣使持書往等，下別自出故。」

一六・一六 開和合　科文。善見制急也，彼一三・六云：「若父母鬭諍久，遣侍養，汝可向汝母語，還看我；比丘受如是使，語母還報父，悉僧殘。」

一六・一六 律不犯　疏八・四九：「十誦：遣婦作書，雖未唱令，和者犯蘭；出門者重。」準之，決今律文，即雖前離未告出其家者，理可結蘭。但不到果，故云不犯。即行宗云：「據輕重兩結，則知本律不犯，義同未唱；望非僧殘，故在開耳。」

一六・一九 前開本犯　離別還合，開果殘故。可見疏記卷八・四九頁。

一六・一九 後開因制　即指次科持書開，不相因制故；濟俗急緣，故開作使。行宗云：「持書中，明因制之意，以持書通使，未必為媒；因媒而制，故列開中。」

一七・三 看書持往　問：為三寶及比丘持書往必可看已持已？答：文制看不看可犯；又律中具云：「若為佛法為僧為塔，若為病比丘，看書持往，如是無犯。」

一七・六 惱神　疏八・五五：「多見二論云：樹神兒子，遊戲上下，遂斫兒臂，神大瞋怒，將欲加害；夜往佛所，聞偈得初果。」

一七・八 多論云　卷三，有四意，今鈔準取意耳。彼云：「一以為法久住故，二為止誹謗故，三不惱害衆生令信敬增長故，四為少欲知足行善法故。是舍私作無檀越主自乞自作，以多緣多事，惱亂在家人，故制令應量。」

一七・一五 迦葉入城　律中尊者迦葉從摩訶多國，將大比丘五百人，俱來至曠野城止宿。時至，著衣持鉢，入城乞食，諸居士遙見，便避入里巷，及入市肆，或自入舍，或低頭直去，不與比丘相見；迦葉便問一人言：諸居士何以如是？答言：佛聽諸比丘作私房舍，乞求繁多，如是故爾。迦葉聞已，悵然不樂，便詣佛所，白上因緣等。

一七・一五 斫伐神樹　律明曠野比丘欲作房故，自伐神樹。神作是念，我子孫多，以樹為依，而既截壞，我寧可打此比丘；復念先白世尊受所教耳，便往佛所，作禮白佛。佛讚歎言：善哉！乃能不打持戒比丘，若打獲罪無量；今恆河水邊，有一大樹，名曰婆羅，有神始命終，汝可往止，彼作禮而去。

一八・九 中下二蘭　準懺篇，十誦蘭分三品，初篇近方便上蘭，次方便及二篇近方便中蘭，二篇次方便下蘭也。

一八・一二　於中　彼云：「是房主比丘不捨戒，不死，不與；若有比丘，於此房中。」已下全同。

一九・一　是乞法量　善見：「作房內量長十二佛搩手，內廣七佛搩手；若房長六搩手，廣四搩手，作如是房者，無主亦不犯。」下記云：「善見長六廣四，始可乞法，則知減之不須，等之尚須乞。」

一九・二　搩字　疏云：「磔謂張磔，可從石，今有從手，從足，俗字耳。」

一九・二　張也　出五分第二音釋。

一九・三　若不滿六磔　善見三云：「若房長六磔手，廣四磔手，作如是房者，無主亦不犯；何以故？以非房故。」又首疏、礪疏俱六磔四磔已內非犯。若依此等文，六磔已內非犯，依記釋滿六磔結犯，可尋見焉。然戒疏有主房戒云：「如見云：長佛六磔手，廣四磔已上者，須處分。」今記依之歟！

一九・一〇　南北二國　業疏一五・四〇：「自晉南遷，迄於陳世，釋門義府，多師成實。」濟緣云：「初明南朝，古晉自宣帝至愍帝凡七帝，皆都中原。至元帝渡江南，始鎮建業（即今江陵），凡十一帝，自此分東西兩晉，自東晉及宋齊梁陳，并都江南，故云南遷等。」

通釋云：古晉者，西晉也，先明北朝。

二〇・一〇　元魏　東晉第九主孝武帝太元十一年，北魏起；通云元魏、後魏。今云撥亂者，指太武（第三主）時耳。太武太平真君七年，崔浩勸帝誅沙門毀經像故。若從別論者，後至孝文帝詔改姓元氏，因號國元魏，今宜從通論。

二〇・一三　姬即周姓　周西伯昌曰：文王三分天下，主於二分，九十七歲薨，仲子發生紂王三十三年，依天下望伐殷，紂王燔死，發乃即位，王天下，號之武王。武王后稷之後，姓姬氏，故國名姬周也。

二〇・一四　神堯　姓李諱淵，字淑德，西涼武昭王李暠後也，恭帝義寧元年仕隋，進唐王爵，同二年五月，恭帝侑，讓位於唐，六月李淵即位，改國號唐，改元武德，神堯皇帝，即第一世也。

二〇・一七　魏徵　字元成，唐太宗貞觀中為諫議大夫，同十六年九月為太子太師，尋被封鄭公，同十七年正月薨。

二〇・一七　周十寸為尺　資覽決：「以唐五斤為周一秤，以唐三升三合等為周一斗。所以然者，以十五斤為一秤，以十升為一斗，周唐無差，但周尺升其量小，唐斗尺其量大，故周十五斤當唐五斤，周一斗當唐三升三合三勺三撮三抄三圭三粟，故云等也。」通釋：準下秤斗上尺應云八寸餘為尺，然今寸尺，周自論之；斗秤周唐對論，不同可知。

二一・一〇　六尺為步　通釋：今既引證，則知孫子算經尺寸步量等，與周符合耳。又鉢器篇記引此算經云：「十粟為圭，十圭為抄，十抄為撮，十撮為勺，十勺為合，十合為升，十升為斗，十斗為斛，相因增法，示可準據。」

二一・一四　南吳　準資覽即三國中吳也，魏文帝第三年起，西晉武帝第十五年滅，凡四主五十年，此尺在法隆寺寶藏之。

二一・二〇　姚秦時政　問：何以知秦用周？答：如大唐三斗，非勇健士不勝持舉，非姚秦依姬周法，豈立三斗鉢量。又鉢器篇云：「此律姚秦時譯，彼國用姬周之斗。」即有文義二證。

二二・七　九代　鈔序一・一九：「震嶺傳教，九代聞之。」記云：「九代者，自後漢明帝佛法初傳，至於大唐祖師出世，凡歷九代：後漢、魏、晉、宋、齊、梁、陳、隋、唐。」

二三・一一　後昆　書經曰：「垂裕後昆。」

二三・一三　善見　一三・八，彼云：「作房內量。」

二三・一三　皆謂明內　簡正記：「見論第一三曰：謂從前後簷下

杜當中黑分內外，已外有三尺二尺，簷下為外，不在限也。謂取內為明內，戶限外為明外，此約明暗之明。」

二三·一三 僧祇　卷七：「作屋法有內外量，令縱橫量壁內也；屋高下量者，邊壁一丈二尺。」

二三·一九 重釋第四　科文。上尺量等判釋，自屬第四無防難緣，故今分別釋防難，故云重也，可見上科一八頁。上第四即不處分過量緣。今科中有三段：初防難，二處分，三過量。後二正第四緣，初一雖列緣不顯，亦兼屬第四明之，除第四外，無可屬故。

二三·一九 虎狼　注戒云：「虎狼獅子諸獸，下至蟻子。」

二三·五 石樹株杌　今所引全同注戒，律無杌字，又下文作若有陷溝坑陂池處，恐律文訛脫歟！

二三·一九 善見　考本文，田園下有道路處一種；又十二梲梯後，有草車迴轉一種。

二三·二〇 誌護處　彼接云：「如是一切防處，悉不得作，繞屋四周，使得迴，十二梲梯間拳一肘，若迴草車。」

二四·四 妨據礙他　通釋：「準十誦：大石流水。」樹沈坑等，亦通自妨礙歟！

二四·六 寒林　名義三云：「尸陀，正云尸多婆那，此翻寒林；其林幽邃而寒也。」僧祇云：「此林多死屍，人入寒畏也。」四分名恐畏林。

二四·一〇 所集不同　謂善見田園據礙於他，故入防處；四分收難，後有諍競故。若依此意，怨賊處，尸陀林，王護處，通入難處。次十誦中，後四正是四分難處，今約障礙故收妨處。又前五種，依四分意亦通攝難，他所護地，後有諍故，自違梵行；互取不同者，蓋所集不同而已。

二四·一三 所以爾者　徵意曰：上樹空山陰等，必須羯磨治地者何乎？若下釋通，若不制量，費功多故；又有妨難，損自他故。過量不乞，二過不異，故私僧通制。若依善見，如上窟等似非犯，彼云：「若疊磚作窟，壘石壘土壘木，若草屋，乃至過量不處分，亦不犯。」

二四·一九 列示兩過　指自他兩損也，行宗八·六二：「難處自損，妨處惱他。」或可若不依量，妄多費功，是過量過；若有妨難，則損自他，是不乞過也。

二五·一 此二句準戒疏　故知下二句也，疏八·六二：「僧私二地，須處分不者，皆須加法，以妨難是通；如明了論：樹空山巖石陰等，得行住坐臥，如作房舍所攝，若不爾者，自損惱他故也。」

二五·七 簡別　簡別房處如非，或可簡別指授人，文云可信者故。

二五·八 二法　據資覽云：「二法者，一僧法，二差使法也；彼第六標若僧若使故。初僧法中，亦有二：一僧往作羯磨，二僧往一人唱，鈔出後唱法，具出二法，即說文中，僧與處分法者，僧羯磨法也。開三說者，一人唱法也。次差使中，即由病等七緣，僧遣使唱也；乃至二人三人一比丘云者，縱有二三人，但一人唱也。」

二五·九 上二　資覽決注：往羯磨僧與處分法，是一法；僧往一人方開三說，是一法；故云上二耳。

二五·一五 四種人　資覽決：「僧祇第六云：若異界僧指授，若先年預指授，若水中非砂地非碎石地，非石上非被燒地；若僧中一人不作房者，二人三人不作房者，盡不應指授。」通釋云：此出四種非法段文也。又曰：「若比丘將諸比丘指授房處，非他界僧指授，非先年指授，不水中若砂地，若碎石地，若盤石上，若被燒地，非僧中一人不作房者，非僧中二人三人不作房者。」通釋云：此出如法段文也。按彼律不許生地，恐掘地等過故歟！今記但引非法段文，故注云反明非上水中，是下四地，方成指授，以非生地故，釋意可知。上第一注中，以乞造必在年內者，謂乞法造房，必可在其年內故，不許乞造越年也。

二六・一　據此約處　點第四一種耳，意曰上記四種人，即能指授比丘云云：今據第四唯簡所指授處，則約處收；然由不知法，妄指授，還屬簡人，則四種通約能指授也。

二六・九　若房未成　簡正：「若房未成，行客成者，謂一人自作有過量義，今行客為成者，即二人共成，人無一口房分，但有半口房分（以一房配二人），以小故不犯。」主人命客而令作，主殘客蘭；今主行客自以己才覺造作，故主無罪，簡正釋不合論本文，今記釋佳善，見意如是。彼云：「若作屋留一摶泥處，後當成，有緣事往不在，客比丘來往見不成，為成，彼此無罪。」

二六・九　一口　凡謂一家一房云一口，或云一戶。倭俗曰一軒是也。

二六・一一　四句　彼云：「何況長廣俱過量。」是即是二句，二非可知。

二六・一一　二俱易解　謂廣長俱過，犯殘易知；廣長俱減，不犯亦可知。

二六・二〇　問答　更問云：何房造作故互還成犯，衣貯畜故不結犯者？答：衣不犯者，非正量故，貪畜情過亦輕，故開。房戒不爾，雖非正量，損功不異，所以結犯。

二七・一　四分　卷三：「彼受教者，言如法作而過量，彼受教者犯。」又云：「即如修教者，不問如法作不，教者犯。」

二七・九　不犯　律三・一云：「如量作，減量作，僧處分作，無難處無妨處作，如法絣作。」

二七・九　多人　若依為僧二人三人當為多人，四人已上是僧衆故。祇云：「諸比丘者，若僧若多人，若一人等。」

二七・一五　王　優填王也。人訶者，疏八・七三：「問：既有主為辦，何須斫樹？答：為取下地，擬施基故；多人受用，被訶非一。」行宗：「尼拘律樹，多人往返，象馬車乘，止息其下等。」律云：「時優填王與尊者闡陀親友知識，語言，欲為汝作屋，何有好地，堪起房舍，任意作。報言大佳。爾時近拘睒彌國城有拘律神樹，多人往返，象馬車乘，止息其下，時闡陀往伐此樹，作大屋，時居士皆譏嫌。」通釋：「按律此時未制壞生，故闡陀自伐木；因此造房緣，亦制壞生戒。」

二八・二　此房　多論三云：「親友等者，彼作若隨親友若與白衣。」謂親友者，同法比丘，下有白衣故。

二八・四　僧不許　彼云：「衆僧不許，衆僧得罪。」今變語耳。而準記意四字作續，約不賣地，恐似違論，或有別據乎！

二八・一三　有無　或有妨無難，有難無妨等。

二八・一九　無根　律中：「佛在王舍城耆闍崛山，時尊者沓婆摩羅子得阿羅漢，在靜處思惟，心自念言，此身不牢固，我當以何方便求牢固法耶？我今宜可以力供養，分僧臥具、差次受請飲食耶？便詣佛所具白。時佛讚言：我弟子中，分僧臥具者，沓婆摩羅子為第一。時慈地比丘隨次至其家，彼檀越聞慈地來，施舍惡食，彼倍瞋恚，言沓婆有愛，隨所喜者與好房等，所不喜者如是得惡房惡食等，云何僧差有愛者為僧知事。時有妹慈地尼來而問訊，彼默不答。尼問曰：我有何過？答言：沓婆嬈我，而汝不能助我。尼言作何方便助？答：汝往佛僧會中，應如是言，我無本懼，今日生懼，云何水中生火，此沓婆來犯我，應和合作滅。尼隨教行，時佛取沓婆自言已，令僧詰問慈地，彼終依實發露，佛訶已，而制此戒。」

二八・二〇　知事　多論三：「陀驃舊住王舍城，瞻待客比丘故。」又云：「為滿本願，迦葉佛時，亦為衆僧作知臥具人，稱可僧意；爾時作願，願我將來，亦為衆僧作知臥具人。」

二九・一　重罪揀次篇　多論三云：「無根謗有四種：一以無根波羅夷法謗，得僧殘；二以無根僧殘謗，得波逸提；三以無根出佛血破僧謗，得偷蘭；四以無根波逸提謗，得突吉羅。」

二九・二 多論　三・二三：「護自行」三字，本文無之；「安樂修道」，彼作「安樂住，不妨讀經行道故」。

二九・一〇 互判　或云有別提罪，或云唯謗無妄語罪，並出善見。

二九・二〇 除下三衆　疏九・四云：「初是僧尼，簡下三衆，謗惱情微，不廢修行。又所犯名輕，能謗罪重故也。」疏有二意：惱微者，由本下位，非大損故。犯名輕重者，沙彌重犯，通結吉羅；謗吉獲殘，義非便故，行宗意也。

二九・二〇 二想心謂淨　礪疏三本云：「但大比丘不問淨穢，皆成謗罪，境雖通兩，想唯局淨，以不淨心，對於二境，或可成舉，或不成謗，故無不淨想。」飾宗記釋云：「或可成舉者，以不淨心雙對淨境，及不淨境，皆不成謗也。無不淨想者，謂要須作具戒淨想，始得謗罪也。今師所破，當於彼疏。」

三〇・六 戒本非波羅夷　文云：「非波羅夷比丘，以無根波羅夷法謗，欲壞彼清淨行。」

三〇・八 是今師引破　通釋：此律文通今古二師證。在疏，今師引破；在鈔，古師引證；但意各異也。古師意云：「若作淨想遮無根無餘作，不成遮，治其謗罪也。」今師意云：「不問心淨想不淨想，若遮無根無餘作，不成遮，治其謗罪也。」故知此文通古今二證，今且為古師證耳。凡不論體淨穢通犯者，古今無別，但古師心謂淨謗則犯者，謂不淨縱無根，亦不犯。若今師意，不論心作淨想不淨想，但無三根，通皆結犯。

三〇・一〇 而非所取　然依下五實之中，想實縱有三根，想心謂淨亦犯謗罪；縱謂不淨，無其三根亦犯。若爾，雖非所取，此二緣可並存耳。何者，今問云：若言不論心想淨穢，但無三根通犯；若爾，有三根縱作淨想無犯謗罪否？若云無者，違下想實，故知淨想亦犯。

三一・六 四三根　三根者，見聞疑也。準注戒及疏：見根者，直見他作婬盜殺，若他見從彼聞，亦名見根，見根不通妄。聞根者，親聞他作婬盜殺妄，若彼說，從彼聞是也。疑者有二種：一從見生者，見與婦女入林出林，無衣裸形，不淨汙身（婬也），捉刀血汙，惡人為伴（殺也）。二從聞生者，若在暗地，聞動牀聲，若共語等聲，若聞我犯非梵行聲，若聞我盜五錢已上聲，若聞我害人命聲，若聞我得上人法聲是也。見疑唯局婬殺，聞根聞疑乃通四重。問：聞我行非梵行聲等，即是聞根，何為疑根耶？答：按聞根從彼諦聞，疑根在旁彷佛聞，或隔壁聞，假實未決了也。

三一・七 十誦　五六・二三：「若比丘言我犯盜，是比丘以無根謗言汝犯殺妄語婬，得僧伽婆尸沙。」

三一・一五 慈地　注戒及善見等同此，現行本律但云慈地比丘尼，前戒亦爾。

三二・五 異趣　問：見羊作而云人作，即非瞋境實，何非無根？答：準僧祇，慈地初見羊行婬，彼為作字，言羝羊名沓婆，母羊名慈地尼，後詣僧中，即言我先親見沓婆與慈地尼共行婬，非如前無根，此則假異趣名字，故非無根。

三二・一六 提婆教人害佛　注戒云：「佛在彌尼樓國，度八釋子，詣瞻波國，並證增上地，唯提婆達得神足證，佛還羅閱祇，提婆教人害佛。」行宗云：「八釋子皆如來宗族，提婆是斛飯王子，佛之堂弟，餘人皆證增上地，即初果也。唯提婆為利養故，詣佛求學神通，佛不為說，復至舍利弗目連，乃至五百弟子皆不為說；阿難是親，未得他心，授與通法，提婆入山學得五通，教闍世殺父，語言我作新佛，汝作新王，豈不快耶？」疏九・三六：「智論云：我三十相，減佛無幾，弟子未集，若衆圍繞，與佛何異；思惟破僧，自稱作佛。」

三二・一六 便別衆食　謂九十中別衆食戒因，此緣制別衆食，即為破僧張本也。

三二・一七　立五法　一常乞食，二糞掃衣，三露地坐，四不食蘇鹽，五不食魚肉，上五皆盡形無開，故名五邪。

三二・一八　破法輪　疏九・三五又云：「調達唱說五法是，四依非。乃至地神天神唱告三千世界，禪誦不行。」

三二・一八　二同界各作衆法　疏九・三七云：「三就數明破者，羯磨下至同界八人，別行衆法，彼此不成。言法輪者，下至九人，所以須者。故調達邪佛，替正佛寶；所說五邪，替正法寶；三聞達等，替正僧寶；故能破五人。一佛四僧，所破唯四，故九成破。所以如來不入十數者，俱舍云：破在別處，不得親對世尊，一以如來不可輕逼，二以言教最可信受，故雜心云：大師在衆中，彼無威光故。」通釋曰：準下初於王舍城說五法，五百年少皆忍，彼至伽耶山羯磨說戒破衆法，即別處究竟也。

三二・一九　三諫　先屏處諫云：「大德莫壞和合僧，應與僧和合不諍，如乳水合，於佛法中，有增益安樂住。」如是若比丘尼優婆塞若王大臣等應求宜捨，若不捨方須僧諫，即白四法；初白竟，應求宜捨；若不捨，一羯磨竟云：已作白及羯磨竟，有餘二羯磨在，莫令僧更作羯摩犯重罪；第二第三羯磨，一一如是，若不捨，三羯磨竟，僧伽婆尸沙。

三三・一八　直略　直謂不涉歧路也，略謂刪除繁廣也。

三四・五　五法　多論三云：「問曰：此五法佛常自讚歎，何故名為非法？答曰：佛所以讚歎者，云四聖種，能得八聖道，成沙門四果。今調達倒說云：八聖道趣向泥洹，反更遲難，修行五法，以求解脫，具道速，是說為非法。」

三四・五　四伴　十誦四云：「一俱伽梨，二騫陀陀驃，三迦留羅提舍，四聞達多。」善見一三云：「拘迦利迦，吒無迦利，騫陀毗耶子，婆勿陀達多。」今所列名，出四分卷四。

三四・九　示罪中　若依善見一三：初白竟吉，第一羯磨竟蘭，第二羯磨竟亦蘭，第三羯磨竟殘。白已前違屏諫一切吉羅。

三四・一一　拒屏諫　通釋：此釋恐非，律違屏諫並吉故，五諫皆爾，今言違別人諫提者，是指單提中不受諫戒耳。濟覽：屏諫即別人，故非相違。行宗九・五九：「別人即屏諫。」

三四・一六　不犯中　疏九・六七：「破惡友下，以前立邪，欲毀正故。今以正法破邪非法事緣，皆不犯也。」行宗：「事緣即僧塔和尚等作損減也。」

三五・一　反諫正僧　即戒本云：「是比丘語彼比丘言：大德莫諫此比丘，此比丘是法語律語比丘，是比丘所說，我等喜樂，我等忍可。」

三五・八　汙家　通釋：汙家是驅擯本緣，謗僧是今戒正緣也。謂因汙家故作擯，因擯故謗，因謗故設諫，違諫故制今戒。若論罪體，汙家及謗僧並吉，違三諫故殘；若論惡行，則隨所犯。

三五・一四　善見　檢彼無文，正出僧祇九：時六羣比丘聞尊者阿難與六十人俱眷屬而來，為我作驅出羯磨，即生恐怖，時三文陀達多、磨醯沙達多走到王道聚落，長老闡陀、迦留陀夷，便一由旬迎尊者阿難，即懺悔云：長老我所作非善，犯諸過惡，從今已去，不敢復作，爾時衆僧聽其懺悔。阿難前到聚落，彼二人已懺悔，二人已走，餘有殘住者，為驅出羯磨。

三五・一五　二人遠去　行宗一〇・二二云：「二人逃走，即三聞達及磨醯沙，走入王宮迴避。二人改過，即迦留陀夷及闡陀。二人現在，即阿溼卑與富那婆蹉。」

三五・一六　故謗也　如戒本云：「大德！諸比丘有愛有恚有怖有癡，有如是同罪比丘，有驅者有不驅者。」疏一〇・一云：「由前擯時，六人同犯，二人逃走身不現前，

不得治擯，相似有怖。二人逆路，改過伏從，無過可
治，相似有愛。二人現在，非走非懺，僧作法擯，相
似有恚。依法舉治，何癡之有，若不諫喻，無由自
曉；是故諫彼，表內無瑕。」

三七・一　不名汙家　通釋：今依前後文釋汙家有二義：一餉遺以汙他清淨平等善心，令不平等，上四分及下多論意。二造種種惡業令他信敬心退失，亦下多論意，準之凡作惡自感惡果，是惡行，若因之壞他信心，亦名汙家。若他不知，或雖知不壞信行，但名惡行。記約自他兩損分之，即此意也。依之，僧祇婬酒非時食等，若由此令彼信心退滅，亦可名汙家耳。

三七・一七　失他前人　謂先白衣有平等信，則一切賢善沙門為彼之深厚福田；今由汙家壞彼好心，是則令他前人失深厚福田也。

三八・四　乃至四事　乃至者，論文具云：「以少物贈遺白衣。縱使起七寶塔種種莊嚴，不如靜坐清淨持戒，即是供養如來真實法身。若以少物贈遺白衣，正使得立精舍猶如祇桓，不如靜坐持戒，即是清淨供養三寶。若以少物贈遺白衣，縱使四事供滿閻浮提一切聖衆，不如靜坐清淨持戒，即清淨供養一切聖衆。」

三八・一一　消息　祖庭事苑二云：「消，盡也；息，生也；謂可加則加，可減則減。」濟緣一七・四八：「消息，猶言詳度也。」易豐卦彖云：「天地盈虧，與時消息。」消息，謂進退。

三八・一八　華果樹　彼接云：「復教人種，供養佛法僧。」自取花三字，本文無之，恐脫乎！

三八・一八　乃至　彼云：「教人取花供養佛法僧，自造華鬘，教人造供養佛法僧，自以線貫花供養佛法僧，自持華教人持華供養佛法僧，自以線貫華鬘。」已下同。

三九・一一　惡性拒僧　戒緣中，行宗一〇・九云：「闡陀即車匿，本王宮侍人，為佛控馬踰城入山，最先親侍，故常以此自負。」疏云：「闡陀，內實無德，聞諫不受，反傍勝人，恃己陵物。便言佛是我家佛，因釋種故；法是我家法，因佛說故；汝今依我釋種佛法出家，我是佛法根本，正應教諸大德，何用大德教我。……有德相誨，為除迷結，是以須諫。」善見一三云：「我與勒陟將佛入山學道，不見諸長老一人侍從佛者，佛得道已，而轉法輪，是故佛是我家佛，法亦是我家法，是故我應教諸長老，長老不應反教我。」

三九・一六　反云　彼云：「諸大德止莫有所說，何用教人為。」

三九・一九　自觀身　今戒本云：「諸比丘如法諫已，不受諫語，言諸大德，莫向我說若好若惡，我亦不向諸大德說若好若惡。」

三九・二〇　略教　「不違戾他事，不觀作不作，但自觀身行，若正若不正。」

四〇・一　今戒文展轉相教　戒本云：「彼比丘諫是比丘言：大德！自身當受諫語，大德如法諫諸比丘，諸比丘亦當如法諫大德，如是佛弟子衆，得增益，展轉相諫，展轉相教懺悔。」

四〇・一〇　五為現法樂　鈔批：「慈云：即人貪坐禪誦經等，隨心所樂者便止。賓云：通相為言，為得聖道名現法樂；若別相說，根本靜慮，為現法樂住也，謂入禪定有樂也。如佛初成道受解脫樂等也。」

四一・二　若其事實爾　疏云：「若其事如是者，謂同戒本，道德勝緣，非可妄諫。」簡正：「其事實爾者，大德云：此中爾者，訓是也；自己所作之事實是不違教文，前人謬諫於我，不受無犯。」礪疏：「實為己所行，是無其情過也。」

四一・八　上總戒分　篇聚篇一四・三二：「其二不定法，託境以言，通該六聚；若論罪體，生疑不信，是突吉羅。」記云：「六聚者，戒本三罪二罪；謂婬觸語歎屏露二坐，蘭吉即方便，提舍如蘭若受食。……所以篇列

第三者，既通六篇，上收戒分，下攝威儀，文義便故。……此戒罪體，但取生疑，犯突吉羅。文言應一一治，自依篇聚耳。」

四一·一二 三為 彼接云：「比丘出家，迹絕俗穢，為人天所宗；以道化物，而與女人屏處，私曲鄙碎，上違聖意，下失人天宗同信敬。」

四一·一三 四為 又接云：「初既屏處，漸深纏綿，無所不至，是以防之。」

四一·一七 優婆夷 注戒云：「先俗友婦齋優婆私，形並端正，各有繫意，時到詣彼，共屏覆坐，說非法語。」

四一·一七 毗舍佉母 疏一〇·二七：「見云：毗舍佉母有十男十女，各有二十兒孫，合四百二十人，國中稱之婚法準則。」多論卷四問：毗舍佉母聰明德重人，知比丘與女屏坐，何故往？答：是人既入道跡，深樂佛法，佛常自說聽法有五利云云，欲聞法故，不為嫌疑往云云。律中毗舍佉母，有小緣事，往彼聞語聲作念，或能說法，即倚壁聞，但說非法語，看與坐非法處，便念比丘法不可如是，若夫主見，應訶罵生不信，疾往白佛，因訶而制。

四二·四 四分女人 即戒本廣解文：若比丘共女人在屏處覆處障處可作婬處坐，說非法語云云，今牒釋之也。疏一〇·二八：「初云見屏，中無隔障，但為緣（霧或暗等）來，兩不相見也。二言聞屏，目兩見在，但不聞聲故。覆障二處，約緣相為言；屏處一種，約見聞根辨。」通釋：「若無覆障，縱有見聞二處，還屬露處不定歟！次戒露處，律文但約無牆壁等釋，故律云露處者，無牆壁，若樹木，無籬障及餘物障。律文不約覆釋，於屏覆障三中，但簡障處，不除屏覆二處故；準之有覆無障，却屬露處；有障無覆，亦屬屏處戒歟！」又九〇中屏處辨相云：「屏處者，若樹牆壁籬柵，若物及餘物障也。」露坐戒云：「露地者，謂在見聞屏處。」依此等文，今屏處戒必具障處，餘具闕不定；後露處戒，但無障物，餘有壅也。又十誦律屏處戒辨相云：「屏處者，是處有壁有籬席障，薄衣縵障，如是等種種餘障，是名屏處。」又露處辨相云：「露地處者，無壁障乃至衣縵障，是名露地。」依此唯約障隔有無，分屏露二處耳。然下與尼坐戒記云：「煙塵闇黑名見屏；常語不聞名聞屏；據此以論，未必覆障。」又僧祇九：「屏露者，若闇處，若覆障處。」準之，若黑暗等地，可作婬處，縱無障隔，亦屏處所攝耳。

四二·一五 出家 下「是女人也」四字，本文無之；彼接云：「屏露者，若闇處，覆障處。可婬處者，男女共事。無可差處者，一男一女，更無餘人。」已下同。

四三·九 前唯說婬 據律文也，前戒本云：「在屏覆障處，可作婬處坐，說非法語。」廣解云：「說非法語者，說婬欲法。」後戒本云：「在露現處，不可作婬處坐，作麤惡語」等，廣解云：「麤惡語者，說婬欲法，讚歎二道好惡。」

會本卷二十 鈔中二之二 隨戒釋相篇之餘 三十捨墮中自初戒至十五戒

一·七 初戒 依律，凡經兩制，初佛制三衣，不開畜長，六羣畜長，或起衣，或中時衣，或餔時衣，常經營莊嚴，如是衣藏舉，諸比丘見問已白佛，因一向制斷。後阿難得一貴價糞掃衣，欲以奉迦葉，迦葉不在，恐若經宿犯長，白佛；佛問迦葉何時當還？答曰：却後十日。佛集僧讚歎少欲頭陀，語言自今已後，聽畜長衣齊十日，若過者犯此戒云云。若依善見一四：欲奉長老舍利弗云云。濟覽：據律，初六羣緣，無十日乃說一・七　淨開，至阿難緣，方開十日乃說淨。多論四云：「本是豪族，先在家時，愛著瓔珞種種服飾，雖樂法出家，以本習故，樂好衣鉢，又世世已來常多欲，是以今故聚積。」

一・一一　六羣　戒疏一〇・六三：「六羣比丘者，以本六人同共朋遊，即以為號。」多論四云：一難陀，二跋難陀，三迦留陀夷，四闡那，五馬師，六滿宿。六人「俱是豪族，共相影響，相與為友，宣通佛教」。

濟貧苦　如菩薩戒經序云：「戒如摩尼珠，雨物濟貧窮。」

一・一六　百一外為長　問：百一供身，比丘得畜長衣耶？答：得。資覽云：首疏七云：「一解制意者，良由衆生根性不同，強弱不等，致令大聖方便開遮，若知是人報力增上，堪耐寒苦，制畜三衣，不聽畜長。二者報非增上，制畜三衣，力合不堪，非長道之緣，故開百一，記識受持，不須說淨。第三人者，根力次弱，百一物外，聽隨施受，說淨畜之。第四人根力最弱，要假重物，方能濟身，進業有益，故聖開畜被褥車轝，及爾重物。第五人者，須七寶房舍，故涅槃、分別功德經云，天須菩提等。」戒本加糞掃衣為六種也。多論：「若百一物外，作衣不作衣，一切說淨。」大鈔記云：「百一有二：一中根百一，（都不畜長，不說淨者是也。）二畜長百一。（諸物百一受持助身，餘說淨。）」

二・八　無長可防　意云畜長制淨者，為有犯長可防也；三衣不爾，佛制受畜，故無犯長罪可防，故加受法，則失本淨。多論衣量有三品，中三衣長五肘，廣三肘。

二・一八　類準　多云：「極長六肘，廣三肘半；若極下，長四肘，廣二肘半。」今文出中品量也。

三・三　絣　音崩，以繩直物。

三・八　一日所成　問：一日所成，長衣體何也？答：二衣篇記三一・一二：「長衣一日成，若據通論，但受受持之外，俱名為長。今此且對受持，欲明小衣是餘小物，故約一日可成；非謂不通大小。」以可知矣。

三・一四　二雖知　戒疏一〇・六三：「二雖是長，若有迷忘，或未知屬己，亦無長罪；所以須知屬己已定。」三是應量財等，同今鈔，今斷屬乎第一緣，科中甚過矣，可附次科。

三・一六　過十日　律六・三：「時阿難從人得一貴價糞掃衣，欲以上迦葉，迦葉不在，以故白佛，佛言迦葉何時當還，阿難言却後十日當還，佛言自今已去，聽畜長衣，齊十日。」

四・二〇　未分　彼接云：「不犯；若分得已，應作淨，不作淨過十日者，尼薩耆波夜提。」已下往往有此語。

四・二〇　病人囑授物　資覽云：依本文意，時有施主，請僧與衣，中有病比丘，不能自去，囑授他言，為我取來，彼未與也；非亡人囑授例也。

五・二　不犯捨　彼接云：「為三寶求物，雖久不犯。」

五・四　此是共活人　下段多人共分物也，前句者，上文云「若二人共物未分」者是也。問：上既云未分，今文云已分，犯不自分，何須和會？答：未分已分，在文雖異，於義無別，故特和會；謂上二人物別屬已定，復同已分。今約各自故云未分，下約別屬，而云已分；若依各自還同未分，多人共分，別不分故重。意云下段已分者，約僧別已分，若於多人共分中論，未各自分，全同上二人共物未分，然上約不共活，故開不犯；下約共活，雖未文分，體通彼此，皆同已分，故不作犯。

五・一三　五事　一五人受具，二著重革屣，三數數洗浴，四敷糯羊皮，五長衣入手等。

五・一七　且如此土　二衣篇三一・一八：「而邊僧既多，用本開法，律結正罪；必無僧可得，準用無過。」記云：「而下，決開制。初五兩開，僧多還制，餘三永開。」

六・二 明了論　彼云：「善解四得五種類，釋曰：有物眼所至得，非身所至得，入算數；有物身所至得，非眼所至得，入算數；有物非二所至得，入算數；有物眼身所至得，不入算數；若人不許受；是名五種至得。」通釋：「本文有五句，今鈔略第三句，疏文具引五句。但初四安一二言，至第五句略標數言，今記並行宗但約四句釋之，恐違本文。彼云五種至得故。鈔衣酥者，問：長藥成犯，必局加法，口受之法，必先手受，今非身得，如何成加？答：鈔批云：言衣酥者，景云準了論酥遙加法，過七日即犯長也。又大鈔記云：了論意作屬己意成加法故過日犯長也。此等諸釋，部別異歟！」

六・三 非眼至得　此下彼有物眼身至得入算數之句。

六・一四 帽襪　彙云：「帽，頭衣也。」通釋云：本朝（日本）頭巾，正入非衣，或如領覆，是應量衣財，在說限歟！襪，彙：腳衣云云，本朝（日本）足袋（短襪），腳半等，此類也，即非說限。省案：如領覆亦非說限乎！鈔子注唯言非服用，帽襪之屬，而不揀應量不應量故。若言領卷應量故可說淨者，頭巾亦可淨，雖不應量，捨懺一故。

六・一六 八門不染　每門有十段，初門約不得明不染，初段唯一句，十日皆得故。第二段有九句，九日得，一日不得；次第膞除，故有九句；第三門八句，八日得，二日不得故；第四段七句，七日得，三日不得故；第五段六句，六日得，四日不得故；第六段五句，五日得，五日不得故；乃至第十段唯一句，一日得，九日不得故。自餘七門準此，是中一句者，如第一段一日得，二日得，乃至十日得，是為一句。如第二段初句，一日得，二日不得，三日得，乃至十日得，是名一句，可見律名句下。

七・七 作句　謂一日得衣，二日得衣不淨施，三日得衣淨施，四日得衣不淨施，乃至十日得衣不淨施，至十一日明相出，九日中所得衣，盡尼薩耆。又一日得衣，二日得衣不遺與人，三日得衣遺與人，四日得衣不遺與人，乃至十日得衣不遺與人，至十一日明相出，九日中所得衣，盡尼薩耆。

七・七 如別　行宗記中亦云，廣如鈔中。

七・一三 昔以財去　礪疏（四本）云：「次染用犯者，文言不捨，更貿餘長，後得衣犯捨墮者，此謂使人貿得，或自五衆邊貿，不犯販賣，此是淨財，理合說淨，由前畜心相續不斷，故染使犯長，故曰一尼薩耆，非謂染販賣財也。言吉羅者，謂用不淨財，故著不淨衣，隨著多少，一一結罪，脫即無罪。」今師所破，正當此流。

八・六 律云　六云：「若作淨施，若遺與人，若持作三衣，……若數數著壞者，盡突吉羅。」

八・一三 若賊奪　已下諸文牒釋律不犯文也，本文曰：「若賊奪想，若失想，若燒想，若漂想，不作淨施，不遺與人，不犯。若奪衣，失衣，燒衣，漂衣取著，若他與作被，不犯；若彼受付屬衣者」等如下引。

九・四 取著　律文云：「若奪衣，失衣取著」云云。然今二段分釋，依此上奪衣失衣等，約長衣體；今注奪衣等約受持衣，則不可與上一連讀爾。

九・八 善見　一四云：「白衣見比丘遭賊裸身，持白衣與，或與五大色衣，得著無罪。」

九・八 僧祇　彼云：「若比丘共賈客者道行，賊逐來不得避，隨索與之。……若是賈客語比丘曰：我借汝此衣著，到前住處還我，莫令損減，是比丘應取是衣，攝縷在內簪縫，令縷不現，作淨受持，到住處應還。」

九・一六 為開暫時　問：為約犯長衣將約五大色耶？答：此言犯長之衣耳，五大色衣，體相不如，理局暫開。

一〇・一 十誦　五九云：「問：一比丘得在僧房應取臥具

不？答：應取。問：二比丘在僧房應取臥具不？答：應取。三比丘亦爾。若四比丘應唱分之。」

一〇·六　律云　本文云：「彼受付囑衣者，若命終遠出去，若休道，若為賊強將去，若為惡獸所害，若為水漂溺，如此不作淨施，不遣與人，不犯。」

一〇·一二　親厚　本律六·六，親厚，彼云親友比丘。

一二·三　初明染礙　業疏八·三九：「若單士女，即非村攝，但是染情之障礙耳；故文云村者，男女所居也。」記釋曰：「單士女者，謂無住處；或雖有處，村相不成；並歸染情兩礙。」準之，染礙者，同界有女是也；村界者，別有村院是也；二相全別，今鈔明染礙何引村界文耶？答：為明相染之相，且引除村緣起之文也。準業疏結界篇：「律中：初不除村，後為緣起方除村（村外界），有女通成染礙否？答：不爾。」業疏云：「以義而推，無男有女，是為染礙。」

一二·六　若取衣持　意曰若於同界隔身置衣，女來衣處，若比丘欲用衣，往女所而取衣持，恐壞梵行，故須早隨身，此中意也。

一二·一六　僧祇　彼云：「若是中梯橙道通者不犯。」又云：「戶鉤在比丘邊不犯。」

一二·一八　彼無勢分　通釋：縱依四分隔塞不得入，正是礙塞，豈開勢分；故下文云：「必界內有上三礙，不得外護。」但約護衣云也。若依秉法，惟以攝僧稱作法界；攝衣界等，廢置不論。

一二·二〇　僧祇　彼云：「兄弟二人共一家，於家中別作分齊，若兄不聽弟入，弟不聽兄入；若比丘在兄分齊內，衣在弟分齊內。……」等（謂不得離宿）。

一三·一〇　五分　卷四：「異界者，僧不羯磨，作不失衣界，雖作而於中不得自在往反。」

一三·一八　有十一種　今文具明十五種，前十一本宗自出，後四出外部。

一三·一八　僧伽藍　慧琳音義云：「僧伽藍，此言訛，正言僧伽羅摩，此云衆園。」僧史略上云：「謂衆人所居，在乎園圃生殖之所，佛弟子即生殖道芽聖果也。」

一三·一九　垣牆柵籬　爾雅云：「牆，謂之墉。」垣，彙云：「卑曰垣，高曰墉，柴垣曰籬，木垣曰柵。」

一四·一〇　僧祇　第九，取意。疑是十誦，彼第五，明同別界故。

一四·一六　加趺坐　婆沙曰：「是相圓滿，安坐義也。」以兩足趺加，致兩胜如龍盤結。大日經供養法疏云：「跏趺坐者，凡坐法聖善寺三藏和尚邊而授，左足先著右胜上，右足次著左胜上，名為蓮華座。」又玄贊云云，如頭陀篇，常期端坐，下頭書出之。

一四·二〇　日正中　通釋：此約中國夏至日說，如日本夏至，尚影轉北。東西可準，南北難依。

一六·六　十誦行車　鈔批：「但車車相望，牛杖相及，名為一界；不限多少，縱人衣互隔千車，但中間無難，皆名衣界。」簡正：「又須知是一家車，若張王等異主，即不可雷同。」

一六·八　僧祇載船　簡正：「準祇第八云：比丘與外道同船，別有住處，外道住處堅牢，持衣寄彼宿，外道聽自在往反者，不會不犯，謂情不礙。」

一六·八　多住處　僧祇九取要，多住處下，彼接云：「若比丘住處，若外道住處，比丘住處不牢密故，持衣寄外道住處，日光未滅去，至明相出時還，尼薩耆。若外道聽自在置衣物者，不犯。」

一六·一五　村外別舍　簡正：「若在村者，即村強舍弱，沒名何顯，故謂村外。」

一六·一七　庫倉　四分：「庫者，儲積藏諸車乘輦與販賣之物；倉者，儲積米穀。」

一六·一七　明內　簡正：「明內則壁內也。」

一七·八　薩婆多論　通釋：多論四句，依記及舊鈔等解釋，未得消文；何者，若約聚護一亦得，何第一句強云二聚乎？若依家護，二三不分，俱從家故。今按此之四句，非強約護衣而言，祇約家村兩相名義分別。謂一是聚者，雖是聚落之義，今且約倚集之義也。謂二村相倚聚，故是名聚，初句約二聚落者是也。若單一村，非是聚義，第二是家非聚之句是也。三四句易知。又解一聚一家等，無別所濫；今欲異界，相對明耳。

一七・九 一是聚非家　鈔批：「二個聚中，各有一家，今則依聚得護衣也，不須依家，沒却家名，但得依聚，故曰是聚非家也。」

一七・九 二是家非聚　又云：「立謂唯有一聚，無別聚相形，但名家也。夫以聚者，要有二聚相形待，故得名聚。今此則依家護衣，由聚既大，中有兩張王等家，恐有情染礙等。」

一七・一〇 三亦具二界　第三雙句中，準論文云：「若聚落有衆多家，身在箭射所及處，衣在家中，失衣，以家界別故；若在家界外，不失衣。」依此觀雙句，若在家中，依家界護之；若在家界外聚界中，依聚界護之，故成亦聚句歟！然依此義，第二句亦具雙義；若爾，但約相且分句耳，未必約護言別界者等。論本文云：「聚落有一界，亦有別界；相接聚落，是名一界；不相接聚落，是名別界。」「不相接聚落者，鷄飛所及處，分別男女處，慚愧人大小行處。若聚落正有一家，置衣在箭射所及處臥至明相，舉不失衣」云云，是別聚界相也。

一七・一九 相及　通釋：以四梯四向到著四聚，成一界；若或離不相及者失衣，唯以有一梯，非四聚皆通也。

一九・三 若在　彼云：「衣在一族，人在異族，則失衣。」

一九・八 明相出　此三字本文無之，鈔主義加。簡正：「彼律既通夜護衣鈔文何故言明相出，衣離頭犯？答：古今諸記，皆云雖取他部文，限約還依四分，是以依本限約，加明相之語。」

一九・一五 一主不犯　問：歌舞戲偈，正是情礙；豈論同異主乎？答：若約正戲時，一切非衣界，今約停住時耳。

一九・一六 此謂情礙　此住通外道舍，及遊行營處，異見異主為情礙；若同見及一主，彼此通護，故非情礙。

二〇・七 村局四相　謂村局四種院相已內，聚通鷄飛不及等三相，謂聚外尚謂界分齊。

二〇・七 村聚不別　即男女所居，俱名村聚故。

二〇・八 村唯一相　本律唯出院相，周匝一相故。

二〇・八 聚通多處　即上諸文出多相故，謂二聚，四聚，家界，族界，外道舍，重舍等多處也。

二〇・一一 事用有別　說院相有無，是事別也；人住、儲畜，即是用別。

二〇・一二 堂　爾雅：「古者為堂自半以前虛之，謂之堂；半已後實之為室。」

二〇・一三 敞露　謂內空豁，非無障壁，下明相攝中云：「堂庫四堂收攝，本障是強。」

二〇・一五 弓長四肘　律云：「遮摩梨國作弓法，長中肘四肘。」

二一・一 明了論　彼云：「善解三衣六憐愍釋云：律中佛許六種不離三衣利益：一僧和合同許羯磨所作，二依地所作，三不離處作，四垣牆所作，五露地所作，六住處時節所作。」今文此第六中之文。

二二・一〇 量伽藍高處　簡正：「了疏正：言轉車方便者，伽藍若以塹為相者，其塹必有大小淺深，若廣而淺，量廣為量；若狹而深，取深為量。若籬牆為相，取最高處量之，若四向總低淺，即隨界邊有樹等，取極高者。」

二三・一 僧祇　彼九下云：如陸道地道，兩邊各廿五肘，水中亦爾。

二三・七 窨窖　說文：「窨，地室；窖，地藏也。」

二四・三 彼釋盜戒　此見論釋律盜戒處文也，助蒙反云有難蘭若文者，非也。

二四・六　疏有三釋　初釋意，譬如屋中光影，無牆壁則內外通照，若有不能通外，法如牆壁。次意，物同類則易通，譬如水相阻隔，船於水能通，向陸不能；車反之；今衣勢分亦爾，自然作法異，則不互相通也。

二四・九　僧祇　九云：「聚落界者，若比丘著下衣入聚落，有女人語比丘言，我今欲供養形像作福德，比丘當助我料理之。至日沒時，比丘報主人云：日暮還精舍，是主人慇懃留比丘宿，若彼住處，諸比丘有長衣者，應暫借受持。」已下大同。

（卷一一・一五—一六頁）

二四・一二　梁連界內　問：於同界中，水陸道斷，門屋阻障等，正是隔礙，若界外道斷，是攝界礙，異界隔故，是以上文云三礙通諸界有，是顯非同界；若爾，雖至梁下入勢分，既隔礙不得至衣處，豈非失衣，然今開者，請為通之！答：今開者，約得入者，故下云應踰牆入是也。若高嶮周牆不得入，實乃隔礙，故下文云若不得入當捨衣是也。更答云：上引四分文云僧伽藍界者，在伽藍邊中人，若用磚石擲所及處，是名界云云。僧伽藍是已有四相而開勢分，則其可得入者，非隔礙可知，村界亦爾。

二四・一三　毒蟲　彼云：「脫有蛇蝮，應先以杖驚之。」

二四・一四　人疑　彼云：「應作相令內人識，莫令內人疑是賊。」

二五・五　文云　彼云：「若比丘置衣在僧伽藍內。」已下大同。

二六・一八　律明無緣　通釋：律文戒本云：「若比丘衣已竟，迦絺那衣已出，三衣中離二衣異處宿，除僧羯磨，尼薩耆波逸提。」準此下七緣中律本正明，第二中有緣乞得，共作迦絺那衣。然辨相中，若捉衣，若捨衣之文，當第一別人作法。又第五王路隔塞等，見於不犯中。餘緣雖亦本宗出，不出今戒中，故記曰：「通括諸開，於此廣示。」然今記云止約迦提者，是約五利通開也，非約今戒本。下背請、別衆食、不囑入聚中，皆除時因緣，出衣時，即迦提一月五月是也。長衣離衣中，文缺出衣時，故鈔記示亦具也。

二七・一　三衣重者　問：三衣中留大衣耶？答：不爾，戒疏一一・二七：「三離多少相，此中唯是大衣。五分云：得留中衣，上下不得留。有賊難處，隨留好者。十誦多論，留一義同。」行宗記云：「此中大衣，即是本律如注緣起，五分……得下，定體。上即大衣，為入衆生善；下即五條，謂不許單著；故二不得留，有下，明難則無所拘；下指二文，同故不引。」

二七・八　多論　彼云：「七十已上，名為老。」

二七・九　作三十　疏一一・二七：「多論七十已上名為老者。」行宗云：「論中正作七十，有本作三十者誤也。」所覽不同歟！

二七・一五　通有無　問：第七，五分僧塔亦通有無，今何不云？答：蘭若有法，律分明說之。五分僧塔，文不明捨法故。然於行事，通須用之。

二七・一八　有人　蘭若離衣戒鈔云：「四分初緣，因蘭若賊，置衣村內，不制日限，後開有緣，更離六夜，而緣不明，古師妄執。」

二九・六　義判有三　今更義判分為二，即勤慢二人；初明慢惰失法得罪。二若下，明勤護不犯，二：初明法在無罪文為二，如記分釋；前下，二明失法無罪，釋文如記。

二九・一一　不知望斷　不知，謂不知衣在無；望斷，為事所隔，會衣希望亦即斷絕。或曰不知望斷，俱當第三，即為一種。故上文鈔二八頁云：「或望斷故失衣。」記釋云：「望斷失者，由遭隔塞，不知衣之在無，意謂失故。」此今不知之釋，與上望斷全同也。或曰不知第三，望斷第二也，謂不知在否，故第三失，不疑有衣，但不得會，即望斷也；不作失相，故有受法。

三〇・九　寄人間　律云：「寄親友比丘已，人間遊行。」注戒云：「寄人遊行。」

三〇・一一　此戒是但三衣　問：六羣是但三衣人耶？答：準長衣戒，畜種種衣云云；加之飾宗記中：「舉尊者去六羣非上行效，待足而起過也。」則知畜長人也，妄濫託而興制也。

三一・七　此律　六云：「若十日中同衣足者，應裁製，若線絣，若縫，作淨施，若遣與人。」

三一・一三　文云　彼云：「若同不足，至十一日同衣足，即十一日應裁縫作衣，若線絣，若不裁割縫作衣，若不線絣，若不淨施，若不遣與人，至十二日明相出，盡尼薩耆波逸提。」

三一・二〇　不犯　律六：「若十日內同衣足，若十一日同衣足，若至三十日若足不足，應裁割，乃至遣與人不犯。」又云：「奪失燒等想，不裁割乃至遣與人，不犯；乃至受寄比丘命終或遠行等，不犯。」

三二・二　蓮華色尼　多論五・一：「此尼端正如優鉢羅花色，過去世作婬女，形貌不豐，辦食以優鉢羅花覆上奉辟支佛，發願世世作端正女，得沙門功能，故今世得漏盡。」

三二・二　比丘　五分：「跋難陀語蓮花色言：可示我衣，即以示之，跋難陀見生貪著，即欲索之；蓮華色言：此不可得，何以故？女人薄德應畜五衣。跋難陀云：如人以象馬布施，不與鞍轡，汝亦如是，云何種種餚饍供養，惜此一衣，而不見與，如是無數方便苦索；遂不獲已，便持與之。」省按異四分緣。

三二・四　簡下二衆　多論五：「若從式叉摩尼、沙彌尼取衣，與比丘尼同犯。」五分式叉摩那吉羅云云，本律無文。

三二・五　七世　行宗一一・四〇：「己身為一世，上取四世，一父，二禰祖，（禰，始也。）三曾祖，（曾，重也。）四高祖，（高謂最在上也。）下取兒孫二世，共為七世。」善見伯叔等，即二親各出六親也，自出下，不犯。

三二・六　同氣　呂氏春秋曰：「父母之於子也，子之於父母也，一體而分形，同血氣而異息。」

三二・一九　應量　行宗：「應量者，僧祇，乞得四肘已上衣者犯。」

三二・一九　律中五衣　鈔批：「唯局五衣。」簡正：「又據戒是受持五衣。」（此等似局五衣）多論五：「取衣者，是應量衣；若是白衣，若非法色衣，亦不得取，以染應法故，取即捨墮；若取一切不應量衣，突吉羅。」首疏釋亦同之，不局五衣也，此等似通餘衣。

三二・一九　僧祇　八云：「若比丘尼與比丘，若鉢，若小鉢，若鍵鎡，若飲食及餘小小物，盡得取無罪。」

三三・二　非無輕吉　多論五：「取應量鉢捨墮，若取一切不應量衣服鍵鎡器物，突吉羅。」

三三・四　乞得　本卷四〇乞衣戒不犯中云：「同出家人乞者不犯。」

三三・四　僧祇　九下：若尼已下文在前段，今前後引之。下二衆者，本更有式叉摩那。俗人，彼言優婆塞，優婆夷。

三三・一三　非正與故　但是寄附，而非施與故。問：若爾，後不還應犯盜取？答：不爾，彼既許言隨意用故；又言雖言寄，實心施與故。

三三・一四　僧祇　九下云：「自與使受，使與自受，自與自受，使與使受。」

三三・一六　十誦多論　十誦，本言四比丘也；多論，言多比丘也；取一衣多人犯。

三四・一〇　貿易　緣起之中，非是貿易耶？答：彼非貿易，貿易則各見利相易，故緣起之中，推好取惡為親愛故，是則與施與同也；故律云：「蓮華色尼，著一貴價僧伽梨，語比丘言：大德！我持此衣與大德，大德所著衣可與我」云云，即但云與，而不云貿易。

三四・一七　第五　律中：迦留陀夷與彼尼俱露形坐，各欲心相視，尋失不淨，尼為洗之，欲屏處以爪抓取不淨著口中，復以著己根中，後終有娠，諸尼訶責，彼具說因緣，因而制戒。

三四·一九 浣染打　疏一〇·三九：「三十之中，四戒得重犯；浣衣（三事如今）擔（即持羊毛過限隨犯）擗（浣染毛浣染擗隨戒犯）雨衣（過前用隨用隨結犯）是也。此物現在數用，重犯。……餘二十六戒無重犯義。」多論云：「三事中趣作一事，捨墮；若一時作三事，亦得一捨墮。」浣，同澣，音緩，濯垢也。

三五·四 若是下二　多論五：「若使式叉摩尼、沙彌尼浣染打故衣，與比丘尼同犯，使比丘浣故衣，突吉羅。」

三五·一八 善見　一四，屣囊下接云：「鉢囊隱蒂腰繩，浣如是物。」

三五·一九 捨墮　卷三，接云：「浣褥突吉羅，浣枕突吉羅；云何浣?乃至三入水。」

三六·二 親尼　彼云：「若比丘母姊妹出家，比丘持衣與令浣，彼比丘尼持衣還精舍，是尼有弟子尼，語言阿闍梨有作事，我當作，便取衣浣染打，是比丘無罪。」

三六·三 若云　又云：「彼親里尼言：我羸病，比丘言：汝有強健者，應使洗等。」

三六·三 若著　尼寺下，彼云：「尼問云：衣被何以垢膩，無人浣染耶？答云：無人浣，是比丘尼信心，即便取衣與比丘著，留此衣與浣染打無罪。是比丘於餘時作意，故著垢膩衣去，比丘尼見已，自當為我浣，作此意浣者犯。」

三六·五 十誦　彼云：「若二人共衣，若衆僧衣，入尼薩耆衣，作淨衣，皆得突吉羅。」

三六·五 準此無重犯　問：戒疏三尼薩耆云云，相違如何？答：若依簡正記料簡，謂比丘將無犯衣付尼時，語令浣染打，彼若作一事竟，未結犯未成過衣；三事竟時三罪頓得，若令作三，但為作二，決心罷者，衣得二罪；後更打，只得吉云云。

三七·六 第六　律中：長者入祇洹，見跋難陀，跋難陀種種說法，令彼歡喜。彼白言：欲何所須？我當相與。答：止止！便是供養已，使我有所須，俱不見與。彼言：但見告，我當隨求。時彼著貴價白氎，比丘言汝所著物，可與我。彼言：我單衣不能入城中，明日來我家，我當與。比丘言如我所語，果不見與，止止我不須汝衣。時彼瞋恚，脫衣授與，單衣入城，守門人問之，答曰：祇洹中被賊，守門人便持刀欲往祇洹；長者止之，具說因緣，聞者皆譏嫌，因制。

三八·一 白衣沙彌　依現行本，不開沙彌。文云：「問：貧乏得入市乞否？答：中前得，中後不得，亦不得乞錢，若欲乞錢，當將一白衣、沙彌，亦不得。」

三九·六 寒暑　彼云：「冬分夜雨雪時，著蔽故衣，詣檀越家，現寒戰相，爾時檀越問云：阿闍梨無有時衣耶？答言無有。汝父母在時，恆為我作時衣，今汝父母去世，誰當為我作者，非但汝父母死，亦是我父母無常。檀越即言：莫怨恨，我當為作時衣，是名寒相乞。若比丘五六月熱時，著厚衲衣，詣檀越家，現熱相。」已下大同。

三九·六 若為　「為方便」三字本無之，彼云：「為衣故，與檀越說偈言：得生最勝處，若人以衣施，以樂布施者，人天得福報，生天得好色，天寶冠莊嚴，衣施比丘故，生生自然衣。」

三九·七 緣中一條　鈔批：「謂乞袈裟中一緣，或袈裟中一條也。案祇文中，謂若乞裹瘡物，若衣緣，若乞衣中一條，如此等物不犯。」今準鈔批當訓文云：衣緣中一條也，是須本文歟！與今記不同也。問：裹瘡衣是一也，何鈔批斷衣字屬下耶？答：裹瘡二字為一物，同次下裹腳踝脞矣。

四〇·八 五分　彼云：「若奪衣乃至衣壞，故有餘衣，乃有衣在餘處，皆不得乞。」今文反明。

四〇·二〇 第七　依四分，諸比丘遇賊失衣，乃至六羣令多受而自取，若令與餘人等。依十誦，因前戒開緣（或為他乞），六羣語波羅比丘言：汝少知識故無衣，我等多知識亦少衣，我為汝乞，若汝三衣滿，餘殘盡與我，彼言爾，六羣即從一家至一家言波羅是善好比丘，佛親里，險道遇賊失衣，汝等應與，便大得衣，還自取好物持，不好者與波羅；少欲者聞議訓等。多論波羅遇賊，裸形行云云。

四一·七 若失二衣　多論六云：「若失二衣，有僧伽梨可摘作一衣者，應乞一衣；若乞得二衣捨墮。」疏云：「出家知足，止約三衣，佛已正制，失二受一是也。」十誦失一衣不應乞，摘伽梨作故；失二衣應乞一衣云云。

四一·一三 作二三四重　二衣篇中，大衣純新二重，純故四重，新故參作三重云云。

四二·一七 受自恣請　贊宗記：「自恣請者，施主賚衣施比丘，時隨比丘意，恣令受取，恣比丘意，令任放故。」

四三·一三 例可知也　行宗一一·五二：「答中但舉二家，三四皆爾；但無緣起，故所不明。」準之，三四家同罪。首疏卷八云：「問：所以但制勸二居士，不制勸三者？答：勸二居士合作一衣，容有增價惱施主，是以須制，勸三合作，無多損惱，是以不制。」礪疏亦同。義鈔：「問：所以但勸二居士，不勸三者？答：合作一衣，勸增損惱是多，所以須制；三合作衣，損惱是微，是以不制。」發揮記曰：「三合作一，損惱是微，所以不制。」通釋：義鈔釋與智礪二師同，發揮記依義鈔釋，戒疏存制義歟！或可亦同義鈔，但行宗釋不同耳。

四三·一四 五分　卷四，戒緣起異餘律，但約夫婦共作而已。

四四·二 第十　疏一一·五四：「僧祇多論云：跋難陀俗時，知射法兵法，瓶沙王二大臣遣五百人從學得通，多持財寶來報其恩；以寶付優婆塞，家貧借用，詣官言之，索時牽挽，俗人共責。」行宗：「律明淨主為官罰五百錢故。」戒緣起，律中：明羅閱城大臣遣使與衣價，跋難陀將此使，往舍衛城中親舊長者家，令彼掌衣價，後大臣遣使語言：汝不須衣還付人耶，若不須還可送來，比丘聞已，疾至長者所求衣。長者言：今諸長者集會，本有制，若不至者，罰五百錢，我赴會歸來，即為辦衣，比丘言不能得，先為我作衣，長者作竟赴會，會已罷，遂罰錢五百。諸居士俱謗言：沙門不知足，自今已去，不可親近等，因制。

四四·三 忽切　忽一作怱，可否難決。老字書：怱謂倏忽，怱與忽同，急遽貌。行宗：「忽謂急速。」依此以忽為正。

四四·六 淨主故　戒疏一一·五五，接云：「結集者不次，或傳受者失旨，故在前列。」

四四·九 三反語六反默　僧祇：「三語者，非一往反中三語，乃至三往索是名三語。若四五六反默然，非一往默然，乃至六反往默然。」善見一五：「若一日一往索，如是得六日往；若一日一往六語索，後不得更往索；亦不得默然。」通釋：衹見取數不同不知，戒本云：「若二反三反為作憶念，應語言我須衣；……若不得衣，四反五反六反，在前默然立；……若過是求得衣，尼薩耆波逸提。」若依多論：「三索三默無過，若七反得衣成罪。」

四四·一四 若彼言不須　行宗一一·五八：「注中（含注）明不犯，即遣告衣主（施主）。衣主不領，自作方便；由非強索，故開不犯。」

四四·一七 戒本云　具文云：「若不得衣，從所得衣價處，若自往，若遣使往；語言汝先遣使持衣價與某甲比丘，是比丘竟不得衣，汝還取，莫使失，此是時。」

四四·一八 然彼施主　意云彼本主於物有繫戀，故於彼淨主無逼切之慮，故雖告無犯。

四四·一九 但云留衣　戒緣中，彼使語跋難陀言，有一大臣遣我持此衣價來買如是衣與汝，是也。

四四・二〇　波利迦羅　鈔批：「此曰雜碎衣也。」羯磨疏云：「唐譯助身衣。」

四五・三　看暴繭　律：六羣至養蠶家，語言我須綿。彼報言小待，須蠶熟時來。六羣在邊住，時看彼曝，時蠶蛹作聲，居士謗言：無有慚愧，害衆生命。又僧祇明比丘到蠶家，見持繭內釜，蟲啾啾作聲，主人譏嫌云云。

蛹，音勇，蠶化為蛹，蛹化為蛾。

四五・一三　劫貝　輕重儀下二三：「劫貝衣，中國出之，緝花所作，如白㲲之例，京師有也。」（準之，非日本木綿歟！）

四五・一四　埵　鈔批：「深云：埵者，謂窣堵婆是，此云塔也。濟云：西方人多作塔，方如牀大，上安繩牀。……中街頭侍官上牀是也，以地低濕處，即作此埵故云。」

四五・一八　憍奢耶　衆經音云：「此謂云蟲衣，謂用野蠶絲綿作衣也。應云俱舍，此云藏，謂蠶在繭中，此即野蠶也。」

四六・六　如疏廣斥　疏一一・五九：「文言作臥具故，謂如被也。……但以三衣總號，此土先無，但聞以緜作僧伽梨。此土本無，不知何物。而廣張有相，同此被敷；故即相翻，或云臥具，或云敷具。故僧祇云：敷具者，三衣名也。多論云：六年臥具，正三衣也，若非三衣，如何乞法。僧祇云：老病比丘持氈僧伽梨，此云臥具，豈不同也。黑白臥具，並同此耳。……世並迷名，都為敷具；自非見此，何由辨之。」問：且依四分餘戒之中，及衣法中，多三衣物，瞻彌法中，亦云袈裟，即是有總名。無根謗緣起中，及屏露二敷等中及衣法等中，並以被褥名臥具，今何故律舉已下四戒，指無濫袈裟等名，特以有濫臥具，名目法衣耶？既云臥具，應知是被褥矣。如五分廣解釋，今戒云：「臥具者，臥褥應捨與僧，僧以敷地，若敷繩牀上，除捨褥比丘，餘一切僧隨次坐臥。」又南海傳二律中臥具戒，非三衣，是褥也云云，彼中廣斥法衣解；若爾，今師解釋一往有疑如何？答：五分之說，是部計異耳。南海傳又且依根本有部律。且僧祇、多論明文，何敢貽疑！

四六・一四　央掘　彼云：「文殊師利白佛言：世尊，珂貝蠟蜜皮革繒綿非自界肉耶？佛言：文殊師利，勿作是語，如來遠離一切世間，如來不食，若習近世間物，無有是處；若習近者，是方便法。若物展轉來者，則可習近；若物所出處，不可習近；若展轉來，離殺生手，則可習近。文殊師利白佛言：今此城中，有一皮師，能作皮屣，有人買施，是展轉來，佛當受否？復次，世尊，若自死牛，牛主從旃陀羅取皮持侍皮師，使作革屣，施此持戒人，此展轉來，可習近否？佛告文殊師利：若自死牛，牛主持皮用作革屣，施持戒人，為應受。若不受，是比丘法；若受者，非悲，然不破戒。」

四六・一五　涅槃　彼云：「諸憍奢耶衣，珂貝，皮革，金銀，盂器，如是等物，亦不應受。」

四七・九　南嶽　唐傳二一云：「至於繒纊皮革，多由損生，故其徒屬服章，率加以布，寒則艾衲，用犯風霜。」

四七・九　道休　同二七云：「出家以來，常恆三衣，不服繒纊，以傷生也。」

四七・一三　天台　統紀六云：「師於三十年，唯著一衲。」今別有所據乎！

四七・一三　永嘉　永嘉集序云：「大師俗姓戴氏，永嘉人，布衣蔬食，忘身為物。」

四七・一四　荆溪　宋傳卷六。

四七・一七　五分　卷五云：「他施而受，尼薩耆。」施僧二字，本文無之。

四八・一　戒本云　「若比丘，雜野蠶綿作新臥具，尼薩耆波逸提。」律廣解云：「雜者，若毳，若劫貝，若蔴。」疏云：「雜作尚犯，何況純者；野蠶尚犯，況復家竈，以疎制親也。」

四八·三　雜忽　善見云：「乃至雜一毛，便犯；一毛，即忽絲。」

四九·三　若得已成者　十誦七·二一：「若得已成敷具不犯。」次黑毛戒亦爾！多論五云：「亦得受持。」與四分等不同。

四九·八　梨車　行宗一一·六三：「梨車，即外道名；邪行，即彼外道法。梨車嫌者，濫同己故。」善見八云：「離車，是其種姓也，因姓而立名。」

四九·一二　作氈三衣　非彼制斷氈三衣坐具，但制純黑及不貼也。今鈔文但證是袈裟。故疏云（下五一頁）：「僧祇云：老病比丘持氈僧伽梨，不滿六年，不得更作。」故知臥具之目，定是三衣總名也，不須惑也。

四九·一五　一純黑毛　多論：「此國以黑羊毛貴，故不聽也。有四種：生黑，藍染黑，泥染黑，木皮染黑，隨一結犯。」

四九·一五　四作成　又云「作衣法亦二種」云云。通釋：布貯作，氈縷織成衣如上。

四九·一八　若細薄　鈔批：「當時作雖是細貴者，擬後更得麤者相揲，重疊而作，即非純黑，故不犯。」礪疏亦同此解。

四九·二〇　攝熱巾　鈔批：「乃是捉銅盂熱，將巾裹手捉之巾也。」

五〇·五　招譏　居士譏言：沙門釋子，不知慚愧，作白羊毛衣，如王大臣，何有正法等。

五〇·一二　尨　行宗一一·六七：「尨，莫江反，若依字書，則犬多毛，有云合作牯牻，訓雜者，乃雜色牛名，非訓雜也。今準注中，頭腳等處即是粗毛，倉黃色者，謂之尨毛。」

五〇·一二　一兩　多論五云：「作敷具應用二十鉢羅黑毛，十鉢羅白毛，十鉢羅下毛；一鉢羅四兩」云云。準此，今戒本四分，即四十鉢羅，一分當四十兩，應知黑毛二分八十兩中增一兩提；白毛四十兩中增二兩吉也。多論：「若五十鉢羅，乃至百鉢羅衣，準之當知。」

五〇·一五　答　答有二釋，初釋恐前後矛盾，次順理歟！若依僧祇，初比丘著氈衣，雖在露地，如屋下安穩住，已制前戒，故多病不安，阿難請雜作，重制此戒，謂不得多白也。

五〇·二〇　二不捨　疏云：「餘之三律，捨與不捨，減六年與罪；若依四分，準文義意，必新造作，若為除故，應是不犯，以緣中藏積求覓故也。」與人者，謂決捨屬他，若爾，減六年衣不應作淨，而考戒疏，列犯緣中，無與人字。又云：「故者與人，若作淨也。」雖在滿六年，義必通減六年。記云：「下明捨故，不出此二，無簡別故。」東野云：若爾，鈔是廢前之義，依疏為正。濟覽：今謂非也，減年衣者，決而捨與人也，餘如別辨也。

五一·四　白羯磨衆一一不成　簡正：「謂作白不成，作羯磨不成，衆僧縱和合亦不成，故云一一不成也。」祇律九云：「若白不成就，羯磨不成就，衆不成就，是名羯磨不成就。」問：此戒局受持否？答二傳：一義云，局受持衣，長衣無苦故。文云不捨故更作新者，明約受持；又第二緣起云：不捨故者與人云云，捨故者是說淨也，故說淨古衣減年無塞云云。一義：通長同制，準緣起中本依藏積而制故，又犯緣但云有古三衣，不簡受持長衣不同故。又捨與者，非是說淨捨，棄施人也。今日畜積減年之衣，更作新衣故制也。後為相承之義，問：七條同時二衣作竟，一當大衣加受，一當中衣加受，後六年內，更作正大衣，本衣可與人否？相承義云：雖未見明文，從衣故理可開云云。六年者，戒疏：「五分云：六年者，數滿日也。」記云：「五分數日滿者，謂數實日，不取年滿。」

五一·八　僧白二聽　善見：「衆僧為羯磨，得作新臥具；若病未差，得隨意作；若病差已更發，不須更羯磨，得用先羯磨。」

五一·一四 狼藉　史記卷百二十六·二滑稽列傳六十六，淳于髡傳云：「杯盤狼藉。」綱目集覽，蘇鶚演義云：「狼藉草臥，去則穢亂，故風物縱橫，散亂者謂之狼藉。」又行宗卷一一·七六頁。

五一·一四 六羣違制　按律本初因，但聽貼縱橫一磔手，而未及立戒；六羣違制，故重立戒名；故六羣最初未制戒犯過，非此戒違犯。

五一·一七 準此無故　賓疏云：「若準僧祇，自無故者，從他求之；今準此律，若自無者，不揲不犯。」通釋：賓釋同今鈔。

五二·二 若行懺時　行宗一一·七六：「不揲過量，罪兼二悔；初懺過量，截去量外，單悔提罪。次悔不揲，須將入捨，然後悔罪。」

五二·五 隨十種衣　通釋：行宗依律六長衣戒引，律名句依律三九衣犍度引，二處文各少不同。

五二·七 僧祇　彼云：「作新敷氈尼師壇，當著故敷具氈辟方一條伽陀磔手，為壞好色故。」

五二·一〇 凹凸　彙云：「東方朔神異經：大荒石湖，千里無凹凸，平滿無高下。」土窪曰凹，土高曰凸，古字象形。

五二·一一 文列八人　祇云少聞者，犯戒者云云。依本文九人，今記任鈔少聞犯戒合為一人，違本文歟！問：今以九人明所從乞人，依此縱自無故，必從人乞；若爾，何上犯緣中云自無故開不乞耶？答：一義云：祖師意犯緣中自依本宗開自無故；今簡人者，非必從乞，若或欲從人乞求者依之簡取耳。一義云：然依下不犯中注及記，似若有得處必求覓；若無得處，不揲亦開。準此上犯緣先有故者，或自有之；或有乞得處皆犯；若自無故，亦無得處，方開之耳。

五二·一七 十誦　七云：「不用故敷具周匝修伽陀一磔手，壞色為好故，犯。」僧祇亦爾也。

會本卷二十一 鈔中二之三 隨戒釋相篇之餘 三十捨墮中自十六戒至終

一·四 貫杖頭　律云：「諸居士見嫌責言：沙門釋子，云何販賣羊毛，即問言：大德！此羊毛賣不？諸比丘聞嫌責跋難陀」等。十誦：諸賈客羊毛載車行，見比丘擔來，生嫉妬心言：汝等何處買來，欲何處販去等。

一·六 僧祇　僧祇九云：「若擔駱駝毛，得偷蘭遮；若擔師子毛，猪毛，越毗尼心悔；若成器無罪。」通釋云：彼駝毛云蘭，今云犯越，疑所覽本異歟！

一·一〇 制開外　行宗：「上敘本犯，具兼制開，故指不犯，在制開之外。」通釋：疏序犯緣之文，犯緣具缺，自有開制，毳等不在此中而論，故云外也。

一·一四 僧祇　彼云：「三人九由旬，四人十二由旬，若如是衆多人隨人為限，唯不得更重擔。」

一·一九 當令人持　律云：「若有人持，應語彼人言，我今有此物，當助我持，乃至彼處，比丘於此中間不得助持，若助持突吉羅；若令比丘尼、式叉摩那、沙彌尼持過三由旬，吉羅。」

二·七 若擔　律中雜犍度亦制背負，卷五二云：「時有比丘背負物行，諸居士見皆譏嫌，又生慢心；佛言不應。時比丘須薪，若染草毳紵等，欲自擔持；佛言：聽無人處擔，若見白衣，應下着地。」又云：「聽寺內背負」等。

二·一一 姨母　行宗一一·八二：「即大愛道尼，汙手見佛，發請制戒也。」十誦：迦留陀夷命諸尼令洗云云。愛道亦在其中耳，順八敬故，不敢違命。觀持品云：佛姨母，摩訶波闍波提比丘尼是也。

二·一四 止惡法次第　行宗：「禁輕防重故。」鈔批：「止惡

法次第者，恐因交致，深容成屏坐及麤觸等，後為婬
事，故曰次第也。」
二·一六 掰 行宗：「掰，合作擘，分也。掰，本音闢字之誤
也。」小補韻會：「擘，音檗。」廣韻：「分擘也。掰，
毗亦切，音闢。爾雅：拊心也。孝經：擗踊哭泣等。
三·一 十八 律中：大臣大得猪肉，命婦為跋難陀留分，時
世人節會，竟夜伎樂不眠，大臣兒饑乏求肉，母言肉
盡，唯有跋難陀分，兒即持五錢與母言：將此為比丘
更辦市上，彼肉先與我來，母便與之。明晨跋難陀
來，母具說因緣，比丘言不須肉，直與錢來，即得
已，寄市肆上，居士譏言：比丘販賣持錢置市肆等。
三·七 八不淨財 種類開制不同，據前後文，且示通塞。「田
宅」，別人不開。「房舍」，一口小房，別人許之；
有主大房，依法亦聞。「種植」，別人不開。「穀
米」，別人說淨得畜；又儉一夏糧不說淨畜。「綿
帛」，別人說淨畜。「養畜女人」，僧別俱禁。「男
淨人」，盡壽持戒別人開受。「真寶」，畜捉俱犯，
說淨受畜。「似寶」，畜吉，捉不犯，說淨受畜。
「氍毹釜鑊」，別人得受。「樂器殺具」，僧別俱不
可受畜。
四·七 次示四患 資覽云：「莊嚴論頌云：酒為放逸本，婬
為生死源，金銀生患重，邪命斷善根。」和尚云：昔
八不淨財中，錢寶穀米說淨開之，更無異義，餘田
宅等，或說淨畜之（招提寺），或說淨無開（西大
寺）。興正菩薩，善勸文釋，都無開文；今文由是妨
道，別人不開之，解釋殊明鏡也。四患，律具說，大
臣當知日月有四患：不明，不淨，不能有所照，亦無
威神；云何為四？阿修羅、煙、雲、塵霧。沙門亦有
四患：不捨飲酒，不捨婬欲，不捨手持金銀，不捨邪
命自活，是謂四大患；能令沙門不明，不淨，不能有
所照，亦無威神。英心師云：「私云：彼（莊嚴）論

中有之，道傍拾得金，彼依此為官人被訶責，唱云：
毒蛇，大毒蛇！」
六·一〇 行道 彼接云：「到時穀大貴，若食長，若與和尚阿闍
梨，若作功德，餘者糴得利無罪。」
七·七 增一彼因 彼中，長者女容顏端正，長者將女施佛；佛
言：不可爾。老比丘白佛：佛若無所用，受取給我。
佛因說九種非法：一女人極臭穢不淨，二惡多，三無
返覆，四嫉妬多，五慳多，六好遊行，七瞋恚多，八
妄語，九所言輕。老比丘言：女人無此一惡，願受給
我。佛因說昔因緣，昔汝為商人，乘船渡海，為風所
吹，到羅剎國，羅剎所誑等……
九·一〇 大集亦同 資覽：「玄記問曰：日藏大集，同是一經，
何云大集亦同？答：同本別譯，日藏一分流行也。」
通釋：「大集經，總五十卷，其中十卷別名日藏分，
十卷別名月藏分，自餘三十卷，只云大方等大集經；今
指彼三十卷之中，故云大集亦同也。」今案大方等大集
經，十七分，六十卷。日藏經十卷，當十四日藏分，卷
三四、三五。月藏經當十五月藏分，卷四六、四七。即
日藏經十卷，僅為大集六十卷中之兩卷耳。
九·一四 乘乘戒 私記，指雜犍度，彼中亦出，然文云乘乘戒，
是指尼單提中耳。尼律第三十初乘乘戒云：「若比丘
尼無病乘乘行，除時因緣，波逸提。」乘者有四種：
象乘，馬乘，車乘，步乘。
一〇·七 善見 通釋云：考論一五：畜寶捉寶二戒中，不得的當
之文。然彼中無自領受說淨得畜之文，乃至為僧領受
吉羅；若施捨與己，放地而去，得看守，若解法俗為
留衣藥等，已施得受云云。
一〇·一四 西域 衆經音亦云西域記，然檢彼無之。
一〇·二〇 破四分人解 資覽：「礪疏四末云：開受文言：我有
如是言，若為作屋故求材木竹草樹皮得受者，此是
資要，無過故聽；受寶不應，自為身受者，反前是

犯。」通釋云：鈔所破此疏歟！
一一·五 然律得受　通釋云：記主釋恐濫古解，凡古今二解別者，在律文得受之二字，如礪疏則解云聽受寶，今師正解依雜含而但得受竹木等也。注文不了者，律但云得受，而不簡物體故；然依經中須木直索木，慎勿受取金寶云云，方足決律文矣。問：記主亦詳辨古非，今還似同彼者？答：愚按記意頗與鈔主意異歟！記主意謂律云得受者，雖開受金寶須付他人；然古師謂為造屋開自受金寶，故祖師引經斥之。

一一·八 氍毹　輕重儀上·二〇云：「氍毹此土本無其物，皆從西北塞外而來，若叢毛編織而出毛頭，兼有文像人獸等狀者，名曰氍毹，字書總云罽屬。」又三肘五肘者，祖師始以為量同三衣，故人輕收，後依天人告，乃體量通三衣，中國不開，偏被塞土，具如儀中。

一三·一四 十餘處文　涅槃會疏三、五、六、七及二八多處明之。

一三·一六 僧事　彼云：「若共說戒，自恣，羯磨，同僧事者。」已下同。

一三·一七 涅槃三段　資覽云：「初開聽，一段；又下，指禁制文，二段；又云下，引誡道俗文，三段是也。初中亦二：初明不開物；二我聽下，通列開物。問：既明不開，何初段云列開聽？答：雖有開不開，望後二段，一向不開，初云開聽。」

一五·一 若準業疏並不須說　業疏四上曰：「言淨施錢寶易得衣物，不須更淨者，由初得財，已入淨故；今既換得，不是意外，本無貪附，即無染故。」有會鈔疏（業疏）違云：相似貿易，不可說淨（疏意）；不相似物，則可說淨（鈔意）。多論四：「若說淨錢寶，及以衣財，人貸去，後時寶更還寶，錢更還錢，衣財不須說淨；若貸異物，後還不相似物，更須說淨，以異物故。若說淨一切衣財，作百一物數，更不須說淨；若作淨餘長應量衣，若長器，盡更說淨。」通釋：「注羯磨中引多論云：『若說淨錢寶，市得衣物，不須淨施。』今業疏文牒釋彼也；然考多論，同鈔所引，受持外，皆須說淨云云。二處相違，難以和會，疑御所覽不同歟！有人以多論貸物文約相似不相似會，然彼是貸借，此則貿易，亦難例準。又彼貸寶還錢，以不相似更須說淨，今亦以錢寶貿衣，是不相似，不足為例，學者詳之。」

一五·三 已外須說　二衣篇云：「薩婆多云：百一物各得畜一，百一之外，皆是長物。」大鈔記云：「百一有二種：一中根百一，（都不畜長，衣不說淨者是也。）二畜長百一也。（諸物中百一受持助身，餘說淨也。）」問：畜長百一中下二根之中何乎？答：下根也，既畜長故；大鈔記中根百一，都不畜長故。

一五·五 此是畜寶戒　多論五：「是戒體，正以畜寶制戒。」又云：「不為畜故，若捉他寶，若捉自說淨寶，但捉放，波逸提。一物錢但捉，突吉羅。非是此戒體，是九十事捉寶戒。」彼宗一切錢畜捉俱吉。

一五·五 別時意也　捉時非此戒犯，因捉後畜時方犯，故云別時意；下記云：「然畜必由捉，故多標之是也。」

一五·七 舊戒本　律戒本云：「若比丘自手捉錢，若金銀，若教人捉，若置地受者，尼薩耆波逸提。」

一五·一三 為己　若依善見為僧等亦犯，彼一九：「若為自捉，尼薩耆；若為僧，若為衆，乃至一人，若為像捉，悉突吉羅。」通釋：愚按若為三寶等，令淨人領受可開，今遮自領受耳。

一五·一三 四受取便犯　二衣篇引多論云：「錢寶穀米，並同長衣，十日說淨。」今緣中不列過十日，即知為畜受已便犯，又考論無十日文，即日可說云云。濟覽云：「案若為自畜，即可犯；為淨施，可開十日。二衣篇引母論云：若放逸不說淨者，以惡日故，不滿十日，皆犯捨墮。今亦可爾乎！」

一五·一五　準此失戒矣　會正：「準下，大師斷語，既云非沙門等，則顯是外道俗流，無戒之者，故言失也，此極誡之言矣。」僧網篇七·五四：「善生、成論，若失惡律儀，則失善戒；今寺畜貓狗，並欲盡形，非惡律儀則何也；舉衆同畜，一衆無戒。大集有言：無戒破戒滿閻浮提。」記云：「言無戒者，惡業順惑，勢力猛盛，一切善戒，並絕相續故。有云：且望一類鼠上，善戒相續，非謂餘戒俱無。又云：此乃誡勸之切耳。」通釋云：「資覽之意記三釋中，後義頗順理歟！今鈔文順之可解。」

一六·五　佛告珠髻　律中：因上跋難陀緣，諸大臣集會時，共作是言，沙門釋子，得捉金寶；時珠髻大臣言：莫作是言：我自從如來聞沙門釋子不得捉金寶。此大臣有勢威，令諸人信解，即往佛所白言：我向所說無違法耶？佛言無違，多所利益，若見沙門等，如文。

一六·一〇　禮記　現本無禮記之二字，彼云：「復作是念，書記所載等。」

一六·一七　螳蜋　莊子天地篇：「猶螳蜋之怒臂以當車軼，則必不勝任矣。」

一七·一　行商坐賈　白虎通曰：「商賈何謂也，商之為言商，商其遠近，度其有無，通四方之物，故謂之商也。賈之為言固，固有其用物，以民之來，以求其利者也。行曰商，坐曰賈。」

一七·四　煙雲塵霧　問：共阿修羅是五種也，何只云四患？答：輕重儀但出下四，省阿修羅，故知下四是正，阿修羅相從兼攝四中耳。故律宗名句，且繫屬霧中而列焉。

一七·一六　原憲　莊子雜篇：「原憲居魯，環堵之室，茨以生草，蓬戶不完，桑以為樞，而甕牖二室，褐以為塞；上漏下濕，匡坐而弦。子貢乘大馬，中紺（內著赤衣）而表素（外著白衣），軒車不容巷，往見原憲。原憲華冠縱履，杖藜而應門。子貢曰：嘻！先生何病？原憲應之曰：憲聞之，無財謂之貧，學而不能行謂之病，今憲貧也，非病也。子貢逡巡而有愧色。原憲笑曰：夫希世而行，比周而友，學以為人，教以為己，仁義之慝，輿馬之飾，憲不忍為也。」希逸注曰：「茨者，苫也；以草蓋屋也。夫妻二室，皆以甕為牖壁，中鑿而取明者曰牖。以舊衣而塞其牖，抵風雨也，故曰褐以為塞。弦，拊琴瑟也；匡坐，正坐也。紺，深青赤色也；表素者，以白色為外衣也。軒車不容巷，言巷小而車大也。華冠，華皮為冠也；縱履，曳其履也。希世而行，言其以所行媚世也。比周而友，所交非人也。學不為己，而為人；教人非為道，而為利；假仁義以文姦，故曰仁義之慝。」家語弟子解篇：「原憲，宋人，字子思，少孔子三十六歲。清淨守節，貧而樂道。」論語憲問、史記六十七、仲尼弟子列傳十三，略同莊子文。

一七·一六　顏淵　處於陋巷等，雍也篇，及史記六十七。

一九·七　白四雖通遮性　意云：白四得者，雖通遮性，今文所專，偏在遮惡，何者，性惡本業，非由受得，不受本有，若有依受，但增制罪。遮罪不爾，不受本無，由受方得，故知白四得者，偏指遮云耳。

一九·一二　似猶像也　注羯磨上沙羯磨戒中生像金銀云云。業疏一一·三四：「僧祇中，生色金也；似色銀也，似即像，銀之異名也。梵唐兩舉，令俱解致。」記釋曰：「生像是翻梵，金銀即唐言。」鈔批：「若金銀生像，有此梵漢雙舉，言生者，此曰金；梵言像，此言銀。」又名義注云：「金銀生像。」南山云：「胡漢二彰，謂胡言生像，此翻金銀。」後二家與濟緣釋不同，然依名義，別有金銀梵名，據濟緣從義翻而言金銀耳。名義曰：「蘇伐羅，此云金；阿路也，此云銀。」又瑜伽云：「生色可染。」倫記云：「金名生色，以始終不變故。銀名可染，以可染變故。」

一九・一三　隨國用　又善見一五：「金者，珂瑠璃珊瑚一切諸寶，及販賣之物，是金種類，是故律本中說，下至樹膠錢，國土所用，皆不得捉，亦不得教人捉，悉犯。」準彼國所用者，皆歸真寶判；如此土唯金銀及銅鐵錢用作販賣，準餘錢可攝似寶歟！

一九・一八　七寶　通釋云：七寶異說甚多，今同法華序品。大論、佛地論、無量壽經等，皆有瑠璃，出沒互異。

一九・一九　若似寶銅鐵　彼具云：「若比丘自手取鐵錢、銅錢、白鑞錢、鉛錫錢、樹膠錢，皮錢、木錢，此諸錢，亦以五種為畜取吉羅。莫自手捉，當取時，如法說淨者，不犯。」又云：「若種種錢，似寶玻璃，琥珀，水精，種種偽珠，鍮石，銅鐵，白鑞，鉛錫，如是等名似寶，錢及似寶，若畜，得突吉羅。」今鈔不言錢，彼宗皆歸體入似寶；十誦亦爾，彼律第七：「寶者，名為金銀，若取鐵錢等，突吉羅。」

二〇・一　若捉　善見一二：「真珠、摩尼、硨磲、碼磂、珊瑚、琥珀、金、銀、瑠璃、珂貝，此十種寶，悉不得捉。若金銀合作藥得捉。若人以寶作堂，以瑠璃為柱，以銀為角子以金纏，如是悉是真寶作堂，比丘欲說法，得上住坐，無罪。」

二〇・二　百一之外　二衣篇云：「薩婆多云：百一物各得畜一，百一之外，皆是長物；若似寶入百一物數，不須說淨；餘者一切器與非器，一外皆應作淨。（謂俗施也。）」搜玄釋云：「成器者，錢及盂鋺等，非器者，銅鐵斤等。」

二〇・八　博物志　凡七卷，晉司空張華茂先撰。又行宗：「隋煬帝撰博物志。」

二〇・一二　鑞鉛　鑞，多論音釋云：「拉，錫也。」鉛，又云：「延，青金也。」

二〇・一三　為畜吉者　彼捉寶戒云：「一切似寶，若捉、若舉，無犯。捉錢，吉羅。又女人莊嚴具，及男子矛稍弓箭刀杖，吉羅。」

二〇・一三　金薄謂裹貼　謂以金鉑塗貼木鐵等者也，非金鉑體，言裹貼故。行宗「金薄，即貼塗之物」是也。又金鉑取之犯捉。鉑，金薄也。

二〇・一六　餘寶　僧祇三：「淨不淨物者，真珠、瑠璃、珂貝、珊瑚、玻璃、硨磲、碼磂、璧玉，是諸寶物。」若不淨之下，若相已下，若凡已下，皆卷十一，取要。

二一・四　七寶俱制　問：多論七寶俱犯墮，僧祇但金銀錢三犯捨墮，今行事者，為依用何耶？答：鈔兩引用而不取捨，記亦不擇，然依本宗戒本，但列金銀錢三，即同僧祇，方知不用多論矣。故輕重儀上・一三云：「四分律中，但明錢金銀三，餘者不論，明知通在輕限。」

二一・一四　是中捨者　若依十誦七：若得同心淨人，與四分捨法大同；若不得同心淨人，應作四方僧臥具云云。又多論五：「錢寶應捨與同心白衣淨人，不入四方僧；不得同心淨人，入四方僧。」又說淨法，略同四分。若依善見一五：一向無說淨受畜文，若居士言布施而放地而去，得看守，若解法優婆塞取已為貿衣鉢，施得受等。通釋：二衣篇三一・二六：「薩婆多云：錢寶穀米，並同長衣，十日說淨。」注羯磨中亦爾。然考論文，未得例同長衣之文。彼卷四・九云：「若比丘得穀米等，即日應作淨，若無白衣，四衆邊作淨，若不作淨，至地了時穀應捨，作突吉羅懺。沙彌若得錢寶，亦即時說淨，若不即說，錢寶應捨，作突吉羅懺；若得應量不應量衣，亦至十日過十日長物捨，作突吉羅懺；一切穀米等，亦不得過一宿，同比丘法。」又上犯緣，但云受取，不云過十日；又四分等，不說過限，進而可校。

二一・一四　可信人　二衣篇引律云：「當持至可信優婆塞，若守園人所去。」然律文但云若彼有信樂守園人，若優婆塞當語言云云。理在隨時，故鈔律二文，語異意通。又二衣篇請淨主文云：「多論云：先求知法白衣語之，若不知者，告令解之，至彼所云：比丘之法，不得畜錢寶金銀穀米等，今以檀越為淨施主，後得錢寶，盡施檀越。」

二二·一○ 如前　彼云：「若是生地，使淨人知；若是死，得自掘，抒土到錢。」

二三·一 下三衆　已下鈔主語，即本律卷八。

二三·二 僧祇　一一：「若身者，一切身；身分者，若手，若腳，若肘，若膝。」若身相續已下，本無紐字；乃至者，彼云：「覆瘡衣，僧祇支，雨浴衣，若鉢，若小鉢，鍵鎡，銅鉢中。」

二三·一○ 若僧中次行　通釋：彼云：若僧中次第付比丘，應向比丘說淨（約衣等）。重寶應捨與同意淨人。今文疑後人寫誤歟！當以若僧中次行者說淨八字移穀米字下，此謂檀越以上五衣，僧中次第行與也。若比丘受訖二種衣無染，故即說淨，餘重寶似寶穀米受竟即犯，故並捨同意淨人；罪僧中懺，重寶作提懺，餘二作吉羅懺。文中不云穀米捨懺，論云若比丘得穀米，即日應作淨，若無白衣，四衆邊作淨；若不作淨，至地了時，穀應捨，作突吉羅懺。準之，穀米經宿犯耳，即時不犯歟！

二四·一一 亦云均提　通釋：均提是舍利弗弟子，有賈客將狗子在道行，因狗盜食折腳棄曠野去，舍利弗往而與食，為說妙法，彼歡喜死，生長者兒，舍利弗知而乞為弟子，為又說法，即坐證阿羅漢，年乃七歲。彼為報恩，盡壽沙彌，供給舍利弗，是名均提沙彌。報恩經及賢愚經具說此因緣，經律異相二二亦載之。

二四·一五 池神　此緣具出大論一七·六。

二五·五 律不犯　律八：「不犯者，若語言知是看是。」

二五·一九 如戒疏中　一二·八，彼列今四句已云：「昔人不立，以財無兩捨，罪不雙結（貿寶畜寶）。誦得此語，不敢漏失。今不同之，見今以錢買金而畜，初貿後畜，緣相是異，何不雙結。」記釋：「斥古中，初敘古意。彼謂第三句但犯貿寶，不犯前畜。誦下，正斥。財無兩捨等語，乃謂犯過衣財，無再犯長；彼但承言妄舉，而不知用處自別，故云誦得語等。今下，顯正。理如上判，但將一捨牒悔兩罪。緣相異者，謂二戒犯緣前後各異，故須別犯。」問：準疏初貿即犯，貿寶後畜，更犯畜寶，今例初不說淨是犯畜寶，後以買金是犯貿寶，二戒緣別，可亦雙犯，何今記不許乎？此若不成，彼亦不成；彼若云成，此亦可成。請為通之！答：意期買金而畜，領受金位，二戒雙犯；如始畜已，後貿乃是前後（？），故無雙犯。濟覽云：今謂此答不穩也，案今記意，以不說淨錢寶貿錢寶，此緣相一，故無重犯；猶如犯過衣財，無再犯長也。若以下，點示緣相異者，是疏第三句也；下容兩犯，了了如日也。

二六·一三 局所貿也　善見一五：「以吉羅易捨墮者，以銅鐵易金錢也；以捨墮易吉羅者，以金錢易銅鐵也。」

二六·一四 對僧悔　若準本宗，對白衣捨，罪僧中悔，故以捨改悔。

二六·一七 以錢易錢　此一句本無之，彼云：「以瓔珞具易錢。」

二七·一 二十　律中：跋難陀往無住處村，持生薑至村中易食，食後舍利弗尋入村中乞食，漸漸至賣飯家默住，主問言何所求欲？答曰須食。問云：持價來？答曰：勿作此言，我等所不應。彼言：向跋難陀以生薑易食，汝何云不應。舍利弗聞已，慚愧無言，還告諸比丘。又一外道得一貴價衣，心欲貿易，持入寺，跋難陀見已，語言汝明日來，我當貿之。彼即還，跋難陀能治衣，其夜浣故衣擣治，光澤如新衣，彼外道晨朝持衣來，至便互相易。彼還已，示諸外道；其中有智外道見已，語言汝為他所欺，汝本衣新好廣大堅緻，此衣治故衣耳。彼聞已，即持還跋難陀已，告曰：還我本衣來！跋難陀言：已共貿易竟，不得相還。彼再三悔，流涕不得，瞋恚譏嫌，因上二緣制。

二七・二 準疏分三　問：販中前收與買犯相何別？答：販中前收，為後出賣，故收犯吉；後出賣時，則結本罪，故云犯還同賣。買不為賣，故減價取，則犯捨墮，故不同也。然依下結犯不同科，前收吉是十誦意，本宗前收後出，即買賣二墮云云，按依期心，非不如上歟！

二七・八 一在家二衆　首疏云：「一在家二衆非親里。」又云：「伽云：親里買賣吉。」又云：「疏云：一切九十六種出家人邊，不淨語買，無犯。」礪疏云：「一在家二衆，外道亦攝。」開宗記同之。通釋：「相部東塔兩師，外道亦犯，首師依祇律之文，出家外道不犯；理準相部，且約在家外道耳；若爾，兩師無別。」

二七・一一 律令　卷八：雙開者，若自貿，若使淨人，二雙開之。

二七・一八 但據所貿　通釋：依律本貿寶戒云：「種種賣買寶物者，尼薩耆，波逸提。」辨相中，但能貿所貿約金銀錢說。次今戒云：「種種販賣者，尼薩耆波逸提。」辨相中，但明衣藥相易，今若明衣寶互易，即據所貿，以分二戒。

二八・九 咽咽墮　問：三十中四戒重犯，餘無重犯，今立口口著著重犯，豈非相違耶？答：若依本宗，非法著用，但結吉羅；準之，咽咽亦應犯吉，或部別異耳。附：四戒重犯者：浣故衣，持羊毛，浣染毛，雨浴衣。

二八・一二 初示制約　若委分之，應云：此販賣下，次明施物。初明生存制約；若死下，次明亡後開分；所以下，徵釋：初敘制所以；比丘下，示開所以。若販下，三結犯相。但記約生存偏專制意，故略開之。

二九・二 餘者　問：上貿寶戒記引疏云：「貿寶自作教他，為自得寶犯。」今無犯者？答：若為利賣，如上結犯；若餘長不用物，因賣取寶，如今文可開耳。

二九・六 衣鉢　本云：「衣與衣相似，鉢與鉢相似」等。

二九・七 以衣　又云：「衣與鉢不相似，衣與澡灌不相似……」

二九・七 若可捨物　通釋：可是犯貿寶錢寶耳，若犯長錢寶，準論貿得衣等，已入淨故。濟覽：今謂食服販賣物故重犯提吉也。而言可捨物者，恐人言已犯，無販賣故耳；若如通者，可於貿寶下論不干販賣故，又犯貿寶財同畜寶，可入淨乎！可尋。問：販賣無重犯，而今言著著提者？答：部別之異，往看篇聚（一四・一七）別行（四二・三七）。

二九・七 金銀錢　又云：「用金買銀，用銀買錢，用錢糴穀，用穀買物。」

二九・一九 收時名買　準上戒名，記主注云：「販但先收，犯還同賣。」依之，為後出賣見利，先收應方便吉，後出賣時方結本墮；若爾，與十誦同。若先收即犯捨，其財後賣應却吉羅，無重犯故。濟覽：十誦不期後賣，必買時但犯吉，待賣結墮。四分期賣而買，則歸販，必待賣犯；若不期後賣，當須買時結墮，故知與十誦不亂。

三〇・一 不賣吉　彼接云：「若為利故賣，不賣，亦突吉羅。」

三〇・一二 五分　卷五，易時之下，彼接云：「語言，為我以此物易彼物。」

三一・五 物主　彼云：「應語物主言，此直知是衣，若不語默然持去者，越毗尼罪。」

三一・五 搖頭　又云：「有國土市買有常法，賚直來著物邊，賣物主搖頭，當知相與；比丘亦應語言，此直知是。」

三一・八 鈔市　鈔，說文：取也。廣韻：略也。小補韻會：俗文遮取謂之鈔。今所謂鈔者，上下論價云耳。謂比丘買物，前人云價十錢，比丘遮取云五錢知之，是云鈔下；或比丘賣物，前人云十錢得之，比丘倍定價云二十錢取之，是云鈔上也。

三一・八 汝止未　先因問動止也，謂子為無別緣事否？彼云無者，方云欲此物等也。

三一・一一 雇匠　本云：「陶師，木師，泥師，畫師。」

三二・一三 僧祇　犯捨之下，彼接云：「若乞食比丘有殘麨。」

三四・二 二更得　戒疏一二・一六：「二更得鉢，若是如法，可得其罪。」記云：「是如法者，簡販博得者，則無長過。」通釋：第二緣如法，與第三緣如法不同也。

三四・二 三如法鉢　問：長衣如非通犯，何鉢不爾？答：衣可染作改正故，是多論卷五意。受持成否，亦準之。

三四・二 油瓘　鈔批：「搌者，作鉢坯也；已搌便有光，即用燒之，更不薰也。油者，荏子為之，此全受膩，用必獲罪。」鉢器篇三五・三記云：「搌瓦者，昔云以石磨後，用土脂搌便燒，而不薰者。」今瓘同之，瓘與搌音相通。

三四・六 油字去呼　通釋：平聲，尤韻，膏也；去聲，宥韻，翟子桐華以油云云。今以油塗之義歟！

三四・七 準多論　卷五：「若畜長白鐵鉢，瓦鉢，未燒，一切不量鉢，突吉羅。」若依戒疏加一無因緣，彼云五無因緣，多云得鉢五日被擯，顛狂心亂等，雖經多日無罪，後得止（本心）取後，五日續滿者犯。東野云：「然依二衣篇記三二・二四：『如量白鉢，理應在輕，可薰治故。』準之，不說可犯墮歟！又依多論已云犯吉，知應說淨。若依戒疏，似無長犯，疏曰：『衣營未成，皆有長過；鉢不同衣，未成非鉢，無長可犯。』記曰：『鉢取如法薰治都竟，乃有犯長；衣取財體過日犯長，所以不同。』又疏引多論云：『白色衣過限犯，白色鉢過非犯。』準此，不應淨法耳。」濟覽：「今謂疏且依不犯長云無犯耳，若不說者，理可犯吉。」

三四・一四 二十二　律中：跋難陀鉢破，即入舍衛城語居士云：汝知不，我鉢破，汝為辦之！彼市鉢與。復至餘家求，如是求得衆多鉢而畜。後時諸居士一處集會，一人語曰：我今獲福無量。餘人問所以。答言：我為跋難陀辦鉢故。餘人各各皆言我亦爾。即相譏言：沙門釋子，多欲不知厭足。

三四・一五 二減五綴　疏云：「注中相去五指間一綴，準此為量，縱未綴而量過，亦不名犯。」記云：「釋注中，兩指，若據佛指面二寸，兩指即四寸，五綴即二尺。若取人指面闊一寸，五綴止有一尺。文中不明，然前後多用如來磔指以為楷定。今言五綴，但取痕脈滿二尺許，不必須綴；故云準此為量等。」通釋：今記用人指，與行宗不同；飾宗記五末云：「五綴者，母論四曰：『若鉢破作五段綴，此鉢法應相去二指安一綴。』律攝意同今三藏云：『五綴者，即以五種綴物而連綴之，非五處綴也。』今詳自違律攝。」準賓師必用五處綴為分齊，縱一處過數綴，但名一綴歟！不同今師取痕脈滿尺也。僧祇一〇云：「滿五綴者，已有五綴量亦滿是名滿，若四三一綴，若無綴，量滿五是名滿。」此文順今師釋歟！問：滿漏分齊如何？答：一義云：「戒疏云：十誦云：鉢滿盛水，僧中行之。」準之，自以水漏為分齊也。一義云：「善見定受失不粟滿分齊。」粟穀通名，若米等滿，則失受持，後為相承。

三五・八 自乞縷　問：此戒局三衣否？答：一義云：廣通餘衣。多論：「謂此戒不問應量不應量，盡得罪故。」又犯緣不立三衣緣故。然戒疏制意云：「然三衣已具，且得資身」等。又律結文云：織作三衣者，並約緣起實寬通也。一義云：局三衣也。緣起及律結戒文並說織作三衣故，但犯緣不立者，且略無耳。資覽云：初意為盡理也。

三五・九 二十三　彼往多家，乞求多得，彼念言若縫衣更異處可索，比丘衣服難得，應辦三衣等；居士共譏言：汝等觀此比丘不自手作纑看織等。

三五·一六　十誦　五七。乞衣戒下云：「乞縷吉羅。」此文正出多論卷五。

三五·一七　五分　四云：「自乞縷顧織師織作衣，尼薩耆。」

三六·六　縒　行宗一二·二七：「蘇內反，謂著絲於箏草。」注：「箏，音孚；謂織緯者。」律音釋曰：「先對切，織也。」

三六·一二　勸織師　問：此戒限三衣否？答：準上兩義，多論五云：此衣亦不問應量不應量，盡得罪。

三六·一九　多論　五·二三云：「以憑貴重勢力，故織師畏難，事必得果，是故成罪；此戒得衣已，得罪。」此文出乞縷戒下，疑是寫誤。

三七·四　皆約縷主　前勸增衣價戒注戒云：「求價者，乃至增一錢十六分之一分；求衣者，乃至增一錢者；不犯者，減少作，從親里未從出家人求等。」若從非親里之縷主求，犯前戒。濟覽云：今謂此判未盡也，若從非親乞縷遣自織，犯前戒也；若唯乞縷者，吉也；若非親欲織衣施，勸令增衣縷者，犯前增衣價也；若令織師增縷者，今犯也。

三七·七　二十五　難陀弟子能勸化故，欲共人間遊行，先與衣，後餘比丘語云：汝何與跋難陀共行，彼愚不知布薩、自恣及羯磨，彼聞已即不隨去，故奪衣。戒疏一二·二九，今二戒對辨云：「三前戒開親，後戒俱犯，損義通也。」記云：「第三，後戒親非親俱犯者，謂織師也。」通釋：前戒局非親犯，故列緣云：二使非親織；今戒俱犯，故列緣不簡織師縷主親里不犯，故第一緣簡之。

三七·八　甄下衆　戒疏一二·三〇：「簡下四衆，本非伴類，假奪但吉。」

三七·八　三者不定與　問：如盜戒者，賊心決定，不問主心捨與不捨，奪取犯重，今何異耶？按盜取心強，故主心不定，亦屬彼物，却奪犯重；今但施與，受心非強，故能施不決；縱彼雖決，物非屬彼，故奪非通。問：衣者局三衣耶？答：爾也。戒疏一二·三一：「衣，謂三衣；若奪減量衣等，但犯吉羅。」

三九·七　具兼諸過　首疏八曰：「問：長衣還日得本著，藥不爾者？答：衣正有不說長貪，捨已無過，故即日著；藥貪同衣，別為失受宿觸等過，雖捨猶在，故不聽服。」

三九·九　未滿者即三日受　礪疏四末云：「若餘五日，應還主食，所以還令塗足然燈？答：實不失受；但遙貯畜，有彼情過，藥資義狹，罰不聽服，以情過非藥不淨，不同於衣，資身義寬，得歸本主還衣用。」首疏大同。問：第七日藥，既有染犯，開僧令服者？答：既不失受，亦無宿觸，故開僧食；然不開主者，制情過故也。

三九·一一　據此犯懺　通伏難也，問曰：「凡例諸戒，約無本罪為開不犯，今則不爾，犯根本已，捨懺之法，豈在開通乎！」釋曰：「實如來難，今且約捨藥之立法，謂捨用乘法，通結吉羅；今以依法不犯吉羅，故亦入開，即是吉開，非本罪開；而從本故，安此戒開。」

三九·一三　戶嚮　搜玄：「嚮者，三蒼曰：北面窗名嚮也，戶臼中鳴，以蘇油塗使不鳴。」

三九·一五　二十七　律中：毗舍佉母請佛及僧，勅婢令往白時到，時天大雨，諸比丘脫衣在露地浴。婢遙見已，謂裸形外道，還白母言，寺中無僧，唯見裸形外道。母聰明，知比丘裸身浴，後令往白佛及大衆俱至，母因求八願，乃至七八施雨浴衣，佛讚聽之，八願略出行宗一二·六七頁。

四〇·一　多論止犯吉羅　資覽云：「勘本文甚有相違。」

四〇·一　三中　搜玄：「準此捨時通唱之文，初時亦應通唱：今僧受雨衣，不對首秉也。」問：今記意不須別加否？答：一義曰：或但受畜者，不加別法也；或同衆受者，如下注顯舉衆同受也，則通兩種，若過前用，皆犯捨墮，此等亦非對首受也。一義云：先通唱竟，後別各各對首加受；捨法亦爾。首疏九云：過前用四緣成，乃至三過前受持。受持之言，正是加受，故一義云：或但受畜者，別人對首受；或同衆受者，一寺一同受之，即下通唱（法）是也。

四〇・三　四分　本律六：「衣者，有十種：憍賒耶衣，劫貝衣，欽婆羅衣，芻摩衣，讖摩衣，扇那衣，麻衣，翅夷羅衣，鳩羅衣，讖羅半尼衣。」今所引文，則出卷一〇。

四〇・三　彼應　多論：「若閏四月，前四月安居，即日應受雨衣，至七月十五日，於其中間，百二十日常畜。」戒疏一二・六八：「多論：閏三月者，後三月十六日求；閏四月者，前四月十六日用，同安居也。」通釋：多論意用雨衣局安居中，故自四月十六日用之，至七月十五日捨之；三種安居，俱七月十五日捨之也。

四一・三　畜法者　多論具曰：「畜雨浴衣，凡有二事，天雨時以障四邊於中澡浴；若天熱時，亦以自障，於中澡浴。二以夏月多雨，常裹三衣擔持行來。」

四一・五　於露浴　東野云：露合作路，疑寫誤。濟覽云：今謂非也。今案後意為是。

四一・七　不得燥置　善見一五：「若有雨浴衣不用，裸形洗浴，突吉羅。」

四一・一三　用限半月　自四月一日，至同十五，此且約夏前為言，實用至八月十五，則得四月半月。

四一・一七　若據今戒　戒本云：「應求雨浴衣。」廣解云：「雨衣者，比丘用雨中浴衣。」問：名兼用局之相云何？答：雨浴衣者，雨通雨覆，浴是洗浴，故云名兼；然論其用，廣解限浴，是用局也。多論但名浴衣，而論其用，寬通雨覆，是名局用通也。此且待望辨通局也。實據本宗，雨浴衣者，謂雨中著浴衣也；非雨月浴用兼彰之名也。是則名用俱局而已，已上諸段，通資覽意。

四二・一　五分　五云：「畜至八月半，百三十五日持；若過此」，已下同。

四二・四　捨法中　多論不同，卷六曰：「若前安居，至四月十六日應如法受持，到七月十五日，應著一處，不應用，若畜用者，突吉羅。亦可不捨，至來年安居時畜用，不須更受。」

四二・一〇　急施衣　多論五云：「急施衣者，若王施，若夫人施，若王子施，大臣鬭將施衆僧，有信樂心，以物施僧；以諸貴人善心難得，又難可數見，或有餘急因緣，是故名急施衣。若不受者，前人功德不成，衆僧失衣，是故聽受。若女欲嫁時，以至婿家，不自在以物施僧；若病人施，以善心故，以物施僧，令存亡有益；如是等，此盡名急施衣。」

四二・一〇　不同一衣　問：急施二制亦同一衣，何云非一衣乎？答：不約衣鉢同異，由制緣之邊而為論也。謂雨衣制俱於雨浴事生過求過用二事，今戒不爾，前受名急施衣，謂依急施事制之；後畜依長衣邊，非急施邊。問：爾何名急施過後畜乎？答：且由本緣立名耳。

四二・一一　二十八　戒緣中，有二緣：初緣中，注戒具云：「六羣常乞衣，常受衣，跋難陀異處安居，異處受衣。」行宗一二・七〇：「戒緣，注文二段：初明聽受夏衣，六羣非時常乞，跋難陀非分而受，因開過起，此敘興制之由。二因舍衛大臣施緣，方立斯教，即斷非時先受夏衣，除急施緣；又須限內，無緣乖限，並非時施，不得時利也。」

四二・一一　大臣　注中：「大臣者，律因波斯匿王二臣，一名利師達多，二名富羅那，王勅使征，時二大臣作是念言，我今當征，未知還否，我常夏竟，為僧設食施衣，今者未竟欲施，即往白佛。佛言：若是急施，應受。」

四二・一四　不同雨衣　行宗一二・六九：「非一衣者，前犯急施，後犯畜長。不同雨衣者，以過求、過用，同是雨衣故。」

四三・四　前後無互犯　行宗一二・七〇：「次過畜中，第三須限內者，準知前後不重犯也。」資覽決云：「問：何不重犯哉？答：過後畜者，違說淨犯也，財體既過，不應淨法，是無重犯也。」英心師云：「今記云無互犯，遮重犯也，文言少不了也。」濟覽云：「犯過前，無過畜；若有過畜，必無過前，故云無互犯也。」

四三・一〇　時非時　受安居施衣時名時，自外通名非時。衣時者，多論五：「從七月十六日，至八月十五日，若無功德衣，齊是名衣時，此一月所以名衣時，以夏安居竟，檀越多致飯食衣服供養衆僧，兼諸比丘種種執作浣染衣服，以是因緣，此一月內，有所放捨，故名為衣時。若有功德衣，從八月十六日，至臘月十五日名衣時。」

四三・一四　二非時受衣　疏云：「七月十五日受長衣，時內九日須說淨。」

四三・一七　五一月中　問：若云一月不攝十日者，如八月十日得衣時，外立非時十日，至八月二十五日應說淨？答：不爾，既云時非時不攝十日常開，約非時得故；時中得衣，不可時外更別開十日；故知八月十日得衣，至同十九日，應例如七月十五日得長衣，時內九日說。又如今記時中受衣，本非急施，故不外開。謂五月者，迦提一月足，四月通攝言之，絺那五月同是時，故五月外不別立。一月十日及一月不同，此十日是非時常開，一月是時中通開。「時非時開緣有別，是故非十日已足，尚有二十日通攝於一月開中，各別立故也。」今案：引號內文，臆加數字，文義始明了，並未失原意。

四三・一九　什物　疏曰：「打奪什物者，有人數衣鉢滿十，非也。什謂物之總號，不局衣裳。」又史記注：「人家常用之器非一，故曰什物。」

四四・二　冬分非時　自八月十六至十二月十五分為冬分，亦名寒時。

四四・六　十誦　八云：「有疑處者，此中疑失物，乃至」下同。

四四・七　惡比丘　行宗一二・七八：「惡比丘畏，謂恐相侵損，亦開留寄。」

四四・九　僧祇　彼接云：「疑家作是念，諸比丘等不可復得，皆悉防備。」

四四・一〇　可疑家　謂寄衣於賊家，則彼知比丘處，更無可盜故。

四五・三　非蘭若故　問：若爾，可名聚落耶？答：不爾，凡蘭若者，本空曠處也，今既堅密，故云非也；尚非有難，故非名聚落。

四五・一七　兩緣同制　通釋：兩緣者，依律本初蘭若處比丘因賊打奪恐怖來集祇洹住，佛問已，即聽寄衣村內，不作日限，又不開離衣他出，是一緣也。後六羣聞蘭若聽寄衣村內，即寄衣出聚落，人間遊行，佛因訶言：汝何離衣在人間宿，因制戒，此制戒時，始有六夜開文曰：諸比丘有因緣離衣宿，乃至六夜，若過，尼薩耆，波逸提。是第二緣也。即知無日限緣制戒已前，依六羣初制時，恐怖別緣，通制六夜。

四六・二　明了論　問：「蘭若比丘縱無疑怖，聞法等別緣可開六夜離否？答：不爾，無難却屬聚落離衣戒，彼中十五自然，亦有蘭若界，而無難故不開離宿，今戒但局有難，自視戒名及犯緣，而可通曉。」

四六・一八　答　疏一二・七五：「有二不同：一前在聚落一宿犯，此在蘭若六宿犯。二前無賊難德衣開，此則有難不成受。」記曰：「初含二別：一聚蘭處別，二一六時別。二中亦二：一有難無難，二德衣開不開。以德衣有王賊等難，不成受故。更加一義，前通三時，此局冬分。」

四七·三　三十　律：「居士欲飯佛及僧，兼施好衣，跋難陀往語言，衆僧有大善利，大威力，大福德，施者多，汝今食施僧，衣可施我一人；彼言可爾。後衆僧來食時，居士見大衆威儀嚴整已。發大聲言，何如是僧衣而作留難？諸比丘問言：何故作是言？彼以實答，因訶制。」

四八·一　許僧轉與塔　律中：約兩互說，應反言許塔轉與僧等，下皆效之。四分中約異位說，若約等位者，多論施此塔迴向彼塔，不須還取，以福同故，比丘作吉懺。施此僧祇迴向餘僧祇，亦爾。若以自恣臘與此僧迴向餘自恣僧，應還與此僧等，如下鈔引。多論卷六。

四八·四　越心悔　飾宗記六本云：「心悔者，謂責心悔；不同單言越毗尼者，須對首。」通釋：據資覽意：彼律於吉立二種：越毗尼者，重吉，對首悔；越心悔者，輕吉也，責心即滅。依事輕重分二種，亦同本律「故」「誤」分二也。

四八·八　十誦　卷八：有向僧，迴向三二一比丘等之語。正是多論卷六。

四八·九　若不還　問：上四分但吉，今重者？答：上但云許，今即云施。若許僧物迴已正犯今戒——墮。而不入己，故上四分但結吉。此文迴決施物，故結重。比丘作吉悔者，還物故，但結非法吉，亦望重盜不至果故。

四八·一〇　此彼　彼云：「知物向一人，迴向餘人；應還取此物已，歸此物主。」

卷七

會本卷二十二（鈔中三之一）　隨戒釋相篇之餘（九十單提中自初戒至十四戒）

一·七　初戒　戒緣中，本律一一云：「爾時佛在釋翅瘦迦維羅衛國，尼拘律園中，爾時釋種中有釋迦子，字象力，善能論義，常與外道梵志論議，若不如時，違反前語。若僧中問是語時，即復違反前語。……自今已去，與比丘結戒。」十誦卷九，訶哆釋子比丘、與南天竺論議師共語妄語云云。又僧祇一二，有長老尸利耶婆，諸比丘問云：長老汝犯僧伽婆尸沙耶？答言犯。後又問，言不犯，因制戒。又五分第六有法師比丘名沙蘭，與人論議，以非為是，以是為非，因制。又善見一五云：妄語戒中，訶多者，此是大德名也，釋種出家，有八萬人，訶多亦在其中，性好談論，與外道論議云云。又首疏第九：「鼻奈耶因羅云戲笑妄語，故佛即呵責結戒。」義淨三藏所譯有部律，當戒因羅云制。如是諸部異說，其中四分、十誦、五分、善見，名字雖異，俱因論議而為戒緣，疑是同人。僧祇、鼻奈耶及有部律等，依常途妄語焉。

一·一三　不思反流之始　會正七云：「不下，以初受時更期反生死之流，作如實語，故師告云：『今是真誠時，實語時』等；今反不思，却以妄語為畢世所行，安可得乎！」簡正記意亦同。此等記意，以發心受戒之時，為反流之始歟！鈔批：「不思反流之始等者，謂生死本源之始，始自真如，但由妄起乖真，不知反本源；今若斷妄修真，越出三界，逆反生死之流，會真如本始故曰也。」今記云：「不念生死。」意云生死輪轉之苦相，欣慕出要，正心修行，是反流之始也。然今悠悠，虛構妄語，故曰不思等也。

二·一五　五言了　律云：「說而了了者，波逸提。說而不了了，突吉羅。」

二·一七　多論　又依彼論妄戒廣通五聚，又云：或有妄語入波羅夷，實無過人法說有故。或有妄入僧殘，以無根謗故。或有妄入偷蘭，如說過人法不滿，以無根謗不滿。或有妄入波逸提，如以無根僧殘謗；又九十事中種種妄語是也。或有妄入吉羅，如三聚妄語。或有妄無罪，如先作等。略攝卷六中意。

三·六 彼論作句在兩舌戒　彼第六兩舌戒云：「或有兩舌，非妄語非惡口，如一比丘傳此比丘語向彼說；當實說故非妄語，輭語故非惡口，以分離心故名兩舌。或有兩舌，是妄語非惡口；或有兩舌，是惡口非妄語。……或有兩舌是妄語是惡口。」

三·七 指略　彼云：「妄語惡口作四句，亦如是。」

三·一七 乃至八事　搜玄錄六本云：「一時作二三四者，一時作二者，妄語即有綺語，三者加其兩舌，四者更加惡口，十業中越其意二，故云乃至八事。何不至十，以意地中貪等三心不一時故。」問：唯識論云：「諸煩惱，必由癡故。」依之，癡則與餘惑必相應；若爾，何不作九事？答：於無明有二種，即了義燈六云：「與根本惑俱名相應，不與本俱名為不共。」相應無明與貪瞋可俱起，論必由癡故是也。今云不得一時者，由不共無明，故不相違。問：邪婬業道，必以貪究竟，若爾，撥無邪見，與貪俱起耶？答：邪婬業道，入毛頭位，以貪究竟，而同時不可起邪見；入毛頭已後，出精已前，可起撥無邪見歟！已上資覽意。通釋云：婬以貪究竟者，是論藏一途所談；今依戒門，南山作七毒撥立，準之於婬亦有瞋癡犯。若言入毛頭位，唯貪後方起癡等者，即是異時，何云一時具八哉？」

四·九 五分　彼云：「有法師比丘名沙蘭，聰明辯才，一切四衆沙門婆羅門無能及者，遂乃以非為是。」已下大同，六之初紙。

五·七 智論　出一三。又多論第三，彼云：「夫人生世間，斧在口中。」

五·一四 見聞知是根　謂是根用故，常云眼見耳聞意知等故。觸是塵者，六塵所攝故，常云香味觸等故。若約能觸，還屬根用，或云見聞覺知，則皆是根用故，觸覺譯家互置故；然依本宗，並屬識用，故文云：「見者，眼識能見，乃至觸者三識能觸」等。濟覽云：「今云觸含三者，能觸歟！」

五·一五 律云觸者　律云：「知而妄語者，不見言見，不聞言聞，不觸言觸，不知言知；見言不見，聞言不聞，觸言不觸，知言不知。」又云：「若不見不聞不觸不知，是見想聞想觸想知想，彼便言不見不聞不觸不知，知而妄語者波逸提。」今鈔以後列在於前，記以前段在於後，故云更列也。通釋——律具文云：「知而妄語者，不見言見，不聞言聞，不觸言觸，不知言知；見言不見，聞言不聞，觸言不觸，知言不知。見者眼識能見，聞者耳識能聞，觸者三識能觸，鼻識舌識身識。法者意識能識。」律又云：「若不見不聞不觸不知，意中生疑，彼作是言，我無有疑，便言我見我聞我觸我知，知而妄語者，波逸提。若不見不聞不觸不知，意中有疑，便言我是中不疑，便言不見不聞不觸不知，知而妄語者，波逸提。」無疑而言有亦爾，今之鈔記未引之。

五·一八 別開　見聞觸知具開六塵，此六塵境有見言不見等六妄，又有不見言見等六妄，故云十二。

六·三 上皆違想　上者，上所見異，所忍異等，意云已上所明所見異等，並皆違想。若爾，與前違想何別？前云言違想者，即見言不見，乃至知言不知等。答中，前約六塵，今約意地，故不同也。

六·五 律列四句　律正文云：「本作是念，我當妄語，妄語時自知是妄語，妄語已知是妄語，故妄語波逸提。本作是念，我當妄語，妄語時自知是妄語，妄語竟不自憶作妄語，故妄語波逸提。本不作是念，我當妄語，妄語時知是妄語，妄語竟知是妄語，故妄語波逸提。本不作妄語意，妄語時知是妄語，妄語已不憶是妄語，故妄語波逸提。」

六·八　是念　次云：「當妄語。」「前時無心」四字，鈔主義加。中後等者，彼云：「妄語時知是妄語，妄語竟知是妄語。」第四句前後等者，如前條引。

六·一一　問前心吉　資覽有辨難得心。今按云：同者，謂本作此念，我應妄語，即無間作妄語，是則前心吉，即遠方便也。次異者，前作此念，我當妄語，尋涉異緣，後更起念妄語，是則後時起念為遠方便，前時作念非遠方便，或復前起不關方便者，示上異也。

七·五　下釋中　今善生文有二段，初三相標，次若言下釋。釋中兩有「前人不解」文是也。

七·八　破根境　謂般若經無眼耳鼻舌身意，無色聲得香等說是也。無覆藏說者，懺悔之時，倚他理觀，唱罪障本無等是也。

七·一三　胡漢異音　資覽：「鈔批云：異音說，謂胡漢等音，意欲令他不解，而語中不妄實犯也。」通釋云：意云或有人問云：某物為有否？答云：婆則有梵語，語雖不妄，欲令彼解無，亦犯妄罪。

七·一六　十誦兩舌戒　卷九云：又比丘往語皮師子比丘言：彼說汝皮師種用出家受戒為？某是誰耶？答云：名某某。名是誰？答云某姓。某姓是誰？答云某種。某種是誰？答云某作。某作是誰？答云某相。若彼解，波逸提。不解者，突吉羅。解已更說，波逸提突吉羅。多論六云：「解已更說波逸提突吉羅；解者應言聞已更說，若聞者波逸提，不聞突吉羅。」通釋云：按十誦文意，比丘往語餘比丘某比丘如是罵汝；彼比丘返問云：罵我比丘誰耶？何種何姓等也；時作兩舌比丘具答，畢時，彼比丘分明某比丘罵我解者，能告比丘犯兩舌提；若彼不解，能告比丘犯吉羅也。如是告畢重又語，每度解者犯提，不解犯吉也。

七·一八　僧祇屠兒　祇律一四異語惱僧戒云：「若屠家畜生走，問比丘見不？比丘不得妄語，復不示處，應言看指甲。」（指甲者，胡音也。）會正記七云：「彼律第十四卷中，正作指押，仍自注釋云胡音，與不見同；今謂方便引接，令彼屠者眼看不見也，非謂答他云不見，故注云應方便引接等。」搜玄錄六本云：「祇律者，看指甲者，祇律注云：看指甲者是胡音，與此云不見同也；鈔意不取此注，……未得答彼人見與不見，應方便引接前人，意令畜遠去。」英心師曰：「今記及會正，彼正作指押云云，現行祇律作甲，與鈔同也，所覽異耳。次引古記即上會正、搜玄等記也。初正引，次然彼下加難意曰祇律本文云，應云看指甲，明知是答乎！然依注指甲是不見也，胡國常途，不見言不見妄語，若在漢朝復是異音妄語，故驪文應云與子注不相符也。次指指歸，六十家記主內，杭州贊寧撰，都合三卷，大鈔記其意同也，指甲即獸跡云云。然祇律相違，故云後人妄加等。次有部律第二十八云：若苾芻見有獵人逐麞鹿等來入寺內，苾芻見已，獵人問言：聖者頗見有走鹿從此過不？苾芻不應答言我見，……即應先可自觀指甲，報彼人云：諾佉鉢奢弭。若更問者，應自觀太虛，報彼人云：納鉢奢弭。注云：若據梵音，諾法者，是爪甲義，亦是不義；鉢者是見義；弭是我義；即是我見爪甲，亦自我不見義。苾芻眼見爪甲，即表不是妄言等。又云：若獵者云：我不問指甲，及以太虛，然問可殺有情，於此過否？苾芻即應偏觀四方作如是念，於勝義諦，一切諸行，本無有情，即報彼云，我不見有情，此皆無犯。」（有部律攝第九，其意大同之。）

又飾宗義六本云：「今三藏（玄奘）云：獵師逐鹿入寺，問苾芻見否？應設方便，觀空觀爪，答獵師云：納婆鉢奢弭。或云諾佉奢弭。言納婆者，目虛空也；鉢奢者，是見也；弭，是我也；即是我見虛空之義。又諸佉者，爪甲也；鉢耆等同前，語雖如是，其意則異；且如納婆雖目太虛，亦顯無義，據此亦是我見無義。既實見鹿，不得言無，寧覩太虛，傍通無義，欲令獵者謬解而歸。又諸佉者，雖目爪甲，亦通無義，餘釋同上。」通釋：依有部律，並賓師意，僧祇指甲及注不見俱諾佉鉢耆弭，上兩義祇律本文及注文互舉一義耳。梵網發隱云：「問：佛見兔入，何言不見？答：為救免故，權巧見機，所謂無所違犯，生多功德是也。」諸雜要行篇引十誦如是因緣，當作餘語，不犯。

八·七 若語高姓　問：準下若語兩眼人等文，同應有二罪，何局妄語一墮乎？答彼律十六卷疑惱戒但局六事（當律意亦大同）。云：「是中犯者，有六因緣：一者生，二者受具戒，三者犯，四者問，五者物，六者法。」向高姓人云下姓，不入彼六，故不犯疑惱戒。若言一眼人，即受戒諸遮中故當第二受戒，是故兼妄惱二戒。

八·一七 毀罵斷事人　律云：「六羣比丘斷諍事，種類罵比丘，比丘慚愧，忘失前後不得語。」注戒云：「六羣於斷事人前，種類罵彼，忘失前後，慚愧不語。」今注依注戒耳。

九·一九 婆羅門有牛　律：彼婆羅門晝夜飼牛，刮刷摩捫；時復其國，有長者子，遍自唱言：誰與我牛共駕百車，賭千兩金。時婆羅門牛念言：主餧我，刮刷摩捫，我當盡力，取彼千金報恩，即語主令應長者等。

一〇·一三 六品　十誦九；多論六；有八種：一種性，二枝，三作，四犯，五病，六相，七煩惱，八罵。對較本宗多相罵二種，然相即相貌。可兼攝病，唯罵一相，本宗缺之。十誦云：罵者，若比丘往語餘比丘言：汝喜罵人用出家受戒為？汝作二種罵罵他，一者白衣罵法，二者出家罵法，令心苦惱，輕毀心故，一一語波逸提。

一〇·一七 跛躄　跛者，一足廢也；躄，兩足俱廢。

一一·四 陶音窰　窰亦作窯，餘招切，音姚，燒瓦竈也。

一一·一〇 謗分三犯　無根波羅夷犯殘，無根僧殘犯提，偷蘭已下無根，通犯吉。若依多論，更加一，彼云：「以無根出佛身血、破僧謗，得偷蘭。」

一一·一一 五百結　首疏云：「五百結者，傳云：九十八使分為五品，五九四十五，即四百五十；五八四十，即四百九十；並根本十使，是為五百。亦云加十纏者。」

一二·一 僧祇　上罵言汝及父母是提，言和上闍梨是蘭，言同友知識是吉。中罵汝及父母偷蘭，和尚闍梨吉羅，同友知識越心。下罵汝及父母吉羅，同友知識越心。

一二·二 偷蘭　飾宗記：「祇律有一類偷蘭，輕於提罪也。」

一二·九 準彼律　祇律一二：種姓者，下中上。下者，汝是旃陀羅，剃毛師，織師，瓦師，皮師種姓，若作是語，使彼慚羞，得彼逸提。汝父母旃陀羅，乃至皮師，作是語使彼慚羞，波逸提。若言汝和尚阿闍梨是旃陀羅，得偷蘭遮。若言汝同友知識是……越毗尼罪，是名下。中者，汝等中間種姓，作是語，……得偷蘭罪。若言汝父母是……得偷蘭罪。若言汝和上阿闍梨是……越毗尼罪。若言汝同友知識是……得越毗尼心悔，是名中間。上者，語其人言：汝是刹利波羅門種，作是語，欲使彼慚羞者，越毗尼罪。若言汝母是……得越毗尼罪。若言汝和上阿闍梨是……得越毗尼罪。若言汝同友知識是……得越毗尼心悔，是名種姓。飾宗記六本云：「祇律有一類偷蘭，輕於提罪也。心悔者，謂責心悔，不同單言越毗尼者，須對首也。」會正記七云：「上罵惟吉一種，以吉分輕重，故俱成遮滅義也。」下罵一切皆吉，於吉中亦分輕重，如上本文。

一二·一八 彼明闡陀　彼云：過去世時，國名伽尸，有長者奴字阿摩由，為性兇惡，爾時長者與諸婆羅門子遊戲園林，諸從人輩，在門外住，阿摩由打諸從人；諸婆羅門子訶之，阿摩由不受之，遂告本主。本主得天眼……即往訶之，時即止。爾時長者，豈異人手？即我身是；其時阿摩由者，今闡陀是。引此文者，闡陀是六羣中一人，非唯今毀罵他，世世如是；非唯今受世尊制，往昔亦爾，故引示制此戒由也。

一三·四 帳默　資覽作悵然，自訓悵然不樂，本律作悵然不樂。張說詩云：「事盡情可識，使人心悵然。」

一三·七 從龍乞珠　彼云：「螺髻梵志，居恆水側，有一龍王，名曰摩尼犍大，以身圍繞梵志，憂患顏色憔悴；世尊教彼，乞彼瓔珞，龍歸去不復來。」

一三·七 從鳥乞翅　又云：「時比丘住林中，衆鳥悲鳴，亂於定意；世尊教彼，乞彼兩翅，諸鳥出林，更不復還。」

一三·九 相利故說　資覽：「首疏開通云：相利故說者，總舉為利不為指；為法故說者，為說理教令生信解；為律故說者，總舉行教；為教授故者，別舉行教指示曲授，即說即行；為親友故者，情親故不犯。」

一三·一八 十誦　搜玄錄：「十誦二三云：有二住處自恣，時有比丘說比丘罪，……諸比丘知是說他罪人身業不清淨，……雖知此比丘破戒，然不得云汝是破戒人，不合舉罪，以成毀呰故。」

一四·六 現翻為離間語　律攝八云：「離間語故者，謂作惡心令他離間而發其說。」

一四·八 二說鄙惡事　首疏云：「善法毀呰，對面懷惱，故前須明；此是屏傳無惱，故不列，以無善法兩舌語故。」

一四·一一 戒疏云當類犯提　善見一五：「兩舌，若兩舌鬬亂比丘比丘尼提，餘三衆吉，白衣亦吉。」通釋：部別不同歟！首疏云：「十（誦）婆（沙）云：唯鬬亂同界大比丘者提，餘衆別衆輕，即無破僧障礙說戒等事故。」今時行事依用之可乎！

一四·一七 七事　彼云：「兩舌者，有七事；何等七？種姓，業行，相貌，病，罪，罵，結使。」

一五·四 今引後四結文　祇律云：「種姓者，下中上。……業者，下中上。病者，無下中上，一切病皆名下。……罪者，無有下中上，一切罪皆名下。……罵者，無下中上，一切罵皆名下。……結使者，無有下中上，一切結使皆名下。」

一五·六 後引多論彰異　問：其異相如何？答：有人云：異有二：一重結，二吉羅也。問：依木部語業犯多分語語結罪，何云異乎？又緣闕吉羅，本宗自元無別，以是豈云彰益乎？答：彰異者，未必言部別之異，上來未顯此事，且故云異耳。

一五·一二 惡伴黨　彼接云：「破方便壞僧者，破助壞僧者，破二人三人作羯磨者，若破非法羯磨非律羯靡者。」

一五·一二 和尚　彼云：「破若僧、若塔、若廟、若和尚、若同和尚、若阿闍梨、同阿闍梨、若知識、若親友、若數數語者，無義無利，欲方便作無義利，破如是人者，不犯。」

一五·二〇 第四　律中：阿那律從舍衛向拘薩羅國，路至無比丘村求宿處，時有一婬女家常止賓客，在門屋下住，那律往求得，即入門下，自敷草褥，趺坐繫念。後有諸長者子亦來宿，多坐逼近。婬女見念那律是貴族，習樂來久，不能忍苦，即請宿舍內，那律入室中已，亦敷坐繫念。婬女初夜後夜來誘，彼默不答，女遂裸身捉之；那律踴身在空中，女慚愧悔過，那律為說法，彼於座上諸塵垢盡，得法眼淨（初果），成五戒優婆夷。因上因緣制。

一六·三 第一　礪疏五本：「言女人者，四五二律，局取人女，人簡餘趣，女簡異男等，但是人女，不問道俗親俗大小。五分乃至初生具非具除死女也。祇十二律，通三趣三云云。」英心師云：「礪師尚通小女，今師準戒疏依本宗，俱取有智女人為境。本律云：婦女者，人女有智，命根不斷；若天女，阿修羅女，若龍女，夜叉女，餓鬼女，畜生中女，能變化不能變化者。……若與黃門二根人，同室宿，突吉羅。」賓疏同今師意，首疏乃至二根同宿者提。

一六・五　室有四種　十誦一六：「舍者，有四種：一切覆一切障，一切障不覆，一切覆半障，一切覆少障。是中犯者，答比丘是四種舍中，共女宿皆波逸提。」與今不同，部計異耳。若依多論，十誦四舍中，初一提，餘三皆吉。

一六・一〇　僧祇　彼云：「若雌象乃至雞，若駱駝牛驢，擎頭時未得罪，委頭眠波夜提。若雌駒舒頭時無罪，屈頭眠時波夜提。鵝、孔雀、雞，舒頭無罪，屈頭著翅下波夜提。象正立時無罪，倚眠時波夜提。」

一六・一〇　大母畜生　多論又云：「若人女是畜生女，堪作婬欲者波逸提；若不堪作婬欲者，如石女根壞鬼神女天女鴿雀等，突吉羅。」資覽：問：鬼神女天女，亦可受婬何輕耶?答:不可輒陵犯。

一六・一五　室中有諸小房　多云：「若比丘在室內小房中自閉房戶，女人復在一小房中，以堂一覆故，波逸提。」

一六・一六　三邊有障　若依多論犯吉，彼云：「若一切覆三邊有障，一邊無障；若乃至一邊有障，三邊無障，突吉羅。」

一八・一〇　一房別戶　僧祇一九：若佛生日大會，得道日大會，若通夜說法當露地，若風若雨若雪，隨寒者當入屋裏，正身坐；若老若病不能坐者，具如鈔引。資覽云：「依本文若通夜說法，似必制露地，言當在露地故，是防同宿妨耳；若依今鈔，未必定規歟！云若露地故。」

一八・一二　高齊肩腋　善見一五，未受同宿戒云：法師云云何房不得共宿，一切覆一切障乃至以衣縵作屋亦犯。壁者，乃至高一肘半，亦名為壁。相承云一肘半者，二尺七寸也。僧祇一七，未具同宿戒云：「若比丘老病不堪坐者，當以縵障，若齊項若齊腋，縵下至地，當用緻物作，不得容貓子過。」又今戒云：「高齊肩腋。」資覽：相承云肩腋者，約坐身長，非立長也。毗尼討要中末云：「僧祇云應高齊膠腋，言膠者，立時量；言腋者，坐量也。」通釋云：「未見祇律齊膠文，所覽有異歟！」

一八・一五　不但簾牀　簡正記：「注文不但簾牀者，諸記中並不消釋，大德曰：此謂防人巧情故來，恐有以簾幕等圍繞於牀謂言不犯，故注簡之。」英心師云：「不但簾牀者，斥僅簾內引之，或唯繞牀，並不倒簾下也。」

一九・五　若白衣舍　具文云：「若白衣舍內房舍各異，若比丘在一房中；女人在餘房，若比丘不閉房戶突吉羅；閉戶不犯。」

一九・一二　律不犯中　賓疏云：「又尋古人準律中三三合為九種，不成室相；今詳但八句不成室相，作九句者，律文錯也；且敘九句，有三個三，第一三者，一盡覆全無障，（前云古律更加一句錯者，即是此也。）二盡覆半障，三盡覆少障。（謂一邊有壁也。）第二三者，一盡覆無障，二盡障半覆，（律本有此句者錯也，此句成室，今落在此不犯中，以其同前四成室中第三室故。）三盡障少覆。（此辨第二個三訖）。第三三者，一半覆半障，二少覆少障，三不覆不障，於此九句中，除第二三中第二句，自餘八句，於中行坐不犯，而律不言臥不犯也。」英心師云：「賓師意律文二誤，一出成室相五種即上四室外第五，加盡障無覆，即第四注指點是也，是以古律有五種指斥乎之也。二出非室相應有八句，然如第五盡障半覆為九種非室，亦律文誤也，盡障半覆與上成室四種中第三同體故，是賓師意也；若依今師上成室第三約盡障多

覆，故盡障半覆尚落在非室，則成九句，然現流布之
本律無盡障半覆句，自成八句，疑後寫脫耳。」
二〇・三　第五　律：六羣散亂心眠，轉側露形，一比丘以衣覆
已，復更轉側露形，如是再三；長者譏嫌大笑調弄云
云。善見：欲眠時，應先念佛念法念僧念戒念天念無
常；若不如是念，是名不善念。由不念故，心即散亂
露形，是名露身云云。
二〇・三　開二三宿　律：諸比丘作是言：不聽與未具同宿，便遣
羅云出，羅云無住處，往佛廁上宿，明晨佛上廁上作
欬聲，羅云亦作欬聲，佛問已，將還房止宿，明日集
僧訶言：癡人無慈，乃驅小兒，又是佛子，不護我意
耶！因開二三宿云云。本律及善見意。多論云：「所
以聽二宿者，以若都不聽，或有失命因緣，種種惱事
因緣，以憐愍故，得二宿共；以護佛法故，不聽三
宿。」
二〇・一〇　善見　具文云：「第三明相未出避去，若不避者，令三
宿亦不犯。第四宿初夜不得，若脇著牀，波逸提。」
二〇・一四　第三夜　就第三夜，行宗有三判：一疏順戒本，不去犯
墮。二鈔準他部，不去但吉。三母論加坐（無去處加
坐等），都無有犯，至第四夜一切無開。通釋云：準
十誦五分，若四夜通不臥，第四夜亦開。
二〇・一七　若病　彼云：「時有比丘病，使沙彌供給看病，是比丘
至第三夜驅沙彌去，是病比丘病無人看垂死；佛語諸
比丘應喚沙彌在病比丘所立，莫令臥；有沙彌小久立
倒地，便臥，佛言病比丘不犯，是中有不病比丘，不
應臥。」
二一・一四　據開三夜　通釋：「準上善見母論等，雖開三宿，皆
文中至第三宿令避去，若無去處不犯等；準之，一向
不犯，諸部通局二夜，至第三夜隨緣有無開不開別。
今僧祇文，亦宜準之。」文云：「無二夜開，意亦見
矣。」

二一・一六　多論　卷八取意，彼云：「若共宿過二夜已，第三夜更
共異人宿，波逸提。」
二三・三　同誦戒　多論：「此戒體以句法教未受具人得罪。」善
見云：「若師教未受具人諸惡莫作，而彼同聲誦之；
若師言諸惡莫作，彼抄前而誦諸善奉行。」
二三・四　戒　準前後，戒字多寫。
二三・五　多論四意　疏引用之，卷三彼云：「三為分別言章須
了。」餘文同今。行宗釋：「一有法式，西竺外道多
合誦故；二有尊卑；三能詮不亂；四所詮不隱，教為
顯義，故不在聲；若許同誦，但隨音聲而不解義，深
乖教意。」
二三・九　句義　律具列句義非句義，句味非句味，字義非字義，
六俱同犯，文云：「句義者，與人同誦，不前不後，諸
惡莫作，諸善奉行，自淨其意，是諸佛教。非句義者，
如一人說諸惡莫作未竟，第二人抄前言諸善奉行。句味
者，二人共誦，不前不後，眼無常耳無常，乃至意無
常。非句味者，如一人未稱眼無常，第二人抄前言眼無
常。字義者，二人共誦，不前不後，阿羅波遮那。非字
義者，如一人未稱言阿。第二人抄前言阿。」
二三・一　為佛印可　善見：「聲聞語者，阿能伽那正見經阿菟
摩那經等是，及梵志語，天人語，同誦不犯。」通釋
云：「是無佛印可者耳。」
二三・三　自撰集　彼云：「法師所撰文字，共同誦不犯。」
二三・三　俗書　彼云：「一切外道梵志一品，是名梵志語；魔王
梵王帝釋一切天人所語，是名天人語；同誦不犯。」
東野云：此文在自撰文字前。
二三・三　十誦　彼云：「若偈，偈偈波逸提；……若別句，句句
波逸提。」
二三・一六　消息　通釋云：猶如曰進止也。又祖庭事苑二云：
「消，盡也；息，生也。謂可加則加，可減即減。」
濟緣云：「消息者，猶言詳度也。」

二四·四　非師資位　行宗一三·四三：「同業者，或同師受學，或同業一經，即如多論二人俱經利，並誦無犯；然約相非宜，故曰曲開也。」

二四·六　向白衣說　律中，六羣語白衣言：「汝等知如許人在下行坐者不？彼言不知；六羣即示言：此等犯如是如是事故，衆僧罰在下；在過比丘及餘人皆慚」云云。

二四·一六　除僧羯磨　善見一五：「除僧羯磨者，羯磨在某處，某處說；若非所羯磨處說，波逸提。」通釋云：「因能羯磨僧之刓漫，說有通塞。」

二五·一〇　律云　卷一一取要。又有已下，為卷五九，彼云：「若比丘僧不差，以五事向未受大戒人說他犯者，得波逸提。」已下大同。皆墮，彼云：「是為五事。」

二五·一〇　說上二篇　多論三云：「說他麤罪有三種：一說他波羅夷僧殘，得波逸提；說出佛身血、破僧，偷蘭；說波逸提，突吉羅。」

二五·一四　避濫　行宗一三·四五：「說上品蘭，同上犯提，中下但吉；若依多論，蘭同下聚。」

二五·一九　謂迷教　不知彼所犯入初二篇也，然迷教犯根本罪外，兼結「不學」「無知」二罪，今入不犯，未詳其意。

二五·二〇　謂迷心　謂於盜五錢作盜四錢想說，或觸無衣女作有衣女想說等也。若於盜五錢重罪想，尚是蘭攝說，還屬迷教也。

二六·一七　並如　本律云：「若增上慢，若自然業報不言是修得，若實得上人法向同意比丘說。……或戲笑語，若獨語，若夢中語，欲說此乃說彼。」

二六·一九　後開五六語　依律初因耳語說法，一向制斷；後有十重開：初因女人請比丘開過五六語，次有智男子前多說，次無男子授五戒，次說五戒法，次授八關齋，次說八關法，次說八聖道，次說十不善道，次說十善，次開問義廣說。五戒已下諸開，皆無男子開也。

二七·六　五分　卷六云：時有大威德比丘乞食到家，婦人出請為我說法，比丘觀之，知此婦人須臾風發，死墮地獄，若為說法，遠塵離苦，而畏聖制，不為說法，婦人果死。比丘歸來白佛，佛言：汝若說，幾說得解？答曰：五六語，佛因制戒。

二七·一二　後緣　實得道戒緣也，前色無常等曰誦戒緣故。

二九·三　多論不掘地　卷六壞生戒云：「凡有三戒，大利益佛法：一不得擔，二不殺草木，三不掘地；若不制三戒，一切國王當使比丘種種作役，有此三戒，帝王國王一切息心。」合掘壞擔三戒敘制意，今除負擔也；不復役使已下文，鈔家釋也。戒疏及首疏雖同安之，而非論文，俱疏家詞也。

二九·二〇　經四月被雨　本律云：「地者，已掘地，未掘地；已掘地經四月，被雨漬還如本。」已下如鈔所引。

三〇·六　有以　會正：「經四月者，以西土此時多雨故；一云佛教分三時，從五月十六日至九月十五日是雨時。」鈔批：「經四月被雨者，景云此舉夏四月中，隨一雨下，若掘皆犯；以夏中多雨，能令地勢生也。」通釋：「今所破當此二記歟！俱約雨時四月故。」

三〇·一一　畫地作模　十誦：「若手畫地，乃至沒芥子，一一畫，突吉羅。若比丘作師匠，欲新起佛圖僧坊，畫地作模像處所不犯。餘比丘畫犯罪。」英心師云：「彼律掘提，畫吉。若為佛圖等畫，開吉也。餘事通結。」

三〇·一五　沒膝已下　通釋：準彼律似約沒膝已下犯吉，若至外地當結重墮。彼正文云：「若掘泥處，乃至沒膝處，取隨一一掘，突吉羅。」

三〇·一八　蜀本多論　搜玄錄：「靈山云：準大周經目中云：或九卷，或八卷，凡一百九十七紙。費長房錄中，並失譯人年代，關中先有八卷，釋九十不盡，至六十八後即闕也。首師疑文不盡，每廣求訪，後遇蜀僧寶玄云：『蜀地論有九卷，從壞生戒解至後也。』後寶玄歸鄉，附九卷來，號為蜀本多論。首遂作序，具說上緣因，魏滅法，遂乃零落耳。」

三〇・一八　四月及八月　問：文中言四月及八月者，約四八之二個月耶？答：諸記釋不同，搜玄錄云：「四月八月者，謂此四八之月，是其雨時等。」是似約二個月，簡正記亦同。次大鈔記云：「謂四月八月，謂從四月至八月。」是約五個月也。次鈔批云：「四月及八月者，景云此舉多雨處，則春四月夏四月之雨；若少雨處，但四月有。」是若多雨處春夏共八個月，若少雨處但夏四月也，是釋為正準。十誦十六掘地云：「生地者，多雨國土八月地生，若少雨國土四月地生，是名土地；除是，名不生地。」

三一・一七　土末際　問：記釋云地極盡際雨不沾處，依此似生地下底雨不澈處，若爾，令淨人五六尺許掘竟，已下比丘自掘無犯乎？答：不爾。多論明無作多相中例掘地云：「若至水際，傷如蚊腳，望塵塵犯提。」若爾，不可云記釋約地底也。加之記科判明重生地，準之已掘最末下本地上際，雨不沾處，掘之無罪也。謂地極盡際者，約已掘之地最下也。

三一・一八　撤故屋　祇本文云：「若泥覆朽故房舍，欲撤時，不得自撤。」

三二・一四　四分　彼云：「祇洹處有野火蔓延來，諸比丘白佛，佛言聽逆除」等，下同。

三二・一七　燒字去呼　平聲，蕭韻，火燃也，焚也。去聲，嘯韻，野火也。

三二・一九　亦名非地　善見一五：「掘地戒者，真地非真地。」十誦名生地不生地。多論釋云：「胡本云實地不實地。」

三三・一　若把火燒手　依之，今時露地自燃紙燭等，可非然火戒也。

三三・五　唱令　彼接云：「僧同集，使淨人刈左右草，以火逆燒，水土澆坌，濕衣撲滅。」

三三・一五　僧祇覆處地　鈔批：「景云：此舉覆處明內為言，若是明外際簷下則犯，以非覆處攝故。而明內得自掘者，以覆處土，不能生草故也。」若依多論卷九屋下地犯墮云云，部別異耳。

三四・二　若鼠壞　律具云：「若取鼠壞土，若除經行處土，若除屋內土。」今等取之也。

三四・九　壞音怪　彙云：「凡物自敗，則華賣切；凡物不自敗而毀之，則古壞切，音怪，呼回音者，叶韻。」

三四・一三　壞鬼神村　賓疏云：「鬼神者，非人也。」今詳非人，通攝畜趣，故十誦一〇云：「謂樹神，生草木衆生依住，衆生謂樹神等，乃至蚊虻蝎蟲蟻子等也。」資覽云：「賓意非人言通攝鬼畜，今師亦同歟！引十誦而證故。」

三四・一九　僧祇兩分　彼一四云：「若比丘壞種子破鬼神村者，波逸提。種子者，有五種：莖種、根種、心種、節種、子種，是為五種。鬼村者，樹木草。」

三五・一　律中五種村　本律一二：「村有五種：有根種、枝種、節生種、覆羅種、子子種。根種者：呵梨陀薑、憂尸羅，及餘所生種者是。枝種者：柳、舍摩羅是。節生種者：羅勒蓼……是。覆羅種者：甘蔗、竹、葦、藕根……是。子子種者，子還生子者是。」首疏云：「見云：呵梨陀，翻云黃薑，今律文胡漢並彰故曰也。憂尸羅者，漢云香菜。……舍摩者，菩提樹也。」

三五・四　古記引首疏　首疏云：「生種雖五：義分有三：一種根生，二種枝生，三種子生。根生中分作二：不假節生者，則作根種，名根中；假節生名覆羅種。枝中亦二：不假節生者，作枝種；假節生者，作節生種。子子種中當體立一，始末差分，合成五也。」礪疏全同。問：本律中藕蔗覆羅種，又蘿勒蓼節種，今記異之者？答：今記注疑依玄記歟！搜玄錄云：「（今案引首疏，文同前。）」通釋云：「今記所引古記者，此搜玄耳。此錄意，藕蔗名節種，亦號覆羅；今記引一邊，故不違本文，按覆羅節種互通也。」

三五・六　蘆葦　說文云：「葦初生名葭，稍大為蘆，長成乃名為葦。」

三五・一六　落地傷　多論有二種淨：一故作淨，二不故作淨。落傷等是不故作淨。

三五・一七　轂　現本作轂，與殼同。今案：津刊會本仍作轂。

三五・一九　蒿　彙云：「蒿類甚多，氣味各異，名亦不同；乃至牡蒿，一名蔚，三月始生，七月始華，如胡蘇花紫赤，八月為角，似小豆角，銳而長。」

三五・一九　但令相著　四藥篇曰：「十誦：云何火淨？乃至以火一觸。若以火啖熱灰及炭等不成淨。」記云：「火啖謂炎上微處，熱灰炭火無啖頭者，皆不成淨。」鈔云：「明了論疏：此淨法不但約一物以成，如一聚桃李，但火觸一，餘皆成淨。隨以刀破爪傷，隨一被淨，餘皆名淨。此作淨體，本以此為法，非使物不生，故名沙門淨。」又云：「僧祇：多果同器，一果作淨，餘者通得。若別器者，一一別淨；甘蔗著葉，莖莖淨；無者合束淨。」

三六・一　揉攙　僧祇音釋云：「以手挺也；又調順也。」

三六・一八　雨後　彼云：「材木著地，比丘不得自舉；舉者得越毗尼。」

三八・一　善見云　若準多論不開之，彼云：「凡欲取菜草土，當遙言某處有好者淨來，若到邊指示犯也。」

三八・八　若生草　彼云：「所行道中有樹若草，妨比丘行，或鈎壞衣，佛言聽編草披著道外，若以物遮之，聽反繫樹枝著樹，編著草木時，枝折」，已下同。

三八・一四　十誦一時壞　多論釋云：「五種者，根種子，莖種子，節種子，自落種子，實種子；若一時燒五種子者，一波逸提。若一一燒，隨所多少，一一波逸提。若摘樹葉，若一一摘，一一波逸提。若一下斷樹，一波逸提。」通釋：「十誦五提，多論一提，雖互不同，俱不約生種數多少，或總結五罪，或結一提；不同四分，隨葉數別結，若一一別燒，彼此無異也。」

三八・一五　不同僧祇　彼掘地戒云：「若自方便多掘，一波逸提；若中間止住，一一波逸提。」又壞生戒云：「若自方便截五種生，竟日不止，得一波逸提；若中間息已更截，隨息一一波逸提。」通釋：「彼律使人亦爾，一語多掘，一提；重語疾掘，語語犯提也。」

三九・一四　作白制已　本律：「大德僧聽。此闡陀比丘犯罪，諸比丘問言：汝今自知犯罪不？即以餘事報諸比丘言：汝向誰說？為說何事？為論何理？為我說？為餘人說？誰犯罪？罪由何生？我不見罪。若僧時到，僧忍聽。當名闡陀比丘作餘語。白如是。」

三九・一五　身口二業邪曲　如僧祇一四：「若人問比丘言從何處來？答言過去中來。何處去？答言向未來中去。何處眠？八木上眠。汝今日何處食？答言五指食」等。八木上者，鈔批解云：「牀有四木，並四腳為八也。」

四一・二　不起不犯　彼接云：「或舍崩壞，或燒，或毒蛇入舍，或遇賊，或虎狼獅子，或為強力將去，為他所縛。」惡心問之下，有「若問上人法，汝說是」之八字。

四一・一一　嫌罵沓婆　律中：慈地其中間相去，齊眼見耳不聞處，自相謂言：此沓婆有愛恚怖癡。餘比丘語言：汝等莫作是說，彼既為僧所差故。慈地報言：我等不面說，在屏處譏嫌耳。因制。慈地更作方便，齊聞而不見處，自相謂言：有愛恚等。餘比丘責之，彼言我等不嫌是罵耳。

四一・一六　五分　彼云：「僧單白羯磨，白二羯磨，白四羯磨所差人；而評說此人，隨欲、瞋、癡、畏，語語波逸提。」

四二・一　罵正拜人　僧祇一四云：若拜人，拜屬人云云。鈔批：「景云：被僧白二差名正拜人，如俗官受職之類致拜也。」

四二·五　五分餘人　搜玄錄：「立云：一二三人差，曰餘人也。」會正：「餘人離正差人外，傍佐助之者。」

四二·六　彼云　具文云：「佛在跋祇國，與諸比丘到故河邊，諸捕魚人提網捕魚，諸比丘白佛言：是捕魚人不應作此事而勤作，佛說偈言：『已得難得身，云何作諸惡？染愛著身故，命終入惡道。』時捕魚者，沈石浮瓠，順水而上，邊各二百五十人，噉喚挽網。諸比丘白佛言：世尊！此人若於佛法中，如是精進者，大得法利。佛說偈言：『所謂勤精進，非名一切欲；謂能離衆惡，以法自活命。』」下同。

四二·一二　若不受　現本云：「若上座教汝嫌罵，若受教嫌罵，突吉羅。」準之，今文剩一不字，恐是多寫。

四三·三　露敷往食　律彼露處敷已經行，望食時到，時到已不收赴彼食。諸比丘食已還寺，見僧坐具塵坌蟲壞，嫌責十七羣。

四三·八　出門便犯　通釋：「此戒結犯，諸部不同。當宗約門；五分約界；十誦多論出寺門，過四十九步提；僧祇去離二十五肘犯；善見離中人擲石外提。本文如資覽出之。」

四三·一二　到尼寺　五分：「若比丘到比丘尼僧坊，露地敷比丘尼僧臥具，謂非僧臥具，而不舉者，亦波逸提。」

四三·一二　白衣　又云：「有諸白衣來入僧坊，索僧臥具，欲敷露地；諸比丘不與，便大譏嫌。佛言聽與。既與欲早舉，教令速去；白衣復瞋。佛言不應教令速去，應伺候去時舉；若不舉，波逸提。」

四四·一四　踞牀　會正曰：「踞牀，即今小牀也，可以垂足而踞者。」

四四·一八　律云便應去　本律云：「若即時得還便應去；若疾雨還不壞臥具者應往；若中雨中行，及得還者應往；若少雨少行及得還者應往。」

四五·八　謂同臘者　行宗記云：「後俱不收者，謂不前不後，同時捨去，非相擬待，故各一罪。」兩記不同，各舉一義耳。

四五·一三　囑付二人　律云：「若彼有舊住比丘，若摩摩帝，若經營人。」通釋：「既以若字分之，準之似三人。」

會本卷二十三鈔中三之二　隨戒釋相篇之餘九十單提中自十五戒至三十七戒

一·四　客比丘在邊房　若依五分，依一七羣起，彼一六云：「佛在毗舍離，有一住處下濕，時十七羣比丘在一房中安居，去時不舉僧臥具，悉皆爛壞。……結戒。」

一·五　五緣　戒疏、尼鈔、並首、礪、懷素等疏，並立六緣。戒疏云：「一僧物，二知是，三屏處，四已受用，五去不舉，六過限犯。」

一·九　緩急　行宗云：「緩即囑付等，急即雨中還。」與今釋文，同異可見。

一·一一　應語舊住比丘　通釋云：諸律明付囑人相者，本律一二云：「若有舊住比丘，有經營人，若摩摩帝，當語言與我掌護牢舉。」十誦一一云：「不應付囑無慚愧破戒比丘，亦不應囑小沙彌。」多論六云：「付囑次第法，盡在律文。好持戒大沙彌，亦得付囑之。」五分六云：「不應囑和尚阿闍梨，同和尚同阿闍梨等諸大德，及病比丘，犯者突吉羅。」律攝九云：「若有苾芻應囑授，若無苾芻，應告求寂。」

二·一　敷臥具　律中：十七羣先語六羣言：汝等是上座，應先往求取住處，我等在後往求。六羣報言：汝等先往求之，我等不求。十七羣便往止宿，六羣知彼已求得宿處，敷臥具竟，往語言：汝等幾歲耶？當以大小次第止。十七羣言：我等先已語，汝等是上座，當先求；而不求，何驅人，我等終不能移。六羣強在座間敷坐具宿。

二·四　隨坐臥犯　本律：「若比丘知他比丘得住處，後來強於中間敷臥具止宿，隨轉側，脇著牀，波逸提。」礪疏云：「六隨臥犯提。」開宗記云：「五隨臥犯。」依律文及礪、素釋，但局臥犯，而今鈔通坐臥犯，按雖律且明臥犯，尋律制本意，專為制惱他，故十誦隨作經唄咒願，一一結提，豈必局臥乎！首疏云：「五隨坐臥結罪。」與今全同。

二·五　地敷臥氈　此是二物，本律一二：地敷下至臥氈。

三·一　十七　律中：十七羣語六羣言：汝等是上座，當先敷。彼報言：汝先敷，我何豫汝事。十七羣即先止宿，六羣往言：汝起去，隨次坐。報言：我先既語竟，不能起，今已逼暮，但當共宿。六羣瞋不喜，強牽驅出房，彼高聲言莫爾。比房聞嫌責。

三·六　夏房不爾　四分三七·三：安居竟客來不應移。又僧祇二七·九：若安居付房已，上座來，不應令起之；安居篇一二·一八引之。

四·七　牽下四衆　多論：「若牽比丘尼三衆突吉羅。……若牽比丘尼，婬亂心牽摩捉者僧殘。若有恨心牽比丘尼，能者波逸提；不能突吉羅。」

四·一七　不簡淨穢　若依伽論卷二，二戒無別，彼強敷戒及牽出戒，並云：「賊住本犯戒本，不和合學戒沙彌等，突吉羅。」

五·一　坐脫腳牀　律六云：「坐不安庠，牀腳脫墮。」多論云：「凡比丘坐臥法，一切審詳；不審詳，必有所傷，兼壞威儀，突吉羅。」

五·七　廣解唯臥　通釋：廣解文云：「若坐若臥，隨脇著牀，隨轉側，波逸提。」全同戒本，尚加脇著隨結之相矣。疏云：「戒本通坐，廣解唯臥。毗尼教相，三處觀量。緣起但坐，戒本通臥，辨相唯制脇著牀而腳脫；故知坐臥，皆有犯也。」

五·一〇　釘鈕　行宗云：「安細腰者，即紐鎖等。」

五·一二　用蟲水　多論：「凡殺生有三種：有貪毛角皮肉而殺衆生，有怨憎恚害而殺衆生而無所貪利，有無瞋害而殺衆生是名愚癡而殺衆生，如闡陀用有蟲水，是謂癡殺衆生。此殺生戒，凡有四戒。」通釋：殺生四戒者：用蟲水、飲蟲水、奪畜生、殺人是也，具如論文卷六。

六·二〇　無漉囊　彼云：「聽於半由旬內，無漉水囊行。」

七·一四　重覆不止　律云：闡陀起大房，覆有餘草；復更重覆，故有餘草；第三覆，猶復有餘草在。時彼作是念，我不能常從檀越求索草，為更重覆不止，屋便摧破。諸居士譏言：沙門釋子，不知厭足；檀越雖與，受者應知足等。

七·一五　三節　行宗：「言三節者，或云三重，如世茆庵；或云三行，如蓋瓦屋。未詳西土覆屋之相，不可定約。」會正：「節，重也。」疏云：「多論：此房是十三中大房，三十萬錢作成即崩，施主生惱」等，如疏廣之。疏一三·六九：「多論云：作房三品，上中下覆各自有限。若中下房，用上法覆，以珍重故，隨用草作，一一皆提。五分：若以草瓦版覆。母論：泥故崩。伽論：若以草版鳥翅覆者，過限不犯。亦以輕耳。及作房時，商度基陛材具，方可覆之，如多論也。」

八·一　緣起　律云：「第三覆，猶有餘草；更覆房壞。」

八·二　律文　彼云：「指授覆苫二節竟，至第三節覆不竟，至不見不聞處。」

八·九　六羣次往　律中：時般陀最為上座，阿難受佛次第差勅三請，般陀辭曰：我唯誦一偈，云何為尼教授說法，至三請受勅。六羣尼聞言，此愚癡般陀誦一偈竟，更有何所說，般陀往誦一偈竟，入第四禪定，默然。六羣尼各相向調戲，時般陀知已，昇虛空現通說法，自空中去。次六羣比丘往，唯說世論，所謂王者論、人民論、軍馬論、婬女論等也，佛因白二差有十德者。

八·一六　前三　注中與後三日（十六、七、八）全同也，前於教授正日，故云前三日；後於說戒正日，故云後三。從所望而立前後名，即黑月十六十七十八日，若依白月初一初二初三是也。此三日已後十日內，當往教授。後二，此亦望說戒日前二日，望教授日後二也；即黑月二十九三十，白月十四十五日，此二日教授日已過，名曰非，故云後二也。

九·二　八敬　一百歲尼禮初夏比丘足，二不得罵謗比丘，三不得說比丘罪、說其過失，四從僧受戒，五從僧出罪，六半月求教授，七從僧安居，八從僧自恣。又出疏上，鈔尼衆別行篇。委見本律一二·二八。

九·九　十德　疏一四·四：「一具持戒行，二多聞，三誦二部戒本利，四決斷無疑，五善能說法，六族姓出家，七顏貌端正，八堪為尼說法令尼歡喜，九非為佛出家被三法衣而犯重法，十二十夏若過。」通釋云：善見一五：有八法者，堪教誡尼云云廣解。僧祇明十二德（一五·九），十誦明五法（一一·一四），五分具十法（第六·八）。

九·一二　愛道　律中：難陀教授已默然，愛道重請云：我等欲聞法，願更說，即為說已，如是至三。難陀好音聲為說，聞者樂聞至日暮。

九·一三　疏云本在僧寺　通釋：律中不明「因過方制，令往尼寺」。行宗：「善見云：初為女人鈍根故，盡聽往僧寺教授；為人譏故，次開五人往；猶譏，始聽僧往尼寺；若作此釋，甚有相妨。前輒教中，備明差往；若是初開，不應後列；若在前者，復曾被差。進退難定，來學請詳。」行宗意云僧往初開，在是日暮戒中起者，不應日暮後列；若輒教戒在前制者，文中既曾被差，不應在日暮前，故云進退難定。若依五分尼來僧往，自初無在。文云：「若就比丘尼住處教誡，應

語汝數座我當往，若不得往，應在所住處。」

一一·三　二十四　律有乞食比丘，威儀具足；有尼見生善心，便數請之，比丘不受。後比丘得僧可分衣，持出衹洹，彼尼方來入衹洹門，比丘自念，此尼數請我而我不受，我今寧可持此衣請彼，彼必不取，足以相報；即請彼，彼輒受之，故乞食比丘嫌責貪欲尼，數向人說，因制。

一一·三　嫌責　彼云：「此比丘嫌責彼比丘尼，數數向人說言，彼比丘尼數數請我以鉢中遺餘與我，而我不取；我今寧可持此衣與彼比丘尼，彼必不受，足以相遺，而彼便受之。諸比丘聞，嫌責彼比丘，比丘何與比丘尼衣不捨而請耶！世尊因制戒。」

一一·五　多論　文云：「比丘與尼應量衣鉢，波夜提。」又云：「與式叉摩那、沙彌尼，同尼波夜提。」

一一·七　大小俱提　通釋：「若依多論：應量衣鉢提，不應量衣鉢鍵鎔等物吉羅。又云：非法色衣亦犯，可染作故。」

一一·一四　二十五　律：迦留陀夷善知作衣法，有尼欲作大衣，持來言：尊者！願為我作之。答曰不能。問曰何故？答曰汝數來催促故。尼曰我不催促，但隨作竟與我。答言可爾。即與截之，作男女行婬相，作竟與尼言：此衣不得披看，亦莫示人，若白時到，當在尼僧後著行。尼乃如教，時見者大笑，愛道見已，速令變之。

一一·一四　衆前　今注言令衆前著者，前字合作後，注戒亦作後。今案，衆前亦順。

一三·一三　疏云緣中　通釋：律緣起中云門外坐，戒本及廣解中唯云屏坐故。若依十誦多論，一向局屏覆處制，女坐戒皆分屏露二坐也。

一三·一四　十誦屏處　現本列露坐戒中，恐是寫誤，所以者何？多論七釋露坐云：「相去一尋坐，波夜提；相去一尋半坐，突吉羅；若相去二尋坐，若過二尋，不犯。」明知今文古律在屏坐必矣。通釋：屏字傳寫誤耳，應

作露處；十誦與尼屏坐及與女屏坐二戒，無說丈尺文，豈一室內，可簡遠近哉！故但約露處簡之。十誦一二·七與女露坐戒云：「若比丘獨與一女人露地共坐，波逸提。相去一丈坐，波逸提。相去丈五坐，突吉羅。不犯者，若相去二丈，若過。」子注云：「一本云相去一尋。」下露坐戒，鈔云一尋等，即是引異本也，今記所引是也。故知二處文，皆彼露坐戒文也。又多論露坐戒文，正作一尋等如今記。

一二·一六 語言　彼云：「不得默然而起，使比丘尼疑欲作非法事；應當語言我欲起，若比丘尼問言何以故起？應答言世尊制戒，不得與比丘尼共坐，若比丘尼言，尊者但坐，我當起；比丘爾時坐者無罪。」

一三·一七 二十七　人譏，諸居士譏言：無有慚愧，不修梵行，與比丘尼人間遊行，有所欲便下道云云。

一四·一〇 今一比丘多尼　律文既云大伴行，疑恐怖處，即是一緣，準此，若無難緣，多尼亦不開；縱有疑怖，一尼不開，若有俗男，無難亦開。故律戒本云：若與估客行，若疑恐怖無犯。行宗釋云：「估客男伴，無難亦開；疑怖難緣，無伴亦許。」

一四·一七 人譏　彼律俱乘船上水下水，時諸居士共譏言：沙門釋子，無有慚愧，不修梵行，與尼乘船上下，若有所欲時，住船岸邊隨意。

一四·一九 準疏　戒疏：「六緣：一是尼三衆，二共期，三同一船，四順流上下意，五無緣，六雙腳入船便犯。」

一四·一九 同一船　多論：「隨尼多少一一提。」「若船有多白衣期無罪。」依四分多尼止一提，又無俗伴開文。

一五·三 準疏俗女　疏云：「所以不制俗女同船者？答：必有船公為第三人，故不須制。亦可尼女同制，俱犯提罪。如律房法中，時與俗女同船，佛言除直渡；故知不直渡者，是犯不疑。」四分房舍犍度云：「彼共女人上船疑，佛言聽直渡此岸彼岸。」

一五·九 皆下賤人　律中：居士辦種種美食，敷好坐具，尼來見，問言為請誰耶？答言：舍利弗目連。尼言：居士所請者，盡是下賤人，若先語我者，我當為請龍中之龍。問言何者是？答言提婆達三聞多等是。語之頃，舍利弗目連已至，尼便語居士言龍中之龍已至。居士言：汝向者言下賤人，今云何言龍中之龍耶？自今已去，勿復來往我家。二人食已，往詣佛處。佛問言汝等今日受請食為充足否？答言：食雖充足，我於居士家，亦是下賤；亦是龍中之龍。佛問所以已，因制。

一七·一一 三十　時阿那律從舍衛欲至毗舍離，彼女問所向已，語言我亦至彼國，宜將去。答言可爾。彼夫還家不見其婦，問母，母言與我鬪競逃走，夫速逐及，乃語那律言：何故將我婦去耶？因打，幾斷命根。那律坐道下，入火光三昧。夫主見已，禮拜悔過，因制。十誦云迦留羅提舍比丘云云。

一七·一四 疏有　戒疏：「六緣：一是人女，二共期，三同道，四無伴，五不離見聞，六隨越界犯。」

一八·八 六羣數受　六羣經一宿得好美飲食，便自念所以遊行者，正為食耳，今者已得，彼於此住處數受，居士譏嫌，因制。

一八·一一 疏作非親　通釋：本律無親里開文，此依多論耳。彼云：「若福德舍主是親里，不犯。」

一九·一 婆羅門濃粥　律中：沙菟婆羅門五百乘車，載滿飲食，經冬涉夏，隨逐世尊，伺空缺日；然人民競供，不得設供，便白阿難言：我當以此飲食布在道中，令白佛，佛因聽與比丘作粥令食，後當受時食。因說粥五利，文云：「食粥有五事：善除飢，除渴，除宿食，大小便調適，除風患。」濃粥者，文云：「以草畫之不合，不得食。」初大臣家緣，但訶責已云如法治，而未制戒；至後樂師時方制戒。

一九·三 遭瞋　樂師手自行食，諸比丘言止止勿多著食。居士怪問，即答以向事。樂師瞋恨言：我以信故，以一年所出物，用辦種種美食，汝等既受我請已，云何食他食而不食我食耶！即留肥美食，止與糞飯云云。

一九・四　十誦　一二。彼釋云：「數數者，食已更食也。」

一九・六　三名　本律一四：「展轉食。」更加前二，故三也。

一九・七　疏云隨俗　行宗：「問：何不依律而從俗者？答：若依律名，攝相不盡；如背前向後，更往前家，可如諸律。若直背前，亦成正犯；則非展轉處處等義；但云背請，理無不收。」

一九・八　二食境堪飽足　疏有四句：「一前後俱足提，二前足後不足吉，三前不足後足不犯，四俱不足亦不犯。」

一九・九　四更異主　雖正食同主，及已食僧食不犯背；雖異主不正食，但吉。疏云：「若受請已，自食濃粥，自食己食，或食僧食；彼生惱微，不犯背罪。先許後違，但犯吉羅。」

一九・一三　麨乾飯　麨，律一四音釋曰：「尺沼切，乾糧也。」善見一六云、「麨者，秔米麨，粟米麨，麥麨。」多論音釋云：「麨，炒糗也。」乾飯者，善見云：「乾飯者，若粟作乾飯，或秔米作，或麥作；日曝令燥。」

一九・一六　不存廢教　魚、肉，是廢前教。涅槃制斷故，律具列之。通釋云：四律五論，皆列魚肉，彼似不須涅槃之制，今之所宗，終窮之所歸，序中當第六師也。

二〇・六　背前家　律云：「若比丘不捨前請，受後請食，咽咽波逸提。不捨後請，受前請食，咽咽突吉羅。」

二〇・一二　有餘　本云：「有餘時。」謂一月五月之餘時也。

二〇・一五　心念捨　心念捨辭者，注羯磨云：「我某甲比丘，今朝檀越施與正食，迴施比丘某甲，檀越於我不繫，我當食。」（三說）資持云：「迴施某甲者，漫指一人，但自離過，不必人往。」

二〇・一八　限至三家　十誦云：「病比丘應受一請，不應受二請；若一請處不能飽，應受第二請，不應受第三請；第二處不能飽，應受第三請，不應受第四請；第三請處不能飽，應受已漸漸食，乃至日中（衆多家開之，故至日中）。」多論同此，文中準第三請處不能飽，乃至日中之言，似不限第三家，然鈔記意不開第四家，此準節約抑緩慢耳。

二一・八　教人害佛　律破僧戒中：提婆從闍王求人，二人四人乃至六十四人，即遣此人衆害佛，彼等往，遙見佛諸根清淨，有自在神力，見已還生善心，受歸戒還。提婆遂往耆闍崛山，執大石遙擲世尊云云。五人者，律云：「提婆達多、三聞陀羅達多、騫馱達婆、拘婆離、迦留羅提舍。」

二一・一三　但明別請　律明七種開緣中，並有別請，俱皆語言但請三人食，我等不得別衆食是也。不論不集者，如多論明雖僧次來，但使同界不集，又名別衆，本宗不論之也。

二一・一五　為攝　破僧戒律文云：「時世尊以無數方便，訶責提婆達已，即告諸比丘，自今已去，不得別衆食，聽齊三人食；所以然者，有二事利故，為攝難調故，為慈愍白衣家故。何以故？恐彼難調人故自結別衆，以惱衆僧。」

二一・一七　初約廣解　記分文為二段：一約廣解，若依下二約緣起。通釋云：或可初約此戒律文，二約本緣起律文，何以作此釋，謂有由故。一初文尚是今戒緣起中文，而非廣解文故；二後段鈔引緣起文，是破僧戒本緣起文，而非今戒中文故。

二二・一〇　二處設食　通釋：二處者，布薩處之外，別有二院，各請四人已上僧次設食也。不明作相者，既布薩處請僧送食，即是作法故。自處不須者，既布薩處請僧，即表衆集，故更不須也。或可二施主於二處各自設僧次請亦通。若聚落下，下文更明。

二二・一一　一分食　彼接云：「若不請一人，不送一分食者，波逸提。若二處三處亦如是，若各至布薩處，僧中取一人，若送一分食則清淨。」

二三・一二 打犍稚互請　問：打犍稚已，更復作請送，或又隨一成耶？答：依下所明，或單明打稚，或但說請送，準知隨一成耳。

二三・一三 異比丘　彼云：「應如法入，乃至一人，若不互請者，墮。若遮不與一人食，亦波逸提。」

二三・二 善見四句　彼具云：「云何從乞得罪者？有四乞食比丘，或坐或立，見優婆塞語優婆塞言：與我等四人飯。或一一人乞，言與我飯亦如是。或俱去，或各去，一時受食得，是名從乞得罪。」文但齊此，外無說別乞文。四句者，以義分耳。同乞等，準論不論同去別去，同乞別乞，但同一主同時受，同時食，犯。別受別食，不犯。四分亦爾。

二三・七 若別　多論七，取意。咽咽皆犯者，本文無咽咽二字，以本宗意加之。

二三・九 若準此言　意云：文既云界內無人，尚得遮食罪；準之，未必假不集結犯，縱若盡集，遮食而不同味，亦結其罪；當知不作相而遮食方犯，不依集不集，縱盡皆集，遮食不與，還同不集；若作相不遮，縱界無人，亦同盡集，迷者執文，但謂不集結犯，故鈔且決之。

二三・一二 準理是吉　意云：別衆食犯墮，必依食處成衆，而有所別人；今既無人，故不應犯別衆墮，但有遮他意，而不作相，故理可犯遮食不清淨吉耳。然依下義決云：門外有比丘不許入者，設後食時無人，亦犯墮云云。今亦爾既於本界遮他別請已，若不作法，設界內無人，亦可犯墮；即知遮食邊但吉，受食時犯墮。

二三・一五 集不集　此約遮食不作法，若作相不犯，即次上文云：別請人作法，得一人名清淨云云。又云：若不遮難，先別請，後成僧次不集犯。可知集亦結者，界無人同盡集，然不作相，亦結墮故。若界有人盡集，或乃至召一人同味，無犯故。

二三・一七 集犯有別　通釋：「僧次本如法，故同界無餘人，雖不作相無犯。」故多論僧次中云：「若都無疑心，若打犍稚，不問有無，一切無罪。」若別請本非法故，若不作法，設界內無人，亦犯。故多論別請中云：「若不作法，設界內無比丘，故有遮食不清淨」云云。界內無人，即同盡集，愚按別衆犯墮，但約同界有人。……準上記判，若界無人，唯可結吉；別乞集犯，多論無文，故記云準同。

二四・三 多論　第七，二〇、二一，兩處取意。

二四・一七 十誦　五一，七、八頁，鹿子母別請緣。

二六・五 即是門師　訃請篇記云：「俗人咨稟，謂之門師；俗人家之人，即門徒也。」

二六・八 二法　東野：記有二解，恐不可乎？今謂一切無遮，唱令，此為二法乎！濟覽：雖此釋通而少疎，所以者何？既云不作二法，指一切無遮，不可言作。今案記前釋為正歟！

二八・七 善見　善見四句，鈔文省略，今約義出：一、一時去，一時乞，一時受，同處食，墮（即具四同）。二、各去，各乞，各受，各食，不犯（四異具足，鈔安第三）。三、一時去，一時乞，異時受，各處食，不犯（二同二異）。四、各去，各乞，一時同主受，一處食，墮（二異二同）。後二句中，或一處受，異處食，不犯；食處不成衆故。或異處受，同處食，不犯；各食已分故。然準論雖出去乞犯，唯約受食二時論之，故今除去乞，唯約受食，更出四句，從異主受不犯今戒，故但約同主列之。一、同一主一時受，一處食，犯墮。二、同一主異時受，異處食，不犯。三、同一處受，異處食，不犯。四、同主異時受，一處食，不犯。

二八・一一　去乞受食　準論不問多乞同異，但同一主一時受一時食成犯；若別受別食不犯可知；若別受一時食亦不犯；若一時受別食，論不明之，理可明之，可不非正犯。論中但明同去別去，同乞別乞，同受同食；而不明別受別食，今鈔約義分四句耳。問：同一主前後各受，同處一時食，可亦犯不？答：準下不犯，各食已分故。

二八・一五　異處亦犯　善見四句，如前已引。通釋：彼中不分四句，今準作耳。初四二句，正見文中，第三句反顯易知，然第二句論文不見，故鈔不明犯，且準四分顯不犯，然記云亦犯，恐非文意歟！

二九・四　若下示名　問：如何示名？答：僧次人初至請家時，遮門外人，故僧次變為別請，故後食時，所遮比丘，縱在六十三步外，家內僧犯別衆。然初來時，是以僧次人，或疑為僧次別衆，故特示名而云名「別請別衆」等，若僧次者，對界外人，不名別衆。

二九・一一　異界　通釋：準足數篇，非謂遙在界外取足屋內三人；此謂在界畔四人並坐，三人所坐地在界內，一人所坐地屬界外，故雖四人並坐，不成別衆界外故。

二九・一四　上二　狂心滅擯也，謂此二不好比丘也；相乖亦不好者，三業乖違，謂坐立不同等也，即界外是也。

二九・一六　界外　三比丘在界外，一比丘在界內。定中，彼作空中。

二九・一八　露地申手外　露地申手外者，若在屋內，相去百步，亦名同處；若在露地，三人並坐，一人在申手外，不名食處成衆。

三〇・八　又有　出卷七。又同卷一九云：「檀越食，若一切共一切食，大善。」二食已下，若界內已下，皆取要。

三〇・一〇　如僧　彼云：「若食僧食，檀越食，有異檀越別與四比丘食，四比丘在僧中並坐受此食，食得別衆罪；若四人先取僧中次第食，後得益無罪。」

三〇・一八　同益食故　謂一衆通同益食故，然依鈔文，似但別請四人得益。

三一・一七　病時　律云：「諸病比丘有請食處，不得隨病食及藥；有美好隨病食及藥，畏慎不敢受，佛言聽病比丘受別衆食。」

三三・一　作衣　又云：「諸優婆塞作念言：諸比丘迦提月中作衣，恐不得食病苦；彼來請明日受我等食，諸比丘白佛，佛言聽作衣時，受別衆食。」

三三・一　五月是也　通釋：依今鈔似通開一月五月，然準疏中一月五月標作衣時節耳。依實唯局作衣間，正可開之。律云：下至一縫。善見云：乃至安紐等，故下衣時方開一月五月也，是安居五利之一故。多論云：作衣者，不問應量不應量衣，一切盡聽；若作衣時難得者，聽別衆食，易得不聽。

三三・三　五分衣時　問：本律四三迦絺那衣法中云：「五事因緣受功德衣已得五事，何等五？得畜長衣，離衣宿，別衆食，展轉食，食前後不囑入聚落。」衣時開，已出本部，何假他部立耶？答：按彼直出戒本，此無出戒本，故引彼歟！

三三・七　施衣　又云：有一居士欲施食及衣，來請諸比丘，佛言聽受施衣時別衆食。

三三・一〇　道　又云：衆多比丘與諸居士往詣拘薩羅國，共同道行乞食，後伴為賊被劫；諸比丘白佛，佛言險道中行，聽別衆食。

三三・一〇　船　又云：衆多比丘與諸居士乘船，而去乞食，後船為賊被劫，佛言聽乘船時別衆食。

三三・一四　六大衆集　又云：衆比丘從拘薩羅國遊行諸一小村，諸居士念言：衆僧多而村落小，不得飲食，各來請之；佛言聽大衆集時別衆食。

三四・一五　外道出家　律接云：「語瓶沙王曰：我欲出家。王言：欲於何處出家？答言：欲於尼犍子中出家。王言：與我沙門設飲食否？迦羅報言：竟不設食。王言：汝往設食。即往白言：願受我請。佛言：聽沙門施食時別衆食。」

三四·一九 長短　行宗：「衣時則一月、五月，受利時長；作衣則隨得衣財，受作時短。」

三五·一九 佛藏　對施篇引持世及佛藏經云：「若不除我倒，此是外道，不聽受人一杯之水。」

三六·一四 分為二部　律：若比丘無別衆食因緣，彼比丘即當起白言：我於此別衆食中無因緣，欲求出。佛言聽出，若餘人無因緣亦聽使出，若二人三人隨意食，若四人若過四人，應分作二部更互入食云云。準之，無緣者，非謂一向不食，但二人三人互入前後食。然記白出入云云，是則白出者不食而外求耳；次引疏文意亦爾。今按乃至四人五人六人，便為二部，前後食耳；若至七八人已上，一部亦成衆，便出去別求耳。濟覽：此釋恐非歟！既五六人聽為二部，縱雖七八人，亦應分為三部，故今謂分二部互入食者，謂出別衆食中外別求，若四人則分二部食也。

三七·三 三十四　婦人欲產，還父母家，後時夫遣使呼婦，報使言小留住，我今欲辦食，時有比丘來乞食，婦自持所辦食與之。更又有乞食比丘，次第受，盡於彼食，婦更復辦食。如是未還之間，其夫別取婦，遣使報其婦等。

三七·八 第四　律中：若持一鉢還，應語餘比丘言：彼有歸婦食，商賈道路食，往乞應取兩鉢。若持兩鉢還，應語取一鉢。若持三鉢還，應語謹勿持來。又持二三鉢還，應分與餘比丘，不與吉。又不語如上餘人者吉，又不問歸婦食賈客道路糧而取吉。

三七·一四 三十五　律中：初說一食法，諸比丘或食不正食，或飲漿當一食，憔悴。佛聽食五正食令飽足。時有病人雖得五正不能一坐食憔悴，佛聽病人數數食。時病人以殘與瞻病人，彼足食已不敢食，棄之衆鳥鳴喚，佛問阿難已，告言聽足食已食病人殘。時比丘清旦受食，舉已入村乞食；後以所舉食與餘比丘，彼足食已不敢食，聽作餘食法已食。後有貪食比丘，不知足食不足食，餘食不餘食，得便食之，少欲比丘譏責，因制。

三八·一九 離本處等　彼云：「不作殘食法食者，波夜提。」已上段段有此文。

三八·二〇 五分　彼云：「有五種食，名為足食，飯、乾飯、麨、魚、肉，於此五食，一一食中，有五事，名為足食。」已下同。

三九·二 麨漿　彼云：「有一比丘，於德叉尸羅國，夏安居竟，到舍衛白佛言：如此國歠粥，彼國飲麨漿，願聽諸比丘晨朝飲麨漿，佛言聽飲。」

三九·七 十誦　彼云：「佛語諸比丘，從今日聽自恣食五種蒲闍尼食，謂飯、麨、糒、魚、肉。」又云：「何等五種蒲闍尼食，一飯、二麨、三麵、四魚、五肉。」

三九·七 糒　多論音釋：音避，乾糗也。床，音糜，粥也。

三九·七 五似食　十誦：「何等五種似食，糜、粟、䵃麥、莠子、迦師錯麥。」

三九·八 五種佉陀食　十誦：「何等五種佉陀尼？一根食，二莖食，三菜食，四磨食，五果食。……何等磨食，稻、大麥、小麥。」

三九·一二 穄　可作穄。彙：音霽，糜也，粟名。

三九·一九 僧祇　二九云：「餅者，大麥餅，䵃麥餅，小麥餅，米餅，油餅，酥餅，摩睺羅餅，鉢波勒餅，牛耳餅，波利斯餅，芻徙餅，曼坻羅餅，歡喜丸肉餅，如是此一切皆名餅，除肉餅，賓茶餅，餘一切餅，非別衆食，非處處食，非滿足食，是名餅法。」

四〇·一 即指十誦　或鈔云即指十誦等五正之中，四種全同，麥飯又同彼似食，故僧祇所說五正，同十誦二食。鈔批：「僧祇五正同此者，謂祇中五正食，名體與四分文同。」

四〇·九 正食　善見：「五正食者，秔米飯，穄米飯，粟米飯，赤秔和米飯，麥飯。」通釋：若豆飯，今文入不正中，即知今時以大小豆雜粥，若說不正名稠亦非犯；然米多豆少，理可屬正。問：今文草根及樹木子及豆以作飯云云，此為雜米作將單作耶？答：記釋云：初約一體；若以下，示相和云云可知矣。

四一·二 律中　一二，取要，又卷三九。

四一·四 尼不敬　彼云：「若有一坐食，不作餘食法食，而不起疑。佛言：自今已後，聽語言大德懺悔，我有如是如是因緣，不得起迎逆。」

四一·一五 自已足　此段注與本文異，彼云：「比丘乞食至一家，放麨囊處，一處從檀越乞水欲飲；檀越作是念，比丘必當須麨，即問言：須麨不？比丘作此念，此檀越必欲家中取麨與我，答言須。時檀越即捉比丘麨囊授比丘；比丘以惜己麨故，便言置。」

四一·一九 四分中　通釋：依十誦尚須作法，彼因看病方開作法。故文云：「今以二利故，聽受殘食法。一者看病比丘因緣故，二者比丘有因緣食不足故。」

四二·四 僧俗二食　律云：「爾時諸比丘，清旦受食，舉已入村乞食，食已取所舉食，與諸比丘，諸比丘足食已，不敢食，便棄之，衆鳥鳴喚，世尊知而告阿難，自今已去，聽舉所受食作餘食法。」已上僧食。「有一長老多知識比丘，入村乞食，大得食，即持餘來與諸比丘，諸比丘足食已，不敢食，遂棄之，衆鳥鳴喚，世尊知而……」已上俗食。

四二·一一 多論　彼云：「若以不淨食，若以不淨肉受，不名受殘食法。不淨食者，殘宿食，惡捉食，共宿食。」

四三·一二 又身綺　四分異語惱僧戒開緣，列不作餘食法，無簡尼故。

四四·七 弟比丘　戒疏亦同，若依律文，兄弟之際未分持破。律云：「兄弟二人作比丘，一比丘貪餐嗜食，不知足不足等。有異比丘語言：未曾有如汝貪餐者，彼懷恚恨，慇懃請與食已，語言未曾有如汝貪餐者。」律但云異比丘而不云兄也。若依五分，二比丘為親友，一聰明，一闇鈍，數犯罪，為聰明者所訶誡，懷恨伺非，不得便，以不作殘食呼令食，彼以親厚，不疑即食，此比丘反責云：汝食非殘食，應悔過，勿長夜受苦等。

四四·一四 如何受勸　通釋：依律緣起，所勸比丘未足食，準彼不犯也。故律此比丘勸食已責過，彼報言：我雖食而未足。此比丘言：汝先已飽足。彼反問言：汝知我足食而故作耶？答言爾。彼即嫌責云云。

四四·一六 律中若彼　具文云：「若與棄之，與者突吉羅。若……前人受而不食舉置，若……前人受已轉與餘人，若……前人作餘食而食之，皆與者突吉羅。」

四四·一七 殘法　彼云：「若與病人食，欲令他犯，與者吉羅。與病人殘食亦爾。若人作餘食法已與他亦爾。」故云等耳。

四四·二〇 電中見　律曰：彼至一懷妊婦女家乞，此婦女持食出門，值天雷電，暫見其面，時婦女怖稱言鬼鬼！即墮身。迦留陀夷語言：大妹！我非鬼，我是沙門釋子。婦女恚言：沙門釋子，寧自破腹，不應夜乞食。彼還寺俱說，因訶制。

四五·一 智論問曰　問意云：佛化教中，說言法無定性，三世不可得，無有實時等；若法無實時，云何毗尼中聽時食，遮非時食為戒耶？

四五·四 不應　彼云：「是中不應求有何實，有何名字，何者相應，何者不相應，何者是法如是相，何者是法不如是相。」

四五·一七 此與俗說　通釋：俗說假名者，龜毛兔角，水月鏡像等；佛說假名者，彼俗所計世界名相等，彼計為實，佛法即實說假無，自性空寂，與水月不異故。問：何為佛說中實？答：佛法中，彼俗說假與實之二法，皆是假名，但隨彼所計，且說實時，上迦羅是也。

四七·五　日暮鬼神食。毗羅　法苑五五食時部云：「毗羅三昧經，世尊為慧法菩薩說云：食有四種：旦天食時，午法食時，暮畜生食時，夜鬼神食時。佛斷六趣因，令同三世佛故日午時是法食時。」文少異今。毗羅經有二卷，宋文帝元嘉四年，涼州釋智嚴譯出。內典錄四·五。同一〇疑偽錄中載之，云出安法師疑偽經。今案天寧寺本卷四二·九頁。

四七·一六　事同須臾　問：據下僧祇及俱舍，以一晝夜為三十須臾，今論乃以晝夜為十八時，既是異，何云事同耶？答：三十及十八雖數少異，並以九百臘縛為一晝夜是同，故於中多論以五十臘縛為一時，故成十八時；祇等三十臘縛為一須臾，故成三十須臾，俱用九百臘縛，故云事同。僧祇一七·三：「須臾者，廿念名一瞬頃，廿瞬名一彈指，廿彈指名一羅豫，廿羅豫名一須臾；日極長時有十八須臾，極短時有十二須臾。」僧祇立三十須臾，每一須臾有卅臘縛，立時雖異，九百臘縛為一晝夜，二部無殊。

四八·三　俱舍　通釋：準俱舍一日夜有三十須臾，九百臘縛，五萬四千怛刹那，六億四十八萬刹那。若依仁王，每一刹那，有九百生滅。名義二云：「毗曇刹那翻一念，怛刹那翻為一瞬，摩睺羅翻為須臾。」

四八·一七　時非時經　行宗：「時非時經，出阿含部，今亦別行，在竟字函。」近兩紙，廣分三時步影之數。

四九·四　四天下亦爾　伽論問曰：「頗有比丘非時食佉陀尼蒲闍尼不犯耶？答：有。若往北鬱單越，用彼食時不犯。」見卷二問四洲互食中。依行宗：「若約比丘互相來往，還約本處以判持犯。」與上伽論違者？答：依法苑有此和會，謂暫往返，並依本處判；如行宗釋。若彼宿住，則依彼處判。法苑五五（四二）食時部曰：「十誦律云：有閻浮比丘，至西拘耶尼，用閻浮提時；拘耶尼比丘，往餘三方亦如是。若此間宿，則用此間時；若在彼宿，則用彼間時，餘三方亦爾。」故伽論問云云如上。通釋云：又伽論六·二云：「何國土淨，若在鬱單越用閻浮提時食，若閻浮提時，鬱單越中夜；一切餘方，亦用閻浮提時食。」此文還同十誦，依法苑往宿二判，則遂無乖違矣。

四九·九　又云　具論三方者東，夜半；南，日沒；西，日中；北，月出。南，夜半；西，日沒；北，日中；東，月出。西，夜半；北，日沒；東，日中；南，日出。

五〇·八　五分　彼云：「時諸比丘為作人作食，不敢嘗，或鹹或淡；作人瞋恨，不肯復作，以是白佛。佛言：從今聽為作人嘗食，但不得咽。」出不受食戒；不受既開，非時，亦可同開故。

五〇·一一　十誦教人　今且引六戒，彼具出十六戒，謂足食、非時食、偷盜、殺人、壞生、出房、強敷、用蟲水、飲蟲水、與外道食、然火、捉寶、奪畜、藏衣鉢，掘地、殘宿，具出彼勸足食戒。

五〇·一九　和米　律云：「時有乞食比丘，見他作黑石蜜，中有闇尼，畏慎不敢非時噉；佛言聽噉無犯，作法應爾。」

五〇·一九　服吐下藥　又云：「時有病比丘服吐下藥，比煮粥熟頃，日時已過，應煮麥令皮不破漉汁飲之，無犯。」行宗：「吐下藥，即取食之藥。」

五一·一　善見　彼云：「若食吐未出咽喉，還咽不犯；若出咽喉入口，還咽犯墮。」

會本卷二十四（鈔中三之三）　隨戒釋相篇之餘（九十單提中自三十八戒至六十四戒）

一·四　食先　律曰：「時城中乞食易得，迦羅作如是念，我何日日乞食疲苦，我寧可食先得者，後得者當持還，後即如所念。時諸比丘食時，不見迦羅，疑失命，後時見問，彼具說因緣，因制。」

一・一〇 時藥過中　謂所受時食，欲明日食，而留過中者吉；若食即犯非時食。若至明日食，縱雖不同宿，犯今戒墮。如下四句，若欲與在家決捨，或過中經理，應無犯。

一・一〇 非時七日　準四藥三四・三七：口受非時漿，明相出生非時、殘宿、惡觸，即二提一吉也。口受七日藥，八日明相出，生五罪：殘宿、非時，犯捨墮；惡觸服尼薩者，不捨藥吉羅。依行宗一二・五三：待服方結也。口受盡形藥，但生一罪，無病時吉羅也。

一・一一 皆名殘　凡四藥各過其限，皆通名殘。又準前戒，下三藥若不加法，還屬時藥判；若加口法，各限內名時，限外名非時。盡形無限，但無病緣，名曰非時，亦義名殘。

一・一九 是殘宿　十誦一三子注：「云大比丘未手受食而共宿者，名曰內宿，噉此食者，突吉羅。已手受舉共宿者，名殘宿食，噉此食者，波逸提。」通釋云：「此注文，初單犯內宿，次內殘雙犯。」五分八云：「殘宿食者，已受之食留之經宿，名為殘宿食。」

二・二 亦殘亦內　問：與上第三句同異如何？答：不同也；又上第三句，宿是約隔宿，非內宿也。故上記一三兩句正屬此戒。鈔亦但云提而不言吉，正當今段第一句也。第三雙句約內宿，故文曰一提一吉。記又云第三涉二戒，其異可知矣。若依行宗，上下無別。然上第三句約內宿，上下全同；若依異宿，則不同也。如後第一句若在上段判，即為第三句故。

三・七 若沙彌不解者　善見論具云：「若沙彌不解，比丘自持食分，與沙彌易；第二上座得易已，第三上座復求易，如是展轉衆多皆得換易食不犯。」通釋云：若沙彌解法自來與比丘易；若不解者，比丘自往與沙彌易也。

三・九 然火　接云：「教沙彌然火食熟以己分如前展轉與沙彌換，得食不犯；自作食，若食沸涌出，比丘不得氣吹，持物攪，皆犯突吉羅。」熟已已下，本文無之。

三・一〇 與俗　是謂比丘持餘殘食與俗云：我今與汝，汝亦自持過與某比丘，或亦還與，自是則比丘無捨心，俗無受心，故成惡觸。問：上沙彌不解自教云云，彼豈非惡觸？答：不同也。彼沙彌於先得食，既作屬己念，比丘教云持汝食與我，我亦持己分食與汝，是則俱有授受心；後易亦爾，即無惡觸。

五・五 僧祇莫問　彼一七云：「時受者，時受時食無罪；若時過髮瞬，若草葉，過此時食者，一波夜提。停置過須臾食犯二波夜提；犯非時食，停食食。非時受者，非時受非時食，得一波夜提。停過須臾食得二波夜提，非時食，停食食。」

五・六 停食　僧祇單提戒中有停食食戒，廣律與非時食並結，戒本別出。彼律停食食，即四分殘宿食；四分約經宿，彼律約過須臾，故急於四分。

五・六 若過二時　問：具二過方名非時耶？答：不爾，是雙結上二受也。謂或且起受食過中，或中後受過一須臾，俱名非時也。則鈔準本宗，俱稱非時。若依彼祇律，應云旦起受食，過中瞬髮時，得非時食；停過須臾，得二墮，非時、停食。若過中受即時食，得一非時食；停過須臾犯二墮，非時、停食食是也。

六・七 不受相雜　通釋云：塵落中，非謂失受；但不受物相雜，不可簡除故。若麤可除，除已得食，下自明之。今案鈔本卷九頁。

八・一〇 準後懺篇　鈔二八・一五：引僧祇云云。通釋：準此文，彼受未必通比丘。

八・一五 多論　彼云：「從非人受食，得成受食，不成證明；所以聽非人邊受食者，曠絕之處無人所授，是故聽之。若在人中，非人、畜生及無智小兒，一切不聽也。」

九・二　僧祇　一六最末云：「比丘欲共商人行，語商人言：借我淨人。答言可爾，臨發時便言我無淨人有牛，尊者須者當取。使淨人長囊盛種種糧食，計日日食分，作一齊已，紐結着牛上，至食時當使淨人取；若無淨人者，一人挽紐，一人承受，口言受受，是名為受。」

九・一〇　五分迦葉　簡正：「大德引五分云：帝釋忽見小五衰現，生怖下來人間，問佛。佛云：合求福施新出定僧飯，帝釋欲施迦葉食，乃觀見迦葉捨富從貧，初從定起，遍行乞食；帝釋遂化作貧里織師以飯施。後持歸伽藍中餐噉，覺有天味，遂入定觀見帝釋之施飯。迦葉恐受不成，白佛；佛言成受。」

九・一一　僧祇　祇云：「時有獼猴行，忽見樹空中有無蜂熟蜜，遂來取佛鉢；諸比丘遮，佛言莫遮，此無惡意。便持鉢取蜜奉佛，佛不受，謂未淨故。獼猴不解佛意，將謂有蟲，乃轉鉢四面看之，見鉢有流蜜，遂持往水邊洗之，水濺鉢中，持還上佛；佛即受之，謂『水淨』壞味故受。」鈔批：「獼猴歡喜却行而舞，墮坑命終，乃至即生三十三天，下生出家，成阿羅漢。」

一〇・一二　五量　一時量，二更量，三七日量，四一期量，五大開量，即藥加一大開量。

一〇・一九　八事　準四藥篇，可更兼不受、殘宿、壞生三提。

一一・一六　生創　創本作瘡，咽本作因，非也。生創之下，彼有「醫言嚼齒木」之五字。

一三・六　僧祇　彼云：「若乞食，食冷，得自煖無犯。」

一三・七　阿難為佛　此緣，四藥篇僧祇云云。鈔批：檢祇無文，出十誦二六。自重煮者，四藥篇三四・一一以下，委明自煮重煮通局。

一三・一六　擔物令　通釋：準善見合擔授與成受，彼云：「若頭戴食，若肩擔食，授與比丘，教比丘自取不成受；若低身流落比丘手中成受。若擔長乃至二十尋，兩頭安食，淨人合擔授與比丘受得一頭，一頭亦成受。」

一三・一六　若葉蔽鉢　蔽鉢絕句，行宗一四・六八：「彼（鈔）引僧祇，外道不與比丘食，規地作相，安鉢於中，正食時，三徧言受等。」

一四・一三　善見　彼云：「若淨人在樹上，以繩繫果授與比丘，不成受。」餘記意異，簡正：「或樹葉以蔽掩於地作相，或以鉢置一處作相，並得成受。」又鈔批：「將樹葉布地作壇，令置食於上。」

一五・九　墮草上　通釋：準此今時申鉢受飯時，飯粒逆落食單上者成受；正有受意故；若以一指支單彌善。又五分有敷草地兩邊按手受食法。

一五・一二　若鎗鑊熱　問：僧器得受取否？答：不得，今文非僧寺中耳。訃請篇三八・八記明請賓頭盧法中，引尼鈔云：「不以常住僧器供養，由護戒同凡故。」法苑及名義集等，並同此說。若是淨器應開；然依五分亦似開僧器，彼若無淨人受食，自行木器行食，應沸湯灰洗云云。既明翻淨，明知僧器。

一五・一六　踞坐　會正：「踞坐即垂足坐。」簡正：「平足著地，方名踞坐。經云踞師子牀承足也。」

一五・一八　能防衆戒　訃請篇三八・一九記云：「防衆戒者，或恐盤坐不穩，而犯足食；或離諸非儀等。淨衣者，西天跣足，盤坐則汙衣，故食訖洗足，方乃加趺。異俗者，必應彼俗，食多盤坐，此方不然」云云。

一六・六　或加記識　四藥篇，時非時藥受法，讓不受食戒不明。今記所引，非時藥中文；故加記識。若時藥不用，又非時漿單清者，亦不須之，但含時藥則作之。

一六・八　停過須臾　若持之手應可失故，四藥停過須臾之中，引僧祇云非時受，不得置地停。

一六・一三　觀門五別　準對施篇此五觀出明了論云云。然簡正云：「明了論但明三觀。故論疏云：乃至觀三種：一應離觀（同此第三門），二正事觀（同此第四門），三正事功德觀（同此第五門）。餘二論但有義，鈔引智母二論明之。」五觀中：一中，智論云：「計一鉢之食，作夫流汗，集合量之，食少汗多」等。又僧祇曰：「計此一粒米，用百功乃成，奪妻子之分，求福故施。」二中，母論云：「若不坐禪誦經，不營佛法僧事，受人信施，為施所墮。」三中，了論疏云：「若貪心當墮地獄，噉燒鐵丸；從地獄出，作諸畜生，償其宿債」等。四中，對施篇鈔云：「飢渴不治，交廢道業。又譬如油車，不論美惡；又如儉道，食死兒肉，豈有貪味」等。五中，持世、佛藏云：「若不除我倒，不聽受人一杯之水。」

一六・一七 下三　對施篇記云：「境雖有五，總束為三：初即觀食，二是觀身，三並觀心是也。」

一七・九 毗尼母　檢彼無文，出善見一五・一〇，彼云：「若有聰明智慧信心出家比丘，至受食時，口口作念；若鈍根者，未食時先作一念。若鈍根比丘受用衣時，應朝先作一念；利根著著作念。房舍牀席臥具一切受用信施，應先作念，若不先作念，是名負債用者。」不爾者下，母論第二，如記引。

一七・九 鈍根比丘　見論一五。如前條引。

一七・一七 正受食法　問：上標列云食食法，今云受食與第六何異？答：相中交涉，實難辨別；且試分之，上汎明受食相，此別約正受食明。

一八・五 十誦　彼云：「佛在婆伽國，菩伽王子請佛及僧，其家大小多不信佛，或婆羅門，或邊地人，行食不如法，半在鉢」，下同。

一九・一八 不受食吉羅　此約加法盡形藥，若不加法藥，不受食，同時藥可結墮故。問：若加法藥，可不須更受，今云不受故犯吉；若爾，雖無病緣受食可無犯耶？答：加法盡形藥，無緣一向不開服。但非時食戒中云：「非時故犯吉。」（疏云：「盡形者，有病加服，名時；無病輒服，名非時。」）殘宿中云：「犯殘宿吉。」（上記云：「盡形無病緣，亦名殘。」）今不受食中云：「犯不受吉。」但隨戒改名耳，非謂受已無吉。

二〇・五 一指爪　通釋：鉢中落入者，不知其分齊，乃至一指爪許可除去歟！又上十誦一掬，亦同例歟！又五分二二：婆羅門以僧不淨米一把投車中，若不可分別，輒去一把云云。

二〇・一〇 雜食　律緣起中檀越報云：「我曾常賣買生活，猶不能得雜食，況出家人。時乞食比丘聞，嫌責跋難陀言：云何自為身，求如是美食。」行宗：「雜食者，用四美物和雜飯麨，西土風俗以為厚味。」四美物者，乳酪魚肉也。

二一・一一 粘餅與女人　亦是外道女也，律云：「時彼乞兒衆中，有一裸形外道家女，顏貌端正；時阿難付餅，餅黏相著，謂是一餅與此女。」乃至彼婦人語此女云：「彼與汝私通，何得不與汝二餅也。」（行宗）

二一・一三 一是外道　疏云：「一是出家外道，以在家者但犯小罪。由出家名同，真偽難別，生人惑倒故重。」律云：「外道者，乃至在此衆外出家者是。」又多論曰：「佛言除佛五衆，餘殘出家人皆名外道。」然依多論結犯在家，出家外道犯墮。行宗在家小罪者，汙家犯吉。

二一・一三 四非置地　四中，初一向不開與。時諸外道有怨言：一二外道有過，我曹復有何過，而不見與；因開置地與，若使人與。

二一・二〇 無見　多論：「若自手與一切九十六種異見人食，不問在家出家，裸形有衣，悉波逸提。與一切無見人食無咎。」通釋：「無見者，疑無上種種異見，汎爾白衣耳；邪空外道，豈無犯乎！彼亦應九十六種所攝故，記釋難詳，來者察之！」

二三·二　僧祇　彼云：「若比丘兄弟姊妹在外道中出家來者，亦不得自手與食，當使淨人與食；若無淨人，語令自取食。」

二三·五　四十二　緣中，準律僧欲食，長者敘本意，待跋難陀，彼欲時過方來，僧見時欲過，雖食竟不滿足等；後中大臣與跋難陀知舊，即送新果於僧伽藍中，令跋難陀為僧分與，彼食已往餘家，時過方來，僧竟不得食新果。

二三·六　即時非時經　疏云：「依如時經，正在時中，故是食時。」記云：「依時經者，彼從明旦至中已前，中半折之，故云時中，謂時之中間也。若約此方，正當辰時，即如經云食時著衣持鉢是也。」

二三·一一　施衣時　注戒云：「自恣後無衣一月，有衣五月；除此已，餘時勸化作食並衣施者是也。」疏云：「若非時分，先有好心，施衣及食，已是開訖。必未起心，比丘勸化作食施衣，為僧者開，以利多故；自為不開。」

二三·一四　六家家請　疏云：「多家敷具者，謂多家同會處，處處待僧；隨至何家，皆是請處。」記云：「但約同會，不同亦犯。」今記少異。

二四·三　本俗友婦　婦名齋優婆私，婦及比丘，俱顏貌端正，互繫意，時夫問比丘言欲須何等？答言須食，即命婦與。彼食已故住不去；夫言汝已須食竟，何以不去？時婦現相，令其不去；時夫瞋恚云：比丘妨我，向言須食，食已故不去，更欲作何等，我今捨汝去，隨汝所欲。即捨去。時乞食比丘至其家，見已嫌責，舉過因制。

二四·六　僧祇　一八：「復有食名眼識，見色起愛念生欲着。」「故名食也」四字，本文無之。

二五·一〇　在戶扉後　行宗：「戶扉後者，意謂手及，無所犯故。準上列緣還同前戒，申手不及戶犯。必在戶後，手雖相及，約本緣起，亦應同犯。」

二五·一一　不必假夫　通釋：若依律夫婦相兼，名之食家；故律云：「食者，男以女為食，女以男為食。」準此，通男女名食家。

二六·一六　前云　二不定中，又與尼露坐戒也。本律當戒下，正有此文。

二六·一八　十誦　檢彼無文，出多論卷七。

二七·四　注戒　考本律，與前全同。

二七·六　便驅出　律中：跋難陀語彼言：未曾有！汝是大惡人。彼問：我作何過？跋難陀言：今由汝故不得食，長老速去，我共汝若坐若語不樂，我獨坐獨語樂，作此語已，便入城中有食家而食。時彼到祇洹，時過不得食。

二七·一〇　送食　彼云：「語言汝去，我當送食至僧伽藍中。」

二七·一五　施主請僧　律中：摩訶男釋種請衆僧給藥，六羣自相謂言：彼敬上座故與好者，求不求亦與；於我等無恭敬心，與惡者，我等設求不與，況不求而得；我等當詣彼家求索難得無有藥，便往索。摩訶男報云：家中無之，當為市求給。六羣言：汝有愛，為上座能施，我等求尚不與，豈汝家無有此藥；若無者，云何請僧給藥；汝是妄語人等。摩訶男言：我先有誓，家中所有者隨給之；所無者，市求給之；云何言我有愛妄語人？長老去！我自今已去，不復能供給衆僧藥也。比丘責過因制。

二七·一九　十誦　一七：「過四月已，若復索酥，得者波逸提；不得突吉羅。索油蜜石蜜等，得波逸提；不得突吉羅。若索訶梨勒阿摩勒等，得不得並吉羅。」又出五八。

二八·二　或一月半月　疏云：「僧祇隨三時中，或一月半月有過皆犯。」記曰：「僧祇明判，但約施限，通於三時，長短不定。」準之，或一月請半月請，隨過亦犯。

二八・八　過藥限　律云：請者有四種：或有請夜有限齊，彼作夜分齊不作藥分齊；或有請藥有限齊，夜無限齊，彼作如是言：我與如是藥而不作夜分齊；後二句易知，具出律一五。然律不定輕重，故古師生異執，彼執緣起耳。疏據善見判，則為明據。

二八・九　準疏　彼重也下接云有「故善見云：施油索酥，但犯吉羅；是知輕也」之十六字。

二八・一二　餘不　彼云：「若爾，何故緣中索藥制？答：亦可索過提。然下並相過限結故，亦言過受，既明四月，此夜分齊，非索藥相。」

二八・一四　匿王不悅　律：王問言：諸尊在此欲何所為？報云：我無所作，來看軍耳。王聞不悅，復問：欲何所至耶？報云：欲詣舍衛見佛。王言：若至持我名禮拜問訊，令持一裹石蜜奉佛，具白此因緣等。

二八・二〇　律中　卷一五取要。僧祇二八云：「四人護象足是名象軍，八人護馬足是名馬車，十六人護車是名車軍，三十二人執持兵杖，是名步軍。」

二九・九　僧祇　第五八・二；彼云：「若比丘入聚落邑道中」下同。

二九・一九　道俗相須　導俗篇云：「夫道俗相資，有逾影響；若不假彼外護，則無附法之心，既能受供資身，理須以法濟俗；故得光顯佛日，住持像運」等是也。

三〇・一三　五十一　緣起如古迹說，然彼引五分、四分無龍雨雹損穀等事，律中：沙伽陀詣瓣髮梵志住處，求寄宿第一房，彼言：我不惜，但有毒龍，恐傷害。比丘言無苦，往坐。龍放火煙，比丘亦放；龍放身火，比丘亦爾；室中如大火，比丘滅龍火，自火轉盛，遂降著鉢中，示梵志。時彼家有睒彌王見，生希有念，後請給黑酒，即飽醉，路倒而吐，衆鳥亂鳴。佛訶言：如今不能降小龍，況大龍，因說酒十過而制。

三一・六　說漸　五分卷九：「娑竭陀，佛制後不敢復飲，以先習故，氣絕欲死，飲食不消，不知云何，以是白佛。佛言：令嗅酒器；不差。佛言：以酒著麨中，若羹粥中，令噉之；猶不差。佛言聽以酒與之，娑竭陀得已便差，即以白佛，佛言：已差應漸漸斷之，乃至嗅酒器。」

三一・一〇　多論　續論四頁，此戒本作此酒。破僧下彼接云：「以破僧要自稱為佛故。」又見本論第一。

三一・一八　非酒　東野云：此一段與律違。律云：「非酒，酒色酒香酒味，應飲。」疑脫不字乎！又業疏一九・九明受漿中云：「今有用諸草木合釀為酒，具色香味，如酒不異，但不醉者，佛令屏處飲之；若飲醉者，如法治罪。」若此文試會律，若今鈔約具三醉人者，律約具三不醉者，尼鈔亦爾。通釋：律中：是酒具闕亦不開，故文云：「或有酒，非酒色、非酒香、非酒味，不應飲。」若非酒具缺皆開，故文云：「非酒，酒色、酒香、酒味，應飲；非酒，非酒色，酒香酒味，應飲；非酒，非酒色非酒香酒味，應飲；非酒，非酒色非酒香非酒味，應飲。」又五分云：「有非酒，酒色酒香酒味，不令人醉，欲飲聽屏處飲；若令人醉，突吉羅。」今鈔及注戒非酒具三，不合飲；疑律本有異故耳。然濟緣云：「色香味三具而不醉，開飲；非具而醉，犯吉，境緣不具，故不至提。」此文足會四、五二律。謂現行律本具三開飲者，約非醉者；今鈔不開者，約能醉者。具三醉墮，今於非酒中準兩記作四句：一具三而醉如今記，同酒犯提。二具三而不醉，如濟緣不犯。三不具三而醉，如兩記犯吉；然今記會十誦四分結吉應非醉者云云，此釋非也，應言惟是部別。濟緣非醉者，具三尚不犯云云，況今不具不醉者，豈可犯吉乎！不以僧祇果漿令醉犯越，同四分甜酒全同濟緣，故知今釋非正。四不具不醉，不犯可知。因問以麴和飯未熟者，世稱云甘酒得用否？答：

若將為非酒應開，不具三故，非醉故。然準伽論屬是酒，正犯提也，彼云：「穀作酒未熟得飲，佛云飲者波逸提。」問：既是不醉，制犯墮者？答：但是「是酒」，不論色香味醉不醉，皆結正罪，如律中草葉一滴，豈可醉哉！而制犯提。蓋防濫託故耳。問：世作苦酒法，亦須飯麴，又多生蟲，得飲否？答：伽論：「問曰：米苦酒澄清無膩，非時得飲否？答不得飲。」但文但非時制，準此時中應開，又雖和麴飯全與造酒法異，又非嗜味者故非酒例；然多生蟲，不飲彌善。

三三·六　飲犯墮　本宗教他同犯，但十二戒，戒疏一三·五偈云：「堀（地）壞（生）牽（出房）用（蟲水）勸（足食），恐（怖比丘）然（火）藏（衣鉢）殺（畜生）飲（蟲水），無根（殘謗）捉落寶（捉寶），自作教他犯。」準此飲酒，教他惟犯吉。

三三·一九　以石蜜奉佛　律云：王見已，語夫人言：看汝所事者。夫人報言：或是年少，始出家未久耳。時便疾下樓，遣一婆羅門問世尊，並令奉一裹石蜜，以上因緣，具白世尊。

三五·三　乃至　彼云：「一切手指波逸提，以拳指偷蘭遮，若木若竹指越毗尼罪。……若直日若知事人差次會，以指指言某甲去，波逸提。」

三六·三　迦波羅　注戒及律作那迦波羅，律中：「佛至經行處經行，佛常法若經行時，供養人在經行道頭立，彼知初夜已過白佛還房，佛默然；中夜、後夜已過，天欲明時，復白佛，佛亦默然，時彼念我寧可怖佛入房，便反被拘執，作非人恐怖聲，沙門我是鬼。明旦因制。」

三六·七　色聲等　多論八：問：此是常所見事，何以怖畏？答：以非時故，令人怖也。又云：味者，若比丘問他比丘，汝今日用何物噉食？答云：用酪魚。又云：若用酪魚噉飯者，是人得癩癬病等。觸者，若他先敷堅物用坐，欲令怖故，去堅敷輭，事相互異，令驚怖也。法者，語餘比丘，汝莫於生菜中大小便，當墮地獄餓鬼畜生。若除六事，更以餘事怖，吉羅。所謂若以多眠、多食、多言語，當墮地獄餓鬼畜生等，吉羅。

三七·三　王不得浴　律：王問左右言：此中誰浴？答云：是比丘。王言：莫大作聲，恐彼不及浴而去。六羣以種種細末藥更相洗浴，乃至明相出，王竟不浴而去。

三七·一九　空中立洗　若非大雨，理應不開。四分五一：時於露處洗浴，諸居士見譏嫌猶如白衣，佛言不應爾。

三七·二〇　共白衣　又四分五〇：六羣共白衣浴，更相看尾，某甲長，某甲麤：佛言不應共白衣浴，若稱讚佛法僧者聽浴。

三八·一　若頭陀　四分五〇：「彼露形為露形者揩身，佛言不應爾。彼露形者為不露形者揩身，佛言不應爾。彼不露形者畏慎疑，不敢與露形者揩身，佛言聽。」五分二六，亦大同，彼不得裸形浴，裸形相揩吉，應著浴身云云。十誦三九，亦同。若依僧祇有開遮，彼三一：應使一人揩，若無人者，自揩云云。又第三九，尼律中云：「若比丘不病，令比丘揩摩者越毗尼。」舊鈔興正云：「律中於犯僧殘者，奪三十五事，其中不得受他揩摩；又頭陀人不受他揩，除此二人得受而順制，不受合法彌善矣。」又有人引律受戒法中文，彼云：「不得為人揩身，不得受他揩身。」然彼制不問師輒揩，彼廣明不得與他剃髮，不得受他剃髮等，若問已通開之。資行：「就開垢，兩寺不同也，他寺（西大寺）義許揩垢，今文頭陀行人故，不用揩之。當寺（招提寺）義不許揩垢也。今文一往雖約頭陀人，餘處釋雖非頭陀人，不病時，不允揩垢。鈔鉢器篇云：『僧祇云：浴時不病令人揩越，五衆自揩亦越，互揩亦越。』依此等義，當寺不許揩垢也。」

三八·一一　竭支即祇支　簡正：「要著僧竭支者，諸記俱云是僧衹支也，大德不許此解，不可著衹支洗浴，此是涅槃僧，亦云舍勒，即今須裙子，是亦非胜褲之類。」寄歸傳三云：「其浴裙法，以疊布長五肘闊肘半。」

三九・二　然火向　律云：六羣比丘自相謂云：我等在上座前，不得隨意言語，即出房外，在露地拾諸柴草及大樹株，然火向炙；時空樹株中，有一毒蛇得火氣逼，從樹孔出等。

三九・一九　抖擻火炬　通釋：「下不犯中，不云比丘自露地捉炬燭，準此文可開耳。」善見又云：「若把火燒手擲地不犯。」又律五二：「時諸比丘夜集往布薩處，患闇，佛言聽執炬。」

四〇・一三　六羣背取　律：時居士請衆僧食，十七羣持衣鉢等置，一面經行，望食時到；六羣伺彼經行背向，取其衣鉢等藏之。白時到時，彼求不得，六羣在前調弄，餘比丘竟察知等。

四〇・一五　鍵鎔。衣鉢　彼云：「一切長衣鉢，作法畜者，乃至針筒藏者，波逸提。若針筒無針，吉羅。」鍵鎔者，律音釋云：「梵語，此云淺鐵鉢，今呼為鐼子。鍵，音虔；鎔，音咨；鐼，音釧。」律三九，又鉢器篇。

四一・八　即名盜稅　通釋：文既云離衣，準之似不持出；若治生等物，不持出非犯限焉。然記文勢似明隱藏持出通塞，又觀鈔注，持罪者似云不犯，密持出罪，若依記意，應云不犯離罪。

四一・一二　列五衆　戒本云：「若比丘，與比丘比丘尼式叉摩那沙彌沙彌尼衣，後不語主還取著，波逸提。」依律文似互為，而無此處；又廣解出詞句，但云長老；但云長老，對本衆明矣。

四二・一〇　一切不染　若依多論八云：「除三衣，餘一切衣，但作三點淨著無過。」如二衣篇引之。又如本宗重衣輕衣，亦但制點淨，律不云亦一切衣，故列緣但云三衣；戒疏列緣，但標三衣，釋中不云通餘衣；二衣篇亦爾。據之，今注記所謂從急護義；或可一切衣者，且約沙門法衣，三衣及衹支、覆肩、涅槃僧等是也，非謂輕重衣耳。

四三・七　若點著吉羅　通釋：彼論及善見五分等不染吉，不點提；此律兩反故。多論八云：「若黃赤白衣，雖三點淨著，突吉羅。」又云：「五純色衣，不成受持，若作三點淨著，得突吉羅。」又云：「一切如法色衣，不如法色衣，不作淨著，皆波逸提。」又善見一六云：「若不點淨，得波逸提。」五分九・三：戒本云：「比丘得新衣應三種色作誌，若青、若黑、若木蘭，若不以三色作誌，波夜提。」文中不謂染，第二十衣法中，五大色衣受壞色云云，方知不壞但吉耳。又四分但云作淨，不云點淨；又不明作淨方法。餘三律及多、見等明云點淨。

四三・一三　方志　具云釋迦方志，三卷，南山撰；今文出卷上。今案四卷，支那內學院刊，文出二・四。

四四・二　割縷淨　通釋：愚按十誦說沙門衣有三賤：刀賤、體賤、色賤，今割縷淨，即彼刀賤耳。何者？跋闍之十種檀行中，不割通量作增坐具。業疏中稱云不割縷淨故。今文意云，細輭好衣，須二淨，直割截刺淨，點淨。餘堅強衣，具作三淨，謂染淨，割縷淨，點淨。

四四・二　餘衣　已下，十誦七「加一染法」四字，鈔主語。青者之下，彼接云：「銅青，長養青。」銅青者已下，同。

四四・三　澱青　彼云：「長養者，是藍淀青；石青者，是空青；持是等作點淨。」

四四・四　黑者　彼云：「名字泥不名字泥；名字泥者，呵梨勒醉醯勒阿摩勒。」

四四・五　用上果　彼云：「若呵梨勒醉醯勒阿摩勒。」（一八・七）

四四・一二　木蘭指衣法　彼云：四分翻者，北方為木蘭染法；僧衹在吳地翻，以不見故。予於蜀都，親見木蘭，樹皮赤黑色鮮明，可以為染，微有香氣。通釋：「又善見云：木蘭色者，泥黑也。亦是一說也。」

四五・六 新細揲　多論八云：「若先點淨衣，更以新物段補；設十處五處，但一處作一點淨，不須一一淨也。以皆却刺補故，若但直縫者，應各各作點淨。」

四六・一四 鼻奈耶　第八・二；僧祇一八；十誦三九・五。五分二六，亦有此緣。

四八・二〇 初生時　律云：「為生時疑者，即問言：汝生來幾時耶？報言：我生來爾幾時。問言：汝不爾所時生，汝如餘人生，非爾所時生。云何問年歲時疑，問言：汝幾歲？報言：我爾許歲。語言：汝非爾所歲，如餘受戒者，汝未爾所歲。」汝如餘人者，舉他未滿者比同。

五〇・三 數犯向說　律：跋難陀與一比丘親厚，然跋難陀數犯罪，向彼說言：我實犯如是罪，汝勿語人。報言可爾。時共鬬，向餘比丘說。餘比丘問言：汝云何知耶？答言：彼先向我說，然我先忍，故不說，今不忍故說。有少欲比丘聞，嫌責云：云何覆藏他麤罪等，因制。

五〇・一九 欲說而　問：下不犯文發心向說，明相已出不犯，今何明相已出犯墮？答：彼不作覆意，此作覆心；至後夜方欲說而未說，過明故犯。

五一・三 問小食　問意云，若小食時知，至食後說吉，如文易知；若尚覆不說如何？答意云，約義以求，小食時知，乃至初夜、中夜不說，皆吉。通釋：若依實，乃至後夜明相未出通皆吉；若經明相，縱小食時知，乃至後夜知，皆犯墮。

會本卷二十五 鈔中三之四　隨戒釋相篇之餘 九十單提之餘、四提舍尼、百衆學

一・四 十七羣　律中：彼童子先為親友，最富者八十百千，最貧者八十千；乃至諸比丘度受大戒，時諸童子小來習樂，不堪一食，至夜半患饑，高聲啼言，與我食來，與我食來！諸比丘語言：小待天明，若衆僧有食，當共食，若無當共乞，此間都無食處。時世尊在靜處，聞小兒啼聲，問已制此戒云云。母論：「上富者有八十萬億，下貧者有八十萬錢。」

一・八 七歲已下　律三四：受戒法中：佛初制不聽度年減十二者，時阿難檀越家死，有小兒求出家，阿難不敢度；佛言能驅烏、持戒、一食，聽度。

一・九 寒苦所惱　律云：「若不滿二十者，不堪忍寒、熱、饑、渴、暴風，蚊蝱、毒蟲，及不忍惡言；若身有種種苦痛，不能堪忍，又復不堪持戒，不堪一食。」

二・四 若受戒後疑　問：數胎足等，必受後疑方開耶？將通前受？故疏云：「昔解云：必是受後疑方開之，無容先開，以年小故。今亦不同，此開得戒，非謂算出方得；此戒體業，乃是壇上白四時生；故知胎閏積成歲者，理是滿位，故說得戒。今先算出，深知能持與戒無損。」

二・一四 不列開中　律：戒本不列不犯中也，若依受戒揵度亦出開中，彼云：「佛言自今已去，若受具足已，有如是疑，聽數胎月，若數閏，若數十四日說戒日，若得阿羅漢，即名為出家受具足。」通釋：「上法得戒不關羯磨受，今明白四得，故不列彼也。」

二・一六 羅漢　彼云：「此是上受具，若如此者，雖不滿二十，得具足，不犯。」

三・五 出古算　通釋：對今師則古師有二非：一必約年滿，二經位算加中有十一日虛增，故成五月一日長；若依實增，則成四月二十日長，故如下具明。

四・九 約實退減　問：何故偏於此五月一日作填補耶？答：古師以此長月入本位中，於此上通經四位增之故，則含虛增月；若依鈔主離此長月，不入本位，唯於實年

四·九　十七歲七月十一日歷四位增之，則有四月二十日長。縱依古師，取年滿非五月一日長。

十九歲　依戒疏定義，十二月盡日生者，十九歲八月十二日已後受者得戒；若正月一日生者，十八歲八月十三日已後受者得戒；中間增減須準之矣。衹實年十七歲加七月十三日，則滿二十也。經四位抽得者，有二年四月十七日，將帖前十七年七月十三日，恰成二十歲。

四·一六　二小盡　行宗一五·三八：「每一日有三十二分，前後兩日常定，中間二十八日，以日行疾故，每日餘半分，則一月餘二十八半分，成十四分。」

四·一六　每月餘二十八　今案引行宗文，同前條故略。

四·一七　今總開前　即四日通計也，四日一百二十八分也；今加前零一分，故云一百二十九分也。

四·一八　始成二十六　行宗一五·四一：「今云弱得者，將四日一分，開為一百二十九分，五分破之，成二十六分為一日，但少一分耳。」通釋：「若依實以百六十分為五日，今一百二十九分將為五日，即少三十一分。」

五·七　皆沾少分　謂閏四日一分，通為五日，總一日有三十二分，今取彼一分當一日；又頻大八月得半日，今四月十八日，又取一日，故云深取等也。

五·九　今師約　通釋：古師必須年滿，謂臘月盡日生人，滿二十之正月一日已去開之；此論年則滿二十，論實則十八年二日也；故以十八年二日為本，以經四位增之，還二十年多五月一日。今師約年月俱不滿者，故得十九歲八月十日已去受；若論實日，唯十七年七月十一日也；以故今算立此十七年七月十一日為本，經四位增之，至十九歲八月十日則滿二十也。若以至年滿長有四月二十日，若如古師算之，則長有五月一日，何故成此異者，謂今師取經四位算年月滿二十時以定得戒時，還於此上除去算增之日，則本位實數有十七年七月十一日，此為本位，經四位次第增之，故無虛增，是以至滿朝，唯有四月二十日之長，古師必取年滿為得戒時，故以十八年二日為本位，次第經四位增之，故二十歲，故長五月一日，是乃十八年二日本位中，自含四月二十日之長日，不能除此之長日而合為本位增故，乃有十一日虛增，合之上四月二十日，宛成五月一日之長，是則古師於不可增妄增，故實日少而虛增多，故有五月一日。今師唯於可增者增之，而不敢虛增，故實日多而所長少，故唯得有四月二十日，知此兩相，應見上退減填補之中。

七·一　四諍　行宗一六·四〇：「言諍者，因評法相，如律諍十八事。覓諍者，因他舉罪，諍其成否。犯諍者，因有懺罪，諍其重輕。事諍，唯據羯磨僧事，若非羯磨，並歸上三。」今案宜參閱戒疏文。

七·四　律云除此諍　正文云：「除此諍已，若作餘鬬諍罵詈者，後更發起，一切突吉羅。若自發起已鬬事者，突吉羅。」通釋：「上發他鬬諍，下自發自鬬事，並謂重發起也。」

七·九　買客度關　律：買客欲私度關，不輸王稅，即問諸比丘可得為伴耶？報言可爾。時守關人捉將至匿王所，王問諸比丘：「大德知此人不輸稅為伴耶？」報云實爾。王言：「若實爾，法應死；然以沙門放去。」王衆皆言沙門釋子犯王重法，罪應入死，然王直小小呵責而放等。

八·一　阿梨吒　疏云：「梨吒外道弟子，聰明故，遣入佛法，擬倒亂之。」即多論八云：「其人聰明利根，不經少時，通達三藏，即便倒亂。」

八·二　惡見　律：彼生惡見言：我知世尊說法婬欲非障道法，諸比丘諫云：「汝莫作是語謗世尊，世尊無數方便教斷欲法，說欲如坑炬熱果，假借枯骨段肉夢見利刀瓦水毒蛇利戟等，汝云何反說？」

八·七　經說　行宗：「如無行經云：婬欲即是道，恚癡亦復然，如是三法中，具一切佛法。」

八·一四　因前作舉　律中：以阿梨吒如上僧三諫不捨，佛勅諸比丘作惡見不捨舉，六羣供給共法共止宿云云。

九·四　擯沙彌　問：擯沙彌者，僧以白四滅擯，後悔可還攝否？答：律無文，疏云：「故加重法，作彼擯名，怖以入道。」記云：「滅擯法，十三難人、犯重不懺人，故加此法，永棄海外，更無收錄；沙彌口說，便加此罰，欲使迴心，成彼受戒故也。」準此等，還可取攝也。伽論、多論亦得攝云云。伽論二云：「擯沙彌應捨不應捨？答：應捨，若沙彌懺悔，應攝取。」

九·一〇　拒勸學　若依十誦緣起，佛與比丘結同戒竟，語言汝等向尼中應語，尋入禪室，時僧以跋提比丘有德往說，彼往集尼僧告之，諸尼言受持。時偷蘭難陀尼語跋提言：汝愚癡不了不決定知，我等當問餘比丘，持修多羅毗尼摩羅迦者，若應持者當持，若不應者不持，因而訶制云云。

九·一二　一作止　準持犯篇不學結犯有頓漸兩結，若總於所制諸戒上作斷學意，即於一切諸戒頓結不學之止犯；若隨一二戒斷學念等，是名漸結。然但意作斷學念皆吉，若發言拒他勸諫時正結提。

一〇·二　七十二　律：六羣自相謂言，彼等集一處誦律，若通利必當數舉我，我今寧可往語令止，便往語言：長老何用學此雜碎戒為？若欲誦者，當誦四事十三事，餘者不應誦，令人懷疑惱故。餘比丘即察知六羣欲滅法故作是語云云。

一〇·一五　隨經律　十門記云：「經中說律，名為隨經之律。」多論六：「若凡經中有隨律經時說訶者，盡波逸提。除隨律經說餘經訶者，盡突吉羅。」又九云：「入毗尼經者，餘經中諸說戒處是。」行宗：「隨經律，如涅槃經遺教等。」

一一·二　四義故　多論具云：「問曰：何以說訶戒隨律經等罪重，餘經罪輕？答云：戒是佛法之平地，萬善由之生；又戒一切佛弟子皆依之而住，若無戒者，則無所依，一切衆生由戒而有；又戒入佛法之初門，若無戒者，則無由入泥洹城也；又戒是佛法之瓔珞，莊嚴佛法；是故罪重。」

一一·四　此據小乘　意云：毀餘經輕者，約阿含等小乘經為言，毀大乘經罪極重。行宗作二釋，彼云：「小乘方便權教，毀但犯輕；大乘究竟實教，毀故得重。或可據制則大小齊輕，約業則小輕大重。」今記出後一義。

一一·一五　淨心　彼云：「始入道門，未修戒定。」已下同。

一一·二〇　疏作不攝耳　通釋：若依不攝耳，目亦通始聞廣戒者，如下僧祇在說戒座，隨一一戒，不聽吉；一切不聽墮。不必假言故。若依恐舉先言名，似約重聞邊，謂會經廣說戒，不攝耳聽，故不知，今適聞知所作事，望戒經而恐舉，故便先發言。

一二·一　古師　行宗：「古解即光師，彼實曾聞，而云始知，故云詐驚張。於義雖然，在言頗質。」問：詐驚者，約雖曾聞知，但恐舉故，詐現驚相，而言我始知，故與今題語異意同；若曾聞知，而言始知，別結妄語提，如後疏文；然此戒正制無知，戒本云：「彼比丘無知無解，若犯罪應如法治，更重增無知罪」是也。不學無知結犯有三根別，如持犯篇二六卷二五頁。

一二·一九　六羣後悔　律云：「當白羯磨時，六羣亦在衆中既與衣已，便作是語，此諸比丘隨諸親以衆僧衣與之。」

一三·一四　五分　卷八云：「今聽諸比丘有事欲去。僧斷事者，單白羯磨、白二羯磨、白四羯磨。」

一四·一二　僧喚　彼云：「諸比丘……即遣使喚言：汝等來，衆僧有事。六羣比丘報言：僧有何事？我等停作衣不得住。僧報云：汝等若不得來，可令一二比丘持欲來。爾時衆僧即與此一比丘作羯磨。」

一四・二〇 無犯　彼接云：「除僧羯磨事，衆僧和合共斷決之，後更訶者。」

一六・三 律中　現檢本律，不得此文，伽論云：「打本犯戒人四種人聾盲等，突吉羅。」

一六・一〇 伽論　考彼無文，出善見卷一〇。

一七・一六 僧祇中　飾宗：「祇十八云：六羣以側掌，乃擬十七羣，言我以掌刀斫墮汝面，彼恐怖故，即便大啼；佛問六羣何故如是？答言：以戲樂故。佛言癡人，汝莫輕彼，彼若入定，能以神力擲汝著他方世界。」

一七・一九 本為打非搏　多論八：「此戒本意不規打，直欲掌擬令其惱怖，但擬波逸提。」彼又出例，如本為出精捉女人，偷蘭；若為摩觸捉，即僧殘云云。

一八・三 不犯　律云：「若他欲打，舉手遮；若象來，盜賊惡獸來，若持刺來，舉手遮；若渡水舉手招喚手觸，無犯。」

一八・一一 末利　本耶若達多婆羅門婢，名黃頭，常守末利園，一時，以飯供佛，故現報得作匿王第一夫人，勸王生信，王聽比丘入宮閣無障。時迦留陀夷來入，時王與夫人晝日眠，夫人遙見彼來，即起被衣，以所被大價衣拂拭牀座令坐，時失衣墮地，形露，慚愧而蹲。彼見已還出，王問夫人向者比丘見汝形耶？報云：雖見如兄弟無苦。時迦留陀夷還寺語諸比丘，我見王第一寶。問言何等寶？彼具說因緣，因制。

一八・一五 水澆頭　律云：「取四大海水，取白牛右角，收拾一切種子盛滿中，置金輦上，使諸小王輿，王與第一夫人共坐輦上，大婆羅門以水灌王頂上，如是立王，故名剎利王水澆頭種。若婆羅門、毗舍、首陀羅種，如是以水灌頂立王，亦名剎利王水澆頭種。」定賓疏云：「昇位時，請大婆羅門能解四韋陀者，與王為師，取四大海水灌王頂上，表以吉羊，統攝四海，故名灌頂王。」

一八・二〇 言餘　此依天台仁王疏，青龍疏云：「如劫初分香稻者，以粟散布，名粟散王。」

一九・一一 伽藍　注戒曰：「時毗舍佉母脫寶衣，佛所聽法，存法忘衣；比丘白佛，聽為不失堅牢故舉之。」

一九・一一 宿處　又曰：「時比丘道行時，金師家宿，成金未成金在前，竟夜不眠守之，白佛；佛言為牢故，應收舉。」

一九・一七 七名即　今記出多論畜寶戒文，彼論捉寶中無摩尼、珊瑚二，加一瑠璃，唯六種，闕一外出金薄像等。

一九・一八 律中又有　律更又列真珠、琥珀、硨磲、碼碯等；通釋：律戒本畜寶戒，但列金銀錢三，捉寶戒廣列七寶及銅鐵等莊飾具，是通捨遣犯，故廣列似寶耳。然捉寶結犯，律不明局何寶，上列緣中，但云重寶，亦不簡體。又鈔疏中及兩記中不分別。若依僧祇，金銀錢名不淨物，畜捉俱制故。餘皆名淨不淨物，開捉制畜故。若依多論，七寶通不開捉，今時行事，依僧祇歟！若依律三四，沙彌十戒不得捉生像金銀錢寶云云，更不列餘寶。

二〇・三 女人莊飾具　善見一二：女人所用衣服及女人像，一切不得捉，吉。除布施。一切穀及七寶不得捉，除米。以金銀合作藥得捉，天女像若捉，偷蘭；器杖，樂器，不成器，猶是璞，不犯。

二〇・一六 無淨人處開　通釋：依下不犯中，記乃有兩釋：一自同今文，二且依本宗，不問淨人有無，並開。若依戒疏同記，彼解即彼列緣云：「一是寶物，二非塔寺莊嚴具，三非餘緣（在寺中及宿處），四捉便犯。」既犯緣中除莊嚴具，即知一向開之。問：自磨金鉑泥畫佛像可開以否？答：先德亦以金泥寫經畫像，準之可開歟！然律開已成莊嚴具，今直捉金泥，或可耳。

二一・一五 無人來者　善見中，若久久無主來索，得房舍用，不得為己用；若久後有主索，應將示僧房等，若布施善，若不施應向檀越具說因緣，乞得與彼等。

二三·一三 㯽蒱故制　律：共㯽蒱，比丘勝，居士不如，彼以慳嫉故，便言比丘晨朝入村為乞食故，非時入村為何事耶？比丘舉過，因制。

二三·一六 啟白喚　資行：有人云：「啟白，告訟國王；喚請，亦王命也。」

二三·一七 寺內淨人　通釋：疑謂寺內淨人村不犯，故注示之；若寺外聚落，本是結犯，若無障淨人房舍，應非犯限；律約四相，明村聚故。

二四·一一 作白　疏引了疏云：「入村，村側復白。十夏白九夏，若小白大犯吉；本界之中，小大互白。」行宗云：「復白者，本寺白已，至村重白。若小白大，違制故吉。從上白下，極下無對，應開白上。本下，次明在界，則聽互白，彼部如此，今家但令須白，不分村中、本界之異，亦無至村復白之制；今若行事，但依本宗。」

二五·三 五分　一〇·三云：「若行路經聚落，若暮須往宿，若八難起，不犯。」主客篇引僧祇（三五·三）須白，部別異歟！但有同伴須白耳。

二五·一四 觀過失　行宗：「即無常不淨。二護法者，三寶因緣。三四本是僧寺，此宗但據俗舍成犯。五即赴請，或有遠請，隔日先往。」

二七·四 以八寸為量　通釋：「上文八指者，用我指量者，準本文佛自稱也，故知。又八指即一尺六寸。」又多論釋云：「一指，二寸也，故全同四分；依此，今八寸者，謂四等之中間二分耳。謂八指分四等，初一分為搘四寸也，次二寸為腳八寸也，最上一分在脞四寸也，共一尺六寸。」若依四分除入脞外，取一尺六寸也。注戒云：「足高八指，除入脞孔上。」行宗釋謂入枸頭，不在數。

二七·一三 據律本制　房舍犍度云：「佛言聽若大三臘者，共一牀坐；若故不受，應作長牀，若長板。」

二八·六 後悔　接云：「若不爾者，罪益深。」

二八·七 若他　此依五分明也，而可作不，疑是寫誤。

二八·一〇 招譏　律：世人譏言：此工師未供養比丘時，多財饒寶；自供養比丘以來，居家貧匱，無所食者故；所以供養者，望得福而反得殃等。

二九·四 玦鈕　鈕，律作⿰王丑，音釋云：「玦，居穴切，玉珮也；⿰王丑，女久切，即鼻也。」

二九·四 匕杓　匕，音彼，廣韻：匙也。杓，音勺，杯杓，又挹抒之器。

二九·五 禪鎮　補注曰：「木版為之，形量似笏，中作孔，施紐串於耳上，頭戴去額四指，坐禪人若昏睡，頭傾則墮，以自驚之也。」又見鉢器篇。

二九·五 熏鼻筒　會正云：「熏鼻筒者，引藥煙入鼻以治病也。」

二九·一〇 簦柄　按簦，栖上轆轤斗下轤轆乎？斗，形如斗乎？

二九·一二 二衣　記云：「玦，如環，小鈌，即同鉤類。」

二九·一八 八十七　律：諸佛常法，若不受請，遍行房見，時僧臥具敷在露地，不淨所汙，見已，告諸比丘，外道仙人離欲者無此事；若比丘攝念眠者，無有此事，況阿羅漢。當知此汙，是有欲恚癡人，非無欲恚癡者也。自今已去。聽為障身及衣臥具，作尼師壇；六羣大作，因制。

二九·二〇 律中　律無姬周言，律云：「是量者，長佛二磔手，廣一磔手半。」

二九·二〇 緣外廣長　律：「時迦留陀夷體大，尼師壇小，知佛此道來，在道邊手挽尼師壇。佛問何故挽？答曰：欲令廣大耳。佛告諸比丘，自今已去，聽更益廣長各半磔手。」疏更增者，還從本制限外別增，非通量取。二衣篇本制容膝不增等。

三〇·一九 上著涅槃僧　多論先未聽畜涅槃僧，膿出汙安陀衛，故聽覆瘡衣，既聽涅槃僧內著之，量如涅槃僧云云。

三一·一三　九十　戒緣中，若依四分，難陀濫佛，六羣起過，若依十誦，難陀直等量作，彼難陀是佛弟，姨母所生，與佛身相似，有三十相，短佛四指，彼作衣與佛同量，諸比丘遙見，謂是佛，皆起迎，近乃知非，上座皆羞，此是我下座，云何起迎。難陀亦羞，令上座迎我等，以事白佛，因制。

三一·一四　四分三衣　律五三大小持犍度中云：「量腹而食，度身而衣」云云。戒本中唯明佛衣量，不得與佛等過作，而不明比丘衣之定量。疏：「問：餘之（尼師壇等）三戒，定出量限；三衣一戒，但隨己身，不定出量者？答：此三法衣，道服標式；若定出量，人有長短，不稱威儀。」行宗：「若爾，鈔二衣中，引諸律文，示三衣量；那云不定耶？答：彼但出法以為標準，不同尼師壇等永不得過。」通釋：準此等文，諸部局量，唯是大準而已；論定量應依度身為本，如二衣篇記，具出度身法。

三一·一八　有本十磔　疏曰：「問：戒本之中，或長十磔、九磔手者，何文定也？答：九磔為衣，長……」云云，故知四分戒本，有十磔九磔異本。注戒取九磔手本，現行律本，故作十磔手。

三二·六　遂餓在道　律：時長者乘車，往從者驅人避道，此尼避道，墮深泥中，面掩地而臥；長者慈愍，勅人扶出，長者問言：阿夷何患，報言無患，是饑故耳，因說因緣；長者譏言：比丘受無厭足，不知義讓等。

三二·一〇　自他二食　簡正：「不論自他二食者，若尼自己食，或尼從他檀越乞得食也。約緣通之者，皆成犯故。祇云：尼有大福德，日別乞食，供五百比丘，明他食也。」通釋：若準今記，乞得食即是自食。祇二一：尸利摩尼聲聞，尼中福德第一，乞食日日供五百比丘云云。

三三·五　越次與　通釋：與者，指示令與耳；律云：「彼為六羣比丘索羹飯，語言與此羹，與此飯，而捨中間不與，越次與。」又戒本云：「比丘尼指示與某甲羹，與某甲飯。」

三三·六　大衆默受　疏云：「衆既覩過，默然不訶；即表合衆同情容惡，故制舉衆，並不聽食。」依此同座通犯，又云：「既在衆中，親與病人，皆須訶止，無別有開。」

三三·一一　亦須別問　多論：「若別人別坐別食別出者，是中入檀越門，比丘應問出比丘，何比丘尼是中教檀越與比丘食？若言某應。問約勅未？答言已約勅，是入比丘亦名約勅」等。又云：「若二部僧共坐，一部僧中，若有一人語是比丘尼者，第二部僧亦名為語。」

三三·一七　若檀越　疏引僧祇云：「施主不知供養僧法，請尼指授；爾時教安置尊像，教行食次第，如是教已，應坐。」行宗：「施主下，次明別緣。此謂教俗安設，非偏指授；注不犯中，文亦同此。」

三三·二〇—三四·一　學家。招譏　律曰：「諸佛見諦，弟子常法，於諸比丘無所愛惜，乃至身肉，乃至衣食乏盡。諸人作言：彼家先大富多財，從供養沙門釋子已來，財物竭盡，如是恭敬供養，乃反得貧弊。」行宗：「學家，即初果見諦，是有學之家。」

三四·五　二僧作法制　礪疏六本云：「祇律，夫婦互有凡聖，不得為作羯磨，若夫婦於三果中，或俱是，或互得，與作羯磨。五分亦爾。準三果通犯，本宗唯約初果。問：祇中何不通第四果？答：得阿羅漢法爾成沙門相故，乃無有優婆塞羅漢。」

三四·一一　三無病難　律云：「時諸檀越先知有疑恐怖，而故持食來；諸比丘疑不敢受食。佛言自今已去，聽諸比丘受如是食。時諸病比丘亦疑，不敢受如是食。」準此，故持來者，聽有病無病通受；今記及注戒但出病比丘；然據疏及行宗先語已故持來，無病開之；不語持來，唯病人開之。疏云：「依文開相略盡，一語知，（通釋云：無病亦開。）二有病，（通釋云：不語開。）三置地受，四在房外，五教人受。」又行宗云：「無病中，若故持來，以不語故，止聽病人。」

通釋云：反知若先語故持來，無病亦開。

三四·一八 自食令授　彼云：「比丘自有私食，令授與者，無犯。」

三四·二〇 罪無限量　疏云：「所以此篇不別顯數者，但威儀微細，量等塵沙；何有約數，定其名目。故總目之為衆學篇，故諸部中，名數不定。且約人之喜犯，舉百列之，為罪綱紀。」通釋云：戒木餘篇皆題數云是四波羅夷法等，惟此法云衆學法，而不云數，四分、五分獨列百戒，故世人喚稱百衆學。疏云：「僧祇六十六戒，十誦中，一百七戒，五分一百戒，解脫九十六戒。」準此，諸部文中，云比丘二百五十戒者，且約大數耳。疏或八萬種，或周沙界云云。據善見論，梵語：式叉迦羅尼，四分或云尸叉罽賴尼，或云式叉迦羅尼，此云應當學，是從能防名；突吉羅，此云惡作，是從所防也，易犯難持者，多論：「問：何故此篇獨名應當學？答：餘戒易持而罪重，犯懺是難；此戒難持而易犯，常須念學，故不列罪名，但言應當學。」

三五·一一 齊整著　初二戒，據十誦一九·一〇，佛觀過去未來諸佛，及淨居天，皆周齊著涅槃僧及衣；觀已集諸比丘僧，結此戒云云。據疏云：「就此篇中，略為四節：初從始至不得立便利來，有五十一戒，明敬僧威儀行。二從不得與反抄者說法，至騎乘人來，有八戒，明敬法威儀行。三從不得佛塔中止宿下，至安佛在下房來，有二十六戒，明敬佛威儀行。四從人坐己立下十五戒，出能敬之人，於四儀中，雜明敬尚三寶行。」所以前明僧寶者。「若僧有違，或延三寶，通不敬重，前明僧成住持故。」

三六·二 蕈簡　鄉黨云：「非帷裳必殺之。」大全，朱子云：「帷裳，如今之裙是也。」通義，吳氏釋云：「謂蹙其腰下而疊之也，俗呼曰襴也。」蕈，或單字形訛歟，謂即是單襴也。

三六·九 疏云　具云：「文中故作，犯應懺吉者，根本吉也；對首一說悔。以故作故。又犯非威儀吉者，根本罪外，復加不應失儀之罪；此責心悔也。若不故作者，識事而作，非故違教，但犯根本，無失儀罪。」行宗：「初明故心雙結，所作之過，是根本罪；更兼故心違教，故加一罪。若不故違，單犯根本。恐濫迷忘，故云識事而作，此謂明白直作前過，而無故違之心。」通釋：疏釋律不故作，云識事而作；記云非迷明白，是則非忘誤，然今記誤復不開云云，兩記相違，畢竟如何？又鈔疏中此篇分故誤二名，頗多違見。懺篇記，彼云：「問：誤心迷忘，即不可學，那得結罪？答：凡誤有二：一者對境迷心，二則放情忽忘，諦知兩相，想必無疑。」對境迷忘，五篇通開；隨情放逸，不攝三業，忽越威儀，所謂不故作結犯也。若依注羯磨引今律文已云：若故作者，對首懺；誤作，責心懺。

三六·一五 過肘　謂以衣左緣下垂肘下；何以知之，開不犯中云：臂肘有創下著故。

三九·五 戲笑　衹中：可笑事逼，不得出斷呵呵而笑，當忍之，起無常死想；又不可忍，以衣遮口；身不靜者，動手足，折草木。

三九·一二 用意受食　十誦：居士自手行食，六羣持鉢置前，四向顧視，居士下飯著鉢中已過去；六羣言此中何不與飯？居士言：看鉢中已與。彼看已喚來，授我鉢來。報言：汝向心在何處？佛言：從今一心受食，應當學。準之，不用意者，不籌量可喫多少，意在餘緣，但申鉢受，故有多受，以餘殘棄。五分：左手一念捧鉢，右手扶緣。

三九・一七　古師云　戒疏：「十誦云：不溢鉢受食；此則了於平鉢之言。有師尋聲注戒云：言不平者，謂離偏斜過也。」行宗：「十誦：名相顯了，謂受食不許滿溢，故云平鉢。有下，斥非。彼謂持鉢不平正，故云離偏斜。」今師意平者，齊限不過也，謂與鉢齊等，不敢過溢也。

四〇・三　非謂　合作謂非，疑是寫倒。

四〇・一一　正須飯　律云：「或時正須飯，不須羹；或時正須羹，不須飯。」注戒亦爾。通釋：等食之制，約並須時；此但須一種，故偏食不犯。若依記釋，雖亦雙須，非貪速食，隨正須受，益食受之，雖前後食盡，非急速故開之。

四〇・一五　比座分多　律緣起，居士設食，六羣得少，比丘分多，六羣語居士言：汝今請僧，自恣多少，居士有愛。報言我等與。比丘舉過，因制。

四一・一　含飯語　僧祇：「若僧問。使聲不異者答之；不爾，咽已答。」

四一・六　遺落食　疏云：「僧祇：麨餅段段分齊，令可口；瓜果等，不犯。」行宗：「手斷成片，使與口相可。」

四二・一三　棄鉢水　善見：「若飯粒撩與衆生，餘水棄，不犯。或碎令與水合棄，不犯。」

四二・一五　水中　善見云：「若水人所不用，或海水，不犯。水雖中用，曠遠無人用，不犯。」五百問：「船行，得水中便利。」

四二・一九　敬僧　行宗：「敬僧者，謂此諸戒，並僧威儀；遵承奉行，即是敬僧。」

四三・五　不佛塔中　善見云：「佛塔中止宿，及藏財物，此二戒梵本無有，所以無者，如來在世，未有塔故。」又云：「著革履入佛塔已下二十戒，梵本並無有」云云。若依四分，六羣起過，佛親訶制。通釋：若有身骨，在世未應有舍利塔；然依四分雜犍度，有爪髮塔。多論亦爾，亦有法身理塔。

四三・一五　留食戒　律因六羣留殘食，及草汙地而去，一向制不得塔下食。後諸比丘作塔房舍井池等，施食衆集，坐處窄狹；佛言聽塔下坐食，不應留草及食汙地。時有「一坐食不作餘食」及病比丘，或有所棄食草，不敢暫留，疲苦；佛言聽聚著腳邊，出時持出棄之。

四四・一五　出能敬之人　通釋：即以比丘為能敬耳，通十五戒，故此中除攜手、上樹、杖絡三戒，餘十二戒並屬敬法，攜手等三歸敬僧。

四五・一　杖絡囊戒　律二一：「佛在舍衛，時跋難陀絡囊中盛鉢貫著杖頭肩上擔，爾時諸居士見已，謂是官人，皆下道避，於屏處看之，乃知……嫌言：此沙門釋子，不知慚愧。」雜犍度：「時有比丘羸老，不能無絡囊盛鉢無杖而行；佛言：聽僧與彼老比丘杖絡囊白二羯磨。」

通釋：律二一戒本中，一向不明羯磨開，五二老比丘單提杖不須羯磨；五十三雙須杖絡囊羯磨方開。若依伽論，單杖亦須羯磨，彼云：「云何杖，諸比丘為毒蟲所害，佛言白羯磨已，聽畜杖。云何杖絡囊，世尊聽病比丘從僧乞白二羯磨已畜。」又戒疏云：「杖絡囊中，開羯磨方得持也。此謂恆杖，非是時須；如打露驅毒，可亦加法。」行宗：「恆杖，謂恆所持者，朝行須持露，迥險驅毒物，時暫用者，則不須法。」準疏若恆所持者，同伽論單杖，亦須羯磨；今時非老病，亦不乞羯磨，恆畜杖子，道行捉之，應非所開；若為驅毒蟲須錫杖，或時暫捉打露杖，非制限耳。

四五・五　不恭敬聽法　善見一六：「佛訶六羣言：自在下、人在高而說法，因說昔緣。昔波羅奈有居士，其婦懷妊，非時求菴羅果，居士入王園偷之，彼從樹上，明相即現，不得出園，隱身樹枝，晝日王將婆羅門入園，王在高座，婆羅門在下座，為王說法。居士自念，彼二人及我皆無法，然王憍慢故在高座聞法，婆羅門為利養故在下座說法，我為婦偷果，三人皆無法，遂下樹向王說偈，乃至爾時偷王果者我身是，彼時在凡尚惡之，況如今乎！」

四五·七 黔　今謂民為黔首，以其頭黑；一說凡人以黑巾覆頭，故謂之黔首。

卷八

會本卷二十六鈔中四之一　持犯方軌篇第十五

一·四 持犯　法礪疏云：「依教執御，名之為持；違禁起非，故名為犯。」又云：「違法興非曰犯。」

一·五 七門　一持犯名字（四頁），二體狀（六頁），三成就處所（一六），四通塞（一八），五漸頓（二二），六持犯優劣（二七），七雜料簡（卷二七）。

一·一二 前隨相　記釋甄別有二義：初能簡擇所簡擇相對，次別事總義相對，乃甄別之為二篇也。

一·一八 律宗其唯持犯　問：今記主四分律百問曰：「四分律以何為宗？答：以淨戒為宗。」然今以持犯為宗，故律宗其唯持犯，兩祖何異乎？答：漢朝人師定宗旨及異義，或以受隨為宗，或以淨行為宗，然今師唯持犯為宗，故序第六門云：「詮教之文，文雖浩博，攝其大趣，止明持犯。」記云：「上敘文廣，一部律文，總六十卷，故云浩博。下指行要，故云大趣。以前僧尼戒本，及後調部，即止持行；二十犍度已後等文，即作持行，文多明犯，意在成持。翻上二持，則成兩犯。宗部之要，豈踰於此，故云止也。」但百問答云淨戒為宗，於持犯中，且舉持邊。又云：文多明犯意在成持，故知兩祖，釋無相違。

二·一五 無異術　鈔批：「自覺明已後，逮乎茲日，諸師相承，遵行持犯，執見雖稍有差，然大意終歸一道；或言自古撰述是同，大義無異，故云無異術。術，道也；亦法也。」資覽：「術，兩音異也。遂音，路也；述音，道法也。」

二·一九 首疏立八門　彼疏云：「合明持犯，略作八門：第一釋持犯明字，第二持犯體狀，第三持犯成就，第四持犯通塞，第五持犯寬狹，第六持犯前後，第七持犯頓漸，第八持犯優劣。」

二·一九 勵師立五門　準彼疏卷二：第二中含四種，彼云：「第二解體狀、成就、通塞、寬狹。」即與首疏開合異耳。以彼八門對今鈔，今雜料簡彼文無之；後文寬狹、先後二門，今鈔無之；然於義自具焉。

三·四 學肆　會正八云：「學肆者，後漢時張楷居華陰，吐氣為五里霧，人競學之，其猶市肆，因以名焉。」

三·一一 舉事　鈔批：「如下文舉婬盜殺妄，或舉房舍尺量長衣大小，皆名舉事。」

三·一九 體通　謂體通能所持犯，能即是心，所即是境；心境相對，乃生止作持犯四，於此四行，談其成遂之位，故第三明成就也。

三·二〇 境事　將心（能持犯心）對境（所持犯境）事非一，故第四明通塞不同。事非一者，止作二持，止作二犯，境事非一故。二持相通，二犯相通，是此云通；持犯相對，是不相通，是此云塞。

三·二〇 起心　起持犯心，總別乃異，故第五明漸頓。

四·七 名即是字　暗斥簡正記也。彼云：「名字者，名以召體，字以彰德。止持者，是名。方便正念下，釋義；又是彰德。作持者，是名也；惡既已離下，釋義；復是彰德。二犯準知，故云二種持犯名字也。」

四·一七 事須修善　通釋：善者，但是律教所制作持門善，所說結、說、安、恣、懺露、受淨等，諸制作者是也；非化教所說布施禮誦等善，彼雖不作不犯；若作持門事，不作則結犯故。

五·四　謂取　謂行施者，離盜業；修放生者，自離殺生；修定者，離散；行忍除瞋等，是理順也。

五·五　若準　謂欲植嘉苗者，先須除穢草；欲盛珍味者，先須淨其器，是生起次第也；今欲示有據，故引論明之。

濟覽：此解似迂遠，指上科躡前生起文歟！

五·六　百論　簡正記：「百論兩卷，提婆菩薩造，秦羅什譯，有百偈，故號百論。（今文出上四問答，餘於四紙，今但取要。）」然鈔批云：「百論，天親菩薩所造。」決曰：鈔批釋謬也。或曰天親注百論，故鈔依注論云爾也。

五·一三　違理造境　會正：「違背戒律之理，造趣惡境之中。」鈔批：「鼓激身口，違真如理觀。」戒疏：「鼓動身口，違教造境。」

六·一一　體之相狀　持犯體章曰：「增暉云：能持犯以心為體，身口是狀也。所持犯以制聽二教為體，事法是狀也。是則體狀各別，名義乖矣。」準之今斥彼也。

六·一四　行壇禮誦　疏引破（智首之破）云：止不行施禮拜讀誦悉為犯者，出在何律，何聚所收？……智論云：「不行十二頭陀，四無量心，不名犯戒；但是於戒闕莊嚴耳。」故知上立，違於律論。

六·一四　四弘　發揮記：「四弘即衆生無邊誓願度，乃至佛道無上誓願成。」行宗：「四弘，即四無量心也。」

六·二〇　又律云　序偈云：「夫欲造善法，備具三種業，當審觀其意。」記改作者，疑所覽異歟！然濟緣所引，同今律文，未詳其異。

七·六　次引本律　通釋：記主所引，兩處不同。業疏一五·一五：「故云造善具三業，當審觀其意。」濟緣：「故下，即律序偈，彼云備具三種業，則通於持犯，今此易之，且據二持為言。」愚按記主今且憶業疏所引而改之耳，至後濟緣，還寫鈔文，觀記文勢，似當時不檢校律文；若見律文，不可改引律文故也，二記俱爾。

七·一一　答心王　凡王所一異之論，先於大乘，瑜伽唯識別體義，楞伽及中百論王所無別體義。次小乘中，毗曇宗王所體異義，今以成實為宗，故但體用為異也。

七·一三　體通　行宗四·三八：「皆是心者，此指意識，猶通四陰。若據成業，須至行心，行即意思；以思從心起，身口二業，復由心成；今從業本，故言心耳。」當知受想行皆以心王為體，論其成業行思是本也。四陰生起相，光記經部釋曰：「第一剎那初了名識，第二剎那取像名想，第三剎那領納名受，第四以去造作名思；諸餘心所唯無記攝，思心以去，方始通三。」又曰：「此中受謂領納三受，苦樂俱非有差別故；想謂於境取差別故；思謂能令心有造作。」成實多依經部，故順彼釋可解之也。

七·一四　體不　云身未兼手足，如蛇魚等；云手足必兼身，離身無手足故，如人天等。

七·一五　受中　行宗記四·三八：「問：受中作戒，色心為體；今此能持，即是隨作，但云思心。受隨應等，何不同者？答：受取緣成，必須兼色；隨取成業，但約心論。」將彼可答今問爾。

七·一七　又問唯心　資覽：「古來勘行宗記成就門，以彼問答，消今問意。彼四·五三曰：『問：世云小乘不制意地，今那制耶？答：此由不辨假實兩宗，制限深淺故也。小乘實宗，定不制意，動色成犯。假宗制意，但約重緣，簡非瞥爾。是則三宗歷然，大小無濫。學者至此，宜須精究。』今按云：行宗記問答顯意地結犯，大小差別，與今記問，其趣不同。那依彼答消今問，恐不符順歟！今依濟緣意方料簡第二問，就成宗有教限，分通二門，不可混亂也。業疏三下云：『先依本宗假名出體，言作戒者，或言色心為體，故論云：是三種業，皆但是心；離心無思，無身口業。有人言：以色聲為身口業體。』濟緣云：『問：二師並

云依宗立體，何以不同？答：二並據論，所見有殊，
前談心造，正取分通，後明色造，欲存小教。』私
云：彼文定成宗作戒體，初師依論皆但是心等文，以
心為本體云云；記釋云：『前談心造，正取分通。』
此成宗分通之義，不可亂教限答也。」
　通釋：愚按今記問約隨行上持犯體，不可約作戒
歟！却似初行宗記釋順之。濟覽：今按此答還似疎遠，
所以者何，第二問云談心造，則何異大乘，然以分通義會
釋之，則却足增惑；引行宗會之，大小二途，粲然可見。
七·一七 又問既　資覽：「亦古來依行宗記料簡，彼云：『意
已成犯，何以前約身口明成就耶？答：就意辨成，皆
遠方便；心念果罪，少分有之。大論趣果，須至身
口。』今按云：此亦問答趣大異，難成今答。試通會
云：『凡戒以七支為本，故成就究竟專身口可為本；
然假宗制意地結犯，故成就通三業。今談造業主，故
約心也。如是料簡粗無相違歟！』」東野云：今謂此
釋於義雖當，不依祖文，亦是粗魯。記文既言如別所
顯，蓋依祖教耶！又宜從行宗為會釋也。
八·三 舊記　持犯體章引增暉云：「二教既收萬境，故以制聽
　二教為體。」
八·七 若論聽教　下記云：「謂房衣如法名聽作；房有妨難，
　衣曾有犯，不合加法，故名聽止。」
八·一四 知時　四分一·一〇云：「如來制戒，知時義合。」
八·一六 古記科前文　持犯體章，引會正記科判云：將體狀一
門，大分為二：一彼言能持下直至攝生義足以來，科
云明能所二種體狀；二從今分二教下，直至末文，科
云辨二種相攝分齊。
八·一七 今應問曰　意言今鈔本意以四行攝一切事法，為所持犯
體，汝若二教為體，上既出體竟，後明攝法何為？若
　云不關體者，何局今門，而不通餘耶！
九·二 前不通法　問：依止持通雙持犯，故下明止持中具有制
止制作。若依古師制止之中，無法可知；制作之中，
亦制加法，何不通法。故戒疏中，制止之中，出其惡
法，制作之中，則出善法，受淨等是。今何云不通法
耶？答：且約制止邊是本位故；制作事法，是但旁
收，正位屬作持故耳。
九·六 四夷法等　欲除四棄法，及滅僧殘法等，是約通論。若
從別言，作持門能被名法，自餘善惡名事。
九·一二 作門善法　通釋：止持門中，止息自攝，乃成持戒；作
持門不爾，必歷為作，方成持故，法既局造修，故不
通止持。
九·一六 古來章記　會正：「戒疏云：『問：如上立義，止持唯
事，不通法者；如五邪七非，並非正法，若作有違，
義須止約；此法與事，殺盜不殊，有何等故，不在止
攝。如昔解止，但對事明，於義有乖。』故知上釋，
且順古義也。」鈔批同之。資覽：「問：能破所破意
如何？答：先古記意云：祖師撰鈔時、撰疏時，所存
自義，是同一也，然撰鈔時，且順古義，不疏自意；
及撰疏時，始述自義。次今記意云：祖師撰鈔時，即
以古義，而為所存；至撰疏時，改前所存，更設別
義；是鈔疏是相違也。」又曰：「鈔專為新學，不取
古義云餘義廢之等，何徒裁不取義耶？所以破云：豈
得一向等。」
九·一九 撰鈔　資覽：「事鈔前修有二義，資持曰：唯後批云
武德九年撰（生年三十一歲），而戒疏批云貞觀初
年，以武德九年，即改貞觀，故無所妨。次後修此有
二義：一戒疏批曰貞觀四年為擇律師又出鈔三卷，乃
至重修前本（生年三十五歲）。二按撰集錄中，乃當
貞觀八年，即今所傳本也（生年三十九歲）。又撰戒
疏者，前修此有二義：一唯批文意，貞觀四年（生年
三十五歲）。二撰集錄意，貞觀八年（生年三十九
歲）。後修，準批文並撰集錄意，永徽初二年（生年

五十五、六歲也）。」

一〇・五　一者可學　對下云二者不可學事，此文略也，應云一者可學事亦二：一者制止等。又不可學事中，依實應亦分制止、制作。

一〇・六　二者制作　行宗：「止分二種：一斷惡門止，正攝止持；二修善門止，旁收作持。作唯有一，但局修門。又復止惡局前（止持），作善定後（作持）；作中之止，則通兩門；在止離過不殊，在作則同由善事；約此以分，止作無濫。」

一〇・八　昔以　依古師解，亦由迷忘立不可學，故首疏云：制門中事有二：一不可學事，如似人作非人想；二可學事，如似衣鉢體量等是。礪疏全同。又明作持門中云不可學境，非進修法，故簡不取云云。彼師意學習進行名可學，故局作持門。止持門事，不可習學造作，故非可學門。

一〇・八　今以心想　疏四・四八：「不可學迷，非學能了；乃至四果，猶有事迷；何況下凡，而能通辨。故於事法，無問止作，皆有迷忘，而非罪攝。何以明之，如律長財開忘不染，房舍指授亦開想疑；既不結正，明知不犯。」

一〇・一〇　三趣　行宗四・四二：「三境者，人、非人、畜；非人攝四，天、修、鬼、獄。故知此三，總收六趣。三皆犯重，故云通也。四主者，三趣之外，加三寶境；四犯各別，故云分也。」

一〇・一五　三羯磨　行宗：「單白、白二、白四。」又衆、對、心念三。

一〇・一六　初約　疏四・四四：「且如婬戒，順教制防，即止持義；觀厭現前，無思染穢，名為作持。違作止犯，違止作犯。」

一〇・一九　二據　教謂教制，行謂奉行。行宗：「此門須約有教令行，方具二持。」疏云：「且如三衣，教遣備具；不敢違侮，名為止持；如教策修，順行不犯，名為作持；違此二持，便成兩犯。」

一一・一　自餘婬盜　疏云：「可同殺盜，有教開作，名作持耶？」行宗：「一切作持，其必兼止；若但止持，未必有作。」

一一・四　兼收後門　謂惡事中止，今門正收；善事中止，是後門攝；兼亦此門中收之也。俱是止持，故雖收之，應從本而知其兼正。

一一・八　有云　資覽：「問：有人意云何？答：有人意臨事起迷心，相貌學不可知，云不可學。有義云性癡鈍而心迷，故於可學境，勤學不了知，猶如下根比丘，雖起斷學意，不明無知罪，是不可學迷也。次今記意臨事起迷，造事無由防護，非所學知，故不可學，猶如迷人想杌木殺彼，都以不可防護也。古今不同者，古約能迷心，今約迷倒所作，故斥彼云非也。」

一一・一〇　四依　四依：常乞食、糞掃衣、樹下坐、腐爛藥。五邪者，行宗四・四三：「五邪，即調達五法：一乞食，二糞衣，三露坐，四不食酥鹽，五不食魚肉；五皆一制無開，故名邪也。七非者，謂所作羯磨違律制也，一非法非毗尼，二非法別衆，三非法和合，四如法別衆，五法相似別衆，六法相似和合，七訶不止。」又云：「云四依者，以調達倚傍四依，而立五法，邪正相濫，容有迷昧。三法者，單白、白二、白四，或可心念、對首、衆法。」

一一・一二　昔以事　昔以事不可學，今以心想迷忘不可學。一切心境，皆是可學；但迷非學了，故佛一切開也。古師所立圖：——

止持—制門事—┬制作—可　學—衣鉢體量等。
　　　　　　　└制止—不可學—婬盜殺妄等。

作犯—聽門事—
- 聽作—可　學—房衣尺量等。
- 聽止—不可學—非法房衣等。

作持—制門—
- 可學事—衣鉢體量等。
- 可學法—三種羯磨等。

止犯—聽門—
- 可學事—長衣房舍等。
- 可學法—處分說淨等。

一二·一四　古約事　會正：「注謂願、首等師用殺盜等惡事，為不可學；今下，大師約迷心說也。」資覽：「古師意以進修為學，故止持門以制止事為不可學，以制作事為可學；作門，善事有進修義故，為可學。今師不爾，但以學知為學義也。」

一二·一八　酒有義斷　鈔二四·三二：「四分若酒作酒想，若疑；若無酒想；皆墮。」注曰：「莫非取境犯，謂前有方便。」又戒疏一五·七：「諸師云約心從境制；余意不同，聖制有以，文少不了。豈有智人由來不齅，須漿誤飲，可結提耶！」

一三·四　聽門中事　行宗：「聽門事法，二俱是善，本屬作門：但兼止義，故在前（止門）出。但前取聽止，此明聽作，故不同也。若爾，所以前後俱明止作者？答：為顯雙持義故，及論止作，各攝所歸，不可混也。」準此，今雖止作雙舉，聽止正是此門所收，聽作在次門所攝。問：若此中無聽作義，何名雙持犯耶？答：今言無者，約其正本；若論傍兼，前後各具，謂如房衣製造如法，不敢違越，是聽作中亦有止持。若非法房衣，改易應法，是聽止中，亦有作持；故名雙持犯也。

一三·一四　事唯可學　資覽：「問：事唯可學者，簡何云爾耶？答：答上止持，故云事等。問：若爾者，何不簡法耶？答：古師意止持門不通法故，由無所簡；不言法可學，事通止作故；對上止持門事，明作持事，故云事等。」

一三·四　準此亦有制作制止　東野云：對上止持，反明之者，房衣尺量，如法而作，是則制作；不如教作，是即制止。或可不作婬盜等是制作。濟覽：今謂非也，如房衣尺量，是聽作也，何干制門。又如不作婬盜等，即制止也，豈於制作制止乎！今準上止持雙持犯，故於婬盜等起對治者是也。

一三·八　所以不通　資覽：今記意曰鈔文徵難古義，不出彼義，直述今義也，不當徵問義也。科文言「示今難通不可學」者，示徵難成，今正義通不可學之旨也。首疏卷二云：但止持作犯，唯對二教中事以明；作持止犯，通對二教中法事二種。所以前不通法者？答：法唯進修方知，事唯離過故得明矣。後二雖通，由不通不可學事法，及事可學，並是進修，故對明焉。不可學事境，非進修之法，故簡不取。止持對二教者，制門中事有二：一不可學事，如似人作非人想；二者可學，如似衣鉢之量等是。礪疏全同。通釋：今鈔所出古義，首、礪兩師也；鈔取止持作犯不通法邊，棄作持止犯不通不可學邊，疏兩俱棄不取之，尋對可見。

一三·九　此謂順教　如迷犯捨墮衣，作如想而加受說；或迷有妨難處想指授等也。

一三·一三　通塞全異　通釋：古今對望，古有二塞：一曰止持作犯，雖通不可學而不通法。二曰作持止犯，雖通事法，而不通不可學。今師反之，兩通止持作犯可不可。兩通，是戒疏意。今鈔，後通前塞。

一三·一七　出古解　疏云：「如昔解云：作持門中事法，唯可學，無不可學者；非此所明」等，如今記所引。

一三·一九　或有改字　又云：「初義意云：徵問之言，不符順下釋，故改不通之言，作亦通也。次義意曰：戒疏直云如昔解云，無可學，然後云今解不然，無徵問之言，今鈔但標語，不出彼義，故疏鈔兩文，徵釋互影略也。」

一三・一九 或云 古記意曰：疏略徵問，彰彼釋；鈔顯徵問，略彼釋；徵釋互影略顯之。

一三・一九 影略 東野云：疏直出古解無徵問辭，鈔有徵問不出古解，故云影略。

一四・一 但不依戒相 疏云：「但不依戒行，事法有違，皆名作犯。」通釋云：止持既通止惡作善二門，翻之名作犯；故作犯亦通二門。止惡門作犯者，婬盜等是也；作善門作犯者，如制聽二門中所令奉行之事法，若故違法造修，是作犯故。第四止犯，但在作善門中，不通止惡門中，本不制造修故。已上約教行門。濟覽：今案止犯門亦少通義有之歟，如何者，如婬怨逼，制蛇口火中想，若不如此制伏，則止犯；故或可少在屬無義乎。作持門惡事類可知。依戒疏非也，彼四・四五云：「以難緣禁心名止，非謂恆爾。」

一四・五 昔人有立 持犯體章曰：「初敘昔傳，分三：一增暉二教，二後悟無作，三會正萬境。」彼中委悉可見，芝苑遺編卷一・六。

一四・七 又有章門 持犯體章云：「二明後悟無作，世有章文，傳云增暉後悟所持犯體。約文據理，諒非增暉真筆。蓋後人出於自見，妄託增暉之名，欲誑後人信奉；世所謂狐假虎威之儀，誠其然也。」資覽：「準會正記意，增暉記主義見，謂增暉主造鈔記，以二教為體，然後時悟此義非，改前義以四行無作為體，故云後悟也。撰小卷文具述此義，故今記云有章門也。準此等後悟非人名也，有云增暉後有擇悟律師，疑是彼人釋，此義無據，難以信用。」

一四・一〇 又有人立 持犯體章曰：「問：萬境為體，於理如何？答：萬境為言，通及能所，如鈔序云：持犯之境，境通內外，內謂行心之結業，外謂情事之順違；內即能持，外即所持也。既云境通內外，是即能持亦得名境。故知境為所持犯體，名有濫於能持犯體也。」

一四・一二 不攝諸緣 問：若具諸緣，即是具緣成犯，自屬次成就門；今但論體狀，宜克一境。又諸緣雖廣，不出心境，故心境相當，名犯究竟；既取心以為能持犯體，即知境是所持犯體，但云萬境不分別戒，宜云各其境事為體。又婬觸等，雖同一女，而隨各戒境相不濫，謂婬取三道，觸取身分，麤取智解，媒取二家，說法獨女，同宿臥女行坐乘等，又各取行坐乘女等也。又殺取命根，盜取財物，妄取聞知，餘三語者所說語相，亦分異相，共是境事。今記具該諸緣，豈非能所持犯濫耶？答：按能持犯者，約正作時；所持犯者，但約教制，宜通心境。文約二教明持犯體，但取教制明也。上文明作持事法教行中云：行謂對治，心起對治，雖是能持，今約制法，故為所持體。今記深得宗意，豈得閒然乎！

一四・一三 一女六十三戒 隨戒首云：「女人九處，男子八處；七毒歷之，女人身上得六十三戒。」謂女人上有九處，七支中婬支開三處，故以己七毒，向彼九處，故得七九六十三戒。

一五・六 事法即體 持犯體章云：「今準祖師大鈔戒疏，始終詳勘，定以二教所詮一切事法，為所犯體；此正義也。言事法者，各具善惡二種：一言善事者，即衣鉢量。善法者，即一切教行。良以凡情蕩逸，不樂進修；是以大聖制令遵行，故令行者，勤學奉持，名為順教，即作持也。懈怠不為，是名違教，即止犯也。二言惡事者，即婬盜殺妄；言惡法者，即五邪七非。良以凡心計著，障道之本，是故大聖制令不為，故令行者，對治禁禦，名為順教，即止持也。恣情造境，是名違教，即作犯也。今謂於上善惡事法，心起順違，故有二持兩犯生焉。違順之心，即能持犯體；善惡事法，即所持犯體。持犯既因事法而生，故今以一切事法，為所持犯體，豈不然乎！」

一五・七　一切諸戒　下記二七・五云：「且如婬戒，犯不淨行，共畜生等，即是事也；波羅夷者，即名犯也；乃至衆學，齊整著內衣，是事；應當學，即犯。此就總論。若約別說，一婬戒中，自造怨逼，方便重輕，境想差別，種種別相，皆名為事；法亦如之。」通釋：法者，二房乞法，增作白二，指授處所，衣鉢受淨，作但對首之類是也。一切事法，例之可知。

一五・一四　方見資深　資覽：「謂見資持記其深，故云見等；資持釋鈔三行旨記，故如序云：仰承行事之旨，題目資持，首題一舉，部意全顯。有人云：資，靈芝云取也，故見取深。又云：資字，其字誤乎，見其深等。」

一五・一八　為蛇　資覽：「蛇自本無足，添足非蛇；所持犯體，在文炳然，立異端，太背祖意。」為蛇等語，史記云：宋世家昭陽傳曰：令尹陳軫曰：今君為令尹，此國冠之上也。……臣請得譬之，人有遺其舍人一巵酒者，相謂曰數人飲之，不足以徧請，遂畫蛇，先成者獨飲之。一人曰：吾蛇先成，舉酒而起曰：吾能為之足，及其為之足，而後成人奪此酒而飲之曰：蛇固無足，今為之足，是非蛇也。今君相楚而攻魏，破軍殺將，功莫大焉；冠之上不可以加矣。今又移兵而攻齊，攻齊勝之，官爵不加；於此攻之不勝，身死爵奪，有毀於楚，此為蛇為足之說也。不若引兵而去，德齊，此持滿之術也。昭陽曰善，引兵而去。

一六・一　三明成就　成就門中，此正明四行之成就處也。科文不順鈔文歟，試科之，先下正釋，二：

初約心辨止持，二約三業明成就。約心又分二：初約三心正局明止持，二二下約行心兼通明四行。

問：今科文何故如是分耶？答：密依戒疏乎！疏云：「三明持犯成就處所，心行對業，三門分別。前將止持對心以明，二就行明止持，三就業明持犯相。」今鈔專依首疏，彼第二云：「次解第三持犯成就，先就心辨，後對三業解者，止持有二：一無惡來汙以解止持，行前三心，得有止持。……若起修對治行以解止持，作持行心成就，前三則無。……止作二犯行心成就，前三亦無。……次對三業辨成就。」準之，今科彌違鈔文。首疏二云：「問：所以止持前三得有，止犯即無？答：戒先受得屬己，以此三心擬本所受，無惡來違，說之為持；惡本不先受得屬己，故不得以行前三心擬本受，此無惡來，以防說之為犯。」

一六・一二　受下遮疑　疑曰：但不作惡，即是止持，何故三心非業，且望受體說有持義；入次行心，止持成就耶？即將此會之。

一六・一七　局不善性　問：篇聚中及戒疏立三性犯，今何局不善耶？答：且約粗相，云通三性，實但不善性也。如彼善心違犯，知事互用，塔上拔草等也；律謂之黑暗心愚癡波羅夷，豈非不善性乎。次無記犯者，約正造業位，雖為無記，約前方便結犯也，即如夢中漏失結殘是也，或約無持心，實皆歸不善性也。問：吉羅誤犯，豈非無記乎？答：誤有二種：對境迷心無犯，此非所論；放情忽忘成犯，此無持心，亦歸不善性也。

一七・五　各據二行　持犯各據止作二行，而為言也；謂持中據止作二行明之，犯中亦爾。何故二行合明之耶？謂止作二持，雖體不同，俱無貪等行心成就。二犯亦爾，同貪瞋等位成就。故持犯各據止作二門合明之也。然異本作各據一行，應是正本。次釋云止作各異，故謂上各據一行，約究竟之始終為言，則止作持犯各各別立，此中約前心方便，後心究竟，故或有四行間雜，同時成就矣。初明二持，後明二犯；是非約前後心，謂發心不殺等，修慈作持，不殺止持，二行同時也。

一七・一六　單意業中　記釋單意中有二段：初泛釋單意；初判下，

局釋鈔文。初中，凡不問方便獨頭，瞥爾重緣，未至身口，總名單意；此中若依實宗通名不犯，若依假宗，通犯不犯，如次局釋。據戒疏第二師正解，於獨頭心念，約瞥爾位，名單意不犯；四分五五調部毗尼云：「時有六羣比丘，見恆水中有流船，作是念，我等盜取此船，不勞身手，彼疑；佛問云：汝以何心，即具答因緣，但意無犯，而不應生如是意。」是所出也。戒疏云：「單意業中，不名持犯；故律文云：單意者不名犯也。」記曰：「單意者，若生身口，必兼意思，如上二業（通釋云指次上身口二業成就處。）未及身口，粗細心念，通名單意。初科據文立義，然單意語通，此據瞥爾，制限大乘，故言非犯。」由彼記釋，可解今記。通釋：準今鈔文，唯是初師解也；至戒疏方用第二師，故知單意者，但指獨頭，若動已下，明方便意也，記釋不爾。

一七・一六 若動身口　通釋：瑜伽等大乘說，多約方便談意業，謂審決二思為意業，亦為遠因等起故，是身語動發勝思，遠方便思故。或通獨頭，如仙人意嫌類是也。

一七・一八 未至身口　不簡瞥爾重緣，不顯身口，通名單意也。方便惡覺等文，具出單意相。初判已下文，正釋鈔文。對後通成，故曰初判不成就，單意不成。若依實宗，瞥爾重緣通不成犯，故云單意不成者。若約假宗，約瞥爾云不成耳，重緣成犯故。問：調部但心為方便耶？為獨頭歟？答：若彼作決定當作之意，則屬方便；若非當作心，但妄生此惡意，則為獨頭，並約瞥爾，名但意不犯。

一七・二〇 初判不成　自下正釋，鈔文初釋單意，不成持犯。若下，明單意通成持犯。初中，指瞥爾為單意者，據次記文，准戒疏今鈔文為初師解，應云即指獨頭名為單意；今約第二師義釋，似前後不合，以初師約獨頭，不簡瞥爾重緣，故准戒疏有二師解，初師義者，方便意瞥爾不犯，重緣成犯；若獨頭意，一向不犯。第二師義者，通獨頭及方便，瞥爾不犯，重緣則犯。

一八・一 瞥爾　法華、涅槃圓教開會護持，一向不通凡位耶？答：圓教瞥爾護持，尤通凡位；就瞥爾初念者，非汎爾初念；所以爾者，梵網十重禁中，後三意業結犯。依瑜伽等三思中決定思初念，定其結犯；今瞥爾初念，亦可爾也。非謂審慮思中之初念，瑜伽等中未結犯故。濟覽：今謂此解恐誤乎！疏中未曾見初師開獨頭意犯，況又行宗釋獨頭云即瞥爾異名。

一八・二 若下次明通成　次下，明單意通成犯，是別約假宗釋之；何者，有部動色成犯，今云雖未動相故，不妨上文者，釋妨也。問云：若未動相而成犯，何上文云單意不成耶？今通云雖未動相為身口起意故，即屬身口業，不名意犯，故上云單意不犯。問：準之單意不犯者，一向不約獨頭方便意，瞥爾重緣皆屬身口可犯故。答：不爾。律中六羣欲盜取流船還疑，佛言但心不犯，是方便意亦犯。故準戒疏二師，初師義，獨頭意一向不犯，不論瞥爾重緣，於方便意，瞥爾不犯。上單意不成，下所列之諸篇遠方便者是也。重緣，今即屬身口者是也。第二師義，獨頭心念，雖瞥爾不犯，重緣即犯，亦復如方便意。第二師意瞥爾位獨頭方便俱不犯，重緣獨頭方便皆有犯，是今宗正義也。依之單意亦犯，今鈔約通談耳。

一八・三 不妨上文　釋妨也，問云：若未動相而成犯，何上文云不成？答：今思屬身口，故成持犯；上意不關身口，故云單意不犯。

一八・三 上是初解　問：何故以今鈔文為初師解？答：鈔唯約動身口方便意說成持犯，而不明獨頭犯故。準此文言單意業中不成持犯者，不約獨頭意耳，為初師解故。若約方便意，瞥爾縱雖不犯，何不名動身口思，既目方便故，但犯不犯須依宗限，故瞥爾非犯。問：疏及行宗但約獨頭乃判瞥爾重緣，方便意可亦例分不？答：疏記中雖無辨釋，篇聚記文釋遠方便亦約重緣為結犯限，即知獨頭方便分二無異。

一八・四　獨頭　行宗：「獨頭即瞥爾異名。」又云：「後念還追前事，故云重緣。向，即前也。」

一八・一二　一心門　會正：「即一心對一境門。」謂或如加衣，唯緣其事，無暇餘緣等也。簡正：「此唯約作業一剎那說也。」

一八・一六　答止作　問：下將心望境中，亦有通者？答：彼望前後念，故具二行；今約一念，故唯成塞。濟覽：今謂雙持犯由義具餘行，非非是並境現。今以止作緣異，心無善惡並緣，無善惡頓現故，還成不通也。

一八・一八　如後明　決曰：準下解釋，不學非境，頓境不現：故望不學心品，得多罪也。

一九・七　若為取別　問意云：若云止中有作，作中有止者，止作二行相濫矣；如何辨其宗本，且別兼正。

一九・九　舉宗歷然　止持宗對惡境，縱有對治善，收歸離惡；作持宗對善境，縱有止惡，亦歸修善等。

一九・一二　止中有作　濟覽：教行中，止持隻持單犯，作持雙持雙犯；心用中，止持作持，皆雙持雙犯故。順教行法，即作持無違故。止持離此作，別無教行止持，故云止中無作也。心用不爾，對前境起對治作也，無違止也，是作中有止也。對境禁惡，止也；作對治，作也；是止中有作也。問：如依法作三衣，是作持；不敢違越，是止持；是豈非一心具二持？又作非法衣，是作犯；不依教制，是止犯；亦是一心。若約心用，如作殺盜是作犯，無對治是止犯，今何云無耶？答：今且止持作犯對惡事，作持止犯對善耳。問：記約雙持犯而明，何以單持隻犯通耶？答：縱約雙持犯，能緣心不並，故成不通；次將心望境中，具雙持犯者，約先後故也，故下文云：「欲誦戒羯磨，先止外緣名止，後善行成名作」是也。

一九・一六　下二句　通釋：上二句，既明二持；故下二句，為二犯。然下二句，或通二持，但云止作，不云犯故。

二〇・一　即心用雙持　若約教行，止殺等止持門，唯隻持犯，故止中無作。約心用則通一切戒，作持中誦戒等，亦通教行雙持，而今云先止外緣，是約心用；若約教行，佛制誦戒羯磨，故順制而誦，正是作持；不敢違越，是止持。又如作房乞處分是作持，無敢違越是止持也。

二〇・八　後明二犯　問：上二持既約心用，後二犯約教行者？答：心用既顯，故明教行，前後互舉，彰義門多。凡於今持犯兩門中，心用教行通論別戒，起護有無，止緣有無，對境明昧等種種義門，無不攝盡，祖教奧旨，尤足貴矣。後二犯中，約教行雙持此有二：一通論雙持，通二百五十；二別戒雙持犯，局二十六戒。今作犯約通論釋，止犯約別戒釋；又止犯有二：一事法止犯，二不學止犯；事法止犯唯通，不學止犯通塞雙明。

二〇・九　此雖　東野云：此通伏疑，上記云：「若約教行，止中無作。」然當段鈔明作犯兼止犯，與上矛盾，故通云：「此雖教行，論作犯通止犯。」濟覽：今謂非也，當段鈔文明作犯具止犯故，上記云：「作中有止，教行心用，二種皆具。」可知非矣。又上云「止中無作」者，但應約持，今明止犯中有作犯故。

二〇・九　乃約通論　又即是別戒云云，記主句法圖記中，通論別戒，起護有無，止緣有無，對境明昧等云云。資覽釋云：通論者，通一切戒，以不學止犯寄之，作雙持犯則通一切戒，故云通論也。別戒者，有法開戒，如今記列，但局二十六戒，故云據別戒也。起護有無者，於止持諸戒，有對治觀成作持，無則成止持，是云起護有無也。止緣有無者，於羯磨等作持諸戒，先止外緣成止持，不止則成作犯也。對境明昧者，作學教意樂，名作持；作斷學意樂，名止犯也。

二〇・一〇 止犯有二　行宗：「止犯一位，須分二種：一不學止犯，即不學無知也；二事法止犯，即於制聽善事、善法，故違不作也。」

二〇・一七 總二十六戒　通釋：二十六中，九十中之說麤、教尼、二人聚白，加藥與欲；及提舍中二戒等是制作，自餘是屬聽作。又今且舉戒本所制教行故，但有二十六；若依犍度所制，如結、說、安、恣、具三衣等，乃有無量教行。

二三・四 自安漉具　問：此四中安殺具在後時，其犯究竟可知；自餘三相，當時即成自業，如何後時究竟？答：第一恐淨人為用蟲水，於彼取水處安漉具訖，後彼漉水時，任運能安，比丘自成止持故。第二始但令沙彌訖，後彼依教閉居之時，自成作持。第四始閉房戶示他行相，後彼作法時，自成止犯，大同教人犯相。

二三・一七 點示　資覽：「不論所教人斷學止犯，故云文等。非謂不論，能通斷學止犯，能通亦可說不學止犯。」

二三・一九 答能通可說　謂教他斷學，不成自犯；造修教他，成自犯故。上殺生、造房等是也。

二三・一一 塵沙事法　謂緣萬境，起通持心，可望受體塵沙萬境，一一事法發無邊善。……據戒本中總論持犯雙單圖：——

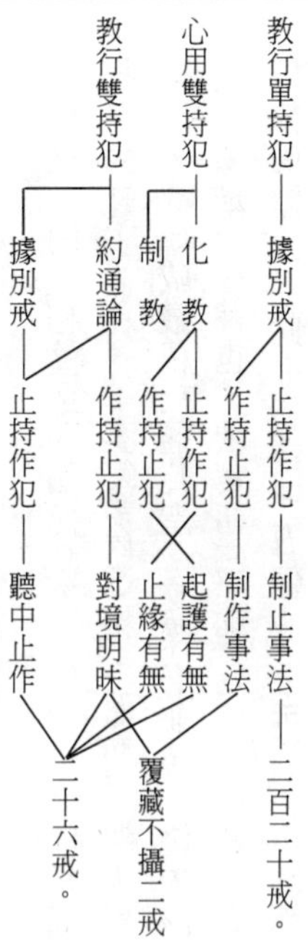

二三・一三 通犯吉罪　問：若爾，作犯頓時，對一一境得無量吉耶？答：一義總結一吉，一義云結無量吉云云。鈔云：「然盜通三寶僧物最重，隨損一毫，則望十方凡聖，一一結罪。」記云：「一一結者，非謂多罪，但此一罪，總望多境，故云一一耳。」準之，似一罪義。鈔云：「於一一法上，皆得頓犯不學之罪；本受戒時，發爾所戒善，以防不學之罪，今總作不學之心，寧不頓犯衆多罪耶？」準之，今通犯似結多罪。問：何僧物唯一斷學多罪耶？答：按僧物戒，事是一亦不緣多境；斷學戒，事多別亦緣諸境，故一多不同；今發心作犯，緣諸戒境，準可結多吉羅罪。

二四・五 男子五十六　男上有七支，婬開二處，故為八支；以七毒歷之，故成七八五十六。女人九處，六十三準之。

二四・二〇 若要心不學羯磨　簡正記一三末云：「若要心不學羯磨者，於一百八十四法中義；今不學說戒單白一番羯磨，非謂通望一切羯磨，但有一罪，思之。於餘悉學者，餘者外也，除說戒單白外一百八十三番為餘，即由習學也。」會正記第八云：「不學羯磨，然羯磨中，自有多法，今且總對餘法，名一止犯。」會正餘法釋，或似對隨一羯磨，餘羯磨謂餘法，或似總諸羯磨為一，戒法為餘；然衆多通結一吉，衆多戒戒亦通結一吉，此義不爾。

二五・一一 故律云　四分一八：「彼比丘無知無解，若犯罪，應如法治，更重增無知罪。……不善思惟，一心聽法，無知故，波逸提。」戒疏一五・六三：「根本罪上，緣而不了，後結無知，故曰重增。」

二五・一六 受戒說相　彼云：「若一切如法教，不得違逆，應學問誦經。……餘所未知，當問和尚阿闍梨。」又如拒勸學戒，闡陀言不學此戒，彼違諫已前，作廢學心，可通吉故。

二六・七 乃至五分法身　律：五無依止而住，若有者得無依止住，謂戒、定、慧、解脫、解脫知見是也。

二六・一〇 貢高　華嚴音云：「廣雅：貢，上也，謂受貢上之國，自恃尊高，則輕易附庸之國；今有自高陵物，欲人賓伏者，則謂貢高。」

二七·一五　護根　婆沙曰：「由慧力護眼等根，不令於境起諸過患，如鉤制象，不令奔逸。」威儀戒者，通釋云：七衆別解脫戒也。護根戒者，根律儀也。俱舍云：意律儀以正念正智為體，俱是散業；約三律儀，並別解脫攝也。

二八·一　中二相望　問：相望通局如何？答：以中二望前是細，故局內凡不通外凡；若望後還粗，而亦通聖；粗通細局，故如威儀粗戒通凡聖。又深必兼淺，淺未該深故。然是一往釋也，依實初三通涉始終，故婆沙等判根律儀體云：此從初業（五停心）至無學位圓滿云云。又共戒外道尚修得故，故飾宗記三末云：「今護根戒，始於初業，終無學，不局內凡。其定共戒，若起煖等，可云內凡；若無煖等，縱得四禪，亦非內凡。」又依成宗，定共亦通漏無漏，準此等文，初三通凡聖三位者明矣。

二八·一九　答前是　記還取前四戒以配今聖及兩凡，故別相離彰；愚按今但以別脫，就四聖兩凡諸位，以彰優劣耳。道共等勝劣上既約位明已，何更須明；又前後諸門所明，但是別脫，故別脫豈不通無學乎！乃至佛果，方得究竟。又今文無一言涉道共等，何得強配。

二九·二　五八對　通釋云：依本宗意，五八並通盡形，俱名近事男女，故八戒人名淨行優婆塞，七衆中攝。不同多宗名中間人，在七衆外。故五八相望，五劣八勝。

二九·五　作持離　問：如造房處分，既離重殘，何云輕過？答：不乞唯吉，造房竟時，方結殘罪，餘例之矣。

二九·一一　為名利　準戒序，名利即名譽利養；世報謂人天樂果；上即現樂，下即來報。而此二句，初標後釋，故二句俱通，現當二樂，是即背離欲道，著生死縛，故為不善心。

二九·一四　戒序　戒本後序云：「明人能護戒，能得三種樂：名譽及利養，死得生天上。」

二九·一六　無記攝　今時奉戒，多在無記，住正念防護，善心稀故；雖非惡心，多是無記。

二九·一七　若以作持　謂造作即行心持戒也，或作，起也，起持心也；謂以所起持心校之也。但無記非起心，故居中位。

三一·五　時人　彼云：「尊者阿難，以法付囑商那和修曰：世尊告曰，於此國中，當有長者名為毱多，其子號憂波毱多，於禪法中，最為第一，雖無相好，化度如我。」而無時人號之語。心地觀經八·一七云：「在無佛時，為濁惡世邪見有情，演說甚深心地經王，使離惡見，趣菩提道，廣宣流布，令法久住，如是名為無相好佛。」

三二·一　事習未亡　如智論云：「甄陀羅王與八萬四千衆來到佛所，彈琴歌舞，以供養佛。爾時須彌山王，及諸山樹木人民畜獸，一切皆舞。佛邊大衆，乃至大迦葉皆於坐上不能自安。」通真記云：「尊者因中曾為樂人，餘習所致，聞樂則舞。」是非威儀之誤犯也，雖無無學煩惱障，習氣附在所知障也。

三三·一　懺篇　彼云：「雖戒律微細，懺則清淨。」（末葉）

三三·六　心境相望　通釋云：次正釋中，約律境相，就制教說，昔約化業明之，且於心境相當，自有四句：一心境俱重，以增上惡心，殺父母羅漢等。二心輕境重，知父母受虐刑，悲痛泣害等。三境輕心重，以尤害心，殺闡提等。四俱輕，如慈悲心，殺造惡者，依制一夷，約業大異。

三三·一六　婬中　準記：人、非人、畜中，畜輕人重。次人中，道重俗輕。俗中，亦有有戒無戒。有戒中，有持破別。持中，亦有五、八戒，並分輕重。又道中有五衆別，大僧尼重，二沙彌輕。又五衆各有持破，持重破輕。次於持中，凡聖相望，薄地輕，乃至無學至重。

三四·七　法次　佛、法二俱無我所心，並結偷蘭；而言次者，以經卷有計紙墨值，滿五結重之義也。

三四・一一　約趣　謂約三趣：人重、非人次、畜至輕。人中，道重俗輕。道中，持重破輕。持中，薄地輕乃至羅漢至重。

三四・一三　六足毗曇　會正八云：「六足毗曇者，一集異門足，有一萬二千頌，身子造。二法蘊足，有六千頌，大目連造。三施設足，有一萬八千頌，大迦多衍那子造。（新譯大迦多衍那子，舊譯迦旃延子。）此三佛在世。四識身足，有七千頌，提婆設摩造，佛滅百年後出。五品類足，六界身足，並有六千頌，皆伐蘇蜜多造，此二佛滅三百年出。兼後發智論為七，有二萬五千頌，迦多衍尼子造，佛滅三百年末出也。此雖在後，以廣明一切有部義，遂以發智為身，餘六為足，故曰六足也。」

三四・一四　發智論　二十卷，迦多衍尼子造，玄奘譯，與八犍度論同本異譯。

三五・三　隨約重輕　準下四句犯報俱重為優，俱輕為劣，二互通優劣；謂約制則犯重報輕為優，約化則犯輕報重為優，犯重報輕為劣；四句別相，見科可知。

三五・四　母論　卷二取要，彼先標云，犯重報輕者。

三五・五　招報不重　問：若不重者，何目連問經以六聚制罪次第配六獄？答：雖六聚引業不異，受苦滿業，厚薄甚異，故云報異，非謂獄別；唯於一獄中，受報不同，如人趣之別。

三五・八　下篇掘壞　通釋：掘壞是遮惡，故下篇制之，是則犯報俱輕意也；記何類例犯重報輕。案依記主但以吉羅為犯輕歟！下俱重中，亦指第三篇性業故，然鈔以打比丘等為犯輕報重，故非制重。

三五・一〇　報異　以報釋法也，瑜伽四三，倫記云：法者，報也。

三五・一〇　舊云將來　會正八云：「結下，謂今結戒，異於將來得罪法也。得下，謂將來得罪法，異今結戒法。」凡因果俱異，於制教古今無別；但今約造業因，彼以罪為將來報，故今斥之；然記牒文作報異者，或所覽異歟，或準科牒歟！

三五・一九　或慚愧心　問：若以慚愧心，犯初二篇等，豈非犯重報輕？答：今且約慚愧心犯下篇戒耳。但似語通漫。

三六・二　下篇性業　通釋：下篇性業，是犯輕報重，何例同乎犯報俱重！

三六・一三　初句　已下文束附第四句下，則與鈔相照圖相契；然如何有釋安本文在後，或可欲預解句相，後入文易了，故在先出，亦無乖矣。

三八・二　並依重輕次列　問：中間三句，並二重一輕，何依重輕之次？答：雖二重一輕齊，於中根本最重，方便次之，成已至劣；故如是次第。次二輕一重，三句準之；下有無中，亦復準之。

三八・六　僧祇　彼云：「有人犯王法，隨法治罪，時典刑者反縛兩手，打鼓吹貝，周匝唱令。時有摩訶羅比丘，不善知戒相，愍此罪人苦痛，語典刑者言：此人可憐，莫使苦痛，汝持刀為作一瘡。時魁膾如教，持刀為作一瘡。是摩訶羅比丘得波羅夷。」

三八・七　善生　七云：「若為他使，令殺父母，啼哭憂愁而為之者；如是罪相，初中後輕。」

四〇・一〇　下三戒蘭　簡正：「初起心吉，次方便並近方便兩蘭。」今圖：「方便蘭，成已吉。」

四〇・一一　餘三戒或蘭吉　謂遠，吉；次、近，蘭也。成已無心，故無罪也。

四〇・一五　引例　簡正：「律曰：本作此念，我當妄語（方便有心）；正妄語時，自知妄語（根本有心）；妄語竟，自知是妄語（後起有心）；波逸提。」

會本卷二十七鈔中四之二　持犯方軌篇之餘

一・一一　初且敘結　鈔批：「初且敘結者，即此下文明結其不學無知之罪，所以謂敘其結罪之意也。然後例開者，謂將此不學無知之罪，例於持犯四行，皆類例有也；即下三頁文云：既略敘結，須配位法。是其義也。」

一・一四 謂受戒已來　疏四．五三：「然受戒後，勤學教行，於諸事法，明若指掌；忽於境想，迷忘而造，律制非犯，此不可學迷也。若由來不學，不思過犯，隨所造作，不問事法，但作有違，皆犯根本；緣而不了，又結無知。若於二持，雖不違負，望非明決，不名為福。若緣不解，但是無知。」

二・三 餘三翻上　謂明學不學之二人中，各有四節，學中四者：一示從始，二明達教，三明隨行容迷，四指開犯所據。不學四者：一示從始如上，二明愚教，三明行違無開，四引結犯所據。下三並翻上也。通釋：記各分四節，雖是對句，或似不等，今謂若由來三字，同上謂受戒已來；不學二字，翻上勤學三藏。事法無知，觸便違犯者，翻上於境迷忘。遇緣而造者，謂上於境迷忘不可學迷，後事法無知可學迷，餘可知。

二・一〇 至如顏淵　論語雍也：哀公問弟子孰為好學，孔子對曰：有顏回者，不遷怒，不貳過，不幸短命死矣；今也則亡，未聞好學者也。集註曰：或曰：詩書六藝，七十子非不習而通也，而夫子獨稱顏子為好學，顏子之所好，果何學歟？程子曰：學以至乎聖人之道也，若顏子之非禮勿視、聽、言、動，不遷怒，不貳過者，則其好之篤而學之得其道也。今人乃謂聖本生知，非學可知，而所以為學者，不過記誦文辭之間，如身行者，未聞其亦異乎顏子之學矣。

二・一一 楊雄　字子雲，漢成都人，談學行之為上，言之為次，不行口談為次。

三・二 次明不學　資覽：「問：論不學無知結罪，必由發心斷學，即鈔序記云：然不學罪結犯有二：初發心斷，隨境不了，唯有別犯云云。又今篇漸頓門中同之。然今出不學三相，非強斷學，況第二復學習，豈可結罪？答：此相難決，案今三相，汎爾明廢學相，而至結罪，必依發心。或可凡受得戒體，兢兢學知，可解行相應；今止而不修，還是斷學，不必由發心故。行宗一下云：文中明學，須具二義：言學教者，謂精窮三藏；學行者，謂專修對治。若此為學，方開迷忘。自餘汎爾，皆不學收，舉世相傳，纔過學肆，便稱學人，自謂無罪。觀其所業，曾未勤勞；求其所行，略無奉慎；豈能全免不學無知，請詳此文，足為龜鏡。準之，於教行二門，懈廢而不勤求，雖不發斷學心，應結不學無知耳。」

三・一〇 古來章記　簡正：「敘結中，言其犯相者，牒也。謂既敘致學不學二人，結與不結；今云犯相者，即敘致勤學人，無不學無知犯相；又敘致不學之人，有不學無知之犯相也。謂將學不學二人配四行位止作其句法也。」增暉會正等同此，彼等敘結段，明學不學二人，故後例開句法亦蒙二人也。今記意既標不學無知，豈通學人；然敘結中，初言學人者，為反顯不學相也，非關學人後句法也。又依增暉下句法中，初可學九句，不學人結之；後不可學九句，學人開之，如下明之也。

四・一二 識事疑犯　初句，云何識事疑犯？答：且如初識知是人（胎中）分齊，識事；而未具諸根，彼乃疑是夷歟？或蘭吉歟？不識犯。準之，識犯疑事者，謂知殺人是夷，識犯也；而疑初識是人，將非人之分齊等。若約盜，雖知龍神物是蘭，畜物是吉；未知龍是鬼畜中何攝等是也。問：以疑事不識事如何配境想五句？答：可學門疑及不識，俱第一心境相當句也，故二犯門中，皆犯根本。若約不可學中，疑事即第二句有主有主疑是也，不識事第三句有主無主想是也。頂注朱書：不識等，若約盜如偷龍神物之夷歟？蘭歟？疑慮不決，或一向不知等。

五・一七　四句　謂有犯疑無犯，無犯疑有犯，輕疑重，重疑輕；三種不學，第一、一向不學，第二、雖學不奉，第三、中道而廢。

六・二　餘有疑　無知之罪，不識犯重，疑但吉羅。若不學罪，疑與不識，一切吉羅也。

六・一三　故名持律　據實洞達持犯，行亦無違，名持律者；今雖缺解，望行無違，亦名持律耳。

七・一　六心　識事、識犯、疑事、疑犯、不識事、不識犯也。

七・一　單雙　通釋：上品第一，中品第二，下品第三，此三句是雙句；餘六句皆單句也。東野：「資覽決云：『古有二義：一曰識事、識犯，疑事、疑犯，不識事、不識犯，此三為雙；一心中雙緣事犯故。自餘為單事犯，不雙緣故。二曰以前雙句為單，唯識唯疑，不雙緣故；自餘為雙，識與不識，識之與疑，以雙列故。』後義為正。」濟覽：通釋取初義，謂初義符之歟！謂二事犯各三，為六心故。

七・一一　作犯門自說　彼中亦不委示，今按上九句事犯俱可學法，不開迷忘，故於事犯無傍正，但以罪之有無多少分三品，今九句正論對事迷倒，故唯於事開忘犯是可學，非此門正意，故約迷事厚薄分其三品，上品俱是識事，中品薄帶迷，皆疑事是也；下品迷最厚，並不識事。故爾論罪多少，亦可依上法，然非不可學門正意，故今改作也。又準犯門上品三句，俱犯根本；中品三句，必有蘭吉；下品三句，或有罪或無罪，依犯多少輕重列句必可爾。

七・一六　業疏顯然　懺悔篇云：「若原不緣境，非學之功，亦同前免。」記云：「若下，三例開迷忘。原不緣境，如同室宿，不知先有士女等。可同學人開罪，故云同前免也。」

七・一八　明白心中　準句法章增暉解意，迷忘不可學，唯在學人；謂已曾解之，忽而迷忘故。若其不學人，從來不解，故一切所不解者，皆名明白心中可學迷故曰也。

然據今記破斥文勢，定別有餘師解焉。按彼師意，明了達教，方名明白；不學愚教，名迷忘心，故今破之。若言明白心中成可學迷，迷忘心中成不可學迷者，此言可許。

八・八　識事識犯　問：上品三句，並識事故，非不可學；犯中，自元但局可學，故此三句，全同可學中初三句；但中下品六句，應是為不可學，何故今門亦出上三句耶？答：此三句，若望非心迷忘，雖是不可學攝，然識事之相，與前大異。前門識事者，是識教所制事相也；今門識事者，但是對人則識是人，對非人則識是非人等也。如是識事，不學人通有；如前識事，一向不學則不具之，故有此二別。故前後二門，各作九句，欲顯迷忘有無厚薄故也。二門不同，不應濫焉。

問：今明止持應自攝持，何約對境造事開迷忘乎？文出殺盜造事迷忘，與後作犯中迷開何異乎？答：案有二解：一者，如有主無主想而取；人杌木想而殺；是雖造事，不違止持心故。二準鈔釋，如人非人想，雖亦有罪，望非根本名止持。問：作犯亦不結根本，與此何異？答：止持門中，一向無心境相當犯，上品三句，不結犯者是也。作犯中有心境相當犯，上品三句並結根本是也。（起心造事有異，有無故造心者，止持有作犯。）若中下二品，二門無異，但所望少異，望其起心造事，正是作門；而望不心境相當犯根本，且亦為止持義，然至其迷忘二門，並開本罪。

八・一四　事是總　戒疏四・六〇：「事總而罪別也。」記云：「如上品上半，皆云識事，故云事總。（中品疑事，下品不識事，皆然。）下半犯中，識、疑、不識，三心不同，故云罪別。」

九・三　有人　指增暉。句法章云：「增暉則云：此後九句，約解處生迷，學人疑不識處，並是迷心，皆須放罪。中間止心不學人，於先解處迷心即放；若未解處，即明白可學中收也。若由來不學人，明白心中，尚自不會，即無迷忘，須在前九句中辨也。」又云：「一切心境，皆是可學，學知已後，忽起迷心，方是不可學也。」今作圖示兩個九句配三人：——

- 一由來不學人
  - 前未解初識等事，無知。
  - 前未解夷殘等犯，無知。
  - ——可學九句——結二十四枝條罪也。
- 二中間止學人
  - 前未解無知可學所攝結罪。
  - 前解處迷心不可學收，放罪。
- 三始終學人
  - 前解處初識等事，忽迷。
  - 前解處夷殘等犯，忽迷。
  - ——不可學九句——開二十四枝條罪也。

九·四 上十二罪　上可學中，事犯二種，各結不學無知二罪，故疑不識結犯，合有二十四罪。今不可學，但犯中結，故半減有十二罪，並可見上圖中。

九·五 又若開　增暉意者，於不學人縱對境迷忘，亦名可學迷故；不可學迷，但局學人，然不可學中，唯立十二罪，學人若開之，九句中總無罪。若爾，立九法又為何乎？

九·六 又有人云　指會正也。句法章云：「會正解文，雖盈數紙，而始末相反，殊無所歸。且如彼云：『此後九句，上品三夷，中品三蘭，下品或蘭或吉。』餘二十四枝條，準今師約迷則開。文云：『今師以迷心望之，則於事犯根條俱放，豈有事開犯結乎？』又云：『學人疑不識處事上，開放六根本，及餘二十四枝條；不學人準境想亦開，故立後九句也。』（準此三節，即不論學不學人，但約迷忘，根本枝條俱放也。）彼又問云：『不學本自不識，何有迷忘？答：雖不學必有想迷者，豈彼不開？前云但迷非學了，故佛一切開，豈簡學人不學人乎！今所以分者，為結枝條有無耳。』（若據此文，似不學人迷忘中，唯放根本，不放二十四枝條罪，故曰今所分者，為結枝條有無耳。）以斯差異，故後人各計不同，或有說云：學不學人俱放者；或曰不學人唯放根本不放枝條者；然雖紛紜，俱乖正理。」又圖兩家句法，通學不學二人，是初義也。

九·九 俱放　彼有二義：一云通學不學二人皆放；二云但學人開，不學人開六根本，不開二十四枝條。

- 學　人——但結九根本，無枝條二十四罪。
- 不學人——結九根本，及二十四枝條罪。
- ——可學九句
  - 事，謂不識初識是人等之不知。
  - 犯，謂迷夷為殘等之無知。

- 學　人
- 不學人
- ——俱開六根本，及二十四枝條。
  - 事，謂如迷人為杌木想等，不可學九句。
  - 迷犯，謂如迷重夷為殘提等迷。

又約次義作圖，可學與上無異，但出不可學別相：——

- 學　人——謂具開疑不識事上根本，及事犯上二十四枝條罪也。
- 不學人——謂但開事上根本，不開事犯上二十四枝條罪也。
- ——不可學九句
  - 事，如前。
  - 犯，如前。

後資持兩家九句，但配不學一人，此有三類，但出圖文如記。

一由來不學人
二不專奉持人
三中間止心人

可學九句——結二十四枝條罪（事，謂不識初識是人，無知。犯，謂迷夷為殘等，無知。）

不可學九句：事上開十二罪（事，謂迷人作杌木想迷。）；犯上結十二罪（犯，與可學中無別也。）

一〇・一 初問中　此問答兩科有二釋：初約本迷後心，後約轉想前心，故可束入次科。

一〇・一 本迷後心　是對次釋轉想前心，先有方便云轉想前心，始終迷心云本迷後心。問：殺非人何故吉耶？答：凡犯戒須知轉想本迷；律境想率約轉想，若其本迷，自屬異境，非關此戒。且如欲殺人，忽人非人想等，是本有殺人方便心，故名殺人家之心差境差，是為轉想前心；若一念無害人心，忽遇人作非人想，方起欲害非人心殺彼人等，是名本迷後心，是非關殺人戒，故於殺人戒一向無罪，始終無害人心故；此是非人家方便罪，謂意欲殺非人，迷或殺人或殺畜等，皆突吉羅，俱非人家之境差故。

一〇・五 然彼迷心　據後釋初文正答有罪無罪，然下別釋緣罪境人非人文，謂雖緣罪境，迷心故不結正罪；雖不結正，莫非緣罪故示有罪。不同如無主想緣非罪故，一向無罪。

一〇・九 無第三句　謂盜但四句，無第三「有主無主想」也，彼無罪故。四句者：一有主有主想夷，二有主有主疑蘭，三無主有主想蘭，四無主無主疑蘭。

一〇・一〇 殺戒第三句　彼有五句：人人想夷，人人疑蘭，人非人想蘭，非人人想蘭，非人非人疑蘭。

一〇・一一 始終迷心　有主無主想，若約轉心，理可結前心蘭，今約本迷故無罪，謂無主想非緣罪境故；若如前非人想本迷尚犯，緣罪境故。

一〇・一三 且存兩釋　通釋：準答中，然彼已下文，正順初釋，若據或緣罪境等初文後釋順文，二釋之中，後釋似符文。

一〇・一三 思而擇　濟覽：準下若爾科躡云：非罪境故無犯起問，約本迷之釋親乎！然後心犯吉，但義結，律通開。故律第三有主無主想，約前心結蘭，依之後釋準律釋歟！又約本迷句法，或四五依轉想，則通一切戒，定是有五句；然則本迷釋，順前後文相；轉想釋，於義親手！

一〇・一八 若爾　問中，準下答中，何為制罪下，應續云：「既制有罪，不審不可學迷，不通作持門否？若云通者，何不明之？（若含此意見下答則文意符合。）」此躡上答科中，緣罪境，如人非人想，結心罪；緣非罪境，如有主無主想，不結罪，而問起也。此有二問：初問云：非人想，緣罪境故有罪；無主想，緣非罪境，故無罪者。後二篇緣法中，不處分、處分想，亦緣非罪境，故亦同上不犯根本，然何為制犯蘭罪？二問云：雖是無主想處分想，緣非罪境俱齊，既罪有開不開，若爾，不可學迷，但對事之開之；其對法中不開之耶？後答中，但釋後問，不答初問；今問中，唯顯初問，影略後問，故記補出之；是則下文是也。

一〇・二〇 古師　彼計止持門惡事，不制造修，故是不可學；作持門善法，制令進修，故但是可學，不通不可學。今以心迷忘故不可學，亦通二持。

一一・四 處分五句　不處分、不處分想，殘；不處分、處分想，蘭；不處分、不處分疑，蘭；處分、不處分想，蘭；處分、處分疑，蘭。

一一・一〇 答此　答中，上二問中，但出後問答通影略，初門答通記中補之，是則下即是也。是則鈔中問答互舉，影各有二種也。

一一・一六　難勢自別　東野云：戒疏就事開，推究犯結所以；今文就轉想，推究犯結不同，故云自別。濟覽：今案非乎，似是未解犯結者，將恐犯結二字寫倒乎，疏意然也。今文即就事緣非罪境，不犯法，即雖非罪境結犯之不同，問決不可學不通法不，又推究不同所以也。又戒疏就法開難犯結，其異如霄壤。

一一・一九　準前名體　即名字體狀二門，彼先明二持，後明二犯，今門反之，故云欲顯等。

一二・一　九句　問：九句法始於今師？答：不爾，智首、法礪疏俱出之，列相同今，但彼作持、止持門不出不可學，非進修法故。今鈔所破，當彼二家，文俱見於資覽決。

一二・五　戒疏　四・五五：「於可學事法作九句，分三品。」四・五七：「次對不可學事法，以明止持。」

一三・一九　先期　謂前作人想，正殺時雖或迷忘不別，而所期境不差，故亦結根本。然記二釋中，初釋順文，何者，鈔明心不差故。

一三・一九　隨相　鈔釋相篇云：「僧祇意，謂男子黃門，而是女人觸者，殘。謂前有方便心，後稱本境。」記云：「僧祇心差，不當結重，故以前心通之。」夢失者，又云：「善見云：若手捉根而睡，擬出精者，睡中出，僧殘。」

一四・二　對法類知　通釋：「止持作犯中，不可學迷，今鈔但對事列句；作持止犯中，不可學迷，但對法作句。故作犯中，亦預指下，止犯對法中不可學迷，類今令解也。」

一四・五　迷轉　東野：本迷無罪，轉想有罪，有前心故。濟覽：今謂此判未盡，本迷通有無故，謂緣罪境者有，如人作非人想疑。緣非罪者無，如人作杌木想疑；轉想定有也。

一四・七　前止持中　前云：「此且據止持中約事為言，對法有二九句，後作持中更為辨也。」

一四・九　舊作惡法　會正：「上但舉殺生戒惡事辨二九句，未論惡法，故曰對法類知可解，惡法即口家四過。」

一四・一〇　上品一句　以事法俱了，一向無枝條罪，但結一根本耳。所以中下各有四句者，以一一句中，必帶疑不識，故於中中品每句各帶一識，故根條合有十二罪。下品四句一向無識，故根條合有二十罪。後九句中，鈔但明每三品必兼緣犯疑不識，不明緣事分三品，所以記則明之，謂上品三句俱識事，結三根本，故居上品。次三句皆是疑事，但結三方便，故居中品。後三句並不識事，轉想各結小罪，本迷一向無罪，故為下品。今鈔意云：後九句各分三品者，為欲顯事中雖開迷忘犯是可學故，每一事生，其涉疑不識，皆結罪也。準義有三，所以各分三句：一為顯對事迷忘有無厚薄，二為顯結罪有無輕重，三為顯事開犯結制意也。前九句中但在顯可學迷不迷純雜結罪有無多少耳，上品一句純是不迷，中品四句迷不迷相雜，下品四句雖有疑不識厚薄，純是迷也。

一五・六　無果可趣　有二義：一云疑之至極，是不疑；不識之至，是識；故知疑等是果，而果無罪法，豈以疑等有罪，而為識等無罪方便，若識等有果罪可趣，方便可許，今不爾故。二云疑不疑敵對相反，其位齊等，各皆住果，豈更有果可趣乎！後義順記釋。

一五・七　前言　東野：結示品類科云：「不識事三句為下品，或無罪故。」濟覽：今謂非也，記云：「前下，遮疑，上云一向無罪。」是即指今科前，何看記之疎耶？且於品類科義無一事干於此者，謬妄一何甚耶！

一五・一一　後識　東野：本迷不識，轉後為識，犯根本罪，但開枝條。濟覽：是亦非也，本迷不識，後為識，於犯有疑不識，何開枝條？前文云：「不識事中或無犯，謂始終無心。」乃至「若不差結根本」。記云：「若不差者，或約轉迷，還復為識」云云，是不識為識結根本也，而不明開犯枝條，知其非矣。今云後識者前疑及不識者，後識故云後識，上後不疑及識，既無別有果是也，非云本迷為識也。

一五・一七 上三句　資覽決：上有二義：一曰下品句對下半句故曰上也，一曰指前問詞，但曰上耳。

一八・一〇 中品　可學中品四句中，第三四二句與上不同，若依上應云：識犯疑法，識犯不識法。又戒疏中同今列，然行宗釋云：「中品三四二句，與前小異；合云識犯疑法，識犯不識法。」若依行宗，今文亦可改作，但今資持無別解釋，是顯上下無在耳。問：作持九句，俱約造事，而有不識法三句；既不知法，豈能乞法成作持乎？答：雖作乞成作持，亦有不識法。戒疏八・一四云：「所言疑者，疑法白二白四，或用單白直和，或須不須，故曰疑也。言不識者，謂直單白，不須白二；或須白二，不識通塞，亦是不識。對法既爾，約犯僧殘，迷疑同此。」問：記法開犯結與事不殊，其法迷相云何？答：不處分、處分想，未說淨已，說淨想等是也。

一八・一一 不識法　問：乞法人必知白二、白四等用法作乞耶？答：非謂不知，則乞法不成，故律三六，乞法詞云：「大德僧聽。我某甲比丘，自乞作屋，無主自為己，我今從衆僧乞知無難無妨處。如是再三。」但作乞法不知白二等法成；但不學人，自結不學、無知二罪耳。

一九・一七 前明八九　謂於事法止犯立九句，於不學止犯立八句，古今無別，但局可學，謂之古解也。後明二九，方是今義者，下文云：「若對事明，亦有兩個九句。」是也，即通可不可明故也。

一九・一九 不乞　如不乞法造房，但犯一僧殘。問：此犯一僧殘者，止作二犯中何也？今正在止犯科明之，知是止犯？答：且分別止作，凡於事法可作，違教不作即止犯；身口造修，作犯也。而此二犯，從一事生，其中止犯則一品吉，作犯則隨篇輕重；作歸前位，止在此收，皆因事法，故名事法止犯也。此止犯即教行雙持犯中止犯，唯限一品吉羅。問：若爾，何云犯一僧殘耶？答：止作二相，古來甚為難判定，今且任相承述一義，凡不乞處分具二犯者，不乞造房作犯也，止不乞法止犯也，不乞必假作成犯，故云作犯僧殘；止奉修邊，但是違教吉也；若止犯，即僧殘，不假造房不乞即可結。今則不爾，必假造房犯殘，故知殘是（作）殘，上來是理證。次引文證，資覽出五文，今且引一，戒疏八・一二云：「恐犯教制，如法無違名止持；從僧乞法，名作持；故違不乞，名作犯；即此違教，名止犯。」謂造房故違不乞名作犯，作犯僧殘，豈不明乎？問：若爾，今鈔文云何會乎？答：凡就教行雙持犯判，止作兩體，可有總別二門，望因總判，則僧殘亦名止犯也；作犯僧殘，全依違教之止犯成，故實雖作犯，約因且云止犯也。若別判，則作犯僧殘，止犯吉羅。戒疏依別判，今鈔從總判，故無相違。問：不攝耳、覆他罪非止犯是提乎？夏中不依第五律師亦爾？答：此三單持隻犯，此止持是提罪。上所言約雙持犯，雙持犯依本止持作犯，故雙持犯二十六戒之止犯邊通吉，不可亂。濟覽云：止犯有二：一不學，二事法。不學止犯通吉也。事法又二：雙持犯中止犯，一切吉；單持犯中止犯，通輕重也。

二〇・四 四根本　疑法疑犯，疑法不識犯，不識法疑犯，不識法不識犯，已上四句，並犯根本。

二〇・一七 法及不學　今止犯門中有二段：初唯約可學明八九，第二即此科。初中亦有二：初事法止犯，具九句，此中但約法明。二不學止犯唯八句，此中單明不學，故今持上兩科云法及等，上二單明可學，今科通可不可。

二二·一〇 方便趣果　簡正：「梵語區和俱舍羅，此云善權方便，新云加行，即加功用行，謂此方便，能趣果本，故云趣果。」

二三·五 篇聚中引云　通釋：若據篇聚中，引了論疏明第五篇犯相，但心犯唯約獨頭出之，故彼云：「若但心地起無方便，若動身口有遠近二方便。」記釋云：「初明輕吉，謂獨頭之心念。若下，明重吉，二方便者，亦約起心動色，以明次第。」今文云：「起身口思，即是遠方便。」意耳，此意未起身語已內，通名遠方便，但有一品吉；此吉若望後身口，雖是方便，今約壅住意地，不遂所期者耳。是則居果頭亦無為此別成方便，故云唯有根本等。濟覽：今謂疑不允當歟！何者？若以是為遠方便，次動身口者，即是次近二方便也。何從生罪得立方便耶！蓋是依泥思字之錯解，戒疏「重緣」「業思」二師解，亦依之也。

二三·一八 或發心作　行宗云：「問：發心心念，為同為異？答：上是方便，期成彼事；下是果頭，如惡覺、默妄、染心看女等。」

二三·二〇 不用了論　篇聚引云：「若不動身口，輕；責心即滅。若動身口者，則重；對人方滅。」今約故誤，故云不用。

二五·三 提下三篇　問：覆麤罪乃至斷學止犯等，如何別二方便之相？答：二方便者，且約動身口者；若如覆罪，難辨二別，但作覆心是方便，至經宿方結根本墮。若如斷學止犯，起心時即結根本吉，故無方便；若先起其審慮是方便，其決心位即為根本。

二五·九 了論成就隨順　篇聚一四·一九：「前三方便，皆為成就，故名部。若根本未成，前三可懺。若已成就，前三逐根本，悉不可懺；此即隨順義。」記云：「前釋成就義，以後果本，不可頓犯；假彼相成故。若根本下，釋隨順義，纔至果罪，共成一體，無別方便。此同四分，則異十、祇。」十誦、僧祇根本方便並悔故。通釋云：既名成就，能成就因，所成就果，二體各別，故不成果，因罪別懺；隨順不爾，但名成果位，果罪纔成，則三因隨復歸一果，故不別懺。行宗云：「果由因克，是成就義；攬因歸果，即隨順義。」

二六·一二 此論成犯　意云文明善惡二業，今正但明罪業，緣搆義同，故罪福通示。

二六·一五 顯所以　謂律制成根本，必由具緣；若有闕一緣，唯成方便，方便即蘭、吉二聚。諸緣和具，即成根本也。方便、根本，懺法各殊，所以是由緣具不具有成不。

二六·一六 亦是緣成　瑜伽對法等立事想、欲樂、煩惱、方便、究竟之五支，具足者圓滿業道；若不具足，不成業道，故云亦等。

二六·一八 一者　若係制懺，但牒所犯戒種悔之，化則不爾，通牒十業悔之；或可制罪局身語，業罪通十業。濟覽：後義可也，反上罪局六聚故。

二六·一八 二者　制局現在，但悔受戒已去所犯故；業通三世，通悔無始已來所犯故。問：未來非、未生，化教如何懺之？答：如有之，欲作如是惡事，若不改悔，其心相續，便生未來非；若能改悔，其惡即滅，豈非懺未來非耶！

二六·一八 懺通三世　問：未來世罪未生，化教中豈懺未起罪乎？答：過現之罪，能招來報，如八難罪懺，彼亦同懺未來罪。問：招來報，制亦可爾？答：違制雖消，業報不除；又約理懺，如經所謂「如是罪障本來空，三世之中無所得」。

二八·一 三期心　問：不論迷謬錯誤無記餘緣，若先作方便，後隨三性並結。若爾，上文人非人想結前心蘭；前心者，殺人方便心。若爾，要心與本境相當，何不犯重？又上有無心門中方便成已有心，根本無心，除婬、餘三重蘭吉云云。有心者，即是犯心，若方便有心者，根本縱無心，期心當境，何不犯根本，思之！上轉想故有云轉想結蘭，及根本無心無本罪者，凡方便有二別：初人作人想，縱起殺心，未起身口意殺業，正起業時，轉作非人解，故不犯正。今文云犯正，是方便位，起身口意，謂安殺具設坑陷，或口教勅等；後時命斷三性心位任運結正。當知唯方便有二別矣。又如自加刀杖近因等起（動身初念）已，尚人想不轉，正刀輪加彼剎那，作非畜想，尚是夷罪，若近因等起已前，作非、畜心，結蘭，為非、畜起心業故。濟覽：此答未穩乎！謂如人非人想蘭，必約次近二方便，遠方便並吉，故次近二方便，即動身口也。若如此答者，何不結重夷乎？故知非矣。今謂此期心當境成根本者，前或安殺具，或設坑陷，而入無記餘心，後時命斷者，前作方便之與本期境相稱，故並成犯也。後無記餘心等，並不干其殺事故。又如人非人想蘭，唯約一時也，謂一時心必干其事而心境不稱，故唯前作方便也。

二八·八　沙彌任運　疏五·三六：「若沙彌時，遣人盜殺，稱己感聖。後受具戒，所遣業成，三性之中，任運而犯三波羅夷。由彼異緣，成我身口無作業故。受戒未竟，所教事成，即是邊罪，不感戒故。若受戒欲竟，所教事成，則罪戒俱得。以善惡二因，勢力相資，俱得成故。」

二八·一三　阿羅漢無記犯　簡正：「如長衣忘說淨，數數別衆食，不白入聚落，未睡遣未受具人出房，睡後偷入，覺已即悔過。」伽論云：「若阿羅漢犯戒，一切皆無記心犯；云何無記心犯戒，若阿羅漢眠已，有人舉著高牀上，或女人盜入房宿等。」

二八·一三　凡夫須準　準：「羅漢覺悔也。」羅漢無記犯者，資覽曰：誤犯也。問：無學誤犯，用懺悔乎？答：有二義：一云既言悔過，故知須懺，此即誤犯責心悔也。二云不須懺。今羅漢誤犯者，且約無記作事故云犯戒，然實無違制罪。凡於誤犯須責心悔者，由悔第五篇犯。於第五篇：若縱放人，煩惱放逸，所作犯本罪也。若謹護人，無過。今無學聖者，結使皆盡，何有犯過；如摩訶迦葉聞琴舞，未聞悔懺。準此以知，無學誤犯，不須懺也。問：若爾者，今鈔明言悔過者？答：睡覺後心悔前非，故云悔過，非謂必須懺悔詞句。問：有學聖者，犯第五篇乎。答：準智論並四分律等，阿難尊者結集時，長跪合掌，對迦葉悔七吉羅（智論云六吉），故知有學聖者，犯吉之時，須對首懺。

二八·一三　智論　彼云：「阿羅漢非為安穩著樂故眠，但受四大身法應有食息眠覺，是故少許時息，名為眠，不為夢眠故。」

二八·一七　無學結使　資覽：「問：睡眠是不定心所，是非煩惱，何云結使等乎？雖不關結使，而依煩惱勢力，所起五蓋，故云結使。」智論：「睡眠者有二：一者眠而後夢，二者眠而不夢。」資覽：「羅漢不為夢眠者，當論第二也。」簡正：「目食為眠，神遊曰夢。」

二八·一七　遺教論　住法記曰：「從食起者，飽醉困絕故；住時起者，夜暗昏冥故；從心起者，躭樂無時故，前二從他緣生，是身患也。後一從煩惱起，是心惑也。凡夫學人，具有三種；無學聖人，若依身在，故有前二，已斷五蓋，則無第三。」

二九·一二　闕大慈門　十住婆沙云：「修多羅依十力等流說，毗尼依大慈等流說，阿毗曇依無畏等流說。」

二九·一六　大莊嚴論　十五卷，馬鳴造，羅什譯；草繫緣，三，初紙；海板緣，三，五紙。

三〇·一二　此明開不開　意云今科說於下篇遮戒，上根不開，下根通開者，是約大判；何者，據下科中雖下根者，非一切開，但於遮中三句所攝者開之；自餘不開。是則次科別就下根明，亦自有開不開也，是約細分。

三二・六 九十中　輒教尼、露敷、覆屋三戒，勘律文無命梵二難，開文何列之乎？答：有人云：輒教尼，彼戒下依難緣開尼不請教授，翻知僧有難開。次露敷戒，據下覆處敷戒，既有難開，此可例故。次覆屋戒，第三節竟，欲去見聞，遇難不能，理可開故。問：衆學戒中二十餘戒云云，何乎？答：按注戒本有出二難開者若干，謂覆頭二戒，顧視二戒，靜默二戒，等食、挑鉢、繫鉢、大摶、張口、含食、頰食、佛塔宿、藏財，安佛已上諸戒，具出難開。次自八十六至九十二，七戒難開，指同安佛戒，通開可知。次上樹，杖囊，亦出難開，都合二十六戒也。（資覽意）東野云：此中異語、強敷、牽出、驅他、覆罪、二隨舉，此等，戒疏中云性戒，記亦隨釋，而今何言遮戒？答：彼判性戒，就三性中約其性惡，今此簡遮性，就事重輕，所以不同。

三二・一五 毗尼母　記一・四四：「彼論第七明犯罪有三種：一初犯緣，二因犯故制，三重制。於重制中，又有二種因緣：一者急，二者緩。急謂乃至共畜生與人同犯，緩即聽捨道還家行婬，後若樂道，還聽出家受具。」

三二・一五 三處決斷　簡正：「一緣起，二戒本，三廣解；是證前性戒不開是急，遮戒即開是緩，無難不開又急，如是決斷，是名律師。」

三二・五 似同而別　簡正：「前約想心差，此約前境差也。若稱本境，通犯一切戒；不稱本境，則通不犯根本，但有闕緣蘭、吉。」通釋：今明心境相當，若境差非本罪；前明想差亦犯，期心當本境故，不論心之三性，通犯根本。濟覽：今但於一時明心境相當，前前時作方便，於後時成，後時雖無記，餘念方便與境不差，故亦名心境相當；前約異時，此約一時，是為異也。東野云：「第三期心，或契當境，或入無記，並成違犯；此約所緣境差不契，故不同也。」濟覽：「今謂非也，已稱本境，何云不契本境乎？且不契本境，只住方便，不成究竟，何為成犯通緣，誠孟浪也！」

三二・七 一切諸諫戒　皆白四，如殘中白前捨吉，白竟蘭，白及一羯磨竟二蘭，二羯磨竟三蘭，三羯磨竟根本。三羯磨未竟，通皆方便。

三二・一五 疏云如欲　行宗：「列相四：一非本所期，二慮他所獲，三殺具有闕，四如不見前境等。」

三三・一 境想不同　境即所持犯境，想謂能持犯心；想謂緣境界之心想，有多別，故云分別，或不同也。

三三・一四 從寬至狹　初通對四趣解；二但局人趣，道俗分別；三但局道，內外分別；四但局內道，大小分別；五局大，形報分別；六約形報，色心分別；即從寬至狹可見。

三三・一九 用前三句　一自有一境通多戒，二自有一戒而攝多境，三自有一戒攝一境。

三四・一三 及殘三戒　資覽：「單提中第八十無根僧殘謗戒也，合上僧殘二法，故云及三戒。」通釋：直殘中二謗，後破僧違諫戒，助破僧違諫戒，惡性拒僧違諫戒，此三戒局道，故曰及三戒歟！濟覽：今按覽解可也，今記指謗所收戒，故且無根假根並殘也，何別三戒指殘乎，知其非矣。

三四・一七 屏露坐　屏露中，尼坐，第三人通道男女，女座必局男子。又期行戒，多尼一比丘開之。女（女期行戒）不爾，多比丘並不開，有此不同，故尼女別戒制。

三四・一八 衣食　鈔批：「僧自手與外道食犯提，尼自手與外道衣食俱提。」戒疏吉者，兼制。濟覽云：「問戒本自主與食云云，何今云通衣乎？答：戒疏云：『與衣吉羅，故今通舉之。』」

三六・三　勸足　資覽：「通內外何但云外事乎？答：且依一邊，故云外事，實通內外也。例如盜戒，鈔文云通內外者，如盜。」然記釋：「又錢寶等物，畜、貿、盜、捉，成犯。」亦局外事出盜勸足食，準例可解。

三六・一〇　局盡形　資覽：「戒疏一四・八〇云：『初藥請者，如十誦云、過受四月時藥者提，七日終身亦提，非時藥吉。』記云：『以今戒本，不明時藥，故引彼證，今犯通於四藥。』」問：證成今犯通於四藥，解釋鏡然，今記云局盡形，相違云何？答：兩處相違，諒難會通，且按本律第五十此戒緣起曰：『我等須如是如是藥。』不明藥體，雖然既云請藥，故知非常時藥，律明受請，都無受藥詞，今既云請藥，故非時食也。又云四月，豈七日藥乎！又云：『六羣求難得藥故制。』寧非時漿耶？故知且由盡形制之，故今記局盡形之言，專依本律，然不言餘三藥不犯，故準十誦明文云通於四藥，若行事時，以疏為定。」

三六・一七　自所稱　資覽：「以自稱說為境也。」他所作法，資覽：「以他所作法為境，故云他等。以他不作法為境，止犯罪故。」僧諫有五：殘四：初破僧違諫戒（第十），二助破僧違諫戒（第十一），三汙家擯謗違諫戒（第十二），四惡性拒僧違諫戒（第十三）。提一：說欲不障道違僧諫戒（九十中之六十八）。屏諫：不受諫戒（九十中之五十四）。此諸諫者，以他作法為境也。三治法：隨舉比丘戒（九十中之六十九），隨擯沙彌戒（九十中之七十），毗尼（滅諍中第四）。覓罪者，罪處所毗尼，以白四治罰（滅諍中第六）。法相道理，於法立名數，故云法相；謂立九邪九正以論是非，故云法相。道理者，謂邪正道理也；謂十八法即破僧犯境，四分四三：調達九邪破佛九正，共十八法，委細出名句。記文三七頁三行，同誦者：未具同誦戒（九十第六）。五六語者，與女人說法戒（九十第九）及衆學說法者，從八十八至九十二，又從九十六及終。

三六・一八　三是治法　問：此他作法，何不屬第二？答：此自亦預能秉，不同上一向為所為人。

三七・三　同誦　問：已下法何不屬上自所稱？答：此亦雖假自發言，而此約佛所說法相上，只自臆說，故不同。

三七・七　有以歲為滅年　會正：「夏時不安居，未滿二十歲，與受大戒。」資覽：「會正夏歲為二歲也。」

三七・七　二三宿　資覽：「有二義：一、二個三宿，所以記出兩戒。又簡正曰：『三宿者，一與未受具人過三宿，二軍中過三宿。』故知二個三宿。二云、二宿三宿這通兩戒，故今記雙舉兩戒，非謂二個三宿。」問：未具同宿戒，有本制緣開二，故云三宿猶可爾，軍中宿戒無本制緣開別，何云二三宿乎？答：開三宿制三宿，彼此並同，故云二三宿，有何失焉。類取覆藏者，資覽：「鈔覆他麤罪，記覆藏自覆吉羅，不可相濫。」今案：類取覆藏為記文，今會本卷二七・三七頁，一一行。

三九・七　麤語戒　資覽：「準律文，麤語有五句，除第三句者，傳寫誤歟！」即下記云「媒麤並人想五句故」云云。通釋：考律文語，想疑但出四句，人女想戒本及調部中俱出五句，戒本三・三；調部五七・四。

四五・一八　發諍戒　第三句不犯故闕，戒疏一五・四四：「就不犯中，若觀作不觀想者，觀謂深達藥病起滅之方；今發諍者，不知如法滅，謂非法滅，所以輒發之無犯也。」又資持云：「僧如法觀斷想，謂不善觀。」

四六・一二　即婬　資覽：「問：婬戒僧尼同犯，何不出境想乎？答：婬雖僧尼同犯，僧所對境有女三男二別，尼所對但男一道，故律文尼戒下廣解釋之，然不出境想。」麤語、歎身、二房，戒疏曰：「二麤語僧重尼輕，二房亦爾。」記云：「二麤，尼輕但犯蘭，二房尼蘭同上。」（已上戒輕重不同。）讚食，行宗：「食尼讚食，僧提尼吉（又輕重不同戒）。日暮，僧正制提，尼兼制吉。足食、勸足，疏作不同戒耳。又背請、足食，戒本中並云尼吉（尼中二戒合制），染心衣食，尼殘中第八，染心男從彼衣食戒。

四六·一八　理無　一或理無，如漏失等；二定理無，如婬盜無法想。

四六·一九　如婬盜　通釋：「婬道境，盜境，人以二麤等法為境無理。」

四六·二〇　略無　一或略無，如漏失等；二定略無，如謗奪等。

四七·二　漏失　問：如漏失通在或理無或略無中說，如何分異？答：若約能犯心時想疑不同故略無；若約所犯境時或理無；犯境通徧，故一戒通理、略，故云或也。

四七·一〇　條部　文云：「時有比丘憶想於大小便中間弄失不淨，疑；佛言：若作道想，若疑，偷蘭遮。若非道想，不疑，僧伽婆尸沙。」若準此強作句者，應云：「非道非道想，殘；非道非道疑，蘭；非道道想，蘭；道非道想，夷；道道疑，夷。」通釋云：但初一句屬漏失戒，餘四句還屬婬戒，是則通有無，宜哉亘理略二義。

四七·一二　準疏上是古解　戒疏六·二二婬戒云：「有人云：一切過境皆重，則無境想，如漏失者。今解不然，境雖通犯，染起由心。如律調部……故知無者，但是略耳。」

四七·一五　外事及時　初依鈔現文判，或下記家義判，謂約當境四科皆略無；望餘戒不通四科皆理無；如婬觸等不可對二數作句等，外事中理無，又不限時節等，時中理無也。如不對法，法中理無；如不對罪，罪中理無。

四八·七　反例二妄　大妄者，過人法過人法想，夷；疑，蘭；不過人法想或不犯歟！還過人法過人法想，蘭；不過人法不過人法疑，蘭。小妄者，妄語妄語想，提；疑，吉；不妄語想，不犯；不妄語妄語想，吉；不妄語不妄語疑，吉。

四八·一四　尼覆戒　簡正：「尼覆他重罪得重，唯此一戒有，餘理無，以不對罪故。」問：何故但舉尼覆戒，不約僧耶？答：本謂尼覆罪無境想，故偏舉之，若僧覆戒文中自有，何勞更述。」資覽：「今記釋不明，準簡正解之。」

四九·五　兩境　如律人作人疑，即人非人疑也，為人疑者，必具非人疑故；非人人疑亦爾也。故云涉兩境也。

四九·一〇　不可濫上　次上徵云所以多少者，總徵四句五句多少也；今徵，別徵第三句有無不同也，故云不可濫上。

四九·一六　昔解　已下三行另三字，合在前記後，是當科玄談故。東野謂：未必爾。

五〇·一　媒麤並人想　媒麤二戒，各有約法、約人二重句法。若約法時，本迷唯四；若約人時，轉迷俱五。

五〇·三　前心蘭　如是人欲殺往至彼處，正殺時轉作非人想，前心人想是蘭，後心非人想吉；若約本迷，但結後心吉，無前心蘭，殘中諸罪準之，提蘭已下，前後心皆吉。

五〇·四　八戒　此門八戒，二境俱緣罪境，故本迷亦五，於中酒一，依義斷本迷無罪，轉想有罪，可歸於次犯不犯，今依教定，故入定五。

五〇·一七　二境　一所迷本境，二能迷異境。初境無罪者，於彼本境有主物一念無盜心故；後境無罪者，迷心所緣無主物故。

五〇·一八　收二十戒　凡律出句法者，有二十六戒，於中殺、妄、觸、媒、婬、酒六戒，轉迷俱定五，故不通犯不犯門或四五；自餘二十戒，今門所攝，於中媒及二麤三戒，通前後二門收。

五一·六　下三　東野：指次下犯不犯門，盜覆說三戒也。濟覽：案非也乎！以何爾者，今文云：「此是全謂非罪而覆說者無犯故。」是唯述覆說，無盜戒義故。今意云如覆說亦具三位，謂唯覆說夷殘四句也，若對覆說波逸提已下，三句或具五也。

五一·八 今解　資覽：「昔解者，雲、暉、願等師也；次正解者，首、礪等義也；故標云又解。」道雲疏九卷，道暉疏七卷，法願疏十卷，並光師門人也。

五一·一〇 不具三位　如不處分處分想．若約轉想定五，若約本迷一向四句，即無或五，故云不具三位，即古師犯不犯門，全無異也。

五二·一 上二望下　東野：上二者，輕重為二，即是迷人為非、畜，為杌木也。下者，指犯不犯盜及覆說三戒。濟覽：此二義疑非歟！宜斟酌！案不爾也，上二者夷殘也，下即提已下也。

五二·六 進就不犯　資覽：「私云：如上重輕等二句，古師義；今退下，今義。」飾宗意前輕重門，皆約有罪，故本為定五；今此門中，亦有無犯，不通五者，故進就後門，成或四五。

五二·七 退就犯中　又意云：後犯不犯門，本迷本無罪，故不通五句，今又有有犯者，故退就前門，本迷亦有或四五，即共轉想，亦成三位。

五二·九 前師偏立　有云古師輕重門為定五，犯不犯門為或四五；今家輕重門通或四五，犯不犯門通定五，俱具三位，故云並反。若約轉想，古今無別，俱為五句。若約本迷，通局不同，古師所立輕重門迷局定五，犯不犯迷偏局四句；今師不爾，俱通四五，並通罪非罪二境故。

五二·一〇 諸戒不犯　若準飾宗義，輕重門犯不犯門，相對釋進退也。謂前輕重門定五中，通後門或四五，故云進也；後犯不犯中或四五，通前門定五，故云退也。凡今解二門三位，全依礪疏歟！礪疏三本云：「昔解若重輕相對，定有第三則成五；若犯不犯二境相對，處分盜等，盜則四，處分具五。五謂轉想有前心蘭故，四約本迷二境全無罪。」（全同今鈔）今更解重輕之中，位有其三，若轉想定五，迷或四五，如似覆說類前亦爾；準此義犯不犯位，亦有其三，如上重輕，應本定五，進就不犯故，即成或四五者，今犯不犯如盜戒中本是或四五，今退就犯中，對非畜二物，作想轉迷俱五，亦成三位，此則二對理齊（全同今鈔）。飾宗義云：重輕中位有其三者，先且總述疏中意者，重輕門中進入不犯，便具二門，一重輕門，二犯不犯。又辨犯不犯門，退就重輕亦具二門，一犯不犯，二重輕門。就前重輕具二門中位即成三，謂將定五以為一位，以或四五（為二位）。

五二·一三 轉想是本或五　通釋：若據古師輕重門中，轉想本迷並皆定五；若依後犯不犯門，則成或四五，謂轉想或五，本迷或四。然依今義通上二門，轉想定五，本迷或四五，謂本迷中緣罪境者或五，緣非罪境或四故。然於犯不犯門，二十戒中，除盜覆說通三位者，自餘十七戒，全同昔解，但有二位故（或四或五）。東野云：古轉迷相對，而立四五；故斥云或五實轉想，與今解同。

五二·一九 謂盜四約本迷　意云輕重門中殺戒，及犯不犯門中盜，各具定五或五或四之三位。於中盜中，但出本迷無罪或四，略轉想之定五、本迷或五，而讓之殺戒矣。殺中則出轉想定五及本迷有罪或五，略本迷無罪或四，而在盜戒相，互影略顯俱具也。

五三·一一 餘應更有　通釋云：上二十戒中，亦有壞生及迴僧物，本迷中亦通或四、五。僧祇壞半死半生吉故。又僧物有三種：一已許僧者，二為僧作未許者，三已捨與僧者，若迴第三犯夷，乃屬盜戒；準戒疏及行宗，第一為僧作，雖亦已許，僧多別少猶預未決，迴之犯捨；第二雖為作未許者，迴之犯吉；已許未許雖異，俱名僧物，是則本迷中有或四、五，謂已許僧物作未許僧物想吉，即是或五；若已許僧物作俗人物想不犯，即是或四，共上乃為七戒。

五三・一三　不妨古師　古師犯不犯中，轉迷相對，作或四五，但有二位；今師亦許之，謂本迷中無輕重者，亦但二位故。

五三・一八　用斯犯等　犯等者，謂本迷故齊四句，轉想故等五句，故意云用斯結犯齊等釋者，皆約本境本想也。

五三・一九　不結其罪　問：既後心異境結吉，何云不結耶？答：律唯約殺人戒本境制其罪，後心異境是不屬殺人戒故；彼犯吉，殺非人境差罪也，不關殺人戒，故一向為無犯。

五三・二〇　今作人想　是約前心故吉羅也，約後人還屬殺人戒，理可結蘭，今不取後心異境。

五三・二〇　亦吉羅　意云如上人非人家故犯吉；今如非人作人想，若約後心，還屬殺人家，故雖是可蘭，今屬前心非人家，故亦吉羅也。

五四・九　反例非人　謂反例非人，明後心義結也，恐疑而言人非人想，理可結蘭，何故吉耶？釋云：若約轉想，前心是殺人家方便故結蘭，人非人想，本境想差；非人人想，本想境差；俱結蘭罪。今約本迷後心，還是殺非人家犯相不關殺人戒，故非人人想，本境想差，吉；人非人想，本想境差，吉也。後心之義結與彼殺人非人犯想，全不異故，例彼以明犯吉也。

五四・一二　即後心罪與上義同　通釋：記約後心義同以解，亦者未詳其意，如非人作人想，若約後心正是結蘭，屬殺人故；何鈔云亦吉乎？竊按鈔意，今前心犯，同上後心，亦結吉羅也，俱屬非人家，故具如上述。

五四・一九　婬酒俱重　簡正：「婬戒不通境（之）想疑，何故有此句法？答：防巧情故，謂前作非道想不犯，故須簡也。」

五五・三　或心境　所引五句，初心境相應，亦即境想第一，人人想句。第二中收境想第二、第三句。第三、第五，即境想第四句。今第四亦收境想第二，今文闕境想第五句。

五五・一二　即收四五　通釋：依實但收第五，第四者心定境差故，應知第一心境相當，（人、人想。）第二、三境定心差，（人、人疑，人、非人想也。）第四心定境差，（非人、人想。）第五心境兩差，（非人、非人疑。）此約別判。除第一句，自餘四句，並歸心境兩差，非心境相當，故今記約總判耳。

五五・一三　不同後引　下記引戒疏云：「錯就現緣境差為義，誤就不現緣境差心謬忘為義。」

五八・六　妄語　行宗五・二一：「妄語論剋，不同殺盜；但有多境，則不成剋；單對一境，方成剋義。如本期人，畜現非犯。」

五八・九　謬忘為義　疏五・二二續云：「所以然者，現緣二境，相別顯然；及至造趣，事容舛錯，即名衆境交涉為錯。若論誤者，心通前後，不可雙緣；如前心謂此，後心謂彼，心想謬忘，故謂之誤。」

五八・一一　盜張得王　疏五・二三：「及往盜時，境交想轉，雖舉離處，不成罪攝。不稱本心，猶屬本主，以於此物，元無盜心；心境既非，何過之有，故錯與誤，俱不名犯。後知錯誤，即應還主；不還起盜，後方成重。」

五八・一三　錯開不犯　疏五・二四：「及以殺具害張之時，而彼王人，忽然與我刀輪相應；王命雖斷，由非心故，錯則不犯也。」

五八・一四　緣王張解　疏云：「張去王來，緣王張解，加害者犯。以心不了，緣此謂彼，既人想不差，殺緣具故，雖誤犯重。」

五八・一六　說聖稱凡　疏云：「三就所稱凡聖二法，心欲說聖，口錯稱凡；既非聖法，前無所損，故錯非重。又如增慢，迷凡說聖；既非情過，誤亦非重。若就聖法，明於錯誤，如善見云：『錯說三四褌，皆同一重。』」行宗：「上約凡聖互論。若下，單就聖法以辨。心雖錯誤，說聖不殊，故無差降。」

五九・八 盜殺無遣　行宗：「殺盜何以無遣義耶？答：遣人殺已，罪不至果；豈我令他盜取我物。是則婬妄二戒，遣重教輕；殺盜兩戒，有教無遣。」通釋云：今據遣義，四戒不齊，且準妄戒，為人教其所業，向他令說，不為己者，名為教他（能教非重）；偏人為己，向他令稱，名為遣他（能教結重）；若依殺盜，亦具此二，又俱結重。然殺盜戒，合此二相為一教他，而云無遣，是一不齊也。又準婬戒，合此二相亦為教他，別說遣他，謂遣人託己作婬，不同前妄遣人相，是二不齊也。若遣他造己犯重，但在婬戒，不通餘二，故於婬中獨說此遣，但於妄戒，教遣別開，於殺盜戒合之為教他者，未詳其所以矣。

五九・一三 有將口讚　會正：「緣別者，殺戒以論，讚坑陷、倚撥與藥等，緣雖是別，結重無異，故曰業同。」

五九・一四 疏文義章　疏列十門：一配其三毒，二起由身口，三自作教他，四犯分三趣，五境約自他，六明心錯誤，七明業尅漫，八明其教意，九明其頒位，十列成任運。今引二、三、五、六、七，五門少分故也。

會本卷二十八鈔中四之三　懺六聚法篇第十六

一・五 有言懺悔　亦出業疏二二・四，彼云：「懺者梵語，本曰懺摩；唐云悔往，存二方言，故曰懺悔。取其義意，謂不造新，則此懺謂止斷。」等如記所引。名義：「義淨云：懺摩忍義，西國人誤觸身云懺摩，意是請恕，願勿瞋責，此方誤傳久矣。」

一・七 有將懺字　天台光明疏：「懺者，首也；悔者，伏也。」

一・一六 犯從妄起　通釋：犯即是罪，口互云之耳。業疏二二・一一：「凡罪生也，託因從緣，因即妄心，緣謂境界。」

一・一八 盡披肝膽　歸敬儀：「肝膽塗地，形骸摧折。」通真記：「肝膽塗地，表情之切也；形骸摧折，節身之至也。」

一・一九 罪從心起　未曾有經云：「前心作惡，如雲覆日；後心起善，如炬消闇。」

二・二 彼論問曰　通釋：多論第二：「經云：無有一法疾於心者，凡夫心輕躁，或善或惡，不可以暫惡，便永棄也。」引別處文合之，疑所覽有異歟！

二・九 遂古　通釋云：或邃古字歟！後漢書班固傳注：邃古，猶遠古也。

二・一〇 故佛言　律五七：「復有二種癡：一不見犯罪，二見犯罪不如法懺悔。」

三・八 使是非　準記下二句隔句釋上二句意云：今欲依法定其六懺綱位，使迷是非者，鏡其耳目也。又欲依法格其能懺心所託之境，使暗得失者，明其能所也。能所謂心境，即約行懺緣法，上耳目者，指能悔者見聞也。

三・九 則何患　意云：若依古羯磨，則悔罪不除，臆說難憑；今則依法，罪必可除，心有所託，故云何患等。

三・九 則為聖歎　若行用違法，則為佛呵矣；今以依法，為聖歎矣。即文所謂二種智人，是其所歎之詞矣。

三・一二 綱位　通釋：六懺分位，猶綱中綱也；每懺中，更制多般緣法，即是網目。

三・一三 緣法　通釋：能懺心所託處所，對人等是懺悔緣也；乞白懺詞及儀式等，法也；對上綱位，多如網目也。

四・二〇 五對　一通大小乘，二通道俗，三通事理犯，四通三世罪，五通十業。

五・三 業隨迷遣　謂念念分心，迷惑自遣，業亦隨迷惑出也。

五・一一 若論事懺　問：若爾，利智人不須禮誦等事懺耶？答：不爾，濟緣云：「愚智兩分，事理無二。上智達理，不礙修行；中下昧空，故存漸誘，應為四句，總攝羣機，一得理失事，一心禪觀，外闕莊嚴；如有目無足，不能前進。二逐事迷理，計功分課，不了緣生；如有足無目，不知所從。三事理雙運，目足相資，萬行圓修，必至彼岸。四理事俱昧，盲而無足，愚癡惰慢，終無出期。是知理事各立，未免偏邪，空有一如，是真修習。故曰真如理地，不受一塵，佛事門中，不捨一法。諸佛菩薩，歷劫重修，華竺祖師，終身苦行。此理深密，何可盡言，略示大途，粗分緇素耳。」

六·二　縱懺不亡　據疏：如十地論，作業定故則不可轉：如涅槃輕，有慚愧者轉，無慚愧者不轉。又有時定報不定等四句，時報俱定，不可不受，則轉重令輕，餘三句可懺除。

六·三　易奪　業疏二二·一七：「依教懺蕩，暫奪惡念，何由全遣。」記云：「次釋易奪，以善易惡。」

六·五　佛名經　佛名經凡有三本：一佛說佛名經，十二卷，元魏菩提留支譯。二三千佛名經，三卷，失譯，今時唱禮者是也。三五千五百佛名經，八卷，隋崛多共笈多譯。今文第十者，即留支本是也。彼經第一第十第十二明供禮法，經中通十方三世，凡說二萬一千九十三佛，於中後二百餘尊，並文殊等菩薩名也。

六·六　占察　上下二卷，菩提燈譯，內典錄十，列入偽錄；開元錄七，則入正錄，有辨釋也。

六·七　一請佛菩薩　疏二二·一〇：「以我心微，假強緣故；如諸佛等常在目前，但罪垢故，如盲不見。」

六·八　五如教明證　疏意云：五謂夢覺中善惡相現，或疑心變，或疑魔現，故合簡擇。濟覽：據法藏起信疏：三法驗察：一以定研磨，二依本修治，三以智慧觀察。廣如彼疏。

六·一一　以無性故　濟覽：已下四句，展轉相生，謂諸法無性故，妄我無託；妄我無託故，事非我生；非我生故，罪福無生。

六·一五　見謂達理　濟覽：或可斷惑，見即見道，思即思道，亦名修道，二句分對，謂分見無我理性，故分除迷理惑，更於修道重慮，修滅迷事惑。問：見道一念頓斷頓證，何分見斷？答：一心見道，約不共門；今據通談八諦，起十六心，見道究竟，豈非分分，修道分斷，大小無殊。

六·二〇　不出三種　問：今三觀者，祖師自立乎？芿師律宗問答中了然曰：吾祖亶生知之慧，窮神化之源，建立一宗，雖無區判藏教之文，然三種觀行，統拾一代教，始之於有，次之於空，終之於中，今古冥符，不可易也。豈待旁人言，然後言之耶云云。智瑞云：性空則宗阿含，相空則宗般若，唯識乃宗楞伽等經云云。問：下文及沙彌篇三觀末文，並指如凡聖行法，疑此三觀似出於道整禪師如何？答：妙音曰：五祖三觀，一依經論而指凡聖行者，乃例用耳；智瑞曰：彼文既亡，安知依不依云云。

七·一三　不能即法見空　通釋：即法者，法名境事，沙彌篇云：「一者小乘人行，觀事生滅，知無我人善惡等性；二小菩薩行，觀事生滅，知無我人善惡等相；三大菩薩行，觀事是心，意言分別。」此則前二觀不達境即心，故名事；後一達外塵本無，唯是識，是名唯識觀也。

七·一四　其中須分　沙彌篇記云：「或推相見性，謂之性空；即相知幻，謂之相空。」

七·一六　假宗人法二空　次科相空文記會云：即當四分是也。問：小乘明二空，與大何別？答：三論玄義，略有四釋可見矣。三論玄義上一二：「成實論文，盛辨生法二空。」又云：「四阿含教內有二空。」「又身子毗曇亦辨二空。」又云：「問：小明一空，大辨二空，可有差別；既同其二空，大小何異？答：雖同辨二空，二空不同，略明四種：一者小乘析法明空，大乘本性空寂。二者小乘但明三界內人法二空，空義即短；大乘明三界內外人法並空，空義即長。三者小乘但明於空，未說不空；大乘明空，亦辨不空。……四者小乘名為但空，謂但住於空；菩薩名不可得空，空亦不可得也。故知雖明二空，空義有異，故分大小。」

八・一

小菩薩　芴問云：小菩薩名言義立耶？了然曰：「宗鏡錄收通教為夜視小菩薩。」智瑞云：「智度論云：今小菩薩，不迷空故。」又法華經：「自知作佛，決定無疑，是名小樹。」疏家所釋，並指小菩薩。妙音曰：「名正出攝論。」問：小菩薩當何位耶？答：搜玄：資、加二位。簡正：加行位。會正、鈔批：地前菩薩云云。正源記云：「約機對教，別是一類鈍根菩薩，初學大乘，淺破諸法因緣之相，但解法空，未窮心本，劣於後大，故名為小；雙修二利，廣化衆生，異前小乘，故稱菩薩。約此對教，即當般若部內與二乘人同聞法空，名共般若。」與今記同，餘記不同；又廣釋如通真記。

八・四

即當四分　通釋：上記又云：「若對三宗，性宗局小，唯識局大，相空通小大。」芴問言：「且就相空通大小釋，未審今家分通義，出於四分成論，於此二部中何部何處，方說相空？」然云：「緣資持將三觀配三宗，改以四分屬小菩薩，是故前後文義有差，殊不知性空一觀，正出成論，既判性空，同屬小乘，那得四分屬小菩薩。然成論亦說相空，但教理行果，各有宗旨，大小天乖，不當配釋爾。」又通真曰：「問：有云四分空宗，即小菩薩教，其義如何？答：分約義約宗，人雖通大；約時約教，限局小乘。小菩薩者，全屬大乘。疏鈔明文，兩乘天別，無勞妄判。」妙音會云：「今四分雖屬小乘，然有分通之義，何妨通大，相空雖屬大乘，然顯偏真之理，不妨通小。」準然師凡今家三宗三觀，立意各異；三宗約戒科依多宗立有宗，依成宗立空宗，依法華、涅槃立圓教宗。次三觀約觀行依小乘立性空，依般若立相空，依楞伽、攝論等立唯識觀。今約教限以判三宗，前二小乘，後一大乘。次判三觀，初一小乘，後二大乘。此二種各別，何以相空大乘，當小乘四分，故有破斥。次準音師，四分正屬小乘，而兼含大乘，五義故，四分假通大小。次相空依大乘般若；然據原人論，不共般若，唯局大乘人；共般若，通小乘人得解故。相空亦通大小。今資持家，以通四分配通，何過之有矣。

八・一七

或真妄和合　芴師問：「記釋唯識，自有二種；若正用觀時，觀何識耶？」然答云：「雖楞伽、攝論別位有第九清淨真識之文，然今家圓觀，真俗並觀；言俗則俗徹真源，語真則真該妄本；三性一法，三智一心，如即水之波，猶鑄金之像，初心欲修，其相如此。若將二識真俗別，大非祖意。」通釋：「今記主且分示有二種別耳，非謂要觀修時別觀也。」

八・二〇

一者直爾總觀　芴問：「總別二觀，為記主義立，為出本論，及祖文耶？」然云：「記主意言，攝論祖文，並無此說。」芴問：「法相宗唯識，與今唯識，同異如何？」然云：「唯識名同，圓別有異；彼宗說真如凝然不變，八識一向××生滅；復說二諦條然，不能即理而入觀也，但觀事識，至第五地，方能合觀，所以天台指為事觀，清涼判為始教，良由於此。今宗不爾，雖張兩門，同收一觀，真俗因果圓融，況宗中不說五性不成，三乘定異，豈得修觀同彼法相耶！」

九・五

業疏云　濟緣二二・二一：「空謂了一切法，皆因緣生，生即無生；識謂即此緣生，同一識體，無有外塵。若達緣生，不知唯識，是為鈍根；若知唯識，達法源底，是為利器。」

九·七　不同二乘析色　此釋不可分別也。

九·八　即簡相空　沙彌篇四一·一五記云：「不分別空，超過小菩薩故。識非色空，非不色空，尚不分別識，何況分別空。」

九·一二　收加行　然云：「諸論修證，皆明五位；唯梁攝論，但明四位，謂顯樂位，或名勝解行，此收資糧四十心並煖等四加行人，合名願行地。餘者並同資持。」

九·一六　問有人云　芴云：「鈔引攝論證唯識觀，荊溪斥云判位太高。（以彼論唯識觀，迴向後心方修故云云。）」弘決四之一云：「南山亦立無生懺法，總列三種：一者佛果證行，南山此文雖即有據，然第一判屬小乘，小乘無懺重之理；況復此位，已隔初心，第二第三，復屬菩薩，及以佛果，凡心欲依，措心無地；今之所立，直明凡下，欲用大乘悔重罪者，當依方等普賢觀等。是故南山判位太高，初心無分，高位無罪，何須列之。」

九·一八　此蓋特舉深位　然云：「歸敬儀云：發心畢竟，初後心齊，唯識四位，凡聖通學。今則在凡不學，安有克聖之期，等是凡夫初心，圓觀唯識，志求佛果，即名此人為大菩薩；即說此行，為佛果證行。是行大，非位大也。雖謂彼論迴向後心方修唯識觀，然彼論中從願樂地，至究竟地，並觀唯識，諸家多說地上為大菩薩向，今家大名謂是登地，故使荊溪有判位太高之斥。殊不知今家所謂大菩薩者，蓋指乎修唯識者，對前相空屬小菩薩，故稱大耳。資持及將特舉深位以彰理妙者，未免將錯就錯也。」

問：「今記言深位者，剋指何位耶？」答：上記云：「大菩薩者，初地已去也。」故遇非斥。鈔批、簡正等，亦同資持，獨正源記同然師釋。然妙音救云：「記家特舉深位者，以下凡所修之理，與深位是同，非謂觀不被凡也。」通釋：「今記引論唯識通四位之文，又別所釋，皆通下凡云云。然記主實意，雖唯識觀通下凡，獨大菩薩名稱局地上，云初地已去，此云舉深位故。」

一〇·六　以類相從　鈔序一·三二：「但境事實繁，良難科擬；今取物類相從者，以標名首。」記釋云：「言物類者，今先舉示；如安居分房，釋相明法體；懺六聚中，明事理兩懺；二衣分亡人物；導俗明說法儀；沙彌中出家業；及七篇中所注法附，若據篇題，實非該攝；然夏中分房，同安居類，故但標安居，其餘自攝。餘皆準此；是則三十首題，並據一篇之主耳。」

一一·八　謂作律懺　通釋：道中云理事；下俗中云福道，福道復是事理。但俗中理局化，道中通化制二。於中理唯局化，事則通二；佛名方等，化中之事；律藏六懺，制中之事；故今事中，應兼方等化懺也。

一二·一六　唯天台　智瑞云：「若歸指投心之語，蓋資持不達祖師在歸敬中用妙觀處，故有此語，其猶棄堂上之親，拜陌路為父。」妙音云：「記指天台止觀可投心者，以律是制教，多明持犯，而於修觀軌度，不暇備舉，故記指止觀，正如今宗明持犯處指律文也。」通釋：「鈔云：必欲試論，非是鈔意，廣如凡聖行法。今記承此指略而釋，記意謂雖鈔指行法，彼文既亡，不可尋考，外考諸祖教觀，的指妙境，甄別大小，偏圓練位，淺深次序，無備於天台止觀，故指為投心之處，妙音釋佳矣。然歸敬中，依凡聖行法，具示妙觀；今記不指者，欠矣。瑞公之斥，亦有所以；但記主意，別指理懺中圓觀故耳。止觀中，明事理懺法者，亦太微密。」

一二·一九　懺法　通釋：若約事論，二百五十根本事，及犍度雜制，乃有無量；亦一一有方便從生，隨事皆須懺悔。今約位統，要唯六位。然依下文，蘭及捨墮，各有三位，大衆、小衆、但對；吉亦有輕重二懺，共為十一階，今約總位，故唯有六。

一二·二〇 觀佛　全十卷，東晉佛陀跋陀羅譯。

一四·一二 諸師廢立　通釋：今師立義大悲深切，若不爾，則非教攝機。然閱諸部，文多似開，唯從初曾無覆者。何者，惑重所制，作此大罪，應尋發露泣血；今忍覆藏，以此推情，縱懺重犯，古師據此意耳。四分難提比丘，得世俗禪，從第四禪覺已，時魔天女來，比丘欲心發，追行乃至寺外，時有死馬，魔女至馬所滅，比丘遂於死馬行婬，行已無覆心，語同伴比丘言，我今行欲已，都無覆藏心，將無犯波羅夷耶？為我白佛。彼往白佛，因開學悔等。

又母論三．一：「不須羯磨者三：波羅夷是一，犯波羅夷須羯磨得除，何者，如難提伽比丘，……行不淨行已，即悔，脫袈裟懷抱垂淚，舉手呼天大喚，我非沙門，非釋子，到世尊所，如其所犯向世尊說，佛知此比丘發露心重，後更不犯，即集諸比丘，為作白四得戒羯磨。……尊者薩婆多說曰：……此比丘即共行不淨行已悔，……無一念隱，亦心中不樂捨法服，如此人者，應當從僧乞滅除波羅夷羯磨。」問：今師意如何會此等文耶？答：此等且約緣起一相說，不必爾故。

一四·一三 不同僧殘　律四五：「時有比丘犯二僧殘罪，二俱覆藏，彼乞覆藏時，說一罪，覆藏一罪，彼隨所說罪從僧乞覆藏羯磨，彼行覆藏時，於第二犯，慚愧心生，自念我當云何白諸比丘，諸比丘白佛；佛言僧應隨所犯第二罪覆藏日，與覆藏羯磨。」

一五·一二 學悔　濟緣：「畢世堅持，所犯重戒；故名學悔。不足僧數，位在僧末，故號沙彌。」

一五·一三 得與比丘受食　問：下云從沙彌受食，若從人受，以授比丘，與淨比丘何異？答：淨比丘但有能受之用，而無能授之能，謂一人受已，亦通餘比丘。如彼學悔，雖從受已，其受法不通淨比丘，故得與比丘為能授人，同今沙彌類。

一五·一九 十誦　第一，九；及卷六〇、六一。

一六·一〇 母論　卷三·二曰：「有一比丘字禪那陀，在空閑處禪定，諸檀越日日送食，中間無男子，有一女人，常為送食，常來不已，便生染心，共行不淨，行已即悔，脫三衣著肩上，露身而走，唱言賊！賊！邊人問之，有何等賊？答言：為煩惱賊所劫盡。向諸檀越及衆僧發露，無覆藏心。僧中智者語言：有尊者波奢，善持毗尼，能除汝罪，此比丘即到波奢所，如其所犯，向波奢說，波奢答言：汝欲除罪，皆用我語否？答曰：無違。波奢遣人作大火坑，滿中炎火，語言：汝欲除罪者，可投此坑中。波奢先共餘比丘論，若比丘直入坑者，汝等捉之。……波奢知此比丘心實，即為作白四羯磨，除波羅夷。此比丘從今得羯磨已，名為清淨持戒者」等，如今所引。

一六·一八 見好相　彼好相以前，有修毒龍觀，觀成已，更掃塔塗地，見好相。好相者，彼云：「佛放金色光，以手摩頭；然後修不淨觀。」

一七·二 九百二十一億　業疏：「如僧祇中，捨此身已，來報即墮阿毗脂獄。如罪福經，隨犯一重，則九百二十一億六十千歲與他化天同壽受苦。」記云：「罪福經即目連問罪福報應經。」

一七·四 律中　五五：「彼此比丘，應往僧中脫革屨，偏露右肩，右膝著地，合掌作如是白：大德僧聽……」

一八·一七 即二五　通釋：律四四：訶責羯磨中，說七種五事，今之不得誦律，即第二五事中也。文云：「復有五事不應作，不應說戒，若僧中問毗尼義不應答，若衆僧差作羯磨不應作，若僧中簡集智慧者共評論衆事不得在其例，若僧差作信命不應作。」如僧網中引明。通釋：律中說三十五事，凡有三處：一、三四受戒法中，二、四四訶責法中，三、五五調部中，大同，但受戒法中少異，彼第三五事中，加不得衆中誦律，無能誦者聽，律文全同鈔所引，今記但引僧網，準伽論解者，失考律矣，僧網之中出訶責法文，故外加誦律文也；受戒法中，為彼難提與學悔羯磨已，即奪三十五事中文也，故第三五事末，更加不得衆中誦律，無能誦者聽之一事。

一九·一三　然初篇雖重　此釋妨也。同云：若治情過，應通諸篇；若云僧殘（情過）重，故治之者，初篇尤重，何不治之？若云輕故治之，下篇諸罪，何以不治？即以文釋，謂初篇雖重，而不治者，縱懺無用故。

二〇·一　摩那埵　善見一四：「云摩那埵者，漢云折服貢高，亦云下意者承事衆僧。」善見約折辱情過邊，母論取隨順離過義耳。

二〇·二　因少日故　業疏：「由先行覆，日月頗遙，洗懺之勤，不無疲頓。此與六夜，清淨有期，故自私喜，不辭苦也。」

二二·七　通緣列三　準持犯通緣列七：一已受出家五衆戒，二無狂等病緣，三心期境，四無命難，五無梵難，六稱本境，七進趣正果。然七緣中，不簡最初未制戒，今可攝無狂心亂緣，俱律通不犯中文，故文別分。

二二·七　別緣出二　故失精戒中云：「一標心作究竟意，二方便動轉，三體分盈流便犯。」今出初及三兩緣也。

二三·七　前犯須治　律四五：「時有比丘犯二僧殘，俱覆藏罷道，後還受大戒，復覆藏，自念當云何耶？佛言：僧應隨先所犯覆藏日，及後覆藏日，與覆藏羯磨。」

二四·一九　有疑　如夜中女想觸女後疑，彼非男耶？應檢知已懺故；或如向女麤語，後疑彼解語不？

二四·一九　文云　律中：「時有比丘犯殘，謂犯波羅夷，或謂犯波逸提等覆藏；佛言：應與作吉懺，後與摩那埵。」

二五·二　並不可學迷　準持犯篇今師正義，唯於事法開可學犯，是可學故不開迷，今於殘上生非殘疑不識，正是可學迷也。今記云不可學者，未詳其意。有云是於正犯時，生不可學迷，此亦不爾。若於正犯時，對境有迷，不犯根本殘，故今明於根本殘上覆成不故或可成根本了，於後生疑；謂先觸女或非男耶？或麤語已後疑彼女解否。

二八·一六　律中知數　本文云：「時有比丘犯僧殘罪，知日數不知日數，覆藏不覆藏，等覆不等覆，一名多種，自性住別位。」準之，今文不知數下，略覆藏不覆藏一句；又次句應作等覆不等覆，或可文中有三等字，並屬上句，初等文不具云知日數不知日數，故安等字；次等，等等覆不等覆；後等，等自性非自性等。一羯磨懺者，律中羯磨緣句直牒上文作法故。

二九·八　十誦　彼中：時比丘犯種種僧殘覆藏第一犯故失精，一夜覆藏；第二犯摩觸，二夜覆藏；如是乃至第十三犯拒僧違諫，十三夜覆藏，乃至以事白佛；佛言應與是人十三日別住，別住竟，與六夜摩那埵。鈔文恐指此文，十誦第三三·三一。

三一·六　調度　鉢器篇三五·一記云：「調度，謂調養具度，即衆物之通名。」

三一·一一　不得在　已下，卷四五，取意，彼云：「有客比丘來，應向說已所犯罪。」

三一·一六　有云此據　通釋：此解順之，十誦三三·四具云：「從今行別住人作第四人，不應作別住羯磨；若二別住人，二清淨人，亦不得作別住羯磨；若三別住人，一清淨人，一切別住人，不得作別住羯磨；極少四清淨共住同見比丘，得作別住羯磨。」

三三·一二　八事　問：八事中一三出外，是為欲出時正制令白，為到彼處已白彼處比丘耶？答：律中不分明，然律云行覆藏者，至餘處見餘比丘不白，佛言應白，不白失一夜云云：準之，似制有因緣，至餘寺或出界外，見比丘應白。又律文別無白出界之詞句。

三四·一五 由非僧法　別法故，雖有五人、十人，不云僧聽，但云諸大德。總白者，不能勞每人別白，故從省略耳。此解導本。

三四·一九 十誦　彼三三·四具曰：「若別住人，欲行時，先思惟我今日行，當到前比丘住處否，若知能到，便去；若不到者（中間無比丘處宿失一夜），即失是一夜。」

三六·三 毒氣深入　壽量品云：「然與其藥而不服，所以者何，毒氣深入，失本心故。」

四一·一七 梵云　名義三云阿輪迦。大論翻無憂花樹。因果經云：「二月八日夫人住藍毗尼園，見無憂花，舉右手摘，從右脇出。」絳，古巷切，音降，古本作絳。

四一·二〇 後得為人　地獄即異熟果，鳩鴿等增上果，後受黃門等報，即等流果。又地獄即報果，後二即習果。準妙玄云：「四趣如是果者，惡習果也。如多欲人，受地獄身，見苦具謂為欲境，便起愛染，謂此為習果。」又云：「四趣如是報惡果也。如多欲人，在地獄中，趣欲境時，即受銅柱鐵牀之苦等。」今以地獄為報果，以餘為習果，未詳也。

會本卷二十九鈔中四之四　懺六聚法篇之餘

一·四 若依十誦　六二·六：「長老優婆離問佛言：世尊偷蘭遮云何懺悔除滅？佛言：有四種偷蘭遮，有偷蘭遮罪從波羅夷生重，有偷蘭遮從波羅夷生輕，有偷蘭遮從僧伽婆尸沙生重，有偷蘭遮從僧伽婆尸沙生輕。優婆離，從波羅夷生重偷蘭遮，應一切僧前悔過除滅；從波羅夷生輕偷蘭遮，應出界外四比丘衆悔過除滅；從僧伽婆尸沙生重偷蘭遮，亦出界外四比丘衆悔過除滅；從僧伽婆尸沙生輕偷蘭遮，一比丘悔過除滅。」又多論第二·一九；第三·一；說輕重二蘭。又第二·二〇；明第二篇輕重二蘭。若依母論，與今不同。彼第三·四曰：「自性偷蘭一人前悔，亦得除滅。……僧殘邊偷蘭、波羅夷邊偷蘭，四人已上衆中羯磨除之。」若依十誦者，四分但言成者重，不成者偷蘭，而不分輕重，故今依十誦具分四蘭、三階，如篇聚已述之。

一·五 是近方便　通釋：十誦但言夷殘，各有二蘭，而不明輕重犯相；今依多論云，身口相加等也，彼論委分別之，然彼論中亦無遠近名，今依明了論轉用之也，了論中說遠次近三方便。

一·一三 自性偷蘭　毗尼母論七·一五，自性說十種偷蘭。

一·一七 如律　畜用人髮，四〇·二三；剃三處毛，二五·四，尼戒本。露身行，同處；外道衣，同二三；草衣樹皮衣等畜石鉢，五二·三；食生肉血，四二·九。

二·九 濫外道者　通釋：依衣犍度中：時比丘作編髮螺髻，持木鉢，鉢樓著繡手衣，樹皮衣，珠瓔珞衣，鷲毛衣，往佛所；佛言此是外道法，若畜如法治。又比丘著人髮衣，或露身往佛所；佛言是外道法，偷蘭遮。雜犍度中，石鉢偷蘭遮。藥犍度中，人肉偷蘭。皮革犍度中，畜人皮偷蘭遮。故知雖外道法，非一概皆犯偷蘭也。

三·六 為說罪名　通釋：準律說罪名種相者，自屬能懺，滅諍犍度中：「是中云何自言，說罪名說罪種懺悔者是。」然依下捨墮中正屬受懺人，但犯人說已，受懺為說名種相，判根本從生輕重等耳。濟緣：「名如波羅夷，種如婬盜等，相如婬中有多少也。」

三·七 前後　準下，先說持破相及餘習；次說名種相。前即前卷二七頁說名種相至卷尾，明持破相及餘習；後即本卷一八頁。

三·一一 通三品　通釋：乞懺不通下品，如後懺中，今據論文耳。

四·三 律論各題　通釋：凡六聚悔法，校律本波羅夷悔法，戒本中自具，而不圓備：捨墮中但出捨財法及受懺單白，並訶責立誓，四種懺罪等三不具。提舍中出正悔詞，尚未具足；自餘六法，缺而不說。偷蘭、單提、吉羅三篇，無題名懺之文；然滅諍法中，出對首懺小衆懺大衆白懺。今師蘭懺單提悔重吉墮悔罪，並據此立，但輕重責心無文，亦準對首悔而立也。但滅諍法中，有白和、對悔、說相、訶責、立誓五法，無乞懺請主文，此依多論，今記云本律無一三，應云無一二，疑寫誤歟！若據初二篇，律並出乞法，然彼但乞羯磨，今約對悔，故云無也。然下捨墮中，鈔準滅諍法出乞懺詞，滅諍法文云：「大德僧德。我某甲比丘犯某甲罪，今從僧懺悔。如是三說。」是則當乞懺，若爾，可云唯缺請主一法矣。

四·六 準前論文　上云多論中莫問輕重，悉隨僧三乞懺，然後請懺悔主，主其受懺者單白已（白和）對首三悔（對悔）。

五·六 去留無在　去謂今文去初乞懺，立六是也；留即如上留乞，共為七種，隨時無壅，故云無在。然業疏二二·三六捨墮中云：「僧中具七，衆多唯六，除乞懺辭；改單白和為問邊者，對首則五，無乞無問。」今鈔下捨墮中，亦唯立六。

五·一九 或可吉羅　記作兩釋，初釋約七聚，鈔云上三下四故；次釋約懺異。初釋為勝，若據懺異，蘭吉及捨墮，各有不同，何止三十、九十別乎？又三十、九十非是別篇，何約開彼稱四篇乎？問：若爾，下何止標第六懺突吉羅而無第七耶？答：雖約具開惡作、惡說，而論罪懺是一品故。

六·一 謂律中　說戒犍度中，不開疑罪懺悔，但令發露。（三六·一五）又人犍度中，比丘謂疑不識不憶人與覆藏羯磨，為知法客比丘所訶，羯磨不成。（四五·二二）

六·一二 無私隱　識相顯了，莫籠通也；如上非相，即名私隱。

七·四 由界僧少　律六·四：「此捨墮衣，應捨與僧，若衆人、若一人，不得別衆捨；若捨不成捨，突吉羅。」

八·九 長體之相　文從簡也；業疏二二·三一：「就定長中，有五種義，不在說淨。雖復過限，無入罪也。」

八·一四 僧直得畜　通釋：考律二四·一三：若尼得十六枚器，應即日受，餘者淨施，若違犯捨墮；比丘突吉羅。依此比丘亦應淨施畜。

九·一 他寄未入　業疏云：「如負債未得，他寄未受，買財未入，寄他主無。」

九·一 與他　問：阿難得糞掃衣，欲奉迦葉，以迦葉不在，恐犯畜長，佛因開十日，彼既決捨與他，何故恐犯長，思之！

九·四 雨衣　通釋：若一向不受百一人，此二衣依十誦等限內不須說；若百一供身人，準二衣篇，五分、善見，並受持此二衣。

九·五 餘衣巾　又準五分，手巾、面巾、針線、鉢囊等，皆令受持，今須說者，受持外故；若依畜長人，巾等非衣不須說。

九·七 十六枚　大釜、小釜、水瓶、洗瓶，各具盆、蓋、杓，故十六也。律二四：「十六者：大釜、釜蓋、大盆及杓，小釜、釜蓋、小盆及杓，水瓶、瓶蓋、盆及杓，洗瓶、瓶蓋、盆及杓。」又見下鉢器篇，記曰：「枚、枝也，今但取箇數耳。」會正：「指歸云：竹曰箇，草莖朮曰枚。」母論謂十六種器，枚猶種。通釋：大小二釜，既開僧尼自畜，按非如今時食釜，但如藥鍋藥鑵茶釜等耳。

一〇·八 犯長相染　準下盡殘物是長則相染；若餘物者不相染。又五長中，衣藥鉢互望無相染，但染自類，具如下還衣中。

一二·二 論云　長衣戒云：「善見云：若一處縛束，一罪；若不縛束，計衣段段，明相出，隨處得罪。」記云：「說淨離合，事亦同之。」通釋：今之捨財，亦準之歟！（善見一四·七）又善見一四·一一云：「若言為展轉淨故，與長老隨用。一說。」

一四·七 五分　諸雜中，五分明捨有五種不同：一、二寶捨與僧，差人永棄；若僧不棄，淨人為僧貿衣食，唯本主不得用。二、五敷入常住，唯本主不得坐臥。三、藥與僧捨與俗人沙彌塗足、燃燈，本主不得用，餘比丘不得食。四乞鉢入廚。五諸衣還主。後二同四分。記五敷：一蠶綿，二黑毛，三白毛，四減六年，五不揲坐具。東野：五分云：「應棄此物著坑中、火中、流水中、曠野中、不應誌處；若捉著餘處，不得更捉；彼比丘不應問僧此物當云何？僧亦不應教作是作是；若不棄不問僧而使淨人以貿僧處衣食之物來與僧，僧得受；若分，唯犯罪人不得受分。」

一四·七 僧祇　彼云：「僧中捨已，不得還彼比丘，僧亦不得分，若多者應著無盡財中，於此無盡財中，若生息利，得作房舍中衣，不得食用。」

一五·一三 餘句如疏　文云：「多論中六句分別：初衣已捨、罪已悔、畜心未斷，更受異衣，為前衣所染。二衣捨、罪悔、求心未斷，乃至一月得所求衣，及意外衣，皆染犯捨。三衣已捨、罪已悔、畜心斷，即日得衣無犯；以心斷故。四衣已捨、罪已悔、畜心斷，後日更求得衣不犯；中間心捨故。五地了時，衣捨、罪悔、畜心斷，向暮更求得衣，犯吉羅。六衣已捨、罪未悔、畜心斷，正使多日得衣，犯吉。」準行宗記：第一畜心第二求心異，又久近時別；第三第六，並約得衣，於中第三衣罪心三俱捨故，即日得衣無罪；第六罪未悔故多日得長犯吉。次四與五並約再求，此二雖衣罪心三俱捨，然第五即日求得故犯吉，第四後日求得故不犯。又一三六約得衣，若對今文，第一即今第三，三即今第一，六即今第二，彼二四五並約求財，故與今別。

一六·三 口言　律六，文云：「大德僧聽，我某甲比丘故畜爾所長衣，過十日犯捨墮，我今捨與僧。」離衣云：「大德僧聽，我某甲比丘離衣宿，犯捨墮，我今捨與僧。」

一六·六 若犯多時　通釋：若單懺犯長，將犯長財已用壞盡，已下文除之；若與離衣合懺，則隨時加改唱之，不可謹誦。

一六·九 此法出律　律捨墮中，但出捨財法，及受懺還財二單白，及訶責立誓，而不出乞懺及請主，故今準滅諍法出乞懺法；下請主但從義立也。然據滅諍法中，無乞懺詞，故上懺蘭中，記云無乞懺，然文自當乞懺，故今指之。滅諍中文曰：「若欲在僧中懺者，應往僧中偏露右肩，脫革屣，禮僧足已，右膝著地，合掌，為如是言：大德僧聽，我某甲比丘犯某甲罪，今從僧懺悔，如是三說。」次有懺主單白，鈔云此法出滅諍中者，依文似且點「今從」已下文，然據義則統始終。

一六·一六 彼但云　記引彼小衆對首文也，彼云：「彼至二三清淨比丘所，偏露右肩，乃至合掌說罪名種，作如是言懺悔法如上。」通釋：如上者，上對首懺中云：長老一心念，我某甲比丘犯某甲罪，今從長老懺悔等是也。然今鈔所點，正大衆懺中文耳。彼中云：乃至合掌白如是言：大德僧聽，我某甲比丘犯某甲罪，今從僧懺悔。（三說）此乞懺文，上小衆對中文，非乞懺文，但是說名種也。

一七·六 五分正文　一八·一三云：有一病比丘犯罪，語一比丘言：大德我犯罪。彼答我亦犯罪，不得悔而命終。諸比丘作如是念，若世尊聽向有罪比丘悔過者，不使此比丘不悔而終，以是白佛；佛言聽向有罪比丘悔過，但不得向同犯者悔過。又云：有一病比丘犯罪，語一比丘大德我犯此罪，彼言我亦犯此罪，不得悔過而終。諸比丘作此念，若世尊聽向同犯一罪比丘悔過者，不使此比丘不悔而終，以是白佛；佛聽向同犯不同犯得向悔。

一七・八 律中令覓　律三六・二一：時說戒日，有異住處一切僧盡犯罪，自念佛制有犯者不得說戒，不得聞戒，不得受他懺悔，又不得向犯者懺悔，我等當云何？佛言覓清淨客比丘當悔；若無者，當差二三人往他寺悔已還來寺，餘比丘次第向悔；若不爾，一切僧當作白懺已說戒。

一八・一〇 涅槃文證　第五四相品文云：「聲聞僧者，無有積聚；所謂奴婢非法之物。」會疏卷五。記引二三德王品文者，恐似不符。

一九・一八 羯磨　八品圖：——

- 根本畜長
  - 經宿生二罪
    - 一經夜覆
    - 二展轉覆
  - 即日生二罪
    - 一著用吉……此亦生二罪
      - 一經夜覆
      - 二展轉覆
    - 二默妄吉……此亦生二罪
      - 一經夜覆
      - 二展轉覆

二一・一三 九處三問　謂戒本八篇及序九處，各作三問故。問：三問唯犯一吉否？答：戒疏云：「既有三問，隨問覆默，還得三罪。」問：如犯一罪，唯於當篇三問犯三吉，自餘八處三問不結吉耶？答：疏云：「但有犯者，不合聞戒，故隨問九處，皆有隱心，則隨犯罪。」問：縱有多罪，一問唯犯一默妄否？答：疏云：「若犯十罪，隨其三九有默淨，則犯二百七十吉罪。」準之，單犯一罪，九處三問，結二十七吉。問：如僧說戒，既有多人，隨人別結耶？為總結？答：疏曰：「望多人還得多罪，如妄語法一言誑多，隨人人聞，聞皆得罪，對首心念，例如上分。」問：對首心念皆吉耶？答：疏曰：「若據對首，有罪陳淨，俱有三墮。」心念者，記云：「說不對人，理得三吉。」義門辨相，古今別義，具可見疏中，今且抽正義要文。問：如上文既有多罪，何鈔云默妄一品？答：此蓋約位云一品耳。若論罪數，實有衆多，故文云不憶數，此意也。問：懺罪露罪，俱唯得對清淨人，若有犯罪，而不得清淨人，則不得懺露；若爾，如何得說戒耶？答準說戒篇，若座上憶罪，對人發露，恐大衆鬧亂者，但心念口言陳露已聞戒云云。詞句如彼，今不得清淨對首，亦心念發露發露訖說戒耳。業疏云：「若無客者作念：『若得清淨比丘，罪如法除。』念已當心念口言，三說布薩。」

二三・六 綿衣二寶　問：此三戒，律中不出受懺羯磨，按捨墮衆者應唯約捨財悔罪還對一人故；若爾，此三戒及餘財事用盡，單悔本罪，故雖界不集人，對一人悔罪成否？答：古師立此義，今師正義不開；何者，三十、九十雖同墮，此既因財事犯，情過亦重，故列三十別為僧悔。律二寶等，羯磨雖缺，十誦多論有明文故，若界無人時，三十戒通對首成。問：三十中如上單悔本罪時，九十罪得合牒懺否？答：準業疏成也，同篇故，同對一人三說故。

二三・七 二十七戒　通釋：準前文明能染所染有無具缺者，於二十七戒中，二離二毛四戒，一向無能染所染。十日、月望、急施三戒，具能染所染。自餘二十戒，唯有所染，於中藥鉢二戒，體別故，亦非所染。故行宗云：「三種長衣，即為能染，六戒不染，上四（上離上毛）如前，藥即七日，鉢謂乞鉢，此二體別，故不相染。」故唯有十八戒，而為所染；若別捨者，即座還之。若與三長衣合捨者，經宿還之。故疏云：「前雖別犯，及捨財已，通是長淨，還財之時，以長未宿，染心還起，於新捨衣，更復相染，故令經宿，共長同還也。」若與長藥鉢合捨者，又彼不染他類，故疏云：「若以二十三戒（二十七中，除衣藥四長）共長鉢合捨，唯乞鉢須宿，餘皆即還也。若以二十三戒（二十七中除衣鉢四長）共長藥合捨，一時並歸，以其衣食，內外資別，並不相染故。」若單捨衣鉢四長，則並經宿還。

二三・一二 乃依本律　通釋：律長衣戒中，若僧多難集，若比丘因緣事欲遠行時，即座展轉還彼衣，而無經宿文。準注羯磨出明了論云云，然雖律無文難集等緣方開，無緣必可經宿也。又五長中，律唯長衣制說淨，畜心同長衣故，今鈔例準五長，皆須經宿。

二三・一三 二疏　戒疏如上，業疏云：「以長能染，須宿淨心，故別還也。」

二四・四 如亡　通釋：還衣有轉付直付二法，大似亡物有付分直分二法也。今所指付分也。注羯磨下二一頁。

二六・一二 前須乞懺　通釋：既標六種，即知意在不須乞懺故，前須乞懺等四句，上下影略明之而已。若具云之，應云：大衆中須乞懺及白衣，由對僧也。今以對別故，則無乞懺及白衣。若約七種解之，前者但於衆多人中自論前後也；謂最前須乞懺，由對僧故與大衆懺全同，故除之。外別立六種故，合則成七種，後六種中，以對別故，則無白文，乃改單白為問邊人耳；但此一別，餘並同上。

二八・二 九品　如過量衣等，從一根本生三品，謂根本覆藏，非法著用，說戒默妄；此各生二品，經夜覆藏、展轉覆藏，共九品，如上捨墮中。

二八・二 六品　如妄語、兩舌等，除著用三品故。

二八・二 四品　如妄語等，或上四品，一根本覆藏、二戒默妄，如更唯過一夜，各有一經夜覆藏，無展轉覆藏，故止四品；新色衣未經說戒等，亦同此也。

二八・二 三品　如妄語等，未經說戒，一根本覆藏，二經夜覆藏，三展轉覆藏。

二八・二 二品　如過量衣，著已，已經說戒而未經宿，但生著用、默妄二吉，且約一相解，更有餘相，自尋求之。

二八・一八 善見　彼云：「毀謗善人，……以重業故，天上門閉，開地獄門，向彼人懺悔等。」依論似障罵者之善道，記釋彼此通障歟！

二九・三 提舍尼　若依母論，亦通心念，彼二・一九云：「何者輕，犯波羅提提舍尼。此罪輕，或向一人說，若自心念，皆能滅也。」

二九・一六 僧祇懺法　祇律二一・一二曰：「是比丘應向餘比丘悔過：長老我墮可訶法，此法悔過；前人應問，汝見罪否？答言見。慎莫更作！答言頂戴持。」彼中別無請主說罪等文。又善見一四・八說捨墮僧懺中，受懺者作單白已，問彼言：「汝見罪否？答言見。汝當來罪莫犯！答言善。然後受懺悔。」又外無請主說罪文。

三〇・一〇 二若不故　若依戒疏，即云：「若不故作者，識事而作，非故違教，但犯論本，無失儀罪。」與今不同，彼既云犯根本似重吉羅；又云識事而犯，知非迷妄；若依疏意，非威儀犯，唯故作犯帶之。若依多論，失儀吉羅，五篇通有：然鈔疏二文中，多分說準鈔文，注羯磨亦引律今文約故誤二心釋，故知正懺時，依鈔可行也。

三〇・一一 摩夷論　母論卷八・二一；取要。

三一・七 非　通釋：存非字亦得，但鈔詞略耳。若具言之，應云由識知故隱，非疑不識；疑與不識，則不成覆故。

三一・一二 明方便獨頭通二犯　科文。通釋：依科文及記釋，覆藏但局故犯；方便及獨頭，通故誤兩犯。愚按云：獨頭理可通二犯，方便唯局故心，鈔云並須對人是也。濟覽：方便亦通誤作歟！篇聚中出無記犯，或手足損傷草木地土，和僧媒娶，妄用僧物，長衣過限，非時入俗等。此等諸相，若滯方便，將損木而已，豈無吉耶？更須尋之！

三一·一三 無問輕重　記釋云：據通故誤兩犯云云。今按不然，方便意，豈通誤犯？今言輕重者，且約業理謂初篇遠方便則重，乃至第五篇遠方便則輕；又下三篇中，遠輕近重；然約制則一品重吉，皆故犯故，故並令對人悔也。

三一·一五 諸類極多　記云：「方便獨頭，故言諸類。」今解但約獨頭，謂獨頭者，如衆學百戒，及諸犍度雜制，多是獨頭，故凡制如法治者，一犍度中，猶有無量，故云諸類極多。凡諸獨頭，通該二犯，故云並有故誤等，非通方便也。

三二·一 須對人耳　記主意云：遠方便罪亦通故誤，故則對悔，誤責心滅。然鈔云「並須對人」者，是欲翻對昔解，例皆責心，故文中但約故心，而云並須對人耳。

三二·五 齊責心　問：文明方便意既云責心，何上云不通誤犯？答：今記亦約故誤二犯解，責心對人文是復不爾，凡責心語通諸聚對首悔，上來訶誓中一一云汝自責心生厭離者是也。即篇聚中云：重者重責心云云。彼記解云：「初明懺重吉，雖是對首，還須自責，以責心之言，通諸悔故。」是也。又據下正悔故作中，但出方便，誤犯之中，唯出獨頭，其通局可見矣。

三三·九 律云　四五·三三；取要。

三四·二 僧祇　彼九：「若畜長日已過十日，復著此衣。」記云：「（取意）長老憶我某甲比丘，長衣過十日，已於僧中捨，此中犯波逸提罪，及受用不淨衣隨用得越毗尼罪，是一切罪，今向長老誠心悔過，不敢覆藏。」又卷二六明捨墮對人悔已，又云：「犯波夜提乃至越毗尼罪，亦如是悔。」

三四·八 次明誤作　問：不故作犯，局第六聚耶？答：篇聚中一四·四一出無記犯相云：「謂元非攝護，隨流任性，意非善惡，泛爾而造。如比丘方坐，高談虛論，費時損業，縱放身口；或手足傷損草木地土，和僧媒娶，妄用僧物，長衣過限，非時入俗，手觸僧器，壞身口儀；如是衆例，並通攝犯。唯除恆懷護持，誤妄而造。」記云：「上明不學制犯；唯下，簡勤學開迷。」

三四·一二 若眠　止觀四之二云：「心神昏昏，為睡；六識暗塞，四支倚放為眠。」若細分相，並非無異，今且據其大數耳。

三五·二 母論　善見論一五；取意。

三五·八 先悔從生　問：誤犯覆藏，對責之中，依何耶？若云對首者，豈從生重於根本；若云責心者，覆心是故作，何須責心？答：既是故覆，應對悔歟！然尼鈔亦須責心云云。

三五·一五 若準戒疏　故作中二罪，戒疏及行宗作對責二悔；若依濟緣二二·四三：俱令對首：「故作二罪，並對首悔；誤作一罪，但責心悔。」

三六·一九 善見　通釋：「考論始終，無是稱之。」但一部中，上座對下座皆言長老，下座稱上座通言大德，可見論第一·六；及第五·九等。善見五·九曰：「若大比丘（能懺）言長老，我今懺悔等；若小者，頭面禮足叉手言大德，我今懺悔等。」（略攝）若依四分等，互通言之，無定限也。若依母論，無禮足儀，彼上座對下座立四法：一偏袒右肩，二脫革屣，三合掌，四說所犯罪。下座對上座立五法：加第三胡跪，具如彼卷四·二二中。

三六·一九 四分　彼云：「優波離問云：年少比丘在上座前懺悔有幾法？佛言有五法：偏露右肩，脫革屣，禮足，右膝著地，合掌，應說罪名種相。」四法時，除禮足。

三六·二〇 十誦　五四具文云：「若下座比丘向上座悔過時，應先住五法，向上座悔過，從座起，偏袒著衣，脫革屣，右膝著地，以兩手捉上座足，如是三說。如悔過、與三七・一 欲清淨、受歲、出罪，亦如是。」
三說　彼作「如是三說」，而為大字，非夾注也。

卷九

會本卷三十鈔下一之一　二衣總別篇第十七

一・四 題號　準資持上卷釋題，鈔主自注；若依鈔批、簡正等，礪師注之云云。準彼云：「『相部律師問祖師云：上人是首律師門人也，首公近作鈔三卷，大是要當。』祖師曰：『是宜撰耳。』又問：『何不題名，以用顯別。』作此語已，自乃著京兆等語；此時於題下，礪師即注之。」

一・六 京兆崇義寺　即舉本住處，若依此鈔撰述之處，即苧麻蘭若也。故簡正云：「述時即唐高祖武德九年，處即終南豐德精舍苧麻蘭若也。」又鈔後批文，亦如是。

一・一四 謂出世　前注皆注法附，獨是直注諸要行之相也。

一・一九 言總別　謂分章二科也，初總總分別制聽，二依門別解是也。若依鈔批少異也，彼云：「言二衣者，即制聽也；制謂三衣六物，聽謂百一諸長，有斯兩異，故曰二衣也。（是同今記）言總別者，制中含總別，聽中亦含總別。制中含總別者，直言三衣六物是總，其中有安陀會等名是別；聽中總別者，百一諸長此通名總，裙、衫、器具、糞掃衣、檀越施等曰別。」今記即下二門云云，即指分章二科之次科，鈔文云：「故初總分制聽，後依門而解。」是也。又今記云：「故先總條貫，然後別解，即以科目，用入題中。」是也。

一・一九 下二門　或云初總分制聽，後依門而解之二也。今謂二門是制聽二，此二各有總分別解，故解云下二門，非直指科為二門耳。

二・三 世累　世，三界通稱，今別名人世；累者，夫人之居世，必有身心累，謂有待色質，資衣食而立，心內縛惑，不得自在故。

二・一三 逆順無過　鈔批：「百一長等，不畜是逆，畜而說淨是順，俱無有罪過也。」湛堂云：有違結罪，離衣則隨缺衣吉也。

二・一四 通道濟乏　中四云：「唯制無開，中下絕分，進道無由。」簡正：「通道者，謂假此衣，修行通達佛道；濟乏者，施時不取，後須難得，故今若受取，得濟疲乏。」又道，內衆乎！

二・一五 後中分四　問：百一諸長，衣體不過糞掃俗施兩種，何別為四哉？答：且對制物立百一諸長，於此中更分糞掃、俗施二相，前後各立為四，即總別單重之意也。濟覽：今謂非也，直諸長與糞衣，其體大異也，何為混合乎？下引十住婆沙，著糞掃衣十種利云云；今夫百一長衣，而捨糞掃，其貪結甚也，何夫有十利乎？況糞衣、納衣頭陀乎？如彼迦葉，不受末利夫人施大僧衣也。

三・四 未曾有　簡正：「三衣名相，由佛出世乃現，自此已前，曠劫所無，故云未曾有。」

三・四 九十六　多論販賣戒云：「根本六師，教十五弟子，各受行異見，六師各別有法，與弟子不同，師弟通有九十六。」華嚴說有九十六，謂六師各有十六所學法，一法自學，餘十五各教十五弟子，師徒合論，故成此數。

三・五 功德論　明本作：「重者五條，中者為七條，薄者十五條。」恐是傳寫誤乎，明本中卷，二五紙。

三・六 為諸蟲　簡正：「若不著三衣，不免蚊虻所唼囓。」鈔批：「若單著一衣，則為蚊虻唼囓也。」初義則三衣總為諸蟲制，次義則單一衣者，有諸蟲患，故制三也。

三・七 智論　卷六八。

三・八 十誦　二七・二三：「瓶沙王白佛言：世尊，願僧衣，與外道衣異，使可分別。」乃至「佛告阿難，汝見彼稻田畦畔齊整不？答言見。佛告阿難，此深摩根衣能法此法作衣不？阿難言能。即以衣與阿難，阿難受已小却，即割裁篸縫中脊衣葉兩向，收䙝張展，還奉佛；佛讚善哉善哉！」

三·八　為異外道　簡正：「西土有一類外道，被於全段白氎，以表全未離欲貪。」

三·一〇　文列十段　謂制意五科中引十種文是也，又鈔不分十段五段之意，乃記中義節為五科也。

四·六　配三毒　此中三毒約輕重次第而配下中上衣。三業更約粗細次第，以示斷有難易。

四·一二　隨三用　行宗：「下衣作務道行，中衣入衆法食，上衣說法入聚，發善心者，此生自善，下生他善。反披高揲者，四分聚落外，令反著衣，僧祇不著者，搬褺舉之。」

四·一八　僧祇　三八·一：「沙門衣者，賢聖標幟。」

四·一八　標幟　濟緣一八·三六：「軍中旗幟，有所別故。」蓋是世間將帥，以旗旌為標識；法中聖賢，以袈裟為標識。

四·一八　鉢是　僧祇二九·七：「離車以寶作器，偶似鉢形，離車作此念，此是出家人器，非俗所宜。」應執持已下，卷二八，瓦鉢作瓶鉢。

四·二〇　四分　彼四〇云：「過去諸如來無所著身佛弟子著如是衣，如我今日；未來世如來無所著佛弟子著如是衣。」

五·七　上二論　分別功德、多論也。

五·一〇　此袈裟衣　應法記云：「外國凡不正色，通曰袈裟；又凡草木葉皮花果，不成五味，雜為食者，亦云袈裟，皆取不正義。」

五·一三　真諦雜記　全出業疏一八·七，彼云：「真諦九卷雜記。」記釋：「此指西竺，故云外國。名含多義，示不翻所以。離塵是破業，消瘦即斷惑，蓮花喻上二種。前三從功，後一從色。」間色服者，五正間色相間，雜色名壞色，故三如則間雜色也；故章服儀云：「三種色隨用一壞，成如法色。」

五·一八　袈裟味　濟緣一八·六：「準涅槃經，甘苦辛酸鹹淡，是為六味，不云有袈裟味，不知何出。」四分一六：「云何味恐怖人？若以味與人，若醋，若甜，若苦，若澀，若鹹，若袈裟味，以如此味恐怖人。」鈔批：「袈裟味，是淡味也。」阿含經：「一切味不過八種：一苦二澀三辛四鹹五淡六甜七醋八不了了味。」此阿含文引諸經要集二〇。

六·五　慧上　彼云：「初夜欲竟，佛告阿難，取中衣來，吾體少冷；阿難受教，即取奉上。初夜已竟，入於中夜，復命阿難，取上衣來，吾寒欲著；即復進之。中夜已竟，入後夜，復命阿難取衆集衣來，吾欲著之；即復重進。佛即服著，告諸比丘，吾聽出家學者，一時著三法衣。」

七·一　無五七九　問：律衣法中，佛言應五條，不應六條；應七條，不應八條等；又迦絺那衣法，五條十隔云云。又十誦加法文，五條衣受等。又梵網五條七條九條云云。如是經律中五七九名甚多，何鈔云無？記云世傳耶？答：皆是呼條相也，非預衣名。

七·八　本制須定　雖以五條為大衣、從衣，不可作務行道著之，但三衣難辨，而闕則開從也。

七·一〇　大悲經　全五卷，高齊那連提耶舍與法智共譯。

七·一〇　性是沙門　應法記：「性即戒體。」智論：「受持禁戒為性，剃髮染衣為相；汙沙門行者，謂犯重者也。」

七·一五　釋迦遺法弟子　歸敬儀下云：「處胎經云：佛告彌勒偈曰：汝所三（古本作二）會人，是吾先所化九十六億人受我五戒者，次是三歸人，九十二億者，一稱南無佛。」準此三會，並釋迦遺法弟子。今記云初會者，後二會亦兼慈氏初機故歟！

七·一七 盧遮　曾部王之千子中，末子意無量也。

七·一八 此云啼哭　按簡正記引正法念經中，昔有國王有二夫人，第一夫人生千子，俱修佛道，王欲試其成佛遲速，安箸金瓶，舉著樓上，令千子抽，俱留孫得第一，釋迦得第四，乃至樓至得第一千，彼念有情，皆被諸兄度盡，我度何人，遂乃啼哭。王告云：衆生界無盡，不可悲泣等。

八·二〇 得與　僧祇：「不得自手與，應遣女淨人與。」

九·八 激發現相　六物圖亦引事鈔現相得云云，疑彼所覽為現字歟，然今鈔及律本並作「相得」。今案津刊本為現相。

九·八 別舉兩相　若依僧網，激發是第四，相得第一也；若依大論，激發當第五，相得彼此同也。

九·一二 此緣　謂禮誦等也，又為袈裟求財也。

九·一六 苧　與紵同，文選注六云：「紵似麻，可為布。」

九·一七 然據律文　通釋：五分、四分不開，唯十誦許已成。戒疏：「如五分云：他施已成，亦犯捨墮；十誦若得已成，受用不犯；而律文中若得已成者，下無開文，但道斷壞，如何捨制而用他開，所不同也。」

一〇·五 內法傳　南海寄歸傳也，有四卷，其卷二曰：「凡論絁絹，乃是聖開，何事強遮，徒為節目，斷之以意，欲省招繁，五天四部，並皆著用，詎可棄易求之絁絹，覓難得之細布，妨道之極，其在斯乎！」

一〇·七 蕉葛　本草一五云：「芭蕉之莖，解散如絲，閩人以灰湯練治，紡績為布，謂之蕉葛。」

一〇·一一 五百問　濟覽：疑問下脫證字，而絹寫誤，合作絹。

一一·八 緋等　朱氏禮記集注一三除緋取碧，今記不知依何，赤白為紅，赤黑為紫，赤黃為綠，青白為碧，青黑為騮黃。緋，音非，絳色也，一曰赤練。

一一·一三 別邪正　章服儀文，續云：「故九十六種外道，其徒不倫，或裸或衣，或表或染，莫有定者；釋門不爾，俱服染衣，色非純上，絕於奢靡。」

一一·一七 棧　鈔著新衣戒云：「棧者，赤黑，猶同四分木蘭皮。」

一一·二〇 薩婆多　八云：「五大色若自染，突吉羅；若作衣不成受，若作應量衣不應量衣，一切不得著；若先得五大色衣，後更改作如法色，則成受持；若先作如法色，後以五大色壞者，不成受持；雖不成受，若作三點淨者，得一切處著；若紺黑青作衣，不成受持；除三衣，餘一切衣但作三點淨著無過；若皂木蘭作衣，一切得作亦成受持，若非純青淺青及碧等，作點淨得作衣裏；若青黃色不純大者，亦一切衣盡應三點淨，若不點淨著用者，一切皆波逸提。」依此紺黑青皆非法色，若據今記，即為如法，釋紺而云木蘭異名故。又簡正：「紺者，含也，青赤相含，亦是木蘭之異名也。」

一二·二 純青淺青　彼本文云：「若非純青淺青及碧作點淨，得作衣裏，赤黃白色不純，大亦如是。」疑今鈔脫非字歟！

一二·一一 前注　鈔子注云：「此云不正色染」云云。

一二·一三 如墨子　墨子云：墨子見染絲者，泣而歎云：染於蒼則蒼，染於黃則黃，故染不可不慎也。

一三·三 且儒　應法記二九：「予曾考儒典，服皆正色，先王制度，莫不使人遠邪守正，故三代所尚，夏黑、殷白、周赤，皆取正色。」

一三·五 論語　鄉黨篇。

一三·六 文中子　隋書：王通，龍門人，講道於河汾之間，……及卒，門人謚曰文中子。出今文事君篇，彼曰：君子非黃白不御，婦人則有青碧等。

一三·八 安則　論語，陽貨云：「夫君子之居喪，食旨不甘，聞樂不樂，居處不安，故不為也，今女安則為之。」

一三·一二 憑　依正字通可作憑，按公憑也，謂給印紙以作信者。

一三・一三　褐　韻學集成：何葛切，編枲粗短衣尋毛布，賤者所服。

一三・一八　銅青　僧祇：青者，銅青，長養青，石青。銅青者，持銅器覆苦酒甕上，著器者是名銅青；長養青者，藍青；石青者，是空青；持是等作點淨。

一三・一八　雜泥　僧祇一八：「黑者，名字泥，不名字泥。名字泥者，呵梨勒、鞞醯勒、阿摩勒合鐵一器中，是名名字泥；不名字泥者，實泥，若池泥，井泥，如是一切泥。木蘭者，若訶梨勒、鞞醯勒、阿摩勒，如是比生鐵上磨持作點淨，是名木蘭。」

一三・一九　此翻律　四分律：罽賓佛陀耶舍，以姚秦弘始十二年翻；僧祇律，迦維那國佛陀跋陀羅，以晉義熙十四年，於揚都道場寺譯。

一三・二〇　微有香氣　本草綱目三七：「木蘭生零陵山谷及大山，皮似桂而香。」

一四・六　銅青謂青褐　六物圖：「一青色，僧祇謂銅青也；今時尼衆青褐，頗得相近。」

一四・六　舊銅色　應法記：「僧祇云青，謂銅青，色似銅也。」

一四・一一　木蘭乃是　應法記云乾陀樹；業疏云：「南海有之。」

一四・一八　五部衣色　三千威儀下二五：「薩和多部者，博通敏智，道利法化，應著絳袈裟。曇無德部者，奉執重戒，斷當法律，應著皂袈裟。迦葉維部者，精勤勇決，拯護衆生，應著木蘭袈裟。彌沙塞部者，禪思入微，究暢幽玄，應著青袈裟。摩訶僧祇部者，勤學衆經，敷經義理，應著黃袈裟。」

一四・二〇　以僧祇　通釋：僧祇律私記明優波掘多，時方生五部名，謂自根本部分出，曇摩掘多，彌沙塞，迦葉維，薩婆多四部，與本部合為五部也。全同今經，記依大集經，戒疏事鈔所據故。

一四・二〇　義鈔　上卷明毗尼大綱段中，有六門，初在世五名門中，引舍利弗問經。第五五部分張門中，引遺教法律，俱名五部衣色異也。

一六・六　業疏　一八・一四記云：「長中無妨，故不出之。但使周身披搭得便。」

一七・八　長同　湛堂：四分亦四肘故；廣加者，四分二肘而三尺六寸，今加九寸，故為四尺五寸，此拳肘（一尺八寸）而度；而此三品，直以三衣為三品。祇中三衣各三，則九品。濟覽：今案堂意與說戒篇不相違，上四分十誦，皆拳肘故；但獨僧祇為異，故記點之。

一七・一〇　準彼論肘　又次四肘半，注八尺一寸。通釋：常途論舒肘，則二尺也；故說戒篇：「五分籌極短並五指，極長拳一肘。」記釋：「舉一肘，謂尺八也。（舒肘則二尺故。）」今若以二尺舒肘量，此四肘半，則可成九尺；而今注止云八尺一寸，是正當一尺八寸量。準之，今僧祇中舒肘者，緩舉齊指中節為量，却齊說戒篇中五分拳肘；又今拳肘者，急握齊指初節為量，即當一尺六寸也；如是料簡不相違歟！或可今注且約常途拳肘量之。

一七・一二　婆論　三品九衣，謂大三衣，中三衣，下三衣也。

一七・二〇　五分肘量　一〇・九：「難陀短佛四指，不知云何作衣，以是白佛；佛言聽難陀衣短佛衣二指。復有諸比丘短小，不知云何作衣，以是白佛；佛言聽隨身長短作衣。」

一八・五　章服儀　彼續云：「故文曰四肘二肘，不為非法，與佛等量，便結正篇，即其證也。」

一八・七　驕奢　應法記：「驕奢，謂意好廣大，違法制也。」

一九・一二　準律　鈔批：「立謂律文中將亦字錯作不字，合云亦應畜。律云不應畜者，錯也。」準此，彼知御所覽律作不應畜也；現行和本，亦作不應畜，但記主御所覽本無不字耳。

一九・一六　智論　一・二：「持上妙寶衣，貿粗布僧伽梨。」

二〇・三　堤　音邸，壅也，滯也；亦與隄通，隄防也，岸也。

二〇・五　疇　應法記：「疇，亦田也；畦，即塍壃。禮記月令注疏：穀田為田，麻田曰疇。」通釋：豎條橫堤，並謂葉相，間既喻田疇故。

二〇・一七　乖慈梵　越威儀，則自違梵行；又令他生譏，則違慈行。

二一・七　不得細薄　業疏一八・一五：「若輕薄者，則心易動，非懷道相；厚重被形，大儀是具。」

二三・一三　律師云　以後為正故。

二三・一七　四分　四〇・一二；四一・一四；取意。五條得褔葉，彼作聽作不割截安陀羅衣。

二三・一八　揲葉　四一・一四云：「衣少，欲作帖葉衣，白佛；佛言聽作。」

二三・五　章服儀　應法記：「養子不及父，謂之不肖；今但通取不似善人耳。」

二四・一八　僧祇　彼云：「有比丘作衣，畫作葉；佛言不聽畫作葉。」有比丘對頭縫等如記所引，對頭者，謂條條合縫時，但如俗服兩端相合，不二頭相重作葉相也。頭者，非謂邊緣，謂每條兩端也。

二四・一九　縫衣葉　本文云：「有比丘作衣縫葉，與衣相著；佛言不聽。後衣宣脫，佛言應作馬齒。」又云：四分四〇・一二：「諸比丘著割截鬱多羅僧：僧伽梨、葉邊速破，塵垢入內，露濕，佛言自今已去，……聽葉作鳥足縫，若編葉邊，若作馬齒縫。」

二五・一六　毗柰耶　出第一〇・五；非是有部毗柰耶律，是即戒因緣經。

二五・一八　取紐　下，疏有也字。

二八・一八　古記相傳　指釋氏要覽，彼上云：「三衣葉上不刺合處，謂之明孔。」六物圖云：「律中天曉，謂之明相。」

二九・一九　彼律受戒　彼律二一：明比丘受戒法中，有受衣文。又四八明尼受戒中，亦有受衣文，二處詞句大同。十誦卷二一・二八云：欲受具足人，初來應教次第，頭頭一一執足禮僧，禮僧已，教受衣，應問此衣是汝有否？答言是我衣，應教汝效我語：「我某甲，比衣僧伽梨，若干條受，若割截若未割截衣持。」湛堂云：第二第三亦爾，餘衣受法具出。

二九・一九　我某甲　簡正云：「在受前故，無比丘之稱。」（資行）

三〇・一〇　黲色　六物圖：「今時禪衆，深黲並深蒼褐，皆同黑色。」說文：「黲，淺青，黑色也。」

三〇・一六　五杉集　應法師撰；釋氏要覽，宋道誠述；輔教編，宋契嵩禪師述，或曰嵩明教撰。契嵩字仲靈，自號潛子，藤州鐔津人，宋熙寧五年六月四日寂，文集有十七卷，（今案十九卷，揚州版，四冊。）題鐔津文集，首三卷是曰轉五杉，師存時，宋仁宗覽其書，賜明教之號，故世呼明教大師矣。要覽下云：「釋氏之衷服，讀涅槃經並諸律，並無其制。……釋氏喪儀云：若受業和尚，同於父母，訓育恩深，例皆三年服；若依止師，資餐法訓，次於和尚，隨喪服。五杉云：師服者，皆同法服，但用布稍粗，純染黃褐。」

三一・一一　經音義　一七：「正言僧腳差，僧，此云淹覆；腳差，此云液；名淹腋衣。律文作僧伽支，或作祇支，或作竭支，皆訛。」

三一・一五　業疏　記云：「覆肩猶存方相，故薄所承；祇支已作褊衫，故漸訛替。」

三一・一五　祇支全改　僧史略云：「後魏官人，見僧自恣，偏袒右肩，乃一施肩衣，號曰偏衫，全其兩肩；衿袖失祇支之體，自魏始也。」準此，但祇支一種，變作偏衫也；故當時於褊衫上，猶加覆肩，號為橫披，亦此意也。問：若爾，今記等釋，如何會之乎？答：右袖雖是別物，既覆右肩，自是當覆肩衣，不欲更著，斥其重服耳。

三一・一九　長佛四揲手　問：下聽門中云：「僧祇支覆肩衣，長四肘，廣二肘。」又注羯磨下云：「若準僧祇支，廣四肘，長二肘。」相違如何？答：僧祇本文，正約搩手，然餘約肘者，或準例十誦改之歟！然十誦云長四肘，廣二肘半，今半肘不足者，未詳其意；四分不出肘量。

三二·二〇 尼五衣　僧祇兩出不同，初卷三十受戒法中云：「此是僧伽梨，此是鬱多羅僧，此是安陀會，此是覆肩衣，此是雨衣；此是我五衣，盡形壽不離宿。」次三八離衣戒云：「若比丘尼所受者僧伽梨，鬱多羅僧，安陀會，僧祇支，雨衣，不隨，波逸提。」資行：「準首師意，僧祇五衣中，祇支覆肩合為一數，更加雨衣共為五也。故祇支覆肩兩處互出，顯是一數。」若依飾宗記等，唯是梵漢異耳。即彼云：「祇支外別立覆肩衣者誤也。正梵云僧腳欹衣。（古梵語僧祇支，可翻覆肩衣。）」又寄歸傳大同，彼云：「準檢梵本，無覆肩衣名，即是僧腳崎衣，此乃祇支之本號。」彼以三衣、祇支、裙，為尼五衣；今家以祇支覆肩為二物，乃依本宗也。四分二七尼受法中，教授師云：「妹！此是安陀會，此是鬱多羅僧，此是僧伽梨，此是僧祇支，此是覆肩衣，此是鉢；此衣鉢是汝有不？」

三三·二 準今宗　畜二衣緣起，本律三〇·二三云：「尼單提中云：爾時六羣尼不著僧祇支入村，露胸腋乳腰帶，諸居士見譏云：不知慚愧，如賊女等，因制。大尼提，比丘及下三衆吉。」準之，離宿及不着入聚俱提，不畜可吉。

三四·四 廣邊　簡正：「廣邊，即上下竪也，量既少，故八指即失受；長邊，謂橫兩頭也，量既多，是以一搩手外，方可失受。」

三四·五 餘處　會正云：「餘處即中間。」

三五·一 不受轉淨　科文。不受者，點不受過日，無離衣罪也。轉淨者，科若本淨，乃至前衣說淨也，謂兩重展轉說淨故。

三五·二 不同善見　搜玄：「三衣雖不加法，離宿得提；多論不爾，故云不同也。」

三五·一九 袈裟背處　善見問云：「袈裟背處欲破，轉中著兩邊，云何轉而不失？答曰：先取兩邊合刺連相著，而後以刀破背處開，然後刺緣，不失受持。」

三六·一一 四分　律五二·九：「時比丘衣壞，佛言應補治。不知云何補，佛言：若以線縫，若並線縫有孔處以物補，彼孔大以小物補。佛言：不應爾，應及孔大小廣二指補治。若補衣時患縮，以石鎮四角補；若故縮，四角竪杙張之。若故縮，應作桄張之。」準鈔文有寫倒，合作應及孔大小廣二指。

三六·一四 此言通漫　鈔批：「謂多論但緣不斷不失受，此文太寬漫也；今須依見論穿如指甲失受，若未穿而緣斷者，亦依多論失受，故云兩用無損。」

三七·一 十誦　六三·六：「諸納衣比丘著不淨汙衣，諸天神金剛神不喜，亦失威德。」

三七·八 儭　與襯音通，故借。

三九·七 內衣　即涅槃僧也。

四〇·一二 中含　八云：「四褺憂多羅僧，敷著牀上，襞僧伽梨作枕。」往往而有。

四一·二〇 決正　鈔批：「決正二部律論者，此論解僧尼二部律故。」

四二·五 三師　和尚、羯磨、教授。

四五·一五 不由　謂村來衣界不減，村去衣界不增；但緣礙去來而已，衣界未曾展縮，村但是緣礙，非闕戒體。

四五·一八 初師　疏除也下，續云：「如律文中無事有法，非法不成；無村加有，義同此也。」

四五·一九 雷同　濟緣云：「雷同普徧，故云雷同；言其不簡，語出曲禮。」

四六·三 下句別指　下句者，有立無村結法句也，通釋：「若指第二師文似契當，謂第二師解意云：若有村現除懸不結，一向無法；若無村現結懸除，唯無村結法成就，故云無村結法。今師不爾，有無俱結法成就，若依初師，文似違遠。」問云：何記云初解乎？答：鈔云：「無村結法者，約羯磨詞句，謂無村則唱結不失衣界，除除村等句，故云無村結法。」

四七·一 村後入　準記注文意云：後村入住，不得置衣緣難故，村住竟還出，不須更結，最先結法故存故。

會本卷三十一 鈔下一之二　二衣總別篇之餘

一·九 恐身不淨　按四分、十誦等過量坐具戒，諸比丘夢中失不淨，汙僧臥具，佛見已，聽以坐具敷臥具上。

一·一〇 榻　彙云：「音塔，牀狹而長者。」

一·一一 戒疏　無主房戒云：磔謂張磔，可從石也。今有從手、從足俗字耳。

一·一六 諸部論撩　謂僧祇及了論，佛一撩手二尺四寸；多論凡人一撩半等。今依五分二尺也。無主房鈔云：「分量不定者，由翻經有南北二國，三藏生處不同。」

一·一七 七分彊　簡正：「寶云：且周姬一尺二寸，為唐一尺；更將周七寸二分，為唐六寸；又將周七分二釐，為唐六分；更有周八釐在，總計唐家一尺六寸六分，更有周八釐，即唐家七分弱，合是弱字，鈔作彊字者，寫錯耳。亦不可作強解。」

一·一八 此通陰陽　謂從陰陽開闢已來，輪王古法也，隨相篇云：「通古共遵，百王不易，此即閻浮通用，豈止姬周古法。」

一·一九 有五六種　南吳、姬周、唐山東潞州羅柯尺也，如隨相篇記。

二·六 伽論　彼云：「不得用小片物作尼師壇。」

二·九 鼻柰耶　彼云：一若比丘新作坐具，取故者緣緣四邊，以亂其色，若不取故緣緣四邊者，捨墮。」若準此文，用別布段，安於四邊也。

二·一四 氈　行宗一一·六三：「氈是獸毛，亦即生分；然是剪剃，非害命故。」

二·一六 四分　卷八云：「縱橫一撩手貼著新者上，壞色故。」

二·一八 註意　鈔批：「立謂釋上文也，謂本合二重作，故言二重為本；今既單作，又闊大故，揲令兩重，則無犯也。」

三·一〇 七百結集　四分律初三十卷，僧尼戒本；次二十三卷，二十犍度；次一卷（第五四）五百七百結集；後六卷，調部毗尼，及毗尼增一；共六十卷。五百、七百二結集，具明緣起及結集相。十誦問諸犍度法中，略點五百、七百二結集時代，而緣起等事，都不明之。

三·一〇 益縷　十誦一八云：「若比丘，欲作尼師壇，當應量作，是中量者，長佛二撩手，廣一撩手半，及縷邊益一撩手，過是作者，波逸提。」

四·八 聽可　濟緣云：「聽可，即欲之異名耳。」

四·九 儉開八事　此記主加釋也，律文不出焉；儉開八事，如四藥篇中。

五·四 緣謂邊際　此注古來為難解文，愚按此段別釋鈔裁斷施緣一句，恐人或謂此明增量，故注文緣謂邊際者，明是本制之中邊緣，非謂四圍揲者，簡非增量。作時不須截揲者，謂縱依增量，初作時不須預截揲，先但依本量，一切成已；若坐時膝在地上者，其時方依增法四圍裨之也。

五·五 依上　似牒釋準本文，依下脫上字乎！依六物所引文，又無依字也。

五·一五 小尺　資行云周尺也。

五·一五 僧臥具　僧字恐寫誤歟，宜作增；又八尺四寸之四字，轉寫誤歟，須作三，記云：「廣不增故。」（有云僧臥具者，被褥非謂坐具。）

七·七 物雖輕小　準記文物類雖微之言，物者似指蟲命；然準次句，文不連貫，今按初句指漉袋也，下文云不加受者，輕小物故。次句述制畜意，記文所謂行慈之具，濟物之緣，大行由是而生等，故云所為極大。

七·二〇 氀　中含十五音釋：「氀，毛布也。」

八·一一 捲　可作棬，音圈，屈木盂。又居媛切，拘牛鼻也。或可作圈，巨卷切，權上聲，養畜之間，漢有虎圈，今借音耳。

八·一七 涅槃　北本八：「如持戒比丘，觀無蟲水而見蟲相，即作此念，此中動者，為是蟲耶？是塵土耶？久視不已。」

八·一九 性戒無懺　懺篇二九·三六：「大論云：戒律雖微細，懺則清淨；犯十善戒，雖懺，三惡道罪不除。如比丘殺畜，罪報猶在。」記云：「提罪雖滅，業道猶存。」

一〇·三 百一　聽受亦須加法，若但憶識，不加亦許，故云二俱通聽也。

一〇·六 百一之外　搜玄八云：「百一之外皆是長物者，謂對百一得此長名，非謂百一之人，更開說淨也。」

一〇·七 似寶　似寶說淨辯：薩婆多論五云：「若似寶器，入百一物數，不須作淨；若不入百一物數，一切器與非器，皆應說淨。百一物各得畜，一百一之外皆是長物也。」依準此文，似對同法而作淨法。然二衣篇注云：「謂施俗人。」又曰：「二寶俗施主亦須十日內更請。」記云：「二寶者，即真似也。」依此高判，對俗作淨，居然不疑，定有深意，可但仰信耳！若不淨施，有畜寶罪。多論云：「畜，得突吉羅。」又云：「若似寶除百一物數，一切應捨與同心淨人，作突吉羅懺。」明文粲然，何默止焉！說淨詞句，應準真寶，並不應物對俗人故，況鈔文云如前（即錢寶）說淨乎！末學豈可擬議哉！於時享保二年，皇紀丁酉春孟正月十四日陵餘寒筆，寶田通玄撰。湛堂引。

一〇·一三 五分　卷二〇。

一〇·一四 廚　五分本文作㡡，同音釋云：㡡，幔也。

一〇·一四 障壁　會正云：「北地多有蝨，以物障之。」

一〇·二〇 腨　音善，腓腸即足肚，靈樞經：「上踝五寸，別入腨陽。」

一一·二 波利迦羅　業疏四上：簡正：「波利迦羅，即百一通名，此云助身衣也。」

一一·一四 富羅　亦靴之類，資持；又濟緣云：「即是皮履。」名義云：「富羅，正言復羅，譯云短靿靴。」

一二·一五 僧祇　疑是十誦文乎？彼四八·三有祇支覆肩受持文，況肘量相應乎！衹律不以覆肩為五衣，而加水浴衣；且衹律三八·三出衹支量云：長四修伽陀磔手，廣二修伽陀磔手。又卷三〇尼受法中，除衹支加覆肩水浴以為五云。若準此文，彼律二物合為一物；若爾，今文非衹律明矣。

一二·一七 後魏　搜玄云：「立謂光統律師裁縫而作，出疏十紙，解造衣方法，不依衹肘量，但依分上裌下廣而作，然亦得受持；受持時牒名，但言如法作，不得牒肘量大小也。」

一三·九 應作帶著　鈔批：「此謂著涅槃僧帶也，若新作，應廣三指，今是得已成者，小故可三四條合作也。」

一三·一三 十誦五分　湛堂：「搜玄：十誦、五分云：謂比丘上高處作，諸女人在下，見其形體笑，佛言聽作時取衣從後歧間過襵著前兩腳中間，謂之歧也。」東野：五分文云：「有諸比丘著僧祇支，風吹落地，以此白佛；佛言應著帶。有諸比丘在高上作帶，諸女人在下見其形體笑弄，諸比丘羞恥，以是白佛；佛言聽作時，取衣從後歧間過襵著前。」準此文似明衹支著法如何。濟覽：今云次下著下衣法已下，是短裙法也。上文相因引耳，或可下云下衣故，相從明也。

一四·一五 古云　會正。

一五·二 襜　彙云：蚩古切，衣之蔽前者。郭璞曰：今蔽膝也。

一五・四　偏袖　應法記：「偏袒偏袖衣，亦似裿支，但製度有異。」

一五・六　褶袴　律音義云：「褶，音習，裌衣也。袴，苦故切，脛衣也。」

一五・六　行縢　四分第四。音釋云：「縢，徒登切，行縢，腳纏也。」

一六・五　不得襯身　彼云：「諸比丘慚愧，不敢襯身著；佛言：為僧作時，聽自恣著。」今文異之，不知何意也。

一六・一九　四分給住房　藥揵度四二・一〇：時有居士作新房舍，無道人住，念言云何供養衆僧，令諸比丘在此房住，白佛；佛言聽在房中作粥，若復不住，復聽作種種餅果飯食與房錢，若故不住，聽與繩牀坐褥臥褥，乃至丸香房衣，若故不住，沙門一切所須者應與。今記舊住待客漫指也。

一七・四　五分　二一・四：「復有五戒優婆塞被剝，來至諸比丘所借衣，諸比丘不敢借，語言佛未聽，以是白佛；佛言聽借，若還聽取，若不還則與。」

一七・八　四分　三九。得上色下，四〇。得畜蚊廚下，同。不得畜皮帽，三九。若患瘡已下，四一。廚，律作幬，同音釋曰：「幬，直由切，帳也。」

一七・一〇　中含　五九：「波斯匿王曰：此鞞訶提衣，長十六肘，廣八肘，今為法故，布施阿難。……阿難受已，往詣佛所，白佛言：此鞞訶提衣，今日拘薩羅王波斯匿為法布施我，願世尊以兩足著此衣上，令王得福，於是世尊以兩足著鞞訶提衣上。」

一八・七　中梵　局五天已內（濟緣三之上）。

一八・八　文略餘方　律續云：「南方有塔名靖善，塔外便聽；西方有國山名一師梨仙人種，山方外便聽；北方有國名住，方外便聽。」

一八・一〇　蕃　與藩同，附庸諸國，為中國藩籬故也。

一八・一二　律云　三九。張生皮，彼有跋難陀從牧牛人乞生皮之緣。

一八・一七　戶樞　鈔批：「戶樞不轉，用皮裹戶樞頭，令易轉也。」

一八・一八　襌帶　補注一三・二二。

一八・一八　帳軒　律：「六羣作帳，俗譏言如王大臣，佛言不應作帳。時比丘在露處大小便形露，佛言聽以草，若樹葉枝，伊梨延陀毷羅毷毷羅氍氀作覆障。時六羣作軒，白衣譏言如王大臣，佛言不應作。時比丘道行患熱，佛言聽以草若葉，十種衣中一一衣作覆障。」彙：軒，車廂也。小補：檐宇之末曰軒。

一九・二　山海經　有八卷，夏禹所作。

一九・一一　毗尼母　卷四・一二；又卷八，取意。又十誦卷四三。

一九・一二　比丘作靴　靴俗鞾字，然則與下不異，故記牒鞾法言而作靴，是知。鈔云「如鞾法不得者」，謂許比丘作鞾，而與俗中鞾法可異也。記文意可審詳之。

一九・一五　亦靴　善見一七：「富羅跋羅革屣者，以木綿及諸雜物與皮合縫，使中央起。」續多論音義云：「此云短靿靴。」

一九・一九　著七步　多論八云：「若得新靴，應令白衣著行五六七步，即是淨。」十誦二五：下至三步。

二〇・八　芒　李時珍云：「芒，皆叢生，葉皆如茅，傷人如鋒刃。」

二〇・一五　毒蟲螫　彼云：「時有比丘暮求水，彼住處去水遠，脫革屣取水，為毒蟲螫，佛因聽不脫。」

二〇・一五　及偏袒　又云：「諸比丘在白衣舍，於和尚等前，有所取與，偏露右肩，脫革屣，時形露，佛言在白衣舍，聽不露右肩，不脫革屣。」

二〇・二〇　施主　常途言施主者，召能施者；今則指所施淨主，謂受淨施之主也。

二三・一四　為非　資行：非字寫誤，論作「作」字。

二三・一三　展轉　資行：「法礪律師云：彼此傳施，迭為物主，故謂展轉；作法付彼不虛，故曰真實；並是絕貪惠他，名為淨施。斯之二種，皆是作法，不真屬彼。若爾，何名真實？答：一往直付，物在彼邊，問方得用，故云真實；謂對展轉物不展物故稱爾也。」

二三・二〇　非時類　鈔批云：「或未具戒，或考少懸殊故。」

二四・三　新舊不同　資行云：「上座下座也，夏臘不同，不便對說。」

二四・一二　瞎　據鈔妄戒引十誦者，若云兩眼人云：汝一眼，得妄及疑惱二墮；若語一眼人云：汝是瞎眼人，稱實故但得疑惱一提。準之，瞎是一眼人耳。然依字書字彙曰：「瞎，目盲也。」又五音海篇：目合也。依此與上盲無異也，但上約生盲，此由病失明耳。一切經音義一五・一一云：「今作瞎，同呼瞎切，字書一目合也。」

二四・一九　涅槃　六云：「若諸弟子，無有檀越供給所須，時世饑饉，飲食難得，為欲建立護持正法，我聽弟子受畜奴婢、金、銀、車乘、田宅、穀米、貿易所須，雖聽受畜如是等物，要當淨施篤信檀越。」濟緣：「金收七寶，粟總五穀。」又云：「涅槃護法為存僧寶，佛法在世故。」

二五・八　似當時　資行：「鈔批：五分中不須先請，至對人說時，隨指說一人即得，故言似當等。隨二部用者，會正曰即多論五分也。」

二五・九　德望高遠　謂其德高邁，令人可遙瞻望，而不可親炙也。

二五・二〇　真實淨者　請真實主法，作持羯磨，並今文不出作淨人名；注羯磨請展轉主文子注云：「其真實淨主等，並準請之。」則牒其名而可乎，故大悲：作持要文中，牒入其名。

二六・七　同長衣　通釋：考文未得，得卷四・九云：「若比丘得穀米等，即日應作淨；若無白衣，四衆邊作淨；若不作淨，至地了時，穀應捨，作突吉羅懺。沙彌若得錢寶，亦即時說淨；若不即說，錢寶應捨，作突吉羅懺。若得應量不應量衣，亦至十日，過十日長物捨，作突吉羅懺。一切穀米等，亦不得過一宿，同比丘法。」

二六・一七　捨故受新　資行：「簡正云：捨故受新者，謂將施他名捨故；却從彼取如初得，又名受新。」

二七・五　下引本律　若依注羯及鈔批、簡正、搜玄等，並見上五分文，獨今記異之；通釋云：文正出僧祇九下之四全文。

二七・六　疏云　業疏一九・一五，記云：「此謂不說淨人，為免畜長；兩衣輪受，不須說淨。若畜長人，加受說淨；自可準前。」

二七・一一　為淨　注羯磨為淨上有「今」字。

二八・二　疏云　濟緣：「次科，初釋展轉；此捨彼受，經涉三人；遂成三轉。俱下，示教意。」

二八・五　五十祇　五，卷九。十，卷一六。祇，卷一九。

二八・五　對面　搜玄：「對面謂前展轉，及此真實，皆對於人，並名對面。」

二八・一〇　若云　通釋：若具云之，應云：「此是我衣，為淨故，我今施汝，隨長老用。」應答云：「我受。」

二八・一七　我受　四分詞句中不出答言，可準善見也。

二八・二〇　受不成　問：應云與不成，何云受不成耶？答：此略牒受此衣等不成之文也。次記如牒當欲等不成是也。

二九・二　無此答　展轉淨中，亦有我今受之文；然云我與某甲，却復施他，不自受故也。

二九・七　謂展轉　此謂前展轉淨別請一人，今此漫標，隨得不定，故須一一記此財物與某甲，亦此財物與某甲等，準下（三一頁）注：「縱依漫標，常定一人。」

三〇・三　貿易　貿易受持者，隨戒記釋云：以先淨法不成，故前鈔次云：若彼取已與比丘淨衣鉢，應取持之。記云：此約解意，即取迴淨，不須轉易。

三〇・七　在世　會正：「在世，命未終也；在道，非捨戒還家三〇·八　若入異國　或云倭國者入唐國失，或云泉州者入河州失，或云十日不可聞知之異國便失，若可聞知分齊，雖異邦不失。三義中初太緩，次太急，後義可然。古來定失法分齊，約十日往還處，此有二義：一云十日往十日還，一云五日往五日還，是名十日往還云云。後義為正。通釋：須觀淨主名行勝劣，若德高尚十日已內可聞存亡，雖遠不失；其無名者，鄰室尚失，豈局十日往還可定，次科寺內失法可見矣。濟覽：準記須在本國之釋，第二義得之而太急，故以第二為正也。

三〇·一一　國境廣遠　意云文約異國判失，準此本國不失；然國境廣遠，雖本國內，應亦不失，但約州郡耳。

三〇·一四　不知　謂不知其死亡也。行業不應者，所以不知者，其名行不高故，此人不堪淨主，故曰不應。

三〇·一七　僧祇　鈔批：「按祇云：優婆離問佛，比丘長衣何等人邊作淨？佛言：當於五衆邊作淨。又問，相離遠近得從作淨？佛言：齊三由旬知其存亡。婆離又問：長衣沙彌邊作淨，是沙彌受具足當云何？佛言：稱無歲比丘名作淨。又問：無歲比丘若死者云何？佛言得停十日，於餘知識邊作淨。」通釋云：先請沙彌，後既受具，便成比丘；若作人作淨，問汝施與誰？答云施與無歲比丘某甲等。問：沙彌受具重可誦之耶？答：談云：彼僧祇意，不必爾也。問：彼部意如無歲二歲等可稱其年歲耶？答：談云：初故稱之，後則不爾也。

三一·六　此謂可分別者　鈔批：「謂此忘物決知未說，故得開十日也；此對前文明之，前文捨已更說者，則是有說不說相混亂也。」

三一·一一　以非異來　會正：「注非異者，言還物來時，體不別故，合在上不須說淨下注之。」

三一·一六　若先以　問：先正色，後以不正染之，成色和合可知；先不正，後以正染之，則色相光顯也，豈成色和？答：以正雖染，本色不正。故尚不正攝也，故成色和。

三一·一九　初二句　通釋：初二句者，資行云非指今鈔，指彼本論；愚按不爾，直指今鈔耳。五下七字為一句、雖下五字為一句也。色衣和合者，非謂色及衣兩和合。但約已染衣名色衣也，簡次染色和合也。資行：「於初色衣和合中，依母論有聽不二段，今記所引兩節是也。按於上色有二：非好上色聽畜，初段是也；至好上色不聽，次段是也。次段記注上文者，初段得上色納縫著衣上之文是也。」私云：或可上段文云上色納約可是衲衣破段故開畜之，次段不云段可是上色裁段，故不開之。

三三·一　上色錦色　本文作上色錦上色白也。問：注羯磨引母論云：「若色非法縫著如法者，是名色和合淨，更不須別淨。」（前卷記亦引之）今鈔何云不成耶？答：檢論今記所引二段論文，初段上色與非色和合故開畜，次段錦與白唯上色自和，故不聽畜。故論次文舉喻云：「猶如酒若和藥得飲，不和不得飲；上色與下色和得畜，不合不得畜。」以此文照上鈔文五正色並錦色和合者，但上色有類和合，與非正色不和也，故云不成耳。但記主意謂縱雖縫非正色上錦白不成，故會上文云，應非好色。

三三·二〇　衣有　準似衣少者，未必棄之。

三四·一　離處　簡正：「神廟中衣離處者；若未離處，猶屬非人為主故。」

三四·一　塚間衣　簡正：「或裹死人，或隨送死屍而棄彼也。」

三四·一　求願衣　簡正：「求願衣者，或往鬼神處，水邊樹下路側等，求願了即棄也。」問：與神廟中衣何異？答：神廟中衣供神，此求願後人棄捨故，即鈔批：「立謂將衣往鬼神處求願，即棄樹上者得取，以人捨棄故，亦不屬非人。」

三四·四　唯除皮繩　搜玄：「除皮繩髮繩者，一為招譏，二為多出細蟲，故不許也。」

三四·六　本無共要　搜玄：「本無共要者，準律衣法中乃有兩句，謂共要及遙占也。要中自有兩句：初一句，不要先取物者得也；次句共要比丘，雖先取得物令共所要者分。今鈔文當初句。不得遙占者，律亦有兩句，時比丘往塚間取糞掃衣，遙見其糞掃衣比丘，即言此是我衣，第二比丘即走往取衣，二人共諍，各言我衣，白佛；佛言糞掃衣無主，先取者得（鈔文初句）。次有一句，同俱遙占已，即二比丘俱往取共諍，白佛；佛言此衣無主，隨多少分也。鈔言先至者得；此舉遙占中初句也。」

三四·一二　古云此方　古者指會正，彼云：「欠第九王職衣。」如此方之官賜紫脫荷茜二服之類，彼國則不用。

三四·一八　如隨相　會正：「如隨相者，即盜戒中云：盜非人物得蘭，有護主者犯重。」

三五·四　無主衣　簡正：「或隨所在懸樹，或樹下水傍，無守護主，名無主衣。」

三五·四　土衣　鈔批：「謂巷陌者，立謂為土所汙，故名土衣也。謂末利夫人以信敬三寶故，在高樓上見諸比丘在巷中拾糞掃衣，即使人將新衣往施；大迦葉常著糞衣而不受之，以少欲故；夫人便將新物一尺三尺五尺割破令人棄泥土中糞掃中，擬諸比丘方便拾得，將作衣也。」

三五·一二　檀越　簡正：「寶云：具足梵語陁那鉢夜，或云檀那，亦云檀越，訛略此為施主。」

三六·一〇　破為二部　會正：「二部者，約一界中有邪正二部，同界安居，破為二大分，使各分也，以四分有邪正二分。」鈔批：「此約邪正以弁，謂施主普以施僧，安居人即分為二分，一分與調達部，隨彼自分。」律云：「爾時住處破僧為二部，有檀越請此二部僧，一處飯並布施衣布施縷；諸比丘不知誰當得衣，誰應得縷，白佛；佛言應問檀越衣與誰，縷與誰，若言與某甲某甲上座，應隨彼語所在處上座與，若言不知，若言俱與，應分為二分。爾時衆僧得夏安居衣，僧破為二部，白佛；佛言應數人多少分。若未得安居衣，僧破為二部，白佛；佛言應數人分。若得夏衣，若不得夏衣，僧破為二部，應數人分。時有比丘，得夏衣往餘部，佛言應與；若未得夏衣，若已得夏衣，往餘部，佛言應與。爾時有一居士，集比丘住處諸處僧，供養飲食，以衣布施，諸比丘不知如何，白佛；佛言有八種施衣，若與比丘僧，若與比丘尼僧，若與同羯磨僧，若稱名字與，若與一人。佛言：若與比丘僧，比丘僧應分；若與乃至一人，應與一人。」以上文見未可必曰邪正二部，唯由見異分彼此二部者乎！

三六·一一　又云以三衣　鈔批謂：「四分律中，毗蘭若婆羅門請佛及五百比丘夏安居，擬供養，後為魔入其心忘却，佛一夏唯食馬麥；既安居竟，佛令阿難報婆羅門云佛夏竟，今欲遊行。婆羅門即悟，來至佛所，求哀懺悔，即設供養，佛為說法，便施佛三衣，餘比丘各得兩端氎，比丘不敢受，佛言聽取，此為夏安居故施，今引此文，明知是時中現前施，不須作法也。」問：此文意明直爾三衣施佛等事，以證前法定，何今記云證人定耶？答：有云此佛及五百比丘，皆同界安居而受此施，不及異界，故成人定證也。

三六·一二　佛言食隨　鈔批：「立曰此明施主，亦是請僧安居，以給僧食，僧既夏竟，有餘長食，比丘欲分，施主不許；佛言隨施主意，不應分。今引此證安居物皆由施主意，故不須作羯磨也。」準今記意對衣為顯不同，即引之也。問：何故施主不許分耶？答：此夏中飲食，施主為夏衣不為分施故也。

三六·一三　證人定　資行：「有云此佛五百比丘皆同界安居而施

之，不及異界，故可證人定也。異鈔批也。」

三六・一七 須僧羯磨　律中時僧得施，而無羯磨；又注羯磨集法篇無之，祖師義準耳。是以簡正云：「須僧羯磨者，大德云破古師也。古云：但同時現前直爾而分，不須作法，所以爾者，謂律衣法中，無羯磨文。……今師必須羯磨。」

三七・一 律云　四一。成分下，接云：「亦應囑授後人，受夏衣分。」

三七・三 若時中　簡正：「律曰：『七月十六日有人施物，舊住人見客來有慳嫉心不肯分之，留至八月十六日待客去後作非時現前分，遂罰彼貪心，却作非時僧得，普召十方共分此物。』準此，即時中不作法分，便非時令作羯磨，反顯時中若分，亦合有法。」

三七・六 古謂　準鈔批是法礪律師。

三七・六 如疏斥之　卷二一・二七：「有人言：時僧得者，直爾攝取，以四定故。留至非時，方作法分。」乃至「今解須法，若不作者，何名為僧，何名限約。界外來至，何得不給；若許不與，此即現前，非僧得矣。故文云：彼得夏衣，應心念口言等，即是如法也。又十、五二律云：安居時僧得施者，應受持，若淨施人；不爾者，後來比丘應共分，故知須也。」

三七・一一 此施必在　意云此施在時中，則時僧得施；轉入非時，則同非時僧得施。然非時僧得，自他共許，必須羯磨。反知在時中僧得，亦須羯磨矣。

三七・一三 能作淨　會正：「能作淨，則能為衆僧授食折花等，令僧不犯，故曰得意與。」

三七・一七 據此　問：若云住日等故二處而受現前施，云何一人現前二處受之乎？答：二處受者，非一時，前後受之也。

三八・六 十誦　從二七至二八衣法中，明四種施，段段有此等語；又出五一。

三八・六 亡人衣　湛堂：檀越自分中何出亡人衣哉！濟覽：今謂非亡比丘衣乎！

三八・九 僧祇　卷二九云：「爾時優波離知時而問世尊，沙彌云何與安居衣分？佛言若得比丘意應與若半若三分之一。得比丘意者，持戒能作淨事。波離復白佛言：如何與沙彌非時衣分？佛言等與。若沙彌得多衣畏作非法者，若與半，若與三分之一。若彼和上阿闍梨言等與是沙彌，其他應隨師語。與淨人衣分，亦如是。」

三八・一〇 準此諸部　問：上三律皆明僧得現前等與，準何文耶？答：正明二種僧得，由僧和合對彼僧得，以義判二種現前等與也。謂現前施檀越隨人數與物，如上律十人為十分，百人為百分等，今雖僧自分，亦準等與也。又諸部僧得中云與三分之一，現前中未曾分別故。

三八・一〇 二種僧得　鈔批：「立謂上二種現前隨施主意，令一種僧得，由當時僧和合量處等與、半與，皆得以施主將物望僧而施，故由僧也。」

三八・一〇 四分　四一：「若守僧伽藍人四分與一，若不與不應分。」

三八・一四 後引二律　謂引五分、僧祇與沙彌文，會同十誦與沙彌文也。

三九・四 改緣　分亡物緣句云：「比丘某甲命過，所有若衣若非衣，現前僧應分。」

三九・五 可分衣　即目輕物。

三九・六 二部　僧、尼也，業疏四下。

三九・一三 佛言　比丘百人，尼一人，可為二分也；業疏云：「所以不計人數，約部為二者，由僧尼位別，本主標通，望僧行施，故約部故。」

三九・一九 五百問云　出問受施事品。簡正：「謂雖未散已作法攝入現前，若有客後到，不合得分，今若欲與，應須打犍，和僧乞與，若不和僧，便成盜現前僧物故。」問：今文何故科當部互耶？答：今一科有二段：俱本

一．六

施僧，後與別人，故云互也；謂初段本施僧，作羯磨 一．七
已，成現前物了，而未分與，此時比丘方來，衆僧尚
在座，其中少分退散，故作相更集人，和現前物，以 二．一三
與別人也。後段本施僧，彼僧去往他處，後別人來， 二．一八
施主即以已許已捨僧物與別人，俗施故非重盜，犯捨
墮也。餘嚫物者，會正記設兩釋：「一衆僧餘留彼分
義，一彼人遺留義也。即彼云：本道人即比丘也，謂
僧中留彼分，或彼遺留於此。後人欲取者，當審問前
人來否等。」咒願取等，簡正：「玄云：謂此人在僧 二．二〇
中同受衣施，未及分物，便即遠行，今留彼分，彼既
已遠，永不還來，即於此物，已作捨心，今將此分，
通與後人，願其在道安穩，故云咒願。或可咒願本施
主，如律云：若為利故施，此利必當得一偈也。或來 三．三
不得取犯墮者，是迴僧物故。死犯棄者，準約重物，
望常住結。」鈔批：「彼論問白衣有餘嚫物，本道人
去與後人，本道人當得不，若言永不來咒願取，若言
或來不得取，若活取犯捨，知死犯棄，是僧物故。」 三．五
問：亡人物未羯磨以前，正是十方現前物，故望十方
無滿五之義，何犯重乎？答：鈔批、簡正等釋，約重
物云犯棄也，重物屬常住故。問：若約重物何今記云 三．一〇
亦合僧分乎？既云僧分，輕物必矣。答：一義云今記
意，猶云僧所屬之分也，即不局輕物也；一義云今記
約可分輕物，是依羯磨已後釋耳。濟覽：今謂二義 三．一一
中，前義可也。本文云：知死取犯棄，故是未羯磨以
前明也；而今案是經家異於律者乎！例如不受食，引
用楊枝，若灰漱口不者墮之文，記云：「不漱墮者，
準律應吉；咽物方墮。」今亦爾乎！

會本卷三十二鈔下一之三　二衣總別篇之餘

立法以濟器　謂上士雖厭於利，而須預分亡物之羯磨，意在濟法利下根器。

受法　謂下士雖重於利，不可自放，應受法以隨其所懷。

僧法所攝　「法」，恐音同字誤，準尼鈔作僧寶。

牧牛人　簡正引祇明緣起略曰：「陳如在曠野，牧牛羊家，夫婦敬信，常供乳酪，一日陳如自厭身，便持衣鉢到林樹下，右脇著地而入涅槃。其牧牛人遂聚薪草闍維供養收於衣鉢，送上於王，評此衣價直五錢，依法斷還沙門。」

國王刹利　準十誦：「王波斯匿言是人無兒子，物應屬我；諸刹利輩言是比丘與我同姓刹利種，是衣物應屬我等；又有諸親族言跋難陀是我如是親，此物應屬我。」

阿若多　住法記：「阿若多是名，此云解本際，或翻無知（合云知無），解與知並能證智，本際與無皆所證理。憍陳如是姓，此云火器；其先事火，從此命族，據合先姓而後名，或是彼方所尚耳。」

歡喜　文句：牧牛難陀，此翻善歡喜。有師言是律中跋難陀也。記云：言歡喜者，從初慕道為名，歡喜中勝，故名善也。

界內水漂死　鈔批：「案五分二一曰：時有比丘水所漂殺，衣鉢掛著界內樹枝，諸比丘見，謂入僧界內，應屬僧，不敢取，以是事白佛；佛言聽作糞掃衣想取。」

二入當時　鈔批：「按十誦曰：佛語諸比丘言：有住處一守戒比丘，一被擯比丘共住，若守戒比丘死，衣物屬被擯比丘；若被擯比丘死，衣物屬守戒比丘。若被擯比丘來，不應與。如是一守戒二被擯共住亦爾。一守戒三被擯亦同上。二守戒一被擯，二被擯乃至四被擯亦爾。三守戒一被擯，乃至四被擯亦爾。次將被擯作頭亦爾。」問：如一被擯四守戒共住，其一被擯死，自餘四人清淨僧，宜作法分殊，亡物十方現前，何今直爾分之耶？答：能所共守戒方可作法，隨一有

穢，直爾分之，佛判已爾，豈又疑乎。古記等云作法，公違聖言。

三·一五　三入同見　四分俱文云：爾時有比丘從此部往彼部，未至便死；佛言隨彼所往部應與。鈔批：「邪部歸正，正部向邪，未至其所，中路而死，屬所向之處，以心決故；若至彼部，同不須論，一向入彼。」

三·一八　四入功能　鈔批：「僧祇不爾，故彼律第二六曰：被舉比丘病，不應看；得語親里者。若無常者，僧不應分其衣鉢，不應與燒身，取其所眠牀以屍著上，衣鉢繫咽曳牀而出，唱是言衆僧事淨，衆僧事淨，棄田野中。」

四·一　二部僧　鈔批：「立明大德及沙彌為一部，尼家三衆為一部。下文云五衆先來者得與，即其事。」

四·一　薩婆多　第四·二；彼有二義：第一義如次科，第二義云隨所先見，則取此衣。

四·二　四分　四一·二取要，下接云：「若無來者，應送與近處僧伽藍。」

四·二　五衆先來　問：輕重二種俱可得耶？答：鈔批：「礪曰：無問輕重，悉入先來人，但輕物入己，重物非屬人物，故隨先來者處分還入常住。……賓云：古今諸師，皆言輕物入先見者，重物則隨先見者處分，還入常住；今詳不然，文言五衆先見者得，何處令入常住，但輕重悉入己，於理無失。」

四·四　二界中間　問：二界中間者，與第五何異？答：前非從此往彼之因緣，無所期死，故同無住處白衣家；今向彼寺，所期決矣，故屬彼寺；例如前邪正二部中道死，屬所向部判之等。濟覽：今案此釋非也乎！謂若知欲至彼寺不即是知其所去，知所去者，隨所去處僧得，何論面所向，記所引論文可見也。私明與上異者，上謂在二界中間獨住之比丘乎！如五分獨住比丘是也。若又知彼所期送，何論面向，縱面不向彼，一切可送故。

四·九　七入和尚　礪云：「沙彌死者，此律無文；祇：入和尚，五分、十誦：同比丘法。……」十誦：憍薩羅國有沙彌死，諸比丘不知云何，佛言所著內外衣，應白二與看病人，餘輕物僧應分，重物不應分；準此，下三衆類皆同。然行事但依一部文，鈔批：「案祇云：舍衛城有沙彌死，諸比丘問佛，此衣物應屬誰？佛言應屬和上。」齊×述鈔中解云：謂令和尚分別財體等語者，此非祇文，後人義述耳。疏引僧祇云：言入和尚者，令和尚分別師物入己，沙彌物應入僧作法，不必一切入師。賓破此解云：文中判屬和尚。今詳僧祇判令屬和上者，蓋償師恩訓也。沙彌物入僧者，鈔批：「注云：十誦判同比丘者，立謂沙彌死，衣物屬僧分之，同大僧死法也。」十誦二八，沙彌亡物分法也。

四·一一　有戒無戒　謂形同、法同，皆須依僧法也，以同僧利養故。

四·一四　滅擯比丘死　鈔批：「礪云：此是犯重人死有三別：若未擯者，多論云同於常判，賓云同清淨僧尼也。二若已作法擯，入親近白衣。三學悔死，十誦入死時現前僧也。四分云：若呵責、擯出、依止、遮不至白衣家，四羯磨人，及別住之例，同清淨人死判之。」

四·一七　三處共爭　鈔批：「亡比丘本住處名能寄人；言所寄者，即阿難處也；言寄物處者，即阿難遙寄之處也。」佛言屬阿難處僧者，按十誦：「有一比丘死，是衣物本寄阿難，其亡比丘在異處死，阿難在異處住，所寄衣物又在異處，其死處及阿難所住處，並更寄衣物處，各言合屬我處僧。佛言：阿難所在處界內現前僧應分。」

五·七　舊云前九　會正：「直爾者，望不作法一期攝入為言，若細而推之，約攝歸後作法分之，如面所向方及寄人處理可知也。」通釋：上九中並不須作法，佛明判所屬故，豈通十方；但第七入僧者，亦須羯磨，而今約入和尚者耳。準知亡人物，名十方現前者，但約第十一種耳。今破之，鈔批又云：「前九不須羯磨，直爾得取，即難云：如入同見二部，及寄衣所則有多僧，理有羯磨法，豈得直取。」又簡正云：「上九直爾分之者，且約初緣言之，若後分之，即有作法，如第六七九皆須作法，今對下一清衆，故云直取（本文無之）。」濟覽：第六者又須羯磨，而今約入和尚者耳；餘並不須作法，佛明判所屬，豈通十方哉！

五·九 同活共財　湛堂：「會正：同財者，平生活計俱同也；共財者，共有財各有半分也。搜玄：初明同活，二若師徒下共財。」濟覽：私分同活共財異者，同活者，謂資之無財者，師給之，而無彼此分隔者；鈔言如兒想，終無分隔是也。共財者，俱有財而不分者，鈔云財物共有，各別當分，且在一處是也。

六·一二 生福上處　簡正：「生福上處者，將財付他生有漏福，得上處天堂，……即俗意不除，妄將囑授等。」

六·一九 五百問　即問沙彌品第十七，卷下一六具出之。

七·一二 舊云指文　會正：「如隨相者，此指文誤也；又恐初製鈔時所指，後修時忘改也。」今破會正解。

七·一四 如氍毹　問：如布帛可轉授，何云不可轉乎？答：搜玄：「布帛如布成筒，絹成束，病人不可舉者。」鈔批：「謂在櫃中不可授，但得是屬。」

九·四 明日晚間　問：未死以前，皆成主義，何明日晚間死，唯局今日中前成主耶？答：不爾，非謂明日之晚間，今日之中前，明日及晚間，今日與中前也，謂若明日死，今日囑；晚間死，中前囑；並成此語法，又同前卷三二頁先正不正色等。

一〇·一九 負債處　簡正：「負債處者，出息出錢處也，負債界內應內應分所負之物，在彼界故。」資行：「負債出息取錢，皆同體異名。」

一〇·二〇 保任處　鈔批：「由今時出息，若不還者，保人代出，今若死後，故屬保任處僧分。」

一一·一七 決通後句　科文。「一義云局決第五句，一義云通後三句。云後句也，謂第三出息處是俗舍，保任處可得；若僧界，彼此僧故，出息處僧可得。第四取錢處，若俗舍質物處僧可得，若僧界取錢處僧可得。第五取錢處，若俗舍執舉主僧可得，若僧舍取錢處僧可得。」不說此別，故云不了也。一義云今十誦文，有四節：第四之一節，正說五句，今指後句法一節云，決通後句，是以大鈔記第八云：「是文不了，謂上來五句文不了也。」

一二·六 寄人　上分法中，約僧處；若約俗舍，或有比丘住張家，他比丘持衣寄張家比丘，此比丘留衣張家，出行住李家，後衣主亡時，餘比丘來張家見亡人衣欲得，李家比丘亦欲得，則李家比丘可得，以寄人不寄處故。若寄處不寄人，張家先來之五衆可得，李家比丘不得。

一二·八 毗尼母　本文云：「若有主息物在處，應遣寺中僧祇淨人推覓取之；得已，入此寺常住。」

一二·八 僧祇淨人　一義曰言僧家淨人也，非僧祇律，故律鈔無僧祇二字；又科文意爾。一義云：母論不盡理，重引僧祇明之云云。

一三·一 諸部未融　鈔批：「立明如四分中，一切器皿入重；十誦明計量兩分輕重，此等例明未融。」簡正：「未融者，未能融會四部律文，但隨己情而斷，難可信用。」

一三·二 若亡人　大鈔記云：「謂亡人受戒時直知低頭受戒，不知當時依何部羯磨受戒也。」

一三·三 則隨　簡正：「隨別住者，即是攝僧界也；既不委亡比丘是何部律受戒，今但且依此別住界中衆僧尋常行事處判輕重之律。」僧網篇三四·一：「今諸別住，局見者多。」記云：「別住即同僧寺。」下記云：「一方別住，謂衆同之處。」

一三·五 便準十誦　大鈔記云：「謂依十誦文斷二斗已下瓶等入輕，以上入重；若依四分中，小瓶亦入重。」

一三·一七 總攝六見不出三階　簡正：「三階處決者，於六師中第一師唯用四分；第三師先準四分，通取諸部相添；第五師通用律藏；今此但作三段階級。」會正：「一者祖師唯用四分，二者第三師四分先準兼明餘部，三者第六師通用律藏廢立正文。此等諸記於六師中，唯出其三師見。」若依今記，三階通收六師見。通釋：今三階中之初師，全同六師中之初師；今第二師，同六師中第二、第三兩師；今第三師，同六師中第四師；依律藏廢立正文故。今三階中，不引五藏及大衆，故略不攝第五六二師。六見，序云（二·一六）：「一唯執四分一部，不用外宗；二當部缺文，取外引用；三當宗有義，文非明了，如顛狂睡眠瘂聾等，婬戒中云對彼捨戒不成，是有不足數義也。然瞻波法中，列不足數不出之，是文非明了也；四此部文義俱明，而是異宗所廢；五兼取五藏，通會律宗；六終窮所歸，大乘至極。」準記，第二文缺，則直取外，第三隨義類取外；第四異部所廢，捨本取他；第五更取經藏；第六又更依大乘。從狹至寬之次第。

一三·二〇 十三章　律四一·一云：「爾時舍衛國有多知識比丘死，有多僧伽藍，多有屬僧伽藍園田果樹」等，略如記所引。第七坐褥下，律加枕。第八毶毶羅下，加氍毹。第十二，律具云：「多有鐵作器，木作器，陶作器，皮作器，剃髮刀，竹作器。」第十三，律云：「多衣鉢、尼師壇、針筒。」

一四·三 伊梨　又儀云：「伊梨鹿皮，此方有而小異，此則皮薄而毛鞨，彼則皮厚而毛柔，如羊之皮，恆可藉坐，有而不同，故存本名。」

一四·四 貘　與貘同，莫白切，似熊，寢其皮避濕，圖其形避邪，今俗云之白決。

一四·五 竹木　彼云：「多有鐵作器，陶作器，皮器，剃髮刀，竹作器。」

一四·八 盛衣　鈔下文盛衣者，衣幞也，貯器者，鐵袋。

一四·八 俱夜羅　名義七云：「俱夜羅，此云隨鉢器。」法寶解云：即匙筯鍵鎔等。

一四·一〇 若有道俗　簡正：「問云：既此俗服，何入輕收？答：雖是俗服，蓋是王臣所著法衣。」

一四·一五 亦無與二　簡正：「亦無與二者，此師但依四分而斷，不取外宗都絕是非，故云無二，不可四分無處，抑其令用外宗，又不可奪其不用故云也。」

一五·六 物乃妨長　會正：「妨長者，若望上根但畜三衣六物，此實妨道為長；若望中下二根，濟形資道，此又成要，故須所判，隨緣不同。」

一五·一一 瓶　入重者，是約大者；如隨身小瓶是輕限，故儀云：「如瓶鑵之器，資道要緣，理須入輕。」（卷上·二四）

一五·一九 行障　會正：「障，衛也；亦名步障；如王愷作四十里紫絲步障。」有云幕也，又云行障也；尼鈔云：「步障有云國王行幸時，左右引之。」東大寺三藏有之云云。

一七·六 氍毹　正字通：「氍，其余切，音渠。」小補韻會：「毹，龍珠切，通俗文毛布也。」

一七·八 被是重物　簡正：「古斷被同氍毹入輕也，今師云不開畜，全是俗懷，不可為例。」

一七·一五 毛罽　毛布也，罽，居例反，織毛為之。

一八·二 儀云單敷　問：鈔今文及下文儀文何故不同？答：鈔今文準四分，下文及儀文準五分耳。即簡正云：「被及被單入重者，依四分斷也；若依五分，獨被單類同單數入輕收。」

一八・五　鞕　音昂。儀文作鞕，考字書無，與按鞭字歟！鞭，魚孟切，堅也，強也。又下五分科中，鈔文云硬厚，硬與鞭同。今案中華大字典：音仰，絲履也。

一八・一〇　律下釋疑　釋疑中，律聽者，乃是量同三衣，而染壞以純色者，則不入重；雜色是重也。準知下謂雖本雜而後染壞，則應入輕也。

一八・一三　文中　鈔批：「文中不明了者，有人云：天人正明此義，言貴價衣還是袈裟，但價貴耳，非俗人服也。」意云文不分別貴價衣是袈裟，故云不了也。又簡正云：「律但云諸優婆塞遣人大送種種好衣，並不分別衣名，及羅穀等是不明了也。不妨含於等者，今師義斷，既是大價好衣，必是大貴絞梭等也。又下文聽著大價踈衣，何簡綾羅穀也。」意云：律不明大價衣通綾羅穀紗等，故云不明了也。

一八・一三　梭　㲋：音唆，織具，所以行緯者。

一九・七　劫貝　儀云：「劫貝衣，中國出之，緝花所作，如白氎之例，京師有之。」

二〇・一　例於黃　不云例白而云黃者？準記絹布言兼黃白，故黃白二色，前後互出耳。

二〇・三　準五分文　此一句須接上歟，然依記釋不爾，疑下準律二字，移入輕下可歟！

二〇・七　儀云　下卷，儀文意白色絹布，不同錦繡斑文也。

二〇・一六　彼云　五分二〇：今依輕重儀引之，若純已下，取意加之，彼無之。

二一・六　隨被　上曰被入重。古云者，增暉記也。

二一・一一　襦　古言汗襦，白關之車，謂之曰襦，陳魏宋楚之間，謂之檐襦，或謂之褌襦。

二二・二　銅瓶銅盆　律開十六枚器中，有大瓶、小瓶、大盆、小盆，尼令說淨畜，比丘直畜，不須說淨。儀下，總明開畜器中，雖列之不判輕重，依今律文入重耳。

二二・二　水瓶澡鑵　儀上，明此二種準十誦兩判，謂二斗已上入重，已下入輕。

二二・五　佛則不判　湛堂：謂律文不判能造所造俱入重也。今案記釋謂所造通輕重，而上唯云重，不分別輕重，知是能造矣。

二二・八　下明　非謂本律，即引善見：針線應分。又引十誦：一切染色不應分。

二二・九　共前　第一門初，記云：「絲麻毛綿，四種攝盡一切衣物，即十三章中十三第八二章也。」彼二章加今六章，故為八也。自餘五章明第三田園房舍中見之。

二二・一〇　科酙　科字疑寫誤，可改斟酌。

二二・一三　錯　厲石也。詩小雅：他山之石，可以為錯。

二二・一九　錢通　畜寶戒記除鍮皮二種，加白鑞鉛錫。

二二・一九　胡膠　行宗云：「此方蠟類。」

二二・一九　寶總　畜寶戒鈔引多論，即以七寶為真，如今記所列琥珀水精等，偽珠攝似寶，彼記云：「偽珠世中以藥石燒香。」今記真似二寶，依輕重儀列，彼錫下有白鑞。

二三・六　戶牌　大鈔記云：「戶牌，謂閉門物，或木鐵皮等。曲戶鉤，謂閉門曲金也。」文牌之釋，與今記異也。

二三・七　半斗以上　考十誦二七衣法中，鐵物銅物石物瓦物木物中，並二斗以下應分。次角物皮物中，半斗已下應分。餘水精物貝物齒牙物中，不明斗量，切宜知之。

二三・一一　如前即指　通釋：上諸鉢旋大，豈以齒角等作之，今據輕重儀明銅鐵等物，則列諸鉢瓶盆等。又明量云二斗已下應分云云。彼瓦物中，具明銅鐵等中指準；次角貝等中，但列刮汗篦、灌鼻筒、熨斗、香爐、禪鎮、鉢支等物，而明量云半斗已下應分云云，準之，今言如前者，指香爐、禪鎮等物耳。今鈔略攝不委分，對義宜見。今按不爾，灌鼻筒匙及鉢支等，皆小物，豈有過半斗鉢支，故記云指上諸鉢，即灌鼻筒等自無頭物，故不及言耳。又況斗半已下，小鉢以具角等造，何可不得耶！

二四·四　入楞伽　全十卷，元魏菩提留支譯；今文出第九。

二四·六　調度　記曰：「調度，謂調養調度，即衆物通知。」瞻病記云：「輿即擡棺之物。」輿，兩手對舉之車。

二四·一一　俱夜羅器　儀下，一云：「俱夜羅器者，此方譯曰隨鉢器，即鉢內所盛者也。」又四頁云：「隨鉢謂次鉢、小鉢、鍵鎡並銅鍮椀盞，及以匕筯等總名，俱摩羅器也。」五頁云：「其餘隨鉢，律本斷輕，而但云俱夜羅器，不顯其相。」準此，祖師約義鉢所隨諸器，總名俱夜羅器也。

二四·一七　裝校　法華方便品，有「清淨廣嚴飾，裝校於諸塔」二句。

二五·一〇　多論　卷五：「若似寶作器，入百一物數，不須作淨。」

二五·一四　共前　前二二頁九行記云：「共前為八」，謂第一門絲麻毛綿科有第八及第十三二章。次第二門瓦石鐵木科，有五、六、七及十、十一、十二六章，故共前為八。次今第三門，田園房舍科，有初、二、三、四四章，故二共前十二，但缺第九一章，故記探後足云：「畜生人民即是第九一章。」即律十三章具故，記注云：「對律十三章足。」

二六·一　輕物　儀云：「擬造房直物（絹布錢穀），並隨現物輕物分處。」若準此文易得者，已易之非指擬也。

二六·三　承塵　會正曰：「承塵，施於上承塵土也。」

二六·四　三時分房　謂夏中分房也，分房作法，正在夏中，餘二指未必作之，是約言總也。依本安置者，謂無定主，則依本房安之也。若無法者，簡正：「若無法者，無三時分房法也。」謂無分房法者，屬房物之障幔等，不屬別房入常住也。

二六·八　在前　上曰一切染色，若煮未煮，不應分。

二七·一　律無正判　據儀次有義判，彼曰：「平靴易俗，可入輕分。尖全乖道，準入重攝。」若準天竺覆羅已下，全如記所引。

二七·五　僧祇　卷三，彼以革屣為隨物。

二七·五　五分　二一云：「聽著出入革屣。」二〇云：「革屣囊應受持。」

二八·一七　必同僧利　問：若僧供給與僧奴同，然上文云：「若僧家奴婢死者，衣物與其親屬。」今何異乎？答：上僧奴祇與衣食，非同利養，是常例之奴，非準同活；此奴非常屬奴，彼以信樂扶助僧家，故僧亦同僧利稱似同活，故入僧也。

二九·一四　十誦伽論　十誦六一：「有一比丘病，衆僧分食，看病人為取食，是比丘死，諸比丘不知云何是事白佛；佛言：若病人先死，後取食還歸本處；若先取食後死，應同死比丘餘物分。」又伽論四·六：「俱薩羅國衆僧分食，有比丘病，看病比丘為病比丘請食，得食已，比丘命終，此食當云何？佛言：若先命終，後取食者，應還本處；若先取已，後命終者，如餘財物。」

二九·一六　分衣語通　謂分衣法通輕重二並現前僧處分，故食是重物，故現前判入常住也。

三〇·三　律藏廢立　準簡正記：「今第三師當序六師中第四，律藏廢立者，謂於諸部中，或此部文理盡，則彼部為所廢；或彼部文理立，則此部為所廢；唯取理盡，未必承用本宗為定也。或可四分歌謠說戒，為五分所廢；四月試外道，為阿含所廢等，亦通此例。」

三〇·四　錫杖扇　此二物，儀但云互交輕重，而不委分其相；今記判相分明，須準用矣。

三〇·四　鍼　問：上第十三章針筒入輕，豈須他乎？答：有云彼即縫衣之針，此即灸針，故儀文治病段出之，今準他部為輕。

三〇·九　為警　律五二：「怖蛇蠍等，聽捉錫杖等搖。」

三〇·一〇　表道儀　錫杖經：「佛告比丘，汝等應受持錫杖者，所以者何？三世諸佛皆執故；又名智杖，又名德杖，彰顯智行功德本故，聖人之表幟，賢士之明記，道法之幢是也。」

三〇・一〇　有講譚　優波離結集律藏時，執波斯匿王所與象牙裝扇誦律。又隋煬帝賜高僧敬脫大竹扇，闊三尺，入內講經論，是講談用之證也。準之，今時檜扇，一向入輕；俗所用者，多擬搖風，應入重中，扇通二用，宜問亡人判之。

三〇・一七　又不　彼云：「病人復有五法難看，四事如上，第五」已下全同。下接云：「有此五事難看。」

三一・七　小瞻　律四一：「時有比丘小小瞻病，或一扶起，或一扶臥，或一與楊枝水，便取彼衣鉢；佛言不應如是小小瞻病，取彼衣鉢。」

三一・七　五分　彼二〇・二：「有諸比丘，或為病人，或為私行去後，病人命過，餘人得其衣鉢，以是白佛；佛言不應趣與人，應與究竟看病者。」

三一・八　僧次　問：何不得？答：是當次看，不必具德故。三中自樂功德，是亦可貴，何不賞耶？答：為自利者，非大悲故；實大悲者，不顧自利也。或可彼聞看病福田第一，為功德故作之，本不圖賞勞，縱與不受，故不與也。四中，會正云：「犯王法知此人定死，必得賞故。」

三一・一七　十誦　二八云：「憍薩羅國，一住處比丘死，是比丘多衣多鉢，多財物，不知是比丘受持何等三衣鉢具，佛言看病人應問。」已下大同。

三一・二〇　四分六物　簡正云：「其六物名體，諸律不同。顧將三衣合為一，盛衣樸為二，鉢為三，鉢袋為四，坐具為五，針筒為六。」飾宗曰：「三衣成一，鉢成二，坐具成三，針筒成四，盛衣成五，貯器成六。」今南山云：「三衣是三，鉢是四，坐具是五，針筒是六也。盛衣貯器但是隨衣鉢物，非六正數，思之！尼六物於五衣外，更添針筒是六也。」通釋：簡正、飾宗依律賞看病羯磨牒文計六物也。律四一：「大德僧聽。某甲比丘命過，所有衣鉢，坐具，針筒，盛衣，貯器，此住所現前僧應分等是也。」又六物字，四分不見，出十誦二八。鈔批：「若準十誦，論水囊，除針筒。」故十誦律二八云：「六物者，三衣，鉢，漉水囊，尼師壇也。」礪曰：「此土約僧明六，尼應有八物。」八物者，上六更加衹支、覆肩故。又搜玄云：「尼六物：一三衣，二衹支，三覆肩，四鉢，五坐具，六針筒。」又尼鈔云：「此律賞勞六物者，三衣為三，鉢盂為四，坐具為五，針筒為六，（尼加覆肩衣，僧衹支，義合應八。）又文加十盛衣貯器者，盛衣者，猶是盛衣袋及五樸衣；貯器者，猶是鉢袋及函等，此並通入賞勞也。」

三一・九　乃至俱缺　會正：「乃至略物具德不具。」通釋：「初德物俱具一句，作賞勞羯磨；下三句皆直入現前羯磨，和而與之。然依下賞看病羯磨，衣物缺具隨有令牒，依此雖物不全具，有德作羯磨，若一向無物，理無賞羯磨，直與餘物。」

三三・四　五分　二〇云：「有諸比丘分看病物，與沙彌三分之一，以是白佛；佛言應等分與。」

三三・四　十誦　二二云：沙彌來索亡比丘衣，以此白佛；佛言作四分，第四分應與沙彌。

三三・一二　留還　注羯磨還字上有待字，則義方通。

三三・一四　伽論　七・三：「餘處安餘處看病，病者死應與。」

三三・一七　雖非夏制　意云：伽論非必關夏限，而雖非夏制之時，自來異界看視，慈行可見矣。

三三・一八　僧衹不應　濟緣云：「閉字勘彼本文（第三一卷）作開，尼鈔亦作開，疑今文誤歟！」通釋：「倭朝翻刻本作閉字，同鈔文，未知孰是。」

三四・四　屍起　彼云：「是死屍動起，語諸比丘：諸大德上座，莫分我衣鉢物。」

三五・一　前緣　會正云：「即集財局集等或書。」

三五·六 據律　四一：「時有比丘在拘薩羅國道路死，瞻病比丘持亡者衣鉢，往祇洹中，乃至佛言與瞻病者，時瞻病人應至僧中，偏露右肩，脫革屣，禮僧足，白如是言：大德僧聽。某甲比丘彼住處命過，衣鉢、坐具、針筒、盛衣，貯器，此住處現前僧應分。如是第二第三說。」

三五·一一 如上處分　鈔批云：「有則相當還，無則交絡還也。」

三五·一四 有者索替　尼鈔則云：「若有索取，輕物入羯磨分，重者入僧。」瞻病記云：「貸己物，此即僧物，無故方開，今倍償者，謂看病人別求他物，與本相當者，入僧作法，和僧還之。」

三五·一九 三唱還　問：輕物可爾，重物云何？答：重物屬常住，宜令彼償，無和還理歟！

三五·一九 若干　補注五云：「若，如也；干，數也。或千或萬不能遞列，但總示之云若干耳。」行宗：「若干數通名。」濟覽云：今是大數之辭。

三六·八 論語　公冶長篇云：「顏淵季路侍，子曰：盍各言爾志？……顏淵曰：願無伐善，無施勞。」

三六·九 結說戒堂　律三五·二三曰：「爾時在住處布薩日，大衆集而說戒，堂小不相容受，諸比丘念言：世尊制戒，不結說戒堂，不得說戒，今當云何？諸比丘以此事往白佛；佛言僧得自在，若結不結得說戒。」

三六·一五 羿　正獎，勸也；稱也；譽也。飾，亦作拭。

三七·一三 律即　指者，指略也。律四一出賞勞羯磨已，細注曰：「若僧中羯磨差一人分亡者衣物羯磨，與此無異，唯益一句言，今僧與某甲比丘衣，某甲比丘當還與僧，白如是。」

三七·一四 古記　資行：「問：口差今家所取，何云非耶？第二師義差人付分也；然古記謂第二師存口差，今家亦依第二師故斥云非也。即會正云第二師，但云差五德及付分二法，謂第二付衣中已含付分二義，故五德不須更秉分法。」通釋：準會正不云第二師是口差，疑斥餘古記乎！

三七·一九 古記　會正：「依今行事，先須白二差之，辭云：大德僧。若僧時到僧忍聽。僧差比丘某甲作分衣物人。白如是。」羯磨文例作。通釋：此羯磨，亦作行事策耳。

三七·二〇 具含　謂一番羯磨中，自含付分二法也。即會正注云：「即云僧今持此衣與比丘某甲，是付也；某甲當還與僧，是分也。」

三八·四 故知通博　今記意云衣利通博十方，若看病者聽，不具者不應追，取彼處三衣，此賞即隨彼分，然雖德不具，亦有勞功，宜此和現物用賞少物也。餘記少異也。搜玄：「謂通博諸部，量德有無，不具者即隨彼分。」

三八·六 內外衣　鈔批：「立謂上下二衣也，一當鬱多羅僧，一當安陀衣，故云上下二衣也。」

三八·八 持律者　五德者，即所差人，若瞻病人德具，則在差人羯磨前賞勞，故五德不必須知；今德缺故分衣羯磨以後賞之，故五德兼可知之。

三八·一三 彼此通成　謂將帶長物賞之，損彼現前；若截去已與之，損此法衣；今以和與，彼此通成。

三九·二 彼但例指　記釋注中文少不具，乃作兩釋；初釋意云，賞勞法中，具有五句，今但例示一句，餘句不出，故云不具。次釋意云，律但令改牒本一句，餘並指同賞法，然律賞法中，自牒六物，又不云若衣若非衣等，今付分法中，依律牒緣，乃有不便，故準非時僧得施法牒緣句，亦令改之，律不示牒緣改法，故云不具。

三九·四 若衣　資行：「今行事不用衣非衣言，準羯磨經可云所有衣物也。又羯磨經多牒緣十五字，準今記應除之也。餘詞賞勞付分，俱可依羯磨經。」

四〇·五 更生漏過　會正：「漏過，福屬有漏業。」問：分衣作法屬智分耶？又名無漏業耶？答：不希別功德，祇準佛智正判，即是智分；又捨漏染福，依準聖道，亦是無漏業也。

四〇·六　修智　尼鈔：「問：作羯磨已和僧為亡人邊修齊福得否？答：出家之士，以智德居懷，不要修福為業，依判入僧，最為殊勝，若外生物善，內捨貪心，隨將多少，為亡人為福，此則二行俱益，存亡並利也。」

四〇·一〇　僧祇為病人　祇律作值不值羯磨已云：「是中值羯磨，不值死；值死，值羯磨者，應得。是中值死不值羯磨，不值死不值羯磨者，不應得。若為病人求醫藥，若為塔事僧事去，應與也。」

四〇·一四　四律　僧祇二九云：「優波離白佛言：云何與沙彌非時衣分？佛言等與，若沙彌得多衣畏作非法去者，若與半，若三分之一，與亡人衣分，亦如是。」十誦二八：「一比丘死分衣物，諸沙彌索衣物，以是事白佛；佛言聽與，諸比丘不知與幾許，佛言作四分，第四分應與沙彌。」五分二〇：「有諸比丘分看病物，與沙彌三分之一，以是白佛；佛言應分與。」四分四一：「諸比丘自念守僧伽藍人沙彌應等與衣分否？白佛；佛言：若僧和合，聽應與沙彌等分，不和合應與半，若半不聽，應三分與一，若不與，不應分，若守伽藍人，四分與一；若不與不應分，若分應如法治。」

四〇·一五　四中與一　此記文，文多解云：一比丘物四破，與四沙彌，今準上諸文不爾，記文意云：僧一分四破，三分與僧，一分與沙彌，故云四中與一也。業疏二一·三一：「言等與者，與大僧同一疋也。言與半者，大僧一疋，彼二丈也。言三分與一者，即四丈中與沙彌一丈也。」又上非時施下云：「十誦分作四分，三分與比丘僧，第四分與下三衆。五分一比丘分，與三沙彌亦同。」此等文凡總分物，分為四分，其三分與比丘，一分與沙彌也；然今記云：僧一分四破分之。

四〇·一五　不與者　業疏二一·三一：「不與不應分者，以制在僧，僧須周給；今但繼於上尊，不兼及下，失於僧和無礙，即非僧義；雖分不合，又是盜攝也。」記：「不下，次釋不與之過，恐謂僧衆不與施故。不合是吉，盜收犯重。」

四一·一〇　母論　卷八：「五人共住，一人終亡，四人作羯磨分之，是名四相應法。」

四一·一三　今無人故　意云數滿五人，則作付分羯磨，今與一人分之。今無人故作直分羯磨；若有客來，須更分之。

四一·一三　有人無想　律具有六句：有比丘有比丘想，不成分吉；有比丘無比丘想，不成分無犯；無比丘有比丘想，成分吉；無比丘無比丘疑，成分吉；無比丘無比丘想，成分無犯。

四一·一八　準式合　準常羯磨式，現前僧應分下當入僧，今分是物句也。

四二·一　改正不妨　謂注羯磨直寫母論，今記所引大字是也。細注示改正，謂白第三句羯磨，第二句牒本是也。

四二·一一　四分　四〇·二五，非時僧施中。

四二·一八　一相應　會正：「母論第八，有諸相應法，若一人在，一相應法，一人在，二相應法。」

四三·五　律文　卷四〇：「未擲籌時來，應與分；擲籌時來，應與分；擲籌竟來，不應與。歡喜受分已，有客比丘來，不與分。」

四三·六　文云　行宗：「律云：時有將非衣作鉢囊，佛言不應作。」又云：「律中：諸比丘畏慎，不敢與尼非衣鉢囊等，佛言聽與。」

四三·七　非衣　行宗：「古記解云：但非所著用，皆名非衣，則通彼此兩衆矣。」僧尼互望者，謂比丘尼衣，則雖是法衣，於比丘邊以為非衣；比丘衣亦爾，故云耳。

四三·一五　私莊寺　簡正：「約亡者有別屬物，須歸本寺，私莊易知。私寺者，即造私邑道場等處，即如律中為多知識比丘，多為造僧伽藍，即是私寺，多有屬僧伽藍田園，即是私莊，如此二處身死，為人守掌者，重物歸亡者本寺；輕物據此現前僧分。雖是自然處，非俗人家，以有人掌錄，不比白衣舍。」尼鈔六・三五：「若尼在莊園及私伽藍死者，應如寺法分之。云何名私伽藍，如在村坊聚落，俗人共造一院，唯三寶受用，白衣不通居止，兼有周匝籬牆等，即名伽藍，不要結界，方號伽藍者。」

四四・一 不得尼　鈔批：「謂既是寺莊物，屬本寺僧分，亦同在無住處五衆中，先來者得。」

四四・八 準此文　尼鈔六・三六：「若僧尼一時共見亡物者，若是尼亡屬尼，僧亡屬僧，不得共攝，以各是知法人故，不須作法，直爾攝屬己意則得。不比莊寺，以彼閑預，要須作法；若僧尼前後來見者，屬先見者，得互攝取也。」

四四・九 當部亦　簡正：「當衆來見，便執作屬己意，不同二人共住，一人死作心念也。」

四四・一〇 隨情　簡正：「隨先見者情，或送本寺常住，或送近處常住。」

四四・一一 不同得施　上曰：「律云：時有住處二部僧，大得可分衣物，僧多尼少，佛言分作二分等。」

四五・一 僧祇　祇三盜戒中云：「比丘持亡人衣出界，或三語取，佛言越毗尼。」今記依此。又鈔批、簡正、搜玄等記，依餘文歟！即鈔批曰：「立明有比丘為他持衣在道行，衣主命過，彼蘭若界內有僧不共分，而將入己，犯越。祇文如是，準四分合犯盜。」下注云「不成，有比丘無想」者，同界有比丘須作法分，今自入己不成法也。又僧祇具文云：「彼受寄比丘隨道行，見異比丘從前而來，便問異比丘，長老何處來？答曰某處來。問識某比丘否？答言識。復問某比丘平安否？答言已死。若泥洹，此諸衣物應屬現前僧；若受寄比丘，知法多詐，便作是念，我何為與是比丘分，默捨異比丘去離見聞處，便說是言，彼比丘有此衣鉢，若餘雜物現前僧應分，現前無僧，我今應受，受已，是比丘詐心改獨受，得越毗尼罪。」卷四文，但云越毗尼，而不明成否，故注準四分決之。

四五・九 問將　問：準記釋上科，亦是出界，何重問之耶？答：上唯一人出界外，今舉衆出。又準鈔記引文，上是道行蘭若，不必出界，今是正出界，故不同也。

四五・一〇 諸部　簡正：「十誦：將僧得施出界得吉，應與異比丘分。五分：僧得可分衣，一比丘持至戒場獨受，佛言不應，犯吉；現前僧應分。祇中：比丘持亡人衣出界，心念或三語取，佛言越毗尼，並云不應，不云成。」案五分二一；十誦二八。

四五・一一 受衣如法　準今記意，上科祇文出界受衣犯越云云。然祇又云受衣如法，是二處相違，故今和會云：「上犯越者，非同活同意者；今受衣如法者，是約同活同意耳。若約不同活通不得成，今望成受衣邊云受衣如法也。」

四五・一二 不同　僧得相成，不索取故。

四六・一 問將　鈔批：「謂如有俗人持無住處亡比丘物來，送與僧界內；有一比丘見，問言是何物？答：亡比丘物，比丘知已，為先見者，即引之出界，不使界內人知，至蘭若處或道中，如法集僧分之，得成也；由當界不知，又往蘭若處，如法同集故成也。」若今記意，謂比丘在俗舍亡，俗人將其衣物入彼本寺界內，覓僧而不得僧，故以物出彼界去，時道中比丘先見者，取歸我所居本寺界集僧分之也。即記文以物入界者，初入界也；外人不可受者，轉入界也。彼疑屬初入界，餘處不可受，故答中以不知者，明不屬初入也。二以同法者，明轉入成受也。歸界者，是轉入界也。

會本卷二十三鈔下二之一　四藥受淨篇第十八

一・四 攝盡一切　問：水湯何所攝？答：四藥通制受淨，水湯大開量，故不涉四藥。今且約所制物云攝一切食，或可收非時漿。

一·四　新故　戒疏一二·三五：「病有二種：一者常病，易治數發。二者稀發，難治常差。」記云：「常病，即是飢渴；稀病，即是四百四病。亦名新故，亦名主客。常病非患故易治，日別常生故數發；稀病違反故難治，治已永無故常差。」謂外感六氣，內酬宿業，四大增損以發起等，皆新病也；欲界有待，依段食立，若資養有間，則有飢渴，是名故病。

一·六　說淨唯局　問：既說淨穀米何云局七日？答：穀米是時藥，因未成粥飯，故例錢寶說，不同七日當體可食也。資行問曰：說淨七日藥得後食否？答：過日限有生罪過，故不得食之。礪疏四云：「說淨竟藥得服用否？答：不得服用。」資覽問：穀米亦說淨，則何云時藥無說淨，今何云局七日乎？答：有云穀米雖時藥，日別食則無淨法，但為遮貯畜過，初說淨屬俗人，故其淨不同今之淨。今案七日藥說淨，限滿說淨，亦為遮畜也。然則與彼不異，不為盡理；有曰七日淨對比丘，穀米對俗，今則取本衆作法，此義亦不然。時藥口受對俗而出之，故有曰今說淨者，謂是長物，故手口二淨已，更又說淨，穀米直說，故約受上淨曰局七故。

一·一七　對病　初二藥治故病，後二藥治新病。

一·二〇　七日中　行宗一二·三五：「僧祇因佛問醫師，比丘欲使畜藥，幾日得安穩？答曰：藥勢相接，七日可知。佛言聽七日畜。」簡正云：「七日約能就法者，準成論服之，七日堅病得消，今約此藥消之功能，就其教法受服，開至七以為分限。」

二·三　三護淨　問：淨果等亦是護淨，何第三護淨外，別立第四淨法科？答：雖護淨之語通，且內宿等護淨與生果等淨法，其相各別，故分為二科也。

二·七　有五種　問：戒疏一二·三三：「律中三名：一蒱闍尼，謂時藥也。二佉闍尼，謂非時藥也。三奢夜尼，謂七日藥等。」與今配釋異者？答：凡梵語有多含義，謂蒱闍尼含時藥正食二義，佉闍尼含非時不正二義，各出一邊，故不相違。

二·八　麨　麨，糗也。韻會：糗，乾飯屑也。資覽：「北京義，麥乾飯也。」相承義云通五穀。善見一六：「麨者，粇米麨，粟米麨，麥麨云云是也。」

二·一二　稠稀　稠，音酬，密也；濃也。稀，疏也，少也。

二·一三　餻糜　戒疏一二·三八：「世中有人用餻糜等，非是飯攝。如粥出釜畫成字者，則是足正；準此以求，可以例失。」記云：「餻糜謂以飯為餻，令蒸糜爛者。如下，準決；粥分稠薄，文出善見；此同稠粥，義歸正收。」疏又云：「又用餻餅相同飯例；此是細米磨，不正所攝。」記云：「餻餅，即粉餻麵餅之類。」通釋：戒疏餻糜飯所成者，故歸正收；次餻餅是粉所成者，故不正攝，並約本判也。然今餻糜據粉作者，故歸不正，是與戒疏名同體別。問：今時餅為正將不正耶？答：四分四三及僧祇二九，並以餅為不正，律攝第八、宗義第五皆列正中。今按列正者，是約飯所成者；今時餅是為不正者，約粉所成者，今時團子是也。上來諸文，具出下文，如資覽決引。

二·一三　蔓菁　本草：「蔓菁即蘿蔔。」

二·一四　溫菘　楊子方言云：「蕘，蕪菁也，趙魏之郊謂之大芥，其小者謂之辛芥，或謂之幽芥；其紫花者，謂之蘆菔，今江東名為溫菘。」

二·一六　涅槃　今鈔引北本，南本四相品曰：「爾時迦葉菩薩白佛言：世尊，食肉之人，不應施肉，何以故，我見不食肉者，有大功德。佛讚迦葉：善哉善哉！汝今乃能善知我意，護法菩薩，應當如是。善男子！從今日始，不聽聲聞弟子食肉，若受檀越信施之時，應觀是食，如子肉想。」

三・一一 楞伽　楞伽經、佛語心論十八卷，一八頁已下，俱制食
肉。今案佛語心論，十八卷，日本師鍊撰。
四・一九 僧祇　三二・三，難求生肉緣。
五・二 三種　涅槃疏四・一一。
五・七 閻羅之　謂如王者有武將兵吏，能戮伐怨賊；閻王亦
有夜剎羅剎，殺戮罪人。羅剎，所謂閻王將吏也。比
丘無慈好殺，與彼地獄卒同倫耳。鈔批：「謂牛面阿
傍，即獄卒也。常在地獄煮罪人，今比丘自煮，何異
彼也。」
六・三 四分云　四二・二二云：「又復此人能作十惡業，常是
殺者，能為我故殺，如是三種因緣，不清淨肉，不應
食。」又云：「若作大祀處肉，不應食，何以故，彼作
如是意辦具來者當與，是故不應食，若食如法治。」
六・五 大同　母論卷三・一六頁第五行以下。
六・五 若持十善　四二・二二又云：「又彼人非是殺者，乃至
持十善，彼終不為我故斷衆生命。」
六・七 鳥殘　簡正：「謂律通明一切鳥獸殘取，得吉，以不斷
後望故；唯獅子殘得取，無犯，以斷望故。」
六・一九 沽酒市脯　朱子注曰：「沽、市，皆買也；恐不精潔，
或傷人也。」
七・一 論語　蒙引云：「凡酒脯出於家造者，則精潔；而且無
傷人之慮也。」
七・六 二途　會正：「二途，即氣味具足，則貪；苦毒酸澀，
則惡。」
七・九 卓　僧祇二八，卓字，據祇本文，卓正作折。恥角切，
聞也，今則借音耳。
七・一〇 酥油蜜　按酥油等是七日藥，今可和水復得為非時漿。
戒疏一二・三九：「僧祇中，一切豆穀麥，頭不破
者；酥油蜜生果汁，得作非時漿。」
七・一一 雨濺　多論八云：「三點淨衣，一切漿須作淨者，比丘
得自作；果菜等應沙彌等作，乃至若雨墮漿中，即名
為淨。」
七・一三 菴羅　名義三云：「此云柰。」又卷七云：「此果樹之
名，其果似桃，或云似柰。」
七・一六 上多　三、五、八、十二，漢語；餘梵言也。
七・一七 十誦　卷二六。
七・一八 準此通　業疏一九・一〇：「文雖在漿，義通四藥。如
衣須揲須點，為壞色故；如食須水滌之，為淨味故；
如履須人著之，為壞好故。」
七・二〇 善見　彼具曰：「一切木果，得作非時漿，唯除十七種
穀。一切諸菜，唯除菜；一切諸花，唯除摩頭花汁；
一切草果中，唯除多羅樹草，椰子草，波羅奈子，甜
瓠子，冬瓜，甜瓜，此六種不得非時服。」今鈔一切
木果，一切花中，略除簡者，多梵言，而此土無物故
歟！草果中亦爾。
七・二〇 除菜　行宗一二・三九：「菜瓜二物，必不能清，所以
除之。（有云瓜菜並時藥故，今曰豆穀藕果，豈非時
藥耶。）」
八・五 古云　會正引指導云：「南海樹生也。」
八・六 不至初夜　母論本文云：「至初夜得飲，若不至初夜，
汁味有異，成苦酒者，不得飲也。」準彼似非時漿，
以初夜為分限也。
八・一三 四分　四二・二四：爾時佛人間遊行，至阿摩那城，
施盧婆羅門聞已，欲見佛。……彼作如是念，不應空
往，今有八種漿，是古昔無欲仙人所飲。
八・一三 酸棗　會正：「今出東山，即是山棗樹子，似武昌棗，
而味極酸，東人乃噉之，以醒睡。」鈔批：「言酸棗
者，北地多有，樹高五六尺，其子赤小，味酸，非今
時乾棗也。」
八・一三 甘蔗　會正：「廣州年年生，皆如大竹，長丈餘，取汁
以為砂糖。」
八・一三 蕤果　鈔批：「言蕤果者，郭璞曰：小木叢生有刺，實

紫赤可食。」通釋：是非覆盆子，是有草木二類。木亦有二種：或實黃小，或實紫赤大。

八・一六　波樓師　善見一七云：「此是菴羅果也。」鈔批：「似菴羅果也。」

八・一七　醉人即同酒判　飲酒戒資持記：「初明是酒，不論色香味。若非下，明非酒，具三同酒；必不具者，如下甜酢，但犯吉羅。」又濟緣一九・九：「色香味三具而不醉，開飲。非具而醉，犯吉，境緣不具，故不至提。」通釋：是酒通犯墮，於非酒中應分四句：具三而不醉，如濟緣不犯；不具而醉，如兩記犯吉；具三而醉，如資持同酒犯墮；不具不醉，自本是非犯。準此律甜酒等，應是非酒攝，以非墮故。又應是能醉者，非酒不醉是不犯故；若能醉具三，同酒結墮，今缺酒味，故犯吉也。湛堂云：判為時漿，故如法治吉羅。凡酒具色香味而能醉者，雖醉不具三猶吉；今果漿雖醉人，不具三故吉。

九・一　四分　四二・一一云：「有五種藥，是世常用者，酥、油、蜜、生酥、石蜜。我今寧可令諸比丘食之，當食當藥，不令粗現如飯麨法。」鈔批：「此非時藥相同飯乾飯，比丘今若服可隱處，勿令俗見，恐彼譏訶，故不令粗現。」

九・一　石蜜　行宗一二・四四：「西土石蜜有二：黑石蜜似此砂糖，白石蜜如此米糖。」糖，飴也。又非時食戒資持云：「黑石蜜者，古記云用蔗糖和糯米煎成，其堅如石。」

九・四　五種脂　四二・一一：「舍利弗患風，醫教服五種脂：熊脂、魚脂、驢脂、豬脂、失守摩羅脂，白佛；佛言聽服。」

九・八　僧祇加脂　鈔批：「按祇曰酥、油、蜜、脂、生酥、熟酥，此諸藥清淨，無時食氣，一時頓受，七日服。」問：四分自有脂，何借他部？答：準鈔批或疑云：脂是時藥，以從肉出故；今引祇文，正列在七日藥中也。

九・一九　那律疑　鈔批：「按五分云：時有離婆多比丘非時食石蜜，阿那律語言莫非時食，我見作石蜜時，搗米著中。彼生疑，白佛；佛集諸比丘問那律，汝見作石蜜時搗米著中，彼何故爾？答云：作法應爾。佛言從今聽非時服也。」

一〇・一　十誦　五五云：「石蜜非時不得輒噉，有五種人得非時食，謂遠行人等。」法苑珠林引此文已，自解云：「是故無病，非時，縱是石蜜酥油等，亦不得食。今人身無飢渴，非時食酥油石蜜等，或用杏仁煎為稠湯，如此濫者非一。若準十誦，非前遠行等五種之人，不得輒食，食便破齋。」鈔批：按十誦云：「憍薩羅國諸居士，道中無水處，以水施並施石蜜。六羣比丘遊行到此處，但噉石蜜不飲水，居士言何不飲水，獨噉石蜜？我嗜石蜜，不喜飲水。居士譏嫌，諸比丘聞白佛；佛言從今五時聽噉石蜜，其五時是何：一遠行來，二若病，三食少，四若不得食，五若施水處，是五時聽噉石蜜。從今若不飲水，不聽噉石蜜；若輒噉，得吉羅。」通釋：準記釋石蜜好味物，故雖時中不聽輒食，即知憍薩羅國居士施者，應是時中。今時無病人，輒非時噉冰砂糖，甚不可也。

一〇・六　食上　鈔批：「此是因中彰果之名，但是食時得酪耳。食既不盡變為酥，得七日服。」

一〇・七　酥油各受　鈔次卷三一頁記云：「油蜜不轉，經煮不失，是以文中唯簡二酥。」準此油無變味義，今此文明酥油各互受七日，展轉得多七日歟！三九頁制相續受云：「僧祇，比丘有第七日石蜜，即日更得石蜜，是名相汙。……若得異藥，得加七日。」

一〇・九　此中淨物生　資行：「師云：時食受雜，是不淨；無時食等氣清淨。七日藥成可受持，故云淨物生也。」意云：清淨藥成生，我當作七日藥受也。

一〇·一〇 若忘誤　簡正：「若忘誤不受者，謂雖記識，後得淨酥，忘不對人加受，及不說淨，亦名不淨；故知記識，後得淨酥，須受法。」資覽：「勘本文偏次不受者，謂不作記識；不作淨者，謂不作水滴淨；時過者，謂過午時也，故為不淨。」此解順文，應云中前，應以水作淨云云。

一〇·一三 如上進不　會正：「有時食氣加記識，無食氣作七日藥受，名進；反曰不。」若依今記，漉治加受名進；若有緣事不能漉治，但記識而不加受，乃名不也。

一〇·一五 非時受　簡正：「謂含時食受不成，既受不成，作記識法亦不就。時內並成者，受與記識俱成故。」湛堂云：簡正以受為手受，今記受持之謂也。

一〇·一九 記識法　今且任名言如是釋之，而實逸二過：一過午失，二轉變失。如鈔不受食戒，第五轉變門中。

一一·三 蔗通　行宗一二·四一：「甘蔗通四，以本是時藥；若取清汁，得非時服；若作石蜜，得七日服；若燒作炭，得終身服。」

一一·七 作法之言　伽論第九，五分二三，並明時內漉治受之，非時不成。問：三藥受持，記識並局中前？答：準資覽且依相承義，三藥記識，並局中前，含時食故；三藥加受，並通前後。問：若爾，今記受持記識二並不成。又五分二二，五種脂非時受不得服，相違如何？答：非時不成者，或約時內手受者，過午受失故；或約未成者耳。若已漉已成者，理應通中前後也。

一一·一七 尋文　行宗一二·四二：「法師乃四依示迹，豈暗開遮；直欲示其慎護，為後世之軌範耳。」

一二·二 無蜂熟蜜　簡正：「有兩說：一說云：大蜂來吃蜜，傷此蜜蜂，蜂子畏之，遂抛而去故。一解云：冬月蜂子有便穢在窠中，無人與除，即生蟲如指，蟲食蜜並蜂，乃捨去也。今取此者，故云無蜂熟蜜。」

一二·五 華茇　華，北吉切；茇，北末切。見四分四二音釋。壞生戒記云：「華茇味辛而香。」彙云：「華茇味辛，甚於椒，狀如車前子而短。」

一二·五 呵梨勒　名義集三：呵梨勒者，新云訶梨怛鷄，此云天竺持來，此果為藥，功用至多，無所不入。又法華經文句記箋難云：唐本草云：「出西域及交廣地，主風虛熱氣，形似柰，黃色，核圓，作六七棱。」又云：「形似胡桃，又似訶子。」

一二·九 或根是　行宗：「善見中，彼具云：有樹草木舉體時藥；有樹果心時藥，餘者盡形；有樹舉體盡形；此證盡形不可一判也。」

一二·一一 盡形　愚案上來乃至今文次第四藥釋了，次科明了論已下，第二進料簡三藥也；謂了論疏明七日、盡形，次十誦明非時藥也。今束繫盡形科，故後釋中有餘藥混雜成妨歟。

一二·一六 若差須捨　問：七日之內，隨差失法耶？答：限內無失，而不許服，無病緣故。若依簡正隨差法謝，彼云：「言隨病為量者，謂約法雖言七日，若服至五三病差，可即捨，以無緣故法謝。」若依今記主，限內法不失，故非時食但得吉，次引行宗文是也。

一二·一九 若無　問：行宗一二·三四：「人有二患：飢渴為故患，初二藥療之；四大違反為新患，後二藥療之。」又七日藥尚釋當食當藥等，今終身藥中，何故云不飢渴等耶？答：今一科明七日終身二藥故，若無客病下，通承二藥而結之也，故無所妨。

一三·一 七日一轉　有二義：一義云：凡病當體法爾七日一轉，能治之藥，隨所治病，亦為限也。一義云：藥體味重，故服之七日堅病得消，若七日不治，更服同藥無益，故限七日，是從藥勢名也。今文七日藥云：「無病復不飢」，則兼具病飢，方乃得食，故云復。盡形，若有客病，或者飢渴，則得服。新故二病隨有其一乃服，不同七日兼具方得，故云又也。

一三·六　苦酒　問：苦酒者，其體何物？答：簡正釋今文云：「十誦淨苦酒得飲者，謂上但明鹹苦辛甘，未明酸味，今引明之；以苦酒味酸，人不貪愛，故開飲也。」準此釋直今醋也；然既為非時漿飲之，非直醋歟！準伽論苦酒有米果二種，上文（八頁）果漿變成苦酒云云。又伽論第十云：「問：米苦酒澄清無膩，非時得飲否？答：不得飲。問：根漿葉莖菓漿，非時得飲否？答：得。」通釋：米苦酒雖無酒氣及糟不可飲歟！時漿故。十誦開飲，約果苦酒歟！或部別異歟！依十誦五三諸根枝葉華果汁外，別出苦酒，今所引是也。然則似米苦酒，然伽論宗十誦，論既不開米漿，律亦可同也。

一四·一　薯蕷湯　戒疏一二·四一：「或生是盡形，熟是時藥；如杏人薯蕷芋子葛根。」通釋：今時妄用葛湯、蕎麥湯，非時噉之，此是時漿也，不可非時飲。

一四·七　量　行宗一二·三六：「了論五並名量，謂限齊也。」

一四·二〇　依更量　戒疏一二·三六：「依更量，即非時之異名；然彼論中，日夜分五時，隨時受藥，約至七時；如平旦至二更等輪轉為時，故曰更也。」行宗：「更量者，即以五更為分齊更改也。日分五時者，寅卯等時，乃是此方曆數，不可對之。但約一日分為五分，以對五更。約至七時，如平旦至二更，日夜共七時；日高時受，至三更；日中時受，至四更；日斜時受，至五更；日落時受，至夜分盡。若準本宗，無論早晚，皆盡夜分。」通釋：五更約夜，五時約晝，日夜共七時有法，過七時則法謝。然今記云至二更者，謂盡一更，交至二更，受法即謝；是似唯六時有法，與戒疏行宗約至七時相違云何？答：依古記有六時七時之異說，簡正六時義也，彼曰：「從平旦至二更，唯一更盡服，過則不得服者，至二更須捨也。」鈔批等七時也，彼云：「若受非時一切漿，齊七分內名為更量，若過七分，則失受也；如從平旦受，至二更為更量。」又首疏云：「平旦受至二更，過此時不得。」飾宗記：「如是輪轉，恆經七分。」及戒疏行宗多分記七時，按古來既涉兩義，故今盡舉。而應七日為正，依多分故，戒疏分明故。

一五·四　不可定　斥會正歟！彼云：「更，改也。顏子家訓云：北斗移曆五辰位，故謂之五更，名夜五時；日五時者，寅辰午未申也。」問：如初更受，越於明相，移入次日，共七時得有法否？答：依首疏開之，彼云：「四更受至日暮。」若依行宗，不通；云「日落時受，至夜分盡」故。

一五·一二　屎尿　若依四分，腐爛藥應受之。四四·一六：「爾時有比丘病毒，醫教服腐爛藥，若是已腐爛藥墮地者，應以器盛水和之漉受，然後服；若未墮地者，以器盛之，水和漉服之，不須受。」業疏：「腐爛藥者，大小便也。」腐爛者，唯是陳棄藥也。

一五·一三　此據　問：有人水亦可受否？答：但灰土等則可受，水乃戒本所除，故不須受也。或可意有飲則須受，但為洗漱不須受；如楊枝戒本所除，而言欲飲汁應受，今亦當爾。

一五·一六　中論　邪見品云：「蒲桃漿，持戒者應飲，蒲桃酒不應飲；若變為苦酒，還復應飲。」

一六·六　四藥相和　簡正：「若準四分，於四藥中，時藥最強，盡形最劣。若準多論，即據分多者為強，少者為弱。」四分四二·一四：時藥和時藥，非時藥和時藥，七日藥和時藥，盡形壽藥時藥，應受作時藥。非時、七日、盡形和非時藥，受作非時藥。七日、盡形和七日受作七日藥。盡形以和盡形受作盡形藥。又十誦二六亦爾。

一六·九　葶藶　爾雅釋草曰：「蕇，葶藶。注：實葉似芥，一名狗薺。疏陶注：今近道亦有母，則狗薺子，細黃至苦是也。」

一六·一〇　附子　會正：「附子八月上旬採，八角者。烏頭四月採，與附子同根，春時初生，有腦形似鳥之頭，其味皆辛，屬盡形藥。」

一六·一七　餘者　以藥首標名，餘唯稱為藥分耳。問：初不有藥名，新制丸散等，則以何者為藥首？分數俱等，勢力相似故。答：藥雖分數等，而勢不等，必以一藥味為先，餘藥從和者有之，故以先味為首乎！

一六·一八　石英　石藥也，會正：「石英有五色者，味甘辛生太山。」

一六·一八　鐘乳　石藥也，會正：「一名公乳，一名蘆石，夏石生。」

一六·一八　黃耆　會正：「味甘，生蜀郡山中，二月十日採用。」

一七·一三　結淨地　依業疏諸部經律不開，如四分藥犍度中，是一開也；然復制斷。故業疏九·五云：「問：如上諸教，皆不開結；今結前廢，如何會通？答：曲逐時機，不堪本制，便隨開者，不無其致。有人言：諸部不同，何有會也。大乘則上達可行，小乘則分河而飲。故知部別，且用當宗；如鈔序中，小持律也。必力堪濟，通用何疑。」

一七·一六　從緣說淨　問：緣者指何？答：若不結同處，如業疏有四義汙，今以結除成淨，是由羯磨緣，別食得淨，故云從緣說淨。濟緣九·二云：「非對穢者，斥妄解也。有謂簡餘穢處而名淨故。」

一七·一七　具四義故　濟緣九·二釋云：「具下，別顯。以上淨名，通含四義。汙心是惑，汙戒即業，汙果是苦，三並自汙；二即汙他。今既結已，翻成四淨。」

一八·五　非儲　業疏九·一〇：「二院相不周淨者，由體同空露，藏畜心微也。」記云：「心隨境轉，罪自心生；所以處露心微，罪無可結也。」

一八·六　廚舍孤　有院，有二義：一者廚壁為院，即鈔批云：「謂雖是孤舍，以四面三面有壁，即攝食，唯此四壁，名為有院也。」二者壁外有院，簡正云：「謂伽藍院相雖不同，而廚屋四面院相周匝，比丘在此廚內與食同宿，亦同有過。」二義中，今記順後義歟！

一八·一一　疏云　九·一〇記云：「約下，結數。籬障為二，並下四種為六；一中有三，則十八矣。」

一八·一四　律云自今　四二·二三：爾時佛及衆僧受㻸荼居士七日請已，欲往曠野，時居士遣人以象載種種飲食，於道路供養。行過曠野已，故有餘飲食，彼使人……即持飲食，與諸比丘；諸比丘不受，言佛未聽我曹受道路糧。佛言自今已去，聽作檀越食受，令淨人掌舉，不應自受，若有所須，隨意索取。

一八·一五　賞　準律應作掌，或借音。

一九·六　僧祇　二九·一〇：佛俱薩羅國遊行，漸漸至呵帝欽婆羅門聚落，婆羅門車載粳米豆胡麻等，隨逐世尊；舍利弗教彼作粥，彼辦種種粥手自行粥，佛問言米置何處？答言此處；何處煮？答言此處。佛言內宿不聽，內煮不聽。

一九·一〇　於中　濟緣九·九釋云：「律中盜損僧物，不望俗結。又施入三寶，俗皆獲福；今若屬俗，事皆反之。」

一九·一八　不得過　彼律內宿初夜為限齊，已經初夜，淨義不立，故問白二通經宿處分，何故急耶？答：業疏九·一三云：「處分，別人加故，不得經宿；羯磨衆法，隨事遠近。」問：次五分同本宗，今祇律相違，何須引之？答：復有取舍初夜犯宿不取，但示不同，其餘以繩量及檀越言等，皆可用。問：處分淨通作法界耶？又有解法乎？答：業疏：「處分白二，相對有六異：一僧別異：處分別人，羯磨僧法。二近遠異：處分別人加故，不得經宿；羯磨衆法，隨事遠近。三一多異：處分隨時少多，羯磨唯四人已上。四道俗異：處分通七衆，羯磨局於僧。五約處異：處分通諸界，羯磨局大界。六解法異：處分口法解，羯磨唯白二。」記云：「五中，通諸界，即自然作法。六中，處分口法解，但云此處不作淨屋。」

二〇・二〇 以道寄　濟緣云：「以下，申教意。道寄清修者，謂修道託處，必在清曠之所，不宜與食同處。俗下，舉況。語出孟子，但借彼語而意自別。奄蒙庸僕，混於賤類也。制下，結顯。欲遠僧處，故兼僻靜。」

二一・一 尚遠　語出孟子梁惠王上云：「君子之於禽獸也，見其生不忍見其死，聞其聲不忍食其肉，是以君子遠庖廚也。」奄，於檢切，覆也，藏也。又無何、焉、爾等。

二一・五 若通結　業疏九・一五：「五分言通結者，彼文中通僧坊作，除僧住處。以界內果樹將熟不長。若不早結，恐有內宿故也。」

二一・一三 止於第三句　三合作二，羯磨記云：「第二緣本雙陳。」寫誤歟！應作第二句，凡初、三、五三句，皆是綱骨，豈牒緣本乎！

五分二二：「有諸比丘欲通羯磨僧坊內作淨地，以是白佛；佛言聽；應白二羯磨。一比丘唱言：大德僧聽（一句）。此一住處共住共布薩共得施，今結作淨地，除某處（二句）。若僧時到，僧忍聽（三句）。白如是（四句）。大德僧聽（一句）。此一住處乃至除某處（二句）。誰諸長老忍默然（三句）。若不忍說（四句）。（已下結成）僧已結作淨地，僧忍默然故，是事如是持。」通釋：結成中竟字有無不定，通結即無，別結復有，自餘羯磨出沒不同，不同本律有揩式也。

二一・一四 出緣句　資覽：「今鈔所出緣本雙牒，何但云緣句哉？答：且對綱句云爾乎。」

二一・一五 滅擯羯磨　五分為四句，鈔改為五句故。

二一・一七 除某處　若正結時，應一一名攝牒之；如云：除本堂、寶塔、神廟處、食堂、上座寮、東某房、西某房、南某房、門屋中庭、行來處等是也。

二二・七 相可　濟緣八・二六：可，猶稱也。

二二・一八 僧祇若一覆　鈔批：「一覆別隔者：謂同一大堂，下有兩房戶也。通隔別覆者：謂如衆多屋，各無別壁，通用四周隔。通覆通隔者：如一大堂，四周壁。別覆別隔者：如別別屋也可知。一邊二邊三邊者，謂隨一堂內，取一角二角三角任得也。隔道兩邊者，謂如一屋內，取兩邊作淨地，中開行路也。」

二三・六 別別牒相　問：得一羯磨牒五處三處淨地結之否？答：簡正有二義：彼云：「搜玄云：須別別而結，一番白二，唯被一處，處既各別，法亦別故。若依天台所稟，亦許得；或處雖有別，一一牒名入法，秉法竟時，隨某多少，皆有法起舉。例由一番白四被三人受戒，三人雖別，一一牒名，顯法竟時，皆納法體。今記同後義云別別牒相故。」

二三・一〇 古師云　簡正云：「古師等，即魏朝慧光大師。」首疏又云「故律師云」是也。

二三・一〇 以食望僧　業疏九・一七：「以食望僧，是攝是障；謂僧食兩望也。淨地結意，攝食障僧，恐相染汙。又云：以僧望僧，非攝非障；謂以僧望淨地也。作衆法時，同須赴集，唯攝（意云唯攝宿煮，故今食置淨地，即是非攝別衆，是非障也。）宿煮，不攝別衆，可不然也。」記云：「文為兩段，前段，初二句引古。謂下，今釋。謂以淨地望大界，則各攝不通也。又下，第二段，初二句，引古。謂下，今釋。謂以大界望淨地，則攝僧義一也。」

行宗以大界還淨地云云，依首疏望淨地僧也。首疏十六云：「故律師云：以食望僧，是攝是障，以僧望僧，非攝非障；是攝攝食，是障障僧，令不入淨廚，衆僧在堂作法，淨地有僧，故云以僧望僧。非攝者，非攝僧；非障者，非障僧；非障者，雖在淨地，不能障僧，使其不犯別衆，故曰非障。」

通釋：文意云以食界望僧界，僧食界是攝食是障僧，謂食僧二界，各不攝故，食界攝食而不攝僧也；僧界攝僧不攝食。以僧界望食界僧，僧界非攝食，非障僧；謂僧雖在食界非障，故僧界之僧，作按犯別衆也。

二三·一五　障僧　業疏九·一六：「僧界衣界，攝人同法同處。食界不爾，攝食障僧」等。

二四·五　都不牒　依結大界唱相，我舊住比丘為僧等云云，又白及羯磨中云：大德僧聽。此住處比丘唱四方大界相云云，今淨地中唱相，牒我比丘言，白羯磨中都不牒也。湛堂：亦不牒唱人等，律本羯磨不牒唱人名，故云爾乎！又結淨地諸羯磨，牒我比丘舊住處比丘等，不言人名，故因點示之乎！記大界羯磨，則牒唱人，但不提名，此但不等句，於後義親，意曰淨地諸羯磨，準大界牒唱人，而又如大界羯磨，惟牒唱人，不提名，故鈔如是爾。又記中淨地中都等句前義親，意曰南山為使人知淨地羯磨漏唱人如是言，然大界羯磨，唯唱人耳，而不牒名；淨地中都無唱人及名，故云都不牒也。然淨地中準大界牒唱人不言名，則後義應宜乎！

二四·一一　白文依律　業疏九·一四：「今時行事，直依羯磨單白四句，自唱自結。得在依文，失於緣唱。欲依軌儀，白中加第二句，牒其緣本，理得成也；今隨文故，略而不出。」

二四·一一　此是　濟緣九·一五釋云：「此下，決文缺所以：初推結集過，或波離初集，或法正分宗。次推翻傳過，覺明即佛陀耶舍，誦本西來，此方竺佛念對翻筆受。諸結界法，白並五句：獨此缺之，故有虧緒，謂失於條緒也。」通釋云：準羯磨篇白四中，白必有五句，若單白及白二中白，或四句或五句，謂事重，有前緣，有乞詞，此三種並有五句；反此三者，即四句，今結界前作唱相，即是有前緣，故理可有五句也。

二四·一二　覺明　戒疏一·六九：「罽賓沙門佛陀耶舍，秦言覺明，以弘始十二年誦出本文；涼州沙門竺佛念譯，釋道含筆受。」

二四·一三　當依　羯磨亦不牒唱人，然依羯磨五句牒唱人於白文中則好矣。故興正牒唱人於白文及羯磨中。記云依羯磨者，且欲令準五句也。大德僧聽。此住處比丘唱淨地處所，若僧時到等。

二四·一四　流出外　彼云：「流外者，越毗尼。」業疏九·二云：「僧祇云：『院內穢汁流巷，人訶僧住與俗無別；因制不許。』十誦曰：『初聽白二結地已，外道譏言：禿居士舍，倉庫食廚，白衣無別。』」

二五·四　雜出料簡　鈔批：「礪云：祇但有處分淨法，十誦但有檀越淨法，五分有處分淨羯磨淨他物淨，但有三，缺無牆不周淨。四分具有四淨可知。」

二五·五　但不得觸　問：依不周可然，正僧物故，若依檀越淨，是即他物，何不得觸？故律四三·四：「時諸居士持食飲具，往僧伽藍與諸比丘掌舉，後諸居士來，若自食，若持歸，若與比丘食；比丘畏慎不敢食，作如是意，我曹先手自掌舉，諸比丘白佛；佛言此是檀越所有，聽為檀越故洗手受食。」準之，他物開觸，如何答一向他物非犯，如所引律文，如今檀越淨，雖自不受，彼既屬他，比丘又擬自受用，故不開觸。

二五·七　宿煮過　英心師云：「實內煮過，於大界起也。」又尼鈔卷五·一一：「若處分羯磨二淨，通尼在內，檢校唯護明相；若共同宿，便壞食具，更須翻淨，兼有內煮。」問：內煮罪必於不淨地起，今淨地而有者？答：若比丘在淨地宿，是在淨地為不淨地者也；故其內煮還與不淨地同斷，非謂淨地有內煮，其罪起從，失之

於己故，雖云有煮，不妨其體仍是淨也，此內煮罪，
非是獨頭，從犯宿生，故與常途異也。

二五・一一　祇　若復不受，國土亂時，王未立，爾時得受；若復一王衆人未舉，爾時得受。若復不定者，位處聚落停廢二年得受；是中「或有聚落停廢，非住處停廢；或住處停廢，非聚落停廢；或聚落停廢，住處亦停廢；或非聚落停廢，非住處停廢；是中不受，即名不淨；若停可食物，是名內宿內煮」。

二五・一八　彼有四句　僧祇三二云云如前條引。

二六・三　內煮準據　濟緣：「內煮隨人兩處但犯內煮；隨處唯局大界。」

會本卷三十四鈔下二之二　四藥受淨篇之餘

一・四　一方　僧網篇七・一：「一方行化，立法須通。」記釋云：「一方者，通語遠近傳弘之處。」

一・四　別住　同篇記七・三八：「別住，即目僧寺。」

一・五　通凡聖　鈔批：「若不護淨，聖僧及持戒凡僧不來食，是塞也。」通釋：凡，內外凡底下凡夫；聖，四果等。約開會三賢七聖。

一・七　脫經儉難　簡正：「脫，忽也；儉，即八事也；難，即淨人，傾側比丘為扶助等。」濟覽：或可儉即難也，謂過儉年，不開宿捉，則或及命難故。或可儉年，經過世之難故也。

一・一四　儒宗　孟子梁惠王篇。

二・九　文徧如鈔　簡正：「並是正經者，十誦、僧祇等文；徧鈔者，如上下文一一別也。」

二・一七　名不淨　簡正：「停須與明不淨者，謂被鉢中食膩染，致令僧器不淨故。」

三・二　準以　記有兩釋，初易所染物，後易能染器。會正：「準以下，將器例米麵」等，文同今記後釋。簡正釋異之，彼云：餘有不盡者，今觀文勢，上來但明僧家多有食具，過緣成觸，翻之令淨；然此翻淨，義由未盡；又復上文雖辨能盛之具，未明所盛之食。……如是兩義未周，更欲引文廣釋，故生起云：「餘有不盡者，準以米麵」等。

三・六　六衆中　不受食戒記二四・一〇：「僧尼宿觸，互望為淨。」

三・八　善見　此文亦殘宿食戒引之，二四・三記云：「以比丘自持，容有宿觸；對小衆易之，食則免過。」

三・一〇　準此　簡正：「謂準前來所引善見，大僧沙彌易食翻穢之文，證上六衆更互轉換，得成淨也。」

三・一六　戶鉤鬮　飾宗記八：「戶鉤等者，下房舍法云：彼比丘疑不捉衆僧戶鉤鬮，若枝若環若匕若角杓銅杓，若浴牀，佛言聽捉者，謂據無食膩者；若有食膩，成相染也。」

三・一七　服用　會正云：「服當作受。」

四・一二　別證　科文。別證前六過中第六。

四・一三　護淨經　全一卷，二紙半，東晉失譯。

五・三　五百問　鈔批：「按彼論云：昔有一比丘，知處分飯食，常手指拄器物，言取是用是。」

五・八　經中墮　彼云：墮此臭穢糞屎池中，五百萬世中，受此苦惱竟，後復五百世中墮餓狗中，常食不淨；後墮猪中，五百世中，後常食不淨；復墮蜣蜋中，常食不淨，亦五百世等。復三無萬字，今云並五百萬世者，蓋祖師所覽經有之歟！

六・八　大誓　彼云：我今教汝說真實誓，若佛導師憐愍一切，於諸生平等無二，此言不虛，願我諸龍火燄時滅。

六・一七　五百問　下四：「昔有一執事比丘，恆知處分，當作飲食，常手拄器言：取是用是，日日常爾不懺，命終後，墮餓鬼中。有一比丘無著，於夜上廁，聞呻喚聲，問汝是誰？答言：我是餓鬼。問：本作何行墮餓鬼中？答：於此寺中，為僧執事。……不淨食與衆僧。……衆僧有種種瓮器，器器盛食，見以指拄器，

教取是用是物，犯墮。三說誡不悔，轉至重，以是故墮餓鬼中，兩手擘胸，裂皮破肉，摶喉吹嗾。問：以何擘胸？答：蟲噉身痛故。問：何以摶喉吹嗾？答：以口中蟲故。問：何以呻喚？答：餓極欲死故。問：飲食何物？答：意欲食糞而不能得。問：何故不能得？答：以諸餓鬼推排不能前。無著言：我知奈何？鬼言：願衆僧見為咒願！答：可爾。無著即還向衆說，……衆僧問本行精進，何故墮惡趣？答：本以不淨飲食與僧而不悔改，願與咒願，便得食糞，不得呻喚；以是證故知大比丘不得以手自造飲食，及拄觸僧器物；若非僧器，手受得行，與僧無犯。」

七·二 洗鉢竟　問：約一心過歟，縱雖不洗無過；若洗竟雖不一心過亦應莫過如何？答：洗竟者未必清潔，洗亦應有垢膩故。

七·二 一心過與　當卷一四頁一一行注曰：「審不決捨，與他還受，同是惡捉。」記曰：「顯示，必須決捨，再受無過。」又曰：「一心度與淨人，雖至兩捉，亦不成觸。」會正：「若鉢中食少令淨人益者，過與彼時成惡觸，以於此食必未斷故，欲免者，當一心過與，彼後將來作彼食受，則無過也。」比丘過與食，於淨人不一心則犯惡觸，一心謂決斷心也。若無斷心與淨人，淨人觸其食則受失，當其失時，比丘未離手，故惡觸也。蓋手未離食，猶觸餘食也。若以斷心而與，則食已為淨人有，又何觸之有。

七·八 御乘　彼云：「諸比丘以船乘載飲食，無淨人御乘行船，以是白佛；佛言若無淨人，聽比丘自御車，自行船。」又善見一六云：「若船若車載飲食，比丘篙船牽車，動飲食得食無罪。」

七·八 或是船乘　引五分文如前段，準此記家或釋合本文矣。

七·一一 上座一人　簡正：「上座一人得不淨者，以淨人初把淨食時，染著手中舊捉惡觸食器，故上座人名觸。餘人名淨者，以惡觸氣分盡故。」

七·一三 扻　本作扰，音銑，手捻物。扻，音新，從上擇取物。

七·一三 抖擻　音釋云：抖，當口切；擻，蘇后切，起物舉也。筐，音匡，飯器也，易盈之數也。記注：竹器也。

七·二〇 難事　彼云：「若師子虎狼逐，女人欲心逐，比丘捨走不著。」

七·二〇 必天雨　本文云：「若食器不覆者，語令覆，若無淨人者，若有淨席淨板得自覆，但懸放覆上。」

八·三 甘蔗竹葦束　簡正：「甘蔗作石蜜用，要作盛食器，亦置淨廚內也。」通釋：竹葦者，謂令比丘持來竹葦束，誤把來甘蔗束，又同誤捉淨瓶之例。

八·四 問已　準本文寫倒。

八·七 準口法　搜玄曰：「鈔準多論云：失受法，祇文意別。」據資覽決有二相違：一鈔所引，與現流布律本有異。二鈔疏有異。初中，前後捉淨油七日油中，考祇律第十六並令比丘捉之，前段大同，鈔所引後段中，彼云：「若言長老汝取淨油來，比丘誤持七日油來，不得即語應待來至已，問言長老是何等？答言淨油，當語置置，故名七日油。」彼不云俗人是一相違也。資覽會云：「是所覽異歟！」次鈔疏相違者，謂縱依鈔主御所覽本，而與戒疏異，戒疏一二·五三：「作法加持，雖觸不失。如僧祇中，石蜜與俗，又施比丘，本法不失。誡知盡形無由失法。」記釋云：「初義判。如下，引證。此準七日以例盡形；則知僧祇七日限內，例無觸失，與上多論部計不同。」是則鈔疏同引僧祇七日藥文，疏云不失，鈔則云失，乃成相違。資覽會云：「勘高祖本意，盡形，其體非貴重，故開遇緣失受；七日藥，其體貴重，故雖加口法，但防過手失受，不防遇緣失受；故盡形準僧祇七日開遇緣失受，謂七日貴重，獨本法不失，況盡形乎！然僧祇七日，且雖為盡形之準據，而於七日藥專依多論，不用僧祇，故今注云準口法有失也。」上戒疏所引祇文，即卷十文，如資覽出之，今鈔所引，卷十六文也。

今鈔（本卷三五頁一五行）重加以不中云：「如淨人誤觸七日油中成失。」記云：「指上誤觸，即護淨中，亦僧祇文，此明觸失，顯有重受。」依此祇文亦明失受，乃違上所明如何？答：資覽又會云：「彼文意云：如上僧祇誤觸，若依本宗意，多論文成失為言，非謂僧祇意成失。」資覽文甚廣，今且舉其要當，餘廣如釋。

八·一六　器中明觸　簡正：「此有五種：一葉，二槃，三牀，四船，五車。葉槃約緣卷者，有攝食義也。車船二種，無牛在地，一定不移，故成器；若觸器，即是觸食。」會正：「一切葉四邊卷者，成器相也。」俱舍業品第四之五，有葉類器言，疏解曰，類之言體也，器以葉為體也。遁倫云：「西方多以荷葉木為器也。」

八·一七　為器　彼接云：「若希織者非器。」

九·四　大車上　準今時輿，比丘在其中，若輿前輿上置食，肩輿人不止而行理應淨，止則不淨。今時輿人行道一里半里而離輿憩息，然則不淨令淨者，著手於輿則淨也，是牛尾未離車之意也。若其食先不共要與，為沙彌擔食相類，是亦淨，謂在比丘輿上，而食時淨人取還與比丘故也。若以比丘欲噉食令淨人擔伐，以淨人食置輿上，則應是淨也，非我食故。

九·五　如船中　簡正云：「船離水名器，今車離牛，亦名器也。」

九·六　不得　此亦律文，合作粗字（不應為注）。

九·八　若牛　鈔批：「立謂繩是繫牛繩，尾是牛尾，或可只是牛繩頭尾也。」

一〇·四　淨釜　非謂是體淨，乃成淨食之釜也；若體淨器自舉猶開，何論佐撦開制。

一〇·一五　亦是　非謂唯是新器，洗受膩器，亦應相通，鐵鉢洗清，則無殘膩故。

一一·三　四分　四三·四：「有比丘相嫌，便觸他淨食，作如是意，令比丘得不淨食。……佛言：於觸者是不淨，不觸者淨，觸者犯突吉羅。」

一一·五　自散　謂待體轉者食，若其自散自移，非無惡觸壞相罪，而以體轉後得食無罪。有云開比丘自散自移者，愚之甚也。

一一·一〇　有過藥　會正云：「有過藥，如病服葱蒜韮。」簡正亦爾。

一一·一三　或云　同前條。

一二·一　淨人難得　又四分四三·四：「病比丘須粥，……若無人，……聽使淨人淨洗器著水著米煮令沸，洗手受，然後自煮令熟。」

一二·三　更不　護自煮惡觸故。

一二·六　薑湯　業疏九·二七：「僧祇自煮薑湯，不得飲也；謂是生者，有變熟故。必是乾者，如律開之。此聖言量，不可輕也。」

一三·四　時藥唯通　時藥及餘三藥，不加法唯通無局，於加法三藥，有通局二：一限中過限相對：限中一向無生罪，故為局；過限定生諸罪，故為通。二於限中盡形藥及餘二藥相對：亦有通局。非時七日二藥，唯開惡觸，不開內宿煮，是通也，盡形四罪皆開，是局也。

一三·五　惡觸　凡惡觸有二：一任運失受惡觸，二遇緣失受惡觸。非時七日但開初一，不開後；盡形二種惡觸俱開。又七日非時，不開自煮，初煮也。重煮，一切開也。如砂糖水勿自煮，為湯是初煮故。

一三·六　三罪　業疏云：「四分之中，但解盡形開四罪故，若不加法，例不許之。」記云：「一顯四罪通開；若下，遮疑，恐謂未加亦通開。」或云惡觸二藥通開，業疏合論，故云開四罪，今鈔捨通依局，故云開三罪也；唯簡餘藥。

一三·一三 必是　礪疏云：「第二生熟分別，自煮局生，生相生、生熟生，俱成自煮。」飾宗解云：「生相生者，如果菜等；生熟生者，如米麵等。菜須火淨，不犯壞生；米麵不須火淨，不犯壞生，故別論也。」準資覽盡形藥，唯不開生相生，犯壞生故。若約時藥二種之生，俱犯自煮，乾熟芋莖等，不許自煮云云。

一三·一四 準此　簡正：「約上盡形料簡，七日不開同宿，唯此開三者，隨身療病，畜過微故，不同七日非時。」

一三·一五 應是　簡正：「若爾，何以十誦中石蜜漿舉宿開飲耶？鈔通云：應是難緣，許在房中同宿，不是尋常七日藥也。」

一四·九 都不言　簡正：「注文都不言等者，為破古也。古曰結淨已，比丘在淨地上宿，無內宿；今云淨地，只攝食不攝人；今若有人共宿，還成內宿也。何以知之，故十誦但云結淨地已，僧坊內共食宿，是內宿；何處見說淨地有比丘不犯內宿之文。」

一四·二〇 四分　一四·二八：「今日受已至明日，一切沙門釋子受大戒者，皆不清淨。」

一五·一 經宿吉羅　準本文羅下有「食亦爾」三字。資行：「上云食犯提，故云亦爾也。」通釋：既曾不受，縱食不犯殘宿，但可犯不受墮。私云：惡觸亦犯。濟覽：何隔句取上，今謂食惡捉經宿非法食故吉羅也。以第三句意可解經宿者，或共宿或不共宿共吉如上。又云：第三不受不捉者，何不共宿有吉，第一不共犯吉者受故也，與今天別，不可亂。

一六·一 僧祇阿難　鈔批：「鈔指祇文，檢祇不見，疑是錯指。按十誦二六云：佛在舍衛國，有一居士，請佛及僧，諸比丘往赴，佛自不去，阿難為佛迎食分，其飯不熟，阿難思惟，世尊若食此飯，或發冷病，即持薪火於祇洹門間煮熟，時佛經行見問言：汝作何事？答言飯不大熟，世尊若食，恐動冷患，我更煮。佛言善哉，此飯如是，更熟應法；從今日食生，聽更煮；若生食聽火淨已，得煮。」簡正引祇文略同之。

一六·八 若生食　定賓疏末云：「南山律師準十誦二六食冷聽更煮，若生聽火淨了煮。今詳十誦，且望生種開淨已煮，若望自餘米麵等類，非生種者，豈無自煮，故知但變生相即犯自煮，故應煮變，方不犯自煮。」礪疏云：「自煮者，煮變生作熟成自煮，此變生有二：一如菜菓等，青令萎等；二如米等令熟也。」飾宗義云：「今詳但變生為熟，即名自煮，非由有生性也；且如米麵雖無生性，而不許煮也；此以營造招譏也。賓師等意，火淨唯免壞生；自煮本制變生，故已火淨已煮生物，雖無壞生罪，非無變生令熟之自煮罪也。然祖師直依佛言，十誦既云冷聽更煮，若生聽火淨已煮，焉得云云乎！蓋火淨當初煮故耳。」又資覽出相承義云：生種類火淨已自煮無罪，十誦所開故。若非生罪，乾物非可，火淨應令淨人一反煮，而後自煮。

一六·一五 三任運　問：任運失受惡觸者，待更觸而生之耶，將任運生耶？答：二記說不同。簡正：「三任運失受者，約時過故任運失受，若不觸非惡觸；今失受已又觸，遂成惡觸故。」次鈔批：「三任運失受等者，立謂四藥過限失受，即生惡觸，非時殘宿等也。私云遇緣失受，前觸非觸宿非宿，若時過任運失者，前觸成觸，前宿成宿，為此故有惡觸等生，更不得復服。」通釋：簡正義順今記主意，行宗明內宿殘宿等，待服結犯故。

一六·一五 若加法三藥　戒疏一二·五七：「盡形壽藥，若加法者，無過形義，受法不失；無病而服，犯吉羅。」通釋：且約無病輒服總通云加法，三藥隨限失受耳。

一六·一七 捉比丘鉢　業疏九·三二：「淨人有一，謂膩染觸，由失受故，自執令授，前食汙手，又觸餘淨，故唯此也。若加法授，事同新受；洗手加者，此淨人手，不須洗穢。」記云：「初明非法，前食汙手，即成殘食汙淨人手。若下，次明如法，謂不自執，直令淨人授之」等。

一七・二 二遇緣　與上科第四同。祇上遇緣失不更受而取，故有觸；今則更受之也。

一七・二 洗手　搜玄云：「事同新受，受食法爾，為表淨心，令洗手也。」

一七・七 更以　業疏以四句分別，三句如鈔；第四：「非觸非惡清淨食也。」

一七・八 四分忘不　彼云：「有比丘忘不受食便持在道行，渡水已憶念我當云何，即白佛；佛言如是忘不受食」等如鈔。問：若憶無見淨人如何？答：律中不辨之，按理可即放耳。

一七・一〇 觸者　簡正：「破戒比丘惡心觸故，後自得此食吃，即成惡觸犯吉也。」

一七・一三 五分樹上　業疏九・三四：「又不得樹上捉果，試看生熟；便獲罪也。」濟緣：「又下，亦五分文。試看獲罪者，準鈔即是惡觸，此據已熟為言。必未長足，準前但名壞相，則非惡捉。」

一七・一六 若就食　意謂就食言觸，通生熟四藥，唯非時等三，已加法則無也，記文儉也。

一七・二〇 墮落　依落處判，但淨地無過；若依不淨地，唯據知論，不知不犯。

一八・二 從根斷　通釋：例別衆中樹根在淨地，枝委著不淨地，若安食在不淨地上，容犯宿歟！業疏四・三八明別衆犯不云：「若枝委界外地者，身在界內成別，界外非別；若不委地，內外俱別，而是不足數收。」

一八・五 不淨地果菜　通釋：例業疏別衆，今亦如是；若大界樹枝委食界地，食在僧界成宿，在食界不成宿；若不委地在二界通犯宿。根在食界，反之可知矣，而未見正文。

一八・一二 律云　業疏九・三三：「問：何故律中作意墮者，說為不淨？答：此謂非淨地果，長足既久，作意欲墮，有貯蓄心，便成內宿，故說不淨。若不作意，則無心畜，長足自墮，不成同宿。」通釋：準之在樹既久長足，而無畜心，則不犯宿；若有宿心，縱雖在樹，理可成犯。

一八・一五 未離　須簡長足，如果菜等生分未絕，皆無內宿；已離地不離長足。

一八・二〇 在不淨　簡正記：「觀其文意須約果樹半在淨地，半在不淨地，比丘身亦半在淨地，半在不淨地；果墮其中，謂還墮淨地不淨地也。」同今記意。

一九・五 僧祇　謂如上五分，則記解言二界之間；今則不然，謂樹在淨地，若不淨地也。義推之，亦當兼二界間。

一九・六 應及時　搜玄：「準祇文中，今及初夜時也，若過即名不淨。今鈔俱言及時者，意取當宗，及明相前為及時，內淨廚中也。」

一九・一七 自取即惡觸　鈔批：「四自取即不受也。」又簡正：「四開不受，皆為被他持去。……今師既開自煮，義有惡觸。」今記依業疏彼列八事，乃有惡觸，不受殘宿在義加中。

一九・一七 因路見果　此空野無主果也；不然，自取是盜也，儉豈開盜！

一九・一八 律云早起食　四三・六：「時諸比丘早起受食已，置食入村，彼受請還，餘比丘邊作餘食法，彼或分食或食盡；……佛言聽穀貴時，不作餘食法食。……時有比丘入村乞食，得食已，持往一處食已，持餘殘食還至寺中，於餘比丘間作餘食法，彼食盡」等皆如上，餘並準之。

二〇・三 應開八罪　準業疏不受殘宿，尚為義加，九・二一云：「開內宿、內煮、自煮、惡觸，僧俗二食、水陸兩果、不作餘食。此為八事，義兼不受殘宿二罪，壞生一種，文開內噉，為命難故；不開外損，為靜世譏，濫故不顯。」記云：「此下，示罪相。惡觸、內宿，則兼不受殘宿，既開自煮，義兼壞生；文開內噉，謂果菜為食；不開外損，即斬壞草木。文中若列，恐謂俱開，故云濫不顯也。」首疏云：「壞生有內外，若開者，人謂外壞亦開，有此濫故，不得開。」業疏依此耳。

二〇・一四 處人　簡正云：「處人，明作淨處及人也。」

二〇・一八 餘如壞生　今鈔制意見掘地戒，然本出多論，彼合壞生掘地擔羊毛敘制意，故今亦云如壞生戒等耳。

二一・三 以內　業疏云：「爪刀雖非內煮，以非處故。」

二一・六 得食　有云現行十誦，作不得食，傳寫誤歟！以鈔主所覽可為正，業疏同鈔。

二一・一三 謂火淨　五分：有五種淨。火淨為第一，刀淨為二，鳥淨為三，傷淨為四，未成種為五。

二一・一三 瘡淨　壞生戒鈔云：「僧祇：落地傷如蚊腳者，名創淨。」通釋：多論八云：「淨有二種：一故作淨，二不故作淨。」落傷等是不故作淨。

二一・一五 次五　五分：食根有五種淨。剝淨為一，截淨為二，破淨為三，洗淨為四，火淨為五。

二一・一六 又云水洗　謂四分十種淨外，更有水淨一法也。五分亦以此法淨根種，故引為證，連根菜復根種也。本律四三云：「洗連根菜已，更作淨；佛言不應洗已更作淨，此洗即是淨。」

二二・一 尼鈔　翻淨篇列十淨法，注云：「後五依五分，通淨根種。」

二二・四 揉修　壞生戒記：「揉修，兩手相錯。」

二二・五 裹核　壞生戒鈔云：「如棗杏之屬也；爪甲淨去核食，火淨合食。」

二二・五 膚果　又云：「如華芰、桑椹、梨、柰類。」

二二・八 四法分對　問：依衣五法七物也。五法者：揉修，摘却芽目，脫皮，爪，火也。七物者：一心種，即蘿勒蓼；二莖種；三子種，即十七穀；四裹核；五膚果；六穀果；七檜果。何會云四法六物耶？答：濟緣云：「除莖種，摘芽目莖種，與蘿勒蓼同也。」然依祇文，各別出之，今合之者，未詳何由；況蘿勒蓼是心種，何得合莖種。此段，鈔中三之一，怪生戒具引僧祇釋，可校之也。

二三・九 毗尼母　三・一八。今案七種淨中後二也。業疏九・三六：「母論中二淨，並相滅不可壞種也。」記解云：「母論水塵壞相，終須火淨。」

二三・一二 甘蔗　濟緣九・三六：「甘蔗有葉，以相隔故，須逐莖淨；無葉相及，故得合淨。」

二三・一二 子果散落　問：壞生戒中云：「檜果種未有子，揉修有子，火淨角果種者淨法，如檜果法。」注云：「大小豆等準之，蒿中含子之草，應待火淨，但令相着即得淨，法爾故。」記云：「注中蒿者，此屬種子，恐謂葉隔不成火淨，故準檜角以決之耳。」此等文分明成火淨，今何云無淨法？答：且言之，彼枝中能含子故淨莖，莖得通子淨，此即散落故不成；或可彼離枝子果集在器中，或雖殘葉相隔亦成，此約在莖散落者不成。

二三・一三 粳　正作秔，稻之不黏者。

二三・一五 疏云　九・三六，記云：「相即莖葉，種結實。由為葉隔，種須別淨。」

二三・二 四分　置地等者，約先比丘誤不令淨人作淨而取，然後覺也，故有置地更受字也。

二三・三 明了論　鈔批：「按了論疏云：淨果有四句：一自加行所作，即此文是也。謂自以火淨，乃至爪淨也。二他加行所作，即他俗人為比丘作淨，與比丘食是也。三自他加行所作，謂與俗人共執作此淨法也。四非自他加行所作者，如蟲傷鳥殘，乃至自爛者，比丘直得食之是也。」

二三・五 止得　通釋：問：何故不結壞生提也？答：愚案雖假火觸，非實斷生種故，又可生植故。問：若火淨果可亦結提，相雖壞，種可生植故。答：業由實論，故比丘火觸不犯提；行事由假，故經火淨種相俱淨，是呈愚意，可更問明匠矣。

二三・九 自煮罪　濟緣九・三七：「若據自煮，本不合食；鈔引十誦除火觸者，準是開法，義非常途。」通釋：十誦者，次科中云云是也，準次科注唯火所著一果名自煮，餘火所不及者，名淨也。

二三・一二 野火所燒　僧祇一四云：「若樹果為野火所燒落地，即名為火燒淨。」簡正：「若雖燒不落地，不成淨，不成淨以根在地故。」灰團穀聚者，會正：「灰中在星火微燒者。」

二三・一三 穀聚　彼云：「如拘隣地國土作穀聚，畏非人偷，以灰火燒上作識，此即為淨。」若食已下，卷三二。

二四・二 應帶　通釋：準上十誦火燄灰火，尚不成淨，可是部別。

二四・五 隨一　業疏九・三七：「疏解云：……或以刀破爪傷一子一相，一聚亦成；餘皆例爾。」

二四・六 沙門淨　濟緣九・三七：「但是作法表心而已，欲彰沙門動有儀法；如上制意，杜絕譏訶，簡異外俗故也。」

二五・一七 口受局三　謂於手受上，更有口者，唯局三耳。

二五・一八 三藥　問：若爾，三藥手受局中前？答：此且例同通中前之邊耳。既通時非時，許隨受隨飲，何不通中後；況口加通時非時，中前手受過手受失，若非時加口法，非時不開手受，如何得加法，口加必手受方得故。又時藥手受局中前者，且約中後無所用，非謂受不成，故今篇末文明時藥諸犯中云：「若非時中淨人過授，亦無不受罪。」濟覽：或可時藥已於時分無益故必不須受，而非謂手受不通中後；其言局者，中前手受過手失，而不通中後故，餘三藥手受不通，過手亦爾。

二六・五 由非　謂是正時支分也，簡藥首餘藥之謂藥分並同。謂猶云正時之支分也，又簡正：「時分者，以果是時藥，清汁是非時；今取清汁是時藥之一分，故名時分也。」

二六・七 六衆　所授人中有尼等者，是令空而墮物於器中者也。若無人則可，非無，從尼女受，而非儀耳。

二六・一七 善見　一六云：「遮有二種：一者身遮，二者口遮。若手遮，若搖頭，或以手覆鉢。口遮者，言罷不受。」

二七・九 對法亦多　搜玄：「對法亦多者，謂不受食戒中，辨食器相對受，身心相對受，單心無對受（今案：此句依濟覽引文中有。）此謂對受法多；對施興厭中，廣立觀門，對治方法，此謂對施法多也。」業疏一九・五：「但須以時仰手，表無盜相；若迎前抄撥，置地任食，如斯非法也。」五分一〇云：「一心受食者，左手擎鉢，右手扶緣。」

二七・一八 據自論　湛堂：故知若加口法，必自先手受也。濟覽：尚可決也。

二八・三 生飲　謂比丘欲生飲者，不須煮沸；記中之不須意異也。

二八・一六 下科　第八雜明罪相中，鈔引多論云：「若病重不能口受，亦直爾得服；設看病比丘手受口受，亦成受法，當稱病比丘名而受。」

二九・四 昔約　會正：「第五殘宿，約自畜者，今約他犯藥耳。」簡正：「問：此與前第五殘宿何別？答：前約自殘宿藥，今此是他者，不唯殘宿，兼有惡觸非時等罪也。」問：今記意如何？答：上第五唯手受經宿者，此加法者，至第八日是也，並約自物。

二九・二〇 三曾　僧祇一一云：「比丘有第七日石蜜，語比丘言：汝欲飲石蜜漿否？答言：須是。比丘即日得石蜜不

作淨而取者，是名比丘利汙比丘利。」通釋：如有比
丘未曾宿藥，適得他第七日石蜜食已，即日更別得石
蜜，作法不成。
三〇·四　四相　僧祇一一云：「云何食間非受間，若比丘七日
噉石蜜，八日復食者，以不間得越毗尼罪。當作一日
間，是名食間非受間。云何受間非食間？若比丘七日
受石蜜不食，八日更受石蜜無間受，得越毗尼罪。當
作一日間，是名受間非食間。」通釋：今所引即當後
句受間非食間；初句食間非受間者，按是日日隨受
飲，不加口法者耳，非今所論，故鈔不引。後句雖加
口法，七日間都不食，故間第八日一日，更得受同
藥。問：戒疏云：「七日不食，八日犯長。」相違如
何？答：有云：疏不標僧祇，乃是準本宗意述之；鈔
正引僧祇文，故記明祇意，旨致各別，故非相違。又
資覽云：「古云：兩釋各異，今宜依疏，疏據第二日
已去所染藥，記約能染初日藥，故不相違，謂初日得
藥已服之，二日乃至第八日不食，初日為能染，二日
已去為所染。」
三〇·二　五相　僧祇云：「云何受間食間？若比丘七日受石蜜
食，以八日更受食，得二越毗尼罪。」通釋：此謂日
日得藥加受，七日之中食盡，故重受同藥犯吉。若有
第七日餘殘，至第八日則犯捨墮。食則不爾，故得越
毗尼罪。
三一·一　亦得　簡正：「注文亦得自煮者，約無淨人也。」又
云：「二種煮已者，有淨人令彼煮，無即自煮，非謂
必兩煮也。」
三一·三　古云　會正：「問：西竺何以將油塗足？答：油以除
風，塗足能履深水。」
三一·七　據本　意云：若本生酥不煎，轉則七日限滿，可有惡
觸等生罪，而既成熟酥，雖先已手口二受，藥全同新
物，無惡觸等罪也。若依簡正少異，彼云：「不名惡
觸者，謂正煮之時，味猶未轉，口法尚在，不名惡
觸；才味轉失受，後不得更觸，故不名惡觸；若觸，
即成惡觸也。」
三一·二　安淨地　賓疏云：「南山律師準摩得論安淨地內，七日
來服，今詳彼論下三藥並遮內宿，故四分律中盡形壽
藥，聽內宿，故知不同彼論也。」通釋：伽論第七四
藥通雖加口受，不開內宿，故賓師部別故不依用之。
本師開盡形藥內宿，故準彼亦開七日內宿；若依南山
意，本律唯開盡形藥內宿，故盡形依本律開之，七日
依伽論遮之。
三一·六　餘皆　前文云：「有四百四病，風大百一用油脂治，火
大百一用酥治之，水病蜜治，雜病用上三藥治之。」
三一·九　火淨　搜玄：「謂火淨已後，若自煮無變生為熟過。」
問：火淨已，重煮是四藥通開，何云盡形開自煮耶？答：
變生有二種：一、一向生，二、熟死耳。草等一向
生，識過重，故雖盡形火淨已煮之。若熟死者，雖變
生不火淨煮之。盡形開自煮者，熟死者是也。
三一·九　無變　淨人火淨已與比丘，雖取食無變生過物。二與餘
藥別者，謂盡形含時藥，則辨別以授。
三一·九　與餘　搜玄：「謂此藥中鵄頭米麥，即含時食與非時七
日別也。」
三一·四　若單者　鈔批：「單是一味，無轉變者，不須記識也。」
三一·四　三分　鈔批：「立謂如藥有二十味，其中必隨一味立名
為某丸散，即阿魏丸，黃芪散等，從此得名者，是藥
體也。若其餘相從者，四藥分也。今應須識別其體分
也。」
三一·六　有云　會正：「二法，謂體分而言法者，以二藥屬法所
收故。」
三一·一三　此約　問：盡形藥體局丸散等耶？將通生薑等當體
耶？答：是南北諍也，準資覽：北京義通丸散並生薑
等，悉加口法，盡形服之。故前云盡形藥體者，僧祇

胡椒蓽茇呵梨勒等，此藥無時食氣頓受，病比丘終身服。四分云：「一切鹹苦辛甘等，不任為食，名盡形藥。」廣說，行宗云：「生薑生熟皆盡形」云云。南都義云盡形藥應加法者，但局丸散湯膏，煎椒薑等，只是藥分未謂合者，應記識用，不通加受；故注羯磨云：「盡形藥或白朮散丸湯膏煎等。」輕重儀云：「盡形藥中未擣治者入重，若已擣和合成湯丸膏煎異本藥草者，入分物」等。通釋：「今記云：注牒諸藥，約藥味未和合者等。」準之，北京義似順之。問：今文及次科中一一藥味隨得別亦得加法云云，南都義如何通之耶？愚按若擣治已為細末等一味，亦通開加法歟！若不爾，如何通今文。

三二・一九 棗　戒疏一二・四〇：「如棗汁梨漿，稠濁未分；此與時漿不別。」又鈔前卷一三頁云：「杏子湯乾棗汁，……非時噉之，並出在自心。」依此等，棗乾生，俱為時藥。

三三・九 不得　鈔批：「謂於地經須臾失受，有惡觸等過生。」此釋約過中耳。準鈔批及資行處處釋雖過中不放手，似無過須臾失。又本卷二七頁一六行注引僧祇云：「非時受，不得置地停。」依之，不放則似無失。

三三・九 覓比丘　問：準之未擣治藥種，似亦加法，南都義如何通之？答：資覽通云：「大國風儀，或治作丸散等賣之，故不相違；或可加法之言，亦通記識，即復通未擣治者。」

三三・一三 無則還寺　無則自持還，若寺不近，則時移恐有失受，乃令淨人持還，故云不然等。

三四・四 寒心　史記八六云：「足為寒心。」索隱曰：「凡人寒甚則心戰，恐懼亦戰，今以懼譬寒，言可為心戰。」

三四・七 須說淨畜　多論六云：「藥至七日應作淨，若與人，若服；若不作淨不與人不服，至八日地了時，尼薩耆波逸提。」行宗一二・五〇：「七日須淨，謂七日限滿，即說淨畜。」鈔批：「問：說淨竟藥，得服用否？答：不得服用。問：若俱不得，何用淨為？答：若不加淨，染下長生，故必須淨。謂若不說，即犯長，又能染後來淨藥，故須說之。若爾，衣作淨竟，應不得用？答：內外不同，故如長衣說著本為後著，豈得言藥加說淨本意為服，以過限藥，雖說淨竟，不得服故，但是恐染後來藥，故說淨也。又防現藥之長，故須說也。又長藥不說淨，不開迦提月，迦提本為衣開之。」鈔非時食戒，引律云：「非時漿明相出，七日藥過七日，亦墮。」記云：「四藥各有時非時，時藥約中前，後非時；七日限中是時，過限非時；盡形，疏云：有病加服名時，無病輒服名非時。」

三四・一〇 三藥　戒疏一二・五四：「三畜用輕重者，四藥之中，七日畜重，餘三並輕。」記云：「重謂犯提，輕即結吉。」通釋：律制說淨者，七日藥及衣鉢金粟等也。自餘菜果熟食，時非時盡形等藥，無說淨法，而不開儲畜，則宜及時捨與檀越等耳。或可但約手受口受者，謂餘三藥已儲畜過時限通犯吉，但盡形約無病輒服之邊云犯輕耳。戒疏又云：「時藥一種，雖資用強，體現交盡，多無久延；不制說淨，無應說不說之過故輕。」

三四・一三 齊中　此約無病，若病人開非時服，故行宗一二・五〇云：「若但手受，謂非時暫服。」是也。

三五・一 若據　若依戒疏，若據下，古解；莫非下，今解。即彼一二・四八：「有人解云：手受防盜，一人受竟，通諸比丘。口法不爾，自稱名加；若捨與人，彼則無法，故不合食。……又解：藥味是通，口法亦通；以其口法加二通藥，捨與前人，不失口法。」行宗科云：「初他解，次今解。」

三五・二 加他　資覽：「北京義云加二通之藥，故不問同病異病，餘比丘服之無苦也。相承云：既稱病名同病可服，二通藥故；異病不可服，背口法故。」

三五·三　及疏　會正：「及疏說者，即首疏，彼云：論其口法，稱己名受，於己有法，未捨與人，得就食，我食不失受法；若決與他，二受即失。故善見云：藥未滿七日，若捨與人，即失受法，不應更食。」簡正同此。

三五·八　捨有　注戒本上，三三頁；戒疏並記，一二·六一。資覽：「還主得服，是非內服，外用義也。」

三五·八　還主　含注云：「滅七日者，白二還之；比丘當取塗腳然燈用。」戒疏二上亦制身外用云云。準此非謂服食，只開外用耳。

三五·一〇　七重　問：此重加通任運失受遇緣失受？答：有義云：通二種俱失受，故相承云：任運失受生罪體，手受生二罪，故不許重受；遇緣失受非生罪體，故開重受。今鈔重加中，明手受口受俱，但舉遇緣失受，即其證也。

三五·一三　更加　用但局二日，例如受日法，但一日用，加七日法，不作二日者？行宗一二·五〇云：「以無二日法故。」濟覽：今謂此說恐非也。下文若作口法竟，一日乃至五日，淨人來觸，應加手口二受，復得七日服。

三五·一五　入淨　第七日必須說淨，故云入淨；行宗一二·五〇：「至第七日，即當說淨。」

三五·一五　七日　戒疏一二·五〇：「問：服過七日，不得重加；病復未差，現有新藥，得加法否？答：同藥不得，異者應成。」

三五·一九　僧祇成論　問：云何證之？答：二文俱局七日已藥勢不久，故證六日已去不加也。若藥勢長久者，六日已去，獨應加；藥勢但局七日，所殘之日無幾，故不開重加。

三六·二　此明　問：戒疏一二·五三：「如僧祇中，石蜜與俗，又施比丘，本法不失；誠知盡形無由失法。」記云：「如下，引證。僧祇，彼因比丘以第七日石蜜與優婆塞，彼乃持與餘比丘，即日得石蜜，不作淨而取。」又云：「則知僧祇七日限內，例無觸失，與上多論部計不同。」此等文與今相違云何？答：多論說觸失義，故知鈔上注及記，今文且依多論說，戒疏直依僧祇，故不相違。

三七·二　此無　鈔批：「立云：此破古人，藥犍度云：諸比丘如是念，盡形壽藥得界內共宿內煮自煮不？佛言聽。此即四藥之中，唯開盡形，言無內宿。其七日藥，不有開文，明知七日不開內宿。」

三七·一〇　文誤　疑即寫誤，戒疏一二·五一：「據律文中，內宿一罪，盡形藥開。」

三七·一一　因明　業疏九·三一：「餘之三藥，不加法者，類同時藥。義加口法，各越所期，本觸名觸。」記云：「四藥過中，三藥過期，皆有失受惡觸，義加，義合作若；本觸名觸，謂本開觸之物，今乃成觸也。」準之，限內本開觸，今過限更觸，故於本開物還成惡觸也。然據資覽釋異之，彼云：「明出以後更觸，不謂成惡觸，但過限已來失受成不可服體，故限內觸還成惡觸，是名失受惡觸，不受等不如是。故疏意云：非時殘宿惡觸，定有餘宿煮等，約緣不定。殘宿亦爾，前開宿藥明出還成殘宿物，非謂其後更殘宿。」通釋：資覽釋依鈔批解耳，如上已引；若依簡正，約更觸成惡觸，今記亦爾也。

三八·一　口受中　文難消，改增令易，觸者非時中，手同時藥。

三八·八　不同　上四者，殘宿、非時、犯捨、惡觸也。行宗一二·五三：「若爾，上之四罪，不服亦犯耶？答：本犯捨墮，此不待服。餘之三罪，茲因受生，未服先有其過，待服方結其犯。服犯過藥，本非因受；縱服得罪，乃是別犯，不得云生。」通釋：問：非時殘宿待服得罪，與服用吉何異？答：不同也，謂依受生犯捨，依犯捨方生服用，謂直生展轉生，不同可知。非時殘宿等直生，服用展轉生，即以犯過為其正因，故云不由受生也。濟覽：如其殘宿非時及惡觸，至八日地了任運而具待服結成也。輒用吉者，不爾；服而方成，未服之間，曾無任運而具故。

三八·一〇 本是　意云凡藥之未經手受已前，自本是不受，何由受而生不受耶？況手受已加口受，還失不受，有受生矣；至八日旦，惟任運失受，而無生不受，不同殘宿云云，如文。搜玄：「立云：謂一切藥皆本性是不受，由加口法失不受法，至八日朝任運失受法，歸本不受，非是能生不受也。」

三八·一八 口受亦有　搜玄：「當陽云：上有口法防六罪，今無口法，手受既失，還生前六罪：一失受，二惡觸，三殘宿，四內宿，五內煮，六自煮；加無病而服吉，即七罪也。鈔言亦有六罪者，如上所引，即表有無六罪者，謂乾藥不惡犯煮，即無二煮，祇有四罪，故言亦有也。」通釋：今記云牒古，玄記會上下云：上有口法等，按彼記意只為鈔主義歟！若爾，訓文當云：「口受亦有生六罪者。」又鈔云：「口受亦有。」彼記云「今無口法」等，是反顯明之歟！謂由決捨等緣，曾受口法已失，故生六罪歟！玄記六罪，同今記釋。

三九·一 戒疏　尼鈔五·二〇：「盡形壽藥，若淨人來觸，直爾手受，不須作法，以口法不失。」就此尼鈔有異義，有義云：既云直爾手受，明知受失也。相承義云：口法延手受之法也，口法既不失，手受豈失乎！但淨人觸義相非便故重合手受也。非謂手受失，故重受也。就之加法盡形藥合淨人持有南北異義，北宗義云：若欲服更手受口法不失；相承義云：雖不手受無苦，疏文分明故。

三九·四 但結　問：行宗：「非時食戒下加法，盡形無病輒服，咽咽三吉，更兼惡觸。」與今何違？答：且一義云：戒本非時，不受、殘宿三戒，注各說故，望三戒云三吉，然三吉無非俱違制一吉也。是依有口法不犯提，三戒所制皆吉也。

三九·六 用資　恐寫倒。

三九·八 餘藥　戒疏一二·五四：「時藥一種，雖資用強，體現交盡，多無久延，不制說淨，無應說不說之過故輕。非時漿者，時狹體微，情無久畜。盡形壽藥，雖得久延，療患義微，畜心皆薄，既無貪貯，不制說淨故輕。」行宗：「重謂犯提，輕即結吉也。」通釋：據此時藥儲畜過中，非時漿留畜至明日，盡形藥無病畜積，上諸罪之外，別可有輕罪歟！

三九·一三 自煮　問：於不淨地自煮可然，若於淨地可無內煮？答：不然，雖淨地既犯內宿，則不妨內煮隨生。上云結淨地竟，比丘在內檢校，唯護明相，若與同宿，有宿煮過也。

三九·一五 亦無　問：鈔云：「若已足食竟，不作殘食法，不成受。」準之，非時不成受，今何云無不受罪？答：此欲食故成受，即鈔云：「律文云：若比丘非時受食食，咽咽墮。」此成受故，但犯非時食足食不成受，不欲食故不成，故不相違。一義云：部別不同，彼足食竟不成受者，明了論意也；此非時成受者，本律意也。

卷十

會本卷三十五 鈔下二之三　鉢器制聽篇

第十九 房舍五行調度衆具法附

一·三 五行調度　簡正記：「金木水火土，此五是造具之事，人所流用，故號為行；此五攝盡調度，即是作具總號，濟形所須，故云養生，附此聽門而出也。」

一·五 皿　下記云：「器之總名。」

一·七 堪受　有云：下至不犯小罪，而堪可受信心施主之供者，必用此器，故云應器也。

一·八 或處　尼鈔二·三二云：「盋名應器，須應其身大小準食之，故下律云：量腹而食，度身而衣，趣足而已。不得見有此判，遂畜小小之者，若不滿四升已上，定不得受；僧盋，不滿五升已上，定不成持。」

二·一〇 鉢是　鈔批：「佛成道受四天王石鉢，明是古佛道標，每食常用。」通釋：四分三一·一一：佛初成道七日，賈客最初獻蜜漿，佛觀「往佛」皆用石鉢，時四天王捧石鉢等。

二·一〇 不得　十誦四〇：摩訶南訶六羣之詞：不得惡用，彼言：「何以輕賤此鉢。」

二·一五 正作　現行論本，作有無皆依，彼云：「佛、辟支佛、聲聞，悉行乞食，或貧或富，捨家學道，棄捨牛犢田業，及治生俗務，而行乞食，資生有無，皆依四海以為家居，是名比丘。」

二·一八 律云　九·二：「鉢者有六種：鐵鉢，蘇摩國鉢，烏伽羅國鉢，優伽賒國鉢，黑鉢，赤鉢。大要有二種：鐵鉢，泥鉢。」又出五二，一〇大同。又母論八·一三：「鐵鉢，瓦鉢，優伽國鉢，優伽賒國鉢，毗舍離國黑鉢，舍衛國赤鉢；鉢雖有六種，其實鐵瓦二也。」

二·二〇 白銅　婆羅門女常用白鉢，彼女出家，猶用銅鉢，故制不畜。尼鈔云：「用白銅鉢及木鉢等，此是外道法；若畜，得偷蘭遮。」

三·二 四分　五二·三：銀鉢，瑠璃鉢，寶鉢等。

三·一〇 業疏云　「律五二云：不應畜木鉢，是外道法；若畜如法治。不應畜石鉢，是如來法，若畜得偷蘭遮。不應畜金、銀、瑠璃、雜寶等鉢，是白衣法；若畜如法治。」若依五分二六：木鉢偷蘭，石鉢吉羅。

三·一一 石鉢　鈔批引智論二九：佛愍比丘，故不開石鉢，細石鉢，難求妨道；粗者受膩又重，苦持行故。佛乳哺力勝一萬白香象力，故不為重。阿難常侍執持佛鉢，何不愍乎？佛為加威德力，故亦不重。通釋：多論卷二：阿難大力，能轉四十里石。

三·一五 掍　行宗云：「掍，合作璭，謂揩摩出光也。」

三·一八 油　行宗云：「油字去聲，謂以桐荏油塗已燒之。」

四·一 四分　五二，彼但云黑鉢，赤鉢。

四·一 僧祇　二九：「作三種：一如孔雀咽色，二如毗陵伽鳥色，三者如鴿色。」鈔批：「一者作孔雀咽色，賓云緣光也。二者如毗陵伽鳥色，相傳云不知似何，今詳赤色也。三如鴿色，謂灰青色也。」

五·二 十粟　濟緣一上、四上，及會正、簡正、鈔批等，並六粟為圭；今記及正源記十粟為圭，恐孫子算經有異本歟！

六·三 中下　多論：「鉢者三種，上中下。受三鉢他飯上者；下者受一鉢他飯，半鉢他羹，餘可食物半羹，是名下鉢；上下兩間，是名中鉢。」又十誦七：「鉢有三種，上中下；上鉢者，受三鉢他飯，一鉢他羹，餘可食物半羹，是名上鉢；下鉢者，受一鉢他飯，半鉢他羹，餘可食物半羹，是名下鉢；若餘者，名中鉢。若大於大鉢，小於小鉢，不名為鉢。」

六·一〇 即唐　以周九升九合，為唐三升三合，今餘周一合，故強也。又餘半鉢他為周三升三合者，若細言之，應云三升三合三勺餘，然未滿合，故略不出耳。即唐一升強者，應云一升一合強；謂周三升，唐一升；周三合，唐一合；更有周三勺，故總計唐四升四合，更周一合三勺餘在之是兩鉢他，十誦下品量也。記云「四升已上為下品量」者，是約大綱。

六·一二 故注引　問：十誦一鉢他二升二合也，何僧祇云四升？答：鉢他與鉢多羅不同也，鉢他是量名；鉢多羅即名應器，謂僧祇鉢多羅者，受四升者據下品也。又與十誦下品大途同矣，故鈔注引合之也。通釋：僧祇一一：有三品鉢量，彼云：「上者摩竭提國，一阿羅米作飯，及受羹菜，一阿羅者，可此間與斗同，㪷六升中者半阿羅及受羹菜。下者一鉢他米作飯及受羹菜，三分飯一分羹菜。」準之，不云一鉢他當幾升，今依義云四升耳。

七·一四 四分　業疏一八·四〇：「四分諸受文皆缺者，以覺明論士，誦本東傳；至於翻時，隨出便寫；貴存一部，無暇覆疏，尋復返西，此無行用，故多缺也。……余近問于闐國僧，彼既大弘四分，何以律無受日等諸受持法？答云：此無，但脫漏也，彼國梵本十萬偈，從唐言譯，則有百餘卷；羯磨別本，皆備諸受。」

七·一四 十誦　二一：「次問此鉢多羅是汝有否？答言是。我某甲此鉢多羅應量受長用故。」湛堂云：第二第三亦如是；又長字與今異。

七·一七 似是　簡正：「注文似獨住比丘法者，破古也。古云是元不說淨人有長鉢，更互受捨如衣法；今注但為無人對，故今捨故受新，即是恆常說淨者。」鈔批同古，彼云：「十日一易者，謂是元不說淨人，有長鉢更互受淨，故得十日一易。」濟覽：今記釋亦同批歟！問：無不說淨，及恆常說淨二相如何？答：案言不說淨者，唯展為易受持，不行心念說淨者耳。二衣云：「律中捨故受新十日一易，應是不說淨者。」記云：「應是不說淨者，疏云：一是長衣，一是受持，更翻受淨，不得過限；計受持者，不畏犯長；無奈淨者，將是過限，故限十日中轉之；恆常說淨者，但數受捨長衣待有人對方止，未得對人之間，恆常說淨，故同之。」二衣篇又云：「五分獨住比丘心念說者，具儀捉衣，心生口言：我此長衣淨施某甲，從彼取用。得至十一日復如前威儀口言：我此長衣從某甲取還。得至十日，復如初說淨，施與某甲，從彼取用；如是捨故受新，十日一易。」二名不知出何律，且不見古釋，因叨解二名耳。湛堂：記前解云：言獨住者，不問村野，但據無人。疏云：「但界無人，即開心念，雖有非數，豈得對首。」

八·四 如二衣　彼引五分、四分共有捨故受新十日一易之文，而五分於說淨人釋之，四分通兩釋也。但今一向以說淨人釋之，故知非全指同，可見彼篇心念說淨之科。

九·四 重病　正文云：「問：比丘病時得離鉢食否？答：重病得，小病不得。」問：世中有椀器盛飯著鉢中食，亦名用鉢食否？答：不得名，即五百問下一問鉢事品云：「問：比丘以器盛飯，停著鉢中，得互用鉢食不？答：不得，犯捨墮。」

九·一一 絡　縛也，謂布以縛鉢，乃袋耳，以用名體。

九·一四 次制　依鈔似制自持，若依彼論正制絡囊，文云：「所以令畜絡者，乃至有一比丘共淨人乞食，此淨人捉食不用心；外道著毒藥不覺，比丘到住處食即命終。佛因此勅諸比丘，從今已去，各各作絡囊盛鉢，如是持之，以諸因緣聽畜絡也。」

九·一五 踞坐　鈔批：「踞坐者，立曰右腳五指及膝拄地，舉腳跟以尻坐腳上；左腳平著地上者是也。」若餘記異之。資持不受食戒云：「踞坐，謂兩足踞地。」會正：「踞坐，即垂足坐。」簡正：「平足著地，方名踞坐。」經云：「踞師子牀承足也。」通釋：此等記釋似不合今文，疑祇律踞坐法，與常途異歟！

九·一八 寫師　尼鈔作瀉。裹已衣，尼鈔裹作「共」。

一〇·一二 煖湯洗　彼云：「莫用煖湯，莫用香盛。」

一〇·一四 唯除　準上五分晨粥亦須鉢，但苦熱故開別器，是且開緣，非制斷也；即鈔批云：「準五分文，鉢唯大小二食，不得餘用故。」今記何云唯除中齋？答：且依母論耳；或縱依五分，既粥食開別器，不用亦無過故。

一一·三 僧祇　彼云：「破六種，得偷蘭遮。」

一一·九 破不得都墁　會正：「都墁，謂以鉛錫補時，不可盡墁，即不分鉢體。」通釋：破不得下，依現行律本文字少異，五二曰：「彼纏鉢四邊，若口；佛言不應爾，彼都墁纏鉢，佛言不應爾，應縵兩分留一分，若有星孔多，應盡纏。」墁，塗墍也。墍，音忌，泥飾屋也。

一一・一五 不爾　律具云：「蘇摩鉢囊中出入患破，佛言應作函，若箱盛。……若鉢相振，應以帶繫龍牙杙上。」

一一・二〇 凡鉢　教誡儀二時食法第八：「其鉢盂外，三分之中，二分向上為淨，下一分為觸。」

一二・三 西國　珠林七九・初云：「耶舍法師傳云：西國士俗，以牛能耕地，出生萬物，故以牛糞為淨；梵王帝釋，及牛並立神廟以祀之，佛隨俗情，故曰為淨。」

一二・一八 鍵鎡　僧祇律音釋云：「鍵鎡，梵語也，此云淺鐵鉢，今之鐼子也。鍵，音虔；鎡，音咨；鐼，音訓。」百丈清規謂小鉢曰鐼。

一二・一九 大鉢義須　簡正：「鈔意若斗半已上，三斗已下，應量大鉢，義須說淨。今律既云不作淨施，應是三斗已上過量大鉢，聽畜用不許說淨受持。」通釋：簡正記主不考律文，故云律既云不作等；律文正除大鉢，不列不作淨中，今鈔略攝引之，故不明了。律三九・一二具云：「長老畢陵伽婆蹉在道行，得酥油蜜石蜜不敢受，諸比丘白佛：……佛言聽若以鍵鎡、小鉢、次鉢受。鍵鎡者，入小鉢；小鉢者，入次鉢；次鉢者，入大鉢。諸比丘不知畜鍵鎡、小鉢、次鉢當淨施不，白佛；佛言聽不作淨施畜。」

一三・一 枚枝也　說文：竹枝也，徐云：人言一筒一枚，依竹木而言之也。

一三・八 乾艾　博物志：「削冰令圓，舉以向日，以艾承其影得火，號冰臺。」

一四・八 僧祇　文云：「不聽用種種物揩洗腳，腳底有垢，破得團草，若磚瓦聽用，是名揩腳物。」又三一曰：時六羣比丘至阿脂羅河上洗浴，用揩石揩身，為世人所嫌；乃至佛言從今已後，不聽用揩石揩身。揩石者，木作；若石若磚，如是比丘皆不聽用。……若用揩石說浴者，越毗尼。十誦三九：「聽以木磚石為洗腳物。」伽論六：「不聽以洗腳畜用浮石。」十誦五一：「不開以浮石揩身。」

一四・一四 四分　五二；尼鈔六・三八云：「此律得麈尾拂開畜，不云得捉。」

一四・一四 織毛毱　律五二云：六羣作織毛毱扇，多殺細蟲，居士譏言，無有慚愧，害衆生命，因而制畜。時比丘患蟲草塵露墮身上，聽作拂，不知云何作？佛言以草若樹皮葉縷線作，若裁碎繒帛作；時比丘得尾拂，佛言聽畜。資行有云：「如團扇形作拂也，上宮太子三十五歲時，持物如是。」

一五・九 為治病　四三：「以刀破瘡著藥，故用之。」又四二・一作鈹刀，彼云：「被蛇螫者，刀破出血，以藥塗之。」

一五・一四 煙箭　彼云：「比丘患風，醫教用煙；佛言：聽用煙。時須煙筒，佛言聽作。」準此，似煙藥熏，記言引煙出舍，似違律文。

一五・一四 椎火把　彼云：「彼欲聚火作杷椎聚。」

一五・一八 五分　彼云：「諸比丘與作人食，不量多少，雖多猶瞋，佛言聽畜斗斛升合。諸比丘與雇作人酥、油、蜜、石蜜，不稱與，雖與猶瞋；佛言聽畜稱。」

一六・一二 鐵箸　彼云：「若油汙手，聽作櫡；若患櫡火燒，聽作鐵箸。」音釋：櫡，與筯同。簡正：「鐵箸，挑燈杖也。」

一六・一二 鐵炷　彼云：「著患燈炷臥，聽炷中央安鐵炷。」

一六・一四 蓋具　彼云：「蓋抖蓋子宏蓋頂蓋杵。」

一六・一七 趣用　彼云：「十種衣中，聽趣用一衣作囊。」十種衣者：一拘舍，二劫貝，三欽跋羅，四芻摩，五刃摩，六舍菟，七麻衣，八翅夷羅，九拘攝羅，十親羅鉢尼。

一七・一 刮舌　彼云：「舌上多垢，聽作刮舌刀。」揥齒木作擿，彼云：「食物入齒間，聽作擿齒物。」挑耳篦，彼云：「耳中有垢，聽作挑耳篦。」

一七・一四 若僧集　彼云：「夜集時，說戒時。」

一七・二〇 撈　批云：「應師云：編棘為之，用平土塊。山東名撈，關中名磨。」

一八・一 錫杖者　名義曰：「錫杖，由振時作錫錫聲故。」十誦亦曰聲杖。錫杖經云：「又名智杖，德杖；彰智行功德故，聖人之幖幟，賢士之明記，道法之幢。」根本雜事云：「比丘乞食，佛聽作錫杖而不解，佛言杖頭安鐶如醆口，安小鐶子，搖動作聲，而為警覺。動可三，無人聞時，須行去。」義淨云：「錫杖，都有三分，上分是錫，中木，下或牙角也。若二股六鐶，是迦葉佛制；若四股十二鐶，是釋迦佛制。」

一八・一二 僧祇　三九，尼單提法中，出彼正制尼云：「若比丘尼不病，使比丘尼，式叉尼，沙彌尼及俗人婦女揩摩洗浴者，波逸提。乃至式叉磨尼，沙彌尼亦爾。」彼中文云：「若比丘不病，令比丘揩摩者，越毗尼。」通釋：準之，若不病人，縱不頭陀人，不開使比丘揩；亦不論露形不露形，然彼雜誦法中，言當使一人揩者，使下衆及俗人耳。

一八・一三 浴時不病　問：不病人不開他揩耶？答：準資行西大寺義，亦通他揩；僧祇三一下・六：「六羣比丘至河浴，用石揩身，世人譏嫌；佛言當使一人揩；若無人者，當自揩。」鈔二四・三八；半月浴戒引十誦云：「若頭陀不用他揩，編繩自揩身者善。」準之，今云不病等者，約頭陀人耳。若不頭陀人，不病可亦開之。（已上西大寺義。）次招提寺義不開之，今不病者，非頭陀人，無明文故。若頭陀人，有病亦不開乎！今文及教誡儀等通不開他揩故云云。（招提寺義。）通釋：律房舍犍度云：「彼露形為露形者揩身，佛言不應爾；彼露形者為不露形者揩身，佛言不應爾；彼不露形者畏慎，疑不敢與露形者揩身，佛言聽。」律文奪三十五事中，不受他揩摩云云；準之，本律中非被罰人，可開他揩；但制能揩為露形耳。若依十誦，能所俱不開露形，彼三九・七：「時六羣露身指，佛言不得露身指，犯者吉。彼指露身者，佛言不聽指露身者，犯者吉。有二比丘俱露身相指，佛言若露身相指俱吉。」

一八・一五 當為　文頗省略，本文云：「當為說厭患身法，復為說調伏心法，當生慈心」等如文。通釋：若依本文科分，厭下二句是所說觀行。應下，屬能說人，應生慈心說者本軌，大慈悲為室故。為令下，正顯說意。

一九・八 大論　卷九一。

一九・八 好照　鈔批：「好師者，立謂教坐禪師匠也。好照者，立謂有好師能教得理解觀照。知如實法相，若有異見，則是外道也。」簡正：「好師好照者，自能入其正觀，物我一如，名好師；好教照弟子，名好照也。」

一九・一七 坐禪處　濟鈔：「凡世中禪處等懸鏡，或為覺知魔鬼等變化相。」又有云：「記文上句取明瑩現像者，由此令行人知諸法如幻即空，非有非空之理；或覺唯識轉變之理。次句光影交射者，開帝網重重，事事無礙法界之觀智方便也。」

二〇・八 水井　律各出別緣，非寫倒。

二〇・一三 增一　三・二；四分五〇・三。增一安造房室與招提僧，所謂小陀羅婆摩羅比丘是也。

二〇・一四 如王　律五〇・三：「時王瓶沙，聞世尊聽衆僧作房舍，欲於迦蘭陀竹園為僧作樓閣舍；佛言聽作」等。

二〇・二〇 若作　律云：時有比丘有小沙彌，欲房中安隔障；時有比丘欲開房前曲障巷，欲作房內休息處，佛言並聽作。須戶，須壁，須半壁，須大牀，須小牀，須板，須地敷，一一佛言聽作。

二二・五 迦葉　鈔批中，缾沙王詣竹園觀看，因問迦葉，比丘答今在耆闍崛踏泥；王即往見問言：大德！何故自作？答言：大王誰當為我作？王言：我當與作人，語已便還。後時又到問答如前，迦葉言：大王數作此語，而不見與。時王慚愧，問大臣我先有此語耶？答言實有。時人捕得五百羣賊，送王令殺，王問賊言：汝能供給善人否？答言能。恐其偷奪諸比丘物，多給田宅，去竹園不遠，立淨人聚落。

二二・一二 棲棲　聖哲之治，棲棲遑遑，棲遑不安之意也。論語憲問：「丘何為是棲棲者與？」朱注：「棲棲，依依也。」

二二・一九 四分亦　文云：「六羣以男女形像文飾莊校堂屋；佛言：不應爾。」

二三・四 不得　此不許一時受多房也，非謂後時不得受餘房。律五一・一具云：「彼經營人，一切時春夏冬受僧常營事房；佛言不應爾，聽夏三月竟，隨上座分。時有比丘通經營僧伽藍，便處處取房分；佛言不應爾。應九十日取一處住。」

二三・四 白二　鈔批：「律中有兩個白二：一則與僧治房，一則與俗人治也。」通釋：與一比丘料理白二，出律五○；與居士修治白二，出五一・三紙。

二三・九 一紀　字彙：「十二年為一紀，取歲星一周天之義。」

二三・一六 六年　鈔批：「此是十誦律文，若準祇文稍異，營事比丘作房應與五年住；當來僧中互跪乞法，僧作白羯磨與五年住也。」

二三・一九 非法　問：尼過可知，僧過如何？答：初俗為僧施，而僧意欲與尼，而先自受，是僧非法受；或先縱如法受，後轉與尼，則其時還轉非法受也。

二三・二 作新　濟鈔云：「指上十二年經營之文歟！」而今十誦文何指同上四分乎！但指上極一紀之邊耳。四分與住，不過九十日故。通釋：準次科記隨經營年數，亦與賞住，彼作新房，既經十二年，故賞功還與十二年住；六年亦爾。今且指經營邊，故云作新同前歟！

對施興治篇第二十

二三・一七 對面　拾得詩云：「有偈有千萬，卒急述應難；若要相知者，但入天台山。巖中深處坐，說理及談玄；共我不相見，對面似千山。」

二三・一七 咫　音止，八寸曰咫。剪燈新話注曰：周尺也。

二三・一九 少欲　涅槃云：「於未得之財不生貪，名少欲。」

二四・一二 有力　此語出律五三・一八，彼曰：「食知止足，亦不貪味，以養其身，而不貢高憍慢，取自支身，令無苦患，得修淨行，故苦消滅，新苦不生，無有增減，有力無事，令身安樂。」準之，有力無事，謂無事安穩，更無所惱耳。

二五・一三 心在　大部補注云：「俗書說人心臟，唯方一寸。」

二五・二○ 九流　爾雅一・二；補注一二；名義五出之。

二六・一 守弱　商容張口問老子曰：「吾舌存乎？曰：存。曰：吾齒存乎？曰：止。曰：知之乎？老子云：非剛止而弱存乎？商容曰：噫！天下事盡矣。」

二六・一 陰陽流　書堯典集注一・三曰：「乃命義和欽，若昊天曆象，日月星辰，敬授人時。」注：「若，順也；曆，所以紀數之書；象，所以觀天之器；人時，謂耕穫之候。」

二六・一 法流　簡正云：「明賞罰等法也。」

二六・二 名流　謂官途奉行。簡正云：「正萬物之名也，此不限官途歟！」

二六・三 專對　子路篇：「子曰：誦詩三百，授之以政，不達，使於四方不能專對，雖多亦奚以為！」注：「專，獨二六・六 也。」韓氏藻林云：「專對，謂見問即對，無所疑慮也。」

劉子　濟緣一七・二二：「劉子即劉晝也（有云劉勰、劉歆，並非。）著書二卷，五十五篇，窮悴無由自達，乃負其書候沈約於車前獻之。約覽而異之，遂呼登車定交，時人號此書為劉子。今引防欲篇，彼云：『明者刳情以遣累，約欲以守貞。』方接食足等語。」

二六・一四 二中　對初簡人，總持次三，云二中也。

二六・一六 善見　一五・一〇：問：云何盜用？答曰：若比丘無戒依僧次受施。云何負債用？若比丘受人飲食衣服，應先作念；若不先作念而受衣食，是名負債用。若聰明智慧，信心出家比丘，至受食時，口口作念；若鈍根先作一念。若不為障寒障熱而用衣，若不為飢渴疾病而受飲食湯藥，亦名負債用。若受飲食衣服不作念，突吉羅。云何親友用？七學人受用物，如子受父物無異。云何主用？真人羅漢受用施物。彼文「無戒」，今作「破戒」也。

二六・一八 七學人　濟緣曰：「三果四向為七學，初二凡夫，三四聖人，乃至四果乃堪信施，學者聞此能無慮乎！」

二七・一四 二俱墮　問：所施墮可知矣；何故能施墮耶？答：知穢心親愛故施，心不淨故；又增彼惡故。平等清淨心故施，可無罪有德，即畜寶戒記引十輪云：「乃至畜妻挾子，恭敬如舍利弗。」

二八・三 彼云　文云：「若實犯波羅夷，乃至惡說，恐後悔限受利養，受持戒比丘禮敬，欲令如法懺悔，語知犯六聚者。」

二九・一 如實法　記有四釋：初一常途遣迷開悟釋，謂文中了達虛妄是遣迷，見淨心是開實；淨心即本覺真理。又解下三釋如次，性、相、唯識三觀也。天台判方等部為四教通含教，今大集亦含三觀，故例準作三釋耳。

三〇・三 律中　律具云：「爾時，世尊在拘薩羅國，與千二百五十比丘俱，人間遊行，於中道見有大火聚熾然，見已，即下道在一樹下敷座而坐，告諸比丘，汝等見彼大火聚熾然否？若使有人捉彼火捫摸嗚之，即燒其皮肉筋骨消盡，若復有人捉剎利女婆羅門女首陀羅女捫摸嗚之，如是二事，何者為善？諸比丘白佛，大德！若捉彼剎利女等捫摸嗚之，是事為善，何以故？若捉火即燒爛皮肉筋骨消盡，得大苦痛，不可堪耐。佛告諸比丘，我今告汝，寧捉此火捫摸嗚之，燒其皮肉筋骨消盡，此事為善，何以故？不以此因墮三惡道。若非沙門，自言沙門；非淨行，自言是淨行；破戒行惡，都無持戒威儀，邪見覆處作罪，內實腐爛，外現完淨，食人信施，以不消信施，故墮三惡道，長夜受苦，是故應當持淨戒，食人信施，飲食、衣服、臥具、醫藥，一切所須，能令施主得大果報，所為出家作沙門，亦得成就。」餘相中佛之舉問，比丘對答，及後誡告，一一準例說焉。上來約比丘自捫摩，今抄略之，今但明受施，故六中捫摸是受他作，律通善男女說。

三一・二 蟲是　依目連問經，以六聚罪配六地獄，故地獄為總報，畜等為別報。即資持云：「破戒墮獄，畜是別報。」又篇聚記云：「總報謂地獄總受，別報謂餘趣別受。」又鈔批六末云：「地獄名總報，餘道為別報。」然論藏所談，感第八識總體，名總報；其上感好醜貧富等，號別報也。今記主亦存此義。濟緣三下云：「總謂牽生業，別則莊嚴業。」今釋且依目連經耳。今文校論藏畜趣是總，不淨蟲是別；又洋銅鐵丸，地獄別報。

三一・七 摩得伽　卷六。

三二・三 涅槃　北本二三・二。

三二・一一 故成　簡正：「彼論明受生者，隨貪愛心生，所以得知現見衆生多生廁中，不生磐石等，當知貪著香味等，於中生也。問：地獄中既無貪，應不合生？答：衆生以癡力故，顛倒心生，命將終時，遙見地獄，謂是華地，以貪著故生其中。如經說，若人渴死生水蟲之中，若凍死生熱地獄，若熱死生寒冰地獄，若貪婬欲生鳥雀中，食欲者生屎蟲中也。」

三二・二〇 明了　簡正：「明了論但明後三觀，故論疏云：『出家人受食竟欲食時，要先觀食，後方得噉。觀有三種：一應離觀（同此第三門）；二正事觀（同此第四門）；三正事功德觀（同此第五門）。』餘二，論但有義，鈔引智、母二論明之。」

三三・七 三並觀心　三即離過心，四即對治心，五即出離心。

三三・一九 音柔　平呼則而由切，音柔，往來蹂踐。上聲忍九切，義同。

三四・三 云何　會正：「云何棄之，此引僧祇遺落食戒文，故有此言。」鈔批：「案祇遺落飲食中俗人訶譏云：『尊者！汝謂此食是無子錢作耶？我奪妻子分，為福德故布施，計一粒當百功乃成，何故棄地，此壞敗人，有何道法？』」通釋：僧祇遺落食，即四分把散飯耳。祇文云：「六羣比丘落飯食半入口中，半墮地，為世人所譏：云何沙門釋子，如放逸人落飯食。」已下如鈔批所引。

三四・七 二自忖　業疏一九・六於第二中明觀：「盜用，負債用，子物用，己物用。不觀而食，破戒受施，如初人也；持戒，第二；七學人，如第三；至無學果，方如己物。」

三四・一三 長夜　梵網古迹記下：通目現未云云。

三五・九 一喜　一本一下有離字。

三六・七 觀分二　鈔批：「四正事良藥觀分二者，論疏云：『一為除故病，二不新生病；飢是故病，除飢渴則初修道，為除此病，所以須食。言新病者，若不知數量，飲食過度，必致成疾，須知止足，故不生新病。』」

三六・九 有子　鈔批：「如人欲度險難，有子死，飢窮不能得度，心念我子已死，不噉其肉，我命不全，不得度此險難，遂食子肉，於正食時，無貪著，我今受食亦爾；若作此觀竟，方食，則不負債於施主，又增長功德。不爾，口口吉羅。」

三六・一三 膏　平聲，說文：戴角者脂，無角膏。去聲，彙：以脂膏潤物，曰膏，又脂膏以膏之。通釋：長鉢戒記釋油瓹鉢云：油字去呼，今單點膏字，油如常可平呼耳。

三六・一四 涅槃　出四藥篇，此不復引。

三六・一五 為成道業　止觀四云：「此雖小緣，能辦大事。」輔行四云：「以此衣食，親為通緣：就二緣，衣疎食親。然此衣食，本為色身報命緣，故為小緣；託此復能辦道法事，故云大事。」涅槃卷三二亦出之。業疏一九・八云：「佛立觀意，食為修道；若行凡福，非出世意。何則，輪王十善，福化故也。」記云：「凡福非道，故所不聽。」

三六・一八 持世　全四卷，羅什譯；今文二・一二。

三六・二〇 亦名　名義云：「段謂形段，以香味觸三塵為體，入腹變壞，資益諸根，故言段食。」注曰：「古釋經律，皆名摶食，手團曰摶，熏聞云：其義則局，如漿飲等，不可摶故，於是後識皆云段食。」

三八・三 語蛇　彼下一七具云：「便往近之，語言：此本是汝衣，今非汝有，何以護之？（蛇）便即捨去；不遠，入一草，毒火出，然草，還自燒身；命終即入地獄，地獄一日之中，三過被燒，皆由貪害。」又其肉身葬，同日三處所燒。

三八・一〇 三匙　伽論云：「若得食時，口作念，凡食限三匙為一口，第一匙默曰：願斷一切惡，第二匙云：願修一切善，第三匙云：所修善根，回向衆生，普共成佛。」準論，則應口口作念，若省繁，但初口三匙，總念亦得。又見諸經要集，五；釋氏要覽上中食章。

三九・八　迦旃延　鈔批：「按雜寶藏經，佛在時，有一國王名曰惡生，為行殘暴，邪見熾盛，迦旃延是惡生王國婆羅門種，故佛令還本國化其王也。其王於剃髮人特生憎惡，見迦旃延即欲加害。延曰：我有何過？王報言：汝剃髮人，見者不吉，是以須殺。延曰：今不吉者，審在於我，不在於王；何以故？王雖見我，都無損減；我見於王，王欲見殺，以此推之，不吉者正在於我。王聰明，即便悟解，乃密遣人見其進止，後時請與粗食等。」

三九・一九　以穢　東野：彼云：「猶人以墨浣墨所汙，以血浣血，以垢除垢，以濁除濁，以廁除廁，但增其穢。」湛堂：謂上行輩，厭世信奉行乞；若夫下流，思想不善，而事乞食，以穢洗穢，焉有出期。

四〇・一二　臨深　詩云：「戰戰兢兢，如臨深淵，如履薄冰。」

會本卷三十六（鈔下三之一）　頭陀行儀篇

第二十一

一・五　短巾　即老子門葉也，彼等皆以黃巾而裹其頭，故名黃巾，又云短巾也。老子教云道教，孔子教云儒教，今呼老教學徒云道者也，即道士是也。佛祖統紀一〇：「其學者，初名鬼卒，後號祭酒。……皆著黃巾以標幟，故時人謂黃巾。」又僧像篇記云：「道士本釋氏之美稱，後為黃巾濫竊，遂不稱之。」

一・一九　廣明　有云：勘律二房戒及長衣戒無文，又勘僧祇、五分等兩戒文都無之。疑所覽異歟！通釋：六十頭陀事及十二頭陀名數，出衣犍度卷四一始；又無主房戒中，世尊無數方便稱讚知時乞求等，彼中佛引往昔族姓子比丘賴吒婆羅尚不從父家乞，因有此稱讚，亦非頭陀人。又長衣戒中，因阿難得貴價糞掃衣，欲奉迦葉，而彼不在，往而白佛；佛因集衆，無數方便說少欲知足行頭陀樂出離法云云。又雨浴衣、過量坐具戒中，並讚歎頭陀人。

三・七　內外六入　法界次第云：「通稱入者，入以涉入為義，根塵相對則有識生，識依根識仍為能入，根塵即是所入，今此十二，從所入受名。」熏聞云：「六入者，凡有二義：一根塵互涉入，二根境俱為識之所入。以是諸經名十二入。」

三・一八　雜含　卷四一，有命半座，而無易衣事。

四・一六　時長老　和先等詣舍衛國祇洹精舍，問諸比丘云：世尊有如是語耶？比丘答云否也，諸比丘自立制言：若有入者波逸提懺。和先曰：我不用，何以故？佛有如是言：佛不制不應制，若已制不應違；隨所制法應學，我等盡是阿蘭若，乃至持三衣，得隨意問訊世尊。爾時長老和先與六十比丘俱往詣佛所，頭面禮足，却住一面。

四・一八　蘭若等　等取餘頭陀也。

四・一九　積　行宗：積，「聚也」。

五・一九　文見　現本出卷一六也。今案：江北本卷一四頁一五。

六・一二　少欲　補注一四；涅槃二五・四；要覽下。

六・一三　衣中　十二頭陀經，衣二則同。食五種：一乞食，二次第食，三一食，四節量，五過中不飲漿；而無不作餘食。又處有四種：則缺隨坐也。缺二，而有次第乞，不飲漿之二，加則成數。

七・一五　舊將行體　會正：「列名行體者，納衣至常坐，是名而行之曰行；隨說十二種事，號體。」若今記意，不必行字無心唯體，行體離分，謂納衣行體，捨檀越施衣，受糞掃衣是也。

七・一六　初納衣　於納衣頭陀，有一衣三衣異論。簡正記有二義：一義云，即將割截三衣，併為一衲，貴輕省故。一義云，三衣各成一衲云云。準今鈔並資持，亦似有兩相，且明三衣義者，一、鈔所引四分文云：「捨檀越施衣，著糞掃衣。」若一衣者，可云捨三衣著糞掃衣故。次但三衣中云：「捨諸長衣，著三衣。」二、花手經一云：「是大迦葉，今從來是常修練若行，乞食衲衣，麤弊三衣。」又上所引雜含曰：「佛親授僧伽梨，易迦葉所著大衣。」迦葉是衲衣人，而有大衣別名，具三衣驗矣。三、律中寒雪國糞掃衣比丘來見世尊，又值天雨疲極，因聽受功德衣，開五種利，三衣中得畜一衣等。四、芝祖六物圖三衣六物曰：「制通諸一化，並制服用，有違結犯」等。問：若爾者，資持中二如何云天台四十餘年唯被一衲耶？答：是亦同一糞衲三衣，故六物圖云：「天台智者制法第一條云三衣、六物、道具具足，若衣物有闕，則不同止。」依此必非一衣。問：若爾，戒疏長衣戒中，立六種機中，第一明一衣機，而出面王釋子，第二即三衣人；準此，一衣即糞掃衣人，不別出糞掃衣故。即分別功德論云：「世尊曰：我弟子中，著弊惡衣者，無過面王比丘也。」又大鈔記：「面王比丘，常著一衣。」此等文明是一衣之糞衣如何？答：就糞衣應有二判：若依面王是一衣糞衣也；自餘十二頭陀門中糞衣，是必三衣，故知依戒疏六種機，則雖糞衣，三衣者可收第二三衣機，十二頭陀門雖面王一衣糞衣者，可攝衲衣頭陀也。面王比丘事，如瞻病篇四〇·一五。

九·二〇 善見　婆沙卷一六。

一〇·一 三乘皆乞　通釋：記明乞約七意，蓋依下十住耳。初意下云四順佛教行，即四依八正法。二折我慢，下云六行破我慢法。三離諸惡者，下云九不與男子大小有諸緣事，即是遠離諸惡因緣也。四修平等者，下云十次第乞食，於衆生中，起平等心。五生物善者，下云八見我乞食，餘修善法者，效我。六行檀度者，下云我當勤行精進，令善住布施等，下記釋發起大行。七生慈悲者，下云施我食者當生悲心。又肇法師云：乞食有四意：一為福利羣生，二為折伏憍慢，三為知身有苦，四為除去滯著。今案名義集新編一八中一四。

一〇·五 奔馳世路　通源記引南山今十二頭陀云：「季世佛法，崇尚官榮，僥倖之夫，妄生朋翼，庶因斯語，自省厥躬；至若謂利養如毛繩，視朱門為蓬戶，尚思曳尾，猶被興嘲，況乎以咳唾為恩，眄睞成飾，潛通慧好，強事趨馳，縱假寵於一時，終受嗤羣口，榮不補辱，夫何誤哉。」今案名義集新編一九四上一七。

一〇·一三 薩婆多　卷二。通釋云初四略如鈔，第五已下脫標名，文云：「五稱檀上四依之教，又若受請者常懷彼我得失之心，若乞食者，蕭然無繫，意無增減。六以衆食有盡，乞食無盡，但天下有人，要必有食，是以乞食無盡；佛教弟子，修無盡法。」依此記分釋，不合本文，但約鈔現文，且私云論六意中，初三及一，捨僧食意，中二捨檀越食意。大論釋三種食：一受請食，二衆僧食，三乞食。前二食起諸漏因緣，故俱捨，受乞食法。謂僧食者，斷事擯人，料理處分，使心散亂。受請者，得則起慢，不得懊惱，是貪憂法也，故捨之。

一〇·一五 四聖種　行宗九·三四：「四聖種，即四依法。」

一〇·一八 蕭然　即脫離之貌，又云寂靜。

一一·二 強顏　司馬遷報任安書云：「所謂強顏耳。」（文選四一）

一一·三 強乞　祇律三五云：「不得太久住，若其婦女有舂揚作事，未視之間，可小停住；若被見已，復舂作者，當去；若見婦人紡縰纏已復紡者，此無與心，應去；若女人入舍空出者，當去；若是富家處處多有財物者，不得便去；呼語見已，應去。」

一一·五 方共　濟覽謂諸家所得，合而食之也。

一一·八 或云　下云：「錫杖者，據律為警蟲獸。」準錫杖經，乃持乞食振之便聞。所出不同，不在和會，名義制度，廣如彼經。

一二・一　不足　則知不得則不止，不得亦止者，不止不足而止也。第一即得少即罷，一向不得進至餘家，是則一家約得食。第二七家約所歷，縱一向不得，不過七家，然至一家得小進，至第二乃至第七令足也。

一二・六　楞嚴　彼云：「阿難已知如來世尊訶須菩提及大迦葉，為阿羅漢，心不均平。」注曰：不均平者，善現捨貧從富，迦葉捨富從貧，皆為淨名所訶。今言如來者，就其印可，功歸佛也。然佛常乞食，無遮簡者，由五義故：一由內證平等理，外不見貧富相。二心離貪慢，慈無偏利。三喪威德不懼惡家沽酒婬女家。四息凡夫猜嫌。五破二乘分別，得仰效行平等耳。

一二・九　留賊分　法犍度中，時衆多賊到阿蘭若處，一賊語餘賊言：阿蘭若比丘有此法制，具水器洗足物，亦留餘食，我等可往取，即到問比丘言：汝有水乃至食否？答云皆無。賊即打令欠死。佛因呵責言：汝何住阿蘭若，不具水器，乃至餘食；自今已去，應順阿蘭若法。

一二・一六　十誦　卷四二・一三。

一三・五　男子　論作女。

一三・九　勸行　論文觀作勸。

一三・一六　分衛　名義云：「善見論云：此云乞食，僧祇律云乞食分施僧尼，衛護令修道業，故云分衛。是則論從梵語，律謂華言，兩說未詳。應法師云：訛略，正言，儐荼波多，此云團墮，言食墮在鉢中也。」今案新編一八上一七。

一四・四　三界　簡正：「無色有情，因何有淚？答：若準大乘，雖無粗色，而有細色。若準婆沙無業果色，而有定果色，從定而起，色身有淚。」悲華經、成實等說，業果細色也。人師用否不同也。

一四・一三　三緣　夜長道長獅子也，佛偈則云：「不寐夜長，疲倦道長，愚生死長，莫知正法。」

一五・一　後食即　三藏法數解後食為過中食者，謬之甚也；設不頭陀，而有比丘非時食耶？

一六・四　受節　問：今一坐食及次一摶食中，俱明節量食，其別如何？答：恐謂一坐食至於飽滿，故因引節量誡之也。即記文云「有行一食，恐飢多噉」等是也。若依行體，一坐節量別門也，今因引耳；智論乃一坐食外別出節量一行是也。

一六・一七　秦人　智論，乃姚秦羅什譯故。

一六・一九　節量　濟覽：準十二頭陀經，以一坐與節量為二，則節量一摶異名歟！下諸部異行記二五頁引解脫論云：「五法食相應：謂乞食，次第乞，一坐，節量，時後不食。」則知今文寫誤矣。允師云：字誤，可作一摶，下諸部異行記引文如前。又云：「食中多次第乞，餘同四分。」彼一坐節量並出，即非同體異名，彼無一摶，即彼別名。

一七・二　常貪樂　據鈔批所引，常下有「生」字。

一七・一二　繞衹桓虎吼　鈔批：「案十誦云：佛在舍衛國，時有虎狼殺鹿食已餘長，諸比丘見殘肉持還，時虎起求覓殘鹿，繞衹桓吼聲；佛問阿難，虎何故吼？阿難具答。佛言：從今不得取虎殘，犯吉罪。何以故？虎不斷望故。取獅子殘無犯，何以故？獅子斷望故。」

一七・一七　此間　會正：「具如六十七卷，文云六十八，筆誤。今闇破之。」

一九・一一　惡露　分別功德論云：「觀身三十六物，不淨惡露。」

二〇・六　舊記　會正：「論云：指十住十利：一房舍，二臥具，三所愛受用，乃至依成七，八易得，九無過，十無鬧。」

二〇・一二　增一　三〇：「比丘一人身中骨有三百六十，毛孔……作是思惟，便獲二果，若阿那含，若阿羅漢。爾時世尊便說此偈：三百六十骨，在此人身中，諸佛之所演，我今亦說之。筋有五百枚，脈數亦如是，蟲有八萬種，九萬九千毛，當觀身如是，比丘勤精進；速得羅漢道，往生涅槃界；此法皆空寂。是名比丘第一最空之法。」

二一・一五　寒林　梵云尸多婆那，此云寒林。僧祇云多死屍，凡入者可畏毛寒故。準補注云：「其林幽邃又寒，故名焉者謬矣。」

二一・一九　隨坐　簡正：「有人入衆之時，隨得位便坐，不簡夏臘大小，如下文云：隨得坐處，不令他起。又云：不惱上座，不令下座愁惱也。表不許此解，大小二乘，並依夏臘坐，如梵網經等；今但約隨得房舍止住，隨得臥具便坐臥，並不擇精粗，而以人下文無求好精舍住，及無求好臥具疲，具文相甚明。」通釋：太賢古迹云：「六處如常坐，除敷具貪；一敷說復終，不數數翻修理故。」而今釋與處如常座少異歟！

二二・八　加趺　玄贊二云：「坐有二類：一降伏坐，以左押右。二吉祥坐，以右押左。今將說法，作吉祥坐。跏者，重也；即交其足，有作跏者，不知所從。」水鈔云：「因中所作之事，皆順生死；今成佛已，不順生死，降伏彼因中順生死心，所以左押右，故名降伏。二吉祥坐，以右押左，此方以左為尊，以右為卑；西國以右為尊，以左為卑，此則以右押左，以尊押卑也。」

二三・一三　解脫道論　檢彼無文，又藏錄中，決定王經無文，此文十住婆沙一五頭陀品：「常坐者，夜常不臥。」又一四護戒品：「決定王經中，佛為阿難說住四四法。」論中四四十六法，今只引四法。又記中指論者，即解脫道論。鈔記俱違現行文，御所覽異歟！或勘文者誤歟！

二三・二〇　毗尼母　出第一・一五，彼列頭陀，是為第四也。

二四・五　智論斷漿　準頭陀經則在十二之中，智論亦爾；彼六八云：「一阿蘭，二乞食，三納衣，四一坐，五節量，六中後不飲漿，七塚間，八樹下，九露地，十常坐，十一次第乞，十二但三衣也。」記言十二外者，據鈔引數為言，答鈔依四分。

二四・八　四分之　行宗一四・四九：「此謂以己一飽之分，分為四耳；非謂多受。」

二四・一九　非時飲食　簡正：「非時飲食者，飲即漿，食謂七日酥等藥食也。」湛堂謂論牒釋，則食後不飲漿者，食後不受非時飲石蜜等可食之物。

二五・一三　時後　準子注云：食中多次第乞，餘同四分；記主以此為餘時也。

二六・一九　苦酒　會正云即醋也。

二七・四　恐賊來問　鈔批：「案五分云：比丘不別星宿，諸賊寄宿，謂比丘言：我等眠，欲曉語我。賊小眠問比丘言：早晚耶？比丘言尚早。如是三問，夜已際曉，猶故言早。逐賊人至，捉賊將去，便瞋言比丘應知方向星宿時節早晚等相」云云。

二八・一　放免差次　會正：「西域記云：講宣一部，乃免知事；二部，加上房資具；三部，差侍者祇承；四部，給淨人驅使；五部，則行乘象輿；六部，則導從周衛。」感通傳：「荊州河東寺主客一萬人，寺法立制，誦經六紙，是維那，誦法華經者，免直歲。」

二八・八　此二　論云：「時後不食，節量時，故準記前文，非謂體異耳。」餘同四分。

會本卷三十七鈔下三之二　僧像致敬篇

第二十二

一・六　古云　會正：「僧者，收能敬人也；像者，形像，總所敬之境也。」

一・一〇　命章　釋籤三云：「命者，起也，故以初章為命章。」

一・一八　首云　曲禮云：「毋不敬。」注：毋，禁止辭。范代曰：「經禮三百，曲禮三千，可以一言蔽之曰：毋不敬。」

一・一九　論語　泰伯篇。勞，是勞形。濟覽：八佾篇：「為禮不二·七 敬，……吾何以觀之哉！」注云：「為禮以敬為本。」增一　九，初。

二·一三 奄　書大禹謨有「奄有天下為天下君」之語。注：「奄，盡之。」

三·六 智論　一一，取要。又出增一三八。

三·七 如佛從　西域記四·一八：劫比他國，城東二十餘里有大伽藍，……伽藍大垣內有三寶階，南北列東面下，是如來自三十三天降還也。昔如來起自勝林，上昇天宮，居善法堂，為母說法，過三月已，將欲下降，天帝釋乃縱神力建立寶階，中階黃金，左水精，右白銀，如來起善法堂，從諸天衆履中階而下，大梵王執白拂履銀階而右侍，天帝釋持寶蓋蹈水精階而左侍，天衆凌虛散花讚德。數百年前，猶有階級，逮至今時，陷沒已盡，諸國君王，悲慨不遇，疊以磚石，飾以珍寶，於其故基，擬昔寶階，其高七十餘尺，上起精舍，精舍中有石佛像。而左右之階，有釋梵之像。

四·二 便說偈　考現律非偈，彼云：「時象即以獼猴置頭上，獼猴以鷄置肩上，共遊人間，而說法言：其有敬長老者，是人能住於法，現在有名譽，將來生善道。爾時鷄說如是法，人皆隨順，法訓流布。」

四·一二 尼拘律　名義曰：「此云無節，又云縱廣，葉如此方柿葉，其果名多勒，如五升瓶大，食除熱痰。孤山智圓摭華鈔云：義翻楊樹，以樹大子小，似此方楊柳故。宋僧傳云：譯之言易也，以所有易其所無，如拘律陀樹，即東夏楊柳，名雖不同，樹體是一。」

四·一五 便出　僧祇云：「噉此果來，放糞於此是也。」

五·二 大悲　卷三：「佛告阿難，汝觀如來在路行時，能令大地高處令下，下處令高，高下諸處，悉得平正，如來過後，地輒還復；一切樹林，傾側向佛，樹神現身，低頭禮拜，如來過後，樹輒還復；一切丘陵坑坷，屏廁臭穢，叢林瓦礫，皆悉掃除，平正清淨，馨香芬烈，衆華布地，如來足履，蹈上而過，無情諸物，尚皆傾側，何況有情。」已下略如所引。

五·五 增一　彼云：「佛在迦蘭陀竹園說法，長老比丘向佛舒足而睡；世尊告曰：此長老比丘，五百世中恆為龍身，今設當命終者，當生龍中。」

五·一七 又云　會正：「出彼論第三八，彼復云：有佛為一乘說法，純以菩薩為僧，有佛聲聞菩薩雜以為僧，如阿彌陀國，菩薩僧多聲聞僧少等。」通釋：凡化土以聲聞僧為本，菩薩為末，菩薩但化現實，身在報土故；報土並反之。鈔批：「非謂釋迦佛法都無菩薩僧，其菩薩皆剃染入聲聞衆中，隱於菩薩之像從聲聞，如經云：內秘菩薩行，外現是聲聞。」

六·三 妙吉祥　生時有十吉祥故：一光明滿室，二甘露盈庭等，具如西域記。

六·五 必應示受　通釋：如文殊梵德婆羅門家受生，示發心受戒之相；彌勒波婆利婆羅門家受生，現出家剃染之形是也。然或有亦住俗形，如維摩詰有妻子等是也。

六·一三 古來國朝　古晉時安帝元初中，太尉桓玄屢立令沙門致敬王者之儀，於時廬山遠公著沙門不敬王者論五篇停之；及於北魏太武真君七年，道士寇謙、司徒崔皓毀滅釋門已來，動有此弊；唐僧傳護法一科，及統紀三九已下可見焉。又見翻譯名義集新編一二四上一四。

六·一五 君不　孟子曰：「盛德之士，君不得而臣，父不得而子。」

六·一五 三界　主客篇云：「沙門釋侶，三界之賓。」記曰：「樂以出家，過世無繫之人，故如賓也。」

六·一六 但以　沙門不敬王者論云：「如令一夫全德，則道洽六親，澤流天下。……內乖天屬之重而不違其孝，外闕奉主之恭而不失其敬也。」梁傳六慧遠傳。

七·一七 著一衣　簡正：「謂但著涅槃僧也。」鈔批：「慈云：

五條為一衣也。」會正同之。問：何故不禮單著五條者耶？答：五條作務道行時著，故不禮之。問：單著七條或大衣，亦是一衣也，何局五條號一衣耶？答：七條大衣必襯五條其上著之，故五條云一衣也。湛堂謂考僧祇本文，著一泥洹時，則簡正為是。

七・一九　僧祇　彼云：「若泥作不應禮，如是一切作熏鉢、浣衣、煮染、染衣、縫衣、燥洗、油塗身、洗足、洗手面、洗鉢、禮塔、食時、含咽、著眼藥、讀經、誦經、寫經、經行、下閣、上閣時、上廁時、不著衣時、著一泥洹僧時，盡不可禮，暗中不應禮，授經時不應禮，著泥洹僧時、著衣時、疾行時，不應禮。」

七・一九　誦　止觀云：「誦者，背文暗持。」一如法華注云：「看文為讀，不忘曰誦。」

八・一〇　塔廟　下二八頁引：「雜心云：有舍利名塔，無者名支提。塔或名塔婆，或云偷婆，（此云塚也，亦云方墳。）支提云廟。（廟者貌也。）」簡正：「梵云塔婆，……謂封殯舍利處也。廟，貌也，安形像處。支提亦是塔廟之異名。」準此，安舍利云塔，安形像云廟。又搜玄：「廟者，智論云像也，謂如來形像之貌也。」

九・五　通前　有云：前四因皆滿足時，即生天上，感總報果，故云通前為因；若不滿足時，皆成別報，故云前四別報，並列因果也。問：前四業，若滿業具四，豈感總報；若引業雖一，能感總報，何故云通前為因耶？答：有云：大乘意總業有三種異：一唯感總報之業，二唯感別報之業，三通感總別之業也。但唯感別報之業論義也，多分強勝業以一因感總別二報也。謂歡喜禮佛一業，能生天上邊，總報也；別得端正邊，別報也；是名通感總別之業。若輕浮心，唯感別報之業也；若或汎爾受十善，無歡喜禮佛等別因，但感天上總報，不可感端正等別報也。今記意前四雖是別報，若四種共成，則更復感總報也，是通感總別意也。又四種共成時，感可具十善義故也。

九・六　南無　那謨或南摩，此曰歸命。要律儀翻恭敬，善見翻歸命覺，或翻信從。歸敬云：「正音槃淡，唐言我禮，或云歸命。」

九・七　成論云　濟緣：「乘謂能證智，如實道即所證理：悟理起修，從因至果，故云成正覺。」

九・一三　名輪　歸敬所引名下有「五」字。

一〇・五　智論　彼云：「欲以諸善根供養諸佛，恭敬尊重讚歎。」今文若聞至讚歎，大品經之文；知一切已下論文三〇・二。

一〇・九　又云　同卷，植佛等五字，是牒經文，植謂已下論文。

一〇・九　隨以　彼云：「雖有種種福田，佛為第一福田。」又云：「云何言乃至佛中間不盡？答曰：是福者以智慧力故，令是功德如涅槃。」

一〇・一〇　至佛　歸敬云：「至佛，其功不可盡也。」

一〇・一六　富羅　濟緣曰：「即是皮履。」又云：「靴之類。」

一一・一九　女衆　本作比丘尼、優婆夷。

一一・二〇　賢愚　五・一二。

一二・一　善見　卷五，毗蘭若波羅門請佛已，去時之法，辭佛法三字本文無之。歸敬記解此文云：「四方作禮，敬之切也；合十指掌，表攝心也；欲行更禮，慕戀之極不能已也。」

一二・七　我不　阿含中云：「身子聞佛欲涅槃，不忍見一佛去世，乃前入滅。」

一二・八　本起　具云「中本起經」，全二卷，後漢三藏四域曇果共康孟詳譯，卷上云：「佛告諸比丘（舍利弗、目犍連），願於古佛待吾道成，侍衛左右。」

一二・一九　戒壇　四〇頁：「西明寺真懿律師，今之律匠也；彭亨勇銳，最所忌情。恐東迴左繞，傷俗之行事也。余諭之曰：……」已下如記。此文意律師以為非法耶？而非是非法，天常之大理故。

一三・一　天文志　晉書天文志云：日月本東行，天西旋，入於海牽之以西；如蟻行磨上，磨右旋，蟻右行，磨疾蟻遲，不得不西。

一三・一三　偏指　簡正：「謂此尊像，此好此惡。」鈔批：「謂指像云：此匠增，此匠於（？）大長大短。」

一三・一四　敬像　歸敬云：「使有心行者，對此靈儀莫不涕泣橫流，不覺加敬。……如臨清廟，自然悲肅，舉目摧感，如在不疑；今我亦爾，慈尊久謝，唯留影像，導我幔幢，如對真儀，為我說法，今不見聞，心由無信。……大論云：諸佛常放光說法，衆生無始罪故，對面不見。」

一四・一〇　敬人尚　鈔批：「曾聞有遊方小師，至食堂中上牀禮上座老僧；老僧呵責，師從何處來，頓小法用，如何牀上禮我？答云：闍梨大於佛耶？闍梨是佛弟子，尚於牀上禮佛；某甲在牀禮於闍梨，何爽而以見責！老師當時結舌，不作一言。」

一五・二　十誦　五一云：「給孤獨居士曰：佛聽我作香爐在前行者善，佛言聽汝香爐在前。」又云：「佛聽我像前作伎樂者善，佛言聽作伎樂。」為和尚已下，未考。

一五・三　僧祇　三三云：「作種種伎樂供養佛，若檀越言諸尊者與我和合翼從世尊，爾時得與和合在座；若座中有種種伎樂，生染著心者，即應起去。」準此，似不自作。四分律五二：「時諸比丘自作伎，若作貝供養，佛言不應爾；彼畏不敢，令白衣作伎供養，佛言聽。」東野：此文正制比丘自作，而記言自記恐憶失乎！

一五・五　十誦　考十、祇二本文，並非許自己，鈔文似開導，記明開，恐二祖所覽律文有異歟！

一五・七　古云　鈔批：「得代和尚禮者，如弟子欲遊行，謂語曰：汝若見大德某尊像為我致禮，其和尚即禮弟子云為我傳禮；其弟子得受師禮，以受寄也，至彼傳拜。今俗家多有此事。」簡正亦同此，彼云：「若準俗中傳拜，即不得具受，終一拜了，至第二拜初便避之等。」

一五・一一　大論　五九云：「世尊入金剛三昧中，碎金剛身，作末舍利，何以故？有人佛滅度後供養佛舍利，乃至如芥子許，其福報無邊，乃至苦盡。」

一五・二〇　瑞應　優婆塞支謙譯，上云：「至四月八日明星出時，化從右脇出。」

一六・一　度十仙　出憍陳如品，自北本三八初，至四十及後分涅槃初。又北本二五・一五云：「如來懸見迦葉菩薩，却後三月，善根當熟，亦見香山須跋陀羅竟安居已，當至我所，是故我告魔王波旬，却後三月，當般涅槃。」

一六・一　過三　簡正：「過三月已，入涅槃者，魔王是十一月十五日來請，佛言過三月，證知定是二月十五日也。」今記釋學者多疑之。通釋：經三十一迦葉品中，明諸弟子不解佛意，或執定涅槃執不定涅槃。初定涅槃中，有五段：一為諸仙說，二為力士，三為純陀，四為須跋陀，五為闍王，皆有過三月涅槃之言，準似述餘經之中事。覺公引涅槃文已云：此過三月言，說已前之事歟！現行北本無過三月已之言云。又云：若據南本似無此違，經初以無過三月語故。

一六・九　四月八日　餘記釋異此。鈔批：「然佛生日，經論說不同；今取一判，依二月八日生為定；謂據其處胎十月，既是四月八日託胎，明是二月八日生，正有十月故也。……乃於四月八日晝乘象王降母摩耶胎，菩薩於胎中日三時說法。」

一六・一四　四分成道　通釋：按律佛成道後，一七日樹下思惟。二從定起食賈客蜜麨，食已又樹下七日趺坐。三從座起，受樹神呵梨勒果，尋又樹下七日趺坐。四從座起，入村乞食，受婆羅門食，更詣離婆那樹下七日趺坐。五入村乞食，受婆羅門婦食，還樹下七日趺坐。

六又入村乞食，受婆羅門男女食，更詣文驎樹下七日趺坐。七七日後，天大雨，龍王以身蔭佛。八七日雨止，詣尼拘律樹下敷座趺坐，思惟所得法，而後梵王來轉法輪，即成道後已經八個七日，故記云五十六日，具如律三一・二中。

一七・一二 阿含　涅槃疏：「長阿含說八日出家，八日涅槃，此云十五日，蓋依感見不同，亦是如來身密自在，欲明妙本圓極故，以十五日為喻。」

一八・一 古記　會正：「然姬周曆十一月為正，周四月即夏二月，何以此方正朔三代不同，尚書大傳曰：夏以十三月為正，色尚黑，以平旦為朔。殷以十二月為正，色尚白，以鷄鳴為朔。周以十一月為正，色尚赤，以夜半為朔。……是知瑞應等言四月，即用周正，婆論言二月，即用夏正。」又云：「佛定當建卯月生，周以建子為正，故建卯當四月；殷建丑為正，建卯當三月；夏以建寅為正，建卯當二月。」簡正云：「或有依遠疏云：佛卯月八日生。……寶法師云：蓋是建正不定故，致二、四之別也。夏時建寅為正月，故二月即卯也；周時建子為正月，四月為卯也；取此為定也。又二月八日成道，八月八日轉法輪，定者，準四分成道後，五十六日梵王方請轉法輪，更經四月調根故等。」通釋：依名義集、佛祖統紀，佛在周昭王二十四年甲寅之年四月八日生，以周第六主穆王五十二年壬申之歲二月十五日入滅，此為正義；正據有六：周書異記法本內傳等，次列異說有八種：石桂銘像正記等，具如名義三・二三，統紀二八，彼二文亦引年代和會非斥者同今記。統紀云：「蓋自漢武改寅為正，至於今日，遵而用之，則經傳之言四月，非為差誤，不當遠據周曆，改為二月也。」

一八・三 指的　洪武正韻云：「要處也。」

一九・三 懵　音蒙，無知貌。

二〇・八 生時　鈔批：「五百問中，雖令禮屍，然其約理別脫之戒，但隨其形，形滅戒失，不合致禮；今許禮者，唯通其亡師，餘亡比丘，以非恩造之德，定不許禮也。此解有妨，以四分明文」云云。搜玄：「命終戒失，云何禮之？答：據文戒失，然其身骨，曾加勝法，約是勝法所加之處，由得致禮，準其如來生處、得道、轉法輪、般涅槃處，起塔供養，此準之故得禮也。」

二〇・一三 四分　具文云：「諸比丘作如是念，沙彌當以生年為次第，為以出家年為次第耶？佛言：應以生年為次第，若生年等者，應以出家年為次第。」

二〇・一三 生年　此有異義：一義云：是定法同沙彌坐次時，以生年為本，以受十戒為末，故先以生年為次第；若生年等時，依十戒臘次為次第也。即沙彌篇六念云：第三念我今年若干，某年月日時受十戒，以律制生年次第，又出家年次第，二俱須知。

問：鈔文出家年，若云受十戒者，何記中云，若據沙彌亦取受十戒等耶？是似出別義。答：不爾，只對生年次第是本，受十戒次第云亦也，非出別義也。

問：若爾，何記云出家年即入道先後乎？入道最初是形同故。答：不爾，道者，指出家五衆，入此五衆道以受十戒為最初，故排者紙書人名押令見臘次。

一義云：出家年者，非十戒法同，是謂剃髮形同也，鈔不云十戒事，故記云若據沙彌等也。意云若生年等，以十戒先後分上中下，若受十戒，多人同時，以入道剃髮先後宜為次第也。

一義云：出家年者，即以出家入寺為次第也；謂形同沙彌，先以生年為次第；若生年等，以入寺先後為次第，即今鈔記釋是也。若形同，受十戒亦先以生年為次；若生年等，以受十戒先後為次，即今記若據沙彌等釋，及沙彌篇等釋是也。

濟覽：今案律僧列二百五十，尼有三百四十八戒，有其多少，所以德有勝劣也，而又戒體不同也。沙彌不爾，共持十戒，何優劣之有？問：今記及沙彌篇何是耶？答：記意謂若據沙彌，亦取受戒前後分上中下，此約同年多人，初受排次為言，只無同年，則以生年之謂也。沙彌篇念二年意在此，今不取也；何者，如解者曰：記此約之此字承上若據等文；若爾之若字，云何銷乎？又云：同年初受，故取法年是局；初受坐雖常坐，同年則取法年故通。

二一·三 反上　問：反非師義可爾，僧尼實不同故；反戒等義難得心，俱具戒而名同故，又戒體同故。答：實為難解，追而可尋。今按雖同名具戒，而制限有異，謂尼單提法中制八敬等戒，師稟大僧，僧單提法，反立教尼方軌，是則受體雖同，隨戒分異。

二一·五 手執　通釋：天竺法必直捉足耳，又調部中云：「有女人捉比丘足禮，動指覺樂僧殘」等，諸部中亦多此例；然此土遠禮為善，歸敬云：「今時行禮，觀時進退，若佛像尊師，却坐垂足，方可如上五輪接足；如其趺坐，則隨時而已，亦見有人聞有頂足之相，遂致就坐拔他足出，云我欲頂禮，一何觸惱。」

二一·一七 五分　又不知齊幾為上座，佛言上無人者，皆名上座。

二三·一四 槃　與盤同；計請篇云：「不得同盤食。」

二三·一八 問訊　爾雅：訊，言也。僧史略曰：「如比丘相見，云不審謂之問訊。律文其卑者問尊，則云：不審少病少惱，起居輕利否？若上歷下，則云：不審無病無惱，乞食易得否？住處無惡伴否？」通釋：四分匿王問訊世尊云：起居輕利，遊步康強，教化有勞耶等；佛慰問諸比丘言：住止和合安樂否？不以飲食為苦耶？

二三·一九 共上座　同卷又云：「應喚跋檀帝，若慧命。」

二三·二〇 啞羊　業疏二一·一六：「十誦云：若受啞法，偷蘭；以同外道故。」記云：「十誦：啞法，即如白羊外道。」

二三·一二 目連　已下至來迎，出西域記五·一六。世尊已下，義加。

二三·一二 躬將　釋迦像傳上三（釋子珠集一部三卷）優填王造瑞像，第一釋迦成道後第八年，為報母摩耶恩，往三十三天，是時人間四衆，不見如來，如喪父母。……爾時填王遂得苦患，勅國界問諸巧匠曰：我今欲造佛像，巧匠皆言我等不能造佛妙相。王問智臣，若作形像，為坐為立，臣言當作坐像，一切諸佛，得大菩提，轉正法輪，……皆悉坐故。時毗首羯磨天，變身為巧匠，持諸刻器，到王城門言：我今造像，王大歡喜，與主藏臣於內藏中，選擇牛頭栴檀香木，兩肩荷負，持與天巧匠。……爾時大目連承佛神力，往令圖相，還返操斧破木，其聲上徹忉利天，至佛會處，以佛力聲所及衆生聞者，罪垢皆得消除，盲者得視，聾者能聞，乃至三途離苦得樂，是天匠不日而成，高七尺（阿含：五尺），面及手足皆紫金也。王見相好，心生淨信，得柔順忍。爾時閻浮始有此像。爾時如來過夏經九十日已告四衆言，却後七日，當下閻浮。……時天帝釋告自在天從須彌頂至池水側作徑路，金銀水精（或經持地菩薩作三橋，或經律淨居天作三橋），是時佛踏金橋而下，時優填王頂戴佛像，並以珍異之物至佛所奉獻世尊；木像從座而起，如生佛足步虛空。……向世尊合掌叉手，為佛作禮。……佛亦長跪合掌。……爾時，如來摩像頂言：我諸弟子付囑汝，吾滅度後一千年外，當於此土作大饒益，造像供養，是人來世必得念佛三昧云云。

問：優填像本是坐相，相像云嵯峨釋迦，彼像真寫；然嵯峨像立像，相違如何？答：既云此像寶階下立步行等，全如生身，豈有定相，故知坐立並通。

二四·一 造像　具云大乘造像功德經，全二卷，唐提雲般若等譯；然今檢彼無目連引匠往天之事，彼云：「毗首羯磨天，知王意化為工匠，造立佛像。」珠林二一引此文，言出多卷；優填王經，未得其本，無由照對。

二四・三　各圖　問：三十二相中無見頂相，梵音無礙相，常得上味相等，如何圖之？答：簡正：「準造像經云：『爾時優填王思念如來不已，乃請目連運神通力，接引三十二工匠，以栴檀木於天宮各圖一相，如是至三，方得相好具足。』注云：『準此翻經者不了，不合云各圖一相；且妙音聲如何圖之？不妨將三十二人，往於天中，以表佛有三十二相，未必各圖一相。』今鈔文但云躬將匠工，亦不言數等；躬者，親也。」準此，今記且依造像經等一往作此說耳，實不爾歟！

二四・六　將像　西域記云：「在中印度境，劫毗羅城，大伽藍中，西面。」又簡正記云云，文長從略。

二四・一四　南宋　孝武第三主；第一高祖，第二文帝。簡正云：「秦有三主：一萇，二興，三泓；登位之後，南朝宋孝武帝伐破，姚泓乃西入咸陽，躬親禮敬，駕以文軒，施於江左，止龍光寺，因號龍光瑞像。」

二四・一五　至隋朝　江南揚州至隋移江北，亦名揚州，則江南揚州有龍光寺，江北揚州有長樂寺。

二四・一九　阿育　唐傳一二，亦有此緣。

二四・一九　腳趺銘　搜玄：「腳趺銘云者，像腳趺上有銘云：是阿育王第四女作。」

二五・六　冥祥　亦出唐傳一三，慧達傳中。

二六・一四　勾　與搆同，今借用，此云營搆。

二六・一六　古記　義苑也，據字書：婬，餘昭切，音遙，故致此謬也。

二七・三　現在未來　如宋徽宗廢興善寺，瘞佛像於殿基已，俄病胸腹潰裂而死。簡靜寺尼用書經絹為兒衣，身瘡白蟲，號叫而死之類，是現在苦。未來無量苦，不知。統紀五五。

二七・一一　近見　鈔批：「立謂是京中興善寺也。中宗孝和皇帝改為豐國寺，殿內先有一立銅像，寺僧嫌醜，移向龕北面，其像夜行歸於本處，明旦僧見舊處，謂是人移，怪問從衆，了無移者，即更送龕北；至明旦復於本處而見，乃覺神異。後時有賊，夜入欲盜此銅像，忽而迷悶，不知出處，至曉，僧見問其所來，具答其意。其殿後忽被燒，時人見像躡空而去也。」

二七・一九　善見　略鈔彼三・三云：「修摩那沙彌往帝釋宮，帝釋問云：何故來此？沙彌答曰：帝釋有二舍利：一者右牙留此，二者右缺盆骨與我供養。帝釋答言：善哉！善哉！取戶鑰開七寶塔，塔縱橫一由旬，即取舍利與修摩那。」

二七・二〇　波斯匿　瑞像傳上云：「波斯匿王瑞像第二，佛上忉利天為母說法，經九十日，波斯匿王欲見佛，刻牛頭栴檀作如來像，（阿含：紫摩金鑄如來像。）置佛生處，佛復還入精舍，像迎佛，佛言還，吾般泥洹後，可為四部衆作法式，像即還坐，此像最是衆像之始也。」

二八・一　荼毗經　此指後分涅槃，彼說如來荼毗事故云耳。出下卷一三，聖軀廓潤品云：「帝釋至荼毗所，……釋言：佛先與一牙舍利，是以我來，火即自滅，……說是語已，即開寶棺，於佛口中右畔上頷，取牙舍利，即還天上，起塔供養。爾時有二捷疾羅刹，隱身隨帝釋後，衆皆不見，盜取一雙佛牙舍利。」又一六頁：「世尊大悲力故，碎金剛體，成末舍利，唯留四牙，不可沮壞。」

二八・一　四牙　搜玄：「立云佛有四牙，闊一寸，長二寸，一在帝釋處，一在龍宮，一在獅子國，一在天竺烏纏國」等，今案：鈔批、簡正各有異說。

二八・二　即天神　統紀五四．初曰：「唐高宗宣律師在西明寺行道，北天王太子以佛牙上祖師。」

二八・四　闍維　瞻病篇記云：「闍維，即火葬也。」

二八・四　修那　鈔批：「按善見云：佛涅槃後二百三十六年，佛法流通至師子國，國王敬信佛法，欲擬起塔，乃無舍利，有一沙彌名曰修摩那，飛騰虛空，往帝釋處取舍利。……」

二八・七　雜心　檢彼無文，出僧祇三三。

二八・七　塔或　已下出衆經音七・二；如記引。

二八・一六　增一　彼云：「四事：一初起偷婆，二補治故寺，三僧破已却令和合，四請佛轉法輪，皆受梵福。」

二八・一六　梵福　問：梵天必修定業生，今並散業，豈能感彼果乎？答：受梵福者，只是謂齊等義耳，非直為正因也。

二九・九　大論　簡正：「密跡者，善神名也。智論云：四天王受佛付屬，各領鬼神，在冥跡道中讚護，故云密跡也。金剛從杵立名也。」會正：「密跡，應法師云：梵言散那，此言密主，密是名以知佛三密功德主也；主者，夜叉主也。按梵本都無跡，當示跡為神，故譯經者義立名耳。」

三〇・二　為以　寫倒，據資行所牒，作「以為」。

三〇・八　舊云　搜玄：「作手輪像者，以香泥作如來手；足中千輻輪相，以華香供養其上也。」簡正：「手輪像者，如佛手足中千輻輪形也。」鈔批：「立謂香泥塗地為滿荼羅，或作佛手形，或作轉形，或可作如來手足中輪像也，以華香供養其上。」東野云：本文作手像輪像也。

三一・五　蛇鼠　鈔批引雜寶藏經云：「昔有一比云，死時將至，會有外道婆羅門見相，是比丘知後七日必定命終，時此比丘因入僧坊，見壁有孔，即便團泥而補塞，緣此福故，增其壽命，得七日，婆羅門見，怪其所以，而問之言汝修何福，比丘具答。」四分五二：「設以百千瓔珞皆是閻浮檀金，不如以一摶泥為佛起塔勝。」五百問云：「問：鳩雀於人舍內作窠，比丘破或塞鼠孔，犯何事？答：鳩雀未有子得去，有子不得；鼠穴唯有一孔不得塞，若有內外孔，得塞內者。」

三二・一五　鱣　疑寫誤，應作膻，半臭也。鱣，魚名，非義，或可借音。

三三・六　無垢　現本云「無垢優婆夷問經」，三紙許，元魏般若流支譯。

三三・七　禪修　一本禪字上有入字。

三三・一〇　圓輪　一本圓字上有作字。

三三・一三　兜率　具云兜率陀，此云知足，亦妙足，亦喜足，頌疏云：「於五欲境生喜足心。」炎摩，具云須炎摩，此言善時分，亦云妙善。寶師云：「受五欲境，知時分故。」

三四・一六　不動　濟覽謂準古釋，東方春生是羣動之初；而國名不動者，是即動而不動，應於萬變，常寂故云不動，是依報圓滿；滿月光明，即正報圓滿；妙覺圓極，猶如滿月；等照羣有，猶如光明。

三六・一〇　古記妄釋　會正：「影覆邪術，法顯傳云：『祇桓東門北行七十步道西，佛昔與外道論議處起精舍高六丈許，中有坐佛；道東有外道天寺（即天祠）名影覆，與精舍狹道相對，亦高六丈許，日在西時，世尊精舍影，則映外道寺；日在東時，外道天寺影則北映，終不能映佛精舍也。』禽獸畏威者，舍利弗問經云：『沙蜜多羅王嗣正王位，御四兵攻鷄雀寺，寺有二石獅子哮吼動地，王大驚怖，退走入城，合云畏禽獸威。』形儀隱映者，法顯傳云：『外道常遣人守其天寺，掃灑燒燈供養，至明旦燈輒移在精舍中，婆羅門悉謂沙門取我燈明，自供養佛，為爾不止，婆羅門於是夜自伺見所作事，天神持燈繞佛精舍三匝，供養佛已，忽然不見。』」此等釋皆以一時一處之事釋，故斥曰妄談；鈔批、簡正等多分同之。

三六・一一　陵遲　荀子注云：「丘陵之勢漸漫也。」文選注曰：

「猶漸壞也。」

三七·一四　增一　彼接云：「所以然者，此皆是我道法兄弟。」

三九·二　布衣　白衣之謂。

三九·五　寡人　老子四十二章云：「人之所惡，唯孤寡不穀，而王公以為稱。」注：「此譬唯有道者，自卑自賤之意。」

四〇·九　臨時　妙樂云：「審如賓頭盧知王失國，及稠禪師進不為王，故起居適時，安得一問。」

會本卷三十八鈔下三之三　訃請設則篇

第二十三

一·五　發越　資行云：「越，寫誤，當作起也。」

一·九　智論　彼云：「有二種道：一者令衆生修福道，二者慧道。」又云：「菩薩之在家，多以財施；出家愛佛情熱，常以法施。」

二·一　維那　名義云：「寄歸傳曰：華梵兼舉也，維是綱維，華言也；那是梵語，刪去羯磨陀三字也。」僧史略：「梵語羯磨陀那，譯為事知，亦云悅衆，謂知其事悅其衆也。稽其佛世，飲光統衆於靈鷲，身子涖事於竹林。」

二·二　僧祇　三〇云：「障礙因緣法者，若有人言尊者明日受我請前食，若須者應言爾。彼復言尊者必當來，應言中間無障礙當來。如是後食，一切請如是。」若有請下，卷三四，取要。

二·一六　舁　與居切，兩人共舉也。

二·二〇　許請或默然　多論五·九云：「問：佛受請何以默然？答曰：佛貪結已盡，於食無貪無染，是故默然。聲聞辟支佛貪結雖盡，習垢猶在是故受請，故有許可。」又有為斷譏謗，現大人相等義。通釋：「準此默然受請，局唯佛一人也。」

二·二〇　儼頭　已下二種，出彼經一四，而非如來許請之相，優比伽梵志聞世尊說偈點頭，彼云：「梵志嘆吒頷頭，又手彈指含笑，引導而去。」

三·二　經音義　彼云：「頷，五感切，說文云：搖其頭也。」經文作儼，儼，敬也；非今義。現本經作頷，恐後人改正乎。

三·五　沽酒家　大方等經云：「不得至寡婦處女家，沽酒家，藍染家，押油家，熟皮家，悉不得往來。」又法華云：「寡女處女，及諸不男，皆勿親近，以為親厚，亦勿親近：屠兒魁膾，畋獵漁捕，為利殺害，販肉自活，衒賣女色，如是之人，皆勿親近。」

三·一一　鬼子母　又雜寶藏經云：「鬼子母有一萬子，取兒子噉食之，佛取其最愛一子隱置鉢底，鬼子母來求之；佛曰：有萬子失一猶悲，況世人有一子、二子，有三子、五子，汝受三皈五戒，還汝子等。」南海傳說亦爾，但彼名呵利底，又云有五百子為異。

四·三　成論　彼云：「又施為一切入僧數人，以心大故，果報亦大。」

四·一五　中卷　十誦善生中，以羅漢法請人，不得稱名字，猶名別請，為佛所訶。

五·八　不稽典　書經大禹謨，有無稽之言句。注云：「無稽者，不考於古。」

六·六　涅槃　北本六云：「有人出家剃髮，雖服袈裟，未得受沙彌十戒，或有長者來請衆僧，未受戒者，即與大僧俱共受請。」

六·一一　僧祇　悔過者，違念吉羅，若依簡正：「過餘處食悔過者，是祗提舍尼戒名蘭，若受食同有此文，合是提舍尼罪；有釋云違六念故須悔道是吉羅者非也。」通釋：此文出彼蘭若受食戒最末，彼提舍尼罪名悔過法，然今文罪非蘭，若受食制，兼明違念罪耳。

七·二〇　彼尊者　本律五一：樹提長者，造栴檀鉢安高處云：

誰有神通人可取此鉢，賓頭盧語目連言：大德神通第
一，可取此鉢。目連不取之，賓頭盧時立石上，即飛
上虛空取鉢，所踏石隨足上空，長者起信奉鉢。佛即
罰汝於白衣前為一鉢輒現神足，今擯汝不得住閻浮
提；於是賓頭盧如佛教勅，住西瞿耶尼教化四衆，廣
宣佛法。閻浮提四部弟子思見賓頭盧，白佛；佛聽還
座，現神足故不聽涅槃，勅令為末世四部衆作福田，
其亦自誓三天下有請悉詣。
八·三 來則　會稽道琳少出家，有戒行，嘗設聖僧齋，鋪新帛
於牀上，齋畢見帛上有人迹，皆三尺餘，衆咸服其徵
感。宋傳一二。
八·一一 安置　通釋：上鈔文云：令預宿請在空靜處云云。今時
於佛殿中設座非宜，若無別殿，宜施於隔障。又據上
來諸文，但令請賓頭盧一人，今時設一箇坐牀，通請
十六應真，及一萬七千二百眷屬，若報身自來臨，豈
得一牀容受；假令聖境無礙，何得師伴同牀。又椀器
一小飯，通擬若干大衆，恐不能足，僅運供心，雖功
不虛，而非鄭重之儀；況不備澡盤水瓶手巾楊枝等，
豈非輕略。又綾羅雜彩坐褥，恐不堪受用，故法苑珠
林云：「其座不得綵畫錦綺，綾羅，金銀雜飾，及散
花置上，雖是羅漢，然共凡僧同受二百五十別解脫
戒，所以不受。」
九·二〇 摩訶羅坐　尼鈔解曰：「謂不正坐。」
一〇·五 摩訶羅　衆經音五，云：「譯云無知也，或云老也。」
一〇·八 次第坐　據戒臘相次，僧亦如是。
一〇·一一 僧祇　卷七：舍利弗乞食，勞問施家之語。
一一·一七 喚一大　彼云：「不被請中，有六十臘者入。」
一三·四 增一　二二·二，毗沙門天王教鷄頭梵志請佛語；佛
言已下，非增一文。阿含：舍衛阿那邠訶長者，有女
名須摩提，澡浴燒香上樓叉手白佛，說唯願當察時，
阿難祇桓中有妙香雲至，曰此香何等香，佛言滿富城
中，須摩提所請香煙漏盡羅漢，明日請彼受請，佛空
中去地七仞云云。
一四·六 尼法　尼鈔云：「尼受男香，準同，但令懸放，立受應
開。」
一四·九 尼防　尼觸則波羅夷，故云重夷；而不待從腋已下，膝
已上身分相觸，乃是夷，故云防也。
一四·一二 未見經文　謂未詳於行香時作唄，非謂常作唄無其據。
一四·一七 欲聞布施　謂彼欲聞布施功德等，則應機說之；彼欲聞
父祖平生所生善有感報也，否則舉其果而歎乎！
一五·七 鼎食　鈔批：「立謂國家宰相擊鐘陳鼎之食，故曰
鼎食。如夏時天子殿前有鼎，……至大歲自以火爨
之，……是三公九卿大夫已上，方得其食。」西京賦
云：「翁伯、濁、質、張里之家，擊鐘鼎食。」言此
等人富，鐘鼎而食也。又鮑明遠樂府詩曰：「擊鐘陳
鼎食。」說文曰：「鼎三足兩耳，和五味之寶器也。
昔禹收九牧之金，鑄鼎荊山之下。」
一五·一八 歸依佛　彼接云：「如來毗婆尸，尸棄毗葉波，拘樓拘
那含，迦葉及釋迦。」
一五·一九 令得　本文接云：「令子受諸福，復倍勝於彼。」
一七·七 四辯　或云四無礙智，在心曰智，在口曰辯。法界次
第：一義無礙智：知諸法義了了通達無滯，是名義無
礙智。二法無礙智：法名一切義，智慧通達諸法名
字，分別無滯，故名法無礙智。三辭無礙智：以語言
說名字義，種種莊嚴，語言能令得解，所謂一切衆
生殊方異語，能令各得解，辯說無礙，是為辭無礙
智。四樂說無礙智：菩薩於一字中，能說一切字，乃
至一切法中，能說一切法，隨一切衆生根性所樂聞
法，而為說之，聞者無厭，是名樂說無礙智。已上略
攝。
一七·七 自餘愚叟　謂引佛語質樸，而責過實虛褒之徒。
一七·一七 十力　是處非處，業，定，根，欲，性，至處道，宿

命，天眼，漏盡。
一七・一八 意授　濟覽云：意恐寫誤，應作竟也。
一九・六 辨意　現本子下有所問二字，全一卷，計十一紙，元魏法揚譯。
一九・七 四分又云　律法犍度中云：「時有比丘食已，默然而去；……諸居士皆譏嫌，諸外道人皆稱歎布施讚美檀越，而沙門釋子，食已默然而去，令我等不知食好不好，足不足，諸比丘白佛；佛言不應食已默然出，應為檀越說大嚫，乃至為說一偈。」如今所引。
一九・一六 踞坐　會正云：「即乘足坐也。」
一九・一七 累髀　搜玄云：「將一腳押一腳也。」
二〇・七 出衆生食　要覽上云：「施食有二種：若施曠野鬼神者，即是同食。寺院佛令設二供養位：一曠野鬼神，一鬼子母，並取僧食，呼名施之。若比丘各自備一斛食施者，即依焦面大士經施與餓鬼也。」
二〇・一二 曠野　佛祖統紀三四云：「出生飯此有二緣：一者涅槃經；令施曠野鬼，毗奈耶律令施鬼子母等，此曹本食肉噉人，佛化之受戒不殺，乃囑弟子隨處施食，令齋堂各各出衆生食是也，此唯出家人行之。二者燄口經託阿難為緣，令施餓鬼食；今齋堂別具小斛，於食畢衆作法施之，或各具小生斛，夜間咒施，此通道俗行之。」又釋氏要覽分此二緣，如上引之。
二〇・一五 傳云　鈔批：「傳謂歷國傳，晉法猛遊外國記之為傳。」簡正、會正皆爾。
二一・一一 其自得　依今記任運冥資云云。若依本文，施者自得功德也。雖然由能施心力，亦任運可資彼靈也。
二一・一三 譬喻經　湛堂：今世藏中題譬喻經者凡三本：其一義淨譯；其一號雜譬喻，後漢支婁迦讖譯；其一題舊雜譬喻，康僧會譯；已上三本，不載今文。又有法句譬喻經，此亦不載。更檢珠林、並諸經要集，亦引此文，則別有譬喻經，考待博學之士。

二二・三 目連　珠林七七云阿難；盂蘭盆新記云或問佛。
二二・一一 半果　具云：「阿育王施半阿摩勒果因緣經。」
二二・一五 十萬億　彼云：億百千金。經文：王問諸比丘言：誰於如來法中行大布施，諸比丘白言：給孤長者施億千金；王聞思惟，彼長者尚能捨億千金，我今為王當以億千金施，時王起八萬四千佛塔，於彼一一塔中，復施百千金。……金銀珍寶，唯減四億未滿。
二三・一 四分　四九，俗識者，彼云：「如似穀貴飢餓時。」
二三・二 十誦　鈔批：「案十誦云：舍婆提國有一居士，請僧設食，居士自行水，上座中座多美飯食，下座及沙彌與六十日稻飯並胡麻滓合菜煮與之，而食竟出去時，羅云作沙彌後行佛所，住一面立，諸佛常法，比丘食後如是勞問，飲食飽滿否？羅云言：得者足，不得者不足。佛問何以作是語？羅云具說上事。……佛知故問羅云，是僧中誰為上座？答言：我和尚舍利弗。佛言比丘舍利弗不淨食，舍利弗聞佛呵言食不淨食，即吐却食，盡壽斷一切請食，常受乞食。」
二三・二 五分　二七。
二三・一二 增一　一三・二云滿呼王子，手自斟酌，供養衆僧。又波斯匿王，手自行食。
二三・一八 梵摩難　具云「梵摩難國王經」，一紙半，西晉失譯。
二三・二〇 僧跋　鈔批：「出要律儀音義云：持律者云：此言等供。或有說者僧跋自是一種法，等供自是一種法。十誦乃云等供。四分云等得。彌沙塞律云：要須等得，然後聽食。又云：僧多上座不知等得食，時佛言應高聲唱僧跋，如是證應言等供。」又諸經要集云：「僧跋此云等供。」如是異說，今記存不同義也。又名義集解即等供之唱法也。寄歸傳一云：「三鉢羅佉哆，譯為善至；舊云僧跋者訛。」四分云：「上座告言平等行食意道供具善成，食時復至，準其字義，合當如是，然佛與大衆受他毒食，佛教令唱三鉢羅佉

哆，然後方食，所有毒藥，皆變成美食，以此言之，
乃是秘密言詞，未必同其善至。」
二四・三 前等供　資持云：「僧跋梵語，即上平等行食之唱法
耳。」計請篇中亦同此引，即等供也。僧網篇：「等
供者，謂供齋；僧跋者，謂所供食味無差，以總別為異
耳。」
二四・九 不得捻鉢　誡受食非儀也；不捧鉢而受，故凡受食左手
捧鉢，右手扶緣，是為如法。業疏云：「手捻鉢緣，
不擎受食。」記云：「捻緣不擎，非受儀也。」
二五・九 狼跙　準尼鈔則有勺令二字，則義通。跙，六書正　，一
曰狼屬，欠一足附狼而行，故猝遽謂之狼跙，別作狽非
也。後漢書：「狼狽，顛沛也。」酉陽雜俎：「狼狽
是兩物，狽前足絕短，每行駕兩狼，失狼則不能動，
故言世事乖者稱狼狽。」陳情表云：「臣之進退，實
為狼狽。」狼無狽不立，狽無狼不行；若相離，則進
退不得。
二五・一三 寺中　謂開為俗舍，若夫僧舍不應是信施；故與則汙
家，宜閉之也。
二五・一九 亦云檀嚫　名義集新編一五六下四云：「尊婆須密論：
作檀嚫，此云財施，解言報施之法，名曰達嚫，導引
福地，亦名達嚫。」
二六・二 因名說　單施不名達嚫，單法不名達嚫，報施之法，名
曰達嚫；故約因布施名達嚫，約果說法名達嚫，而雖
兩通，翻曰財施，則從因為親。記云：「據名召物」
是也。
二六・四 別陳　謂施家設意有多品，隨其所志，咒願亦異，如說
法則不拘之通為說，故云通別。
二六・一九 律中　說戒犍度中：初不聽誦戒本，道俗集會默然而
住，諸長者請說法，諸比丘不敢說，乃至佛言聽說。
不知說何法，佛言聽說契經；時比丘自疑得不具說文
句否？佛言聽分別說義，不具說文句。

二六・一九 聽說義　伽論六。母論六・九：「若衆大文多，恐生疲
厭者，……聽諸比丘引經中要言妙詞，直顯其義。」
又佛法中不貴浮華之言，雖質樸不失其義，令人易解
者是正意。
二八・一 出請家　尼鈔：「今時末法僧尼，食已廣營俗務，市廛街
巷，盈衢滿肆，唯利是求，何成出家息惡之士。」
二八・六 謙牧　業疏。
二八・九 雜含　第九，有迦旃延入禪說法之事。又三八，有乞食
畢，哺時禪起之文。

會本卷三十九鈔下三之四　導俗化方篇

第二十四

一・七 無附法　謂佛法興廢，必由僧人；若不假外護，僧人不
立；僧人不立，則無所附法。無人則三寶乃墜滅，故
知道必假外護而立。
一・八 故得光顯　會正：「故下，結益。涅槃云：一有知法沙
門，二有外護檀越，當知佛法，千歲不墮。」
二・二 方寸　會正：「俗書說人心臟唯有方一寸。智解方寸所
畜故。今舉所依，以彰能依。」
二・一五 大集　二八；又云已下同之八；破戒已下，同之九。
二・一七 葶藶子　彼接云：「何以故？是人遠離如來法故。」應
法師云：「葶，特丁切，藶，即擊切，藥草名。」
二・一七 乃至　彼云：「不能恭敬三寶，不生信心，無有慚愧，
於師和尚耆老長宿同師同學不生恭敬。」
二・一七 賊　善見明四用中第一盜用，破戒受施，同劫掠故。
三・八 因說歌聲　佛始開歌詠說法，時有一比丘去世尊不遠，
極過差歌詠說法，佛聞已告言：汝莫是說法，汝當如
如來處中說法，若過差歌詠聲說法有五過失云云。
三・九 四令　律云：諸長者聞皆共譏嫌言：我等所習歌詠聲，
比丘亦如是說法，便生慢心，不恭敬等。

三·九　五以亂　律云：若比丘過差歌詠聲說法，若在靜寂之處思惟，但緣音聲，以亂禪定。

三·一一　座高卑　律云：時坐卑座有疑，佛言若夜集行。說法者坐高卑無在。

四·一〇　十法　濟覽：上九合鳴鐘集衆也。湛堂：前立九法，今加此一於第一，總為十法。

五·四　有云　搜玄、增暉、會正云五分。增暉云五陰非也，據彼第六自解五分法身也，以此等法，是三乘聖人所學之法，故曰深，亦對下布施等淺法，故名深。

五·五　成論　彼云：「雖是聖法，說不應時，名為綺語。」

五·一二　法華　文句八之一．四一云：「修如來室是大慈悲，若就同體，即法身也，若被衆生，即是解脫，能令衆生會於全體，即是般若也。修如來衣者，若就所覆，即法身也，若就能覆嚴身，即寂滅忍也，若就和光利物，即解脫也。若就能坐，即般若也，若就所坐，即法身也，身座冥稱，即解脫也。」

六·一〇　楊子　卷一學行篇，七云：「師者，人之模範也；模不模，範不範為不少矣。」注云：「傷夫！欲為而不得其道者多矣。」

六·一八　一字　戒疏曾解一字。

七·一一　畜因　止觀云：「若其心念念欲多眷屬，如海吞流，如火焚薪，起中品十惡，如調達誘衆者，此發畜生心，行血途道。」記云：「欲多眷屬等者，夫畜類者，多愛羣聚，是故破戒兼好眷屬之所感也。」

七·一八　以無　意云白衣無戒，故無罪名、種、相，是以莫測當來獄報何也。而既作非，非無業理，故云意彰等。

八·一六　十二部　發軫頌曰：「長行重頌並授記，孤起無問而自說，因緣譬喻及本事，本生方廣未曾有；論議共成十二名。」文廣出大論三三。

一〇·二　儒中　里仁篇。又云者為政也。里仁注云：「行不及言，可恥之甚，所以不出其言，為此故也。」為政注云：「先行其言者，行之於未言之前；而後從之者，言之於既行之後。」

一〇·六　八萬法聚　三藏法數一說，及今記所引，共有二說，各少不同，餘如隨戒篇冠注寫之。

一二·五　聽之　彼云：「諸比丘恐墮，客作數不敢受，佛言為法供養聽受。」

一二·五　十誦　四二云：「阿耆達擔餅與佛，佛為說法；諸比丘嚼餅作聲，阿耆達譏言：有為法者，有為食者，佛因制之。」

一二·八　勿隨　制以己憎愛而是非呵止。

一二·一〇　由是　案古賢別行經釋者，蓋此心耳。今會本乃後昆為耳。

一二·一九　億耳　此有一億二十億異說，案十誦二五初皮革法：此人阿槃提國長者之子，自母胎耳環具生，其價值純金一億，因名億耳。鈔批引十誦亦爾。大鈔記云：「有一耳環，價值二餘億金錢，故得名億耳，即是律守籠那比丘也。」今記二十億耳同之。

一四·九　嚏　詩邶風終風篇云：「寤言不寐，願言則嚏。」注曰：「我甚憂悼而不能寐，汝思我心，如是我則嚏。」今俗人嚏，云人道我，此古之遺語。容齋隨筆云：「今人噴嚏不止者，必噀唾祝曰：有人說我；婦人尤甚。」

一五·四　諸佛巧便　智論四；婆沙一七八。

一五·一四　翻邪三歸　搜玄：「羯磨曰：母論有五種三歸：一翻邪，二五戒，三八戒，四十戒，五具戒。」簡正：「若通明三歸有五，於中具戒三歸，佛在日便廢。」

一五·一六　生死四魔　三藏法數云：「一蘊魔，蘊，猶積聚也，諸色受想行識等積聚，而成生死苦果，此生死法，能奪智慧之命，故云蘊魔。」名義云：「煩惱魔是生死因也，五陰魔、死魔，是生死果也；天魔，是生死緣也。」

一五·一七　說一為三　準鈔文並記釋是寫誤，合作「說三為一」；「說三為一」亦爾。

一六·六　一體三寶　法華玄義第五云：「思益云：知覺名為佛，知離名為法，知無名為僧，此是一體三寶。」記云：「知離名法者，法體離染故；知無名僧者，僧體無諍故。」

一六·一〇　摩訶　摩訶波闍波提，此翻大愛道；憍曇彌，此翻衆生。

一六·一七　況於　法句經：帝釋命終，當墮驢胎，受三歸故還成天帝。又舊雜譬喻經：一夏佛昇忉利說法，一天衆五衰現，將生病癩母猪腹中，佛勸令受三歸，遂脫猪胎，作長者子。廣如珠林一〇四，三皈部中。

一七·二〇　大集　二九云：「我於無量無數世中，當念何處有是姙身諸女人等，防遮惡鬼，乃至惡藥，是故我往先教三歸；教三歸已，一切餓鬼及諸毒藥無能加害，是兒生已，常得善心，智慧具足，身體無缺；若遊行時，常為善神擁護，面白端正，衆生樂見。……厭離生死，甘樂涅槃。」

一八·一三　成論　業疏一〇·二四引成論已續云：「準此有過如文不合，必懺蕩已，二教無違。但業重障深，不發具戒也。」記云：「成論中，初引文。若十三難，通障道戒；五逆賊汙七難，不障俗戒；故特簡之。文中初明制出家意，以出家人必取聖道故。若下，次明通在家意。且令誘接住善道故。施慈等者，布施修慈，皆世福故。準下，次義決。雖通五戒，必約懺淨為言，有過不懺，如詳所簡，故云不合。二教即世教與佛制也。恐疑懺淨容可出家，故約深重，釋通教意。」

一九·七　業疏云　一〇·二八記云：「以前四戒，並偏有情上發；唯酒一戒，亦偏無情發。並同具戒，先須開導。志遠謂立誓要期，見相謂識知境量。」

一九·九　善戒經　彼云：「若言不具優婆塞戒，得沙彌戒，無有是處；不具沙彌戒，得比丘戒，無有是處；不具如是三種戒者，得菩薩戒者，亦無有是處。」

一九·一三　業疏　一〇·二五記云：「初答三歸不簡，覆疎，謂反覆疎理；舊迹，即邪道。五下，次答五戒須簡。初彰異，一曾受歸法，不慮退還；二為入道門，須簡淨器。」簡為簡取，略即略去。

二〇·四　清信士　業疏一〇·二九云：「清，是離過之名；信，為入道之本；士，即男子通稱。」

二〇·五　近事　西域記云：「言近事者，親近承事諸佛法故。」

二〇·一〇　三法纔竟　有云多論有三師：一師云初不殺生時成，一師不飲酒時成，已上二師說相得，論主三歸得為本。於此三歸得，學者亦存異義：一義云優婆塞言成，一義云第三反是我世尊成，一義云歸依僧成云云。然注羯磨：「母論云：三歸下有所加，得歸及戒；若無加者，有歸無戒。」準此歸依僧言唯成歸，不成戒，次是我世尊言成也。次優婆塞言成者，此義可爾歟！本律唯稱優婆塞，不稱如來至真等故。簡正：「寶云：若準律文，並無三尊號，亦不稱佛號；或依灌頂經及雜心論加三尊號，鈔依律本並無；今縱加號，亦是歎美之詞。」通釋：三尊號者，兩足尊離欲尊等歟！律不稱佛號者，律第三二，受戒法云：「耶輸伽父白佛言：我真皈依佛，皈依法，皈依僧，唯願世尊聽為優婆塞，自今已去盡形壽不殺生，乃至不飲酒，是為最初優婆塞三自皈。」律五戒受法同此。（今案：參閱亦舉條。）

二〇·一二　阿羅訶　名義云：「觀經疏云：天竺三名相近，阿羅訶翻應供，阿羅漢翻無生，阿盧漢翻殺賊。」

二〇·二〇　亦舉　上之如來至真等正覺世尊即三號；今亦出三號，故云亦舉。

二一·四　能作　鈔批：「如迦葉佛時，優婆塞飲酒故，婬他婦，盜他鷄，殺他人，問時答言不作，以酒故一時犯四戒。」

二二・六　冥界　傳奧梵網疏：「長齋月者，智論說天帝以大寶鏡共諸天衆，從正月一日照南洲，善惡共具錄。」

二二・七　巡狩　天子適諸侯曰巡狩。

二二・七　此三月　簡正：「業鏡輪轉，如正月照南洲，二月照西洲，三月照北洲，四月照東洲；五月又照南洲，一歲三匝也。」

二二・八　按智論　濟緣一〇・四〇：「智論白月三日，初八四王使者下，十四四王太子下，十五四王自下，黑月亦爾。觀察世間善惡，奏聞帝釋，而非帝釋下也。」

二二・一〇　準布薩　四分五八：「有三種布薩：十四日、十五日、月初日。」

二三・一四　一人　罵戒記云：「智論九二云：一切菩薩道，皆淨此三業；初淨身口意，後為淨佛土，自身若淨，亦淨他人，何以故，非但一人生國中，皆共作因緣。」注曰：「同處受生，共業所感，此明菩薩欲取淨土，必須化他，令淨三業。」今引下二句，以謂一人受生所依報土，悉是多人共業所感，今止取意，不必泥文。

二三・二〇　使外物　會正：「彼云：嗜酒邪婬等，皆云未得財物，則不能得；本有財物，便轉消耗是也。」

二三・八　多論開心念　注羯磨上：「論中令五衆授之，成實云：若無人時，但心念口言，乃至我持八戒，亦得成受。」業疏一〇・四〇：「多論五衆通授者，皆是弘法之人。成智二論，開自受者，非謂常途；故彼文云：若無人時，但心念受，明緣開也。」記云：「次科，多論定從他受，彼云夫受齋法，必從他受，從何人邊受，五衆邊受。成智二論，並開自受，文約無師，義兼緣礙。」準此鈔云薩婆等云等字，兼成智二論，故無相違；但記文云多論開心念，恐可誤歟！

二四・二　是則布薩　說戒篇云：「俱含論名八戒云布薩護也。」記云：「俱舍明八戒，皆云受布薩護。」簡正：「舊俱舍論也，八戒者，八種戒也，謂七衆戒加一八關齋是也。」

二五・二　己契　濟緣云：「己契者，要誓也。」

二五・三　或可　業疏一〇・四六：「高即八指已上，廣謂方三肘者；不可俱有，單高亦制。」記曰：「四分諸律，皆名高廣大牀，高一尺六，廣五尺四，此是制量；過此量數，則為高廣。」即知尺六及三肘開之，過之乃名高廣大牀。

二五・一五　彼云　業疏一〇・四八：「二明願中，自他兩利也。由持齋德，對治惡趣者，滅戒難也；八難者，滅障聞思難，上明自益也。他惡攝取，己善惠人者，行大道心也。便成正道者，不從他方便，唯一乘法也。將來三會者，緣遇慈氏，近可寄心。」記：「初釋自利，戒法唯人得受，故惡趣為戒難。聞思修慧，須生善道，值佛聞法，具根正信，故八難為聞思障；如遮難中自明。他下，釋他利。行大道心，即菩薩行。方便是二乘權教，一乘即佛道實教。豈止八戒，一宗立教，皆用此意，學者宜知。三會者，彌勒下生經云：初會說法九十六億人得阿羅漢，第二會九十四億得阿羅漢，第三會九十二億人得阿羅漢；補釋迦處，故云近也。」

二六・五　聖弟子　下二記云：「通目凡聖，修聖道者。」

二六・八　俱舍　一四云：「離非舊莊嚴，何以故？常所用莊嚴，不生極醉亂故。」

二六・一〇　八法　記有兩釋：一但出初五，二第五不利兼收餘三。餘三者，作他惡名，辱彼住處，非法為法也。

二六・一六　十號　此中注蓋依翻譯名義注耳。新編一四七中八又云：「此十號義，若總略釋，無虛妄名如來，良福田名應供，知法界名正徧知，具三明名明行足，不還來名善逝，知衆生國土名世間解，無與等名無上士，調他心名調御丈夫，為衆生眼名天人師，知三聚名佛，具茲十德，名世間尊。」涅槃大論，開為兩號。今記同阿含、成論也。

二六・一六　倣同　涅槃云：「諸佛世尊，從六波羅蜜三十七品下一空來至大涅槃，如來亦爾，是故號佛為如來也。」（法華冠注廣引一中。）

二六・一七　明行足　涅槃一六：「明者，名為三明：一菩薩明，謂般若波羅蜜；二諸佛明，即是佛眼；三無明明，即是畢竟空。行者於無量劫為衆生故，修諸善業。足者，明見佛性。」通釋：明曰取果，行從因名，足即滿足，證得究竟，故注云果從因得。

二六・一七　妙往　往字一作待，非法數，亦曰善逝妙往之義。

二六・一九　五念　多論卷一制六念，文云：「若不修六念，不名齋清淨。」謂加一念施也。六念名相，出別譯雜含第九，三藏法數新編本四九七中七。又增一說十念，初六全同，珠林四六攝念篇。若令心念口言，須依芝苑遺編詞句。

二六・二〇　三十七道品　三藏法數新編本一二〇頁上一五行。

二七・六　古引多論　會正：「問：受八戒得二、三日乃至十日一時受不？答：多論云：佛制一日一夜不得過限，若有為能受一日過已，次第更受者得。問：八支中受日不受夜等得戒不？答：多不得以制一日一夜故。」

二七・一一　有云　會正：「善生下，約授戒人說，受字理可作授。」簡正：「不得多唯獨受者，此約戒師說五衆中隨一人為受，不得二、三人為他受；恐言詞雜亂，互說不同；若能受人，不簡多少。（受作授字呼，今鈔恐錯書受字。）」

二八・一　左肩　若依增一十一云：「左肩著父，右肩著母。」恐是五分傳寫之誤乎！

二八・五　右父左母　若依盂蘭盆經疏云：「左肩擔父，右肩擔母，徧行大地，亦不能報恩。」同記云：「俗以左為上，故父在左；右為下，故母在右。」是則經論異說耳。又同疏引父母恩重經云：「左肩擔父，右肩擔母，行繞須彌山，百千萬匝。」諸經要集引難報經云：「左肩持父，右肩持母，經歷千年。」增一亦左父右母。毗奈耶律云：「假使一肩持父，一肩持母，經於百劫。」故知左右且舉之耳。

二八・六　有云西土　會正：「左肩母，擁華鈔云：西土之禮，以東向為尊，左北右南，北是陰，故母居左。」

二八・七　所向　謂擔親而行，出必向東哉，此釋不盡！

二八・一〇　有云逆蘭　會正：「重罪即逆蘭。」鈔批、簡正皆爾。通釋：父母貧乏，衣食不給，患於飢寒，若捨不顧，或至餓死，即殺父母方便，故云逆蘭歟！

二八・一二　不得觸　若罹重病，而無看護人者，親扶之不犯。

二九・四　小違　濟覽云：非威儀吉，未必至殘。

二九・一二　北遠　資行云：淨影寺慧遠也。

三〇・四　云云　彼有以父著左肩上，以母著右肩等之語，並省略之，故云云云。

三一・一三　唯降佛　然依本文，非謂孝養父母之功德，與補處菩薩功德齊等也。但供養父母，與供養補處，功德齊等之謂也。珠林六一引之。

三一・四　僧祇　二五云：「六羣比丘展轉作俗人相喚，阿公阿母，阿兄阿弟，佛言共公語時，不得喚阿公，阿郎，摩訶羅，應云娑路醯多。共母語時，不得言阿母阿婆，應言婆露醯帝。共兄語時，不得言阿兄，當言娑路醯多。共姊語時，不得言婆鞞，應言婆路醯帝。」

三一・一五　愛道無常　簡正：「增一云：毗舍離國，有大愛道，與高臺等五百比丘尼，皆是羅漢，聞說如來過三月後，當般涅槃，乃生悲戀，不忍見佛入滅，又不忍見阿難入滅，我宜先取滅度，遂來白佛，默許之，愛道繞佛七匝，繞阿難七匝，又繞諸比丘衆却行而出，還歸本寺，語諸尼曰：我今欲入涅槃，所以爾者，謂佛不久當取滅度，汝等各自知時；五百比丘尼聞已共往佛所，各辭如來，並擬入滅，佛既許已，各還本房，時大愛道開講堂擊犍槌敷坐具，騰身虛空，作十八變已，還歸本座，而止身繫念，即入初禪，乃至非想非非想處，即於其處，至四禪中，而取涅槃。爾時大地震動，其五百弟子比丘尼，亦復如是等。」

三二・一六　淨飯王　出淨飯王般涅槃經。

三二・一九　殮　衣屍也，儀禮：死之明日小斂，又明日大斂。殮通作斂。

三三・二　又云　釋氏要覽下：「釋氏之喪服，讀涅槃經並諸律，並無其制。今準增暉記引禮記云：服有三：一正服，二義服，三降服。……五杉集云：師服者，皆同法服，但用布稍粗，純染黃褐。」

三三・七　且心棲　搜玄：「且心棲相表者，即冥心無相也；形異世儀者，剃髮染衣也。」

三三・八　歸奉　簡正：「歸奉憑趣，皈依奉敬，憑托趣向，道理合，存法則，低頭下意曰俯，瞻敬躬趨曰仰也。履其金剛淨剎，請法佛資神，行敬三寶，希福備體，即識其履行也。」

三四・三　僧中　搜玄：「靈山云：謂聖凡難識，非常人所知也，或有形儀疎野，而心冥至理，或有儀整不妨，緣於俗務；或三乘示現，聖凡參居，非俗所識也。」

三四・四　又不識　會正：「又不下，此出悠悠俗人，不識因果業報者，但略可示改惡修善，未可為說餘法也。恐因不信，邪見墮惡故。」

三五・八　名為僧地　鈔批：「立明今時誦經童子，雖未剃髮，以是欲出家者，即名僧地；今者呵毀此童子，即是唾僧地；若呵僧者，即成悖逆。」

三六・一九　牴突　恐牴突字歟！戒疏曰：「十誦抵突而取。」記云：「抵突，觸犯也。」鈔盜戒作觝突。

三七・三　故經云　簡正：「經是涅槃經，謂敬僧能獲福，故號良田；嫌僧能獲罪，故是蒺藜園也。」

三七・一七　若見　簡正：「論云：佛說四事雖小而不輕，太子雖小當作國王，是不可輕；蛇子雖小，能害人，亦不可輕；小火雖微，能燒山野，亦不可輕；沙彌雖小，得聖神通，最不可輕」等。

三九・三　瑕疵　輔行云：「玉之外病為瑕，玉之內病為疵，故可以譬隱顯二過也。」玼與疵同。

三九・四　拾　即掊拾，謂拾人過而督責也。

三九・一〇　目今　剪燈新話注云：「目今，猶即今也。」

主客相待篇第二十五四儀法附

四〇・二　逆旅　李白春夜宴桃李園序曰：「夫天地者，萬物之逆旅；光陰者，百代之過客。」

四〇・二　頗存　謂以寺宇況逆旅者，頗由其無定止，為三界之過客存之；既寺宇名客舍，故律中制主客相待式。

四二・六　舊云　會正云：「次到何處者，約僧次論。」

四二・一八　若客伴　鈔三五・四〇引祇文云：「若行伴已去者，不得語言長老賈客已去故可及，應語長老可小停息，正爾復有伴耳。若有急事，必欲去者，應給糧食，囑累行伴。」準此鈔文不及伴之不字，可作可字歟！又行伴者，指彼中賈客耳；有急者謂安慰留之；恐有急事，與賈客伴去也，故得給糧食，囑累俗伴。

四三・九　夫成善　善謂世出世善；教相者，教必具大小權實等相故；心發者，擊彼宿習，令發起故；冥因顯果者，心因內動，果證外顯故。

四三・一〇　阿說　金剛刊定記二，大論一一・三。

四四・五　闍夜多　付法藏傳六云：「闍夜多有大功德，精進勇猛，難修苦行，善專禁戒，無有漏失，世尊所記，最後律師矣。」

四四・七　方冊　禮記：文武之政，布在方策。方，版也；策，編簡也。亦作筴，彙冊簡也。六書正　：通用策，俗作冊非也。

四四·九 大明　會正：「大明有破暗功，若缺威儀，則不能充也。」

四四·一二 以尼師壇　下一記云：「準感通傳，外道難破，還置左臂，今須依傳。」

四四·一四 四摺　下一記云：「今恐損汙，但著五條，臥坐具上，七條大衣，褊摺頭所。」

四五·一九 下座　然四分四九云：「若檀越來白時到，上座應在前，如鴈行而去。」又僧祇三五云：「若道中有露濕者，年少當在前，若畏賊虎狼時，老者應在中央，若欲使賊起慈心者，應老者在前。」

四七·二 十誦　又四分五〇：「彼比丘晝日多人處脇著地眠，諸居士見共譏嫌，佛言不應爾；彼上座老病遠來比丘晝日不眠疲極，佛言聽入房內閉戶而眠。」

四七·四 互跪　釋具出歸敬儀下。又經中以行事經久，若弊集身左右兩膝交互而跪。

四七·六 駱駝　若依了然釋少異，通真記云：「兩膝並坐者，謂竪兩膝以尻蹲坐，經中斥為駱駝坐也。」

四七·一〇 桄　同擴，音廓，張小令大也。今應作桄，古曠切，織機桄。按桄牀，腳橫木耳。

四七·一二 六念　芝苑遺編參閱。

四七·一三 尼令　歸敬儀云：「僧是丈夫，剛幹事立，故制互跪；尼是女弱，翹若易勞，故令長跪。」經中比丘亦有兩膝至地白佛者。

四八·一 見上座　彼云：「尊者離婆多，來到薩婆鉗邊，薩婆鉗見離婆多來云處遠身體疲懈，自狹坐，令離婆多寬坐，離婆多內自思惟，尊者薩婆鉗閻浮提第一上座，何於其前懈怠寬縱，即斂身端坐，繫念思惟。」

四八·七 十誦　四〇云：「時長老阿難與大衆圍繞說法，時有上座比丘後來，起第二下座，第二下座復起第三，如是上座來時，次第起故，衆亂妨聽說法，乃至佛言從今聽法時，上座來不應遣下座起，起者突吉羅。若和尚阿闍梨來，恭敬故自起，不得起他，若起他者，突吉羅。」

四九·四 星月　彼云：「若夜，亦應知時，月至某處當起；若無月，星至某處當起。」

四九·七 力士訶責　彼云：「金剛力士默作此念，如來三阿僧祇劫，種種苦行，乃得成佛；今諸比丘貪著睡眠臥樂故，不復行道，云何得爾，心念口言，諸比丘聞已，具白佛。」

四九·八 消息　住法記云：「論中許睡，又以睡為消息。」

會本卷四十鈔下四之一　瞻病送終篇

第二十六

一·八 有待　安居篇記云：「身為苦器，飢渴寒熱，隨時所須，故名待形。」

一·一四 六府　往生要集一·二二。

一·一六 西域記　六·三。如來已下，本出四分四一。鈔批云：「僧祇：於一時，佛舍衛國與阿難案行僧房內，到破房中，見一病比丘，臥糞穢中，不能自起，佛問言病乎？今日得食不？答：不得。又問昨日得不？答不得。乃至答言：不得食來，已經七日。佛問汝有和上阿闍梨同學不？答無。又問有比房比丘不？答有。以有臭穢，比丘餘處去。佛與阿難浣洗已，更為洗衣，阿難即洗，佛自灌水，乃至為除糞穢也。以金色柔軟手，摩比丘額上，衆苦悉除，隨為說法，得法眼淨。」

二·一一 又論　當卷云出成論，又導俗化方篇曰出涅槃。

二·一一 僧祇　二八略云：爾時南方有二比丘，共來佛處，一比丘病，經二三日；一比丘語病比丘言：我欲前去問訊世尊，汝差已來。病比丘言：長老待我差已共去。答曰：長老我不見世尊久，思慕如渴，不容相待，汝差已後來。彼比丘詣佛所，佛知而故問，比丘答以上因緣，乃至佛言雖近我所，為不見我，我不見彼；若比丘心不放逸，專念在道，雖去我遠，即為見我。所以者何，隨順如來法身故。

二・一三　又云　彼云：「有三種病人，有病人得隨病藥食如法看病而死，或不得隨病藥如法看病而活。」已下如鈔引。

二・二〇　同和尚　師資篇云：「和尚等者，多已十歲；阿闍梨等者，多已五歲。」記云：「和尚闍梨等者，謂與二師夏次同也；亦名同和尚，同闍梨。」

三・四　僧祇十誦　僧祇二八；十誦二八及六一之初。

三・一二　犉牛草馬　皆謂雌者之異名也，深防觸染；故簡除之。

四・一八　彼云　寶積經百十四，七；乞食比丘品。

五・九　看病人　若依記釋，則屬上句；若準本文，彼云：「應僧中取好者與，若復無看病人，應持二鉢入聚落乞食，持好者與。」同之一九又明看病人五法中云：無怖恚不惜自業。

六・一九　摩得伽　七之初。

七・一二　中國本傳　尼鈔云：「祇桓圖，以知靈裕法師寺誥中有祇桓圖，此云本傳歟！」

七・一二　無常　大涅槃經云：「諸行無常，是生滅法，生滅滅已，寂滅為樂。」往生集一：祇園寺無常堂四角有頗梨鐘，鐘中亦說此偈，病僧聞音，苦惱即除，得清涼樂，如入三禪生淨土。」

八・一七　大悲經　出悲華經五；彼云：「何因緣故名曰娑婆？」已下如引。煩惱故下接云：「是故彼界，名曰忍土。」

一〇・一三　若人　智論云：「若人得聞般若者，是於前世多供養諸佛，作大功德，今世得遇好師，同學等善知識。」

一〇・一五　常住　北涅槃經二云：「諸善男子善女人，常當繫心修此二字，佛是常住，修此二字者，隨我所行，至我至所。」

一〇・一五　六卷泥洹　今文出二；東晉法顯共覺賢譯。

一一・一八　造五　批云：「按多論第四云：迦葉凡經營五大精舍，一者耆闍崛出精舍，二者竹林精舍，餘有三精舍，時復治理。」簡正：「玄云：準師資傳，迦葉不憚疲苦，常自造五所迦藍也。一在耆闍崛山，二在毗羅跋首山，三在薩婆燒持山，四在多般那舊山，五在竹園。」

一二・一四　答曰　彼云：我念往昔五百世中，生於狗中，常困飢渴，唯二時得飽滿，一值醉人酒吐在地得飽；二夫向田，婦作食時，彼婦事緣少出，我時即入盜食，食器口小，遂入頭難得出，夫從田還，便殺頭在器中。時二比丘聞其說，厭惡生死，得須陀洹。

一二・一五　百緣經　一〇云：「時城中有婆羅門，有一男兒，號梨軍支，求索飲食，未曾得飽，見諸沙門乞食滿鉢而還，念言當作沙門我能得飽；佛言善來比丘，鬚髮自落，法服著身，得阿羅漢，乞食不得」等云云。

一三・六　傳云　簡正云：「傳者，亦是中國本傳也。」

一三・八　智論　二四，取要；經中，彼言分別功德經。

一三・一一　決徹　彼云：「是垂死時，必決定猛健，故勝百歲行力。」

一三・一六　三義　此依曇鸞淨土論注。卷上・三〇。

一四・八　如前　今雖指二衣，具在對施中。

一五・二　四分　四一云：「聽瞻病人，問病比丘何者是三衣，何者是長衣，汝負誰，誰負汝，汝應與誰？」

一五・二　彼病人　又彼病人作如是念，我當受不好三衣，恐瞻病者取去，乃至時病人捉衣鉢送著餘處，恐瞻病人取，後病差無所著等；佛訶言不應如是念，應受好者著。

一五・九　經云　出大莊嚴經論二之初，彼五言偈：「往昔諸國王，為寶之所誑，儲積已待死，無一從己者。」

一六・五　莊嚴論　出大莊嚴經論二・初。

一六・一六　示其名號　謂此是華嚴經，此是法華經等示也；十六觀經云：「命欲終時，遇善知識，為說十二部經首題名字，以聞如是諸經名故，除却千劫極重惡業。」是也。

一七・一一　而作　鈔批云：「隨病人未死前時節延促，於中而示導之曰而作。」

一七・一六　天台　出唐傳二一，及別傳等。

一七・二〇　不忍　嫌屍也，鈔本卷三紙二〇行曰：「若俗人嫌者，應擔遠送。」義合之。

一八・一四　椎　擊也，擣也。

一九・一　遺教　住法記釋：「二三兩果，愛惑未盡，故有悲感。」今曰：未離欲者，宛轉等，故釋云內凡已還耳。問：見道已去有哭耶？答：三卷涅槃經云：「未得道者，見佛涅槃，宛轉在地，已得道者，悲號啼泣。」

一九・三　高節　七賢中玄藉父死不來，莊子妻死腰拭打鼓等。

一九・五　執弟子手　問：為誰弟子耶？答：亡人之同師弟子也。簡正：「是亡人之小師也。」

一九・一三　犯重　會正：「此別有主領物故犯重。」若無護主蘭也。

一九・二〇　世云　簡正云：「五分：初緣比丘露形招譏，佛以安陀會覆。」而依彼本文云：「比丘命諸比丘，仰著中庭，不以衣覆其身，男根張起，諸居士譏。」彼中不云五條。

二〇・一三　然則火葬　簡正：「火葬一法，燃則殘害師之遺體，弟子看之不忍；若不忍看者，準涅槃經雇人展轉教化亦得也。」

二一・一〇　後分　後分涅槃經，文出上之一六；此依妙文記四之三・二引之。

二一・一一　十二因緣經　今考大藏，有佛說貝多十二因緣經，見彼無文，未知出何經也。

二三・七　善見　彼一一云：「若檀越作是言：今某國王其檀越喪，今葬請比丘送葬，不得去；若比丘念言，我往看彼喪，觀無常，因此故或得道果，如此去無罪。」

二三・一二　殯即　若依儒禮，殯葬事別檀弓云：「×於牖下，沐浴於中霤，乃至殯於客位，祖於庭，葬於墓。」

諸雜要行篇第二十七 謂出世正業等，比丘所依

二三・一五　諸雜　鈔批：「上來諸篇，雖約事科分，或約衣藥以立儀，或就僧別而開法，猶恐收羅未盡，故別生一位，總明諸雜緣務，但為資道之緣，乃有無量，不可別彰，統名為雜，即如律中有雜犍度，經中有雜阿含，以緣此義，故立今文。」

二四・一六　據餘經論　會正：「文殊問經云晝夜六時行五悔。」

二五・一　若食　濟覽：準記文似寫倒，合作若是佛臘食。鈔批：「立曰七月十六日供佛之食也，以夏滿時，佛與比丘同受歲，得夏臘也；其日有供養，名佛臘食。」

二五・一四　薩遮　全十卷，元魏菩提留支譯，具云大薩遮尼乾子受記經。今四，取要，彼文太廣。

二五・一五　上品　簡正云：「上品治之者，是重偷蘭也。」

二五・一五　俱舍　一八云：「破壞窣都，是無間同類。」

二六・七　僧祇　三五云：「有比丘僧地中種菴羅果，長養成樹自取，不令他取，諸比丘白佛；佛言此種植有功德，一年與，若樹大不欲一年併取者，聽年取一枝，枝徧則止，若種一園樹應與一年，若年年取一樹，亦種；若種蕪菁，如是此菜應與。」

二六・八　徧則止　枝條後茂，非彼功故。

二六・八　一剪　鈔批：「立謂約制竟更生者，故得剪竟不生則不得也。」

二六・一三　園田好　本文好字上，有雖字。

二七・三　行人　彼云：「上座，我是阿練若，我是乞食，我是糞

掃衣，我是」，已下如鈔。

二七・四 護房　彼接云：「言著先處濕者，應曬；塵土坌者。」

二七・四 依是得活　謂以法具，設會則具，所以設會，會所以活僧也，為設會檀供僧故。

二七・九 毗尼母　彼列八人：治塔人，奉僧人，治僧房人，病苦人，嬰兒，懷姙女人，牢獄繫人，來詣僧房乞人。初人計功與，病者慈心隨病所宜與；後四人慈心及護法心與；不爾，為施所墮。

二七・一七 慈心　教誡慈者，意在柔和。

二七・一八 如拭塵巾　鈔批：「礪云：拭塵巾體，攬塵歸己，顯物合淨。入衆之人，亦宜收過向己，推直於人，故曰也。」

二七・一九 不應安坐　批云：「不應坐者，礪云：謂離憍慢也；不應立，謂離諂曲也。」

二七・一九 人　合作又乎。

二八・一一 智論　出十住論七・三；彼明處師子座四法，今文第一。智論卷七三。

二八・一八 打靜法　北京云打靜，打靜衆雜亂故，非謂所打木也；所打木名砧也。南都謂所打稱靜，砧，即是靜也。

二八・一九 稚　音垂，亦作槌，棒椎也。砧，音斟，擣繒石也。

二九・一六 標宗　資行指彼所引十誦文；今謂不然，彼引雜含與今同，記釋亦詳也。

二九・一九 十誦　五三・五。

二九・一九 好　喜也，愛而不釋也。

二九・二〇 章句　五怖畏中之文，章句下，彼接云：「樂世俗法，隨世所欲，有信樂心，說俗事時，有愛重心，是故如事所說，甚深修多羅空無相無願，十二因緣諸深法滅，是第三怖畏。」

二九・二〇 毗尼母　具文云：「佛告諸比丘，吾教汝一句一偈，若多若少，若應行者，如語行之；不應行者，如語莫行。若後世比丘所說與三藏相應者，亦應行之；若吾所說，或多或少不應行者，亦莫行之。後代比丘所說不應行者，亦莫行之。」

三〇・八 草聖　書有十體，草隸各在其一。隸者，秦下杜人程邈作，漢興有草書，不知作者姓氏。今案辭海：東漢張芝、唐張旭二人草書品格，皆入神化之境，有草聖之稱。唐僧懷素，草書亦至馳名。醫術馳名者，若法開法師是，出於僧傳。陰陽顯譽者，若一行阿闍梨是也，傳在統紀。

三〇・九 三命　有云本命星、七曜、二十八宿三也，以此三作卜故。又允鈔云：「三明者，三命者；支干納音為三命，假令甲子金人，甲為干為天，也為支為地，金為納音為人，以干推福祿，以支推壽命，以納音推智愚貴賤也。」

三一・一 半月　行宗云：「髮過半月不剃，爪過一麥不剪，並吉。」

三一・一 難緣　簡正：「此是尼單提中，半月不剃髮者提，若過半月，此名髮長；若無人解剃髮，若強力難緣所逼，不犯。」資行：「如周武滅法之時，有有髮僧。」

三一・三 餘毛　謂三處毛，剃則蘭。

三一・五 兩月　珠林引四分云：「佛言聽諸比丘半月一剃髮，極長兩指，若二月一剃。」惲公自注云：「二月者，白黑各有十五日，當此間三十日為二月。」

三一・七 薙阬　薙與埋同，阬與坑同。

三一・一三 多論　資行云：「文出母論。」搜玄、鈔批等指母論。

三一・一五 遺教論　記云：「頭是一身之表，納塵之要，故云上上處；凡出家之人，率先剪削，毀其形好，誡令自摩，欲令常知也。」

三一・一六 應作髮　資行：日本故刻鈔作髮。

三一・一九 彼經　南本四相品一，北本四；並如鈔引；恐是記主憶失歟！

三二・三 四季　季春，三月；季夏，六月；季秋，九月；季冬，十二月。

三二·四 拳攣　柳文云：「攣卷傖囊。」注：「攣卷，不申舒貌。」

三二·一〇 多作業　簡正：「多作業，謂多作白衣業。」

三三·一三 四分　賣卜，五二；誦咒；處方，謂或晴或雨，或日蝕月蝕等事；治病；皆五三。

三三·一六 地獄等　彼云：「六羣比丘有小事便作咒詛言：我若作如是，當墮地獄餓鬼畜生，不生佛法中；佛言不應爾。」

三三·一七 羅漢射事　涅槃三一。

三四·一三 經行堂　四分五〇云：「露地經行患風雨日曝……佛言：聽作經行堂。」

三四·一九 磚　正作甎，甓也。慈恩玄贊曰：「西域地濕，壘甎為道，於中往來，如布之經，故云經行。」

三五·六 乃至滅燈　珠林云（諸經要集，亦云如是）：「為有食火蟲，恐人口氣損蟲，所以不聽口吹也。」尼鈔云：「不聽以口吹滅，應以手扇、衣角扇等。」準今鈔、尼鈔應以上脫不字歟！又諸經要集卷四：「僧祇云：滅時不得卒滅，當言諸大德，欲滅火；不聽用口吹滅，聽以手扇滅，及衣扇滅。」準尼鈔非脫字歟，資行云云可考。今考僧祇如鈔引，學者詳之。準今記云目連舉手扇，以衣扇，尼鈔、要集為是。

三七·三 五德　有部毗柰耶雜事一四，一掃地有五勝利云云。又具說世尊與大目連、舍利弗掃地之事，須者檢尋。

三七·一一 神用　神即心識，用謂解能。

三八·二 綱要　筆削記二云：「網上大繩云綱，能持一網，故云要也。」若此釋，則綱即要也。

三八·三 無罷散　簡正：「即助道業，得無退修，心不馳散，曰得無罷散。」案罷散猶退散。

三八·五 以俗方道　批云：「立謂俗中要覽，雖非僧行之法，以見俗士仁義禮智信，僧須準之。」

三八·一一 無在　行宗：「在，猶定也。」

三八·二〇 要覽　會正：「要覽，晉郗超撰，一卷十篇。呂竦又撰，五卷。此指郗本。」濟覽：「鈔下二之三云郗嘉賓要覽，與此同書歟！」

三九·二 知之　現本作學之。

三九·五 三千云　案非三千文，正出母論二。

三九·六 十誦　五三，取要，五怖畏中第三怖畏。濟覽云：不通利即第一怖畏。

四〇·三 除疑　資行云：「如阿那律尊者宿姪女家，時俗嫌疑，即登空現十八變，時俗知為聖者息謗也。」

四〇·一一 通局　簡正：「道修智分，俗修福分，是局；若二兼修，即通。」

四〇·一六 身戒心慧　標宗記云：「戒屬身口，慧是心觀；或可心即是定，備舉三學。」

四〇·一七 僧有法　簡正：「僧有法能造者，即福指示他也；俗有事能作者，金木石等也。終日相由者，僧由俗資，俗假僧法也。執據恆別，福慧別也。」

四一·九 有云　簡正、會正並云三佛行者，過現未也。批云：學三佛行者，立云三世佛也。湛堂云報身應身法身，佛以由持三聚戒，當來感此三身，故云學三佛行也。

四二·一 僧祇　三二：迦葉尊者闍維佛身已後，告衆之詞。

四三·二 毗尼母　卷五。

四三·四 本處還立　資行立：「一本本字上有後字。」

四三·七 在前　鈔批：「以露濕比丘衣，故年少前受汙，使後來老宿不汙。」

四三·一三 彈指　雜譬喻云：「有比丘入廁不彈指，瀆污鬼面，鬼怒隨逐比丘，常伺其短。」

四三·一三 謦咳　琳師音義云：「上輕郢切，下開愛切；喉中氣通也。」

四四·一 生病　長含中有九病：其第六曰小便病，謂人必得淨水資潤色身，入腹之後，須便利以時，若強忍過，當即能生一切病也。

四四・六 七土　資行云：「七度以土洗，非謂七種土也。」

四四・七 房外　彼云：「內小便器著房中臭處，佛言不應著房中；諸比丘既著房外，惡蟲入中，佛言若須內房中，應密塞口，若著房外，與水滿中。」

四四・一八 此鹿　彼云：「此鹿被毒箭必當死，比丘言死便死，不得與獵師，師久不得，便去。」已下大同。

四四・二〇 若悲　彼云：「獵師作鹿檻，比丘快心壞偷蘭；憐愍心壞，吉羅。捕鳥師張羅網作籠鳥車亦爾。」

四五・一〇 蝎　或作蠍，陰夜毒人蟲也；本草綱要第四十。

四五・一二 咒蛇法　彼云：「比丘若慈心於彼八龍王蛇者，不為螫殺，若此比丘慈心於一切衆生者，亦不為彼蛇所螫殺；佛自聽作自護念咒：毗樓勒叉慈，（此一蛇名下同，但加慈字。）伽甯慈，瞿曇實慈，施婆彌多羅慈，多奢伊羅婆尼慈，伽毗羅濕羅慈，提頭賴吒慈，（已上但有七名，脫第八乎。）慈念諸龍王犍王犍達婆羅剎婆，今我作慈心，除滅諸毒惡，從是得平復，斷毒滅毒除毒，南無婆伽婆。」五分更有難陀跋難陀。

四五・一二 嚮　與向同，北出牖也。

四五・一三 鷰　燕字。

四六・三 焙　火乾也，浸涵也。

四六・七 和尚父母　資行云：「和尚即父母，非謂和尚與父母。」

四六・一七 法開　梁傳四。

四六・一八 九候　素問云：「從而察之，一部九候；卒然逢之，早遏其路。」回春云：「每部中各有浮中沉三候，候候三而三之為九候也。」濟覽云：謂寸（上焦）關（中焦）尺（下焦）也。有云一年有四時，九十日為一時，時時有二節，四十五日為一節，節節有九候，五日為一候。凡一年有四時、八節、七十二候；各初九候殊發病故云。

四七・四 腐爛藥　業疏云：「腐爛藥者，世所同棄，而實可收，即大小便也。」

四七・六 青木香　準時珍本草馬兜鈴根也，宗奭云：「蔓生，附木而上，葉落時，其實尚垂，狀如馬項之鈴，故得名也。」弘景云：「大秦國人以療毒腫消毒氣有驗，今惟制杜蟲丸用之。」綱目一四・一八。

四七・七 癰　合作癰，或作癰。

四七・一四 炒　與熘同，火乾也。

四七・一五 碾　音年，磨也。

會本卷四十一 鈔下四之二　沙彌別行篇

第二十八

一・七 室羅　鈔批：「唐三藏云：沙彌者，梵室羅摩拏路迦，翻為勤策男，謂苾芻懃人所策故曰也。室羅摩拏理迦，翻為懃策女。」名義集同此。

一・八 譯為　傳文為子注，接云：「言欲求趣涅槃圓寂之處。舊云沙彌者，言略而音訛，翻作息慈，意準而無據也。」

一・一二 玄籍　鈔批云：「聖教能詮玄理，故曰玄籍也。」

二・九 論語　出陽貨篇。朱注云：「為，猶學也；周南、召南詩首篇名，所言皆修身齊家之事；正牆面而立，言即至近之地，而一物無所見，一步不可行。」

二・一二 依意　依下科文合作依位，疑是寫誤。

三・六 郁伽羅　全一卷，二八紙，西晉竺法護譯，今文出一七止足品；菩薩下接云：「當作是念，我何以故出家下鬚髮；當更念言：我因欲具足佛法故，出家下鬚髮。」已下如引。

三・一五 澀　說文：澀，不滑也。素問：「多食鹹則脉凝澀而變色。」

三・一八 八音　濟緣：「金、石、絲、竹、匏、土、革、木。」

四·八　出家　一卷，五紙半，秦失譯，又如已下，檢彼無文，彼說羅漢滅後起塔供養之校量。

五·四　生盲　觀經義疏云：「胎中失目，謂之生盲。」

五·一〇　祇律　二九·二四：離車童子，出家七日命過，親里來見，甚大悲惱。佛為說偈言：「若人百千歲，供養百羅漢，不如一夜中，出家修梵行，緣此之福祚，得離於六百，六千六十歲，三途之苦惱。」

六·九　二種縛　業疏：「如大寶積經出家二縛，謂諸見利養，謂所須四事。」

七·六　不必將此　資行：「此暗破會正，彼云：若論下，結束；貪欲，收上利養；瞋，收上見過；愛親，收上邪命，以不親強親故。求利，收樂好衣鉢；慳、嫉，收上見有持戒驅逐令出等。」

七·八　用為　濟緣：「餘為非道者，是此非彼也；內多瞋者，怒他不從己欲也。」

七·一〇　終退　業疏：「若依世禪緣色緣心，雖經上界，終還生死，未有出期。」

七·一九　念佛　濟緣：「念佛法僧，即六念；九想即不淨觀：初作脹想，二青瘀想，三壞想，四血塗漫想，五膿爛想，六噉想，七散想，八骨想，九燒想。」

七·一九　成論　濟緣：「愚者見之，便謂持戒多聞，皆不足為；然不知徒行無詣，故為世福；若真求脫，無非聖道。但心有通塞，事豈替廢耶。」

八·七　三位　懺篇二八·七記云：「理本是一，何有三者？若權實往分，前二是權，後一是實；若大小相對，前一是小，後二屬大。若約開權會小，終歸一理。若對三宗，性空局小，唯識局大，相空通小大，如是分之。」

八·一一　小菩薩　搜玄：「即資糧加行兩位人也。」簡正：「大乘五位中，是加行位也。」會正：「地前小菩薩修相空觀也。」鈔批：「依瓔珞經，地前三十心為小菩薩也。」此等今記所破也。即懺篇二八·八記云：「小菩薩者，雖發大心，未窮心本，故設此觀，空諸塵境，如諸般若所被初心。」又云：「有人將前小菩薩對加行，不知觀行不同。」正源記同今記。

八·一二　大菩薩　懺篇記：「大菩薩者，初地已後也。」又梁攝論：「初地見位，證唯識理，成大菩薩聖者。」鈔批：「初地已上菩薩，一切情非情事，皆是唯一識。」簡正：「是大菩薩等者，從初地至十地，總名大菩薩。」是等文且約修真唯識云耳。今師意通凡位，即正源記云：「若約經宗，登地名大；此唯上聖，恐不攝初心。疏主立觀，正為攝凡，即此凡夫，頓發大心，圓修唯識，志求佛果，即名此人，為大菩薩；即說此行，為佛果證；行大非位大也。」通真記：「初心凡夫，便修此觀，即名此人為大菩薩，即說此行為佛果證行。」歸敬云：「發心畢竟，初後心齊，唯識四位，凡聖通學，今則在凡不學，何有克聖之期，故須發足並觀。」了然云：「今家所謂大菩薩者，蓋指乎修唯識者，對前相空屬小故稱大。」

八·一三　意言分別　濟覽：謂觀一切法，皆由心思言議分別前事。

九·一七　願樂即　濟緣：「願樂通收加行三賢也，究竟別指最後妙覺。」今且約初後舉之耳。懺篇記具引論四位。初信行位，即收地前四十心資糧加行。二見位，初地見道也。三修位，二地至七地。四究竟位，八地至佛地。

一〇·一　要拔　會正：「要妙拔濟之行，常欲在心奉行者。」廣如凡聖行集二〇卷。

一〇·五　前二小　問：懺篇記釋小菩薩云：「如諸般若，所被初心，全是大乘也。」又云：「前一是小，後二屬大。」何違耶？答：下大小乘相決同異中（本卷一五頁），記云：「由小菩薩涉大小，小據觀智，大約志求，小大雖異，並菩薩乘故，且一往通收大中。」此一位本由通大小，隨收無失而已。

一〇・九　上三事　資行：「凡罪凡福聖道三也。」今謂方便除疑捨障三也。以業疏云：離行無別餘法，至時廣引，行法二十卷中，除疑捨障入道方便，隨機有取故。

一〇・一〇　上之三科　即罪、福、聖也，是記可自知。

一〇・一一　修羅　報勝故合人天，或在惡趣同類故。

一〇・一八　三乘道行　簡正：「謂聲聞緣覺菩薩，即是三乘人也；性相心即是乘道。若約鈔論合小而離大，小中合緣覺也，大中即離，開大小菩薩，如是之義，如上已明，今通三乘，以意正其所修也。不出三學者，謂大小乘各有三學。」

一一・一　戒緣身口　濟覽：「戒緣身口，此句通該空有兩宗；緣，由也。犯則問心，此句局在四分空宗。」

一一・七　名色　濟緣：智論云：一切諸法中，但有名與色，若欲如實觀，但當觀名色。準此並通大小觀境，今文且就小教為言。

一二・五　水澄　智者大師說：「既得禪定，必無所依，泯然凝寂，一心在定，猶如明鏡不動，淨水無波，湛然而照，萬法像現也。」

一二・八　三品即三聚　先依善戒瓔珞等以豎三聚，校合同異，律儀一聚，全同聲聞，餘二不同，次言不異。準業疏以圓宗橫三聚，校合亦同具三聚，謂太賢義寂等解，梵網等戒，一一皆具三品；今圓宗解，律儀戒亦一一具三聚，然却校豎三品，但歸律儀一聚，故文云：「律儀一戒，不異聲聞。」於中或有開遮，與菩薩不同，故云：「非無二三有異。」

一三・一二　地持　二・六；惡斷許常。佛藏惡常許斷。

一三・一三　佛藏　三・七云：「我見人見衆生見者，多墮邪見；斷滅見者，多疾得道。何以故，是易捨故。」

一四・一　問菩薩　古迹云：「莊嚴第六云：由利羣生意，起貪不得罪；瞋則與彼違，恆欲損他故。」

一四・二　五蓋十　問：欲天依十不善生，色無色依定業何云十不善……耶？答：三界總報，俱依十善；但上二界，更所助四禪四定得生也。若無定力助緣，則生欲天，故知定但助業也。故水鈔云：總報四禪四無色等依十善。況四禪八定，以戒為因；戒七善業道，斷五蓋中，具意三業道。

一四・一〇　攝論　本論上，梁釋論一三。縱有已下，九字取意，非全文。

一四・一〇　不顯現　濟緣：「謂觀諸法如實平等，故無分別，唯一真體，外塵本無，故塵不顯現，亦名如理智。初地已上，始得用之。」本論上・一九云：「分別性相者，實無有塵，唯有識體，顯現為塵，是名分別性相。」無分別智翻彼分別，故曰不顯。

一四・一三　用此　資行云：「一本此字下有得字。」

一五・五　淨心　簡正：「一說曰準無著論初地為淨心地，二說曰準青龍二地為淨心地；以第二是離垢地，離破戒垢云云。」

一五・一三　無著論　無著菩薩造金剛論，即有二卷。刊定記三云：「淨心地此當初地，離分別障，親證真如故。」

一六・四　相似道　簡正：「相似道，謂外道鬱頭濫子悲想定空寂，謂為涅槃。……似佛教真也。相似善者，如調達五邪；五邪之法，似佛四依之善也；又外道雞狗等，同相似善也。」

一六・一一　十地經　彼經二云：「求多聞無厭故，如所聞正觀故。」又云：「離諸諂曲故，如說能行故。」（說初地之下）蓋指此文乎！

一六・一二　舊云　會正：「十地即通指十地經，及十地論也。又經即涅槃、華嚴。」

一六・一六　優而柔　文選四五云：「優柔，優寬和柔之謂。」

一六・一七　從心　論語為政之語，朱注曰：「從，隨也；矩，法度之器，所以為方者也；隨其心之所欲，而自不過法度也。」

一六・一九　自為兼他　報恩經云：「二乘非不化，但不如菩薩弘誓深廣，所以他文但云自利耳。」

一七・一七　僧祇　二三取意。過七十下，彼有「若減七十，不堪造事」之八字。不聽度下，有「若過七十，能有所作，是亦不聽；滿七十康健」十八字。簡正：「準鈔過七十，若能修習善業，亦聽出家；須跋陀羅，年百二十得出家。」會正：「又西域記說昭尊者，為梵志乘八十云云。」（俱舍疏冠注引）

一九・六　父母王法　案若不盜度，但可犯吉；鈔批：「盜度犯重者，立曰：謂令前人故避王課者犯重；若無此心但度，不觀避課者，得如命得度者，私云多論文。」

一九・一〇　經無正文　簡正：「經無正文者，此是論文許，經則無文，準出家功德經，但云若放奴婢出家功德大，不言許比丘度等，故云無正文也。」

二〇・一　周時　謂盡一日。

二〇・一　一眠即經　住法記釋云：「中夜正困，故令誦經，調伏睡思，故令消息。」毗尼母云：「夜二時中，應坐禪誦經；一時中，以自消息。」是右臥法，論中許睡，又以睡為消息，與此不同。準今一眠，合引母論證之，而引遺教三時不廢文者，未詳此意；業疏云：「一眠者，中夜時暫時倚臥，分星月次，尋起緣念。」

二〇・四　四分　三四・二七云：「跋難陀畜二沙彌，一名羂那，二名摩怯，互犯不淨，佛言不得畜二沙彌。又有一比丘兒來乞出家，佛言若能教持戒，增心增慧，學問誦經聽畜。」

二〇・四　如度人　簡正：「謂指受戒犍度二師德有三：一簡小取大，謂十一夏已上；二簡愚取智，謂明閑律藏；三簡惰取勤，謂能勤教授。若不具此三，即不許。」

二〇・七　驅烏　律三四・二七：「有比丘將小沙彌乞食市肆前，見有餅飯，舒手言與我，諸長者譏嫌，言沙門釋子犯梵行，生兒而將自隨。佛言自今已去，不得度年減十二者。爾時阿難有檀越家盡，唯有一小兒在，將到佛所，具說因緣，佛問阿難此小兒能驅烏能持戒能一食否。答言能。佛言若能者，聽度令出家。」

二一・四　房房語　問：不須白歟？答：爾。律三四・二五云：「自今已去，若欲在僧伽藍中剃髮，當白一切僧；若不得和合，房房語令知已與剃髮；若僧和合當作白。」濟覽云：此中和合者，云和集耳。

二二・二〇　善見　「沐浴二處，初灑浴，洒浴已，和尚應生兒想等。又為剃髮時，頂留五三髮，以香湯灑浴，除白衣氣等。」若準此文，似但浴頂也。

二三・六　順色　新記云：「順色者，論語云：子夏問孝，子曰色難。注曰：承順顏色，乃為難也。」承意：禮記：「曾子曰：君子之謂孝者，先意承志，諭父母於道。」

二三・七　立身　新記又云：「孝經云：身體髮膚，受之父母，不敢毀傷，孝之始也；立身行道，揚名於後世，以顯父母，孝之終也。」

二三・九　互跪　歸敬儀云：「言互跪者，左右兩膝交互跪也。」

二三・一〇　曾觀此五　簡正：「髮毛爪齒皮，此五和合，共成此身，無有實法，令生厭，將落便發先業，得阿羅漢果，是故先說如羅睺羅落髮未竟，得羅漢等。」

二三・一二　刺　棘芒也。今案有待刺破之也。

二三・一八　為說法　考論無之，彼云：「為剃髮時，當頂留五三髮。」

二三・一八　出善見論　此注上科來至和尚已下文，並出見論故。然尼鈔次文以香湯灌頂上標善見云：若爾，此注似標下而前後文並注上，疑以香湯已下，文出度人經歟！

二四・一五　福田　全一卷，七紙，西晉法立法炬同譯。今偈二紙。

二五・六　出善見　業疏：「世稱福田衣。」記云：「即剃髮被衣時文，相承無出，故云世稱。」然今注云出善見者，一云此注注上文云云。然會正云：「此偈出福田經。」依此復出善見也。或可亦上出家唄出福田經；

而出福田，則不可言世稱也。

二五・一一 有云　會正：「無相，謂沙彌但許著縵衣，無條葉等相也。」

二五・一九 受六親　芝苑遺編：「或恐事繁，且待衆散，拜賀亦得。」

二六・一五 分俗　濟緣：「以法分俗，謂須十戒，方名出家，彼此即俗與道。」

二七・一八 示威儀　科文。有今文及尼鈔無請師文，以剃髮時已請故耳。或可今文略上請師，下注點十戒闍梨故。

二八・七 舊云　會正云問遮難者，搜玄云但五逆中不問破僧，簡正、鈔批皆爾。

二八・一六 發得　資行有異義，或云歸依僧得，或世尊得，或云為和尚得；準俱舍稱近事發戒說，如苾芻以第三義為正乎！

二八・二〇 三寶通　又云：「提婆立三寶，提婆是佛，四伴是僧，五邪是法。又外道有三寶，六師為佛，四韋陀為法，門徒為僧也。」業疏云：「三寶名通九十六道。」

二九・一九 僧祇　彼云：「生色似色者，錢等市用物。」濟緣：「生色，謂生有瑩彩；似色，謂似近於金，似即像者，會字義也。生像是翻梵，金銀即唐言，意令通曉，所以雙標。」

三〇・四 未詳胡語　正源記：「叩刺拏是生色之梵語，阿路婆此似色梵語。」

三〇・七 七支　彼列殺、盜、婬、妄、綺、惡口、兩舌故。

三〇・一九 適莫　漢書注云：「適，主也。」爾雅曰：「莫，定也。」謂普於一切無偏主親，無偏客疎也。

三一・五 極教　大乘窮理盡性，謂之極教。

三一・一七 生法二年　以生法二年分，見僧像篇。

三一・一九 為說十數　鈔批：「疏云：有三意須明也：一者斥邪徒，二者顯正義，三者檢賊住；若識此三，則可知也。言數者，即是十種增數法門也，故曰也。」祇二三：「因有賊住，便以十數試檢是非。」

三一・七 犢子　有云自然外道有二類：一者自然為因，二者自然無因，今自然無因是也。涅槃時度十仙，其隨一納梵志也。佛問彼見，彼言龜子生則入水，牛子飲乳等。佛言龜子自然入水，何不入火；牛子自飲乳，何不吸角等？彼不得答。問：無因之因，業因之因歟？將因緣之因歟？答：以名色破之，名色，今記及濟緣以識支釋，識支現在五果中攝，故知非業因。

三一・一三 自在梵王　問：自在梵天為三耶？答：為二類歟！自在即第四禪主，梵王初禪主也。

三一・一五 古翻　簡正：「古人翻譯未增曰痛痒想，今為三受也。」齊所謂當時不相領會，三藏將手打漢人背以顯苦受，而不會，遂翻為痛；又以手搔痒，以欲表樂受，而不解，為痒也；想，即捨受也。

三一・一八 苦樂捨　成論云：「必生男女怨親等想，名為想陰；若分別知怨親中人生三種受，是名受陰；是三受中，生三種煩惱，是名行陰。」

三一・一九 便有三行　善惡無記也。濟覽：「或三毒所起之行歟！謂由苦受生瞋行，由樂受生貪行，由捨受生癡行。」

三三・四 神我外道　簡正：「彼說大我遍虛空，小我在身中，如麻米汁瀆轉，作諸事業，知有冷熱行來去住，皆由真我也。佛言不爾，故立五陰治之，即涅槃云：色亦非我，受想行識亦復如是，我在何處，為在色中，為在親中，此身但有五陰，計我則有五，如是離合次第求之，覓我不得，便悟妄執，獲無我理，分成無漏，相似聖人。」

三三・一五 冥諦　大乘義章云：「苦集既虛，云何稱諦？實是虛誑顛倒之法，是故云諦，非是滅道二諦實也。」

三三・一七 五通　記云：「五通者：如意，天眼，天耳，他心，宿命，逆觀過去八萬劫前，順觀未來八萬劫後，冥不知處，以為臻極……」

三四・一〇 色無色　濟緣：「修四禪定，以無想天為涅槃；修四空定，以非想為涅槃。」

三四·一七　多少　濟緣：「初觀少色，後令多徧，實唯一識，攝境歸心也。」

三五·一　增修　濟緣：「增修定者，初則緣色住心，即以定業以滅欲有亂業；此定已成，次又觀空，即用無色定業，以滅色有定業，至此為極，謂為涅槃。」

三六·四　亦隨所存　問：全許古義乎？答：不爾，古有同類，亦對比丘；今約無人。又解，今師於本部中一向不開，例通他部而開之也；古師不依他部，於本部中，直開之故。

三六·一七　受持鉢　有云：「受持依他部，本部不出故。」北京。

三六·一九　二衣施主　鈔批：「一是真實淨主，二是展轉淨主。」

三七·五　不受戒　簡正：「不受十戒沙彌，在界非別衆。」

三七·五　文同大僧　問：沙彌不比丘為所對首上已明，若爾，捨懺單白及殘懺時別住羯磨等，沙彌秉之耶？沙彌秉羯磨，未聞出何文耶？答：位已在沙彌，何秉羯磨，但以訶句代之耳。

三八·一　隨次出　問：南都於此所唱五德出何文？答：祇園圖經並沙彌經疏及會正記等出。問：通行時沙彌布薩何處成耶？答：一義云：五德處成，即會正云：「通行同一堂說戒，禮已互跪，或於此處先說五德十數。」一義上座教勅處成，一義前序後序成。

四〇·一四　不能　彼云：「時小沙彌等，大小便吐，汙泥織繩牀坐臥具；佛言自今已去，不得令沙彌坐臥此織繩牀；若能愛護不汙，聽坐臥。」

四〇·一五　利養　彼云：「舍利弗白佛，小食大食云何與沙彌？佛言：隨大僧次第與。」

會本卷四十二鈔下四之三　尼衆別行篇

第二十九

一·五　佛呼姨母　簡正：「又準佛本行經說姨母是善覺長者之女，長者有八女：第一摩耶，第八生主，同事淨飯王；餘六，二女事斛飯王，二女事甘露飯王，二女事白飯王。今斯愛道尼最小女，佛親阿姨，如來生後七日，摩耶命終，便是姨之乳養，故稱為母也。」

一·一〇　情著　著對微故知，猶云情粗；又可著即執著，女多貪愛故。

一·一三　智論云　般若舉同聞衆中，先列聲聞四部，次列菩薩，故論問云：何羅漢先菩薩後耶？答云：菩薩智慧雖多，而煩惱未盡故。問：若爾，何以反在優婆夷後耶？答：四種雖漏未盡，盡在不久，故通名聲聞衆，若中間說菩薩，則不便，如比丘尼得無量律儀故等，如今所引，此明在世聽法儀也，先比丘衆，圍繞佛坐；次沙彌從後坐；次尼三衆，次第從坐故也。

二·二　一年中　刪定四分尼戒本，單提第一百三十八戒云：「不滿一歲授人大戒者，波逸提。」

二·九　同尼　度比丘沙彌及受依止不異故。

三·二　號佛　問：若尼無破僧義，唯有伴助，何僧殘中亦制二破？答：雖無正破，可亦有相似破僧，故問難列之，亦此意也。

三·七　即日　五分：彼於一宿中，得遮受病，不能受戒因制。

三·一四　遣信　律中：遣信受戒乞戒白云：「僧今差某甲比丘尼作使，為某甲比丘尼從比丘僧乞受大戒。」

四·八　問既加　二問之答釋，續云：「若本法聽有體，或不須僧中受戒故。」

四·一五　文云　現本無之，僧祇三〇·二三云：「和合僧二部衆十衆已上。」

四·一九　僧祇　彼僧受中，明四種受，故尼例僧亦立四種，故云八種，後四文不出之，彼云：「四種具足法：自具足，善來具足，十衆具足，五衆具足。後四：八敬，遣信，十衆，二十衆。」又十誦：「有十種具足：一無師具足，二得道具足，三自誓具足，四問答具足，五邊地五人具足，六受八敬具足，七遣信具足，八善來具足，九三皈具足，十白四具足。」

五·一三 唱相結之　資行：此則結戒場云云。濟覽謂結大界也；戒場者，為難集也；今尼為受來，無難集，故知但結大界，無更結場歟！

五·一六 不得相叉　業疏：「不得相叉者，恐出僧外非成同法。」記云：「謂界相須等，準非同法，雖叉無害。」

六·一 非奪　批云：「立明尼須結界，雖無聖教，然古來兩土傳法之僧，即覺明、法時、真諦等，例皆是賢聖，不言不須結，終不奪其結道理，亦不明結以為非法，故曰不共非奪。」

六·五 本法尼多　問：上一年唯度一人，即尼單提中第百三十八云：「若比丘尼不滿一歲，授人具足戒者，波逸提。」又尼鈔云：「多度弟子戒具四緣：一是曾前度人，二未滿十二月，三更度人受具，四三羯磨竟便犯。」然今文一席度多人，又薩婆多師資傳云：「鐵舍羅等尼，一時度三百餘人。」又尼鈔云：「若有八難餘緣，天陰等當二三人一時作羯磨，此等大違單提如何？答：此能勤教誡故通多人歟！或可今之本法尼多者，非謂一和尚皆度多尼互交作和尚也。」

六·一六 單請戒師　問：自餘九人僧一向不請耶？答：資行云：「當寺相傳義，凡僧受戒，律文唯請和尚、羯磨教授二師；依佛阿毗曇請之，請證戒師，祖師義立也。今文例羯磨師外，通請九人，為證戒師。」

六·二〇 覆藏全無　鈔批：「立謂尼犯僧殘，行懺縱覆藏百日千夜，亦不行覆藏別住法；所以無別住法者，礪云：尼不得獨故，若與別住，便成罪續，故簡云縱覆百夜五十夜，亦不要行別住，以尼不許獨住故，但改僧六夜制限半月二衆中行摩那埵也。若行時，日別白，今時須集二部僧一時白，不得唯白一衆也。」問：準此釋尼僧與犯者，半月往僧寺行乎？將每日與尼僧詣僧寺白耶？答：往僧寺不便，例受戒等自尼寺請僧寺行之乎！然簡正釋未必爾，豈得半月日日集二部乎！但初得羯磨時，即席總白二部，自後準五分往返兩寺，二番總白。

八·一 不如論　律戒本輒教尼前列說法至暮後也，次第顛倒，隨戒記疑之，故云不顯著。

八·六 當囑主人　律二九·三：「彼尼囑授客比丘遠行者，看病者，無智慧者，佛並言不應爾；彼既囑授已，時日不往問；佛言應往問可否。」

八·二〇 先白　彼云：「和南比丘尼，白入，願聽。」

一〇·四 令說欲　彼出欲詞言：「我某甲與教誡欲。」

一〇·一〇 尼來與欲　簡正：「若尼來與欲應受者」，祇云：「誰與比丘尼取欲，取尼欲人應至上座前，偏袒右肩合掌作如是言：比丘尼僧和合，禮比丘僧足，與清淨欲等。」不得述己道德者，祇云：「囑授應受除五種人：一僧中上座，二教誡尼人，三半月念戒人，四守房人，五病人。若言我是乞食頭陀大德等，越毗尼。」批云：「礪云：尼來僧中求教誡尼人所囑人謂非遠行，非客比丘，非愚癡等，此四種人不得受囑也。」準今與欲求教誡人囑授也。與欲，簡正、鈔批意，則非常途，欲尼囑授也。會正釋常與欲云云。

一一·一二 若檀越　湛堂師謂有檀為尼請比丘至已決，故尼結夏竟至後夏五月十六日，而比丘為緣所障不至，故又請餘比丘，若不得比丘，則尼移夏；路有難不能移，則於初結處無比丘而安居也。

一一·一三 而尼結　依彼一五文似未結，彼云：「若檀越請比丘尼夏坐，無比丘依安居，比丘尼欲去，檀越語言但住，弟子為請比丘來，若請未得，至後安居，有比丘得住，若為請不得應去。若道路有命難有梵行難，無比丘得安居，不犯。若初安居，有比丘結安居竟，若比丘有因緣去，若罷道，若病，比丘尼不知，後知以結安居，不得移住，無罪。」

一一·一五 不得　問：上不得比丘應去云云，今何不去？答：上比丘一向不來故去，此來結夏後去故住；即會正云：「若初下，此約比丘在此結安居已，入夏後有緣去者，尼不須去，以是非尼先不依之咎，所以無罪。雖然夏竟，於僧中三語自恣。」

一二·一二 如上自恣　自恣篇中如今文，使尼說見聞疑竟，時大衆良久默然，上座勅尼云：「大衆上下，各並默然，不言見罪者，良由尼等內無缺犯，外得清淨，各精勤行道，謹慎如法自恣，至寺當傳此教，告尼僧令知。」尼鈔云：「使尼荅云：頂戴持，更設三拜已便還。」

一二·一四 依上　資行：「當時尼中作法自恣，時尼集已，先說上座勅，然後自恣也。」尼鈔中亦爾。

一四·三 腋以下　準衹律肩以下云云，五分髮際以下，膝已後臂已後云云。四分摩觸無腕以後文，是祖師準下八事戒定之。手腕者，與五分臂同歟！足則至膝節，手則至肘節，時上下分齊相應故，而大般若兩腕兩臂云云。準之不一如常以手脛為腕耳，密部等中皆爾。

一四·一〇 嗚　當作歍乎，謂口相就也。或可嗚與汙同韻借音乎！

一四·一一 若捉　問：十相中第一第九並云若捉，何別？答：律廣解初標若捉若摩，次牒釋合一解之；文云：「捉摩者，手摩身前後。」又比丘摩觸云：「若捉摩，若重摩。」

一四·一五 四句　謂以輕觸重，以重觸輕，以重觸重，三句皆重；以輕觸輕一句，得蘭。

一五·一 能作婬　小兒可犯吉，十誦：「大尼在俗時懷妊後生男兒，未離乳母尼得觸，餘尼犯吉。」

一五·二 惡緣等　彼云：「或欲墮坑，若值惡獸難惡鬼難，不犯。」非無吉羅，鈔主之語。

一五·四 無欲心不犯　僧觸戒有欲心與非儀蘭、吉；而僧自有欲心，則不問境染淨；尼必俱有染心，則故可有異乎！

一五·五 非儀　尼鈔云：「若共男子捉器等，皆非威儀，欲心動物偷蘭。」

一五·一八 佛在舍衛　簡正：「時難陀尼與沙樓鹿樂長者，先各有染心，共入屏處，乃至共期，招譏故制也。問：前戒何以才觸著便犯，此戒何滿八方犯？答：前據心厚重，此約染心輕，要假滿八方犯也。」

一六·一〇 僧祇　三六·八：「若一一次第犯八事，波羅夷；若間犯滿者，亦波羅夷。」

一六·一三 屏處　彼接云：「賊來、象來、惡獸來、刺來，若求教授，若聽法，若受請，若來至寺內。」

一六·一四 下入闇室　批云：「礪問：下文入闇室入屏障處犯提，何意此得蘭？解云：下對識過不得染，但犯提罪；此謂俱染，容成大惡，故悉犯蘭。」

一七·八 覆餘罪蘭　律云：「除八波羅夷法，覆餘罪隨所犯自覆重罪偷蘭遮，除比丘比丘尼覆餘人罪突吉羅。」又單提中覆兼罪與僧同戒。準知今文寫誤耳。行宗云：「覆夷犯重，覆殘犯提，覆提已下皆吉。」有云今記準古記歟，會正如是釋。

一八·三 識人名　鈔云：「謂識犯重人名姓，又識其所犯罪名罪種，而覆不發者，犯重。若雖識前人，而不知所犯，定是何罪；雖識是何罪，而不識罪名種；又雖識犯罪名種，而不識能犯之尼名字；並無覆罪，故言反上不合。」

一八·一一 通能所　能對所對人共識人與罪名也，故尼鈔云：「若欲發露稱犯重人名，各各說罪名種，方成發露也。若不得人名罪名，無覆藏過。」

一九·三 限分不同　戒疏：「禁微防著，故曰深防；如尼觸犯夷。」濟覽：此且根條相對，後四為深防也。業疏釋尼觸云：「初不得相觸，乃至畜生輕重合論，俱不應也。此深防之言。二若尼染心已下，方顯重位識限相也。」此於後四中又分深防限分，今記依之耳。

一九·一九 若被　通釋：尼為人所奪物，就官乞護，而非訟令治也，不道名字，奪者名字也，官尋其奪，若治者，非尼意也。

二〇・一 應還直　簡正：「見論云：不得奪刀斧及損壞；設損，應計直還價；若不還，計直多少犯。」鈔批：「應還直者，既不與此柴，須還他斫柴功夫之直也。」

二〇・一四 人問　彼云：「諸比丘尼見已，語言諸妹，汝等何故在後行不與我等俱？答言：汝等但自行，何預汝事。彼即問言：汝等不聞佛結戒，當共伴相逐行耶？六羣偷羅難陀答言：汝等不知我耶？答言：不知。我等所以在後者，欲得男子。」

二〇・一八 今準　今準等六字，可移後大界內上；考道行戒無襄衣度水文。

二一・四 四獨渡河　簡正：「問：此與前第二緣有濫否？答：爾，看似濫，窮旨不然。第二緣中，發意擬獨度，雖則入水，且未上岸。第四緣已度水上岸了，故下釋云：謂後伴隔水便犯也。」

二一・五 道行戒　尼單提九十七邊界恐怖處遊行戒也，律二六・一四云：「若比丘尼邊界，有疑恐怖處，人間遊行者，波逸提。」廣解云：「隨入村行，一一界，一一波逸提；無村阿蘭若處行十里，一波逸提；行減一村減十里，一一突吉羅。若村中行一界內，突吉羅。」三時遊行戒他境內恐怖處遊行戒，廣解亦同此，而不云大界內外之相，又無襄衣度水之文。

二一・一四 約此坊內　尼鈔云：「準此，若一坊內獨行，乃一家獨行，但得吉羅也。」知坊內家內乃別也，則記解不詳也。會正云：「注約一界中有多坊多家，但獨越一坊一家云犯吉。」

二一・一五 在申手外　本文云：「若相離伸手外一足過，偷蘭遮，二足過僧伽婆尸沙，一界中間住，偷蘭遮，如是餘人過，偷蘭遮。」問：若離伴伸手過界限可殘，何但蘭乎？答：準下村門實爾，但此欲過或至一足過歟！若雙足過界限，可犯殘歟！

二二・一 準律　簡正：「諸部無文者，鈔斥不許；準律無界獨行，一鼓聲間，離伴見聞，即犯。此一鼓聲間，豈無橫道，皆約村門為分齊也。若村內先有尼不犯者，又約在見聞處；若離見聞處，獨行一界，又犯吉也。」

二二・四 村中橫道　問：準鈔文及餘記等古師意，未必局村內，尚通村外橫道，今記何但言村中？答：今記意亦通內外，但外可知，故且約內耳。

二三・四 五分　一一・二一：「或有橋船，不敢獨渡；或有宿處畏諸男子，不敢獨於餘處宿；……佛言水淺有橋船處，畏男子處，是名因緣，不犯。」無畏男子，鈔文無字多寫。

二三・一〇 病亦如是　若準本文，但是一緣，彼云：「共道行，有比丘尼病不及伴，獨在後；佛言除病。」今及伴獨在後，佛言除病，今分為二，或不病有後伴故。

二三・二〇 單提　律二四云：第二分一百七十八單提法云云，戒本結數亦爾。又戒疏云：「次解第五僧尼不同，九十戒中，六十九戒僧尼同犯。」記云：「尼有一百七十八提，今且約僧數對明同異。」又十門第八門記出異戒中云單提中一百九，合之同戒六十九，則百七十八戒也，今按今鈔寫誤。

二四・一五 四分　二八・一一：「云何受具足戒已，離和上去不被教授。……若比丘尼不二歲，隨和上尼者，波逸提。」

二四・一八 二十餘戒　資持云：「尼單提中自百十九至百四十合出二十二戒也。」然濟緣出二十一戒，略二十二不病不往教授也。律自二七中至二九之初。

二四・一九 五不與　尼鈔云：「不說六法名字戒具六緣犯：一是十八童女，二與學羯磨，三不說六法，四年滿二十，五受具戒，六羯磨竟便犯。」

二四・二〇 七度　戒本云：「度小年曾嫁婦女年十歲，與二歲學戒，年滿十二歲，聽與受大戒；若減十二與受大戒者，波逸提。」

二五·二　九知　戒本云：「若比丘尼知如是人，與受具足戒者，波逸提。」廣解云：「如是人者，婬女也。」又尼戒題云度婬女戒。此通制十師，上諸戒但制和上，故上諸戒廣解並說三說竟和尚尼波逸提，此戒不言之，知通十師。

二五·二　十一不　濟緣：「首疏云：二歲隨者文誤，如五分六歲也，或與彼不同也。」而祖師意亦六歲也。尼鈔犯緣第四云：「未滿六夏。」

二五·三　十二　第六、第十二似不異，準尼鈔第六與根不具人具戒也。

二五·七　二十不　此外度大小便常漏人戒，度二形人，度二道合人，度負債人四戒，亦制和尚，今不列者，未詳。

二五·八　二十二不　依律及戒本應作不病不往受教誡，然此戒尼衆通制，今取此者，未詳祖意。

二五·一七　本律不限　彼言不二歲隨和尚，約極下者，極可至六，故云不限。

二五·一九　八敬　簡正：「若依當部，八不可過法；五分云八不可越法；十誦、善見，八尊重法；母論云八師法；了論云八尊師法。今云八敬者，依僧祇文也。」通釋云：善見一八．五亦有八敬文。

二六·四　令傳　簡正：按四分：尼法愛道與舍夷女五百人，遂自剃髮，倚桓門，阿難三請，乃至五百天女咸八敬受也。若依五分：唯愛道一人，八敬得戒，餘女以愛道為和尚，於大僧中白四羯磨十一衆受也。

二六·一六　五障　彼云：「女人有五礙：不得作天帝釋、魔王、梵天王、轉輪聖王、三界法王，若不聽女人出家，正法千歲，今減五百。」又云：「若女人不出家，佛滅後士女競集，隨比丘後四供無絕，布髮踏上，今聽出家，殆盡；阿難聞已，悲恨流淚。佛言勿復啼泣，魔蔽汝心，是故爾耳。」

二七·一　僧祇　準尼鈔有「若比丘犯過」五字，則義益顯矣。

二七·八　唯第五　有云勘本文彼略，今第二第五加也，餘不異也。鈔批、簡正，所引亦爾。

二八·六　有胎無胎　準簡正、十誦：有居士婦名云和羅，大富多財也，後家人分散，唯是一身，先自懷妊，愁故病瘦胎不長，彼謂胎兒已死，後出家而身安樂，故其胎後長，諸尼驅出，佛因制二年學法云云。

二八·七　故文中　六法說相期盡形受也，故業疏云：「是知學法，為淨心本，列盡形者是也。約制有期，為淨胎本，文列二歲者是也。」

二八·一五　六法　簡正：「若準十誦文，將四重及摩觸八事為六法也。」通釋云：五分二九．五：殺、盜、婬、妄、酒、非時。祇無六法名字，十八法如下引。

二九·一六　二事　謂自手取食，與授食與他，斯為二。通釋云：「若依四八尼犍度似二事，彼云：除為比丘尼過食，自取食食。」又母論八．二五：「式叉摩尼如大比丘尼法，但除自取食食，取已至明日故得食。」然律不受食戒，及次僧祇文，明制取食。

諸部別行篇第三十

三二·五　僧祇　彼二七．二九云：「應作求聽羯磨。」即事說。

三三·一二　第五所為　即受懺人，是為僧所量，故屬所為，故知捨墮四人法，律四僧中不除，依此義也。然懺主作羯磨，豈非能秉，故依僧祇屬五人僧，但非如說戒白召等一衆同忍，故相從五人也。

三三·一八　邊受二白　凡受戒有三單白，一白四。三單者：一差教授師，此及白四人法也，教授師及和尚一向所為故。二召入衆單白，是本五人法，同能秉故。三對衆問難單白，此戒師問僧，身非預忍，理可四人，但秉僧法，非別所為，相從五人所攝也。具如業疏。

三四·一　舊解　會正：「至下，謂受懺已，還彼衣時，懺主却入僧數類，不可比類自恣雙差五德時，不入僧數。」斥意云何謂自恣有差五德和白二法，初屬四人法，五德所為故；次五人法五德能秉故。今鈔類白法五人，彼反類差法不入五故。

三四·八 黃門　簡正：「黃門者，一云是受後變為黃門，體不失也。二云是初受時黃門受戒不得，即十三難中之一數。今將此人為和尚亦得戒，所以然者，上句無和尚猶自得戒，何論受後變作。」

三五·八 展轉與欲　鈔批：「立云：一界內四處受具，一處各有十人，總有四十人，有人持三處三十人欲，往一處說，不犯別衆，如是遞互展轉而說欲也。」

三五·九 一處一人　又云：「一處一人作羯磨，被四衆者，立謂取木十字安界中央，羯磨人在中央坐秉。」簡正：「搜玄云：如一牀有四腳，各在一處界中，各有三人各欲說戒事，一人在中間牀上坐秉說戒羯磨，足四處並得成羯磨法。」

三六·二 善見　一七．七全文云：「沙彌有十惡，應滅擯，何者為十：殺、盜、婬、欺、飲酒，毀佛、法、僧，邪見、壞比丘尼，是名十惡法。惟壞比丘尼淨行，永擯不得出家，餘九戒若能改悔，不更作得出家。此十三難人，為人作師受具足戒，亦不得戒。簡正云：「沙彌犯重得出家者，謂受具也。壞尼淨行不得者，謂不許受具，永滅擯也。若能改悔者，亦許受具也。」準此開學悔者，搜玄：「鈔主準四分開學悔，彼律即須永棄不開；今準當宗，大僧犯重，皆開學悔，此沙彌尼準僧亦開。」資行云：「此事不審，可考本文。」

三七·六 諫法　刪定戒本云：「有餘伴黨若一二三無數。」

三七·九 通多人　問：受懺又順情何不開？答：疏云：「乞受乞懺，下情仰上，非具法儀，相似倨傲，義無授法。」濟覽云：通釋有此答釋，甚不爾，故引疏。

三八·二 學悔尼　簡正：「鈔引彼律二二卷，安居法聚文云：學悔沙彌尼犯殘，請比丘為作覆藏六夜本日治出罪等。玄云：準文既云本日治，便是有重犯。表破云：搜玄不合妄添覆藏，律文既云學悔沙彌尼犯殘何處更有覆藏，以尼不許別住，恐犯獨故且有半月摩那埵出罪等，如四分尼犯殘，亦不合行覆也。」

三八·一四 中間別法　即求聽羯磨也，簡正：「中間者，謂單白有頭無尾。文云大德僧聽，若僧時到僧忍聽等，是單白頭，作白未畢無白如是，即無尾也。便變羯磨文中有尾無頭，有僧忍默然故，是事如是持，又無大德僧聽誰諸長老忍者默然，不忍者說，僧已忍與某事竟等頭，故云中間羯磨也。」

三九·一八 倉篅　會正：「倉，藏也，藏穀物也。周禮注：貯穀云倉。篅，都寒切。天竺威法師云：經中金色迦葉生緣，家有六十篅，令一篅容三百六十斛，準亦倉類。」應法師云：應作出，而說文云刊竹為之，以盛穀也。

四〇·一 人便妄用　批云：「古人云：十誦既制不許淨地，明不須結，所有食具，普皆望本主，即檀越物淨畜之，故曰妄用也。」

四〇·三 梨昌　會正：「四分云離車子，亦云梨昌，是諸貴族也。翻薄皮子。」

四〇·四 僧祇亦然　三一初云：「僧院內作食廚，糯汁外流，世人譏嫌，佛言不聽內作淨廚潘汁流外，作淨廚法，不聽東方北方作，應南方西方作。」若依此文，似不禁斷。四藥篇引上文，記釋云：「流外者，淨地外大界內。」與今異也。

四〇·一〇 女疑　摩觸戒云：「女疑，僧殘。」

四〇·一一 草木疑　壞生戒云：「生草疑，波逸提。」

四〇·一七 或約師疑　若依會正云：「本宗婬、酒戒，不開想疑，破僧、滅年不開疑心，疑尚不開，況復知乎。」

四〇·一八 性惡罪　摩觸非是性罪，且約威儀兩分，以為性遮乎！或可戒婬觸儀，故云性遮歟！通釋：隨相摩觸戒：「僧祇意謂男子黃門而是女人觸者殘，謂前有方便心，後稱本境。」記意亦如是，僧祇約境，鈔約心，何相違耶？又今約境釋。濟覽：此義不足疑，十門及摩觸戒下具校之，可見。

四一・九　令捨　應作取之，彼言淨人取是寶已故。

四一・一七　五敷具　定賓等五敷解為敷物，鈔主為袈裟，而文云不得坐臥，是順定賓意，然今師且約不牒坐具也。五敷者，言總意別也，今考五分，敷臥者，臥褥也，與四分僧祇等不同也。故五分蠶綿臥具戒廣解云：「憍賒耶者，蠶所作綿，臥具者，臥褥。……應捨與僧，不得捨與餘人，僧以敷地，若敷繩牀及臥牀上，除捨褥比丘，餘一切僧隨次坐臥。」餘四戒同。

四二・一八　處所　彼接云：「若記處所，突吉羅。」

四四・二　佛昔　十二游經云：「劫初有王名大茆草王，禪位於臣，往師瞿曇仙人修道，遂受其姓，名小瞿曇，後裔相承為姓。」

四四・一四　子注　濟緣云：「文中小字，謂之子注。」

四五・二　武德九年　此初製時；若依重修，貞觀四年始之，同八年終之。若準後批云「武德九年」撰，而戒疏批云「貞觀初年」，以武德九年改貞觀，故無所妨。

四五・六　苧麻蘭若　行狀云：「唐武德七年，徙崇義寺，至九年移終南山豐德寺。」準之，苧麻蘭若即豐德寺歟！

四五・八　唐國　會正：「唐即河東，是唐虞舊封也。」

四五・九　太史傅奕黨　按佛祖統紀四十卷・一〇，唐高祖武德九年，太史令傅奕七上疏，請除佛法，乃至京師留寺三處，觀一處，諸州各留一處，餘皆罷之；後傅奕得惡病，偏身糜爛，號叫而死。高祖次子太宗即位，大復佛法云云。

四五・一一　首撰　有云合作續，按行狀武德九年方隱南山，故知此鈔在洛首之。

四五・一六　謙損　濟鈔云：「遜字歟！」濟覽云：「借音歟！」

引用書錄 引用先後為次

戒疏	四分律含注戒本疏　一二卷　唐道宣撰
行宗記	四分律含注戒本疏行宗記　一六卷　宋元照撰
濟緣記	四分律羯磨疏濟緣記　二二卷　宋元照撰
涅槃經	大般涅槃經　四〇卷　北涼曇無讖譯
事鈔、鈔	四分律行事鈔　一二卷　唐道宣撰
法華經	妙法蓮華經　七卷　姚秦鳩摩羅什譯
華嚴經	大方廣佛華嚴經　八〇卷　唐實叉難陀譯
輔行記	摩訶止觀輔行搜要記　一〇卷　唐湛然撰
孝衡鈔	盂蘭盆經疏孝衡鈔　三卷　宋遇榮述
增暉記	行事鈔增暉記　二〇卷　後漢希覺述
資持記	行事鈔資持記　一六卷　宋元照述
芝苑遺編	四卷　補遺一卷　宋元照撰
業疏	四分律羯磨疏　四卷（會入羯磨一二卷）唐道宣撰
十誦	十誦律　六一（宋五八、清六五）卷　姚秦鳩摩羅什譯
善戒經	菩薩善戒經　九（清一〇）卷　劉宋求那跋摩譯
瑜伽	瑜伽師地論　一〇〇卷　唐玄奘譯
四分、本律、律	曇無德部四分律　六〇卷　姚秦佛陀耶舍等譯
智論	大智度論　一〇〇卷　姚秦鳩摩羅什譯
五分律	彌沙塞部和醯五分律　三〇卷　宋佛陀什等譯
僧祇律	摩訶僧祇律　四〇（清四六）卷　東晉佛陀跋陀羅、法顯譯
西域記	大唐西域記　一二卷　唐玄奘記、辨機撰
不空表制集	六卷　唐圓照集
資行鈔	行事鈔資持記資行鈔　二八卷　日本照遠撰
簡正記	行事鈔簡正記　二〇卷　後唐景霄述
刪補羯磨、注羯羯	四分律刪繁補闕隨機羯磨　二卷唐道宣撰
搜玄錄	行事鈔搜玄錄　二〇卷　唐志鴻述

多論　薩婆多毗尼毗婆沙　九卷　附秦錄
節古記　或係釋事鈔之記，但行事鈔諸家記標目中未列。
義苑記　行事鈔義苑記　七卷　宋擇悟述
會正記　行事鈔會正記　一三（二）卷　宋允堪述
後堂記　諸家記標目中未列
順正記　行事鈔順正記　一〇卷　唐省躬述
觀經疏　觀無量壽佛經義疏　三卷　宋元照述
鈔批　四分律鈔批（華嚴記）　一四卷　唐大覺述
南山撰集錄　一卷　宋元照撰
成論　成實論　一六卷　姚秦鳩摩羅什譯
毗婆沙　阿毗達磨大毗婆沙論　二〇〇卷　唐玄奘譯
佛遺教經　一卷　姚秦鳩摩羅什譯
大悲經　五卷　高齊那連提耶舍、法智共譯
雜阿含　雜阿含經　五〇卷　劉宋求那跋陀羅譯
善見　善見律毗婆沙　一八卷　蕭齊僧伽跋陀羅譯
摩耶經　摩訶摩耶經　二卷　蕭齊曇景譯
賢劫經　八卷　西晉竺法護譯
大乘三聚懺悔經　一卷　隋闍那崛多譯
立世阿毗曇論　一〇卷　陳真諦譯
法華文句　妙法蓮華經文句　二〇卷　隋智顗說
通真記　釋門歸敬儀通真記　三卷　宋了然述
蘭盆新疏　盂蘭盆經新疏　一卷　明智旭疏
歸敬儀　釋門歸敬儀　二卷　唐道宣述
法界次第　法界次第初門　六卷　隋智顗撰
名義集　翻譯名義集　七卷　宋法雲集
華嚴音義　大方廣佛華嚴經音義　二卷　唐慧苑述
通釋　行事鈔資持記通釋　二〇卷　日本，作者不明
集要　行事鈔集要記　一二卷　後梁慧則述
指歸　行事鈔音義指歸　三卷　宋贊寧述
濟覽　行事鈔資持記濟覽　二六卷　日本，作者不明
法華玄義　妙法蓮華經玄義　二〇卷　隋智顗說

俱舍頌疏　阿毗達磨俱舍論頌疏　三〇卷　唐圓暉述
名義標釋　四分律名義標釋　四〇卷　明弘贊編
三藏法數　大明三藏法數　五〇卷　明一如等編
百論　一卷　唐地婆訶羅譯
彌陀通贊　阿彌陀經通贊疏　三卷　唐窺基撰
法華私志記　法華經文句私志記　一四卷　唐智雲記
大集　大方等大集經　三〇卷　北涼曇無讖譯
因緣經　因緣僧護經　一卷　附東晉錄
義鈔　四分律拾毗尼義鈔　六卷今存四卷　唐道宣撰
部執論　部執異論　一卷　世友菩薩造、陳真諦譯
宗輪　異部宗輪論　一卷　世友菩薩造、唐玄奘譯
文殊師利問經　二卷　梁僧伽婆羅譯
母論　毗尼母經（論）　八卷　附秦錄
五分律法願疏　卷數不明　（已佚）
南海傳　南海寄歸內法傳　四卷　唐義淨撰
明了論　律二十二明了論　一卷　陳真諦譯
分別功德論　五（清三）卷　附後漢錄
刊定記　金剛經疏論纂要刊定記　七卷　宋子璿記
勝鬘經　勝鬘師子吼一乘大方便方廣經　一卷　劉宋求那跋陀羅譯
僧史略　大宋僧史略　三卷　宋贊寧撰
定賓疏　四分律疏飾宗義記　一〇存八卷　唐定賓述
梁僧傳　高僧傳　一四卷　梁慧皎撰
續傳　續高僧傳　三〇（清四〇）卷　唐道宣撰
付法藏　付法藏因緣傳　六卷　元魏吉迦夜等譯
善生子經　一卷　西晉支法度譯
六波羅蜜經　大乘理趣六波羅蜜多經　一〇卷　唐般若譯
長阿含經　二二卷　後秦佛陀耶舍等譯
楞伽魏譯　入楞伽經　一〇卷　元魏菩提流支譯
梵網疏　梵網菩薩戒經義疏　二卷　隋智顗說
釋門章服儀　一卷　唐道宣撰

釋門章服儀應法記　一卷　宋元照記
本起經　修行本起經　二卷　後漢竺大力共康孟詳譯
順正理論　阿毗達磨順正理論　八〇卷　唐玄奘譯
中觀論　大乘中觀釋論　九卷　安慧菩薩造、宋惟淨等譯
顯揚聖教論　二〇卷　唐玄奘譯
居士請僧福田經　大唐內典錄一〇・三四：題云曇無讖出，祐錄注云檢無。
蘭盆新記　盂蘭盆經疏新記　二卷　唐宗密疏、宋元照記
法華補注　法華經三大部補注　一四卷　宋從義撰
法華義讚　法華經疏義讚　六卷　唐智度述
薩婆多部師資傳　五卷　梁僧祐撰
法苑珠林　一〇〇卷　唐道世撰
五百問　佛說目連問戒律中五百輕重事經　二卷　附東晉錄
宋高僧傳　三〇卷　宋贊寧等撰
武周刊定偽經目　大周刊定衆經目錄　一五卷　唐明佺等撰
遺教論記　遺教經論住法記　二卷　馬鳴菩薩造論、宋元照述記
筆削記　大乘起信論疏筆削記　二〇卷　宋子璿錄
佛藏經　三卷　姚秦鳩摩羅什譯
法滅盡經　一卷　附劉宋錄
圓覺經略疏　四卷　唐宗密述
表無表章詮要鈔　六卷　日本善圓撰
阿彌陀經義疏　一卷　宋元照述
青龍疏　仁王護國般若波羅密多經疏　七卷　唐青龍寺良賁述
圓覺經疏鈔　圓覺經大疏釋義鈔　一三卷　唐宗密撰
大薩遮尼乾子所說經　一〇卷　元魏菩提流支譯
月燈三昧經　一〇卷　那連提耶舍譯
大莊嚴論經　一五卷　姚秦鳩摩羅什譯
地持論　菩薩地持經　一〇卷　北涼曇無讖譯
大般若　大般若波羅蜜多經　六〇〇卷　唐玄奘譯
十住毗婆沙論　一七（清一五）卷　姚秦鳩摩羅什譯
了論疏　明了論真諦疏　五卷　梁真諦疏　（已佚）
阿難七夢經　一卷　東晉竺曇無蘭譯
大品經　摩訶般若波羅蜜經　二七（宋、清三〇）卷姚秦鳩摩羅什譯
一切經音義　二五卷　唐玄應撰
三千儀　大比丘三千威儀　二卷　後漢安世高譯
新歲經　一卷　東晉竺曇無蘭譯
雜寶藏經　一〇卷　元魏吉迦夜譯
雜心論　阿毗曇雜心論　一一（清一六）卷　劉宋僧伽跋摩等譯
祖庭事苑　八卷　宋善卿編正
波離問經　優波離問佛經　一卷　劉宋求那跋摩譯
弘明集　一四卷　梁僧祐撰
正源記　不明
興正記　興正寺記　一卷　？
雜集論　大乘阿毗達磨雜集論　一六卷　唐玄奘譯
集解　行事鈔集解記　一二卷　宋普濟述
釋迦方志　二卷　唐道宣撰
釋迦譜　釋迦氏譜　一卷（二卷）　唐道宣撰
卑摩羅叉口訣　（已佚）
戒壇經　關中創立戒壇圖經　一卷　唐道宣撰
大方廣十輪經　八卷　失譯
地藏十輪　大乘大集地藏十輪經　一〇卷　唐玄奘譯
普賢行法　佛說觀普賢菩薩行法經　一卷　劉宋曇無密多譯
諸法無行經　二卷　姚秦鳩摩羅什譯
大般涅槃經疏　三三（清三四）卷　隋灌頂撰、唐湛然再治
東塔疏　四分律開宗記　二〇卷　唐懷素撰
佛祖統紀　五四卷　宋志磐撰

寺誥	隋靈裕撰（已佚）
增含	增壹阿含經　五一（清五〇）卷　東晉僧伽提婆譯
行願品	大方廣佛華嚴經入不思議解脱境界普賢行願品　卷第四〇　唐般若譯
四諦論	四卷　陳真諦譯
表無表色章	窺基：大乘法苑義林章中第一三章（卷三）
本業	菩薩本業經　一卷　吳支謙譯
立世阿毗曇論	一〇卷　陳真諦譯
佛阿毗曇	佛阿毗曇經出家相品　二卷　陳真諦譯
大日經疏	二〇卷　唐一行記
持世經	四卷　姚秦鳩摩羅什譯
四教儀集解	三卷　宋從義撰
法華經科注	八卷　元徐行善述
大佛頂如來密因修證了義諸菩薩萬行首楞嚴經	一〇卷　唐般剌密帝譯
淨名疏	維摩經文疏　二八卷　隋智顗撰
一切經音義	一〇〇卷　唐慧琳撰
因果經	過去現在因果經　四卷　劉宋求那跋陀羅譯
釋迦譜	一〇卷　梁僧祐撰
出家功德經	一卷　附東晉錄
阿育王經	一〇（清六）卷　梁僧伽婆羅譯
宿曜經	文殊師利菩薩及諸仙所說吉凶時日善惡宿曜經　二卷　唐不空譯
原人論	華嚴原人論　一卷　唐宗密述
淨源錄	華嚴原人論發微錄　三卷　宋淨源述
法顯傳	一卷　東晉法顯自傳
尸迦羅越六方禮經	一卷　後漢安世高譯
優婆塞戒經	七卷　北凉曇無讖譯
報恩經	大方便佛報恩經　七卷　附漢錄
心地觀經	大乘本生心地觀經　八卷　唐般若譯
摩得勒伽	薩婆多部毗尼摩得勒伽　一〇卷　劉宋僧伽跋摩譯
玄記	行事鈔通玄記　未考卷數　唐常進述
寶鑰纂解	秘藏寶鑰纂解　七卷　日本運敞述
月藏經	大方等大集月藏經　一〇卷　高齊那連提耶舍譯
礪疏	四分律疏　二〇卷　唐法礪述
釋氏要覽	三卷　宋道誠集
肇論注	肇論序注　一卷　宋曉月注
內典錄	大唐內典錄　一〇（清一六）卷　唐道宣撰
沙彌經	沙彌羅經　一卷　後漢安世高譯（附秦錄）
提謂經	提謂波利經　二卷　大唐內典錄一〇：宋武時北國曇靖撰
超日明三昧經	二卷　西晉聶承遠譯
大方廣如來秘密藏經	二（清一）卷　附秦錄
百一羯磨	大沙門百一羯磨法　一卷　附劉宋錄
羯磨	一卷　曹魏曇諦譯
法律三昧經	一卷　吳支謙譯
資覽訣	行事鈔資持記資覽訣　五卷　日本英心述
思益	思益梵天所問經　四卷　姚秦鳩摩羅什譯
法華經玄贊	一〇卷　唐窺基述
佛地經論	七卷　唐玄奘譯
往生要集	三卷　日本源信撰
四教儀集解標指鈔	二〇卷　日本宗順鈔
三法度論	三卷　東晉僧伽提婆共慧遠譯
正理論	因明入正理論　一卷　唐玄奘譯
百喻經	四（清二）卷　蕭齊求那毗地譯
華嚴孔目章	華嚴經內章門等雜孔目章　四卷　唐智儼集
梵網經古迹記	四（大正三）卷　新羅太賢記
古今譯經圖紀	四卷　唐靖邁撰
攝大乘論	二卷　後魏佛陀扇多譯
四教義	一二卷　隋智顗撰

注四十二章經　一卷　宋真宗皇帝注
成唯識論　一〇卷　唐玄奘譯
正法念處經　七〇卷　元魏瞿曇般若流支譯
對法論　大乘阿毗達磨集論　七卷　唐玄奘譯
唯識章私記　一二卷　日本真興述
大寶積經　一二〇卷　唐菩提流支譯
菩薩訶色欲法經　一卷　姚秦鳩摩羅什譯
四分律藏大小持戒犍度略釋　一卷　明智旭釋
古迹鈔　梵網古迹記資講鈔　五冊　卷數、作者不明
鼻柰耶　戒因緣經　一〇卷　姚秦竺佛念譯
涅槃後分　大般涅槃經後分　二卷　唐若那跋陀羅譯
大方等陀羅尼經　四卷　北涼法衆譯
梵網經菩薩戒本疏　六卷　唐法藏撰
在唐口訣（律宗問答）　二卷　日本俊芿問，宋了然、智瑞、妙香答
梵網經疏　不明卷數　法進撰
出要律儀　一四卷　梁法超集　（佚）大唐內典錄四作二〇卷，寶唱等集。
律名句　律宗新學名句　三卷　宋惟顯編
大日經供養次第法疏私記　八卷　日本宥範撰
贊宗記　不明
發揮記　不明
央掘魔羅經　四卷　劉宋求那跋陀羅譯
賢愚經　一三卷　元魏慧覺等譯
律攝　根本薩婆多部律攝　一四卷　唐義淨譯
成唯識論了義燈　一四（大正一三）卷　唐慧沼述
毗尼討要　六卷　唐道世纂
毗羅三昧經　二卷　大唐內典錄一〇疑僞第八
時非時經　一卷　西晉若羅嚴譯
仁王護般若經疏　五卷　隋智顗撰
發智論　阿毗達磨發智論　二〇卷　唐玄奘譯
四分律戒本疏　九卷　道雲撰（佚）
四分律戒本疏　七卷　道暉撰（佚）
四分律戒本疏　一〇卷　法願撰（佚）
未曾有經　一卷　附後漢錄
佛說佛名經　一二卷　元魏菩提留支譯
占察善惡業報經　二卷　菩提燈譯
三論玄義　二卷　隋吉藏撰
攝大乘論　三（清五）卷　陳真諦譯
觀佛三昧海經　一〇卷　東晉佛陀跋陀羅譯
妙玄　妙法蓮華經玄義　二〇卷　隋智顗說
真諦難記　九卷　？
諸經要集　二〇（清三〇）卷　唐道世集
慧上菩薩問大善權經　二卷　西晉竺法護譯
六物圖　佛制比丘六物圖　一卷　宋元照撰
僧祇律私記　（已佚）
五杉集　應法師撰
鐔津文集　一九卷　宋契嵩述
似寶說淨辯　日本寶田通玄述
作持要義　？　大悲述
量處輕重儀　二卷　唐道宣撰
佛語心論　一八卷　日本師鍊著
法華文句記箋難　四卷　宋有嚴述
護淨經　一卷　東晉失譯
教誡儀　教誡新學比丘行護律儀　一卷　唐道宣撰
百丈清規　八卷　唐懷海撰
十二頭陀經　一卷　劉宋求那跋陀羅譯
華手經　一〇卷　姚秦鳩摩羅什譯
法華經玄義釋籤　二〇（清四〇）卷　唐湛然述
賢愚因緣經　一三卷　元魏慧覺等譯
中本起經　二卷　後漢曇果等譯
瑞應經　二卷　優婆塞支謙譯
釋迦像傳　三卷　日本釋子珠集

造像功德經　一卷　唐地婆訶羅譯
冥報記　三卷　唐唐臨撰
雜寶藏經　一〇（大正八）卷　元魏吉迦夜譯
無垢優婆夷問經　一卷　後魏般若流支譯
俱舍寶記　俱舍論疏　三〇卷　唐法寶撰
舍利弗問經　一卷　附東晉錄
辨意長者子所問經　一卷　元魏法揚譯
歷國傳　卷數不明　晉法猛記
譬喻經　一卷　唐義淨譯
梵魔難國王經　一紙半　西晉失譯
法華冠注　卷數不明　日本廣了述
別譯雜阿含經　二〇（宋一六）卷　附秦錄
根本說一切有部毗柰耶　五〇卷　唐義淨譯
盂蘭盆經疏摭華鈔　二卷　宋智圓述
淨飯王般涅槃經　一卷　劉宋沮渠京聲譯
往生集　三卷　明袾宏輯
撰集百緣經　一〇卷　吳支謙譯
往生論注　二卷　魏曇鸞撰
十二因緣經　一卷　後魏菩提流支譯
根本一切有部毗柰耶雜事　四〇卷　唐義淨譯
郁伽羅越問菩薩行經　一卷　西晉竺法護譯
金剛般若論　二卷　無著菩薩造、隋達磨笈多譯
十地經　九卷　唐尸羅達摩譯
俱舍疏冠注講苑　二九卷　日本鳳潭述
大乘義章　二〇卷　隋慧遠撰
舍衛國祇洹寺圖經　二卷　唐道宣撰
沙彌經疏　未明
四分律刪定尼戒本　一卷　唐道宣刪定（已佚）
十二遊經　一卷　東晉迦留陀伽譯
律鈔料簡、大鈔　一卷　唐道宣述

楊子　明一統志　韓非子　魏志
文選　書經　論語　爾雅疏
漢書　左傳　孟子　大雅
後漢書　白虎通　易經　毛傳
史記　荀子　孔子家語　廣雅
羣書拾唾　莊子　書言故事　顏氏家訓
孝經　戰國策　爾雅翼　淮南子
小補韻會　古律　博物志　晉書天文志
字書　曲禮　韻學集成　洪武正韻
事類捷錄　隋書百官志　靈樞經　六書正
類書纂要　商書　山海經　酉陽雜俎
病源論　尚書　論語蒙訓　容齋隨筆
梁書　卓氏藻林　剪燈新話　本草綱要
周易本義　說文　大部補注　素問
五音集句　呂氏春秋　書堯典集注
唐律　綱目集覽　韓氏藻林

四分律含注戒本序

唐終南太一山沙門釋道宣述

四分戒本者。蓋開萬行之通衢。引三乘之正軌也。自法王利見。弘濟在緣。程上聖之棲遑。悼小凡之沉溺。故能闢不諱之門。示祕密之深術。張無問之說。顯初學之津塗。遂靜處而興教源。集眾而宣玄範。前明由序。廣陳發致之功。後列大宗。盛羅機欲所被。約時敷演。通行於是。承遵合潔等聞。正法由茲久住。但以時來不競。情變所流。經陳夢氎之徵。律舒分杖之喻。致使教隨文結。理任情移。雲飛二部五部之殊。山張十

八五百之異。取其元始。所被無非討情。窮其要會之心。俱通正業。逮乎曹魏之末。戒本創傳。終於隋運之初。受改者眾。或依梵本。或寫隸文。或以義求。或以緣據。讎校諸說。成務蒙然。濫罔前修。翳昏後學。梵本則文旨乖互。方言未融。準律則得在宗歸。失於辨相。義求雖有深會。未靜論端。緣據似是具周。止存別見。原夫正戒明禁。唯佛制開。賢聖緘默。但知祇奉。故律論所述。咸宗本經。自餘位班。曾未揣度。總敘諸見。師心者多。考定昔緣。良所未暇。今以戒本繁略。隱義局文。用則失儀。捨則非據。若不顯相。八難具依。余少仰玄風。志隆清範。昔在帝京。周流講肆。伏膺請業。載紀相尋。何嘗不執卷臨文。慨斯壅結。遂以貞觀四年庚寅之歲。薄遊嶽瀆。廣評律宗。但見誦語紛綸。未思弘遠。高譚有務。事用無施。纔羅七五之名。妄居一字之首。但述行藏之要。寧開決正之心。問以戒律廢興。妙憑疏解。約之情通。本據無文可依。自有博學生知。行名雙顯。而神用莫準。情取天乖。余意之所未安。義當依法為定。則諍輪自弭。何俟繁辭。今試敢依律本具錄正經。仍從佛解。即為注述。文唯一卷。同昔所傳。持犯兩明。今便異古。庶令初後兼學。愚智齊遵。麤知則具

三種持律。精練則是一師大化。以斯用求。成濟為極。又以戒各緣起。妄說非無。若不鏡曉終歸虛託。故隨戒類引。刪要補之。俾夫顯相通班。輕重昭現。足以潤身光德。足以護法匡時。臨文無取謬於文。思義則不資他義。豈直自貽無漏。亦將兼濟有緣。故輒筆記序之云爾。

四分律含注戒本疏序　南山律要九

唐終南太一山沙門釋道宣撰

四分戒本者斯乃統萬行之關鍵實三乘之階轍者也昔夢氎告徵機分利鈍之本喻金顯道教無離合之宗然則二部五部隨務或張五百十八任緣時舉同爭聲教並會眞空導達化源通明理性故能乘律五眾覆燾羣萌開務攝持允符玄旨至如四分肇興祖習緜遠正法初百便列其宗斯人博考三機殷鑒兩典包括權實統收名理集結玆藏通被時賓故使章編成規欽承無絕自諸部遠流咸開衢術獨斯一

宗未懷支派良由師稟有蹤知時不墜故也蘊結西土千有餘年譯傳東夏將四百載諸有傳授同異非無元魏季歷慧光律師隨義約文重出一本首題歸敬者是也此與姚秦覺明所出頗得相符高齊末祀法願律師誦律討文又出一本略於歸敬首題戒德者是也斯則三本行世弘魏者多見心紛擾于今未譏考覈諸集蓋不足陳經遠大觀義無讎抗余以暇日徧覽羣篇互擊波瀾僅分其異至於行事盛結遲疑豈非單寫本文通略正解致令後銳罔冒愈深所以敢依律部具集正經仍隨本律節為注述卷成流廣隨務可歸至於義理未遑修葺今有二三遊學共結山門每以戒為入道之清途出有之明略講通既寡悟入何從本律廣而難求斯經約而易授故不獲已試復敘之博要適機已絕唱于前達舒演義類敢程器于將今且酬來覬隱括詳後

四分律含注戒本疏目錄　南山律要九

卷首

戒本序　疏序

卷第一上

通敘教本 一教興所由　二攝教分齊　三解開名義　四釋今題目

釋皈敬偈

卷第一中

釋皈敬偈之餘　釋戒經序

卷第一下

釋戒經序之餘 廣宗義通 一正果五篇　二重輕七聚　三方便罪相　四持犯方軌

卷第二上

釋四波羅夷法 一大婬戒

卷第二中

釋四波羅夷法 二大盜戒　三大殺戒

卷第二下

釋四波羅夷法 四大妄語戒　釋十三僧殘法 一漏失戒　二摩觸戒　三麤語戒　四歎身戒　五媒人戒　六無主房戒　七有主房戒

卷第三上

釋十三僧殘法 八無根謗戒　九假根謗戒　十破僧戒　十一助破僧戒　十二汙家擯謗戒　十三拒僧諫戒　釋二不定法 屛處不定　露處不定

卷第三中

釋三十捨墮法 一長衣戒　二離衣戒　三月望衣戒　四取非親尼衣戒　五浣故衣戒　六乞衣戒　七過分取衣戒　八勸增衣價戒　九勸二家增價戒　十急切索衣戒

卷第三下

釋三十捨墮法 十一緜作臥具戒　十二黑毛臥具戒　十三白毛臥具戒　十四減六年臥具戒　十五不揲坐具戒　十六持羊毛戒　十七浣染擗羊毛戒　十八畜錢寶戒　十九貿錢寶戒　二十販賣戒　二十一長鉢戒　二十二乞鉢戒　二十三乞縷戒　二十四勸織戒　二十五奪衣戒　二十六長藥戒　二十七雨浴衣戒　二十八急施衣戒　二十九蘭若離衣戒　三十迴僧物戒

卷第四上

釋九十單提法 一小妄語戒　二行罵戒　三兩舌戒　四共女人宿戒　五共未受具人宿戒　六共未受具同誦戒　七說麤罪戒　八實得道向白衣說戒　九獨與女人說法戒　十掘地戒　十一壞生戒　十二餘語惱觸戒　十三嫌罵知事戒　十四露敷僧物戒　十五屛敷僧物戒　十六強敷坐戒　十七牽他出房戒　十八坐脫腳牀戒　十九用蟲水戒　二十覆屋過限戒　二十一輒教授尼戒　二十二說法至暮戒　二十三譏教尼人戒　二十四與尼衣戒　二十五為尼作衣戒　二十六與尼坐戒　二十七尼期行戒　二十八尼同船戒　二十九受尼讚食戒　三十與女期行戒　三十一食過受戒　三十二背請戒　三十三別眾食戒

卷第四中

釋九十單提法 三十四歸婦買客食戒　三十五足食戒　三十六勸足食戒　三十七非時食戒　三十八殘宿食戒　三十九不受食戒　四十索美食戒　四十一與外道食戒

四十二食前後入聚戒 四十三食家强坐戒
四十四屏與女坐戒 四十五與女露坐戒
四十六驅他出聚戒 四十七過受藥戒 四十
八觀軍戒 四十九軍中過宿戒 五十觀軍戰
戒 五十一飲酒戒 五十二水中戲戒 五十
三擊攊地戒 五十四不受諫戒 五十五怖比
丘戒 五十六半月浴戒 五十七露地然火戒
五十八藏他衣物戒 五十九眞實淨戒 六
十著新衣戒 六十一奪畜生命戒 六十二飲
蟲水戒 六十三疑惱比丘戒 六十四覆他麤
罪戒 六十五與年不滿戒 六十六發諍戒
六十七與賊期行戒 六十八惡見違諫戒 六
十九隨舉比丘戒 七十隨擯沙彌戒 七十一
拒勸學戒 七十二毀毗尼戒 七十三恐舉先
言戒 七十四同羯磨後悔戒 七十五不與欲
戒 七十六與欲後悔戒 七十七屏聽四諍戒
七十八瞋打比丘戒 七十九搏比丘
戒 八十殘謗戒 八十一突入王宮戒

卷第四下

釋九十單提法

八十二捉寶戒 八十三非時入
聚落戒 八十四過量牀足戒
八十五兜羅綿褥戒 八十六骨牙角鍼筒戒
八十七過量坐具戒 八十八過量覆瘡衣戒
八十九過量雨衣戒
九十過量三衣戒

釋四提舍尼法

一從非
親尼取
食戒 二食尼指授食戒 三
學家受食戒 四蘭若受食戒

釋百衆學法

一著內衣戒 二著三衣戒 三反
抄衣戒 四反抄衣坐戒 五衣纏
頸戒 六衣纏頭坐戒 七覆頭戒 八覆頭坐
戒 九跳行戒 十跳行坐戒 十一蹲坐戒
十二叉腰戒 十三叉腰坐戒 十四搖身戒
十五搖身坐戒 十六掉臂戒 十七掉臂坐戒
十八覆身戒 十九覆身坐戒 二十左右顧
視戒 二十一左右顧視坐戒 二十二靜默戒
二十三靜默坐戒 二十四戲笑戒 二十五
戲笑坐戒 二十六用意受食戒 二十七溢鉢
受食戒 二十八溢鉢受羹戒 二十九羹飯等
食戒 三十以次食戒 三十一挑鉢中食戒
三十二索羹食戒 三十三飯覆羹戒 三十四
視比座鉢戒 三十五繫鉢想食戒 三十六大
揣食戒 三十七張口待食戒 三十八含食語
戒 三十九遙擲口中戒 四十遺落食戒 四
十一頰食戒 四十二嚼食作聲戒 四十三噏
飯食戒 四十四舌舐食戒 四十五振手食戒
四十六把散飯戒 四十七膩手捉飲器戒
四十八棄洗鉢水戒 四十九生草上大小便戒
五十水中大小便戒 五十一立大小便戒
五十二反抄衣說法戒 五十三衣纏頸說法戒
五十四覆頭說法戒 五十五裹頭說法戒
五十六叉腰說法戒 五十七著革屣說法戒
五十八著木屐說法戒 五十九騎乘說法戒
六十佛塔中宿戒 六十一藏物塔中戒 六十
二著革屣入塔戒 六十三捉革屣入塔戒 六
十四著革屣繞塔戒 六十五著富羅入塔戒
六十六捉富羅入塔戒 六十七塔下坐留食戒
六十八塔下擔死屍戒 六十九塔下埋屍戒
七十塔下燒屍戒 七十一向塔燒屍戒 七
十二塔四邊燒屍戒 七十三持衣牀塔下過戒

七十四塔下大小便戒 七十五向塔大小便
戒 七十六塔四邊大小便戒 七十七持佛像
至大小便處戒 七十八塔下嚼楊枝戒 七十
九向塔嚼楊枝戒 八十塔四邊嚼楊枝戒 八
十一塔下涕唾戒 八十二向塔涕唾戒 八十
三塔四邊涕唾戒 八十四向塔舒脚坐戒 八
十五安佛下房戒 八十六人坐已立說法戒
八十七人臥已坐說法戒 八十八人在坐已在
非坐說法戒 八十九人在高坐說法戒 九十
人在前行說法戒 九十一人在高經行處說法
戒 九十二人在道說法戒 九十三攜手道行
戒 九十四上樹戒 九十五杖絡囊戒 九十
六爲持杖人說法戒 九十七爲持劍人說法戒
九十八爲持矛人說法戒 九十九爲持刀人
說法戒 百爲
持蓋人說法戒

釋七滅諍法

一現前毗
尼 二憶
念毗尼 三不癡毗尼 四自言治
五多人語 六罪處所 七草覆地

釋七佛略戒

釋流通偈

日本有戒本疏別行本

四分律含注戒本疏目錄

謹案唐南山宣律師采四分律文分注戒本之下名曰四分律含注戒本繼又撰疏以釋之與行事鈔羯磨疏同爲本宗要典戒本一卷後人分爲三卷疏四卷今釐爲十二卷原本各自別行自唐迄宋盛行於世北宋智圓律師允堪之發揮記靈芝律師元照之行宗記皆專釋是疏者也金元以來律學廢弛南山弘律之作盡佚不傳明淸之間寶華山三昧見月諸師中興律宗搜尋南山章疏屢與覓訪絕傳之歎近數十年中土古德佚著來自東瀛而是疏別

行原本仍不可得唯日僧卽靜嘗以含注戒本及疏與行宗記會合成書經彼國藏經院收入續藏是疏首尾完具次第列在會本之中卽四分律含注戒本疏行宗記是也昔年曾由北京刻經處刻行而卷帙繁重初學未易卒業今因校刻南山律要特由行宗記會本中錄出疏文合含注戒本重爲編次戒本及注頂格疏文低一格以期醒目蓋是疏之佚踰七百年今始復顯於世法運轉機庶幾在此學者愼勿等閑視之也己巳六月菩薩戒優婆塞徐文蔚顯瑞附識

四分律含注戒本疏卷第一 始戒序訖 正宗初義 之上

唐終南太一山沙門釋道宣 述注 撰疏

將事釋文須知教本略分為四一教興所由二攝教分齊三解開名義四釋今題目

初教興者斯乃大聖降臨創開化本將欲拯拔諸有同登彼岸為道制戒本非世福然煩惑難清要由方便致設三學用為治元故成論云戒如捉賊定縛慧殺三行相因斯須攝濟故身口事業動與理違若不先防妄隨塵欲則心路躁擾靜定何因定既不修於諸我倒無心思擇明慧自隱無由會

正故初行者務先學戒檢策非違三業清淨正定正慧自然而立故經云依因此戒得生後二若無此戒諸善不生問以理推戒為靜三途定除欲有慧非界繫如何上言為道非福答須知遠意原佛降世豈為增生天主人王咸與有教佛還說有則與凡同以此測量故懸殊異任戒集業但事亂收體沈下界判非色有故伽論云戒是有為有漏世間法也若元制意為道方便三乘學人必由斯迹故律云為調三毒令盡故制增戒學又多論云為開泥洹門故制戒下文云戒淨有智慧便得第一

道斯良證也問上通敘致未知此經別為誰興答大聖垂教通別乃殊至於去滯宗猷莫二創隨犯制前後森羅機教俱開鮮能舉要窮神知化唯佛一人自餘凡小卒未明達故別隨戒單出本文依月再說用清非境斯並如論依大慈門曲授祕方偏賜內眾故論云三藏為言律藏勝故密故唯佛獨說制必僧中不許餘眾之所讀誦非所學故餘如鈔序。

二攝教分齊三藏毗尼誰不分判今敘昔傳各有其理有人言如來化用必約三輪創通道務要先

神足為無信也由蒙俗愚識未曉正邪雖為闡揚事如聾瞽故須顯異駭動耳目畏威拜手信是聖人身雖伏從智開無路故說法為無解也神解乃明煩惑猶結非可口說為得清除義須依行剋證在己故須憶念為無證也然證有二一者事證如戒所禁緣境思過警策身口常志憶持方能遠離故經云佛所說禁戒如猿猴著鎖亦如利轡勒常當制之無令放逸由攝持威儀正離非法也二者理證聖所說教同為斷我我難制故先以事遮隨我欣樂皆約不作我所不欲制必行之故於修捨

漸得調伏。無奈我本觸境還生。故聖制言。三毒四倒。所不應念。三善四觀。常須依行。窮檢我源。推析不得。知唯妄謂。本來無我。此理明白。由憶念知。還由本說憶念輪故。如律本中三事教化。文同廣引。今此戒學。是後輪收。何以知之。經中所序。前必現奇。如是同聞。本爲無信。通理達致。要在一言。由無解故。廣引譬法。故列二輪。通歸兩藏。戒則不爾。約過卽制。無待放光。奉信居懷。故虧六事。隨相持犯卽事易明。不勞喻說。略分三異。如上所收。有人言三輪所設。言通於理。今以化行二教。用分諸藏。何

名化教。如阿含等中開演化導。令識邪正因果業性界繫諸法。言無所壅。義通道俗。意在靜倒離著爲先。教本化人令開慧解。本非對過而立斯教。言行教者。起必因過。隨過制約。言唯持犯。事通止作。故教所設。非爲靜倒。但隨行科。戒律一宗局斯教矣。有人言化行二教。言通非據。依觀生解。非行不成。豈局出家。義兼道俗。故不可也。今立制聽兩教。用攝斯盡。如諸性戒。體與理違。縱佛不制。世俗常禁。教由制興。故名制教。如諸遮戒。體是繁重。事亂妨道。理固難開。然是薄機假資得立。故聖隨緣在

情通許。不可抑制。故名聽教。若依此判。通在戒收。於彼定慧無教可攝。有人因此立化制二教。化卽如前。制唯戒律。律雖含聽。於聽有違還復加制。約緣不無遮性。約教皆制其罪。故雖開聽。通歸制攝。今解斯意。可爲三門。一敘教本。二徵昔宗。三立正義。初序教本。如上四宗。初約三輪。此有誠量。後三意言。但是義指。末代凡小有所立言。須得本據。如多論說。若信虛想。立教判文。旣無依承。斧自其口。經論廣演。其量極多。如涅槃說半滿兩字。用收大小。如餘經論。三藏攝文。或分大小。各立四藏。卽三

藏外加一雜藏。如大乘論但立兩藏。菩薩聲聞攝教斯盡。昔立化行及制聽者。非無其言。言須憑據。本據莫從。故不可用。二徵昔宗者。初明化行。化通道俗。名理無乖。行但出家。此則有濫。大聖垂教。實在依持。何但虛談。不存行用。故聞教悟道。無經不傳。豈偏戒律局推行攝。二徵制聽。立教之本。義通爲先。今唯在道。理如上責。就徵制教。唯約性罪。罪通道俗。不偏出家。如五八戒。經論盛張。卽遮通制。如俗戒相。此則雖彈前過。還漏昔非。如何分教混濫若此。三舉化制。因循昔言。聯類已窮。末可徵覈。

今敘正義。還順初宗。但憶念輪徵言未盡。故須敘引。用分諸致。但初二輪創開化本。至於受道。其義不無。如律文中現通說法。因見聖迹。其量不少。豈在後輪方悟正理。夫解生由說。見理在心。故隨說悟。不待加勸。且機通利鈍。道假時來。泛說未明。故懷記憶。若不別示。情則浮疏。託境流言。乃存加念。念通事理。約行淺深。同遣縛緣。無非爲道。問。爲道設教。乃是佛宗。斯通三輪。豈唯憶念。答。教門不壅。故是所通。然憶念輪偏懷內眾。以俗居事亂。繁慮情多。何能靜處思擇非業。但爲說法。利者先開。於彼未悟。自爲來習。不說憶念。以非學故。道則反俗。常有時功。近遣塵欲。遠清諸惑。若不念持。何能通會。近復有人立三種教。一唯制道教。即篇聚所列十具戒等。二唯制俗教。即五八戒。在家行宗。三通道俗教。即四含雜藏。問。如律所明。具通俗行。如何橫判以爲道教。答。須得宗意。不有斯疑。一部律文。知何不說。制局篇聚。出世所行。旁兼心觀。徧被四部。時明餘戒。唯俗二眾。以義判文。初是當宗。餘二隨律。非本意也。如涅槃中八穢七治十篇五戒。如阿含中七滅六報犯聚等相。豈是俗行。故名斯文

隨經之律。若依此判。得在分途。規猷無本。故不可用。

三解開名義。就分爲三。一統敘眾名。二依名翻釋。三對名立教。初立名者。或云尸羅。或云波羅提木叉。或云毗尼。皆本梵言。非此所有。故存本音。不越此也。二依名分二。即翻釋也。初云尸羅。此翻爲戒。戒有何義。義訓警也。由警策三業。遠離緣非。明其因也。如古所傳。防非禁惡。以解於戒。然戒通善惡。律儀亦然。不可偏舉以釋戒義。如經論中多從善戒約義得名。試爲舉之。如智論云。尸羅者。此云性善。此從體說。如心論。善生云。別解脫調伏及學調諸根。此就心說。如諸論中作無作戒。此就業說。或名清涼。迮險上天。此舉喻明。就能說也。或云以戒自觀。說是戒經。此就教說也。諸如此相。其例不一。但偏善行。不通惡性。依如成實善生所明。善惡二戒。互受互亡。功用齊倫。名義無別。止得通解。戒爲禁也。隨用兩得。何以知之。若解善戒。善法禁惡。警持不起。若解惡戒。惡法警善。護攝不生。以斯義求。想無惑矣。二云波羅提木叉。此翻別解脫也。如論所引道戒名解脫也。事戒名別脫也。隨分果得。寄

以明之以道性虛通舉法類遣不隨緣別但名解脫事戒不爾緣別而生緣通萬境行亦隨徧持行陵犯則名得脫餘非未行不名解脫或有解云戒障有二一者業非二者煩惑戒淨業非惑待智亡望分所除故云別脫後智除惑乃稱究竟名解脫也問戒止業非定伏事亂慧淨無明如何云戒能除煩惑答前已言之戒爲定慧之基也故律云結使毗尼縛著由解餘如文說然諸經律互說木叉不同上解此隨義說何以知之如律云木叉者戒也據能克果用目本因因實是戒非木叉也故經

云戒是正順解脫之本故名木叉明知是果如五分說分別名句木叉者舉果目教也僧祇云木叉者十段修多羅即戒本文同說爲教以此多證文雖博現隨相得名不妨據本木叉爲果三云毗尼亦毗那耶鼻奈耶等皆是傳梵之訛替耳自古綴疏至翻名中並云胡音爲彼漢譯爲此智士立言義不徒發如斯釋判沉罔祖宗全不可也何者胡本雜戎之地梵唯眞聖之都雪山已南二方距海周輪九萬厥名大夏金剛輪者地之中心凡聖大王同居此土若處邊鄙地爲之傾此方中嶽亦號

中華且據軒轅扃談中表故河圖云崑崙東南方五千里號曰神州亦稱赤縣爾雅云河出崑崙述其本也禹貢云導河積石傳其末也漢書云張騫尋河至身毒者通其遠途未窮實也尋佛經云四河本源香山所出分流四海知始終也俗云崑崙者經謂香山尋今行者何從雪山但雪山重沓叢雜難分冬夏積雪路非人往故郭璞云河源靈府出於天柱是也今詳諸說天柱其必地心心高則四河分注斯一證也神州乃崑山東南明知方維自別斯二證也大夏背山面海神州東南海曲西

北無聞斯三證也凡聖大王治必地心此方未聞斯四證也此土黃帝神遊華胥王邵等解即大夏國李聃周穆皆登崑崙明知超勝賢聖同往斯五證也胡本山北由來歸漢今屬突厥不隸華胥何得稱爲胡語毗尼漢云滅也又漢本姓劉非今國號當隨代轉何得鏗然欲翻度者應言梵本毗尼唐稱爲律又應須知梵字之本也天地初闢未有人物色有梵王降生此土仍傳本習書語於人是則天語天書唯居大夏自餘胡國所有書語互各不同此土書本但圖鳥迹方言雅鄭代別皆異豈

比華胥楷定常古餘更未盡非本疏意故且削略
上來所談亦是浮說但未學者須知本宗於道乃
閑甚助世法故爲出耳若復封滯斯妄何窮古譯
毗尼皆稱爲滅以七毗尼用殄四諍今以何義翻
之爲律律者法也從敎爲名斷割重輕開遮持犯
非法不定故正翻之俗有九流法流其一故世付
法皆約刑科道與俗違刑名乃異至於處斷必依
恆法故使律字彳旁兼聿者爲取筆也處勑決正
非筆不定筆卽法家之象致唯律翻如增一中七
種律也四分九法亦有其證古同爲滅謂功用也

滅諍之能非律不辭如水滅火水非名滅自餘云
云或曰稱量輕重或曰遮制流類皆信意言無有
歸據故律文言科約篇聚並有軌轍同收法義餘
復何論問律以法訓施造有儀與餘兩藏復有何
別答不同也餘藏明理理有虛通隨達一門皆符
道觀五百身因無非正說意在去滯何局文言律
則不爾輕重開遮楷模永定亂常敗績必據科治
由此而言法義彌顯問律非類通非律儀也卽戒
與善混然一亂答既訓於法各有指南戒善兩分
何得相混如彼受緣條然天別非法不分故法又

顯所以三藏同在梵言此土本無不可翻度律雖
義約刑斷全乖科據有方片涉相似故且當譯見
意便止何以知耶律者法也終始有義於佛敎中
可成此義故篇聚之設三世同遵適化乃殊性戒
常定俗律不爾代有沿革古用肉刑墨劓宮割刖
故俗律云刑者成也一毀其肉終身永定不可復
也今則笞杖徒流死用代古法至於大辟亦有重
輕轘裂磔屍梟首釁鼓夷及三族戮通支黨斯例
甚衆未可殫言至於五刑比擬常定通名法也問
佛敎法定可用律翻括究敎相亦有不定卽四重

罪犯如斬首何故開懺得秉羯磨諸部見解輕重
不倫如何訓法夫常永定答重罪懺擯覆露兩殊
法通開閉故有常準斷頭喻無聖分秉法據本戒
儀適機見有重輕當部規模不失卽斯量據非法
何耶三對名立敎者問三藏得號偏從於律餘二
沒名斯有何意答律者敎也能生行解以大聖設
敎具列行途五衆依資奉持圓德故名戒也依戒
剋翦業惑斯亡名解脫也是則因果兩行皆由敎
生故偏舉敎用攝斯二若舉戒藏互不相收又戒
是行於敎不顯故也問若如此言則半月說應云

律藏何云戒經及木叉耶答如上已解須通玄意三藏之說經遠大歸半月常聞徧被時眾羅列罪目卽警行緣何得舉教其義舒緩依承脫縛舉果動心並是教詮故通歸行有人解云兩舉因果同目於教今解不爾聖說不徒終有遠致豈浮涉也

四分戒本　出曇無德唐言法護部律

四解今題目就分爲四初部類不同二前後差異三正解名目四汎解諸本翻度所由就初四分何時得名乃是佛滅度後百年方有因此須爲三門分別一明教本無分二明分之時節三明見解有

異初門明教本無分意以適緣授法悟入爲先何有乖各輕重異見故論云牟尼大聖主悉斷一切見等雖復涅槃四重之法說爲偷蘭於五部僧互生是非又方等云於五部中學何毗尼斯但說有不斥人法大集方云滅後分五斯乃懸記亦非本意如世父記子後必分異何以知耶一者教主是一無可對諍二百年以來師資傳化三時接利機各體權實雖聞異制不相是非故但通爲八十誦律大毗尼藏二明分相者其相有四一者二部如四分中初結集時選五百人餘不在數名爲大眾

如文殊問經根本二部謂上座部及大眾部如西域傳二部所集各有石窟其所仍存現今中梵二部俱盛二者五部若據緣本其流上座何以知耶大迦葉波初秉宗教將事集法簡練通德故五百無學智論千人並是釋門達化之士故號斯侶名爲上座如律中說結後召眾重述前法時大眾曰佛是智人立法須定何得開制迦葉告曰由是智人制已更開開已還制自非達化何以明斯故得任持三藏御世如部執解於佛滅後夏竟涅槃大悲智論咸陳滅相如付法藏傳說付法與阿難等

二師阿難受法化世如付法藏傳恆水中流而取滅度分身四分廣相如彼三師末田提四師商那和修並是阿難親承資奉阿難將滅以法通付二人田提道洽罽賓和修化在中國是則同時分地而王也五師優波毱多和修所度緣如智度聲振遐邇時人號爲無相好佛前之五師攝迹傳化體權通道故不分教二者同世五師時既澆漓情見互起雖通小聖不無利鈍毱多受法漸劣於師和修舉手莫委定相致使此五皆資心見何得開通縱而不問遂分五部如涅槃說由此異想朋黨相

揆互相諍訟皆悉悟道又大集文云五部雖各別不妨諸佛法界涅槃三明十八部如古三藏流傳云五部初分二百年後何者是耶薩婆多中出分四部迦葉遺分出二部彌沙塞中分出一部四百年後僧祇部中分出六部唯曇無德部始終不分又如文殊問經下卷分別部品云根本二部從大乘出摩訶僧祇部分別說有七一者體毗履分別有十一十八及本二皆從大乘出無是亦無非我說未來起廣如彼經名相住處不復引也又如十八部執論眞諦所翻隨出本疏三十餘紙一百一

十六年後方出異執極廣其致閑暇可看四者五百部智論云佛滅度後五百異部聞畢竟空如刀傷心等問上列四種異執不同既是一化所宗俱會聖道何得更執豈曰達人答理本一也悟有淺深由機渉明昧討有利鈍故入觀也人法俱亡及其出也不無緣習教約相動隨義以張道據正理分通會契故無量義云法水一也江河井池分其異耳初說四諦本爲聲聞八萬諸天發大道意用斯文證何得懷疑三明見解大集云夢睚一段後分爲五佛告長者我滅度後有諸弟子顛倒解義

及以說法覆隱法藏名曇摩毱多此云法正律名四分凡解行法先果後因此就化儀說相明顯故倒解之如四諦法苦初道後覆彼常途因先義也二彼經云受有三世及以內外善能論議破壞外道說一切性悉得受戒凡所難問善能答對名薩婆諦婆此云有也法名十誦然異道所計誅惡人畜道路女人陵皆無罪此部難言但殺得罪何簡善惡戒出離因要身器淨非一切性悉得受故三者經云說無有我及以受者轉諸煩惱猶如死屍名迦葉毗此云重空觀法名解脫此有戒本相同

五分四者經云不作地相水火風相虛空識相名彌沙塞此云不著有無觀法名五分五者皆說有我不說空相猶如小兒名婆麤富羅此云著有行不傳其法又云廣博徧覽五部經典是故名曰摩訶僧祇此云大衆此有其律問古師多謂僧祇本律卽婆麤富羅所執今如何分答非敢苟分大集明異若合婆麤文不應云徧覽五部問二部五部同是後分如何經讚唯在五部答二部是本義通五見不慮後疑五部支生各懷異相多起諍競恐不傳持故偏牒五不妨法界問如上所列五部在

初僧祇應後以徧覽故今解云僧祇實先滅後便有以廣博故通含五意故是總也如上經說一明前後者問本文佛世所出四分滅後方生如何迴互致斯目也答元佛制教但云戒本通被衆計名濫彼此故別標四分用約餘部問如向所解但先戒本後自取分故倒乖儀義亦不可答開卷識宗故須先示戒本名通義須後列有解者云欲知戒本是何部律故須題目是四分律家之戒本也有斯異故標題不同三正釋名目言四分者顯宗目也佛滅百年與斯名教相傳云於上座部搜括博

要契同己見者集爲一部四度傳文盡所詮相故云四分此據說之所至非義判也故二十犍度離分三分可是義開耶又如本結未分爲八十誦一夏之功也五分十誦其例衆矣言戒本者顯教體也戒者禁也警也即衆行之所因本者根也從也能生成於道務此戒爲道本也又云戒爲行本世出世行並依承之又云戒爲教本一部廣律止解戒行之文討應名律本今舉行目教也又云戒爲說本在座誡勸有所依承文云半月說戒經中來也豈不以所說爲傳者之本也又云聽者以說爲

本耳聽心納尋說生行如是廣之出曇無德部律者舉其人也前列四分乃異他本雖且分目不無相濫故重舉人永除疑執梵音曇無德曇摩德與麴多傳有訛僻唐言度之同云法正謂法正律主明慧卓朗除邪倒也又言法護者能興建正法不墜於時即十八部中法護部是也又言法鏡者能照達萬法也古人依大集中倒解義翻此述其見非翻名也四解諸部東傳所由此門據行微似賒遲而於教本最是急要若不標舉疑僞假生戒行所詮無宜不曉縱是佛說猶有憲章況非究竟豈

妄承奉讀者得意不用計文今後所列時代爲次自漢明夜夢之始迦竺傳法已來草創鎡基未遑具體衆分道俗無受歸戒年過二百至魏齊帝嘉平年中有天竺沙門曇摩迦羅魏言法時出僧祇戒心方立大僧羯磨受戒至高貴鄉公正元元年有安息國沙門曇諦出曇無德部羯磨斯二部初在洛陽是爲戒律之先也餘如鈔說十誦律者有天竺僧弗若多羅秦言功德華以秦弘始六年誦出本文什公爲譯三分獲二遇患而卒晉廬山沙門釋慧遠致書羅什令續其翻時有西域僧曇摩

流支。秦言法樂。什與通譯方訖其部。俄屬什化。未獲刪定。至弘始八年。西域僧卑摩羅叉。晉言無垢眼。遊至壽春石澗寺。文續出受法。名為善誦。部文都訖。但其文繁重。頗懷疏質。故什公臨終恨言遺世。四分律者。罽賓沙門佛陀耶舍。秦言覺明。以弘始十二年誦出本文。涼州沙門竺佛念譯。釋道含筆受。與長含同翻。其八樂廣。故文辭頗富。僧祇律者。有平陽沙門釋法顯。遠遊大夏。具寫本文。齎還晉地。以安帝義熙十四年。就迦維那國僧佛陀跋陀羅。晉言覺賢。於楊都道場寺與華嚴同譯。故要

約精美。不負傳通。五分律者。梵本法顯持來。有罽賓僧佛陀什。宋云覺壽。以景平元年。於楊州龍光寺譯。沙門釋道生慧嚴等筆受。故四部之文。無越斯律。名不虛稱。見重於今。但弘通蓋寡。可用長歎。

△自上已來。略於文前開示標相。今次就文義張三位。初從稽首禮諸佛下一段偈明法正無學將傳行教。光被於時。但為末代鈍機情多狡詐。謂是別懷。未能師奉。故先歸敬歎戒功能。勸以奉行。名廣略二教總序。興致已彰。正宗宜顯。故次第二從和合僧集下至當於中學來。名廣略二教別序正流

通。盛開持犯諸通塞行。別行已成。眾德圓滿。後當流演。顯無窮之相。是以第三明八能護戒下。總舉兩教。勸修弘益。就前二序。三種分別。一名。二意。三前後也。就初名分有四種異。一約人異。前偈法正所撰。和合已下如來布教。二對時異。前偈未來百年。正序如來初化。三總別異。前偈法正一宗。和合通五百部。四就義異。前是勸信。後是所傳發起序也。二建意不同。若據當時敷化各唯一意。如來正序不慮不行。何有勸信。止是發起之由。不妨勸信。敘已集結。義兼發起。據後引成。非是臆說。是則發

起亦通勸信。三明前後者。問。發起之序。與在於前。今何後列。答。若致在初有兩非便。一彰廣序隔於正宗。不相鄰接。發起非便。二彰勸信本意不具。謂唯勸宗。不勸廣序。今總居先。二種都便。反上解取。

就初序文分為四節。前有半偈明將演正法。濁世障多。恐有留難。故歸敬三寶。稟承加護。二有半偈歸敬本意。令法久住。三戒如海下九偈廣列戒之體相。呈露時心。勸以奉持。四世間下明教行攝持功不虛義。

稽首禮諸佛　及法比丘僧

就初文中義文分二。初釋三寶。後解歸意。且夫三寶三緣不同。初名義者。自可如常。不學不知。故須略引。言佛者。梵云佛陀。或云浮陀。佛馱。步他。浮圖。浮頭。蓋傳音之訛耳。此無其人。以義翻之。名為覺者。具二義故。言覺察者。對煩惱障。四住如賊。唯聖覺知。言覺悟者。對所知障。無明如睡。唯聖獨悟。無明有二。一迷事無明。善覺三趣。二迷理無明。覺法實性。通而獨悟。並名為覺。所言法者。此土方言。大夏梵音。即云達磨。或云曇無。曇摩之異傳耳。未解聲明。故言多僻。法有二義。一自體解法。如三聚等。二軌模解法。今據後義。至聖演教。意在成行。如車從轍。如器從模。法非目覩。以喻成也。又如行必從道。道不從人。道即行之所依。法式無越此也。僧者天音。具云僧伽。此無其人。以相翻之。號為眾也。或有舊解。言和合眾。即體相為名。言斯等人。同具六和。四人非一。崇成眾法故也。然諸經中但單眾翻。不兼體說。廣如羯磨疏解。此三益世。近拔三有。遠清二死。希世獨達。可重名寶。故寶性論喻分六義。一希有義。世寶貧窮所無。三寶薄福不遇。二離垢義。世寶體無瑕穢。三寶絕離諸漏。三勢力義。世寶

除貧去毒。三寶六通難思。四莊嚴義。世寶嚴身令好。三寶能嚴法身。五最勝義。世寶諸物中勝。三寶諸有無上。六不改義。世寶鍊磨不變。三寶八法不動。上雖六解同舉喻成。顯其寶字同訓珍美。如常所引。就三寶中重分四別。一舉眾相。二明本末。三分次第。四敘功用。初眾相中有四種三寶。一理體者。如五分法身為佛寶。滅理無為是法寶。聲聞學無學功德是僧寶。二化相者。如釋迦道王三千為佛寶。演布諦教為法寶。拘鄰等五為僧寶。三住持者。形像塔廟為佛寶。紙素所傳為法寶。戒法儀相為僧寶。四一體者。如常所論。唯約心體義分三相。如涅槃說三寶同性等。二明本末者。四種之中。初理為本。餘三從相。故為末也。如毀佛出血。據相無罪。化佛無心。非情無惱也。以損法身所依。故結重逆。法僧損益。本末例然。故大集云。若打破戒無戒比丘。罪重出萬億佛身血者。豈不以形服出世。為聖道標。若加輕毀。則三寶通壞故也。問。就當四相亦有本末不。答。諸家都隱。今試舉之。此由常懷何得不識。且如住持三寶。圖寫佛形。峙然端拱。為佛寶之本也。自餘賢聖八部周列。為佛寶之末也。故

殿宇廊廟神鬼禽獸斯非寶尙何得福生但是莊嚴至聖同崇尊德所以若作若損皆望本緣法僧住持非無本末例上說也三分次第者如理體三寶同上次列若覈其本證理方具法寶爲初但理不自顯託行以彰故先五分佛寶居首又解理由人顯道假行成釋尊出世方聞三寶還依化相故理無別二明化相佛先法次僧後者以釋迦初證唯佛獨尊非尊不可在初故爲首也大聖雖現止得動其耳目至於煩惑要假法除次演聲教用滌心惱教之所及行是所歸雖說無證還同不說故

拘鄰會正方僧寶現此則化儀次第不可乖也三住持中僧初法次佛後者由道假人弘世途法爾故迦竺初達現僧儀也迹五乘爲善因明三途爲惡果現法儀也斯法遠大非凡小之所開故表畫像於涼臺推其所說現佛儀也四一體者法先僧次佛後體是心體本來無染妄覆迷倒故興邪正今了法本理實無三隨相用分一方行化故照理邊卽爲覺義體離名言卽法義至理無滯和合僧義非法不知故須在初非佛不曉故後說也僧居中者體未純淨如雜血乳分有所遺豈喩醍醐故

不同佛也四功用者四寶爲言理寶爲勝由常住故爲世所歸餘三隨設體是有法問心本清淨非世所染一體常住何不爲勝答就理爲言誠如所問語相爲論穢雜非現何得同佛所證心源故涅槃云或有佛性二人俱無明知行果異俱有也有人云住持三寶末世爲勝理在冥通但爲玄德世唯相有假相開通濁世鈍情非相不動約機接俗信不虛也二解歸意若就後偈爲演律藏令法久住約義以論六種差別一荷恩故佛說法藥僧是弘傳爲拔毒箭與顯於世皆於我益何得不敬二

加護故濁世障深將欲傳通多感魔業作諸留難若不威加無由遠離三生信故謂妄意言不承宗緒故前列敬知稟有由四表敬儀五眾所歸並宗三寶今欲通法必先興請近行世供遠住法故五顯勝相如成論云三寶最吉祥故我今初列六開眾生佛法僧念故以三寶大利惠益無邊微沾希向歷劫不朽故前列之令興敬念就釋文中初稽首禮是能敬儀也後列三寶是所敬境也形表心敬頭頂至地故曰稽首稽者下也如經論中敬有三品據世俗禮則有九品稽首稽顙頓首頓顙並

是一也禮者敬而已矣由屈敬故表情盡儀故云
禮也禮者理也事行合於正理也餘如鄭玄注周
禮說古德相傳禮謂拜手據俗中解禮則通諸不
可廣說但知略也衆聖非一謂諸佛也致敬教主
所以通者顯道無二齊須同敬故兼諸佛也又下
列七佛即通奉敬若準流通三世齊禮問敎是小
乘無現在佛文所列者乃通過未答此宗大乘如
羯磨疏光律師判非是小乘故戒下云現在諸世
尊斯文艮證也上以稽首通敬餘二名爲及也法
如上解比丘僧者攬假成用也比丘者梵天本音

名爲苾芻傳之訛偽故致斯耳此方無人以三義
譯一曰怖魔或令魔怖遵修三行出三有也由此
義故名之爲僧故五分云爲解脫出家名爲僧也
二曰乞士有二義故上則乞法以練心下則乞食
以資身得法奉持驗以四敎受食觀厭須離五邪
廣如常解三曰破煩惱者欲使依名思義顧瞻有
本不至流俗唯欣出要故云於我法中快修梵行
盡苦源也又解在因名怖魔乞士破煩惱也在果
名殺賊應供及無生也相對轉勝故殊絕也問乞
法練神何不至果答如筏喻者渡已不乘藥爲治

病病亡藥遣若不除藥又成深病止得就因形有
資待若從果德應爲物供乃至因有惑可破果無
惑可生例而知也

今演毗尼法　令正法久住

次解第二歸敬本意初句明意後句明益說非過
未傳顯當時故曰今演此謂能弘之緣也毗尼法
者謂所弘之敎也毗尼翻律律訓爲法轉釋取義
令易解也如毋論云毗尼名滅滅諸惡法故曰毗
尼所滅有七謂犯諍煩惱比丘及尼少分一切處
也二百五十戒爲少分也淨戒心慧微細戒者是

一切處也如上滅解但是對治所除至於相翻如
上解是又如明了論毗尼有九義一者比丘毗尼
如故出不淨等二者比丘尼毗尼如獨行戒等三
者二部毗尼如所學婬盜等四罪毗尼如八緣起
所生對治得滅五惑毗尼如三界五品惑也六者
有願如沙彌十種學處七者無願如白四竟諸戒
並起八者時處如邊地受五得數澡浴中國不得
昔用三歸今時不得熱時數洗寒時不得等九一
切處毗尼如殺盜等一切時處皆應其學等據此
九位罪惑兩種滅義以明餘有科條並從法也又

解。罪惑對治，事理多途，若非律教，何得詮別，故通歸法。方顯彼此也。二解演布益中，由上傳持正法，興顯問，會正之極，匆過明慧，如何久住，偏約毗尼。答。明義不同，各有兼正，據理深淺，能治功用，戒律指事。伏業方便，故劣明慧，若就住持建興三寶，則律為勝，由世隨相，有律附緣生，親成大用，故文云，以眾和合，故佛法得久住也。又約根條，定慧不及，自不能起，必由戒生，如經依因此戒生定慧等，教據斯義，故弘演之，所以善見論中，佛告阿難，有五法令正法久住。一。毗尼者是汝大師。二下至五人持律在世。三。中國十人，邊方五人受具。四。乃至二十人得出罪。五。由律師持律，故佛法住世五千年。廣文如彼。良由一聞行教，信而奉遵，業非外傾，定慧內發，遠近兩果，無不思懷，引生後進，永隆萬載，故為久住也。然此歸敬一行偈文，戒本或無者，但是後人妄減，非是梵本略之。通檢諸部戒心卷首，皆明歸敬，考文約義，理必具之，豈得徑欺戒功，前沒三寶，輒增勸信，誰能奉行，故知引者是也。昔人謂同大律，或且標異前弘，刪略傷甚，為過久矣。

△就第三段戒如海已下，廣陳體相，上演毗尼雖久

住益，末委住持有何體相，引文成證，深有遠趣。就分為三。初一偈明戒德宗體，弘廣引生，能為聖道之因基也。雖列本基，業理微隱，自非假相，無由生解。是以第二欲除四棄下三偈，略舉篇聚，結說有人，則表行相有承寄也。上乃教明，未詳持毀，縱欲承遵，恐徒疲頓，故次第三如人毀足下四喻五行，明持毀得失，眾別之行。此之三位，統收義盡，何以知耶，前明戒德宗體所歸，次明戒相生行緣境，後明戒用結成本業。

戒如海無涯　如寶求無厭　欲護聖法財
眾集聽我說

就前體中，上半喻陳明清惡生善之德也，下半舉益勸聽也。就初喻意，戒旨深遠，淺識未閑，故借近事以況斯理。有人云，諸方類聚，各有偏習，故天竺俗言多涉譬喻，此方不爾。今解不同，詩有六義，比興存乎，睢鳩葛藟，事微喻大，何得偏指推委華胥。就喻有二，初明深廣無涯，性不納穢喻，次明能出眾寶，使求無厭喻。言戒如海者，海為眾流所歸，戒為眾善所集，體周法界，故曰無涯，清澄離染，性不容穢，律本所明，意存後解，戒文所述，但舉無涯，具

兼之也。然涯之一字，世濫者多。或山下安厓，則山邊險處；若水右安厓，則水邊畔際。今喻海界，不可兼山。或名為儀，傍通非正，楚夏之異，何得妄言。應從改正。五佳反也。乃是世語，隨俗無過。脫經學識不涉上迷。二如寶喻，中寶為世重，求得無厭。欲明戒海，非但清澄，兼生道品。三聖所重，故言寶也。常行志求，無時暫息，故云無厭也。然戒寶豐積，贍周生類，故使前聖果圓，後賢因滿，引生來業，展轉住持，眾生無盡，戒寶無竭也。據文能求之懷也。從義所求無限也。又寶有二能：一現除貧苦者，顯戒現

止業，非能感名利，交免三塗之貧苦也。二資成形命者，顯戒近獲人天，遠成五分，斯益既厚，故求無厭。問：如經論說海喻多種，今此偈中止列二者？答：作者知時，明喻舉要。初明深廣清澄，喻顯說戒儀專被行淨，如有纖過，非聽說之儀也。是以今初開宗，即明簡眾，喻眾成由行，能懷聖寶，故次辨求無厭喻。此二攝化始終，餘非要務，故略不敘。就法說中，初舉喻益勸護聖財，後明體不虛圓，必假說聽之力，方便攝持，名之為欲，對治行成，非緣不起，名之為護。戒德內充，資神養聖，目之為財，財即道品。

恐濫於世，故云聖法。合上寶也。所以不合初喻者，前顯戒體量周無際，後顯多寶充足所求。求在無限，終從戒海，故所出之寶無窮，則知能生之海無際，是則聖財通於三道。欲護聽眾，亦被三乘。若作此解，具兼兩喻，說戒明約，非別所弘，既同奉行，義無不集，故云眾集聽我說也。

△上歎戒體無際無厭，愚夫迷旨，非不遲疑，故次第二列相顯示。就分為三：初一偈舉列廣教勸信修捨；次一偈半引佛成證，結說有由；後有半偈，顯己承傳勸受聽說。

欲除四棄法　及滅僧殘法　障三十捨墮
眾集聽我說

就初文二：前之三句，廣教戒相滅惡之功；下有一句，舉功勸聽。欲除四棄者，舉此教本能防未非，應起不起，名之為除，非謂已犯而說除擯。假名比丘方便禁警，使初篇業冥伏不起，名為欲除。所除是何？即四棄也。而言法者，法義極多，今取能成犯緣，故云法也。若據義收，滅障除遣，隨言皆得，莫非離過而為本也。初篇既離，行本得成，若不淨檢二篇，眾法難立，故名滅也。上具戒行，不顯威儀，則形心

不淨衆法無託，故當靜緣令非不起，是曰障也。旣已識相依說須行，故又勸聽也。計初一勸義則兼通，但以末世鈍機情多浮濫，聖所制禁凡所常行，恐未志奉妄有輕忽，故又重勸。問：戒行之本具通輕重，何故但舉三篇？答：滅惡之戒通攝五篇，且列上三餘蓋存略。又解：初三戒攝，下是威儀，且舉綱領，故不隨事。又云：今列篇相正存聽說，序中所爲凡有二人，專精不犯非治所科，犯已從滅法唯三別，初篇非數所攝雖懺終不成僧，二篇唯是衆除，三篇同對刖捨，廣敎具含二淨，義須列相示之。

毗婆尸式棄　毗舍拘留孫　拘那含牟尼
迦葉釋迦文　諸世尊大德　爲我說是事

第二毗婆尸下，明能說敎人。就文分二：初一行偈列敎主之名，後半偈結人以成法，表無虛演意也。若依增一，初佛百年前說略敎，後方說廣，如是後佛八十、七十、六十、四十、二十，及至釋迦十二年後方制廣敎。問：如律文云第三、第五二佛唯略，經說何通？答：適化無方，隨機隱顯，斯乃聖心，布敎盛衰非凡所謀。律隱二佛之廣，生請制之由；經陳七佛之通，表化儀之相。未可偏執，五過自生。問：文中唯引過去，不明現未者？答：往佛有敎可傳，師資成訓，勸信易立，所以引之；現未無敎，無由生信。問：序文闕於現未，何故流通具明三世？答：各有其致。戒序將弘聖敎，恐時不奉，故引已起之敎，成勸信之由；流通泛引戒益，必行會聖，聖不虛會，三佛皆行，因敎圓德無不果滿也。釋七佛名，如略敎解。就結人成法中，七佛非一，曰諸；宇宙無上，曰世尊；行滿位高，曰大德也。爲我說是事者，引上廣敎被下世機，定非私傳，聞必至聖，此則顯已承習有由，何得不奉。

我今欲善說　諸賢咸共聽

文中分二：初句上有所承，今將紹續，如敎而談，云善說也。若爲名利無益而傳，則是綺語，非義所攝。下句明說，說必被人，慮乖法儀，故又誡勸，贊美傳習之賓，故曰諸賢；諦受無倒，故敕之云咸共聽也。如經論中大小兩乘俱有賢聖，並約道業有顯晦也。據翻從俗釋訓：賢者，多才行也；聖者，無不通也。斯並約事爲言，全乖佛義，有暇廣之。（案宋靈芝大師行宗記云：三承傳中初科文闕牒章分句孤起，疑是寫脫。）

四分律含注戒本疏卷第一之上

四分律含注戒本疏卷第一之中

唐終南太一山沙門釋道宣 述注 撰疏

△第三段中。如人毀足下。廣張隨行。行法乃多。舉要眾別。所以爾者。眾無別眾攬別以成。別無恆別。行立成眾。故託斯二。以持正法。就文四喻。前兩寄別行。以生喻。明損益以誡持。後二寄眾法。以生喻。明淨穢以誡說。此則初行後教。生成義順。一途之釋也。

譬如人毀足　不堪有所涉　毀戒亦如是

不得生天人　欲得生天上　若生人中者

常當護戒足　勿令有毀損　如御入險道

失轄折軸憂　毀戒亦如是　死時懷恐懼

就初兩喻。卽爲二意。初以戒爲身足。喻止持也。一形所託。必憑足而遊涉。萬行所資。要藉戒而成立。如經所明。若無此戒。功德不生也。後以戒爲車軸。喻作犯也。御者所持在軸。軸壯而轄堅。行人不壞於本。亦業全而戒具。反則違本。如文所訶。總解意也。次釋前喻。喻分兩偈。初約止犯之損。令觀過生厭。後約作持之益。舉樂果生欣。就初分二。上喻下法。釋文云。毀行之士。名曰如人。內無明略。外有愆失。名爲毀足。戒品既壞。世樂尚虧。何況道果。而有登趣。故曰不堪有所涉也。就法合中。兩對相曉。依文可解。次解作持偈。文上半明人天兩果。舉勸修因。下半明勝果所剋。必假良因。義須守護。文相甚易。未勞解也。問。上云戒與存道。本非爲福。今偈所勸。反彼何耶。答。上已略開。今重廣敘。元制爲道。誠如聖言。但爲聞教之機。時含利鈍。鈍者引以世報。權示化城。利者以慧。資成便至寶所。斯並隨機設化。當尋本據。若執戒爲眞道。道則戒結所收。唯戒極高。復是見取。所攝爲樂持戒。翻成穢染。如百論

中難陀之事。至時長引。取悟於心。上解止犯作持竟。問。上云身之所假。足喻止持。及釋文中。乃論止犯。斯則持犯同門。如何分判。答。持犯止作。事通前後。望戒全者。名止持。無心攝護。名止犯。勵意防愼名作持。具緣造非名作犯。據此以論。隨事始終。皆二持犯。餘如後解。次解作犯喻中。上喻下合。假名行者。執持圓戒。學調伏心。名之爲御。御攝三業。將遊塵境。名之爲入。五欲之賊。能劫善財。使沉惡趣。名爲險道。縱放身口。隨境不禁。名爲失轄。轄在二輪之表。犯必兩業之門。故也。無作戒善。萬行所憑。

名之爲軸。身口轄失。定慧輪摧。戒善便喪。故如軸折。如上諸損。智者懷悲。將趣三途。義無歡泰。故云憂也。次合喻中。上句合九字。下句合一字。可知也。問。毀戒業非。何人不畏。豈待終時。方生恐懼。答。人懷愚智。持犯兼之。律序具彰。今更爲引。智士覺過。尋知厭蕩。愚夫縱罪。初無改悔。身心強健。放逸刑科。要至死時。方生怖畏。以色力㾓頓。神慮無歸。自知佛賊贓狀業現。苦具將臨。何得不畏。是以律主懸知濁世。非死不憂。故舉勸持。無令後悔。悔無及也。準上據下。應有止持有益喻。翻犯明持。可以相

領有無。互現未可齊觀。尋中梵偈文法。喻自足彼葉。一偈三十二字。唯此方言。多少無準。或三四字。或五六七。節以聲言。用爲偈句。或尋偈字。便訓爲竭。謂攝前散章。竭盡文義也。即反偈字例竭音也。檢諸字書。無可憑據。積習生常。何由頓曉。又尋翻經古譯。則云偈他。頌今云伽陀。頌斯則伽偈兩聲相近。省略本故。後所出者。但云偈言。故知偈他翻爲頌也。故今所翻無序之頌。則云伽陀。有序之文。便爲頌曰。可以分也。上所解文。別行喻竟。

如人自照鏡　　好醜生欣慼　　說戒亦如是

全毀生憂喜　　如兩陣共戰　　勇怯有進退

說戒亦如是　　淨穢生安畏

就解眾法教行喻中。亦有兩行。初舉教爲明鏡喻。顯作犯止持之人。準教立行。要由說聽之功也。後舉教爲神解喻。顯作持止犯之人。內省智略。殷鑒淨穢也。又解云。前喻戒體若毀若護。其果兩成。後喻戒緣。若縱若防。其因兩就。故篇聚雙列。因果具合。意可見也。次解前喻分二。如上。奉教兩眾。依常集聽。以行觀說。如人照鏡。鏡即教也。止持行成。能喪所犯之醜。令戒威嚴。名爲好也。作犯之惡。能摧

止持之善。名爲醜也。斯並兩託教鏡。而生欣慼。好醜因說而現也。下法合中。隨對可知。戒善具足。則名全。故懷喜。合上好而生欣。遇緣壞行。則名毀。故懷憂。合上醜而生慼也。就解教爲神解喻中。法喻爲二。如譬所明。作持戒者。妙在方便。約止非緣。對境相陵。同兩陣也。強弱相傾。如共戰也。正智達過。明白無違。如勇者進也。癡闇居懷。無心遮約。如怯者退也。下法合中。說戒亦如是。合初句。何以知耶。由說聽交對。愚智勤怠。彼此相違。如陣合戰也。下句中。覩已行淨。由持故成名淨。是則戒淨心安趣

道合上勇進也。怠惰不學。心昏境慢。止犯穢心。將鄰苦趣。故常畏。合上怯退也。何以得知前喻作犯。文彰全毀。故知已起重罪也。後彰淨穢。故知將與輕罪。既不違教。是非莫知。隨作恐犯。故云穢畏也。

△次明第四戒經弘益中分二。初偈喻辭。後總法合修說之儀。

世間王爲最　衆流海爲最　衆星月爲最
衆聖佛爲最

就初四喻。卽爲四意。王者尊勝。威德超衆。喻戒住持。功高萬善故也。然世間之王。有三種異。謂梵魔

輪。恐濫法王。故云世也。大海弘廣。包括衆流。戒善周通。德收衆行也。朗月明空。除煩識妄。戒除業惱。見道知歸。佛是法王。衆聖師仰。戒是正行。九道崇之。斯等四喻。世所同高。借以曉之。通明戒法。問。四喻顯戒。其德盡不。答。如來說法。義周無滯。略舉近事。何得攝盡。又解。假以世喻。略收皆盡。一往統舉。空有所收。有中極貴。勿過王也。包納水陸。勿過海也。光涼明暗。勿過月也。出有大聖。勿過佛也。縱有餘類。竊比難矣。

一切衆律中　戒經爲最上　如來立禁戒
半月半月說

就後偈中。文分爲三。初有半偈。總合上喻。次有一句。舉法屬人。明無虛制。後有一句。說教之時。非合上喻。就初文中。一切衆律中者。合明三藏所明羣行。並有調伏業非之功。義稱爲律。律卽法也。戒經爲上最者。指今所演。如上四尊。既同傾仰。聞何不奉。並謂三乘之夷途也。又解。但餘二藏明律相處。皆名衆律。故論云隨經律是也。又解。一部律宗。雖明緣起辨相開遮法聚等文。俱調身口。各有正儀。應同名律。但爲非結正宗。不名爲最。戒本一段。親

起行基。言約義周。攝僧斯要。故文所云戒經最也。然末世鈍機。雖聞法勝。若非至聖所立。恐生疑慢。故重舉人。釋成法勝。是以文云如來立也。乘如實道。來成正覺。故曰如來也。過犯既興。隨便制約。故曰立也。法教所詮。爲存止善。曰禁戒也。但以三乘既攝。必藉教成。故約晦望折中之宜。時便爲說。故曰也。問。但言半月。卽得被時。何須重者。答。月含白黑兩半故也。又但至半月。卽須說之。故重言也。上解勸信序。

△下明第二大段序正流通。約文爲二。始於和合僧

集下至已說七滅諍竟戒經中來。正明廣教行法。二從若更有餘佛法下至有慚有愧當於中學來。明略教行法。就此二教諸門分別。一解名門。二定相門。三所爲門。四前後門。五相成門。六時節門。就初解名者。何名略教。以佛初成道將開化法。創起希仰。寄心無地。故先示行法。令依奉行。不待犯戒。未有罪故。不得懷疑起謗。略陳教法。故曰略教。言廣教者。由略名含。未曉前相。雖造諸非。不謂有犯。故須廣張綱目。收攝罪聚。鈍根之流。聞便得解。因廣說故。名爲廣教。又此廣名。略分三位。謂名。報。治

也。初篇品等。以爲名廣。如初聚斷頭等。二獄苦相對。以爲報廣。如初罪生報九百二十一億六十千歲等。三擯悔有別。以爲治廣。如犯初罪擯。故永棄。有悔盡形。略教所詮。但舉其綱。未張此目。不名爲廣。問。廣略二教。通被時機。佛初成道。何不頓說。答。聖人布教。義不徒然。藥病相投。是其宗趣。故諸不說。止是無機。所以善見論云。若漏未起。輒先制者。生誹謗。故我等出家。棄捨財色。於世名利。無所希求。云何如來反以木叉繫縛我等。豈謂善識世人心器。又於佛說不生敬重。令法疾滅。故不先制。待

犯便制。則知聖恩。如醫破癰。待熱方舉。二定相中。略教有四。初彰過門略。如訶欲中如火如刀等。二止觀門略。如勸修捨三善三毒等。三調伏門略。如下略偈止唯三業。四發行門略。如經律中諸惡莫作。阿含經解。止在三學。上明四略。義通道俗。約教被人。第三略中。教設在道。取其行方。理通於俗。亦不可怪。如初篇戒。過體則通。取其聲教。兩分其位。各有理也。言廣教相。亦有多種。一止惡教。如篇聚等。二生善教。如受說等。有人云。一遮未起教。如僧尼所制戒等。二滅已起教。如訶人覆滅等。有人云。

如上所說。非無其致。然教所被。止在根機。今分廣律。不出三品。如受說等法。爲上人教。德衣財食。爲中人教。訶人滅諍。爲下人教。據此爲論。則此篇聚大歸不在上二也。三明兩教所爲。則有四別。初根條異。略教不待犯制。根本法輪。廣教略壞方有。則枝條也。二爲人異。略教利機。無過可起。廣教待犯。犯必鈍根。三對過異。略教不因過制。無問自說。廣教必待犯後制。通淨穢。四請不請異。廣必待請。如補壞衣。略不待請。一往便說。四前後相反者。有三義。故廣教制雖在後。今說必應初明。一以時機須

爾。末代鈍根。聞廣如睡。故聖前演。望有欽承。若為說略。則用全疏。微被少機。不可不用。二隱顯故爾。廣教相彰。化用形勝。故前略題三業。義通須後。三功強故爾。略教既壞。制廣還與。從興攝護。功成先說。略教不爾。無補廣之能。且順別機。故須後說。五立兩教相成者。問。略教所為在彼利機。於此鈍根。事同不說。故須制廣。廣則毀略。而制用略。何為。答。元制略教。雖為利機。言略義通。非不收鈍。由鈍不解。違略起非。是教行俱缺也。後遂制廣。用充前略。何以知然。但略有包通之理。廣無異略之能。鈍士

當機。先作無犯。廣名雖異。還同略教之功。是名教行俱補。斯則兩教相成。通無廢立。約緣利鈍。據實兼之。六說二教時節者。若依本部十誦增一。十二年前略教所被。後付弟子。則通二教。何以知然。略教通含。利鈍俱攝。未張輕重。又總機緣。廣教不爾。反前不說。故善見云。一切諸佛。但說教授木叉。不說威德木叉。豈非直陳三業。通被羣機。若具篇彰。便同廣戒。故律文云。此是如來最後說戒。是良證也。由佛自說。不容非濫。十誦五分云。若為犯說。頭破七分。弟子不爾。肉眼所見。天眼舉罪。違佛制故。

問。十二年前已制廣教。今言說略。其義何乖。答。律中所列重犯故耳。自此已前先作無罪。猶同無事。至於說戒儀軌。前說略已。及至廣制。說不難知。故增一云。因重犯戒。佛止不說。命上座持律能通利者說之。故毗婆尸佛一百年前說忍辱偈。後付僧說。乃至尸棄。釋迦八十十二。可以情求。

已前偈文。法護尊者所作。為廣略二教通序。前開持毀之言。以成說聽之本也。

注中已前偈文下。結前生後意也。欲明律主將演正法。惠益時心。廣張持毀之相。式表弘傳之致也。卽結前文矣。問。如來說法。天眼常明。僧唯目覩。義

通淨穢。如何制約。還同佛耶。答。法利所先。務在通洽。有染聞戒。於道莫行。說必被機。非人不授。故母論云。設僧百千。但毀一戒。則不合說。明知聖制不欲徒然。

和合已下。二教大宗。自分三。分序。正。流通。

注中和合已下。二教大宗。生後文也。文分為二。已如上判。

就初段。廣大分為三。始於和合。至序後如是持來。明將演篇聚。用曉時機。機通染淨。義須和問。此則與後正說為興教之由。名為廣教之端序。序中略

明犯者必悔無犯同聞所以第二從諸大德是四棄法下至已說七滅諍法如是持來八篇行相通明止作準此承修定慧因克是則名廣教正宗既識相護持理非獨善將流聖化廣被未聞所以第三諸大德我已說戒經序四棄下明廣教流通分也。

就初廣序文分為三從初至白如是已來明集僧簡衆同遵行法表形心無二與下所說作發起之由義也衆雖和合必有犯非不應淨法何成說聽之則是以第二從諸大德我今欲說木叉下明誡

敕時衆思省淨穢語默表情虛實檢行如斯自審則是聞廣教之當機也說戒法重事通迷悟故須三覆用表殷勤知過必改乃堪此衆是以第三諸大德我已說戒經序下正述三覆檢問有無勸持之相也就初別序文分為二初有七句能成衆法之緣也二大德僧聽下所成說廣之業也就初緣中統明羯磨作業僧寶成務而事有因集不可妄施必具十緣方辦前業何等為十一稱量前事二託界成法三集僧方軌四以法成僧五和別相形六簡衆淨穢七心欲表和八陳戒本事九提問所宗十舉宗成答斯之十緣即十門義各有量據不可卒施具如所撰刪補羯磨及彼疏中具辨臨機引用廣略隨宜也其中問答釋疑一同彼說若欲寫取此復何難以紙墨易繁時功難駐不獲已者時復疏之此既大義業相因由理須遙指何得復略然有不見彼文者此乃往緣以業自責余老矣桑榆轉迫不暇重述也就前緣成即文為七有為六者但意言也

和合時有與同師知識別部說戒法當尊重承事恭敬布薩一處住和合說戒違者與罪佛言有三種和合一應來者來二應與欲者與欲三現前得訶者不訶反此別衆也

言和合者將欲廣說情事相違義須先和方應後集故言和也注中引與師友別說戒者為表教法所被元在機緣緣有和別即界無二遠表無我之理近成兼濟之能故須尊重承事用開相利之道也有三種和下開其相也初和身集也二心三口也反成別衆者以僧之為義同具六和三業片乖不名僧務廣如彼說也

僧集會時有比丘說戒日若在界內若在戒場不往說戒處佛言應求應喚是我所教若出界外若往而不坐者如法治之自今已去隨所住處有一比丘至說戒日當先至布薩堂中掃灑敷座具水然燈并舍羅等若有客來四人若過作白說戒乃至一人心念清淨若有非法別衆說戒者如法治也

二僧集會者廣說和白非僧不行前雖送和未顯成僧之法必須戒見利三各表圓成之相故言僧集會也有人合之兩成一句今言僧會是和合也如律功德衣中僧集和合則前後不同據理通得分爲二分顯義易見也注中引說戒時界之內外不集坐者爲表法本爲人人通勤脩理必相攝故雖界外亦須內集問元結界法爲欲簡人通界無別自得說戒何須外集若須集者用結何爲答結界之意爲行僧法法有通別故制開遮羯磨多爲別興不集無過說戒通收淨穢有別結罪欲使淨

者行教染者順方則機教兩舉定慧斯剋化流不絕成護法也注中引律隨所住處必具說戒者住持相也舉獨住者少例多也獨則心念三說對則彼此表淨成僧廣張白相違此非法乖和別眾言如法治者不過人法也人則同住上座法則對首吉羅問惡作惡說同號吉羅止不說者犯何等耶答犯惡說也說本口言今默不說應非惡說但以吉羅爲罪望人作者爲言身口俱止同犯吉羅可以作說爲名二止俱非罪攝今以止口不說非無動慮慮動業成還同惡說義無妨也如諸制戒相

是止善房衣財食作法而生近表作持違防作犯犯既不起便是止善可以類也

未受大戒者出時有比丘令餘人遮說戒事佛並令至不見聞處除人未受戒者非人來者聽之又不應在尼前作也

三明未受具戒者上既擊磬誡集五眾同來僧集說戒四眾俱出但明未具亦應兼尼所以遣者以說戒眾法彼學未周體不同流故須遣去行事之家務須周給既聽序偈如法召下上座約敕無逸爲先廣如所撰刪補事鈔注中引遮說戒事者表淨法穢人不樂聞也佛世尚爾況末代乎止得勤

勤自勵一死知生何道也注中令至不見聞處者以六眾下類不令上僭大僧淨法非彼見聞問聞非可行故不合聽目對僧集如何不許答討理應爾下眾無知多生慢習制令耳目不矚則重法尊人生其欽仰也所以注中除人開鬼者以非人具通隱顯徹見自生深信不勞事約也人則反之尼同僧法應預同聞莫非下類慢習須爾

不來諸比丘說欲及清淨時說戒日有病比丘若看病者及三寶事不來聽戒佛言應與欲及清淨隨其廣略若不現身相不口說者不成若病重者舁至僧中恐病增動若出界作以無方便可得別眾羯磨說戒故也

四明不來說欲者。小學乖法。已出淸眾。同儔不來。恐生異結。或諸緣障。心達事壅。故聽傳情。應僧和義。自分爲二。欲表成僧淨陳行具。可以知也。注中引病等者。成欲緣也。言廣略者。緣奢促也。重者异來。以法濟也。恐增出界。以事攝也。欲明眾別兩行互相資成。不可逼也。言無方便別眾者。以大聖布教。意在淸心。心濁之元。我倒爲本。故無同界別我乖宗。但使一和通成僧法。則我倒漸亡。定慧之力。功由於戒。故以事約之。可不然也。

比丘尼眾遣何人來耶。佛言若有者。卽應起白言。比丘尼僧和合禮比丘僧足。廣

如刪補羯磨中。若無來者答云。無尼請教誡也。

五明尼來請法者。已上四緣。止是一徒自行。今兩眾相攝。非法不可弘之。故因說戒。便有斯告。成外化也。文云尼眾遣何人來者。此問尼也。或云尼遣何人傳信。從僧乞教授者。卽謂所告比丘也。以言中不了。故光師製戒序云。誰遣尼來請耶。此謂比丘受信者。得意忘言。任通無在。但知行德兼備。不可妄傳。故須待請方往教授也。注中明廣。具如羯磨。必無來者。如文可知。

今僧和合。何所作爲。

六明問發者。以眾集約相。不舉無由可知。故審事源通問其集。

彼應答言說戒羯磨。佛言若說戒日。不得在房。比座相檢來不來者。應先白已。然後說戒。若癡比丘言先不誦。或有忘者。不成說戒。當依能誦戒者。比丘五夏當誦使利。若詣比近學誦戒序。乃至餘法。還至本處。次第說之。不應重誦。若不得者。但說法誦經。從座而起。不者如法治也。

七答成法者。文分爲二。同住相進。非法不弘。故答所爲。以表集意。云說戒也。非作此白。無顯僧心。心樂所表。非言不顯。故曰羯磨。有云或答布薩說戒者。布薩西音。說戒東語。乃知布薩名含。不妨淨住義攝。二名體一。不可重言。欲顯羯磨名通。說戒事

別。故陳此二。則表眾義盡。注中引律不得在房者。表人能弘法也。比座相檢者。是無乖別也。先白後說者。教法難聞。先令使知。不容自怠也。今行事者。上座於說戒日。令維那唱告。知僧說戒。及至戒本復重舉之。據事似繁。約義無爽。前是眾法直告。後是僧義同遵也。又云。依能誦戒者。以行不頓成。必待教學。不誦恐忘。將何依據。故制五夏或盡形也。又云不應重誦者。正法軌模。理有常準。重誦倒說。則聽者浮昧。故不許也。又云若不解說戒。但誦經法者。以三學資人。戒爲教本。故前制之。必無能誦。

方說經法問既誦不得白讀何傷答凡欲化物必俟說聽之功安有讀文而能附事故世之論士無見執文佛之揚化登機卽演說戒同然事符聖制故唯制誦不可讀也自有讀文而起諸行不是常法故不說也

大德僧聽今僧十五日布薩說戒若僧時到僧忍聽布薩說戒白如是（佛言當隨王者若十四日若十五日應作數法若黑若白各有十五隨月稱之若得四人應作此白三人以下當三語說戒也）

次明單白知眾法者何以須者僧通凡聖情見難諧我雖欲說未知許不又說戒廣略則有五階聖

制乃通凡心須顯故須和默卽應緣同就制此白如彼具詳恐不委見故略分判就文為三初敘告事情二忍同可否三舉事成結也約句有五初大德僧聽者警眾情也將欲表述恐有異緣故命章大告不容耳識妄聽也有人言斯則贊美誡敕之辭也大者莫先為義明九十六道有師資之僧佛道之僧運廣莫過故云大也又云出家四果乃是真僧無學最高故云大也雖僧未階必得無障以出家者必為解脫因中談果亦云大也又云三寶為言僧田最勝義通餘二如愛道施緣能生大福

故云大也有人言諸義不無今所論僧為簡小學但取無願故云大也所言德者有所得也以得善居身故名有德出家捨著福度含生戒善自修滅諸過業修習定慧斷結成道備此美稱乃稱有德之人也所言僧者唐言和合眾和有二種謂人法也言人和者雖復殊方異質品族不同若至同聚則胸襟莫二事順心同如水乳合故也言法和者戒見行命說戒布薩有必齊遵無宜乖逆故也然僧義大約六和為先身口心和所謂人也戒見利和所謂法也八法乃具數須成四三人已下無用

斯法今此成僧故有此白所言聽者專心靜察聽我所陳陳何相耶意欲將說淨戒非雜染所聞故有斯示若素自明白堅持無損已有毀缺懺說令淨脫不專聽便忘所犯帶罪終身一何自累故須靜聽也二今僧十五日布薩說戒者雙牒緣本兩告眾也標日是其時緣說戒是其宗本上令攝耳止為此也三若僧時到僧忍聽者謂心和事順理必承修也若者為語不定之辭言由漸也僧時到者到卽至也一者人到清淨大沙門入也二者時到十五日布薩時至也僧忍聽者責忍同也今欲

說戒聽許以不同則默然不同者便說也此德心用和忍之聽異上初句耳識所得也不解此二聽聽同聲者則言表不通不成羯磨前聽卽在去聲他徑反後聽卽是平聲他丁反恐不解此違損事多自說戒時罪福猶可脫臨受戒惱害尤深故須極誠也四布薩說戒者單牒宗本勸速忍同也布薩多翻此應淸淨餘如事鈔所引也戒本不同或云衆僧說戒者或云和合說戒者任情兩得理通無妨也五白如是者詳述前事結告本情故也自餘成否等相如删補羯磨鈔疏中須時抽取用之

四分律戒本疏卷一中 釋戒經序 十九

注中日月隨王法者謂隨俗也言黑白者以道俗位殊時數亦改故也俗則年有四時道則歲唯三位略於秋分也故三時之始冬分在初表無常也令有慧者觀時入道不容非逸也故冬四月以八月十六日爲初春四月以十二月十六日爲初夏四月者以四月十六日爲初也且舉一方不可偏執如今印度諸國以五月十六爲前夏靚貨羅國以春初爲夏首此則隨方土之所宜任機緣之取捨也半黑白者隨月晦望也間以淨法隨位說之律文日日說戒妨廢道業故限晦望折中之宜也先黑後白者舉三時三始必十六日爲初也又云十六日已去白虧黑生月一日已去白生黑虧約相取分故有斯名若得四人下文相可解

△次解第二發起序中文分八段律文具解今且生起後方釋文從初至說木叉已來標舉說宗歎功勸信有生善滅惡之義但斯正戒乃是衆同所聞理宜崇遵必無乖別是以第二令集一處顯形心無異形心旣和事須詳審聽若異聞則乖說意是以第三諦聽善思正明警敕有開解之用凡欲聞戒爲被行淨之人必有違犯便乖說聽之法是以

四分律戒本疏卷一中 釋戒經序 二十

第四若自知有犯已下正勸時衆省已之違見過尋悔應法成行染者旣誠無過當機自表已淨世號伐德但止默然聞成義顯卽名答對應上問意是以第五不犯者下省已之順默表已淨上五通告止在別緣三根外彰衆網須正必有他舉理須對實是以第六若有他問下誡勸時座犯持之士深懷二答若內實犯而外表淨令僧妄解罪障尤深是以第七如是比丘下明隱覆之瑕不實之損行穢自纏特由抱過勸發露也若順教修理有深益是以第八若彼比丘下知犯識懺還淨上起三

學增明克成道業不虛之益也生起此文非教本意講說之家務傳言相西梵諸師凡欲敷演但依文義廣說所由至於科約蓋闕如也縱有分判大通無局如龍樹解大品以爲二道天親釋涅槃以爲七分須知意也不可浪事悠悠費於紙墨大破正功無任法利顧諸學者可不思哉今欲消文就義分之更有科約終非大濟故削略也

諸大德我今欲說波羅提木叉佛言新受者未聞戒不知何學聽集一處和合說之波羅提木叉者戒也自攝持威儀住處行根面首集眾善法三昧成就當結當說當發起演布開現反覆分別故也

初云諸大德下舉宗標示也諸是不一之名顯教正訓廣必四人已上故云諸也大德不異前通問廣說戒法其必在僧如何今告乃言別也答戒法通收何隔僧別望法是僧望機是別法被在人故須問別不足怪也文云我今說木叉者正標宗也木叉果德之名戒剋在因今言果者因中說也光師戒本云我今說戒者以名顯時心略隱果號而今所引乃是律文不可全蔽故須出也注中引新受戒者不知學方佛大慈念故制斯教同集一處和合說之望欲近約身口遠傾我倒同出三有齊斷四住是佛意也今時行者但受福田之資多無解脫之念乖佛意也但自蹟頓神識耳注中佛自解云木叉者戒也有人言斯非佛解乃法正之言今解不爾五部十八乃是人分至於律教無非佛旨何得無學妄敢錯辭縱有披解自爲卷帙可以尋也所以斯戒必有隱相唯佛自通下重有疑如法聚條部有問爲解豈非戒爲眾善之宗非佛餘聖故不達也今又釋云戒非木叉木叉乃是絕縛之果戒是正順解脫之本隱因彰果故如上釋注云自攝持威儀住處者此歎木叉能滅惡也由斯

戒法能持七支有過皆塞名自攝也身口既攝光淨如珠順本所受故名持也行善所及各有憲章名威儀也威謂容儀可觀儀謂軌度格物並由內懷正法故使器宇超倫也言住處者正行由教而成教是行之所依故名住處如經戒爲功德住處也注中行根面首此歎木叉生善相也由戒能生成萬行喻若於根如經云若無戒者諸善不生即其證也又如論云戒爲眾善之根生善中勝無過斯法喻同面首也注中集眾善法者能會正慧也三昧成就者能明正定也此之兩行並藉戒因成

上根義如經云依因此戒得生定慧也上來歎木叉惡滅善生深有殊功次歎木叉發引羣心能成法軌言當結者若於法有違覆過顯淨當如法治治在說後故言當也交今未唱望後許陳言當說也八段序分與正宗為興致之由言發起也上有三當總是緣漸八篇正戒輕重條然顯示故云演布開現也廣教流通篇別重舉恐有沈墜罔冒將來故云反覆分別也有人云八篇正宗各有三致何得通收廣教如初篇中諸大德四棄卽當發起中開四相列坐齊聞卽布現後結三問重條前章卽反覆分別並是聖言引用何得不依

諸比丘共集在一處 佛言同羯磨者集在一處乃至應訶者不訶是名如法若眾大聲小敷妙高座立上而說八難餘緣隨時略說若客舊外集數有少多說過此序告淨便聽餘廣如律

二諸比丘集者表法無乖明人不別也注云同羯磨者來名身集也形礙法通須陳欲法名心集也身雖赴座容有訶止默忍法圓名口集也以斯三業共成一僧故云集一處也又解云同羯磨者明說正戒行淨者同自餘過犯不足數者不同羯磨不須集也言應與欲者謂此行教不可自輕大急要緣事不獲已方開與欲自餘輕小則不須也且說聽有功道根無失豈可無聞徒勞彼此何所益也言八難者謂王賊水火重病惡蟲等是也言餘緣者寒熱雨溼人多坐迮等是也廣文如鈔隨時略說者聖教被機時來不一眾首智人商略事務戒有十段略說有九斟酌用捨故曰隨時也言客舊外集者法攝人也如有違背不無其罪則人從如病緣重者輿來少者僧就可以知也言應訶者謂四羯磨諸雜治人行法在身無容秉法身雖足數口不陳非故也若斯陶練方得實人可不然也言敷妙座者重正法也開立說者惠及人也意在法也初來聞序不勞告淨以聞三問也八篇中來必須告淨以不聞序斯事眾矣不可卽言故指律也

汝等諦聽善思念之 佛言端意專心而聽法也

三汝等諦聽下誡妄緣也凡心難繫喻同野鹿聖人體之如鎖猿猴也攝耳尋聲名為諦聽以三藏教網用慮業非名善思也注中正心思擇名端意也一心無倒名專聽也

若自知有犯者卽應自懺悔 佛言謂所犯事未懺悔也有二種智人有罪能見見罪能如法懺悔若欲悔者當詣清淨比丘說犯名字如法除已方得聞戒乃至於罪有疑亦如是說

若僧並犯無人可懺。不問識疑白懺後說。

四自知有犯者以說戒本意唯在除犯聞而卽行。便同上起故文云卽應懺悔者是也悔是此土之言懺是西方略語如梵本音懺摩也懺字非倉雅所陳近俗相傳故耳懺悔義應此處道之可妙同於事鈔也注中犯事未悔者釋成有罪相也但以無始無明想倒爲本動念緣境何得蕭然唯有智人能見能懺自餘惑重何由開悟故律文云無學果人不故犯戒三果同凡未免緣縛可不思哉注列智人以成行悔之法詣清淨者用顯託境明心。說犯名字識相不虛也如法除者明依教起悔非泛濫也識疑同犯開白懺者罪據覆藏對衆陳情。白告悔斷同大懺也何以得知者以凡造過集諦所收知苦斷集見道便剋豈有自言便淨斯業今諸戒首令懺已聞者旣悔前罪斷後相續露過現前於心無隱便同淨用得預聞持不論往業招生增惑此但事悔伏業而已終須行淨深見我倒知我倒本相等虛空但有妄緣故纏三有審見此理明白無疑分得正見方傾苦趣若此之悔名爲滅業業何可滅障不招生故名滅矣乃至無學尙酬

往因如身子嬰病目連遭苦可以類通想不迷矣。問行淨之士應有二人不犯應先如何後問答不犯者希自然合教犯者多數覆過是恆說本除罪爲先故先問於有罪。

不犯者默然默然者知諸大德清淨。佛言無犯者有二種若本不犯若犯已懺也。

五不犯默然者不自伐德默應答也注中不犯有二初則專精不犯後則犯已能悔第二白法莫不於已無瑕同成不犯之色也。

若有他問者亦如是答。佛言如二比丘相問答也。

六若有他問者謂舉罪比丘如法徵責有犯露答。無犯默答義同世語故注如二比丘相問答也又解云三根不昧五德有聞對衆舉治何得懷默故須虛實自雪彼我彰情是故佛解如相問答者是也。

如是比丘在衆中乃至三問憶念有罪不懺悔者得故妄語妄語者佛說障道法。佛言僧說戒時默妄語故犯突吉羅言障道者障於四禪三空四果告諸比丘如彼大海不受死屍設有漂出我法亦爾不受死屍謂死屍者非沙門梵行自言沙門梵行犯戒惡法不清淨穢汙邪見覆藏內懷腐爛外現完淨如空中樹雖在衆坐常遠離衆衆亦遠彼故知懺罪方成聞戒也。

七如是比丘在眾下明不懺有損也言故妄語者
既默表淨獲何罪耶古來諸師亦有商略此既一
途正義不可不知先以義開後方消判今釋序中
默妄六門分別初定重輕二明通塞三對問緣四
就罪辨五約人論六經處犯初定罪者昔解云序
中默妄但是方便何以知之默罪表淨誑僧未彰
故是方便問言未彰口僧雖虛解結方便者如身
造口業默起表聖虛解是同何因究竟以斯例默
應犯墮罪解言不同身業表聖覩相無濫故是重
罪今默表淨在眾通含不偏在己故知方便問若

言默妄以默為體餘之妄語虛說為體今以默妄
為說方便亦應以止為作方便然止不得為作方
便默妄豈得為說方便解云妄語為義言章了了
今則默表其相未形前人非決何成究竟問默罪
之人私心決暢止在三問隨問默然詐淨義畢有
何所少而是方便若默表淨更須口言方究竟者
僧中羯磨默忍之時亦應但是和家方便所作之
事亦非究竟今則不然隨作結成何名方便但默
妄吉羅律文具有古師立篇義局三均故以此罪
入方便攝今論篇者別有意義故所不論可如下

也又汝上言對眾通問身相不動故是輕者此亦
不定口造口業但言章了前人聞知不問疑識俱
結究竟身造口業無論多少前不疑濫則非方便
何以知之以句義定如多人坐有問者言成聖者
起一人獨起前人不疑故結究竟若多起者前人
生疑故結方便或多人立問聖者坐一坐犯重多
坐犯輕以前諸句動故生罪今下諸句不動亦犯
如有眾中多人坐立言非聖者動身一動多不動
輕多動一不動重於我聖相明練無濫故得重罪
如是例知句也有人云三業互造必無疑濫縱獨

表聖前人有疑不可結重或多人現前謂非凡可
是輕也以此例前相收方得問有心欲誑人合口
成妄語行心欲見色合眼應成見答妄語含意根
見色由眼識行心非眼識云何名見色若爾行心
非眼識故非見色者意業非口業不應成妄語答
三業得互造意地成妄語六識不互用行心非見
色故成論云口家四業意亦可造斯頁證矣問何
故在凡三業互造六識定用答三業雖殊同意為
體六識不然各有體相故論說云根無互用過也
問三業同意體如何以分互答從具以論互廣如

初篇豎義中說、二明通塞者。如昔解云。序中問者、問通篇聚。但有犯者、不合聞戒、故序中問通令首露。知何不該、餘之三問。悉是別問。當篇於此篇罪有淨不淨。故知問前不同於序通問於下。問。序通問下。可如前論。八篇問前。既有實犯。說已方問。豈非違教。答。序中總問。顯淨默然。既無露罪。恐不憶識。妄謂淨行。理不可然。故隨篇示。令知罪相。雖先說戒。猶非覆罪。以心迷淨於行非過。如八法說。問。若心迷淨。有犯聞戒。心不迷者。無義得聞。何故律中對首心念得聞說戒。答。此謂開緣。不容悔故。非

謂通爾。犯不聞戒。大位約之。今解上通義不容耳。隨有九位。問皆通下。廣如後說。三對問緣得罪多少。如昔解云。雖經三問。共成一法。故今默者。但犯一罪。如諸乞辭及以白四。言雖重彰。皆成一法。今解不同。既有三問。隨問覆默。還得三罪。如白四諫。共成一法。隨白羯磨。結四偷蘭。莫不對問對諫俱有拒心。故結多罪。問。以諫例問。故得多罪。違諫第四。便得僧殘。亦可默妄加四犯墮。答。諫對別人。違僧命重。說戒直問。前過未彰。故成僧法。三問便止。此在僧中默。故犯吉。若據對首有罪陳淨具有三

墮。心念例知。四約犯罪論者。問。今有犯多罪者。既違序問。為得幾罪。答。默淨誑僧。但得一罪。以罪從問緣生。不由誑罪生。有問故違。無問不結。故知一罪。不同覆藏。由覆罪生。但經明相。則隨罪結。今解不同。問緣明相。俱得多罪。以此二緣結罪之位。覆藏既得從罪生罪。問緣豈非從罪生罪。問緣若不從罪生罪。同聽之人。悉應有犯。以有問緣之可違故。然今不爾。有罪違問。無罪不違。故知有罪便懷默妄。何得上云不從罪生。故知默妄亦是覆藏之別名也。但可經宿經問不同。至於覆罪。一而無二。

若犯十罪。隨其三九。皆有默淨。則犯二百七十吉羅。又如一人而被三舉。隨受供給。皆獲三罪。如是類之。五就人數結罪相者。既犯十罪。欲令眾人知我行淨。我若露者。知我行非。不齒錄我。故望多人還得多罪。如妄語法。一言誑多。隨人人聞。皆得罪。對首心念例如上分。六明默罪經處多少者。如昔解云。七聚之罪。六罪三處犯。或云八罪者。謂婬觸二麤屏露二處通尼及女。斯之八罪。各在當篇。二不定并初序。三處犯。以不定中尼女合制。九十便離。各有其致。若欲發露唯一處得偷蘭一品。但

是序犯唯惡滅諍此一偷蘭序中七毗尼中犯斯
古義也今猶講之若不敘者無由興教立破二能
於是在乎今解不然但有犯者不合聞戒何得犯
夷不合三處餘篇得聞故知難也隨問九處皆有
隱心則隨犯罪若爾立義序問便足何故勤勤九
處別問答序中問者將說八篇恐有犯者乖於說
聽四事中問例亦如之欲說後戒故先陳問恐有
忘悞謂言行淨隨篇重問為成正說由有犯者不
合聞故問七滅之後無戒可說何故復問答罪相
如塵細看細見憶識之心前後紛擾隨有解悟即

須首露靜則對入衆則心念尼律法聚七佛略教
其相如此何得言無故文云更有餘佛法應當學
之知何不攝也問露罪為義不藏為先但一序問
隨問便露何須鄭重三說九反答欲明戒誥警敕
行人如諫一事尚有僧屏七通露罪多惱何為不
經九處或可前問有拒或致迷忘忽聞後問豁然
披露時來不一故致多翻聖說不徒深有其旨因
言長理須知發露有罪皆藏九處成默序中一露
下問非罪以無重隱之愆故也若序中問露已還
覆隨經問處還須露罪以覆隨心不由言說如入

法中前露後藏文證可解若爾露罪還成覆者首
陳何益答披露肝膽慎終如始一露不覆隨問何
愆豈非益也上來隨義略解默妄今次消文餘皆
可解言障道者下注解云障於禪果此成上文不
實答損也良由惡業習起戒品不淨無由發生定
慧剋成禪果故曰障道此遠資為言亦如上說所
言道者略說為二梵天道者八定為宗聖人道者
四果為本既染塵境體沈下界犯則三途持便欲
有案記云持合作執如何默淨以自陷乎注中默妄但犯
吉羅者有輕重也望僧虛解斯業重也望非言述

重而制輕勿謂為小九百千歲亦難堪也一犯尚
爾多犯如何不可救也故論說言如小團鐵入水
沈也又引海喻文相可知
若彼比丘憶念有罪欲求清淨者應懺悔懺悔得安
樂佛言以清淨戒學故便得清淨定慧名得禪果為安樂也
八若彼比丘下由憶識罪懺得禪果成上發露有
益也亦就遠資為言注中釋相文甚可解
諸大德我已說戒經序今問諸大德是中清淨不三說
諸大德是中清淨默然故是事如是持自此已前廣教之別序也
後說之文即廣教之正宗也

次解第三結序勸持相就分爲三。諸大德我已說戒經序者結前生下問也。二今問諸大德下正問衆中應後法也。三諸大德是中清淨下舉默表淨。應說勸持。問所以說戒須問羯磨不須問者。答解有多途。說戒爲於行淨有犯不應說儀羯磨別爲前緣緣成則合事辦故隨白問。終爲成法不別舉也。又解說戒僧別兩舉。說聽必約清修羯磨多爲別緣僧成卽堪御法。又解兩法在僧俱須行淨說戒制問爲清行染之人。羯磨不制法通純雜之士。如僧殘行法開停爲他明知罪未出也。聞戒知犯。

必問默露明知說被淨也。又解羯磨所爲在事也。說戒所爲在犯也。有犯不得聞戒斯明證也。故說戒之作爲兩種人。持者爲能淸犯者爲所淸若知有犯卽須遮舉懺洗令淨方聞後戒。乃至律文見犯不說經二十年。羯磨不爾標舉時事。三根五法相圓無染卽成僧用。故不制問。又人解云羯磨成否問僧取曉事同三問則無妨也。問須知淨行一告便足有何義故殷勤三反。答說聽相應可名傳法雖聞不識咎犯妄聽。故須三問。鄭重窮檢。一則未呈昏妄多則在衆致繁。故限以三法儀所致也。

言淨故默者衆非口呈行淨。繁亂伐德成勞。但默便表答辭也。言是事持者淨行得聞正戒機教相應定慧由斯成剋理須持奉故也。事卽淨行如文可知。上來所明釋廣教之序竟。

四分律含注戒本疏卷第一之中

四分律含注戒本疏卷第一之下

唐終南太一山沙門釋道宣述注撰疏

△第二大段次釋廣宗所以正宗廣教何爲興者良
由五眾不攝情根於諸名利無思檢約廣生有漏
隨塵起染外纏邪慢內增癡惑是以如來隨其所
犯略教既壞制廣補之使夫持犯的明愚智齊曉
戒禁時機深有弘益即斯言教號曰廣宗初制廣
教隨犯便結輕重前後雜亂難分至佛滅後一夏
結之重者道源輕止世謗八篇以次漸降不倫欲
使前識本基後知隨行故有斯位將造文解先以

義通正宗本體上存持犯犯相楷模其唯篇聚略
以四門定其途路初明正果五篇二明重輕七聚
三解方便罪相四解持犯方軌
就初門中四種分別一位立五篇并解篇義二置
名不同翻名顯相三但置於五不立四六四立篇
次第先後不同就初復二言位立者僧有四重尼
有八棄以爲初篇僧有十三尼有十七爲第二篇
僧有百二十尼有二百八爲第三篇僧四尼八爲
第四篇僧尼同百爲第五篇斯約戒本故以數分
如律五犯以名收罪此則義通誠有旨也上位立

竟篇義如何如昔解云相形種重階降不類故名
篇也何以知然如初滅擯二從僧悔乃至第五輕
重有殊有人言上立篇義相形是難二十法聚前
後列位可亦輕重然篇字有二偏頗偏者從人而
立篇章篇者從草而立蓋不識字源故有偏頗之
義今解篇章之篇者謂流類均等與諸章品義齊
一也凡立篇者必具三均謂名體究竟此是定義
初篇同號即是名均齊須擯治即是體均非方便
是究竟均乃至第五三均不無故號篇也有人言
必具三均方名篇者俗書法聚何必具三而得立

篇今言篇者始於四棄終於七滅則爲八篇文義
聚處即名爲篇何必具三如似戒序亦應名篇經
云序品即十誦云五品罪也今解上釋通有其致
初云偏頗立篇但不體字何妨罪義輕重不同篇
是法章有所科約故也第二解者從草釋義此亦
自迷如何悟彼萹字從草止是草名邊殄反之世
號萹竹亦可人瞰篇字從竹乃是簡名自漢已前
本無紙筆例用竹木兼之紈素而用圖錄後漢蔡
倫創造於紙用易簡素古書簡策可有一章以韋
編之號爲一篇故宣尼讀易韋編三絕者是也今

定篇義三均亦可如似法聚義類不差受法戒法各別聚處名為犍度此亦如彼名體究竟同在一位用篇名收五種階降復何爽也問如上立義罪位分五各具三均墮罪之中僧別兩悔第五一罪對首責心既有二悔明知輕重何得均耶答今言均者以義收罪縱一篇中懺有輕重至於名種一而不異何以知之初篇名棄則不覆開悔及不足數相同棄也二篇僧治則行覆在別至於本罪出必在僧三篇對首而或兼眾財事難遣對僧徵覈及論捨罪與別何殊第五一篇雖有二懺故悞兩

心雙捨本罪何妨義攝以位通之今立篇義莫非章品之嘉名分段之別號也縱使聚從五位義具三均篇名在七本因雜攝故知篇聚通於本枝五七位罪定其均雜也二置名不同翻名顯義就初置名問有何義故置此五名答大聖如來深鑒物情濁世根鈍須立麤刑逗彼時機聞名息過如俗本禁蒲鞭示恥季世深酷故有徒流可以通望也又此五名有通有別別如下釋通須略知如本四分但云五種犯或五犯聚或五種制僧祇云篇十誦云品名雖或異攝罪義同次解別名初波羅夷

者此無可譯如世五刑今古乃異西梵同此可以相翻初罪不爾東土本無不知以何罪同止得事義相譯故本律云波羅夷者譬如斷人頭不可復起世之極法勿過此刑由犯斯罪於彼聖果永不可克又名無餘者從眾法絕分為名故文云惡行死屍眾所不受又名不共住者亦同上解僧祇解云此罪名墮非唯失道不入二種僧中捨身便墮阿鼻地獄生報不久何得不畏十誦多論亦有明解廣如事鈔下名別著二名僧伽婆尸沙者善見論云僧伽為眾婆者為初尸沙云殘謂犯此罪眾

僧前與覆藏末後出罪故本律云僧殘是也由罪纏行人非全淨用僧作法除故也律名此罪又云有餘以行法不絕為稱母論云如人為他所斫殘有咽喉故名殘罪明了論解云所言殘者僧中受房舍利養最在其外故也三名波逸提者十誦云此罪墮在燒煮覆障地獄故云墮也明了論解本音為波羅逸(羊達反)尼柯部此云應功用也有三義故一罪名輕細難識好毀二性遮兩罪其相交雜三人多輕陵數犯其過大須功用對治勿令滋廣上座部云波質眡柯翻能燒熱此罪報得大叫喚

地獄因時能燋熱心果時能燒然眾生四波羅提
提舍尼者義當向彼悔也故戒本云我犯可訶法
今向悔過準此罪名可訶向彼悔何關罪相五名
突吉羅者如律本云惡作惡說也分身口業故有
斯目明了論中二業一名俱爲惡作身口爲非無
非鼓動故也三明但五非四六者如昔解云藥法
有五對此五藥故立五篇若爾後明七聚可有七
藥名七毗尼可有七諍故知不爾今更立義蓋是
如來一方化儀對根之教宜聞說五前所難云對
藥立諍法門多種或病多而藥少如四輪摧八難

或藥多而病少如七滅殄四諍或藥病等如今五
篇問下四可救可名爲藥初則擯棄則非藥義答
藥有二種殺活同名如初則滅棄其猶殺人藥也
既犯極刑無任僧務隨事不成彼我負罪今則加
擯復無斯咎彼則永絕財法濫空無緣此則僧倫
清穆立法成濟若斯行事藥義存乎問對藥立刑
似有其致今疑其藥不攝刑科偷蘭一法何藥所
治初篇覆露則兼二藥乃至第五同上須多如何
對藥以立篇目故知非也今重解云藥病相對大
途爲言至於定罪不無通塞用藥或通皆不出五

偷蘭聚攝輕重不倫至於用藥非無對首初重兩
治覆從初藥露從第二第五兩懺故作第四悞則
第五如斯處藥通別何疑如七滅藥現前則通憶
念唯局三法五法通局又多尚得名藥以殄四諍
此亦同彼病雖位五藥亦名同至於對治不無通
局故五藥中或有捨墮此僧中懺但據乞鉢爲言
可即總對墮也餘如羯磨疏中問藥病二種是誰
先後答藥先病後問凡言藥者爲病設藥今未有
病何故先立答立教不同不可恆準俗中治病或
有爲病而處方或有設藥而待病今明聖教化儀

道同五藥對罪豈局今代是故律序古昔常法可
以知也若爾所論佛初成道何不設藥要待病起
者答無病輒治人多誹謗既不奉行反種苦業如
上善見治癰喻也四明篇部次第義者就所防罪
隨犯即結如前所明今之次第義有何據解云蓋
是大聖臨滅度時欲使教法傳世有儀故命持律
廣開斯要所以結集文云一切僧尼及諸犍度所
有教法聚在一處文誠驗矣於五篇中正死之罪
宜加先勸有餘之罪其即第二如是漸降乃至第
五欲使僧尼觀過興厭先麤後細斷除業非克出

道益理數然矣又且上明位行今據根條爲言何以明耶初篇之體能治行本入道正元若壞初本後四枝條無由生行故知初篇行立衆行隨生最須奉修故須先立第二衆法綱綱須成必事乖違何能匡化故須次立身口法式行越威儀自行不成何能靜業故立第三上雖三業無瑕深爲行淨若染世譏塵翳正法未能榮顯故須第四自行外化乃復須明若不敬順三寶禁約四儀說授乖方便成法綱故須第五趣道正行問初篇過重離則不難理應是劣何故說勝答義有多途不可一槩

若就根條以判初則行之所依餘四枝條故劣若就進趣修成初篇過重易離不假勝進修治故名爲劣乃至第五過微難護必須專意無由識相是以戒本舉應當學者勸能治行也若就純淨無染名爲最勝又如羅漢驅龍但以持戒之力莫非輕重等護故使功高五百又如律文畏慎輕戒猶如金剛又如菩薩浮囊等喻可以通例

大門第二七聚重輕四門分之初明位立七聚并解聚義二明離分品位之意三解七聚得名不同四解諸罪隱顯之相初門位立者夷爲第一殘爲第二蘭爲第三提爲第四尼爲第五吉爲第六惡說第七並如律文增七中說有人講論作七聚義素不讀律以意出之總取諸篇方便以之爲聚成究竟者以之爲篇亦是一家唯識普決不可依也云何名聚衆罪非一號之爲聚若如此釋五罪可爾偷蘭惡說聚在何處今解云古人以戒本罪相文籍所收云聚一處今不存此以名義收但有罪相輕重不同或七或五統以收之隨名束罪用通篇聚若以名聚則止如文夏不依人犯墮罪者非戒本收應不篇攝乃至衆學如法治處其相無限

故不同昔今但名收無罪不盡義可解也二明離分品位之意即辨離分置七意者如昔解云語罪爲言體唯不善理須就本置不善聚但以體含輕重業相莫分故不就體立一聚也若爾身口造業用收衆罪惡作惡說應有二聚何以無者今解以此二業體含輕重相亦難分故不置也是以隨義離分出於五聚五所不攝還復二位以二配五故有七聚生焉有人言如斯意言出何聖量若言造罪不出身口惡作惡說違略方有何得輒言離出於五若未制戒前身口通中便有惡作俗人所犯

亦應入聚。若制後別中有惡作者。五年制婬。未有吉羅無廣教。故何得云離。故知是難。有人解云。未制廣前實無惡作。懸借後制用擬前罪。此亦不然。七聚並在未來。俱借齊妙。何止身口二吉用以離分如此云云。並是古義。今人行誦曾未思擇不敘謂言不知若知復無所以。如世五塵不無受用。若不述者顯相無由。不可著也。今正解云。大聖立教。為顯時心。或立結業以收非。或立名相以束罪。隨其所通得解便止。如陰界入。隨迷故分可以例曉。罪雖叢聚。一位三階。定其輕重。取究竟者莫不齊

五。故有五聚五犯五制五品五篇五部等是也。定其來報年劫遠近者莫不齊六。故有六犯聚六種犯是也。定其果由因成。自有因不感果者莫不齊七。故有七犯聚七種制。母論七篇等是也。如斯位置意在淨行。蘧（子軌反）妄悠悠費時損業則無益也。三明翻名得名者。列名翻出不異前篇。偷蘭遮者。善見云。大障善道也。能為上篇方便。又是二逆罪根。體是不善。惡作惡說從具標目。故母論云。身名惡作。口名惡說。作義是長。通名身口。故律下文無問身口皆突吉羅。善見解云。即惡作者是也。言得

名義者。有人言。聚雖有七。得名有五。初之二聚從法立名。謂無餘有餘也。第三偷蘭從過立名。言障道也。第四就惡果。第五從對治。六七從具也。有人言。聚雖有七。得名有六。波羅夷者名為極惡。當體受名。僧殘體境合目。有殘之罪假僧除滅故也。偷蘭障道為稱。餘則還同前解。如律大疏。更有諍名廢立。終非濟人。神爽不常。何得及之。但如上解足為道分蹊徑也。四解篇部隱顯相者。問。戒本立相。如篇所明。偷蘭惡說何為不敘。答。斯出聖心。非凡能決。律中所列。多云二百五十戒為行正宗。故此

戒本成斯大數。至於餘罪。不入戒本。非余所解。不可情求。有人解云。二百五十。且以數求。比丘感戒。量周法界。可不然也。偷蘭一罪。不在戒本者。豈不以體相不倫。因果難定。故單抽出用在聚收。所以前後通塞不定。今就通論。俱名為戒。是故律云。最初犯戒。若就相說。齊號威儀。故云非威儀也。又據輕重分三。前之三聚過相麤著。能治名戒。偷蘭則在第三。下四過輕。能治之行名曰威儀。若據均雜往分。前四為均。後三為雜。偷蘭雜中之重。故在第五。上來判約。並據律中。可以類解。因解偷蘭非篇

是聚有何義耶。今釋此義如上已論，且以義約言位五者皆究竟罪，莫不三均。偷蘭不爾，根本從生各有三品，隨品三悔，如鈔疏中。故是聚攝。若爾，吉羅亦有因果二品，兩懺體相不均，何得名篇？如昔解云，且據當律，或有小罪不從人悔，吉羅重輕非本律故。今解不然，如律文云故作犯二罪，悮作除非威儀，二相歷然，何得不有？且如墮罪三十為重罪對僧，除九十為輕別人自滅，何為不疑同一篇攝？吉羅亦爾，重者對人陳過，輕者心念自責，相同無異，故得篇收。問：波逸提懺三悔不殊，故同一篇。

吉羅不爾，對獨兩異，何得相比？答：僧別有殊，三悔是一；對獨乃異，一說不差故也。問：吉羅罪中既通方便，如何在篇？答：簡究竟者以入篇中，餘方便者入聚所攝。問：偷蘭罪中亦簡從生取究竟者用以入篇？答：不同也。偷蘭究竟或均或雜，或前或後，難定其罪。大約分三懺同墮位，故入聚收。如大疏中偷蘭滅擯、大小衆悔，廣有廢立，無暇述之，又非時世所行務也。二不定中舉處錄罪，罪唯疑似，同篇聚收；廢罪論處，處非罪緣，篇聚不攝。七毗尼中用法殄諍，諍通染淨，持犯自明，故此不論。七佛略教

廣前無罪，制後犯者但是吉羅，同聚收故。何以知之？初未制廣，有犯過者，最初犯戒是略教所制。有罪心違三善，況制廣後而無犯耶？若不立犯，略教不行，廣何所補用，略何為？今則廣略俱陳，明知兩犯不惑。（案記云：唯識普決者，即人造僞論，如鈔序所列。）

大門第三諸篇方便。四分諸律但言方便，不約篇聚位立多少。今依明了論解律說罪有五部者，彼疏釋云：此間為篇，今依本義立名部也。故知梵本各有所由，翻經之家以意商度，以篇譯之，何事紜紜浪諍字也？故彼解云：何故名部？有二義故：一成

就根本義，二隨順根本義。初之二篇立三方便，下諸篇聚立二方便。故云第一波羅夷部有十六罪，一一各有四部，成十六罪。一者遠方便，如行婬時先起欲心，未動身口便止不作，責心即滅。二者次方便，動身就彼，口陳欲作，此對人滅，通名吉羅。若準十誦、多論，此則初篇遠方便偷蘭，名雖有異，對人不殊也。故彼文中初二兩篇各有遠近方便，位分三階：初篇近者界內僧懺；初篇遠者、二篇近者合為一階，界外四人邊悔；二篇遠者為第三階，一人前悔，俱號偷蘭，懺同墮罪。若依本律初二兩篇

不成之罪。同號偷蘭。至於定罪。不分輕重。可依上律如法治之。廣如刪補羯磨疏鈔。三者近方便。至彼人邊。或欲摩觸。身未交前。是偷蘭遮。爲行婬故觸。不爲戲樂故觸。所以不成僧殘。故此偷蘭對僧懺也。第四身交是根本也。前三方便皆爲成犯故名部也。若根本未成。前三可懺。若已成就。則隨根本悉不可懺。餘篇方便。例此可知。若講至此。可引鈔疏相潤成宗。必觀時宜。廣略機變。不事誦文。彼此同惱。有人不解道理者云。爲我盡底道。余云。底何可盡。至佛方知。今且大略識相奉持。勿乖正行。

是則可矣。古德相傳立四方便。一遠。二近。三進趣。四闕緣。此之四位。通於篇聚。所言遠者。遠資前境。借勢成犯。事絕情殊。名體全隔。故名爲遠。及論成果。非不別因。卽以此罪名爲方便。今於此過位分有五。言夷遠者。自言感聖。聲了成犯。後受名利。與盜作緣。言殘遠者。染心觸語。與婬作緣。同是殘中。支類可比。言提遠者。取衣作衣。染浣坐等。並與初二而作犯緣。乃至四五種類相收。緣成果剋。便成後犯。如自覆露。敎他行非。過狀自成。體不相及。非不積習生於後犯。犯由緣成。故號方便。此方便者。

但有異義。至結罪時。兩不通涉。所以立者。欲令行人觀犯興厭。或因染習便成大犯。故律文中大妄語戒。乃訶大賊。明知盜受遠因妄語文證可知。二者近方便。攬體成果。情事相狀。如上明了三方便說。三者進趣方便。心規前境。運用不息。或自造業。或設殺具。心雖剋漫。事無暫止。卽號此緣名進趣也。若事未差。念念增其不善。未結蘭吉之愆。若事畢心達。終成至果。中遭阻礙。初是闕緣。問。善本難生。律明步步有福。惡本易就。寧不步步有罪。答。今言制敎。必須心事止隔。方定其罪。步步進趣。非敎

所明。上問罪福。乃是理之違順。如何將順理福難我違制罪也。若此立義。何故諸諫白二捨者有三蘭。故知有進趣也。答。此亦以羯磨言敎第三息處。故言三蘭。非謂三罪。如世人言堂中有三伯門外有三兄。但第三耳。非三人也。有人言。進趣方便或有或無。若藉一世因成中無隔絕。旣因不定。如何結罪。或藉異世因成。如諸諫戒中有法隔。乃至殺盜微涉遲疑。皆有其罪。如律文中捨者三蘭有人解言。一切造業。其必有因業成。當果則篇聚所攝。如何此因乃名違理。若以違理惡因而成違制罪

者則違制罪時更無違理惡業然違理違制各有二業故知其因雙分兩緣其義極矣是以十誦多論步步偷蘭文誠驗也據如此理亦無同異兩世念念趣境皆有違教之心是以律云發心作心念作卽其證也問此之進趣與近方便復何殊耶答言進趣者心事不絕爲名言近方便者從因至果時分延促爲義何以分之如前了論立三方便此義合之總名爲近問延促雖異趣果不殊卽是進趣何必有別答息不息別問不息名爲進趣有息必在闕緣何須繁紙橫立斯位答不息方便如箭

不停近方便者如行暫息不妨意遠非是闕緣四者闕緣方便義分二門初列名顯相二校量同異初列名者言方便者乃是趣果之都名業未成前諸緣差脫故令此罪壅住方便有人製疏改曰不成以律文云不成偷蘭今解亦得何須較執卽律文云方便求盜不得偷蘭斯則明證今言方便隨相衆多且以事約分爲七種所謂闕緣乃至心息此列名也言顯相者初明闕緣泛解有三一通名闕緣七方便者闕不至果並爲緣來豈非通也二別名闕緣如諸戒下各有闕緣不可以盜而開殺

戒各不相通故名別也三者亦通亦別何者是耶凡是犯戒體是比丘若造罪未果或自命終捨戒邪見二形生等或未制廣教或病狂癡但有三緣不名犯戒俱爲造因未成之果故名闕比丘緣望下六別對戒並通故兼二號二境强者如欲行殺前境反强倒欲害我差此進趣壅住在因故曰方便然境强非偷蘭偷蘭由强而生餘之上下類此可釋三者緣差方便如欲殺盜往逢異人或恐有事或刀杖毀壞或要期未遂總號緣差就義通名七緣皆是隨相取別唯此第三四境差者隨戒並

有且據大殺四境來差謂人非人畜生杌木如欲殺人剋心在張王人異境而代張處緣王張解望人不殊究竟成重由異境來張人不死殺意又息壅住方便故曰境差問本殺王時但作張解無殺王心何因得重答張王非罪緣人是殺境雖無王心然有人想殺緣既具何得非重是故律云男想殺女佛言波羅夷罪可以類之問殺王重罪乃取張因而成極果爲望張邊別有方便解云張王姓別人境不殊重果位同輕因相等故攬張因用成王重如律本中列過五因用成五重問既攬張因

成王果者本立境差方便今因成果無境差矣今
正解云人趣乃同形者有異不攬相成與王未交
屬前張因對王已去別起方便即攬王因還成正
果本境張因壅住方便號此方便名王境差問不
攬張因以成王果何故律文攬過五因成五重果
答彼以同損一主元來有心故得相成張王既別
何得例也昔來諸師於人異境更立諸相通列六
緣中加疑想用分多句事理境心不無其致此通
戒本無宜復廣若解本律可更舒之餘有非人畜
杌來作異境通望本境不死偷蘭若望異境無心

無罪問王人異境亦是無心何爲結重答人想而
殺境心相應是故成重不起非人想故無罪也問
若無罪者云何律中非人人想偷蘭遮者答此由
境差方便罪也由非人來人想不捨殺張心成而
境乖異望張方便望非人邊本無罪也具足五緣
殺非人者但偷蘭遮如何其因已是方便義不然
也有人言上立異境想疑心中想則決徹人差結
重餘則無心但屬本境疑則不爾緣兩境生故就
兩境雙結二罪今解不然但列本境縱使四異來
差本境若強若疑皆列本境何以明之畜是小愆

杌非生罪如何來差俱犯偷蘭豈不望人從本境
結問異境有強方便屬何答強想猶懷本境故知
此強不望異結如是類例若疑若想皆從本境問
異境若強差我不殺強是本境異非罪者異境忽
弱而被我害未害之前方便屬誰若見異已去別
有方便此則本境方便自立若見異已去無別方
便害異果罪因還本境若此立義則無境差今明
正解本境一品齊是偷蘭異境來差人境緣人有
強有疑莫不殺心皆結蘭罪若至非畜例有強疑
以懷人想強從本境非畜異境一向無罪若兼疑

心從兩境生本境疑蘭非畜疑吉若至杌木並結
本境以杌異境非生罪緣第五想差方便義張八
位初心差境方便如律人非人想等二境差心方
便如律非人人想等三心差境究竟如律婬酒戒
若懷非道非酒想疑但是正境皆結究竟四境差
心究竟如欲殺誑張人張去王來緣王張解若誑
若殺是境俱差齊成究竟五心境俱差成方便六
即此互差成究竟以事思取七心境不差成方便
如出佛身血境強緣差之類八心境不差成究竟
諸戒並是就此想中或有從輕向重如殺盜畜生

轉想向人者是或從重至輕卽反上句是或互轉者如彼婬酒破僧俱是正境想疑或生無非究竟第六疑心方便者相對義張八位方盡我疑他方便人非人疑也他疑我方便身現妄語相前疑不了是他疑我究竟我疑他究竟如口造語業但使言章了了不問自他疑也上四句單疑也今此雙舉何者是耶自他俱疑成方便如身口互造也卽成究竟者妄語言了也自他俱不疑成方便如出血在佛也卽成究竟者一切戒是也第七善心息方便者如欲造罪身口雖發未鄰究竟忽起善心

便止前業壅礙不暢但居方便問此乃善心生今何言息答實如來問向若不生惡必趣果由此善心能息惡想卽所息處號爲方便又如律文捨者偸蘭捨時非罪由能捨故前惡不至後果故號前因爲方便也第二大門校量同異者初以自身造境對置殺具明方便多少者身自造境具七方便設置懸擬旣非自身故闕想疑但五方便克心辨差其境則寬以元在張王非畜杌後來差故漫心辨差其境則狹以通三趣有境齊害唯有杌境用分輕相乃至想疑克漫可解一心境分別境差境

强緣差據前境論闕比丘緣想疑心息據自心辨或闕惡心如好心息或闕有心如狂心息三宗致分別問此七方便依何而述答出在律文境想五句以彼文言人非人想人非人疑卽是向述想疑二位非人人想則是境差如前所指餘四方便義通克漫境想無文是故律云不成偸蘭則攝四位可以知也

大門第四明持犯義略分四門初知名字二明體狀三釋成就四辨位致就初門中言名字者持有兩種犯亦同然各有止作例分爲四先明二持所

言止者方便正念護本所受禁防身口不造諸惡目之爲止止而無違戒體光潔順本所受稱之曰持持由止成號止持戒如初篇等可以自明此對不作惡法爲宗惡旣已離事須修善必當勤策三業修習戒行有善斯護名之爲持持由作成故號作持如衣食四緣威儀雜行作意防擬方成戒淨此對修習善法爲宗所以前後不同者論云戒相止行相作也又云惡止善行義之次第次明二犯言作犯者出家五衆內具三毒我倒自纏不思對治鼓動三業違教造境名之爲作作與持違汙本

所受名之爲犯。犯由作成。故曰作犯。此對造作惡法爲宗。惡既作矣。必不修善。是以第二即明止犯。艮由癡心怠惰。不奉教法。行違本受。厭而不學。故名爲止。止而有違。反彼願本。故名爲犯。犯由止成。故名止犯。此對不修善法爲宗。二明體狀者。如昔解云。離身三邪。離口四過。意地不起三不善根。名止持體。屈身禮拜。行檀放生。讚歎三寶。讀誦經教。意修三善。對治三毒。各修諸觀。乃至離染淨行慈悲四弘等。名作持體。起十不善。名作犯體。止不禮拜布施。修慈。乃至觀行。名止犯體。有人問曰。止不

行施禮拜讀誦。惡爲犯者。出在何律。何聚所收。如律文云。佛不制者。不應制也。何以得知不施非犯。如智論中。兄弟二人出家造業。各於施戒。互不修行。弟爲白象。以不持戒。兄獲羅漢。乞食不得。由不行施。如何而言不施犯罪。又且律中但約身口。至於意地。未聞戒訓。如何而言不修四弘便是犯也。又若犯者。何曾見悔不施等罪。故智論云。不行十二頭陀四無量心。不名犯戒。但是於戒闕莊嚴耳。故知上立違於律論。若論自行。止可違理。若不修慈。何成道業。毒蛇未出。義不安眠。如救頭然。名有

慚者。今更依教立持犯體。能所分別。言能持者。即心爲體。身口是具。不名爲業。若不思慮。不成持犯。故成論云。是三種業。皆但是心。離心無思。無身口業。又云。身口者。乃是造善惡具。非善惡業體。以此文證。故知意思爲能持犯體。言所持者。收二種持。就制聽兩教交絡互明。先出二教之意。言制教者。禁諸出家有惡皆斷。名制止也。有善斯習。名制作也。若斯以明。是大略也。若違此二。雙結兩罪。並由制成。故號制教。言聽教者。作與不作。一切無罪。故地持云。有罪行者制。無罪行者聽。文成證也。所以

須二者。唯制不開。中下絕分。進道無由。唯開不制。則令上行慢。求息於自勵。故立此二。攝機斯盡。如昔解云。二教攝法各有分齊。止持作犯。唯對二教事相以明。作持止犯。通對二教法事。以辨所以。前段不通法者。法唯進修方知。事但離過自攝。故所以異。問。如上立義。止持唯事。不通法者。如五邪七非並非正法。若作有違。義須止約。此法與事。殺盜不殊。有何等故。不在止攝。如昔解。止但對事。明於義有乖。今不同彼。無論事法。聖制止作。則通持犯。下以位分。體狀無別。前就止持制教門中有二種

位一者可學事制止何者是耶如婬通三境盜分四主既是惡事不可妄行故須止也二者可學法制止如五邪七非體乖聖教明了其相必不得行故同止也言不可學事者由心迷倒隨境不了於殺盜境疑慮不分望非犯位故是止持而心不了是不可學二者不可學法如四依五邪七非三法是非相濫忘思不了雖未依行故名止持非學所知名不可學問如此生迷與愚教者復有何異答愚教之徒生來不學故隨所壞並結無知今此不爾素並明練忽然迷忘非學所知故於教相無罪

可結三就止持對制門可學事中制必作者如衣鉢體量也言可學法者制必須作如三羯磨等問此止持中但得守戒而已若有作者便同作持今明作者豈非合亂答今言制作即成止持若不依行則是作犯今順教作便成止持如三衣一鉢法須具有故制畜之豈非作也望無犯故名為止持依教奉行又是作持問與後作持復何別耶答義同意別具二持犯其致在茲因此便明雙持隻犯義略分二意初約心用後約教行若據心用以明持犯一切諸戒並二持犯何者是耶且如婬戒順

教禁防即止持義觀厭現前無思染穢縱有境逼三時不樂名為作持違作止犯違止作犯若據教行必託境生依教奉行作而無犯何者是耶且如三衣教遣備具不敢違悔名為止持如教策修順行不犯名為作持違此二持便成兩犯可同殺盜有教開作名作持耶問依教造境名作持者如婬怨逼禁心境合豈非順教應具二持答此以難緣禁心名止非謂恆爾若無怨逼對境有犯況復合耶若作此釋莫問事法無聖教聽並是單持廣更如後二明止持對聽門中事法者亦有可學及不

可學言可學事法者謂房舍尺量長衣廣狹指授白二加說淨法是也於此事法亦聽作聽止必有房財理須加法故聽作也若有妨難犯過衣財不合加法故聽止也言不可學事法者謂房財大小迷忘互生作法是非昏昧雜起望不違教名為止持迷非可學故不制犯次對作持亦就制聽以明持相先將作持對制教中明制作者位通事法言可學者並制修學事謂衣鉢行護也法謂一切教行也並託事法進用修成而無違犯名為作持不敢違越又是止持問此止持與前制門中止持復

有何異答前對惡法無由可作名爲止持此就善
法必不違越名爲止持各有意致可通解不就聽
門中亦對法事事謂長財房舍法謂處分說淨亦
有聽作聽止如前所言如昔解云作持門中事法
唯可學無不可學者非此所明以非進修聖不制
學不同止持通不可學以唯離過故得明也今解
不然不可學迷非學能了乃至四果猶有事迷何
況下凡而能通辨故於事法無問止作皆有迷忘
而非罪攝何以明之如律長財開忘不染房舍指
授亦開想疑既不結正明知不犯問若不結犯何

以律文結偷蘭耶答忘非偷蘭此結想疑方便耳
前心欲作過量不處分房後心轉想謂是應量處
分之房想差前因不至後果故結偷蘭可不解也
若依此明與昔持犯通塞全異諸有讀者任情兩
取三明作犯其狀如何此犯所立翻對止持但不
依戒行事法有違皆名作犯第四止犯以對作持
所對事法怠而不修皆名止犯此二犯中亦有可
學及不可學類止持中彼此交映則衢術歷然爲
繁紙墨故不疏出三明持犯成就處所心行對業
三門分別前將止持對心以明若無染汙以明止

持行前三心得有持義謂識想受此之三心非業
非記流入行心方成別業故分四陰以爲二分豈
非本有戒體外無染汙光潔純淨名之爲持三心
非記受體是記故得持也二就治行明止持者必
入行心方得成就前之三心不名爲持善性便有
惡無記無如欲離過作意遮約或對境防或起心
護豈彼無記而得成持若據作持例同後止既就
境論三心非分若據二犯行心成就前言持者三善爲行今言
犯者三毒爲行前三亦無識想受等通善惡行局不善性善無記無
若事前後心則異生別持別犯則可知矣三就業

明持犯相者言身口者離殺等過名身止持受食
食等名身作持離語四過名口止持知淨語等名
口作持身口二犯反上可知單意業中不名持犯
故律文云單意者不名犯也若爾何故律云發心
作心念作皆名犯者答此謂發心將由身口雖未
動相即名爲犯有人言制聲聞戒於可制者言之
獨頭心念忽起緣非不名爲犯重緣向念可得思
覺而不制約故是犯科所以文云心念作也任情
兩取後爲正義上明成就竟餘有通塞諸門增微
雜相量時須者可尋事鈔中卷持犯兩以相成故

斯略也大門第四位列持犯者佛立教相止爲奉
行若但讀誦非本意也然受戒後勤學教行於諸
事法明若指掌忽於境想迷忘而造律制非犯此
不可學迷也若由來不學不思過犯隨所造作不
問事法但作有違皆犯根本緣而不了結無知若
於二持雖不違負望非明決不名爲福若緣不解
但是無知是以佛言隨作犯根本更增無知罪今
略標舉須配位法此立兩箇九句交絡有無爲持
犯方軌先就止持明罪有無輕重分齊於可學事
法作九句分三品上品一句識事識犯事謂殺盜

三衣一鉢犯謂夷蘭提吉若能於此事法明了無
疑奉行可謂上品持律之士中下二品各分四句
初識事疑犯二識事不識犯三識犯疑事四識犯
不識事下品四句初疑事疑犯二疑事不識犯三
不識事疑犯四事犯俱不識言不識者犯謂不犯
迷輕謂重疑中亦爾疑有疑無疑輕疑重上品一
句事犯俱識不可以結不學無知中品事犯句雖
兼識然於罪事生疑不識隨有迷處皆結兩罪一
是不學二是無知四句單雙罪則有八猶自名爲
中品持律以句帶識非是全迷下品四句罪事俱

迷隨句有四則十六罪此則名爲下品持律然於
末句最第九也由涉疑故是解家律不識罪事非
智之甚可不然也此中計罪有二十四六波逸提
十八吉羅無知故重則不識是也有疑不學但是
輕收問既名愚教即是犯位有何等義名爲止持
答不犯根本故名止持事犯有迷自是愚教止犯
所攝舉宗判義持犯何乖次對不可學事法以明
止持各分三品初三句中一識事識犯二識事疑
犯三識事不識犯中品三句一疑事識犯二疑事
疑犯三疑事不識犯下品三句一不識事識犯二

不識事疑犯三不識事不識犯此三三句各下二
句於犯帶迷有疑不識各有不學無知二罪合十
二也亦望不犯根本名爲止持但事是可學想疑
忽生緣而不了聖不制罪罪是可學若有迷者皆
結其罪問於事有迷故開不結必於犯法亦有迷
忘如上引律過量不處分想疑皆開何爲於此而
結不學無知答計理成例是所不惑可如作持對
法中說此中交絡事法互有不學無知故生此位
問如殺盜等論罪有無人非人想主無主想有何
義故律判不定答大有意也或緣罪境人非人想

故但結心罪或緣非罪境有主無想故然彼迷心並不結犯皆約前心方便爲言二明作犯可學事法如初九句不可學者如後九句結罪多少輕重皆同但犯根本以爲別耳就此根本不識事中始終無心如悞殺人等不結其罪前則有心中後無心但轉想疑除婬酒戒餘結方便若不差者還結根本若心了境不造前事則無罪也問有何等義分二九句答欲使持犯相易也故前九中上品一句中下各四者由緣一事帶疑不識交絡互明出其犯相九句就事皆結究竟緣而不了愚教之罪

自結不學無知也其愚教罪亦是究竟無果可趣有識無疑則非罪攝論後九句三品各三由不識事境非可學不妨於犯是可學故致列其相事總而罪別也問若據此論識疑二事分句爲六可是犯攝不識等三便是無犯云何說言作犯九句答若就本迷實唯六句然緣犯法有疑不識即是其犯故說九句若爾緣罪疑等乃是止犯何得說爲作犯位也答從根本邊說名作犯若爾不識事識犯全是無罪止應有八何得有九答如上已明相從句法有人解云何須如此今總爲分若可學事

法生可學迷一向九句莫不犯根本也若可學事法生不可學迷則有八句除不識事不識法也以心迷故學不可得如有主無想過量不過量處分不成羯磨不辨若始終迷除第七句若轉想迷還有九句後心無罪結前心因也三明作持二九句對於事法立句辨相如上止持可學法中此但順教作事而已不同止持識相守持今爲略述上品一句識法識犯造房白二是識法也不乞犯殘是識犯也中品四句識法疑犯識法不識犯疑法識犯不識法識犯下品四句疑法疑犯疑法不識犯

不識法疑犯不識法不識犯結罪分齊大分二位順教作事不犯根本愚教不學則犯墮吉如上例顯就不可學法亦有九句如前段後九句三品法雖可學迷倒忽生佛開不犯不同昔解是以律中不處分想疑皆非殘故四明止犯亦二九句翻對作持可以自明如昔解云止犯法中無不可學今言迷倒隨位皆有如不說淨見罪不露即是可學若迷若忘即不可學如是例知通諸戒相有人解云止犯位中對教不學則唯八句除法事俱識也對事不學九句通有如造房舍衣鉢雖達相了知

何妨不乞處分受持加淨皆獲殘提等罪是也。

四分律含注戒本疏卷第一之下

四分律含注戒本疏卷第二從正宗初訖僧殘七之上
唐終南太一山沙門釋道宣撰疏述注
就正宗初約文分位八段自別餘七未解且明初
篇十門分別前明戒犯業必有因故以四戒配其
三毒發雖由心暢必在身故次第二起由身口業
成彼我非說不曉故次第三自作教他上明成業
未辨境緣故次第四犯分三趣犯境內外義須分
別故次第五境約自他前雖訖境成其犯緣未知
心業交雜之相故次第六明心錯誤心境乃彰通
局須顯故次第七明業剋漫業成乃具須知制興

故次第八明其教意由致雖陳前後未顯故次第
九明其頒位上來兩眾諸相乃分下類業非理須
明識故最後列成任運先解初門婬之一戒無始
染本起因三毒成必在貪故善生云若為自樂是
名從貪婬怨眷屬是名從瞋於所生母行非梵行
是名從癡境交內順非貪不辦以癡不遂瞋是相
違故兩不成殺盜二戒犯通損益終因三事互起
相成何以明之卽善生云若為己身及諸眷屬而
取他物是名從貪若盜怨物是名從瞋劫奪下姓
是名從癡如律本中燒埋壞色不益己故名瞋起

成如僧祇中摩摩帝互用佛僧之物皆犯夷者癡
心起成三毒互成可以顯也因解殺戒論心如善
生云貪利害命瞋殺怨家癡謂有福殺老父母又
雜心云如毒蛇等於人有害父母老病謂殺無罪
皆是癡攝又成論中依王舊法約罪殺人自謂無
罪但是癡成何以故具足殺緣心依惑故互起相
成又依演出大妄語戒本為利己貪癡起成兼瞋
何爽故善生云若為財利自受樂故名貪懷怨名
瞋畏死名癡有人言思貪名利言了卽結暢思事
竟則無瞋癡又言章雖了前聞不信既無名利反

增瞋惱何得有貪今解不然夫言妄語取其聲相
言了卽成豈後得財方名成也此之四戒成犯之
處卽結究竟後之暢遂乃隨喜業如婬侵境盜取
離處殺據命斷妄在言了斯至果也或有境交離
處心無染奪者自在別開非關大判也二明三業
業門者通約四戒用分二業前三身犯第四口犯
別就互造婬戒成犯事在形交故唯在身口非犯
義由無語故殺盜二戒身口互造兩得相成然身
為根本口為枝條所以然者損財害命身自獨成
不待語助故知身本口語教死言了未成待前命

斷方得重罪要由彼身助口成業故知枝條問口
業不得獨成殺盜云何呪物過關殺人既得成重
曾未身助答如論所陳凡有呪法皆使鬼神扶物
過關及以斷命假彼身助方成業也若爾須身方
成業者如師子吼殺獸肚夫咄殺人豈有鬼神身
業相助解云亦由人畜身壯聲大不乖前義若爾
深河誑淺口造身業彼依而死何必身壯無學著
衣身造口業彼依其言何有口助今釋此義亦由
問答身業渡河死方成業口業亦爾亦須他助無
獨成義若依多雜等論三業不互所以者何業性

異故事不究竟言雖了了未得成業要由身助又
云如自在者語仙人意嫌必須人鬼相助成業若
依本律成論所通三業互造各自成業故彼文云
殺不善業身亦可造隨以自身殺害眾生口亦可
造或教人死或以呪殺心亦可造有人發心能令
他死故彼論云如和利經說外道神仙起一瞋心
殺邠羅國如檀特等諸險難處皆諸仙人瞋心所
作因此義張三業互相身造口業著脫三衣口造
身業教死誦呪意造身業仙人一瞋意造口業布
薩默妄如是例通以類諸戒問意造二業得互起

者何故身口不造意業答意是業本二具由生可
以知也妄語一戒本希名利非言不成亦有身現
無疑成重比前互造可以類之三自作教他門教
遣分別先明教人言婬戒者自作成重教人為非
樂染前人於我無預不得同犯殺盜二戒過通損
益自作教人損境暢思期契相同彼我同犯或能
教者剋所使意異或時節早晚坐立乖契或互顛
狂捨戒緣闕但有少差於此犯法教者不犯漫心
無寄隨作相應皆名為犯大妄語者自說成重教
人稱聖名利擁彼於我無潤故不同犯教者離已

義疏遣者向已義親何以明之且如戒中遣人就
已行婬遣人說已得聖利樂是我犯齊究竟殺盜
兩戒無有遣義故非所論四明三趣門罪趣分別
者先以罪對趣後以趣分罪初中約人犯四唯夷
一品對非人犯四則夷蘭二品對畜生犯四罪則
四種婬則犯夷盜誑皆吉殺則犯提若知解人語
或能變化殺誑皆蘭盜亦應同而律不列報異人
故殺但犯提盜比外部則得吉羅解語變化相濫
於人故盜犯蘭次以趣分罪者婬之一戒三趣同
犯良以煩情內逸垢心厚重不問境之美惡但是

正道適暢不殊。故制同犯。又不就損境而制。故不
得論趣優劣。何以知然。屍上行非同犯重攝。知何
所損。但是生死根源。故偏禁制。下之三戒。人重餘
輕。何以知然。良由人趣善因所招生處報勝。知解
者多。於此財物戀著情重。及至盜奪守護亦強。能
令失者懷惱增苦。故有欺侵便得極重。非畜兩趣。
一一反前。雖有盜取但制輕罪。問。地居諸天。報勝
解多。盜結輕者。豈不相違。答。天報乃勝。趣別盜希。
於財著少。縱盜惱微。故結非重。如盜北洲。但制輕
罪。於物無我。無所著故。殺相亦爾。人重餘輕。何以

知者。亦由人趣報勝根器有緣。能修諸善出家成
聖。然彼形心俱是道器。今若加害斷彼相續。即是
障道。爲過情深。故制極重。餘趣反上。報微故輕。是
以多云。三歸五戒木叉解脫沙門四果佛及辟支。
必在人道漏盡成聖。故有損害便得重罪。天雖報
勝不能出家以成僧寶。又復趣別。相殺義希。故就
此義害得輕罪。問。趣遠殺希得輕罪者。其天行染
趣別應輕。答。天位高遠理絕恆心。但婬欲熾盛不
擇境之美惡。容有下赴。爲之義數。過於殺盜。故制
重罪。如律文中天女事證。又如人道下染畜趣。即

此良證。何事疑也。問。盜天殺天同得蘭者。盜畜殺
畜如何輕重。答。畜保命重。於財輕故。若爾何故律
中龍珠鳥翅。一去不還。答。猶是借喻以輕況重。問。
妄語論趣人重餘輕者。凡欲顯招名利。人趣是長。
發言誑彼。彼多信奉。故制與重。餘趣不爾。報別非
解。縱有潤微。故但輕罪。有人解云。道之修成。會在
人趣。容有修成。剋在已用。今故誑他。自敗其志。失
利處深。豈不制重。餘道不爾。反前故輕。天趣雖勝
不能修善。又報得通心。誑無信義。但制輕罪。問。天
得通心。誑無信義得輕罪者。將佛以例。誑佛應輕。

答。天是異趣。不信故輕。佛雖無信。佛亦無怖。約制
從人。言了即結。又且誑怖爲義。不取元情。但使言
了相現。不問信與不信怖與不怖皆結正罪。不同
殺佛命不可斷。無學同人。義不待言。五明自他始
終門。初明自他則有三例。一自造他境。二他造自
境。三自造自境。三例既別。須配四戒。婬約三例。犯
同一夷。引文證成。歷然可領。盜三例者。自盜他物。
得重不疑。餘二無罪。故不論也。若爾自盜言無罪
者。何故律中盜得已衣犯偷蘭耶。答。此是境差方
便罪也。前盜他物錯得已衣。望他物不得結偷蘭

也自得衣邊復有何罪故知自盜不成盜以無他境故自慳則成慳自物保惜故自施不成施自貪增自故可以例知殺三例者自殺他他殺自此二可解自殺自身如善生經無有罪失不起他想無瞋心故又十誦云頗有殺人不犯夷耶謂自殺也有人解云不立進趣自殺無罪以命斷時無戒可犯若依五分結前方便命斷偷蘭據此為言進趣義顯問如律自殺不死犯蘭此何罪耶答方便自殺緣差不成戒在故結若死有因同前進趣又以三例通諸下篇自打自謗自覆等戒至時引用成其說功妄語三例可以意辨次明始終所犯分齊初戒據始侵境即重不待情樂殺戒據終要唯命斷盜妄兩戒據中成犯財雖離地猶未得用妄雖言了未得名利如是準知六明心有剋漫言其剋者本情專注唯在一境若言漫者通涉無準審名既定約婬為言犯無剋心同成極重何以明之但有染心將欲成犯初期在此而後會彼或男女境亂張王者別或人畜趣乖境心雙轉但使境交無非大重由出家所為斷婬為先今既反染違出家意所以隨境制通犯重盜殺不爾雖有犯者猶自

感聖不同前戒欲為障道所以耶舍是凡檀尼入聖升沈既異剋漫明分是故盜殺剋心相當方成重罪心境俱違但結方便有人解云盜殺兩戒亦有作剋不成剋者如害怨命及壞怨財與餘人財同室難別放火燒時知財及人彼此同損以此義約雖剋同漫前言成者剋對財境可分者言如十誦中有官逐賊道逢比丘問見賊不有嫌示處死者犯重若唯瞋一餘賊因死瞋者犯重非瞋死蘭據此文證作剋成矣然犯蘭者殺緣不具故也妄語戒者有人解云本誑前人望招名利無心誑餘餘雖聞聖本非我境何得犯重如船濟處為人說法尼聽過暮則同不犯今解不同說法遠嫌開為遮俗此是性罪不可通例若三趣俱現內知歷然犯無剋心通境隨犯三趣不現隨剋隨犯七明錯誤門夫立錯誤義者並是不當本心之謂也逐事曲尋相則難分隨名剋定位容有別錯就現緣境差為義誤就不現緣境差心謬忘為義所以然者現緣二境相別顯然及至造趣事容舛錯即名眾境交涉為錯若論誤者心通前後不可雙緣如前心謂此後心謂彼心想謬忘故謂之誤既分兩相

須配四戒初一之戒無論錯誤患起內心通皆障道但是正道不問迷誤或此彼男女非畜諸境緣此謂彼誤亦犯重境雖交涉錯亦犯重語盜而言漫心無寄三趣有物皆欲盜奪為我所有及至往趣縱境差舛心有迷忘皆稱欲心錯誤齊重若先剋定要取人物不盜餘趣及往盜時境交想轉雖舉離處不成罪攝不稱本心猶屬本主以於此物元無盜心心境既非何過之有故錯與誤俱不名犯後知錯誤即應還主不還起盜後方成重二對人趣辨錯誤者俱亦非犯如欲盜張忽得王物既

非所期即是境差物非本物又是想差據此為異境不稱心後物無心心不當境故錯與誤並同不犯三對同主辨錯誤者俱非犯也故善生云盜金得銀還置本處不得盜罪如律男想盜女物者犯據漫心也論殺戒者漫無所寄三趣同害及至行事不稱初期雖有少乖不妨本有害意故使錯誤同成一重若論剋局但是一緣造趣行害相應成重若非本期則非殺境及往加害境則交涉或以迷忘非畜雖死不稱本期又無殺心錯誤不犯二就人趣以論錯誤如剋心害張不欲害王現境歷

然心緣亦別及以殺具害張之時而彼王人忽然與我刀輪相應王命雖斷由非心故錯則不犯若論其誤張去王來緣王張解加害者犯若望後王雖非本期以心不了緣此謂彼既人想不差殺緣具故雖誤犯重如上方便已為分別問如上解釋誤重錯輕何故五分意欲殺彼而誤殺此犯偷蘭者又如僧祇多人同行欲害前人誤傷中後名不犯者答此諸律名不足以定持犯取其事義可分錯誤何以明耶如上律云多人相逐害彼傷此豈非境交犯輕是其錯義又如僧祇弟子偷師衣誤

得已衣不分與他半滿犯重此據境殊前後同制重者即誤義也論妄語業異趣通辨錯犯誤非漫心無簡錯誤隨犯二對人趣錯誤俱犯由詐顯道德謀誑在人表聖招利境損義一但使言竟錯誤同重三就所稱凡聖二法心欲說聖口錯稱凡既非聖法前無所損故錯非重又如增慢迷凡說聖既非情過誤亦非重若就聖法明於錯誤如善見云錯說三四禪皆同一重問盜皆定相得有錯誤何為妄語言了即結答盜相為言離處有損必不損主故有錯誤妄語不爾言了誑成故無錯誤又

云物還本主心無惱故本無盜心錯誤不犯妄有心誑前境相應言聲一吐則無退悔故不同盜八明教興門原聖制戒本爲止惡業之所興要唯三毒故十住云三三九種三煩惱生是也又成論云前行後三後行前七故制四戒爲對此三對於貪故立前二戒瞋癡當分故立三四問毒發成業勢分相似有何義故雙隻對異答貪心雖一境殊內外通須歷止故因立二瞋境亦二罪則有差癡慢誑境局唯在情故有殊也如律文云婆羅門問阿難汝世尊何故爲諸比丘制增戒學答爲調貪欲

瞋癡令盡如此文證故知不疑問戒防業非不除性惑何故對此立戒殄耶答上已廣明可謂依因之所本也問僧四對三尼八何對答前半同僧故無異釋後半枝條還同前判九明先後出對治門所以先後次第者有人言由愛染氣分無始故習喜懷犯故所以先明如是次第終於妄語如諸篇自漏失長衣妄語等類可以求也有人言對毒立戒貪既在初故婬第一如僧祇中佛成道後五年冬分第五半月十二日中後一人半影爲耶舍犯故制初戒則當此間十月二十七日也第二戒者

六年冬分第二半月十日食後二人半影制則當此間九月十日也第三戒者同是六年冬分第三半月九日食前一人半影制則當此間九月二十四日也第四戒者同年冬分第四半月十三日食後三人半影制則當此間十月十三日也若如上制從犯次第文相甚明又智論云婬法不惱衆生心心繫縛故爲大罪律中初也問同是出家法不異故有何三衆與僧不同解云下衆前五猶本俗戒後之五者出家增之問戒法是通道俗無別何義次第二種不同答出家所爲要斷煩惱道分所

障勿過於欲故婬在初俗不修道斷婬非分畜妻行福不妨世善或求慈行有懷殺害故偏制約以惑微婬惱未發不妨無慈故殺在初有人言小學全斷故若爾三衆智分應婬在初亦全斷故有人解云人同方便行道少分似同而別有人言年小未通教非極制現所禁者從俗無過言對治者對婬制學離染行不淨觀等對盜制學少欲知足行對殺制修慈悲愍物對妄制修實語行等十明沙彌任運義門言任運者謂自造惡方便未就後更造善由惡障福不得成就然經律中出相不定有

立無者。如善生云。先遣戮人。信遲未至。後受齋時。信至。卽殺。以戒力故。不得殺罪。以此文證。知無任運。若如此者。卽善生云。欲受戒者。先止諸惡。若不遮者。不名得戒。解言。此約貴人常敕殺戮。義同惡戒。以惡強時長。後受齋者。雖曰善戒。時短弱故。爲惡所障。故不得齋。不同前段。暫惡短弱。不能遮齋。以此而推。惡強長者。則有任運。短者則無。問。若惡律儀強長障戒者。今善律儀形俱亦強。何故斷善便失戒耶。答。障戒不成。已如上解。生大邪見。正是斷善。與戒相違。惡強善故。依如成論善生經說。受

惡律儀。卽失善戒。如薩婆多云。善惡二戒。互受捨得。今正依門明小學人任運義者。有人不立。所以然者。若沙彌時作罪。成名吉羅。若比丘時作罪。成名波羅夷。今則不爾。本沙彌時。敎人往盜殺。未離未命斷。能敎是沙彌。未得究竟罪。及受戒後。彼所敎人離處斷命。我是比丘。而未敎人。云何得重。何以知之。佛言。比丘敎人。敎者波羅夷。今則不爾。敎時非比丘。殺時非沙彌。云何而得重。事義是難。乃可運理。至於制敎。未聞驅擯之罪。有人言。任運業成。何得無罪。然彼沙彌受佛戒已。遣人行惡。卽於

制敎正是相違。如何果成業推違理。又如沙彌犯重障戒不發。據此論業因果相由。何得同戒行因。後不受果義立。既圓須配四戒。若沙彌時遣人盜殺稱已感聖。後受具戒。所遣業成。三性之中任運而犯三波羅夷。由彼異緣。成我身日無作業。故受戒未竟。所敎事成。卽是邊罪。不感戒。故若受戒欲竟。所敎事成。則罪戒俱得。以善惡二因勢力相資。俱得成。故若準善生。受齋惡止者。彼以本無其戒。故約遮制。不同此也。上明義訖。

今次釋文。初篇分三。初有一行。標章門也。中列四

戒。釋章門也。後已說者。結章門也。初名標者。謂標舉一章總意。略示衆情。說之梗槩。雖復略舉。未顯名相。故次第二羅列四戒。成上標相。故曰釋章。標釋雖明。恐生疑濫。若非收解。將何會通。故末號曰結章門也。此標釋結通于八章。前一具解。後七不述。可例知也。

諸大德。是四波羅夷法。半月半月說戒經中來。

初標分四。初云諸大德者。將說戒相。恐有異緣不了。淨穢儀乖。說聽。故命章大告。使思惟行檢也。二是四棄法者。此正提綱。諸篇極法。勿過此罪。故云

棄也三半月者示法是時非餘緣難也四戒經中來者明口所傳有承據也

△次釋章門文有四戒不分自別初婬戒者以義分之門則有四所謂制意釋名犯緣闕緣就初制意則有通別言通意者如上所引爲止毒源又如多論有四義意一先作無罪得除憂悔二滅將來非法不起三決疑網四有十利二別意者婬欲性者體是惡法既能爲作則生死苦增熾然不絕況淪三有莫能出離障道中源勿過於此此過之甚何容不救是故大聖制戒防之意在斯也二釋戒名

言不淨行戒者愛染汙心名爲不淨隨染境界汙淨戒品故名爲行行卽業也謂所防之罪戒者能治之行能所通舉故曰不淨行戒所以舉此名者戒相寄緣託境以彰欲使觀過興厭修不淨觀離染行成則全正體純淨無染也問瞋癡犯者不名不淨此標何耶答此之貪愛一能發業二能潤業牽生感果是黑黑業俱是不淨故以標名餘之瞋癡但能發業不能潤業降此一邊故沒名也故成論云但愛能令諸有相續邪見等中無如上義問若如此解不淨財食莫不由貪俱有二能應名不淨答所防諸惡無非不淨此之染過境偏鄙濁有識同弊若不顯過無由可離故前彰過舉不淨名餘之貪過於此猶輕故從別相以樹名也又戒亦名非梵行也梵者天音唐言爲淨淨者聖也出家所爲求聖興行今汙淨戒退失聖法故云非梵行也此與前解言同義異文中自列上來相傳師資如此今約經律云婬戒婬是耽滯專固爲名故俗中婬字隨相以釋水邊㸒者爲邪咎過女邊㸒者爲邪私也故字兩列各有其義滯雨多者名爲雨淫滯書多者名爲書淫故皇甫士安讀書三年經

時不識春秋乘馬不知牝牡卽其證也故滯於色名爲色婬卽此婬者亦名爲荒故書云內作色荒外作禽荒有一于此未或不亡又其證也言此比丘性無正慧隨塵封附迷著深結名之爲婬聖知非法制教防約依教起行無由可染故名爲戒若作此解不律儀也何以知之既言婬戒盜戒明知非善法也然隨俗相語法不同西梵所傳前列其境後以心緣如鐘打佛禮之類也故使經律有斯例矣若據東夏先能後所故應號之爲戒婬耳若謂婬戒從本從義也若謂戒婬從末從時也兩通

俱得慎勿迷名三緣成犯相通別分之言通緣者則徧諸戒一是比丘簡餘三衆雖同犯婬但吉羅故二制廣後以未制廣但違業行故三無重病以不自知無負心故言別緣者據事有二若自造境則有四緣一有正境三趣通論約報分二男則二處女則三處二內染心昏睡無心開不犯故三起方便四與境合若爲怨逼緣亦具四一是正境二爲怨逼三開境合四受樂犯四明闕緣亦有通別言通闕者如前方便不成中說言別闕者當戒爲言一闕初緣非道道想及疑得二偷蘭闕境還立

是正境界闕第二緣無染心者則無有犯謂入無記及明觀故闕第三緣未起方便威儀不破但犯吉羅若動身相則有次近二方便耳闕第四緣未與境合有二偷蘭從破容儀去至對境犯輕偷蘭對小衆悔從境交對毛分未侵便止心者得重偷蘭依大衆懺諸篇方便其例大同唯罪重輕懺法差降並如羯磨疏鈔廣之

初大婬戒 佛在毗舍離國時須提那子持信出家後還本村與其故二共行不淨諸比丘察知已言當於如來清淨法中於欲無欲能斷渴愛破壞巢窟除衆結縛愛盡涅槃云何乃作如是惡事以過白佛佛即集衆僧知時義合取自言已佛訶責云汝所爲非非威儀非沙門非淨行非隨順行所不應爲告諸比丘我無數方便說斷欲法越度愛結又說此欲如火如炬乃至如刀如戟如是訶已此爲癡人多種有漏最初犯戒今當結戒集十句義一攝取於僧二令僧歡喜三令僧安樂四未信者令信五已信令增長六難調者調順七慚愧者安樂八斷現在有漏九斷未來有漏十正法久住諸戒例爾下並略之欲說戒者當如是說

就消文中標舉戒名大婬婬名是一而有小大之殊如漏觸語同成婬行此就觸境有內外也在內則夷在外則殘也如尼兩觸夷蘭二結相可知也就戒緣中大分爲二從初至正法久住諸戒略之已來明結戒相以顯行法行雖成顯須有緣依故次欲說戒者當如是說辨說教相以成教益就初

行益文復有三從初至如是訶已來正明比丘不勝名利興漏造染壞其略教制戒緣起過狀已彰理須禁約故次第二此爲癡人多種有漏已下明聖隨犯制廣補之便識相行護發起正業然則制戒豈唯止惡而已元爲集生衆善護持人法故次第三集十句義下明若依教奉修必能廣興出道紹隆長世上來科約下句並同若至彼文更不解也就前戒緣又三分之初佛在國明住處也二須提子者能犯人也三還本村者明犯相也如律結集中犯有戒相恐涉妄列必須三處審同所由若

乖其本雖佛所說亦不依用故彼文云何處制因誰制何因故制如是諸戒例此三徵末代持律亦準三責如四廣說可以求之就初住處毗舍離者多論云廣嚴城也須提那者多云聚落主名也此云求得其子耶舍此翻為明如僧祇釋持信出家又見論云有財四十億深厭此財生毒害善便捨有為入無為故曰也三就犯緣中分二初還本村行不淨者是其犯相後諸比丘下明訶責相就訶責中初明比丘後明佛者欲顯比丘同徒同住過犯先知故前列也如來三達知見常圓示同化儀

位尊殊隔義無先知故在後列又解理越常情絕於鑽仰今為同徒所訶分當已位容可勵已剋意不為後明佛訶者玄軌之教出於高範切磋之益義存我友亦彰比丘言無虛設互相敦崇用成同濟之道餘語略之下更不解就前又二初明訶辭後舉過違佛初中於如來清淨法者略教法也略教法意總舉行體莫非喪苦集求滅道也言於欲無欲者患前貪境名之為欲察知妄起名無欲也言斷渴愛者患後重貪追境不捨如渴也觀如此渴非由境生但是自心如犬咬骨故能斷也此二

集諦世結之因破壞巢窟者世結果也集因既傾苦果自滅故曰也除眾結縛者修道法也愛盡涅槃者證滅諦也乃作惡事者總結前辭以用訶也二明舉過違佛者善見云不欲令佛獨譽於己薄賤犯者遣出清眾又亦不以惡法相鬪亂故正以依實舉罪請聖制戒禁防違失令法久住故如來訶辭文又分二初明教主以法不得信舉輒即訶責恐生諍訟故親集僧問取其自言二佛訶已下方明其相就初集僧多論五意一現佛不自專輒故二眾量結戒犯者心伏故三凡事眾和令法久

住故四為肅將來倣佛成規眾量不專故五諸佛法爾於法有儀故言知時義合者量機教也問如來明見知犯非虛有何義故不證他犯多論解云有四種過一不順諸佛常法二違自言治法三令眾生怖不安之相四逆說人過非大人體是以商度故名為知所言時者多論解云要在比丘眾集時問二結廣時問反此不問雖復機起深應於時若訶責制戒不能滅惡生善亦不宜問以是次明知時義合若非此義不合故問如多論解以制戒故有四種益一先作無犯得除憂惱乃至第四十

利功德。如上說也。光律師云。知者藥病之差。時者應機之趣。義合修成契會爲要。大如上也。三取自言者。如五分云。五百金剛常隨侍衞。若佛三問不如實答。便杵碎頭。以爲七分。情怖故答。次佛訶中。總別分之。初總訶云。汝所爲非者。總放身心理違事惡故曰也。非威儀者。乖法式也。非沙門者。絕勝士也。非淨行者。業體穢也。非隨順者。違略起非。豈順教者。上來訶責通諸戒也。次云告諸比丘說斷欲者。止在此戒。故名別訶。舉法引喻。文相極顯。不復解也。文言此爲癡人下。明舉過制戒也。多論問

曰。佛大慈悲。兼無惡口。云何訶犯言癡人者。答。稱實言之。非惡口也。此縛凡夫具足愚癡。又大慈悲訶責折伏。如今師資教誡之相也。有人言。但言其癡。不舉貪恚。以癡通故。又解聖人制戒。非唯止惡。元爲開道。是本意也。貪恚等惡與福分相違。若論癡者。體是無明。正障於道。故今訶責。但舉其癡。多種有漏者。如婬所犯墮於地獄。乃至人中依正惡報。至時廣引。故言多也。最初犯戒者。僧祇云。耶舍劫初先嘗地味。通退欲著惡法由興。今當結戒者。是廣教也。就此制廣有五種意。一定其廣略二教名體。二廣教所禁。不出遮性。三託緣興廣。不出三性。四廣相所詮。不出四相。五制廣教意。不出六位。

初廣略二教。定其名體。如上序初已爲分別。二明遮性者。由惡緣境。不可隨說。以義收之。大分爲二。言性惡者。如十不善。體是違理。無論大聖制與不制。若作違行。感得苦果。故言性惡。是故如來制戒防約。若不制者。業結三塗。不在人道。何能修善。故因過制。從本惡以標名。禁性惡故名爲性戒。言遮惡者。如伐斫草木。墾掘土地。威儀麤醜。不光俗信。聖未制前。造作無罪。由非正業。無妨福善。自制已

後。塵染更深。妨亂修道。招世譏謗。故名遮也。所言遮者。能遮正道。故言遮惡。前之性惡能遮福。故亦可此惡爲教遮而生。故名遮也。有人解云。若論性戒。捨罪以求福。若論遮戒。捨福以求道。故智論云。十善十惡名爲舊戒。五篇七聚名爲客戒。前十善惡。不假制有。若論篇聚。必假聖制。又涅槃云。菩薩持性重戒。與息世譏戒等無差別。文廣如彼。明知篇聚。制約世譏。以義求之。如初篇婬殺。名性重也。下篇所制。名性輕也。遮亦輕重。所以自明。問。遮性兩惡皆有二能。一能違制。一能妨道。云何爲遮。但

以草木由教而生名之爲遮以性惡者亦敎遮故答性罪三過一違理惡行二違佛廣制三能妨道業遮罪具二體非違理故名爲遮如三千威儀四句辨之或有犯佛法罪非世界罪如制戒後畜財離衣等二是世界罪非佛法罪謂未制前行殺盜等三俱是者制廣教後犯婬欺等四俱非者未制廣前殺草木等以此義推未制廣前無問道俗以無教違隨作性惡但犯業行故經云是殺生是殺生報等此豈唯俗不攝道耶而出家犯重俗人者輕由有無作戒可違故又違略教是以律文最初

犯戒明違略也如善生云二人同罪不受戒輕受戒者重違佛語故三明廣緣必託三性言託善緣以興教者如坐禪讀誦講導開悟必以正命居懷制伏煩惱此名善法方希名利邪命自居相雖是善反成負毒壞心障道勿過於此是故大聖興教防之言不善緣以興教者如十惡等體是不善能廣三塗增惱障道故聖因過制教防之言託無記緣以興教者如草上等體雖無記數作不已外彰譏醜內增心亂故制防約作者犯墮問若如此者何故成論斷草木等名爲無記答此對俗說無非

佛制不礙福分無招惡業故名無記（案記云無非字誤古本作由非惡業合作惡果）出家不爾現大人相若有作者與理相違招謗障道說爲記業不妨就緣性是無記四明教相所詮四字斯盡何者是耶謂犯不犯輕與重也若解四字通決無疑是則上品持律之最故涅槃云善解一字名爲律師有人解云即律字也律訓爲法法謂軌模必約四字以定儀體豈不然耶何名爲犯境緣具也何名不犯起對治也何名爲輕因果微也何名爲重反上句也就此四義二門分之初列名解二以義分就初犯持各有二義一

者犯法二者犯行何名犯法作過緣具現違聖教如諸戒本斯犯法也有自壞行汙本所受名犯行也若與犯緣而未相應名爲犯法與犯相應則名犯行如此重解極大繁矣舉犯法明則有犯行不犯行也問與犯法相應如上廣引得有犯行云何犯法有不犯行答聖制戒本不欲順過依行正欲觀犯興厭離過奉行是故得明舉此犯法成不犯行若就犯行無不犯行者以具過緣何得非犯由善惡不俱故二明不犯法中亦有犯不犯行有三不犯法一開犯爲不犯法非是純淨名爲不犯以

輕奪重不爲本制名爲不犯如大妄開戲笑婬摩開淨授離衣開念捨等若忘失念皆有小犯是名犯行常自攝持名不犯行二起對治行明不犯法如諸戒對治依修成就則據不犯法起不犯行若於此法生情厭背懈怠不修卽是託不犯法以成犯行故涅槃云有四因緣事雖似善不得樂果爲勝他故名利眷屬及以世報雖修行善非佛意故問戒文有言名譽利養持戒所得如何經中乃訶非善答深有旨也若爲鈍根無由離惡且勸持戒徙惡從善故舉世樂以勸彼持如文是也若又樂

福無心涉道非佛本意故又訶毀如上涅槃卽戒本末戒淨有智慧便得第一道轉鈍爲利豈不然乎依此修行不名爲利是於二法立不犯行三明制不犯法以明二行如安居說恣並是聖制依教而行成不犯行反說不依卽是犯行次將違順難易用條前法若舉犯法以明犯行順犯法成違聖制意（佛說戒本但明犯相依相而行是順戒本聖制欲使違法）舉彼犯法明不犯行違犯法成順聖制意（文中雖列婬盜犯夷我不婬盜豈非違法）二舉不犯法明二行者先解開犯爲不犯者舉此不犯法明犯行者順不犯法成違聖制意一不犯行

者佛意乃至戲笑亦不許故此不犯法明不犯行違不犯法成順聖制意二就起對治行明犯不犯三就前制不犯法明犯不犯者順法卽順意違法卽違意並可解耳上解違順次明難易初舉犯法以明不犯此行易成離重過故次舉不犯法明不犯行此行難成自非專至何由不犯如戲笑等可以情求三明輕法生二行者或有輕法生輕行如具緣殺草木輕心卒爾作等或輕法生重行害心殺蟻子等四就重法中生二行者具緣行四重三時無悔心是名重法生重行或本無方便後無隨

喜事不得已此重法生輕行五明制廣意唯六位所謂深防限分約相示過心境內外各有通別所引如後初解深防言通制者元聖制戒爲止業因造業已來必由三毒無以卒制且約身口二業旣淸心自沈靜能見過本望其本意爲防心也未了心性約相遣塵故制四重以爲道體對四制餘並號深防恐犯四本制餘令護何以知然配篇種類可以知也有人別解約戒以明故云過犯未窮預加重約禁微防著故曰深防如觸尼臂犯夷等類亦易解也言限分者亦有通別通爲防心善惡之

本緣想輒起無非我倒因之結業迷墜生死故隨限分還制其心故律本云心念作發心作皆名犯也然有諸師不立此義戒約身口何處明心然身口具非感善惡終在思心判成業道如上持犯成就門說如見論中若制心戒無得脫者據獨頭心上明心念據重緣心卽是下凡限分制也若就相論可有修學並是限分又如漏失僧殘尼墮限分之相於此彌彰故光律師云制爲當機正存力分若未能行雖作無犯如斯等戒其例是也三言約相有通制者心過難形以境分相諸篇聚者約相

可求別歷約相如盜五錢度人問親之例故光師云過損理違道俗俱禁依王國法準俗制道也四示過者有戒斯是別相示過如戒緣中佛重出過婬如蛇口如火如刀酒大不善各有十過故光師云罪狀未興預彰過兆逆須譏醜使耳目聞見等是也五心境者有戒斯是無有單心而犯戒者有人云如不學等可有境耶今解不然同此學境何得無耶故光師云緣無定據心相易流境有美惡心有濃淡或約心從境如婬酒戒或制境從心如盜殺等或以心境相應方始成業六內外者犯不

自成成由緣集因藉萬差要唯內外如情道等爲內非情道等爲外就情中食飲爲內衣服爲外如是例準注中集十句義下明結戒益義就此十句分三初有三利明此戒法生眾功德次有六利明生別人滅惡成善次有一利與建正法行也言攝取於僧者由制廣教能治別八七支等過故名爲攝自行旣立同和號僧也令僧歡喜者半月一說行淨無違故歡喜也令僧安樂者依教修成必感大果用以適神故也就別利中初有二利生善後四滅惡未信令信者由制此戒威儀動人善見云

諸未信者作如是言沙門釋子勤心精進難作能作等已信令增者謂先學戒見後來者生大信心云何是人盡形求法一食修道等就滅惡中言難調者善見云破戒作惡心性剛強內無羞恥故曰難調佛爲制戒訶責治罰不得動轉改過悔伏故曰調順慚愧者淸淨行者制戒治惡不入眾數布薩自恣淸淨具足故曰安樂斷現漏者由不覆情隨塵起染若打若死斯現有漏制戒防止無上諸過故曰斷也斷未漏者若不陳悔生業無窮由依廣教洗心悔過盡形行學障於來惡故曰也三明

興建正法者如見論云法住三種一學正法久住由人奉修三藏教法攝在已用即行所依故也二信正法久住者謂三藏中所說諸行十二頭陀威儀禪定是也三得道正法久住者由依教行得成四果及涅槃道後有此益並由制故就此三相前後爲言初教次行後明果也人多讀教少有依行以無信故如大論云信爲道源功德母也若無信者雖入佛法都無所益以不依行無所得故若依教修必剋聖果即是制戒功德道興誠不虛設也

△就釋戒本四種分別一釋名二定句多少三決通

諸戒四配人犯相言釋名者何謂戒本由犯制戒戒爲緣本也又約緣雖制文略未顯更以辨相廣張行體略爲廣本又云即是半月說之所本所以文云欲說戒者當如是說餘同前卷二定句張縮爲二若依佛解分爲九句初若比丘總舉受隨也二共比丘者離明受也三同戒者別明隨也四不還者體淨不捨也五戒羸者體微生厭也六不淨者明業過也七畜生者列犯境也八波羅夷者結罪名也九不共住者治罰法也二以義縮但有二意初之五句合之爲一成比丘體有犯重義下之四句託緣分相若立略本四句收盡一是犯人二所託相三犯法成四結罪目三決通諸戒者初句比丘義該八篇文局上六眾學七滅單列持相然非比丘無由可犯故律眾學廣解辨相明比丘義但結集翻譯不欲繁文故略不出可以知也第二第三共同兩句釋成得戒之人成初比丘之義通局雖別義該八篇文局初戒四五兩句文義俱同昔解云此戒愛染久習卒難捨離不障初果故開捨染殺盜不爾違損事大不開捨也今解不同強羸二捨義通諸戒文約婬法欲成極罪故須不捨

之言如律云若犯波羅夷無覆開懺此則通也諸篇不明者略也又解此之四句並釋比丘具戒成犯初戒立法故有餘篇準式故無亦有道理智能解也六七兩句文義當戒所收八九二句義兼下篇文列初四以有微犯不應說戒則不同住同如棄者第四隨結約人明之無制戒時事義足者既無後犯一結便足若文不具生疑託緣則更開結或約一緣或至七八如爲女說法及別眾等戒今約初戒一人隨結配句屬當則有三位第一第六八九四句則屬本制耶舍故也第二至五戒微故

立第七畜生心迷故有律中廣相故不敘之

若比丘佛言若比丘者名字比丘相似比丘自稱比丘乞求比丘著割截衣比丘破結使比丘善來比丘受大戒白四如法成就得處所比丘是中比丘者若受大戒白四如法成就得處所住比丘法中是比丘義也

次就戒本若比丘者如善見云若者總名不屬一人隨有佛法具戒之徒皆持犯法故云若也如世律令條別顯諸犯者不一之謂也就注解中分三若比丘者標列釋由也名字已下總列眾名也是中者結定犯人也言名字比丘者善見云此是總名通邪正及未具也如請比丘以設檀會沙彌未

具人比丘數是名字比丘也又如涅槃雖未受十戒亦得受請故知通名言相似者如善見云謂犯重者內實破戒威儀相貌似持戒者其實破戒故名也言自稱者十誦云有賊住者剃髮披衣自言我是比丘也言乞求者如善見云既出家已隨須衣食如法行乞以四海為家居離於邪命故曰求乞如大論云邪命者略說有五初求利養改常威儀詐現異相二自說於己所有功德三强占吉凶四高聲現威令人畏敬五說自得利激動令施非此邪心得利活命故曰正命如八正中著割截衣

者有二利故一毀全相離自貪故二既碎雜不為王賊之所剝故常得資身有長道故破結使者修道進德惑盡解滿理解心明永無業惡即發具戒從緣而感故曰也言善來者道成初果親感至聖金言命之便得具戒故曰也受戒白四者即如今時感戒者也次解第三是中比丘者明此姪戒犯重比丘也有人云是中者總舉八種也若受大戒者別標定也前列八種或有名濫如沙彌外道雖名比丘不犯夷也或有相濫似割截等或時行濫如乞求破結等或言說濫如自稱也或時體濫如

善來羯磨也上列諸位不必犯重或時少分或復全非皆非其比丘義所以結中偏牒第八釋成戒本若比丘也所以然者上八所列但明三受自餘五種相因而立若欲犯戒終約受體破結一受乃是無學善來初果聖無犯法皆不同也今約比丘學戒唯羯磨受是末代法故牒解之此中須引刪補羯磨末代戒緣具足五種廣分別說緣成得戒緣差不發既是大事無宜輕削次解結文若受大戒簡沙彌也白四如法者羯磨成就緣也言白四者簡非羯磨受者即如破結善來之徒也言如法

者除七非法成前如相也得處所者僧數滿足結
界成就緣也住比丘法者簡定俗人外道也或雖
比丘心住無記病緣等障不守本性者則不住比
丘法也是比丘義者則是戒本犯法犯行比丘義
也

共比丘佛言若共餘比丘受大戒白四羯磨乃至住比丘法中者是謂共比丘義也

共比丘者明犯重也受戒法儀共餘比丘則無別
也所以出者若所受體同可有犯重體或不同則
無有犯故有此同釋諸疑網也注中若共餘比丘
者謂釋迦一化現未兩時三天下內所有僧尼白

四受者同有犯也若緣差互少一非受雖復犯過
不名夷重以不共戒無戒可犯也

同戒佛言我爲諸弟子結此戒已寧死不犯是中共餘比丘一戒同戒等戒是名同戒義也

言同戒者佛所制戒隨行通行但受無隨亦無戒
護故雖犯違法不同也注中釋之不過教行我爲
結戒教法同也寧死不犯行法同也今隨教行兩
釋其相先就教者如佛制教數雖極多咸明止惡
名爲一戒對八共學名爲同戒莫不齊名爲等
戒如十誦云同入比丘學法者百歲比丘與初受
者同初受戒者與百歲者同又同心同戒同說波
羅提木叉故次就行解隨體無殊名爲一戒對八
興治持義不異名爲同戒齊防塵沙名爲等戒問
斯之隨行據初受言後行乖願可非犯者答此句
來者釋成願行有感戒也前列共者明同受願也
後列同者明同隨行也若受戒時且論受願無思
學行則但虛願不感戒也故涅槃云是人唯具作
戒不具無作戒不具足如薩婆多無淳重心不
發無作故律明此恐人濫犯文列同戒願行相投
白四受後犯非則重空願無行後雖行非無戒可
違不入犯法也

若不還戒佛言若有比丘不樂梵行聽捨戒還家復欲出家於佛法中修梵行者應度出家得受大戒云何不名捨戒若自顛狂心亂痛惱瘂聾又向如是人前及中邊人等互捨不成若戲若眠若無知人若自不語若前人不解並不成捨若言我捨佛捨法捨僧和尚戒律我受家法等是名捨戒也

言不還戒者釋疑故也後戒羸者自生疑念前制
犯重心樂道法有戒可違今我於佛生厭不樂爲
有戒在同前犯重爲無有戒無重可犯故今佛釋
若不樂者聽捨還家後欲修行得度得受所以開
者凡夫退位知何不爲帶戒犯非業則難拔故開
捨戒往來無障即是大聖善達機緣任物垂教號
法王也增一云僧伽摩比丘七反降魔後更受戒

得成羅漢自今捨戒聽齊七反若過非法十誦云尼若捨戒轉爲男者亦得出家注中云何不名捨戒下分二初自顛狂下心境不了雖捨不成若言捨佛下對境彰成文相可解就捨戒中義分四門一汎列經論捨相不同二漸頓異三捨善已未四具捨緣言汎列者如雜心說若捨命終斷善二形生也善生經加受惡戒時捨善戒俱舍論八戒期心盡夜分終故捨且列如此二漸頓者即作法捨中如律我作沙彌五戒等是漸也我作白衣外道等爲頓也三明捨善已未者問今捨戒者爲捨已

生隨行爲因之業爲捨初願本受無作體耶答已生爲因不可捨也得聖無漏方傾善習今所捨者止是本體更不相續故雜心云言捨戒者戒身種類滅也四明具緣明捨有五初體是比丘住自性者二所對人境如多論云若無出家人隨得白衣外道相解者成三有捨心謂有欣厭心作捨心決定心住自性心久思心歡喜心自有心寂靜心反上八心則不成捨四心境相當如律中邊不領前人不解並不成捨五一說便成多云受捨相對理宜相準何故難易不同者答相違對故一求增上

法如上高山多緣多力捨戒退道如高墜下故不須多二不生前惱若制緣多便言佛多緣惱受須多人捨何須也三受如入海採寶捨如失財王賊水火須臾蕩盡四受容預心捨對境情逼喜帶戒行非一語開成捨尚不依行況多緣也

戒羸不自悔佛言云何戒羸不捨戒若有比丘常懷愁憂不樂梵行厭比丘法意欲在家便言我念父母婦兒親里村落城邑園田家業我欲捨佛乃至學事等是也若作是思我今捨戒是戒羸而捨也

言戒羸者對前強不捨此明羸不捨也謂樂俗緣園田家業便於佛道生毀生惱持戒力劣名之爲

羸若犯則棄由體不捨對前強弱同戒解有戒成犯重也注解中前明戒羸不捨相若作是思下後明戒羸而捨相文中可解耳

犯不淨行佛言是婬欲法也男則二道女則三道若從道入道從道入非道從非道入道若限齊若盡入乃至入如毛頭者皆波羅夷

六明不淨行者正明戒本所防過也下注解中約報分相文易見也道入非道前後境差也限齊以下釋行犯相生疑故也毛頭之相極微故犯何況餘者

乃至共畜生佛言可得行婬處者是也有三種行婬人非人畜生趣復有五種婦童女二形

黃門男子。比丘婬心向前境三處二處初入便犯。有
隔亦犯。若向睡眠若死未壞若多未壞於三處二處
行婬初入便犯。如是廣說若比丘爲怨家將至前所
强持令入三處二處始入覺樂犯。不樂不犯有隔無
隔亦同上。若爲怨家强捉比丘行不
淨行覺樂不樂有隔無隔亦如上也。
七言乃至共畜生者舉犯境也。多論云。畜生是六
道之邊。偏舉下類以況上。故云乃至也。注云所可
行處者。謂婬戒言畜舉可行者。爲言殺戒言畜據
有命者。成犯通塞相也。然趣有六位。半兼善惡。皆
據心行三種善惡。故善門明趣。初天次人後修羅
也。惡門明趣。地獄爲初。次鬼後畜也。天以受福自
然無貪所感。脩羅受福懷疑。於見非正也。地獄所

受非貪多由貪故受苦。太燎之類是也。餓鬼所以
情惱。蓋由瞋毒所興也。畜生愚騃受形。蓋是癡心
所結。大分次第。不爽業緣也。經中所明四惡趣者。
皆非受道之器。故以修羅屬之。注中有三種。下明
成犯相。初列趣境。二比丘婬心向前境。下明自身
造境也。三爲怨家將至下。明非自心。外難所逼也。
初文又二。前列三趣。後五種下。約趣明報也。就中
三種行婬。卽人。非畜也。所以律合三趣。論開六道
者。論據善惡故分。律據通用故合。故律人畜不異。
由來解釋非人。乃云鬼也。若論此戒。但說非人。天

等不列。可非犯也。然下律中夫子阿脩羅子餓鬼
子。地獄無文。義是鬼攝。此之四趣通用是齊。故合
爲一。非人趣也。二復有五下。明以五報分三。離分
三趣有十五種。是所犯境也。就自趣境。初約覺境
以明犯相。二若向睡眠已下。舉後三境以對覺境
同成犯相。就後怨逼復分二緣。前明怨捉將向前
境。後明怨捉就身行犯。問。所以自身造境但明侵
境。不問其心。後怨家逼乃問樂者。答。適化無方。意
在無遮。若俱禁者事難常行。怨但逼身。心唯佛制。
故開境合無樂不犯。文相可解。

是比丘波羅夷。佛言。譬如斷人頭不可復起。比丘亦
如是。犯此法者不復成比丘。故名也。
若方便欲行不淨。成者波羅夷。不成者偸蘭遮。若教
比丘行若作教者偸蘭遮。不作突吉羅。除比丘比丘
尼餘衆相教作不作盡突吉羅。若屍半壞若一切壞
若骨間若地孔泥孔行不淨者並偸蘭若道作道想
若疑若非道想並波羅夷。若非道道想道疑並偸蘭
遮。比丘尼波羅夷。式叉摩那沙彌沙彌尼突吉羅滅
擯。是謂爲犯。不犯者若睡眠無所覺知。不受樂一切
無有婬意不犯者最初未制戒癡狂心亂痛惱所纏。
是比丘波羅夷者。引人依法科也。就注解中分二。
初釋罪名。後方便欲行下。釋成否相就。初所以將
罪以況斷頭者。過之重也。如俗極刑。勿過大辟。謂
斬首也。約刑制戒。兩以通之。故鈔引云。如人有頭
受諸塵也。若不毀重能有見諦。反此毀壞永不能

見故以類也八又解云犯二篇罪可有上起若犯初篇如人頭斷不可復起縱有開懺障於地獄然於僧用則無成法故文云若作法已僧說戒時來與不來皆無犯矣二若方便行不淨下成犯相中文分為二初明成犯相後明不犯者開犯法也初人分二初明比丘犯相後明四眾犯相諸戒同爾下更不解就前分二前明自作教他成犯相二屍壞已下境想相對成犯相就前又二初自作明輕重二教比丘行下教作明輕重文可解耳問死屍半壞行染何罪答有二緣若唯重婬意人便偷蘭

縱出不淨不犯僧殘若欲喜樂意者如十誦五分乃至骨間出不淨殘不出止蘭此是大婬戒不就僧殘結以不作出意故就境想中前之三句本境為言後之兩句境差想也義門分之廣如事鈔今略出之初明制意若無境想不可定罪輕重二明有無者準律約戒不必具有今解無者是略也無別所以有人云一切過境皆重則無境想如漏失者今解不然境雖通犯染起由心如律調部精出約心明有無想即輕重也故知無者但是略耳三定四五句者若輕重相望境是可學生不可學迷

同是五句如覆重謂輕等若犯不犯相形則四則五謂前後俱迷非緣罪境即定四句除第三位如處分想無主想等迷雖是定而緣罪境即定五句如非道想非人想減五想等四互四五者由是可學生不可學迷即互輕重或從四以至五如實無主體唯四句後轉為主即為五也若緣罪境人非人想即五句也若本緣人轉想當杌約從後心則唯四句前心謂人偷蘭罪者屬於方便想差所攝五輕重者如文次第前疑重後疑輕以境是異輕本境故前想重結本方便心境相當故後想輕以

正犯時有心無境又就本境中疑重想輕以疑半心不捨本境故重想則捨本從異故輕就後異境想重疑輕以想緣本但是境差故重以疑減半緣於異境故輕此判輕重據本重異輕為言若本輕異重例之即是如殺非畜人為異境可以例諸言不犯者先總解不犯相有五一作事無違說不犯如癡狂等二說犯為不犯如最初人違略起非無廣可犯三說不犯為不犯如律一切無婬意正念攝心故四開前禁後說不犯如怨逼想五當戒別開說不犯如文睡眠無覺故又開大位難則通三

初言難者命梵二也梵行難者夷殘二位也恐犯
此故已下開之餘之三篇有不開者或是性惡或
由事重或以重奪輕故不開之有開反前可以例
也言命難者恐被奪命故不名犯婬開境合教制
約心盜雖無文約義許有既不損境暫移後還不
作永意何過之有殺妄兩戒罪成無改故並不開
二別開者諸戒中各有別相故其開通類例不一
如婬開睡盜開親等三通開者如文最初者約初
作人有略可犯故言初也未制戒者舉時節也初
犯無過何等之時未制廣前故不說犯言癡狂者

以不憶識是比丘故此通諸戒就前別開言睡眠
者開怨來逼無所覺故不受樂者開前怨家將向
前境禁無染故一切無有婬意者開身造境既無
有心亦無境故

不共住佛言有二共住同一羯磨同一說戒不得於此二事中住故名不共住也

九言不共住者治擯名也注解中初列兩同後反
釋之此律解中但明法不同住如十誦中財法兩
種俱不同也如多論中四解一既壞道法無所住
用擯出眾外生天龍鬼神信敬心故二現佛法無
愛無憎清淨者共住不淨者擯出眾故三爲息外
道誹謗故四爲持戒者得安樂住增善根故又肅
將來欲犯戒者生慚愧心不犯惡故此戒是初故
繁解釋自此說文多約略也

四分律含注戒本疏卷二之上

四分律含注戒本疏卷二之中

唐終南太一山沙門釋道宣述注撰疏

△二明大盜戒前就內色起貪此就外財生染並由
貪惑纏縛故犯形於次第就戒四意言制意者資
財形命之本非此不濟人情保重戀著處深然出
家之士理須捨已所珍以濟於物今反侵奪以自
擁己自壞惱他過中之甚是以聖制意在於此二
釋戒名者問盜劫偷竊不與取等無非損財所以
此戒標盜名者答云文不可具且列一名有人言
據俗大盜謂竊神器今言盜者對犯輕過非此戒

收故言大盜但世賊盜義通不別有人言非理損
者爲盜公白取者爲劫畏主覺知爲偷不與取者
明主不捨然則偷之與劫名局義乖不與取者雖
是名通然於意中有非盜濫何者是耶四句分之
初與取不是盜二與取而是盜如儉分食錯得二
餅等三不與取是盜四不與取非盜如親友意暫
用等是以衆名俱不標戒若舉盜者名通彼此損
盜義盡又無非盜之濫故云盜也戒者能治之行
能所通舉故云盜戒三具緣成犯者此戒五緣初
是人物以盜餘趣不成重故物雖人主及至盜損

還須人想若生餘想疑謂別境則是輕犯非此戒
收是以第二作人物想問想知二心有差別不答
有同異也了境無疑曰知當境意謂爲想俱能了
境想與知同然知唯了境想通迷悟故與知異若
以此心知是人物於下闕緣轉想不便謂實達境
非迷忘故若謂人物想卽順闕緣不乖律文境想
互義想雖當境若盜轉物不成重罪故次第三明
是重物財雖滿五若無盜心本自無咎故次第四
明有盜心心雖起盜財未離處損主未就屬已不
顯亦未成重故次第五明舉離處問前後諸戒緣

具方便今此盜緣無方便者答損財明盜便成重
罪有盜成重不假方便恐涉濫故縱有方便亦俱
不明但知未離已前並方便攝問經論明盜緣雖
多少皆無重物者何答彼爲成業受苦招生故無
輕重如牛呞比丘但損一粟五百生償今雖遇聖
口猶是牛律明持犯盜輕開悔得住盜五制重擯
出故使法律軌儀其相在此四闕緣者其相甚易
列句辨犯講者通誦世相無幾時節可惜故不出
也如其不解試爲略舉若闕初境得三偷蘭初非
人物替人物處作人想取二畜生物三無主物俱

作人想。望本人物。不得境。差方便蘭。後之三物本自無心。則非罪也。如前義門。可以通之。此據小漫。人物並取爲言。若據剋心主物替張亦同前判。闕境還立。如此識相。舉一千從。可謂達持犯者。闕第二緣。據小漫者。九句偸蘭。謂轉想疑心雙闕各三。故有九也。亦不勞出。恐未達者。聊試舉之。言轉想者。初須人想。可得同境。臨欲取時。乃作非人物想。據後心時。俱得吉羅。然律但結前心之罪。盜人方便。故云人物非人物想取偸蘭。此句既爾。諸句諸戒例同此解。後不言也。二人物畜生物想。三人物

無主物想。罪或有無。若先知人物。後作無主想。則有前心罪。若本作無主。無心故無罪也。二明疑心者。初是人物。對境生疑。爲人非人物。爲人畜生物。爲人無主物。三明雙闕者。初盜人物。非人物替。闕境緣也。就非人物。復生疑心。爲人物爲非人物。闕心緣也。二畜物來替。爲闕爲畜耶。三無主物替。爲主無主耶。並例準知。如此處解。餘戒不釋。闕第三緣。重物作輕想。結前方便蘭。闕第四緣。有盜無盜心。前心吉羅。本無非罪。闕第五緣。未離處。輕重二蘭。隨相分別。

二大盜戒。佛在羅閱城。有檀尼迦在閑靜處草屋坐禪。爲人持去。乃作全成瓦屋。佛令打破。便詐宣王教。取彼要材。爲王臣人民訶責。無使入村。勿復安止。比丘以過白佛。因斯如上制戒。

就戒緣中。初明盜緣。二爲王臣下。訶犯之相。緣中又二。初作瓦屋打破。盜戒遠緣。二便詐宣教下。正是所犯。就遠緣中。明靜居坐禪者。欲顯盜相動心。禪行尚爾。況餘滯境。其過彌繁。世俗常言。顧雍拜萬戸封。家人不知。葛亮受三郡賞。庫無石貯。斯豈道耶。知足若此。可以自厲。問。瓦舍打破。不犯罪耶。答。如見論解。以損命妨道。慝法相學。故敕打破。無損財咎。就犯相中。言要材者。僧祇云。取飛梯二枚。

故取重財。早覺急制。爲開教主。豈是凡耶。故彼律明後得無學。說自慶頌。欲得寂滅樂。當習沙門法。止財支身命。如蛇鼠入穴。又云。衣食繫身命。精麤隨眾得。餘注可解。

△就戒本中。約文求相。事在弘演。諸律明盜。其相極多。後學未周。何由總括。然余所撰事鈔。隨戒釋相。文亦具矣。恐本未見。故略解之。然則盜相難分。要知足者。可有評判。自餘隨境。何由通曉。就戒句中。文分爲六。初句能犯人。在村若靜。明盜物處。不與者下。明其心業。王臣已下。爲俗法訶。上三明其盜

本不通諸戒下二罪擯如上解也
若比丘其義如上
案此初句標能犯人
在村落村有四種一者四周牆二者柵籬三者籬牆不周四者四周屋也若閑靜處
即村外靜地也處者若地中若地上處若乘若擔若
空若架上若村若阿蘭若若田處若處所若船若水
若私度關塞不輸稅若取他寄信物若取水若楊枝
若園果草木若無足眾生若二足四足多足若同財
業若共要若伺候若守
護若邏道是名處也
言村靜處者遮惡比丘心出罪網也彼生疑意村
中有主攝護是强靜處犯盜可亦制罪故今張網
綱維廣布罪目但是有主以我心盜非理義立何
得無從故列空有二處用收罪人村有四種假以
事明必過於此理亦通攝據文約相五種圍之對
五不周則有十種餘者不出例此二緣言閑靜處
者注解村外也就文明處通村內外者總舉盜相
之緣位也就分為三初十三種明物處差別次取
寄信物下八種明物體差別若同財業下五種明
契要差別此之三位隨盜財物皆據有主以入盜
科若無主者則不名犯今總明主後就文消計主
物者於物自在集散皆得故曰主也大約以分不
出三位初明三寶二盜別人三明非畜初明三寶

謂知事者掌用此物罪福大深如大集中非聖非
淨何能監護無有瘡疣初盜三寶總而為言有守
護者隨盜滿五皆是極重佛物無護如鼻奈耶斷
施主故餘廣如鈔言佛物中有四差別初佛受用
物者如堂宇衣服及以金石泥土曾為佛像之所
受用者不得差互常擬供養生世大福故律云若
是佛園坐具等者一切天人供養同塔事故所以
不許者莫不即體法身之相表處是深不得輕故
二屬佛物所以得轉者由本施主通擬佛用故得
貨易不同前者曾為勝相故唯一定也三供養物
以幡華等得貨易者事同屬佛可以義求四獻佛
物者開侍衞者用之義同佛家之所攝故如薩婆
多有施法者法師說法誦經者亦取分故餘廣如
鈔言盜法物亦有其四一法所受用者謂紙素竹
木上書經像或箱函器襆曾經盛貯剋定永施不
許改轉此則一定敬同聖教皆是滅理之所依持
故有損益並望涅槃而生罪福有人無識燒毀破
經我今火淨謂言得福此妄思度半偈捨身著在
明典兩字除惑亦列正經何得焚除失事在福也
餘之三相可以準前就僧物中則有四別一常住

常住物如堂宇田園人畜米麪屬處已定不可分割必欲惠給餘寺羯磨和與若直送者是名盜損或有主掌自盜不望十方不滿隨取計五便與極重如僧祇中縱集得僧亦不可分故二十方常住物如飯餅等見熟之食本擬十方聞聲同飯有盜此食望護結重望僧結輕以僧分業無滿五故問聲鐘告集是僧皆飯未知他寺奴畜得否答不合也僧具六和隨處皆是人畜別屬義非通使便既是局食亦如之三現前現前物如今諸俗以供養僧無問衣藥房具並同現前僧也如中含施招提

僧房所謂別房施是也又如經中僧鬘物者此梵本音據唐言之對面物也即是現前對面之施耳鈔引昔解謂華果者隨字顯相乖其事義也四十方現前物如僧得施及五眾亡物以此物施通擬十方有僧皆得故此福分廣大無邊及論立法不可盡集制作通法用約十方隨現集者皆有其分故曰也若未羯磨盜者偷蘭以十方僧不滿五故若羯磨已而行盜者隨其輕重據現結正既定罪相隨務則多講至於此引鈔解也二盜人物就緣分三初明掌護損失後明被賊盜相初中妙同鈔

引善見論中若守護財物謹慎不懈而有盜者私竊而取或強逼取皆望本主結者以非護主能禁之限故也若反此者守物須償以本盜人欺守護故是須還他若不還犯二被賊奪者如鈔所引義張二位謂現不現結罪時當隨二主心絕已不若財主已絕賊主得定此不可奪如律賊復奪賊二財主雖定賊主不定此則可奪以緣不具故三財主遲疑賊主已定此不得奪以緣成故何問本主四俱不定此則收得由心不定業非通暢故也今以四句可約判之問今有賊施得取物不答據理

成也以物非定屬隨後作主如似世錢可定屬也隨人隨用隨處隨定隨損隨結可例通之三就所盜略舉通收情非情道並攝盡矣如鈔所引明了論解恐不見鈔故又引之如彼解云盜義極多且約六根起非法行若偷六大亦犯重罪何以明之如諸仙人是胸行師有人蛇螌作仙人書見者皆愈然須價直比丘被害偷看不問損與不損看時即犯以此例諸祕方要術不許人傳偷見違惱何啻在五所謂眼盜下根例之如誦呪治病欲學須直比丘密聽計直犯重偷齅嘗觸亦例此知若要

方術。病緣即差。得直。方與得直。聽寫比丘受學。心
緣得差。不與價直。故犯重也。次約六界。前地水火
可知。如律中有呪扇藥塗。比丘偷搖。不與價直。是
謂盜風。若起閣斜臨。妨他起造。是名盜空。智者識
界也。人有伎倆。不空度他。得直方與。比丘方便就
他學得。不與價直。即盜識也。識不可盜。以無形故。
但可從緣盜其智用耳。三明非畜物者。如上立義
已明。可尋鈔中罪輕重也。文中處者總舉用收其
相也。初地中者。恐人不了處之所在。故以相列。令
知犯境。不得迷也。如律中解。即地中伏藏有主守

護。若盜此物。計五成重。今約律中佛地僧地。若有
伏藏隨出隨屬佛僧二位。亦無還主及送與王。可
如鈔中捉寶戒說。二地上處者。如今道地所得物
也。三言乘者。謂象馬等乘也。就此乘上有財欲盜
離乘便重。即以乘爲處也。若欲取財。無由得離。雖
乘行百里千里。但得偷蘭。後離方重。若兼乘盜。心
絕乘離即犯重罪。僧祇盜四足者。驅向所期。足徧
犯重。不隨所向者輕。本期不定。舉徧即重。本主來
逐。心未得者輕也。四言擔者。謂所有物屬於步擔。
義同前乘。可以兩分。五言空者。明了論中約有辨

空。結罪如上。今律明空。謂有衣物鳥等。從風所吹
有主之物而加盜取。明離處者即空異處。是名離
處。故善見云。盜空中鳥。左翅過右翅。尾處至頭上
下亦爾。俱得重罪。杖遮不隨者蘭。十誦中有主鳥
銜重。無主鳥銜者蘭。六架上者。謂諸架壁有財物
也。若盜離者。即以爲處。如十誦中取衣不取架。持
架將去。不得重。後離架時方得重。亦同上判。義相
似也。故又出者。知無異也。七言村者。謂託村爲處。
律中初約盜物。後盜村體。或以機關攻擊強力水
澆。言辭辯說。誑惑而取。皆重。八阿練若者村外空

地。二位同村可知。九田處者。由有多種百穀所生
之處。總名爲田。律中兩相如上村解。十誦云。若爲
田故相言。得勝者重。不勝者輕。若作異相過分勝
者重。僧房舍者亦爾。不言理之曲直。如尼言犯殘
中。但得述理。官占無犯。不許橫言。今以義約。若後
主想決則應屬已。若不定者。應非重科。十處所者。
或店肆作處。如是非一。亦有二位。如上列之。十一
船處者。亦有二科。船中盜物即船爲處。若盜船體
如僧祇中解船筏時越。動時偷蘭。雖斷繩未離者
蘭。要斷繩離處方重。善生流水中解船離栓即重。

十二盜水者律中但明所損不出分齊如僧祇中溉灌流水或一宿直一文乃至四五比丘爲於佛僧復自爲盜壞彼渠得越水入田蘭滿五者夷摩得伽云計彼塘工過分而用水滿者結重十三私度關塞者如律比丘無稅白衣應稅爲彼過物故制重如十誦中比丘應稅不稅亦重雖不爲過而示餘道以不被稅爲他過物故犯罪也如多論中持國禁物出界入死罪故言重者但違王敎故得吉羅薩遮經云不輸王課非盜也又僧祇云一切出家人不稅若賣買人應稅若官稅比丘方便自

免者非犯一本不共要二非理稅我故上文云比丘無稅法也若成犯者賊來劫我方便隱物亦應犯重然有白衣官稅其物比丘爲隱如律科重次明物體初云取信物者律中持人物在右手隨離結重若本左手持物盜心不還須捨盜心方移右手不捨而移是名重盜如是類之又十誦云若貸他物抵言不貸故妄得提如善見中偷方便故吉羅十云若先用盡後斷當已得重先斷當後離處方得夷受他寄物亦爾善見云若負他債比丘持去無盜故無罪也二取水者律中離地水器盛而

盜隨滿結重僧祇若以筒就孔中飲滿者重若稍飲數止咽咽偷蘭若器先塞盜拔塞時越注入器中蘭注滿者重若注未滿卽悔畏重以倒木器中偷蘭雖繩斷未離處離處未斷繩俱蘭酥油蜜等例同三楊枝者義同上相律隨有者便隨言之四園果草木者如上僧物中鈔中廣引僧園果木比丘多犯以我寺中不謂有犯然立寺者以盛無我之僧隨有施爲無非爲解脫故今不思此取他衆人所有之物以爲自保此罪大也如僧護日藏分中特可畏也故須深思如僧祇中僧地種果有功

聽與一熟乃至菜瓜例與一窠若於園中搖樹果落地持去方重若就園內食滿者結重十誦僧園樹華聽供養佛大木供僧皮葉隨比丘用僧祇院內樹薪供僧食用若無定限應取乾者五無足者律中蛇魚爲初有主盜取故僧祇云若以龍蛇等盜取犯重若瞋罵言何以籠繫卽開放者越五分若壞殺具無犯不應爾十誦摩得伽中壞網慈心吉羅六二足者盜人爲初約律盜人令出家去如上可知旣非僕隸則非別屬雖違王敎如上多論義言若他兒子賊奪去將便損父母依報力用屬

賊是强不得敎走若自走來則不負賊故十誦中
賊捉弟子將去師還奪取犯重賊未決想無犯弟
子自偷身來者不犯如昔解云師不得奪身自得
走者父母慼子力强賊奪得重已屬賊是强師弱
奪賊故重見報正體是强賊得力用則弱走是强
報相逐弱用隨來不犯十誦云見他奴婢語言辛
苦何不走去如語吉羅舉一足蘭舉二足重若奴
已叛催令駛去隨語得重或言此儉彼豐奴即叛
去不教故不犯或問豐樂遂比丘去即驅使者逢
難喚走皆不犯七四足多足律約畜論亦可準上

同財業者謂違契要故此引也據此同財其相多
種或資生同如今師資同活等取五即犯不假半
分以彼同財全欺負故或同活生共營財業共生
心盜則須計分滿十方重五是我分五欺彼故言
共要者律舉行盜先要共分如上律中弟子偷師
衣誤得已衣須分一半與共要者以同要時但云
得衣不問自他皆分半故如僧祇中兩教作者自
共制言從今得衣二人共分一人得衣便自念言
後得不必及是便解制云從今各任相祿先得衣
者半滿結夷又得衣呪願已言且置汝邊便解制

蘭又聞欲施便解要越有二一糞掃衣者要共覓衣
一得好衣解要二得好衣草覆三不覆解要如上
犯罪三階列之後二句中不得重者由初立要入
手共分以不捉衣解要故輕善見云期時共去中
前中後今日明日今年明年相要不絕相當者重
不如要者輕言伺候者規財便利覘候處所相期
進否得財必共故也縱得不共為候亦犯言守護
者為其掌錄所在追求隨得共之故言此也若先
不要但為守護既不同心義亦非犯言邏道者相
望通塞防慮外人得財共之故曰也僧祇二人共

盜一人守門一人入取解時俱越牽時俱蘭離時
俱夷
不與他不捨也若他物想他所護想有主想非己物非暫用非同意故也盜心取賊心取也
有五種黑闇心邪心曲戾心恐怯心常有盜他心又五種取決定取恐怯取寄物取見便取倚託取或依
親友强力若以言辭辯說誑惑而取者是隨不與取法以王立法若取五錢若直五錢物罪
應至死佛隨王法盜滿制重也
文言不與者明主不捨心任私之成我盜也注中
他物想者非己物也他護想者非暫用也有主想
者非同意也物雖屬主同意破用雖盡無過故以
此解釋成有主上雖約物明盜然結正時終須離

處因明十種。一文書成明離處者。如今持律判亡
僧物重輕互斷。下筆成犯。善見云。書地作字。一頭
時輕。兩頭時重。二言教。立善見云。口斷多端。偸夏
唱大。律中言辭誑惑取是。三移標相者。善見盜心
取地。移標得一髮亦重。四墮籌。如律隨下犯。五異
色。如律壞本色故。六轉齒。如十誦蒲博移棊子等。
七離處非犯。如祇驅牛馬。心疑故非犯。八不離處
明離處。如見必得不疑。動卽重也。九無離明離律
中攻擊破村燒埋等。十雜明。如空中等相廣如鈔
引。文言盜心取者。明心應境也。欲明行盜心業須

具必兼兩緣。以成一盜。故注解云。賊心取也。律中
具出二五盜心。初云黑闇心者。謂癡心也。愚於教
行。不肯修學。故於盜境生可學迷。律云隨作結根
本是也。卽如上引知事比丘互用佛僧物隨滿犯
重也。言邪心者。謂邪命也。貪心規度爲財說法。卽
是以利求利。惡求多求。外現淸白內實邪濁。故五
分云諂心取財是盜也。言曲戾心者。卽瞋心也。與
少嫌恨現相索多。或示威怒相是也。言恐怯者。謂
迫喝也。或說地獄惡報。或說王官勢力而得財者。
如摩得伽云強奪取是也。言常有盜心者。恆懷規

奪得物乃休也。又變此心云五種取者。取是其業。
對境行事也。言決定取者。心慮已定。必得如期故
曰也。言恐怯取者。示身口相令生怖畏。故取彼財。
如十誦中輕慢抵突而取他物是也。言寄物取者。
或全抵債。或以少還他是也。言見便取者。伺他慢
藏陽作陰伏之類也。言倚託取者。或假名聞威德。
或恃親友形勝也。餘注云或依親友。下律中隨諸
相下皆引此言。當今季世多弊斯犯。故聖制有以
也。文相易耳。文言隨不與取法者。結罪分齊釋成
重相也。不與取者。犯名也。法者。盜刑也。滿五便入

死位。故是法攝。謂比丘行盜準此以判。故言隨也。
注中依王法故制有此位。取錢者。卽五錢體也。直
五錢者。財準錢法也。猶如唐律隨有犯者皆約絹
估以從尺寸方定刑名也。注云盜五死罪準此行
盜驅擯不別。事同死也。如多論問盜何等錢而成
重罪。解有三種。初云本依王舍國法隨彼用何等
錢準彼爲限。二云隨國所用。有佛法處卽以爲限。
後云佛依王法盜五得死。依而結戒。今隨有佛法
處依國斷盜幾物應死。卽以爲限。如上三釋論師
以後義爲正。然五錢義互釋不同。判罪觀緣緩急

者如母論善見所說若約護行草葉不取者是也今諸持律多依十誦故彼文云古大錢者大銅錢也據今小錢即八十文如多論中盜相通濫初釋本錢何由可曉後解隨國現斷入死言亦泛濫難可依承如此唐律強盜滿尺則是極刑竊盜五十匹罪至役流縱多盜者不加至死論令準此則刑無死名比丘多竊少有強者縱有強奪計尺死刑盜五十匹又非死例準俗制道盜相叵論如僧祇云正無定法斷盜不定若依四分但云五錢錢則八種並同一制可如多論中間一解隨國用錢準

五為限則諍論自息也就斷盜相結罪分齊六門分之善見云於戒律中宜應從急又觀五事處時新故等初錢有貴賤時如十誦錢貴盜一入重賤時百千入輕一貴賤處者如律貴處盜物賤處賣還依本處定價三善見云貴時盜賤時賣定罪還依本時如上三門唐律明相亦同也四取多非重不得而重者如伽論云數取四錢數作斷意乃至五千不犯重也又如四分燒埋壞色或教他不為已亦犯重故五不滿五結重過五但輕者如律眾多人遣一人盜五錢多人共分隨本一分滿五通

犯如十誦中盜眾多人未分物雖多而輕謂亡比丘輕物也六盜一人一錢重如僧祇五人各以一錢同遣一人掌之若盜望護主結是也又如善見欲識盜相如師徒四人相教互盜一人六錢各得一夷一蘭此義應知如師語三弟子曰彼有六錢大者取三次小各取一我自取一乃至小弟子亦作此言彼有六錢和尚取三同學各一我自取一教人滿五夷自偷不入教人業故但蘭可以類知

若為王得自在不屬人王大臣種種大臣輔佐王者所捉若殺若縛若驅出國汝是賊汝癡汝無所知

文中若為王下七相治罰賊法訶罵賊辭所以列者欲明盜損道俗同弊輕仁薄義勿過於此故列此相用懲後犯又人解云初篇四夷餘三自犯無多過失顯盜是公白僧盜王材況餘凡庶而得免者故舉貴類賤舉難況易意可見也捉殺四相輕重文亂若欲糾正應言捉縛驅殺也所言捉者僧祇云瓶沙王遠祖治賊但令梅陀羅拍頭捉手便自愧恥永不行盜所言縛者世濁情澆雖捉猶作乃於多人之處祖王使人以灰圍之及至父時止故灰圍行驅出法至瓶沙登位七反驅出還入為

盜乃截一指。愁悔無極。佛爲王說過去爲養千愚事。至阿闍世乃行殺戮也。問。如戒緣中若盜五錢罪應死者。云何乃指其後殺耶。答。滿五合死古法常然。王欲輕刑減死從擯。如今此國竊滿絞刑。政緩刑寬減從加役也。餘三罵辭及後結罪文相易解。

是比丘波羅夷。比丘如上諸處得物。盜直五錢若過五錢波羅夷。方便偷蘭遮。若取減五錢偷蘭遮。不得者突吉羅。教人盜取彼若得物俱波羅夷。若受教者自取異物若異處取物。取者犯重教者偷蘭。若爲取物使無盜心。教者波羅夷受使者不犯。若教人取物謂遣盜取。受教者犯重教者無犯。有主想犯重。若疑偷蘭。無主物有主想疑偷蘭。比丘尼等四眾並如上戒。不犯者與想取。己有想。糞掃想。暫取想。親厚意想者是也。

就注辨相犯不犯中。五眾犯相分文同上。下更不分直隨相釋。初明自作輕重相。就教人中分二。初心境相當同犯相。二若受教取異物下分二。初有二句懷盜心同物處有異故重輕別。後有二句取物是同心有無異故罪無罪別。就初受教自取異物者主同物異也。後句主異物同也。取離地時專是所教故重。能教乖境故但結本方便。就後心有無中。初能教有心所教無心。若得物時須分半取。以本要期得物分故。後句所教有心亦須分半。雖

是我衣以所教取時作他想故盜緣成犯。何得不分。若不與者賊復奪賊義可見也。就境想中律文具列輕重二位。今注略故但舉重者。計應五句。有主無主想所以不出者濫故。不明濫相如何。若始終無心則不可學迷故非罪攝。若前後想轉據後非罪。前心有主偷蘭。若云無罪則濫轉想。若云偷蘭文濫本迷。是以相與不出。後諸例爾可以通鏡。

問。此由濫故便隱沒者。何爲後戒得具五耶。答。罪有緣非緣異故。以無主想謂同糞掃非生罪緣。人非人想境雖重輕同是制約生罪緣故。所以有也。

問。若如此者不處分處分想非生罪緣。何故具五。答。彼以事法俱可學故。雖有造作有教可依。無容迷忘。縱迷非學不結其罪。以事是難容有大犯故列第三。問。若如此釋律中地非地想暮非暮想亦迷非學。何故列之。答。同以轉想結前心罪。如前境想互四五中說。問。何名無主物。答。如鈔具引讀取通之。卽善見中子惡父逐後亡者是。如僧祇中若失物時作捨心者是無主物。如多論云取計滿犯。

就不犯中與想取者。實是他物意謂與我故非犯也。言己有想者。實是他物意謂己物無他想故。言

糞掃想者實是有主意謂無主開境想中初有主想句也言暫取者既非永用暫取借故開上主不捨中非暫取也言親友意者情若琴瑟財有何別古有食必兼人衣亦通被故衣從二人食字亦爾如親情故開上非情友也如律七法可為親友難作能作難與能與難忍能忍密事相告互相覆藏遭苦不捨貧賤不輕是也

不共住義如上解

此戒人多濳犯不謂重罪但是麤心鈔疏雖繁猶恐未悟可例此斟酌犯罪相也故善見云戒中宜

從急護此第二戒事相難解不得不曲碎解釋其義理分別汝當善思論文如此臨事可不勉耶

△第三大殺戒經明性重多以此戒為初豈非身為業先故殺業因首故也言性重者以性含輕重也重則人道輕則非畜約境分心故罪階三位今就人趣四句分業一非恩養非福田二是恩養非福田三是福田非恩養四亦福田亦恩養先釋初句言制戒意者以非父母故非恩養又非無學故非福田既非此二則餘人道所以不許加害者人趣報勝善因所招形心俱是受道之器出家之士理

應四等為懷慈濟物命今反內懷瞋忿斷彼相續違慈惱他損害道器過中之甚故聖偏禁二釋戒名古人云殺生戒者無論人畜約命是同今言大殺對後小害大則重夷小則輕墮故名也故善見云生有二種一者色生二者無色生色生可壞無色生不可壞然無色生依於色生色心相依行者資稟成一假命今以刀輪壞彼色生無色生者相與俱壞使前不感後後不赴前斷報相續名之為殺戒者能治之行能所通舉故曰殺戒故涅槃云眾生佛性住色陰中若壞五陰名曰殺生若有殺

生即墮惡道色有三種過去現在則不可殺遮於未來故名為殺夫眾生者名出入息斷出入息故名為殺我等諸佛亦隨俗說說名為殺第三成犯緣具有五種一是人道以餘道非重罪故二作人想三有殺心四起方便五明命斷第四闕緣義若闕初緣小漫心起但得三蘭以非人畜杌三境替故大漫心起但得一蘭三趣隨犯俱無差故若對剋心加王異境來替張處則有四句可準上思二闕想緣亦有小大兩漫及一剋心且對剋心生想有四句一夷三蘭也剋心生疑有十句一夷九蘭

也謂直疑有四互疑有六亦可準知也餘大小漫心境闕相可以準知事稀故不能具列三闕殺心或無罪如開緣中或得吉羅如打下眾雖死無心或得墮罪如打全破諸比丘等或得功德如看貧病死而無賞或得衣鉢如看富病以勞賞故或得偷蘭謂苦治人過與病藥近死方便但無殺心四闕方便由未起故不制單心或得吉羅雖心緣殺以未動身尋悔故也或得輕重二蘭如十誦中病者多衣望死分得或厭患懈怠不看致死但結偷蘭以無方便故闕第五緣未斷命如上七方便則

具七蘭如十誦云殺人未死則狂發戒捨但結偷蘭上明人趣非人畜生加害等同但罪輕為別耳

第二非福田是恩養初制意者人非化生業寄胎報攬彼遺分用成己身兼復鞠育其恩深重理應敬養報恩植福今反瞋忿乃加逆害違背恩養過咎極深故制逆罪文增夷重餘非恩養降階非逆問今殺父母為知得逆為不知耶答漫心無簡若對父母心雖不知以稱本期何無逆罪如善見中初有羺羊在於樹下後欲加害心乃漫緣隨有父人鬼畜來替羊處以心漫故亦結逆等若對尅心

不知無罪故伽論云非父母想若殺得出家不犯逆問父母出家成羅漢道若有殺者為得幾逆答如十誦中得一夷二逆又涅槃云一殺父王二殺須陀洹罪兼二重以斷父命恩養福田心懷二境二俱損故如俱舍論殺父羅漢得一無間依止一故問如上涅槃如何通耶答為顯無間二因而成命既是一何得二罪直以逆名標此業重故言二逆其實無也因斯明律結罪多少約緣業四位不同初業一緣異結多罪如二房咽食等謂妨難過量不乞殘宿惡觸總為緣也身口二業隨作隨咽

得多罪也卽結一罪者如謗假妄如盜掘地無別提罪相從究竟二緣一業異結多罪者如一人前後加打隨打隨提亦結一罪如盜前後相假成也三緣業俱異結多罪者如前後殺盜人別罪異也亦結一罪者如尼八事前後成重四緣業俱一結多罪者如發一語具口四過也亦結一罪此則並易不勞出也餘有約緣具闕並可準前第三殺羅漢者末代所稀理何須舉然經律中多有逆相識知其事用為後習明覺開達終因此緣故略明之言制意者是應供故名福田非懷育故非恩養欲

明此八斷結成聖八輩僧寶第一福田慈濟物故
俯從供養理須植因用收聖果反懷逆害損喪聖
身自既失利障他弘福情過是重故制逆罪餘七
輩僧道非究竟故感福微殺同凡罪自可聖行約
業非輕問如十輪經殺辟支佛不同羅漢者答以
聲聞人因聲入道一能說法二能現通三令他得
道益深利廣故結夷逆辟支不爾故殺同人如涅
槃云緣覺之人志樂獨處若化衆生但現神通終
日默然無所宣說不能說法令人得果以此文證
福田狹故問殺下三果何不犯逆答惑未盡故福

田不滿故善見云若殺白衣阿羅漢不得出家殺
三果者不障出家若爾犯四果尼可是障戒下三
果犯不應障答殺望福田故逆不逆異犯尼事通
凡聖壞淨境故問若殺辟支不入逆者何故涅槃
知殺有三蟻子畜生爲下凡夫三果爲中羅漢辟
支菩薩爲上答彼以約境分心故分三位不明逆
夷輕重等相若不爾者即彼文云闡提不墮三種
殺中可無罪耶約律中從境闡提人夷約經論闡
提無性也問若殺羅漢爲知得逆爲不知耶答俱
舍云若於非聖而行殺害後臨殺時成羅漢者無

無間業以於羅漢不起殺故若起漫心具緣諸相
並如前說第四惡心出佛身血者垂降生善爲世
福田慈濟含識亦是恩養佛爲法王四弘開化惠
益羣品其恩無外宜應敬養植福清心反加瞋忿
興於逆害命不可斷但出身血損法身器其過尤
深故制方便業當逆罪然出身血其相是一心懷
善惡同一業報耆域出血善心治病一劫色有而
受樂報調達反此故入地獄恐濫善者故標惡心
問不知是佛不得逆者若供不知不應得福答供
本漫心生福皆敬雖對佛身作樹神想以心通故

佛邊得福若本剋心對佛神想則無福也餘具緣
等同前準說就闕緣中有同有異闕初境緣四句
俱同皆異境來替佛本故雙闕亦爾若闕想疑二
句不同以佛正命必不斷故既明出血本結偷蘭
境雖極尊約從人制境強方便故也因即料簡五
逆之義四門分之初列數顯相釋名輕重二定體
狀初二懺否三約三業四明通塞初列數者父母
羅漢出血壞僧爲五也顯相者要約親生膝下故
恩養極也如世律中惡逆過者通祖父母世叔等
親何況假父後母姑姨之屬則並非逆所以經律

據二唯親言釋名者何故名逆以違恩養福田極故亦違佛世兩王化故名之爲逆如論所出云五無間謂常續有無間隔故如成實云一趣果無間捨身生報故二受苦無間中無樂故三時無間定一劫故四命無間中不絕故五形無間如阿鼻相縱廣八萬由旬一人多人皆徧滿故不相障礙業不可思問三寶皆福田損佛破僧得論逆者何故不言破法逆耶答謗法重故不入逆中如今五逆不入四重廣如智論及法華中有人言謗法重者謂大乘也對田論逆即壞法輪破法逆也問若如

此者何故毀呰修多羅但吉答前言逆者謂破滅故今言犯吉但毀呰耳若但破僧不名爲逆如破羯磨以損輕故若殺羅漢是損眞僧以違福極故得逆也次明重輕如前列者初輕後重故成論云破僧最大惡別離三寶故離僧壞佛毀法寶故又於佛所起嫉妒心違轉正法復惱大眾乃至三千界內禪誦不行故二定體狀初二及懺相言體狀者如五逆名非佛所制違恩福故業理自重有夷蘭者是佛制也但約人相犯夷不論恩福不具得蘭從殺方便若論破僧應制極重以事不獨建通

攝三人故也言無初者以逆犯相無略可違以外道殺父佛言滅擯可是違教餘如後說言可悔否者如大乘中開悔五逆若爾何故經中令王重罪微薄耶答罪無定也即如彼經有愧非有無慚非無或可本定故轉輕耳餘之三夷兩蘭皆可滅除學悔說故十誦九清淨人破僧偸蘭罪從僧懺文自驗矣三明業相者破僧是口業餘四是身業若互作者有語助成若論破僧身現不得必須言說用化前人能破是口不善業所破是不和合性破僧瞋嫉心起餘四分通三性破僧雖口說言了未

結罪要待前人忍方成其破輪也四明通塞者時處人分別佛在具五滅後唯三無法輪主故二言處者南洲具五東西俱三出血破僧須佛身故北洲俱無雜心云以命定無相殺故三言人者俗人及四眾唯四逆除破僧故比丘具五可知俱舍云北洲及餘道皆無無間業何況於餘界解云人道男女能作此業黃門等不許彼無戒因父母於其恩少由不具身分爲增上故愛念少故又其於父母不起重慚羞故畜生鬼神道不許有無間業故若智明了如聰慧馬有五無間也案記云論無五字必是傳訛

三大殺戒。佛在毗舍離，爲諸比丘說不淨觀。彼習定已，厭患身命，歎死勸死。難提比丘受雇殺人。居士驚怖，佛知此事，便說禪法。比丘修習，並證上果。因訶上過而制此戒。

就戒緣中說不淨觀行不得方。言不淨觀者，如來立藥對治心病。多貪不淨，瞋以慈心，癡不覺了陰界分別。初對貪者，故云不淨。如智論說具有五種。一種子不淨。攬父母形以爲己有。故偈云：是身種不淨，非餘妙寶物，不由白淨生，但從穢道出。二依處不淨。謂在生熟兩藏中間。故偈云：是身爲臭穢，不從華間生，亦不從薝蔔，又不出寶山。三當體不淨。謂三十六物成身，十二內外兩相各十二也。故

偈云：地水火風質能變餘不淨，傾海洗此身不能令香潔。四外相不淨者，九孔常流，俱不可用。故偈言：種種不淨物充滿於身中，常流溢不止，如漏囊盛物。五究竟不淨。終歸死膖，不可忍見。故偈言：審諦觀此身，終歸必死處，難御無反覆，背恩如小兒。注云：彼習定已，厭患身故，歎死勸死者，以修乖方，少於遣滯，故習此觀，封著不捨，便滅其身。此非有智。善見云：佛是一切智人，何因說觀乃令其死？答：深見往機，曾作獵師，多殺羣鹿，已墮地獄，餘報出家，若不說觀，人殺生惱惡心無已，由作此觀，人殺生喜得生天上。故無咎也。乃至說已入靜室中。五百人死。同世不知。知必制戒息世譏。故言難提受雇者。善見云：是外道沙門也。頭留少髮，依比丘住，拾殘食活。言佛知此事便說禪法者，數息觀也。所以改觀者，前對多貪，故說不淨。思覺之人本非彼治，故說數息。或前觀色是麤，今觀心是細也。就明數息，如論廣之。一數，二隨，三止，四觀，五還，六淨。並息亂法，以漸調心。言修獲上果者，即聖無漏在凡之上也。問：如來說法，比丘依行，深見不淨，正是如說，有何等過，復見訶責？答：佛說不淨，令厭苦本，若

欲修斷，必識身因。如何未斷集因，即除苦本，非唯果不可盡，乃使迷因轉深，故使修行非道，大可訶也。如經說身有苦，不說厭離於身，斯良證矣。

△二就戒本中，文有六句。初句能犯過人。二故自手者，明是自業。三人命，所殺境界。四持刀下，明教他業。是比丘下，將人附罪入治擯相。

若比丘。

初句可解。

故自手斷。所謂行殺也。若自殺，若教殺，若遣使殺，若往來使殺，若重使殺，若展轉使殺，若求男子殺，若教人求男子殺，若求持刀人殺，若教人求持刀人殺，若身現相，若口說，若身口現相，若教使歎，若

遺書若教遺書若坑陷若倚撥若與藥若安殺具及餘方便殺者是也

二自殺中而言故者除有悞者非犯法也注中廣列所行殺相相分爲二初自殺有八一自殺二身相三口說四身口俱五坑陷六倚撥七與藥八安殺具就教他中有十一初遣使二往來使三重使四展轉使五求人六教求人七求持刀八教求持刀九遣書十教遣書十一遣使歎也言自殺者謂自行殺若身若杖隨死皆是言教殺者或教人殺或但教人死之方便言遣使殺者指示所殺在其方所而往害也言往來使者受語往害至彼還來

重復往者是也言重者隨續使人乃至百千害一人者言展轉使者初使往害彼使不去更使人往如是展轉乃至百千最後一人斷彼命者隨前而使皆同一重乃至上列往來重使皆例同犯餘有契要不同心不如意並如前豎義中說下有四求皆教人相言身現相者或令怖畏墜墮溝壑或示死相等言口現相者或以言說歎勸其死或以大聲恐喝令他死者卽如世中有厭身者或投火墜巖或刀解繩綹不知教者合掌唱善或扶接登山或爲辦繩具斯卽教歎正符犯法身口俱現卽此

之流言教使歎者遣人語彼人令彼語所殺者生多衆罪不如早死之詞言遣書者身現其相表於紙墨令用死者如多論中若優婆塞及以比丘知吉凶相令破異國隨得財命皆同殺盜重罪若作死書教使送彼使向親說使自得重遣者犯輕使自依死犯輕亦爾若作死經有人偷讀遺失拾得依經取死造者犯重言教遣書者自不親對遣人作書令彼受死無問自他若死俱重五分作書時字字蘭言坑陷者知人遊行必從此道故設坑穽令墮死也十誦云爲人作坑人從死重非畜死蘭

爲畜造坑畜死提人死吉若不定者隨人畜死重輕如律言倚撥者審知彼人倚撥其處便施刀杖彼依而死者言與藥者文事可解言安殺具者卽如世中行刑之所比丘往看施其繩索令彼死者同重多云若爲殺故造刀杖者吉羅往趣彼人步步輕蘭或著彼身命未斷重蘭文言及餘方便者非謂如上所列而言相盡更餘方便律雖不載但依而死皆是重攝又欲遮惡比丘避於佛制如上網目所不攝者欲加殺害故又張網總而收之欲獲罪人實唯一目故俗云天網恢恢疏而不漏是

也問如汝所釋浪作分疏至如佛意何必如此答凡心度佛誠非擬議然佛立教自有比量如經比智用擬上位何以知然如律文中佛制比丘不得服用俗人外道衣服遂即方便更作餘相佛即訶言汝等癡人避我所制更作餘事自今已後一切俗人外道衣服並不得著著者如法治據此明證豈非通約也

人命（從初識至後識而斷其命）

言人命者謂殺境也所言人者仁也仁者忍也俗中釋名大有意致亦可尋也謂人立志存育為先

故云人仁也若但言人而人有無命者害非重罪故又重列言其人命也所言命者謂此身報假之維持終於一形壽所因本故謂命根以命持識令依住故如雜心中命根體者非色非心良由眾生往業所剋期在此形連持不絕故今死者氣雖斷絕隨有煖處識在其中即識住處為命根攝然今殺者命根非識何由可殺識本無形殺亦不得故隨相說斷其依處命根不續識無所依故云殺也律經約相但言識者以命根相不可見聞依聖言說信而為有若論識者愚智齊知但殺前生無識能學即為死人也麤相易曉持犯不難隨機之義復現茲矣言初識者謂初託陰止是凝滑不淨故經中說為伽羅之時也如五分云入胎四十九日名曰似人過是以往乃名是人即五王經云受胎一七日如薄酪二七日如稠酪三七日如凝酥四七日如肉團五七日五胞成就六七日已後六情開張言後識者即最終時在後一念為後也所以言此二識者亦為遮惡比丘念也若殺人者可得重罪如胎分中迦羅邏者即既非人故不名犯所以張網通收初後若有胎人識所依止隨有損害

無非極刑即如五分若人似人意亦可見四分下文墮胎等相

持刀與人歎譽死快勸死咄男子用此惡活為寧死不生作如是心思惟種種方便歎譽死快勸死

言持刀下此教殺相就分為二初持刀者教殺歎譽死者口業也問身口殺相律文非一以何義故獨舉口歎以入戒本答據論戒本不勞繁文但云殺人得重自應通攝然毗尼者以因緣求此殺戒緣由相歎故即以此緣入於戒本前後諸戒繫相並同

是比丘波羅夷。若作如上殺人方便，不死偷蘭。若殺非人若畜生有智解於人語若能變形方便殺者，並偷蘭。不死者突吉羅。畜生不能變形若殺，波逸提。實人人想，波羅夷。非人想疑，偷蘭。四眾犯相如上。不犯者，擲刀杖瓦石誤著而死，若營事作房誤墮木石而死，若扶將病人入房往反，一切無害心而死者是。

是比丘下，收入罪擯，就注解中初當趣明輕相。二非人下，分異趣相就畜分二。智變有勝，加害犯偷蘭者，以相同人。心非重者，何能害也。如世鸚鵡鸜鵒，人有教其語者，殺未犯蘭。此但爲人所教，未教本非其智，故非重也。又如狐狸虎豹諸獸，旌異志怪諸傳記中，變爲人相往往非一。律中舉龍爲首。

不言餘者，若知而害，義依法科。不知而害，亦從律結，並如上解。具緣所列，就不犯中文相極顯。所以不犯者，如文云一切無害也。

不共住。

案此爲第六句

四分律含注戒本疏卷第二之中

四分律含注戒本疏第二之下

唐終南太一山沙門釋道宣 述注 撰疏

△第四大妄語戒。次明口業所犯法行。古來翻經約業顯相。多云身口。今時正譯審定名體。不濫境心。故以聲所從者並爲語業。故經云正語是也。所以然者。人之面門名之爲口。口是顏色。但知吐納。至於所損約從身攝。論妄語四出雖在口。必以聲相用分業道。然其聲發豈止於口。七處無壅方成語言。餘且略之。所以語業具列有四。妄語居首者。由過數起順本惑業。無始無明無非誑妄。非有謂有。諸例非一。今既出家。宜須體妄。澄狀成淨。（案記云狀合作汱音太。淘淨也。）反本即眞。如何不思重增欺負。深可責也。故在重初。自餘罵讚輕故後列。然斯妄相人多弊之。吐言一返追不可得。故以義張識其非相。四門儆之。一能妄在凡非聖意。二明凡妄語五種別。三立妄爲言兩分相。四本誑令知不待信。初門中明能妄人在凡不在聖者。由彼聖人有二種實語。一者身證。二者想心。言身證者。修道德滿證眞斯極。除斷虛僞妄則斯盡。出觀陳說言必稱實義無欺負。起誑妄過此身證也。然彼聖人定前方便理觀

事察。自然聞彼異域奇相。及出觀後如心陳告。我入空慧定中見也。餘人不解便生疑怪。何有空慧得見奇相。此則目連虛稱上法。如僧祇律本皆有是事。佛言實爾。定不淸淨是前方便。謂言定體如斯事相。想心實語。問。若如上引二種實者。舉彼大聖亦有二不。答。如來照境斯盡。但唯身證實語。所以然者。聲聞了境有礙。二者劣用不同。入則徹於視聽。出則如凡聞見。有此義故便有想心實語。佛則不爾。反前可知。故淨名云。常在三昧悉見佛國。又無量義經云。永斷夢妄思想念故。無想心實語。由彼下凡無彼聖人二種實語。發言欺誑令他虛解。故成妄過。問。凡夫身心亦有事中身證實語。如向人說身證苦樂。不妨迷忘違境而說想心實語。律不結犯。與彼聖人想實何異。答。雖有非犯。然非理解緣念之想。由未斷本僞妄之心。後時違心背想而說還成妄語。有斯別故不同聖也。次明凡夫妄語隨緣無量。以罪定名不出五位。謂波羅夷僧殘偷蘭波逸提突吉羅也。就此五位約分爲二。夷蘭二妄同出世法成誑重者。良以下凡於出世法未實交證。假偷在已惑誑於人。用謀名利損重過

深故得極重即以斯語用誑非人損過稍輕故結蘭罪階降乃殊同非凡法餘三妄語同以世法用誑於人罪便異者良以瞋謗凡情易起實無三根橫搆虛狀以餘重罪誑僧見犯欲令治擯永處眾外情狀尤重故得僧殘又以二篇所犯之罪誑僧聞見謗相既輕故得提罪戲笑不實乖越威儀情過為微故得吉羅三階乃立無服世法（案記云服字誤合作非）上以義約大分凡聖今用教徵便有逆轍自有說凡而得重自有說聖而得輕何者如十誦云我於那含果未得或言失者偷蘭若言有者重或言

我今日不入世定前人言昨日云何答言亦爾不入蘭皆謂言近聖相故結蘭也或云我是學前人問云何名學便言我是多聞利根禪誦慧解者犯偷蘭若言無漏學人者重或言我是無學乃至答言懈怠不學說聖無學者重若言我無所有我無不活畏及大眾畏乃至答言我無衣鉢名無所有者蘭言無貪癡斷五畏者重或言我是盡結使人我今是佛乃至答言過去無故所以結盡覺一切不善法名為佛者蘭言斷結使說名佛者重伽云我是佛者我是天人師者並偷蘭以人不信故若

云我於四沙門果退者夷所言有涉也多論若言不淨觀等乃是凡法亦得重罪十誦云若人作書自云初果以書示人書云得果我實非得犯蘭僧祇云若言某處皆非凡夫者越毗尼我亦在中者蘭以非定指故若言我亦得此法者犯重三明聖法起妄必以心境俱差凡法明妄但以心虛不問境之虛實者凡論妄語四句分之初心境俱虛二心境俱實三心虛境實四境虛心實即以分之初句犯夷第二犯墮第三境實不名為犯以心虛故今解不爾如後小妄違想而說即犯墮也第四句

者增上慢也由心實故開前大妄由境虛故開後得道後以世法誑者以境雖是事通於內外加謗得殘自三根為內他三根為外亦可意有見想為內見聞覺知為外皆非聖法不據前境但使心虛皆成妄語故文云彼人不清淨不見彼犯雖復著實不那心虛結殘可知四明妄語本欲誑人生信今結正時但言了結不待信者如昔人解知麤信細云云何極今言造業各有所由口造語業言了前知壞境既備何得待信以領達言竟欺負即了信疑兩緣壞後方起語造身業言了未壞故未結

重。餘如豎義。就解戒本。亦有四意。所以約制者。然則無漏聖道。非凡所證。由未得故。冒假虛談。自言已證。惑亂羣心。欺負於世。希招名利。噓法罔時。過中之甚。故須極制。二釋戒名者。體乖實錄。名之爲妄。過重欺深。名之爲大。成業在口。名之爲語。戒是能治之行。故曰大妄語戒。如昔解云。言非稱實。名之爲妄。妄說聖德。事超凡境。故云過人法。言過有二。過凡至聖。過欲至色。以此二法同誑於人。故曰妄說過人法戒。問。何以但言過人法。不云過天者。答。如多論解。佛在人中結戒。故。人中有木叉。多修善法。人道勝天。但云勝人。已過天故。又勝人已罪重。天故無所論。三釋成犯緣具九。一前境是人。二作人想。三誑境是虛。四知已境虛。五誑他心。六說過人法。七自言已證。八言章明了。九前人知解。四解闕緣。若闕初緣。小漫三句。正犯四句。異境來替。相同前戒。闕第二緣。漫心想轉。有三犯心轉想有四加王人想故。漫心辨疑有六。犯心辨疑有十。雙闕二緣有四十。作句並如上可解也。闕第三緣。境虛今謂實者。全無罪。容犯提吉。如後得道戒。闕第四緣。知已虛。卽增慢者無罪。闕第五緣。有誑心。今

不作究竟意。戲故。吉羅。闕第六緣。說過人法。今說人法。如多論云。自言持戒清淨。婬欲不起。不誦四含。毗尼。不坐禪。非練若。而言我誦。我是。並偸蘭。闕第七緣。自言已證。今不言自證。或有功德。歎三寶故。或得吉羅。我師是故。或得偸蘭。虛說他得。以謀名利。邪命活故。闕第八緣。言不辨了。輕偸蘭。闕第九緣。前人不聞。或不了。但偸蘭耳。

四大妄語戒。佛在毗舍離。時世穀貴。乞食難得。婆求河邊有安居者。便共稱歎得上人法。信心居士。減分施之。後往佛所。因問訶責。而制此戒。

就戒緣中。初明穀貴。遂行邪命者。論語云。君子固窮。小人窮斯濫矣。斯言有由。以俗誡道。鈍士所懷也。

△戒本七句。初出能犯戒者。二實無知者。是妄語境也。三自稱我得下。正是犯過戒本也。四彼於異時下。制疑網也。五除增上慢開心實也。下二可知。如上說也。

若比丘。

第一如上。

實無所知。謂實無知見法。

言實無所知。於聖無漏。由來無得。可是虛耶。故曰

也注解實無知見者如僧祇云於四眞諦名知諸
通名見此二於身空無知見故曰也此是妄稱之
境也
自稱言我得上人法（自稱說有信戒施聞智慧辯才過人人法者人陰人界人入也上人法者諸法能出要成就也）我已入聖智勝法（自言有念在身若正憶念若堅持戒若有欲若不放逸若精進若得定若正受若有道若有修若有慧若有見若有得若有果）我知是我見是（若言天龍鬼神來供養我若得不淨觀四禪四空定等）
三自稱我得上人法者是總舉也我已入聖者別
示相也就前總舉言人法者謂成人之緣無越陰
界故曰法也所言上者謂無漏信戒凡法之表故

曰上也就注解中言自稱說有信者釋上行妄語
者言也信謂理解不壞之信戒謂八正定道之戒
施謂亡我之施聞謂道分無漏聞慧智慧謂思修
懷正之智辯才謂四無礙辯非凡所得也此之六
相唯聖所感在凡人上故曰上人法故人法者下
列陰界入也古翻經者謂積聚是陰義檢諸字書
無此訓故今世所翻改陰爲蘊不可怪也如古改
陰爲眾可以通之如論中說陰界一也論本成人
但色心耳眾生迷執多不解悟故隨病設藥治之
不須諍也秖恐誦藥而迷愈疾非聖意也故彼文

云迷於心者爲說陰色相爲一分心爲四令知識
想受三猶未成業若至行心三毒三善隨發成業
則不可治故當常爾一心念除諸蓋斯成藥也對
病之時並亡去矣病成方憶難可言也迷於色者
爲說入六塵五根俱是色意根不分非迷也通迷
色心爲說界分色爲十一分心爲七分至於藥治
可例上也此之人法通凡及聖觀察識妄斯唯聖
證謂我能觀此凡想倒不可信也就解上人法中
戒慧非一名諸體唯缺有名出離此法外非餘法
能名要順法治惑故曰成就也二別解中我已入

聖智勝法謂得生空之智故言聖智會正名聖由
觀無我感於聖故又法空解達陰知無故曰勝法
就注解中此勝法之相耳有人依解廣豎義章動
經他日意所異也舉宗以明持犯爲正自餘隨律
之經略知名相而已諸經論師自分宗體彼尚不
解律刑此豈橫知他學縱有前聞亦不得述費時
損日徒張無益自宗猶困於未聞況餘經論何由
道盡可謂不識分量也須臾死去莫浪多事故今
但釋其名也言有念在身者卽身念處也故律云
有念能令人出離狎習親附乃至無復艱難而得

自在也。言正憶念者。謂受心法也。言堅持戒者。八
正道中語業命也。言有欲者。四如意足也。言不放
逸者。五根力也。言精進者。四正勤也。若得定者。謂
三空。卽空無相無作也。若正受者。四種。一想正受。
初禪覺觀俱也。二無想正受。二禪無覺觀也。三隨
法正受。三禪樂由隨也。四心想正受。四禪有無想。
外人計爲滅心。爲除此計。故言心想也。言有道者。
律釋十一支道。廣如舍利弗毗曇所說。若修若慧
若見。卽道分三慧也。剋證在已。爲得。遂因爲果。酬
因爲報。無漏是果而非報。攝文言我知是者。釋上

境虛知諦不妄也。我見是者。亦同也。注中云天龍
來供。戒本不引。今所有文。引受戒時。舉重示相義
不乖也。問天龍來供。凡尚感發。有何罪。故乃入聖
中。答相與聖通。故齊一重。又過常人之所有。故下
列不淨觀四禪四空。例是凡法。有誑俱重者。多論
答云。是甘露初門。一切聖人由之而入。故言過人
法也。
彼於異時。若問若不問。欲自清淨故。作是說。我實不
知不見言知言見。意欲以後悔前用實轉虛。由口造業。言了結重。
文云彼於異時下。明犯過者以後悔前相也。問妄

語之相。戒有五位。大妄大謗。戒本所列。自言引虛。
小妄小謗。戒本不出者。如昔解云。上二罪重。有壞
衆義。須僧治罰。故安自言。餘過是輕。故不安著也。
若爾。須治初二篇罪。俱是壞衆。餘何不著。答。義應
如問。但爲相隱難知。非其自言。無由可識。故結集
家取意集之。重著輕略。大覆小覆。大妄小妄。大謗
小謗。例如此也。又人解云。自言有二。若問自言。通
一切戒。不問自言。如戒本列。初篇有者。以緣有故
列之。後篇無者。以緣無故不出。如夢漏失。當時有
故。卽除。婬亦應開。當時無故不列。在律下文開之。

如是準知。上已解竟。可細尋取。豈非緣也。問。若如
此者。文列若問自言。列來何爲。解云。類通諸戒。俱
不須列。爲除疑故。相與列之。若不彰者。見有不問
自言。謂不須問自言也。故相對出。餘戒無不問自
言。故問自言。無對故不出。大有理也。彼於異時者。
犯罪發露前後經夏。故言異時。若問不問者。當時
如來以世疑問汝有實不。懼犯過故。遂自陳首。我
行妄聖。卽不問自言也。欲自清淨故作是說者。見
世行惡。詣官首露便原。六罪。佛法不爾。業結在前。
吐言招惡。成因已竟。苦果難除。注中解取意可通

也。

除增上慢。（比丘慢心自謂得道。後勤精進。證增上果。生疑白佛。佛便言增上慢人爲不犯。）

除增上慢者。無漏正道。出過相有名爲增上。然於增上之法。未得謂得。名之爲慢。十誦云。久在山林。不覩妙色。暫伏煩惱。自謂永無。故生慢。告後近城傍見色起染。知己是凡。更加精進。果成羅漢。佛言犯吉障道。注中文相可解。云生疑者。解言準境虛邊。應犯正罪。然我心迷。無有情過。故於持犯不能自決。佛判非犯。止爲心迷。

是比丘波羅夷。（若作是虛而向人說。前人知者波羅夷。不知者偷蘭。若遣手印。若遣使。若書。若作知相。若知者。其犯亦爾。若於不能變形畜生向說。得突吉羅。下四眾如前說。不犯者。增上慢人。若業報得。若不言我得。或戲笑說。或疾疾說。屏說。欲說此錯說彼。是也。）

是比丘下。引人入法也。初自作輕重中。若遣書印者。西域人指並貫環印。見相知心。義應假語言作相者。現身口威儀。令異凡度也。於不變畜向說何益者。以出家人言行相守。何得自輕。妄稱不實也。就不犯中。若業報得者。今有見鬼徹聽。非是修得。恐同聖故。如世俗通。呪通。術通。幻通。藥通。報通。如鳥飛空。報通也。人雖不得。亦不怪彼。戲笑已下。以輕遮重。非謂全持。如上制戒明違順也。

不共住。

（案此爲第七句）

諸大德。我已說四波羅夷法。若比丘犯一一波羅夷法。不得與諸比丘共住。如前。後亦如是。是比丘得波羅夷。不應共住。今問諸大德。是中清淨不。（三說）諸大德。是中清淨。默然故。是事如是持。

上明四相釋標章門。眾已委知。又除疑執。故又結也。就結章門又分爲三。初有一句告眾情也。若比丘犯下。除疑執也。今問諸大德下。欲說後篇。又靜眾也。就初又二。諸大德者。舉人歎德。動神府也。已

說四波羅夷法者。正結章門也。標釋結中。罪四不別。共爲一章。文分爲三也。次除疑中分二。初云若比丘犯一一法。乃至不得共住如前者。釋同住疑也。時人疑意。但言犯者不共住。不知何等不共住。故今解云。未犯已前。以人淨故。得於二種法中同住。（案記云。二種法者。一說戒。二羯磨。）今既一犯。不得如昔同法共住。故言不得共住如前也。二後亦如是者。釋重疑也。時人意謂初犯斬首。有戒可破。後雖犯過。謂非有罪。故今釋言後犯亦爾。不預前共住之例。故曰不應共住也。有人言白衣沙彌不足僧數。一犯已

後如前無異故言不得其住如前疑無重犯故云
後亦如是問此律重犯隨作不輕何故僧祇學悔
人犯止但吉羅亦應驅出者答義同文異也律中
犯重有行悔者猶在僧中說戒自恣異於沙彌故
同夷罪如打犯重還結波逸提僧祇輕者就不足
爲言故十誦云與學悔沙彌尼安居中犯僧殘聽
比丘受日與摩那埵若學悔沙彌行婬盜殺妄還
得波羅夷問初篇二篇同壞衆一假僧治罰何故
初篇著後亦如是二篇則無意有何義答初篇斷
頭之罪疑謂一犯後不重科須安後亦殘是有餘

無疑不著若爾初既重犯不應斷頭既喻斷頭亦
無重犯答斷頭據果爲譬重犯據戒猶存
△就解戒本廣宗八篇次解第二義門分別有八種
意初明業不自成必由惑發雖衆多不出三毒故
以篇戒配毒成相發雖在惑暢必在具所以第二
配屬身口兩業乃現作必有由故次第三明自他
義上顯成業由境而興故次第四遮性相攝然初
制意爲存道本故次第五配篇種類名相乃異須
定行基故次第六持犯方軌凡所禁制約報彰持
故次第七僧尼同異上雖張相未辨小學故最末

論沙彌任運初明第一配三毒者就此十三初有
七戒因雖三毒成必貪心次二謗戒因亦三毒成
在瞋嫉二破兩戒亦因三事癡慢心成後有二戒
因瞋癡起成亦同之若當講解須敘戒緣用顯三
毒成業相貌故僧祇云有罪從貪欲生如弄身婬
觸染語媒嫁也有罪從瞋恚生如無根謗毀呰驅
出打摶等有罪從愚癡生如邊邪等見有罪非三
毒生如無學犯第二明身口相者漏失摩觸唯身
心犯二房據本由身成犯亦有敎人口業犯義自
餘九戒口業成犯亦有身業助成之義如後四諫

縱設不言隨滿便結何待口也意通前業不可別
配故僧祇云有罪非身口從心生卽應問言何心
取物殺人觸女斷草掘地是名取心不取事也有
罪取事不取心者不應問他汝以何心婬飲酒與
未受人宿過限隨有犯者當如法治第三敎遣不
同相者二麤二房四戒自作成重故不須說敎人
作者於身無潤不同犯輕若二麤能所互有染隨
染而結重若論媒相不問利非利俱同犯殘昔人
解云自重敎輕者便引律云若我語僧恩不在我
故知有利方結殘者不如此也斯引緣耳必結成

業教他同犯如白二遣人媒合眾同犯者以染愛分故若如二房亦有共作義亦同犯也二謗為言教人起謗損境暢思不問為己不為己皆同犯也有人云不同犯所以然者若教他言持我三根往謗彼人僧若檢校不問所教故知是輕故善見云慈地得殘能教人也尼得吉羅所教人也任情所存然作業是重未可同於外部次有六戒教人但輕漏失摩觸及四諫戒若僧未設諫教者但吉若僧設諫教莫捨者蘭以有僧命眾法可違故漏觸教人成者犯蘭義不待言問如漏觸教若未成但犯吉羅如何四諫作未成犯已結蘭者答不同也彼但自壞損他又無僧命可違故待事成方蘭此諫教人自他俱損復有違於眾法反前故重問所諫之人違白未竟但結吉羅何以能教犯重所教輕者解云所諫結罪因果分齊違白若竟其果是蘭故白未竟其因但吉又有僧殘重果可趣能教之人無果可趣隨語違命故但偷蘭次明遣人謂九戒遣人為已作者同於自犯如漏觸於已身之類也四諫無有教人為己違諫故所不論第四明於遮性之義媒嫁二房是惡名遮自餘十戒體是

不善名性惡也以媒房等自損妨道等同殘業者如母論云結戒法異輕制重名欲令行者稀而不為令進道也第五明戒皆初篇種者如多論云如初四戒各有種類何以知然如十三中初有五戒三十中尼衣使浣染毛三戒九十中與女人說法同宿安坐強坐露坐教尼已下有十戒悔過法中第四戒於眾學中高眄視等屬婬種類二房畜寶貿寶販賣乞縷奪衣迴僧藏衣用淨賊期四悔學家覆食汙草水等為盜種類汙家憍奢用蟲飲蟲殺畜打搏尼食大搏便於草水並殺種類二謗兩破戾語一二居士王臣妄語次十指授食說法戒等並妄種類講者不可單歷欲令他解次第張相結過屬著豈不然乎疏者加之甚易恐繁故也第六明持犯方軌唯有二房具兩持犯餘名止持造則作犯若為明者如昔解云止不作房名止持從僧乞法名作持言二犯者止不乞法名止犯作房成者名作犯據犯名體是一據持名體各異今解持犯之生皆從法起違順教相故有犯持據房為言事法分二各具二持名體須顯安有端坐不修為持如殺盜等隨境制禦識達業相方成前行號

曰止持豈可臥地我不殺生便於生境能發隨戒
戒隨三善緣境而生前立義中約行明持無問止
作前之三心不名持犯云何此中我不造房名爲
止持義不可也故前義立後以事法明持犯相如
此可識就房事明持犯者依教不越名止持驗教
知量名作持出於教量名作犯不順教故名止犯
此則約其度量顯其違順止作持犯名體各別次
就法論恐犯教制如法無違名止持從僧乞法名
作持故違不乞名作犯卽此違教名止犯此亦名
體各別止據無違作據順教極分明也若有昧者

翻犯可知問準此持犯與前旣乖約事明作身營
可悉故犯僧殘約法明作其相如何答此之過量
及以不乞緣雖兩望果由房結對相思事隨有四
違纔一舉手營搆土木卽有偷吉四罪隨生安有
過量偏屬作犯若如此問後戒無過無作犯矣準
此成例身業是過約緣分罪隨多少也今以句法
用收教相意同持犯方軌中說九八造房中有迷
悟一八識達法犯無疑故不結其不學無知餘之
八八隨相多少初但一句識法識犯法謂白二犯
謂僧殘旣隨僧乞名曰作持於僧殘罪欲犯不得

名曰止持如此約句何有不解中有四句一識法
疑犯二識法不識犯三疑法識犯四不識法識犯
並乞造房同號作持由於法犯迷而不學各有罪
故問罪是止犯作持何用答就事作故無犯名持
何妨於法無學故結下品四句一疑法疑犯二疑
法不識犯三不識法疑犯四不識法不識犯所言
疑者疑法白二白四或用單白直和或須不須故
曰疑也言不識者謂直單白不須白二或須白二
不識通塞亦是不識對法旣爾約犯僧殘迷疑同
此旣無識兼不及中故名爲下品若論法犯俱有

迷者最是下下之八而名持者由於僧殘有乞無
犯問等同不學疑迷二相結罪不同者答疑兩緣
生故是解律分有智性故結吉羅不識不爾癡故
昏迷同於黑業故結提也如上廣之第七僧尼不
同門者輕重分戒有六不同言漏失者僧重尼輕
如多論解女人煩惱染重難拘難制若制與重罪
惱衆生故也又云女作在屛苦乃盈流故輕男子
不爾隨事能出故重摩觸一戒尼重僧輕所以然
者尼則煩惑情重旣受摩捉必爲陵逼成大過故
方便之內制與重名丈夫摩捉必無陵壞不假深

防但就限分故制輕也又女人貪觸情重律有背夫從觸之相如彼賢愚試蛇以氍女住男去情有著故言二麤語僧重尼輕男則剛獷無羞爲之事數故重女則輭弱多恥爲之義稀又趣重果方便縱造但結蘭罪二房亦爾所以不同僧是多利孤遊造房事數故重尼則反前故輕又如多論二人共造不獨宿故人無房量縱有過者輕而不重媒謗已下同犯可知第八明方便任運義者如沙彌時遣人爲已麤語歎身媒嫁二房及以二謗進受戒已前所遣人七事成就三性之中任運成殘餘無遣人同犯義故不說任運。

諸大德是十三僧伽婆尸沙法半月半月說戒經中來。

次消文中標釋結並同須引。

△就釋相中第一漏失戒此戒人多喜犯者良由放逸心性不思死至故也若依涅槃常思觀察我此生死未有邊際世之事者無由造矣多論云佛所以不聽者爲令正法久住故又止誹謗故又欲生天龍善神信敬心故又姪欲惡法正是生死之源障道根本理宜制斷令梵行清淨故次釋戒名者。

方便動轉標心究竟名之爲故體分盈流故曰也。言具緣者但唯三緣一標心出不淨意二方便動轉三出便犯。

初故出不淨戒。佛遊舍衛城迦留陀夷欲意熾盛身色瘦悴獨處一房好牀蓐被地施敷具飯食豐足隨念弄失諸根悅豫顏色光澤諸比丘舉過白佛佛無數訶責已而制此戒。

就戒緣中明獨處安數故起過過豈非不思世間不可樂想故致斯過也。

△就戒本中四句。

若比丘。

初能犯人。

故弄陰失精實心故作出不淨意前境有六若於內色外色內外色若水若風若空隨作方便若出即犯。

二故弄下明其過業男陰女陽之相無瑕迹之生沉終浮死則伏仰異也精者持身之寶也必偏身分中如善見所釋律中分色輕重乃至二果色如漿者欲心薄也注解云實心故作者謂非心所行不名犯也解上故字也言境有六者據戒無境也何以知然若空動身亦名犯也若不出境通收內外恐漏罪網故便列之言內色者律中受色謂心領納名之爲受與受相應色名爲受色即是人身

有識持者。二外色者謂非情色也。三內外色者兩
色中間也。五分云。內色己身。外色他身也。四者水
中。逆順而出也。五者風中。相同於水。乃至口吹者。
六者動身也。文相可解。
除夢中。佛言。亂意睡眠。有五過失。一者惡夢。二者諸天不護。三者心不入法。四者不思惟明相。五者於夢中失精。善意睡眠。有五功德。即反上句也。
三除夢中者開緣也。注解善惡兩夢。其相可知。善
見論。夢有四種。一四大不和故夢。如見山崩地動。
飛騰虛空。虎狼賊逐等。二先見故夢。如晝見青黃
男女。夜則夢見。三天人與夢。或有善惡天子為現

善惡兩夢。四想心故夢。此人前身為福。則有善夢。
誦經禮佛等。若為惡者。則見殺盜等。前二不實。經
云如夢幻等是也。後二為實。經云。但取夢相。如方
等佛名所說。如善見云。夢通三性。若見禮誦是善
性。乃至見青黃赤白為無記也。若爾。三性豈非罪
耶。如成實夢中成業。如蚰蜒等。是以律中五種過
失。豈非罪也。如五分中。不攝而眠。五吉羅也。此云
不犯。開於殘耳。如僧祇中云。夢者虛妄不實。若有
實者。於我法中修梵行者。無有解脫。以不實故得
盡苦際。

僧伽婆尸沙。若方便弄不失。偷蘭。比丘自相教。若失。犯偷蘭。不失突吉羅。尼波逸提。下三眾吉羅。不犯者。一切不作出精意。
僧伽婆尸沙下。結罪名。下注解辨相可知。
△第二觸女戒。佛所以制者。多論云。有六義。一者出
家之人。飄然無所依止。今制此戒與之作伴。有所
依怙故。二者息諍根本故。三為息疑嫌心。不但為
捉而已。言即作大惡故。四為斷大惡之源。禁微防
著故。五為護正念。若捉女人。失正念故。六比丘出
家。理應迹絕塵染。標心累外。為世軌則。若捉女人。
則喪世人崇敬心故。次辨釋名者。輕重離合三意。

言釋名者。身相摩對。名之為觸。故曰也。言輕重者。
問。僧尼俱觸。而罪有輕重。二人俱病。而罪無階降
者。答。觸對為言。陵不陵別。故夷殘病中懸對譏義
是同。故俱提也。若爾。如尼受染心衣食。共男入室。
譏義不殊。何為階降。答。染心衣食。深防重罪故重。
共入闇室。當相譏疑故輕。故非決也。言離合者。有
人問曰。九十制坐。則尼女分戒。十三明觸。則道俗
同罪者何。昔齊大德隱律師曰。結罪便故。所以合
之。若對比丘。二女俱殘。若對於尼。二男俱重。故不
分戒。九十須離者。僧對二女俱提。理應須合。但結

尼罪則道俗輕重不同故使離之若爾者尼離五衣俱提如僧對二女坐提僧則三重二輕相同尼對二男坐也此亦輕重不同何爲得合答若就二三結罪不同實亦應離俱對受法以明離故合也然前屏露直是事中之譏隨義故别不同衣有聖法對法以明同離故不分之又難若使結罪便故戒不分者如下行戒僧則二女俱提尼則二男俱吉此亦是便何故分耶答結便應合開緣有異故離如尼女同行尼則開僧將接俗女則無又尼行必假多伴爲除譏醜俗女但有第三便無濫過所以分也三具緣成犯有五一八女二八女想三有染心四二俱無衣五著便犯闕緣中境心二闕略同前篇罪輕爲别闕第三緣無染心者無罪或結非威儀十云若女爲水所沒開令接出雖婬心起但捉一處莫放至岸更捉僧殘僧祇中若他女人沒水作地想者持出不爾者與竹木繩索等闕第四緣二俱有衣吉羅互有衣偸蘭闕第五緣隨有遠近方便二偸蘭故（案記云遠合作次）不同昔人受樂便犯但先有染來觸於女著便是犯何得論樂故十誦云比丘觸女不問樂不樂皆殘若女來觸比丘

要須動身受樂結殘餘廣如鈔問婬觸近重境犯殘非方便盜四亦近重而成方便者答盜五必假四故四而非重大婬不假觸故觸非方便故多論云犯婬不假他如已二處也又云盜有續成重故作方便名再觸非大婬如何結究竟如律云再盜不滿五佛言相續夷又內外起心異故分因果别

二觸女人戒（佛在舍衛國迦留比丘以佛前制便在門外伺諸婦女將至房中手捉捫摸樂者便笑有不樂瞋恚罵辱諸比丘舉過白佛便集僧制戒）

就戒緣中俗女譏笑有二相者如薩婆多云諸女何以來者一以世俗忽務出家住靜安樂故二善友知識聞法故三僧房嚴飾可觀故何故入房者謂出家人斷欲淸淨信無疑故何爲笑罵者一有欲心多少故二爲知識非知識故三樂覆樂露故四有親有難無者無故如是應知

△戒本五句初犯人二染心三女人者觸境四身相觸下明過業五若觸下結罪

若比丘

（案此爲第一句）

婬欲意（愛染汙心）

就解文相言欲意者明本緣也凡有觸女不必皆

殘。故出其心用成業本。注云愛染心者。心本性淨。由愛染之故曰也。然愛有二相。如子之愛二親。如父之愛一子。斯則念之重也。今言愛者。謂婬欲染汙之愛也。非淨心故。

與女人。謂境有四。覺睡。新死及少分壞。

言與女人。明其觸境。女名乃通人趣別也。如下輕重對趣分心。就境有四。覺睡生分。新少死分也。

身。從髮至足。相觸。若捉摩重摩。或牽或推。逆摩順摩。或舉或下。或捉或捺。若餘觸方便。若捉手若髮。

言身相觸。約其業相也。從髮至足者。括結兩頭綱網徧也。言相觸者。律明觸相。乃有十種。易解。若捉手髮者。手謂犯起先由。髮謂釋除疑結也。時有疑云。捉手身肉。則有適樂細滑。髮是身分。何業之有。而結罪耶。故今以髮入於戒本。但著則犯。由染汙心。今四分中不分其相。應以四句明其輕重。覺不覺境。如是分之。故善見云。髮髮相著。爪爪相觸。悉得偷蘭。俱無覺故。若互觸者。理結僧殘。同戒本也。

若觸一一身分。僧伽婆尸沙。若觸四女。著便僧殘。女觸比丘。動身同犯。若不動身。但犯吉羅。先有染心。偷蘭。互觸有衣。偷蘭。俱有衣者。吉羅。若與二形相觸。偷蘭。若以欲心觸男子身。或衣坐具。乃至自觸。及以畜生。一切突吉羅。尼波羅夷。下三眾吉羅。不犯者。有所取與。戲笑相觸是也。

若觸一一下。引業成過也。就注解人女中三位。初二俱無衣分二。初明比丘觸四女相。後明女來觸比丘相。犯有輕重。可解耳。二明互觸有衣相。計應約身動不動。約心樂不樂。分輕重。以偷蘭含故。文中不分也。對後俱衣。例同下斷。觸衣鉢等亦結罪者。並是禁約之極。心為罪本。故隨境制。不令妄起故也。尼結夷者。大分為言。約境有深淺。義非即重也。言戲非犯者。不以婬心。則餘戲耳。為開殘故。非不損威儀。

△第三共麤語戒。下及歎身。制意同觸。莫非欲染纏心。隨境而避。佛制如緣可尋。釋戒名者。婬欲鄙惡。極是不善。故名為麤。今說其狀。表彰於口。故曰語也。犯緣有七。一女人。二作人女想。三有染心。四麤惡語。五麤語想。六言章了。七前人知解。

三與人女麤語戒。佛在舍衛國。迦留陀夷聞佛已制前二戒。故便於女前欲心向彼說麤語。比丘舉過。佛因制戒。

就緣中列前二制者。釋成後犯緣也。如上解之。

△就戒本中有五。初出犯人。二明內染。三出犯境。四陳過相。五隨說。下結罪也。

若比丘。婬欲意。

案此為第一二兩句

與女人人女有智命根不斷

三出語境中注解人女有智命根不斷者異於觸境彼境通於死活此則唯是其生故云命根不斷也彼則通於昏睡孩童此則唯論有智時可知言染淨迷悟罪分輕重故此戒女異於前也

麤惡婬欲語麤惡者非梵行也婬欲語者稱二道好惡也若求若教他求若問若答若解若說若教若罵所言求者與我二道作如是事若復作餘語如是解者是也

麤惡婬欲者正是戒本所防業也注解中非梵行者釋麤惡相也說二道好惡明其欲相文須識者恐未明了妄為次死之罪下有八相律文具解既離非相故廣列之此律約緣明比丘向女人說也就後解中若問若答明知女說染心相領亦同犯也故五分中彼此互說皆犯殘罪下戒亦同若復作餘語者言極非染表事是穢故也廣如鈔中

隨說麤惡婬欲語者僧伽婆尸沙若一反麤語僧殘隨語多少說而了了者一一僧殘不了了偷蘭若與書印遣使作相令彼女知僧殘不知偷蘭除大小道說餘處偷蘭與非女人黃門二形麤語知者偷蘭畜生不能變形若向男子麤語一切吉羅尼偷蘭下三眾吉羅乃至下戒亦爾不犯者為說不淨觀若說毗尼受經問答無欲意故

隨說已下引過結罪注解辨相中不知偷蘭者以解語不解義故結方便餘可解

△第四歎身索供戒言多巧偽美己之善意專在欲言現清淨蕩逸其情妄謂歡適故言歎身索供戒也犯緣有七準上可知

四歎身向人女索欲供養戒佛在舍衛國因迦留陀夷聞佛已制前三戒故伺諸婦女將入房中自讚歎身汝可持欲以供養我諸女訶怪比丘舉過佛因制戒

戒緣明起過者釋重犯相更避造罪者計義同犯無非愛欲託境少異故分四相欲約後犯除疑妨故

△就犯戒中六句一是犯人二是欲意三過境四自歎下正明犯法五大妹下是其所稱六可持下結罪屬彼

若比丘婬欲意案此為第一二兩句

於女人前女人如上

就注解人女言如上者卽麤語中女不同觸身也

自歎身歎身端正好顏色我是剎帝利長者居士婆羅門大姓種

就歎身注中初好顏色者歎其豐美以調前女也二我是剎帝利下明種族高貴女人性弱貪附此二者多故以動之令其心醉也

言大妹。我修梵行勤修離穢濁也。持戒精進不缺、不穿、漏無染汙。修善
法。樂閒靜處。時到乞食。著糞掃衣。作餘食法。不食一坐食。一摶食。塚間坐。樹下坐。常坐。隨坐。持三衣。唄匿。多聞。能說法。持毗尼。坐禪。是也。○案記云。注中缺露坐。後世寫脫。律本具之。
我修梵行下。舉善法以勤也。問。既修梵行義無行
非。何用索欲供養。答。必實行欲索者偷蘭。大婬方
便也。今本不行。口言其相妄開婬門。擬通適故耳。
注言勤修離濁者。濁謂欲染。所以汙染離由勤修
也。釋上梵字。當唐言淨行也。言持戒精進者。明止
作兩持無有缺也。注解不缺不犯第二篇。不穿不
犯三四聚。無染汙者。謂餘篇聚皆明淨也。又解。初

持方便言不缺也。中持正本言不穿也。後奉持戒。
隨助之心。故云無染汙也。或以戒見威儀具持故。
以三配之可解。修善法者。謂頭陀等相並生善道
之法也。注解中分六位。初舉頭陀明節儉法。二舉
唄匿明稱讚法。三舉多聞明廣見法。四舉說法明
開智法。五舉持律明奉行法。六舉坐禪明剋道法。
就前頭陀約相十二。以事束之。止唯四位。謂衣食
處儀也。於衣知足立二。謂糞掃衣。一衣也。於食知
足立四。謂乞食。不餘。一坐。一摶也。於處知足立五。
謂靜處。塚間。樹下。露地。隨坐也。四儀唯一。即是常

坐繫念現前發智觀察也。餘如鈔中。
可持是婬欲法供養我。如是供養第一最。僧伽婆尸
沙。若作如上讚己供養我來。不說婬欲者偷蘭。餘境雜犯。如前戒說。不犯者。若比丘語女人言。此處妙尊最上。此比丘精進持戒修善法。汝等應以身口意業等供養。於彼。若女意謂為我歎身。若說毗尼言次及此彼謂歎身。若錯說者。並不犯。
文中可持是下。引罪成也。就辨相中。若但說欲如
前戒。若但歎身結偷蘭。歎身索欲方犯此戒罪。餘
相狀可解。
△第五媒嫁戒。制戒意者。然此婚娶禮法。乃是生死
之結。障道之源。出家離著彌須遠彼。乃復往返言

議乖越威容。深是鄙恥。理須遮制。然復專務猥濫
妨修道業。迹涉譏醜。不免世訶。具斯諸過。故所以
制。釋名者。為彼男女往返相謀以成嫁娶。故曰媒
也。媒者謀也。計度二姓用為好合。論犯八緣。一人
男女。二想實。三為媒事。四知是媒。五言了。六受語。
七往說。八還報犯。闕緣可解。
五媒人戒。佛在羅閱祇。迦羅比丘本是大臣。善知俗法。成中嫁娶盡往諸問。時婚娶者逢對好惡。便願迦羅受於苦樂。居士譏訶。比丘舉過。佛因制戒。
就戒緣中。迦羅本知姻媾相祿休咎。故雖出家還
尋本業。斯積習生常。不言有過。如今屠販之士。迷

利故所以行可不然哉故律中先客書者不得畜
筆先客縫者不得畜針先客木者不得畜斤斧等
並制惡習也又言婚對好惡願受苦樂者俗人無
識不謂往緣既得違順便言媒人與我苦樂斯爲
過兆故制在茲由諸比丘與迦羅類故彼言有涉
也（案記云據此注中願迦羅下合有及餘比丘一句恐是寫脫）
△戒本四句第一可知往來媒者正是業本持男意
下釋成前相爲成婦下是其罪也

若比丘（案此爲第一句）

往來彼此媒嫁（使所應可和合者是也）

解媒業中言往來彼此者舉其事相顯其媒也注
云所應可和合者謂良賤貧富於事所異由開解
故成也

持男意語女持女意語男（女人有二十種母護父護父母護兄護姊護兄姊護自護法護姓護宗親護自樂爲婢與衣婢與財婢同業婢水所漂婢不輸稅婢放去婢客作婢他護婢邊方得婢是也男子亦有二十種並同上列）

三持男意下反釋第二往來之相男女兩意並據
可娉之家或鰥夫寡婦則自言仇好或童男處女
則伉儷在親故律通言莫非男女也注解中女男

兩相各二十種先明女者以好合之來男多求女
故隨求處所以先明就女相中良賤等論者亦遣
疑網也但令婚娶不簡良賤並犯殘也有人言母
護男取母護女故可和合若母護男乃至取邊方
婢無此理也故文云所應和者今解如上現見世
間婚娶何由可對乃至有婢爲趙夫人漁師欲於
王女天人交會可不然乎言母護者父崩母養恐
有顛危常自監守故言護也如世孟軻母爲三徙
故道成儒宗也言父護者其相如前如世曾參爲
子不娶故也二親俱在其護自明乃至兄姊例同

上也言自護者本無師友性與天成雖遇塵染涅
而不緇也如大迦葉柳惠之倫也言法護者或世
法自防不許荒逸故俗云三十之男二十之女待
禮而行過此已往相奔不禁之類又如世律非媒
娉合罪在徒刑恐違此法故言姓護者族望所重
海內稱之若濫染汙事則不可要須媒媾非此不
得也言宗親護者姓雖高貴至親物故若妄造非
宗親所護故曰也上十是良其相自顯下明十婢
律有正消文相可解故不出也男子二十種相同
於女故名便得不復煩文故律略示也就男女交

絡互為句數其相煩多且如毋護男取毋護女乃至下婢一男娶二十女二十男則四百句如是指印書使現相等例之無量

若為成婦事若為私通乃至須臾頃僧伽婆尸沙若初受語吉羅往說不報偷蘭若還報者僧殘若遣使若書指印現相隨媒多少說而了了隨其往反一一僧殘若不了者偷蘭除二道說餘身支節而媒嫁者偷蘭若媒非人黃門二根者偷蘭若媒畜生及人男者吉羅若持他書往而不看若為白衣作餘使者吉羅比丘尼同犯不犯者若男女先通後離還合若為父母疾患繫閉看書持往信心精進俗人亦爾若為佛法比丘使亦同

四言若為成婦事下除疑網也世云媒者為盡生也婦是伏事之言箕箒終於命報可有重殘私通

暫時未必有犯為除此妄故結終始從婦至於須臾無非欲事故並犯重收網攝網也言須臾者時之異名也僧祇云二十念為瞬二十瞬為彈指二十彈指為羅預二十羅預為一須臾日極長時晝則十八須臾夜則十二須臾若夜長日短反上可知此則西梵約日夜為度數法也此方漏刻經中不問冬夏兩至例分百刻約箭在水用刻分時未違廣述所謂時節學也就注辨相初自作輕重中媒緣有五先舉語媒後四例結就語媒中有三受語吉羅者計應是蘭僧殘方便而吉者意不往說對往輕也二往就說而不返報若報成重故但偷蘭若爾初罪是蘭而言吉者則殘罪方便唯是一蘭答所言吉者望為作使非是威儀故犯一吉又傳情欲更犯一吉止為息心故不行往所以方便罪同偷蘭如上方便義中二篇則兩蘭也三就還報故殘何疑語既三時重輕下四例此可悉若使及書言中自了指印現相必假言通故僧祇云作相者當知見我著垢衣持空鉢坐卑牀說賤語者不得也反上吉相得與不得還報者殘注中隨媒多少隨信往反一一殘者有人解云上媒境既多

故通其相若據結罪如媒男女一家好合以來但一殘耳今言不爾一家婚媾何由卽合情雖相會而事相須重或經年紀信使重沓然後方許者自有一發言情宛同符契者今判約罪止可同律附其三返卽結僧殘不待二家和不和也故僧祇中同此結也就不犯中男女先通者非初情會欲非我也故十誦遣婦作書雖未唱令和者犯蘭出門者重然其相狀意在本通故五分中為男倩女為女倩男長使者蘭明後有會故也父母疾閉看書往者以媒為俗使故開為父母生身重故又開俗

八者未受歸戒無法相收故文約截信心精進也
畏由內外兩眾同法同儔雖形參道俗而法情無
二故開餘文可解
△第六無主不處分過量房戒就制意中初明開諸
比丘自造房者然上士之報氣剛方盛堪忍寒暑
情非以惱隨受棲泊卽是修行長道之緣是以如
來聽在塚間樹下露地靜緣資業無畜房宇中下
報類形必萎頓制同上士塚間修道力分不堪或
隨退沒則非隨機逹化之用是以如來任其分量
但能弘道則開資給或小房石室兩戶一戶起不

礙頭坐趣容膝足堪進業意在於斯何故不聽過
量不處分者然則出家之士理非滯著隨事將擬
卽堪修道若有信施量時而受縱有經營容身便
罷今乃廣作煩勞不少一須人結構妨廢正行二
如多云長已貪結壞少欲知足故三處處乞覓惱
亂二趣不生信敬壞滅正法令不久住故四專任
自由不乞處分容有障礙僧事多惱亂故五或容
自損或違慈道壞梵行故以斯諸過故制罪也問
四依須行不行不制四開有違制輕重者答四在
少欲依成上品若使不行便當中下是故依而不

行聖不結犯四開非勝稱緣而設而於自分不行
故有輕重別制但爲房是疏緣義不交急營搆過
多具前五種是故制殘餘三依開資身正要事不
獲已必須服用約情敘過微故制墮次釋名辨離
合初中專任在己故稱自爲身獨運造故云無主
大非法限故曰過量餘同上也言離合者問初後
皆房何故分者答同少異多故不可合何者有主
無主異有量無量異羯磨法中相翻是異有三別
故所以分之若爾前房亦有不乞過量何爲復合
答欲明房雖一口罪則四合過濫是多懼非輒造

故也又顯過量不過量俱有不乞罪處分不處分
俱有過量罪問此罪混合何以開於最初答前初
是過量後初是不處分也若爾前已有不乞則是
後第二何故前列答結集者意夾文不同何以知
然若同一戒文義不同約異戒相形則不能比類
如前大殺已結小殺明知此列結集境通非謂小
提迦留前制若前已結後犯非禮不應訶言最初
犯戒以此校量同別類矣犯緣有六一無主二自
爲三專乞求四過量不乞五具二想六房成犯闕
緣相狀大同犯多悔少故不廣也就闕第六緣房

末成多論云末後二團泥末竟已還輕蘭餘一團泥在重蘭如善見云末後團泥在留待當成蘭決心且罷卽殘又如僧祇最後不定或瓦木版石灰泥草等隨作房法也此非法房自他兩用一入一吉房主若死休道及施僧者乃可通用據此悔殘理亦開受

六無主不處分過量房戒佛在羅閱祇聽諸比丘作私房室曠野比丘便作大房乞求煩多惱亂居士乞既難得遂斫神樹神及比丘以事白佛因往曠野訶責引喻便制此戒

就犯緣中初明隨開造房便樂大作惱亂居士遂斫神樹卽是二趣俱惱之緣也多見二論云樹神

兒子遊戲上下遂斫兒臂神大瞋怒將欲加害夜往佛所聞偈得初果言佛訶責引喻者喻有二初舉龍鳥以下況上也後舉賴吒比丘不往親乞以親況疏也講時依律敘之亦有助光行迹矣

△戒本分二各有十句初立法中明造房之緣務也

若比丘

初明比丘謂造房者非犯士也

自求彼處處乞索也

二明乞求者以有自物則無過量非法乞求惱施之甚故犯過量也注云處處乞者成前惱多相也

作屋屋者房也

三作屋顯所為也除作餘事不須乞處分故注以房解用別開總也爾雅釋室與宮不別據俗釋名更有品類如今宮第宅宇異等故無暇廣也

無主彼無有主若一若二若眾多也

四無主者對後有主故無過量罪也注中似有主一多及通無主義案記作乃通云及字傳誤故僧祇云彼有男女在家出家皆得為主無如此主故言無主

自為己不為他作

五自為己者除為他作既不潤己則無犯故

當應量作是中量者長十二佛磔手內廣七磔手

六當應量下明分齊也所以用佛為量不卽身為量者身不可約以小大故佛則限其一化也佛磔手者磔謂張磔可從石也今有從手從足俗字耳本律無文可依五分二尺為定僧祇二尺四寸者此律翻在宋朝元魏所用一尺當於宋家一尺二聞傳佛教從北自南則為魏尺當於佛磔所以五分磔長二尺者此律翻時道生智嚴等並是名士既明曆緯又善方志所以通於東西定於尺秤誠有由矣南尺本是姬周所用從秦漢魏並無改張

晉氏南遷斯法永定元魏撥亂文籍焚除無可依準故隨世立用古尺二合魏一尺則唐雜令還述如此隋煬博物還依古行習俗生常故古非用今還用魏以通時俗至於分度星次律量衡平藥石分銖祠祭升合無非準古所以律本大鉢三斗小者斗半姚秦時政用古未訛故此翻文頗得通允有人云何足如斯但隨國用如今時節有四向不能迴破為三明知隨國用尺則比佛量自得斯非言也若以隨國即得鉢量三斗不勝尺量諸說難一何由定其持犯未足開決深疑也今且準酌意言為允如有隱括不畏紙貴也所以如來常光一丈常身丈六多論以人長八尺也即如文中二尺為率率音律也長二丈四尺廣一丈四尺既明內廣理除其外也僧祇邊壁丈二尺若通其本止一丈耳

當將諸比丘指授處所彼比丘看無難無妨處已到僧中脫革屣偏露右肩禮上座足右膝著地合掌白言大德僧聽某甲比丘自乞作屋無主自為己我今從眾僧乞知無難處無妨處如是再三也

七當將比丘指授處所下文可解也注中廣列作之方法初看無妨難者以羯磨所因在于妨難必

有作法得罪不成故先定基址後方從乞六門分之一能處分人是非二僧私二地須處分不三有妨難作法成不四處分法約作於人處五不處分罪分有無六沙彌已乞受竟須不初依律量觀信與不信信即依作不信往觀如僧祇中都無解羯磨者一切往就作房處一比丘唱云僧為某比丘指授作房處三說亦得若處遠隔水等緣但差二三人亦得若越年與界作私房多妨難處皆不成也二僧私二地須處分不者皆須加法以妨難是通如明了論樹空山巖石陰等得行住坐臥如作房舍所攝若不爾者自損惱他故也三妨難若有作法成不者昔解云成若爾何故律云有妨難不應與處分答乞處分者制其專任之過本不防於妨難所防不同故又得成如律有妨難處不過處分但得二吉文誠驗矣今解不成毗尼因緣三求無過則成持也此戒緣者正妨難也戒本所列還分妨難及後廣解妨難愈彰故律文中互有不成何況俱者必有作法與法正違眼看妨難卓然而云無有妨難者大可笑也若爾前言二吉此豈凡心答此是處分先成妨難後起法成不壞無殘可

結妨生不合強作故言此是緣外相違故生不壞前法如受戒後難生不失前戒相似也若爾人病衣重病差法在不答不同也以此要心有期病差必違前法如受戒後捨者以遂要期便失若爾狂病既止須解者何答此由得法本不由心所以病差法存須解故知有妨難處分不成同受重難障戒不發若爾百遮同難應不成受答房非道本三義不成一妨難容可待無二可避餘處三不可避者容全不作故有不成受則不爾一青黃三角不可待無二卽身自有不可待避三若以小遮不開

大受未成通化永乖出期由此道本故不類也四明人處者問處分法者爲與人相應與處相應耶答此羯磨者與處相應何以知之論云處分地得餘處不得也若爾與處相應者餘人就此上應得作不答不得也若爾結界法亦與處相應餘人亦不得羯磨答不同也結界時無人別乞復不制稱人名法無所局故得此並反上不合故多論云餘人就此房上作重屋但問房主無不處分罪五明不處分罪有無者若元不處分此何所疑今謂已得處分依限而作過限未知此過得不處分罪不

昔云此非全不處分但得小罪不犯殘也有人云雖本處分處分不作反出於外理得殘罪故文云僧不處分此言知何不該有人言如昔是也故律云僧處分過量一殘故無不處分罪別問處分羯磨防妨難不答不防也若爾說淨法竟應不防長答本有妨難則不聽與處分待無方得說淨不爾懸防長故有過不合止由處分不防妨難處分竟便得生說淨正防長故作法竟卽無由起六明對沙彌者若彼沙彌時乞處分後受具戒竟方作房者更不須乞人法不異故也

彼比丘當指示處所爾時眾僧觀此比丘若可信者卽聽使作若不可信者眾僧往看若僧不去應遣僧中可信者看若有妨難不應處分無者應與眾中應差堪能作羯磨者若上座若次座若誦律若不誦律應作白言大德僧聽某甲比丘自乞作屋無主自爲己今從僧乞處分無難無妨處若僧時到僧忍聽當與某甲比丘處分無難無妨處白如是大德僧聽某甲比丘自求作屋無主自爲己從僧乞處分無難無妨處僧今與某甲比丘處分無難無妨處誰諸長老忍僧與某甲比丘處分無難無妨處者默然誰不忍者說僧已忍與某甲比丘處分無難無妨處竟僧忍默然故是事如是持彼作房者應知初安石及土墼泥團乃至最後泥治訖者是也

八彼比丘下正明與法相就注解中分三從初至無者應與來商度彼人堪可進不二眾中應差下至如是持來明與白二之相也三彼作房下明作

成分齊也。相中可解。

無難處。有虎狼獅子諸獸者。下至蟻子。若不爲此諸蟲獸所惱。應治平地。若有石樹株杌荆棘。使人掘出。若有坑溝渠陂池。當使填滿。若畏水淹漬。當豫設隄防。若地爲人所認。當共斷當。無使他有語。是謂難處也。

九言無難者。注中所列。命梵而已。如虎狼等爲命。蟻子等爲梵。若有石樹乃至水漬。無非在後爲命留難也。爲人認者。計是妨緣。今入難位者。恐後諍競起非淨行也。

無妨處。謂通草車迴轉往來者。

十妨處者。止存一緣。如諸部論中廣引。必欲締構。理須精博。不爾陷非。良由不學故也。

若比丘有難處妨處。自求作屋。無主自爲己。不將諸比丘指示處所。過量作者。僧伽婆尸沙。若彼作房於妨難二處者。二突吉羅。不處分。過量。二僧殘。互相有無者。隨其所犯。若使他作成。犯亦爾。爲他作成者。二偷蘭。二吉羅。若以繩絣地作。受教者過量作者。犯殘。不還報。又不問彼。並犯吉羅。比丘尼偷蘭。不犯者。如量作。減量作。僧處分。無難處。無妨處。如法絣作。若爲僧爲佛圖講堂。草庵。葉庵。小容身屋。若作多人住屋。如法者是。

就後犯本。亦分十句。初犯人。二難。三妨。所以立法最末論此中而先述者。答。立法在後。行之次第。由僧處分。止爲妨難也。此中論初作之次第。非所起也。餘句易識可解耳。就辨罪中。自他分別。初自作中二吉二殘。有無可解。問。爲互過結罪。俱過方結耶。答。如見論云。長中減一磔手。廣中過一磔手。亦犯僧殘。然此互過是兩口。房廣長俱過是一口也。俱是一業。終是一殘。可知。二教他作中。亦同犯罪。爲他造非法故。約緣分輕重也。二以繩絣地下。明房主巧師過有無相。但云受教者犯。所以不定者。若作過者。房主則重。巧師則輕故也。又不問彼。或不還報。罪通自他也。上明身業爲他作非法中。但是勞務業。不問房主犯不犯。一向自得偷蘭罪。不同口業教他作。前人殘。教者蘭。前無罪。教者吉。由無身造故。就不犯中。如量減量。開前過量。處分及無妨。比上開之。如法絣作。開上過分齊俱有殘簡吉等。若爲僧下。開二殘相。草庵已下。小故非犯。多人住者。以擬多人住故。非謂多人共造也。如畜長例。有人云。此由造作過量犯。非謂如量貯畜罪。如見云。若沙彌大僧多人共作不犯。段段計分一口過故亦犯。

△第七有主爲己不處分房戒。制意犯緣並同上。但無制量爲別。如見云。長佛六磔手。廣四磔手已上者須處分。

七有主爲已不處分造房戒。佛在拘睒彌國時憂塡王爲闡陀造屋便斫路中神樹路人訶已比丘舉過佛訶責已若斫神樹吉羅便制此戒。

就戒緣中問。既有主爲辦何須斫樹。答。爲取下地擬施基故。多人受用被訶非一。

若比丘。欲作大房。大房者多用財物也。有主。反上無主是也。爲已作。當將餘比丘往指授處所。彼比丘如上知已應至僧中禮上座足等從僧三乞文同於上以有主爲異。彼比丘應指授處所。僧應觀察若有信者有智慧即信彼而與白二若不信者如上進止。無難處。謂師子羆熊等獸也若不爲文而所嬈者應如上平治乃至畏識認應先斷了。無妨處。中間容草車迴轉者。若比丘。有難處。有妨處。作大房。有主爲已作。不將餘比丘往指授處所者。僧伽

婆尸沙。辨相開通如前房戒唯無過量爲異也。

就戒本中先明立法有八句。除自求及量限。後戒本中除自求及過量。文相可解。餘如鈔。

四分律含注戒本疏卷第二之下

四分律含注戒本疏卷第三 始僧殘第八 終三十末義 之上

唐終南太一山沙門釋道宣 述注 撰疏

△第八無根重罪謗戒。六意開之。一制意。二釋名。三罪多少。四結分齊。五具緣成。六闕緣義。初制意者。夫出家同住和合為先。互相將護許無惱觸。今乃內懷瞋忿橫構虛狀。以彼重事加謗前人。自壞心行增長生死。以滅正法。又復塵坌良善甄在眾外。惱他一生廢修正業。欺罔事深特須聖制。如多論云。一為護自行令法久住故。二為止毀謗令梵行者安樂修道不妨正業故。次釋名者。內無三實故曰無根。以重加誣名之為謗。無根謗非是戒。乃是戒家所防。戒者能治之行。能所通舉故曰也。三約罪多少者。問。謗他犯重實無三根。誣僧見聞。望僧虛解犯妄提否。答。如見論云。無別提罪。以謗一向假虛成故。問。如殺畜生及望主財命俱損。結二罪。亦應望僧是虛解。何為不結謗妄耶。答。不同也。以謗一向假虛成。無有懷實而行謗。盜有損主及害畜。故結雙單兩種別。若爾。何故見論云。為盜殺草但犯吉。乃至受寄本主求。觝言不受亦同吉。皆是盜戒方便罪。何得相似無別罪。答。所引相成無墮

罪。當知由同我前義。今準別論單雙俱得。元情專謗無妄心。約心唯可結一罪。若兼誣謗兩種心。僧誣八謗結二罪。如前殺父兼羅漢兩舌相對互說相也。四得罪分齊者。問。元謗望僧治。何因言了結。答。能謗意在治擯唯僧力。遂瞋暢思法。言了便成犯。犯緣具八。初是僧尼備下三眾。謗惱情微不廢修行。又所犯名輕。能謗罪重故也。如打奪上二則重。下三便輕。可知。若爾。不應隨舉僧同結一墮者。答。莫非違眾是同。所以大小齊結。若爾。違眾是一。故犯同墮。僧尼互相隨順。亦齊約眾。罪分輕重者。答。尼隨有教可倚故夷。僧則反前故吉。問。何故謗同大僧。打同小學者。答。打據位卑。謗約修行。不同餘律打謗同罪。二雖是比丘要須體淨。如戒本中非波羅夷。下文說實則是開位。又如出家出房。淨者犯故。若爾。何故律云彼人不清淨加謗犯殘者。答。云犯下四篇也。若爾。打犯重墮者。答。相惱約位。謗就治罰。故清濁須別。又解。謗不淨者亦成謗。夫論眾法但取見聞。故違見淨說言犯罪。自惱惱他故清濁同罪。不可如緣。如初戒緣可有尼也。戒本言非者。據緣起說。亦可就於謗情。非想淨者何

由加謗故也下云說實三根想實也故律云彼人
不清淨不見彼犯故謗成殘如犯重打提之相上
來解者相從出之然下如律遮法中云若遮無根
無餘作者不成遮治其謗罪無餘是重作是曾犯
何得後言問若使所謗實不淨能謗謂淨解向他
道不淨得犯僧殘者前境實非人心中作人想隨
想而行殺應得波羅夷若所殺實非人我亦所謗
實不淨心中作淨解我亦心中作人解若使淨想
說不淨便得僧殘罪亦應人想殺非人同得波羅
夷若言謗他心是惡望心故結罪殺人心極惡何

爲非大重今反論相者實淨想不淨向他道不淨
此無僧殘罪實人想非人加害亦非重此旣是齊
何故不淨淨想謗非人人想殺結罪有輕重謗殺
二相境心俱違有何義理因果不等答謗就心虛
爲義殺唯心境俱實一作大比丘想二有瞋心四
無根五乃至對一比丘前僧祇若對所謗者前語
語僧殘善見以瞋故不現前重事謗得提六以重
事七言了八聞知闕緣可解
八無根波羅夷謗戒佛在羅閱祇尊者沓婆得羅漢已手出火光爲僧知事佛讚第
一慈地衆中次得惡房又得惡食便令妹尼對僧重謗問取自言比丘舉過因制此戒

就戒緣中沓婆得聖僧事第一者舉此知務難爲
周贍生下謗緣善見云此人是王子出家問無學
之人何故修事答言無學者對治因患盡故今正
報未亡不妨修福爲除果業問佛讚第一其相如
何答如見論云料理僧徒無乖別故一切同業同
行皆同一處乃至無記語者不修三業食已睡眠
洗浴肥壯共論世語亦使同住得在道門因樂道
故得生天上問旣營僧事何用光者多論八緣一
爲止後誹謗表無三毒故如佛爲女謗自說十力
四無所畏故二學問坐禪者見營事人喜生輕毀

故出火光滅勝負故三爲折伏山林比丘高慢心
故謂在城隍恆在事亂四爲現精進果報勵諸惰
者故五爲增長施主善根故六爲現被謗心不退
故七現僧有大威德分臥具者尚爾神力況餘大
德寧不高勝八爲惜正業不全廢缺常在定心兼
知僧事二俱辦故又問光明神力入定乃知云何
事亂有光明者論自解云一效諸佛二業報三禪
定四龍力同是不可思議不勞問也二者此人利
根當知事時或入或出其間駛迅謂是一心如人
打鼓口歌一心恆別又定力暫住何足爲難如陶

家輪也。慈地眾中得惡食者，多云先力故業。又於日夜無淸淨心。天龍鬼神與作因緣，令其所得不如意故。

△就戒本句分爲七：一是犯人。二內有瞋心。三出謗境。戒本明淨，辨相廣解，互明淨穢。四明無根。五波羅夷者，正重加謗。六若於異時下，自言虛相。七若比丘下，結罪。

若比丘。

第一可知。

瞋恚所覆故（有十惡法因緣故瞋，隨十事中，以一一事而生瞋也。）

二言瞋覆者，以彼瞋恚覆於慈善，不生，故加謗也。注解十惡法者，有人言即十不善，能爲謗本故也。今解云：發瞋之本不過情與非情，就情爲言，不過有三因緣：一愛我怨家，二憎我善友，三及己身。以此配於三世，則有九也。故經中說九惱處爲種也。加非情一，故云隨十事中，一一事而生瞋是也。僧祇瞋恨通於凡夫學人，若不喜者，乃至無學。

非波羅夷比丘。

三非波羅夷比丘者，正是所謗人也。解如列句中。

以無根波羅夷法謗（謂根有三，見聞疑也。見根者，見犯梵行，見偸五錢，見斷人命，若他見從彼聞，是謂見根。聞根，聞犯梵行，聞偸五錢，聞斷人命，聞自言得上人法，若彼說從彼聞，是謂聞根。疑根，二種：從見生者，見與婦女入林出林，無衣裸形，不淨汙身，捉刀血汙，惡人爲伴，是也。從聞生者，若在闇地，聞動牀聲，聞轉側聲，若身動聲，若共語聲，若聞我犯非梵行聲，乃至若聞我得上人法聲。除此三根，更以餘法謗者，是無根也。）欲壞彼淸淨行（謂言眾僧滅擯此人，我得安樂住。）

四無根波羅夷法謗者，明其重相也。謗是戒本之過，法是前犯重法。此第五句也。無根，謂不見其犯也。注解中止解第四句，將解無根，前釋有根，無此三根，故曰無根。問：何名爲根？答：論其謗相，與舉無別。實無聞見，假以聞見而用舉罪，即此聞見能爲舉本，故名爲根。若爾，無見聞生謗，何不名謗根？答：

論謗瞋爲根。難：舉亦心爲根。答：義實應通，遠根各別。所以然者，彼由見聞後能生舉罪心，見聞作根，故論謗無事枉，先瞋後起謗，故瞋爲謗根。若爾，無根是先有後起於謗心，亦應無根爲謗根。答：不同。不必無根而起謗，必由因根故生舉也。若爾，自有根具不舉罪，亦應根具非舉根。答：不同也。有根佛制舉，即根爲舉根；無根不制謗，無根非謗根。問：三根中唯明見聞，不明觸知者？答：觸就合中知，犯非合所委，可得加謗言，嗅嘗觸彼邪。是故無觸根。言知是通相，義須爲分別，若見聞後知，終是見聞攝。

獨知無謗義。內心緣前知此知有通別犯非意緣知此知不成謗證境是弱故。若因見聞知緣通見聞故。然犯是外境故是通名知。若爾。小妄語戒何得有知。答。小妄中知不取外境。違心成誑故有觸知謗境不爾。必對犯論。故以通知。強故成證。若以觸疑重就犯論故無有妨。如善見明了解云。就疑生根通於五塵。如見與女人出入林舍生疑。或隔壁聞與女人語生疑。或聞比丘體上有女人妝粉氣。或比丘邊得食有不淨酒肉等味。或闇中取與。疑觸女手。因此五事不分明故名曰疑根。就三根

消文中分三。初列名。二見根下顯相。三除此根已下釋成無根。就顯相中見根但三事見疑唯婬殺。聞根及聞疑則具足四重。由妄非見相故見根不言妄盜非見疑。了文中亦不說。若爾。小妄語中見麤惡語者。答。此據當時眼見聞說也。問。但列見聞生疑。不明見疑生聞及以聞疑生見者。答。見聞根不濫。如文不說疑。於犯有不了。故從見聞說。所以見疑不生聞者。聞本對於聲。見疑非是聲。以見對於色。疑本唯是心。並非耳所聞。故不得從見疑而生聞也。所以聞疑不生見者。以見對於色。聞疑非

是色。聞者對於聲。疑者唯是心。並非目所矚。故不約聞疑後生見也。若爾。何故文云。若從彼聞。是謂見根。答。此乃從聞說見根。非謂從聞生見根。以說者是本有。生者是後起。又聞通五塵。從聞通說得。問。何為不說從見說聞根。答。見是局色境。聞說通諸塵。如上已為解。何迷而重問。疏者言十三殘中。古來諸師講至謗戒。以為難解。上雖舊有斯料簡相故依而出之。律本列六心。以約三根互為網目。諸師穿鑿。又加八心。諍競紛紜。何關罪聚。今疏所出止取附事現行。自餘終古未見。故且約略。俗書

猶云禮貴從俗易重隨時律緣人情也。況復出世正道當須研慮日新使有尺寸。不可悠悠自墜溝壑。無始常習此生須分也。文列欲壞彼淨行者。述彼謗情。瞋怒隆盛將事屠滅故也。注中所明苦他樂自畜獸之相共陵踐也。案以無根三字為第四句。波羅夷下為第五句。

疏文合釋。

若於異時。若問若不問。佛敕比丘問能謗者。此事實否。若以無根謗他獲大重罪也。知此事無根說。彼比丘言沓婆清淨人。無如是事。我瞋恚故作是說。由前次得惡房惡食。懷瞋恨故。便謗彼耳。

若於異時下。六明自言相也。謗前首後非是一時。

故言異也若問不問者問是佛問不問是自首也
注中所解可知獲大重罪者律中若謗行人一向
入地獄故言大重也知此事無根說者正是首詞
非見聞也注中可領我瞋故說者既首須盡恐有
蔽匿之愆也注中重敘還述戒緣瞋本也
若比丘作是語者僧伽婆尸沙若以無根四事加謗說而了了僧殘不了了偷蘭若指印書使知相了與不了其犯亦爾十三難事謗者同犯除此非比丘法更以餘無根法謗隨前所犯若謗比丘尼亦同前犯謗下眾者突吉羅尼犯僧殘不犯者三根說實戲笑說若疾說獨說靜處及錯說等
若比丘下引人入罪聚也注中初明僧尼同犯相

後明三眾別犯相就初又二初明僧有成犯相後
明尼同大僧相就初分三初以四重謗中以十三
難後以諸篇謗文相未解略以義分就謗覆說三
種料簡初謗覆說他二自謗覆說三僧尼互謗覆
說就前他中約相又三初以四重次以二逆後十
三難就初四重明謗覆說問約謗初二輕重罪別
覆說初二同結提者答謗就治罰為言隨篇故有
輕重覆初二所以同犯者重屏覆稀輕露覆數稀
須輕制數須重制上下相就故合一科又云初二
護心義一壞眾不殊故同一墮說初二同提者以
重稀輕數同護外信俗人不練輕重譏齊故同一
墮問謗罪結三階論覆結二品毀惱諫等戒約篇
則輕重何故同提耶答謗就治罪論覆從壞眾說
輕重理須分不同毀疑等彼以汎惱故當時不論
犯如罵車木師可是對犯也次明二逆十三難者
謗逆得殘教輕擯齊故也若實非比丘是有難者
內無三根冥然著實則無謗罪容得小罪不同四
重謗人體雖汙戒是比丘故比丘身上有難與未
罷道謗亦殘也說逆亦墮如舍利弗事證也覆罪
同之若十三難實有無覆說過若虛便無可覆說

也二明自謗覆說初自謗無罪者謗他擯惱枉治
犯殘自過尙覆豈輒言犯自覆吉者覆他過多有
本故重自覆過輕無本故微自說義稀故輕說他
事數故重問前言自謗無罪今何自說得吉者答
論謗在僧自故非犯說罪在俗未具招譏同故得
吉三明僧尼互謗覆說者初明其謗僧尼雖殊枉
治莫別俱廢正修同犯僧殘說覆以論僧尼互覆
罪無階降尼同類中自分三品問尼說大僧則違
敬法何故覆罪乃制提者答制尼說過不對犯者
但明所隱同類便得故不露罪情過得提互說之

相準前可領注中隨前所犯者舉四篇謗隨謗分罪也問謗人惡說還犯惡說者及上初篇還應大重答結罪分齊各有指歸輕重有由階降論罪小下無名止同篇聚若還有者無窮之咎就不犯中言說實者有五一想心實二瞋境實三前事實如張王青黃等四三根非互實五四戒不互實如十誦四重互說成謗

△第九假根謗戒者此戒與前名同種別此假異事有見根相卽此見根將以加謗莫知本犯故成假根若異事見向僧道聞便是無根落在前戒乃至餘根類此有無也解制意成犯緣並同前但假根爲別耳

九假根波羅夷謗戒（佛在羅閱祇慈地比丘見羊行婬便言此羝羊者沓婆也其母羊者卽慈地尼便語比丘我今親見非前無根比丘詰問便自臣伏舉過白佛而制此戒）

就戒緣中初明羊婬安可相似便語比丘我今親見者對前無根已被殘罪今似有根定非濫故

△就戒本中七句如前戒說

若比丘以瞋恚故（如上所說）（案此爲第一二兩句）

於異分事中取片（異分者若假異罪異趣異人若本在家若假響）

就第三句言異分者善見云以羊當人是名餘分事相似故十誦云犯初篇中一一戒非比丘失比丘法故言異分不異分者不失比丘法故片者諸威儀事也約四分中如論釋婬所言片者人畜乃殊欲義非異故以彼相用同此犯片非有乖故曰取片注中解異分者並非實犯假餘相謗故曰異分約相有五言假罪者見犯六聚以初聚謗或七聚通犯想無故謗或違想故謗同犯殘也言假趣者如緣起通之言異人者謂見比丘與所謗者名姓相同以彼人犯用謗此人也言若在家者以上

罪趣及人增謗其犯及論據刻乃是異身故非舉謗便就所謗緣身搜求知本在俗有諸重罪卽以加舉僧又覆檢身雖非外罪是異時又治其謗故下又引假響卽時俱非本犯雖聞何益

非波羅夷比丘以無根波羅夷法謗欲壞彼淸淨行彼於異時若問若不問知是異分事中取片是比丘自言我瞋恚故作是語者僧伽婆尸沙（辨相開通並同前戒）

非波羅夷下釋同前戒引用同解總解諫戒四番不同一十三同篇而諫不諫別二諫有所爲廣明破僧三破僧是同而立兩戒擯謗拒僧唯獨立一

四違僧諫同罪有輕重初明同篇諫不諫别者須
諫五意一性惡二顯露三惱僧四倚傍有濫前之
九相條然是非更無有濫傍倚聖教過顯羣心何
須設諫後之四戒皆有倚傍理行二教是非交雜
眞僞難分迷情墜惡事是可愍故須僧諫開悟迷
途冀彼棄惡從善捨邪歸正就明倚傍各有所由
如破僧者則傍四依八正助破則傍有善斯從擯
謗則濫同犯己悔拒諫則制無德不須各至本文
重爲迷也五明堅執不捨者問若以堅執故須諫
者如下言諍始從一人乃至多語何爲不諫答今

立諫者執據教事影迹有濫縱而不諫便作大過
是故須諫言諍執教據理非犯以教制之不勞諫
也僧祇疏加遠有所防或以輕遮重以重遮輕上
之九戒互闕不同至時引出又有人言夫諫所爲
者有二謂人事也事又有二初未成事如破僧未
竟二已成事謗僧已了諫表無愛爲人興諫亦二
初言對此人爲息外化不即爲此人破僧初句非
法想破非法想說二言對此人即爲此人破僧心
迷諫悟捨故次明第二破僧義者如來一代有斯
化迹欲使邪正分途福道路别故示教迹致斯不

同遺法同遵求異難剋無由得有破輪之理戒本
雖列相從說之至於犯諫萬年無幾而世講者不
畏死至隨相廣誦云余宏博不知徒說損費精靈
故須舉要識相知境既不失功由削繁故四門分
之一明破僧名體差别二羯磨法輪相對明破三
明破僧時處四明二逆因果最初二義初明破僧
名體者僧者西音東華所翻名和合衆具於理事
破方成逆何以然耶是僧故即事和是實故是理
和也摩得伽云捨八正學餘道是輪壞同一界各
羯磨是僧壞據此以言說破僧者必約羯磨法輪

用分業也據律破僧亦有二種一破行輪者佛說
四依資成斷業乃說五邪亂佛正教故文云今斷
我四聖種又云二事破僧妄語相似語也二破衆
輪者本是一和今分兩别說戒羯磨同界各行故
也故文云二事破僧作羯磨取舍羅是也上顯兩
僧如何言破亦無别有破以八正四依成僧之法
差此惑亂應悟不悟故明破也又此羯磨說戒是
御衆之法同界各行互不相成故明破也二明體
者有云僧和以非色心爲體律中約相全無出體
以委論故如律云僧者四人若過也僧義如删補

羯磨疏中廣之。二明破法差別。先定輪體。後對論破。初明法輪二種。一行。二教。所言行者。無過八正。用譬世輪。語業命三以爲戒轂。見思二正以爲慧輻。念定二正以爲定輞。方便精進爲轉輪人。若依修行出生死道。故名行也。二就教者。本是一和。今分兩別。以如來法輪化被三千。該通道俗故也。是以調達唱說五法。是四依非。乃至地神天神唱告。三千世界禪誦不行。如鼻奈耶云。諸佛常法食時僧壞。至暮還復。中間天人無悟道者。天地闇冥。若暮不和。天地翻覆。故第二相對明者。有九不同。初

就人明破者。羯磨爲言通僧及尼。俱有破義。法輪一種唯據比丘。餘眾不可。故尼是女報。號佛無信。三眾未具。不合羯磨也。二假佛明破者。若破羯磨不假自號爲佛。又佛不入羯磨僧故。若破法輪必須僞佛。以僭敷化故。雜心云。族姓端正。持戒多聞。辯才見行。增上惡希望故。非愛行人易輕動故。習論云。我三十相。減佛無幾。弟子未集。若眾圍繞。與佛何異。思惟破僧。自稱作佛。三就數明破者。羯磨下至同界八人。別行眾法。彼此不成僧。不得益。故云破也。言法輪者。下至九人。所以須者。故調達邪

佛替正佛寶。所說五邪替正法寶。三聞達等替正僧寶故。能破五人。一佛四僧所破唯四。故九成破。所以如來不入十數者。俱舍云。破在別處。不得親對世尊。一以如來不可輕逼。二以言教最可信受。故雜心云。大師在眾中。彼無威光故。四就界內外明者。羯磨僧破。要在加法界內。兩眾別行。不通界外。法輪僧破。初秉法時唯在界內。後破行法通界內外。五就凡聖二僧明破。羯磨破者。眞俗俱能。聖人事迷。容生別眾非法故也。法輪僧破。唯俗諦僧。聖人識達。必不從化。故成實云。凡夫輕躁易可破

壞。若得世間空無我心。尚不可破。況無漏也。六就方明破者。羯磨所破。通三天下。破法輪僧。局在南洲。故雜心云。三方有八羯磨壞。閻浮有九法輪壞也。七就時明破者。羯磨通於二世。法輪唯佛世。故彼論云。牟尼般涅槃。未結界前後。息肉未出時。又無第一雙。如是六時中。不名破法輪。所言前後者。昔人約破僧以分前後。無第二破故。若爾何故破僧通於季代。答。唯可方便。終非究竟。俱舍中解前後云。初者轉法輪未久。後者將般涅槃。二時大眾同修一味。無破者故。八就罪明破羯磨破者輕蘭

非逆法輪破者重蘭得逆何故不同多論有九一以正破正法輪以邪破正二但失事益損微過輕法輪破者失理解故重三弟子破師故重同徒相破故輕四但破行者輕理行俱破重五唯損出家輕道俗同損重六羯磨但情乖法輪情法失七羯磨二眾離法輪七眾破八羯磨定不破法輪法輪喜破羯磨故重九羯磨唯損僧法輪通三寶故重以偈東曰非正理事師徒別一教二教道俗離情乖法乖二七眾定喜三寶一寶持第九明報有二不同破羯磨僧不墮無間破法輪者以成逆故生

報阿鼻一劫受苦如成實云不但破僧若言無罪福供養善人父母無報令多人作不善業又如邪人害正見者故謗聖人又殺聖人等事重心重如此諸罪皆墮阿鼻第三破僧時處初破僧時傲佛二法用擬邪化一立五邪以爲行法替正四依二立非法羯磨以爲眾法替正羯磨所以王舍城時忍五法者止是破行後至伽耶羯磨說戒方破眾法始是究竟破法輪僧故僧祇云調達向伽耶山佛喚不得便作羯磨爲後世名譽乃至三喚云我已說戒竟佛言非法人已作竟如法人自作布薩

便說清淨如滿月偈等以此文證破在伽耶問調達說戒如來僧等同界何得成者答一破已後兩不相足如拘睒彌說第四明二逆偷蘭因果者如昔解云出血偷蘭是方便以殺佛不成故而是最初以智論云多聞持戒九清淨人得破僧者若是第二何名淨也今解不爾五逆之罪犯則無初外道犯逆即滅擯也若爾無初云何出血方始破僧而名清淨者答於擯罪無違故云清淨若爾何故雜心云若犯餘無間不得破僧答謂未受前而犯三逆以受不得非比丘故出血偷蘭可懺淨故破

僧偷蘭是究竟非方便故以本心規奪徒眾壞僧斷法歸從己見暢滿心腑更無進趣故果蘭罪是第二者過狀顯彰佛自訶責重罪一劫因果既明故違而犯如見論云破僧無最初以違佛諫故問破僧是第二違諫最初者即僧諫中訶云不捨得重罪者應亦第二同佛諫故答破僧者所諫事也諫時諫破僧作時作破僧故知破僧是第二諫時不諫於違諫故違諫僧殘是最初大能解也問比丘逆罪是有初不答無初也初對佛教逆非佛制問同是逆罪諫有無者答破僧倚傍須諫使分餘

無濫故不須設諫問俗人犯逆有初以不答無有初也既是生報之罪無出家修道義也若爾何故涅槃阿逸多犯三逆佛聽受具者答猶自無初望諸比丘不許度故焚燒僧房值佛法王不同常教大門第三俱破分二戒餘後單立一者答破僧事大立主假伴諫主不捨故立初戒當諫主時伴助勸僧即便諫伴由不捨故立第二戒餘後二戒一人獨辦不假主伴故無兩戒大門第四同違僧諫齊如此四戒九十一墮得罪輕重舉不舉者昔解云云何由披出今直據理隨事重輕故分輕重如

殺盜媒長乃至眾學豈非專之大小耶問若隨事大小故違諫罪有階降者我未諫前亦應隨事不應同吉答諫諫元事不諫罪何妨說事有輕重若爾不同何因皆吉答大有道理稀數不同事大作稀事小作數是故俱吉諫本依事隨事大小如前解也問對舉以論何故彼有此無者答九十諫竟便即出舉者為明能隨舉人有同犯故若不出舉無由得結能隨之過此四諫竟若有不見亦合作舉以隨不見但得吉故既不同犯不勞須出

△第十破僧違諫戒意亦有四言制有三所以不聽破僧者僧眾和合義無乖異理應詳遵如水乳合今反倚傍理教說相似語惑亂羣心壞僧斷法墜陷無辜為惡滋甚故須聖制意在於斯二須諫意然彼邪人倚傍佛教乞食等四生聖之緣趣道遠因說緣為種正語等八生聖之因趣道近法正為聖體稱法而談名為正見邪人反說顛倒教理是非兩濫言同意異真偽難分迷情墜惡實可憐愍須僧設諫開示是非冀彼改迷從正棄惡就善是以須諫意在於此三結罪意然彼眾僧詳心設諫明顯是非開示令捨而專執己見不肯從勸違僧

命重情過得殘二釋名者可解三具緣者有五諫不虛設必有所為所以第一明立邪三寶作破僧事邪三雖立若不行化無容設諫是以第二立邪五法行化於時化而不諫或諫不成本無其罪故次第三如法設諫諫雖如法聞諫順從亦無其咎是以第四聞諫不捨事雖拒諫若諫未竟不成彼罪故須第五作三法竟如此生起類通諸戒上來大繁下去無也闕緣不須事稀故削

十破僧違諫戒佛在彌尼樓國度八釋子詣瞻波國並證增上地唯提婆達得神足證佛還羅閱祇提婆教人害佛事發惡名流布利養斷絕便別眾食爲佛訶責因即破僧舉過設諫而制此戒

就此戒緣初明八釋出家提婆神足證者爲取此
人爲諫事主故次明別衆食緣分屬九十文相可
解

△就戒本中三雙一隻也謂諫所諫人諫所諫事爲
一雙二彼比丘下屛諫拒屛諫爲第二雙也三彼
應三諫下僧諫拒僧諫爲第三雙末有僧殘是一
隻罪也一切諫戒例皆準此若解分齊無由混亂

若比丘

就初若比丘者拒諫人也

欲壞言破壞者有十八事法非法律非律犯不犯若輕若重有殘無殘麤惡非麤惡常所行非常所

行制非制說非說是也和合一羯磨同說戒僧四比丘若五若十乃至無數也方便受
壞和合法堅持不捨謂住十八法而破僧也

欲壞已下諫所爲事分三欲壞和合僧者明始心
也方便受壞下立邪三寶也堅持不捨者行化於
時也就初又二欲壞者出破正之道理也和合者
明正法也僧者所破正人也具此三故成前逆蘭
也就解初句出道理中律但言壞注中廣解初言
破壞十八事者明彼邪人方便立法正衆須分其
有十八也就中九對半有如非論中廣解何得隱
略一法非法者多論云八正眞軌生神解是趣道

近因名法彼說爲非五邪不能生解爲非彼說是
法律者八正眞能調身口離於七非稱律彼爲非
律五邪反前彼說爲律了論解五正道分是法五
邪道分非法彼說反前可知三正道分是毗尼三
邪道分非毗尼彼說反之可知多論所云犯者不
剃不翦佛制有罪名犯調謂有命若不剃翦說爲
不犯言不犯者心念作惡雖未身口理違惡微不
制有罪說爲不犯調說心起三毒最是過本反說
爲犯了論云罪者過如來所制非罪者順如來所
立制故言輕重者多云犯遮惡者爲輕調見壞棄

墮龍便謂一切草木皆重重者初篇業思一形永
障爲重調見先作無犯便言婬盜俱是輕也了論
云輕重兩相各有二緣由於罪制各有四句一由
罪重不由制重如殺畜生性罪故重不在前二故
非制重二由制重不由罪重如殺草木非後二篇
名制重體遮故罪輕三由罪重亦由制重如初四
夷是性罪故罪重即初篇中制亦重故四不由制
重不由罪重如衆學戒是遮非罪重末篇非制重
輕有四句比前反取可知有殘無殘者多云犯下
四篇非一生障名曰有殘調說無殘若犯初篇永

喪道芽則名無殘。調說有殘。了論解云。正量上座二部所釋同上。多部云。七聚之戒從下第七上至第一。若犯第七名無殘。上六不犯名有殘。乃至第二篇犯者。下之六聚名無殘。雖未並犯。卽兼破義。上之一聚名有殘。若犯第一。隨一戒。一切諸戒並無殘。問。犯一重戒。止於餘聚種類可破。自餘三重不可兼犯。云何一切名無殘耶。答。如人四處不可損傷。傷一卽死。不待餘處。重戒例之。言麤惡者。如母論云。初二篇方便若身若口無慚心故犯濁重。偸蘭名麤惡也。非麤惡者。波逸提下及餘偸蘭也。

彼皆反說。了論解云。言麤有二。一意。二罪。翻此罪麤意麤有四。一邪見撥無因果。二不信苦樂等報。三放逸不愛惜所受戒。縱意造惡。四濁重貪瞋癡也。次用四句分別。一由意麤不由罪麤。若由四意殺草木等。二由罪麤不由意麤。非前四意輕爾殺畜。三由意麤亦由罪麤。用前四意行殺等罪。四不由意麤不由罪麤。離四意殺草木也。非麤亦四。一由意非麤不由罪非麤。二由罪非麤不由意非麤。三由意非麤亦由罪非麤。輕爾損草木。四不由意非麤亦不由罪非麤。重心殺生者。常所行非常所

行者。多云。八正道常所用法。調說非常。五法非常用法。調說常所用。了論云。非常行者。非佛所作所習也。彼卽說是常所行者。是佛所作。入定說法受現法樂。是佛所習。彼又反說。制非制者。多云。五篇戒佛金口制。調說非制。五法非佛所吐。名爲非制。調說爲制。說非說者。四是重禁。餘是輕約。此名正說。調說爲非。四禁爲輕。餘篇爲重。是名非說。調爲是說。了論云。非如來說非如來敎。彼卽說是如來所說。五陰十二入十八界。乃至八萬法門。對治衆生八萬煩惱。令其觀察。是如來敎。十二部經名句

文。是如來說。彼皆反之。卽以此法。心懷知是口說言非。異見異忍。爲他人說。是名邪。佛之法寶也。言和合僧者。釋僧義也。和是僧家法也。數是僧家相也。故注解中羯磨說戒以表和法。卽六和之中戒見同也。注引四入已上。卽六和中三業同也。此明調達以前邪法。引得正衆四人已上從已見也。方便受壞僧法者。勸諸受法。令敬奉也。堅持不捨者。行化於時。同佛引喻。(案記云同合作聞疑是寫誤 謂佛親諫不止明其堅也)猶不止也。注解堅持。謂心安邪法。廣化天下也。彼比丘應諫。是比丘言。大德莫壞和合僧。莫方便壞

和合僧莫受壞僧法堅持不捨大德應與僧和合歡喜不諍同一師學如水乳合於佛法中有增益安樂住應語彼言可捨此事莫令僧作訶諫而犯重罪若用語者善若不用語復令餘比丘尼優婆塞優婆夷若王若大臣種種異道沙門婆羅門求若餘方比丘聞知其人信用語者應求諫之是屏諫也

彼比丘下是第二雙屏諫拒屏諫也就此屏文明僧屏兩諫差別十門初約人不同分二諫者僧諫唯僧四人已上若論屏諫不問僧尼具不具位道俗多少通別來諫二約法不同僧用白四屏用餘言種種方便得止便罷三就處不同僧據作法同界相諫屏諫則通不問自然作法同界別界皆制

相諫四就立戒多少分二諫者違僧諫戒則多如此篇中有四九十中有一尼第八戒及八僧殘立戒雖多諫事則少具五義者方得立之故此一諫唯諫一戒違別人諫立戒雖少如九十中一不受諫以諫作犯二拒勸學以諫止犯立諫雖二通於七聚五得罪輕重不同別人諫中通諫七犯若違未作但結吉羅若作犯提據犯通於輕重僧諫之中隨事大小結夷殘提可以情求六結罪分齊分二諫者僧諫約白及羯磨多少不定屏諫未竟吉諫竟言了提七語默不同僧諫語默同違別諫拒

勸由言故犯八止作不同分二諫者僧諫作犯別通止作九已未不同僧通已未如調達等局未擯謗是已成也別據未作若作業成既往不咎也十相成不同分二諫如僧祇先屏處一人三諫三越二眾多人三諫不止三越乃至三羯磨四蘭諫竟合前十罪共成一殘無別小罪如五分中三羯磨未竟捨者作三吉三蘭悔不同四分未白竟有吉三羯磨未竟有蘭也就解屏諫分二從初至堅持不捨來一往牒過示知非法莫壞莫受二大德應與和合下勸同和相初中彼比丘者如法比丘見

行非法故自陳諫諫是比丘者是行邪法人也初莫壞者牒始心於佛不忍患欲破輪時也中莫方便者牒其四伴計校時也後莫受下牒其行化於時不須破僧不須受法也二大德下上有所勸不為故下必有所為也就勸同中初舉喻示諫二舉有益示諫就初法中初與僧和合者成僧義也俗以和為貴僧以和為義必同六相方成僧體如何同戒而欲別見此勸體同也二明不諍同師學者世有諍者由異學故今同釋姓師本無殊有何意見而欲乖異此勸行同也如水乳合者師乖見異

義則有殊師同見合理則無別如乳合乳如水合水不得云乳合水以相合非體鵝能別故二於佛法中增益安樂者良由捨除異見同體行和如法修道必除生死得涅槃樂故曰也增益者超凡夫界也安樂者絕三苦也注中可知

是比丘如是諫時堅持不捨拒屏諫也

是比丘如是諫下四拒屏諫也是比丘者通能所也就拒諫時望殘未成但結小罪

彼比丘應三諫捨此事故乃至三諫捨者善彼比丘應集僧羯磨如諫作白已應更求乃至一羯磨二羯磨亦爾

彼比丘下明僧諫相乃至三諫捨者善何等善耶一以本諫不成殘故二以屏諫非提罪故三以所犯不成蘭故曰善也注中明僧和相隨其白羯磨一一住問者明諫法也故約白羯磨中間住諫冀彼迴心從善何得誦過成犯則非本意也

不捨者拒僧諫也後戒例爾僧伽婆尸沙若僧諫時白二竟捨犯三偸蘭乃至白竟捨者犯一偸蘭白未竟捨但一吉羅若未白前受破僧法堅持不捨並犯吉羅尼同僧殘不犯者初諫便捨若立非羯磨作訶諫者若非法非律非佛所教若破惡友知識若欲破僧者若作非法者若爲僧塔和尚闍梨知識作損滅破者不犯

不捨者拒僧成業相也問此三羯磨竟得僧殘者爲擯因成果不答上方便義已論此何復問恐迷故耳然諸部不同五分所明藉前方便成後重殘如律本中作惡修善有步步罪福多論亦同如律二羯磨竟三蘭心不息故若竟結殘更不云蘭明知相成如僧祇擯一切蘭以成僧殘又見云前因變滅以成後果故知擯四蘭共成一殘問律本但出二羯磨竟三蘭何得加四答僧祇有之義不可別以白未竟因吉竟卽果蘭三羯磨未竟因不可吉以竟果殘故有四蘭問偸蘭以蘭爲因何過答同名種過若爾吉罪何故因同答蘭下有罪以小

爲因吉下無罪故因同果若作異名名則無窮然通而爲言因吉成果吉如九十中諫未竟得吉者是自有多因吉各不相成卽如白羯磨未竟者是也因此通明律中因果不同之相十種分別一有一因生一果可知有一因生多果如一時多受女家語一時語男家別別報女家二有一果從一因生同上有一果從多因生如步步行罪福三諫罪成是也三有同類因果有別類因果如尼八事成重隨捉手捉衣因果各別成八卽夷四有果從因生有果不從因生如多云覗比坐鉢心念等罪皆

無因成果。五有因作果有因不作果。如出佛身血等。六有果攬因成。有果藉勢成。如五分殘果成已。別悔因也。七自有因輕果重有因重果輕。如教人行盜後捨戒爲沙彌。八自有唯因唯果有亦因亦果。如初諫竟得蘭結吉各不相成。此蘭望前吉爲果望後殘爲因也。九有一業一因一果有一業多因多果。如造非法房咽不淨食三罪四罪七墮八墮等。十有因用因成。如白竟吉也。自有果用果成。如八事成重違諫偷蘭成殘等例。就注辨相中。初明違諫輕重。一若未白下。就諫所爲事。明輕重者。

根本以論。初行五法輕吉。後終外化時重蘭也。就尼同犯中。雖無破輪體得立主伴。堅持五法以誘於人也。不犯中。初諫便捨。一切不犯。若作五非無成諫義。此不犯僧諫。非不違屏諫也。言非法者。作無軌要也。言非律者。無調業也。非佛教者。不是聖說也。破惡友下。以前立邪欲毀正故。今以正法破邪非法事緣皆不犯也。

△第十一助破違諫戒。眾僧作法諫主之時。四伴影響助成破僧。僧尋設諫。拒而不受。故曰助破違諫戒也。有人言此名助惡遮僧不聽諫違諫戒。何以知然。故文云。諸大德莫訶調達。此遮僧也。乃至我忍可等。此助惡也。問。若非助破。何以諫言莫破。答。此列其意。不以爲諫。若爾。前戒諫時。有人教言不捨。即結其蘭。何爲不諫。答。前是助惡而不諫僧。此是具二。故須設諫。然諸律中。但明助破。具五緣。一調達作破僧事。二如法諫。三助成破僧。此是諫家所爲。四眾僧如法設諫。五三羯磨竟殘。闕緣可解。

十一助破僧違諫戒。佛在羅閱祇。時提婆達故執五法。盡形乞食。著糞掃衣。常受露坐。不食酥鹽魚及肉。以教比丘。眾僧諫時。伴黨比丘助破諫僧。比丘舉過。佛訶責已。因制此戒。

就戒緣中。初明調達執五法相。二明伴黨比丘助

破爲緣。就前五法。乞食糞衣露坐。似佛四依爲相似語故。然不同四依開制託緣。此三調達說必盡形故。後二妄語者。調云。酥鹽味重。魚肉損生。故立二斷也。調達云。以此五法爲人說時。年少比丘必多信受。上座長老則不允從。於王舍城創說之時。五百年少一時信受。六十長老及阿難云。此是非法非毗尼非佛教。脫鬱多羅僧於一面。前已設諫。今猶復行。四伴順從。故又設諫。緣相如此。

△就戒本中。文同上七雙單之科。不容重舉。

若比丘。有餘伴黨。若一二三乃至無數。言其伴者。四人若過。有二

順從。法順從者。以法教授增戒增心增慧諷誦承受也。衣食順從者。給與衣被食飲牀臥具醫藥。

就初句若比丘下。乃至無數。總明正助破僧人也。
初謂調達非正諫人。列來何為。欲取助者。一有餘
伴黨。此正戒本諫所諫人也。若一二三。是元從調
達三聞等四也。乃至無數者。是化天下招募所獲
者。注解云。四人若過。解正助二伴相也。有二順從
者。戒本雖無順從字。伴黨是順從義也。其相可識。

彼比丘語是比丘。大德莫諫此比丘。此比丘是法語
比丘律語比丘。此比丘所說我等喜樂。此比丘所說
我等忍可。此謂助伴黨惡諫僧言。調達者具明法律。我今喜樂。云何設諫。為此過本也。

二彼比丘下至我等忍可來。明助伴破相。正見諫
家所為事也。就分為二。一從初至莫諫此比丘。一往
遮僧不聽諫詞。二此比丘下。出不聽之道理。初中
彼比丘語是比丘者。調達四伴語正法僧也。莫諫
此比丘者。不須諫諭調達也。就後說理中。初明法
律語者。人如故我隨順也。此比丘所說下。法如故
我忍可也。注解之中。文相甚露。

彼比丘言。大德莫作是說。言此比丘是法語比丘律
語比丘。此比丘所說我等喜樂。此比丘所說我等忍
可。然此比丘非法語比丘。非律語比丘。大德莫欲壞
和合僧。汝等當樂欲和合僧。大德與僧和合。歡喜不
諍。同一師學。如水乳合。於佛法中有增益安樂住。此謂諸善比丘以法屏諫。調達所說人法俱非。勿妄受也。

二彼比丘下明屏諫也。就中分四。初至我等忍可
來。一往領彼諫詞也。二然此比丘非法律語者。出
勸捨道理也。以人法雙非。有何正則而相隨助也。
三大德下明大眾別人所以加諫。恐僧異別。故云
莫壞當和也。四大德與僧和合下。勸隨法眾。無非
法別。法喻顯彰。樂果非遠故也。

是比丘如是諫時。堅持不捨。

四是比丘下拒屏諫也。

彼比丘應三諫。捨是事故。乃至三諫捨者善。不捨者
僧伽婆尸沙。辨相如上

彼比丘應三諫下。正僧諫也。不捨者。拒僧諫也。本
翻律人簡語不淨。致令彼此通濫。能所不知。若不
義求。難辨邪正也。

△第十二汙家擯謗違僧諫戒。四意如前。初明制意
有六。初聽依聚者。有二種利。比丘出家。有待須立。
若不供給。交闕正業。故聽依聚乞食自資。二令彼
施主僧田獲益故。一不聽汙家行惡意。令依聚落

廣興過狀。身口非儀。即名自損。四種汙家。壞彼淨
信。則非利他。三解擯意。為過情深。內外俱損。若不
治罰。永無改過入道之益。又增俗人以非為是。故
須擯出。使是非兩異。四解謗僧意。由僧治擯。迹涉
愛憎。似有不平。致彼言謗。五解須諫意。由前擯時
六人同犯。一人逃走。身不現前。不得治擯。相似有
怖。二人逆路。改過伏從。無罪可治。相似有愛。二人
現在。非走非懺。僧作法擯。相似有恚。今反前意。非
僧有怖有愛有恚。依法舉治。何疑之有。若不諫喻。
無由自曉。是故諫彼表內無瑕。六結罪意。眾僧慈

悲。自理諫彼是非。既分因執不捨。違法諫滿。理與
僧殘。第二釋名。至汙淨士。名曰汙家。過與理違。名
為惡行。舉過顯眾。名之為擯。無罪橫加名謗。以理
喻彼。名諫。此是所防。戒是能治。如上可知。第三具
緣有六。一作汙家惡行。二心無改悔。三作法治擯。
四非理謗僧。五如法設諫。六三法竟罪至。闕緣可
知。

十二汙家擯謗違諫戒。佛在舍衛國。阿溼婆等羈連聚落行惡汙家。比丘舉過。令舍利弗等往彼擯舉。當作法時。謗僧不受。以過白佛。訶諫制戒。

就戒緣中分四。初明汙家相。二比丘舉過。下明擯
出相。三當作法時。下明起謗緣。此正戒之過非也。
四以過白佛。下明制戒也。科約此四入於戒本。須
明識之。不爾誦持一亂也。

△就戒本中三對一隻。不分自別。

若比丘。

初對諫所諫人可解。

依聚落村有四種如上。若城邑住。言屬王也。汙他家。家者有男有女。汙家者有四。一者依家汙家。一家得物。又與一家。所得物處聞之不喜。所與物處。思當報恩。即作是言。有與我者我當報之。若不與我。我何故與。二者依利養汙家。如法得利及鉢中餘。或與一居士。得者生念。當報其恩。若不與我。我何故與。三者依親友汙家。若比丘依王大臣。或為一居士。或不為一居士。便生念言。其為我者

我當供養。不為我者。我不供養。四者依僧伽藍汙家。若比丘取僧華果。與一居士。不與一居士。彼有得者。思當供養。若不與者。我不供養也。行惡行。彼比丘作如是等非法行也。自種華樹。自灌溉。自摘華。自作華鬘。以線貫繫。自持與人。若復教人作。如上事。村有婦女同牀坐。同器飲食。言語戲笑。或自歌舞倡伎。或他作己唱和。或作俳說。或彈鼓簧吹唄作眾鳥鳴。或走。或揚跛行。或嘯。或自作弄身。或受雇戲笑是也。汙他家亦見亦聞。時有比丘於彼止宿。著衣持鉢入村乞食。法服齊整。行步庠序。低目直前。不左右顧視。以次行乞。居士見已。自相謂言。此是何人。低目而行。既不顧視。亦不言笑。不相周接。善言問訊。我等不應與其飲食。不如阿溼婆等與人周接及上所言。應與供養。時彼乞食困乃得之。往至佛所。問言。住止樂否。僧和合否。不以飲食為苦耶。彼具白佛。便遙訶責。令往設擯。諸比丘當語是比丘言。大德。汙他家。行惡行。
汙他家亦見亦聞。行惡行亦見亦聞。大德。汝汙他家

行惡行。今可遠此聚落去。不須住此。時舍利弗爲諸居士說法。令得信樂。食訖。集僧爲彼比丘作舉作憶念。便與罪如上。作羯磨已。驅出聚落。當作法時。便起謗言。餘同犯者不驅。而獨驅我。便作是言。是比丘語彼比丘作如是語。大德。諸比丘有愛有恚有怖有癡。有如是同罪比丘。有驅者。有不驅者。時舍利弗還白世尊。具陳謗事。佛便遙訶。令作訶諫。

二依聚落下。諫所諫事也。就中分三。初明依聚落造過。二諸比丘語言下。至不須住此。正明牒過治擯。三是比丘下。至不驅者。明非理謗僧。此正所爲事也。前明汙家。後明惡行。言聚城者。所在汙家之處也。汙他家下。正顯過相。多論云。若作惡業。破他

信心。名爲汙家。作不淸淨穢汙垢濁。得惡果。故名惡行也。僧祇云。若依聚落。得四事利。或免諸難。皆名依義。作非梵行。飮酒非時食。不名汙家。若先有信心供養衆僧。造立寺舍。令彼退滅。是名汙家。當律相中四汙文顯。廣如鈔說。二諸比丘下。過旣彰顯。愚俗昏心。致令賢善無由投造。故須擯出。白四作法。注中具解。不勞云云。三是比丘下。明此比丘不思己過。乃言事迹相似。愛怖非理謗僧。三段雖別。是所爲事。

諸比丘諫言。大德莫作是語。有愛有怖有恚有癡。有如是同罪比丘。有驅者。有不驅者。而諸比丘不愛不恚不怖不癡。大德汙他家。行惡行。汙他家亦見亦聞。行惡行亦見亦聞。

就第二對中。初屏諫分四。諸比丘諫言下。至有不驅者來。一牒其謗詞也。二而諸比丘下。至不癡。正明自理喻彼。何者。佛法治人。爲止憍逸。今旣逆悔義無妄治。是曰不愛。身不現前。作法不合。非怖不治。汝旣退非逃避。進非逆悔。如法治擯。可是恚癡。此正諫詞也。三大德下。重敘前過。見聞尤甚。義當從擯。如何反謗。案屏諫分四。重敘前過下。疑有脫文。

是比丘如是諫時。堅持不捨。

四是比下。拒屏諫。

彼比丘應三諫。捨此事故。乃至三諫。捨者善。不捨者僧伽婆尸沙。若未白前言僧有愛恚怖癡。若不看書持往。及爲白衣信使。一切突吉羅。尼同僧犯。不犯者。初語時捨。非法訶諫。若得衣食與父母。與病人。與小兒。與妊身人。與牢獄繫人。與寺中客作者。若種華果。自取華。乃至敎人貫華。持供養佛法僧者。一切不犯。若人欲打。被賊虎狼恐怖難處。若擔刺來。於中走避者不犯。若度河溝渠坑跳躑者不犯。若同伴在後。還顧不見而嘯喚者不犯。若爲父母。若爲病人。若繫閉牢獄。若篤信優婆塞有病。若在獄。看書持往。若爲塔僧病比丘事。持書往反。如是不犯。

餘文句可知。辨相開通。文極委碎。細讀分別之。

△第十三惡性拒僧違諫戒。制意有三。所以惡性反

戾拒諫須制者。夫人性非生知。義無獨善。要須善友互相匠導。方能離過修善。有出道之益。而今闡陀迷心造罪。不自見過。得他如法勸喻。理宜從順。方復倚傍勝人。尊處其已。望人師敬。反欲匡眾。非分自處。情過特深。聖制得罪。意在於此。第二須諫意。諫人四種。一耆年耆宿德。二者久居眾首。三薄學淺識。謂智能過人。四其勝人參居陵傲世表。今此諫者。正當此人。然則法由人興。人能通法。德人懷道。明達取捨。理宜憑仗。請決進不。所以聖教勸依三藏。開導愚迷。以成資訓。然今闡陀內實無德。

聞諫不受。反傍勝人。恃已陵物。便言佛是我家佛。因釋種故。法是我家法。因佛說故。汝今依我釋種佛法出家。我是佛法根本。正應教諸大德。何用大德教我。言說相似。愚叢謂是。須諫開示是非路分。有德相誨。為除迷結。是以須諫。三結罪意。僧既詳心設諫救攝。三藏明告義非沈伏。迷理開悟。故違僧命。情過尤重。所以殘收。釋名可解。五緣成犯。一身自不能離惡。二賢達以法勸喻。三拒勸反陵於人。四眾僧以法曉誨。五三諫不捨殘。

十三惡性拒僧違諫戒。佛在拘睒彌國。尊者闡陀惡性拒諫。反言我應教諸大德。何以故。我聖主得正覺故。比丘舉過白佛。便訶責已。而制此戒。

就戒緣中。從初至我聖主得正覺來。過起所由。二比丘舉過。明訶制戒。初中所以云我聖主者。本是佛家使人也。故見云。佛是我家佛。我將佛入山學道。不見諸長老一人侍佛者。乃至得轉法輪。故法是我家法。與僧競故。不云僧也。僧祇云。我常隨佛。佛唯教我。我當受持。如是陵慢。

△就戒本中亦三對一隻。

若比丘。

若比丘所諫人也。

惡性不受人語。不忍受人教誨也。於戒法中。以戒律如法教授者。有七犯聚。彼羅夷。僧伽婆尸沙。波逸提。波羅提提舍尼。偷蘭遮。吉羅。惡說。諸比丘如法諫已。如法如律如佛所教。自身不受諫語。言諸大德。莫向我說若好若惡。我亦不向諸大德說若好若惡。諸大德且止。莫數諫我。此正諫戒所為事也。下二諫中條而誨喻。

惡性不受下。諫所為事。自分為六。初明惡性。二明彼犯。三諸比丘下。如法諫喻。四自身不受下。正是拒諫。五言諸下。出拒勸之相。六大德且止下。明不受道理。初惡性者。出其頑戾之本。無始強我之緣也。不受人語下。釋前恃已愚魯聞諫若怨。如注可分也。三諸比丘如法諫者。如上七聚將犯相中誨令不犯也。莫向我說若好惡者。一種持戒順理益物名之爲好。二種犯戒違理起非名之爲惡也。大德且止者。出其理也。由倚傍故。一傍略教但自觀身行不須見他過故言且止。二者傍人。如上四種。故言且止也。三傍種姓。謂同釋種故。

彼比丘諫是比丘言。大德莫自身不受諫語。大德自身當受諫語。大德如法諫諸比丘。諸比丘亦當如法諫大德。如是佛弟子眾得增益。展轉相諫展轉相教。展轉懺悔。

就第二對屏諫中。莫不受諫者。牒前拒詞。當受諫下順理重誨。云如是佛弟子眾得增益者。道根日進也。彼見我過諫令不起。我見彼過勸令不作。彼我迭爲。故曰展轉相諫也。此謂未起之非我教彼修。已未之善彼教我修。曾當兩福彼我互爲。故曰相教也。我教彼悔。彼教我懺。彼我迭爲。故曰展轉懺悔。對前爲言。此除已起之惡也。對前修善。即是作持止行兩善。所以成者。功由善友相導。故云大德當諫比丘。比丘亦諫大德也。

是比丘如是諫時。堅持不捨。

案此第二對中拒屏諫也。

彼比丘應三諫。捨是事故。乃至三諫。捨者善。不捨者僧伽婆尸沙。若未白前。惡性不受人語。一切吉羅。尼同。僧犯。不犯者。若初諫便捨。非法訶諫。非法非律非佛所說者。若爲無智人訶諫時。應語彼言。汝和尚阿闍黎所行亦爾。汝當更學問誦經。若其事如是。若錯說者。皆不犯。

餘文相如上可解。就辨相中開不犯云。若其事如是者。謂同戒本。道德勝緣。非可妄諫。

諸大德。我已說十三僧伽婆尸沙法。九戒初犯。四至三諫。若比丘犯一一法。知而覆藏。應強與波利婆沙。行波利婆沙竟。增上與六夜摩那埵。行摩那埵已。應與出罪。應二十僧中出是比丘罪。若少一人。不滿二十眾。出是比丘罪不得除。諸比丘亦可訶。此是時。今問諸大德。是中清淨不。三說　諸大德。是中清淨。默然故。是事如是持。

就結十三章門中分三。初已說十三者。結前也。九戒初犯下至此是時。除疑執也。今問諸大德下。將說下篇前更簡眾也。文中明疑者。時人意謂前九屏犯有覆須治。後四犯時要由僧諫。過顯在眾。無覆不治。是故舉云九戒初犯四至三諫。隨一一犯。皆須治覆。以覆罪者過由心生。縱在僧露後便私覆還成藏罪何得不治問尼戒初篇亦是前七初犯第八三諫何爲不問答無悔永擯無疑不須若爾第二篇中有其悔法何爲不問九初犯八三諫耶解云僧治覆故有疑須問尼不治覆通與半月何勞疑問問如律中不得强逼令悔而此云强者答此望別人治令行淨故須强與彼不逼者衆法心淨卽堪說戒若就强問有所廢故待說戒竟依法治之問初二篇下安治罰法下三不安其義何耶答上篇須者一則壞衆二則悔必待衆故須安之下三關此故不安也如律偈餘者不須救明非

僧務也問初篇下云後亦如是第二篇後何故無耶答如解同上彼有不足疑有斷頭疑此非極罪理有重犯無疑可釋文中應與波利婆沙者西梵天音東華人言名爲覆藏或云別住母論云何名別住別在一房不得與僧同處雖入僧中不得談論亦不得答故曰也若欲作法隨其覆日從僧三乞白四加法奪行奪能合三十五事八緣失宿行法滿已方名此法治覆情過二犯覆藏罪謂吉羅也次對治懺有人立在前懺以後證前不應爾也三治僧殘情過須與六夜摩那埵法此亦西語論

云意喜前雖自意歡喜亦生慚愧又使衆僧歡喜與少日故作此法者前須三乞白四與法奪行失宿大同於前六夜之中界中有僧不同覆藏一人行法四治僧殘罪者卽如戒本與出罪是也如律本名阿浮訶那此名喚入衆或名拔除罪根也若欲行悔廣如鈔中文中具列三相不出悔覆由是別人所除非僧行故所以列二十僧中出罪者以二篇次死業障深重故須多人强境方發犯者勝心息斷相續故云若少一人已下減衆輕法也聞制多人謂言四僧秉法無法不行如何此悔獨二

十衆縱少一人亦應得出爲除此執故舉減訶令言少者非僧數少應作法者不堪用故如羯磨中隨秉一法卽以五十餘事簡之簡不可得方聽秉法故言少也所以言可訶者深可訶責前悔大重經構極難覆罪殘情並已陳露唯一本殘須爲拔出方名上起得預僧儔輕罔教旨虧傾僧法致罪不出自陷陷他令彼負罪終身謂淨故也

△次明第三不定相者五門分之一來意所由二釋名出體三最初同異四通塞諸相五僧尼有異初不定來意聖禁從緣曲尋萬緒因人興犯制狀塵

沙必欲隨境攝修難備若不迭相鑒察容無自勵之心故用屏露隨信舉發以存相利之道也所以置二篇下三篇上者若就通論五篇治行有防非義悉名爲戒各有法式故名威儀若就別判如上分之今以犯相難知生人疑似若犯初篇理宜永棄二篇次死須用僧治若壞威儀全僧是濫故須檢問清淨行業因答差互事須治罰若置在初戒法未顯依何等法以辨疑似若舉後說殊乖勢分就壞僧論亦通篇聚今約過重汙染者就此明之上收婬觸語歎義勢是便下攝屏露同坐文復相

順詞義合故於中列之二釋名出體初名者昔云屏露兩殊名之爲二四法無準故曰不定謂犯舉言治各非定故今言不定者本無三四之名渾立治舉但於二中未定實犯律云是中無定法故云不定故十誦云於三篇中趣說一事可信女人不知犯不知起不知名字但云我見女人來去坐立比丘亦爾不見作婬相等不決定故名不定也言出體者亦有多師有人言如法自言能治行非法自言所防罪有人云屏錄三罪露收兩罪此即是罪爲不定體今解不然二三罪體名種各別如何

東之以爲一戒今云房室私禮俗所常行而比丘無侶獨一女人同處麤語於三罪中令他疑怪犯相難分故言不定何須禁者出家遊棲或入聚落因事交涉汙辱彼此所損非輕故宜須制所以須取三罪疑事者此之疑心由來未制故得從疑以爲戒本若取三罪諸篇已結何假此中方言最初故毗跋律云如何此戒作不定說答云此未來中事容有無實犯故四分云坐既非處生不信心故知疑定也問既無實犯何須制者答三戒染分外涉必多故制生疑即是違戒令諸不犯用清道俗

問不定不犯文何說治答文言治者自依篇聚此戒罪體但取生疑問既生疑心犯何篇攝答犯吉羅也問七聚無不定名如何犯吉答七聚雖無然不應爾如法治並吉羅攝故三明最初同異者昔云二不定第二犯以戒本列治故雖列最初此犯廣初以總制廣補別廣故今解有初五犯初者對犯得名此犯昔來未制舉疑致有罪相故開不犯律制舉罪法有十利故見論下文具有初開上言列治如捨墮也問如何二處各得有初答約處不同如二坐戒是也四通塞不同有五初篇聚同異

言緣通七衆犯唯在吉二犯處通局論罪不離屛露故通論疑取於染謗結罪就處唯二三犯處俱通者如十誦中趣說一事故犯不出二處又云隨所一犯與覓羯磨故四對舉亦通諸篇五僧別通塞此問別人以舉罪故下毗尼中舉藥問僧以非別秉此中有三毗尼如比丘語治自言毗尼也如可信語治罪處所也要三法五法現故卽現前也此無諍殄與下不同餘四毗尼無義不有五僧尼不同昔云僧屛犯三露則有二故有不定尼屛有二露則犯一二則是定故無不定又云佛制舉罪要僧尼兩衆尼舉違敬故取信女替尼舉罪不識名種故僧有之尼犯須舉二衆識相不須俗男故舉是定所以無也今言尼舉如浣擗戒言僧識犯亦有不識何得輒言尼無不定又云尼無獨行行必有伴故無屛露若爾亦應二處不結坐戒今云尼所以無者由比丘與女生譏處坐夫主不信或時驅出爲患處深故制僧有尼雖與男獨坐生譏夫無屬婦之義過微不結問何故俗女所舉咨舉罪之來通於七衆但女情僞非實者多故以可信乃堪爲證

諸大德是不二定法半月半月說戒經中來

對文解釋標釋結三一同上出

△今云解意多云所以制者一爲止誹謗故二爲除鬭諍故三爲增上佛法故出家之人理宜迹絕塵染爲人天所宗以道化物而與女人屛說非法上違聖意下失人天宗敬心故四爲斷惡業次第法故論犯四緣一是屛處二女人三無第三人四隨作犯

屛處不定戒（佛在舍衞國迦留陀夷先俗友婦齋優婆私形並端正各有繫意時到詣彼共屛覆坐說非法語毗舍佉母聞見起過疾往白佛因訶制戒）

就戒緣中言毗舍佉母者多云此人聰明已入道迹常聞佛說聽法五利一得未聞法二淸淨堅固三除邪見四得正見五解深法故來屛聽不以嫌疑見云毗舍佉母有十男十女各有二十兒孫合四百二十人國中稱之婚法準則

若比丘共女人（人女有智未命終也）獨（一比丘一女人）在屛處（屛有二種一者見屛若塵若霧若黑闇中不相見也聞屛者乃至常語不聞聲處）覆處（上有物作蓋也）障處（若樹若牆若籬若衣及餘物障）可作婬處坐（得容行婬處也）說非法語（說婬欲法）有住信優婆私（謂信佛法僧歸佛歸法歸僧不殺不盜不邪婬不妄語不飲酒善憶持事不錯所說實而不妄）於三法中以一一法說若波羅夷若僧伽

婆尸沙。若波逸提。是坐比丘自言我犯是罪。於三法中應一一治。若波羅夷。若僧伽婆尸沙。若波逸提。如住信優婆私所說。應如法治。是比丘是名不定法。是中自言所趣向處所到處若坐若臥若作若不自言並如優婆私所說治也。

戒本十句。一人可知。二共者明近坐也。如九十中。三女人者。注解有智人者。僧祇云。母女姊妹親與非親老少道俗同是一犯。四言獨者。注中易解。僧祇云。若眠若狂嬰兒等。不名為證。五屏處。注分為二。初云見屏。中無隔障。但為緣來。兩不相見也。二言聞屏。目兩見在。但不聞聲。故如見論中約對第

三人。若無眼。或聾。或眠。或女人多者。隨犯多墮。覆障二處約緣相為言。屏處一種約見聞根辨。六明坐處。文注可知。七說非法語。亦可知也。八有信優婆私下。明所舉人也。注解中舉三歸五戒者。成上優婆私也。善憶持下。成有信也。優婆私尼夷等。名雖少異。傳梵訛僻。如唐正翻鄔波私迦。此云清信女也。多云。此人終不為自身財命。乃至父母。而作妄語。以深樂佛法故。是坐比丘自言下。第九句明自言相也。如住信下。第十明罪處所治相也。就注解中。言所趣向處者。謂向彼女家道行也。所到處者。至女家也。若坐若臥。犯殘提也。若作者。犯夷罪也。交互明罪。有無不定。罪犯隨篇。疑須舉處。故言並如可信語治。

露處不定戒。佛在舍衛國。迦留陀夷初犯此戒。緣如前戒。但以露處二罪為異。

若比丘。共女人在露現處。謂無牆壁及餘物障。不可作婬處坐。不容行婬處也。作麁惡語。說婬欲不淨行讚歎二道好惡也。有住信優婆私。於二法中。以一一法說。若僧伽婆尸沙。若波逸提。是坐比丘自言我犯是事。於二法中應一一治。若僧伽婆尸沙。若波逸提。如住信優婆私所說。應如法治。是比丘是名不定法。是中若自言所趣向處所到處若坐若臥或不自言並如優婆私所

說治。是中無定法故言不定也。

露處不定。緣相同前。唯處及事少有異耳。

諸大德。我已說二不定法。今問諸大德。是中清淨不。三說諸大德。是中清淨。默然故。是事如是持。

後結章門。但分為二。初結前文。故云已說二不定。已下。但問眾中無疑可出。

四分律含注戒本疏卷第三之上

四分律含注戒本疏卷第三之中

唐終南太一山沙門釋道宣 述注 撰疏

△次解戒本第四篇義。就此篇相對後九十。三門料簡。一釋名廢立。二先後所以。三依位別解。就初門中。尼薩耆者。西天梵言。東華人譯名之爲捨。如多論云。有三種。一捨財。二捨相續貪心。三捨罪也。波逸提者。如上已翻。此名爲墮。故曰三十捨墮。問。三十具三。故悉名捨。九十具一。亦應名捨。答。不同。以對捨財。罪猶未捨而得捨名。當知此捨非捨罪捨心。如明了論解尼薩耆者。名爲盡捨。如犯長等犯

捨懺時。必無留財還成染犯。故名盡也。九十不爾。或因財事單悔本墮。不可對財。故知此名唯在三十。二先後者。據其罪體。三悔義齊。故合本墮入於篇聚。何以分者。良由財事取納乖方。生罪壞道。欲洗心悔。必須上境。方乃絕滅相續貪心。心事既捨。障業須遣。故次明罪。作法是難。故須前列。九十因財。捨懺在別。但斷後犯。即成洗悔。作法是易。故次說之。欲使先識於難。後及於易。行之次第。不足生疑。第三依位別解。就初三十八門分之。初明三十九十。俱因財犯。有捨不捨別。二同活及僧犯之多

少。三自作教。八。四重犯有無。五捨懺方法。六持犯方軌。七僧尼不同。八沙彌任運。就初門中。由具三義得入三十。何者爲三。一屬己之財。二財在生過。三捨還用得。故九十之中。二十七戒雖因財食。不具三義。何者是耶。因食十四。因財十三。爲舉其相。如坐脫腳屏露敷高腳牀。此之四戒闕初緣。非己物也。又闕第三捨還非用。又如輒用施過三鉢與外道食。此三亦闕初緣。莫不已入他手。即是他物。共他食故。問。取過三鉢未食生罪。何不制捨。答。財雖現在。佛制共分。不專己故。若爾。販博得食亦是

味通。何故制捨。答。屬己物故。不合同食。由有罪故。既是偏局。故得入捨。又就食中有十二戒。如尼歎食。施一食。展轉食。別眾食。足食。勸足食。非時食。殘宿。不受。索食。索藥。飲酒。未食無罪。食已方生。體不現。故闕第二緣。財中有八。闕第三緣。如覆過三。白衣兜羅。牙筒。尼壇。覆瘡。雨衣等。捨竟過在。故又如强斅與衣。作衣遺落。藏他物等。既非三緣。亦須分別。問。眞淨輒用。局主闕初緣者。三十戒中並不說淨耶。答。然。何以知之。如浣打。二離雨衣。四戒是受持故。長月鉢藥。由不說故。五敷擔避乞縷等。八未

成無量故不合說已成造作故成過自餘領受過
生卽不應淨問白色三衣捨竟還主由生罪故染
壞成悔不須捨者白毛臥具類亦同然答由造作
生過是故還主不染得用故得入捨高牀已下捨
竟還主受用有罪故不入捨牙筒打破相同緜衣
然緜和泥主有受用針筒一壞更不許畜由損功
壞信妨道過多有人加云謂輕可隨身簡屋子牀
褥舉體有過除諸量外也有人言三義難具未可
全依且如乞鉢一要還主不許受用餘入僧庫如
何具三七日三判何名復用至十四日全是園人

如奪衣者或持說淨捨則失法四句爲言兩是重
攝不論淨法餘則不定不失淨法如何而言捨與
失法取過三鉢與他同味眞實淨施屬前施主若
盜此物望誰結罪施主若死入僧已不又五敷具
妨業中制使人非犯雖雜亦犯若體不如故制雖
捨不如何得還主言無犯也又浣衣二離兩衣等
四受持犯者戒本何不除不受持亦應餘衣是不
犯故以上討覈三義難成也今用兩意以定前後
三十中犯莫非貪心尤重取物失方妨道招譏過
重制捨違本貪心故也九十不爾設因財犯皆由

造作受用失方不爲貪貯故不制捨對於二離雖
非貪畜輕慢聖教違宿失法制其捨懺反淨令持
也第二門犯人同異者一人並犯此何所疑四方
僧者一向不犯由情無主當通擬一化但得受用
不得屬己問僧不犯者何故律云何等人犯尼薩
耆答若僧若衆多人若一人此明僧犯何言無耶
答僧有四位盜戒已分此言僧者現前僧也若爾
與同活人何異答同活則少多共同現前則多同
少別也今解同活有五戒不共犯一離六年不揲
兩衣並是受持無其奉義豈有我離令彼得罪有

七戒不定其犯如五長浣奪等同住現在何得不
犯必有他行先要令說不說者犯何干餘者奪浣
受持身現不犯長等其使亦得同犯現前僧者應
犯有七如其作緜衣黑白臥具擔毛畜寶貿寶奪
衣也餘有十八若不同作爲作不犯如行遇賊奪
衣過受在者不知何有同犯今言同者同行同失
同計過受且應增三有人言何須云云如許多迷
終未窮本今以一義卽定綱宗若不敘昔言則不
欽後說何者三十之中有受持者則不同犯餘非
受持同心同犯異心異犯如使尼浣有心使浣後

浣便犯先本無心尼輒自浣佛不制犯可以例諸第三教人多少者三十之中教他不爲己能教之人但得吉羅無財用故就爲己中有十三戒教人爲己作事成時假彼身業與緣無作成我口業三性之中任運成犯律有五敷奪衣受寶七戒僧祇使人取尼衣浣故衣擗毛過限索乞縷驅織五戒多云讚織一戒使人亦犯自餘十七戒教人爲己未必稱心但得小罪第四重犯有無者三十之中四戒得重犯浣衣擔擗雨衣是也此物現在數用重犯文云語使浣染打三尼薩耆餘二十六戒無

重犯義何以知無一奪無重奪二離無重離五過六成謂五敷及乞縷並無過成十四領受無重領受謂取尼乞衣過足一居二居過索受寶貿寶販賣乞鉢讚織前受雨衣前受急施迴僧物是也通前三十可以推之問一奪入手更無重奪何故律文或藏諸處者答此謂不面現前故有二奪之異立法須爾犯事不然第五明捨懺方法者隨其名相乃有多種束而會之但有三捨一明捨財離罪緣也若無其財罪亦無起故前明財二明捨心離罪因也由貪慢故致違聖教三明捨罪除障道業

也就前明財約就本律隨相五種約境不同初不對境捨如緜衣非法體是損生若不斬壞此貪何竭二對境中道俗分別如畜貿二寶體貴長貪殊非出家之所畜用令捨與俗顯非道習自餘諸捨並在道位通別不同廣如鈔也二就其財體全壞捨異如緜壞捨永息害故餘則全捨有事益故三就處論或自然作法本住異住大界戒場各對戒引共成顯相也四集眾不同三戒不集對俗自壞故五還財不同有五一轉還二入俗變本還三入僧還主不復本用如乞鉢是也四入僧入俗還主

不用如七日藥五並還主上論當律五相不同若依餘律諸捨入僧非主用者今有犯者不思業重便欲捨懺作法而已罪心不捨何名清淨佛子耶今者不能廣出他部且據錢寶世多弊之看他異律如何斷決故十誦中畜貿賣寶少者永捨多者捨與同心淨人淨人捨作四方僧臥具五分中寶等永捨與僧僧差人永棄不爾令淨人貿衣食與僧食用唯本主不合恐還遂本心故僧祇中寶捨入僧無盡財中生利作僧房中衣不得分用爲折伏本主貪心故善見云金銀等若無淨人可擲去

僧差一知五法者使閉目擲之莫記處所以此諸文故知諸部捨即全捨非是自欺四分亦爾由全捨故但知悔罪僧自量宜審知行道外求妨業故特作法和還服用事同新得情無枉負故律文中若捨不還或作餘用但犯吉羅而無大重至文說之若立重犯還衣方法三十戒中綵衣二寶三不對僧二十七戒對僧捨者四戒即歸謂二離二毛非相染故七日雖染制身外用亦即日還四戒經宿以畜續也餘十八戒別別捨者不須經宿非貪貯故今以四戒歷就相染明其相者若以二十三

戒共長衣月望急施過後合捨之時六戒即還二離二毛藥鉢是也餘者經宿以取尼衣前雖別犯及捨財已通是長淨還財之時以長未宿染心還起於新捨衣更復相染故令經宿共長同還也若以二十三戒共長鉢合捨唯乞鉢須宿餘皆即還也若以二十三戒共長藥合捨一時並歸以其衣食內外資別並不相染故第二明捨心捨墮之中斷畜為本懺罪甚易淸心者難既有明文正義不得輒隱廣如刪補羯磨及行事鈔中恐不見彼文故重疏出就五長戒本由貪貯故犯令捨反彼貪

心不得即日還主必有他緣如文所開如多論中即日得受異財不染長過以心斷故所以本財不得者曾經畜過須以宿隔其心心若不斷多宿亦犯不同過藥當日得還制不服用故多論中六句分別初衣已捨罪已悔畜心未斷更受異衣為前衣所染二衣捨罪悔求心不斷乃至一月得所求衣及意外衣皆染犯捨心不斷故下有四句由心斷故不染者前緣無罪後心吉羅三衣已捨罪已悔畜心斷即日得衣無犯以心斷故四衣已捨罪已悔畜心斷後日更求得衣不犯中間心捨故五

地了時衣捨罪悔畜心斷向暮更求得衣犯吉羅六衣已捨罪未悔畜心斷正使多日得衣犯吉三明捨罪法有師立義三十捨罪並皆集僧以對眾心重故不集不成有師云捨財不得別眾故文云不得別眾捨若捨不成罪則別人所除同墮別眾亦得有師云依律文好如律綵衣二寶捨不對僧故文中不明僧悔自餘並制在僧或眾多或一人也今解三十之戒緣財故犯故抽前者捨悔難故豈可財難對僧除罪則別隨有所犯捨財如律捨罪必僧縱是一人界非別眾一人僧也如律本中

三戒不列者但由財是別捨乘不明悔非謂別除四分無文十誦諸部云此罪必僧中悔故至文更出餘如鈔疏第六持犯方軌者三十戒中九是作持止便成犯如長衣月望長鉢長藥急施過後此五長戒佛令淨施如法受之依教奉說名作持不越佛制名止持作謂策修奉行止謂如教非越此則名體各別故違不說名止犯越於期限名作犯此亦名體各別翻對自顯並如上卷持犯中說二離滅六此之三戒得羯磨故名作持順教不違名止持違教反止名作犯不肯依法名止犯如此易

顯甚矣畜寶一戒說付俗主名作持恐犯無違名止持餘諸戒如取尼衣將衣來施自量量他見無法利止心不受恐犯戒故名止持不但無心緣念便名止也此止無記非隨戒也翻止受納名作犯也犯必依記成於業也第七僧尼不同者三十戒中有十八戒僧尼同犯至尼律中單列戒本有十二戒三種不同初有無不同如過前用雨衣蘭若六夜二戒僧有尼所以無者浴衣常用尼為佛開既無時限非制所及尼是女弱蘭若不行故無離犯二有一戒犯同緣異長鉢僧尼同墮名曰犯同

僧限十日尼制一夜名為緣異何者僧是多利故開十日擬於積散又僧不制伴開日覓淨尼則反前故也若爾尼畜長衣有伴可說不應同僧答鉢不同衣未成非鉢無長可犯若鉢已成須對說淨衣營未成皆有長過一日簪縫不得成辦故開十日若爾長衣未成有伴對說與鉢相似何為不得又解衣開十日據但三衣者為言以十日內開成不須淨施故若說淨者亦制一日若爾何以同開十日答一開已後同至十日如病開粥不病亦開類知三輕重不同謂五敷取尼衣浣故擔擗尼吉

僧提故也所以不同至文更敘八沙彌任運者未受具前先敎人作十五戒謂長衣鉢月望急過後此四戒者沙彌時受財屬已受具後數過十日謂通受前三性之中任運犯提藥法不爾沙彌時作手口二受竟進具後即失受法故無任運也更有十一戒沙彌時敎人作五敷具持衣與尼浣擗過索尼衣織衣奪衣作方便已受後任運成犯自餘諸戒更須領受也

諸大德是三十尼薩耆波逸提法半月半月說戒經中來

△第一畜長戒四意同前初制意者良由衆生根報
不同强弱不等致令大聖方便開遮始終將補有
六種之別上士面王報力殊異胎衣隨長未假資
持及將入法誓不服餘如來順機任聽但一便能
自靜緣濟修道二者根報次强堪耐寒苦隨緣施
造不以爲難大聖量機通堪行業故制三衣並須
持奉如有缺少卽須具之三者雖制畜三首足猶
露力薄心羸寒苦所逼神情亂涉無心存道是以
如來又量機性故開百一記識受持多論云百一
物中三衣鉢具必應受持餘外若受則可不受無

過第四人者形報微弱心用非利待時待處須暖
須好若得供給便能進業若制同上退道爲惡故
開畜長隨施而受令彼獲福此得資道第五人者
根力最弱要假重物方能濟苦寧身進道可有階
漸故開被褥車輿重物依教而畜以事重故不令
淨施第六人者須得衆寶莊嚴房宇方得安心如
分別功德論天須菩提聞說麤衣不肯入道索諸
寶舍佛令借王一切供具比丘受用一宿得道佛
言當知悟道在心不拘形服自今已去須者開之
上雖通開不爲養報如來出世爲除我本如持世

佛藏經云若不爲除我故在我法中不得受用一
杯之水一納之衣爲解脫煩惱者如涅槃云雖復
十萬不以爲多行者自量據位何在如母論云若
無戒行而受衣食不向地獄者衣卽離身食便破
腹斯言甚矣何得自欺如多論云有三意故便制
此戒一因畜長故貪於俗利壞道功德財故二失
於俗人信敬之心比丘貯積與俗無別三違佛四
依非節儉行故二釋名者貯用屬己名畜限分之
餘名長越於期限故曰畜長過限戒所以在初者
解有三義初云長衣一罪能傍通諸戒皆染長過

唯九戒不汙謂二離二毛二寶二鉢及殘藥也問
何以知然答律云尼薩耆衣不捨更貿餘衣一提
一吉此豈非也謂財雖有捨畜心染犯若存此釋
尼衣販賣入手須說不說過限又犯長罪今解不
然販財體穢不合說淨作三衣故律云犯捨墮衣
不合淨受據此非淨何由有染又財無兩捨罪不
重結淨法簡境何得妄施若爾何故文云不捨更
貿得提吉者如昔解云自於五衆邊貿及遣人二
衆邊貿不犯販博故有染犯若自俗交則犯販博
體染非淨及著二罪今解不然豈有財去後來新

物而得有染引多論中無如此義縱在俗交亦無
有染若爾上文何得有通者答昔解非也今言不
捨更貿者以體不淨須捨須悔如何不捨違制故
一墮之罪財去罪也一吉之罪違佛教也如此解
時全無傍義今解得有如先犯長後博新衣止犯
減價之罪不爲長染及捨還衣爲長所染故義通
也故知先長後失三衣攬長加持得作三衣何以
得爾對三名長三失無長即斷續貪何得不作販
博不爾本不對三此是別犯故非持說問卿何以
知又何以證答夫欲談吐必以文義相包乃名憑

據不爾則同多論斧在口中立義得作如上可知
若須文者如伽論云頗有十日衣即此經宿有犯
提耶答有即取犯長加法而離宿者豈非證也販
博不爾無文義故若爾非持何爲過量衣房成持
處分者答販財舉體有過上過量外是犯量內無
犯故得若爾我亦多條大衣條葉雙增通體俱過
何有成受答雖通有犯是佛制須故成受而不用
販財不爾本制全約故也若爾白色三衣正制法
服何故非持答色別道標識多故也上明長財雖
通諸戒體有長過還能傍染如取尼衣及以買財

入手犯捨無由犯長後捨懺已則是長過不同昔
人入手犯長一取尼衣一是長染今所不然如上
廣敘既有傍通傍染必有豎通豎染何名豎通如
初得淨財不說犯長捨懺已後是名豎通豎染者
如初一日得衣二日又得乃至十一日初日犯捨
二日在限爲初衣犯相從俱染故名豎染也此古
師義相扶立之有人言何須如此八之喜犯故在
初明非不如斯前義亦有但爲舊立通相少乖律
文今改正之頗同而別三具緣者有六初是長衣
對受持故十誦云七種衣不作淨施三衣坐具雨

衣覆瘡衣及百一供身具如善見云百一供身手
巾得二條餘並受持以對長故多論三衣過限無
犯長過加說淨法失本受持故餘廣如鈔二雖是
長若有迷忘或未知屬已亦無長罪所以須知屬
已已定三是應量財四不說淨五無因緣謂迦提
一月五月及起奪等四想留難等緣六過限犯

初畜長衣過限戒　佛在舍衛國聽持三衣不得有長六羣比丘畜多長衣或旦起衣或中時衣或晡時衣彼常經營莊嚴衣服積而藏舉比丘舉過佛便訶已因開重制

就戒緣中六羣比丘者以本六人同共朋遊即以
爲號如竹林七賢之類也多論云一人善解算數

陰陽說法論議而性多欲難途跋難陀是也二人深通射道善解毗曇而性多癡迦留陀夷闡陀是也二人善於音樂種種戲笑說法論議而性多瞋馬師滿宿是也五是王種迦留陀夷婆羅門種俱是豪族共相影響宣通佛教所以隨時異色衣者由是貴姓多人識之兼復多欲愛樂服飾雖復出家以本習故

△戒本四句

若比丘

一犯人可知

衣已竟（三衣是也）

二衣竟者三衣具足竟已外是長也注中通相未足以分問次第三戒俱明衣竟如何以分答初言衣竟三衣體足竟也二云衣竟三衣加持竟方有離過也三云竟者三衣同體足竟如此可以分也

迦絺那衣已出（謂出功德衣外持也）

三迦絺那出者開緣謝也此是梵語如明了論名為堅實由受此衣令諸比丘雖行五過而無其犯又得多利衣無速壞也世云功德衣者從所獲為名受此衣已竟冬四月開於五戒若不受衣但是一月略於本言云迦提月廣如鈔也就此文中三種料簡初定緣前卻二決餘有無三開緣入戒不入戒相初中問曰迦衣與長何者為先若迦先開不應云為長等五事受功德衣若長先制不應此戒迦衣已出進退大難如何通者答義須博要不足生疑長戒實先如律可證但長衣戒限日促近致文缺略非無斯意如五分云因六羣犯制畜一宿過則犯罪後因那律得衣恐犯一日不成又因夏末持衣疲頓乃開五事更開第二若衣已竟捨迦絺那畜過一宿者犯又因阿難非時得衣復開

十日制第三戒今此戒中三中少一是以迷也二決餘戒者何故三戒獨列迦開餘則不列答有兩義故此三皆是屬己開益無罪二不惱施主自他無惱餘則反前若爾自作五數過旬用雨豈非屬己非惱施主何不同開答彼由作用自損妨道故訶制之此雖長離譏訶是少開則有益三開緣入否者問此三戒得時利著迦衣竟餘三食戒亦得利開何為不著迦衣已出答此三專得迦衣利故不假餘緣故戒本前著餘食反前更有餘開故在戒末所以文言作衣時是也但為親疏不同故有

前後。下注解引律。出於限分之外方犯。據此得衣在七月十六日已後。無衣至八月十五日有衣至十二月十五日。即須說淨。不作明相出俱犯捨也。若非急施衣者。七月十五日受。不得後開數滿十日便犯。餘如急施衣戒解之。又十誦中。一月五月四句簡之。一作衣月竟。謂至八月十六。非迦絺月竟。謂未至十二月十五日也。二迦絺月竟。非作衣月竟。如受功德衣十日五日便捨未至八月十五日也。三俱竟者。至八月十五日捨衣也。四俱不竟者。即作衣月內具兼二緣也。

畜長衣。衣有十種。長衣者長如來八指。若廣四指是。不淨施得畜。若過十

日。初制畜長。因阿難得一貴糞掃衣。欲奉迦葉。恐犯故。以迦葉十日當還。因聽畜長齊十日。尼薩耆波逸提。不犯有八。若不得衣。若淨施。若遣與人。若失衣。若故壞。若作非衣。若親友意。若忘去。反上並是尼薩耆。若捨墮衣不捨更貿餘衣。一尼薩耆波逸提。一突吉羅。此捨墮衣。應捨與僧乃至一人。不得別眾捨。不成捨。突吉羅。比丘尼同犯。下三眾乃至下戒並犯吉羅。不犯者。十日內若轉淨施。若遣與人。若賊奪想。若失想。若燒想。漂想。若奪衣失衣取著。若他與作。被若付衣者遠行。水陸道斷。如是不淨施不與人。皆不犯。

四畜長衣者。正是戒家所防過境也。注中衣有十種。律雖引出。多是西域之衣。此無所顯。故不列之。今通出體。但是布帛緜毛。量可限約者。則爲衣相。自餘未成尺寸不定。如毛束緜屯。本非衣。故何得應量而有說也。如文中長如來八指廣四指者。不可隨國尺寸。以定佛指長短也。如多論云。佛指面廣二寸者。亦同前姬周尺寸以定也。然聞尺二寸爲尺。不審何尺。尺是姬周之尺。從忽絲已上率之。則唐國無用也。余遊韓魏。見俗用尺極長。問其所由。云一尺二寸爲尺。我今用之。習俗生常。至今未改。斯則迷於周唐道聽途說也。然諸部制量不定。十誦則佛四肘爲限。不云廣量。僧祇則長一肘廣一肘五分。不出尺量。唯四分母論出其長廣。則長周尺一尺六寸。廣八寸。比今唐尺。長一尺三寸二

分。廣六寸六分強也。若限內者。文不出相。如多論云。不應量財得須說之。不說過限吉羅。既言不應。若大若小。知何不該。有人不識。恐犯長過。取一疋絹。裂爲三片。長雖應量。闊亦入犯。亦是懼罪終陷刑網。有人對說。無則心念。大有教開。無宜魯塞也。文云不淨施者。違佛開教也。多論問曰。此施爲實爲假。答。九十六外道無淨施法。佛大慈悲。方便力故。教令淨施。是假名也。令畜長財。不名犯戒。問。何故不開直令畜長。而強與結戒。設此方便。答。佛法以少欲爲本。結戒不令畜長。而眾生根性不同。或

樂多積而後行道得證聖者是故先制後方開之
如昔一時開受寶舍故無咎也餘有施法差殊失
否等相廣如鈔中文言若過十日者限有在也注
解所由因迦葉故多云迦葉為營五大精舍時治
竹林身不在故問羅漢已辦福業何為答有五義
一為報佛恩二為長養法三為滅少修自高者四
為折伏弟子憍心五起來世福業故何以開於十
日以佛知法相不緩不急止開十日使籌量布施
縫治作衣及說淨故毗尼母云若放逸不說淨者
以惡心故不滿十日皆犯捨墮尼薩耆者制須捨

也波逸提者所犯墮也就辨相中初列八門明持
犯相若捨墮衣明除疑執此捨墮下正治罪也初
中得衣不得衣以分相者如何得衣謂手領受或
心屬己也故伽論云若入手膝上肩上作想我物
從是數十日也四分開文邊方入手故數限滿若
見比丘未須捉也了論云有物眼至得非身至得
者如人施衣蘇至比丘前目見不觸作已意不說
淨隨日算而取罪二有身至非眼如暗中施者三
二俱至得可解四有非二至得入算者如暗中施
者有卽二至得不入算數若不許受雖見觸而擬

施三寶者言作非衣者昔云如幡蓋等此是佛物
有何長過有云革屣鉢囊等此亦非也如律文中
非衣者不許餘用相傳云帽袜之類又云聽與尼
非衣豈唯帽袜耶言親友意者謂非已物故不犯
也言忘去者謂忘財體及忘不加法俱開十日唯
當律開忘僧祇善見都所不開若捨墮衣下明疑
決上昔解云云如上已判今先張疑然後決之有
人疑謂本犯由衣捨與他人貿易何罪之有故非
衣法乃至施人亦須捨之罪由心生不在衣也故
須捨已然後遣貿新得之衣體如不犯如多論云

先應量捨墮物更貿衣財卽作應量不應量衣此
衣不捨懺先提罪上明捨財而有染犯畜心不斷
捨不成故此則不爾反上可知一尼薩耆一突吉
羅如上已判昔人以為著不捨衣如見論云得吉
羅罪若無比丘得著無罪若見比丘不捨悔故亦
一一吉三衣戒明不開餘者如僧祇云受用不淨
衣隨一一越問何故衣中畜重著輕食中畜輕食
重答衣有淨法不施長貪故隨畜犯隨著非制故
但是輕食中非制無違畜輕制不許服故違得重
又解衣有別屬畜則在己是以罪重著用罪輕食

是味通體在不局故輕若食交盡無有所結故隨咽結此捨墮衣下正明治罪捨懺相其儀法用具在羯磨疏及鈔中此但依文句解耳不須復列非宗本故不明也不犯中十日內者反前過限淨施遣人亦反不淨施故所以不犯言奪想者財在想去無畜心故不犯長罪如十誦中後見本財更得十日餘失例爾言取著者由前受持三衣謂賊奪失既無三衣有長衣在卽而奉持故云取著若他與作祓者以財是重物不合加淨雖過日限不入長犯若付衣者遠行以其緣差故不得會非心慢故不名犯也

△第二離衣宿戒所以不許離衣宿者夫三衣蓋是三世諸佛應法之衣資身長道最爲要用理宜隨身如鳥二翼許無暫離常願持奉今置衣在此身在異處寒暑卒起急須難得又闕守護容有失奪廢資身用事惱不輕具斯諸過故所以制釋名者人衣異處名離經夜曰宿久慢促惱限期一日故曰離衣宿戒論犯六緣成若離餘衣但得小罪是以第一體是三衣若元不持亦無離犯是以第二作法持竟人衣同界本自無愆故以第三明身非衣所若當順敎亦不結愆故以第四明不捨會若是時中及餘緣開亦不名犯故第五無因緣必未經宿聖未制罪故次第六明相出犯此之生起言說之由如上已論下更不道

二離衣宿戒佛在舍衛國六羣持衣囑親友往人間行彼爲出衣曬之比丘問言佛聽畜三衣不得有長此是誰衣具答彼詞白佛竟因制此戒

就戒緣中文相可解

△戒本八句

若比丘

一是犯人

衣已竟

二受持竟

迦絺那衣已出並是上解

三開緣謝

三衣中僧伽梨鬱多羅僧安陀會衣者有十種也

四所犯戒境注解但列三名衣有十種謂衣財也羯磨疏鈔廣明衣法具有十例及受持相不可重出可同彼也

離一一衣異處宿不失衣者僧伽藍裏有一界失衣者僧伽藍裏有若干界如是樹場車船村舍堂庫倉界別亦爾此僧伽藍四種如上樹者與人等量足蔭加坐場者治五穀處車者若迴轉

處船界亦爾村者四種堂者相多敞露庫者積藏諸
物倉者儲積米穀阿蘭若者無界八樹中間間別七
弓弓長中肘四肘量也伽藍界者此伽藍界非彼伽
藍界非彼樹界乃至庫藏倉界餘者作句亦如是僧
伽藍界者在伽藍邊中人用石若磚擲所及處是名
衣界乃至庫藏界亦爾比丘置衣在伽藍中乃至在
樹下宿明相未出若捨衣若手捉衣若至擲石所及
處若不捨衣若不手捉衣若不至擲石所及處明相
出隨所離衣尼
薩耆波逸提也
五離二 一衣異處宿者人衣異隔也就義分異乃
有四礙謂情隔染界也文中但列界礙餘三不明
乃在開通就界礙注解中文相極顯然遺法所重
唯相及行相則剃染以分行則自他無著然心行
等級事等面焉未可諸說故非宗主染衣持奉正

是今論持則具二善因犯則雙標惡果教相不昧
何得不知此戒所緣正在人衣別界界名雖易界
體是難故今總敘令識持犯三意分之初標列界
名二明制意三就宗分別初列名者一攝僧界二
攝衣界三攝食界各有自然作法則有六也二制
意者制攝僧界攝人以同處令無別眾罪必有乖
別不名為僧僧具六和也二制攝衣界攝衣以屬
人令無離宿罪三制攝食界攝食以障僧令免宿
煮罪所言界者彼此差別互不相通故曰界也如
文云此僧伽藍界非彼僧伽藍也三就宗分別者

僧食二界作法分隔行用羯磨如彼宗明此中明
衣計須作法然衣離相自然界多故從多論戒本
須引若論作法攝衣界者羯磨疏中具之今論自
然衣界相狀下諸義中特論僧界者以衣須隨身
身是僧界所屬若不並明則彼此相亂故須合論
大小敘其得否如斯識緣種者可謂如烏知其雌
雄矣略為十門一列數定體二空聚自然攝僧不
同三空聚自然攝衣不同四單聚自然攝人衣不
同五單空自然攝人衣不同六自然攝衣強弱不
同七僧衣二界寬狹不同八多少不同九相可不

同十勢分不同初列自然界者若依當律自然衣
界有十一種他部相成道行水界空洲等相各有
小大消文自顯二明空處聚落攝僧寬狹者有四
種聚落有二可分別者如十誦盡聚落集之不可
分者如僧祇七弓之量七樹中間則六十三步廣
如羯磨疏中二者蘭若亦有兩種無難空地可用
十誦面俱盧舍五里集之有難蘭若則如善見七
槃陀量五十八步四尺八寸所以有難無難者僧
法同遵義無乖競必有見異多恐破僧故須局狹
必若情通自然廣攝所以引僧成衣界義有衣入

此界中兩不相涉如水之乳三者空聚自然攝衣
不同者聚落多難男女染謗情隔諸障譏過頻繁
衣須近身蘭若少礙反前故遠上列二門各有教
相僧衣不同今次第四單就村落合辨人衣寬狹
不同所以同處人寬衣狹者人爲同法事須通和
少一不成前須濟益必約詳御用寬爲善三衣若
離多諸過咎更無別辨義在隨身故制須狹五明
蘭若人衣不同空迥少礙僧遊者希事須作法遠
攝方得處非諠雜過濫又希若欲攝衣同前空難
通其勢分七十步餘六明自然攝衣強弱不同就

於自然又分三等且依四分十一自然八界望僧
住人住八界是弱藍村是強八界自相望如樹車
等不論強弱蘭若空界不守自性全是其弱僧村
二界互兩相形則俗強僧弱何以知之俗人入寺
別生村界比丘入村無別藍界若準此說恐理不
然若彼俗人將家男女入寺別院有界亡言若在
露地卻施障幕是村以不若言是村村則有相四
種之中何相所攝若是有村約何分齊非時入相
結攝衣界除斯村不若不除此文云村所及處如
其不除應不失衣若即失衣成村義立若如此徵

但是障礙二通不名村界以彼俗家未來之時人
衣往返二通無壅由其來故是爲情隔不許往還
故是失衣今通論之無問道俗互入僧村有四相
者僧村界起此即相望何論強弱若爾何故多論
王來入寺不得安衣解云須識四礙方知攝護一
者染礙明失如多論中所以除村爲護梵行爲止
譏嫌等五義比丘與女性非親好動即相染譏過
隨生故使戒中制約非少說法取衣同行同坐無
論屏露未約親疏但使與取皆制其犯若衣在此
往會是難故名染礙二者隔礙如僧祇中入在門

外須捉戶鑰等三情礙如僧祇中兄弟分齊等如
多論中王來入寺取水處大小便處近王左右盡
非衣界又有幻人戲樂人入來亦爾四就界礙如
律十一是今依四分具有此四就餘樹車八界相
望有師解云根本是強寄來者弱如場上有車豈
有別相今言無者據有垣相爲言如庫堂中有車
輿等何有別界第七第八兩門合論義應相對四
句分別初自然攝僧與自然攝衣寬狹一多各爲
四句互顯其相初攝僧寬攝衣狹如蘭若中僧作
法必方五里衣若遠身止七十步故曰也二攝僧

狹攝衣寬如不可分別聚落中有一家方二百步。
內通攝衣外兼勢分若論攝僧則六十三步三攝
僧一攝衣多如一小村眾多家住可村僧集家別
攝衣四攝衣一攝僧多如不可分聚方二百步為
一家衣雖通攝僧則限約五僧衣俱多即此家中
更加三礙等是也六僧衣俱一如一處伽藍正可
五十步許衣界隨藍取其勢分與僧界等第二作
法攝僧界對自然攝衣界分相有六初明寬狹一
僧寬衣狹者如結大界極大伽藍院小出院不出
界成夏失衣以衣隨院相故二衣寬僧狹者如齊

伽藍結大界界外有勢分出界破夏不失衣以界
隨相故三僧衣二界俱等者如結大界可伽藍衣
勢分上是也四攝僧一攝衣一如大界有戒場兩
處集僧自然衣界通彼此故五攝僧一攝衣多結
僧界大中間多村村別攝衣也六僧衣一界兩俱
多者大界安諸小別住又有家村是三作法攝衣
與自然攝僧相對據義則不可四僧衣俱作法相
對兩句不同一攝僧二攝衣一如大界安戒場二
處攝僧衣界隨大界戒場則無是也二僧衣兩界
俱一者如大界上結攝衣界無場不可別攝僧是

也此乃義盡有人更立多句前句有場大界戒場
中護衣可非僧衣俱多後句上多有俗家可非僧
一衣多耶答既言二俱作法相對故分一多今言
有者但是自然耳非作法也此則事有義無不可
復論也第九相可不同者問自然攝衣自然攝僧
寬狹內外何故非可答有四義也一自然攝衣根
本急制以寬為緩以狹為急自然攝僧根本急制
以近為緩以遠為急故一不相可二自然攝衣當
體隨相不假僧界而有二不相可三自然攝衣隨
界而作小大不定僧界不爾隨處一定三不相可

四衣有勢分僧無勢分四不相可有人不立僧界
衣界各隨根本者遠集會夏共衣齊等若言衣不
定僧界是定此亦有餘衣界蘭若是定十戒大小
是不定若僧界蘭若及大聚落則定可分別聚落
是不定此則俱有定不定不可得言僧定衣不定
亦不定豈不相似勢分有無者衣界定有僧界定
無今準諸部十誦隨聚落是僧房下文齊行來處
此則是有不可言無若論兩箇作法相可之義若
就枝條開急就緩比前四義故是相可十明勢分

有無者問同是攝衣何爲作法無勢分者一解云
有法故無無法故有何可怪耶以無教法隨相開
有又解自然攝衣界之內外都非作法故有勢分
作法攝衣內是作法外是無法何得攝衣故無勢
分三自然攝衣是作法根本復是正制故開勢分
作法反前故無勢分又復開無重開作法限約何
得有也問僧衣二界同是自然何故衣中獨開勢
分答衣本隨身復開遠攝猶恐不會故開擲石所
及自然攝僧就急制內更開勢分與本不殊故不
開也若爾前門行來勢分者解云是制非界恐作

法時忽入妨事制遠攝取必知不入亦無所苦遠
近既乖故有無異就注解中文分爲五初明不失
衣下至倉亦爾來則十界名也二此僧伽四種下
乃至蘭若四肘量來明十界體別也三伽藍界者
此非彼下至庫藏界亦如是來明諸界體別不相
攝相四僧伽藍界者中人已下至亦爾來明十界
勢分義五比丘置衣在伽藍下明人衣兩離結罪
相也就初離相約界有十前明藍中有失不失言
不離衣藍裏一界者謂外院相成內無四礙是使
人衣雖異但不出界則非犯位故言一界界是自

然攝衣界不是僧等餘三界也又言失衣多界者
如昔解云藍院相缺樹車界生故曰若干界今謂
不然若缺非藍事同空野今言藍裏若干界生明
知院相不壞而有眾多界起者樹車自然無由得
生但爲染隔情三障礙不會致有失衣故曰若干
或可作法攝衣局在有處不妨藍院自辦護衣彼
此諸礙通成失相何以知然僧祇五分中言同界
者僧羯磨作不失衣界於中得自在往返者是言
異界者不得自在往返也乃至屋舍車乘道行等
例同準此而明與四分不異餘有九界得失例同

故云亦爾上已明其失相未知約何明失故次第
二列於界相就明得離云僧伽藍四種如上者上
來無文解藍何因妄指律爲繁文相同村聚故通
例指曰如上也二樹相者量文可知謂假樹爲名
大小通得人等衣界減非所離也即此界中具有
四礙餘三可解就界礙中樹下生樹及車場等既
無別院異界叢起故曰若干界乃至倉庫例此明
諸十一阿蘭若界者謂迥然空野無別樹車不知
分齊假用弓樹通計量數七十餘步如上計之自
餘道行洲上水中井例及上藍樹十五自然諸相

行護其量非一既是行事廣如事鈔故不繁出臨時引用如織綜也上雖列體足明得離未顯兩界相接通成護否所以第三明彼此不相收攝文云此藍非彼藍乃至此樹非彼樹等例之故云亦如是也上雖明相互不相攝未知自然相外攝衣以否是故第四明勢分義諸部明相並無勢分唯此四分獨開外護故十誦云僧坊聚落齊墻壁塹栅來名不離衣若作羯磨隨意遠近故知無勢分也僧祇寺門外手把戶鑰船上曬衣風吹墮水則明失者亦無勢分若爾無者何故彼律車樹四周二

十五步答此是界體若有勢分一切通給何故寺外須捉戶鉤五分無文故知學者不可通用自古相傳中人擲石取其下處可有一十三步例諸自然皆通故云亦爾上明行護次明犯相又云比丘置衣在伽藍中乃至樹下宿者明身出界持犯相狀準此爲言人衣互出護會義一分文爲四上明離相也二明相未出下教其行護也三若不捨下明違法也四明相出下結提重也云捨衣者非謂捨衣全無罪也若不捨時則犯墮故如僧祇中寧無衣起越以輕易重也廣相如鈔若手捉衣者人

云同是不犯位故如婬戒開無婬意也今解不然文非下開也有人解我衣在勢分邊故須手捉此未了也衣在藍內外有勢分若樹車有則分勢分多少不同或全不立如何云衣在勢分頭也若衣出藍外有諸界隨界立相自立勢分如衣樹下勢分四圍似月之暈如斯例也今言捉者兩界相接中分勢分一尺五寸故須手捉或樹下車情染交隔必須捉取不爾不會故曰手捉律文錯雜不足倫理若依義例須有次第前至擲石次手捉衣後明不得捉故而便捨也如文從急以至緩也通明

會護何妨如律何以知耶如人衣遠隔動經百里夜忽憶之何由往會但捨更加故理非犯且休去餘任通之犯相之中明相出者律中華開鳥鳴此亦春冬不定如多論云明相三種日照閻浮樹即有黑色若照樹葉即有青色過樹上表照閻浮空界即是白色三色之中白色爲正諸部當律行護結罪多約明相用分犯法今須薄識故爲略引如僧祇律約夜分三食明內宿初夜成犯覆罪護夏皆約明相離衣持犯通持在夜結犯約明何以知耶四句分之一明去明來日光未没去明相出竟

來諸律同犯。二闇去明來僧祇不犯開夜暫會四分是犯。三闇去闇來四明去闇來諸部非犯就四分中衣食夏等必約明出人宿等戒日光沒後準此定時看西明相一更已後方始沒滅諸師行事。合瞑即犯意不同也與同室宿必夜分齊僧祇初夜明內宿者亦是其理謂夜與宿貪附情多約同四分。一夜與宿明相暫離名爲不犯此約情過則深有犯事同僧祇律據通緣且依明相餘且略之。四明所離結罪相者律下注中除三餘者吉羅今解如百一供具有持可離故結小罪餘說淨者既

指別主何有離罪如五分中應受持三衣襯身衣被衣雨浴覆瘡蚊廚敷行障蝨單敷護腔踝頭拭身手面巾及諸囊若似衣皆受持之餘畜廣相亦如鈔說。

除僧羯磨時比丘得乾痟病糞掃僧伽梨極重有因緣事人間遊行不堪持行以事白佛佛令三乞已白二離。

文中第六除僧羯磨者明得法離也注列病緣後明乞法總有五意一解開緣如文得痟病人間遊多論云所以爾者四意一有緣眾生應受化故二宜遊病損故三求行道處故四降伏信悟故是舍

利弗病故何者亦四義一先世惱人故二智深思法故三勤業不臥故四此後邊身先業已盡若以神力轉三千界大悲心中請聖制故二法成否相者要須人病衣重者成餘人病互有一向不成所言老者多論七十已上名爲老者有前四益乃至三寶求覓亦得三離多少相此中唯是大衣五分云留一並離非羯磨故皆犯離罪得留中衣上下不得留有賊難處隨留好者十誦多論留一義同。四約日多少十誦夏分不開五分聽前安居九月後安居八月見論云隨病未差若差即還遇難不

失不作還意失衣多云若得羯磨已病重不行後行即先羯磨若化未盡衣藥營求三寶未辦而月已盡以事難故緣訖無罪若死此衣得與看病人五得重加否多論云本衣若施三寶更求得衣不問輕重應加羯磨乃至九月亦如是。

尼薩耆波夷提除三衣已若離餘衣吉羅尼同僧犯不犯者僧作羯磨明相未出若手捉衣若捨衣若至擲石所及處若奪想若水陸道斷急難若賊惡獸强者所執或命梵難若不捨衣及不至擲石及處不犯也。

七八二句捨罪兩相也注解云餘衣結輕如上所解不犯之中通明不犯有七一別人作法離或對

首及心念二對僧作法離有二初有緣乞法如上所明二共作迦絺那法離三者對處作法離卽不失衣界廣如羯磨疏鈔中四蘭若恐怖離五王路隔塞命梵等緣如下開說六迦提賞勞離七如五分僧塔勝緣也就此七離有法無法者前三得法離後三無法離中間蘭若六夜送村中無法離恐失遙捨者是有法離得罪有無者第二四五六七一向無罪以有緣故第五隔塞或忘斷故失否如文中解僧作羯磨者此得法離開前無法也明相未出下至擲石及處反解上開也若奪想者衣實

現在忘起奪想經宿失受約心無罪洪心謂失卽是捨心無情過故不犯捨也若水陸道斷者乃至强執並隔礙也或命梵難下此情染礙故不會非是慢情故令隔絕問此諸障礙同在開中失與犯者若爲處斷答此相極多今以情過行相急緩若恆謹攝無思離犯忽遇難緣人衣乃異無心捨離但爲事壅據此論心則不名犯若情慢惰諸緣捨受隨衣所離有捨有犯如上母論說淨無限之科問如戒開緣何分勤惰答諸戒相開並爲奉者必有惰學隨犯根本非是通開問長衣開忘此離開不答亦如兩望必勤奉持忘非可學夜忽憶得取會無緣明卽求取非捨非犯若作失捨則心隔境異故失非犯犯隨情教本忘非違但衣食兩戒疏者偏懷末代相持唯斯二矣自餘諸戒多或離之衣食之間無日不奉奉者如法蓋不足言莫怪多及意所未盡如所撰事鈔及羯磨疏中衣食二緣廣有誠敎自餘約略僅知而已

△第三月望衣戒制意者凡爲資身隨時受服雖有故者不堪著用但止受持故聖開畜擬換故者少而不足爲待滿故重開一月足卽成衣旣同衣足

理宜受替乃畜過限違反聖敎壞少欲法所以制也五緣成一本有故爛三衣若新好者畜犯前戒二聽畜餘財擬替故者三同財已足故不制截四無因緣五過限犯

三月望衣過限戒佛在舍衛國但三衣比丘有僧伽梨故爛十日中間便不能辦聽畜長衣爲滿足故六羣比丘取同衣不足者浣染點淨寄人遊行比丘舉過佛訶制戒

就緣起中本是但三衣人爲衣破故縱得衣財十日之內不足不成所以齊月來畜爲滿足故六羣聞之因遂起過取同衣不足者如十誦云以色不同體不相似故犯今制但令得作何待色體俱同

也。

△戒本九句。

若比丘。

一犯人。

衣已竟

二三衣同體足竟。若三衣俱壞。則三種別。望二一月雖滿。卽須作受。下一不滿。更待滿故。

迦絺那衣已出。

三迦絺那出者。開緣謝也。其人雖不受開。而是開故不犯。

若比丘得非時衣。（時者無迦絺那衣自恣後一月。有迦絺那衣自恣後五月。非時者謂過此限。）

四非時衣者。注解約時。謂於時外。故曰非時。以時內通開。無論替故。今非時中。故限一月。

欲須便受。受已疾成。若足者善。（若十日中同衣足者。裁割如上。否者至十一日隨衣多少。並犯捨墮。）

欲須便受下。顯成衣相也。言疾成者。以初日得衣未足十日得足。當日須成。不爾明出便犯。故云疾也。約分三位。上解初位。此是通開。如注解者是也。

若不足者。得畜一月。爲滿足故。（若同衣不足者。至十一日。同衣足者。卽十一日應如上作。違者至十二日。隨衣並犯。乃至二十九日亦爾。至三十日。若足不足。同衣不同。卽日並如上法。）

若不足者得畜一月。此第二位中。從十一日至二十九日。來得同相合。當日卽作。不同更開明日。望此則約日持犯。故又疾成。如注解二十九日亦爾者是也。第三位者。至三十日。無論得否。俱同說持。明日已去。更不開也。

若過畜者。尼薩耆波逸提。（比丘尼同犯。不犯者。若十日內同衣足作。乃至三十日。卽日作衣。餘有緣同長衣戒。）

此戒如前長衣相似。爲但衣故。所以立之。餘文可

解。

△第四取尼衣戒。制有三過。凡爲下敬上。仰奉情殷。有財思捨。計無匱惜。大僧以非親故。不量便受。令他財物匱竭。致有貧苦之惱。二者男女形別。理無參染。今財物既交。恩情偏親。因交致染。容壞梵行。臨危事險。可懼之甚。三迹涉世譏。招致誹謗。清白難分。無由自拔。具斯諸過。故所以制。五緣成犯。一是比丘尼。五分云。取下二眾。但吉羅。故斯約位分。若取染汙同尼。無別。故多論中。浣衣擗毛。一同犯墮。二非親里。十誦以親里故。量取。五分雖親取亦

犯吉三應量衣四分如緣起說僧祇取鉢小物者
不犯何故衣重者以衣多喜與故重鉢唯有一稀
故犯輕四虛心送與乞得非犯五領受便犯十誦
多論十僧取尼一衣同墮十尼持一衣與一僧得
十墮餘如鈔
四取非親尼衣戒佛在羅閱祇蓮華色尼持食往山與諸上座彼有比丘著敝故納尼脫所著貴價換之後著敝衣爲佛怪問訶彼比丘因制此戒
就緣起中明華色因緣律中母女同夫多云遠劫
以華覆食施辟支故願常端正爲人敬重又得沙
門功德由不淨願今得同夫願得功德故今漏盡

若比丘從非親里比丘尼非親里者非父母親及非七世反上是親若非親里
亦不籌量可否若是親里則便籌量知有無可取不可取若好若惡若新若故等也取衣衣有十種
尼著敝衣具白世尊佛言不應如是聽畜五衣完堅者餘衣隨意淨施若與人何以故婦人著上衣服猶
尚不好何況敝故也除貿易時二部僧得衣共分二部錯得佛言聽互貿衣言貿易者以衣貿衣
若非衣或以非衣貿衣若鍼若筒若刀若線若小段物乃至一丸藥貿衣者是尼薩耆波逸
提比丘尼吉羅不犯者從親尼邊取衣若貿易得若爲僧爲佛圖取者不犯
戒本六句一犯人二非親里注中父母七世者如
見論中己身已上四世至高祖傍及從四姊妹等
下及兒孫若據母親亦類說也若非親下明籌度
可否相也三取衣者是戒犯境也注解中不應如

是者女人形鄙假飾通道若著弊衣爲人說法如
以穢器盛美食也四除貿易者多論云有二益一
尼得所宜衣無有馳求因緣修道安樂故二既聽
貿易離彼馳亂故五制捨六結罪注中尼取僧衣
但吉者僧是上尊與希故輕若爾下九十中僧與
尼衣義亦非數何以結墮答彼由譏過不可故制
△第五使尼浣故衣戒所以制者上尊使下事順而
數下情敬上多不籌量有庸無庸致惱廢業損處
非輕喜生染習招世譏過如前故制約相浣染打
三戒合制因使尼同一衣生故不別制五緣成犯

一是尼二非親里三是故衣四自使若使人如鈔
廣引僧祇四句等五浣染打竟犯問衣鉢俱過鉢
何不制答浣染多閑數故制之鉢非故不結也
五使非親尼浣故衣戒佛在舍衛國迦留陀夷及偷蘭難陀尼貌各端正俱有繫
意坐失不淨汙安陀會令尼浣之比丘以過白佛因訶而制
就戒緣中不淨失汙故令浣之
若比丘令非親里如上說比丘尼若非親式叉尼沙彌尼浣染打故衣突吉
羅浣故衣故衣者下至一經身著新衣浣染打者突吉羅若染若打者尼薩
耆波逸提若語使浣染打若俱爲者三尼薩耆波逸提互不爲者隨有吉羅不犯者若病時使
浣染打若爲僧佛圖若借他衣浣染打者不犯

戒本六句一人二非親三浣故衣戒之境也四染打正明業相並如上解注解中三隨語作犯三不隨但吉唯有口業身不作故䢴住方便也

△第六從非親俗人乞衣戒凡出世之士須遵少欲爲懷今三衣具足堪得資身長道便止方廣乞求增長貪結惱亂施主招過非輕故多論云制不聽乞四種益一令增尚佛法故二爲止諍訟故三爲滅前人不善心故四爲令衆生於正法中生信樂故六緣成犯一三衣具足二無因緣三非親居士四爲己乞應量衣十誦中作寒暑相方便說法得福口雖讀經說法身雖在座斂容心路規度常擬散席與我何物如斯取者同律邪命何得不犯故制正命今世講師至此常不敢語以親行故羞不語他何以不行而隱不道何妨有人行之則此戒或末法一人持也愼之哉愼之哉十誦中但不作相乞諸小小補衣物一條及拭手面巾不犯若作念言但乞小者容施全者得亦是犯先無心者不犯可非心耶五彼與六領受便犯

六從非親俗人乞衣戒（佛在舍衛國時跋難陀爲人說法從索所著衣俛仰與已單衣入城便云祇桓中被賊諸俗譏嫌比丘舉過佛便制戒）

就緣起中因說法取衣致爲過非今諸難免亦易檢校但是一貪既共俱生可共滅耶

若比丘從非親里居士若居士婦乞衣（解文如上）除餘時尼薩耆波逸提（比丘尼同犯）

就戒本中六句一犯人二非親俗士女三乞衣四開緣餘可解

餘時者若奪衣（時比丘被賊剝衣裸形而行佛言不爾得突吉羅若有此者當以輭草樹葉覆形應往寺邊若取長若知友邊取若無者僧中問取可分衣若無者問取僧衣臥具若不與者自開庫看若褥氈被摘解取裁作衣出外乞衣若得衣已還浣染縫治安著本處若不還本處如法治）失衣燒衣漂衣（緣同上也）是謂餘時（不犯者若奪失等緣從非親乞若從親乞若從出家人乞或爲他乞他爲己乞或不求而得並不名犯）

餘時者重解前開言奪衣者注解其相甚明了也見論云行路見賊持衣鉢與年少令走因被賊剝得白衣五大色不截及外道衣得著無犯十誦若奪著僧衣後還本處空無人者近處有僧著之若先寺還有人住應取還著本處據此屬處已定無有轉改非作僧法無由輒出二失衣者僧祇十種失衣王賊奪女人欲心奪父母令罷道奪故奪有四失有三一自藏後忘二藏衣腐壞三久朽故風

火水三。故有十也。如五分衣壞開乞。言燒衣者。家火野火鬼火天火。十誦日炙壞者亦名燒衣。漂衣者。風之與水也。律但明奪。餘諸類解。

△第七過分取衣戒。所以制不許過者。出家比丘遇四因緣奪失三衣。無由進業。篤信聞之竭貧而施。宜應稱施而受。彰已內有廉節之心。外則不惱施主。理數明然。今三衣已足。過分而取。長貪壞信。殊所不應。故所以制。所以不定其犯。犯在時緣。但云過分。自東其犯。六緣成犯。一比丘失奪三衣。二非親居士。三為失奪故施。若非隨受不犯。四知為失

奪故受。五過知足。謂失一受一之類。是過限也。問。衣制過限。鉢不同者。答。衣則三二不定。故失喜過受。鉢唯有一。失一受二者希。縱有輕也。六領受便犯。

七過分取衣戒。佛在舍衛國。多比丘遇賊失衣來到祇桓。有信聞之多送衣與。比丘言止。便為供養。已有三衣故不須也。六羣令取持以與我。遂更受之。比丘舉過。佛因制戒。

就戒緣中。六羣令取者。自既已足。因奪得多。更行人事。以乖施意也。

若比丘失衣。奪衣。燒衣。漂衣。若失一衣。不應取。若失二衣。餘一衣。二重三重四重者。應摘作僧伽梨。若鬱多羅僧。若安陀會。若非親里居士居士婦。並如上解。

自恣請多與衣。若自恣多與衣者。若細若薄若不牢。應取作二重三重四重。當安緣。作當肩上揲垢膩處。應安鉤紐。若有餘殘。語居士言。此餘殘衣裁作何等。若檀越言。我不以失衣故與。我曹自與大德耳。若欲受者。便應受之。是比丘當知足受衣。若三衣都失。彼應知足受衣。知足有二種。在家人知足者。隨白衣所與衣受之。出家人知足者。三衣也。若過者。謂失一受一。都失受三之例。尼薩耆波逸提。比丘尼同犯。不犯者。若知足取衣。若減知足取。若多與衣。若細薄不牢。若二三重作。有餘如上語。知不犯。

戒本八句。一犯人。二失奪等四。注中若失一衣不應取者。善見云。都失三衣。但取上下。餘一外求。以失衣處施主厚心。不可全取故也。注中止令摘解相兼作衣。都不可者。方聽取耳。三非親。四俗士女。

五自恣者。明非為奪故。是故云自恣也。就注解中進否相顯。是比丘當知足者。謂失三受二也。注明道俗知足。釋成兩相。在家知足。不可自量。隨彼所施。出家知足。止約三衣。佛已正制。失二受一是也。若過是業。餘文相可知。前戒開彼此為乞。此自受衣為他故犯。由情諂故。若直為他無情好者。未必取衣。

△第八勸居士增衣價戒。篤信居士標心捨施。價限已定。無思增續。理宜隨施而受。不虧道法。今乃嫌少勸增。過分更受。長已貪求。壞彼信敬。過中之甚。

故制。論犯六緣。一非親居士虛心辨價。二情有期限。三知有期限。四嫌少勸增。五彼為增價縷。六領受犯。問。衣中勸增。鉢無增者。答。衣資身義寬。喜增故制。鉢資食狹希。故不制。若爾。乞鉢之罪。不應同衣。答。鉢無多用。全乞惱深。故制。此勸增中。非全一鉢。縱犯但輕。

八勸居士增衣價戒。佛在舍衞國。居士夫婦共議云。跋難陀是我知舊。持是衣價買衣與之。乞食比丘聞已告知。後往彼家勸令當須廣大新好堅緻。俗人譏嫌。比丘舉過。佛便制戒。

就戒緣中。從初至堅緻來。過起之由。俗人譏下。不應之相。

若比丘居士居士婦如上說為比丘辨衣價謂以若錢若金銀真珠琉璃若玉石若瓔珞生像乃至十種衣。具如是衣價與某甲比丘。是比丘先不受自恣請若自恣問須何等衣。佛聽比丘少欲知足索不如者。到居士家作如是說。善哉居士。為我買如是衣與我。為好故求有二種。言求價者。檀越與作大價衣。乃至求增一錢十六分之一分。言求衣者。語居士言。作廣長衣。乃至增一線者。若得衣者。尼薩耆波逸提比丘尼同犯。不犯者。先受自恣請而往求索知足。於求中減少作。從親里求。從出家人求。或為他求。他為已求。若不求自得者。

戒本七句。一人。二俗人非親。文中不明親疏。開緣不犯。故知簡親也。三為辨衣價。注中列諸金寶。是本方所有。此土但錢帛耳。餘則稀也。四是比丘下。

增價相也。注中聽索不如者。謂少欲省功故也。若多功勞。俗亦犯。如僧祇有與細者。云我是練若頭陀林中住。須不如者。麤亦同犯。注中求有二種者。戒本雖無求字。而有求義。故文列十六之一。謂增價也。如是廣長。謂增線也。今人亦有犯者。謂他俗人許與絹疋。令買好者。即同此戒。十誦有三。色量價增。皆犯墮也。此戒犯相。要在本絹於上勸增。若令買布。屬前乞戒。問。勸增戒中。一縷即犯。乞衣戒中。一條方犯。與此不同。答。乞本施主無心。乞時任其多少。惱義是微。故約一條方犯。勸增之中。虛心

限約已定。不荷嫌少。索多貪惱之情最重。故使不問多少。同犯罪也。諸餘可解耳。

△第九勸二居士增衣價戒。制意犯緣同前。但合二家共作一衣為異耳。問。勸二居士共作一衣。價本不增。為有犯否。答。如文云。增不增非犯。問。勸二作一。有增不增在何戒攝。答。後戒所攝。雖不增非犯。增者合作。故問。但制合二。不云三者。答。舉例可知。問。二家各欲作布。今令合細。可非損耶。何戒所攝。答。合三作細。異於本體。前戒所攝。僧祇中為僧眾多。若一人合作。同犯墮罪。如上僧犯。

九勸二家增衣價戒佛在舍衛國有二居士夫婦共議欲與跋難陀買衣乞食比丘聞已具告彼到二家語令共作居士譏嫌比丘舉過佛因訶制戒

若比丘二居士居士婦與比丘辦衣價買如是衣與某甲比丘是比丘先不受自恣請到二居士家作如是言善哉居士辦如是衣價與我共作一衣為好故若得衣者尼薩耆波逸提戒相成犯開通並如前戒

戒本七句如前無異

△第十過限索衣價戒然寶璧精華世情所重長貪妨道生患處深特非出道之所宜畜然施主奉施以為衣價恐犯畜寶無宜自受故付俗掌令知淨物尋索忽切情無容豫迭相催促逼惱前人故作制限三語六默必過索得是輕禁網過重障深寧容不制五緣成犯一施主送金銀錢寶二為貿衣用三不受付人擬知淨物四過法分齊五得入手犯問衣價制過其限鉢價何為不制答鉢一便足更無多用故無過索之咎若全無鉢極至百千無罪有故更求即落乞鉢犯收故所不制

十過限急索衣戒佛在舍衛羅閱城大臣與跋難陀親厚往來遣送衣價彼將衣價付淨主已因事急索致令被罰諸俗譏嫌比丘舉過佛因制戒

就戒緣中初明大臣所厚後明因索致罰起過之緣諸俗譏下明訶制也僧祇多論云跋難陀俗時知射法兵法瓶沙王二大臣遣五百人從學得通多持財寶來報其恩以寶付優婆塞家貧借用詣官言之索時牽挽俗人共責問急切索衣為損王臣為損淨主答本雖王臣後在淨主切惱故制唯在後人此戒應在畜寶戒後以制淨主故結集者不次或傳受者失旨故在前列

若比丘若王得自在無所屬若大臣在王左右若婆羅門有生婆羅門若居士除王大臣婆羅門諸在家者是居士婦在家婦人遣使為比丘送衣價如上說持如是衣價與某甲比丘彼使至比丘所

語比丘言大德今為汝故送是衣價受取是比丘語彼使如是言我不應受此衣價我若須衣合時清淨當受彼使語比丘言大德有執事人否比丘應語言有若僧伽藍民若優婆塞此是比丘執事人常為諸比丘執事時彼使往執事人所與衣價已還到比丘所如是言大德所示某甲執事人我已與衣價大德知時往彼當得衣須衣比丘當往執事人所若二反三反為作憶念應語言我須衣憶念者若執事人若在家若在市肆若在作處應至彼處一反二反三反語言我今須衣與我作者是也若二反三反為作憶念得衣者善若不得衣四反五反六反在前默然立

彼執事人。若在家在市作處。到彼前默然立。執事人問何緣此立。比丘報言。汝自知之。若彼人言今我不知。餘人知者。比丘當語彼人知之。是默然相也。若四反五反六反在前默然住得衣者善。若作一反語破二反默然。乃至三反語破六反默然也。若不得衣。過是求得衣者。尼薩耆波逸提。比丘尼同僧犯。若不得衣。從所得衣價處。若自往。若遣使往語言。汝先遣使持衣價與某甲比丘。是比丘竟不得衣。汝還取。莫使失。此是時。不犯者。若遣使告知。若彼言我今不須。即相布施。是比丘以時輒語方便索衣。若為作波利迦羅故與。以時輒語索。若方便索得者。

戒本六句。一犯人。二若王以下。明寶主緣由。三若過索成業結犯。四捨。五結罪。六不得進否相。就第

二立法相中。文有八句。初有五位。但是財主遣使持寶將與比丘。二彼使至比丘所下。明使人受寶付彼之相。三是比丘語彼使下。明懼犯畜寶不即受相。四彼使語比丘下。明使亦知比丘非受寶者。問執事人。五比丘應語言下。明示執事人所在。六時彼使往下。明與寶物付淨主相。七還到比丘所下。既付寶竟還返告知。世之信使可復如此。八須衣比丘下。明立法度索之往返。就索法度中。初明語索三反相。二若不得衣。四反五反下。默然相。僧祇云。一反語索。淨主一月來。即一月來。乃至三月。

不得過。如是十日四三二一日。乃至須臾。不得過。三。若一反默索。例上可知。善見云。默然者。口不語。喚坐不坐。與食不受。說法呪願一切不得。若言何因至此。答言居士自知。純語往索。齊六不犯。純默往索。十二反。語參默。故則九反。律文四反五反者。承前語勢。接次四五。若行事時。始心一二。故成六默。諸有畜受相如寶戒說。若不得衣下。是戒本業也。自下戒相易識耳。

四分律含注戒本疏卷第三之中

四分律含注戒本疏卷第三之下

唐終南太一山沙門釋道宣述注撰疏

△第十一乞緜作三衣戒制意者緜是生緣得在損命不懷慈道方廣乞求外招譏醜內喪善本爲過極深故聖特制餘雖緣財捨懺物在此則斬壞永竭貪源而世同塵同惡相濟身所服用無非損生口說行慈何人能奉故多論云有四義故一止誹謗二長信敬三爲行道得安樂故四爲不害衆生命故毗尼教相三處以求少有乖者開爲不犯今據戒緣至養蠶家乞緜看煮俗人譏罵以爲生過

之極也戒本列雜及以野蠶廣解開通俱令斬損今人衣服皆犯通開斯何故耶迷名者也文言作臥具故謂如被也今定其名方知我犯但以三衣總號此土先無但聞以緜作僧伽黎此土本無不知何物而廣張有相同此被敷故卽相翻或云臥具或云敷具故僧祇云敷具者三衣名也多論云六年臥具正三衣也若非三衣如何乞法僧祇云老病比丘持氈僧伽黎此云臥具豈不同也黑白臥具並同此耳如後坐具此方有之卽物相翻體相明了三衣無故所以有濫世並迷名都謂敷具

自非見此何由辨之故多論云敷具者衣名也外國以緜作衣凡有二種細擗如氈作縷織成故犯罪也五分十誦多論涅槃並云憍奢耶也論云此是緜名養蠶所得如秦地法五緣成犯一是蠶緜二自乞求三作法衣四爲已五作便犯

十一緜作臥具戒佛在曠野國六羣比丘至養蠶家索未成緜及已成緜并雜野蠶緜以作臥具又看曝繭居士譏嫌言害生命無有正法比丘舉過佛因制戒

戒緣如上解

若比丘雜若毳若劫貝若衣及餘縷雜也野蠶緜作新臥具尼薩耆是中捨者若斧若斤剉斬和泥以塗壁也波逸提自作教他成者俱犯不成者吉羅爲他作成者

吉羅尼突吉羅不犯者若得已成者斧斬和泥以塗埵也

戒本五句一能犯人二雜野蠶緜此正戒家境也雜作尚犯何況純者野蠶尚犯況復家蠶以疏制親也所言雜者如注具解僧祇云經緯間穿羊毛亦犯見云雜憍奢耶一毛亦犯憍奢耶者絲中極微者若準此方名爲忽也三作臥具是犯業也四尼薩耆制捨也注中捨相文極明也五波逸提犯法也不犯中若得已成亦須斧斬此言切人也如何可通如五分云他施已成亦犯捨墮十誦若得已成者受用不犯有人解云四分同十誦不同五

分。而律文中若得已成者下無開文。但道斬壞。如何捨制而用他開所不同也。余因參譯親見梵僧。自唐國已西已南至于大海。百餘國僧現今所披。並非緜帛。非氈非布無成法衣。問何所以。爲斷殺故。斯成現量何用讒言。止可知披而謂非。不可迯非而謂是。問。旣云非法。受持成否。答。如律通制但云五大上色不成受持。至於財體無文得否。若準央掘。繒緜轉來施持戒人不應受。若受非悲不破戒。據此斟酌也。問。緜衣黑白同是犯緣。如何入捨全壞不等。答。緜本損命偏乖聖心。故斬絕源永除後犯。黑白不爾。身分餘毛過淺障微還聽服用。若爾今有作緜待蟲飛出計非損命應無損也。答。元緣有因通爲害本。縱緜不殺少故不論。問。緜藥二寶四戒所開何以牒捨。答。捨竟復用下不辨開此四反前故得牒也。

△第十二黑毛臥具戒。此毛體貴無宜服用。虛損施物增長貪結。又自營造招譏障道。深妨本業故所以制。四緣成。一純黑羊毛。二作三衣。除作氈被臥具罪非此戒。三爲已。四自作成犯。僧祇云。諸比丘並作氈三衣坐具。唯除漉水囊。乞毛衆多爲人所

厭。又毛大貴。一兩須二三金錢。毛細輭觸人眼睛不淚出。爲人求故。或還或死。破人家業。故捨入僧。

十二黑毛臥具戒。佛在毗舍離。諸梨車子多行邪行。作黑毛氈披體夜行。使人不見。六羣比丘見便故作之。梨車譏嫌。比丘舉過。佛因制戒。

若比丘。以新純黑若生黑或染黑羺羊毛作新臥具者。尼薩耆波逸提。自作教他爲他犯。相並如前戒。尼突吉羅。不犯者。若得已成者。若割截壞。若細薄疊作兩重。若小坐具。若作褥。若作帽。作襪。作攝熱巾。或作裹革屣巾。一切不犯。

戒本五句。一人。二以新純黑羺羊毛者。所制境也。純則不雜。雜作非犯。羺謂小羊羔也。三作臥具。正犯境也。卽是法衣。若作餘衣。如上不犯。如戒緣中衣用上披。擬夜行故。比丘效之。知非下裳。何況作褥。是犯戒也。故下開通褥非是犯。昔以此等爲五敷具。故制戒云。此毛貴物。無宜下用。作無用之費。此言是也。今所不同。並上義中時爲敷具者。欲改恐迷。且存古耳。讀者知非則無大過。四五二句。如上解之。注釋云。若得已成者。是開文也。不同前戒若得已成卽加斬壞。此戒是開故無文斬。又云。若割截壞者。謂本作時。擬後壞故。本不壞心作成卽犯。下諸戒中細薄重披例同兩解。

△第十三白毛作三衣戒。制意同前。五分十誦中。以

見前戒不得黑。故便以小小白尨參之。遂制三毛參作。犯緣五成。一三毛參作。二爲擬作三衣。三爲己。四增好減惡。下至一兩。五成便犯。問。黑白同犯。何故前黑不制參耶。答。兩戒明參。文則繁複。以後例前。黑參非犯。問。三毛俱參。何故黑多而尨少。答。就白制戒。故黑多耳。約前黑戒。白亦須多。又云。黑色雖貴。順法衣相。白是俗服。是以少也。

十三白毛臥具戒。佛在舍衛國。六羣比丘純以白毛作新臥具。居士譏嫌。如王大臣。比丘舉過。佛因訶制。

就戒緣中。由比丘著行。致有譏訶。故知上服。

若比丘。作新臥具。應用二分純黑羊毛。三分白。或生白。或染白。四分尨。頭上毛。耳上毛。若腳上毛。若餘尨色毛也。欲作四十鉢羅臥具者。二十鉢羅黑。十鉢羅白。十鉢羅尨。乃至作二十鉢羅臥具。準上可知也。若比丘。不用二分黑三分白四分尨作新臥具者。尼薩耆波逸提。自作教他。若爲他作。並同上也。尼突吉羅。不犯者。若應量作。若得已成者。餘同前戒。

就戒本中分二。一立法。有三句。後制加一句。問。約此文中。黑者二分。尨者四分。所以尨多者。答。此翻律者不達故爾。如五分云。第三分白。第四分尨。就注解中。文相可了。言鉢羅者。多論云。婆羅。此云四兩。立世云。是南秤一兩。謂晉宋古秤。比唐藥秤是也。

餘文注可解。

△第十四減六年作三衣戒。所以制者。沙門出俗。知足爲先。既有舊衣。即堪長道。方復恣情廣畜多積。長貪壞道。勿過於此。俗士尚云。積而能散。安而能遷。況復高世。何迷至此。必欲造新。不可任意。制限六年。方開更造。而有重緣。取僧進止。餘則依制。以妨業故。六緣成犯。一有故三衣。減六年。二不捨故者。餘之三律。捨與不捨。減六年與罪。若依四分。準文義意。必新造作。若爲除故。應是不犯。以緣中藏積求覓故也。三僧不聽。四更作新。五爲己。六成便

犯。多論云。六年臥具者。正三衣也。若得羯磨減六年作。其內更不得乞索作三衣。反照前通。奄如合契。又僧祇云。老病比丘持氈僧伽棃。未滿六年。不得更作。故知臥具之目。定是三衣總名。不須惑也。故開通中如三衣戒。若是臥物。本無離罪。何須僧法。

十四減六年臥具戒。佛在舍衛國。六羣比丘嫌故臥具。或輕或重。或厚或薄。不捨故者而更作新。常營求藏積。眾多比丘舉過。佛訶制戒。

就戒緣中。人情所同。無問邊表。故今見者。藏覓非一。文相流世。將三百年。始於今日。聞有戒約。作三

衣者須過六載可謂雷霆震地自不聞耳或是往業迷他或是教授傳闇故有兹耳

若比丘作新臥具持至六年若減六年不捨故而更作新者若自作教他為他並同前戒除僧羯磨有比丘得乾痟病糞掃臥具重不堪持行佛言從僧三乞更作新者當白二與之也尼薩耆波逸提尼犯吉羅不犯者僧聽及滿六年減六年捨故更作新若得已成者若無若他與作俱不犯

戒本六句一人二作新臥具下立法也三不捨故者犯本也四除僧羯磨者開緣也故注中以糞掃衣故有病難持僧祇云若身不羸顏色不惡筋力不減麤食能飽臼等不成若如法者先受故者疏

記日月病差已還受持故者五分云六年者數日滿也十誦若餘人作未成後人足成者吉隨何歲作二三五六歲作時未成而且置至第七年便竟無罪但前者吉故者與人若作淨也就開緣中言若聽者反解戒本僧不聽也滿六年者制限外也減六年者捨而作新是無本衣得造新也豈捨受持方復造衣本造擬捨故成不犯成而不捨罪則自科若得已成下既非本積故非負罪由來長唱謂是臥氈故今重敘定是三衣不可疑也

△第十五不揲坐具作新戒者先有坐具且得障身受用便足今輒嫌故更復造新虛損信施作無用之費長貪妨業是以制揲欲制貪情為長道法兼有受用資身之益今反造新不揲違損教行故制論犯五緣一先有故坐具二更作新者三為己四無心故者揲五作成便犯此戒人多喜犯但知造新務取青翠多以布作並不加持長量則同彼跋闍不揲則符於捨法知違猶是可救迷犯未足談之故提舉指掌冀因斯一悟也

十五不揲坐具戒佛在舍衛遣人送食常法請後徧行諸房見故坐具處處狼藉無人收攝由諸比丘嫌其厚薄輕重更作新者乃制故者揲新六羣違制比丘舉過佛制此戒

就戒緣中初明大聖行房見過二立制如揲三六羣起教四舉犯制約所以如來不受請者多論五意一為入寂室故二為諸天說法故三看病比丘故四為結戒故五為看房舍臥具故比丘行後知佛行房必自肅慎不令非法又欲斷盜賊知佛行房不起惡故僧祇云佛以五利五日一行諸房一我諸弟子不著有為事不二不著世俗言論不三不著睡眠妨行道不四看諸病人不五為年少出家者見佛威儀庠序起歡喜心故二明制揲者以新故狼藉受用致虧以故揲新息貪受用俱有益

故問此中明揲九十制量同是坐具何不合明答不同有四故分二戒一作新如量不揲犯前作故過量犯後作故如量俱持作新過量俱犯對此二戒明其捨悔先悔量外然後捨悔問準下九十揲已同截後何須捨答不揲則舉體有過過在須捨故不勞揲過量則量內無過無則非捨亦可過量捨已主無用義故須截之若爾不揲捨已還主猶好亦應須揲答不揲爲好今捨還我義同新得好非我過過量他與量非制故猶是本業故不須捨但截即得

若比丘作新坐具當取故者縱廣一磔手揲新者上以壞色故彼作新坐具時若故者未壞未有穿孔當取浣染治之牽挽令舒裁取方一磔手揲著新者上若揲邊中央以壞色故也若作新坐具不取故者縱廣一磔手揲新者上用壞色者尼薩耆波逸提自作教他爲他成犯如上尼犯吉羅不犯者裁取故者揲新上者若彼自無更作新者若他爲作若得成者若純故者並不犯

戒本立法有三違教有四若比丘者能造之人二作新坐具是戒所緣境也三當取下明立法相言壞色者即斷著故也就後犯相可以情求注中裁取故者謂本未作即有揲心故成不犯若遂不揲亦隨結犯此是聖法所加常擬敷坐不言氈布隨常用者加持今有多畜不持亦不知何者是犯意謂如彼三衣一鉢性是本制可以多積無結罪耶隨初一者即是本畜雖不受持亦無長罪若如法色則可加持或體非法或色不如或財是販乞邪求得者雖加不成事同三衣畜服相似至於受用犯持同鉢餘如鈔疏及九十中

△第十六持羊毛過限戒然出家之士躬自負毛順路而行迹同凡碎動越威儀招譏自毀殊所不應故所以制所以開者資身助道非不待之若全禁約有須無濟更別追求勞擾又甚故開至三由旬

過則違也論犯四緣一是貴羊毛文除賤者以開緣中頭腳毛故今若生譏何論貴賤擔於毳等亦越威儀但緣在於毛故制開外耳僧祇云成器者不犯器謂衣相也此是通名如今刀斧衣物通號二是己物三自持四至三由旬故僧祇云乃至羊毛著衣囊中經行繞塔或持一由旬半已忘物返來計過三由旬故犯墮也

十六持羊毛過限戒佛在舍衛國時跋難陀得羊毛貫杖頭而行居士譏言販賣羊毛比丘舉過佛因制戒

就戒緣中起過者言販賣也

若比丘道路行得羊毛若無人持得自持乃至三由旬若道行若住處得羊毛若須應取無人持自持至三由旬若有人者語言我有此物助我持乃至彼處比丘於此中間不得住持者吉羅若令尼四眾持過三由旬吉羅除羊毛若持餘衣若麻等吉羅若擔餘物杖頭者吉羅若無人持自持過三由旬尼薩耆波逸提比丘尼吉羅不犯者若持至二由旬若減三由旬有人語持中間不助使尼四眾齎三由旬若擔毳毲毳繩若擔頭上毛作帽巾者得

戒本五句一犯人二道路行下立法注解文相可知三若無人下明戒業也下二可知開中帽巾者本未擔前立意者耳

△第十七使尼浣擗毛戒制戒意成犯緣同上浣衣戒彼制故者新是輕犯此既勞功新故同犯

十七使非親尼浣羊毛戒佛在迦維羅衛六羣比丘取羊毛使尼浣染擗之時姨母尼為染毛故汙色在手往佛所禮足而立佛知故問訶而制戒

就戒緣中姨母為染至佛所禮足而立者多論云所以制者與諸比丘增上法故若諸尼眾執作浣染廢修正業則無威儀破增上法又止惡法次第因緣各令清淨故所以不坐者女人敬難情多又佛不廣為女眾說法又尼至佛所一切皆立為止外道誹謗故又女人鄙陋多致譏疑所以不坐

若比丘使非親里比丘尼浣染擗羊毛者尼薩耆波逸提比丘尼吉羅成犯開通如浣故衣戒也

餘文句可以尋知

△第十八畜錢寶戒寶是八穢之一因明料簡一列數顯非二開制不同三輕重結罪四互貿得罪初列數者諸大小乘經皆云八不淨物涅槃經中十餘處文盛陳毀過亦不列名故彼文言若優婆塞知比丘破戒不淨受畜八法不應給施又不應以袈裟因緣故恭敬禮拜若共僧事死墮地獄廣如彼說古來相傳既有八名須知八相一田宅園林二種植生種三貯積穀帛四畜養人僕五養繫禽

獸六錢寶貴物七氈褥重財八佛不開物如女人器仗之屬所以云不淨者具有五意一由畜增貪名不淨心二體有汙染名不淨戒三違聖明約名不淨教四過譏俗情名不淨信五者為業沈下具縛三塗名不淨業自餘三門具在隨戒釋相畜寶戒鈔中廣說所以上來連指鈔者彼具廣陳不勞費故也正解制意者夫出家為道世財非意俗士高節顧若遺塵況復情存出要義乖常習今輒貪畜殊壞法儀卽非少欲知足之本所以如來制戒不約俗人唯斯一戒對俗而制欲使息滅貪競與

道相師。若不從法。自陷坑穽。損喪道器。何惡過此。故所以制。多論云。制有三益。一爲息誹謗故。爲滅鬬諍故。爲成四聖種節儉行故。四緣成犯。一是錢寶。二爲已。三無說付意。四領納便犯。

十八畜錢寶戒。（佛在羅閱城。有一大臣爲跋難陀留其食分。兒以五錢取食。跋難陀來取錢寄市肆上。居士共嫌。比丘訶責。王共臣論。佛廣說喻。因訶制戒。）

就戒緣中。初明取錢肆上。爲過起所由。二居士共嫌已下。明王臣共論說喻。訶制。故律本云。佛告大臣。若見沙門釋子以我爲師。而受金銀錢寶者。則決定知非釋子。又雜含云。若有沙門受畜金寶。當

知五欲。悉是功德清淨。餘廣亦同鈔。又涅槃云。若能遠離八毒蛇法。是名清淨聖衆福田。應爲人天之所供養。清淨果報。非肉眼見等。

若比丘自手捉錢（上有文像）若金銀。若教人捉。若置地受。尼薩耆（是中捨者。彼有信樂守園人。若優婆塞。當語言。此是我所不應。汝當知之。若彼取還與比丘者。當爲彼人物故。受敕淨人使掌之。若得淨衣鉢。應持貿易受持之。若彼優婆塞取已與比丘淨衣鉢者。應取持之。）波逸提。（比丘尼同犯。若不語彼人知是看是。突吉羅。不犯者。若語言知是看是。如上捨法。若彼人不肯與衣者。餘比丘當語言。佛有敎。爲淨故與汝。汝應還他物。若又不與。自往語言。佛敎比丘作淨與汝。汝應與僧塔和尚知識及本施主。不欲令失彼信施故也。）

戒本六句。一人。二自手捉者。戒之業也。三錢及金寶。戒防境也。四教人受。下同上業也。下二可知。此是畜寶戒。下九十是捉寶戒也。今文中不明畜者。略也。自手教人若可置地者。列彼受畜之相。受元爲畜者。得捉畜兩罪。捉依後科。畜自依此。若捉不畜。不犯此戒。犯後九十。故多論云。捉金薄金像及他寶者。若自說淨。寶俱得提罪。僧祇亦爾。金銀錢隨國所用。相成就者。皆犯提罪。注解文中。是中捨者牒前制過也。二彼有信樂下。明捨錢方便覓淨主付也。三若彼取還與比丘者。不違施意。佛爲淨故。令彼受之。彼不解故。不敢卽受。乖淨施法。故文

云。卽作彼人物受。後得衣鉢。更轉淨貿。方可持之。四若彼取下。旣悟解意。卽取迴淨。故無轉貿之文。問。等同施人。如何迷悟兩異。答。沙門達教。須語彼知。故多論云。先求一知法白衣。令知比丘之法。不畜錢寶。後若得者。於檀越作淨也。四分之中。前由迷故。所以不成。物旣現在。卽作彼物。後若得財。更須貿易。方得加受。文極顯然。勿怪鄭重。下結罪。注解云。若不語看是知是者。看是謂看於錢寶。知是謂非我所作。爲淨與爾。何得不道。失法故吉。若彼下。明索寶不得進否之相。文極明據。此亦人所常

犯知犯即有息期也。

△第十九貿寶戒。以其寶物更相貿易，長貪妨道，招世譏過，故所以制。此戒對後貿衣戒，五種不同。初對人不同。貿寶七衆俱犯，貿衣唯二俗犯。二貿寶自作教人爲己同犯，除爲三寶；貿衣使人不犯。三貿寶一制不開；自爲貿衣則開，酥油相易。四衣寶捨則道俗不同。五還財本非本別。故又對畜寶四句分之：一是畜非貿，俗施錢寶也；二是貿非畜，用衣易錢寶也；三俱是者，以錢買金畜之；四俱非者，即衣物相易也。昔人不立，以財無兩捨，罪不雙結。

誦得此語，不敢漏失。今不同之，見今以錢買金而畜，初貿後畜，緣相是異，何不雙結？若爾，販賣衣財亦合說淨。答：全不同也。淨法簡境，罪不約境故也。論云：此戒一往即犯，不同販賣。捨與白衣，不得與沙彌，以彼畜寶亦須捨故。論犯五緣成：一是錢寶，二互相貿，三決價，四爲己，五領取犯。

十九貿錢寶戒（佛在羅閱祇時，跋難陀往市肆上以錢易錢，居士譏嫌，言善能賣買。比丘聞，告佛，訶制戒。）

就戒緣中，以錢易錢者，且約緣起。如此世中不許惡錢，比丘以好錢易之，擬後用故，即斯人也。而有斯疾也。

若比丘種種賣買者（若已成金、未成金、已成未成金，銀亦三種，錢唯一種，交互相易。錢者，八種：金、銀、銅、鐵、白鑞、鉛、錫、木錢、胡膠，八種錢也。）尼薩耆波逸提（比丘尼同犯。餘捨法開通、索寶方便，並如前戒。不犯者：若以錢寶貿瓔珞具，以錢易錢爲佛法僧者是。）

戒本四句：一人，二種種者，謂以錢寶七互轉易，正是犯相。戒本但云種種，而未分明，若不注解，知是何物？故大要也。就其相中，金銀各三，錢唯一品。如昔云未成金者，謂雜石礦也。安有塊石而明金相？如僧祇、善見釋相，彼轉成文，以爲作也。言成者，已成器也，華釵莊嚴具是也。未成者，即金鋌也。已成

未成者，鎔瀉作器而未鋌治者。銀例此。三錢唯一種，據理亦三，但未成就，文像不具，世所不行，則非貴物，故唯一也。互絡成句，有四十九，餘之二句可知。下開貿者，捉屬後戒；貿爲佛僧，非犯此戒。

△第二十販賣戒。據此戒中，須分三位，即販、賣、買也。爲利故收，爲利故出，諍價而高，爲販也。爲利而取，故減前價，名買。爲利故出，强增其價，曰賣也。戒本中但明增減市易，論及餘律廣出販賣之相，如鈔廣分也。何以制者？凡出家之人，理須息務，靜坐修道，何得躬自販博，馳騁市肆，動越威儀，招世譏醜。

又錢財既交事容犯重可懼之甚義須早制多論四義一爲佛法增上故二爲止鬬諍故三爲成四聖種故四爲長信敬不誹謗故六緣成犯一在俗二眾二相貿三決價四爲己五自貿易六受犯

二十販賣戒（佛在舍衛國時跋難陀往無住處村以生薑易食食已持去舍利弗後至乞食檀越以跋難陀事徵之慚愧無言又共外道博衣悔而不得比丘舉過佛因制戒）

就戒緣起中分二初以衣食起過後舉過訶制前又分二初至慚愧無言已來明跋難陀生薑易食緣二又共外道卽明此人貿衣過起前中由跋難陀易食致比丘法猥濫不行謂非乞食之士及舍

利弗後乞卽以前事徵之致使尊者無言也

若比丘種種（以時藥易時非時七日盡形波利迦羅如是互易乃至以衣易衣）販賣（謂價直一錢數數上下增賣者價直一錢言直三錢重增賣者價直一錢言直五錢買亦如是犯也）尼薩耆波逸提（比丘尼同犯不犯者聽五眾出家人共易應自審定不相高下如市道法不得與餘人貿易令淨人貿若悔聽還若酥油相易者不犯）

戒本四句初一可知二種種者文不顯也此與前戒言詞不分要須注解方顯兩戒此初譯人之過也縱佛本言必不如此結集傳之亦須從俗故佛言令人易解爲要今多列種種深叵知矣注中所列但以衣藥互易指緣起說若以錢買衣屬此戒

攝反則前戒言販賣者上已條理說其事相廣如鈔引注解之中初總明相故云一錢數上下者此是販之異耳言增賣者本賤索貴也買亦如是者本貴買賤也本實直五錢減買言直三錢重減買者本直五錢言直一錢多論云此販賣物若無同心淨人應作四方僧臥具若入佛者外道謗言瞿曇沙門多貪利故令弟子捨物持用自入又除佛福田無過四方僧不問邪正持戒破戒一切無遮據此文相四分所明但有衣藥衣有同類可如常捨藥則穀米治生收利如是不淨其相如鈔準論

穀米俗人爲主若無同心可依論斷又如開緣止餘同類五眾餘人則約如衣法中及如他律並聽比丘身自交貿但不增減律據有人可貿理必不得自爲反上無人可依他部廣如鈔引若悔聽還者十誦七日者聽過則不應僧中買者悔則不可又云酥油相易是不犯者外用也前言七日是犯者據內資也

△第二十一畜長鉢過限戒然鉢爲應供之器得一資身長道便罷今過畜盈長而非少欲常又經營廢修正業招譏自壞過是不輕故所以制所以開

十日者，然物變無恆，容有失奪，身資要用，事不可廢，施時不受，後須難得，所以開限十日。作法而畜，過則致犯，故也。六緣成犯：一先有受持鉢，二更得鉢，若是如法可得其罪，三是如法鉢，要具三如，一體如，唯泥鐵三種，餘木等並非法，故二色如，要須熏令堅固，若油若𢪛磨等，並非佛教，三量如，諸部言雖有多，準母論大鉢受三斗，小者斗半，若過若減不成受，說餘如鈔中，四不作淨，五無因緣，多云得鉢五日，披擯顛狂心亂等，雖經多日無罪，後得止取後五日續滿者犯，六過十日便犯。見云：若買

他鉢未還直，不成受；若主言但受，雖有此語亦不成，過日非長，若度價竟，爲熏報知比丘，不取過日犯捨，餘人知報非鉢主者，不犯。僧祇鉢知友邊作淨，若十日內捨故受新，十日一易。多論問曰：白色衣過限犯，白色鉢過非犯，答：衣染必成壞色，故貯義強，鉢熏多壞，乖畜非犯。問：衣若過減，皆成受持，鉢反上者，論答云：衣可截續，是以成受，鉢無此義，成量成持。

二十一畜鉢過限戒。佛在舍衛，六羣畜鉢，惡者置之，常覓好鉢，畜之遂多，居士遊觀，便譏似陶師瓦肆無異，比丘擧過，佛便訶責而制此戒。

就戒緣中，舉陶師者，爲譏過之本也。

若比丘畜長鉢，有六種：鐵鉢、黑鉢、赤鉢、蘇摩國鉢、烏伽羅國鉢、憂伽賒國鉢。大要有二：鐵鉢、泥鉢。大者三斗，小者一斗半，此是鉢量，如是應持應淨施。不淨施，淨施不淨施相對八門，如長衣戒不異也。齊十日，時阿難得貴價鉢，欲奉迦葉，以常用故，十日當還，恐犯捨墮，以事白佛，便開制至於十日。過者尼薩耆波逸提。尼同犯，辨相開通如長衣戒。

戒本七句，一犯人，二畜長鉢。問：長衣戒中有衣竟語，鉢衣相似，所以無者？答：衣有三種不同，對多以明長，鉢則制一受持，餘則是長，非惑故不明本制。問：彼又開迦絺那衣，鉢何不著者？答：內外資身別，過益不相及，所以此戒無迦衣出也。若爾，何不受

迦鉢？答：衣有三領，爲持重，故開功德衣，得離衣宿，鉢唯有一，常須受用，何得迦鉢以廢持鉢事，不可也。問：何故不開迦提一月？答：鉢未成，無長過，若已成者，開限說淨，何須一月？若爾，衣開十日，亦同鉢者，何須一月？答：衣限時節，四序循環，既涉秋冬，事須補洗，鉢無時限，何事相擬？就注解鉢相中言六種者，隨國隨處，黑赤色也。文略不列國名，何所益也？大者三斗，律是姚秦所翻，從國而用，廣如房舍中說。三不淨施者，如長衣無異。四齊十日，辨開緣也。五過者，業也。下二可知。

△第二十二乞鉢戒。然鉢減五綴不漏。堪可資身長
道便罷。今乃處處隨非親乞長貪妨道惱亂施主。
於理不可。故所以制。論犯六緣。一先有受持鉢。二
減五綴不漏。三更隨非親乞。四爲已。五乞如法鉢。
六領受犯。十誦若二人共乞一鉢吉羅。量不如故
二十二非分乞鉢戒。佛在舍衛國。跋難陀鉢破。求多鉢畜。居士計會乃知多受。便譏嫌言受取無厭。比丘以過白佛。因訶制戒。
就戒緣中。由破一乞多。故致譏毀耳。
若比丘。畜鉢減五綴不漏。相去兩指間一綴也。更求新鉢。爲好
故。若滿五綴不漏更求新者吉羅。尼薩耆。是中捨者。於此住處僧中捨鉢已。單白受懺。便說罪

名種相。責心生厭離。鉢若好者。應奪留置。取最下不如者與之。便作單白。以鉢次第向上座易之。持上座鉢與次座。若與彼比丘。如是展轉乃至下座也。波逸提。比丘尼不犯。彼比丘應往
僧中捨展轉取最下鉢與之令持。乃至破應持。此是
時。僧以下鉢白二與。彼應守護。不得著瓦石落處。倚杖刀下。著懸物下。道中石上果樹下。及不平地。不得著戶牖內戶扉下。若牀下牀角。除暫著。不得著兩牀間及立蕩鉢。乃至足令破。彼不應故壞故失。非鉢用者吉羅。不犯者。若五綴漏若減漏求新者。若從親索。若從出家人索。若爲他。他爲已。不求而得。若施次得。若自有價買畜者。皆不犯。
戒本六句。一人。二本鉢未滿五綴相。五分云。若本
無綴乃至四綴更乞如上鉢者亦墮。若乞五綴得
吉。注中相去兩指間一綴。準此爲量。縱未綴而量

過亦不名犯。三更求新者。是犯法也。四制捨。注解
云。於此住處僧中者。以鉢無多用。好者奪留入僧
庫中。爲益本寺。故言此住處也。問。乞衣惱多亦損
寺舍。何不同鉢。答。衣資用寬。故須還主。不奪入僧。
鉢無多用。得一便足。餘奪入僧。若爾。長鉢無用。何
不入僧。答。或自貿得。或虛心施。既無外惱。故不同
乞。僧祇。若鉢大貴。應賣取十鉢。九者入僧厨。下者
還主。乃至乞鉢直入僧。一直買鉢還此比丘。就此
捨懺與餘不同。初明單白受懺悔本罪已。二明取
最下者白二與之。三明單白與鉢次第換。四明白

二以此下鉢令持。計有四法。彼比丘應往僧捨。取
最下者令持。是次第最下法也。爲折伏彼貪。故從
上向下。就中立法。隨僧量宜。或和還彼。或次第易。
律具二意。住時量據。僧祇云。行鉢人白二差。訖唱
言。諸大德各持受鉢來。五分云。五事不應與。若無
鉢。太大。太小。穿缺。若喎偏也。十誦云。鉢滿盛水。僧
中行之。取竟不得悔。悔者吉羅。注中白二下鉢令
其守護。恐瞋破故。多云。前所受持鉢。如法受持。後
鉢不受常畜。二鉢若食時當持二鉢。終身如是。示
多欲過。又斷惡法因緣。僧祇云。以綴鉢難洗。一日

乃了。要當淨洗若辛苦者。知識師僧言。此賢善比丘以洗鉢故。妨坐禪誦經行道。打破藏舉者無罪。諸文相可解。亦事多懺少。未世稀見。此並止持戒行。知則是其行本。故爲條敘。頗識捨懺。今學語者。尚云初地何心斷惑。非已分量。云云不少。況此是已分量。何得不知。不知由不學。不學則有罪。豈如初地斷惑。非制而强知耶。故又誡也。

△第二十三使非親織戒。然三衣已具。且得資身。今乃自乞縷線。用憑織作。長貪損行。殊乖知足。既惱患他。又招譏謗。障道之甚。故須聖制。多云。三義故制。一爲除惡法故。二爲止誹謗故。三爲成四聖種故。四緣成犯。初自乞縷線。二織師非親。三不與價。四織成便犯。問。何以但有俗人織戒。無使尼織耶。答。俗人屬官。喜恃勢織。尼無此義。故無使織。故十誦中使五眾織。但犯吉羅。又尼制不織。使之義稀。縱有犯罪。非捨墮故。若爾。浣衣應制在俗。何爲在道者。答。教聽尼浣。大僧喜爲。妨尼修道。所以須制。俗則反此。使浣不犯。不同織衣費損功業過深。故重。

二十三乞縷使非親織師戒。(佛在舍衛國。跋難陀縫僧伽梨。乞線遂多。持線使織。自作縱看織。居士譏嫌。比丘舉過。訶制此戒。)

就戒緣中。初爲成衣乞縷。遂多雇織作。縱非出家儀。故爲過始。佛制比丘隨得而止。今違聖教。貪積故制。十誦中。無衣乞縷作衣犯吉。豈非織作妨道也。

若比丘。自乞縷線。(彼在處處乞。縷線者十種衣縷。)使非親里織師織作衣。(若織師與線者俱親里不犯。與線者非親。吉羅。看織自織作縱吉羅也。)尼薩耆波逸提。(比丘尼同犯。不犯者。二俱親里。若自織作鉢囊。革屣囊。鍼氈。禪帶。腰帶。帽。襪。攝熱巾。裹革屣巾者得也。)

戒本六句。一人。二自乞。三縷線。下三可知。注中開親以離損謗之緣故也。下開織中。但爲小細過非深故。至於妨道非不是損。

△第二十四勸織增縷戒。居士辦線遣織成衣。比丘隨受。情無差貳。彰於內懷廉節。外不惱人。理數然矣。今乃勸織增縷。加工增價。自壞損他。彼此無益。故制。犯緣有六。一非親。辦縷遣織緣起。戒本雖無。下開親非犯故。二本期有限。三知有限。四勸好增價。五爲增縷。六領受犯。多論。前戒憑勢遣織作成即犯。此戒自求。領受便結。問。此戒損縷與前一二居士何異。答。前面對縷主。此屏勸織師。故兩制也。

問。前後兩戒皆由織師。何以取分。答。不同有四。一前損織師自得縷故。此損縷主。二前損織師不與價犯。此損縷主與價便犯。三前戒開親。後戒俱犯。損義通也。四前是己物織成即犯。此本屬他要受方犯。

二十四勸織師增縷戒。佛在舍衛國。居士出線與織師。為跋難陀作衣。彼後至家。擇取好線與織師織。又許與價。居士譏嫌。比丘舉過。佛因訶制。

就戒緣中。擇取好線。正是貪相。為起過源。

若比丘居士居士婦使織師為比丘織作衣。彼比丘先不受自恣請。若居士與比丘貴價衣。聽少欲知足索不如者隨意也。便往織師所語言。此衣為我作。與我極好織。令廣大堅緻。我當多少與汝價。是比丘與價乃至一食直。若得衣者。尼薩耆波逸提。若求衣不得。突吉羅。尼同犯。不犯者。減少求。從親里索。出家人索。他為己者是也。

戒本七句。一犯人。二衣主。三令織。四彼比丘下犯相。五若得衣者結犯。下二可知。注解自恣請者謂許好取惡耳。非長貪壞信而索好也。僧祇云。若俗家兄弟令自往營疾成得好是自恣相。

△第二十五奪比丘衣戒。與衣規伴已是邪源。後既不行。和取無犯。今瞋心強奪。逼惱情深。特乖儀節。

故聖制止。光律師云。先與衣不分明。強奪戒成犯五緣。初是比丘簡下四眾。本非伴類。假奪但吉。若爾輕者不應隨擯。同僧犯墮。答。僧法不殊。同違故也。二本規同行。三不定與決定取。生諍故犯。義加四句。初如向列。二不定與不定取。奪但犯吉。三決定與不定取。四二俱決定與取。若奪此二則犯重罪。由初決捨屬他已定。故文云施已還取。是重攝也。四自奪使人。祇中自與使奪四句皆墮。衣謂三衣。若奪減量衣等但犯吉羅。五得衣屬己。僧祇四句。初合與別奪者。一時與三衣。後隨衣奪犯三提罪。餘句準知。

二十五奪比丘衣戒。佛在舍衛國。難陀弟子善能勸化。跋難陀意欲共遊行。便先與衣。餘比丘言彼癡不知誦戒說戒布薩羯磨。後去不隨。彼即奪衣。比丘訶舉。佛因制戒。

就戒緣中所列癡相有四位者。初二防未起非。後二除已起罪也。就初中。不知誦戒者。自行未閑也。不知說戒者。眾法儀則迷也。就後中。不知布薩者。不識念對治罪也。不知羯磨者。不識從僧乞滅也。皆冥不知。故言癡矣。

若比丘先與比丘衣後瞋恚。若自奪若教人奪。還我衣來。不與汝。若瞋自奪及教人奪而藏者犯。奪未藏者吉羅。若著樹上架上牀上及餘著處。

離處犯墮。取不離處者吉羅。彼若還衣。若取衣者尼薩耆波逸提。尼同僧犯。不犯者。不瞋恚言我悔不與汝。還我衣來。彼知心悔。可即還衣。若餘人言此比丘欲悔還他衣。若借他衣。著無道理還奪不犯。恐失恐壞若彼人破戒破見破威儀。若被舉滅擯應擯若爲此事命梵難一切奪取不藏舉者。皆不犯。

戒本五句。初犯人。二所與衣。三瞋恚下明奪相。下二可知。注中奪而藏者謂對面奪也。未藏情疑屬已不顯。故約藏相結成墮罪。又云若著樹上者謂非對面隨舉離處則犯正罪。以無人可諍故結也。後時更藏。但犯吉耳。

△第二十六畜七日藥過限戒。夫宅生在世。形命爲重。必假衣食莊嚴內外。雖俱開制藥重衣輕。良以煩惱情所先故隨病約也。今更廣其戶牖欲使行人隨文見藥以徵舉故也。就此料簡總別爲二。別如下釋。總有三門。初列藥相。二明受法。三服用違順。就初爲四。一列數。二釋名。三得名不同。三立四所以。四定藥體狀。初中列數可以情求。言釋名者通別爲二。律中三名。一蒱闍尼。謂時藥也。二佉闍尼。謂非時藥也。三奢夜尼。謂七日藥等。皆號爲藥者。無非療患故也。就別解中。名雖有四。約時往判。正有二藥。如豆穀乳酪餅果飯菜。從旦至中。聖教開服。

事順法應。名爲時藥。過中已去明未出來。聖不聽服。服則生過。名爲非時。餘三種藥並犯在時非時分中。聽服無罪。應名爲時。由對前故。名非時藥。藥體非非時。若從此解。正有二藥。時及非時。所以四者。時藥當分。唯一不分。非時離三。故有四也。若作此解。恐非聖言。何以然者。時藥非時名體是局。可如上論。餘之二藥一受已後時及非時俱得噉服。豈約非時離分三也。今重釋名時藥如上。欲明諸清果漿。明勢功能正通時飲。但以非時分中病起要須。若不曲開道器不立。故約過午。即以爲名。更

無勝功。故守非時之目。酥油脂等加法藥勢。唯在七日。故從日限爲名。薑椒辛苦非人恆噉。療患力徵要在久延。方能治病。故聽作法隨形而受。形有三種。一盡藥形。二盡病形。三盡報形。所以可知。二得名不同。時與非時相待爲名。七日約勢。如僧祇說。盡形約報。亦可知之。三立四所以。病有二種。一者常病。易治數發。二稀發難治。常差對前常病。故立二藥。飢病既動。一食飽足。通日兼夜。病得消殄。故立時藥。渴病數發。隨發隨服。未局時節。故立非時。對後希病。故立二藥。七日功強。盡形力劣。故約

功用長短不同。時與非時。位定各一七日。盡形通時非時。二定兩通。故立四藥。若依明了。藥則有五。一依時量。二依更量。卽非時之異名。然彼論中日夜分五時。隨時受藥。約至七時。如平旦至二更等。輪轉爲時。故曰更也。三依七日量。四依一期量。卽盡形也。五依大開量。謂灰土水屎尿也。此五世人所棄。不須受取。故曰大開。準四分律有通塞也。四定藥體者。鈔中廣敘臨時引用。故不繁文。今但約略以爲三門。初定藥體。二轉變體。三相和體。就初分二。前辨定體。二出蕪濫。就定體中。言時藥者。文

有二種。一蒲闍尼。謂飯麨乾飯魚及肉也。此之五種若食一口。是正是足是背是別也。二佉闍尼。謂枝葉華果細末磨食也。此五反上。非足非正也。卽就此藥明蕪濫者。如飯一種。名體不變。世所常行。和粥相同。則非正矣。世中有人用餻糜等。非是飯攝。如粥出釜畫成字者。則是足正。準此以求。可以例矣。又用餻餅相同飯例。此是細末磨不正所攝。若爾。麨漿細末。應非正收。答。體本是正。從緣非正。如上粥例。義分兩別。魚肉二種。小教曲開。通明大小。並嚴制矣。廣如鈔辨。二明非時藥體。律中八漿。

古昔無欲仙人所飮。故有渴病者開之。若加口法。隨何時受。至於昧爽。若不加法。隨受隨飮。限在須臾。律無定判。僧祇如此。十誦諸果火淨中汁水淨。不者非法不合飮。僧祇中一切豆穀麥頭不破者。酥油蜜生果汁得作非時漿。善見藕根擣破澄清得作。諸葉得作除茶不得。諸果得作除瓜不合。次明蕪濫者。如棗汁梨漿稠濁未分。此與時漿不別。何得非時而飮。且諸果之中。自有清汁。此是淨漿。片有滓濁。卽兼時藥。故十誦云。清漿無滓病者得飮。既無渴病。輒飮清漿。尚犯非時。何況濁者。病亦

成犯。京邑非時行杏人湯茯苓末諸美煎等。謂是開者。此無正文。四分律中。杏人生用非是熟噉。故律正制不任食者。聽爲盡形。今生用非食。熟則是食。何得因本仍爲盡形。同生薑也。故善見中諸樹木草。不任爲食。根莖華果得盡形藥。或俱是時藥。或果心時藥。餘者盡形。準此爲例。生熟不定。或生熟俱是。如米麥薑椒等。或生是時藥。熟爲盡形。或生是盡形。熟爲時藥。如杏人。署預芋子。葛根。故轉變隨時。不可一定。如甘蔗一色。轉通四藥。豈成石蜜。唯許時中。斯濫極多。略舉一二。然口腹之累。道

俗同弊知教慎行世中稀耳故晉慧遠至死不飲蜜漿非律不開以律文親須目見遂討尋將及奄從物故斯人可敘餘固亡言乍可非時噉飯知非其罪可滌不可無病飲漿迷教終難懺蕩故涅槃明罪非有非無良由慚愧之倚仗也三七日藥體四分五藥世人所識故開七日僧祇五藥及脂清淨無食氣一時頓受七日服之了論中因病故開隨差爲量止於七日若本無病或限內差文無飢湯非時得罪膏脂亦爾即明蕪濫者世中蜜煎蜜薑有病開服無病貪噉與犯法同何況蜜藕諸湯爲貪所使則來報鐵漿亦是貪得如是例諸四盡形藥者如律中鹹苦辛甘不任食者爲盡形也僧祇亦同無時食氣者病比丘終身服見云所以受者有身必病佛許服藥護果報身病容暫止必有起時故法不失二明轉變門如十誦云甘蔗是時淸汁非時十蜜七日燒灰盡形如是例之廣如鈔說三明相和門律中時藥含四作時服之盡形唯一不許非時隨名而服此則義乖如多論云四藥相和從强而服如酥煮肉汁爲七日藥酥乳和葶藶子作終身服亦如鈔說

第二手口兩受十門不同初制意二對藥三授人四作法五淨穢六長短七强弱八通塞九淨否十單複初二受意者手受五意如下戒說口受多意防護手受過時不失又防不受殘宿惡觸內宿二提兩吉罪不得生廣說其相不可誦也二對藥辨者手受通於四藥莫不爲防盜相若明口受時藥一種手口二受互不相通如諸律中加口受者即此律云有時因緣置地而受廣如下戒餘之三藥義加口法如昔解云時非時藥不須口法時非近遠故也今解無文不足依據今所明者時藥分局止在午前無可加延不勞口法非時一藥若不加法過午須臾時時失受故須立法加被方得久延故文云不應今日受漿留置明日以受法有限既具非時不通時也後之二藥患非卒除功由漸降故約藥勢遠近兩緣加法被物服用無咎如十誦云是三種藥舉宿惡捉不病不手受口受並不得服反上者得此良證也三論授人者手受五義除自同類餘有六衆三趣皆成授也口法不爾必是同類先手受訖對法六和方得加也四作法中說藥雖四若作法時須相領當彼此錯互皆不成受

又如羯磨疏及鈔中廣引五淨穢不同手受一法
防盜證明淨穢四藥俱須手受口法不爾聖教所
被非淨不成如上十誦要淨方得問藥現不淨口
法不成現有妨難何開處分答如此亦遮處分若
爾何故文云僧處分有妨難一殘二吉者答此是
處分先成妨難後起若爾口法簡境非淨不合過
量三衣亦不成受答衣制故開藥是聽也若爾白
衣亦制加法應成答體相同俗故非道服若爾過
量非法亦乖道服不在加受答過量得者白色殊
乖六長短者手受約時故名爲短口法加延各有

其遠號之爲長七強弱不同若不手受口法不成
故手强也又若無口法加延手受隨失故口强也
互說不定義也八手口二受望餘比丘辨通塞者
有人解云手受防盜一人受竟通諸比丘口法不
爾自稱名加若捨與人彼則無法故不合食若爾
作餘法竟何通餘僧答彼但作法不自稱名成殘
便止如病人殘故是通也藥法不爾自題名加不
得例也又解藥味是通口法亦通以其口法加二
通藥舍與前人不失口法故律文藥至七日與諸
比丘若不合者佛不應勸僧祇律中亦同其意不

復繁引九淨法作否七日一藥作口法意偏心屬
已須說淨畜以藥貴長貪味淳資重對病制捨但
手受者時非久延亦不勞淨餘之三藥反上可知
不須說淨十重加開否者謂手受者隨觸隨失隨
受隨成雖重無過論其口受多論兩斷五日已還
觸加七日不加二日正從法論六日觸者不得重
加藥將入淨從勢力故僧祇云藥勢相接七日可
知問服過七日不得重加病復未差現有新藥得
加法不答同藥不得異者應成如多論中六日觸
失不許重作僧祇中生熟二酥展轉加法易味故

開

三明定罪差別者四位論之初明防罪二明生罪
三畜用輕重四服罪多少初中約時藥者手受防
二罪不受惡觸縱開口受亦防二罪也二非時漿
手防二罪一防一往不受二防不受而捉惡觸同
時食也口防亦二一防過時失受不受二防過時
失受惡觸也三七日藥中手受防二同前二藥口
法防四一防過時失受不受二防失受惡觸三防
經夜無殘宿罪四防經夜無內宿罪也據律文中
內宿一罪盡形藥開七日不明故知閉也則口法

防三不防內宿故僧祇中比丘七日藥與僧食同
處者是知淨地攝也四盡形藥者手防同上口防
五罪謂惡觸不受殘宿內煮自煮也二生罪者本
無二受不生其罪由加兩受故罪隨生配藥而論
時藥手受過午生惡觸夜盡生殘宿也口受生罪
相亦同之非時手受過午須與生惡觸夜盡生殘
宿也口生三罪皆明相出非時殘宿惡觸也與手
受少異七日手受生罪同前口生四罪皆過限生
一非時二殘宿三犯墮四惡觸也有人立五謂服
此藥今解不然服則有罪不服無過不同上四不

服罪生有人復立生於不受今解不受非是罪攝
盡形藥者手生二罪同上可知口不生罪由聖開
加法不失故若爾被觸何不須受答作法加持雖
觸不失如僧祇中石蜜與俗又施比丘本法不失
誠知盡形無由失法如善見中病雖暫止本法不
失故律中無病因緣服但吉羅以有法也若不加
法還同墮矣三畜用輕重者四藥之中七日畜重
餘三並輕所以然者酥油資重體存貪貯垢心重
故又由常存說淨離著反違聖教過期不說所以
制重時藥一種雖資用強體現交盡多無久延不

制說淨無應說不說之過故輕非時漿者時狹體
微情無久畜盡形壽藥雖得久延療患義微畜心
皆薄既無貪貯不制說淨故輕問畜長衣藥同犯
提者乞於衣藥亦應同犯答藥味體通不同衣也
又解齊等如乞美食制重不應量衣亦輕次明用
有輕重者義則不定或衣重藥輕如白衣殘藥等
或藥重衣輕如殘宿食著犯捨衣或俱重輕比上
例解四明服藥得罪多少時藥一咽得七罪非時
殘宿不受內宿內煮自煮惡觸三提四吉此對有
者言之不可通爾非時漿者若是生漿但有五罪

無內煮自煮轉變爲熟具七如上此據加法至明
相出而輒噉者言之則非時殘宿惡觸定有餘宿
煮等約緣不定七日過限同上可知加二犯捨用
者則四提五吉也問上生罪中不生不受今此服
中何以有耶答生防兩緣約口法而有今據服者
爲言如七日藥加法有限若不服者但犯過限一
提一吉若又噉者則非時殘宿觸等如上有也盡
形壽藥若加法者無過形義受法不失無病而服
但犯吉羅不作法者具足七罪三提四吉餘如戒
本中更廣其相又如乞四種美食和五正殘宿藥

一咽九罪若悔罪時九墮一時提名則滅如上所列是曰繁碎於中遠離末代全希豈非貪著患重良方之所不救又嫌法藥非妙心希藥丸兩治故耳。

次約文相開制意者凡夫宅世四大為身夏末秋初節氣交競地風水火體用不同一大不調諸病俱起便廢進修無任繫業聖慇開服用療形苦因開廣畜長貪壞行外違內負情過特深故制罪也。五緣成犯一是七日藥體若不口受亦無長罪二明作二受竟三不說淨四過限或緣盡五無遮難故犯。

二十六畜七日藥過限戒佛在舍衞比丘秋月風病動形枯生瘡佛言有酥油生酥蜜脂聽有病緣時非時服佛在羅閱祇畢陵伽徒眾大畜流漫道俗譏責白佛訶制

就戒緣中從初至非時來聽服藥緣二佛在羅閱下明過制結就前藥中有人解云脂是時藥不同酥油今解是七日分僧祇五分同說脂也。

若比丘有病謂醫教服爾所種藥殘藥酥油生酥蜜石蜜齊七日得服八門句義如前衣戒若過七日服者尼薩耆此應捨藥與僧已白治罪竟還彼藥法至第七日捨與比丘彼應取食若過七日酥油塗戶釁蜜石蜜與守園人滅七日者白二還之比丘當取塗腳然燈用波逸提比丘尼同犯不犯者如上捨用等差別也

戒本七句一人二病緣僧祇云病有四百四也水火風雜各有百一風病用油熱病用酥水病用蜜雜病用三故云醫教服也三殘藥者列名相也四齊七日服給其限也五過七日服明乖法也下二可知。問長衣明迦絺那此戒何以無耶答用內外別損益不相及也。問本受絺那益長衣藥中何故不聽受耶答衣本制持不許離開受絺那得離宿兼益於長衣藥無制離又資狹豈開絺藥離藥宿。問何故迦提不通答衣用四時有常度秋涼補洗開迦提藥必待病而後營來否難期故不用所以

文無迦提藥月也。問衣戒本云畜長衣此何不言畜長藥答三衣制畜非長限故對非長明長衣藥唯開畜無可對所以文中不明長。又解云雖無長字有殘藥故知義一而文異。若爾七日不食八日犯長可名殘耶答以四依望俱名殘也故文云若得長利酥油等。問衣戒云畜此言服者答畜者元為於服不服則不畜故取畜意列於戒中然得罪時未待於服若論貪衣多為積貯未待於著故不列也。問藥戒過服衣不言過著答衣無著之齊限藥唯七日所以著過。問比於衣戒應有淨施所以

無者。答。衣無濫故。藥有外用故。著不著異也。或可略無如往中八門句義淨施差別等。此應捨下明治罪相就分爲三。初至彼應取食者謂第二日藥至初日藥家。第八日時正滿七日。故云至七日。既無宿觸口法尚存聽與僧食。二若過七日者卽初日限過具兼諸失。主不合食故與俗人。三減七日者謂第三日藥限法不過明日還主理合說淨已越七日無更服義制身外用。此中展轉至十四日捨者皆入園入十二日捨猶兼三用。可以思之勿誦語也。問長衣還得服本著長藥所以非本服者

答。衣唯防長過捨則其過滅藥長乃同衣別有宿觸過故不得服用。問染下六日藥有失口法不。答。不失。何者。說淨爲防長不說故染餘口法防宿觸本不防長過。故知不失受所以通僧食良由無過故。若爾不失法本主應合食亦如上解。問藥受過期限不食是亦失受日不出界過限亦應失。答藥服爲於病病轉有期限受日本爲事事在故法在。所以上明隨病一二日乃至七日轉故也。問藥既說淨過限失受淨法在不。答有人言受法雖失淨法在故。若爾淨依手口受本失末猶存亦可約界

結攝衣解卻大界衣界在有人解云不同解界。一僧約有心解。二衣必假大界淨法不爾受法任運失故非作意捨。二淨法不假於受法是故受失而淨在。有人云若第八日相與俱失既不任用加淨免過若爾如犯捨戒猶須懺比此口亡淨法在。答受過俱無二法謝此障猶存故須悔。又不同衣淨法存所防在故法不失也。問淨財加受淨法謝藥加淨法不失受者。答。衣患無故淨法亡藥患服故二法在。亦不欲廣於問答以費紙墨欲開神慧知持犯相讀者思之愼莫誦語大誤人也。

△第二十七過前求雨衣過前用戒此中兩戒合制意者本制雨衣用有時限預乞先用違反聖教故制過前求五緣成。一是雨衣。二過前求。三自爲己。四彼與。五領受。問與彼乞衣有何異耶。答。三異。一衣體不同。二開緣別此有時限彼無時限唯除四緣。三親非親別上則開親此二俱犯。過前用四緣成。一是己雨衣。二時中得。三過前持。四過前用。

二十七過前求雨衣過前用戒。佛在舍衛毗舍佉母請佛及僧婢白時到。見諸比丘裸浴因發八願爲佛所讚。六羣常求比丘舉過佛因制戒。

就戒緣中因發八願是開緣也。

若比丘春殘一月在當求雨浴衣雨衣者比丘用雨中浴衣有十種彼應三月十六日求也半月應用浴四月一日應用若比丘過一月前求雨浴衣三月十六日前求雨衣過半月前用浴謂四月一日前用也尼薩耆波逸提比丘尼吉羅不犯者若捨作餘用若著雨浴若浣若舉者是不犯

戒本分二立法中四句一八二二春殘月求衣分齊三浴衣制名相也諸師解者多途皆不可用今西土來者親自對之還同三衣可披著也故僧祇云雨時披浴餘如鈔中四半月下制用時節多論云雨熱時障身浴無雨時裹三衣若閏三月者後三月十六日求閏四月者前四月十六日用同安居

也此土僧用全希故略言也戒本五句初犯八二二前求三前用下二可知餘文相可解

△第二十八過前受急施衣過後畜戒此亦兩戒共制非是一衣不同雨衣一事生二也制安居竟開受夏衣今爲急緣無暇待竟逆前而施故開受之又恐濫逸限前十日與夏衣接還同本施今過前而受後不說淨違反二教故制犯捨五緣成犯初是急施二知三七月六日前四無緣五受犯過後畜者亦具五緣一是急施二知三七月六日後十日內四不作淨五過限犯

二十八過前受急施衣過後畜戒佛在毗蘭若聽受夏衣六羣常乞衣常受衣䟦難陀異處安居異處受衣佛在舍衛安居中大臣爲安居施佛因開而制戒

就戒緣中非時乞夏衣僧祇五分安居未竟受乞衣者吉羅此唯爲夏後是急施衣今日不取明日即無者開

若比丘十日未竟夏三月謂七月六日已後十五日已前是也諸比丘得急施衣若受便得不受便失故名急也衣者有十種比丘知是急施衣當受受已乃至衣時應畜衣時者自恣竟不受迦絺那衣一月受衣五月若自恣十日在得急施衣受已至一月五月畜乃至明日自恣應受一月五月外更增九日也若過畜者尼薩耆波逸提謂急施衣若過前若過後並犯墮比丘尼同犯不犯者不過前不後

後不犯若奪衣失衣過前取不犯若寄衣比丘遠行水陸道斷過後不犯

戒本七句一八二二十日下明其時分七月六日受去十六日自恣滿十日此是受時若在先受是名過前犯也若十日內受與時分相接至臘月十五日應說不說此但有過後犯前是領受故生後違說淨故結古德云舉前以明非舉後以釋疑無重犯也三明財體四比丘知下立法也五若過下明業餘可知注解衣時下明時非時相問何以非時受衣一月五月外更增九日時中受衣所以不增者答此本是時衣急故非時受所以時外開餘本

無時限隨受隨時說。問。長衣七月六日受，十五日前是開位，十六日接是時分，何爲不同急施衣。答。受長無時節隨受名非時，急施必接時所以前後開。準此爲言。七月十五受長衣，時內九日須說淨。問。爲夏而施是時衣，可得一月五月開，餘非爲夏而施者應是時中判十日。答。衣利寬多故通開也。有人準此謂七月十五日離界不破夏非離衣，以明未出是不犯，明出開時復非制故。今解不然。明未出時夏未竟，須在界內守地了。明出方名一期竟方開外行及離衣。不同急施前後開。此但後開無前開，越於昧爽故是犯。問。月望與長衣同爲一月衣，絺䌟與迦提同爲五月衣，何故迦提月不攝十日衣。答。各有其類，兩不相攝。所以然者，一時非時別，二利有寬狹，三本末不相收。不同絺䌟攝迦提月，同是時位，同得五利。一月初制，五月後開，以長收短，故得相攝。月望十日例此可知。下開通中具列兩開，文相極顯。

△第二十九蘭若離衣戒。此戒與前離衣有二不同。故須更制。一前在聚中一宿犯，此在蘭若六宿犯。二前無賊難，德衣開。此則有難，不成受。論犯六緣。一是受持三衣，二冬分非時，三有疑怖畏，四置衣村中，五無因緣，六過七夜犯。

二十九蘭若有疑離衣過限戒（佛在舍衛，比丘蘭若處爲賊所打，幷奪什物。佛令留一一衣置村舍內，六羣寄衣遊行，同徒舉過，佛因制戒。）

就戒緣中置衣村內開緣也。下明犯相。初明打奪什物者，有人數衣鉢滿十非也。什謂物之總號，不局衣裳，文彰人物多者積聚一處並名爲什。

若比丘夏三月竟後迦提一月滿（謂八月半後）在阿蘭若（去村五百弓，遮摩羅國弓長四肘，用中肘量也。）若有疑（疑有賊盜）恐懼處（中有恐怖賊盜）比丘在如是處住，三衣中欲留一一衣置村舍內（村者聚也）諸比丘有因緣離衣宿乃至六夜（若彼有緣離衣宿第七夜明相未出前，若捨若捉衣，若至擲石所及處，反上成犯。）若過者尼薩耆波逸提（開緣如前離衣戒。）

就戒本中約文十句。一八，二一時，列非時分。問。戒本何爲無德衣開。答。上士翹勤，不受寬利，若爾應無迦提月。答。德衣作法有，迦提任運受，亦可文列迦提月，謂是夏竟時，非受於五利。又解異界比丘不成受德衣。律云有難無大衣，今既賊難，故知不合受。無難亦應成。三蘭若者，注云去村五百弓，弓長四肘，肘長一尺八。以此爲率，通計六尺爲步，則二里也此謂頭陀蘭若閑靜處如盜戒說離衣僧界難事總有五四有疑者如注可解十誦乃至惡比丘畏五比丘下明既有難卽離衣宿不作日限如五分上二衣隨所重者寄一下衣隨身禮拜入寺乞食不得單著六置村舍內僧祇云還寄可疑俗人家開留一衣不作日限五分前後安居未滿無怖不得離衣彼國八月賊發殺人取肉祀天諸人至期不出遂至蘭若害諸比丘故開寄衣不作日限唯須十日一度往看無有溼壞免賊難故七諸比丘下明有別緣至於七夜此律文略其緣古來

諸師尋文不了謂是恐怖故開六夜今約戒本文相自分前是難緣如上已解今是別緣故須引證如僧祇云何故唯開六宿因往斷事爲衣重故時須六宿故卽捨衣六夜爲戒五分有僧塔事和尙闍黎及他事者皆聽六夜留衣俗家若一二三乃至五夜亦爾餘如鈔八若過者是業成故下二可知餘同離衣戒

△第三十迴僧物入已戒所以制者出家高士知足爲懷聞他施僧方便迴入長己貪求外惱施主於僧失利殊所不應故制論犯四緣一是許僧物二知作許想三迴入已四領受犯許僧物者於已有濫迴容稱心喜爲制重佛法之物無濫義稀雖迴制輕

三十迴僧物戒 佛在舍衛居士飯僧施衣跋難陀聞語言施僧者多今可施我居士後見長老比丘威儀具足便卽悔歎比丘舉過佛因制戒

就戒緣中文相易耳

若比丘知不知非犯是僧物有三種僧物者已許僧爲僧者爲僧故作未許僧已與僧者已許僧已捨與僧物者下至飲水器也自求入已者若許僧轉與塔若許四方僧轉與現在僧若僧尼若異處若反上交互若疑想並突吉羅尼薩耆波逸提不犯者若不知若作不許想若許少勸令多許少人勸與多人勸與好物若言戲若錯說者並不犯

戒本六句一犯人二知三物已許僧者決非屬己定爲僧作衆多別少心未決故迴犯墮二爲僧作未許僧者雖非屬己衆別未分若迴犯吉三已許僧者定屬有主迴犯重罪四自求入已論業相也注中四對初僧塔二現前四方三僧尼四同類故曰異處也下二可知餘文相引鈔取釋

諸大德我已說三十尼薩耆波逸提法今問諸大德是中清淨不三說諸大德是中清淨默然故是事如是持

四分律含注戒本疏卷第三之下

四分律含注戒本疏卷第四（從九十初終戒本末）之上

唐終南太一山沙門釋道宣（述注）（撰疏）

△就九十中。先以義求。後隨相解。初別料簡七門分之。一配三業。二約自他。三明遮性。四論持犯。五簡僧尼。六闕諸部。七辨任運。初配三業者。九十。一篇。三十一戒在身成犯。二十一戒在語成犯。三十八戒通於身語。就初三十一戒中。何者是耶。作偈記之。法事單歷。女未強脫覆。作屏施別過。非殘不外坐屏露四三軍。酒水擊半白。二隨打搏宮。有二十一戒口業犯而非身。故偈記言。故毀兩同說。道女

異嫌尼。譏法恐怖疑。法起欲拒毗。同欲無根謗。二十一語持。昔云小年與受。是口業犯。今解不爾。律結和尚。不是戒師。當時和尚默坐衆中。未曾有語。故知解非。律結僧吉師提者。此在自身作業假他語也。如後爲道。三就通身語又分爲二。有三十一戒語家作業。其身心犯。後有七戒語家止業。其身心犯。就前分三。初有十九戒自語作業假他身犯。偈云。掘壞牽用勸。然藏飲殺驅。與衣捉落寶。高牀七戒俱。此一段戒。若論自業。唯身心犯。屬初門中。今據教人成自犯義。如前教人掘地言了未結。必

假前身掘地壞生。教者方犯。故云自語作業假他身也。不同妄語無別事故。言了即結。餘者例知。若爾。如誑他言了未結。要待前聞。聞即身業。答。今取運爲造作別名身業。不取聞知通名身業。中有七戒自語作業假自他身。如與期行。要先共期。後身同路越界方犯。偈言。屏露二處敷。四期索美食。後有五戒。自身作業。假他口成。如噉歎食假尼口歎身業咽犯。餘者例同。偈言。讚諫及二聽。與年不滿五。且如違諫。亦有言拒。今就一相。知別有義。大分第二。次有七戒語家止業其身心犯。偈言。覆背足

非時。家眞不與欲。覆藏一戒。諸解不定。伽母云。意業成犯。此就本爲言也。善見云。身心犯者。由見聞他犯。懷覆不說。此通口業。未可取分。今云聞過言陳本自無罪。止口不露。意懷覆故。身爲過本。故兩取之。次解第二自作教人約犯差別。有十二戒教人同犯。餘即是輕。偈云。掘壞牽用勸。恐然藏殺飲。無根捉落寶。自作教他同。此十二戒。但使教人。縱不爲己作。即同犯。更有十戒。教人不爲己。無問心之輕重。但得小罪。其相如何。偈云。屏露與尼衣。高牀下七戒。此之十戒。教比丘作。若爲己者。能教犯

提。受使犯吉。若不爲己。受使犯提。能教犯吉。約義以求。統通九十。義猶不盡。如有打搏自他同惱。何不同犯。豈唯小謗飲蟲水等。但是文無義。決則齊何得不有。故知未盡。次解第三遮性義者。有三十戒性與理違。悔犯事淨。集業未遣。要傾我倒苦根方止。餘六十戒。但有事違。不無譏醜。故違教網。廣解遮性。如上已陳。今直數之。知異便止。性惡。僞言。故毀兩說。異嫌。强牽用。譏諫。驅恐。覆疑。畜飲。發說隨隨。拒毀同欲。不屏。打搏。無。次解第四持犯方軌。就有十二戒。具二持犯。何者是耶。例有七階。初有

羯磨。故得說罪。教尼。二受功德衣。故得背請別食三有囑法。故得非時前後入他家。四作餘食。故無足食勸足。五作口法。故七日盡形無殘宿不受。上列五階十罪也。十一淨施問主著。十一僧事與欲起。此等諸戒。並有教開。順作無違。名作持。止口不作名止犯。身違事合。名作犯。此止作兩犯體一名異。古人云。止法止事。名爲止持。故知二持名體各別。今解不然。如上廣列持犯。約教。隨戒彰相。具二持犯。如有羯磨。說麤罪。是作持。不違教說。名止持。無教輒說。是作犯。抑教不求。名止犯。據此爲相。可不明耶。餘可例知。若懺罪時。但依戒悔。二犯據法不在悔收。止學無知別制別懺。如昔解云。七日等藥加二受竟。防無非時名作持。今解不然。七日無法。非時得食本無限約。由作口法過限。故有非時。此乃口生非時。何得口防非時。故知無也。覆藏昔解爲作持亦非義也。頗有順教覆得說無罪耶。如非時入村依教作。與本入村時無別。故說爲作持。問。教人掘地開知淨語。豈非作持。答。上之十二順教身作。故號作持。知淨語者。但開教人。無有自作。不名作持。次有二戒。作持止犯。覆藏不攝是也。餘

七十六。並是止持。作。便有犯。作持作犯。上篇廣張今明止犯止持。言止持者。謂佛制教令學行之。我依修學。於境無犯。然根機利鈍。不可齊準。至於萬境由迷疑網。故以諸九定品優劣。且分三位。上品一句識法識犯。如德衣加受。功用須知。名識法也。如有違越。或吉或提。開合衣藥。定罪多少。名識犯也。餘相例解。不能具出。由本戒無失。復不愚學。識達皎然。名爲上品持律。中位有四。初識法疑犯。二識法不識犯。三疑法識犯。四不識法識犯。識同前解。言疑法者。謂受德衣用法有四。疑一二三。不能

通決。言不識法者。迷昏不學。任物牽行。是非由他。自無尺寸。於犯疑闇例此可知。然於一事由帶一識。故判以爲中品持律。下品四句。初疑法疑犯。二疑法不識犯。三不識法疑犯。四法犯俱不識。此全昏學。無境有識。故判以爲下品持律。問。旣愚不學。如何名持。答。非犯本戒。名爲止持。但於教相止心修學。望於過境帶不學迷。上品明人。故無罪失。中品有四。各帶迷疑。卽有八罪。罪名如上。下位四句。句別四罪。迷於法犯。具不學迷。卽十六罪。亦如上解。次解止犯九句。謂於教行明昧修學人根不同。

得爲九句。有立八句者。今解翻解明止犯唯八。不得立九。旣迷教行無法犯兩識也。翻修明止犯託相具九。如九十中不作教法。輒行輒食輒語輒取。望不作法名止。隨作卽違名犯。然識教相無有愚迷。此下位一句中品四句。如上所列各有二罪。故合八也。上位有四。初不識法不識犯。二不識法疑犯。三疑法不識犯。四法犯俱疑也。句各四罪。兼於學迷故十六也。犯門解義罪多爲上。翻持中可以知也。順持解犯何爲不得。恐多誦文自昏覺慧故倒動之心。若明了。亂亦無苦。如鳥羣飛自分牝牡

也。次解第五僧尼不同。九十戒中。六十九戒僧尼同犯。故尼律中單列戒本。辨相同僧文不繁也。有二十一戒與尼不同。有三種例。初有無不同有三。謂輒教誡尼說法至暮譏訶教誡尼非師位。次第卽無就中輕重不同。有十三戒。偈言作衣持屏坐。三期受贊食勸足美牙角過量覆三衣。論其罪相至文當解。後有五戒犯同緣異。偈云背請足外道。小年雨浴衣。皆謂犯罪卽齊開緣有異。故尼律中別立戒本。至文更出。敢依律例更有義求。如牽出房春冬僧尼同犯。若是夏房尼提僧吉。二毀呰中。

尼通兩眾。僧卽輕重。三覆藏中僧罪二階尼卽三品。有此諸異何得不知。次解第六諸部不同。十誦九十一墮無此不受諫戒別立不敬說法人戒說戒時輕僧淚語戒。似此觸惱而彼自有不隨問答戒。五分九十一墮中無此不受諫用蟲水飲蟲水。合爲一戒別立入尼寺輒說法。二輕三師。三迴僧物與別人。僧祇九十二墮中無此不受諫恐怖二戒。別立爲尼說法迴僧物與別人不捨淨三衣輕眾僧四戒。又離餘語別立觸惱戒。解脫九十墮無此餘語與尼屏坐共羯磨後悔三戒。別有在尼寺

輒說法迴僧物與別人。不敬。三戒也。鼻奈耶九十中。有五不同因六羣共十七羣諍。故立戒本。瞋恚者提。六羣撓擾。故結戒云。若擊動使瞋者提。因儉請一二人多往惱亂。戒本云。不請強去者提。下開、僧事病及作衣。若比丘先至請家弄小兒者提。高聲亂人者提。此列非爲繁文。欲顯教有同異多少耳。豈唯上列。更應有在。文解第七沙彌任運義如初篇。卽上第二教人門中。二十二戒。未受令作受已犯者。三性之中。任運感業。

諸大德。是九十波逸提法。半月半月說戒經中來。

若依光師初作義疏。九條想料。當時未必而別據。今託相不無此義。初從妄語至壞神村有十一戒。明守口意攝身莫犯。善調三業行。二從異語惱僧下盡覆屋過量有九戒。明善將人心。隨護眾意不相撓行。三從輒教誡尼至與女同行來十戒。明遠避嫌疑離染淨行。四從施一食下至四月請來有十七戒。明內資節量少欲知足行。五從觀軍陣下至三染衣色來十三戒。繫意任緣離逸修道無著行。六從故斷畜生下至與賊同行來有七戒。明常行遠離修慈愍物行。七從說欲非障道下至不攝耳聽來有六戒。明深心信解敬順教法行。八從同法後悔至無根謗來有七戒。明同住安樂。詳和無二相遵奉行。九從突入王宮門下訖篇末有十戒。明衣服外儀節量謹攝無違教行。

△故妄語戒第一。言制意者。出家之士。言卽稱實。寧喪身命。許無虛謬。今違心背想。調誑於人。令他虛解。自失善利。過深惱重。故所以制。釋名者。言非稱實爲妄。彰在於口爲語。非心不犯名故。問。故誑爲重。戲卽犯輕。何故藏物二俱犯墮。答。妄語非惱重。約情故結墮。戲便結吉羅。論藏惱境深。望藏有輕

重。望失情惱一。是故俱結墮。六緣成犯。一是人類。二作人想。三違想說。四自知違想。五言了。六前人解。就語四業。皆是正罪。至於對境。卽有輕重。妄語一業。隨人並墮。由是本妄續流難斷。故聖重制。欲使遮止。不同毀兩。卽有輕重。若是同類。受惱情重。能礙布薩。故得提罪。餘之六眾。設有毀破。情微諍薄。不礙於僧。故犯吉羅。綺語一業。掉戲壞心。過非乖越。未得僧制。通皆小罪。成實云。口之三業。或時離合。綺語一業。必不相離。如多論中。可尋鈔也。

初故妄語戒。佛在釋翅瘦。釋子象力善能談論。與外道論議不如時。便反前語。若僧中問。復

違反語。梵志譏無正法。比丘舉過白佛因制此戒。

就戒緣中因論善法便行妄誑以為因起況餘雜事而得成信。五分亦云。我實知非恥墮負處是何言也。佛制戒者為止我倒。今反助我重加妄習何由脫免。

若比丘知。謂見聞觸知及不見知八種。見者眼識能見乃至意識能知。不見者除眼識餘五識是。如是類反也。而妄語者。若境界是見聞觸知若想若疑便言不見聞觸知波逸提。乃至不見聞等亦類上也。若本作妄語念及妄時不憶是妄語者吉羅。若前後不憶正妄語時知者波逸提。若所見異所忍異所欲異所觸異所想異所心異。如此諸事皆是妄語。說戒時乃至三問憶念非不說突吉羅。波逸提。若說不了吉羅。尼同犯。三眾吉羅。不犯者不見言不見乃至知言知等八種。若意有見想便說者不犯。

戒本四句。一人。二知。注解八種是正語境。先具解之違即成妄。見者眼識能見。此律制義識見非根。不同他部即以此見為本。若諸根中所得塵境以之為見皆是妄語。乃至意識能知例此可解。不見者除眼識餘五識是。若眼見之塵語他不見即是妄語。如是類反。此一句中具含八妄如上例解。三妄語者。正是業相。注解中從初至逸提來於六塵中行妄之相。二若所見異下。行心思度違反而說。約意地也。就前又二。初約八境違心而說。二一本作妄語下。前後方便具闕之義。就後違心中所見異者。定行心中見諸惡像。言見好相也。及被人問答他異本所見。故曰所見異也。所忍異者。納違安苦名之為忍。語他樂受。亦可同作羯磨。不忍而言忍也。所欲異者。財色經求名之為欲。答異於本。云樂正法也。所觸異者。得冷云熱也。所想異者。怨想言親也。所心異者。緣此說彼也。所以約心多列相者。明妄者多須細張網目。不可輒動。動即入來也。四波逸提下。結罪相中說不了吉者。自說不了。前人妄解皆輕也。下開通中初列八種。反上成持。若意見下。反上六緣所得也。餘相如鈔。

△行罵戒二。為人士法宜出善言互相讚美令彼心悅勇進修道。反以鄙語形告前人。令他慚恥廢修正業。又傷切人心甚於劍割。惱處特深何得不制。六緣成犯。一是比丘。十誦五分下四眾吉。二自出毀語以傳他罵但吉也。三知是。四折辱意。五言了。六聞知。

二行罵戒。佛在舍衛。六羣於斷事人前種類罵彼忘失前後慚愧不語。比丘以過白佛。便引牯牛以譬畜生得毀不堪進力等便制此戒。

就戒緣中初緣後引牯牛為譬下類上也。論云畜生古時皆能語者。以世劫初。先有人天。未有三惡。並從人天中來。宿習故語。今多從三惡趣來。所以不語。

若比丘。種類有多種。卑姓家生。行業亦卑。伎術工巧亦卑。或言汝犯過。或言多結使。或言盲瞎等語也。毀呰語者。如上六種罵餘比丘。若面罵喻罵自比罵者。墮。說不了。突吉羅。波逸提。若說善法而面罵者。言汝是阿蘭若。乃至坐禪。若喻罵者。言汝似坐禪也。若自比罵者。言我非也。說了不了並吉羅。尼墮。三眾吉羅。不犯者。相利故說。為法為律為教授故。為親厚故。或戲或失口或錯誤者是。

戒本三句。言種類者。犯相非一也。約文分六。前三明其外相。就姓業為言。後三明其內報。就身心為語也。毀呰者。正行罵也。引上六相。分三品罵。言面罵者。目對而說也。言喻罵者。比類而毀也。言比罵者。我非汝是也。就結罪注中。說善法罵。亦有三品。問。善法是好。罵者是惡。如何結罪。答。以罵者心欲相屠割。後微見小失。便張廣大。汝是蘭若。如何猶著。離著無學。尚攝缽衣。故以微緣潛相扇作也。過情非重。故結亦輕。就此戒中。僧尼犯同。緣異也。僧局同類。尼毀僧尼俱提。何故相謗通兩眾者。謗據治罰也。毀據尊卑。以違敬也。故輕重有異耳。就眾為言。尼罵僧眾吉者。稀也。罵尼眾提者。數也。若然。

謗大僧是稀。應輕。以刖人相惱數也。大僧知法。罵眾是稀。故兩眾俱吉。不犯中。相利故說下。雖加形似。不名為犯。片涉譏嫌。即是正墮。勿謂浮小。斧在口中。如鈔顯也。

△兩舌語戒三。夫同住和合。義無乖刖。專構私屛。傳彼此語。致令僧諍。無由得滅。壞亂至甚。何得不制。釋戒名。二邊傳言。故為兩舌。此本翻譯頗是質陋。故今現翻云離間語。斯為得矣。故雖兩舌。不作分意。不犯此戒。六緣成犯。一是比丘。二說鄙事。三屛兩傳。四作離間意。五言了。六聞知。

三兩舌語戒。佛在舍衛。六羣傳他彼此語。令眾鬬諍。不能除滅。比丘以過白佛。佛便引野干鬬亂二獸。況復於人。便訶責已而制此戒。

就戒緣中。初約人為緣。二引畜形土可解。

若比丘。兩舌語。語謂鬬亂十眾。欲離彼此等也。波逸提。不犯者。破惡知識惡伴黨。和尚同師知識親友數數語者。無義無利。欲方便作無利義。破如是人者不犯。

戒本三句。就緣鬬亂有十眾者。道俗各五。加王臣外道也。當類犯提。餘九皆吉。所以通列者。以鬬亂所興。義通諸境。罪雖重輕。皆是惡法。深可厭也。然妄語業虛。順前情不就惱境。故七眾皆犯。毀兩違情惱重。唯比丘也。善法面毀。懷惱重故。前戒須明。

此是屏傳云善無隔故不判也餘如鈔說
△與女同室宿戒四男女位殊義無同宿境色既交
染習增長又招譏醜無由自拔過患至深故所以
制五緣一人女二室相成三同宿四知同五隨臥
轉側一一皆犯因明男女僧尼戒離合義問此同
宿戒道俗通制坐行船等道俗別者答約義不同
則有八例初明此戒結尼便故合坐等諸戒不便
故離二開緣不同僧對二女晝坐有教不敎別尼
對二男俱無論夜宿相僧尼俱無教授義故僧其
二女同行相中尼有二開有難開往得安二要多

人大伴俗女異此故離宿則義齊故合同船則道
俗譏異故離同宿同譏俱禁如上三親非親者宿
行坐等同處患齊故不開親作衣與衣暫來異處
故簡親也四道俗分別宿等如上故通道俗與衣
同類喜為禁道五上下眾異者宿過重故制該上
下作衣與衣上眾喜為下類非分故輕六坐臥分
別宿取俱臥以相濫故互有坐臥但犯屏戒雖夜
非宿文列俱臥也若白日俱臥但犯屏耳故宿別
屏通日夕異故七坐立分別若互坐立日夕俱吉
有燈尼吉無燈入闇尼犯墮罪八知期分別坐宿

取知行船取期乖則不犯
四共女人宿戒佛在舍衛阿那律行寄婬女舍宿女裸身來嬈尊者升空彼慚愧懺悔說法得道比丘舉過佛便訶制此戒也
就戒緣中昇空悔罪者明無學人與女同宿尚有
陵染何況凡夫十誦云佛告那律汝雖羅漢應離
女宿如熟飲食人之所貪女人欲男亦復爾也
若比丘與婦女人女有知命根不斷同室四周牆障上有覆也或前敞無壁或雖覆而不偏或覆偏而有開處也宿者若前後至或俱至若亞若臥隨脇著地隨轉側並犯也波
逸提若非人女畜生女黃門若二根人同宿吉羅晝日女立比丘臥者吉羅不犯者不知彼室內有女若室無覆若半障若少障若盡障若半覆障作句準上若病臥被縛命梵難等並開

戒本分五一人二人女三室四知五結罪注解人
女有知即簡死人小類及畜生也十誦僧祇大母
畜生者同人犯墮四分報境分齊犯輕也解同室
中鈔文廣敘今時護戒者多迷室相大須明曉自
有隔於分寸而是異室不妨相離由旬坐臥同犯
廣如鈔中多論所辨不復繁文也注解宿相取其
大意但身著地或亞或側有所憑倚即名為宿隨
其中轉一一皆墮正坐異臥可有階級有人依文
須脇著地我但在牀文不側臥非脇非地如何結
我此不見意地者據本餘者是末脇側亦爾義非

越網。就辨相中非人已下。境分優劣。故結有差事既數有鈔中廣列須相引之。

△與未受具者宿過限戒五。道俗路乖。情事相反。始習未閑事多相惱。近則生慢亂道妨業。故制別處。存道增敬。所以開者。出家之人。棲泊無定。事有游行投人止宿。故開投寄存形濟命。又以沙彌離俗憑曆在此。更無所仗。事須慈接。是以開聽。限其三宿。禁則防其過。開則通其益。開制之儀。理數在此。

五其未受具人宿過限戒。佛在曠野城。六羣共長者講堂宿。時亂心睡。形露。爲彼調弄。白佛。因制。佛在拘睒彌便開二三宿。重結此戒也。

就戒緣中。初同俗宿過起。令制。後在拘睒彌國。因羅睺遂開三宿。十誦。告諸比丘。沙彌可憐。既無父母。汝若不慜。何由得活。若遇苦惱。親里亦瞋。云但能畜不能守護。爲二利故。得與同宿。一爲沙彌。二爲白衣來僧坊故。多論制意。爲尊重佛法故。爲息誹謗故。有失命惱緣。得共二夜。護佛法故。不聽三夜。五緣成犯。一是未受具人。男女。昔云男犯非女犯。以制隨宿罪義無三夜開。今解二俱犯。故伽論云。曾前與男二夜。第三夜與女宿。隨臥轉側犯。二墮也。二一室相成。三同宿。四知同。五過三夜犯。多論四句。人一室異。乃至人室俱異。皆犯。次解開合相。

問。如此宿戒。初令禁宿。後開三夜。同制一戒。何故觀軍初制直見。後開三夜。別立戒本。直見還犯者何耶。答。未受同宿戒。本犯由於宿。後開二三夜。示無初宿犯。軍本由觀犯。後緣開三夜。別戒過三犯。觀軍不是宿。猶有觀軍犯。問。三戒開三夜。兩戒在文中。屏敷計非別。乃在開通者。答。文列人處俱去則無有犯。故兩列在文。屏敷去故犯。以有暫永不同濫。故不入。

若比丘。與未受大戒人。除比丘比丘尼。餘未受大戒人是也。共宿。同室宿如前說。

過二宿至三宿。若共二宿若三宿明相未出。應起避去。至第四宿若自去。若使未受者去。波逸提。若與非人畜生男共過三宿。一切突吉羅。開緣並同前戒。

戒本五句。一犯人。二未受具。三室相成。四知同室。五結罪。就注解第二句除僧尼。餘者並通三趣也。罪雖階降。無不有犯。就過宿中。約戒本犯至三宿者墮。剋相爲言。入第三夜。臥即是犯。故十誦戒本過二夜提。致使解者依戒本文。有緩急也。注中三夜明相未出。應起避去。順戒本犯。不去便墮。母論解云。無去處加坐至明。第四宿時。律論俱明自他定離。諸制開相鈔中具之。大如前戒。

△與未受具同誦戒。六凡理藉言通，教爲表義。言辨
理通，詞亂義隱。通益智明，隱增情惑。故多論中制
有四意：初爲異外道，二師資位別，三爲分別言章
須了，四依實義不在音聲。具斯四益，所以一制。五
緣成犯：一是佛說法，二字句味，三未受具，四齊聲
誦，五言了結。

六共未受具同誦戒。佛在曠野城，六羣比丘與諸長者講堂誦經，語聲高大，亂坐禪者。比丘舉過白佛，因制此戒。

戒緣中同誦聲高言音一亂，唯增無義，知何詮辨。

若比丘與未受大戒人如上共誦謂誦句義句味字義也。非句義亦爾。言句

義者，同誦不前不後也。非句義者，如一人說諸惡莫作，未竟，第二人抄同句。味者，眼無常等。非句味者，抄前也。字義者，同誦阿字也。非字義者，抄前阿字也。法者，謂佛聲聞仙人諸天所說正法。波逸提。若共誦，一說二三說，若口授書授，若不了了，及非人畜生，並突吉羅。若師不教言我說竟汝可說，師吉羅。不犯者，我說竟汝說，一人誦竟一人書，若同業同誦，或戲笑語、獨語、錯說，彼此皆不犯也。

戒本五句：一人，二未具，三共誦，四經法，五結罪相。
注解第三約就句義用顯持犯文相爲六，是非相
翻，言句義者同誦偈也。雖同聲齊誦，表理無殊，然
於化導師資義失，故犯墮也。同聲表義，尚在憲章，
何況抄前全闕訓禮，句味字義各有同抄，罪皆一
科，故不勞解。四言經法，有戒闕文，注解正引，故絕
疑網。但列凡聖所說，說通眞俗，眞有翳道之能，故
是所制。僧祇中縱餘人說佛印可者，犯墮。當文不
了，可用決之。又善見云：一切三藏同誦得提。若自
撰集，則無罪也。注解第五辨相中：一說者，舉前句
義非句義也；二說者，舉前句味非句味也；三說者，
舉前字義非字義也。隨字句多少，一一結墮。就不
犯中開同業者，非師資位，故曲開耳。

△說比丘麤罪戒七。然出家僧衆理宜清顯，美聲外
流，生人信敬。今說比丘麤惡罪事，令俗聞知，則於
僧衆情生薄淡，失彼敬信崇重之心，損壞不輕，故

所以制。多論云：爲大護佛法故，向俗說罪，令於佛
法無信敬心，寧破塔寺，不向未具說比丘惡。若說
則破法身。七緣：一是僧尼，二初二兩篇罪，三知犯，
四無僧法開，五向未具人說，六言章了了，七前人
解。

七說麤罪戒。佛在羅閱城，有波利婆沙摩那埵比丘在下行坐。六羣比丘以所犯事向白衣說之。有過者及餘比丘皆慚。比丘舉過佛，故訶制。

就戒緣中，以二篇相向俗說，故同類皆慚。故僧祇
中俗人譏偈：出家已經久，宜應修梵行，童子戲不
止，如何受人施。

若比丘。知他不知者開。有麤惡罪。四波羅夷僧伽婆尸沙也。向未受大戒人說。除僧羯磨。波逸提。除麤罪以餘罪說者自說麤罪餘人罪一切吉羅不犯者若不知若衆會差若非麤想若白衣先已聞者不犯。

戒本五句。一犯人。二知犯。三向未具。四除僧法。五結罪。就解第二罪相中以初二篇同壞衆一。麤故犯提。說下諸聚不能破壞但犯輕也。所以不列偷蘭罪者猶名含輕重。若列蘭名。謂輕亦提避濫不出如鈔也。自說麤罪犯輕者希也。說他數故。自壞壞他。又壞俗信。故重制也。

△得道向未具說戒八。多論二義。大人法者功德覆

藏諸惡發露。今稱德匿過是小人法。二自顯聖德。賢愚各異。若有聞者偏心專敬。失本平等淨善之心。五緣。一內實得道除增上慢人。二自言已證。三向未具人說。四言了。五聞解問。此戒凡夫不犯聖人一制無染。此教便成無用。答。制聖爲遮於凡。後更說者定是凡夫。故爲護大妄不令重犯。

八實得道向白衣說戒。佛在毗舍離。以前大妄語緣集僧訶責已便制戒。

若比丘。向未受大戒人說過人法。言我見是。我知是。實者。波逸提。並如上初篇若言業報若戲錯並不犯。

戒本五句。一犯人。二未具。三說過人法。四我見知明證得。五結罪。餘可解。

△獨與女人說法戒九。凡說法生善事須應時。不請而說理無强授。本無信敬。情懷奢慢。脫因斯次。致有過非。不免譏謗。清白難拔。又女人形礙福緣難遇。一向不說無由生善。於法永隔長流苦海。故聽限齊過則便犯。六緣成犯。一是女人。二知。三不請。四無有智俗人男子。五言了。六過限犯。

九獨與女人說法戒。佛在舍衛迦留陀夷在姑前與兒婦耳語說法。因姑譏問比丘舉過。佛因制斷。後開五六語。及有智男過限說等。

若比丘。與女人如上說法過五色受想行識無我也。六語。眼耳鼻舌身意

無常也。除有智男子。解麤惡不麤惡事也。波逸提。若說不了吉羅。若向非人畜生說過亦爾。不犯者。若五六語。有智男前過說。若無有智男前問。應答廣說。若授優婆夷五戒。乃說五戒法。與受八關齋說八關齋法。八聖道十不善法。女人問義。不解廣說並得。

戒本五句。一人。二女。除異趣。三過語。四有智男子。五結罪。就注解女人如上。即同宿中女未命終者。不同婬觸女也。戒本釋女中注文但云如上。恐人濫用故須簡別。以婬觸二戒。覺睡死壞並通犯故。所言說法者。俱非世中。一夜樂說也。謂所說法除倒去執。所以解中五陰無我六根無常也。若汎論世論雖多無罪。故僧祇中說五語已願速盡苦者

提。願安樂住無罪。據此可類知也。注解有智者解麤惡語也。如僧祇中。互有盲聾。二人當一。若男眠。母女姊妹男子七歲若過七歲。不解好惡義味。皆名無智。餘如鈔說。問。有請及男俱不說犯。何故唯除男耶。答。已言除男子。不勞更除請。若著請者。疑謂有男須請得說。開通云。受五戒者。謂三歸體也。五戒法者。謂說相也。八關齋者。八戒也。閉掩根門。如世關之拒防。餘可知耳。

△掘地戒十。多論制掘地壞生有三益。一不惱害衆生故。出家修慈。宜愍物命。制不掘壞。離惱害故。二

爲止誹謗故。三大護佛法故。佛不制此二戒。一切國王當使比丘種種作役。事務紛動。廢修正業。由佛制故。國王息心。不復驅役。得使比丘息心修道。發智斷惑。修成出益。豈非大護也。論犯五緣。一生地。二作生想。三自使掘。四無淨語。五傷便犯。

十掘地戒。佛在曠野城。六羣爲佛修治講堂。周帀自掘地。長者譏嫌不知正法。斷他命根。白佛因制。後教人治講堂。言掘是置是。長者重譏。比丘舉過。佛重制戒。

戒緣中。治佛講堂。尚被譏制。況復餘事。

若比丘。自手掘若用鋤钁椎打。乃至指爪掐傷地。若打杙入地。地上然火。及有地想。地未掘。若已掘地。若四月被雨漬。還如本。若教人掘者。若不教言看是知是。突吉羅也。彼逸

提。下三衆吉羅。下篇同此。不犯者。若語言知是看是。若曳材木。若扶籬正。若反塼石。取牛屎。取崩岸土。若鼠壞土。除經行處土。及屋內土。若來往經行。掃地。不故掘。一切不犯。

戒本五句。一犯人。二自業。三損境。四教人。五結罪。

就戒第三地境中。文分爲二。初。掘地者。天然生地也。已掘地中分二。若經四月。隨觸便犯。二被雨漬謂乍掘遇雨。即與本同。故僧祇中井池瀆水瓶器著地。死土被雨。使淨人取。自作取得提。還如本者。釋上二句。四月約時。被雨約緣。地有生相。故曰如本。廣如鈔引。注中看是知是。沙門淨法。就結罪相。多論云。使僧尼令掘。作知淨語。亦提。三衆不作淨

語吉羅。不爲三寶利益緣。自掘壞者亦吉。四分開中。反塼石。曳材木。皆不犯。僧祇犯者。俱有心也。然律開文緩而義急也。故一切通開不故掘也。據此是知地在屋內有人不掘。何以文中列屋內土。即自解云。此死浮土也。若使除屋內土。即得掘屋內地。文云除崩岸土。亦得掘崩岸地。準知僧祇露處死土。屋中自掘藏物者得。

△壞生種戒十一。制意犯緣。略同前戒。

十一壞生種戒。佛在曠野城。集僧告言。有一比丘修治屋舍而自斫樹。非沙門法。訶責制戒。

若比丘壞若斫截墮落。並名爲壞也。鬼神非人是也。村。一切草木是鬼畜所依村。有五種。根種。枝種。節種。覆羅種。子種。波逸提若生生想。自斷教他斷。自炒煑若教人。並墮。生疑者吉羅。草木七種色。自壞教他壞者墮。生疑及想吉羅。若釘杙著生草樹上。若以火等並墮。若斷多分生草木者墮。斷半乾生者及不言知是看是。一切吉羅。不犯者。若言看是知是。若斷乾枯草木。若於生草木上曳材曳竹。正離障撥塹石。取牛屎。若生草覆道以杖遮開。若以瓦石拄之而斷傷草木。若除經行地土。若掃經行地。若以杖築地而誤撥生草斷者無犯。

戒本五句。初人。二壞。三鬼神。四村境。五結犯。注解第三非人者。緣斫神樹。即爲戒本所以名草木等以爲村者。十誦蚊蟻諸蟲以之爲舍。四分云。神所依止如在聚落。故云村也。村有五種。文中列之。言覆羅者。根假節生。如芹竹等。就解辨相中分二。初生生想下。謂五生種。就地離地皆墮。二草木七種色下。謂五生想。就地犯墮。離地色未改者吉羅。餘事相繁鬧。不可具顯。尋鈔比用。大助言語也。

△身口綺戒十二。凡身口業綺微而難制。雖過不至重惱衆不輕。事須衆僧作法訶制。後仍不止。違法制罪。論犯五緣。一是身口綺。二數作不止。三僧白訶制。四如法召問。五更違便犯。口業綺者名作異語。身業綺者名作觸惱。兩緣未白。隨作犯吉。白制後犯違制故提。同違制故。兩戒合制。成實云。雖是實語。以非時故。無利益故。言義無本。煩惱心說。皆名綺語。問。餘三口業直作即犯。不待僧制者。答。彼之三過。一正相違。二損處重。所以隨犯。綺語反前。要違僧制。方始制墮。問。此戒白竟未犯。更作便犯。一切諫戒諫竟即犯者何。答。此謂惱僧故作制約。白竟未違。要作違制。方結其犯。就結犯相與諫不同。

十二餘語惱觸戒。佛在拘睒毗國。闡陀比丘犯罪。餘比丘問。以餘事答。以過白佛。便訶已作餘語。白後便惱僧。喚來不來。乃至不應語而語。以過白佛。訶已作觸惱白。因此故制也。

就戒緣中。初語違僧。後來不來。是觸惱相也。文中列語爲表身乖也。

若比丘妄作餘語僧未白前作餘語者。汝向誰說。爲說何事。爲論何理。爲我說。爲餘人說。我不見此罪者。一切吉羅。若作白已如是語者犯墮也。惱他者如前緣中。乃至不應語而語。一切吉羅。白已作者波逸提也。波逸提若上座喚不來。吉羅。不犯者重聽不解前語有參錯。汝向誰說。乃至我不見此罪。若作非法無利益羯磨不與和合。喚來不來。若爲作非法羯磨。若不欲知教言莫來便來。若一坐食。若不作餘食法食。若病喚起不起。命梵等難。教莫起便起。若惡心問不與說。若作非法事。便訶語者。若小語。若錯說。一切不犯。

戒本四句。注解大分明。就不犯中。若一坐食不作餘食法者。以前境既足。起壞威儀。已食一口。無義輒起。起即兩坐。又作餘食法。乖頭陀相。故開合起應不起也。古師解足食。不用僧祇一坐食。正起隨更食。不作餘食法。我噉未足。此非正量。出在意言。可依四分誠文。僧祇明決也。下更解也。

△嫌罵知事戒十三。凡僧事是難。分處非易。故簡備德。如法經理。宜應讚美。令彼勸營。反懷忿恚。發言嫌罵。令彼生惱。廢闕僧事。損壞不輕。六緣。一是羯磨僧差人。二知是。三如法經營無恚癡意。四說嫌罵語。五言了。六聞見互知。問。與前罵戒何異。而重明者。答。有四異。一前是汎僧。此僧知事。二前戒不問虛實。此說緣不犯。三罵詞不同。如文所列。四前非知事。見聞互離者輕。此敬護重。互離犯提。嫌罵兩戒同惱知事。不殊。故合制也。

十三嫌罵知事戒。佛在羅閱城。沓婆摩比丘僧差知事。慈地比丘齊眼見處譏嫌之。以過白佛。便訶制戒。後便於聞處罵。以過重白佛。便乘前重制。就戒緣中。初就見不聞處起嗔。後就聞不見處起罵。以為戒本兩字緣也。

若比丘。嫌謂面見不聞處言有愛恚怖癡也。罵背面耳聞於不見處而設罵也。波逸提。若不受上座教。嫌罵吉羅。不犯者。實有事。恐後悔恨。語令如法發露。便言有愛等。若戲錯說者。並不犯。

戒本四句。一犯人。二嫌。三罵。四犯。餘文相引鈔並

可解。

△露地敷僧物戒十四。凡僧物利重。宜應掌護。然人情智狹。度非弘遠。私已專愛。眾則惰慢。是故多論有三義故。四方僧物。篤信所捨。供僧受用。利益事廣。理宜掌護。使資身行道。得安樂故。二物是信施。同心愛惜。常有受用。令長信敬故。三用竟即舉。僧物不壞。令受用福。反資施主。善根成就故。六緣。一常住敷具。二知是僧物。三露處。四自使人敷。五自使人不舉。六出門犯。

十四露地敷僧物戒。佛在舍衛。長者請僧。十七羣比丘取僧坐具露敷經行。望食時到。不收往食。為風塵坌。蟲鳥壞汙。以過白佛。訶已制戒。

若比丘。取僧眾僧物。為僧屬僧。三種也。繩牀有五種。旋腳。直腳。曲腳。入梐。無腳。木牀亦如上說。若臥具或用坐或用臥。坐褥擬常用坐。露地敷。若教人敷。捨去。不自舉。不教人舉。波逸提。彼以僧物付知事云。我今付授汝守護看。

若都無人。當舉屏處。若無屏處。必知無壞。當持麤者覆好者上。若即時還。便應隨雨中疾及時還者。應往也。彼次第作如是方便應去。若不作者。初出門墮。若方便還悔。一切吉羅。若二人共坐。下座應收。否者犯二罪。上座犯一墮。若俱不收。二俱墮。餘牀踞牀機等不收。及臥具表裏。一切吉羅。若露敷僧物而入房思惟。吉羅。不犯者。僧物露敷。去時語舊住人摩摩帝經營人。令知。如上方便。一切不犯。

戒本四句。一人。二僧物。三露地。四捨去。下結犯。解僧物中三種。如上。迴僧物中。但取已捨與僧者。餘

但犯輕。就辨相中。初明方便委囑之相。卽釋戒本
自他舉文。若不作下。乖教故結。就二人同坐。下座
兩罪者。一非威儀。令上座收。二當戒。餘可解耳。
△覆處敷僧物戒十五。制意同前。六緣成犯。一僧物。
二知是。三屏處。四已受用。五去不舉。六過限犯。所
以離者。一屏露異。二得罪時異。露則出門。屏則出
界。決意絕還。如上出界。若暫非永。過三夜犯。三開
緣不同。露則兩相緩急。屏則開於二夜。
十五覆處敷僧物戒佛在舍衛。客比丘在邊房敷臥具宿。不語便去。臥具爛壞蟲嚙色變。見過白佛。因制此戒。

若比丘。僧房中敷僧臥具謂繩牀木牀臥褥坐具枕地敷。下至臥氈。若自
敷若教人敷。若坐若臥。去時不自舉。不教人舉。彼應語舊住比丘言。與我牢舉。若無人。不畏失。當移牀離壁。高楮牀腳。持枕褥臥具置裏。以餘麤者重覆。若恐壞敗。取臥具等置衣架上。豎牀而去。若不如是。出界墮罪。欲去還悔。吉羅。若卽還。二宿在界外。第三宿明相未出。不自往。不遣使掌護者。犯墮。波逸提不犯中。如上方便已。在界外水陸道斷命梵等緣者開。
戒本四句。同上辨相。文易明也。
△強敷坐戒十六。凡物有限。事局彼此。情通則彼爲
我有。意隔則事論進否。然知他得住處。意不籌量
輒於中間強敷臥具。共相逼斥。非出家之儀。故制。
五緣成犯。一先借住處安止已定。二知先住。三作
惱意。四強於中敷。五隨所臥皆犯。
十六強敷坐戒佛在舍衛。六羣十七羣同道行。至無住處。十七羣自求住處。彼六羣知求得宿處。強在中間敷臥具宿。比丘以過白佛。因制此戒。
若比丘。知不知者開。先比丘住處。後來強於中間若頭邊若腳邊若兩脇邊敷臥具草敷葉敷。下至地敷臥氈。止宿。念言。彼若嫌迮者。自
當避我去。作如是因緣。非餘。非威儀。波逸提。謂隨轉側脇著牀結墮。不犯者。先不知。若語已住。先與開間。若間寬廣不相妨閡。若親舊人教言但敷。我自語主。若倒地若病轉側墮上。若力勢所持。若被繫閉。命梵二難。並不犯。
戒本五句。一犯人。二知。三後來強敷。四念言下。作
惱意。五結罪。作如是因緣。非餘者。非餘不犯。將不

犯以望犯。不犯是犯義餘。但以不依不犯。故相逼
惱。非是威儀。何得不犯。
△牽比丘出房戒十七。然四方僧房。衆人共有。理無
偏局。義須通贍。雖先料理安止已定。後來同徒。宜
共受用。今乃內懷瞋恚。強牽他出。自壞惱他。諍競
之本。損處非輕。故制。
十七牽他出房戒佛在舍衛。六羣十七羣同道行。至一小住處。十七羣於先入寺掃灑令淨。六羣知得好處。驅起牽出。比丘以過白佛。便制此戒。
就戒緣中。因先強敷。佛制與罪。由是俗家。此僧寺
中。理依位夏。所以牽出。

若比丘瞋他比丘不喜僧房舍中若自牽出教他牽

出若自作教人牽隨所牽多少隨出房隨犯若牽多人出一戶若牽一人出多戶皆犯多墮若一人出一戶一墮若持他物出若擲著戶外閉他戶外皆突吉羅波逸提不犯者無恚心隨次出若遣未受具出若破戒見威儀及為舉擯因此故命梵難驅出者並開

戒本四句一人二內瞋三是僧坊私不犯四牽出結罪就解成犯相中相從就多結者欲止惡法令斷也今封著者多守房鎖戶本不許入牽出希耳就開通中問前戒開親不簡淨穢此局淨行不除親者答前戒俗家屬先借者親友無強故開非僧住處不簡染淨此是僧房淨有住義惡戒之人無

分驅出不犯戒也

△坐脫腳牀戒十八凡事宜審諦危嶮須慎重屋薄覆牀叉腳脫放身坐臥容有墜墮傷於下人惱處不輕故制四緣一重屋二叉薄覆三牀腳欲脫四坐臥便犯

十八坐脫牀腳戒佛在舍衞比丘在重屋上住坐脫腳牀牀腳脫墮比丘上壞身出血仰面恚罵比丘舉過佛訶而制

若比丘若房謂僧房若私房若重閣上謂立頭不至上脫腳繩牀若木牀脫腳者腳入梐若坐若臥者隨脅著牀隨轉側也波逸提除脫腳牀已若在獨坐牀或一板牀浴牀一切吉羅不犯者若坐旋腳直腳曲腳無腳牀若牀支大若脫腳牀安細腰若逗屋板覆刻木作華覆若厚覆若板牀坐若脫牀腳坐者並開

戒本四句一人二房重屋三是腳脫牀四坐臥犯解腳入梐者明將脫不久也戒本通坐廣解唯臥毗尼教相三處觀量緣起但坐戒本通臥辨相唯制脅著牀而腳脫故知坐臥皆有犯也

△用蟲水戒十九凡慈濟物命道之正要知水有蟲而故受用特損物命違其慈道苟存自營所存無理光師所云重已所輕輕他所重深乖慈惻故須急制四緣一是蟲水二知有蟲三不作漉法四隨用犯慈救之心如來本意損害為貴凡俗所重是

以世尊隨病設治初約非情則掘壞通制後約生育隨病多立人畜兩戒計攝已周今之喜犯就飲用結深見物機是稱大聖如多論說故今五眾多無漉具行住飲用無思傷損此而號道未見其通鈔中廣引

十九用蟲水戒佛在拘睒毗闡陀起屋蟲水和泥教人和長者見嫌無有正法害眾生命比丘舉過佛因制戒

若比丘知不知不犯水有蟲若澆泥若草若教人澆者若以草土擲蟲水中若蟲酪漿清酪漿若酢以澆泥草一切皆墮教人亦同波逸提不犯者不知有蟲作無蟲想若蟲大以手動水令蟲去若漉水灑地若教人漉者一切無犯

戒本四句。一人。二知。三有蟲所損境。四若澆泥下。明犯。就辨相中具二。或以草土就蟲水和。或以蟲水澆於草土。縱有池流大水。雖不作泥。而以草土擲中。隨以蟲魚皆犯墮罪。此不就損命中制。是深防制。若彼命斷。自依畜戒。止得一墮。餘文相可知。

△覆屋過限戒二十。凡物有限。事成為要。貪不知量。重覆不已。令屋崩倒。損功費力。不長信施。故所以制。四緣成犯。一自為已。二使人覆。三至三節未竟不離見聞處。四三節竟犯。問。何故有看覆無自覆者。答。不看房成有受用義。自覆招譏重。故不許用也。或可從緣起說。由使人作因。即制戒。多論此房是十三中大房。三十萬錢作成。即崩。施主生惱。比丘為說房雖崩壞功德已成。未壞之時。佛到此房。即是無上福田之所受用。尋後有一新受戒比丘入中。若起房閣嚴若須彌。持戒暫用。已畢施恩。以戒背世俗法。房舍四事。是世間法故。

二十覆屋過限戒。佛在拘睒毗。闡陀起房重覆不止。屋便摧破。居士嫌言。檀越雖與。受者應知足。比丘舉過。佛因制戒。

若比丘。作大房舍多用財物戶扉牕牖及餘莊飾具。刻鏤彩畫指授覆苫有二種。縱覆橫覆也。齊二三節。若過者彼比丘指授三節未竟。當

至不見聞處。若不至不見聞處。三節竟墮。波逸提。若互捨見聞處。吉羅。不犯者如上指授離遠者開。

戒本四句。一人。二房舍已下。作之方法。三指授下。開成持相。四若過下。違教結罪。然三節相律論互談。至於事實亦可披據。故多論云。作房三品。上中下覆各自有限。若中下房用上法覆。以鎮重故。隨用草作。一一皆提。五分若以草瓦版覆。母論泥故崩。伽論若以草版鳥翅覆者過限不犯。亦以輕耳。及作房時。商度基陛材具。方可覆之。如多論也。

△僧不差輒教尼戒二十一。制意有五。初尼來請法意。大愛道眾為順敬法。咨稟疑滯。如說奉行。然尼女弱闕於遊學。迷於理行。眞為面牆。故須半月求師請法。二佛敕比丘聽往意。如來大慈。簡唯有德。慈悲訓誨。開曉彼懷。令生解行。率成道益。所請別僧前為尼眾。若開強往。彼此寂靜。無多勞動。若論受戒。反前是難。不開僧往。三制具德意。自非深閑戒律。行同氷玉。詞清理詣。備德兼物者。孰能化眾匡道。有人專直淺識。不閑進否。自迷教旨。何能導物。或雖少知。行不依法。進止施為。動乖儀式。自溺長津。安能濟拔。由斯諸緣。須具德行。四制僧差意。

雖有德行屏去有濫任僧簡遣備德方進藉眾威嚴通行風化受者殷重終獲道益五制戒意者專任自由不掌僧命輒往教授濫行儀式乖軌導方失風靡化輕法自尊未成弘闡損壞既重何得不約論犯五緣一佛開說法八敬二制白二差三不掌僧命往集尼眾即簡別房別說不犯四說法教誡五隨說墮

二十一輒教授尼戒（佛在舍衛大愛道尼來請教授佛令差往僧次般陀往彼說法六羣次往向說世論愛道白佛便羯磨差而制戒也）

就緣起中初明尼請二令僧次差往三六羣為說世論過起之由四白佛下羯磨備德問愛道來請止請比丘何不請佛答請佛教授有二種過一違八敬教教中令問僧故二違誓受心若請僧者翻前兩失若爾八敬之中佛已制尼半月往僧愛道何故乃求佛者答尼雖掌制僧未奉敕故來請佛敕僧往教問佛不自教者答有多過一是狹過不通三洲二少過止佛一人三是短過不通萬代比丘作者翻成三益就羯磨差中須具十德一具持戒行二者多聞三誦二部戒本利四決斷無疑五善能說法六族姓出家七顏貌端正八堪為尼說

法令尼歡喜九非為佛出家破三法衣而犯重法十二十夏若過不具斯十皆不成差故略分別也

若比丘僧（一說戒一羯磨）不差（不於僧中白二羯磨）教授（八不可違法律具出文）

比丘尼者彼逸提（若於說戒時座上問答已若僧差若隨尼請彼比丘尼剋時到尼亦剋時迎若違俱犯吉羅若聞來者當出半由旬迎供給所須不者吉羅若僧不差非教授日與說八不違法應吉羅若不差與說法者墮若僧病不和合眾不滿應遣人禮拜問訊尼眾病等亦遣禮拜問訊若不吉羅比丘尼等二眾吉羅不犯者比丘尼眾如上方便已而為水陸道斷諸難不容禮拜問訊者並開）

戒本五句一人二僧三不差四教授五結罪就解第四八敬之文指於律本恐好事者未見前後故略為三門初制意列相二敬之次第三得罪輕重

就初制者凡體無貴賤有道則尊法式軌要非僧不具敬法重人事須致敬敬而為言觸途皆是但此八種攝尼偏要故別制之審能修行戒淨法住故善見云由度尼故正法減半若行八敬還滿千年法由人弘其義不昧矣次列名中初百歲尼禮初夏僧二不得罵僧三不應舉僧四受具僧中五懺殘兩眾六半月請法七安居八自恣並須依僧二明次第者法不自顯開導在人是以初三明遵僧也人尊由法故次四五明所遵法法由請得是故下三明稟悔也就初位中身業慢麤所以先明

口業過微故須後說說語二中違法惱深順法舉微故列前後或可希數而言也就遵法中初受根本次悔枝條就稟悔中汎明儀法必由啟請故初明教誡也依法起行故有安居自恣相次而來至時加語潤色而道助成光衍也次三明罪就中一四六三皆犯提罪如尼戒中第二敬中罵謗不定或殘提吉第三舉罪說過犯提遮舉但吉第五殘悔不來僧懺止犯吉羅餘可解也就結罪中初明廣教授相律論大明斯法滅矣但行略者猶無威儀文中非教授日者四分無文僧祇廣列八法一非時即日暮夜分也二非處謂隱露處也三過時謂二十九三十日十四十五日也四時未至無問黑白中間十日當往餘者為非日餘四略之如昔人解日非八敬同犯吉羅不差說法俱犯墮罪二提兩吉也今解說法八敬無別輕重故戒本云教授者提廣解說法者提故知義一也結吉羅者但日非耳結墮罪者但不差耳說法八敬因之即列文無言耳結成之相明知但指輒往不差也尼結吉者非輒教僧罪也蓋是不被尼差輒教授耳尼二眾亦不蒙大尼差遣輒往僧寺禮拜問訊故也

△為尼說法至日暮戒二十二凡僧尼有別居不同處大士舉動須避譏涉外生信敬內增道望今日暮同聚致外情疑容自壞行過深則制論犯六緣一是僧差二尼眾來集三教授說法四至暮昏五自知六說不止犯

二十二為尼說法至暮戒佛在舍衞難陀僧差教授尼已默然而住愛道重請說至日暮尼出祇桓城塹中宿為俗所譏比丘白佛佛便訶制

就戒緣中初令尼來僧寺說法因過而制令往尼寺四分無文可尋諸部余曾目見老昏忘去

若比丘為僧差一教授一羯磨教授眾僧中差白二羯磨比丘尼乃至日暮者彼為僧差教授尼日未暮當還除教授若受經若誦經若問若以餘事乃至日暮除尼若為婦女餘人受經等至暮一切突吉羅也波逸提尼等吉羅不犯者教授尼至日未暮便休除婦女已為餘人若船濟處說法尼自聽者若與估客夜說法若尼寺中若因人請值說便聽者開

戒本四句一人二僧差三教四乃至日暮下結罪

廣釋中除教授已餘誦受經至暮同譏如何輕者以教授僧集尼眾易故重自餘別請尼之來去無攝法故輕也

△譏訶教尼人戒二十三然備德被差慈心教授情存為法不希厚味今見他獲利內生嫉妒發言譏訶惱亂賢善脫由斯敗事絕兼濟損處非輕故制

論犯六緣。一是僧差。二情存爲法。三內生嫉妒。四發言譏訶。五言詞了。六聞知犯。

二十三譏訶教授者戒。(佛在舍衛。尼聞教授師來。出迎供給。六羣生嫉。云彼無實。但爲食故教授尼也。比丘以過白佛。因而制戒。)

若比丘。語諸比丘作如是語。諸比丘爲飲食故教授比丘尼者。波逸提。(若說不了了。吉羅。比丘尼等吉羅。不犯者。其事實爾。爲飲食供養故教授。爲飲食故教誦經受經。若問。若戲。若錯說者。一切不犯。)

戒本三句。餘並可知。

△與非親尼衣戒二十四。凡僧尼位殊。理無交涉。無緣取與。尚涉譏疑。況交致染容。壞梵行。誠爲大損

故制。五緣成犯。一是比丘尼。多論云。與尼三眾同墮。律雖無文。義亦應爾。浣衣中似是犯輕。隨情急緩。義在於此。二非親里。三作非親想。四虛心與衣。五彼領受犯。

二十四與非親尼衣戒。(佛在舍衛。乞食比丘威儀具足。尼見生善而數請。比丘不受。後僧分衣。便以衣與尼。尼輒受之。彼嫌責尼。數數向人說。比丘以過白佛。訶制此戒。)

就戒緣中。初明尼與僧衣。推而不受。後僧試與。望同僧心。尼輒受之。大乖本望。故科爲罪。多事多患。其相若此。

若比丘。與非親里(如上解)比丘尼衣。(十種如上)除貿易。(以衣易衣。易非衣。易鍼易刀。若縷綫。下至藥草一斤。)波逸提。(比丘尼等吉羅。不犯者。與親里尼衣。共相貿易。若與塔與佛與僧無犯。)

戒本六句。一人。二非親。三尼。四衣物等。文中不明尺寸。而於過咎大小俱提。五除貿易。六結罪。所以尼與大僧二眾衣犯輕者。今不就希數而制戒也。就譏過故。僧是上尊。躬奉下眾。招譏處深。故重。尼下奉上。譏疑是輕。可知。

△爲非親尼作衣戒二十五。制意同前。論犯四緣。一是比丘尼。多論三眾同犯。二非親里。三自送遣作。四隨作犯。

二十五爲非親尼作衣戒。(佛在舍衛。迦留陀夷爲作大衣。便裁作婬像。成已付尼。令在眾後著之。生俗譏笑。諸尼以過白佛。因制此戒。)

就戒緣中。作婬像者。良由染患情重。寄物彰過。約境須斷也。五分云。愛道卷衣舒以示佛。視此所作也。

若比丘。與非親里比丘尼作衣者。波逸提。(彼比丘隨刀截多少。隨一縫一鍼。皆墮。若復披看牽挽熨治。以手摩捫。若捉角頭挽方正。安揲。若安緣。若索綫。若續綫。一切吉羅。尼等吉羅。不犯者。與親里尼作。與僧作。若爲塔。若借著浣染治還主者。一切開。)

戒本四句。尋文可知。既作鍼刀。故隨運結墮。餘熨摩等方便但輕。

△與尼屛露坐戒二十六過與女人同宿無異。

二十六與尼坐戒。佛在舍衛。迦留陀夷與偸蘭難陀尼俱貌端正。各有欲意。在門外坐。居士共嫌。鴛鴦爲喩。比丘聞。告佛。因制戒。

緣中門外同坐。止是露攝。戒本明屛。故知雙結也。

論犯四緣。一是尼三衆。五分多論尼衆俱犯提罪。道船行戒亦爾。除去俗女。不犯此戒。二是隱露處。三無第三人。人相如鈔中。四共坐便犯。多論比丘坐。住。隨尼起坐。一一結提。尼坐亦爾。兩人同一坐。通日但一墮。

若比丘與比丘尼一處者。一是比丘。一是比丘尼。在屛有二種。見屛處者。若塵霧烟雲黑闇不見也。聞屛處者。乃至不聞常語聲。障若樹若牆若籬若衣。若復以餘物障。處坐者。若第三人盲而不聾而不盲若立住者。一切吉羅。波逸提尼等吉羅。不犯者。若比丘有伴。若有智人有二。不盲不聾。不聾不盲。若行過倒地。若病。若力勢所持。命梵等難者。並開。

戒本四句。一人。二與尼作衣與衣。親無染譏故開。屛坐同行。不問親疏外人。不簡招譏義一。三屛處。如律中見聞兩屛其相可解。盲聾互有。不成全證故吉。由是坐戒。立故是輕。所以尼輕者。上尊共坐志不自由。過微故也。開中不盲聾者。開前盲而不聾句。下列亦爾。餘可解。

△與尼同行戒二十七過制同前。六緣犯。多論云。一尼家三衆。二共期。除偶相值。或期不許。不離聞處。三同一道。四不離見聞處。五無緣。六隨度界犯。

二十七與尼同行戒。佛在舍衛。六羣比丘與六羣尼人間遊行。居士譏嫌。比丘舉過。佛便訶制。

若比丘與比丘尼期言共至某村城國土同一道行。村間有分齊。行處是村。隨分齊衆多界。一一墮。非村若空處行。乃至十里墮。若減一村減十里。多村間同一界行。及方便共期。一切突吉羅。除異時。波逸提。異時者。與估客行。若疑疑有賊劫盜。畏怖怖有賊劫盜。是謂異時。尼等吉羅。不犯者。不共期。大伴行。疑恐怖處。若往彼得安隱。若力勢所持。命梵等難者。並開。

戒本五句。一犯人。二與尼期。三同道行。四除異時。

五結罪辨。相重釋可知。尼若憑僧爲伴。撥過是微故輕。行途多難。故開疑怖。坐是安處。所以不開。坐容教授。下至第三便開不犯。行途迥遠招譏過大。縱多比丘。一尼亦犯。要得多尼方開。坐處譏輕。有兩比丘。即不犯位。

△與尼同船戒二十八。譏過中制。論犯六緣。一是尼三衆。二共期。三同一船。四順流上下意。五無緣。六雙腳入船便犯。

二十八與尼同乘舟戒。佛在舍衛。六羣比丘與六羣尼同乘船上水下水。居士共嫌。比丘舉過白佛。因制此戒。

若比丘與比丘尼共期同乘一船上水下水（若入船裹墮餘方便吉羅）除直渡波逸提（尼等吉羅不犯者不期若直渡彼岸若入船船師失濟上水下水若往彼岸不得安隱或爲力勢所持命梵難緣無犯）

戒本四句一人二與尼期三同船四結犯問所以不制俗女同船者答必有船公爲第三人故不須制亦可尼女同制俱犯提罪如律房法中時與俗女同船佛言除直渡故知不直渡者是犯不疑此戒略也

△受尼讚食戒二十九制過有四一遣彼尼衆歎已德行相美求利增長貪結壞正命故二偏心曲歎

現情親好招致外譏損害不輕三令他隨言供奉無德即是損施於彼福田無行惠施反報之福何由可獲四毀呰好人讚歎鄙下令於勝境不生敬重即是惱亂一切賢聖具斯諸過故所以制四緣成犯一是尼三衆歎得食二知是非法三受得四噉之咽咽結罪自餘同坐不被歎者隨食無過以屏歎非衆中無應訶不訶之過不同提舍對僧偏授若不即訶舉衆容隱致不指授亦不聽食何不開病但不曲歎健病無罪故不須開若歎病人爲德必有好人被毀猶是犯位何故不開列衆七緣

聖人制戒開遮防過此戒由歎無德於法深損通無所開是以多論云但偏歎德不問凡聖食者皆墮

二十九受尼讚食戒（佛在舍衛有居士請舍利弗等露敷好座偸蘭難陀尼見已妄言所請並是下賤我若請者則調達等龍中之龍食還具說佛因訶制此戒）

就緣起龍中龍下過起所由下明訶結多論云以請舍利弗迦葉等能與現世福一入見諦二大盡智者三入滅定人四緣四無量五行無諍者各出其相廣如論引又成論云智田勝福田乃至掃僧地如閻浮不如佛塔一手許佛以智故勝諸弟子

不以斷故供利根初果勝鈍根斯陀含前言百不如一者從多說亦不了義還即此經中云施利根畜生勝外道五通者又如彌勒爲羅漢所禮僧祇檀越別請舍利弗目連唯大迦葉不受宿請明日時到入檀越家乞食在屏處坐尼不見故說龍中龍迦葉大聲作聲尼聞即翻問迦葉行頭陀乞食如何受請答雖不面受乞食爲緣不妨隨食

若比丘知（不知不犯）比丘尼讚歎教化（謂阿練若乞食人乃至持三衣讚偈多聞法師持律坐禪也）因緣得食（從旦至中得食）食除檀越先有意者

波逸提（謂咽咽結墮除飲食得餘身衣燈油吉羅尼等吉羅不犯者若不知若檀越先有意若無

教化想。若尼自作。若檀越令尼經營。若不故教化而乞食與者無犯也。

戒本五句。一人。二知。三尼教化。四食緣。五結罪。就辨相中除飲食然燈已。［案記云已字合作犯復缺輕字］明知大小兩食皆犯。即文云從旦至中得也。所以衣輕者財重難捨也。又財別屬義非通用。食無獨噉勸辦是易。故制重也。尼輕僧者歎尼是希也。

△與女同行戒三十。制意同前。論犯六緣。一是人女。二共期。三同道。四無伴。五不離見聞。六隨越界犯。

三十與女人同行戒。［佛在舍衛國。婦與姑諍還毗舍離。時阿那律欲往彼國。此女爲伴。夫便逐得打阿那律幾斷命根。比丘以事白佛。便訶制此戒。］

若比丘與婦女［如上］共期同一道行乃至村間波逸提。［若村裏一界行及尼等四衆一切吉羅不犯者先不知不共期須往彼得安若力勢諸難者開。］

戒本五句。其相易了。就開不期及難。故知共期多伴亦犯。不類尼中以同法故。

△施一食過受戒三十一。然篤信居士割舍家珍造立福舍。標心一食。擬施在僧。宜量力分稱施而受。即彰內有廉節外不損物。理數宜爾。今久延不去過受他食。長貪壞信。敗善增惡。過是不輕。故制。論犯五緣。一非親居士限施一食。二知。三無病請緣。四過受。五咽結。別衆七緣。唯開病者。八病苦惱去

損住益施主體知不生譏患故開。自餘不開者。彼中自請開稱施心。此本無心開成損壞。是以俱閉。

三十一食處過受戒。［佛在舍衛時拘薩羅國有無住村。居士作住處常供一食。六羣數受。居士言我本周給一宿住者。比丘舉過白佛因而制戒］

若比丘施一處食［在中一宿也。食者乃至時食。］無病［病者離本村增劇者］比丘應一食若過受者［咽咽結墮。除食已受餘襯身衣燈油盡突吉羅。］波逸提。［尼同犯。不犯者。一宿受。病過受食。若居上請住我爲沙門釋子故設此食。若檀越次第請食。若兒女妹婦次第請。或今日受此人食明日受彼人食。若道斷等難者。］

戒本三句。初施一食處有比丘者是人也。二無病緣應受。此是犯人。三過受結犯。此中明正食與非

正俱結。故文中明除食已得衣油犯輕者。食資身急。人並喜受。又受用交盡損惱施主。故重。餘之衣油得用不得將去。縱有燈油身外受用微少故輕。

△展轉食戒三十二。然信心俗士供給美味延請僧田。希存受用。今先許後違是無信也。令他飲食徒設而已無受用也。損惱之重無過於此。故制。釋此戒名。諸部各異。四分展前家食轉就後家。故名也。僧祇云數數食。亦言處處食。十誦五分多伽並同數數食。注戒本名背請者隨俗取解亦無過也。論犯五緣。一受犯五正食請。不問道俗親非親。二食

體堪飽足三無因緣謂病施衣功德月等四更受後請五隨咽卽犯不待飽也此應料簡正足不定各有四句初前後俱正提二前正後非正吉三前不正後正四俱不正者並不犯故文云或請與非食也足不足作四句輕重同前故文云或不足不犯也淨不淨作四句者四句俱提文無義立不同昔解不淨食不成背別以體不淨不任共食今解不然罪不擇境隨食皆犯可以不淨不犯非時俱是罪故如妨難二處有不處分故知不淨亦成背別若言所防不同者我不淨食亦防不同背請防

不背請不防不淨食別眾亦然故知齊也若云不淨食如法比丘不合食者我非法房如法比丘亦不合造以此例之故知有罪若言造房不合上事而成有長道義我亦不淨食得資身長道

三十二背請戒佛從羅閱祇人間遊行至阿那頻陀國因沙㝹施粥便開食粥因食濃粥又因節會檀越送食又後受請俗譏道訶佛因制戒

就戒緣中分三初開食粥遂成濃粥二節會送食三正違先請故通一制僧祇食粥說偈云持戒清淨人所奉恭敬隨時以粥施十利饒益於行者色力壽樂詞清辯宿食風除飢渴消是名為藥佛所說欲得人天長受樂應當以粥施眾僧今解之初偈明田淨色等五利明所得宿食等五明所除略不明大小便調適也欲得下偈明來報也欲不解之常誦多迷故

若比丘展轉謂是請也有二種若僧次請別請食飯麨乾飯等除餘時波逸提餘時者病時不能一坐食好食令足施衣時自恣竟無迦絺那衣一月有衣五月若復有餘施食及衣也是謂時若不捨前請受後請咽咽墮若不捨後請受前請咽咽吉羅不犯者病時施衣時若一日之中有多請自受一請餘者當施與人言長老我應往彼今布施汝若與非食或不足或無請食者或食已更得食或一處有前食後食皆開

戒本六句一人二展轉三食四開緣五結罪六重

解就解展轉但言請也既列二請俱有背罪若受請已自食濃粥自食已食或食僧食彼生惱微不犯背罪先許後違但犯吉羅故五分云若食常食食別房食無犯三解五正中僧祇云諸菜餅麨果非處處食所以開病者病人苦惱施主體知若不開者形命難濟既非情欣不作時限施衣開者有二義利一為濟比丘待形須立施時不取後須難得恐非理乞損業惱他二為益施主衣食多利俱得反報文中一月五月若有餘者昔解時中假施方開今不存此施衣所及通時非時今言餘者衣

食以望時乃是時家餘食中開背請不開為衣施非唯衣食有物並開故云餘也多論云前家食請後家衣食請聽背無罪一前家食請後家衣請取衣向前家不犯不向前家竟日不食違信吉羅三前後俱食請背犯提罪又有三句前後衣食請聽背無罪二前家衣食請後家單衣如前二句中三前家衣食後家單食背犯提罪別眾七緣唯二是開餘不開者道船大會由食難得施主請開此既二家開長貪結為益外道又無施主故開受食此若開之背佛弟子受外道請壞信惱深故閉之也

作衣時月可以兼明就不犯中有四一病二施衣三捨請四衣時如上解也若請與非食者謂枝葉末磨佉闍尼也或不足者謂不充飽也或無請食者說不犯也或食已更得食者前家食已更受餘家乃可犯足不犯背也或不壞坐亦得受之或一處有前後食者既同主與食亦無背罪必不壞儀亦不犯足也

△別眾食戒三十三凡僧眾在道本懷慈育內清我倒外拔俗纏然段食有限事難普周人少易供多則傾竭又損重利輕非濟俗故一若許同情別食則自結別眾已惱於僧為攝難調人故有斯二益者律制之二釋名中但以能別之人食處成眾以眾別他不共同味亦表法食有隔故眾處得罪所別之處豈可非眾然律據能別之人故文云別眾食者四人若過也若從語論應云眾別食也取本意故云別眾耳三人已下無上兩損故文云但請三人食我等不得別眾故論犯七緣一有施主簡僧食自食無別眾故二別請別乞三五正時中四食處成眾五知界內有善比丘六無諸緣七咽食犯釋戒七緣廣分蹊徑極有由趣可如鈔中依緣

點也若又列來徒為兩費恐不見鈔略舉要節今別眾食據食處成眾為言就分為三若僧次請來界內不集故犯初雖僧次及至食時界內有僧別不同食即此僧次還名別請也若本別請食時僧來既無遮約即此別請名僧次也自餘別請別眾別乞別眾不問界內有僧無僧但使食處成眾故犯若鳴稚作相若唱召一人即非犯過必明此三緣即當如境也據論法食妙約人論人有精麤教亦通塞且如僧次一種必以淨戒為先微犯憲章不令受利故文云犯吉羅故語令知恐受信施持

戒禮拜。又云。為解脫生死出家得受僧次。唯除惡戒故。破戒者不合受僧俗兩供。若此簡人名為精也。又賢愚云。正使將來為利出家畜妻挾子名字比丘。若有僧中請得此者。宜應供養。其福難量。如舍利弗大目乾連等。勝別請得五百羅漢。如此取人名為麤也。故多論云。如僧海中持戒破戒若邪若正。一切無遮故也。佛在人專。故又行實。末代人濫形服為上。外生物信。於諸僧海自感僧福。非謂行缺而消信施。故經云橋度物也。破戒之人雖入地獄。口說善法令生信故。至如羯磨亦有精麤。微有少犯亦不許秉。又不以通觀彼持犯。但以肉眼知彼清濁。此為通也。準此以求。佛知末代具有精麤。但不見聞即同本淨。止自量耳。

三十三別眾食戒。佛在羅閱祇。提婆達多教人害佛。復教阿闍世殺父。惡名流布。利養斷絕。與五比丘乞食。比丘以過白佛。便訶已制戒。

就戒緣中五人一家內食異計。故因而結。慈愍白衣為攝難調也。

若比丘別眾若四人過四人也。若食。飯麨乾飯等也。除餘時。波逸提。餘時者。病時。下至脚跟劈也。作衣時。自恣竟無迦絺那衣一月有衣五月乃至衣上作馬齒縫。施衣時。同前戒也。道行時。下至半由旬內有來有去。乘船時。下至半由旬內乘船上下者。大眾集時。食足四人長一人為患。五人十人乃至百人長一人為患也。沙門施食時。在此沙門釋子外諸出家者及從外道出家者是。此是時。若無別眾食緣。當起白言。我於此別眾食中無因緣欲求出。若餘人無緣亦聽使出。若二人三人隨意食。四人若過應分作二部更互入食。若有別眾因緣欲入。尋起白言。我有別眾食因緣欲求入。佛言當隨上座次入。有緣不說吉。隨別眾食咽咽結墮。尼同犯。不犯者如上具列開緣。若二人三人更互食。若說有因緣去者開。

戒本六句。一犯人。二別眾。三食體。四開緣。五結罪。

六逐緣重解。就釋開緣。言開病者。身抱患惱。若不開別無由濟命。自救不閑。終無異計。作衣久延。恐廢正業。施衣不受。後須難得。自濟形苦。亦福施主。道船途路。多有留難。大眾既集。村落又小。食少人

多。不開送食。沙門施者。將化入道。故開受供。衣時通給。為補夏勞。僧次福大。道俗俱益。略敘大意。至時張展。律列七緣。衣僧二開。五分多論問。律明作衣已是時限。何用衣時。答據本受意有長短也。文云下至一縫者極短也。餘如鈔解。又大眾集中食足四人長一人為患者。有人言謂食處四中長一添眾故。非謂外人。由是三人隨意食也。乃至百人長一人為患者。應云九十七人為患。但以長名義同。故云一也。如和先六十同名一供養人。有人言彼此八人名為大眾。食無陪供。又難得處開別不

犯七人已下名爲小衆食雖難得容有兼濟如多論中故不開之故云長一爲患問此既是開何故明患不明無患答誠如所難言爲患者將開大衆集時不犯先解小衆是犯故云食足四人長一人爲患不以開故由此一人成四得罪名之爲患五人百人皆以一人爲患約知四人已上無患律文好略一言兩舉違順普明持犯雙顯唯出於患無患自彰故多論云客主各四名爲大衆食不難得亦不聽別有人釋云四人已上名爲大衆不望彼四律云大衆者四人若過也食足四人長一人爲

患者是兩家會東家四人西家一人施心各定互不相容乞復難得若不開者西家一人與四爲患故開非犯百人長一人食難得開牒本犯者今開不犯也妙如後解故牒舊疏須開解慧耳就解辨相中先敘食法後結罪法食中分四初無緣白出二人少隨食三數滿分部四有緣白入初後相反中二相對初無緣者謂無上九中前六緣也有緣之人但能自益不能益他無緣之人故須白出若二三人隨意食者反上九中第六大衆也四人若過者舉前大衆分破入食言有緣者有六緣故無

緣直出所以須白者護施主故有緣直入而須白者護內比丘故身是有緣人須儀式故依次入又律釋疑也若不白入謂我僧次無緣之徒隨我濫入故白簡之無緣白出釋疑亦爾問此中有緣不白但犯吉者我三寶緣不白入聚亦應犯輕答此白除疑別有所防白入聚者正是防也若爾覆藏治法有緣出界不白應輕不應失宿答不同病等六緣正治別衆不防於白六夜出界正防失宿不防於白何得將對治難不對治也問別衆食何不記所別境犯而結咽罪者答釋疑之體終須識本

制意有二不惱所別故不就別人以結於犯但隨業結罪重自止也

四分律含注戒本疏卷第四之上

案卷首疏中料簡各偈取便記誦據記釋之如左

女（與女宿）未（與未受宿）强（强敷臥具）脫（坐脫脫牀）覆（覆屋過三）作（與尼作衣）屏（與尼屏坐）施（施一食處過受）別（別衆）過（過三鉢食）非（非時食）殘（殘宿食）不（不受食）外（與外道食）坐（食家强坐）屏（屏與女坐）露（與女露坐）四（過四月受藥）三軍（一往觀軍陣二軍中過限三觀軍合戰）酒（飲酒）水（水中戲）擊（擊擽他）半（半月洗浴）白（白色三衣）二隨（一隨舉比丘二隨擯沙彌）打（打比丘）搏（搏比丘）宮（突入王宮）

以上三十一戒在身成犯

故故妄語毀毀呰兩兩舌同與未具人同誦說。說麤罪道實道得女與女
說法過限異妄作異語嫌嫌罵知事尼。輒教尼譏譏教尼人法與尼說法至暮恐
怖怖比丘疑。疑惱比丘發起發舉四諍。欲說欲不障道拒拒勸學呲。毀呲
尼同同羯磨後悔欲。與欲已後悔無根謗。僧殘法謗二十一語持。
以上二十一戒在語成犯。案異語卽餘語。
掘掘地壞壞生牽牽他出房用用蟲水勸。勸足食然露地然火藏藏他衣鉢
飲飲蟲水殺殺畜生驅。驅他出聚與衣。與尼衣捉落寶。捉寶因拾遺故
高牀七戒俱。一高腳。二兜羅綿褥。三牙角鍼筒。四過量坐具。五瘡衣。六雨浴衣。七與佛
衣等。俱謂同也。以上十九戒。自語作業。假他身犯。
屛露二處數。屛數僧物。露數僧物。四期一期尼行。二尼同船。三期賊行。四期女行。

索美食。以上七戒。自語作業。假自他身犯。
讚食尼讚食。他歎我食故。諫諫不受諫。他諫我拒故。及二聽。一屛聽四諍。二不攝耳聽
戒。並由他說故。與年不滿和尚默坐犯。假他羯磨成。五。以上五戒自身作業。假他口成。
覆覆麤罪背展轉食足足食非時。非時入聚家食前食後至他家眞眞實
施不與欲。不與欲起去止業共身心犯。以上七戒語家上來配三業竟。
掘掘地壞壞生牽牽他出房用用蟲水勸。勸足食恐怖比丘然露地然火
藏藏他衣鉢殺殺畜生飲。飲蟲水無根無根僧殘謗捉落寶。捉寶自
作教他同。以上十二戒。但使教人。縱不爲己。作卽同犯。
屛屛數露露數與尼衣高牀下七戒。以上十戒。教人不爲己。但得小罪。上
來約自他竟。

故故妄語毀毀呰兩兩舌說說麤罪異。餘語嫌嫌罵知事強強敷臥具牽
牽他出房用用蟲水譏。譏教尼人諫不受諫驅驅他出聚恐怖比丘覆覆他
麤罪疑。疑惱比丘畜奪畜生命飲飲蟲水發發諍說說欲不障隨。隨舉比丘隨
隨擯沙彌拒拒勸學毀毀呲尼同同羯磨後悔欲。與欲後悔不不與欲去屛
屛聽四諍打搏可知無。無根僧殘謗。以上三十戒爲性戒。餘六十皆遮戒。上來明性遮竟。
作衣與尼作衣持持衣與尼屛坐。與尼屛坐三期一期尼行。二期同船。三期女行。
受讚食。食尼讚食勸足可知美索美食牙角。鍼筒過量尼師壇覆
覆瘡衣三衣。佛衣等量以上十三戒。僧提尼吉。
背請足尼中二戒合制外道。與外道食尼中白衣男子亦犯。僧則開之。小年童女
增二年學法雨浴衣。尼聽常用以上五戒犯同緣異。上來簡僧尼竟。

四分律含注戒本疏卷第四之中

唐終南太一山沙門釋道宣述注撰疏

△取歸婦賈客食戒三十四。然篤信士女捨己迷糧，施諸比丘，理宜將護，依限而受。今取過分，令食竭盡，長貪壞信，又違聖教，過犯特隆，故制。五緣：一、二緣路糧，二、知是，三、無病緣，四、過三鉢，多論若上鉢取一鉢無罪，二鉢是犯。中鉢取二，下鉢取三，各不犯，過則犯。若一人取過三鉢犯，謂下鉢也。若四人過三鉢，前三人不犯，後一人犯。以前人語云：已持三鉢來，汝莫持來，過在後人。故五、出門便犯。

三十四取歸婦賈客食過限戒。佛在舍衛，婦人將還夫家，以其辦食頒施比丘，經時不反，夫還別取婦。又有商客食分數施，遂為賊劫。比丘以過白佛，因制戒。

就戒緣中分二：初明頻取婦食，致為女人所譏；後明商家過受，又被賊之所劫。

若比丘至白衣家，有男有女，請比丘與𪍿麨飯。若比丘須者，當二三鉢受，還至僧伽藍中，應分與餘比丘食。若不持食還者，告諸比丘：某家有歸婦食，有賈客道路糧，若食者食已應出，持還者齊二三鉢。若持一鉢二鉢來者，一一示告語，乃至已持三鉢來，慎勿持還。若比丘無病，謂不能一處坐食好食竟。過兩三鉢受，持還僧伽藍中，出彼門犯墮，方便悔者吉羅。不分與餘比丘食者，而獨食者吉羅。波逸提。若不問歸婦賈客路食，若不語餘比丘，吉羅。不犯者，

兩三鉢受，若病過受，問已共分，使知村處，若自送僧寺中得受，若送尼寺中得受，無犯。

戒本分二：立法四句：一能受比丘，二與飯麨，三取分齊，四制共食之。戒本五句：一犯人，二無病，三取過三四，獨自食，五結罪。獨食辨相者，謂不與餘人，故提也。今據過三出門成犯，餘希故不解。

△足食戒三十五。凡食以充軀為用，多則長貪，少則廢道，事須量節。是以大聖審知凡報強弱不同，致有將補五種位異：一、四分之一，二、一摶，三、一坐食，四、受小食，五、作餘食法。通須裁節，過則有損。今此比丘受正食已，須慎威儀，一坐飽足，為性輕懆，輒便後噉，長患廢業，又違教戒，故制。論犯五緣：一是足食，二足想，三已食捨威儀，四無因緣，五更食犯。

三十五足食戒。佛在舍衛說一食法，五種食中令飽足，後猶憔悴。佛言聽瞻病者，又食病人殘食，又開作餘食法。有貪餮者不知食法，因制此戒。

就戒緣中，從初至作餘食法來，明佛開諸比丘食緣；二、貪餮下，明起過也。不知食法者，隨不知足不足，正不正，具幾成餘不成等也。

若比丘食竟，或時受請，食者，五種之中若食一一食，若飯麨乾飯等食飽足者。不作餘食法，彼持食還作法言：大德，我足食已，知是看是作餘食法。彼應取少許食已，當語彼言：我止，汝取食之。彼不作者。而食者，波逸提。是中行住坐臥各作句數犯足，如律佉闍

尼食有根枝葉華果油胡麻黑石蜜磨細末食彼比丘足已不作餘食法得而食之咽咽墮若食已爲此作若知他足食已作自手捉食作持食置地作使淨人作淨人前作以不好食覆上作若持去並不成餘食法吉羅尼等四衆吉羅不犯者食作非食想不受餘食法並反上制文若病不作法病人殘食不作餘食法若已作餘食法無犯

戒本三句初人二明食相三結罪就相中言食竟者謂自食已食或噉僧食也或受請者謂食檀越食此二食足已後食作餘方得食之非謂作餘食法開無背請罪食有五種即指五正爲言食飽足者謂前境食體堪我飽足但爲食一口已便壞威儀成犯之相後坐不得須作餘法方開食也四分

有文散在開通如下解也僧祇善見護八遮相極大分明須相融會今有人解堪飽足者謂我飽食足我食未飽雖起重坐得食無過此非解也若爾四分何須廣列四種威儀食無飽期約儀定犯是明教也若準凡心待飽竟破儀犯者知用何時成於飽相縱云飽訖更噉一粒亦得入喉何名約飽故聖明見但據四儀隨四有乖後坐不食豈非明決是知凡情恆多汎濫至於食飲不能自約故出斯解今定約儀理絕浮執就作餘食注解乃明須看鈔中十五種法並有明據也問所以足勸二戒

有餘食開餘九食戒不開何耶答此二曾前犯足貪心更食故須作殘息彼貪過故是藥病相當所以開之餘九戒者謂讚食過一背請別衆三鉢索美非時不受殘宿也前六未足一往即犯非對治藥故不開之後之三戒亦未犯足然是非時食體不淨若開作法前人得罪已自招殃復非對治故亦不開別衆六緣此不開者彼未犯足所以下開得食充身有長道益此戒曾前食五正足堪可一日資身長道更以六開增貪非治就結罪辨相中初成犯相前對緣結犯九種佉尼未食五正得食

無犯曾食五正犯足已更食油蜜一切皆墮二若爲他作餘食下明識教者少故以諸相用顯知法就中八而四對初自足爲他二知他食足此愚闇相對也三自持不與四持食置地此恭慢相對也五使淨人六淨人前作道俗相對也七惡食覆好八作而持去慳貪相對也就中對俗而作不妨兩是比丘非儀故吉不妨成法餘七不成失法故吉若食噉提尼同三衆俱吉者作不同戒故有人云尼是女類食不消化故無食足犯今不同之尼律開通不禮戒中有不受餘食法尼故知有足明矣

就開通中食作非食想者。實是稠粥。謂經久想。雖食無心。謂是足也。非食不作法者。審知佉尼理須更食故也。餘開可解耳。

△勸足食戒三十六。制有三意。初不聽勸意。然出家之士。理應益物。送相匠導勸修善行。今乃惡心勸彼。令他得罪。己自招殃。彼我俱損。理所不應。故制不聽勸。二解同犯意。食中數戒。此彰同犯者。有人解言。此戒餘食法開容有不犯。日既未過。人多滯俗。但食無犯。輕侮聖教。不作餘法故犯。若據緣起。惡心相報。今時勸者。多是好心。隨情逐世。違制輒

噉無問好惡。一切同犯。問。如不受食戒有受緣開。何不同犯。答。但惡心勸足。令犯二罪。勸人不受。但有一罪。損有重輕。故不同犯。今解不然。如十誦中非時殺生草木然火掘地噉殘宿等。勸他為己不為己。但作俱墮。三離為二戒意。四義故分。一足是身犯。勸足語犯。二足食病開。勸足無病開。三足是貪心犯。勸足通三性。四足是己因食犯。勸足他因己犯。論犯五緣。一他足食已。二知他已足。三發言勸食。四不作殘法。五前食便犯。

三十六勸犯足食戒。（佛在舍衛。兄弟同作比丘。其一貪餮嗜食。不知足食不足食。餘食不餘食。得而食之。彼以過責。此心懷恚。見彼食已。便强勸食。又以過責。比丘舉過。佛因制戒。）

就戒緣中。弟貪起過。兄以過責。而懷恚强勸。反更責兄。是知從諫如流。不可得也。即以為法。不可妄言。

若比丘。知（不知不犯）他比丘足食已。（食有五種如上）若受請（亦有五種）（如上）不作餘食法。殷勤請與食。長老取是食。以是因緣。非餘。（若先不知不足食想。若與令棄。若與令舉。若遣令與人。若未作法令作。若病人殘食。若己作法食。不令他犯。）欲使他犯。（若彼受食之。咽咽二俱墮。若與食彼棄之。或受而舉置。若受與餘人。若彼受已作法食。若病人食。欲令他犯。持病人殘食與。若作餘食法已與。欲令他犯。如上緣。一切與者吉羅。）波逸提。（尼等四眾突吉羅。）

戒本三句。一人。二若他二種足食已。三不作餘食法下。明勸結罪。言非餘者。非是注解不犯足餘。將不犯望於犯。不犯是犯家餘。就解令他犯中。與病人食本不名犯。但能與者心懷不善。實開謂閉。愚教故與。前噉不犯。能勸吉羅。

△非時食戒三十七。凡食資身。事須節約。數則致患。故限之令定。始於淸旦。終至中前。事順應法。不生過罪。名之為時。過則非儀。長貪妨道。招譏納謗。事不應法。名之非時。故所以制。據阿含中。時非時經明。一年二十四半月。月十五日。準此俗中二十四

氣。故彼冬分四月。以八月十六日爲始終於臘月十五日。春分十六日爲始至四月十五日。夏分不言自曉。然今此國三種日月。一天上日月。二八中日月。三陰陽日月。上二不定。陰陽剋時楷定無爽。至如佛法春分以臘月十六日爲始者。須準陰陽曆家大寒是十二月中氣。如是類例十六日便爲立春。剋定步數可知時分。故僧祇中令作脚影。此即是也。多論晝夜各九分時。僧祇日夕三十須臾。唐國晷漏箭爲百刻。出家時節知何不須然。於一食日別常法。但用步晷一法。足定方隅。縱在山澤有迷依步無不立曉。必時陰暗以鏡映之。寧早不晚。是持護法。論犯四緣。一非時。二非時想。三時食。四咽便犯。

三十七非時食戒。佛在羅閱城。時人民節會難陀跋難陀二釋子共看伎。幷受飲食向暮還山。迦留陀夷夜入城乞食。女人雷電中見稱言鬼鬼。比丘以過白佛。訶制此戒。就緣起中。初明看伎非時而食。二明夜乞起過。便制。

若比丘非時。時者明相出乃至日中。按此時爲法。四天下食亦爾。非時者從日中乃至明未出也。受食有二種佉闍尼食如上。蒲闍尼五種食亦如上也。食者波逸提。彼非時受食食。咽咽墮。若非時過非時。七日過七日。並墮。盡形壽藥無因緣服者吉羅。不犯者作黑石蜜法爾。故有病者服吐下藥。日時過煮麥令皮不破漉汁飲。又喉中哯出咽者無犯。

戒本四句。一八。二非時。三是時食。縱餘三藥無病亦犯。四食咽犯。就解食中。但時中正不正。不明餘者。以餘三藥有緣開故。若著在文。謂病不開。故不出也。就辨相中。三藥解者。謂諸漿等手口二受。明相未出受法不失。名之爲時。明出法失。得罪不應服。名非時也。酥油口法未失名時。八日時過失法名非時。盡形壽藥有病加服名爲時。無病輒服名非時。若非口法從時食論。餘殘宿不受例之。至彼便略。

△食殘宿食戒三十八。凡飲食繁穢。近則長貪。令人不節。又體現交盡。義無貯畜。故置異處。不得輒噉。然今行人但存省事。隨宜受納。不思遠大。致使教法日就崩離。稱心之過。知何不犯。是以大聖隨事節約。若衣若食並有軌儀。緣而不曉。即結無知。可學不涉。又結怠惰。意令割略我倒。專心思道。不令貯畜用遣愚著。故制斯戒。論犯三緣。一是殘宿食。二知是。三咽便犯。殘宿相對四句分之。殘宿內宿亦有四句。可如鈔引。

三十八食殘宿食戒。佛在羅閱祇。迦羅坐禪乞食疲苦。食先得者。比丘於小大食上

不見覓之具說所由比丘白佛佛便訶言汝雖少欲後來眾生相法而行因即制戒

就緣起中此戒不受以坐禪人為緣起者約情為論輕戒而重觀門故佛言後來眾生相法而行非法而行何可妄也

若比丘殘宿今日受已至明日於一切沙門釋子受大戒者皆不清淨食有二種非正食者根食乃至細末食正食者飯麨至肉也而食者舉宿而食咽咽墮非時七日過限亦墮盡形壽藥無病因緣而服者吉羅波逸提不犯者宿受食與父母若塔舍作人計價與後乞食比丘從作人邊乞得者若鉢盂孔罅食入如法洗之餘不出者得若宿受酥油灌鼻若隨唾出棄餘者得

戒本三句可解就第二句注解中十誦云此方殘宿食餘二方不得食北方宿食開三方食以無我

所故制不受食意拔我根著色味故餘辨相中可解鈔中大分別也

△不受食戒三十九多論五義一為斷盜竊因緣二為作證明三為止誹謗故四為成少欲知足故五為生敬心令外道得益故如鈔所列十門成解初制意門二能受人門三所受境門四所食門五受食處門六受食法門七須食觀門八食食法門九失受法門十如次解論犯三緣一是四藥二輒自取三食咽犯

三十九不受食戒佛在舍衛城人為父母等於四衢道頭乃至廟中祭祀供養糞掃衣乞食比丘自取食之居士共嫌比丘以過白佛佛制此戒

戒緣中俗人為亡者設祭頭陀比丘輒自取噉故制

若比丘不受不與食者未受者是受有五種手與手受手與持物受持物與手受若持物授持物受若遙過物與者受者俱知中間無所觸閡得墮手中是也復有五種身衣曲肘器與還以上四受若有因緣置地與是為五種也食佉闍尼食根至細末磨又云飯麨乾飯等若藥奢耶尼食者酥油生酥蜜石蜜著口中若不與食自取著口中咽咽墮非時七日若過限亦墮盡形藥無因緣不受而食者突吉羅除水及楊枝波逸提若不犯者取淨水楊枝若不受酥油灌鼻與唾俱出餘者不犯若乞食比丘鳥啣食若風吹墮鉢中除去此食乃至一指爪可除去餘者無犯也

戒本五句一人二不受三藥食四除水五結罪就

不受中將解不受先解受相十種不同有緣置地如鈔祇中雖手不觸口加三受方得食也食藥在口未咽結墮文據將噉必經口耳至論結罪必在咽生口中方便但結吉罪除水楊枝說不犯者一相為言明了大開水土五種楊枝諸律並無開文任情所安

△索美食戒四十出家高士特宜廉潔今耽著美味求索好食長貪壞俗招譏喪道故制五緣犯一是美食二隨非親乞三自為己四無病緣五食咽犯

四十索美食戒佛在舍衛跋難陀以商賈為檀越便語云欲得雜食彼商主問何患思此

報言無患但意欲耳商賈譏嫌比丘以過白佛便訶制戒

若比丘得好美食乳酪魚肉若比丘如此美食無病病者乃至一坐間不堪食竟自爲身索者波逸提尼等吉羅不犯者病人自乞爲病人乞得而食之或已爲他他爲己若不乞而得者不犯

戒本四句一出四種美食加比丘者律本互現二若比丘結犯人也三如此下明無病緣四結罪多云所以名美食者以價貴故卒難得故愈病疾故美食非美藥乳酪酥是美藥非美食生酥油是倶是者酥魚肉脯是倶非者訶棃勒是尼結輕者大僧丈夫身報力強喜乞美食取資身故所以重制

尼乞美食女人所諱爲希故輕此吉罪者結不同罪實犯提舍問不同何罪而結於尼答不同非罪示不同戒隨結方便使異二部餘可解

△與外道食戒四十一有三過故一異學情反恆多疏外難與理親雖復惠施不荷其恩反生譏謗二邪見乖宗非眞福田以信心之食授與外道施主聞之特生不忍又損施福不得功德田中不獲反報故三躬自奉食授與外道容生外人愚倒已見謂外道勝比丘不如以斯諸過故制論犯六緣一是出家外道以在家者但犯小罪由出家名同眞僞難別生人惑倒故重二知是三非親里開與父母僧祇中父母兄弟外道出家者使淨人與無者語令自取若嫌者答云汝出家不得處佛制戒如是不食者隨意四是食除與衣犯小罪五自手與以食味是通理無獨食置地使人不生惑倒故開六領受犯

四十一與外道食戒佛將弟子從拘薩羅遊至舍衛佛及衆生大得餅食令阿難分與餘乞人遂以黏餅與女人又以外道得食號禿頭居士得佛集僧以所聞告因制此戒

就戒緣起中初與女人起過後與男食反爲譏弄是以便制

若比丘外道男外道女裸形異學人波私波羅闍者在此衆外出家者是也自手欲與者置地與使人與之與食者佉闍尼食者根食乃至果食油食乃至磨細末食食者五種亦如上說波逸提尼等吉羅不犯者若捨著地與若使人與若與父母與塔別房作人計作食價與若力勢強奪去無犯

戒本四句一犯人二外道士女三自手與食四結犯多論云外道本唯六師一師教十五弟子各各受行異見六師各別有法與資不同師及資通數九十六如是相傳常有不絕尼犯亦提今結吉羅取方便耳作異戒故

△食前後至他家戒四十二有三過制一俗里多緣

為善事難輟已家業專崇福會已許彼請行至他家脫有事差惱處極重二既有食處息緣修道無事游散妨廢所習三共僧受請背入聚落令他施主見彼不集竟不設食稽留眾僧使不充足惱處不輕故制論犯五緣一先受他請二不囑授三往聚落中四無因緣除病衣時五入門便犯

四十二食前後至他家戒佛在舍衛長者為跋難陀故飯僧彼時欲過方來比丘食竟不足又羅閱城中大臣得果令跋難陀於僧中分後食已詣餘家比丘告二過佛雙制此戒

就緣中初明食前游行僧食不足羅閱下食後遊行遂不得果為犯之緣

若比丘先受請已前食明相出至食時後食從食時至日中詣餘家有男女所居也不囑授餘比丘若獨一房中囑授比近住者同一界共住也除餘時波逸提餘時者病時如上作衣時亦如上施衣時自恣後無衣一月有衣五月除此已餘時勸化作食并衣施者是也是謂時彼先受請已前後食不囑授入門犯墮餘方便吉羅不犯者如上開緣囑授比丘若無比丘不囑授至庫藏處聚落邊房若至尼寺至囑家若眾多家敷坐具請比丘若難緣者開

戒本六句一是比丘以前受請二食前後三不囑授四除餘時五結罪六餘時下遂開重顯就解食中分前後相依如時經正在時中故是食時律囑授中文列同界共住若無易覓不得白非同受請者及容展轉也異非時白取知而已就開緣中列三加白為四衣時文明時外開故若非時分先有好心施衣及食已是開訖必未起心比丘勸化作食施衣為僧者開以利多故自為不開長貪敗道邪命所攝不犯中多家敷具者謂多家同會處處處待僧隨至何家皆是請處

△食家強坐戒四十三凡在俗常習婚禮無時出家學慧須知俯仰今不思緣久住不去妨彼懷求迭相逼斥理非所應故制論是食家如鈔所解是觸食家以眼對色故二夫婦常居屏處三無第四人四申手不及戶坐犯

四十三食家強坐戒佛在舍衛迦留陀夷本俗友婦齋優婆私各端正俱繫意後至其家彼婦嚴身其夫極愛比丘食已坐住其夫便瞋捨去比丘以事白佛佛因制戒

若比丘在食男以女為食女以男為食家如上中有寶硨磲碼碯真珠琥珀金銀強安坐者當舒手得及戶應坐波逸提若盲聾互有吉羅不犯者若食家有寶舒手及戶處坐若有二比丘為伴有識別人或客人在一處若不盲聾或從前過不住病發倒地力勢所持或被繫命梵難故不犯也

戒本三句釋食以男女情相領納故為食言有寶者如多論解以著寶衣輕明照內身現發欲故僧祇中俱男俱女亦不犯非食家故

△屏處與女人坐戒四十四。制意同前。無第四人爲異。論犯四緣。一是俗女。二屏處。三無第三人。四申手不及戶坐便犯。

四十四食家屏坐戒。佛在舍衛。迦留陀夷以忿前戒。應手及戶處坐。卽在戶扉後與齋優婆私坐共語。比丘聞語譏嫌。白佛。因訶制戒。

若比丘食家中有寶。並如前戒。在屏處。若樹牆壁籬柵若衣及餘物障也。坐者波逸提。若在食家舒手及戶。令乞食比丘見。餘辨相開緣同前戒。

諸相中解如前戒。

△與女人露坐戒四十五。制意同前。四緣。一是俗女。二露處。三無第三人。四在申手內坐便犯。餘如鈔解。

四十五獨與女人露地坐戒。佛在舍衛。迦留陀夷與齋優婆私露地共坐。乞食比丘見嫌之。具向諸比丘說。以過白佛。因而制戒。

若比丘獨一比丘。與女人人女有智命根不斷。露地坐謂在見聞屏處。波逸提。辨相開緣並如前戒。

戒本句自分取。

△驅出聚落戒四十六。出家之人先許他食而竟不與。惡心驅出。時限已過。使他一日不食。虛齋惱壞不輕。故所以制。論犯五緣。一大比丘。二先許食。三不與食。四惡心驅出。五去離見聞犯。

四十六驅他出聚戒。佛在舍衛。跋難陀與比丘鬪結恨在心。便將至城中無食處。知至祇桓日時已過。便言汝大惡人。令我不得食。速去。彼不得食之極。比丘舉過。因訶責制戒也。

緣起中與彼鬪恨者。猶是三十中奪衣比丘也。既不許行。又折辱令餓困。故制。

若比丘語餘比丘如是語。大德共至聚落。有四種村如上也。當與汝食。食。是時彼比丘竟不教與是比丘食。語言汝去。我與汝一處若坐若語不樂。我獨坐獨語樂。以此因緣。若方便捨見處至聞處吉羅。互作亦爾。見聞俱離方犯墮罪也。非餘方便遣他去者。波逸提。不犯者。與食遣去。若病。若無威儀人見不喜。自送食與。若破戒等。若命梵難。方便遣。不以嫌恨故也。

戒本五句。一人。二許與食。三將入村爲辨食。四彼比丘下方便驅出。五結罪。解非餘者。非不犯緣。如無威儀人見不喜遣出送食等。無此等緣。輒爾惡心故也。

△過限藥請戒四十七。然篤信居士供辦美藥延請衆僧。虔心供養。施心有限。宜應將護。稱施而受。今輒過取。長己貪心。惱亂施主。敗其善信。損處不輕。故須制約。論犯六緣。一是藥請。二施主限時已定。三知限。四過受。五無緣。六受咽犯。初藥請者。如十誦云。過受四月時食者。提。索餘事吉。四月過已索

七日終身亦提非時藥吉此亦同彼如請一食處過受尚重豈況四月寧不提耶若爾施一食處酥油輕者答彼作身外用義希故輕此中內用義數故重問如上所列索藥重者明知戒本非是過日答隨義以彰此戒索輕過限重也故善見云施油索酥但犯吉羅是知輕也所以然者先有好心四月與藥期限已滿供養心息過受置惱敗處深損又承前受請人喜過日故重若爾何故緣中索藥故制答亦可索過俱提然下辨相過限結故及戒本中亦言過受旣明四月止夜分齊非索藥相若

爾夜無分齊藥有分齊何爲列者答同初藥請卽明其相過索之罪止應吉羅

四十七過限藥請戒佛在釋翅瘦時摩訶男請僧給藥六羣嫌故求難得藥彼爲市求便訶罵之而斷僧藥比丘舉過佛因制戒

就緣中摩訶男者善見云是佛叔子大佛一月生得斯陀含也亦卽是爲釋種故沈水死者

若比丘四月夏四月也與藥緣者藥請無病比丘病者醫所致服藥也應受若過受若夜藥有分齊夏四月應受若夜無分齊隨施時應受不論藥分齊也除常請其人作是言我常與藥也更請斷已後復更請與之分請持藥至僧伽藍中分與之盡形壽請我當盡形與藥波逸提不犯如前開也

戒本六句一人二四月文列夏中僧祇隨三時中或一月半月有過皆犯三與藥明其所請四若過下辨違相也五明開緣六結罪就開緣中常與盡形有何別者就能所以分也

△觀軍陣戒四十八多論三義一爲佛法尊重故二爲滅誹謗故三爲息諸惡增長善法故有此三益故制論犯三緣一是軍陣二故往觀三見便犯

四十八觀軍戒佛在舍衛人民反叛王領六軍征伐六羣觀陣波斯匿見不悅以一裹石蜜奉佛幷持名禮拜彼至佛所具陳此緣因訶制戒也

緣中始因看軍王使持名禮佛者制戒之本也

若比丘往觀軍陣若戲若鬬也軍者乃至一馬一車一步也除時因緣若須有白若有請喚波逸提若不避者吉羅從下至高道至非道不見吉羅方便不見亦爾若見犯墮不犯者若有事往若被請去若勢力將去若先前行軍在後至便下道避若水陸道斷惡獸賊難水大漲若爲力勢所繫縛或命梵等難不下道無犯

戒本四句一人二觀軍注中眞戲俱犯三除緣如後四結罪文相可解不看卽是縱下道避偸見亦犯此中五兵不起則已起必加身王者不獲已而設比丘義無輒見故刀兵之劫起在此心違順之間持犯立見

△在軍過宿戒四十九論犯四緣一有請緣在軍二

曾經二夜。三第三宿不離見聞處。四明相出便犯。

四十九軍中過宿戒（佛在舍衛。六羣有緣至軍中宿。居士言我等爲愛欲故有此耳。沙門復此何爲。比丘舉過白佛因而制戒。）

若比丘。有因緣聽至軍中二宿三宿。過者波逸提。（不犯者。得二宿。至第三宿明相未出。離聞見處。若水陸道斷。命梵等難。不離無犯。）

多論若不開者。便誹謗云。比丘有求不喚自來。無所求時。雖喚不來。若往說法。令悟道果。故開往也。

△觀軍合戰戒五十。過不異前。既有緣至應坐說法。後看合戰。爲刃所中。犯同於初。四緣成。一先在軍中。二合戰。三方便看。四見卽犯。

五十觀合戰戒（佛在舍衛。六羣有緣在軍觀諸鬭力。中有一人爲箭所射。伴以衣舁。居士見怪。比丘聞告佛。因制戒。）

若比丘。二宿三宿軍中住。或時觀陣。若觀遊軍象馬力勢者。波逸提。（餘如前戒明之。）

戒本可解。僧祇云。若在城住。賊來圍城。王令比丘盡出上城。現多人相。不故看無犯。方便看見卽提。以此爲持犯相。故知合眼乃爲止持耳。

△飲酒戒五十一。凡酒爲毒水。飲則成患。令人志性猖狂。廣起諸過。妨廢正修。招致譏過。生患之本。寧容不禁。論犯三緣。一是酒。二無重病緣。三飲咽便犯。

五十一飲酒戒（佛在支陀國。娑伽陀爲佛侍者。詣編髮梵志龍室宿。於夜降龍。明旦以示拘睒彌主。後遊其國。値與黑酒。醉臥路中。佛說十過已。制戒。）

就緣起中以羅漢爲緣起者。如此聖人降龍威德。尚爲酒毒招譏損道。況餘凡學焉可妄需。故制不以草滴口中。何論椀盞也。

若比丘。飲酒者。（木酒。粳米酒。餘米酒。大麥酒。若有餘法作酒者皆是。）波逸提。（若是酒非酒色香味。若非酒而有酒色香味。並不得飲。若酒煮和合食飲一切噉。若飲甜味酒酢味酒食麴酒糟。一切吉羅。想疑三句噉。不犯者。若有病餘藥治不差。以酒爲藥。若以酒塗瘡。一切不犯。）

戒本三句。一能犯人。二所犯境。三結罪。就解酒相。無問藥食相和成者。但飲便結。故鈔中所引綱目極多。疏而不漏。皆陷刑犯。境想三句皆重。諸師云。約心從境制。余意不同。聖制有以。文少不了。豈有智人由來不嗅須甖悞飲。可結提耶。此謂重者。先有方便欲飲此酒。及舉向口。乃生非酒想疑。約後心邊。止吉羅耳。成前方便非重如何。十誦律中有此誠致。開中餘藥不治。酒爲藥者。非謂有病卽得飲也。故須偏以餘藥治之不差。方始服之。廣如鈔解。

△水中戲戒五十二。多論四意。一佛法尊重。理宜敬

奉。今入水遊戲損壞不輕。二理應威儀庠序。外長信敬。入水遊戲動越威容招世譏過。三比丘懷意息緣修道。入水遊戲妨廢正業。四宜修正念。入水遊戲令心散亂失正念。故光師云。水性漂蕩不可常淺。在中戲笑。上流忽增容損身命。故論犯三緣。一是水。不論深淺。如弄鉢中可是水內。二無因緣。三戲便犯。

五十二水中戲戒。佛在舍衛。十七羣在阿耆羅婆提河中嬉戲澆濺。波斯匿王與末利夫人在樓上見。王言。看汝所事者。夫人言。是始出家。或癡無知也。即以石蜜奉佛。佛便訶責制戒。

戒緣中如餘三律云。十七羣並得無學。水中戲笑。

生世譏過。何論下凡。故舉上聖以約凡下也。

若比丘水中嬉戲。放意自恣。從此至彼。逆流順流。此沒彼出。手畫水。相濺。乃至以鉢盛水戲者。波逸提。除水已。若酪漿苦酒麥汁器中弄。一切吉羅。不犯者。若道行渡水。或從此岸至彼岸。或水牽竹木筏順流上下。或取石沙。若失物沈入水底。此沒彼出。或學知浮法而擢臂畫水濺水者無犯。

戒本三句文相易耳。入中爲洗不戲難哉。

△擊攊戒五十三。事雖是輕。過容至重。小人無志。多喜爲之。極是鄙薄。大虧形望。損道傷風。勿過此失。故制。論犯四緣。一是大比丘。二作輕弄想。三手腳十指。四著便結犯。

五十三擊攊他戒。佛在舍衛。六羣中一人擊十七羣中一人。幾令命終。比丘以過白佛。因制此戒。

緣起中相狀可委。

若比丘以指手腳十指相擊攊者。波逸提。除手腳已。若杖若拂柄戶鑰餘物擊攊。吉羅。不犯者。若不故作。若眠觸令覺。若出入行來。若掃地誤以杖頭觸他者無犯。

戒本辨相亦可隨知。所以餘物但犯吉者。爲分情道心重故墮。餘非情故。心當亦輕。未必至終也。

△不受諫戒五十四。凡出家離惡。本是學宗。要由善友迭相諫喻。然以情迷。將欲作罪。他以理諫。復不從順。苟且爲非。違損不輕。故制。五緣成。一將欲作罪。二他如法諫。三知已所作非。前人諫者是。四拒諫不受。五隨作犯根本違諫。故結提。

五十四不受諫戒。佛在拘睒毗。闡陀欲犯戒。比丘諫言。莫作此意。不應爾。不從他諫。即犯諸罪。比丘以過白佛。因訶制戒。

若比丘不受諫者。波逸提。若他遮言。莫作是。不應爾。然故作。犯根本。以不從語故。突吉羅。若自知我所作非。然故作。犯根本。不從語者。波逸提。不犯者。若無知人來諫。報言。可問汝師和尚。更學問誦經。知諫法。若諫當用。若戲笑。獨語。夢中語。欲說此乃說彼者不犯。

戒本三句。就辨相中二句。初犯輕者。迷心爲已是。前諫已爲非。情徵故犯吉。不妨隨有作事隨犯輕重。後犯重者。謂知已犯非。前諫者是。違情過重。所以非輕。問。文中列所作明知諫作犯。若有止犯者。於何而設諫。答。若拒勸學戒諫違名止犯。諸戒制非。皆已作者。此之一戒制欲犯者但以業非不一。不可集僧一一而諫。故命一人處處行諫。知將欲犯。必須止約。有違結墮。故知要急勿過此制。問。違僧諫中諫竟即犯。不待事成。此諫未犯。要待事成。違諫犯者。答。僧中諫者眾命是重。違情過深。隨諫結犯。此一人諫。反上可知。要待成結。若不作事便成受勸。故不同彼。若爾。下勸學中亦是一人。無僧法違。何為諫竟即犯者。答。彼諫止犯。先是不學之

人發言拒諫道已不學。即是止犯違諫義成。此諫作犯。雖發言拒諫未是作犯。違諫未成。要待作事。違諫義足。故不相並也。餘相可知。

△恐怖戒五十五。出家之士理宜迭相將護。許無觸惱。今以六塵等相恐怖前人。令生惶悸。廢修正業。惱深過重。故制。

五十五怖比丘戒。佛在波羅梨毗國。跋迦波羅侍佛左右。諸佛常法。若經行時。供養人在經行道頭立。彼初中後夜白佛令還。便反披拘執怖佛。明旦集僧因制此戒。

戒緣怖佛者。欲明輕怖極聖尚遭。況餘下例。義須滅迹。又顯佛無怖心。怖在能怖。約同人相無論怖與不怖皆結重提。若爾亦可殺佛為緣死與不死。俱得重罪。答。不爾。殺凡人戒以凡為緣。因明破僧遂明殺佛。不即以此而為戒緣也。

若比丘恐怖他比丘者。波逸提。若以色聲香味觸法恐怖人。彼怖以不怖。皆一一墮。彼不知吉羅。若說色聲等六塵恐怖。說而了了者波逸提。不了了突吉羅。不犯者。或闇無火。或大小便處。謂是惡獸便怖。乃至行聲咳聲觸聲而恐怖。若以色等示人不作恐意。若實有是相。或夢見當死。罷道失物。和尚父母重病若死。語彼令知。若戲若誤。一切無犯。

戒本三句。就犯相中。初以六塵示人結輕重。後說六塵語人。約聞知中結罪輕重。不犯相中具約塵境。開之可解。

△減半月浴戒五十六。欲界摶食身多不淨。事須澡浴。增道生善。但皎潔過常。身形光澤。翫著色相。無心厭背。正違出離。故須限約。半月一洗。減則致犯。論犯五緣。一曾前浴竟。二未滿半月。無緣更浴。五沐過半身便犯。

五十六半月浴過戒。佛在羅閱祇竹園。有池。瓶沙王聽比丘常在中浴。六群後夜入池浴。王與婇女詣池相值。王竟不浴。大臣嫌恚。比丘白佛。因訶制戒。

若比丘半月洗浴。無病比丘應受。不得過。謂在半月內浴名過。除餘時。波逸提。餘時者。熱時。春後四十五日。夏初一月。病時。下至身體臭穢。作時。下至掃屋前地。風雨時。下至一旋風一渧雨著身。道行時。下至半由旬若

來若往者。此是時。彼若過洗徧身半身皆墮。方便還悔吉羅。不犯者。如上開緣。數洗。若力勢強令洗者。

戒本四句。一人。二半月。一洗不得過。若著文相。出半月外是犯。今據減犯。何意言過。以佛制戒。半月一浴。今減數受。過於聖制。故云過。過是違越敎相之言也。三結。四開緣。餘如鈔中具廣披取。

△露地然火戒五十七。凡火性焚熾。事變無恆。容有延燒。不可不禁。又然火相聚多著世話廢業。自輕。何得不制。論犯四緣。一無緣。二露地。三草木有餤。四然即犯。

五十七露地然火戒。佛在曠野城。六羣相謂我等在上座前不得隨意語言。即出露地拾諸柴草。然火向之。株內毒蛇火氣逼出。遂驚擲火。燒佛講堂。比丘舉過。佛因訶制。

緣起中由不得隨意語。故出外聚向。遂燒講堂。輕致重害。不可不慎。故世中所壞多爲火損。不爾久存世界亦爾。火爲凡貪。不可觸也。此是觀行。如何著之。

若比丘。無病病者若須火便身是。自爲炙故在露地然火。若敎人除時因緣。波逸提。彼於露地若草木枝葉紵麻芻摩若牛屎糠糞埶中一切然者。波逸提。若火置草木方至埶中亦墮。若被燒半焦擲著火中。及然炭者。突吉羅。若不語前人知是看是。亦吉羅。不犯者。語言知是看是。若病人自然教人然。有時因緣。看病人煮糜粥羹飯。若在廚屋中浴室中熏

鉢煮染然燈燒香。一切無犯。

戒本辨相極分明。大可解耳。

△藏衣戒五十八。出家達士。德類老成。隨事運爲。永絕塵戲。今調笑喧煩。觸途惱患。藏他衣鉢。覓不時得。令彼慞惶。惱深可厭。又既藏他物。容生盜心。臨危事重。可懼至甚。又雖無盜。致被言謗。淸白難分。如何自拔。具斯多過。故須一制。論犯三緣。一是大比丘衣鉢。二作驚動意。三取藏便犯。

五十八藏他衣物戒。佛在舍衛國。居士請僧。十七羣持衣鉢坐具鍼筒一面經行彷徉而望。時六羣伺背取衣物藏之。諸比丘察知。以過白佛。因訶制戒。

若比丘。藏比丘衣鉢坐具鍼筒。若自藏。若敎人藏。下至戲笑者。波逸提。不犯者。若知彼物相體而舉。若在露地風雨漂漬舉之。若物主慢藏衣物狼藉。爲誡敕故藏之。若借他衣而彼不收攝。恐失故舉之。或以此衣鉢諸物故有命梵等難故藏。一切無犯也。

戒本三句。二出所藏物。言下至戲笑。上至生怖失意。三結罪。餘如鈔中所引。

△輒取淨施衣戒五十九。凡淨施之法。爲遣封著。事雖漸約。遠同大行。衣既付彼。時取須問。不問輒須還。同不施現違聖禁。未能割略。又物不在主失相惱深。故結。論犯四緣。一是己物。二作眞實淨。三不

語主。四取便結犯。

五十九眞淨施主不知輒取衣戒。佛在舍衛。六羣眞施親厚比丘衣已。後不語主取著。比丘以過白佛。因訶制戒。

若比丘與比丘比丘尼式叉摩那沙彌沙彌尼衣。後不語主還取著。波逸提。不犯者眞實施語主取。展轉施者隨意取之。

戒本四句。一人。二施與五衆。三取用。四結罪。問。如解義中眞淨施法。兩部不合更互而作。何以戒本通列者。答。爲明五衆俱有犯相。雖輕重異。淨施義同。故通列名。至於淨法。自從律法。

△新衣戒六十。凡壞色染衣。道服標式。內遣著情。外

長信敬。今不染畜著。非聖道幢。長貪招譏。損壞故制。論犯四緣。一是三衣。二是已物。三不染壞。四著即犯。

六十著新衣戒。佛在舍衛。六羣著白色衣行。居士譏嫌無有正法。如王大臣。比丘以過白佛。因制此戒。

緣起明白色衣。戒本辨相中云新衣不壞故。

若比丘得新衣。若體是新衣。若初從人得者。應作三種壞色。一一色中隨意壞。若青若黑若木蘭。律注云。此言淨者。若染作色言淨。若已成色淨衣。應以餘物異色趣揲一處作標識故言淨。自下若衣非衣。是不用物盡應點標識淨畜。言重者。氍㲣毾氈。謂是衣中之重者。若比丘不以三種壞色若青若黑若木

蘭著餘新衣者。波逸提。彼不作三種色便著者墮。若重輕衣不作點淨而著者吉羅。若非衣。鉢囊。革屣囊。鍼線囊。襌帶。腰帶。帽。韈。攝熱巾。裹革屣巾。不作淨畜者吉羅。若以未染衣寄白衣家。吉羅。不犯者。得白衣染作三種色。餘輕重乃至巾作淨畜也。

戒本分二。先立法三句。一比丘。二得新衣。三須三壞色。成沙門相。正戒本三句。一犯人。二不以三色壞。三結罪。成犯中。初不以三色壞新故重墮。若重輕衣不作點以壞色者吉羅。餘小細物並須點淨。非謂巾屣以三色染更成驚俗可笑至甚也。

△殺畜生戒六十一。多論三義。出家之士。四等爲懷。慈濟物命。今故加害。違其慈道。非憐愍故。一自壞

惱他。正是生死之本。障道惡業。故制不殺除惡業故。三爲長信敬。息誹謗故。五緣成犯。一是畜生。二作畜生想。三有殺心。四起方便。五命斷。

六十一故殺畜生戒。佛在舍衛。迦留陀夷不喜見鳥。竹弓射殺。遂成大積。居士禮拜。見其嫌之。比丘舉過佛。因制戒也。

若比丘。故。時諸比丘坐起行來。多殺細小諸蟲。或有作波逸提懺者。或有畏慎者。佛言不知不犯。殺。若自手斷。若敎他斷。畜生。不能變化者是。命者。波逸提。比丘尼同犯也。開緣如殺人戒。

戒本四句。一人。二故。三殺下明業。四結罪。

△飮蟲水戒六十二。制意同前。前戒是限分中制要

須斷命。此是深防中制。爲養物命。但知有蟲。飲用結罪。不待命斷。斷則屬前戒。論犯五緣。一是蟲水。二知。三不作漉法。四飲用。五隨因結。若就蟲水是同應合爲一。如壞生種。內外合制。爲重物命。隨用故內外兩結。離意可見也。

六十二飲蟲水戒。佛在舍衛。六羣取雜蟲水而飲用。居士譏嫌。比丘舉過白佛。訶而制戒。

若比丘。知不知有蟲不犯。水除水已。雜蟲漿苦酒清酪漿漬麥汁飲用。同犯之。有蟲飲用。波逸提。尼同犯。不犯者。先不知。若無蟲想。若蟲麤觸水使去。若漉水飲用者無犯

戒本五句。一犯人。二知。三水有蟲。四飲用。五結罪。

餘諸相狀。可檢鈔中。

△疑惱戒六十三。出家所期。標心處遠。盡形畢命。專心崇道。今以生年等六。惱他懷疑。廢彼正修。損惱事甚。何得不制。論有五緣。一是大比丘。多論十三難顛狂比丘吉羅。學悔六夜別住四羯磨僧尼互疑並是提。具自性故。二作疑惱意。三六事隨說一相。四言詞了了。五前人聞知。問。聞知結罪者。戒本何故云少時不樂耶。答。非待不樂方犯。蓋就惱者之意。下至欲令不樂。定罪初在聞知。

六十三疑惱比丘戒。佛在舍衛。十七羣語六羣言。云何入初禪乃至。云何得羅漢果。報言汝說者。便已犯波羅夷。彼往餘比丘問之。便訶責已。佛因制戒。

若比丘。故時衆多比丘互集一處。共論律法。有一比丘退去心疑。諸比丘與我作疑。佛言不故作者不犯。惱他比丘疑惱者。若爲生年歲。若受戒。若爲羯磨。若爲犯。若爲法也。令須臾間不樂。波逸提。尼同犯。不犯者。其事實爾。不故作。彼非爾許時生。恐後疑悔。無故受他利養。受大比丘禮敬。便語言汝非爾許時生。如餘人生。知汝非爾許時生。其事實爾。彼無爾許歲。恐後疑悔。受他利養敬奉。語言汝無爾許歲。如餘比丘知汝未爾許歲。其事實爾。若年不滿二十。界內別衆。恐後疑悔受利養禮敬。語令知還本處更受戒故。其事實爾。白不成。羯磨不成。非法別衆。恐後疑悔受利養禮敬。語彼令知還本處更受戒故。其事實爾。犯波羅夷乃至惡說。恐後疑悔受人利養。受持戒比丘禮敬。欲令知如法懺悔故語。知犯乃至惡說。又爲性麤疏不知言語。便言汝所說者自稱上人法。若錯若戲笑者無犯。

戒本三句。一人。二明犯相。三結罪。就不犯中。次第開緣。生夏兩種無本處文。若受戒羯磨。令本處者。以受戒託緣非相難識。必於事法有疑。還本受戒處審詳知過。方可受之。則於後無濫。故云爾也。餘可解耳。

△覆罪戒六十四。出家同法。見有犯重。宜即彰露。表已心淨。亦使前人息於後犯。則彼我俱益。衆法清淨。道理法然。今故迭相容隱。無思露過。致前造者罪根滋漫。永不可息。又自壞心行。將欲造罪。自他俱損。敗於衆法。過是不輕。故制。論犯六緣。一是大

比丘。除下三眾。二犯麤罪。除下三篇。非壞眾故。三知犯。見論云。但知犯者。乃至百千展轉共覆。皆犯提罪。若露罪已。彼聞便止。更不須露。若露如上。四作覆罪心。五不發露。六經明相。便犯。餘如鈔所引。

六十四覆藏比丘罪戒。佛在舍衛。跋難陀與比丘親友。數犯向說。不語人知。後跋難陀共鬭。便言犯罪。不忍便說。比丘舉過白佛。便訶而制。

若比丘知。若不知無犯。他比丘犯麤罪。四波羅夷。僧伽婆尸沙。覆藏者。若知他犯麤罪。小食知。食後說。食後知。至初夜說。初夜知至中夜說。一切吉羅。若中夜知至後夜欲說而未說。明相出。波逸提。除麤罪。覆餘罪。自覆罪。除比丘尼覆餘人罪者。一切吉羅。波逸提。尼同。犯。不犯者。先不知。不麤罪想。若向人說。無人向說。若發心向說。明相已出。若命梵二難者。無犯。

戒本三句可知。下辨相歷然。不分自別。所以覆他重。自覆輕者。覆他名重而治輕。自覆名輕而治重。又覆他有本。重制令露。以戒自淨故。自覆本壞。不須重制。亦可覆他三損。自覆唯二。故輕。如十三中謗戒料簡說。有人言。造七犯七覆七。唯吉。由有根本故。隨七差覆。隨造生。故同一過。

△年不滿受具戒。六十五。凡年滿二十者。志操成就。情標及遠。堪耐緣惱。心安戒檢。修道進位。剋濟成功。理宜度受。用隆佛法。小年不滿。志性懦弱。未忍諸苦。偏能犯戒。進道莫由。違反聖教。損壞不輕。故制。然遮難非一。悉不聽受。但難之一色。無得戒義。自餘諸遮。體例不一。如青白等形定難改。如衣鉢等為辦成法。如無十戒得戒犯罪。年歲不爾。未滿是遮。待滿即得。理容消息。有何急事。而輕心慢法。故為非理。令他虛受。已得重提。徒眾唱和皆吉羅也。論犯四緣。一是未滿二十。二知不滿。三與受具。四三羯磨竟和尚犯提。多論限約六十已去不得受具。僧祇七十已上不得。律論約其神智不堪行奉戒。約二十已上同云堪能。然有不能者。數犯數懺。或全不懺。反說戒過。繁累人情。如此之徒。亦準

僧祇年減七十。無所堪能。不應為受。

六十五度減年受具戒。佛在羅閱城。有十七羣童子。大者年十七。小者十一。以信出家。比丘即度受大戒。不堪一食。夜啼。佛覺問知。夜過集僧便立法制戒。

年滿二十。應受大戒。佛言。若年未滿二十。不堪寒熱飢渴風雨蚊蝱毒蟲。及以惡言。若身苦痛。不能堪忍。又不堪持戒及以一食。若滿二十。堪忍如上眾苦事。若比丘知。若不知不犯也。年不滿二十。受大戒者。此人不得戒。彼比丘可訶。癡故。波逸提。其受戒人知年不滿。和尚及僧亦知。然眾中問汝年滿否。報言或滿或不滿。若疑若不知。或默然。或僧不問。是中四種。若知若疑。和尚波逸提。眾僧突吉羅。若謂不知。俱不犯。若受三羯磨竟。和尚犯墮。若中間若白未竟。若為作方便。若剃髮。若集僧。和尚一切吉羅。眾僧亦爾。比丘尼波逸提。不犯者。先不知。信受戒人語。若傍人證。若信父母語。若受戒已疑者。佛言。當數胎中年月。數閏月。若數一

切十四日說戒以為年數滿者開。

戒本分二。初立法。二正本。三句。一人。二知。三年不滿。下與受結提。初中年減二十。不堪忍苦緣如文具列。就戒本中所以訶者。本受者心為欲感戒師有授法之功。然知不滿強受不得。故與受戒勞擾僧徒。彼無得理。愚癡之甚。何有過者。故令訶之。就辨相中。亦大明據。細讀細分可知。就不犯中信受戒人語。乃至父母者。僧祇云。父母不知看生年板。若無者觀其形貌。富樂家子形大年小。當觀手足成就。復不知者當問何王何歲國土豐儉旱澇時

節。若受後疑當數胎中月。下明開相也。如昔解云。受時俗年日月俱少。不開胎閏。本俗年滿。日月不滿方開。今解云。但數胎月得滿二十。俗年不滿開無所犯。又云。此國用曆。三年一閏。以減小月成於閏。故減大布薩。亦所不合。並非正論。不入俗中。勘餘曆術。日餘閏餘別自推算。三十二三月方有一閏。何限三年。如是云云。但意言耳。又云。必是受後疑方開之。無容先開。以年小故。今亦不同。此開得戒。非謂算出方得。此戒體業乃是壇上白四時生。故知胎閏積成歲者。理是滿位。故說得戒。今先算

出。深知能持。與戒無損。故訪諸部廣明受相。然後為依四分開法。十誦中若年不滿二十。自想不滿。或忘不知。僧問滿不。答滿得戒。不滿不得戒。若年滿二十。若知不知或疑。答僧言滿得戒。答不滿不得。若答不知若疑。皆得戒。僧犯吉羅。不審諦故。問知滿二十。答不滿者。多論解云。不欲受戒。師強與受。故言不滿。若不知若忘。縱答不滿亦得戒。以從實故。僧祇中若不滿二十兩。半謂滿無犯。半謂不滿者提。名受具足。俱謂不滿不名受具。雖滿二十兩俱謂不滿。不名受具。餘出五分母論同四分開

三種次第也。今就文中。初數胎中月。次數閏月。次數一切十四日為年月也。今且約準極小沙彌臘月盡日生。年滿二十正朝受具。計取實年始有十八年生受二日也。次計胎法。受氣不定。如羅云六載生死苦。比丘六十年。亦有五月在胎便誕育者。不可依準。大分道俗典文。九月在胎。以胎中七日一轉。如五王經七七日成人。如是總有三十八轉。轉有七日。總計二百六十六日。自此已前與母同氣。爾後四日將欲趣產。與母別氣。約準成月則九月四日也。通前十八年九月六日。次計閏法。俗中

計閏日剏日餘。一千六百數外出於閏餘積三十二月。三十三月滿爲一閏餘不可說盡。大略爲言。十九爲章。（謂十九年爲一大段）以七爲閏。（十九年中有七閏月）三年一閏有三。五年再閏有四。故有七也。計前十八年九月六日。少兩月二十四日。不滿十九年應有六月二十七日閏。通前十九年四月三日也。伽論云。從何處數成歲。從母胎數一切閏月。次計頻大。諸律無文。此間曆有計也。若數出則小月遞增則年有七小。如何減大布薩。用以充年。不存應法。且順所學試略計之。總張前年成二百三十二月三日。頻大之法。四十九月爲一章。章有三頻大。初兩十七月各有一大。次十五月有一大。如是周而復始。則用前一百九十六月成四章。章有三日。總得十二日。餘三十六月得兩頻大。足成十四日。計通前十九年四月十七日也。次計通以十四日布薩爲歲。一年無閏。半月小大。準得有十八大布薩。減得十八日。通計十九年四月得三百四十八日。用二十八日爲月。則三百三十六日爲一年。餘十二日在。帖頻大閏中。殘十七日。則成一月一日。通前數之。則爲二十年五月一日。計此極小滿二十年長五

月一日。今有沙彌臘月盡日生。年十九。至八月受戒者。將五月一日接之。成二十年。亦得。然此五月。皆被抽減積法成月。據實則虛。既欲八月受戒。前月未至。本非所開。何得輒略。今還填補。何以作之。就五月中七大布薩減取七日。又減閏餘弱得五日。又減頻大弱得半日。總計所減弱得十三日。減前五月一日。就實唯四月十八日在。準此年暮日生滿十九者。八月十二日應得預受。若卻頻大十四日者。則八月二十六日得受。此中剋相仍挂疑者。十誦不滿足爲誡例。有人依多論數實月爲十九年者。今準四分與俗計同。如尼六法云。十八童女。二歲學戒。年滿二十。與受具足。據此十八未必年盡爲歲滿。十八年朝。卽是十八。依教便受六法。明年十九。方二歲學。後年正朝。豈非二十。如此例之。縱極小者。年暮受法。卽此一日。便當一年。明年具行。後年正月一日受戒。豈非二十也。若不爾者。要滿十八。至十九年初方受六法。明年二十始學一年。年滿學終。後年二十一。方與受者。又無律文如此延引。故知剋定以俗年爲定。餘文云云。何由可盡。

△發諍戒六十六。凡四諍之興。乖理違法。惱亂僧眾。事必請殄。故須備德量情安貼。僧眾始靜。方修道業。今輒發起。更增凶熾。助惡揚波。轉成彌漫。壞眾惱僧。過中之甚。故制。論犯五緣。一是四諍。二僧如法滅。三知如法滅。四輒發起。五言了結。

六十六發四諍戒佛在舍衛。六羣鬭諍。如法滅已。後更發起。比丘舉過白佛。故制此戒。

若比丘。知若不知如法滅者不犯。諍事有四種。言諍。覓諍。犯諍。事諍也。如法懺悔已。如法如律如佛所教。後更發起者。波逸提。說不了了。突吉羅。除此諍。若餘鬭罵發者。若發已諍。除二眾。若餘人諍而發起者。一切吉羅。尼同犯。不犯者。若先不知。若觀作不觀想。若事實爾。語言不善觀等。若戲若錯說者。不犯。

戒本四句。一人。二是四諍。簡餘鬭諍不能陷僧。三如法滅。四發起。結言如法懺悔者。正是相謝之言。四草覆地。兩朋面地相謝之例。亦未必有罪。言諍非罪。亦可有罪之諍。上品如草掩泥。罪諍同滅。至後爲解。就不犯中。若觀作不觀想者。觀謂深達藥病起滅之方。今發諍者。不知如法滅。謂非法滅。所以輒發之無犯也。餘希不釋。

△期賊行戒六十七。斷姦禁非。王者之法。既知是賊。義須潛避。如何同行。迹同難異。招譏壞道。重故須制。六緣成犯。初是賊。二知是。三共期。四同道。五不離見聞。六越界犯。

六十七與賊期行戒佛在舍衛。眾多比丘至毗舍離。賈客私度關不輸王稅。與比丘爲伴。爲守關人所捉。將去王所。罪應至死。王俗譏訶。比丘舉過白佛。因制此戒。

若比丘。知若不知不結要者。並不犯。賊伴。若作賊還。若方欲去。結要共同道行。結要者。共要至城。若至村道者。村間處處道。乃至一村間。波逸提。若行至村間處處道。行至一道犯。無村空曠無界處。共行十里者犯。若共行村間半道。若減十里。若村內若方便共要。若不去。一切吉羅。尼同犯。不犯者。若逐行安隱有所至。若命梵力勢。並不犯。

戒本四句。一人。二是賊。三共要。四同道。五結罪。辨相具解可知。

△說欲非障道違僧諫戒六十八。制意有三。初解律不許者。欲之爲患。正是生死之本。障道中源。既能口說。身必爲之。況溺欲海。永無出道。障礙之深。故制。二解諫意。由爲俗說自妻非障。邪行是防。倚傍此教。便謂出家行欲不障。言說相似。是非難分。須僧設諫。開曉其意。便體如來設教之意。冀彼改迷。棄惡就善。使邪正兩分。是非皎異。故立諫法。又解云。欲是非法。濫義安寄。然聖辨障道。結有强弱。上品障見道。下品障思惟。是以道成初果。猶有欲事。執此教迹。說言不障。言同意異。故須標列。聖言非障者。以治道品殊。敵對而遣。當分障除。異則非此

所斷故有非我障非謂不障於彼若生深解此惑思盡而今偏執通言欲性非障邪正殊途理在於此須僧設諫開示是非三釋結罪意僧既設諫法相顯然固執守迷不肯從勸現違僧命宜結喧罪論犯五緣一是惡見人二已屏諫三不受屏諫四僧如法羯磨五違三便結

六十八說欲不障道違僧諫戒（佛在舍衛阿梨吒惡見生言我知佛說行婬欲不障道比丘諫喻而猶不捨白佛問自言已令僧白四諫之便訶而制戒）多論利吒外道弟子聰利故遣入佛法擬倒亂之其人不久通達三藏故倒說欲盡其智辯不能令

成

若比丘作如是語我知佛所說法行婬欲非障道法彼比丘諫此比丘言大德莫作是語莫謗世尊謗世尊者不善世尊不作是語世尊無數方便說犯婬欲是障道法彼比丘諫此比丘時堅持不捨彼比丘乃至三諫捨此事故若再三諫捨者善不捨者波逸提（尼犯同僧餘如諫戒唯罪名優降）

戒本七句如上殘中罪名為異

△與惡見人同事戒六十九制意有三義須舉一然此比丘謬執聖教說欲非障違僧三諫堅執不捨邪心成就障於學路於佛法中無所長益故須舉棄二執見心成若不舉治永無改過懺悔從善須僧同舉奪三十五事苦法治罰折勒形心使思信改過有入道益三欲順人情人多信受舉棄眾外不足僧數息其化導二明不聽順意有三過若順前人謂已見是轉增熾盛永無從道即是損化二既順前人必同其見染著欲事壞心行盡三僧舉眾外不聽其語今輒隨順違僧命故所以同犯三解輕重同舉義齊何為二輕一重者答說欲非障言說相似濫於理教以滅正法又自壞行障學路

亦順人情多喜隨順故餘二條然是非無滅法過雖有自壞隨順者希無壞人義故結輕也論犯四緣一是惡見舉人二知是三隨順四隨同一一事結

六十九隨舉比丘戒（佛在舍衛梨吒惡見生僧諫不捨佛令白四舉之六羣供給所須共同羯磨比丘舉過佛因訶責故制此戒）

若比丘知（若初不知後不犯也）如是語人（作如是言我聞世尊說法行婬欲者非障道法故）未作法（若被舉未為解）如是邪見（作如是見知世尊所說法非障道法）而不捨（眾僧訶諫而不捨惡見）供給所須（有二種若法若財法者教修習增上戒意智學問誦經財者供給衣服飲食牀褥醫藥）共同羯磨（同說戒等）止宿（一屋有四壁一切覆障）

或一切覆不一切障或一切障不一切覆或不盡覆不盡障言語者若比丘先入屋彼人後入若彼人先來若俱入隨脇著地一一障波逸提尼同犯不犯者若不知若屋一切覆無四障或半障或少障或一切障無覆半覆少覆或半覆障少覆障露地若病被繫者命梵難無犯

戒本十句一人二知三如法語人四未作法五如是邪見六不捨七供給八同法九止宿十結罪辨相隨文事希故不廣引就止宿顯相亦非善翻與開何別

△隨擯沙彌戒七十制意有三入道已來要由有信然此沙彌既未具戒說欲非障違僧三諫邪見心成於後受戒事容難剋故加重法作彼擯名怖以

入道大僧有戒故直舉之何須重法故作擯也此但口說未作重事若實犯重即在滅擯何須諫後方作擯名故知非重若爾緣起如何共行不淨答第二篇罪也問餘之二舉何不設擯答條然有異不勞須擯無順化義直作舉名說欲不障一一反前故須擯也二解不聽順意三解結罪意並同前戒論犯四緣一是被擯沙彌二知是三同事止宿四隨事同結罪

七十隨擯沙彌戒佛在舍衛跋難陀二沙彌共行不淨自謂從佛聞法行婬欲非障道比丘舉過佛令白四設諫不捨滅擯六羣誘將畜養比丘舉過佛訶因制戒

若比丘知沙彌作如是語我從佛聞如是法若行婬欲非障道法彼比丘諫此沙彌如是言汝莫誹謗世尊誹謗世尊者不善世尊不作是語沙彌世尊無數方便說婬欲是障道法彼比丘諫此沙彌時堅持不捨彼比丘應至再三諫令捨此事故乃至三諫而捨者善不捨者彼比丘應語此沙彌言汝自今已去不得言佛是我世尊不得隨逐餘比丘如諸沙彌得與比丘二三宿汝今無是事汝出去滅去不應住此若比丘知不知者不犯也如是眾中被擯沙彌擯者僧作滅擯白四羯磨而誘將畜養若自畜若與人畜誘者若自若教他其止宿者如上解也波逸提

尼同犯開緣並如上

戒本六句一隨擯比丘二知三沙彌諫舉事四若比丘下明誘將畜養五共宿六結罪就第三中分二初明僧屏諫法六句二彼比丘語下明擯出法餘可解亦希不勞廣也

△拒勸學戒七十一凡行不自成必須訓導方能策進修善有趣道之益善知識者梵行正緣若不依仰無由自厲然含識有心略分三位上達不假緣成堪為物軌下流勸亦難從為存俗習中品之徒事須友接率則清昇任之鄙吝然今癡心懶惰不

肯修學。聞他諫勸。拒而不受。內無自進之心。外無從善之志。故違聖教。過重故制。論犯五緣。一作止不學教行意。二前人如法勸學。三知己所作非。前人諫者是。四自心不受勸意。五發言了結。

七十一拒勸學戒。佛在拘睒毗。比丘如法諫闡陀時。作是言。我今不學此戒。當問餘智慧持律者。比丘舉過。佛訶制戒。

若比丘。餘比丘如法諫時。如法。如律。如佛所教。如是語。我今不學此戒。當難問餘智慧持律比丘者。波逸提。若說而不了了。吉羅。比丘尼同僧犯。若為學故應當難問。不犯者。彼諫者癡不解語言。汝還問和尚闍黎學問誦經。若其事實爾者。不犯。

戒本三句。一拒人。二前人勸。三如是語下明不受語相。反欲難詰違故結罪。十誦云。五種人不應為說毗尼。或詰問。無疑問。不為悔所犯故問。不受語而問。或詰問。並不須答。不犯中。其事實爾者。由癡無解慧強諫智人。故拒不受。為知難問。

△毀毗尼戒七十二。然戒為眾善之本。滅惡之源。越生死之舟梁。趣涅槃之正路。理宜讚歎。令彼修學。使戒法興顯。萬載不墜。今反毀呰。乖隔人心。使不誦習。致令正法於茲覆滅。損壞極所以制。多論三意如鈔引之。論犯五緣。一是毗尼。十誦云。若誦隨經之律亦提。二前比丘誦戒時。僧祇。未說戒時訶越。說時提。說已越。心悔。三作滅法意。不令久住。五分若令不讀誦而毀者提。若令木叉不得久住毀者犯蘭。四發言毀。五言詞了。

七十二毀毗尼戒。佛在舍衛。比丘共集誦法毗尼。六羣相謂。比丘共集誦律通利。必數舉我。言長老用學雜碎戒為。誦可至十三事。比丘知滅法故。以過白佛。便訶制此戒。

緣起如文可知。云雜碎者。從二不定至眾學也。

若比丘。說戒時。若自說戒時。若他說戒時。若誦時故。作是語。大德何用說此雜碎戒為。若欲誦者當誦四事。若必欲誦者當誦四事十三事。餘者不須誦。何以故。說是戒時。令人惱愧懷疑。輕訶戒故。波逸提。若不了了。吉羅。毀呰毗尼者。波逸提。毀呰阿毗曇及餘契經者。吉羅。尼同犯。不犯者。若語言先誦阿毗曇。然後誦律。餘契經亦爾。若有病者。須差已誦律。當勤求方便。於佛法中成四沙門果。後當誦律。不欲滅法。若錯說者。並開。

戒本三句。一人。二明說戒時。三作是語下明結罪相。所以三藏毀戒重者。多論解云。毗尼四義故重。餘經無故是輕。戒是佛法平地。萬善由之生長。二一切佛弟子皆依戒住。若無戒者則無所依。一切眾生由戒而有三趣涅槃之初門。若無此戒無由得入泥洹城也。四是佛法瓔珞。能莊嚴佛法。具斯四義。功強於彼。辨相中毀毗曇契經吉者。據小乘為言。大乘罪重非校量所辨。

△不攝耳聽法戒七十三。凡解不孤起要藉說聽方能開曉心懷識達邪正持犯輕重順教奉修有出道益。今癡心惰學不肯聽法迷於理行事等夜遊。動成滯礙進道無日莫不由慢法輕心自失道利。過患之深何得不制。論犯四緣。一是廣誦戒時。二在眾中。三不作聽意。四說過便言我今始聞便犯。有師名為詐驚張戒。若是不攝耳者何故云我始知等。又不攝耳在他內心如何比丘證他曾聞若是不攝耳應開重聽。今就諸律論多約不攝結罪。若戒本及緣起中應云恐舉先言戒也故緣起中

自知罪障恐他舉發先詣求聽故戒本云我今始知計我前作頗入犯不所以文中約法勘檢如下更解。

七十三恐舉先言戒。佛在舍衛。六羣中一人當說戒時自知罪障恐發舉故先詣清淨比丘所言我今始知此法戒經所載半月半月說戒經中來比丘舉過佛制此戒。

若比丘說戒時若自說若他誦戒時作如是語我今始知此法戒經所載半月半月說戒經中來餘比丘知是比丘若二若三說戒中坐何況多彼比丘無知無解若犯罪應如法治更重增無知罪重與波逸提若不與者突吉羅語言長老汝無利不善得汝說戒時不用心念用意思惟不一心兩耳聽法彼無知故波逸提尼同犯。不犯者。若未曾聞廣說。今始聞。若戲笑。若錯說者開。

戒本六句。一人。二他說戒時律中自他說誦時若據自說無不攝耳。正在妄語實久知之而言始知。三或迷教相誦而不解言始知此法四餘比丘下。證久曾聞如何始知結罪屬彼。二三說戒何況多也此中覈據逃罪無由若曾聞戒即是久知而言始知結妄語提若無知解但有不攝罪多論云我今始知是法者結吉輕心亂心聽戒犯吉說竟得提實先知言始知犯妄語戒本結不專心聽法罪

也五彼比丘下因重彰過由不聽故不識戒相故無知解以不知故遇緣起非自壞心行故曰若犯罪如法治六更重增下結多罪相不以不知得脫以事可識故應更重增無知罪者根本罪上緣而不了後結無知故曰重增下誡約中以無知故波逸提罪不與者謂同聽德人不與亂心人罪得吉羅也問戒本一心兩耳者答毗曇為莊嚴身俱舍為助成識故廣如彼說問前解止犯唯犯吉羅今此無知遂犯提者答上已解之汝何故忘前豈不言對事通四篇對學唯第五問此中重增無知乃

結墮者。答。不學之罪唯吉羅。無知迷疑則輕重由
學緣事有明闇也。故境想中。疑則含輕。想則懷重。
今迷不識。正是墮收。如文可知。就事結也。律中二
衆俱吉者。彼自說戒。亦有不聽之緣。下開中未曾
聞者。以受戒來未經說戒也。未曾聞廣者。或聞三
語心念等。及略說戒。不明戒相。故道今聞。餘可解。

△同法賞入後悔戒七十四。凡衆物共有。衆情非一。
既同和作法。賞他知事。輒便悔反。謗僧隨愛。駭動
羣心。喜生鬬諍。迭相苦惱。不得安樂修道。多論三
意如此故制。論犯四緣。一是僧物。十誦五分僧祇

云。施現前僧應分物。故知非是常住物。二同法賞
知事已。多云凡僧和合。不問羯磨不羯磨。若執苦
人。大德貧匱和與物已。訶者亦提。三輒便悔反。四
言詞了犯。何爲不諫者。已同僧法。若僧有愛彼亦
有愛無濫不須。

七十四同羯磨後悔戒。佛在羅閱祇。沓婆摩羅子知僧事。外施不赴。衣服破壞。後僧得貴衣便白二與之。六羣後悔。比丘白佛。便訶而制戒。

若比丘。共同羯磨已。後如是言。諸比丘隨親友。同和尚闍梨坐起言語親厚者是也。以衆僧物。僧物如上。物者衣鉢鍼筒尼師壇下至飲水器。與者
波逸提。若說不了吉羅。尼同犯。不犯者。其事實爾。隨親友以僧物與。若戲笑。若錯說。並開。

戒本五句。一人。二同法。三後謗。四以僧物。下明相。
五結罪。僧物四種。約方就時。上盜已明。今重出也。
初現前僧。如此戒中施池井等。就人而施現前自
屬也。二十方現前。如亡僧物。上窮極聖。下至沙彌。
悉有其分。要須作法遮斷十方。結約當時故也。三
常住者。以當局淨住。通於三世。局定不動。亦不可
分也。四現前常住。如造熟食。本擬寺僧。情通主客。
不許出外故也。四種之中。初物是和可以賞也。第
二義通。後兩全閉。

△不與欲戒七十五。凡如法事理宜同遵。許無乖競。

今停僧作法。輒便捨者。心不相同。障礙僧事。惱衆
不輕故制。論犯五緣。一是如法僧事。二知如法。三
不與欲。四輒起去。五雙足出門犯。

七十五不與欲戒。佛在舍衞。多比丘集論法毗尼。六羣相謂看諸比丘。似爲我等作羯磨。從座起去。比丘喚住而故去。以事白佛。便訶而制戒。

若比丘。衆僧一說戒一羯磨。斷事未竟。有十八破僧事。法非法乃至說不說。不
與欲。若營僧事。塔寺事。瞻視病人者。聽與欲。而起去。波逸提。若斷事未竟。動足出戶外者。犯墮。一足在戶內。方便欲去而不去。吉羅。尼波逸提。不犯者。若與欲。若口噤。若非法羯磨。若爲僧塔寺和尚闍梨同學作損減。不與欲而去者得。

此唯斷四諍事不與欲者提。餘者吉羅。如戒本鈔

說。

△與欲後悔戒七十六。凡如法僧事。理須順可。先已與欲。見治已伴。偏情相親。輒便後悔。反說不成。相朋毀法。惱衆是重。故制。論犯四緣。一是如法羯磨。二如法與欲。三輒便悔。反四言了便結。多論除僧法。餘事和後悔者吉羅。

七十六與欲後悔戒。佛在舍衛。六羣恐舉。六人相隨無由得作。後時作衣。僧喚受欲。卽與比丘作舉羯磨。後六羣言我以彼事與欲。比丘舉過。佛因訶責制戒。

若比丘。與欲已後悔者。作是言。汝作羯磨非法羯磨不成。我以彼事故與欲。不以此事。波逸提。若說不了。吉羅。尼同犯。不犯者。其事實爾作非法羯磨。若錯說彼此者開。

戒本三句。下三衆有餘和後悔吉。

△屏聽四諍戒七十七。凡公言顯理。屏說隨情。今徐行盜聽。傳於彼此。情存壞亂。過甚不輕。故制。論犯五緣。一是先起四諍。十誦一切諍。多云往聽者。以能破佛法。令僧爲二部。是故重也。二他人屏處評量。三作鬬亂意。爲和自改。不用此律。四往聽不令覺知。五聞語便犯。若爾何故云聽向彼說者。答。聽者意如此結罪。但聞便犯。若待向說。落兩舌中問。此聽卽結前兩舌。待傳者。答。前未有諍。聽不必生。待說方有。此先有諍。往聽必生。故深前制。豈待其

說。

七十七屏聽四諍戒。佛在舍衛。六羣聽諸比丘鬬已而向彼說。令僧諍事不能除滅。比丘舉過。佛因訶制。

若比丘。餘比丘共鬬諍已。鬬諍有四。言覓犯事也。聽此語向彼說者。聽者屏聽他語。若聽彼語從道至非道。從高至下。若反上句往而聞者。波逸提。若不聞吉羅。若方便欲去。共期。一切吉羅。若二人在闇地共語。隱處共語。在前行共語。若不彈指謦咳驚者。一切吉羅。尼同僧犯。不犯者。若作無利非法羯磨。欲知故聽。

戒本三句。一人。二先共諍已。三聽此語下結罪。僧祇若聞他怨嫌。欲相殺害。或聞賊來欲偸僧物。知事白僧。各自驚備。我聞惡聲。

△打比丘戒七十八。出家修慈。堪耐辱惱。今反懷恚。加打前人。自壞惱他。爲損不小。故制。論犯四緣。一大比丘。二生瞋心。三作意打。四著便犯。餘如隨戒相中廣引。

七十八打大比丘戒。佛在舍衛。六羣一人瞋恚打十七羣一人。被打大喚。比房聞之具說。以過白佛。因訶制戒。

若比丘。瞋恚故不喜打比丘者。若以手石杖等打也。波逸提。除杖手石。若以戶鑰曲鉤拂柄香鑪柄挃者。一切吉羅。尼同犯。不犯者。有病須椎打。若食咽須椎脊。若共語不聞而觸令聞。若睡時以身委他上。若來往經行時共相觸。若掃地時杖頭誤觸者開。

△搏比丘戒七十九。前是限分中制。打著方犯。此是

深防中制手擬便犯須定犯相本爲打非搏搏但打家方便吉羅本爲搏非打動心卽搏方便僧祇云以側掌爲刀相用擬於人故號爲搏伽云若舉手刀向眾多比丘一一皆提

七十九搏他比丘戒佛在舍衛六羣以手搏十七羣其被搏者高聲大喚比丘舉過白佛因訶制戒

若比丘瞋恚不喜以手搏比丘者波逸提若以兩手搏彼者犯墮若戶鑰等挃一切吉羅尼同僧犯不犯者若有緣事須舉手遮招觸者

△無根殘謗戒八十制犯與前謗戒無異唯輕爲別

八十殘謗戒佛在舍衛六羣瞋恚以無根僧殘謗十七羣比丘舉過佛便訶制此戒

若比丘瞋恚故以無根如上類解僧伽婆尸沙謗者波逸提尼同犯不犯者有三根若說實令悔不誹謗若戲若錯說者

△突入王宮戒八十一王者自在情多奢縱染樂不期義須觀檢今此比丘輒便突入旣相逼斥彼此懷愧深非所宜又王宮蠱逸動亂凡心容生染著自壞亂道過深故制論犯四緣一剎利王二與夫人同一處三王未藏寶四入門限犯亦希犯耳

八十一入王宮門戒佛在舍衛末利夫人供佛奉信勸王信樂聽諸比丘入宮無障迦留陀夷到時入宮夫人拂牀失衣形露比丘舉過白佛因訶制戒

若比丘剎利水澆頭王種水澆者取大海水白牛左角收拾種子置金輦上諸小王與大婆羅門以水灌王頂是剎利種如是立王故得名也若婆羅門毗舍首陀如是立者亦名灌頂也王未出王未出女未還本處也未藏寶金銀眞珠硨磲碼碯水精琉璃貝玉眾寶瓔珞而未藏舉也而入若過宮門閾者波逸提若一足限外一足限內發意欲去一切吉羅除王餘粟散小王豪貴長者家入門限者一切吉羅尼同犯不犯者若有奏白被請喚若命梵難緣並開

戒本六句一人二剎利三王未出四寶未藏律中列寶而不顯相如多論云進御采女令著寶衣內身外現今此比丘突至此處五入宮門深防而制初入已結何況見寶六結罪

四分律含注戒本疏卷第四之中

四分律含注戒本疏卷第四之下

唐終南太一山沙門釋道宣 述注 撰疏

△捉寶戒八十二。寶物利重，人多貪附。沙門高世，事絕貪貯。三十戒中直畜已結，況復身觸，誠非道儀。故但執捉便結墮罪。今此比丘不思聖制，輒捉遺寶，反被誣謗，清濁莫分。故約此緣而制斯戒。古師相傳以緣起為所犯。今約戒本諸部明解，但捉即犯，何論拾遺。故初列戒本捉寶則犯，但除兩緣。下開收拾塔具，都無別開之相。如何乃云捉寶犯吉，遺者提乎。廣如鈔中隨相所列，明白如鏡，不蒙昧也。論犯四緣：一是寶物，二非塔寺莊具，三非餘緣，四捉便犯。

八十二捉寶戒。佛在舍衛。外道在道行，因止息忘千兩金而去。比丘見之，為持去，以金還之。便言金少。王斷罰，讁奪金入官。比丘舉過白佛。佛便訶制此戒。

若比丘寶，金銀眞珠琥珀硨磲碼碯琉璃貝玉生像金銀也。及寶莊飾，銅鐵鉛錫白鑞，以諸寶莊飾也。自捉若教人捉，除僧伽藍中，時毗舍佉母脫寶衣佛所聽法，存法忘衣。比丘白佛。聽為不失堅牢故舉之。及寄宿處，時比丘道行，金師家宿。成金未成，金在前，竟夜不眠守之。白佛。佛言：為牢故應收舉。波逸提。尼同。僧犯。若在僧伽藍中及寄宿處，捉寶及寶莊飾，自捉教人捉，當作是意：若有主識者當取。若二處得寶應捉之，識囊器相數，知多少。若有來者問相應者與之。不相應者，言我不見。若不知囊器裏繫相，不看方圓新故者，一切吉羅。作如是因緣非餘。不犯者，若僧伽藍中寄宿處，如上捉舉方便。若是供養塔寺莊嚴具，為牢固收舉，一切不犯。

戒本六句：一人，二寶者，三自捉教人，四開不犯，五結罪，六逐開重解。問：佛制寶物自捉不應，如何使人亦有犯者。今解：不審非法，自他同犯，故多論中使人亦犯。必有所開，自執無罪，如戒所列。所以開者，若不自執，脫餘將去，後來覓者比丘同處猶不免謗。是故聽取，待主當還，為息譏過，豈不有益。作是因緣非餘者，非餘犯緣也。謂無心還主，自收藏之，將犯望不犯，犯是不犯。餘餘相可解。

△非時入聚戒八十三。凡出家修道，理絕游散。時為濟命，事須往返。既是非時，無緣輒入，廢道招譏，損敗不少，故制。論犯五緣：一是非時，二無啟白喚緣，三不囑授，四向俗舍，五入門便犯。明了論疏云：我為如是緣，須至某處，白大德知。答云：聽。者是名白法。有二義故：一為不障僧事，恐作羯磨餘緣須其共作，不知所至則惱眾僧。二令不自在，入白衣家。若五三人相逐入村，村側復白。十夏白九夏，若小白大犯吉。案記云：極下無對應開白上。欲示不自在故，大尚囑小，豈小自在。本界之中，大小互白。

八十三非時入聚落戒。佛在舍衛。跋難陀非時入村。與居士摴蒱得勝。居士慳嫉。故譏嫌之。比丘舉過白佛。訶制此戒。

若比丘。非時時者從明相出至中時。非時者從中後至明相未出也。入聚落村聚有四種如上不囑比丘者。時有僧塔寺事。瞻病事。佛言當囑比丘。若獨處一房。當囑授比房波逸提若初入村門犯墮。一足入內。及方便共期。一切吉羅。尼同犯。不犯者。若營僧塔病事。囑授比丘。若道由村過。啟白。若喚請。命梵等難緣。無犯。

戒本五句。一人。二非時。三入聚。四不囑比丘。五結罪。下具釋。要白界內。若無比丘淨人亦得。知其去處。有可尋求。餘如鈔說。若依明了論中所以開白。謂於死人處觀過失故。為護法故。為受依止故。為講說聽法故。為有食請故。並有利故。聽往其處。須避天廟店肆婬女外道出家女處。觀察遠離。

△過量牀足戒八十四。凡高牀長慢。非是道儀。事須依法。不容過限。越則長貪。違反聖教。故制。論犯五緣。一是牀。二為己作。三過量。四自作使人。五作成即犯。隨坐一一提。多論。俗人八指。戒高牀亦同八指。一指二寸。則周尺為本。當今一尺三寸許。僧祇僧牀亦犯。廣相如鈔中。

八十四過量牀戒。佛在舍衛。迦留陀夷預知佛從此道來。即於道中敷高好牀。白言看我牀座。佛言。當知癡人內懷弊惡。集僧訶責。因制此戒。

若比丘。作繩牀木牀。五種如上足高如來八指。除入梐孔上截竟。若過者。波逸提。若自作教他作。成過犯墮。若不成。若為他作。一切吉羅。尼同犯。不犯者。若作足高八指。若減。若他施截而用之。若脫腳者。

戒本三句。一比丘。二教諸比丘作尺量法。三若過下結罪。所以不得約人用尺者。諸國法各不同。俗情又異。但準佛為定。以此定量。則之永無乖異。餘如房戒中。

△貯緜褥戒八十五。以此褥具。多生小細諸蟲。容損物命。違慈壞行。其過難量。故制。五緣。一兜羅。二貯褥。三為己。四自作使人。五成便犯。

八十五兜羅貯褥戒。佛在舍衛。六羣作兜羅貯褥。居士譏以殺生無有慈心。比丘舉過。佛訶制戒。

若比丘。兜羅白楊樹華。柳華。蒲臺華是也。貯繩木牀俱有五種如上。大小褥為坐臥故。成者。波逸提。自作教他。並如上。尼同犯。不犯者。並如上開緣所說。

僧祇乃至挽卻抖擻令盡。不盡者。以手霑水摩治令盡。然後悔過。乃至隨坐一一提。若道行風吹著衣合坐者。越。應拂去之。

△牙角鍼筒戒八十六。事雖是小。用功極多。無益之費。豈復過此。加以損他家業。招世譏過。故制。論犯五緣。一是骨牙。二作鍼筒。三為己。四作及自他。五

成便犯。

八十六作骨牙角鍼筒戒。佛在羅閱祇。有信工師爲比丘作骨牙角鍼筒，因廢業無衣食。世人譏言：望其得福，而反得殃。比丘舉過白佛，佛因訶制戒。

若比丘作骨牙角鍼筒刳刮成者波逸提。若自作教他作成犯。如上。比丘尼吉羅。不犯者，若鐵銅鉛錫白鑞，若竹若木，若葦，若舍羅草，用作鍼筒不犯。若作錫杖頭鏢鑽，若作傘蓋子及斗頭鏢，若纏蓋斗，若作鉤，若刮汙刀，若如意，若玦鈕，若匕，若杓，若鉤衣鉤，若眼藥篦，若刮舌刀，摘齒物，挑耳篦，禪鎮，熏鼻筒。如是者並不犯。

尼多住寺，不喜遊行，作希故輕。

△過量坐具戒八十七。自下四戒不聽過量者，並是信施受用應法，則增本福功德無限。比丘之法趣得支身，今過量而作長貪損施，無用之費，喪道增業，過患之甚，故制。

八十七過量尼師壇戒。佛在舍衛。諸佛常法，若不受請，遍行房舍，見僧臥具敷在露地，不淨汙之。告諸比丘：外道仙人離欲者尚無此事。聽爲障衣障臥具故，作尼師壇。六羣大作。比丘舉過，佛因制戒。

緣起之中，初爲染漏，聽作障之，後爲大作，故因制限。

若比丘作尼師壇，敷下坐也。當應量作。是中量者，長佛二磔手，廣一磔手半。時迦留陀夷身大，尼師壇小。對佛說之，便聽更增也。更增廣長各半磔手。若過裁竟波逸提。若廣長俱過互過，自作教他作成犯墮，不成吉羅。爲他作，成不成吉羅。尼吉羅。不犯者，若減若疊他得裁也。

戒本四句。初入，二作，尼師下教諸比丘作之限約。三更增者，開緣也。還從本制限外刖增。若通取量，即跋闍子非法之敎廣流於世。然即世爲言，衣服坐具皆樂廣大，食飲受用並樂華厚。至於切約形心，勘檢財食，事同河漢，豈能伏心行用，挫折人我，求他道過，用自徵治。如此知人，世中之寶。故使坐具俱非教法，廣如鈔中。

△過量覆瘡衣戒八十八。

八十八過量覆瘡衣戒。佛在舍衛。比丘患瘡，膿血流出，汙僧臥具。聽以大價衣覆瘡，著涅槃僧，至白衣家，言我有患，當褰涅槃僧，以此覆瘡坐。六羣便大作。比丘舉過，佛因制戒。

若比丘作覆瘡衣，有種種瘡病，持用覆身也。當應量作。是中量者，長佛四磔手，廣二磔手。裁竟過者波逸提。若俱過互減，自作教他成者犯墮，不成吉羅。爲他作，成不成吉羅。尼等吉羅。不犯者，應量減量，得已成者裁割如量，疊作也。

△雨浴衣過量戒八十九。

八十九過量雨衣戒。佛在舍衛。毗舍佉母送雨浴衣，佛言不得分，隨上座與。不足者，僧衣續付。六羣大作。比丘舉過，佛因制戒。

若比丘作雨浴衣，著在雨中洗浴故也。當應量作。是中量者，長佛六磔手，廣二磔手半。過者裁竟波逸提。若自作教他，俱過互減，比丘尼開緣，一同前戒。

相肰限約可以自尋。此中三戒尼輕僧重。雨衣一戒僧尼同制者。答。女人身染外露。喜大雨衣故犯。同僧。餘三常資著用。尼好小衣。過量事少。是以輕僧。

△等佛衣量戒九十。多論。佛身丈六。長人半之。故衣量皆半。難陀短佛無幾。故衣減之。長中一尺。短中四寸。僧祇。難陀愛道所生。有三十相。衣色與佛異。諸比丘衣色與佛同。六羣見已。謂量亦同。遂便等作。

九十過量三衣戒。佛在釋翅瘦。難陀短佛四指。比丘遙見謂佛。奉迎至。乃知非。各懷慚愧。佛制難陀著黑衣。六羣與佛等量或過量作。比丘舉過。佛因制戒。

若比丘。與如來等量作衣。或過量作者。波逸提。是中如來衣量者。長佛九磔手。廣六磔手。是謂如來衣量。若廣長應量。互不應量。並犯。餘自作。教他。尼作。並如上。不犯者。從他得成衣。裁割如量。若疊作兩重者。無犯。

戒本四句。一明人。二明與佛衣等。三結罪。四更出佛衣定量。問。餘之三戒。依佛搩手定出量限。三衣一戒。但隨己身不定出量者。答。餘非沙門道服外儀。隨其大小皆得受用。故有定量。此三法衣道服標式。若定出量。人有長短。不稱威儀。外不生善。內無軌物。故隨身分不定出量。由不定故。得有與佛等過作衣。問。戒本之中。或長十磔九磔手者。何文定也。答。九磔爲衣長。周尺丈八。闊丈二。則今人九尺六尺。故衣受用。疑謂偏狹。十磔爲度。則二丈分半。當今八尺也。準五肘量。則七尺五寸。故爲敘之。任情消息。問。衣制過量。鉢不制者。答。衣是法衣。不得定量。事須相稱。故制不過。鉢唯用食。無大小可對。故限定量。若爾佛衣何定量。答。弟子無限。不可定準。世唯一佛。故衣是定。又解。衣過得截。喜過故制。鉢過無截。希故不制。若爾何不與佛等量爲鉢。

答。衣體同。故得有過等。鉢體別。故不得同佛。智度論云。諸佛法畜天鉢。人衣爲二道福田也。以天石細堪受持。比丘不得者。人中石麤。不堪熏治。福德淺薄。不感天鉢。體重力劣。不可隨身。必有勞苦。悲愍比丘。故不聽畜。不同於佛那羅延力。阿難力大。轉四十里石。爲佛侍者。不以爲重。

諸大德。我已說九十波逸提法。今問諸大德。是中清淨不。三說諸大德。是中清淨。默然故。是事如是持。

△正宗第六提舍尼篇。先略序之。且作七意。一解來意。二置四所由。三先後次第。四持犯方軌。五佛僧

制異六約行分別七僧尼有異初來意者上雖威儀行成若更不修遠避嫌疑離諸譏過則心懷染著不外生善故次須明釋其名號如昔相承向彼悔也如上說之今云可訶法也亦是對治以得名耳多母二論云此戒體無罪名但一人邊一說悔過若自心念皆能滅也第二置四所由凡譏過以來不出內外眷屬先就內中不過私眾兩所初戒在屏者比丘與尼法服是同男女位別理須離染躬在聚落自手取食容生染譏對離此過故在初制又在眾中偏心指授迹涉曲私默受不訶於眾

不顯對離此過故制第二託外起非不過聚落蘭若聚落起者學家過受令他竭盡招致譏過故制第三蘭若起者比丘懈惰在於逈險安坐受食使賊嬈觸送食婦人招致譏過對離此失故制第四此則因於內外有斯四別三明次第者據制以興何有次第結集之時方應列耳內眾情親師義喜犯故在前明俗是外眾犯希在後就內眾中私數眾希故有先後聚落喜犯蘭若希造次比之義數應盡此四明持犯二四兩戒具二持犯言二持者見尼指授止而不食身止持也見過訶責後食無

罪身作持也此之名體各別所以如上又解見尼指授依法而訶不越教約語止持也訶而不止後食無過身口作持言二犯者見尼指授默然不訶得便食之罪由止生故曰止犯由身進食名爲作犯蘭若亦然語令莫送是作持不越佛約名止持不語令知名止犯食來咽之名作犯自餘二戒止持作犯可以知之五明佛僧制者通而爲言皆是佛制約相爲語學家一戒罪由僧制未作法前隨人受用作法已後便得其罪故知違僧制生餘無僧約故不論也六明約行者前之三戒自分離譏

後之一戒就勝進說七明僧尼不同至文爲解

諸大德是四波羅提提舍尼法半月半月說戒經中來

△在俗從非親尼取食戒大僧上尊尼是下眾仰重情深常思奉養竟不籌量得便納受致彼飢困廢修道業又復非親容生染習招致譏醜損壞不輕故制論犯五緣一是俗人舍二非親尼三無緣四自手取五食方犯所以開親者上同坐等外相不練親疏同結譏患齊故此在俗家人情相委親非譏過故聽又病人苦惱譏醜不生濟命亦開置地

遺人。敬相無絕。所以後開。

一村中取非親尼食戒。佛在舍衛。世儉穀貴。餓死無限。蓮華色尼著衣持鉢入城乞食。乃至三日並與比丘。遂餓在道。面掩泥臥。俗人譏嫌。比丘舉過白佛。訶制此戒。

緣起遭餓。乞與比丘。信重之深。三日失食。僧祇云。尼人福德。日別乞食。供五百僧。失食倒地。小病不開。黃爛人賤。開尼乞食。

若比丘。入村中從非親里如上所說比丘尼。若無病。亦如上自手取食。二種食一如上食者。是比丘應向餘比丘悔過言。大德。我犯可訶法。所不應為。今向大德悔過。是名悔過法。若自手受咽咽犯。比丘尼突吉羅。不犯者。受親里尼食。若有病。若置地。若使人授。若僧伽藍中

與。若村外與。在尼寺中與。如是受取不犯。

戒本六句。一入。二村中。三非親尼。四無病。五自取食。六咽犯。僧祇悔法。乃至問言汝見罪不。答言見。慎莫更作。答云頂戴持。尼所以輕者。大僧受食與尼義希。致受不數。故尼輕也。

△食尼指授戒。凡眾貴清美。不容穢迹。令比丘尼以偏私曲情。公於眾中越次指授。以成私染。汙損處深。眾既覩過。默受不訶。即表合眾同情容惡。故制舉眾並不聽食。食是俗許。本非道有。因訶不食。容退俗信。故制對眾以法訶止。聞訶不止。非眾容惡。是故聽食。成施主福。訶制令止。免於道譏也。論犯四緣。一是白衣舍。二偏心指授。三大眾默受不訶。四食犯。既在眾中。親與病人。皆須訶止。無別有開。

二食尼指授食戒。佛在舍衛。眾多比丘與六群白衣家食。時六群尼索羹飯。越次與六群比丘。言與此羹。與此飯。比丘舉過白佛。因訶制戒。

若比丘。至白衣家內有男有女者是食。如上說是中有比丘尼指示與某甲羹。與某甲飯。是比丘應語彼比丘尼如是言。大姊且止。須諸比丘食竟。若無一比丘語彼比丘尼言大姊且止。須諸比丘食竟者。是比丘應向餘比丘悔過言。大德。我犯可訶法。所不應為。我今向大

德悔過。是名悔過法。若不訶而食。咽咽犯。尼吉羅。不犯者。若語言大姊且止須諸比丘食竟。若尼自為檀越。若檀越設食令尼處分。若不故作偏為彼此者。不犯。

戒本四句。一入。二白衣舍尼越授。三比丘語言下作法訶。四若無一比丘下。默受不訶。合眾同罪。五分云。第一上座應語。若不用語者。乃至新受戒者亦得。僧祇。三訶不止。食亦不犯。施主不知供養僧法。請尼指授。爾時教安置尊像。教行食次第。如是教已應坐。尼所以輕者。大僧偏授義希。尼不敢受。下訶上難。希微故輕。

△學家受食戒。凡受施之法。宜自限量。不容過分。今

此學家見諦弟子。常思供奉。乃至身肉。比丘往取。不思損費。令彼貧匱。因福致困。生外不信。又見受者貪取過度。心無慈愍。事是無理。故制可訶。五緣。一見諦學家。二僧作法制。三無因緣。四自取。除置地使人。五食方犯。

三受學家食戒。佛在羅閱城。居士夫婦俱得見諦。無所愛惜。乃至身肉。供養既多。衣食之盡。居士譏嫌。比丘舉過。佛令白二制斷。比丘後富。更解。便制此戒。若先作學家羯磨。僧與白二羯磨。家者如上。若比丘。於如是學家先不請。若先請者聽往。無病。聽病比丘取是家食。自手受食。若置地與者聽。若使人與者聽。食者。是比丘應向餘比丘悔過言。大德。我犯可訶

法所不應為。我今向大德悔過。是名悔過法。若自手受咽咽犯。尼突吉羅。不犯者。若先請。若病。若置地取。若從人受。若自二解。已受食。一切不犯。

戒本四句。一先明學家作羯磨。二若比丘能犯人。三於如是下明其犯相。四是比丘下違教故結事。亦希耳。不能廣引。

△蘭若安坐受食戒。凡在蘭若。須自策勵。乞食入聚。方行離著。乃復安坐受食。非進道儀。又在迥險。多有賊難。送食往返。致有陵辱。世譏起過。豈能過此。故制。五緣成。一是蘭若險處。二先不語知。三無病難緣。四自手取。五食便結。

四恐怖蘭若受食戒。佛在釋翅瘦尼拘律園。城中女人持食供養。賊於道路觸嬈。比丘以事白佛。佛言應語令知。便卽制戒。若比丘。在阿蘭若去村五百弓。遮摩羅國肘量法故也。迥遠有疑恐怖處。疑有賊盜恐怖。若比丘在如是阿蘭若處住。先不語檀越。佛言。應語諸婦女莫出道路有賊恐怖也。若僧伽藍外不受食。若已出城。應語言莫至僧伽藍中道路有賊恐怖故。在僧伽藍內無病。若故持食來者聽病人受。自手受食。若有施主以食置地。若教人與。食者。是比丘應向餘比丘悔過言。大德。我犯可訶法。所不應為。我今向大德悔過。是名悔過法。尼吉羅。不犯者。若來受教敕聽法。自食令授也。

戒本四句。一人。二明蘭若。三先不語下在險受食。

四應向下結罪也。此戒依文開相略盡。一語知。二有病。三置地受。四在房外。五教人受。隨以一緣皆非犯相。餘可解耳。尼無蘭若假有是輕。

諸大德。我已說四波羅提提舍尼法。今問諸大德。是中清淨不。三說諸大德。是中清淨。默然故。是事如是持。

△正宗第七眾學篇中。五門分之。一列數釋名。二諸部同異。三自他四持犯。五僧尼。就初。所以此篇不別顯數者。但威儀微細。量等塵沙。何有約數定其名目。故總目之為眾學篇。故諸部中名數不定。且約人之喜犯。舉百列之。集在篇中。為罪綱紀。自餘

雜位隨相尼律威儀法聚四萬二千或八萬種或周法界方便根本動念有境境必戒護護有三時前後方便無非惡作翻惡成善即是二持持須託境故云眾學言式叉迦羅尼者見云式沙是學迦羅尼者云應當作語倒故言應學也多論問何故此篇獨名應當學答餘戒易持而罪重犯懺是難此戒難持而易犯常須念學故不列罪名但言應當學疏者言若就所防彰名應云眾突吉羅篇今隱其所防就能治行以立目故云學也論其所學實通上四非局此篇但人情薄淡重罪多持輕便

不敬若論成行非勤攝護終不可成所以大聖觀物機緣特加勸勉故與學名又能持此戒滿足無缺即名學行成就行彰學功義顯故偏於此受於學稱也二諸部同異僧祇六十六戒有十八戒四分無十誦中一百七戒四十七戒四分無五分一百戒四十四戒四分無解脫九十六戒五十三戒四分無通無錄出一家學也三自作教人此犯自作成無教人義縱有不爲已前人作重能教者輕四持犯者若就心學悉具二持二犯起心修行名作持不違制約名止持違教成非名作犯不從佛

教名止犯若尋法就事說二持唯杖囊戒具二持餘皆止持作犯五僧尼者趣行生草尼重僧輕餘並同犯

諸大德是眾式叉迦羅尼法半月半月說戒經中來

就此篇中威儀雜亂一往難觀以義分之略爲四節初從始至不得立便利來有五十一戒明敬僧威儀行所以前明者然威儀服式行坐進止飲食便利皆是僧之威容若齊整端嚴動靜有法則彰內有道行外生信敬光顯佛法利益含識若僧眾有違則自壞心行外長他惡於此僧寶情生淡薄

汙辱不輕或延三寶通不敬重故前明僧成住持故二從不得與反抄者說法至騎乘人來有八戒明敬法威儀行所以次明者然法是濟生死之良藥開識性之眼目必能敬而順行則超越眾累清昇彼岸若慢而輕毀則永沈生死長淪苦海殃累之深特宜須護由僧行法故次而制三從不得佛塔中止宿下至安佛在下房來有二十六戒明敬佛威儀行佛爲法王獨拔世表大悲愍世開化無涯利益羣識其恩深厚事須遵敬以求度世故制尊塔廟弘利人天有心之徒宜應歸向夙夜展虔

潔淨恭仰表如在之敬法是法王之所說故次而制四從人坐已立下十五戒出能敬之人於四儀中雖明敬尙三寶行雖三寶通列而法多餘少者明末代凡僧內明道法輕侮敬重隨緣輒說既不利人亦自虧戒所以多置綱目庶使準繩無得漏越致失大利所以僧前佛後者有多三寶位列不同如初已解一體三者法須爲先佛師法也別相爲言佛初成道次轉法輪當機悟入僧爲第三今住持僧爲初也由僧行化說法惠利羣生獲益法有大功非是下凡乃有大聖之所說也故佛在後

依法奉敬方有住持就初敬僧中文又分四初有兩戒明教比丘著衣服飾齊整應法內外無失能動物心二從不得反抄衣下訖不得戲笑來二十三戒明入聚落受請威儀往行方法必準修持則光世生善爲利深遠三不用意受食訖鉢水不棄白衣家來二十三戒明取納乖方多長貪習故約令斷示少欲知足有正法相四有三戒既上有所納下必有流如其乖隔非爲便利故制依法不宜妄行

一齊整著涅槃僧戒　佛在舍衛六羣著涅槃僧不齊整故居士譏言如節會戲笑俳說人亦如王大臣此丘舉過佛因訶責制戒

當齊整　衣不齊相言衣下者繫帶在臍下高者褰齊膝象鼻者垂前一角多羅樹葉者垂前兩角細襵者繞腰襵皺也　著涅槃僧　若不齊著者故作犯應懺突吉羅以故作故犯非威儀突吉羅若不故作突吉羅比丘尼等四衆並突吉羅乃至下篇成犯相並準此　式叉迦羅尼　不犯者或臍中生瘡下著若膝蹲有瘡高著若僧伽藍內若村外若作時若行道者無犯

今先釋初齊整著內衣戒四分戒緣略不委悉如十誦中佛觀三世佛淨居天報皆齊整著衣然後制戒多論問曰何以內衣三衣戒獨觀三世佛餘無者答佛制五篇皆觀諸佛但年歲久遠文字漏落餘篇盡無此戒猶有又云本結五篇此戒最初

後結集者詮次在後以初貫後餘篇便略又云此戒於諸篇最輕恐將來弟子不生重心是以如來故觀三世淨居天方後結也又解三世諸佛結戒同異於五篇聚不必盡同至於著內外衣一切盡同是故觀於佛天然後制也疏者言此是輕小之戒緣起廣辨皆威儀違失之過唯戒本中偏舉能治行者舉教勸學不明所防彼此互顯令尋條有據也就辨相中涅槃僧者梵天語也此云內衣如世凡僧所著裙耳然西土之僧所有內衣直將橫氎皆後前遮手張兩角左右掖掩仍以長繩四帀

纏腰。抽拔使正安四襵而已。若繩斷解。裙卽在地。身子覆面。其事驗乎。今此唐僧例加腰襻。四帶紐結。實有齊焉。而闊緣垂地。有乖法律。四分辨相唯明其非。諸部互說。各有高下。如多論十誦聽至踝上一磔手。遠行二磔手上至膝。尼三眾正使行來。止在踝上一磔手也。故僧傳中納衣半脛。誠有依矣。母論踝上三指。衣長四肘廣一肘半。是內衣量。五分從跟上取一磔手。左掩其上。兩邊兩葉當後兩葉。不解不問而作著者吉。若解不依著吉。輕戒輕人作此著者提。為通引文。十誦疑高。母論處中。

又扶本律問。如上明相裙以繩束。如律文中有帶繫者。答。此以帶繫於繩也。律中具之。若依鼻奈制著舍勒者。半泥洹僧也。多論又制著於小衣。不顯其相。文中故作犯應懺吉者。根本吉也。對首一說悔。以故作。又犯非威儀吉者。根本罪外復加不應失儀之罪。此責心悔也。若不故作者。識事而作。非故違教。但犯根本無失儀罪。此一既爾。諸戒例同。多論若犯五篇隨一犯。三如犯夷罪。違戒體夷。違佛教提。非威儀吉。乃至眾學例爾。懺時懺本餘二同滅。由生同時故。不同覆罪各有緣故。

一齊整著三衣戒。佛在舍衛。六羣不齊整著衣。長者見譏。自言我知正法。如是有何正法。著衣不齊。如俗無異。比丘以過白佛。因觀三世而制此戒。

當齊整著三衣。式叉迦羅尼。不齊中下著者。下垂過肘露脇。高者過腳躊上。象鼻者垂前一角。多羅葉者垂前兩角。後褰高也。細襵者襵已安緣。不犯者。肩臂瘡下著。向前開相。

二僧祇齊整披衣。不得如纏軸。當通肩披著紐。齊兩角。左手捉時不得出角如羊耳。

三反抄白衣舍戒。佛在舍衛。六羣反抄衣行入白衣舍。居士譏言無有慚愧。如王臣居士種。比丘舉過。佛訶制戒。

不得反抄衣或左右反抄衣著肩上也。行入白衣舍村落。式叉迦羅尼。不犯者。若脇肋邊有瘡病。若僧伽藍內。若在道行。若作時者。

三祇云。反抄兩邊著肩上。若值風雨。得抄一邊。偏袒右肩得抄左邊。通肩披者得抄右邊。不見肘也。見長老比丘。卽還下之。

四不得反抄衣白衣舍坐。式叉迦羅尼。

五衣纏頸白衣舍戒。佛在舍衛。六羣以衣纏頸入白衣舍。居士嫌言。如居士長者種。比丘舉過。佛訶制戒。

不得衣纏頸總捉衣角著肩上也。入白衣舍。式叉迦羅尼。不犯者。或有病。肩臂有瘡。若僧寺中。若村外。若作時。或在道行者。

六不得衣纏頸白衣舍坐。式叉迦羅尼。

七覆頭白衣舍戒。佛在舍衛。六羣以衣覆頭入白衣舍。居士譏言。何有正法。覆頭如盜賊比丘聞之，舉過，佛訶制戒。

不得覆頭若以樹葉若碎段物若以衣覆故也。入白衣舍式叉迦羅尼。不犯者或有病若患寒或頭上瘡，或命梵二難覆頭而走者。

七光師云：不得以妄想覆眞如頭，入三界白衣舍。

僧祇病及寒雪得覆，半見長老挽卻屏處無犯。

八不得覆頭白衣舍坐式叉迦羅尼。

九跳行白衣舍戒。佛在舍衛，六羣跳行入白衣舍，居士譏言不慚，入室如似鳥雀，比丘舉過，佛因訶制。

不得跳行。雙腳跳行。入白衣舍式叉迦羅尼。不犯者有病，若為人打，若有賊，若惡獸，若有棘刺，度渠塹，或度泥而跳過。

十不得跳行白衣舍坐式叉迦羅尼。

十一蹲坐白衣舍戒。佛在舍衛，居士請僧就舍設食，六羣蹲坐，比座手觸，卻倒露形，居士嫌言不慚露形似婆羅門，比丘舉過，佛因訶制。

不得白衣舍內蹲坐。若在地若牀上，尻不至地。式叉迦羅尼。不犯者或時有病，尻邊生瘡，若有所與，若禮，若懺悔，若受教誡者。

十二叉腰白衣舍戒。佛在舍衛，六羣叉腰行入白衣舍，居士譏言沙門自稱我知正法，以手叉腰如人新婚得志憍放，比丘舉過，佛因訶制。

不得叉腰匡肘故也。行入白衣舍式叉迦羅尼。不犯者或有病脇下生瘡，若僧伽藍內，若村外，若作時，若道路行者。

十三不得叉腰以匡肘故妨比座比丘也。白衣舍坐式叉迦羅尼。

十四搖身白衣舍戒。佛在舍衛，六羣搖身入白衣舍，居士譏言不慚搖身如王大臣，比丘舉過，佛因制戒。

不得搖身行。左右戾身趨行也。入白衣舍式叉迦羅尼。不犯者或病，或為人打戾身避杖，或惡獸觸，或逢擔刺戾身避，或度坑搖身過，或著衣看齊整者。

十五不得搖身行白衣舍坐式叉迦羅尼。

十六掉臂行白衣舍戒。佛在舍衛，六羣掉臂入白衣舍，居士譏言不慚掉臂如王長者，比丘舉過，佛訶而制。

不得掉臂行垂臂前卻而行。入白衣舍式叉迦羅尼。不犯者或有病，為人打舉手遮，或惡獸擔刺人來舉手遮，或浮渡渠，以手招喚伴。

十七不得掉臂行白衣舍坐式叉迦羅尼。

十八露身白衣舍戒。佛在舍衛，六羣不好覆身入白衣舍，居士譏言所著衣服不好覆身如婆羅門，比丘舉告，佛因訶制。

好覆身入白衣舍。若在村落身處處露。式叉迦羅尼。不犯者或有病，若被繫，若風吹衣離體者。

十九好覆身白衣舍坐式叉迦羅尼。

十九祇中若有露者，應作方便令取物，女人作者起避去。

二十顧視白衣舍戒。佛在舍衛，六羣左右顧視入白衣舍，居士譏言如盜竊人，比丘舉過，佛因訶制。

不得左右顧視若在村落處處看也。行入白衣舍式叉迦羅尼。

不犯者，或有病，或仰瞻日時節，或命梵二難，左右處處伺求便道逃走者。

二十一、不得左右顧視白衣舍坐式叉迦羅尼。

二十二、高聲白衣舍戒。佛在舍衛。六羣高聲大喚入白衣舍，居士譏言：如婆羅門，不知慚愧，無有正法。比丘舉過，佛因訶制。

靜默入白衣舍。是中不默者，高聲大喚，若囑授，若高聲施食。式叉迦羅尼。不犯者，或有病，若聾不聞，須高聲囑授，若高聲施食，若命梵二難，高聲而走者。

二十三、靜默白衣舍坐式叉迦羅尼。

二十四、戲笑白衣舍戒。佛在舍衛。六羣戲笑行入白衣舍，居士譏言：不慚戲笑，如獼猴，何有正法。比丘舉過，佛因訶制。

不得戲笑，露齒而笑，行入白衣舍。式叉迦羅尼。不犯者，或有病，或脣痛不覆齒，或念法歡喜而笑者。

二十五、不得戲笑白衣舍坐式叉迦羅尼。

二十五、祇中可笑事逼，不得出斷，訶訶而笑。當忍之，起無常死想；又不可忍，以衣遮口。身不靜者，動手足，折草木。

二十六、不用意受食戒。佛在舍衛。居士請僧設供，六羣不用意受食，捐棄羹飯。居士譏言：沙門無厭，貪心多受，如穀貴時。比丘舉過，佛因訶制。

用意受食。不用意者，棄羹飯食。式叉迦羅尼。不犯者，或時有如是病，或鉢小，故食時棄飯，或還墮案上者。

二十六、五分：左手一心擎鉢，右手扶緣。

二十七、溢鉢受食戒。佛在舍衛。居士請僧，六羣溢鉢受食，捐棄羹飯。居士譏言：無慚無厭，如餓貪多。比丘舉過，因訶制戒。

當平鉢。不平者，溢鉢也。受食式叉迦羅尼。不犯者，或時有病，或鉢小，或墮案上。

二十七、十誦云：不溢鉢受食。此則了於平鉢之言。

有師尋聲注戒云：言不平者，謂離偏斜過也。

二十八、溢鉢受羹戒。佛在舍衛。居士設供，六羣取飯過多，不容受羹。居士譏言：如餓貪食人。比丘舉過，佛因訶制。

平鉢受羹。溢出流汙。式叉迦羅尼。不犯者，或時有病，或鉢小，墮食案上，平等受者。

二十九、不等受食戒。佛在舍衛。居士設供，手自斟酌。六羣自下飯已，入內取羹，還食飯已盡；時與羹已，復還取飯，飯還羹盡。居士譏似餓人。比丘舉過，因訶制戒。

當羹飯等食。彼不等者，飯至羹盡也。式叉迦羅尼。不犯者，或有病，若正須羹不須飯，須飯亦爾；或日時欲過，或命梵二難，疾食者。

三十、不次受食戒。佛在舍衛。居士設供，手自斟酌。六羣不次取食。居士譏言：不厭足，譬如豬狗牛驢駱駝烏鳥。比丘舉過，佛因訶制。

當以次食。彼不次第食者，鉢中處處取食食也。式叉迦羅尼。不犯者，或有病，或患飯熱，挑取冷處；若日時欲過，若命梵二難，疾食也。

三十一、挑鉢中食戒。佛在舍衛。居士設供，手自下食。六羣受食，當挑鉢中，令視空相。居士譏言：不厭受食，如牛驢馬駱駝豬狗。比丘白佛，因訶制戒。

不得挑鉢中，置四邊，挑鉢中央至鉢底，而食。式叉迦羅尼。不犯者，或有病，患食熱，開中令冷；若日時欲過，若命梵二難，疾剜中食者。

三十二爲已索食戒。佛在舍衛。居士設供。六羣自爲索食。如飢餓時。居士譏言。何有正法。受取無厭。比丘舉過。佛因訶制。

無病有病開自爲已索食不得自爲已索羹飯。式叉迦羅尼。不犯者。若病。若爲他。他爲己。若不求而得者。

三十三飯覆羹戒。佛在舍衛。居士設供。六羣受羹。居士識。次取羹。比丘於後以飯覆羹。居士譏言。受取無厭。如飢餓人。何有正法。比丘舉過。佛因訶責制戒。

不得以飯覆羹更望得。式叉迦羅尼。不犯者。或有病。若請食。或正須羹。有時正須飯者。

三十四嫌視比座戒。佛在舍衛。居士設食。六羣得少。比座分多。語居士言。汝今請僧自恣多少。居士有愛。報言我等與。比丘舉過。佛因訶制。

不得視比座鉢中是中視者。誰多誰少。食。式叉迦羅尼。不犯者。比座病。若眼闇。爲看得食不得食。淨不淨。受未受者。若自有病開。

三十五不繫鉢食戒。佛在舍衛。居士設食。六羣受已。左右顧視。不覺比座取鉢藏之。比丘白佛。因訶制戒。

當繫鉢想食。謂非左右顧視也。式叉迦羅尼。不犯者。或時有病。比座眼闇。如前方便。或看日時。或命梵二難。欲逃避。左右看視者。

三十六大揣食戒。佛在舍衛。居士設供。六羣大揣。令口不受。居士譏言。不知厭足。如豬狗駱駝驢牛烏鳥。比丘聞舉。佛因制戒。

不得大揣食。口不容受。式叉迦羅尼。不犯者。或有病。日時欲過。命梵二難。疾疾食。

三十七大張口待食戒。佛在舍衛。居士設供。比丘食未至。先張口。居士譏言。不慚無厭。如豬狗駱駝牛驢。比丘舉過。佛因訶制。

不得大張口待飯食。飯揣未至。先大張口。式叉迦羅尼。不犯者。或時有如是病。或日欲過。命梵等難。疾疾食者。

三十八含飯語戒。佛在舍衛。居士設食。六羣含飯語。居士譏以豬狗駱駝烏鳥爲譬。比丘舉過。佛因訶制。

不得含飯語。飯在口中。語不可了。令人不解也。式叉迦羅尼。不犯者。或時有病。或噎而索水。或命梵二難作聲食者。

三十八僧祇。若僧問使聲不異者。答之。不爾咽已答。五分益食時聽須不須。

三十九揣飯擲口中戒。佛在舍衛。居士請僧。手自斟酌。六羣揣飯遙擲口中。居士譏言。不慚無厭。如似幻師。比丘舉過。佛因制戒。

不得揣飯遙擲口中。式叉迦羅尼。不犯者。有病。若被繫縛。擲口中而食者。

四十遺落食戒。佛在舍衛。居士設食。六羣手把飯揣齧半食。居士譏言。受無厭足。如豬狗駱駝驢牛烏鳥。比丘舉過。佛因訶制。

不得遺落飯食。半已入口。半在手中。式叉迦羅尼。不犯者。有病噉薄餅焦飯若瓜甘蔗噉菜梨果蒲桃藥葉心者。

四十僧祇。麨餅段段分齊令可口。瓜果等不犯。

四十一頰食戒。佛在舍衛。居士設供。六羣頰食。居士嫌言。沙門不知慚愧。如獼猴食。比丘舉過。佛因訶制。

不得頰飯食。令兩頰鼓起。如獼猴狀。式叉迦羅尼。不犯者。病。日時欲過。或命梵難。疾疾食者。

四十二嚼飯作聲戒。佛在舍衛。居士飯僧。六羣嚼飯作聲。居士譏言。如豬狗駱駝牛驢烏鳥。比丘舉過。佛因訶制。

不得嚼飯作聲食。式叉迦羅尼。不犯者。有病嚼乾餅及焦飯甘蔗瓜果葡桃胡桃椑桃梨風梨者。

四十三噏食戒。佛在舍衛。居士設供。六羣大噏食。居士嫌言。無有慚愧。食如豬狗駱駝牛驢烏鳥。比丘白佛。因訶制戒。

不得大噏飯食。張口遙呼噏食。式叉迦羅尼。不犯者。病。若口痛。若食羹。若食乳酪漿。酥毗羅漿。若苦酒者。

四十四舐食戒。佛在舍衛。居士設供。六羣吐舌食。居士嫌言。無有慚愧。食如豬狗駱駝牛驢烏鳥。比丘舉過。佛因訶制戒

不得舌舐食。以舌舐飯揣食。式叉迦羅尼。不犯者。有病。或被縛。或手有泥及垢膩汙。舌舐而取。

四十四僧祇月直監食。欲知生熟鹹酢。著掌中舌舐之。案酢爲古醋字。酸也。

四十五振手食戒。佛在舍衛。居士設供。手自斟酌。六羣振手而食。居士譏言。無有正法。如王大臣。比丘舉過。佛訶制戒。

不得振手食。式叉迦羅尼。不犯者。有病。或食中有草有蟲。或手有不淨。振去之。

或有未受食。手觸而汙手。振去之。

四十六手把散食戒。佛在舍衛。居士設供。六羣手把散飯食。居士嫌言。食如雞鳥。比丘舉過。佛因訶制。

不得手把散飯食。散棄飯也。式叉迦羅尼。不犯者。有病。或食中有草蟲。或有不淨汙。或有未受食。捨棄之。

四十七膩手捉飲器戒。佛在舍衛。居士設供。六羣以不淨膩手捉器。居士嫌言。無法。如王大臣。比丘舉過。佛因訶制戒。

不得汙手捉飲器。有膩飯著手也。式叉迦羅尼。不犯者。有病。或草上受。葉上受。洗手受者。

四十七祇中受飲器不得深含緣觸著額鼻。不得飲盡留少許。當口處棄之。與下座。

四十八棄洗鉢水白衣家戒。佛在舍衛。六羣在食家棄洗鉢水。飯食狼藉。居士譏言。多受如餓人。比丘舉過。佛因制戒。

不得洗鉢水。雜飯水也。棄白衣舍內。式叉迦羅尼。不犯者。有病。或時合器若澡盤承取水。持棄外者。

四十九大小便生草上戒。佛在舍衛。六羣大小便涕唾生草葉上。居士見譏無慚愧。如豬狗駱駝牛驢。比丘舉過。佛因訶制。

不得生草上大小便涕唾。除病。以病故不堪避。佛言不犯。式叉迦羅尼。不犯者。流墮生草葉上。若鳥銜而墮者。

五十水中大小便涕唾戒。佛在舍衛。六羣水中大小便涕唾。居士譏言如豬狗

牛驢駱駝。比丘舉過。佛因制戒。

不得淨水中大小便涕唾。除病。式叉迦羅尼。不犯者。有病。或於岸上大小便。流墮水中。或風吹鳥銜墮者。

五十大小行處。下卷鈔中廣引。

五十一。立大小便戒。佛在舍衛。六羣起過。居士見嫌。言此沙門無有正法。立大小便。如牛馬猪羊駱駝。比丘舉過。佛因訶制戒。

不得立大小便。除病。以病故不堪蹲也。式叉迦羅尼。不犯者。有病被繫。或脚蹲有垢膩。若汙泥者。

五十二。與不恭敬人說法戒。佛在舍衛。六羣與不恭敬反抄衣人說法。時比丘聞之。少欲知慚者舉過。佛因訶制戒。

不得與反抄衣不恭敬人說法。除病。式叉迦羅尼。不犯者。或時有如是病。若為王。王大臣者。

五十二下有二十戒。皆是非儀輒為說法。如涅槃經云。非時非處例亦同矣。如律所開。唯王臣聞。豈非法由人弘。且悅形好。事通情服。自有恆準。

五十三。不得為衣纏頸人說法。除病。式叉迦羅尼。如上。

五十四。不得為覆頭者說法。除病。式叉迦羅尼。如上。

五十五。不得為裹頭者說法。除病。式叉迦羅尼。如上。

五十六。不得為叉腰者說法。除病。式叉迦羅尼。如上。

五十七。不得為著革屣者說法。除病。式叉迦羅尼。如上。

五十八。不得為著木屐者說法。除病。式叉迦羅尼。如上。

五十九。不得為騎乘者說法。除病。式叉迦羅尼。如上。

六十。佛塔中宿戒。佛在舍衛。六羣宿佛塔中。有慚愧比丘舉過白佛。佛因而訶制。

不得佛塔中止宿。除為守護故。式叉迦羅尼。不犯者。或有病。若為守護故止宿。或為強力者所執。或命梵難故止宿者。

六十一。藏財物佛塔中戒。佛在舍衛。六羣藏物置佛塔中。少欲比丘以過白佛。佛因訶制戒。

不得藏財物置佛塔中。除為堅牢故。式叉迦羅尼。不犯者。或有病。若為堅牢故。藏著佛塔中。或強者所執。命梵二難者。

六十二。著革屣入佛塔中戒。佛在舍衛。六羣著革屣入佛塔中。有慚比丘以過白佛。佛因訶制戒。

不得著革屣入佛塔中。式叉迦羅尼。不犯者。或有如是病。或為強者所執。喚入佛塔中。

六十三。不得手捉革屣入塔中。式叉迦羅尼。如上。

六十四。不得著革屣繞塔行。式叉迦羅尼。如上。

六十五。不得著富羅入佛塔中。式叉迦羅尼。如上。

六十六。不得手捉富羅入佛塔中。式叉迦羅尼。如上。

六十七。塔下食汙地戒。佛在舍衛。六羣塔下坐食已。留食及草汙地而去。以過白佛。佛因制。不得坐食。又作塔作房。若施池井。施食。眾僧集坐。迮。聽塔下坐食。不應汙地也。

不得塔下坐食。留草及食汙地。式叉迦羅尼。不犯者。一坐食及不作餘食法比丘。病比丘。聽著腳邊一處。出時持棄者。

六十八擔屍佛塔下過戒。佛在舍衛。六羣擔屍從塔下過。護塔神瞋。樂學戒者以過白佛。因訶而制。

不得擔死屍從塔下過式叉迦羅尼。不犯者。或有病。或須此道行。或為強力者所呼而去。

六十九不得塔下埋死屍式叉迦羅尼。如上

七十不得在塔下燒死屍式叉迦羅尼。如上

七十一不得向塔燒死屍式叉迦羅尼。如上

七十二不得佛塔四邊燒死屍使臭氣來入式叉迦羅尼。如上

七十三持死人衣牀塔下過戒。佛在舍衛。六羣持死人衣及牀從塔下過。住處神瞋。行頭陀者以過白佛。因訶制戒。

不得持死人衣及牀從塔下過。除浣染香熏。式叉迦羅尼。不犯者。或時有如是病。若糞掃衣比丘浣染香熏已。持入者。

七十四不得佛塔下大小便式叉迦羅尼。如上

七十五不得向佛塔大小便式叉迦羅尼。如上

七十六不得繞佛塔四邊大小便使臭氣來入式叉迦羅尼。如上

七十七不得持佛像至大小便處式叉迦羅尼。如上。有三事不犯。或時有如是病。或時道由中過。若為強力者所持去。並無犯。

七十八不得在佛塔下嚼楊枝式叉迦羅尼。如上

七十九不得向佛塔嚼楊枝式叉迦羅尼。如上

八十不得在佛塔四邊嚼楊枝式叉迦羅尼。如上

八十一不得在佛塔下涕唾式叉迦羅尼。如上

八十二不得向佛塔涕唾式叉迦羅尼。如上

八十三涕唾佛塔邊戒。佛在舍衛。六羣佛塔四邊涕唾。比丘舉過。佛因訶制。

不得佛塔四邊涕唾式叉迦羅尼。不犯者。有病。或鳥銜。或為風吹去者。

八十四向塔舒腳戒。佛在舍衛。六羣向塔舒腳坐。樂學戒者舉過白佛。因訶制戒。

不得向塔舒腳坐式叉迦羅尼。不犯者。或有病。若中間有隔。或為強力所持者。

八十五安佛下房戒。佛在拘羅國。六羣安佛在下房。已在上房住。行頭陀比丘舉過白佛。因訶制戒。

不得安佛像在下房。己在上房住。式叉迦羅尼。不犯者。或有如是病。持佛像在下房。己在上房住。或命梵二難者。

八十六人坐己立。不得為說法。除病。式叉迦羅尼。如上

八十七人臥己坐。不得為說法。除病。式叉迦羅尼。如上

八十八人在座己在非座。不得為說法。除病。式叉迦羅尼。如上

八十九人在高座己在下座。不得為說法。除病。式叉迦羅尼。如上

九十人在前行。己在後行。不得為說法。除病。式叉迦羅尼。如上

九十一人在高經行處。己在下經行處。不應為說法。除病。式叉迦羅尼。如上

九十二人在道。己在非道。不應為說法。除病。式叉迦羅尼。如上

九十三攜手道行戒。佛在舍衛。六羣攜手在道。或遮他男女居士。譏言無有正法。如王大臣豪貴長者。比丘舉過。佛因制戒。

不得攜手在道行。式叉迦羅尼。不犯者。或時有病。或比丘患眼闇。須扶接者。

九十四上樹過人戒。佛在舍衛。比丘在大樹上受夏安居。於樹上大小便。神瞋何便欲斷命根。比丘以過白佛。因制不得樹上安居及繞樹大小便。若先有大小便處聽。

不得上樹過人。除時因緣。式叉迦羅尼。不犯者。或有病。或命梵難。上過人者。

九十五擔杖絡囊戒。佛在舍衛。跋難陀絡囊中盛鉢貫杖頭肩上擔。居士謂是官人。皆下道避。比丘舉過。佛因訶制。

不得絡囊盛鉢。貫杖頭。著肩上而行。式叉迦羅尼。不犯者。或病。或為強力者所逼。若被縛。若命梵二難者。

九十五戒杖絡囊中開羯磨方得持也。此謂恆杖。

非是時須如打露驅毒。可亦加法。

九十六為執杖不恭敬者說法戒。佛在舍衛。六羣為不恭敬者說法。諸比丘舉過。佛因訶制。

人持杖不恭敬。不應為說法。除病。式叉迦羅尼。不犯者。或時有病。或為王及大臣者。

九十七人持劍不應為說法。除病。式叉迦羅尼。如上

九十八人持矛不應為說法。除病。式叉迦羅尼。如上

九十九人持刀不應為說法。除病。式叉迦羅尼。如上

一百人持蓋不應為說法。除病。式叉迦羅尼。如上

諸大德。我已說眾式叉迦羅尼法。今問諸大德。是中清淨不。三說 諸大德。是中清淨。默然故。是事如是持。

△後解正宗第八七滅諍法。

諸大德。是七滅諍法。半月半月說戒經中來。

七滅諍者。病藥觀對。機用權儀。各有治方。未可備釋。律本法聚獨據一篇。諸師疏略相從而已。至於條貫。罕出宗途。良由文相具周。致令解釋無異。今為略舉其相。知其治滅之方。就分為二。初明四諍即是病起之源。後列七藥除殄之法。

若比丘有諍事起。即應除滅。佛言。諍有四種。言諍。覓諍。犯諍。事諍。言諍者。以現前毗尼多人語二種滅滅也。覓諍以現前憶念不癡罪處所四滅滅也。犯諍以現前自言治草覆地三滅滅也。事諍者。以一切滅滅。其三種諍各分上中下三品。合明九種事諍一種歷上三諍隨分九品應隨

現前中三種五種滅上中下品對病說藥應善觀解也

就初中若有諍起即除滅者以凡心受道我倒未
傾至於同住多生見過過而不除轉增舊習若就
檢勘懷迷致諍諍既紛然僧和安在故佛制約即
須除滅縱而不思遂覆大法三寶沒世莫不由之
故拘睒彌國起諍之由及後法滅還於此國先須
識病何者為諍略分為三初識名相二分品量三
治滅法就初文中佛言諍有四種一言諍者謂評
法相是非須知邪正各執己見而生其諍諍由言
起故曰言諍二覓諍者比丘犯過理須為除制有

三根五德舉來詣僧伺覓前罪令其除殄因舉評
犯遂生其諍諍由覓生故曰覓諍三犯諍者有過
在懷宜須懺蕩罪相難識各議紛紜遂生諍競
由犯起故曰犯諍四事諍者羯磨被事義在順明
片有乖違未有成遂然人情易忍同和理難各執
一見事法成壞由斯致諍諍起由事故曰事諍上
略釋名相次明分品用七藥治四諍諍分十八則
離於藥亦有十八也何者是耶言覓犯諍各分三
品則上中下故分九種也事諍一種離為九品約
言覓犯各生事諍如何識耶謂言諍中若評教理

是非犯相輕重是名言諍若評羯磨是非迷悟不
決此名言諍中事諍若評三根清濁五德通塞是
名覓諍若評用法治舉徵覈虛實則名覓諍中事
諍於五犯聚懺評有濫名犯諍非法羯磨定罪重
輕是名犯諍中事諍隨本諍分上中下異故成九
品三明治滅方法者且就言諍分三品下品言諍
以三品現前毗尼滅一人現前兩家同聚各說教
理也二法現前以三藏教判也三毗尼現前教旨
明白疑闇自遣也中品言諍以五品現前滅一人
現前須各陳諍意也二法現前須僧作法詳評也

三毗尼現前須用羯磨有德同評無德貶退也四
僧現前戒見利及三業無乖同聚也五界現前隨
約限內有僧皆集無得隱也上品言諍用現前多
人語滅由前德人屏處評理依法斷訖能起諍人
身既不見謂有欺隱是以如來制令兩眾同聚對
面行籌多者即是法如藥說上解言諍竟次明覓
諍三品以四藥滅者覓分三品以五法現前憶念
藥滅下品五法現前不癡藥滅中品五法現前罪
處所藥滅上品覓諍次明犯諍三品以三法現前
自言治滅下品以五法現前自言治滅中品以五

法現前。草覆地滅上品犯諍。言事諍者。更無別藥。
即依三品如上用藥。各隨同滅。是以文云。以一切
滅滅。文中具三品諍。各分三品。下謂分諍設藥治
滅之相。如上解也。案記云具對注合作其。

△次解第二藥。初明後釋。案記云。初明即舉戒文。後釋即下注解。

應與現前毗尼。佛在舍衛國時。迦留陀夷與六羣在河浴。
迦留陀夷誤著彼衣而去。六羣比丘後謂彼盜。便不
現前與滅擯羯磨。迦留陀夷以緣白佛。便訶責已。因
制此法。有三種現前。法毗尼人也。有五種現前。法毗
尼人僧界也。云何法現前。所持法滅諍者是。云何毗
尼現前。所持毗尼滅諍者是。云何人現前。言議往反
者是。云何僧現前。應來者來。應與欲者與欲。得訶人
不訶者是。云何界現前。唱羯磨作制限者是。此現前
法通一切羯磨。若別人對首心念。三種現前即得。若
四人五人已上僧法。若作羯磨。必須五法現前。以
羯磨所起。必在作法界故。唯除結界。自然界中也。

言應與現前者。謂法教託相。相須面現。屏量闇斷。
終未息情。此是意也。言毗尼者。此云律也。律者分
也。筆也。謂須商度。擬量有在。若律呂之分氣故也。
又如世法。據刑約制。道法亦爾。依根附教。各有差
降。不可乖越。故曰法也。律字安聿。聿者筆也。必審
教驗情。在筆投斷。如斯面對。故曰毗尼。如初解也。
言當與者。既具三法五法。明觀灼然。須順教行。以
定紛諍。故曰也。就解分二。初緣後相。就初由在屏
處作滅法。不召犯人。問何心取法。是人非何。名實

覈所以。制約須面對論。三五兩相。義如前解。又言
此現前法通諸羯磨。以類傍通。文相可解。

應與憶念毗尼。佛在王舍城。時沓婆摩羅子為僧知事。六
羣中得惡房臥具惡請處。起瞋謗言有愛恚怖癡。遂
以婬事誣謗。親於眾中。佛問虛實。彼言我從生來。乃
至夢中不婬。況於覺寤。比丘以事詰問。六羣便言沓
婆清淨。無如是事。佛言沓婆無著人。不故犯戒。應白
四羯磨與憶念法也。

二明憶念者。與法證明。憶記無犯也。無著羅漢方
行此法。自餘下凡不可依據。不合行也。

應與不癡毗尼。佛在王舍城。時難提比丘得癲狂病。行來
出入。不順威儀。多犯眾罪。比丘詰問。便言癡時造罪。
病差不作。以事白佛。佛言三種狂癡。一者常憶說戒
常來。二者不憶說戒不來。三者或憶或來或不來。此
人應白四與不癡羯磨。證知病時造過。差後不造。應
僧清淨。得足數故制。

三明不癡者。以癡造罪。非心所懷。於教不制。癡解
不作。未可徵治。不無前犯。故作白四。證癡不犯。與
癡狂法。則行白二。由諍是非。稍難除殄。故此狂法
便行白四也。

應與自言治。佛在瞻波國。白月十五日僧說戒時。佛在眾坐。默不
說戒。初夜已過。阿難請說。佛言欲令如來於不淨眾
中說戒者。無此理也。中夜後夜請答亦爾。時大目連
即以天眼觀犯戒者。去佛不遠。內懷腐爛。外現完淨。
即手牽出。來白佛言。眾已清淨。應得說戒。佛言自今
已後。不應為取自言治。因制此戒。

四自言治者。罪是自生。還須自露。對於人眾面陳其失。故曰自言。因言其罪情無隱伏。則曰治也。緣中由不取自言。恐後清人濫被驅逐。因制斯藥。亦有三法自言。五法自言。如上現前可以知也。

應與多人語當與多人語。佛在舍衛國時。諸比丘於十八事諍不息。遂至僧中斷不了。以事白佛。佛言。應與多覓罪相。法非法語同一處。應差比丘令行舍羅。行有三種。一者顯露。二者覆藏。三者耳語。若上座標首智人和尚阿闍梨住如法地。應顯露行舍羅。若住非法地者。作下二法行之。若非法語人多。彼應作亂起去故。此律本云。求覓罪相。意亦同之。

五多人語者。由評法相取解不同。故召兩朋同處面決行籌。五德具八法者。三種量度詳審眾情。又

知義理邪正明決。依法行之。非法者多。且令散去。後當更斷。待法語人。事希法隱。故略不述。今亦有師共諍佛性。或道理有。或執行成。俱有俱無。不能自決。十住羅縠。凡下絕思。義須三藏據理取斷。是名事露法隱誰有行之。案記云。十住字誤。合云十地。

應與罪處所當與罪處所。佛在釋翅瘦國時。象力釋子善能論議。得外道切問。前後相違。僧中亦爾。比丘以事白佛。佛言。僧應白四與彼羯磨。治取本罪。奪三十五事。若伏首本罪者。應白四羯磨如法為解。故立此法。有本為覓罪相者。意同如上。而次第六。滅覓諍上品藥故。

六明罪處所者。由彼比丘多造罪故。輒便首重。及後舉勘。便復引輕。僧量其情。亦可推覈。未舉自陳多是其實。恐治引輕定是虛枉。故重加法奪其智能。伏首本罪方為解救。故僧作法徵其罪處。故曰也。律本此名或名覓罪相者。或以多人為覓罪相者。今誦戒人不釋藥之上下對病治滅。應先誦多滅後誦覓相。此是好也。

應與如草布地當與如草布地。佛在舍衛國。比丘共諍。經年難滅。以事白佛。佛聽彼此二眾相對共滅。應一眾中上座作白言。我等行來出入多犯諸罪。除遮不至白衣家。餘罪共長老作草覆地滅。彼一眾中上座亦如上作白已。彼此和合。罪諍俱滅。更不相問。如草覆地。

七明草覆地者。兩朋相諍。經年難滅。勘檢罪事。不知首尾。無由以教取斷是非。故直面對各陳咎失。

不須後說彼我是非。罪諍於此一時俱淨。如草掩泥。事淨便止。故曰也。

諸大德。我已說七滅諍法。今問諸大德是中清淨不。

三說

諸大德是中清淨。默然故是事如是持。始從四重。終此七滅諍。八篇之文。廣教正宗也。皆謂犯略制廣。補其行教。有當機益。

結後釋云。如注所引。當機益者。明上八段廣教正宗。惠利在機。必修於行。剋翦煩惱。深有成益也。

諸大德。我已說戒經序。已說四波羅夷法。已說十三僧伽婆尸沙法。已說二不定法。已說三十尼薩耆波逸提法。已說九十波逸提法。已說四波羅提提舍尼

法已說眾學式叉迦羅尼法已說七滅諍法此是佛所說戒經半月半月說戒經中來（此卽廣教流通文也恐情疏放故總結以示之）

大段第三言諸大德我已說戒經序下廣教別流通也還牒九段反束告知舉教所出勸說流通也

自上明廣教三段竟

△次釋第二大段略教行法文分三段第一從初若更有餘佛法至應當學來明略教發起序第二從忍辱第一道下至廣分別說來略教正宗第三諸比丘下勸修流通也

若更有餘佛法是中皆共和合應當學（此謂略教之別序也創佛利機未勞廣顯直舉綱要聞皆會道）

就初略序文云若更有餘佛法者一解據上釋迦所說為本望下六佛在釋迦之前謂之為餘故曰餘佛法也明此勸信修學與下略說作興致之由故名為序又解上章八篇廣相二機同感序引七佛咸共說之略教既被化初多被攝心之士恐於末法無機不須故列七法同成一禁也問前解云下有七佛說略何故偏指六佛為餘答六佛攝義既寬從多故也又解據上廣教為當機之法略教在廣之外謂之為餘通有攝心之能理須齊奉故曰是中和合應當學也或指偷蘭之罪八篇不列為餘不成解也

△第二段略正宗法文分為七

忍辱第一道　佛說無為最　出家惱他人
不名為沙門

此是毗婆尸如來無所著等正覺說是戒經（此賢劫前九十一劫出興於世一百年中常說此偈後方廣說）

初段又二初法體偈中分二上半明忍行之益下半示不忍之損就初忍法有三一法思惟二他不

益三安苦也於辱生忍故曰忍辱行功既彊入道最勝故曰第一道此明因行也因不虛設必能感果是以次句明涅槃體寂不為諸相所遷故曰無為出離中勝故曰最也又釋忍力最大不為緣動名曰無為諸行中勝故曰最也又釋夫欲淨澄戒行必以忍法為先既令戒淨故先歎忍也忍成戒淨有相自亡故次歎無為也下半誡勸中沙門名息惡之士今內違外惱便乖出俗形名也出家異俗也沙門異名也次釋能說法人中分三初題名二舉號三結法屬人也此是毗婆尸者顯前所說

有劫佛名也。此佛在賢劫前九十一劫出世。由中間劫空，故遠取有劫佛，以成七世也。乃至後彌勒佛興，即以尸棄為第七之祖也。如是廣知。本曰毗婆尸。或曰婆沙鉢沙。此譯同為廣說也。二如來無所著等正覺者，佛德難窮，略陳三號，解釋如常。三說是戒經者，明忍清戒之法。戒淨由忍而成，既是正法，判非邪教，故陳聖量也。下六佛並同此解。

譬如明眼人　能避險惡道　世有聰明人
能遠離諸惡

此是尸棄如來無所著等正覺說是戒經。此賢劫前三十四劫出興於世，八十年中常說此偈，後方廣說。

第二段略如上分之。就初偈中，但明離過行也。上半約譬明離險，下半約世明遠惡也。俗世俱有遠險避惡之能也，況出世缺有之士而同塵隨染乎。下明能說人中，言尸棄佛與第三同在賢劫前三十四劫中出世，前後兩分空劫無佛也。

不謗亦不嫉　當奉行於戒　飲食知止足
常樂在空閑　心定樂精進　是名諸佛教

此是毗葉羅如來無所著等正覺說是戒經。此佛出世與前同劫，人壽七萬歲，七十年前說此略偈，後方廣說。

第三段略偈明止作二行，教化於時也。就初四句，明身口奉戒，止行成就，相後有半偈，修善策勤作行成就也。就初又二：初半偈，口無過也；次半偈，身離過也。同住檢行稱根而舉名，不謗；又解稱法而談，無顛倒過，不非聖說，故曰不謗。見他名利，口無譏毀，名不嫉也。二過既無，理資行本，故當奉戒也。就身離中，受納有方，不生內苦，故知止也。在喧亂道，處靜同聖，故樂空也。上既身口據法，定慧必有日新，故曰心定樂精進。策修之慧，即四修也。法非餘人所傳，深須諦受，故曰是諸佛教也。

譬如蜂採華　不壞色與香　但取其味去
比丘出聚然　不違戾他事　不觀作不作
但自觀身行　若正若不正

此是拘樓孫如來無所著等正覺說是戒經。此佛賢劫初佛。人壽六萬歲，時六十年常說此偈，後方廣說。

第四段中說自利利他行，或純自利行。初釋分二，初偈明利他行法，下偈但明自利行也。就前偈初三句喻，文後比丘下合喻。初中假名行者待食資身，如蜂在聚也。乞食如採世華，攬四塵以成有感果之用，故名華也。施主亦以四事和合名施，必同感果之用故如華也又蜂之採華非直取味亦損色香但取之至微不損成華感果之用故曰不壞色香也比丘亦爾終不多求壞俗之信義同不壞色與香也趣乞少許資身長道故曰但取其味去文中比丘合上蜂也出聚者方欲乞食向俗故云出向聚落如蜂不異故曰然也又云出聚者入聚落得食出詣僧園將噉無損俗懷如蜂在林取味出林還返故云出也又有戒文爲入聚者言比丘初入必以蜂喩自觀也下偈明自行中上明不外違下明唯內愼也不違戾者衆行不乖也不觀作不作者別人不預也夫好惡由乎淨穢愛憎必因斯起凡夫遂有去取終恐涉於貪瞋事須兩遣成於捨護也下自觀中如常解又通作自行解初三句喩文下並法說行者如蜂也將入衆中學於行儀爲採也淸衆法成有感果用爲華也依法而行不乖衆綱名不壞也採取敎法有資神用名取味也比丘合上蜂也入聚合上採華不違等半偈合上不壞色香也但自觀下合上取味也又解初偈明自行也形報須資依俗濟道受納有儀如初偈也行假衆成力未兼濟隨機處默恐惱僧儀故自

外護卽後偈也第二結能說中拘樓孫賢劫成時人壽六萬歲時六十年常說此偈過此方說廣也上下並須比事如此釋之問劫初人化命限無量佛何不出者答無過放逸雖出不受正化故論云劫滅佛興劫增輪王也

心莫作放逸　聖法當勤學　如是無憂愁

心定入涅槃

此是拘那含牟尼如來無所著等正覺說是戒經（此賢劫中爲第二佛人壽四萬歲二十年前常說此偈後方廣說）

第五段明輕縱放逸行然放逸之相極多莫非迹散流俗心隨苦樂名放逸也如涅槃說最爲善行之霜雹就偈分二上半明因行下半明果滿也縱心塵境隨緣染著方名放逸若能攝心與正觀相應離諸緣過故曰心莫作放逸然逸通身口心爲本業故指心也此明離過進修會正有解脫因名爲聖法當勤學如是者牒上因成也由行聖法入增忍位苦業永亡故曰無憂愁也心淨慧明諸有永絕故曰心定入涅槃也賢劫初第二佛四萬歲時出世三十年前恆說此偈

一切惡莫作　當奉行諸善　自淨其志意

是則諸佛教

此是迦葉如來無所著等正覺說是戒經（此賢劫第三佛人壽二萬歲二十年前說此偈後方廣說）

第六段明三學行經過修善也偈文為二初三句明行教下一句指非濫說也就初有二句上明止惡下明修善又有一句明止作二行本唯心起當觀志意也心有所主名意貞固難拔名志也斯之正戒非餘邪術故曰是諸佛教賢劫第三佛人壽二萬歲時出世二十年前常說此偈

善護於口言　自淨其意志　身莫作諸惡

此三業道淨　能得如是行　是大仙人道

此是釋迦牟尼如來無所著等正覺於十二年中為無事僧說是戒經從此已後廣分別說（此佛略教即是略之正宗也時接利根無再犯者後因重過佛止不說即以廣略二教付弟子說也）

第七段明調三業門以化於時偈分為二初一行明三業行淨後明行成會正也是大仙人道者佛為世導任物施名仙為俗網所欣故佛因之立教小仙未免三惡大仙永離九居故曰也能說人此賢劫第四佛也義當分三此是釋迦下明能說之人於十二年下明略教所為也從此已後廣說者明息略通廣也為無事僧者如光師釋由未最初犯故曰無事又釋容有初犯但不在眾得行說戒故曰無事今釋云如律五年制廣教便有犯人但最初不犯即名無事也至十二年方有重犯如律佛言從今我不說戒汝今自說等問佛何不為犯者說答以無事不知無時不練犯人三問不答必有碎首之苦故不為也問佛僧兩說俱為行淨之士如何一開一閉答佛眼無不觀了唯行淨者方同僧制取報三根現淨得陳說戒問俱有說能開閉猶昧請陳其旨答佛說不應則神杵壞之僧說

不應則無神可損故知末法淨穢同居但說對淨士會機入正穢雖在眾不壞僧法但自壞行遠有出期也

諸比丘自為樂法樂沙門者有慚有愧樂學戒者當於中學（此謂略教之流通分）

第三諸比丘下明略教流通也自為者獨拔厭世也樂法者修善教也樂沙門者息惡士也有慚者隱不起過也有愧者外無非違也樂學戒者總攝上五戒斯行本也當於中學者明上略教為行者所依可受而從必有成濟也

△大段第三明廣略二教總流通文分爲五。初從明人下至諸佛法來。明廣教行益勸信流通。第二若有自爲身下至入寂滅涅槃來。明略教行益開演信順流通。第三從世尊涅槃時下至得入涅槃來。明戒爲衆行之師。善護行淨之士。明付囑久住。以辨流通。第四若不持此戒下二偈。明違佛遺囑。必有陷墜之咎。勸信奉順流通。第五我已說戒經下。結前迴向。以辨流通。

明人能護戒　能得三種樂　名譽及利養
死得生天上　當觀如是處　有智應護戒

戒淨有智慧　便得第一道　如過去諸佛
及以未來者　現在諸世尊　能勝一切憂
皆共尊敬戒　此是諸佛法

就初段分二。初有二偈。正彰戒益勸觀。第二如過佛下一偈半。引彼三世同遵行益也。就前有二。初有偈半。明持之時。不期世報而冥感獲。次有半偈。明持戒之善與慧相資。道成遠益。超出相有。名第一道也。釋文可解。第二引上廣行之教。必有正說之人。故通明三佛。既並絕縛。俱遵戒法。若斯敬持。是諸佛法也。

若有自爲身　欲求於佛道　當尊重正法
此是諸佛教　七佛爲世尊　滅除諸結使
說是七戒經　諸縛得解脫　已入於涅槃
諸戲永滅盡　尊行大仙說　聖賢稱譽戒
弟子之所行　入寂滅涅槃

第二段略教分三。初一行明律主引略勸之文。次一行半舉七佛說略行之度世也。後尊行下一偈。明七佛諸子承奉聖教。亦同度世。明信順於略。既有功能。義非徒誡故也。

世尊涅槃時　興起於大悲　集諸比丘衆

與如是教戒　莫謂我涅槃　淨行者無護
我今說戒經　亦善說毗尼　我雖般涅槃
當視如世尊　此經久住世　佛法得熾盛
以是熾盛故　得入於涅槃

第三世尊涅槃時下分三。初一行引佛戒時。將傳遺訓之儀。第二莫謂我涅槃下一行半。正明付囑之法。後三此經久住世。明依教修行。佛法增益廣大。由依教行。如佛在日不殊。故得入滅也。

若不持此戒　如所應布薩　喻如日沒時
世界皆闇冥　當護持此戒　如犛牛愛尾

和合一處坐　如佛之所說

第四若不持此戒下明違教有損文分爲二初偈舉損令慧日沈衆行沒也故譬日沒則衆世闇矣後偈覩損勸持奉戒遮防犛牛愛尾成上持戒也和合如說成上如所應也

我已說戒經　衆僧布薩竟　我今說戒經
所說諸功德　施一切衆生　皆共成佛道

第五我已說中分二初一偈結前廣略之文後半偈明說戒之益豈唯即坐亦迴斯業通被有心故云成佛道也

斯文即法護尊者所撰爲廣略二敎總流通也今余所註述而不作將用塵露山海昭揚遠代同舟所存固其爾矣

隨義更消亦得但講通將了說導若流衆又久習多生怠慢故須約略指掌接悟羣情可矣

四分律含注戒本疏卷第四下

敬刻此疏連圈計字二十三萬四千六百二十四箇共付刻資並連簽條一千一百八十四元六角六分

中華民國二十年一月　天津刻經處識

四分律含注戒本疏後序

唐終南太一山沙門釋道宣撰

余以經生遭筵正法昔在童稚卽有信心無緣攜接致及過學年十有五方得尋師十六誦經十七剃落大業餘曆蒙受具戒于時佛法梗塞寺門常閉致於律教無處師尋但在守文持犯不識大唐御世時遭儉約乍欲投聽志不自由武德四年方得預聽纔得一徧便欲坐禪和尚教曰戒淨定明慧方有據始聽未閑持犯焉識汝且專聽吾自爲汝知僧役務又往聽律十徧心樂禪思不忘晝夜聞持犯處多貫心懷

至於文句並不尋究又欲坐禪和尚又曰更聽十徧可遂汝心又往律筵依位伏業時首律師親命覆讀自顧愚闇文句缺然至於義理依語謹誦未是心證何容覆講遂不敢受聽二十徧時經六載貞觀初年周遊講肆尋逐名師若山若世遂以所解造鈔三卷未及覆治人遂抄寫貞觀四年遠觀化表北遊幷晉東達魏土有厲律師當時峯岫遠依尋讀始得一月遂卽物故撫心之痛何可言之乃返沁部山中爲擇律師又出鈔三卷乃以前本更加潤色筋脈相連又出刪補羯磨一卷疏兩卷含注戒本一卷疏三卷于時母氏尙存屢遣追喚顧懷不已乃返隰列同法相親追隨極衆乃至三十達於河濱一夏言說又出尼注戒本一卷遂爾分手唯留鈔本餘並東流巡涉稽湖達於京邑十六年內母氏云崩性不狎喧樂居山野乃因事故遂往南山至二十年方得巖隱有樂戒者乃復相尋祈廣其文事不獲已又出羯磨幷疏四卷永徽初年又請戒本及注解疏情不能已又出戒本含注幷疏四卷值患停廢心志遼落昏忘非一爲求不已至永徽二年九月十九日方爲疏訖麤得開其大務決事行用頗有準承余今暮年旦夕爲命故以歷之亦絕筆有據耳

四分律含注戒本隨講別錄

沙門弘一撰

一 余弘律之因緣

初出家時、卽讀梵網合注。續讀靈峯宗論、乃發起學律之願。

受戒時、隨時參讀傳戒正範及毗尼事義集要。

庚申之春、自日本請得古版南山靈芝三大部、計八十餘冊。

辛酉之春、始編戒相表記、六月第一次草稿乃訖。以後屢經修改、手抄數次。

是年閱藏、得見義淨三藏所譯有部律及南海寄歸內法傳、深爲讚歎。謂較舊律爲善。故四分戒相表記第一二次草稿中、屢引義淨之說、以糾正南山。其後自悟輕謗古德、有所未可、遂塗抹之。經多次刪改、乃成最後之定本。

以後雖未敢謗毀南山、但於南山三大部仍未用心窮研。故卽專習有部律。二年之中、編有部犯相摘記一卷、自行抄一卷。

其時徐蔚如居士創刻經處於天津。專刻南山宗律書、費資數萬金、歷時十餘年、乃漸次完成。徐居士始聞余宗有部而輕南山、嘗規勸之。以爲吾國千餘年來承秉南山一宗、今欲弘律、宜仍其舊貫、未可更張。余因是乃有兼學南山之意。爾後此意漸次增進。至辛未二月十五日、乃於佛前發願、棄捨有部、專學南山、幷隨力弘揚、以贖昔年輕謗之罪。昔佛滅後九百年、北天竺有無著天親等兄弟三人。天親先學小乘而謗大乘。後聞長兄無著示誨、懺悔執小之非、欲斷舌謝其罪。無著云、汝既以舌誹謗大乘、更以此舌讚大乘可也。於是天親遂造五百部大乘論。余今亦爾。願盡力專學南山律宗、弘揚讚歎、以贖往失。此余由新律家而變爲舊律家之因緣、亦卽余發願弘南山宗之因緣也。

二 略述律學之派別

化制二教。
- 一化教。
- 二制教。亦云行教。

依大乘律宗之說。以大小二乘若道若俗當守之戒律、皆屬制教。經論所言理觀等、乃名化教。

依小乘律宗之說。制教唯是道衆當守之戒律、局於小乘。已外悉爲化教。　今且依大乘律宗之說。

制教中分二。
- 一密教律。　如唐善無畏三藏禪要、及大日經幷一行禪師疏義釋廣明。
- 二顯教律。　如下所明大小二乘律是。

顯教律分二。
- 一大乘律。　如梵網善戒等。瑜伽論戒本、宗於菩薩善戒經。
- 二小乘律。　如四分十誦等。

小乘諸律分部有二說。
- 一舊律家之說。　如今所述。
- 二新律家之說。　如唐義淨三藏南海寄歸內法傳所述、今不錄出。

舊律家傳小乘律分五部。有二說。〔異說最多〕（新律家云四部）

佛滅百年後、第五祖優婆毱多尊者之下、有五弟子、同時於律藏分五部派別。

一依大集經。
- 一曇無德部、四分律。
- 二薩婆多部、十誦律。
- 三迦葉遺部、但傳戒本、卽解脫戒經。
- 四彌沙塞部、五分律。
- 五婆粗富羅部、未傳。

僧祇律、卽是根本部。以上五部、皆由彼部主依此僧祇律中、契同己見者、集爲一部。

二義鈔所引三藏口傳、及遺教法律經。（拾毗尼義鈔）（卽舍利弗問經）— 此說無婆粗富羅部、卽以僧祇律列入五部。古師多謂僧祇本律卽婆粗富羅者、非也。

附律論依南山律所引用者錄
- 善見論（見論）、毘尼母論（母論）　— 四分
- 薩婆多毘婆沙（多論）、薩婆多摩得勒伽（伽論）、五百問論　— 十誦
- 明了論　— 正量部

此土四分律宗三大家。〔甚多、舉大〕
- 一相州日光寺法礪。　相部律。州稱部者、僧傳之語例。
（南山三十五歲往學、僅一月卽故。）
- 二終南山道宣。　南山律。
- 三西太原寺東塔懷素。　東塔律。

四分南山宗下二派。
- 一宋錢塘昭慶寺允堪。　亦稱天台律師。
- 二宋錢塘靈芝寺元照。

八十誦律　卽根本之律藏也。如來滅後、結集三藏之時、優婆離尊者於一夏九旬之間、八十番誦出之、故名八十誦律。佛滅後百年內唯有此律。

始分二部　佛滅後、結集之時、卽有上座部大衆部窟內（上座）窟外（大衆）之異。但此時猶非宗義之別稱。而上座與大衆之名、實起於此。逮佛滅後百年、始分宗義爲二部、卽用昔名而分。五部十八部等、亦卽依此而分也。

僧祇　僧祇翻爲大衆。但卽窟內上座部也。（僧祇律者、此根本二部中之窟內上座、因大衆之名、通二部故。）

三 此土流傳之次第

曹魏時。始譯僧祇戒心、四分羯磨、斯二部、初傳洛陽、是爲大僧受戒之始也。

（此據南山所傳。若約他家傳述、漢靈帝以後、北天竺有五沙門、創與此方五人受戒、所誦戒本卽古戒本是也。）

其時比丘尼唯從一衆邊受、至劉宋文帝時、有西尼來、乃足十數。是爲比丘尼於二部中受戒之始也。

姚秦弘始六年至八年、譯十誦律。

姚秦弘始十二年至十五年、譯四分律。　以上二種、譯於關中。

東晉安帝義熙十四年、譯僧祇律。

劉宋景平元年譯五分律。以上二種、譯於江左。此四種、所譯時代略同也。
唐天后久視至睿宗景雲時、譯根本說一切有部律。此律南山未見
江南嶺表十誦先盛。關中（陝西）諸處、多承僧祇。四分雖譯於姚秦、而至元魏孝文時、法聰乃始弘揚。法聰本習僧祇、因考受體、遂弘四分。五傳至智首、智首傳於南山、四分一宗乃大盛焉。
五分罕有弘通者。南山嘗稱其文勝、而傷歎也。
根本說一切有部律、翻譯最爲完密。但譯布稍後、適在四分盛行之時、故未傳布。

四 示今所宗

今所宗者、爲四分南山宗依靈芝諸記而修習焉。斯宗妙義、讚莫能窮。今略舉之。

一 創明圓體

羯磨疏中分判三宗。
一實法宗（有宗）　即薩婆多部。十誦律。當分小乘教。
二假名宗（空宗）　即今所承曇無德部。四分律。過分小乘教。雖通大乘、非全大教、蓋分通也。
三圓教宗。　依法華涅槃二經之意、決了權乘、同歸實道。終窮大乘教。既開顯大解、依小律儀即成大行、以大決小、不待受大、故云圓教也。

靈芝戒體章云。問、此與天台圓教爲同爲異。答。理同說異。何名理同。以下疏中、引法華文、用法華意、立此圓體。但彼教統攝、此局一事。何名說異。今此爲明戒體、直取佛意、融前二宗、自得此談、非謂取彼、但名相濫、是故異也。
此爲南山律之樞要、最宜窮研。具如行事鈔業疏及記廣明。

二 包含精博

以四分爲主、兼採他部、具備衆長。故靈芝云。貫攝兩乘、囊包三藏、遺編雜集、攢聚成宗。
斯宗崛興、獨盛當世。自是九代諸師之作、蔑如無聞。歿後數百年間、沛然莫禦。非四依大士垂示像季者、其孰能至於此哉。

南山靈芝諸撰述、自宋已後、多佚不傳。明季靈峯蕅益大師、寶華三昧見月諸律師等、雖有重興律宗之意、而諸家撰述佚失、無由承稟。近今三十年來、中土古德佚著、乃自東瀛取返、復顯於世。蓋佚流海外、已近千年矣。學者得是希有難逢之寶典、宜如何歡欣而踴躍耶。

南山律典目錄　據現今流傳者。先後次第、依靈芝錄。

四分律刪繁補闕行事鈔十二卷　六册　天津版已下皆同
四分律拾毗尼義鈔四卷　二册
四分律刪補隨機羯磨二卷　一册
四分律刪補隨機羯磨疏四卷　會入羯磨文十二卷　六册
四分律含注戒本三卷　二册
四分律含注戒本疏四卷　會入戒本文十二卷　六册
四分律刪定僧戒本一卷　一册
四分律比丘尼鈔六卷　三册
量處輕重儀二卷　一册
釋門章服儀一卷　與釋門歸敬儀合册
釋門歸敬儀一卷⊕
律相感通傳一卷　一册
教誡新學比丘行護律儀一卷　一册
關中創立戒壇圖經一卷　一册
舍衛國祇洹寺圖經二卷　與戒壇圖經合册⊕*
淨心誡觀法一卷　與新學比丘行護律儀合册
大藏經會譯案徐文霨居士輯錄南山文牘三卷一册、與上十六種合編爲南山律要。
⊕靈芝錄無　*弘一大師原稿無

靈芝律典目錄　皆天津版

行事鈔資持記四十二卷（與鈔合會）二十册
羯磨疏濟緣記二十二卷（與疏合會）十二册
戒本疏行宗記十六卷（與疏合會）十六册
芝苑遺編五卷　二册　內附戲他文
刪定尼戒本今附刊四分律比丘尼鈔後
章服儀應法記一卷　一册
道具賦一卷　一册
佛制比丘六物圖一卷　一册
遺教經論住法記二卷　二册*

五 此次講律之學程

四分律含注戒本　含注擇講。其不講者、於下學程講隨機羯磨時、補講之。
戒相表記　全册皆細講。惟警策語等略講之。

六 所用之教授法

參用新教授法、務期明瞭易解。
惟依文釋義、無有發揮。如三寶七佛乃至涅槃等義、講釋尤略。
難解之文言及律學專門名詞、必不得已乃用之。用時隨即略爲解釋。
教材極爲簡單、罕有增加。惟增加下記數種。
講解之前、先略說律學派別等。
靈峯宗論及毗尼事義集要中、有警策之文及問答等、酌爲選錄、隨時附講。
講廣教別序後、略說篇聚名義等。
盜戒依戒疏事鈔增之。
消釋文義、皆宗南山靈芝之說。凡有新律家所釋、與舊說大異者、亦附及之。以備參考。（南山鈔疏有時所說不同。蓋鈔文猶宗昔解、疏文乃改易也。）

七 問答遣疑

問。常人皆謂學律者應偏重行持、未審然否。答。解如目、行如足。行持固重、而不知解義爲尤要焉。若於律義未能十分了解、而以臆見率爾行之、執非爲是、謗是爲非。他人不知、舉起倣效、壞亂正法、其罪極大。古人謂惡紫奪朱、即此意也。若於律義果能十分了解、雖行不足、亦可對衆宣揚、續佛慧命、以正知正見接引後學。彼雖不行、而其學者或能行也。昔鳩摩羅什法師、爲姚主所逼、受女十人、不住僧房、別立廨舍。每至講說、常先自云。譬如臭泥中生蓮華、但採蓮華、勿取臭泥。所謂依法不依人也。由是觀之、解義而行持不足、猶可弘護正法、雖行而解義未徹、不免誤入歧途。故曰解義爲尤要也。
問。破四重戒、仍可說法。出於何律。答。十誦律。衆中羯磨誦律無堪能者。學悔比

丘、開作說戒自恣羯磨、亦聽衆中誦律。此且約制教而言。雖聽秉法、猶名破戒。若約化教、如涅槃經云、犯四重者、若披法服、猶未捨遠、常懷慚愧恐怖自責、其心改悔、生護法心、建立正法、爲人分別、我說是人不爲破戒。

問。俗謂不知者無罪。今若不學戒律、愚無所知、雖或犯戒、以不知故、能無罪否。

或雖有罪、能輕減否。答。若約未受戒者、雖犯而無破戒之罪。若已發心受戒、即應依律修學、盡力行持。倘因不學而破戒者、於其應得正罪之外、更加不學無知諸罪、寧復有輕減耶。若畏破戒而恐懼者、惟有退戒返爲白衣耳。

問。戒相繁多、具持非易。值玆末法、最低持戒者、以何而爲標準。答。律藏五百結集法云、佛涅槃後、諸阿羅漢集法之時、阿難白大迦葉言、我親從佛聞、憶持佛語、自今已去、爲諸比丘捨雜碎戒。當時阿難愁悲忘失、未問何者是雜碎戒、制限莫定。詢諸比丘、言各不同。迦葉乃命仍依佛世舊制、而具學之、不復棄捨。當今之時、末法鈍根、人畏其繁、具持非易。幸有捨微細戒遺教、猶可依行。制限多寡、人各隨力。且約最低標準而言。止持之中、四棄、十三僧殘、二不定法、悉應精持。作持之中、結僧界、受戒、懺罪、說戒、安居、自恣等、亦易行耳。

八 未來之希望

余於初出家受戒之時、未能如法。準以律義、實未得戒。本不能弘揚比丘戒律。但因昔時既虛承受戒之名、其後又隨力修學、粗知大意。欲以一隙之明、與諸師互相研習。甚願得有精通律義之比丘五人出現、能令正法住於世間、則余之弘律責任、即竟。故余於講律時、不欲聚集多衆。但欲得數人、發弘律之大願、肩荷南山之道統、以此爲畢生之事業者。余將盡其綿力、誓捨身命而啓導之。學者約分數學程。

第一學程。 四分含注戒本、戒相表記、如前所述。共二册餘。

第二學程。 隨機羯磨一册。

於以上二學程學畢、即能了知律學大綱。 戒本羯磨皆須讀誦。

第三學程。 行事鈔、擇講資持記。 自閱比丘尼鈔及其他。

第四學程。 略講戒本疏。 自閱義鈔及其他。

第五學程。 略講羯磨疏。

中人之資、若能盡力研習、約四五年即可學畢。但須有恆心、決不間斷。又須心思精細、決不粗浮者、乃可能圓滿成就也。

余於前年二月、既發弘律願後、五月居某寺、即由寺主發起欲辦律學院。惟與余意見稍有未同。其後寺主亦即退居。此事遂罷。以後有他寺數處、皆約余往辦律學院。因據以前之經驗、知其困難、故未承諾。惟於寧波白衣寺門前存一南山律學院籌備處之牌、余則允爲造就教員二三人耳。以後即決定弘律辦法、不立名目、不收經費、不集多衆、不固定地址等。去年春間、在某寺、有數人願學律。余爲講四重十三僧殘。後以他故中止。

夏間居某寺、有數人來願學律。道心堅固、行持甚嚴。乃不久彼等即與寺主有故、遂往他處。以後在此寺舊住者有數人、諄囑余講律。本擬於八月開講。而學者於七月即就職他方。故此次在本寺講律、實可謂余弘律第一步也。

以上略述余發心弘律後所經過諸事。余業重福輕、斷不敢再希望大規模之事業。惟冀諸師奮力興起、肩荷南山一宗、廣傳世間、高樹律幢。此則爲余所祝禱者矣。

九 此次講解之程度

初學——求解文義
宿學——參考教授法

佛學院普通佛學課程中 律學講義
- 止持
  - 含注戒本
  - 戒相表記
- 作持——隨機羯磨

簡要顯明。 每週二小時、一學年講畢、約八十小時、即可了知律學大要。

所以今講義立酌中標準。若在他處預定所講時間更多者、即可再增加教材。若在戒期內講、預定時間僅四十小時左右者、即可減少。

筆記簿子三册

Ⅰ 余所編之講義草稿、將來即可依此轉授初學。

Ⅱ 聽時寫錄。

Ⅲ 問答 筆問筆答、有四利益。

一 問詞與答詞皆能詳細說明。

二 問者與答者皆起鄭重之心、決不潦草、各負責任。

三 所問之義、隨時記錄、以備教授法上參考。

四 於問答文中選擇精要者、列入書中流傳。

以後口問、恕不答覆。不合處乞正。 氣弱、講中暫停。

講題目之前先講三名

(一)律 毗尼 毗奈耶

古譯爲滅、(文見母論)從功能爲號。 滅諸惡法、故曰毗尼。

今譯爲律、律者法也。(法以楷定爲義)謂犯不犯輕重等法、並律所明。 即從教爲名也。

(二)戒 尸羅

義訓爲警。由警策三業、遠離緣非。此明因也。對下木叉言。

(三)別解脫 波羅提木叉

或譯爲別別、或云處處。望後究竟、近而彰名。此明隨分果也。

言隨分者、顯非頓脫、即處處義。

依此三名次第而言、律者教也、能生行解、故在初。教不孤立、必詮行相、戒則因之而立。戒不虛因、必有果克、故解脫絕縛、最在其終。 教—行—果

南山律但列此三名。隋淨影具舉四名。梵語優婆羅叉、正譯曰律。梵語毗尼、正譯曰滅。(新譯曰調伏)餘二同。

講題目

戒本 本者、根也。或作戒心。居中統要、故喻爲心爲本焉。

比丘戒本有六部

- 一姚秦覺明集譯本（佛陀耶舍）
- 二元魏慧光刪定本
- 三北齊法願集本
- 四唐道宣集並注本。
- 五唐道宣刪定本
- 六唐懷素集本

如何形式

含注 引律廣解、參註文中。

屬何律

四分律 四度傳文、盡所詮相、故云四分。此據說之所至、非義判也。

四分

- 第一分 二十一卷 比丘戒
- 第二分 十五卷 尼戒犍度二種
- 第三分 十三卷 犍度十六種
- 第四分 十一卷 犍度二及其他

講人號

曇無德 法護 法正 法鏡 法藏 法密

佛滅百年、法護尊者於根本部中搜括集之。

太一 古文以爲終南。或謂太一是其別峯。

講題目人號後寫大科 小科於講時擇要鉴之

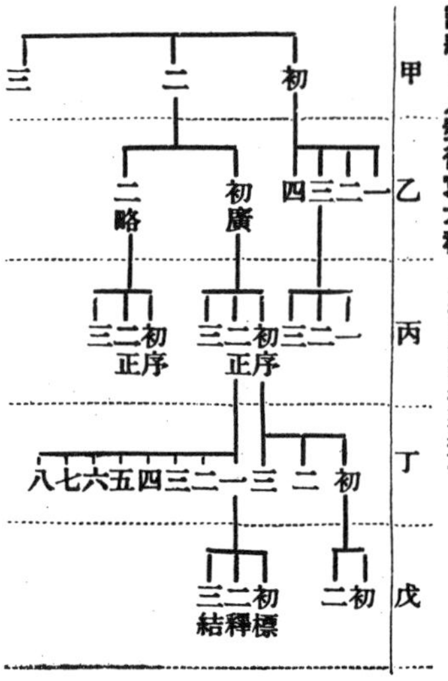

講正文之前先示大科

科文、大科有三。

戒本

- 初、一段偈、廣略二教總序。
- 中、廣略二教別序正流通。
  - 廣教
    - 序
    - 正宗
    - 流通
  - 略教
    - 序
    - 正宗
    - 流通
- 後、一段偈、廣略二教總流通。

略述廣略二教之義

略教 略陳教法、故曰略教。佛初成道、先示行法、令依奉行。不待犯戒、未有罪故。

廣教 略教通禁三業、未列過相、故須隨事別制、以被鈍根。雖造諸非、不謂有犯。因廣說故、名爲廣教。

兩教所爲、則有四別。

- 初根條異。 略教不待犯而制、是根本也。廣教略壞方有、則枝條也。
- 二爲人異。 略教利機、無過可起。廣教待犯、犯必鈍根。
- 三對過異。 略教不因過制、純被淨也。廣教必待犯後、制通淨穢也。
- 四請不請異。 略不待請、一往便說。廣必待請、如舍利弗請佛制廣也。

說二教時節。 十二年前、略教所被、佛自說戒。後付弟子、乃廣說也。佛不說者、因重犯也。先作無罪、猶同無事。十二年後、因重犯戒、佛止不說也。（五年已制廣教。但十二年後乃重犯。）佛制廣教、始於五年。自是以後、隨犯便結、輕重前後、雜亂難分。至佛滅後、乃始結集、重輕類分、八篇漸降。

正講總序 即是初一段偈文 余所圈點戒本、依科而分。非如尋常讀誦之形式而分也。故或疏或密、又有割裂文句處也。

初歸敬三寶。

稽首 稽、下也。下至地故。

二歸敬之意中有二。初句明意。（歸敬本意）

毗尼法 毗尼翻律、律訓爲法、名義齊列、令易解也。

後句明益。

令正法久住 善見論 佛告阿難。有五法令正法久住。

- 一毗尼者是汝大師。
- 二下至五人持律在世。
- 三中國十人邊方五人受具。
- 四乃至二十人得出罪。
- 五由律師持律故佛法住世五千年。

（一者——教。二、三、四——取知法之能。五——約延時之久。取知法之能、約延時之久——人。）

三列相勸持中有三科。備敘四戒。

（一）宗體 宗即戒法、體謂受體。

（二）篇聚 即戒相也。

（三）持毀得失 即戒行也。

戒

- 戒法。世尊制教。……宗
- 戒體。納法成業。（領納在心）……體
- 戒行。依體起護。……持毀得失
- 戒相。爲行有儀。……篇聚

就前體中有二。上半陳喻。

戒如海無涯 海爲衆流所歸、戒爲衆善所集。體周法界、故曰無涯。

如寶求無厭 戒海能生道品⊕、三乘所重、故言寶也。常求不息、故云無厭也。

⊕三十七道品：四念處、四正勤、四如意足、五根、五力、七覺支、八正道。

下半舉益。

聖法財財卽道品。恐濫於世、故云聖法。

二略舉篇聚有三、初舉教勸修。

除滅障。隨言皆得。舉此教本能防未非、應起不起。

二引佛成證。

大德行滿位高、曰大德也。此指世尊言。律中、年少比丘應喚老者爲大德。此別指比丘言。

三承傳勸聽。

善說如教而談、名善說也。若爲名利、無益而傳、則是綺語、非義所攝。

三明持毀得失、就文四喻分二。

前兩喻寄別行。兩喻並言毀戒、卽是別行。別卽自行。

後兩喻寄衆法。兩喻並言說戒、故爲衆行。衆卽四人已上作羯磨事、今指說戒。

初別行。

生天人大論戒律、不出二義。一本如來出世之意。三歸五戒、下至微善、無非爲道而作弄引。過分而談、二乘聖果尙非本懷、豈以世樂而評聖旨。此約教本也。二者二乘聖道、必由戒剋。人天兩報、(生天作輪王)戒見二取穢汙諂詐(若執戒爲眞道、是爲戒取。唯戒極高、復是見取。爲樂持戒、翻成穢染。)持奉多途。此約機緣也。若了斯意、則教門同異無不會通。

戒興存道、本非爲福。但聞教之機、時含利鈍。鈍者引以世報、利者以慧資成。應知今序且被鈍根、下流通中利鈍雙被。故云、戒淨有智慧、便得第一道也。

戒足靈峯云。喻戒以足、無遠弗屆。若欲超登上品蓮臺、若欲承事十方諸佛、若欲嚴淨無邊佛土、若欲普入法界玄門、莫不以此爲初方便。

如御入險道失轄折軸縱放身口、隨境不禁、名爲失轄。戒善便喪、故如軸折。

轄是括輪之物、在軸兩頭。

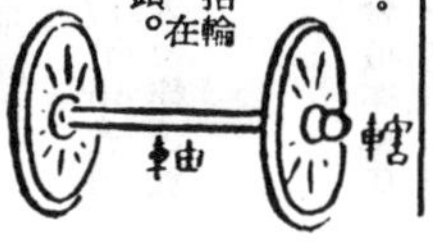

執御之人—喻能持心。

(法合)險道——喻五欲賊刼掠之處。

兩轄——喻身口二業、卽是隨行。

橫軸——喻本受戒體。

二衆法。

照鏡(法合)集聽說戒、有如照鏡。鏡卽教也。

說戒如合戰(法合)以說戒師提示過境、同集聽衆隨事觀緣、故如合戰。

四顯教功益中有二、初喻辭。

王海月佛。斯等四喻、世所同高、假以喻之。縱有餘類、竊比難矣。以超羣獨勝、無及於王。深廣徧周、豈過於海。照迷濟世、惟月難倫。凡聖尊崇、獨佛無等。

二法合。

衆律大律明緣起(卽二部戒中、初明國土犯人起過白佛、卽緣起也。)辨相開遮(卽後之廣解)法聚等文、(二部戒後、有二十犍度等、卽法聚也。)俱調身口、各有正儀、應同名律。

戒經爲上最唯有戒本親起行基、言約義周、攝僧斯要、故云最也。

半月半月說依玄奘三藏所傳。西方之制、以黑前白後合爲一月。月虧至晦、謂之黑月、亦名黑分。月盈至滿、謂之白月、亦名白分。黑月或十四日或十五日、月有大小故也。如室羅筏拏、卽是五月之名。從唐曆五月十六日至六月十五日。較此土遲半月也。近代習慣、於初一十五日誦戒。而初一日、應提前一日、乃合佛制也。

注中

已前偈文等結前生後意也。

持毀卽前四喻。

廣序有三、初中有二、初能成之緣。

凡作法者、必須緣具前事乃辦也。今此緣成、卽文有七。

七緣分科

一和合　將欲廣說、事涉是非、情容異見。義須先和、方應後集。

二集僧　廣說和白、非僧不行。故須集也。

三遣未具　上既召集五衆同來。既聽序偈、四衆俱出。文但明未具、亦應兼尼。意令生尊重也。⊕

四明說欲及清淨　或有障緣、故聽傳情、應僧和義。伽論云、欲者、所作事樂隨喜、共同如法僧事。業疏云、欲者表心無二、清淨表行無玷。

—五尼請法
—六問事宗
—七答成法　羯磨。或翻作法辦事。今翻爲業、業以造作成事爲義。即是授戒懺悔說戒等宣告文也。四分中、僧法羯磨、有一百三十四。

⊕尼同僧法、本可聞戒。惟在半月說戒作法之時、不應與僧同座、顯位有階差耳。下三衆及白衣、於半月說戒作法等時、決不許聞。若於常時可聞大僧律否、相傳有二說。

一亦所不許。　近代弘律者、多依此說。
二未妨。　靈芝資持記云、問、私習秉唱、未具忽聞、及未受前曾披經律、因讀羯磨了知言義、成障戒否。答、準諸律文並論、僧中正作、詐竊成障、安有讀文而成障戒。古來高僧多有在俗先披大藏、今時信士多亦如之。若皆障戒、無乃太急。學者詳之。

二所成之業。

業即羯磨。望上能成之緣、故曰所成也。

聽　僧聽之聽、去聲、耳識所得也。忍聽之聽、平聲、勸聽可也。　今音去平互通、此約古音耳。

布薩說戒　華梵雙標。

僧時到　即至也。一者人到、清淨大沙門入也。二者時到、法事契會也。（合宜之時。）若約說戒即是十五日布薩時至也。

忍聽　勸令情和聽可、勿事乖違也。

廣序第二誡敕時衆、文有八段。

諸大德等　舉宗告衆也。　波羅提木叉　木叉果德之名。今言果者、因中說也。戒定在因。

諸比丘等　顯形心無異也。

汝等諦聽等　誡妄緣也。　諦　審也。

若有他問等　舉罪比丘如法徵責。有犯露答、無犯默答也。

是事如是持　事即戒相。如是二字、指法之詞、即指後文也。

將釋廣教正宗、先以義通、略明三章。

一明篇聚名義　篇是章品之名、聚是攢集之號。名殊義一。

五篇
- 一波羅夷　此無可翻。義當極惡。即四棄也。譬如斷人頭、不可復起。若犯此法、不復成比丘故。
- 二僧伽婆尸沙　婆尸沙者、是殘。僧殘者、如人爲他所斫、殘有咽喉、故名爲殘。理須早救。
- 三波逸提　義翻爲墮。
- 四波羅提提舍尼　義翻向彼悔。（向彼者、即對首人。）翻爲惡作惡說、分身口二業也。
- 五突吉羅　又翻云惡作、通收身口也。

（略名）　（攝戒）
夷、棄。
殘。
蘭。
捨墮。
墮、提、單提。
提舍尼、提舍。
吉、越。

七聚
- 一波羅夷
- 二僧殘
- 三偷蘭遮　翻爲大障善道。罪通正從、（初二篇之因罪及五篇不攝之諸果罪。）體兼輕重也。（分上中下三品。）
- 四波逸提
- 五波羅提提舍尼
- 六突吉羅或云惡作
- 七惡說
　　惡作惡說、別分以標、故爲七聚也。

二解方便罪相　方便罪即是因罪。

初之二篇立三方便、下諸篇聚立二方便。今舉初二篇方便如下。

初篇　（近方便）上品蘭　一切僧中悔　（次方便）中品蘭　（遠方便）突吉羅

二篇　中品蘭　界外四比丘悔　下品蘭　一比丘悔（同提）　突吉羅

偷蘭
- 從生、方便。　未遂罪（因罪）蘭因　（殺人未死）
- 自性、究竟、獨頭、正罪。　已遂罪（果罪）蘭果　（殺非人）

四分教人初篇歸上品　次篇歸中品

不從他生曰自性　當體是果曰獨頭

偷蘭正罪
- 上品　十方常住物　四錢　二逆　殺非人
　　十方現前物　非人重物　婬非道
- 中品　破羯磨僧　三錢已下　觸二形黃門　髮爪相觸
　　一有衣一無衣相觸　爲他出不淨
- 下品　畜用人髮　剃三處毛　以酥油灌下部　露身行
　　畜木石鉢　食生肉血　著外道衣等

波羅夷

戒經中來 來謂從彼所出。顯所據也。

婬戒先列有二義
- 一。此依犯緣先後而說。佛成道後五年、始犯婬戒、故居先。六年乃犯後三戒也。
- 二。據障道重輕而言。出家之人、要斷煩惱。煩惱最強盛者、勿過於欲也。

大婬 如第二篇初四戒、同成婬行。今異於彼、故標戒名曰大婬也。

文分九句
- 若比丘 總舉受隨也。
- 共比丘 別明受也。受戒法儀、共餘比丘、則無別也。
- 同戒 別明隨也。共餘比丘同持此戒也。
- 若不還戒 體淨不捨也。還者捨也。
- 戒羸不自悔 體微生厭也。持戒力弱曰羸。不自悔即不捨也。

（此五句義該八篇。諸篇不明者、略也。）
- 犯不淨行 明業過也。
- 乃至共畜生 列犯境也。偏舉下類以況上、故云乃至也。
- 是比丘波羅夷 結罪名也。
- 不共住 治罰法也。滅擯永棄、故不共住。

此戒緣起有三——初須提那子。家富。出家後、值荒年、乞食難得。乃往己村乞食。母聞子歸、迫令捨道還家。子再三不允。乃令與婦安子、遂行不淨行。後乃愁憂白佛。佛制戒曰、若比丘、犯不淨行、行婬欲法、是比丘波羅夷不共住。次有跋闍子比丘愁憂不樂淨行。又有一乞食比丘與獼猴行不淨行。

大盜 對不滿五錢而言也。⊕

⊕薩婆多論云。有三解。一準彼時所用之錢。（古大錢一當十六、五錢則成八十也。）二隨所盜處、所用五錢入重。三依國制、斷盜幾物應死、即以爲限。南山取第二解也。○○○○新譯五錢爲五磨灑。一磨灑、可直此方銅錢八十。其五磨灑、計當四百。

文分六句
- 若比丘 能犯人也。
- 在村等 盜物處也。
- 不與等 明其心業也。
- 若爲王等 爲俗法訶也。
- 是比丘波羅夷 餘二同前戒。
- 不共住

村落 落者人所聚居之處。
閑靜處 村外靜地也。
恐疑靜處非盜、故列空有二處。凡有主者皆入罪科。

隨不與取法（國法） 不與取者、犯名也。法者、盜刑也。即是國家滿五入死之法。隨者、謂比丘行盜、準國法以判也。

捉殺四相、治罰賊法。而輕重文亂。應言捉縛驅殺也。

捉 瓶沙王遠祖治賊。但令旃陀羅（此翻殺者）拍頭捉手、便自愧恥、永不行盜。（瓶沙王、摩竭陀國王頻婆娑羅也。）

縛 其後世濁情澆、雖捉猶作。乃於多人之處、祖王使人以灰圍之。灰圍、即同縛也。

驅 至瓶沙王父時。乃止灰圍、行驅出法。驅出、似今之配流。

殺 至瓶沙王登位。七反驅出、還入爲盜。王令將截去小指。至阿闍世、乃行殺戮也。準有五法。今以截指、與殺合之。

汝是賊等三句。訶罵賊辭。

有主物者、大分三位。初三寶物、二別人物、三非畜物。

今依鈔疏略錄盜三寶物一章。言未詳盡、唯可知其概要耳。

佛物
- 一佛受用物 如堂宇衣服及以金石泥土等、曾爲佛像所受用者。不得互易。常擬供養、生世大福。五百問事云、不得賣佛身上繒、與佛作衣。律云、若是佛園坐具等者、一切天人供養、同塔事故。所以然者。法身無相、隨物以彰。故此諸物、即法身體。
- 二屬佛物 即錢寶田園人畜等物、不堪受用者、俱係屬耳。此可互易。五百問事云、佛物、得買供養具、供佛。所以得轉者。由本施主通擬佛用、故得貨易。不同前者、曾爲勝相、故唯一定也。
- 三供養物 即香燈華旛供具之物。律云、供佛華多、聽轉賣、買香燈。五百問事云、佛旛多、欲作餘佛事者得。謂改作繒蓋幢幔等物、未可轉賣作別用耳。
- 四獻佛物 即飲食果實等。侍佛之道俗人等、皆得食之。若用常住僧食供佛、供後、還入常住。

法物
- 一法受用物 紙素竹木、上書經文。或箱函曾經盛貯經典。不許改轉。此則一定。敬同聖教。所以然者。紙素函器、止是世物。但望所詮、至眞無價故。五百問事云、燒故經者、得罪非輕。必有損像蠹經、淨處藏之可矣。
- 二屬法物 餘三同前。前二可以轉易、後與侍奉之人。

三供養物
四獻法物

僧物
- 一常住常住物：如堂宇田園人畜、米麵菜饌、寺舍衆具等。屬處已定、不可分割。取者結重。必欲惠給餘寺、羯磨和與。若直送者、是名盜損。
- 二十方常住物（四方常住）：如飯餅諸食物、入當日供僧限者是也。若未入當日供僧限者、屬前常住常住物。體通十方、唯局本處。若有護主、他人盜者、望護主結重。或主自盜、或主客同盜者、望十方僧結偸蘭罪、以不滿五錢故也。
- 三現前現前物：如今諸俗、以供養當處僧衆、衣藥房具等。取者結重。
- 四十方現前物：如僧得施、及亡五衆物。以此物施、通擬十方、有僧皆得。故此福分、廣大無邊。及論立法、不可盡集。制作羯磨、用約十方。隨現集者、皆有其分。故曰十方現前也。若未羯磨、盜者、偸蘭。以望十方僧、不滿五錢。由未作法、人無限數也。若羯磨已而行盜者、人有限數。故隨所盜、輕重兩結。

就僧物中。前二屬處永定、通名常住。但前無分義、後是可分、故加常住十方以簡之。後二俱是卽施、通名現前。但前局當處、後通內外、故加現前十方以別之。

戒相表記雖僅講數戒。其難處應擧例詳釋、養成自習之能力。

一有主物。　若無主物、雖作有主物想、盜之、不犯重。
二有主物想。　若有主物、作無主想（無三有盜心）取之、無犯。
三有盜心。　若無盜心、無犯。
四重物。（若五錢、若直五錢）　若不滿五錢、不犯重。
五興方便。　方便而不成、不犯重。
六擧離本處、犯。

擧離本處乃犯、此約大分而言。或立契約而盜物、畫押時卽結犯。或以言辭誑惑而取、口斷卽結犯。（田宅等物永不可離、或移標、或燒毀等、卽結犯也。

大殺

文分六句
- 若比丘能犯人也。
- 故自手斷明是自業也。
- 人命所殺境界也。
- 持刀等明教他業也。
- 是比丘波羅夷
- 不共住

破句

故除悞者無犯也。

先持刀與。

次乃口勸。　快、稱心也。　咄下、出其勸詞。
咄欲警令悟、故先咄之。　惡活或現不淨、或能造惡也。
作如是指上歎相也。　種種方便總收餘歎也。

大妄語

文分七句
- 若比丘能犯人也。
- 實無所知是妄語境也。
- 自稱言等正是犯過戒本也。
- 彼於異時等制疑網也。　文明兩種自言。恐疑自首不結正犯、故曰制疑網也。
- 除增上慢開心實也。
- 是比丘波羅夷
- 不共住

我得上人法是總擧也。唯聖所感、在凡人上、故曰上人法也。

我已入聖等別示相也。

增上慢增上卽指聖道。於增上之法、未得謂得、實謂如是、非故妄語。名之爲慢。

（結前文）

初篇結章門中、有三。
- 諸大德等告衆情也。
- 若比丘犯等除疑執也。
- 今問等欲說後篇前、更簡衆也。

若比丘犯乃至如前釋同住疑也。今解云。未犯已前、以人淨故、得於二種法中同住。今旣一犯、不得如昔同法共住、故云不得共住如前也。

後亦如是乃至不應共住釋重犯疑也。時人意謂初犯有戒可破、後犯無罪。今釋後犯亦爾。故律云、隨犯多少、一一波羅夷也。
- 重犯——同名——前婬後殺
- 不重犯——同種——前盜後復盜

（一）滅擯法犯重、無慚、不肯發露學悔、妄入清衆。冒受利養、其罪極大。由淸淨比丘擧罪、令彼自承。卽僧中作滅擯羯磨。說戒羯磨二種不攝、利養亦絕分。

（二）懺波羅夷法

先對僧陳乞。　無覆藏、從僧乞戒。
僧作羯磨、與戒。　名曰學悔。終身列於比丘之末。
奪三十五事。
- 奪眷屬　不與人授戒　不受人依止　不畜沙彌
- 不應受善比丘禮拜等　不應擧他罪

在大比丘下座　不得衆中誦律。無能者聽　不得作羯磨。無能者、聽作布薩自恣二羯磨。
情過深厚、不任僧用。不得足數。僧說戒羯磨時、來否隨意。

◎障不入地獄

◎仍同財法

附講篇聚攝一切戒之義　表與戒目對之

僧殘

一　前總說六羣起過之義。又說前五戒不須細研。惟觸媒二戒罪相複雜、略閱之。先說損害。

文分四句
- 若比丘能犯人也。
- 故弄等明其過業也。
- 除夢中開緣也。說小註五分。散亂心眠、吉。憶行婬事、吉。涅槃若夢行婬寤應生悔。
- 僧伽婆尸沙結罪名也。

二

文分五句
- 若比丘能犯人也。
- 婬欲意染心也。
- 與女人犯境也。
- 身相觸等明過業也。觸髮亦犯、由染汙心。
- 若觸等結罪也。尼、夷。

三　文分五句、同上戒也。

四

文分六句
- 若比丘能犯人也。
- 婬欲意染心也。
- 於女人前犯境也。
- 自歎身正明犯法也。
- 言大妹等是其所稱也。
- 可持等結罪也。

五

文分四句
- 若比丘能犯人也。
- 往來等是業本也。
- 持男等釋前成相也。
- 若爲成等結罪也。

六

講題之前、先說大略。此戒與他戒有二不同。一、二殘合爲一戒。二、文分兩大段。戒本分二、各有十句。　初立法十句。　二犯本十句。

初立法中文分十句（明造房之緣務也）
- 若比丘謂造房者、非犯人也。
- 自求無有自物、處處乞求也。
- 作屋顯所爲也。
- 無主對後有主也。
- 自爲己除爲他作也。
- 當應量等明分齊也。內長兩丈四尺、廣一丈四尺。佛一磔手、二尺爲定也。八尺之人、可張一尺。佛倍之、則二尺。此約周尺也。
- 當將等明乞法也。
- 彼比丘等正明與法相也。
- 無難處無命難、梵行難也。
- 無妨處注中止存一緣。如諸部論中廣引也。

二犯本中文分十句
- 若比丘能犯人也。
- 有難處
- 妨處
- 自求
- 作屋
- 無主
- 自爲己
- 不將等不乞處分也。（二罪）
- 若過等過量也。（二罪）
- 僧殘結罪也。

七　立法犯本、各有八句。前除自求及量限、後除自求及過量也。
一殘爲一戒。文分兩大段。

初立法中文分八句
- 若比丘
- 欲作大房
- 有主
- 爲己作
- 當將等
- 彼比丘等
- 無難處
- 無妨處

二犯本中文分八句
- 若比丘
- 有難處
- 有妨處
- 作大房
- 有主
- 爲己作
- 不將等
- 僧殘

八

文分七句
- 若比丘能犯人也。
- 瞋恚等內有瞋心也。
- 非波等出謗境也。
- 以無根明無根也。
- 波羅等正重加謗也。
- 若於等自言虛相也。問是佛問、不問是自首也。知此事無根說者、正是首詞。
- 若比丘等結罪也。

九

文有七句、同上戒。

第三謗境卽異分等也。

異分　並非實犯、假餘相謗、故曰異分。善見云、以羊當人、是名餘分。事相似故。

片　人畜乃殊、欲義非異。故以彼相、片用同此犯。片無有乖、故曰取片。

十　就戒本中七句、三雙一隻也。一切諫戒、例皆準此。以下四戒、彼是二字能所通濫、由翻律人簡語不淨也。

文有七句
- 若比丘所諫人也。即此戒犯人也。
- 欲壞等所諫事也。此句分三。欲壞和合僧者、明始心也。方便受壞下、立邪三寶也。堅持不捨者、行化於時也。
- 彼比丘應諫等也。屏諫
- 是比丘如是等也。拒屏諫
  - 此句分二。從初至堅持不捨、一往牒過、示知非法、莫壞莫受也。大德應與僧和合下、勸同和相也。乳水體別、須二物各自論合。如乳合乳、如水合水。增益安樂者、除生死苦、得涅槃樂也。
- 彼比丘等僧諫也。
- 不捨者拒僧諫也。
  - 「羯磨義」以白四羯磨、止是告僧。故須隨法加勸、方名諫法。
- 僧殘結罪也。

初有一雙、所諫人所諫事也。第二雙、屏諫、拒屏諫也。第三雙、僧諫、拒僧諫也。末有一隻、即犯科也。　初是所諫、餘二並能諫。屏諫旁引僧諫正破

十一

文有七句
- 若比丘等總明正助破僧人也。若比丘者、乃謂調達、非正諫人。有餘伴黨者、正是所諫人也。
- 彼比丘語等明助伴破相。正是諫家所爲事也。
- 彼比丘言等此句分二。從初至莫諫此比丘、一往遮僧不聽諫詞。此比丘下、出不聽之道理。
- 是比丘如是等明屏諫也。
- 拒屏諫也。
- 以下同前戒

十二

文有七句
- 若比丘所諫人也。
- 依聚落等所諫事也。此句分三。初明依聚落造過。諸比丘當語下、至不須住此、正明牒過治擯。是比丘下、至不驅者、明非理謗僧、此正所爲事也。
- 諸比丘諫等屏諫也。
- 是比丘如是等拒屏諫也。
- 以下同前戒

十三

文有七句
- 若比丘所諫人也。
- 惡性等所諫事也。此句分六。初明惡性。二明彼犯是拒諫。三諸比丘下、如法諫諭。四自身不受下、正止下、明不受道理。五言諸下、出拒勸之相。六諸大德且
- 彼比丘諫等屏諫也。
- 是比丘如是等拒屏諫也。
- 以下同前戒

二篇結章門中、有三。
- 諸大德等結前文也。
- 九戒等除疑執也。如疏廣明、今不引也。
- 今問等欲説後篇前、更簡衆也。

懺僧殘法有四
- 一治覆藏情過。謂波利婆沙。此方義翻、或云覆藏、或云別住。別在一房、不得與僧同處。雖入僧中、不得談論、亦不得答也。
  - (一)日數　隨覆藏之日多少、行別住法。不憶日月數者、應從受大戒已來治。
  - (二)治罰　先自求治、次僧與法。
    - 略舉 (一)奪三十五事。(二)執衆勞苦、奉淨比丘如和尚法。(三)白客比丘。(四)出界見比丘即白。
    - 行時再犯者、還依本日治之。
- 二治覆藏罪即突吉羅也。戒本文中、無此第二。
  (鈔同古判先懺、疏云後懺。)
- 三治僧殘情過。謂摩那埵。此云意喜。
  - 自喜 行覆日滿、僅餘六夜。
  - 僧喜 此人能改悔、成清淨人。
  - 先乞法、後與法。　治罰同上。　本日治如上。
- 四治僧殘罪即如戒本、與出罪是也。
  若不覆藏者、僅有三四無一二也。

初篇雖重、縱懺無用。下篇皆輕、直懺本罪。惟僧殘二罪、須先治情過、獨異餘篇。情即是心也。
此是時結成應法也。

二不定法

△二不定法者。屏露不同爲二、不審實犯爲不定。
△二不定法所以置二篇下三篇上者。上收婬觸語歎義勢是便、下攝屏露同坐文復相順也。
△第三人必約有智男子。若盲、聾、小兒、女人、皆不名爲證也。
△所趣向處者謂向彼女家道行也。所到處者、至女家也。若坐若臥、犯殘提也。若作者、犯夷罪也。
△此二戒若論所犯、各自如篇。此中但制令俗生疑、正篇犯吉。

△舉罪通於七衆。本緣在女、不因餘衆、故所不列也。
△尼戒本無二不定法。

三十捨墮法

△別判
- 初二篇——戒
- 三篇以下——威儀

佛涅槃時、云捨微細戒者。或卽指此而言也。若就通論五篇治行有防非義、悉名爲戒。各有法式、悉名爲威儀也。

△威儀中、如性罪（殺畜命妄語戒等）及此土譏嫌最甚者⊕、（飲酒非時食及關係尼女諸戒等）皆應持之。其餘隨力可耳。卽力未能持者、亦應學習、可知佛世芳規。

⊕五分律云。佛言。雖是我所制、餘方不以爲清淨者、皆不應用。雖非我所制、餘方必應行者、皆不得不行。

△比丘諸戒、皆屬菩薩戒中攝律儀戒之一部分。故菩薩亦應兼學比丘律。但三十捨墮中有十一戒不共學。因菩薩應積財物廣攝衆生、故開此十一戒耳。（第六、七、十、十二、十三、十四、十五、十八、二十二、二十三、二十七。古解如此。但亦未可定判。）瑜伽菩薩戒本中、有開性罪七條。據攝大乘論云、此唯地上菩薩乃開。又婬戒雖地上出家菩薩亦不開也。

初畜長衣過限戒

△長衣若但三衣者、三衣之外爲長。若受百一物者、百一外爲長。

△應量長如來八指、廣四指。已下但結吉羅。

△迦提一月五月 本言迦絺那、略云迦提。此翻爲功德。以前安居人坐夏有功、五利賞德。應於前安居竟、僧衆共受迦絺那衣。至十二月十五日捨。於此五月之內、皆獲五利。五利者、畜長財、離衣宿、背請、別衆食、食前後至他家。依此五利、總開八罪。列表如下。

- 畜長財。
  - 捨墮一、長衣戒。
  - 捨墮三、月望衣戒。
  - 捨墮二十八、急施衣戒。
- 離衣宿。
  - 捨墮二、離衣戒。
  - 捨墮二十九、蘭若離衣戒。
- 背請。（單提三十二）
- 別衆食。（單提三十三）
- 食前後至他家。（單提四十一）

以上且據受迦絺那衣者、於五月之內得此五利而免八罪。若無迦絺那衣者、僅於七月十六日始、至八月十五日、一月之內、得此五利耳。

△失衣 奪失也。故壞 燒漂也。非衣 轉作帽襪。親厚意取 作與彼想。謂非己得。忘去 以心迷故。或忘財體、或忘加法。

△一捨墮一突吉羅 上謂前衣墮罪。下是不懺輒貿、違教結吉。

△南山鈔
- 奪衣失衣燒衣漂衣 謂衣財實失。後還得者。更得十日說淨。更受持之。（前約虛想、此約實失。）
- 取著 謂有犯捨三衣、由失正衣、卽無長過可取著用、故列不犯。但仍須懺先罪也。

但本律或取著下、又有或他與著四字。故今未能依鈔意釋也。

△受寄衣等並人衣隔絕、不及故開。受寄衣比丘 卽所囑藏舉人也。

△問、次第三戒俱明衣竟、如何以分。答、如下表列，
- 初戒——三衣體足竟也。
- 二戒——三衣加持竟、方有離過也。
- 三戒——三衣同體足竟也，

二離三衣宿戒

△衣人異礙 礙有四
- 初染礙 村有女人。比丘與處、動卽相染、譏過隨生。若衣在此、往會是難。律中所謂梵行難也。
- 二隔礙 律中、水道斷、路險難等。
- 三情礙 律中、奪想等、及賊獸等。多論、王來、作幻作樂人等來入界。

  以上三礙、在開緣中。雖無離罪。若不知望斷、不妨失受、故得成礙。皆可畏避、故亦成礙。
- 四界礙 如戒本註中廣明。今列表如下。（×記號者、與自然僧界名同。）

（自然衣界十五種）

四分有十一種
- 一僧伽藍界
- 二村界×（聚落）
- 三樹界
- 四場界
- 五車界
- 六船界
- 七舍界
- 八堂界
- 九庫界
- 十倉界
- 十一阿蘭若界×

他部四種
- 十二道行界×
- 十三洲界
- 十四水界×
- 十五井界

△已前所講界有三種
- 攝僧界
  - 自然
  - 作法
- 攝衣界
  - 自然（今講）
  - 作法
- 攝食界
  - 自然（處分、不周、檀越。）
  - 作法（白二淨）

其中自然僧界與自然衣界、各不同。自然僧界有四種。自然衣界有十五種、其中聚落、蘭若、道行、水界雖與自然僧界同名、而其相皆異。故了識師曾屬列表對照、俾易明了。今念其遺言、列表如下。

	自然僧界	自然衣界
聚落	可分別者、盡聚落。 不可分別者、六十三步。	但限一家、及加勢分。 若有三礙者、衣須隨身。
蘭若	無難者、五里。 有難者、五十八步四尺八寸。	兼其勢分、七十一步四尺八寸。
道行	縱廣六百步。	前後各四十九尋、（一尋八尺、計三十九丈二尺。）計六十五步二尺。
水界	船上有力人、以水若砂四面擲所及處。準有十三步。	由船入水、由岸入池、即失。 若涉水中者、二十五肘。計七步三尺。

△南山疏中、尚有相對作句分別及問答示義。今略引之。

自然攝僧與自然攝衣寬狹一多各爲四句

- 寬狹四句
  - 初攝僧寬攝衣狹 攝僧蘭若無難五里。衣僅七十步餘。
  - 二攝僧狹攝衣寬 如不可分別聚落中、有一家、方二百步、內通攝衣、外兼勢分。若攝僧僅六十三步。
  - 三僧衣俱寬 如可分別聚落中唯有一家也。
  - 四僧衣俱狹 如蘭若有難、與衣界大致相同也。
- 一多四句
  - 初攝僧一攝衣多 如可分別聚落、有衆多家住、盡聚落集僧。攝衣則家家別也。
  - 二攝僧多攝衣一 如不可分別聚落中、方二百步爲一家、衣可通攝。僧則各據六十三步、而有限制也。
  - 三僧衣俱多 如前一家中、更加三礙、來往不通、彼此各攝、則衣界亦多也。
  - 四僧衣俱一 如於不可分別聚落中、有一家、方五十步。再加勢分、共六十三步。故僧衣俱一也。

問、自然攝衣與自然攝僧、何以不相等耶。

答。有四義。

- 一。攝衣以寬爲緩、以狹爲急。攝僧以近爲緩、以遠爲急。
- 二。攝衣當體隨相、不假僧界而有。
- 三。攝衣隨界而作、大小不定。僧界則四處六相、各有限量、隨處一定。
- 四。衣有勢分。僧無勢分。

△捨衣謂界內或界外有隔礙。 手捉衣謂界內有染情礙。 至擲石所及處謂界內無三礙。 本宗雖開勢分、必約無礙。有則同他部不開也。上明三事緩急、前二顯有礙無勢分、後明無礙有勢分。

△餘衣謂百一供身服者。若長衣淨施、有別人可依、故無有過也。

△僧伽藍裏有一界有若干界 若干界者、爲染隔情三、障礙不會、或有失衣、故曰若干。上云一界者、謂無三礙也。

樹林多至二里。

△四種村落相。如前大盜戒

阿蘭若七弓 此依四分律、四肘爲一弓。羯磨中、自然僧界不可分別聚落、依僧祇律五肘爲一弓、與今不同也。

註分爲五

- 初十界名
- 二十界體別
- 三諸界體別不相攝相
- 四十界勢分義
- 五人衣兩離結罪相也

三月望衣過限戒

△故壞三衣所開。此戒本由衣壞替換、故開一月。又三衣中、隨有一壞則開、不必俱壞。衣若新好、則非

△此戒分三位、如戒相表記所列。初位同長衣常開也。第二位總十九日。第三位唯開一日、得則加持、不得則說淨。

四取非親尼衣戒

△慮心謂專勤一意、無他想故。若乞得、則非犯也。

五使非親尼浣故衣戒

△自使使人與亦爾。

十一緜作臥具戒

△野蠶尚犯、何況家蠶雜忽（蠶口初出名爲忽、十忽名爲絲。）尚犯、何況純作。

△今以紅綢製爲袓衣、色質俱非、大違佛制。又出家人有以綢物製海青衫褲者、既違佛制、并受居士之譏嫌。近來居士皆知戒殺、不著綢物。故見有出家人著者、即生輕慢心而譏嫌也。戒之戒之。

十三白毛臥具戒

△尨（即是粗毛、蒼黃色者。）　鉢羅（此云四兩。）

△上下諸戒屢云羊毛等。今出家人若著羊皮衣、亦受大譏嫌。冬季畏寒、可以駝絨代綿絮用之、鋪於衣中足以禦寒。因剪駝絨時、決不礙其生命也。

十六持羊毛過限戒

△三由旬（由旬大小不等。今約計百里耳。）　毳裝（舊云。裝音壯。即細羊毛裘　雨中披行者。）

十八畜錢寶戒

△還中二意
- 前謂不達淨意。
- 後約解意。

十九貿錢寶戒

△是錢寶（局所貿也。能貿則通衣寶餘物。）

△小金鋌（註）　鋌治（資持記皆作鋋。行宗記皆作鋌、又治作冶。今略爲審核。鋌字較善。治字似勝於冶也。金鋌、俗稱金錠。元以前作鋌。鋌治者、行宗記謂搥打及揩摩也。）

△胡膠（即此方蠟類。）

二十販賣戒

△此戒應分三位
- 販（爲利故收、爲利故出、諍價而高、爲販也。）
- 賣（爲利故出、強增價而高、曰賣也。）
- 買（爲利而取、故減前價、名買也。）

（販賣並是出物、但約先收不收以分兩異。）

△律文所列、但以衣食互易、此指緣起說。此戒正是貿衣戒也。依靈芝記、對前戒作四句料揀。一以衣易寶、二以寶易衣、三以寶易寶、四以衣易衣。一三犯前戒、二四犯此戒。準此、但約所貿以分兩戒、不論能貿也。又南山亦謂此貿衣戒、對前貿寶戒、有五種不同。
- 初對人不同。貿寶對七衆俱犯。貿衣唯對在家二衆犯。
- 二貿寶自作、教他爲己、同犯。除爲三寶。貿衣使人不犯。
- 三貿寶一制、不開自爲。貿衣則開酥油相易。
- 四寶對俗捨。衣對道捨。
- 五寶捨、易淨物。衣捨、還元物。

△律據有人可貿、理必不得自爲。若無人者、如本律衣犍度及他律並聽比丘身自交貿、但不增減。

△五分律云、使淨人易時、應心念、寧使彼得我利、我不得彼利。準知自貿亦爾。

二十二非分乞鉢戒

△五綴（律云、相去兩指間一綴。若約中人一指面一寸、即取痕脈長二寸許即爲一綴、五綴共一尺也。綴者即以鉛錫等補。）

二十三乞縷使非親織師戒

△縒（蘇內切。謂著絲於車也。）

二十六畜七日藥過限戒

△手受（以手法過中即失、非延久故。）　二受（由先手受、口法方成、故兼二受。）　無緣（不遺與人乃至不忘去。）

二十七過前求雨衣過前用戒（此戒及下戒皆兩戒共制也。）

△雨衣。（四月一日用、八月十五日當捨。捨作餘衣、或受持、或淨施。此衣不得作三衣、不得著入河池中浴、不得裸身著。）

△時中得（準此、若犯過前求、則不犯過前用。）

二十八過前受急施衣過後畜戒

△施主本爲安居故施、忽有急緣不及夏竟（七月十六日）。預先持施。佛開安居未竟十日內（七月六日至十五日）受。因生二過、一者過前犯由受施、二者過後罪據畜長也。

△過前（七月六日前。）　是十日內（七月六日後之十日內。準知此戒亦前後不重犯也。）

二十九蘭若有疑離衣過限戒

△此戒與第二戒有六別。
- 一聚蘭二處。
- 二有疑無疑。
- 三一宿六夜。
- 四前因病緣、此唯賊難。
- 五前通三時、此局冬分。
- 六前開羯磨、此但直離。

九十單提法

初故妄語戒

△定行心中〔定謂禪定。行即事亂。〕　所忍異〔初約三受釋。文明二受、義兼捨受。〕

四共女人宿戒

△若亞〔斜倚也。〕

六共未受具同誦戒

△阿等〔律舉阿羅波遮那爲例。今時所誦密咒之類。〕　一說二說三說〔謂初後次第。非說之偏數。〕

七說粗罪戒

△無僧法開〔律因舍利弗爲衆所差、於俗衆中說調達過。舍利弗畏愼。佛言、衆僧差無犯。〕

△若粗惡非粗惡想〔謂迷心也。迷重爲輕、說亦犯吉。〕

十掘地戒

△多論謂十掘地戒及十一壞生種戒、制意有三。一不惱害衆生故。二止誹謗故（彼計生地生草皆有生命）三爲大護佛法故（王臣息心不復役使）。

十一壞生種戒〔壞音怪、損毀也。〕

△鬼神村〔所以名草木等以爲村者。十誦云、蚊蟻諸蟲以之爲舍。四分云、神所依止如在聚落、故云村也。〕

十二餘語惱觸戒〔又名身口綺戒。餘語即口、惱觸即身。〕

△若一坐食若不作餘食法食〔此二種頭陀相也。以前境既足、起壞威儀。已食一口、未能輒起。〕
相似身綺、故須顯示。此二種法所以別者。
不作餘法、猶噉小食。一坐食者、絕無餘噉。

十八坐脫脚牀戒

△重屋〔樓屋。覆板薄而不固。〕　脫脚牀〔即脚搖動、不久將脫。故律註云、脚入梐也。入梐即入孔枸頭也。〕

十九用蟲水戒

△用水澆物、以物擲水、並計蟲魚多少而犯一一墮也。
問此戒爲約用水、爲約蟲死。答此戒不就損命中制、是深防制。若彼命斷、自依殺畜生戒結罪。今蟲尙未死、亦計數成犯也。

二十一輒教授尼戒

△日如〔白半月初四至十三、黑半月十九至二十八。此據僧祇律。〕

三十八食殘宿食戒

△是殘宿〔中前手受四藥不加口法過中、（別指三藥）曰殘。若復經夜、曰宿。此殘宿之宿與內宿不同。〕

宿
　殘宿之宿——已手受者。經夜。
　內宿——未手受者。共宿。

四十二食前後至他家戒

△同利〔即同受請者。〕

△食前後〔食時之前後。相傳以辰時爲食時。〕

明相出至食時——食前
食時至日中——食後

四十七過限藥請戒

△請有四種等〔前二過限犯提。第三句過索犯吉。第四無犯。〕

△夏四月〔文列夏中。僧祇、隨三時中、或一月半月、有過皆犯。〕

五十五怖比丘戒

△袈裟味〔六味之雜味也。〕

五十七露地然火戒

△芻摩〔是梵語。草名也。〕　麩〔音弋。麥皮。〕

六十著新衣戒

△無緣〔善見律。若遭賊緣等、得權著五大色衣。〕　△五大色〔有五正色五間色二種。五正色者、青（藍之淺者）黃赤（朱也）白黑。五間色者、緋（大赤）紅（赤白色）紫（青赤色）綠硫黃。〕

△青黑木蘭〔青者、銅青、即古銅色也。黑者、雜泥等染之、非純黑也。木蘭、四川有此樹、皮赤黑色、可以染衣也。〕

△點著〔極小如豌豆、或一三五七九、不得如華形作。先已作淨、後洗脫、不須更淨。所以淨者、異外道故、令與俗別、又失則易覓也。〕

六十二飲蟲水戒

△此是深防中制、爲養物命。但知有蟲、飲用結罪。不待命斷、斷則屬前殺戒。

六十六發四諍戒

△四諍言諍、因評法相。（如律諍十八事）覔諍、因他擧罪、諍其成否。犯諍、因有懺罪、諍其重輕。事諍、唯據羯磨僧事、若非羯磨、並歸上三。（此段錄行宗記文）

△自發起已鬭諍事因諍助發也。

八十四過量牀戒

△除入梐孔上謂入孔枸頭不在數也。

八十五兜羅貯褥戒

△兜羅多論云。草木華縣之總稱。所以制者。以是貴人所畜故。人所嫌故。喜生蟲故。又若臥軟煖、後得粗硬不堪忍故。

四提舍尼法 昔云向彼悔、今譯云可訶法也。

一村中取非親尼食戒

△敬相無絕由尼知比丘不得自受、方便施與、故云也。

二食尼指授食戒

△開緣中第二、反初緣也。第三、反第二緣也。

三受學家食戒

△學家卽證初果者。此局聖境、末世全無。但可知教、必無有犯。

衆式叉迦羅尼法 式叉、是學。迦羅尼者、云應當作。語倒故、言應學也。

△威儀微細、量等塵沙。且約人之喜犯、舉百列之。若從境明數、略說或四萬二千或八萬四千、廣說則無量無邊周徧法界也。

△涅槃僧此云內衣、卽是裙也。

△富羅短靴也。

△佛塔殿堂等亦爾。

七滅諍法

△四諍卽病起之源、七藥爲除滅之法。

△四諍中。言覔犯諍、各分上中下三品、共爲九品。事諍者、非是別有、卽上三諍涉及羯磨皆歸事攝、故事諍亦有九品也。

△行宗記有圖。刊本訛誤。今訂正如下。

言
覔諍共有九品
犯
事諍亦有九品

言諍三品用二藥：下品一藥滅、中品一藥滅、上品二藥滅
覔諍三品用四藥：下品二藥滅、中品二藥滅、上品二藥滅
犯諍三品用三藥：下品二藥滅、中品二藥滅、上品二藥滅

（七藥）

言諍：下品—三現前—滅；中品—五現前—滅；上品—五現前—多人語—滅
覔諍：下品—五現前—憶念—滅；中品—五現前—不癡—滅；上品—五現前—罪處所—滅
犯諍：下品—三現前—自言治—滅；中品—五現前—自言治—滅；上品—五現前—草覆地—滅
共有九品

事諍亦有九品者、隨言覔犯諍如上分之。

現前一種、通三諍、該九品。

除下品言諍犯諍不秉羯磨者但有三法、餘七並加羯磨皆具五法。

自言一種局後犯諍、通治下中二品。自餘五種、單對一品。

古來相傳滅諍法難解。今依上列圖表觀之、皎如指掌矣。

△三法現前
一人現前各說教理也。兩家同聚、
二法現前以三藏教判也。教旨明白、
三毗尼現前疑鬭自遣也。

五法現前
一人現前須各陳諍意也。
二法現前須僧作法詳評也。
三毗尼現前、須作單白羯磨、有德同評無德者遣出也。
四僧現前須四人已上、戒見利及三業無乖同聚也。
五界現前局據作法分齊。隨約限內有僧皆集、無得隱也。

△三法現前與後五法中前三相濫、今揀別之。
人—三中、能所合論、俱別人故。
　—五中、但收所諍、能斷屬後僧中。

法┬三中、是教文。
　└五中、是羯磨。

毗尼┬三中、約開迷殄息。
　　└五中、據選德同評。

△憶念毗尼無著羅漢方行此法。下凡不合行也。

憶念緣起、卽僧殘中二謗戒緣前云慈地比丘瞋謗、卽六羣之一也。

△三種狂癡初是下品、二卽上品、此二不與法。三卽中品、故須與法也。

△十八事諍法非法乃至說不說。

△除遮不至白衣家由對俗犯、須往白衣處謝罪。所以除之。

附錄 **衣有十種** 多是印度之衣體。此無所顯、故前不列之。今附錄於此、以備參考焉。

憍賒耶衣野蠶　劫貝衣木綿　欽婆羅衣細毛　芻摩衣麻　讖摩衣粗布

扇那可織衣。樹名。皮　麻印度有多種。青黃赤色。　讖夷羅、鳩夷羅、讖羅半

尼此三無翻。

七佛略教

△無爲最忍力最大、不爲緣動、名曰無爲。諸行中勝、故曰最也。

△譬如蜂採花行者待食資身、在聚。乞食如採。如蜂不壞色與香終不多求、壞俗之信。

但取其味去趣乞少許、資身長道。

△不違戾衆行不乖也。

△大仙人佛於世俗中、是尊勝故。又於聲聞獨覺之仙、是殊勝故。號大仙也。

△無事僧五年制廣教、便有犯人。但最初不犯、卽名無事也。至十二年、方有重犯。

以下五言偈爲總流通。

歲次癸酉八月二十四日始講、至十月三日、爲南山律祖涅槃日講解都訖。　時居温陵尊勝院。　弘一

四分律含注戒本科

依疏及記撮錄　弘一

一┬初名目┬初法題
　　　　　└二人號

二本文┬初廣略二教總序
　　　├二廣略二教別序正流通（正宗分）〇
　　　└三廣略二教總流通（總舉兩教勸修弘益）〇

初廣略二教總序
- 初歸敬三寶
  - 初能敬儀
  - 二所敬境
- 二歸敬本意
  - 初明意
    - 初能弘之緣
    - 二所弘之教
  - 二明益（解演布益）
    - 初喻陳
      - 初明深廣無涯性不納穢喻
      - 二明出生衆寶使求無厭喻
    - 二舉益勸聽（法說）
      - 初舉喻益勸護聖財
      - 二明體不虛圓必假說聽之力
- 三廣陳體相（廣陳戒之體相）（列相勸持）
  - 初明戒德宗體
  - 二略舉篇聚（列相顯示）
    - 初舉列廣教勸信修捨
      - 初廣教戒相滅惡之功
      - 二舉功勸聽
    - 二引佛成證結說有由（明能說教人）
      - 初列教主之名
      - 二結人以成法
    - 三顯己承傳勸受聽說
  - 三明持毀得失衆別之行（廣張隨行）
    - 初前兩寄別行以生喻
      - 初以戒爲身足喻止持
        - 初約止犯之損
          - 初喻
          - 二法
        - 二約作持之益
      - 二以戒爲車軸喻作犯
        - 初喻
        - 二合
    - 二後二寄衆法以生喻
      - 初舉教爲明鏡喻
        - 初喻
        - 二法合
      - 二舉教爲神解喻
        - 初喻
        - 二法合
- 四戒經弘益（明教行攝持功不虛義）（顯教功益）
  - 初喻辭
  - 二總法合修說之儀
    - 初總合上喻
    - 二舉法屬人
    - 三說教之時

△註分爲二
- 初結前文
- 二生後文

〇二廣略二教別序正流通
- 初正明廣教行法
  - 初廣教之端序
  - 二廣教正宗〇〇
  - 三廣教流通〇〇
- 二明略教行法〇

初廣教之端序
- 初集僧簡衆
  - 初能成衆法之緣
    - 初和合△註文爲二
      - 初制緣
        - 初緣起
        - 二制意
      - 二和別
    - 二僧集會△註文爲四
      - 初約界集
      - 二供具
      - 三獨住
      - 四結犯
    - 三明未受具戒△註文爲四
      - 初遮說戒
      - 二安置處
      - 三聽非人
      - 四制尼衆
    - 四明不來說欲△註文爲三
      - 初欲緣
      - 二欲法
      - 三重病
    - 五明尼來請法
    - 六明問發
    - 七答成法△註文爲六
      - 初出房
      - 二檢校
      - 三白告
      - 四制誦
      - 五重誦
  - 二所成說廣之業（明單白知衆法）

- 二誡勅時衆○（第二發起序）
  - 初初二句敍告事情
    - 初警衆情
    - 二雙牒緣本告衆
  - 二三四句忍同可否
    - 初心和事順理必承修
    - 二單牒宗本勸速忍同
  - 三後一句舉事成結△註文爲三
    - 初隨王法
    - 二黑白月
    - 三四人等
- 六誦經
- 三正述三覆檢問有無勸持之相○（結序勸持相）

○二誡勅時衆（第二發起序）
- 初標舉說宗歎功勸信△註文爲四
  - 初制緣
    - 初滅惡
    - 二生善
    - 三成定慧
  - 二解名
  - 三歎功
  - 四歎發引
    - 初序分
    - 二正宗
    - 三流通
- 二顯形心無異△註文爲五
  - 初同集
  - 二敷座
  - 三略說
  - 四外集告淨
  - 五指略
- 三正明警勅有開解之用
- 四省己之違見過尋悔△註文爲三
  - 初未懺
  - 二悔法
  - 三開白
- 五省己之順默表己淨
- 六誡勸時座深懷二答
- 七明隱覆之瑕不實之損△註文爲三
  - 初明罪相
  - 二釋障道
  - 三誡勸
    - 初明覆過
      - 初舉喻
        - 初對合
        - 二委釋
          - 初釋死屍
          - 二釋不受
      - 二合法
    - 二結示
- 八知犯識懺克成道業

○三正述三覆檢問有無勸持之相（結序勸持相）
- 初結前生下問
- 二正問衆中應法
- 三舉默表淨應後說勸持

○二廣教正宗
- 初四波羅夷法
  - 初標章門
    - 初告衆
    - 二示法
    - 三彰時
    - 四顯所據
  - 二釋章門
    - 初大婬戒
      - 初戒名
      - 二戒緣
      - 三戒本○
    - 乃至四大妄語戒○
  - 三結章門○
- 乃至八七滅諍法○

- 初明結戒相以顯行法（行益）
  - 初制戒緣起
    - 初明住處
    - 二能犯人
    - 三明犯相
      - 初犯相
      - 二明訶責相

- 初明比丘
  - 初明訶辭
    - 初總舉
    - 二別相五句
    - 三總結
  - 二舉過達佛
- 二明佛（如來訶辭）
  - 初親集僧問
  - 二佛訶相
    - 初總訶
    - 二別訶
- 二隨犯制廣（明舉過制戒）
- 三明結戒益義（明若依教等）
  - 初明此戒法生衆功德
  - 二明生別人滅惡成善
    - 初生善
    - 二滅惡
  - 三興建正法行

- 二辨說教相以成教益

○三戒本
- 初若比丘△註文爲三
  - 初標列釋由
  - 二總列衆名
  - 三結定犯人
- 二共比丘
- 三同戒
- 四不還戒△註文爲二
  - 初敍佛開
  - 二明捨戒
    - 初雖捨不成
    - 二對境彰成
- 五戒羸△註文爲二
  - 初明戒羸不捨相
  - 二明戒羸而捨相
- 六不淨行△註文爲三
  - 初犯境
  - 二境差
  - 三限齊
- 七共畜生△註文爲二
  - 初明所可行處
  - 二明成犯相
- 初列趣境
  - 初列三趣
  - 二約趣明報
- 二明自身造境
  - 初約覺境以明犯相
  - 二舉後三境以對覺境同成犯相
- 三外難所逼（怨逼）
  - 初明怨捉將向前境
  - 二明怨捉就身行犯
- 八是比丘夷
  - 初引人
  - 二依法科△註文爲二
    - 初釋罪名
    - 二成犯相
- 九不共住

- 初明成犯相
  - 初明比丘犯相
    - 初明自作教他成犯相
      - 初自作明輕重
      - 二教作明輕重
    - 二境想相對成犯相
      - 初明屍壞等
      - 二就境想
        - 初本境
        - 二境差想
  - 二明四衆犯相
- 二開犯法
  - 初前三別緣
  - 二後二通緣

○二大盜戒
- 初戒名
- 二戒緣
  - 初明盜緣
    - 初遠緣
    - 二所犯
  - 二訶犯之相
- 三戒本
  - 初能犯人
  - 二明盜物處
    - 初村處
    - 二靜處△註文爲二

- 三明其心業
  - 初明主不捨
  - 二明心應境△註文爲二
    - 初釋文
    - 二立句
      - 初五種心
      - 二五種取
  - 三結罪分齊
- （前承）
  - 初釋靜處
  - 二別明諸處
    - 初十三種明物處差別
    - 二八種明物體差別
    - 三五種明契要差別
- 四爲俗法訶
  - 初治罰
  - 二訶罵
- 五罪△註文爲二
  - 初犯
    - 初比丘
      - 初自作教他
        - 初明自作
          - 初明成重
          - 二犯輕
        - 二明教他
          - 初心境相當
          - 二不相當
            - 初心同物異
            - 二物同心異
      - 二境想相對
    - 二餘衆
  - 二不犯
- 六擯

○三大殺戒
- 初戒名
- 二戒緣
  - 初修觀乖方
    - 初爲說觀
    - 二明乖法
      - 初厭身
      - 二雇殺
  - 二改觀數息
    - 初改觀
    - 二修果
    - 三訶責
- 三戒本
  - 初能犯過人
  - 二明是自業
  - 三所殺境界
  - 四明教他業
  - 五將人附罪△註文爲二
    - 初犯
      - 初比丘
        - 初犯相
          - 初當趣明輕相
          - 二分異趣相
        - 二境想
      - 二餘衆
    - 二不犯
  - 六入治擯相

○四大妄語戒
- 初戒名
- 二戒緣
- 三戒本
  - 初出能犯戒者
  - 二妄語境
  - 三正是犯過戒本
    - 初總舉△註文爲三
      - 初釋自稱
      - 二釋人法
      - 三釋上人法
        - 初當趣
        - 二異趣
    - 二別示相
  - 四制疑網
  - 五開心實
  - 六引人入法△註文爲二
    - 初犯
      - 初比丘
      - 二餘衆
    - 二不犯
  - 七入治擯相

○三結章門
- 初告衆情
  - 初舉人歎德
  - 二正結章門
- 二除疑執
  - 初釋同住疑
  - 二釋重犯疑

- 三欲說後篇又靜衆
  - 初正問衆中應後法
  - 二舉歎表淨應說勸持

○二十三僧伽婆尸沙法
- 初標章門
- 二釋章門○
  - 初故出不淨戒
    - 初戒名
    - 二戒緣
    - 三戒本
      - 初能犯人
      - 二明其過業△註文爲二
        - 初實心
        - 二前境
      - 三開緣
      - 四結罪名△註文爲二
        - 初犯
          - 初明方便
          - 二辨相數
          - 三對餘衆
        - 二不犯
  - 乃至十三惡性拒僧違諫戒○
- 三結章門

○二觸女人戒
- 初戒名
- 二戒緣
- 三戒本
  - 初犯人
  - 二染心
  - 三觸境
  - 四明過業
  - 五結罪△註文爲二
    - 初犯
      - 初比丘
        - 初人女境
          - 初二俱無衣
          - 二互觸有衣
          - 三俱衣
        - 二餘境
          - 初明比丘觸四女相
          - 二明女來觸比丘相
      - 二餘衆
    - 二不犯

○三與人女麤語戒
- 初戒名
- 二戒緣
- 三戒本
  - 初出犯人
  - 二明內染
  - 三出犯境
  - 四陳過相
  - 五結罪△註文爲二
    - 初釋語相
    - 二明八相

○四歎身向人女索欲供養戒
- 初戒名
- 二戒緣
- 三戒本
  - 初是犯人
  - 二是欲意
  - 三過境
  - 四正明犯法
  - 五舉善法以勸
    - 初修梵行
    - 二持戒
    - 三修善法△註文爲六
      - 初舉頭陀明節儉法
      - 二舉唄匿明稱讚法
      - 三舉多聞明廣見法
      - 四舉說法明開智法
      - 五舉持律明奉行法
      - 六舉作禪明剋道法
  - 六結罪屬彼

○五媒人戒
- 初戒名
- 二戒緣
- 三戒本
  - 初是犯人
  - 二正是業本
  - 三釋前成相
  - 四是其罪

○六無主不處分過量房戒
- 初戒名
- 二戒緣
- 三戒本
  - 初立法十句
    - 初造人
    - 二乞求
    - 三作屋
    - 四無主
    - 五爲己
    - 六應量
    - 七指授
    - 八與法 △註文爲三
      - 初商度彼人堪可進否
      - 二明與白二之相
      - 三明作成分齊
    - 九無難
    - 十無妨
  - 二犯本十句
    - 初犯人
    - 二難
    - 三妨
    - 四自求
    - 五作屋
    - 六無主
    - 七自爲
    - 八不乞處分
    - 九過量
    - 十結罪

△註文爲二
- 初犯
  - 初比丘
    - 初自作
    - 二教他
      - 初教他同犯
      - 二爲他不同犯
        - 初明爲他輕重
        - 二對巧師有無
  - 二尼
- 二不犯

○七有主爲己不處分造房戒
- 初戒名
- 二戒緣
- 三戒本
  - 初立法八句 同上除乞求及應量
  - 二犯本八句 同上除自求及過量

○八無根波羅夷謗戒
- 初戒名
- 二戒緣
- 三戒本
  - 初是犯人
  - 二內有瞋心
  - 三出謗境
  - 四明無根
  - 五正重加謗 △前段註文爲三
    - 初列名
    - 二顯相
    - 三釋成無根
  - 六自言虛相
  - 七結罪

△註文爲二
- 初犯
  - 初比丘
    - 初明僧尼同犯相
    - 二明三衆別犯相
  - 二尼
- 二不犯

○九假根波羅夷謗戒
- 初戒名
- 二戒緣
- 三戒本 七句同上
  - 初明僧有成犯相
  - 二明尼同大僧相

○十破僧違諫戒
- 初戒名
- 二戒緣
  - 初出血緣
  - 二破僧緣
    - 初以四重謗
    - 二以十三難謗
    - 三以諸篇謗
- 三戒本
  - 初第一雙
    - 初拒諫人
    - 二諫所爲事
      - 初明始心
        - 初出破正之道理
        - 二明正法
        - 三所破正人
      - 二立邪三寶
      - 三行化於時
  - 二第二雙
    - 初屏諫
      - 初牒過知非
      - 二勸同和相
        - 初舉喻示諫
        - 二舉益示諫
    - 二拒屏諫
    - △註文爲二
      - 初自諫
        - 初求近人
        - 二求遠人
      - 二求他諫
  - 三第三雙
    - 初僧諫
    - 二拒僧諫
  - 四一雙即犯科

○十一助破僧違諫戒
- 初戒名
- 二戒緣
  - 初明調達執五法相
  - 二明伴黨比丘助破爲緣
- 三戒本
  - 初第一雙
    - 初總明正助破僧人 △註文爲二
      - 初解正助二伴相
      - 二釋順從
    - 二諫所爲事
      - 初遮僧不聽諫詞
      - 二出不聽之道理
  - 二第二雙
    - 初屏諫
      - 初領彼諫詞
      - 二出勸捨道理
      - 三明所以加諫恐僧異別
      - 四勸隨法衆無非法別
    - 二拒屏諫
  - 三第三雙
    - 初僧諫
    - 二拒僧諫
  - 四一雙即犯科

○十二汙家擯謗違諫戒
- 初戒名
- 二戒緣
  - 初明汙家相
  - 二明擯出相
  - 三明起謗緣
  - 四明制戒
- 三戒本
  - 初第一雙
    - 初諫所諫人
      - 初所汙家之處
      - 二正顯過相
      - △第二段註文爲二
        - 初總標
        - 二列示
          - 初鄙賤行
          - 二染汙行
          - 三輕逸行
      - △第三段註文爲三
        - 初明比丘入聚
        - 二明俗士見輕
        - 三明白佛設擯
    - 二諫所諫事
      - 初明依聚落造過
      - 二正明牒過治擯
        - 初牒過
        - 二加擯 △註文爲二
          - 初先令俗士知非得信
          - 二次乃驅擯因之起謗
      - 三明非理謗僧
  - 二第二雙
    - 初屏諫
      - 初牒其謗詞
      - 二正明自理喻彼
      - 三重敍前過
    - 二拒屏諫
  - 三第三雙
    - 初僧諫
    - 二拒僧諫
  - 四一雙即犯科 △註文爲二
    - 初犯
    - 二不犯
      - 初開殘罪
      - 二開汙家吉
      - 三開惡行吉

○十三惡性拒僧違諫戒
- 初戒名
- 二戒緣
  - 初過起所由
  - 二明訶制戒
- 三戒本

- 初第一雙
  - 初所諫人
  - 二諫所爲事
    - 初明惡性
    - 二明彼犯
    - 三如法諫喩
    - 四正是拒諫
    - 五出拒勸之相
    - 六明不受道理
- 二第二雙
  - 初屏諫
    - 初牒前拒詞
    - 二順理重誨
  - 二拒屏諫
- 三第三雙
  - 初僧諫
  - 二拒僧諫
- 四一雙卽犯科

○三結章門
- 初結前文
- 二除疑執
  - 初除疑
  - 二治罰
    - 初治覆情過
    - 二治僧殘情過
    - 三治僧殘罪
- 三將說下篇前更簡衆

○三二不定法
- 初標章門
- 二釋章門
  - 初屏處不定戒
    - 初戒名
    - 二戒緣
    - 三戒本
      - 初人
      - 二共
      - 三女人
      - 四獨處
      - 五屏處等
      - 六明坐法
      - 七說非語
      - 八明擧罪
      - 九明自言相
      - 十明罪處所治相
  - 二露處不定戒
    - 初戒名
    - 二戒緣
    - 三戒本
      - 一人
      - 二共
      - 三女人
      - 四露處
      - 五明坐處
      - 六說非法語
      - 七明擧罪
      - 八明自言相
      - 九明罪處所治相
- 三結章門

○四三十尼薩耆波逸提法
- 初標章門
- 二釋章門
  - 初畜長衣過限戒
    - 初戒名
    - 二戒緣
    - 三戒本
      - 初犯人
      - 二三衣具足竟
      - 三開緣謝
      - 四所防過境
  - 乃至三十迴僧物戒○
- 三結章門○

○二離衣宿戒
- 初戒名
- 二戒緣
- 三戒本
  - 一是犯人
  - 二受持竟
  - 三開緣謝
  - 四所犯戒境
  - 五人衣異隔△註文爲五
    - 初十界名
      - 初擧蘭界
      - 二例同十界
        - 初明不失
        - 二明失
    - 二十界體別
      - 初蘭界
      - 二樹界
      - 三場界
      - 四車界
      - 五船界
      - 六村界
      - 七堂界
      - 八庫界
      - 九倉界
      - 十阿蘭若界
    - 三體不相攝
      - 初擧蘭示相
      - 二例諸界
    - 四明勢分義
      - 初擧蘭示相
      - 二例諸界
    - 五指罪相
      - 初明離相
      - 二教其行護
      - 三明違法
      - 四結提重
  - 六明得法離
  - 七捨
  - 八罪△註文爲二
    - 初犯
      - 初比丘
      - 二尼
    - 二不犯
      - 初羯磨
      - 二奔護
      - 三奪想
      - 四隔礙
      - 五情染礙

△後段註文爲二
- 初犯
  - 初比丘
    - 初列八門明持犯相
    - 二明除疑執
    - 三正治罪
  - 二餘衆
- 二不犯

○三月望衣過限戒
- 初戒名
- 二戒緣
- 三戒本
  - 初犯人
  - 二三衣同體足竟
  - 三開緣謝
  - 四得非時衣
  - 五同長衣常開
  - 六重開一月
  - 七明違法
  - 八捨
  - 九罪

○四取非親尼衣戒
- 初戒名
- 二戒緣
- 三戒本
  - 初犯人
  - 二非親尼△註文爲二
    - 初釋親
    - 二明籌度可否相
  - 三取衣
  - 四除貿易△註文爲二
    - 初引緣起
    - 二明佛開
  - 五制捨
  - 六結罪

○五使非親尼浣故衣戒
- 初戒名
- 二戒緣
- 三戒本
  - 初人
  - 二非親
  - 三浣故衣
  - 四染打
  - 五捨
  - 六罪

○六從非親俗人乞衣戒
- 初戒名
- 二戒緣
- 三戒本
  - 初犯人
  - 二非親俗士女

- 三乞衣
- 四開緣
- 五捨
- 六罪
- 七重解△前段註文爲二
  - 初制裸形
  - 二教方便
    - 初取己物
    - 二借別人物
    - 三借僧物
      - 初明開取
      - 二明還僧法

○七過分取衣戒
- 初戒名
- 二戒緣
- 三戒本

○八勸居士增衣價戒
- 初戒名
- 二戒緣
  - 初過起之由
  - 二不應之相
- 三戒本

○九勸二家增衣價戒 同上

○十過限急索衣戒
- 初戒名
- 二戒緣
- 三戒本
  - 初明大臣所厚
  - 二明因索致罰
  - 三明訶制
- 初犯人
- 二明寶主緣由
  - 初財主遣使持寶將與比丘
  - 二明使人受寶付彼之相
  - 三明犯畜寶不即受相
  - 四明使問執事人
  - 五明示執事人所在
  - 六明與寶物付淨主相
  - 七既付寶竟還返告知
  - 八明立法度索之往返
    - 初明語索三反相
    - 二默然相
- 三過索成業
- 四捨
- 五結罪
- 六不得進否相

○十一綿作臥具戒

○十二黑毛臥具戒

○十三白毛臥具戒
- 初戒名
- 二戒緣
- 三戒本
  - 初立法
    - 初能造人
    - 二作法衣
    - 三用分齊
  - 二後制
    - 初犯人
    - 二違分齊
    - 三作法衣
    - 四捨
    - 五罪

○十四減六年臥具戒

○十五不揲坐具戒
- 初戒名
- 二戒緣
  - 初明大聖行房見過
  - 二立制加揲
  - 三六羣起教
  - 四舉犯制約
- 三戒本
  - 初立法
    - 初能造之人
    - 二是戒所緣境
    - 三明立法相
  - 二違教
    - 初犯境
    - 二違法
    - 三捨
    - 四罪

○十六持羊毛過限戒
- 初戒名
- 二戒緣
- 三戒本
  - 初犯人
  - 二立法△註文爲四
    - 初明得取自持限滿

○十七使非親尼浣羊毛戒
- 二明倩他縒持
- 三明使餘衆持
- 四明諸輕物
- 三明戒業
- 四捨
- 五罪

○十八畜錢寶戒
- 初戒名
- 二戒緣
  - 初過起所由
  - 二說喻訶制
- 三戒本
  - 初人
  - 二自作之業
  - 三戒防境
  - 四教他之業
  - 五捨△註文爲四
    - 初牒前制過
    - 二覓淨主付
    - 三不達施意
    - 四悟解意
  - 六罪△若不語下註文爲二
    - 初不教淨語
    - 二作已索相

○十九貿錢寶戒

○二十販賣戒
- 初戒名
- 二戒緣
  - 初以衣食起過
    - 初明貿食緣
    - 二明貿衣緣
  - 二舉過訶制
- 三戒本

○二十一畜鉢過限戒

○二十二非分乞鉢戒
- 初戒名
- 二戒緣
- 三戒本
  - 初犯人
  - 二未滿綴
  - 三犯法
  - 四制捨△註文爲四
    - 初受懺
    - 二與鉢換
    - 三次第
    - 四令持
    - 此法在後段註首
  - 五結罪
  - 六治罰△註文爲二
    - 初犯
      - 初示護鉢
      - 二非鉢用
    - 二不犯

○二十三乞縷使非親織師戒

○二十四勸織師增縷戒

○二十五奪比丘衣戒

○二十六畜七日藥過限戒
- 初戒名
- 二戒緣
  - 初聽服藥緣
  - 二明過制結
- 三戒本
  - 初人
  - 二病緣
  - 三列名相
  - 四給其限
  - 五明乖法
  - 六制捨△註文爲三
    - 初聽與僧食
    - 二與俗人
    - 三自身外用
  - 七結罪

- ○二十七過前求雨衣過前用戒
  - 初戒名
  - 二戒緣
  - 三戒本
    - 初立法
      - 初人
      - 二求衣分齊
      - 三制名相
      - 四制用時節
    - 二戒本
      - 初犯人
      - 二前求
      - 三前用
      - 四捨
      - 五罪
- ○二十八過前受急施衣過後畜戒
  - 初戒名
  - 二戒緣
    - 初敍與制之由
    - 二立教
  - 三戒本
    - 初人
    - 二明其時分
    - 三明財體△註文爲二
      - 初示急施名義
      - 二示衣體
    - 四立法△註文爲二
      - 初釋衣時
      - 二明次第增
    - 五明業
    - 六捨
    - 七罪△註文爲二
      - 初犯
        - 初比丘
        - 二尼
      - 二不犯
        - 初兩並順教
        - 二開過前
        - 三開過後
- ○二十九蘭若有疑離衣過限戒
  - 初戒名
  - 二戒緣
    - 初開緣
    - 二犯相
  - 三戒本
- ○三十迴僧物戒
  - 初戒名
  - 二戒緣
    - 初敍比丘迴施
    - 二明居士悔歎
  - 三戒本
    - 初犯人
    - 二知
    - 三許僧物
    - 四求入己
    - 五捨
    - 六罪△註文爲三
      - 初開心差
      - 二開不入己
      - 三開非意

- ○三結章門

- ○五九十波逸提法
  - 初標章門
  - 二釋章門
    - 初故妄語戒
      - 初戒名
      - 二戒緣
      - 三戒本
        - 初人
        - 二知
        - 三妄語△註文爲二
          - 初對六塵
          - 二約違心
            - 初約八境違心而說
            - 二前後方便具闕之義
        - 四結罪相
    - 乃至九十過量三衣戒○
  - 三結章門○
- ○二行罵戒
  - 初戒名
  - 二戒緣
    - 初緣
    - 二引喻制成
  - 三戒本
    - 初犯人
    - 二行罵△前段註文爲二
      - 初前三就姓業
      - 二後三就身心
    - 三結罪
- ○三兩舌語戒
  - 初戒名
  - 二戒緣
    - 初約人爲緣
    - 二引畜形上
  - 三戒本
- ○四共人女宿戒
  - 初戒名
  - 二戒緣
  - 三戒本
    - 初人
    - 二人女
    - 三室
    - 四知

- 五結罪△註文爲二
  - 初犯
    - 初簡境
    - 二簡時
    - 三簡儀
  - 二不犯
    - 初開迷忘
    - 二開非室
    - 三開難緣
- ○五共未受具人宿過限戒
  - 初戒名
  - 二戒緣
    - 初過起令制
    - 二開三宿
  - 三戒本
- ○六共未受具同誦戒
- ○七說麤罪戒
- ○八實得道向白衣說戒
- ○九獨與女人說法戒
- ○十掘地戒
- ○十一壞生種戒
  - 初戒名
  - 二戒緣
  - 三戒本
    - 初人
    - 二壞
    - 三鬼神
    - 四村境
    - 五結犯△註文爲二
      - 初犯
        - 初約離地辨犯
          - 初五生種
          - 二五生相
        - 二明損壞（依資持記補入）
          - 初明全生
          - 二明萎乾
      - 二不犯
- ○十二餘語觸惱戒
  - 初戒名
  - 二戒緣
    - 初語違僧
    - 二觸惱相
  - 三戒本
- ○十三嫌罵知事戒
  - 初戒名
  - 二戒緣
    - 初就見不聞處起瞋
    - 二就聞不見處起罵
  - 三戒本
- ○十四露地敷僧物戒
  - 初戒名
  - 二戒緣
  - 三戒本
    - 初人
    - 二僧物
    - 三露地
    - 四結犯△註文爲二
      - 初犯
      - 二不犯
        - 初明方便委囑之相
        - 二乖教故結
- ○十五覆處敷僧物戒
- 乃至二十覆屋過限戒
- ○二十一輒教授尼戒
  - 初戒名
  - 二戒緣
    - 初明尼請
    - 二令僧次差往
    - 三過起之由
    - 四羯磨備德
  - 三戒本
- ○二十二爲尼說法至暮戒
- 乃至三十一食處過受戒
- ○三十二背請戒
  - 初戒名
  - 二戒緣
    - 初開食粥遂成濃粥
    - 二節會送食
    - 三正違先請
  - 三戒本
- ○三十三別衆食戒
  - 初戒名
  - 二戒緣
  - 三戒本
    - 初犯人
    - 二別衆
    - 三食體
    - 四開緣
    - 五結罪
    - 六逐緣重解△註文爲二
      - 初犯
        - 初比丘
          - 初教食法
            - 初無緣白出
            - 二人少隨食
            - 三數滿分部
            - 四有緣白入
          - 二結罪法
        - 二尼
      - 二不犯
- ○三十四取歸婦估客食過限戒
  - 初戒名
  - 二戒緣
    - 初明頻取婦食
    - 二明商家過受
  - 三戒本
    - 初立法
      - 初能受比丘
      - 二與飯麨

- 二戒本
  - 初犯人
  - 二無病
  - 三取過三
  - 四獨自食
  - 五結罪
- 三取分齊
- 四制共食之△
  - 註文爲二
    - 初明就彼食則無制限
    - 二明受食還寺則有分齊

○三十五足食戒
- 初戒名
- 二戒緣
  - 初明佛開諸比丘食緣
  - 二明起過
- 三戒本
  - 初人
  - 二明食相
  - 三結罪△註文爲二
    - 初犯
      - 初比丘
      - 二餘衆
        - 初對緣結犯
        - 二以諸相用顯知法
    - 二不犯

○三十六勸犯足食戒
- 初戒名
- 二戒緣
- 三戒本
  - 初人
    - 初三種所勸不食
    - 二三種雖食但能勸犯
  - 二若他二種足食已
  - 三明勸結罪△欲使他犯註文爲二
    - 初明犯重
    - 二示犯輕

○三十七非時食戒
- 初戒名
- 二戒緣
  - 初明看伎非時而食
  - 二明夜乞起過便制
- 三戒本

○三十八食殘宿食戒
○三十九不受食戒
○四十索美食戒
○四十一與外道食戒
- 初戒名
- 二戒緣
  - 初與女人起過
  - 二與男食譏弄便制
- 三戒本

○四十二食前後至他家戒
- 初戒名
- 二戒緣
  - 初明食前遊行
  - 二明食後遊行
- 三戒本

○四十三食家強坐戒 乃至四十七過限藥請戒

○四十八觀軍戒
- 初戒名
- 二戒緣
- 三戒本△註文爲二
  - 初犯
  - 二不犯
    - 初開有緣
    - 二明順教
    - 三開急難

○四十九軍中過宿戒
- 初戒名
- 二戒緣
- 三戒本△註文爲二
  - 初順教
  - 二開難緣

○五十觀合戰戒
○五十一飲酒戒
- 初戒名
- 二戒緣
  - 初生過之由
  - 二正明犯制
- 三戒本

○五十二水中戲戒
- 初戒名
- 二戒緣
  - 初明起過
  - 二明制戒之由
- 三戒本

○五十三擊攊他戒
○五十四不受諫戒
○五十五怖比丘戒
- 初戒名
- 二戒緣
- 三戒本△註文爲二
  - 初犯
    - 初以六塵示人
    - 二說六塵語人
  - 二不犯
    - 初前人自疑
    - 二明非意

○五十六半月浴過戒

○五十七露地燃火戒
- 初戒名
- 二戒緣
- 三戒本△註文爲二
  - 初犯
    - 初重
      - 初以物燃火
      - 二以火投物
    - 二輕
  - 二不犯

○五十八藏他衣物戒
- 初戒名
- 二戒緣
- 三戒本△註文爲三
  - 初他物
    - 初相體恐
    - 二恐損壞
    - 三爲驚他
  - 二己物
  - 三難緣

○五十九眞淨施主不知輒取衣戒
○六十著新衣戒
- 初戒名
- 二戒緣
- 三戒本
  - 初立法
    - 初比丘
    - 二得新衣
    - 三須三壞色△註文爲二
      - 初釋作淨
        - 初即染爲淨
        - 二已染揲淨
      - 二釋點淨
        - 初輕
        - 二重
  - 二正戒本
    - 初犯人
    - 二不以三色壞
    - 三結罪△註文爲二
      - 初犯
        - 初明正犯
        - 二明點淨
        - 三明寄俗舍
      - 二不犯

○六十一故殺畜生戒
○六十二飲蟲水戒
- 初戒名
- 二戒緣
- 三戒本△註文爲二
  - 初明尼同犯
  - 二明不犯
    - 初前二無心
    - 二後二順教

○六十三疑惱比丘戒
○六十四覆藏比丘罪戒
- 初戒名
- 二戒緣
- 三戒本△覆藏註文爲四
  - 初明結犯時分
  - 二覆餘罪
  - 三自覆
  - 四覆下衆

○六十五度減年受具戒
- 初戒名
- 二戒緣
- 三戒本
  - 初立法
  - 二正本
    - 初知人
    - 二與受
    - 三結提

△註文爲二
- 初犯
  - 初僧
    - 初約問對明犯不犯
      - 初問答
      - 二判犯
    - 二約作法明輕重
  - 二尼
- 二不犯

○六十六發四諍戒
○六十七與賊期行戒
○六十八說欲不障道違僧諫戒
○六十九隨舉比丘戒
- 初戒名
- 二戒緣
- 三戒本△末段註文爲二
  - 初尼同犯
    - 初明和尚犯有重輕
    - 二明餘僧一向犯輕
  - 二不犯

○七十隨擯沙彌戒
○七十一拒勸學戒
○七十二毀毗尼戒
- 初戒名
- 二戒緣
  - 初敍六羣畏舉
  - 二明因毀制戒
- 三戒本
  - 初人
  - 二明說戒時
  - 三明結罪相
    - 初開非意
    - 二室相不成
    - 三難緣

○七十三恐舉先言戒 乃至八十五兜羅貯褥戒
- 初正毀詞
- 二出所以
- 三結犯相
  - 初反前初二
  - 二反上第三
  - 三反上第四

○八十六作骨牙角鍼筒戒
- 初戒名
- 二戒緣
- 三戒本△註文爲二
  - 初犯
  - 二不犯
    - 初開體別
    - 二開作餘物

○八十七過量尼師壇戒乃至八十九過量雨衣戒

○九十過量三衣戒
- 初戒名
- 二戒緣
  - 初難陀相濫
  - 二六羣起過
- 三戒本

○三結章門

○六四波羅提提舍尼法
- 初標章門
- 二釋章門
- 三結章門

○七衆式叉迦羅尼法
- 初標章門
- 二釋章門
  - 初五十一戒敬僧
    - 初兩戒著衣齊整法
    - 二二十三戒入聚落受請法
    - 三二十三戒示少欲知足有正法相
    - 四三戒制便利法
  - 二八戒敬法
  - 三二十六戒敬佛
  - 四十五戒雜明敬三寶行
- 三結章門

○八七滅諍法
- 初標章門
- 二釋章門
  - 初明四諍
    - 初總示
    - 二註釋
      - 初識名相
      - 二分品量
      - 三治滅法
  - 二列七藥
    - 初現前△註文爲二
      - 初敘緣
      - 二列相
    - 二憶念△註文爲二
      - 初緣起
      - 二制法
        - 初對衆檢勘
        - 二與羯磨
    - 三不癡△註文爲二
      - 初緣
      - 二相
    - 四自言治△註文同上
    - 五多人語△註文爲三
      - 初敘緣
      - 二示制法
      - 三示別名
    - 六罪處所△註文同上
    - 七草布地△註文爲二
      - 初敘緣起
      - 二示制法
- 三結章門

○三廣教流通
- 初牒名反束告知
- 二舉教所出勸說流通

○二明略教行法
- 初發起序
- 二正宗
  - 初毗婆尸
    - 初法體偈
      - 初上半明忍行之益
      - 二下半示不忍之損
    - 二能說人
      - 初題名
      - 二舉號
      - 三結法屬人
  - 二尸棄
    - 初法體偈
      - 初上半約譬明離險
      - 二下半約世明遠惡
    - 二能說人
  - 三毗葉羅
    - 初法體偈
      - 初四句止行
        - 初半偈口無過
        - 二半偈身離過
      - 二半偈作行
    - 二能說人
  - 四拘樓孫
    - 初法體偈
      - 初一偈利他行
        - 初三句喻文
        - 二合喻
      - 二一偈自利行
        - 初不外違
        - 二唯內慎
    - 二能說人
  - 五拘那含
    - 初法體偈
      - 初上半明因行
      - 二下半明果滿
    - 二能說人
  - 六迦葉
    - 初法體偈
      - 初三句明行教
        - 初二句止惡修善
        - 二一句明當觀志意
      - 二一句指非濫說
    - 二能說人
  - 七釋迦
    - 初法體偈
      - 初一偈明三業行淨
      - 二明行成會正
    - 二能說人
      - 初明能說之人
      - 二明略教所爲
      - 三明息略通廣
- 三流通
  - 初簡人
  - 二勸學

○三廣略二教總流通
- 初廣教勸信流通
  - 初正彰戒益
    - 初不期世報而冥感獲
      - 初標持人
      - 二舉世報誘鈍根
        - 初總標
        - 二別示
      - 三勸觀及持
        - 初勸觀
        - 二勸持
    - 二與慧相資道成遠益
      - 初明修因
      - 二顯證果
  - 二三世同遵
    - 初引三世
      - 初別舉
      - 二顯德
    - 二同遵行益
- 二略教信順流通
  - 初明律主引略勸之文
    - 初召機
    - 二勸信
  - 二舉七佛說略行之度世
    - 初七佛說略
      - 初歎德
      - 二演法
    - 二行之度世
  - 三明七佛諸子奉教度世
    - 初遵師教
    - 二贊略法
    - 三彰益
      - 初成因
      - 二證果
- 三付囑流通
  - 初將傳遺訓之儀
  - 二正明付囑之法
    - 初遣疑
    - 二示人法住持相似
      - 初指所說法
      - 二令觀法如佛
  - 三歎教功益
    - 初明住持益
    - 二明得道益
- 四奉順流通
  - 初舉損
    - 初法說
    - 二舉喻
  - 二勸持
    - 初勸修自行
      - 初法
      - 二喻
    - 二勸行衆法
- 五迴向流通
  - 初結前廣略之文
    - 初結所說二教
    - 二集始末行功
  - 二明說戒之益
    - 初所施之境徧該法界
    - 二所期之益直至菩提

乙亥六月二十九日錄訖時居惠安淨峯寺　弘一

四分律含注戒本疏略科

科文依疏。但疏中前後別異者、附註、用〔〕記號。記科別異者、附註、用（）記號。或僅有一二字異、非重要者、略之。疏科缺者、以記科補之、用。。記號。

主要之科、以直線記之。

- 初疏序
- 二疏文
  - 初通敍教本
    - 初教興所由
      - 初敍昔傳
      - 二今解意（明今取捨）
    - 二攝教分齊
    - 三解開名義
      - 初統敍衆名
      - 二依名翻譯
      - 三對名立教
    - 四解今題目
      - 初部類不同
      - 二前後差異〔明前後〕
      - 三正解名目
      - 四解諸部東傳所由（汎解翻度）〔汎解諸本翻度所由〕
  - 二義張三位○

○二義張三位
- 初廣略二教總序
- 二廣略二教別序正流通（正宗分）○
- 三廣略二教總流通〔總舉兩教勸修弘益〕○

- 初歸敬三寶
  - 初義文（約義懸釋）
  - 二釋文（就文牒釋）
- 二歸敬本意
- 三廣陳體相〔廣列戒之體相〕（列相勸持）
  - 初明戒德宗體
  - 二略舉篇聚〔列相顯示〕
  - 三明持毀得失衆別之行〔廣張隨行〕
- 四戒經弘益〔明教行攝持功不虛義〕（顯教功益）
  - 初喩辭
  - 二總法合修說之儀

○二廣略二教別序正流通
- 初就此二教分別諸門（總辨二教）
  - 初解名門
  - 二定相門
  - 三所爲門
  - 四前後門〔前後相反〕
  - 五相成門
  - 六時節門
- 二分文解釋。。。
  - 初結前文
  - 二生後文
    - 初正明廣教行法
      - 初廣教之端序
        - 初集僧簡衆
          - 初能成衆法之緣
          - 二所成說廣之業〔明單白知衆法〕
        - 二誠勅時衆〔第二發起序〕
          - 初結序勸持相〔三覆檢問〕
          - 三正述三覆檢問有無勸持之相
      - 二廣教正宗○
      - 三廣教流通○
    - 二明略教行法○

○二廣教正宗
- 初先以義通
  - 初正果五篇
  - 二七聚重輕
  - 三諸篇方便〔解方便罪相〕
- 二約文分位（後隨文解）
  - 初篇
    - 初明義
      - 初配其三毒
      - 二起由身口〔明三業〕
      - 三自作教他
      - 四犯分三趣（罪趣分別）
      - 五境約自他〔自他始終〕
      - 六明心錯誤〔明心有剋漫〕
      - 七明業剋漫〔明錯誤〕
      - 八明其教意〔明教興〕
      - 九明其頒位〔明先後出對治〕
      - 十列成任運〔明沙彌任運義〕
    - 二釋文
      - 初標章門
      - 二釋章門
        - 初大婬戒○
        - 乃至四大妄語戒○
      - 三結章門○
  - 乃至第八七滅諍法○
- 四持犯方軌〔明持犯義〕

○初大婬戒
- 初以義分
  - 初制意
  - 二釋名〔釋戒名〕
  - 三犯緣〔緣成犯相〕
  - 四闕緣
- 二消文
  - 初戒名
  - 二戒緣
  - 三戒本
    - 初約義通釋。。。
    - 二就戒本（就文牒釋）

○二大盜戒
- 初約義釋。。。
  - 初制意
  - 二釋戒名
  - 三具緣成犯
  - 四闕緣
- 二隨文釋。。。
  - 初戒緣
  - 二戒本

○三大殺戒
- 初約義釋。。。
  - 初就人趣四句分業
    - 一非恩養非福田
      - 初制戒意
      - 二釋戒名
      - 三成犯緣
      - 四闕緣義
    - 二是恩養非福田
    - 三是福田非恩養
    - 四亦福田亦恩養
  - 二因卽料簡五逆之義
- 二牒文釋。。。
  - 初戒緣
  - 二戒本

○四大妄語戒
- 初以義張
- 二解戒本（牒文解）
  - 初通釋。。
    - 初約制
    - 二釋戒名
    - 三釋成犯緣
    - 四解闕緣
  - 二牒釋。。
    - 初戒緣
    - 二戒本

○三結章門

○第二篇
- 初義門分別
  - 初配毒成相〔配三毒〕
  - 二配屬身口〔明身口相〕（配三業）
  - 三明自他義〔教遣不同相〕
  - 四遮性相攝
  - 五配篇種類〔明戒皆初篇種〕
  - 六持犯方軌
  - 七僧尼同異

- 八沙彌任運（明方便任運義）
- 二消文
  - 初標
  - 二釋
    - 初釋前九戒
      - 初漏失戒○
      - 乃至九假根謗戒○
    - 二釋後四諫戒○
  - 三結

○初漏失戒
- 初通釋
  - 初制意
  - 二釋戒名
  - 三具緣
- 二牒釋
  - 初戒緣
  - 二戒本

○二釋後四諫戒

已下諸戒、標科大同、不復列述。惟擇要錄之。

- 初總解
  - 初十三同篇而諫不諫別
  - 二諫有所為廣明破僧
  - 三俱破分二戒餘後單立一（明立戒重單）
  - 四違僧諫同罪有輕重
- 二別釋
  - 十破僧違諫戒等

○第三不定相
- 初義門懸判
  - 初來意所由
  - 二釋名出體
  - 三最初同異
  - 四通塞諸相
  - 五僧尼有異
- 二對文解釋
  - 初標
  - 二釋
  - 三結

○第四篇
- 初三門料簡
  - 初釋名廢立
  - 二先後所以
  - 三依位別解
    - 初明三十九戒俱因財犯有捨不捨別
    - 二同活及僧犯之多少（犯人同異）
    - 三自作教人
    - 四重犯有無
    - 五捨懺方法
    - 六持犯方軌
    - 七僧尼不同
    - 八沙彌任運
- 二牒文解釋
  - 初畜長戒等
  - 二十六畜七日藥過限戒
    - 初料簡總有三門
      - 初列藥相
        - 初列數釋名
        - 二得名不同
        - 三立四所以
        - 四定藥體狀
      - 二明受法（手口兩受）
      - 三服用違順（明定罪差別）
    - 二別約文相

○第五單提篇
- 初先以義求
  - 初配三業
  - 二約自他
  - 三明遮性
  - 四論持犯
  - 五簡僧尼
  - 六關諸部
  - 七辨任運
- 二後隨相解
  - 初故妄語戒等

○第六提舍尼篇
- 初略序七意
  - 初解來意
  - 二置四所由
  - 三先後次第
  - 四持犯方軌
  - 五佛僧制異
  - 六約行分別
  - 七僧尼有異

- 二別釋四戒
  - 初在俗從非親尼取食戒等

○第七衆學篇
- 初義門通釋
  - 初列數釋名
  - 二諸部同異
  - 三自他
  - 四持犯
  - 五僧尼
- 二隨文別釋
  - 初有五十一戒明敬僧威儀行
  - 二有八戒明敬法威儀行
  - 三有二十六戒明敬佛威儀行
  - 四有十五戒雜明敬尚三寶行

○第八七滅諍法
- 初明四諍
  - 初識名相
  - 二分品疊
  - 三治滅法
- 二列七藥

○三廣教流通

○二明略教行法
- 初略教發起序
- 二略教正宗
  - 初段
    - 初法體偈
    - 二能說法人
  - 乃至第七段同
- 三略教流通

○三廣略二教總流通
- 初明廣教行益勸信流通
- 二明略教行益開演信順流通
- 三明付囑久住以辨流通
- 四勸信奉順流通
- 五結前迴向以辨流通

乙亥六月六日敬編錄時居淨峯　弘一

四分律含注戒本略釋

附指廣　至廣教序止　已下待續

沙門弘一撰

例言

一是書每段編輯之次第、先列科文、次錄戒本正文、次略釋、次指廣。戒本正文頂格寫、餘皆低二格。科文上冠△記號。

一原科文疏記或不同、疏之前後亦或異。今會通酌定之。

一略釋皆宗南山靈芝諸撰述。或直錄、或撮寫、或加潤色、或稍伸說。以明白易解、契於初機爲旨。
一指廣中所列次第示閱覽之先後依此次第而閱則易貫通。
指廣中六十三、十七行 六十四、二十行—者示此段文自第六十三頁十七行起、至第六十四頁二十行止餘可例推。 所標卷數頁數皆依津刊疏記鈔記之會本。
一學者研習時先熟覽科文戒本正文及略釋後再閱指廣之文詳細參核然後再統閱戒疏記全文。 學者初閱指廣之文及戒疏記全文時必不能盡解未可著急宜緩緩再四熟覽自能漸次貫通。
一指廣中所示之文多彼此相似者以此對覽最能得益或於此未解而於彼處能解即彼此全相同者若對覽之亦可助記憶力余昔學律即依此方法、獲益甚大。

△總科分二、先預列題號大科。

甲初題號 — 乙初標題 四分
　　　　 — 乙二人號 — 丙初部主號 曇出
　　　　　　　　　　 — 丙二註述號 唐終
甲二本文

△甲初題號二 乙初標題

四分 四分者、示今所宗之律名。 隨說止處、即爲一分。如是至四、一部方終。故名四分。

[指廣] 戒疏記卷一六十三、十七行 六十四、二十行— 事鈔記卷一五、三行 六、十五行—

律 梵語毗尼、此翻爲律、訓爲法也。從教立名。 梵號共有三名、列表如下。

毗尼 — 律 — 法 — 教
尸羅 — 戒 — 禁 — 行
波羅提木叉 — 處處解脫(亦名別別解脫) — 近 — 隨分果 — 處處解脫 — 果
　　　　　　　　　　　　　　　　　　 — 遠 — 聖果 — 解脫

[指廣] 事鈔記卷一六、十六行 七、十一行—
[同] 事鈔記卷十五十、四行 十六、九行— 戒疏記卷一二十八、二十行 四十八、五行—

含註 採摘廣律釋文之要義、分註於戒本中。

[指廣] 戒疏記卷一一、十九行 二、六行—

戒本 本者、根也。 戒爲行本、故曰戒本。

[指廣] 戒疏記卷一六十五、一行 十三行—
[同] 戒疏記卷一二、十五行 九、十七行—

△乙二人號二 丙初部主號

出曇無德(唐言法護)部律

[指廣] 戒疏記卷一六十五、十五行 六十六、六行—
[同] 戒疏記卷一六十六、九行— 卷終

△丙二註述號

唐終南太一山沙門道宣註

[指廣] 戒疏記卷一二、九行 十四行—

上來釋題號竟、

△已下釋本文、先預列初分大科。

甲二本文 — 乙初廣略二教總序分 初一偈
　　　　 — 乙二廣略二教別序正流通正宗分
　　　　 — 乙三廣略二教總流通分 後一段偈
　　乙初 — 丙初歸敬三寶 稽首
　　　　 — 丙二歸敬之意 今演
　　　　 — 丙三列相勸持 — 丁初戒德宗體 — 戊初陳喻 戒如
　　　　　　　　　　　　　　　　　　　 — 戊二舉益 欲護
　　　　　　　　　　 — 丁二略舉篇聚 — 戊初舉教勸修 欲除
　　　　　　　　　　　　　　　　　　 — 戊二引佛成證 毗婆
　　　　　　　　　　　　　　　　　　 — 戊三承傳勸聽 我今
　　　　　　　　　　 — 丁三明持毀得失 — 戊初寄別行生二喻 譬如
　　　　　　　　　　　　　　　　　　　 — 戊二寄衆法生二喻 如人
　　　　 — 丙四顯教功益 世間

△甲二本文三 乙初廣略二教總序分四 丙初歸敬三寶

稽首禮諸佛及法比丘僧。

初稽首禮是能敬儀也、後列三寶是所敬境也。

[指廣] 戒疏記卷二一、三行 二十、十五行—
[同] 歸敬儀第二篇

△丙二歸敬之意

今演毗尼法、令正法久住。

初句明意、後句明益。

[指廣] 戒疏記卷二二十、十六行 二十五、十二行—
[同] 事鈔記卷一十三、二十行 十六、十九行— 事鈔記卷十五五、六行 十、三行—

△丙三列相勸持三 丁初戒德宗體二 戊初陳喻

戒如海無涯、如寶求無厭。

初明深廣無涯、性不容穢喻。次明能出衆寶、求者無厭喻。　戒海非但清澄。兼生道品、三乘所重。故言寶也。

【指廣】戒疏記卷二　二十六、十七行—三十一、十八行

△戊二舉益

欲護聖法財、衆集聽我說。

財即道品。恐濫於世、故云聖法。合上寶也。　所以不合初喻者。意以所出之多、足顯能生之廣。故但合寶、即兼海矣。

【指廣】戒疏記卷二　三十一、十九行—三十二、十六行

△丁二略舉篇聚三　戊初舉教勸修

欲除四棄法及滅僧殘法障三十捨墮衆集聽我說。

前之三句明廣教之功、下有一句舉功勸聽。　廣教、對後七佛所說略教而言。　廣教有五篇、唯舉四棄僧殘捨墮者。舉前以概後也。五篇名義、如後具釋。　言除言滅言障者、三義無異、隨說皆得。因此廣教、能預防未來之非、應起不起、名爲除滅。非謂已犯而除滅也。

【指廣】戒疏記卷二　三十二、十七行—三十五、七行

△戊二引佛成證

毗婆尸式棄毗舍拘留孫拘那含牟尼迦葉釋迦文、諸世尊大德爲我說是事。

初一偈列教主名、二半偈結人成法。　說即是制。

【指廣】戒疏記卷二　三十五、八行—三十七、九行

△戊三承傳勸聽

我今欲善說諸賢咸共聽。

【指廣】戒疏記卷二　三十七、十行—三十八、十一行

△丁三明持毀得失二　戊初寄別行生二喻

明持毀得失中分爲二科、初寄別行生二喻、二寄衆法生二喻。衆法即四人已上作羯磨事、今唯指說戒而言。別行即自行。下文共有四喻、寄於二種行法而明、並以持犯分配之。列表如下、粗示其概。

- 寄別行
  - 一身足喻
    - 止犯（初偈）
    - 作持（次偈）
  - 二車軸喻
    - 作犯
- 寄衆法
  - 三明鏡喻
    - 止持（好、全）
    - 作犯（醜、毀）
  - 四兵戰喻
    - 作持（勇、淨）
    - 止犯（怯、穢）

持犯名義、因便列表如下。

- 二持
  - 止持—方便正念、護防三業、不造諸惡—止而無違、順本所受—名之爲止、名之爲持—持由止成故曰止持
  - 作持—勤策三業、修習戒行、有善起護—作而無違、順本所受—名之爲作、名之爲持—持由作成故曰作持
- 二犯
  - 作犯—內具三毒、鼓動三業、違教造境—作而有違、汙本所受—名之爲作、名之爲犯—犯由作成故曰作犯
  - 止犯—癡心怠惰、於諸勝業、厭不修學—止而有違、汙本所受—名之爲止、名之爲犯—犯由止成故曰止犯

譬如人毀足、不堪有所涉、毀戒亦如是、不得生天人。欲得生天上、若生人中者、常當護戒足、勿令有毀損。　**如御入險道、失轄折軸憂、毀戒亦如是、死時懷恐懼。**

寄別行生二喻中、初身足喻、二車軸喻。　身足喻中有二偈、初偈約止犯之損、次偈約作持之益。　車軸喻中一偈約作犯言。轄是括輪之物、在軸兩頭、括束於輪。

【指廣】戒疏記卷二　三十八、十二行—四十四、十一行

△戊二寄衆法生二喻

如人自照鏡、好醜生欣慼、說戒亦如是、全毀生憂喜。　**如兩陣共戰、勇怯有進退、說戒亦如是、淨穢生安畏。**

寄衆法生二喻中、初明鏡喻、二兵戰喻。　如前列表中、各對持犯、可解。

【指廣】戒疏記卷二　四十五、十六行—四十七、十九行

△丙四顯教功益

世間王爲最、衆流海爲最、衆星月爲最、衆聖佛爲最、一切衆律中、戒經爲上最、如來立禁戒、半月半月說。

初偈喻、後偈法合。

【指廣】戒疏記卷二　四十八、三行—五十一、十六行

上來釋廣略二教總序分竟。

△巳下釋廣略二教別序正流通正宗分、先預列廣教序大科。

- 乙二廣略二教別序正流通正宗分
  - 丙初結前生後（已前）
  - 丙二正示教宗
    - 丁初廣教
      - 戊初序
        - 己初集僧簡衆
          - 庚初能成之緣（和合大德）
          - 庚二所成之業
        - 己二誡敕時衆（諸大）
        - 己三覆檢問（諸大）
      - 戊二正宗
      - 戊三流通
    - 丁二略教

△乙二廣略二教別序正流通正宗分二　丙初結前生後

已前偈文、法護尊者所作、爲廣略二教通序。前開持毀之言以成說聽之本也。和合以下二教大宗、自分三分、序正流通。

廣略二教者。佛初成道、不待犯戒、通禁三業、略陳教法、故曰略教。後造諸非、不謂有犯、故須隨事別制、廣明教法、故曰廣教。

【指廣】戒疏記卷二　五十一、十七行—六十、十二行

【又】戒疏記卷二　六十、十三行—六十一、十四行

△丙二正示教宗二　丁初廣教三　戊初序三　己初集僧簡衆二

庚初能成之緣

已下廣教序中含註之文、屬於作持、非已習隨機羯磨者難於猝解。故今

略釋、唯依廣教序中大字、粗示其義。餘含註文、不復解釋。標指廣中仍兼含註羯磨、約義翻爲辦事、正翻爲業。下科大德僧聽乃至白如是之文、卽是說戒之羯磨、故下科云所成之業也。　欲作羯磨之前、應有事前諸方便。如此科和合僧集會等文、乃是能成就羯磨之前方便、故此科云能成之緣也。

[指廣] 戒疏記卷二 六十一、十五行／六十四、十九行 ― 事鈔記卷五 二十二、十七行／四十二、十一行 ―

作羯磨前應具十緣、今文唯列七者、以餘不須問、此七必問。又今文七中、六種通於諸法、教尼限於說戒、非常途十緣所攝。列表如下。

羯磨具十緣
- 一稱量前事
- 二法起託處
- 三集僧方法
- 四僧集約界
- 五應法和合
- 六簡衆是非
- 七說欲清淨
- 八正陳本意
- 九問事端緒
- 十答所成法

今文
- 和合
- 僧集會
- 未受大戒者出
- 不來諸比丘說欲及清淨
- 比丘尼衆遣何人來耶
- 今僧和合何所作爲
- 說戒羯磨

廣教序中指廣之文、若具錄事鈔業疏記者、文近十卷、則太繁廣。又今所研習正在戒本、於作持諸義亦不須廣張繁文。故已下指廣唯略引明、不復廣徵旁證。

[指廣] 事鈔記卷十一 十四、十六行／三十三、十行 ― 此章事鈔記文、正明說戒儀軌、具含下列七緣。故列於七緣之前、總示說儀、不別分配。

合 時有乃至衆也

和合僧集會二緣。刪定戒本改云僧集和合、較順。卽僧法六和也。列表如下。

僧和有二義
- 理和 初果已上、所證同故。
- 事和 內凡已下、卽下所云六和也。

六和
- 同戒(正戒) 正戒是入道之基。無受戒不得、受已毀破之過。
- 同見(正見) 正見乃絕縛之慧。無邪見執見各異之過。
- 同利(正命) 正命爲成道之緣。無非法乞求、邪意活命之過。
  - 體和 三體別人恒具、是爲內德。必具三體、乃名僧寶。
- 身和 應來者來。
- 心和 應與欲者與欲。
- 口和 現前得訶者不訶。
  - 相和 三和臨事方彰、是爲外用。必具三相、方能辦事。

- 和合 ― 相和
- 僧集會 ― 體和
  - 六和依三體而成三相。體相俱備、內外兩和。

[指廣] 戒疏記卷二 六十四、二十行／六十六、一行 ― 事鈔記卷十一 一、十三行／三、十一行 ―

業疏記卷四 二十二、十七行／二十三、十九行 ―

僧集會 時有乃至治之

[又] 業疏記卷二 十九、十一行／二十一、一行 ― 事鈔記卷七 十一、十六行／十二、十五行 ―

[指廣] 戒疏記卷二 六十六、二行／六十九、三行 ―

[又] 事鈔記卷十一 九、十五行／十四、十五行 ― 事鈔記卷十一 四十四、十行／卷終 ―

未受大戒者出 時有乃至作也

此明簡衆、不唯沙彌、或尼三衆、俗士曉禮、並須遣出。

[指廣] 戒疏記卷二 六十九、四行／七十一、十行 ―

不來諸比丘說欲及清淨 時說乃至故也

欲者、希須爲義。謂心有所望也。僧作法事、因事不來、遣致心意、示無違背、故曰說欲。清淨者、示行無乖。　欲及清淨、可約六和分配、如下表列。

- 欲 ― 表心無二 ― 相和 三和中、心和口和。
- 清淨 ― 表行無乖 ― 體和 戒見利同。

[指廣] 戒疏記卷二 七十一、十一行／七十二、十七行 ―

比丘尼衆遣何人來耶 佛言乃至誡也

僧說戒前、尼請僧往教誡。教誡有廣略二法。唐時廣法不行、故事鈔業疏唯存略法。宋時略法亦廢。濟緣記云、今時廣略俱廢、止可聞知、用爲來習耳。

[指廣] 戒疏記卷二 七十二、十八行／七十三、二十行 ―

今僧和合何所作爲

[指廣] 戒疏記卷二 七十四、一行／五行 ―

彼應答言說戒羯磨 佛言乃至治也

[指廣] 戒疏記卷二 七十四、六行／卷終 ―

△庚二所成之業

大德僧聽今僧十五日布薩說戒若僧時到僧忍聽布薩說戒白如是 佛言乃至戒也

僧聽之聽、去呼、卽耳識所得也。忍聽之聽、平呼、卽聽許也。忍聽者、勸令情和、聽可、勿事乖違。　僧時到者、僧時分爲二。一者人到、清淨大沙門入也。二者時到、十五日布薩時至也。　布薩翻爲淨住。淨身口意、住於戒故。

[指廣] 戒疏記卷三 一、三行／八、十行 ― 事鈔記卷五 四十九、八行／五十、十四行 ―

事鈔記卷十一 六、十六行／九、十四行 ―

△(己)二誡敕時衆

諸大德我今欲說波羅提木叉佛言乃至故也

【指廣】戒疏記卷三八、十一行—十六、十七行

諸比丘共集在一處佛言乃至如律

【指廣】戒疏記卷三十六、十八行—十九、十二行　事鈔記卷十一三十八、五行—四十四、九行

汝等諦聽善思念之佛言乃至法也

【指廣】戒疏記卷三十九、十三行—二十、三行

若自知有犯者卽應自懺悔佛言乃至後說

【指廣】戒疏記卷三二十、四行—二十三、八行

不犯者默然默然者知諸大德清淨佛言乃至懺也

【指廣】戒疏記卷三二十三、九行—十九行

若有他問者亦如是答佛言乃至答也

【指廣】戒疏記卷三二十三、二十行—二十四、十一行

如是比丘在衆中乃至三問憶念有罪不懺悔者得故妄語妄語者佛說障道法佛言乃至戒也

【指廣】戒疏記卷三二十四、十二行—三十九、一行

若彼比丘憶念有罪欲求清淨者應懺悔懺悔得安樂佛言乃至樂也

【指廣】戒疏記卷三三十九、二行—九行

△(己)三三覆檢問

諸大德我已說戒經序今問諸大德是中清淨否三說諸大德是中清淨默然故是事如是持

是中、乃問僧中也。非指戒文言。

【指廣】戒疏記卷三三十九、十行—四十二、六行

上來釋廣教序竟。

僧尼十種受法料簡圖

歲次丁丑正月十六日依南山業疏及靈芝記挈錄

南山律苑沙門演音時年五十有八

	善來	破結使	三語	八敬	羯磨（中國十人、邊地五人；遣信、十歲曾歸、中國二十人、邊地十人）
受緣（作法）通局	緣局 法局	緣局 法局	緣局 法局	緣局 法局	緣局 法通
約報通局	通僧尼	通僧尼	局僧	局尼	通僧尼
約時通局	局佛在世	通佛在世及滅後	局佛在世	局佛在世	通佛在世及滅後
約方通局	局南洲	通三洲（除北）	局南洲	局南洲	通三洲（除北）
約漸頓通局	通漸頓（漸者或先受五戒）	通漸頓	通漸頓	通漸頓	局漸
約諸部通局	雖有圖啟於律宗新學名句				
乘法差別	佛乘	自得	阿羅漢乘	佛乘	僧乘
教被凡聖	初約四果（分）	四果	內凡	內凡	初爲凡興，後通果向。
約緣明受	有五緣：一、得道者；二、對人法；三、有求心；四、心境合；五、事成作業	有五緣：一、假佛教誡；二、立誓言；三、依教苦修；四、三毒皆盡；五、見空感戒	有五緣：一、有形同及教；二、對無學；三、有求心；四、心境合；五、作業	有五緣：一、愛道等各自披剃；二、阿難傳八敬；三、愛道求出家；四、心境合；五、作業	總則五緣、別爲十五、具依文註、次第說也。
說結不同	說一徧 無結	破結無法，故非所論	說三徧 三結	說一徧 無結	說四徧 一結
有無乞	應乞	既不對人，故無從乞	應乞	應乞	應乞
立戒相	無	無	無	無	初亦無相，後因犯重、方制說相。
立和尚	不立	不立	不立	不立	制立
教被多少	通多少	通多少	通多少	通多少	本被一人。有緣開三。不得至四。
就緣優劣	善來爲二。親承佛教。	破結爲一。自證得故。	三語爲四。但對無學。	八敬爲三。近囑、學人、遠因佛故。	羯磨最末。得通凡故。
對過有無	機勝無過。雖有犯，未制不論。	無故心犯，但有誤犯。	有	有	有
對功能	局狹	破結徹通。末法不現。	局狹	局狹	羯磨住持、終於法末。通三天下。
約受前後	最先	次五	次二	次四	次三

本宗他部百一受戒通局圖

	此他局他部十種										此本宗十種通他部									
出業疏第五	十有量	九略羯磨	八十一衆	七二語	六一語	五三歸	四論義	三見諦	二自誓	一自然	一破結	二善來	三八敬	四三語	五二十衆	六五衆	七十衆	八小年曾歸	九尼邊遺立	十遣信
十誦十種							四論義	三得道	二自誓	一自然無師		五善來	九八重	六三歸		七五衆	十羯磨			八遣信
僧祇八種										一自具足		二善來	五八敬		六二十人	三五人	四十人	八曾歸		七遣信
五分十二種			四十一衆	三二語	二一語			六第一受具		一自然	五破惡見實	七善來	九八敬	八三語	十一二十衆		十羯磨			十二遣信
多論七種						三三歸		二見諦	一自誓			四善來	六八法	五三語			七羯磨			
伽論十種						五三歸	四問答	三見諦	二自誓	一無師			九八重		八二部僧	六五衆	七十衆			十遣信
善見八種						二三歸	三問答		一教授			四善來	五重法		七八語		八羯磨			六遣信
母論七種							七勅聽				二建立	一善來	五隨師教	三三語			四羯磨			六遣信
雜心十種						五三歸	四問樂	三超昇	二受師教	一自起		六善來	八受重法			七五衆	十十人			九遣信
俱舍十種						五三歸	四問答	二入正定聚	三信受大師語	一自然		六善來	七信受八尊法			九持律爲五	十中國十衆			八遣信
了論九種	八獨覺有量	三略羯磨				五三歸				九佛無量		一僧善來 二尼善來	六遣使		七尼廣羯磨		四廣羯磨			

弘一大師全集

趙樸初署

第五冊

佛學卷

句讀校注

《弘一大師全集》（修訂版）編輯委員會 編

海峽出版發行集團
THE STRAITS PUBLISHING & DISTRIBUTING GROUP
福建人民出版社

初版發起人（敬稱略）

釋瑞今　釋宏船　釋廣洽　釋常凱　釋妙燈　釋廣淨
釋廣義　釋廣範　釋廣餘　釋廣安　釋傳貫　釋晴輝
釋覺定　釋優曇　釋元果　釋隆根　釋自立　釋唯慈
釋妙因　釋妙抉　釋心理　釋圓拙　釋妙蓮　釋妙湛
釋毅然　釋傳常　高文顯　陳珍珍　林子青　虞　愚
蔡吉堂　劉雪陽　豐一吟　金兆年

編輯委員會總顧問：趙樸初
編輯委員會主　任：林子青
副主任：釋圓拙　陳珍珍　沈繼生
編輯委員：釋圓拙　釋妙因　釋妙蓮　林子青
陳珍珍　高文顯　沈繼生　釋法雲　王連茂　陳泗東
陳清泉　陳祥耀　莊炳章　陳存廣　黃柏齡　楊加清
李瑞良　楊貢南　夏宗禹　許在全　佘險峯　張虹劍
施榮茂　莊為玠　葉四遊　陳瑞熙　傅佩韓　陳懷曄

修訂版編輯人員（敬稱略）

編輯委員會總顧問：李木源
顧　問：釋界詮　釋道元　釋本性　釋向願　釋理任　釋常定
汪毅夫　林文斌　佘險峯　黃少萍　李育才　陳清泉
潘燕燕　胡曉泉　駱良益
主　編：釋學誠　陳珍珍　陳祥耀
副主編：周焜民　王爾康　吳幼雄　林長紅
編　委：釋學誠　陳珍珍　陳祥耀　周焜民　王爾康　吳幼雄
林長紅　祝聞影　周書榮　釋振宇　釋德昇　釋真仁
張　勇　林　樺

◎ 一九三四年攝於泉州開元寺

◎最初骨灰塔
一九四三年建於泉州溫陵養老院

◎一九一八年剃度處——
杭州虎跑定慧寺

◎一九三九年攝於永春普濟寺

◎一九三七年攝於廈門南普陀寺

◎一九四〇年十一月十二日大師離永春赴南安，與性常法師、王夢惺（錦機）居士留影於桃溪竹篷船上。

◎一九三八年攝於漳州梅園

◎與留日陸露沙醫生 一九一九年攝於杭州

◎與俗姪李聖章 一九二七年攝於杭州

◎萬石巖講經會留影
一九三七年攝於廈門

◎一九四一年攝於晉江
福林寺

第五冊目錄

佛學卷

第二部類　句讀校注（續）

佛學卷

句讀校注

四分律含註戒本疏行宗記目錄

四分律含註戒本疏行宗記卷第一　戒本上之一 疏一之一 記一上之一

宋餘杭郡沙門元照述

心隨物轉故積動以成昏業自惑生故習惡而亡善所以化分兩學將因靜以旋明制列二持必先止而後作故知止業實乃行宗若夫翻疇昔之沈迷變方今之狂逸淸澄根欲蕩滌心塵平苦海之波濤摧界繫之籠檻者唯斯戒本頗適機緣然而聖意包容微言簡要爰自逍遙初譯代漸支離洎乎太一重恢理歸淳正仰規彝範俯察顓蒙摘廣律以注本經演義章而申厥旨文凡兩出義復重修逮此衰遲罕聞傳授雖前修出於章記而草創未詳或時輩繼以講求而相承莫委於是載思載覽隨說隨鈔彌歷歲華遽盈卷帙考名責實搜古評今俾利鈍以兼資冀說行而兩遂尤慚寡薄莫盡玄微或所未安以俟來裔時元祐三年夏安居竟在東安碧沼蘭若絕筆因題序云

疏 四分律含註戒本疏序

題中上七字卽所解本文加一疏字卽攬本題爲疏別目下著序字後用疏目成今序題言含注者謂引律廣解參注文中故也問羯磨亦注而不標者答大凡首題爲存簡濫今對古本皆無注釋卽下序云豈非單寫本文通略正解是也羯磨一本諸家多注但以删補隨機四字簡別問所以不云删補者答此本全依律文一無改作卽下云敢依律部具集正經等至後方有删定戒本被世誦習仍標删定復簡今文疏以疏決爲義序乃端首之名餘四分戒本等字下文委解不復兩繁矣

疏 終南太一山沙門釋道宣撰

撰號中漢書云太一山古文以爲終南是則二名並山之總號或疑太一是其別峯縱是通名齊列何損不可輒削此卽律師所居處也沙門等號如常所聞戒本與疏並經兩出初貞觀八年注戒本一卷疏三卷至永徽二年重修戒本二卷（今分三卷）疏爲四卷今所傳者並後修本

疏 四分戒本者斯乃統萬行之關鍵塞三乘之階轍者也

序文大略歎教敘宗傳弘著撰意令觀序識其來緣歎教體中初句標所釋本文斯乃下二句正歎言萬行等者謂此戒文通收善惡事法對惡事惡法以明止行對善事善法而成作行止行斷惡作

二約行宗以顯二
初總明諍部

行修善行雖多途無出斯二又解約境而言戒則
無量且列二百五十爲持犯綱領則知戒文攝一
切相又復通及化教諸行若非此戒行檀不淨進
忍徒苦禪智不生萬行不出六度六度必戒爲本
此文詮戒故知總攝下云世出世行並依承之鈔
云發趣萬行戒爲宗主並同此意關即是門鍵謂
鎖鑰城邑宅舍用此爲要可喻止作統收萬行言
三乘者一切聖人無不由戒以爲初門故喻階轍
階謂階梯轍謂車跡問此宗小教那通佛乘答若
據菩薩別有頓戒今以二意通之一者出家菩薩

必須次第先小後大二者勝鬘智論謂毗尼藏即
大乘學由斯二途故指今戒爲佛階梯於義無失
又解梵網大戒不兼於小有部小乘不通於大唯
此四分兼前通後故言三乘也上句約行下句舉
人歎教功益略指歸趣耳

疏 昔夢氎告徵機分利鈍之本喻金顯道教無離合
之宗然則二部五部隨務或張五百十八任緣時舉
同爭聲教並會眞空導達化源通明理性故能乘津
五衆覆燾羣萌開務攝持允符玄旨

次科總明中大爲二段初至之宗明教本無分然
則下次示諸宗派別初段夢氎者下引大集有一
長者夢氎一段後分爲五佛告長者我滅度後有
諸弟子分五部等告示徵驗也喻金者律因拘睒
彌比丘鬭諍來至舍衛諸優婆塞問佛當云何布
施佛言應分作二分此亦是僧彼亦是僧如彼金
杖分爲二分二俱是金又因緣經云頻婆毗羅王
夢一金杖斬十八段怖而問佛佛言我滅度後一
百餘年有阿輸迦王威加贍部時苾芻衆散分十
八趣解脫門其致一也上喻本同後別下喻雖異
還同以金氎體同裂析則異故此二句機教互顯

次派別中文又三段初列所分諸部二同爭下歎
能弘之人三故能下顯被物之益初段四位分部
廣如下疏隨務者約所詮之事聞見不同任緣者
據派別之由時緣不一然此二途皆通四位文中
各對義必相收宗部既殊可明事異言任緣者二
部因簡衆純雜五部由師無處判其十八部異執
論中育王集會論法成乖五百部者有言無相教
雖不敘起必從緣歎人中爭信也教由聲說故云
聲教眞空者即滅諦涅槃非僞故眞離相故空以
諸部師多是無學此二句明信教證空歎其果德

導猶深也化源者即如來設化之本明理性者空
有雖殊無非化物見理悟道理性祇是眞空但上
取自證下明化物餘如後辨此二句明達化顯理
歎其明解顯益中上二句明攝生益下二句明住
持益乘能運載津是水濟載出家衆度生死津故
曰乘津燾亦訓覆今取載義禮云如天地無不覆
燾是也萌謂草木始芽今取蒙昧或復衆多以喻
萬類也上句局出家下句通道俗或可羣萌語通
義該六道以衆聖弘揚無往不利豈唯七衆獨受
其賜開務即各布行教攝持謂匡正佛法允符玄

旨二義釋之初約開教雖殊皆契佛意所被之衆
無不悟道又解出世弘持並合懸記允順符合也
[疏]至如四分肇興祖習緜遠正法初百便列其宗斯
人博考三機般鑒兩典包括權實統收名理集結茲
藏通被時賓故使韋編成規欽承無絕自諸部遠流
咸開衢術獨斯一宗未懷支派良由師稟有蹤知時
不墜故也
別歎中初至其宗敘其時遠肇始祖承緜長也正
法千年一百年時分出故云初百佛滅千年法流
此土至于唐朝幾六百載大約而論則一千五百

許年矣斯人下釋久傳之意有二初約人法以明
二自下約分部以顯初中三機者上機即四依頭
陀等中機謂百一供身二房二請等下機如諸長
淨地鉢器皮革諸重物等自有通三機者如三衣
鉢具篇聚等制良以教本對機而設約機考教得
其源矣般謂般重鑒即訓視兩典謂大小二乘此
二句美其深達也權實者一往且約大小而分此
明四分通大之意心爲業主識對諸塵沓婆迴心
施生成佛迴異有宗深通實道但教局小乘未容
直顯故也名謂能詮名句理謂所詮義趣統收之

言該乎一化時賓謂當時學衆此四句明所集教
體韋熟皮也古者用編簡牘如孔子讀易韋編三
絕今借彼意以明古今披覽無厭此二句釋成久
傳之意次分部中下引三藏所傳薩婆多出四迦
葉遺中分二彌沙塞分一僧祇中分六故云咸開
等衢術皆路之別名獨斯下彼云唯曇無德部始
終不分此且約一途以歎餘如後辨良由下正歎
由集律者達教適機故不分耳上句明傳受得旨
故曰有蹤下一句明立法悠永故云無墜此亦顯
上緜遠義也

【疏】蘊結西土千有餘年譯傳東夏將四百載諸有傳授同異非無

敘古本中已上通明一宗此下正敘戒本列示中初覺明本者文雖不指義見次科蘊結即目結集教流此土二百餘歲至於姚秦覺明始傳故曰千餘梵云佛陀耶舍此云覺明自秦至唐未滿四百故云將也諸有下正指此本而意生下文故語通上下

【疏】元魏季曆慧光律師隨義約文重出一本首題歸敬者是也此與姚秦覺明所出頗得相符

光師本中元魏即東魏元氏簒曹魏西魏季曆即末年也光師撰廣律疏羯磨戒本咸加刪定題歸敬者即稽首一偈此下舉前比校大同小異故曰相符（有本作扶近也）

【疏】高齊末祀法願律師誦律討文又出一本略於歸敬首題戒德者是也

願師本中高齊即北齊高氏簒南齊故祀亦年也四律皆製義疏至於戒本復加纂集題戒德者直云戒如海無涯等二師德業並見僧傳又唐懷素律師亦出戒本現存大藏

【疏】斯則三本行世弘魏者多見心紛擾于今未靜考覈諸集蓋不足陳經遠大觀義無讎抗

結顯中初明弘傳多寡見心下示宗黨諍競考覈下明讎校是非不足陳者言其所諍非要當也無讎抗者言其大槩無勝劣也故刪定戒序云如光所詮我今說戒願之所出云說木叉及披律解木叉戒也願出初戒則云不還光所傳詞便言不捨檢律誠釋違願附光取意統文莫非還淨如斯舉例其相可知舉彼照此文意可見蓋略也學久謂之經遠捨其小碎求其梗槩謂之大觀讎抗猶對敵也

【疏】余以暇日徧覽羣篇互擊波瀾僅分其異至於行事盛結遲疑豈非單寫本文通略正解致令後銳罔冒愈深

今本明注中初科初示諸本之失豈非下次明失之所以暇日謂正業之餘羣篇即前列諸本波瀾喻彼此相攻大波謂之瀾僅猶略也至於下正陳失相夫戒本列相為指行途使犯相精明持心易就豈得競網目之大小全迷得魚諍標指之短長都忘覩月且學律而不明行事猶窮易而未識陰

陽竭慮封文畢身何益寄言後學宜自深思此乃三行之宏綱一宗之大要苟明此意方體教源則展卷臨文渙然無滯矣事有二種止作兩殊止則離非作唯營善行斯二者即成二持此中所云即止持事也明所以中上二句顯古無注釋明自失也下二句明因上自失而致迷他也通猶俱也或指諸本或約一本始終爲言問古師爲有注否答彼文已亡未可定指若據首題標簡又云單寫本文必應無注銳利也後學之利智者罔冒謂迷暗也愈甚也有本作逾

疏 所以敢依律部具集正經仍隨本律即爲注述卷成流廣隨務可歸至於義理未遑修葺

正明中上二句明錄本經次二句明含注卷下結上成經至下發起撰疏敢者專輒之語具集者示無改作隨本律者明非私意隨務者顯行事無疑此翻對古師三意尋之可領遑及也修葺即目製撰

疏 今有二三遊學共結山門每以戒爲入道之淸途出有之明略講通既寡悟入何從本律廣而難求斯經約而易授故不獲已試復敘之

撰疏中初科共結山門者據下批文初在沁部山中製後於終南重出下云貞觀二十年方得巖隱有樂戒者乃復相尋等每以下次敘請者之情文三初二句明樂學也遂即是路略謂智謀淸與明皆美歎也二講通下二句明欣解也三本律下明從要也文作大律非也故不下示允許之意試者恐有所不知未敢正言述作之謙也言復敘者望初注本也

疏 博要適機已絕唱于前達舒演義類敢程器于將今且酬來貺隱括詳後

次科明博要則讓之於他演義則引之於己謙之至也絕唱謂後無繼者程即訓示器謂度量將今即指後學且下明酬請來貺謂前所請命隱括即目撰述隱謂沈悉括即搜羅詳後指下疏文詞理備也已上歎教明宗傳授差互考挍集注等皆所以敘戒本之源由爲今疏之來致故云序也

疏 四分律含註戒本疏卷第一 始戒序訖正宗初義

疏文中題目大略如前委細如後題下注字要知起盡不可除之

疏 將事釋文須知教本略分爲四一教興所由二攝

教分齊三解開名義四釋今題目。
分章中。聖人垂教義不徒然苟不先明莫知來意。雖教逐緣興而緣多教廣故須統攝理有所歸。既曉教旨教總三名戒律木叉名義須示通名已識別目可陳。前二正敘毗尼尚兼餘藏第三唯律望後猶通第四釋題局今戒本分章次第大略如此。

疏 初教興者。斯乃大聖降臨創開化本將欲拯拔諸有同登彼岸爲道制戒本非世福。

初文明教本中覆本示迹故云降臨三歸五戒善來三語鹿園初唱故云創開爲道者通而爲語卽

指三乘推佛本意下至翻邪終爲一實而作前引況經開會殊途同歸涅槃重扶無非顯性今明爲道專指佛乘止息化城終非本意故知化本尚非二乘豈爲世福而立斯戒下文可明諸有卽三界或爲九有（欲界色界四禪無色四空）或二十五有（四洲四趣六欲梵天四禪四空無想那含）三界則豎論依報六道則橫攝正報皆是如來所化之境故云拯拔涅槃生死喻分彼此注羯磨云戒者生死之舟航是也。

疏 然煩惑難淸要由方便致設三學用爲治元故成論云戒如捉賊定縛慧殺三行相因斯須攝濟。

次相須中初文初明立教故下二引示次第欲明三學開設之致此略敘之則文無所壅夫一切衆生本來皆具眞精妙性性之爲體唯寂唯照一迷此性乃昏乃散翻號無明積成煩惑計有人我隨境發毒鼓身口意造生死業流轉諸趣億劫無窮大覺慈哀將令離苦察病設藥對分三種內心昏動對立定慧身口非違對立淨戒聖教雖多不越三學三學所立唯依色心論其起也則從本以發枝用其治也則先麤而後細首先制戒意在於斯譬夫濁水風激波騰風波未息欲得淸澄無有是

處三學次第理數必然乖越常模去道全遠煩卽昏濁惑謂亂動三毒結使劫掠善財喻之如賊三行相因謂次第而生斯須攝濟謂不可相離。

疏 故身口事業動與理違若不先防妄隨塵欲則心路躁擾靜定何因定旣不修於諸我倒無心思擇明慧自隱無由會正。

次科初反顯者此明無戒則不生定慧與理違者理本眞淨體非善惡但善行淸淨可能趣理惡業昏沈故與理違躁擾謂動亂也會謂證入正卽聖道。

疏 故初行者務先學戒撿策非違三業淸淨正定正慧自然而立

勸依中順明相生在文可了言初行者指初心入道人也

疏 故經云依因此戒得生後二若無此戒諸善不生

雙證者上二句證後義下二句證前文

疏 問以理推戒爲靜三途定除欲有慧非界繫如何上言爲道非福

釋疑中初難意者凡業有動不動其動業者局善而論五戒十善能障惡道報齊欲界不動業者四

禪四空定也修四禪者生色界天修四空定生無色天又業有二漏與無漏上明動不動並有漏業若無漏智觀察業性畢竟空寂證無我理此三乘所修名無漏業今此戒行但是欲界動業則與上文相違故敘爲難

疏 答須知遠意原佛降世豈爲增生天主人王咸與有教佛還說有則與凡同以此測量故懸殊異

答中初科上一句反責來難次二句略示佛意佛所立教增道損生若修世福受人天報輪轉不息是謂增生非佛意也天下引凡比況梵王色天主說四無量化人令生色界帝釋欲天主說十善化人令生欲界人王卽四輪王亦以十善化人令生人天不能出離故云有教佛若同彼卽非大聖

疏 任戒集業但事亂收體沉下界判非色有故伽論云戒是有爲有漏世間法也

次科行體已如上釋心無觀智隨業牽生故云任戒是世間因故云集業

疏 若元制意爲道方便三乘學人必由斯迹故律云爲調三毒令盡故制增戒學又多論云爲開泥洹門故制戒下文云戒淨有智慧便得第一道斯良證也

三中初正示聖意故律下略引三文證成上義則前所謂爲道非福深有據矣云三乘者通約出世聖道爲言前引律論皆言爲者卽佛意也次引後偈必具三學文無禪定義必兼收非禪不慧義如上說迹謂蹤迹卽指戒法前聖後賢同履踐故戒德尊勝出過衆善故云增戒泥洹卽涅槃梵言異耳同翻寂滅聖證最上故云第一道良善也

疏 問上通敘致未知此經別爲誰與

次別彰戒本問中上通敘者一則機通但云諸有二者教通唯言制戒機分七衆教張四位如向所

二答二。初正答。

論未簡別故。前雖論三學正題於戒故不取三學爲通未知下。正問今經興意。上句問教。下句問機。

疏答。大聖垂教。通別乃殊。至於去滯。宗猷莫二。創隨犯制。前後森羅。機教俱開。鮮能舉要。窮神知化。唯佛一人。自餘凡小。卒未明達。故別隨戒。單出本文。依月再說。用淸非境。

正答中。初總示。上二句明教別。次二句明意同。去滯卽斷惑猷法也。創隨下。次別答。初明通制。前後者。通語制廣。非止一時。森羅言其多貌。據本制戒因緣間起。篇聚不次。後集戒本。始成條類耳。機差

教別故。曰俱開。然彼時衆。但守廣制。不達歸趣。故鮮舉要。窮下。明別制。初敘教主適機。盡物之性。謂之窮神。隨物所宜。謂之知化。凡通內外。小總三乘。等覺已還。未窮業理。不堪制置。故下。正彰興意別隨戒者。異廣制故。單出者。去緣起廣解故。再說者黑白兩半故。上二句答教別。下二句答機別。問。文中單出本文者。佛世應有文籍耶。答。若約佛世。本無文字。但諸聖士聞持而已。或可佛在非無典籍。後結集者編輯成章。義亦無妨。問。此中與教爲取制戒爲取說戒。答。若論制戒。屬前通意。今明十二

二引證

二攝教分齊二。初牒來。二隨釋二。初敍昔所依二。初總示。

二料揀四。初三輪二。初總敘三。初通標。二列示三。初神足輪。

年後別集戒心。令弟子說。獨彰今本發起之致。故云別也。

疏斯並如論。依大慈門。曲授祕方。偏賜內衆故。論云。三藏爲言。律藏勝故。密故。唯佛獨說。制必僧中。不許餘衆之所讀誦。非所學故。餘如鈔序。

引證中。初卽十住婆沙。彼云。從四無量心中。流出毗尼藏。彼通說毗尼。不唯戒本。用彼證此。故云斯並言大慈者。爲濁鈍衆生故。曲授證教。別偏賜證機別。曲謂巧便接引。內衆通五。此局大僧。三衆未具。不預同聞。尼據本位。自有別教。不借上尊。說時

亦簡故。次引薩婆多論。彼明先集律藏之意。唯佛說者顯勝義也。制必僧者顯密義也。餘下。指略。卽十門第一教興意中。

疏二攝教分齊。三藏毗尼。誰不分判。今敘昔傳。各有其理。

次明攝教。敘昔中。初文三藏總標。毗尼別舉。謂三藏中毗尼藏也。

疏有人言。如來化用。必約三輪。創通道務。要先神足。爲無信也。由蒙俗愚識。未曉正邪。雖爲闡揚事如聾瞽。故須顯異駭動耳目。畏威拜手。信是聖人。

次科三輪師總敘中以凡欲說法現通在先故云
創也即如諸經現瑞發起之類駭侯楷反驚也頭
至手名拜手頭至地爲稽首
【疏】身雖伏從智開無路故次說法爲無解也神解乃
明煩惑猶結非可口說爲得淸除義須依行剋證在
己故須憶念爲無證也
下二輪中並上句躡前已下生後問經宗所論身
輪現通口輪說法意輪鑒機上二同今後輪異者
答彼取佛意授法無差今約機心奉持不忘此據
律中三事教化所出不同未須融會若爾今明攝

教教須在佛云何憶念乃在機耶答今取如來囑
累弟子憶持之語名憶念耳名似通機語由佛口
是則三輪並歸教主如下可見
【疏】然證有二一者事證如戒所禁緣境思過警策身
口常志憶持方能遠離故經云佛所說禁戒如猿猴
著鎖亦如利轡勒常當制之無令放逸由攝持威儀
正離非法也
釋二證中事證爲三初正明故下引證由下結示
經云者他部戒經偈序並同彼云繫心不放逸亦
如猿著鎖日夜常精進求實智慧故又云心馬馳
惡道放逸難禁制佛說一切戒亦如利轡勒
【疏】二者理證聖所說教同爲斷我我難制故先以事
遮隨我欣樂皆約不作我所不欲制必行之故於修
捨漸得調伏無奈我本觸境還生故聖制言三毒四
倒所不應念三善四觀常須依行窮檢我源推析不
得知唯妄謂本來無我此理明白由憶念知還由本
說憶念輪故
理證中初通示教意我難下別釋初至調伏來前
敘事證發起下文事遮即戒欣樂皆約斷惡止行
也約即是制不欲必行修善作行也修捨即上止

作無奈下正明理證初二句明事伏力劣故聖下
示立觀三毒等語徧在諸經不復別指但云聖制
耳三善對破三毒謂不貪不瞋不癡四觀破四倒
觀身不淨觀受是苦觀心無常觀法無我即四念
處窮檢下顯修證此理者即我空內凡分見初果
眞證今從聖論故云明白問上二證者如何取異
答一事理異在文可見二前是戒學後屬定慧三
前制後化四前通凡聖後唯初果已去如是知之
【疏】如律本中三事教化文同廣引
指出中受戒揵度云時世尊善來度三迦葉等千

> 已下引律文一大段，若律刊本校勘者，與律文行正，故與靈芝記原本稍有不同。

> 二別判

梵志已將至象頭山中，以三事教化。一者神足教化，或化一作無數，或無數還為一，內外通達，石壁皆過，如遊虛空無所妨礙，於虛空中結跏趺坐，亦如飛鳥周旋往來，入地如水，出沒自在，履水如地而不沒溺，身放煙火如大火聚，日月有大神德靡所不照，能以手捫摸，身至梵天往來無礙。二憶念教化者，教言汝當思惟是，莫思惟是，(住善離惡)當念是，莫念是，(住正離邪)當滅是，(知苦斷集)當成就是。(修道證滅)三說法教化者，一切熾然，(此句通標下列四釋)何等一切熾然？眼熾然，色熾然，眼識熾然，眼觸熾然，(根境識三此約界釋)若復眼觸因緣生受，若苦若樂若不苦不樂，亦名為熾然。(此三受也上二屬業)何等為熾然？欲火、恚火、癡火也。(三毒屬惑)復云何名熾然？生老病死憂悲苦惱熾然。(四相屬報)我說此苦所生處，(通結前四)乃至意亦如是。(準眼說之)時千比丘受此三事故，即時無漏心解脫等。據律但名三事，以能摧業惑，故名為輪。

疏 今此戒學是後輪收。何以知之？經中所序，前必現奇，如是同聞，本為無信，通理達致，要在一言，由無解故，廣引譬法，故列二輪，通歸兩藏。戒則不爾，約過即制，無待放光，奉信居懷，故虧六事，隨相持犯，即事易明，不勞喻說，略分三異，如上所收。

> 二化行二初斥前標後

> 二二義判釋二初釋化教

別判中，初二句判定今宗，何下徵釋所以。初徵，經下釋。先敘餘二藏，初四句明神足輪，文收二序。前必現奇即發起序，如諸經中放光、動地、雨花、變土之類。如是同聞即證信序，經家名經前六事，如是，生物信也；我聞，阿難傳也；一時，同集會也；佛，能說主也；在某國城，所住處也；與幾比丘，同聞眾也。文舉初後以攝中間。為無信者，非唯六事，發起現奇正為生信，故以此句通結二序。通下四句明說法輪，如理極致，非言不顯，譬即舉事比類，法乃據義直陳。佛所說法無出斯二，如諸經論或法譬各舉，或先譬後法，或先法後譬，隨宜不定，故下總結。戒下次正判律藏，初句標異，約過下對列三異：初二句無發起也，奉下二句無證信也，隨下三句無譬喻也。略下結指，如上者，即前判云後輪收故。

疏 有人言：三輪所設，言通於理，今以化行二教用分諸藏。

化行中，初文言通理者，前明憶念事理二證，事局戒律，理通定慧，豈得憶念偏判戒學？

疏 何名化教？如阿含等中開演化導，令識邪正因果

業性界繫諸法言無所壅義通道俗意在靜倒離著爲先教本化人令開慧解本非對過而立斯教

次科初明化教且舉阿含餘經皆爾開下先示教體初句總標邪正等四略舉別相且表不同事隨理融故云無壅普被思修故兼二衆教下結示名義

疏 言行教者起必因過隨過制約言唯持犯事通止作故教所設非爲靜倒但隨行科戒律一宗局斯教矣

次行教中三先出教體上二句明非化導反上開

演等次二句明持犯楷定反上無壅持犯中各具止作故言事通下云非靜倒者反上可知故下次示名義隨行科者隨彼業行科篇聚罪戒下三正判

疏 有人言化行二教言通非攝依觀生解非行不成豈局出家義兼道俗故不可也今立制聽兩教用攝斯盡

制聽引古中初文化教可爾行教之名濫於化教故曰言通旣無局定故曰非攝依下釋上言通今下標示所立

疏 如諸性戒體與理違縱佛不制世俗常禁教由制興故名制教

次科制教中初示義與理違者謂戒所制過也教下結名

疏 如諸遮戒體是繁重事亂妨道理固難開然是薄機假資得立故聖隨緣任情通許不可抑制故名聽教

聽教中初明本不宜開飮食衣服房舍四藥捨墮已下多因起過故云繁重事亂卽上諸緣道在少欲多務爲妨然下明不得已故開上敘開意不下

結名

疏 若依此判通在戒收於彼定慧無教可攝

躡破中教有三藏但收戒律用此判教則非通攝

疏 有人因此立化制二教化卽如前制唯戒律律雖含聽於聽有違還復加制約緣不無遮性約教皆制其罪故雖開聽通歸制攝

化制中初標所立以見前師行教言通後師局收戒律乃獨取前化合後制聽用攝三藏意欲全美故云因此化下正明初句指略化教下明制教曲會開聽通歸一制

疏今解斯意可爲三門一敘教本二徵昔宗三立正
義
疏初序教本
次明取捨初科標中敘教本者顯須有據故取初
師
疏如上四宗初約三輪此有誠量後三意言但是義
指末代凡小有所立言須得本據如多論說若信虛
想立教判文既無依承斧自其口
釋中初科初通示諸判末下別斥後三指多論者
彼云若說法論義一切莫自稱爲是常令推寄有
本則無過也不爾斧在口中（舌能成業如斧傷口）

疏經論廣演其量極多如涅槃說半滿兩字用收大
小如餘經論三藏攝文或分大小各立四藏即三藏
外加一雜藏如大乘論但立兩藏菩薩聲聞攝教斯
盡
次科初二句總示諸經論中既有多判理須準用
不當自裁如下引示有三初引涅槃兩字判彼云
半字義者皆是煩惱言說之本（人天小乘方便權說）滿字者
乃是一切善法之根本也（談常顯性圓實了義）涅槃論云半
字者漸教滿字者涅槃滿足教攝佛教果滿功德

盡故名滿聲聞緣覺教不滿足故名半也如下次
引經論諸藏判三藏者一脩多羅二阿毗曇三毗
尼大小各立四藏是爲八藏如下三引大論兩藏
判即指智論彼云佛口所說以文字語言分爲二
種三藏是聲聞法摩訶衍是大乘法即菩薩藏也
疏昔立化行及制聽者非無其言言須憑據本據莫
從故不可用
三中但斥前二化制循昔不攻自破矣
疏二徵昔宗者初明化行化通道俗名理無乖行但
出家此則有濫大聖垂教實在依持何但虛談不存

行用故聞教悟道無經不傳豈偏戒律局推行攝
次徵昔宗化行中初通示二教得失大下次別斥
行教濫通經論化教亦明觀行非局律宗故無所
取
疏二徵制聽立教之本義通爲先今唯在道理如上
責就徵制教唯約性罪罪通道俗不偏出家如五八
戒經論盛張即遮通制如俗戒相此則雖彈前過還
漏昔非如何分教混濫若此
制聽中初斥所立偏局如前躡破就下次斥制名
通濫初難性戒濫俗則制通經論次難遮戒通制

三舉化制

則不當局性。俗戒相者。五戒後一。八戒後四。且舉俗證道中亦爾。故知制名不獨收性。此下結斥。此師斥前行教通濫。自立制教還復濫俗。故云還漏等。漏猶墮也。

疏 三舉化制因循昔言聯類已窮。未可徵覈。

化制中循昔言者。非自見故。以前二師展轉致難推討已盡。彼乃去短取長以立斯判。故云聯類等。可猶足也。

二正敘憶念

三立正義二。初標 正明所取二 所取未圓。

疏 今敘正義還順初宗。但憶念輪徵言未盡。故須敘引用分諸致。

三立正義。明所取中。初科。順初宗者。即三輪師。但後憶念立義未圓。故云徵言未盡。義見次科。

二示今義足成二 初引文義明通二 初明通二論

疏 但初二輪創開化本。至於受道其義不無。如律文中現通說法因見聖迹其量不少。豈在後輪方悟正理。

次示今義。明通中。初科。即顯本律通前二輪。下引律者。復見二輪非唯經論。用此兩通攻前二局。則知未盡矣。指如律者。五十一中。佛於臘月十五日從初一日至十五日。日日現通說法。令得歡喜。座上無數百千人遠塵離垢得法眼淨。又受戒中化三迦葉二十餘番現神變後得見道。如提婆破僧將五百人去。目連往現神通。舍利弗說法。諸比丘得法眼淨。同歸佛所。又如阿那律現通化婬女得初果等。且略引示。律文更廣。故云不少。見聖迹者。獲果證也。

疏 夫解生由說。見理在心。故隨說悟。不待加勸。且機通利鈍。道假時來。泛說未明。故懷記憶。若不別示。情則浮疏。託境流言。乃存加念。念通事理。約行淺深。同遣纏緣無非爲道。

正敘中。初敘利機聞說獲證。且下正明鈍根必用

懷念。初敘須意。託下正立境。即事理。事即戒緣。理即諦理。流言者。如前云思惟是等。念下釋妨。前化行師即以二證別對三藏。故斥憶念言通於理。今明二證專約律宗。行雖淺深。會歸一致。故云同遣等。即前所謂制戒爲道。意可見也。

二約兼正顯局二 初敘問

疏 問爲道設教。乃是佛宗。斯通三輪。豈唯憶念。

兼正中。問意謂即順初宗專用憶念。今言律藏通說三輪。義無所歸。故須問決。

二答通

疏 答教門不壅故是所通。然憶念輪偏懷內衆。以俗居事亂。緣慮情多。何能靜處思擇非業。但爲說法利

者先開於彼未悟自爲來習不說憶念以非學故道則反俗常有時功近遣塵欲遠淸諸惑若不念持何能通會

答中初二句明通者如經論中豈無憶念善思正觀徧見諸經又上引律具兼二輪是則三輪徧該三藏故云不壅然下顯局初二句立定以下釋成初敘經論局於二輪爲來習者結因種也道下次明律藏唯在憶念塵欲即業非在因故近諸惑即總五住望果故遠

疏 近復有人立三種教一唯制道教即篇聚所列十具戒等二唯制俗教即五八戒在家行宗三通道俗教即四含雜藏

次引餘義正明中初列三種前二皆制制名雖通機教兩別所以分之後一是化名及機教一切俱通四含爲四雜藏是一名爲五藏據前化制五八二戒攝局化中今此所立不異於前但離五八別爲一教耳

疏 問如律所明具通俗行如何橫判以爲道教

釋妨中意以律本亦明觀行及五八戒是則律文兼通二教不唯制道則乖前判

疏 答須得宗意不有斯疑一部律文知何不說制局篇聚出世所行旁兼心觀徧被四部時明餘戒唯俗二衆以義判文初是當宗餘二隨律非本意也如涅槃中八穢七治十篇五戒如阿含中七滅六報犯聚等相豈是俗行故名斯文隨經之律

答中初二句略止來問一下委釋初明道教兼餘二教篇聚即本道教旁兼心觀即通道俗教謂五停四念五陰等觀並見律文道俗各二衆是爲四部五八戒即唯制俗教以下總判兼正律中說經名隨律之經如下次明通道俗教亦兼二教涅槃

八穢即八不淨財七治即七羯磨十篇舊云即十戒止是道教五戒即俗教阿含中七滅即七毗尼六報謂六聚犯報犯聚即六聚罪相

疏 若依此判得在分途規猷無本故不可用

指斥中上二句縱與下二句奪破亦非所出故言無本

疏 三解開名義就分爲三一統敘衆名二依名翻釋三對名立教

三解名義

疏 初立名者或云尸羅或云波羅提木叉或云毗尼

皆本梵言非此所有故存本音不越此也
初門且列梵號因果教相立行攝修三名收盡故
云不越
疏 二依名分二卽翻釋也
翻釋中標分二科通貫三名一一皆具翻名釋義
疏 初云尸羅此翻為戒
尸羅中翻名可解
疏 戒有何義義訓警也由警策三業遠離緣非明其
因也
釋義中初科以理裁酌故云義訓戒為能警三業
卽所警警策是作離非卽止此約心用二持以顯

戒義對下木叉故言因也
疏 如古所傳防非禁惡以解於戒然戒通善惡律儀
亦然不可偏舉以釋戒義
斥古中先出古解然下斥局如屠殺者受惡律儀
以殺為戒但對境名戒通禁名律儀故云亦然戒
既通惡古解局善卽是偏舉
疏 如經論中多從善戒約義得名試為舉之如智論
云尸羅者此云性善此從體說如心論善生云別解
脫調伏及學調諸根此就心說如諸論中作無作戒

此就業說或名清涼趍隘上天此舉喻明就能說也
或云以戒自觀說是戒經此就教說也諸如此相其
例不一但偏善行不通惡性
顯今中初科為三初標舉如下列示五義初性善
者離諸染惡法故論自釋云好行善道不自放逸
如心下卽次義別解脫者隨境清淨故此出心論
學調諸根者對塵抑制故此出善生二釋並據所
治故云從心如諸下是第三指諸論者成多俱雜
非出一文故通指之問業與體何別答體取戒法
業據受體若爾鈔中何以指作無作為體者答彼

約受體與今業同故不相違或名下卽第四亦善
生文遮煩惱熱故名清涼性不容惡故名趍隘能
上天堂至無上道故云上此三皆喻能卽功能又彼云制制諸惡法並上學調諸根總有五義
或云下未詳何出疑是善生
連上文故不復別標以戒自觀卽指戒經用撿三
業此約戒本故言就教諸下結顯指上五義皆偏
舉耳（案善生卽優婆塞戒經善生所問故）
疏 依如成實善生所明善惡二戒互受互亡功用齊
倫名義無別止得通解戒為禁也隨用兩得何以知
之若解善戒善法禁惡警持不起若解惡戒惡法禁

二木叉二，初翻名

二釋名義三，初約道事二戒分

善護攝不生，以斯義求想無惑矣。

次兩通中，初引示義同，止下，顯今正解。何下，徵釋通相。然文約善惡互禁，釋之今是善戒禁斷諸惡，故前經論多從善義。如上訓警，亦據善邊。今從禁義釋戒，彌親。故經云如來立禁戒，斯可證矣。

疏 二云波羅提木叉，此翻別解脫也。

木叉中翻名可見。有云別別，或云處處。

疏 如論所引道戒名解脫也，事戒名別脫也。隨分果得寄以明之。以道性虛通，舉法類遣，不隨緣別，但名解脫。事戒不爾，緣別而生，緣通萬境，行亦隨徧，持行

陵犯，則名得脫，餘非未行，不名解脫。

釋義中，初文諸論皆爾，故通指之。初總分道戒，即道俱七支，事戒謂從緣所受。隨下，別釋。前釋道戒，初約位顯體，斯據初果斷惑證眞，方具此戒，而不從緣受，隨得果處，附位明戒。四果方極，今望初果以去，故云隨分等。以下，約義示名。道即空理，故言虛通。由入聖位，理觀破惑，業根既除，豈容身口更有非惡，故云舉法類遣。法謂觀智，類猶通也。此即八正中語業命三，四聖諦中道諦所攝，名無漏戒，亦名勝義律儀。具此戒者即第一義眞實僧也。事

二約業惑兩義辨，二初正示

二釋疑

三引經律互說三，初標指

下，次釋事戒，初標示相反，緣下，約相顯名，境別行徧，反上虛通，持此非彼，反上類遣，持行陵犯，對治勝也。

疏 或有解云：戒障有二：一者業非，二者煩惑。戒淨業非，惑待智亡，望分所除，故云別脫。後智除惑，乃稱究竟，名解脫也。

業惑分中，初文前列二障，惑為業本，通障戒善，戒下，次明對治，初二句別對，望下，會名，上二句結上戒淨業非，以業因惑起，持戒破業，惑亦隨損，故名分除，望下究竟，故名別也。下三句結上惑待智亡。

亦約初果已上，例受斯名，是知在聖不彰別號。

疏 問：戒止業非，定伏事亂，慧淨無明，如何云戒能除煩惑？答：前已言之，戒為定慧之基也。故律云結使毗尼縛著由解，餘如文說。

釋疑中，問答語意大略同前，但前明戒唯伏業，慧方破惑，今明戒行即分除惑，故重問之。答中，初指前者，即教興中。故下，引證。彼具云：除結無罣礙縛著，由此解疏家變語，除結既由於律，故云結使毗尼等。

疏 然諸經律互說木叉不同，上解，此隨義說。

三引經律中初科以互說不同恐疑前釋故總引決之

疏何以知之如律云木叉者戒也據能克果用目本因因實是戒非木叉也故經云戒是正順解脫之本故名木叉明知是果如五分說分別名句木叉者舉果目教也僧祇云木叉者十段脩多羅即戒本文同說爲教

次科初句徵起如下次列三律前明本宗初約義正決故下引遺教轉證正順者因能克果故解脫本者果從因生故後決二律名句脩多並是能詮

亦由隨順解脫故彰果號十段者八篇戒條并前別序及四重後四隨順法或可指後略教脩多羅此翻爲經經訓常法義通三藏即如戒序稱爲戒經是也

疏以此多證文雖博現隨相得名不妨據本木叉爲果

三中名雖多別大約不出教行及果但果是正明餘並隨義故云不妨等

疏三云毗尼亦云毗那耶鼻奈耶等皆是傳梵之訛替耳

毗尼中初文且列三名或云毗尼斯鞞尼迦鼻那耶比泥並見經律故云等也

疏自古綴疏至翻名中並云胡音爲彼漢譯爲此智士立言義不徒發如斯釋判沈罔祖宗全不可也

次辨胡梵初科按祖師内典錄晉道安法師稱梵爲胡如彼所破後世述疏承彼之風故有斯濫智士等者責其不當也沈罔者反屈佛教出於邊鄙也

疏何者胡本雜戎之地梵唯眞聖之都雪山已南三方距海周輪九萬厥名大夏金剛輪者地之中心凡聖大王同居此土若處邊鄙地爲之傾

次科定梵國中初二字徵問胡下正釋分二上二句對明勝劣雜戎者若取禮記東夷西戎南蠻北狄今此通指蕃胡邊鄙人物兇頑以爲戎耳眞聖都者佛及聖賢弟子皆出彼故雪山下二別示梵土初明境廣雪山南者以山抵北梵國背山面海故但云三方山後北際亦臨大海今明國境故所不論周九萬者通指五印西域記云五印度境周九萬餘里北廣南狹形如半月畫野區分七十餘國今以總屬中梵故通舉之大國曰夏金剛下約

二顯于方州中

三示河源遠近

事定中一約輪座定二約二王所居定釋迦方誌云中天竺國如來成道樹下有金剛座用承佛焉凡王卽輪王聖王卽如來方誌云佛之威神不生邊地爲傾斜故文意同此

疏 此方中嶽亦號中華且據軒轅局談中表故河圖云崐崘東南方五千里號曰神州亦稱赤縣顯此方中此有五嶽東嶽泰山(兗州)南嶽衡山(衡州)西嶽華山(華州)北嶽恆山(恆州今爲鎮山定州)中嶽嵩山(洛州)軒轅卽古黃帝之號史記云居軒轅之丘故以名焉有土德之瑞名黃帝(黃帝始分疆土故偏舉之)舊云軒轅以中嶽

嵩山爲此國之中或云且據軒轅所統爲言耳此說震旦一國言中若望梵國還成邊土故云且據等中表表邊也故下引證在山東南非中明矣神州者物理論云地神曰祇大曰黃地祇(統八方內地黃卽土)色小曰神州(據王畿千里內地)是則神主其地故得名也赤縣者或云帝王南面南方赤故或云取中心之處縣卽境邑之通名然上所釋並據王者居處爲言今此通解但是震旦異名總目一國耳

疏 爾雅云河出崐崘述其本也禹貢云導河積石傳其末也漢書云張騫尋河至身毒者通其遠途未窮實也尋佛經云四河本源香山所出分流四海知始終也俗云崐崘者經謂香山尋今行者何從雪山但雪山重沓叢雜難分冬夏積雪路非人往故郭璞云河源靈府出於天柱是也

示河源中引文有五初引爾雅釋水中文此窮黃河之源頗得其實二引禹貢卽尚書中夏書第一篇導河謂禹王鑿山穿地以治水也積石卽山名孔氏注云施功發於積石(禹謂河源發功于此)又注云積石在金城(國名)西南此乃邊國近山未是河源故云未也三引漢書彼云張騫奉使大夏窮河源十二年

方還武帝封爲博望侯身毒卽天竺或云賢豆皆音訛也正云印度(卽彼月名譬聖賢之照臨故)史記張騫云身毒在大夏東南可數千里然大夏卽身毒而云東南又數千里驗知但至彼國之遠路不至身毒寧究河源故云未窮實也通達途路也四引佛經增一華嚴諸律並同四河者一曰恆伽二曰辛頭三曰婆叉四曰私陀波香山俱舍云香醉山在黑山雪山之北山南有大池水名無熱惱縱廣正等面各五十踰繕那八功德水盈滿其中非得通人無由能至池水流出爲四河河流爲四海始出香山

二研详取证

終流四海故云知始終也俗下會名尋下明人所罕到行者指西遊之人何從猶言不至以香山在雪山之北雪山尚無由至則知香山必不可至矣此明世人但傳名而已即俱舍云非得通人無由能至是也但下出不至所以五引郭璞圖讚彼云崐崘三層號曰天柱實惟河源水之靈府（廣大利物曰靈深不可見爲府）今東爲二句故語小差

【疏】今詳諸說天柱其必地心心高則四河分注斯一證也神州乃崑山東南明知方維自別斯二證也大夏背山面海神州東南海曲西北無聞斯三證也凡聖大王治必地心此方未聞斯四證也此土黃帝神遊華胥王邵等解即大夏國李耼周穆皆登崐崘明知超勝賢聖同往斯五證也

研詳中初句通標下有五證一準圖讚二三準河圖（二明神州在邊則證崐崘爲中三明大夏在中則證四外爲邊）西北無聞言爲山所背不聞彼方地理故無可敘第四第五準上地傾之義（四證彼王同居五證此賢多往）列子云黃帝夢遊華胥國王邵注云即天竺也李耼（吐藍反）即老子也姓李名耳字伯陽或云號耼爲周柱下史道家記傳皆云西昇崐丘而上天矣（佛道論衡云死於槐里今且隨俗之言）周穆

二示胡國所在

三明翻付隨世

昭王之子樓觀本記曰周穆王尚神仙嘗遊崐崘見西王母宴于瑤池

【疏】胡本山北由來歸漢今屬突厥不隸華胥何得稱爲胡語毗尼漢云滅也

次示胡國中初二句指所在山北謂雪山之北言歸漢者示有所聞也漢即對胡通召此國如唐書云高祖貞觀八年宴突厥使者於兩儀殿即其事也今下明所屬方誌云雪山以北至于北海地寒宜馬名馬主也其俗兇暴忍殺毛衣是突厥國是知突厥本胡之別國其後胡皆屬焉隸猶係也言不係五印何下結斥

【疏】又漢本姓劉非今國號當隨代轉何得硜然欲翻度者應言梵本毗尼唐稱爲律

三隨世中漢高祖姓劉名邦都長安今國即唐朝神堯皇帝受隋禪改號唐國言隨代者如古翻譯秦翻爲秦言晉譯爲晉言等硜然謂堅守一端不能通變欲下教其法式梵則定指中天唐則隨於朝代問律中毗尼與律二名不並是則姚秦已翻爲律豈是唐翻耶答實如來問今此欲明隨代之義故言唐稱或可雖是秦翻古多別立今方準律

對譯斯名。餘如後述。

疏 又應須知梵字之本也。天地初闢，未有人物，色有梵王降生此土，仍傳本習書語於人，是則天語天書。唯居大夏。自餘胡國所有書語互各不同。此土書本但圖鳥迹。方言雅鄭，代別皆異，豈比華胥楷定常古。四中。初二句勸知。天地下正示。初明梵字上二句敘器界初成，色下二句明有情元始，仍下顯書語純正。慈恩傳云：文字始自劫初，梵王說五百萬頌。舊云毗佉論，即聲明論。自下明蕃胡乖互，即如經律傳梵訛僻是也。此下明震旦變異。鳥跡者，明書

異也。黃帝時史官蒼頡觀鳥跡以成其文，後程邈變篆為隸，即今之字也。方言下示語異。雅即是正，鄭謂不正，即楚夏言音隨方呼召多所異同也。豈下結異。

疏 餘更未盡，非本疏意，故且削略。顯略中。今此正解毗尼之名，寄之辨示，故非疏意。

疏 上來所談亦是浮說。但末學者須知本宗。於道乃閑，甚助世法，故為出耳。若復封滯，斯妄何窮。示意中。上二句指前浮即游閑。但下正示本宗。謂佛教之所出也。望於道觀且曰遊閑。若據傳通，無宜暗塞。此乃彰佛道之高勝，示教法之源流，指後學之歸從，杜異宗之譏誚，苟迷胡梵實罔祖宗。古今傳通曾未露述，寄茲略示，委在別文（方誌四卷）。猶恐疑繁，故此遮耳。若下遣執。雖是正說亦不可滯，或可再責猶執舊者。

疏 古譯毗尼皆稱為滅，以七毗尼用殄四諍。今以何義翻之為律。律者法也。從教為名，斷割重輕，開遮持犯，非法不定，故正翻之。三翻名義。正翻中，初文先引古譯。蓋準母論。彼云毗尼名滅，滅諸惡法故。此即就能以翻。今下出正

翻。初二句徵起。以前云唐稱為律，故直徵其義。次一句訓字。從下釋義。斷割等者，一一戒下皆具此義。且如婬戒，人如毛頭犯夷，此名重也。半壞多分方便非道教他等皆蘭，教而不作，三眾同吉，此謂輕也。怨逼通境合即是開也。受樂結重遮也。離此諸過名持，反此名犯。舉此例通一切諸戒及餘法聚，則以法為義皎然可解。對古所譯，故云正翻。

疏 俗有九流，法流其一，故世付法皆約刑科，道與俗違，刑名乃異。至於處斷必依恆法，故使律字彳旁兼聿者為取筆也。處劾決正非筆不定，筆即法家之象。

四點古非

三引文証

致唯律翻
次科初引示俗法漢書藝文志云全身保國凡有
九流謂國家文典不出九類故曰九流一儒流二道流三陰陽流四法流五名流六墨流七縱橫流八雜流九農流具如資持下二委釋法流第四今疏所指付法付
即與也約刑科者按其科條不妄加減也道下會
同道俗上二句示制異五篇七聚爲道刑古今五
刑爲俗刑如後所列至下二句明義同故下指字
體顯義亻丑亦反說文云少步也象人脛三屈相
連聿取筆者謂象人之執筆說文云秦謂之筆楚
謂之聿吳謂之律劾胡得反推窮罪人也法家象

者以法無象假筆書示以成其形故釋名云筆述
也述事而言也
疏 如增一中七種律也四分九法亦有其證
三中增一七種律者即滅諍七毗尼也彼從華語
足證今譯四分九法者調達九邪破佛九正名十
八法如僧殘中具釋律中前後列名不定第二一
種或云律非律或言毗尼非毗尼鈔云毗尼及律
二名不並是也
疏 古同爲滅謂功用也滅諍之能非律不靜如水滅
火水非名滅自餘云云或曰稱量輕重或曰遮制流

五簡通濫二初

辭餘藏以問

二約不同以答二

初正答

類皆信意言無有歸據故律文言科約篇聚並有軌
轍同收法義餘復何論
四中初斥翻滅名須剋體不可從用舉喻比例是
非可見自下斥餘名且列二家餘應更有上謂依
憑斷割故曰稱量下謂罪聚楷定故云流類然此
二名頗近法義但無所憑故言意言等故下示今
有據初指文文言即能詮也科下示義科約篇聚
者示有重輕也有軌轍者言其楷定也同下結示
上句示今有歸下句貶古無取
疏 問律以法訓施造有儀與餘兩藏復有何別

簡濫中初問意者以經訓法訓常論亦翻爲對法
是則法義皆通三藏不局律宗故發是問
疏 答不同也餘藏明理理在虛通隨達一門皆符道
觀五百身因無非正說意在去滯何局文言律則不
爾輕重開遮楷模永定亂常敗績必據科治由此而
言法義彌顯
答中初文上句通示餘下別釋先明餘藏言明理
者指教宗也言虛通者示理體也隨下明教門融
也意下示不滯筌罤也且理體湛寂事相森羅冥
心湛寂者則一以貫之駐意森羅者則纖毫不混

經開心地得意忘言律示行途依持在教三藏設
致大略可知道觀古作貫字論語云吾道一以貫之宜從古本五
百身因者涅槃中五百比丘各說身因有比丘言
無明即是身因或云無明行識乃至五欲是身因
時諸比丘共往白佛誰是正說佛言善哉一一比
丘無非正說律下示今律藏對翻經論亦有四別
初云律不爾者唯明事也言輕重者非虛通也楷
模定者教相不濫也據科治者案能詮也亂常謂
矯異惑衆禮記注云革服改制度之類 敗績謂費事無功春秋云王
師敗績是也 此二俗中犯者必加之以罪今此借用可

配止作惡行違止爲亂常善事乖作名敗績或可
上約毀犯隨篇結罪下據處斷違教有過由下結
顯彌甚也

疏 問律非類通非律儀也即戒與善混然一亂
轉難中律儀之戒通徧塵沙化教十善隨境成行
上言理通事局律唯據教明非類通則所修之行
不殊世善故問決之更彰法義

疏 答既訓於法各有指南戒善兩分何得相混如彼
受緣條然天別非法不分故法又顯
答中初據義訓以簡戒名法行自異泛善故云各

有等如下舉受法例顯律儀假緣受得世善隨意
自修故云天別戒必假受簡別無濫故言非法等
重前彌顯故云又也

疏 所以三藏同存梵言此土本無不可翻度律雖義
約刑斷全乖科據有方片涉相似故且當譯見意便
止
示對翻中初文上通敘三藏大論翻譯華梵同有
可得正翻彼有此無止可義譯三藏名字通是義
翻故云本無度即傳也律下正示今名文明同異
意如次釋當即是對

疏 何以知耶律者法也終始有儀於佛教中可成此
義故篇聚之設三世同遵適化乃殊性戒常定俗律
不爾代有沿革古用肉刑墨劓宮割刖故俗律云刑
者成也一毀其肉終身永定不可復也今則笞杖徒
流死用代古法至於大辟亦有重輕轘裂磔屍梟首
釁鼓夷及三族戮通支黨斯例甚衆未可殫言至於
五刑比擬常定通名法也
徵同異中初徵律下釋又二初明佛律終始有儀
謂軌範一定無改異故三世同者衆學中云佛觀
過去未來諸佛婆論解云佛結五篇戒皆觀三世

等。適化殊者隨宜度物非一概也。戒常定者稱業制教無二途也。上云篇聚則遮性皆同。而下但云性戒。此顯遮戒隨時不無少異故。俗下次顯俗律。初二句標異。古下引釋。古刑中。墨謂刻額涅之以墨。劓即截鼻。宮謂男割其勢女幽閉之。刵即截耳。刖謂斷足。此五通名肉刑。故下釋名可解。(此與尚書不同。彼云墨劓剕宮大辟。彼剕即此刖足。彼無刵刑。此無大辟。舊云此是秦法。)今刑中。笞即鞭刑。杖即大笞。徒即徒役。流則移處。死即絞斬。上通列五刑。至下別示死刑。大辟音闢法也。轘裂上音患。車裂尸也。磔屍謂張屍釘之。梟首斬首懸之。

釁鼓殺人以血塗鼓。三族莊子云。父族母族妻族。(或云父子孫爲三。)秦法一人有罪夷及三族。夷戮並殺也。支黨內外親屬也。斯下結上沿革以顯全乖。殫盡也。至下取古今皆五。以明乍涉之義。

疏 問。佛教法定可用律翻。括究教相亦有不定。即四重罪犯如斬首。何故開懺得秉羯磨。諸部見解輕重不倫。如何訓法天常永定。

舉俗難中。初二句牒前。括下敘難。初約犯重開懺難。謂斷頭既死應當永擯。開懺秉法還預淨僧。豈是常定。二約諸部異同難。且如四分重犯前後皆夷。他部無重。同種但吉。既同律藏輕重天乖。復非永定。餘事準說。天道四時行萬物生不差其候。故曰天常。

疏 答。重罪懺擯覆露兩殊。法通開閉。故有常準。斷頭喻無聖分。秉法據本戒儀。適機見有重輕。當部規模不失。即斯量據。非法何耶。

答有二。初六句答前難。懺擯謂露者許懺覆則滅擯。開制有儀。明非不定。斷頭無聖喻體無功。秉法據戒顯體全在。適下二句答次難。上句明互望不定。下句示各論還定。適機謂佛本設教。見即諸師

計情。即下通結兩釋還歸上義。

疏 三對名立教者。問。三藏得號偏從於律。餘二沒名。斯有何意。

對名立教釋中。初問。謂前有三名。獨標毗尼而入三藏。餘二不列。故問以申之。

疏 答。律者教也。能生行解。以大聖設教。具列行途。五眾依資。奉持圓德。故名戒也。依戒剋翦業惑。斯亡名解脫也。是則因果兩行皆由教生。故偏舉教用攝斯二。若舉戒藏。互不相收。又戒是行。於教不顯故也。

答中先敘相生。初二句明毗尼在初。以下明戒居

其次圓德即目具戒名出了論依下明木叉最後是則下正答前問初名偏從所以若下示餘二汲名之意有二一不相收行果是別故二不顯教二皆所詮故文且舉戒木叉例說

疏 問若如此言則半月說應云律藏何云戒經及木叉耶

轉難中戒經之語偏在戒本木叉之名標于序首律既總收何獨不舉

疏 答如上已解須通玄意三藏之說經遠大歸半月常聞偏被時衆羅列罪目即警行緣何得舉教其義舒緩依承脫縛舉果動心並是教詮故通歸行

答中初二句通示指如上者即教興中立猶深也三下正釋初明三藏從教意謂令久學識其大趣非同說戒即座警策故云經遠等半下正答說戒舉二名意初明舉戒意戒能成行故云行緣依下次明木叉意戒文舉果亦歸警行耳問前序云今演毗尼法後序云亦善說毗尼豈非舉教答前序標教以目戒經後敘如來說廣付囑流通則非戒師警勵之意

疏 有八解云兩舉因果同目於教今解不爾聖說不徒終有遠致豈浮涉也

指非中先出古意彼謂說戒止是教詮故以因果皆爲目教今下顯非意在前答故但略指經舉因果警衆奉持意在成行故云聖說等浮涉者謂遊閑也

律 四分戒本

疏 四解今題目就分爲四初部類不同二前後差異三正解名目四汎解諸本翻度所由

解今題目標列中先明部類乃彰此部之元由次明前後爲顯立題之來意窮源體意始可論名不敘翻傳文從何得四章次第大略如斯

疏 就初四分何時得名乃是佛滅度後百年方有因此須爲三門分別一明教本無分二明分之時節三明見解有異

初門列章中百年有者五部同時不唯四分出文殊問經

疏 初門明教本無分

釋中初門欲明弟子乖競支分先敘如來立教本意

疏 意以適緣授法悟入爲先何有乖各輕重異見故

論云牟尼大聖主悉斷一切見等。
立教中。初正明約義詳教。故云意以緣。即是機。此明教門輕重。全自機差。佛意常融。寧存異見。月臨衆水。可以喻焉。故下引證。未詳何論。牟尼此翻寂默。即釋尊名。見惑通三界。故云一切。見如來無明究盡。豈有妄見乎。

疏雖復涅槃四重之法。說爲偷蘭。於五部僧互生是非。又方等云。於五部中學何毗尼。斯但說有不斥人法。大集方云滅後分五。斯乃懸記。亦非本意。如世父記子。後必分異。

次科。所引諸經。明說並佛在時。說有五部。今言本無異見。顯然相違。故須引決。初通二經。涅槃中。佛說比丘盜佛物犯偷蘭。於五部僧不體佛意。互執輕重。今通言四重。或可盜是四重之一。方等中。語似問辭。撿文未獲。斯下。正通。謂上二文但通言有五部。而不指斥人名及所分教。次大集經委出六部人法執見。故曰方云。如後具引。懸記。謂如來在日記言後分。非教本異。舉喻可解。

疏何以知耶。一者教主是一。無可對諍。二百年已來師資傳化。三時接利機各體權實。雖聞異制不相是非。故但通爲八十誦律大毗尼藏。

證成中。初句徵起。次列三義。上二約主。後一就機。五師雖異。皆是躡跡相承。此亦主一義也。體權實者。知佛權方引入實道。既知所歸。則於方便無所乖諍。故云雖聞等。義鈔云。彼各自念。良由我等根器不同。致令聖制輕重異耳。故但下。結成非唯佛世。滅後百年尚無乖異。八十誦者。即根本部波離結集。一夏九旬八十番誦。故以爲號。

疏二明分相者。其相有四。一者二部。如四分中。初結集時選五百人。餘不在數。名爲大衆。如文殊問經。根本二部。謂上座部及大衆部。如西域傳。二部所集。各有石窟。其所仍存。現今中梵二部俱盛。

次時節中。二部所出有四。初即本律五百結集文。初五百人。即上座部。迦葉所選耆年無學。故名上座。餘不在數。即揀出之者自興結集。人不計數。故以爲名。二文殊問經。下文自引。三西域傳。隋朝彥琮撰。彼云。竹林精舍西南六里許南山陰大竹林中大石室。是大迦葉結集處。又西行二十餘里。是諸無學結集處。文指二處。明有二部。四約傳聞以證。

疏二者五部若據緣本其流上座何以知耶大迦葉波初秉宗教將事集法簡練通德故五百無學智論千人並是釋門達化之士故號斯侶名為上座如律中說結後召眾重述前法時大眾曰佛是智人立法須定何得開制迦葉告曰由是智人制已更開開已還制自非達化何以明斯故得任持三藏御世如部執解於佛滅後夏竟涅槃大悲智論咸陳滅相如付法藏傳說付法與阿難等

次明五部先敘異世五師者欲顯派分有所因故初師中初二句示本部何下明緣相又四初敘選

眾摩訶迦葉波此云大飲光氏秉即是持通謂六通德即學行智論千人者示不同故言達化者體佛意故如下次引緣釋上達化雖歎迦葉意通大眾即五百結集中迦葉結集三藏畢有長老富那奢與五百比丘至王舍城詰問迦葉再條所集一一答之故云結後等時大眾者即富那奢問儉開八事迦葉答以豐時還制乃發是問自非等語結歎智能任持謂力行正教御世謂攝化群生如部執下三示滅相即十八部執論佛滅夏竟涅槃者準義鈔五師住世各二十年此即所見不同也大悲經彼云迦葉入涅槃時而作誓曰願我滅後以神力加令身衣不變諸根亦然乃至彌勒出世令我見彼共作三會（初會九十六億二會九十四億三會九十二億）乃至彌勒將所度眾皆到其所眾念迦葉身卑遂踊身虛空而作神變現為大形充滿世界眾見神力除去憍慢成阿羅漢尊者以已身火闍維其身等智論大同如付下四明傳法彼明迦葉結集三藏弘持法已尋禮佛四塔（出家成道轉法輪入涅槃）次入娑伽羅宮禮佛牙塔忉利天禮佛髮已往別闍王遇王晝寢告閽者畢向雞足山王與阿難追之山自開闢迦葉

在中全身不散王哭投地積香欲焚阿難曰迦葉以定力持身待於彌勒不可闍維王遂迴駕其山復合先以法付阿難等

疏二師阿難受法化世如付法藏傳恆水中流而取滅度分身四分廣相如彼

第二阿難指彼傳者彼明阿難聞竹林比丘誦法句偈云若人生百歲不見水老鶴不如生一日而得覩見之阿難慘然云此非佛偈佛偈云若人生百歲不解生滅法不如生一日而得解了之阿難還聞誦於前偈歎曰我於世無用遂別闍王亦值

王寢。即渡恆河。王覺追之。半河方及。王請住世。阿難默然。復度雪山五百仙人。已河變金地。即於此處入風奮迅三昧。分身四分。一與闍王。二與毗舍離王。三與娑竭龍王。四與帝釋。四處建塔。先以法付商那。

疏三師末田提、四師商那和修。並是阿難親承資奉。阿難將滅。以法通付二人。田提道洽罽賓、和修化在中國。是則同時分地而王也。

三四二師中。先列示二名。末田提。提或爲地。或云摩田底迦。此翻金地。即恆河中度五百仙人。餘皆先入滅。唯末田地被留傳法。往化罽賓國。商那和修。亦云舍那婆斯。此云胎衣。曾施辟支佛衣。五百世與衣俱生。故因至毱多所坐其牀。弟子不識起慢。乃舉手空中。便下香乳如高山泉流。乃至次現五百法門。毱多皆不識。自言我得七萬七千本生諸經。八萬毗尼。八萬毗曇。汝皆不識。我若去者。法門隨去。諸弟子始知神異。悉得羅漢。法付毱多。並下次正敘傳法。洽猶徧也。罽賓即迦溼彌羅國。梵音之異。此二並出阿難門下。布化同時、故文合敘。

疏五師優波毱多。和修所度。緣如智度。聲振遐邇。時人號爲無相好佛。

第五師優波。或云鄔波、毱多。或言堀多。毱渠竹反。此云近護。緣指智論。廣在傳文。所度夫婦得四果者。乃下一籌。籌長四寸。滿丈六石室。人謂化行與佛無殊。但無三十二相。故以爲號。

疏前之五師躡迹傳化、體權通道。故不分教。

示不分中。上二句指前、下二句結歎。師資相承。謂之躡迹。若據末地商那。乃是橫分並化。但由各王一處。且言異世。若取傳法。唯是商那。據理但有二十三師、付法藏傳委釋緣相。須者撿看。體權者。達教所由生也。通道者。知教有所歸也。

疏二者同世五師。時既澆漓。情見互起、雖通小聖。不無利鈍。毱多受法。漸劣於師。和修舉手。莫委定相。致使此五皆資心見。何得開通、縱而不問。遂分五部。

同世中。初文、先敘時澆。由諸無學理解無殊。事見倘異。故云雖通等。毱下正明分派。又二。初敘師道劣。即付法傳云。和修現定。毱多不識。修云吾師阿難得定。我不能知。我得定。汝不能知等。故云漸劣。致下次明弟子乖競。資猶生也。縱不問者。或師任弟子而不爲決。或弟子自任而不啓問。文通兩釋。

隨意采之。

疏 如涅槃說由此異想朋黨相援互相諍訟皆悉悟道。又大集文云五部雖各別不妨諸佛法界涅槃。

次文兩經並約開會之意。涅槃異想卽是心見援卽訓助教行雖殊理果不別故云悉悟。等大集涅槃而言諸佛者簡二乘故。言法界者簡偏眞故。雖履權乘無非會大涅槃一相趣入萬途故云不妨。

疏 三明十八部。如古三藏流傳云五部初分二百年後何者是耶。薩婆多中分出四部迦葉遺分出二部彌沙塞中分出一部。四百年後僧祇部中分出六部。

唯曇無德部始終不分。

十八部中。初三藏傳者。出首師疏。前明二百年於三部中分十二部。後明四百年僧祇始分。共爲十八部。初云五部者通舉全數也。望後僧祇故曰初分。薩婆多中出婆差部。婆差中又出三部。一法上二名賢胄三名六城。合本成五。迦葉遺出二者。一僧伽提。二淺摩提。本末合三。彌沙出一者名中間見。共本成二。僧祇出六。一遺跡二彌沙三施設四毗陀五施羅六上施羅。本末有七。四分不分。文據在此。已上本末共十八部。此中無婆麤仍以僧祇在五部數。故使古師以僧祇當婆麤。如疏後破。

疏 又如文殊問經下卷分別部品云。根本二部從大乘出。摩訶僧祇部分別說有七。二者體毗履分別有十一。十八及本二皆從大乘出無是亦無非我說未來起。廣如彼經名相住處不復引也。

文殊問經。初標示根本。下引經文。初二句引長行明二部所出。從大乘者於一實道施方便故。彼云。文殊師利根本二部從大乘出從般若波羅蜜出。摩訶下。次引偈示十八部所出。文有二偈。初一偈示派別。摩訶僧祇此云大眾老少同集故。此卽窟外大眾

部也。僧祇名通兩部。須約窟內窟外以分。體毗履此云老宿唯老宿人共出故。卽窟內上座部。次一偈顯所出。從大乘者以末從本無別異故。無是非者經云佛告文殊師利未來我弟子有二十部能令住。二十部者並得四果三藏平等無下中上譬如海水味無有異如人有二十子其實如來所說懸記滅後故云未來起。廣如下。彼云僧祇出七者。一執一語言。所執同僧祇故。二出世間語言。稱讚詞也。三高拘梨柯。人姓。四多聞。有多聞智。五只底舸。山名。六東山七北山。上三皆居處。體毗履出十一者。一一切語言。執三世有可言說故。二雪山。居處。三犢子。人姓。四法勝。

三別十八部執論

三問答二初問

四五百部

人名）五賢（人名）六一切所貴（人所重貴）七莎（仙）（而證反。山名也）八大不可棄（人名）九法護（人名）十迦葉毗（人姓）十一修妬路（所執計也）名相住處者如注可見。

疏 又如十八部執論眞諦所翻。隨出本疏三十餘紙。一百一十六年後方出異執。極廣其致。閑暇可看。

部執論眞諦陳時翻經三藏。所指本疏其文已亡。唐玄奘重翻名宗輪論。論云。一百年後十六年有大國名波吒梨弗多羅。王名阿輪柯（即阿育王）王閻浮提。如是時中大衆破散等。下文指廣。今爲略引。彼云。初從大衆部出七部。一一說。二出世說。三灰山住。四得多聞。五分別說。六支提山。七北山。二從上座部出十一。一說一切有。二雪山住。三可住子弟子。四法上。五賢乘。六正量。七密林住。八正地。九法護。十善歲。十一說度。（與前並同。但名或異。對之可見。）

疏 四者五百部。智論云。佛滅度後五百異部。聞畢竟空。如刀傷心等。

五百部智論但有通數。不出人法名字。彼具云。佛法過五百歲後各各分別。有五百部。乃至堅著語言。聞說般若畢竟空。如刀傷心。（不樂聞故。）

疏 問。上列四種異執不同。既是一化所宗。俱會聖道。

二引文証

二答二初約義答

何得更執。豈曰達人。

問中。初二句牒前。既下立難。一化宗者師禀同故。俱會道者所證一故。更字平呼。互也。

疏 答。理本一也。悟有淺深。由機涉明昧。計有利鈍。故入觀也。人法俱亡。及其出也。不無緣習。教約相動。隨義以張。道據正理。分通會契。

答中二。初約理解正答。理本一者答上會聖。悟有淺深下。答上更執。故下約觀行證成。人謂體析所觀。法即反照能觀。病除藥去。故云俱亡。緣習謂心緣舊習。入觀照理。理空故同。緣習隨事。事有故異。

教下申教道所以。教約相者有所示故。動猶興也。相必有別。不可一致。故隨義張。正理即眞空。離相無二。隨門得入。故云分通。

疏 故無量義云。法水一也。江河井池分其異耳。初說四諦。本爲聲聞。八萬諸天發大道意。用斯文證。何得懷疑。

引證中。法水喻理一。江河喻機差。初說等者。經中顯示一異之相。彼續云。次說方等摩訶般若華嚴海空。而百千比丘無量人天得須陀洹。乃至辟支等。八萬經作八億。

疏三明見解

明見解中次列六師並大集文

疏大集云夢氈一段後分為五佛告長者我滅度後有諸弟子顛倒解義及以說法覆隱法藏名曇摩毱多此云法正律名四分凡解行法先果後因此就化儀說相明顯故倒解之如四諦法苦初道後覆彼常途因先義也

初師中初通敘諸計顛倒下正示初師初總敘見解入法名號倒解約自見倒說約化他凡下別釋見解初二句標示且舉果因餘皆類此（有本作先因後果誤）

此下正釋謂是此師化物儀式先示果相後推其因苦集世間果因滅道出世果因若從次第合云集苦道滅欲使知苦斷集為滅修道先解後修教行易識若據四諦本是佛說而言曇摩者佛作倒說本為隨宜曇摩計此用為常度故也由倒解故即是覆隱

疏二彼經云受有三世及以內外善能論議破壞外道說一切性悉得受戒凡所難問善能答對名薩婆諦婆此云有也法名十誦然異道所計誅惡人畜道路女人陵皆無罪此部難言但殺得罪何簡善惡戒出離因要身器淨非一切性悉得受故

次師中先明見等亦同上科受即執計三世約豎論內外就橫說通收三界繫法該上三世五塵四大並有內外即情非情二種世間彼計諸法名字是空法體皆實然下別釋見解引破外計釋上善能論議等初破婬殺揀境外云人畜善者殺則有罪居家婦女陵方有過此下難破但破殺義婬戒類準戒下次破受戒不簡彼計有情皆可受戒雜報淨穢俱無所擇前文已出外計故此直破

疏三者經云說無有我及以受者轉諸煩惱猶如死

屍名迦葉毗此云重空觀法名解脫此有戒本相同五分

第三中我即所計倒本受是能執妄情凡謂實有遂生執著我既本無執將何附下翻重空義在此也轉諸煩惱者顯觀功深斷證易故三界見思故云諸也是可厭棄故如死屍法名解脫良由於此下示戒本廣律未傳

疏四者經云不作地相水火風相虛空識相名彌沙塞此云不著有無觀法名五分

第四中經舉六大攝盡世間色心等法上四大通

內外色法識卽心法虛空卽非二法不作六相者不著有也存此六故不著無也下翻人名正從此義

疏五者皆說有我不說空相猶如小兒名婆麤富羅此云著有行不傳其法

第五中彼計有我偏該五蘊等法故云皆說智非深遠故喻小兒問此與外道何別答外道妄謂蘊中別有神我此約觀行推析我蘊非一非異知是虛妄計妄爲有可得悟道故不同也問此與第二師所見何異答引前比校其異可見已上五師得

名有三初從解爲名下云明慧卓朗除邪倒故二從計得名後三從觀行爲名又小乘宗計不出四門初是空門二五卽有門第三雙亦四卽雙非或可總歸二宗一四皆空宗二三五並有宗

疏又云廣博偏覽五部經典是故名曰摩訶僧祇此云大衆此有其律

六僧祇中不偏一見攝機斯足故云廣博懸觀五計集法無遺故云偏覽

疏問古師多謂僧祇本律卽婆麤富羅所執今如何分答非敢苟分大集明異若合婆麤文不應云偏覽五部

初問中古師謂者如前已示答中初示所據若下顯古違文

疏問二部五部同是後分如何經讚唯在五部答二部是本義通五見不慮後疑五部支生各懷異相多起諍競恐不傳持故偏牒五不妨法界

次問經中但云五部雖異不妨諸佛法界涅槃不言僧祇故有此問據經止有僧祇而言二部者欲顯本部亦分經中合讚故也答中上明本部不須意下示五部須意

疏問如上所列五部在初僧祇應後以偏覽故今解云僧祇實先滅後便有以廣博故通含五意故是總也如上經說

第三問以僧祇根本理合在前而經云偏覽則顯居後故須通之答中古師執前三藏所傳以僧祇爲五部恐據偏覽之語謂是後分故須問決此中不敘故直標今解初示次第旣云廣博顯是根本通含總攝故是偏覽

疏二明前後者問本文佛世所出四分滅後方生如何迴互致斯目也

二從答通。二。初約揀濫答。
二約顛倒難。二。初叙難。
二釋通。二。初今答。
二引他答
三正解名目。二。初標。
卅四字應移在下段連續之
二釋。二。初顯題。二。初別目。二。初標示。
二廣釋。三。初正釋。

前後中敘問有二據文但問現未迴互約義更兼師資顛倒

疏答元佛制教但云戒本通被眾計名濫彼此故別標四分用約餘部

答中以戒本名通須用別目簡別今宗

疏問如向所解但先戒本後自取分故倒乖儀義亦不可

難中意謂必云戒本四分自可揀故

疏答開卷識宗故須先示戒本名通義須後列

答意可解

疏有解者云欲知戒本是何部律故須題目是四分律家之戒本也有斯異故標題不同

他解意取戒本出於廣部故以部名標首簡別餘律

疏三正釋名目

三正釋名

疏言四分者顯宗目也

法題別目中初文顯宗目者五部十八並有戒律由此別知是今宗故

疏佛滅百年興斯名教相傳云於上座部搜括博要契同已見者集爲一部四度傳文盡所詮相故云四分

二遮簡

三舉例

廣釋中初科上二句明時代準文殊問經也相傳下示所出四下顯名義問他文皆言律藏殘缺今云盡詮相者答二意通之一據自宗已盡二梵本元備傳度致缺如業疏云于闐有本約可百卷是也

疏此據說之所至非義判也故二十犍度離分三分可是義開耶

次科恐謂同世章疏科釋爲四故此遮之由結集

時隨至一節未終而罷如是四番一部方畢故云此據等也故下引據律中二十犍度受戒說戒二犍度在第二分尼律後安居下十六犍度自爲第三分房舍雜法二犍度在第四分初據此散落無有分齊驗非義判故云可是等有除三分及是字非也

疏又如本結未分爲八十誦一夏之功也五分十誦其例眾矣

舉例中初根本部波離一夏誦出逐座爲目誦數仍多五十二律亦據說所至處皆約誦數爲名足成今例

疏 言戒本者顯教體也

通目中初云教體者戒即所詮體本乃能詮體

疏 戒者禁也警也即眾行之所因本者根也從也能生成於道務此戒爲道本也又云戒爲行本世出世行並依承之又云戒爲教本一部廣律止解戒行之文計應名律本今舉行目教也又云戒爲說本在座誡勸有所依承文云半月說戒經中來也豈不以所說爲傳者之本也又云聽者以說爲本耳聽心納尋說生行如是廣之

廣釋中五義前二約所詮法後三就能詮文初義以因望果故言道本次義唯就因論故云行本三約能詮對所詮四即能說望所說五即能聽望能說對文可見如下結指

律 出曇無德唐言法護部律

疏 出曇無德部律者舉其人也

次釋人號

疏 前列四分乃異他本雖且分目不無相濫故重舉人永除疑執

標意中不無相濫者猶慮他宗亦以四分爲目故

疏 梵音曇無德曇摩德與毱多傳有訛僻唐言度之同云法正謂法正律主明慧卓朗除邪倒也又言法護者能興建正法不墜於時即十八部中法護部是也又言法鏡者能照達萬法也

翻名中初列梵號唐下翻華言三釋如文總諸梵號故曰同云次指十八部者即上座部中第九部也或云法藏法密隨義不同

疏 古人依大集中倒解義翻此述其見非翻名也

點古中彼接經中顛倒解義用翻彼名故須指破

疏 四解諸部東傳所由

四解諸部中正示今宗因出他部正顯戒本因敘廣律

疏 此門據行微似賒遲而於教本最是急要若不標舉疑僞假生戒行所詮無宜不曉縱是佛說猶有憲章況非究竟豈妄承奉讀者得意不用計文今後所列時代爲次

敘意中四初敘緩急賒遲猶緩慢也在行雖緩於教則急若不下次顯須知古藏錄中或無翻傳朝代人名則入疑僞二錄意謂不示翻傳將令後世謂非正譯情由此起故曰假生教本詮行行依教立教源不曉行亦浮濫故云戒行等縱下舉況憲

二依次別示二。初明戒本羯磨二部初傳。

章即律廣文雖並佛說不無繁演雖非究竟義須承奉讀下屬付今下標舉

疏自漢明夜夢之始迦竺傳法已來草創鎡基未遑具體衆分道俗無受歸戒年過二百至魏齊帝嘉平年中有天竺沙門曇摩迦羅魏言法時出僧祇戒心方立大僧羯磨受戒至高貴鄉公正元元年有安息國沙門曇諦出曇無德部羯磨斯二部初在洛陽是謂戒律之先也餘如鈔說

列示中初文先敘本緣漢明即後漢第二主明帝永平五年夜夢金人項有光明飛行而至旦問羣

臣奏言西竺佛法將流此土乃遣使往逆也迦即迦葉摩騰竺即竺法蘭並中天竺人同契遊化齎白氎像及梵夾經至月支與漢使相遇同歸漢地草創言其初始鎡基取其未備鎡即耒耜（上盧對反下音似）治田具也基即田地（孟子云雖有鎡基不如待時）衆分道俗釋上草創無受歸戒釋上未遑年下正敘二部之始初明僧祇魏即曹魏齊帝當第四主迦羅或云柯羅戒心即戒本居中統要故喻心焉若據迦羅行受初依四分羯磨出僧祇戒心是則兼通二律但出羯磨在於曇諦故以四分推於諦耳至下次

二明廣律四部次第四。初十誦律。

明四分高貴鄉公即魏第五主廢帝之號曇諦未詳華語傳云亦善律學正元中來遊洛陽出四分羯磨迦羅傳云請胡僧出羯磨者即指諦也準知迦羅行受曇諦譯文若據藏中有僧鎧羯磨曹魏時翻但時不見用故所不明斯下結示二部僧祇始有戒心四分但傳羯磨未有廣律洛陽即今西京下指事鈔見釋相篇

疏十誦律者有天竺僧弗若多羅秦言功德華以秦弘始六年誦出本文什公爲譯三分獲二遇患而卒晉廬山沙門釋慧遠致書羅什令續其翻時有西域

僧曇摩流支秦言法樂什與通譯方訖其部俄屬什化未獲刪定至弘始八年西域僧卑摩羅叉晉言無垢眼遊至壽春石澗寺又續出受法名爲善誦部文都訖但其文繁重頗懷疏質故什公臨終恨言遺世

十誦凡經三譯一部方全先明初譯多羅罽賓國人姚秦時至此土弘始六年十月七日秦主請誦出梵本什公譯之未終多羅奄逝故言遇患卒也晉下次明續翻遠師棲止廬岳三十餘年傳中多有同名故以處簡之遠聞多羅入滅常慨未備及流支入秦乃遣弟子曇邕致書請什公更出餘分

二四分律

羅什具云鳩摩羅什此云童壽天竺人弘始三年
至長安秦主禮爲國師廣有翻譯盛行于世流支
西域人以律學馳名弘始七年至此土遠亦遺書
辟請遂與什共譯部文已畢成五十七卷至下三
明後翻卑摩罽賓國人先在龜茲（龜音丘茲音慈）弘闡律
藏後至長安與什相遇乃講十誦又出善誦四卷
共上成六十一卷壽春長安坊名石礀乃坊中寺
號但下示翻傳文體什公恨言者臨終告衆曰自
以昧闇謬充傳譯凡所出經論三百餘卷唯十誦
一部未及芟夷在其本旨必無差也（芟夷謂刪治芟音衫）

疏四分律者罽賓沙門佛陀耶舍秦言覺明以弘始
十二年誦出本文涼州沙門竺佛念譯釋道含筆受
與長含同翻其人樂廣故文辭頗富
四分中耶舍罽賓人後遊化至姑臧什師勸秦主
迎之及至長安別立新省於逍遙園四事豐待並
皆不受時至分衛一食而已爲人髭赤善解婆沙
時人號爲赤髭毗婆沙十二年共竺佛念譯四分
律長阿含經十五年解座尋返西國竺佛念涼朝
人內外該博當時譯場咸所推許道含傳云亦學
解有功生年姓氏莫得而知譯謂以華翻梵筆受

四五分律

三僧祇律

即錄語成文其人者雖三人共翻而文推筆受本
四十五卷今爲六十卷
疏僧祇律者有平陽沙門釋法顯遠遊大夏具寫本
文齎還晉地以安帝義熙十四年就迦維那國僧佛
陀跋陀羅晉言覺賢於揚都道場寺與華嚴同譯故
要約精美不負傳通
僧祇法顯平陽人東晉隆安中往西國求經律至
中天竺得僧祇律泥洹等經凡三年學胡書胡語
躬寫還晉地安帝即東晉第十主迦維那即中印
國名跋陀以禪律馳名附舶泛海至長安抵揚都

（即今昇州）與法業慧嚴譯華嚴經顯獲梵本就請同譯
成四十卷
疏五分律者梵本法顯持來有罽賓僧佛陀什宋云
覺壽以景平元年於揚州龍光寺譯沙門釋道生慧
嚴等筆受故四部之文無越斯律名不虛稱見重於
今但弘通蓋寡可用長歎
五分亦法顯持還未譯而亡京邑諸僧聞陀什善
通此律故請出之陀什宋景平元年至揚州即此
年與于闐僧智勝共譯生嚴二師並羅什弟子故
下示文上四句推勝下二句傷歎此方四律獨五

分罕傳故云弘通寡也。

四分律含註戒本疏行宗記卷第一

四分律含註戒本疏行宗記卷第二 戒本上之二〇疏一之二〇記一上之二

宋餘杭郡沙門元照述

疏自上已來略於文前開示標相今次就文義張三位

結前中標相者標即教詮相即前四章總別門中所明之義今下標後

疏初從稽首禮諸佛下一段偈明法正無學將傳行教光被於時但爲末代鈍機情多狡詐謂是別懷未能師奉故先歸敬歎戒功能勸以奉行名廣略二教總序興致已彰正宗宜顯故次第二從和合僧集下至當於中學來名廣略二教別序正流通盛開持犯諸通塞行別行已成衆德圓滿後當流演顯無窮之相是以第三明人能護戒下總舉兩教勸修弘益

總判中初明序分狡猾詐諂謂多猜疑無淳信也別懷者下釋歸意云謂妄意言不承宗緒故先歸敬者即初一偈歎戒功者即次一偈勸奉行者即欲除下諸偈也正宗中廣略二教各有序正流通故云別也合此二教總爲正宗序與流通皆言總者並望二教各有三分爲言通塞即開遮持犯開遮通該廣略總收諸戒流通中云別行者躡前正

宗廣略不同又二教中行相各異故遵奉二教道業內著美望外彰故云衆德滿也

疏就前二序三種分別一名二意三前後也

疏就初名分有四種異一約人異前偈法正所撰和合已下如來布教二對時異前偈未來百年正序如來初化三總別異前偈法正一宗和合通五百部四就義異前是勸信後是所傳發起序也

序分初科立名中四異皆云名者一法正如來從人名也二未來現在對時名也三前別後總就宗名也第四例同諸經名義可解

疏二建意不同若據當時敷化各唯一意如來正序不慮不行何有勸信止是發起之由不妨勸信叙已集結義兼發起據後引成非是臆說是則發起亦通勸信

建意中初明別意文中但叙佛不須勸則顯法正不勞發起以教與佛世正但傳弘止須加勸此彰二序各專一意不妨下次示互通前叙結集意發正宗後引佛序意在證信言引成者謂引佛序成正宗故

疏三明前後者問發起之序與在於前今何後列答

若致在初有兩非便。一彰廣序隔於正宗不相鄰接。二彰勸信本意不具謂唯勸宗不勸廣序。今總居先。二種都便。反上解取。前後中約時不次非理爲問。答中兩非便者初據發起非便後卽勸信非便。反上解者。一彰不隔。二得皆勸故云都便。

疏 就初序文分爲四節。前有半偈明將演正法濁世障多恐有留難故歸敬三寶稟承加護。二有半偈歸敬本意令法久住。三戒如海下九偈廣列戒之體相呈露時心勸以奉持。四世間下明教行攝持功不虛義。

四節判中。總分偈文。四句爲一偈。二句爲半偈。一句但云句耳。自下分文皆爾。

律 稽首禮諸佛　及法比丘僧

疏 就初文中義文分二。初釋三寶後解歸意。

疏 且夫三寶三緣不同。初名義者自可如常。不學不知故須略引。

初半偈略示中。初科爲二。初示境別緣卽境也。初下次敘名義顯今須釋。

疏 言佛者梵云佛陀。或云浮陀佛馱步他浮圖浮頭

蓋傳音之訛耳。此無其人。以義翻之名爲覺者。具二義故。言覺察者對煩惱障。四住如賊唯聖覺知。言覺悟者對所知障。無明如睡唯聖獨悟。無明有二。一迷事無明善覺三趣。二迷理無明覺法實性。通而獨悟並名爲覺。

釋佛爲二。初翻名。梵名有七。或云沒陀或下加耶字。具下次釋義。覺察義中煩惱障不出十支總爲見思。三界見惑麤故易斷合爲一住。三界思惑微細難破離之爲三。故爲四住。此障凡夫不覺。二乘同斷。覺悟義中無明一住通號無明。別分事理。初

迷事者障俗諦故。世出世法唯佛通達名如量智。故能開覺一切衆生。故云三趣。謂人非人畜總收六道並是所覺。此謂覺他也。二迷理者障眞諦故。法性眞理唯佛盡證。境智相冥名如理智。此卽自覺也。然此二覺二乘不覺菩薩分覺。後二句總結通而獨悟唯局果人。此卽覺行滿足也。佛地論云。具一切智一切種智（二智對疏二覺）離煩惱障及所知障（對疏二障）於一切法一切種相（眞俗二諦）能自開覺亦能開覺一切有情（自他二利）如睡夢覺如蓮花開（夢喻迷事蓮喻迷理）故名爲佛（揀因人也）更欲委辨非宗且略。

二法　三僧

疏所言法者此土方言大夏梵音即云達磨或云曇
無曇摩之異傳耳未解聲明故言多僻法有二義一
自體解法如三聚等二軌模解法今據後義至聖演
教意在成行如車從轍如器從模法非目覩以喻成
也又如行必從道道不從人道即行之所依法式無
越此也
釋法中初示華梵西國有聲明論辨定語音訛正
今指翻傳之人未善彼論故所出不同法下釋義
初言三聚者一色二心三非色非心此三體性差
別不相混濫故云自體次義如文自顯初標示至

下喻釋又二初約車器喻二取道路喻釋成軌模
義也並上二句立喻下二句對合
疏僧者天音具云僧伽此無其人以相翻之號為眾
也或有舊解言和合眾即體相為名言斯等人同具
六和四人非一崇成眾法故也然諸經中但單眾翻
不兼體說廣如羯磨疏解
釋僧中初翻名單就相翻是今正譯或下出古解
初翻名和合是體眾即是相言下釋義具六和者
釋上體也四人者釋上相也成眾法者辦一切羯
磨也然下指歸正義羯磨疏中但取眾翻廣有廢

二釋通名

立不復繁引
疏此三益世近拔三有遠清二死希世獨達可重名
寶故寶性論喻分六義一希有義世寶貧窮所無三
寶薄福不遇二離垢義世寶體無瑕穢三寶絕離諸
漏三勢力義世寶除貧去毒三寶六通難思四莊嚴
義世寶嚴身令好三寶能嚴法身五最勝義世寶諸
物中勝三寶諸有無上六不改義世寶鍊磨不變三
寶八法不動上雖六解同舉喻成覈其寶字同訓珍
美如常所引
通名中二初約義略釋上三句顯益近遠二字必

對因果二死者一曰分段三乘共亡二曰變易唯
佛永盡希下一句結名希世者世間無故獨達者
超諸有故故下引文廣釋今用四種三寶對此六
義初義通四住持無信不遇化相無緣不遇舍衛
三億可以明之理體局聖凡愚不遇一體二乘不
遇第二義中唯約理寶歸敬儀云住持三寶體是
有為具足漏染又云化相體是無常四相所遷滅
過千載但可追遠用增翹敬據後一體在迷隨染
故此三種皆無此義第三喻中六通在人唯對化
相神境他心天眼天耳宿命漏盡六皆明徹總號

為通毒謂苦惱、下云寶能現除貧苦與此頗同。第四通四。住持化相能發信仰、理體一體可以修證、皆是嚴身。第五亦通四。餘三易解。住持佛法雖是世物莫不表示法身功用無極、儀云金木石土體是非情以造像故敬毀之人自獲罪福、故知此寶得名無上。法亦準同。剃染之僧為世福田人天中勝破戒惡行猶過外俗況餘持奉其勝可知。第六唯局理寶儀云此之三寶常住於世不為世法之所陵慢。一體雖常然就迷邊隨緣流變餘二無常非所論矣。八法者智論云衰利毀譽稱譏苦樂四

違四順能動物情名為八風、理寶人法皆是出世無漏聖道不為八法之所動故。上下總結。

[疏]就三寶中重分四別。一舉眾相二明本末三分次第四敘功用。

重分中。前但釋名名通四位、故開義門料簡顯別故云重也。

[疏]初眾相中有四種三寶。

眾相中。他宗皆歸理寶四位分別獨出今疏。

[疏]一理體者。如五分法身為佛寶、滅理無為是法寶、聲聞學無學功德是僧寶。二化相者。如釋迦道王三千為佛寶、演布諦教為法寶、拘鄰等五為僧寶。三住持者。形像塔廟為佛寶、紙素所傳為法寶、戒法儀相為僧寶。四一體者。如常所論唯約心體義分三相、如涅槃說三寶同性等。

初明理寶。文出多論。五分者戒定慧從因受名、解脫解脫知見從果彰號。由慧斷惑惑無之處名解脫、出纏破障反照觀心名解脫知見。滅理四諦滅諦涅槃。學無學者初果已去同見眞諦名理和僧。然此理寶亦即同體、但望佛僧證理邊為別、故多論云佛亦是法法亦是佛僧亦是法、止是一法相

有差別故分三寶。化相中。三千者所化之境。諦教即四諦、法門雖多而以首者言之、又四諦統攝凡聖因果大小教門廣略異宜無出此四。拘鄰此云本際、即鹿苑中初度五人、首曰拘鄰即憍陳如也。二曰頞陛三曰跋提四曰十力迦葉五曰摩訶拘利。住持中。戒法是僧體儀相即削染也。一體中。如常論者即指經論之宗。三相如後自委。

[疏]二明本末者。

二明本末。

[疏]四種之中、初理為本、餘三從相故為末也。如毀佛

出血據相無罪化佛無心非情無惱也以損法身所依故結重逆法僧損益本末例然故大集云若打破戒無戒比丘罪重出萬億佛身血者豈不以形服出世爲聖道標若加輕毀則三寶通壞故也

總明中初正示如下舉事以顯先明佛寶此明化相以理爲本化相應身故云化佛多論問何以出色身血得逆罪耶答以色身是法身器故法身所依故法下例餘二寶如破法輪正望眞諦無證入故如殺羅漢亦望證理福田極故是則化相皆望理寶以論罪福故下別證僧寶即約住持以證化

相初引經文破戒無戒打業極重故知不取儀相論僧豈下推經意形服是住持僧聖道即理寶僧住持佛法由僧弘顯是故毀僧則兼佛法故云通壞又智論云如泥銅等體是無記非感罪福以成法身相隨前敬慢有罪福也（此住持佛亦本於理經卷準說）二體在迷迷從理起悟還復理本末可知

二四相本末。二初問

疏問就當四相亦有本末否

問答中上是四位對論今欲隨位各說故此請問

二答

疏答諸家都隱今試舉之此由常懷何得不識且如住持三寶圖寫佛形峙然端拱爲佛寶之本也自餘賢聖八部周列爲佛寶之末也故殿宇廊廟神鬼禽獸斯非寶尙何得福生但是莊嚴至聖同崇尊德所以若作若損皆望本緣法僧住持非無本末例上說也

答中初示意且下正明峙即高聳之貌賢聖即三乘弟子八部即經中天龍夜叉等本緣即佛法僧例上者法以經卷爲本函帙等物爲末僧以具戒爲本常住受用爲末問住持可爾餘三如何答文雖不明隨義可說化相佛僧亦取受用以分本末法中四諦苦集是所破道是能顯此三皆末滅理

所顯名之爲本理寶中五分事身應末所證理身是本法者能詮之教假名字說爲末所顯之理體絕名言是本僧者學人爲末無學是本又學人未盡煩惱無學尙存苦依二皆爲末同證眞理通號理和爲本一體中衆生本性寂照自在三皆是本今既在迷昏動拘縛三皆爲末

三分次第。二初標

疏三分次第者

三明次第

二釋四。初理體

疏如理體三寶同上次列若覈其本證理方具法寶爲初但理不自顯託行以彰故先五分佛寶居首又

解理由入顯道假行成釋尊出世方聞三寶還依化相故理無別

理寶中初二句指前眾相若下進退以釋約證法合居先從行佛當在首又下重解比例化相並佛爲初

疏二明化相佛先法次僧後者以釋迦初證唯佛獨尊非尊不可在初故爲首也大聖雖現止得動其耳目至於煩惑要假法除次演聲教用滌心惱教之所及行是所歸雖說無證還同不說故拘鄰會正方僧寶現此則化儀次第不可乖也

化相中初標示以下隨釋初敘佛初大下明法次教下釋僧末此下結示

疏三住持中僧初法次佛後者由道假人弘世途法爾故迦竺初達現僧儀也迹五乘爲善因明三途爲惡果現法儀也斯法遠大非凡小之所開故表畫像於涼臺推其所說現佛儀也

住持中是約此方以論前後準知西天佛滅已後法委於僧與此不別初通列由下別釋初敘僧先迹下釋法次斯下明佛後開謂開示涼臺者即騰蘭齎至白氎釋迦像及四十二章經漢明帝遂於南宮清涼臺令畫工圖佛立像并寫經緘於蘭臺石室

疏四一體者法先僧次佛後體是心體本來無染妄覆迷倒故興邪正今了法本理實無三隨相用分一方行化故照理邊即爲覺義體離名言即法義至理無滯和合僧義非法不知故須在初非佛不曉故後說也僧居中者體末純淨如雜血乳分有所遺豈喻醍醐故不同佛也

四一體中初標列體下隨釋又二初示三相前敘迷今下明悟上二句悟實體本一故下二句悟權

知方便故涅槃云善男子汝今不應如諸聲聞凡夫之人分別三寶於此大乘無有三歸分別之相所以者何於佛性中即有法僧（示法本也）爲欲化度聲聞凡夫故分別說三歸異相（明隨分也）故知分三暫被凡小故云一方行化即娑婆機宜也故下顯一體義照即能覺智理謂所覺常住佛性離名言者體寂滅故理無滯者隨染淨緣故非法下二顯次第初二句明法初知即是悟法體常住隨悟得入故必居初次二句明佛後逮至極果方究盡故下明僧中此據初心至於等覺皆是中間涅槃迦葉問

品云眾生佛性如雜血乳血者卽是無明行等一切煩惱乳者卽是善五陰也乃至須陀洹人斯陀含人斷少煩惱佛性如乳阿那含人佛性如酪阿羅漢人猶如生酥從辟支佛至十住菩薩猶如熟酥十行十向十地等覺並同此喻如來佛性猶如醍醐上列三乘皆是分遣未及果佛故云豈喻等也疏據四位別論次第今總四位可例明之理體一體二皆常住則通三世化相現在住持滅後此約如來從凡至聖出世入滅則一體居初若從佛出開演化導則化相應初理一居次住持最末義可知也

疏四功用者四寶爲言理寶爲勝由常住故爲世所歸餘三隨設體是有法

功用正明中云理寶勝者理通大小生空眞如是小乘理清淨心本卽大乘理今須約大以論勝劣歸敬儀云理謂至理天眞常住還是心體若爾與一體何異答一體在迷專據凡說理寶約證唯從聖論故分二矣是故理體獨勝餘三

疏問心本清淨非世所染一體常住何不爲勝

問中理一兩位淨常不別獨推理勝故須明之

疏答就理爲言誠如所問語相爲論穢雜非現何得同佛所證心源故涅槃云或有佛性二人俱無明知行果異俱有也

答中初文上二句縱許來問語下奪歸前解上二句明一體劣下二句顯理寶勝理體雖一生佛異故故下引證迦葉問品云善男子或有佛性一闡提有善根人無為勝他為利養為他所屬繫念無色天如是修善人也一闡提此云無信或有佛性善根人有一闡提無邪見斷善障自性故或有佛性二人俱有性平等故或有佛性二人俱無二並凡夫不同如來已證之性故云無也善男子我諸弟子若解如是四句義者不應難言一闡提人定有佛性定無佛性若言

眾生悉有佛性是名如來隨自意語經明如來有三種語前後三句方便教中隨他意語指前權教俱有一句一切悉有名隨自意語今經實意又經云若說一切眾生悉有佛性煩惱覆故不能得見我說如是汝說亦爾是名隨自他意語經明四句此中略舉二俱以證生佛之異二人卽闡提善根也望佛所證則二人俱無望凡皆具則二人俱有明知行果卽指如來修證經云十住菩薩少分見性故知唯佛證性究竟凡夫但具何得相擬

疏有人云住持三寶末世爲勝理在冥通但爲玄德

二解歸意

世唯相有假相開通濁世鈍情非相不動約機接俗
信不虛也
他答中初二句標示住持勝者局據滅後若就通
論化相現在爲勝一體常住在迷無染豈不爲勝
隨義雖通理如上判理下二句顯理非勝體離言
象故云冥通神用難思故云玄德世下釋住持勝
約下二句似是疏家許與之詞
疏二解歸意若就後偈爲演律藏令法久住約義以
論六種差別一荷恩故佛說法藥僧是弘傳爲拔毒
箭興顯於世皆於我益何得不敬二加護故濁世障

深將欲傳通多感魔業作諸留難若不威加無由遠
離三生信故謂妄意言不承宗緒故前列敬知稟有
由四表敬儀五衆所歸並宗三寶今欲通法必先興
請近行世供遠住法故五顯勝相如成論云三寶最
吉祥故我今初列六開衆生佛法僧念故以三寶大
利惠益無邊微沾希向歷劫不朽故前列之令興敬
念
歸意中初指文以明約下就義別顯六種中一二
及五恩威勝相皆屬所敬三四與六信敬存念並
屬能敬毒箭者喻我倒三毒能害淨心故以喻焉

四中世供即然香稽首六中不朽謂善種不失此
約半月將演聖訓盡敬祈請內誠所爲六意備焉
疏就釋文中初稽首禮是能敬儀也後列三寶是所
敬境也
就文釋
疏形表心敬頭頂至地故曰稽首稽者下也如經論
中敬有三品據世俗禮則有九品稽首稽顙頓首
顙並是一也
能敬中初科上四句示名義稽訓下者下至地故
如下引二教以釋三品出智論一口禮言相問訊名下禮

二屈膝即跪立名中禮三頭至地即稽首名上禮九品出周禮一
稽首拜頭至地二頓首頭叩地也三空首頭至手謂拜手四振動戰栗
而拜五吉拜拜而後稽顙謂吉事而致拜六凶拜稽顙而後拜謂三年服者七
奇拜奇居宜反謂一拜也答臣下拜八褒拜音報再拜也九肅拜但俯下手
拜稽但著地頓乃叩頓首即是頭顙謂面額名雖
多別事亦無殊故云一也
疏禮者敬而已矣由屈敬故表情盡儀故云禮也禮
者理也事行合於正理也餘如鄭玄註周禮說古德
相傳禮謂拜手據俗中解禮則通諸不可廣說但知
略也

次文中初示禮本敬在於心禮見於身心敬不已身乃致禮是則禮者唯主於敬更無他意故云而已禮者下次釋禮義禮記云禮也者理也樂也者節也君子無理不動無樂不節又云禮者體也體不備君子謂之不成人設之不當猶不備也餘下如上所引皆彼文也古下三斥局言通諸者一禮訓於理不唯在拜又如上九禮豈止拜手知非局矣不下示略廣在歸敬儀中

疏眾聖非一謂諸佛也致敬教主所以通者顯道無二齊須同敬故兼諸佛也又下列七佛即通奉敬若

準流通三世齊禮

次釋所敬佛寶中初文上二句牒釋致下釋通敬意餘宗戒本但歸釋迦獨今四分徧敬諸佛道無二者通而為語自行修證化他權實別論今意釋尊制戒開遮重輕並觀三世無異轍故又下據前後序釋上諸義

疏問教是小乘無現在佛文所列者乃通過未答此宗大乘如羯磨疏光律師判非是小乘故戒下云現在諸世尊斯文良證也

釋疑中初問意者以今小教但明大千世界釋迦一佛以為化主無餘佛土文通諸佛義實乖宗故須會釋即指前引答中初正答此宗大乘者即分通義指如疏者彼約五義以顯分通一沓婆迴心二施生成佛三相召佛子四捨財用輕五識了塵境如彼廣之光師下據他判故下遣引流通為據

疏上以稽首通敬餘二名為及也

次釋餘二

疏法如上解

法寶中指如上者見釋名中

疏比丘僧者攬假成用也比丘者梵天本音名為苾

芻傳之訛為故致斯耳

僧寶初科先示僧體人無自體五陰合集號假名人陰本無用假人有用總四人假以為僧體故云攬假四人和聚能辦前事故曰成用比丘是別攬別成僧故兩列之比丘下標名業疏云或云煏（音闢）芻

疏此方無人以三義譯一曰怖魔或令魔怖遵修三行出三有也由此義故名之為僧故五分云為解脫出家名為僧也二曰乞士有二義故上則乞法以練心下則乞食以資身得法奉持驗以四教受食觀厭

須離五邪廣如常解三曰破煩惱者欲使依名思義顧瞻有本不至流俗唯欣出要故云於我法中快修梵行盡苦源也

義譯中初科上二句標示二下別釋初義兩別怖魔者明其本志魔怖者約其功行魔有四種天陰惱死遵下通釋二名三行即戒定慧由下結名故下引證此釋比丘皆云僧者以眾假別成故別從眾號次義中乞即求義法是道因食乃道緣因正緣傍故分上下得下明二皆從正方成此目四教即涅槃四依一依法不依人初令依法謂不以人廢教二依義不依語二揀依教不以言害理三依智不依識三揀依義不以情礙智四依了義不依不了義四揀依智不以權妨實此四辨決邪正行者依憑故五邪者一為求利養衣常威儀詐現異相二說己功德三高聲現威四說己所得激動令施五為求利養強占吉凶後義中初句示名欲下顯意依名是聞思義即思顧瞻下是修由此一名克全三慧顧瞻即觀察有本即煩惱不至流俗者棄捨世樂故欣出要者高慕聖道故故下引證即佛以善來度人之詞初句生正信次句修因下句證果苦是生死源即煩惱

疏　又解在因名怖魔乞士破煩惱也在果名殺賊應供及無生也相對轉勝故殊絕也

對果中初文果號阿羅漢亦具三義翻前三因殺賊者二惑盡故應供者是眞福田德堪物供故應字平呼謂相應也無生者苦報永亡故因名已勝果號復勝故云轉也

疏　問乞法練神何不至果答如筏喻者渡已不乘藥為治病病亡藥遣若不除藥又成深病止得就因形有資待若從果德應為物供乃至因有惑可破果無惑可生例而知也

問中以因分二義果偏對食故問釋之答中初明法不至果筏喻二喻以顯至果因法無用形下重示餘三因必至果乃至者略前怖魔魔如怨賊因中怖之果上已殺謂斷盡煩惱不受後陰永無死苦天魔反懼義同殺也

律　今演毗尼法　令正法久住

疏　次解第二歸敬本意初句明意後句明益

次釋半偈

疏　說非過未傳顯當時故曰今演此謂能弘之緣也

明意中能弘緣者今指說時演屬說人二並緣耳

疏 毗尼法者，謂所弘之教也。毗尼翻律，律訓為法。轉釋取義，令易解也。

釋毗尼中，所弘教者，即指戒本，名義齊列，故云轉釋。

疏 如母論云：毗尼名滅，滅諸惡法，故曰毗尼。所滅有七，謂犯、諍、煩惱、比丘及尼、少分、一切處也。二百五十戒為少分也。淨戒、心、慧、微細戒者，是一切處也。

引文中，母論先示名，彼云：毗尼能滅不善根（息諍），能滅障法（三世三障），能滅五蓋惡行（見行惑業），名為毗尼。今以諸惡一句總之。所滅下列相，初言犯者，方便趣果，

汙體成罪，故論云：從犯毗尼出罪，毗尼是也（由犯成罪故）。二諍者，如四諍起，七毗尼滅，論云：能滅鬬諍故。三煩惱者，論云：能斷煩惱故（有本改為毗尼，誤也）。四比丘、五尼者，即二眾不同戒。六少分、七一切處，二下別點。後二非出彼論。戒實無量，且據數作為持犯蹊徑，故云少分。淨戒即別脫，心即定，共慧謂道俱。微細戒者，總上三種別脫微細者，謂戒本之外八萬無量塵沙制也。

疏 如上滅解，但是對治所除。至於相翻，如上解是。

會名中，上二句出論意。上之七種總括為三：一諍、

二惑，餘皆屬業，並是所除。此明論家隨義釋名，不當正譯，暗點古師所據之失。下二句總歸今譯，如上即總義中。

疏 又如明了論：毗尼有九義：一者比丘毗尼，如故出不淨等。二者比丘尼毗尼，如獨行戒等。三者二部毗尼，如所學婬盜等。四罪毗尼，如八緣起所生，對治得滅。五惑毗尼，如三界五品惑也。六者有願，如沙彌十種學處。七者無願，如白四竟，諸戒並起。八者時處，如邊地受五，得數澡浴，中國不得；昔用三歸，今時不得；熱時數洗，寒時不得等。九一切處毗尼，如殺盜等一

切時處皆應共學等。

了論初二即二眾不同戒，三即同戒，四中八緣起者：一有罪從身生，不從口意生（如不閉戶，共非大戒眠等）。二有罪從口生，不從身意生（如善心為女人說法過五六語等）。三有罪從意生，不從身口生（如心地諸罪）。四有從身口生，不從意生（如善心為男女作婬使等，謂媒嫁也）。五有從身意生，不從口生（如故出不淨等）。六有從口意生，不從身生（如染汙心對女人說婬欲語等，謂麤語也）。七有從身口意生（如有染汙心為男女作婬使等）。八有不從身口意生（如先對人說大妄語，彼人不解，此人已對治三方便，後時彼人若追解其語，此人即得波羅夷罪）。五云五品者，論作五部，舊記準發智論

云見苦所斷結集所斷結滅所斷結道所斷結別示
見惑修所斷結總示思惑三界各有五部成十五部惑有
願者具戒方便故無願者已滿足故八中論作一
處疏加時字如下明處昔下明時此二並約受浴
顯相餘事準說
疏據此九位罪惑兩種滅義以明餘有科條並從法
也又解罪惑對治事理多途若非律教何得詮別故
通歸法方顯彼此也
示名中先約兩判又下指歸一義初示化制相濫
事行治罪理觀治惑事則篇聚重輕理有性相等

別故云多途若下明律能簡別故彰法義
疏二解演布益中由上傳持正法興顯
明益略釋中躡上顯意
疏問會正之極勿過明慧如何久住偏約毗尼
問中據論斷證慧學功高文偏指戒假問以釋
疏答明義不同各有兼正據理深淺能治功用戒律
指事伏業方便故劣明慧若就住持建興三寶則律
爲勝由世隨相有律附緣生親成大用故文云以眾
和合故佛法得久住也又約根條定慧不及自不能
起必由戒生如經依因此戒生定慧等教據斯義故

弘演之
答中初通示據下別釋先約斷證推慧爲勝若下
次約住持以明戒勝初正示眞理體寂非證不知
外無表示住持義劣律相昭顯故獨標勝由下釋
所以初句示世諦隨事對理體空故言相有次句
明教依事立緣即事相止作二行並假眾緣以辨
成否下一句正顯功用謂眾別兩行生善滅惡內
軌道眾外發俗信維持光遠功由於此故云親成
大用也故下引證即律序偈顯示久住全由眾法
律藏獨勝文據甚明又下次約根條義如卷首教

興意中教下二句總結二意對合文旨
疏所以善見論中佛告阿難有五法令正法久住一
毗尼者是汝大師二下至五人持律在世三中國十
人邊方五人受具四乃至二十人得出罪五由律師
持律故佛法住世五千年廣文如彼
引證中論出五法初是約教後四從人二五相濫
約義兩別但二取知法之能五約延時之久三四
二種受隨分之問所以住法須五人者答除出僧
殘餘皆可秉四人雖體不辦邊受受法不行僧寶
永絕道假人弘由僧絕故佛法無託苟闕斯人法

皆覆墜五千年者有二初五千年中一千年得三
達智通三世故二千年得四果三千年得三果四千年
得二果五千年得初果第二五千年學不得道萬
年經書滅盡但剃髮披袈裟而已願諸後學竭力
護持但得五人是名法住末世雖多但知剃染戒
德不修律範安識豈能令法光顯於時況二千年
尚得四果去聖未遠但不策勤必有勇進何患不
及請觀聖論退而省之

疏 良由一聞行教信而奉遵業非外傾定慧內發遣
近兩果無不思懷引生後進永隆萬載故爲久住也

出所以中初明修因顯果下云近獲人天遠成五
分此爲兩果引下明相傳不絕顯久住義

疏 然此歸敬一行偈文戒本或無者但是後人妄減
非是梵本略之通撿諸部戒心卷首皆明歸敬考文
約義理必具之豈得徑歎戒功前沒三寶輒增勸信
誰能奉行故知引者是也昔人謂同大律或且標異
前弘删略傷甚爲過久矣

斥略中即願師集本文相有四初明減略通下二
取他宗例決十誦僧祇五分解脫四本皆然考下
三約義斥非彼本卷首便云戒如海無涯故云豈
得等不列三寶無所禀承故云輒增故知引是者
取覺明慧光二本也昔下四出古除意上句明簡
廣律下句明異他本前弘即上二本删下結責有本大同字倒又多於字或且誤作戒字

律
戒如海無涯　如寶求無厭　欲護聖法財
衆集聽我說　欲除四棄法　及滅僧殘法
障三十捨墮　衆集聽我說　毗婆尸式棄
毗舍拘留孫　拘那含牟尼　迦葉釋迦文
諸世尊大德　爲我說是事　我今欲善說
諸賢咸共聽　譬如人毀足　不堪有所涉

毀戒亦如是　不得生天人　欲得生天上
若生人中者　常當護戒足　勿令有毀損
如御入險道　失轄折軸憂　毀戒亦如是
死時懷恐懼　如人自照鏡　好醜生欣慼
說戒亦如是　全毀生憂喜　如兩陣共戰
勇怯有進退　說戒亦如是　淨穢生安畏

疏 就第三段戒如海已下廣陳體相上演毗尼雖久
住益未委住持有何體相引文成證深有遠趣

第三釋九偈初科躡前生後尋文可見言引文證
者偈詞始末顯相勸信並依誠教故

疏就分爲三。初一偈明戒德宗體。弘廣引生能爲聖道之因基也。雖列本基業理微隱。自非假相無由生解。是以第二欲除四棄下三偈略舉篇聚結說有人則表行相有承寄也。上乃教明未詳持毀。縱欲承遵恐徒疲頓。故次第三如人毀足下四喻五行明持毀得失。眾別之行。此之三位統收義盡。何以知耶。前明戒德宗體所歸。次明戒相生行緣境。後明戒用結成本業。

科文中。初段云宗體者。宗即戒法。體謂受體。此據已受之人納法成體。故云聖道基也。弘廣即指海喻。引生即如寶喻。雖下敘次段。初句躡上。業下發後。業即戒體造作成故。號爲無作。非色心相道理難見。故言微隱。略舉篇聚。即欲除下一偈。結說有人者。即毗婆下一偈半（有本則表下多持字）。有承寄者。即我今下半偈。上下敘第三節。初二句躡前。縱下起後。四喻五行前二行是一喻。後三行各一喻。又前二別行。後二眾行。如下委釋。此下總示。初明法體。次即戒相。後是戒行。則知此段備敘四戒。宗體是教行之本。故曰所歸。戒相所列成犯緣境。爲成二持故云生行。戒用即目戒行。用謂功用。非行不彰。從

功表行。故云用也。結成謂行心造作。本業即二持善因。因能感果。故云本也。或通持犯善惡二業。彰戒功深。持益毀損。

疏就前體中。上半喻陳明清惡生善之德也。下半舉益勸聽也。

牒釋。初偈。

疏就初喻意。戒旨深遠。淺識未閑。故借近事以況斯理。

喻意中。初文近事。即海寶。況比也。斯理即上戒旨。

疏有人云。諸方類聚。各有偏習。故天竺恆言。多涉譬喻。此方不爾。今解不同。詩有六義。比興存乎。雎鳩葛藟。事微喻大。何得偏指推委華胥。

次科。先出彼意。上二句敘人處不同。諸方且指華梵。類聚謂人物同處。下二句示偏習之相。今下顯非。毛詩序云。一曰風（刺上化下曰風）。二曰賦（布義曰賦）。三曰比（取類曰比）。四曰興（感物曰興）。五曰雅（政事曰雅）。六曰頌（成功曰頌）。雎鳩即鳥名（雎七余反）。會雄雌有時。不淫於色。詩者用比文王后妃之德。詩有五章。第一卷首。此不煩引。葛藟（力軌反）菜也。生於水邊。刺平王周室道衰棄其親族。葛藟生於河之厓。得其潤澤長大不絕。興者喻王

之同姓得王之恩施以生長其子孫今乃不顧反不如彼葛藟矣詩有三章出第四初關雎正夫婦葛藟正親族此二皆王者爲國之本故云喻大何下結責

疏就喻有二初明深廣無涯性不納穢喻次明能出衆寶使求無厭喻

疏言戒如海者海爲衆流所歸戒爲衆善所集體周法界故曰無涯清澄離染性不容穢律本所明意存後解戒文所述但舉無涯具兼之也

次科深廣喻中初文二釋初周徧義二離染義衆

善即世出世間凡聖行業體周法界者就境示量也律下會釋初指律序彼云譬如有死屍大海不容受爲疾風所漂棄之於岸上諸作惡行者猶如彼死屍衆所不容受以是當持戒此即但有清澄一義戒下會今文謂文偏而義具

疏然涯之一字世濫者多或山下安厓則山邊險處若水右安厓則水邊畔際今喻海界不可兼山或名爲儀傍通非正楚夏之異何得妄言應從政正五佳反也乃是世語隨俗無過脫經學識不涉上迷

次科初定字體字義兩別不可相濫或下正語音楚夏謂南北音異佳字音街則與山厓字別音同今時略韻亦通厓字乃下示意上二句遮情下二句勸學脫猶或也

疏二如寶喻中寶爲世重求得無厭欲明戒海非但清澄兼生道品三聖所重故言寶也常行志求無時暫息故云無厭也

次出寶喻正釋中初科道品者約行次第三十七品廣如事鈔約人進位大小賢聖

疏然戒寶豐積贍周生類故使前聖果圓後賢因滿引生來業展轉住持衆生無盡戒寶無竭也據文能

求之懷也從義所求無限也

次文初句明體量之廣次句顯被物無遺故下示無窮之益前聖後賢並通三乘上是自行引下明化他來業謂戒善功德法體常住在人所興人相繼接法何有盡有同世寶滋長無窮據下合文意偈云無厭正約能求然由無限故使不厭以示此科從義釋故

疏又寶有二能一現除貧苦者顯戒現止業非能感名利交免三塗之貧苦也二資成形命者顯戒近獲人天遠成五分斯益既厚故求無厭

三中二義初句標喻顯下法合初除現生貧苦止
惡積善故不貧人天聖道故無苦交俱也次義中
標喻法合亦如上分凡聖兩報由戒資成世出世
別故分近遠斯下雙結
疏問如經論說海喻多種今此偈中止列二者
問中多種者海有八德一漸深漸入二潮不過限
三不宿死屍四百川來會無復本名五萬派悉歸
而無增減六出眾珍寶七大身眾生所居八同一
鹹味戒本上句可配初德次句對第六旁兼清澄
即是第三欲顯戒文出二之意故問申之

疏答作者知時明喻舉要初明深廣清澄喻顯說戒
儀專被行淨如有纖過非聽說之儀也是以今初開
宗即明簡眾喻眾成由行能懷聖寶故次辨求無厭
喻此二攝化始終餘非要務故略不敘
答中初歎美部主初下次正申所以前明無涯喻
深廣清澄兼含兩義眾成下次示求寶喻此二下
正通來問前喻眾行後喻自行說戒攝僧要唯此
二故也
疏就法說中初舉喻益勸護聖財後明體不虛圓必
假說聽之力方便攝持名之為欲對治行成非緣不

起名之為護戒德內充資神養聖目之為財財即道
品恐濫於世故云聖法合上寶也
次法說勸護中初文欲護二字即是能持始終二
心神即心神聖謂聖道
疏所以不合初喻者前顯戒體量周無際後顯多寶
充足所求求在無限終從戒海故所出之寶無窮則
知能生之海無際是則聖財通於三道欲護聽眾亦
被三乘若作此解具兼兩喻
次科初徵起前下正示意以所出之多足顯能生
之廣故但合寶即兼海矣是下點前聖財不專戒

學方顯出生無窮之義三道約法諦緣度也三乘
約人可知若下結示文旨
疏說戒明約非別所弘既同奉行義無不集故云眾
集聽我說也
說聽中別人對念無人曲開文從本制故云非別
等約即制也
疏上歎戒體無際無厭愚夫迷旨非不遲疑故次第
二列相顯示
次釋三偈初科上二句結前無際無厭即指二喻
疏就分為三初一偈舉列廣教勸信修捨次一偈半

引佛成證結說有由後有半偈顯已承傳勸受聽說
次科總分中修謂履善捨即離惡結說者結謂總
括七佛說即掇制廣教佛不說廣偈云說者即是
制耳
疏就初文二前之三句廣教戒相滅惡之功下有一
句舉功勸聽
疏欲除四棄者舉此教本能防未非應起不起名之
爲除非謂已犯而說除擯假名比丘方便禁警使初
篇業冥伏不起名爲欲除所除是何即四棄也而言
法者法義極多今取能成犯緣故云法也

釋四棄中初正釋非下遮濫假下重釋內凡已還
未見眞理無實德故通號假名初果已去名眞實
僧冥猶潛也法義多者如自體軌持之異今取等
者謂諸戒相各列犯緣具則成犯楷式軌定犯由
緣辦故曰能成即二義中軌持解也
疏若據義收滅障除遣隨言皆得莫非離過而爲本
也
總示中以文列三篇三名別對恐生局計故總示
之文無遺字義類無異故通舉之
疏初篇既離行本得成若不淨撿二篇眾法難立故

名滅也上具戒行不顯威儀則形心不淨眾法無託
故當靜緣令非不起是曰障也
次釋殘墮皆躡前義勢發起後文並云眾法者對
今說戒當機要故
疏既已識相依說須行故又勸聽也計初一勸義則
兼通但以末世鈍機情多浮濫聖所制禁凡所常行
恐未志奉妄有輕忽故又重勸
釋勸聽中初牒釋計下明重意初二句指前偈但
下申所以事念曰志遵行曰奉說本爲行非聞不
曉惑重信輕故頻加勸

疏問戒行之本具通輕重何故但舉三篇
問中以戒本五篇不具列故
疏答滅惡之戒通攝五篇且列上三餘蓋存略又解
初三戒攝下是威儀且舉綱領故不隨事又云今列
篇相正存聽說序中所爲凡有二人專精不犯非治
所科犯已從滅法唯三別初篇非數所攝雖懺終不
成僧二篇唯是眾除三篇同對別捨廣教具含二淨
義須列相示之
答中三釋初文略釋可解次約提綱釋戒分列二
不明偷蘭威儀標一不顯餘三故云且舉等三對

懺法釋初示列相序下約人釋義序爲二人者文云犯者應懺無犯默然故初專精人因而先出次犯懺人正釋今文犯雖有五懺但分三提舍吉羅並對首悔故同一位若論初二同是眾法但初不復本次局二十故分二位又據下三約說三一有異望人對別是同二淨即前二人初人持淨次人懺淨

[疏]第二毗婆尸下明能說教人就文分二初一行偈列教主之名後半偈結人以成法表無虛演意也

釋次偈半教主名中

[疏]若依增一初佛百年前說略教後方說廣如是後佛八十七十六十四十二十及至釋迦十二年後方制廣教

初文七佛說略年數第減者以鈍根漸多稟略漸少故釋迦中制合作說五年已制故或可制弟子說義亦無妨

[疏]問如律文云第三第五二佛唯略經說何通答適化無方隨機隱顯斯乃聖心布教盛衰非凡所謀律隱二佛之廣生請制之由經陳七佛之通表化儀之相未可偏執五過自生

問中律序舍利弗請佛制廣問言何佛法得久住佛言毗婆尸等四佛法得久住以制廣故毗舍那含二佛法不久住以不說廣故則與前經相違故舉問以會之答中先敘難測無方猶言不定盛衰謂律明住滅謀謂圖度律下顯經律之意各據一端機見有異未可和會五過出成論謂迷名生法癡隨文增五失一不正信二退勇猛三誑人四謗法五輕於聖法

[疏]問文中唯引過去不明現未者答往佛有教可傳師資成訓勸信易立所以引之現未無教無由生信

次問中佛在六爲過去滅後七皆過去答中初答唯引過去後答不明現未現佛化他方教法不被此未來同此土教法復未設望今現無故云無教

[疏]問序文闕於現未何故流通具明三世答各有其致戒序將弘聖教恐時不奉故引已起之教成勸信之由流通泛引戒益必行會聖聖不虛會三佛皆行因教圓德無不果滿也

第三問中欲伸前後出沒之意故此問之答中初句通示戒下別釋初明今闕時謂時機流下次彰後具泛廣也意明序首勸信過佛教成有所信故

流通顯益可通三世彰益大故

疏 釋七佛名如略教解

疏 就結入成法中七佛非一曰諸宇宙無上曰世尊行滿位高曰大德也爲我說是事者引上廣教被下世機定非私傳聞必至聖此則顯已承習有由何得不奉

結入中宇宙者俗典但指天地之中今則必通大千境內行滿者三祇累積位高者衆聖中尊引上釋是事被下釋爲我顯已卽說戒師

疏 文中分二初句上有所承今將紹續如教而談云

善說也若爲名利無益而傳則是綺語非義所攝下句明說說必被人恐乖法儀故又誡勸贊美傳習之賓故曰諸賢諦受無倒故敕之云咸共聽也

三承傳中初科文闕牒章分句孤起疑是寫脫上句前釋我今欲如下釋善說下約綺語反顯善義下句中初敘重意望前二勸故云又也贊下牒釋傳習賓者卽目聽衆敕誡也

疏 如經論中大小兩乘俱有賢聖並約道業有顯晦也據翻從俗釋訓賢者多才行也聖者無不通也斯並約事爲言全乖佛義有暇廣之

次文初約佛教大乘十住十行十迴向名三賢十地名十聖小乘外凡有三內凡有四名七賢初果至無學名四聖道業顯晦者一往以分聖顯賢晦然賢聖中次第淺深自有顯晦據下示俗訓謂翻譯時依此俗典禮記中才智倍人曰茂倍十人曰選倍百人曰俊倍千人曰英倍英曰賢白虎通中明聖人者謂道無所不通明無所不照聞聲知情與天地合德也此二皆從世智爲名故云約事異上佛教所明行位故云全乖有下示略此謂偈中諸賢之語稱美時衆必據佛教修行之人名濫俗

儒故此簡別

疏 第三段中如人毀足下廣張隨行行法乃多舉要衆別所以爾者衆無別衆攬別以成別無恒別行立成衆故託斯二以持正法就文四喻前兩寄別行以生喻明損益以誡持後二寄衆法以生喻明淨穢以誡說此則初行後教生成義順一途之釋也

釋後五偈分科中初敘立科意衆卽四人已上作羯磨事今指說戒別卽自行隨行雖多衆別收盡故云舉要所以下釋須二之意此明衆必假別別能成衆二行相關故須雙舉故下結成文意就下

分文初二喻並言毀戒即是別行誡持後二喻皆
明說戒故爲衆行誡說此下合示若據常途因教
生行則教先行後此明行具方成衆法則行先教
後故云一途也
疏就初兩喻即爲二意初以戒爲身足喻止持也一
形所託必憑足而遊涉萬行所資要藉戒而成立如
經所明若無此戒功德不生也後以戒爲車軸喻作
犯也御者所持在軸軸壯而轄堅行人不壞於本亦
業全而戒具反則違本如文所謂總解意也
釋前二喻分示中身足喻止持者此約義科據下

附文則前偈喻止犯後偈喻作持耳車軸喻作犯
就文判也業全則受體無缺對上軸壯戒具謂隨
行不違對上轄堅如文詞者即死時恐懼也
疏次釋前喻喻分兩偈初約止犯之損令觀過生厭
後約作持之益舉樂果生欣
身足喻中初偈
疏就初分二上喻下法釋文云毀行之士名曰如人
內無明略外有愆失名爲毀足戒品既壞世樂尚虧
何況道果而有登趣故曰不堪有所涉也
別釋中初科明略謂智謀也世樂即人天也

疏就法合中兩對相曉依文可解
法合中上喻已釋故但略指據喻言通凡聖兩果
法中舉凡意在況聖
疏次解作持偈文上半明人天兩果舉勸修因下半
明勝果所剋必假良因義須守護文相甚易未勞解
也
次作持中初文可解
疏問上云戒興存道本非爲福今偈所勸反彼何耶
問中引前教興作難
疏答上已略開今重廣敘元制爲道誠如聖言但爲
聞教之機時含利鈍鈍者引以世報權示化城利者

以慧資成便至寶所斯並隨機設化當尋本據若執
戒爲眞道道則戒結所收唯戒極高復是見取所攝
爲樂持戒翻成穢染如百論中難陀之事至時長引
取悟於心
答中大論戒律不出二義一本如來出世之意二
歸五戒下至微善無非爲道而作弄引過分而談
二乘聖果尚非本懷豈以世樂而評聖旨此約教
本也二者二乘聖道必由戒剋人天兩報戒見二
取穢汙諂詐持奉多途此約機緣也若了斯意則

教門同異無不會通。初二句指前標後。元下二句通前興意。既云元制。即教本義。聖言者。即指前引爲調三毒等文。但下。正釋今文。而云利鈍。即約機義。應知今序且被鈍根。下流通中利鈍雙被。化城實所出法華經。彼明如來施權說小。如以化城暫令止息。至後顯實。喻至寶所獲珍奇。今借彼喻會通今教。凡聖兩報。言同意別。思之可見。斯下雙結上句結成今意。下句指歸前意。若下。明背道過失。初即二種利使。爲樂下。即明汙心。百論者。彼云樂報有二。一者生天。二人中富貴。若持戒爲求生天

與天女娛樂。若人中受五欲樂。乃至引阿難語難陀偈云。如羝羊相觸。將前而更卻。羊鬭欲前而退。羝音低。牡羊也。汝爲欲持戒。其事亦如是。持戒如將前。爲欲如更卻。身隨能持戒。心爲欲所牽。斯業不清淨。何用是戒爲。

疏　上解止犯作持竟。

結示中。欲發下問。故在此結。不當前後。

疏　問。上云身之所假。足喻止持。及釋文中。乃論止犯。斯則持犯同門。如何分判。

問中。初牒前相違。斯下。正難。持犯行別。善惡業殊。不宜同門。故以爲難。

疏　答。持犯止作。事通前後。望戒全者。名止持。無心攝護。名止犯。勵意防慎。名作持。具緣造非。名作犯。據此以論。隨事始終。皆二持犯。餘如後解。

答中。初二句通標。若據持犯。心境體異。非可同時。但心起不常。善惡相間。故約前後。可得兼明。望下別示。隨舉一戒。並具四行。則持犯同門。於義無失。據下。結指隨事。事即戒也。始終即前後。皆二持犯。即止作四行。故知。後從犯釋。則貼毀戒之文。前約持科。欲示兼通之義。餘下。即指卷末持犯中問文既明犯。那用持科。答此由序中闕止持喻。故約義

科。如下點示可見。

疏　次解作犯喻中。上喻下合。假名行者。執持圓戒。學調伏心。名之爲御。御攝三業。將遊塵境。名之爲入。五欲之賊。能劫善財。使沉惡趣。名爲險道。縱放身口。隨境不禁。名爲失轄。轄在二輪之表。犯必兩業之門。故也。無作戒善。萬行所憑。名之爲軸。身口轄失。定慧輪摧。戒善便喪。故如軸折。如上諸損。智者懷悲。將趣三塗。義無歡泰。故云憂也。

作犯。明喻中。車喻多種。執御之人。喻能持心。兩轄喻身口二業。即是隨行。二輪喻定慧兩學。橫軸喻

本受戒體。初配上句。圓戒者具足體也。況惡趣者
舉果顯因也。縱下配下句。轄是括輪之物。在軸兩
頭括束於輪。故云二輪表也。兩業即上身口。

疏 次合喻中。上句合九字。下句合一字。可知也。

法合中。初科分句對字。在文易解。

疏 問毀戒業非。何人不畏。豈待終時方生恐懼。

次科問中。欲彰部主知機之意。故特徵之。

疏 答人懷愚智。持犯兼之。律序具彰。今更為引。智士覺過。尋知厭蕩。愚夫縱罪。初無改悔。身心強健。放逸刑科。要至死時。方生怖畏。以色力痿頓。神慮無歸。自

知佛賊。贓狀業現。苦具將臨。何得不畏。是以律主懸知濁世。非死不憂。故舉勸持。無令後悔。悔無及也。

答中。初通標所被。即律文云。有二智人。有罪能見。見罪能懺。有二愚人。有罪不見。見罪不懺。愚智兩機俱通持犯。故云兼之也。指律序者。彼偈廣列持毀得失。今略引云。如師子虎吼。醉者不恐怖(醉喻愚人)。小獸聲雖微。醒者聞即懼(醒喻有智)。如是三垢人。一切惡不懼(合上半偈。三垢即三毒)。智者於微惡。常懷於恐畏(合下半偈)。智下二。正釋。初敘智者知過必改。不待苦勸。下明愚人遭苦思悔。正顯文意。初明生怖。初猶都也。

以下釋所以。痿謂困頓。頓謂瘦頓。內無實德。假冒形儀。妄受信施。侵壞正法。故云佛賊。刑贓露則刑戮將加。惡業現則獄報即至矣。如大論云。持戒之人命終之時。風刀解身。筋脉斷絕。心不怖畏。反知毀盜寧不怖耶。學者臨文。宜應內省。其有死而無悔者。則教所不救矣。是以下出制作之意。

疏 準上據下。應有止持有益喻。翻犯明持。可以相顯。有無互現。未可齊觀。

辨闕中。初文準上者。前二偈止犯作持。據下者。後兩喻各具二行。上下既具。可驗此闕。示意有二。上

據相翻。下約隱顯。

疏 尋中梵偈。文法喻自足。彼葉一偈三十二字。唯此方言。多少無準。或三四字。或五六七節。以聲言用為偈句。

次科。示梵偈中。初文。彼用貝多樹葉以書經教。故言彼葉。又不論長行與偈。例以四字為句。八句為偈。今文唯初喻八句。餘並四句。則明傳譯有所闕矣。唯下示此土不定。如文選古詩。隨人所撰。不拘章句。準知經律五七字偈。並隨方俗。非本梵式也。

疏 或尋偈字。便訓為竭。謂攝前散章。竭盡文義也。即

反偈字例竭音也檢諸字書無可憑據積習生常何由頓曉

二中初斥釋義卽下斥反切字林作丘竭反毛詩音義去謁反漢書音義其逝反故知音竭殊無所據檢下總責

疏又尋翻經古譯則云偈他頌今云伽陀頌斯則伽偈兩聲相近省略本故後所出者但云偈言故知偈他翻爲頌也故今所翻無序之頌則云伽陀有序之文便爲頌曰可以分也

三中先出古今不同應法師云偈者梵言也正云伽陀或云室盧迦謂三十二字此方當頌攝斯下究存略所以故知下示華梵故今下明兩分今翻謂唐翻也無序卽孤起偈有序謂牒前重頌此約華梵以分義無別也

疏上所解文別行喻竟

疏就解眾法教行喻中亦有兩行初舉教爲明鏡喻顯作犯止持之人準教立行要由說聽之功也後舉教爲神解喻顯作持止犯之人內有智略殷鑒淨穢也又解云前喻戒體若毀若護其果兩成後喻戒緣若縱若防其因兩就故篇聚雙列因果具含意可見也

次眾法喻初科由偈文云好醜勇怯通含持毀故以兩喻各對二人據後從文合云兵戰喻今取鬬戰必用智謀故言神解耳又下復伸一判戒體卽五篇根本毀約究竟護取行成故云果也戒緣卽蘭吉方便縱謂起心防據警察故言因也故下雙結如上

疏次解前喻分二如上奉教兩眾依常集聽以行觀說如人照鏡鏡卽教也止持行成能喪作犯之醜令戒威嚴名爲好也作犯之惡能摧止持之善名爲醜也斯並兩託教鏡而生欣戚好醜因說而現也

隨釋中初科兩眾者持及犯也依常者黑白兩半也

疏下法合中隨對可知戒善具足則名全故懷喜合上好而生欣遇緣壞行則名毀故懷憂合上醜而生戚也

合喻可解

疏就解教爲神解喻中法喻爲二如譬所明作持戒者妙在方便約止非緣對境相陵同兩陣也强弱相傾如共戰也正智達過明白無遲如勇者進也癡闇

二法合

二對簡

居懷無心遮約如怯者退也
次科喻中約止即能持心非緣是所防過能持所
防則為兩陣正智等者謂心強過弱持心勝也凝
墮等者過強心弱非境勝也
疏 下法合中說戒亦如是合初句何以知耶由說聽
交對愚智勤怠彼此相違如陣合戰也下句中觀己
行淨由持故成名淨是則戒淨心安趣道合上勇進
也怠惰不學心昏境慢止犯穢心將鄰苦趣故常畏
合上怯退也
法合中初句以說戒師提示過境同集聽眾隨事

觀緣故如合戰愚智約性勤怠據行即淨穢二機
淨勇穢怯故曰相違下句對喻可見心安是成因
趣道即慕果止犯即不學無知罪
疏 何以得知前喻作犯文彰全毀故知已起重罪也
後彰淨穢故知將興輕罪既不達教是非莫知隨作
恐犯故云穢畏也
對簡中兩喻配犯前重後輕在文頗隱故特點示
將興謂止犯之人既無所曉微細威儀必多陵犯
故
律 世間王為最 眾流海為最 眾星月為最

三結顯

四二偈顯教功益 二初分文
二隨釋 二初列四喻 三初總標 二列示四如文

眾聖佛為最 一切眾律中 戒經為上最
如來立禁戒 半月半月說
疏 次明第四戒經弘益中分二初偈喻辭後總法合
修說之儀
第四顯益分文中喻辭四句是別列一切下二句
即總合如來一句指人勸修半月一句至時合說
故云修說儀也
疏 就初四喻即為四意王者尊勝威德超眾喻戒住
持功高萬善故也然世間之王有三種異謂梵魔輪
恐濫法王故云世也大海弘廣包括眾流戒善周通

德收眾行也朗月明空除煩識妄戒除業惱見道知
歸佛為法王眾聖師仰戒是正行九道崇之
釋喻中列示有四初王喻又二初對合然下明簡
濫梵王即色界初禪天主魔王即六欲天主輪王
有四金銀銅鐵金輪統四州餘三第減可知海取
二喻弘廣包含即前所引八德中二月喻亦二涅
槃云能除熱惱即除煩惱也破暗見道謂識妄也
戒下兩句即對二喻業謂七支惱謂煩惱道即諦
理佛中九道謂三乘六趣
疏 斯等四喻世所同高借以曉之通明戒法

二問答二初問
二答二初答不答
二答答
二結合二初分文
二隨釋三初半偈總合上喻三初通約三藏釋

疏問四喻顯戒其德盡否。
問中由通兩釋各有其理故問以引之。
疏答如來說法義周無滯略舉近事何得攝盡。
初答中上二句通示說法別指制戒制戒之意非止一端豈唯四喻而能盡理故經律中廣有譬喻如鈔標宗尋之可見。
疏又解假以世喻略收皆盡一往統舉空有所收有中極貴勿過王也包納水陸勿過海也光涼明暗勿過月也出有大聖勿過佛也縱有餘類竊比難矣。
次答中初總舉空有即眞俗二諦攝盡世出世法。

今此四喻不出二諦前三並俗有後一眞空故知喻戒義無不盡有下別示明猶照也出有唯佛此據理體化相住持則通世諦縱下結顯以超羣獨勝無及於王深廣徧周豈過於海照迷濟世唯月難倫凡聖尊崇獨佛無等此外餘物不堪爲喻故云竊比難也。
疏就後偈中文分爲三初有半偈總合上喻次有一句舉法屬人明無虛制後有一句說教之時非合上喻。
疏就初文中一切衆律中者合明三藏所明羣行並

二約二藏相重釋
三局據律部釋
二一句舉法屬人

有調伏業非之功義稱爲律律即法也戒經爲上最者指今所演如上四尊既同傾仰聞何不奉並謂三乘之夷途也。
法合中總合有三初釋以經論二藏通有法義故云義稱明非本翻也下句中即約行根住持二藏不及正宗行要毗尼不如故稱上最四尊即前四喻所顯四義既同等者顯示序中推勝之意夷途平路也。
疏又解但餘二藏明律相處皆名衆律故論云隨經律是也。

次釋雖兼二藏不取定慧論者未詳何文。
疏又解一部律宗雖明緣起辨相開遮法聚等文俱調身口各有正儀應同名律但爲非結正宗不名爲最戒本一段親起行基言約義周攝僧斯要故文所云戒經最也。
後釋中緣起等者即二部戒本初明國土犯人起過白佛即緣起也後有廣解即辨相開遮也戒本後有二十犍度等即法聚也俱下釋衆律但下釋戒經爲最。
疏然末世鈍機雖聞法勝若非至聖所立恐生疑慢

故重舉人釋成法勝是以文云如來立也乘如實道來成正覺故曰如來也過犯既興隨便制約故曰立也法教所詮爲存止善曰禁戒也

次句中初示意前列七佛故云重舉乘下牒釋如來之名文出成論眞理平等體絕虛妄故云如實乘履此法出現利生故得斯號即眞應二身也過下釋制戒止善即禁戒義

疏但以三乘既攝必藉教成故約晦望折中之宜時便爲說故曰半月半月說也

釋後句中初二句述意上句示衆同之制次句明

制集之意故下貼釋晦望即黑白兩半促則廢業延則浮慢故曰折中

疏問但言半月即得被時何須重者答月含白黑兩半故也又但至半月即須說之故重言也

問答中初約兩半釋又下約單就一半釋意謂雙牒乃是連累無窮之語

疏上解勸信序下明第二大段序正流通約文爲二始於和合僧集下至已說七滅諍竟戒經中來正明廣教行法二從若更有餘佛法下至有慚有愧當於中學來明略教行法

疏就此二教諸門分別一解名門二定相門三所爲門四前後門五相成門六時節門

次釋二教

疏就初解名者何名略教以佛初成道將開化法創起希仰寄心無地故先示行法令依奉行不待犯戒未有罪故不得懷疑起謗略陳教法故曰略教

初章略名中初標徵以下正釋初二句釋教興之時創下明機緣已發故下明立教不下示名相不待犯者異廣教故不得懷疑者謂若即制廣容生疑謗知機制略不得生故

疏言廣教者由略名含未曉前相雖造諸非不謂有犯故須廣張綱目收攝罪聚鈍根之流聞便得解因廣說故名爲廣教

廣名中初標由下釋準前釋略亦應四節但闕初時廣在略後自可知故初明違略即廣教機生通禁三業未列過相故曰名含等故下明立教張綱目者隨事別制也收罪聚者科約篇聚也因下結名

疏又此廣名略分三位謂名報治也初篇品等以爲名廣如初聚斷頭等二獄苦相對以爲報廣如初罪

生報九百二十一億六十千歲等。三擯悔有別以為治廣。如犯初罪覆故永棄有悔盡形略教所詮但舉其綱未張此目不名為廣。

廣相中。初總示。初下別釋。此之三位皆通六聚。文中且據初篇示相。篇聚名如後釋。報中文列四重歲數即墮燄熱地獄。僧殘二百三十億四十千歲墮大叫獄。偷蘭五十七億六十千歲墮嘷叫獄。波逸提十四億四十千歲墮眾合獄。提舍尼三億六十千歲墮黑繩獄。吉羅九百千歲墮等活獄。餘如事鈔。治廣中治含罰懺。文舉初篇。永棄即滅擯。盡

形即學悔。七九治法通該六聚。如鈔僧網中。僧殘已下眾別悔法廣如懺篇。略下對略結顯。但此三種在乎略教蘊而未彰。故皆名略。

疏問廣略二教通被時機。佛初成道何不頓說。

問中。略是頓說。但問於廣。意謂二教何不俱頓。

疏答聖人布教義不徒然。藥病相投是其宗趣。故初不說止是無機。所以善見論云。若漏未起輒先制者生誹謗。故我等出家棄捨財色於世名利無所希求云何如來反以木叉繫縛我等。豈謂善識世人心器。又於佛說不生敬重令法疾滅。故不先制。待犯便制。則知聖恩如醫破癰待熟方舉。

答中。初敘教主知機。時機多利奉略無違。故云無機。所下引證論有二意。初明生謗即止惡意。我等已下出其謗詞。又下次明起敬住法。即生善意。如下舉喻於義易曉。舉謂以鍼刺也。

疏二定相中。略教有四。初彰過門略如訶欲中如火如刀等。二止觀門略如勸修捨三善三毒等。三調伏門略如下略偈止唯三業。四發行門略如經律中諸惡莫作。阿含經解止在三學。

定相。明略中。初科四略。前二舉廣反釋訶欲。文見

婬戒。勸修亦初戒緣。云當於如來清淨法中於欲無欲等。修捨即是止觀。止謂捨惡對下三毒。觀即修行對下三善。後二引略順釋。三指釋迦佛偈。四即迦葉佛偈。阿含解者彼云諸惡莫作淨戒具足清白之行（戒學）。眾善奉行心意清淨（心淨定學）。自淨其意除邪顛倒是諸佛教去愚惑想（除倒去愚即慧學）。

疏上明四略義通道俗。約教被人第三略中教設在道。取其行方理通於俗亦不可怪。如初篇戒過體則通。取其聲教兩分其位各有理也。

總判中。初示四門俱通。約下簡第三通局。初明教

局本被道眾取下次明行通出無罪聚同十業故方法也如下引例過通教局義無異故五八俗教篇聚道教故云兩分如前二判義無去取故云各有理也

疏言廣教相亦有多種

廣相三釋並約義門總判大律

疏一止惡教如篇聚等二生善教如受說等

別釋中初云篇聚即僧尼戒本並攝止門受說等者即諸揵度皆歸作門

疏有人云一遮未起教如僧尼所制戒等二滅已起

教如訶人覆滅等

二中遮未起者通收止作以受說等雖是作善還須離過故滅已起者唯局作持訶人等者即訶責覆藏滅諍俱睒彌遮揵度也

疏有人云如上所說非無其致然教所被止在根機今分廣律不出三品如受說等法爲上人教德衣財食爲中人教訶人滅諍爲下人教據此爲論則此篇聚大歸不在上二也

三中初敘立如下列示受說等者等取安居自恣德衣即迦絺那揵度財食即衣藥皮革等揵度也

據下準判上約三機但對揵度篇聚止惡義是下人故也

疏三明兩教所爲則有四別

三明所爲

疏初根條異略教不待犯制根本法輪廣教略壞方有則枝條也二爲人異略教利機無過可起廣教待犯犯必鈍根三對過異略教不因過制無問自說廣教必待犯後制通淨穢四請不請異廣必待請如補壞衣略不待請一往便說

別釋有四初後約教中二在機初云根本者能生

廣故法輪者摧業惑故三中廣通淨穢即顯略教純被淨也四中律明舍利弗請佛制廣故言待請補衣之喻即佛答詞

疏四前後相反者有三義故廣教制雖在後今說必應初明

四明前後三別

疏一以時機須爾末代鈍根聞廣如睡故聖前演望有欽承若爲說略則用全疏徵被少機不可不用二隱顯故爾廣教相彰化用形勝故前略題三業義通須後三功強故爾略教既壞制廣還興從興攝護功

成先說略教不爾無補廣之能且順別機故須後說初約時機則明佛世唯可用略聞廣如睡者以廣況略也若下明略不稱機微下釋兼略所以次約教相隱謂言通顯卽相別形謂相形故前句絕後約功能取其能補唯廣功强順別機者不兼鈍故上云少機末世稀故

疏五立兩教相成者問略教所爲在彼利機於此鈍根事同不說故制廣廣則毀略而制用略何爲

五中問意欲明戒本存略之意上敘略教不契時機下敘廣教已廢前略

疏答元制略教雖爲利機言略義通非不收鈍由鈍不解違略起非是教行俱缺也後遂制廣用充前略何以知然但略有包通之理廣無異略之能鈍士當機先作無犯廣名雖異還同略教之功是名教行俱補斯則兩教相成通無廢立約緣利鈍據實兼之

答中初明違略制廣言略者唯一偈半故義通有二一者教通三業明行無不收故二者機通利鈍二根無不被故此明利根了知所造本於三業故能奉略鈍者不識能造隨緣壞行故須示相以爲廣教充猶補也何下正顯相成初句徵但下釋上二句明補教略中具廣故曰包通廣卽略相故不異略鈍下明補行違略無犯開廣續制全彼行故篇聚差別故言名異無非三業故云同略斯下結顯上二句明不可去留卽彰戒本兩存之意下二句明所被通局上句明二機局對兩教下句示兩教各具二機

疏六說二教時節者

六明時節

疏若依本部十誦增一十二年前略教所被後付弟子則通二教

引示中善見二十年前說略今引三部皆十二年義鈔云隨根所見異故

疏何以知然略教通含利鈍俱攝未張輕重又總機緣廣教不爾反前不說故善見云一切諸佛但說教授木叉不說威德木叉豈非直陳三業通被羣機若具篇章便同廣戒故律文云此是如來最後說戒是良證也由佛自說不容非濫十誦五分云若爲犯說頭破七分弟子不爾肉眼所見天眼舉罪違佛制故

次所以中三初約二教對明上句推聞略下正明初明說略意上二句通標下二句配釋廣下次明

三問答釋疑二
初問

二如答

不說廣意既張輕重則非通含但被鈍機故非俱
攝義鈔云若為互說利益不普是也故下次引示
又二初引善見略教但指三業而直示故云教授
廣教追事有怖故云威德豈下結顯後引本律說
戒犍度云佛在瞻婆國十五日說戒時佛在眾默
不說戒初夜已過阿難請說佛言欲令如來於不
淨眾中說戒者無此理也中夜後夜請答亦爾時
大目連即以天眼觀犯戒者去佛不遠即以手牽
出佛言聽作自言治自今已去汝等自作羯磨說
戒此是如來最後說戒據此可驗佛不說廣明矣

由下三正示所以此明如來因前重犯不說之意
則知略教唯被淨機廣制通及淨穢五分云諸佛
常法有五百金剛侍衛左右若問三反不以實答
頭破七分天眼違制者即上目連因緣又婆論云
不得用天眼知他惡法

疏問十二年前已制廣教今言說略其意何乖

問中僧祇五年制婬自後隨制顯有不淨之機而
十二年前佛猶說略即對犯說故曰義乖也

疏答律中所列重犯故耳自此以前先作無罪猶同
無事至於說戒儀軌前說略已及至廣制說不難知

二列文解釋二
初總標

二別釋三初釋結前文二初明結意

二問答

故增一云因重犯戒佛止不說命上座持律能通利
者說之故毗婆尸佛一百年前說忍辱偈後付僧說
乃至尸棄釋迦八十十二可以情求

答中初釋相違律所列者指前證文以目連牽出
犯者因盜金蓮花葉望檀尼是第二犯故云重也
此前無罪以須提那等皆最初故則顯如來以前
說略皆非犯者同無事者略教云為無事僧即淸
淨僧也至下詳究說廣初敘難定前引諸文但云
十二年後付弟子說不明爾前說不說故若據如
來定不說廣此疑弟子故須決之故下引示經明

如來因犯不說始命弟子可驗爾前定不說廣以
文非顯故曰可以情求七佛年次如前委引

註已前偈文法護尊者所作為廣略二教
通序前開持毀之言以成說聽之本也

疏註中已前偈文下結前生後意也

第二牒釋

疏欲明律主將演正法惠益時心廣張持毀之相式
表弘傳之致也即結前文矣

結前文中時心即通目後世同聞之眾廣張持毀
即前四喻式即訓用

疏問如來說法天眼常明僧唯目覩義通淨穢如何

制約還同佛耶答法利所先務在通洽有染聞戒於道莫行說必被機非人不授故母論云設僧百千但一毀戒則不合說明知聖制不欲徒然

問中初二句示佛說唯須淨次二句明弟子通淨穢目覩謂肉眼也如下正難以序文始末無非簡淨欲彰序意故此問之答中初敘教意教被兩機故云通洽洽猶徧也有下明序意初正示上二句明簡穢次二句明取淨故下引證初正引明下顯意持者於道有進犯者聞之不行意令說聽成益故云不欲徒然則知序文深符佛意矣

註和合以下二教大宗　自分三分序正流通

疏註中和合已下二教大宗生後文也文分爲二已如上判

生後文中總分如上者即前已判廣略二教

疏就初段廣大分爲三始於和合至序後如是持來明將演篇聚用曉時機機通染淨義須和問此則與後正說爲興教之由名爲廣教之端序序中略明犯者必悔無犯同聞所以第二從諸大德是四棄法下至已說七滅諍法如是持來八篇行相通明止作準此承修定慧因克是則名廣教正宗既識相護持理非獨善將流聖化廣被未聞所以第三諸大德我已說戒經序四棄下明廣教流通分也

廣教三分中始下敘序分和即白法問即撿淨序下明正宗初躡前生起二人俱淨是合聞故所下正敘止作二行該乎八篇故曰通明既下敘流通分初躡前生後所下正敘

疏就初廣序又分爲三從初至白如是已來明集僧簡衆同遵行法表形心無二與下所說作發起之由義也衆雖和合必有犯非不應淨法何成說聽之則是以第二從諸大德我今欲說木叉下明誡勑時衆

思省淨穢語默表情虛實檢行如斯自審則是聞廣教之當機也說戒法重事通迷悟故須三覆用表殷勤知過必改乃堪此衆是以第三諸大德我已說戒經序下正述三覆撿問有無勸持之相也

廣序總分中從下敘初段集僧簡衆總括前緣同遵法者別對作白表形心者通示緣法之意形心即收三業衆下科次段則謂儀則明誡下四句括略一序文義始終對之可見說戒下即第三段住持功强攝僧義勝故云法重由法重故不容妄聽故加三問覆謂反覆正述下二句對三問勸持一

句對總結。
疏就初別序文分爲二。初有七句能成衆法之緣也。二大德僧聽下所成說廣之業也。

釋中。初科分文中業卽羯磨白法纔成所爲卽辦望上衆緣故曰所成。若望說戒卽屬能辦。

疏就初緣中統明羯磨作業僧寶成務而事有因集不可妄施。必具十緣方辦前業。

緣成中標文上二句明羯磨功用。言統明者總一百八十餘件衆別皆然。而事下明作法具緣因集謂假緣成也。

疏何等爲十。一稱量前事。二託界成法。三集僧方軌。四以法成僧。五和別相形。六簡衆淨穢。七心欲表和。八陳戒本事。九提問所宗。十舉宗成答。

別列中大約爲言。一八及十緣通事別。餘之七種緣相俱通。今文第八隨事顯緣。故云陳戒卽行籌告令也。四中以法成者謂自然作法各攝分齊。卽羯磨云約界明集是也。

疏斯之十緣卽十門義。各有量據不可卒施。具如所撰刪補羯磨及彼疏中具辨。臨機引用廣略隨宜也。其中問答釋疑。一同彼說。若欲寫取此復何難。以紙墨易繁時功難駐。不獲已者時復疏之。此旣大義業相因由理須遥指。何得復略。然有不見彼文者此乃往緣。以業自責。余老矣。桑榆轉迫不暇重述也。

結略中二。初指廣隨機羯磨有二卷。十緣見上卷之首。疏本四卷。今爲八卷。若欲下二顯略有二。一慮文繁不逗機故。二恐費時妨自行故。不下示下有所明。此下顯上須對指。然下傷後世不遇羯磨疏者。彼文委辨緣成廣明非相作業成敗被事如非。示衆別之行儀。顯僧宗之綱要。維持修奉不學焉知。故不見者則投心無所。舉事成非。教旣不通行何所託。況疾滅三寶無利羣生。實由往世業緣致使難遭正法。然今鏤板教府盛傳。我輩獲聞實唯宿慶。然常情淺狹貴少賤多。雖復聽尋尠能注意。寄言後學勿事悠悠。余下重示略意。日之西垂影在樹端謂之桑榆。迫卽訓近。言居世不久。以重修時七十許矣。

疏就前緣成卽文爲七。有爲六者但意言也。

牒釋。標中有爲六者卽以前二合爲一緣。如下指斥。

律和合。

疏言和合者將欲廣說情事相違義須先和方應後集故言和也。

和合中初科情事情卽僧心事卽說戒事涉是非情容異見故有相違。

註時有與同師知識別部說戒法當尊重承事恭敬布薩一處住和合說戒違者與罪佛言有三種和合一應來者來二應與欲者與欲三現前得訶者不訶反此別衆也。

疏註中引與師友別說戒者爲表教法所被元在機緣緣有和別卽界無二遠表無我之理近成兼濟之能故須尊重承事用開相利之道也。

釋註中初文前釋緣起教法卽和合之制在機緣者顯教不孤起緣和別者同師是和別部卽別卽下釋制意未證眞理卽事表之故云遠也兼濟謂自他二利能謂功能。

疏有三種和下開其相也初和身集也二心三口也反成別衆者以僧之爲義同具六和三業片乖不名僧務廣如彼說也。

次和別中初釋三和上但通制此分三相故云開也反下釋三別謂應來者不來是身別應與欲者不與欲來是心別現前得訶者訶是口別具六和者且通舉之此中但取相和故下別指三業餘三

體和屬下僧集下指如彼卽羯磨疏。

律僧集會

疏二僧集會者廣說和白非僧不行前雖送和未顯成僧之法必須戒見利三合表圓成之相故言僧集會也。

僧集中初敘廣說須僧前下簡前相濫三業外相猶非僧體故云未顯等必下正釋今文內外兩和體相俱備故云圓成相也。

疏有人合之兩成一句今言僧會是和合也如律功德衣中僧集和合則前後不同據理通得分爲二分。

顯義易見也。

指異中初出異見今下顯今釋是和合者謂舉三體成前三相故如下舉例彼此二處前後列異可驗非合據下縱奪顯意分卽段也。

註時有比丘說戒日若在界內若在戒場不往說戒處佛言應求應喚是我所教若出界外若往而不坐者如法治之。

疏註中引說戒時界之內外不集坐者爲表法本爲人人通勤惰理必相攝故雖界外亦須內集。

釋註約界集中初科人通勤惰者勤者至期奔集惰者不往須求。

疏問元結界法爲欲簡人通界無別自得說戒何須外集若須集者用結何爲答結界之意爲行僧法法有通別故制開遮羯磨多爲別興不集無過說戒通收淨穢有背結罪欲使淨者行教染者順方則機教兩舉定慧斯剋化流不絕成護法也

問中初敘結法本意通下難上外集顯界無用答中初示結界所爲法下釋通所以初二句總標通如說恣內外俱集是遮別即受懺等法不制外集是開羯磨下別釋初釋別開說下次釋通遮欲下顯通集之意淨染是機教方皆教故云兩舉

註自今已去隨所住處有一比丘至說戒日當先至布薩堂中掃灑敷座具水然燈井舍羅等若有客來四人若過作白說戒

疏註中引律隨所住處必具說戒者住持相也

次科住持相者萬二千載之所賴故今時僧舍雖多行者無幾欲令法住是可得乎

註乃至一人心念清淨

疏舉獨住者少例多也獨則心念三說對則彼此表淨成僧廣張白相違此非法乖和別眾

三中初句牒示獨下次列三法違下對釋註中非法別眾非法言通別眾語局或人不應淨或法有差訛或供具不備並名非法別眾一種該上三位乖和之言須通三別

註若有非法別眾說戒者如法治之

疏言如法治者不過人法也人則同住上座法則對首吉羅

四中人謂能犯法即所犯

疏問惡作惡說同號吉羅止不說者犯何等耶

問有二意一以註中但結非別止而不說未顯罪相又吉羅梵號既翻作說今止不說非二所收

疏答犯惡說也說本口言今默不說應非惡說但以吉羅爲罪望人作者爲言身口俱止同犯吉羅可以作說爲名二止俱非罪攝今以止口不說非無動慮慮動業成還同惡說義無妨也

答中初句定罪說下釋成初徵其非理但下明比擬可結可以等者謂不可以名爲妨也今下顯示名義慮即是思雖不至口思動似說故曰還同亦猶默妄判收口業也

疏如諸制戒相是止善房衣財食作法而生近表作持遠防作犯犯既不起便是止善可以類也

舉例中初示止持通一切戒房下別舉作持例成

上義作是搆造既成止善口止無言得成惡說相
翻取例故云可類房即二房衣如離長財即畜寶
食如足別等凡此諸戒並具雙持

【律】未受大戒者出

【疏】三明未受具戒者上既擊磬誡集五眾同來僧集
說戒四眾俱出但明未具亦應兼尼

遣未具中初科攝前文意僧下正明簡眾但明未
具者點文之局止收三眾尼雖已具義須同遣

【疏】所以遣者以說戒眾法彼學未周體不同流故須
遣去

次科初徵以下釋學未周者即沙彌有願不同流
者即尼眾報別式叉沙彌尼具兼二句

【疏】行事之家務須周給既聽序偈如法召下上座約
勅無逸為先廣如所撰刪補事鈔

三中言周給者事須有序不可闕故言召下者準
知尼等得同聽序約勅之詞指事鈔者彼云此眾
僧布薩汝未受具不預聞之各隨本業誦習謹慎
莫放逸

【註】時有比丘令餘人遮說戒事

【疏】註中引遮說戒事者表淨法穢人不樂聞也佛世
尚爾況末代乎正得勤勤自勵一死知生何道也

釋註初中註云令餘人者即三眾及白衣遮謂不
令眾僧作說戒事初釋遮意佛下嗟時止下誡眾
一死之語請為思之經云從人身中得人身者如
爪上塵失人身者如大地土且現身微病欲聽無
由況當死去前途未委縱使即還人道猶經二十
餘年脫於餘趣受生何啻百千萬劫既沈戒障永
背眞乘其有卒世不聞無非重障其或始終無闕
須慶宿因宜自深思更增勇勵

【註】佛並令至不見聞處

【疏】註中令至不見聞處者以六眾下類不令上僧大
僧淨法非彼見聞

次安置中六眾道四俗二僧謂濫上十誦白衣前
說戒除為瓶沙王令心清淨

【疏】問聞非可行故不合聽且對僧集如何不許答計
理應爾下眾無知多生慢習制令耳目不矚則重法
尊人生其欽仰也

問中難前著不見處答文初句縱前所問且對不
聞義亦無過故云應爾下下正釋制意慢業本有
轉令增長故云慢習

註 除人未受戒非人來者聽之

疏 所以註中除人開鬼者以非人具通隱顯徹見自生深信不勞事約也人則反之

三中非人具通者得通有二一者修得如諸聖人具六通者二業報得鬼神外道亦具五通但無漏盡耳徹見卽天眼通明見善惡衆僧行淨必無輕易

註 又不應在尼前作也

疏 尼同僧法應預同聞莫非下類慢習須爾

四中上二句明體無高下下二句顯位有階差

律 不來諸比丘說欲及淸淨

疏 四明不來說欲者小學乖法已出淸衆同儔不來恐生異結或諸緣障心達事壅故聽傳情應僧和義自分爲二欲表成僧淨陳行具可以知也

四明說欲釋文中初躡前起後異結卽各結別部合僧破故或下明開意諸緣如下註釋自下釋欲法初制欲淨各傳欲應羯磨淨應說戒後廢前敎例須合傳故從此釋

註 時說戒日有病比丘若看病者及三寶事不來聽戒佛言應與欲及淸淨隨其廣略若不現身相不口說者不成若病重者舁至僧中恐病增動若出界作以無方便可得別衆羯磨說戒故也

疏 註中引病等者成欲緣也言廣略者緣奢促也重者舁來以法濟也恐增出界以事攝也欲明衆別兩行互相資成不可逼也言無方便別衆者以大聖布敎意在淸心心濁之元我倒爲本故無同界別我乖宗但使一和通成僧法則我倒漸亡定慧之力功由於戒故以事約之可不然也

註中初釋欲緣註列五種鈔中更加作衣緣並名如法言下釋欲法奢促者奢謂緣緩故須廣說對首陳詞促卽緣急乃通四略一云我說欲二我與欲三爲我說欲四現相準鈔約健病以分四略唯

病廣通健病重下釋重病云事攝者且令身安不聞法故欲下總釋開意衆法多方使私緣各遂別人情順得衆行功成故云相資也不可逼者謂須開也言無下釋制意初敘敎意故下明立制故無同界者無猶不得也所別望能別故云別我反增我倒故曰乖宗此明制意之急以顯註中無方便義則下顯益事約者卽別衆之制

律 比丘尼衆遣何人來耶

疏 五明尼來請法者已上四緣止是一徒自行今兩衆相攝非法不可弘之故因說戒便有斯告成外化

也。
五尼請法。初科敘意中。初總結前緣。徒亦是衆。今下正示今意。非法不弘者。謂必假說戒緣也。

疏 文云尼衆遣何人來者。此問尼也。或云尼遣何人傳信從僧乞教授者。卽謂所告比丘也。以言中不了。故光師製戒序云。誰遣尼來請耶。此謂比丘受信者。得意忘言。任通無在。但知行德兼備。不可妄傳。故須待請方往教授也。

次科文列三。初云此問尼者。點何人字。指使尼也。次釋何人是所告者。卽尼遣僧事儀不便。後約

受信釋。上誰字。卽僧遣尼。語意無失。謂受囑者。令尼來問可否。卽爲遣也。刪定戒中亦同此示。得下遣執。但下示意。行德卽所請人。須具十德。如鈔具引。

註 佛言若有者。卽應起白言。比丘尼僧和合。禮比丘僧足。廣如刪補羯磨中。若無來者。答云無尼請教誡也。

疏 註中明廣具如羯磨。必無來者。如文可知。

註釋指廣者。事鈔亦同。大有四科。一受囑出衆。三說告僧。二展轉次第簡德求請。三還白上座。四上座誡勅。委亦如彼。

律 今僧和合何所作爲。

疏 六明問發者。以衆集約相。不舉無由可知。故審事源通問其集。

六問緣中。初示問意。約相卽三業和同。然未彰集意。故云不舉等。故下釋問詞。言非別指。故云通問。

律 彼應答言說戒羯磨。

疏 七答成法者。文分爲二。同住相進。非法不弘。故答所爲以表集意。云說戒也。非作此白。無顯僧心。心樂所表非言不顯。故曰羯磨。

七答法中。初科分句別釋。初釋說戒相進是同住

之本。非法下示相進之方。非作下次釋羯磨。上二句明立意。下二句示法用。樂字去呼。謂同忍也。

疏 有云或答布薩說戒者。布薩西音。說戒東語。乃知布薩名含。不妨淨住義攝。二名體一。不可重言。欲顯羯磨名通。說戒事別。故陳此二。則表衆義盡。

指異中。初標異。卽古戒本。布薩下示二名。東西二音非正翻度。乃知等者。出不標梵言之意。含謂通含。不專一相。故鈔中或翻長養。或云斷增長等。懺罪八戒。皆號布薩。三千威儀翻爲淨住。淨身口意住於戒故。雖具多翻。不出此義。故云攝也。二名下

指前非欲下明今意表衆者卽律文中二種攝僧統收衆行故云盡也

註　佛言若說戒日不得在房

疏　註中引律不得在房者表人能弘法也

註　比座相檢來不來者

疏　比座相檢者是無乖別也

註　應先白已然後說戒

疏　先白後說者教法難聞先令使知不容自怠也今行事者上座於說戒日令維那唱告知僧說戒及至戒本復重舉之據事似繁約義無爽前是衆法直告後是僧義同遵也

釋註白告中初示白意今下明白法初明告衆應云大德僧聽今某月某日衆僧和合某時就某處說戒及下明單白據下出重意爽失也直告者簡下羯磨問和忍故

註　若癡比丘言先不誦或有忘者不成說戒當依能誦戒者比丘五夏當誦使利若詣比近學誦戒序乃至餘法

疏　又云依能誦戒者以行不頓成必待教學不誦恐忘將何依據故制五夏或盡形也

制誦中以道假行成行由教立若非教本行成虛喪將何依據斯言有旨焉得爲僧棄而不顧若論讀經求利則專憶忘勞至於誦戒修身而生厭末矚輪迴長劫非此而何律中愚癡比丘五夏不誦戒羯磨盡形不得離依止

註　還至本處次第說之不應重誦

疏　又云不應重誦者正法軌模理有常準重誦倒說則聽者浮昧故不許也

五中初敘正儀重下顯制意倒說卽是重誦

註　若不得者但說法誦經從座而起不者如法治也

疏　又云若不解說戒但誦經法者以三學資人戒爲教本故前制之必無能誦方說經法

六中上明本制必下示緣開

疏　問旣誦不得白讀何傷答凡欲化物必俟說聽之功安有讀文而能附事故世之論士無見執文佛之揚化登機卽演說戒同然事符聖制故唯制誦不可讀者自有讀文而起諸行不是常法故不說也

問中白謂公白答中初明乖理俟卽待也故下舉事以質自古高僧多尙持論隨言對答執卷非能登猶對也自下遮疑但人根各異緣發不常見聞觸知通皆入道但此方耳利偏尙音聞誦持訓誡

尤多行益聖教苦制終不徒然自餘别途不可爲例事鈔舉此比擬羯磨故知二法白告義同問前云羯磨須假十緣今戒本文但列七者答四不須問此七必問又復七中六種通諸法教尼局説戒十所不攝則爲十一矣

四分律含註戒本疏行宗記卷第二

四分律含註戒本疏行宗記卷第三 戒本上之三○疏一之三○記一下之一

宋餘杭郡沙門元照述

疏 次明單白知衆法者。

二所成法。

疏 何以須者，僧通凡聖，情見難諧，我雖欲說，未知許不。又說戒廣略，則有五階，聖制乃通，凡心須顯，故須和默，即應緣同。

初敘意中，初徵問，僧下釋，有二義，初約僧情不同。諧和也。又下二約說戒差別，五階者，律有三五十五種，初說至序，餘者應言僧常聞，二誦至四事，三誦至十三，四至二不定，五廣說。初五句也。復有五事，一說序至四事已略，二至十三已略，三至二不定，四至三十，五廣說。二五句也。復有五事，一說序至十三，二至二不定，三至三十，四至九十，五廣說。三五句也。今且據一段，故云五階，或可五合作三。聖制通者，但使有緣，並開諸略。凡心須顯者，隨緣緩急，令衆同知。故須等者，情和緣合，法事可行也。

疏 就制此白，如彼具詳，恐不委見，故略分判。就文爲三，初敘告事情，二忍同可不，三舉事成結也。

釋文中，初指如彼者，即羯磨疏。白法五句，總分三

別，初敘告者，即初二句，次忍同者，即三四二句，後結成者，即後一句。

疏 約句有五。

律 大德僧聽。

疏 初大德僧聽者，警衆情也。將欲表述，恐有異緣，故命章大告，不容耳識妄聽也。

釋初句。初中表述，即次句緣本，異緣謂他想，首提美稱，自彼同聞，故云命章，大猶偏也。

疏 有人言：斯則贊美誡勅之辭也。大者莫先爲義，明九十六道有師資之僧，佛道之僧運廣莫過，故云大也。

釋大字中，初科上二句，通示大下，別釋九十六者，外道六師，各有十五弟子，執見各異，故僧者衆義，彼亦稱之，上求下化，故云運廣。

疏 又云：出家四果乃是眞僧，無學最高，故云大也。雖僧未階，必得無障，以出家者必爲解脫，因中談果，亦云大也。

次釋中，內外兩凡，皆假名僧，見道已去，號眞實僧，無學眞僧中之極，獨得大名，雖下遮疑，可知。

疏 又云：三寶爲言，僧田最勝，義通餘二，如愛道施緣。

四簡眾釋

二釋德

能生大福。故云大也。
三中、若論功行、佛法無倫、今約兼通、故推僧勝。如
下引證、賢愚經云、姨母用金色㲲上佛。佛云、可施
與僧。我在僧中。佛同應供。僧為解脫。人能弘道法
在其中。故云通二。
疏 有人言諸義不無。今所論僧為簡小學、但取無願
故云大也。
四中、對沙彌有願。此義頗親。
疏 所言德者有所得也。以得善居身、故名有德。出家
捨著、福度含生、戒善自修、滅諸過業、修習定慧、斷結

成道。備此美稱、乃稱有德之人也。
次釋德中、初通釋字義。出下二別列德相。備下三
總結。德相中、六意釋之。初句厭離行。次句慈愍行。
戒下修功德行。二初句及下三學等、即自利行。福
度一句利他行。三從初至定慧、即修因。斷結一句
是剋果。四捨著滅過及斷結、是斷惡。度生與定慧
即修善。五即上斷惡攝律儀也。三學者攝善法也。
福度饒益有情也。六福度即誓度眾生。斷惡即誓
斷煩惱。戒定慧誓學法門。成道即誓成佛道。文中
六句、出家法行、無不攝盡。以人通凡聖、行兼大小、

三釋僧 二初約二種和釋

二約六合釋

四釋脫

故以因果三聚四弘釋之無妨。
疏 所言僧者、唐言和合眾。和有二種、謂人法也。言人
和者、雖復殊方異質、品族不同、若至同聚、則胸襟莫
二、事順心同、如水乳合故也。言法和者、戒見行命說
戒布薩、有必齊遵、無宜乖逆故也。
釋僧中、初翻名。和合是用、眾即是體。羯磨疏中唯
眾單翻。今此存古、但知體用有殊、不妨以義助顯。
和下釋義、人和中、先約俗論、依正姓氏三種皆異。
若下出和相。初二句通示。次句指事別釋。事謂羯
磨所被。後句喻顯。法和中、戒見等是別法。說戒即

眾法。義收羯磨、行即威儀、合是儀字。布薩合作羯
磨、疑是傳誤。
疏 然僧義大、約六和為先。身口心和、所謂人也。戒見
利和、所謂法也。人法乃具、數須成四。三人已下、無用
斯法。今此成僧、故有此白。
六和中、還收人法。或約內外體相德用分之。斯法
即此單白也。
疏 所言聽者、專心靜察、聽我所陳。陳何相耶。意欲將
說淨戒、非雜染所聞、故有斯示。若素自明白、堅持無
損、已有毀缺、懺說令淨。脫不專聽、便忘所犯、帶罪終

身一何自累故須靜聽也。
釋聽中、初通示陳下敘說戒意若下明須聽意累
謂累縛。
律令僧十五日布薩說戒
疏二令僧十五日布薩說戒者雙牒緣本兩告眾也。
標日是其時緣說戒是其宗本上令攝耳正爲此也」
第二句準刪定戒改布薩爲眾僧則無重言之過」
律若僧時到僧忍聽
疏三若僧時到僧忍聽者謂心和事順理必承修也
若者爲語不定之辭言由漸也僧時到者到即至也

一者人到清淨大沙門入也二者時到十五日布薩
時至也僧忍聽者責忍同也今欲說戒聽許以不同
則默然不同者便說也
第三句初通示若下牒解據業疏云法事契會謂
時到也彼取合宜之時則通一切羯磨此約作法
之時唯局說恣二法以時有限定故得此釋責問
也
疏此聽心用和忍之聽與上初句耳識所得也不解
此二聽聽同聲者則言表不通不成羯磨前聽即在
去聲他徑反後聽即是平聲他丁反恐不解此違損

事多自說戒時罪福猶可脫臨受戒惱害尤深故須
極誡也
揀濫中初分義異不解下示音別恐下顯意
律布薩說戒
疏四布薩說戒者單牒宗本勸速忍同也布薩多翻
此云清淨餘如事鈔所引也
釋第四句指鈔即說戒篇如前略引
疏戒本不同或云眾僧說戒者或云和合說戒者任
情兩得理通無妨也
點異者今本依律出之至刪定戒中則前云眾僧

後牒和合
律白如是
疏五白如是者詳述前事結告本情故也
之
疏自餘成否等相如刪補羯磨鈔疏中須時抽取用
結示中指在三部歷學方知此據一白略示而已」
註佛言當隨王者若十四日若十五日應作數法
疏註中日月隨王法者謂隨俗也
釋註中隨俗以年月日時閏餘大小皆出俗中律
曆故

【註】若黑若白各有十五隨月稱之。

【疏】言黑白者，以道俗位殊，時數亦改故也。俗則年有四時，道則歲唯三位，略於秋分也。故三時之始，冬分在初，表無常也，令有慧者觀時入道，不容非逸也。故冬四月以八月十六日爲初，春四月以十二月十六日爲初，夏四月者以四月十六日爲初也。

明黑白中，初科前明異俗，故下推教意。俗以春爲始，取其發生；道以冬爲初，則取凋落，出家厭世，非求榮故。故冬下列時位。

【疏】且舉一方，不可偏執。如今印度諸國以五月十六

爲前夏，覩貨羅國以春初爲夏首，此則隨方土之所宜，任機緣之取捨也。

次餘國中，五月十六爲前夏，則九月十六爲冬初，正月十六爲春首，即善見中六月十六爲後安居是也。覩貨羅者，西域記云：此國地南北千餘里，東西三千餘里，東阨葱嶺，西接波斯，南至雪山，北據鐵門。其國冬末春初，霖雨相繼，加以風土率多瘟疾，而諸僧徒以十二月十六日入安居，三月十五日自恣等。業疏云：余參傳譯，親問來人是也。此下會通。

【疏】半黑白者，隨月晦望也。間以淨法隨位說之。律文日日說戒，妨廢道業，故限晦望，折中之宜也。

釋兩半中，初牒釋，間下明說意，律下示制緣。

【疏】先黑後白者，舉三時三始，必十六日爲初也。又云十六日已去白虧黑生，月一日已去白生黑虧，約相取分，故有斯召。

先後中，初正示，文中不顯所表，亦以白虧黑生，表無常敗壞，使觀厭也。文下示得名所以。

【註】若得四人應作此白，三人以下當三語說戒也。

【疏】若得四人下，文相可解。

【律】諸大德，我今欲說波羅提木叉。

【疏】次解第二發起序中，文分八段。律文具解，今且生起，後方釋文。

次釋誡勅，初分示中，律具解者，即註所引也。生起八段，次第相由，在文可見。

【疏】從初至說木叉已來，標舉說宗，歎功勸信，有生善滅惡之義。

【疏】但斯正戒，乃是衆同所聞，理宜崇遵，必無乖別。是以第二令集一處，顯形心無異。

【疏】形心既和，事須詳審，聽若異聞，則乖說意。是以第

三諦聽善思，正明警勅有開解之用。

[疏]凡欲聞戒，爲被行淨之人，必有違犯，便乖說聽之法。是以第四若自知有犯已下，正勸時衆省己之違，見過尋悔，應法成行。

[疏]染者旣誡，無過當機，自表己淨，世號伐德，但止默然。聞成義顯，卽名答對。應上問意，是以第五不犯者下，省己之順，默表己淨。

[疏]上五通告，止在別緣。三根外彰，衆網須正，必有他舉，理須對實。是以第六若有他問下，誡勸時座犯持之士，深懷二答。

六中，云別緣者，卽自行。二答者，下釋云有犯露答，無犯默答。

[疏]若內實犯而外表淨，令僧妄解，罪障尤深。是以第七如是比丘下，明隱覆之瑕、不實之損，行穢自纏，特由抱過，勸發露也。

[疏]若順教修理，有深益。是以第八若彼比丘下，知犯識懺，還淨上起，三學增明，克成道業，不虛之益也。

八中，上起卽懺悔，名出了論。謂翻前犯時居下，故名爲上。戒法續生，稱之爲起。克，能也。

[疏]生起此文，非教本意。講說之家，務傳言相。西梵諸師凡欲敷演，但依文義廣說所由，至於科約，蓋闕如也。縱有分判，大通無局，如龍樹解大品以爲二道，天親釋涅槃以爲七分，須知意也。不可浪事悠悠，費於紙墨，大破正功，無任法利。顧諸學者，可不思哉。今欲消文，就義分之，更有科約，終非大濟，故削略也。

結略中三：初示意。教本資行，非圖多說。今此敘致，但利講解，故非本也。西梵下二，舉中梵例顯。初敘本無，如今藏中大小乘論，止是長途散釋而已。縱下遮妨，其間亦有科判之者，故須此示。大通者，謂以義總分。無局者，非隨文細碎。龍樹下，卽智度論。

釋大品般若，彼分二道，判盡一經：一聲聞道，二菩提薩埵道。天親造涅槃論，分經爲七：一不思議通反示分，二成就種性遺執分，三正法實義分，四方便修成分，五離諸放逸入證分，六慈光善巧住持分，七顯相分。（用論配經，方知終始。此且略知七名而已。）據彼西梵敷演之式，則知科判本非急要，故云須知意也。不可下三，顯略。浪，橫也。費，損也。破正功者，妨自行也。無法利者，無益他也。

[疏]初云諸大德下，舉宗標示也。

釋初段中，初云舉宗，卽木叉標示，謂告衆。

疏 諸是不一之名，顯教正訓，廣必四人已上，故云諸也。大德不異前通。

釋諸大德中，初文不異前通者，指上單白巳釋故。

疏 問：廣說戒法，其必在僧，如何今告乃言別也？答：戒法通收，何隔僧別？望法是僧，望機是別，法被在人，故須問別，不足怪也。

問中，如羯磨告衆則云大德僧聽，單對一人則云大德心念。今此對僧反彰別號，故須問釋。答文初二句通示戒法，以制總十方，法分三位，故曰通收。望下，正答來問，望法是僧者，單白廣說故；望機別者，檢問自行故。私釋：若準羯磨，初令同聽，乃是告僧；後責同忍，云諸長老，亦是問別。今此說戒前陳單白，巳是告僧；後文勑聽，例皆召別。據斯比擬，義無異也。

疏 文云我今說木叉者，正標宗也。木叉果德之名，戒剋在因，今言果者，因中說也。

次釋木叉，初中，上文標判木叉，下考名會釋，剋定也。

疏 光師戒本云我今說戒者，以名顯時心，略隱果號。而今所引，乃是律文，不可全蔽，故須出也。

次科，先示古意，彼謂果號乍聞難曉，以文舉梵言義非現行，故云以名等。而下，指非，恐乖聖旨，不可改作，則古今兩別，是非可見，蔽覆也。

註 佛言：新受者未聞戒，不知何學，聽集一處和合說之。

疏 註中引新受戒者不知學方，佛大慈念，故制斯教，同集一處，和合說之，望欲近約身口，遠傾我倒，同出三有，齊斷四住，是佛意也。今時行者但受福田之資，多無解脫之念，乖佛意也，但自躓頓神識耳。

釋註中，初科前明制說意，身口是業，近約在因；我倒是惑，遠傾從果。今下，嗟時衆，受福田資者，虛霑信施也；無解脫念者，行染塵俗也。躓，猪史反，困也。

註 波羅提木叉者，戒也。

疏 註中佛自解云木叉者戒也。

解名中，初文佛自解者，顯示律文出自金口也。

疏 有人言斯非佛解，乃法正之言。今解不爾，五部十八，乃是人分，至於律教，無非佛旨，何得無學妄敢錯辭？縱有披解，自爲卷帙，可以尋也。所以斯戒必有隱相，唯佛自通。下重有疑，如法聚條部有問爲解，豈非戒爲衆善之宗，非佛餘聖故不達也。

次科，初出古判，今下，正斥，初立理顯非，謂部類雖分教旨不易。即前序云賢聖緘默但知祇奉是也。
錯音醋，置也。自為卷者，如多伽見母諸戒論等。若
許擅加何須別解。於義自顯，故曰可尋。所下彰佛
獨說。上文證定。豈下示意，私釋。大千界內佛為法
王。律是佛敕，唯聖制立。自餘下，位但可依承。良以
如來行果極圓，窮盡眾生重輕業性，等覺已下猶
非所堪，況餘小聖輒敢擬議。有如國家賞罰號令
必從王出，臣下僭越，庶人失信，亡敗無日。佛法亦
爾。若容他說，群生不奉，法不久住故也。

疏 今又釋云：戒非木叉，木叉乃是絕縛之果，戒是正

順解脫之本，隱因彰果，故如上釋。
牒釋中，前釋文已解，故云又釋，義意無異，故指同
上。

註 自攝持威儀住處。

疏 註云自攝持威儀住處者，此歎木叉能滅惡也。
滅惡中，總釋可解。

疏 由斯戒法能持七支，有過皆塞，明自攝也。身口既
攝，光淨如珠，順本所受，故名持也。行善所及，各有憲
章，名威儀也。威謂容儀可觀，儀謂軌度格物，並由內
懷正法，故使器宇超倫也。

別釋，初科有三：初釋自攝，即含法體，塞猶止也。次
釋持字，即戒行。三釋威儀，即戒相。憲章指律教，行
與教合，美德顯故。格，正也。器宇即目形儀。倫猶輩
也。

疏 言住處者，正行由教而成，教是行之所依，故名住
處。如經戒為功德住處也。
次科，教行對論。若約相成，則教能行所；若論相依，
則行能教所。此釋住處，正取於教。上舉能成，顯下
所依。

註 行根面首。

疏 註中行根面首，此歎木叉生善相也。由戒能生成
萬行，喻若於根。如經云：若無戒者，諸善不生。即其證
也。又如論云：戒為眾善之根，生善中勝，無過斯法，喻
同面首也。
生善中，二喻根喻出生，面首喻尊勝。初總判。由下
別釋。初據遺教，但合根喻。又下次引多論，雙合二
喻。根義同上。首居五體之尊，戒為萬善中勝故也。

註 集眾善法三昧成就。

疏 註中集眾善法者，能會正慧也。三昧成就者，能明
正定也。此之兩行並藉戒因成上根義。如經云依因

此戒得生定慧也

三中初別釋二學集善配慧者歷諸道品無非觀慧三昧者亦言三摩提此云等持亦云正定此下總顯戒功釋上能會能明之語已上三引經文並是遺教

疏 上來歎木叉惡滅善生深有殊功次歎木叉發引羣心能成法軌

四中初科上是歎行即結前也次下歎教即生後也以教相條別持犯楷定能使行人舉動有儀故云能成等

註 當結當說當發起演布開現反覆分別故也

疏 言當結者若於法有違覆過顯淨當如法治治在說後故言當也次今未唱望後許陳言當說也八段序分與正宗爲興致之由言發起也

三分解中初釋當結即默妄罪當猶將也次釋當說即下序文召令懺露次猶對也三釋當發起八段即序八章問此釋初段正說發起云何都以八段爲當答初略標宗望後多分猶未陳說故通指之

疏 上有三當總是緣漸八篇正戒輕重條然顯示故云演布開現也

正宗中上二句躡前緣漸即發起義八下正釋現即示也

疏 廣教流通篇別重舉恐有沈墜罔冒將來故云反覆分別也

流通中初二句指文篇別重舉謂牒前已說即是反覆也恐下示意謂有遺漏則是沈墜誤於後傳故言罔冒

疏 有人云八篇正宗各有三致何得通收廣教如初篇中諸大德四棄即當發起中間四相列坐齊聞即

布現後結三問重條前章即反覆分別並是聖言引用何得不依

他解中初立義指斥如下舉初篇別配此則爲就正宗明之然前列三當此師但舉發起一義餘二文略義必通含並下二句似是他師結責之詞又如疏家取用之語上文配釋全據本經故云並是聖言也

律 諸比丘共集在一處

疏 二諸比丘集者表法無乖明人不別也

第二段釋文中法即指戒謂法非偏被人無獨說

即明同界須集之意

註 佛言同羯磨者集在一處乃至應訶者不訶是名如法

疏 註云同羯磨者來名身集也形礙法通須陳欲法名心集也身雖赴座容有訶止默忍法圓名口集也以斯三業共成一僧故云集一處也

釋註初科註文乃至字略其心集疏中備約三業解之形礙身有緣故法通可傳欲故法圓羯磨成辦故一僧僧即眾故

疏 又解云同羯磨者明說正戒行淨者同自餘過犯不足數者不同羯磨不須集也言應與欲者謂此行

教不可自輕大急要緣事不獲已方開與欲自餘輕小則不須也且如病緣重者輿來少者僧就可以知也言應訶者謂四羯磨諸雜治人行法在身無容秉法身雖足數口不陳非故也若斯陶練方得實人可不然也

他解中三節並約揀眾一簡足數過犯謂三舉二滅人更兼尼等四眾瘂聾睡狂等人二簡欲緣大急即三寶疾病等三簡合訶四羯磨一訶責二擯出三依止四遮不至白衣家此四律名得滿不得訶諸雜治者即收行覆藏等人並由奪其智能不

得訶法必非此等方名應訶若下結結陶練即是練擇實人謂合教者

註 若眾大聲小數妙高座立上而說

疏 言數妙座者重正法也開立說者惠及人也意在說聽有功道根無失豈可無聞徙榮彼此何所益也

次科初釋制意次釋開意言立說者律因眾大聲小不得盡聞佛開立說猶故不聞聽作轉輪高座立上說之道根即戒體

註 八難餘緣隨時略說

疏 言八難者謂王賊水火重病惡蟲等是也言餘緣

者寒熱雨溼人多坐迮等是也廣文如鈔

略說中初文八難文略人與非人餘緣略眾中多病布薩多夜已久或鬭諍事論毗曇毗尼說法夜久等義加寒熱不出律文

疏 隨時略說者聖教被機時來不一眾首智人商略事務戒有十段略說有九斟酌用捨故曰隨時也

次科時謂時緣如上多種故言不一十段戒文初段必廣故但略九然作白已卒難非門不可說序但云各正身口意則十皆可略但白在序中義同廣誦故云九耳

【註】若客舊外集數有少多。說過此序告淨便聽。

【疏】言客舊外集者法攝人也。如有違背不無其罪。則人從法也。初來聞序不勞告淨。以聞三問也。八篇中來必須告淨。以不聞序。

四中初釋制集法攝人者望制眾也。人從法者望制別也。初下釋告淨。八篇中者纔過三問即須告淨。

【註】餘廣如律。

【疏】斯事眾矣。不可即言。故指律也。

五中言事眾者。謂淨者陳淨。犯者發露。一人自告。

多人別牒總告。客少不勞重說。等多更說。事儀詞句並見事鈔說戒篇。即猶卒也。

【律】汝等諦聽。善思念之。

【疏】三汝等諦聽下誡妄緣也。凡心難繫。喻同野鹿。聖人體之如鎖猿猴也。攝耳尋聲名為諦聽。以三藏教網用慮業非名善思也。

釋第三文中。初通意。野鹿喻馳散。即遺教云亦如惡馬不以轡制。狂象無鉤。猿猴得樹等。皆喻識心剎那生滅。鎖即對治門也。攝下釋文。今時坐聽心多別慮。或復睡眠。請細讀此文。用策蒙昧。

【註】佛言端意專心而聽法也。

【疏】註中正心思擇名端意也。一心無倒名專聽也。

釋註中上簡邪思。下簡亂想。

【律】若自知有犯者即應自懺悔。

【疏】四自知有犯者。以說戒本意唯在除犯。聞而即行。便同上起。故文云即應懺悔者是也。

第四釋文中。初科敘說本意以彰須懺。纔聞序告不容延久。故云即行。上起即懺悔。從喻為名。故云同也。

【疏】悔是此土之言。懺是西方略語。如梵本音懺摩也。

懺字非倉雅所陳。近俗相傳故耳。

次科倉雅皆俗中字書名。如三倉爾雅等。

【疏】懺悔義應此處道之。可妙同於事鈔也。

指略同鈔。即懺六聚篇。

【註】佛言。謂所犯事未懺悔也。有二種智人。有罪能見。見罪能如法懺悔。若欲悔者當詣清淨比丘。說犯名字。如法除已方得聞戒。乃至於罪有疑亦如是說。若僧並犯。無人可懺。不問識疑。白懺後說。

【疏】註中犯事未悔者。釋成有罪相也。但以無始無明想倒為本。動念緣境。何得蕭然。唯有智人能見能懺。自餘惑重。何由開悟。故律文云。無學果人不故犯戒。三果同凡未免緣縛。可不思哉。

二徵意三初明業本難亡

三釋開白二初牒釋

二勸修悔法

釋註中初科前牒示但下推釋初敘犯多上二句示惑下二句明業蕭然謂清靜無繫之貌唯下明懺少故下引聖誡凡初二兩果故心犯性須斯二尼怨逼受樂三果故心犯遮四果悞心犯遮

疏 註列智人以成行悔之法詣清淨者用顯託境明心說犯名字識相不虛也如法除者明依教起悔非泛濫也

次悔法中初通示詣下牒釋託境即所對人明心者決所犯罪

疏 識疑同犯開白懺者罪據覆藏對眾陳情白告悔斷同大懺也

開白中初科罪據覆藏者由覆成過露則無故同大懺者不異上篇眾法悔故白文如羯磨識罪白已即淨疑罪後決重懺又偷蘭已下諸篇皆滅不開上二

疏 何以得知者以凡造過集諦所收知苦斷集見道便剋豈有自言便淨斯業

次徵意中初科初句徵以下釋集諦世間因也見道即初果此明至聖方斷集業凡夫口陳豈能即斷意顯律懺不明業理故可懺淨

二示律懺分齊

三對理觀辨異

疏 今諸戒首令懺已聞者既悔前罪斷後相續露過現前於心無隱便同淨用得預聞持不論往業招生增惑

次科初明懺淨所以律懺宗旨此文極顯不下示教[illegible]業即業道招生即苦道增惑即煩惱道此三心行判歸化教律據違制故非所論

疏 此但事悔伏業而已終須行淨深見我倒知我倒本相等虛空但有妄緣故纏三有審見此理明白無疑分得正見方傾苦趣若此之悔名爲滅業業何可滅障不招生故名滅矣乃至無學尚酬往因如身子嬰病目蓮遭苦可以類通想不迷矣

三中初二句躡上律懺終下發後理懺初示理觀且據小宗性空觀析見無我理相空唯識具在事鈔我倒本者即是無我故舉虛空爲喻審下判位言分得者即內凡以上不生惡道若此下結示初明行勝前但事伏此理滅故業下轉釋滅義不招生者但無總報不無別報定業不轉至佛猶償是故學人好自觀察常以善緣熏練心識勿謂無罪業理灼然華嚴偈云假使百千劫所作業不忘因緣遇會時果報還自受佛言眞實無得自欺乃下

引示大論舍利弗患風疾增一自連乞食爲梵士所打骨肉爛盡皆謂疇往業據此可知理懺不滅故云可以等也

疏 問行淨之士應有二人不犯應先如何後問答不犯者希自然合教犯者多數覆過是恆說本除罪爲先故先問於有罪

問答中約行以論淨勝穢劣持者合先今乃反倒欲彰聖制布措有旨答文可見二人如下科

律 不犯者默然默然者知諸大德清淨

疏 五不犯默然者不自伐德默應答也

第五文中有善自稱謂之伐德

註 佛言無犯者有二種若本不犯若犯已懺也

疏 註中不犯有二初則專精不犯後則犯已能悔第二白法莫不於己無瑕同成不犯之色也

釋註第二白法者且指懺殘通下諸聚皆名能悔以殘毀體懺復僧位義同再受對望初受故云第二戒善清淨故云白法諸經論中黑白二業即目善惡初篇永無復本下聚行缺體全是以行懺不彰此名色猶類也

律 若有他問者亦如是答 佛言如二比丘相問答也

疏 六若有他問者謂舉罪比丘如法徵責有犯露答無犯默答義同世語故註如二比丘相問答也

六中此謂有犯同聽三根外彰爲他所舉勑令實答初解約語默二答以釋如二比丘者舉事以比也

疏 又解云三根不昧五德有聞對眾舉治何得懷默故須虛實自雪彼我彰情是故佛解如相問答者是也

他解中二並語答三根即見聞疑舉由此生故云根也五德律制舉罪必具五德一知時二如實三利益四柔輭五慈心如鈔自恣中解雪謂分析

律 如是比丘在眾中乃至三問憶念有罪不懺悔者得故妄語妄語者佛說障道法

疏 七如是比丘在眾下明不懺有損也

第七文中不懺即覆過結業有損謂違制障道

疏 言故妄語者既默表淨獲何罪耶古來諸師亦有商略此既一塗正義不可不知先以義開後方消判

牒釋中初文註明吉羅而問何罪者以古謂方便今爲根本後方定判故作疑問引起義章

疏 今釋序中默妄六門分別初定重輕二明通塞三

對問緣四就罪辨五約人論六經處犯

疏初定罪者昔解云序中默妄但是方便何以知之默罪表淨詐僧未彰故是方便

定罪中古解立理可見

疏問言未彰口僧雖虛解結方便者如身造口業默起表聖虛解是同何因究竟以斯例默應犯墮罪解言不同身業表聖覩相無濫故是重罪今默表淨在眾通含不偏在己故知方便

初難中身造口業相同默妄彼得果罪故取為難解下但以濫不濫分不濫成詐濫故未成下文歷

句委破此解

疏問若言默妄以默為體餘之妄語虛說為體今以默妄為說方便亦應以止為作方便然止不得為作方便默妄豈得為說方便解云妄語為義言章了了今則默表其相未形前人非決何成究竟

次難中先定犯體今以下正難作犯必以作為方便例妄亦須說為方便今何反之解中以默表語為妄方便即無所妨

疏問默罪之人私心決暢止在三問隨問默然詐淨義畢有何所少而是方便若默表淨更須口言方究竟者僧中羯磨默忍之時亦應但是和家方便所作之事亦非究竟今則不然隨作結成何名方便

今解立理中初科前難古非凡言方便有果可趣事未究竟今此默妄無別果頭故非方便若下舉例相並益見彼非今下次顯今判問此默妄罪別有方便不答未至召問作意欲拒例亦須結無則單犯

疏但默妄吉羅律文具有古師立篇義局三均故以此罪入方便攝今論篇者別有意義故所不論可如下也

出意中二均如後彼謂具則名篇不具號聚除眾學外惡作惡說究竟不均皆歸聚攝默妄在聚故是方便今下彰異指後立義篇聚二名互彰無在五七兩分均雜非濫（均唯根本雜通本因）今此默妄雜中果罪

疏又汝上言對眾通問身相不動故是輕者此亦不定口造口業但言章了前人聞知不問疑識俱結究竟身造口業無論多少前不疑濫則非方便

難互造中初文為二先牒古解即如向云在眾通含不偏在己故是方便此下顯非初敘各造身下

明互造無論多少者正用此句對破前說。

疏何以知之以句義定如多人坐有問者言成聖者起一人獨起前人不疑故結究竟若多起者前人生疑故結方便或多人立問聖者坐一坐犯重多坐犯輕以前諸句動故生罪今下諸句不動亦犯如有眾中多人坐立言非聖者動身一動多不動輕多動一不動重於我聖相明練無濫故得重罪如是例知句也

歷句中初二句標如下先明動句古謂動身則重今約坐立二位各有一多共為四句一重多輕尋

文可領以前下次明不動句初結前生後如下列示彼謂不動齊輕今還以一多重輕以彰不定如是例者如云是聖人者莫動身一動多不動輕多動一不動重

疏有人云三業互造必無疑濫縱獨表聖前人有疑不可結重或多人現前謂非凡可是輕也以此例前相收方得

古解中此師不約一多以論但取疑與不疑而分輕重言相收者謂一雖合重疑必犯輕多雖是輕不疑亦重

疏問有心欲誑人合口成妄語行心欲見色合眼應成見

問答中初舉根境難前互造

疏答妄語含意根見色由眼識行心非眼識云何名見色

答中上二句對顯下二句反質

疏若爾行心非眼識故非見色者意業非口業不應成妄語答三業得互造意地成妄語六識不互用行心非見色故成論云口家四業意亦可造斯良證矣

轉難中躡前非見以難互造答中初約互與不互

釋通前難故下引證互造

疏問何故在凡三業互造六識定用答三業雖殊同意為體六識不然各有體相故論說云根無互用過也

次問中聖人六根互用故約在凡為問楞嚴云佛能諸根互用及大菩薩等此據十信已去六根淨位答中即成論云離心無思無身口業故知同以意思為體六識下見聞嗅嘗觸知根境各異故下引證未詳何論

疏問三業同意體如何以分互答從具以論互廣如

初篇竪義中說。

第三問答可解。下指初篇義門，即第二三業成犯

備明單互竪即是立。

疏二明通塞者。如昔解云，序中問者問通篇聚，但有犯者不合聞戒，故序中問通令首露，知何不該餘之三問悉是別問當篇，於此篇罪有淨不淨，故知問前不同於序通問於下。

通塞中，昔解初科彼謂九處三問前一屬序通問一切，後八隨篇各不相通。

疏問序通問下，可如前論，八篇問前既有實犯說已方問，豈非違教。答序中總問顯淨默然，既無露罪，恐不憶識，妄謂淨行，理不可然，故隨篇示令知罪相，雖先說戒，猶非覆罪，以心迷淨，於行非過，如人法說。

初問中以問下則順問前有違，故敘爲妨，答中爲二，初約迷忘釋通，雖下二據非覆遮難，如人法者即人犍度，彼云有比丘犯僧殘一罪，憶識一不憶識，憶識而覆者名覆，不憶者非覆，取此以證迷犯開聞。

疏問若心迷淨有犯聞戒，心不迷者無義得開，何故律中對首心念得聞說戒。答此謂開緣，不容悔故，非謂通爾犯不聞戒，大位約之。

次問約在衆發露以爲難端，答中初正釋來問，犯下潛通律意，律云有犯者不得聞戒，雖有此制，不無通許，故云大約。

疏今解上通義，不容耳，隨有九位問皆通下，廣如後說。

今解中初二句明引古之意，言不容者顯非所取，容或作融，言其滯塞，意在不存，故先出耳，隨下略示今解，言問下者世多不曉，乃謂說初篇時但問犯夷，乃至衆學亦問本篇。今應難云：犯下諸罪應

聞上篇，則違律文犯者不得聞戒，如何通耶。今言問下，謂將說下篇通問衆中，於七聚罪微犯憲章不合同聽，非謂但問本篇而已，下文當見。

疏三對問緣得罪多少。如昔解云，雖經三問共成一法，故今默者但犯一罪，如諸乞辭及以白四，言雖重彰皆成一法。

三問緣中，昔解初立義，如下引例，如諸乞辭即受懺等，前皆三乞，白四者且如受戒四番羯磨共成一受，餘亦例爾。

疏今解不同，既有三問，隨問覆默還得三罪，如白四

諫共成一法，隨白羯磨結四偷蘭，莫不對問，對諫俱有拒心，故結多罪。

今解中，初科前立理，如下舉例，白四諫法隨徧結蘭，例今三問隨問犯吉。

疏 問：以諫例問，故得多罪，違諫第四便得僧殘，亦可默妄加四犯墮。答：諫對別人，違僧命重；說戒直問，前過未彰，故成僧法三問便止。此在僧中默故犯吉；若據對首有罪陳淨，具有三墮，心念例知。

釋妨中，約諫根本相比爲難。答中考文凡有四異：一別人僧法，二違拒默覆，三諫勸直問，四過彰未彰，情事不同，未可比例。此下辨異，對念口陳，二俱語妄；心念例者，說不對人，理得三吉。

疏 四約犯罪論者。問：今有犯多罪者，既違序問，爲得幾罪？

四約罪中，問詞且舉違序，餘八皆爾。

疏 答：默淨誑僧，但得一罪，以罪從問緣生，不由誑罪生，有問故違，無問不結，故知一罪。不同覆藏，由覆罪生，但經明相，則隨罪結。

古答有二：初立義，問雖有三，共成一法，既從問生，故無多罪。不下二遮妨，由覆結犯，隨罪少多，恐引爲難，故預簡之。

疏 今解不同，問緣明相，俱得多罪，以此二緣結罪之位。覆藏既得從罪生罪，問緣豈非從罪生罪？問緣若不從罪生罪，同聽之人悉應有犯，以有問緣之可違故。然今不爾，有罪違問，無罪不違，故知有罪便懷默妄，何得上云不從罪生？

今解，初中前明默覆結犯從罪義同問緣，若不下次立理奪破從問義失。

疏 故知默妄亦是覆藏之別名也，但可經宿經問不同，至於覆罪一而無二。

次科，初示名異，但下會犯同，由默與覆俱違發露故也。

疏 若犯十罪，隨其三九皆有默淨，則犯二百七十吉羅。又如一人而被三舉，隨受供給，皆獲三罪，如是類之。

三中，初正示，且約十罪，多少準知。又下引類，此約一人具兼三罰者爲言。

疏 五就人數結罪相者。既犯十罪，欲令衆人知我行淨，我若露者，知我行非，不齒錄我，故望多人還得多罪，如妄語法一言誑多，隨人人聞皆得罪。對首心念例如上分。

五約人數釋中，初敘犯意，齒錄謂人不稱記也。故下示罪數，如下引例，對下指回。問對首可爾，心念獨說豈得例上？答若約鈔文，令向四方僧發露，故知不露則爲誑僧。然境不現前，何由限約？但望獨說非儀犯吉，亦同隨數，故得例指。

疏 六明默罪經處多少者，如昔解云：七聚之罪，六罪三處犯，或云八罪者，謂婬觸二麤、屏露二處，通尼及女。斯之八罪，各在當篇。二不定并初序三處犯，以不定中尼女合制，九十便離，各有其致。若欲發露，唯一處得偷蘭一品，但是序犯，唯惡滅諍，此一偷蘭序中七毗尼中犯。

六明經處昔解中，初總明諸聚，後別示偷蘭。初中六罪約屏露，八罪分尼女。謂下列罪，且斯下示犯處。古謂序中通問，當篇別問，通諸篇聚並有二罪，唯二不定舍此八罪，故涉三處。以下別簡屏露離合之致，如後自辨。若下示發露，一露俱無，不必三處。次偷蘭中，初二句通示，唯下別簡。惡滅諍者，即多人語毗尼。調達破僧，辨定邪正，隨邪破正，則有蘭故。

疏 斯古義也，今猶講之。若不敘者，無由興教，立破三能於是在乎？

結斥中，初指斥彼約所犯之罪，局就當篇，以明默妄，故作此釋。若下明引意，因前古非，方見正義。立今破古，述作之能故也。

疏 今解不然。但有犯者，不合聞戒，何得犯夷不合三處，餘篇得聞，故知難也。隨問九處，皆有隱心，則隨犯罪。

今解中，初指非難猶妨也，隨下示正義。

疏 若爾，立義序問便足，何故勤勤九處別問答？序中問者，將說八篇，恐有犯者乖於說聽。四事中問例亦如之，欲說後戒，故先陳問，恐有忘悞，謂言行淨。隨篇重問，爲成正說，由有犯者不合聞故。

問答中，初問躡上所立，既不隨篇，則序中已具，自餘八處過在繁累，故須通之。答中初明序問，四下釋後諸問。且舉四事，殘下準說。後戒者，通指七篇；十三中問，則指六篇。如是第論，義無別矣。成正說者，淨行同聞，不乖法故。考今所釋，與昔天乖。是中則言屬在僧，問淨則罪通七聚，將說先問，故云問後，九處並爾，學者精詳。

二問滅諍後問

三問九處重問
二初問

二答二初舉諫相例答

二二問後違忘答
二初正明答

疏 問七滅之後無戒可說何故復問答罪相如塵細看細見憶識之心前後紛擾隨有解悟即須首露靜則對人衆則心念尼律法聚七佛略教其相如此何得言無故文云更有餘佛法應當學之知何不攝也

次問中答文爲三初通敘重問靜謂人少容可對首衆謂僧多即座心念尼下別指所說以廣律中僧戒本後次列尼戒後列犍度即是法聚皆有犯相如言人遊行五衣離宿等僧結吉羅並出尼律法聚可知略教亦吉如後自明故下引證應當學者即罪名也問略教可爾尼律法聚既不列相有何所聞而須問淨請爲通之（案此下應有答文疑脫）

疏 問露罪爲義不藏爲先但一序問隨問便露何須鄭重三說九反

第三問似與前濫前對序問難後無用此彰三九重疊之意

疏 答欲明戒誥警敕行人如諫一事尚有僧屏七通露罪多惱何爲不經九處

初答中上二句正答如下舉況七通謂屏三僧四通猶徧也

疏 或可前問有拒或致迷忌忽聞後問豁然披露時來不一故致多翻聖說不徒深有其旨因言長理須知發露有罪皆藏九處成默序中一露下問非罪以無重隱之愆故也若序中問露已還覆隨經問處還須露罪以覆隨心不由言說如人法中前露後藏文證可解

二轉難

二隨文消判二
初指前標後

二釋文解釋二
初釋文

次正答中初明重問豁即開發之貌聖下示制意初通示有下別釋初明覆經多處序下明露唯一處若下明重覆重犯初立義如下引證如人法者彼云有比丘犯二殘罪覆一露一彼罷道已還受大戒已先所覆後發露先發露後覆藏僧應與彼隨所覆二罪與覆羯磨隨後所覆第二罪與覆羯磨是也

疏 若爾露罪還成覆者首陳何益答披露肝膽慎終如始一露不覆隨問何愆豈非益也

轉難中躡前重覆徵露無功答中顯前律制意令盡露肝膽即目犯心

疏 上來隨義略解默妄今次消文餘皆可解

消判中初科餘可解者下文但釋障道餘不解故

疏 言障道者下註解云障於禪果此成上文不實答損也良由惡業習起戒品不淨無由發生定慧却成

禪果故曰障道此遠資爲言亦如上說所言道者略說爲二梵天道者八定爲宗聖人道者四果爲本旣染塵境體沈下界犯則三塗持便欲有如何默淨以自昭乎

釋文中初總示文意艮下牒釋文相初通釋云習起者相續不止也無定不成禪無慧不至果禪果二字卽下二道此遠資者以犯戒墮惡但障欲有福報文言障道故是遠資也卷初已明故指如上所下牒解初釋道字通含禪果禪通凡聖果唯局聖梵天道者且舉初禪通收上地色無色報凡唯

漏業聖卽助道天台云神通變化無漏觀慧悉從四禪出言四禪者卽色界四天所修之定禪是梵語此云棄惡能棄欲界五蓋等一切諸惡故四定者無色四天定一虛空處二識處三無所有處四非非想處總上二界故云八定聖道可解定慧是因二道並果由先毀戒定慧不發旣無因行寧有果剋覆過默淨障道在茲旣下次釋障字持合作執

註　佛言僧說戒時默妄語故犯突吉羅言障道者障於四禪三空四果告諸比丘如彼大海不受死屍設有漂出我法亦爾不受死屍謂死屍者非沙門梵行自言沙門梵行犯戒惡法不淸淨穢汙耶見覆藏

二釋註

內懷腐爛外現完淨如空中樹雖在衆坐常遠離衆衆亦遠彼故知懺罪方成聞戒也

疏　註中默妄但犯吉羅者有輕重也望僧虛解斯業重也望非言述重而制輕勿謂爲小九百千歲亦難堪也一犯尚爾多犯如何不可救也故論說言如小團鐵入水沈也又引海喻文相可知

釋註爲二前釋罪相初通示望下別釋註僧境勝故業重卽如五分僧中妄語重百羅漢前是也默表無言故制輕勿下指報誡勸目連問經列六聚犯報犯突吉羅九百千歲墮泥棃中準雜心論卽墮等活地獄一晝夜耳委示歲數具如鈔中二下

舉況故下引證婆沙云愚作小罪永墮惡智爲大罪亦脫苦爲團鐵小亦沈水爲鉢鐵大亦能浮又涅槃云莫輕小罪以爲無殃水滴雖微漸盈大器有智思之註中三空謂空無相無願三解脫也又下次點餘文疏但略指而文相難解略爲科釋從告諸比丘下大分爲二初明覆過故知下結示初中又二前舉喻可解我下二合法初二句對合謂下委釋初釋死屍雖下釋不受初中又二初通標犯下別釋初至覆藏釋上非沙門句犯戒不淨卽身口業穢汙邪見等卽是意業內懷下次釋上自

言句。空中樹。謂中心枯朽者。

【律】若彼比丘憶念有罪。欲求清淨者。應懺悔。懺悔得安樂。

【疏】八若彼比丘下。由憶識罪。懺得禪果。成上發露有益也。亦就遠資爲言。

第八。釋文中。翻前障道。釋成安樂。

【註】佛言以清淨戒學故。便得清淨定慧。名得禪果。爲安樂也。

【疏】註中釋相。文甚可解。

釋註。略指。即是三學相生之義。

【律】諸大德。我已說戒經序。今問諸大德。是中清淨不。

三諸大德。是中清淨。默然故。是事如是持。自此已前。廣教之別說序也。後說之文。即廣教之正宗也。

【疏】次解第三結序勸持。相就分爲三。一諸大德我已說戒經序者。結前生下問也。二今問諸大德下。正問衆中。應後法也。三諸大德是中清淨下。舉默表淨。應說勸持。

三釋檢問。標分中。云正問衆中者。戒本是中兩字。世人不曉。謂指戒文。所以或謂問前。或云問後。準今科判。乃問僧中。則由來疑諍。渙然冰釋。傳迷斯久。學者須知。

【疏】問所以說戒須問。羯磨不須問者。

釋問淨中。初問。以俱衆法。有問不問。必有所以。故問以釋之。

【疏】答解有多途。說戒爲於行淨。有犯不應說儀。羯磨別爲前緣。緣成則合事辦。故隨白問。終爲成法。不別舉也。

答中。初句總示。下引五解。前四明異。後一顯同。初約所爲自他不同。前緣即法所被事。緣成即通十種方便。隨白問者。謂單白羯磨並問忍可。意專被事。故云終爲成法。無勞檢淨。故云不別舉也。

【疏】又解說戒僧別兩舉。說聽必約清修。羯磨多爲別緣。僧成即堪御法。

次解。約衆法別行。單具往分。別即自行。說戒爲僧兼別須問。羯磨爲別。單衆不須。

【疏】又解兩法在僧。俱須行淨。說戒制問。爲清行染之人。羯磨不制。法通純雜之士。如僧殘行法。開停爲他明知罪未出也。聞戒知犯。必開默露。明知說被淨也。

三約淨穢通局不同。初二句通示。說下別分。如下引證。初證羯磨通雜。聞下證說戒局淨。

【疏】又解羯磨所爲在事也。說戒所爲在犯也。有犯不

二釋勸持　二向三說所以　五約事同解

得聞戒斯明證也故說戒之作爲兩種人持者爲能清犯者爲所淸若知有犯即須遮舉懺洗令淨方聞後戒乃至律文見犯不說經二十年羯磨不爾標舉時事三根五法相圓無染即成僧用故不制問

四明立教所爲罪事差別初雙標有下別釋初釋爲犯有四初據聖制證故下約所爲證若下引遮舉證乃下引廢說證即僧祇比丘鬬諍緣也羯磨下次釋爲事相圓對五法無染對三根五法即五現前此謂說戒必取體淨有犯不開故須責問羯磨但取相淨便成僧法故不勞問

疏 又人解云羯磨成不問僧取曉事同三問則無妨也

第五可解

疏 問須知淨行一告便足有何義故殷勤三反答說聽相應可名傳法雖聞不識容犯妄聽故須三問鄭重窮檢一則未呈昏忘多則在衆致繁故限以三法儀所致也

次問中前文已明九處今此更論三反答中初明須三之意二下示加減之過

疏 言淨故默者衆非口呈行淨繁亂伐德成勞但默便表答辭也言是事持者淨行得聞正戒機教相應定慧由斯成剋理須持奉故也事即淨行如文可知

釋勸持中初釋默然繁亂乖儀伐德非理默然自表則離諸過次釋是事等初敘勸持事下點文相事即戒相以人稟教指教歸人故云淨行經中如是二字指法之詞即指後文也

三結示　第二正宗分二初標宗二隨釋二初通叙教旨二初明教興所由

疏 上來所明釋廣教之序竟

疏 第二大段次釋廣宗所以正宗廣教何爲興者良由五衆不攝情根於諸名利無思檢約廣生有漏隨塵起染外纒邪慢內增癡惑是以如來隨其所犯略

教既壞制廣補之使夫持犯的明愚智齊曉戒禁時機深有弘益即斯言教號曰廣宗

第二正宗通敘中初科上二句徵問良下釋通爲四初敘機生情即是識根即六根識徧諸根故云情根內無治法自恣放逸故云不攝此明起業之本於名利者即成業之緣廣生等者明作業之相初句通示隨下別釋上二句明造業下句明增惑起染通三業邪慢局意業邪謂諂媚馳求慢謂貢高陵物此二對他故云外也惑通三毒無明是本故云癡也此取律序舍利弗請佛制廣佛止之辭

彼云如來未爲諸比丘結戒何以故比丘未得利養未生有漏又云若比丘得名稱多財多業便生有漏云云是下敘立教使下顯益卽下結名

疏初制廣教隨犯便結輕重前後雜亂難分至佛滅後一夏結之重者道源輕止世譏八篇以次漸降不倫欲使前識本基後知隨行故有斯位

次科初明佛本隨制至下示結集始分重卽四夷故是道源輕謂殘下諸聚雖體含遮性而大約遮多故云止譏欲下出集者之意本基卽四重隨行卽餘篇

疏將造文解先以義通正宗本體止存持犯犯相楷模其唯篇聚略以四門定其途路初明正果五篇二明輕重七聚三解方便罪相四解持犯方軌

開章中初科上二句標示正下敘起上二句示教體次二句明教相犯緣軌定卽是楷模略下分章四門次第初唯果本二通因果三局因罪上三別相持犯第四總義持犯

疏就初門中四種分別一位立五篇並解篇義二置名不同翻名顯相三但置於五不立四六四立篇次第先後不同

疏就初復二一言位立者僧有四重尼有八棄以爲初篇僧有十三尼有十七爲第二篇僧有百二十尼有二百八爲第三篇僧四尼八爲第四篇僧尼同百爲第五篇斯約戒本故以數分如律五犯以名收罪此則義通誠有旨也

初明正果位立中初通列二部顯相同異斯下結示通局上二句示局如下顯通律列五名不限定數攝一切罪義無不盡言有旨者歎美律意也

疏上位立竟篇義如何如昔解云相形種重階降不類故名篇也何以知然如初滅擯二從僧悔乃至第

五輕重有殊

次解篇義昔解初師中初立理卽取偏頗不等之義何下證成

疏有人言上立篇義相形是難二十法聚前後列位可亦輕重然篇字有二偏頗偏者從人而立篇章篇者從草而立蓋不識字源故有偏頗之義

次解初科爲三初指前二十下引難以諸犍度亦卽篇章句有相形輕重之義故知非理然下指謬分釋字義顯無所取

疏今解篇章之篇者謂流類均等與諸章品義齊一

也凡立篇者必具三均謂名體究竟此是定義初篇
同號卽是名均齋須擯治卽是體均非方便是究竟
均乃至第五三均不無故號篇也
立義中初引類示名凡下約三均顯義初通列三
義均卽是等初下別配五篇但出初篇餘可準說
故云乃至
疏有人言必具三均方名篇者俗書法聚何必具三
而得立篇
後解中初科俗書但分章節法聚科約事類此二
卽得篇名何有三均之義故知前解未爲盡理

疏今言篇者始於四棄終於七滅則爲八篇文義聚
處卽名爲篇何必具三如似戒序亦應名篇經云序
品卽十誦云五品罪也
次科中初正立此從戒本文相爲名全乖律中以
名收罪故下不破亦非所取如下例同戒序彼既
不取三均之義所以序文不妨篇號經云者引證
卽下會名
疏今解上釋通有其致
今解總示中以三家破立不無所取故云通有其
致卽縱許之詞

疏初云偏頗立篇但不體字何妨罪義輕重不同篇
是法章有所科約故也
初解字非義是未爲大失篇下以義助成不同之
相
疏第二解者從草釋義此亦自迷如何悟彼篇字從
草止是草名邊殄反之世號萹竹亦可人噉篇字從
竹乃是簡名自漢已前本無紙筆例用竹木兼之紈
素而用圖錄後漢蔡倫創造於紙用易簡素古書簡
策可有一章以韋編之號爲一篇故宣尼讀易韋篇
三絕者是也

次解但斥迷字所立均義下文正取初指非萹下
分示前釋從草萹竹者爾雅注云似小藜赤莖節
好生道旁可食篇字下次釋從竹竹木者竹名簡
木名櫝蔡倫漢桓帝時人或云順帝擣魚網爲紙
用代簡素此爲始矣韋卽熱皮宣尼卽孔丘字仲
尼前漢平帝元始初追謚襃成宣尼公故以召之
疏今定篇義三均亦可如似法聚義類不差受法戒
法各別聚處名爲犍度此亦如彼名體究竟同在一
位用篇名收五種階降復何爽也
今定中初文上二句正取如下會同前第三師舉

二約輕重以難二 初敘問

二釋通二 初通答

俗書法聚難破三均故此通之於理無妨應知俗書亦從義類耳受法卽受戒犍度戒法卽說戒犍度且列初二已下準同犍度梵言此云法聚爽失也

疏問如上立義罪位分五各具三均墮罪之中僧別兩悔第五一罪對首責心既有二悔明知輕重何得均耶

問中墮吉二篇各有兩懺體則不均故以爲難

疏答今言均者以義收罪縱一篇中懺有輕重至於名種一而不異何以知之初篇名棄則不覆開悔及

不足數相同棄也二篇僧治則行覆在別至於本罪出必在僧三篇對首而或兼衆財事難遣對僧徵毀及論捨罪與別何殊第五一篇雖有二懺故悞兩心雙捨本罪何妨義攝以位通之

釋中初科爲二初二句標示三均義立隨義可通不必定約懺別爲妨縱下正釋初總釋上二句縱於來難下二句奪歸今解以乍觀懺法雖似不均據論罪體不妨均義名不異者皆提吉故種不異者罪相等故何下別釋初二兩篇懺犯皆同但犯夷分於覆露懺殘兼於僧別有斯少異故先會之

二置名不同翻名顯義二 初標示

二隨釋二 初置名不同二 初標

二釋二 初明置名所以

提舍一向是同故文不列第三第五正析前難墮分兩懺財事有無至於捨罪無非對說吉羅二悔心分故悞及論所犯名種不殊故知據罪還成均義

疏今立篇義莫非章品之嘉名分段之別號也縱使聚從五位義具三均篇名在七本因雜攝故知篇聚通於本枝五七位罪定其均雜也

次科初示名義縱下顯互通古立三均專在於篇不具號聚然篇聚義一不可偏配故約七五用分均雜則知古解非今全用故下結示通局

疏二置名不同翻名顯義

就初置名問有何義故置此五名答大聖如來深鑒物情濁世根鈍須立麤刑逗彼時機聞名息過如俗本禁蒲鞭示恥季世深酷故有徒流可以通望也

第二置名明所以中答文爲二初敘立意以篇聚所立指身口過惡以爲別相從治懺獄報而作通名故言麤也略教被利相非麤顯威德教授由是而彰如下舉類蒲鞭喻略徒流如廣古者以蒲杖辱之則能改過酷謂酷虐以俗況道教意可見故云通望也

疏又此五名有通有別別如下釋通須略知如本四分但云五種犯或五犯聚或五種制僧祇云篇十誦云品名雖或異攝罪義同

次科初標指如本下正示本律三名上二約罪下一從教僧祇十誦並從條類了論爲部義亦同之名下會同可解

疏次解別名初波羅夷者此無可譯如世五刑今古乃異西梵同此可以相翻初罪不爾東土本無不知以何罪同止得事義相譯

別名中夷罪初科初標無譯謂無正譯如下次明

義譯初示兩土不同意謂同者則容可對譯今此不同故須從義

疏故本律云波羅夷者譬如斷人頭不可復起世之極法勿過此刑由犯斯罪於彼聖果永不可克又名無餘者從眾法絕分爲名故文云惡行死屍眾所不受又名不共住者亦同上解

引示中本律三段初是約喻後二從法說戒羯磨二種眾法皆不預數故云絕分下引文證即律序偈略其詞耳不共住義律文還約二種眾法釋之故云同上

疏僧祇解云此罪名墮非唯失道不入二種僧中捨身便墮阿鼻地獄生報不久何得不畏十誦多論亦有明解廣如事鈔下名別著

他部中僧祇三義二義同前失道即斷頭不入即無餘後加墮義故曰非唯報有三種一現報二生報謂後生即受三後報謂生報已後通及未來下指十誦彼亦翻墮多論釋云由與魔鬬墮在負處謂毀根本無勝力故與今僧祇釋義不同故云下名別著著顯也有本輒除此句

疏二名僧伽婆尸沙者善見論云僧伽爲眾婆者爲

初尸沙云殘謂犯此罪眾僧前與覆藏末後出罪故本律云僧殘是也由罪纏行人非全淨用僧作法除故也律名此罪又云有餘以行法不絕爲稱母論云如人爲他所斫殘有咽喉故名殘罪明了論解云所言殘者僧中受房舍利養最在其外故也

次篇四節教文殘義皆異善見初翻梵名云眾初殘謂下釋義云眾僧者即上眾義前與覆者即初義後出罪者即殘義眾義是通初殘爲別以覆出二法皆眾作故故下引律初示名同由下釋義則與前別非全用者是殘義僧作法者即僧義律下

四提舍尼

三波逸提

示異名根本不壞對前爲目問前云衆法絕分行
法絕不答由行絕故不堪預衆今行不絕懺復本
淨即堪同法是則夷罪行法亦絕僧殘衆亦不絕
母論喻釋還對斷頭了論約行別住治罰以釋僧
中即僧義在外即殘義
疏三名波逸提者十誦云此罪墮在燒煑覆障地獄
故云墮也明了論解本音爲波羅逸羊達反尼柯部此
云應功用也有三義故一罪名輕細難識好毀二性
遮兩罪其相交雜三人多輕陵數犯其過大須功用
對治勿令滋廣上座部云波質胝柯翻能燒熱此罪

四分律含註戒本疏行宗記卷三 正果五篇 垩

報得大叫喚地獄因時能燋熱心果時能燒然衆生
第三篇名初十誦中燒煑覆障乃地獄通名準雜
心論中墮衆合地獄一晝夜則夜摩天二千歲人
間十四億四十千歲了論中初翻名有下釋義初
輕細者入威儀分故二性遮雜者三十並遮九十
中三十條屬性六十戒是遮廣如下釋三輕犯者
謂非重故大下結名上座部者彼論自引上約對
治此就因果文中獄名與上雜心所出不同
疏四波羅提提舍尼者義當向彼悔也故戒本云我
犯可訶法今向悔過準此罪名可訶向彼悔何關罪

五突吉羅

三但四置於五不立 四六二初換 二釋二初昔解

二今解 四初難 古

二立今

相
第四初翻名故下引據準下點非正翻
疏五名突吉羅者如律本云惡作惡說也分身口業
故有斯目明了論中二業一名俱爲惡作身口爲非
無非鼓動故也
五中本律從具有別了論約造無殊此但略釋具
在事鈔
疏三明但五非四六者如昔解云藥法有五對此五
藥故立五篇
三中昔解五藥者一滅擯二僧法懺三對首三說

四分律含註戒本疏行宗記卷三 正果五篇 垩

四對首一說五責心悔以此五法能治五罪從喻
名藥
疏若爾後明七聚可有七藥名七毗尼可有七諍故
知不爾
今解中初科七聚則病多藥少七滅乃藥多病少
舉此二例皆不相對則顯古師義未盡理準似他
師作難後爲釋通反成前義
疏今更立義蓋是如來一方化儀對根之教宜聞說
五
次科義取機宜足彰教旨一方通指娑婆根即是

三釋難

四問答三初問初重名藥

二問藥病不對二初敘難

機。

疏 前所難云對藥立諍法門多種或病多而藥少如四輪摧八難或藥多而病少如七滅殄四諍或藥病等如今五篇。

釋難中初牒前難法下次釋不定四輪者成論云一住善處二依善人三發正願四植善根初輪摧五難三途長壽單二摧佛前後三摧世智辯四摧聾盲瘂。

疏 問下四可救可名為藥初則擯棄則非藥義答藥有二種殺活同名如初則滅棄其猶殺人藥也既犯

極刑無任僧務隨事不成彼我負罪今則加擯復無斯咎彼則永絕財法濫圣無緣此則僧倫清穆立法成濟若斯行事藥義存乎。

初問中悔法除罪可得名藥滅擯不爾故問通之。答中初定藥名既下釋藥義初敘病今下示用藥謂藥則殺惡存善擯則除穢成淨故得名藥。

疏 問對藥立刑似有其致今疑其藥不攝刑科偷蘭一法何藥所治初篇覆露則兼二藥乃至第五同上須多如何對藥以立篇目故知非也。

次難中初二句許前義今下申疑偷蘭無藥夷吉

二重解二初約通別釋

二舉例

復多如下難破。

疏 今重解云藥病相對大途為言至於定罪不無通塞用藥或通皆不出五偷蘭聚攝輕重不偷至於用藥非無對首初重兩治覆從初藥露從第二第五兩懺故作第四悔則第五如斯處藥通別何疑。

重解中初科為三初通示用下別收偷蘭三品對眾多少通皆對首攝屬第三夷吉分對在文可解。如下結顯言通別者一滅擯藥局收初重二僧懺藥通二學悔及懺殘也蘭墮兼僧正悔在別非此所通三對首三說藥通二提蘭四對首一說藥通二提舍重吉五責心藥唯局輕

吉初後皆局中三並通。

疏 如七滅藥現前則通憶念唯局三法五法通局又多尚得名藥以殄四諍此亦同彼病雖位五藥亦名同至於對治不無通局故五藥中或有捨墮此僧中懺但據乞鉢為言可即總對墮也餘如羯磨疏中。

次科初正引現前毗尼通治四諍兼下六藥憶念局者并不癡罪處唯滅覓諍不通餘者又多人語局言諍自言草覆局犯諍又事諍中具上三諍用藥並同則知六藥兼通事諍三五通局者重示現前也四諍中言覓犯各有三品共為九品事諍自

三問二種先後二。初問答。

二轉難二。初約待病設藥難。

有九品共十八品。不秉羯磨則三種現前通治四品。（下品言諍下品犯諍及事諍中下品言犯並用三法爲通自餘名局）若作羯磨五法現前通十四品。（十四是通餘四名局）上舉現前麤對四諍。則一向俱通。下分三五細配諸品則有通局。故云又多。餘廣如後。此下會同。故下別舉捨墮貿成通塞不可局對。捨墮懺法僧別三位。乞鉢一種偏制僧中。下文指廣彼明懺捨兩師各計。一云捨財須僧悔罪從別。一云捨財捨罪並須僧中等。

疏 問藥病二種是誰先後。答藥先病後。

第三問答中一句略答欲發後難。

疏 問凡言藥者爲病設藥。今未有病何故先立。答立教不同。不可恆準。俗中治病或有爲病而處方或有設藥而待病。今明聖教化儀道同。五藥對罪豈局今代。是故律序古昔常法。可以知也。

轉難中難意可見。答中初通示不定。如諸經律隨機立教。今此五篇立教待機。方便權巧故非一槩。俗下就喻顯別。爲病處方如餘經律。設藥待病如今五篇。今下正通來難。三世承傳非今始制。下引序證。彼云所以立王者由世諍訟。故衆人之所舉古昔之常法。犯罪者知法。順法者成就。（上喻下合）戒律亦如是如王治正法。

二約待病設藥轉難

四立篇次第先後不同二。初標。二釋二。初敘結集安布。

疏 若爾所論佛初成道。何不設藥要待病起者。答無病輒治。人多誹謗。既不奉行。反種苦業。如上善見治癰喻也。

轉難中藥既在先理應先設。此約漸制以難常法。答中顯示不先之意。前辨二教。已引善見。故此指之。彼云如世醫師未善治病。見人始欲生癰未大成熟輒爲破之。病者曰我本無病強爲破之。受大痛苦。聲聞弟子亦復如是云云。

疏 四明篇部次第義者。就所防罪隨犯即結。如前所

明。今之次第意有何據。解云。蓋是大聖臨滅度時。欲使教法傳世有儀。故命持律廣開斯要。所以結集文云。一切僧尼及諸犍度所有教法聚在一處。文誠驗矣。

四明次第。安布中。初躡前發問。如前即指通敘教旨中。解下釋通。初正釋。以迦葉結集稟佛囑累。乃差波離先集律藏。故云命持律等。所下引證。即五百結集文。彼云比丘一切事在一處。爲比丘律。比丘尼事在一處。爲比丘尼律。一切受戒法集一處爲受戒犍度。乃至二十雜犍度等。並如上。文中簡

二明先後所以二。初約位行。

二據根條二。初正明。

要總舉而已。

【疏】於五篇中，正死之罪宜加先勒，有餘之罪其卽第二。如是漸降，乃至第五。欲使僧尼觀過興厭，先麤後細，斷除業非，克出道益，理數然矣。

明先後中二義，並出結集排布之意。初科、前敘次第，欲下顯意勒約也。

【疏】又且上明位行，今據根條爲言，何以明耶？初篇之體，能治行本，入道正元。若壞初本，後四枝條無由生行。故知初篇行立，衆行隨生，最須奉修，故須先立。第二衆法綱網，須成必事，乖違何能匡化？故須次立。身口法式，行越威儀，自行不成，何能靜業？故立第三。上雖三業無瑕，深爲行淨，若染世譏，塵翳正法，未能榮顯，故須第四。自行外化，乃復須明，若不敬順三寶，禁約四儀，說授乖方，便沈法網，故須第五，趣道正行。

根條中，初文爲二，初指前生起，何下徵釋。若約通論，前一性重及下諸篇違理之罪，並是性戒；後四遮惡俱屬譏嫌，不獨提舍。又前二名戒分，後三威儀分。又復五篇通號威儀，豈唯墮罪？又前四篇皆持法網，並是正行，豈止衆學？今文且就別相以論。初篇中，初示行體元始也。若下顯根本義。故下明

二問答二。初問。

二答二。初約義。答。

二引文証。

標首。第二衆法者，犯殘壞行，不任秉御，則衆法不成。身下敘第三威儀分中提爲首故。上下明第四提舍四戒，並因譏過故。自下明第五。初二句躡上三四。若下正敘衆學一百戒中，二十六戒敬佛，八戒敬法，五十一戒敬僧，十五戒四儀雜行。說授乖方者，別舉敬法也。

【疏】問：初篇過重，離則不難，理應是劣，何故說勝？

問中，若據根條重輕，則初篇最重；若望對治難易，則第五至難。今以對治難前根條，欲彰教旨不必一向。

【疏】答：義有多途，不可一槩。若就根條以判，初則行之所依，餘四枝條故劣。若就進趣修成，初篇過重易離，不假勝進修治，故名爲劣。乃至第五過微難護，必須專意，無由識相，是以戒本舉應當學者，勸能治行也。若就純淨無染，名爲最勝。

答中，初二句通示。若下別釋，初重述前義，後若就下正通來難。文中且示初劣後勝，中間相望互兼勝劣，故云乃至。文舉戒本應當學者，以上諸篇並列罪目，唯此第五獨立學名，足彰難護。

【疏】又如羅漢驅龍，但以持戒之力，莫非輕重等護故

使功高五百。又如律文畏慎輕戒猶如金剛。又加菩
薩浮囊等喻。可以通例。
引證有三。初引百論。昔有一毒龍五百羅漢力不
能降。有一羅漢至。告云賢善遠去。龍即逃形。或人
問之。答云但輕重等持故爾。次引律序。彼云如飈
音標火雖微莫輕以為小。所經諸草木燒盡無有餘。
所造惡雖微慎莫謂為輕。如破伊羅葉常墮於龍
中等。伊鉢羅龍昔為比丘曾損伊羅草葉。故受斯報。文取其意但云金剛。
喻堅持也。後引涅槃。彼明菩薩輕重等持堅固不
犯。海喻生死。浮囊喻戒。羅剎從乞喻三不善心。初

全乞喻四重。二乞半喻十三。三乞手許喻偷蘭。四
乞指許喻提與提舍。五乞微塵許喻吉羅。可以一
句總結三文。
四分律含註戒本疏行宗記卷三

四分律含註戒本疏行宗記卷第四

戒本上之四○疏一之四○記一下之二

宋餘杭郡沙門元照述

疏大門第二七聚重輕。四門分之。初明位立七聚并解聚義。二明離分品位之意。三解七聚得名不同。四解諸罪隱顯之相。

疏初門位立者。夷爲第一。殘爲第二。蘭爲第三。提爲第四。尼爲第五。吉爲第六。惡說第七。並如律文。增七中說。

第二門。初科位立中。且據一途以列。律中或以偷蘭爲五。第六或云惡作。

疏有人講論作七聚義。素不讀律。以意出之。總取諸篇方便以之爲聚。成究竟者以之爲篇。亦是一家。唯識普決不可依也。云何名聚。衆罪非一。號之爲聚。若如此釋。五罪可爾。偷蘭惡說。聚在何處。

解義中。初科爲二。初斥無稽。講論即是說。謂諸傳律者。或指他宗論師。故言素不讀律等。此有二失。一者名局。二者罪局。律中七聚通攝本因。不唯方便。故亦下斥非。唯識普決者。即人造僞論。如鈔序所列。謂古所出。同彼僞妄耳。云何下。次斥妄釋。五罪在文容可指處。偷蘭惡說不入戒本。則非聚處。故舉以攻之。足彰虛謬。

疏今解云。古人以戒本罪相文籍所收。云聚一處。今不存此。以名義收。但有罪相輕重不同。或七或五。統以收之。隨名束罪。用通篇聚。若以名聚。則止如文。夏不依人犯墮罪者。非戒本收。應不篇攝。乃至衆學。如法治處。其相無限。故不同昔。今但名收。無罪不盡。義可解也。

今解爲二。初出古意。今下。次申正解。又三。初立義。名義收者。如舉吉名。則總攝塵沙無邊輕罪。餘皆例之。或七或五者。言七通本因。言五唯果罪。篇聚

二名。任稱無在。若作此解。通達無礙。與彼昔義。條然天別。若下。質非。上二句牒非。夏下。引難。特引戒本不攝之戒。難彼局文。理不可立。故下。結示。

疏二明離分品位之意。即辨離分置七意者。

二明離分。標云即辨者。點上科語。

疏如昔解云。語罪爲言。體唯不善。理須就本。置不善聚。但以體含輕重。業相莫分。故不就體立一聚也。

古解中。初文有二。初敘須立。一切業相不過善與不善。制戒禁惡。故云理須等。但下。明不立。

疏若爾。身口造業。用收衆罪。惡作惡說。應有二聚。何

以無者今解以此二業體含輕重相亦難分故不置
也
次科初敘難身口業別應須立二今下明不立卽
古師自釋
疏是以隨義離分出於五聚五所不攝還復二位以
二配五故有七聚生焉
三中彼謂一切惡業不出二聚由相難分故離五
聚謂夷殘蘭提提舍爲五自餘罪相歸本二位足
上成七上約從通派別故從一分二就二分七是
知七祇是二二還歸一

疏有人言如斯意言出何聖量若言造罪不出身口
惡作惡說違略方有何得輒言離出於五若未制戒
前身口通中便有惡作俗人所犯亦應入聚若制後
別中有惡作者五年制婬未有吉羅無廣教故何得
云離故知是難
他難中初難爲二初通斥若下二牒難初難後分
五聚七聚並因違略而制是則七聚俱從略出那
云五聚從二出耶若未下次難先有二聚五從二
出二必在先故約二教兩以徵之初約略教難略
是通制二聚別制豈得通中先容有別身口通者

卽目略教次約廣教難婬是制廣之始此時無吉
明非先有制後別中者卽是廣教
疏有人解云未制廣前實無惡作懸借後制用擬前
罪此亦不然七聚並在未來俱借齊妙何止身口二
吉用以離分
斥曲救中初出他義謂作說雖後用後擬前不妨
前有則成上義此下正斥後既有七何獨借二於
理亦乖
疏如此云云並是古義今人行誦曾未思擇不敘謂
言不知若知復無所以如世五塵不無受用若不述

者顯相無由不可著也
結示中初指古今下嗟時不下顯意如下舉類謂
五塵雖過不述焉知古義雖非不敘寧辨此顯識
非方能離過
疏今正解云大聖立教爲顯時心或立結業以收非
或立名相以束罪隨其所通得解便止如陰界入隨
迷故分可以例曉
今解初科中初敘隨機不定結業謂十業七支名
相卽五篇七聚如下舉例一切諸法無出色心爲
迷心衆生說五陰（分心爲四 對色爲五）又爲迷色衆生說十

二入分色爲十一心但爲二。又爲俱迷者說十八界。復分上心爲七。
例今篇聚七五離合。並隨迷示。如下三階。
疏 罪雖叢聚。一位三階。定其輕重。取究竟者。莫不齊五。故有五聚五犯五制五品五篇五部等是也。定其來報年劫遠近者。莫不齊六。故有六犯聚六種犯是也。定其果由因成。自有因不感果者。莫不齊七。故有七犯聚七種制母論七篇等是也。
次科。初二句總舉。一位三階者。如五篇罪通五六七。而無有別。唯偷蘭罪局下二階。定下列示。初階。次牒六名者。上三本律品是十誦篇。即僧祇部。乃

了論。第二階中二名。如律如雜心論。別對六天六獄。偷蘭第三。且據上品中下來報可對墮吉。第三階中。不感果者。謂擁住方便也。二名亦見本律母論名篇準。知二名不局。
疏 如斯位置。意在淨行。薳于軌反妄悠悠。費時損業。則無益也。
三中。初總示教意。薳下。嗟古妄傳。薳者。草木叢雜貌。注字疑是後加。
疏 三明翻名得名者。列名翻出不異前篇。
第三解名。翻名中。初文。指前。即餘五聚名義同篇。故不重出。
疏 偷蘭遮者。善見云。大障善道也。能爲上篇方便。又是二逆罪根。體是不善。
別示中。初科。二逆。即出血破僧。
疏 惡作惡說。從具標目。故母論云。身名惡作。口名惡說。作義是長。通名身口。故律下文無問身口。皆突吉羅。善見解云。即惡作者是也。
次科又二。前明別分。具即身口。以吉羅無限分之合易。故爲七聚。作義下。次顯通含。作通說局。故云作義長也。此就罪體鼓動不異。故或爲六聚。律下

文者。即諸犍度。
疏 言得名義者。有人言。聚雖有七。得名有五。初之二聚。從法立名。謂無餘有餘也。第三偷蘭。從過立名。言障道也。第四就惡果。第五從對治。六七從具也。
得名中。初釋可解。
疏 有人言。聚雖有七。得名有六。波羅夷者。名爲極惡。當體受名。僧殘體境合目。有殘之罪。假僧除滅故也。偷蘭障道爲稱。餘則還同前解。
次釋中。夷從體者。即僧祇云。義當極惡是也。僧殘從體境者。僧是懺境。殘即罪體。偷蘭前約能障。此

據所障。

疏 如律大疏更有諍名廢立。終非濟人。神爽不常。何得及之。但如上解足爲道分蹊徑也。

結告中。初示廣。終下顯略。初句明無益。次二句明難曉。神爽即指諸師心見。此謂他師情見各異故云不常。無暇盡述故云何得及之。但下指前已備。蹊小徑也。

疏 四解篇部隱顯相者。問。戒本立相。如篇所明。偷蘭惡說何爲不敘。

四解隱顯。前明戒本出沒之意。辨蘭吉中。敘問可解。

疏 答。斯出聖心。非凡能決。律中所列多云二百五十戒。爲行正宗。故此戒本成斯大數。至於餘罪不入戒本。非余所解不可情求。

答中。初明聖意難裁。律下依文示數。多云者諸律並同故。至於下謙己讓他。

疏 有人解云。二百五十且以數求。比丘感戒量周法界。可不然也。偷蘭一罪不在戒本者。豈不以體相不偷因果難定。故單抽出用在聚收。所以前後通塞不定。

古解中。初科前示數量。偷下明不入所以。體相約品位重輕。因果即從生根本。所下指證律中或列第三或在第五。通謂三品皆名爲戒。並號威儀。塞即上品是戒。中下名威儀。

疏 今就通論俱名爲戒。是故律云最初犯戒。若就相說齊號威儀。故云非威儀也。又據輕重分之。前之三聚過相麤著能治名戒。偷蘭則在第三。下四過輕能治之行名曰威儀。

釋成中。初科前約通論。又下次就別辨。問。偷蘭第三。但攝上品。餘二何收。答。中下隨重亦在第三。約雜第五亦總三品。但在前則上品爲正。在後則下品爲主。中品無位。但隨上下。故知在前戒分參有威儀。在後威儀復雜戒分。不入之意良由於此。問。前問二聚但答偷蘭。惡說不入復有何意。答。據後問答吉羅體同。文攝究竟。自餘因罪故所不入。

疏 若據均雜往分。前四爲均。後三爲雜。偷蘭雜中之重。故在第五。

次科均唯果本。雜通本因。問。前明篇義五具三均。今均雜中乃云四者。答。此義如後。

疏 上來判約並據律中可以類解。因解偷蘭非篇是

二約義以釋。二。初正釋

二通難。二。初約吉羅以難。二。初立難

二解釋。二。初昔解

二今解。二。初立義正解

聚有何義耶。

次非篇中。初文上三句結前。卽指戒儀均雜二義。並據律者。卽諸犍度增一等文列名前後也。下三句生起。問如上破古篇聚名局。今云蘭罪非篇是聚者。答彼據二名分定五七。但破彼執隨稱無在。下文皆云五篇七聚。意亦如是。

疏今釋此義如上已論。且以義約。言位五者。皆究竟罪。莫不三均。偷蘭不爾。根本從生各有三品。隨品三悔。如鈔疏中。故是聚攝。

次科。正釋中。初文指上。卽前三階。且下示義。

疏若爾。吉羅亦有因果二品。兩懺體相不均。何得名篇。如昔解云。且據當律。或有小罪不從人悔。吉羅重輕非本律故。

初難中。昔解意謂本律吉罪皆是責心。故云不從人也。旣無兩懺則成均義。吉分輕重出明了論。故云非本律也。

疏今解不然。如律文云。故作犯二罪。悞作除非威儀。二相歷然。何得不有。且如墮罪。三十爲重。罪對僧除。九十爲輕。別人自滅。何爲不疑同一篇攝。吉羅亦爾。重者對人陳過。輕者心念自責。相同無異。故得篇收。

二釋通悔法

二約吉羅通因以難。二。初問

二答。二。初立義正答

二約偷蘭立難

今解中。初斥非律中。故悞二心結犯單複。不獨責心。且下舉類。墮分兩懺。合作一篇。吉羅同爾。不足致疑。

疏問。波逸提懺三悔不殊。故同一篇。吉羅不爾。對獨兩異。何得相比。答僧別有殊。三悔是一。對獨乃異。一說不差故也。

釋難中。以墮吉悔別不合相例。答中據事各異。約說皆同。

疏問吉羅罪中旣通方便。如何在篇。答簡究竟者以入篇中。餘方便者入聚所攝。

次明通因難中。問答可知。若爾。與前古師所立何異。答古師篇局。戒本文相。聚中不通究竟。今師不爾。以名攝罪。篇中吉羅。通收作說。果頭之罪。聚分作說。各含因果。非獨攝因。故與昔異。所言方便入聚者。謂此聚中。通攝方便。非謂純取方便一色。

疏問偷蘭罪中亦簡從生。取究竟者用以入篇。答不同也。偷蘭究竟或均或雜。或前或後。難定其罪。大約分三。懺同墮位。故入聚收。如大疏中。偷蘭滅擯。大小眾悔。廣有廢立。無暇述之。又非時世所行務也。

反難中。蘭吉俱雜。吉得入篇。蘭亦應爾。答文爲二。

初正答以蘭果罪自分三品當局名均相收還雜、前後如上吉羅究竟體無輕重故知不雜、定在末篇故非前後言同噎者噎有三懺大眾小眾一人對首、對蘭亦爾但蘭分三體互懺不成、噎唯一品隨界三別故爲異耳如下引證逆蘭滅擯餘通三悔故知體雜下文指廣可解

疏 二不定中舉處錄罪、罪唯疑似同篇聚收廢罪論處處非罪緣篇聚不攝

二不定中處卽屏露二處同篇聚者卽所疑罪、文列三二實通六聚

疏 七毗尼中用法殄諍諍通染淨、持犯自明故此不論

七滅諍中通染淨者謂所諍事憶念不癡是淨、覓罪草覆爲染若據下文不定生疑罪是吉羅七藥用差亦應同吉、不定滅諍宜歸第五今云篇聚不攝此不論者未詳何意

疏 七佛略教廣前無罪、制後犯者但是吉羅同聚收故何以知之初未制廣有犯過者最初犯戒戒是略教所制有罪心違三善、況制廣後而無犯耶若不立犯、略教不行廣何所補用略何爲今則廣略俱陳明知兩犯不惑

略教中、初定犯何下二釋所以、前舉初制以況三善卽不貪不瞋不癡若下次約無用以質問此明犯者犯在何時有云隨犯廣制更兼犯略、細尋諸部及悔法中都無此說未可準的意詳心違三善未落廣教隨七佛偈所詮行相有違卽結學者宜更思之

疏 大門第三諸篇方便四分諸律且言方便、不約篇聚位立多少今依明了論解律說罪有五部者

三諸篇方便今家中、初科前明諸部明通今下示今所用

疏 彼疏釋云此間爲篇今依本義立名部也故知梵本各有所由、翻經之家以意商度以篇譯之何事紜紜浪諍字也故彼解云何故名部、有二義故一成就根本義二隨順根本義

引疏解中、初文分三、初引疏標文言本義者卽下二種根本故知下因斥古非以疏標五部顯是隨義爲名不必三均獨得名篇紜紜雜亂之貌浪虛也故彼下引釋部義二種根本如後結合

疏 初之二篇立三方便、下諸篇聚立二方便

二顯相二初總舉　二別釋二初引示目本四初遠方便　二次方便二初依論示罪　二引律和會二初引多宗會通

別配中。初科所以多少者。示現戒儀不同罪位輕重故。

疏故云第一波羅夷部有十六罪。一一各有四部成十六罪。

次科總舉云二一一者即指四戒言四部者因本各有部類故。

疏一者遠方便如行婬時先起欲心未動身口便止不作責心即滅。

遠方便責心者且依論出今須對首了論宗正量部大同空宗故結意犯若約有部未入犯科。

疏二者次方便動身就彼口陳欲作此對人滅通名吉羅。

次方便中初文言對人者此明動色業麤故重。

疏若準十誦多論此則初篇遠方便偷蘭名雖有異對人不殊也。故彼文中初二兩篇各有遠近方便位分三階初篇近者界內僧懺初篇遠者二篇近者合爲一階界外四人邊悔二篇遠者爲第三階一人前悔俱號偷蘭懺同墮罪。

次科會通中分二初準文會異言遠方便者彼宗但立兩方便動色爲始故云遠也中蘭與吉並對

二舉本律取舍　三近方便　四根本　二結成部義

首懺故云名異等若論詞句三一實異且就所對故云同耳故下正引彼文偷蘭三品分對兩篇上下各局中品兩通。

疏若依本律初二兩篇不成之罪同號偷蘭至於定罪不分輕重可依上律如法治之廣如刪補羯磨疏鈔。

取舍中初示律文初篇廣解皆云成者波羅夷不成者偷蘭遮僧殘亦爾可下取用十誦兩蘭以替了論次吉頗合今宗不成偷蘭之義廣下指略羯磨及疏即懺法篇事鈔即在篇聚及持犯中。

疏三者近方便至彼人邊或欲摩觸身未交前是偷蘭遮爲行婬故觸不爲戲樂故觸所以不成僧殘故此偷蘭對僧懺也。

近方便分三初示犯相爲下簡濫故下顯罪體。

疏第四身交是根本也。

根本中四分入如毛頭即爲分齊。

疏前三方便皆爲成犯故名部也若根本未成前三可懺若已成就則隨根本悉不可懺。

結部義中果由因剋是成就義攬因歸果即隨順義以蘭吉別聚由此二義總歸初篇同一部類。

疏餘篇方便例此可知。

指例中。以下四篇多少雖異。次第大同。

疏若講至此可引鈔疏相潤成宗。必觀時宜廣略機變。不事誦文彼此同惱。有人不解道理者。云爲我盡底道。余云底何可盡。至佛方知。今且大略識相奉持。勿乖正行是則可矣。

結告中。初令援引。必下教隨宜。有下杜非議。彼意嫌略故特遮之。答云至佛方知者。即智論云智度大海唯佛窮底。今下示略意。

疏古德相傳立四方便。一遠二近三進趣四關緣。此之四位通於篇聚。

次明古德所立。

疏所言遠者。遠貪前境。借勢成犯。事絕情殊。名體全隔。故名爲遠。及論成果。非不別因。即以此罪名爲方便。今於此過位分有五。

遠方便中。通示遠義。彼謂果罪次第相因。名爲方便。非不別因者。即下近中自有方便也。

疏言夷遠者。自言感聖聲了成犯。後受名利。與盜作緣。

釋中。初夷。且約因妄成盜。餘可準說。

疏言殘遠者。染心觸語與婬作緣。同是殘中支類可比。

殘中爲二。初望根本同下。就當篇。如先麤語後得相觸等支流也。

疏言提遠者。取衣作衣。染浣坐等。並與初二而作犯緣。

提中。取衣染浣即三十。作衣坐等即九十。與初二爲緣者。或因此過而致婬觸等。

疏乃至四五種類相收。緣成果起便成後犯。

四提舍受尼受女食。眾學入白衣舍等。並由先犯。後通上篇種類攝戒。尋之可知。

疏如自覆露教他行非。過狀自成。體不相及。非不積習生於後犯。犯由緣成。故號方便。

舉例中。自覆犯吉。教他隨篇重輕。此二別犯。並容相續。犯由緣者。緣即前罪。

疏此方便者。但有異義。至結罪時。兩不通涉。所以立者。欲令行人觀犯與厭。或因染習便成大犯。故律文中大妄語戒乃訶大賊。明知盜受遠因妄語。文證可知。

立意中。初示義。謂假異罪相成之義。立此方便故

二近方便

三進趣方便三。初。初師約違理明無。三。初示名義

二正立

三問答二。初約福善以難罪

二引諫戒以難無

言異義。然各果罪故不相通。所下推益故下引證。

疏 二者近方便攬體成果。情事相狀如上明了三方便說。

近方便中。雖三方便遠近不同。相從根本故並云近。

疏 三者進趣方便。心規前境運用不息。或自造業或設殺具。心雖剋漫事無暫止。即號此緣名進趣也。

三明進趣。初解中。初科規猶謀也。專心一境名剋。泛通多境名漫。

疏 若事未差。念念增其不善。未結蘭吉之愆。若事畢

心達。終成至果。中遭阻礙。初是闕緣。

次科。古謂未至止隔。但是違理。故增不善。若論違制自歸果罪及以闕緣。故約制教則無進趣。

疏 問。善本難生。律明步步有福。惡本易就。寧不步步有罪。答。今言制教必須心事止隔方定其罪。步步進趣非教所明。上問罪福乃是理之違順。如何將順理福難我違制罪也。

問中。舉律福文比例罪相可立進趣。答中。初正答。

上下反責來問。

疏 若此立義。何故諸諫白二捨者有三蘭。故知有進

二次師或有或無

三後師約制明有。二。初立義。二。初對初師立

趣也。答。此亦以羯磨言教第三息處故言三蘭。非謂三罪。如世人言堂中有三伯門外有三兄。但第三耳。非三人也。

次難。白二者。一白二羯磨竟捨故結三蘭。答中。但作一罪通之。舉事為比在文可見。

疏 有人言。進趣方便或有或無。若藉一世因成中無隔絕。既因不定。如何結罪。或藉異世因成。如諸諫戒中有法隔。乃至殺盜微涉遲疑皆有其罪。如律文中。捨者三蘭。

次解中。初通標不定。若下別釋。初釋或無。一世謂

同時無間。對下異世。可解。或藉下釋或有。諸諫羯磨殺盜遲疑皆謂心事相間不一時故。

疏 有人解言。一切造業其必有因。業成當果則篇聚所攝。如何此因乃名違理。若以違理惡因而成違制罪者。則違制罪時更無違理惡業。然違理違制各有二業。故知其因雙分兩緣。其義極矣。是以十誦多論步步偷蘭。文誠驗也。

第三立義中。初科。初難破彼謂因中違理果方違制。因果不等故云如何等。若下正難。因既違理不違制。果應違制不違理。然下立義。初明理制相兼。

以違制其必違理故云各二業也故下正立前明
因但違理今須違制故云雙分等是下引證

【疏】據如此理亦無同異兩世念念趣境皆有違教之心是以律云發心作心念作卽其證也

次科中初點破上句承前義下句顯古非兩世卽上一世異世念念下立義初正立是以下引證律中發心心念犯吉明知違制

【疏】問此之進趣與近方便復何殊耶答言進趣者心事不絕爲名言近方便者從因至果時分延促爲義何以分之如前了論立三方便此義合之總名爲近

初問可解答中初示名義不同遠者名延近則名促次通延促何下正分兩別但近方便定約三時進趣念念隨結如起婬心卽遠方便後心思度未動身口念念吉羅則是進趣纔動身口卽次方便身未交前步步偷蘭則是進趣身分纔交卽近方便未至究竟並是進趣欲令易曉不覺詞繁

【疏】問延促雖異趣果不殊卽是進趣何必有別答息不息別

次難以望趣果則三方便俱名進趣義無別故答中息卽近方便不息卽進趣

【疏】問不息名爲進趣有息必在闕緣何須繁紙橫立斯位答不息方便如箭不停近方便者如行暫息不妨意遠非是闕緣

第三難以息不息各有所歸則近方便義成無用故云何須等答中先約二喻顯二方便不妨下正通前難謂近方便雖復暫息而遠期根本闕緣不爾事止不成故

【疏】四者闕緣方便義分二門初列名顯相二校量同異初列名者言方便者乃是趣果之都名業未成前諸緣差脫故合此罪壅住方便

第四闕緣列名中初科前示名業下釋義言諸緣者總下通別二種

【疏】有人製疏改曰不成以律文云不成偷蘭今解亦得何須較執卽律文云方便求盜不得偷蘭斯則明證

斥古中初引古彼謂方便既是趣果之名今不至果豈名方便止可名爲不成罪耳今下斥局較音覺定也然既各有誠據義無不可豈得專執一文耶

【疏】今言方便隨相衆多且以事約分爲七種所謂闕

緣乃至心息此列名也

正列七緣且舉初後略中間五種如下牒釋

疏 言顯相者初明闕緣泛解有三一通名闕緣七方便者闕不至果並爲緣來豈非通也

顯相中闕緣三種通即總該篇聚

疏 二別名闕緣如諸戒下各有闕緣不可以盜而開殺戒各不相通故名別也

別謂隨相不同上二泛論總收一切第三兩亦正示初緣

疏 三者亦通亦別何者是耶凡是犯戒體是比丘若造罪未果或自命終捨戒邪見二形生等或未制廣教或病狂癡但有三緣不名犯戒俱爲造因未成至果故名闕比丘緣望下六別對戒並通故兼二號

三中初標徵凡下示相初標緣若下次明闕相罪未果者方便義也列相有三初列四捨體壞無法次未制廣最初不犯後病狂等自不了知初則體相俱壞次則體相俱如但無制法後謂體具相乖問未制廣教那名闕比丘耶答雖曾納體未辨法相無教可犯還同闕人今已制廣則無此緣所以鈔中止存前後二種仍加十三難受戒不得等但下總結初結闕緣望下次結兩亦問已下六緣可例此否答亦可例也以互望皆別對戒並通但境强一種不必盡通如是思之

疏 二境强者如欲行殺前境反强倒欲害我差此進趣壅住在因故曰方便然境强非偷蘭偷蘭由强而生餘之上下類此可釋

次緣分二初敘緣然下定罪强非罪緣故曰非蘭因强壅住故云由生也餘下指例如云闕緣非偷蘭偷蘭由闕緣而生等問境差中亦有境强與此何別答此本境强下異境强故不同也

疏 三者緣差方便如欲殺盜往逢異人或恐有事或刀杖毀壞或要期未遂總號緣差就義通名七緣皆是隨相取別唯此第三

第三分二初列相有四一非本所期二慮他所獲三殺具有闕四如不見前境等總下結名以名通七緣相局四位

疏 四境差者隨戒並有且據大殺四境來差謂人非人畜生杌木

第四境差標中初示緣通且下次標所出人是同類非畜是異趣杌木即無情

疏如欲殺人，剋心在張，王人異境而代張處，緣王張解，望人不殊，究竟成重。由異境來，張人不死，殺意又息，畢住方便，故曰境差。

人異境中。初科分二：初明差相，且舉張王兩姓，以分本異二境，緣下結犯。初結異境，由下結本境罪是偷蘭號闕緣方便也。

疏問：本殺王時，但作張解，無殺王心，何因得重？答：張王非異緣，人是殺境，雖無王心，然有人想，殺緣既具，何得非重？是故律云：男想殺女，佛言波羅夷罪，可以類之。

初問，以心境既差，理非結重。答中，初正答望張境差，望王心差，故云非罪。張王是別，人趣是通，今就通結，故成殺重。是故下，例證。

疏問：殺王重罪，乃取張因，而成極果，為望張邊別有方便。

次問，意謂果成因沒，應無方便。古有異解，故問以決之。

疏解云：張王姓別，人境不殊，重果位同，輕因相等，故攬張因用成王重，如律本中列過五因，用成五重。

古解為二：初立理，謂本異並人，因果無別，故攬相成，如下引例。如律盜戒有四句：一、方便求過五錢，得過五錢，波羅夷；二、若方便求過五錢，得五錢，波羅夷；三、方便求過五錢，得減五錢，偷蘭遮；四、方便求過五錢，不得，偷蘭遮。今引第二過五方便能成五果，此亦因果兩別，相攬而成，可為今例。

疏問：既攬張因成王果者，本立境差方便，今因成果無境差矣。

今解中，初科以攬因成果，果成因滅，境差不立，故知非矣。

疏今正解云：人趣乃同，形者有異，不攬相成，與王未交。屬前張因對王，已去別起方便，即攬王因還成正果。本境張因，畢住方便，號此方便，名王境差。

立義中，初通示因果各異，與下釋成。初明王果本下，釋張因，言王境差者，以張是本境，不得名差，故從異境以彰差義。

疏問：不攬張因以成王果，何故律文攬過五因成五重果？答：彼以同損一主，元來有心，故得相成。張王既別，何得例也。

釋妨中，以向古師執此為例，須為通之，令無後惑。答中顯示境有一異，不例可知。

三指廣

疏昔來諸師於人異境更立諸相通列六緣中加疑想用分多句事理境心不無其致此通戒本無宜復廣若解本律可更舒之

指廣中初敘古所立諸相即下六緣及餘句法一是人二人想三有殺心四興方便五命斷更加第六疑想以殺但五緣故言中加也復於疑想分出句法且依首疏三趣各有五句杌木非情無境強義但有三句總十八句文中但云人異境至於作句則通四境今備列之

一人趣五句
- 想心二句
  - 一境不強而殺 張人境差蘭 王人根本夷
  - 二境強殺不得 張人境差蘭 王人境強蘭
- 疑心三句
  - 一境不強而殺 同上
  - 二境強殺不得 同上
  - 三疑故善心息 張人境差蘭

二非人五句
三畜生五句
- 想心二句
  - 一境不強而殺 張人境差蘭 非畜無罪
  - 二境強殺不得 張人境差蘭 非畜無罪
- 疑心三句
  - 一境不強而殺 張人境差蘭 畜非疑心吉
  - 二境強殺不得 張人境差蘭 畜非疑心吉
  - 三疑故善心息 張人境差蘭 畜非疑心吉

四杌木三句
- 想心一句
  - 境不強而殺 張人境差蘭 杌木無罪
- 疑心二句
  - 一境不強而殺 張人境差蘭 杌木無罪
  - 二疑故善心息 張人境差蘭 杌木無罪

事即制罪理謂業道方便究竟皆兼兩業境即四異心謂想疑已上並指諸師所立之義此下顯今略意

二明餘異境二 初通示

疏餘有非人畜杌來作異境通望本境不死偷蘭若望異境無心無罪

餘異境中初文可知

二釋疑二初釋人異境難

疏問主人異境亦是無心何為結重答人想而殺境心相應是故成重不起非人想故無罪也

釋疑中初躡前人異境相並為難釋中以餘三境趣類全乖不可相例

二釋律境想難二初叙難

疏問若無罪者云何律中非人人想偷蘭遮者

次難中初引律者即殺戒境想第四句

二引釋二初引他師約本境釋二 初約想心解

疏答此由境差方便罪也由非人來人想不捨殺張心成而境乖異望張方便望非人邊本無罪也其足五緣殺非人者但偷蘭遮如何其因已是方便義不然也

他師釋中初科上二句定罪由下釋所以彼謂律結蘭罪還從本境不望非人其下引殺非人罪貸成上義五緣者一是非人二非人想三有殺心四興方便五命斷如何等者以非人作人想在人為境差望非人為想差故是殺非人因也謂果罪但蘭豈得因罪即結方便蘭耶以非人方便但吉羅

二斥疑心解三 初正他解
二約義斥
三引疏爲例

故方便字合作偷蘭（或改已是作不爲者非）此明律結蘭罪不望非人斥他異解故云不然也

疏有人言上立異境想疑心中想則決徹人差結重餘則無心但屬本境疑則不爾緣兩境生故就兩境雙結二罪

斥疑心中初文彼謂想心同上疑心不同以未決徹本異二境並有心故云二罪者本境方便蘭人異境是夷餘三異境並疑心蘭

疏今解不然但列本境縱使四異來差本境若強若疑皆列本境何以明之畜是小罪杌非生罪如何來

差俱犯偷蘭豈不望人從本境結

次科還即古義對破前解故云今耳下云今明正解始是今義文中初判定云但列者即指律文境想句中何下徵釋且舉畜杌難破前義據此破詞則知前解異境皆蘭

疏問異境有強方便屬何答強想猶懷本境故知此強不望異結如是類例若疑若想皆從本境

三問中據上已明強從本境更欲別示故問所屬答中強是異境想緣本境故云強想如下例通據此立義不問疑想異境之上永無罪也（前門境強乃約本境）

二約兩境難二 初躡境強難 破
二申今正解

此明異強須知兩別

疏問異境若強差我不殺強是本境異非罪者異境忽弱而被我害未害之前方便屬誰若見異已去別有方便此則本境方便自立若見異已去無別方便害異果罪因還本境若此立義則無境差

次今釋中初文分三初牒前義異下反以境弱爲問若見下雙難初約有方便難則本異兩境皆有罪故次以無方便難則異境果成本境因沒故云無境差也

疏今明正解本境一品齊是偷蘭異境來差人境緣

人有強有疑莫不殺心皆結蘭罪若至非畜例有強疑以懷人想強從本境非畜異境一向無罪若兼疑心從兩境生本境疑蘭非畜疑吉若至杌本並結本境以杌異境非生罪緣

正解中初明本境通結異下明異境別結文復爲二初明人異境若至下次明非畜境又二初通標強疑以下別釋初釋境強若兼下釋疑心非畜二異正犯蘭提疑故並吉杌非罪緣故無所犯初師局就本境異則不結次師疑心兩緣異境皆蘭不簡輕重觀今所判文理精詳比前可鑒

疏第五想差方便義張八位初心差境方便如律人非人想等二境差心方便如律非人人想等三心差境究竟如律婬酒戒若懷非道非酒想疑但是正境皆結究竟四境差心究竟如欲殺誑張人張去王來緣王張解若誑若殺是境俱差齊成究竟五心境俱差成方便六即此互差成究竟以事思取七心境不差成方便如出佛身血境强緣差之類八心境不差成究竟諸戒並是

五想差中此門八位前四互歷後四具兼一三全是想差五六心境兼差此門唯收四句二四屬前

境差七八即境想初句故此四句皆非科意句法相從故爲八位耳五六二句令以事思者五中如欲殺張王人昝處是境差心復轉想謂爲非人即想差成方便第六如欲殺張王人昝處心作李想還成究竟言互差者互即是俱承上第五故云即此或恐字誤七中出血一罪永無根本境强緣差事不究竟心境無改

疏就此想中或有從輕向重如殺盜畜生轉相向人者是或從重至輕即反上句是或互轉者如彼婬酒破僧俱是正境想疑或生無非究竟

料簡中三初殺畜盜畜方便但吉轉作人想殺盜皆蘭二殺人盜人轉爲非畜後心並吉故云反上三互轉俱重如婬前作非道想後作正道想或前正後非無非果李私釋更立互轉俱輕如非人畜生心想互差可以明之

疏第六疑心方便者相對義張八位方盡我疑他方便人非人疑也他疑我方便身現妄語相前疑不了是他疑我究竟我疑他究竟如口造語業但使言章了了不問自他疑也上四句單疑也今此雙舉何者是耶自他俱疑成方便如身口互造也即成究竟者

妄語言了也自他俱不疑成方便如出血在佛也即成究竟者一切戒是也

六疑心中前四互句初即境想中第二句問與前境差中疑心何別答前對異境此就本境餘三俱約妄語配對後四俱句前二還約妄戒但具兩疑與前爲異言互造者亦即如上身造口業後二亦是相從而出

疏第七善心息方便者如欲造罪身口雖發未鄰究竟忽起善心便止前業壅礙不暢但居方便

七善心息初中鄰近也云忽起者或因他勉或遇

勝緣或思佛戒或畏因果若非此類善心寧發居方便者前心偷蘭

疏 問此乃善心生今何言息答實如來問向若不生惡必趣果由此善心能息惡想即所息處號爲方便又如律文捨者偷蘭捨時非罪由能捨故前惡不至後果故號前因爲方便也

釋難中此即善生惡息於義易知欲生下答故此爲問答文爲二初正答又下引例能捨則同善生所捨可類惡息

疏 第二大門校量同異者

二校量者即總料簡前七位也

疏 初以自身造境對置殺具明方便多少者身自造境具七方便設置懸擬既非自身故闕想疑但五方便

明多少中初標示身自下別釋初明自造故多設下次釋置具則少以想差疑心必約到境懸擬相成不可論故

疏 剋心辨差其境則寬以元在張王非畜杌後來差故漫心辨差其境則狹以通三趣有境齊害唯有杌境用分輕相乃至想疑剋漫可解

次科言寬狹者謂異境多少也初明剋心寬王非畜杌即四異境次明漫心狹杌境輕者非情無過止有方便上據大漫若約小漫如欲通害人趣望剋爲狹對大猶寬乃至下此明境差想疑二位並通剋漫二心寬狹義同故言可解

疏 二心境分別境差境强緣差據前境論闕比丘緣想疑心息據自心辨或闕惡心如好心息或闕有心如狂心息

心境中三種屬境四種屬心闕比丘緣或約四捨或是狂癡故屬心也或下別示息心則兼二義問

狂心息者與比丘緣何異答此據止息初緣不息俱不至果

疏 三宗致分別問此七方便依何而述答出在律文境想五句以彼文言人非人想人非人疑即是向述想疑二位非人人想則是境差如前所指餘四方便義通剋漫境想無文是故律云不成偷蘭則攝四位可以知也

宗致者顯示七緣皆有誠據宗即文之所出致謂立之所以問意可見答中初指三種所出律中境想五句初人作人想夷二人作非人疑蘭三人作

非人想蘭（上三通名想疑）四非人人想蘭五非人非人疑
蘭（此二名境差文略後句）餘下次明四種義立剋漫二位本
出境想今此四緣皆可具之故云義通則明境想
有義無文也是下指通文以攝由此四緣皆不至
果故可通準不成之文私謂闕比丘緣準諸戒末
並云顛狂心亂痛惱所纏即其文矣
[疏]大門第四明持犯義略分四門初知名字二明體
狀三釋成就四辨位致
四明持犯鈔具七門此但明四故云略分名必召
體體成有處心容明昧四段辨相大途已顯餘如

對篇逐位別配
[疏]就初門中言名字者持有兩種犯亦同然各有止
作例分爲四
名字中名即是字無別所以不必强分然須先了
二名並依受體而立由本受時不出二心一者斷
惡二者修善所發業性即本願體隨中守護對分
兩持違反本受即成兩犯
[疏]先明二持所言止者方便正念護本所受禁防身
口不造諸惡目之爲止止而無違戒體光潔順本所
受稱之曰持持由止成號止持戒如初篇等可以自

明此對不作惡法爲宗
止持中二初牒名方下釋五節初釋止義言方便
者或但攝心離過或復修諸對治止而下明持義
持由下總合如下舉事以顯此下指歸行宗所以
爾者欲使四行無濫故
[疏]惡既已離事須修善必當勤策三業修習戒行有
善斯護名之爲持持由作成故號作持如衣食四緣
威儀雜行作意防擬方成戒淨此對修習善法爲宗
作持中躡前生起必下釋義亦五初釋作有下明
持持由下合名如下指事衣食藥三皆通受淨房

有制量乞法或可糞衣乞食樹下腐藥羯磨疏中
科爲根本作持修道假此故名四緣雜行總收衆
共皆作持攝此下示宗可知
[疏]所以前後不同者論云戒相止行相作也又云惡
止善行義之次第
次所以中初徵意者以修捨義順今相反故又止
作體同今分異故論下次引釋論即百論文有二
段初釋不同彼明佛說法有二種一止相二行相
謂息一切惡名止修一切善名行外道難曰已說
善行不應復說惡止以惡止即善行故內曰止相

息行相作性相違故今變其語取其義耳又下次
釋前後彼云外人又難曰善行應在初以善法有
妙果故內曰次第法故先除麤垢後染善法

疏次明二犯言作犯者出家五眾內具三毒我倒自纏不思對治鼓動三業違教造境名之爲作作與持違汙本所受名之爲犯犯由作成故曰作犯此對造作惡法爲宗

作犯中初牒名出下釋義有四初釋作初句標能犯之人次二句敘起業之本不下正明造業釋成作義作與下次釋犯犯由下三合名此下四顯宗

兩犯並不指事者翻持可知故

疏惡既作矣必不修善是以第二即明止犯言由癡心怠惰不奉教法行違本受厭而不學故名爲止止而有違反彼願本故名爲犯犯由止成故名止犯此對不修善法爲宗

止犯中五初躡前生起言下四段亦如上分作犯造惡則通三毒止犯慢法偏對癡心

疏二明體狀者如昔解云離身三邪離口四過意地不起三不善根名止持體屈身禮拜行檀放生讚歎三寶讀誦經教意修三善對治三毒各修諸觀乃至離染淨行慈悲四弘等名作持體起十不善名作犯體止不禮拜布施修慈乃至觀行名止犯體

二明體狀昔解中初明止持通指十惡屈下明作持初二句即身業讚下是口業意下即意業上明事行各下次列心觀初句即指五停心總別相念等離染淨行者即十二頭陀四弘即四無量心文舉慈悲而略喜捨如後對破二犯相反可解此師大要不明化制兩教業行不同故下並約制教難破

疏有人問曰止不行施禮拜讀誦悉爲犯者出在何

律何聚所收如律文云佛不制者不應制也何以得知不施非犯如智論中兄弟二人出家造業各於施戒互不修行弟爲白象以不持戒兄獲羅漢乞食不得由不行施如何而言不施犯罪

次引正解斥破中標有人者即是首師初難中四初牒彼計出下責其無據如下引文顯妄即律中非制不制是制便行文也何下舉事證非迦葉佛時曾爲兄弟兄但持戒弟專行施故云互不修也至釋迦時感報乃異今謂兄不行施乃名持戒明知不施非破戒也

疏又且律中但約身口至於意地未聞戒訓如何而言不修四弘便是犯也

次難中即善見云凡夫常緣欲境聖人若制心犯無有得脫之期

疏又若犯者何曾見悔不施等罪故智論云不行十二頭陀四無量心不名犯戒但是於戒闕莊嚴耳

三難中由律悔法必據犯制不施等罪律既不制豈得有懺故下引論可見

疏故知上立違於律論若論自行止可違理若不修慈何成道業毒蛇未出義不安眠如救頭然名有慚者

結顯中律論即如上引若論下遮疑非謂施慈等行都不修之但非持犯體耳須知善行約教二別如上所列但屬化教道俗通修如後制聽所攝事法局於制教唯道行之故云止可違理則明非違制也若不下顯示須修可解問此中但破止犯彼立作犯有何過失答前舉十惡還是化教十中前七乃入律制本宗心犯如別所論

疏今更依教立持犯體能所分別

正立中標云依教者能所二體皆出本律以四分結犯並問何心律序又云當審觀意雖兼身口由是無記非罪福性今明持犯必約成業故專取心為能持體問受中作戒色心為體今此能持即是隨作但云思心受隨應等那不同者答受取緣成必須兼色隨取成業但約心論學者深思方見遠致

疏言能持者即心為體身口是具不名為業若不思慮不成持犯

能持體中初科雖通指心正取思業

疏故成論云是三種業皆但是心離心無思無身口業又云身口者乃是造善惡具非善惡業體

次科成論由是當宗故可為證皆是心者此指意識猶通四陰若據成業須至行心行即意思以思從心起身口二業復由思成今從業本故言心耳

疏以此文證故知意思為能持犯體

三中正顯體狀體用齊舉故云意思意即心也

疏言所持者收二種持就制聽兩教交絡互明

所持中標示但云持者下列四行合須云犯或是語略或可翻持自可明故下約制聽二門止作互歷故言交絡

疏先出二教之意。

先出二教者，今明持犯，唯據律藏，文雖浩博，不出制聽，特異古師濫通餘行，故須先示二教大綱。

疏言制教者，禁諸出家有惡皆斷，名制止也。有善斯習，名制作也。若斯以明，是大略也。若違此二，雙結兩罪，並由制成，故號制教。

制教中，初示二持，未陳別相，退舉總意，故云大略。若下，明兩犯。制止反作，制作反止，皆名違教。一一結罪。

疏言聽教者，作與不作，一切無罪。

聽教中，如造房畜長，必不俯從，乃成上行。依開而作，自攝下根。今望作、不作邊，故言無罪。然至作時還須依教，房舍尺量，長衣日限，違則有罪。

疏故地持云：有罪行者制，無罪行者聽。文成證也。

引證中，行字平呼，謂造作也。

疏所以須二者，唯制不開，中下絕分，進道無由。唯開不制，則令上行慢求，怠於自勵，故立此二，攝機斯盡。

出意中，初句總徵，唯下別釋。初明須聽，唯開下，次明須制。上行欣制，乃能勇進；唯開退屈，故云慢求。故下通結。立斯二教，攝彼三根，故云斯盡。然上根亦制，未必從聽；中下二根，制聽齊奉。上來諸文，且陳兩教大體，未顯持犯體狀。有人即以二教為體，又復有立萬境為體，並由錯認前文，致斯妄立，委如事鈔所破。

疏如昔解云：三教攝法各有分齊，止持作犯唯對二教事相以明，作持止犯通對二教法事以辨。所以前段不通法者，法唯進修方知，事但離過自攝，故所以異。

正明體中，初科昔解。止持作犯局事無法，與今少異。餘則大同。所以下，自釋不通之意，以律制法止在進修，止持離過，非進修故。又事通善惡，故該二持；法唯是善，故唯局作。

疏問：如上立義，止持唯事，不通法者，如五邪七非，並非正法，若作有違義須止約，此法與事殺盜不殊，有何等故不在止攝？如昔解止但對事明，於義有乖。今不同彼，無論事法，聖制止作，則通持犯。下以位分，體狀無別。

今義中，初牒彼解，如五下，舉法比難。如昔下，斥非立義。此謂事法既有止作，則通四行。下以位分者，即後四門並舉事法，對可學不可學以明體狀，方

二別顯持犯體狀四初止持二初制門二初總示

顯止門與作齊等故云無別則異古師單複偏對也

疏 前就止持制教門中有二種位

止持制門中云二種者即下制止制作或是可不可學問今論所持體狀何者是耶答如後所明善惡事法即其體也問何不直明事法而先出二教者答此有二意一爲簡化教不使相濫故二由此二教各攝事法體狀各異持犯不亂故前標云攝法分齊意可見也問所以事法復論止作者答由善惡不同四行所攝體相別故問何故須分可不

可學答若在二教一切心境皆名可學由心迷悟犯不犯別所以分之問舊記何以立二教爲體答彼將前文即爲出體正明體處謂論四行所以攻異浪爭不息問立境爲體復有何過答境是戒緣體無持犯壇場受戒豈唯受境隨中持戒豈但持境應知於本受體有護有毀遂與教相有順有違故有持犯耳問如母論云犯必託境又事鈔云森然萬境何事非持今不取境則違彼文答但由持犯必對境緣如犯婬戒須託三境如持殺戒亦對三趣至論持犯自指婬殺論云託境豈不思之又

二別釋二初制止事法二初可學事

二可學法

二不可學二初列示二初不可學事

境是局狹收緣不盡如諸戒列緣境唯一種若言婬事一切皆收又復於一男境自發五十六戒若但言境境即通漫今言事者即指別戒大抵諸家所立與今現文略無關涉不足爲破但恐新學致疑故此略辨委如事鈔

疏 一者可學事制止何者是耶如婬通三境盜分四主既是惡事不可妄行故須止也

可學事中三境者人非人畜非人攝四天脩鬼獄故知此三總收六趣三皆犯重故云通也言四主者三趣之外加三寶境四犯各別故云分也

疏 二者可學法制止如五邪七非體乖聖教明了其相必不得行故同止也

法中五邪即調達五法一乞食二糞衣三露坐四不食酥鹽五不食魚肉五皆盡形一制無開故名邪也七非者謂所作羯磨違律制也一非法非毗尼二非法別衆三非法和合四如法別衆五法相似別衆六法相似和合七呵不止廣如業疏此二惡法不殊婬盜故云同止

疏 言不可學事者由心迷倒隨境不了於殺盜境疑慮不分望非犯位故是止持而心不了是不可學

不可學中約迷忌者，謂臨事造境忽起之迷，非可預學令知，故言不可。舊謂心迷學不得者非也。

疏　二者不可學法，如四依、五邪、七非、三法，是非相濫、忌思不了，雖未依行，故名止持，非學所知，名不可學。

法中云四依者，以調達倚傍四依而立五法，邪正相濫，容有迷昧。三法者，即單白、白二、白四，或可心念、對首、衆法。

疏　問：如此生迷與愚教者復有何異？答：愚教之徒，生來不學，故隨所壞並結無知。今此不爾，素並明練，忽然迷忘，非學所知，故於教相無罪可結。

問答分示愚迷兩相，在文可解。

疏　二就止持對制門可學事中，制必作者，如衣鉢體量也。言可學法者，制必須作，如三羯磨等。

制作門中，今明止持，不宜論作，爲欲顯示雙持犯義，如後問答。衣以布絹爲體，長五廣三等爲量。鉢以泥鐵爲體，三斗斗半爲量。三羯磨中，說恣二法必須常行，餘對別緣，有必依作。

疏　問：此止持中但得守戒而已，若有作者便同作持，今明作者，豈非合亂？答：今言制作，即成止持。若不依行，則是作犯。今順教作，便成止持。如三衣一鉢，法須具有，故制畜之，豈非作也？望無犯故，名爲止持；依教奉行，又是作持。

初問答意，以佛制作，不作有罪，望不犯制，即成今止。若望依作，歸後作持。方顯止持離過，作持進修。於一事法兼具二持，今取離過收歸止中，則非亂矣。

疏　問：與後作持復何別耶？答：義同意別，具二持犯，其致在茲。

問後答中，義同者，無別事故；意別者，止中說作，但取無犯還成於止，後作持門正約造作，具二下發起後文。

疏　因此便明雙持隻犯義，略分二意：初約心用，後約教行。

次雙持犯，標中語略，合云雙持雙犯、單持隻犯。

疏　若據心用以明持犯，一切諸戒並二持犯。何者是耶？且如婬戒，順教禁防，即止持義；觀厭現前，無思染穢，縱有境逼，三時不樂，名爲作持。違止作犯。

心用中通諸戒者，凡持一戒，必起護心，望離惡邊，即成止持；望起護邊，復是作持。兩犯亦爾，違教作惡。必無對治。文約婬戒示相可解。此謂二持兩犯各自相通。非謂持中有犯。以善惡行別。違順心乖故也。

〔疏〕若據教行。必託境生。依教奉行。作而無犯。何者是耶。且如三衣。教遣備具。不敢違侮。名為止持。如教策修。順行不犯。名為作持。違此二持。便成兩犯。可同殺盜。有教開作。名作持耶。

次教行者。此門須約有教令行。方具二持。如僧殘二戒。二房有處分故。三十中九戒。長衣、月望、長鉢、長藥、急施，此五佛令淨施故。二離、減六年，此三有羯磨開。畜寶說付俗人。九十中十二戒。說麤罪、輒教尼，有羯磨開。

背請、別眾，功德衣開。食前後並非時入聚，有囑法。足食、勸足，餘食法開。殘宿、不受，七日盡形開口法。故淨施問主。僧事與欲。提舍二戒。尼指授教令呵止。蘭若受食令語使知。眾學中一戒。杖囊有法開。此約戒本具雙持者。餘皆單持。是則一切作持。其必兼止。若但止持。未必有作。自餘羯磨衣鉢等事。則見廣律。文舉三衣。其相甚顯。侮音武。慢也。可同下。對單持辨異。以殺盜等無教開作。則無雙義。

〔疏〕問。依教造境名作持者。如婬怨逼。禁心境合。豈非順教。應具二持。答。此以難緣禁心名止。非謂恆爾。若無怨逼。對境有犯。況復合耶。若作此釋。莫問事法。無聖教聽並是單持。廣更如後。

引難中。初篇四戒。婬開怨逼。律令作蛇口火中等想。教既開作。合成雙持。答中怨逼作想。豈與三衣等作同耶。若作下。總判。廣下。指後諸篇。

〔疏〕二明止持對聽門中事法者。亦有可學及不可學。言可學事法者。謂房舍尺量、長衣廣狹、指授白二。加說淨法是也。於此事法。亦聽作聽止。必有房財。理須加法。故聽作也。若有妨難犯過衣財。不合加法。故聽止也。

聽門。釋可學中。初標示。謂下。出體。於下。明止作聽

中有違。還復令制。故得有止。

〔疏〕言不可學事法者。謂房財大小。迷忘互生。作法是非。昏昧雜起。望不違教。名為止持。迷非可學。故不制犯。

〔疏〕次對作持。亦就制聽。以明持相。

次作持中。標云亦者。亦前止持故。

〔疏〕先將作持。對制教中。明制作者。位通事法。

釋中。依古者。昔謂作持無不可學。今且一向依彼出體。下文難破。方顯今疏還通二位。

〔疏〕言可學者。並制修學。事謂衣鉢行護也。法謂一切

教行也。並託事法進用修成。而無違犯。名為作持。不敢違越。又是止持。

制門通示中。初句牒示。次句明行相對簡。止持是離過故。事下出所持體。並下顯示雙持。

疏問。此止持與前制門中止持。復有何異。答。前對惡法。無由可作。名為止持。此就善法。必不違越。名為止持。各有意致。可通解否。

問答為簡兩門止別。若爾前制作中止。與今何異。答。與彼同也。今所簡者。指制止中止耳。若爾。今此明止。為屬於何。答。還屬前門。由此而知止分二種。

一斷惡門止。正攝止持。二修善門止。旁收作持。作唯有一。但局修門。又復止惡局前。作善定後。作中之止。則通兩門。在止則離過不殊。在作則同由善事。約此以分。止作無濫。

疏就聽門中亦對法事。事謂長財房舍。法謂處分說淨。亦有聽作聽止。如前所言。

次聽門止作。還指止持。事法無別。何以分之。答。聽門事法。二俱是善。本屬作門。但兼止義。故在前出。但前取聽止。此明聽作。故不同也。若爾所以前後俱明止作者。答。為顯雙持義故。及論止作。各攝所歸。不可混也。

疏如昔解云。作持門中事法。唯可學。無不可學者。非此所明。以非進修。聖不制學。不同止持通不可學。以唯離過故得明也。

今破中。古解為二。初直判不通。以下對止顯意。彼謂學必造修。如四重等。非可為之。故有不可學。

疏今解不然。不可學迷。非學能了。乃至四果猶有事迷。何況下凡而能通辨。故於事法。無問止作。皆有迷忘。而非罪攝。何以明之。如律長財開忘。不染。房舍指授。亦開想疑。既不結止。明知不犯。

今解中。初文古師約事。所以不通。今立心迷。則該四行。四果事迷者。見思已破。理解雖窮。於事未達。故有忘認瓶衣之類。故下決通諸門。何下引文以證。二戒想疑文見戒本。

疏問。若不結犯。何以律文結偷蘭耶。答。忘非偷蘭。此結想疑方便耳。前心欲作過量不處分房。後心轉想謂是應量處分之房。想差前因。不至後果。故結偷蘭。可不解也。

釋疑中。此引房戒境想為難。彼結蘭罪。今云無犯則相違故。答約方便。文義易知。

疏若依此明，與昔持犯通塞全異。諸有讀者任情兩取。

顯異中，通塞者，彼不可學俱局止持，今通四行。諸下勸令從長，非謂存古而言任情，欲明今古兩解是非已彰，特以此語激勵後學。下明兩犯對翻二持者，但望心違，無別體狀。是故一一皆指事法，即其體矣。然止犯中明云所對，世人不知事法是體，讀至此文，如何消解？教旨極詳，但未思審，或復情執，何足爲論。

疏三明作犯，其狀如何？此犯所立，翻對止持，但不依戒行，事法有違，皆名作犯。

疏第四止犯，以對作持，所對事法，怠而不修，皆名止犯。

疏此二犯中，亦有可學及不可學，類止持中，彼此交映，則衢術歷然，爲繁紙墨，故不疏出。

雙結中，由不別陳，故須略點。制聽止作，可不可學，一同二持，但犯爲別。

疏三明持犯成就處所，心行對業，三門分別。

三成就門標中，前雖明體，未識四行成在何時，故以三門辨明分齊：初約三心，二就行心，三兼身口。

疏前將止持對心以明，若無染汙，以明止持，行前三心得有持義，謂識、想、受，此之三心，非業非記，流入行心方成別業，故分四陰以爲二分，豈非本有戒體，外無染汙，光潔純淨，名之爲持？三心非記，受體是記，故得持也。

初科上句標舉，若下正釋爲三：初通示據此，非持取本受體說名爲持，故云有義。古人目爲端拱止持，以非造作，任運成故。謂下別簡四心，分二所以。統論四行，止持有二，餘之三種並局行心故也。豈下結顯。三心下釋疑。問：三心何分？答：了別所緣境名識，即通指六識。取所領之相名想，謂取所領六塵之相，則爲六想。領納所緣名受，謂六觸因緣生六受，一一各有苦樂、不苦不樂三受之異，皆從違順、非違非順而生。造作之心能趣於果，名爲行。謂六受之後，各起善、不善、不動業等，亦名六思，思即是業。若大乘經，則受想行識，列次不同。由受生想，從想起行，由行成識。今依小論，則識想受行，以取最初一念了別之心名識，次起想像名想，復次領納名受，後起業思造作名行。問：破毀之人有此持否？答：據篇聚中，犯一重戒，餘戒常淨，儼然是則持毀皆有持義，今文且從持說，故云無耳。

疏二就治行明止持者，必入行心方得成就，前之三

三就業明四行。二。初標。二釋。二。初明身口業

二前後心

二明兩犯

心不名為持。善性便有，惡無記無。如欲離過，作意遮約，或對境防，或起心護，豈彼無記而得成持。若據作持，例同後止。既就境論，三心非分。

次科二持中，初明止持，以非思慮，不成事業，故云必入等。前下揀三心，善下揀二性，如下舉事顯相。若下二明作持，同後止者，簡前三心止故。

疏若據二犯，行心成就。前言持者三善為行，今言犯者三毒為行。前三亦無。識想受等通善惡行，局不善性，善無記無。

二犯中，亦約四心三性，以定行體。尋文可了。註中以行通善惡，故須簡異。

疏若事前後，心則異生。別持別犯，則可知矣。

前後心者，即鈔中自作教人，自業相成二種義門。廣文如彼，今略舉之。如前遣人漉水，即止持；令人送欲，即作持；教他殺生，即作犯；令他造房不乞處分，是止犯。後修止持，彼四同辨，乃至前作四事，後作止犯，例上可知。雖心境不同，善惡間雜，不妨前後行業自異，故云別持犯也。自業相成，亦類同上說，但望自作為異。

疏三就業明持犯相者，言身口者，離殺等過名身止持，受食食等名身作持，離語四過名口止持，知淨語

二明意業。二。初引示無犯

二難通有犯。二。初引文難

二約義答。三。初約業思釋

二約重緣釋

等名口作持，身口二犯反上可知。

三中，初科，初句雙標，離下列釋。前釋二持，身下明兩犯，言反上者，行殺盜等名身作犯，不受食食名身止犯，造口四過名口作犯，不作知淨名口止犯。

疏單意業中，不名持犯，故律文云，單意者不名犯也。

單意者，若至身口，必兼意思，如上二業，未及身口，麤細心念通名單意。初科據文立義，然單意語通，此據瞥爾，制限大乘，故云非犯。

疏若爾，何故律云，發心作心念作，皆名犯者。

難通中，以二文相違，故須簡辨。問發心心念為同

為異。答上是方便，期成彼事，下是果頭，如惡覺默妄染心看女等。

疏答此謂發心，將由身口，雖未動相，即名為犯。

答中，初釋通，約遠方便論，將由身口，故非單意，未動身相，即是發心。

疏有人言，制聲聞戒，於可制者言之。獨頭心念，忽起緣非，不名為犯，重緣向念，可得思覺而不制約，故是犯科，所以文云心念作也。

次釋中，初約大乘釋，前不犯獨頭，即瞥爾異名。重下，次據本宗，決後犯文，謂後念還追前事，故云重

三結斥

三指略

四辨位置二初標

二勸學二初敘結

緣。向。卽前前也。問。意已成犯。何以前約身口明成就耶。答。就意辨成。旨。遠方便。心念果罪。少分有之。大論趣果。須至身口。

疏 任情兩取。後爲正義。

結中。上句是縱。下句是奪。問。世云小乘不制意地。今那制耶。答。此由不辨假實兩宗。制限深淺故也。小乘實宗。定不制意。動色成犯。假宗制意。但約重緣。簡非瞥爾。是則三宗歷然。大小無濫。學者至此。宜須精究。

疏 上明成就竟。餘有通塞諸門。增微雜相。量時須者。

可尋事鈔中卷持犯。兩以相成。故斯略也。

指略中。初結前。餘下總指事鈔七門。三門同上。第四通塞。自分四位。故云諸門。一心門將心望境門自作教人門自業相成門第五漸頓。文中不指。第六優劣。卽是增微。七雜料簡。卽今雜相。量下囑後講習輩也。

疏 大門第四位列持犯者。

第四門中。唯明不學無知。止犯罪相有無輕重。隨一事法。皆須二九。故云位列。

疏 佛立教相。止爲奉行。若但讀誦。非本意也。然受戒後。勤學教行。於諸事法。明若指掌。忽於境想迷忘而造。律制非犯。此不可學迷也。若由來不學。不思過犯。隨所造作。不問事法。但作有違。皆犯根本。緣而不了。結無知。若於二持。雖不違負。望非明決。不名爲福。若緣不解。但是無知。是以佛言隨作犯根本。更增無知罪。

二配位二初總標

敘結分三。初明立教之旨。然下敘結之所以。初明學人開迷。文中明學須具二義。言學教者。謂精窮三藏。學行者。謂專修對治。若此爲學。方開迷忘。自餘泛爾。皆不學收。舉世相傳。纔過學肆。便稱學人。自謂無罪。觀其所業。曾未勤勞。求其所行。略無奉

愼。豈能全免不學無知。請詳此文。足爲龜鏡。律制者。卽諸戒後境想中開。若由下。次明不學須結。文三。先明迷犯。若下。次明昧持。故知不學。由不曉教。持亦成犯。是下引證。卽不攝耳聽戒文。

疏 今略標舉。須配位法。此立兩箇九句。交絡有無爲持犯方軌。

總標中。初句指前。須下生後。言交絡者。卽於事犯各有識疑不識三心。互織作句。如圖所顯。言方軌者。若解二九。隨一事法。無不該通。故事鈔云。類通法界是也。

疏先就止持明罪有無輕重分齊。於可學事法作九句分三品。

止持可學標中有無等者有。即疑及不識無。即是識輕。謂不學及疑重。即不識立句之意如作犯門具明所以。

疏上品一句識事識犯。事謂殺盜三衣一鉢犯謂夷蘭提吉。若能於此事法明了無疑奉行。可謂上品持律之士。

上品事中殺盜制止事衣鉢制作事。犯中夷蘭對殺盜提罪對衣鉢吉羅通上止作二事。今略示圖相則依文易解。

上品　識事識犯　無罪

中品
- 初識事疑犯　二吉
- 二識事不識犯　提吉
- 三識犯疑事　二吉
- 四識犯不識事　提吉

下品
- 初疑事疑犯　二吉
- 二疑事不識犯　提吉
- 三不識事疑犯　二吉
- 四不識事不識犯　提吉

疏中下二品各分四句。初識事疑犯。二識事不識犯。三識犯疑事。四識犯不識事。下品四句。初疑事疑犯。二疑事不識犯。三不識事疑犯。四事犯俱不識。言不識者。犯謂不犯。迷輕謂重。疑中亦爾。疑有疑無疑輕疑重。

疏上品一句事犯俱識。不可以結不學無知。顯數中上品可解。

疏中品事犯句雖兼識。然於罪事生疑不識。隨有迷處皆結兩罪。一是不學。二是無知。四句單雙罪則有八。猶自名爲中品持律。以句帶識非是全迷。

中品前示罪數單雙者下半事犯是單。皆有二罪名雙。猶下結品。

疏下品四句罪事俱迷。隨句有四則十六罪。此則名爲下品持律。然於末句最第九也。由涉疑故是解家律。不識罪事非智之甚可不然也。

下品中初示罪相。然下別示第九。初指句由下對簡前三句不下。正顯後句。律合作律。又復寫倒。甚合作堪。

疏此中計罪有二十四。六波逸提十八吉羅。無知故重。則不識是也。有疑不學但是輕收。

總合中初合數。無下示罪體。無知通輕重。不學一向輕。

疏問既名愚教。即是犯位。有何等義名爲止持。答不犯根本。故名止持。事犯有迷。自是愚教。止犯所攝。舉宗判義持犯何乖。

問答中根本名持。正在今位。枝條是犯。自攝後科。

二示可學三初通標　二列示三初上品　二中品　三下品

故云舉宗等也。

疏次對不可學事法以明止持，各分三品。初三句中，一識事識犯，二識事疑犯，三識事不識犯。中品三句，一疑事識犯，二疑事疑犯，三疑事不識犯。下品三句，一不識事識犯，二不識事疑犯，三不識事不識犯。

次不可學，列示中即前九句，欲使結罪有無易見，故三三品列。

品			
上品 識事	識犯	疑犯 二吉	不識犯 提吉
中品 疑事	識犯	疑犯 二吉	不識犯 提吉
下品 不識事	識犯	疑犯 二吉	不識犯 提吉

三總合三初合數

疏此三三句，各下二句於犯帶迷，有疑不識，各有不學無知二罪，合十二也。亦望不犯根本，名為止持。

合數中，初正合，此三三句，並第一句於犯俱識故，唯下二句有罪耳。亦下結宗。

二顯意

疏但事是可學，想疑忽生，緣而不了，聖不制罪。罪是可學，若有迷者，皆結其罪。

顯意中，所以唯事開忘者，事是臨境，造修有迷，可恕。犯是教相，縱令先學，後忘遺成懈惰，故不開也。

三問答二初舉事難通後法

疏問：於事有迷，故開不結，必於犯法亦有迷忘，如上引律過量不處分，想疑皆開，何為於此而結不學無知？答：計理成例，是所不惑，可如作持對法中說。此中交絡事法，互有不學無知，故生此位。

問答中，初難意者，以古師作持中無不可學，故躡事為難。意使例同，所以答中但指如後。至作持門，還指同前，謂事既開迷，犯何結罪？犯既是法，而不開者，則作持迷法，亦應不開。答中，初承前難意，若迷法者，宜同事開，故云成例。可如下，指後作持不可學九句。此下顯今止持就事立句，但可例同，未該後法。問此止持門不明法位者，答影略互彰。止持就事，作持從法，至於四行各具事法，故知止持

一門，惡事惡法，各有可學及不可學，合四九句。餘三同此，總有十六九句。不學止犯立一八句，此約四行通數如上。若就別論，一一事法皆通二九，是以鈔云類通法界，義在於此。

二引律有無不同

疏問：如殺盜等論罪有無，人非人想，主無主想，有何義故律判不定？答：大有意也。或緣罪境，人非人想故，但結心罪；或緣非罪境，有主無主想故。然彼迷心，並不結犯，皆約前心方便為言。

第二難中，上云迷事聖不制犯，而律境想結不結異，故引為問。答文，初句歎教通答，或下別示有無。

然下結成開意。謂正迷時並無犯，故還歸事開。

疏 二明作犯可學事法，如初九句；不可學者，如後九句。結罪多少輕重皆同，但犯根本以為別耳。

作犯中，初科可學則有九根本罪。不可學中三識並至根本，三疑半涉本境，無不有罪，但重輕為別。如殺盜等，可以思之。三不識句，除婬酒犯根本，餘戒轉想並有方便，本迷一切無犯。

疏 就此根本不識事中，始終無心，如悞殺人等，不結其罪。前則有心，中後無心，但轉想疑，除婬酒戒，餘結方便。若不差者，還結根本。若心了境，不造前事，則無罪也。

料簡中，初科為二：初標品位，三識三疑俱有罪故，不須辨之，唯三不識有無不定，故此委示。始下正簡有四：初明本迷，前下明轉想，除婬酒者該上本迷（準下酒開方便），若不下於不可學轉為可學，若心下如善心息也。

疏 問：有何等義分二九句？答：欲使持犯相易也。

次科問答云相易者，謂階品差降，則結罪有無多少可見，如次所顯。

疏 故前九中，上品一句，中下各四者，由緣一事帶疑不識，交絡互明，出其犯相。九句就事皆結究竟，緣而不了，愚教之罪，自結不學無知也。其愚教罪亦是究竟，無果可趣。有識無疑，則非罪攝。

明前九中，初明立句，以識等三心歷於事犯，上下不定，故云交絡。九句下明根本罪，緣下示枝條罪。古師謂是方便，故特點之。

疏 論後九句三品各三，由不識事境，非可學，不妨於犯是可學故，致列其相，事總而罪別也。

次明後九，初中略舉不識，必該疑心，是則三識非不可學，句法相因，故可知矣。此中立句，事但一心。

且如上品上半皆云識事，故云事總（中品疑事，下品不識事，皆然）。下半犯中識疑不識三心不同，故云罪別。

疏 問：若據此論，識疑二事分句為六，可是犯攝；不識等三便是無犯。云何說言作犯九句？答：若就本迷，實唯六句；然緣犯法有疑不識，卽是其犯，故說九句。

次科上中二品有罪可知，此下唯明下品三句。初問中，以作犯門必須有罪，下三非犯，故設此問。答中初縱來問，然下奪歸須立。

疏 若爾，緣罪疑等乃是止犯，何得說為作犯位也？答：從根本邊說名作犯。

次難中以止作犯別不合同位故答中從根本者
三不識句雖不犯罪非不造境故得歸宗

疏 若爾不識事識犯全是無罪止應有八何得有九

答如上已明相從句法

後難中以此初句本枝俱無義不可立答如上者即指初答

疏 有人解云何須如此今總爲分若可學事法生可學迷一向九句莫不犯根本也若可學事法生不可學迷則有八句除不識事不識法也以心迷故學不可得如有主無想過量不過量處分不成羯磨不辨若始終迷除第七句若轉想迷還有九句後心無罪結前心因也

次總分中初三句標示但隨具闕不必定九故責云何須等若下示可學具九若可下明不可學不定文三初明六句標簡云八者寫誤準鈔並作六字事法二位皆無下品故云除不識等以心下釋除所以如下引事以顯上舉盜房釋開事也下舉處分羯磨釋開法也次明八句除第七者即下品初句餘二句枝條帶罪故得存之後明九句可知

疏 三明作持二九句對於事法立句辨相如上止持可學法中此但順教作事而已不同止持識相守持今爲略述

三作持中初科爲二初指同此下簡異

疏 上品一句識法識犯造房白二是識法也不乞犯殘是識犯也中品四句識法疑犯識法不識犯疑法識犯不識法識犯下品四句疑法疑犯疑法不識犯不識法疑犯不識法不識犯

次科以法立句同前圖樣中品三四二句與前小異合云識犯疑法識犯不識法

疏 結罪分齊大分二位順教作事不犯根本愚教不學則犯違吉如上例顯

三中初標分順下別顯初明持義愚下示犯相還指止持故云如上

疏 就不可學法亦有九句如前段後九句三品法雖可學迷倒忽生佛開不犯不同昔解是以律中不處分想疑皆非殘故

不可學中三初標指法下立理不同下斥古前止持中問答指後作持者即此文也

疏 四明止犯亦二九句翻對作持可以自明

四止犯中指句可知

疏如昔解云，止犯法中無不可學。今言迷倒，隨位皆有。如不說淨、見罪不露，即是可學。若迷若忘，即不可學。如是例知通諸戒相。

引古中，初科爲二：初牒古；二立今。說淨覆藏，二俱開忘，故引爲據。如下例通一切文言諸戒，舉其大槩，須論戒下若事若法皆俱二九類通法界，即其義焉。

疏有人解云：止犯位中，對教不學，則唯八句，除法事俱識也。對事不學，九句通有，如造房舍衣鉢雖違相了知，何妨不乞處分受持加淨，皆獲殘提等罪是也。

次科，止犯一位須分三種：一不學止犯，即不學無知也；二事法止犯，即於制聽善事善法，故違不作也。如文兩別。初止犯中，除初句者，二種並識，非無知故。問：與下同異？答：下有根本，故可存九，此則不爾，故但有八。問：二持門中亦無根本，何不除去二識句耶？答：彼是持門，無罪可立，此是犯門，無罪何用。問：二犯門中如何列句？答：應翻二持，下品爲上。以犯門解義，罪多爲勝。鈔意如是。

四分律含註戒本疏行宗記卷第四

四分律含註戒本疏行宗記卷第五 戒本上之五〇疏二之一〇記二上之一

宋餘杭沙門元照述

疏 四分律含註戒本疏卷第二 從正宗初訖殘第七

題中上三字是律題標所宗故次四字是戒本題示所解故疏之一字正目今文若約人以簡律及戒本二並佛言上加四分則起於部主含註及疏乃始於南山餘如前卷

疏 就正宗初約文分位八段自別

總舉云自別者以戒本八篇前標後結文無指濫不假分故

疏 餘七未解且明初篇十門分別前明戒犯業必有因故以四戒配其三毒發雖由心暢必在具故次第二起由身口業成彼我非說不曉故次第三自作教他上明成業未辨境緣故次第四犯分三趣犯境內外義須分別故次第五境約自他前雖託境成其犯緣未知心業交雜之相故次第六明心錯誤心境乃彰通局須顯故次第七明業剋漫業成乃具須知制興故次第八明其教意由致雖陳前後未顯故次第九明其須位上來兩衆諸相乃分下類業非理須明識故最後列成任運

釋初篇敘生起中初句指後且下顯今上二句總標前下正敘文為十段初段創起文不因前後九皆有躡前生後就文尋之初言戒犯者謂於戒有犯或可寫倒言有因者業依惑起故指毒為因發下敘第二具即身口準下通分止歸二業互造則兼三業今云身口且就通標業下第三事假他為故云彼我必涉言教故云非說等上下第四初句通躡上三犯境下第五云內外者內即是己外即目他如漏失戒引五分文以自他身分內外色前下第六初二句承上四五心境下即第七初句總

躡上六通局即對剋漫業成下第八初句亦通總前門言教意者即明初篇對何而制下對三毒以立四戒由下第九初句躡上興意言前後者謂明四戒列次所以頌字音誤義合作斑上下第十初一句通躡前九兩衆即具戒僧尼下類即餘三衆上之十門總束為六初文是惑二三即業四五明境六七心境交互八九屬教第十約人

疏 先解初門婬之一戒無始染本起因三毒成必在貪故善生云若為自樂是名從貪婬怨眷屬是名從瞋於所生母行非梵行是名從癡境交內順非貪不

二殺盜二戒二初通標

二別顯二初盜

辨以癡不遂瞋是相違故兩不成

配毒中婬戒分三初明起成起卽據始成卽取終故下引經證起境下約義辨成

疏殺盜二戒犯通損益終因三事互起相成

殺盜中標云損益者謂損他益己以婬唯適己而非惱他殺盜兩兼故云通也

疏何以明之卽善生云若爲己身及諸眷屬而取他物是名從貪若盜怨物是名從瞋劫奪下姓是名從癡如律本中燒埋壞色不益己故名瞋起成如僧祇中摩摩帝互用佛僧之物皆犯夷者癡心起成三毒互成可以顯也

盜中初句徵起卽下引示初引善生備明三事下姓卽簡大姓如婢僕之類賤故不貪非怨故不瞋故是癡也如下引二律盜相義判二毒摩摩帝卽經營人彼以塔無物僧有物卽持僧物治塔得重罪三毒下結示盜本貪犯餘亦能成故云互也或可上據三單始終爲言此示兼具故云互成應云貪起瞋成貪起癡成餘二爲頭亦各有二則爲六句或復具三如取怨美物謂無因果之類文不委出故云可顯

二殺

三妄戒二初正示

疏因解殺戒論心如善生云貪利害命瞋殺怨家癡謂有福殺老父母又雜心云如毒蛇等於人有害父母老病謂殺無罪皆是癡攝又成論中依王舊法約罪殺人自謂無罪但是癡成何以故具足殺緣心依惑故互起相成

殺中初標云因解者謂準盜明殺次第相由故云因解後云又依義亦同此如下先引善生通明三事殺老父母者使其不受病苦仍謂得福又下別引二論義準爲癡蛇旣害人殺故無罪今多此見卽是癡人成論依王法者如今官典刑戮於人言

舊法者謂是先王所制依行無罪言癡成者是今所判準論但云亦應得罪何下推釋有二意初約具緣釋論云以四緣得殺罪一是眾生二知是三有殺心四斷命心下次約依惑釋以煩惱未除動必結業故殺本由瞋貪癡能辦故云互起也

疏又依演出大妄語戒本爲利己貪癡起成兼瞋何爽故善生云若爲財利自受樂故名貪懷怨名瞋畏死名癡

妄語中初科標云依演出者倣前殺盜通三心故爲利是貪稱聖是癡兼瞋一句對破他解故下引

示可解。

疏 有人言思貪名利言了卽結暢思事竟則無瞋癡。又言章雖了前聞不信旣無名利反增瞋惱何得有貪。今解不然。夫言妄語取其聲相言了卽成。豈後得財方名成也。

次科初引古。彼分兩別。初約得利唯局貪成。後約不得容兼瞋毒。今下正斥。妄取言了不待得物。瞋在後起不名成業。應如善生懷瞋而誑則相兼明矣。

疏 此之四戒成犯之處卽結究竟。後之暢遂乃隨喜業。如婬侵境盜取離處殺據命斷妄在言了。斯至果也。或有境交離處心無染奪者自在別開非關大判也。

總判中三。初分前後業異。如下示結犯分齊。或下指境想差別。境交卽婬。對下染字。離處是盜。對下奪字。文略殺妄可例知故。

疏 二明三業業門者。通約四戒用分二業。前三身犯第四口犯。

三業中通別兩分者。義鈔名麤細分。亦可約單互分。通分可解。

疏 別就互造。婬戒成犯事在形交。故唯在身口非犯義。由無語故。

別中。婬戒由無語者。非口能成故。律中教他作婬。他作犯蘭。不作但吉。

疏 殺盜二戒身口互造兩得相成。然身爲根本。口爲枝條。所以然者。損財害命身自獨成。不待語助。故知身本。口語教死。言了未成。待前命斷方得重罪。要由彼身助口成業。故知枝條。

殺盜不互中。初科分二。初立義。上二句明造成通互容相助故。下二句明結業不互局本枝故。本卽正位。枝謂旁兼。所下徵釋所以。初釋根本。口下釋枝條。

疏 問。口業不得獨成殺盜。云何呪物過關殺人旣得成重。曾未身助。答。如論所陳。凡有呪法皆使鬼神扶物過關。及以斷命。假彼身助方成業也。

初難中。初牒前。云下立難。呪物過關卽盜王稅。呪物殺人謂符祝厭禱。律皆結重。此並口作。俱不假身。故引爲難。答中。如論卽指多雜。旣憑鬼神還同身助。

疏 若爾須身方成業者。如師子吼殺獸。壯夫咄殺人。

豈有鬼神身業相助解云亦由人畜身壯聲大不乖前義

次難中師子爾雅謂之狻猊食虎豹或一吼則令獸死、引畜類人明無他助解中身壯聲大雖即自身義同他助

疏 若爾深河誑淺口造身業彼依而死何必身壯無學著衣身造口業彼依其言何有口助今釋此義亦由問答身業渡河死方成業口業亦爾亦須他助無獨成義

後難中、初約口成殺業而無身助無學下約身造

妄業而無口助或人施物問言是聖人者須著三衣貪施即著則犯重罪釋中並約所殺所誑以明身口兩助此應古解於義未顯疏家助成故標今釋

疏 若依多雜等論三業不互所以者何業性異故事不究竟言雖了了未得成業要由身助又云如自在者語仙人意嫌必須人鬼相助成業

次明互造初文為三初示宗多雜等論皆有部所計所下出不互所以則有二意初約業異釋若約能造色身是可見有對口即不可見有對若據所造過身造婬盜殺口作誑妄若約所發業性不混、若取來報感果不同事下次約事不竟釋初句立義言下釋成又下引類自在者語如王大臣遣使殺戮、此證口互仙人意嫌如下所引、此明意互身造口業例亦如是、是聖者起必假他語即是口助

疏 若依本律成論所通三業互造各自成業故彼文云殺不善業身亦可造隨以自身殺害眾生口亦可造或教人死或以呪殺、心亦可造有人發心能令他死故彼論云如和利經說外道神仙起一瞋心殺那羅國如檀特等諸險難處皆諸仙人瞋心所作

今宗中、初科為三初示宗各自成者隨約能造結業成罪不同多雜從所作事判定身口故彼下引示且明殺業餘可準知初通明三業身口意三如文次列、而身是正口意為互云教死者論云教勅即是遣使文無歎死義亦同之故下別示心造論文二節初引經證那羅國者具云那羅干陀羅國如下次舉事證言檀特者即西土山名經音義云或言單多羅迦山此云蔭山、此明仙人心業強猛證上起心即能害故

疏 因此義張三業互相身造口業著脫三衣、口造身

業教死誦呪意造身業仙人一瞋意造口業布薩默妄如是例通以類諸戒

約義中如前引論但明殺業口意造身今總諸戒通論交互文中四位身口各一意則兼二結云通諸戒者上文且據殺妄爲言目餘諸戒身業教人（如教人盜及呪物過關等）口業現相（如二麤語等）並攝諸句

疏 問意造二業得互起者何故身口不造意業答意是業本二具由生可以知也

問答中本得兼枝枝無造本於義易知恐疑故問二具卽是身口

疏 妄語一戒本希名利非言不成亦有身現無疑成重比前互造可以類之

妄中初明正業亦下明互造現相必約前信故須無疑義句已明故云比前等

疏 三自作教他門教遣分別先明教人言婬戒者自作成重教人爲非樂染前人於我無預不得同犯

第三門初婬中於我無預言能教人不預其樂也

疏 殺盜二戒過通損益自作教人損境暢思期契相同彼我同犯或能教者剋所使意異或時節早晚坐立乖契或互顛狂捨戒緣闕但有少差於此犯法教者不犯漫心無寄隨作相應皆名爲犯

殺盜中初通明犯相損益之言不殊前釋或能下二別簡剋漫初科中或時等者且列五異時節坐立緣闕此三並約所教顛狂捨戒則通能所故云互也問如教殺坐人彼立卽害云何非重答旣云剋心能教應言見坐可害立不應害此則不犯若不指定同下漫心時節早晚亦同此釋此明漫心者卽不定早晚等也

疏 大妄語者自說成重教人稱聖名利擁彼於我無潤故不同犯

妄語中問文云教他不犯者如教他稱己自得名利豈不犯重答此落後遣非此所明

疏 教者離己義疏遣者向己義親何以明之且如戒中遣人就己行婬遣人說己得聖利樂是我犯齊究竟殺盜兩戒無有遣義故非所論

次明遣中初分示離合作利寫誤何下推釋可解

問殺盜何以無遣義耶答遣人殺己罪不至果豈有令他盜取我物是則婬妄二戒遣重教輕殺盜兩戒有教無遣

疏 四明三趣門罪趣分別者先以罪對趣後以趣分

二隨釋二、初以四罪對趣。

二以趣分罪二、初標

二釋二、初婬戒

罪。

第四門、標分中、初即以罪歷趣、以辨重輕、後謂將趣歷戒、以簡通局。

疏 初中、約人犯四、唯夷一品。對非人犯四、則夷蘭二品。對畜生犯四、罪則四種。婬則犯夷、盜誑皆吉、殺則犯提。若知解人語、或能變化、殺誑皆蘭、盜亦應同。而律不列。報異人故、殺但犯提、盜比外部、則得吉羅、解語變化、相濫於人、故盜犯蘭。

初科、初人可解、非人二品、婬戒犯夷、餘三並蘭、畜中四種、上列三品、若下示蘭一品、則爲四矣。初指

二戒、殺戒云、若畜生有智、解於人語、若能變形、殺者並蘭。妄戒亦云、若不能變形、向說得吉。反顯能變須蘭。次例盜戒、初二句例準、文出殺妄、盜戒無文、故言不列。報下、釋所以、初明報異、結輕。此本明盜、舉殺助顯、以殺戒簡犯文最明故。比外部者、十誦多論鳥獸食殘、取者皆吉。解下、明報濫須重。

疏 次以趣分罪者、婬之一戒、三趣同犯。艮以煩惱內逸、垢心厚重、不問境之美惡、但是正道、適暢不殊、故制同犯。又不就損境而制、故不得論趣優劣。何以知然。屍上行非、同犯重攝。知何所損、但是生死根源、故

二餘三戒二、初通示輕重。

二別顯制意三、初明盜二、初通明餘趣。

二別明天報

偏禁制。

次以趣分罪、婬中、初示犯、艮下顯意、有二、初約染心不異、又下約前境無損、又三、初示義、何下舉證、律中若死未壞、若多未壞、婬皆結重、但下顯制意、欲爲有本、婬染偏重、故推此業爲生死源。

疏 下之三戒、人重餘輕。

明餘三中、三戒大同、故先通示、不無少異、下復別論。

疏 何以知然、艮由人趣善因所招、生處報勝、知解者多、於此財物、戀著情重、及至盜奪、守護亦强、能令失

者懷惱增苦、故有欺侵便得極重、非畜兩趣、一一反前、雖有盜取、但制輕罪。

盜中、初徵、艮下釋、前明人重、凡有五義、初報勝、知下强識、於下繫著重、及下護心强、能下惱多、非下次釋餘輕、異上五義、故云一一等。

疏 問地居諸天報勝解多、盜結輕者、豈不相違。答天報乃勝、趣別盜希、於財著少、縱盜惱微、故結非重、如盜北洲、但制輕罪、於物無我、無所著故。

問中、地居天者、謂須彌已下依地住者、簡異空界、然盜空天物、結罪無殊、但取下地有可盜義、故偏

舉之報勝解多。卽上人中初二兩義。而天又勝故曰相違。答中、初二句對上人中前二義。報解雖勝盜取稀故。於下反上。後三義著少惱微義兼護弱。如下引例可解。

疏殺相亦爾、人重餘輕。何以知者。亦由人趣報勝根器有緣能修諸善出家成聖。然彼形心俱是道器。今若加害斷彼相續。卽是障道爲過情深故制極重。餘趣反上報微故輕。

殺戒勝劣中。初科上二句指同。何以下釋所以。初明人重。亦由者亦前盜戒。有緣者南洲具四緣。謂見佛聞法出家成道。東西二洲無見佛緣。北洲難地故非所論。文中且舉下二緣耳。或作有儀非也。然彼等者示制重之意。餘下次簡非畜。以不具諸緣故云反上。

疏是以多云三歸五戒木叉解脫沙門四果佛及辟支必在人道漏盡成聖故有損害便得重罪。天雖報勝不能出家以成僧寶。

引證中。彼論問曰何以但害人得波羅夷、答如文引木叉解脫卽是具戒。上明三種因法則在凡地。沙門下三種果人唯局聖位。修因剋果俱在人中。

天雖下簡餘趣不能出家者。彼論帝釋語目連云一天子一天女妓樂自娛不能自割。況作天王種種宮觀無數天女天須陀食自然百味百千妓樂以自娛樂。雖知佛世難遇正法難聞。而染樂纏縛不得自在善心力弱何由出家。然此且據一相以論。至如諸經帝釋梵王多臨法會諸天聞法得道亦多則非言限。

疏又復趣別相殺義希。故就此義害得輕罪。

次約義希在文可解。

疏問趣遠殺希得輕罪者。共天行染趣別應輕。答天位高遠理絕恆心。但婬欲熾盛不擇境之美惡容有下赴。爲之義數過於殺盜故制重罪。如律文中天女事證。又如人道下染畜趣卽此是證何事疑。

問中以婬天亦重故引爲難。答中、初承來問絕恆心者不同下地欲心相續故。但下正答。婬數餘疏重輕乃異。如下引證律中有比丘與天女行婬已疑佛言波羅夷。又下舉例。卽律中有比丘與獮猴行婬因制共畜生等。以人染畜例天就人於理明顯故云是證。

疏問盜天殺天同得蘭者、盜畜殺畜如何輕重。答畜保命重於財輕故。
問非畜中盜殺二戒天同畜異以殺畜犯提盜犯吉故。答中反彰天報財命俱重。
疏若爾何故律中龍珠鳥翅二一去不還答猶是借喻以輕況重。
引緣難中龍珠者昔有螺髻梵志居恒水邊為龍所撓佛令從彼乞頸下珠瓔龍即不來鳥翅者昔有比丘住林間正患夜半眾鳥悲鳴佛教乞鳥兩翅即飛出林不復還矣引此二緣則顯畜類於財亦重則違上義答中此出房戒因諸比丘乞求多故人皆逃避佛將制戒因說此喻彼云佛告比丘鳥獸尚不喜乞況於人乎故云借喻等也。

疏問妄語論趣人重餘輕者凡欲顯招名利人趣是長發言誑彼彼多信奉故制與重餘趣不爾報別非解縱有潤微故但輕罪。
妄中初解八重二義釋文上二句明招利義偏在人中故云長也發下即信奉義人多識別非人邪諂畜類愚癡故餘下簡非畜言非解者反信奉故言潤微者反名利故。
疏有人解云道之修成會在人趣容有修成翅在己用今故誑他自敗其志失利處深豈不制重餘道不爾反前故輕天趣雖勝不能修善又報得通心誑無信義但制輕罪。
修道解中初文亦二先敘八重以眞實聖道自他並有修成之義若用誑人反成兩損自敗是損己無正信故失利即損他令虛解故餘下簡二趣上二句通簡非畜言反前者皆障道故天下別簡天趣二義釋之通心謂他心通言通有二聖人修通得天鬼業報得。
疏問天得通心誑無信義得輕罪者將佛以例誑佛應輕。

釋難中佛具神通誑亦無信合同天趣不當重輕
疏答天是異趣不信故輕佛雖無信佛亦無怖約制從人言了即結又且誑怖為義不取元情但使言了相現不問信與不信怖與不怖皆結正罪不同殺佛命不可斷無學同人義不待言。
答中初約所誑釋以顯不同不信雖同準恐怖比丘戒怖佛亦提然佛無怖制罪同人可為今例又下次約能誑釋初正釋不同下簡異殺戒無學下例同羅漢準佛可知故云不待言也。有作待信非也。

疏五明自他始終門

第五標中即兩門合明

疏初明自他則有三例一自造他境二他造自境三自造自境三例既別須配四戒

疏婬約三例犯同一夷引文證成歷然可領

初門婬中初例可解次例即怨逼受樂三即律中長根軟脊自婬皆重今引證者上二出戒本後一見調部

疏盜三例者自盜他物得重不疑餘二無罪故不論也

盜中初科唯初例犯餘二無罪皆非盜故

疏若爾自盜言無罪者何故律中盜得己衣犯偷蘭耶答此是境差方便罪也前盜他物錯得己衣望他物不得結偷蘭也自得衣邊復有何罪故知自盜不成盜以無他境故自慳則成慳自物保惜故自施不成施自貪增自故可以例知

釋疑中初牒前伸難即律調部有比丘欲盜他衣錯得己衣佛言犯蘭今言無罪違彼文故答中初定罪前下釋成故下例顯

疏殺三例者自殺他他殺自此二可解

殺中初科二例殺他夷重他殺無過

疏自殺自身如善生經無有罪失不起他想無瞋心故又十誦云頗有殺人不犯夷耶謂自殺也

第三中初科經據無瞋不結業故律約無戒不至果故

疏有人解云不立進趣自殺無罪以命斷時無戒可犯若依五分結前方便命斷偷蘭據此為言進趣義顯

引古中初文進趣方便本律則無五分則有自古章疏用舍不定是以此師進退兩判義鈔云四分

不立進趣自殺夷蘭並無但得殺業不善道又云縱立進趣何咎雖有兩判今須準犯問進趣與近方便何異答如前已辨尋之可知

疏問如律自殺不死犯蘭此何罪耶答方便自殺緣差不成戒在故結若死有因同前進趣

次科問中文出調部欲定罪體故引為問答中初正答由不至死即是緣差若下簡異死同進趣頗見昔非

疏又以三例通諸下篇自打自謗自覆等戒至時引用成其說功

三中後篇不出故此總示又約隨有自他可歷者為言不必一概打謗覆三戒並初例成犯第二不犯第三打謗無犯唯自覆自犯吉又如摩觸自觸他他觸自並殘自觸自吉麤語亦爾五分互向說亦犯殘故自語自應吉如是類通臨文自歷故云至時等

疏 妄語三例可以意辨

妄戒上二可解自誑自吉以乖言說之儀故

疏 次明始終所犯分齊初戒據始侵境即重不待情樂殺戒據終要唯命斷盜妄兩戒據中成犯財雖離

地猶未得用妄雖言了未得名利如是準知

始終中初戒且據造他若約怨逼須論情樂纔樂即犯亦同於始盜妄據中者盜約正取為始得用為終故以離處為中妄以正說為始得利為終言了為中

疏 六明心有剋漫言其剋者本情專注唯在一境若言漫者通涉無準

第六示名中剋唯有一漫通大小剋即訓定漫猶偏也（準前生起剋漫在七述作隨時不必確定）

疏 審名既定約婬為言犯無剋心同成極重何以明之但有染心將欲成犯初期在此而後會彼或男女境亂張王者別或人畜趣乖境心雙轉但使境交無非大重由出家所為斷愛為先今既反染違出家意所以隨境制通犯重

婬中初判犯何下釋成初句徵但下釋有二初敘制犯初四句通示染心將欲即起方便期此會彼即至果本或下別顯餘人非畜為境轉想疑名心轉或境心俱轉由下次出制意初敘出家本志今下次示制教所以

疏 盜殺不爾雖有犯者猶自感聖不同前戒欲為障

道所以耶舍是凡檀尼入聖升沈既異剋漫明分是故盜殺剋心相當方成重罪心境俱違但結方便

殺盜中初科為二初對簡文二初示異所以下引證耶舍即須提那子猶是內凡檀尼入聖緣如後引升下正立剋漫初二句躡前生起是下略示剋心以剋有重輕漫唯通犯但明剋異漫則可知

疏 有人解云盜殺兩戒亦有作剋不成剋者如害怨命及壞怨財與餘人財同室難別放火燒時知財及人彼此同損以此義約雖剋同漫前言成者剋對財境可分者言

次科他解中初立義如下舉事顯相期心在怨理應是殺餘人同處還成於漫前下點前所立義是可分

疏 如十誦中有官逐賊道逢比丘問見賊不有嫌示處死者犯重若唯瞋一餘賊因死瞋者犯重非瞋死蘭據此文證作殺成矣然犯蘭者殺緣不具故也

今義中初引誠量有嫌示處此明漫犯若唯瞋一即是殺心據下準文以決驗前同室怨重餘輕上二句正決下二句釋蘭所以緣不具者無殺心故

疏 妄語戒者有人解云本誑前人望招名利無心誑

餘餘雖聞聖本非我境何得犯重如船濟處爲人說法尼聽過暮則同不犯

妄戒他解中初立義如下舉例即下九十教尼至暮不犯中文正爲之人同上所誑尼因預聽同上餘聞

疏 今解不同說法遠嫌開爲遮俗此是性罪不可通例若三趣俱現內知歷然犯無殺心通境隨犯三趣不現隨殺隨犯

今解中初斥非例若下立義妄語論殺不同殺盜但有多境則不成殺單對一境方成殺義如本期人畜現非犯

疏 七明錯誤門夫立錯誤義者並是不當本心之謂也逐事曲尋相則難分隨名殺定位容有別錯就現緣境差爲義誤就不現緣境差心謬忘爲義所以然者現緣二境相別顯然及至造趣事容舛錯即名衆境交涉爲錯若論誤者心通前後不可雙緣如前心謂此後心謂彼心想謬忘故謂之誤

第七門釋名中初通示逐下別釋初略分上二句明隨事尋名則有濫如下諸部互出不同隨下次明以名定事事則可分如文所示所下委釋初

釋錯義若下釋誤義準文顯相不出境心論境有二一現不現別二多與少別心亦有二一忙亂迷謬二臨機前後如是尋之不更繁釋

疏 既分兩相須配四戒初之一戒無論錯誤患起內心通皆障道但是正道不問迷誤或此彼男女非畜諸境緣此謂彼誤亦犯重境雖交涉錯亦犯重

婬中初示不立但下顯犯初明誤犯境下明錯犯

疏 語盜而言漫心無寄三趣有物皆欲盜奪爲我說有及至往趣縱境差舛心有迷忘皆稱欲心錯誤齊重

二明小漫

二對人趣

三對同主

盜戒大漫不論錯誤三趣隨犯

疏 若先剋定要取人物不盜餘趣及往盜時境交想轉雖舉離處不成罪攝不稱本心猶屬本主以於此物元無盜心心境既非何過之有故錯與誤俱不名犯後知錯誤即應還主不還起盜後方成重

小漫中初示起心及下明造境初判非犯境交是錯想轉即誤若得人物犯重無疑若非畜物則開無犯不稱下次釋所以初句示心非言不稱者本期在人故猶下三句明境非屬本主者猶是非畜物故心等四句雙結後下明後犯前開離處後知起盜則非所開非畜蘭吉望盜云重

疏 二對人趣辨錯誤者俱亦非犯如欲盜張忽得王物既非所期即是境差物非本物又是想差據此為異境不稱心後物無心心不當境故錯與誤並同不犯

對人中初標示如下顯相初示心境俱差據下明開犯所以初二句躡上境差據此為異者本期張人故境不稱者得王物故次二句躡上想差故下結示

疏 三對同主辨錯誤者俱非犯也故善生云盜金得銀還置本處不得盜罪如律男想盜女物者犯據漫心也

三殺二初明三趣

二就人趣二初正示

同主中初通標故下引示得銀許還則知離處不即成犯知銀不還後心自結如下點異律文結夷似不開誤故須引決與上無違據漫心者謂小漫也前之三門初是漫心兼含大小後二剋心別開自他又前對異趣二對異人三約異物

疏 論殺戒者漫無所寄三趣同害及至行事不稱初期雖有少乖不妨本有害意故使錯誤同成一重若論剋局但是一緣造趣行害相應成重若非本期則非殺境及往加害境則交涉或以迷忘非畜雖死不稱本期又無殺心錯誤不犯

殺中初科前明大漫同上無開若論下次明小漫而云剋者對大為言初明本趣成犯若非下明異趣俱開初示乖期及下明開犯交涉是錯迷忘即誤

疏 二就人趣以論錯誤如剋心害張不欲害王現境歷然心緣亦別及以殺具害張之時而彼王人忽然與我刀輪相應王命雖斷由非心故錯則不犯若論其誤張去王來緣王張解加害者犯若望後王雖非

本期以心不了緣此謂彼既人想不差殺緣具故雖
誤犯重如上方便已爲分別
次人趣正示中初總標如下別釋前釋開錯爲三
初明標心現下明對境張王並現故云歷然期意
在張故云心別及下示錯相若論下次釋誤犯初
文斷犯若下釋犯所以如下指廣即上卷境差方
便中
【疏】問如上解釋誤重錯輕何故五分意欲殺彼而誤
殺此犯偷蘭者又如僧祇多人同行欲害前人誤傷
中後名不犯者

問中初二句領前何下引難五分僧祇並以誤輕
與上相反故須通決
【疏】答此諸律名不足以定持犯取其事義可分錯誤
何以明耶如上律云多人相逐害彼傷此豈非境交
犯輕是其錯義又如僧祇弟子偷師衣誤得己衣不
分與他半滿犯重此據境殊前後同制重者即誤義
也
答中初指二律名濫何下約義定文初決上僧祇
誤即是錯五分準同又下別引彼文證成誤重故
知彼律雖皆名誤輕重自分彼云弟子共要偷師

衣共分聞中誤偷自衣出外不分故是中半衣邊
滿者波羅夷
【疏】論妄語業異趣通辨錯犯誤非漫心無簡錯誤隨
犯
妄中初科上二句標次一句即小漫本欲誑人非
畜境交錯亦隨犯前後差互境想開迷故誤非犯
下二句明大漫
【疏】二對人趣錯誤俱犯由詐顯道德謀誑在人表聖
招利境損義一但使言竟錯誤同重
次對人中亦即小漫準知大妄不開剋心

【疏】三就所稱凡聖二法心欲說聖口錯稱凡既非聖
法前無所損故錯非重又如增慢迷凡說聖既非情
過誤亦非重若就聖法明於錯誤如善見云錯說三
四禪皆同一重
三中初總標心下別釋初明從聖稱凡文唯明錯
誤亦應開又下明迷凡稱聖文舉增慢迷已所證
常人迷語理準同開若論錯說不犯明開此不在
言故所不出上約凡聖互論若下單就聖法以辨
心雖錯誤說聖不殊故無差降
【疏】問盜戒定相得有錯誤何爲妄語言了即結答盜

二釋，二初正示。八教興，門，二初標

相為言離處有損，必不損主，故有錯誤。妄語不爾，言了誑成，故無錯誤。又云：物還本主，心無惱故，本無盜心，錯誤不犯。妄有心誑前境，相應言聲一吐，則無退悔，故不同盜。

問中，前明對人尅心俱犯，與盜不同，又似即上錯說聖法，比前盜戒，同主俱開。答中，初約前境釋盜容後還，故不損主；妄令虛解，無非欺誑。又下次約本心釋，盜本無心，於事可解；若據妄語，本亦無心，但望對境非無心故。

疏 八明教興門。原聖制戒，本為止惡業之所興。要唯三毒，故十住云：三三九種三煩惱生是也。又成論云：前行後三，後行前七，故制四戒為對此三。對於貪故立前二戒，瞋癡當分，故立三四。

第八正示中三。初示制意。惡通業惑，止分近遠。今明教本須對惑論業。所興者，推示業本三毒之言，大小兩乘並通惑業。業謂意地三業，即瞥爾重緣，以分相惑，謂性中三妄，即見思無明以為體。良以無始結情熏積日深，觸境發情，徧造諸業。業雖無量，不出三毒以為業本。然佛制戒，現止業非，究其遠圖，為清心惑。是則深窮制意，曲盡教源。四重既

二釋，問，三初問。對，惑，雙，隻，二初向。二答，二初正答。

然，餘篇皆爾，故下次引文證。十住婆沙除業品文：三三九種，身口意為一三，自作教他見作隨喜為二三（上六業道），現報生報後報為三三（此三苦道），三煩惱欲色無色三界繫（此三煩惱道）。然則界繫即毒為體，由毒起業，由業感苦，故云從三生也。次引成論業道品，彼問曰：何故名為業道？答：意即是業，於此中行，故名業道（此中即指十惡，謂心該徧也）。先行後三中（先發貪瞋癡），後行前七中（後形身口七支，十惡中七支在前，三心居後，故此分之）。此明意思先起三毒，後至七業，則顯七業發自三心，故下三分戒配毒以彰教意。

疏 問：毒發成業，勢分相似，有何義故雙隻對異？

初問躡上分配，難其不等。

疏 答：貪心雖一，境殊內外，通須歷止，故因立二。瞋境亦二，罪則有差。癡慢誑境，局唯在情，故有殊也。

答中，初示前雙對，內外即情非情。然盜亦通人，且就多分為言耳。瞋下明後隻對。初二句明瞋毒境亦二者，內境易解，外即草土。掘壞犯提，罪不同篇，故無雙對。據論，掘壞未必由瞋，但俗計有命，譏責無慈，故望損傷義同瞋殺故也。次二句明癡毒非情無誑，唯隻可知。下一句結異。

疏 如律文云婆羅門問阿難汝世尊何故爲諸比丘制增戒學答爲調貪欲瞋癡令盡如此文證故知不疑。

引證中即孔雀冠婆羅門請問阿難制戒之意初引問詞但云制戒不唯四重然種類所收皆歸根本雖明四戒即見諸篇下引答詞證前有據

疏 問戒防業非不除性惑何故對此立戒殄耶答上已廣明可謂依因之所本也

次問戒學防業定慧除惑如上所對三學亂倫故致此問殄滅也答中指上文見初卷教興門及解開名義中依因本者遺教意如常所聞

疏 問僧四對三尼八何對答前半同僧故無異釋後半枝條還同前判

第三問尼有八重前四同僧後四即摩觸八事覆重隨舉答中上指前四下明後四觸八及隨並是婬類同對貪毒覆是妄類即對癡慢故曰同前

疏 九明先後出對治門

第九標中二義合爲一門先後即制教次第對治即起行差別

疏 所以先後次第者有人言由愛染氣分無始故習喜懷犯故所以先明如是次第終於妄語如諸篇首漏失長衣妄語等類可以求也

初門人解中初科初句明現起婬心氣分謂勢力也次句明積劫熏習釋上氣分之盛發下喜數之由即下論云心心繫縛自可知矣餘之三戒次第漸稀故云如是等上正敘本篇如下舉餘篇爲例

疏 有人言對毒立戒貪既在初故婬第一

次釋同前配戒所說貪對二境內重外輕故盜居次

疏 如僧祇中佛成道後五年冬分第五半月十二日中後一人半影爲耶舍犯故制初戒則當此間十月二十七日也第二戒者六年冬分第二半月十日食後二人半影制則當此間九月十日也第三戒者同是六年冬分第三半月九日食前一人半影制則當此間九月二十四日也第四戒者同年冬分第四半月十三日食後三人半影制則當此間十月十三日也若如上制從犯次第文相甚明

引教中僧祇初引文彼宗戒本四重戒後各標時節四戒間年俱是冬分即八月十六至十二月十五共有八箇半月對數可見言人影者彼約人身

量日中影以定早晚晨朝西影初長後短午後東影從短漸長卽以人身爲度計有幾影不及全半身者則步之以腳不及腳者卽加之以指文中比對此方日月並疏家之言疑本是註若下示次第

疏 又智論云婬法不惱衆生心心繫縛故爲大罪律中初也

次智論中彼列十業殺惱衆生合標戒首婬無所惱不應在初故論釋之方知有以又云比丘之法今世取涅槃故準前僧祇約制緣次第智論據障道重輕兼前人解總爲四釋僧祇從緣事雖的實

不妨爲表前後諸意故使緣發次第冥符

疏 問同是出家法不異故云何三衆與僧不同解云下衆前五猶本俗戒後之五者出家增之

問答中初問沙彌十戒以殺戒居初式叉雖加六法還卽十戒爲體所以問詞通標三衆答中卽約先五次十相由之義仍依前相故云後增非謂十戒道俗兩別應知增五爲十並是出家增十爲具俱成大戒

疏 問戒法是通道俗無別何義次第二種不同

次問在家五八亦殺爲初據俗本異欲彰二戒不同所以故發斯問

疏 答出家所爲要斷煩惱道分所障勿過於欲故婬在初俗不修道斷婬非分畜妻行福不妨世善或求慈行有懷殺害故偏制約以全斷故

答中大約道俗別修僧修智分俗修福分婬欲障智妨道故僧祇前標殺害傷慈損福故俗戒初列文中前明僧戒後明俗戒又二初明婬後或下次明殺先

疏 若爾三衆智分應婬在初亦全斷故

難中三衆修智與僧無別不應立戒反同彼俗

疏 有人解云人同方便行道少分似同而別

初釋上句明同俗五十兩戒並具戒方便故下明異僧纔需有願故云少分

疏 有人言年小惑微婬惱未發不妨無慈故殺在初

次釋以沙彌七歲驅烏十四應法年在童稚故婬未發癡騃無知故多好殺翻名息慈亦由於此（案年七歲至十三歲名驅烏沙彌自十四歲至十九歲名應法沙彌）

疏 有人言小學未通教非極制現所禁者從俗無過

三中心志蒙昧故云未通例同輕罪故非極制

疏 言對治者對婬制學離染行不淨觀等對盜制學

少欲知足行對殺制修慈悲愍物對妄制修實語行等。

對治中次列四行翻破四過臨境觀緣以善奪惡故云對治離惡名止起治名作止作俱運即成雙持問持名奉戒須約制科心觀化教那得成持答心用雙持義通化制教行雙持唯局制教如上已辨何事猶疑若爾觀行屬化那云制學答制名乃通約罪可判文中或云觀者取其智照或言行者即是思心前後互舉隨召皆得。

疏 十明沙彌任運義門。

第十標中謂沙彌時先作破重方便及後受具正作法時前事成遂三性冥犯故云任運此即前門教他之義三戒可犯婬非所論。

疏 言任運者謂自造惡方便未就後便造善由惡障福不得成就然經律中出相不定。

汎明中且引經論通明造業初科前釋名義造善感惡即是任運障福不成者此中且約前惡强長立有任運故云障福至後正義自有別判然下示不定即如下引。

疏 有立無者如善生云先遣殺人信遲未至後受齋時信至即殺以戒力故不得殺罪以此文證知無任運。

引示中初科上句標計如下引據善生初明起殺方便殺人即殺者後下明造善事成受齋即八戒以下結示。

疏 若如此者即善生云欲受戒者先止諸惡若不遮者不名得戒。

難中還即彼經不應相違。

疏 解言此約貴人常勅殺戮義同惡戒以惡强時長後受齋者雖曰善戒時短弱故為惡所障故不得齋。

不同前段暫惡短弱不能遮齋以此而推惡强長者則有任運短者則無。

釋中初義先釋通經意貴人謂國王大臣惡戒即屠獵者惡律儀戒不同下簡前所引以下準經雙立。

疏 問若惡律儀强長障戒者今善律儀形俱亦强何故斷善便失戒耶。

轉難中斷善失戒四捨之一即生邪見遠捨三寶善惡翻對相違可知。

疏 答障戒不成已如上解生大邪見正是斷善與戒

相違惡強善故。依如成論善生經說。受惡律儀卽失善戒。如薩婆多云。善惡二戒互受捨得。

答中。初指前義。生下釋來難。初正釋。上二句示斷善之相。下二句明失戒所以。私釋惡是順惑發。必強盛。是以先惡能禁後善。後惡能斷前戒。依下引證。受惡失善者。若義鈔中。準心論四捨無惡戒捨。不取上文。彼云得形俱戒。後雖受惡律儀必不失戒。非斷善故。故知斷善惡戒重輕自別。今引取例。於義不妨。次引多論。彼問曰。善戒人作惡戒人何時捨善戒得惡戒。答若一說言我卽屠兒捨善戒。

第二三說卽得惡戒。又云。隨時捨善卽得惡戒。又問。惡戒自得從他受得。答自誓便得。以順生死隨心卽得。論中但明受惡捨善。受善捨惡。翻對亦同。故云互也。

疏 今正依門明小學人任運義者。有人不立。所以然者。若沙彌時作罪成名吉羅。若比丘時作罪成名波羅夷。今則不爾。本沙彌時教人往盜殺。未離未命斷。能教是沙彌。未得究竟罪。及受戒後彼所教人離處斷命。我是比丘。而未教人。云何得重。

正釋中。初師立理。初句標示。所下引釋前明罪聚各異。今下明因果俱差。上明沙彌因不至果。下明比丘事遂無因。人同位隔。故無有罪。

疏 何以知之。佛言比丘教人殺者波羅夷。今則不爾。教時非比丘。殺時非沙彌。云何而得重。事義是難。乃可違理。至於制教。未聞驅擯之罪。

引證中。初引律文。卽出殺戒。今下準文決事。證上可知。

疏 有人言任運業成。何得無罪。然彼沙彌受佛戒已。違人行惡。卽於制教正是相違。如何果成業推違理。又如沙彌犯重障戒不發。據此論業因果相由。何得

同戒行因。後不受果。

次解立義中。初標所立。然下次斥前解。彼云違理。未聞違制。故翻前義責其非理。又下引邊罪例難。初舉難。據下比例。沙彌犯重障比丘戒。明知業通於後。那得造因而不至果。何下再責。同戒謂同一戒。卽知異戒各不相成。

疏 義立既圓。須配四戒。若沙彌時遣人盜殺。稱己感聖。後受具戒。所遣業成。三性之中任運而犯三波羅夷。由彼異緣成我身口無作業故。受戒未竟。所教事成。卽是邊罪。不感戒故。若受戒欲竟。所教事成。卽罪

戒俱得。以善惡二因勢力相資，俱得成故。

配戒中，初標示，若下分配，有二：初定成犯，前明方便，後下明至果。在文備舉三重，臨事同別不定。言三性者，若論受戒，多是善心，餘心不無，故此通舉。由下出犯所以，假他身口，故云異緣。受下次簡感戒，初明未竟，謂三羯磨未至竟處，事成犯吉，此猶沙彌，不在言限。若下受事俱竟，方成夷重，即上所立任運之義。二因者，十戒爲具因，教人是重因。

疏 若準善生，受齋惡止者，彼以本無其戒，故約遮制，不同此也。

簡異中，如前引經不先遮惡，則不得戒，恐疑彼文，故爲點之。本無戒者，彼說受齋，顯是俗士，縱先五戒，稀故不論。言遮制者，出經意也。不同此者，此有十戒少分法故。

疏 上明義訖，今次釋文。

律 諸大德，是四波羅夷法，半月半月說，戒經中來。

疏 初篇分三：初有一行，標章門也；中列四戒，釋章門也；後已說者，結章門也。初名標者，謂標舉一章總意，略示衆情，說之梗槩，雖復略舉，未顯名相，故次第二羅列四戒，成上標相，故曰釋章。標釋雖明，恐生疑濫，若非收解，將何會通，故末號曰結章門也。此標釋結通于八章，前一具解，後七不述，可例知也。

就文釋中，總分又二，初略分言章門者，後結章中云標釋結中，罪四不別，共爲一章，文分三故。初名下次牒解，初解標章，示告也，梗槩猶言大略。雖下解釋章，標下解結章。恐生疑者，準後釋云諸大德我已說等，是正結章；若比丘下，除兩種疑：不得共住等，釋同住疑，恐人不曉不共住是不住二種僧中；故後犯亦爾等，釋重犯疑，恐謂後犯非重，故須此結文，方決前相，故云若非等。收即正結，解對釋

疑。此下指通下篇。

疏 初標分四：初云諸大德者，將說戒相，恐有異緣，不了淨穢，儀乖說聽，故命章大告，使思惟行檢也。二是四棄法者，此正提綱，諸篇極法，勿過此罪，故云棄也。三半月者，示法是時，非餘緣難也。四戒經中來者，明口所傳，有承據也。

釋標中，初告衆行檢，即戒相；二示法，經標梵號，有翻爲棄，疏中直以華言釋之；三彰時，緣難謂八難餘緣；四顯所據，來謂從彼所出。

疏 次釋章門，文有四戒，不分自別。

【律】初大婬戒。

【疏】初婬戒者，以義分之，門則有四。所謂制意、釋名、犯緣、闕緣。就初制意，則有通別。言通意者，如上所引爲止毒源，又如多論有四義意：一先作無罪得除憂悔，二滅將來非法不起，三決疑網，四有十利。

次釋章門。婬戒制意中，通意者，義該諸戒，不局婬故。文中二意，初止三毒，指上教興；又下次爲四義。初義如須提那最先犯，已常懷憂悔，由佛制戒，知先無犯。次義即立戒正意。三決疑者，以佛制戒，得知輕重殘無殘，可懺不可懺故。四十利者，如下戒

緣廣釋，餘制皆爾，故云通也。

【疏】二別意者，婬欲性者，體是惡法，既能爲作，則生死苦增，熾然不絕，沈淪三有，莫能出離，障道中源，勿過於此。此過之甚，何容不救？是故大聖制戒防之，意在斯也。

別意中，初示過體，既下明結業，則下明感報，沈下彰所損，此下明須制。

【疏】二釋戒名。

次釋名門。相傳二名者，必應古師所立，用標戒首，故此引之。

【疏】言不淨行戒者，愛染汙心，名爲不淨。隨染境界，汙淨戒品，故名爲行。行即業也。謂所防之罪，戒者能治之行，能所通舉，故曰不淨行戒。

不淨名中，初科前釋所防，即別名也。不淨約心，行據動身造作。戒下釋能治，即通名也。能下雙合。

【疏】所以舉此名者，戒相寄緣託境以彰，欲使觀過與厭，修不淨觀，離染行成，則全正體，純淨無染也。

次科，初句推問，戒下顯意。寄緣者通指心境，託境者別召所防。欲下一句即止持，修下二句即作持。則下明行成體淨，功由於名。

【疏】問：瞋癡犯者，不名不淨，此標何耶？答：此之貪愛，一能發業，二能潤業，牽生感果，是黑黑業，俱是不淨，故以標名。餘之瞋癡，但能發業，不能潤業，降此一邊，故沒名也。故成論云，但愛能令諸有相續，邪見等中無如上義。

初問意謂餘戒瞋癡成者，如殺妄等，同是毒染，不立此名，故徵此戒獨標所以。答中，初簡三毒重輕，前明貪毒。發謂能造新業，潤謂滋長故業，牽生謂引生諸趣，感果謂成就異熟。言黑黑者，因黑果黑，故云俱不淨，不淨即黑之異名也。俱舍云，或有業

二約財食向

黑黑異熟或有業白白異熟（上標下釋）諸不善業一向名黑染汙性故（謂因黑也）異熟亦黑不可意故（曰果黑也不可意卽苦果）色界善業一向名白不雜惡故（卽因白也欲界善業雜惡不名一向）異熟亦白是可意故（卽果白也可意卽樂果）據論黑黑通諸不善今取彼名別證貪業餘下次簡瞋癡犯者不標之意不兼潤義故云降一邊也故下引證愛卽是貪諸有相續卽前潤業牽生邪見是癡等字收瞋無如上義謂無潤也彼論問曰欲界繫煩惱一切能使欲有相續色無色界繫亦如是是事云何答如疏引問中通問一切答中唯推貪愛則

知餘業不能相續論又云經中亦說慢因緣生亦慢後愛故瞋亦如是故知皆以愛故諸有相續

【疏】問若如此解不淨財食莫不由貪俱有二能應名不淨答所防諸惡無非不淨此之染過境偏鄙濁有識同弊若不顯過無由可離故前彰過舉不淨名餘之貪過於此猶輕故從別以樹名也

次問卽引提中諸財食戒比例爲難答中初二句是縱貪愛同故此下是奪重輕別故初明婬重有識通語羣生弊謂耽著亦可訓惡謂識者惡之後明餘輕樹字上呼立也

二釋非梵行戒

二正明今解二初指前略示

二約義委釋三初引示字義

【疏】又戒亦名非梵行也梵者天音唐言爲淨淨者聖也出家所爲求聖興行今汙淨戒退失聖法故云非梵行也此與前解言同義異文中自列

次非梵中初標名梵下釋義初示字訓經音義云梵言梵摩此云清淨轉云聖者約義訓也出有淨行是聖道故出下合名求聖者遠期道果也興行者近修三學也此下簡異前從過體此據退聖語濫義殊故特點示又復前名據戒本文此從律本律云若有比丘不樂梵行聽捨戒等

【疏】上來相傳師資如此今約經律云婬戒

今解中初指前二名今下示今所立

【疏】婬是耽滯專固爲名故俗中婬字隨相以釋水邊㸒者爲邪咎過女邊㸒者爲邪私也故字兩列各有其義滯雨多者名爲雨淫滯書多者名爲書淫故皇甫士安讀書三年經時不識春秋乘馬不知牝牡卽其證也故滯於色名爲色婬卽此婬者亦名爲荒故書云內作色荒外作禽荒有一于此未或不亡又其證也

委釋中初略示耽滯謂染著無厭專固謂繫縛難捨前定字體㸒字音婬又音由水邊爲邪咎者謂

二貼釋戒名

為非過甚也。尚書大禹謨云：罔淫于樂。註云：淫，過也。女邊為邪私者，謂耽女色也。說文云：私逸也。故字從女壬聲也。故下釋字義。初釋水淫字，隨事雖別，義意頗同。說文云：久雨為淫。晉書云：皇甫謐字士安，號玄晏先生，讀書著述，常患風疾，猶手不釋卷，至忘寢食，時謂皇甫謐有書淫。又類林云：漢董仲舒少小耽學，常下帷讀書，弟子不見其面。在家七年不窺後園（所謂不識春秋），乘馬三年不知牝牡（雌雄），此亦淫書之過度。然經時乘馬等非士安事，學者宜知。故滯下釋女婬字，初示正名，即下引異名。書即

尚書五子歌第二章，有六句，上二句謂在宮室則惑女色，出外則多遊獵。註云：迷亂曰荒。文略中間二句：酣酒嗜音，峻宇雕牆（酣嗜皆謂無厭，音即歌樂，峻謂高大，雕謂鏤飾）。（酣，戶甘反。）下二句者，謂上六事，人君有一，必亡其國，況兼有乎。今但引證荒字，與淫義同。

疏言此比丘性無正慧，隨塵封附，迷著深結，名之為婬。聖知非法，制教防約，依教起行，無由可染，故名為戒。

貼釋中，初句標機：無慧是惑，隨塵是業，迷著是習。聖下，初句示教主，制教為開迷，起行令翻業，無染

三會通語別

三犯緣二初總標

二別釋二初通緣

使斷習。

疏若作此解，不律儀也。何以知之？既言婬戒、盜戒，明知非善法也。然隨俗相語，法不同。西梵所傳，前列其境，後以心緣，如鐘打佛禮之類也。故使經律有斯例矣。若據東夏，先能後所，故應號之為戒婬耳。若謂婬戒，從本從義也；若謂戒婬，從末從時也。兩通俱得，慎勿迷名。

會通中，初示名濫：不律儀即惡律儀，如屠獵受殺戒，為行殺故；又如外道雞狗等戒，為修雞狗行。然下，會釋。初明兩土語異。上二句通標，西下列釋。前

明西土：境即是所，心即是能。如下指例，鐘佛是所，打禮並能。又如波羅蜜，翻彼岸到，折埵理翻分四。釋迦云仁能等，此皆西竺風俗所尚。今云婬戒義亦同之。若據下，次明此方，反前可見。若謂下，會通無在，一以教從彼出，二以天音得正，故云從本；因過制教，故云從義。此方反上，故云從末；時俗所宜，故云從時。

疏三緣成犯，相通別分之。言通緣者，則徧諸戒。一是比丘，簡餘三眾，雖同犯婬，但吉羅故。二制廣後，以未制廣，但違業行故。三無重病，以不自知，無負心故。

三具緣中通緣卽前義門闕緣方便七種通緣中
第一緣也初示通義二下列緣相初簡下位二簡
最初三簡心迷律云顛狂心亂痛惱所纏此據自
不了知是比丘者重病言通必須簡別負背也

疏言別緣者據事有二若自造境則有四緣一有正
境三趣通論約報分二男則二處女則三處二內染
心昏睡無心開不犯故三起方便四與境合若爲怨
逼緣亦具四一是正境二爲怨逼三開境合四受樂
犯

別緣中二初自造緣四種不出心境前二離明後

二合辨三卽心爲境發四謂境與心會二中開睡
者如調部比丘睡中根起女見於上淫已捨去及
覺問佛佛言不犯是也若下怨逼緣以開境合約
心明犯緣相有別所以兩立

疏四明闕緣亦有通別言通闕者如前方便不成中
說

四闕緣中通闕卽指義門七緣問具緣止同第一
闕緣通指七者必有所以尋文可見

疏言別闕者當戒爲言一闕初緣非道道想及疑得
二偷蘭闕境還立是正境界闕第二緣無染心者則
無有犯謂入無記及明觀故闕第三緣未起方便威
儀不破但犯吉羅若動身相則有次近二方便耳闕
第四緣未與境合有二偷蘭從破容儀去至對境犯
輕偷蘭對小衆悔從境交對毛分未侵便止心者得
重偷蘭依大衆懺

別中初示別義二下列釋初卽境差境想後二句
非道如餘身分境還立者復造正道也二中無記
開前自造如睡眠是明觀開後怨逼如蛇口火中
等三四兩闕卽三方便隨止之處闕不成犯三中
初明犯遠未起方便謂未動身不妨心犯若下次

明次近以顯所闕四中但犯次近闕不至果破容
卽動身小衆謂界外四人口和受懺大衆卽界內
五人已上作白懺止心語通境強疑心及善心息
並如前說

疏諸篇方便其例大同唯罪重輕懺法差降並如羯
磨疏鈔廣之

指通中言例同者謂闕義也罪重輕者殘通蘭吉
下三皆吉懺法異者殘中二蘭次方便下品對一
人悔近方便中品同前小衆餘篇吉罪悔法無別
並下指廣疏鈔並明懺法疏見第四鈔在中卷

疏 就消文中。

次消文相。

疏 標舉戒名大婬。婬名是一。而有小大之殊。如漏觸語同成婬行。此就觸境有內外也。在內則夷。在外則殘也。如尼兩觸夷蘭二結相可知也。

釋名中。初標示通別。如下。引戒顯相。初明通濫。此下。明所簡。內局三道。外通一身。下引尼例。律制腋已下。膝已上。腕已後。身分犯夷。餘處犯蘭。以尼內外俱重。與僧不同。然於外觸自分重輕。頗同上義。

註 佛在毗舍離國。時須提那子。持信出家。後還本村。與其故二。共行不淨。諸比丘察知已。言當於如來清淨法中。於欲無欲。能斷渴愛。破壞巢窟。除眾結縛。愛盡涅槃。云何乃作如是惡事。以過白佛。即集眾僧。知時義合。取自言已。佛訶責云。汝所為非。非威儀。非沙門。非淨行。非隨順行。所不應為。告諸比丘。我無數方便。說斷欲法。越度愛結。又說此欲如火如炬。乃至如刀如戟。如是訶已。此為癡人。多種有漏最初犯戒。今當結戒。集十句義。一攝取於僧。二令僧歡喜。三令僧安樂。四未信者令信。五已信令增長。六難調者調順。七慚愧者安樂。八斷現在有漏。九斷未來有漏。十正法久住。諸戒例爾。下並略之。欲說戒者。當如是說。

疏 就戒緣中。大分為二。從初至正法久住。諸戒略之已來。明結戒相。以顯行法。行雖成顯。須有緣依。故次欲說戒者當如是說。辨說教相。以成教益。

戒緣。初文。敘前段中。託緣制立。故云結戒。呵過立治。名為行法。對後說戒。即是眾法。行下。明次段緣依。即目說由。說戒警行。故為緣以行遮教。故為依。

前制治過。名行益。後說弘傳。名教益。

疏 就初行益文。復有三。從初至如是訶已來。正明比丘不勝名利。興漏造染。壞其略教。制戒緣起。過狀已彰。理須禁約。故次第二。此為癡人多種有漏已下。明聖隨犯制。廣補之使識相行。護發起正業。然則制戒豈唯止惡而已。元為集生眾善。護持人法。故次第三。集十句義下。明若依教奉修。必能廣與出道。紹隆長世。上來科約。下戒並同。若至彼文。更不解也。

初段分文中。初云不勝名利者。律序身子請佛制戒。佛言。未得利養。過漏未起。以初出世。法化未通。後漸弘廣。信施充積。因茲生過。故知四事。眾惡之源。有智深思。特須遠離。毛繩截骨。世喻昭然。肉駱駝山。昔緣顯矣。請詳緣本。宜用書紳。敘下二段。一一皆有躡前生起。以文對註。總意可見。上下指略。觀下諸戒。並委出本緣。略明呵制。至於十利。例皆不遮。今此所指。但前兩科生起同耳。

疏 就前戒緣。又三分之。初佛在國。明住處也。二須提子者。能犯人也。三還本村者。明犯相也。如律結集中。犯有戒相。恐涉妄列。必須三處審同。所由若乖。其本

雖佛所說亦不依用故彼文云何處制因誰制何因故制如是諸戒例此三徵末代持律亦準三責如四廣說可以求之

緣起中初科初分文如下引示初敘本集意言三處者初卽住處二三卽目人犯爲處故下次引彼文卽五百結集中始自初戒終至衆學迦葉一一舉此三事爲問波離隨問答之集成律藏末下明今準用四廣說如別所引律明四說正爲末世辨定是非舉彼例此令依處判

疏就初住處毗舍離者多論云廣嚴城也

住處中云廣嚴城者廣謂土境之大嚴卽風物之美昔波羅奈國王夫人生一肉團羞愧不已封之金函棄於江內有一道人見而取之後生一兒一女有大人相乃立爲王子孫漸多三展其國故曰廣嚴

疏須提那者多云聚落主名也此云求得其子耶舍此翻爲明如僧祇釋持信出家又見論云有財四十億深厭此財生毒害善便捨有爲入無爲故曰也

犯人中初示父名註云須提那子卽子從父名西竺多爾翻爲求得未詳何義其下出子名初翻名如下釋義初引僧祇釋彼云毗舍離城有長者子名曰耶舍信家非家捨家出家等又下引見論釋以其持信厭財捨家入道故云明也

疏三就犯緣中分二初還本村行不淨者是其犯相後諸比丘下明訶責相就訶責中初明比丘後明佛者欲顯比丘同徒同住過犯先知故前列也如來三達知見常圓示同化儀位尊殊隔義無先知故在後列又解理越常情絕於鑽仰今爲同徒所訶分當己位容可勵己剋意不爲後明佛訶者玄軌之教出於高範切磋之益義存我友亦彰比丘言無虛設互相

敦崇用成同濟之道餘語略之下更不解

犯相呵意中初牒問欲下釋通又二初約察知前後釋三達等者明佛非不先知化物之相示同後知三達智論云過去未來現在此三種智通達無礙故又下次約勸誡前後釋初示聖意難測謂其堅不可鑽研其高不可仰視故云絕也論語顏淵歎夫子云仰之彌高鑽之彌堅今用彼語今下約義以求初敘比丘呵後下明佛呵玄軌卽所制戒法高範卽佛之所行切磋喻規諫短失詩云如切如磋骨謂之切象謂之磋此謂朋儔職在諫諭師長主乎教誨若不先呵直爾白佛顯同友無

相成之義。律緣世相法爾須然。上約立教須後。亦
下次明彰前故後。餘下略指上句略去餘說。下句
指後例同。以下諸戒多有二呵。大同此釋。
疏 就前又二。初明訶辭。後舉過違佛。初中於如來清
淨法者略教法也。略教法意總舉行體莫非喪苦集
求滅道也。言於欲無欲者思前貪境名之為欲。察知
妄起名無欲也。言斷渴愛者思後重貪追境不捨如
渴也。觀如此渴非由境生。但是自心。如犬齧骨故能
斷也。此二集諦世結之因。破壞巢窟者世結果也。集
因既傾苦果自滅故曰也。除眾結縛者修道法也。愛

盡涅槃者證滅諦也。乃作惡事者總結前辭以用訶
也。
弟子。呵詞。初釋總舉者總四諦故。略教一偈半。初
一偈喪苦集。後半偈求滅道。言下釋別相。別配四
諦故。文有五句。初釋前二句。上句始起貪境。即五
塵欲即五識。下句相續貪。二皆有出過對治二門。
欲愛是過無斷即治。此中治法至要。用意深思。如
何思耶。因言得理。以理觀念。見念隨塵取塵為欲。
欲熾為愛。諦觀欲愛所生所在。然後可治。此乃心
行。何由盡言。聞而不思。徒多何益。世結者即三界

繫。破下釋第三句。巢窟喻六道依正。苦不假斷故
云自滅。經云苦若滅者即是因滅。因滅故果滅是
也。除下釋第四句。眾結總收業惑。道法不出三學
八正。愛下釋第五句。涅槃即眾結盡處所證空理。
乃下釋總結。
疏 二明舉過違佛者善見云不欲令佛獨譽於己薄
賤犯者遣出清眾。又亦不以惡法相鬭亂故。正以依
實舉罪請聖制戒禁防違失令法久住故。
舉過中。引論先出非意。非為益己損他故。正下示
正意。專在滅惡生善故。

疏 如來訶辭文又分二。初明教主以法不得信舉輒
即訶責恐生諍訟故親集僧問取其自言。二佛訶已
下方明其相。就初集僧多論五意。一現佛不自專輒
故。二眾量結戒犯者心伏故。三凡事眾和令法久住
故。四為肅將來倣佛成規眾量不專故。五諸佛法爾
於佛有儀故。
釋佛呵集僧中。論約五義求佛本懷成濟弘遠不
專一事故也。
疏 言知時義合者量機教也。
次科總釋中。知時是量機義合即量教。

疏問。如來明見知犯非虛，有何義故不證他犯。多論解云：有四種過。一不順諸佛常法，二違自言治法，三令眾生怖不安之相，四逆說人過非大人體。是以商度故名為知。所言時者，多論解云：要在比丘眾集時問。二結廣時問，反此不問。

別釋知時中，初立問徵意。佛既先知，不當取彼自言故。多下次引論以釋。初釋知字。四過中，初謂佛佛皆爾，二謂如來於滅諍中制取自言，三是安眾，四現尊相。所下次釋時字，論解二義：眾集即約人明時，結廣即從教明時。

疏雖復機起，深應於時，若訶責制戒，不能滅惡生善，亦不宜問。以是次明知時義合。若非此義，不合故問。如多論解以制戒故有四種益，一先作無犯得除憂惱，乃至第四十利功德，如上說也。

釋義合中，初躡前。若下正釋。初敘非義，以下明是義。然制戒之義有總有別，別即隨戒制意不同，總則無非滅惡生善。今釋義合且就總論，合猶當也。如下引證，文見制意，故略二三。除憂止非決疑並滅惡義，十利即生善義。

疏光律師云：知者藥病之差，時者應機之趣，義合修成契會為要，大如上也。

古解中差謂差別，趣即趣向，修成契會謂令他獲益，語異意同，故云如上。

疏三取自言者，如五分云：五百金剛常隨侍衛，若佛三問不如實答，便杵碎頭以為七分，情怖故答。

三中金剛者即侍從力士，手持金剛杵，因以為名。如涅槃中迦葉白佛：世尊，昔十五日僧布薩時，有一童子不善修習身口意，盜聽說戒，密迹力士以金剛杵碎之如塵。云何如來視諸眾生同於子想？乃至佛言：童子力士皆是化人，非真實也。為欲驅遣破戒毀謗正法一闡提故。

疏次佛訶中，總別分之。初總訶云：汝所為非，者縱放身心，理違事惡，故曰也。非威儀者，乖法式也。非沙門者，絕勝士也。非淨行者，業體穢也。非隨順者，違略起非，豈順教者。上來訶責通諸戒也。

次釋呵相。總呵中牒釋五句，初中理違對心，事惡對身。三中勝士即目四果。上下結示總意，束五為三：初四就造業，二五約違教，三據障道。

疏次云告諸比丘說斷欲者，止在此戒，故名別訶。舉法引喻，文相極顯，不復解也。

別呵中初示別義舉下指文相註中無數方便等卽舉法也如火炬等卽引喻也

疏文言此爲癡人下明舉過制戒也多論問曰佛大慈悲兼無惡口云何訶犯言癡人者答稱實言之非惡口也此縛凡夫具足愚癡又大慈悲訶責折伏如今師資教誡之相也

二明制教釋初句中初科論約二義以徵呵意一違悲心二有口過答亦有二初約稱實答上口過又下次約折伏答上慈心以佛有三不護故無惡口身口意三無過可護又折攝二門同爲化物故非無慈

疏有人言但言其癡不舉貪恚以癡通故

釋偏舉中初科癡是貪瞋之本舉本則餘二皆收故言通也或論云癡爲二本所以者何若人無癡則無貪瞋故

疏又解聖人制戒非唯止惡元爲開道是本意也貪恚等惡與福分相違若論癡者體是無明正障於道故今訶責但舉其癡

二中初敘教本貪下二示偏意俗修福分道修智分今訶道人故偏舉耳

疏多種有漏者如婬所犯墮於地獄乃至人中依正惡報至時廣引故言多也

次句中言婬犯者示業因也據通諸戒自約婬論墮獄卽總報乃下示別報文略餘報故云乃至今廣引者涅槃云以貪欲習故死入地獄畜生餓鬼從彼得出還爲鳩鴿雞雀後得爲人復受黃門二形無根等身習因滋長惡果無窮因增果倍非多何謂

疏最初犯戒者僧祇云耶舍劫初先嘗地味通退欲著惡法由興

第三中引緣釋義彼云過去世時此界劫盡時諸

眾生生光音天後世界成還從天降身有妙光神足自在有自然地味如天甘露有一輕躁貪欲眾生嘗此地味卽生著心展轉相倣皆競食之食已光滅退失神足等爾時輕躁眾生卽耶舍是今日復於淸淨僧中先起漏過

疏今當結戒者是廣教也就此制廣有五種意一定其廣略二教名體二廣教所禁不出遮性三託緣興廣不出三性四廣相所詮不出四相五制廣教意不出六位

第四分章初後皆約能詮餘並所詮二卽簡過三

二隨章解釋五 初二教名體
二明集遮性五 初總示
二別釋二 初釋性戒
二釋遮戒

是約緣。四即顯行。初兼二教。餘局廣教。

疏 初廣略二教。定其名體。如上序初已爲分別。

釋中初科。指略尋前可見。

疏 二明遮性者。由惡緣境不可隨說。以義收之。大分爲二。

第二遮性。總示中。上明境廣別相難曉。故下約義收總相從要故。

疏 言性惡者。如十不善。體是違理。無論大聖制與不制。若作違行感得苦果。故言性惡。是故如來制戒防約。若不制者。業結三塗。不在人道。何能修善。故因過

制。從本惡以標名。禁性惡故名爲性戒。

性戒中。初釋性義。性即是體。違理之惡。從心而起。不由制有。故云無論等。是下。合戒義。初敘須制。故下明立制。於本業上復增制罪。故云因制。應知性戒之言。即業制雙舉也。

疏 言遮惡者。如伐斫草木。墾掘土地。威儀麤醜。不光俗信。聖未制前。造作無罪。由非正業。無妨福善。自制已後。塵染更深。妨亂修道。招世譏謗。故名遮也。所言遮者。能遮正道。故言遮惡。前之性惡。能遮福故。亦可此惡爲教遮而生。故名遮也。

三引古解
四引文解二 初引示經論

遮戒中。初敘過。明惡威儀麤者。失自利故。不光俗者。失利他故。聖下。約制釋遮。初示反前性惡。自下。明因制成犯。塵染更深者。多違犯故。妨道招譏。亦即自他兩失。所下。轉釋名義。有二。遮正道者。約過釋也。教遮生者。從制釋也。

疏 有人解云。若論性戒。捨罪以求福。若論遮戒。捨福以求道。

古解中。性戒障三塗苦。近獲人天。故云捨罪求福。遮戒不專福善。遠慕寂滅。故云捨福求道。此亦一往以判。不妨遮性福道兼資。

疏 故智論云。十善十惡名爲舊戒。五篇七聚名爲客戒。前十善惡。不假制有。若論篇聚。必假聖制。又涅槃云。菩薩持性重戒。與息世譏戒等無差別。文廣如彼。

引示中。智論爲二。初示名。縱佛未出。輪王亦制。由來恆有。如主常在。故名舊戒。佛出方有。法滅便無。去住不定。故云客戒。或可以上望下。合云主戒。以下對上。合云新戒。文中互舉。義必兩通。問。諸遮可爾。七支性惡。既是舊有。何以五篇七聚俱名客戒。答。業雖舊有。制是新加。性涉二重。遮唯一制故也。前下。次釋義。配上舊客二名可見。次涅槃中。初引

經文彼性重戒即目十善息世戒通命篇聚

疏明知篇聚制約世譏以義求之如初篇婬殺名性重也下篇所制名性輕也遮亦輕重所以自明

結顯中上二句通示廣教以下義判重輕遮亦輕重者二房媒嫁爲遮重提等下篇爲遮輕又復三篇迭望重輕可知

疏問遮性兩惡皆有二能一能違制一能妨道云何爲遮但以草木由教而生名之爲遮以性惡者亦教遮故

問中初牒二戒過齊二能即前釋遮中二義云下

難得名不等此躡後義爲難

疏答性罪三過一違理惡行二違佛廣制三能妨道業遮罪具二體非違理故名爲遮

答中二過雖齊然今但約違理一義以定二名

疏如三千威儀四句辨之或有犯佛法罪非世界罪如制戒後畜財離衣等二是世界罪非佛法罪謂未制前行殺盜等三俱是者制廣教後犯婬欺等四俱非者未制廣前殺草木等

引證中四句可解佛法罪即佛制教也世界罪即違理業道也一三明業制單複二四論業道有無

此中正用一三兩句證前遮性違理有無對文可見

疏以此義推未制廣前無問道俗以無教違隨作性惡但犯業行故經云是殺生是殺生報等此豈唯俗不攝道耶而出家犯重俗人者輕由有無作戒可違故又違略教是以律文最初犯戒明違略也如善生云二人同罪不受戒輕受戒者重違佛語故

義推中即準第二一句以明業道初明道俗同犯下引淨名證通兩衆而下次簡重輕不同此中乃據未制廣前若制廣後自可知故僧有受體略教

可違故重於俗是下引證初引律本證上違略後引經文證上違體

疏三明廣緣必託三性

三託緣中教不孤起必假緣興隨戒別論緣緣相非一約義通攝不出三性故立此義統該篇聚

疏言託善緣以興教者如坐禪讀誦講導開悟必以正命居懷制伏煩惱此名善法方希名利邪命自居相雖是善反成貪毒壞心障道勿過於此是故大聖興教防之

善性中初標示如下顯相有二初敘過不受殘宿

等因坐禪比丘爲緣，同誦戒以讀誦爲緣，乞衣過五六語教尼日暮及衆學中諸說法等並因講導爲緣。方下顯過相。是下明制教。此中但明遮戒。若準鈔文，慈心殺人互用三寶則通性戒。

【疏】言不善緣以興教者，如十惡等體是不善，能廣三塗增惱障道，故聖因過制教防之。

不善中初標示，如下示相。又二，初顯過，故下明制。

【疏】言託無記緣以興教者，如草土等體雖無記，數作不已，外彰譏醜，內增心亂，故制防約，作者犯墮。

無記中分科同上。緣雖無記，犯是有記，故結墮罪。

若準鈔云，如比丘方坐高談虛論，費時損業，癡狂睡眠等，即約能犯之心以明無記耳。

【疏】問：若如此者，何故成論，斷草木等名爲無記？答：此對俗說，無非佛制，不礙福分，無招惡業，故云無記。出家不爾，現大人相，若有作者與理相違，招謗障道，說爲記業，不妨就緣性是無記。

釋疑中初問，躡上犯墮，引論爲難。出業相品。答中初約對俗，釋通論意。無非字誤，古本作由非。惡業合作惡果。出下次約違制，釋前結犯。問前云遮戒體非違理，今此那云與理相違，請爲通之。【案此下應尙有】

【答文疑脫】

【疏】四明教相所詮四字斯盡。何者是耶？謂犯不犯輕與重也。若解四字，通決無疑，是則上品持律之最。

四明所詮。總示中初科，前示詮相，見翻能詮。總六十卷所詮雖多，指歸四字。準有五字，不犯二字合一事故。若下結顯。

【疏】故涅槃云：善解一字名爲律師。有人解云：即律字也。律訓爲法，法謂軌模，必約四字以定儀體，豈不然耶？何名爲犯？境緣具也。

次科初引經文，但云一字，與上不同，故須通會。有

下次引他釋。一字是總，四字爲別，總相通含，非別不顯，須從別論，故云必約等。

【疏】何名不犯？起對治也。何名爲輕？因果微也。何名爲重？反上句也。

牒解中，境緣即通別兩緣。對治謂通別二持。輕重二字，若望根條，即初篇爲重，殘下爲輕。若約戒儀，則初二爲重，提等爲輕。若五篇迭論，則夷重吉輕。中間三篇竝通重輕。

【疏】就此四意，二門分之。初列名解，二以義分。就初犯持各有二義：一者犯法，二者犯行。何名犯法？作過緣

具現違聖教，如諸戒本斯犯法也。有自壞行汙本所受，名犯行也。若與犯緣而未相應，名爲犯法；與犯相應，則名犯行。如此重解，極大繁矣。

次科別分列名中。初通標犯持，持卽不犯。何下別釋，又二：初列示法行。法卽聖所制教，行謂身口造作。若下約已未以分。如下結示。此中據理合解四名，前標犯持則通兩位，下釋但解犯中二義，須知四門並具法行，法皆約教，行並從人，名義俱同，故所不出。

疏舉犯法明，則有犯行不犯行也。

次科義分。犯法中初科犯法有犯行，義見釋名；有不犯行，在下問答，所以文中標而不釋。

疏問：與犯法相應，如上廣引，得有犯行；云何犯法有不犯行？

問中初牒前犯行，比難不犯。

疏答：聖制戒本，不欲順過依行，正欲覩犯興厭，離過奉行。是故得明舉此犯法成不犯行。若就犯行，無不犯行者，以具過緣，何得非犯？由善惡不俱故。

答中文二：初明犯法可具，謂教相明明，犯意在成持，卽取成持以爲不犯。若下明犯行不具，以犯不兼持，業性異故。

疏二明不犯法中亦有犯不犯行。有三不犯法。

不犯法總舉中三不犯法：初約犯中有開說不犯，後二約持明不犯，二是止持，三是作持。

疏一開犯爲不犯法，非是純淨名爲不犯，以輕奪重，不違本制，名爲不犯。如大妄開戲笑，婬摩開淨授，離衣開念捨等。若忘失念，皆有小犯，是名犯行；當自攝持，名不犯行。

別釋初中又二：初標簡。如下示相。婬摩開淨授者，淨對婬戒，律中怨逼三時無染；授對摩觸，律中若

有所取與相觸不犯。離衣念捨者，律中明相未出，若捨衣，或心念捨，或對首捨。又如毀呰開慈救，掘壞開不故，觀軍開有緣之類。言失念者，非謂染著前事，但遇此緣，彌須謹護，忘念卽犯，攝意成持，故通二行。

疏二起對治行明不犯法。如諸戒對治，依修成就，則據不犯法起不犯行；若於此法生情厭背，懈怠不修，卽是託不犯法以成犯行。

次科正名中，初標示。如下釋相，卽前四重各有治法，卽目此治爲不犯法。下約順違以分兩行。

疏故涅槃云，有四因緣，事雖似善，不得樂果，爲勝他故、名利眷屬及以世報，雖修行善，非佛意故。

引證中，初標示，爲下列釋，引此證上不修成犯。

疏問：戒文有言：名譽利養，持戒所得。如何經中乃訶非善？答：深有旨也。若爲鈍根，無由離惡，且勸持戒，從惡從善，故舉世樂，以勸彼持，如文是也。若又樂福，無心涉道，非佛本意，故又訶毀，如上涅槃，即戒本末戒淨有智慧，便得第一道，轉鈍爲利，豈不然乎？依此修行，不名爲利，是於二法立不犯行。

問中，引戒本偈並上經文，呵歎相違，故須通會。答

中分三：初句總歎；若下別釋，初釋戒文，徙猶改也，世樂即名利生天；若又下，次出經意，初正釋，引戒本以合經文，準知經局利根，戒通利鈍，利根捨福從道，故云轉鈍，非出離道，故不爲利；是下三結示二法，即以世樂對治爲不犯法，鈍對世樂立不犯行，利就對治立不犯行，是知世樂鈍者成持，利者名犯。

疏三明制不犯法，以明二行，如安居說恣，並是聖制，依教而行，成不犯行，反說不依，即是犯行。

三中，標釋同前，此中即約制作之法，違順以分，然上下義門，文句交雜，欲令易曉，爲圖括之。

- 初犯法有二
  - 初犯行
  - 二不犯行
- 二不犯法有三
  - 初開犯不犯法一
  - 二對治不犯法二
  - 三約制不犯法三
    - 初犯行
    - 二不犯行
- 三輕法有二
  - 初生輕行
  - 二生重行
- 四重法有二
  - 初生重行
  - 二生輕行

疏次將違順難易，用條前法。

- 次約義重條二
  - 初約違順二
    - 初犯法有二
      - 初犯行順法違意
      - 二不犯行違法順意
    - 二不犯法有三
      - 初開犯不犯法一
      - 二對治不犯法二
        - 初犯行順法違意
        - 二不犯行違法順意
  - 二約難易二
    - 初犯法有一
    - 二不犯法有一
      - 不犯行
      - 三約制不犯法二
        - 初不犯行順法順意
        - 二犯行違法違意

疏若舉犯法，以明犯行，順犯法成，違聖制意。（佛說戒本，但明犯相，依相而行，是順戒本聖制，欲使違法。）舉彼犯法，明不犯行，違犯法成，順聖制意。（文中雖列婬盜犯夷，我不婬盜，豈非違法。）

違順中，犯法爲二：初約作犯明犯行，註中，初示順法作犯之行與教合故；聖下，明違意，戒本顯犯，意在持故。舉下，次約止持明不犯行，註中，示上違法止持之行反犯相故，不釋順意。

疏二舉不犯法明二行者，先解開犯爲不犯者，舉此

不犯法明犯行者順不犯法成違聖制意二不犯行者佛意乃至戲笑亦不許故此不犯法明不犯行違不犯法成順聖制意

不犯法中三位同前初中文二前明犯行即諸戒不犯文中或結小罪者則有犯行違順同前二中明不犯行即約攝念現前不違小罪故

疏二就起對治行明犯不犯三就前制不犯法明犯不犯者順法即順意違法即違意並可解耳

次合明中前列二位後合示違順由此二不犯法即是止作二持是故順則法意兩順違則法意俱違

疏上解違順次明難易初舉犯法以明不犯此行易成離重過故次舉不犯法明不犯行此行難成自非專至何由不犯如戲笑等可以情求

次難易中以順法持戒可有難易是以但明不犯行耳違法毀戒本非所論故無犯行文中初結前總標初下舉法別釋初明犯法易成可解次不犯法行難成者離輕過故

疏三明輕法生二行者或有輕法生輕行如具緣殺草木輕心卒爾作等或輕法生重行害心殺蟻子等

三輕中初總標或下別釋壞生殺畜同是提篇俱名輕法卒爾害心業有輕重故分二行成論云害心殺蟻重慈心殺人是也

疏四就重法中生二行者具緣行四重三時無悔心是名重法生重行或本無方便後無隨喜事不得已此重法生輕行

四明重中標釋同上四重是重法三時具缺以明兩行不得已者如慈心殺父母互用佛僧之類已上四位前二法行並就制論後二不爾法依制罪輕重齊均行約業道重輕乃異

疏五明制廣意唯六位所謂深防限分約相示過心境內外各有通別所引如後

五明制廣標中六位各有通別五六二位文雖不出準前可說

疏初解深防言通制者元聖制戒為止業因造業已來必由三毒無以卒制且約身口二業既清心自沈靜能見過本望其本意為防心也未了心性約相遣塵故制四重以為道體對四制餘並號深防恐犯四本制餘令護何以知然配篇種類可以知也

深防通中為二前明四重止得名防對下次明餘

篇始彰深義。初中又二。初通示制意。動心結業能
感後果。業即是因。故云業因。造下。次明制教方便。
初敘業從心起。無下。明制外防內過。本即三毒。末
下。明依境立制。毒心微細。鈍士難知。隨過禁制。故
云約相。能淸心本。故云遣塵。言道體者。道無別體。
即本淨心。心隨染緣。與道相反。故禁重惡。還復本
淨。無漏聖道。由此而生。故云體也。次餘聚中。以下
篇諸戒。近防四重。遠禁本心。即深防義。種類收戒。
如下殘中。

疏有人別解約戒以明。故云過犯未窮。預加重約禁
微防著。故曰深防。如觸尾臂。犯夷等類。亦易解也。

釋別中。初標他解。約戒明者。示別相也。故下。引示。
初釋名義。如下。舉戒顯相。且明尼觸四戒。俱爾。又
如用飲蟲水。爲防殺畜。搏比丘。防打之類。

疏言限分者。亦有通別。通爲防心。善惡之本。緣想輒
起。無非我倒。因之結業。迷墜生死。故隨限分。還制其
心。故律本云。心念作。發心作。皆名犯也。

次明限分。明通中。謂教必被機。機分大小。教有淺
深。大教被於上根。制其誓念。假宗被其中品。但齊
重緣。有部則被下流。須形身口。隨其根器。力分堪

任。故云限分。此中且據本部假宗以明。初句標示。
通防心者。指一切戒也。善下。委釋爲三。初敘起業。
上三句。明從心起。業通善惡。故兩舉之。此中論犯。
唯明惡業。熏習力故。任緣而發。了無從始。故云輒
也。我倒。即煩惱道。因下。明成業。即業道。迷下。明受
報。即苦道。二故隨下。明立教。三故律下。引律證發
心。心念如上已釋。

疏然有諸師。不立此義。戒約身口。何處明心。然身口
具非。感善惡。終在思心。判成業道。如上持犯成就門
說。

斥異中。初文自昔傳弘。不分宗旨。故執有部之義。
以難假宗。然身下。還用假宗。反攻彼計。指如前者。
以持犯成就。三機差別。即限分義故。

疏如見論中。若制心戒。無得脫者。據獨頭心。上明心
念。據重緣心。即是下凡限分制也。

次科中。見論文意。但制身口。順彼所執。故須通之。
初牒論。據下。決通。又二。初釋通論文。獨頭念即誓
爾也。上下。次示前律意。是則假實兩分。大小不濫
矣。

疏若就相論。可有修學。並是限分。又如漏失。僧殘尼

三約相

墮限分之相於此彌彰故光律師云制爲當機正存力分若未能行雖作無犯如斯等戒其例是也

明別中初三句約義總示言就相者即指戒條正彰別義文下舉相別顯文二初約報以明文中且約漏失顯異又如八事四獨言八紡績染心衣食之類尼限分也漏失二麤二房不定提舍之類僧限分也即僧尼不同戒如下隨篇所明故下次引古解就機以辨三根强弱不可一制故云存力分也無知之罪對根三別（上根即結中根五夏下根不結）四依百一二房畜長上士高逸不樂從聽下流志弱不能專

制教即開聽故云作無犯也

疏三言約相有通制者心過難形以境分相諸篇聚者約相可求別歷約相如盜五錢度人問親之例故光師云過損理違道俗俱禁依王國法準俗制道也

約相中初標有下釋初明通相即篇聚所列一切諸戒條別顯然故總名相次明別相且舉盜戒如盜五盜四等律因盜人令出家故制問親並屬盜相故下引示亦且據盜餘則例然如婬則正道毛頭殺則讚歎教遣妄則凡法聖法下篇諸戒一一各辨思之可知

四示過

五心境

疏四示過者有戒斯是別相示過如戒緣中佛重出過婬如蛇口如火如刀酒大不善各有十過故光師云罪狀未興預彰過兆逆須譏醜使耳目聞見等是也

示過中初標有下釋初句明通以一切戒並是過相律並呵云非威儀非淨行等下明別過且舉婬酒漏失戒云云何不淨手受人信施二房引龍鳥兩舌舉野干畜寶示四患等皆謂顯過相也佛重出者望前通呵故云重也婬中過相如文所列酒十過者一顏色惡二少力三眼視不明四現瞋恚

相五壞業資生六增疾病七益鬬訟八無名稱九智慧少十命終墮三惡道各字恐誤合是略字以酒過多且明十故故下引古顯意無過先示故云逆須須合作預問婬酒二戒過起方制那云罪狀未興答雖託前緣意絕後犯故知前爲起教皆是最初望後當機故云未興耳

疏五心境者有戒斯是無有單心而犯戒者有八云如不學等可有境耶今解不然同此學境何得無耶故光師云緣無定據心相易流境有美惡心有濃淡或約心從境如婬酒戒或制境從心如盜殺等或以

六內外

心境相應方始成業

心境中、初明通義。無單心犯者、卽如毋論犯必託境、關心成業。心不孤起、境無獨立、未有一法不由心境、故言通也。下斥古解、彼謂不學之罪起心卽犯、不待造境。然不學有二、初起斷心、若頓若漸、並對前境。又隨事無知、別結不學、亦卽對境、但於學境心有背耳。故光師下、次明別相。初總示差別、緣卽是境、四句隔對尋之可見。或下、別配戒相。文列三句、初句唯局婬酒、二三兩句則通諸戒。上二卽境想、後四句下一卽是初句。若爾、此卽是通、何得云別。答、隨諸戒相句法不同、如殺則人非人、別盜約有主無主等是。

四分律含註戒本疏行宗記卷五 釋四波羅夷法 七三

疏六內外者、犯不自成、成由緣集。因藉萬差、要唯內外。如情道等爲內、非情道等爲外。就情中、食飲爲內、衣服爲外。如是例準。

內外中、標釋可解。初明通者、一切諸戒無出二境。性戒並情、如七支等。遮多非情、掘地房酒等。就下、明別相。衣食二種、計是非情、但隨身用、故判屬情。而約資用以分內外、如三十九十別相可知。後二通別、文中隱略、約義分耳。六位中、初二相對、深防約教、限分從機。

三奉修之益三 初總分

二隨釋三 初釋僧利

二別利二 初標分 二隨釋二 初生善利

三四相對、約相明篇聚重輕、示過彰行業麤細。五六相對、五則心境合論、六乃單明前境。

疏註中、集十句義下、明結戒益義。就此十句分三。初有三利、明此戒法生衆功德。次有六利、明生別人滅惡成善。次有一利、興建正法行也。

三修奉益中、卽釋十利。大聖立教、利益無邊、取其簡要、且列十種。標分爲三、戒爲能利、衆別興建、卽爲所利。

疏言攝取於僧者、由制廣教、能治別人七支等過、故名爲攝。自行既立、同和號僧也。令僧歡喜者、半月一說、行淨無違、故歡喜也。令僧安樂者、依教修成、必感大果、用以適神故也。

四分律含註戒本疏行宗記卷五 釋四波羅夷法 七四

僧利中、初攝僧者、制戒治別、別聚名僧、卽是以戒攝別入僧。次釋歡喜、云半月者、以說戒檢行淨穢、兩明能令衆喜。三釋安樂、舉後聖果、以顯因心適、卽是悅神、卽識心。問、與第二何異。答、喜謂現預淨僧、樂乃後必剋果。二利同就因論、所對現當兩別。

疏就別利中、初有二利生善、後四滅惡。未信令信者、由制此戒、威儀動人。善見云、諸未信者作如是言、沙門釋子勤心精進、難作能作等。已信令增者、謂先學

戒見後來者生大信心云何是人盡形求法一食修道等

次釋別利生善中初釋未信約威儀者世多取相故能動人下引善見出彼信詞由觀外相而知內德故難作謂禁制情欲修苦行故次釋已信先學即是已信生大信者即是增長云何下亦出彼詞偏舉難事以彰可信問今始制戒那有先學戒者答先有略教禁三業故或可制後展轉相望而分先後上二生善初對在家故歎沙門次即出家故指先學

疏 就滅惡中言難調者善見云破戒作惡心性剛強內無羞恥故曰難調佛為制戒訶責治罰不得動轉改過悔伏故曰調順慚愧者清淨行者制戒治惡不入眾數布薩自恣清淨具足故曰安樂斷現漏者由不覆情隨塵起染若打若死斯現有漏制戒防止無上諸過故曰斷也斷未漏者若不陳悔生業無窮由依廣教洗心悔過盡形行學障於來惡故曰也

滅惡中初釋難調引論顯相文列三句上句身口業下二句意業三業不善則名難調佛下顯益七九治罰隨犯治之文中略舉呵責餘可準知次釋慚愧謂惡者折辱善人無惱故文舉說恣由此二法必取行淨若羯磨僧則通持毀三釋現漏言不覆者覆猶護也遭打橫死惡疾迍難皆為現報四斷未漏生業無窮者此通生後二報盡形行學者且約上篇犯重為言餘篇悔法俱障來報義可知也此四滅惡前二止業並據治罰後二除報必約懺悔然止業除報正在治懺莫不皆由制戒而生故功推戒耳

疏 三明興建正法者如見論云法住三種一學正法久住由人奉修三藏教法攝在己用即行所依故也

二信正法久住者謂三藏中所說諸行十二頭陀威儀禪定是也三得道正法久住者由依教行得成四果及涅槃道後有此益並由制故

釋興建中引善見三相第一約教非學不解第二是行非信不行是以前二首標學信第三約果則明教行功不虛設

疏 就此三相前後為言初教次行後明果也人多讀教少有依行以無信故如大論云信為道源功德母也若無信者雖入佛法都無所益以不依行無所得故若依教修必剋聖果即是制戒功德道興誠不虛

設也。

明次第中。初正指次第。人多下釋其所以。初句明教。少下示行。大論節智論。聖道從始故喻如源。眾善由生故同於母。若下明果。三法相須。一不可闕。今時學教唯事講說。身履非惡。略無慚愧。請詳祖訓。少警內懷。不爾則妄認祖宗。實非苗裔矣。

四分律含註戒本疏行宗記卷第五

四分律含註戒本疏行宗記卷第六 戒本上之六。疏二之二。記二上之二

宋餘杭郡沙門元照述

疏就釋戒本。四種分別。一釋名。二定句多少。三決通諸戒。四配人犯相。

次釋戒本。

疏言釋名者。何謂戒本。由犯制戒。戒爲緣本也。又約緣雖制。文略未顯。更以辨相。廣張行體。略爲廣本。又云。卽是半月說之所本。所以文云。欲說戒者。當如是說。餘同前卷。

釋名中。初標問。由下釋通有三。初約緣起釋。又下次約廣解釋。律敘緣起。發後制戒。後列廣相。釋前戒文。故約前後。以彰本義。卽前五義中。教本一義。又云下。三約說戒釋。欲近取證。故重舉耳。道行聽三。前已廣。故略指之。

疏二定句。張縮爲二。若依佛解。分爲九句。初若比丘。總舉受隨也。二共比丘者。離明受也。三同戒者。別明隨也。四不還者。體淨不捨也。五戒羸者。體微生厭也。六不淨者。明業過也。七畜生者。列犯境也。八波羅夷者。結罪名也。九不共住者。治罰法也。

定句中。初張分九句。

疏二以義縮。但有二意。初之五句。合之爲一。成比丘體。有犯重義。下之四句。託緣分相。若立略本。四句收盡。一是犯人。二所託相。三犯法成。四結罪目。

次義縮有二。初縮爲二。言託緣者。卽上過境。言分相者。卽上罪治。若下次收爲四。初卽總上五句。二卽第七犯境。三卽第六過業。四卽收前八九。前後諸戒。句數雖多。不出此四。故云略本。上明張縮。止就當戒。更立此四。該通一切。

疏三決通諸戒者。初句比丘義。該八篇。文局上六。衆學七滅。單列持相。然非比丘。無由可犯。故律衆學廣解辨相。明比丘義。但結集翻譯。不欲繁文。故略不出。可以知也。

決通中。初句分二。前總示通局。衆學下。別顯。後二。上二句示文無。次二句顯義有。故下準律廣解。可驗文略。故知西土梵本必具。

疏第二第三。共同兩句。釋成得戒之人。成初比丘之義。通局雖別。義該八篇。文局初戒。四五兩句。文義俱同。

次四句中。前釋二三。云通局者。通謂初句總舉受隨。局則二三各明受隨。兼前釋後。意顯通該。次釋

二斥古二初引古說

二示今義二初正解

二取他解

三釋六七兩句

四釋八九兩句

四五亦是文局義通故指同也。

【疏】昔解云此戒愛染久習卒難捨離不障初果故開捨染殺盜不爾違損事大不開捨也。

斥古中初文彼謂唯婬開捨四五二句不通餘戒。初果見惑已破思惑全在雖起貪欲非婦不婬故在僧中欲心設起則捨戒還家故有欲飽還來之事故云不障初果也。

【疏】今解不同强羸二捨義通諸戒文約婬法欲成極罪故須不捨之言如律云若犯波羅夷無覆開懺此則通也諸篇不明者略也。

正解中初二句明義通文下示文局如下舉例無覆開懺六聚皆然豈得滯文不通餘聚故知不爾。

【疏】又解此之四句並釋比丘具戒成犯初戒立法故有餘篇準式故無亦有道理智能解也。

他解中初示初有餘無於義可見亦下歎美所解於義可取。

【疏】六七兩句文義當戒所收。

六七正明業境戒戒不同故文義兩局。

【疏】八九二句義兼下篇文列初四以有微犯不應說戒則不同住同如乘者。

四能人犯相二初標二釋二初通明隨戒

二別明今戒

二就文解釋二初標示 二正釋九初若比丘二初釋文

八九中初示通局以下示義通

【疏】第四隨結約人明之無制戒時事義足者既無後犯一結便足若文不具生疑託緣則更開結或約一緣或至七八如爲女說法及別眾等戒。

第四通明中初明制無頓足以機起不時故多重制既下明隨犯單重初明單結若下次明重結爲女說法初制不得後開智男別眾戒初制不得次開病時施衣作衣道行船行大會沙門施等七緣凡七番再制文言七八且趣舉之尋戒本中無至八者。

【疏】今約初戒一人隨結配句屬當則有三位第一第六八九四句則屬本制耶舍故也第二至五戒微故立第七畜生心迷故有律中廣相故不敘之。

別明中初總舉一人隨結者謂因人則制此戒凡對三人前後異時則是各對一人耳文列三位屬當顯然指律廣相備見註文下疏自釋故不繁引。

【律】若比丘

【疏】次就戒本若比丘者如善見云若者總名不屬一人隨有佛法具戒之徒皆持犯法故云若也如世律令條別顯諸犯者不一之謂也。

牒釋初句釋文中隨有佛法者此約處也具戒之徒即就人也犯法即指戒本依教守制故云持也如下舉俗律助顯

註 佛言若比丘者

疏 就註解中分三若比丘者標列釋由也名字已下總列衆名也是中者結定犯人也

釋註總分中謂上三字是標下列釋之由耳

註 名字比丘相似比丘自稱比丘乞求比丘著割截衣比丘破結使比丘善來比丘受大戒白四如法成就得處所比丘

疏 言名字比丘者善見云此是總名通邪正及未具

也如請比丘以設檀會沙彌未具入比丘數是名字比丘也又如涅槃雖未受十戒亦得受請故知通名

列衆名中初文善見初示名通如下舉例又下引證

疏 言相似者如善見云謂犯重者內實破戒威儀相貌似持戒者其實破戒故名也言自稱者十誦云有賊住者剃髮披衣自言我是比丘也言乞求者如善見云既出家已隨須衣食如法行乞以四海爲家居離於邪命故曰求乞

四正釋中隨須行乞者示無盡法故四海爲家無親疏故

疏 如大論云邪命者略說有五初求利養改常威儀詐現異相二自說於己所有功德三强占吉凶四高聲現威令人畏敬五說自得利激動令施非此邪心得利活命故曰正命如八正中

次引示中五邪初是身業餘四口業身口現相心規他物故云邪命八正道中正命一種爲離邪命故名正道餘皆可解

疏 著割截衣者有二利故一毀全相離自貪故二既碎雜不爲王賊之所劫故常得資身有長道故破結

使者修道進德惑盡解滿理解心明永無業惡即發具戒從緣而感故曰也言善來者道成初果親感至聖金言命之便得具戒故曰也受戒白四者即如今時感戒者也

總論八種前五約名相後三據受體又三中前二唯局聖白四通凡聖又上二中破結局四果善來局初果所以無三語者或是趣舉故文略之或是但據聖凡三位或可凡中三語已廢故所不出但

註 是中比丘者若受大戒白四如法成就得處所住比丘法中是比丘義也

疏 次解第三是中比丘者明此婬戒犯重比丘也有

人云是中者總舉八種也若受大戒者別標定也前列八種或有名濫如沙彌外道雖名比丘不犯夷也或有相濫似割截等或時行濫如乞求破結等或言說濫如自稱也或時體濫如善來羯磨也上列諸位不必犯重或時少分或復全非皆非共比丘義所以結中偏牒第八釋成戒本若比丘也

次科簡人中他解初文又三初點文前下釋總別所以行濫中乞求未必具戒破結據是體濫然有破結不發戒者如白衣羅漢之例上下結合少分如行體全非如名相等

疏所以然者上八所列但明三受自餘五種相因而立若欲犯戒終約受體破結一受乃是無學善來初果聖無犯法皆不同也今約比丘學戒唯羯磨受是末代法故牒解之

顯意中初簡非受破下次簡餘二受

疏此中須引刪補羯磨末代戒緣具足五種廣分別說緣成得戒緣差不發既是大事無宜輕削

囑援引中初指文五種者一能受人二所對境三發心乞戒四心境相當五事成究竟既下正勸結文

疏次解結文若受大戒簡沙彌也白四如法者羯磨成就緣也言白四者簡非羯磨受者即如破結善來之徒也言如法者除七非法成前如相也得處所者僧數滿足結界成就緣也住比丘法者簡定俗人外道也或雖比丘心住無記病緣等障不守本性者則不住比丘法也是比丘義者則是戒本犯法犯行比丘義也

牒釋中五簡初約位簡二約法簡三約人界簡四約眾簡五中又二一對俗簡二約緣簡上四簡濫第五顯是

律共比丘

疏共比丘者明犯重也受戒法儀共餘比丘則無別也所以出者若所受體同可有犯重體或不同則無有犯故有此同釋諸疑網也

次句中初文為二初正釋所下示出意

註佛言若共餘比丘受大戒白四羯磨乃至住比丘法中者是謂共比丘義也

疏註中若共餘比丘者謂釋迦一化現未兩時三天下內所有僧尼白四受者同有犯也若緣差互少一非受雖復犯過不名夷重以不共戒無戒可犯也

釋註中初釋同義釋迦等者舉一佛所化簡餘佛

故現未約竪論。現卽佛在，未則滅後，通於像末盡六萬年也。三天下據橫說，且就一往，不破北洲故。僧尼位別羯磨受同，故通舉之。若下次釋不同。卽本受不得者，緣差互者，且論能所。能卽受者身帶遮難無心乞受，衣鉢不具等。所對雖多，然亦不出人法事處四法有乖。準此而言，本受緣非無犯明矣。

【律】同戒。

【疏】言同戒者，佛所制戒隨行通行，但受無隨，亦無戒護，故雖犯違法不同也。

第三句中，初文依體起持，故名隨行。一化齊奉，故曰通行。無戒護者，此謂受時不起持意，納體不得，亦非同戒，如後問答。

【註】佛言：我爲諸弟子結此戒已，寧死不犯，是中其餘比丘，一戒同戒等戒，是名同戒義也。

【疏】註中釋之，不過教行。我爲結戒，教法同也。寧死不犯，行法同也。今隨教行兩釋其相。先就教者，如佛制教數雖極多，咸明止惡，名爲一戒。對人共學，名爲同戒。莫不數齊，名爲等戒。如十誦云：同入比丘學法者，百歲比丘與初受者同，初受戒者與百歲者同，又同心同戒，同說波羅提木叉故。

釋註中，就教分二。初釋止惡爲一戒者，戒雖無量，止惡不異故。對人爲同者，三乘俱禀故。數齊名等者，皆納具足故。如下引證，前明新舊同者，標示同戒。又下別舉三同，釋成同相，同心收見利二和，同戒卽戒和，同說攝身口意三和。

【疏】次就行解，隨體無殊，名爲一戒。對人興治，持義不異，名爲同戒。齊防塵沙，名爲等戒。

就行中，奉持萬別，皆名隨行，故爲一也。後二同前。約行爲別。

【疏】問：斯之隨行，據初受言，後行乖願，可非犯者。

問中，指上所解，並據初受行淨，可有同義。後乖有犯，卽不名同。

【疏】答：此句來者，釋成願行有感戒也。前列共者，明同受願也。後列同者，明同隨行也。若受戒時，且論受願，無思學行，則但虛願，不感戒也。

答中，初明立句本意。若下次明二戒相須。

【疏】故涅槃云：是人唯具作戒，不具無作戒，戒不具足，如薩婆多，無淳重心，不發無作。

引證中，經論二文，並證初受無心持奉，不發戒體，不同無犯文據甚明。

疏故律明此恐人濫犯。文列同戒。願行相投。白四受後犯。非則重空。願無行。後雖行非。無戒可違。不入犯法也。

結意中。初標示律意。卽指戒文也。準知發體則有戒可違。不發則無法可犯。

律若不還戒。

疏言不還戒者。釋疑故也。後戒羸者。自生疑念。前制犯重。心樂道法。有戒可違。今我於佛生厭不樂。爲有戒在。同前犯重。爲無有戒。無重可犯。故今佛釋。若不樂者。聽捨還家。後欲修行。得度得受。

第四釋文中。初科上二句標示。後下委釋。初敘疑。後戒羸者。卽欲犯過。人戒力微劣也。故下釋疑。若據戒文。但標不捨。註中乃以捨戒反釋。

疏所以開者。凡夫退位。知何不爲。帶戒犯非。業則難拔。故開捨戒。往來無障。卽是大聖善達機緣。任物垂教。號法王也。

次科。初敘機劣。內凡已上。不羸不捨。巳前皆容有退。故云退位。卽外凡也。故下顯開意。往謂開捨。來謂再受。善惡兩通。故云無障。卽下結歎權巧。王者得其自在。於法自在。故稱法王。

疏增一云。僧伽摩比丘七反降魔。後更受戒。得成羅漢。自今捨戒。聽齊七反。若過非法。十誦云。尼若捨戒。轉爲男者。亦得出家。

三中。初引比丘開限。降魔不免破戒。故先捨之。極齊七反。已外不開。開中制也。次引十誦。明尼不開。轉根方得。反知不轉。卽障出家。又伽論中。尼捨再受。卽成賊住。是也。

註佛言。若有比丘。不樂梵行。聽捨戒還家。復欲出家。於佛法中修梵行者。應度出家。得受大戒。云何不名捨戒。若自顚狂。心亂。痛惱。痖聾。又向如是人前。及中邊人等互捨。不成。若戲。若眠。若無知人。若自不語。若前人不解。並不成捨。若言我捨佛。捨法。捨僧。和尚。戒律。我受家法等。是名捨戒也。

疏註中云。何不名捨戒下。分二。初自顚狂下。心地不了。雖捨不成。若言捨佛下。對境彰成。文相可解。

註文前段。卽敘佛開。上科已示。故從云何下。分其文耳。

疏就捨戒中。義分四門。一汎列經論捨相不同。二漸頓異。三捨善巳未。四具捨緣。言汎列者。如雜心說。若捨。命終。斷善。二形生也。善生經加受惡戒時捨善戒。俱舍論八戒期心盡。夜分終故捨。且列如此。

捨戒中。初科。若準註文。但明作法。統括諸文。則有六種。故云汎列。雜心四捨。言若捨者。卽作法。斷善

即起邪見善生惡戒即惡律儀上五通五八十具
俱舍期心唯局八戒義兼五戒言且列者示未盡
故

疏二漸頓者即作法捨中如律我作沙彌五戒等是
漸也我作白衣外道等爲頓也

漸頓中初標簡如下列示隨有退墮漸頓並開

疏三明捨善已未者問今捨戒者爲捨已生隨行爲
因之業爲捨初願本受無作體耶答已生爲因不可
捨也得聖無漏方傾善習今所捨者止是本體更不
相續故雜心云言捨戒者戒身種類滅也

三中初標科善謂隨中二持之行未捨之前所有
持行名已生善後未修者名未生善今明捨戒爲
捨何者問中乃約行願兩審答文方見已未存亡
答中初答因業不失結業在心行功不滅故不可
捨及證初果無漏智力違罪福性漏業方傾習合作集
謂集因也今下次明無作體失本體即無作不相續者
失未生善也故下引證戒身即受體無作種類即
相續善行二皆云滅證上可知

疏四明具緣明捨有五

四中戒假緣成還從緣謝受捨各五相反可尋

疏初體是比丘住自性者

初云住自性者即具本受體也

疏二所對人境如多論云若無出家人隨得白衣外
道相解者成

二明所對開教從緩不必本眾

疏三有捨心謂有欣厭心作捨心決定心住自性心
久思心歡喜心自有心寂靜心反上八心則不成捨

三中八心註云意欲在家念父母等又云不樂梵
行厭比丘法即欣俗厭道作捨心謂欲棄捨也決
定者非進退也住自性者自知是比丘非狂亂也

久思者非朝夕也歡喜者無所悔也自有非他逼
也寂靜者心專一也

四中指律即如註引

疏四心境相當如律中邊不領前人不解並不成捨

疏五一說便成多云受捨相對理宜相準何故難易
不同者答相違對故一求增上法如上高山多緣多
力捨戒退道如高墜下故不須多二不生前惱若制
緣多便言佛多緣惱受須多人捨何須也三受如入
海採寶捨如失財王賊水火須臾蕩盡四受容預心
捨對境情逼喜帶戒行非一語開成捨倘不依行況

多緣也。

五中。初標緣多。下引示。初引問受捨緣相難易可知。且取作法受須白四。捨唯一說。答中。初句通答。善惡天別。故云相違。立法難易。故云對也。二下別顯四義相對。初三約喻。二約立教。四就機宜。

律 戒羸不自悔。

疏 言戒羸者。對前強不捨。此明羸不捨也。謂樂俗緣園田家業。便於佛道生毀生惱。持戒力劣。名之爲羸。若犯則棄。由體不捨。對前強弱同戒。解有戒成犯重也。

第五句。釋文中。初牒示。強不捨者。謂非愁憂思念也。謂下。釋相。初釋羸義。若下。顯立所以。

註 佛言。云何戒羸不捨戒。若有比丘常懷愁憂。不樂梵行。厭比丘法。意欲在家。便言我念父母婦兒親里村落城邑園田家業。我欲捨佛乃至學事等是也。若作是思。我今捨戒。是戒羸而捨也。

疏 註解中。前明戒羸不捨相。若作是思下。後明戒羸而捨相。文中可解耳。

釋註中。前明不捨。正釋本文。後明捨相。反釋不捨。

律 犯不淨行。

疏 六明不淨行者。正明戒本所防過也。

註 佛言。是婬欲法也。男則二道。女則三道。若從道入道。從道入非道。從非道入道。若限齊若盡入乃至入如毛頭者。皆波羅夷。

疏 下註解中。約報分相。文易見也。道入非道。前後境差也。限齊以下。釋行犯相生疑故也。毛頭之相極微。故犯。何況餘者。

六中。釋註有三。初釋犯境。男女是約報。二道三道即分相。次釋境差。三釋限齊。配註釋之。

律 乃至共畜生。

疏 七言乃至共畜生者。舉犯境也。多論云。畜生是六道之邊。偏舉下類以況上。故云乃至也。

第七。文中。初點示。多下。引釋。六道邊者。彼云最在邊鄙故。

註 佛言。可得行婬處者是也。有三種行婬。人。非人。畜生趣。復有五種。婦。童女。二形。黃門。男子。比丘婬心向前境三處。二處。初入便犯。有隔亦犯。若向睡眠。若死未壞。若多未壞。於三處二處行婬。初入便犯。如是廣說。若比丘爲怨家將至前所。強持令入三處二處。始入覺樂犯。不樂不犯。有隔無隔亦同上。若爲怨家強捉比丘行不淨行。覺樂不樂。有隔無隔亦如上也。

疏 註云所可行處者。謂婬戒言畜。舉可行者爲言。殺戒言畜。據有命者成犯。通塞相也。

釋註。可行中。初科。舉戒對顯通塞。通謂殺境。塞謂婬境。犯相各異。故須簡之。

疏 然趣有六位。半兼善惡。皆據心行三種善惡。故善

門明趣初天次人後脩羅也惡門明趣地獄爲初次鬼後畜也

通明中初科上句通舉次句總攝三善三惡故云竝兼皆下通示因相又二初攝六種歸於二門故下次就二門各分次第

疏天以受福自然無貪所感脩羅受福懷疑於見非正也地獄所受非貪多由貪故受苦丸漿之類是也餓鬼所以情惱蓋由瞋毒所興也畜生愚騃受形蓋是癡心所結大分次第不爽業緣也

次科初歷示五趣天受福者示果相也無貪感者出因相也以行上品十善故文缺人趣下四因果臨文分對大途爲言且據三品十善配三善道脩羅下品心懷猶預故云非正三毒配三惡道如文自分地獄非貪謂所受苦事非可愛故大下總結本因觀此善惡無非心行故諸學者當好制心報應無差有逾影響自非大智孰能究之

疏經中所明四惡趣者皆非受道之器故以脩羅屬之

引經中通指諸經上以脩羅攝在善門有云四惡故引決之皆非等者出經意也屬之謂攝屬惡趣

也

疏註中有三種下明成犯相初列趣境二比丘婬心向前境下明自身造境也三爲怨家將至下明非自心外難所逼也

釋成犯相列趣可解

疏初文又二前列三趣後五種下約趣明報也就中三種行婬卽人非畜也

疏所以律合三趣論開六道者

離合中初問以六趣中人畜各位餘四或合通號非人故言論開者亦且通指今據智論云復次善惡故有六道善中有上中下故有三善道惡中有上中下故有三惡道也（十善十惡各分三品）

疏論據善惡故分律據通用故合

答中初文善惡卽業報通用謂神通

疏故律人畜不異由來解釋非人乃云鬼也若論此戒但說非人天等不列可非犯也然下律中天子阿脩羅子餓鬼子地獄無文義是鬼攝此之四趣通用是齊故合爲一非人趣也

次科指律廣解上明人畜同諸經論故云不異由來下釋非人示其偏局若下點當戒義合然下引

後文以證即同宿戒及受戒問難中彼云非人難
者謂八部鬼神天子等如文所引而不出地獄故
云無文義同餓鬼故攝鬼趣此下結成上文合之
所以
【疏】二復有五下明以五報分三離分三趣有十五種
是所犯境也
明報中五報離分三趣者謂以婦女形黃男子別
歷人非人畜故有十五若開非人則有三十
【疏】就自趣境初約覺境以明犯相二若向睡眠已下
舉後三境以對覺境同成犯相

自造中三境並不覺境對覺境者此戒四境齊犯
又四境中上二生境下二死境
【疏】就後怨逼復分二緣前明怨捉將向前境後明怨
捉就身行犯
怨逼中由開身合故約心論
【疏】問所以自身造境但明侵境不問其心後怨家逼
乃問樂者答適化無方意在無遮若俱禁者事難常
行怨但逼身心唯佛制故開境合無樂不犯文相可
解
問詞躡前兩判欲彰開意答中初敘制必須開以

大聖設教不定一端故曰無方禁即是制謂若唯
一制不濟機緣故曰難常怨下明開中復制
【律】是比丘波羅夷
【疏】是比丘波羅夷者引人依法科也
第八釋文中引人即是比丘法科即波羅夷
【註】佛言譬如斷人頭不可復起比丘亦如是犯此法者不復成比丘故名也
【疏】就註解中分二初釋罪名後方便欲行下釋成不
相就初所以將罪以況斷頭者過之重也如俗極刑
勿過大辟謂斬首也約刑制戒兩以通之故鈔引云
如人有頭受諸塵也若不毀重能有見諦反此毀壞

永不能見故以類也
釋註罪名中初文前明舉喻所以如下引俗刑比
釋準俗制道事義相類故云兩通故下引示即標
宗篇引婆沙文人之頭首具納六塵戒法亦爾能
通諸法故以比之故彼論云戒名為頭能見苦諦
等色聞名身等義嗅覺意花嘗出離三菩提味覺
禪定解脫等觸知色陰等法廣如鈔記委釋
【疏】人又解云犯二篇罪可有上起若犯初篇如人頭
斷不可復起縱有開懺障於地獄然於僧用則無成
法故文云若作法已僧說戒時來與不來皆無犯矣

他解中，卽以初二兩篇對顯喻意。二篇有餘懺已復本，如人被斫殘有咽喉。初篇永棄衆不容受，故如斷頭不可復活。故下引律證成無用，僧無別衆，故云無犯。

註 若方便欲行不淨，成者波羅夷，不成者偷蘭遮。若教比丘行，若作教者偷蘭遮，不作突吉羅。除比丘、比丘尼，餘衆相教，作不作盡突吉羅。若屍半壞，若一切壞，若骨間，若地孔、泥孔行不淨者，並偷蘭。若道作道想，若疑，若非道想，並波羅夷。若非道道想、道疑，並偷蘭遮。比丘尼波羅夷，式叉摩那、沙彌、沙彌尼突吉羅，滅擯。是謂爲犯。不犯者，若睡眠無所覺知，不受樂，一切無有婬意。不犯者，最初未制戒，癡狂、心亂、痛惱所纏。

疏 二若方便行不淨下，成犯相中。文分爲二。初明成

犯相，後明不犯者開犯法也。初人分二。初明比丘犯相，後明四衆犯相。諸戒同爾，下更不解。就前分二。前明自作教他成犯相，二屍壞已下境想相對成犯相。就前又二。初自作明輕重，二教比丘行下教作明輕重。文可解耳。

犯相中總分。凡四重，初約法簡，二就人分，三心境不同，四自他兩異。一一對註分節文句。

疏 問：死屍半壞，行染何罪？答：有二緣。若唯重婬意，入便偷蘭。縱出不淨，不犯僧殘。若欲喜樂意者，如十誦、五分，乃至骨間出不淨殘，不出止蘭。此是大婬戒，不就僧殘結，以不作出意故。

隨釋中，初科問何罪者，若據註中明結偷蘭，由兼殘境，欲分兩犯，故發是問。答中初句總示，若下別釋。又二：初約心分相，此下結示今犯。

疏 就境想中，前之三句本境爲言，後之兩句境差想也。

境想中分句，前三皆重，不開迷故；後二並輕，由境非故。

疏 義門分之，廣如事鈔，今略出之。初明制意。若無境想，不可定罪輕重。

義門中制意，以心有是非，境有錯誤，婬酒前三句重，後二句輕；餘戒初句相應故重，後四句乖差故輕。

疏 二明有無者，準律約戒，不必具有。今解無者是略也，無別所以。

次門正釋中，據律戒本，二十六戒具出境想句，餘並不出，故須辨之。

疏 有人云：一切過境皆重，則無境想，如漏失者。今解不然。境雖通犯，染起由心，如律調部精出，約心明有無想，卽輕重也。故知無者但是略耳。

斥非中，初引彼解，以漏失戒內色外色、水風空等皆是犯境，隨境犯殘，不須簡辨，故無句法。今下正斥。初立理，如下引據彼云：非道想不疑殘，則明漏失文略，不出非理無也。

疏三定四五句者。

三中，以律中列句四五不定，且如初篇婬殺妄三戒並五句，盜戒四句。殺五句者：一人作人想夷，二人作人疑蘭，三人非人想蘭，四非人人想蘭，五非人非人疑蘭。盜四句者：一有主有主想夷，二有主有主疑蘭，三無主有主想蘭，四無主無主疑蘭，餘如鈔記具引。但由第三一句結罪有無，故句法不定。如殺戒人非人想轉想蘭，本迷吉（以作非人殺故）。盜戒無第三句者，以有主無主想想轉亦蘭，本迷無罪（以無主物非罪緣故）。若準鈔中，則約本迷轉想對明，今此一門唯約本迷，罪之有無，於義易解。

疏若輕重相望，境是可學，迷同是五句。如覆重謂輕等。

輕重中，迷重為輕，如人作非畜殺，有主作非畜盜等，皆緣罪境，定有第三句，故同五句。覆重者，即覆麤戒，律出四句，今約罪緣入五句中，謂覆藏初二兩篇麤罪，犯提；迷夷作提，迷殘謂吉，覆則犯吉。此雖本迷，不妨結犯，律中不出，謂一向無罪，而覆藏者。

疏若犯不犯相形，則四則五。謂前後俱迷，非緣罪境，即定四句，除第三位，如處分想無主想等，迷雖是定，而緣罪境，即定五句，如非道想非人想減五想等。

犯不犯中，初標舉，謂下別釋。初明定四，處分律出五句，今望本迷無罪，故入四中。無主想者，律無此句。迷雖下次明定五，此即總收輕重二位。減五想者，此謂盜戒若作無主則是四句，若盜滿五迷為減五，亦隨結犯，故入五句，如前。或將本四入五，如覆麤是；或以本五為四，如處分是。意顯隨義不定，不必依文。

疏四互四五者，由是可學，迷即互輕重，或從四以至五，如實無主體，唯四句，後轉為主，即為五也。

四中，初文從四至五者，即約前心本迷，後心轉入罪境故。

疏若緣罪境，人非人想，即五句也。若本緣人，轉想當杌，約從後心，則唯四句。前心謂人，偷蘭罪者，屬於方便想差所攝。

次科，亦合標云「從五至四」，謂本是心境相當，後轉緣非罪境，故云轉想；當机即人作杌木想，前心下簡前蘭罪。

疏五輕重者，如文次第。前疑重，後疑輕，以境是異，輕本境故。前想重，結本方便，心境相當故；後想輕，以正犯時有心無境。

五中，初文前釋兩疑，後釋兩想。制教同罪，心業重輕故分兩異。前疑重下，準鈔應云：以本緣人，人境不捨，臨殺有半緣人心故；後疑雙闕，故輕。後二想

中有心無境者，闕本境也。

疏又就本境中，疑重想輕，以疑半心不捨本境故重，想則捨本從異故輕。就後異境，想重疑輕，以想緣本，但是境差故重；以疑減半緣於異境故輕。

次科，初明本境二句，次明異境二句。疑減半者，以疑猶豫，半涉是非，是於異境復減半心故輕。於想

疏此判輕重，據本重異輕為言。若本輕異重，例之即是，如殺非畜人為異境，可以例諸。

三中，初立義，如下顯相。又如非道漏失，道為異境等是也。

疏言不犯者，先總解不犯相有五：一作事無違，說不犯，如癡狂等；二說犯為不犯，如最初人違略起非，無廣可犯；三說不犯為不犯，如律一切無婬意，正念攝心故；四開前禁後，說不犯，如怨逼想；五當戒別開，說不犯，如文睡眠無覺故。

不犯中，初科，註列五種，疏以五意從後倒釋。初釋後二，即是通緣；後釋前三，即是別緣。第四即釋不受樂句，開前謂許身合，禁後謂制心樂。

疏又開大位，難別通三。

次科，總舉難別通者，即上五開大分三位：不樂無

意命難故開；睡眠不覺，當戒別開；最初癡狂，諸篇通開。

疏初言難者，命梵二也。

疏梵行難者，夷殘二位也。恐犯此故，已下開之，餘之三篇，有不開者，或是性惡，或由事重，或以重奪輕，故不開之；有開反前，可以例也。

釋梵難中，夷殘二位標行體也。已下開者為護行也。餘下簡辨所開有差別也。文列三句，初句簡性戒，小妄毀兩殺打飲用之類；下二句簡遮事重，如掘壞背別非殘之類；以重奪輕者，如牙角鍼筒過

二命難

量坐具等雖事是輕須加重制故有開反前者亦有三句或是遮惡如輒教尼同坐同行乘船等遮譏過故或事是輕離衣奪衣餘語二敷兜羅綿等以輕遮重共女宿藏衣鉢非時入聚等爲防婬盜故

疏言命難者恐被奪命故不名犯婬開境合教制約心盜雖無文約義許有既不損境暫移後還不作永意何過之有殺妄兩戒罪成無改故並不開

命難中上二篇中唯開婬戒初示難相婬下次簡四戒初準文開婬二約義通盜三明不開殺妄

二別開

疏二別開者諸戒中各有別相故其開通類例不一如婬開睡盜開親等

別開中初敘諸戒相別即就別緣各明開義故不一也如下略舉二戒盜開親者謂親厚意取又如殺開瓦石誤著妄開增慢戲笑等

三通開

疏三通開者如文最初者約初作人有略可犯故言初也未制戒者舉時節也初犯無過何等之時未制廣前故不說犯言癡狂者以不憶識是比丘故此通諸戒

通開中前釋最初開未制也次釋癡狂開無心也

二顯益

三覆釋別開

疏就前別開言睡眠者開怨來逼無所覺故不受樂者開前怨家將向前境禁無染故一切無有婬意者開身造境既無有心亦無境故

覆釋中三種並約怨逼釋之言怨有二如王大臣惡賊持刀陵逼是名強怨若親里故二愛染纏擾名輭怨睡眠開者強輭俱開無樂無心唯開強逼雖無文判準理合然無心無境者雖與境合攝念當前必無染著故云無境

九不共住二初牒文

律不共住

疏九言不共住者治擯名也

九中釋文云治擯名者若犯夷重滅擯永棄故不共住

二釋註二初牒釋

註佛言有二共住同一羯磨同一說戒不得於此二事中住故名不共住也

疏註解中初列兩同後反釋之此律解中但明法不同住如十誦中財法兩種俱不同也

釋註中初科上二句點註文同羯磨者眾法同也同說戒者自行同也持奉無瑕方應說戒故此下會釋本律二同並據法說法既加擯義不同財但無顯文故引十誦耳

疏如多論中四解一既壞道法無所住用擯出眾外

生天龍鬼神信敬心故。二現佛法無愛無憎淸淨者共住。不淨者擯出衆故。三爲息外道誹謗故。四爲持戒者得安樂住。增善根故。又肅將來欲犯戒者生慚愧心不犯惡故。

次科。論中四義求佛擯意。初與四並生善。益內外分之。二表彰法勝。三滅惡。益若不除惡。必遭外毀。

疏 此戒是初故。繁解釋。自此說文多約略也。

顯繁意中。上二句示當戒。下二句點後諸戒。

律 二大盜戒

疏 二明大盜戒

盜戒對不滿五故云大盜。

疏 前就內色起貪。此就外財生染。並有貪惑纏縛。故犯形於次第。

敘次中。初明約境分異。並下次明就心是同。故下正顯列次。謂境異須分。心同故並。內重外輕。故有前後。內色即有情。形謂相形比義。

疏 就戒四意。言制意者。資財形命之本。非此不濟。人情保重。戀著處深。然出家之士。理須捨己所珍。以濟於物。今反侵奪以自擁己。自壞惱他。過中之甚。是以聖制。意在於此。

釋制意中三。初敘財境。然下次顯過狀。又二。上明爲道專崇兩利。下明違行反成兩損。捨己除貪是自利。濟物成用即利他。己所珍者。謂內外兩財。珍謂珍惜。物即羣生。擁猶積也。是下三結制意。

疏 二釋戒名者。問盜劫偷竊不與取等。無非損財。所以此戒標盜名者。

釋名問中。通列四名。以徵別標之意。偷竊是一種。

疏 答云。文不可具。且列一名。

初答可解。

疏 有人言。據俗大盜。謂竊神器。今言盜者。對犯輕過

非此戒收。故言大盜。但世賊盜。義通不別。

次答。初釋名。前示俗名。竊神器者。謀簒國位也。老子註云。大寶之位。是天下神明之器。今下次顯今名輕過。即盜四已下。止得蘭吉。不至夷重。故標大字。但下遮妨。謂雖有多名。皆歸盜義。故云義通不別。

疏 有人言。非理損者爲盜。公白取者爲劫。畏主覺知爲偷。不與取者明主不捨。

後釋中。初文非理取者。因利求利。侵虧於人。公白謂強力直奪。

疏 然則偷之與劫名局義乖不與取者雖是名通然於義中有非盜濫何者是耶四句分之初與取不是盜二與取而是盜如儉分食錯得二餅等三不與取是盜四不與取非盜如親友意暫用等是以眾名俱不標戒若舉盜者名通彼此損盜義盡又無非盜之濫故云盜也

次科初簡餘三名上二句明偷劫名局謂公私不同義乖謂兩不相攝下明不與取名通義濫四句中初三可解故不顯相二約儉時食有限量錯得不還即成重盜若下正顯今名言名通者反前偷

劫也由此盜名該彼偷劫故云通彼此也言無濫者反上不與取也

疏 戒者能治之行能所通舉故云盜戒

釋戒中盜是所觀之境治謂能觀之智境智相合思修業成故名為行

疏 三具緣成犯者此戒五緣初是人物以盜餘趣不成重故

具緣中初緣雖通三寶至於結重多從主掌是以初緣通云人物對簡非畜如後自分

疏 物雖人主及至盜損還須人想若生餘想疑謂別境則是輕犯非此戒收是以第二作人物想

二中初躡前及下敘列文明疑想即境想中二三兩句

疏 問想知二心有差別不答有同異也了境無疑曰知當境意謂為想俱能了境想與知同然知唯了境想通迷悟故與知異若以此心知是人物於下闕緣轉想不便謂實達境非迷忘故若謂人物想即順闕緣不乖律文境想互義

問中或有立云知是人物故問決之答中初答知想差別上句通標了下分示俱下顯同異若下次

明立緣是非前敘立知有濫意謂若具緣中標云知者則人謂後闕緣中轉想皆是明了之心故不可立若下次明立想順教以律但有想差不言知故互即差也

疏 想雖當境若盜輕物不成重罪故次第三明是重物財雖滿五若無盜心本自無咎故次第四明有盜心心雖起盜財未離處損主未就屬己不顯亦未成重故次第五明舉離處

餘三可解總五為三初三是境二四是心五心境合

疏 問前後諸戒緣具方便今此盜緣無方便者答損財明盜便成重罪有盜成重不假方便恐涉濫故縱有方便亦俱不明但知未離已前並方便攝

初問可見若準事鈔須具六緣五興方便今此除之故發是問答中初示成犯齊限有下次明避濫不出如互用三寶燒麵壞色寄借抵拒之類但使虧損即成盜業不必方便然非一向都無故云縱有不明等

疏 問經論明盜緣雖多少皆無重物者何答彼為成業受苦招生故無輕重如牛呞比丘但損一粟五百

生償今雖遇聖口猶是牛律明持犯盜輕開悔得住盜五制重擯出故使法律軌儀其相在此

次問中經論即通指化教緣多少者謂所盜之物多少不定不約滿五以定犯相欲彰教意故問示之答中有二初示化教但論心業故不簡境如下引緣以示梵云憍梵波提此云牛呞(音詩爾雅注云食之已久復出嚼之)亦云牛迹智論云昔作比丘摘他一穗穀觀其生熟五百生作牛償力今遇佛出家得道口有牛呞足有牛蹄之相律下次明制教須分重輕由有懺擯開制不同故須軌定化教不爾所以不分

疏 四闕緣者其相甚易列句辨犯講者通誦世相無幾時節可惜故不出也如其不解試為略舉

闕緣中反具成闕故云甚易學者皆能故云通誦世下示不廣所以如下生下所出無幾謂非久也時可惜者恐虛度也

疏 若闕初境得三偷蘭初非人物替人物處作人想取二畜生物三無主物俱作人想望本人物不得境差方便蘭後之三物本自無心則非罪也如前義門可以通之此據小漫人物並取為言若據剋心王物替張亦同前判闕境還立如此識相舉一千從可謂

達持犯者

初緣中二前約小漫以大漫隨犯故非所論上二句總標初下別示三種異境替人物處而非本境故名闕境俱下示犯如下指廣即境差方便中此下次明剋心躡前以示同前判者張物不得境差方便蘭王物無心則無所犯對上小漫人趣無闕故云還立如下結歎

疏 闕第二緣據小漫者九句偷蘭謂轉想疑心雙闕各三故有九也亦不勞出恐未達者聊試舉之

闕第二中即闕人想想疑境定心差雙闕心境俱

差用此三種各歷三境故成九句亦下示意同前

疏言轉想者初須人想可得同境臨欲取時乃作非人物想據後心時俱得吉羅然律但結前心之罪盜人方便故云人物非人物想取偷蘭此句既爾諸句諸戒例同此解後不言也

轉想三中初句又三初明心轉須人想者示本想也心境相當故云同也臨欲等者明後心也據下次辨罪相此下三例通諸句即下八句諸戒指殺妄等若據殺戒以列句數但不敘前後心想結罪之義故云不言耳

疏二人物畜生物想

疏三人物無主物想罪或有無若先知人物後作無主想則有前心罪若本作無主無心故無罪也

三無主想罪有無者即約轉想本迷為言今此正明轉想旁示本迷

疏二明疑心者初是人物對境生疑為人非人物為人畜生物為人無主物

疏三明雙闕者初盜人物非人物替闕境緣也就非人物復生疑心為人物為非人物闕心緣也二畜物來替為闕為畜耶三無主物替為主無主耶並例準

知如此處解餘戒不釋

疑及雙闕同是疑心但前疑據境定雙闕約境轉耳作圖示之

初轉想三句
- 一人物非人物想 前心蘭 後心吉
- 二人物畜生物想 前心蘭 後心吉
- 三人物無主物想 前心蘭 後無罪

二疑心三句
- 一為人物為非人物 蘭吉
- 二為人物為畜生物 蘭吉
- 三為人物為無主物 蘭吉

三雙闕三句
- 一非人物替疑為人物為非人物 蘭吉
- 二畜生物替疑為人物為畜生物 蘭吉
- 三無主物替疑為有主為無主物 蘭吉

疏闕第三緣重物作輕想結前方便蘭

闕第三中如取滿五意謂不滿

疏闕第四緣有盜無盜心前心吉羅本無非罪

四中有二初約先有後無前心吉者遠方便也下句次約始終無心如開緣中糞掃親厚等取也由前具緣不列方便故此闕中須分二種當知先有後無即闕方便始終無者正是闕心問前心犯吉那云闕心答望未動身猶非盜等故名闕心若爾至次方便轉入無心名闕心否答身色纔動盜業已彰但物未離未成根本是以擁住次近並名闕第五耳問前心後轉與闕想何異答闕想有心此

五闕第五緣

據無心又前約動身後轉此約初心卽轉如是思
之。

疏 闕第五緣未離處輕重二蘭隨相分別。

二向答

五中二蘭未與物交次方便也相交未離近方便也或次或近有阻不成擁在方便次近不定故令隨分。

註 佛在羅閱城有檀尼迦在閑靜處草屋坐禪爲人持去乃作全成瓦屋佛令打破便詐宣王教取彼要材爲王臣人民訶責無使入村勿復安止比丘以過白佛因斯如上制戒。

二隨文釋二。初釋戒緣二。初標分二段

疏 就戒緣中初明盜緣二爲王臣下訶犯之相緣中又二初作瓦屋打破盜戒遠緣二便詐宣教下正是所犯。

二釋所犯

二牒釋盜緣二。初釋遠緣二。初正釋

疏 就遠緣中明靜居坐禪者欲顯盜相動心禪行尙爾況餘滯境其過彌繁世俗常言顧雍拜萬戸封家人不知葛亮受三郡賞庫無石貯斯豈道耶知足若此可以自勵。

戒緣中遠緣分二初示託緣之意滯境謂貪吝之人世下引俗誡道顧雍吳志云吳郡人孫權爲王累遷官至尙書令封陽遂鄉侯還家而家人不知後聞乃驚此謂輕其勢祿也葛亮姓諸葛蜀志云瑯琊陽都人事蜀先主後收江南以亮督零陵桂陽長沙三郡家無一石之糧此謂輕其財利也。

疏 問瓦舍打破不犯罪耶答如見論解以損命妨道惡法相學故勅打破無損財咎。

問答中初令阿難打破瓦屋恐疑損財有所犯故答中引論出彼三過示其可打復稟佛勅明非自爲。

疏 就犯相中言要材者僧祇云取飛梯二枚故取重財早覺急制爲開教主豈是凡耶故彼律明後得無學說自慶頌欲得寂滅樂當習沙門法止財支身命如蛇鼠入穴又云衣食繫身命精麤隨眾得餘註可解。

次科僧祇初釋要財飛梯亦曰雲梯卽相戰攻城之具是國家要用之物故云要財瓶沙王木坊中有五枚故言取二故下出故盜之意檀尼已證初果故云非凡此彰起教非實行故故彼下引證亦卽僧祇彼云達貳伽耶（梵言之異）卽作念言我作第一房上座次受驅我令出（因分房故）第二第三亦驅我出（今註不出此緣）後續作燒成瓦屋世尊復勅令壞及取王材作舍復見呵責徒自辛苦用多事爲自今已後止此苦事依隨僧眾苦樂任時便習無事晝夜精

進專修道業得諸禪定成就道果遂說三偈以自慶初偈如疏引初句標所期道果寂滅即是涅槃脫三界苦故云樂也次句示修因因即是行行依於教即三學八正是沙門法此上二句三偈並同各下二句有別並是成道之緣初即少欲行上句法說下句喻顯多欲多惱損害形命少欲無事資養安適蛇鼠入穴相似法故支持也即經云多求利故苦惱亦多少欲之人無求無欲則無此患是也第二下半明隨緣行身名有待必假資緣非別所懷繫命而已隨得隨受不擇美惡即經云於好

於惡勿生增減趣得支身以除飢渴是也第三下半明知足行偈云一切知止足專修涅槃道上句謂隨於四事受用有餘下句謂心存聖道更無餘務此之三偈即是頌前長行初偈頌前止此苦事次偈頌前依隨眾儈後偈頌前專修道業又此三偈上二句並滅道二諦各下二句總明苦集二諦初是多欲苦二即多食苦三即無厭足苦三行對治如上所釋即知苦斷集修道證滅尊者道成無學說此自慶以示未悟故云欲得等

[疏]就戒本中約文求相事在弘演諸律明盜其相極多後學未周何由總括然余所撰事鈔隨戒釋相文亦具矣恐本未見故略解之然則盜相難分要知足者可有評判自餘隨境何由通曉

戒本中敘意爲四初推講演諸下敘相繁未周謂未能徧覽諸部律論也然余下指廣生起然則下示難勸學隨境謂隨逐塵緣者（案行事鈔隨戒釋相篇云性重之中盜是難護故諸部明述餘戒約略總述而已及論此戒各並三卷五卷述之必善加披括方能免患又云盜戒相隱極難分了若廣張體貌徒盈卷軸至於披檢取悟必繁故略列犯緣麤知梗概意存省事知足憂心念道者緣境既局少應清潔若多眾務而欲高升者必罹盜網終無有出何者由心懷勝劣倒想未傾初果無學方可營事有心懷道者細讀附事深思乃知云云具如事鈔須者尋之）

[律]若比丘（其義如上）

[疏]就戒句中文分爲六初句能犯人在村若靜明盜物處不與者下明其心業王臣已下爲俗法訶上三明其盜本不通諸戒下二罪擯如上解也

[律]在村落（村有四種一者四周牆二者柵籬三者籬牆不周四者四周屋也）

[疏]言村靜處者遮惡比丘心出罪網也彼生疑意村中有主攝護是強靜處犯盜可亦制罪故今張網綱維廣布罪目但是有主以我心盜非理義立何得無愆故列空有二處用收罪人

總釋二處中初科上三句牒文略示避制造過即

惡比丘心戒標二處卽出罪網彼下委釋初敘惡比丘心故今下釋出罪網綱維並網上繩故列下結顯空卽閑靜處有卽村落

疏村有四種假以事明必過於此理亦通攝據文約相五種圍之對五不周則有十種餘者不出例此二緣

釋村中初示義通但取有物周圍不必此四故云必過等如僧祇渠溝塹等圍皆名聚落據下點文相言五種者一垣二牆三柵四籬五屋（屋必有壁註中脫垣字致令妄解）此五相中或容餘物間接皆名不周則又

爲五註中第三且據牆有籬間餘者準知或可五物二對參間自有十種一垣牆二垣柵三垣籬四垣屋五牆柵六牆籬（註卽此句）七牆屋八柵籬九柵屋十籬屋（三對有六四對有三五對有一準上作之）餘下指例言不出者卽渠塹等二緣謂周不周也

律若閑靜處（卽村外靜地也處者若地中若地上處若田處若處所若乘若擔若空若架上若村若阿蘭若他寄信物若取水若楊枝若園果草木若無足衆生若二足四足多足若同財業若共要若何候若守護若邏道是名處也）

疏言閑靜處者註解村外也就文明處通村內外者總舉盜相之緣位也

釋靜中村外謂齊聚落行來處已外蘭若地也

疏就分爲三初十三種明物處差別次取寄信物下八種明物體差別若同財業下五種明契要差別此之三位隨盜財物皆據有主以入盜科若無主者則不名犯今總明主後就文消

別釋中總分爲二前分三位今下次列二科明主

疏計主物者於物自在集散皆得故曰主也大約以分不出三位

總舉中初示主義集謂聚積散謂費用大下分主相

疏初明三寶二盜別人三明非畜初明三寶謂知事者掌用此物罪福大深如大集中非聖非淨何能監護無有瘡疣

三寶中初科上三句敘罪福二皆深者由境勝故如下準教簡人彼經云僧物難掌佛法無主我聽二種人掌三寶物一者阿羅漢二者須陀洹（此二聖人）復有二種一能淨持戒識知業報二畏後世業有諸慚愧及以悔心如是二人自無瘡疣（此二清淨人瘡疣喻破戒惡業）

疏初盜三寶總而爲言有守護者隨盜滿五皆是極

重。佛物無護，如鼻柰耶斷施主故。餘廣如鈔。

次文兩判，初望護主，佛下二斷施福，並犯夷重。鼻柰耶云：若盜佛塔、聲聞塔等幡蓋，皆望斷施主福邊。得棄捐不受（卽波羅夷）。若準鈔中，佛無我所，例非人。結蘭，今文不出，故指如彼。

疏 言佛物中，有四差別。初佛受用物者，如堂宇衣服，及以金石泥土曾爲佛像之所受用者，不得差互，常擬供養，生世大福。故律云：若是佛園坐具等者，一切天人供養，同塔事故。所以不許者，莫不卽體法身之相，表處是深，不得輕故。

佛物中，初科分三，初示物相，故下引律證，所下徵所以。法身無相，隨物以彰，故此諸物卽法身體。

疏 二屬佛物，所以得轉者，由本施主通擬佛用，故得貨易，不同前者曾爲勝相故，唯一定也。

二中，初標示，卽錢寶人畜等物，所下明開轉所以，不下對前簡異。

疏 三供養物，以幡華等得貨易者，事同屬佛，可以義求。

三中物別，轉易同上。

疏 四獻佛物者，開侍衛者用之，義同佛家之所攝故。

如薩婆多，有施法者，法師說法誦經者，亦取分故。餘廣如鈔。

四中，初標示物，卽飲食果實等，次明用與。初判屬侍人，今時掌佛廟人，義通道俗。善見云：佛前獻飯，侍佛比丘食之，白衣侍佛亦得食之。如下引例。論云：若施法者，分作二分，一分與經法，一分與誦經說法人。謂彼雖施法，而人獲分。例今侍佛得食無疑。古記問云：若用常住僧食供佛，通彼用否？答：法苑云，後還入常住。

疏 言盜法物，亦有其四。一法所受用者，謂紙素竹木上書經像，或箱函器襆，會經盛貯，剋定永施，不許改轉。此則一定，敬同聖教，皆是滅理之所依持，故有損盜，並望涅槃而生罪福。

法物中，初文前出物體，皆下示所以。紙素函器，止是世物，但望所詮至眞無價故。

疏 有人無識，燒毀破經，我今火淨，謂言得福。此妄思度。半偈捨身，著在明典；兩字除惑，亦列正經。何得焚除，失事在福也。

次科前出謬見（世中妄傳說偈得燒故經不見此疏焉知誤也），此下次據文斥。上引半偈捨身者，一彰如來求法之勤，二示如來重法。三顯正法難聞。下引經證。兩字除惑。顯佛法功深。舉少況多。其過彌甚。倘畏來苦。勿逐魔徒。二緣並出涅槃經。彼云。佛告迦葉菩薩言。過去之世。佛日未出。我於爾時住於雪山。唯食諸果。食已繫心思惟坐禪。經無數歲。不聞如來大乘經名。修是苦行時。釋提桓因自變其身作羅刹像。下至雪山。宣過去佛所說半偈云。諸行無常。是生滅法。乃至聞此半偈。心生驚疑。汝今幸可說竟此偈。羅刹答言。今我實爲飢苦所逼。實不能說。我即問言。汝食何物。羅刹言。惟人煖肉。其所飲者唯人熱血。

我復語言。且說半偈。我聞偈已。當以此身奉施供養。羅刹即說半偈云。生滅滅已。寂滅爲樂。菩薩徧於石壁樹道書寫此偈已。即上高樹投身樹下。身未至地。虛空之中出種種聲。乃至阿迦尼吒。爾時羅刹還復帝釋形。即於空中接取菩薩安置平地云云。又經云。善男子。若復有人不知如來甚深境界。乃至輪轉生死。增長諸結。多受苦惱。若有能知如來常住無有變易。或聞常住二字。若一經耳。即生天上。後解脫時乃能證知如來常住無變易等。言事在福者。如施主作橋井等事。隨在福生。緣壞則失。名事在無作。今燒故經。其事亦爾。

疏 餘之三相。可以準前。

指餘三中。前二轉易。後與侍人。並同前判。

疏 就僧物中。則有四別。

僧物中。前二屬處永定。通名常住。但前無分義。後是可分。故加常住十方以簡之。後二俱是即施。通名現前。但前局當處。後通內外。故加現前十方以別之。

疏 一常住常住物。如堂宇田園人畜米麪。屬處已定。不可分割。必欲惠給餘寺。羯磨和與。若直送者。是名

盜損。或有主掌自盜。不望十方。不滿。隨取計五便與極重。如僧祇中。縱集得僧。亦不可分故。

初中分四。初出物體。屬下示名義。或下名結犯。餘盜望主。此義易知。故文但出主自盜耳。如下引證。

疏 二十方常住物。如飯餅等現熟之食。本擬十方聞聲同飯。有盜此食。望護結重。望僧結輕。以僧分業無滿五故。

二中。初列物體。本下示別名。通名同上。故不重出。有下明犯相。有二。望主重者。謂餘人盜。望僧輕者。即犯偷蘭。或主客同盜。或主自盜。問。二種常住並

通十方。何以前不望僧後望僧者。尋文可通。

疏問聲鐘告集。是僧皆飯。未知他寺奴畜得否。答不合也。僧具六和。隨處皆是。人畜別屬。義非通使。使既是局。食亦如之。

問中意謂他寺奴畜。彼此通僧。應得食故。答中初句判定。僧下釋所以。初示僧通之義。人下明奴畜不通。鈔云。行至外寺。私有人畜。用僧物犯重。以施主擬供當處僧。不供別類。非福田故。僧家人畜犯吉。今多私務。將帶人僕。食彼僧食。明文犯重。誡之。

疏三現前現前物。如今諸俗。以供養僧。無問衣藥房具。並同現前僧也。如中含施招提僧房。所謂別房施是也。又如經中僧鬘物者。此梵本音。據唐言之。對面物也。卽是現前對面之施耳。鈔引昔解謂花果者。隨字顯相。乖其事義也。

三中。初示名體。如下引證。中阿含經。阿難受別房。用施招提僧。所謂別房施。卽翻名也。謂以別房施現前僧。又如經者。卽涅槃文。初翻名顯相。鈔下點示昔非。謂事鈔中誤用昔解。彼云。房宇是招提物。華果是僧鬘物。卽取華果結鬘之義。故云隨字顯相。華梵不辨。卽是乖事義也。

二別人物二。初總舉。

二別釋三。初本掌主損失。

疏四十方現前物。如僧得施。及五眾亡物。以此物施。通擬十方。有僧皆得。故此福分廣大無邊。及論立法。不可盡集。制作通法。用約十方。隨現集者。皆有其分。故曰也。若未羯磨。盜者偷蘭。以十方僧不滿五故。若羯磨已而行盜者。隨其輕重。據現結正。既定罪相。隨務則多。講至於此。引鈔解也。

四中。初簡物相。以下示名義。制通法者。卽白二羯磨。若下定犯相輕重兩判。準善生經。初犯蘭者。由未作法。人無限數。望十方結。後隨輕重者。既作法已。人有數限。故隨所盜輕重兩結。

疏二盜人物。就緣分三。初明掌護損失。次明被賊。後明盜相。初中。妙同鈔引善見論中。若守護財物。謹慎不懈。而有盜者私竊而取。或强逼取。皆望本主結者。以非護主能禁之限故也。若反此者。守物須償。以本盜人欺守護故。是須還他。若不還犯。

次別人物。釋中。初科上句指廣。彼約二主。分為七種。一掌護損失主。二寄附損失主。三被盜物主。四賊施比丘物主。五收囚縛賊主。六狂人施物主。七守視人作主。並廣如彼。須者尋之。下引善見。卽彼初位論中。初明守護謹慎。望本主者。有二義故。一

原本云。後明被賊盜相。對孟指二科。於義當失。應依原本為正。不可擅改也。

二明被賊二初歷句辨相

二問答釋疑

三明盜相二初標舉

非能禁。二無塡償本主索償反成盜故。若下次明
慢藏反上二義故從守護。
疏二被賊奪者。如鈔所引義張二位。謂現不現結罪時。當隨二主心絕已不。若財主已絕。賊主得定。此不可奪。如律賊復奪賊。二財主雖定。賊主不定。此則可奪。以緣不具故。三財主遲疑。賊主已定。此不得奪。以緣成故。何問本主。四俱不定。此則收得。由心不定。業非通暢故也。今以四句可約判之。
次科歷句中。初總舉。現不現者。即對面現前盜及不現前盜。二主謂財主賊主。若下別列。初後二俱

可解。次句以賊心猶豫盜業未成。故云緣不具也。第三反之。故不得奪。
疏問今有賊施得取物不。答據理成也。以物非定屬。隨後作主。如似世錢不定屬也。隨人隨用。隨處隨定。隨損隨結。可例通之。
問中恐疑共盜。故問釋之。答中初判定。以下釋所以。如下舉事例通。
疏三就所盜略舉通收。情非情道並攝盡矣。如鈔所引明了論解。恐不見鈔。故又引之。
三中標文。初總云如下生起。

二列釋二初引總標

二釋別文二初六根

二六大

疏如彼解云。盜義極多。且約六根。起非法行。若偷六大亦犯重罪。
釋中。初科六根即約能盜以攝所盜。六大即括所盜以顯能盜。故知盜境該通無窮。
疏何以明之。如諸仙人是習行師。有人蛇螫作仙人書。見者皆愈。然須價直。比丘被害偷看。不問損與不損。看時即犯。以此例諸秘方要術。不許人傳。偷見違惱。何啻在五。所謂眼盜。下根例之。如誦呪治病。欲學須直。比丘密聽。計直犯重。偷齅嘗觸。亦例此知。若要方術病緣。即差得直。方與得直聽爲比丘受學心緣

得差。不與價直。故犯重也。
六根中。初句徵起。如下列釋。初委釋眼根。習行師準論合云習行蛇毒藥師。（謂蛇以習而行）螫施亦反。謂蟲行毒也。下下例餘五根。
疏次約六界。前地水火可知。如律中有呪扇藥塗比丘偷搖。不與價直。是謂盜風。若起閣斜臨。妨他起造。是名盜空。智者識界也。人有伎倆。不空度他。得直方與。比丘方便就他學得。不與價直。即盜識也。識不可盜。以無形故。但可從緣盜其智用耳。
次六大中。大謂六皆廣徧。界謂六相差別。體同名

三非畜物

二消文相三初物
處差別二初總
示
二別釋十三如文

異前後各標就文初略指前三如律下引釋後三
初明盜風若下次明盜空智下後明盜識伎倆謂
藝能也識不可盜者謂不可盜去但其機巧爲人
所學故云盜耳
疏三明非畜物者如上立義已明可尋鈔中罪輕重
也
非畜中指上立義者近指當戒具緣闕緣遠指篇
前境差方便下指鈔者彼明盜非人物有主望主
結夷無主望非人結蘭盜畜生物古謂犯夷今師
準十誦多論但結吉羅

疏文中處者總舉用收其相也初地中者恐人不了
處之所在故以相列令知犯境不得迷也如律中解
即地中伏藏有主守護若盜此物計五成重今約律
中佛地僧地若有伏藏隨出隨屬佛僧二位亦無還
主及送與王可如鈔中捉寶戒說
次物處初釋地中初明列相所以如下引釋指如
鈔者彼云地上屬王不論地中如給孤獨聖人亦
取此物故知無罪
疏二地上處者如今道地所得物也
疏三言乘者謂象馬等乘也就此乘上有財欲盜離

乘便重即以乘爲處也若欲取財無由得離雖乘行
百里千里但得偷蘭後離方重若兼乘盜心絕乘離
即犯重罪僧祇盜四足者驅向所期足偏犯重不隨
所向者輕本期不定舉偏即重本主來逐心未得者
輕也
乘上初示物就下辨盜初明就乘盜物若兼下連
乘俱盜又二初正判僧下引類
疏四言擔者謂所有物屬於步擔義同前乘可以兩
分
擔中亦約擔上盜物及連擔盜判犯不同故云兩

分
疏五言空者明了論中約有辨空結罪如上今律明
空謂有衣物鳥等從風所吹有主之物而加盜取明
離處者即空異處是名離處故善見云盜空中鳥左
翅過右翅尾處至頭上下亦爾俱得重罪杖遮不隨
者蘭十誦中有主鳥銜重無主鳥銜者蘭
空中初標異彼論約起閣侵他空處故云約有辨
空今下正釋初明空處故下引示左翅過右約橫
飛說尾至頭處約直飛論上下可解以空無分齊
還約鳥之飛動以明離處之相十誦彼具云諸有

主鳥銜是物去比丘以偷奪是鳥物波羅夷若野鳥銜是物去比丘偷心奪是鳥物偷蘭遮此奪鳥物望人結罪亦應約空辨處故此引之

疏六架上者謂諸架壁有財物也若盜離者即以爲處如十誦中取衣不取架持架將去不得重後離架時方得重亦同上判義相似也故又出者知無異也

架中初示處若下辨犯亦下指同謂同前乘擔離合兩判故下顯重意知無異者若不出相不知同故

疏七言村者謂託村爲處律中初約盜物後盜村體或以機關攻擊强力水潦言辭辨說誑惑而取皆重

七中初盜物者律云若村中有金銀等若牽挽取初離得夷是也盜村體者即如所引攻擊水潦損壞也强力者律云依親厚强力而盜取也言詞辨說者誑誘取也說音稅

疏八阿練若者村外空地二位同村可知

蘭若梵言即翻空處二位同村即盜物及體律云空處有金銀等又云若以方便壞他空等是也

疏九田處者田有多種百穀所生之處總名爲田律中兩相如上村解十誦云若爲田故相言得勝者重不如者輕若作異相過分勝者重僧房舍者亦爾不言理之曲直如尼言犯殘中但得述理官占無犯不許橫言今以義約若後主想決則應屬己若不定者應非重科

田中初示名相律下引釋初本律言兩相亦即物體十誦相言謂詣官詞訟得勝重者謂非理而得不如字誤彼作不勝若作異相者彼云若不勝已更作相若所得地乃至滿五得波羅夷（謂作標相取也）房舍準田以判故云亦爾不言下決文不了又二初準例決即約理之曲直明犯不犯尼下脫相字即尼相言戒開述理故今下次約義決即就主心定與不定判犯輕重縱是僧地前主心決奪亦成重

疏十處所者或店肆作處如是非一亦有二位如上列之

十中初示相處所語通故云非一律云若家若市肆果園菜園庭前舍後若復有餘處等亦下判犯盜物盜體二位同前故略指之

疏十一船處者亦有二科船中盜物即船爲處若盜船體如僧祇中解船筏時越動時偷蘭雖斷繩未離者蘭要斷繩離處方重善生流水中解船離栓即重

十一初總示船下別釋初明盜物若下明盜船僧祇中明因果分齊次第之相善生離栓亦同栓山員反椿也

疏十二盜水者律中但明所損不出分齊如僧祇中溉灌流水或一宿直一文乃至四五比丘爲於佛僧復自爲盜壞彼渠得越水入田蘭滿五者夷摩得伽云計彼塘工過分而用水滿者結重

十二初示本宗通漫律中但云盜水中金銀衣被魚鼈及壞他水處等如下引他部顯相僧祇前明主者計價下明比丘盜損爲佛者他緣亦犯也渠即水溝伽論二義判犯一計塘工二用過分

疏十三私度關塞者如律比丘無税白衣應税爲彼過物故制重如十誦中比丘應税不税亦重雖不爲過而示餘道以不被税爲他過物故犯罪也如多論中持國禁物出界入死罪故言重者但違王教故得吉羅薩遮經云不輸王課非盜也又僧祇云一切出家人不税若賣買人應税

十三中初科本律比丘無税者謂官不税比丘物而爲他過物也十誦初明自税謂有國土税比丘物雖下明爲他免税多論兩斷論云若國禁物出王界者入死罪若比丘持出律師初言得重後云不入重但有違王教吉據此縱令官税比丘物而故不税者止得吉耳此則決前十誦結重之文下引經律文據盈顯薩遮尼犍子經云何等不應税世尊弟子比丘比丘尼一切外道出家人物是名不應税若賣買者應輸是名税分齊課即税也準此不税無犯但是隨身道具若爲治生不税則如十誦犯重僧祇同上

疏若官税比丘方便自免者非犯一本不共要二非理税我故上文云比丘無税法也若成犯者賊來劫我方便隱物亦應犯重然有白衣官税其物比丘爲隱如律科重

次中初明不税無犯又三初約義定故下指文據即四分多論等文若下引事反質然下次明爲俗故犯如律即上四分

疏次明物體初云取信物者律中持人物在右手隨離結重若本左手持物盜心不還須捨盜心方移右手不捨而移是名重盜如是類之又十誦云若貸他物抵言不貸故妄得提如善見中偷方便故吉羅十云若先用盡後斷當已得重先斷當後離處方得夷受他寄物亦爾善見云若負他債比丘持去無盜故

無罪也
次物體中初信物者謂人寄附之物前引本律就
身為處文約左右手以明犯相餘身分亦然故令
準類律云頭上移肩上肩上移頭上左肩移右肩
右肩移左肩下引諸部初十誦明貸寄前明抵拒
犯提善見結吉示不同故十下次明犯重先用盡
者謂已用過他所貸物後斷當者謂主來求索抵
拒不還也先斷當者謂貸物猶在故約離處方犯
受寄亦爾者抵拒斷當犯相並同次引善見謂負
餘人債比丘輒爾為他持還但不成盜義應有罪

【疏】二取水者律中離地水器盛而盜隨滿結重僧祇
若以筒就孔中飲滿者重若稍飲數止咽咽偷蘭若
器先塞盜拔塞時越注入器中蘭注滿者重若注未
滿即悔畏重以倒本器中偷蘭雖繩斷未離處離處
未斷繩俱蘭酥油蜜等例同

二中律約器盛者文云大小瓮及餘種種水器若
香水若藥水若取者夷僧祇前明以筒盜飲稍即
少也若下明持器盜取雖下約連器持去下例酥
油同上三判

【疏】三楊枝者義同上相律隨有者便隨言之

三中同上者亦為隨盜滿五成重律云若一若兩
若眾多若一把一擔等律下通示律文列相之意
謂前後所出隨據有者為言非止此數

【疏】四園果草木者如上僧物中鈔中廣引

四中初科指上即常住常住物下又指鈔即盜戒
中彼引大集云盜僧物者罪同五逆隨損一毫則
望十方凡聖一一結罪又引方等云五逆四重我
亦能救盜僧物者我所不救等彼又廣引諸律明
用得否檢彼看之

【疏】僧園果木比丘多犯以我寺中不謂有犯然立寺
者以盛無我之僧隨有施為無非為解脫故今不思
此取他眾人所有之物以為自保此罪大也如僧護
日藏分中特可畏也故須深思

次科初敘喜犯然下次彰業重初明立寺之本今
下次明盜取之情如下指教勸思僧護經彼因耶
舍遊海邊見五十餘處地獄多是侵盜僧物現受
苦報日藏具云大乘方等日藏經佛對日藏菩薩
說諸破戒受苦等事鈔云別人得用僧薪草者此
要具戒清淨應僧法者若行少缺得罪無量

【疏】如僧祇中僧地種果有功聽與一熟乃至菜瓜例

與一簸若於園中搖樹果落地持去方重若就園內食滿者結重十誦僧園樹華聽供養佛大木供僧皮葉隨比丘用僧祇院內樹薪供僧食用若無定限應取乾者。

三中僧祇初明賞功一熟謂一番熟者與之一簸亦約一番採摘若下次明盜果十誦樹華僧用供佛不成互用皮葉及僧祇樹薪並開別人取用準前明判要須戒淨。

疏 五無足者律中蛇魚為初有主盜取故僧祇云若以龍蛇等盜取犯重若瞋罵言何以籠繫即開放者越五分若壞殺具無犯不應爾十誦摩得伽中壞網慈心吉羅。

五中律文先列蛇魚續云及餘無足眾生故云為初僧祇初明盜取彼云無足者所謂蛇蟒或蛇師比丘盜取蛇或篋滿五皆重今云龍者疑是文誤若下次明解放下引律論壞具皆輕以非盜故。

疏 六二足者盜人為初。

六中人為初者律云人非人鳥及餘二足眾生有主者重。

疏 約律盜人令出家去如上可知既非僕隸則非別屬雖違王教如上多論。

盜出家中初明成重如上即約有主結也既下揀輕謂僕隸等損主故重餘無所損止可結吉故指如論即上度關等善見亦云盜人無罪者謂主人兒落度父母所遣等將去無罪是也。

疏 義言若他兒子賊奪去將便損父母依報力用屬賊是強不得教走若自走來則不負賊故十誦中賊捉弟子將去師還奪取犯重賊未決想無犯弟子自偷身來者不犯如昔解云師不得奪身自得走者父母感子力強賊奪得重已屬賊是強師弱奪賊故重兒報正體是強賊得力用則弱走是強報相逐弱用隨來不犯。

奪賊中三初以義判前明賊奪成重子是父母所依假其力用所損處重故屬賊強不下教比丘護盜教走成重以損賊故自來無過以非意故故下引證可見如下引昔解初牒前兩判父下釋出所以初明師犯重意兒下次明自來無犯兒報強者自所有身非他屬故賊得弱者非所生親復非雇主故強報相逐者身隨已意故弱用隨來者賊無分故。

疏十誦云見他奴婢語言辛苦何不走去如語言羅舉一足蘭舉二足重若奴已叛僧令駛去隨語得重或言此儉彼豐奴即叛去不教故不犯或問豐樂逐比丘去即驅使者逢難喚走皆不犯

三中四段前二教走成重後二不教無犯初明誘引若下次明催去駛疾也或言下三約比丘語彼或問下四據彼問比丘

疏七四足多足律約畜論亦可準上

七中律云象馬牛駱駝驢鹿羊及餘四足等多足者律云若蜂若百足及餘多足等並約有主成重

故令準上

疏同財業者謂違契要故此引也據此同財共相多種或資生同如今師資同活等取五即犯不假半分以彼同財全欺負故或同活生共營財業若生心盜則須計分滿十方重五是我分五欺彼故

同契差別中初科前示犯意以同財業本無有犯但望違契有成盜義故云在此引也律云同事業得財物當共（此契要也）以盜心取五若過犯重（即違契也）據下辨犯相初二句總標或下別釋初明資生同謂彼此有財無所簡別故取五即重次明同活生者謂共營生得財各半故取十成重（活生或是寫倒）

疏言共要者

二中要即約也

疏律舉行盜先要共分如上律中弟子偷師衣誤得己衣須分一半與共要者以同要時但云得衣不問自他皆分半故

初科上二句示犯律云共他作要教言某時去某時來若穿牆取物若道路劫取若燒從彼得財物來共分如上律中即前錯誤中僧祇文也

疏如僧祇中兩教作者自共制言從今得衣二人共

分一人得衣便自念言後得不必及是便解制云從今各任相祿先得衣者半滿結夷又得衣咒願已言且置汝邊便解制蘭又聞欲施便解要越有二糞掃衣者要共覓衣一得好衣解要二得好衣草覆三不覆解要如上犯罪三階列之後二句中不得重者由初立要入手共分以不捉衣解要故輕

次科僧祇二節初約受施違要前明共制兩教謂兩人互教一下次明各解有三初貪好故解入已故重相謂福相祿即祿分二隱藏後解蘭三聞施先解吉此二並未入手故輕如後所決有下次明

糞衣違要。初明共要。二下明各解。文三。初列句。次句下略摶覆字。第三句上略不取字。如下示犯。初句重。次句蘭。後句吉。故云如上。後下出後二句犯輕所以。

疏善見云。期時共去。中前中後。今日明日。今年明年。相要不絕。相當者重。不如要者輕。

三中善見上明作要。下示犯相。言相當者。論云。時剋相應俱得罪。不如輕者。彼云。若不從教教中前取而中後取。教初夜取而後夜取。教白月取而黑月取。教此年取而後年取。教者小罪。偷蘭。取者波羅

夷。此據專剋為言。若本通漫。不定時日。隨違成重。

疏言伺候者。規財便利。覘候處所。相期進不。得財必共故也。縱得不共。為候亦犯。

三中。初約共要犯。覘勑豔反。窺看也。律云。我為往觀彼村。若城邑船渡山谷人所居處等。於彼得物。一切共盜取成重等。縱下。次約受教犯。雖不共分。盜戒教他。能所同重。故云亦犯。

疏言守護者。為其掌錄所在追求。隨得共之。故言此也。若先不要。但為守護。既不同心。義亦非犯。

四中。初明共盜犯。律云。從外得財。我當守護。若所得物一切共故。若下次明不共非犯。

疏言邏道者。相望通塞。防慮外人。得財共之。故曰也。僧祇二人共盜。一人守門。一人入取。解時俱越。牽時俱蘭。離時俱夷。

五中。邏郎佐反。遊弈守路也。律中或作看道。初示犯相。通謂無人為疑。塞則反之。律云。我當看道。若有王者軍來。若賊軍來。長者軍來。當相語告。若有所得。一切共是也。下引文證。同犯可知。必非同意。為守同上。已上五種。前二則通盜者互違。後三但據共盜同別。

律不與。

疏文言不與者。明主不捨。心任私之。成我盜也。

第三句。釋文中。心任謂已得自在。私之謂不與他共。

註他不捨也。若他物想。他所護想。有主想。非己物。非暫用。非同意故也。

疏註中。他物想者。非己物也。他護想者。非暫用也。有主想者。非同意也。物雖屬主。同意破用。雖盡無過。故以此解釋成有主。

釋註中。卽用註文。後三非句。配前三想。對之可見。

疏上雖約物明盜。然結正時。終須離處。因明十種。

離處中以盜戒成犯雖約離處然其離相不必物離故以十門括示差別

疏一文書成明離處者如今持律判亡僧物重輕互斷下筆成犯善見云書地作字一頭時輕兩頭時重二言教立善見云口斷多端偷夏唱大律中言辭誑惑取是三移標相者善見盜心取地移標得一髮亦重四墮籌如律隨下犯五異色如律壞本色故六轉齒如十誦摴蒲移棊子等七離處非犯如祇驅牛馬心疑故非犯八不離處明離處如見必得不疑動即重也九無離明離律中攻擊破村燒埋等十雜明如空中等相廣如鈔引

初中凡判亡物判重入輕夷判輕歸重蘭但取文成不待物離善見書地者謂作契書判斷田地一頭輕者是方便蘭兩頭重者即究竟果二中口斷多端謂強詞巧辯非理而斷偷夏唱大如施十夏者物貪心欲取未滿言滿律中誑惑即邪心勸誘上之三相並望發言決得無疑皆成夷重三中標相即今丈尺度量之物一髮重者善見云地深無價故四中如律調部云時有比丘易他分物籌佛言舉籌波羅夷又有比丘盜他分物籌佛言直五錢波羅夷五中並指調部文云若破若燒若埋若壞色佛言皆波羅夷上三即如九中所引六中轉謂翻轉齒即骰子棊子多用牙骨爲之摴蒲即賭博之名今謂先曾約物而盜翻彼采或轉己負爲勝或轉他勝爲負虧他滿五皆重七中如祇即僧祇如前乘中具引八中如見即善見彼云空靜處盜決得無疑如擲杖空中必無不下故動即成重九中攻擊如上盜村體燒埋等如五中引十雜明者示不盡故下指鈔者彼云如空中吹物盜鳥曲弋斷流水注等即上物處中已明

律盜心取

疏文言盜心取者明心應境也欲明行盜心業須具必兼兩緣以成一盜故註解云賊心取也

盜心中釋文初標示總意應猶稱也上云不與是境此句即心欲下出立句所以兩緣即心境

註賊心取也有五種黑暗心邪心曲戾心恐怯心常有盜他心又五種取決定取恐怯取寄物取見便取倚託取或依親友強力若以言辭辯說誑惑而取者是

疏律中具出二五盜心初云黑闇心者謂癡心也愚於教行不肯修學故於盜境生可學迷律云隨作結根本是也即如上引知事比丘互用佛僧物隨滿犯

二釋五種取二。初標簡

重也。言邪心者，謂邪命也。貪心規度、為財說法，即是以利求利、惡求多求，外現清白，內實邪濁。故五分云：諂心取財是盜也。言曲戾心者，即瞋心也。與少嫌恨，現相索多，或示威怒相是也。言恐怯者，謂迫喝也。或說地獄惡報，或說王官勢力而得財者，如摩得伽云。強奪取是也。言常有盜心者，恆懷規奪，得物乃休也。

五種心中，初文又二。初通示心相，引律隨作犯者，則知此心通犯諸戒。又云更增無知罪，則不學無知亦同此耳。即下別指盜業，即前三寶境中已明。二中初示名。邪命謂邪求養命。貪下列相。規謂希

求，度即籌慮。規度說法，事同治生販易，故云即是等也。故下引證。三中初釋名。曲謂非理，戾即忿怒。與下示相。嫌恨約內心，威怒約色相。四中示名。迫謂以事逼切，喝謂說時作其大聲。或可作遏，謂抑遏也。或下顯相。說地獄謂濫託聖法。王官謂倚恃豪勢。如下引證。第五可解。

二隨釋五如文。

疏 又變此心云五種取者，取是其業，對境行事也。

次釋五取，標簡中。前五約心，不出三毒。若就通說，莫非希物，五並貪心。若約別論，如文乃異。初二及四並是癡心，三即瞋心，五是貪心。又前五種外相非盜，故約心論。後之五種內外俱盜，故從外事。

疏 言決定取者，心慮已定，必得如期，故曰也。言恐怯取者，示身口相，令生怖畏，故取彼財。如十誦中，輕慢抵突而取他物是也。言寄物取者，或全抵債，或以少還他是也。言見便取者，伺他慢藏，陽作陰伏之類也。言倚託取者，或假名聞威德，或恃親友形勝也。

第二引十誦文。輕慢謂倨傲，抵突謂觸犯。四中慢藏謂不勤收舉。陽作謂詐作餘事，陰伏即潛藏他物。五中二相，假名德則通自他，恃親友則唯在於他。形勝謂位貌過人者，如王臣貴族等。

三指餘相

疏 餘註云，或依親友，下律中隨諸相下皆引此言。當今季世多弊斯犯，故聖制有以也。文相易耳。

餘相中，初示律文，律列物處十三種別，一一處後皆出此二相。當下顯制意。弊猶滯也。下句點文以其事顯，不勞釋故。

三釋隨法二。初釋文

律 隨不與取法。

疏 文言隨不與取法者，結罪分齊，釋成重相也。不與取者，犯名也。法者，盜刑也。滿五便入死位，故是法攝。謂比丘行盜，準此以判，故言隨也。

三中釋文，初總示，不下牒釋。初釋不與取，次釋法

二移法三。初牒文釋

二定錢體二。初引論三既

義謂下釋隨義準此判者即準國家滿五入死之法。

註以王立法若取五錢若直五錢物罪應至死佛隨王法盜滿制重也。

疏註中依王法故制有此位取錢者即五錢體也直五錢者財準錢法也猶如唐律隨有犯者皆約絹估以從尺寸方定刑名也註云盜五死罪準此行盜驅擯不別事同死也。

註中初科又三初釋王法此位即盜戒取下次釋滿五財即總於眾物唐律如下自引今時俗律亦約絹估驅擯同死者道俗制別庀相似故。

疏如多論問盜何等錢而成重罪解有三種初云本依王舍國法隨彼用何等錢準彼爲限二云隨國所用有佛法處即以爲限後云佛依王法盜五得死依而結戒今隨有佛法處依國斷盜幾物應死即以爲限如上三釋論即以後義爲正。

次科引論中以錢體多別故問定之初解依王舍者以佛在彼國制此戒故彼是大銅錢一當十六則盜小錢須滿八十次解隨國用者無論物體但滿五數後解不約多少但隨國死刑爲準論取後義今依次解耳。

二示今取舍四。初引文取意

二斥時律錢

三破前後解

疏然五錢義互釋不同判罪觀緣緩急者如毋論善見所說若約護行草葉不取者是也。

取舍中初科上二句標諸說不出論家三解判下示教意初明判罪毋論中一切戒皆有緩急二緣鈔記具引如盜戒乃至草木小葉他物不得取等名急若非他物想取名緩善見如下引若下次明護行毋論善見四分條部並有此文。

疏今諸持律多依十誦故彼文云古大錢者大銅錢也據今小錢即八十文。

次科依十誦者即取多論初解。

疏如多論中盜相通濫初釋本錢何由可曉後解隨國現斷入死言亦泛濫難可依承如此唐律強盜滿尺則是極刑竊盜五十匹罪至役流縱多盜者不加至死論令準此則刑無死名比丘多竊少有強者縱有強奪計尺死刑盜五十匹又非死例準俗制道盜相叵論如僧祇云正無定法斷盜不定。

三中初二句通示初下別釋前破初解但傳聞彼錢時賖處隔莫知體相故云何由曉也後下次斥第三解初斥其通濫如下次引俗例強盜如劫奪竊盜即密取極刑即死罪叵猶不可如下後引文

四取中間釋解

三對答相二初
總示

二制體亦如文

證明不可依。

【疏】若依四分，但云五錢，錢則八種，並同一制，可如多論中間一解，隨國用錢，準五爲限，則諍論自息也。

四中，初示本宗有準，八種謂金銀銅鐵白鑞木皮胡膠，可下次取多論會同。

【疏】就斷盜相結罪分齊，六門分之。善見云：於戒律中宜應從急，又觀五事，處時新故等。

斷盜中，初科善見宜從急者，謂護行也。觀五事者，謂判罪觀緣也。五事文略，隨身用處時如下引。新故者，彼云有物新貴後賤，如新鐵鉢完淨無穿則

貴後穿破便賤。隨身用物者，如刀斧，初貴後賤，若偷他斧，應問主幾直買等，如鈔記備引。

【疏】初錢有貴賤時，如十誦錢貴盜一，入重；賤時百千入輕。二貴賤處者，如律貴處盜物，賤處賣，還依本處定價。三善見云：貴時盜，賤時賣，定罪還依本時。如上三門，唐律明相亦同也。四取多非重不得而重者，如伽論云：數取四錢，數作斷意，乃至五千，不犯重也。又如四分燒埋壞色，或教他不爲己，亦犯重故。五不滿五結重過五但輕者，如律衆多人遣一人盜五錢，多人共分，隨本一分滿五通犯。如十誦中盜衆多人未分物雖多而輕，謂亡比丘輕物也。六盜一人一錢重，如僧祇五人各以一錢同遣一人掌之，若盜，望護主結是也。又如善見欲識盜相，如師徒四人相教互盜一人六錢，各得一夷一蘭。此義應知。如師語三弟子曰：彼有六錢，大者取三，次小各取一，我自取一。乃至小弟子亦作此言：彼有六錢，和尚取三，同學各一，我自取一。教人滿五夷，自偷不入，教人業故但蘭。可以類知。

初時中，貴謂以一當多，賤則雖多成少。二中但明貴盜賤賣，賤盜貴賣，亦從本斷。第三依本亦同約

處。如下。合同俗律。四中，初雙標，如下引釋。初釋上句。又下次釋下句。第五，初標二句，如下對句次釋。可見。六中，初標句，如下引釋。僧祇中，且從本主以立句義，然望護主成重自是盜五耳。善見中，初立義，如下示相。四人互教，乃約異時爲言，若一時中止可一人爲能教，三爲所教，能教取一，卽是盜一成重之義。自偷卽自業相成，教人卽假異緣剋果。二業緣別，故不相入。

【律】若爲王（得自在不屬人）王大臣（種種大臣輔佐王者）所捉，若殺若縛若驅出國：汝是賊，汝癡，汝無所知，是比丘波羅夷。

疏文中若為王下七相治罰賊法訶罵賊辭
第四句標中點文可解
疏所以列者欲明盜損道俗同弊輕仁薄義勿過於
此故列此相用懲後犯
疏顯意中初句徵問欲下引釋初約誡後釋弊惡也
皆有此惡故云同弊輕仁謂無齊惠之心薄義謂
非義而取懲音澄誡也
疏又人解云初篇四夷餘三自犯無多過失顯盜是
公白尚盜王材況餘凡庶而得免者故舉貴類賤舉
難況易意可見也

次科約彰過釋貴則無過國王賤則無過王物故
舉其極以況其餘
疏捉殺四相輕重文亂若欲糾正應言捉縛驅殺也
牒釋中初科以殺第二治法不次義須後列糾定
也
疏所言捉者僧祇云瓶沙王遠祖治賊但令旃陀羅
拍頭捉手便自愧恥永不行盜所言縛者世濁情澆
雖捉猶作乃於多人之處祖王使人以灰圍之及至
父時止故灰圍行驅出法至瓶沙登位七反驅出還
入為盜乃截一指愁悔無極佛為王說過去為養千

愚事至阿闍世乃行殺戮也
釋四相中並引僧祇文旃陀羅此翻殺者澆薄也
灰圍即同縛也及下釋第三驅出似今之配流至
下釋第四七反者彼云時有一賊七反驅出還來
劫殺村城爾時有人捉縛與王乞令苦治王令將
截去小指王尋生悔念言夫為王者愛念民物何
有人王傷截人指即往問佛佛言過去世時有城
名波羅奈國名迦尸王號名稱國民皆工巧伎以
自生活若無伎術及作賊者皆付名愚癡時有作
賊送至王所王言始有一愚若滿千數用作大會

方苦治之勑付大臣令著無憂國與五欲樂後愚
聞王賜樂不久滿千臣即白王王乃與食施寶勑
愚人言汝等還家供養父母勤修家業勿復作賊
爾時愚人聞勑奉行王即以位授太子入山學仙
人法而說偈言本求千愚人作會謂難得如何未
幾時千數忽已滿惡法日夜增大會於是止欲離
世惡人宜時當出家佛言諸比丘爾時國王即瓶
沙是先世已來常畏罪報今既為王續亦畏罪故
生疑問佛也準有五法今既截指合歸後殺
疏問如戒緣中若盜五錢罪應死者云何乃指其後

三指作文

四二釋後辨相。二初標指

二隨釋。三初釋犯。三初自作

二教人。二初分示

殺耶。答滿五合死、古法常然。王欲輕刑減死從擯。如今此國竊滿絞刑、政緩刑寬減從加役也。

問中。意謂既有四治、不合戒緣獨指後一。答中、初二句釋戒緣明死。王下示文列四治。

疏 餘三羼辭及後結罪文相易解。

指餘中。初句指當句、及下指後二句。

註 比丘如上。諸處得物盜直五錢若過五錢波羅夷。方便偷蘭遮。若取減五錢偷蘭遮。不得者突吉羅。教人盜取彼若得物俱波羅夷。若受教者自取異物若異處取物取者犯重。教者偷蘭。若為取物使無盜心教者波羅夷。受使者不犯。若教人取物謂遣盜取受教者犯重。教者無犯。有主想犯重。若疑偷蘭。無主物有主想疑偷蘭。比丘尼等四眾並如上戒。不犯者與想取己有想糞掃想暫取想親厚意想者是也。

疏 就註辨相犯不犯中五眾犯相分文同上。下更不分。直隨相釋。

辨相中。初科應先分二。即犯不犯。犯中又二。即比丘及餘眾。比丘又二。初自作教他。有主下境想相對。初中又二。前明自作。教下後明教他。前中又二。初明成重。方便下犯輕。如是對之。

疏 初明自作輕重相。

自作中。重即註中滿五究竟。輕謂方便減五等相。

疏 就教人中分二。初心境相當同犯相。二若受教取異物下分二。初有二句懷盜心同物處有異故重輕

二隨釋。二初心同物異

二物同心異

三境想。三初標示

別。後有二句取物是同心有無異故罪無罪別。

次釋教人分示中。初二句即自取異物為一。異處取物為二。後二句即從若為取物下為他取物為一句。教人取物為一句。

疏 就初受教自取異物者。主同物異也。後句主異物同也。取離地時專是所教故重。能教乖境故但結本方便。

釋中。初科前分句差別。取下示犯重輕。

疏 就後心有無中。初能教有心所教無心。若得物時須分半取。以本要期得物分故。後句所教有心亦須分半。雖是我衣以所教取時作他想故盜緣成犯。何得不分。若不與者賊復奪賊義可見也。

次科前釋初句。註中教字下脫者字。須分半者。即與所教。必能教者本無期心。不與無過。後句亦分半者。此定須與。不與復成盜重。作他想者。以彼意謂為能教取。故雖誤得己物亦須分與。同上僧祇。

疏 就境想中。律文具列輕重二位。今註略故但舉重者。

境想標中。輕重二位者。律中盜戒境想有二重。初滿五有四句。如註所引。次減五四句亦同。但初句

結蘭餘三並吉。

疏 計應五句，有主無主想所以不出者，濫故不明。濫相如何？若始終無心，則不可學迷，故非罪攝。若前後想轉，據後非罪，前心有主偷蘭。若云無罪，則濫轉想。若云偷蘭，又濫本迷。是以相與不出，後諸例爾，可以通鏡。

次科示所以中，初標句徵意；濫下約義申通。初句略示；濫相下委釋。初重徵；若下示相，前列二心，結犯有無；若云下次敘兩濫，明不可出。下指例者，即境想中凡四句者皆同此故。

疏 問：此由濫故便隱沒者，何為後戒得具五耶？

初難中，後戒即律殺戒，具列五句，是亦有濫，理不當列。

疏 答：罪有緣非緣異故。以無主想謂同糞掃，非生罪緣。人非人想境雖重輕，同是制約生罪緣故，所以有也。

答中，初通；答緣謂前境是生犯緣；以下別釋。初釋盜戒非緣；人下釋殺戒有緣。

疏 問：若如此者，不處分處分想非生罪緣，何故具五？

次難中，處分緣法，後心無罪，而列五句者，則乖前義。

疏 答：彼以事法俱可學，故雖有造作，有教可依，無容迷忘。縱迷非學，不結其罪。以事是難，容有大犯，故列第三。

答中，初敘可學無迷，事即過量，法即處分，由教聽作，各有制度，故不容迷；縱下次明不可學，不出所以。既有教法，迷心非易，故云事難。若從迷忘無罪而除此句，容有濫託而犯根本，故云容大犯也。

疏 問：若如此釋，律中地非地想、暮非暮想，亦迷非學，何故列之？

三難中，掘地、日暮並是對事，迷心無罪，止合四句，不應列五。

疏 答：同以轉想結前心罪，如前境想互四五中說。

答中，言同以者，通前二房並同此義，婬中已釋故，指如前。

疏 問：何名無主物？答：如鈔具引，讀取通之。即善見中子惡父逐，後亡者是；如僧祇中若失物時作捨心者，是無主物。如多論云取計滿犯。

明無主中，初問，次答。上二句指廣，彼引善見文同，下引又引多論二國中間國破王走，後王未立並

二釋不犯二。初標

二牒釋五。如文。

名無主。即下略示。善見可解。若論此方屬官爲主。僧祇捨心理應得取。下引多論顯己非主。然已屬他故計成犯。彼云若先心已捨正使已物亦不得取。計非他屬取亦無過。

疏就不犯中。與想取者實是他物意謂與我。故非犯也。言已有想者實是他物意謂己物。無他想故。言糞掃想者實是有主意謂無主。開境想中初有主想句也。言暫取者。既非永用暫取借故。開上主不捨中非暫取也。言親友意者。情若琴瑟。財有何別。古有食必兼人衣亦通被故衣從二人。食字亦爾。如親情故開

上非情友也。如律七法可爲親友。難作能作。難與能與。難忍能忍。密事相告。互相覆藏。遭苦不捨。貧賤不輕。是也。

不犯中。五前三約心明開。後二就事明開。三中境想初句者即取前不與下三非。配此三開也。五中初約世俗釋。若琴瑟者喻其調和不相乖也。食兼人者謂同食也。衣通被者謂同服也。衣字從二人者據篆體本作众。說文云象覆二人之形。食字本從亼(音集)從皀(音急)。說文云從亼象三合之形。皀即穀香也。今取上三合之義。故云亦爾。如下次引律解。

○三結勸

順此七法方入開位。初三難事能爲。四即切磋琢磨。五謂掩惡揚善。後二存始終。

律不共住。(義如上解。)

疏此戒人多濫犯。不謂重罪。但是麤心。鈔疏雖繁。猶恐未悟。可例此斟酌犯罪相也。故善見云戒中宜從急護。此第二戒事相難解。不得不曲碎解釋其義理分別。汝當善思。論文如此。臨事可不勉耶。

結勸中。初敘數犯所以。鈔下指撰述勸修。故下引論文勉學。前引論文。後二句指文以勸。

四分律含註戒本疏行宗記卷第六

四分律含註戒本疏行宗記卷第七 戒本上之七。疏二之三。記二下之一

宋餘杭郡沙門元照述

律三大殺戒。

疏第三大殺戒

釋殺戒

疏經明性重多以此戒爲初。豈非身爲業先故殺業因首故也。言性重者。以性合輕重也。重則人道輕則非畜。約境分心。故罪階三位。

明輕重中。初示經律不同。以彰過重。經明十業並殺爲初。菩薩梵網十重亦爾。問其意云何。答化教

明於業行。業中身殺居先。又復殺惱乖慈。大士特須偏禁。婬無違惱。故列于後。制教不爾。爲道而制。障道中深。劮過婬欲。小機自利。不慮違慈。故與前反。各有其致。諸經皆爾。不可一指。是故文中但云經明。豈下出意。三業之中。口意二業依身而成。身居其初。故云先也。又身三業中。殺爲最重。如上所明。由此義故。經標在初。故云因首。次言下。轉釋重名。性名通含對經云重。心無輕重。隨境分差。教依心制。故罪亦別。

疏今就人趣四句分業。一。非恩養非福田。二。是恩養非福田。三。是福田非恩養。四。亦福田亦恩養。

分句釋中。即對常人父母無學及佛。以爲四句。雖同人道。業道制教重輕單複因果並殊。故須標別。方無通濫。大約而分。前一唯凡。後二唯聖。第二父母則通凡聖。廣如後釋。

疏先釋初句。言制戒意者。以非父母故非恩養。又非無學故非福田。既非此二。則餘人道。所以不許加害者。人趣報勝。善因所招。形心俱是受道之器。出家之士理應四等爲懷。慈濟物命。今反內懷瞋忿。斷彼相續。違慈惱他。損害道器。過中之甚。故聖偏禁。

初句。制意中。初對句揀境。所以下。正示制意。又二。初明所害境勝。文中三義。初是現報勝。二謂宿因勝。三堪受道。六道之中。唯人一道有緣可化。故云道器。出家下。次明能殺過深。初明順行。四等即慈悲喜捨。於物無偏。故四皆名等。今下。明違行。上二句明結業。次二句顯情過。色心報命堪貯聖道。喻若器焉。下二句示制教。

疏二釋戒名。古人云。殺生戒者。無論人畜。約命是同。今言大殺。對後小害。大則重夷。小則輕墮。故名也。

釋大殺中。初科。又二。初標古通濫。今下。明今列意。

據標大殺亦簡非人但文見廣解無別戒條且對九十揀異畜趣

疏 故善見云生有二種一者色生二者無色生色生可壞無色生不可壞然無色生依於色生色心相依行者資稟成一假命今以刀輪壞彼色生無色生者相與俱壞使前不感後後不赴前斷報相續名之爲殺

次科爲二初引示色無色者即是五陰四陰皆心故言無色色即凝滑心謂業識此二相依乃成假命故並名生然下正釋初釋生義上二句明心依

於色色心下二句六字爲句讀之此顯相依而成報命（依行古本作依住）今下釋壞義以刀爲輪趣舉殺具如罽膩吒王爲千頭魚劍輪遶身之類問上言無色生不可壞此云俱壞者答心依於色以色壞故識無所依故言俱壞不妨心識實無壞也前即過去心色既已斷滅故不感後後謂未來心色既不相續故不赴前

疏 戒者能治之行能所通舉故曰殺戒

釋戒同前並以防過爲戒故舉過相攬成戒名下皆同此更不釋也

疏 故涅槃云衆生佛性住色陰中若壞五陰名曰殺生若有殺生即墮惡道色有三種過去現在則不可殺遮於未來故名爲殺夫衆生者名出入息斷出入息故名爲殺我等諸佛亦隨俗說名爲殺

引證中彼經佛說佛性常住不可斷壞故迦葉菩薩乃舉殺業以難今疏但引佛答耳但望壞五陰而得名殺亦由色陰滅故餘四隨滅是以下文正明三色過現不可殺者過去已往現色還滅念念不停未滅則是未來已滅還成過去現色不立故不可殺遮未來者斷相續故衆生無實攬陰以成

但有名字然識依息隨息斷續以分存亡故名衆生爲出入息第一義中實無衆生逐陰求之尚無生相何況有殺但隨世諦說爲業道非唯釋迦故云我等經文三段初引如來性品證前二生俱壞色下次引梵行品簡上所壞何色夫下復引梵行品後段明上斷報相續

疏 第三成犯緣具有五種一是人道以餘道非重罪故二作人想三有殺心四起方便五明命斷

成犯緣中對下闕緣辨釋可解

疏 第四闕緣義若闕初緣小漫心起但得三蘭以非

人畜杌三境昏故大漫心起但得一蘭三趣隨犯俱無差故若對剋心加王異境來昏張處則有四句可準上思

關緣中初關三別即大小二漫及剋心也大漫一蘭者以三趣齊害杌境來差心期雖漫望人從重故得蘭罪必對杌木起非畜想理應得吉非此所明伍文蓋闕此中結句大漫一句杌作人想小漫三句一非人人想二畜生人想三杌木人想剋心中但加一句王作張想殺則同重餘三同前故云四句通前二漫總有八句

疏二關想緣亦有小大兩漫及一剋心

關第二緣初通舉三位二一位中各有想疑單雙之別如指略中

疏且對剋心生想有四句一夷三蘭也剋心生疑有十句一夷九蘭也謂直疑有四互疑有六亦可準知也

剋心中句法交亂須作圖相三位不同

初關想四句
- 張作王想夷
- 張作非想蘭
- 張作畜想蘭
- 張作杌想蘭

二疑心十句
- 直疑四句
  - 張作王疑夷
  - 張作非疑蘭
  - 張作畜疑蘭
  - 張作杌疑蘭
- 互疑六句
  - 張為非蘭
  - 張為畜蘭
  - 張為杌蘭
  - 非為畜蘭
  - 非為杌蘭
  - 畜為杌蘭

疏剋心雙關二緣四十句如王境差心對有十乃至杌木例可解也

三雙關四十句
- 初王人來差十句
  - 直疑四句：張疑夷　非疑蘭　畜疑蘭　杌疑蘭
  - 互疑六句：為張為非　為張為畜　為張為杌　為非為畜　為非為杌　為畜為杌　蘭

- 二非人來差十句
- 三畜生來差十句
- 四杌木來差十句
  - 直疑四句：張疑蘭　非疑蘭　畜疑蘭　杌疑蘭
  - 互疑六句：為張為非　為張為畜　為張為杌　為非為畜　為非為杌　為畜為杌　蘭

通前三心總五十四句三夷五十一蘭圖中可見但知前二心差境定後一復加境差故號雙關耳

疏餘大小漫心境闕相可以準知事稀故不能具列

三闕緣第三

指略中小漫但除王人則想有三句疑但九句雙闕除王境差但存三境亦各九句總前三位共有三十九句大略同上圖相唯直疑中各除第一句爲異又通改張字爲人字讀之準前易見不復重出大漫三境通害但有杌爲異境止有一十三句復恐難曉故須列示

初闕想三句
人作杌想蘭
非作杌想吉
畜作杌想吉

三雙闕四句
人作杌疑蘭
非作杌疑吉
畜作杌疑吉

杌木來差
直疑一句
杌疑二 蘭 吉
互疑三句

二疑心六句
直疑三句　爲人爲杌蘭　爲非爲杌吉　爲畜爲杌吉
互疑三句　爲人爲杌蘭　爲非爲杌吉　爲畜爲杌吉

文中二意故略一可準前二以事稀故

疏 三闕殺心或無罪如開緣中或得吉羅如打下眾雖死無心或得墮罪如打全破諸比丘等或得功德如看貧病死而無賞或得衣鉢如看富病以勞賞故或得偷蘭謂苦治人過與病藥近死方便但無殺心

闕心中六別並以或字間之初如戒本後註所列一二三打分大小因打致死故明無心文言全破全

初正叙　二釋二初制意二　標　二非福是恩二初

三指例

五闕緣第五

四闕緣第四

即具戒破即毀戒四五看病分貧富此據如法看死故非害心六中兩相苦治即有過因罰而死與病藥即不好心看反令增病

疏 四闕方便由未起故不制單心或得吉羅雖心緣殺以未動身尋悔故也或得輕重二蘭如十誦中病者多衣望死分得或厭患懈怠不看致死但結偷蘭以無方便故

闕方便中三初約無犯明闕言未起者未至重緣也次約犯吉明闕即約重緣遠方便罪三約犯蘭明闕下引十誦以示犯相望衣過輕理得中蘭不

看近殺應犯上蘭故標云輕重也無方便者反有方便即攝夷重

疏 闕第五緣未斷命如上七方便則具七蘭如十誦云殺人未死則狂發戒捨但結偷蘭

闕命斷中指上七緣下引十誦略證初緣

疏 上明人趣非人畜生加害等同但罪輕爲別耳

指例中非畜二殺並五緣犯具闕同之

疏 第二非福田是恩養初制意者人非化生業寄胎報攬彼遺分用成己身兼復鞠育其恩深重理應敬養報恩植福今反嗔忿乃加逆害違背恩養過咎極

深故制逆罪又增夷重餘非恩養降階非逆
二非福是恩制意中初文先敘合敬若準俱舍人通四生今據多分故云非化遺分謂精氣也上明二恩一是成身二卽鞠養備斯二種故云深重次明違反初明加害遵下顯過言背恩者反上二種又增夷者害人罪也餘下簡異

[疏]問今殺父母爲知得逆爲不知耶答漫心無簡若對父母心雖不知以稱本期何無逆罪如善見中初有羺羊在於樹下後欲加害心乃漫緣隨有父人鬼畜來替羊處以心漫故亦結逆等若對剋心不知無罪故伽論云非父母想若殺得出家不犯逆

初問由諸論中所出各異故問決之答文初約漫心成犯謂不簡親疏心通害故若對下次約剋心不犯各引文證二段顯然論明戒障故約出家明之

[疏]問父母出家成羅漢道若有殺者爲得幾逆
次問亦由教中單重不定故須詳審

[疏]答如十誦中得一夷二逆又涅槃云一殺父王二殺須陀洹罪兼二重以斷父命恩養福田心懷二境二俱損故
初答中先引經律以下次顯重意涅槃三十三云羅閱耆王頻婆娑羅其王太子名曰善見業因緣故生惡逆心閉父城外乃至遮斷衣食湯藥過七日已王命便終太子生悔大臣惡邪謂言無罪耆婆復言大王當知如是業者罪兼二重等頻婆娑羅已證初果故云須陀洹也若準觀經進成三果此據爾前故云初果耳又據成逆定約四果經通四聖與律不同

[疏]如俱舍論殺父羅漢得一無間依止一故
次答中俱舍名五逆爲無間業義如下釋依止一者無別命故但據殺父止結一逆

[疏]問如上涅槃如何通耶答爲顯無間二因而成命旣是一何得二罪直以逆名標此業重故言二逆其實無也
會通中答文爲二初示涅槃之意命下次顯無重之理然別造多逆則隨業別受準俱舍中皆次生熟涅槃中作一逆者則便具足受一罪若造二逆則二倍五逆具者罪亦五倍

[疏]因斯明律結罪多少約緣業四位不同
因明中上明夷逆雙結律中率多此例故寄此以明文約緣業二種俱互四句一一句中各有一多

二位緣即事緣業指身口

疏　初業一緣異結多罪如二房咽食等謂妨難過量不乞殘宿惡觸總爲緣也身口二業隨作隨咽得多罪也即結一罪者如謗假妄如盜掘地無別提罪相從究竟

初句前明多罪先明緣異且舉房食房具四緣食容多犯鈔云一咽七罪非時不受殘宿內宿內煮自煮惡觸並隨有者言之身下明業一然上房食並是身業而云二業意令例通如謗清人又欲誑僧之類殺父羅漢此句所收即下次明一罪善見謗假妄成無別妄罪爲盜掘地方便蘭罪若準五分掘地亦提

疏　二緣一業異結多罪者如一人前後加打隨打隨提亦結一罪如盜前後相假成也

次句初多罪中一人是緣隨打是業亦下明一罪前境是緣前後盜是業但前方便終趣一果

疏　三緣業俱異結多罪者如前後殺盜人別罪異也亦結一罪者如尼八事前後成重

第三句多罪中人命他物是緣隨作是業一罪中隨對男子是緣八事有別是業

疏　四緣業俱一結多罪者如發一語具口四過也亦結一罪此則並易不勞出也

第四句多罪者即多論云傳他此語向彼說以不實故是妄語作分離心故是兩舌非輭語故是惡口成論云綺語一種必不相離文中且舉具者言之三二亦爾一罪中各戒各犯故云並異或作易亦通

疏　餘有約緣具闕並可準前

指略中令準前者亦具五緣一是父母二父母想三有殺心四興方便五命斷闕緣亦同尋上對之

疏　第三殺羅漢者末代所稀理何須舉然經律中多有逆相識知其事用爲後習明覺開達終因此緣故略明之

第三句中先示須出之意在事雖稀於教須識言後習者由今學知以爲識種後遇勝緣夙智開發故云明覺等此緣即今所示

疏　言制意者是應供故名福田非懷育故非恩養欲明此人斷結成聖八輩僧寶第一福田慈濟物故俯從供養理須植因用收聖果反懷逆害損喪聖身自既失利障他弘福情過是重故制逆罪餘七輩僧道非究竟故感福徽殺同凡罪自可聖行約業非輕

制意中初示句欲下正敘初敘境勝合敬四果四向爲八輩俯猶下也反下次明損害制罪自不加敬是失自利斷他勝田即失他利餘下簡去餘聖上四句正簡下二句釋疑上云同凡且據制罪凡聖位別業必重輕

[疏]問如十輪經殺辟支佛不同羅漢者答以聲聞人因聲入道一能說法二能現通三令他得道益深利廣故結夷逆辟支不爾故殺同人如涅槃云緣覺之人志樂獨處若化眾生但現神通終日默然無所宣說不能說法令人得果以此文證福田狹故

初問中彼明殺支佛不障戒今以斷證是同福田亦等故須問決答中先明聲聞具三能故重下明支佛不具故輕後引大經證闕二能然支佛有二一者出無佛世則名獨覺二者觀十二因緣得道則名緣覺如上所釋且據大途不妨緣覺善能化物自有聲聞不堪說法

[疏]問殺下三果何不犯逆答惑未盡故福田不滿故善見云若殺白衣阿羅漢不得出家殺三果者不障出家

次問立義引證文甚易解

[疏]若爾犯四果尼可是障戒下三果犯不應障答殺望福田故逆不逆異犯尼事通凡聖壞淨境故

轉難中汙尼障戒事實不同欲辨殺汙兩別故立此難但殺損福田故不通下位汙取境淨而不局聖人

[疏]問若殺辟支不入逆者何故涅槃知殺有三蟻子畜生爲下凡夫三果爲中羅漢辟支菩薩爲上答彼以約境分心故分三位不明逆夷輕重等相若不爾者即彼文云闡提不墮三種殺中可無罪耶約律中從境闡提人夷約經論闡提無性也

三難中即據涅槃轉難初答經明佛及菩薩皆了知殺法故云知殺羅漢上準經有父母二字今此正問辟支故略之耳經文既以三乘同爲上品則知緣覺罪無差降答中初出經意經分心業不揀夷逆準此若殺辟支雖非逆重由境尊勝業異常流若不下就經反質初引示經文梵云一闡提此云信不具不墮三殺者由殺無罪不入三品故經云譬如刈草掘地等無有罪報約下比對律制言無性者準經前明闡提無佛性據後決前此名隨他語一切有性名隨自語

疏問若殺羅漢爲知得逆爲不知耶答俱舍云若於非聖而行殺害後臨殺時成羅漢者無無間業以於羅漢不起殺故若起漫心具緣諸相並如前說

四問可解答中先引論明尅心不成若下次約義立漫心成犯大同父母故並指前

疏第四惡心出佛身血者垂降生善爲世福田慈濟含識亦是恩養佛爲法王四弘開化惠益羣品其恩無外宜應敬養植福靖心反加瞋忿興於逆害命不可斷但出身血損法身器其過尤深故制方便業當逆罪

第四句制意中初科爲二初示句佛下正敘初明恩深合敬四弘卽上四等弘卽訓大亦由普徧故得名耳恩無外者所被無遺故反下次顯過明制損法身器者多論云色身是法身所依故制方便者卽偷蘭也佛不可殺義無究竟制輕業重相別可知

疏然出身血其相是一心懷善惡同一業報者域出血善心治病一劫色有而受樂報調達反此故入地獄恐濫善者故標惡心

次科初明相濫同業報者此約時論並一劫故者下次引緣釋者域亦云耆婆善醫世尊足疾因鍼出血色有卽梵天此明善心也調達以推山壓佛碎石傷佛指足生陷阿鼻此明惡心也恐下後示簡意

疏問不知是佛不得逆者若供不知不應得福答供本漫心生福皆敬雖對佛身作樹神想以心通故佛邊得福若本尅心對佛福想則無福也

問中準前合須先問約知不知或可承前羅漢義勢是同故直發此問答中亦約尅漫二心分之

疏餘具緣等同前準說

指具緣中亦同上五故不繁文

疏就闕緣中有同有異闕初境緣四句俱同皆異境來替佛本故雙闕亦爾若闕想疑二句不同以佛正命必不斷故既明出血本結偷蘭境雖極尊約從人制境強方便故也

闕緣中初總標闕下別釋初明同有二一境差同一人作佛想二非人佛想三畜四杌四句並蘭二示雙闕同若下次辨異闕想四句疑心十句此二初句前並犯夷今同蘭罪以下出異所以

疏因卽料簡五逆之義四門分之初列數顯相釋名

輕重二定體狀初二儀不三約三業四明通塞

疏初列數者父母羅漢出血壞僧為五也

明五逆中初文可解

疏顯相者要約親生膝下故恩養極也如世律中惡逆過者通祖父母世叔等親何況假父後母姑姨之屬則並非逆所以經律據二惟親

二顯相中又三初簡定且約二逆餘同前敘或可餘三無濫不須辨相膝下者語出孝經謂孩幼之時也如下引俗示濫祖父母即父之父母世叔及伯即諸父也假父後母皆本非親同名為逆望上祖等此二又親故云何況姑姨非逆族性異故所

下結前簡意

疏言釋名者何故名逆以違恩養福田極故亦違佛世兩王化故名之為逆如論所出云五無間謂常續有無間隔故

釋名中初科逆有二義初違恩福父母違恩羅漢破僧違福出血兼二次違王化佛是法王世即人王二教齊禁犯則俱違華梵雖殊法律無異然於五中唯殺父母道俗同重餘三則別

疏如成實云一趣果無間捨身生報故二受苦無間中無樂故三時無間定一劫故四命無間中不絕故五形無間如阿鼻相縱廣八萬由旬一人多人皆徧滿故不相障礙業不可思

次科論即俱舍釋義猶通成論五義示相甚顯三意束之第一即間隔也二及三四謂間絕也第五即間缺也然形無間一多不礙凡情難信故云業不可思

疏問三寶皆福田損佛破僧得論逆者何故不言破法逆耶

初問三寶福田是同成逆則異故問釋之

疏答謗法重故不入逆中如今五逆不入四重廣如智論及法華中

答中初約業重釋如下舉例廣下指證智論云聲聞道作五逆受地獄一劫菩薩道破佛法此間劫盡復至他泥犁中受無量罪如是乃至徧於十方地獄等法華譬喻品後廣明謗經獲罪之相乃至云其人命終入阿鼻獄具足一劫劫盡更生如是展轉至無數劫從地獄出當墮畜生等

疏有人言謗法重者謂大乘也對田論逆即壞法輪破法逆也

次他解中初科又二初點前義對下示正解就小論逆指歸破僧則通三寶

疏問若如此者何故毀呰脩多羅但吉答前言逆者謂破滅故今言犯吉但毀呰耳

次難中毀呰尼戒毀餘二藏皆同吉羅上云成逆義則相違答釋可解

疏若但破僧不名為逆如破羯磨以損輕故若殺羅漢是損眞僧以違福極故得逆也

三中初約破僧反顯若單破僧既不成逆則顯逆業全由破法若下次引殺聖比例由殺羅漢亦望

損彼眞福田僧故成逆罪則知破僧一逆法在其中故不別標也

疏次明重輕如前列者初輕後重故成論云破僧最大惡別離三寶故離僧壞佛毀法寶故又於佛所起嫉妬心違轉正法復惱大衆乃至三千界內禪誦不行故

輕重中指前所列且據麤分細而明之中間三逆望前為重望後名輕所以害母重於父者以佛教中懷育恩多偏尊母故羅漢超凡必重父母出血極尊義過小聖下引成論獨證破僧文有二義初約壞滅損境明重又下次約起心違惱明重禪誦即諸觀法一化境中道行退失或復不進故云不行上約業理不論制教

疏二定體狀初二及懺相

定體中標列三科次云初二即明逆罪最初第二

疏言體狀者如五逆名非佛所制違恩福故業理自重有夷蘭者是佛制也但約人相犯夷不論恩福不具得蘭從殺方便若論破僧應制極重以事不獨建通攝三人故也

初科以業制相濫故須揀定初示業體五逆之罪

但違業道古法常有故非佛制有下次定罪體即約制教初通示夷蘭二聚統收五罪三夷二蘭但下別釋又二初釋三夷得下釋二蘭破僧攝三人者舊引義鈔云破僧有三一王破二伴破三助破

疏言無初者以逆犯相無略可違以外道殺父佛言滅擯可是違教餘如後說

次科初約義以定以下舉事釋成文出受戒法中以凡開最初必違略教俗非稟略亦令擯之故知約行偏重隨作即成極業如後即破僧戒

疏言可悔不者如大乘中開悔五逆若爾何故經中

令王重罪微薄耶答罪無定也即如彼經有愧非有無慚非無或可不定故轉輕耳餘之三夷兩蘭皆可滅除學悔說故十誦九清淨人破僧偷蘭罪從僧懺文自驗矣

三中初示懺業上二句判定可懺大乘即佛名方等通懺三世十惡五逆又鴦掘摩羅作五逆因值佛得滅等若下引難經即涅槃上據大乘立義故還引大乘爲難闍王殺父阿鼻一劫佛令懺已於黑繩地獄七日受盡旣但轉重令微則顯逆非可懺答中二意初引彼經有無不定約心明業雖悔

復受理無所疑或下示次意旣轉令輕明開成悔

餘下次明懺制初判定學悔下引證初證懺夷律令學悔開懺不疑十下次證悔蘭邪正各五方成破僧眞佛位別不入僧數故云九人邪徒破僧皆犯蘭罪今旣邪正通名清淨故知開悔從僧懺者上品罪故

【疏】三明業相者破僧是口業餘四是身業若互作者有語助成若論破僧身現不得必須言說用化前人能破是口不善業所破是不和合性

業相中初科又二初明各造俱舍頌云此五無間中四身一語業三殺一誑語一殺生加行（加行即方便）若下次明互造上明口兼身四若論下次明身不兼口文中能所對明所無別體即是事理二種不和故指爲性性即體也

【疏】破僧瞋嫉心起餘四分通三性

二中初明破僧調達見佛人天奉敬頻婆國王日給千車遂起嫉心結連闍王以謀害佛又於佛所乞請攝衆爲佛所呵即懷瞋恨此明破僧局不善性餘下示餘四殺通三性四逆同之然本是不善性旁兼善無記故示分通也

【疏】破僧雖口說言了未結罪要待前人忍方成其破輪也

三中以餘口業吐詞即結破僧特異故別顯之出血不至果餘三同殺命斷成犯故不須論

【疏】四明通塞者時處人分別

通塞中三科料簡有則名通無者號塞

【疏】佛在具五滅後惟三無法輪主故

初中佛在俱通滅後三通二塞法輪雖在無主競化故二俱闕

【疏】二言處者南洲具五東西俱三出血破僧須佛身

故北洲俱無雜心云以命定無相殺故
次科若論有無則三洲有北洲無若約具闕則南洲具東西闕下引心論引證北洲言命定者長含中修十善行生鬱單越壽命千歲不壞不滅是故彼人壽命常定

疏三言人者俗人及四眾唯四逆除破僧故比丘具五可知俱舍云北洲及餘道皆無無間業何況於餘界解云人道男女能作此業黃門等不許彼無戒因父母於其恩少由不具身分為增上故愛念少故又其於父母不起重慚羞故畜生鬼神道不許有無間業故若智明了如聽慧馬有五無間也

三中初正明俗人無濫下眾未具無破僧理故但有四亦通伴助如後所明俱下引論初引論偈餘界即色無色天次引論解前簡人道別除黃門文列三義初無戒因者以具戒者方能具造黃門當體即戒障故次父母下明上恩疏增上謂身不具形報非勝故又下顯下敬薄故有殺者不成逆業然文中但明父母二逆餘不能作於義可知畜下簡餘趣文約愚智以明有無據論有者可對三逆豈有非畜而能破僧出血耶論無五字必是傳訛

註佛在毗舍離為諸比丘說不淨觀

疏就戒緣中說不淨觀行不得方
戒緣中初標緣方即法也

疏言不淨觀者如來立藥對治心病多貪不淨瞋以慈心癡不覺了陰界分別初對貪者故云不淨
次科總明中初通示三種藥病陰即五陰界即十八界文略十二入配對三迷如前已示若對五停前二同此三愚癡多觀十二因緣四我慢多觀十八界此二可對第三五亂想多數出入息即當後觀初下別指今文

疏如智論說具有五種一種子不淨攬父母形以為己有故偈云是身種不淨非餘妙寶物不由白淨生但從穢道出
引示中初不淨中論云父母以妄想邪憶念風婬欲火故血髓膏流熱變成精宿行因緣識種子在赤白精中住是名身種偈中初句標示下三句釋成上句明當體不淨下二句生出不淨穢道即父母便利處也

疏二依處不淨謂在生熟兩藏中間故偈云是身為臭穢不從華間生亦不從薝蔔又不出寶山

第二依處亦名生處人有生熟二藏食在生藏猶未變動流入熟藏即成糞穢胎處于中故云不淨偈中初句標下三句簡非淨處以顯不淨薝蔔亦花而別舉者以花極好彼國所貴經論多引蓋此意也此翻黃花

疏 三當體不淨謂三十六物成身十二內外兩相各十二也故偈云地水火風質能變餘不淨傾海洗此身不能令香潔

三當體者亦云自性三十六物論中備列總判爲三而少不次今以義分髮毛爪齒薄皮厚皮筋肉

骨髓血心（此名成身十二如論云中有十二通於內外）脾腎膽肝肺小腸大腸胃胞（四交切合作脬水府也）肪（音方腸脂也）[月+冊]（音珊胃脂也）腦膜（此內十二論云內有十二名性不淨）屎尿垢汗淚涕涎唾膿黃白痰癊（此外十二論云外有十二名相不淨）偈中上句示體次句明流變餘不淨者總上諸物下二句顯示不淨

疏 四外相不淨者九孔常流俱不可用故偈言種種不淨物充滿於身中常流溢不止如漏囊盛物

四中九孔眼耳鼻口及大小道偈中上二句明內穢下二句示外相

疏 五究竟不淨終歸死膖不可忍見故偈言審諦觀此身終歸必死處難御無反覆背恩如小兒

第五論云身若投火則爲灰若蟲食則爲屎在地則腐爛在水則膖脹偈中上半標示下半釋成時至莫留故云難御奄然長往故無反覆生存資養一旦捨棄故云背恩小兒相似法故

註 彼習定已厭患身命歎死勸死

疏 註云彼習定已厭患身故歎死勸死者以修乖方少於遺滯故習此觀封著不捨便滅其身此非有智

三中初科智能遺滯有修無智即是乖方

疏 善見云佛是一切智人何因說觀乃令其死答深

見往機會作獵師多殺羣鹿已墮地獄餘報出家若不說觀人殺生惱惡心無已由作此觀人殺生喜得生天上故無咎也乃至說已入靜室中五百人死同世不知知必制戒息世譏故

引示中如來大智鑒機授法藥病不差今此殺緣全乖上義論申佛意以決羣疑相似差機實唯應病答中初敘知機獲益乃下明示現不知佛自明鑒示同凡人故云同世若不如此必生外謗故云息譏

註 難提比丘受雇殺人居士驚怖

二釋雇殺
二改觀數息三 初釋改觀三初牒釋
二顯意
三示法

疏言難提受雇者善見云是外道沙門也頭留少髮依比丘住拾殘食活

雇殺中註稱比丘疏號沙門由此二名通邪正故留少髮者表異內眾亦著壞色衣一以覆身一置肩上問此戒犯緣為是何人答據下呵責乃斥相歎內眾比丘外道受雇非緣起也

註佛知此事便說禪法

疏言佛知此事便說禪法者數息觀也

釋改觀中初科禪法亦即觀門故以觀釋但止心名禪照境為觀不淨數息並具二門而註文前後異者以不淨正取照境數息偏在止心故也

疏所以改觀者前對多貪故說不淨思覺之人本非彼治故說數息或前觀色是麤今觀心是細也

顯意中有二初約機宜對病加藥或下次就所觀以分麤細了色求心先麤後細自淺至深故宜改也

疏就明數息如論廣之一數二隨三止四觀五還六淨並息亂法以漸調心

示法中大小乘論並有觀法故今通指但云如論今依成論釋云數者名出入息從一至十數有三

三釋訶責
二釋獲果

種若等（十數為十）若過若減（並乖數法）隨者心隨息出入止謂令心止住出入息也觀謂見息繫身如珠中縷還亦云轉謂轉身緣心令心現前淨謂離一切煩惱諸難心得清淨並下總結觀意

註比丘修習並證上果因訶上過而制此戒

疏言修獲上果者即聖無漏在凡之上也

獲果中聖無漏者言通四聖

疏問如來說法比丘依行深見不淨正是如說有何等過復見訶責答佛說不淨令厭苦本若欲修斷必識身因如何未斷集因即除苦本非唯果不可盡乃使迷因轉深故使修行非道尤可訶也如經說身有苦不說厭離於身斯良證矣

呵責中問中隨順無違反遭呵責義似非當故問決之答中為四初明教旨如何下顯過今亦有僧不知所以自投焚溺欲冀超昇苦因未除寧亡三有之報死而無悔實唯一勇之夫將謂永滅不生焉知此沒彼出固當勤修三學廣運四弘誦持方等大乘繫念諸佛嘉號冀龍華而得度指安養為所歸深厭死生善識因果欲除苦本其要在茲故使下明合呵如經下引證通標經者大小皆明不

二戒本二初列句
二牒釋五初指初句
二釋次句二初釋文
二釋註二初總義
總分

可別指遺教云此是應捨罪惡之物乃至云唯有智者得除滅等問五百已死誰當呵者答受行觀法讚勸必多論明五百且據已死為彼改觀即所呵者

【疏】二就戒本中文有六句初句能犯過人二故自手者明是自業三人命所殺境界四持刀下明教他業是比丘下將人附罪入治擯相

【律】若比丘故自手斷

【疏】初句可解

【疏】二自殺中而言故者除有悞者非犯法也

次釋戒本第二句

【註】所謂行殺也若自殺若教殺若遣使殺若往來使殺若重使殺若展轉使殺若求男子殺若教人求男子殺若求持刀人殺若教人求持刀人殺若身現相若口說若身口現相若教使歎若遣書若教遣書若坑陷若倚撥若與藥若安殺具及餘方便殺者是也

【疏】註中廣列所行殺相相分為二初自殺有八一自殺二身相三口說四身口俱五坑陷六倚撥七與藥八安殺具就教他中有十一初遣使二往來使三重使四展轉使五求人六教求人七求持刀八教求持刀九遣書十教遣書十一遣使歎也

釋註總分中不依文次以類括之

二就文別釋七初釋自殺
二釋註人八種
三釋現相三種

【疏】言自殺者謂自行殺若身若杖隨死皆是

自殺可解

【疏】言教殺者或教人殺或但教人死之方便言遣使殺者指示所殺在其方所而往害也言往來使者受語往害至彼還來重復往者是也言重者隨續使人乃至百千害一人者言展轉使者初使往害彼使不去更使人往如是展轉乃至百千最後一人斷彼命者隨前而使皆同一重乃至上列往來重使皆例同犯餘有契要不同心不如意並如前豎義中說下有四求皆教人相

教人八種據文似九前總分中不列教殺則知註中此句通標下列別相耳展轉中乃至下決通前二例皆同犯遣使可知故不點之餘下指餘不同如前者即自作教人門中或能教者剋所使意異或時節早晚坐立乖契顛狂捨戒等教者不犯漫心無寄隨作皆犯下下略示四求求男子者謂欲得勇士往害於他持刀人者即旃陀羅輩兩是自求兩令人求並非自殺故云皆教人者

【疏】言身現相者或令怖畏墜墮溝壑或示死相等言口現相者或以言說歎勸其死或以大聲恐喝令他

四釋教歎一種

五釋遺書二種

死者即如世中有厭身者或投火墜巖或刀解繩縊。不知教者合掌唱善或扶接登山或為辦繩具。斯即教歎正符犯法。身口俱現即此之流。

現相中身現二義。初示可畏之容。二作取死之狀。口現亦二。如文自分。即下後釋俱現。初舉現事決犯。縊於計反。扶接登山者助彼投巖也。斯下結合文相。教即扶接辦具。對下身現。歎即合掌唱善。對下口現。

疏言教使歎者遣人語彼人。令彼語所殺者。生多眾罪不如早死之詞。

教歎中初示教相。生下出其歎詞。即戒本中惡活寧死二句耳。

疏言遣書者身現其相表於紙墨。令用死者。如多論中若優婆塞及以比丘知吉凶相令破異國。隨得財命皆同殺盜重罪。若作死書教使送彼。使向親說使自得重。遣者犯輕。使自依死。犯輕亦爾。若作死經有人偷讀遺失拾得依經取死。造者犯重。言教遣書者自不親對。遣人作書令彼受死。無問自他若死俱重。五分作書時字字蘭。

遣書中前明死書。初示相。言身現者謂書中所述

六釋殺具四種

也。如下次引明。若據論中未定遺書。然吉凶之相容可書報。故引釋之。若下辨犯。使向親說不以書示也。及使自害並由能教心乖本所期。但得蘭罪。故云犯輕。若作下次明死經。偷讀拾得死皆重者。由本造時漫心無簡故。教遺書中初明犯相。五分下引示方便。彼立進趣故約字論。

疏言坑陷者知人遊行必從此道。故設坑穽令墮死也。十誦云為人作坑人從死重。非畜死蘭。為畜造坑畜死提。人死吉。若不定者隨人畜死重輕如律。言倚撥者審知彼人倚撥其處。便施刀杖。彼依而死者。言與藥者文事可解。言安殺具者。即如世中行刑之所。比丘往看施其繩索令彼死者同重。多云若為殺故造刀杖者吉羅。往趣彼人步步輕蘭。或著彼身命未斷重蘭。

殺具中坑陷又二。初示相。穽音靜。亦坑也。十誦下引釋。初約三趣互論輕重。即是小漫。合有為非人作坑人畜死吉。稀故不明。下云不定乃約大漫。隨犯可會。倚撥者謂潛安殺具令彼觸動也。安殺具者。置辦器杖令彼自用。即下決其世事。多論下示其方便。

七釋顯畧文二初約總攝釋 二約遮惡釋二初正釋文相 二問答顯意

疏文言及餘方便者非謂如上所列而言相盡更餘
方便律雖不載但依而死皆是重攝
顯略中初文律不載者謂不盡也
疏又欲遮惡比丘避於佛制如上網目所不攝者欲
加殺害故又張網總而收之欲獲罪人實唯一目故
俗云天網恢恢疏而不漏是也
次科又張網者謂此一句統收多相猶如張網後
必有犯止在一事猶如得魚故云一目下引俗證
出老子道德經恢大也謂天道雖大不容於惡如
網雖疏不漏於物

疏問如汝所釋浪作分疏至如佛意何必如此答凡
心度佛誠非擬議然佛立教自有比量如經比智用
擬上位何以知然如律文中佛制比丘不得服用俗
人外道衣服遂即方便更作餘相佛即訶言汝等癡
人避我所制更作餘事自今已後一切俗人外道衣
服並不得著著者如法治據此明證豈非通約也
問中欲引後量假設來難答中初二句承意然下
正答西土論議其量有三一現量理義顯然二比量舉事相並如今引例三正教量三藏明文因明論云藉眾相而觀於
義於所比義有正智生故名比量言比智者成論

三釋第三句二初釋文二初總示二別釋二初釋人 二釋命三初通示命根

云知餘殘法思量比知名為比智又云未得眞智
以相比知經論皆說故通指如經何下引量即衣
犍度文一切之意正符前釋
律人命
疏言人命者謂殺境也所言人者仁也仁者忍也俗
中釋名大有意致亦可尋也謂人立志存育為先故
云人仁也若但言人而人有無命者害非重罪故又
重列言其人命也
第三句釋人中初訓字俗下示所出釋名即劉熙
撰彼云仁忍也好生惡殺善惡含忍也謂下釋義

天陽之氣資始萬物人有推愛及物博施濟眾合
天之道得人之正故云存育等若下明重言之意
疏所言命者謂此身報假之維持終於一形壽所因
本故謂命根以命持識令依住故如雜心中命根體
者非色非心良由眾生往業所剋期在此形連持不
絕故今死者氣雖斷絕隨有暖處識在其中即識住
處為命根攝
釋命中初科為三初釋名壽無別體即命短長以
為人壽故云因本能持於識為壽之本故得名根
如下示體以無形段復與識異故二非攝良下顯

相先敘業感故下正示命相由煖識息三種相依故有煖處息識未捨生分未絕即爲命矣

疏然今殺者命根非色何由可殺識本無形殺亦不得故隨相說斷其依處命根不續識無所依故云殺也

次科云依處者即色生也

疏律經約相但言識者以命根相不可見聞依聖言說信而爲有若論識者愚智齊知但殺前生無識能學即爲死人也麤相易曉持犯不難隨機之義復現茲矣

三中初牒問律經即律戒本如註所引以下釋通初明不約命根若下次明但言二識麤相等者正出戒經之意去難取要令物易解故云隨機

註從初識至後識而斷其命

疏言初識者謂初託陰止是凝滑不淨故經中說爲迦羅之時也如五分云入胎四十九日名曰似人過是以往乃名是人即五王經云受胎一七日如薄酪二七日如稠酪三七日如凝酥四七日如肉團五七日五胞成就六七日已後六情開張

初識中經即涅槃彼云肉身處胎歌羅邏時亦云迦羅此云薄酪智論云受胎七日赤白精和合時也次引五分似是兩分續引五王釋上四相五胞頭及手足也不云七七者即同上引名似人故

疏言後識者即最終時在後一念爲後也

後識中云一念者即前所謂有煖處也

疏所以言此二識者亦爲遮惡比丘念也若殺人者可得重罪如胎分中迦羅邏者即既非人故不名犯所以張網通收初後若有胎人識所依止隨有損害無非極刑即如五分若人似人意亦可見四分下文墮胎等相

出所以中先徵次釋初略示前用此義釋餘方便故云亦也若下委釋初敘彼避制所下結顯教意五分兩相皆重正爲通收故云可見四分下文即調部云婦人他邊得身語大德言與我藥墮之比丘即呪藥與令其胎墮佛言波羅夷及按腹墮胎亦夷故云等也

律持刀與人歎譽死快勸死咄男子用此惡活爲寧死不生作如是心思惟種種方便歎譽死快勸死

疏言持刀下此教殺相就分爲二初持刀者教殺歎譽死者口業也

二釋注二 初釋輕重 二 初分文

五五六二句 二 初示文

二 問答

第四句初科但分身口戒本難曉略爲釋之文敘殺相先持刀與次乃口勸咄下出其勸詞欲警令悟故先咄之惡活者或現不淨或能造惡也作如是者指上歎相也種種方便者總收餘歎也

疏 問身口殺相律文非一以何義故獨舉口歎以入戒本答據論戒本不勞繁文但云殺人得重自應通攝然毗尼者以因緣求此殺戒緣由相歎故即以此緣入於戒本前後諸戒繁相並同

問中攝前十九殺相以徵文局故云非一答中初正通來難前下決通餘戒

律 是比丘波羅夷

疏 是比丘下收入罪擯

五六中罪擯二字別配二句

註 若作如上殺人方便不死偸蘭若殺非人若畜生有智解於人語若能變形方便殺者並偸蘭不死者突吉羅畜生不能變形若殺波逸提實人人想波羅夷非人想疑偸蘭四衆犯相如上不犯者擲刀杖瓦石誤著而死若營事作房誤墮木石而死若扶將病人入房往反一切無害心而死者是

疏 就註解中初當趣明輕相二非人下分異趣相

釋註分文中準前亦應細分初犯不犯爲二犯中又二比丘餘衆比丘中復二犯相及境想前又約趣如疏分之凡至辨相例須科約婬中委示餘使

二釋不犯

二釋畜趣

自求但舉一隅三隅須反

疏 就畜分二智變有勝加害犯偸蘭者以相同人心非重者何能害也如世鸚鵡鸜鵒人有教其語者殺未犯蘭此但爲人所教未教本非其智故非重也又如狐狸虎豹諸獸旌異志怪諸傳記中變爲人相往往非一律中舉龍爲首不言餘者若知而害義依法科不知而害亦從律結並如上解具緣所列

釋畜中初句分經智愚兩判智下別釋智變分四初明犯意如下簡濫又下示相旌異記志怪錄並俗中紀述怪事之書律中以龍多能變化故偏舉

之雖略餘者義可類同若下斷犯還約知論依法科者即結蘭罪不知從律如常犯提下文指略即前義中三趣門已說故云如上又闕緣後指非畜緣同罪輕重別故云具緣列也

疏 就不犯中文相極顯所以不犯者如文云一切無害也

釋不犯文略示大意就註分二初擲物營事並是誤觸然此誤者由於他事全無害心不同前明錯誤之誤學者知之二扶往返即是無心

律 不共住

律四大妄語戒

疏第四大妄語戒次明口業所犯法行

大妄語戒初標簡中前三身業身爲業本並列於前口業依身故次于後兩業既異故先點之

疏古來翻經約業顯相多云身口今時正譯審定名體不濫境心故以聲所從者並爲語業故經云正語是也所以然者人之面門名之爲口口是顚色但知吐納至於所損約從身攝論妄語四出雖在口必以聲相用分業道然其聲發豈止於口七處無壅方成語言餘且略之

翻名中初示古翻漢魏秦晉已來所譯皆爾今下次明唐翻故云今時文有二段初顯今兩得語即業體則名體相符語對耳根故境心不濫下引經證古明三業並標爲口及列八正乃云正語故還引八正證今得實所下次敘古兩失先明口所屬論下正陳失相語既從聲爲耳所得口屬身色自爲眼見則心境濫矣又依聲發語遂成業行口是顚色本非善惡則名體乖矣然下潛通外難恐謂聲出於口從具彰名義有何失而見指斥故此防之明非通攝七處者智論云如人欲語口中風入至臍觸臍響出響出之時觸七處退是名語言偈云風名憂陀那觸臍而上去是風七處觸項及斷齒脣舌咽及以胸是中語言生於此應辨語業體相音曲名句依止於聲即聲爲體方彰古譯名義全乖此不委明故云且略

疏所以語業具列有四妄語居首者由過數起順本惑業無始無明無非誑妄非有謂有諸例非一今既出家宜須體妄澄汏成淨反本即眞如何不思重增欺負深可責也故在重初自餘罵讚輕故後列

前後中初徵起由下釋通分二初敘妄重虛妄成

惑依惑起業轉更不實故此妄語與二相順無明即惑誑妄即業非有等者示妄語相如後列相所稱多種故云非一今下彰過上明所應作不作汏合作汏音太淘洗也如下明不應作而作故下結合初句明妄重下顯餘輕重謂四夷之末初即四業之首或可重是大妄初即小妄由上文中大小通敘故也讚即兩舌綺語不相離故不別指

疏然斯妄相人多弊之吐言一返追不可得故以義張識其非相四門蔽之一能妄在凡非聖意二明凡妄語五種別三立妄爲言兩分相四本誑令知不待

二隨釋四：初能妄在凡非聖意。二：初標示。二隨釋二：初明非聖。二：初總標，二別釋二：初正釋。二：初身證實語。

二想心實語

信。

妄相。標中一反，謂忽相違也。道不得者，言其疾也。即論語云駟不及舌。列示四門，初簡聖凡，二簡輕重，三簡虛實，四簡知信。

疏 初門中明能妄人在凡不在聖者。由彼聖人有二種實語：一者身證，二者想心。言身證者，修道德滿，證眞斯極，除斷虛僞，妄則斯盡，出觀陳說，言必稱實，義無欺負，起誑妄過，此身證也。

初門身證實中，初敘身證修等四句，即是四諦。出觀下，明實語據是心證。然茲聖道非身不剋，心道幽隱，從相顯彰，即律序云餘身證者，經律皆言最後身得是也。問：出觀陳說即實得道，將無犯耶？答：戒制未具，不遮同意。

疏 然彼聖人定前方便理觀事察，自然聞彼異域奇相，及出觀後如心陳告，我入空慧定中見也。餘人不解，便生疑怪，何有空慧得見奇相？此則目連虛稱上法，如僧祇律本皆有是事。佛言：實爾，定不淸淨，是前方便謂言定體，如斯事相，想心實語。

想心實中，且據四分調部目連入四空定以明其相，分文爲四。初示想心，將欲入定，攝心正想，忽見

二問答

異事，而非正定，故云方便理觀即空慧、事察即方便。及下次引目連自述。律云：目連告諸比丘：我入空慧定，聞伊羅婆尼象入難陀池水聲。（律文廣列多種，須者尋之。）餘下三引比丘疑怪。既見事相，則非空慧。僧祇同此，故下指之。十誦亦然。佛下四引佛決疑。（識慧處、無所有慧處、非非想慧處亦如是。）下二句結示。問：如見而說，何但想實？答：定前方便彼謂定體，則同妄語。但由不識，作正定想，故無犯耳。

疏 問：若如上引二種實者，舉彼大聖亦有二不？答：如來照境斯盡，但唯身證實語。所以然者，聲聞了境有礙，二者劣用不同。入則徹於視聽，出則如凡聞見，有此義故，便有想心實語。佛則不爾，反前可知。故淨名云：常在三昧，悉見佛國。又無量義經云：永斷夢妄思想念，故無想心實語。

問中，由前二語但約小聖，欲明極聖與彼異故。答中，初標異，智度大海唯佛窮底，證理斯極，如理而說，故無異想。所以下，徵釋。初敘小聖有想，言有礙者，即下出同凡，故言劣用者，即下入出不等故。由證偏空，智非圓極，但除麤惑，猶有事迷故也。佛下次明如來無想，言反前者照境無礙，出入同等。下

二明在凡二。初正明。

文引證。初證同等。彼經諸梵志問云。世孰有天眼
維摩答言。佛世尊常在三昧。禪志不虧。悉見諸佛
國。不自稱說等。又下證無礙。良以想心所起。由不
了境。佛既通達無礙。豈有想乎。文引諸菩薩讚佛
偈。具云。大哉大悟大聖主。（此句總讚三身。已下別讚三身）無垢無
染無所著。（法身）天人象馬調御師。道風德香熏一切。
（應身）智恬情怕慮凝靜。意滅識亡心亦寂。永斷夢妄
思想念。無復諸大陰界入。（報身。妄無實故。喻之如夢。思想即念。）

疏 由彼下凡。無彼聖人二種實語。發言欺誑。令他虛
解。故成妄過。

在凡中。正明。可解。

二問答

疏 問。凡夫身心亦有事中身證實語。如向人說身證
苦樂。不妨迷忘違境而說。想心實語律不結犯。與彼
聖人想實何異。答。雖有非犯。然非理解緣念之想。由
未斷本。僞妄之心。後時違心背想而說。還成妄語。有
斯別故。不同聖也。

問中。先敘身證。簡聖理解。故云事中。不下。正難想
心。上標身證理事自分。至論迷想聖凡同事。既容
通濫。義必須分。律不結者。大妄則開。上慢小妄唯
結違想。答中。初示異。聖智達理。知心虛妄。而起緣
念。故名理解之想。凡情計實。故不同之。由下。推異
所以。良由下凡本妄未除。雖復開迷。後容違想。不
同上聖結惑已亡。雖或想乖。必無虛妄故也。

二明凡妄語五種別二。初標示。

疏 次明凡夫妄語隨緣無量。以罪定名。不出五位。謂
波羅夷。僧殘。偷蘭。波逸提。突吉羅也。

次明五別。

二隨釋二。初約義以判二。初總分。

疏 就此五位約分為二。夷蘭二妄同出世法。成誑重
者。良以下凡於出世法未實交證。假偷在己。惑誑於
人。用謀名利。損重過深。故得極重。即以斯語用誑非
人。損過稍輕。故結蘭罪。階降乃殊。同非凡法。

二別釋二。初釋前二種。

前二中。初標示。良下。釋成。初敘誑人。即下。次誑非
人。此二語同境別。故分輕重。交猶會也。稍少也。階
下。總結。

二釋餘三種

疏 餘三妄語同以世法用誑於人。罪便異者。良以瞋
謗凡情易起。實無三根。橫搆虛狀。以餘重罪誑僧見
犯。欲令治擯。永處眾外。情狀尤重。故得僧殘。又以二
篇所犯之罪。誑僧聞見謗相。既輕故得提罪。戲笑不
實。乖越威儀。情過為微。故得吉羅。三階乃立。無服世
法。

餘三中。初總示。良下。釋成。初明大謗。又下。次釋小

識不約小妄爲提者自可知故下明戲妄此三語異境同以明差別三下結示服字誤合作非

疏上以義約大分凡聖今用教徵使有塗轍自有說凡而得重自有說聖而得輕

次引教徵生起中便合作更遂轍謂多別相也自有等者後引諸相並約此二隨文分之

疏何者如十誦云我於那含果未得或言失者偷蘭若言有者重

初文十誦彼因波離問佛大妄重輕乃至下文並佛所答那含未得者彼具列四果今文略之已下

並約人問答以顯言相而多以乃至略其問辭言偷蘭者此謂說聖得輕也

疏或言我今日不入世定前人言昨日云何答言亦爾不入蘭皆謂言近聖相故結蘭也

次文色無色定名爲世定不入犯者以言今不入則顯餘時入故文引犯輕彼又云若說禪法得夷此即說凡得重

疏或云我是學前人問云何名學便言我是多聞利根禪誦慧解者犯偷蘭若言無漏學人者重

三中輕重可解

疏或言我是無學乃至答言懈怠不學說聖無學者重

四中懈怠者彼亦結蘭言相濫故

疏若言我無所有我無不活畏及大衆畏乃至答言我無衣鉢名無所有者蘭言無貪癡斷五畏者重

五中無所有者濫空理故無不活等者濫聖德故聖人無五種畏文舉初後第二名惡畏三死畏（即上畏不存活此謂畏其死）至四惡趣畏答無衣鉢亦由言濫故結蘭罪答無貪等即僭聖德故結重也

疏或言我是盡結使人我今是佛乃至答言過去無

故所以結盡覺一切不善法名爲佛者蘭言斷結使說名佛者重

六中初標泛說乃下顯妄相初明犯輕言過去者從本已來無諸結故覺不善者佛名覺者心能覺了即是佛故言下結重可解

疏伽云我是佛者我是天人師者並偷蘭以人不信故若云我於四沙門果退者夷所言有涉也

伽論稱佛二號人不信者以無濫故此即決上犯重之文下稱四果退亦重者既言我退則顯已得故也

疏多論若言不淨觀等，乃是凡法，亦得重罪。
多論不淨者，五停之一。論云是甘露初門，一切聖人由之入道故。
疏十誦云若人作書自云初果，以書示人，書云得果，我實非得犯蘭。
十誦意託書誑，以避口犯。
疏僧祇云若言某處皆非凡夫者，越毗尼，我亦在中者蘭，以非定指故。若言我亦得此法者犯重。
僧祇中三，初得越者泛指他故，次犯蘭者需己分故，三犯重者由的指也。

疏三明聖法起妄，必以心境俱差，凡法明妄，但以心虛，不問境之虛實者。
兩分相中，總標分二，即前五種論犯兩別。
疏凡論妄語四句分之，初心境俱虛，二心境俱實，三心虛境實，四境虛心實，即以分之。初句犯夷，第二犯墮，第三境實不名為犯，以心虛故。今解不爾，如後小妄違想而說，即犯墮也。第四句者增上慢也，由心實故，開前大妄，由境虛故，開後得道。
聖法中，前列四句，即下舉事配釋。初句正犯此戒，第二墮者，即實得道向未具說，第三上引他解，下示今解，即準小妄為例。言境實者，若實證聖，豈有心虛，然有下凡得不淨觀，或感天供，想心謂非，違心而說，可例小妄而結重夷，據此論犯，不必俱虛。第四如文，自顯開後得道，謂不犯提也。
疏後以世法誑者，以境雖是事，通於內外，加謗得殘。自三根為內，他三根為外，亦可意有見想為內，見聞覺知為外，皆非聖法，不據前境，但使心虛皆成妄語，故文云彼人不清淨，不見彼犯，雖復著實，不那心虛，結殘可知。
凡法中，初通標，以下別釋，有二，前示二謗，言境是

事者，對前聖法境通理故，據論境事止合局外，然今謗妄境通內外，自三根者親見聞疑也，他三根者從他傳也，如後二謗註文所列。亦可等者，上解唯局二謗，此義兼通謗妄。言見想者，謂內心虛起非實見聞也。見聞等為外者，根塵觸對也。皆下總示成犯，前雖實犯，淨想而謗，亦犯僧殘，又如實見作不見想，向人云見，亦成提罪，故下引證可解。那字去呼。
疏四明妄語本欲誑人生信，今結正時但言了結，不待信者。

二隨釋二初斥古

二三今

二牒文解二初通釋二初標牒

二隨釋四初制意

第四標中餘戒結正多取迷心妄戒獨異故須辨示。

疏如昔人解知麤信細云云何極。

斥古中義鈔引古云知麤信細止得從知後生信不得從信後生知故不待信更有難問今並不引故斥云云。

疏今言造業各有所由口造語業言了前知壞境既備何得待信以領達言竟欺負即了信疑兩緣壞後方起語造身業言了未壞故未結重餘如豎義

立今中即首師解初通標口下正釋前明正造又

四分律含注戒本疏行宗記卷七　釋四波羅夷法　四十六

二初明成犯分齊以下釋其所以上二句釋上壞備下二句釋不待信次明互造語造身者如教殺歎殺深河誑淺之類又身造語業事容混濫疑輕信重交中不出故指如前即三業門也

疏就解戒本亦有四意所以約制者然則無漏聖道非凡所證由未得故冒假虛談自言已證惑亂羣心欺負於世希招名利矇法罔時過中之甚故須極制

牒釋制意中敘過有四初至已證明竊法過惑下即誑人過希下邪求過矇下滅法過冒覆也覆其所無妄云已有矇即昏暗罔謂誣罔過下總結問

二釋名二初正釋

二引古二初正引

二問答

四戒敘意各自云重畢究初篇何戒最重答四戒皆重何有優降但各專一義互望爲劣如婬障道之極餘三則輕盜則違惱殺損道器妄取罔時準上相比義亦可解。

疏二釋戒名者體乖實錄名之爲妄過重欺深名之爲大成業在口名之爲語戒是能治之行故曰大妄語戒。

釋名中初科貼釋戒本。

疏如昔解云言非稱實名之爲妄妄說聖德事超凡境故云過人法言過有二過凡至聖過欲至色以此

四分律含注戒本疏行宗記卷七　釋四波羅夷法　四十七

二法同誑於人故曰妄說過人法戒。

引古中彼立戒名云妄說過人法戒故作此釋二義釋過上即據位如說初二果等下乃約果如說四禪四空等。

疏問何以但言過人法不云過天者答如多論解佛在人中結戒故人中有木叉多修善法入道勝天但云勝人已過天故又勝人己罪重天故無所論。

問答中多論三義釋之初約制戒釋多下次約人勝釋諸天著樂多不修善劣於人故但言過人又下三約比況釋謂過人已重何況過天理必可知

三犯緣

四闕緣二、初標。

二釋九、如文。

故云無所論也。

疏三釋成犯緣具九、一前境是人、二作人想、三誑境是虛、四知己境虛、五誑他心、六說過人法、七自言已證、八言章明了、九前人知解。

具緣中。初後是境、二五並心、餘皆妄法。

疏四解闕緣。若闕初緣。小漫三句、正剋四句、異境來替相同前戒。闕第二緣。漫心想轉有三、剋心轉想有四。加王人想。故漫心辨疑有六、剋心辨疑有十。雙闕二緣有四十。作句並如上可解也。闕第三緣境虛。今謂實者全無罪、容犯提吉。如後得道戒。闕第四緣知己虛。即增慢者無罪。闕第五緣有誑心。今不作究竟意戲故吉羅。闕第六緣說過人法。今說人法。如多論云。自言持戒清淨。婬欲不起、不誦四含毗尼不坐禪。非練若而言我誦我是並偷蘭。闕第七緣自言已證。今不言自證。或有功德歎三寶故、或得吉羅。我師是故、或得偷蘭。虛說他得以謀名利邪命活故。闕第八緣。言不辨了輕偷蘭。闕第九緣。前人不聞或不了。但偷蘭耳。

闕緣中。初緣不明大漫。若對杌木合有三句、即杌作人想、杌作非人想、杌作畜想。二中有三。前明轉想、漫心三句。即約小漫。一人作非人想。二作畜生想。三作杌木想、剋心四句。加張作王想。次明疑心。漫心有六者。亦約小漫。直疑有三。一非人疑。二畜生疑。三杌木疑。互疑亦三。一為非為畜。二為非為杌。三為畜為杌。剋心十句。及下雙闕。並同前戒。闕第三中。實得道戒。向未具說提戲笑說吉。闕六中。說人法者。據是小妄。但虛稱功行。即大妄闕緣。故結蘭罪。第七中。初示闕義。或下明闕相。歎三寶者。即說僧寶通聖賢故。稱師吉者。但虛稱美。不為利故。必謀名利。同下犯蘭。

二牒釋二、初戒緣。

二戒本二、初標列。

註佛在毗舍離。時世穀貴。乞食難得。婆求河邊有安居者。便共稱歎得上人法。信心居士減分施之。後往佛所。因問訶責。而制此戒。

疏就戒緣中。初明穀貴。遂行邪命者。論語云。君子固窮。小人窮斯濫矣。斯言有由。以俗誡道。鈍士所懷也。

戒緣中。引論語者。事相類故。彼因孔子在陳絕糧。子路問云。君子亦有窮乎。疏引彼答言。君子處於困窮。確然守志而不變。故云固也。小人當困。則無所不為。故云濫也。斯下示引用之意。

律若比丘實無所知。

疏戒本七句。初出能犯戒者、二實無知者。是妄語境也、三自稱我得下、正是犯過戒本也、四彼於異時下、制疑網也、五除增上慢開心實也、下二可知、如上說也。

戒本、標列中、第四文明兩種自言、恐疑自首不結正犯、故科云、制疑網也。

【疏】第一如上、言實無所知、於聖無漏由來無得、可是虛耶、故曰也。

【註】謂實無知見法。

【疏】註解實無知見者、如僧祇云、於四眞諦名知、諸通名見、此二於身空無知見、故曰也、此是妄稱之境也。

文句、釋註、引僧祇者、彼有四句、一知而非見、言我知苦集滅道二見而非知、言我得天眼、天耳、他心、神足、宿命、漏盡三亦見亦知、知四諦、見六通四非見非知、今引第四、故云此二等、此下點示、卽上空無知見是爲妄境。

【律】自稱言我得上人法。

【疏】三自稱我得上人法者、是總舉也、我已入聖者、別示相也、就前總舉言人法者、謂成人之緣、無越陰界、故曰法也、所言上者、謂無漏信戒、凡法之表、故曰上也。

第三總舉、文中、成人緣者、以陰界入、各有別相、和合名人、今就別中取能成邊得名爲法。

【註】自稱說有信戒施聞智慧辯才過人、人法者、人陰界入也、上人法者、諸法能出要成就也。

【疏】就註解中、言自稱說有信者、釋上行妄語者言也。信謂理解不壞之信、戒謂八正定道之戒、施謂亡我之施、聞謂道分無漏聞慧、智慧謂思修懷正之智、辯才謂四無礙辯、非凡所得也、此之六相、唯聖所感、在凡人上、故曰上人法故。

註中、初科、前總示註意、信下、別釋言相、初明信者、準業疏云、信有二種、一事信、此有退失、二理信、謂內凡分見眞理、善根堅固、不可傾動、故云不壞、釋

戒云八正者、初果已去得無漏智、故彰正名、亦名聖道、初三戒攝、一正語、除四邪命、住正語中二正業、除身一切邪業、住淸淨正身業中三正命、除五種邪命、住淸淨正命定道者、若得色無色定、及初果已上得無漏道時、身口任運離諸業非、與定道同時、故二並名共、亦名爲俱、文云八正、卽八中前三、定道卽指二共、並聖戒耳、釋施云亡我者、能施所施及中間物、三皆不可得、則心不望福求報、名不住相施、釋聞及智、乃約聞思修三慧配之可見、懷卽思修、正卽聖道、釋辯才云四辯者、一義、二法、三辭、四樂說、四皆通達、俱名無礙、此下

二別釋五，初釋陰

二引示二，初總標

二釋人法三，初定名

採取下註合釋上經。

疏人法者，下列陰界入也。古翻經者謂積聚是陰義，檢諸字書無此訓，故今世所翻改陰為蘊，不可怪也。如古改陰為眾，可以通之。

釋人法定名中，初牒示，古下引釋。古云積聚者，語出雜心，字書無訓，點其非也。今下即唐翻，如下謂秦晉所翻，多云五眾，蘊眾二名並符聚義，故俱舍云：諸有為法和聚故是蘊義。

疏如論中說陰界一也，論本成人，但色心耳。眾生迷執多不解悟，故隨病設藥，治之不須諍也。秖恐誦藥

而迷愈疾，非聖意也。

次科總標中，如論即成實，陰界一者，體不異也。義必兼入，文中語略。論本下示同相，眾生下明別相。若準雜心，凡有三義：一約欲（樂廣說界，中者說入，樂略說陰），二約迷（如下引者是），三約根（上根說陰，中則說入，下則說界）。雖開多別，名別體同，則無所諍。秖恐下以世學者多誦少行，說食數寶，終成無益，故此責之。

疏故彼文云：迷於心者，為說陰，色相為一，分心為四。令知識想受三，猶未成業，若至行心，三毒三善隨發成業，則不可治。故當常爾一心念除諸蓋，斯成藥也。

二釋入

三釋界

對病之時，並亡去矣。病成方憶，難可言也。

釋陰中三：初明立法，令下次顯分心開迷之意，故下三勸對治。既識四心，知行成業，乃達生因，即窮苦本。體三毒源，息有漏業，縛著可解，出離有期矣。常一心者，即教藥也。諸蓋即機病也。一欲蓋（貪也），二恚蓋（瞋也），三睡眠，四掉悔，五疑（此三癡也）。由此五種能覆真性，故通名蓋。對病並亡者，藥病皆除也。若存於藥，還成其病，如船渡岸，似指標月，喻可曉也。病成難言，傷縱怠也。任毒不治，起行成業，後覺叵追，悠悠不覺，生死長矣。

疏迷於色者，為說入，六塵五根俱是色，意根不分非迷也。

次釋入中，六根六塵相入，名十二入，故亦名為處。然色名通，莫辨體相，故離根塵以開迷者。

疏通迷色心，為說界，分色為十一，分心為七分，至於藥治可例上也。

後釋界者，就上意根更開六識，為十八界。界是別義，體相各異故，亦是因義，相假成用故。然法塵二界兼通色心，故使經論開合不定，或攝在心，則色十心八，或分為二，則十色七心，各兼少分。今收於

三總結

三釋上人法

二釋別解二初釋聖智勝法二初釋文

二釋注二初標舉二隨釋二初斥世承宗

色故云十一至於下示上入界通須勸治良由根境和合起用造諸妄業遂受輪轉今既了達隨境制根然此諸根心爲其主亦當常爾一心等界中加識對治亦爾故云例上也

疏此之人法通凡及聖觀察識妄斯唯聖證謂我能觀此凡想倒不可信也

總結中初明同異謂下破妄情

疏就解上人法中戒慧非一名諸體唯缺有名出離此法外非餘法能名要順法治惑故曰成就也

釋上人中云非一者指前六種缺有者缺猶破也

下以治惑釋成就者聖果所剋由惑斷故

律我已入聖智勝法

疏二別解中我已入聖智勝法謂得生空之智故言聖智會正名聖由觀無我感於聖故又法空解達陰知無故曰勝法

次別解者謂釋上所稱之相初總牒謂下別解上約人空解聖智又下約法空釋聖法

註自言有念在身若正憶念若堅持戒若有欲若不放逸若精進若得定若正受若有道若有修若有慧若有見若有得若有果

疏就註解中此勝法之相耳有人依解廣竪義章動

二釋名異釋十二如文

經他日意所異也舉宗以明持犯爲正自餘隨律之經略知名相而已諸經論師自分宗體彼尙不解律刑此豈橫知他學縱有前聞亦不得述費時損日徒張無益自宗猶困於未聞況餘經論何由道盡可謂不識分量也須臾死去莫浪多事故今但釋其名也

釋註斥世中初四句牒非顯異他日卽多日也意異者疏主自謂也舉下明其異相初指宗斥濫縱下遮其舊習費下彰過自下結責未曉己宗強知他學劣識而欲博通蠡杯而酌大海故云不識分也須下誡勸故下標今

疏言有念在身者卽身念處也故律云有念能令人出離狎習親附乃至無復艱難而得自在也言正憶念者謂受心法也言堅持戒者八正道中語業命也言有欲者四如意足也言不放逸者五根力也言精進者四正勤也若得定者謂三空卽空無相無作也若正受者四種一想正受初禪覺觀俱也二無想正受二禪無覺觀也三隨法正受三禪樂由隨也四心想正受四禪有無想外人計爲滅心爲除此計故言心想也言有道者律釋十一支道廣如舍利弗毗曇所說若修若慧若見卽道分三慧也剋證在己爲得

遂因爲果。酬因爲報。無漏是果而非報攝。

略釋中。初言身念（即觀身不淨也）。下引律釋。初句標觀功用。繫念修學。故云狎習。乃至者彼續云修習增廣。如調伏乘守護觀察。善得平等。已得決定。方接下文。遠離諸有故無艱難。斷貪絕縛故得自在。受心法者（即觀受是苦。觀心無常。觀法無我。並上即四念處）。八正（正語。正業。正命。此三屬戒。正念。正定。正方便。此三屬定。正思惟。正見。此二屬慧。今取前三。即聖戒也）。四如意足（一欲如意足。二精進如意足。三心如意足。四思惟如意足。亦名四神足）。五根力（一信根。二精進根。三念根。四定根。五慧根。五力體同。但根取能生。力從功用）。四正勤（一未生惡令不生。二已生惡令速滅。三未生善令生起。四已生善令增長）。三空（即三解脫門。無作亦名無願）。四

正受即四禪天定。初禪具五支（一覺。二觀。三喜。四樂。五一心。成論云。散心數起名覺。散心小微名觀。今舉前二。涅槃云。內有覺觀。外有火災）。二禪具四支（除覺觀二支。加一內淨也。大經云。內有歡喜。外有水災）。三禪五支（一捨。二念。三慧。四樂。五一心。大經云。內有喘息。外有風災）。四禪四支（一不苦不樂。二捨。三念。四一心。此有九天。第四名無想。外道所居。涅槃云。四禪無過。諸災不及。謂無三災。由內無患故）。十一支道者（支即分義。從一至十一。總攝諸法。皆能趣道。律但有總名。故指論釋。彼十一支文甚廣。今略引名數。須者尋之）。一支道（身念）。二支道（定慧）。三支道（有覺觀定。無覺觀定。三空處）。四支道（四念處。四正勤。四如意）。五支道（五根五力）。六支道（六念。謂念佛法等）。七支道（七覺支）。八支道（八正道）。九支道（九次第定）。十支道（十一切入）。十一支道（十一解脫入。準法界次第名十一智）。三慧（律自委釋）。

二釋知是見是二，初釋文

二釋注三初明感 供二初正釋

二釋疑

二釋禪觀

修（戒。定。慧。解脫。解脫知見）。慧（法智。比智。他心智等）。見（見四諦。得天眼等。此三並聖所證故。云道分）。

律 我知是我見是。

疏 文言我知是者。釋上境虛知諦不妄也。我見是者亦同也。

釋我知中。前引僧祇知對四諦。故云知諦。見亦同者。應云見通不妄。

註 若言天龍鬼神來供養我。若得不淨觀。四禪。四空定等。

疏 註中云天龍來供。戒本不引。今所有文。引受戒時舉重示相。義不乖也。

釋註中。初科戒本不引者。指律廣解也。今下。指所出。即受法說相中。彼皆判重犯相是齊。故云不乖。

疏 問天龍來供。凡尚感發。有何罪故。乃入聖中。答相與聖通。故齊一重。又過常人之所有故。

問中。由事非局聖。疑其同重故。答中兩意。上約濫聖釋。下約過凡釋。

疏 下列不淨觀。四禪。四空。例是凡法。有誑俱重者。多論答云。是甘露初門。一切聖人由之而入。故言過人法也。

次禪觀中。初牒問。以疑凡法而得重故。下引論答。

以決所疑。甘露者，味中最勝，以喻出世無漏聖道。入道之始，必由五停，不淨居首，故云初門。問：前明有念在身，即是觀身不淨四種正受，亦即四禪，今註復列何為？答：由此禪觀凡聖通修，前約聖道，此據凡論。縱不稱聖，但云得此，亦在重例，是以疏中判為凡法，意可見也。

【律】彼於異時若問若不問，欲自清淨故作是說：我實不知不見，言知言見。

【疏】文云彼於異時下，明犯過者以後悔前相也。

【疏】問：妄語之相，戒有五位，大妄大謗戒本所列自言

引虛，小妄小謗戒本不出者。

第四句明自言中問意，謂謗妄不殊，理當俱列，而出沒不等，必有深意。

【疏】如昔解云：上二罪重，有壞眾義，須僧治罰，故安自言；餘過是輕，故不安著也。

初解中言壞眾者，以犯二篇，坐汙清眾，必加治擯，須取自言；餘但壞行，不必加治，故不須著。

【疏】若爾，須治初二篇罪俱是壞眾，餘何不著？答：義應如問。但為相隱難知，非其自言無由可識，故結集家取意集之。重著輕略，大覆小覆、大妄小妄、大謗小謗例如此也。

次難中意云：二篇並是壞眾，何獨三戒列之？答中，初正答來問，言相隱者，三皆語業，語無形迹，不同餘戒麤相彰顯故。重下牒通來難，以小妄等亦是相隱，何不著耶？故此通云輕者略耳。大覆即尼八重之一。戒本亦列自言，僧戒雖無，意彰律本重者皆著，故隨引之。

【疏】又人解云：自言有二：若問自言，通一切戒；不問自言，如戒本列。初篇有者，以緣有故列之；後篇無者，即緣無故不出。如夢漏失，當時有故即除；婬亦應開，當

時無故不列在律，下文開之。如是準知。上已解竟，可細尋取，豈非緣也。

次解中分四：初示二種通塞，問自言者，如諸戒緣，如來並先審實後方制戒，故云通一切也。初下立義，如婬下舉例，下文開者，即律調部比丘睡中為女就婬，佛判不犯是也。如是下結指，上已解者，即殺戒云毗尼以因緣求，乃至云前後諸戒繁相並同等。

【疏】問：若如此者，文列若問自言列來何為？解云：類通諸戒俱不須列，為除初疑，故相與列之。若不彰者，見有

不問自言謂不須問自言也故相對出餘戒無不問自言故問自言無對故不出大有理也難中意謂不問自言可從緣說問自言者旣通一切何須列之釋中初正答三戒須列之意餘下點示諸戒不列所以大有理者疏家結歎

疏彼於異時者犯罪發露前後經夏故言異時

牒解中初文卽婆求河邊諸比丘夏初妄語安居竟往佛所方乃自陳故云經夏

疏若問不問者當時如來以世疑問汝有實不懼犯過故遂自陳首我行妄聖卽不問自言也

次科初句總牒當下別釋初敘問諸比丘至佛所自述稱聖遂招利養佛問如疏知而故問示同常人故同世疑懼下次釋不問

疏欲自清淨故作是說者見世行惡詣官首露便原六罪佛法不爾業結在前吐言招惡成因已竟苦果難除

三中世禮約刑佛法論業不可類同原謂取其本情而赦罪也

註意欲以後悔前用實轉虛由口造業言了結重

疏註中解取意可通也

點註中以前後註文並引律解此取相傳故特點示

律除增上慢

疏除增上慢者無漏正道出過相有名爲增上然於增上之法未得謂得名之爲慢

第五句正釋中初釋增上卽目聖道然下釋慢謂不進求

疏十誦云久在山林不覩妙色暫伏煩惱自謂永無故生慢告後近城傍見色起染知己是凡更加精進果成羅漢佛言犯吉障道

緣中妙卽好也境虛心實但乖言議故得吉罪旣已證聖那言障道此據罪體能障爲言聖人但不結業非無違制義須悔除如摘阿難結集之時受責悔過之例若據本律則不結罪

註比丘慢心自謂得道後勤精進證增上果生疑白佛佛言增上慢人爲不犯

疏註中文相可解云生疑者解言準境虛邊應犯正罪然我心迷無有情過故於持犯不能自決佛判非犯止爲心迷

註中初句總指云下別釋初敘疑情卽於心境疑犯非犯下二句明佛斷

律是比丘波羅夷。

疏是比丘下。引人入法也。

第六文中。引人卽比丘。入法卽罪名。

註若作是虛而向人說前人知者波羅夷不知者偷蘭若遣手印若遣使若書若作知相若知者其犯亦爾若於不能變形畜生向說得突吉羅下四衆如前說不犯者增上慢人若業報得若不言我得或戲笑說疾說屏說欲說此錯說彼是也。

疏初自作輕重中若遣書印者西域人指並貫環印。見相知心義應假語。

註文科約同前但無境想句明犯中。初科雖示印相亦有語助故云假語。

疏言作相者現身口威儀令異凡度也。

次科作相卽身造口業。註中作下有知字。謂現相示有所知也。

疏於不變畜向說何益者。以出家人言行相守。何得自輕妄稱不實也。

三中。云不變者以對能變得蘭故。初難結犯。畜既無知何意須誑以下。敘其犯意。

疏就不犯中若業報得者今有見鬼徹聽非是修得恐同聖故。如世俗通呪通術通幻通藥通報通。如鳥飛空。報通也。人雖不得亦不怪彼。

不犯中。初科通力有二。聖人修得則具六通。凡夫報得但無漏盡。初正恐同聖者顯註簡也。恐世有者疑謂犯重故須出之。如下引類文列五種。上四靈妙莫測下一去來無礙故並名通。如下別示報通出不犯意。人見飛鳥既不驚怪則知報得不足動人。

疏戲笑已下。以輕遮重非謂全持。如上制戒明違順也。

次科由制犯吉故云以輕遮重。如上卽初戒教所詮中。彼云順不犯法成違聖制意是也。雖合開文然非佛意

律不共住。

律諸大德我已說四波羅夷法。若比丘犯一一波羅夷法。不得與諸比丘共住如前後亦如是。是比丘得波羅夷不應共住。今問諸大德是中清淨否。三說諸大德是中清淨默然故是事如是持。

疏上明四相釋標章門衆已委知。又除疑執故又結也。就結章門又分爲三。初有一句告衆情也。若比丘犯下。除疑執也。今問諸大德下。欲說後篇又靜衆也。就初又二。諸大德者舉人歎德動神府也。已說四波羅夷法者正結章門也。標釋結中罪四不別共爲一

章文分爲三也。
結章告情中，初正釋神府即是心識也，標下通示
總別開合之意。

二釋除疑三、初標分。二隨釋二、初今解二、初同住疑。

疏次除疑中分二，初云若比丘犯一一法乃至不得
共住如前者，釋同住疑也。時人疑意，但言犯者不共
住，不知何等不共住，故今解云：未犯已前，以入淨故，
得於二種法中同住；今既一犯，不得如昔同法共住，
故言不得共住如前也。
次科今解中，初文又三，初標示，時下敘疑，故今下
正釋。二種法者，一說戒，二羯磨。

二重犯疑

疏二後亦如是者，釋重疑也。時人意謂初犯斬首，有
戒可破，後雖犯過，謂非有罪，故今釋言後犯亦爾，不
預前共住之例，故曰不應共住也。
次疑中，初標示，時下出疑意，故下釋通。不預前者，
謂未犯時。

二他解

疏有人言白衣沙彌不足僧數，一犯已後，如前無異，
故言不得住如前。疑無重犯，故云後亦如是。
他解中大同上解，唯如前義別，謂犯重非數，與本
未具無異，故云如前。

三問答二、初問異部不同。

疏問此律重犯隨作不輕，何故僧祇學悔人犯止但
吉羅亦應驅出者？答義同文異也。律中犯重有行悔
者，猶在僧中說戒自恣，異於沙彌，故同夷罪，如打犯
重還結波逸提。僧祇輕者，就不足爲言，故十誦云：與
學悔沙彌尼安居中犯僧殘，聽比丘受日與摩那埵；
若學悔沙彌行婬盜殺妄，還得波羅夷。
問異部中，四分僧祇重不重別，計非相比，欲顯二
宗之意，故此問之。答中初句通示學悔預眾而不
足數，彼此皆爾，故曰義同；重犯結罪，夷吉重輕，故
云文異。律下別釋，初明本部重結，別下眾故，引例
可知。次釋僧祇犯輕，簡堪足故，下引十誦示之。先
明不重，唯約初篇；僧殘已下，例有重犯。若下次顯
初篇亦有重義，謂同名之罪有重犯，如前婬後殺
等；同種之罪不重犯，如前盜後復盜等。

二問後篇不同二、初問答。

疏問初篇二篇同壞眾一，假僧治罰，何故初篇著後
亦如是，二篇則無，意有何義？答初篇斷頭之罪，疑謂
一犯後不重科，須安後亦；殘是有餘，無疑不著。
次問中欲顯重犯之疑唯局初篇，故約二篇相比
爲問。答中可解。

二轉難

疏若爾，初既重犯，不應斷頭；既喻斷頭，亦無重犯。答
斷頭據果爲譬，重犯據戒猶存。

難中重犯斷頭二義相奪不可齊立故引爲難答

中以各從一義故不相妨

四分律含註戒本疏行宗記卷第七

四分律含註戒本疏行宗記卷第八 戒本上之八〇疏二之四〇記二下之二

宋餘杭郡沙門元照述

疏就解戒本廣宗八篇次解第二義門分別有八種意初明業不自成必由惑發惑雖眾多不出三毒故以篇戒配毒成相發雖在惑暢必在具所以第二配屬身口兩業乃現作必有由故次第三明自他義上顯成業由境而興故次第四遮性相攝然初制意為存道本故次第五配篇種類名相乃異須定行基故次第六持犯方軌凡所禁制約報彰持故次第七僧尼同異上雖張相未辨小學故最末論沙彌任運

釋僧殘篇初總列八段束之為四初即是惑二三約業四五六據教七八就人從二已下一一皆有結前生起遮性二位或約情非情或就事輕重並從境分故云由境也八篇戒相遮性統收故云相攝也為存道本者下篇諸戒為防四重四重即是入道之基故持犯總收四行四行統一切行故指持犯以為行基

疏初明第一配三毒者就此十三初有七戒因雖三毒成必貪心次二謗戒因亦三毒成在瞋嫉二破兩戒亦因三事癡慢心成後有二戒因瞋癡起成亦同之

配毒中因即始起成謂究竟始終二心同異不等故須兩列然起不可定今但取成初七貪成者漏失等五從內色起二房由外事生二謗瞋嫉成者如律緣起瞋恨沓婆嫉他好請嫉對違境亦屬瞋中二破癡慢者癡謂立邪破正慢則稱佛自尊慢攝於癡後二瞋癡起成同者瞋謂遭擯被諫癡謂謗僧抵拒

疏若當講解須敘戒緣用顯三毒成業相貌

次廣敘中因佛制婬戒迦留陀夷欲盛次第起前

四戒迦羅舊知媒法遂結第五佛聽造房比丘廣乞因制六七故總歸貪餘略如上至後註中更自委釋

疏故僧祇云有戒從貪欲生如弄身婬觸染語媒嫁也有罪從瞋恚生如無根謗毀呰驅出打搏等有罪從愚癡生如邊邪等見有罪非三毒生如無學犯

引證中僧祇通明諸罪非止一篇僧殘篇中止有七戒染語即兼二麤邪見即二破如無學犯者誤心遮也

疏第二明身口相者漏失摩觸唯身心犯二房據本

二引證

由身成犯亦有教人口業犯義自餘九戒口業成犯
亦有身業助成之義如後四諫縱設不言隨滿便結
何待口也意通前業不可別配
三業中初配漏觸但是身業而云心者以通從別
相帶而言次二房亦有口業犯者如下教遣是也
後九下明互造且舉諫戒不必假言而二麤媒嫁
二謗如後戒本並通作相故意下若單意業未必
有身口若身口業其必兼意業故云通前也
疏故僧祇云有罪非身口從心生即應問言何心取
物殺人觸女斷草掘地是名取心不取事也有罪取

事不取心者不應問他汝以何心婬飲酒與未受人
宿過限隨有犯者當如法治
引證中除後三戒罪從境制（四分破僧從境同宿約心）自餘一
切皆從心制故知無心不犯可證上文意通之義
疏第三教遣不同相者二麤二房四戒自作成重故
不須說教人作者於身無潤不同犯輕
教遣中通示四戒者一往麤分如下細簡
疏若二麤能所互有染隨染而結重
別釋中二麤能所互染者重不染者蘭義鈔云能
所互有染心能所互輕重能所俱有染心能所同

二媒嫁二初正明

二斥古

三二房

犯明有教人成重之義
疏若論媒相不問利非利俱同犯殘
媒嫁中初科古約得利今取染分故云不問等
疏昔人解云自重教輕者便引律云若我語僧恩不
在我故知有利方結殘者不如此也斯引緣耳必結
成業教他同犯如白二遣人媒合眾同犯者以染愛
分故
古解中引律者即調部文彼因檀越憑求他女為
婦僧為白二差使往問許已作使比丘念言我今
若還白僧恩不在我即自往彼語居士已生疑白

佛佛言眾僧偷蘭使比丘僧殘古謂僧犯偷蘭則
是能教不得利耳不如此者斥其錯解以佛判僧
蘭乃是方便非約不得利也斯引緣者指彼誤引
以彼使言恩不在我乃敘本緣非正判犯故必下
示正判也以僧犯蘭由不至果若同往報合眾皆
殘故云必結等也如下引證亦出調部緣起同前
但作使比丘問已還伽藍中白僧僧即告彼居士
令知佛言一切僧殘染愛分者分字去呼謂皆沾
染分故
疏若如二房亦有共作義亦同犯也

二房中共作同犯者雖是教他由有己分即如善
見段段計人過量亦犯

[疏]二謗爲言教人起謗損境暢思不問爲己不爲己
皆同犯也

二謗中初文誣汚清人損境情重故不獨爲己

[疏]有人云不同犯所以然者若教他言持我三根往
謗彼人僧若檢校不問所教故知是輕故善見云慈
地得殘能教人也尼得吉羅所教人也

次科初標所立所下釋成故下引證以慈地比丘
教妹尼對衆僧前謗沓婆故

[疏]任情所存然作業是重未可同於外部

三中初句縱古然下奪歸今判古據善見乃執異
部耳

[疏]次有六戒教人但輕漏失摩觸及四諫戒若僧未
設諫教者但吉若僧設諫教莫捨者蘭以有僧命衆
法可違故漏觸教人成者犯蘭義不待言

釋後六戒正示中初總示若下別釋先釋四諫漏
下次釋漏觸不待言者以易知故

[疏]問如漏觸教若未成但犯吉羅如何四諫作未成
犯已結蘭者答不同也彼但自壞損他又無僧命可
違故待事成方蘭此諫教人自他俱損復有違於衆
法反前故重

初問以漏觸四諫教人未成結犯輕重故問釋之
答中初句略示彼下正釋初明漏觸反下二義文
多自壞二字義鈔云彼教人者但是損他可驗傳
誤此下次明四諫相比可知

[疏]問所諫之人違白未竟但結吉羅何以能教犯重
所教輕者解云所諫結罪因果分齊違白若竟其果
是蘭故白未竟其因但吉又有僧殘重果可趣能教
之人無果可趣隨語違命故但偷蘭

次問所教拒衆應合犯重能教語助理合過輕事
乖常理故須問釋解中初明所諫犯輕二義通之
初對前輕過釋此就一白自分因果果既是蘭因
不當重又下望後重果釋由後有重故結前輕能
下次釋能教重義言無果者無上二果當體即果
故

[疏]次明遣人謂九戒遣人爲己作者同於自犯如漏
觸於己身之類也四諫無有教人爲己違諫故所不
論

遣人中教謂令彼自爲遣即使他就己如漏觸等

四、遮性二、初標。二、釋

五、明種類二、初標。二、釋三、初總舉

二、別配四、初婬種

已下記文四段小注應乃大字連續讀之

舉事可爲衆法行諫必對犯人止容自拒故無遣義。

〔疏〕第四明於遮性之義。媒嫁二房是惡名遮，自餘十戒體是不善名性惡也。以媒房等自損妨道，等同殘業者。如母論云：結戒法異，輕制重名，欲令行者稀而不爲，令進道也。

遮性中，初總分諸戒。以下別釋媒房，初約事輕徵其所以。如下引論釋通，初正釋。彼分四位：犯重報輕（如疏所引），犯輕報重（如殺畜等），犯報俱重（四夷等是），犯報俱輕（誤心吉等。廣如事鈔持犯篇明）。欲下顯意。

〔疏〕第五明戒皆初篇種者。如多論云：如初四戒各有種類。

種類中，多論云：二百五十戒以類而言有四種類，以罪而言有五差別。即四戒爲種，下篇爲類。

〔疏〕何以知然？如十三中初有五戒，三十中尼衣使浣染毛三戒，九十中與女人說法、同宿、安坐、强坐、露坐、教尼巳下有十戒，悔過法中第四戒，於衆學中高眄視等，屬婬種類。

初婬中，十三有五（漏觸麤歎媒），三十有三（如疏），九十有十五戒。上列五戒，露坐即在教尼下十中，則有十四。

二、盜種

三、殺種

準論後列與女議共道行，乃成十五。文中闕之，上四可知（同宿通道俗，餘三對俗女）。教尼下十（一輒教，二日沒譏，三教，四同道，五同船，六與衣，七作衣，八屏坐，九與女露坐，十尼讚食。第九對俗女，餘並對尼）。悔過第四，即蘭若受女人食。衆學高眄視，彼因佛入舍衛，人民於屋樓閣看佛及僧，六羣仰視男女好醜，因制不得眄視入白衣舍及坐二戒，即四分左右顧視（已上二十六戒）。

〔疏〕二房、畜寶、貿寶、販賣、乞縷、奪衣、迴僧、藏衣、用淨、賊期、四悔學家、覆食、汙草水等，爲盜種類。

盜中，十三有二（二房）。畜下即三十，準論有七，文闕勸織。藏下即九十有三（用淨即眞實淨輒著戒）。四悔中學家盜攝者，以僧法制斷往受，同盜故。覆下衆學中三（覆食即以飯覆羹。草水即生草淨水二戒。十誦因六羣從守園人索菜令浣衣，彼不與菜及不浣衣，乃於菜淨水中大小便，由壞他物故落盜中。已上十六戒）。

〔疏〕汙家、憍奢、用蟲、飲蟲、殺畜、打摶、尼食、大摶、便於草水，並殺種類。

殺中，汙家即十三中一。若取擯謗，合在妄中；今取汙家令他不得供給，故在殺中（或取惡行種華溉灌，於義似疏）。憍奢，三十中一，即四分蠶綿臥具也。用下，九十中五。尼食即四悔中初戒，因取尼食令彼飢困故。大摶

四三妄攝

三結示

六辨犯方軌 二、初標判

下。衆學中三。大摶在殺者。或能令他不得食故（或云容有食噎致死者非）。草水卽上盜中二戒。望損物命。又在殺中。義通兩用。故列前後（已上十二戒）。

疏 二謗兩破戻語。一二居士王臣妄語次十指授食。說法戒等。並妄種類。

妄中。初十三中五戻語。卽惡性不受語也。一下三十中三妄下九十中十（一妄語。二毀呰。三兩舌。四僧斷事發起。五爲女說法。六以偈句教未具。七未具前說過人法。八說麤罪。九與欲後悔。十毀毗尼）。指授卽四悔中第二。佛令呵止。不呵而食。而食故在妄攝。說法等者。卽衆學諸戒。十誦二十一條（一騎乘。二在前。三在道。四在座。五人坐。六人臥。七覆頭。八裹頭。九叉腰。十現胷。十一現脇。十二抄衣。十三左右反抄。十四放衣挑。十五著屐。十六著革屐。十七捉杖。十八捉蓋。十九捉五尺刀。二十捉小刀。二十一捉弓箭。四分但有二十。已上總四十戒）。

疏 講者不可單歷。欲令他解次第張相結過屬著。豈不然乎。疏者加之甚易。恐繁故也。

結示中。初令廣示。疏下次顯文略。疏中準論總配九十三戒。餘雖不出。大略可知。但不顯攝屬之意。故令講者臨文提示。然今記中隨有隱者已略明之。餘如圖相。一一列示。

疏 第六明持犯方軌。唯有二房具兩持犯。餘名止持。造則作犯。

二正明 二、初徵
二釋 二、初對古立義
二、初引古

持犯中。標判者。前約心用教行以明雙持。今就戒本須從後義。

疏 若爲明者。如昔解云。止不作房名止持。從僧乞法名作持。言二犯者。止不乞法名止犯。作房成者名作犯。據犯名體是一。據持名體各異。

釋中。初科。引古又二。初列示四行。彼約守戒無汙爲止持。故云止不造房。如造房乞法。方有作持兩犯。據下次總判名體。據犯名體一者。文誤。準義鈔合云名異體一。言名異者。止作別故。言體一者。同

造作故。據持名體異者。名異同上。言體異者。止持守戒不爲。作持造房乞法。今詳古解略指三失。彼以止不作房而爲止持。則全不曉持義。前約四心分爲二別。行前三心。體無汙染。義名止持。行心思慮業相顯彰。方得名持。豈有不爲而名持耶。且止持作犯。須約一事相翻以明。若謂不作名止持。作成名作犯。則事非一體。義非相翻。又若不作卽名止持。則應不問量之如非。但使作房卽成作犯。又復依量而造。爲屬何持。若屬止持。理應不可。若屬作持。且非乞法。是則二持俱無所屬。又雙持雙犯

亦據一事而分止作。今既二持名體各別，則非雙持之義不可立矣。略言三過，餘如正解。

疏 今解持犯之生，皆從法起。違順教相，故有犯持。據房爲言，事法分二，各具二持。名體須顯，妄有端坐不修爲持。如殺盜等，隨境制禦，識達業相，方成前行。號曰止持，豈可臥地，我不殺生，便於生境能發隨戒。戒隨三善緣境而生。前立義中約行名持，無問止作。前之三心不名持犯。云何此中我不造房名爲止持義不可也。

今破中，初通示持犯之本。法即是教，未立教法，無

持犯故。據下別示房戒。初立正義，反古三失事法各具止作，名體如下所顯。妄下，次斥古非。初舉重戒例破。禦謂正念，離非即能治之行。識達謂明辨行相，即解教之智。必須此二方得成持。自餘悠悠，但名泛善。學者臨文細意詳究。戒隨下，次約隨戒翻破。指前立義者，即持犯成就中。今師必據造房以明，與古全異，故此斥之。

疏 故前義立。後以事理明持犯相，如此可識。

次科生起中，上句結前，餘文生後。事理合作事法寫誤。

疏 就房事明持犯者，依教不越名止持，驗教知量名作持。出於教量名作犯，不順教故名止犯。此則約其度量顯其違順，止作持犯名體各別。

次分事法中，初科四行，舉要爲言。止取離過，望不犯罪則名止持，反成作犯。作取修善，望依制法，名曰作持，反則止犯。方顯四行名體不濫。驗合作檢度量，即長廣制法。

疏 次就法論，恐犯教制，如法無違名止持，從僧乞法名作持。故違不乞名作犯，即此違教名止犯。此亦名體各別。止據無違，作據順教，極分明也。若有昧者翻犯可知。

後法中，先列四行。止據下，重示二持。令翻犯者，古謂乞法但有作持及以兩犯。既存兩犯，必具二持。以翻作犯即止持故。

疏 問：準此持犯與前既乖，約事明作，身營可悉。故犯僧殘，約法明作，其相如何？答：此之過量及以不乞，緣雖兩望，果由房結。對相思事，隨有四違。纔一舉手營搆土木，即有偷吉。四罪隨生，妄有過量偏屬作犯。若如此問，後戒無過無作犯矣。準此成例，身業是過，約緣分罪，隨多少也。

問中意者，以不乞法但是不爲，何有作犯？故躡前事相比徵之。答中。初正答。兩望卽過量處分。此謂不乞還望造房得有作義。對下次斥偏局，又二：初約多罪難對相。卽房境。思事卽行心籌度事法。各有止作兩犯，故云四違。偷吉此約方便。二作犯，兩蘭；二止犯，兩吉。或將妨難二處爲二吉者，妨難之罪，但是離過單持所攝，非此所明。若下次引後戒例難。此二重難，雖釋前問，乃是對破古師耳。準下結顯後戒無過而有作犯，可例此戒具二作犯。既有二作，則兼兩止，並望身業造作過量，具兼四犯。又復乞過有無不定，故云約緣等也。

疏 今以句法用收教相，意同持犯方軌中說九人造房中有迷悟。一人識達法犯無疑，故不結其不學無知。餘之八人隨相多少。

歷句中。初科爲二：初指前文，九人下示立句。

疏 初但一句識法識犯。法謂白二，犯謂僧殘。既隨僧乞，名曰作持；於僧殘罪欲犯不得，名曰止持。如此約句，何有不解。

上品中。初標句法，謂下釋相，既下判行，復示雙持，於義益顯，仍斥偏執。

疏 中有四句：一識法疑犯，二識法不識犯，三疑犯識犯，四不識法識犯。並乞造房，同號作持。由於法犯迷而不學，各有罪故。

中品列句結行，在文易解。

疏 問：罪是止犯，作持何用？答：就事作故，無犯名持，何妨於法無學故結。

問答者，以持中說犯理不當故。

疏 下品四句：一疑法疑犯，二疑法不識犯，三不識法疑犯，四不識法不識犯。所言疑者，疑法白二白四，或用單白直和，或須不須，故曰疑也。言不識者，謂直單白不須白二，或須白二，不識通塞，亦是不識。對法既爾，約犯僧殘迷疑同此。

下品釋迷疑中。迷卽不識。言約犯同者，疑謂爲殘、爲蘭、爲無罪等，迷謂直犯蘭吉等。

疏 既無識兼，不及中故，名爲下品。若論法犯俱有迷者，最是下下之人，而名持者，由於僧殘有乞無犯。

示品位中。初三句正示。無識兼者，異前中品半識相兼故。若下別簡末句，而下結行。

疏 問：等同不學，疑迷二相，結罪不同者？答：疑兩緣生，故是解律分，有智性故，結吉羅。不識不爾，癡故昏迷

七、僧尼不同 二、初標示

二、隨釋 二、初明異

四、初漏失

二、摩觸

同於黑業故結提也。如上廣之。

問中，但問無知兩結之意。答中，初明疑相由半涉是非，故云兩緣生也。（解律字有改為津非）不下，釋迷相黑業。經論明白黑二業即善惡也。此雖非惡，由癡暗心縱毒成業，故云同也。

疏第七僧尼不同門者，輕重分戒有六不同。

僧尼中，尼十七戒，今約僧中十三對明同異。

疏言漏失者，僧重尼輕。如多論解，女人煩惱染重，難拘難制，若制與重罪，惱衆生故也。又云：女作在屏，苦乃盈流，故輕。男子不爾，隨事能出，故重。

明異中，初科言尼輕者，但犯提故。多論二義，初約染心，男輕女重，教必隨教。又下次約難易，則男易女難，教則緩急。

疏摩觸一戒，尼重僧輕。所以然者，尼則煩惑情重，既受摩捉，必爲陵逼成大過，故方便之內制與重名。丈夫摩捉，必無陵壞，不假深防，但就限分，故制輕也。又女人貪觸情重，律有背夫從觸之相，如彼賢愚試蛇以氎，女住男去，情有著故。

摩觸中，初正示尼重，即八夷之一。所下，顯意兩義明之。初約陵壞有無，又下次約觸情輕重，律下引

三、二麤

四、二房

證。律明女人有十種惡業，第六謂體背夫主，若見端正男，無羞追逐，下至從彼受於觸樂。賢愚云：時特叉尸梨舍衛二國不和，特叉王欲試舍衛有聖智否，遣使送二蛇，麤細長短相似，能別雌雄，斯爲大善。波斯匿王及諸群臣無能識者。時梨耆彌歸問兒婦，婦言：以一端細氎敷置於地，取此二蛇著上，雌者靜然，雄則搔擾。何以知之？女之爲性，愛著細滑，得輭生染，不欲動搖；男子性剛，轉側不安，故可別也。疏云：女住男去，即雌者靜然，雄者搔擾也。

疏言二麤語，僧重尼輕。男則剛獷無羞，爲之事數，故重。女則輭弱多恥，爲之義稀。又趣重果方便，縱造但結蘭罪。

二麤，尼輕，但犯蘭故。亦約二義釋之。初約稀數，又下次就趣果。問：比丘爲婬故語，爲得何罪？答：亦方便蘭。若爾，與尼不異，何以尼衆一向結蘭？答：女既恥爲，自非交染，必無泛語。若爾，必非期婬爲語，何罪？答：如文，亦蘭，但非因罪耳。

疏二房亦爾。所以不同，僧是多利，孤遊造房，事數，故重。尼則反前，故輕。又如多論，二人共造，不獨宿，故人無房量，縱有過者，輕而不重。

二房中尼蘭同上故云亦爾所下徵示初約稀數釋尼反前者化緣微寡則非多利出處須伴則非孤遊又下次約共不共釋人無房量者由是共造各不滿量也

疏媒謗已下同犯可知

顯同中媒嫁二謗四諫共七戒二衆不異

疏第八明方便任運義者如沙彌時遣人爲己麤語歎身媒嫁二房及以二謗進受戒已前所遣人七事成就三性之中任運成殘餘無遣人同犯義故不說任運

任運中但使有遣人義即有任運初明有中文列七戒餘下二明無謂漏觸樂在他四諫須身現

律諸大德是十三僧伽婆尸沙法半月半月說戒經中來

疏次消文中標釋結並同須引

牒釋中先示三章八篇皆爾

疏就釋相中

律初故出不淨戒

疏第一漏失戒此戒人多喜犯者良由放逸心性不思死至故也若依涅槃常思觀察我此生死未有邊際世之事者無由造矣多論云佛所以不聽者爲令正法久住故又止誹謗故又欲生天龍善神信敬心故又姪欲惡法正是生死之源障道根本理宜制斷令梵行清淨故

釋初戒制意中初敘過本引涅槃以證次明制意引多論委示文列四義初住持二四滅惡三是生善鈔云四律並言云何以不淨手受人信施

疏次釋戒名者方便動轉標心究竟名之爲故體分盈流故曰也

釋名中體分即不淨

疏言具緣者但唯三緣一標心出不淨意二方便動

轉三出便犯

具緣有三隨境成犯故不列境

註佛遊舍衛城迦留陀夷欲意熾盛身色瘦悴獨處一房好牀褥被地施敷具飯食豐足隨念弄失諸根悅豫顏色光澤諸比丘舉過白佛佛無數訶責已而制此戒

疏就戒緣中明獨處安敷故起逸過豈非不思世間不可樂想故致斯過也

戒緣同上制意不可樂想者謂觀世間無常不淨生厭離故

律若比丘故弄陰失精

疏就戒本中四句初能犯人
疏二故弄下明其過業男陰女陽之相無暇逝之生沈終浮死則伏仰異也
次句釋文中男體是陽而用屬陰女體是陰其用屬陽凡人溺水生則沈下死則浮上男伏女仰可驗陰陽今戒制僧故目其根以爲陰耳
疏精者持身之寶也必徧身分中如善見所釋律中分色輕重乃至二果色如漿者欲心薄也
釋精中指善見者彼云舉體有精除髮爪及燥皮無也律下彼云精有七種一青者轉輪聖王二黃

者輪王太子三赤者犯女色多四白者負重人五黑者輪王第一大臣六酪色者須陀洹七如疏引
註實心故作出不淨意前境有六若於內色外色若水若風若空隨作方便若出即犯
疏註解云實心故作者謂非心所行不名犯也解上故字也
釋註初科非心不犯者反釋實心故作成犯
疏言境有六者據戒無境也何以知然若空動身亦名犯也若不出境通收內外恐漏罪網故便列之
境中初云無境者以隨緣可出非局一境故引空動證無可知若下次明律中列境之意內外如下所列

疏言內色者律中受色謂心領納名之爲受與受相應色名爲受色即是人身有識持者二外色者謂非情色也三內外色者兩色中間也五分云內色己身外色他身也四者水中逆順而出也五者風中相同於水乃至口吹者六者動身也文相可解
別相中初釋三色內即有情通於自他如自手或他身分是外即非情牀褥壁穴等處兩色中間即兼二色如以手持物他身衣障等前釋受色受即四陰之一心依色陰和合成身故云相應色也即人身下直指其相人身即色識持即心

人多錯解故委示之次引五分示不同相本宗自他並是內色四水五風並謂逆順觸根皆可出故第六即空爲境
律除夢中
疏三除夢中者開緣也
註佛言亂意睡眠有五過失一者惡夢二者諸天不護三者心不入法四者不思惟明相五者於夢中失精善意睡眠有五功德即反上句也
疏註解善惡兩夢其相可知善見論夢有四種一四大不和故夢如見山崩地動飛騰虛空虎狼賊逐等二先見故夢如晝見青黃男女夜則夢見三天人與

夢或有善惡天子爲現善惡兩夢四想心故夢此人前身爲福則有善夢誦經禮佛等若爲惡者則見殺盜等前二不實經云如夢幻等是也後二爲實經云但取夢相如方等佛名所說

第三句釋註引教中初科前列四種後總判虛實如夢等者經中多取喻法不實故如方等者悔法有三一無生二作法三取相彼明取相故令求夢以表罪滅此皆聖人所示如上第三是也

疏如善見云夢通三性若見禮誦是善性乃至見青黃赤白爲無記也

次科引示中乃至者文略夢殺生偷盜奸婬是不善性

疏若爾三性豈非罪耶如成實夢中成業如蛐蟻等是以律中五種過失豈非罪也如五分中不攝而眠五吉羅也此云不犯開於殘耳

徵釋中躡上惡性以難今開如下釋通初引成論明結業如蛐蟻者示感報也次引二律明違制律中者如註所引過失即罪但無罪目故引五分決之義鈔明夢業不感總報不無別報

疏如僧祇中云夢者虛妄不實若有實者於我法中修梵行者無有解脫以不實故得盡苦際

三中引祇律者以修行者尚有夢中造罪由無實故不能障道

律僧伽婆尸沙

疏僧伽婆尸沙下結罪名

註若方便弄不失偷蘭比丘自相教若失犯偷蘭不失突吉羅尼波逸提下三衆吉羅不犯者一切不作出精意

疏下註解辨相可知

第四句點註中亦應科分犯與不犯犯中分三初明方便次辨教相後對餘衆

律二觸女人戒

疏第二觸女戒佛所以制者多論云有六義一者出家之人飄然無所依止今制此戒與之作伴有所依怙故二者息諍根本故三爲息疑嫌心不但爲捉而已言即作大惡故四爲斷大惡之源禁微防著故五爲護正念若捉女人失正念故六比丘出家理應迹絕塵染標心累外爲世軌則若捉女人則喪世人崇敬心故

二摩觸戒制意中一五六生善意二三四滅惡意息諍者人多妬色故息疑心者疑謂作婬故云大

惡失正念者以著欲樂不能攝故
疏次辨釋名者輕重離合三意言釋名者身相摩對
名之爲觸故曰也
釋名可知
疏言輕重者問僧尼俱觸而罪有輕重二人俱宿而
罪無階降者答觸對爲言陵不陵別故夷殘宿中懸
對譏義是同故俱提也
輕重中問意以二衆觸宿結犯不等故答中上明
觸別下示宿同未卽有譏先防而制故云懸對
疏若爾如尼受染心衣食共男入室譏義不殊何爲

階降答染心衣食深防重罪故重共入闇室當相譏
疑故輕故非決也
轉難中受染心衣食犯殘共男入暗室結提此引
尼戒難前同宿譏同罪等答中初明染心不就譏
論故異次明入室從譏故同異上懸對故云當相
制緣既異不可相決故云非也或可決合作例
疏言離合者有人問曰九十制坐則尼女分戒十三
明觸則道俗同罪者何
離合中問意可解
疏昔齊大德隱律師曰結罪便故所以合之若對比

丘二女俱殘若對於尼二男俱重故不分戒九十須
離者僧對二女俱提理應須合但結尼罪則道俗輕
重不同故使離之
釋中初科初總示卽高齊曇隱依光師學律撰鈔
四卷今用彼文若下別釋初明觸合僧尼二觸並
合制故九下次明坐離尼對比丘屏坐吉俗男則
提此謂因尼犯不同致僧戒兩立
疏若爾者尼離五衣俱提如僧對二女坐提僧則三
重二輕相同尼對二男坐也此亦輕重不同何爲得
合答若就二三結罪不同實亦應離俱對受法以明

離故合也然前屏露直是事中之譏隨義故別不同
衣有聖法對法以明同離故不分之
次難中初引僧尼離衣相並前既尼犯兩別僧坐
因離此亦僧制重輕尼衣何合答中初縱奪釋通
然下事法對簡事中譏者與尼坐戒律因迦留陀
夷與偷蘭難陀尼共坐居士譏嫌與女露坐亦因
迦留與優婆私坐乞食比丘嫌故白佛等隨義別
者卽上對尼輕重之義不同衣者五衣加受離失
不異故
疏又難若使結罪便故戒不分者如下行戒僧則二

女俱捉尼則二男俱吉此亦是便何故分耶答結便應合開緣有異故離如尼女同行尼則開僧將援俗女則無又尼行必假多伴爲除譏醜俗女但有第三便無濫過所以分也

後難中以同行戒彼此犯同亦應須合答中初句縱次句奪如下引緣以釋初約將護有無釋又下次約伴行多少釋下云行途迴遠招譏過大縱多比丘二尼亦犯要得多尼爲伴方開

疏三具緣成犯有五一人女二人女想三有染心四二俱無衣五著便犯

疏闕緣中境心二闕略同前篇罪輕爲別

闕緣中初二指前非畜等替心定境差名闕境前境不改非畜疑想則是闕心歷句辨犯輕重有無同故不出

疏闕第三緣無染心者無罪或結非威儀十云若女爲水所沒開令接出雖婬心起但捉一處莫放至岸更捉僧殘僧祇中若他女人沒水作地想者持出不爾者與竹木繩索等

闕第三中初正明或結非威儀者鈔引僧祇若共女人捉物呪願捉器行食等皆非威儀有欲心者吉十下引示十誦婬心由是開緣故無所犯捉一處者開中制也至岸無開乘前欲心再捉成重僧祇地想治勝故開治力未充則不開捉故云不爾等鈔云十誦四分開處猶多僧祇水溺難緣至死不開是也

疏闕第四緣二俱有衣吉羅互有衣偷蘭

闕第四中通上具緣二俱無衣共爲四句結犯階降

疏闕第五緣隨有遠近方便二偷蘭故

闕五中遠合作次遠方便吉具蘭並歸第三緣明之

疏不同昔人受樂便犯但先有染來觸於女著便是犯何得論樂故十誦云比丘觸女不問樂不樂皆殘若女來觸比丘要須動身受樂結殘餘廣如鈔

斥古中初斥非故下引證往來兩分據斷有準下指鈔者彼分三別一比丘往觸不問樂不樂二女觸比丘動身受樂殘（十誦亦準）三不動受樂律但結吉鈔約先有染心不動犯蘭動亦得殘

疏問婬觸近重境犯殘非方便盜四亦近重而成方便者

問中以鄰重既同而因果制別故以爲問

疏 答盜五必假四故四而非重大婬不假觸故觸非方便故多論云犯婬不假他如己二處也

初釋引論自婬以證

疏 又云盜有續成重故作方便名再觸非大婬如何結究竟如律云再盜不滿五佛言相續夷

次釋引律此據初盜期心未遂必作斷心多反亦蘭

疏 又內外起心異故分因果別

後釋中婬爲內觸心期婬事觸則因蘭摩是外觸

即成殘果故云因果別盜唯外起無別因果

註 佛在舍衛國迦留比丘以佛前制便在門外伺諸婦女將至房中手捉捫摸樂者便笑有不樂瞋恚罵辱諸比丘舉過白佛便集僧制戒

疏 就戒緣中俗女譏笑有二相者如薩婆多云諸女何以來者一以世俗忽務出家住靜安樂故二善友知識聞法故三僧房嚴飾可觀故何故入房者謂出家人斷欲清淨信無疑故何爲笑罵者一有欲心多少故二爲知識非知識故三樂覆樂露故四有親有難無難無者無故如是應知

戒緣引論次列三意初女來意復有三別次入房意言無疑者信彼出家必無欲故後笑罵意中四句雙列分配笑罵上二可知三中樂覆則笑樂露則罵四中有親則畏難故罵無親則無畏難故笑

律 若比丘婬欲意

疏 戒本五句初犯人二染心三女人者觸境四身相觸下明過業五若觸下結罪

疏 就解文相言欲意者明本緣也凡有觸女不必皆殘故出其心用成業本

戒本第二句中初釋欲意言本緣者以愛染心是觸之本凡下顯示戒本須出之意

註 愛染汙心

疏 註云愛染心者心本性淨由愛染之故曰也然愛有二相如子之愛二親如父之愛一子斯則念之重也今言愛者謂婬欲染汙之愛也非淨心故

釋註中但云愛染則知欲意非爲期婬然下簡辨愛心明非通濫

律 與女人

疏 言與女人明其觸境女名乃通人趣別也如下輕重對趣分心

第三中如輕重者指註辨相若準下文但明畜生

鈔引僧祇非人女亦吉。釋云：謂無婬心。意顯有婬心，理應結蘭罪。

註 謂境有四：覺、睡、新死及少分壞。

疏 就境有四、覺、睡、生分、新、少、死分也。

釋註中，總約生死用收四女。

律 身從髮至足

疏 言身相觸約其業相也。從髮至足者，括結兩頭綱網偏也。

第四句，釋身中，初點文，從下釋註，身相多別，觸皆成犯，髮足二字統攝一身，無不盡故。綱網偏者，教制無遺故。

律 相觸若捉摩、重摩、或牽、或推、逆摩、順摩、或舉、或下、或捉、或捺。若餘觸方便。若捉手若髮。

疏 言相觸者，律明觸相乃有十種，易解。若捉手髮者，手謂犯起先由，髮謂釋除疑結也。時有疑云：捉手身肉則有適樂細滑，髮是身分，何業之有而結罪耶？故今以髮入於戒本，但著則犯，由染汙心。

觸相中，初科，前指律中十種者，如註所列。今引律釋之：一捉摩者，摩身前後；二重摩律文不釋，相亦同上，但重為別。三牽者，牽前；四推者，推後；五逆摩者，從下至上；六順摩者，從上至下；七舉者，捉舉上；八下者，若立捉令坐；九捉者，捉前捉後捉乳捉髀；十捺者，以手按也。四處同上捉中。若下次點戒文二相，時下別釋除疑。初敘疑情，故下示出意。

疏 今四分中不分其相，應以四句明其輕重：覺不覺境，如是分之。故善見云：髮髮相著，爪爪相觸，悉得偷蘭，俱無覺故。若互觸者，理結僧殘，同戒本也。

歷句中，初指句：一覺觸不覺手捉髮爪；二不覺觸覺爪觸女身；三覺觸覺上三並殘；四不覺觸不覺偷蘭，如下引。故下次引善見別證第四句，若互下，後約義意決前三互。

鈔引十誦互觸並蘭，今據戒本捉髮成重，故云理結僧殘等。舊云此決初句次句亦蘭，然今文中但云互觸，須通兩句。

律 若觸一一身分僧伽婆尸沙。

疏 若觸一一下，引業成過也。

第五文中，二句躡前觸相，結成罪名，故云引業成過。

註 若觸四女著便僧殘；女觸比丘動身同犯；若不動身，但犯吉羅。先有染心偷蘭；互觸有衣偷蘭；俱有衣者吉羅。若與二形相觸偷蘭；若以欲心觸男子身，或衣坐具，乃至自觸，及以畜生，一切突吉羅；尼波羅夷。下三眾吉羅；不犯者，有所取與，戲笑相觸是也。

疏 就註解人女中三位：初二俱無衣分二：初明比丘

觸四女相後明女來觸比丘相犯有輕重可解耳二明互觸有衣相計應約身動不動約心樂不樂分輕重以偷蘭含故文中不分也對後俱衣例同下斷釋註犯中初科三位初對文可見次互有衣中言計應者亦須同上分二比丘觸女並蘭女觸比丘動身受樂亦蘭不動但吉先染亦蘭偷蘭含者由互觸中多結偷蘭罪相通含故不別舉也對下即第三俱衣亦應分二往觸來觸動及不動無非吉羅故云例同下斷也

疏觸衣鉢等亦結罪者並是禁約之極心爲罪本故隨境制不令妄起故也

次科觸衣鉢者即深防制故云禁約極也

疏尼結夷者大分爲言約境有深淺義非即重也三中境深淺者即分重輕腋已下膝已上腕已後名重境餘名輕境重輕二境互觸皆夷俱重可知俱輕得蘭故云非即重也

疏言戲非犯者不以婬心則餘戲耳爲開殘故非不損威儀

不犯中雖內心無染而外相乖儀理須結吉故云非不等

律三與人女麤語戒

疏第三共麤語戒下及歎身制意同觸莫非欲染纏心隨境而避佛制如緣可尋

三麤語戒指制意中採引後戒雙指同前莫非下略示大意四戒並因迦留陀夷避制相由而結如註委引

疏釋戒名者婬欲鄙惡極是不善故名爲麤今說其狀表彰於口故曰語也

疏犯緣有七一女人二作人女想三有染心四麤惡語五麤語想六言章了七前人知解

註佛在舍衛國迦留陀夷聞佛已制前二戒故便於女前欲心向彼說麤語比丘舉過佛因制戒

疏就緣中列前二制者釋成後犯緣也如上解之

釋戒緣中言如上者即指制意避制之文

律若比丘婬欲意與女人

疏就戒本中有五初出犯人二明內染三出犯境四陳過相五隨說下結罪也

註女人有智命根不斷

疏三出語境中註解人女有智命根不斷者異於觸境彼境通於死活此則唯是其生故云命根不斷也彼則通於昏睡孩童此則唯論有智時可知言染淨

二釋第四句二、初釋文。

二釋注三、初釋律相。

迷悟罪分輕重。故此戒女異於前也。

戒本第三中、初總示以摩觸境通麤語境局。故對前觸以顯別相。彼下別簡。初簡死壞。彼則下次簡昏小。知言染淨卽辨麤非麤、迷悟卽知誤非誤。罪輕重者。律云情相領結殘。解語不解義偷蘭。故下結顯。

律麤惡婬欲語。

疏麤惡婬欲者。正是戒本所防業也。

註麤惡者。非梵行也。婬欲語者。稱二道好惡也。若求。若教他求。若問若答。若解若說。若教。若罵。所言求者。與我二道作。如是事。若復作餘語。如是解者是也。

疏註解中。非梵行者。釋麤惡相也、說二道好惡明其欲相。文須識者恐未明了。妄爲次死之罪、下有八相律文具解。既離非相故廣列之。

第四、釋註中、初分語相。文下。顯示註中的指之意。下點八相並謂對女說上麤語差別之事。且出八種、臨事何窮。註中次列。但釋第一。餘七略之。今爲具引。律云。若教求者。若復作餘語。教他求二道也。若問者。卽問言汝二道何似。若答者。卽云汝二道如是。若解若說亦如是。若教者。言我教汝如是治二道。可令敬愛。若罵者。卽言汝二道破壞腐爛等。

二明通互

三釋餘語

三釋第五句二、初釋文。

二釋注

既下。示註引意。

疏此律約緣明比丘向女人說也。就後解中。若問若答。明知女說染心相領亦同犯也。故五分中彼此互說皆犯殘罪、下戒亦同。

通互中。初示本律前後二文。約緣者。據本迦留則無互義。後解卽八相中。既容問對。顯通彼此。互說皆成。故下。次引他文爲證。下戒同者。卽指歎身互說同犯。

疏若復作餘語者。言極非染表事是穢故也。廣如鈔中。

釋餘語中。言非染者。律因消蘇（女名）著赤衣時。女形露。便言消蘇好否。若女情相領僧殘。指廣如鈔。故不盡錄。

律隨說麤惡婬欲語者。僧伽婆尸沙。

疏隨說已下。引過結罪。

註若一反麤語僧殘。隨語多少說。而了了者。一一僧殘。不了了偷蘭。若與書印遣使作相。令彼女知。僧殘。不知偷蘭。除大小道。說餘處偷蘭。與非女人黃門二形麤語。知者偷蘭。畜生不能變形。若向男子麤語。一切吉羅。尼偷蘭。下三眾吉羅。乃至下戒亦爾。不犯者。爲說不淨觀。若說毗尼受經問答。無欲意故。

疏註解辨相中。不知偷蘭者。以解語不解義。故結方便。餘可解。

五中釋註頗略隨與點之。註云除二道說餘處蘭

問女人婬通三道此戒但云說二道者答口雖通婬本非婬處故說非重非女黃形非全女相適情義少罪亦階降畜取不變能變應蘭不犯中並約說法教授因而言及故非犯科。

律 四歎身向人女索欲供養戒。

疏 第四歎身索供戒。

疏 言多巧僞美己之善意專在欲言現清淨蕩逸其情妄謂歡適故言歎身索供戒也。

四歎身戒釋名中上二句敘歎身意下四句明索

供。

疏 犯緣有七準上可知。

註 佛在舍衛國因迦留陀夷聞佛已制前三戒故伺諸婦女將入房中自讚歎身汝可持欲以供養我。諸女訶怪比丘舉過佛因制戒。

疏 戒緣明起過者釋重犯相更避造罪者計義同犯無非愛欲託境少異故分四相欲約後犯除疑妨故。

戒緣中初通示更下委釋初示義同謂同麤語託下明相異前唯鄙語此乃善言故云少異欲下顯重意謂若不別立恐疑無過故。

律 若比丘婬欲意於女人前。

疏 就犯戒中六句一是犯人二是欲意三過境四自歎下正明犯法五大妹下是其所稱六可持下結罪屬彼。

註 人女如上。

疏 就註解人女言如上者即麤語中女不同觸身也。

戒本第三句註釋如上者以上二戒女境不同故須定指不容相濫。案觸戒女境有四謂覺睡新死及少分壞麤語戒女境唯二謂有智及命根不斷故云不同。

律 自歎身 歎身端正好顏色我是刹帝利長者居士婆羅門大姓種。

疏 就歎身註中初好顏色者歎其豐美以調前女也。

二我是刹帝利下明種族高貴女人性弱貪附此二者多故以動之令其心醉也。

第四句前釋色族女下顯意醉謂迷著。

律 言大妹我修梵行。

疏 我修梵行下舉善法以動也。問既修梵行義無行非何用索欲供者答必實行欲索者偷蘭大婬方便也今本不行口言其相妄開婬門擬通適故耳。

第五梵行中問答甚要能破二疑一自稱梵行不當索欲二索欲婬因理應蘭罪。一披後答頓釋深疑雖不期婬發言求索故云婬門通即是暢適即

訓悅。

註 勤修離穢濁也。

疏 註言勤修離濁者，濁謂欲染，所以汙染離由勤修也。釋上梵字，當唐言淨行也。

釋註，欲染即五欲，所以污染離絕句。

律 持戒精進。

疏 持戒精進者，明止作兩持無有缺也。

註 不缺不穿漏無染汙。

疏 註解不缺不犯第二篇，不穿不犯三四聚，無染汙者謂餘篇聚皆明淨也。又解初持方便言不缺也，中持正本言不穿也，後奉持戒隨助之心，故云無染汙也。或以戒見威儀具持，故以三配之可解。

持戒中，釋註三義，初約篇聚釋文，收下句不配初篇，是行本故，持則堅完，犯則喪失，故不論穿缺也。餘篇聚者，謂下篇惡作惡說。又下次約三時釋，初中後心配缺穿汙。或下三對四事釋，不缺即戒，不穿是見，無汙對威儀，正命即攝戒中。

律 修善法。

疏 修善法者，謂頭陀等相並生善道之法也。

註 樂閑靜處，時到乞食，著糞掃衣，作餘食法不食，一坐食，一摶食，塚間坐，樹下坐，常坐，隨坐，持三衣，唄匿，多聞，能說法，持毗尼，坐禪是也。

疏 註解中分六位，初舉頭陀明節儉法，二舉唄匿明稱讚法，三舉多聞明廣見法，四舉說法明開智法，五舉持律明奉行法，六舉坐禪明剋道法。

修善註中，初科六位統收善法，束六為二，不出解行，或復為三，即是三學。

疏 就前頭陀約相十二，以事束之，止唯四位，謂衣食處儀也。於衣知足立二，謂糞掃衣、三衣也。於食知足立四，謂乞食、不餘、一坐、一摶也。於處知足立五，謂靜處、塚間、樹下、露地、隨坐也。四儀唯一，即是常坐，繫念現前，發智觀察也。餘如鈔中。

次科四位總收可解。食中不餘食者，但能節後；一坐食者，前後俱節；一摶食者，不復受益。處中五種，註中缺露坐，後世寫脫，律本具之。事鈔頭陀篇中一一具出制意名體行相功益，此不繁引，故略指之。

律 可持是婬欲法供養我，如是供養第一最，僧伽婆尸沙。

疏 文中可持是下，引罪成也。

註 若作如上譽己供養我來，不說婬欲者偷蘭，餘境雜犯，如前戒說。不犯者，若比丘語女人言此處妙

二釋註

四五媒嫁戒二初標名

三隨釋二初通釋

四初制意

二釋名

三犯緣

尊最上。此比丘精進持戒修善法。汝等應以身口意業等供養於彼。若女意謂爲我歎身。若說毗尼言次及此彼謂歎身。若錯說者並不犯。

疏 就辨相中。若但說欲如前戒。若但歎身結偷蘭。歎身索欲。方犯此戒罪。餘相狀可解。

第六中。釋註辨相。云餘可解者。註指前戒。謂遺書現相報□別趣異等並同故也。就不犯中。初如實歎他及說法等。彼謂歎身非我心故。

律 五媒人戒。

疏 第五媒嫁戒制戒意者。然此婚娶禮法。乃是生死之結。障道之源。出家離著。彌須遠彼。乃復往返言議。

乖越威容。深是鄙恥。理須遮制。然復事務猥濫。妨修道業。跡涉譏醜。不免世訶。具斯諸過。故所以制。

五媒嫁戒制意中。敘過有四。初明障於聖道。乃下二明乖於僧儀。然下三廢於進業。猥鄙也。跡下四招於世謗。具下總結。

疏 釋名者。爲彼男女往返相謀。以成嫁娶。故曰媒也。媒者謀也。計度二姓。用爲好合。

釋名中。初示名義。計下顯事相。計度謂量其可否。好字去呼。

疏 論犯八緣。一人男女。二想實。三爲媒事。四知是媒

四闕緣

二隨釋二初戒緣

五言了。六受語。七往說。八還報犯。

疏 闕緣可解。

註 佛在羅閱祇。迦羅比丘。本是大臣。善知俗法。城中嫁娶盡往諮問。時婚娶者逢對好惡。便願迦羅受於苦樂。居士譏訶。比丘舉過。佛因制戒。

疏 就戒緣中。迦羅本知姻媾相祿休咎。故雖出家遺尋本業。斯積習生常。不言有過。如今屠販之士。迷利故所以行。可不然哉。故律中。先客書者不得畜筆。先客縫者不得畜鍼。先客木者不得畜斤斧等。並制惡習也。又言婚對好惡。願受苦樂者。俗人無識。不謂往緣。既得違順。便言媒人與我苦樂。斯爲過兆。故制在茲。由諸比丘與迦羅類。故彼言有涉也。

戒緣中。初明迦羅本緣。姻媾皆婚娶之名。相祿謂命分。休咎即吉凶。如下舉事爲況。故下引教以證。令知出家必除俗習。又下次釋毀讚。律云。彼婚娶得適意者。便歡喜供養讚歎。言令迦羅常得歡樂。及餘比丘亦得供養。若彼不得適意者。便言當令迦羅常受苦惱。及餘比丘亦受苦惱。不得供養等。然彼毀讚言及餘人。須出其致。故云由諸比丘等。由是同類。例遭譏毀。據此戒本註中。願迦羅下。合有及餘比丘一句。恐是寫脫。

二戒本二，初總列
二牒釋三，初釋次句
二釋第三句二，初釋文
二釋註三，初標示先後

【律】若比丘往來彼此媒嫁，使所應可和合者是也。

【疏】戒本四句，第一可知。往來媒者，正是業本。持男意下，釋前成相。爲成婦下，是其罪也。

戒本分句可解。

【疏】解媒業中，言往來彼此者，舉其事相顯其媒也。註云所應可和合者，謂良賤貧富於事所異，由開解故成也。

釋次句中，由開解者，謂假媒者辯說成故。

【律】持男意語女，持女意語男。

【疏】三持男意下，反釋第二往來之相。男女兩意並據

可娉之家，或鰥夫寡婦則自言仇好，或童男處女則伉儷在親，故律通言，莫非男女也。

第三釋文中，初點示，男下，牒釋。娉即是娶，彼此意願，故云可娉。無妻曰鰥，無夫曰寡。此等多無長上，故但自言。仇，對也；好，合也。伉儷謂敵偶。童男室女，必由二親，故下指成文通收前二。

【註】女人有二十種：母護、父護、父母護、兄護、姊護、兄姊護、自護、法護、姓護、宗親護、自樂爲婢、與衣婢、與財婢、同業婢、水所漂婢、不輸稅婢、放去婢、客作婢、他護婢、邊方得婢是也。男子亦有二十種，並同上列。

【疏】註解中，女男兩相各二十種，先明女者，以好合之來，男多求女，故隨求處所以先明。

二斥古
二隨文牒釋二，初二十種女二，初總分二，初正明

釋註，初科據能求則男合在先，故約所求以通律意。

【疏】就女相中，良賤等論者，亦遣疑網也。但令婚娶，不簡良賤，並犯殘也。

次總分正明中，初示文意。但下，釋疑相，恐謂賤者不成媒故，或疑良賤互不成故。

【疏】有人言母護男取、母護女故可和合。若母護男，乃至取邊方婢，無此理也。故文云所應和者，今解如上。現見世間婚娶，何由可對，乃至有婢爲趙夫人。漁師欲於王女，天人交會，可不然乎。

斥古中，先出彼見。古謂男女二十相對可媒耳。仍執上文以爲證據。所云應可和者，但是二家好合，豈簡良賤類殊。故知不爾。今下，斥非。略舉三事質其妄執。漢書云：孝成帝趙皇后，本長安宮人。（謂省中侍使官婢名宮人，非天子掖庭中者。）善能歌舞，號曰飛燕。成帝見而悅之，召入宮中。大幸之。智論中，國王有女名拘牟頭，捕魚師因見染著，不能飲食。以情告母，母送肥魚遺王女，不取價。王女怪問，母以情告。王女許之，令月十五日往某天祠像後。至時而往，王女到廟，獨入而天神即厭此人令睡。女即脫瓔珞遺之而

去女去方覺婬火自燒而死律中比丘與天女行婬犯重用此多緣證知不簡

疏言母護者父崩母養恐有顛危常自監守故言護也如世孟軻母爲三徙故道成儒宗也言父護者其相如前如世曾參爲子不娶故也二親俱在其護自明乃至兄姊例同上也

初母護中初釋護義如下引示言父崩者天子曰崩古語通用故得稱之孟軻者史記云字子輿鄒人也軻少孤與母偏居近墓軻乃常戲爲墓母曰此非所居去居市傍軻復戲爲商賈母又曰不可

居又居學舘之傍乃爲揖讓進退有禮母曰此眞可以居軻遂爲大儒孟子序云幼被慈母三遷之教是也父護中如前即反上文母喪父養等曾參者孔子弟子參爲後母故妻以蒸梨不熟因出終身不娶其子元請焉告其子曰高宗以後妻而殺孝己尹吉甫以後妻放伯奇吾上不及高宗中不比吉甫庸知其得免於非乎文出家語此明父護子也

疏言自護者本無師友性與天成雖遇塵染湼而不緇也如大迦葉柳惠之倫也

自護中天成者謂天然自立論語云不曰堅乎磨而不磷磷薄不曰白乎湼而不緇喻君子在濁而不染同塵而內正付法藏傳明大迦葉年十五父母欲與娉妻聞之愁惱白父母言我志清淨不須妻也後父母爲娉得一金色女乃至共要云我若眠息汝當經行汝睡我行如是清淨不喜塵染後白父母求出家等孟子云柳下惠姓展名禽柳下惠是號不羞汙君不辭小官進不隱賢必以其道遺佚而不怨阨窮而不憫與鄉人處由由然不忍去爾爲爾我爲我雖袒裼裸裎於我側爾焉能浼我哉憫懣也裼裎皆衣浼汙也

疏言法護者或世法自防不許荒逸故俗云三十之男二十之女待禮而行過此已往相奔不禁之類又如世律非媒娉合罪在徒刑恐違此法故

法護者律云修梵行也今約世法以釋故云或也初明守禮世法謂王教俗云者出禮記內則篇男取陽數女取陰數減則不得過則許之故云不禁相奔謂往爲夫婦也又下次約懼刑不敢非濫

疏言姓護者族望所重海內稱之若濫染汙事則不可要須媒媾非此不得也

姓護者恐辱貴族不敢爲非故海內即指天下在

五宗親護
二十種賤女
二十種男
三略示句數

四海之中故
疏言宗親護者姓雖高貴至親物故若妄造非宗親所護故曰也
宗親護中至親卽父母物故謂死如物枯故
疏上十是良其相自顯下明十婢律有正消文相可解故不出也
次明賤中疏文示略今引律釋云自樂婢者樂爲他作婢二與衣者與衣爲價三與財者乃至與一錢爲價四同業者同共作業若未成夫婦五水所漂者水中救得六不輸稅者若不取輸七放去者若買得若家生八客作者雇錢使作如家使人九他護者受他花鬘爲要十邊方得者抄劫得也
疏男子二十種相同於女改名便得不復煩文故律略示也
男中二十良賤半分良者云男賤者名奴別相同上
疏就男女交絡互爲句數其相煩多且如母護男取母護女乃至下婢一男娶二十女二十男則四百句如是指印書使顯相等例之無量
歷句數中初示互句之多且下略舉直句言四百

二釋第四句二初釋文二初釋二事
二釋須臾

者且約語媒如是下例通餘四五種總二千句用此參互則不可數故云無量但識下文受說報三明犯分齊無不通矣
律若爲成婦事若爲私通乃至須臾頃僧伽婆尸沙
疏四言若爲成婦事下除疑網也世云媒者爲盡生也婦是伏事之言箕箒終於命報可有重殘私通暫時未必有犯爲除此妄故結終始從婦至於須臾無非欲事故並犯重收網攝網也
釋第四句初文前總示文意世下出疑情箕箒者卽掃灑之具明伏事之禮俗書並謂掃灑是婦人之職爲下明斷疑始謂婦事終卽須臾私通居次故云至於等
疏言須臾者時之異名也僧祇云二十念爲瞬二十瞬爲彈指二十彈指爲羅預二十羅預爲一須臾日極長時晝則十八須臾夜則十二須臾若夜長日短反上可知此則西梵約日夜爲度數法也此方漏刻經中不問冬夏兩至例分百刻約箭在水用刻分時未遑廣述所謂時節學也
次科爲三初標示由是時之別相故云異名僧祇下次引釋瞬謂目一開合也羅預亦是西梵時名

未詳所釋（俱舍名臘縛而云三十臘縛爲一須臾與是全別不可合會）日極長者且舉夏至夜長日短卽謂冬至晝則十二夜則十八故云反上春秋二分則晝夜半分焉此下三明二十不同漏刻經梁朝出之明置漏刻之法不問下冬至日四十刻夜六十刻夏至反之春秋二分亦各等半箭在水者刻漏制云箭長四尺五寸分四面每面三時二十五刻四面共成百刻其箭在水壺中壺上安木蓮華作木人高七寸跪坐花心兩手捧盤壺中浮箭自盤心涌出以驗時刻之數水漏下一刻箭上涌一刻每箭上壺二十五刻

一度放水故四度而成晝夜未下顯略遑及也時節學者謂知時刻別是一家之學非可於此具論

註 若初受語吉羅往說不報偷蘭若還報者僧殘若遣使若書指印現相隨媒多少說而了了隨其往反一一僧殘若不了者偷蘭除二道說餘身支節而媒嫁者偷蘭若媒非人黃門二根者偷蘭若媒畜生及人男者吉羅若持他書往而不看若爲白衣作餘使者吉羅比丘尼同犯不犯者若男女先通後離還合若爲父母疾患繫閉看書持往信心精進俗人亦爾若爲佛法比丘使亦同

疏 就註辨相初自作輕重中媒緣有五先舉語媒後四例結

疏 就語媒中有三受語吉羅者計應是蘭僧殘方便而吉者意不往說對往輕也

釋註受語中對往輕者謂受而不往故結輕吉

疏 二往就說而不返報若報成重故但偷蘭

往卽犯蘭是殘方便

疏 若爾初罪是蘭而言吉者則殘罪方便唯是一蘭答所言吉者望爲作使非是威儀故犯一吉又傳情欲更犯一吉止爲息心故不行往所以方便罪同偷蘭如上方便義中二篇則兩蘭也

問意躡上二罪可解答中初釋不往犯輕文明二吉由此篇犯相故必雙結一者應懺二則非儀今傳情欲卽是應懺也所以下次明往卽結重指如

上者謂作意欲往卽吉受語卽下品蘭還報未及又中品蘭同上次第三方便矣文中承前一吉故云兩蘭

疏 三就還報故殘何疑

疏 語既三時重輕下四例此可悉若使及書言中自了指印現相必假言通故僧祇云作相者當知見我著垢衣持空鉢坐卑牀說賤語者不得也反上吉相得與不得還報者殘

餘四中初指例四相雖殊三時無異故云可悉若下別簡以遣使遣書有字語傳情故云自了指印

二釋不犯二、初釋先通。

二立正義

二隨釋多少二、初牒示。
二正釋二、初引他解。

現相但是示信立約相中不顯故云必假言通故下引示語令覩相證須言通反上吉相者應云見我著淨衣鉢持好食坐高牀說法語即得相也

疏註中隨媒多少隨信往反一一殘者有人解云上媒境既多故通其相若據結罪如媒男女一家好合以來但一殘耳

釋多少中他解媒境者即上男女各二十及五相等彼謂一一之言屬上多境非是一家容有多犯又復結犯須據和合

疏今言不爾一家婚媾何由即合情雖相會而事相

須重或經年紀信使重沓然後方許者自有一發言情宛同符契者今判約罪止可同律附其三返即結僧殘不待二家和不和也故僧祇中同此結也

正義中初約久近不定以斥十二年曰一紀契合也今下準律判犯反古二義對上可知下指僧祇即上引云得與不得還報者殘斯爲明證

疏就不犯中男女先通者非初情會欲非我也故十誦遣婦作書雖未唱令和者犯蘭出門者重然其相狀意在本通故五分中爲男倩女爲女倩男長使者蘭明後有會故也

六無主房戒二、初標名。
二正釋二、初通釋四、初制意三、初標。
二釋二、初釋開意。

二釋持書

不犯中初科前釋開意故下引文以決本律文漫故取外部示其分齊據輕重兩結則知本律不犯義同未唱望非僧殘故在開耳然下釋犯意以知彼先通遂爲和合欲使復通故云意在等十誦就此而入犯科故下轉證本非媒事恐後有通亦制與罪證上和合知後必通犯無疑矣

疏父母疾閉看書往者以媒爲俗使故開爲父母生身重故又開俗人者未受歸戒無法相收故文約截信心精進也良由內外兩衆同法同儔雖形參道俗而法情無二故開餘文可解

持書中初釋開親初明因制之意以持書通使未必爲媒因媒而制故列開中開爲下正示開緣文中但釋開親疾閉兩難易知不點又下次釋信士上明簡信良下敘開意同法者五八體通故同儔者皆稟正化故雖形參者遮疑妨恐見形異而謂法別故餘下指略即點註中佛法僧等

律六無主不處分過量房戒

疏第六無主不處分過量房戒就制意中初明開諸比丘自造房者然上士之報氣剛方盛堪忍寒暑情非以惱隨受棲泊即是修行長道之緣是以如來聽

二明制意

在塚間樹下露地靜緣資業無畜房宇中下報類形必萎頓制同上士塚間修道力分不堪或隨退沒則非隨機達化之用是以如來任其分量但能弘道則開資給或小房石室兩房一戶起不礙頭坐趣容膝足堪進業意在於斯

六無主房戒制意中初科文敘三根以彰隨緣用教須否初明上行頭陀不須之意洎止也次明中下報劣必須開立萎頓謂薄弱也文明開意皆云為道若但養身恣情取適則非教意小房等者且依律受法趣列其相下約起坐示低窄之極末世

奢縱反競豪雄不論道業空虛但務堂舍高廣乞法制量舉世無聞樹下塚間斯蹤久絕仰追聖世良用慨然

[疏]何故不聽過量不處分者然則出家之士理非滯著隨事將擬節堪修道若有信施量時而受縱有經營容身便罷今乃廣作煩勞不少一須人結搆妨廢正行二如多云長已貪結壞少欲知足故三處處乞覓惱亂二趣不生信敬壞滅正法令不久住故四專任自由不乞處分容有障礙僧事多惱亂故五或容自損或違慈道壞梵行故以斯諸過故制罪也

三問答

次意中三初雙徵事法然下二正明制意初敘少欲順教今下明違法多過上二句總標二下別列五中前三過量過後二不乞過前中初過多事長業則反正行第二多貪增惑則反少欲第三多乞惱他則反自滅法二趣者如戒緣中人非人也四中不乞處分眾法不行故礙僧事第五若在難處則有命梵二難自損即命難違慈即梵難以下通結

[疏]問四依須行不行不制四開有違制輕重者答四在少欲依成上品若使不行便當中下是故依而不

行聖不結犯四開非勝稱緣而設而於自分不行故有輕重別制但為房是疏緣義不交急營搆過多具前五種是故制殘餘三依開資身正要事不獲已必須服用約情敘過微故制墮

問中含二意一問違依無過違開有罪二問違開制罪房重餘輕答中先答初意前明違依但由機劣力所不堪而非故違故無所犯下明違開食依(衣)房藥四依之後隨列開法故云四開言非勝者開對下機教則緩故自分不行謂不守開中制法故但下次答後意初明房重交猶至也義鈔作要急

或恐傳誤下明餘輕三依開者糞衣中開畜長取衣等乞食中開受請即有別眾展轉足食等腐藥中開長藥請藥等並見墮中

[疏]次釋名辨離合初中專任在己故稱自爲身獨運造故云無主大非法限故曰過量餘同上也

釋名中言自爲者戒本標名則無此語比下有主亦云爲己況疏文牒釋犯緣明列理必有之但恐寫脫耳指同上者亦應分對所防能治諸戒皆爾

[疏]言離合者問初後皆房何故分者答同少異多故不可合何者有主無主異有量無量異羯磨法中相

翻是異有三別故所以分之

離合中初問答中三異上二易知羯磨相翻者前戒則牒自乞無主後戒乃云有主爲己

[疏]若爾前房亦有不乞過量何爲復合答欲明房雖一口罪則四含過濫是多懼非輒造故也又顯過量不過量俱有不乞罪處分不處分俱有過量罪

轉難中由前二罪合爲一制故舉爲難答中初多罪答四含者加妨難二吉懼非者非猶不也又下次約互顯答

[疏]問此罪混合何以開於最初答前初是過量後初是不處分也

最初問中一戒兩犯何者初開律無指的故云混合答文易解

[疏]若爾前已有不乞則是後第二何故前列答結集者意次文不同何以知然若同一戒文義不同約異戒相形則不能比類如前大殺已結小殺明知此列結集境通非謂小提迦留前制若前已結後犯非禮不應訶言最初犯戒以此校量同別類矣

再難中既云不乞是後戒最初則前戒不乞反是第二答中初二句略示何下委釋前明二戒不可

合制文義不同者如上三異故約下引類異戒不類者謂餘戒列相並無此例雖例同殺戒亦是廣解非關戒本故知唯獨此戒次列不同耳如下正引同別類者同謂大殺合結別謂小殺後制義同二房故云類也

[疏]犯緣有六一無主二自爲三專乞求四過量不乞五具二想六房成犯

列緣中五具二想即過量不乞

[疏]闕緣相狀大同犯多悔少故不廣也

闕緣大同者同上具緣翻具成闕耳犯下示略意

二別釋第六二 初示兩相。

二明受用

二別釋二 初戒緣。

[疏]就闕第六緣房未成。多論云：末後二團泥未竟，已還輕蘭，餘一團泥在重蘭。如善見云：末後團泥在，留待當成蘭，決心且罷，即殘。又如僧祇，最後不定，或瓦木版石灰泥草等，隨作房法也。第六中，初引二論，並以團泥以分因果，擁住因蘭，則名闕矣。次引僧祇，通指諸物，但取末後，不獨團泥。

[疏]此非法房自他兩用，一人一吉。房主若死，休道及施僧者，乃可通用。據此悔殘，理亦開受。受用中，初明犯相，房下次明通用。文列三緣，開施僧者。若據販賣食施僧不得受，或房用是疏，或用非入己，食則反此，故不同也。據下疏家義斷，亦不同食。縱懺不聽，問：悔已開受，為自為他？答：既無本過，義通自他。問：為須除量外否？答：文雖不顯，義不須除，以房物重大，造立已定，不同衣量容可截續。

[註]佛在羅閱祇，聽諸比丘作私房室。曠野比丘便作大房，乞求煩多，惱亂居士。乞既難得，遂斫神樹。神及比丘以事白佛，因往曠野，訶責引喻，便制此戒。

[疏]就犯緣中，初明隨開造房，便樂大作，惱亂居士，遂斫神樹，即是二趣俱惱之緣也。多見二論云：樹神兒子遊戲上下，遂斫兒臂。神大瞋怒，將欲加害，夜往佛

二戒本二 初總標。

二別釋二 初立法十句二 初標。

二釋十 初造人。

二乞求

所聞偈得初果。言佛訶責引喻者，喻有二：初舉龍鳥以下況上也，後舉賴吒比丘不往親乞，以親況疎也。講時依律敘之，亦有助光行迹矣。

戒緣中，初釋惱亂發起之由。多下引論別證非人聞偈者。佛言：若人起瞋心，譬如車奔逸，車去雖能制，不足以為難，人能制瞋心，是乃說為難。言佛下，次釋呵責龍鳥二緣，如前篇。引賴吒比丘者，律云：佛告諸比丘：昔有族姓子名賴吒婆羅，出家為道，至父母家，終不乞求。時父語言：汝是我子，何不從我乞耶？賴吒說偈曰：多求以不愛，不得懷怨恨，是故我不乞，恐生增減。故當知賴吒於父尚不從乞，況汝等乃在諸居士家多所求索，令彼不喜等。文中兩點喻意，然非假設，並是往昔實事。但彼引緣欲彰人意不喜乞求，比類呵責，故云況也。下令詳引，誡勗後進，必有高節，則美行外彰，故云亦有等。

[律]若比丘自求，彼處處乞索也。

[疏]戒本分二，各有十句。初立法中，明造房之緣務也。初明比丘謂造房者，非犯士也。二明乞求者，以有自物則無過量，非法乞求，惱施之甚，故犯過量也。註云處處乞者，成前惱多相也。

立法十句中第二釋註成前者即指戒緣

律作屋屋者房也

疏三作屋顯所爲也除作餘事不須乞處分故註以房解用別開總也爾雅釋室與宮不別據俗釋名更有品類如今宮第宅宇異等故無暇廣也

第三釋註云別開總者屋是總名房爲別相故下引俗書釋其名義初爾雅者示名通也彼云宮謂之室室謂之宮次據俗下彰名局也言釋名者此即通指字書非一文也劉熙釋名云宮穹也屋見於垣上穹崇然謂王者所居也第者漢書註云有

甲乙次第故謂公侯之舍也宅釋名云擇也令擇吉處而營之宇說文云屋四邊也此二貴人之居通則無非屋舍之名別則須分尊卑之異今但識其通名別相廣亦非要故云無暇

律無主彼無有主若一若二若衆多也

疏四無主者對後有主故無過量罪也註中似有主一多及通無主義故僧祇云彼有男女在家出家皆得爲主無如此主故言無主

四中初云對後者使結罪無濫故註中列主一二衆多反明無主故云乃通等及字傳誤然本律中

不明道俗故引僧祇顯通七衆

律自爲己不爲他作

疏五自爲己者除爲他作既不潤己則無犯故

自爲中爲他無犯者據本罪爲言

律當應量作是中量者長十二佛磔手內廣七磔手

疏六當應量下明分齊也所以用佛爲量不即身爲量者身不可約以小大故佛則限其一化也

第六磔量中初科人身不定佛則定故然佛示身亦有大小且取王宮丈六以爲準約故云一化

疏佛磔手者磔謂張磔可從石也今有從手從足俗

字耳

次科張磔者謂以大母指與中指張開相去之間今下點非以律本中多從手作

疏本律無文可依五分二尺爲定僧祇二尺四寸者此律翻在宋朝元魏所用一尺當於宋家一尺二聞傳佛教從北自南則爲魏尺當於佛磔所以五分磔長二尺者此律翻時道生智嚴等並是名士既明曆緯又善方志所以通於東西定於尺秤誠有由矣

三中初科上句明律缺五分下示所取僧下顯不同所以初明僧祇宋受東晉禪都建康爲南朝元

魏都長安爲北朝。魏用增尺，宋用周尺。譯者不詳。卽用魏家二尺，於宋則多四寸。彼律是佛陀跋陀羅譯，中天竺僧，故不體此方時事，如以果汁爲木蘭之類。聞下出譯者之意，彼以教法既從北來，宜準於魏。自猶至也。若準初卷，僧祇乃在東晉義熙十四年譯，今言在宋，必涉兩朝。詳之。所下次出五分。曆緯卽陰陽書，明星辰纏度，則分寸可知。方志卽地里書，明南北時政，則是非可辨。東西卽南北二朝，或可華梵兩土。

疏 南尺本是姬周所用，從秦漢魏並無改張。晉氏南遷，斯法永定。元魏撥亂，文籍焚除，無可依準，故隨世

立。用古尺二，今魏一尺，則唐雜令還述如此。隋煬博物，還依古行。晉俗生常，故古非用，今還用魏，以通時俗。至於分度星次，律量衡平，藥石分銖，祠祭升合，無非準古。所以律本大鉢三斗，小者斗半，姚秦時政用古未訛，故此翻文頗得通允。

次科初明宋尺可準。漢魏者，魏卽曹魏，晉南遷者，中原既亂，中宗度江，南鎭建業，立社稷于建康，爲東晉焉。元下明訛變之始。則下敘唐朝承用雜令者，魏徵撰，彼云以一尺二寸爲尺。隋下明前代復古。煬帝隋第二主，撰博物志，通明物理。晉下明後世不從。初明用魏，卽前元魏。至下次明用古。文明兩用，顯其無準。星次謂衆星周天而行，必約分數以明行度。律量謂俗律決犯，並準丈尺，衡猶準也。上二辨尺。藥下明秤，二十四銖爲兩，合和兩分，不可增減故。祠下明升斗。已上四事，必須準定，故皆從古。所下會同本律。

疏 有人云何足如斯，但隨國用，如今時節有四，尚不能迴，破爲三明，知隨國用尺，則比佛量自得，斯非言也。若以隨國卽得，鉢量三斗不勝，尺量諸說難一，何由定其持犯，未足開決深疑也。

斥妄中先出彼見，引時例尺。西土三時，無秋分故。斯下一句責非。若下例難。勝讀爲升，言不勝受唐三斗故。尺下顯濫，據文斥他，亦彰今意。委明尺量，使持犯楷定，令斷割無濫。事鈔所謂古今諸師曾未霑述，故卽補闕。反光九代，故知決正尺斗，始出今宗。

疏 今且準酌意言爲允。如有隱括，不畏紙貴也。所以如來常光一丈，常身丈六，多論以人長八尺也。卽如文中二尺爲卒。卒音律也。長二丈四尺，廣一丈四尺，既明內廣，理除其外也。僧祇邊壁丈二尺，若通其本。

止一丈耳。

顯今中。初明理當教無明判義例決通故云意言。如有等者。示須廣之意。晉左太沖作三都賦。豪貴傳寫洛陽爲之紙貴。所下。次引據。常光常身並簡現起則有不定。一丈或云一尋。佛身倍牛。則磔必倍尺。故云即如等。音率爲律。有本細註。疑是後加。率猶數也。長下。示量。上明縱廣量。後引僧祇出高下量。彼用魏朝一丈。即是宋朝丈二。今取姬周應除二尺。故云若通等。

【律】當將諸比丘指授處所。

【疏】七當將比丘指授處所。下文可解也。

【註】彼比丘看無難無妨處已。到僧中。脫革屣。偏露右肩。禮上座足。右膝著地。合掌白言。大德僧聽。某甲比丘。自乞作屋。無主自爲己。我今從衆僧乞知無難處無妨處。如是再三也。

【疏】註中廣列作之方法。初看無妨難者。以羯磨所因在於妨難。必有作法得罪不成。故先定基址。後方從乞。六門分之。一能處分人是非。二僧私。二地須處分否。三有妨難作法成否。四處分法約作於人處。五不處分罪分有無。六沙彌已乞受竟須否。

指授釋點。註中初科。前點註意。六下。列義章。初人二處。三法四人法處。三種合論。五罪。六下。衆

【疏】初依律量。觀信與不信。信即依作。不信往觀。如僧祇中。都無解羯磨者。一切往就作房處。一比丘唱云。僧爲某比丘指授作房處。三說亦得。若處遠隔水等緣。但差二三人亦得。若越年。異界作私房。多妨難處皆不成也。

初中。前引本律量可。如下。次引僧祇往觀。初明僧往。以無能秉故開唱告。若下。次明別人往。若越下。顯非。文列四種。並約造房比丘爲言。

【疏】二僧私二地須處分不者。皆須加法。以妨難是通。如明了論。樹空山巖石陰等。得行住坐臥。如作房舍所攝。若不爾者。自損惱他故也。

二中。初正示。如下。引證。以樹空等義非私處。同須乞法。難處自損。妨處惱他。

【疏】三妨難若有作法成不者。昔解云成。若爾何故律云有妨難。不應與處分。答乞處分者。制其專任之過。本不防於妨難。所防不同。故又得成。如律有妨難處不過處分。但得二吉。文誠驗矣。

三昔解中。初句判定。若下。釋難。前引律難。顯是不成。答據所防。復有成義。故云又也。如下。引證。

【疏】今解不成。毗尼因緣。三求無過。則成持也。此戒緣

者正妨難也。戒本所列遮分妨難及後廣解妨難愈彰。故律文中互有不成。何況俱者。必有作法與法正違。眼看妨難卓然而云無有妨難者。大可笑也。

今解中。初句義斷。毗下斥非。初約義斥戒本廣解。文現可知。若據戒緣不明妨難。或指二戒斫伐神樹神欲加害即爲妨難。故下次引文斥。律列四句。一有妨有難。二無難有妨。三有難無妨。三句皆不應興處分。四無難無妨。唯此一句得成。必下三約作法斥。

疏若爾前言二吉此豈凡心。答此是處分先成妨難後起。法成不壞無殘可結。妨生不合强作故吉。此是

緣外相違故生不壞前法。如受戒後難生不失前戒相似也。

釋古執中。初難由前古師引此爲據。故問通之。答中。初二句立理。法下明開制。此下釋開成之意。羯磨後生故云緣外。如乞法時本無妨難得法已後惡獸始來等。下引受戒難生爲例。具戒者汙尼賊住必無後生。二形破內永變非畜。戒亦有失。邊黃五逆暫變二趣則無有失。今云不失蓋據此耳。

疏若爾人病衣重病差法在不。答不同也。以此要心有期病差必違前法。如受戒後捨者以遂要期便失。

此難中。以羯磨離衣病差法失。故引爲並。意言既許難生不壞。亦應病差法存。答中。初句直破前難。以下釋法失之義。如下引例受戒後捨通指四捨。

疏若爾狂病既止須解者何。答此由得法本不由心。所以病差法存須解。

三中。顛狂羯磨病差須解例難自失。答中文意易見。

疏故知有妨難處分不成同受重難障戒不發。

次舉例中。初例可解。

疏若爾百遮同難應不成受。答房非道本。三義不成。

一妨難容可待無。二可避餘處。三不可避者容全不作。故有不成。受則不爾。一青黃三角不可待無。二即身自有不可待避。三若以小遮不開大受未成通化永乖出期。由此道本故不類也。

次難中。律有一百五十餘遮。今舉大數故云百耳。言同難者。謂同妨難遮中不稱己名不稱師名年歲不滿先三定不發戒。餘通得不帶遮爲受僧但犯吉不妨得戒。今難意云遮同妨難何以有成。答中。初明處分三義不成。受下次明受戒三義相反。百遮中顏色太青太黃眼生三角並是戒遮。今略

舉此三以彰不改。然年歲衣鉢稱名疥癩亦可待
無文據一往爲語。
疏四明人處者
四中以凡作羯磨必有所被今此處分人處兩兼
情非情合義須定指故有此科
疏問處分法者爲與人相應與處相應耶答此羯磨
者與處相應何以知之論云處分地得餘處不得也
初問可見答引論證卽多論也
疏若爾與處相應者餘人就此上應得作不答不得
也

次難答文不委意在後通
疏若爾結界法亦與處相應餘人亦不得羯磨答不
同也結界時無人別乞復不制稱人名法無所局故
得此並反上不合故多論云餘人就此房上作重屋
但問房主無不處分罪
第三難答中初示不同二義相反故有通局不稱
名者謂羯磨不別牒也故下引證一須問房主二
唯作重屋驗知自乞不通餘人
疏五明不處分罪有無者若元不處分此何所疑今
謂已得處分依限而作過限未知此過得不處分罪
否
五中初問若全不乞定知有罪故約已乞以爲問
端
疏昔云此非全不處分但得小罪不犯殘也有人云
雖本處分處分不作反出於外理得殘罪故文云僧
不處分此言知何不該有人言如昔是也故律云僧
處分過量一殘故無不處分罪別
三釋中後師引文助成初義既各有據義難取捨
意以後師文義爲允
疏問處分羯磨防妨難不答不防也

次科中初問答易解
疏若爾說淨法竟應不防長答本有防難則不聽與
處分待無方得說淨不爾懸防長故有過不合止由
處分不防妨難處分竟便得生說淨正防長故作法
竟卽無由起
次難中立法是同所防有異故引徵之答中初約
防不防以分兩異止下次約生不生轉釋不同
疏六明對沙彌者若彼沙彌時乞處分後受具戒竟
方作房者更不須乞人法不異故也
沙彌中恐疑大小位別欲明前法存亡故也

律彼比丘當指示處所。

疏八彼比丘下正明與法相。

註爾時衆僧觀此比丘若可信者卽聽使作若不可信者衆僧往看若僧不去應遣僧中可信者看若有妨難不應處分無者應與衆中應差堪能作羯磨者若上座若次座若誦律若不誦律應作白言大德僧聽某甲比丘自乞作屋無主自爲己今從僧乞處分無難無妨處若僧時到僧忍聽當與某甲比丘處分無難無妨處白如是大德僧聽某甲比丘自求作屋無主自爲己從僧乞處分無難無妨處僧今與某甲比丘處分無難無妨處誰諸長老忍僧與某甲比丘處分無難無妨處者默然誰不忍者說僧已忍與某甲比丘處分無難無妨處竟僧忍默然故是事如是持彼作房者應知初安石及土墼泥團乃至最後泥治訖者是也。

疏就註解中分三從初至無者應與來商度彼人堪可進不二衆中應差下至如是持來明與白二之相也三彼作房下明作成分齊也相中可解

第八釋註云相中可解卽指三科文相然第二與白二中先列四位簡能秉人上二約臘次下二取智能不誦律者但解義故以舉法被事必曉如非律擇堪能不容妄作

律無難處有虎狼師子諸獸者下至蟻子若不爲此諸蟲獸所惱應治平地若有石樹株杌荆棘使人掘出若有坑溝渠陂池當使塡滿若畏水淹漬當豫設隄防若地爲人所認當共斷當無使他有語是謂難處也

疏九言無難者註中所列命梵而已如虎狼等爲命蟻子等爲梵若有石樹乃至水漬無非在後爲命留難也爲人認者計是妨緣今入難位者恐後諍競起非淨行也

九中初通示二難若下別點餘相諍競相言則違佛戒故云非淨行也

律無妨處謂通草車迴轉往來者

疏十妨處者止存一緣如諸部論中廣引必欲締搆理須精博不爾陷非良由不學故也

十中云一緣者卽如註引草車謂大車也如諸部者十誦四周一尋內有塔地官地居士外道等地善見是人田園尸陀林王誌護等備如鈔中必下恐專據本律誡令通曉

律若比丘有難處妨處自求作屋無主自爲己不將諸比丘指示處所若過量作者僧伽婆尸沙

疏就後犯本亦分十句初犯人二難三妨所以立法最末論此中而先述者答立法在後行之次第由僧處分止爲妨難也此中論初作之次第非所起也餘句易識可解耳

後犯本中初科前標三句所下次明妨難前後不同非所起者非卽是過餘下略指七句四自求五

作屋六無主七自爲八不乞處分九過量十結罪之。

註若彼作房於妨難二處者二突吉羅不處分過量二僧殘互相有無者隨其所犯若使他作成犯亦爾爲他作成者二偷蘭二吉羅若以繩絣地作受教者過量作者犯殘不還報又不問彼並犯吉羅比丘尼偷蘭不犯者如量作減量作僧處分無難處無妨處如法絣作若爲僧爲佛圖講堂草菴葉庵小容身屋若作多人住屋如法者是。

疏就辨罪中自他分別初自作中二吉二殘有無可解。

次科自作中初文言有無者註明具四而互有不定律約句數辨之初三罪四句一不處分過量有難無妨二不處分過量無難有妨此二句二殘一吉三不處分不過量有難有妨四僧處分過量有難有妨此二句並一殘二吉次明二罪有六句一不處分不過量有難無妨二不處分不過量無難有妨三處分過量有難無妨四處分過量無難有妨此四句並一殘一吉五處分不過量有難有妨二吉律止有五句應加云六不處分過量無難無妨二殘有妨難得乞法者並約羯磨後生三一罪四句一處分不過量有難無妨二處分不過量無難有妨並一吉三處分過量無難無妨律止三句亦義加云四不處分不過量無難無妨各得一殘。

疏問爲互過結罪俱過方結耶答如見論云長中減

一磔手廣中過一磔手亦犯僧殘然此互過是兩口房廣長俱過是一口也俱是一業終是一殘可知。

問俱互中唯明過量一殘答中先引論示犯然下對房顯相言兩口者一口則無廣長互義俱下明制業無差恐謂俱互有重輕故。

疏二教他作中亦同犯罪。

教他中初文教即是遣故註云使耳。

疏爲他造非法故約緣分輕重也。

次科輕重中點註二蘭二吉。

疏二以繩絣地下明房主巧師過有無相但云受教者犯所以不定者若作過者房主則重巧師則輕故也又不問彼或不還報罪通自他也。

有無中初示科意但下釋不定罪名註中多一殘字檢律亦無只由註中通言犯故乃有釋文若定犯殘此文何指若下釋成意謂罪該二人重輕有別故不可定又下釋報問對註不次律制房主房成須問不問吉羅又制巧師作已還報不報亦吉。

故言通自他也。

疏上明身業爲他作非法中但是勞務業不問房主犯不犯一向自得偷蘭罪不同口業教他作前人殘。

二明不犯二 初牒釋

二顯多人二 初正明

二引他解

教者蘭。前無罪教者吉。由無身造故。

次對篇中。初明當戒教他犯相受教營造。故是身業。不下。次明餘戒結犯有異。如教他弄觸等並據前作不作辨犯輕重。四重亦爾。下篇無蘭應同結吉。

疏就不犯中。如量減量開前過量處分及無妨。比上開之。如法緋作開上過分齊。俱有殘篇吉等。若爲僧下。開二殘相。草庵已下。小故非犯。

不犯中。初科。如量至緋作等。此並依教明開。爲僧者。此對爲己明開。

疏多人住者。以擬多人住故。非謂多人共造也。如畜長例。

釋多人中。非謂共造者。容同犯故。如畜長者多人未分物過日不犯。則同擬多人也。分屬已定。共處亦犯。如共造也。

疏有人云。此由造作過量犯。非謂如量貯畜罪。如見云。若沙彌大僧多人共作不犯。段段計分一口過故亦犯。

他解中。意謂房長不可例同。長則共畜有犯。房則共造無過。如下引證無犯。必約段段計過方有犯

○七有主房戒二 初標名

二隨釋二 初通釋

二 初指異

二示乞法

二牒釋二 初釋戒緣

義。

律七有主爲已不處分造房戒。

疏第七有主爲已不處分房戒。制意犯緣並同上。但無制量爲別。

七有主房。指緣同者。今須辨異。一有主。二爲已。三長佛六磔廣四磔。須乞。四不乞。五不乞想。六房成。對前同別可知。

疏如見云。長佛六磔手廣四磔手已上者。須處分。乞法量者。此通二戒。減此則不須乞。

註佛在拘睒彌國時。憂塡王爲闡陀造屋。便斫路中神樹。路人訶已。比丘舉過。佛訶責已。若斫神樹吉

羅。便制此戒。

疏就戒緣中。問。既有主爲辦。何須斫樹。答。爲取下地擬施基故。多人受用。被訶非一。

疏戒緣。答中。去樹爲基。明非取樹。施字平呼。多受用者。律云。尼拘律樹。多人往返。象馬車乘。止息其下等。

律若比丘。欲作大房。大房者。多用財物也。有主。反上無主是也。爲己作。當將餘比丘往指授處所。彼比丘如上知已。應至僧中。禮上座足等。從僧三乞。文同於上。以有主爲異。彼比丘應指授處所。僧應觀察。若有信者。有智慧。卽信彼而與白二。若不無難處。謂師子熊羆等獸也。若不爲信者。如上進止。彼而所嬈者。應如上平治。乃

二釋戒本

至畏識認。應先斷了。無妨處。中間容草車迴轉者。若比丘有難處有妨處。作大房有主爲己作。不將餘比丘往。指授處所者。僧伽婆尸沙。辨相開通。如前房戒。唯無過量爲異也。

[疏]就戒本中。先明立法。有八句。除自求及量限。後戒本中。除自求及過量。文相可解。餘如鈔。

戒本中。立法犯本。除句並同。下指鈔者。彼云。此房屬於己身。若死。遠去不還。隨念分處。若與三寶親友白衣。自賣取錢。隨心自在。唯不得賣地。地是僧物。僧不許賣。房僧得罪。若房主不自處分者。屬四方僧。次第住之。

四分律含註戒本疏行宗記卷第八

四分律含註戒本疏行宗記卷第九 戒本上之九〇疏三之一〇記三上之一

宋餘杭沙門元照述

疏 四分律含注戒本疏卷第三 始僧殘第八 終三十末義

律 八無根波羅夷謗戒

疏 第八無根重罪謗戒

第八無根對後戒重罪簡下篇

疏 六意開之一制意二釋名三罪多少四結分齊五具緣成六闕緣義

疏 初制意者夫出家同住和合爲先互相將護許無惱觸今乃内懷瞋忿橫搆虛狀以彼重事加謗前人

自壞心行增長生死以滅正法又復塵坌良善甄在衆外惱他一生廢修正業欺罔事深特須聖制如多論云一爲護自行令法久住故二爲止毀謗令梵行者安樂修道不妨正業故

制意中三初敘所應爲許猶令也今下明不應爲又三初敘過自下彰損有三初即損自以下滅法又下損他甄在衆外者以犯四重即應滅擯故欺下三示立教如下引證翻上三損成三益故

疏 次釋名者内無三實故曰無根以重加誣名之爲謗無根謗非是戒乃是戒家所防戒者能治之行能所通舉故曰也

釋名中初牒釋三實即見聞疑言以重者簡下諸聚罪輕降故無下次總示言所防者顯是過相

疏 三約罪多少者問謗他犯重實無三根誑僧見聞望僧虛解犯妄提否答如見論云無別提罪以謗一向假虛成故

三單犯中問意以謗本從虛理須兼妄答中論明單犯無別業故

疏 問如殺畜生及望主財命俱損結二罪亦應望僧是虛解何爲不結謗妄耶答不同也以謗一向假虛

成無有懷實而行謗盜有損主及害畜故結雙單兩種別

轉難中初難七言爲句上二句舉類謂殺他人之畜望損主夷望殺畜提容兩犯故下二句並難答中顯別可解雙單即對盜謗也

疏 若爾何故見論云爲盜殺草但犯吉乃至受寄本主求觝言不受亦同吉皆是盜戒方便罪何得相似無別罪答所引相成無墮罪當知猶同我前義

次難中初舉二文彼云若草木於寶藏上生若斫伐者得突吉羅受寄文如盜戒引殺草即壞生觝

言是妄語並不犯提則與上文損主及畜雙結義
乖故引為難皆下正難相似謂與前事同無別罪
謂無別果罪也答中上句領前難詞相成即盜家
方便下句反成單犯正符前義
【疏】今準別論單雙俱得元情專謗無妄心約心唯可
結一罪若兼誑謗兩種心僧誑人謗結二罪如前殺
父兼羅漢兩舌相對互說相也
次約義中初總標下約兩意故曰別論元下別示
約心單複釋通兩解以業隨心結故罪有雙單善
達持犯於茲見矣如下舉例有二初舉殺戒故指

如前謂父成羅漢而行殺者若但殺父不知成聖
止得一逆若知是聖則兼二逆次引兩舌戒即多
論中以口三過互歷為句故云相對一是兩舌非
妄語惡口二是兩舌非妄語是惡口三是兩舌是
妄語非惡口四三種俱是餘二為頭互歷亦爾並
由心緣兼獨故使犯有雙單證今謗妄不可偏判
矣
【疏】四得罪分齊者問元謗望僧治何因言了結答能
謗意在治治擯唯僧力遂瞋暢思決言了便成犯
四分齊中以謗本為治言了未遂故答中上二句

明不待治由出僧力不由我故下二句顯從言了
遂瞋暢思顯示業成故
【疏】犯緣具八初是僧尼簡下三眾謗惱情微不廢修
行又所犯名輕能謗罪重故也如打奪上二則重下
三便輕可知
五中初緣正明二意初約惱輕釋不廢修行即是
惱微由是下位無大損故又下次約犯輕釋以沙
彌犯重通制吉羅謗吉犯殘義非便故如下舉例
打及奪衣僧尼同制
【疏】若爾不應隨舉僧同結一墮者答莫非違眾是同

所以大小齊結
次引難中初難以九十中隨舉比丘隨擯沙彌並
犯墮故答中彼望眾法不對人故
【疏】若爾違眾是一故犯同墮僧尼互相隨順亦齊約
眾罪分輕重者答尼隨有教可倚故夷僧則反前故
吉
次難中以尼隨僧犯夷僧隨尼犯吉亦同違眾不
當犯別答中尼倚教者以八敬中制恭敬故僧無
奉下故云反前
【疏】問何故謗同大僧打同小學者答打據位卑謗約

修行不同餘律打謗同罪

問打謗中謗既同僧打不當異答中初以義分不下簡部別

【疏】二雖是比丘要須體淨如戒本中非波羅夷下文說實則是開位又如出衆出房淨者犯故

次依古第二緣初師中初立義如下引證下文即不犯中戒本簡非不犯開實驗取境淨方入正犯又下舉例二戒並見九十準彼若破戒見威儀等皆不犯故

【疏】若爾何故律云彼人不清淨加謗犯殘者答云犯下四篇也

釋疑中初難引文頗乖上義答約下篇釋通不淨

【疏】若爾打犯重墮者答相惱約位謗就治罰故清濁須別

次難上簡犯重謗不成殘打同淨境故引爲並答文可解

【疏】又解謗不淨者亦成謗夫論衆法但取見聞故違見淨說言犯罪自惱惱他故清濁同罪不可如緣如初戒緣可有尼也戒本言非者據緣起說亦可就於謗情非想淨者何由加謗故也下云說實三根想實也故律云彼人不清淨不見彼犯故謗成殘如犯重打提之相

次師中初立理但取見聞者三根外淨不論內德不可下次釋妨有二即破前師所據初釋戒本文以沓婆清淨故牒入戒本至論後犯不必如文如初等者舉事以質誣謗沓婆比丘爲緣本不因尼及論後制則通尼衆顯知定犯不必從緣亦可就謗情者謂戒本所牒乃約能謗心不論所謗境下下次釋不犯文三根想實亦據能謗則無所妨故下引證彼不清淨明境穢也正據犯重豈止餘篇

不見彼犯謂三根淨也如下準例在前理違故作强釋於今義順故引爲據

【疏】上來解者相從出之然下如律遮法中云若遮無根無餘作者不成遮治其謗罪無餘是重作是會犯何得後言

今取中初科上二句結指然下引示則取後解如字寫多遮法即遮犍度則顯實犯但使無根即成誣謗故云何得後言

【疏】問若使所謗實不淨能謗謂淨解向他道不淨得犯僧殘者前境實非人心中作人想隨想而行殺應

得波羅夷若所殺實非人我亦所謗實不淨心中作
淨解我亦心中作人解若使淨想說不淨便得僧殘
罪亦應人想殺非人同得波羅夷若言謗他心是惡
望心故結罪殺人心極惡何爲非大重今反論相者
實淨想不淨向他道不淨此無僧殘罪實人想非人
加害亦非重此既是齊何故不淨淨想謗非人人想
殺結罪有輕重謗殺二相境心俱違有何義理因果
不等
並難中卽以殺戒境想相並大分爲二初約境差
順難又二初約境實難展轉二重若使下次約想

心難有二重今反下次約想差反難又二初引二
句理齊此下反難前不齊
疏 答謗就心虛爲義殺唯心境俱實
答中謗約心虛不取前境殺須俱實差則不成
疏 二作大比丘想三有瞋心四無根五乃至對一比
丘前僧祇若對所謗者前語語僧殘善見以瞋故不
現前重事謗得提六以重事七言了八聞知
後七緣中復列第二者顯前所立是今已廢但使
能謗無根不問所謗淨穢也五中乃至對一比丘
者此顯對說不必在僧僧祇對所謗前復加陵辱

語語僧制殘之切也善見不現前者或不對所謗
或不在衆中私屏泛說不爲僧治故罪輕降
疏 闕緣可解
闕緣反具故云可解
註 佛在羅閱祇尊者沓婆得羅漢已手出火光爲僧知事佛讚第一慈地衆中次得惡房又得惡食便令妹尼對僧重謗問取自言比丘舉過因制此戒
疏 就戒緣中沓婆得聖僧事第一者舉此知務難爲
周贍生下謗緣善見云此人是王子出家
戒緣釋沓婆中初敘謗緣難周贍者衆情各異多
所不足在聖尚然凡僧掌事是非毀讚故是常耳

善見下次述本緣論云沓婆是比丘名摩羅是王
名此王子出家故云沓婆摩羅子年七歲出家剃
髮卽成無學
疏 問無學之人何故修事答言無學者對治因患盡
故今正報未亡不妨修福爲除果業
初問中以惑盡果圓無所修故答中初釋無學因
患盡者集因已傾不受後有故今下釋修事除果
業者苦果尚存容酬往業故善見問云三業之中
學問坐禪營事何以獨修下業答此是前身宿願所牽故
曾於過去生居士家值波頭勿多羅佛時國邑人

二向佛讚

三向放光三 初向放光之意

民共作大會請佛大眾入國供養有一羅漢於大眾中處分牀席及諸飲食沓婆見已心大歡喜往至佛所白言願我後身值佛出家速成羅漢爲眾分布房舍飲食如今羅漢無有異也今得聖果酬往願故所以營事。

疏 問佛讚第一其相如何。答如見論云料理僧徒無乖別故。一切同業同行皆同一處。乃至無記語者。不修三業食已睡眠洗浴肥壯共論世語。亦使同住得在道門因樂道故得生天上。

次問前引佛讚但云第一未顯其相故此示之答中有二。初明能安諸慚愧同業同行者謂同學修多羅者則同在一處若學毗曇毗尼說法坐禪者亦爾多論云以其各有疑滯便咨問有處是以相近乃至下文明能攝諸不慚愧無記語者此句總標不修三業等即無記者共論世語即上語者準論作無業好語者或恐今文傳誤亦使同住者謂同一處得在道門者不棄外也樂道生天者不令墮惡也具此二能故讚第一。

疏 問既營僧事何用光者多論八緣一爲止後誹謗表無三毒故如佛爲女謗自說十力四無所畏故二

二向事亂有光

學問坐禪者見營事人喜生輕毀故出火光滅勝負故三爲折伏山林比丘高慢心故謂在城隍恆在事亂四爲現精進果報勵諸惰者故五爲增長施主善根故六爲現被謗心不退故七現僧有大威德分卧具者尚爾神力況餘大德寧不高勝八爲惜正業不全廢缺常在定心兼知僧事二俱辦故

三中初問以營事無故不當現通故問釋之多論八緣初止謗者恐人謂有愛恚怖癡故下引佛例者即婆沙云佛爲婆羅門女所謗故作師子吼自言我有十力四無畏十八不共法以表清淨二中學問恃解坐禪恃行謂營事者不如於己故懷勝負負猶劣也三中頭陀自恃少欲忽傲多事故四中精進果報謂行精進能感果故六中尊者被謗人疑心退故初六八是利己餘五爲他一一各有滅惡生善尋之可知

疏 又問光明神力入定乃知云何事亂有光明者論自解云一效諸佛二業報三禪定四龍力同是不可思議不勞問也二者此人利根當知事時或入或出其間駛迅謂是一心如人打鼓口歌二心恆別又定力暫住何足爲難如陶家輪也

次問常途通力發自定心管事放光事乖常故下引論釋即是多論初反問釋彼文通說四不思議今取一三可通來問效諸佛者以佛常在定不妨事用故禪定作用唯證乃知皆不可測二者下次承問釋復有二初中以雖同無學不無利鈍出入迅速如似一心利者方能舉喻可見準知鈍根則不能爾駛迅並速疾也又下次釋謂先入定放光雖出營事以先勢力光猶不滅故云暫住陶家謂土作者輪盤一發餘力自轉

【疏】慈地眾中得惡食者多云先力故業又於日夜無清淨心天龍鬼神與作因緣令其所得不如意故

釋慈地中引論示緣初是宿因又下即現業天等通力能見他心故令失所善見云由無福德故設遇善檀越請次及慈地施聞不喜敷床門外供設而已準此以言寧容妄動幽靈陰罰福德日消動不遂心皆如慈地矣

【疏】就戒本句分為七一是犯人二內有瞋心三出謗境戒本明淨辨相廣解互明淨穢四明無根五波羅夷者正重加謗六若於異時下自言虛相七若比丘下結罪

戒本總分中初二六並屬能犯中間三句屬所謗七示犯法三中點示兩處不同戒本明淨者云非波羅夷比丘故廣解互明者彼云沓婆清淨無如是事則是淨也又云彼人不清淨不見聞疑以無根謗犯殘即通穢也

【律】若比丘

【疏】第一可知

【律】瞋恚所覆故

【疏】二言瞋覆者以彼瞋恚覆於慈善不生故加謗也

第二句釋文中文敘瞋覆生謗之由瞋奪慈心義同於覆

【註】有十惡法因緣故瞋隨十事中以一一事而生瞋也

【疏】注解十惡法者有人言即十不善能為謗本故也

釋注古解十不善業但能起謗不能生瞋故所不取

【疏】今解云發瞋之本不過情與非情就情為言不過有三因緣一愛我怨家二憎我善友三及己身以此配於三世則有九也故經中說九惱處為種也加非情一故云隨十事中一一事而生瞋是也僧祇瞋恨通於凡夫學人若不喜者乃至無學

今解中初總舉就下別釋情中三緣初謂我憎他愛二即我愛他憎三即彼我互憎一切瞋境不出愛憎下指經中未詳何文而十誦云是人已侵我當侵我今侵我即今後句已當今即三世是人已利益我怨家當利益今利益即今初句是人已侵損我知識當侵損今侵損即今次句於彼生惱是名九惱非情一者通收一切不如意事後引僧祇以簡凡聖學人斷愛未盡容得有瞋不喜非使故通無學

律 非波羅夷比丘

疏 三非波羅夷比丘者正是所謗人也解如列句中

三中指如列句者前列句中亦略點示或指列緣句字誤耳

律 以無根波羅夷法謗

疏 四無根波羅夷法謗者明其重相也謗是戒本之過法是前犯重法此第五句也無根謂不見其犯也

四五中初科釋文中初通示二句謗下別釋初釋第五無根下釋第四且舉不見餘如注中

註 謂根有三見聞疑也見根者見犯梵行見偷五錢見斷人命若他見從彼聞是謂見根聞犯梵行聞偷五錢聞斷人命聞自言得上人法若彼說從彼聞是謂聞根疑根二種從見生者見與婦女入林出林無衣裸形不淨汙身提刀血汙惡人為伴是也從聞生者若在闇地聞動牀聲聞轉側聲若身動聲若共語聲若聞我犯非梵行聲乃至若聞我得上人法聲除此三根更以餘法謗者是無根也

疏 注解中止解第四句將解無根前釋有根無此三根故曰無根

釋注通釋中初文止解第四者唯解無根二字不釋餘文故將下點示注意對之可見

疏 問何名為根答論其謗相與舉無別實無聞見假以聞見而用舉罪即此聞見能為舉本故名為根

問立名中初問可解答中以謗本舉他令僧滅擯雖無見聞必須假託以舉他罪望能生舉故得名根故云實等假猶妄也

疏 若爾無見聞生謗何不名謗根答論謗瞋為根

轉難中初難對謗名根正貼今戒何須趏越對舉釋耶答中謗自有根故非謗根桒趏莫白切音陌越也

疏 難舉亦心為根答義實應通違根各別所以然者彼由見聞後能生舉罪心見聞作根故論謗無事枉先瞋後起謗故瞋為謗根

次難中舉亦別有根前義亦應壞答中初句縱次句奪所以下釋上三句釋舉根見聞後起心則顯心非根下三句釋謗根枉謂誣枉

疏 若爾無根是先有後起於謗心亦應無根為謗根

答。不同。不必無根而起謗。必由因根故生舉也。三中躡上違根生舉謗亦應同。答示不同。約必不必言。不必者非定有謗故。

疏 若爾自有根具不舉罪。亦應根具非舉根。答不同也。有根佛制舉。即根爲舉根。無根不制謗。無根非謗根。

四中。引不必舉難上必舉。答中顯異。約制不制。以舉是眾法。謗起私情故。

疏 問。三根中唯明見聞。不明觸知者。答觸就合中知。犯非合所委。可得加謗言嗅嘗觸彼耶。是故無觸根。

言知是通相。義須爲分別。若見聞後知。終是見聞攝。獨知無謗義。內心緣前知。此知有通別。犯非意緣知。此知不成謗。證境是弱故。若因見聞知。緣通見聞故。然犯是外境。故是通名知。

次問觸知。初問見聞觸知。觸兼嘗嗅。則攝六根。今唯舉二。故問明之。答中初明不立觸。合中知者。根塵相合方知覺故。犯非合所委者。人有所犯。鼻舌身根無由得知故。云可得等。言無此理也。言下次明不立知。初二句標示。知是意根。故云通相。若下正明。初三句約見聞知。此知從後起。還屬見聞攝。

獨知無知理。豈容有謗義。有作觸知非也。內心已下。次約內緣知。上二句總標。犯非下別釋。初三句釋別義。意緣而謗人無信故。下四句釋通義。緣通見聞者。意能通緣落謝五塵。故云通知。

疏 若爾小妄語戒何得有知。

引難中。以小妄戒云見聞觸知違想說是妄語。彼兼觸知。此獨無者。

疏 答。小妄中知不取外境。違心成誑。故有觸知。謗境不爾。必對犯論。故以通知強故成證。

答中。妄取違心。謗對外境。所以不同。通知即上緣

根之知。有根故強。可信故成證。

疏 若以觸疑重就犯論。故無有妨。如善見明了解云。就疑生根通於五塵。如見與女人出入林舍生疑。或隔壁聞與女人語生疑。或聞比丘體上有女人妝粉氣。或比丘邊得食有不淨酒肉等味。或闇中取與疑觸女手。因此五事不分明。故名曰疑根。

次科。初標示觸無決知。可從疑說。望前委釋。故云重也。如下引釋。二論並同。所以雙牒疑起於意。故通五塵。見聞生疑。自同今律。後三皆觸。是今所論。第列五疑。在文自別。

【疏】就三根消文中分三。初列名。二見根下。顯相。三除此根已下。釋成無根。

【疏】就顯相中。見根但三事。見疑唯婬殺。聞根及聞疑則具足四重。由妄非見相故。見根不言妄。盜非見疑了。文中亦不說。

次消文。釋第二中。初科。初通點具闕。疑根是一。從見聞生。故兼兩處。由下。示闕所以。妄是聲塵。故相不可見。見盜則非疑。故非見疑。

【疏】若爾。小妄語中見麤惡語者。答。此據當時眼見聞說也。

轉難中。初難。妄語字誤。合作小謗。即九十中無根僧殘謗戒。彼云見根者。或見與婦女麤惡語。或見自歎譽等。語既可見。與上相違。答中。謂眼見前人與女說故。不妨麤語自屬耳聞。不可互也。

【疏】問。但列見聞生疑。不明見疑生聞。及以聞疑生見者。答。見聞根不濫。如文不說疑。於犯有不了。故從見聞說。所以見疑不生聞者。聞本對於聲。見疑非是聲。以見對於色。疑本唯是心。並非耳所聞。故不得從見疑而生聞也。所以聞疑不生見者。以見對於色。聞疑非是色。聞者對於聲。疑者唯是心。並非目所矚。故不約聞疑後生見也。

次難。意謂三根合有互生。何以疑根獨不能生者。答中。初敘見聞能生疑。所以下。次明疑不生見聞又二。初明見疑不生聞。二明聞疑不生見。各有牒釋結文。以明根境不互。義不可立。尋之可見。

【疏】若爾。何故文云若從彼聞。是謂見根。答。此乃從聞說見根。非謂從聞生見根。以說者是本有。生者是後起。又聞通五塵。從聞通說得。

三難中。文云者。即注中結見根文。答中。初釋通從聞說見者。謂聞人說云見也。以下。辨異。說是本有

者。他人先見。因說始聞。故非生矣。上且釋文。又下出意。以從聞說見。即是聞根。聞通五塵者。並由聲說。故云通耳。

【疏】問。何為不說從見說聞根。答。見是局色境。聞說通諸塵。如上已為解。何迷而重問。

四中。承前答勢。故生此難。於義方盡。答文易見。

【疏】疏者言。十三殘中。古來諸師講至謗戒。以為難解。上雖舊有斯料簡相。故依而出之。律本列六心。以約三根。互為網目。諸師穿鑿。又加八心。諍競紛紜。何關罪聚。今疏所出。止取附事現行。自餘終古未見。故且

約略俗書猶云禮貴從俗易重隨時律緣人情也況
復出世正道當須研慮日新使有尺寸不可悠悠自
墜溝壑無始常習此生須分也
次結示中初敘古為二初指前所引律下斥彼妄
加三根各二故有六心一自見二從他見三自聞
四從他聞五從見生疑六從聞生疑諸師又於從
他聞見各生疑心故有八也何關罪聚者責其不
知宗也今下次顯今又四初示意附事現行即奉
持相自下二顯略終古謂後世俗下三舉況曲禮
云禮從宜使從俗謂先王制度臨事不可常定行禮當隨事所宜作使當隨俗所
尚易隨卦云隨之時義大矣哉王弼注云隨之所施唯在於時時異而不隨否之道也律緣人情者謂俗中法律重輕雖定及
乎判斷須緣人情緣謂詳察也上引三文以淺況
深當須適變不可同古廣張無益當下四誡勸初
二句勸修研慮謂準教治心日新謂精勤不懈有
尺寸謂智解無漫不可下勸捨悠悠謂心無所歸
溝壑即喻惡道無始常習指出病根此生須分勸
台截斷

律 欲壞彼清淨行

疏 文列欲壞彼淨行者述彼謗情瞋怒隆盛將事屠
滅故也
次釋謗情初科屠即屠殺犯重遭擯義同殺也

註 謂言眾僧滅擯此人我得安樂住

疏 注中所明若他樂自畜獸之相共陵踐也
注中畜獸相者尚非人行況學道乎

律 若於異時若問若不問

疏 若於異時下六明自言相也謗前首後非是一時
故言異也若問不問者問是佛問不問是自首也
第六中初釋文首字去呼言佛問者如注所引或
有不問而自首者故兩言之

註 佛勅比丘問能謗者此事實否若以無根謗他獲大重罪也

疏 注中所解可知獲大重罪者律中若謗行人一向
入地獄故言大重也
注中引律釋報重相不問淨穢但使謗他罪無輕
間故云一向也

律 知此事無根說彼比丘言沓婆清淨人無如是事

疏 知此事無根說者正是首詞非見聞也注中可領
次科非見聞者即無根也

律 我瞋恚故作是說由前次得惡房惡食懷瞋恨故便謗彼耳

疏 我瞋故說者既首須盡恐有蔽匿之愆也注中重

敍還述戒緣瞋本也。

三中首須盡者，自述本情，故蔽覆也。匿，隱也。

【律】若比丘作是語者，僧伽婆尸沙。

【疏】若比丘下，引人入罪聚也。

第七釋文可解。

【註】若以無根四事加謗，說而了了僧殘，不了偷蘭。若指印書使知相，了與不了，其犯亦爾。十三難事謗者同犯。除此非比丘法，更以餘無根法謗，隨前所犯。若謗比丘尼亦同前犯。謗下眾者突吉羅。尼犯僧殘。不犯者，三根說實，戲笑說，若疾說，獨說，靜處，及錯說等。

【疏】注中初明僧尼同犯相，後明三眾別犯相。就初又二：初明僧有成犯相，後明尼同大僧相。就初分三：初以四重謗，中以十三難，後以諸篇謗。文相未解，略以義分。

釋注義分中，次第三節，據合先分犯與不犯。

【疏】就謗覆說三種料簡：初謗覆說他，二自謗覆說，三僧尼互謗覆說。

料簡標中，謗通大小，罪分兩篇；覆說麤罪，同是單提。此三相濫，故須對簡。而又自他及互輕重不同，故列三門。

【疏】就前他中約相又三：初以四重，次以二逆，後十三難。

初科總分中，二逆即破僧出血，此入制科，故容謗說。

【疏】就初四重明謗覆說。問：約謗初二輕重罪別，覆說初二同結提者？答：謗就治罰為言，隨篇故有輕重；覆初二所以同犯者，重屏覆稀，輕露覆數，稀須輕制，數須重制，上下相就，故合一科。又云：初二護心義一，壞眾不殊，故同一墮。說初二同提者，以重稀輕數，同護外信，俗人不練輕重，譏齊，故同一墮。

明四重中，初問言初二者，即是夷殘。謗既兩別，覆說那同？答中初釋謗別，治既重輕，情容深淺，所以不同。覆下次釋覆說。初釋覆罪，二義釋之：初約稀數釋，謂重多屏造，知少覆稀；殘多露為，知多覆數。又下次約壞眾釋，護即覆也。覆過不悔，眾法不成，故云壞眾。二釋說罪亦二：初云稀數，即同上義；次護外信，譏無異故。

【疏】問：謗罪結三階，論覆結二品？毀惱諫等戒，約篇則輕重，何故同提耶？答：謗就治罪論，覆從壞眾說，輕重理須分。不同毀疑等，彼以汎惱，故當時不論犯。如罵車木師，可是對犯也。

次問中，初敘謗覆差別。謗對六聚，有殘提吉，故云三階覆對六聚則有提吉說麤亦同次難三戒混同即毀呰疑惱不受諫此三戒並通六聚皆共一提答中初釋謗覆如上已明不同下次辨餘三通是泛惱如下引事別證毀呰律出罵相云汝是除糞種竹師種車師種等造車即木師也

疏 次明二逆十三難者謗逆得殘教輕擯齊故也若實非比丘是有難者內無三根冥然著實則無謗罪容得小罪不同四重謗人體雖汙戒是比丘故比丘身上有難與未罷道謗亦殘也

次明逆難明謗中三初明謗逆教輕謂犯蘭也擯齊謂治同也若下辨謗難又二初明謗實犯輕謂先受不得者由無三根故獲吉罪不同下簡異對上可知比丘下次明謗實亦重即先受後難生者如黃門二形之類（與字錯合作而）

疏 說逆亦墮如舍利弗事證也覆罪同之若十三難實有無覆說過若虛便無可覆說也

次覆說中初明逆罪下引緣證律云舍利弗白大眾說提婆所為非佛法僧事舍利弗心疑即往白佛我當云何在白衣眾中說其惡佛言僧差故不犯是知不差說即成犯若下次明難事實則非犯虛則不成覆說據實思之可會

疏 二明自謗覆說初自謗無罪者謗他擯惱枉治犯殘自過倘覆豈輒言犯自覆吉者覆他過多有本故重自覆過輕無本故微自說義稀故輕說他事數故重

二明自中初科三位自別覆中有本者本即指戒以覆他自淨重制合露自覆已穢故不須制

疏 問前言自謗無罪今何自說得吉者答論謗在僧自故非犯說罪在俗未具招譏同故得吉

次引難中謗說有無理非所隱欲明教意故復徵之答文可解

疏 三明僧尼互謗覆者初明其謗僧尼雖殊枉治莫別俱廢正修同犯僧殘

三明僧尼互初互謗中尼是女流謗同僧犯故須辨之文中所敘同有二種一治擯同二廢業同

疏 說覆以論僧尼互覆罪無階降尼同類中自分三品

次明覆說互覆中初科罪同提吉故無階降同類三品者覆夷犯重覆殘犯提已下皆吉

疏 問尼說大僧則違敬法何故覆罪乃制提者答制

尼說過不對犯者。但明所隱同類便得。故不露罪情過得提。

釋疑中。說既違敬。覆不當制。答中。初明敬法不許對僧。但下次明覆犯自論同類。

【疏】互說之相準前可領。

互說中。僧尼互說同類自說同是提吉並無階降。故云準前。

【疏】注中隨前所犯者舉四篇謗隨謗分罪也。

牒釋中。初科舉四篇者除四重也。隨謗分罪諸提吉也。

【疏】問謗人惡說還犯惡說者。及上初篇還應大重。答。結罪分齊各有指歸。輕重有由階降論罪。小下無名止同篇聚。若還有者無窮之咎。

問惡說中。以能所犯同例上應爾。答文。初通示判犯不可一定。輕下次明前判三位不同。小下正答惡說同篇之意。

【疏】就不犯中言說實者有五。一想心實。二瞋境實。三前事實如張王青黃等。四三根非互實。五四戒不互實如十誦四重互說成謗。

不犯中想心實者意謂不淨也。瞋境實所對不謬也。前事實所見何等事也。餘二可解。具五則開。闕一成謗。

【律】九假根波羅夷謗戒

【疏】第九假根謗戒者。

第九假羊為見故曰假根。

【疏】此戒與前名同種別。此假異事有見根相。即此見根將以加謗。莫知本犯故成假根。若異事見向僧道聞。便是無根落在前戒。乃至餘根類此有無也。解制意成犯緣並同前。但假根為別耳。

簡異中。名同者並謗戒故。種別者無假異故。此下。

示假根。若下簡無根。餘根類此者謂見言疑。又聞疑為頭互歷亦爾。解下指前不兩繁故。

【註】佛在羅閱祇。慈地比丘見羊行婬。便言此羝羊者沓婆也。其母羊者即慈地尼。便語比丘。我今親見。非前無根。比丘詰問。便自臣伏。舉過白佛而制此戒。

【疏】就戒緣中。初明羊婬妄可相似。便語比丘我今親見者。對前無根已被殘罪。今似有根定非濫故。

戒緣中。初敘起謗。對下次出謗情。注云羝羊謂雄羊也。

【律】若比丘以瞋恚故如上所說。

【疏】就戒本中。七句如前戒說。

戒本指句如前者一犯人二瞋心三謗境即異分等四無根五正重加謗六自言七結罪

律 於異分事中取片

疏 就第三句言異分者善見云以羊當人是名餘分事相似故十誦云犯初篇中一一戒非比丘失比丘法故言異分不異分者不失比丘法故片者諸威儀事也約四分中如論釋好所言片者人畜乃殊欲義非異故以彼相用同此犯片非有乖故曰取片

釋異分中初科前引二文善見所釋頗符四分次引十誦欲彰部異彼以四夷爲異分僧殘已下並

名不異分諸威儀爲片謂於四夷中取少乖威儀事而興謗也約下次明今釋初釋異分指前見論次釋取片片非有乖非猶無也

註 異分者若假異罪異趣異人若本在家若假響

疏 注中解異分者並非實犯假餘相謗故曰異分約相有五言假罪者見犯六聚以初聚謗或七聚通犯想無故謗或違想故謗同犯殘也言假趣者如緣起通之言異人者謂見比丘與所謗者名姓相同以彼人犯用謗此人也言若在家者以上罪趣及人增謗其犯及論據刻乃是異身故非舉謗便就所謗緣身搜求知本在俗有諸重罪即以加舉僧又覆檢身雖非外罪是異時又治其謗故下又引假響即時俱非本犯雖聞何益

釋注中初通釋約下牒釋異罪中三初犯六聚者謂不犯夷即體淨者二三通犯即是體穢想無者實犯謂淨也違想者實重謂輕也異趣如緣者緣起因羊餘趣例準異人中名姓相同者律云不清淨人與清淨人相似名同姓同即以此人事謗彼也言下釋異時初明究勘三皆非已故曰異身便就等者出彼轉謗律云若見聞本在家時犯婬盜

等便言我見彼犯僧又下釋假響初明再刻身雖非外非異人也罪是異時道俗隔也又引假響者示彼重謗即時非前異時也律云比丘自語聞響聲犯婬盜等便言我聞彼犯假事與謗不出此五知機立教曲盡凡情

律 非波羅夷比丘以無根波羅夷法謗欲壞彼清淨行彼於異時若問若不問知是異分事中取片是比丘自言我瞋恚故作是語者僧伽婆尸沙（辨相開通並同前戒）

疏 非波羅夷下釋同前戒引用同解

指餘中分句釋義並同前戒

疏總解諫戒四番不同。一十三同篇而諫不諫別。二諫有所爲廣明破僧。三破僧是同而立兩戒擯謗拒僧唯獨立。四違僧諫同罪有輕重。

釋四諫戒總解四章。

疏初明同篇諫不諫別者須諫五意。一性惡。二顯露。三惱僧。

初章列五意中初業重。二公白。三攪衆。四抵突。五自是。已前九戒雖有不具必具此五乃作法諫。初三可解。

疏四倚傍有濫。前之九相條然是非更無有濫傍倚

聖教過顯羣心何須設諫。後之四戒皆有倚傍理行二教是非交雜眞僞難分迷情墜惡事是可愍故須僧諫開悟迷途冀彼棄惡從善捨邪歸正。

倚濫中初科初敘餘戒後下次明諫戒。又二。初明倚教之過佛法皆能詮理起行故云理行或可八正爲理教四依及餘爲行教。故下次明設諫之益

疏就明倚傍各有所由。如破僧者則傍四依八正助破則傍有善斯從擯謗則濫同犯已悔拒諫則制無德不須各至本文重爲述也。

次科初二句通示如下別顯提婆傍佛四依八正立邪五法以勝於佛。助破者謂是從善反云此比丘是法語律語比丘。擯謗者見同犯已悔而不治罰故云有愛等。拒諫者謂律中非法無知不應訶諫故云莫向我說。

疏五明堅執不捨者。問若以堅執故須諫者。如下言諍始從一人乃至多語何爲不諫。答今立諫者執據教事影迹有濫縱而不諫便作大過是故須諫。言諍執教據理非犯以教制之不勞諫也。

五中問意以七滅諍中言諍亦是邪正各執那不設諫。言諍有三品用現前多人語毗尼滅。下品用

三現前一人。二法。三毗尼。中品五現前加僧及界。上品用五現更加多人語。始終一人即舉下品之初多人語即上品之末故云乃至。答中初明四諫作大過者前二破法後二壞衆。下明言諍據理謂非影濫非犯謂無大過以教制者即毗尼也。

疏僧祇疏加違有所防。或以輕遮重以重遮輕。

次他宗中彼疏解律五義同前復加此一。或下二句釋上違防以輕遮重前二爲防破僧以重遮輕後二爲防毀犯。

疏上之九戒互闕不同至時引出。

結顯中四五二義九戒通無就前三中漏失等四並是性戒止有初義媒房並遮不具初義而媒有顯露房兼顯惱二謗具三於義可見文令引出故此略示

疏 又有人言夫諫所爲者有二謂人事也事又有二初未成事如破僧未竟二已成事謗僧已了諫表無愛

次明二義事中未成攝二破已成中謗僧已了者止是擯謗義收拒諫由先拒僧後加諫故

疏 爲人與諫亦二初言對此人爲息外化不即爲此

人破僧初句非法想破非法想說二言對此人即爲此人破僧心迷諫悟捨故

次爲人中唯簡二破初即正破言對此人者謂律中說爲提婆制此諫法然彼邪心已決非正所爲故云不即爲此人也破僧下引證破僧犍度有四句今用初句彼云若比丘非法言法堅持此法破和合僧彼自知非法想破便作非法想說言此是法是毗尼等如此破者一劫受苦也此證提婆心決非諫法所被也(餘二句如律)二即助破諫法正被故云即爲此人也破僧下引證即第四句彼云非法說法想說法想破如此破者不受苦此即心迷因諫方曉此證伴黨正是法所被也

疏 次明第二破僧義者如來一代有斯化迹欲使邪正分途福道路別故示教迹致斯不同遺法同遵求異難剋無由得有破輪之理戒本雖列相從說之至於犯諫萬年無幾而世講者不畏死至隨相廣誦云余宏博不知徒說損費精靈故須舉要識相知境既不失功由削繁故四門分之一明破僧名體差別二羯磨法輪相對明破三明破僧時處四明二逆因果最初二義

第二破僧義敘意中初至無幾敘教意初二句示教起之始欲下顯權巧之意邪正分者由彼破僧始分眞僞則使俗人知敬而修福僧徒歸正而修道故云福道路別也遺法等者爲絕後世邪惡不起即法華云又現邪見相方便度衆生是也戒本等者顯遺後所以相從出者非正要也萬年無幾者言其不多而世下次斥繁廣不畏死至者廢棄光陰故隨相廣誦者耽著世論故云余宏博者逞弄我能故精靈即心神故須下列章言舉要者去閑緩也識相知境令易曉也不失功者無虛廢也

由例繁者顯今益也。

疏 初明破僧名體者，僧者西音，東華所翻名和合眾。具於理事，破方成逆。何以然耶？是僧故即事和，是寶故是理和也。

初門釋名中，初科。初翻名，具云僧伽，準羯磨疏單翻云眾，和合二字乃是義用。今釋破僧，欲明所破。且從舊譯，各有其致。事和謂六事同均，理和即證理無二。何下，即用僧寶二字以分兩和，於義甚顯。凡聖以論，凡唯事和，未見理故；初果已去，則兼二和。聖人證理，不違事故。

疏 摩得伽云：捨八正學餘道，是輪壞；同一界各羯磨，是僧壞。據此以言，說破僧者必約羯磨法輪，用分業也。

次科，伽論中，初引文，輪壞即破理和，僧壞即破事和。據下準決，破羯磨犯輕，破法輪成逆，故云用分業也。

疏 據律破僧亦有二種：一破行輪者，佛說四依資成斷業，乃說五邪，亂佛正教，故文云：今斷我四聖種。又云：二事破僧，妄語、相似語也。二破眾輪者，本是一和，今分兩別，說戒羯磨，同界各行故也。故文云：二事破僧，作羯磨、取舍羅是也。

本律中，初總標亦有二者，行眾二輪即是理事。一下別釋，行輪又三：初示輪，四依道緣，故曰資成；破惑證聖，故云斷業。乃下明破，故下引示。有二：四聖種即四依法，糞掃衣、常乞食、樹下坐、腐爛藥，聖道由生，故云聖種。提婆立五法，破上四依。律云：提婆告三聞達多言：我有五法，亦是頭陀勝法，少欲知足樂出離者，所謂盡形壽（貫下五法）乞食、著糞衣、露坐、不食酥鹽、不食魚肉。我今持此五法教諸比丘，足令信樂。又下律云：佛告優波離，有二事破僧：妄語、（五中後二，提婆自制）相似語。（五中前三，濫佛四依）次釋眾輪，初標示，說下，正明。初句示輪，下句明破。故下引證，亦是告波離文。羯磨法別，舍羅翻籌，即是事別。此二既別，六和乖矣。所言輪者，摧碾惑業，故得名耳。伽論局理，律通理事。又理中論據八正，律約四依。四依道緣，八正道因，兩文互出，義必相兼。

疏 上顯兩僧如何言破？亦無別有破，以八正四依成僧之法，差此惑亂，應悟不悟，故明破也。又此羯磨說戒是御眾之法，同界各行，互不相成，故明破也。

三中，初總徵兩僧即理事也。亦下別釋，初明破理和僧。又下次明破事和僧。
疏二明體者。有云僧和以非色心爲體。律中約相全無出體。以委論故。如律云僧者四人若過也。僧義如删補羯磨疏中廣之。
二明體中。初引示。非色心者即目人假是非二攝。律下指文。初示意。言委論者即上所明出成論故。如下。正引僧義。下指略。彼有五家出體不同。今當第二是彼正取。餘四不引。須者自尋。
疏二明破法差別。先定輪體。後對論破。初明法輪二種。一行。二教。所言行者。無過八正。用譬世輪。語業命

三以爲戒轂。見思二正以爲慧輻。念定二正以爲定輞。方便精進爲轉輪人。若依修行出生死道故名行也。
第二對明。正體中。初科三。初標示。開三學爲八正道。一切行相無不攝盡。故云無過也。用下喻顯。世輪轂在於中。衆輻所湊。輞在於外。圍於衆輻。即喻戒是定慧所依。定是慧之外護。若下三結合。
疏二就教者。本是一和。今分兩別。以如來法輪化被三千。該通道俗故也。是以調達唱說五法是四依非。乃至地神天神唱告三千世界禪誦不行。如鼻奈耶云。諸佛常法食時僧壞至暮還復。中間天人無悟道者。天地闇冥。若暮不和天地翻覆故。
次科。初標示。以下正釋。又二。初敘佛法輪。是下明提婆反破。初明破法。乃下示破境。如下明破時。諸佛常法者決權疑故。中無悟道即破義故。
疏第二相對明者。有九不同。
次對論中。前約行教通明二輪。此用九義對顯差別。
疏初就人明破者。羯磨爲言通僧及尼俱有破義。法輪一種唯據比丘。餘衆不可故。尼是女報號佛無信。

三衆未具。不合羯磨也。
初人中。羯磨通二衆。法輪局大僧。女人有五礙。不得作輪王釋梵二天王魔王及佛。所以尼女號佛人無信者。下簡三衆。二破俱塞。
疏二假佛明破者。若破羯磨不假自號爲佛。又佛不入羯磨僧故。若破法輪必須僞佛。以僭敷化故。雜心云。族姓端正持戒多聞辯才。見行增上惡希望故。非愛行人易輕動故。智論云。我三十相減佛無幾弟子未集。若衆圍繞與佛何異。思惟破僧自稱作佛。
二中。羯磨攝僧法故不假佛。佛在應供僧故。不入

羯磨法輪競化故須假佛僭謂下位僭越於上雜心下引證初列五德族姓者同釋種故端正者有三十相故餘三可知彼文續云彼自立爲大師故犯戒者非能壞也見行等者此明提婆具上諸德令諸比丘樂慕受化彼論先出偈云大師及是道諸比丘異忍破壞和合僧所謂見行壞解云謂比丘起如是惡希望提婆達多是我大師非瞿曇彼所制五法是道非八正（此釋偈上二句）當知是壞僧（釋第三句）又問何等人破僧答所謂見行增上者見行人壞僧惡希望故非愛行人易輕動故（此釋末句）今詳內外

兩凡具見惑者名見行人又內凡尚淺故云增上初果已去未盡思惑名愛行人聖人證眞不可輕動故云非也即下云凡夫輕躁易可破壞是也智論即提婆自謂三十相者唯無足下輪相及無見頂相耳十二遊經云調達四月七日食時生身長一丈五尺四寸等

疏 三就數明破者羯磨下至同界八人別行衆法彼此不成僧不得益故云破也言法輪者下至九人所以須者故調達邪佛替正佛寶所說五邪替正法寶三聞達等替正僧寶故能破五人一佛四僧所破唯四故九成破所以如來不入十數者俱舍云破在別處不得親對世尊一以如來不可輕逼二以言教最可信受故雜心云大師在衆中彼無威光故

三中羯磨八人者兩處各成衆故彼此不成者互望別衆故法輪中初標徵故下列示初出能破主及四伴通爲五人由非眞佛故在僧數一佛下示所破法寶可知文中不列師徒五人而言四者佛寶位別故不在數故能所十人但云九耳所以下徵示眞佛不入之意俱舍破在別處者以對能立所故云五人及論正破不在佛會如下文說破在

伽耶輕謂輕陵逼謂逼惱言教可信者若在佛所必受佛化破不成故下引雜心共成三意

疏 四就界內外明者羯磨僧破要在加法界內兩衆別行不通界外法輪僧破初秉法時唯在界內後破行法通界內外

四中羯磨一須加結二局界內法輪中初秉法時者以提婆先自布薩破羯磨僧故須局界後方行化則不定處準下先在王舍破行後於伽耶壞衆與此不同今詳破衆已後行化未息故云後耳準知前後皆通內外

疏五就凡聖二僧明破羯磨破者眞俗俱能聖人事迷容生別衆非法故也法輪僧破唯俗諦僧聖人識達必不從化故成實云凡夫輕躁易破可壞若得世間空無我心尚不可破況無漏也

五中眞即四聖證眞諦故俗即兩凡具煩惱故法輪中初正明故下引證世間空無我心即內凡世第一人分見空理者則知爾前猶可破也無漏即初果

疏六就方明破者羯磨所破通三天下破法輪僧局在南洲故雜心云三方有八羯磨壞閻浮有九法輪壞也

六中羯磨不對化主故通三州不通北州法輪對主唯局南州不通三州下引雜心證上通塞八九並約人數如上可知

疏七就時明破者羯磨通於三世法輪唯佛世故彼論云牟尼般涅槃未結界前後息肉未出時文無第一雙如是六時中不名破法輪

七中初科羯磨通現未法輪局現在彼論亦即雜心偈中通明六時正用初句證成上義眞佛既滅無可競化故不通滅後未結界者以破法輪必兼羯磨非結界地羯磨不行故未立結界則無破僧前後如疏自釋息肉未出者準俱舍解於正戒見未生破毀時也即以息肉以喻毀破息合作瘜謂臭肉也第一雙者雜心云未建立第一雙準阿毗達磨解未立止觀第一時謂止觀二法名雙超諸法門故云第一由立止觀令衆修習識別邪正必無破僧初後三句各明一時第二句含三時故結云六時

疏所言前後者昔人約破僧以分前後無第二破故若爾何故破僧通於季代答唯可方便終非究竟

次科昔解中初牒文昔下正引彼以正破爲中未破爲前破已明後義非再破故云無第二也若下釋難可解

疏俱舍中解前後云初者轉法輪未久後者將般涅槃二時大衆同修一味無破者故

次引論中即以鹿苑初成爲前鶴林將滅爲後若爾與昔解何別學者詳之須知有別

疏八就罪明破羯磨破者輕蘭非逆法輪破者重蘭得逆何故不同多論有九一以正破正法輪以邪破正二但失事益損微過輕法輪破者失理解故重三

弟子破師故重同徒相破故輕四但破行者輕理行俱破重五唯損出家輕道俗同損重六羯磨但情乖法輪情法失七羯磨二眾離法輪七眾破八羯磨定不破法輪法輪喜破羯磨故重九羯磨唯損僧法輪通三寶故重以偈束曰非正理事師從別一教二教道俗離情乖法乖二七眾定喜三寶一寶持

八中初明異羯磨但違制教法輪制業俱犯何故下釋異所以多論九義對明重輕文或不具一一宜以羯磨法輪標其上並用故輕故重結其下又唯第三上重下輕餘并上輕下重一二四八並約

法論而有邪正事理之別三五及七並就人辨須分師資道俗之殊六及後九則兼人法宜辨人情三寶之異後偈收束臨時配對攝繁從要照對易明有本除去未知何意

疏第九明報有二不同破羯磨僧不墮無間破法輪者以成逆故生報阿鼻一劫受苦如成實云不但破僧若言無罪福供養善人父母無報令多人作不善業又如邪人害正見者故謗聖人又殺聖人等事重心重如此諸罪皆墮阿鼻

九中初羯磨犯中品蘭故非無間準雜心論墮號叫地獄法輪三種定一生報定二阿鼻定三一劫定下引成實通明無間文有三節初即撥無因果二即執邪謗聖三損害福田又如僧祇毀犯四重并無間業請觀此文自撿行業日用所存寧不畏慎

疏第三破僧時處初破僧時倣佛二法用擬邪化一立五邪以為行法替正四依二立非法羯磨以為眾法替正羯磨所以王舍城時忍五法者止是破行後至伽耶羯磨說戒方破眾法始是究竟破法輪僧

第三時處正明中初明立法行法被自行眾法為

軌眾且依律示論中八正道亦行所收所以下示時處王舍城即遊化之境伽耶山乃住止之處方志云伽耶世謂靈岳亦云象頭山提婆始於王舍行化有五百新學比丘信受五法隨往伽耶布薩二法俱破方成破僧

疏故僧祇云調達向伽耶山佛喚不得便作羯磨為後世名譽乃至三喚云我已說戒竟佛言非法人已作竟如法人自作布薩便說清淨如滿月偈等以此文證破在伽耶

引證中佛喚者如來遣阿難往喚

三問答

四二逆因果最初 三 初標

二釋 二 初明出血罪

二初昔解

二今解 二 初正明

二釋難 二 初有犯名淨難

疏 問。調達說戒如來僧等同界何得成者。答。一破已後兩不相足。如拘睒彌說。

問答中由不相足不妨同界各自成法。如下引例。拘睒彌說即律犍度彼明拘睒彌國比丘鬭諍破爲二部各自說戒佛判成法彼是非異見猶不相足況今邪正兩分不復疑矣。

疏 第四明二逆偷蘭因果者。如昔解云出血偷蘭是方便以殺佛不成故而是最初以智論云多聞持戒九清淨人得破僧者若是第二何名淨也。

第四出血中昔解方便則與今同判爲最初則與今異彼據智論既云清淨豈非無犯。

疏 今解不爾五逆之罪犯則無初外道犯逆即滅擯也。

今解中初判定外下引例緣出受戒十三難中制教開初業道無初外道犯逆受已滅擯顯是業道何得有初。

疏 若爾無初云何出血方始破僧而名清淨者。答。於擯罪無違故云清淨。

初難中通前智論業道雖成逆制教是方便故不違擯法而得名清淨。

二救餘無破難

二破僧因罪 二 初定究竟

二明第二 二 初正明

二例難

疏 若爾何故雜心云若犯餘無間不得破僧。答。謂未受前而犯三逆以受不得非比丘故出血偷蘭可懺淨故。

次難以無初成逆違心論故。答中三逆即殺父殺母殺羅漢釋上餘無間也逆業障戒無破僧理蘭罪可懺故稱清淨。

疏 破僧偷蘭是究竟非方便故以本心規奪徒眾壞僧斷法歸從己見暢滿心腑更無進趣故果蘭罪

次破僧罪初科初判定以下釋所以偷蘭因果各有三品此中二罪並是上品。

疏 是第二者過狀顯彰佛自訶責重罪一劫因果既明故違而犯如見論云破僧無最初以違佛諫故

次第二中初義判佛既訶諫即同先制故無最初如下引證於理顯然。

疏 問破僧是第二違諫最初者即僧諫中訶云不捨得重罪者應亦第二同佛諫故。答。破僧者所諫事也諫時諫破僧作時作破僧故知破僧是第二諫時不諫於違諫故違諫僧殘是最初大能解也。

次難中破僧逆蘭則無最初違犯殘諫即開最初故引爲難僧諫佛諫既同有初無初何異答中佛

諫破僧則諫犯不別僧諫違諫則諫犯不同僧亦諫破僧彼犯由違諫故也後句稱美必引他文

疏 問比丘逆罪是有初否 答無初也初對佛教逆非佛教

三問答中初問答文判罪極明以開初無犯並約制教而論五逆之罪自據業道而辨今明比丘犯逆制教則三夷二蘭業道則通歸無間犯制教則依法治擯違業道則一劫沈淪懺制須準律宗悔逆自從大教若茲以判罪相天分前後教門不復疑矣

疏 問同是逆罪諫有無者 答破僧倚傍須諫使分餘無濫故不須設諫

次問以五逆中唯諫破僧故 答中餘四殺逆故無所濫

疏 問俗人犯逆有初以否 答無有初也既是生報之罪無出家修道義也

三問俗人無初如前已示欲生下難故復問之又復此據來投受具望在俗犯以為初耳 答中是生報者示障道所以

疏 若爾何故涅槃阿逸多犯三逆佛聽受具者 答猶自無初望諸比丘不許度故焚燒僧房值佛法王不同常教

引難中阿逸多殺父害母殺羅漢來投出家諸比丘不許度便欲燒僧坊佛開為受既不障戒則似開初 答中比丘不許即是無初緣難暫開故非常教

疏 大門第三俱破分二戒餘後單立一者 答破僧事大立主假伴諫主不捨故立初戒當諫主時伴助勸僧即便諫伴由不捨故立第二戒餘後二戒一人獨辦不假主伴故無兩戒

第三重單中初標徵此明四諫破僧分二擯謗拒諫各一單兩不同故此辨釋 答中初敘破僧立二所以一以事大二兼主伴後釋餘二異上可知

疏 大門第四同違僧諫齊如此四戒九十一墮得罪輕重舉不舉者

第四標中違諫五戒四殘一墮輕重不同此一異也又犯殘不舉犯墮須舉此二異也

疏 昔解云云何由披出今直據理隨事重輕故分輕重如殺盜媒長乃至眾學豈非事之大小耶

釋輕重中初科初斥古義鈔引云一解今此四戒

皆倚傍行教言說相濫朋黨相助事成破僧前二壞法輪後二壞羯磨等說欲不障於理教有違僧法無濫又復口說未犯根本所以事微故結提罪此所謂云云也披分也今解中初立義如下引例隨事重輕義通一切故總舉諸戒也

疏問若隨事大小故違諫罪有階降者我未諫前亦應隨事不應同吉答諫諫元事不諫罪何妨說事有輕重

釋疑中初難由此五戒未作白前堅持不捨並犯吉羅若云隨事合分階降答中但分所諫有別而未盡來難留在下科

疏若爾不同何因皆吉答大有道理稀數不同事大作稀事小作數是故俱吉諫本依事隨事大小如前解也

次難答中論犯自緣稀數據事何妨重輕

疏問對舉以論何故彼有此無者答九十諫竟便即出舉者為明能隨舉人有同犯故若不出舉無由得結能隨之過此四諫竟若有不見亦合作舉以隨不見但得吉故既不同犯不勞須出

次舉不舉問意可解答中初明後戒有舉以隨舉戒相連次故次明四諫無舉論舉有三一不見舉二不懺舉隨順此二犯吉三惡邪不捨舉即說欲不障也隨順犯提今此四諫舉唯上二隨但輕吉能所各篇故不同上

律十破僧違諫戒

疏第十破僧違諫戒意亦有四言制有三所以不聽破僧者僧眾和合義無乖異理應詳遵如水乳合今反倚傍理教說相似語惑亂羣心壞僧斷法墜陷無辜為惡滋甚故須聖制意在於斯

第十制意中初科初敘僧義詳謂審其邪正遵謂稟其法制今下明破義文敘四過一倚教二惑眾三滅法四損他具上諸惡故云滋甚滋益也

疏二須諫意然彼邪人倚傍佛教乞食等四生聖之緣趣道遠因說緣為種正語等八生聖之因趣道近法正為聖體稱法而談名為正見邪人反說顛倒教理是非兩濫言同意異真偽難分迷情墜惡實可憐愍須僧設諫開示是非冀彼改迷從正棄惡就善是以須諫意在於此

次科三初敘法輪邪人下次明破滅顛倒教理者業疏云彼以八正為緣四依為因五法倣同四依

又並制盡形，出過四正，故云是非濫也。須下正明立諫冀望也。

三結罪意

疏三結罪意。然彼衆僧詳心設諫，明顯是非，開示令捨，而專執己見，不肯從勸，違僧命重，情過得殘。

三中初濫設諫，而下次明違犯。

二釋名

疏二釋名者可解。

釋名中破僧是所作事，違諫即所犯過，二並所防，戒是能防，下例此釋。

三具緣

疏三具緣者有五。諫不虛設，必有所爲，所以第一明立邪。三寶作破僧事，邪三雖立，若不行化，無容設諫。

是以第二立邪五法，行化於時，化而不諫，或諫不成，本無其罪，故次第三如法設諫。諫雖如法，聞諫順從，亦無其咎，是以第四聞諫不捨。事雖拒諫，若諫未竟，不成彼罪，故須第五作三法竟。如此生起，類通諸戒，上來大繁，下去無也。

具緣中五次第相生，以彰教意。

四闕緣

疏闕緣不須，事稀故削。

闕緣削者，準上緣成，自可通曉。但五緣中備具名成，少乖號闕，則前後諸戒無不解也。

註佛在彌尼樓國，度八釋子，詣瞻波國，並證增上地，唯提婆達得神足證。佛還羅閱祇，提婆教人害佛，事發，惡名流布，利養斷絕，便別衆食。爲佛訶責，因即破僧，舉過設諫，而制此戒。

二別釋二　初戒緣

疏就此戒緣，初明八釋出家，提婆神足證者，爲取此人爲諫事主故。次明別衆食緣，分屬九十，文相可解。

別釋中戒緣二段。初釋出血，但出其意，即注中初至斷絕一段文也。八釋子皆如來宗族。提婆是斛飯王子，佛之堂弟，梵云提婆達多，或云調達，此翻天熱，生時諸天心熱故。餘人皆證增上地，即初果也。唯提婆爲利養故，詣佛求學神通，佛不爲說。復至舍利弗、目連，乃至五百弟子，皆不爲說。阿難是親，未得他心，授與通法。提婆入山，學得五通，教闍

王殺父，語言：我作新佛，汝作新王，豈不快耶？佛還羅閱祇，即王舍城，提婆遣人害佛不遂，乃自推山石壓佛，密跡金剛以杵擬之，碎石迸來，傷佛足指，是爲出佛身血也。次下釋破僧，以別食爲始，分屬九十者，後別衆食亦由此緣。

二戒本二　初總示

律若比丘欲壞

疏就戒本中三雙一隻也。謂諫所諫人、諫所諫事爲一雙；二彼比丘下，屛諫拒屛諫爲第二雙也；三彼應三諫下，僧諫拒僧諫爲第三雙；末有僧殘，是一隻罪也。一切諫戒，例皆準此，若解分齊，無由混亂。

次釋戒本總分中。初標，謂下釋三雙者。初是所諫，餘二並能諫，屏諫旁引僧諫正被。一隻即犯科二切下。點示類通諸諫不復分也。

疏 就初若比丘者拒諫人也。

釋第一雙拒諫人，即此戒犯人也。

疏 欲壞已下諫所爲事分三。欲壞和合僧者明始心也。方便受壞下立邪三寶也。堅持不捨者行化於時也。就初又三。欲壞者出破正之道理也。和合者明正法也。僧者所破正人也。具此三故成前逆蘭也。

次所諫事釋始心中。初科破正道理，即九邪法。

註 言破壞者有十八事。法非法、律非律、犯不犯、若輕若重、有殘無殘、麤惡非麤惡、常所行非常所行、制非制、說非說是也。

疏 就解初句出道理中，律但言壞，注中廣解。初言破壞十八事者，明彼邪人方便立法，正衆須分，共有十八也。就中九對，半有如非，論中廣解，何得隱略。

初句中，初科十八法中，九正九邪，故云半如非也。論中即下多論。

疏 一法非法者，多論云：八正眞，軌生神解，是趣道近因，名法。彼說爲非。五邪不能生解爲非，彼說是法。

牒釋中，初對，八正眞正故非邪，眞故非僞，軌謂軌範行人，神解即心慧。

疏 律者，八正眞能調身口，離於七非，稱律。彼謂非律。五邪反前，彼說爲律。了論解五正道分是法，五邪道分非法，彼說反前可知。三正道分是毗尼，三邪道分非毗尼，彼說反之可知。

二中，初約義釋，次引了論，即離八正兼釋前科。語業命三爲毗尼，餘五爲法。

疏 多論所云犯者，不剃不翦，佛制有罪，名犯。謂有命若不剃翦，說爲不犯。言不犯者，心念作惡，雖未身口，理違惡微，不制有罪，說爲不犯，謂說心起三毒最

是過本，反說爲犯。了論云：罪者過如來所制，非罪者順如來所立制故。

三中二，初釋犯，髮過半月不剃，爪過一麥不翦，并吉。彼謂繫屬人身，生長不息，即同有命，翦除成損。不翦無害。言下次釋不犯，意地心念，小機不制，彼不知機例，說爲犯。下引了論，與上小異，彼名罪非罪。過佛制是罪，彼說非罪；順佛制非罪，彼反說罪。過字彼正作違。

疏 言輕重者，多云：犯遮惡者爲輕，謂見壞葉墮龍便謂一切草木皆重。重者，初篇業思一形，永障爲重。謂

見先作無犯便言婬盜俱是輕也。
四中。初科。初明輕說重。彼見壞葉墮龍者。即伊鉢羅龍曾斷伊羅葉今受龍報故。次釋重說輕。彼謂四重並開最初故。
疏了論云。輕重兩相各有二緣。由於罪制各有四句。一由罪重不由制重。如殺畜生性罪故重不在前二。故非制重。二由制重不由罪重。如殺草木非後二篇名制重體遮故罪輕。三由罪重亦由制重。如初四夷。是性罪故罪重即初篇中制亦重故。四不由制重不由罪重。如眾學戒是遮非罪重末篇非制重。輕有四

句。比前反取可知。
次科了論。即約業制相對互織為句。初出重句。輕下例出輕句。應云一由罪輕不由制輕。二由制輕不由罪輕。三由罪輕亦由制輕。四不由制輕不由罪輕。還約上戒反對配之。此明佛制輕重之相。彼於諸句一一反說耳。
疏有殘無殘者。多云犯下四篇非一生障名曰有殘。調說無殘。若犯初篇永喪道芽則名無殘。調說有殘。
五中。初科多論可解。但明相反不出其意。
疏了論解云。正量上座二部所釋同上多部。云七聚之戒從下第七上至第一。若犯第七名無殘。上六不犯名有殘。乃至第二篇犯者。下之六聚名無殘。雖未並犯即兼破義。上之一聚名有殘。若犯第一隨一戒一切諸戒並無殘。
了論中。初指三部義同。云下復加細釋。前對五篇此約七聚。乃至者合云若犯第六。下二聚名無殘。上五名有殘。第五第四第三並以下為無殘。上名有殘。上必兼下下不通上。此明犯下六聚通得有殘。若犯初聚一向無殘。彼並反說如上已明。
疏問。犯一重戒止於餘聚種類可破。自餘三重不可

兼犯。云何一切名無殘耶。答。如人四處不可損傷一即死不待餘處。重戒例之。
釋疑中。以下諸聚總歸四重種類相通可有破義。理無通該異種之戒。答文亦出多論。四處謂腦咽心腰也。
疏言麤惡者。如母論云。初二篇方便若身若口無慚心故。犯濁重偷蘭名麤惡也。非麤惡者彼逸提下及餘偷蘭也。彼皆反說。
六中。初科母論除前二篇就後五聚以分兩別。
疏了論解云。言麤有二。一意二罪。翻此罪麤意麤有

八制非制

七常所行非常所行

四一邪見撥無因果二不信苦樂等報三放逸不愛惜所受戒縱意造惡四濁重貪瞋癡也次用四句分別一由意麤不由罪麤若由四意殺草木等二由罪麤不由意麤非前四意殺畜三由意麤亦由罪麤用前四意行殺等罪四不由意麤不由罪麤離四意殺草木也非麤亦四一由意非麤不由罪非麤二由罪非麤不由意非麤三由意非麤亦由罪非麤輕爾損草木四不由意非麤亦不由罪非麤重心殺生者

次科初總示二麤翻謂翻對意麤四中初二相濫

但第二者未必邪見止不信耳行者觀此四心用省已行汙戒墮惡孰不由斯次互織爲句又二初麤四句後非麤四句相翻互歷配對大同非麤四中初即前二二即前一三對前四四對前三

疏常所行非常所行者多云八正道常所用法調說非常五法非常用法調說常所用了論云非常行者非佛所作所習也彼即說是常所行者是佛所作人定說法受現法樂是佛所習彼又反說

七中多論可解次了論中非佛作習即邪見諸惡

疏制非制者多云五篇戒佛金口制調說非制五法

九說非說二初約制教

二約化教

三總結懷意

二釋後二句

非佛所吐名爲非制調說爲制

第八易解

疏說非說者四是重禁餘是輕約此名正說調說爲非四禁爲輕餘篇爲重是名非說調爲是說了論云非如來說非如來教彼即說是如來所說五陰十二入十八界乃至八萬法門對治衆生八萬煩惱令其觀察是如來教十二部經名句文是如來說彼皆反之

九中了論初明說非爲是非如來說及非教者如五邪世典之類名言爲說法門爲教五陰下次明說是爲非

疏即以此法心懷知是口說言非異見異忍爲他人說是名邪佛之法寶也

總結中心知是者心不應口也口言非者語不副心也異見異忍是自損爲他人說即害他邪佛法寶總前半九法也

律和合一羯磨同說戒僧四比丘若五若十乃至無數也

疏言和合僧者釋僧義也和是僧家法也數是僧家相也故注解中羯磨說戒以表和法即六和之中戒見同也注引四人已上即六和中三業同也此明調

二釋立邪

三釋行化

二第二雙文二初標示 二隨釋二初屏諫二 初料簡僧屏二初總示 二別釋十如文

達以前邪法引得正眾四人已上從已見也後二句中初釋文為二初總示和下別釋數即僧也故下釋注初段戒見同者乃二種法同義兼利同即內三和也後段三業即外三和此下點示即所破也

【律】方便受壞和合法

【疏】方便受壞僧法者勸諸受法令敬奉也次立邪中方便即能勸受壞等即所勸

【律】堅持不捨謂住十八法而破僧也

【疏】堅持不捨者行化於時同佛引喻猶不止也注解

堅持謂心安邪法廣化天下也彼比丘下是三行化中初釋文堅持持即執也同合作聞疑是寫誤謂佛親諫不止明其堅也次釋注中心安者釋在義也

彼比丘下是

【疏】第二雙屏諫拒屏諫也就此屏文明僧屏兩諫差別十門初約人不同分二諫者僧諫唯僧四人已上若論屏諫不問僧尼具不具位道俗多少通別來諫二約法不同僧用白四屏用餘言種種方便得止便罷三就處不同僧據作法同界相諫屏諫則通不問自然作法同界別界皆制相諫四就立戒多少分二

諫者違僧諫戒則多如此篇中有四九十中有一尼第八戒及八僧殘立戒雖多諫事則少具五義者方得立之故此一諫唯諫一戒違別人諫立戒雖少如九十中一不受諫以諫作犯二拒勸學以諫止犯立諫雖二通於七聚五得罪輕重不同別人諫中通諫七犯若違未作但結吉羅若作犯提據犯通於輕重僧諫之中隨事大小結夷殘提可以情求六結罪分齊分二諫者僧諫約白及羯磨多少不定屏諫未竟吉諫竟言了提七語默不同僧諫語默同違別諫拒勸由言故犯八止作不同分二諫者僧諫作犯別通

止作九已未不同僧通已未如調達等局未擯謗是已成也別據未作若作業成既往不咎也十相成不同分二諫如僧祇先屏處一人三諫三越二眾多人三諫不止三越乃至三羯磨四蘭諫竟合前十罪共成一殘無別小罪如五分中三羯磨未竟捨者作三吉三蘭悔不同四分未白竟有吉三羯磨未竟有蘭也

第二雙料簡十門前三並由僧諫秉法屏不作法故分二別四中初總標違下次別釋文二初明僧諫制多事少僧有五戒尼八夷中第六戒僧殘中

八戒共有九戒五義即前性惡等五次明違別制
少事多九十中不受拒勸二戒並諫通篇聚故也
五中別人即屏諫所諫通七聚拒諫兼提吉僧諫
中大則犯夷如尼第八中如諸殘下即犯提隨事
各定故不同前六中僧諫不定如後注中屏二品
定吉了即拒諫也七中僧諫但令不捨默亦成違
八中別通止作不受諫作犯拒勸諫止犯九中僧
諫已未各收二戒既往不咎文出論語既已也咎
猶責也十中言相成者謂屏能成僧僧不成屏故
云不同初引僧祇越即吉羅異名合因成果故無

別小罪四分但分僧別兩諫不論一與眾多五分
三吉應是屏處三諫僧祇五分僧諫止有偷蘭唯
四分白未竟吉故云不同也已上十門前三并十
據能諫不同四與五六約制法差別七及八九就
所諫分殊則僧屏兩諫條然可見

[律]彼比丘應諫是比丘言大德莫壞和合僧莫方便壞和合僧莫受壞僧法堅持不捨大德應與僧和合歡喜不諍同一師學如水乳合於佛法中有增益安樂住

[疏]就解屏諫分二從初至堅持不捨來一往牒過示知非法莫壞莫受二大德應與和合下勸同和相初中彼比丘者如法比丘見行非法故自陳諫諫是比丘者是行邪法人也初莫壞者牒始心於佛不忍思欲破輪時也中莫方便者牒共四伴計校時也後莫受下牒其行化於時不須破僧不須受法也

次正釋牒過中初釋比丘明簡邪正初下次釋壞僧次第三時

[疏]二大德下上有所勸不爲故下必有所爲也

次釋勸同總分中上勸不爲即前壞僧也下有所爲即後令和合也

[疏]就勸同中初舉喻示諫二舉有益示諫就初法中初與僧和合者成僧義也俗以和爲貴僧以和爲義必同六相方成僧體如何同戒而欲別見此勸體同也

次科勸體同中俗以和爲貴論語云禮之用和爲貴先王之道斯爲美六相即六和內外各三也

[疏]二明不諍同師學者世有諍者由異學故今同釋姓師本無殊有何意見而欲乖異此勸行同也

勸行中異學謂各從師同釋姓者非異族也師無殊者非異稟也

疏 如水乳合者，師乖見異義則有殊，師同見合理則無別。如乳合乳，如水合水，不得云乳合水，以相合非體，鵞能別故。

釋喻中，乳即水之甘味，與水體別，唯鵞王能別取而食之。既非一體，法喻有乖，必須二物各自論合，故云不得等。

疏 二於佛法中增益安樂者，艮由捨除異見，同體行和，如法修道，必除生死，得涅槃樂，故曰也。增益者，超凡夫界也。安樂者，絕三苦也。

舉益勸中，初通釋同體行和，躡上二勸也。除生死

者，即增益也。得涅槃者，即安樂也。增下別釋。凡夫界即三有也。三苦者，一苦苦（苦從苦緣生故），二壞苦（爲壞相所壞故），三行苦（無常遷動故）。既超三有，永絕三苦，故安樂。

註 應語彼言：可捨此事，莫令僧作訶諫而犯重罪。若用語者善；若不用語，復令餘比丘、比丘尼、優婆塞、優婆夷，若王若大臣，種種異道沙門婆羅門，求若餘方比丘聞知其人信用語者，應求諫之，是屏諫也。

疏 註中可知。

點注中文有二段：初自諫，若不下求他諫。初求近人，若餘方下求遠人。

律 是比丘如是諫時，堅持不捨（拒屏諫也）。

疏 是比丘如是諫下，四拒屏諫也。是比丘者，通能所

也。就拒諫時，望殘未成，但結小罪。

拒屏諫中，通能所者，義兼兩釋。從所尤親，就下判罪，如上已明。

律 彼比丘應三諫，捨此事故，乃至三諫，捨者善。

疏 彼比丘下，明僧諫相。乃至三諫，捨者善，何等善耶？一以本諫不成殘故；二以屏諫非提罪故；三以所犯不成蘭故，曰善也。

第三雙初科釋文，三義釋善。無非離犯，不成蘭，即破輪罪也。

註 彼比丘應集僧羯磨，如諫作白已，應更求；乃至一羯磨、二羯磨亦爾。

疏 注中明僧和相隨，其白羯磨一一往問者，明諫法也。故約白羯磨中間往諫，冀彼迴心從善，何得誦過成犯，則非本意也。

釋注中，明諫法者，以白四羯磨止是告僧，故須隨法加勸，方名諫法。中間往者，謂四法三往，欲彰諫意不爲成罪。

律 不捨者（拒僧諫也），僧伽婆尸沙。

疏 不捨者，拒僧成業相也。

疏 問：此三羯磨竟得僧殘者，爲攬因成果否？答：上方便義已論，此何復問？恐迷故耳。然諸部不同，五分所

明。藉前方便成後重殘。如律本中作惡修善有步步罪福。多論亦同。如律二羯磨竟三蘭。心不息故若竟結殘。更不云蘭。明知相成。如僧祇攬一切蘭以成僧殘。又見云前因變滅以成後果。故知攬四蘭共成一殘。

次釋拒諫。初問、答中。初示重意。然下。正釋。初句總示。五分下。別釋又二。初至亦同。明不相攬。五分藉前方便。謂藉勢而成。顯非攬故。如下。引律進趣反證外部步步罪福。顯是各成非相攬故。此示本宗非無彼義。多論宗十誦。故同五分。次從如律下。明

相攬。初引本部。即如注中。二羯磨竟兼前一白故得三蘭。僧祇文如上引。及與善見二文並同。

疏 問律本但出二羯磨竟三蘭、何得加四。答僧祇有之、義不可別。以白未竟因吉竟即果蘭、三羯磨未竟因不可吉。以竟果殘。故有四蘭。

轉難中、初難。上云四蘭乖律文故。答中。初句指出亦即上文、次句明同。彼明成果故說四罪、此明中捨故但有三。據理須四。如下所示。由作法竟方至果殘、第三法未竟猶是方便。理須結蘭。問白未竟吉、羯磨未竟爲有吉否。答無也。詳律文意。白與羯磨。自分兩節。各有因果。白既一法故以未竟爲因。白竟爲果。果既是蘭因故犯吉。後三羯磨都是殘因。所以三蘭無別因吉也。

疏 問偷蘭以蘭爲因何過。答同名種過。

次難中。初科。即躡白未竟吉以爲問端。答文以因果別聚名種不同故。

疏 若爾吉罪何故因同。答蘭下有罪以小爲因。吉下無罪。故因同果。若作異名名則無窮。然通而爲言因吉成果吉如九十中諫未竟得吉者是、自有多因吉各不相成。即如白羯磨未竟者是也。

次並難中、答文二。初對蘭釋通。然下。別示吉罪。九十中諫亦白四法。初白未竟吉。白竟亦吉。此即因吉成果吉也。又白與羯磨未竟三吉。望後提罪。三並是因、隨法別結各自爲果、此即多因吉各不相成也。

疏 因此通明律中因果不同之相、十種分別。

三明差別中、初云因此者指上爲由也。通明者。一則不局此戒、二乃不專吉羅。觀下十中。一一各出二句。前九種中欲翻下句故出上句。事並如常故所不釋、唯後第十二句並異。故具事耳。

二別釋十如文

疏一有一因生一果可知有一因生多果如一時多受女家語一時語男家別別報女家二有一果從一因生同上有一果從多因生如步步行罪福三諫罪成是也三有同類因果有別類因果如尼八事成重隨捉手捉衣因果各別成八即夷四有果從因生有果不從因生如多云覩比坐鉢心念等罪皆無因成果五有因作果有因不作果如出佛身血等六有果攬因成有果藉勢成如五分殘果成已別悔因也七自有因輕果重有因重果輕如教人行盜後捨戒爲沙彌八自有唯因唯果有亦因亦果如初諫竟得蘭結吉各不相成此蘭望前吉爲果望後殘爲因也九有一業一因一果有一業多因多果如造非法房咽不淨食三罪四罪七墮八墮等十有因用因成如白竟吉也自有果用果成如八事成重違諫偷蘭成殘等例

初中媒嫁三時受往同時各得一蘭故爲一因報不同時別別成殘故生多果二中如上可解三中言別類者謂不由一事而成果罪故舉八事明之即尼受染心男子作八種事具足犯夷文舉初二三入屏處四共立五共語六共行七身相倚八共

二辨注二初釋犯

期因果各別者此謂隨事成蘭各論因果望下成夷則並因耳四中多論即眾學戒起嫌心犯當座即起無別方便然須目覩非不兼色心念等者如不攝念惡覺默妄之類幷無因也若爾多論亦制心犯與成宗何異耶思之五中云等者如自殺犯蘭之類六中二句可照前答攬因成果如僧祇四分也七中比丘時教人因蘭沙彌時事成果吉八中亦可引顯上義得蘭即當篇結吉如九十九中造房一業過量不乞難處妨處具則四罪言三四者示不定也咽食一業而有殘宿非時不受內宿內煑自煑惡觸言七八者亦謂不定也上二且列果罪而各有因即二多也十中二句並見前文

註若僧諫時白二竟捨犯三偷蘭乃至白竟捨者犯一偷蘭白未竟捨但一吉羅若未白前受破僧法堅持不捨並犯吉羅尼同僧殘

疏就注辨相中初明違諫輕重二若未白下就諫所爲事明輕重者根本以論初行五法輕吉後終外化時重蘭也就尼同犯中雖無破輪體得立主伴堅持五法以誘於人也

釋注犯中違諫輕重注云白二竟者謂一白二羯磨以第三羯磨未竟無犯竟則至果故所不明所

為事即是破僧根本論者決文中吉羅據從始也尼中無破輪體謂不能自立法故得立主伴者倣同僧故

註 不犯者初諫便捨若立非羯磨作訶諫者若非法非律非佛所教若破惡友知識若欲破僧者若作非法者若為僧塔和尚闍黎知識作損減破者不犯

疏 不犯中初諫便捨一切不犯若作五非無成諫義此不犯僧諫非不違屏諫也言非法者作無軌要也言非律者無調業也非佛教者不是聖說也破惡友下以前立邪欲毀正故今以正法破邪非法事緣皆不犯也

不犯中初五非者律有五非羯磨一非法別眾羯磨二非法和合眾羯磨三如法別眾羯磨四法相似別眾羯磨五法相似和合羯磨非法非律並據秉法設諫為言法雖不非事乖軌度故云非法又非理折伏而非調攝故云非律也不是聖說者出胸臆也破惡友下注中四節初句指所破人下三並彼所作事言破邪非法對注易見事緣即僧塔和尚等作損減也

律 十一助破僧違諫戒

疏 第十一助破違諫戒眾僧作法諫主之時四伴影響助成破僧僧尋設諫拒而不受故曰助破違諫戒也

十一釋名初科四伴一曰三聞達多二名騫荼達婆三名拘婆離四名迦留羅提舍影響謂如形之影如聲之響言共相副應

疏 有人言此名助惡遮僧不聽諫違諫戒何以知然故文云諸大德莫訶諫此遮僧也乃至我忍可等此助惡也

古解中初科古謂此戒無破僧義故以惡字替之又闕遮僧諫義故復加之兩引文據明非妄謂

疏 問若非助破何以諫言莫破答此列其意不以為諫

遮妨中初問戒文諫破故須通之答中以前戒正諫破僧此戒正諫遮諫但由遮諫意在壞僧故文列之非正諫事

疏 若爾前戒諫時有人教言不捨即結其蘭何為不諫答前是助惡而不諫僧此是具二故須設諫

轉難中前教不捨亦是助惡必如所立亦應須諫答約具闕即彰兩異

疏 然諸律中但明助破

結斥中。既按諸律理無攻異。
疏具五緣。一調達作破僧事。二如法諫。三助成破僧。此是諫家所爲。四衆僧如法設諫。五三羯磨竟。殘闕緣可解。

具緣可見。翻成闕緣。故不別列。

註佛在羅閱祇時。提婆達故執五法。盡形乞食。著糞掃衣。露坐。不食酥鹽魚及肉。以教比丘。衆僧諫時。伴黨比丘助破諫僧。比丘舉過。佛訶責已。因制此戒。

疏就戒緣中。初明調達執五法相。二明伴黨比丘助破爲緣。就前五法。乞食糞衣露坐似佛四依爲相似語故。然不同四依開制。託緣此三。調達說必盡形故。

後二妄語者。調云酥鹽味重。魚肉損生。故立二斷也。調達云以此五法爲人說時。年少比丘必多信受。上座長老則不允從。於王舍城創說之時。五百年少一時信受。六十長老及阿難云。此是非法非毗尼非佛教。脫鬱多羅僧於一面。前已設諫。今猶復行。四件順從。故又設諫。緣相如此。

戒緣牒釋中二。初明五法。邪正對明。但四依中易其第三。除去後一。復加餘二。欲强佛制令人受行。一制盡形。更無開許。教雖嚴峻。人不可依。不濟機緣。但成虛設。判歸邪法。其致在茲。前三傍佛。故云相似。後二自立。故云妄語。酥鹽味重者。謂以酥鹽煮肉等爲膏。如多論。酥肉汁僧祇五脂爲七藥之類也。問。永斷魚肉。若是邪法。何以楞伽涅槃復制斷耶。答。法化初開。未宜即禁。涅槃方等。正合機宜。無緣輒制。故得名邪。機至教興。故名正耳。又律對小機。說爲正食。斷則成邪。經被大根。乖於慈行。斷則名正。又彼法出於惡意。不爲利生。佛教出自慈懷。無非濟物。所以異也。調達下。次明行化。五百年少。從彼所化。共往伽耶。別自說戒。目連身子二人往化。目連神力。令彼昏睡。身子說法。令得正信。同

歸佛所。還得和合。六十下。三明設諫。又二。初敘前戒諫。主脫鬱多羅僧者。以乞懺治擯並著下衣。今爲僧事同擯罰故。前下。次顯今戒諫伴。

律若比丘有餘伴黨。若一二三乃至無數。

疏就戒本中。文同上七雙單之科。不容重舉。就初句若比丘下。乃至無數。總明正助破僧人也。初謂調達非正諫人。列來何爲。欲取助者。二有餘伴黨。此正戒本諫所諫人也。若一二三。是元從調達三聞等四也。乃至無數者。是化天下招慕所獲者。

次解戒本釋第一雙。初科釋文中。初總示。初謂下

別釋又二。初釋正破。二釋助破。元始也。從謂隨從。

註 言其伴者。四人若過。有二順從。法順從者。以法教授。增戒。增心。增慧。諷誦承受也。衣食順從者。給與衣被。食飲。牀臥具。醫藥。

疏 注解云。四人若過。解正助二伴相也。有二順從者。戒本雖無順從字。伴黨是順從義也。其相可識。釋注。四人為正伴。釋上一二三。若過是助伴。釋上無數。有下。次釋順從。由相順從。故為伴黨。注中。法順從無越三學。增心即是定學。衣食順從不出四事。

律 彼比丘語是比丘。大德莫諫此比丘。此比丘是法語比丘。律語比丘。此比丘所說我等喜樂。此比丘所說我等忍可。

疏 二彼比丘下至我等忍可來。明助律破相正見諫家所為事也。就分為二。從初至莫諫此比丘。一往遮僧不聽諫詞。二此比丘下。出不聽之道理。初中。彼比丘語是比丘者。調達四伴語正法僧也。莫諫此比丘者。不須諫諭調達也。就後說理中。初明法律語者。人如故我隨順也。此比丘所說下。法如故我忍可也。

所諫事。釋文易解。

註 此謂助伴黨惡諫僧。言調達者。具明法律。我今喜樂。云何設諫。為此過本也。

疏 注解之中。文相甚露。

注中。言甚露者。露即是顯。

律 彼比丘言。大德莫作是說。言此比丘是法語比丘。律語比丘。此比丘所說我等喜樂。此比丘所說我等忍可。然此比丘非法語比丘。非律語比丘。大德莫欲壞和合僧。汝等當樂欲和合僧。大德與僧和合。歡喜不諍。同一師學。如水乳合。於佛法中。有增益安樂住。

註 此謂諸善比丘以法屏諫調達所說。人法俱非。勿妄受也。

疏 二彼比丘下。明屏諫也。就中分四。初至我等忍可來。一往領彼諫詞也。二然此比丘非法律語者。出勸捨道理也。以人法雙非。有何正則而相隨助也。三大德下。明大眾別人所以加諫。恐僧異別。故云莫壞。當和也。四大德與僧和合下。勸隨法眾。無非法別法。喻顯彰樂果非遠故也。

第二雙屏諫中。科分四節。點文示義。無不盡矣。大略同前。不復曲釋。

律 是比丘如是諫時。堅持不捨。

疏 四是比丘下。拒屏諫也。

律 彼比丘應三諫。捨是事故。乃至三諫。捨者善。不捨者僧伽婆尸沙。辨相如上。

疏 彼比丘應三諫下。正僧諫也。不捨者拒僧諫也。

疏 本翻律人簡語不淨，致令彼此通濫，能所不知，若不義求，難辨邪正也。

點示中，以彼是二字能所不分。前所諫事中，彼比丘卽所諫，是比丘爲能諫，及拒屏中，是比丘乃是所諫，僧諫中彼比丘，又是能諫，此謂通濫也。準刪定戒，並以能諫爲彼，所諫爲是，則邪正可分也。

四分律含註戒本疏行宗記卷第九

四分律含註戒本疏行宗記卷第十 戒本上之十〇疏三之二〇記三上之二

宋餘杭郡沙門元照述

【律】十二汙家擯謗違諫戒。

【疏】第十二汙家擯謗違僧諫戒。四意如前。

【疏】初明制意有六。初聽依聚者有二種利。比丘出家。有待須立。若不供給。交闕正業。故聽依聚乞食自資。二令彼施主僧田獲益故。二不聽汙家行惡意。今依聚落。廣興過狀。身口非儀。即名自損。四種汙家。壞彼淨信。則非利他。三解擯意。爲過情深。內外俱損。若不治罰。永無改過入道之益。又增俗人以非爲是。故須擯出。使是非兩異。四解謗僧意。由僧治擯。迹涉愛憎。似有不平。致彼言謗。五解須諫意。由前損時。六人同犯。二人逃走。身不現前。不得治擯。相似有怖。二人逆路改過。伏從無罪。可治相似有愛。二人現在。非走非懺。僧作法擯。相似有恚。今反前意。非僧有怖有愛有恚。依法舉治。何癡之有。若不諫喻。無由自曉。是故諫彼。表內無瑕。六結罪意。衆僧慈悲。自理諫彼。是非既分。固執不捨。違法諫滿。理與僧殘。

十二。制意有六。初中二。二利。初即自利。二即利他。二中。翻上二利。即成兩損。三中。初總示。內外即道俗。若下。別釋。初釋損道。又下。次釋損俗。四中。迹涉愛憎。緣見次意。五中。初敘擯謗。二人逃走。即三聞達及摩醯沙。走入王宮迴避。二人改過。即迦留陀夷及闡陀。逆迎也。二人現在。即阿溼卑與富那婆蹉。今下。正彰須諫。六中。自理者。明非憎愛。諫彼者。令止謗僧也。

【疏】第二釋名。汙淨士名曰汙家。過與理違名爲惡行。舉過顯衆名之爲擯。無罪橫加名謗。以理喻彼名諫。此是所防。戒是能治。如上可知。

釋名中。淨士謂有信俗人。無罪謂僧非愛恚。汙惡謗三屬犯人。擯諫在僧。

【疏】第三具緣有六。一作汙家惡行。二心無改悔。三作法治擯。四非理謗僧。五如法設諫。六三法竟罪至。

具緣中。汙家惡行。乃是本緣。第四謗僧。正當所諫。罪至謂刑及於身也。

【疏】闕緣可知。

闕緣中。闕初緣。如以衣食與父母病人。採華供三寶等。兩不成故。闕第二。如逆路求悔。不須諫故。闕第三。舉擯非法。闕第四。或不反謗。第五諫不如法。第六中間捨悔。並非正犯。

二、牒釋二、初、戒緣。

註佛在舍衛國。阿溼婆等輢連聚落行惡汙家。比丘舉過。令舍利弗等往彼擯。舉當作法時。謗僧不受。以過白佛。訶諫制戒。

疏就戒緣中分四。初明汙家相。二比丘舉過下。明擯出相。三當作法時下。明起謗緣。此正戒之過非也。四以過白佛下。明制戒也。科約此四入於戒本。須明識之。不爾。誦持一亂也。

戒緣中。初分節科下。結告。令用此四分節戒本。則持誦有序也。

二、戒本二、初、總示。

二、別釋三、初、第一雙

二、初、點諫人。

律若比丘。

疏就戒本中。三對一隻。不分自別。初對諫所諫。八可

解。

律依聚落村有四種。如上。若城邑住言屬王也。汙他家家者有男有女。汙家者有四種。一依家汙家。一家得物。又與一家。所得物處聞之不喜。所與物處思當報恩。即作是言。有與我者我當報之。若不與我。我何故與。二依利養汙家。如法得利及鉢中餘。或與一居士。得者生念當報其恩。若不與我。我何故與。三者依親友汙家。若比丘依王大臣。或爲一居士。或不爲一居士。便生念言。其爲我者我當供養。不爲我者我不供養。四者依僧伽藍汙家。若比丘取僧華果與一居士。不與一居士。彼有得者思當供養。若不與者我不供養也。行惡行彼比丘作如是等非法行也。自種華樹。自溉灌。自摘華。自作華鬘。以線貫繫。自持與人。若復教人作如上事。村有婦女。同牀坐。同器飲食。言語戲笑。或自作歌舞倡伎。或他作己唱和。或作俳說。或彈鼓簧。吹貝。作眾鳥鳴。或走。或揚跛行。或嘯。或自作弄身。或受雇戲笑是也。汙他家亦見亦聞。行惡行亦見亦聞。時有比丘於彼止宿。

二、釋諫事三、初、標分。

二、牒釋三、初、依聚造過。

著衣持鉢。入村乞食。法服齊整。行步庠序。低目直前。不左右顧視。以次行乞。居士見已。自相謂言。此是何人。低目而行。既不顧視。亦不言笑。不相周接。善言問訊。我等不應與其飲食。不如阿溼婆等與人周接。及上所言。應與供養。時彼乞食。困乃得之。往至佛所。問言住止樂否。僧和合否。不以飲食爲苦耶。彼具白佛。便遙訶責。令往設擯。

疏二依聚落下。諫所諫事也。就中分三。初明依聚落造過。二諸比丘語言下。至不須住此。正明牒過治擯。三是比丘下。至不驅者。明非理謗僧。此正所爲事也。前明汙家。後明惡行。言聚城者。所在汙家之處也。汙他家下。正顯過相。多論云。若作惡業破他信心。名爲汙家。作不清淨穢汙垢濁。得惡果。故名惡行也。僧祇

云。若依聚落得四事利。或免諸難。皆名依義。作非梵行。飲酒非時食。不名汙家。若先有信心供養眾僧。造立寺舍。令彼退減。是名汙家。當律相中。四汙文顯。廣如鈔說。

第一雙。所諫事。牒釋中。初科。初二句分示。言下別釋。初釋聚城。汙下。次釋二事。多論僧祇並以壞俗信名汙家。破戒爲惡行。即失自他兩利。僧祇先明依聚。而以得利避難顯示依義。當律四汙廣在鈔文。顯註略引。案鈔云。四分四種汙家。一依家汙家。從一家得物與一家。二依利養汙家。若比丘如法得利。乃至鉢中之餘。或與一居士。不與一居士。三依親友汙家。若比丘依王若大臣勢

力。或爲一居士，不爲一居士。四依僧伽藍汙家。若比丘取僧華果枝葉，或與一居士，不與一居士等。詳行事鈔資持記卷十九。四中初是俗所惠物。二即受供所獲。三謂假他勢力。四即盜用僧物。皆謂隨情厚薄，令失信心故也。惡行註中，初總標，自下列示有三。初鄙賤行，村有下二染汙行，或自下輕逸行。鼓簧謂吹笙笛等。經中亦見亦聞，謂爲過公顯，道俗共知也。註引緣示，初明比丘入聚，居士下明俗士見輕，彼下明白佛設擯。

律 諸比丘當語是比丘言：大德汙他家行惡行，汙他家亦見亦聞，行惡行亦見亦聞。大德汝汙他家行惡行。今可遠此聚落去，不須住此。時舍利弗爲諸居士說法，令得信樂。食訖，集僧爲彼比丘作舉作憶念，便與罪，如上作羯磨已，驅出聚落。當作法時，便起謗言：餘同犯者不驅，而獨驅我。便作是言。

疏 二諸比丘下，過既彰顯，愚俗昏心，致令賢善無由投造，故須擯出。白四作法，註中具解，不勞云云。

次科經文，初牒過，大德下加擯。疏中初釋牒過意，見上緣故。下次釋加擯。註中先令俗士知非得信，次乃驅擯，因之起謗。

律 是比丘語彼比丘作如是語：大德，諸比丘有愛有恚有怖有癡，有如是同罪比丘，有驅者有不驅者。時舍利弗還白世尊，具陳謗事。佛便遣訶，令作訶諫。

疏 三是比丘下，明此比丘不思己過，乃言事迹相似愛怖，非理謗僧。

三中相似愛怖，義在制意。

疏 三段雖別，是所爲事。

律 諸比丘諫言：大德莫作是語，有愛有恚有怖有癡，有如是同罪比丘，有驅者有不驅者。而諸比丘不愛不恚不怖不癡。大德汙他家行惡行，汙他家亦見亦聞，行惡行亦見亦聞。是比丘如是諫時，堅持不捨。彼比丘應三諫，捨此事故，乃至三諫，捨者善，不捨者僧伽婆尸沙。若未白前，言僧有愛恚怖癡，若不看書持往，及爲白衣信使，一切突吉羅。尼同僧犯。不犯者：初語時捨，非法訶諫，若得衣食與父母，與病人，與小兒，與妊身人，與牢獄繫人，與寺中客作者，若種華果自取華，乃至教人貫華，持供養佛法僧者，一切不犯。若人欲打，被賊虎狼恐怖難處，若擔刺來，於中走避者不犯。若渡河溝渠坑跳躑者不犯。若同伴在後，還顧不見而嘯喚者不犯。若爲父母，若爲病人，若繫閉牢獄，若篤信優婆塞有病，若在獄，看書持往。若爲塔僧病比丘事，持書往反，如是不犯。

疏 就第二對中，初屏諫分四。諸比丘諫言下至有不驅者來，一往牒其謗詞也。二而諸比丘下至不癡，正明自理喻彼。何者？佛法治人，爲止憍逸，今既逆悔，義無妄治，是曰不愛。身不現前，作法不合，非怖不治。汝既退非逃避，進非逆悔，如法治擯，可是恚癡。此正諫

詞也。三大德下。重敘前過。見聞尤甚。義當從擯。如何
反謗。四是比丘下。拒屏諫。
第二對四段中。逆悔卽二人求懺者。身不現前。卽
二人逃避者。
[疏]餘文句可知。辨相開通。文極委碎。細讀分別之。
指略中。餘文句卽第三雙幷後一隻。辨相卽註文。
今略科分。初明犯諫捨不捨同前。不出但明輕罪。
文略汙家惡行等相。直舉最後持書而已。如下不
犯所列一一事相。通結吉羅。二不犯中三。初開殘
罪。若得衣食下。次開汙家吉。若種華果下。後開惡
行吉。

[律]十三惡性拒僧違諫戒。
[疏]第十三惡性拒僧違諫戒。制意有三。所以惡性反
戾拒諫須制者。夫人性非生知。義無獨善。要須善友
互相匠導。方能離過修善。有出道之益。而今闡陀迷
心造罪。不自見過。得他如法勸喻。理宜從順。方復倚
傍勝人。尊處其己。望人師敬。反欲匡衆。非分自處。情
過特深。聖制得罪。意在於此。
十三制拒諫意中。初明須師友意。生知謂天生自
然。不待學而後知。論語云。生而知之者上矣。則知
上智乃爾。非凡有之。至如孔子猶云我非生而知
之者。好古敏以求之者。自餘何足道哉。匠謂琢磨。
導謂開誘。而下。正敘拒意。倚傍勝人者。卽是如來。
緣見次科律云闡陀告諸比丘。我聖主得正覺故。
此謂倚傍勝人。譬如大水初來闡陀自喻。卽尊己也。漂諸草木積在
一處。喻衆生也。諸大德亦爾。種種姓名出家。集在一處。
不應諫我。我當教汝卽望人師敬等。處字上聲。謂以尊自
處而實非尊。故曰非分。
[疏]第二須諫意。諫人四種。一者年耆宿德。二者久居
衆首。三薄學淺識。謂智能過人。四共勝人參居陵傲

世表。今此諫者正當此人。然則法由人興。人能通法。
德人懷道。明達取捨。理宜憑仗。請決進否。所以聖教
勸依三藏。開導愚迷。以成資訓。然今闡陀內實無德。
聞諫不受。反傍勝人。恃己陵物。便言佛是我家佛。因
釋種故。法是我家法。因佛說故。汝今依我釋種佛法
出家。我是佛法根本。正應教諸大德。何用大德教我。
言說相似。愚叢謂是。須諫開示。是非路分。有德相誨。
爲除迷結。是以須諫。
二中。初通敘諫人。謂此四種多不從諫。初卽恃老。
二卽恃長。三恃少能。四恃他勢。用此自檢。孰可逃

三犯緣　二釋名　三明結罪意

乎似此等人並須設諫今此闡陀即同第四故云正當也然下正敘今意初通明依師學法聖教即律文如受戒中選師須通達三藏勤教授者當須依之資訓謂資稟教訓然今下正示須諫所以初敘諫緣後闡陀即車匿本王宮侍人爲佛控馬踰城入山最先親侍故常以此自負故云我家也言說下正明立諫迷結即上愚叢謂是

疏三結罪意僧既詳心設諫救攝三藏明告義非沈伏迷理開悟故違僧命情過尤重所以殘收

三中初明能諫上二句示能諫人如下二句明所持教顯詳心非麤暴故救攝非瞋怒故三藏者律云如法如律如佛所教諫故沈伏即隱覆也迷下明所諫故違迷理謂彼所執非理也開悟謂自知非也

疏釋名可解

釋名不解見上制意初意即惡性次意即拒僧後意即違諫

疏五緣成犯一身自不能離惡二賢達以法勸喻三拒勸戾陵於人四眾僧以法曉誨五三諫不捨殘

具緣五種違即戒名三意而已對之可見

二別釋二初戒緣　二戒本三初總示　二別釋三初第一雙　二初所諫人　二所諫事二初總分　二隨釋四初惡性

註佛在拘睒彌國尊者闡陀惡性拒諫反言我應教諸大德何以故我聖主得正覺故比丘舉過白佛使訶責已而制此戒

疏就戒緣中從初至我聖主得正覺來過起所由二比丘舉過明訶制戒初中所以云我聖主者本是佛家使人也故見云佛是我家佛我將佛入山學道不見諸長老一人侍佛者乃至得轉法輪故法是我家法與僧競故不云僧也僧祇云我常隨佛佛唯教我我當受持如是陵慢

釋戒緣中初科分初下牒釋善見三寶中獨不云僧者由與僧競顯非我家故僧祇我常隨佛侍其最久也

律若比丘惡性不受人語（不忍受人教悔也）於戒法中（以戒律如法教授者有七犯聚波羅夷僧伽婆尸沙波逸提波羅提提舍尼偷蘭遮吉羅惡說）

疏就戒本中亦三對一雙若比丘所諫人也惡性不受下諫所爲事自分爲六初明惡性二明彼犯三諸比丘下如法諫喻四自身不受下正是拒諫五言諸下出拒勸之相六大德且止下明不受道理初惡性者出其頑戾之本無始强我之緣也不受人語下釋前恃已愚魯聞諫若怨如註可分也

戒本第一雙所諫事中初釋惡性頑謂頑愚戾謂

曲戾無始者言其習久也强我者言其猛盛由此爲緣致令兇惡也聞諫如怨不喜善言也

律諸比丘如法諫已（如法如律如佛所教）

疏三諸比丘如法諫者如上七聚將犯相中誨令不犯也

次科如上七聚卽指次句註文

律自身不受諫語言諸大德莫向我說若好若惡我亦不向諸大德說若好若惡

疏莫向我說若好惡者二種持戒順理益物名之爲好二種犯戒違理起非名之爲惡也

三中二種持犯卽止作四行也

律諸大德且止莫數諫我（此正諫戒所爲事也下二諫中倣而誨喻）

疏大德且止者出其理也由倚傍故一傍略教但自觀身行不須見他過故言且止二者傍人如上四種故言且止也三傍種姓謂同釋種故

四中傍略教者卽拘留孫偈傍人四種如上耆年眾首等三傍種姓謂我家佛等準知闡陀亦釋族耳

律彼比丘諫是比丘言大德莫自身不受諫語大德自身當受諫語大德如法諫諸比丘諸比丘亦當如法諫大德

疏就第二對屏諫中莫不受諫者牒前拒詞當受諫下順理重誨

第二對釋中初科言理順者釋當義也經中如法諫下前拒僧云莫向我說我亦不向汝說故此諫令彼此相勸琢磨成益

律如是佛弟子眾得增益展轉相諫展轉相教展轉懺悔是比丘如是諫時堅持不捨彼比丘應三諫捨是事故乃至三諫捨者善不捨者僧伽婆尸沙

疏云如是佛弟子眾得增益者道根日進也

勸益中初科道根卽戒

疏彼見我過諫令不起我見彼過勸令不作彼我迭爲故曰展轉相諫也此謂未起之非

次文迭互也未起非對下已起令悔也

疏我教彼修已未之善彼教我修曾當兩福彼我互爲故曰相教也

三中已未曾當辭之互耳

疏我教彼悔彼教我懺彼我迭爲故曰展轉懺悔對前爲言此除已起之惡也對前修善卽是作持止行兩善所以成者功由善友相導故云大德當諫比丘

比丘亦諫大德也。

四中。初正明。對下。對簡。初對相諫是未起。次對相教是福業。所以下。推所由。故下。引前通結。

疏 餘文相如上可解。

三、指文中。第三雙後一隻皆易了故。

註 若未白前惡性不受人語。一切吉羅。尼同僧犯。不犯者。若初諫便捨。非法訶諫。非法非律非佛所說者。若為無知人訶諫時應語彼言。汝和尚阿闍梨所行亦爾。汝當更學問誦經。若其事如是。若錯說者。皆不犯。

疏 就辨相中。開不犯。云若其事如是者。謂同戒本道德勝緣。非可妄諫。

釋註中。同戒本者。謂無所犯。或有妄諫。拒之無過。

律 諸大德。我已說十三僧伽婆尸沙法。九戒初犯。四至三諫。若比丘犯一一法。知而覆藏。應強與波利婆沙。行波利婆沙竟。增上與六夜摩那埵。行摩那埵已。應與出罪。應二十僧中出是比丘罪。若少一人不滿二十眾。出是比丘罪不得除。諸比丘亦可訶。此是時。今問諸大德。是中清淨否。（三說）諸大德。是中清淨。默然故。是事如是持。

疏 就結十三章門中分三。初已說十三者。結前文也。九初犯下。至此是時。除疑執也。今問諸大德下。將說下篇前更簡眾也。中明疑者。時人意謂前九屏犯有覆須治。後四犯時要由僧諫。過顯在眾。無覆不治。是故舉云九戒初犯四至三諫。隨一一犯。皆須治覆。以覆罪者。過由心生。縱在僧露。後便私覆。還成藏罪。何得不治。

結章。釋疑中。初科。初敘疑。是下。釋疑。以下。申所以。治覆為除心垢。不問他知不知。

疏 問。尼戒初篇亦是前七初犯。第八三諫。何為不問。答。無悔永擯。無疑不須。

次尼戒中。初問。以尼初篇第八隨舉亦制三諫。後無結釋。故問通之。答中。無悔永擯。不論覆藏。故不須也。若爾尼開學悔。豈得無悔。答。雖開悔夷。止免獄報。不復本淨。不同下篇。故云無也。

疏 若爾。第二篇中有其悔法。何為不問九初犯八三諫耶。解云。僧治覆故有疑須問。尼不治覆。通與半月。何勞疑問。

次難。謂尼殘篇結文不問。然今尼戒同僧有之。未詳何意。闕疑不釋。以俟後賢。

疏 問。如律中不得強逼令悔。而此云強者。答。此望別人治令行淨。故須強與。彼不逼者。眾法心淨。即堪說

二問立分篇安治有也

三問此篇不言後犯

二牒釋二，初通釋悔法二，初列四位，四如文。

戒。若就强問有所廢故，待說戒竟依法治之。

次釋治罰。初問中，律因佛不說戒目連牽犯者出。佛言須彼自言因制自言毗尼。今云强與則違彼文。答中，初釋此文，彼下次通彼意。言心淨者開迷想故。若準鈔中二篇鄰重理宜早救故須强與不容緩也。

疏問：初二篇下安治罰法，下三不安其義何耶？答上篇須者一則壞眾二則悔必待眾，故須安之。下三闕此，故不安也。如律偈餘者不須救，明非僧務也。

次問。以八篇戒本唯初二兩篇後結治故。答中犯

夷永不足犯殘少分，不足不成僧務，故云壞眾。悔必待眾，別人不成故。然重蘭捨墮亦制僧悔，但正出罪，皆別法故。如下引證，即律序偈。彼云四事不可治，可救有十三，餘者不須救，此謂下三從別人悔，不假僧法。故下釋云明非僧務也。

疏問：初篇下云後亦如是，第二篇後何故無耶？答如解同上。彼有不足疑有斷頭疑，此非極罪理有重犯無疑可釋。

三問。答中，彼有二疑，此無疑故。不足疑謂不足數

疏文中應與波利婆沙者，西梵天音，東華人言，名為覆藏。或云別住。母論云：何名別住？別在一房不得與僧同處，雖入僧中不得談論，亦不得答，故曰也。若欲作法，隨其覆日從僧三乞，白四加法，奪行奪能，合三十五事。八緣失宿。行法滿已，方名此法治覆情過。二犯覆藏罪謂吉羅也。次對治懺有人立在前懺以後證前不應爾也。三治僧殘情過，須與六夜摩那埵法。此亦西語，論云意喜。前雖自意歡喜，亦生慚愧，又使眾僧歡喜，與少日故。作此法者前須三乞，白四與法，奪行失宿大同於前，六夜之中界中有僧，不同覆藏。一人行法。四治僧殘罪者，即如戒本與出罪是也。如

律本名阿浮訶那，此名喚入眾，或名拔除罪根也。若欲行悔，廣如鈔中。

次通釋中，初文三段，初翻名釋義。覆藏是約過，別住即從治。若下次明作法，隨覆日者審其久近，與別住也。文中有四，初乞懺，二正加，三奪行，四失宿。奪行如不得授人大戒，作依止等。奪能如不得說戒羯磨等。三十五事在事鈔僧網中，八緣見懺篇。須者尋之。行法下，結示。二中，初示罪相，次下定次第。初句立定，當在次懺。有下斥非。古謂先懺後治，以後證前，謂比下僧殘先治後懺故。三中，初翻名

釋義論即母論前字即指犯者少日即六夜作此
下明作法四種亦如上分六夜下簡別制在僧中
與前爲異四中初標示如下引律翻名若下指作
法亦須三乙白四出之

疏文中具列三相不出悔覆由是別人所除非僧行
故

點闕中如上所列合具四法文無第二故須點之

疏所以列二十僧中出罪者以二篇次死業障深重
故須多人强境方發犯者勝心息斷相續故云若少
一人已下減衆輕法也

次科釋衆滿中初徵問以下答釋倍受加十四位
僧中用極位也

疏聞制多人謂言四僧秉法無法不行如何此悔獨
二十衆縱少一人亦應得出爲除此執故舉減訶

次科初出疑情爲下示文意令僧訶者彰法不成
罪不出故

疏今言少者非僧數少應作法者不堪用故如羯磨
中隨秉一法即以五十餘事簡之簡不可得方聽秉
法故言少也

三中謂此中明少非止約數爲簡應法耳如羯磨
者即鈔所引瞻波揵戒等文五十餘法並見足數
篇簡不可得謂解行兩備無可簡故

疏所以言可訶者深可訶責前悔大重經搆極難覆
罪殘情並已陳露唯一本殘須爲拔出方名上起得
預僧儔輕罔教旨虧傾僧法致罪不出自陷陷他令
彼負罪終身謂淨故也

釋可訶中初標示前下正明初明犯者事重大重
即殘經搆難者即見下句覆罪謂行覆懺罪殘情
即六夜上起即懺悔異名輕下明能秉非法自陷
陷他違制業道二俱有之

律諸大德是二不定法半月半月說戒經中來

疏次明第三不定相者五門分之一來意所由二釋
名出體三最初同異四通塞諸相五僧尼有異

疏初不定來意聖禁從緣曲尋萬緒因人與犯制狀
塵沙必欲隨境攝修難備若不迭相鑒察容無自勵
之心故用屏露隨信舉發以存相利之道也

第三二不定篇來意中初科初至塵沙明制教繁
廣上二句標示緒謂端緒下二句釋廣所以配上
二句義自可見必下示機難攝修上通敘機教若
下別敘此篇乃是託緣與制令道俗相檢耳隨信

舉發即優婆夷也。

疏所以置二篇下三篇上者，若就通論，五篇治行有防非義，悉名爲戒，各有法式，故名威儀。若就別判，如上分之。

次科示戒儀中有通別者，通則名義不局，別乃體相重輕。今就別論，故指如上，即前標分上下，令以戒儀別配也。

疏今以犯相難知，生人疑似，若犯初篇，理宜永棄；二篇次死，須用僧治；若壞威儀，坐僧是濫。故須檢問清淨行業，因荅差互，事須治罰。若置在初，戒法未顯，依

何等法以辨疑似？若舉後說，殊乖勢分。

次安立中，初文又二：初敘戒本生疑所由，荅差互者，謂比丘自言也。下云交互明罪，有無不定，是也。若置下，正明前後安著非便。

疏就壞僧論，亦通篇聚。今約過重汙染者，就此明之。上收婬觸語歎義勢，是便；下攝屏露同坐文，復相順。詞義合故，於中列之。

次科初二句示犯本通，謂生疑坐僧，則通五篇義應齊列。今下，顯今文局，即彰安置在中所以過重，即上三篇汙染，謂婬種類。

疏二釋名出體，初名者，昔云屏露兩殊，名之爲二；四法無準，故曰不定，謂犯舉言治，各非定故。

釋名中，昔解四法，義鈔引云：一犯不定，以夷殘提或單或並犯不定故；二舉不定，俗女舉罪，不識罪名，稱非法事一二三舉，如犯不定故；三自言不定，舉罪既多，自言何一；四治不定，隨犯三罪，三法治故。

疏今言不定者，本無三四之名，泯立治舉，但於二中未定實犯。律云：是中無定法，故云不定。故十誦云：於三篇中趣說一事，可信女人不知犯，不知起，不知名

字，但云我見女人來去坐立，比丘亦爾，不見作婬相等，不決定，故名不定也。

今解中，初斥非，言本無者，非典據也。言泯立者，任胸臆也。此但略斥，餘如義鈔。但下，顯正，二字同前。故但釋不定，謂俗女心疑，故云若波羅夷等，犯未定實，故云不定。次引律證，無定法即目犯也。次十誦中，彼云不知犯（未定實也），不知何處起（謂起因也），不知犯名字（昧篇聚也）。餘同所引。若爾，與古犯不定何別？荅：彼謂二三單並不定，此乃事未審實不定，所以異也。

疏言出體者，亦有多師，有人言：如法自言能治行非

法自言所防罪。

次出體中古解彼謂戒本中比丘言我犯是罪二三不定即非法自言此即戒家所防過制令如法自言即能治行。

疏有人云屏錄三罪露收兩罪此即是罪為不定體。

次師中準義鈔先難初師云若爾我亦七聚罪皆有非法自言何獨此三餘四不彰又復尼亦有非法自言何無不定次師乃以戒文所疑之罪即不定體義鈔甚廣且直示耳。

疏今解不然二三罪體名種各別如何束之以為一戒今云房室私禮俗所常行而比丘無侶獨一女人同處麤語於三罪中令他疑怪犯相難分故言不定。

今解初科又二初斥非初師已如次師所破今略不引但斥次師耳今云下立義準義鈔即首解也

疏何須禁者出家遊棲或入聚落因事交涉汙辱彼此所損非輕故宜須制。

次科入聚交涉者則知此篇犯在俗舍如戒緣說。

疏所以須取三罪疑事者此之疑心由來未制故得從疑以為戒本若取三罪諸篇已結何假此中方言最初。

三中三罪是所疑事俗女即能疑人由於屏露生彼疑心故結為戒若下重點古非。

疏故毗跋律云如何此戒作不定說答云此未來中事容有無實犯故四分云坐既非處生不信心故知疑定也。

四中初引毗跋律未來中事恐犯預制故容無實犯顯示不定故次四分中坐非處者謂屏露也不信心即是疑也所疑雖不定而生疑是定即是戒家所防體也。

疏問既無實犯何須制者答三戒染分外涉必多故制生疑即是違戒令諸不犯用清道俗。

五中初問躡前所引以求制意答中初二句敘制緣故下次明正制令下顯制意。

疏問不定不犯文何說治答文言治者自依篇聚此戒罪體但取生疑。

次難以戒本云我犯是罪於三法中應一一治則知有犯答中自依篇聚者義鈔云若實犯夷自言犯者落在前戒中治是也。

疏問既生疑心犯何篇攝答犯吉羅也。

三問答中定出罪名即知不定約所疑事故列在

前若取所犯卽歸下聚

疏問七聚無不定名如何犯吉答七聚雖無然不應爾如法治並吉羅攝故

四問答中律中凡言不應爾如法治雖非聚名皆目吉罪以戒本云如優婆夷所說應如法治故也

疏三明最初同異者昔云二不定第二犯以戒本列治故雖列最初此犯廣初以總制廣補別廣故

三明最初昔解中初立義以下釋所以文既列治非無犯故雖下遮難以律本中二戒並列最初不犯故曲釋之彼謂前制五篇爲別廣此二不定名

總廣以戒本中總諸戒故初制五篇卽制廣補略故最初不犯今制不定乃制總廣以補別廣望犯別廣故律列最初然非不犯故判爲第二準義鈔總制字寫倒迴轉讀之

疏今解有初五犯初者對犯得名此犯昔來未制舉疑致有罪相故開不犯律制舉罪法有十利故見論下文具有初開上言列治如捨墮也

今解中初句立定五下申所以初引五篇爲比由五篇中最初不犯並謂對前犯相爲言此戒亦爾對犯言初由昔未制舉疑罪相故律開初不殊五

犯律下引證律文既列十利顯是別制必須有初下引見論彼具云無罪者最初未制戒癡狂心亂等不犯上下釋疑古計戒本列治故無最初如三十捨墮戒戒列治豈是無初故知不爾

疏問如何二處各得有初答約處不同如二坐戒是也

釋疑中戒本二戒並列最初恐謂後戒不當有初須問釋之答文可解

疏四通塞不同有五初篇聚同異言緣通七聚犯唯在吉二犯處通局論罪不離屏露故通論疑取於染

謗結罪就處唯二三犯處俱通者如十誦中趣說一事故犯不出二處又云隨所一犯與覓羯磨故四對舉亦通諸篇五僧別通塞此問別人以舉罪故下毗尼中舉藥問僧以非別秉此中有三毗尼如比丘語治自言毗尼也如可信語治罪處所也要三法五法現故卽現前也此無諍殄與下不同餘四毗尼無義不有

四通塞中初科同異卽是通塞緣卽所疑事謂事通犯局也二中初明通者以造作七聚不離二處故論下明局疑取染謗如戒所列義鈔作染機結

罪就處唯得二吉三中十誦二段初趣說一事不
局篇聚故不出二處總歸屏露故二皆通又下次
段但示犯通義同上釋與覓羯磨即下罪處所毗
尼也四中舉通前云就壞僧論亦通篇聚且約過
重收婬觸等是也五中初明舉罪通塞此問別人
是塞下問眾僧是通此中下明用治同異三毗尼
如文次列此無下顯異餘下明無七毗尼中但有
上三不涉餘四

疏五僧尼不同昔云僧屏犯三露則有二故有不定
尼屏有二露則犯一一則是定故無不定

五中古解初釋尼觸同夷故屏處但有夷提露處
唯有提罪耳

疏又云佛制舉罪要僧尼兩眾尼舉違敬故取信女
替尼舉罪不識名種故僧有之尼犯須舉二眾識相
不須俗男故舉是定所以無也今言尼舉如浣擗戒
言僧識犯亦有不識何得輒言尼無不定

次釋初敘僧有尼犯下次明尼無二眾即僧中二
位今下躡破三十中使非親尼浣羊毛戒即愛道
尼舉過因制上云二眾識相然有未學或復不學
豈容皆識

疏又云尼無獨行行必有伴故無屏露若爾亦應二
處不結坐戒

三釋初引古若爾下難破

疏今云尼所以無者由比丘與女生譏處坐夫主不
信或時驅出為患處深故制僧有尼雖與男同坐生
譏夫無屬婦之義過微不結

今解中亦即首師義初文初明僧有或驅出者謂
夫有驅婦之義尼雖下次明尼無反上可知

疏問何故俗女所舉答舉罪之來通於七眾但女情
偽非實者多故以可信乃堪為證

釋疑中徵釋可解私釋本緣在女不因餘眾故所
不列也

律屏處不定戒

疏對文解釋標釋結三一同上出今云解意多云所
以制者一為止誹謗故二為除鬬諍故三為增上佛
法故出家之人理宜迹絕塵染為人天所宗以道化
物而與女人屏說非法上違聖意下失人天宗敬心
故四為斷惡業次第法故

第一中制意有四即斷四過初人多嫌疑二夫多
見嫉三汙辱佛法四因成極重由成四益故聖制

之

疏論犯四緣一是屏處二女人三無第三人四隨作犯

犯緣中第三人者比丘女外更有一人名爲第三

註佛在舍衛國迦留陀夷先俗友婦齋優婆私形並端正各有繫意時到詣彼共屏覆坐說非法語毗舍佉母聞見起過疾往白佛因訶制戒

疏就戒緣中言毗舍佉母者多云此人聰明已入道迹常聞佛說聽法五利一得未聞法二清淨堅固三除邪見四得正見五解深法故來屏聽不以嫌疑見云毗舍佉母有十男十女各有二十兒孫合四百二十人國中稱之婚法準則

戒緣中初引多論明彼聽意論先問云毗舍佉母聰明利根大德重人何故往聽也疏引答詞道跡謂初果聽法五利一解二行三識非四達是五資深彼持佛說故來聽法不謂惡語故也次引見論示其族望一男一女各生二十子即有四百孫婚法準則謂有家禮爲人所法也

律若比丘共女人(人女有智未命終也)獨(一比丘一女人)在屏處(屏有三種一者見屏若塵若霧若黑闇中不相見也聞屏者乃至常語不聞聲處)覆處(上有物作蓋也)障處(若樹若牆若籬若衣及餘物障)可作婬處坐(得容行婬處也)說非法語(說婬

欲法)有住信優婆私(謂信佛法僧歸佛歸法歸僧不殺不盜不邪婬不妄語不飲酒善憶持事不錯所說實而不妄)於三法中以一一法說若波羅夷若僧伽婆尸沙若波逸提是坐比丘自言我犯是罪於三法中應一一治若波羅夷若僧伽婆尸沙若波逸提如住信優婆私所說應如法治是比丘是名不定法

疏戒本十句一人可知二共者明近坐也如九十中三女人者註解有智大者僧祇云母女姊妹親與非親老少道俗同是一犯四言獨者註中易解僧祇云若眠若狂嬰兒等不名爲證五屏處註分爲二初云見屏中無隔障但爲緣來兩不相見也二言聞屏目兩見在但不聞聲故如見論中約對第三人若無眼或聾或眠或女人多者隨犯多嘖覆障二處約言相爲言屏處一種約見聞根辨六明坐處文註可知七說非法語亦可知也八有信優婆私下明所舉人也註解中舉三歸五戒者成上優婆私也善憶持下成有信也優婆私尼夷等名雖少異傳梵訛僻如唐正翻鄔波私迦此云清信女也多云此人終不爲自身財命乃至父母而作妄語以深樂佛法故是坐比丘自言下第九句明自言相也如住信下第十明罪處所治相也

戒本次句指九十者即屏坐戒彼云伸手不及戶坐便犯三中註文止簡小駃已死而不明親非親等故引僧祇決之文中大字誤古本作女四中僧祇所列雖有此等亦名為獨五中初別釋屏處註云三種寫誤初釋見屏緣來即塵霧等次釋聞屏目見不聞明其遠也見論所列並非第三人無眼即見屏聾即聞屏睡即兼二雖有多女還同屏處準知第三必約有智男子矣覆下通簡三相八中初點文二釋註初牒釋次優婆私下翻名私尼夷者並謂下一字有三不同多下引示有信凡作妄語多因四緣一身二財三命四親友等九十二句即二種毗尼用此二法即兼現前也

【註】是中自言所趣向處所到處若坐若臥若作若不自言並如優婆私所說治也

【疏】就註解中言所趣向處者謂向彼女家道行也所到處者至女家也若坐若臥犯殘提也若作者犯夷罪也交互明罪有無不定罪犯隨篇疑須舉處故言並如可信語治

辨註中初釋自言相坐臥殘提由兼觸語故交下釋治罪罪犯隨篇謂夷殘等疑須舉處即當篇吉罪

【律】露處不定戒佛在舍衛國迦留陀夷初犯此戒緣如前戒但以露處二罪為異若比丘共女人在露現處謂無牆壁及餘物障不可作婬處坐不容行婬作麤惡語說婬欲不淨行讚歎二道好惡也有住信優婆私於二法中以一一法說若僧伽婆尸沙若波逸提是坐比丘自言我犯是事於二法中應一一治若僧伽婆尸沙若波逸提如住信優婆私所說應如法治是比丘是名不定法是中若自言所趣向處所到處若坐若臥或不自言並如優婆私所說治

是中無定法故言不定也

【疏】露處不定緣相同前唯處及事少有異耳

第二但示同異不復釋也處異即露處事異謂兩罪也

【律】諸大德我已說二不定法今問諸大德是中清淨否三說諸大德是中清淨默然故是事如是持

【律】後結章門但分為二初結前文故云已說二不定已下但問眾中無疑可出

結章中已下問眾即三問也無疑出者異上二篇

【律】諸大德是三十尼薩耆波逸提法半月半月說戒經中來

【疏】次解戒本第四篇義就此篇相對後九十三門料簡一釋名廢立二先後所以三依位別解

疏就初門中尼薩耆者西天梵言東華人譯名之爲捨如多論云有三種一捨財二捨相續貪心三捨罪也波逸提者如上已翻此名爲墮故曰三十捨墮

第四篇釋名中初科初釋尼薩耆約義翻名引論釋相次釋波逸提指如上者即總義中故下合結

疏問三十具三故悉名捨九十具二亦應名捨答不同以對捨財罪猶未捨而得捨名當知此捨非捨罪捨心如明了論解尼薩耆者名爲盡捨如犯長等犯捨懺時必無留財還成染犯故名盡也九十不爾或因財事單悔本墮不可對財故知此名唯在三十

次問中九十具二但無捨財耳答中初正明凡懺捨墮先須捨財後方捨罪明知捨名正因財事餘二兼帶耳如下引論證知捨義對財不疑九十下對簡故下結示

疏二先後者據其罪體三悔義齊故合本墮入於篇聚何以分者

次先後中初問可解

疏良由財事取納乖方生罪壞道欲洗心悔必須上境方乃絕滅相續貪心心事既捨障業須遣故次明罪作法是難故須前列九十因財捨懺在別但斷後犯即成洗悔作法是易故次說之欲使先識於難後及於易行之次第不足生疑

釋中初明捨墮上境謂僧中心事即是財兼下障業是罪即三捨也九十下次明單提欲下合示離分先後之意

疏第三依位別解就初三十八門分之初明三十九十俱因財犯有捨不捨別二同活及僧犯之多少三自作教人四重犯有無五捨懺方法六持犯方軌七僧尼不同八沙彌任運

疏就初門中由具三義得入三十何者爲三一屬己

之財二財在生過三捨還得用故九十之中二十七戒雖因財食不具三義何者是耶因食十四因財十三

別解八門初門初師通列中三義上二可見第三謂捨懺已僧作法還得受用故

疏爲舉其相如坐脫腳屏露敷高腳牀此之四戒闕初緣非己物也

初七戒中前四雙闕可解

疏文闕第三捨還非用又如輒用施過三鉢與外道食此三亦闕初緣莫不已入他手即是他物共他食

故問取過三鉢未食生罪何不制捨答財雖現在佛制共分不專己故案輒用施即五十九輒取衣戒過三鉢即三十四取食過限戒

次三戒問答中初問未食生罪顯是己食故

疏若爾販博得食亦是味通何故制捨答屬已物故不合同食由有罪故既是偏局故得入捨

次難中販博食即三十中販賣得食亦制捨故答中上三句明不開食下二句明須入捨

疏又就食中有十二戒如尼歎食施一食展轉食別眾食足食勸足食非時食殘宿不受索食索藥飲酒未食無罪食已方生體不現故闕第二緣

次十二戒中索食即索美食索藥即四月過請

疏財中有八闕第三緣如覆過三白衣兜羅牙筒尼壇覆瘡雨衣等捨竟過在故案白衣即六十著新衣戒

次八戒中覆過三即覆屋戒雨衣等者等取佛衣案佛衣即九十過量三衣戒

疏又如强敷與衣作衣遺落藏他物等既非三緣亦須分別

後五戒中第四遺落即捉寶此五全是他物無有停留還用之義故非三緣所攝也

疏問眞淨輒用局主闕初緣者三十戒中並不說淨耶答然何以知之如浣打二離雨衣四戒是受持故長月鉢藥由不說故五敷揩擗乞縷等八未成無量故不合說已成造作故成過自餘領受過生即不應淨案二離謂第二離衣宿戒二十九離衣過限戒

釋疑中初科問中上二句牒前下二句正難若三十戒許有說淨則皆他物並闕初緣答云然者承來問也何下列示四戒受持不入淨故長衣月望長鉢長藥四戒由不說犯蠶綿純黑白毛減六年不揲坐具名爲五敷揩毛擗毛乞縷線未成無量已成有過故並不入淨自餘下十四戒如取非親尼衣乞衣過受勸增等舉體有過不應淨法此明

三十皆無說淨即顯屬己也

疏問白色三衣捨竟還主由生罪故染壞成悔不須捨者白毛臥具類亦同然答由造作生過是故還主不染得用故得入捨

次問中初敘前白衣不入捨意白毛類同如何入捨答中上二句明還主義同下二句示入捨義別

疏高牀已下捨竟還主受用有罪故不入捨

三中高牀下者即兜羅覆瘡雨衣等

疏牙筒打破相同綿衣然綿和泥主有受用鍼筒一

二次師解二初
難三義不具

壞更不許畜由損功壞信妨道過多有人加云謂輕可隨身簡屋子牀褥擧體有過除諸量外也四中牙筒蠶綿比校同異初示同然下顯別有下引別解謂牙筒打破有二種義一以輕簡重即覆屋綿褥二皆重故二以全簡分謂坐具雨衣量內應法但除量外故

疏有人言三義難具未可全依且如乞鉢一要還主不許受用餘入僧庫如何具三七日三判何名復用至十四日全是園人如奪衣者或持說淨捨則失法四句爲言兩是重攝不論淨法餘則不定不失淨法如何而言捨與失法取過三鉢與他同味眞實淨施屬前施主若盜此物望誰結罪施主若死入僧已不又五敷具妨業中制使人非犯雖雜亦犯若體不如故制雖捨不如何得還主言無犯也又浣衣二離雨衣等四受持犯者戒本何不除不受持亦應餘衣是不犯故以上討覈三義難成也

次師亦即首解初二句通斥且下別破爲六段初明乞鉢不具第三還主入庫如下自釋二七日藥闕亦如上三判者一正七日捨與餘比丘食過七日捨與守園人減七日捨聽自用謂長藥相染乃

二用兩意以定

至十二日捨者猶通三判若至十四日一向捨與園人如後廣明三奪衣闕初義準義鈔前問答後即不應淨下續云奪衣一戒是受持衣或可說淨捨與他時失其淨法故奪得入捨準此破文顯前寫脫四句者一不定與決定取奪犯捨二不定與不定取奪犯吉三決定與不定取四二俱決定此二奪者犯重四取過下合明過受實淨反非他物五又下明五敷闕第三緣初難非妨業五敷並自作教人同犯又且擧黑毛戒純色方犯故今難云若是妨業則應教人非犯雜色亦應犯若約體不如制者則捨還亦不可用則闕第三矣六又下明浣衣等四闕初義二離局受此則可知浣雨二衣不必局受若謂須受則應餘長無浣畜耶故下總結

疏今用兩意以定前後三十中犯莫非貪心尤重取物失方妨道招譏過重制捨違本貪心故也九十不爾設因財犯皆由造作受用失方不爲貪貯故不制捨對於二離雖非貪畜輕慢聖教違宿失法制其捨懺反淨令持也

今定中初總標三下別釋初明捨墮有四一貪心

二取納三妨道四招譏次明九十無上二義妨道
招譏不必齊具對下別示二離以遮來難
疏第二門犯人同異者一人並犯此何所疑四方僧
者一向不犯由情無主當通擬一化但得受用不得
屬己
第二釋中初科初明別犯四下次明僧不犯以四
方僧用常住物無受畜義故無所犯
疏問僧不犯者何故律云何等人犯尼薩耆答若僧
若衆多人若一人此明僧犯何言無耶答僧有四位
盜戒已分此言僧者現前僧也

次科初問答中四位指盜戒者即二種常住二種
現前今唯現前有同犯義
疏若爾與同活人何異答同活則少多共同現前則
多同少別也
次問答中以現前同活二種濫故答中少多共同
不別分故多同少別各有分故
疏今解同活有五戒不共犯一離六年不揲雨衣並
是受持無共奉義豈有我離令彼得罪
次科初師同活中五戒不共者由加受法無共義
故

疏有七戒不定其犯如五長浣奪等同住現在何得
不犯必有他行先要令說不說者犯何干餘者奪浣
受持身現不犯長等共使亦得同犯
次七戒中文分二初總示同下別釋初明五長同
別可解言五長者即十日月望急施并鉢藥也後
明奪浣受持無共長物同分共使共奪則有同犯
疏現前僧者應犯有七如共作綿衣黑白臥具擔毛
畜寶貿寶奪衣也
次現前中初七可解
疏餘有十八若不同作爲作不犯如行遇賊奪衣過

受在者不知何有同犯今言同者同行同失同計過
受且應增三
十八中初明不同且舉失衣過受餘準說之今下
示同義同計謂同謀也應增三者如前所引若僧
若衆多若一人即增三中文今明同犯顯有僧犯
之義故云且應也
疏有人言何須云云如許多迹終未窮本今以一義
即定綱宗若不敘昔言則不欽後說何者三十之中
有受持者則不同犯餘非受持同心同犯異心異犯
如使尼浣有心使浣後浣便犯先本無心尼輒自浣

佛不制犯可以例諸

次師初斥繁今下示要初標示一義即下約心同異也若不敘等示前引古之意何下正明受持如上五戒同心異心則應增三三位犯也如下引例顯知判犯約心有無諸字語辭

【疏】第三教人多少者三十之中教他不為己能教之人但得吉羅無財用故

第三門初科吉羅犯通三十

【疏】就為己中有十三戒教人為己作事成時假彼身業異緣無作成我口業三性之中任運成犯律有五敷奪衣受寶七戒僧祇使人取尼衣浣故衣擗毛過限索乞縷驅織五戒多云讚織一戒使人亦犯

次科成重中十三戒本異合論如下自別本律七戒可知僧祇過限索即急切索衣乞縷驅織即使非親織師戒多論讚織即勸織師增價戒

【疏】自餘十七戒教人為己未必稱心但得小罪

犯輕中或無為己義如二離等或有為己如畜長之類細尋諸戒有無可知

【疏】第四重犯有無者三十之中四戒得重犯浣衣擔擗雨衣是也此物現在數用重犯文云語使浣染打三尼薩耆

第四門初明重中浣擗各有三事擔毛隨過限分雨衣過前用隨用結犯文下引證且據浣染餘三類通

【疏】餘二十六戒無重犯義何以知無一奪無重奪二離無重離五過六成謂五敷及乞縷並無過成十四領受無重領受謂取尼乞衣過足一居二居過索受寶貿寶販賣乞鉢讚織前受雨衣前受急施過僧物是也通前三十可以推之（案一居二居謂八九兩戒）

次無重中五過即五長六成即下五敷及乞縷並無過成者合云五過無重過六成無再成總上共十四戒十四領受下如文次列浴衣過前用落前重犯中急施過後畜攝後五過中由此二戒各兼二制故前標二十六而有二十八亦由此耳通下總示有本作三十二者頗應上數

【疏】問一奪入手更無重奪何故律文或藏諸處者答此謂不面現前故有二奪之異立法須爾犯事不然

問中以律云若自奪及教人奪而藏者犯墮又云若著樹上等處離處犯墮文似重犯故問釋之答中奪有二判若對面奪約藏論犯若不面奪約離

處犯。文中不面卽後判。現前卽初判。律出犯相故
云立法須爾。而非重犯。故云犯事不然。
疏第五明捨懺方法者。隨其名相乃有多種。束而會
之但有三捨。一明捨財離罪緣也。若無其財罪亦無
起。故前明財。二明捨心離罪因也。由貪慢故致違聖
教。三明捨罪除障道業也。
第五門標分中。財是生犯之境故名罪緣。心是造
業之本故名罪因。罪卽入道之障故云障業。
疏就前明財。約就本律。隨相五種。約境不同。初不對
境捨。如綿衣非法。體是損生。若不斷壞此貪何竭。二

對境中。道俗分別。如畜貿二寶。體貴長貪。殊非出家
之所畜用。令捨與俗顯非道習。自餘諸捨並在道位。
通別不同。廣如鈔也。
捨財有五。初科。初不對境唯一蠶綿。餘並對境。二
對境中。二寶對俗。餘並對僧。乞鉢一戒僧中行鉢。
不通別人。餘並通三。故云通別不同也。
疏二就其財體全壞捨異。如綿壞捨永息害故。餘則
全捨有事益故。
二中。唯對蠶綿斬壞和泥。
疏三就處論。或自然作法本住異住大界戒場各對

戒引共成顯相也。
三中。唯除乞鉢由須羯磨故局作法。又罰鉢入厨。
故局本住。不許戒場。餘戒並通。
疏四集衆不同。三戒不集。對俗自壞故。
四中。三戒同上境中。
疏五還財不同有五。一轉還。二入俗變本還。三入僧
還主不復本用。如乞鉢是也。四入僧入俗還主不用。
如七日藥。五並還主。
五中。初轉還卽蠶綿斬壞也。義鈔作壞還。恐此字
誤。舊作展轉還非。此開犯長屬後第五。四中入僧入俗并還主卽三

判也。五中除上五種餘並還主。其中長物或隔宿
還。或展轉還。餘並卽座直還。
疏上論當律五相不同。若依餘律。諸捨入僧非主用
者。今有犯者不思業重。便欲捨懺。作法而已。罪心不
捨。何名淸淨佛子耶。今者不能廣出他部。且據錢寶。
世多弊之。看他異律如何斷決。
他部中。初科。初二句結前文。若下示他部。又三。初
標示。今下斥妄行。今者下示所出。
疏故十誦中畜貿賣寶少者永捨。多者捨與同心淨
人。淨人捨作四方僧卧具。

十誦次淨人字上脫無字彼云若不得淨人作四方僧臥具

疏五分中寶等永捨與僧僧差人永棄不爾分淨人貿衣食與僧食用唯本主不合恐還遂本心故

五分本主不合謂不同食用

疏僧祇中寶捨入僧無盡財中生利作僧房中衣不得分用爲折伏本主貪心故

僧祇無盡財即常住長生庫僧房衣謂幃帳等

疏善見云金銀等若無淨人可擲去僧差一知五法者使閉目擲之莫記處所

善見五法即不愛恚等第五知可捨不可捨

疏以此諸文故知諸部捨即全捨非是自欺四分亦爾由全捨故但知悔罪僧自量宜審知行道外求妨業故特作法和還服用事同新得情無枉負故律文中若捨不還或作餘用但犯吉羅而無大重至文說之

三中初結示諸文四分下別示本部初明捨意既任僧量明知全捨義同羣部故云亦爾僧下示還意恐求妨業是教本意枉曲負違也故下引證僧不還彼違教犯吉而非重盜則知前捨決心明矣

私釋捨財悔罪爲斷貪心他宗永棄反容不斷本部制還反彰須斷且犯雖因物染本由心但捨罪心物還成淨所以四分高出餘宗良由於此至文說者即指後釋也

疏若立重犯還衣方法三十戒中綿衣二寶三不對僧二十七戒對僧捨者四戒即歸謂二離二毛非相染故七日雖染制身外用亦即日還四戒經宿以畜續也餘十八戒別別捨者不須經宿非貪貯故

次重犯還法者謂諸長捨已容有相染再犯之義故須簡之初科二離二毛慢教乖法非貪畜故七日與下四戒即是五長藥唯外用故不經宿餘十八戒別捨不宿即明共捨容有經宿如下辨也

疏今以四戒歷就相染明其相者若以二十三戒共長衣月望急施過後合捨之時六戒即還二離二毛藥鉢是也餘者經宿以取尼衣前雖別犯及捨財已通是長淨還財之時以長未宿染心還起於心捨衣更復相染故令經宿共長同還也

次別配中初科二十七中除四長故有二十三此爲所染三種長衣即爲能染六戒不染上四如前藥即七日鉢謂乞鉢此二體別故不相染餘下明

十七戒懺淨入長容有相染據本卽還止由隨長故同隔宿

疏若以二十三戒共長鉢合捨唯乞鉢須宿餘皆卽還也

次對長鉢唯一乞鉢染故經宿鉢不染衣故並卽還

疏若以二十三戒共長藥合捨一時並歸以其衣食內外資別並不相染故

三中上標四長對明相染經宿不宿長藥卽在所染之中今此所明不論經宿但藥通三捨二是與

他恐謂相染隨捨與他故須辨示藥須與人餘自還主故云並歸以下顯示不染所以標中合云二十二戒以長藥卽在二十三中摘出爲能染故思之

疏第二明捨心捨墮之中斷畜爲本懺罪甚易淸心者難旣有明文正義不得輒隱廣如刪補羯磨及行事鈔中恐不見彼文故重疏出

第二捨心生起中初二句示懺本次二句明捨心難無始貪習非有智對治無由脫故旣下示須出之意疏字平呼理也

疏就五長戒本由貪貯故犯令捨反彼貪心不得卽日還主必有他緣如文所開如多論中卽日得受異財不染長過以心斷故所以本財不得者曾經畜過須以宿隔其心心若不斷多宿亦犯不同過藥當日得還制不服用

正明中初敘五長捨意他緣卽難集遠行開展轉還如下引示捨心初明得受異財卽下第三句所以下示不開本財不下簡長藥以同貪貯不隔宿故

疏故多論中六句分別初衣已捨罪已悔畜心未斷

更受異衣爲前衣所染二衣捨罪悔求心不斷乃至一月得所求衣及意外衣皆染犯捨心不斷故

次引句數中前二中有二別一畜求心別二久近時別

疏下有四句由心斷故不染者前緣無罪後心吉羅三衣已捨罪已悔畜心斷卽日得衣無犯以心斷故四衣已捨罪已悔畜心斷後日更求得衣不犯中間心捨故五地了時衣捨罪悔畜心斷向暮更求得衣犯吉羅六衣已捨罪未悔畜心斷正使多日得衣犯吉

後四句中、初總示、三下、別列、三與六並約得衣而悔罪已未別四與五並約再求而後日卽日別引此句數、則知捨心爲悔本矣。

疏三明捨罪法、有師立業三十捨罪並皆集僧、以對衆心重故、不集不成。

三捨罪中、古解初師、三十並須對僧、異單提故、蠶綿二寶捨雖非僧、單悔本罪亦須盡集。

疏有師云捨財不得別衆、故文云不得別衆捨、若捨不成、罪則別人所除同墮、別衆亦得。

次師、捨財局僧、文證甚顯、捨罪同墮、非別篇故。

疏有師云依律文好、如律綿衣二寶捨不對僧、故文中不明僧悔、自餘並制在僧或衆多或一人也。

後師依律、餘並對僧、綿寶對別、以三十中獨蠶綿二寶不出悔法故。

疏今解三十之戒緣財故犯、故抽前者捨悔難故、豈可財難對僧除罪則別、隨有所犯、財捨如律、捨罪必僧、縱是一人界非別衆、一人僧也。如律本中三戒不列者、但由財是別捨乘不明悔、非謂別除。四分無文、十誦諸部云此罪必僧中悔故、至文更出。餘如鈔疏。

今解中、初敘悔法故抽前者、別九十故、豈可等者、財罪兩難不可偏故、隨下、出今判、初正示、縱一人者悔通三位、以無僧處故開別人、雖對一人界須盡集、無非僧法、如律下、釋妨、綿衣二寶律不明悔、後師執此以立依文、故須通決、初示律意、財是別捨者綿則斬壞二寶與俗、不對僧故、乘猶因也、四分下、引據、僧祇云金銀錢一切不得捉、捉得提應僧中悔、多論云一切重寶捨與同意淨人、罪僧中悔、至下指後、餘下、示略。

疏第六持犯方軌者、三十戒中、九是作持止便成犯、如長衣月望長鉢長藥急施過後、此五長戒佛令淨

施如法受之、依教奉說名作持、不越佛制名止持、作謂策修奉行、止謂如教非越、此則名體各別、故違不說名止犯、越於期限名作犯、此亦名體各別、翻對自顯、並如上卷持犯中說。

第六門、五長中、初別列諸戒、此下、總示雙持、由有淨施、故行分兩別、作謂下、示名體、初示二持、止作是名別、修奉非越卽體別、故下、明兩犯、止作名別、不說越期卽體別、翻持成犯、故云自顯、以古師相傳云二持名體各異、兩犯名異體一、上篇委斥、此復點示、並下、指廣、或指初卷總義、或指第二僧殘、

疏二離減六。此之三戒。得羯磨故名作持。順教不違名止持。違教反止名作犯。不肯依法名止犯。如此易顯甚矣。畜寶一戒。說付俗主名作持。恐犯無違名止持。

下二科。列戒顯教示行。大同前也。

疏餘諸戒。如取尼衣。將衣來施。自量量他。見無法利。止心不受。恐犯戒故名止持。不但無心。緣念便名止也。此止無記。非隨戒也。翻止受納名作犯也。犯必依記成於業也。

次單持中。初句總示二十一戒。如下別舉示相。又

二。初明止持。自量等者。謂先觀察。即是智也。然後不受。即是行也。不但下。反古。彼謂任運不作。即是止持。如前已破。此下決破。因臨此語。不覺喟然嗟往者之不聞。喜來蒙之獲遇。可謂毗尼教旨。皎在目前。萬行修持。坦然有據。寄言學者。熟而思之。翻下。明作犯。

疏第七僧尼不同者。三十戒中有十八戒僧尼同犯。至尼律中單列戒本。有十二戒三種不同。

第七門總示中。初指同戒。尼律即尼犍度。與僧同戒。不敘緣起廣解。但列戒相而已。有下。標異戒。然此且就僧戒對明不同。若尼三十。前列十八與僧並同。後列十二。與僧全異。畜鉢雖同。僧不開十日。亦為異戒。尋彼戒本自可見也。

疏初有無不同。如過前用雨衣。蘭若六夜。二戒僧有。尼所以無者。浴衣常用。尼為佛開。既無時限。非制所及。尼是女弱。蘭若不行。故無離犯。

別顯中。初科。初舉戒徵意。浴下。釋通所以。初釋雨衣。尼是下。次釋蘭若離衣。

疏二有一戒犯同緣異。長鉢僧尼同墮。名曰犯同。僧限十日。尼制一夜。名為緣異。

次科示相可解。

疏何者。僧是多利。故開十日。擬於積散。

釋所以中。初解擬積散者。謂轉施與人。

疏又僧不制伴。開日覓淨。尼則反前故也。

次釋立義中。覓淨謂擇淨境以作對首。或可覓人說淨。故云覓淨。尼制須伴。故云反前。

疏若爾尼畜長衣有伴可說。不應同僧。答。鉢不同衣。未成非鉢。無長可犯。若鉢已成。須對說淨。衣營未成皆有長過。一日簪縫。不得成辦。故開十日。

釋難中。以尼長衣同開十日。若約有伴義則不成。

答中。鉢取如法熏治都竟乃有犯長衣取財體過日成長所以不同。

疏若爾長衣未成有伴對說與鉢相似何為不得。又解衣開十日據但三衣者為言以十日內開成不須淨施故若說淨者亦制一日。

後釋中初躡破前解上雖兩分未通伴義。又下正立但三衣入由不說淨故開十日。餘則不開。

疏若爾何以同開十日。答一開已後同至十日。如病開粥不病亦開類知。

釋妨中今畜長者則不應開。答中如上所通據本開耳。開已同開。舉例可解。

疏三輕重不同。謂五數取尼衣浣故擔擗尼吉僧提故也。所以不同至文更敘。

三輕重中初列名總有九戒。所以下指意至文敘者準下亦多不釋今詳五數尼得施薄希故俱輕。取尼衣者下云僧是上尊與希故輕浣擗則下無使上之義擔毛則女弱多恥為之故與僧異也。

疏八沙彌任運者。

第八門沙彌有二。一形同沙彌縱受五戒體猶同俗非此所明。二者法同沙彌即受十戒者前後所

論並據此耳。

疏未受具前先教人作十五戒。謂長衣鉢月望急過後此四戒者沙彌時受財屬已受具後數過十日謂通受前三性之中任運犯提藥法不爾沙彌時作手口二受竟進具後即失受法故無任運也。

初科四長中準義鈔此有二義受後數過即初義也謂通受前即是次義義鈔云亦可通前日數前後滿十謂合作或又詳彼存二義此取後義釋上數過十日故云謂通受前也然須更簡犯有二別。一正受日過二受竟限滿並三性犯。下簡長藥雖是長數由有受法故異上四。受法失者以位別故。若爾沙彌時畜長進具已後亦是位別何故通前數耶請為通之。

疏更有十一戒沙彌時教人作五數具持衣與尼浣擗過索尼衣織衣奪衣作方便已受後任運成犯。

次教人中文列十一戒持衣與尼浣即浣故衣擗即擗羊毛過索即急切索衣尼衣即取非親尼衣餘可解。

疏自餘諸戒更須領受也。

次無任運中有十五戒若據二離則無犯義餘須

領受者則顯自作成犯故無任運。

律 初畜長衣過限戒。

疏 第一畜長戒四意同前。

疏 初制意者良由衆生根報不同強弱不等致令大聖方便開遮始終將補有六種之別。

第一制意總敘中初科方便開遮遮即是制初是本制望次名聽第二是制制必須開下四並開開皆有制始終總下六種隨機開制故云將補將猶助也。

疏 上士面王報力殊異胎衣隨長未假資持及將入法誓不服餘如來順機任聽但一便能自靜緣濟修道。

次科糞衣中面王者賢愚經云面有王字若準分別功德論云此人生下項有天冠請梵士爲作字名爲面王出家時披一白氎至世尊所欲求爲道佛曰善來即成沙門直以所披白氎染爲袈裟不用餘衣白佛弟子正欲終身披此一衣願佛聽之佛即默可據此似非胎衣然準章服儀云面王釋子報服隨身即知胎衣明矣若付法藏傳商那和須亦是胎衣此乃佛滅後事引證制意殊不相合

資謂外資持即支持及下二句即上出家白佛也如來下二句即默可也便下二句出聽意也自靜無他求也緣濟一衣已足也

疏 二者根報次強堪耐寒苦隨緣施造不以爲難大聖量機通堪行業故制三衣並須持奉如有缺少即須具之

二中初敘機緣望前爲劣對下猶勝故云次強施造即進修也天下次明制法即須具者不具缺衣日別犯罪

疏 三者雖制畜三首足猶露力薄心羸寒苦所逼神情亂涉無心存道是以如來又量機性故開百一記識受持多論云百一物中三衣鉢具必應受持餘外若受則可不受無過

三中初敘機劣二明佛開下三分文並同初中力薄故寒苦所逼心羸故神情亂涉次明開中記識謂不加法記憶而已受持即加法者以對三衣不必加故如論可見

疏 第四人者形報微弱心用非利待時待處須暖須好若得供給便能進業若制同上退道爲惡故開畜長隨施而受令彼獲福此得資道

第四機中初二句色心俱劣須暖對待時謂不耐寒苦須好對待處謂不堪卑陋若得供給能進業者明開有益也若制同上便退道者示制有損也故下明開即成二利

疏第五人者根力最弱要假重物方能濟苦寧身進道可有階漸故開祓褥車輿重物依教而畜以事重故不合淨施

第五機中苦謂有身寧即安也故下顯制可解

疏第六人者須得眾寶莊嚴房宇方得安心如分別功德論天須菩提聞說麤衣不肯入道索諸寶舍佛令借王一切供具比丘受用一宿得道佛言當知悟道在心不拘形服自今已去須者開之

六中初科初敘機宜如下引示佛制彼云佛弟子中有兩須菩提一王者種一長者種(即空生也)今此王種故加天簡之以五百世中常生化應聲天下生王家佛還本國時眞淨王(即淨飯也)勸五百釋種出家此比丘在數出家時佛勅諸比丘夫為道者皆當約身守節麤衣惡食草蓐為牀便利為藥此比丘聞已心自思惟吾生豪貴衣食自然宮殿服飾極妙莊嚴猶不盡意況當著五納衣耶且當還家適我本意即往佛所辭退阿難語曰(受佛教故)若且止一宿乃往王所借種種坐具幡蓋花香燈油事事嚴飾令此比丘於中止宿至於後夜得羅漢果阿難白佛佛答如疏

疏上雖通開不為養報

疏如來出世為除我本如持世佛藏經云若不為除我故在我法中不得受用一杯之水一納之衣為解脫煩惱者如涅槃云雖復十萬不以為多行者自量據位何在如母論云若無戒行而受衣食不向地獄者衣即離身食便破腹斯言甚矣何得自欺如多論

云有三意故便制此戒一因畜長故貪於俗利壞道功德財故二失於俗人信敬之心比丘貯積與俗無別三違佛四依非節儉行故

次科又二初示開意如下引證又二初引佛藏明非開意彼又云如析一髮為千億分破戒比丘尚不能消一分供養何況四事為解脫下次引涅槃顯正開意彼經云聽諸比丘畜衣食臥具其價各直十萬兩金亦聽畜之前舉一髮以少況多此明十萬以多況少既為解脫豈畜十萬耶或抑或揚無非誘進行者下引誡自量者恐聞開許不體佛

意妄自矜持末世多然皆由不揣故也毋論不向地獄者幸免來果也衣離腹破者須遭現苦也次三意中一既貪俗利必壞道財二既失俗信必生譏毀三既違四依必務著縱制成三利以翻三過

疏二釋名者貯用屬己名畜限分之餘名長越於期限故曰畜長過限戒

二釋名限分餘者或對三衣或望百一外也越期限者出十也

疏所以在初者解有三義

二列次中標云三者初師旁豎通染爲二後師喜犯共爲三也

疏初云長衣一罪能傍通諸戒皆染長過唯九戒不汙謂二離二毛二寶二鉢及殘藥也

旁通染中古解初科旁猶橫也準義鈔取尼衣等過日犯長名旁通先犯長衣後取尼等爲長所染名旁染九戒不汙上四法持下五體異

疏問何以知然答律云尼薩耆衣不捨更貿餘衣一提一吉此豈非也謂財雖有捨畜心染犯

次科問者發下證文答中彼謂犯捨衣貿易新衣後衣即染犯一提是長罪一吉即著用罪

疏若存此釋尼衣販賣入手須說不說過限又犯長罪今解不然販財體穢不合說淨作三衣故律云犯捨墮衣不合淨受據此非淨何由有染又財無兩捨罪不重結淨法簡境何得妄施

今解中初科爲二初指古非尼衣販賣且舉二戒餘戒例然義鈔云販賣入手要說淨作三衣又云既爲長染明知理合說淨作三衣開又難云若爾何故衣法云尼薩耆衣不應說淨作三衣答得小罪故云不應非謂不成等準知古師許有說淨受持之義今下次立理破又三初約淨法破財體既穢何由入淨文證可知言淨受者淨即說淨受即作三衣又下二約捨財破無兩捨故三據結罪破無重結故淨下重舉初義以責非理

疏若爾何故文云不捨更貿得提吉者

次難中即前所執須爲釋通

疏如昔解云自於五衆邊貿及遣人二衆邊貿不犯販博故有染犯若自俗交則犯販博體染非淨及著二罪

昔解中初明體淨染犯止有二罪若下次明體穢染犯此有三罪販博一提體染一提及著一吉但

二今解二、初釋成無染

二重難旁通二、初立難

二答釋三、初通釋二罪

二別示旁義

由販博自是別犯，所以文中止明染著二罪，合上律文。

疏今解不然，豈有財去後來新物而得有染？引多論中無如此義，縱在俗交亦無有染。

今解中初科初釋淨者無染，多論無此義者，彼云：若先應量捨墮物更貿得衣財，即作二衣（謂應量不應量）此衣不懺，懺先提罪，則知後衣無染明矣。餘廣如鈔。縱下次釋穢亦非染，由自有過故無所染。

疏若爾上文何得有通者？

次科立難中，律文即結二罪，則通染犯，如何釋之？

疏答昔解非也，今言不捨更貿者，以體不淨須捨須悔，如何不捨違制，故一墮之罪財去罪也，一吉之罪違佛教也。

答中初科初句指破前解，今下次伸正釋。初敘違制，以犯捨衣制須懺淨，可將餘用，縱直施人亦制與罪，故下示罪相，一墮即前衣本犯未悔之罪，一吉即違制，則顯新衣都無過矣。

疏如此解時全無傍義，今解得有，如先犯長後博新衣止犯減價之罪，不爲長染，及捨還衣爲長所染，故義通也。

二句答証成

三開長成受三、初牒前立義

次科初指上文，既翻古解旁染不成，今下示今別立文中且明販博，除前九戒自餘皆有染犯之義，舉一例諸自可解也。

疏故知先長後失三衣，攬長加持得作三衣，何以得爾？對三名長，三失無長，即斷續貪，何得不作？販博不爾，本不對三，此是別犯，故非持說。

三中初科以前古師謂販賣入手，得說淨作三衣，爲今所破，今明有犯得作三衣，唯據犯長販賣不得。初立義，何下出得作所以，販博下反古，對前可知。

疏問：卿何以知，又何以證？答：夫欲談吐，必以文義相包，乃名憑據，不爾則同多論，斧在口中，立義得作。如上可知，若須文者，如伽論云：頗有十日衣即此經宿有犯提耶？答：有，即取犯長加法而離宿者，豈非證也？販博不爾，無文義故。

次科初問兩句，上句問何義，下句問何文。卿者假設來難相召之辭，在古言通，於今專制。答中初通敘談論，斧在口中，文在智論，廣如鈔記具引，謂發言有過喻其自傷。立下別釋二：初二句答何以知，若須下答何以證。販下點古，生後難辭。

疏若爾非持，何爲過量衣房成持處分者。答：販財舉體有過，上過量外是犯，量內無犯故得。

初難三衣過量成受，造房過量成處分。答文可解。

疏若爾我亦多條大衣，條葉雙增，通體俱過，何有成受。答：雖通有犯，是佛制須，故成受而不用。販財不爾，本制全約故也。

次難三品九種大衣條數長短並須應法。律云若互增減成受持，著用得罪，故引爲難。答中佛制須者，不得缺故；而不用者，不合法故。販財相反可知。

疏若爾白色三衣正制法服，何故非持。答：色別道標識多故也。

後難中下九十中白色三衣，亦是制須，亦應成法。答中別簡也。標謂外表。

疏上明長財雖通諸戒，體有長過，還能傍染，如取尼衣及以買財入手犯捨，無由犯長，後捨懺已則是長過，不同昔人入手犯長，一取尼衣一是長染，今所不然，如上廣敘。

結示中，初重示正解，販財無染，懺淨有染，並如上立，不同下，重明異古，彼約犯財明傍染故。

疏既有傍通傍染，必有豎通豎染。

疏何名豎通，如初得淨財，不說犯長，捨懺已後是名豎通。

次豎通中，謂捨懺已又復畜過，文中寫脫，準義鈔云捨懺已後復過十日，後犯長罪是也。

疏豎染者，如初一日得衣，二日又得，乃至十一日，初日犯捨，二日在限，爲初衣犯，相從俱染，故名豎染也。

豎染中，初日得衣爲能染，二日至十日得者爲所染，並隨能染判犯，廣如鈔中。

疏此古師義，相扶立之。

結示中，扶猶助也。

疏有人言何須如此，人之喜犯，故在初明，非不如斯，前義亦有，但爲舊立通相少乖律文，今改正之，頗同而別。

次喜犯中二，初引他解，喜犯前標諸篇皆爾，非不下示今斷，初句取後義，次句存前解，但下點失，今下顯正，傍通則名同義別，豎通則名義俱同，故云頗同而別也。

疏三具緣者有六，初是長衣，對受持故。十誦云，七種衣不作淨施，三衣坐具雨衣覆瘡衣及百一供身具，如善見云百一供身手巾得二條，餘並受持，以對長

二牒釋二、初戒緣二、初釋六羣名迹

故多論三衣過限無犯長過加說淨法失本受持故餘廣如鈔二雖是長若有迷忘或未知屬已亦無長罪所以須知屬已已定三是應量財四不說淨五無因緣謂迦提一月五月及起奪等四想留難等緣六過限犯

具緣中初緣十誦七種由不入淨故無長過善見手巾二者一新一故餘並受持者彼云三衣雨衣尼師壇等皆須受持不合說淨多論三衣過限謂不加受法過十日一本受持二非長義加說等者如先有受持衣今又別加餘衣前衣說淨縱不作

法捨受法自失但違教耳指如鈔者即二衣中彼云若本說淨今作三衣即失本淨等二迷忘者或不憶物體或不記加說三應量者滿尺六也已下但吉昔謂不犯如後所斥五中奪等四想或實奪失而物尚存或非奪失但起虛想留難者律云付衣者遠行或水陸道斷不淨施不與人皆不犯

註佛在舍衛國聽持三衣不得有長六羣比丘畜多長衣或旦起衣或中時衣或晡時衣彼常經營莊嚴衣服積而藏舉比丘舉過佛便訶已因開重制

疏就戒緣中六羣比丘者以本六人同共朋遊即以爲號如竹林七賢之類也多論云二人善解算數陰陽說法論議而性多欲難陀跋難陀是也二人深通射道善解毗曇而性多癡迦留陀夷闡陀是也二人善於音樂種種戲笑說法論議而性多瞋馬師滿宿是也五是王種迦留陀夷婆羅門種俱是豪族共相影響宣通佛教

二問答

二戒本二、初標示
二列釋四、初第一句
二第二句二、初正釋

二釋隨時畜衣

戒緣中初科初總示六人朋遊由多作過畏僧舉罰故常相追逐如下舉類竹林七賢者史記云皆晉人也阮籍嵇康劉伶阮咸向秀山濤王戎多論下別釋二人共一俗藝共一煩惱皆彼本習說法論議六人並能上乃示其性情藝業五下明其族

姓共下示其權化有說即六方佛耳

疏所以隨時異色衣者由是貴姓多人識之兼復多欲愛樂服飾雖復出家以本習故

次科註明畜三時衣故示所以

律若比丘衣已竟三衣是也

疏戒本四句一犯人可知二衣竟者三衣具足竟已外是長也註中通相未足以分

戒本第二句正釋中初釋文二點註文中但云三衣故云通相而不辨三戒別故下問分之

疏問次第三戒俱明衣竟如何以分答初言衣竟三

衣體足竟也。二云衣竟，三衣加持竟方有離過也。三云竟者，三衣同體足竟，如此可以分也。

三竟自異，如文可了。

【律】迦絺那衣已出。

【疏】三迦絺那出者，開緣謝也。此是梵語，如明了論名爲堅實，由受此衣，令諸比丘雖行五過而無其犯。又得多利衣無速壞也。世云功德衣者，從所獲爲名。受此衣已竟冬四月開於五戒。若不受衣，但是一月。略於本言，云迦提月，廣如鈔也。

三中，初翻名，令比丘無犯者，此望戒爲名也。又衣無速壞，此從衣得名也。上出正翻，次引世傳，從所獲者，由受此衣獲得五利，故受下示開限冬四月者，從八月十六至十二月十五也。連前迦提通五月也。略本言者，以前梵名是具是正，則知迦提訛略語耳。指如鈔者，見自恣篇，更有多名，自可尋也。

【疏】就此文中，三種料簡。初定緣前卻，二決餘有無，三開緣入戒不入戒相。

料簡標中，前卻，卻即是後。

【疏】初中問曰：迦衣與長何者爲先？若迦先開，不應云爲長等五事受功德衣；若長先制，不應此戒迦衣已出。進退大難，如何通者？

初科敘問中，若因長開迦，則迦不應先；若迦出犯長，則長不應先。五事即五利也。一畜長，二離衣，三背請，四別衆，五食前後至他家。

【疏】答義須博要，不足生疑。長戒實先，如律可證。但長衣戒限日促近，致文缺略，非無斯惑。

答中，初二句令通諸部。長下正定先後。如律證者，六羣初犯制云：若比丘畜長衣，尼薩耆等，未列迦絺，故知長在初矣。又如後註引阿難緣，次開十日，而迦絺緣開，律文不顯。但下示缺所以，促近即十日，謂結集家但欲示其促限，故致略耳。

【疏】如五分云：因六羣犯，制畜一宿，過則犯罪。後因那律得衣恐犯，一日不成，又因夏末持衣疲頓，乃開五事。更開第二若衣已竟捨迦絺那畜過一宿者犯，又因阿難非時得衣，復開十日，制第三戒。今此戒中，三中少一，是以迷也。

次科五分三緣：第一因六羣犯制畜一宿，同上四分；後下第二緣，復有二緣：初因那律者，彼云諸比丘若須一一衣，帊僧羯磨所應分物與之，時阿那律衣弊，諸比丘語曰：何不從僧取，使一日成。那律

三開緣入戒

二釋難

二決餘戒有二 初正明

言我不敢取恐一日不成犯捨以未開十日故其次又因
波利邑諸比丘於鞞陀邑安居訖十六日便進佛
所道經泥水三衣麤重極大疲極到禮佛足具陳
向事諸比丘以上二緣白佛佛言從今聽受迦絺
那衣聽畜長衣五事又因下第三緣開十日亦同
四分制第三戒者謂此一戒凡三番制耳今下點
缺今此戒即四分缺中間緣故惑先後
疏二決餘戒者何故三戒獨列迦開餘則不列答有
兩義故此三皆是屬己開益無罪二不惱施主自他
無惱餘則反前

二中初科問中謂餘衣戒何意不開答中二義則
顯餘戒或非屬己或復惱他故所不開
疏若爾自作五敷過旬用雨豈非屬己非惱施主何
不同開答彼由作用自損妨道故訶制之此雖長離
譏訶是少開則有益
次釋難中過旬即擔羊毛旬或是前字連下雨衣
答中言作用者反前三故由是作用故有損妨故
訶制者謂俗譏也此下遮妨以畜長離衣亦招譏
訶故以多少通之
疏三開緣入不者問此三戒得時利著迦衣竟餘三

二引示

二釋注二初正釋

食戒亦得利開何爲不著迦衣已出答此三專得迦
衣利故不假餘緣故戒本前著餘食反前更有餘開
故在戒末所以文言作衣時是也但爲親疏不同故
有前後
三問中三戒並衣長望合一即是二事并下三食
則爲五事若望同開理須齊著答中初明此三前
著專得利者無別開故次明餘三後著有餘開者
背請不白更開病及施衣別眾更開六緣三戒並
除作衣時即迦提也親故前安疏故後著
註謂出功德衣外持也

疏下註解引律出於限分之外方犯據此得衣在七
月十六日已後無衣至八月十五日有衣至十二月
十五日即須說淨不作明相出俱犯捨也若非急施
衣者七月十五日受不得後開數滿十日便犯餘如
急施衣戒解之
釋註中初點文據下明說淨又二初明持衣準此
但開時內得者時前急施則更開十日若下次簡
非時非急施者不爲賞夏勞故數滿十日者時內
犯也
疏又十誦中一月五月四句簡之一作衣月竟謂至八月

十六非迦絺月竟謂未至十二月十五日也二迦絺月竟非作衣月竟如受功德衣十日五日便捨未至八月十五日也三俱竟者至八月十五日捨衣也四俱不竟者即作衣月內具兼二緣也

次十誦中初句作衣月即無衣一月中間二句但望捨迦絺衣故云竟非月滿也後句開作衣月復受迦衣故云具二緣也問第二句中先受迦絺十日五日便捨餘日得本五利否答文云非作衣月竟故知得也

律 畜長衣

疏 四畜長衣者正是戒家所防過境也

註 衣有十種長衣者長如來八指若廣四指是

疏 註中衣有十種律雖引出多是西域之衣此無所顯故不列之今通出體但是布帛綿毛量可限約者則爲衣相自餘未成尺寸不定如毛束綿屯本非衣故何得應量而有說也

第四明畜長註中初科又二初點註文十種衣體略知其名一憍施耶二劫貝三欽婆羅四芻摩五讖摩六扇那七麻八翅夷羅九鳩夷十讖羅半尼初是蠶口絲綿二即木綿七即是布餘多是獸毛名相不可識也今下出體量綿屯徒渾反聚也

疏 如文中長如來八指廣四指者不可隨國尺寸以定佛指長短也如多論云佛指面廣二寸者亦同前姬周尺寸以定也然聞尺二寸爲尺不審何尺尺是姬周之尺從忽絲已上率之則唐國無用也余遊韓魏見俗用尺極長問其所由云一尺二寸爲尺我今用之習俗生常至今未改斯則迷於周唐道聽途說也

次衣量中初科初定尺量然下斥濫用從忽絲已上者明周尺有準也孫子算經云數之始起於忽蠶口初絲十忽爲絲十絲爲毫十毫爲釐十釐爲分十

分爲寸十寸爲尺十尺爲丈十丈爲引四丈爲疋五丈爲端皆應姬周度數也率亦音律唐國無用言其無準不足用也韓魏皆古國名問其所由但云我今用者明其無知也道聽途說出論語彼明爲學不能蘊籍此借喻隨俗無所曉耳

疏 然諸部制量不定十誦則佛四肘爲限不云廣量僧祇則長一肘廣一肘五分不出尺量唯四分母論出其長廣則長周尺一尺六寸廣八寸比今唐尺長一尺三寸二分廣六寸六分強也

次科初引諸部唯下示本宗出長廣者即八指四

三明識量同犯

指比下校唐尺彼以一寸二分爲寸數有不等恐人妄用故兩出之

【疏】若限內者文不出相如多論云不應量財得須說之不說過限吉羅既言不應若大若小知何不該有人不識恐犯長過取一疋絹裂爲三片長雖應量闊亦入犯亦是懼罪終陷刑網有人對說無則心念大有教開無宜魯塞也

三中初引文示犯知何不該言該通大小也有人下指非與之則是懼罪奪之則陷刑網謂犯吉也有下勸依教

二不淨施二初點文

【律】不淨施得畜

【疏】文云不淨施者違佛開教也

第二句點文可解

二引論示意

【疏】多論問曰此施爲實爲假答九十六外道無淨施法佛大慈悲方便力故教令淨施是假名也令畜長財不名犯戒問何故不開直令畜長而强與結戒設此方便答佛法以少欲爲本結戒不令畜長而衆生根性不同或樂多積而後行道得證聖者是故先制後方開之如昔一時開受寶舍故無咎也餘有施法差殊失不等相廣如鈔中

次科多論兩重問答並欲顯示開制之意初問答中但定假實而未見須開所以故復問之答中初示制而下明開受寶舍者即天須菩提餘下指略即二衣篇六門分別

三過十日二初點文

【律】若過十日

【疏】文言若過十日者限有在也

第三句文中限有在者在猶定也

二釋注二初示本緣

【註】初制畜長因阿難得一貴糞掃衣欲奉迦葉恐犯故以迦葉十日當還因聽畜長齊十日

【疏】註解所由因迦葉故多云迦葉爲營五大精舍時治竹林身不在故問羅漢已辦福業何爲答有五義

一爲報佛恩二爲長養法三爲減少修自高者四爲折伏弟子憍心五起來世福業故

註中初科引論迦葉同名者多此即大迦葉也五大精舍竹林即其一焉往營精舍不在佛所次問答中五義一報佛恩者並是如來棲止處故二長養法者法上脫佛字三少修謂不樂福業者四師猶營福資不憍恣五起來世者爲導未來令修福故

二明開意

【疏】何以開於十日以佛知法相不緩不急止開十日使籌量布施縫治作衣及說淨故毗尼母云若放逸

不說淨者以惡心故不滿十日皆犯捨墮。

次科初敘開限得所緩則心有縱慢急則事容廢缺。故下引證慢教無開。

【律】尼薩耆波逸提

【疏】尼薩耆者制須捨也。波逸提者所犯墮也。

【註】不犯有八若不得衣若淨施若遣與人若失衣若故壞若作非衣若親友意若忘去反上並是尼薩耆若捨墮衣不捨更貿餘衣一尼薩耆波逸提一突吉羅此捨墮衣應捨與僧乃至一人不得別眾捨不成捨突吉羅比丘尼同犯下三眾乃至下戒並犯吉羅不犯者十日內若轉淨施若遣與人若賊奪想若失想若燒想若漂想若奪衣失衣取著若他與作被若付衣者遠行水陸道斷如是不淨施不與人皆不犯。

【疏】就辨相中、初列八門明持犯相。若捨墮衣明除疑

執此捨墮下正治罪也。初中得衣不得衣以分相者。如何得衣。謂手領受或心屬己也。

第四辨註。初明持犯有四。初科正釋中。但出得相。即身心二受。異此則不得相也。

【疏】故伽論云若入手膝上肩上作想我物從是數十日也。

引示中。伽論四相。上三是身。下一即心。

【疏】四分開文邊方入手故數限滿若見比丘未須捉也。

四分邊方開五事長衣入手方犯。謂少僧處但未手捉容待人故。餘四即五人受戒數數洗浴著重革屣敷皮臥具是為五事。若見比丘者以開未捉本為待人。今既有人即須說淨。不說即犯。故云未須手捉。

【疏】了論云有物眼至得非身至得者如人施衣蘇至比丘前目見不觸作己意不說淨隨日算而取罪二有身至非眼如暗中施者三二俱至得可解四有非二至得入算者如暗中施者有即二至得不入算數若不許受雖見觸而擬施三寶者。

了論四句。初及第四並心受。二即身受。三即兩兼。初句中蘇字合作酥即長藥也。隨日算者算猶數

也。第四云暗中施暗中非眼見又不手觸但作意受也。即二至不入算者此即第四句相翻顯異也。不許受者如暫寄等或施三寶並非屬己故。

【疏】言作非衣者昔云非幡蓋等此是佛物有何長過有云革屣鉢囊等此亦非也如律文中非衣者不許餘用相傳云帽襪之類又云聽與尼非衣豈唯帽襪耶。

二非衣中。初出古解。如下引文示。律云時有將非衣作鉢囊革屣囊。佛言不應作。此即不許餘用也。文既不許將作囊器。應是首飾。故以帽襪釋之。襪

音末。又下律中諸比丘畏慎不敢與尼非衣鉢囊等。佛言聽與。據此文通不專帽袜。則顯上解亦非所取。然文但斥非而不顯正。鈔云。今但通而述之。何妨彼此俱攝。古記解云。但非所著用。皆名非衣。則通彼此兩眾矣。

[疏]言親友意者。謂非己物。故不犯也。

三親友意。謂作與彼想也。

[疏]言忘去者。謂忘財體及忘不如法。俱開十日。唯當律開忘。僧祇善見都所不開。

四忘去。初明二忘。唯下簡部別。十誦同開。如後所列。

[疏]若捨墮衣下。明疑決。上昔解云云。如上已判。今先張疑。然後決之。有人疑謂本犯由衣。捨與他人貿易。何罪之有。故非衣法。乃至施人亦須捨之。罪由心生。不在衣也。故須捨已。然後遣貿。新得之衣。體如不犯。如多論云。先應量捨墮物。更貿衣財。即作應量不應量衣。此衣不捨懺先提罪。上明捨財而有染犯。畜心不斷。捨不成故。此則不爾。反上可知。

次除疑中。初牒釋。昔下指古解。今下出正解。初二句標。有下釋。初敘疑故。下次決破。非衣法者。佛制犯衣捨懺後用。今不捨輒貿。故云非也。罪由心生。者出制捨意。上明前衣不合。新下次明後衣無犯。初正判。次引多論文證甚明。上下揀濫。恐謂前引論云衣捨罪悔畜心不斷有相染犯。此何不爾。故特分之。前明捨財物在此說貿易物去。不可混同。故云反上。

[疏]一尼薩耆。一突吉羅。如上已判。昔人以為著不捨衣。如見論云。得吉羅罪。若無比丘得著無罪。若見比丘不捨悔故。亦一一吉。三衣戒明不開餘者。如僧祇云。受用不淨衣。隨一一越。

釋二罪中。初科。初指前判。昔下次示昔解。見論無人對懺故開暫著。有人須懺不懺故犯。三衣戒不開餘者。謂犯捨物不得作三衣著用有罪。故僧祇隨一一者。謂著著犯也。因循昔解。乃引諸文。然文中吉羅自犯。輒貿違教之罪。新衣無過。豈有著用犯耶。

[疏]問。何故衣中畜重著輕。食中畜輕食重。

問中。衣食二制相反。故問通之。如食內宿殘宿經宿但吉。食用方提。

[疏]答。衣有淨法。不施長貪。故隨畜犯。隨著非制。故但

是輕。食中非制無違畜輕。制不許服故違得重。

釋中。初解衣有淨法。制不妄畜。與食制不服同也。不施謂不淨施。隨著非制者由是犯衣不應故吉而非正制。則與畜食同也。

疏又解衣有別屬畜則在己是以罪重。著用罪輕。食是味通。體在不局故輕。若食交盡。無有所結。故隨咽結。

次解中。衣則畜重用輕。食則畜輕食重。酌情以論理自可見。

疏此捨墮衣下正明治罪捨懺相。其儀法用具在羯

磨疏及鈔中。此但依文句解耳。不須復列。非宗本故不明也。

正治罪中。初牒釋。其下指廣。鈔與羯磨並有懺篇在彼合明。今釋戒本識相持奉。捨懺儀式不當廣述故云非宗。

疏不犯中十日內者反前過限。淨施遣人亦反不淨施故。所以不犯。

不犯中。初科謂限內作淨與人故無犯。

疏言奪想者。財在想去。無畜心故。不犯長罪。如十誦中。後見本財更得十日。餘失例爾。

次科。此攝兩種。一是實失。二起虛想。並約物在無心故開。十誦止明奪想。餘三並同。故云例爾。

疏言取著者。由前受持三衣。謂賊奪失。旣無三衣。有長衣在。卽而奉持。故云取著。

三中。取著謂取長物作受持用。此卽未捨懺者。

疏若他與作被者。以財是重物。不合加淨。雖過日限不入長犯。

四是重物。本不開畜。故不入淨。

疏若付衣者遠行。以其緣差。故不得會。非心慢故。不名犯也。

五付衣遠行。謂所寄人遠出外故。此中更攝水陸等緣。對註可見。

四分律含註戒本疏行宗記卷第十

四分律含註戒本疏行宗記卷第十一（戒本上十一〇疏三之三〇記三下之一）

宋餘杭郡沙門元照述

律 二離衣宿戒

疏 第二離衣宿戒所以不許離衣宿者夫三衣蓋是三世諸佛應法之衣資身長道最爲要用理宜隨身如鳥二翼許無暫離常願持奉今置衣在此身在異處寒暑卒起急須難得又闕守護容有失奪廢資身用事惱不輕具斯諸過故所以制

第二制意中前敘法衣之功諸佛衣者示可尊也資身長道示不可捨也如鳥二翼對鉢爲言一喻

要用二喻常隨今下明離失之過急須難得是一過奪失廢用是二過

疏 釋名者人衣異處名離經夜曰宿久慢促惱限期一日故曰離衣宿戒

釋名中久慢促惱言其開限一宿不失機故

疏 論犯六緣成若離餘衣但得小罪是以第一體是三衣若元不持亦無離犯是以第二作法持竟人衣同界本自無愆故以第三明身非衣所若常順教亦不結愆故以第四明不捨會若是時中及餘緣開亦不名犯故第五無因緣必未經宿聖未制罪故次第六明相出犯此之生起言說之由如上已論下更不道

列緣中六段次第生起初云餘衣得小罪卽坐具百一等四不捨會一不遙捨二不歸會第五時中卽一月五月餘緣謂羯磨諸難等開也此下結示令通餘戒倣之述之

註 佛在舍衛國六羣持衣囑親友往人間行彼爲出衣曬之比丘問言佛聽畜三衣不得有長此是誰衣具答被訶白佛竟因制此戒

疏 就戒緣中文相可解

律 若比丘衣已竟迦絺那衣已出（並是上解）三衣中（僧伽梨鬱

多羅僧安陀會衣者有十種也）

疏 戒本八句一是犯人二是持竟三開緣謝四所犯戒境註解但列三名衣有十種謂衣財也羯磨疏鈔廣明衣法具有十例及受持相不可重出可同彼也

戒本第四句中十種衣名已如前戒下指疏鈔彼並列十門初制意二財體三色四量五單重六條相多少七長短八作衣法九補治十敬護不下示略可知

律 離一一衣異處宿

疏 五離一一衣異處宿者人衣異隔也

二釋注二初約義釋二初叙意分章

註不失衣者。僧伽藍裏有一界。失衣者。僧伽藍裏有若干界。如是樹場車船村舍堂庫倉界別亦爾。此僧伽藍四種如上。樹者與人等量足蔭加坐。場者治五穀處。車者若迴轉處。船界亦爾。村者四種。堂者相多敞露。庫者積藏諸物。倉者儲積米穀。阿蘭若者無界。人樹中間間別七弓。弓長中肘四肘量也。伽藍界者。此伽藍界非彼伽藍界。非彼樹界。乃至庫藏倉界。餘者作句亦如是。僧伽藍界者。在伽藍邊中人用石若磚擲所及處。是名衣界。乃至庫藏界亦爾。比丘置衣在伽藍中。乃至在樹下宿。明相未出。若捨衣。若手捉衣。若至擲石所及處。若不捨衣。若不手捉衣。若不至擲石所及處。明相出。隨所離衣尼薩耆波逸提也。

疏就義分異。乃有四礙。謂情隔染界也。文中但列界礙。餘三不明。乃在開通。就界礙。註解中文相極顯。然遺法所重。唯相及行。相則剃染以分。行則自他無著。然心行等級。事等面焉。未可諸說。故非宗主。染衣持奉。正是今論。持則具二善因。犯則雙標惡果。教相不昧。何得不知。此戒所緣。正在人衣別界。界名雖易。界體是難。故今總敘。令識持犯。三意分之。

二隨章別釋三初標列界名

二明制意

三就宗分別三初簡二界

二簡作法

第五句約義中。初科。初通示四礙。餘三在開通者。即下不犯中。就下別釋界礙。初略點。然下敘意爲三。初通示行相。遺法通目滅後。正指像末也。相行皆事彰顯可見。住持之要。故云所重。剃染分者爲世異也。自他無著者。亡我我所也。此戒兼二。故特敘焉。然下別敘今戒。初敘行相衆多。言等級者。謂其多別。故喻人面。然釋離衣。不可他述。故云未可

等染下。正示今戒由具雙持雙犯因果教相不可不知。故云持則具二善等也。此戒下。開章界名易者。謂作法自然名數易數也。界體難者。謂諸界體相差別難分也。

疏初標列界名。二明制意。三就宗分別。初列名者。一攝僧界。二攝衣界。三攝食界。各有自然作法。則有六也。

次列名中。三種各二者。大約分也。攝僧二者。作法有三。大界戒場小界。自然有四。聚蘭道水。攝衣中二。如下廣辨。攝食二者。四種淨中。白二淨是作法。處分不同。檀越三種。即自然也。

疏二制意者。制攝僧界。攝人以同處。令無別衆罪。必有乖別。不名爲僧。僧具六和也。二制攝衣界。攝衣以屬人。令無離宿罪。三制攝食界。攝食以障僧。令免宿煮罪。所言界者。彼此差別。互不相通。故曰界也。如文云。此僧伽藍界非彼僧伽藍也。

制意中。初別列三意。所下總示界名。

疏三就宗分別者。僧食二界。作法分隔。行用羯磨。如彼宗明。此中明衣。計須作法。然衣離相。自然界多。故從多論。戒本須引。若論作法攝衣界者。羯磨疏中具

之。

三就宗者，謂三種界各有所宗。若三界相望，則衣是今宗；又就衣中二界相對，則自然爲今宗矣。是以先以三科簡之。

疏 今論自然衣界相狀下，諸義中特論僧界者，以衣須隨身，身是僧界所屬，若不並明，則彼此相亂，故須合論大小。敘其得不，如斯識緣種者，可謂如烏知其雌雄矣。略爲十門，一列數定體，二空聚自然攝僧不同，三空聚自然攝衣不同，四單聚自然攝人衣不同，五單空自然攝人衣不同，六自然攝衣強弱不同，七

僧衣二界寬狹不同，八多少不同，九相可不同，十勢分不同。

三明自然敘意中，初二句標示，下下明僧衣二界相參所以。如烏知雌雄者，詩云：具曰予聖，誰知烏之雌雄。（君臣俱自謂聖，如烏雌雄相似，誰能別異之乎。）彼刺周幽王昏亂，君臣上下不辨尊卑，今借彼意，反而用之。略下列章，科名難曉，如下隨解。

疏 初列自然界者，若依當律，自然衣界有十一種，他部相成，道行、水界、空洲等相，各有小大，消文自顯。

列數中，當律十一種，如註所列，他部有四洲、無四相故曰空洲等，取井界，共十五種。

疏 二明空處聚落攝僧寬狹者，有四種。

二中標云空處，即蘭若。

疏 聚落有二，可分別者，如十誦盡聚落集之，不可分者如僧祇七弓之量，七樹中間則六十三步，廣如羯磨疏中。

聚落中，可分別者處有分齊，人有限量，反此二種名不可分別，由無限齊，故依樹量合數，並如鈔記。

疏 二者蘭若亦有兩種，無難空地，可用十誦面俱盧舍五里集之；有難蘭若，則如善見七槃陀量五十八

步四尺八寸，所以有難無難者，僧法同遵，義無乖競，必有見異，多恐破僧，故須局狹；必若情通，自然廣攝。

蘭若中，初列示兩相。十誦俱盧，止是二里，今言五里，依雜寶藏經也。七槃陀，槃陀梵語，即彼量名。所下推釋分意，言有難者，即三小界，不同意人作難，故開。故云必有見異等。情通廣攝，即無難五里集也。

疏 所以引僧成衣界義者，有衣入此界中，兩不相涉，如水之乳。

結示中，初徵前所列，有下示意，有衣入此，謂持衣

三空聚攝衣　四單聚攝人衣　五單空攝人衣

者入此界中知不相涉以衣界聚蘭與上全別故
也
疏三者空聚自然攝衣不同者聚落多難男女染謗
情隔諸障譏過頻繁衣須近身蘭若少礙反前故遠
三中攝衣聚落即是村界但齊四相故云近也多
難即是三礙如文所敘蘭若七十餘步故云反前
遠也
疏上列二門各有教相僧衣不同今次第四單就村
落合辨人衣寬狹不同所以同處人寬衣狹者人為
同法事須通和少一不成前須濟益必約詳御用寬

為善三衣若離多諸過咎更無別辨義在隨身故制
須狹
四中初結前二三兩門並約僧衣二界空聚對論
今下生後所以下徵釋初徵人寬即可不可分二
種聚落衣狹即下村界必有三礙制隨身故人為
下次釋初釋人寬三下釋衣狹
疏五明蘭若人衣不同空迥少礙僧遊者希事須作
法遠攝方得處非諠雜過濫又希若欲攝衣同前空
難通其勢分七十步餘
五中初標言不同者遠近異也攝人五里攝衣七

六攝衣強弱二　初標　二釋二　初總論相望　二別明相望二　初僧村二界二　初有強弱三　初引他解　二難破

十餘步空下次釋又二初釋人界過濫稀者無乖
別也若下次釋衣界同空難者即有難蘭若
疏六明自然攝衣強弱不同就於自然又分三等且
依四分十一自然人界望僧住人住人界是弱藍村
是強人界自相望如樹車等不論強弱蘭若空界不
守自性全是其弱
第六總論中初標示人界下別釋初人望藍村為
一等人界即樹場車船舍堂倉庫也人自相望為
一等蘭若自為一等
疏僧村二界互兩相形則俗強僧弱何以知之俗人

入寺別生村界比丘入村無別藍界
次僧村強弱中初科俗人入寺既別生村故知俗
強比丘入村既無別藍故知僧弱
疏若準此說恐理不然若彼俗人將家男女入寺別
院有界亡言若在露地御施障幕是村以不若言是
村村則有相四種之中何相所攝若是有村約何分
齊非時入相結攝衣界除斯村不若不除此文云村
所及處如其不除應不失衣若即失衣成村義立
次難破者以上文但云俗人入寺而不明成村相
故初二句通斥若彼下牒難又二初舉別院縱彼

所立，將家男女者，以單俗人則非村，故已言已無也。謂不在致詰。若在下，次約施障正難非村。初通問。若言下，別難又三。初以四相不成難。若是下，次約非時入犯難。結攝衣下，三約結法牒除難。

疏若如此徵，但是障礙二通，不名村界，以彼俗家未來之時，人衣往返二通無壅。由其來故，是爲情隔，不許往還，故是失衣。

三中二通，謂人衣二種，本通俗來故礙也。

疏今通論之，無問道俗，互入僧村，有四相者，僧村界起，此即相望，何論強弱。

次無強弱中，俗入僧中則有村界，比丘入俗則成僧界，二種並約別有院相爲言，兩相各立，故無強弱。

疏若爾何故多論王來入寺不得安衣。解云：須識四礙，方知攝護。一者染礙，明失，如多論中所以除村，爲護梵行爲止譏嫌等五義，比丘與女性非親好，動即相染，譏過隨生，故使戒中制約非少，說法取衣同行同坐，無論屏露，未約親疏，但使與取，皆制其犯。若衣在此，往會是難，故名染礙。二者隔礙，如僧祇中人在門外，須捉戶鑰等。三情礙，如僧祇中兄弟分齊等，如多論中王來入寺取水處，大小便處，近王左右，盡非衣界。又有幻人戲樂人入來亦爾。四就界礙，如律十一是。今依四分具有此四。

次釋妨中，多論王來不得安衣，顯是俗強，則違上義。解下釋通。初總示二。下別解。染礙中，初明染相，多論五義，文略餘三，即村界不定，生疑除諍。故使下引類，說法即與女說法，取尼衣與尼女同行，及與同坐。若衣下，次示礙義。隔礙中，僧祇不立勢分，故須門外捉鑰及梯，則不失衣，反則成礙。情礙中，兄弟分齊，謂同居別食之家，取水等處，並眾同處。

恐往於彼，遭隔絕故。兄弟則恐生嫌忌，王則畏其勢力，幻樂等人則慮誘調。界礙可解。今下會本宗。界礙出廣解。三礙見不犯。

疏就餘樹車八界相望，有師解云：根本是強，寄來者弱。如場上有車，豈有別相。今言無者，據有垣相爲言。如庫堂中有車輿等，何有別界。

餘八中，初出古解。今下示今義。若有垣相，可有強弱，無垣各立，則非所論。

疏第七第八兩門合論，義應相對四句分別。

七八合論者，七是寬狹，八明多少，各兼四句所以合之。

疏初自然攝僧與自然攝衣。寬狹一多。各為四句互顯其相。

初句標示寬狹一多。各四句。而下但列六者。寬狹中止出二。互略二俱故。

疏初攝僧寬攝衣狹。如蘭若中僧作法必方五里。衣若遠身止七十步。故曰也。二攝僧狹攝衣寬。如不可分別聚落中有一家方二百步內通攝衣外兼勢分。若論攝僧則六十三步。三攝僧一攝衣多。如一小村衆多家住可村僧集。家別攝衣。四攝衣一攝僧多。如

不可分聚方二百步為一家。衣雖通攝。僧則限約。五僧衣俱多。即此家中更加三礙等是也。六僧衣俱一。如一處伽藍。正可五十步許。衣界隨藍取其勢分與僧界等。

列釋中。初二句易會。今義加二句。言俱寬者。如可分聚唯一家也。言俱狹。如蘭若有難與衣界同也。從三已下。即一多四句。三中可村語略。即可分別聚落。四中。僧限約者。謂僧界各據六十三步故。五加三礙者。來往不通。彼此各攝。則衣界多也。六中伽藍五十步。藍外更取十三步。則六十三步。衣界依藍外有十三步勢分。故與集僧正等也。

疏第二作法攝僧界對自然攝衣界。分相有六。初明寬狹。一僧寬衣狹者。如結大界極大。伽藍院小。出院不出界。成夏失衣。以衣隨院相故。二衣寬僧狹者。如齊伽藍結大界。界外有勢分。出界破夏不失衣。以界隨相故。三僧衣二界俱等者。如結大界可伽藍衣勢分上是也。四攝僧二攝衣一。如大界有戒場兩處集僧。自然衣界通彼此故。五攝僧一攝衣多。結僧界大。中間多村。村別攝衣也。六僧衣一界兩俱多者。大界安諸小別住。又有家村是。

第二句中。前是二種自然。此約作法僧界與自然衣界相對為句。此亦合有八句。文中寬狹一多各出三句。並第四句不可立故。初句以衣隨院者。釋失衣所以。二中以界隨相者。釋破夏意也。三中可即相等。謂結大界出藍相外一十三步與衣勢分正等。第四句下。即一多三句。舉事可解。

疏三作法攝衣與自然攝僧相對。據義則不可。

第三句。作法攝衣。依作法攝僧界起。與自然攝僧各不相涉。故云義不可也。

疏四僧衣俱作法相對。兩句不同。一攝僧二攝衣。如

大界安戒場二處攝僧衣界隨大界戒場則無是也二僧衣兩界俱一者如大界上結攝衣界無場不可別攝僧是也

第四列釋初句僧二衣一次句即僧衣俱一

疏此乃義盡有人更立多句前句有場大界戒場中護衣可非僧衣俱多後句上多有俗家可非僧一衣多耶答既言二俱作法相對故分一多今言有者但是自然耳非作法也此則事有義無不可復論也

結斥中初句指前句數有下引古前句戒場後句俗家並是自然攝衣非作法句故須問破答文可解非無此事故云事有不可交參故云義無

疏第九相可不同者問自然攝衣自然攝僧寬狹內外何故非可答有四義也一自然攝衣根本急制以寬為緩以狹為急自然攝僧根本急制以近為緩以遠為急故一不相可二自然攝衣當體隨相不假僧界而有二不相可三自然攝衣隨界而作大小不定僧界不爾隨處一定三不相可四衣有勢分僧無勢分四不相可

第九門中問云僧衣非可者可猶等答中初義可解二中既不相假故不相等三中衣界不定者如樹場等隨處廣狹僧界一定如四處六相各有限量四勢分可解

疏有人不立僧界衣界各隨根本者遠集會夏共衣齊等

引他解中初句標異謂不立不相可義僧下牒難前云衣界根本寬緩狹急僧界近緩遠急今望僧界遠來奔集外歸會夏亦即界寬為緩界狹為急故云共衣齊也

疏若言衣不定僧界是定此亦有餘衣界蘭若是定十界大小是不定若僧界蘭若及大聚落則定可分

則聚落是不定此則俱有定不定不可得言僧定衣不定若言衣界蘭若至村即不定若爾僧界蘭若至村亦不定豈不相似

次難第三初牒斥此有餘者立義不盡也衣界下列示初衣界十一種中蘭若是定那云不定次示僧界六相之中可分別聚隨處寬狹那云一定此下雙結若下遮轉計恐云蘭若至聚為聚所侵容有不定故以僧界並之

疏勢分有無者衣界定有僧界定無今準諸部十誦隨聚落是僧房下文齊行來處此則是有不可言無

難第四中本律僧界雖無勢分十誦則有那得云無彼明隨聚落界文出第二十二卷齊行來處卽是勢分此出第四十七故云下文若然則僧衣自然反是相可則前義不可立矣

疏若論兩箇作法相可之義若就枝條開急就緩比前四義故是相可

作法相可中若就枝條者僧衣自然並是根本二種作法從本開出並是枝條此一相可兩界相假此二相可二俱不定此三相可俱無勢分此四相可故云比前等也

疏十明勢分有無者問同是攝衣何爲作法無勢分者

十中初科問意可解

疏一解云有法故無無法故有何可怪耶以無教法隨相開有

答中初解有法無者卽作法也無法有者謂自然也以下釋上無法有義可反上句有法不開

疏又解自然攝衣界之內外都非作法故有勢分作法攝衣內是作法外是無法何得攝衣故無勢分

次解謂界體內外同不同故所以有無

疏三自然攝衣是作法根本復是正制故開勢分作法反前故無勢分又復開無重開作法限約何得有也

三中自然是作法根本者反顯作法是自然枝條故復是正制者反顯作法是後開故作法中二釋初反前釋比上二義可知又下約開制釋自然是制故開勢分作法是開不容再開恐太緩故

疏問僧衣二界同是自然何故衣中獨開勢分答衣本隨身復開遠攝猶恐不會故開擲石所及自然攝僧就急制內更開勢分與本不殊故不開也

次僧衣中初科答文爲二初明衣界慮失宜開次示僧界恐別故閉與本不殊者謂同本統通無分齊故

疏若爾前門行來勢分者解云是制非界恐作法時忽入妨事制遠攝取必知不入亦無所苦遠近既乖故有無異

釋難中上舉十誦齊行來處卽是僧界勢分如何通之答中是制謂恐有乖別制遣集之而非界體恐下示制所以無所苦者苦猶患也遣下二句雙結僧衣

疏就註解中文分爲五初明不失衣下至倉亦爾來則十界名也二此僧伽四種下乃至蘭若四肘量來明十界體別也三伽藍界者此非彼下至庫藏界亦如是來明諸界體別不相攝相四僧伽藍界者中人已下至亦爾來明十界勢分義五比丘置衣在伽藍下明人衣兩離結罪相也

疏就初離相約界有十

次牒釋分文中初段界名但列十者此明諸界同別之相蘭若空處無別界義故所不列次云十界體者據有十一種此段正明體相而舍界律不出體故但有十耳

疏前明藍中有失不失言不離衣藍裏一界者謂外院相成內無四礙是使人衣雖異但不出界則非犯位故言一界界是自然攝衣界不是僧等餘三界也

初段明不失中初牒釋言一界者一即同也是自然下揀濫恐謂伽藍將爲作法人衣食三界故

疏又言失衣多界者如昔解云藍院相缺樹車界生故曰若干界今謂不然若缺非藍事同空野

次釋失衣古解中藍攝相强故約相缺以釋多義今下躡破

疏今言藍裏若干界生明知院相不壞而有衆多界起者樹車自然無由得生但爲染隔情三障礙不會致有失衣故曰若干

今解中初科初反古解但下申今義中有三礙隨處護衣故有多界若干即數之通名

疏或可作法攝衣局在身處不妨藍院自辦護衣彼此諸礙通成失相何以知然僧祇五分中言同界者僧羯磨作不失衣界於中得自在往返者是言異界者不得自在往返也乃至屋舍車乘道行等例同準此而明與四分不異

次科初二句明一界謂同一作法攝衣局有處者謂有法處則是衣界不妨下明多界謂別別藍院各自辦護即是若干亦由諸礙不可通護故云彼此等也何下引證同界即一界異界即若干界也乃至下自然例同謂屋舍等一一皆有同界異界準下會異

疏餘有九界得失例同故云亦爾

次例同中由列名中未出蘭若故但云餘九耳一一皆有一界若干並以三礙有無釋之可見得失即衣有失不失也

疏上已明其失相未知約何明失故次第二列於界相就明得離。

第二界體生起中云就明得離謂限內無礙趣得置衣皆無失故。

疏云僧伽藍四種如上者上來無文解藍何因妄指。律爲繁文相同村聚故通例指曰如上也。

本宗中初科注指伽藍四相如上即前盜戒明村聚相藍村不別故得指同。

疏二樹相者量文可知謂假樹爲名大小通得八等衣界減非所離也即此界中具有四礙餘三可解就界礙中樹下生樹及車場等既無別院異界叢起故曰若干界乃至倉庫例此明諸。

二中初釋樹界乃至下指餘八界初中有二初牒文釋即下明四礙前明若干止用三礙故此復約界礙明之倉庫例此者謂四礙相同又堂舍庫倉據無垣者則有界礙如上明也註中不釋舍界鈔云四分無相謂村外別舍或準僧祇樓閣梯登外二十五肘或準庫倉明內爲言隨用並得。

疏十一阿蘭若界者謂迥然空野無別樹車不知分齊假用弓樹通計量數七十餘步如上計之。

三中假弓樹者一弓四肘一肘尺八七弓共五丈四寸六尺爲步得八步餘二尺四寸八樹有七間共得五十八步四尺八寸如十三步勢分故云七十餘也如上指前義門。

疏自餘道行洲上水井幷例及上藍樹十五自然諸相行護其量非一既是行事廣如事鈔故不繁出臨時引用如織綜也。

諸部中道行出十誦彼云四十九尋內計一尋八尺計六十五步餘二尺洲界出善見彼云十四肘內一肘尺八計四步餘尺二水及井界兩出僧祇並據二十五肘內計七步半及下通結諸下指廣臨下令引說綜子宋反線也謂引用交互猶如織線使成紋耳。

疏上雖列體足明得離未顯兩界相接通成護不所以第三明彼此不相收攝。

第三釋中此彼不攝即界義也。

疏文云此藍非彼藍乃至此樹非彼樹等例之故云亦如是也。

初舉藍示相謂以藍爲頭乃至非彼十一種也乃至下例諸界謂樹車等互舉爲顯歷餘十一並同藍界共有一百二十一句更通他部四種則有二

百二十五句思之。

疏上雖明相互不相攝，未知自然相外攝衣以不，是故第四明勢分義。諸部明相並無勢分，唯此四分獨開外護。

第四示所出中，初科上二句總示諸部，下二句別顯本宗。

疏故十誦云：僧坊聚落齊牆壁塹柵來名不離衣；若作羯磨，隨意遠近，故知無勢分也。

次十誦中，初是自然，但齊牆壁則無勢分；若下次示作法。

疏僧祇寺門外手把戶鑰，船上曬衣風吹墮水，則明失者，亦無勢分。

僧祇引示中，手把戶鉤有可入義；船上曬衣墮水失者，界別故失。今引彼文證無勢分，未詳何意。

疏若爾無者，何故彼律車樹四周二十五步？答：此是界體。若有勢分，一切通給，何故寺外須捉戶鉤？

釋難中，初引難，以彼樹車水井等並二十五肘故，步字寫錯。答中初句釋通；若下反質，若是勢分，不應有開不開。

疏五分無文，故知學者不可通用。

五分無文開許，而彼宗學者濫用，故特點之。

疏自古相傳，中人擲石取其下處，可有一十三步，例諸自然皆通，故云亦爾。

定遠近中，中人者，善見云：不健不羸人盡力擲，至落處，不取轉處。

疏上明行護，次明犯相。文云：比丘置衣在伽藍中，乃至樹下宿者，明身出界持犯相狀。準此為言，人衣互出，護會義一。分文為四：上明離相也；二明相未出下，教其行護也；三若不捨下，明違法也；四明相出下，結提重也。

第五釋中，初科初牒文示意。人衣互出者，或衣在人出，或衣出人在，離護並同，故云義一；分下約義分文。

疏云捨衣者，非謂捨衣全無罪也，若不捨時則犯墮故。如僧祇中，寧無衣起越，以輕易重也。廣相如鈔。

釋捨衣中，不捨犯墮，為免捨懺，寧可但犯缺衣吉耳。下指鈔者，彼云：或借尼衣，或借俗被，無者乃至當後夜疾還門屋下，以手著門孔中等；不然則須捨之。

疏若手捉衣者，人云同是不犯位故，如婬戒開無婬

二約勢分解

二今解

意也。今解不然，文非下開也。
次釋手捉，古解，初科爲二：初引古，彼謂捨衣及至勢分乃是急開，若論手捉自是常持，本非緣開，以同是不犯故，此列之。如婬開無意，以本無犯，列爲不犯，義相類也。今下斥非，此乃廣解犯相中文，故云非下開也。
疏有人解我衣在勢分邊，故須手捉，此未了也。衣在藍內外有勢分，若樹車有則分勢分多少不同，或全不立，如何云衣在勢分頭也。若衣出藍外有諸界，隨界立相自立勢分，如衣樹下，勢分四圍似月之暈，如斯例也。

次解中，初牒斥，衣在下委破，又二：初約衣在藍內，勢分不定，故若樹車有者，謂藍邊有樹車也，則分勢分，謂二界各半分也。或全不立，謂兩界相逼也。若衣下，次約衣在藍外，別有諸界，彼既自立勢分，亦不得言在勢分邊也。月暈卽月四傍氣也。
疏今言捉者，兩界相接，中分勢分一尺五寸，故須手捉，或樹下車，情染交隔，必須捉取，不爾不會，故曰手捉。
今解中，初正釋，有二：初約兩界相近解，或下，次約

二會釋

二釋結罪二初釋明相二初引律論示相

二會諸部差別三初敘起

別界三礙解。
疏律文錯雜，不足倫理，若依義例，須有次第，前至擲石，次手捉衣，後明不得捉故而便捨也。如文從急以至緩也。通明會護，何妨如律，何以知耶？如人衣遠隔，動經百里，夜忽憶之，何由往會，但捨更加故理非犯。且休去，餘任通之。
次會釋中，初約義次第，從緩至急，如文下，次顯律文從急至緩，下約會護以通律意，則非錯雜也。且下示略，不復委辨，故云任之。
疏犯相之中明相出者，律中華開鳥鳴，此亦春冬不

定，如多論云，明相三種：日照閻浮樹，卽有黑色；若照樹葉，卽有青色；過樹上表，照閻淨空界，卽是白色。三色之中白色爲正。
次釋明相中，初科初點律，漫華開則春冬不定，鳥鳴則昏曉不常，皆不可準。次引論定閻浮樹者，俱舍云：此洲南邊有無熱惱池，樹在池畔，日出先照。故用彼樹以分曉色。
疏諸部當律行護結罪多約明相，用分犯法，今須薄識，故爲略引。
次科敘起中，諸部卽僧祇、十誦，然十誦與四分大

同故下但出僧祇校異耳。

疏如僧祇律約夜分，三食明內宿初夜成犯，覆罪護夏皆約明相，離衣持犯通持在後結犯約明。何以知耶？四句分之：一明去明來，日光未沒去，明相出竟來，諸律同犯；二闇去明來，僧祇不犯，開夜暫會，四分是犯；三闇去闇來，四明去闇來，諸部非犯。次引僧祇，初通示三位，內宿約夜分，罪夏據明相，離衣一戒持犯兩兼。何下別釋離衣，四句中唯第二異耳。

疏就四分中衣食夏等必約明出，人宿等戒日光沒後。準此定時，看西明相，一更已後方始沒滅。諸師行事合瞑即犯，意不同也。與同室宿必夜分齊。

四分中初示異前，引僧祇三位差別，今此四分一向約明，文略覆罪，故云夏等。二同宿戒並據初夜，準下定夜分。諸師下斥非，合瞑即昏黃時，未入夜分，非彼制限，今須據夜，故云意不同等。

疏僧祇初夜明內宿者，亦是其理，謂夜與宿貪附情多，約同四分一夜與宿，明相暫離名為不犯。此約情過則深，有犯事同僧祇律，據通緣且依明相，餘且略之。

三中但明內宿彼此不同。初示僧祇出彼制意。約下次校四分，初明情過則宜同僧祇，明相暫離謂天欲明時出外避之則不違制。律下示律緩急，食非別屬，故云通緣。

疏四明所離結罪相者，律下註中除三餘者吉羅。今解如百一供具有持可離，故結小罪，餘說淨者既指別主，何有離罪？如五分中應受持三衣、襯身衣、被衣、雨浴、覆瘡、蚊厨、敷行、障蝨、單敷、護髀、踝頭、拭身手面巾及諸囊，若似衣皆受持之，餘畜廣相亦如鈔說。犯相中，初牒註，今下正釋。古謂百一諸長離皆犯吉，此但直伸正解以顯古非。如下引證所列諸衣皆是百一，下指如鈔見二衣中。

律除僧羯磨。

疏文中第六除僧羯磨者，明得法離也。

註時比丘得乾痟病，糞掃僧伽棃極重，有因緣事人閒遊行，不堪持行，以事白佛，佛令三乞已白二離。

疏註列病緣，後明乞法，總有五意。一解開緣，如文得痟病人閒遊。多論云：所以爾者，四意：一有緣眾生應受化故，二宜遊病損故，三求行道處故，四降伏信悟故。是舍利弗病故何者，亦四義：一先世惱人故，二智深思法故，三勤業不臥故，四此後邊身先業已盡，若

以神力轉三千界大悲心中請聖制故二法成否相
者要須人病衣重者成餘人病互有一向不成所言
老者多論七十已上名爲老者有前四益乃至三寶
求覓亦得三離多少相此中唯是大衣五分云留一
並離非羯磨故皆犯離罪得留中衣上下不得留有
賊難處隨留好者十誦多論留一義同四約日多少
十誦夏分不開五分聽前安居九月後安居八月見
論云隨病未差若差卽還遇難不失不作還意失衣
多云若得羯磨已病重不行後行卽先羯磨若化未
盡衣藥營求三寶未辦而月已盡以事難故言訖無

罪若死此衣得與看病人五得加重否多論云本衣
若施三寶更求得衣不問輕重應加羯磨乃至九月
亦如是

第六釋註五意初意又二初牒文次引釋初釋遊
行初四利他初卽可化四是難化故須降伏令生
信悟二三皆自利病損卽減損也是下次釋得病
緣因身子故須顯意初後約往業中一據現修彼
論問曰舍利弗神通如意能以三千世界手中迴
轉何以言僧伽梨重耶大悲下卽彼答辭爲未來
老病而作發起故云大悲二中初示成否人病衣

重二緣具者方堪與法所下釋老相論中正作七
十有本作三十者誤也四益同前遊行乃下示別
緣此開營事不必老病也問年少有病爲開離否
答老病兩緣自不相涉有云病而不老此猶可開
老而不病義必不許今意不然老據力衰不必在
病三中此中大衣卽是本律如註緣起五分初示
數並離皆犯者彼云盡離三衣非羯磨者以非所
開而妄加法卽是事非法不成故得下定體上卽
大衣爲入聚生善下卽五條謂不許單著故二不
得留有下明難則無所拘下指二文同故不引四

中十誦五分向明不開時節前安居人除三月後
安居人除四月義準中安居隨滿卽開除則不定
次引見論明開中病差未差遇難不失者彼云路
險不得還恒作還意雖差不失後引多論明餘雜
相有三初明後用前法不須再乞若化下次明事
難不犯化未盡者往彼教化或是人多或約處遠
故有未盡而月盡者九月八月滿也緣訖謂取事
辦出於月外以事緣故亦開夏限也若死下明亡
過所屬隨在外死有看病者索往賞之五中本衣
卽先得法離者後衣不問輕重者以緣開衣重開

已不簡故。

【律】尼薩耆波逸提。

【疏】七八二句捨罪兩相也。

七八二句，尼薩耆是捨，波逸提即罪。

【註】除三衣已，若離餘衣，吉羅；尼同僧犯。

【疏】註解云餘衣結輕，如上所解。

釋註，犯中餘衣如上，即前釋註第四科也。註云尼同，復加祇支覆肩五衣俱墮。

【註】不犯者，僧作羯磨，明相未出，若手捉衣，若捨衣，若至擲石所及處，若奪想，若水陸道斷，急難，若賊惡獸，強者所執，或命梵難，若不捨衣及不至擲石及處，不犯也。

【疏】不犯之中通明不犯有七：一別人作法離，或對首及心念。二對僧作法離，有二：初有緣乞法，如上所明；二共作迦絺那法離。三者對處作法離，即不失衣界，廣如羯磨疏鈔中。四蘭若恐怖離。五王路隔塞，命梵等緣，如下開說。六迦提賞勞離。七如五分僧塔勝緣也。

次釋不犯七離中，初文言通明者，統括諸緣，不專此故。第一即註中若捨衣也；二對僧有二，乞法即註僧作羯磨，迦絺即前開緣；三對處離者，即結攝衣界也。未結之前，但依藍院，加結已後，通藍內外，彼此無失故也。今此不明，故指如別疏在結界鈔。見二衣第四第七並出當篇第二十九戒，如後委釋。第五如註。第六出安居法。

【疏】就此七離有法無法者，前三得法離，後三無法離，中間蘭若六夜送村中無法離，恐失遙捨者是有法離。

料簡中，初文前三有法須辨不同，別人作法乃是捨衣失法，非是開離，迦絺自為受衣，對處自緣結界，唯乞法者是作法許離耳。又七離名同自有三別：第一即捨為離，第三以不失為離，餘五並約異處不失，乃是開離，學者詳細，無宜一混。

【疏】得罪有無者，第二四五六七一向無罪，以有緣故。第五隔塞或忘斷故，不失，如文中解。

次科五種無罪，若辨失法，餘四定不失，第五通失否，指如文中，即見下科。忘斷準鈔合作望字，謂想失也。第一有罪失法可知，第三對處或容三礙離失得罪，應分三等：上五一向無，第一一向有，第三有無不定。

【疏】僧作羯磨者，此得法離開前無法也。明相未出下至擲石及處反解上開也。若奪想者，衣實現在，忘起

二問答二初問失犯不同二初問答釋通

二約緣料揀

奪想經宿失受約心無罪決心謂失即是捨心無情
過故不犯捨也若水陸道斷者乃至强執並隔礙也
或命梵難下此情染礙故不會非是慢情故令隔絕
牒釋中初科五段初釋羯磨開前無法即上犯位
二釋奔護反解上開即前註中已列三緣開通覆
示故云反解三釋奪想失法無罪亦同隔塞望斷
之義忘合作妄謂慮想也四五二段即約三礙配
之可見
疏問此諸障礙同在開中失與犯者若爲處斷答此
相極多今以情過行相急緩若恆謹攝無思離犯忽

遇難緣人衣乃異無心捨離但爲事壅據此論心則
不名犯若情慢惰諸緣捨受隨衣所離有捨有犯如
上母論說淨無限之科
問中失與犯者失謂失法犯即犯罪答中初通示
若下別釋初約行急通開壅即礙也若情下次約
行緩還制文中二捨字即是失也如下引類母論
不行說淨不開十日
疏問如戒開緣何分勤惰答諸戒相開並爲奉者必
有慚學隨犯根本非是通開
轉難中文中不說何意强分答中因茲通決一切

二問日長開忘

三結誥

關文非唯此也
疏問長衣開忘此離開不答亦如兩望必勤奉持忘
非可學夜忽憶得取會無緣明即求取非捨非犯若
作失捨則心隔境異故失非犯犯隨情教本忘非違
次問中欲以長忘例開離衣故申此問答中亦兩
望者準前勤惰也此復有二初明緣礙心不斷故
非失非犯若下次明想失即前望斷失法非犯準
知惰者亦失亦犯
疏但衣食兩戒疏者偏懷末代相持唯斯二矣自餘
諸戒多或離之衣食之間無日不奉奉者如法蓋不

足言莫怪多及意所未盡如所撰事鈔及羯磨疏中
衣食二緣廣有誠教自餘約略僅知而已
結誥中二初明須廣之意衣食戒者提下諸篇多
由衣食一則貪情因發二乃日別常行凡此等戒
委曲辨之故云偏懷言最留意也相持謂隨事攝
護即前所謂遺法所重唯相及行是也自餘諸戒
即非衣食制者多或離之言其過境非數見故奉
者如法不足言者反明少能如法故須言也莫下
二顯略事鈔離長別眾等戒并下卷二衣四藥赴
請等疏即衣食二界并衣藥受淨等文皆繁廣已

聽者可知未聽則自檢僅纔也

【律】三月望衣過限戒

【疏】第三月望衣戒

第三名見制意

【疏】制意者凡爲資身隨時受服雖有故者不堪著用但止受持故聖開畜擬換故者少而不足爲待滿故重開一月足即成衣既同衣足理宜受替乃畜過限違反聖教壞少欲法所以制也

制意中初二句通敘衣資隨時謂寒暑也雖下別明令戒又二初敘開意既下次明制意

【疏】五緣成一本有故爛三衣若新好者畜犯前戒二聽畜餘財擬替故者三同財已足故不割截四無因緣五過限犯

具緣中初緣此戒本由衣壞替換故開一月衣若新好則非所開又三衣中隨有一壞則開不必俱壞第三同財謂體色同者言已足者準下三位此據初二兩位若第三位無問同不同足不足皆犯也餘並如下

【註】佛在舍衛國但三衣比丘有僧伽梨故爛十日中間便不能辦聽畜長衣爲滿足故六羣比丘取同衣不足者浣染點淨寄人遊行比丘舉過佛訶制戒

【疏】就緣起中本是但三衣人爲衣破故縱得衣財十日之內不足不成所以齊月來畜爲滿足故六羣聞之因遂起過取同衣不足者如十誦云以色不同體不相似故犯今制但令得作何待色體俱同也

釋戒緣中初敘本開但三衣人不畜餘長故特開之畜長比丘此教不被則無有犯如下引釋同衣彼云若得青衣後得黃赤衣是色不同又初得麻乃至後得欽婆羅劫貝即體不相似皆犯今下準上十誦以決戒緣問前具緣中須同財足者答前據初二兩位故取同足此戒緣中六羣起過正據後位而云同衣故須引決明知不簡也

【律】若比丘衣已竟

【疏】戒本九句一犯人二三衣同體足竟若三衣俱壞則三種別望二一月雖滿即須作受下一不滿更待滿故

戒本第二句三種別望謂各開一月二月滿者謂上二衣月滿即作餘一可待不作過月例皆染犯

【律】迦絺那衣已出

【疏】三迦絺那出者開緣謝也其人雖不受開而是開故不犯

第三云其人不受開者，由是但三衣人不受五利故。

律 若比丘得非時衣（時者，無迦絺那衣自恣後一月，有迦絺那衣自恣後五月。非時者，謂過此限。）

疏 四非時衣者，註解約時，謂於時外，故曰非時。以時內通開，無論替故。今非時中，故限一月。

四中註約時者，一月五月也。時外曰非時。無衣十一月，有衣七月也。以下明簡時所以。

律 欲須便受，受已疾成，若足者善。（若十日中同衣足者，裁割如上。否者至十一日，隨衣多少並犯捨墮。）

疏 欲須便受下，顯成衣相也。言疾成者，以初日得衣未足，十日得足，當日須成，不爾明出便犯，故云疾也。約分三位。上解初位，此是通開，如註解者是也。

第五中，初總示，言下別釋。恐過十日，故令疾成。約下示位。此即初位，餘二位見次科。此通開者，謂同長衣常開耳。

律 若不足者，得畜一月，為滿足故（若同衣不足者，至十一日同衣足者，即十一日應如上作。違者至十二日，隨衣並犯。乃至二十九日亦爾。至三十日，若足不足、同衣不同，即日並如上法。）若過畜者，尼薩耆波逸提（比丘尼同犯。不犯者，若十日內同衣足作，乃至三十日即日作衣。餘有緣同長衣戒。）

疏 若不足者得畜一月，此第二位中，從十一日至二十九日來，得同相合，當日即作；不同更開明日，望此則約日持犯，故又疾成。如註解二十九日亦爾者是也。第三位者，至三十日，無論得否，俱同說持，明日已去，更不開也。

第六中，以不足故，更開二十日，共為一月。初釋第二位，總十九日，得同相合，即同衣足也。當日即作，不作明日犯。不同謂得不同衣，更開明日，望即後位三十日也。約日持犯，初位猶通十日內成，從十一日去，止限一日，故又疾也。或恐不成，則令麤行急竟，加受法已，更復細刺。第三位者，唯開一日，得否者，得則加持，不得則說淨，不爾明日齊犯。若爾，但三衣人亦有畜長耶？答：此既上行，必無容慢，縱有說淨，不同常開，義亦無妨。學者更詳。

疏 此戒如前長衣相似，為但衣故，所以立之。餘文可解。

顯同異中，上二句示同，謂犯相與前無別。下二句顯別，此被但三衣，前開畜長者。餘可解者，即若過下三句，註文辨相，皆易曉故。

律 四取非親尼衣戒。

〇四取尼衣戒
二、初標名。
二隨釋二、初通釋
二、初制意。

疏第四取尼衣戒制有三過。凡爲下敬上仰奉情殷有財思捨計無匱惜。大僧以非親故不量便受令他財物匱竭致有貧苦之惱。二者男女形別理無參染今財物既交恩情偏親因交致染容壞梵行臨危事險可懼之甚。三跡涉世譏招致誹謗淸白難分無由自拔。具斯諸過故所以制。

第四制意有三。初是喜爲。二卽防染。三爲遮譏。又初是損他。二是損自。三卽自他兩損。初中殷卽是重。匱惜匱猶藏也。匱竭匱卽乏也。具下二句總結。

二具緣二、初標示。
二引釋五。如文。

疏五緣成犯。一是比丘尼。五分云取下二衆但吉羅

故。斯約位分。若取染汙同尼無別。故多論中浣衣擗毛一同犯墮。二非親里。十誦以親里故量取。五分雖親取亦犯吉。三應量衣。四分如緣起說。僧祇取鉢小物者不犯。何故衣重者以衣多喜與故重。鉢唯有一稀故犯輕。四虛心送與乞得非犯。五領受便犯。十誦多論十僧取尼一衣同墮。十尼持一衣與一僧得十墮。餘如鈔。

具緣中。初引五分簡下二衆則同今宗。斯下義決。初句點上文。若下示別判。準多論浣擗同犯足爲明例。二中。十誦親里量取謂必籌量有無義無妄取故非犯也。五分雖親亦吉。終是招譏意在俱絕。三中。四分緣起卽貴價法衣。僧祇鉢及小物謂不犯提。小物謂非應量者。何下徵示衣鉢重輕之意。四虛心謂竭誠專意。非謂心不實也。五中。十僧取一同墮以情同故。十尼與一十墮所對別故。下指如鈔隨相甚廣。

二隨釋二、初戒緣。

註佛在羅閱祇。蓮華色尼持食往山與諸上座。彼有比丘著弊故衲。尼脫所著貴價換之。後著弊衣爲佛怪問。訶彼比丘。因制此戒。

疏就緣起中。明華色因緣。律中母女同夫。多云遠劫以華覆食施辟支故。願常端正爲人敬重。又得沙門

功德。由不淨願今得同夫。願得功德故今漏盡。

戒緣中。初引本律明入道緣。律云。父母初嫁與鬱禪國人。後產一女。其夫與母私通。華色聞之自責言。云何母女同夫。遂至波羅奈城。嫁一長者。後長者往鬱禪國。乃以百兩金聚得一女。還波羅奈國。卽華色之女。華色問其由。知是己女。又復自責。遂卽捨去。至羅閱城見佛聞法得果。遂求出家。次引多論示往昔緣。發願有二。一願端正。二願得沙門功德卽四沙門果。由下感報亦二。因果不差故。

律若比丘從非親里比丘尼

二、戒本六句。二、初總標。二、別釋六。如文。

註 非親里者。非父母親及非七世。反上是親。若非親里。亦不籌量可否。若是親里則便籌量知有無可取不可取。若好若惡。若新若故等也。

律 取衣。

註 衣有十種。尼著弊衣。具白世尊。佛言不應如是。聽畜五衣完堅者。餘衣隨意淨施若與人。何以故。婦人著上衣服。猶尚不好。何況弊故也。

律 除貿易。

註 時二部僧得衣共分。二部錯得。佛言聽互貿衣。言貿易者。以衣貿衣。若非衣。或以非衣貿衣。若鍼若筒若刀若綫若小段物乃至一丸藥貿衣者是。

律 尼薩耆波逸提。

註 比丘尼吉羅。不犯者。從親尼邊取衣。若貿易得。若爲僧爲佛圖取者不犯。

疏 戒本六句。一犯人。二非親里。註中父母七世者。如見論中。己身已上四世至高祖。傍及從四姊妹等。下及兒孫。若據母親亦類說也。若非親下。明籌度可否相也。三取衣者。是戒犯境也。註解中不應如是者。女人形鄙。假飾通道。若著弊衣爲人說法。如以穢器盛美食也。四除貿易者。多論云。有二益。一尼得所宜衣。無有馳求因緣修道安樂故。二既聽貿易離彼馳亂故。五制捨。六結罪。註中尼取僧衣但吉者。僧是上尊與希故輕。若爾下九十中僧與尼衣義亦非數。何以結墮。答。彼由譏過不可故制。

○五、浣故衣戒二。初標名。二、釋相二。初通釋二。初制意。

戒本中第二句。初釋親中。先示父親。己身爲一世。上取四世。一父。二禰祖。禰始也。三曾祖。曾重也。四高祖。高謂最在上也。下取兒孫二世。共爲七世。傍及從四。即兄弟姊妹。從字去呼。七世竪論。從四橫說。故云傍也。以上七世。一一世中皆有此四。母親類說。竪七橫四並同父也。第三中。初點文。前是人境。此即物境。釋註中。通道。通猶弘也。此顯註中佛呵之意。四中。貿即交貿。論出開意。一爲修道。二即離過。註中初引緣起。次明佛開。非衣如上解。六中。初釋尼輕。若爾下。引從例難。答中取據希數。則僧數尼希。與約

招譏則僧多尼少。所以異也。

律 五使非親尼浣故衣戒。

疏 第五使尼浣故衣戒。所以制者。上尊使下。事順而數。下情敬上。多不籌量。有庸無庸。致惱廢業。損處非輕。喜生染習。招世譏過。如前故制。約相浣染打三戒合制。因使尼同一衣生。故不別制。

第五。制意有二。初敘過有三。一損惱過。初明僧使尼事數。次則尼敬僧無簡。庸猶能也。有庸者則能離過。無庸則使不知時。故令致惱。生染。即第二過。招譏。則第三過。同上取衣三意。故指如前。約下次

明離合約事須離據衣故合
疏五緣成犯一是尼二非親里三是故衣四自使若
使人如鈔廣引僧祇四句等五浣染打竟犯
具緣初科第四指鈔四句者一自與使人受二使
人與自受三自與自受四使與使受皆犯提罪
疏問衣鉢俱過鉢何不制答浣染多鬧數故制之鉢
非故不結也
釋疑中過字去呼答中鬧謂尼多鬧習鉢無此義
又復事有重輕所以兩別
註佛在舍衛國迦留陀夷及偷蘭難陀尼貌各端正俱有繫意坐失不淨汙安陀會令尼浣之比丘以

過白佛因訶而制
疏就戒緣中不淨失汙故令浣之
釋戒緣中出其過狀以彰須制
律若比丘令非親里如上說比丘尼若非親式叉尼沙彌尼浣染打故衣突吉羅
律浣故衣故衣者下至一經身著新衣浣染打者突吉羅
律若染若打者尼薩耆波逸提若語使浣染打若俱為者三尼薩耆波逸提互不為者隨有吉羅不犯者若病時使染浣打若為僧佛圖若借他衣浣染打者不犯
疏戒本六句一人二非親三浣故衣戒之境也四染
打五明業相並如上解註解中三隨語作犯三不隨

但吉者唯有口業身不作故壅住方便也
戒本四中釋文指上即上具緣釋註中隨語犯三
者此據併使具犯為言或前後使則前重後輕或
不併使則隨結不定不隨吉者此復有二如併使
作三彼作一二使二作一使一不作但依作犯提
不作則吉又如使浣為染使染為打等心境不稱
亦應得輕有口業者使他方便也
律六從非親俗人乞衣戒
疏第六從非親俗人乞衣戒凡出世之士須遵少欲
為懷今三衣具足堪得資身長道便止方廣乞求增

長貪結惱亂施主招過非輕故多論云制不聽乞四
種益一令增尚佛法故二為止諍訟故三為滅前人
不善心故四為令眾生於正法中生信樂故
第六制意中初敘過長貪損己惱亂損他故下引
示四意初以佛法尚少欲故二為俗舍有上下故
三從彼乞求必生輕慢故四由心輕慢不信正法
故此下二意即見戒緣今制此戒翻過成益
疏六緣成犯一三衣具足二無因緣三非親居士
具緣前三中二無緣者謂無奪失等緣三中多論
從親里乞好衣若貪賈若少與索多一切吉羅

疏四爲己乞應量衣。十誦中作寒暑相方便說法得亦是犯。

四中應量者僧祇乞得四肘已上者犯。準已下應輕。寒暑相寒現單薄暑現厚重。

疏準此爲言今行道者實無道可行。止存世福口雖讀經說法身雖在座斂容心路規度常擬散席與我何物。如斯取者同律邪命。何得不犯。故制正命。

斥非中初科又三。初標舉言行道而無道者謂有名無實也。無道可行者不省自心故。止存世福但事外儀口下二釋成。初二句示存福。次三句明無

道。如下結過。

疏今世講師至此常不敢語。以親行故羞不語他。何以不行而隱不道。何妨有人行之。則此戒或末法一人持也。慎之哉慎之哉。

次科初明覆隱所以。親行謂自犯也。羞不語者說行相反故。此指當時猶能知愧。而今無恥身犯口說。何足議也。何下正斥。古本作可以。已雖不行講須明示令他行之。則末法或有一人不可期也。此言激勵之切。末學聽尋當如何耶。下誡講者不可隱教再言慎之誡之極也。

疏十誦中但不作相乞諸小小補衣物一條及拭手面巾不犯。若作念言但乞小者容施全者得亦是犯。先無心者不犯。可非心邪。

三中十誦不作相乞即非邪心故得不犯。若作念下即是邪心故得皆犯。

疏五彼與六領受便犯。

註佛在舍衛國時跋難陀爲人說法從索所著衣。俛仰與已單衣入城。便云祇桓中被賊。諸俗譏嫌。比丘舉過。佛便制戒。

疏就緣起中因說法取衣致爲過非。今諸難免亦易檢校。但是一貪既共俱生不可滅耶。

戒緣中註中俛仰與者事不得已故單衣入城人問其故云被賊者即剌跋難陀也。假法爲由公索他物不殊白盜。宜與斯名。疏中躡意以申誡勸難免即指著世之流。易檢則勉有道之士。但以貪者指出病根令自明識。無始貪習既與俱生宜須抑制。如何反縱與之同死耶。

律若比丘從非親里居士若居士婦乞衣解文如上除餘時尼薩耆波逸提。比丘尼同犯。

疏就戒本中六句。一犯人。二非親俗士女。三乞衣。四開緣。餘可解。

戒本分句中第三句下註指如上卽非親義。

律餘時者若奪衣（時比丘被賊剝衣裸形而行佛言不爾得突吉羅若有此者當以輭草樹葉覆行應往寺邊若取長若知友邊取若無者僧中問取可分衣若無者問取僧衣卧具若不與者自開庫看若褥敷氈被摘解取裁作衣出外乞衣若得衣已還浣染縫治安著本處若不還本處如法治）失衣燒衣漂衣（緣同上也）是謂餘時（不犯者若奪失等緣從非親乞若從親乞若從出家人乞或爲他乞他爲己乞或不求而得並不名犯）

疏餘時者重解前開言奪衣者註解其相甚明了也見論云行路見賊持衣鉢與年少令走因被賊剝得白衣五大色不截及外道衣得著無犯十誦若奪著僧衣後還本處空無人者近處有僧著之若先寺還

有人住應取還著本處據此屬處已定無有轉改非作僧法無由輒出二失衣者僧祇十種失衣王賊奪女人欲心奪父母令罷道奪故奪有四失有三一自藏後忘二藏衣腐壞三久朽故風火水三故有十也如五分衣壞開乞言燒衣者家火野火鬼火天火十誦日灸壞者亦名燒衣漂衣者風之與水也

次釋開緣列釋有四奪衣中初指註釋註中初制裸形若有下次教方便初取己物次借別人物後借僧物又二初明開取可分物是十方現前卧具卽常住常住若得下明還僧法次引文示有二初引善見明遇賊法次引十誦明還僧物法由是常住常住不可移易如文可見二釋失中僧祇十失奪中分四開王賊爲二失中三風水及火卽漂燒二緣與今四分奪等四緣離合異耳五分衣壞卽同僧祇三失後二也燒漂可解註云緣同上者卽取衣借衣等並同奪衣中

疏律但明奪餘諸類解

結顯中對註可見

律七過分取衣戒

疏第七過分取衣戒所以制不許過者出家比丘遇

四因緣奪失三衣無由進業篤信聞之竭貧而施宜應稱施而受彰己內有廉節之心外則不惱施主理數明然今三衣已足過分而取長貪壞信殊所不應故所以制所以不定其犯犯在時緣但云過分自束其犯

第七制意有二初制戒意有三初敘奪失闕衣篤信下明理當減受今下顯過受之過長貪壞信卽失二利殊甚也所以下次結犯意文不定言幾衣成犯在時緣者奪失多少不可定故云過分者卽文中若過者失一受一乃至失三受三皆爲過也

疏 六緣成犯。一比丘失奪三衣，二非親居士，三爲失奪故施，若非隨受不犯，四知爲失奪故受，五過知足。謂失一受一之類是過限也。具緣。五中由失一衣，卽不得受。所以受一卽爲過分。若爾，三衣云何可具耶？答：但不爲奪施，別求皆得也。

疏 問：衣制過限，鉢不同者？答：衣則三一不定，故失喜過受。鉢唯有一，失一受一，二者希。縱有輕也。問答易解。

疏 六領受便犯。

註 佛在舍衛國，多比丘遇賊失衣，來到祇桓。有信聞之，多送衣與。比丘言：止！便爲供養，已有三衣，故不須也。六羣令取，持以與我。遂更受之。比丘舉過，佛因制戒。

疏 就戒緣中，六羣令取者，自旣已足，因奪得多，更行人事，以乖施意也。

釋 戒緣中，註明比丘三衣自足，爲六羣受，故云行人事也。

律 若比丘失衣、奪衣、燒衣、漂衣。

註 若失一衣不應取。若失二衣，餘一衣二重三重四重者，應摘作僧伽棃，若鬱多羅僧，若安陀會。

疏 戒本八句，一犯人，二失奪等，四。註中若失一衣不應取者，善見云：都失三衣，但取上下，餘一外求，以失衣處施主厚心，不可全取故也。註中止令摘解相兼作衣，都不可者，方聽取耳。

律 若非親里居士、居士婦，並如上解。自恣請多與衣，若自恣多與衣者，若細若薄若不牢，應取作二重三重四重，當安緣，作當肩上揲垢膩處，應安鉤紐。若有餘殘，語居士言：此餘殘衣裁作何等？若檀越言：我不以失衣故與，我曹自與大德耳。若欲受者，便應受之。是比丘當知足受衣，若三衣都失，彼應知足受衣。知足有二種：在家人知足者，隨白衣所與衣受之；出家人知足者，三衣也。若過者，謂失一受一，都失受三之例。尼薩耆波逸提。比丘尼同犯。不犯者，若知足取衣，若減知足取，若多與衣，若細薄不牢，若二三重作，有餘如上語知不犯。

疏 三非親，四俗士女，五自恣者，明非爲奪故施，故云自恣也。就註解中，進否相顯。

戒本第五句中，初科若據此戒，爲奪施犯，而言自恣者，今詳文意，欲明非爲奪施，尙當知足，況爲奪而施耶？學者更詳。

疏 是比丘當知足者，謂失三受二也。註明道俗知足，釋成兩相。在家知足，不可自量，隨彼所施；出家知足，止約三衣。佛已正制，失二受一是也。

次科初釋文，次釋註。在家行施，卽是知足，不可自量，出於他故。此舉在家，對顯出家知足異耳。戒文知足，正約出家。

疏若過是業。餘文相可知。

疏前戒開彼此爲乞，此自受衣爲他故犯，由情諂故。若直爲他無情好者，未必取衣。

對筒中，前開已爲他乞，此戒不開，故特示之。由情諂者知不得過，代爲他受，顯是有情好故。

律八勸居士增衣價戒。

疏第八勸居士增衣價戒。篤信居士標心捨施，價限已定，無思增續，理宜隨施而受，不虧道法。今乃嫌少勸增，過分更受，長己貪求，壞彼信敬，過中之甚，故制。

第八制意中，初敘合宜，今下次顯過相。

疏論犯六緣：一非親居士，虛心辨價；二情有期限；三知有期限；四嫌少勸增；五彼爲增價；六領受，犯。問：衣中勸增，鉢無增者？答：衣資身義，寬喜增，故制；鉢資食狹，希故不制。若爾，乞鉢之罪不應同衣？答：鉢無多用，全乞惱深，故制。此勸增中，非全一鉢，縱犯但輕。

犯緣中。問答轉難。對鉢辨異。文皆可見。

註佛在舍衛國，居士夫婦共議云：跋難陀是我知舊，持是衣價買衣與之。乞食比丘聞已，告知。後往彼家勸令當須廣大新好堅緻。俗人譏嫌，比丘舉過，佛便制戒。

疏就戒緣中，從初至堅緻，來過起之由；俗人譏下，不應之相。

戒緣中，緻字音稚，密也。

律若比丘居士居士婦如上說爲比丘辨衣價，謂以若錢若金銀眞珠琉璃若玉石若瓔珞生像乃至十種衣具，如是衣價與某甲比丘。是比丘先不受自恣請，若自恣問須何等衣，佛聽比丘少欲知足索不如者。到居士家作如是說：善哉居士，爲我買如是衣與我，爲好故。求有二種：言求價者，檀越與作大價衣，乃至求增一錢十六分之一分；言求衣者，語居士言作廣長衣，乃至增一線者。若得衣者，尼薩耆波逸提。比丘尼同犯。不犯者，先受自恣請而往求索，知足於求中減少作，從親里求，從出家人求，或爲他求，他爲己求，若不求自得者。

疏戒本七句，一人，二俗人非親，文中不明，疏開緣不犯，故知簡親也。

戒本二中，不明疏親者，不同前戒標非親故。準下開緣，決知文略。

疏三爲辨衣價。註中列諸金寶，是本方所有；此土但錢帛耳，餘則稀也。

三中。註列衆寶，生像即金銀異名，十衣如前釋。本方即指西竺，此土非無，但多用錢帛，故曰餘稀也。

疏四是比丘下，增價相也。註中聽索不如者，謂少欲省功故也。若多功勞俗亦犯。如僧祇有與細者云：我是練若頭陀林中住，須不如者，麤亦同犯。

四中。釋註，前段，初牒釋，多功亦犯，雖索不如，反有

所費故如下引證此證費功鈔云以自述德故犯

疏註中求有二種者戒本雖無求字而有求義故文列十六之一謂增價也如是廣長謂增線也今人亦有犯者謂他俗人許與絹疋令買好者即同此戒十誦有三色量價增皆犯墮也

後段中初科爲三初牒釋有求義者文云與我爲好即是求也文下初釋增價註云一錢即古大銅錢一當十六十六之一即一小錢亦爲增價如下次釋增衣今下決持事同此戒者即增價也十下示同異本宗但無增色文中二增即是價量

疏此戒犯相要在本絹於上勸增若令買布屬前乞戒

次科以勸增論犯局在本物若易物體即非增故

疏問勸增戒中一縷即犯乞衣戒中一條方犯與此不同答乞本施主無心乞時任其多少惱義是微故約一條方犯勸增之中虛心限約已定不荷嫌少索多貪惱之情最重故使不問多少同犯罪也

問中與前乞衣多少異故言一條者謂袈裟一相許也答中分示二戒情過不同故制限兩別

疏諸餘可解耳

結略中即若得衣下三句

律九勸二家增衣價戒

疏第九勸二居士增衣價戒制意犯緣同前但合二家共作一衣爲異耳

第九通釋中初科犯緣同者唯加第一云二非親居士耳

疏問勸二居士共作一衣價本不增爲有犯否答如文云增不增非犯

二中初問但勸二家合而不增亦應犯勸答中犯必約增不增非犯文云爲好即是增故

疏問勸二作一有增不增在何戒攝答後戒所攝雖不增非犯增者合作故

次問或一家不增兩戒何收答中既涉二家故非前戒

疏問但制合二不云三者答舉例可知

三問答中但舉二家三四皆爾但無緣起故所不明

疏問三家各欲作布今合合細可非損耶何戒所攝

答合三作細異於本體前戒所攝

四問合布爲細亦是增價須定所屬答中易體非

三引示同犯

二指略

四十過限索衣戒
二初標名
二釋相二初通釋
三初制意

增義同前釋。

疏僧祇中爲僧衆多若一人合作同犯墮罪如上僧犯。

三中。僧別三位勸增齊犯以長貪惱主義無異故下指如上卽前義門。

註佛在舍衛國有二居士夫婦共議欲與跋難陀買衣乞食比丘聞已具告彼到二家語令共作居士譏嫌比丘舉過佛因訶制戒。

律若比丘二居士居士婦與比丘辦衣價買如是衣與某甲比丘是比丘先不受自恣請到二居士家作如是言善哉居士辦如是衣價與我共作一衣爲好故若得衣者尼薩耆波逸提。戒相成犯開通並如前戒。

疏戒本七句如前無異。

律十過限急索衣戒。

疏第十過限索衣價戒。然寶璧精華世情所重長貪妨道生患處深特非出道之所宜畜。然施主奉施以爲衣價恐犯畜寶無宜自受故付俗掌令知淨物尋索忽切情無容豫迭相催促逼惱前人故作制限三語六默必過索得是輕禁網過重障深寧容不制。

第十制意中四初敘世寶生患然下次明淨施俗人由是實淨物過主邊故與此戒尋下三明因索惱他忽謂急速豫猶緩也故下次明過限制犯三語六默如下自明。

二犯緣三初列示

二問答

二別釋三初戒緣
三初略釋

疏五緣成犯一施主送金銀錢寶二爲貿衣用三不受付人擬知淨物四過法分齊五得入手犯。

犯緣中初二兩緣屬前施主下三並屬犯人過法分齊卽上語默也。

疏問衣價制過其限鉢價何爲不制答鉢一便足更無多用故無過索之咎若全無鉢極至百千無罪有故更求卽落乞鉢犯收故所不制。

問答中初對衣顯異若下約有無簡別無則多索無過有則非此所收。

註佛在舍衛羅閱城大臣與跋難陀親厚往來遣送衣價彼將衣價付淨主己因事急索致令彼罰諸俗譏嫌比丘舉過佛因制戒。

疏就戒緣中初明大臣所厚後明因索致罰起過之緣諸俗譏下明訶制也。僧祇多論云跋難陀俗時知射法兵法瓶沙王二大臣遣五百人從學得通爹持財寶來報其恩以寶付優婆塞家貪借用詣官言之索時牽挽俗人共責。

戒緣中初點註大臣所厚厚猶重也因索致罰者律明淨主爲官罰五百錢故僧下次引緣射法卽

三定前後　二同答

善弓矢兵法，即知軍旅鬬戰之事。從學得通，通猶解也。

疏問：忽切索衣，爲損王臣，爲損淨主？答：本雖王臣，後在淨主。切惱故制，唯在後人。

問答中，切惱遭罰，皆是淨主，故損後人。

疏此戒應在畜寶戒後，以制淨主故。結集者不次，或傳受者失旨，故在前列。

三中，由畜寶中始聽說淨，因聽說淨，遂有過索。結集不次，乃指部主之差；傳受失旨，即責翻譯之過。

律若比丘，若王（得自在無所屬），若大臣（在王左右），若婆羅門（有生婆羅門），若居士（除王、大臣、婆羅門，諸在家者是），居士婦（在家婦人），遣使爲比丘送衣價（如上說），持如是衣價與某甲比丘。彼使至比丘所，語比丘言：大德，今爲汝故，送是衣價，受取。是比丘語彼使，如是言：我不應受此衣價，我若須衣，合時清淨當受。彼使語比丘言：大德有執事人不？比丘應語言：有。若僧伽藍民，若優婆塞，此是比丘執事人，常爲諸比丘執事。時彼使往執事人所，與衣價已，還到比丘所，如是言：大德所示某甲執事人，我已與衣價，大德知時往彼，當得衣。須衣比丘當往執事人所，若二反、三反，爲作憶念，應語言：我須衣（憶念者，若執事人若在家，若在市肆，若在作處，應至彼處。一反、二反、三反，語言：我今須衣，與我作者是也）。若二反、三反爲作憶念，得衣者善；若不得衣，四反、五反、六反在前默然立（彼執事人問何緣，此比丘報言：汝自知之。若彼人言：今我不知，餘人知者，比丘當語彼人知之，是默然相也）。若四反、五反、六反在前默然住，得衣者善（若作一反語，破二反默然。乃至三反語，破六反默然也）。若不得衣，過是求得衣者，尼薩耆波逸提（同比丘尼僧犯）。若不得衣，從所得衣價處，若自往，若遣使往，語言：汝先遣使持衣價與某甲比丘，是比丘竟不得衣，汝還取，莫使失。此是時（不犯者，若遣使告知，若彼言：我今不須，即相布施，是比丘以時輒語，方便索衣，若爲作波利迦羅故，與以時輒語索，若方便索得者）。

二觀本三，初總分。　二別釋二，初釋文二，初明立法。

疏戒本六句：一犯人；二若王以下，明寶主緣由；三若過索成業結犯；四捨；五結罪；六不得進不相。

疏就第二立法相中，文有八句：初有五位，但是財主遣使持寶，將與比丘；二彼使至比丘所下，明使人受寶付彼之相；三是比丘語彼使下，明懼犯畜寶，不即受相；四彼使語比丘下，明使亦知比丘非受寶者，問執事人；五比丘應語言下，明示執事人所在；六時彼使往下，明與寶物付淨主相；七還到比丘所下，既付寶竟，還返告知，世之信使，可復如此；八須衣比丘下，明立法度索之往返。

戒本釋第二中初科五位即王臣等五位人執事者即掌寶者文云若僧伽藍民即守園人優婆塞即在家俗士世信使等者言能往復爲使當然

疏就索法度中初明語索三反相二若不得衣四反五反下默然相僧祇云一反語索淨主一月來即一月來乃至三月不得過如是十日四三二一日乃至須臾不得過三若一反默索例上可知

索法中僧祇彼具云若比丘至檀越所索衣時語言長壽與我衣直若彼答言尊者更一月來比丘滿一月來往復索若彼言尊者更一月來比丘滿

一月復往索過三月不與不得復索若言半月來十日乃至須臾但使過三不得復索默索例上日月但不語耳

疏善見云默然者口不語喚坐不坐與食不受說法呪願一切不得若言何因至此答言居士自知

善見示默與註大同

疏純語往索齊六不犯純默往索十二反語參默故則九反律文四反五反者承前語勢接次四五若行事時始心一二故成六默

三分齊中初示三位但一番語當二番默律下點戒文以戒本中正約三語六默相參明犯前二三反即爲語索後四五六反即借前一二三數接下四五六以爲六默故云承前語等若行事等者謂文雖省至用默索即從一至六據義合云若一反乃至若六反在前默然立文相方顯耳

疏諸有畜受相如寶戒說

三指畜受此不當明

疏若不得衣下是戒本業也自下戒相易識耳

點餘句中初點第三句自下指餘三句四指五罪若不得衣下至末文即第六句由索不得往告衣

主之詞註中明不犯即遣告衣主衣主不領自作方便由非強索故開不犯

律十一緜作臥具戒

疏第十一乞緜作三衣戒制意者緜是生緣得在損命不懷慈道方廣乞求外招譏醜內喪善本爲過極深故聖特制餘雖緣財捨懺物在此則斬壞永竭貪源而世同塵同惡相濟身所服用無非損生口說行慈何人能奉故多論云有四義故一止誹謗二長信敬三爲行道得安樂故四爲不害眾生命故

十一制意中初科爲三初敘過明制生緣者有情

所成故餘下示制捨不同而下斥世服用同塵謂混在塵俗不能超拔故同惡相濟謂彼此共行互不知非故多論四意初二即反戒緣三無乞求四成慈行。

疏毗尼教相三處以求少有乖者開為不犯今據戒緣至養蠶家乞緜看煮俗人譏罵以為生過之極也戒本列雜及以野蠶廣解開通俱令斬捨

次會通中戒緣廣解並見註中戒本列雜及野舉微況重此明前後三處皆急則彰過重矣

疏今人衣服皆犯通開斯何故耶迷名者也文言作

臥具故謂如被也今定其名方知我犯但以三衣總號此土先無但聞以緜作僧伽黎此土本無不知何物而廣張有相同此被敷故即相翻或云臥具或云敷具。

三定名中初科為二初示犯皆犯通開者由是已成合斬壞故今下正名上標三衣即今所定但下出本翻譯初敘此無正譯而下次明從相以翻張字誤合作長。

疏故僧祇云敷具者三衣名也多論云六年臥具正三衣也若非三衣如何乞法僧祇云老病比丘持氈

僧伽黎此云臥具豈不同也黑白臥具並同此耳

引證中僧祇明文豈非誠據多論六年臥具豈是被褥又引僧祇亦即六年乞法因緣論云臥具律作伽黎顯非異也黑白二毛前後四戒並三衣耳

疏如後坐具此方有之即物相翻體相明了三衣無故所以有濫世並迷名都謂敷具自非見此何由辨之。

推濫中尼師壇此翻坐具此方牀倚皆用藉坐故有可翻三衣不爾故因有濫自非見此即指今文

疏故多論云敷具者衣名也外國以緜作衣凡有二

種細擗如氈作縷織成故犯罪也五分十誦多論涅槃並云憍奢耶也論云此是緜名養蠶所得如秦地法。

引示中初引多論示名體細擗如氈似今衣絮作縷織成如今細絹下引四文但明體耳憍奢耶此翻蠶口初絲多論云緜翻名異耳如秦地者指此方也。

疏五緣成犯一是蠶緜二自乞求三作法衣四為已五作便犯。

犯緣中作法衣者餘衣應輕。

註 佛在曠野國。六羣比丘至養蠶家索未成縣及已成縣并雜野蠶縣以作卧具。又看曝繭。居士譏嫌。言害生命無有正法。比丘舉過。佛因制戒。

疏 戒緣如上解。

戒緣如上前三處中已提示故。

律 若比丘雜若毳若劫貝若衣及餘縷雜也。野蠶縣作新卧具。尼薩耆是中捨者若斧若斤剉斬和泥以塗壁也。波逸提自作教他成者俱犯。不成者吉羅。爲他作成者吉羅。尼突吉羅。不犯者若得已成者斧斬和泥以塗壁也。

疏 戒本五句。一能犯人。二雜野蠶縣。此正戒家境也。雜作尚犯。何況純者。野蠶尚犯。況復家蠶。以疏制親也。所言雜者如註具解。僧祇云。經緯間穿羊毛亦犯。見云。雜憍奢耶一毛亦犯。憍奢耶者縣中極微者。若準此方名爲忽也。

戒本、第二句。初通示。雜野爲疏。純家是親。疏者尚犯。何況親耶。野蠶天然生者。依樹作繭。有取爲縣。所以牒釋。指如註者。註中毳劫貝等與縣相雜也。僧祇經緯間穿者。彼云。若經是憍奢耶。緯是羊毛。若經是羊毛。緯是憍奢耶。自作使人作。成皆犯捨墮。次善見中。一毛者。謂如一毛許也。下示梵名。忽卽蠶口初出名爲忽。十忽爲絲是也。

疏 三作卧具。是犯業也。

三中。卧具卽袈裟也。

疏 四尼薩耆。制捨也。註中捨相文極明也。

四中。捨相不同餘戒。註中斤卽是刀。挫則卧反。字合作剉。麤卧反。

疏 五波逸提。犯法也。

疏 不犯中。若得已成亦須斧斬。此言切人也。如何可通。

第五、釋註中、初文。此言切人。謂誡勒甚切。如何可通。通言必無開許也。

疏 如五分云。他施已成亦犯捨墮。十誦若得已成者受用不犯。

二中。五分十誦二文不同。致有他解。

疏 有人解云。四分同十誦。不同五分。而律文中若得已成者。下無開文。但道斬壞。如何捨制而用他開。所不同也。

三中、初科。古謂四分文列不犯。故云同十誦。而下斥非。註中引律明云斧斬。正符五分。那云不同。則知十誦文緩不可依也。

疏 余因參譯。親見梵僧。自唐國已西已南至于大海百餘國僧。現今所披並非縣帛。非氈非布。無成法衣。

問何所以爲斷殺故斯成現量何用謾言止可知披
而謂非不可迷非而謂是
二中初敘親聞立奘西歸於慈恩寺選十僧翻譯
祖師預焉故云參譯已西已南皆唐國外境氈是
獸毛亦即生分然是剪剃非害命故如下所明斯
下責謬解現行之事故云現量謾猶妄也披而謂
非此猶可恕迷非謂是豈免無知
疏問既云非法受持成否答如律通制但云五大上
色不成受持至於財體無文得否若準央掘緰綿轉
來施持戒人不應受若受非悲不破戒據此斟酌也

初問答中初據律無斷若下準經斟酌央掘摩羅
即大乘經轉來非蠶家者不應受者經中斷也若
受非悲者違化教也不破戒者不犯制教也大乘
菩薩悲行爲先若著蠶衣沾殺生分故是非悲小
教聲聞離過爲本但離殺手犯緣不具故不破戒
準此據律如法得成深取經意終非應法故令斟
酌也章服儀云且自非悲之語終爲永斷之言祖
師之意自可見矣
疏問緜衣黑白同是犯緣如何入捨全壞不等答緜
本損命偏乖聖心故斬絕源永除後犯黑白不爾身

分餘毛過淺障微遣聽服用
次問緜合斬壞黑白二毛捨已還主故問決之答
中毛不損命與緜不同故分兩捨
疏若爾今有作緜待蟲飛出計非損命應無損也答
元緣有因通爲害本縱緜不殺少故不論
轉難答中初二句示佛本制意在永斷不問蟲之
有無但是蠶緜無非損害下二句明不簡所以
疏問緜藥二寶四戒所開何以牒捨答捨竟復用下
不辨開此四反前故得牒也
三問四戒不犯並牒捨法餘戒不爾故問通之答

中初二句答餘戒不辨下二句答四戒須牒言反
前者捨還差別如上具明開通所牒如下各辨且
就此戒如註所引得已成者斧
律十二黑毛臥具戒
疏第十二黑毛臥具戒
十二對後戒爲名
疏此毛體貴無宜服用虛損施物增長貪結又自營
造招譏障道深妨本業故所不制
制意總括有六一虛費二長貪三經營四招譏五
障道六妨業對文可見言體貴者如下僧祇明之

疏四緣成。一純黑羊毛。二作三衣。除作氈被臥具罪非此戒。三爲已。四自作成。犯僧祇云。諸比丘竝作氈三衣坐具。唯除漉水囊、乞毛眾多爲人所厭。又毛大貴。一兩須二三金錢。毛細輭觸人眼睛不淚出。爲人求故。或還或死。破人家業。故捨入僧。

犯緣第二點古迷名。故簡氈被非此戒者。體是重物。理應得吉。僧祇下。引示制意。有二。初是自求。令俗生厭。又下。次倩他求。令彼破業。初明體貴顯其難得。爲人求等者。彼律估客婦告舍利弗言。我夫主及諸親屬爲求是毛。故或時還家。或死不還等。

此彰過重。故佛制之。

註佛在毗舍離。諸棃車子多行邪行。作黑毛氈。披體夜行。使人不見。六羣比丘見便故作之。棃車譏嫌。比丘舉過。佛因制戒。

緣起中。棃車。即外道名。邪行。即彼外道法。棃車嫌者。濫同已故。

律若比丘以新純黑（若生黑。或染黑。）糯羊毛作新臥具者。尼薩耆波逸提。（自作教他。爲他。犯相竝如前戒。尼突吉羅。不犯者。若得已成者。若割截壞。若細薄疊作兩重。若小坐具。若作褥。若作帽。若作襪。作攝熱巾。或作裹革屣巾。一切不犯。）

疏戒本五句。一人。二以新純黑糯羊毛。者所制境也。純則不雜。雜作非犯。糯謂小羊羔也。

戒本中第二句。糯字奴鉤反。胡羊也。文云小者。毛又細故。

疏三作臥具。正犯境也。即是法衣。若作餘衣。如上不犯。如戒緣中衣用上披。擬夜行故。比丘效之。知非下裳。何況作褥。是犯戒也。故下。開通褥非是犯。

第三句。牒釋中。初定名體。如上。即列緣中。如下。引緣證。既在外披。顯是袈裟。俗中釋名。上者曰衣。下者曰裳。今是上者。故非下裳。裳猶非犯。褥非著用。故云何況。

疏昔以此等爲五敷具。故制戒云。此毛貴物。無宜下

用。作無用之費。此言是也。今所不同。竝上義中時爲敷具者。欲改恐迷。且存古耳。讀者知非。則無大過。

點古中。初引示。四臥具竝不揲坐具。總號五敷。制戒。即古疏中敘制戒之意。彼謂被褥。故云下用。今下。顯非。初句標簡。然下。點前文。準古本多上竝字。或是然字。傳文之誤。謂前義門多云五敷。乃是循古。示須知之。

疏四五二句。如上解之。

四五如上。即捨與罪。

疏註釋云。若得已成者。是開文也。不同前戒若得已

成卽加斬壞。此戒是開。故無文斬。又云若割截壞者。
謂本作時擬後壞。故本不壞心作成卽犯。下諸戒中
細薄重披。例同兩解。
釋註中。初釋已成。又下。次解割壞。約心有無以明
兩相。下下探點後戒。
律十三白毛卧具戒。
疏第十三白毛作三衣戒。制意同前。五分十誦中以
見前戒不得黑。故便以小小白尨參之。遂制三毛參
作。
十三制意中。初句指同。體雖非貴。長貪營造妨業

不殊。故須制約。五下。示異。本宗緣於純白。乃制相
參。二律因彼微參。故制分齊。小小白尨謂不多也。
尨莫江反。若依字書則犬多毛。有云合作牻。訓雜
者。此乃雜色牛名。非訓雜也。今準註中頭脚等處
卽是麤毛。倉黃色者謂之尨毛。
疏犯緣五成。一三毛參作。二爲擬作三衣。三爲己。四
增好減惡。下至一兩。五成便犯。
犯緣第四增好。卽增黑毛。減惡卽白尨毛。
疏問。黑白同犯。何故前黑不制參耶。答。兩戒明參文
則繁複。以後例前。黑參非犯。

初問答中。白旣減好成開。黑必參尨無過。故云以
後例前也。
疏問。三毛俱參。何故黑多而尨少。答。就白制戒。故黑
多耳。約前黑戒。白亦須多。又云黑色雖貴順法衣相。
白是俗服。是以少也。
次問。以戒文中黑毛二分。白尨二毛各一分。故文
中但云尨少。義必兼白。答中。初約制戒相翻釋。又
下。次約毛色順違釋。
註佛在舍衛國。六羣比丘純以白毛作新卧具。居士譏嫌如王大臣。比丘舉過。佛因訶制。
疏就戒緣中。由比丘著行。致有譏訶。故知上服。

戒緣中。知上服者。反古非也。
律若比丘作新卧具。應用二分純黑羊毛。三分白。或生白。或染白。四分尨。頭上毛。耳上毛。若脚上毛。若餘尨色毛也。欲作四十鉢羅卧具者。二十鉢羅黑。十鉢羅白。十鉢羅尨。乃至作二十鉢羅卧具。準上可知也。若比丘不用二分黑三
分白四分尨作新卧具者。尼薩耆波逸提。自作教他。若爲他作。並同上也。尼突吉羅。不犯者。若應量作。若得已成者。餘同前戒。
疏就戒本中分二。立法有三句。後制加二句。
戒本釋文中。立法三句。一能造人。二作法衣。三用
分齊。註中生白謂天生者。後制有五句。多前二句。
故云加也。一犯人。二違分齊。三作法衣。四捨。五罪。

二隨釋二。初釋立法問二。初釋文。

疏問約此文中黑者二分尨者四分。所以尨多者。答此翻律者不達故爾。如五分云第三分白第四分尨。問中文實不爾。假設問之。一往觀文似如來問答中。初斥翻譯。如下引證可解。

二釋注

疏就註解中文相可了。言鉢羅者多論云婆羅。此云四兩。立世云是南秤一兩。謂晉宋古秤比唐藥秤是也。

釋註中。初通示。言下牒釋。鉢羅波羅律論音互。立世即立世阿毗曇。彼云欝單越人劫波樹子衣長二十肘廣十肘重一波羅。註云南秤一兩。則與上多論不同。有約秤有大小和會準似。不然謂下定秤。如上房戒具辨。

二略示後五句

疏餘文註可解。

後五句易解故無可釋。

〇十四減六年臥具戒二。初標名。二釋相二。初通釋二。初制意。

律十四減六年臥具戒

疏第十四減六年作三衣戒。所以制者沙門出俗知足為先。既有舊衣即堪長道。方復恣情廣畜多積長貪壞道。勿過於此。俗士尚云積而能散安而能遷。況復高世何迷至此。必欲造新不可任意。制限六年方開更造。而有重緣取僧進止。餘則依制以妨業故。

十四。制意中。初敘合行。方下次明非法。引俗況道。文出曲禮。謂凡有所畜而能散施居安慮危而能遷徙。斯乃不滯於物不著其處故也。必下示制限。而下明緣開。取僧進止。謂從僧乞法也。

二犯緣二。初列示。

疏六緣成犯。一有故三衣減六年。二不捨故者。餘之三律捨與不捨減六年與罪。若依四分準文義意必新造作若為除故應是不犯。以緣中藏積求覓故也。三僧不聽。四更作新。五為己。六成便犯。

犯緣中。第二餘三律者即五十祇。縱捨亦犯。若下示本宗準文義意即戒本中不捨故者作新方犯。反明除故即是不犯。此顯四分異上三律。以下引據。即戒緣起如註所引。三僧不聽即不得法也。

二定名

疏多論云。六年臥具者正三衣也。若得羯磨減六年作。其內更不得乞索作三衣。反照前通。奄如合契。文僧祇云老病比丘持氈僧伽黎未滿六年不得更作。故知臥具之目定是三衣總名。不須惑也。故開通中如三衣戒若是臥物本無離罪何須僧法。

次定名中有二。初引多論名相兩顯不容妄執。其內謂六年限內。若非得法不許故作。反下準決前通。即上三戒定名等文。奄忽也。如合契者謂如世中合同契書喻其不差也。次引僧祇中緣如前引。故下準後開通，即不犯文。如三衣戒，謂同前離衣。並開僧聽，顯是三衣審非被褥。此由當時堅執不從，故此諸文重重點示耳。

註 佛在舍衛國，六羣比丘嫌故臥具或重或輕或厚或薄，不捨故者而更作新，常營求藏積，眾多比丘舉過，佛訶制戒。

疏 就戒緣中，人情所同，無問邊表，故今見者藏覓非一。文相流世將三百年，始於今日聞有戒約，作三衣者須過六載，可謂雷霆震地自不聞耳。或是往業迷他，或是教授傳闇，故有茲耳。

戒緣中，初示文意。人情同者，嫌故樂新，營求藏積，無始貪習，豈局中邊。西土中國，此屬邊表，意誡此方，故云無問等。文下重斥迷名。自姚秦翻譯至於唐朝，近三百年，已前皆迷，謂爲臥物，則前四戒有犯不知。今疏約義準文，證定非謬，始知有戒，則斯四戒有同初制，故云今日始聞等。可謂下傷歎教文顯白，如雷霆之響。從古迷暗，如聾者不聞。霆，爾雅云：疾雷爲霆。往業迷他，推愚暗之因。教授傳闇，究堅執所以。

律 若比丘作新臥具，持至六年，若減六年，不捨故而更作新，若自作教他爲他並同前戒。除僧羯磨，有比丘得乾痟病，糞掃臥具重，不堪持行。佛言：從僧三乞，更作新者，當白二與之也。尼薩耆波逸提。尼犯吉羅。不犯者，僧聽，及滿六年，減六年捨故更作新，若得已成者，若無，若他與作，俱不犯。

疏 戒本六句：一人，二作新臥具，下立法也。三不捨故者，犯本也。四除僧羯磨者，開緣也。故註中以糞掃衣故有病難持。

戒本四中，初科可解。

疏 僧祇云：若身不羸，顏色不惡，筋力不減，麤食能飽，白等不成。若如法者，先受故者，疏記日月，病差已還受持故者。五分云：六年者，數日滿也。十誦：若餘人作未成，後人足成者吉。隨何歲作，一二三五六歲作，時未成而且置，至第七年便竟，無罪。但前者吉，故者與人，若作淨也。

次引示中，僧祇初示非法，文列四句，顯示病相，非此濫託，故白不成。若下次明如法，謂得羯磨，當記故衣離捨時日，受持新者。至後病差，復捨新衣，還持故者。足滿六年，方顯緣開，無緣不許。五分六年數日滿者，謂數實日，不取年滿。十誦餘人作未成，謂他人未滿六年而作新衣，未成未犯，後人成者，非先自作，故成犯吉。隨何歲等者，謂未滿六年作

衣未成未至果本七年方竟此則有因無果故云但前吉也下明捨故不出斯二

疏就開緣中言若聽者反解戒本僧不聽也滿六年者制限外也減六年者捨而作新是無本衣得造新也豈捨受持方復造衣本造擬捨故成不犯成而不捨罪則自科若得已成下既非本積故非負罪

三釋不犯牒釋有四初釋僧聽戒本明犯由僧不聽故云反解次釋年滿即順教也三釋年減初明捨故不同諸部如上說也豈下次示捨時若先捨後作即有缺衣故約豫擬即開不犯成而等者違

上擬心遺歸本犯四釋已成下三句已成他與並據外來中云若無先無故者此之三開通非本積

疏由來長唱謂是卧氈故今重敘定是三衣不可疑也

重斥中三百年來講說相傳故云長唱故下勸依猶恐執舊故誡勿疑

律十五不揲坐具戒

疏第十五不揲坐具作新戒者

十五戒名中一是有故造新二即不揲合此二過共爲一戒

疏先有坐具且得障身受用便足今輒嫌故更復造新虛損信施作無用之費長貪妨業是以制揲欲制貪情爲長道法兼有受用資身之益今反造新不揲違損教行故制

制意中初敘造新過是下次明不揲過不順佛制是違教長貪妨道是損行

疏論犯五緣一先有故坐具二更作新者三爲已四無心故者揲五作成便犯

犯緣初科先有故者無故則開問嫌故造新依法揲故爲有犯否答正制不揲揲則無犯

疏此戒人多喜犯但知造新務取青翠多以布作並不加持長量則同彼跋闍不揲則符於捨法知違猶是可救迷犯未足談之故提舉指掌冀因斯一悟也

次科青翠同於正間色不如也布體雖如但由慢易多用麤疏故此責之復不加持過量不揲皆非法也同跋闍者本律七百結集中跋闍子比丘擅行十事得畜不截坐具謂長五廣四統體而作不須截後更增廣如鈔記所引知違猶可救者識有智故迷犯不足談者一向愚故故提舉等即明此科點示之意指掌出論語如指諸掌言其易見也

註佛在舍衛遣人請食。常法請後徧行諸房。見故坐具處處狼藉。無人收攝。由諸比丘嫌其厚薄輕重。更作新者。乃制故者揲新。六羣違制比丘舉過佛制此戒。

疏就犯緣中。初明大聖行房見過。二立制加揲。三六羣起教。四舉犯制約。所以如來不受請者。多論五意。一爲入寂室故。二爲諸天說法故。三看病比丘故。四爲結戒故。五爲看房舍臥具故。比丘行後知佛行房必自肅愼。不令非法。又欲斷賊盜知佛行房不起惡故。

戒緣中。佛不受請中。多論五意且據大分爲言。然經律中。如來亦多受請。寂室卽坐禪處。比丘俱出宜入禪故。二中比丘在寺諸天不下故。三佛親看病以福勝故。四五二意卽今戒緣。五中復有兩意。初令弟子肅愼。謂諸比丘知出行後佛必行房。先自摒淨故。又下二令竊盜息念。以佛在寺粥自巡行故。

疏僧祇云。佛以五利。五日一行諸房。一我諸弟子不著有爲事否。二不著世俗言論否。三不著睡眠妨行道否。四看諸病人否。五爲年少出家者見佛威儀庠序起歡喜心故。

次科僧祇五利。前四檢校徒衆並滅惡利也。後一令他歡喜生善利也。初云有爲事卽世間俗事。

疏二明制揲者。以新故狼藉受用致虧。以故揲新息貪受用。俱有益故。

二制揲中。初明因過。狼性躁急。食多遺藉。故云狼藉。受用虧者。不專持故。以下次明立制。息貪卽清心受用。卽資身故。云俱有益也。

疏問。此中明揲九十制量。同是坐具。何不合明。答。不同有四故分二戒。一作新如量不揲犯。前作故過量犯。後作故如量俱持。作新過量俱犯。對此二戒明其捨悔。先悔量外。然後捨悔。

初問中。欲彰二戒不同之意。故發斯問。答中。初立句料簡。對下示俱犯悔法。不揲過量罪兼二悔。初悔過量截去量外單悔提罪。次悔不揲須將入捨。然後悔罪。

疏問。準下九十揲已同截。後何須捨。答。不揲則舉體有過。過在須捨。故不勞揲。過量則量內無過。無則非捨。亦可過量捨已。主無用義。故須截之。

次問。意謂過量截已單悔本罪。不揲揲已與截不異。何須復捨。答中有二。初答不揲須捨。次明過量不捨。無則非捨。謂內既無過無可捨故。亦下次答。

過量不截始終非法故主無用反明不揲還主有用故須捨之

疏若爾不揲捨已還主猶好亦應須揲答不揲爲好今捨還我義同新得好非我過過量他與量非制故猶是本業故不須捨但截即得

轉難中過量不截過在無用不揲亦爾理應先揲答中不揲他與無犯捨還事同外得故不須揲過量他與亦非不截始終無用故須截去

律若比丘作新坐具當取故者縱廣一磔手揲新者上以壞色故彼作新坐具時若故者未壞未有穿孔當取浣染治之牽挽令舒截取方一磔手揲著新者上若揲邊中央以壞色故也若作新坐具不取故者縱廣一磔手揲新者上用壞色者尼薩耆波逸提自作教他爲他成犯如上尼犯吉羅不犯者裁取故者揲新者上若彼自無更作新者若他爲作若得成者若純故者並不犯

疏戒本立法有三違教有四若比丘者能造之人二作新坐具是戒所緣境也三當取下明立法相言壞色者即斷著故也就後犯相可以情求

戒本點文中初總分若下別釋初釋立法縱廣一磔即佛一磔謂四方二尺註中揲法文相極委言斷著者著即貪愛就下次釋違教一作新者即犯境二不取下即違法三捨四罪故有四句

疏註中裁取故者謂本未作即有揲心故成不犯若遂不揲亦隨結犯

釋註初科由新者先成後方揲故故約作心釋不犯相遂亦成也

疏此是聖法所加常擬敷坐不言氈布隨常用者加持今有多畜不持亦不知何者是犯意謂如彼三衣一鉢性是本制可以多積無結罪耶隨初一者即是本畜雖不受持亦無長罪若如法色則可加持或體非法或色不如或財是販乞邪求得者雖加不成事同三衣畜服相似至於受用犯持同鉢餘如鈔疏及九十中

次科初示須加法不言氈布謂不論其體之精麤但取常所用者加法持之餘則說淨而畜今下斥非意下顯正意謂即祖師所懷初責多畜如衣鉢者以六物中坐具爲一數故既同衣鉢豈容多畜若如下次辨如非初示成否事下次明受用同三衣畜服者謂制隨身也犯持同鉢者離宿亦吉而不失法餘下指廣事鈔二衣業疏衣藥九十即過量戒

律十六持羊毛過限戒

四十六持羊毛戒 二初標名 二釋相二初通釋 二初制意

二犯緣

疏第十六持羊毛過限戒。

疏然出家之士，躬自負毛順路而行，跡同凡碎，動越威儀，招譏自毀，殊所不應，故所以制。所以開者，資身助道，非不待之，若全禁約有須無濟，更別追求，勞擾又甚，故開至三由旬，過則違也。

十六制意中，初敘制意，凡碎謂經求小人。所以下明開意，待猶須也。凡立制須開，有開必制，故限由旬，過則制犯也。

疏論犯四緣，一是貴羊毛。文除賤者，以開緣中頭腳毛故。今若生譏，何論貴賤，擔於毳等亦越威儀，但緣

在於毛故，制開外耳。僧祇云：成器者不犯。器謂衣相也。此是通名，如今刀斧衣物通號。二是己物。三自持。四至三由旬。故僧祇云：乃至羊毛著衣囊中，經行繞塔，或持一由旬半，已忘物返來，計過三由旬，故犯墮也。

犯緣中，初緣簡賤，據後開通。今下義判，初約譏同判犯。擔毳等者，總牒開文。越威儀者，即吉罪也。由是小賤，故不同重。但下次明文列不犯之意，上敘本犯，具兼制開，故指不犯在制開之外。次引僧祇初決文相，此下次釋器名。如刀斧等諸餘受用，皆

二釋不犯　二戒本二初分文　二別釋二初戒緣

得名器。欲顯器名不局得目衣物也。至三由旬下即第四緣。文脫標數。下引僧祇顯示異相，初明經行繞塔雖非道行亦計里數。或下次約在道。一由旬半忘物返來，成三由旬，再行即犯。一由旬計四十里。

註佛在舍衛國時，跋難陀得羊毛，貫杖頭而行。居士譏言販賣羊毛，比丘舉過，佛因制戒。

疏就戒緣中，起過者言販賣也。

釋戒緣中，特舉訶詞，欲明此戒為息譏故。

律若比丘道路行得羊毛，若無人持，得自持，乃至三由旬。若道行若住處得羊毛，若須應取。無人持，自持至三由旬。若有人者，語言：我有此物，助我持。乃

至彼處。比丘於此中間不得佐持者，吉羅。若令尼四眾持過三由旬，吉羅。除羊毛，若持餘衣若麻等，吉羅。若擔餘物杖頭者，吉羅。若無人持，自持過三由旬，尼薩耆波逸提。比丘尼吉羅。不犯者，若持至三由旬，若減三由旬，有人語持，中間不助，使尼四眾齎三由旬，若擔毳莊毳繩，若擔頭上毛作帽衣者，得。

疏戒本五句：一犯人，二道路行，下立法，註解文相可知。三若無人下，明戒業也。下二可知。

戒本中，初科第二句指註解者，註中初明得取自持限滿。若有人下，次明倩他續持。若令下，三明使餘眾持。除下，四明諸輕物。

疏開中帽巾者，本未擔前立意者耳。

四十七使尼浣毛戒二、初標名。

二釋相二、初通釋。

業疏行記文應移至前餘疏文後。

二別釋二、初釋戒緣。

次不犯中已成帽巾本無有犯。今此開者，謂擔少毛意欲作耳。

【律】十七使非親尼浣羊毛戒。

【疏】第十七使尼浣擗毛戒。

【疏】制戒意成犯緣同上浣衣戒。彼制故者，新是輕犯。此既勞功新故同犯。

十七名中擗合作擘分也。擗本音闢，字之誤也。通釋中初指同。此亦三緣同制犯相離合並同上說。犯緣唯改第三是羊毛耳。彼下簡異可知。

【註】佛在迦維羅衛，六羣比丘取羊毛使尼浣染擗之。時姨母尼爲染毛故汙色在手，往佛所禮足而立。佛知故問，訶而制戒。

【疏】就戒緣中，姨母爲染至佛所禮足而立者，多論云：所以制者，與諸比丘增上法故。若諸尼衆執作浣染，廢修正業，則無威儀，破增上法。又止惡法次第因緣，各令清淨故。所以不坐者，女人敬難情多。又佛不廣爲女衆說法，又尼至佛所，一切皆立，爲止外道誹謗故。又女人鄙陋，多致譏疑，所以不坐。

戒緣中初牒文徵意，多論下引釋。有二：初釋制戒有二意：初意與比丘增上法者，由尼執作廢業乖儀則，是比丘破增上法。次意止惡法次第者，禁輕

二指戒本

防重故，所以下次明不坐，四意釋之。第二說聽非久故不須坐。餘三可解。註中姨母即大愛道尼，汙手見佛發請制戒也。

【律】若比丘使非親里比丘尼浣染擗羊毛者，尼薩耆波逸提。比丘尼吉羅，成犯開通，如浣故衣戒也。

【疏】餘文句可以尋知。

戒本同前，故略不釋。文有六句：一人，二非親，三浣染擗正業相，四羊毛即戒境，五捨，六罪。

四分律含註戒本疏行宗記卷第十一

四分律含註戒本疏行宗記卷第十二 戒本上十二〇疏三之四〇記三下之二

宋餘杭郡沙門元照述

律十八畜錢寶戒。

疏第十八畜錢寶戒。

疏寶是八穢之一。因明料簡。一列數顯非。二開制不同。三輕重結罪。四互貿得罪。

十八料簡中。分章云八穢。或云不淨語別義同。或名八毒蛇。從喻為名。

疏初列數者。諸大小乘經皆云八不淨物。涅槃經中十餘處文盛陳毀過。亦不列名。故彼文言。若優婆塞

知比丘破戒不淨。受畜八法。不應給施。又不應以袈裟因緣故恭敬禮拜。若共僧事。死墮地獄。廣如彼說。

列數中。初科。初通示眾典。次別引涅槃文中。初斷俗恭敬。若共下。次遮道同法。

疏古來相傳。既有八名。須知八相。一田宅園林。二種植生種。三貯積穀帛。四畜養人僕。五養繫禽獸。六錢寶貴物。七氈褥重財。八佛不開物。如女人器仗之屬。

次科。八中第六正當今戒。

疏所以云不淨者。具有五意。一由畜增貪名不淨心。二體有汙染名不淨戒。三違聖明約名不淨教。四過譏俗情名不淨信。五者為業沈下。具縛三塗名不淨業。

三中五意。心戒教信業。業即是行。此五並為八物所汙。故皆名不淨。又貪心是本。任運能生下之四種。又復總上四種。共成後業。然教非不淨。但望貪畜汙毀聖言。故得名耳。

疏自餘三門。具在隨戒釋相畜寶戒鈔中廣說。

次指略中。第二開制。鈔中極廣。大略為言。眾僧皆得。唯除女人。若論別人有開不開。如房開應量。錢帛說淨等。第三輕重者。鈔云六七金錢綿褥得墮。

以違淨施故。綿褥說淨。據小者耳。餘六吉羅。畜者少故。第四互貿者。鈔云。若以此八貿衣犯捨。以衣得寶緜氈亦捨。若得餘六並吉羅等。

疏所以上來連指鈔者。彼具廣陳。不勞費故也。

三總示中。以前諸戒並多指鈔。故特示之。令知略意。

疏正解制意者。夫出家為道。世財非意。俗士高節。顧若遺塵。況復情存出要。義乖常習。今輒貪畜。殊壞法儀。即非少欲知足之本。所以如來制戒。不約俗人。唯斯一戒。對俗而制。欲使息滅貪競。與道相師。若不從

法自陷坑穽損喪道器何惡過此故所以制多論云制有三益一爲息誹謗故爲滅鬬諍故爲成四聖種節儉行故

正釋今戒制意中初敘非宜文舉俗士者如王衍管寧視如瓦石崔洪口不言貨財手不執珠玉及晉世諸賢皆少私寡欲高尚其事出家爲道豈得反之義乖常習言須異於塵俗也今下次顯過狀所以下二引證初引本律對俗證即下戒緣所引興道謂令僧成德相師即使俗歸心次引多論三益證初順道行故二絕交貿故三成少欲故

疏四緣成犯一是錢寶二爲已三無說付意四領納便犯

犯緣第三以受財時未容即說故約起意先受後說

註佛在羅閱城有一大臣爲跋難陀留其食分兒以五錢取食跋難陀來取錢寄市肆上居士共嫌比丘訶責王共臣論佛廣說喻因訶制戒

疏就戒緣中初明取錢肆上爲過起所由二居士共嫌已下明王臣共論說喻訶制故律本云佛告大臣若見沙門釋子以我爲師而受金銀錢寶者則決定知非釋子又雜含云若有沙門受畜金寶當知五欲悉是功德清淨餘廣亦同鈔又涅槃云若能遠離八毒蛇法是名清淨聖衆福田應爲人天之所供養清淨果報非肉眼見等

戒緣中初分文故下引釋有三初舉本律佛世國王大臣集會共作是言沙門釋子得捉金寶有一大臣名曰珠髻語諸臣言莫作是言我從佛聞沙門釋子不得捉金銀即往佛所白佛向我所說無有違失耶佛告下即佛答詞彼又云大臣當知日月有四患故不明淨謂脩羅煙雲塵霧也沙門亦有四故不明淨等謂不捨飲酒婬欲持金銀邪命

也次引雜含以沙門清淨五欲穢濁金寶是色即五欲之一若許受畜是則五欲反爲清淨耶三引涅槃初勸遠離是下歎德上四句歎因下二句歎果無漏果報故非凡夫肉眼所見

律若比丘自手捉錢上有像文若金銀若教人捉若置地受尼薩耆是中捨者彼有信樂守園人若優婆塞當語言此是我所不應汝當知之若彼取還與比丘者當爲彼人物故受勅淨人使掌之若得淨衣鉢應持貿易受持之若彼優婆塞取已與比丘淨衣鉢者應取持之波逸提比丘尼同犯若不語彼人知是看是突吉羅不犯者若語言知是看是如上捨法若彼人不肯與衣者餘比丘當語言佛有教爲淨故與汝應還他物若又不與自往語言佛教比丘作淨與汝汝應與僧塔和尚知識及本施主不欲令失彼信施故也

【疏】戒本六句一人二自手捉者戒之業也三錢及金寶戒防境也四教人受下同上業也下二可知

戒本釋文中初科二是自作四即教他自他雖異造作不殊故指同上下二即捨與罪也

【疏】此是畜寶戒下九十是捉寶戒也今文中不明畜者略也自手教人若可置地者列彼受畜之相受元爲畜者得捉畜兩罪捉依後科畜自依此若捉不畜不犯此戒犯後九十故多論云捉金薄金像及他寶者若自說淨寶俱得提罪僧祇亦爾金銀錢隨國所用相成就者皆犯提罪

簡濫中初分兩戒今下通文相以文言自手捉昔人乃謂此制捉寶下是拾遺故特分示初釋文受下判罪準此應作四句畜而不捉如文置地單犯此戒二捉而不畜如下多論單犯後戒亦捉亦畜如文手捉二戒俱犯四俱非句如指授捉金像等故下引證九十多論金薄即貼塗之物僧祇錢寶隨國所用金銀銅鐵但成錢相捉者皆犯

【疏】註解文中是中捨者牒前制過也二彼有信樂下明捨錢方便覓淨主付也三若彼取還與比丘者不達施意佛爲淨故令彼受之彼不解故不敢即受乖淨施法故文云即作彼人物受後得衣鉢更轉淨貿方可持之四若彼取下既悟解意即取迴淨故無轉貿之文

釋註捨法正釋有四三中不達施意由不先語不曉說淨之意也作彼物受令淨人掌事同受寄也後易衣鉢更轉貿者由前淨法不成後得之物還非淨故四中即據解淨法爲言

【疏】問等同施人如何迷悟兩異答沙門達教須語彼知故多論云先求一知法白衣令知比丘之法不畜錢寶後若得者於檀越作淨也四分之中前由迷故所以不成物既見在即作彼物後若得財更須貿易方得加受文極顯然勿怪鄭重

問中牒上兩段以申教意答中初正答由語不語故有迷悟四分下重釋前迷文下二句恐謂文繁故此誡之

【疏】下結罪註解云若不語看是知是者看是謂看於錢寶知是謂非我所作爲淨與爾何得不道失法故吉若彼下明索寶不得進不之相文極明據

次釋結罪牒釋中註文若不下明不教淨語若語下明作已索相疏中初釋前段看是眼看知即心

知何得不道顯示不作結罪之義若彼下次釋後段

疏此亦人所常犯知犯即有息期也

結語中人雖常犯尠有知過故今勸知知則可息犯而無知貪婪鄙吝何可窮也

律十九貿錢寶戒

疏第十九貿寶戒以其寶物更相貿易長貪妨道招世譏過故所以制

十九制意正明中初示業相長下略示三過總歸兩損

疏此戒對後貿衣戒五種不同初對人不同貿寶七眾俱犯貿衣唯二俗犯二貿寶自作教人為己同犯除為三寶貿衣使人不犯三貿寶一制不開自為貿衣則開酥油相易四衣寶捨則道俗不同五還財本非本別故

次簡貿衣中五種別者一人二業三開四捨五還總括二戒始終皆備尋下對之不復引也初云貿衣唯俗者即在家二眾五云本非本者貿衣即還本衣貿寶與俗易淨故非本也又作四句以簡二戒一以衣易寶二以寶易衣三以寶易寶四以衣易衣一三犯此戒二四犯後戒準此但約所貿以分兩戒不論能貿也

疏又對畜寶四句分之一是畜非貿俗施錢寶也二是貿非畜用衣易錢寶也三俱是者以錢買金畜之四俱非者即衣物相易也

次對畜寶四句初句犯前次句犯後第三兩犯第四對俗即犯貿衣

疏昔人不立以財無兩捨罪不雙結誦得此語不敢漏失今不同之見今以錢買金而畜初貿後畜緣相是異何不雙結

斥古中初敘古意彼謂第三句但犯貿寶不犯前畜誦下正斥財無兩捨等語乃謂犯過衣財無再犯長彼但承言妄舉而不知用處自別故云誦得語等今下顯正理如上判但將一捨牒悔兩罪緣相異者謂二戒犯緣前後各異故須別犯

疏若爾販賣衣財亦合說淨答全不同也淨法簡境罪不約境故也

釋難中既立雙結則犯過之財容有犯長義須說淨如上義門古義還立答文顯別以破來難

疏論云此戒一往即犯不同販賣捨與白衣不得與

沙彌。以彼畜寶亦須捨故。
三引證中。論即多論。對後貿衣略示二別。初約犯
相別。此戒即犯。後販賣戒收時但輕。出賣方犯故。
次明捨財別。貿衣不通俗。貿寶不通道。所以下眾
亦不與也。
疏論犯五緣成。一是錢寶。二互相貿。三決價。四為已。
五領取犯。
註佛在羅閱祇時。跋難陀往市肆上以錢易錢。居士譏嫌。言善能賣買。比丘聞告佛。訶制戒。
疏就戒緣中以錢易錢者。且約緣起如此。世中不許
惡錢。比丘以好錢易之。擬後用故。即斯人也而有斯
疾矣。
戒緣中。初牒釋。即下傷歎。文出論語。伯牛有疾。子
問之。自牖執其手曰。亡之命矣夫。斯人也而有斯
疾也。意傷善人不宜有斯惡疾。今借用彼語。而喻意不同。
律若比丘種種賣買者若已成金未成金已成未成金銀亦三種錢唯一種交互
相易。錢者八種。金銀銅鐵白鑞鉛錫木錢胡膠八種錢也。尼薩耆波逸提比丘尼同犯。餘
捨法開通索寶方便並如前戒。不犯者。若以錢寶貿瓔珞具。以錢易錢為佛法僧者是。
疏戒本四句。一八。二種種者。謂以錢寶七互轉易。正
是犯相。
戒本第二句點文略示。如下註顯。

疏戒本但云種種而未分明。若不註解。知是何物。故
大要也。就其相中。金銀各三。錢唯一品。
釋註。總示中。初敘註意。就下列相。
疏如昔云未成金者。謂雜石礦也。安有塊石而明金
相。如僧祇善見釋相彼轉成文以為作也。言成者已
成器也。華釵莊嚴具是也。未成者即金鋌也。已成未
成者鎔瀉作器而未鋌治者。銀例此三。錢唯一種。據
理亦三。但未成就文像不具。世所不行。則非貴物。故
唯一也。互絡成句有四十九。
別釋中二。初釋三相又三。初釋金中。先斥古非。彼
迷成字。謂是金礦未經烹鍊者。故引僧祇善見質
之。彼名已作金未作金。不同今文。故云轉成為作
也。既言未作。顯是未成器者。非石礦也。言下。次示
正解。鋌治。鋌謂搥打。治即指磨。第二釋銀。三種同
上。第三釋錢。唯是已成。故但有一。如文可知。互下。
後示句數。即上七種隨一為頭。如云以已成金易
已成金。乃至錢等。則為七句。又以未成金為頭。乃
至以錢為頭作句亦爾。則有七七句也。註中胡膠。
即此方蠟類。
疏餘之二句可知。下開貿者。捉屬後戒。貿為佛僧非

犯此戒。

餘二句，釋註中下。開即不犯文，由非爲己在此爲開。必貿時手捉非不犯，後恐謂例開，故特點示。

【律】二十販賣戒。

【疏】第二十販賣戒。據此戒中，須分三位，即販賣買也。爲利故收，爲利故出，諍價而高，爲販也。爲利而取，故減前價名買。爲利故出，強增其價曰賣也。戒本中但明增減市易，論及餘律，廣出販賣之相，如鈔廣分也。

二十，分位，初中，初總示，爲下列釋。販賣並是出物，但約先收不收以分兩異。戒下指廣，但明增減等

者，如註止列賣買之相，不言收販。論律出者，即多論云：此販賣墮，一切墮中最重。寧作屠兒，止害一生；販賣一切俱害等。又僧祇云：儲藥草時作念：此後當貴，乃至後賣，犯捨。鈔文甚廣，不可具錄。

【疏】何以制者？凡出家之人，理須息務，靜坐修道，何得躬自販博，馳騁市肆，動越威儀，招世譏醜。又錢財既交，事容犯重，可懼之甚，義須早制。多論四義：一、爲佛法增上故；二、爲止鬬諍故；三、爲成四聖種故；四、爲長信敬不誹謗故。

制意中，初約義明有二：初約乖道義，次約防盜意。

多下，二引文示論中四義：初即住持，二即滅惡，三生善，四兩兼。

【疏】六緣成犯：一在俗二眾，二相貿，三決價，四爲己，五自貿易，六受犯。

犯緣中，但反上六，即是闕緣，故不勞出。

【註】佛在舍衛國時，跋難陀往無住處村，以生薑易食，食已持去。舍利弗後至乞食，檀越以跋難陀事徵之，慚愧無言。又共外道博衣，悔而不得。比丘舉過，佛因制戒。

【疏】就戒緣起中分二：初以衣食起過，後舉過呵制。前又分二：初至慚愧無言，已來明跋難陀生薑易食緣；二又共外道，即明此人貿衣過起。前中，由跋難陀易

食，致比丘法猥濫不行。謂非乞食之士，及舍利弗後乞，即以前事徵之，致使尊者無言也。

戒緣中，初分文。前下，牒釋。註中初明貿食緣。無住處村，即無伽藍也。食已持去，謂持餘食去。猥濫猥即是雜。時至乞食，清淨活命，是比丘法。彼以物易，令法雜濫。以前事徵者，索物易也。次明貿衣緣。律因外道將一好衣入祇桓，求易。跋難陀以故衣修治如新，與彼博之。外道尋悔，陀遂不還，呵罵而去。

【律】若比丘種種（以時藥易時非時七日盡形波利迦羅，如是互易，乃至以衣易衣。）販賣（謂價直一錢，數數上下，增賣者價直一錢，言直三錢；重增賣者價直一錢，言直五錢；買亦如是犯也。）

尼薩耆波逸提。比丘尼同犯。不犯者，聽五衆出家人共易，應自審定不相高下，如市道法。不得與餘人貿易，令淨人貿。若悔，聽還。若酥油相易者，不犯。

疏 戒本四句，初一可知，二種種者，文不顯也。此與前戒言詞不分，要須註解方顯兩戒。此初譯人之過也。縱佛本言必不如此，結集傳之亦須從俗，故佛言令人易解爲要，今多列種種深叵知矣。

戒本第二釋文中，初示翻文混漫。言此初者，謂當本翻譯不詳也。縱下推本不然，一以佛語明顯，二則結集隨時必無混濫。故下引證，即如母論。比丘說法佛聽，引要言妙詞直顯其義。故知但欲令人

易解。今反難解，故云深叵知等。

疏 註中所列但以衣藥互易，指緣起說。若以錢買衣屬此戒攝，反則前戒。

釋註中，初示註意。若下約衣寶互易以分兩戒。前所謂但約所貿者，此明證矣。

疏 言販賣者，上已條理說其事相，廣如鈔引。

次釋販賣，點文中上條理者，即前分三位也。餘指如鈔見隨相中。

疏 註解之中，初總明相，故云一錢數上下者，此是販之異耳。言增賣者，本賤索貴也。買亦如是者，本貴買賤也。本實直五錢，減買言直三錢；重減買者，本直五錢，言直一錢。

釋註中，初釋一錢云總明相者，該下三位故。數下次釋三位，初釋販中言上下者，或隨時貴賤加減價直，或對人交貿進退論量。正是販易，而言相不同，故云異也。次賣後買，示相甚明。

疏 多論云：此販賣物，若無同心淨人，應作四方僧臥具；若入佛者，外道謗言瞿曇沙門多貪利故，令弟子捨物持用自入。又除佛福田無過四方僧，不問邪正持戒破戒，一切無遮。

釋第三中，初文多論示捨入僧，如上已示。復申不入佛寶之意，初明杜絕譏謗，故不入佛。瞿曇即召如來過去師瞿曇仙，因此爲氏。又下次顯僧福最勝，故捨入僧。

疏 據此文相，四分所明，但有衣藥，衣有同類，可如常捨；藥則穀米治生收利，如是不淨，其相如鈔。準論穀米俗人爲主，若無同心，可以論斷。

次釋爲二，初明犯物。四分衣藥即如註列，衣對僧捨，故云同類。藥有四種，且論時藥。治生收利，有犯販賣須明捨相，指如鈔者，彼引五百問治生道人

得物犯捨等。準下二正判。上約有淨主。多論穀米捨同錢寶。若下次約無淨主。依論斷者。入四方僧也。

疏又如開緣。止餘同類五眾。餘人則約。如衣法中。及如他律並聽比丘身自交貿。但不增減。律據有人可貿。理必不得自爲。反上無人。可依他部。廣如鈔引。

第四中。初文爲三。初開五眾。卽對貿人。餘人約者。卽俗人也。如衣下。次開自貿。既不增減。故無有過。衣法卽本律衣揵度。彼云。有貴價衣。令淨人貿。無淨人者。乃至遣比丘貿。他律者。僧祇云。若估客物

直五十而索百錢。比丘以五十。如是如是求者不名爲下。十誦比丘三度語索不得。覓淨人使買等。廣如鈔引。律下。三釋上制開之意。

疏若悔聽還者。十誦七日者聽。過則不應僧中買者。悔則不可。

次科。若悔聽還。四分文漫。故引十誦決之。一有日限。二簡僧別。

疏又云。酥油相易是不犯者。外用也。前言七日是犯者。據內資也。

三中。前云四藥交貿是犯。此中乃開。故約內外會通相違。

律二十一畜鉢過限戒。

疏第二十一畜長鉢過限戒。然鉢爲應供之器。得一資身長道便罷。今過畜盈長。而非少欲。常又經營廢修正業。招譏自壞。過是不輕。故所以制。所以開十日者。然物變無恆。容有失奪。身資要用。事不可廢。施時不受。後須難得。所以開限十日。作法而畜。過則致犯故也。

二十一。制意中二。初明制意。敘過有三。非少欲。卽乖行廢業招譏。翻此三過。卽成三益。所以下。次示

開意。則知開畜用擬失壞。非爲貪積。開十日者。卽同長衣。從容處置。緩急得所。

疏六緣成犯。一先有受持鉢。二更得鉢。若是如法。可得其罪。三是如法鉢。要具三如。一體如。唯泥鐵二種。餘木等並非法故。二色如。要須熏令堅固。若油若捏磨等。並非佛教。三量如。諸部言雖有多。準毋論。大鉢受三斗。小者斗半。若過若減。不成受說。餘如鈔中。四不作淨。五無因緣。多云。得鉢五日。被擯顛狂心亂等。雖經多日無罪。後得止。取後五日續滿者犯。六過十日便犯。見云。若買他鉢。未還直。不成受。若主言但受

雖有此語亦不成過曰非長若度價竟爲熏報知比丘不取過曰犯捨餘人知報非鉢主者不犯僧祇鉢知友邊作淨若十日內捨故受新十日一易

犯緣第二是如法者簡販博得者則無長過第三體如中木鉢同外道寶鉢同俗流石鉢僭如來皆不應法色如中油字去呼謂以桐荏油塗已燒之捏合作璉爲揩磨出光也量如中諸部言多謂出量不一而無分齊唯母論同今四分故引示之三斗斗半並準姬周爲定五中被擯即法隔顛狂心亂即病緣準例長衣亦應同此六中善見約直明

犯初據未還由未屬己縱語非長若下次據已還主報即犯餘報不犯未委實故僧祇知友邊者即淨主也十日一易此據不畜長人一受一捨更互加用今引此文但取不得過十日耳

疏多論問曰白色衣過限犯白色鉢過非犯答衣染必成壞色故貯義強鉢熏多壞乖畜非犯問衣若過減皆成受持鉢反上者論答云衣可截續是以成受鉢無此義成量成持

次料簡中多論初問答中衣染必成色鉢熏不必成次問答中衣過可截衣減可續鉢則不爾故成不成別

註佛在舍衛六羣畜鉢惡者置之常覓好鉢畜之遂多居士遊觀便譏似陶師瓦肆無異比丘舉過佛便訶責而制此戒

疏就戒緣中舉陶師者爲譏過之本也

戒緣中但釋譏詞註中前云惡者置之謂不好鉢棄置不用陶師借音爲姚範土工也

律若比丘畜長鉢有六種鐵鉢黑鉢赤鉢蘇摩國鉢烏伽羅國鉢憂伽賒國鉢大要有二鐵鉢泥鉢大者三斗小者一斗半此是鉢量如是應持應淨施不淨施淨施不淨施相對八門如長衣戒不異也齊十日時阿難得貴價鉢欲奉迦葉以常用故十日當還恐犯捨墮以事白佛便開制至於十日過者尼薩耆波逸提尼同犯辨相開通如長衣戒

疏戒本七句一犯人二畜長鉢問長衣戒中有衣竟語鉢衣相似所以無者答衣有三種不同對多以明長鉢則制一受持餘則是長非惑故不明本制

戒本第二問中衣鉢俱長開制合同故發諸問以彰兩異答中對多明者以竟即是足多可論足一不須論惑猶亂也

疏問彼又開迦絺那衣鉢何不著者答內外資身別過並不相及所以此戒無迦衣出也

次問意亦同前答中內外資別者若據衣鉢並是外資由鉢盛食相從爲內過不相及謂長不相染

益不相及。即迦絺不潤。

疏若爾何不受迦鉢。答衣有三領爲持重故開功德衣得離衣宿。鉢唯有一常須受用何得迦鉢以膺持鉢事不可也。

轉難中意謂益既不及理宜各受。答中持重故開。即本緣也。一鉢非重理不開離故不相比。

疏問何故不開迦提一月。答鉢未成無長過若已成者開限說淨何須一月。

三問衣開迦提鉢亦應爾。答中開限說淨即十日也。

疏若爾衣開十日亦同鉢者何須一月。答衣限時節四序循環既涉秋冬事須補洗鉢無時限何事相擬。

轉難答釋可解。

疏就註解鉢相中言六種者隨國隨處黑赤色也。文略不列國名何所益也。大者三斗律是姚秦所翻從國而用廣如房舍中說。

釋註中初釋鉢體六種中初是約體二三從色餘三隨國黑赤二鉢不標國名故云文略等。次釋鉢量指如房戒謂姚秦時用姬周斗故。

疏三不淨施者如長衣無異四齊十日辨開緣也五過者業也下二可知。

後五句配釋可見。

律二十二非分乞鉢戒

疏第二十二乞鉢戒。然鉢減五綴不漏堪可資身長道便罷今乃處處隨非親乞長貪妨道惱亂施主於理不可故所以制。

二十二制意中初示所宜今下出過狀。

疏論犯六緣一先有受持鉢二減五綴不漏三更隨非親乞四爲己五乞如法鉢六領受犯十誦若二人共乞一鉢吉羅量不如故。

犯緣第五須如法者具上三如。下引十誦別示第五。

註佛在舍衛國跋難陀鉢破求多鉢畜居士計會乃知多受便譏嫌言受取無厭比丘以過白佛因訶制戒。

疏就戒緣中由破一乞多故致譏毀耳。

戒緣摘示譏毀之由意令識過以自誡耳。

律若比丘畜鉢減五綴不漏相去兩指間一綴也更求新鉢爲好故若滿五綴不漏更求新者吉羅尼薩耆是中捨者於此住處僧中捨鉢已單白受織便說罪名種相責心生厭離鉢若好者應奪留置取最下不如者與之便作單白以鉢次第向上座易之持上座鉢與次座若與彼比丘尼如是展轉乃至下座也波逸提比丘同犯彼比丘應

往僧中捨展轉取最下鉢與之令持乃至破應持此
是時僧以下鉢白二與彼應守護不得著瓦石落處倚杖刀下著懸物下道中石上果樹下及不平地不得著戶扇內戶扉下若牀下牀角除暫著不得著兩牀間及立蕩鉢乃至足令破彼不應故壞故失非鉢用者吉羅不犯者若五綴漏若減漏求新者若從親索若從出家人索若為他他為己不求而得若施㕥得若自有價買畜者皆不犯

疏戒本六句一人二本鉢未滿五綴相五分云若本無綴乃至四綴更乞如上鉢者亦墮若乞五綴得吉註中相去兩指間一綴準此為量縱未綴而量過亦不名犯

戒本第二五分中更乞如上即無綴乃至四綴此

謂本有後求皆不滿五故齊得墮若乞五綴吉者本有不滿後求滿故本若滿五則無有過文釋註中兩指若據佛指面二寸二指即四寸五綴即二尺若取人指面闊一寸五綴止有一尺文中不明然前後多用如來磔指以為楷定今言五綴但取痕脈滿二尺許不必須綴故云準此為量等

疏三更求新者是犯法也

疏四制捨註解云於此住處僧中者以鉢無多用好者奪留入僧庫中為益本寺故言此住處也

第四住處中為益本寺由本多求損本寺故

疏問乞衣惱多亦損寺舍何不同鉢答衣資用寬故須還主不奪入僧鉢無多用得一便足餘奪入僧

問中乞衣不罰入庫故問所以答中衣用寬者隨時更易用非一故

疏若爾長鉢無用何不入僧答或自貿得或虛心施既無外惱故不同乞

轉難中既無多用前戒長鉢不合還主答中鉢分長乞不乞屬前違說淨犯故復還主乞則屬後惱施主犯故罰入僧又長不損僧乞有損故

疏僧祇若鉢大貴應賣取十鉢九者入僧厨下者還

主乃至乞鉢直入僧一直買鉢還此比丘

引示中僧祇初約乞鉢賣易還言大貴者有所直也由一貴鉢不可兩分故令易賤入僧還主言十鉢者趣舉為言乃下次明乞直買鉢還直是錢寶不可還故準此不行文第換法同下四分直爾和還

疏就此捨懺與餘不同初明單白受懺悔本罪已二明取最下者白二與之三明單白與鉢次第換四明白二以此下鉢令持計有四法

二作法中初受懺白云大德僧聽此某甲比丘鉢

破滅五綴不漏更求新鉢犯捨墮今捨與僧若僧時到僧忍聽我受某甲比丘懺悔白如是次與鉢白二初白與上大同但僧忍聽後改云與此某甲比丘鉢白如是羯磨準白作之但第二句雙牒緣本第四句略緣牒本耳（此法亦出廣解註中不列意見下文）三次第換白云大德僧聽若僧時到僧忍聽以此鉢次第問上座白如是四令持白二初白云大德僧聽若僧時到僧忍聽僧今以此最下鉢與某甲比丘受持乃至破白如是羯磨準作（此法見後註中）前二法義該諸捨後二法唯局此戒

［疏］彼比丘應往僧捨取最下者令持是次第最下法也爲折伏彼貪故從上向下

第五釋文中初科初點文相具含二法取最下者單白次換也言令持者白二制持也爲下示罰意也

［疏］就中立法隨僧量宜或和還彼或次第易律具二意任時量據

次科初明立法不定或和還者據情可愍同衣直還或次易者據宜折伏依法須罰律下示其所據律出還法復示罰法故云具二意也若但和還止用前二法若次第易則用三法除前白二戒文正明次易所以註中但出三法疏文備列故有四耳言量據者須視犯者持護謹慢貪情重輕也

［疏］僧祇云行鉢人白二差訖唱言諸大德各持受鉢來五分云五事不應與若無鉢太大太小穿缺若喎偏也十誦云鉢滿盛水僧中行之取竟不得悔悔者吉羅

三中僧祇行鉢人要具五法卽不愛至知可與不可與也白二差者彼云大德僧聽某甲比丘五法成就若僧時到僧忍聽僧差某甲比丘作行鉢人

白如是羯磨準作差已唱告如文所引據此通前須行五法二單白三白二也五分五事不與卽僧中行時有非法者不應與易大小謂量非穿缺無用喎謂偏斜十誦盛水示無穿漏僧中行者五德應擎鉢至上座所問言須是鉢否若言須應與取上座鉢行與次座亦如上座法若上座心悔還索自鉢者佛言不應與得吉

［疏］註中白二下鉢令其守護恐瞋破故多云前所受持鉢如法受持後鉢不受常畜二鉢若食時當持二鉢終身如是示多欲過又斷惡法因緣僧祇云以綴

鉢難洗，一日乃了，要當淨洗。若辛苦者，知識師僧言：此賢善比丘以洗鉢故，妨坐禪、誦經、行道，打破藏舉者無罪。

釋註中，初釋僧作法意。瞋破謂懷瞋打破。多下次明罰持之相，示多欲過，露前犯也。斷惡法者，絶後過也。僧祇下，三明開止之緣，有本由僧法，準須和僧，又須觀緣，不可倚濫。

疏 諸文相可解，亦事多懺少，末世稀見。

示略中，初指註文。註中前示護鉢制，彼故損非鉢用吉。謂將盛物餘用，不犯中自買畜者，非乞得故。

亦下顯略意。

疏 此並止持戒行，知則是其行本，故爲條敘，頗識捨懺。今學語者尚云初地何心斷惑，非已分量，云云不少，況此是已分量，何得不知？不知由不學，不學則有罪，豈如初地斷惑，非制而强知耶？故又誡也。

誡勸中，初示行相。今下舉疏況，親又二：初約非分責。言學語者，無實行也。初地斷惑，非凡所知，尚當虛諍，身所受戒，出家行本，豈可暗昧不知？由不學下，次以非制責。戒是制學，故違有罪；化教非制，故是强知。然此非謂地位不許凡知，但世多好大輕略戒科，專逐語言，尠求實行，故此比斥，令知分量，將使陟遐自邇，因微知彰，戒慧相資，言行兩副故也。

律 二十三乞縷使非親織師戒。

疏 第二十三使非親織戒。然三衣已具，且得資身，今乃自乞縷線，用憑織作，長貪損行，殊乖知足，既惱患他，又招譏謗，障道之甚，故須聖制。多云三義故制：一爲除惡法故，二爲止誹謗故，三爲成四聖種故。

二十三制意中，初以義求，長貪是惑，損行是業，此三背道，故乖知足，即損自也；惱他招謗，即損他也。

上並漏業，故能障道。次引論證，文列三意，證上可知。

疏 四緣成犯：初自乞縷線，二織師非親，三不與價，四織成便犯。問：何以但有俗人織戒，無使尼織耶？答：俗人屬官，喜恃勢織，尼無此義，故無使織。故十誦中使五衆織，但犯吉羅。又尼制不織，使之義稀，縱有犯罪，非捨墮故。

犯緣問答中，初問，以譏過是同，制不制別，故須通之。答中二：初約恃勢，則俗有尼無，十誦明證，理無所疑。又下次約制法，則尼稀俗數。

疏若爾浣衣應制在俗何爲在道者答教聽尼浣大僧喜爲妨尼修道所以須制俗則反此使浣不犯不同織衣費損功業過深故重

次難中以浣衣戒偏制尼故答中尼浣有二一僧喜爲二妨尼道業俗反此者反上二義不下遮難

難云使浣無過遣織何制耶以文通之

註佛在舍衛國跋難陀縫僧伽梨乞線遂多持線使織自作縫看織居士譏嫌比丘舉過訶制此戒

疏就戒緣中初爲成衣乞縷遂多雇織作縫非出家儀故爲過始佛制比丘隨得而止今違聖教貪積故制十誦中無衣乞縷作衣犯吉豈非織作妨道也

戒緣初牒釋縒蘇內反謂著絲於莩草莩音孚謂織緯者

佛制隨得而止者即少欲知足四依行也十誦下引文顯過

律若比丘自乞縷線彼在處處乞縷線者十種衣縷使非親里織師織作衣若織師與線者俱親里不犯與線者非親吉羅看織自織作縷吉羅也尼薩耆波逸提比丘尼同犯不犯者二俱親里若自織作鉢囊革屣囊鍼氈禪帶腰帶帽袜攝熱巾裹革屣巾者得也

疏戒本六句一人二自乞三縷線下三可知

疏註中開親以離損謗之緣故也下開織中但爲小細過非深故至於妨道非不是損

戒本釋註中初釋開親次釋開小若準妨道例應結吉

律二十四勸織師增縷戒

疏第二十四勸織增縷戒居士辦線遣織成衣比丘隨受情無差貳彰於內懷廉節外不惱人理數然矣今乃勸織增縷加工增價自壞損他彼此無益故制

二十四制意中初敘所應差貳即乖違也今下次明不應自壞謂乖比丘行損他即生俗人譏失於二利故云彼此無益

疏犯緣有六一非親辦縷遣織緣起戒本雖無下開親非犯故二本期有限三知有限四勸好增價五爲增縷六領受犯

犯緣第一準下開通以決戒本一與二即屬施主五屬織師餘並比丘

疏多論前戒憑勢遣織作成即犯此戒自求領受便結

次對簡中前是己物故約作成此由他施故須領受

疏問此戒損縷與前一二居士何異答前面對縷主此屏勸織師故兩制也

初問以一二居士亦是勸增故須顯異答中可解

疏問前後兩戒皆由織師何以取分答不同有四一前損織師自得縷故此損縷主二前損織師不與價犯此損縷主與價便犯三前戒開親後戒俱犯損義通也四前是已物織成卽犯此本屬他要受方犯

次問二戒不同緣相可見欲生料簡故發此問答中第三後戒親非親俱犯者謂織師也上列緣中明簡親者據縷主也

註佛在舍衛國居士出線與織師爲跋難陀作衣彼後至家擇取好線與織師織又許與價居士譏嫌比丘舉過佛因訶制

疏就戒緣中擇取好線正是貪相爲起過源

戒緣兩過一擇好線二許與價業由斯起教因此制

律若比丘居士居士婦使織師爲比丘織作衣彼比丘先不受自恣請若居士與比丘貴價衣聽少欲知足索不如者隨意也便往織師所語言此衣爲我作與我極好織令廣大堅緻我當多少與汝價是比丘與價乃至一食直若得衣者尼薩耆波逸提若求衣不得突吉羅尼同犯不犯者減少求從親里索出家人索他爲己者是也

疏戒本七句一犯人二衣主三合織四彼比丘下犯相五若得衣者結犯下二可知

戒本分句自別

疏註解自恣請者謂許好取惡耳非長貪壞信而索好也僧祇云若俗家兄弟令自往營疾成得好是自恣相

釋註中初牒釋言自恣者任比丘意也僧祇下引示彼文約親本無所犯且欲顯示自恣相耳

律二十五奪比丘衣戒

疏第二十五奪比丘衣戒與衣規伴已是邪源後既不行和取無犯今瞋心强奪逼惱情深特乖儀節故

聖制止光律師云先與衣不分明强奪戒

二十五制意中初二句敍先與之由規求也次二句明理須和取今下顯過興故制乖儀節者儀卽威儀節謂節行後引光師立名以合制意不分明者與否未決故

疏成犯五緣初是比丘簡下四衆本非伴類假奪但吉若爾輕者不應隨擯同僧犯墮答僧法不殊同違故也二本規同行三不定與決定取生諍故犯義加四句初如向列二不定與不定取奪但犯吉三決定與不定取四二俱決定與取若奪此二則犯重罪由

初決捨屬他已定故文云施已還取是重攝也四自奪使人衹中自與使奪四句皆墮衣謂三衣若奪減量衣等但犯吉羅五得衣屬已僧祇四句初合與別奪者一時與三衣後隨衣奪犯三提罪餘句準知

列緣第一唯局大僧若爾下例難下九十中隨順被舉大小同墮故答中彼違僧法故不簡位三中初示當戒犯緣義下立句簡辨次句取既不定奪則惱微故罪輕降後二犯重屬前盜戒由下出犯重所以由捨已決非己物故引證可知四中引僧祇初明自他四句一自與使人奪二使人與自奪

三使人與使人奪四自與自奪衣下次簡體減量吉者非三衣故五中僧祇與取離合亦作四句初句如文二別與合奪三合與合奪此二並一罪四別與別奪同上三罪

註 佛在舍衛國難陀弟子善能勸化跋難陀意欲共遊行便先與衣餘比丘言彼癡不知誦戒說戒布薩羯磨後去不隨彼即奪衣比丘訶舉佛因制戒

疏 就戒緣中所列癡相有四位者初二防未起非後二除已起罪也就初中不知誦戒者自行未閑也不知說戒者眾法儀則迷也就後中不知布薩者不識念對治罪也不知羯磨者不識從僧乞滅也皆冥不知故言癡矣

戒緣中顯示癡相初總分就下別釋布薩翻淨住故約懺罪釋之布薩對別人悔下諸聚羯磨對僧悔上二篇皆下通結

律 若比丘先與比丘衣後瞋恚若自奪若教人奪還我衣來不與汝若瞋自奪及教人奪而藏者犯奪未藏者吉羅若著樹上架上牀上及餘著處離處犯墮取不離處者吉羅彼若還衣若取衣者尼薩耆波逸提尼同僧犯不犯者不瞋恚言我悔不與汝還我衣來彼知心悔可即還衣若餘人言此比丘欲悔還他衣若借他衣著無道理還奪不犯恐失恐壞若彼人破戒破見破威儀若被舉滅擯應擯若為此事命梵難一切奪取不藏舉者皆不犯

疏 戒本五句初犯人二所與衣三瞋恚下明奪相下二可知

疏 註中奪而藏者謂對面奪也未藏情疑屬已不顯故約藏相結成墮罪又云若著樹上者謂非對面隨舉離處則犯正罪以無人可諍故結也後時更藏但犯吉耳

戒本牒釋中註明此戒成犯有二故須通之初釋奪藏成犯又下次釋舉離成犯各出所以以彰兩別後藏吉者前已結提猶慮彼取更藏故吉

律 二十六畜七日藥過限戒

疏第二十六畜七日藥過限戒。夫宅生在世形命爲重。必假衣食莊嚴內外。雖俱開制。藥重衣輕。良以煩情所先。故隨病約也。今更廣其戸牖。欲使行人隨文見藥以徵舉故也。

二十六敘意中。初通敘兩資。宅居也。形命重者。保養繁累故。莊嚴即是資養。食充其內。衣飾其外。皆曰莊嚴。俱開制者。望本四依爲開。即今立戒是制。或可衣食戒中各有開制。藥重衣輕。謂殘觸宿煮等制急於衣故。良以等者。出藥重所以。煩情先者貪愛重故。隨病約者。教隨宜故。今下別示今戒。戸牖即下諸門。欲下彰意。隨文見藥者知治法也。以徵舉者自檢過也。

疏就此料簡。總別爲二。別如下釋。總有三門。初列藥相。二明受法。三服用違順。

疏就初爲四。一列數釋名。二得名不同。三立四所以。四定藥體狀。初中列數。可以情求。

初列藥相四章。始列數者。即時非時七日盡形攝盡一切也。

疏言釋名者。通別爲二。律中三名。一蒲闍尼。謂時藥也。二佉闍尼。謂非時藥也。三奢夜尼。謂七日藥等皆號爲藥者。無非療患故也。

釋名中。通釋但有三名。三中云等。應攝盡形。上出別名。皆下示通名。人有二患。飢渴爲故患。初二藥療之。四大違反爲新患。後二藥療之。

疏就別解中。名雖有四。約時往判。止有二藥。如豆穀乳酪餅果飯菜從旦至中。聖教開服。事順法應。名爲時藥。過中已去明未出來。聖不聽服。服則生過。名爲非時。餘三種藥並犯在時。非時分中聽服無罪。應名爲時。由對前故。名非時藥。藥體非非時。若從此解止有二藥。時及非時。所以四者。時藥當分唯一不分。非時離三。故有四也。

次別解中。初科古解。又三。初總標約時有二者。謂時與非時二種藥也。如下二別釋。初釋時藥。過時不得故獨名時。餘下次釋三藥。並犯在時。彼謂時內不得服故。然此三藥非時中服。正是其時。故應名時。望前時藥。故名非時。若從下。三結示開合。

疏若作此解。恐非聖言。何以然者。時藥非時名體是局。可如上論。餘之二藥一受已後時及非時俱得噉服。豈約非時離分三也。

次科初二句略斥。何下徵示。初示前二可爾。餘下。

次明後二不然。

疏今重釋名。時藥如上。欲明諸清果漿。時勢功能正通時飲。但以非時分中病起要須。若不曲開道器不立。故約過午。卽以爲名。更無勝功。故守非時之目。酥油脂等加法藥勢唯在七日。故從日限爲名。薑椒辛苦非人恆噉。療患力微要在久延方能治病。故聽作法隨形而受。形有三種。一盡藥形。二盡病形。三盡報形。所以可知。

今解中時藥指上古今同。故欲下次明非時道器卽目色心無勝功者限外無用。劣後二故。酥下三

明七日取藥勢者。凡藥治病七日見功。過則不療。薑下四明盡形。辛苦卽六味之二。餘四卽甘酸鹹淡也。下列三種正歸盡報。所以了論名爲一期。或曰終身。或名盡壽等也。

疏二得名不同。時與非時相待爲名。七日約勢。如僧祇說。盡形約報。亦可知之。

二得名中。上二可知。七日約勢如僧祇者。彼因佛問醫師比丘欲使畜藥幾日得安隱。答曰。藥勢相接七日可知。佛言聽七日畜。盡形可知。上已明故。

疏三立四所以。病有二種。一者常病易治數發。二稀發難治。常差對前常病。故立二藥。飢病旣動。一食飽足。通日兼夜。病得消殄。故立時藥。渴病數發。隨發隨服。未局時節。故立非時。對後希病。故立二藥。七日功强。盡形力劣。故約功用長短不同。時與非時。位定各一。七日盡形。通時非時。二定兩通。故立四藥。

三立四中。初科爲三。初示二病。常病卽是飢渴。稀病卽四百四病。亦名新故。亦曰主客。常病非患故易治。日別常生故數發。稀病違反故難治。治已永無故常差。對前下二明四藥。初明立前二藥。殄卽滅也。對後下次明立後二藥。七日功强故限短。盡

形力劣故限長。時與下三結示通局。

疏若依明了論則有五。一依時量。二依更量。卽非時之異名。然彼論中日夜分五時。隨時受藥。約至七時。如平旦至二更等輪轉爲時。故曰更也。三依七日量。四依一期量。卽盡形也。五依大開量。謂灰土水屎尿也。此五世人所棄。不須受取。故曰大開。準四分律有通塞也。

次科了論五並名量。謂限齊也。時量可知。更量者卽以五更爲分齊。更改也。日分五時者。寅卯等時。乃是此方曆數不可對之。但約一日分爲五分。以

四定藥體狀二初標分　二隨釋三初定藥體三初通標　二別示四初時藥三初定藥體

對五更約至七時如平旦至二更日夜共七時日高時受至三更日中時受至四更日斜時受至五更日落時受至夜分盡若準本宗無論早晚皆盡夜分五大開者無所制也四分灰土有人須受無人別開故云有通塞也論結云此五攝一切皆盡

[疏]四定藥體者鈔中廣敘臨時引用故不繁文今但約略以爲三門初定藥體二轉變體三相和體

四定藥體標分中初指廣鈔中更有六味體又轉變相和文甚廣故今下標略

[疏]就初分二前辨定體二出蕪濫

初門通標分二三藥並有二門盡形止有定體言蕪濫者謂如穢草混於嘉苗以喻妄說雜亂正制也

[疏]就定體中言時藥者文有二種一蒲闍尼謂飯麨乾飯魚及肉也此之五種若食一口是正是足是背是別也二佉闍尼謂枝葉華果細末磨食也此五反上非足非正也

定體中初明正食是正即顯體足背別即下篇三戒局正食犯次明不正文令反上合云非正非足非背非別

二出蕪濫二初簡濫　二斥濫二初斥糜粥非正　二斥以餅為　三簡唐教

[疏]即就此藥明蕪濫者如飯一種名體不變世所常行和粥相同則非正矣

次科簡濫中以飯和粥例從粥判

[疏]世中有人用饍糜等非是飯攝如粥出釜畫成字者則是足正準此以求可以例矣

斥濫中初科初出濫饍糜謂以飯爲饍蒸令糜爛者如下準決粥分稠薄文出善見此同稠粥義歸正收

[疏]又用饍餅相同飯例此是細末磨不正所攝若爾麨漿細末應非正收答體本是正從緣非正如上粥

例義分兩別

次科初示非饍餅即粉饍麪餅之類此下指破若下釋難謂以乾麨和水爲漿答中準粥厚薄兩分

[疏]魚肉二種小教曲開通明大小並嚴制矣廣如鈔辨

三中初引所廢言曲開者事不已也又準涅槃前聽食者非實眾生但化現耳通下次明能廢大如稜伽涅槃小即僧祇四分僧祇云若爲比丘殺者一切七眾不應食四分持十善家得肉乃得食之斯則小教非一向開也下指如鈔見四藥篇

疏二明非時藥體律中八漿古昔無欲仙人所飲故有渴病者開之若加口法隨何時受至於昧爽若不加法隨受隨飲限在須臾律無定判僧祇如此

第二非時定體中初科初示體八漿一梨二酸棗三甘蔗四蕤果五蒲萄六舍樓伽七閻浮果八波樓伽果無欲仙謂無貪欲者若下明時限又二初明有法限昧暗也爽明也謂夜分將盡欲明未明之時次明無法限律下示所出鈔引僧祇云非時受不得置地停謂時中受者則容停久非時中受即須加法不可放地停過須臾準明非時即受即服不須加法故云僧祇如此

疏十誦諸果火淨中汁水淨不者非法不合飲

次科中汁字倒準彼作汁中不以水淨不得飲鈔云準此通四藥爲壞味除貪故

疏僧祇中一切豆穀麥頭不破者酥油蜜生果汁得作非時漿善見藕根擣破澄清得作諸菓得作除菓不得諸果得作除瓜不合

三中僧祇豆等頭不破者明須清澄破即時漿不得飲也下酥油等例皆如之善見諸物並須清澄菜瓜二物必不能清所以除之有云瓜菜並時藥故今云豆穀藕果豈非時藥耶

疏次明無濫者如棗汁梨漿稠濁未分此與時漿不別何得非時而飲且諸果之中自有清汁此是淨漿乍有滓濁即兼時藥故十誦云清漿無滓病者得飲既無渴病輒飲清漿尚犯非時何況濁者病亦成犯

次簡濫中初示濫稠濃也且下顯相故下引證

疏京邑非時行杏人湯茯苓末諸美煎等謂是開者此無正文四分律中杏人生用非是熟噉故律正制不任食者聽爲盡形今生用非食熟則是食何得因本仍爲盡形同生薑也

斥濫中初科初指非京邑即京兆煎字去呼此下決破四分下釋疑彼執律文通以杏人爲盡形故今約生熟兩別以彰彼過律正制者四分云一切鹹苦辛甘不任爲食名盡形藥體不同生薑生熟皆盡形耳

疏故善見中諸樹木草不任爲食根莖華果皆盡形藥或俱是時藥或果心時藥餘者盡形

次科善見中初通示彼云得盡形壽服文作藥字寫錯或下別簡彼具云有樹草木舉體時藥有樹果心時藥餘者盡形有樹舉體盡形此證盡形不

可一判也。

疏準此為例。生熟不定。或生熟俱是。如米麥薑椒等。或生是時藥。熟為盡形。或生是盡形。熟為時藥。如杏人薯蕷芋子葛根。故轉變隨時。不可一定。如甘蔗一色轉通四藥。豈成石密。唯許時中。斯濫極多。略舉一二。

三中。初準上論以例生熟。初句米麥俱時藥。薑椒俱盡形。第二句如米麥甘蔗燒灰之類。第三列相可見。文無俱非。不可立故。故轉變下。顯示不定。甘蔗通四。如下自引。以本是時藥。若取清汁得非時服。若作石蜜得七日服。若燒作灰得終身服。故云豈成等。斯下示略。

疏然口腹之累。道俗同弊。知教慎行。世中稀耳。故晉慧遠至死不飲蜜漿。非律不開。以律文親須目見。遂討尋將及。奄從物故。斯人可終。餘固亡言。乍可非時噉飯。知非其罪可滌。不可無病飲漿。迷教終難懺蕩。故涅槃明罪非有非無。良由慚愧之倚仗也。

四中。初示食過累患也。知下次明多犯。知教希者多不學故。慎行希者鮮奉行故。故下引事證。即廬山遠法師。義熙十二年病重。大德耆年勸飲豉酒。不從。復請飲米汁。又不從。後請以蜜和水為漿。遣令命律師請決。律師曰可。遣曰須親見律文。律師檢律。纔及開卷。遠已遷化。事出僧傳。法師乃四依示迹。豈暗開遮。直欲示其慎護。為後世之軌範耳。今時宗師。知何不噉。尚未殊於流俗。況排毀於嚴科。覩此明規。寧不自省。斯下指事申誡。初句美遠師。次一句斥毀犯。亡言謂不足稱也。乍下舉況。知非噉飯。以其知非故罪猶可滌。無病飲漿。以愚暗故罪固難懺。故下引證。彼因闍王求佛懺罪。佛即告云。有愧非有（言知非則可懺）。無慚非無（言無知者難懺）。良下出

經意。

疏三七日藥體。四分五藥。世人所識。故開七日。僧祇五藥及脂。清淨無食氣。一時頓受。七日服之。了論中。因病故開。隨差為量。止於七日。若本無病。或限內差又無飢渴。非時得罪。膏脂亦爾。

七日藥中。初科。四分。五藥如戒所列。僧祇五藥同四分。言及脂者。因舍利弗風病。醫教服五脂。謂熊羆猪驢魚也。了論中。初明開限。若下示制。約本無病者。加法不成。同時藥判。限內差等。雖先加法。無故而食。隨得吉罪。膏脂亦例同上判。故云

亦爾。

疏即明無濫者，世中蜜煎蜜薑有病開服，無病貪噉與犯法同，何況蜜藕諸湯為貪所使，則來報鐵漿亦是貪得，如是例諸。

次科初指非濫。蜜煎謂以藥和蜜煎成膏者，蜜薑謂以蜜煮薑，況蜜藕是時藥，愈不得故，無病輒服並是非時，為下示因果。為貪使者，業由惑發，故鐵漿亦貪得者，果如因故。上且略舉，餘並同此，故云如是例也。

疏四盡形藥者，如律中鹹苦辛甘不任食者為盡形

也。僧祇亦同。無時食氣者，病比丘終身服。見云所以受者，有身必病，佛許服藥護果報身，病容暫止，必有起時，故法不失。

四中初示藥體。本律約味，但不任食，無所不該。僧祇亦約離時食氣，故云同也。見下次明開意，即善見文。

疏二明轉變門，如十誦云：甘蔗是時，清汁非時，石蜜七日，燒灰盡形。如是例之，廣如鈔說。

三轉變中，十誦甘蔗轉成四藥，且據時藥一物具四為言，自餘諸物或三或二，轉變不定，又復七日可轉非時盡形，如蜜為漿，石蜜燒灰之類，盡形可轉為時，如前杏人薯芋之類，唯非時漿體無轉變，西土石蜜有二：黑石蜜似此砂糖，白石蜜如此米糖。

疏三明相和門，律中時藥含四作時服之，盡形唯一。不許非時隨名而服，此則義乖，如多論云：四藥相和從强而服，如酥煮肉汁為七日藥，酥乳和葶藶子作終身服，亦如鈔說。

三相和中，初引本律，藥犍度中初約時藥用下三藥相和作時藥受，二非時藥用下二藥相和作非

時受，三七日用下一藥相和作七日受，四盡形用盡形相和作盡形受。盡形下無可兼，故云唯一，文舉初後，中二準知。不下決文不了，謂初時藥得兼下三，時中而服下之三藥，不得兼時非時中服，故云不許等。如下引證，則明四藥並許相和，隨名而服，酥煮肉汁則七日兼時，酥乳和葶藶則七日與時和盡形，豈非互通耶？下指四藥須者尋之。

疏第二手口兩受，十門不同：初制意，二對藥，三授人，四作法，五淨穢，六長短，七强弱，八通塞，九淨不，十單複。初受意二者，手受五意，如下戒說，口受多意，防護

二斥古解

二對藥三初正明

手受過時不失，又防不受殘宿惡觸內宿，二提兩吉罪不得生。廣說其相，不可誦也。

第二受法十門。初門二，初明手受五意，如下即指不受食戒。下引多論云：一斷盜竊因緣，二爲他證明，三爲止誹謗，四爲成少欲知足，五爲生他信敬心故。次明口受有二意，一防手受，二防諸罪。略分四罪，如後自明。廣下二句囑令講者引下說之。

疏二對藥辨者，手受通於四藥，莫不爲防盜相。若明口受，時藥一種，手口二受互不相通。如諸律中加口受者，即此律云有時因緣置地而受，廣如下戒。餘之

三藥，義加口法。

二中初科又二，初明手受，名下次明口受。時藥不爲延時，但有手受。若有因緣，口加三受，爲代手受，故云互不通也。如下引示口受。如諸律者，僧祇邪見人與食，并俗人寶器盛食，並口加三受。十誦不相解人，五分火燒馬屋送食置地，並口受。即此律者，律因神足比丘往外道國乞食，彼嫌比丘以食置地捨去，佛言離手已成與竟。下明三藥並須口受，必先手受，則二受互通也。

疏如昔解云：時非時藥不須口法，時非近遠故也。

三授人　　三今解

次科昔判時藥可爾，非時不然，故須點破。近合作延，傳寫錯也。彼謂非時不爲延日，故不須加。

疏今解無文，不足依據。今所明者，時藥分局，止在午前，無可加延，不勞口法。非時一藥，若不加法，過午須臾時時失受，故須立法加被，方得久延。故文云：不應今日受漿留置明日，以受法有限，既具非時，不通時也。後之二藥，患非卒除，功由漸降，故約藥勢遠近兩緣，加法被物，服用無咎。如十誦云：是三種藥，舉宿惡捉，不病不手受口受，並不得服；反上者得。此良證也。

三中初斥妄，今下正明。初明時藥不須，次明三藥

須加。初明非時雖不延日，而須延時，故下引證。初引文，以下出文意。既具非時，謂加非時法，故不許明日時中服也。後下次明七日盡形。功漸降者，謂治病有強弱也。藥勢有遠近者，七日勢強故近，盡形勢降故遠。咎即是罪。如下引文，通明三藥有過無過，則知非時須加明矣。舉宿即殘宿，并惡捉，並有過故。不病非所開故，不手口受以無法故。

疏三論授人者，手受五義除自同類，餘有六衆三趣皆成授也。口法不爾，必是同類，先手受訖，對法六和方得加也。

三中初明手受七衆除同類三趣簡不解餘皆通也次明口受唯局同類餘並不得彼此體同方可對加故云六和等

疏四作法中說藥雖四若作法時須相領當彼此錯互皆不成受又如羯磨疏及鈔中廣引

四中初明相解謂能授所受各辨藥體不差謬也又下指廣

疏五淨穢不同手受一法防盜證明淨穢四藥俱須手受口法不爾聖教所被非淨不成如上十誦要淨方得

五正明中初明手受通淨穢防盜證明示所為別故次明口受必須揀淨指十誦者即上舉宿等文

疏問藥現不淨口法不成現有妨難何開處分答如此亦遮處分

問答中初問答云如此亦遮謂先有妨難亦處分不成

疏若爾何故文云僧處分有妨難一殘二吉者答此是處分先成妨難後起

轉難中若如上釋則違律文一殘即過量罪二吉即妨難罪答中謂先處分已妨難始生非先有也

疏若爾口法簡境非淨不合過量三衣亦不成受答衣制故開藥是聽也

次三衣問中以過量衣得加受法故舉例難答中衣制須開藥聽必制二教互立其致在茲

疏若爾白衣亦制加法應成答體相同俗故非道服

初難中以白色三衣加不成故答文可解

疏若爾過量非法亦乖道服不在加受答過量得者白色殊乖

次難以色量俱非而成不成別在猶當也答中者字誤古本作吉謂過量得著但犯吉罪白色外彰全不許服故曰殊乖

疏六長短者手受約時故名為短口法加延各有其遠號之為長

六中手受約時謂止齊時中各有遠者三藥期限各不同故

疏七強弱不同若不手受口法不成故手強也又若無口法加延手受隨失故口強也互說不定義也

七中若望相假口必假手故手強若望相延口必延手故口強各據一義故互不定

疏八手口二受望餘比丘辨通塞者有人解云手受

二釋難　二今解

防盜。一人受竟通諸比丘。口法不爾，自稱名加。若捨
與人，彼則無法，故不合食。
八他解中，初科立理，稱名有無，故分通局。
【疏】若爾作餘法竟，何通餘僧？答：彼但作法，不自稱名，
成殘便止，如病人殘，故是通也。藥法不爾，自題名加，
不得例也。
次釋難中，以餘食法一人作已得通多人，違上義
故。答中，不稱名者，餘食法但云大德我足食已知
是看是。又律云病人殘不作法，一切得食，不同藥
法牒名稱病專屬己故。

【疏】又解藥味是通，口法亦通，以其口法加二通藥，捨
與前人不失口法，故律文藥至七日與諸比丘，若不
合者，佛不應勸。僧祇律中亦同其意，不復繁引。
今解中，初立義，藥味通者，人皆可噉，故合云手法
亦通，則與下文相貫，謂雖稱名加法，而本具二通，
故聽他服。事鈔釋二通云：一藥味通，二手受通。可
驗字誤，不復疑矣。故下引證律文，即下捨法，至第
七日藥捨與餘比丘服用，豈非通也。佛教令捨，即
是勸也。僧祇同者，彼云比丘有第七日石蜜，語比
丘言：欲飲不？答言：欲飲。是比丘得石蜜不作淨而

九淨否　十單複二、初正明　二問答

受，此又明證。
【疏】九淨法作否：七日一藥作口法意（竟）偏心屬己，須說
淨畜，以藥貴長貪，味淳資重，對病制捨。但手受者時
非久延，亦不勞淨。餘之三藥反上可知，不須說淨。
九中，初明七日須淨，謂七日限滿即說淨畜。以下
申所以，一則體貴，二則味重。若但手受，謂非時暫
服。餘下次明三藥，言反上者，闕二義故。若據時藥，
亦有貴重，但由通雜，復非延久，故不同之。
【疏】十重加開否者，謂手受者隨觸隨失，隨受隨成，雖
重無過。論其口受，多論兩斷：五日已還，觸加七日，不

加二日，正從法論；六日觸者，不得重加，藥將入淨，從
勢力故。僧祇云：藥勢相接七日可知。
十正明中，初明手受開重，論下次明口受開制。五
日觸失，從法論者，以無二日法故。六日不得至第
七日，即當說淨，以從藥勢不須更服，引證可知。
【疏】問：服過七日不得重加，病復未差，現有新藥得加
法不？答：同藥不得，異者應成。如多論中六日觸失不
許重作，僧祇中生熟二酥展轉加法，易味故開。
問中，以古師一向不得重加，故問決之。答中，同藥
不得，如先後俱蜜也。異應成者，如先蜜後酥等。如

下引證初引多論證同不得次引僧祇證異得加
如初受生酥七日受已煮爲熟酥復加七日
疏三明定罪差別者四位論之初明防罪二明生罪三畜用輕重四服罪多少初中約時藥者手受防二
罪不受惡觸縱開口受亦防二罪也
第三違順防罪中初科時藥本唯手受緣開口法
以當手處故所防不別下之三藥手防並同口防
各異
疏二非時漿手防二罪一防一往不受二防不受而
捉惡觸同時食也口防亦二一防過時失受不受二

防過時失受惡觸也
非時中口防二者莫不加法過時失受則有不受
惡觸二罪
疏三七日藥中手受防二同前二藥口法防四一防
過時失受不受二防失受惡觸三防經夜無殘宿罪
四防經夜無內宿罪也據律文中內宿一罪盡形藥
開七日不明故知閉也則口法防三不防內宿故僧
祇中比丘七日藥與僧食同處者是知淨地攝也
七日中口法防四且依昔判彼謂七日得同內宿
初二同上非時下二越宿由加口法而無殘內據

下次明今判律中非時七日限內但開殘宿惡觸
非時等罪唯盡形藥開內宿內煮自煮等準此照
前不開七日則知口法不防內宿故但三罪故下
引證既安淨地決知不開
疏四盡形藥者手防同上口防五罪謂惡觸不受殘
宿內煮自煮也
盡形中口防五罪合云六罪殘宿下脫內宿字上
三通前下三局此
疏二生罪者本無二受不生其罪由加兩受故罪隨
生

疏配藥而論時藥手受過午生惡觸夜盡生殘宿也
口受生罪相亦同之
次明生罪時藥中過午失受故生惡觸由僧手受
故有殘宿此二罪亦通三藥下更不釋
疏非時手受過午須與生惡觸夜盡生殘宿也口生
三罪皆明相出非時殘宿惡觸也與手受少異
非時中口三罪者明出限外故犯非時此即時中
犯非時也由曾加受故有殘宿由失受法即有惡
觸但加非時故云與手少異若據手受過午合有
非時那不明者思之可解

三七日藥二初正示
二斥非
四盡形藥二初正明
二問答

疏七日手受生罪同前口生四罪皆過限生一非時
二殘宿三犯墮四惡觸也
七日口受三罪同上唯加一墮是本犯耳
疏有人立五謂服此藥今解不然服則有罪不服無
過不同上四不服罪生有人復立生於不受今解不
受非是罪攝
次科有二初斥五罪彼謂服尼薩耆不捨藥更加
一吉今下顯非若爾上之四罪不服亦犯耶答本
犯捨墮此不待服餘之三罪茲因受生未服先有
其過待服方結其犯服犯過藥本非因受縱服得

罪乃是別犯不得云生有下次斥六罪彼謂更有
不受一提今下彰非謂過限法失藥體任運自是
不受不同非時殘宿當體是過故云非罪攝也縱
不受服亦非因受而生此明生罪故不可立
疏盡形藥者手生二罪同上可知口不生罪由聖開
加法不失故
盡形中口法不生罪者由加口法為防諸過法無
限齊故不生罪若據鈔中言生六罪五同七日更
加不病而服猶循古義今此所明乃為盡理
疏若爾被觸何不須受答作法加持雖觸不失如僧

三畜用輕重二初總標二別釋二初畜輕重二初正明

祇中石蜜與俗叉施比丘本法不失誠知盡形無由
失法如善見中病雖暫止本法不失故律中無病因
緣服但吉羅以有法也若不加法還同墮矣
問中疑有觸失生惡觸故答中初義判如下引證
僧祇彼因比丘以第七日石蜜與優婆塞彼乃持
與餘比丘即日得石蜜不作淨而取罪一日中服更不說淨畜也
此準七日以例盡形則知僧祇七日限內例無
觸失與上多論部計不同次引善見病止法存何
由生過故下後準本律無病服輕則知盡形口法
一加終身不失問律中無病輒服得吉豈非因受

生罪耶答此由服犯非是受生如後第四服用所
明
疏三畜用輕重者四藥之中七日畜重餘三並輕所
以然者酥油資重體存貪貯垢心重故又由常存說
淨離著反違聖教過時不說所以制重時藥一種雖
資用強體現交盡多無久延不制說淨無應說不說
之過故輕非時漿者時狹體微情無久畜盡形壽藥
雖得久延療患義微畜心皆薄既無貪貯不制說淨
故輕
三明畜用初明畜中初科為二初總示重謂犯提

二釋難

二用輕重

輕即結吉。所以下別釋又二。初明七日畜重有四義。一資重。二貪畜。三常存。四違教。時下次明三藥輕。時藥但有初義。非時四義俱無。盡形止有第四一義。然非時一種義無久畜。計非所論。所以文中不云輕也。或容暫畜故例明之。

疏問畜長衣藥同犯提者。乞於衣藥亦應同犯。答藥味體通不同衣也。又解齊等。如乞美食制重不應量衣亦輕。

釋難中。以畜則衣藥同重。乞則衣重藥輕。故引並之。答中二釋。初約異釋。不同衣者是別屬故。又下

次約同釋。乞常食雖輕。而索美食則犯提罪。前乞衣雖重。而乞不應量則犯吉羅。則知重輕不別。故云齊等。

疏次明用有輕重者。義則不定。或衣重藥輕。如白衣殘藥等。或藥重衣輕。如殘宿食著犯捨衣。或俱重輕。比上例解。

次明用中。對衣作句而正顯於藥。初句白色三衣著則犯提。犯竟殘藥服則犯吉。次句重輕可解。俱重如著白衣食殘宿食。俱輕如著犯捨衣食犯竟藥。故云比上解也。

四服罪多少二。初標 二釋二。初正明四藥多少四。初時藥

二非時藥

三七日藥二。初正明

二問答

疏四明服藥得罪多少。時藥一咽得七罪。非時殘宿不受內宿內煮自煮惡觸。三提四吉。此對有者言之。不可通爾。

四明服罪。初科時藥中。初列罪數。此下示有無不定。

疏非時漿者。若是生漿但有五罪。無內煮自煮。轉變爲熟。具七如上。此據加法至明相出而輒噉者言之。則非時殘宿惡觸定有。餘宿煮等約緣不定。

非時中。初約生熟以示罪數。此下示定不定。

疏七日過限同上可知。加二犯捨用者。則四提五吉也。

七日中。加二犯捨是提。輒用即吉。加上成九罪也。

疏問上生罪中。不生不受。今此服中何以有耶。答生防兩緣。約口法而有。今據服者爲言。如七日藥加法有限。若不服者但犯過限一提一吉。若又噉者則非時殘宿觸等如上有也。

次問答中。生防約口法者。謂口法能防不受。不能生不受。故防中具列。生中不論。此明服用義門自別。不可濫通。如下且舉七日以明服與不服結犯不同。不服一提。即本長罪。一吉即輒用罪。此即上

文後加二罪如上有者即前七罪也

疏盡形壽藥若加法者無過形義受法不失無病而服但犯吉羅不作法者具足七罪三提四吉餘如戒本中更廣其相

盡形中初約有法無過由期盡形必無過形失法之義故無諸罪但有一吉不下次明無法有罪下指戒本即非時不受殘宿等戒也

疏又如乞四種美食和五正殘宿藥一咽九罪若悔罪時九墮一時提名則滅

次科四種美食乳酪魚肉並從他索五正食並經

殘宿九物別犯而用相和一咽九墮若下明合懺以同篇故別別提名一法悔滅

疏如上所列是曰繁碎於中違離末代全希豈非貪著患重良方之所不救又嫌法藥非妙心希槃丸兩治故耳

結誥中初示文繁於下次明持少豈下推不持所以初明惑重方雖甚良而患不可救又下次斥慢教藥雖甚妙棄而不服而不畏來苦即是心希槃丸謂地獄中鎔銅漿熱鐵丸兩種治罰也

疏次約文相開制意者凡夫宅世四大爲身夏末秋初節氣交競地風水火體用不同一大不調諸病俱起便廢進修無任繫業聖慈開服用療形苦因開廣畜長貪壞行外違內負情過特深故制罪也

第二約文別釋制意中初總標凡下別釋初釋開意夏末秋初冷熱不調故云交競然病生四序而二時偏多又附戒緣故舉秋夏始終二時地水火風徧該萬有故並名大地水沈重風火輕浮是體不同地是所依風以鼓動水以滋潤火即任持是用不同繫業謂繫心正業因下次明制意即畢陵伽也外違謂損他內負謂損自

疏五緣成犯一是七日藥體若不口受亦無長罪二明作二受竟三不說淨四過限或緣盡五無遮難故犯

犯緣中四過限是正犯緣盡即病差輒服準應犯吉五無遮難鈔作無緣謂若失若壞作非藥等同上長衣八緣不犯

註佛在舍衛比丘秋月風病動形枯生瘡佛言有酥油生酥蜜脂聽有病緣時非時服佛在羅閱祇畢陵伽徒衆大畜流漫道俗譏責白佛訶制

疏就戒緣中從初至非時來聽服藥緣二佛在羅閱下明過制結就前藥中有人解云脂是時藥不同酥

油。今解是七日分。僧祇五分同說脂也。

戒緣中因開致濫招譏故制。畢陵伽婆蹉即佛上首弟子。人所知識致令徒眾多得多畜故知信施生過之本。存心向道慎勿近之。有下斥妄判。今解引據如前具引。言同說者謂彼二律同今四分。

律 若比丘有病（謂醫教服爾所種藥）殘藥酥油生酥蜜石蜜齊七日得服（八門句義如前衣戒）若過七日服者尼薩耆（此應捨藥與僧已白治罪竟還彼藥法至第七日捨與比丘彼應取食若過七日酥油塗戶嚮蜜石蜜與守園人減七日者白二還之比丘尼同犯不犯者當取塗腳燃燈用）波逸提（如上捨用等差別也）

疏 戒本七句。一人。二病緣。僧祇云病有四百四也。水火風雜各有百一。風病用油。熱病用酥。水病用蜜。雜病用三。故云醫教服也。三殘藥者列名相也。四齊七日服給其限也。五過七日服明乖法也。下二可知。

戒本分句中第二引僧祇初示病。雜病即三種互發。風病下明對治。醫教即醫師知病教令須服。四中給猶與也。

疏 問長衣明迦絺那。此戒何以無者。答用內外別損益不相及也。

初問。答中損不相染益不相潤。

疏 問本受絺那益長衣。藥中何故不聽受耶。答衣本制持不許離。開受絺那得離宿兼益於長衣。藥無制離又資狹豈開絺藥離藥宿。

次問。意何謂不受迦絺藥。答中上三句明衣須受。下二句明藥不開。止能治疾故言資狹。

疏 問何故迦提不通。答衣用四時有常度秋涼補洗開迦提。藥必待病而後營來不難期故不用。所以文無迦提藥月也。

三問不開迦提藥月。答中上二句明衣開。下二句明藥不開。

疏 問衣戒本云畜長衣。此何不言畜長藥。答三衣制畜非長限故對非長明長衣。藥唯開畜無可對。所以文中不明長。又解云雖無長字有殘藥故知義一而文異。

四問。答中二義。初約不同釋。謂衣可有長藥不名長。又下次約義同釋。殘即長義故。

疏 若爾七日不食八日犯長可名殘耶。答以四依望俱名殘也。故文云若得長利酥油等。

轉難中以食可名殘不食非殘故問通之。答中四依上行根本作持四並從開通是餘長則知長名不獨衣矣。故下引證即受戒說相中文。

五問畜服不同
六問衣無過著
七問衣無淨施
二釋注三初牒文釋

疏問衣戒云畜此言服者答畜者元爲於服不服則不畜故取畜意列於戒中然得罪時未待於服若論貪衣多爲積貯未待於著故不列也

五問衣藥畜服互彰答中初示藥戒言服所以若下次明衣戒標畜之意

疏問藥戒過服衣不言過著答衣無著之齊限藥唯七日所以著過

六問此戒文云若過七日服準衣合云過十日著答中衣無著限藥有服限不可一例

疏問比於衣戒應有淨施所以無者答衣無濫故藥有外用故著不著異也或可略無如註中八門句義淨施差別等

七問衣戒云不淨施畜過十日藥亦應同答中初約異答衣無濫者唯一用故藥兼兩用內用可說外用不須故衣著藥不著也或下次約同答註中八門即是廣解淨施不犯八中之一戒本不著結集略耳

疏此應捨下明治罪相就分爲三初至彼應取食者謂第二日藥至初日藥家第八日時正滿七日故云至七日既無宿觸口法尚存聽與僧食二若過七日者即初日限過具兼諸失主不合食故與俗人三滅七日者謂第三日藥限法不過明日還主理合說淨已越七日無更服義制身外用此中展轉至十四日捨者皆入園人十二日捨猶兼三用可以思之勿誦語也

釋註中初科二初點總意註云白治罪者懺主作白和僧犯者三說悔罪就下釋三位此約初日受藥乃至七日日日受之至第八日初日限過二日已下並相染犯捨已俱還故分三判文中且據八日捨者爲言初位二日得者體非過限由相染犯

故聽僧食二中初日過限即是本犯由具宿觸等過不聽僧服故與守園人即監護僧寺者三中三日得者亦即染犯至第八日始得六日故聽還主言明日還者前云長藥不必隔宿今以意詳或是兩通或且循古若據藥體正滿七日故云理合說淨但隨能染越過七日故令外用不得入淨乃至第七日受者雖經一宿亦同此判此中展轉者即約七日日日受藥至第八日並相染犯或即日捨懺或至十四日捨還三判具缺不定是故受捨並約七日明之古記錯解後學難曉略爲圖示

二廣問答三、初問答五、初問捨還不服

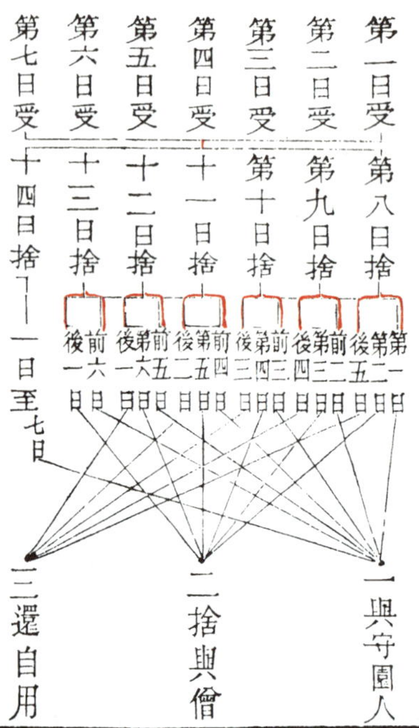

言展轉者，卽上七日受者至下七日捨時三用展轉不定。如第三日受者八日捨時得還主用，若九日捨卽捨與僧，若十日捨卽與守園人，但過七日與園人卽無展轉矣。言十二日兼三，謂從第八日

已來五日內捨並兼三用，十三日但二用，十四日唯一用，如圖可見。問何以但至十四日耶？答已後捨者並同一判，皆入園人，故不明餘日，可思之者，令屬意也。勿誦語者，誡隨言也。

疏 問長衣還得服，本著長藥所以非本服者？答衣唯防長，過捨則其過滅；藥長乃同衣，別有宿觸過，故不得服用。

廣問答中，初問引衣例藥亦合得服，何不同者？上

二答難

三問與受日不同

二問相染失法 二、初問答

服字古本作復，音誤。答中，初明長衣，次釋長藥，言同衣者，捨已過滅，故猶兼宿觸，故不同衣。

疏 問染下六日藥有失口法不？答不失。何者？說淨爲防長，不說故染；餘口法防宿觸，本不防長過，故知不失受，所以通僧食，良由無過故。

次問以七日中日日受藥，八日染犯，能染過限，所染未過，然既被染，卽應失法。答中，初句判定，何下徵釋所以，爲三：初明被染，若第七日都將說淨，則無染犯，不說故染，則知淨法本防長也；口下，次明不失受所防既別，故法自存；所下，三引證，卽第七

日藥捨與僧服，由有口法無宿觸過，故聽僧服。

疏 若爾，不失法本主應合食，亦如上解。

轉難中，指如上者，卽上文云已越七日無更服義等。

疏 問藥受過期限不食，是亦失受，日不出界過限亦應失？答藥服爲於病，病轉有期限，受日本爲事，事在故法在，所以上明隨病一二日乃至七日轉故也。

三問謂夏中受日未用，但使緣在，縱經多日，受法不失，藥法不同，故引比難。答中，因病加藥，病限卽時，爲事受日，事容延緩。所下指前爲證，卽重受中

多論僧祇文也。

疏問藥既說淨過限失受淨法在否。

四問謂至七日說淨八日失受疑謂淨法亦應隨失。

疏答有人言受法雖失淨法在故。

初師中初文可解。

疏若爾淨依手口受本失末猶存亦可約界結攝衣。解卻大界衣界在。

次科淨法是能依故爲末受法是所依故爲本。本既已失末不應存故比結界義則相反。

疏有人解云不同解界一僧約有心解二衣必假大界淨法不爾受法任運失故非作意捨二淨法不假於受法是故受失而淨在。

三中初明解界二義故失次明淨法反界二義不可比同衣界非大界不成淨法無受法自立故云不假等。

疏有人云若第八日相與俱失既不任用加淨免過。

次師立理中謂第七日說淨至第八日淨法與受同失既下釋所以上句明後失淨下句顯前說淨止免長過非爲久畜。

疏若爾如犯捨戒猶須懺比此口亡淨法在答受過俱無二法謝此障猶存故須悔又不同衣淨法存所防在故法不失也。

釋難中謂如犯殘下諸罪捨戒還家後復重受須懺先罪彼既戒失而罪尚在今口法失淨法合存如何隨失耶比謂相並答中初二句釋通上句釋淨隨受失受過文誤古本作彼過對下此障由加淨法俱無長過所以受淨二法俱謝下句釋捨戒罪在罪是業障障不可亡不隨戒失故須後悔又下次遮妨以前長衣淨法不失恐引爲難先此通之所防即長過。

疏問淨財加受淨法謝藥加淨法不失受者答衣患無故淨法亡藥患服故二法在。

五問謂說淨財將作三衣加受持法即失本淨反例藥說淨已受亦合失答中患謂病患衣無藥有此則可知。

疏亦不欲廣於問答以費紙墨欲開神慧知持犯相。讀者思之慎莫誦語大誤人也。

結告中三初敘非意欲下示廣意讀下誡封著。

律二十七過前求雨衣過前用戒。

疏第二十七過前求雨衣過前用戒此中兩戒合制意者本制雨衣用有時限預乞先用違反聖教故制

二十七通釋中初科制用有時限者三月十六日後求四月初一日後用預乞先用兩並違制

疏過前求五緣成一是雨衣二過前求三自爲己四彼與五領受問與彼乞衣有何異耶答三異一衣體不同二開緣別此有時限彼無時限唯除四緣三親非親別上則開親此二俱犯

初過求緣問答中三異初體異者彼是三衣此是雨衣餘二可解

疏過前用四緣成一是己雨衣二時中得三過前持四過前用

過用緣中二時中得者準此不犯前求方犯後用準多論犯過求者過用但吉前總義云雨衣重犯者謂過用中隨用隨犯

註佛在舍衛毗舍佉母請佛及僧婢白時到見諸比丘裸浴因發八願爲佛所讚六羣常求比丘舉過佛因制戒

疏就戒緣中因發八願是開緣也

戒緣中八願者一與客比丘食二與遠行比丘食三與病比丘食四與隨病藥五與看病食六食粥七給比丘雨衣八給尼雨衣

律若比丘春殘一月在當求雨浴衣（雨衣者比丘用雨中浴衣有十種彼應三月十六日求也）半月應用浴（四月一日應用）若比丘過一月前求雨浴衣（三月十六日前求雨衣）過半月前用浴（謂四月一日前用也）尼薩耆波逸提（比丘尼吉羅不犯者若捨作餘用若著而浴若浣若舉者是不犯）

疏戒本分二立法中四句一人二春殘月求衣分齊三浴衣制名相也諸師解者多途皆不可用今西土來者親自對之還同三衣可披著也故僧祇云雨時披浴餘如鈔中四半月下制用時節多論云雨熱時障身浴無雨時裹三衣若閏三月者後三月十六日求閏四月者前四月十六日用同安居也此土僧用全希故略言也

戒本立法中三中初點文雨浴衣是名註釋其意十種衣體同上所明諸師下次顯相初斥非鈔云古謂如傀儡戲圍之類今下示相卽親問梵僧則彰得實故下引證指如鈔者彼云常須大雨時披不得當三衣則其相可知矣四中初點文多論下引釋初明畜用若下示求用時限此下示略

疏戒本五句初犯人二前求三前用下二可知餘文相可解

○二十八受畜急施衣戒二初標名」二釋相二初通釋二初合制

二犯制

戒本第二前求犯前第三前用犯後下二句即捨
墮餘文即後註不犯中雨衣不得餘用捨已故得
又不用犯吉著故不犯浣藏舉有緣開不用吉也

【律】二十八過前受急施衣過後畜戒

【疏】第二十八過前受急施衣過後畜戒此亦兩戒共
制非是一衣不同雨衣一事生二也制安居竟開受
夏衣今爲急緣無暇待竟逆前而施故開受之又恐
濫逸限前十日與夏衣接還同本施今過前而受後
不說淨違反二教故制犯捨

二十八通釋中初科初對前戒明同異非一衣者

前犯急施後犯畜長不同雨衣者以過求過用同
是雨衣故一事生二制下正敘開制初明開受本
須夏竟緣開前受逆猶預也緣如後引又下次明
制意前十日者七月初六已後至十五日滿十日
明日入時故云與夏衣接同本施者還賞夏勞故
過前而受是違急施限後不說淨即違畜長限故
違二教也

【疏】五緣成犯初是急施二知三七月六日前四無緣
五受犯過後畜者亦具五緣一是急施二知三七月
六日後十日內四不作淨五過限犯

二別釋二初戒緣

列緣中初過受五緣次過畜中第三須限內者準
知前後不重犯也

【註】佛在毗蘭若聽受夏衣六羣常乞衣常受衣跋難陀異處安居異處受衣佛在舍衛安居中大臣爲安居施佛因開而制戒

【疏】就戒緣中非時乞夏衣僧祇五分安居未竟受乞
衣者吉羅此唯爲夏後是急施衣今日不取明日即
無者開

戒緣註文二段初明聽受夏衣六羣非時常乞跋
難陀非分而受因開過起此敘興制之由二因舍
衛大臣施緣方立斯教即斷非時先受夏衣除急

施緣又須限內無緣乖限並非時施不得時利也
註中大臣者律因波斯匿王二臣一名利師達多
二名富羅那王勅使征時二大臣作是念言我今
當征未知還否我常夏竟爲僧設食施衣今者未
竟欲施即往白佛佛言若是急施應受僧祇五分
時前犯吉簡無緣不開此下明有緣開受唯爲夏
後者明本施緣不取即無出其開意

【律】若比丘十日未竟夏三月（謂七月六日已後十五日已前是也）諸比
丘得急施衣（若受便得不受便失故名急也衣者有十種）比丘知是急施
衣當受受已乃至衣時應畜（衣時者自恣竟不受迦絺那衣一月受衣五月）

二戒本三初釋文

若自恣十日在得急施衣受已至一月五月畜乃至明日自恣應受一月五月外更增九日也若過畜者尼薩耆波逸提謂急施衣若過前若過後竝犯墮比丘尼同犯不犯者不過前不過後不犯若奪衣失衣過前取不犯若寄衣比丘遠行水陸道斷過後不犯

疏戒本七句一人二十日下明其時分七月六日受去十六日自恣滿十日此是受時若在先受是名過前犯也若十日內受與時分相接至臘月十五日應說不說此但有過後犯前是領受故生後違說淨故結古德云舉前以明非舉後以釋疑無重犯也三明財體四比丘知下立法也五若過下明業餘可知

戒本第二句中初明前受時分若十日下次明後

畜時分臘月卽八日且據不受迦絺爲言上是別列前下總簡初正簡古下引證舉前明非正制領受故舉後釋疑重決畜長故二不並有故無重犯三財體中註文先示急施名義後示衣體十種同前四立法中註文初釋衣時若下二明次第增自恣十日在卽七月初六受前滿十日後不更增乃至者謂初七受前得九日後增一日初八已去前次第減後次第增明日自恣卽七月十五日受止得一日故後加九日續滿十日開也五中過畜卽所造業餘可知卽捨墮二句

二釋注三初明時非時二初點示二問答四初問時外增日

二問長衣不同

疏註解衣時下明非時時相問何以非時受衣一月五月外更增九日時中受衣所以不增者答此本是時衣急故非時受所以時外開餘本無時限隨受隨時說

釋註問答中初問以十日常開據須齊給時中受者何意不增答中初明急施須增餘下次明餘受不增言無時限者謂非急施緣所開者若非時受則限十日若入時中則一月五月故云隨受隨說也

疏問長衣七月六日受十五日前是開位十六日接

是時分何爲不同急施衣答受長無時節隨受名非時急施必接時所以前後開準此爲言七月十五受長衣時內九日須說淨

次問非時受者入時不開答中初明餘長通餘時次明急施局時準下重決長衣時內九日說者準知迦提開長須約時內受者應作句料簡初約時非時受爲四句一非時受時衣卽今急施時外加十日二時內受非時衣夏竟不爲安居施此限時內畜三時內受時衣正爲賞夏勞同上齊時內四非時受非時衣但齊十日又約有犯作四句一時衣非時犯急施過前受或過後畜二非時衣時中犯卽上

七月十五受長衣。三非時衣非時犯。十日月望過限。四時衣時中犯。如時內捨迦絺不說淨。

疏問爲夏而施是時衣可得一月五月開餘非爲夏而施者應是時中判十日答衣利寬多故通開也。三問時衣可開非時不應開答中以五利中食利有時故狹衣利常須故寬如十日月望急施時非時等並開一月五月是也。

疏有人準此謂七月十五日離界不破夏非離衣以明未出是不犯明出開時復非制故。

次異解中他解爲二初立義以下出所以明未出不犯者在夏限故明出無過入開限故。

疏今解不然明未出時夏未竟須在界內守地了明出方名一期竟方開外行及離衣不同急施前後開此但後開無前開越於昧爽故是犯。

今解中初斥古非謂十六日明相未現猶在夏限出則破夏故須在界地了即明相一期即三月夏限不下簡濫古師準此故須分之急施時前開十日後入時中開一月前後皆開故可相接坐夏護衣開後迦提時前不開故非相例越昧爽者未明出界破夏離衣故云是犯。

疏問月望與長衣同爲一月衣絺那與迦提同爲五月衣何故迦提月不攝十日衣答各有其類兩不相攝所以然者一時非時別二利有寬狹三本末不相收不同絺那攝迦提月同是時位同得五利一月初制五月後開以長收短故得相攝月望十日例此可知。

四問初舉類月望前十日即本長衣開後加二十日通爲一月望又迦提本一月迦絺但增四相通爲五月此二皆相攝十日與迦提如何兩各立不從十日加與上不同者答中初二句總答上句通示三種下句則顯迦提所下別釋爲二初釋迦提不攝十日初義可解二迦提五利故寬十日唯長故狹三以迦提十日緣據各別兩不相因則無本末相收之義不同下次釋前二相攝絺那攝迦提反上三義一是時同二得五利即寬同三從本開末故兩相收月望例此者一非時同二即狹同三十日不足故加二十以長收短故通一月私釋準前五分先開迦絺後開十日則有迦提時未有十日那得相收。

疏下開通中具列兩開文相極顯。

開通中具列兩開者註文初二句兩並順教若奪下開過前若寄衣下開過後同長衣緣也

律 二十九蘭若有疑離衣過限戒

疏 第二十九蘭若離衣戒此戒與前離衣有二不同故須更制一前在聚中一宿犯此在蘭若六宿犯二前無賊難德衣開此則有難不成受

二十九對簡中初標示二下列釋初義自含二別一聚蘭處別二一六時別二中亦二一有難無難二德衣開不開以德衣有王賊等難不成受故更加一義前通三時此局冬分

四分律含註戒本疏行宗記卷十二 釋三十捨墮法 三五

疏 論犯六緣一是受詩三衣二冬分非時三有疑怖畏四置衣村中五無因緣六過七夜犯

犯緣中二冬分者八月十六至十二月十五也五無緣謂有奪失等想水陸道斷等緣則開不犯

註 佛在舍衛比丘蘭若處爲賊所打并奪什物佛令留一一衣置村舍內六羣寄衣遊行同徒舉過佛因制戒

疏 就戒緣中置衣村內開緣也下明犯相初明打奪什物者有人數衣鉢滿十非也什謂物之總號不局衣裳文彰人物多者積聚一處並名爲什

戒緣中初分文下明犯相即六羣起過等初下牒釋註中留衣村舍者謂蘭若遭賊故聽寄衣村聚身在蘭若文釋什物初引古非六物之外未詳加何等物數爲十也什謂下今解又二初釋名物總號者數該多少豈唯在十不局衣裳者體通一切文下點示文意

律 若比丘夏三月竟後迦提一月滿（謂八月半後）在阿蘭若（去村五百弓遮摩羅國弓長四肘用中肘量）若有疑（疑有賊盜）恐懼處（中有恐怖賊盜）比丘在如是處住三衣中欲留一一衣置村舍內（村者聚也）諸比丘有因緣離衣宿乃至六夜（若彼有緣離衣宿第七夜明相未出前若捨若捉衣若至擲石所及處反上成犯）若過者尼薩耆波逸提

四分律含註戒本疏行宗記卷十二 釋三十捨墮法 三六

（開緣如前離衣戒）

疏 就戒本中約文十句一人二時列非時分

戒本第二初科初云時者總標第二句也列非時者點文註也

疏 問戒本何爲無德衣開

次科問意可解

疏 答上士翹勤不受寬利

初答中以德衣五利隨人受之今是蘭若比丘修頭陀者故云上士翹勤謂翹企望上而進行功唯務少欲豈受寬利耶

二釋難　二約開緣答　三處　四有疑

疏若爾應無迦提月答德衣作法有迦提任運受亦可文列迦提月謂是夏竟時非受於五利

轉難中以文云迦提月滿旣有迦提亦受五利那云無者答中初約同開釋迦提一月夏竟常開上士同霑文中故列雖教所開自不受利亦下次約標時釋謂文標時限非是開利

疏又解異界比丘不成受德衣律云有難無大衣今旣賊難故知不合受無難亦應成

次答文二初約異界釋以蘭若坐夏往他寺受衣卽非同界德衣簡故律下次約難緣釋卽王賊等八難不聽受德衣文舉兩緣正用有難因引無衣

疏三蘭若者註云去村五百弓弓長四肘肘長一尺八以此為率通計六尺為步則二里也此謂頭陀蘭若閑靜處如盜戒說離衣僧界難事總有五

三中釋註初示分齊每一百弓成一百二十步五百弓共成六百步三百步為里故有二里此下簡濫如盜戒者彼云若閑靜處卽蘭若也三離衣四僧界又二卽有難無難五難事卽提舍蘭若受食也

疏四有疑者如註可解十誦乃至惡比丘畏

五離衣　六置村　七明引緣

四中初指註下引示惡比丘畏謂恐相侵損亦開留寄

疏五比丘下明旣有難卽離衣宿不作日限如五分上二衣隨所重者寄一下衣隨身禮拜入寺乞食不得單著

五中初明無日限以文中但云留衣不言日數故此卽暗指古非下文顯斥如下示所離多少一唯開一衣二不開五條

疏六置村舍內僧祇云還寄可疑俗人家開留一衣不作日限五分前後安居未滿無怖不得離衣彼國八月賊發殺人取肉祀天諸人至期不出遂至蘭若害諸比丘故開寄衣不作日限唯須十日一度往看無有溼壞免賊難故

六中僧祇可疑家卽反委盜者則無所慮五分初明夏分不開彼下次示本開緣祀卽祭祀十日往看欲知溼壞非是會衣

疏七諸比丘下明有別緣至於七夜此律文略其緣古來諸師尋文不了謂是恐怖故開六夜今約戒本文相自分前是難緣如上已解今是別緣故須引證如僧祇云何故唯開六宿因往斷事為衣重故時須

六宿故即捨衣六夜爲戒五分有僧塔事和尚闍梨
及他事者皆聽六夜留衣俗家若一二三乃至五夜
亦爾餘如鈔

七中初點文別緣如下引示古下斥非初敘古解
今下示今判文相自分以前明疑怖不云時限後
云因緣乃云六夜僧祇斷諍五分三寶等即是別
緣一二三等謂極至六夜已內隨開四分闕此諸
緣故合古來妄解問若云有難無日限者前列緣
云有疑怖處過七夜犯如何通耶餘如鈔者彼云
事若未竟中間常許等

疏 八若過者是業成下二可知餘同離衣戒
後二句中餘同離衣點註不犯等文

律 三十迴僧物戒

疏 第三十迴僧物入己戒所以制者出家高士知足
爲懷聞他施僧方便迴入長己貪求外惱施主於僧
失利殊所不應故制

三十制意初示合行聞下次敘過惡有三長貪一
也惱施主二也失僧利三也

疏 論犯四緣一是許僧物二知作許想三迴入己四
領受犯許僧物者於己有濫迴容稱心喜爲制重佛
法之物無濫義稀雖迴制輕

犯緣中初列示許下對三寶辨異已在僧數故云
有濫

註 佛在舍衛居士飯僧施衣跋難陀聞語言施僧者多今可施我居士後見長老比丘威儀具足便即悔歎比丘舉過佛因制戒

疏 就戒緣中文相易耳

戒緣中註文初敘比丘迴施二明居士悔歎

律 若比丘知（不知非犯）是僧物（有三種僧物者已許僧爲僧者爲僧故作未許僧已與僧者已許僧已捨與僧物者下至飲水器也）自求入己者（若許僧轉與塔若許四方僧轉與現在僧若僧尼若異處若反上交互若疑想並突吉羅）尼薩耆波逸提（不犯者若不知若作不許想若許少勸令多許少人勸與多人勸與好物若言戲若錯說者並不犯）

疏 戒本六句一犯人二知三物已許僧者決非屬己
定爲僧作眾多別少心未決故迴犯墮二爲僧作未
許僧者雖非屬己眾別未分若迴犯吉三已許僧者
定屬有主迴犯重罪

戒本第三中初句決非屬己捨心決也眾多別少
謂欲與眾則恐人多欲與別則復慮人少即猶預
未決之意次句由未決許迴則但輕上二句並屬
當戒重輕異耳第三落前盜戒

疏 四自求入己論業相也註中四對初僧塔二現前

四後二句

四方。三僧尼。四同類。故曰異處也。

四中。初點文。次釋註中。四對。合註可分。註中說字誤。合作許字。反上交互。如許塔轉與僧等。三僧尼者。施尼迴與僧也。四同類異處。卽許彼寺迴入此寺。

[疏]下二可知。餘文相引鈔取釋。

五六。卽捨與罪。餘下指略。註不犯中。初二開心差。若許下。開不入己。若言下。開非意。

[律]諸大德。我已說三十尼薩耆波逸提法。今問諸大德是中清淨否。三說諸大德是中清淨。默然故。是事如是持。

四分律含註戒本疏行宗記卷第十二

四分律含註戒本疏行宗記卷第十三戒本中之一。疏之一。記四上之一

宋餘杭郡沙門元照述

疏四分律含注戒本疏卷第四從九十初終戒本末

疏就九十中。先以義求、後隨相解。初別料簡七門分之。一配三業。二約自他。三明遮性。四論持犯。五簡僧尼。六關諸部。七辨任運。

疏初配三業者。九十一篇。三十一戒在身成犯。二十一戒在語成犯。三十八戒通於身語。

九十單提義門有七。初門總配中。標云三業而但列身語者。以意業通故。

疏就初三十一戒中。何者是耶。作偈記之。法事單歷。女未強脫覆作屏施別過非殘不外坐屏露四三軍。酒水擊半白二隨打搏宮。

次科身犯中。法事單歷者。此句通指諸偈。以雙持雙犯法事兼有。此下偈括。不可雙標故。女與女宿未與未受宿強強敷臥具脫坐脫脚床覆覆屋過三作與尼作衣屏與尼屏坐施施一食處過受別別眾過過三鉢食非非時食殘殘宿食不不受食外與外道食坐食家強坐屏屏與女坐露與女露坐四過四月受藥三軍一往觀軍陣二軍中過限三觀軍合戰酒飲酒水水中戲擊擊攊他半半月洗浴白白色三衣二隨一隨舉比丘二隨擯沙彌打打比丘搏搏比丘宮突入王宮。

疏有二十一戒。口業犯而非身。故偈記言、故毀兩同說。道女異嫌尼。譏法恐怖疑。發起欲拒毗。同欲無根謗。二十一語持。

次語犯中、初科。故故妄語毀毀呰兩兩舌同與未具人同誦說說麤罪道實道得女與女說法過限異妄作異語嫌嫌罵知事尼輒教尼譏譏教尼人法與尼說法至暮恐怖怖比丘疑疑惱比丘發起發舉四諍欲說欲不障道拒拒勸學毗毀毗尼同同羯磨後悔欲與欲已後悔無根謗僧殘法謗二下一句總結。

疏昔云小年與受是口業犯。今解不爾。律結和尚不是戒師。當時和尚默坐眾。未曾有語。故知解非律結僧吉師提者。此在自身作業假他語也。如後為道。

次斥非中、初牒古解。今下正斥。初約義斥非。律下。示今所判。指如後者。文見次科。

疏三就通身語又分為二。有三十一戒語家作業共身心犯。後有七戒語家止業共身心犯。

疏就前分三。初有十九戒自語作業假他身犯。偈云掘壞牽用勸。然藏飲殺驅。與衣捉落寶。高牀七戒俱。

三通身語中、初段十九戒中、初科。掘掘地壞壞生牽牽他出房用用蟲水勸勸足食然露地然火藏藏他衣鉢飲飲蟲水殺殺畜生驅驅他出聚與衣與尼衣捉落寶捉寶因拾遺故高牀七戒俱一高

三五戒自身假他口　二七戒自語假自他身　三釋難　二問辨

胸。二兜羅綿褥。三牙角鍼筒。四過量坐具。五覆瘡衣。六雨浴衣。七與佛衣等。俱謂同也。

疏此一段戒。若論自業。唯身心犯。屬初門中。今據教人成自犯義。如前教人掘地。言了未結。必假前身掘地壞生。教者方犯。故云自語作業假他身也。不同妄語無別事故。言了即結。餘者例知。

簡辨中。由此諸戒自作教他二俱成犯。故涉前後。初明屬前。今下次明屬後。初引掘壞以明。不下簡異單語。餘下指例。即餘諸戒也。

疏若爾。如誑他言了未結。要待前聞。聞即身業。答。今取運爲造作。別名身業。不取聞知通名身業。

釋難中。以妄語成犯事同假他。故躡爲難。答中。造作事異。如掘壞等名身家別業。五根觸對事用未彰名身通業。

疏中有七戒。自語作業假自他身。如與期行。要先共期。後身同路越界方犯。偈言屏露二處敷四期索美食。

次七戒中。初示業相。後以偈束。屏露二敷。亦約先語教人。前人爲敷。我身捨去。四期(一期尼行。二尼同船。三期賊行。四期女行。)索美食。先以語索。前人施與我食方犯。

疏後有五戒。自身作業。假他口成。如噉歎食。假尼口歎身業咽犯。餘者例同。偈言讚諫及二聽與年不滿五。且如違諫。亦有言拒。今就一相。知別有義。

二諫止共身心犯　二初總示諸戒

後五戒中。初示相。次偈括。讚(食尼讚食。他歎我食故。)諫(不受諫他。諫我拒故。)二聽(一屏聽四諍。二不攝耳聽戒。並由他說故。)與年不滿(和尚默坐犯。假他羯磨成。)且下別簡諫戒。若取言拒。應在語業。今明不受。多就身論。故云一相。

疏大分第二次有七戒。語家止業。共身心犯。偈言覆背足非時家眞不與欲。

第二語止七戒。並有教法。由口不作。身違成犯故也。偈中覆(覆麤罪)背(展轉食)足(足食)非時(非時入聚)家(食前食後至他家)眞(眞實施)不與欲(不與欲起去)

二別釋覆藏

疏覆藏一戒。諸解不定。伽母云。意業成犯。此就本爲言也。善見云。身心犯者。由見聞他犯。懷覆不說。此通口業。未可取分。今云聞過言陳本自無罪。止口不露。意懷覆故。身爲過本。故兩取之。

別釋中。先引諸解。伽母就意。意即是通。犯相難顯。不可全用。見論身心。通別齊舉。見聞是身。懷覆即心。據云不說。即是口止。故通口業。但文不標顯。故未可分。今下判定。即通三業。捨通就別。指歸身語。結屬當科。故云兩取。意在其中。不言可鑒。

二自作教人二、初標示。二正明二、初就文釋二、初十二戒同犯。

二十戒互犯

二約義求

三遮性義二、初標示。二正明二、初通簡遮性。

疏次解第二自作教人約犯差別有十二戒教人同犯餘即是輕偈云掘壞牽用勸恐然藏殺飲無根捉落寶自作教他同此十二戒但使教人縱不爲己作即同犯

二自作教人初十二戒餘即輕者無教人同犯故偈詞對前尋之可解

疏更有十戒教人不爲己無問心之輕重但得小罪其相如何偈云屏露與尼衣高牀下七戒此之十戒教比丘作若爲己者能教犯提受使犯吉若不爲己受使犯提能教犯吉

次十戒中互通輕重所以前標不爲己者且欲對上示不同故其相下列示屏露即二數也此下正明能所互犯輕重

疏約義以求統通九十義猶不盡如有打搏自他同惱何不同犯豈唯小謗飲蟲水等但是文無義決則齊何得不有故知未盡

義求中上是約文文則局數今此據義義求則通故云不盡文舉打搏餘可自尋

疏次解第三遮性義者有三十戒性與理違悔犯事淨集業未遣要傾我倒苦根方止餘六十戒但有事違不無譏醜故違教網

三明遮性通簡中初明性戒性通三性善惡無記今此局惡故云違理於此須明化制兩教犯懺不同犯化違理毀制違事比丘犯性理事俱違依律行悔但翻違事故云事淨違理猶存故云集業未遣若準懺篇修三種理觀亦能破業今從究竟而論故云要傾我倒即須破惑入聖已去惑能起業業能生報故曰苦根餘下文明遮戒此單犯制於理無違但依律懺以事翻事無不淨矣

二括示性罪

四持犯方軌二、初標示。二正明二、初列示雙單二、初雙持雙犯四、初列示。

疏廣解遮性如上已陳今直數之知異便止性惡偈言故毀兩說異嫌强牽用譏諫驅恐覆疑畜飲發說隨隨拒毀同欲不屏打搏無

次括示中初指廣如上陳者即僧殘義門今下正示偈中下說（說欲不障）同（同羯磨後悔）欲（與欲後悔）不（不與欲去）屏（屏聽）四（諍）無（無根僧殘謗）

疏次解第四持犯方軌就有十二戒具二持犯何者是耶例有七階初有羯磨故得說罪教尼二受功德衣故得背請別食三有囑法故得非時前後入他家四作餘食故無足食勸足五作口法故七日盡形無殘宿不受上列五階十罪也十一淨施問主者十二

僧事與欲起。
四明持犯雙持中。初科。諸戒事別法同故合爲七。
問。德衣開五利。何獨背別得爲作持。答。前篇長離自有淨施羯磨此中入聚別有白法。此三長開。德衣時短。捨短從長以明雙持。背別二戒無別開法故取德衣爲作持也。若爾前三得用德衣爲作持否。答。若用德衣則廢本法。故知三戒並兼兩法。就本從長故所不列。

疏 此等諸戒並有教開。順作無違名作持。止口不作名止犯。身違事合名作犯。此止作兩犯體一名異。古人云止法止事名爲止持。故知二持名體各別。

次科。古解中。前列三行欲顯同是造作所成。後獨出止持欲明守戒非造作。故兩犯體一名異者彼謂作犯義兼止犯止作名殊業思體一無別二犯。前亦古義後方標者。欲彰止持最爲非故。止法止事者彼謂法事都無所爲名止持行。作持是運造。止持即不爲故名體別也。問。如昔所明義有何失。答。彼但解止都不識持。持既成善善即是業。業不自有必假行成。行即行心無非造作。若都不作但是無記焉能成業。故知古解於理大乖。是以疏家篇篇提破。講學臨此須善思之。

疏 今解不然。如上廣列。持犯約教隨戒彰相具二持犯。如有羯磨說麤罪是作持。不違教說名止持。無教輒說是作犯。抑教不求名止犯。據此爲相可不明耶。餘可例知。

今解中。四行並據造作爲言。指如上者即僧殘中。持犯約教者示其源也。隨戒彰相者雙單別也。如下略示名體二持二犯一一皆別。舉一例諸自餘準說。抑塞不求即不乞羯磨。

疏 若懺罪時但依戒悔二犯據法不在悔收。不學無知別制別懺。

明懺中。上既異古二犯體別。須明行懺開合之相。初明本犯二下。次示止犯言二犯者謂雙犯中止犯罪也。或可悔法中不收此罪。既是別制故須別懺。言別制者以更增無知罪故。

疏 如昔解云七日等藥加二受竟防無非時名作持。今解不然。七日無法非時得食本無限約。由作口法過限故有非時。此乃口生非時何得口防非時。故知無也。

斥七日中。初引古解七日等者等取盡形。彼謂加口法已非時得服故。次示今解又二。初明非時本開暫服則知口法不防非時。由下文明過限能生非時則知口法非是能防。故知無者謂無防義也。

疏覆藏昔解爲作持。亦非義也。頗有順教覆得說無罪耶。如非時入村依教作與本入村時無別故說爲作持。

斥覆藏中。初示非彼謂發露即是作持。頗下反詰。若許覆藏說而無罪可名作持。然無此理。故不可立。如下引前比顯前十二戒若本無法則成於犯。由開作法故名爲持。覆藏不爾相比可知。

疏問教人掘地開知淨語豈非作持。答上之十二順教身作故號作持。知淨語者但開教人無有自作不名作持。

釋妨中。知淨開法相似作持故須簡別。答文易解。

疏次有二戒作持止犯。覆藏不攝是也。餘七十六並是止持。

次單持中。初明二戒作持止犯。由不露不聽而成犯故。問此明覆藏與古何異。答古從法說判在雙持。今就事論止在單攝。語同義別。文中自明。餘下次指餘戒止持作犯可知。

疏作便有犯。作持作犯。上篇廣張。今明止犯止持。

三廣分品位。標中指上篇者即前總義及僧殘義門中。

諸九定品優劣且分三位。

疏言止持者謂佛制教令學行之。我依修學於境無犯。然根機利鈍不可齊準。至於萬境由迷疑網。故以

止持標敘中。初示立教之源。我下明爲學之本。然下生起品位。言諸九者據通爲言。若法若事不出可學不可學二九句法。就戒別論雙持犯者法事兩別。則有四九。單法單事但有二九。止犯加八。唯收不學教行之罪。言優劣者持門則識優疑次。不識最劣。犯門反之。

疏上品一句識法識犯。如德衣加受功用須知。名識法也。如有違越或吉或提。開合衣藥定罪多少。名識犯也。餘相例解。不能具出。由本戒無失。復不愚學。識達皎然。名爲上品持律。

上品中。初標句。如德衣下舉前背別開法委釋其相。(有敗作得衣。乃將白色三衣加法以釋。且白色不得加受。又非雙持。)言加受者謂作羯磨人別三受。功用須知者。鈔云能感多衣。衣無敗壞。又云以衆僧同受此衣便招五利功德。如

有違越者謂受德衣有多制法。一應時節須安居竟。二箇衣體製造合法。三箇受人唯須當界前安居具三衣人。四箇持人須具五德等。一事乖法受則不成。既不成受妄開背別。二一一戒下各有提吉之罪。重輕不定故云或也。開合衣藥謂背請戒或單衣食請爲開或兼衣食請爲合。有背不背如後自明。定罪多少謂二戒下有方便根本重輕等相亦如後說。餘下指十一戒。由下結位。

疏中位有四。初識法疑犯、二識法不識犯、三疑法識犯、四不識法識犯。識同前解。言疑法者謂受德衣用法有四疑一二三不能通決。言不識法者迷昏不學任物牽行是非由他自無尺寸。於犯疑闇例此可知。然於一事由帶一識故判以爲中品持律。

中品分三。初列句識同下。牒解有三。初識指前疑中言四法者。一和僧單白法二差持衣人白二法三正受衣法四出德衣單白法。不識中任物牽行如盲人也。自無尺寸不能度量也。學者明教教即目尺。有目則能見險夷。有尺則不迷長短。後生聞此猶不省耶。於下次例迷犯謂於犯上有疑不識準上釋之。闇即不識。然下三結位一事合云一法。

或可事名是通存亦無失。

疏下品四句。初疑法疑犯、二疑法不識犯、三不識法疑犯、四法犯俱不識。此全昏學無境有識故判以爲下品持律。

下品列句結位可知。

疏問既愚不學如何名持。答非犯本戒名爲止持。但於教相止心修學望於過境帶不學迷。

釋疑中非犯本戒謂望根本無犯名持。不學無知枝條是犯。又應問曰枝條有犯豈合名持。答罪歸教行止犯所收持門但據根本淨耳。

疏上品明人故無罪失。中品有四各帶迷疑即有八罪。罪名如上。下位四句句別四罪。迷於法犯具不學迷即十六罪。亦如上解。

示罪中兩指如上即前諸篇。上品無罪。中品四句、不學四吉、無知二疑吉二不識提。共八罪也。下品不學八吉、無知四疑吉四不識提。即十六罪。此門總二十四罪十八吉六提也。

疏次解止犯九句。謂於教行明昧修學人根不同得爲九句。有立八句者。今解翻解明止犯唯八不得立九。既迷教行無法犯兩識也。翻修明止犯託相具九。

如九十中不作教法輒行輒食輒語輒取望不作法名止隨作即違名犯。

次明止犯敘立中。初標敘立意。有下次示古解。古師八句除識法識犯唯收不學止犯。今師八九雙立則收兩種止犯。今下後出正解。翻解即不學無知罪。所謂教行止犯也。翻修即諸作持戒相翻罪所謂事法止犯也。翻解中。初定句。既下明無下品之意。約迷論犯。識則非迷。若爾後九句中何得存之。答彼有根本故不同也。翻修中。初定句。言託相者即諸戒相。如下舉戒以示。四輒者總前十二戒。

輒行有三（二入村 不與欲）。輒食六（背別二足 殘宿不受）。輒語二（說罪 教尼）。輒取一（不問主）。隨作謂造事。即違謂違法。此示二犯同時不妨體別。

疏 然識教相無有愚迷。此下位一句。中品四句如上所列各有二罪。故合八也。上位有四。初不識法不識犯。二不識法疑犯。三疑法不識犯。四法犯俱疑也。句各四罪兼於學迷故十六也。

正列中。三品可數而知。言學迷者學即不學。迷即無知通收疑不識也。

疏 犯門解義罪多爲上。翻持中可以知也。順持解犯

何爲不得。恐多誦文自昏覺慧。故倒動之。心若明了。亂亦無苦。如鳥羣飛自分牝牡也。

明倒中。初正明。翻持中者持門解義無罪爲上。又復犯門列句從重至輕。故上品以二不識爲初句。與持相反。對上可知。順下次出倒列之意。牝牡即雌雄。

疏 次解第五僧尼不同。九十戒中六十九戒僧尼同犯。故尼律中單列戒本。辨相同僧文不繁也。

第五僧尼同犯中。初示數。尼有一百七十八提。今且約僧數對明同異。故下引證。尼律即尼戒本。同

僧犯者。緣起廣解例皆略之爲省文故。

疏 有二十一戒與尼不同。有三種例。初有無不同有三。謂輒教誡尼說法至暮譏訶教誡。尼非師位次第即無。

次明不同。初有無中。此三僧中相因而制。尼是下位無教僧義。後二因無故云次第無也。

疏 就中輕重不同有十三戒。偈言作衣持屏坐。三期受贊食勸足美牙角過量覆三衣。論其罪相至文當解。

次輕重中。作衣（與尼作衣）持（持衣與尼有云兜羅綿者非彼是同犯故）屏坐。

與尼屏坐三期一期尼行二期同船三期女行受贊食食尼贊食勸足可知美索美食疏云此吉羅者結不同罪實犯提舍牙角鍼筒過量尼師壇覆覆瘡衣

三衣佛衣等量已上並僧提尼吉。

疏 後有五戒犯同緣異。偈云背請足外道小年雨浴衣、皆謂犯罪即齊開緣有異故尼律中別立戒本至文更出。

三緣異中。背請足食下戒本中並云尼吉疏云作不同戒耳。尼中二戒合制故戒本云先受請若足食已後食者提。此謂離合異。外道者尼中白衣男子亦犯僧則開之。彼戒本云自手持食與白衣外道者

提。此通局異。小年者尼中十八童女增二年學法僧則不爾。戒本云不與二歲學戒滿二十便與受具提。此即有無不同。雨浴衣過量雖同用則有別僧開夏月尼聽常用。開用長短不同。

疏 敢依律例更有義求。如牽出房春冬僧尼同犯若是夏房尼提僧吉。二毀呰中尼通兩眾僧即輕重。三覆藏中僧罪二階尼即三品。有此諸異何得不知。

義求中。前是據文此出自見故云敢依律例即上三別。牽即緣異毀即輕重覆即有無。牽出中僧有三時分房夏房入已定不須避上座牽稀故輕尼提者尼律云安居中受安居已乃至隨作方便出門一一提。應是女人報弱依處須定牽出惱重故也。毀呰中尼毀本眾及僧並提故云通兩眾僧則同類提四眾吉故云輕重覆藏僧覆上二篇提下三吉故云二階尼加一夷故云三品有下結告。

疏 次解第六諸部不同。十誦九十一墮無此不受諫戒。別立不敬說法人戒說戒時輕僧泿語戒似此觸惱。而彼自有不隨問答戒。

六諸部中。若論大數解脫鼻奈與四分同十誦與五分同僧祇獨異。初十誦無一有二異。泿語謂詭

泿也。似下簡辨。不隨問答即是觸惱明知泿語別自立耳。

疏 五分九十一墮中無此不受諫。用蟲水飲蟲水合爲一戒。別立入尼寺輒說法二輕三師三迴僧物與別人。

五分少二有三別。輒說法者簡非教授迴與別人簡非入己。

疏 僧祇九十二墮中無此不受諫恐怖二戒。別立爲尼說法迴僧物與別人不捨淨三衣輕眾僧四戒。又離餘語別立觸惱戒。

僧祇中無二有四別上二同前五分不捨淨者彼律凡物說淨已欲取用者須作捨法云此衣淨施與某甲某甲於我不計意今還捨不捨作三衣提入塔僧用吉叉離餘語者尋彼戒本及以廣律大同四分止是一戒若云離者不合大數則應九十三也(有本因改為三誤也)此意未詳以俟來者

疏 解脫九十墮無此餘語與尼屏坐共羯磨後悔三戒別有在尼寺輒說法迴僧物與別人不敬三戒也解脫有三別同前五分

疏 鼻奈耶九十中有五不同因六羣共十七羣諍故

立戒本瞋恚者提六羣撓擾故結戒云若擊動使瞋者提因儉請一二人多往惱亂戒本云不請強去者提下開僧事病及作衣若比丘先至請家弄小兒者提高聲亂人者提

鼻奈五戒全異諸部在文可見撓奴巧反亦擾亂也前四名殊實唯六別一不敬說法(十誦)二輕僧(十誦僧祇)三入尼寺說法(五分僧祇解脫)四輕師(五分解脫)五迴僧物與別人(五分僧祇解脫)六不捨淨(僧祇)

疏 此列非為繁文欲顯教有同異多少耳豈唯上列更應有在

結略中初明列意豈下示未盡謂前所出且據見者律論浩博疑有所遺故云更有

疏 次解第七沙彌任運義如初篇即上第二教人門中二十二戒未受令作受已犯者三性之中任運感業

七任運中初指義即下配戒末下示相羯磨未竟事成但吉法終緣辦罪戒俱成小大雖殊因果不別

疏 若依光師初作義疏九條想料當時未必而別據今託相不無此義

次引古中標云當時者謂結集時也託相者即戒文也

疏 初從妄語至壞神村有十一戒明守口意攝身莫犯善調三業行二從異語惱僧下盡覆屋過量有九戒明善將人心隨護眾意不相撓行三從輒教誡尼至與女同行來十戒明遠避嫌疑離染淨行四從施一食下至四月請來有十七戒明內資節量少欲知足行五從觀軍陣下至三染衣色來十三戒繫意住緣離逸修道無著行六從故斷畜生下至與賊同行來有七戒明常行遠離修慈愍物行七從說欲非障

道下至不攝耳聽來有六戒明深心信解敬順教法行八從同法後悔至無根謗來有七戒明同住安樂調和無二相遵奉行九從突入王宮門下訖篇末有十戒明衣服外儀節量謹攝無違教行

正引中然此九行一一行中各攝諸戒且約大判未必盡然逐段對文尋之可見

律 諸大德是九十波逸提法半月半月說戒經中來

初故妄語戒

疏 故妄語戒第一言制意者出家之士言即稱實寧喪身命許無虛謬今違心背想誑於人令他虛解自失善利過深惱重故所以制

第一制意中初敘所應爲寧喪身命由是性業宜急護故許猶使也今下次敘過相以彰須制

疏 釋名者言非稱實爲妄彰在於口爲語非心不犯名故

釋名中口是造具心即業本欲彰成相所以兩標

疏 問故誑爲重戲即犯輕何故藏物二俱犯墮答妄語非惱重約情故結墮戲便結吉羅論藏惱境深望藏有輕重望失情惱一是故俱結墮

問中謂藏他衣鉢故戲一等與妄不同故問釋之

答中五言爲句妄語約情別藏物據惱同問前敘妄語而云惱重今言非者答前取誑他是重此對藏物猶輕

疏 六緣成犯一是人類二作人想三違想說四自知違想五言了六前人解

列緣有六不出心境言相共成妄業

疏 就語四業皆是正罪至於對境即有輕重

總辨中標云是正罪者七支性業故對境輕重者謂前境有別過亦差降次科可見

疏 妄語一業隨人並墮由是本妄續流難斷故聖重制欲使遮止

妄語中初示犯言隨人者不簡境也由下出所以是本妄者謂從根本我倒而起順惑增生故難斷也立教稱業故云重制

疏 不同毀兩即有輕重若是同類受惱情重能礙布薩故得提罪餘之六眾設有毀破情微諍薄不破於僧故犯吉羅

毀兩中初二句反前若下正示初明境重礙布薩者眾法貴和違惱多諍且舉布薩統諸羯磨餘下次明境輕毀即毀呰破即兩舌壞二邊故

疏 綺語一業，掉戲壞心，過非乖越，未得僧制，通皆小罪。成實云：口之三業，或時離合，綺語一業，必不相離。如多論中，可尋鈔也。

綺語中，初明輕重。掉是心蓋，故云壞心。對僧白法境重，故提；若對別人，或對僧未白，並境輕，故吉。成論下，示離合。今尋鈔者，彼以三業離合作句，不入綺語，故知餘三通離合，綺語一向合也。

註 佛在釋翅瘦，釋子象力善能談論，與外道論議，不如時，便反前語；若僧中問，復違反語。梵志譏無正法。比丘舉過白佛，因制此戒。

疏 就戒緣中，因論善法，使行妄誑，以為因起，況餘雜事而得成信。五分亦云：我實知非，恥墮負處，是何言也。佛制戒者，為止我倒，今反助我，重加妄習，何由脫免。

戒緣中，初牒釋，特舉論法，以況餘事。五分亦即象力對僧之語。是何言者，疏家躡責，以訓後來。佛下，敘制勸持。反助我者，即順惑也。何由脫免者，無出期也。

律 若比丘知（謂見聞觸知及不見知八種。見者，眼識能見，乃至意識能知。不見者，除眼識，餘五識是。如是類反也。）

疏 戒本四句：一人，二知。注解八種，是正語境，先具解之。違即成妄。見者，眼識能見。此律制義，識見非根，不同他部，即以此見為本。若諸根中所得塵境，以之為見，皆是妄語，乃至意識能知，例此可解。不見者，除眼識，餘五識是。若眼見之塵，語他不見，即是妄語。如是類反。此一句中，具含八妄，如上例解。

戒本次句中，初通示注意。見者下，次牒解。又二：初釋有四境，但釋見根，餘三例準。先點兩宗不同：本宗識能生見，多宗根能生見，故云不同。上約直爾相反，如見言不見等。即以下，次約六根互違，謂隨舉一根為本，而說餘塵為妄，如聞觸知而言見等。

不見下，次釋無四境。除眼識餘五識者，釋成不見也。注文及疏略舉見根，合云不聞者除耳識餘五識是，乃至不知亦爾。若眼下，後釋總結。先示初句相反之相，餘七準知。如是下，正點結文。上出八相，且列語境，此句總反，方成妄語，故云含八也。問：根塵有六，何獨列四？答：觸中通合鼻舌身三，則具六矣。就別相翻，成十二妄。

律 而妄語者。

疏 三妄語者，正是業相。

第三句，點文可解。

二釋注二、初總分。

二別釋二、初對六塵

註若境界是見聞觸知若想若疑便言不見聞觸知波逸提乃至不見聞等亦類上也若本作妄語念及妄時不憶是妄語者吉羅若前後不憶正妄語時知者波逸提若所見異所忍異所欲異所觸異所想異所心異如此諸事皆是妄語說戒時乃至三問憶念罪不說突吉羅

疏注解中從初至逸提來於六塵中行妄之相。二若所見異下行心思度違反而說約意地也。

釋注總分中。問前段意根行妄與後行心何別。答約根則有無相反在行則心語互違故不同也。問注中八妄如何取別。答前四以有爲無後四以無爲有心語相反故成妄業。

疏就前又二。初約八境違心而說。一本作妄語下前後方便具闕之義。

對六塵中。初段如上。二中方便具闕者律具四句。初本作是念我當妄語初方便吉妄語時知是妄語中根本提妄語已知是妄語後方便吉二初念中知後不憶吉提三初不念中知後知吉提四初不念中知後不憶一提律文四句並犯根本注中正妄吉者準義結之。

疏就後違心中。所見異者定行心中見諸惡像言見好相也及被人問答他異本所見故曰所見異也。所忍異者納違妄苦名之爲忍語他樂受亦可同作羯磨不忍而言忍也。所欲異者財色經求名之爲欲答異於本云樂正法也。所觸異者得冷云熱也。所想異者怨想言親也。所心異者緣此說彼也。

二結意

次違心中。初科六節。初所見中定行者定謂禪定行卽事亂。次所忍中兩釋。初約三受釋違情苦受順情樂受不苦不樂名捨受文明二受義兼捨受。納卽領納妄謂安存。亦可下次約同法釋若口不言卽同默妄。問律中心乖相順得成衆法成默妄否。答善衆可說不說成妄惡人成難默亦無過如僧祇作念失火燒舍等。三所欲中欲謂希須文舉財色義通五欲樂正法者假託勝事以飾己非人多此患學者須慎。餘三在文可解。

疏所以約心多列相者明妄者多須細張網目不可輒動動卽入來也。

次結意中。微縱妄情卽違教制猶如密網魚不可避故云動卽入來。

律波逸提。若說不了吉羅尼同犯三衆吉羅不犯者不見言不見乃至知言知等八種若意有見想便說者不犯。

疏四波逸提下結罪相中說不了吉者自說不了前人妄解皆輕也。下開通中初列八種反上成持若意見下反上六緣所得也。餘相如鈔。

○二行罵戒二、初標名 二釋相二、初通釋 二、初制意

二犯緣

二別釋二、初戒緣

四結罪中。初釋犯輕了。即明了。次釋不犯。反前可見。下指鈔者。疏附於文理不可廣。鈔明行事。備列時須。可自尋之。此更不引。

律二行罵戒。

疏行罵戒。二。爲人士法。宜出善言。互相贊美。令彼心悅。勇進修道。反以鄙語形呰前人。令他慚恥。廢修正業。文傷切人心。甚於劍割。惱處特深。何得不制。

第二。制意中。初敘合宜。人士者。謂人中之士。即目有道之流。律云。佛告諸比丘。凡人欲有所說。當說善語。不應說惡語。善語者善。惡語者自熱惱。反下。

二顯過相。初約廢業明過。形呰。謂相形比而作毀呰。文下次約傷惱明過。切謂逼切。劍割傷體。惡語傷心。故云甚也。

疏六緣成犯。一是比丘。二誦五分下四衆吉。三自出毀語。以傳他罵但吉也。三知是。四折辱意。五言了。六聞知。

列緣。二中傳他罵。謂代傳他語而罵。

註佛在舍衛。六羣於斷事人前種類罵彼。忘失前後。慚愧不語。比丘以過白佛。佛便引牯牛以譬。畜生得毀。不堪進力等。便制此戒。

疏就戒緣中。初緣。後引牯牛爲譬。下類上也。論云。畜生古時皆能語者。以世劫初。先有人天。未有三惡。並從人天中來。宿習故語。今多從三惡趣來。所以不語。

釋緣起中。初分文。注斷事人。即能斷諍者。牯牛譬者。律因得剎尸國婆羅門有牛。與國中長者牛鬪力。共駕百車。賭金千兩。時婆羅門於衆人前作毀呰云。一角可牽。牛即不肯出力。長者牛勝。輸金千兩。婆羅門責問牛。即答云。汝於衆人前毀我。故爾。若改往言。當更與鬪。賭金二千兩。時婆羅門於衆人前贊言。端正好角。於是得勝。佛言。畜生得毀。猶自慚愧。況復於人。論下次引多論。決上畜生能語之意。

二戒本二、初標示 二、釋釋二、初第二 二、初釋種類

律若比丘種類有多種。卑姓家生。行業亦卑。伎術工巧亦卑。或言汝犯過。或言多結使。或言盲瞎等語也。毀呰語者。罵如上六種罵餘比丘。若面罵。喻罵。自比罵者。墮。說不了。突吉羅。波逸提。若說善法而面罵者。言汝是阿蘭若乃至坐禪。若喻罵者。言汝似坐禪也。若自比罵者。言我非也。說了不了。並吉羅。尼墮。三衆吉羅。不犯者。相利故說。爲法。爲律。爲教授故。爲親厚故。或戲。或失口。或錯誤者。是。

疏戒本三句。言種類者。犯相非一也。約文分六。前三明其外相。就姓業爲言。後三明其內報。就身心爲語也。

戒本第二中。初科前三就姓業者。姓即族姓。業謂

二釋毀呰

二問答

二文三、初釋犯二、初釋善罵二、初點注

生業西天此土姓有尊卑卑是人之所諱故用毀之律中種卑者云汝是旃陀羅種除糞種竹師種卑姓有五一拘湊二拘尸婆蘇晝三迦葉四阿提棃夜五婆羅墮（未詳梵語）行業卑者販賣猪羊殺牛作賊等伎術工巧鐵木瓦皮作等行字去呼或音爲杭並通後三中犯過是業結使是慼盲等是報總歸內報上二是心下一即身言犯過者以六聚罪罵也多結使者如云汝是多貪人等也盲瞎等者等取禿躄跛聾瘂及餘患也

［疏］毀呰者正行罵也引上六相分三品罵言面罵者目對而說也言喻罵者比類而毀也言比罵者我非汝是也

次科六相分三則十八種喻罵中言比類者律中皆云汝似卑姓等故

［疏］就結罪注中說善法罵亦有三品

第三善罵中初科注云善法即十二頭陀等十七種行如歎身中委列亦有三者面喻比也

［疏］問善法是好罵者是惡如何結罪答以罵者心欲相屠割後微見小失便張廣大汝是練若如何猶著離著無學尚攝鉢衣故以微緣潛相扇作也過情非

二釋不犯

二對眾僧

二簡僧尼二、初對別人

重故結亦輕

次問答中分四初敘罵意屠割猶傷害也汝下二示言相如何猶著句絕離著下三舉聖況凡攝謂持護成論云初得道時已壞一切假名相故但爲事用故說瓶等謂極果聖人猶有苦身未免受用瓶衣等物豈況凡夫而能免之彼即假此誹毀善人謂言貪著潛謂陰謀扇即興謗過下四明罪相

［疏］就此戒中僧尼犯同緣異也僧局同類尼毀僧尼俱提何故相謗通兩眾者謗據治罰也毀據尊卑以違敬也故輕重有異耳

簡僧尼中初科初示同異何下釋難以大小二謗僧尼並同故須簡辨謗同毀異如文可知

［疏］就眾爲言尼罵僧眾吉者稀也罵尼眾提者數也若然謗大僧是稀應輕以別人相惱數也大僧知法罵眾是稀故兩眾俱吉

次科二段初明尼毀二眾僧輕尼重若下引後謗戒顯示不同大僧知法下次明僧毀二眾僧尼並輕

［疏］不犯中相利故說下雖加形似不名爲犯片涉譏嫌即是正墮勿謂浮小斧在口中如鈔顯也

不犯中。初釋開意。下次明制急。勿下誡勸淳即
輕也。

[律] 三兩舌語戒。

[疏] 兩舌語戒三。夫同住和合。義無乖別。專搆私屏。傳彼此語。致令僧諍。無由得滅。壞亂至甚。何得不制。

第三制意。專謂專輒。構即結構。私屏之處。聽言求事。以相鬬亂。

[疏] 釋戒名。二一邊傳言。故爲兩舌。此本翻譯。頗是質陋。故今現翻云離間語。斯爲得矣。故雖兩舌。不作分意。不犯此戒。

釋名中。初正釋。二一邊是兩。言由舌吐。故以爲名。此下次評翻譯。此本是秦譯。今現即唐翻。離間語者。口意並彰。名相兩得。兩舌不作分意。但犯吉故。

[疏] 六緣成犯。一是比丘。二說鄙事。三屏兩傳。四作離間意。五言了。六聞知。

[註] 佛在舍衛。六羣傳他彼此語。令衆鬬諍。不能除滅。比丘以過白佛。便引野干鬬亂二獸。況復於人。便訶責已而制此戒。

[疏] 就戒緣中。初約人爲緣。二引畜形上可解。

釋戒緣中。初段可解。次引畜中形即比況。律因善牙師子與善搏虎爲伴。被野干鬬亂。相視不悅。後知野干。即被打殺。

[律] 若比丘兩舌語。語謂鬬亂十衆。欲離彼此等也。彼逸提。不犯者。破惡知識惡伴黨。和尚同師知識親友。數數語者無義無利。欲方便作無利義破。如是人者不犯。

[疏] 戒本三句。就緣鬬亂有十衆者。道俗各五。加王臣外道也。當類犯提。餘九皆吉。所以通列者。以鬬亂所興義通諸境。罪雖重輕。皆是惡法。深可厭也。

戒本初科。初分文。一人。二業。三罪。就下釋注。十衆即所鬬境。七衆之外。加王臣外道。故爲十也。當下明結罪重輕。問。當類別類各鬬可爾。互鬬如何。答。不礙僧事。義亦從輕。所以下示合列之意。

[疏] 然妄語業虛順前情。不就惱境。故七衆皆犯。毀兩違情惱重。唯比丘也。

次科簡境中。初明妄境通事。雖不實義。無違惱故。順前情。次明毀兩境局。

[疏] 善法面毀。懷惱重故。前戒須明。此是屏傳。云善無隔故不判也。

次簡言中。初明毀通善惡。此下次示兩舌局惡。

[疏] 餘如鈔說。

指廣如鈔。備見釋相。

[律] 四共人女宿戒。

【疏】與女同室宿戒四。男女位殊，義無同宿。境色既交，染習增長，又招譏醜，無由自拔，過患至深，故所以制也。
第四戒制意中。敘過有二。一增染，二招譏。縱不爲惡，清濁難分，故云無由自拔。
【疏】五緣：一人女，二室相成，三同宿，四知同，五隨臥轉側，一一皆犯。
列緣中。隨臥轉側，即業分齊。
【疏】因明男女僧尼戒離合義。問：此同宿戒，道俗通制，坐行船等，道俗別者。
次明離合。問中但敘通別。

【疏】答：約義不同，則有八例。
答中。廣列八門，前之二門正酬來問，第三以下因簡同異。
【疏】初明此戒結尼，便故合；坐等諸戒不便，故離。二開緣不同。僧對二女，晝坐有教不教別；尼對二男，俱無。論夜宿相，僧尼俱無教授義，故僧共二女同行相中。尼有二開：有難開往得安，二要多人大伴。俗女異此，故離。宿則義齊，故合。同船則道俗譏異，故離。同宿同譏，俱禁如上。三親非親者，宿行坐等，同處患齊，故不開親。作衣與衣，暫來異處，故簡親也。四道俗分別，宿

等如上，故通道俗。與衣同類，喜爲禁道。五上下衆異者，宿過重，故制該上下。作衣與衣，上衆喜爲，下類非分，故輕。六坐臥分別，宿取俱臥，以相濫故。互有坐臥，但犯屏戒。雖夜非宿，文列俱臥也。若白日俱臥，但犯屏耳。故宿別屏，通日夕異故。七坐立分別，若互坐立，日夕俱吉。有燈尼吉，無燈入闇尼犯墮罪。八知期分別，坐宿取知，行船取期，乖則不犯。
別釋中。初例。僧對二女，尼對二男，並同二墮，無別差降，故云便也。二中即以同宿歷對三戒，正顯通別不同之相。初對屏坐，先明坐異，後顯宿同。尼稟

教誡，或容同坐，女無此義，故云別也。尼俱無者，僧是上尊，俗非徒侶。僧共下二對同行，行別宿同，如文自顯。尼具二開。俗女異者，止有初開，無次開故。船，同上分二。言譏異者，謂尼輕女重。義鈔云：期同船者，招譏損重，不如俗女，故不相並。準後船戒，乃云同制，尋對可知。同宿合制，同前坐行，故指如上。三四二例，並以宿等四戒對作衣與衣，比校同異。三中。初明宿等不簡，言患齊者，染習譏嫌，義無別故。作下，次明二戒須簡，暫來反上長久，異處反上同處。四中。初明

宿等兩通無非譏染次明二戒局道文脫作衣字言同類者望報是別望道爲同五中單約同宿對下二衣以明通局坐行船戒上下同重如後所明六中止論宿坐兩戒初正簡由宿與坐結犯相濫故俱臥犯宿互但犯屏言文列者律中女立比丘臥者吉上約儀相簡若下次約晝夜簡宿須局夜故晝俱臥亦歸屏坐故下二結示宿別有二一局俱臥二須夜限屏坐反之故云通也七中單論屏戒初明坐立不簡日夜通結吉羅有下次約明暗辨尼輕重入闇障者尼戒單提制故八中四戒知

期兩對各如犯緣已上八門前五明所對之境第八辨能犯之心六七兼明能所如是知之

註 佛在舍衛阿那律行寄婬女舍宿女裸身來嬈尊者升空彼慚愧懺悔說法得道比丘舉過佛便訶制此戒也

疏 就戒緣中昇空悔罪者明無學人與女同宿尚有陵染何況凡夫十誦云佛告那律汝雖羅漢應離女宿如熟飲食人之所貪女人欲男亦復爾也

戒緣中初明起教之意十下引佛誡聖意在勵凡

律 若比丘與婦女人女有智命根不斷同室四周牆障上有覆或前敞無壁或雖覆而不徧或覆徧而有開處也宿者若前後至或俱至若亞若臥隨脇著地隨轉側並犯也波逸提若非人女畜生女黃門若二根人同宿吉羅不犯者不知彼室內有女若室無覆若半障少障若盡障若半覆障作句準上若病臥被縛命梵難等並開

疏 戒本分五一人二人女三室四知五結罪注解人女有知卽簡死人小類及畜生也十誦僧祇犬母畜生者同人犯墮四分報境分齊犯輕也

戒本釋注中初科初牒文通釋簡死人者反有命也簡小類者反有智也簡畜生者反人女也十下別簡畜類他宗本部重輕不同他宗據欲染不殊本部約報境差降故律中黃門及非畜女同宿並吉

疏 解同室中鈔文廣叙今時護戒者多迷室相大須明曉自有隔於分寸而是異室不妨相離由旬坐臥同犯廣如鈔中多論所辨不復繁文也

二室相中初指如鈔今引釋之注中四相一四周有覆卽同在一堂內二前敞卽長行房簷下兩頭有障三覆不徧周帀同一院門上通覆開中央四覆徧有開謂通覆障上少開明孔上今下次斥迷示相指廣如鈔彼引多論衣縵作屋壁者乃至高一肘半共宿皆犯疏明同處有隔雖遠分寸卽成異室而無犯也若大屋相接乃至一由旬同一戶出入皆犯是也

疏 注解宿相取其大意但身著地或亞或側有所憑

倚即名爲宿。隨其中轉一一皆隨。正坐異卧。可有階級。

三宿相中。初科。初明卧重。卧有多相。但言著地則無不收。故云大意。亞即斜倚。側是脇卧。正下。次示坐輕。鈔引十誦若室中通夜坐者不犯。鈔家決云。必應多人共處。有明不睡者。不爾即犯屏坐。彼云不犯。今云階級須結小罪。

疏 有人依文。須脇著地。我但在牀。又不側卧。非脇非地。如何結我。此不見意。地者據本。餘者是末。脇側亦爾。義非越網。

次斥非中。初示執文。既云著地。故在牀不犯。既云隨脇。則仰覆不犯。此下。正斥。地據本者。地是物之所依。言地則通收牀机。脇側是卧之常儀。言脇則必攝偃仰。誡令依教。不容越網。

疏 就辨相中。非人已下。境分優劣。故結有差。事既數有。鈔中廣列。須相引之。

四辨相中。注文辨犯有三。初非人等。即簡境。晝日簡時。女立下。簡儀。三相並輕。疏釋初段。餘指事鈔。

注不犯中。初開迷忘。若下。次開非室。律有三段。今云無覆者文脫。合云有覆無障。或盡覆半障。兩邊牆壁或盡覆少障。一邊有壁。此初段三句。或盡障不覆。或盡障半覆。或盡障少覆。第二三句。或半覆半障。或少覆少障。或不覆不障。第三三句。注出初段。餘二例準。故云若盡障。若半覆。作句如上也。

律 五共未受具人宿過限戒。

疏 與未受具者宿過限戒五。道俗路乖。情事相反。始習未閑。事多相惱。近則生慢。亂道妨業。故制別處。存道增敬。所以開者。出家之人。棲泊無定。事有游行。投人止宿。故開投寄。存形濟命。又以沙彌離俗。憑廕在此。更無所仗。事須慈接。是以開聽限其三宿。禁則防

其過。開則通其益。開制之儀。理數在此。

第五制意中。初科有三。初敘過明制。初二句明在家。三衆。次二句即出家小衆。近下四句。正示制意。所以下。次示緣顯開。初明同在家人。意謂僧有緣。寄止俗舍。下引十誦。即明白衣來僧坊住。此中且據一相爲言。泊止也。又下。次明同未具。意憑廕在此。即指師僧。是以下。雙結二教之益。

註 佛在曠野城。六羣共長者講堂宿。時亂心睡。形露。爲彼調弄。白佛。因制。佛在拘睒彌。便開二三宿。重結此戒也。

疏 就戒緣中。初同俗宿過起令制。後在拘睒彌國。因

羅睺遂開三宿。十誦告諸比丘沙彌可憐既無父母，汝若不愍何由得活，若遇苦惱親里亦瞋，云但能畜不能守護。爲二利故得與同宿，一爲沙彌，二爲白衣來僧坊故。

次緣相中初點文，初同俗宿即六羣緣，後因羅睺者具云羅睺羅，此云障蔽，以障佛出家猶脩羅障蔽日月故。律因佛制戒已，諸比丘言當遣羅云出時，羅云無屋住，往廁上宿，佛知之往廁所問已，便云愚癡比丘無有慈心，乃驅小兒出，況是佛子不護我意耶。十誦下次引示前叙未具，下明二利即通俗流。

疏 多論制意爲尊重佛法故，爲息誹謗故，有失命惱緣得共二夜，護佛法故不聽三夜。

三引論中前明制意，有下次明開意，言二夜者彼律制限也，護佛法者開中制也。

疏 五緣成犯：一是未受具人，男女昔云男犯非女犯，以制隨宿罪義無三夜開，今解二俱犯，故伽論云曾前與男二夜，第三夜與女宿，隨卧轉側犯二墮也；二室相成；三同宿；四知同；五過三夜犯。多論四句，人一室異乃至人室俱異皆犯。

犯緣列示中初緣通男女，昔謂女人自犯前戒，故局男犯，彼以意裁，今憑教斷，伽論二墮豈非明據。下引多論四句並犯者，恐謂人室同犯異不犯故。人一室異（如與一人移三處卧），室一人異（日易一人常在一處），二俱比上可會。

疏 次解開合相。問：如此宿戒初令禁宿，後開三夜同制一戒，何故觀軍初制直見，後開三夜別立戒本，直見還犯者何耶？答：未受同宿戒本犯由於宿，後開二三夜永無初宿犯；軍本由觀犯，後緣開三夜，別戒過三犯，觀軍不是宿猶有觀軍犯。

開合中初問同宿觀軍二戒，先制後開既同，此合彼離何別？答中初明同宿開中無犯，所以合制；軍下次顯觀軍開中有犯，所以別立。

疏 問：三戒開三夜，兩戒在文中，屏敷計非別，乃在開通者？答：文列人處俱去則無有犯，故兩列在文；屏敷去故犯，以有暫永不同，濫故不入。

次問三戒即上二戒及後屏敷，開限既同，出沒何異？答中初明二戒去則無犯，故列在文；次明屏敷去則有犯，暫去即還則開三夜，作意永去出門即犯，文中若列恐謂永去亦三夜犯，故云濫也。

【律】若比丘與未受大戒人（除比丘比丘尼，餘未受大戒人是也。）共宿（同室宿。如前說。）過二宿至三宿（若共二宿，若三宿明相未出應起避去，至第四宿。若自去，若使未受者去。）波逸提（若與非人畜生男共過三宿，一切突吉羅。開緣並同前戒。）

【疏】戒本五句，一犯人，二未受具，三室相成，四知同室，五結罪。

戒本分文中，三四二句合云三共宿，四過夜，疑是文誤，詳之。

【疏】就注解第二句除僧尼餘者並通三趣也。罪雖階降，無不有犯。

釋第二中，通三趣者，律列天脩鬼畜皆同吉罪，故云階降。

【疏】就過宿中，約戒本犯至三宿者隨尅相為言，入第三夜臥即是犯，故十誦戒本過二夜提，致使解者依戒本文有緩急也。

第四中釋文為三，初約戒定犯，謂入第三初夜即犯，故下會同十誦，致下斥異解。有緩急者，急則同上所釋，緩謂執後廣解，謂過三夜第四夜犯，此由不曉二處文相不同，故成紛諍。今據戒本仍會十誦入三夜犯，鈔依廣解同彼善見並至四夜。鈔疏不同，下為會釋。

【疏】注中三夜明相未出應起避去，順戒本犯，不去便墮。母論解云，無去處加坐至明。第四宿時律論俱明自他定離。諸制開相鈔中具之，大如前戒。

釋注，三夜明相不去墮者，若準戒文初夜即犯，然此猶在第三夜分，故云順戒本也。鈔文依古第四夜犯，三夜不去但結吉罪。下引母論可決上文。今準明之，謂戒本、十誦至第三夜初夜犯者，即本制也。廣解、善見明相犯者，謂前無去處，開盡夜分。此有三判：一疏順戒本不去犯墮，二鈔準他部不去但吉，三母論加坐都無有犯，至第四宿一切無開。故云自他定離。律論俱明者，律如注引，論即母論。諸下指廣，鈔引五分同宿不犯者常坐不臥，或互坐臥（四夜通須不臥）。又引僧祇犯竟未懺復共宿者無二夜開。

【律】六共未受具同誦戒。

【疏】與未受具同誦戒六。凡理藉言通，教為表義，言辨理通，詞亂義隱，通益智明，隱增情感，故多論中制有四意：初為異外道，二師資位別，三為分別言章須了，四依實義不在音聲。具斯四益，所以一制。

第六制意中，初敘教功。此言理者須通二種，謂眞

二犯緣

如諦理世俗道理、諦理絕相，道理微隱，非言不顯。故藉言通，教即三藏，該乎大小，言以通理，教以彰義。此之二句並顯教功。言辨下，次明誦習損益。發起制意。多論四意以翻四過：一有法式，西竺外道多合誦故；二有尊卑；三能詮不亂；四所詮不隱。教爲顯義，故不在聲，若許同誦，但逐音聲而不解義，深乖教意。

疏 五緣成犯：一是佛說法，二字句味，三未受具，四齊聲誦，五言了結。

列緣如後具釋。

二別釋二、初戒緣

註 佛在曠野城，六羣比丘與諸長者講堂誦經，語聲高大，亂坐禪者。比丘舉過白佛，因制此戒。

疏 戒緣中同誦聲高，言音一亂，唯增無義，知何詮辨。

戒緣敘過，特彰聖教，解了爲先，義無喧亂。

二戒本二、初分文。

律 若比丘與未受大戒人如上共誦謂誦句義、句味、字義也。非句義亦爾。言句義者，同誦不前不後也。非句義者，如一人說諸惡莫作未竟，第一人抄同。句味者，眼無常等。非句味者，抄前也。字義者，同誦阿字也。非字義者，抄前阿字也。法者謂佛、聲聞、仙人、諸天所說正法。波逸提。若共誦，一說、二三說，若口授、書授，若不了了，及非人、畜生，並突吉羅。若師不教言我說竟汝可說，師吉羅。不犯者，我說竟汝說；一人誦竟一人書；若同業同誦；或戲笑語、獨語、錯說，彼此皆不犯也。

二釋注三、初釋 章三

疏 戒本五句：一人，二未具，三共誦，四經法，五結罪相。

注解第三約就句義用顯持犯，文相爲六，是非相翻。

二釋章四

言句義者，同誦偈也。雖同聲齊誦表理無殊，然於化導師資義失，故犯墮也。同聲表義，尚在憲章，何況抄前全闕訓禮。句味、字義各有同抄，罪皆一科，故不勞解。

戒本第三。須明三相：言句義者，如諸經偈頌，一偈半偈義意已足，同誦無差。故律舉諸惡莫作一偈爲例。非句義者，抄前輒誦，文義不辨，故云非也。二句味者，一句之下即見理味，律舉眼無常等爲例。非句味同上。三字義者，字即文字，字下有義，如訓釋等。律舉阿那波遮那爲例，今時所誦密語之類。

非亦如上。文中初總示。三是三非，故爲六矣。言下別釋。第一對中，初釋句義，同抄兩犯，憲章即犯科。句味下，指餘兩對例同上解。

疏 四言經法，有戒闕文，注解正引，故絕疑網。但列凡聖所說，說通眞俗，眞有翳道之能，故是所制。僧祇中縱餘人說佛印可者，犯墮，當文不了，可用決之。又善見云：一切三藏同誦得提，若自撰集則無罪也。

第四句初點別本文闕，今刪定戒例亦除之。或恐彼文寫脫，文牒經法，戒本亦無經字。但下顯制，凡聖者即注中四人，前二是聖，後二即凡，通眞俗者。

若論二諦佛亦通談今但通取出世理教爲眞若佛所說詮理化物俱得名眞自餘三人並通眞俗印可同眞不者皆俗詮眞之教開物示道同抄則不顯故云翳也下引律論決通可知準此二文今世疏論傳集多編入藏並非正犯

疏 法解第五辨相中一說者舉前句義非句義也二說者舉前句味非句味也三說者舉前字義非字義也隨字句多少一一結墮

五中初科釋一二三謂初後次第非說之徧數隨字句等者若據十誦隨一品一章一段各得墮此

中前二隨文句後一唯隨字即如鈔云此律但云同誦不簡文句多少是也

疏 就不犯中開同業者非師資位故曲開耳

不犯中同業者或同師受學或同業一經即如多論二人俱經利並誦無犯然約相非宜故云曲開也

律 七說麤罪戒

疏 說比丘麤罪戒七然出家僧衆理宜淸顯美聲外流生人信敬今說比丘麤惡罪事令俗聞知則於僧衆情生薄淡失彼敬信崇重之心損壞不輕故所以制多論云爲大護佛法故向俗說罪令於佛法無信敬心寧破塔寺不向未具說比丘惡若說則破法身

第七制意中初敘合宜今下顯過多論下引證初示制意寧下舉重以況破法身者彰過非輕

疏 七緣一是僧尼二初二兩篇罪三知犯四無僧法開五向未具人說六言章了了七前人解

犯緣中初局具戒二局二篇四有法開說

註 佛在羅閱城有波利婆沙摩那埵比丘在下行坐六羣比丘以所犯事向白衣說之有過者及餘比丘皆慚比丘舉過佛故呵制

疏 就戒緣中以二篇相向俗說故同類皆慚故僧祇

中俗人譏偈出家已經久宜應修梵行童子戲不止如何受人施 業鈔云波利婆沙義翻別住犯僧殘已乞別住六夜出罪摩那埵秦言意喜也

戒緣中言二篇者點注行別住六夜人也引僧祇偈因說致譏此爲過本其詞切要讀者思之

律 若比丘知他不知者開有麤惡罪四波羅夷僧伽婆尸沙也向未受大戒人說除僧羯磨波逸提除麤罪以餘罪說者自說麤罪餘人罪一切吉羅不犯者若不知若衆僧差若非麤想若白衣先已聞者不犯

疏 戒本五句一犯人二知犯三向未具四除僧法五結罪

戒本分文第四除僧法者律因舍利弗爲衆所差

於俗衆中說調達過舍利弗畏愼佛言衆僧差無犯。

疏 就解第二罪相中以初二篇同壞衆一麤故犯提。說下諸聚不能破壞但犯輕也所以不列偷蘭罪者由名含輕重若列蘭名謂輕亦提避濫不出如鈔也

釋第二初科初辨諸篇重輕所下次明不出偷蘭之意說上品蘭同上犯提中下但吉若依多論蘭同下聚。

疏 自說麤罪犯輕者希也說他數故自壞壞他又壞俗信故重制也。

次科自說希者反下二過說他中言壞他者卽犯過人。

律 八實得道向白衣說戒

疏 得道向未具說戒八多論二義大人法者功德覆藏諸惡發露今稱德匿過是小人法二自顯聖德賢愚名異若有聞者偏心專敬失本平等淨善之心

等八制意中多論二義初卽自失匿卽隱也二是損他賢愚異者相形比故。

疏 五緣一內實得道除增上慢人二自言已證三向未具人說四言了五聞解。

緣中第二自己證者此戒局制初果已去證眞聖人內凡已還無非大妄。

疏 問此戒凡夫不犯聖人一制無染此教便成無用答制聖爲遮於凡後更說者定是凡夫故爲護大妄不令重犯。

問答中由制此戒凡聖顯然凡不敢說故云護大妄也。

註 佛在毗舍離以前大妄語緣集僧訶責已便制此戒。

戒緣所敘無別犯人卽大妄緣別立此教。

律 若比丘向未受大戒人說過人法言我見是我知是實者波逸提。並如上初篇若言業報若戲錯並不犯。

疏 戒本五句一犯人二未具三說過人法四我見知明證得五結罪餘可解。

釋戒本文所稱聖法犯不犯相大同前戒故云可解。

律 九獨與女人說法戒

疏 獨與女人說法戒九凡說法生善事須應時不請而說理無强授本無信敬情懷奢慢脫因斯次致有過非不免譏謗淸白難拔又女人形礙福緣難遇一向不說無由生善於法永隔長流苦海故聽限齊過

則便犯。

第九制意中。初敘制意有二。一乖說法之儀、二是生譏之本。又下。次敘開意。女人之報。繫屬於他。故云形礙聽限。齊者開中制也。

疏 六緣成犯。一是女人。二知。三不請。四無有智俗人男子。五言了。六過限犯。

具緣。第三下不犯中開問義故。第四卽戒文所除故。

註 佛在舍衛。迦留陀夷在姑前與兒婦耳語說法。因姑譏問。比丘舉過。佛因制斷。後開五六語及有智男過限說等。

緣起。姑、譏、問者。律中姑問婦言。向比丘說何事耶。婦言與我說法。姑言若說法者。當高聲說。令我等聞。云何耳中獨言耶。乞食比丘聞舉過等。由佛制故。諸女請說。比丘畏慎。佛開說五、六、語。又諸比丘復有畏慎心。以無智男子便休。不爲女說。佛言若有、智、男、聽過五六語說。

律 若比丘與女人如上說法過五色受想行識無我也六語眼耳鼻舌身意無常也除有智男子解麤惡不麤惡事也波逸提若說不了吉羅若向非人畜生說過亦爾。不犯者。若五六語。有智男前過說。若無有智男前問應答廣說。若授優婆夷五戒。乃至說五戒法。與受八關齋說八關齋法。八聖道十不善法。女人問義不解廣說並得。

疏 戒本五句。一人。二女除異趣。三過語。四有智男子。五結罪。就注解女人如上。卽同宿中女未命終者。不同婬觸女也。

戒本、釋女中。注文但云如上。恐人濫用。故須簡別。以婬觸二戒。覺睡死壞。並通犯故。

疏 所言說法者。俱非世中一夜樂說也。謂所說法除倒去執。所以解中五陰無我。六根無常也。若汎論世論。雖多無罪。故僧祇中說五語已。願速盡苦者。提。願安樂住無罪。據此可類知也。

釋說法中。初簡所說法。非一夜說者。如謝尙鎮牛渚。乘月泛舟。與袁宏談論達旦。此皆世論。故曰俱非。除倒去執。卽出世之教。故下引證。願速盡苦犯提者。證法語也。願安樂住無罪者。證世論也。

疏 注解有智者。解麤惡語也。如僧祇中。互有盲聾。二人當一。若男眠。母女姊妹。男子七歲。若過七歲不解好惡義味。皆名無智。餘如鈔說。

釋智男中。初科。初示有智。如下。簡無智。後指鈔者。彼云中邊不同者不聽。又云。必是俗人。出家人不得。以事同故。正使僧集。若多女無俗男者。不得說之。

疏 問有請及男俱不說犯何故唯除男耶答已言除男子不勞更除請若著請者疑謂有男須請得說次問中以二俱是開而除不除別答中即約遮疑釋之亦可除男本有緣起自餘開通不可盡列知耳

疏 開通云受五戒者謂三歸體也五戒法者謂說相也八關齋者八戒也閉掩根門如世關之拒防餘可

釋不犯中初明五戒即約體相以分戒法八戒但釋名義體相同上分也

律 十掘地戒

疏 掘地戒十多論制掘地壞生有三益一不惱害眾生故出家修慈宜愍物命制不掘壞離惱害故二為止誹謗故三大護佛法故佛不制此二戒一切國王當使比丘種種作役事務紛動廢修正業由佛制故國王息心不復驅役得使比丘息心修道發智斷惑修成出益豈非大護也

第十制意中多論三意通示二戒初意謂草木生地多物命故次意正符緣起三中初敘損由下彰益

疏 論犯五緣一生地二作生想三自使掘四無淨語五傷便犯

具緣第四若作淨語則開無犯

註 佛在曠野城六羣為佛修治講堂周帀自掘地長者譏嫌不知正法斷他命根白佛因制彼教人治講堂言掘是置是長者重譏比丘舉過佛重制戒

疏 戒緣中治佛講堂尚被譏制況復餘事

戒緣中特舉勝緣以況餘事注引譏云斷命根者俗謂地有生性同有情故

律 若比丘自手掘若用鋤钁椎打乃至指爪掐傷打杙入地地上然火及有地想地若未掘若已掘地若四月被雨漬還如本若教人掘者若不教言看是知是突吉羅也波逸提下三眾吉羅下篇同此不犯者若語言知是看是若曳材木若扶籬正若反塼石取牛屎取崩岸土若鼠壞土除經行處土及屋內土若來往經行掃地不故掘一切不犯

疏 戒本五句一犯人二自業三損境四教人五結罪

就解第三地境中文分為二一未掘地者天然生地也已掘地中分二一若經四月隨觸便犯二被雨漬謂乍掘遇雨即與本同故僧祇中井池瀆水瓶器著地死土被雨使淨人知自作取得提還如本者釋上二句四月約時被雨約緣地有生相故曰如本廣如鈔引

戒本第三初分文示相未掘可解已掘四月但取經時不必待雨久乍雨掘並據露處故下引僧祇文獨證乍掘還下點文下指鈔者彼引十誦頽墻

土石底蟻封土掘得吉羅。赭土墡土生石黑砂鹽地一切不犯等。

疏 注中看是知是沙門淨法。

第四中。若語令掘壞則成教他名不淨語。開作此法使人無犯故名淨也。注文結吉止口違教及後掘時正犯當戒。

疏 就結罪相。多論云使僧尼令掘作知淨語亦提。三衆不作淨語吉羅。不爲三寶利益緣自掘壞者亦吉。

第五初科犯中。多論初明大僧使僧尼提者法是人非作法不成故。次明三衆犯相有二。初不作淨

語。不下二無緣輒掘。以下三衆有緣開故。

疏 四分開中反塼石曳材木皆不犯。僧祇犯者俱有心也。然律開文緩而義急也。故一切通開不故掘也。

不犯中初科初牒文。僧祇下示異。彼云轉石掃地曳木等欲使地平意傷如蚊腳一切墮。欲使意傷卽是有心。顯上四分據無心耳。然下會通一切通開是緩不得故掘卽急。是則彼律無心不犯。今宗故心亦犯。

疏 據此是知地在屋內有人不掘。何以文中列屋內土。卽自解云此死浮土也。若使除屋內土卽得掘屋內地。文云除崩岸土。亦得掘崩岸地。準知僧祇露處死土。屋中自掘藏物者得。

次科分三。初準文言據此者指不犯中屋內文也。有下次引他解。初句示彼所行。何下引彼所釋。初徵釋。若下例難。準下三今師準決。此卽僧祇不犯文也。

律 十一壞生種戒。

疏 壞生種戒十一。制意犯緣略同前戒。

十一壞字音怪毀也。前引多論合敘二戒制意犯緣不別故此指同。緣起無別犯人卽前二房因立

此制。

註 佛在曠野城集僧告言。有一比丘修治屋舍而自斫樹。非沙門法。訶責制戒。

律 若比丘壞（若斫截墮落並名爲壞也。）鬼神（非人是也。）村（一切草木是鬼畜所依村。有五種。根種枝種節種覆羅種子子種。）波逸提（若生生想。自斷教他斷。自炒煑若教人。並墮。生疑者吉羅。草木七種色。自壞教他壞者墮。生疑及想吉羅。若釘杙著生草樹上。若以火等。並墮。若斷多分生草木者墮。斷半乾生者及不言知是看是。一切吉羅。不犯者。若言看是知是。若斷乾枯草木。若於生草木上曳材曳竹正籬障。撥塼石。取牛屎。若生草覆道以杖遮開。若以瓦石拄之而斷傷草木。若除經行地土。若掃經行地。若以杖築地而誤撥生草斷者無犯。）

疏 戒本五句。初人。二壞。三鬼神。四村境。五結犯。注解第三非人者。緣斫神樹卽爲戒本。

戒本第三節據緣釋如注可見。

疏所以名草木等以爲村者，十誦蚊蟻諸蟲以之爲舍，四分云神所依止，如在聚落，故云村也。村有五種，文中列之。言覆羅者，根假節生，如芹竹等。

第四，初徵問，十下引釋。兩文各解，十誦猶疏，釋注五村：根種如薑芋之類，枝種如柳榴類，節種如藕蔗類，子子種如五穀等。此四可識，文中不解覆羅。梵語翻爲雜種。芹字音勤，卽水菜也。竹亦同之。且舉二物以示雜相，故云等也。

疏就解辨相中分二：初生生想，下謂五生種就地離地皆墮；二草木七種色，下謂五生想就地犯墮，離地色未改者吉羅。

第五中有二：初段五生種，卽如上列；次段七色者，青黃赤白黑紫縹淺青色也。五生想者，對上生種，合云生相，傳文誤也。

疏餘事相繁鬧，不可具顯，尋鈔比用，大助言語也。指略中令尋鈔者，今略引之。彼云十誦一時壞五種子，五提謂五般種子不隨多少也。此律一業壞多種，隨多少結謂一時壞多種作犯同。乃至前戒令淨人掘，隨掘隨墮，不同僧祇取前事止等，助言語者，資講說也。

律十二餘語惱觸戒

疏身口綺戒十二。凡身口業綺微而難制，雖過不至重惱，衆不輕事，須衆僧作法訶制，後仍不止，違法制罪。

十二制意，初示業相，由心掉逸，事非損惱，故云難制；雖下明立法；後下明制犯。

疏論犯五緣：一是身口綺，二數作不止，三僧白訶制，四如法召問，五更違便犯。

具緣中，身口別犯兩戒，一制緣相無異，所以合列之。

疏口業綺者名作異語，身業綺者名作觸惱。兩緣未白，隨作犯吉；白制後犯，違制故提。同違制故，兩戒合制。成實云：雖是實語，以非時故無利益，故言義無本。煩惱心說，皆名綺語。

釋名中，初科初釋二名，兩下示犯相，同下明合制。成論下示同類。口綺言非時者，不宜說也。言無利者，不解機也。無本者，不稽實也。煩惱心者，非利他也。

疏問：餘三口業直作卽犯，不待僧制者，答：彼之三過，一正相違，二損處重，所以隨犯。綺語反前，要違僧制，方始制墮。

問答中，初問曰四犯相不同。答中，初示餘三直犯，次明綺語須制，若論綺語亦具違損兩義，但不如餘三過狀麤著，故云反前也。

疏 問：此戒白竟未犯，更作便犯；一切諫戒諫竟卽犯者何？答：此謂惱僧故作，制約白竟未違，要作違制方結其犯。就結犯相與諫不同。

次問中，此與諫戒違法是同，結犯兩異故。答中，初明綺語若不更作卽是順制，故白竟未違；就下次明諫戒爲諫作法，法竟不捨卽是相違，故不待更作。

註 佛在拘睒毗國，闡陀比丘犯罪，餘比丘問，以餘事答，以過白佛，佛便訶已，作餘語白，後便惱僧，喚來不來，乃至不應語而語，以通白佛，訶已，作觸惱白，因此故制也。

疏 就戒緣中，初語違僧，後來不來，是觸惱相也。文中列語，爲表身乖也。

釋緣中，初牒釋，文下簡濫，以身綺中云不應語而語等故。

律 若比丘妄作餘語 僧未白前作餘語者，汝向誰說，爲說何事，爲論何理，爲我說，爲餘人說，我不見此罪者，一切吉羅。若作白已，如是語者，犯墮也。 惱他者 如前緣中，乃至不應語而語，一切吉羅。白已作者，波逸提也。 波逸提 若上座喚不來，吉羅。不犯者，重聽不解，前語有參錯，汝向誰說，乃至我不見此罪，若作非法無利益羯磨，不與和合，喚來不來，若爲作非法羯磨，若不欲知，教言莫來便來，若一坐食，若不作餘食法食，若病喚起不起，命梵等難，教莫起便起，若惡心問不與說，若作非法事便訶，語者若小語，若錯說，一切不犯。

疏 戒本四句，注解大分明。

戒本示文中，一人，二餘語卽口綺，三惱他卽身綺，四結罪可知。

疏 就不犯中，若一坐食不作餘食法者，以前境既足，起壞威儀，已食一口無義輒起，起卽兩坐，又作餘食法，乖頭陀相，故開合起應不起也。

釋不犯中，初科以二種頭陀相似身綺，故須顯示。初示行相，起卽下次明開意。問：此二頭陀何以分之？答：不作餘法猶噉小食，一坐食者絕無餘噉。

疏 古師解足食不用僧祇，一坐食正起，隨更食不作餘食法，我噉未足。此非正量，出在意言，可依四分誡文，僧祇明決也。下更解也。

斥古中，初標曰所執，僧祇明足約一坐爲言，彼取飽足，故云不用僧祇。正起等者，出彼所見。此下斥非顯正。四分誡文，卽今不犯，下云四分有文散在開通是也。僧祇明決，下云僧祇善見護八遮相極大分明等。八遮如後。注云無利益羯磨，由是非法不濟前事故。

律 十三嫌罵知事戒。

疏 嫌罵知事戒十三。凡僧事是難，分處非易，故簡備德如法經理，宜應贊美，令彼勤營。反懷忿恚，發言嫌罵，令彼生惱，廢闕僧事，損壞不輕。

十三制意中。初敘事重。分處謂出納分物差請等事，備德謂不愛恚知可不可等五種德也。宜下明所應，反下示非所應。

疏 六緣。一是羯磨僧差人，二知是，三如法經營無恚癡意，四說嫌罵語，五言了，六聞見互知。

列緣第一羯磨差者，今時口請爲但犯吉。第三即明知事須具實德。

疏 問與前罵戒何異而重明者。答有四異。一前是汎僧，此僧知事。二前戒不問虛實，此說緣不犯。三罵詞不同，如文所列。四前非知事見聞互離者輕，此敬護重互離犯提。嫌罵兩戒同惱知事不殊，故合制也。

問答中。初辨異有四。二云此戒說實不犯，如下開通。三指如文，前約族姓行業伎術等罵，今云有愛等罵。四中敬護重者，由是僧差不可輕慢。嫌罵下次示單雙。前唯制罵，此戒兼嫌，故云合制。

註 佛在羅閱城。沓婆摩比丘僧差知事，慈地比丘齊眼見處譏嫌之，以過白佛。便訶制戒。後便於聞處罵，以過重白佛，便乘前重制。

疏 就戒緣中。初就見不聞處起瞋，後就聞不見處起罵，以爲戒本兩字緣也。

戒緣中。初分示，以下合文兩字，即嫌罵也。

律 若比丘嫌謂面見不聞處言有愛恚怖癡也罵背面耳聞於不見處而設罵也彼逸提。若不受上座教嫌罵吉羅。不犯者，實有事，恐後悔恨，語令如法發露，便言有愛等，若戲錯說者，並不犯。

疏 戒本四句。一犯人，二嫌，三罵，四犯。餘文相引鈔並可解。

戒本初分文，餘下指廣辨相。注云不受教吉者，嫌罵事同，所對境別故。

律 十四露地敷僧物戒

疏 露地敷僧物戒十四。凡僧物利重，宜應掌護。然人情智狹，度非弘遠，私己專愛，衆則惰慢。是故多論有三義故。一四方僧物爲信所捨，供僧受用，利益事廣，理宜掌護，使資身行道得安樂故。二物是信施，同心愛惜，常有受用，令長信敬故。三用竟即舉，僧物不壞，令受用福反資施主善根成就故。

十四制意中。初敘所宜。十方受用，三世相續，故云利重。然下二出情過，是下三引文示論中三義。初掌護意。二愛惜意。三藏舉意。初是益己。後二利他。

疏 六緣。一常住敷具。二知是僧物。三露處。四自使人敷。五自使人不舉。六出門犯。

列緣。第五合云不自舉不使人舉。對戒本文則知語倒。

註 佛在舍衛。長者請僧。十七羣比丘取僧坐具露敷經行。望食時到。不收往食。為風塵坌蟲鳥壞汙。以過白佛。訶已制戒。

戒緣。云露敷經行者。即用敷具藉經行地。

律 若比丘取僧（眾僧物、為僧、屬僧。三種也。）繩牀（有五種。旋腳。直腳。曲腳。入梐。無腳。）木牀（亦如上說）若臥具（或用坐或用臥）坐褥（擬常用坐）露地敷。若教人

敷。捨去不自舉不教人舉波逸提。（彼以僧物付知事云。我今付授汝守護看。若都無人。當舉屏處。若無屏處。必知無壞。當持麤者覆好者上。若即時還。便應隨雨中疾及時還者。應往也。彼次第作如是方便。應去。若不作者。初出門墮。若方便還悔。一切吉羅。若二人同坐。下座應收。不者犯二罪。上座犯一墮。若俱不收。二俱墮。餘牀踞机等不收。及臥具表裏。一切吉羅。若露敷僧物而入房思惟。吉羅。不犯者。僧物露敷。去時語舊住人摩摩帝經營人令知。如上方便。一切不犯。）

疏 戒本四句。一人。二僧物。三露地。四捨去。下結犯。解僧物中三種。如上。迴僧物中。但取已捨與僧者。餘但犯輕。

戒本第二。注列三物。不分輕重。故須簡之。第三犯提。上二但言。文中注釋二牀各有五種。旋腳者如世轉關交牀之類。入梐者如脫腳牀。隨用即入。餘三可解。經中牀敷四物。隨一成犯。非謂具四。

疏 就辨相中。初明方便委囑之相。即釋戒本自他舉文。若不作下。乖教故結。就二人同坐下。座兩罪者。一非威儀令上座收。二當戒。餘可解耳。

第四句中。初分文。就下。釋後段注中。上二句上下互去意擬他收。下座使上。故兼二罪。如疏示之。後俱不收者。謂不前不後。同時捨去。非相擬待。故各一罪。注云雨中疾還者。此約往時作意也。摩摩帝梵語。即知事人。

律 十五覆處敷僧物戒。

疏 覆處敷僧物戒十五。制意同前。

十五。僧物雖同。覆露事別。故分兩戒。

疏 六緣成犯。一僧物。二知是。三屏處。四已受用。五去不舉。六過限犯。

犯緣第六。過限有二。如下自明。

疏 所以離者。一屏露異。二得罪時異。露則出門。屏則出界。決意絕還。如上出界。若暫非永。過三夜犯。三開緣不同。露則兩相緩急。屏則開於二夜。

辨離中。三別。二得罪者。此由物壞遲疾不同。故分

制限。露唯出門。屏分永暫。如文可知。三中露開緣
急者緣。即囑付等。急即雨中還。

[註] 佛在舍衛。客比丘在邊房敷臥具宿。不語便去。臥具爛壞。蟲嚙色變。見過白佛。因制此戒。

[律] 若比丘僧房中敷僧臥具（謂繩牀、木牀、臥褥、坐具、枕、地敷。下至臥氈。）若自敷若教人敷。若坐若臥。去時不自舉。不教人舉（彼應語舊住比丘言。與我牢舉。若無人不畏失。當移牀離壁。高搘牀腳。持枕褥臥具置裏。以餘麤者重覆。若恐壞敗。取臥具等置衣架上。豎牀而去。若不如是。出界墮。罪欲去還悔。吉羅。若即還。二宿在界外。第三宿明相未出。不自往。不遣使掌護者。犯墮。）波逸提（不犯中如上方便。已在界外。水陸道斷。命梵等緣者開。）

[疏] 戒本四句同上。辨相文易明也。

別釋中。初指戒文。辨下點注。不犯云水陸道斷等。
此通三夜返。故有難緣開。前戒出門犯。無故文不
列。

[律] 十六強敷坐戒。

[疏] 強敷坐戒十六。凡物有限。事局彼此。情通則彼為
我有。意隔則事論進否。然知他得住處。意不籌量。輒
於中間強敷臥具。共相逼斥。非出家之儀。故制。
十六制意中。初明物有所主。情下明人心通塞。可
者與之故進。不可者拒之故否。然下正敘制意。斥
即訓逐。

[疏] 五緣成犯。一先借住處安止已定。二知先住。三作
惱意。四強於中敷。五隨所臥皆犯。

[註] 佛在舍衛。六羣十七羣同道行。至無住處。十七羣自求住處。彼六羣知求得宿處。強在中間敷臥具宿。比丘以過白佛。因制此戒。

戒緣云。無住處者。明無僧寺。寄止俗舍。

[律] 若比丘知（不知者開）先比丘住處。後來強於中間（若頭邊若腳邊若兩脇邊）敷臥具（草敷葉敷。下至地敷臥氈。）止宿。念言。彼若嫌迮者。自當避我去。作如是因緣。非餘。非威儀。波逸提（謂隨轉側。脇著牀。結墮。不犯者。先不知。若語已住。先與開間寬廣。不相妨閡。若親舊人教言但敷。我自語主。若倒地。若病轉側墮上。若力勢所持。若被繫閉。命梵二難。並不犯。）

[疏] 戒本五句。一犯人。二知。三後來強敷。四念言下作
惱意。五結罪。
戒本分文可解。

[疏] 作是因緣非餘者。非餘不犯。將不犯以望犯。不犯
是犯義餘。但以不依不犯。故相逼惱。非是威儀。何得
不犯。
釋非餘中。餘即是外。不犯在於犯外。即非不犯。顯
是正犯。初牒示。將下明餘義。但下合文釋。

[律] 十七牽他出房戒。

[疏] 牽比丘出房戒十七。然四方僧房。眾人共有。理無

偏局義須通贍。雖先料理安止已定，後來同徒宜共受用。今乃內懷瞋恚，強牽他出，自壞惱他，諍競之本，損處非輕，故制。

十七制意中，初明衆物理通，合與同住贍猶給也。今下，次敘過顯制。文闕犯緣，或同前戒，或是寫脫。今準鈔云：一是僧春冬房，夏房入已，牽出犯吉。二先安止定，三作惱亂意，四牽出犯。

註 佛在舍衛，六羣十七羣同道行，至小住處，十七羣於先入寺掃灑令淨，六羣知得好處，驅起牽出，比丘以過白佛，便制此戒。

疏 就戒緣中，因先強敷佛制與罪，由是俗家，此僧寺中，理依位夏所以牽出。

釋緣起云僧寺等者，即明六羣恃已之意，位夏語倒。

律 若比丘瞋他比丘不喜，僧房舍中，若自牽出，教他牽出。若自作教人牽，隨所牽多少，隨出房隨犯。若牽多人出一戶，若牽一人出多戶，皆犯多墮。若一人出一戶一墮。若持他物出，若擲著戶外，閉他戶外，皆突吉羅。波逸提。不犯者，無恚心，隨次出。若遣未受具出，若破戒見威儀，及為舉擯，因此故命梵難，驅出者並開。

疏 戒本四句：一人，二內瞋，三是僧坊，私不犯，四牽出結罪。

戒本第三唯局衆房，餘並不犯。

疏 就解成犯相中，相從就多結者，欲止惡法，令斷也。今封著者多守房鎖戶，本不許入，牽出希耳。

釋犯中，初明結多罪之意。今下，次示末世稀犯。注中持擲他物出戶外者，意使彼出故。

疏 就開通中，問前戒開親，不簡淨穢，此局淨行，不除親者？答：前戒俗家屬先借者，親友無強故開，非僧住處，不簡染淨。此是僧房，淨有住義，惡戒之人，無分驅出，不犯戒也。

不犯問中，前戒開親舊人，不列破戒見等，此戒反前，故徵其意。答中，初釋前戒開親通穢。此下，次釋今戒止明簡淨，不示開親。今謂僧舍處非屬已，復是親友必無牽義，故不在開。

律 十八坐脫腳牀戒

疏 坐脫腳牀戒十八。凡事宜審諦危險，須慎。重屋薄覆，牀又腳脫，放身坐臥，容有墜墮，傷於下人，惱處不輕，故制。

十八制意中，即據緣起以敘教制。薄覆謂閣板不固，放身謂肆意而坐。

疏 四緣：一重屋，二又薄覆，三牀腳欲脫，四坐臥便犯。

註 佛在舍衛。比丘在重屋上住，坐脫腳牀，腳脫墮比丘上，壞身出血，仰面恚罵。比丘舉過，佛訶而制。

律若比丘若房（謂僧房若私房）若重閣上（謂立頭不至上）脫腳繩牀若木牀（脫腳者腳入梐）若坐若臥者（隨脇著牀隨轉側也）波逸提（除脫腳牀已若在獨坐牀或一板牀浴牀一切吉羅不犯者若坐旋腳直腳曲腳無腳牀若北文大若脫腳牀安細腰若重屋板覆刻木作華覆若厚覆若板牀坐若脫牀腳坐者並開。）

疏戒本四句。一人。二房重屋。三是腳脫牀。四坐臥犯。解腳入梐者。明將脫不久也。

戒本第三中。將脫者謂腳動搖故入於梐。

疏戒本通坐。廣解唯臥。毗尼教相三處觀量緣起但坐。戒本通臥。辨相唯制脇著牀而腳脫。故知坐臥皆有犯也。

第四中。初牒示毗下。會通緣起辨相各一。戒本兼二。故下。準判。注不犯中。牀腳安細腰者。即紐鎖等。若重屋板覆此句總標。刻華及厚別顯兩相。即反戒文薄覆故不犯也。

律十九用蟲水戒

疏用蟲水戒十九。凡慈濟物命道之正要。知水有蟲而故受用。特損物命。違其慈道。苟存自營。所存無理。光師所云重己所輕輕他所重。深乖慈惻。故須急制。

十九。制意中。初明比丘行本。河沙諸佛由慈成道。菩薩輟己利他。歷劫忘倦。二乘非不兼濟。望上不彰。故云正要也。至於儒宗君子。猶懷惻隱之心。博施濟眾。推愛及物。況出家勝士反行殺害。實非所宜。聞者深誡。知下。敘過。初明自他兩損。苟存自營。謂害他利己。是無理也。光師下引示。己所輕者謂身外受用。他所重者即蟲之性命。

疏四緣。一是蟲水。二知有蟲。三不作漉法。四隨用犯。

列緣。第三漉則非犯。

疏慈救之心。如來本意。損害爲貴。凡俗所重。是以世尊隨病設治。初約非情則掘壞通制。後約生育隨病多立。人畜兩戒。計攝已周。今之喜犯。就飲用結。深見

物機。是稱大聖。如多論說故。今五眾多無漉具。行住飲用無思傷損。此而號道。未見其通。鈔中廣引。

敘誡中。初通敘聖凡心異。是下。別示機教不同。大分二。別。初明非情掘壞。二戒還存護命。後下。次明有情。則有四戒。一殺人。二殺畜。三用蟲水。四飲蟲水。深下。歎教主。如多論者。彼云。此殺生戒。凡有四戒。此最先結。既不得用蟲水。便取飲之。由制不得便故。斷畜命。既制不得便奪人命。由善知機故彰聖號。今下。傷末學。既號道人。不置漉具。反無慈念。則非有道。故云未通。下指鈔者。彼云。僧祇蟲細者

三重漉猶有者捨去若用水者日日諦視無蟲便用五分蟲者漉囊所得肉眼所見無漉囊不得行半由旬等又二衣中云物雖輕小所爲極大出家慈濟厥意在此今上品高行尙飲用蟲水况諸不肖焉可言哉

註 佛在拘睒毗闡陀起屋蟲水和泥教人和長者見嫌無有正法害眾生命比丘舉過佛因制戒

律 若比丘知不知不犯水有蟲若澆泥若草若教人澆者若以草土擲蟲水中若蟲酪漿清酪漿若酢以澆泥草一切皆墮教人亦同波逸提不犯者不知有蟲作無蟲想若蟲大以手動水令蟲去若漉水灑地若教人漉者一切無犯

疏 戒本四句一人二知三有蟲所損境四若澆泥下

明犯就辨相中具二或以草土就蟲水和或以蟲水澆於草土縱有池流大水雖不作泥而以草土擲中隨以蟲魚皆犯墮罪此不就損命中制是深防制若彼命斷自依畜戒正得一墮餘文相可知

戒本第四中初明犯相有二前明因作水土互投縱下次明非作等閑擲物隨下次明結犯初明當戒隨境多少此下次對後殺畜結犯不同餘下三示略卽不犯等文尋之可見

律 二十覆屋過限戒

疏 覆屋過限戒二十凡物有限事成爲要貪不知量重覆不已令屋崩倒損功費力不長信施故所以制

二十制意中初明合宜貪下次敘過相卽本緣起如注所引

疏 四緣成犯一自爲己二使人覆三至三節未竟不離見聞處四三節竟犯

列緣第三言三節者或云三重如世茆庵或云三行如蓋瓦屋未詳西土覆屋之相不可定約

疏 問何故有看覆無自覆者答不看房成有受用義自覆招譏重故不許用也或可從緣起說由使人作因卽制戒

問中此制指授看覆成犯不制自覆故問通之答有二意文相可解

疏 多論此房是十三中大房三十萬錢作成卽崩施主生惱比丘爲說房雖崩壞功德已成未壞之時佛到此房卽是無上福田之所受用尋後有一新受戒比丘入中若起房閣嚴若須彌持戒暫用已畢施恩以戒背世俗法房舍四事是世間法故

引緣中初指本緣房崩主惱十三中大房卽有主房若據四分因斫神樹爲緣與此不同三十萬者十千爲萬卽三百千比丘下次明比丘開解之詞

前明佛曾受用。詳下。後明新戒受用。戒背世俗者。
無漏勝法聖道本基勝世法故。

【註】佛在拘睒毗。闡陀起房。重覆不止。屋便摧破。居士嫌言檀越雖與受者應知足。比丘舉過。佛因制戒。

【律】若比丘作大房舍多用財物。戶扉牕牖及餘莊飾具。刻鏤彩畫。指授覆苫。有二種。縱覆橫覆也。齊二三節。若過者。彼比丘指授三節未竟。當至不見聞處。若不至不見聞處。三節竟。墮。波逸提。若互捨見聞處。吉羅。不犯者。如上指授。離違者開。

【疏】戒本四句。一人。二房舍已下。作之方法。三指授下。開成持相。四若過下。違教結罪。

戒本第三苫字。失廉反。覆屋草也。

【疏】然三節相律論互談。至於事實亦可披據。故多論云。作房三品。上中下覆各自有限。若中下房用上法覆。以鎮重故。隨用草作。一一皆提。五分。若以草瓦版覆。母論。泥故崩。伽論。若以草版鳥翅覆者。過限不犯。亦以輕耳。及作房時商度基陛材具方可覆之。如多論也。

三中。初生起。故下。引示。多論三品。隨其房屋費用厚薄。以分階位。中下上覆。節為過限。五分已下。並出物體不同之相。伽論草板不犯。與上諸文相違。故以物輕通之。及下。次明籌量用與方便。下指多論如二房中。

四分律含註戒本疏行宗記卷第十三

四分律含註戒本疏行宗記卷第十四 戒本中之二〇疏四之二〇記四上之二

宋餘杭郡沙門元照述

律二十一輒教授尼戒。

疏僧不差輒教尼戒二十一。制意有五。初尼來請法意。大愛道眾爲順敬法，咨稟疑滯，如說奉行。然尼女弱闕於游學，迷於理行，眞爲面牆。故須半月求師請法。二佛勅比丘聽往意。如來大慈，簡唯有德慈悲訓誨，開曉彼懷，令生解行，卒成道益。所請別僧，前爲尼眾，若開强往，彼此寂靜，無多勞動。若論受戒，反前是難。不開僧往。三制具德意。自非深閑戒律，行同冰玉，

詞清理詣，備德兼物者，孰能化眾匡道。有人專直淺識，不閑進否，自迷教旨，何能導物。或雖少知，行不依法，進止施爲，動乖儀式，自溺長津，安能濟拔。由斯諸緣，須具德行。四制僧差意。雖有德行，屛去有濫。任僧簡遣，備德方進，藉眾威嚴，通行風化，受者殷重，終獲道益。五制戒意者。專任自由，不蒙僧命，輒往教授，濫行儀式，乖軌導方，失風靡化，輕法自尊，未成弘闡，損壞旣重，何得不約。

二十一。制意中。初意爲二。初敘尼希法。大愛道者卽佛姨母，起教之人。順敬法者，卽八敬中制依僧布薩。然下次明須請之意。迷理行者，理是所證，行是所修。二並教詮，非學不曉，故云迷也。面牆出論語，喩無所見。二聽往中。初正敘聽意。簡有德者，如後所列。卒猶用也。所下遮疑有二。初疑尼須來學，何以令僧往教。强字上聲。師訓之儀，理非當往，故示强也。若論下次疑受戒何不同之，以汎爾教授，別人可往，納體事重，須大眾，故云難也。三意中。初示如法合往。自非下四句，總後十德。初句攝二三四。次句攝初及九。第三句攝五及八。第四句攝六七與十。有下次簡非法。初至導物，反上初句。卽

無解也。或下至濟拔，反前次句，謂無行也。旣無解行，豈能說法，備德者乎。文中不反義可見矣。由下三結示。四制差中二意。初爲能教有濫，藉下二爲所教易化。傳訓無壅，故曰通行。如風偃草，故云風化。五中專下四句，反前初意。乖下二句，反前次意。靡卽順也。輕下結過顯制。不取僧命，故云輕法。輒爲師訓，卽是自尊。

疏論犯五緣。一佛開說法八敬。二制白二差。三不蒙僧命，往集尼眾，卽簡別房別說，不犯。四說法教誡。五隨說墮。

列緣第二制白二者文云大德僧聽若僧時到僧忍聽差某甲比丘教授比丘尼白如是羯磨準知

註佛在舍衛大愛道尼來請教授佛令差往僧次般陀往彼說法六羣次往向說世論愛道白佛便羯磨差而制戒也

疏就緣起中初明尼請二令僧次差往三六羣爲說世論過起之由四白佛下羯磨備德

戒緣中說世論者律明但說王者論人民論軍馬等論是也

疏問愛道來請止請比丘何不請佛答請佛教授有二種過一違八敬教教中令問僧故二違誓受心若

請僧者翻前兩失

初問答中初明請佛二過並是違敬但上違敬法下違受心以本從八敬而獲體故若下次明請僧兩得有本作請佛者文誤

疏若爾八敬之中佛已制尼半月往僧愛道何故乃求佛者答尼雖蒙制僧未奉勑故來請佛勑僧往教

難中由愛道尼從佛求請既制依僧不當求佛釋文可解

疏問佛不自教者答有多過一是狹過不通三洲二少過止佛一人三是短過不通萬代比丘作者翻成三益

次問答中初明佛教之過後明僧教之益翻三益者廣多長也

疏就羯磨差中須具十德一具持戒行二者多聞三誦二部戒本利四決斷無疑五善能說法六族姓出家七顏貌端正八堪爲尼說法令尼歡喜九非爲佛出家被三法衣而犯重法十二十夏若過不具斯十皆不成差故略分別也

差人中初列十德一九五八名似相濫並前通後別分之可解又八及十局在教尼名爲別德餘皆

通德不下簡非此但依律單列名數未暇廣釋故云略也

律若比丘僧一說戒一羯磨不差不於僧中白二羯磨教授八不可違法律具出文比丘尼者波逸提若於說戒時座上問答已若僧差若隨尼請彼比丘剋時到尼亦剋時迎若違俱犯吉羅若聞來者當出半由旬迎供給所須不者吉羅若僧不差非教授日與說八不違法吉羅若不差與說法者墮若僧病不和合眾不滿應遣人禮拜問訊尼眾病等亦遣禮拜問訊若不吉羅比丘尼等二眾吉羅不犯者比丘尼眾如上方便已而爲水陸道斷諸難不容禮拜問訊者並開

疏戒本五句一人二僧三不差四教授五結罪就解第四八敬之文指於律本恐好事者未見前後故略爲三門初制意列相二敬之次第三得罪輕重

戒本第四初標中云指律本者點注略也恐好事者樂法人也

疏 就初制者凡體無貴賤有道則尊法式軌要非僧不具敬法重人事須致敬敬而爲言觸途皆是但此八種攝尼偏要故別制之審能修行戒淨法住故善見云由度尼故正法滅半若行八敬還滿千年法由人弘其義不昧矣

制意中二初通敘僧德有道具法故須致敬敬而下二正顯八敬又爲三節初正明故下引證此即阿難初請度尼如來許度之語法下結告

疏 次列名中初百歲尼禮初夏僧二不得罵僧三不應舉僧四受具僧中五懺殘兩眾六半月請法七安居八自恣並須依僧

列名可見

疏 二明次第者法不自顯開導在人是以初三明遵僧也人尊由法故次四五明所遵法法由請得是故下三明稟悔也

明次第中初科三位次第相生且約總分隨一位中復有次第如下別論悔字誤合作誨下同

疏 就初位中身業慢麤所以先明口業過微故須後說說語二中違法惱深順法舉微故列前後或可希數而言也

別示中初科分二一身二口禮敬是身罵舉並口身麤故先口微故後說語下復簡口二有兩釋初惱分深淺二過有希數

疏 就遵法中初受根本次悔枝條

遵法中由受生犯次第可知

疏 就稟悔中汎明儀法必由啟請故初明教誡也依法起行故有安居自恣相次而來至時加語潤色而道助成光衍也

稟誨中初正明次第請教在先依行故後又夏安居竟乃行自恣故云相次來也至下囑後增加光謂光揚衍即流行

疏 次三明罪就中一四六三皆犯提罪如尼戒中第二敬中罵謗不定或殘提吉第三舉罪說過犯提遮舉但吉第五殘悔不來僧懺止犯吉羅餘可解也

三明罪中初明三法犯提第二罵謗義同故參明之律云不得罵比丘不得誹謗等文標三罪謗通三篇如前所配罵止有二惡法得提善法但吉第三舉罪中說過提者律出舉相云汝所作爾汝所

作不爾及不得作自言遮舉吉者律云遮他覔罪謂他舉罪遮不令作及遮他說戒自恣第五吉者應是事稀餘下即指安居自恣二並犯提

【疏】就結罪中初明廣教授相律論大明斯法滅矣但行略者猶無威儀

第五句初明廣法指如律論論即善見總括律文大要有五一尼眾遣使二至寺憑僧三對眾爲請四僧作法差五至時當往但下次示略法者由無德人但傳上座誡勅而已委在鈔中須者尋取猶無儀者業疏云以見不學識者年高座首動無法

則令空遣尼還曾不對答識者齊耻等注中供給所須者律云安置坐處辦洗浴具辦粥種種飲食等又僧病等緣禮拜問訊亦同略法

【疏】文中非教授日者四分無文僧祇廣列八法一非時即日暮夜分也二非處謂隱露處也三過時謂二十九三十日十四十五日也四時未至無問黑白中間十日當往餘者爲非日餘四略之

釋日非中僧祇八非正取三四以顯非相謂黑白兩半各有十日得往白半初四至十三黑半十九至二十八並以後兩日爲過時前三日爲時未至

前後皆名非時也餘四略者今引續之五尼僧不和合不應教誡六不得偏教應一切和合已教七不應長句說法如難陀說至日暮八須迎逆不迎得吉

【疏】如昔人解日非八敬同犯吉羅不差說法俱犯墮罪二提兩吉也

斥古中古師據文如注所引前是兩吉後即二提

【疏】今解說法八敬無別輕重故戒本云教授者提廣解說法者提故知義一也結吉羅者但日非耳結墮罪者但不差耳說法八敬因之即列文無言耳結成

之相明知但指輒往不差也

今解中初定兩相無別戒本教授即是八敬廣解說法如注自引結吉下釋通注中結犯之意故知差已日非則說法八敬並吉不差輒往二並犯提律文但結日非不差二罪因而互列故令妄解文無言者謂戒本中不明說法八敬故結成相者謂戒本結犯承上不差而結則知犯墮止由不差今更作句以定罪相一不差日如單犯一提二受差日非唯犯一吉不差日非雙結提吉說法八敬教示不殊有何義故而分輕重決知非矣

疏尼結吉者非輒教僧界也蓋是不被尼差輒教授
耳尼二眾亦不蒙大尼差遣輒往僧寺禮拜問訊故
也
釋尼犯中初明大尼輒教授者謂輒自往請次下
二眾義無不差輒請之義故但有輒禮拜等不犯
中但開尼眾不請之罪
律二十二為尼說法至暮戒
疏為尼說法至日暮戒二十二凡僧尼有別居不同
處大士舉動須避譏涉外生信敬內增道業今日暮
同聚致外情疑容自壞行過深則制

二十二制意中初敘所應依之則自他兩益今下
次明不應違之則彼此俱損反損成益故所以制
疏論犯六緣一是僧差二尼眾來集三教授說法四
至暮昏五自知六說不止犯
犯緣中初是僧差若僧不差自犯前戒
註佛在舍衛難陀僧差教授尼已默然而住愛道重請說至日暮尼出祇桓城塹中宿爲俗所譏比丘白佛佛便訶制
疏就戒緣中初令尼來僧寺說法因過而制令往尼
寺四分無文可尋諸部余曾目見老昏忘去
緣起中以西國僧居城外尼依城內日暮城閉奔
還不及故宿塹中諸俗譏云沙門釋子無有慚恥
無清淨行竟夜與尼共宿晝便放還等指諸部者
即善見云初爲女人根鈍故盡聽往僧寺教授爲
人譏故次開五人往猶譏始聽僧往尼寺若作此
釋甚有相妨前輒教中備明差往若是初開不應
後列若在前者復曾被差進退難定來學請詳下
示遺忘以警後來
律若比丘爲僧差教授一羯磨教授眾僧中差白二羯磨比丘尼乃
至日暮者彼爲僧差教授尼日未暮當還除教授若受經若誦經若問若以餘事乃至日暮除尼若爲婦女餘人受經等至暮一切突吉羅也波逸提尼等吉羅不犯者教授尼至日未暮便休
除婦女已爲餘人若船濟處說法尼自聽者若與估客夜說法若尼寺中若因人請值說便聽者開

疏戒本四句一人二僧差三教四乃至日暮下結罪
戒本第二句注云一教授等者律云眾僧中差白
二羯磨然與前戒異者前是不差通指二法此既
已差別據一法
疏廣釋中除教授已餘誦受經至暮同譏如何輕者
以教授僧集尼眾易故重自餘別請尼之來去無攝
法故輕也
第四中初徵問以下釋通初明教授重是眾法故
自下次明餘輕別人請故注不犯中未日暮者無

犯明不犯除婦女者即餘男子無譏疑也若船濟下四種三並因聽非專爲尼第三尼寺中者處無非故因人請者寫倒合作因請人律云說戒日來請教授人値說便聽是也

律 二十三譏訶教授者戒

疏 譏訶教尼人戒二十三然備德被差慈心教授情存爲法不希厚味今見他獲利内生嫉妬發言譏訶惱亂賢善脫由斯敗事絕兼濟損處非輕故制

二十三制意中初敘所差如法厚味即美食也今下次敘能謗起過初明惱人嫉妬心業譏呵口業

脫下次明壞事敗猶廢也絕兼濟者失利他也損下雙結

疏 論犯六緣一是僧差二情存爲法三内生嫉妬四發言譏訶五言詞了六聞知犯

列緣中一二六是所譏餘三並屬能譏

註 佛在舍衛尼聞教授師來出迎供給六羣生嫉云彼無實但爲食故教授尼也比丘以過白佛因而制戒

戒緣中六羣比丘因過被制既不具德差法絕分内懷忿恚故致譏訶

律 若比丘語諸比丘作如是語諸比丘爲飲食故教授比丘尼者波逸提若說不了了吉羅比丘尼等吉羅不犯者其事實爾爲飲食供養故教授爲飲食故教誦經受經若問若戲若錯說者一切不犯

疏 戒本三句餘並可知

戒本三句一人二譏三罪注不犯中其事實爾乃至爲食誦經等並謂譏訶非謬故無犯也

律 二十四與非親尼衣戒

疏 與非親尼衣戒二十四凡僧尼位殊理無交涉無緣取與尙涉譏疑況交致染容壞梵行誠爲大損故制

二十四制意中初明類別無下次顯招譏無緣取

與者謂無取與之緣徒與往還猶不免譏況持衣與而相交染耶往往犯於大重此顯須制之意

疏 五緣成犯一是比丘尼多論云與尼三衆同墮律雖無文義亦應爾浣衣中似是犯輕墮情急緩義在於此二非親里三作非親想四虛心與衣五彼領受犯

犯緣第一初取論決律浣下次比校重輕彼論使下衆浣同犯吉羅若比浣衣下衆應輕故云似是然取情過不可相例以使浣情輕與衣過重輕宜從緩重須從急故云隨情等四虛心與謂專意也

或可準下緣起比丘試與。即非實心也。

註 佛在舍衛乞食，比丘威儀具足，尼見生善，而數請比丘。不受，後僧分衣，便以衣與尼，尼輒受之。彼嫌責尼，數數向人說，比丘以過白佛，訶制此戒。

疏 就戒緣中。初明尼與僧衣，推而不受。後僧試與，望同僧心。尼輒受之，大乖本望，故科為罪。多事多患，其相若此。

戒緣中。推謂辭讓。言試與者，律云：比丘念言：尼數請我，而我不受，我今與衣，彼必不取。多下，指過誡勅，令無多事。

律 若比丘與非親里（如上解。）比丘尼衣（十種如上。）除貿易（以衣易衣，易非衣，易鍼，易刀，若縷線，下至藥草一斤。）波逸提。（比丘尼等吉羅。不犯者，與親里尼衣，共相貿易，若與塔、與佛、與僧，無犯。）

疏 戒本六句。一人，二非親，三尼，四衣物等。文中不明尺寸，而於過咎大小俱提。五除貿易，六結罪。

戒本第四句但指衣體，故知不局大小。

疏 所以尼與大僧二眾衣犯輕者，今不就希數而制戒也。就譏過故。僧是上尊，躬奉下眾，招譏處深，故重。尼下奉上，譏疑是輕，可知。

釋尼犯中。初徵異大僧沙彌，故云二眾。今下，釋通。上奉於下，情理不當；下奉於上，事成順便，故不同也。

律 二十五為非親尼作衣戒。

疏 為非親尼作衣戒二十五。制意同前。

二十五。制意指前，無非譏染。

疏 論犯四緣。一是比丘尼，多論三眾同犯；二非親里；三自送遣作；四隨作犯。

犯緣前三屬所對境，第四即能犯人。

註 佛在舍衛，迦留陀夷為作大衣，便裁作婬像，成已付尼，令在眾後著之，生俗譏笑。諸尼以過白佛，因制此戒。

疏 就戒緣中。作婬像者，良由染患情重，寄物彰過，約境須斷也。五分云：愛道卷衣，舒以示佛，視此所作也。

戒緣中。初牒釋。由為作衣，致有情染，故云寄物彰過。故知此戒雖制作衣，實為斷欲。五分下，引示。卷衣示佛，顯過宜制。

律 若比丘與非親里比丘尼作衣者，波逸提。（彼比丘隨刀截多少，隨一縫一鍼皆墮。若復披看、牽挽、熨治，以手摩捫，若捉角頭挽方正，安摞，若安緣，若索線，若續線，一切吉羅。尼等吉羅。不犯者，與親里尼作，與僧作，若為塔，若借著浣染治還主者，一切開。）

疏 戒本四句，尋文可知。

戒本四句。一人，二非親，三尼，四作衣。下，結罪。

疏 既作鍼刀，故隨運結墮。餘熨摩等方便但輕。

次釋犯中刀鉞正作、髮等助成故云方便。

律 二十六與尼坐戒

疏 與尼屏露坐戒二十六過與女人同宿無異。

二十六初指制意同宿不出有二。一者染習。二是招譏。

註 佛在舍衛迦留陀夷與偷蘭難陀尼俱貌端正各有欲意在門外坐居士共嫌鴛鴦爲喻比丘聞告佛因制戒。

疏 緣中門外同坐止是露攝戒本明屏故知雙結也。

次科緣起戒本屏露互明對文可見。

疏 論犯四緣。一是尼三眾、五分多論尼眾俱犯提罪。

道船行戒亦爾除去俗女不犯此戒二是隱露處三無第三人人相如鈔中四共坐便犯多論比丘坐住隨尼起坐一一結提尼坐亦爾兩人同一坐通日但一墮。

犯緣第一四分戒本唯據大尼故引他部既云尼眾通三不疑及後道船例同此判除俗女者下有別制故云不犯此也第三指鈔彼與女坐戒引僧祇云若母姊妹若大小淨人睡眠癡狂嬰兒並非證人。

律 若比丘。與比丘尼一處者。一是比丘。一是比丘尼。在屏屏有二種。見屏處者。若塵霧烟雲黑闇不見也。聞屏處者。乃至不聞常語聲。障若樹若牆若籬若衣。若復以餘物障。處坐者若第三人盲而不聾聾而不盲。若立住者。一切吉羅。波逸提。尼等吉羅。不犯者。若比丘有伴若有知人有二。不盲不聾不聾不盲。若行過倒地。若病若力勢所持。命梵等難者。並開。

疏 戒本四句。一人。二與尼。作衣與衣。親無染譏故開。屏坐同行不問親疏外人不簡招譏義一。

戒本第二但云與尼而不簡親故對前二戒以示教意。

疏 三屏處如律中見聞兩屏其相可解。盲聾互有不成全證故吉。由是坐戒立故是輕。

第三初指二屏注釋頗詳委如二不定中。盲下次

釋第三人由下三釋立住上是根缺下即緣乖故並犯輕。

疏 所以尼輕者上尊共坐志不自由過微故也。

第四初科微示尼輕由非意故或可上尊狎下則易下位媟上則難故雖同坐情過自別。

疏 開中不盲聾者開前盲而不聾句下列亦爾餘可解。

次科釋注不盲等二句語同互倒而列對翻互缺二句以開吉羅餘可解者行倒病勢皆非意故。

律 二十七與尼同行戒

疏 與尼同行戒二十七過制同前

二十七制同前者事別意通故不重舉宿坐船行離染無別隨境造作事相不同文多略指其意若此

疏 六緣犯多論云一尼家三眾二共期除偶相值或期不許不離聞處三同一道四不離見聞處五無緣六隨度界犯

犯緣第二除偶值者即多論文彼具云若不期而偶共道當使相去語言不相聞處若相聞者吉若彼此相期互不許者若相聞語聲者吉文中不離聞處總上兩句皆有吉罪但不犯提故簡除也

註 佛在舍衛六羣比丘與六羣尼人間遊行居士譏嫌比丘舉過佛便訶制

律 若比丘與比丘尼期言共至某村城國土同一道行村間有分齊行處是從一村乃至一村隨分齊眾多界一一墮非村若空處行乃至十里墮若減一村減十里多村間同一界行及方便共期一切突吉羅除異時波逸提異時者與估客行若疑疑有賊劫盜畏怖怖有賊劫盜是謂異時尼等吉羅不犯者不共期大伴行疑恐怖處若往彼得安隱若力勢所持命梵等難者並開

疏 戒本五句一犯人二與尼期三同道行四除異時五結罪辨相重釋可知

戒本分文中重釋者即指釋異時文律因僧尼皆

欲往毗舍國尼求僧伴僧既不許尼遂前往為賊所劫因開援護文中兩相估客男伴無難亦開疑怖難緣無伴亦許

疏 尼若憑僧為伴援過是微故輕

釋中初科尼憑僧伴非疑怖緣故結吉罪

疏 行途多難故開疑怖坐是安處所以不開坐容教授下至第三便開不犯行途迥遠招譏過大縱多比丘一尼亦犯要得多尼方開坐處譏輕有兩比丘即不犯位

次科對前坐戒料簡二一重初簡恐怖緣行開坐閉坐容下次簡第三人行閉坐開

律 二十八與尼同乘舟戒

疏 與尼同船戒二十八譏過中制論犯六緣一是尼三眾二共期三同一船四順流上下意五無緣六雙腳入船便犯

二十八犯緣第四順流上下明非直度也

註 佛在舍衛六羣比丘與六羣尼同乘船上水下水居士共嫌比丘舉過白佛因制此戒

律 若比丘與比丘尼共期同乘一船上水下水若入船裏墮餘方便吉羅除直渡波逸提尼等吉羅不犯者不期若直渡彼岸若入船船師失濟上水下水若往彼岸不得安隱或為力勢所持命梵難緣無犯

疏戒本四句。一八。二與尼期。三同船。四結犯。

戒本分句可解。

疏問所以不制俗女同船者。答必有船公為第三人故不須制。亦可尼女同制俱犯提罪。如律房法中時與俗女同船佛言除直渡。故知不直渡者是犯不疑。此戒略也。

問答中兩釋。初約通開釋。當有第三人故。亦下次約文略釋譏疑不異故。下引律證既除直度驗知上下同尼制也。

律二十九受尼讚食戒

疏受尼讚食戒二十九。制過有四。一遣彼尼眾歎己德行相美求利增長貪結壞正命故。二偏心曲歎現情親好招致外譏損害不輕。三令他隨言供奉無德即是損施於彼福田無行惠施反報之福何由可獲。四毀呰好人讚歎鄙下令於勝境不生敬重即是惱亂一切賢聖具斯諸過故所以制。

二十九。四意中初是長貪。二即招譏。三損施福。四惱僧眾。又初損自。二損自他。三四並損他。初云遣尼且據緣起。約今成犯不必須遣。三中既奉無德則於有道反不供奉。既失勝境則無福報。具下總結。

疏四緣成犯。一是尼三眾歎得食。二知是非法。三受得四嚥之咽咽結罪。

列緣有四。初是能讚。下三並所讚。即犯戒人也。

疏自餘同坐不被歎者隨食無過。以屏歎非眾中無應訶不訶之過。不同提舍對僧偏授若不即訶舉眾容隱致不指授亦不聽食。

簡提舍中。初明當戒犯唯別人。不下次示提舍合眾通制。據尼指授止在一人。若無人訶則令同座非指授人亦不得食。故云致不指授等。

疏何不開病。但不曲歎健病無罪。故不須開。若歎病人為德必有好人被毀猶是犯位。

簡病中。亦對提舍以明不同。初徵。次釋。釋中又二。初明不開。若下次明開則有過。言病有德則顯不病無德。故云好人被毀。

疏何故不開別眾七緣。聖人制戒開遮防過。此戒由歎無德於法深損。通無所開。是以多論云但偏歎德不問凡聖食者皆墮。

簡別眾中。初徵。二釋。又二。初通示開遮。別眾須開遮則失利。此戒宜遮開則有過。開遮隨時不可一

槃此下正明當戒不開之意供施有德植福良田是佛所教今則反之故云深損是下引示若知彼讚雖聖尚犯況無德耶聖必無犯爲約下凡極誡耳

[註]佛在舍衛有居士請舍利弗等露敷好座偷蘭難陀尼見已妄言所請並是下賤我若請者則調達等龍中之龍食還具說佛因訶制此戒

[疏]就緣起龍中龍下過起所由下明訶結

戒緣中難陀尼如是歎已及舍利弗目連至尼語居士言龍中之龍已至居士言汝向者言下賤人今云何言龍中之龍耶自今已去勿復來往我家故云妄言調達等者等餘四伴

[疏]多論云以請舍利弗迦葉等能與現世福一入見諦二大盡智者三入滅定人四緣四無量五行無諍者各出其相廣如論引

明請福中初科多論明所請之德略提名數指廣如論今提注之一入見諦今證見諦無始邪見皆悉無餘不壞信見今始成就見有二種邪見所斷此見即惑信見所成此見即智諦謂眞理由智證眞故云見諦入即是證即初果也二大盡智今得盡智無始癡愛慢三垢永盡盡即是滅滅即滅諦涅槃能證之智名爲盡智此即斷盡思惑無學果人三滅定人論出三意若出滅定亦令衆生得現世福又云從滅定出正似從泥洹中來故又云若入滅定必次第入無所有處乃至初禪徧遊諸禪

功力深故四緣四無量謂心緣無邊衆生拔苦與樂益物深廣故謂慈悲喜捨也五行無諍諍有三種一煩惱諍二五陰諍三鬬諍一切羅漢煩惱諍盡五陰有餘故未盡有此五陰能發人諍唯無諍三昧能滅此諍餘聖但自無諍若無諍羅漢能令彼此無諍論文五種並以生現世福別別結之據論前二諸聖通具身子目連必應高勝後三別德時或有之

[疏]又成論云智田勝福田乃至掃僧地如閻浮不如佛塔一手許佛以智故勝諸弟子不以斷故供利根初果勝鈍根斯陀含前言百不如一者從多說亦不了義還即此經中云施利根畜生勝外道五通者又如彌勒爲羅漢所禮

次成論中初句立義乃下釋成初約佛與弟子對校彼論問云爲智福勝爲斷福勝答智能達法相謂畢竟空此則勝斷何者如佛以智故於弟子中勝不以斷故斷謂自斷斷結亦斷衆生結即以聖人斷智二德比校勝劣也供下次唯就弟子比校文爲三段初示勝劣前言下論自釋難彼論前引雜藏經供百初果不如一二果與此相違故從下釋通有二初云從多說者謂前經且據多少相望初果多故劣二果少故勝今此約智與彼不同亦下次約不了釋謂彼經赴機一往權說非究竟故還下還據彼經會同前義初引

二釋第五

二戒本二 初分文

二明尼讚

畜生勝人道。又下次引因人勝果人。彼云：彌勒菩薩雖未得佛，爲羅漢所禮，由智大故。又云：乃至沙彌發無上心，羅漢自取衣鉢擔隨後行。故知智慧福田爲勝。

【疏】僧祇：檀越別請舍利弗、目連，唯大迦葉不受宿請，明日時到入檀越家乞食，在屏處坐，尼不見故，說龍中龍。迦葉大謦作聲，尼聞即翻問：迦葉行頭陀乞食，如何受請？答：雖不面受，乞食爲緣，不妨隨食。

次尼讚中，律文少略，故引示之。謦，去挺反，彼作謦欬，謂嗽聲也。尼翻問者，既爲尊者所聞，故作他辭，欲混前語。迦葉答者，準此行乞因入施家，不爲別請，斯爲明證。

【律】若比丘知（不知不犯）比丘尼讚歎教化（謂阿練若乞食人，乃至持三衣、讚偈、多聞、法師、持律、坐禪也）因緣得食（從旦至中得食），食除檀越先有意者，波逸提。（讚咽咽結墮，除飲食得飄身衣燈油，尼等吉羅。不犯者：若不知，若檀越先有意，若無教化想，若尼自作，若檀越令尼經營，若不故教化而乞食與者，無犯也。）

【疏】戒本五句：一人，二知，三尼教化，四食緣，五結罪。

戒本第三句注列讚詞，即十二頭陀等，如歎身中具之。

【疏】就辨相中，除飲食然燈已，明知大小兩食皆犯，即

二別釋二 初分文

二犯緣

◎三十與女同行戒

二初標名

二釋相二 初通釋

二初制意

文云從旦至中得也。所以衣輕者，財重難捨也。又財別屬，義非通用；食無獨噉，勸辦是易，故制重也。尼輕僧者，歎尼是希也。

釋第五中三段：初明燈油，已字合作犯，復缺輕字。油既得輕，顯上飲食通收大小，即正不正也。即下引證文，見注中。所下次釋衣財兩意。尼下三顯尼輕希數異耳。

【律】三十與女人同行戒

【疏】與女同行戒三十，制意同前。

三十與前尼戒大同，故略釋耳。

【疏】論犯六緣：一是人女，二共期，三同道，四無伴，五不離見聞，六隨越界犯。

列緣可解。

【註】佛在舍衛國，婦與姑諍，還毗舍離。時阿那律欲往彼國，此女爲伴。夫便逐得，打阿那律幾斷命根。比丘以事白佛，便訶制此戒。

戒緣中，綫字平呼，近也。

【律】若比丘與婦女（如上）共期同一道行，乃至村間，波逸提。（若村裏一界行，及尼等四眾，一切吉羅。不犯者：先不知，不共期，須往彼得安，若力勢、諸難者開。）

【疏】戒本五句，其相易了。

戒本五句：一人，二與女期，三同道行，四至村間，五

結罪。

疏 就開不期及難故知共期多伴亦犯不類尼中以同法故。

釋不犯中初準開決犯多伴謂一比丘多女不下對簡前戒多尼大伴卽無犯故注中須往得安此亦開難戒本不列恐無緣起。

律 三十一食處過受戒

疏 施一食過受戒三十一然篤信居士割捨家珍造立福舍標心一食擬施在僧宜量力分稱施而受卽彰內有廉節外不損物理數宜爾今入延不去過受

他食長貪壞信敗善增惡過是不輕故制。

三十一制意中三初敘施意宜下敘興制初明合宜今下次顯過患長貪謂無廉節卽下增惡也壞信謂損施物卽下敗善也。

疏 論犯五緣一非親居士限施一食二知三無病請緣四過受五咽結。

列緣第一言非親者三處並無明判義準親緣理通過受故特標簡親無犯也。

疏 別眾七緣唯開病者人病苦惱去損住益施主體知不生譏患故開自餘不開者彼中自請開稱施心。

此本無心開成損壞是以俱開。

簡開中初敘開病所以自下次明餘六不開上二句明別眾可開是別請故下三句顯當戒宜開由是通施意非別指故曰無心。

註 佛在舍衛時拘薩羅國有無住村居士作住處常供一食六羣數受居士言我本周給一宿住者比丘擧過白佛因而制戒。

律 若比丘施一處食在中一宿也。食者乃至一時食。無病病者離彼村增劇者。比丘應一食若過受者咽咽結隚除食已受餘襯身衣燈油盡突吉羅。波逸提尼同犯。不犯者。一宿受病過受食。若居士請住我爲沙門釋子故設此食。若檀越次第請食。若兒女妹婦次第請。或今日受此人食。明受彼人食。若道斷等難者。

疏 戒本三句初施一食處有比丘者是人也二無病緣應受此是犯人三過受結犯。

戒本分文初句合人處者欲明是受施人非犯人故然前後分句開緣結犯或分不分隨時不定述作之體義非專固抑恐封文學者須曉次句注中劇字訓甚。

疏 此中明正食與非正俱結故文中明除食已得衣油犯輕者食資身急人並喜受又受用交盡損惱施主故重餘之衣油得用不得將去縱有燈油身外受用微少故輕。

牒釋中初二句標判下背別局正食犯恐濫同故故下次準注以決既通除食不簡正與不正明知並犯初牒注食下釋通初敘二食重兩意通之餘下次釋衣油輕初二句通明二物下三句別示燈油由有喜受用盡之義故約外資通之注不犯中居士請住等者施意通故檀越次第請者日別一食非過受故兒女已下並異主故亦非過也

律 三十二背請戒

疏 展轉食戒三十二然信心俗士供給美味延請僧田希存受用今先許後違是無信也令他飲食徒設

而已無受用也損惱之重無過於此故制

三十二制意中初敘施意今下明過制無信即是自失無用即損供施若據戒緣應兼長貪招譏之過文從別相自抑又易知略不明耳

疏 釋此戒名諸部各異四分展前家食轉就後家故名也僧祇云數數食亦言處處食十誦五分多伽並同數數食注戒本名背請者隨俗取解亦無過也

釋名中初總引諸部本宗獨異祇律兩名並約緣起重食為言十誦等律同上僧祇初名語意大同譯者隨立注下正示今文背請之名非出諸部僧祇六念乃有是言自昔相傳於義易顯故云隨俗等問何不依律而從俗者答若依律名攝相不盡如背前向後更往前家可如諸律若直背前亦成正犯則非展轉處處等義但云背請理無不收

疏 論犯五緣一受犯五正食請不問道俗親非親二食體堪飽足三無因緣謂病施衣功德月等四更受後請五隨咽即犯不待飽也

犯緣第一食局人通二食體堪飽非飧飽故三中列示三開並見下文

疏 此應料簡正足不定各有四句初前後俱正提二

前正後非正吉三前不正後正四俱不正者並不犯故文云或請與非食也

料簡中初科列句可知所以唯五正犯者貧強用數不正反之背則無過故下引律別證後二非食謂非正食也

疏 足不足作四句輕重同前故文云或不足不犯也

二足不足並約正食多少以分四句同前者初前後俱足提二前足後不足吉三前不足後足四俱不足並不犯故下引證三四上兩引證並不犯文

疏 淨不淨作四句者四句俱提文無義立

三不淨者謂邪命興販宿煮殘觸以主通道俗道
則具有俗入界煮或爲僧觸時或有之然雖不淨
無非正足故四句皆重上二並是據文此準義立
欲反古耳

疏 不同昔解不淨食不成背別以體不淨不任共食
引古中不任食者既是穢食僧不合噉故不成犯

疏 今解不然罪不擇境隨食皆犯可以不淨不犯非
時俱是罪故如妨難二處有不處分故知不淨亦成
背別若言所防不同者我不淨食亦防不同背請防
不背請不防不淨食別衆亦然故知齊也若云不淨

食如法比丘不合食者我非法房如法比丘亦不合
造以此例之故知有罪若言造房不合上事而成有
長道義我亦不淨食得資身長道
立今中初以義定可以下引非時反質如下舉二
房爲例若言下遮妨三節初作妨云處分防專輒
不防妨難不可相並我不下比同可解別衆防不
別不防不淨故云亦然若云下次段初立妨我下
顯同例之有罪者如法比丘造非法房得罪反例
食不淨食義須有犯若言下後段初牒妨不合上
事謂不可以房例食也我亦下例同此恐執舊見

者反謂今家引例不齊故先遮約不容妄解也

註 佛從羅閱祇人間遊行至阿那頻陀國因沙㝹施粥便開食粥因食濃粥又因節會檀越送食又後受請俗譏道訶佛因制戒

疏 就戒緣中分三初開食粥遂成濃粥二節會送食
三正違先請故通一制
戒緣中注疏抄引在文頗略律中沙㝹婆羅門以
五百乘車載滿飲食經涉冬夏隨逐世尊伺候空
缺欲設食供無有空日語阿難言欲以五百車食
布在道中令佛僧蹈過則爲受我供養阿難白佛
佛言汝可往語沙㝹明旦以此飲食作粥與僧此即

開粥之緣後因大臣請僧食諸比丘因前開粥遂受諸
居士濃粥後至大臣家不能多食招譏故制不得
食稠粥然後受請此即初緣言受請者即是往赴非始受也次因羅閱
城樂師先請比丘食明日值城中節會諸居士持
食來諸比丘食已然後赴樂師請不能多食樂師
譏嫌方制此戒此第二緣疏分三段前二別引兩緣重
受後食後一總上兩緣還赴先請故云通一制也

疏 僧祇食粥說偈云持戒清淨人所奉恭敬隨時以
粥施十利饒益於行者色力壽樂詞淸辯宿食風除
飢渴消是名爲藥佛所說欲得人天長受樂應當以

粥施衆僧。今解之，初偈明田淨，色等五利明所得，宿食等五明所除，略不明大小便調適也。欲得下偈明來報也。欲不解之常誦多迷故。

引偈中，初正引，今下牒釋，欲不下示意。釋中初偈合云，初半偈即前二句，上句明所施之德，下句即能施之心。色等下釋中間四句，初句總標十利，饒益即是利義，行者即受施衆僧。次二句別列十利，爲成偈句止有九種：一色（顏色光澤），二力（氣力康健），三壽（壽命延永），四樂（身支安適），五詞清辯（言音清朗，有分爲二，非也），六宿食，七風（此二皆除），八飢，九渴（此二得消），十如疏點下一句結說由人資身除病故名爲藥（有云長藥者非）。欲下後半偈，上句示報，下句勸施（有云長壽藥非）。

【律】若比丘展轉（謂是請也。有二種：若僧次請、別請）食（飯麨乾飯等）除餘時，波逸提。餘時者，病時（不能一坐食好食令足）、施衣時（自恣竟無迦絺那衣一月，有衣五月，若復有餘施食及衣也），是謂時（若不捨前請受後請，咽咽墮；若不捨後請受前請，咽咽吉羅。不犯者，病時、施衣時，若一日之中有多請，自受一請，餘者當施與人，言長老我應往彼，今布施汝。若與非食，或不足，或無請食者，或食已更得食，或一處有前食後食，皆開）。

【疏】戒本六句：一人，二展轉，三食，四開緣，五結罪，六重解。就解展轉，但言請也。既列二請，俱有背罪。若受請已，自食濃粥，自食已食，或食僧食，彼生惱微，不犯背罪。先許後違，但犯吉羅故。五分云：若食常食、食別房食無犯。

戒本第二中，初點注釋，但列二請，不明展轉。若下次簡僧自兩食但得輕罪，必約兩主方入正犯故。下引證常食即僧食，別房即己食。

【疏】三解五正中，僧祇云：諸菜餅麨果非處處食。第三中，僧祇麨者名通正食，今簡不正，如麥豆麨等。

【疏】所以開病者，病人苦惱，施主體知，若不開者，形命難濟。既非情欣，不作時限。

開病中，初示開意，既下顯常開非情欣者，意所不欲也。不作時限者，異下施衣一月五月也。

【疏】施衣開者有二義利：一爲濟比丘，待形須立，施時不取，後須難得，恐非理乞，損業惱他；二爲益施主，衣食多利，俱得反報。

施衣中二利，初是濟己，二即益他。得反報者，衣食兩施感多福故。

【疏】文中一月五月若有餘者，昔解時中假施方開。今不存此，施衣所及，通時非時。今言餘者，衣食以望時，乃是時家餘食中開背請，不開爲衣施，非唯衣食有物並開，故云餘也。

次釋餘施。初牒注。晉下引古解。彼謂時內居常不開，待有衣施方開，故云一月五月有餘施也。今解中，初句非。以時內通開，不論衣施；若有衣施，不限時中，故云通時非時也。今言下，正解。初以衣食對時釋，謂時外所獲，故云餘也。食下二，以衣物望食解。本開背食，衣物在外，故云餘也。

疏多論云：前家食請，後家衣食請，聽背無罪。二前家食請，後家衣請，取衣向前家不犯；不向前家，竟日不食，違信吉羅。三前後俱食請，背犯提罪。又有三句：前

後衣食請，聽背無罪。二前家衣食請，後家單衣，如前二句中。三前家衣食，後家單食，背犯提罪。

料簡中兩量，初三句並前家單食請，後三句並前家衣食請。初後兩段，後家並通單複。前次句云不食吉者，或食僧食，或已食也。後段初句前後既同，何得無罪？必應衣有美惡多少異故。次句指如前者，即向不向也。背請結犯，成在後家。上六句中，四句衣請不犯，即是開緣；二句食請成重，正違本制。

疏別眾七緣，唯二是開，餘不開者，道船大會，由食難得，施主請開。此既二家開長食，結爲益。外道又無施主故開受食，此若開之，背佛弟子受外道請，壞信惱深，故閉之也。作衣時月，可以兼明。

對簡中，初指同。唯二開者，病及施衣也。餘下點異。初合示三種。彼是儉開，此非儉緣。爲下次明沙門施，彼爲接於異道，此恐失於正信。佛弟子者，通召道俗。作下三明作衣義準同開。言時月者，後戒亦約一月五月釋之。前施衣時中可收作衣，故曰可以兼明。是以刪定戒中加作衣也。

疏就不犯中有四：一病，二施衣，三捨請，四衣時，如上解也。若請與非食者，謂枝葉末磨佉闍尼也。或不足

者，謂不充飽也。或無請食者，說不犯也。或食已更得食者，前家食已，更受餘家，乃可犯足，不犯背也。或不壞坐亦得受之。或一處有前後食者，既同主，異食亦無背罪，必不壞儀，亦不犯足也。

不犯中，初科分前四。注中止列三相，施衣中兼含衣時，分出爲四。以施衣通時非時，衣時唯局時故。若請下，牒釋後五，對文可解。三云無請說不犯者，此非開緣，律文虛列，如前長衣不得衣日亦名不犯之類。四五兩種，並容犯足，須約壞儀，不壞不犯。

律三十三別眾食戒。

疏別眾食戒三十三凡僧眾在道本懷慈育內清我倒外拔俗纏然段食有限事難普周人少易供多則傾竭又損重利輕非濟俗故二若許同請別食則自結別眾已惱於僧爲攝難調人故有斯二益者律制之

三十三制意中三初通敘出家之志明必和同然下二別彰兩損正申教意初明損俗復有二意上四句明損財由食處成眾費用則多據此明意欲令人少卽如下引汝等但請三人我等不得別眾是也言段食者色香味觸有形段故又下二明損

福能別乖和所別失利故云損重施心不普獲福非勝故云利輕二明損道卽正戒緣如注所引提婆達等與佛競化性難調伏故號難調今制別眾令同僧海卽攝彼也有下三總結由制此戒翻損成盛一者濟俗二謂僧和卽下所謂慈愍白衣攝難調人也

疏二釋名中但以能別之人食處成眾以眾別他不共同味亦表法食有隔故眾處得罪所別之處豈可非眾然律據能別之人故文云別眾食者四人若過也若從語論應云眾別食也取本意故云別眾耳三人已下無上兩損故文云但請三人食我等不得別眾故

釋名分二初正釋三人已下簡非初中有三初至得罪從能別釋名判犯不共同味是食別卽利不和以事表法法亦有乖卽戒見不和故云法食隔也所別下二辨能所相濫引證能別文理顯然若從下三會言相從語論者能所便也取本意者調達本緣別正眾故次簡非中兩損見上制意故下引證非別此卽佛制戒已施主來請比丘答對之辭

疏論犯七緣一有施主簡僧食自食無別眾故二別請別乞三五正時中四食處成眾五知界內有善比丘六無諸緣七咽食犯

列緣第一簡僧食者以十方共分有人不集或不作相並在盜收不犯此戒第三合示兩緣五善比丘卽不犯重人下云唯除惡戒鈔云別眾唯據淸淨一色又云犯下四篇亦成別眾法食罪異簡境大同六無緣者卽下九開

疏釋戒七緣廣分蹊徑極有由趣可如鈔中依緣點也若又列來徒爲兩費恐不見鈔略舉要節

標指中初指處蹊徑並小路也鈔明行事逐緣示
相今此附文且宜略釋若下示要唯解第二餘並
略之

[疏]今別眾食據食處成眾爲言就分爲三若僧次請
來界內不集故犯初雖僧次及至食時界內有僧別
不同食即此僧次還名別請也若本別請食時僧來
既無遮約即此別請名僧次也自餘別請別眾別乞
別眾不問界內有僧無僧但使食處成眾故犯若鳴
稚作相若唱召一人即非犯過必明此三緣即當如
鏡也

約三位中分三初總示言分三者即僧次別請別
乞也若下別釋初明僧次又二先明初僧後別則
有別眾後明翻別成僧則無別眾自下次明二別
可解言無僧犯者由先遮他及至食時遠去亦犯
如鈔所明言唱召者以僧多食少從六十臘以至
沙彌但得一人即免別眾必下三結告

[疏]據論法食妙約人論人有精麤教亦通塞

法食簡中法即羯磨由境通淨穢犯有成否作法
足數受施來集但無三根通取相淨若判別眾必
須勘覈不可枉濫所以簡之

[疏]且如僧次一種必以淨戒爲先微犯憲章不合受
利故文云犯吉羅故語令知恐受信施持戒禮拜又
云爲解脫生死出家得受僧次唯除惡戒故破戒者
不合受僧俗兩供若此簡人名爲精也

精簡中三初正明憲章即是篇聚下至吉羅故云
微犯故下二引證初是本簡疑惱戒文則該六聚
又下五分唯簡初篇故破下三結示

[疏]又賢愚云正使將來爲利出家畜妻挾子名字比
丘若有僧中請得此者宜應供養其福難量如舍利
弗大目乾連等勝別請得五百羅漢如此取人名爲

麤也故多論云如僧海中持戒破戒若邪若正一切
無遮故也

麤簡中此因師子長者別請世尊五百羅漢故佛
以此誡之挾謂抱持下引多論更通邪道

[疏]佛在人專故又行實末代人濫形服爲上外生物
信於諸僧海自感僧福非謂行缺而消信施故經云
橋度物也破戒之人雖入地獄口說善法令生信故

會通中初二句通前二律意末代下出後經論意
下引經證法喻易解未詳何經

[疏]至如羯磨亦有精麤微有少犯亦不許秉又不以

二別釋二初戒緣

通觀彼持犯但以肉眼知彼清濁此為通也準此以求佛知末代具有精麤但不見聞即同本淨止自量耳

約法中初標示微下二別簡少犯不許謂精簡故也絕無能兼方開學悔不以通觀即容麤攝也通即天眼目連檢眾佛訶制故即如鈔中體非應法約緣成足故云通也準下三示意人雖謂淨不礙眾法已須自撿懺淨無瑕故云止自量也

註 佛在羅閱祇提婆達多教人害佛復教阿闍世殺父惡名流布利養斷絕與五比丘乞食比丘以過白佛佛便訶已制戒

疏 就戒緣中五人一家內食異計故因而結慈愍白衣為攝難調也

戒緣中初牒釋提婆別食為謀破僧故云異計五人名字如破僧中慈下示意

律 若比丘別眾若四人若過四人也食飯麨乾飯等也除餘時波逸提

餘時者病時下至腳跟劈也作衣時自恣竟無迦絺那衣一月有衣五月乃至衣上作馬齒一縫施衣時同前戒也道行時下至半由旬內有來有去乘船時下至半由旬內乘船上下者大眾集時食足四人長一人為患五人十人乃至百人長一人為患也沙門施衣時在此沙門釋子外諸出家者及從外道出家者是此是時若無別眾食緣當起白言我於此別眾食中無因緣欲求出若餘人無緣亦聽使出若二人三人隨意食四人

二總示所出

若過應分作二部更互入食若有別眾因緣欲入尋起白言我有別眾食因緣欲求入佛言當隨上座次入有緣不說吉隨別眾食咽咽結墮尼同犯不犯者如上具列開緣若二人三人更互食若說有因緣去者開

二戒本二初分文

疏 戒本六句一犯人二別眾三食體四開緣五結罪六逐緣重解

戒本六句對文可解

二隨釋二初通釋開緣二初通釋三初牒釋九緣

疏 就釋開緣言開病者身抱患惱若不開別無由濟命自救不閑終無異計作衣久延恐廢正業施衣不受後須難得自濟形苦亦福施主道船途路多有留難大眾既集村落又小食少人多不開送食沙門施者將化入道故開受供衣時通給為補夏勞僧次福大道俗俱益略敘大意至時張展

釋九緣中初標言下列釋次第九相前七牒戒文後二出他部隨相顯意細尋分取略下結示囑後廣之

疏 律列七緣衣僧二開五分多論

總示中衣僧即後二種衣時出五分僧次出多論

餘八易解僧次開者不簡名行作相無遮及先別請食時通召縱界有僧亦無別過即賢愚云僧次一人福不可量如飲大海則飲眾流等

疏問。律明作衣已是時限，何用衣時。答。據本受意，有長短也。文云下至一縫者，極短也。餘如鈔解。

問答中言長短者，衣時則一月五月，受利時長；作衣則隨得衣財，受作時短。義鈔答云：此舉受持之時是也。故知四分唯據作時，時內不作，於義未顯。故引五分別出此緣。義鈔又云：九中作衣衣時，唯在時中，不通非時。餘七通時非時。又云：施衣新得，彼此有益；作衣已物，更無勝利，是故不同。（此明施衣通非時，作衣局時，不同之意。）餘下即指義鈔。

疏又大眾集中，食足四人，長一人為患者，有人言：謂食處四中長一添眾故，非謂外人。由是三人隨意食也。乃至百人長一人為患者，應云九十七人為患。但以長名義同，故云一也。如和先六十，同名一供養人。

釋大眾中，初解即就能別明之。三人之外加一成眾，即容犯別。故此一人即為犯患。乃至下，防難。應先難云：四人可爾，注中五十至百，三外則多，何名長一。故此通之，人數雖多，望長是一。如下引證，佛安居竟，入室禪寂，勑諸弟子不得輒見，唯除一供養人。及和先比丘六十頭陀至，世尊聽見。此亦以一目多，故引為例。（此釋不見大眾開意，又安有多人而名一也，故所不取。）

疏有人言：彼此八人，名為大眾，食無陪供，又難得處，開別不犯。七人已下，名為小眾，食雖難得，容有兼濟，如多論中，故不開之。故云長一為患。

次無過七人下，正釋長患。謂此處成眾，彼處三人已下乃至一人，則不聽別，故云一人為患。指多論者，即如後引。縱是大眾，易得尚犯，則知小眾有限，可均定不開別。（能別四人，所別一人，可云長一。若所別二三，豈名長一耶。故亦不然。）

疏問。此既是開，何故明患，不明無患。答。誠如所難。言為患者，將開大眾集時不犯，先解小眾是犯。故云食足四人長一人為患，以不開故，由此一人成四得罪。

名之為患。五人百人，皆以一人為患，約知四人已上無患。律文好略，一言兩舉，違順普明，持犯雙顯。唯出於患，無患自彰。故多論云：客主各四，名為大眾，食不難得，亦不聽別。

釋難中，由釋長患，違開文故。答中，初句承難。言下釋通為三：初牒文釋，彼謂注中先舉小眾成犯，反顯大眾不犯，故云約知等。約合作明。律下二出律文意，但明為患，即一言也；義兼無患，謂兩舉也；違順持犯，示兩舉相；普合作並。故下三引證，有二：一證前八人得名大眾，二反證大眾難得方開。又大

三約衆外一人釋
三結示
二釋辨相二初標分
二隨釋三初教食法二初總分
二隨釋四初白出

衆易得旣不聽別小衆縱難亦不開矣。

疏有人釋云四人已上名爲大衆不望彼四。律云大衆者四人若過也。食足四人長一人爲患者是兩家會。東家四人西家一人。施心各定互不相容乞復難得若不開者西家一人與四爲患故開非犯。百人長一人食難得開。䏶本犯者今開不犯也。

第三解中初躡破。食下正釋。謂兩家作會西家一人本是東家四人之患。今爲飲食難得故開不犯。䏶下顯律意。

疏妙如後解。故䏶舊疏須開解慧耳。

結示中初句判定。下二句示繁。妙謂精要。有本作鈔字非。

四分律含註戒本疏行宗記卷十四 釋九十單提法 四五三

疏就解辨相中先教食法後結罪法。食中分四。初無緣白出。二人少隨食。三數滿分部。四有緣白入。初後相反。中二相對。

辨相食法總分中初出後入故云相反。二少三多故云相對。

疏初無緣者謂無上九中前六緣也。有緣之人但能自益不能益他。無緣之人故須白出。

釋中初科九中前六私緣。不必該衆。有無出入須白除疑。後三通衆。故非所論。大衆集開義亦該衆今在六中未詳所以。

二隨意
三分衆
四白入
二結罪法二初問不白吉二初難入衆

學者尋之。

疏若二三人隨意食者反上九中第六大衆也。

次科二三非衆故反大衆。

疏四人若過者舉前大衆分破入食。

三中言分破者四人至六人可分二部。七八已上須分三部。如是知之。

疏言有緣者有六緣故。無緣直出所以須白者護施主故。有緣直入而須白者護內比丘故。身是有緣入須儀式故依次入。又律釋疑也。若不白入謂我僧次無緣之徒隨我濫入故白簡之。無緣白出釋疑亦爾。

四中初示有緣無下對上無緣雙出制白之意。初

四分律含註戒本疏行宗記卷十四 釋九十單提法 四五四

明無緣白出護施主者恐謂嫌棄故。次明有緣白入又二。初護比丘者恐疑成別故。身有緣等釋注中依次入也。又下二約釋疑者恐他疑已是無緣故。下云無緣亦爾者若不白出疑謂有緣妄隨他出故。

疏問此中有緣不白但犯吉者我三寶緣不白入聚亦應犯輕。答此白除疑別有所防。白入聚者正是防也。

結罪中初問以不白是齊結犯別故答中有緣白

法自防他疑故云別有所防入聚白法爲防不白故云正是防也

疏 若爾覆藏治法有緣出界不白應輕不應失宿答不同病等六緣正治別衆不防於白六夜出界正防失宿不防於白何得將對治難不對治也

次難中行覆出界制須白捨不白犯吉與此有緣不白罪同彼更失宿重於此者答中初明此白對治別衆六下次明六夜防於失宿治防兩別義非例難故云何得等以責非難也

疏 問別衆食何不計所別境犯而結咽罪者答釋疑之體終須識本制意有二不惱所別故不就別人以結於犯但隨業結罪重自止也

次問不從所別而隨咽犯須明教意答中初汎敘答意制下正釋來問初明不從境意制意二者卽如上明損於道俗不惱所別故但下次明隨業意咽屬身業隨動卽結故云罪重原聖制意令懼不犯故云自止

律 三十四取歸婦估客食過限戒

疏 取歸婦賈客食戒三十四然篤信士女捨已途糧施諸比丘理宜將護依限而受今取過分令食竭盡

長貪壞信又違聖教過犯特隆故制

三十四制意中初敘合宜今下明過相令食盡者律明兩緣並云比丘盡取食之無有遺餘又違教者由立制法過限受故隆重也

疏 五緣一二緣路糧二知是三無病緣四過三鉢多論若上鉢取一鉢無罪二鉢是犯中鉢取二下鉢取三各不犯過則犯若一人取過三鉢犯謂下鉢也若四人過三鉢前三人不犯後一人犯以前人語云已持三鉢來汝莫持來過在後人故五出門便犯

列緣中言二緣者卽歸婦及商客計是兩戒由各犯故緣相不殊所以一制第四引論初約三品鉢明過限若下次約自共明受相又二初一人自受二四人共受犯在後人以下釋成犯意前人語者卽注所引告語法也

註 佛在舍衛婦人將還夫家以其辦食頻施比丘經時不返夫還別取婦又有商客食分數施遂爲賊劫比丘以過白佛因制戒

疏 就戒緣中分二初明頻取婦食致爲女人所譏後明商家過受又被賊之所劫

戒緣中女所譏者爲夫輒棄非女所宜

律 若比丘至白衣家有男有女請比丘與麨麨飯若比丘

須者當二三鉢受還至僧伽藍中應分與餘比丘食。若不持食還者。告諸比丘某家有歸婦食。有賈客道路糧。若食者。食已應出。持還者齊二三鉢。若持一鉢二鉢來者。一一示告語。乃至已持三鉢來。愼勿持還。若比丘無病。謂不能一處坐食好食竟。過兩三鉢受。持還僧伽藍中。出彼門犯墮。方便悔者吉羅。波逸提。若不問歸婦賈客路食。若不語餘比丘。吉羅。不犯者。兩三鉢受。若病過受。問已共分。使知村處。若自送僧寺中得受。若送尼寺中得受。無犯。

疏 戒本分二。立法四句。一能受比丘。二與飯麨。三取分齊。四制共食之。戒本五句。一犯人。二無病。三取過三。四獨自食。五結罪。

戒本立法四句。第二略舉三食。但是路糧通正非正。第四注中。初至應出來明就彼食則無制限。持還下。二明受食還寺則有分齊。言齊二三者。中下鉢也。若持等者。明相語告。唯據下鉢爲言。上中二鉢準知。律中持一鉢還告餘比丘言。我已持一鉢還。應取兩鉢。還先取二鉢者。告云可取一鉢。先取三鉢者。如注所引。文不具引告詞。故云乃至。戒本五句。從持還下。卽第四句。注方便悔者。律云一足在門內。一足在門外。欲去還住也。

疏 獨食辨相者。謂不與餘人故提也。今據過三出門成犯。餘希故不解。

釋第四中。初句牒注。謂下出他疑。謂卽疑謂。以戒本文連下結犯。恐謂犯提。故注節之。則無濫矣。今下明正犯。餘下示略。今須釋之。初明犯中。言不問者。律制至請家當問主言爲歸婦食爲賈客食。不問違制故。若不語者。違前相告也。不犯中。上二可知。問已反上不問。共分反上獨食。使知反上不語。送尼寺者。從尼受也。律作賈客及餅麨。戒文作估麨字。義通傳誤。

律 三十五足食戒

疏 足食戒三十五。凡食以充軀爲用。多則長貪。少則廢道。事須量節。是以大聖審知凡報强弱不同。致有將補。五種位異。一四分之一。二一摶。三一坐食。四受小食。五作餘食法。通須裁節。過則有損。今此比丘受正食已。須愼威儀。一坐飽足。爲性輕懆。輒便後噉。長患廢業。又違教戒。故制。

三十五制意中三。初敘食利害。是下。二汎敘開制。將謂開食使得資身。補謂制法令無缺行。五中。上三頭陀報强。下二中下報弱。又三二中。各自相望。前强後弱。次列可尋。初卽乞食。四依本制。寶雲經中。凡乞得食分爲四分。一與同梵行。二與乞人。三與諸鬼。四自供身。此謂以己一飽之分，分爲四耳。非謂多受。一摶不益。一坐不再。小食卽粥。及餘不正。上四況明。五卽當戒。今下三正顯今意。先明所應。爲下次顯不應。長患謂多貪。廢業由多事。違教因開法。

疏 論犯五緣。一是足食。二足想。三已食捨威儀。四無因緣。五更食犯。

列緣第四。謂非病也。

註 佛在舍衛。說一食法。五種食中令飽足。後猶憔悴。佛言聽瞻病者又食病人殘食。又開作餘食法。有貪餮者不知食法。因制此戒。

疏 就戒緣中。從初至作餘食法。來明佛開諸比丘食

緣。二貪餮下。明起過也。不知食法者。隨不知足不足正不正。具幾成餘不成等也。

釋戒緣中分二。初段。注文少暗疑是脫字。今依律示。凡有七節。初說一食法。卽一摶食。二由比丘形枯燥聽一坐食。上二正與不正通有犯足。三猶枯燥故聽一坐食五正食。此亦一坐頭陀但開非正不犯。四病比丘不堪一坐猶枯燥。聽數數食。此開餘時得食。非正及正不足。故云數數。注文至聽字來。括上諸開。聽下合有數數食字。五開瞻病食病人殘。上二並無餘食法。對注可見。又字合在瞻病者上。六比丘以所舉食與餘人。從此始開餘食法食。舉證藏舉。七比丘以所餘食與餘人亦聽作餘食法食。

此二對注又開一句。第二段中。初總示。餮音鐵。貪食也。不下。牒釋。足正二句謂不知食境是非。具幾等者謂不知作法成否。法有十五。故云幾也。

律 若比丘食竟。或時受請。食者五種之中。若食一一食。若飯麨乾飯等食。飽足者。不作餘食法。彼持食還作法言。大德我足食已。知是看是作餘食法。彼應取少許食已。當語彼言。我止汝取食之。彼不作者。而食者波逸提。是中行住坐臥各作句數。犯足如律。佉闍尼食。有根枝葉華果油胡麻黑石蜜磨細末食。彼比丘足已不作餘食法。得而食之。咽咽墮。若食已。爲他作。若知他足食已作。自手捉食作。持食置地作。使淨人作。淨人前作。以不好食覆上作。若持去並不作。成餘食法。吉羅。尼等四眾吉羅。不犯者。食作非食想。不受餘食法。並反上制文。若病不作法。病人殘食。不作餘食法。若已作餘食法。無犯。

疏 戒本三句。初人。二明食相。三結罪。就相中言食竟者。謂自食已食。或噉僧食也。或受請者。謂食檀越食。此二食足已後食。作餘方得食之。非謂作餘食法開無背請罪。

戒本第二、釋足食中。初科。初明二食。已僧合一受請爲一。通收僧別二請。此下次明足相。非下遮濫。以別請中容有背故。如背前向後。食五正已。復從前食。不作餘法。背足俱犯。若作餘法。止犯背請。兩緣自別。不可混同。

疏 食有五種。卽指五正爲言。

二釋足相二、初正釋

二示非三、初出非

二難破

釋注中初科，言五正者，此論前食至後犯足通正不正。

疏食飽足者，謂前境食體堪我飽足，但為食一口已便壞威儀成犯之相，後坐不得須作餘法方開食也。僧祇善見護八遮相四分有文，散在開通如下解也。

極大分明須相融會。

釋足相中初科，初明境足，即今正義。但下次明犯相，四分下引證文在開通，即前身綺如上已明。及尼不禮文在後引，故指如下。次據他部尤急本宗。

言八遮者，亦名八足：一自恣足（檀越恣與比丘言足離座不作餘法食犯提止取答詞為足而不待食下皆同此）；二少欲足（與食時現少欲相）；三穢污足（行食人手汙惡言不用）；四雜足（淨人持雜食來惡言不用）；五不便足（淨人行食見行動病物作不食意）；六諂曲足（搖頭縮鉢作不受相）；七停住足（淨人行食比丘言莫先行飯先行羹菜）；八自已足（比丘有麨囊從檀越索水得水已彼為取麨囊與之比丘惜麨云我不食）。此之八種不依彼用，但取急義證今境足，故云相融會也。

疏今有人解堪飽足者，謂我飽食足，我食未飽雖起重坐得食無過，此非解也。

斥非中出非可見。

疏若爾，四分何須廣列四種威儀？食無飽期，約儀定犯，是明教也。若準凡心，待飽竟破儀犯者，知用何時成於飽相？縱云飽訖，更噉一粒亦得入喉，何名約飽？故聖明見但據四儀，隨四有乖，後坐不食，豈非明決？

難破中初指教明判，四種威儀如下注引。若下二斥無限齊，應作彼執云：律約四儀據飽足已，有何過耶？知下顯非，故下三重示教意。

疏是知凡情恆多汎濫，至於食飲不能自約，故出斯解。今定約儀，理絕浮執。

結示中初指妄執元由，今下結歸今家正解。

二釋餘食法二、初標指

疏就作餘食注解，乃明須看鈔中十五種法，並有明據也。

三結示

餘食法中初科，令看鈔者，今略引之。能作有三：一是比丘，二先足食除不正不足，三身康和除病。對法亦三：一豐時除儉，二所對是比丘，三彼未足食若已足者僧祇開成。食體亦三：一時食及清淨，多論不淨不成，二非病人殘，三不覆藏食。自作三法：一自言現前從淨人受對僧陳詞如注所引，二授與前人，三舒手相及處作。彼作三法：一彼受為食，二答詞如注，三度與他。此三五法並律正文，故云明據。

二對簡二、初對詳戒問餘法

疏問：所以足勸二戒有餘食開，餘九食戒不開，何耶？答：此二曾前犯足，貪心更食，故須作殘息彼貪過，故是藥病相當所以開之。餘九戒者，謂讚食過一、背請

四分律含註戒本疏行宗記卷十四 釋九十單提法 五三

別眾三鉢索美非時不受殘宿也前六未足一往即犯非對治藥故不開之後之三戒亦未犯足然是非時食體不淨若開作法前人得罪已自招殃復非對治故亦不開

問答中初明二戒開意餘下二明九戒不開又二初列名前下示意初明前六次明後三體不淨者非時不受成惡觸殘宿當體有過二並不淨若開等者出開作之過自他得罪能所兩損復非對治意同上六

疏別眾六緣此不開者彼未犯足所以下開得食充

身有長道益此戒會前食五正足堪可一日資身長道更以六開增貪非治

對別眾中初明彼開此下次明當戒不開文相易解私解彼開六緣此開餘法各據所開故不相背豈須相較

疏就結罪辨相中初成犯相前對緣結犯九種佉尼未食五正得食無犯曾食五正犯足已更食油蜜一切皆墮

次釋第三成犯相中初科言對緣者通示四儀九食也九種下別釋食相但列不正欲明前足唯局正後食通兩種不正既犯正則可知

疏二若為他作餘食下明識教者少故以諸相用顯知法就中八而四對初自足為他二知他食足此愚闇相對也三自持不與四持食置地此恭慢相對也五使淨人六淨人前作道俗相對也七惡食覆好八作而持去慳貪相對也就中對俗而作不妨兩是比丘非儀故吉不妨成法餘七不成失法故吉若食噉提

注中四儀各作句者律以五正別歷四儀各有五對十句今略引之律云佛言有五種應足食初對

二句第一云比丘知行時儀也知飯食飯是正食知持來為我持來知遮食一口已必遮於後知威儀四儀隨壞一一犯足知捨威儀若坐牀低頭取物坐處離牀之類知足食總上七知方成一犯捨威儀不作殘食法而食咽咽波逸提第二句亦如上但改第二云知麨乾飯魚肉初句單飯第二句四種雜此為一對第二對亦二句初句單麨第二句餘四雜即乾飯魚肉及飯七知如上第三對亦二初句乾飯第二餘四雜第四對亦二初句單魚第二餘四雜第五對二句初句單肉第二餘四雜一一並具七知但第二知別餘六並同此行中十句律云住坐臥如是共四十句

釋作法中初點示文意就下

三尼犯同異

二釋不犯

牒釋八相四對並以兩字分之初爲他所對不能自知即是愚也二求他爲對不知簡境故云暗也三手持不放故恭四懶持置地故慢五使淨人即遣俗作六淨人前即對道作但在俗前故不合耳七以惡覆好能作慳也八與彼持去所對負也就下總簡即律自判非儀吉者據論作法衆別羯磨通須遠俗所以俗聽衆法對念則成障戒別法方開制不使聞於義明矣況此餘法事非少欲若對俗前必生忽易故特別制違則乖儀

疏 尼同三衆俱吉者作不同戒故有人云尼是女類食不消化故無食足犯今不同之尼律開通不禮戒中有不受餘食法故知尼有足明矣

尼犯中初正釋作不同者凡尼與僧制緣別者特標異罪欲彰不同今尼足食彼實犯提但緣起不同背足合制故言犯輕顯與僧殊下皆類此有下二斥非初出彼解今下顯正說下引文據合云不禮戒開通中尼不禮僧違敬犯提不受餘法則開不犯

疏 就開通中食作非食想者實是稠粥謂經久想雖食無心謂是足也非食不作法者審知估尼理須更食故也餘開可解耳

不犯中初釋想差稠粥出釜畫成字者意謂稀薄經久凝耳無心謂足故無犯也注中不受餘法謂頭陀止行無犯理也疏牒非食不作法注脫此句謂先食不正更食不犯故云審知等也餘下略指今爲釋之注中並反上者律有三句並謂成餘食法反上八相一自取作餘食法反上使淨人也二置地作乃至手及處反上置地手不及也三若與他他爲己作此謂能所如法反上五非唯淨人前作法自成無可反也

三十六勸足戒二 初標名 二釋相二 初通釋二 初制意二 初標 二釋三 初不聽勸意

律 三十六勸犯足食戒

疏 勸足食戒三十六制有三意初不聽勸意然出家之士理應益物迭相匠導勸修善行今乃惡心勸彼令他得罪己自招殃彼我俱損理所不應故制不聽勸

三十六不聽勸中初敘二利迭互也今下明兩損

二解同犯意二 初引釋

疏 二解同犯意食中數戒此彰同犯者有人解言此戒餘食法開容有不犯曰既未過人多滯俗但食無犯輕侮聖教不作餘法故犯若據緣起惡心相報今時勸者多是好心隨情逐世違制輒啖無問好惡一切同犯

次意中初標徵有下引釋初明勸意以見時中餘法開食便謂不作得食無過故多相勸人多滯俗者示其情狀也但食無罪述彼勸詞也輕侮等者顯成他犯若下二會釋戒緣言同犯者能勸犯此所勸犯前。

疏問如不受食戒有受緣開何不同犯答但惡心勸足令犯二罪勸人不受但有一罪損有重輕故不同犯。

問中受緣開者即一人受已通及餘人既有此開亦容倚濫而相勸犯何以不同答中勸他足食容兼不受故犯二罪若勸不受不兼足食故止一罪。

疏今解不然如十誦中非時殺生草木然火掘地噉殘宿等勸他爲己不爲己但作俱墮。

今解中十誦非時等戒勸他同犯則知不受勸亦應同那云一罪故知古非。義鈔猶存古解。

疏三離爲二戒意四義故分一足是身犯勸足語犯二足食病開勸足無病開三足是貪心犯勸足通三性四足是己咽食犯勸足他因己犯。

三離意中初即業異二是教異勸非資身故不開病三心性異勸足犯者必待他食故通三性四即成犯異。

疏論犯五緣一他足食已二知他已足三發言勸食四不作殘法五前食便犯。

犯緣可知。

註佛在舍衛兄弟同作比丘其一貪餮嗜食不知足食不足食餘食不餘食得而食之彼以過責此心懷恚見彼食已便强勸食又以過責比丘舉過佛因制戒。

疏就戒緣中弟貪起過兄以過責而懷恚强勸反更責兄是知從諫如流不可得也即以爲法不可妄言。

戒緣中初分文注中不知足不足迷制教也不知餘不餘昧開法也是下結誥從諫如流言相順之急也不可得者言人中少有也。文選云從諫如順流即下示誡令諫可諫。

律若比丘知不知不犯他比丘足食已食有五種如上若受請亦有五種如上不作餘食法殷勤請與食長老取是食以是因緣非餘若先不知不足食想若與令棄若與令舉若遣令與人若未作法令作若病人殘食若已作法食不令他犯。欲使他犯若彼受食之咽咽二俱墮若與食彼棄之或受而舉置若受與餘人若彼受已作法食若病人食欲令他犯持病人殘食與若作餘食法已與欲令他犯如上緣一切與者吉羅。波逸提尼等四眾突吉羅。

疏戒本三句一人二若他二種足食已三不作餘食法下明勸結罪。

戒本分句二中二種足者即僧自食及他請食也

疏 言非餘者非是注解不犯足餘將不犯望於犯不犯是犯家餘

釋非餘中初釋非字非注解不犯足者通指注中八種也將下釋餘字

疏 就解令他犯中與病人食本不名犯但能與者心懷不善實開謂閉愚教故與前噉不犯能勸吉羅

釋令他中注文初明犯重若與下次示犯輕又二初三種所勸不食若彼下三種所勸雖食於教無違故能勸但吉

律 三十七非時食戒

疏 非時食戒三十七凡食資身事須節約數則致患故限之令定始於淸旦終至中前事順應法不生過罪名之為時過則非儀長貪妨道招譏納傍事不應法名之非時故所以制

三十七制中初敘食緣利害故下次示制法順違初明順益事順謂世俗常儀皆多朝食應法謂三世諸佛並不過中過則下次明違損通及自他言招譏者如律緣起女人恚言沙門釋子寧自破腹不應夜食

疏 據阿含中時非時經明一年二十四半月月十五日準此俗中二十四氣故彼冬分四月以八月十六日為始終於臘月十五日春分十六日為始至四月十五日夏分不言自曉

引示中時非時經出阿含部今亦別行在竟字函文近兩紙廣分三時步影之數須者尋之初引經以示月十五日白黑分也準下次會同此方俗中二十四氣一年十二月中每一月有兩節氣大約亦以十五日為一氣故下三引三時以證既以黑月為三時之始則知西竺月分黑白不同此方白黑共為一月也

疏 然今此國三種日月一天上日月二人中日月三陰陽日月上二不定陰陽剋時楷定無爽至如佛法春分以臘月十六日為始者須準陰陽曆家大寒是十二月中氣如是類例十六日便為立春剋定步數可知時分故僧祇中令作腳影此即是也多論晝夜各分九時僧祇日夕三十須臾唐國晷漏箭為百刻

會通中初示日月不同天上者增輝云今所見者(日容出沒月有晦望故下云不定)人中者即今幾時為日幾日為月(日有短長月有大小故亦不定或可隨方所立不同)陰陽者即曆數之家

剋定分杪以爲算數故云無爽爽差也至如下次
明前經準俗之相二氣之間名爲中氣然其相準
未必全同但取一月兩分之數耳故下引證初證
脚影同多下次證時刻同多論晝夜各分九時此
據春秋兩分晝夜相等冬夏兩至例有增減僧祇
須臾者日極長十八極短十二晝夜等各十五唐
國晷漏者晷卽時刻夏至日六十刻夜四十冬至
日反上春秋分各五十刻謂以竹箭豎於壺中水
漏箭浮以分刻數

疏 出家時節知何不須然於一食日別常法但用步

晷一法足定方隅縱在山澤有迷依步無不立曉必
時陰暗以鏡映之寧早不晩是持護法

結誥中初示須知但下令準前經陰時以鏡映者
未詳其事寧下次勸急護古之高德奉敬律儀一
食卯齋用爲常務今時濁惡噉食無時設有營齋
遲留至暮禪師講匠坐受安然唯知取適於穢軀
豈念公違於聖教糞蟲餓鬼卽此心成銅汁鐵丸
豈從他得有識高達宜乎勉之

疏 論犯四緣一非時二非時想三時食四咽便犯

犯緣第三時食通正不正下兼三藥並通一犯

註 佛在羅閱城時人民節會難陀跋難陀二釋子共看伎并受飲食向暮還山迦留陀夷夜入城乞食女人雷電中見稱言鬼鬼比丘以過白佛訶制此戒

疏 就緣起中初明看伎非時而食二明夜乞起過便
制

戒緣兩段對文可知

律 若比丘非時（時者明相出乃至日中按此時爲法四天下食亦爾非時者從日中乃至明未出也）受食（有二種佉闍尼食如上蒲闍尼五種食亦如上也）食者波逸提（彼非時受食食咽咽墮若非時過非時七日過七日並墮盡形壽藥無因緣服者吉羅不犯者作黑石蜜法爾故有病者服吐下藥日時過煮麥令皮不破漉汁飲又喉中哯出咽者無犯）

疏 就本四句一人二非時三是時食縱餘三藥無病
亦犯四食咽犯

戒本第二注中先明時限以釋非時四天下食亦
爾者合云皆爾雖四天下日夜不同並取明相至
中爲時已後爲非時南州日午北州半夜東沒西
出如是輪轉若約比丘互相來往還約本處以判
持犯如南人往北半夜前食不犯非時餘方亦爾
如拾義鈔據伽論說

疏 就解食中但時中正不正不明餘者以餘三藥有
緣開故若著在文謂病不開故不出也

釋第三中三藥不加判同時食加法過限隨結重

輕。而文不出故申其意。

【疏】就辨相中。三藥解者。謂諸藥等手口二受明相未出受法不失名之爲時。明出法失得罪不應服名非時也。蘇油口法未失名時。八日時過失法名非時。盡形壽藥有病加服名爲時。無病輒服名非時。若非口法從時食論。餘殘宿不受例之至彼便略。

釋第四中。三藥次列並約加法分時非時者。前二望限盡形對病。故知若加口法非時號時限過病差時名非時。問盡形一藥獨犯輕者。答。由法不失但違教故。問何以病差法不失者。答。一資劣少貪

二爲防重發故教許之。問病差法在中前得服否。答。但使無病並是非時。若非下簡辨。餘下指例。由下二戒。三藥罪同各如注解。是則加法盡形無病輒服咽咽三吉。更兼惡觸廣如前篇。注不犯中三節。初律云乞食比丘見作石蜜中有罽尾(米也)畏慎不敢非時噉。佛言聽噉無犯。作法應爾。吐下藥即取食之藥。哯胡典反。不嘔而吐也。若準鈔中不得復咽。此中開者猶在喉中。

【律】三十八食殘宿食戒。

【疏】食殘宿食戒三十八。凡飲食繁穢近則長貪令人不節。又體現交盡義無貯畜。故置異處不得輒噉。然今行人但存省事隨宜受納不思違大致使教法日就崩離。稱心之過知何不犯。是以大聖隨事節約若衣若食並有軌儀。緣而不曉即結無知。可學不涉文結怠惰意令割略我倒專心思道不令貯畜用遣愚著。故制斯戒。

三十八制意爲三。初敘食過。文列二過。一貪染不可近。二現物不宜畜。置異處者即淨地中。然下次敘違犯。此據緣起坐禪比丘。故言省事。今時貪恣則非所敘。不思等者已雖少欲凡愚相倣疾滅法

故。稱心過者充其所欲。欲即妄情必須制故。是下三彰聖制。又三。初明根本制。文通諸罪意在今戒。緣下次明重增制。即無知犯提不學得吉。此二該通止作兩犯如前所明。意下顯教益。即生善滅惡也。

【疏】論犯三緣。一是殘宿食。二知是。三咽便犯。殘宿相對四句分之。殘宿內宿亦有四句。可如鈔引。

犯緣中。初列示。殘下指句。兩重料簡俱指如鈔。今爲引之。彼云。一殘而非宿吉(且受四藥不加口法過中)。二宿而非殘亦吉(未受之食與同宿故即內宿罪)。三亦殘亦宿提(一義兼吉)。四

非殘非宿無罪(謂淨食也)。次四句者，一是殘宿非內宿得隨(今日受食安界外不共宿故)。二是內非殘吉(未受之食犯內宿故)。三四俱句與前無別。

【註】佛在羅閱祇迦羅坐禪乞食疲苦，食先得者，比丘於小大食上不見，覓之，具說所由。比丘白佛，佛便訶言：汝雖少欲，後來衆生相法而行，因即制戒。

【疏】就緣起中，此戒不受以坐禪人爲緣起者，約情爲論，輕戒而重觀門，故佛言後來衆生相法而行，非法而行何可妄也。

戒緣中，初牒文，約下出意，非下結勸。今時禪講各尚已宗，頓忘戒律，況加輕弄誣詆後生，謂持戒則

徒自拘因，學道則不勞把捉，豈念壇場立誓盡壽堅持。非戒無以爲僧，非戒將何受施。阿鼻苦楚本爲忘恩，瘖瘂盲冥良由謗法。金言呵制明爲將來，後學聰明幸遵慈訓。

【律】若比丘殘宿(今日受已至明日，於一切沙門釋子受大戒者皆不清淨)食(有二種：非正食者，根食乃至細末食；正食者，飯麨至肉也)而食者(舉宿而食，咽咽墮；非時、七日過限亦墮；盡形壽藥無病因緣而服者吉羅)波逸提(不犯者，宿受食與父母，若塔舍作人計價與，後乞食比丘從作人邊乞得者；若鉢盂孔罅食入，如法洗之，餘不出者得；若宿受酥油灌鼻，若隨唾出，棄餘者得)。

【疏】戒本三句可解。

戒本三句，一人、二殘食、三犯罪。

【疏】就第二句注解中，十誦云此方殘宿食，餘二方不得食，北方宿食開三方食，以無我所故。制不受食意，拔我根著色味故。餘辨相中可解，鈔中大分別也。

釋第二中，引十誦明四洲者，顯示注中一切義故。制下明通禁之意。餘下指廣。檢鈔對之。問：北方無佛法，何有殘宿食？答：北方無法，多分爲言，不妨佛化通被四洲。業疏云：南洲具四緣，且據一相耳(一見佛，二聞法，三出家，四得道)。如前非時通四天下。伽論云：北鬱單越法不受食不犯是也。問：三方殘食，北方得食否？答：文制三方不得互食，則知北方非殘明矣。

【律】三十九不受食戒。

【疏】不受食戒三十九。多論五義：一爲斷盜竊因緣，二爲作證明，三爲止誹謗故，四爲成少欲知足故，五爲生敬心令外道得益故。

三十九，多論五意。初若令自捉，慣習成盜。二若非他證，或容枉濫。三如緣起，五分中白衣訶云：我不喜見著割截衣人不受食食。四成上行。五中因外道摇果墜地令比丘捉，比丘言佛不許自捉，外道因發心出家得漏盡。前三滅惡，後二生善。一四自行，餘三化他。

二指廣

疏 如鈔所列十門成解。初制意門，二能受人門，三所受境門，四所食門，五受食處門，六受食法門，七須食觀門，八食食法門，九失受法門，十如次解。

指鈔十門。略釋名相、第一門。卽上五義。二能受人。了論具戒比丘受食已度與餘人，卽此比丘名爲能受。除別住十三難三舉二滅學悔等不成。三所受境。卽授食人通三趣，並取解知。四所受食。卽戒本食藥須受，除細塵大小便灰土水楊枝等不須。五受食處。了論地及水中成受，空中不成。六受食法。心境相當。比丘淨人心無異緣。七須食觀。如常五觀，離三不善。八食食法。如戒本注十種受相。九失受法。一決意棄，二捨戒失，三捨命失，四任運失，五轉變失，並如鈔。第十卽同今戒。

二戒本二、初分文。二隨釋三、初釋第二。

二釋第三

三犯緣

疏 論犯三緣。一是四藥，二輒自取，三食咽犯。

二別釋二、初戒緣

註 佛在舍衛城，人爲父母等於四衢道頭乃至廟中祭祀供養，糞掃衣乞食比丘自取食之，居士共嫌。比丘以過白佛，便制此戒。

疏 戒緣中。俗人爲亡者設祭，頭陀比丘輒自取噉，故制。

三釋第四

犯緣、戒緣並可解。

律 若比丘不受不與食者，未受者是。受有五種：手與手受，手與持物受，持物與手受，若持物授持物受，若遥過物與者受者俱知中間無所觸閡，得墮手中是也。復有五種：身、衣、曲肘、器、與還以上四受；若有因緣，置地與，是爲五種也。食佉闍尼食，根至細末磨；又云飯麨乾飯等。若藥奢耶尼食者，酥、油、生酥、蜜、石蜜。著口中若不與食自取著口中咽，咽墮。非時七日若過限亦墮。盡形藥無因緣不受而食者突吉羅。除水及楊枝波逸提。若不犯者，取淨水楊枝；若不受酥油灌鼻與唾俱出，餘者不犯；若乞食比丘鳥銜食若風吹墮鉢中，除去此食乃至一指爪可除去，餘者無犯也。

疏 戒本五句。一人，二不受，三藥食，四除水，五結罪。就不受中，將解不受，先解受相。十種不同。有緣置地，如鈔祇中，雖手不觸，口加三受，方得食也。

戒本釋第二中。先解等者，謂反此十法，卽是不受。有緣置地，指如鈔者，彼引僧祇：外道不與比丘食，規地作相，安鉢於中，下食時三徧言受等。

疏 食藥在口，未咽結墮。文據將噉，必經口耳。至論結罪，必在咽。生口中方便，但結吉罪。

第三中。初示文暗。由戒本中但云著口，似不待咽而成犯，故文下釋意，可解。

疏 除水楊枝說不犯者，一相明了。大開水土五種。楊枝諸律並無開文，任情所安。

第四中。初牒文。二下別釋。初三句釋除水。言一相者，言其略也。故指了論，猶略大小便灰，皆大開也。下二句釋楊枝。僧祇口氣生瘡，咽汁須受，誤咽不犯。故云無開。今若咽汁，宜依他律，不咽須準本宗，故云任情。

律 四十索美食戒。

疏 索美食戒四十。出家高士特宜廉潔。今耽著美味。求索好食。長貪壞俗。招譏喪道。故制。

四十。制意中。初示行本。今下。顯過相。長貪已下。即是兩損。注戒緣中云雜食者。用四美物和雜飯麨。西土俗風以爲厚味。

疏 五緣犯。一是美食。二隨非親乞。三自爲己。四無病緣。五食咽犯。

列緣。第一具含四種。二中文不簡親。據理無過。

註 佛在舍衛。跋難陀以商賈爲檀越。便語云。欲得雜食。彼商主問何患。恩此報言無患。但意欲耳。商賈譏嫌比丘。以過白佛。便訶制戒。

律 若比丘得好美食乳酥魚肉。若比丘如此美食。無病病者乃至一坐間不堪食竟。自爲身索者。波逸提。尼等吉羅。不犯者。病人自乞。爲病人乞。得而食之。或已爲他。他爲己。若不乞而得者。不犯。

律 戒本四句。一出四種美食。加比丘者。律本互現。二若比丘。結犯人也。三如此下。明無病緣。四結罪。

戒本分文中。初句明食。而標比丘。即得食人。下云比丘。即犯過人。故云互現也。

疏 多云。所以名美食者。以價貴故。卒難得故。愈病疾故。美食非美藥。乳酪酥是。美藥非美食。生酥油是。俱是者。酥魚肉脯是。俱非者。訶梨勒是。

釋第一中多論二段。初示名。以下三句。三義釋之。美食下。二簡辨。有四句。初句乳酪是時食。酥本是七日藥。今望可充食邊。亦名美食。次句以生酥油不可直服。故但名藥。俱是句中魚肉是食。復加酥袁故兼二名。俱非中據訶梨勒是盡形藥。然望七日非美物故。若據藥食名通論中。且約可常作食者名食。不可者號藥。

疏 尼結輕者。大僧丈夫身報力强。喜乞美食。取資身故。所以重制。尼乞美食。女人所諱爲希故輕。此吉罪

者結不同。罪實犯提舍。

釋尼犯中。初出重輕之意。此下。次示結犯不同。尼八提舍。即無病乞八種美食。謂酥油蜜石蜜乳酪魚肉也。僧尼各聚。故云不同。

疏 問。不同何罪。而結於尼。答。不同非罪。示不同。戒隨結方便。使異二部。餘可解。

問中。今此吉羅既非實犯。應成虛結。故問何罪。答中。初明非罪。非正犯故。隨下。次示罪體。餘下一句語勢兩向。或似指例前後諸戒。或似指注不犯等文。

〇四十一與外道食戒二、初標名。二釋相二、初通釋二、初制意。

律 四十一 與外道食戒。

疏 與外道食戒四十一。有三過故。一異學情反，恆多疏外，難與理親。雖復惠施，不荷其恩，反生譏謗。二邪見乖宗，非眞福田。以信心之食，授與外道，施主聞之，特生不忍。又損施福，不得功德，田中不獲反報故。三躬自奉食授與外道，容生外人愚倒之見，謂外道勝，比丘不如。以斯諸過，故制。

四十一、制意三。初招反謗，即如緣起。二非福田，復有二意。一惱施心，又下二損施福。三罔時俗，以下總結。

二犯緣

疏 論犯六緣。一是出家外道，以在家者但犯小罪，由出家名同，眞僞難別，生人惑倒，故重。二知是。三非親里，開與父母。僧祇中，父母兄弟外道出家者，使淨人與，無者語令自取。若嫌者，答云：汝出家不得處，佛制戒如是，不食者隨意。四是食，除與衣犯小罪。五自手與，以食味是通理，無獨食，置地使人，不生惑倒，故開。六領受犯。

列緣中，初緣在家小罪者，即汙家犯吉。三引僧祇彼不開親，還須遣置。今何引者？一彰部別，二令兼用，欲使暫加折辱，冀彼迴邪。五中食味通者，容兼濟故。

註 佛將弟子從拘薩羅遊至舍衞，佛及衆僧大得餅食，令阿難分與餘乞人，遂以黏餅與女人，又以外道得食，號禿頭居士，得佛集僧以所聞告，因制此戒。

二別釋二、初戒緣。

疏 就戒緣起中，初與女人起過，後與男食反爲譏弄。是以便制。

戒緣有二。初緣女者，律云：是裸形外道家女，顏貌端正。注云黏餅者，阿難分餅，人各與一，二餅相黏，謂是一餅，與此女人。餘乞人云：彼與汝私通，何得不與二也。

二戒本二、初分文。

律 若比丘，外道男、外道女（裸形異學人，波私波羅闍者，在此衆外出家者是也），自手（欲與者置地，與使人與之），與食者（佉闍尼食者，根食乃至果食，食油食乃至磨細末食。食者五種，亦如上說），波逸提（尼等吉羅。不犯者，若捨著地與，若使人與，若與父母，與塔、別房作人，若計作食價與，若力勢強奪去，無犯）。

二牒釋二、初釋第二。

疏 戒本四句。一犯人。二外道士女。三自手與食。四結犯。多論云：外道本唯六師，一師教十五弟子，各各受行異見。六師各別有法，與資不同，師及資通數九十六。如是相傳，常有不絕。

戒本釋第二中，引論示數。若準僧祇，但云九十六道，佛道在中，則九十五屬外道。此則各從所出，不須和會。然今此方但約李張之徒，及南方多有未魔之家。即爲犯境。注裸形者且標一種。實有多類。波私婆羅闍即外道通名。未詳所譯。第三句注中。先列九種不正。同前足食。故略舉之。食者下。即明五正。前犯緣中唯衣犯吉。故知此戒制通四藥。

疏 尼犯亦提。今結吉羅。取方便耳。作異戒故。

尼犯中。尼戒兼制白衣男子。與僧不同。故云異戒。

律 四十二食前後至他家戒

疏 食前後至他家戒四十二。有三過制。一俗里多緣。爲善事難。輟己家業。專崇福會。已許彼請。行至他家。脫有事差。惱處極重。二既有食處。息緣修道。無事遊散。妨廢所習。三共僧受請。背入聚落。令他施主見彼不集。竟不設食。稽留眾僧。使不充足。惱處不輕。故制。

四十二制意三中。初惱俗過。二多事過。三惱僧過。使不充足。謂時促食不飽也。此中後意即本緣起。

疏 論犯五緣。一先受他請。二不囑授。三往聚落中。四無因緣。除病衣時。五入門便犯。

具緣四中。三種開緣如戒所列。

註 佛在舍衛。長者爲跋難陀故。飯僧。彼時欲過方來。比丘食竟不足。又羅閱城中大臣得果。令跋難陀於僧中分。後食已詣餘家。比丘告二過。佛雙制此戒。

疏 就緣中。初明食前遊行。僧食不足。羅閱下。食後遊

行。遂不得果。爲犯之緣。

戒緣二段。後云不得果者。大臣持果。待跋難陀歸爲僧分。而彼食已往至他家。歸遲遂致過時。此謂中前。若在中後。則犯後戒。

律 若比丘先受請已。前食明相出至食時。後食從食時至日中。詣餘家有男女所居也。不囑授餘比丘若獨一房中囑授比近住者。同一界共住也。除餘時。波逸提。餘時者。病時如上。作衣時亦如上。施衣時。自恣後無衣一月。有衣五月。除此已。餘時勸化作食并衣施者是也。是謂時。彼先受請已。前後食不囑授。入門犯墮。餘方便吉羅。不犯者。如上開緣。囑授比丘。若無比丘。不囑授至庫藏處。聚落邊房。若至尼寺。至囑家。若眾多家敷坐具請比丘。若難緣者開。

疏 戒本六句。一是比丘。以前受請。二食前後。三不囑授。四除餘時。五結罪。六餘時下。遂開重顯。就解食中。分前後相依。如時經正在時中。故是食時。

戒本釋第二中。文云前食後食。合云食前食後。依時經者。彼從明旦至中。已前中半折之。故云時中。謂時之中間也。若約此方。正當辰時。即如經云。食時著衣持鉢是也。

疏 律囑授中。文列同界共住。若無易覓。不得白非同受請者。及容展轉也。異非時白取知而已。

第三中。初釋當戒。定須同界。若無易覓。謂覓同請

難得則非同請者不得白之亦不得囑他展轉白
也若獨受請無可對白卽落開通異下簡後戒非
時入衆聚但取白知無問界之內外請之同別隨
白得成此局彼通捺犯兩異
疏 就開緣中列三加白爲四衣時文明時外開故若
非時分先有好心施衣及食已是開訖必未起心比
丘觀化作食施衣爲僧者開以利多故自爲不開長
貪敗道邪命所攝
第六句中初總示四開衣下別釋施衣初明檀越
自施必下次明比丘勸化開僧制別在文可分

疏 不犯中多家敷具者謂多家同會處處待僧隨
至何家皆是請處
不犯中釋多家請但約同會不同亦犯注中庫藏
邊房尼寺並非家故律中作囑授已至此等處卽
失前法再白聽往此不犯中約無可囑家既非犯
餘開可知
律 四十三食家強坐戒
疏 食家強坐戒四十三凡在俗常習婚禮無時出家
學慧須知俯仰今不思緣久住不去妨彼懷求迭相
逼斥理非所應故制

四十三制意中初敘俗多染習出下次明僧不知
宜因而起過言逼斥者如戒緣中迦留強坐其夫
與食衆遣不去夫瞋捨棄隨汝所作
疏 論是食家如鈔所解是觸食家以眼對色故二夫
婦常居屏處三無第四人四申手不及戶坐犯
犯緣中論下脫犯四緣一四字觸食者根塵相遇
暢思資神故云觸食第四手不及戶據身在內爲
言
註 佛在舍衛迦留陀夷本俗友婦齋優婆私各端正俱繫意後至其家彼婦嚴身夫主極愛比丘食已坐住其夫便瞋捨去比丘以事白佛佛因制戒

律 若比丘在食（男以女爲食女以男爲食）家（如上）中有寶（硨磲碼碯眞珠琥珀金銀）強安坐者（當舒手得及戶應坐）波逸提（若盲聾互有吉羅不犯者若食家有寶舒手及戶處坐若有二比丘爲伴有識別人或客人在一處若不盲聾或從前過不住病發倒地力勢所持或被繫命梵難故不犯也）
疏 戒本三句
戒本三句一人二食家三強坐犯
疏 釋食以男女情相領納故爲食言有寶者如多論
解以著寶衣輕明照內身現發欲故僧祇中俱男俱
女亦不犯非食家故
釋中初明食義言下次釋有寶卽女人嚴身物也

僧下引文簡濫辨相注中盲聾互有即第四人各缺一根非全證故不犯中識別人者謂舊相知對下客人即非舊識

律四十四食家屏坐戒

疏屏處與女人坐戒四十四制意同前無第四人爲異

四十四指制意中前對夫婦故論第四此不對夫但無第三故云異也問既不對夫何名食家答誠如來難然據緣起同前一家相乘而制如疏標名是爲得矣

疏論犯四緣一是俗女二屏處三無第三人四申手不及戸坐便犯

列緣可解

註佛在舍衛迦留陀夷以念前戒應手及戸處坐即在戸屏後與齋優婆私坐共語比丘聞語譏嫌白佛因訶制戒

律若比丘食家中有寶並如前戒在屏處若樹牆壁籬柵若衣及餘物障也坐者波逸提若在食家舒手及戸令乞食比丘見餘辨相開緣同前戒

疏諸相中解如前戒

次科指略戒緣中戸屏後者意謂手及無所犯故準上列緣還同前戒申手不及戸犯必在戸後手雖相及約本緣起亦應同犯

律四十五獨與女人露地坐戒

疏與女人露坐戒四十五制意同前四緣一是俗女二露處三無第三人四在申手內坐便犯餘如鈔解

四十五列緣第四既在露處但取彼此手相及內明犯分齊指如鈔者彼引十誦云與女露坐隨起還坐隨爾數墮相去一尋內墮即同申手內也一尋半吉二尋若過無犯

註佛在舍衛迦留陀夷與齋優婆私露地共坐乞食比丘見嫌之具向諸比丘說以過白佛因而制戒

律若比丘獨一比丘一女人與女人人女有智命根不斷露地坐謂在見聞屏處波逸提辨相開緣並如前戒

疏戒本句自分取

戒本四句一人二獨三境四露地下結罪問此戒露坐何以注中約二屏釋答由在空露離他見聞方成過相不同前戒室中論屏問無第三人據何分齊答必約前人見聞俱離是以律中互盲聾吉故知互離未可判重

律四十六驅他出聚戒

疏驅出聚落戒四十六出家之人先許他食而竟不與惡心驅出時限已過使他一日不食虛齋惱壞不

輕故所以制。

四十六制意中。初敘能犯之非。時下。次明所驅之損。絕糧終日故云虛齋。

疏 論犯五緣。一大比丘。二先許食。三不與食。四惡心驅出。五去離見聞犯。

犯緣中。初簡下衆。止犯吉罪。

註 佛在舍衛。跋難陀與比丘鬪結恨在心。便將至城中無食處。知至祇桓日時已過。便言汝大惡人。令我不得食。遣去。彼不得食之極。比丘舉過因訶責制戒也。

疏 緣起中。與彼鬪恨者。猶是三十中奪衣比丘也。既不許行又折辱令餓困故制。

戒緣中。指同前篇奪衣不往何有驅遣。必是後時復酬宿恨耳。

律 若比丘語餘比丘如是語大德共至聚落。有四種村如上也。當與汝食。是時食。彼比丘竟不教與是比丘食語言汝去。我與汝一處若坐若語不樂。我獨坐獨語樂。以此因緣。若方便捨見處至聞處吉羅。互作亦爾。見聞俱離方犯墮罪也。非餘方便遣他去者。波逸提。不犯者。與食遣去。若病若無威儀人見不喜。自送食與。若破戒等。若命梵難方便遣。不以嫌恨故也。

疏 戒本五句。一人。二許與食。三將入村爲辦食。四彼比丘下。方便驅出。五結罪。

戒本分句中。語餘下。即第二句。大德下。即第三句。言聚落者。即白衣舍。是注中指村同上。但此戒判犯約離見聞不論戶限。

疏 解非餘者。非不犯緣。如無威儀人見不喜遣出送食等。無此等緣。輒爾惡心故也。

釋非餘相。指下諸不犯相是犯家餘。大同前釋。

律 四十七過限藥請戒

疏 過限藥請戒四十七。然篤信居士供辦美藥延請衆僧。虔心供養施心有限。宜應將護稱施而受。今輒過取長已貪心惱亂施主。敗其善信損處不輕。故須制約。

四十七制意中。初敘前施之意。施下。次明非理而取自他兩損故是不輕。

疏 論犯六緣。一是藥請。二施主限時已定。三知限。四過受。五無緣。六受咽犯。

犯緣。第二限時。定即四月也。

疏 初藥請者。如十誦云。過受四月時食者提。索餘事吉。四月過已索七日終身亦提。非時藥吉。此亦同彼。如請一食處過受尚重。豈況四月寧不提耶。

釋初緣中。欲釋後文。須明來意。由律本中犯相不顯致令古判過藥限提過夜限吉是以鈔中猶存古義今疏欲翻舊解以立夜重藥輕故引明據會釋相違如是尋之初定罪中先引十誦四藥明犯並據過限初時食中餘事吉者衣等餘物也下三藥中非時吉者藥味輕也此下會同以今戒本不明時藥故引彼證此乃舉施一食戒例成今犯通於四藥

疏若爾施一食處酥油輕者答彼作身外用義希故輕此中內用義數故重

初難釋中約內外資融會前後故知前戒內資須

重此戒外用亦輕

疏問如上所列索藥重者明知戒本非是過日

次問中如上列者即指十誦若據上文已明過犯猶恐迷執謂從索論故躡前文徵今戒本假設來難意在答文

疏答隨義以彰此戒索輕過限重也故善見云施油索酥但犯吉羅是知輕也所以然者先有好心四月與藥期限已滿供養心息過受置惱敗處深損文承前受請人喜過日故重

答中初判定戒本語暗理須義決故云隨義索輕過重此翻古解正示今判故下引文證上索輕所以下約義示過限重上標隨義於此方彰文列二過顯知須重初約違施惱深文下二即承勢喜作

疏若爾何故緣中索藥故制答亦可索過俱提然下辨相過限結故及戒本中亦言過受既明四月止夜分齊非索藥相

初難戒緣因索而制那得過限判犯答中初句是縱由本緣起實因索故然下即奪二處求文兩處同故不可執緣辨相即是廣解如注引云夜藥分齊夏四月應受等及戒本者即四月與藥乃至若

過既下雙結二文

疏若爾夜無分齊藥有分齊何爲列者答同初藥請即明其相過索之罪止應吉羅

次難中律分四句一夜有分齊藥無分齊二夜有分齊藥有分齊此二應夏四月受三藥有分齊夜無分齊（疏問此句但列倒耳）四夜無分齊藥無分齊此二應隨施時受難意云若言廣解戒本約夜成犯非索犯者則第三句不應列之此由律文不定輕重故生此難答中上二句明律列所以因前過夜歷句而來故云同初等過下約義定犯如上已明今更

總判律中四句前二犯提第三句吉第四無犯

註 佛在釋翅瘦時摩訶男請僧給藥六羣嫌故求難得藥彼爲市求便訶罵之而斷僧藥比丘舉過佛因制戒

疏 就緣中摩訶男者善見云是佛叔子大佛一月生得斯陀含也亦即是爲釋種故沈水死者

戒緣中初引見論示其宗族生時果位佛叔子者即斛飯王之子大一月生即佛之諸兄亦下次引本律示其志行衣法中云舍衛國琉璃王出兵欲滅舍衛國諸釋種令鑿坑齊腰埋之令大象蹈殺時摩訶男是琉璃王外祖告王言願聽我入池隨入水時節諸釋種出莫殺王念水中不久遂聽之即便入池以髮繫樹根而死臣取示王即生慈心王言摩訶男爲親里故不惜身命即敕放諸釋種

律 若比丘四月夏四月也與藥緣者藥請無病比丘病者醫所教服藥也應受若過受若夜藥有分齊夏四月應受若夜無分齊隨施時應受不論藥分齊也除常請其人作是言我常與藥也更請斷已後復更請與之分請持藥至僧伽藍中分與之盡形壽請我當盡形與藥波逸提不犯如前開也

疏 戒本六句一人二四月文列夏中僧祇隨三時中或一月半月有過皆犯三與藥明其所請四若過下辨違相也五明開緣六結罪

戒本第二句四分從緣故局夏分四月僧祇明判但約施限通於三時長短不定第三句注中據律但云緣請謂施主請緣注簡餘請故云藥請第四注中即律四句初句可收第二次引後句亦攝第三不論下決疑也判上過受論夜分齊此即今義注中略標廣在疏也

疏 就開緣中常與盡形有何別者就能所以分也

釋開中常請約能施之主不限於時盡形據所請之僧除死而已更請者注中即摩訶男復作念言我寧以一人而斷僧藥斷已重請即非過受故佛開之不犯如前即上四開也

四分律含註戒本疏行宗記卷第十四

四分律含註戒本疏行宗記卷第十五 戒本中之三〇疏四之三〇記四下之一

宋餘杭郡沙門元照述

律 四十八觀軍戒

疏 觀軍陣戒四十八。多論三義：一爲佛法尊重故，二爲滅誹謗故，三爲息諸惡增長善法故。有此三益故制。

四十八制意中，一比丘觀軍薄濫佛法，二招他譏毀，三習起兇暴，故制此戒，反過成益。

疏 論犯三緣：一是軍陣，二故往觀，三見便犯。

犯緣第二，故往者簡非意故。

註 佛在舍衛。人民反叛，王領六軍征伐。六羣觀陣，波斯匿見不悅，以一裹石蜜奉佛，弁持名禮拜。彼至佛所，具陳此緣。因訶制戒也。

疏 緣中，始因看軍，王使持名禮佛者，戒之本也。

戒緣。匿王遣令奉蜜，意欲請佛制戒，六羣不知往遣訶制。注中六軍，二千五百人爲一軍，天子當用六軍，即一萬五千人。

律 若比丘往觀軍陣，若戲若鬬也。軍者乃至一馬一車一步也。除時因緣，若須有白。若有請喚。波逸提。若不避者吉羅。從下至高，道至非道，不見吉羅，方便不見亦爾。若見犯墮。不犯者，若有事往，若被請去，勢力將去，若先前行軍在後至，便下道避，若水陸道斷，惡獸賊難，水大漲，若爲力勢所繫縛，或命梵等難，不下道無犯。

疏 戒本四句：一人，二觀軍，注中眞戲俱犯，三除緣，如後，四結罪。文相可解。不看即是，縱下道避，偷見亦犯。

戒本第二句眞鬬戲陣情過同故，三除緣如後，即次戒也。四中初指文，不下示意，言即是者，謂順教無犯也。戒本制觀，偷目竊觀，雖避何益。

疏 此中五兵不起則已，起必加身。王者不獲已而設，比丘義無輒見，故刀兵之劫起在此心，違順之間持犯立見。

勸持中，初敘兵意。五兵者，即軍陣所執五種兵器。周禮注曰：戈平頭戟也，殳音殊，無刃而用撞挃，戟三刃戟也，酋矛酋自秋反長矛也，夷矛應是短者。步卒無夷矛而加弓矢。起必加身。

謂陵害於人身。國家置之以示威，用之以定亂，非所樂之，故云不獲已也。比丘下，誡往觀。初示非宜，故下明所感，刀兵劫者，準俱舍論，人年十歲時，人長尺五，短者一尺，有刀兵災起，七日七夜，地多荊棘，皆如鋒刃，手執草木，悉成劍戟，但欲相殺。若人曾持不殺戒，免逢此劫。長阿含云：斯由其人常懷瞋忿害心，相向無慈心故，是爲刀兵劫。故曰起在心也。違下，示持犯相。舉心轉眼，即違成犯，稟制低眸，即順成持，故云立見。結犯注中二節，初明輕重，

不避吉者違制教也從下至高謂登高處道至非
道謂選要便處欲見不見緣缺故輕見則是重不
犯中初開有緣若下次明順教若水陸等後開急
難

【律】四十九軍中過宿戒

【疏】在軍過宿戒四十九論犯四緣一有請緣在軍二
曾經二夜三第三宿不離見聞處四明相出便犯
四十九及與後戒制意同前故不復出犯緣中初
有請者謂知識檀越請召

【註】佛在舍衛六羣有緣至軍中宿居士言我等爲愛欲故在此耳沙門復此何爲比丘舉過白佛因而制戒

【律】若比丘有因緣聽至軍中二宿三宿過者波逸提

不犯者得二宿至第三宿明相未出離聞見處若水陸道斷命梵等難不離無犯

【疏】多論若不開者便誹謗云比丘有求不喚自來無
所求時雖喚不來若往說法令悟道果故開往也
次明開中初杜譏謗比丘有求謂求索利養若下
次爲利他彼論又云又長信敬故又道俗相須故
注不犯中初順教若下開難緣

【律】五十觀合戰戒

【疏】觀軍合戰戒五十過不異前既有緣至應坐說法
後看合戰爲刃所中犯同於初
五十制意初指過同前同觀軍故既下正敘今戒
爲刃所中中字去呼如戒緣起亦由見犯故曰同
初無緣見陣即犯前戒有緣觀戰方犯此戒

【疏】四緣成一先在軍中二合戰三方便看四見即犯
犯緣第三言方便者謂作意也

【註】佛在舍衛六羣有緣在軍觀諸鬭力中有一人爲箭所射伴以衣舁居士見怪比丘問告佛因制戒

【律】若比丘二宿三宿軍中住或時觀陣若觀遊軍象
馬力勢者波逸提 餘如前戒明之

【疏】戒本可解

別釋中戒本初犯人二在軍中即知此戒因前而
制三觀戰四結犯

【疏】僧祇云若在城住賊來圍城王令比丘盡出上城
現多人相不故看無犯方便看見即提以此爲持犯
相故知合眼乃爲止持耳
次科初引文不故無犯方便犯者因而故看故是
業本以下示持犯如前說

【律】五十一飲酒戒

【疏】飲酒戒五十一凡酒爲毒水飲則成患令人志性
猖狂廣起諸過妨廢正修招致譏過生患之本寧容

二犯緣

不禁。

五十一、制意中，初二句示酒體，以能害人，故云毒水。出八師經，患即過患。今下四句具列四過，釋上成患。一志性猖狂，謂不能自守，有所妄為也。二廣起諸過，菩薩戒云：酒生過失無量。且據智論具列三十五失：一現財物虛竭，二衆病之門，三鬪諍之本，四裸形無恥，五醜名惡聲，六覆沒智慧，七所應得物不得，已得即失，八伏匿之事盡向人說，九廢業不成，十醉為愁本，十一身力轉少，十二身色壞，十三至二十不敬父母、沙門、婆羅門、尊長、佛、法、僧，

二十一朋黨惡人，二十二疏遠賢善，二十三作破戒人，二十四無慚無愧，二十五不守六情，二十六縱色放逸，二十七人所憎惡，二十八親眷擯棄，二十九行不善法，三十棄捨善法，三十一人不信用，三十二遠離涅槃，三十三種狂癡業，三十四命終墮地獄，三十五當來狂騃。過惡如是，今出家人尚當耽嗜，覩茲聖訓，豈不自慚？三妨廢正修，心神昏倒，故四招致譏過，非出家所宜。故生下二句結示須制。

疏 論犯三緣：一是酒，二無重病緣，三飲咽便犯。

二別釋　二初戒緣

犯緣第二重病緣開，如後自判。三飲咽犯，須論咽咽。

註 佛在支陀國，娑伽陀為佛侍者，詣編髮梵志龍室宿，於夜降龍，明旦以示拘睒彌主，後遊其國，值與黑酒，醉臥路中，佛說十過已制戒。

疏 就緣起中，以羅漢為緣起者，如此聖人降龍威德，尚為酒毒招譏損道，況餘凡學，焉可妄霑？故制不以草滴口中，何論椀盞也。

戒緣注中，初敘降龍生過之由，後遊其國正明犯制。初釋前段，特舉聖德以為緣起，意令凡鄙知非遠離，即舉聖況凡也。故下釋次段，草滴口中，舉少

況多也。律云：若以我為師者，乃至不以草木納酒中滴口是也。注中十過：一顏色惡，二少力，三眼視不明，四現瞋恚相，五壞業資生，六增疾病，七益鬪訟，八無名稱，九智慧少，十命終墮三惡道。

二戒本　二初分句

律 若比丘飲酒者，木酒、粳米酒、餘米酒、大麥酒，若有餘法作酒者，皆是。波逸提。若是酒，非酒色香味，若非酒而有酒色香味，並不得飲。若酒煮和合食飲，一切墮。若飲甜味酒、酢味酒，食麴酒糟，一切吉羅。想疑三句，墮。不犯者，若有病，餘藥治不差，以酒為藥，若以酒塗瘡，一切不犯。

疏 戒本三句：一能犯人，二所犯境，三結罪。戒本第二句注中本酒，謂草木釀者，有餘法者，通收一切也。

疏就解酒相無問藥食相和成者但飲便結故鈔中所引綱目極多疏而不漏皆陷刑犯

次科初釋酒相中初通示故下指廣彼云四分中但使是酒乃至草木作者皆犯又引十誦若飲似酒醋酒甜酒糟醫若麴能醉人者咽咽墮故云皆陷刑犯也疏而不漏出老子如前已引

疏境想三句皆重諸師云約心從境制余意不同聖制有以文少不了豈有智人由來不嗅須漿悞飲可結提耶此謂重者先有方便欲飲此酒及舉向口乃生非酒想疑約後心邊止吉羅耳成前方便非重如何十誦律中有此誠致

次科境想中初牒律有五句一酒作酒想二非酒想三非酒疑三句並提不開迷忘故想疑並重四非酒酒想五非酒酒疑二句吉諸下古今兩判初示古判彼據律文約心從境同婬不開余下出今解又三初句明聖制本通次句點結集之缺豈下舉事酌情不可如律由從也此下釋通律意下云十誦有誠致者彼云爲恐冷發和酒與之不看即飲故制心境相當若看知非而是者開之境定心差準此開迷頗符今判誠即實也致謂理趣

疏開中餘藥不治酒爲藥者非謂有病即得飲也故須徧以餘藥治之不差方始服之廣如鈔解

三中恐謂病開而輒爾妄飲故示文意不容倚濫廣如鈔者彼引五百問云若醫言必差得和藥服不得空服等

律五十二水中戲戒

疏水中戲戒五十二多論四意一佛法尊重理宜敬奉今入水遊戲損壞不輕二理廢威儀庠序外長信敬入水遊戲動越威容招世譏過三比丘懷意息緣修道入水游戲妨廢正業四宜修正念入水遊戲令

心散亂失正念故光即云水性漂蕩不可常淺在中戲笑上流忽增容損身命故

五十二制意中多論四義初損辱佛法二乖越威儀三違道廢業四掉散失念下引光師加損命義通前爲五

疏論犯三緣一是水不論深淺如弄鉢中可是水內二無因緣三戲便犯

犯緣第一但體是水不論在處二無緣者下開渡水等緣則不犯故

註佛在舍衞十七羣在阿耆羅婆提河中嬉戲澆灒波斯匿王與末利夫人在樓上見王言看汝所事

者夫人言是始出家。或癡無知也。卽以石蜜奉佛。便訶責制戒。

疏 戒緣中。如餘三律云。十七羣並得無學。水中戲笑生世譏過。何論下凡。故舉上聖以約凡下也。

戒緣中。三律。卽五十祇也。注中初明起過。年少新學十七人共爲羣黨。事同六羣。比上可解。匿王已下。次明制戒之由。王見譏嫌。夫人對王恐生輕易。又令奉蜜請佛立制。大權護法。發起斯教。非凡所擬也。

律 若比丘水中嬉戲。放意自恣。從此至彼。逆流順流。此沒彼出。手畫水相濽。乃至以鉢盛水戲者。波逸提。除水已。若酪漿苦酒麥汁器中弄。一切吉羅。不犯者。若道行渡水。或從此岸至彼岸。或水牽竹木簿順流上下。若取石沙若失物沉入水底。此沒彼出。或學知浮法。而擢臂畫水濽水者。無犯。

疏 戒本三句。文相易耳。入中爲洗。不戲難哉。

戒本。三句。大同前戒。入下。誡愼。此土南方入水者稀。然水性清冷。人多喜弄。準上鉢中弄者皆犯。注不犯中。簿音牌。擢合作掉。音調。振也。

律 五十三擊攊他戒。

疏 擊攊戒五十三。事雖是輕。過容至重。小人無志。多喜爲之。極是鄙薄。大虧形望。損道傷風。勿過此失。故制。

五十三。擊攊。謂以手挾弄腋下。令懼痒也。制意中。初二句標過重。次二句明喜爲極下。出過相。鄙卽鄙惡。薄謂薄賤。大虧形望者。乖出家之勝儀。損尊高之令望。損道謂辱於佛法。傷風卽壞於化導。事輕過重。故可見矣。

疏 論犯四緣。一是大比丘。二作輕弄想。三手脚十指。四著便結犯。

犯緣。第一簡下眾應吉。第二簡非意不犯。第三簡餘物得輕。

註 佛在舍衛。六羣中一人擊十七羣中一人。幾令命終。比丘以過白佛。因制此戒。

疏 緣起中。相狀可委。

緣起中。注云幾命終者。幾亦近也。

律 若比丘以指手脚十指相擊攊者。波逸提。除手脚已。若杖若拂柄戶鑰餘物擊攊。吉羅。不犯者。若不故作。若眠觸令覺。若出入行來。若掃地誤以杖頭觸他者。無犯。

疏 戒本辨相。亦可隨知。

戒本初科。文亦三句。辨相易解。故略示之。

疏 所以餘物但犯吉者。爲分情道。心重故墮。餘非情故。心當亦輕。未必至終也。

次科。注中拂柄戶鑰。但犯吉罪。故須明之。情道卽有情。心當亦輕。當猶受也。

律 五十四不受諫戒。

疏 不受諫戒五十四。凡出家離惡，本是學宗，要由善友迭相諫諭。然以情迷將欲作罪，他以理諫，復不從順，苟且為非，違損不輕，故制。

五十四制意中，初敘為道假友琢磨，迭互也。然下，次明執愚故違，造過知非，故為，故云苟且。

疏 五緣成：一將欲作罪，二他如法諫，三知己所作非，前人諫者是，四拒諫不受，五隨作犯根本違諫，故結提。

犯緣第五，初違但吉，待作方提。

註 佛在拘睒毗，闡陀欲犯戒，比丘諫言：莫作此意，不應爾。不從他諫，即犯諸罪。比丘以過白佛，因呵制戒。

戒緣同前，僧殘但前是在眾拒僧，此是屏拒別人耳。

律 若比丘不受諫者，波逸提。若他遮言：莫作是，不應爾。然故作，犯根本。以不從語故，突吉羅。若自知我所作非，然故作，犯根本。不從語者，波逸提。不犯者，若無智人來諫，報言：可問汝師和尚，更學問誦經知諫法，若諫當用。若戲笑，獨語，夢中語，欲說此乃說彼者，不犯。

疏 戒本三句。

戒本三句同前。

疏 就辨相中二句，初犯輕者，迷心為己是，前諫已為非，情微故犯吉，不妨隨有作事，隨犯輕重。後犯重者，謂知己犯非，前諫者是，違情過重，所以非輕。

辨相中初科二句，即注犯中輕重二段。初釋犯輕，不妨隨作輕重者，謂彼所作通七聚故。後下，次釋犯重。

疏 問：文中列所作，明知諫作犯，若有止犯者，於何而設諫？答：若拒勸學戒，諫違名止犯，諸戒制非，皆已作者。此之一戒，制欲犯者，但以業非不一，不可集僧一一而諫，故令一人處處行諫，知將欲犯，必須止約，有違結墮，故知要急，勿過此制。

問答中，初問五言為句，欲示後戒，故發此問。答中，初舉後戒正答，拒勸學即下第七十一戒。諸下，對餘戒顯要。又三：初明制別，但下示立意，僧諫難成，別諫易遂。故下結歎。

疏 問：違僧諫中，諫竟即犯，不待事成，此諫未犯，要待事成，違諫犯者？答：僧中諫者，眾命是重，違情過深，隨諫結犯。此一人諫，反上可知，要待成結，若不作事，便成受勸，故不同彼。

次問中，對前僧諫結犯兩異，故問通之。答中，初示僧諫即犯。此下，二明別諫待成。

疏 若爾下勸學中亦是一人無僧法違何爲諫竟即犯者答彼諫止犯先是不學之人發言拒諫道已不學即是止犯違諫義成此諫作犯雖發言拒諫未是作犯違諫未成要待作事違諫義足故不相並也

轉難中由下勸學同是別人諫竟即犯則違上義答中諫止則因止故勸故止在先諫作則欲作便可故作在後是以諫止即結諫作待成

疏 餘相可知

指略中餘相即不犯文同上殘中不復更釋

律 五十五怖比丘戒

疏 恐怖戒五十五出家之士理宜迭相將護許無獨惱今以六塵等相恐怖前人令生惶悸廢修正業惱深過重故制

五十五制意中初敘所宜今下顯過狀六塵如下釋惶懼也悸其季反心驚動貌

註 佛在波羅梨毗國那迦波羅侍佛左右諸佛常法若經行時供養人在經行道頭立彼初中後夜白佛令還便反披拘執怖佛明日集僧因制此戒

疏 戒緣怖佛者欲明輕怖極聖尚遭況餘下例義須滅迹又顯佛無怖心怖在能怖約同人相無論怖與不怖皆結重提

戒緣中二初約舉況釋例猶類也滅迹謂須制斷也又下次約判犯釋謂此戒中舉佛爲緣欲明此犯不論所怖以佛無怖故

疏 若爾亦可殺佛爲緣死與不死俱得重罪答不爾殺凡人戒以凡爲緣因明破僧遂明殺佛不即以此而爲戒緣也

釋難中以怖例殺不應別故釋中緣起不同故不可例注中那迦波即比丘名供養人亦即侍者白佛令還謂請佛還臥室也拘執即獸皮

律 若比丘恐怖他比丘者波逸提若以色聲香味觸法恐怖人彼怖以不怖皆一一墮彼不知吉羅若說色聲等六塵恐怖說而了了者波逸提不了了吉羅不犯者或闇無火或大小便處謂是惡獸便怖乃至行聲咳聲觸聲而恐怖若以色等示人不作恐意若實有是相或夢見當死罷道失物和尚父母重病若死語彼令知若戲若誤一切無犯

疏 戒本三句就犯相中初以六塵示人結輕重後說六塵語人約聞知中結罪輕重

戒本辨相犯中分二初六塵示人者律云色怖者或作象馬鬼形等聲怖者或貝鼓啼聲等香怖者樹葉花果香及臭氣等味怖者醋甜苦澁令彼嘗怖觸怖者熱冷重輕麤細滑澁令觸怖法怖者語云夢汝死罷道等結輕重者即知不知也次說六

塵語人即上六相但說為別輕重亦同

疏 不犯相中具約塵境開之可解

不犯注中初即前人自疑略舉色聲二塵若以下次明非意具示六塵故云色等或夢死等別舉法塵

律 五十六半月浴過戒

疏 減半月浴戒五十六

五十六戒本標名云半月浴過謂未滿半月過越制限在言少暗故疏易之名相甚顯

疏 欲界摶食身多不淨事須澡浴增道生善但皎潔

過常身形光澤翫著色相無心厭背正違出離故須限約半月一洗減則致犯

制意中初敘開意摶食亦名段食由食此食脂膩外流積聚塵垢故成不淨澡沐者並洗濯之異言如俗字書灌頭曰沐今取通意不局身首淸身去患故能增道外無垢染故能生善但下二明制意數洗有二過一翫著色相即樂世也二無心厭背即違道也

疏 論犯五緣一曾前浴竟二未滿半月無緣更浴五沐過半身便犯

犯緣中三四兩緣文脫標數三即無緣如戒文中有緣開故四是更浴五過半身是犯分齊

註 佛在羅閱祇竹園有池瓶沙王聽比丘常在中浴六羣後夜入池浴王與婇女詣池相值王竟不浴大臣嫌恚比丘白佛因訶制戒

戒緣中竹園池者應是近王宮庭之處

律 若比丘半月洗浴無病比丘應受不得過（謂在半月內浴名過）除餘時波逸提餘時者熱時（春後四十五日夏初一月）病時（下至身體臭穢）作時（下至掃屋前地）風雨時（下至一旋風一渧雨著身）道行時（下至半由旬若來若往者）此是時（彼若過洗偏身半身皆墮方便還悔吉羅不犯者如上開緣數洗若力勢強令洗者）

疏 戒本四句一人二半月一洗不得過若著文相出半月外是犯今據減犯何意言過以佛制戒半月一浴今減數受過於聖制故云過過是違越教相之言也三結罪四開緣

戒本初科第二句中過字語濫故委釋之

疏 餘如鈔中具廣披取

次科指廣如鈔即開緣等文中六緣熱時注云春後四十五日即三月一日至四月十五夏初一月即四月十六至五月十五共七十五日餘五并犯不犯文如注易解

◎五十七露地然火戒
二、初標名
二釋相
二、初畫釋
二、初制意

二犯緣

二別釋
二、初戒緣

律 五十七露地然火戒

疏 露地然火戒五十七凡火性焚熾事變無恆容有延燒不可不禁又然火相聚多著世話廢業自輕何得不制

五十七制意有二初為防失延燒謂旁延他處又下次恐廢業

疏 論犯四緣一無緣二露地三草木有燄四然卽犯

犯緣第二局在露地屋中非犯三須有焰無焰則輕若在生地或生草木則有掘壞二罪生焉

註 佛在曠野城六羣相謂我等在上座前不得隨意語言卽出露地拾諸柴草然火向之株內毒蛇火氣逼出遂驚擲火燒佛講堂比丘舉過佛因訶制

疏 緣起中由不得隨意語故出外聚向遂燒講堂輕致重害不可不慎故世中所壞多為火損不爾久存世界亦爾火為凡貪不可觸也此是觀行如何著之

戒緣中初牒文誡慎故下示過勸離初指現事故云世中等次舉災劫故云世界亦爾如大三災起時火災壞至初禪天三明性烈寒月雖貪觸則爛體是觀行者謂觀火能變壞了世無常而生厭捨或可經論多舉為喻或以三界喻火宅或以世間喻無常或令遠惡如避火坑或云瞋心甚於猛火

二戒本

◎五十八藏衣戒
二、初標名
二釋相
二、初畫釋
二、初制意

斯等甚眾略舉一二耳

律 若比丘無病病者若須火便身是自為炙故在露地然火若教人除時因緣波逸提彼於露地若草木枝葉紵麻芻摩若牛屎糠糞掃中一切然者波逸提若火置草木乃至掃中亦墮若被燒半焦擲著火中及然炭者突吉羅若不語前人知是看是亦吉羅不犯者語言知是看是若病人自然教人然有時因緣看病人煑麋粥羹飯若在廚屋中浴室中熏鉢煑染然燈燒香一切無犯

疏 戒本辨相極分明大可解耳

戒本中略指而已辨相注中分二犯與不犯也犯中又二重與輕也重中初以物然火二以火投物

初中芻摩是梵語亦卽草名未知所譯米糠糞掃麥[麥+弋]音弋麥皮也次明輕中被燒半焦卽上草木等曾經火者然炭輕者以無焰故不犯中麋亦粥也

律 五十八藏他衣物戒

疏 藏衣戒五十八出家達士德類老成隨事運為永絕塵戲今調笑喧煩觸途惱患藏他衣鉢覓不時得令彼慞惶惱深可厭又既藏他物容生盜心臨危事重可懼至甚又雖無盜致被言謗清白難分如何自拔具斯多過故須一制

五十八制意有三初輕己惱他意塵合作童慞惶

謂驚懼也。厭猶惡也。二深防重盜意。三招謗難分意。具下總結。

疏 論犯三緣。一是大比丘衣鉢。二作驚動意。三取藏便犯。

犯緣第一簡下眾輕。

註 佛在舍衛國。居士請僧。十七羣持衣鉢坐具鍼筒一面經行彷徉而望。時六羣伺背取衣物藏之。諸比丘察知以過白佛。因訶制戒。

戒緣中彷音傍。徉音羊。行步遲緩之貌。

律 若比丘藏比丘衣鉢坐具鍼筒。若自藏。若教人藏。下至戲笑者。波逸提。不犯者。若知彼物相體而舉。若在露地風雨漂漬舉之。若物主

慢藏衣物。狼籍爲誡敕故藏之。若借他衣而彼不收攝恐失故舉之。或以此衣鉢諸物故有命梵等難故藏。一切無犯也。

疏 戒本三句。二出所藏物。言下至戲笑。上至生怖失意。三結罪。餘如鈔中所引。

戒本初句犯人。易故不列。下指如鈔。須者尋之。注不犯中五別。前四並以若字分之。初相體悉。二恐損壞。三爲驚他。四恐失脫。上三並他物。四即己物。或下第五難緣。對文可見。

律 五十九眞淨施主不知輒取衣戒

疏 輒取淨施衣戒五十九。凡淨施之法。爲遣封著。事雖漸約。遣同大行。衣既付彼。時取須問。不問輒須遣同不施。現違聖禁。未能割略。又物不在主。失相惱深故結。

五十九制意有二。初乖於淨法。前敘施意。漸捨封著。終成檀度。故云遣同大行。衣下明輒取。取用自任。還同屬己。故云未能割略。謂畜心不斷也。又下二惱彼淨主。由不語知。彼謂失故。

疏 論犯四緣。一是己物。二作眞實淨。三不語主。四取便結犯。

犯緣第二淨施有二。若物寄他邊。令彼掌錄。名眞

實淨。若物在己邊。但作他想。名展轉淨。今爲實淨而興此制。

註 佛在舍衛。六羣眞施親厚比丘衣。已後不語主取著。比丘以過白佛。因訶制戒。

律 若比丘與比丘比丘尼式叉摩那沙彌沙彌尼衣。後不語主還取著。波逸提。不犯者。眞實施語主取。展轉施者。隨意取之。

疏 戒本四句。一人。二施與五眾。三取用。四結罪。

戒本可解。

疏 問。如解義中眞淨施法。兩部不合更互而作。何以戒本通列者。答。爲明五眾俱有犯相。雖輕重異。淨施義同。故通列名。至於淨法。自從律法。

○六十新衣戒二 初標名 二釋相二 初通辨二 初制意

二犯緣

二別釋二 初緣起

釋疑問中，解義中即指廣解兩部即僧尼二眾。律云眞實，五眾不得更互作，以非同類故。答中，以淨施法通制五眾，但罪有別，故云輕重異也。及至淨施各眾相對，故云自從律法也。注不犯中具列兩淨，眞實語主於教無違展轉隨意本無有犯。

律 六十著衣戒。

疏 新衣戒六十。凡壞色染衣道服標式，內遣著情，外長信敬。今不染畜著非聖道幢，長貪招譏，損壞故制。

六十，制意中，初敘色相，內遣著者不貪好色故，外長信敬，知是解脫人故。今下，顯過，比丘之身聖法

所聚，外披法服，內外相應，是聖道幢，表相既乖，故云非也。

疏 論犯四緣，一是三衣，二是已物，三不染壞，四著即犯。

犯緣第四據著方犯，不著應輕。

註 佛在舍衛，六羣著白色衣行，居士譏嫌，無有正法，如王大臣。比丘以過白佛，因制此戒。

疏 緣起明白色衣，戒本辨相中云新衣不壞故。

戒緣中總引三處互顯其相，新衣不壞即是白色。

律 若比丘得新衣，若體是新衣，若初從人得者。應作三種壞色，一一色中隨意壞，若青若黑若木蘭。律注云：此言淨者，若染作色言淨，若已成色淨衣，應以餘物異色趣揲一處作標識，故言淨。自下若衣非衣，是不用物，盡應點標識淨畜。言重者，氍氀毾㲪，謂是衣中之重者。若比丘不以三種壞色若青若黑若木蘭著餘新衣者，波逸提。彼不作三種色便著者墮。若重輕衣不作點淨而著者吉羅。若非衣，鉢囊、革屣囊、鍼線囊、禪帶、腰帶、帽、襪、攝熱巾、裹革屣巾，不作淨畜者吉羅。若以未染衣寄白衣家吉羅。不犯者，得白衣染作三種色，餘輕重乃至巾作淨畜也。

二戒本二 初分文句

二釋相

本中十二行記文，應移与前段連續

疏 戒本分二，先立法三句：一比丘，二得新衣，三須三壞色成沙門相。正戒本三句：一犯人，二不以三色壞，三結罪。

戒本初科，立法句中第二句注約二種示新衣相。第三注中復引律注文為二段，初釋作淨，又二，初

即染為淨，二已染揲淨。自下，次釋點淨，亦二，初輕二重，俱須淨故。

疏 成犯中，初不以三色壞新故重墮，若重輕衣不作點以壞色者吉羅，餘小細物並須點淨，非謂巾屣以三色染，更成驚俗，可笑至甚也。

戒本三句，辨相注中分三，初明正犯，若重輕下，二明點淨，若以下，三明寄俗舍由濫俗服無所辨故。

疏 文釋上二段，餘小細者，即諸囊巾等，非謂下，遮濫。今時有人聞律有言一切染作袈裟色，觸衣襪履一槩染之，未見此文，豈知過當。

○六十一殺畜生戒 二、初標名 二釋相 二、初通釋 二、初制意

二犯緣

二別釋

律六十一故殺畜生戒。

疏殺畜生戒六十一。多論三義。出家之士。四等爲懷。慈濟物命。今故加害。違其慈道。非憐愍故。二自壞惱他。正是生死之本。障道惡業。故制不殺。除惡業故。三爲長信敬。息誹謗故。

六十一制意有三。初中四等。即慈悲喜捨。普徧生境。故並云等。二中殺業違慈。諸業之首。因茲流轉。故云生死本等。三如緣起。因譏而制。

疏五緣成犯。一是畜生。二作畜生想。三有殺心。四起方便。五命斷。

註佛在舍衛。迦留陀夷不喜見烏。竹弓射殺。遂成大積。居士禮拜。見共嫌之。比丘舉過。佛因制戒也。

戒緣中。積字子智反。聚也。

律若比丘故時諸比丘坐起行來。多殺細小諸蟲。或有作波逸提懺者。或有畏慎者。佛言不知不犯。殺若自手斷。若教他斷。畜生化者是不能變。命者。波逸提同比丘尼犯也。開緣如殺人戒。

疏戒本四句。一人。二故。三殺。下明業。四結罪。

戒本第二句。注引緣起。皆謂非意故。佛開之。第三注中。簡畜能變化蘭。第四注指大殺。但非故心。即在開例。

律六十二飲蟲水戒

○六十二飲蟲水戒 二、初標名 二釋相 二、初通釋 二、初制意

二犯緣 二、初列示

二明離意

二別釋

疏飲蟲水戒六十二。制意同前。前戒是限分中制。要須斷命。此是深防中制。爲養物命。但知有蟲。飲用結罪。不待命斷。斷則屬前戒。

六十二制意。初句指同前。下顯異。爲防殺畜故制此戒。

疏論犯五緣。一是蟲水。二知。三不作漉法。四飲用。五隨咽結。

犯緣第三不作漉法。漉則非犯。且據漉囊所得肉眼所見者耳。

疏若就蟲水是同應合爲一。如壞生種內外合制。爲重物命。隨用故內外兩結。離意可見也。

次科對前用蟲水戒以辨離合。初明應合。理如壞生食用同制。內即內資。外即外用。爲下。次明離意。若單制用。謂飲無過。故須別制。意在存生。生種無情。事輕故合。

註佛在舍衛。六羣取雜蟲水而飲用。居士譏嫌。比丘舉過。白佛。訶而制戒。

律若比丘知不知有蟲不犯。水除水已雜蟲漿。苦酒。清酪漿。漬麥汁。飲用同犯之。有蟲飲用。波逸提尼同犯。不犯者。先不知。若無蟲想。若蟲麤觸水使去。若漉水飲用者。無犯。

疏戒本五句。一犯人。二知。三水有蟲。四飲用。五結罪。餘諸相狀。可撿鈔中。

○六十三疑惱戒二 初標名 二釋相三 初通釋 二初制意

二犯緣二 初列示

二問答

戒本分句。下文指鈔，須者自尋。辨相，不犯有四，前二無心，後二順教。

律 六十三疑惱比丘戒。

疏 疑惱戒六十三。出家所期，標心處遠，盡形畢命，專心崇道。今以生年等六惱他懷疑，廢彼正修，損惱事甚，何得不制。

六十三制意中，初敘出家本志，今下次出疑惱過狀。生年等六，如下自列。

疏 論有五緣：一是大比丘，多論十三難、顛狂比丘、吉羅學悔、六夜別住、四羯磨僧尼互疑，並是提，具自性故；二作疑惱意；三六事隨說一相；四言詞了了；五前人聞知。

犯緣第一簡下三眾，多論復簡本眾十三難人、無受體顛狂人失正念，故此二並輕。學悔已下反上故重，學悔即犯重人，六夜別住即懺殘人，四羯磨即訶責等人，具自性者有戒體也。顛狂雖具，然由心亂而不自知是比丘故。

疏 問：聞知結罪者，戒本何故云少時不樂耶？答：非待不樂方犯，蓋就惱者之意，下至欲令不樂定罪，初在聞知。

二別釋二 初分文

問中躡上具緣，判犯違戒文故。答中釋通戒文，決犯分齊。

註 佛在舍衛，十七羣語六羣言：云何入初禪乃至云何得羅漢果？報言：汝說者便已犯波羅夷。彼往餘比丘問之，便訶責已，佛因制戒。

戒緣但舉犯法惱他，餘四並見廣解。

律 若比丘故時眾多比丘互集一處共論法律，有一比丘退去，心疑諸比丘與我作疑。佛言：不故作者不犯。惱他比丘若疑惱者，若為生年歲，若受戒，若為羯磨，若為犯，若為法也。令須臾間不樂，波逸提尼同犯。不犯者，其事實爾，不故作。彼非爾許時生，恐後疑悔，無故受他利養，受大比丘禮敬，便語言：汝非爾許時生，如餘人生。知汝非爾許時生，其事實爾。彼無爾許歲，恐後疑悔，受他利養敬奉，語言：汝無爾許歲，如餘比丘。知汝未爾許歲，其事實爾。若年不滿二十，界內別眾，恐後疑悔，受利養禮敬，語令知，還本處更受戒故。其事實爾，白不成，羯磨不成，非法別眾，恐後疑悔，受利養禮敬，語彼令知，還本處更受戒故。其事實爾，犯波羅夷乃至惡說，恐後疑悔，受人利養，受持戒比丘禮敬，欲令知如法懺悔故，語知犯乃至惡說。又為性麤疏，不知言語，便言汝所說者自稱上人法。若錯，若戲笑者，無犯。

疏 戒本三句：一人，二明犯相，三結罪。

戒本第二注釋故字，引示本緣，反上非犯。次釋惱他，注列六事：一生年，謂惱他云汝非爾許時生；二云歲者，即是夏臘，如云汝無爾許夏臘；三受戒者，如云汝年未滿，諸緣非法，受戒不得；四羯磨者，如云汝受戒時白羯磨不成等；五犯者，如云汝犯七

二釋不犯

聚罪等六法者如云汝自稱上人法等。

疏就不犯中次第開緣生夏兩種無本處文若受戒羯磨合本處者以受戒託緣非相難識必於事法有疑還本受戒處審詳知過方可受之則於後無濫故云爾也餘可解耳。

釋不犯中初總示次第六段前五並以其事實爾爲頭又爲性下即第六也初云如餘人生謂非同他人生年滿也生下別示初點前二若下次點中二律文合還本處更受故須示意事法有疑事即受戒法即羯磨審詳謂窮問虛實知過謂知是非法餘下指後二種義無反問。

◎六十四覆麤罪戒

二初標名

律六十四覆藏比丘罪戒

二釋相二初通釋

二初制意

疏覆罪戒六十四出家同法見有犯重宜即彰露表已心淨亦使前人息於後犯則彼我俱益眾法清淨道理法然今故迭相容隱無思露過致前造者罪根滋漫永不可息又自壞心行將欲造罪自他俱損敗於眾法過是不輕故制。

六十四制意中初敘三益一自二他三眾法清淨。言犯重者通含夷殘兩篇道理法爾當然。今下次明三損對反可知滋漫言其增廣無涯畔也。

二犯緣

疏論犯六緣一是大比丘除下三眾二犯麤罪除下三篇非壞眾故三知犯見論云但知犯者乃至百千展轉共覆皆犯提罪若露罪已彼聞便止更不須露若露如上四作覆罪心五不發露六經明相便犯餘如鈔所引。

犯緣第二覆下三篇但犯吉罪所以除之三中引論初明多人共覆同犯若下次示發露之法以字合作已若露如上者令依上法也下指如鈔彼云若犯者兇惡不露不犯若疑未了不須說等。（案疏若露）

（罪已句疑宋本已作以故記云以字合作已）

註佛在舍衛跋難陀與比丘親友數犯向說不語人知後跋難陀共鬬便言犯罪不忍便說比丘舉過白佛佛便訶而制。

二別釋二初標

向界示

律若比丘知（若不知無犯）他比丘犯麤罪（四波羅夷僧伽婆尸沙）覆藏者（若知他犯麤罪小食知食後說食後知至初夜說初夜知至中夜說一切吉羅若中夜知至後夜欲說而未說明相出波逸提除麤罪覆餘罪自覆罪除比丘尼覆餘人罪者一切吉羅）波逸提（尼同犯不犯者先不知不麤罪想若向人說無人向說若發心向說明相已出若命梵二難者無犯）

疏戒本三句可知下辨相歷然不分自別。

別釋中初科初示文下下點注第二句注文有四初明結犯時分二覆餘罪三自覆四覆下眾故云

二徵釋自他二初正解

二引他解

四六十五與年不滿戒二初標名 二釋相二初通釋二初制意二初敘利

辨相歷然等。

【疏】所以覆他重自覆輕者。覆他名重而治輕。自覆名輕而治重。又覆他有本重制令露以戒自淨故。自覆本壞不須重制。亦可覆他三損。自覆唯二故。輕如十三中謗戒料簡說。

次科正解中。初徵覆他下釋有三。初約罪治互重輕。釋覆他犯提故名重。但三說悔故治輕。自覆得吉故名輕。隨日行覆故治重。又下次約戒體淨穢釋。覆他有本。謂本受無汙。重制救之。自覆本壞。謂戒體已犯。不在急制。（有作本懷字誤。）亦下三約所損多少

釋。覆他三損。如制意中。自覆無損他故。但有二。如下指前尋對可見。

【疏】有人言。造七犯七。覆七唯吉。由有根本故。隨七差覆隨造生。故同一過。

他解。但明自覆。初總標造七犯七。謂犯別也。覆七唯吉。謂犯同也。由下別釋。上二句釋造別。下二句釋覆同。

【律】六十五度減年受具戒。

【疏】年不滿受具戒六十五。凡年滿二十者。志操成就。情標及遠。堪耐緣惱。心安戒檢。修道進位。剋濟成功。

二明情過

二犯緣二初列示

二引釋

理宜度受。用隆佛法。小年不滿。志性輭弱。未忍諸苦。偏能犯戒。進道莫由。違反聖教。損壞不輕。故制。

六十五制意中。初科爲二。初敘年滿之益有三。一立志慕遠。二耐苦守戒。三進道成功。耐忍也。安猶住也。小年下。二明不滿之損。反上三益。對文可見。

【疏】然遮難非一。悉不聽受。但難之一色。無得戒義。自餘諸遮。體例不一。如青白等形定難改。如衣鉢等爲辦成法。如無十戒。得戒犯罪。年歲不爾。未滿是遮。待滿即得。理容消息。有何急事。而輕心慢法。故爲非理。令他虛受。己得重提。徒衆唱和。皆吉羅也。

次科初二句總標。但下別釋。又二。初明難定不得。自下。次明遮通得否。初總示諸遮。如青白等。即律百遮中顏色太青太白。皆入輕遮。乃至眼耳等病。皆是報法。故云形定。衣鉢須辦。十戒須受。二別明年歲。反上諸遮。一非形定。二不須搆辦。故云不爾。等令他虛受。是陷他。和尚衆僧獲罪。即自陷。

【疏】論犯四緣。一是未滿二十。二知不滿。三與受具。四三羯磨竟。和尚犯提。

犯緣。第四。和尚犯提。即定此戒所犯人也。

【疏】多論。限約六十已去不得受具。僧祇七十已上不

得。律論約其神智不堪行奉戒，約二十已上同云堪能。然有不能者數犯數懺，或全不懺，反說戒過，繫累人情。如此之徒，亦準僧祇年減七十，無所堪能，不應為受。

次科，初引律論簡衰老。戒下次據戒文簡堪能。反說戒過等，謂嫌棄戒律。繫累猶言拘繫也。下準僧祇，年雖應法，亦須揀退。

[註] 佛在羅閱城，有十七羣童子，大者年十七，小者十一，以信出家，比丘卽度受大戒。不堪一食，夜啼，佛覺問知，夜過集僧，便立法制戒。

[律] 年滿二十，應受大戒。佛言：若年未滿二十，不堪寒熱飢渴風雨蚊蝱毒蟲及以惡言，若身苦痛不能堪忍，又不堪持戒及以一食。若滿二十，堪忍如土眾苦事。若比丘知若不知不犯也。年不滿二十受大戒者，此人不得戒，彼比丘可訶，癡故，波逸提。其受戒人知年不滿，和尚及僧亦知，然眾中問汝年滿否，報言或滿，或不滿，若疑，若不知，或默然，或僧不問。是中四種：若知若疑，和尚波逸提，眾僧突吉羅；若謂不知，俱不犯。若受三羯磨竟，和尚犯墮；若中間，若白未竟，若為作方便，若剃髮，若集僧，和尚一切吉羅，眾僧亦爾，比丘尼波逸提。不犯者，先不知，信受戒人語，若傍人證，若信父母語，若受戒已疑者，佛言當數胎中年月，數閏月，若數一切十四日說戒，以為年數，滿者開。

[疏] 戒本分二。初立法，二正本。三句：一人，二知，三年不滿。下與受結提。初中年減二十，不堪忍苦緣，如文具列。

戒本，釋立法中，如文列者，卽指注中文。總有十事：寒、熱、飢、渴、風、雨為六，蚊、蝱等為七，惡言、痛苦為八，持戒為九，一食為十。能忍此十，方堪受具。

[疏] 就戒本中所以訶者，本受者心為欲感戒，師有授法之功。然知不滿，強受不得，故與受戒，勞擾僧徒，彼無得理，愚癡之甚，何有過者，故令訶之。

正本中，初文初敘能受之誡，師下次明師授之過。何有過者，過乎呼。

[疏] 就辨相中，亦大明據，細讀細分可知。

釋注，犯中略示而已。今為分之，初僧二尼。僧中，初約問對，明犯不犯。若受下，次約作法，明輕重。初中，僧問彼答有四：滿與不滿，卽約知疑與不知共為四種；默然不問，則非對答。是下判犯。二作法中，初明和尚犯有重輕，眾下次明餘僧一向犯輕。

[疏] 就不犯中，信受戒人語，乃至父母者，僧祇云：父母不知，看生年板；若無者，觀其形貌富樂家子，形大年小，當觀手足成就；復不知者，當問何王何歲國土豐儉旱澇時節。

不犯中，初科，僧祇次第有四：一問父母，二看生年板。西土王法，凡生男女，卽記其生年於板薄，此方古者亦爾周禮司民掌萬人之數自生齒已上皆書於板上男八月生齒女七月生齒今時須至成人方係官籍三觀形相四問時代王名歲號豐儉旱澇皆可推算故澇亦作潦郎到反水淹浸也

疏 若受後疑當數胎中月下明開相也

次釋開算

疏 如昔解云受時俗年日月俱少不開胎閏本俗年滿自月不滿方開今解云但數胎月得滿二十俗年不滿開無所犯

斥古中初科古謂俗年滿者方開增算今師但約算滿皆開

疏 又云此國用曆三年一閏以減小月成於閏故減大布薩亦所不合並非正論不入俗中勘餘曆術日餘閏餘別自推算三十二三月方有一閏何限三年如是云云但意言耳

二中初引古有四一謂三年一閏二謂減小成閏三減大謂取頻大四布薩法彼謂後二不合抽減並下斥非初句總斥不下別斥閏餘勘餘曆者通指諸家陰陽曆術日餘等者謂日別抽減豈唯小月三十二三月等者謂數月成閏則有五年再閏豈唯三年下文備算方見昔非

疏 又云必是受後疑方開之無容先開以年小故今亦不同此開得戒非謂算出方得此戒體業乃是壇上自四時生故知胎閏積成歲者理是滿位故說得戒今先算出深知能持與戒無損

三中彼謂本受不知後疑開算若先知不滿則不開之今下斥非初明受已開算爲決前疑今下次明未受先算據理同得

疏 故訪諸部廣明受相然後爲依四分開法

今解中標分云訪諸部者訪謂尋討也

疏 十誦中若年不滿二十自想不滿或忘不知僧問滿否答滿得戒不滿不得戒若年滿二十若知不知或疑答僧言滿得戒答不滿不得若答不知若疑皆得戒僧犯吉羅不審諦故

初十誦初約不滿答僧有二若下次約年滿答僧有四得否可見

疏 問知滿二十答不滿者多論解云不欲受戒師强與受故言不滿若不知若忘縱答不滿亦得戒以從實故

問中以自知滿豈答不滿又復實滿云何不得故

二僧祇

二十兩，麗藏作二十雨。或是雨安居之義歟

三五分母論

引多論決前十誦。

【疏】僧祇中，若不滿二十兩，半謂滿無犯，半謂不滿者提，名受具足，俱謂不滿，不名受具。雖滿二十兩，俱謂不滿，不名受具。

二僧祇二十兩者，兩即數也。或可彼取俗年滿二十，又須僧臘滿，故云兩也。彼具云：如冬時生，冬時受（如十月十六已後生，至第二十年八月十六後受者）。春時生，春時受（如二月十六後生，至二十年十二月十六後受）。前安居生，前安居受（如四月十六後生，至二十年四月十六後受者）。後安居生，後安居受（如五月十六後生，至二十年五月十六後受）。此四皆未經安居，竟皆名不滿。若冬時

生，若春時生，若前安居生，並經前安居竟受（至七月十六後受者），後安居生，後安居竟受（八月十六後受），皆名滿二十（俗年滿也）。滿二十兩（僧年滿也）。文中、初明不滿得否；半謂滿不滿者，即十僧中半僧不知而受，故無犯也。半僧知而為受，故犯提，不妨得戒（準多人謂滿得戒，不疑；少人謂滿，義應不得）。俱謂不滿，合眾同知，則不得戒，師僧有犯。雖下次明滿者，容有不得，謂究勘不知，想謂不滿，情虛強受，無戒得罪。

【疏】餘出五分、母論，同四分，開三種次第也。

三中，言餘者，即胎閏等，同四分者，五分有三，謂胎

二依四分開法二。初標示開位

二出古今算法二。初示古法三。初標實年

二依位算三。初胎法

閏沙門果也（得羅漢果，上法得戒，不約年故）。胎閏則同，而無布薩。母論三位全同本宗。義鈔云：雖五分師不存十四日，母論別論是也。

【疏】今就文中，初數胎中月，次數閏月，次數一切十四日為年月也。

次四分中，初科點文三位次列，十四日下，宜加說戒字讀之。

【疏】今且約準極小沙彌，臘月盡日生，年滿二十，正朝受具，計取實年，始有十八年，生受二日也。

古法中，初科古師須約俗年滿者，方開增算，故且

依彼出其算法，後假彼算，即示今義。臘月盡日即生一日，當一年；正朝一日受，即受一日，當一年。中間十八年，即俗年二十。極小之者，依此起算，猶自臏五月一日，況過此耶。

【疏】次計胎法。受氣不定，如羅云六載，生死苦比丘六十年，亦有五月在胎便誕育者，不可依準。大分道俗典文，九月在胎。以胎中七日一轉，如五王經，七七日成人，如是總有三十八轉，轉有七日，總計二百六十六日。自此已前，與母同氣；爾後四日，將欲趣產，與母別氣。約準成月，則九月四日也。通前十八年九月六

二閏法二初閏餘

日。
次科胎法中初示不定羅云即羅睺羅佛入山時
託胎成道時降生生死苦比丘即脇尊者生時髮
已白大下二大約以定又三初標示以下示數五
王經佛為五王說故七七成八者初七日如薄酪
二七如稠酪三七如凝酥四七如輭肉團五七如
堅肉團六七五皰開張七七日後六情完具如是
至三十八箇七日每一七日有一風吹胎則漸變
故云轉也廣如道地經中說三十轉計二百十日
八轉計五十六日兼下別氣四日共二百七十日

則成九箇月中有四小盡故餘四日也通下三總
合上數
疏 次計閏法俗中計閏日別日餘一千六百數外出
於閏餘積三十二月三十三月滿為一閏餘不可說
盡大略為言十九為章謂十九年為一大段以七為閏十九年中有七閏月
三年一閏有三五年再閏有四故有七也計前十
八年九月六日少兩月二十四日不滿十九年應有
六月二十七日閏通前十九年四月三日也伽論云
從何處數成歲從母胎數一切閏月
次科閏中初敘閏法言俗中者即諸家陰陽曆也

二頻大二初示所否

日別日餘謂每一日有三十二分前後兩日常定
中間二十八日以月行疾故每日餘半分則一月
餘二十八半分成十四分并小盡日共合成閏千
六百數外者未詳待問術士積三十二月者每一
月得十四分三十二月共得四百四十八分用三
百二十分為十日用一百二十八分為四日共得
十四日又三十二月有一半小盡得十六日合上
為三十日故得一閏或三十三月則復得半日但
由小盡中時有頻大故多少不定也大略下次示
算法三年一閏有三謂初中後九年五年再閏有

四即兩中間十年計前不滿一章兩月二十四日
合抽得三日以日餘共得四十分得一日八分有
一小盡得一日準所退不得三日而所抽六月二
十七日有餘故云應有通下總合伽下引證
疏 次計頻大諸律無文此間曆有計也若數出則小
月逾增則年有七小如何減大布薩用以充年不存
應法且順所學試略計之
二頻大初中初示所出若下明非理年有七小但
有五大下科取六大布薩有所不便且下出算法
順所學者謂師授也由此算法並出首疏故義鈔

初標首解是也。

疏 總張前年成二百三十二月三日。頻大之法四十九月爲一章、章有三頻大、初兩十七月各有一大、次十五月有一大。如是周而復始、則用前一百九十六月成四章、章有三日。總得十二日、餘三十六月得兩頻大足成十四日。計通前十九年四月十七日也。

次科、初展年爲月。頻大法下、正示算法。四十九月爲章。一章有三頻大月、一章滿已還復如初展轉相接。故云周而復始等。計下總合。

疏 次計通以十四日布薩爲歲。一年無閏半月小大

準得有十八大布薩減得十八日。通計十九年四月得三百四十八日。用二十八日爲月、則三百三十六日爲一年、餘十二日在帖頻大閏中殘十七日則成一月一日。通前數之則爲二十年五月一日。

三布薩中、初明取法。通計下、次示算數。通前抽減一月止有二十八日、故今所算出者、即以二十八日計之。十二日與十七日共二十九日、用二十八日爲一月。故成一月一日。通前下、總合。一年合上成二十年、一月一日。合上四月爲五月一日。

疏 計此極小滿二十年長五月一日。

疏 今有沙彌臘月盡日生、年十九至八月受戒者、將五月一日接之成二十年亦得。

次今法中、初科、臘月盡生年十九者、即年月俱不滿者。將五月一日接之者、謂欲八月受戒其實七月始滿、故用算長虛日相接、亦同十八年二日。故云成二十年。約此起算、不必俗年須滿、故云亦得。此乃借彼虛日以爲計法、至下塡補約實退之耳。

疏 然此五月皆被抽減積法成月。據實則虛、旣欲八月受戒、前月未至、本非所開、何得輒略。今還塡補。何以作之。就五月中七大布薩減取七日、又減閏餘弱

得五日、又減頻大弱得半日。總計所減弱得十三日。減前五月一日、就實唯四月十八日在。

次科、初敘意。前月未至、即前沙彌七月始滿、未入八月故。月旣未至、故云本非所開。義當足滿、故云何得輒略。今下、明塡補。以五月一日實從四月十八日抽出十三日、今即以十三日塡之、還成實數。初塡布薩、以四月有二大二小、得六日十八日中得一日、共還七日。次還閏餘、四月十八日共餘六十五分、得二日一分、內有兩箇小盡得二日、共四日一分、未成五日、故弱得。古記云、一月中十四分便當一日。五月得五日。

三剋定得限

皆是弱得者且三十二分爲日尚不成半日那得作一日又五月自是虛月那云五月得五日今云弱得者將四日一分開爲一百二十九分五分破之成二十六分爲一日但少一分耳三還頻大以頻大法一年半許止得一日七八月許始得半日今四月十八日未成半日故弱得也總計十三日即頻大弱半日亦當一日據實止得十一日零十餘分耳所以鈔中但還十一日至八月十日得受今約弱得多還所退則令所增出得二日算數滿足是以依鈔起算猶少二日如彼廣之就實四月十八者既塡還已算數已成即須退減舉要爲言即是於前古師十八年二日中約實退去四月十八日約虛即是退五月一日耳

四決疑

五斥異

疏準此年暮日生滿十九者八月十二日應得預受若卻頻大十四日者則八月二十六日得受

三中初示今定限年暮日生即一日當一年十九歲上八月受戒中間實得十七年前後合成七箇月零十三日約此實數即用胎閏等四位起算正滿二十年然生日受月不必一定但約此爲法隨人計滿即堪與受不復疑矣若下次示頻大前云不存應法以非正教所開恐生疑慮故兩出之若卻不用則於實年上更增十四日故至二十六方得受耳古記云於四月十八退頻大十四日今謂頻大出前大數中那於四月十八日退耶大有紕謬避繁不舉也

疏此中剋相仍挂疑者十誦不滿足爲誡例

四中猶恐執舊俗年未滿故云仍挂疑者縱疑不滿亦有明例故指十誦文如前引

疏有人依多論數實月爲十九年者今準四分與俗計同如尼六法云十八童女二歲學戒年滿二十與受具足據此十八未必年盡爲歲滿十八年朝即是十八依教便受六法明年十九方二歲學後年正朝

豈非二十如此例之縱極小者年暮受法即此一日便當一年明年具行後年正月一日受戒豈非二十也若不爾者要滿十八至十九年初方受六法明年二十始學一年年滿學終後年二十一方與受者又無律文如此延引故知剋定以俗年爲定餘文云云何由可盡

五中初引彼妄執多論云眞實不滿乃至無十九故所以不開也謂不滿十九滿則得受彼謂十九乃約實月則俗年二十也今下舉例難破成上俗年十九八月得受之義初二句通示準四分者即如下引與

俗同者謂俗中論年齒亦取跨涉不數實月。如下。引例又二。初舉文。據下示年數。初約跨涉合教以證。今義若不爾下。次約實月乖文以顯昔非。故下準決。餘下指廣。

律六十六發四諍戒。

疏發諍戒六十六。凡四諍之興乖理違法。惱亂僧眾事必請殄。故須備德量情安貼。僧眾始靜方修道業。今輒發起更增凶熾。助惡揚波轉成彌漫。壞眾惱僧過中之甚。故制。

六十六制意中。初敘四諍已滅。乖理即言諍。違法即覓犯事三諍。殄即是滅。備德謂有德之人。量情謂觀察眾心。安貼謂和平令息。貼合作帖。訓靜也。今下。次明重更發起。揚波喻上助惡。如風波動蕩隨更鼓之。彌漫謂泛廣。彌合作瀰。大水之貌。

疏論犯五緣。一是四諍。二僧如法滅。三知如法滅。四輒發起。五言了結。

犯緣。可解。

註佛在舍衛。六羣鬬諍。如法滅已。後更發起。比丘舉過白佛。故制此戒。

律若比丘知若不知如法滅者不犯。諍事有四種。言諍。覓諍。犯諍。事諍也。如法懺悔已。如法如律如佛所教。後更發起者波逸提。說不了了突吉羅。除此諍。若餘鬬罵發者。若發已諍。除二眾。若餘人諍而發起者。一切吉羅。尼同犯。不犯者。若先不知。若觀作不觀想。若事實爾。語言不善觀等。若戲若錯說者不犯。

疏戒本四句。一人。二是四諍簡餘鬬諍不能陷僧。三如法滅。四發起結。

戒本第二中。餘諍不能陷僧者。以四諍須僧法滅。若重發舉即是陷僧。四中發起是過業。結即罪相。

疏言如法懺悔者。正是相謝之言。如草覆地兩朋面地相謝之例。亦未必有罪。言諍非罪。亦可有罪之諍。上品如草掩泥。罪諍同滅。至後爲解。

釋中。初科二釋。初約相謝釋。以草覆地兩朋相爭經年難滅。德人作法兩眾相對互相伏地。舉此爲例。自餘滅諍義必相謝。此明文中懺悔之言。非謂懺罪。故云未必有罪。以四諍中覓犯二諍則可有罪。言諍教理。事諍羯磨。故非有罪。亦可下。次約懺罪釋。有罪之諍即犯諍。上品犯諍用草覆滅。毗尼如草。罪諍如泥。則有懺罪之義。後篇廣釋。故此指之。

疏就不犯中。若觀作不觀想者。觀謂深達藥病起滅之方。今發諍者不知如法滅。謂非法滅。所以輒發之無犯也。餘希不釋。

次科注中初列輕犯發已諍者因諍助發也餘人諍謂下三衆次不犯中先不知者開迷忘也觀不觀者即想差也疏中但釋想差一句初牒文觀謂下釋義初釋上觀字即能斷之人如法滅也今下次釋不觀想者謂發諍之人想實開也餘希不釋即上下注文也

律 六十七與賊期行戒

疏 期賊行戒六十七斷姦禁非王者之法既知是賊義須潛避如何同行迹同難異招譏壞道重故須制

六十七制意中初敘所應姦詐也如下次顯過相難異謂人不可辨

疏 六緣成犯初是賊二知是三共期四同道五不離見聞六越界犯

犯緣五六並見經注

註 佛在舍衞衆多比丘至毗舍離賈客私度關不輸王稅與比丘爲伴爲守關人所捉將去王所罪應至死王俗譏訶比丘舉過白佛因制此戒

緣起中賈客度關不輸王稅即同盜賊準知違戒不必強寇

律 若比丘知（若不知不結要者並不犯）賊伴（若作賊還若方欲去）結要共同道行（結要者共要至城若至村道者村間處處道）乃至一村間波逸提（若行至村間處處道行至一道犯無村空曠無界處共行十里者犯若共行村間半道若減十里若村內若共方便共要若不去一切吉羅尼同犯不犯者若逐行安隱有所至若命梵力勢並不犯）

疏 戒本五句一人二是賊三共要四同道五結罪辨相具解可知

別釋中第二句注約已還欲去兩相俱犯三結要謂相約也注至城者所期處也若村道者所經之路終此結犯也辨相具解即指下注文中初明有村處一一道犯者即約界分故列緣云越界犯準與尼期行戒隨分齊衆多界一一墮是也次明無村處由無界分故以十里爲限餘文可知

律 六十八說欲不障道違僧諫戒

疏 說欲非障道違僧諫戒六十八制意有三初解律不許者欲之爲患正是生死之本障道中源既能口說身必爲之沈溺欲海永無出道障礙之深故制

六十八制意中初意又二初示欲過生死本者因之輪轉故障道源者出離無期故既下次明須制翻彼二患一斷生死二入聖道

疏 二解諫意由爲俗說自妻非障邪行是防倚傍此教便謂出家行欲不障言說相似是非難分須僧設諫開曉其意便體如來設教之意冀彼改迷棄惡就

善使邪正兩分是非皎異故立諫法

次須諫意初釋有二初示倚濫接俗之教生福向善故不斷正出家爲道發智斷惑理須齊斷何得一混言下次明立諫邪正兩分者彼說爲邪佛說爲正

疏又解云欲是非法濫義安寄然聖辨障道結有强弱上品障見道下品障思惟是以道成初果猶有欲事執此教迹說言不障言同意異故須標列聖言非障者以治道品殊敵對而遣當分障除異則非此所斷故有非我障非謂不障於彼若生深解此惑思盡

而今偏執通言欲性非障邪正殊途理在於此須僧設諫開示是非

次釋中初二句徵起由是麤惡倚濫無從故云安寄然下正示又三初出濫相聖言下二明偏執所以須僧下三結示須諫初中聖辨障道者即就四果以論也結有强弱等者結即結使不出有十貪瞋癡慢疑(五鈍使)身見邊見邪見見取戒取(五利使)此十能障見諦故名見惑麤故名强又爲上品貪等四使能障思惟故名思惑細故名弱又爲下品初果但破見惑愛染未亡故云有欲二果已去方斷思惑乃至四果方能離欲如僧祇中須斯二尼被汙受樂律中見諦學家猶有夫婦又有初果欲心起故捨戒還家欲飽還來等彼謂得道聖人猶作欲事顯是不障故與妄說須標列者發下文也二明所以中聖言非障躡上諸文治道殊者即斷證之智有淺深故淺斷麤惡深除細障故云敵對當分除者如初果止能除見未能斷思故云異此非所斷也有非我障謂有作欲者但能不障當分見道非不障彼未證修道故若生深解方入修道乃至無學故云惑思盡也反明染欲障道明矣而下

正示倚濫通言非障者不如上簡也邪正二說因此而生故云理在此也三結示可知私釋大乘經論多有斯語如無行經云淫欲即是道恚癡亦復然如是三法中具一切佛法此乃點妄即眞意令反本世之講者謂小乘則作欲障道大乘則一切不妨文飾穢行誑誘後生誤無量人入阿鼻獄謗經毀聖永無出期惑衆罔時義當此罰

疏三釋結罪意僧既設諫法相顯然固執守迷不肯從勸現違僧命宜結墮罪

三結罪中固執違僧即是情過故須制罪

疏論犯五緣一是惡見人二已屏諫三不受屏諫四僧如法羯磨五違三便結

犯緣第一以邪見名通特以惡字標簡此過

註佛在舍衛阿梨吒惡見生言我知佛說行婬欲不障道比丘諫喻而猶不捨白佛問自言已令僧白四諫之便訶而制戒

疏多論利吒外道弟子聰利故遣入佛法擬倒亂之其人不久通達三藏故倒說欲盡其智辯不能令成

戒緣中遣倒亂者欲壞正法也佛世法強雖盡智辯人不信受故不能成末世魔強反多信用毀滅正教以今追古可不哀哉

律若比丘作如是語我知佛所說法行婬欲非障道法彼比丘諫此比丘言大德莫作是語莫謗世尊謗世尊者不善世尊不作是語世尊無數方便說犯婬欲是障道法彼比丘諫此比丘時堅持不捨彼比丘乃至三諫捨此事故若再三諫捨者善不捨者波逸提尼犯同僧餘如諫戒唯罪名優降

疏戒本七句如上殘中罪名爲異

戒本中七句指如殘中即三雙一隻若比丘所諫人作如是語下所諫事即第一雙也彼比丘諫言下別人屏諫違反佛語即謗世尊業重障深故是不善彼比丘諫時堅持不捨拒屏諫第二雙也彼比丘乃至下衆僧作法諫不捨者拒僧諫第三雙也結罪爲一隻注文指前僧殘優降即重輕也

律六十九隨舉比丘戒

疏與惡見人同事戒六十九制意有三義須舉一然此比丘謬執聖教說欲非障違僧三諫堅執不捨邪心成就障於學路於佛法中無所長益故須舉棄二執見心成若不舉治永無改過懺悔從善須僧同舉奪三十五事苦法治罰折勒形心使思信改過有入道益三欲順人情人多信受舉棄衆外不足僧數息其化導

六十九初三意中一令長益佛法二令改過入道三爲滅邪顯正

疏二明不聽順意有三過若順前人謂已見是轉增熾盛永無從道即是損化二既順前人必同其見染著欲事壞心行盡三僧舉衆外不聽共語今輒隨順違僧命故所以同犯

次三意中一顯增惡損他化字寫誤二同染壞行夷是無餘故云壞盡三違僧障法

疏三解輕重同舉義齊何爲二輕一重者答說欲非

障言說相似。濫於理教。以滅正法、又自壞行。障學路、亦順人情。多喜隨順故。餘二條。然是非無滅法過。雖有自壞隨順者希。無壞人義。故結輕也。

後輕重中。初標徵。不見不懺隨順。並吉。惡見犯提故云二輕一重。答中。初明惡見重意。有三義、初濫教。又下。二壞已、亦下。三損他。餘下。次明餘二輕意。上三義中。但具次義。

疏 論犯四緣、一是惡見舉人。二知是。三隨順。四隨同一一事結。

犯緣中。初是所隨、下並能隨。四中隨同一事。謂供給羯磨等事、如文所列、隨一成犯。不待具也。

註 佛在舍衛。梨吒惡見生。僧諫不捨。佛令白四舉之。六羣供給所須。共同羯磨。比丘舉過。佛因訶責。故制此戒。

律 若比丘知若初不知後不犯也。如是語人。作如是言。我聞世尊說法。行婬欲者非障道法故。未作法。若被舉未爲解。如是邪見。作如是見。知世尊所說法。非障道法。而不捨。眾僧訶諫而不捨惡見。供給所須。有二種。若法若財。法者教修習增上戒意智學問誦經。財者。供給衣服飲食牀褥醫藥。共同羯磨。同說戒等。止宿。屋有四壁一切覆障。或一切覆不一切障。或一切障不一切覆。或不盡覆不盡障。言語者。若比丘先入屋。彼人後入。若彼人先來。若俱入。隨脇著地。一一墮。波逸提。尼同犯。不犯者。若不知。若屋一切覆無四障。或半障或少障。或一切障。無覆半覆少覆。或半覆障。少覆障。露地。若病被繫者。命梵難。無犯。

疏 戒本十句。一人。二知。三如法語人。四未作法。五如是邪見。六不捨。七供給。八同法。九止宿。十結罪。

戒本初科。第三句如法字誤。合云如是。七供給中。注文初總示法。下別釋。意智即心慧也。八同法中。注云說戒等者。等餘一切羯磨眾法。九止宿中。注列四室。一障覆俱徧。二覆徧障不徧。三障徧覆不徧。四障覆俱不徧。如三邊牆壁上開明處。此言不一切不盡等。障則唯缺一邊。覆則唯開少許。室相成就。故有犯也。後不犯中。但據一半已下爲言。兩處列相。顯然自別。但此中語少不明。故下點云與開何別耳。古記云。前約知故犯。後約不知開。謬矣。經中言語下。注顯前後入室宿相。必有彼此往返言論。

疏 辨相隨文事希。故不廣引。就止宿顯相。亦非善翻與開何別。

次科總示略意。就下略點第九譯者之失。如上所明。注不犯中有三。初不知者。開非意也。二若屋下。室相不成也。初至少障。反前初二也。或一切障下至少覆。反上第三也。或半覆下至露地。反上第四也。三若病等。並難緣也。

律 七十隨擯沙彌戒。

疏隨擯沙彌戒七十制意有三

七十制意有三亦同前戒但初意異耳

疏入道已來要由有信然此沙彌旣未具戒說欲非障違僧三諫邪見心成於後受戒事容難剋故加重法作彼擯名怖以入道大僧有戒故直擧之何須重法改作擯也此但口說未作重事若實犯重卽在滅擯何須諫後方作擯名故知非重

初意正明中又三初敘須擯此滅擯法十三難人犯重不懺人故加此法永棄海外更無收錄諸治罰中此法極重沙彌口說便加此罰欲使迴心成

彼受戒故也大僧下二對簡前戒以示不同此下三釋除疑濫若實犯重卽邊罪難永無入道直爾擯棄不在先諫也

疏若爾緣起如何共行不淨答第二篇罪也

釋難中初難若云非重則違戒緣答中第二篇罪如漏失等不淨言通非局婬故

疏問餘之二擧何不設擯答條然有異不勞須擯無順化義直作擧名說欲不障一一反前故須擯也

次問三擧獨擯惡見答中初明二擧一無倚濫故云有異二不惑他故無順化下明惡見反上二義

疏二解不聽順意三解結罪意並同前戒

二三同前覆尋可見

疏論犯四緣一是被擯沙彌二知是三同事止宿四隨事同結罪

犯緣第三止出二事與上大僧少異

註佛在舍衞跋難陀二沙彌共行不淨自謂從佛聞法行婬欲非障道比丘擧過佛令白四設諫不捨滅擯六羣誘將畜養比丘擧過佛訶因制戒

律若比丘知沙彌作如是語我從佛聞如是法若行婬欲非障道法彼比丘諫此沙彌如是言汝莫誹謗世尊誹謗世尊者不善世尊不作是語沙彌世尊無

數方便說婬欲是障道法彼比丘諫此沙彌時堅持不捨彼比丘應至再三諫令捨此事故乃至三諫而捨者善不捨者彼比丘應語此沙彌言汝自今已去不得言佛是我世尊不得隨逐餘比丘如諸沙彌得與比丘二三宿汝今無是事汝出去滅去不應住此若比丘知（不知者不犯也）如是衆中被擯沙彌（擯者僧作滅擯白四羯磨）而誘將畜養（若自畜若與人畜誘者若自若教他）共止宿者（如上解也）波逸提（尼同犯開緣並如上）

疏戒本六句一隨擯比丘二知三沙彌諫擧事四若比丘下明誘將畜養五共宿六結罪就第三中分二

○七十一拒勸學戒 二 初標名
二釋相 二 初通釋
二 初制意

二指略

初明僧屏諫法六句二彼比丘語下明擯出法

戒本釋第三中初僧屏諫六句者但有三對闕後一隻準上次第對文可見二擯出中但出訶黜之詞準須先作滅擯自四文如鈔引疏文前後多作擯字非字合從手

疏 餘可解亦希不勞廣也

指略中亦不須廣同上稀故

律 七十一拒勸學戒

疏 拒勸學戒七十一凡行不自成必須訓導方能策進修善有趣道之益善知識者梵行正緣若不依仰無由自勵然含識有心略分三位上達不假緣成堪

爲物軌下流勸亦難從爲存俗習中品之徒事須友接牽則清昇任之鄙吝然今癡心懶惰不肯修學聞他諫勸拒而不受內無自進之心外無從善之志故違聖教過重故制

七十一制意中初敘爲行須假師友又三初敘依之成益善知下次明不依有損善知識者謂德業爲人所知容儀爲人所識梵行由立故是正緣然下三明根性不同識依色中故云含識名通六道且局人倫上達下流稟性各定中人不定隨緣善惡故須假他牽而誘之則從善故曰清昇任而縱

二科釋 二 初分文

二隨釋 二 初釋事

之則爲惡故云鄙吝即論語云性相近也言不異也習相遠也言不同也唯上智與下愚不移習以成性至不可改則知中人之性宜乎務學然下次明拒勸以與聖制內無自進心者謂不能自立外無從善志者謂不稟他教

疏 論犯五緣一作止不學教行意二前人如法勸學三知己所作非前人諫者是四自心不受勸意五發言了結

犯緣第一不學教行者鈔云教謂律藏行謂對治

註 佛在拘睒毗比丘如法諫闡陀時作是言我今不學此戒當問除智慧持律者比丘舉過佛訶制戒

律 若比丘餘比丘如法諫時如法如律如佛所教如是語我今

不學此戒當難問餘智慧持律比丘者波逸提若說而不了了吉羅比丘尼同僧犯若爲學故應當難問不犯者彼諫者癡不解語言汝還問和尚闍梨學問誦經若其事實爾者不犯

疏 戒本三句一拒人二前人勸三如是語下明不受語相反欲難詰違故結罪十誦云五種人不應爲說毗尼或試問無疑問不爲悔所犯故問不受語而問或詰問並不須答

戒本第三句後云若爲學等列開緣也恐謂一向不得問故疏引十誦五種不答擬彼來難答無益故

二釋不犯

○七十二毀呰尼戒 二。初標名 二釋相 二。初通釋 二。初制意

二犯緣

疏不犯中其事實爾者。由癡無解慧。强諫智人。故拒不受。爲知難問。

不犯中事實有二。初開拒勸無知强勸故。爲下次開難問爲學求解故。

律七十二毀呰尼戒。

疏毀毗尼戒七十二。然戒爲衆善之本。滅惡之源。越生死之舟梁。趣涅槃之正路。理宜讚歎。令彼修學。使戒法興顯。萬載不墜。今反毀呰。乖隔人心。使不誦習。致令正法於茲覆滅。損壞極所以制。多論三意如鈔引之。

七十二制意中。初四句敘戒德。卽生善滅惡。超凡入聖。具此四義。住持不絕。比諸教門。功居第一。所以聖賢稱譽。良在於茲。理下四句。顯讚歎之益。今下明毀呰之損。相反可知。多論三意如鈔者。一爲尊重木叉故。二爲長養戒故。三爲滅惡法故。

疏論犯五緣。一是毗尼。十誦云。若誦隨經之律亦提。二前比丘誦戒時。僧祇未說戒時說戒時訶越。說時提。說已越心悔。三作滅法意。不令久住。五分若令不讀誦而毀者提。若令木叉不得久住毀者犯蘭。四發言毀。五言詞了。

二別釋 二。初犯緣

二戒本 二。初釋文 二。初分文句

犯緣第一。經中明律名隨經律。如涅槃遺教等。二中此戒唯取正誦時犯。所以僧祇三時輕重。三中五分兩判。初是本犯。下結蘭者。近破法輪理結中品。

註佛在舍衛。比丘共集誦法毗尼。六羣相謂。比丘共集誦律。通利必數舉我。言長老用學雜碎戒爲。誦可至十三事。比丘知滅法故。以過白佛。便訶制此戒。

疏緣起如文可知。云雜碎者。從二不定至衆學也。

緣起中。初敘六羣畏舉言下。二明因毀制戒。但令誦至十三。則顯除上二篇。餘皆雜碎也。若準多論以略教一偈爲純一。廣教五篇爲雜碎。與此不同。部見異故。

律若比丘說戒時若自說戒時。若他說戒時。若誦時故。作是語。大德何用說此雜碎戒爲。若欲誦者。當誦四事。若必欲誦者。當四事十三事。餘者不須誦。何以故。說是戒時。令人惱愧懷疑。輕訶戒故。波逸提。若了不了。吉羅。毀呰毗尼者波逸提。毀呰阿毗曇及餘契經者吉羅。尼同犯。不犯者。若語言先誦阿毗曇。然後誦律。餘契經亦爾。若有病者。須差已誦律。當勤求方便。於佛法中成四沙門果。後當誦律。不欲滅法。若錯說者並開。

疏戒本三句。一人。二明說戒時。三作是語下明結罪相。

戒本分句中。第三初正毀詞。注顯雜碎。徵起下文。

說是下出所以輕訶下結犯相

疏所以三藏毀戒重者多論解云毗尼四義故重餘經無故是輕戒是佛法平地萬善由之生長二一切佛弟子皆依戒住若無戒者則無所依一切衆生由戒而有三趣涅槃之初門若無此戒無由得入泥洹城也四是佛法瓔珞能莊嚴佛法具斯四義功强於彼

次科下辨相中毀餘二藏但犯吉羅故此通之初徵起多下引釋論出四意一生善二所依三入道四住持一切衆生依戒有者且據人道勝報並由

歸戒爲因涅槃泥洹梵言之互同翻寂滅律具四義毀則成重餘藏不具毀但犯輕

疏辨相中毀毗曇契經吉者據小乘爲言大乘罪重非校量所辨

釋注中小乘方便權教毀但犯輕大乘究竟實教毀故得重或可據制則大小齊輕約業則小輕大重不犯中初開期後二開病緣三開進果餘可知

律七十三恐舉先言戒

疏不攝耳聽法戒七十三凡解不孤起要藉說聽方能開曉心懷識達邪正持犯輕重順教奉修有出道益今癡心惰學不肯聽法迷於理行事等夜遊動成滯礙進道無日莫不由慢法輕心自失道利過患之深何得不制

七十三制意中初敘聞法之益開曉心懷等即開解也順教奉修等即成行也今下明不聽之過反上二益夜遊喻其昏暗

疏論犯四緣一是廣誦戒時二在衆中三不作聽意四說過便言我今始聞便犯

犯緣中必約廣誦在衆不聽說過發言方成犯耳

疏有師名爲詐驚張戒若是不攝耳者何故云我始

知等又不攝耳在他內心如何比丘證他曾聞若是不攝耳應開重聽

釋名中古解即光師彼實曾聞而云始知故云詐驚張於義雖然在言頗質若下連以三義反質前非重聽謂耳聾也

疏今就諸律論多約不攝結罪若戒本及緣起中應云恐舉先言戒也故緣起中自知罪障恐他舉發先詣求聽故戒本云我今始知計我前作頗入犯否所以文中約法勘檢如下更解

今判中初示前標諸律論者僧祇云隨中間一一

戒不聽吉。一切不聽墮。多論亦然。文如後引。若下。
次明今定。初示名。故下。引據。約法勘撿。餘比丘
證彼二三說戒中坐等。
註佛在舍衛。六羣中一人。當說戒時。自知罪障。恐發舉故。先詣清淨比丘所言。我今始知此法戒經所載半月半月說戒經中來。比丘舉過。佛制此戒。
律若比丘說戒時若自說若他說若誦戒時。作如是語。我今始知此法戒經所載半月半月說戒經中來。餘比丘知是比丘若二若三說戒中坐。何況多。彼比丘無知無解。若犯罪應如法治。更重增無知罪。重與波逸提若不與者突吉羅。語言長老。汝無利不善得。汝說戒時不用心念。用意思惟不一心兩耳聽法。彼無知故波逸提。尼同犯。不犯者若未曾聞廣說今始聞若戲笑若錯說者開。

疏戒本六句。一人。二他說戒時。律中自他說誦時。若據自說無不攝耳。正在妄語實久知之而言始知。戒本第二句。如注所引律同前戒雙列自他。今據此戒無自說理。故須決之。犯前小妄。
疏三或迷教相誦而不解言始知此法。三云迷教相者。此可學迷。卽愚教也。
疏四餘比丘下。證久曾聞如何始知。結罪屬彼二三說戒何況多也。此中覈據逃罪無由。若曾聞戒卽是久知而言始知。結妄語提。若無知解。但有不攝罪。四中。初釋文。結罪屬彼者由先有犯恐僧舉罰。故言始知。意謂已前不知不犯。今僧共證屢聞說戒。那云始知。先犯之罪。結屬彼時。何容飾詐乎。此下。示要。若實久知而言始知。卽是妄語自屬前戒。雖經說戒由不攝聽。實無知解而言始知。正犯當戒。兩途俱犯。故云逃罪無由。準知此戒唯據無知。如下多論判犯彌顯。
疏多論云。我今始知是法者結吉。輕心亂心聽戒犯吉。說竟得提。實先知言始知。犯妄語。戒本結不專心聽法罪也。

次引證中。多論初口說始知。耳不攝聽而說戒未竟。故但犯吉。竟則犯提。實下。點示別犯。戒本下。簡定當戒。此戒犯相古今難判。據此以明甚有分齊。學者思之。
疏五彼比丘下。因重彰過。由不聽故不識戒相。故無知解。以不知故遇緣起非。自壞心行。故曰若犯罪如法治。五中。重彰過者由彼先言欲免前過。故須重示有犯皆治。

六、重增六句三、初釋文三、初釋重增

疏 六更重增下結多罪相不以不知得脫以事可識故應更重增無知罪者根本罪上緣而不了後結無知故曰重增下誡約中以無知故波逸提罪不與者謂同聽德人不與亂心人罪得吉羅也

第六釋重增中初釋文不以等者示重結意應更等者明重增義下下點注同聽不與罪謂不加責罰也

二釋兩耳

疏 問戒本一心兩耳者答毗曇爲莊嚴身俱舍爲助成識故廣如彼說

次科問心意識是一根何有兩答中二釋初引毗

曇即雜心文具名雜阿毗曇心論彼明十八界問曰應分二十一界（十八界中六根眼耳鼻各分二故）偈答曰二共說一界爲令身端嚴釋曰爲莊嚴身故生二眼二耳二鼻以一眼者人不愛敬故（耳鼻亦然）次引俱舍彼立二義初義同上次義斥云是義不然若本來如此及猫狸鵂鴟等生二眼耳鼻有何莊嚴（上難破下立義）若爾生二何爲爲助成識故如人閉一眼等見色皆不了（等取耳鼻各對不了）爲莊嚴識令成就故

三釋提四罪二、初問止犯何重

疏 問前解止犯唯犯吉羅今此無知遂犯提者答上已解之汝何故忘前豈不言對事通四篇對學唯第五

三中初問前解即上總義持犯句法中不學皆吉今此無知即當戒不攝罪重增無知在下問中答中初反責重問前下正答然前亦無此釋但云翻解明止犯即不學也翻修明止犯即對事也謂僧殘已下具雙持犯故有對事隨篇止犯但除四重故云通四篇也不學止犯通是吉羅故局第五

二問重增合輕

疏 問此中重增無知乃結墮者答不學之罪唯吉羅無知迷疑則輕重由學緣事有明闇也故境想中疑則含輕想則懷重今迷不識正是墮收如文可知就

事結也

次問謂重增罪不當同根本故答中初明不學唯局吉次明無知兩通又三初明分二所以疑吉是輕由學緣事少明也迷墮是重由不學緣事全闇也故下二引例諸戒境想想差則疑重想輕境差則想重疑輕今舉後二爲例今下三正示今罪此無知罪亦是緣事不了故云就事結也

二釋注二、初釋犯

疏 律中二眾俱吉者彼自說戒亦有不聽之緣

釋注中初科注文尼同下合有三眾犯吉文疑是寫脫或恐不引懸舉律文故云律中以下三眾無

同法義故約彼衆別法釋之廣如鈔說

疏下開中未曾聞者以受戒來未經說戒也未曾聞廣者或聞三語心念等及略說戒不明戒相故道今聞餘可解

次科釋開未聞次列三義初都未聞二聞別法三聞略法皆未聞廣故下指餘者卽戲笑等皆非意故

律七十四同羯磨後悔戒

疏同法賞人後悔戒七十四凡衆物共有衆情非一旣同和作法賞他知事輒便悔反謗僧隨愛駭動羣

心喜生鬬諍迭相苦惱不得安樂修道多論三意如此故制

七十四制意中初敘同法輒下次明反謗駭下示過惡一生諍二相惱三廢道業多論三意如此者彼云爲滅鬬諍故爲滅苦惱故爲得安樂行道故

疏論犯四緣一是僧物十誦五分僧祇云施現前僧應分物故知非是常住物二同法賞知事已多云凡僧和合不問羯磨不羯磨若執苦人大德貧匱和與物已訶者亦提三輒便悔反四言詞了犯

犯緣初科第一合引三律簡所賞物恐濫用故四種僧物中二種現前可賞知事二中多論但取僧和不必羯磨執苦人卽營事執勞苦者

疏何爲不諫者已同僧法若僧有愛彼亦有愛無濫不須

次科初徵以是謗僧據合加諫已下釋通不須可見

註佛在羅閱祇沓婆摩羅子知僧事外施不赴衣服破壞後僧得貴衣便白二與之六羣後悔比丘白佛便訶而制戒

戒緣外施不赴謂不赴外請闕衣替換故

律若比丘共同羯磨已後如是言諸比丘隨親友同和

尚闍梨坐起言語親厚者是也以罪僧物僧物如上物者衣鉢鍼筒尼師壇下至飲水器與者波逸提若說不了吉羅尼同犯不犯者其事實爾隨親友以僧物與若戲笑若錯說並開

疏戒本五句一人二同法三後謗四以僧物下明相五結罪

別釋分文中第三謗云隨親友者言僧順私情也注文可解

疏僧物四種約方就時上盜已明今重出也

釋僧物中初科約方卽二種常住就時卽二種現前

疏初現前僧如此戒中施池井等就人而施現前自

屬也。二十方現前。如亡僧物。上窮極聖。下至沙彌。悉有其分。要須作法遮斷十方。結約當時故也。三常住者。以常局淨住。通於三世。局定不動。亦不可分也。四現前常住。如造熟食。本擬寺僧。情通主客。不許出外故也。

列釋中。初物得將賞人。故指此戒。施池井者。律云爲造池造井等。因而施物。就下示名義。二中。初明十方義。極聖即無學。下至沙彌。總收聖凡大小之衆。作法下。即現前義。三中。上三句局處定。下一句不可分。或處雙疊爲名。餘處亦名。四方僧物。淨住即伽藍之異名。四中。亦名十方常住。不許出外。即示名也。

疏 四種之中。初物是和可以賞也。第二義通。後兩全閉。

簡判中。前二並通是可分。故後二全閉是常住故。

律 七十五不與欲戒

疏 不與欲戒七十五。凡如法事理宜同遵。許無乖競。今停僧作法。輒便捨者。心不和同。障礙僧事。惱衆不輕。故制。

七十五。制意。初敘僧法。今下。明起過。停止也。

疏 論犯五緣。一是如法僧事。二知如法。三不與欲。四輒起去。五雙足出門犯。

犯緣第一。如法簡非法無犯。準下又局斷諍。簡餘法但輕。

註 佛在舍衛。多比丘集論法毗尼。六羣相謂。看諸比丘似爲我等作羯磨。從座起去。比丘喚住。而故去。以事白佛。便訶而制戒。

律 若比丘。衆僧（一說戒。二羯磨。）斷事未竟。（有十八破僧事。法非法乃至說不說。）不與欲（若營僧事。塔寺事。瞻視病人者。聽與欲。）而起去。波逸提。（若斷事未竟。動足出戶外者。犯墮。一足在戶內。方便欲去而不去。吉羅。尼波逸提。不犯者。若與欲。若口噤。若非法羯磨。若爲僧塔寺和尚闍梨同學作損減。不與欲而去者得。）

疏 此唯斷四諍事。不與欲者提。餘者吉羅。如戒本鈔說。

簡判中。初正簡。如下示略。戒緣注中。論法毗尼。即斷諍事。六羣相謂者。由多犯過。故自生疑。因茲起過。戒本六句。三斷事中注云。十八法。且舉言諍。餘三例爾。四不與欲注中。略出開與欲緣。準鈔具開六緣。三寶有病。看病作衣。並開與欲。後注辨相中。出戶外者。據有堂宇爲言。義詳必無門戶。須離見聞。不犯中。噤字因禁反。口閉也。

律 七十六與欲後悔戒

疏 與欲後悔戒七十六凡如法僧事理須順可先已與欲見治已伴偏情相親輒便後悔反說不成相朋毀法惱衆是重故制

七十六制意中初敘欲法順可即與欲也先已下次明後悔

疏 論犯四緣一是如法羯磨二如法與欲三輒便悔反四言了便結

犯緣一二並簡非法

疏 多論除僧法餘事和後悔者吉羅

次科多論餘事如口和之類

註 佛在舍衛六羣恐舉六人相隨無由得作後時作衣僧嗔受欲即與比丘作舉羯磨後六羣言我以彼事與欲比丘舉過佛因訶責制戒

戒緣六羣相隨以成僧故人不敢舉六羣與欲僧舉同伴故悔前欲

律 若比丘與欲已後悔者作是言汝作羯磨非法羯磨不成我以彼事故與欲不以此事波逸提若說不了吉羅尼同犯不犯者其事實爾作非法羯磨若錯說彼此者開

疏 戒本三句下三衆有餘和後悔吉

別釋中初分句二略點下衆第二句注中出彼後悔之詞餘辨相可解

律 七十七屏聽四諍戒

疏 屏聽四諍戒七十七凡公言顯理屏說隨情今徐行盜聽傳於彼此情存壞亂過甚不輕故制

七十七制意中初通敘言說今下正明屏聽

疏 論犯五緣一是先起四諍十誦一切諍多云往聽者以能破佛法令僧爲二部是故重也二他人屏處評量三作鬭亂意爲和自改不用此律四往聽不令覺知五聞語便犯

犯緣第一十誦一切諍即四諍多論顯過通壞三寶故三中爲和自改即非鬭亂開聽無犯故云不用此律

疏 若爾何故云聽向彼說者答聽者意如此結罪但聞便犯若待向說落兩舌中

問答中初引戒文難第五緣答文可解

疏 問此聽即結前兩舌待傳者答前未有諍聽不必生待說方有此先有諍往聽必生故深前制豈待其說

次難欲申兩戒結犯之意答中初明兩舌必待傳說此下次明此戒聽說即犯故云深前制等

註 佛在舍衛六羣聽諸比丘鬭已而向彼說令僧諍事不能除滅比丘舉過佛因訶制

律 若比丘餘比丘共鬭諍已鬭諍有四言覓犯事也聽此語向

二別釋二初分句

二明開

四七十八打比丘戒二初標名

二釋相二初制意

二犯緣

彼說者（聽者屏聽他語，若聽彼語，從道至非道，從高至下，若反上句往而聞者）波逸提。（若不聞，吉羅。若方便欲去共期，一切吉羅。若二人在闇地共語，隱處共語，在前行共語，若不彈指謦咳驚者，一切吉羅。尼同僧犯。不犯者，若作無利非法羯磨，欲知故聽。）

疏 戒本三句：一人，二先共諍已，三聽此語下結罪。

戒本第三句注示往聽之相，反上句者，從非道至道，從下至高。三結罪下注文，不聞即闕緣，欲去共期並方便，若二人等謂不驚他，違教故犯。

疏 僧祇：若聞他怨嫌，欲相殺害，或聞賊來欲偷僧物，知事白僧，各自驚備，我聞惡聲。

次科僧祇命難住聽不犯。驚備謂先驚覺，預作備擬。

律 七十八打大比丘戒。

疏 打比丘戒七十八。出家修慈，堪耐辱惱，今反懷恚加打前人，自壞惱他，爲損不小，故制。

七十八制意中，初敘行本，今下次明違反。懷瞋薄德，是自壞；遭打負痛，即惱他。

疏 論犯四緣：一大比丘，二生瞋心，三作意打，四著便犯。餘如隨戒相中廣引。

犯緣第一簡下衆吉，餘下指廣。

註 佛在舍衛，六羣一人瞋恚打十七羣一人，被打大喚，比房聞之具說，以過白佛，因訶制戒。

二別釋二初分句

四七十九搏比丘戒二初標名

二釋相三初前

二定犯相

三示名義

律 若比丘瞋恚故不喜打比丘者，（若以手石杖等打也）波逸提。（除杖手石，若以戶鑰、曲鉤、拂柄、香鑪柄擿者，一切吉羅。尼同犯。不犯者，有病須椎打，若食咽須椎脊，若共語不聞而觸令聞，若睡時以身委他上，若來往經行時共相觸，若掃地時杖頭誤觸者，開。）

戒文三句：一人，二瞋，三打結罪。辨相中挃字陟栗反，撞也。不犯諸相並非瞋惱故也。

律 七十九搏他比丘戒。

疏 搏比丘戒七十九。

七十九戒名云搏，即俗所謂斫手也。下引僧祇示相甚顯。

疏 前是限分中制打，著方犯。此是深防中制手擬便犯。

釋中初科言深防者，爲防前打，使無犯故。

疏 須定犯相。本爲打，非搏；搏但打家方便，吉羅。本爲搏，非打，動心即搏方便。

次科爲打則搏爲方便，打是根本；爲搏則舉心爲方便，搏是根本。

疏 僧祇云：以側掌爲刀相，用擬於人，故號爲搏。伽云：若舉手刀向衆多比丘，一一皆提。

三中僧祇名相可見。伽論手刀即以手爲刀，一一提者隨境結也。

註 佛在舍衛。六羣以手搏十七羣。其被搏者高聲大喚。比丘舉過白佛。因訶制戒。

律 若比丘瞋恚不喜以手搏比丘者波逸提。若以兩手搏彼者。犯墮。若戶鑰等捶。一切吉羅。尼同僧犯。不犯者。若有緣事須舉手遮招觸者。

列緣。分句。並同前戒。辨相注云兩手者謂隨舉一手也。不犯中舉手遮招。或遮或招皆開。

律 八十殘謗戒。佛在舍衛。六羣瞋恚。以無根僧殘謗十七羣。比丘舉過。佛便訶制此戒。若比丘瞋恚故以無根如上類解僧伽婆尸沙謗者波逸提。尼同犯。不犯者。有三根若說實。令悔不誹謗。若戲若錯說者。

疏 無根殘謗戒八十。制犯與前謗戒無異。唯輕爲別。

八十。大同殘中。唯所謗所犯爲別。故但略指而已。

今引釋之。制意者。多論云。一爲護自行令法久住。二爲止誹謗。令梵行者安樂修道。不妨正業。故制。

犯緣亦八。一是比丘。二作大比丘想。三有瞋心。四無根。五乃至對一比丘前。六以殘罪加謗。七言了。八聞知。戒本五句。一犯人。二瞋恚。三無根。注文指前殘中。四謗相。五結罪。辨相比前可解。

律 八十一入王宮門戒。

疏 突入王宮戒八十一。王者自在。情多奢縱。染樂不期。義須觀撿。今此比丘輒便突入。旣相逼斥。彼此壞愧。深非所宜。又王宮豔逸。動亂凡心。容生染著。自壞亂道。過深故制。

八十一。突入。謂不告而入。制意有二。初約妨他。釋義須觀撿。謂比丘欲入。先須審察。逼斥。斥卽訶逐。如緣起也。又下次約損己。釋豔卽華豔。逸卽奢逸。凡愚所貴。故多生著。

疏 論犯四緣。一刹利王。二與夫人同一處。三王未藏寶。四入門限犯。亦希犯耳。

犯緣。第二。夫人同處。單王不犯。亦希犯者。西土奉法。故容比丘出入宮庭。此方嚴衛。不容輒入。

註 佛在舍衛。末利夫人供佛。奉信勸王信樂。聽諸比丘入宮無障。迦留陀夷到時入宮。夫人拂牀失衣

形露。比丘舉過白佛。因訶制戒。

戒緣。末利此翻爲柰。

律 若比丘刹利水澆頭王種。水澆者。取大海水。白牛左角。收拾種子。置金輦上。諸小王羣。大婆羅門。以水灌王頂。是刹利種。如是立王。故得名也。若婆羅門毗舍首陀如是立者。亦名灌頂也。王未出。王未出。女未還本處也。未藏寶。金銀真珠硨磲碼碯水精琉璃貝玉眾寶瓔珞。而未藏舉也。而入若過宮門閾者波逸提。若一足限外。一足限內。發意欲去。一切吉羅。除王。餘粟散小王豪貴長者家。入門限者。一切吉羅。尼同犯。不犯者。若有奏白被請喚。若命梵難緣。並開。

外現。今此比丘突至此處。五入宮門。深防而制。初入已結。何況見寶。六結罪。

戒本。第二句刹利王種。四姓之一。水澆頭者。譯語頗質。即灌頂王。如注所引。注中婆羅門等。雖非王姓。灌頂不殊。入亦同犯。三王未出。謂未出寢宮。女未還本處。猶在王宮。故準本緣起。乃約寢宮。今但是王內庭。入門即結。四中初點文暗。注中但列眾寶。不明未藏之意。如下引示。謂采女侍寢。皆著輕疏寶衣。猶未收藏。以彰逼惱成犯過意。辨相中除四輪王。餘諸小國之主。名粟散王。言其眾多不計數也。

律 八十二捉寶戒。

疏 捉寶戒八十二。寶物利重。人多貪附。沙門高世。事絕貪貯。三十戒中。直畜已結。況復身觸。誠非道儀。故但執捉。便結墮罪。今此比丘不思聖制。輒捉遺寶。反被誣謗。清濁莫分。故約此緣而制斯戒。

八十二。制意中。初敘財寶過。直畜尚結。況更手捉。今下。次明執捉過。捉遺被誣。者據本緣起。

疏 古師相傳。以緣起為所犯。今約戒本諸部明解。但捉即犯。何論拾遺。故初列戒本。捉寶則犯。但除兩緣。下開收拾塔具。都無別開之相。如何乃云捉寶犯吉遺者提乎。廣如鈔中隨相所列。明白如鏡。不蒙昧也。

斥非中。初引非。彼據緣起。捉但犯吉。拾遺方提。今下正斥。初判犯。故下引示。初示戒本。除兩緣。即伽藍宿處。下開塔具。即不犯中。除此三緣。餘無別文開捉。那云捉但吉耶。廣下指事鈔。彼據諸部文相明顯。故云明白等。彼引多論。若捉金薄金像。若捉他寶。自說淨寶。皆墮。又引僧祇。知佛僧事人。有寶不得自取。乃至金銀塔像。使淨人捉等。並非拾遺犯也。

疏 論犯四緣。一是寶物。二非塔寺莊具。三非餘緣。四捉便犯。

犯緣。第二準本宗開通莊具。不犯。僧祇多論亦不許捉。鈔約淨人有無以通兩文。三非緣者。即伽藍宿處。

註 佛在舍衛。外道在道行。因止息忘千兩金而去。比丘見之。爲持去以金還之。便言金少。王斷罰謫奪金入官。比丘舉過白佛。便訶制此戒。

律 若比丘寶金銀真珠琥珀硨磲碼碯琉璃貝玉生像金銀也。及寶莊飾銅鐵鉛錫白鑞。以諸寶莊飾也。自捉。若教人捉。除僧伽藍中。時毗舍佉母脫寶衣佛所聽法。存法忘衣。比丘白佛。佛聽為不失堅牢故舉之。及寄宿處。時比丘道行金師家宿。成金未成金在前竟夜不眠守之白佛佛言爲牢故應收舉波逸提尼同僧犯若在僧伽藍中及寄宿處捉寶及寶莊飾自捉教人捉當作是意若有主識者當取若二處得寶應捉之識囊器相數知多少若有來者問相應者與之不相應者言我不見若不知囊器作如是因緣非餘是供養塔寺莊嚴具爲牢固收舉一切不犯也不犯者若僧伽藍中寄宿處如上捉舉方便若裹繫相不看方圓新故者一切吉羅

疏戒本六句一人二寶者三自捉教人四開不犯五結罪六逐開重解

戒本第四兩緣如注恐失他物開爲收舉非謂藍中開餘捉寶六重解中注中顯示拾還之相

疏問佛制寶物自捉不應如何使人亦有犯者今解不審非法自他同犯故多論中使人亦犯必有所開自執無罪如戒所列

釋第三中初問以戒文中自捉使人皆犯故問釋之今下釋通此謂比丘使同類捉是不審非法也故下指文證多論云若使比丘捉寶亦墮必下示緣開如戒列者卽二處拾遺并收供具也

疏所以開者若不自執脫餘將去後來覓者比丘同處猶不免謗是故聽取待主當還爲息譏過豈不有益

次科初句徵文何以二處開捉不犯若下示意據文但示爲拾息譏約事亦能解誣遣害其益可知矣

疏作是因緣非餘者非餘犯緣也謂無心還主自收藏之將犯望不犯犯是不犯餘

三中初牒釋謂如上拾還順教不犯非是犯也謂下反釋可解

疏餘相可解

指略中卽注不犯文並如上解

律八十三非時入聚落戒

疏非時入聚戒八十三凡出家修道理絕游散時爲濟命事須往返既是非時無緣輒入廢道招譏損敗不少故制

八十三制意初敘合宜遊散濫逸故宜絕之時中須入乞食濟命既下出過狀

疏論犯五緣一是非時二無啟白喚緣三不囑授四向俗舍五入門便犯

犯緣第二啟白喚召入皆不犯不囑下三卽是違法

疏明了論疏云我爲如是緣須至某處白大德知答云聽者是名白法有二義故一爲不障僧事恐作羯

磨餘緣須其共作不知所至則惱衆僧二令不自在入白衣家若五三人相逐入村村側復白十夏白九夏若小白大犯吉欲示不自在故大尙囑小豈小自在本界之中大小互白。

了論初示白法有下示須白意一障僧事常途作法但不同界或有法事須彼同作容有稽留白知所在可令往喚故二令不自在者檢自行故下出白相初明村中制大白小言復白者本寺白已至村重白若小白大違制故吉從上白下極下無對應開白上本下次明在界則聽互白彼部如此今

宗但令須白不分村中本界之異亦無至村復白之制今若行事但依本宗。

註　佛在舍衛跋難陀非時入村與居士樗蒱得勝。居士慳嫉故譏嫌之比丘舉過白佛訶制此戒。

律　若比丘非時（時者從明相出至中時非時者從中後至明相未出也。）入聚落村聚有四（種如上。）不囑比丘者（時有僧塔寺事瞻病事佛言當囑比丘若獨處一房當囑授比房。）波逸提（若初入村門犯墮一足入內及方便共期一切吉羅尼同犯不犯者若營僧塔病事囑授比丘若道由村過啟白若喚請命梵等難緣無犯。）

疏　戒本五句一人二非時三入聚四不囑比丘五結罪下具釋要白界內若無比丘淨人亦得知其去處有可尋求餘如鈔說。

戒本第三注指村聚卽盜戒中五結罪下具釋者卽指注中辨相文也要下簡所白此謂寺內或在村中有緣白入亦不須簡。

疏　若依明了論中所以開白謂於死人處觀過失故爲護法故爲受依止故爲講說聽法故爲有食請故並有利故聽往其處須避天廟店肆婬女外道出家女處觀察遠離。

次科了論初明開往次列五緣初緣死人過失卽無常不淨二護法者三寶因緣三四本是僧寺或恐彼宗據入城邑卽須告白此宗但據俗舍成犯

五爲赴請若在時中卽屬前戒或有遠請隔日先往則屬此戒須下明避非處出家女處卽尼寺。

律　八十四過量牀戒。

疏　過量牀足戒八十四凡高牀長慢非是道儀事須依法不容過限越則長貪違反聖教故制。

八十四制意中初敘非宜事下明順教越下顯過相。

疏　論犯五緣一是牀二爲己作三過量四自作使人五作成卽犯隨坐一一提。

犯緣第二鈔加僧牀乃據僧祇如下所引然此並

據創製爲言。今坐已成。準應犯吉。五作成卽犯。此制造也。隨坐犯提。據造者耳。

疏 多論。俗人八戒高牀亦同八指。一指二寸。則周尺爲本。當今一尺三寸許。僧祇僧牀亦犯。廣相如鈔中。定量中。俗人八戒亦同僧制。周尺一尺六寸。當今一尺三寸。卽唐尺也。以一尺二寸爲唐一尺。以三寸六分爲三寸。更餘四分。故云許也。下指僧祇。雖是僧牀亦兼己分。造者犯提。餘人應吉。

註 佛在舍衛。迦留陀夷預知佛從此道來。卽於道中敷高好牀。白言看我牀座。佛言當知癡人內懷弊惡。集僧訶責。因制此戒。

戒緣。初迦留請佛看發起之由。次佛訶制。絕於後犯。

律 若比丘作繩牀木牀（五種如上）足高如來八指。除入梐孔上截竟。若過者波逸提。（若自作教他作成過犯墮。若不成。若爲他作。一切吉羅。尼同犯。不犯者若作足高八指。若減。若他施。截而用之。若脫腳者。）

疏 戒本三句。一比丘。二教諸比丘作尺量法。三若過下。結罪。

戒本第二句注五種如上。卽前露敷戒中除入梐孔上。謂入孔栒頭不在數也。截竟者究竟成也。

疏 所以不得約人用尺者。諸國法各不同。俗情又異。但準佛爲定。以此定量則之。永無乖異。餘如房戒中。

釋佛指中。諸國不同。謂尺寸有長短也。俗情異者。各執一端容生諍也。但準佛者。佛唯有一。身量常定可準的故。所以前後諸戒磔指並取佛也。

律 八十五兜羅貯蓐戒。

疏 貯綿褥戒八十五。以此褥具多生小細諸蟲。容損物命。違慈壞行。其過難量。故制。

八十五制意中。因物生過故須制斷。多論四意。一貴人所畜。二人所嫌。三生蟲。四若臥軟煖。後不堪麤硬故。今附緣起。且舉一意耳。

疏 五緣。一兜羅。二貯褥。三爲己。四自作使人。五成便犯。

列緣第一。兜羅梵語。此翻霜綿。多論云。兜羅者草木花綿之總稱。如注所列是也。

註 佛在舍衛。六羣作兜羅貯蓐。居士譏以殺生無有慈心。比丘舉過。佛訶制戒。

律 若比丘兜羅（白楊樹華。栁華。蒲臺華。是也。）貯繩牀木牀（俱有五種如上。）大小蓐（爲坐臥故）成者波逸提。（自作教他並如上。尼同犯。不犯者並如上開緣所說。）

疏 僧祇乃至挽卻抖擻令盡。不盡者以手霑水摩治令盡。然後悔過。乃至隨坐一一提。若道行風吹著衣合坐者越。應拂去之。

◎八十六牙角針筒戒 二、初標名 二、釋相 二、初通釋 二、初制意

戒本三句，二中注云：蒲臺，即蒲花，狀如臺，故文舉牀者，謂用作此等牀上褥也。蓐字合從衣。明犯懺中。初教懺法，先除後悔。乃下示犯。初明本犯，謂作成已犯，後坐復犯，故云乃至。若下明深防，合謂和衣坐也。

律 八十六作骨牙角鍼筒戒。

疏 牙角鍼筒戒八十六。事雖是小，用功極多，無益之費，豈復過此，加以損他家業，招世譏過，故制。

八十六制意中，初敘無益，加下次彰有損。如緣起說。

疏 論犯五緣：一是骨牙，二作鍼筒，三爲己，四作及自他，五成便犯。

犯緣第四，作及自他，即自作使他也。

註 佛在羅閱祇。有信工師爲比丘作骨牙角鍼筒。因廢業無衣食。世人譏言：望其得福而反得殃。比丘擧過白佛。因訶制戒。

律 若比丘作骨牙角鍼筒刳刮成者，波逸提。若自作教他作。成犯。如上比丘尼吉羅。不犯者：若鐵銅鉛錫白鑞若竹若木若葦若舍羅草用作鍼筒不犯。若作錫杖頭鏢鑽。若作傘蓋子及斗頭鏢。若纓蓋斗。若作鉤若刮汙刀。若如意。若玦紐。若匕若杓若鉤衣鍋。若眼藥鎞若刮舌刀。摘齒物。挑耳鎞禪鎮。熏鼻筒。如是者並不犯。

疏 尼多住寺，不喜遊行，作希故輕。

二、開釋 二、初緣

◎八十七過量坐具戒 二、初標名 二、釋相 二、初制意

戒本三句，一犯人，二作下犯境，三成下結業。牒釋中注文尼但犯吉，故示輕意，住猶在也。注不犯中，初開體別，若作下次開作餘物。次列十八物名相，如鈔記委解。

律 八十七過量尼師壇戒。

疏 過量坐具戒八十七。自下四戒不聽過量者，並是信施受用，應法則增本福功德無限，比丘之法趣得支身。今過量而作，長貪損施，無用之費，喪道增業，過患之甚，故制。

八十七制意中，四戒並由過量，故總示之。初敘合宜有二：一受施須如法，二爲道合隨緣。今下顯過患，違上兩意。準鈔具五緣：一作坐具，二過量，三爲己，四自作使人，五作成便犯。下四並同，但改初緣爲異。

註 佛在舍衛。諸佛常法，若不受請，偏行房舍，見僧臥具敷在露地，不淨汙之。告諸比丘：外道仙人離欲者，尚無此事。聽爲障衣障臥具故，作尼師壇。六羣大作。比丘擧過，佛因制戒。

疏 緣起之中，初爲染漏聽作障之，後爲大作，故因制限。

釋緣起中，注文初敘行房見過，告下出佛訶詞，聽下立制，六羣下起過。文釋後二，爲染漏者，即障衣

障卧具也。

【律】若比丘作尼師壇（敷下坐也），當應量作。是中量者，長佛二磔手，廣一磔手半（時迦留陀夷身大，尼師壇小，對佛說之，便聽更增也）。更增廣長各半磔手。若過裁竟，波逸提。（若廣長俱過、互過，自作教他作，成犯墮，不成吉羅。爲他作，成不成吉羅。尼吉羅。不犯者，若減若疊他得裁也。）

【疏】戒本四句：初人，二作，尼師下，教諸比丘作之限約。

戒本第二，長二磔，即四尺；廣一磔半，即三尺。

【疏】三更增者，開緣也。還從本制限外別增。若通取量，即跋闍子非法之教，廣流於世。

三中，初科，注引緣起，對佛說者，即白佛也。更增各

半磔者，長廣各一尺，則長五廣四。自昔並於一邊一頭增之，感通傳中天神所示，始增四面耳。文中初牒釋開緣。本制極分明也（有謂增爲制者，愚教故也）。謂先依本制長四廣三，截落縫緣，竟，後於四向各裨五寸。故云還從本制限外別增也。若下顯非，或有不截直取長五廣四之量，即跋闍法。七百結集中已斷也。今時皆爾，縱截其面，統其底者，亦同非法。

【疏】然即世爲言，衣服坐具皆樂廣大，食飲受用並樂華厚，至於切約形心，勘檢財食，事同河漢，豈能伏心行用。挫折人我，求他道過，用自徵治，如此知人世中之寶，故使坐具俱非教法。

次誡約中又四。初敘恣情，至下，次明昧教，豈下，三明愚蔽。初明愚不知過，求下，歎智人難得，求他道過謂師友之教，用自徵治謂責己悔露。知字去呼。故下，四明非法。今時任意廣作，何論尺量，又不截增，見依法作，反生輕笑，祖師所謂一生無如法坐處，臨此慈訓，宜速改迷。

【疏】廣如鈔中。

下指鈔者，即二衣中。彼令先依本制截已，安緣以身坐試，或不容身，始依增法。如彼廣之。

【律】八十八，過量覆瘡衣戒。（佛在舍衛，比丘患瘡膿血流出汙僧卧具，聽以大價衣覆瘡。著涅槃僧，至白衣家，言我有患，當褰涅槃僧，以此覆瘡坐。六羣便大作，比丘舉過，佛因制戒。）若比丘作覆瘡衣（有種種瘡病，持用覆身也），當應量作。是中量者，長佛四磔手，廣二磔手。裁竟過者，波逸提。（若俱過、互減，自作教他成者，犯墮；不成吉羅。爲他作，成不成吉羅。尼等吉羅。不犯者，應量減量，得己成者，裁割如量疊作也。）

【疏】過量覆瘡衣戒八十八。

八十八，文中不釋制意。犯緣並同上。緣起中，初敘開緣，涅槃僧即內裙也。至白衣家言者，或往赴請，先白彼知。六羣下，起過興制。戒本四句，同上分之。長八尺，廣四尺。辨相並同。

律 八十九過量雨衣戒。

疏 雨浴衣過量戒八十九。

註 佛在舍衛。毗舍佉母送雨浴衣。佛言不得分。隨上座與。不足者僧次續付。六羣大作。比丘舉過。佛因制戒。

律 若比丘作雨浴衣。著在雨中洗浴故也。當應量作。是中量者。長佛六磔手。廣二磔手半。過者裁竟波逸提。若自作教他俱過。互減。比丘尼開緣。一同前戒。

疏 相狀限約可以自尋。

八十九略指中。制緣亦同上。緣起毗舍佉母發願常供僧尼雨衣。六羣大作者。謂以衣財令彼自作。不依量故。戒本亦四句。並同上分。長一丈二尺。廣五尺。

疏 此中三戒。尼輕僧重。雨衣一戒。僧尼同制者。答。女人身染外露。喜大雨衣。故犯同僧。餘三常資。著用尼好小衣。過量事少。是以輕僧。

次僧尼中。總辨四戒。雨衣同隨。餘三並吉。須通教意。故總徵之。答中。初明雨衣重。次釋餘三輕。

律 九十過量三衣戒。

疏 等佛衣量戒九十。多論佛身丈六。常人半之。故衣量皆半。難陀短佛無幾。故衣減之。長中一尺。短中四寸。僧祇難陀愛道所生。有三十相。衣色與佛異。諸比丘衣色與佛同。六羣見已。謂量亦同。遂便等作。

九十制緣中。初多論。佛與常人身與衣量並見後釋。難陀短佛四指。節是八寸。故云無幾。言不多也。衣長一丈七尺。廣一丈一尺六寸。一身不勝二。不僭聖。僧祇難陀少佛二相。無見頂千輻輪。唯佛有之。衣色與佛異者。佛制難陀著黑色衣。餘諸比丘無濫佛義。故與佛同。六羣不知量別。便等量作。以為發起。

註 佛在釋翅瘦。難陀短佛四指。比丘遥見。謂佛奉迎。至乃知非。各懷慚愧。佛制難陀著黑衣。六羣與佛等量或過量作。比丘舉過。佛因制戒。

緣起中。初難陀相濫。次六羣起過。

律 若比丘與如來等量作衣。或過量作者。波逸提。是中如來衣量者。長佛九磔手。廣六磔手。是謂如來衣量。若廣長應量。互不應量。並犯。餘自作教他。尼作並如上。不犯者。從他得成衣。裁割如量。若疊作兩重者。無犯。

疏 戒本四句。一明人。二明與佛衣等。三結罪。四更出佛衣定量。

戒本第二句。等量已犯。何況過量。

疏 問。餘之三戒。依佛磔手定出量限。三衣一戒但隨

二問礙數不同

己身不定出量者。答，餘非沙門道服外儀，隨其大小，皆得受用，故有定量。此三法衣道服標式，若定出量，人有長短，不稱威儀，外不生善，內無軌物，故隨身分不定出量，由不定故，得有與佛等過作衣。

問答中，初問三戒並就比丘制量，此戒但制與佛等過，則比丘衣不出定量。答中，初示餘三定量，此下次明法衣不定，外不生善，謂俗容生慢，內無軌物，謂合道無取，則由下示後戒元因。若有定制，不容等佛。若爾，鈔二衣中引諸律文示三衣量，那云不定耶？答：彼但出法以爲標準，不同尼師壇等永不得過。私釋，佛衣等戒，即是比丘三衣定制，已內皆通，等過不得，豈非定制？所以標云過量三衣戒也。

[疏]問：戒本之中或長十磔九磔，手者何文定也？答：九磔爲衣，長周尺丈八，闊丈二，則今人九尺六尺，故衣受用疑謂偏狹，十磔爲度，則二丈分半，當今八尺也。準五肘量，則七尺五寸，故爲敘之，任情消息。

次問，或有戒本作十磔，故問決之。答中，初示九磔佛身倍人，故半折之，故下次明十磔，疑偏狹者，人情妄謂，故輒加之。周尺二丈，若半折者，常人一丈。

三問錚量差別 二、初問答。

二轉難二、初佛衣定量難。

二示制等餘難

當今八尺，即唐尺也。準有八尺四寸，目據全數，準五肘者，更引九尺以校唐尺。一肘尺八，五肘九尺，將周八尺四寸爲唐七尺，餘六寸作五寸，故下結示，恐有執諍，故無定奪。

[疏]問：衣制過量，鉢不制者？答：衣是法衣，不得定量，事須相稱，故制不過。鉢唯用食，無大小可對，故限定量。

三問衣鉢事同，何得偏制？答中，初明衣須制，由許隨身，故制過等。次明鉢不須制，三品永定，不容有過。

[疏]若爾，佛衣何定量？答：弟子無限，不可定準。世唯一佛，故衣是定。又解，衣過得截，害過故制，鉢過無截，希故不制。

轉難中，初難，答中兩解。初約師徒一多釋，又下次約截除希數釋。

[疏]若爾，何不與佛等量爲鉢？答：衣體同，故得有過等。鉢體別，故不得同佛。智度論云：諸佛法畜天鉢，人衣爲二道福田也。以天石細堪受持，比丘不得者，人中石麤不堪熏治，福德淺薄，不感天鉢，體重力劣，不可隨身，必有勞苦，悲愍比丘，故不聽畜，不同於佛。那羅延力，阿難力大，轉四十里石，爲佛侍者，不以爲重。

次難答中，初以義分。衣體既同量容有濫，鉢體既別義無濫故。私釋：衣不制體故制量，鉢不制量故制體。比丘不得畜石鉢。當知衣鉢二並無濫。智下引示體別，以佛畜石鉢故。初明佛畜意。彼云：四天王四山頭自然生石故，石細不受膩。本起經云：四王各取上佛，佛總受累左手中，右手按之，四際分明。次明比丘不得意有三：一石麤，二無感，三體重。不同下釋疑。既云體重，佛何以持？假令佛有力者，阿難爲佛侍者亦能持之，故此釋通方顯比丘不得畜意。那羅延此云金剛，亦云鉤鎖力士。

律諸大德，我已說九十波逸提法。今問諸大德，是中清淨否？說三諸大德，是中清淨，默然故，是事如是持。

四分律含註戒本疏行宗記卷第十五

四分律含註戒本疏行宗記卷第十六 戒本下○疏四之四○記四下之二

宋餘杭郡沙門元照述

律 諸大德是四波羅提提舍尼法半月半月說戒經中來。

疏 正宗第六提舍尼篇先略序之且作七意一解來意二置四所由三先後次第四持犯方軌五佛僧制異六約行分別七僧尼有異。

疏 初來意者上雖威儀行成若更不修遠避嫌疑離諸譏過則心懷染著不外生善故。

第六提舍尼七門初門制意中初句躡前篇若下生後篇。

疏 次須明釋其名號如昔相承向彼悔也如上說之今云可訶法也亦是對治以得名耳多母二論云此戒體無罪名但一人邊一說悔過若自心念皆能滅也。

釋名中初指昔解如上即前總義彼云從對治境立名是也次出今譯亦是對治者同上從悔爲名但昔云向彼乃就所對今云可呵即據過體雖同而別仍合戒文所以重出多母二論從悔爲名斯爲良證彼開心念不同今宗定須對說。

疏 第二置四所由凡譏過以來不出內外眷屬。

第二門總示中內即道眾外即俗眾。

疏 先就內中不過私眾兩所初戒在屏者比丘與尼法服是同男女位別理須離染躬在聚落自手取食容生染譏對離此過故在初制又在眾中偏心指授迹涉曲私默受不訶於眾不顯對離此過故制第二。

別釋初科爲二初標分初下列釋初二兩戒。

疏 託外起非不過聚落蘭若聚落起者學家過受令他竭盡招致譏過故制第三蘭若起者比丘懈怖在於迥險安坐受食使賊嬈觸送食婦人招致譏過對離此失故制第四。

次科亦二初標分聚落起下列釋三四二戒。

疏 此則因於內外有斯四別。

通結中約眾有二就處分四並如上也。

疏 三明次第者據制以興何有次第結集之時方應列耳。

第三初科據制興者謂佛制時前後不定。

疏 內眾情親師義喜犯故在前明俗是外眾犯希在後就內眾中私數眾希故有先後聚落喜犯蘭若希造。

三通結

四持犯方軌　二二犯　二單持犯

次文又二，初明兩衆前後，就下二辨四處次第。

【疏】次比之義數應盡此。

比字入呼，亦次也。

【疏】四明持犯，二四兩戒具二持犯。言二持者，見尼指授止而不食，身止持也；見過訶責後食無罪，身作持也。此之名體各別，所以如上。又解見尼指授，依法而訶，不越教約，語止持也；訶而不止，後食無過，身口作持。

第四門初雙持犯二，持中又二，初身二持，食屬身業，呵屬口業，故兩分之，止作是名別，食不食即體別。言如上者，前諸篇中一一破古，故通指之。又下次口二持易解。

【疏】言二犯者，見尼指授，默然不訶，得便食之，罪由止生，故曰止犯；由身進食，名爲作犯。

二犯中準應身口各有二犯，翻上說之。

【疏】蘭若亦然，語令莫送是作持，不越佛約名止持，不語令知名止犯，食來咽之名作犯。

第四戒中二持兩犯，翻對可見。

【疏】自餘二戒止持作犯，可以知之。

單持犯中，初三兩戒但直離過，無別教制，故無雙持，唯有心用，非此所論。

五佛僧制異　六約行分別　七僧尼有異

【疏】五明佛僧制者，通而爲言皆是佛制，約相爲語，學家一戒罪由僧制，未作法前隨人受用，作法已後便得其罪，故知違僧制生，餘無僧約，故不論也。

第五中初明佛制，並出聖心，故云通也；約下次明僧制，初明第三是僧制，違羯磨犯，故知下示餘三非僧制。

【疏】六明約行者，前之三戒自分離譏，後之一戒就勝進說。

第六前三自分者，謂令自行清淨；後一就勝進者，勵彼上行故。若就通論，四戒皆爲離譏，無非勝進。

【疏】七明僧尼不同，至文爲解。

七明僧尼，尼有八提舍與僧不同，即無病索八種美食，即爲八戒，即乳酪魚肉酥油蜜石蜜也。今此四戒尼並犯吉，指下文者，初二並云大僧與尼食義稀故，第三下文不出，應是外化微薄故輕，四云尼無蘭若，假有是輕。

【律】一村中取非親尼食戒。

【疏】在俗從非親尼取食戒，大僧上尊，尼是下衆，仰重情深，常思奉養，竟不籌量，得便納受，致彼飢困廢修道業。又復非親容生染習、招致譏醜損壞不輕。故制。

初戒制意有二。初損他意、又下損已意。初中又二。初敘尼多奉敬、竟下明僧多不量飢困廢業事見戒緣。

【疏】論犯五緣。一是俗人舍、二非親尼、三無緣、四自手取五食、方犯。

犯緣第三無緣、謂非病等。

【疏】所以開親者、上同坐等外相不練親疏同結譏患齊故。此在俗家人情相委、親非譏過。故聽。又病人苦惱譏醜不生、濟命亦開。置地遣人、敬相無絕、所以後

開。

次科三節、初開親里、先舉同坐對彰此戒。又下明病緣、置地遣人、並見不犯。由尼知比丘不得自受方便施與、故云敬相無絕。

【註】佛在舍衛、世儉穀貴、餓死無限。蓮華色并著衣持鉢入城乞食、乃至三日、並與比丘、遂餓在道、面掩泥臥。俗人譏嫌。比丘舉過白佛、訶制此戒。

【疏】緣起遭餓乞與比丘、信重之深。三日失食、僧祇云尼大福德日別乞食、供五百僧、失食倒地。小病不開。黃爛人賤、開尼乞食。

緣起中、初牒釋、僧祇下引示、前明尼緣、小下後簡僧病。彼具云、疥黃爛瘡痍癰疽人所惡賤、是名爲病。故開。今云開尼乞食、謂從尼處乞得、無犯也。

【律】若比丘入村中從非親里、（如上所說）比丘尼若無病、（亦如上）自手取食、（二種食亦如上）食者、是比丘應向餘比丘悔過言。大德、我犯可訶法、所不應爲。今向大德悔過。是名悔過法。（若自手受咽咽犯。比丘尼突吉羅。不犯者、受親里尼食。若有病、若置地、若使人授、若僧伽藍中與、若村外與、在尼寺中與、如是受取不犯。）

【疏】戒本六句。一人、二村中、三非親尼、四無病、五自取食、六咽犯。

戒本第三指上文、見捨墮第四。無病謂乃至不堪

一坐食、即開五中二食、即正不正。此並見單提。故例指如上。六咽犯、即從是比丘下至末文也。

【疏】僧祇悔法、乃至問言汝見罪不、答言見、慎莫更作、答云頂戴持。

次示悔中、僧祇乃至者、彼云應向餘比丘悔過、長老我墮可呵法、此法悔過。此與今文大同、故但引問答耳。

【疏】尼所以輕者、大僧受食與尼義希、致受不數、故尼輕也。

尼犯可解。

律二食尼指授食戒

疏食尼指授戒。凡眾貴清美，不容穢迹。今比丘尼以偏私曲情，公於眾中，越次指授，以成私染，汙損處深。眾既覩過，默受不訶，卽表合眾同情容惡，故制舉眾並不德食。食是俗許，本非道有，因訶不食，容退俗信。故制對眾以法訶止，聞訶不止，非眾容惡，是故聽食成施主福，訶制令止，免於道譏也。

第二制意中，初通敘眾法，今下別敘今戒，文三：初尼指授，眾下次明僧默受，食是下三明制呵聽食。

疏論犯四緣：一是白衣舍，二偏心指授，三大眾默受不訶，四食犯。既在眾中，親與病人皆須訶止，無別有開。

犯緣中，初列示，既下明親病不開。

註佛在舍衞，眾多比丘與六羣白衣家食時，六羣尼索羹飯，越次與六羣比丘言：與此羹，與此飯。比丘舉過白佛，因訶制戒。

律若比丘至白衣家內有男有女者是食如上說，是中有比丘尼指示與某甲羹，與某甲飯，是比丘應語彼比丘尼如是言：大姊且止，須諸比丘食竟。若無一比丘語彼比丘尼言：大姊且止，須諸比丘食竟者，是比丘應向餘比丘悔過言：大德，我犯可訶法，所不應爲，我今向大德悔過，是名悔過法。若不訶而食，咽咽犯吉羅。不犯者，若語言大師且止須諸比丘食竟，若尼自爲檀越設食，令尼處分，若不故作偏爲彼此者不犯。

疏戒本四句：一人，二白衣舍，尼越授，三比丘語言，下默受不訶，合眾同罪。

戒本分文，第二尼越授者，偏情指授，不依次第也。

疏五分云：第一上座應語，若不用語者，乃至新受戒者亦得。僧祇：三訶不止，食亦不犯。施主不知供養僧法，請尼指授，爾時教安置尊像，教行食次第，如是教已，應坐。

次釋中，初科，五分上座應語，卽呵止也。不用語者，

或尼不受上座訶，則次座須語，乃至新戒。但令尼所稟伏者一人訶已，眾卽得食，非謂合眾齊訶。僧祇初示訶分齊，施主下次明別緣，此謂教俗安設，非偏指授。註不犯中，文亦同此。

疏尼所以輕者，大僧偏授義希，尼不敢受，下訶上難希微，故輕。

尼犯中，初大無授下，二下難訶上，兩並希故。

律三受學家食戒

疏學家受食戒。

第三學家，卽初果見諦，是有學之家。

疏凡受施之法宜自限量不容過分今此學家見諦弟子常思供奉乃至身肉比丘往取不思損費令彼貧匱因福致困生外不信又見受者貪取過度心無慈愍事是無理故制可訶

制意中初敘受施今下顯過須制初損他生謗又下貪取違慈

疏五緣一見諦學家二僧作法制三無因緣四自取除置地使人五食方犯

犯緣第一須見諦家此局聖境末世全無但可知教必無有犯二須僧法白二羯磨制不得往

註佛在羅閱城居士夫婦俱得見諦無所愛惜乃至身肉供養既多衣食乏盡居士譏嫌比丘舉過佛令白二制斷比丘後富更解便制此戒

戒緣中初因施招譏佛下立法制斷違制更受則犯此戒

律若先作學家羯磨（僧與白二羯磨學家者如上）若比丘於如是學家先不請（若先請者聽往）無病（聽病比丘取是家食）自手受食（若置地若使人與）食者是比丘應向餘比丘悔過言大德我犯可訶法所不應為我今向大德悔過是名悔過法（若自手受咽咽犯尼突吉羅不犯者若先請若病若置地取若從人受若白二解已受食一切不犯）

疏戒本四句一先明學家作羯磨二若比丘能犯人三於如是下明其犯相四是比丘下違教故結事亦希耳不能廣引

戒本初分句事下顯略

律四恐怖蘭若受食戒

疏蘭若安坐受食戒凡在蘭若須自策勵乞食入聚方行離著乃復安坐受食非進道儀又在迥險多有賊難送食往返致有陵辱世譏起過豈能過此故制

第四制意中初示所應為乃下敘過狀初損已過又下損他過

疏五緣成一是蘭若險處二先不語知三無病難緣

四自手取五食便結

列緣第二語知不犯

註佛在釋翅瘦尼拘律園城中女人持食供養賊於道路觸嬈比丘以事白佛佛言應語令知便即制戒

律若比丘在阿蘭若（去村五百弓遮摩羅國肘量法故也）迥遠有疑恐怖處（疑有賊盜恐怖）若比丘在如是阿蘭若處住先不語檀越（佛言應語諸婦女莫出道路有賊恐怖也）若僧伽藍外不受食（若已出城應語言莫至僧伽藍中道路有賊恐怖故）在僧伽藍內無病（若故持食來者聽病人受）自手受食（若有施主以食置地若教與人）食者是比丘應向餘比丘悔過言大德我犯可訶法所不應為我今向大德悔過

是名悔過法。尼吉羅不犯者若來受教勅聽法自食令授也

疏戒本四句、一人、二明蘭若、三先不語、下在險受食。四應向下結罪也。

戒本第二句註中示量討有二里。第三句註無病中若故持來以不語故止聽病人。

疏此戒依文開相略盡。一語知。二有病。三置地受。四在房外。五教人受隨以一緣皆非犯相。餘可解耳。

隨釋開相中總括前後文註不出五緣故云略盡。對尋可見。坊外即伽藍外。餘可解者即不犯中受教聽法等。

疏尼無蘭若假有是輕。

尼犯中尼制不得在蘭若處故云尼無也。

律諸大德我已說四波羅提提舍尼法。今問諸大德是中清淨不。三說 諸大德是中清淨默然故是事如是持。

律諸大德是眾式叉迦羅尼法半月半月說戒經中來。

疏正宗第七眾學篇中五門分之。一列數釋名。二諸部同異。三自他四持犯。五僧尼。

疏就初所以此篇不別顯數者。但威儀微細量等塵沙。何有約數定其名目。故總目之為眾學篇。故諸部中名數不定。且約人之喜犯舉百列之集在篇中為罪綱紀。自餘雜位隨相尼律威儀法聚四萬二千。或八萬種或周法界。方便根本動念有境境必戒護。護有三時前後方便無非惡作。翻惡成善即是二持。持須託境故云眾學。

第七篇五門初制意中、初徵起。但下釋通。初敘本無數。下舉篇名及諸部差別證成上義。且下次示列數之意。又二。初正示當篇。自下二統收雜位。初句總標隨下別列有三。初約教示數隨相即僧尼

戒本尼律即尼犍度威儀法聚即二十犍度。四萬已下次即從境明數明了論中總括諸部重輕總四百二十戒。一一戒有十利為四千二百。二一利有十種正行謂信等五根無貪等三善及身口二護則成四萬二千。謂之四萬二千福河。言其功德深廣常流故喻如河。八萬四千智度論云。比丘二百五十。略說八萬四千。廣說則無量無邊。故出家人有無量無邊功德。此即周法界也。方便已下三就業顯數。念從境生故云動念有境。戒隨境制故云境必戒護。隨一一戒復制三時。前心後心通皆

制罪且夫境無有盡念不暫停是則戒制豈容思議所以持則生無邊功德直至菩提毀則喪一切善根永沈惡趣且境無別境全體自心心無別心全體本性如何自屈反受輪轉耶上來三種約教則徧收律部數已難量從境則統攝塵沙復非可數就業則通指心念轉復無窮然列三門欲彰戒量及成持犯無非對境故云託境名眾學也

疏言式叉迦羅尼者見云式沙是學迦羅尼者云應當作語倒故言應學也多論問何故此篇獨名應當學答餘戒易持而罪重犯懺是難此戒難持而易犯

常須念學故不列罪名但言應當學

釋名中初科善見但譯其名多論出其立意初徵次答對上諸篇以彰獨異

疏疏者言若就所防彰名應云眾突吉羅篇今隱其所防就能治行以立目故云學也論其所學實通上四非局此篇但人情薄淡重罪多持輕便不敬若論成行非勤攝護終不可成所以大聖觀物機緣特加勸勉故與學名又能持此戒滿足無缺即名學行成就行彰學功義顯故偏於此受於學稱也

次科初對所防以明隱顯突吉羅翻爲惡作即所防過也學是解行對治即能治行也論下次對諸篇以彰通局初示通但下顯局上三句明常情慢易次三句示細過難持所以下顯對機立教有二意初爲勉其慢易又下次爲彰其學功

疏二諸部同異僧祇六十六戒有十八戒四分無十誦中一百七戒四十七戒四分無五分一百戒四十四戒四分無解脫九十六戒五十三戒四分無通無錄出一家學也

二諸部中初列示同異彼此有者爲同無者爲異通下囑後錄出謂本宗無者通令錄示雖是外宗

同歸修奉故云一家學也今恐煩文例亦不錄尋彼戒本自可知之

疏三自作教人此犯自作成無教人義縱有不爲己前人作重能教者輕

三中以威儀乖越必由自犯豈有教他代已爲耶縱下許有教他義如教人不齊整著衣之類彼犯根本非儀二吉教者止得非儀一罪

疏四持犯者若就心學悉具二持二犯起心修行名作持不違制約名止持違教成非名作犯不從佛教名止犯若尋法就事說二持唯杖囊戒具二持餘皆

止持作犯。

四中。初明心用雙持。若對下。次明教行雙持。唯杖絡囊一戒。具二持犯。雜犍度云。時有比丘羸老不能無絡囊盛鉢。無杖而行。白佛。佛言。聽與彼比丘杖絡囊。白二羯磨。故知得法始得持之。但制不得置肩行耳。依法而持。是止持。從僧乞法。即作持。不乞輒持。是止犯。置肩乖越。是作犯。此外並單持犯。故云餘皆等。

疏五僧尼者。趣行生草。尼重僧輕。餘並同犯。

五中。僧尼同制百戒。唯除二戒。重輕有異。趣行。即

搖身入白衣舍。生草上大小便。尼並犯提。

疏就此篇中威儀雜亂。一往難觀。以義分之。略爲四節。初從始至不得立便利來。有五十一戒。明敬僧威儀行。所以前明者。然威儀服式。行坐進止。飲食便利。皆是僧之威容。若齊整端嚴。動靜有法。則彰內有道行。外生信敬。光顯佛法。利益含識。若僧衆有違。則自壞心行。外長他惡。於此僧寶。情生淡薄。汙辱不輕。或延三寶。通不敬重。故前明僧成住持故。

次隨文釋。總分中。初敬僧者。謂此諸戒。並僧威儀。遵承奉行。即是敬僧。分文爲二。初判文。所以下。出

意。初總示諸戒。若下。別顯順違。初敘順益。若僧下。次明違損。或延三寶。謂因壞僧儀。延及佛法故。

疏二從不得與反抄者說法。至騎乘人來。有八戒。明敬法威儀行。所以次明者。然法是濟生死之良藥。開識性之眼目。必能敬而順行。則超越衆累。清昇彼岸。若慢而輕毀。則永沈生死。長淪苦海。殃累之深。特宜須護。由僧行法。故次而制。

次敬法中。初判文。所下。顯意。初敘法功用。生死良藥。喻能脫苦。識性眼目。喻能發智。必下。明敬慢損益。由下。示次第。

疏三從不得佛塔中止宿下。至安佛在下房來。有二十六戒。明敬佛威儀行。佛爲法王。獨拔世表。大悲愍世。開化無涯。利益羣識。其恩深厚。事須尊敬。以求度世。故制尊塔廟。弘利人天。有心之徒。宜應歸向。夙夜展虔。潔淨恭仰。表如在之敬。法是法王之所說。故次而制。

三敬佛中。初判文。佛爲下。示意。初敘德顯制。於法自在。故號法王。獨拔世表。謂上求究竟。大悲愍世。謂下化無窮。有下。勸依。有心。謂留意向道者。如在者。論語云。祭如在。祭神如神在。今借彼文。明須勤

四雜敬

二推釋先後

至法是下示列矣

疏四從人坐已立下十五戒出能敬之人於四儀中雜明敬尚三寶行雖三寶通列而法多餘少者明末代凡僧內明道法輕侮敬重隨緣輒說既不利人亦自虧戒所以多置綱目庶使準繩無得漏越致失大利

四雜敬中初判文前三純一下通三寶故云雜也雖下示多少初徵敬法有十二戒故云法多餘少明下釋所以內明道法有所解也輕侮敬重隨緣說者謂無所簡也所下結示能依佛制自他兩益故不失大利

疏所以僧前佛後者有多三寶位列不同如初已解一體三者法須為先佛師法也別相為言佛初成道次轉法輪當機悟入僧為第三今住持僧為初也由僧行化說法惠利羣生獲益法有大功非是下凡乃有大聖之所說也故佛在後依法奉敬方有住持

次推釋中初推徵有下正釋初指前上卷釋歸敬中彼明四種三寶今此但出三位一體理體合為一故一體下列示初一體二別相三住持各顯次第前後不同今此戒文正據住持配文可見

二就僧寶別判

二唯釋十五、初著內衣二、初標名

疏就初敬僧中文又分四初有兩戒明教比丘著衣服飾齊整應法內外無失能動物心二從不得反抄衣下訖不得戲笑來二十三戒明入聚落受請威儀往行方法必準修持則光世生善為利深遠三不用意受食訖鉢水不棄白衣家來二十三戒明取納乖方多長貪習故約令斷示少欲知足有正法相四有三戒既上有所納下必有流如其乖隔非為便利故制依法不宜妄行

僧寶中四節三中取納語通今此但據受用飲食耳四中上有所納即噉物已疏解此篇在文頗略

據下但釋一十五戒又唯委釋初戒餘皆略點記文循疏不可異途或所未明委在事鈔此彼互照甚資行說矣

律一齊整著涅槃僧戒佛在舍衛六羣著涅槃僧不齊整故居士譏言如節會戲笑俳說人亦如王大臣比丘舉過佛因訶責制戒當齊整者繫帶在齊下衣不齊相言衣下高者褰齊膝象鼻者垂前一角多羅樹葉者垂前兩角細襵者纏腰襵皺也著涅槃僧齊著若不者故作犯應懺突吉羅以故作故犯非威儀突吉羅若不故作突吉羅比丘尼等四眾並突吉羅乃至下篇成犯相並準此式叉迦羅尼不犯者或齊中生瘡下著若膝膞有瘡高著若僧伽藍內若村外若作時若行道者無犯

疏今先釋初齊整著內衣戒四分戒緣略不委悉如

二釋相二、初通釋
二、初明觀佛制戒。

十誦中佛觀三世佛淨居天報皆齊整著衣然後制戒多論問曰何以內衣三衣戒獨觀三世佛餘無者答佛制五篇皆觀諸佛但年歲久遠文字漏落餘篇盡無此戒猶有又云本結五篇此戒最初後結集者詮次在後以初貫後餘篇便略又云此戒於諸篇最輕恐將來弟子不生重心是以如來故觀三世淨居天方後結也又解三世諸佛結戒同異於五篇聚不必盡同至於著內外衣一切盡同是故觀於佛天然後制也

初戒通釋中初科初示本宗文略後三衣戒云觀三世初戒不敘故云不委悉如下引他部以示十誦淨居天通指色界諸天云天報者即告佛也義鈔云聞淨居空言齊著故制此戒是也多論初問謂佛制戒據合並觀三世何獨此戒耶答中有四初約漏落釋又下次約先制釋又下三約遮慢釋古本淨居天下有答字即前天報也又下四約盡同釋觀佛天者觀佛取式觀天令報故問佛觀三世何須天報答三世杳邈凡情莫知然彼諸天皆服袈裟故業疏云梵天行四等恆服法衣彼知三世又復親行足堪為證欲令深信奉行垂萬代之

二會三處不同

正軌也

【疏】疏者言此是輕小之戒緣起廣辨皆威儀違失之過唯戒本中偏舉能治行者舉教勸學不明所防彼此互顯令尋條有據也

次會不同中緣起廣辨並見註中且如初戒緣六羣著衣不齊整又如廣辨示高下不齊整之相故云皆示過也戒本但云齊整即能治行而不顯過故云不明所防彼下示不同意

二別釋二、初釋內衣二、初明涅槃僧二、初勸衣

【疏】就辨相中涅槃僧者梵天語也此云內衣如世凡僧所著裙耳

內衣中翻名可解

二釋相二、初正釋
二、初明西土著法。

【疏】然西土之僧所有內衣直將橫氎皆後前遮手張兩角左右掖掩仍以長繩四帀纏腰抽拔使正安四襵而已若繩斷解裙即在地身子覆面其事驗乎今此唐僧例加腰襻四帶紐結實有齊焉而闕緣垂地有乖法律

正釋中初科先示梵國著法安四襵者前後及兩邊身子覆面者舍利弗裙解恐形露遂仆于地可驗西土本無腰帶今下次明唐土不同腰襻應教闕緣乖法四帶未詳今但兩帶耳

疏四分辨相唯明其非諸部互說各有高下如多論十誦聽至踝上一磔手遠行二磔手上至膝尼三衆正使行來止在踝上一磔手也故僧傳中納衣半脛誠有依矣母論踝上三指衣長四肘廣一肘半是內衣量五分從跟上取一磔手左掩其上兩邊兩葉當後兩葉不解不問而作著者吉若解不依著吉輕戒輕人作此著者提爲通引文十誦疑高母論處中又扶本律

二分齊中初示本宗不定唯明非者即如註中不齊整相如下次引諸部以示多論十誦同故合引

僧分兩別尼唯一制踝上一搩若取佛搩則高二尺遠行二搩則應四尺無乃太高乎若尺八人下亭止有四尺準下一搩至半脛二搩膝上似用中人搩量止一尺耳下指僧傳即慧持法師形長八尺風神儁爽常躡草履納衣半脛蓋遵十誦故云有依母論踝上三指佛指即六寸四肘計七尺二寸肘半計二尺七寸五分初示著法一搩同上十誦取脚跟上猶低少許左掩上者順左衽故舊云異俗彼俗皆左衽豈得異耶兩邊等葉即上四襵當猶前也不下

次明違犯不解不問雖依教著迷教故犯解不依者雖學不行正犯此戒輕戒輕人作此著者謂見依法著反生輕弄同毀毗尼故犯提罪爲下總前取捨十誦疑高多論五分亦爾此即捨也母論處中即今取也扶本律者如註引律褰高齊膝犯不齊整故知母論正合今宗扶合作符

疏問如上明相裙以繩束如律文中有帶繫者答此以帶繫於繩也律中具之

問中律云若衣物解露應作帶著廣三指繞腰三周等答中繩帶兩用則無所妨律中具者即上兩文

疏若依鼻奈制著舍勒者半泥洹僧也多論又制著於小衣不顯其相

次舍勒中經音義翻云內衣或是襯內短裙或是狹幅幃襜之類故云半也多論小衣雖不顯相義同半裙

疏文中故作犯應懺吉者根本吉也對首一說悔以故作故又犯非威儀吉者根本罪外復加不應失儀之罪此責心悔也若不故作者識事而作非故違教但犯根本無失儀罪此一既爾諸戒例同

釋犯相中初科初明故心雙結所作之過是根本

罪。更兼故心違教故加一罪。若不故違單犯根本。恐濫迷忘故云識事而作。此謂明白直作前過而無故違之心。諸戒例同者通指一篇。

疏多論若犯五篇隨一犯三。如犯夷罪違戒體夷違佛教提非威儀吉。乃至眾學例爾。懺時懺本餘二同滅。由生同時故。不同覆罪各有緣故。

引示中多論初明兼犯隨一犯三。應分三位。一夷殘兩篇如文所列。二提罪已下應云違戒體提違佛教吉非威儀吉。三眾學篇三並是吉。準今四分唯第五篇犯結二罪。懺下次示行懺。論明三罪不

須別懺。今此二吉重輕不同。別犯別悔。如疏兩列。不同覆罪者。以覆藏罪亦隨根本而生。懺不隨滅。故特簡之。根本隨事。覆藏因罪。故云各有緣也。

律二齊整著三衣戒。佛在舍衞。六羣不齊整著衣。長者見譏。自言我知正法。如是有何正法。著衣不齊如俗無異。比丘以過白佛。因觀三世而制此戒。當齊整著三衣式叉迦羅尼。不齊中下著者。下垂過肘露脇。高者過脚蹲上。象鼻者垂前一角。多羅葉者垂前兩角後褰高也。細襵者襵己安緣。不犯者。肩臂瘡下著。同前開相。

疏二僧祇齊整披衣不得如纏軸。當通肩披著紐齊兩角。左手捉時不得出角如羊耳。

第二戒緣中因觀三世如上所釋。文引僧祇示著衣法。

律三反抄白衣舍戒。佛在舍衞。六羣反抄衣行入白衣舍。居士譏言無有慚愧。如王臣居士種。比丘舉過。佛訶制戒。不得反抄衣。或左右反抄。衣著肩上也。行入白衣舍。村落。式叉迦羅尼。不犯者。若脇肋邊有瘡病。若僧伽藍內。若在道行。若作時者。

疏三祇云。反抄兩邊著肩上。若值風雨得抄一邊。偏袒右肩得抄左邊。通肩披者得抄右邊。不見肘也。見長老比丘即還下之。

第三僧祇初明非相。若值下示開緣。不見等者開中制也。

律四不得反抄衣白衣舍坐式叉迦羅尼。

律五衣纏頸白衣舍戒。佛在舍衞。六羣以衣纏頸入白衣舍。居士嫌言如居士長者種。比丘舉過。佛訶制戒。不得衣纏頸。摠捉衣角著肩上也。入白衣舍式叉迦羅尼。不犯者。或有病肩臂有瘡。若僧寺中。若村外。若作時。或在道行者。

律六不得衣纏頸白衣舍坐式叉迦羅尼。

律七覆頭白衣舍戒。佛在舍衞。六羣以衣覆頭入白衣舍。居士譏言何有正法覆頭如盜賊。比丘聞之舉過。佛訶制戒。不得覆頭。若以樹葉若碎段物。若以衣覆故也。入白衣舍式叉迦羅尼。不犯者。或有病。若患寒。或頭上瘡。或命梵二難覆頭而走者。

疏七光師云。不得以妄想覆眞如頭入三界白衣舍。僧祇病及寒雪得覆半。見長老挽卻屏處無犯。

第七初引光師約理釋。刪定戒序云。光師所出宗

理爽。文似此之類。僧祇開制可解。

律八不得覆頭白衣舍坐式叉迦羅尼。

律九跳行白衣舍戒。佛在舍衛。六羣跳行入白衣舍。居士譏言。不慚。入室如似鳥雀。比丘舉過。佛因訶制。不得跳行雙腳跳行。入白衣舍式叉迦羅尼。不犯者。有病。若爲人打。若有賊。若惡獸。若有棘刺。度渠塹。或度泥而跳過。

律十不得跳行白衣舍坐式叉迦羅尼。

律十一蹲坐白衣舍戒。佛在舍衛。居士請僧就舍設食。六羣蹲坐。比座手觸。卻倒露形。居士嫌言。不慚露形。似婆羅門。比丘舉過。佛因訶制。不得白衣舍內蹲坐。若在地。若牀上。尻不至地。式叉迦羅尼。不犯者。或時有病。尻邊生瘡。若有所與。若禮。若懺悔。若受教誡者。

律十二叉腰白衣舍戒。佛在舍衛。六羣叉腰行入白衣舍。居士譏言。沙門自稱我知正法。以手叉腰。如人新婚得志憍放。比丘舉過。佛因訶制。不得叉腰。匡肘故也。行入白衣舍式叉迦羅尼。不犯者。或有病。脇下生瘡。若僧伽藍內。若村外。若作時。若道路行者。

律十三不得叉腰。以匡肘故。妨比座比丘也。白衣舍坐式叉迦羅尼。

律十四搖身白衣舍戒。佛在舍衛。六羣搖身入白衣舍。居士譏言。不慚。搖身如王大臣。比丘舉過。佛因訶制。不得搖身行。左右戾身趣行也。入白衣舍式叉迦羅尼。不犯者。或病。或爲人打。戾身避杖。或惡獸觸。或逢擔刺戾身避。或度坑搖身過。或著衣看齊整者。

十九露身

律十五不得搖身行白衣舍坐式叉迦羅尼。

律十六掉臂行白衣舍戒。佛在舍衛。六羣掉臂入白衣舍。居士譏言。不慚。掉臂如王長者。比丘舉過。佛訶而制。不得掉臂行。垂臂前卻而行。入白衣舍式叉迦羅尼。不犯者。或有病。爲人打。舉手遮。或惡獸擔刺人來舉手遮。或浮渡渠。以手招喚伴。

律十七不得掉臂行白衣舍坐式叉迦羅尼。

律十八露身白衣舍戒。佛在舍衛。六羣不好覆身入白衣舍。居士譏言。所著衣服不好覆身。如婆羅門。比丘舉告。佛因訶制。好覆身入白衣舍。若在村落身處處露。式叉迦羅尼。不犯者。或有病。若被繫。若風吹衣離體者。

律十九好覆身白衣舍坐式叉迦羅尼。

疏十九祇中。若有露者。應作方便令取物。女人作者起避去。

十九。僧祇謂在眾中見有露身。當令取物。欲令彼覺。女人。謂尼女故意露體也。

律二十顧視白衣舍戒。佛在舍衛。六羣左右顧視入白衣舍。居士譏言。如盜竊人。比丘舉過。佛因訶制。不得左右顧視。若在村落處處看也。行入白衣舍式叉迦羅尼。不犯者。或有病。或仰瞻日時節。或命梵二難。左右處處伺求便道逃走者。

律二十一不得左右顧視白衣舍坐式叉迦羅尼。

律二十二高聲白衣舍戒。佛在舍衛。六羣高聲大喚入白衣舍。居士譏言。如婆羅門。不知慚愧。無有正法。比丘舉過。佛因訶制。靜默入白衣舍。是中不默者高聲大喚。若囑授。若高聲施食。式叉迦羅尼。不犯者。或有病。若聾不聞。須高聲囑授。若高聲施食若命梵二難高聲而走者。

律二十三靜默白衣舍坐式叉迦羅尼。

律二十四戲笑白衣舍戒。佛在舍衛，六羣戲笑行入白衣舍，居士譏言：不慚戲笑，如獼猴，何有正法。比丘舉過，佛因訶制。不得戲笑。露齒而笑。行入白衣舍式叉迦羅尼。不犯者，或有病，或脣痛不覆齒，或念法歡喜而笑者。

律二十五不得戲笑白衣舍坐式叉迦羅尼。

疏二十五祇中可笑事逼不得出，斷訶訶而笑。當忍之。起無常死想。又不可忍，以衣遮口。身不靜者，動手足，折草木。

二十五，僧祇斷，即齒根肉。當下教抑忍法。又下教

方便遮飾，為免俗譏。

律二十六不用意受食戒。佛在舍衛，居士請僧設供，六羣不用意受食，捐棄羹飯，居士譏言：沙門無厭，貪心多受，如穀貴時。比丘舉過，佛因訶制。用意受食。不用意者，棄羹飯。式叉迦羅尼。不犯者，或時有如是病，或鉢小食，故食時棄飯，或還墮案上者。

疏二十六五分左手一心擎鉢，右手扶緣。

二十六，五分示用意之相。

律二十七溢鉢受食戒。佛在舍衛，居士請僧，六羣溢鉢受食，捐棄羹飯，居士譏言：無慚無厭，如餓貪多。比丘舉過，因訶制戒。當平鉢。不平者，溢鉢也。受食式叉迦羅尼。不犯者，或時有病，或鉢小，或墮案上。

疏二十七十誦云，不溢鉢受食，此則了於平鉢之言。

有師尋聲註戒云，言不平者，謂離偏斜過也。

二十七、十誦名相顯了，謂受食不許滿溢，故云平鉢。有下斥非。彼謂持鉢不平正，故云離偏邪。

律二十八溢鉢受羹戒。佛在舍衛，居士設供，六羣取飯過多，不容受羹，居士譏言：如餓貪食人。比丘舉過，佛因訶制。平鉢受羹。溢出流汙。式叉迦羅尼。不犯者，或時有病，或鉢小，墮食案上，平等受者。

律二十九不等受食戒。佛在舍衛，居士設供，手自斟酌，自下飯已，入內取羹，還食飯已盡，時與羹，已復還取飯，飯還羹盡，譏似餓人。比丘舉過，因訶制戒。當羹飯等食。彼不等者，飯至羹盡也。式叉迦羅尼。不犯者，或有病，若正須羹不須飯，須飯亦爾，或日時欲過，或命梵二難疾食者。

律三十不次受食戒。佛在舍衛，居士設供，手自斟酌，六羣不次取食，居士譏言：不厭足，譬如猪狗牛驢駱駝烏鳥。比丘舉過，佛因訶制。當以次食。彼不次第食者，鉢中處處取食食也。式叉迦羅尼。不犯者，或有病，或患飯熱，挑取冷處，若日時欲過，若命梵二難疾食也。

律三十一挑鉢中食戒。佛在舍衛，居士設供，手自下食，六羣受食，當挑鉢中，令視空相，居士譏言：不厭受食，如牛驢馬駱駝猪狗。比丘白佛，因訶制戒。不得挑鉢中。置四邊，挑鉢中央，至鉢底。而食式叉迦羅尼。不犯者，或有病，患食熱，開中令冷，若日時欲過，若命梵二難疾，剜中食者。

律三十二為己索食戒。佛在舍衛，居士設供，六羣自為索食，如飢餓時，居士譏言：何有正法，受取無厭。比丘舉過，佛因訶制。無病。有病開自為己索食。不得自為己索羹飯式叉迦羅尼。不犯者，若病，若為他，他為己，若不求而得者。

三十八含食語

律三十三飯覆羹戒佛在舍衛居士設供六羣受羹居士譏次取羹比丘於後以飯覆羹居士譏言受取無厭如飢餓人何有正法比丘舉過佛因訶責制戒。不得以飯覆羹更望得式叉迦羅尼。不犯者或有病若請食或正須羹有時正須飯者。

律三十四嫌視比座戒佛在舍衛居士設食六羣得少比座分多語居士言汝今請僧自恣多少居士有愛報言我等與比丘舉過佛因制戒。不得視比座鉢中是中視者譏多誰少食式叉迦羅尼。不犯者比座病若眼闇為看得食不得食淨不淨受未受者若自有病開。

律三十五不繫鉢食戒佛在舍衛居士設食六羣受已左右顧視不覺比座取鉢藏之比丘白佛因訶制戒。當繫鉢想食謂非左右顧視是也式叉迦羅尼。不犯者或時有病比座眼闇如前方便或看日時或命梵二難欲逃避左右看視者。

四分律含註戒本疏行宗記卷十六　釋百眾學法　无

律三十六大揣食戒佛在舍衛居士設供六羣大揣令口不受居士譏言不知厭足如猪狗駱駝驢牛烏鳥比丘聞舉佛因制戒。不得大揣飯口不容受式叉迦羅尼。不犯者或有病日時欲過命梵二難疾疾食。

律三十七大張口待食戒佛在舍衛居士設供比丘食未至先張口居士譏言不慚無厭如猪狗駱駝牛驢比丘舉過佛因訶制。不得大張口待飯食飯揣未至先大張口式叉迦羅尼。不犯者或時有如是病或日欲過命梵等難疾疾食者。

律三十八含飯語戒佛在舍衛居士設食六羣含飯語居士譏以猪狗駱駝烏鳥為譬比丘舉過佛因訶制。不得含飯語飯在口中語不可了令人不解也式叉迦羅尼。不犯者或時有病或噎而索水或命梵二難作聲食者。

疏三十八僧祇若僧問使聲不異者答之不爾咽已答五分益食時聽須不須。

三十八僧問聲不異者口雖有食語分明故不爾謂聲異也五分行五分行益至前或須不須之。

四十遺落飯食

律三十九揣飯擲口中戒佛在舍衛居士請僧手自斟酌六羣揣飯遙擲口中居士譏言不慚無厭如似幻師比丘舉過佛因制戒。不得揣飯遙擲口中式叉迦羅尼。不犯者有病若被繫縛擲口中而食者。

律四十遺落食戒佛在舍衛居士設食六羣手把飯揣齧半食居士譏言受無厭足如猪狗駱駝驢牛烏鳥比丘舉過佛因訶制。不得遺落飯食半已入口半在手中式叉迦羅尼。不犯者有病噉薄餅焦飯若瓜甘蔗噉菜棃果蒲桃蘗葉心者。

疏四十僧祇麨餅段段分齊令可口瓜果等不犯。

四分律含註戒本疏行宗記卷十六　釋百眾學法　卆

四十此戒人多不曉謂手持物嚙半入口手中有餘故云遺落又引僧祇段段謂手斷成片使與口相可瓜果等開者通面面為言但使可斷者犯不可斷者皆開。

律四十一頰食戒佛在舍衛居士設供六羣頰食居士嫌言沙門不知慚愧如獼猴食比丘舉過佛因訶制。不得頰飯食令兩頰鼓起如獼猴狀式叉迦羅尼。不犯者病日時欲過或命梵難疾疾食者。

律四十二嚼飯作聲戒佛在舍衛居士飯僧六羣嚼飯作聲居士譏言如猪狗駱駝牛驢烏鳥比丘舉過佛因訶制。不得嚼飯作聲食式叉迦羅尼。不犯者有病嚼乾餅及焦飯甘蔗瓜果蒲桃胡桃椑桃棃風棃者。

四十四舌舐食

四十七汙手捉食

律四十三噏食戒佛在舍衛。居士設供。六羣大噏食。居士嫌言。無有慚愧。食如猪狗駱駝牛驢烏鳥。比丘白佛。因訶制戒。不得大噏食飯食。張口遙呼噏食。式叉迦羅尼。不犯者。病若口痛。若食羹若食乳酪漿酥毗羅漿若苦酒者。

律四十四舐食戒佛在舍衛。居士設供。六羣吐舌食。居士嫌言。無慚愧。如猪狗駱駝牛驢烏鳥。比丘舉過。佛因訶制戒。不得舌舐食。以舌舐飯揣食。式叉迦羅尼。不犯者。有病。或被縛。或手有泥及垢膩汙舌舐而取。

疏四十四僧祇月直監食。欲知生熟鹹酢。著掌中舌舐之。

四十四。僧祇以本制正受食時。故爲緣開許。

律四十五振手食戒佛在舍衛。居士設供。手自斟酌。六羣振手而食。居士譏言。無有正法。如王大臣。比丘舉過。佛訶制戒。不得振手食。式叉迦羅尼。不犯者。有病。或食中有草有蟲。或手有不淨。振去之。或有未受食手觸而汙手。振去之。

律四十六手把散食戒佛在舍衛。居士設供。六羣手把散飯食。居士嫌言。食如雞鳥。比丘舉過。不得手把散飯食。散棄飯也。式叉迦羅尼。不犯者。佛因訶制。有病。或食中有草蟲。或有不淨汙。或有未受食捨棄之。

律四十七膩手捉飲器戒佛在舍衛。居士設供。六羣以不淨膩手捉器。居士嫌言。無法。如王大臣。比丘舉過。佛因謀制戒。不得汙手捉飲器。有膩飯著手也。式叉迦羅尼。不犯者。有病。或草上受。葉上受。洗手受者。

疏四十七祇中受飲器不得深含。緣觸著額鼻。不得飲盡。留少許。當口處棄之。與下座。

五十水中大小便

五十二下二十說法戒

四十七。僧祇飲器不觸額鼻。亦恐膩汙。留少棄之。條其口處。

律四十八棄洗鉢水白衣家戒佛在舍衛。六羣在食家。棄洗鉢水。飯食狼藉。居士譏言。多受如餓人。比丘舉過。佛因制戒。不得洗鉢水。水雜飯也。棄白衣舍內。式叉迦羅尼。不犯者。有病。或時器若澡盤承取水持棄外者。

律四十九大小便生草上戒佛在舍衛。六羣大小便涕唾生草葉上。居士見譏。無慚愧。如猪狗駱駝牛驢。比丘舉過。佛因訶制。不得生草上大小便涕唾。除病。以病故不堪避。佛言不犯。式叉迦羅尼。不犯者。流墮生草葉上。若鳥銜而墮者。

律五十水中大小便涕唾戒佛在舍衛。六羣水中大小便涕唾。居士譏言。如猪狗牛驢駱駝。比丘舉過。佛因制戒。不得淨水中大小便涕唾。除病。式叉迦羅尼。不犯者。有病。或於岸上大小便。流墮水中。或風吹鳥銜墮者。

疏五十大小行處下卷沙中廣引。

五十。指下卷鈔節雜行篇。

律五十一立大小便戒佛在舍衛。六羣起過。居士見嫌言。此沙門無有正法。立大小便如牛馬猪羊駱駝。比丘舉過。佛因訶制戒。不得立大小便。除病。以病故不堪蹲也。式叉迦羅尼。不犯者。有病。被繫。或腳蹲有垢膩若汙泥者。

律五十二與不恭敬人說法戒佛在舍衛。六羣與不恭敬反抄衣人說法。時比丘聞之。少欲知慚者舉過。佛因訶制戒。不得與反抄衣不恭敬人說法。除病。式叉迦羅尼。不犯者。或時有如是病。若爲王王大臣者。

疏五十二下有二十戒。皆是非儀輒爲說法。如涅槃經云：非時非處，例亦同矣。如律所開，唯王臣聞，豈非法由人弘，且悅形好，事通情服，自有恆準。

五十二下二十戒者，從五十二至五十九有八戒，又從八十六至九十二有七戒，又從九十六至一百有五戒，共二十戒。如下引證：非時如反抄衣等，非所宜故；非處如下經行處在後行、非道等。如律下示開意。以此諸戒並開為王大臣故，且悅形好，謂初弘法化權暫引接；事通情服，謂後得信樂。不可自輕，還須從制，故云自有恆準也。

律 五十三不得為衣纏頸人說法，除病，式叉迦羅尼。

如上。

律 五十四不得為覆頭者說法，除病，式叉迦羅尼。如上。

律 五十五不得為裹頭者說法，除病，式叉迦羅尼。如上。

律 五十六不得為叉腰者說法，除病，式叉迦羅尼。如上。

律 五十七不得為著革屣者說法，除病，式叉迦羅尼。如上。

律 五十八不得為著木屐者說法，除病，式叉迦羅尼。如上。

律 五十九不得為騎乘者說法，除病，式叉迦羅尼。如上。

律 六十佛塔中宿戒。佛在舍衛，六羣宿佛塔中，有慚愧比丘舉過白佛，因而呵制。不得佛塔中止宿，除為守護故，式叉迦羅尼。不犯者：或有病，若為守護故止宿，或為強力者所執，或命梵難故止宿者。

律 六十一藏財物佛塔中戒。佛在舍衛，六羣藏物置佛塔中，少欲比丘以過白佛，因呵制戒。不得藏財物置佛塔中，除為堅牢故，式叉迦羅尼。不犯者：或有病，若為堅牢故藏著佛塔中，或強者所執，命梵二難者。

律 六十二著革屣入佛塔中戒。佛在舍衛，六羣著革屣入佛塔中，有慚愧比丘以過白佛，因呵制戒。不得著革屣入佛塔中，式叉迦羅尼。不犯者：或有如是病，或為強者所執，喚入佛塔中。

律 六十三不得手捉革屣入塔中，式叉迦羅尼。如上。

律 六十四不得著革屣繞塔行，式叉迦羅尼。如上。

律 六十五不得著富羅入佛塔中，式叉迦羅尼。如上。

律 六十六不得手捉富羅入佛塔中，式叉迦羅尼。如上。

律 六十七塔下食汙地戒。佛在舍衛，六羣塔下坐食，已留食及草汙地而去。以過白佛，因制不得坐食。又作塔作房，若施池井施食，眾僧集坐，徙聽塔下坐食，不應汙地也。不得塔下坐食，留草及食汙地，式叉迦羅尼。不犯者：一坐食及不作餘食法比丘，病比丘，聽著腳邊一處，出時持棄者。

律 六十八擔屍佛塔下過戒。佛在舍衛，六羣擔屍從塔下過，護塔神瞋，樂學戒者以過白佛，因呵而制。不得擔死屍從塔下過，式叉迦羅尼。不犯者：或有病，或須此道行，或為強力者所呼而去。

律 六十九不得塔下埋死屍，式叉迦羅尼。如上。

律七十。不得在塔下燒死屍式叉迦羅尼。如上。

律七十一。不得向塔燒死屍式叉迦羅尼。如上。

律七十二。不得佛塔四邊燒死屍使臭氣來入式叉迦羅尼。如上。

律七十三。持死人衣牀塔下過戒。佛在舍衛。六羣持死人衣及牀從塔下過。住處神瞋。行頭陀者以過白佛。因訶制戒。不得持死人衣及牀從塔下過。除浣染香熏。式叉迦羅尼。不犯者。或時有如是病。若糞掃衣比丘浣染香熏已持入者。

律七十四。不得佛塔下大小便式叉迦羅尼。如上。

律七十五。不得向佛塔大小便式叉迦羅尼。如上。

律七十六。不得繞佛塔四邊大小便使臭氣來入式叉迦羅尼。如上。

律七十七。不得持佛像至大小便處式叉迦羅尼。如上。有三事不犯。或時有如是病。或時道由中過。若為強力者所持去。並無犯。

律七十八。不得在佛塔下嚼楊枝式叉迦羅尼。如上。

律七十九。不得向佛塔嚼楊枝式叉迦羅尼。如上。

律八十。不得在佛塔四邊嚼楊枝式叉迦羅尼。如上。

律八十一。不得在佛塔下涕唾式叉迦羅尼。如上。

律八十二。不得向佛塔涕唾式叉迦羅尼。如上。

律八十三。涕唾佛塔邊戒。佛在舍衛。六羣佛塔四邊涕唾。比丘舉過佛因訶制。不得佛塔四邊涕唾式叉迦羅尼。不犯者。有病。或鳥銜。或為風吹去者。

律八十四。向塔舒脚戒。佛在舍衛。六羣向塔舒腳坐。樂學戒者舉過白佛。因訶制戒。不得向塔舒腳坐式叉迦羅尼。不犯者。或有病。若中間有隔。或為強力所持者。

律八十五。安佛下房戒。佛在拘羅國。六羣安佛在下房。己在上房住。行頭陀比丘舉過白佛。因訶制戒。不得安佛像在下房己在上房住式叉迦羅尼。不犯者。或有如是病。持佛像在下房。己在上房住。或命梵二難者。

律八十六。人坐己立。不得為說法。除病。式叉迦羅尼。如上。

律八十七。人臥己坐。不得為說法。除病。式叉迦羅尼。如上。

律八十八。人在座。己在非座。不得為說法。除病。式叉迦羅尼。如上。

律八十九。人在高座。己在下座。不得為說法。除病。式叉迦羅尼。如上。

律九十。人在前行。己在後行。不得為說法。除病。式叉迦羅尼。如上。

律九十一。人在高經行處。己在下經行處。不應為說法。除病。式叉迦羅尼。如上。

律九十二。人在道。己在非道。不應為說法。除病。式叉

九十五杖絡囊

迦羅尼。如上。

律九十三攜手道行戒。佛在舍衛。六羣攜手在道。或遮他男女居士。譏言無有正法。如王大臣豪貴長者。比丘舉過。佛因制戒。不得攜手在道行式叉迦羅尼。不犯者。或時有病。或比丘患眼闇須扶接者。

律九十四上樹過人戒。佛在舍衛。比丘在大樹上受夏安居。於樹上大小便。神瞋。何便欲斷命根。比丘以過白佛。佛因制。不得樹上安居。及繞樹大小便。若先有大小便處聽。不得上樹過人。除時因緣。式叉迦羅尼。不犯者。或有病。或命梵難。上過人者。

律九十五擔杖絡囊戒。佛在舍衛。跋難陀絡囊中盛鉢。貫杖頭肩上擔。居士謂是官人。皆下道避。比丘舉過。佛因訶制。不得絡囊盛鉢。貫杖頭著肩上而行。式叉迦羅尼。不犯者。或病。或爲强力者所逼。若被縛。若命梵二難者。

疏九十五戒杖絡囊中。開揭磨方得持也。此謂恆杖。非是時須。如打露驅毒。可亦加法。

九十五。初示所開。此下簡濫。恆杖謂恆所持者。朝行須打露迴嶮驅毒物。時暫用者則不須法。

律九十六爲執杖不恭敬者說法戒。佛在舍衛。六羣爲不恭敬者說法。諸比丘舉過。佛因訶制。人持杖不恭敬。不應爲說法。除病。式叉迦羅尼。不犯者。或時有病。或爲王及大臣者。

律九十七人持劍不應爲說法。除病。式叉迦羅尼。如上。

律九十八人持矛不應爲說法。除病。式叉迦羅尼。如上。

律九十九人持刀不應爲說法。除病。式叉迦羅尼。如上。

○第八七滅諍法三。初標章。二釋列意。二初敘意下文。

律一百人持蓋不應爲說法。除病。式叉迦羅尼。如上。

律諸大德我已說眾式叉迦羅尼法。今問諸大德。是中清淨不。三說諸大德是中清淨。默然故。是事如是持。

律諸大德是七滅諍法。半月半月說。戒經中來。若比丘有諍事起。卽應除滅。佛言。諍有四種。言諍。覓諍。犯諍。事諍。言諍者。以現前毗尼多人語二種滅滅也。覓諍以現前憶念不癡罪處所四滅滅也。犯諍以現前自言治草覆地三滅滅也。事諍者。以一切滅滅。其三種諍。各分上中下三品。今明九種。事諍一種。歷上三諍。隨分九品。應隨現前中三種。五種。滅上中下品。對病說藥。應善觀解也。

疏後解正宗第八七滅諍法。七滅諍者。病藥觀對。機用權儀。各有治方。未可備釋。律本法聚。獨據一篇。諸

師疏略相從而已。至於條貫。罕出宗途。良由文相具周。致令解釋無異。今爲略舉其相。知其治滅之方。就分爲二。初明四諍。卽是病起之源。後列七藥。除殄之法。

第八七滅諍。敘意中。初二句敘篇意。四諍如病。七法能殄如藥。觀謂能斷。當須審諦。對謂藥病。不得有差。機用卽智謀。權儀謂隨宜用舍。謂此篇乃出觀緣適變。用藥殄諍。和眾之權方耳。次二句彰事廣。律下二句指所出。律本法聚。卽滅諍揵度。諸師下敘今昔。初敘昔。初二句指所失。疏略謂不詳考。

相從謂無通變從循也次二句彰所闕條謂條理
貫謂貫攝由本文中藥病參亂當須條貫使各有
宗途昔並未明故云罕出下二句示相循所以文
相即指犍度二敘今反上二義一不專循舊二分
示宗途如下示相分品舉藥配病並有條緒是也
疏就初中若有諍起即除滅者以凡心受道我倒未
傾至於同住多生見過過而不除轉增舊習若就檢
勘懷迷致諍諍既紛然僧和安在故佛制約即須除
滅縱而不思遂覆大法三寶沒世莫不由之故拘睒
彌國起諍之由及後法滅還於此國先須識病何者
為諍略分為三初識名相二分品量三治滅法

初明四諍敘意中初敘生諍之損有二初至轉增
舊習即損自次至僧和安在即壞眾法故下二敘
制滅之益縱不思者謂縱其迷執而不思止覆大
法者佛法二寶賴僧而住僧義既失佛法豈存下
引拘睒彌緣為證律明佛在彼國諸比丘互相鬬
諍佛親勸喻汝等出家為道同一師學如水乳合
莫共鬬諍如是三語還復不止佛不語眾僧自持
衣鉢以神足力還舍衛國此即如來在世之事故
云起諍由也及後滅法者摩耶經說千五百歲後

俱睒彌國三藏與羅漢弟子互殺惡魔外道競破
塔寺殺害比丘一切經藏阿耨達龍王悉持入海
於是佛法滅盡先下發起分章
疏就初文中佛言諍有四種一言諍者謂諍法相是
非須知邪正各執己見而生其諍諍由言起故曰言
諍二覓諍者比丘犯過理須為除制有三根五德舉
來詣僧伺覓前罪令其除殄因舉評犯遂生其諍諍
由覓生故曰覓諍三犯諍者有過在懷宜須懺蕩罪
相難識各議紛紜遂生諍競競由犯起故曰犯諍言
事諍者羯磨被事義在順明片有乖違未有成遂然

人情易忍同和理難各執一見事法成壞由斯致諍
諍起由事故曰事諍
識名中言諍者因評法相如律諍十八事餘諍例
此覓諍因他舉罪諍其成否犯諍因有懺罪諍其
重輕事諍唯據羯磨僧事若非羯磨並歸上三事
法成壞者事即所加法即能被更兼能秉人及所
託界四法並有如非成壞
疏上略釋名相次明分品用七藥治四諍諍分十八
則離於藥亦有十八也
第二品量示數中七藥四諍各有十八即是總別

開合異耳。

疏何者是耶。言覓犯諍各分三品。則上中下。故分九種也。事諍一種。離爲九品。約言覓犯各生事諍。

分品中。初科初明三諍共爲九品。次明事諍自分九品者。即上三諍涉羯磨者。皆歸事攝。

疏如何識耶。謂言諍中若評教理是非犯相輕重。是名言諍。若評羯磨是非迷悟不決。此名言諍中事諍。若評三根清濁五德通塞。是名覓諍。若評用法治舉徵覈虛實。則名覓諍中事諍。於五犯聚讞評有濫名犯諍。非法羯磨定罪重輕。是名犯諍中事諍。隨本諍

分上中下異。故成九品。

次科第列三諍對顯事諍一一兩分。方見四諍條然無濫。隨本諍分者。謂此事諍同前三諍爲九品也。

疏三明治滅方法者。

三治滅法。此正對病用藥。前後交參。世傳滅諍難解。止是此科。今爲圖示。皎如指掌。若覽此圖則從來之難。一朝忽易也。

三諍九品
言諍三品用二藥
下品一藥滅
中品一藥滅
三
五
現前

事諍九品
覓諍三品用四藥
犯諍三品用三藥
上品二藥滅
下品二藥滅
中品二藥滅
上品二藥滅
下品二藥滅
中品二藥滅
上品二藥滅
憶念
不癡
自言
多人語
罪處所
草覆地

現前一種通三諍。該九品。除下品言犯不秉羯磨但有三法。餘七並加羯磨。皆具五法。自言一種局後犯諍。通治二品。自餘五種單對一品。上云七藥

四諍各分九品。諍如上分。藥九品者。言諍二藥。覓諍四藥。犯諍三藥。則爲九也。

疏且就言諍分三品。下品言諍以三品現前毗尼滅。一人現前兩家同聚各說教理也。二法現前以三藏教判也。三毗尼現前教旨明白疑鬧自遣也。

言諍下品中三法。現前與後五法相濫。初簡人者。三中能所合論俱別人故。五中人者但收所諍能斷屬後僧中。二簡法者。前是教文。後即羯磨。三簡毗尼。前約開迷殄息。五據選德同評。是則此三名通事局。僧界二種名體俱局。

疏中品言諍以五品現前滅一人現前須各陳諍意也二法現前須僧作法詳評也三毗尼現前須用羯磨有德同評無德貶退也四僧現前戒見利及三業無乖同聚也五界現前隨約限內有僧皆集無得隱也

中品言諍三毗尼中須用羯磨謂作單白揀集智人不誦戒等人作白遣出故云無德貶退四僧現前須四人已上五界現前局據作法分齊

疏上品言諍用現前多人語滅由前德人屏處評理依法斷訖能起諍人身既不見謂有欺隱是以如來

制令兩眾同聚對面行籌多者即是法如藥說

上品中現前如上多人語者初敘由屏處斷訖躡上毗尼現前也是下顯制捉籌多者爲是所謂多人語也法如藥說指下解文中

疏上解言諍竟

疏次明覓諍三品以四藥滅者覓分三品以五法現前憶念藥滅下品五法現前不癡藥滅中品五法現前罪處所藥滅上品覓諍

疏次明犯諍三品以三法現前自言治滅下品以五法現前自言治滅中品以五法現前草覆地滅上品犯諍

覓犯藥病相配尋圖可知

疏言事諍者更無別藥即依三品如上用藥各隨同滅是以文云以一切滅滅文中具三品諍各分三品下謂分諍設藥治滅之相如上解也

事諍中初示列諍同謂三種事諍隨一種中分品同上故云即依三品如下明用藥同各隨謂隨諍不同同滅謂皆歸殄息下引文證一切之言總收七藥點文可解具對注合作其

律應與現前毗尼當與現前毗尼

疏次解第二藥初明後釋

次列七藥牒章云第二藥者牒前次科明藥即解文也初明即舉戒文後釋即下註解

疏言應與現前者謂法教託相相須面現屏量鬧斷終未息情此是意也

釋中初科可解

疏言毗尼者此云律也律者分也筆也謂須商度據量有在若律呂之分氣故也又如世法據刑約制道法亦爾依根附教各有差降不可乖越故曰法也律字安聿聿者筆也必審教驗情在筆投斷如斯面對

故曰毗尼，如初解也。

次科，翻名示義，謂下別釋。初釋分義。一年十二月，奇月爲律，偶月爲呂。律爲陽，呂爲陰。一律一呂各有二氣，六律六呂共二十四節氣，故今喻據量判斷無濫。又下次釋筆義，初約俗律釋。上卷云：筆即法家之象是也。據刑謂刑名，約制即條制。有作據形約聽誤也。依根即三根，附教即律文。律下正合筆義。從人從聿，象人執筆。說文曰：聿，所以書也。楚謂之聿，吳謂之不律，書君過故。燕謂之弗，秦謂之筆。審教謂詳法制重輕，驗情謂察用意深淺。俗中判斷，落筆定刑。

況今律乘，準判即決。舉彼類此，故曰如斯。言面對者，即現前義。如初解者，指上三五現前。

疏 言當與者，既具三法五法，明觀灼然，須順教行，以定紛諍，故曰也。

三中，初躡前應與，須下正釋當與，須即當義。

註 佛在舍衛國，時迦留陀夷與六羣在河浴，迦留陀夷誤著彼衣而去。六羣比丘後謂彼盜，便不現前與滅擯羯磨。迦留陀夷以緣白佛，便訶責已，因制此法。有三種現前：法、毗尼、人也。有五種現前：法、毗尼、人、僧、界也。云何法現前？所持法滅諍者是。云何毗尼現前？所持毗尼滅諍者是。云何人現前？言議往反者是。云何僧現前？應來者來，應與欲者與欲，得訶人不訶者是。云何界現前？唱羯磨作制限者是。此現前法通一切羯磨。若別人對首、心念，三種現前即得。若四人五人已上僧法，若作羯磨，必須五法現前，以羯磨所

起必在作法界故，唯除結界自然界中也。

疏 就解分二：初緣，後相。就初，由在屏處作滅法，不召犯人問何心取法，是人非何名實覈，所以制約須面對論。三五兩相義如前解。又言此現前法通諸羯磨，以類傍通，文相可解。

釋註中初二句分文。從初至羯磨是敘緣。迦留白佛下即列相。就下別釋爲二：初釋緣，滅法即是滅擯，心爲業本，故必問心。所下釋相，指前可解。又下點後文本制滅諍，兼該一切眾別羯磨，故云傍通等。

律 應與憶念毗尼，當與憶念毗尼。佛在王舍城，時沓婆摩羅子爲僧知事，六羣中得惡房臥具惡請處，起瞋謗言有愛恚怖癡，遂以婬事誣謗，親於眾中。佛問虛實，彼言我從生來，乃至夢中不婬，況於覺寤。比丘以事詰問六羣，便言沓婆清淨，無如是事。佛言沓婆無著人，不故犯戒。應白四羯磨與憶念法也。

疏 二明憶念者，與法證明，憶記無犯也。無著羅漢方行此法，自餘下凡，不可依據，不合行也。

第二準前亦合分文爲二，後五亦然。初略示，無著下簡濫。註中初緣起，即上二謗戒緣。前云慈地瞋謗，即六羣一數也。親下制法，又二：前對眾檢勘，後與羯磨。

四自言

三不癡

律應與不癡毗尼當與不癡毗尼佛在王舍城時難提比丘得癲狂病行來出入不順威儀多犯衆罪比丘詰問便言癡時造罪病差不作以事白佛佛言三種狂癡一者常憶說戒常來二者不憶說戒不來三者或憶或來或不來此人應白四與不癡羯磨證知病時造過差後不造應僧清淨得足數故制

疏三明不癡者以癡造罪非心所懷於教不制癡解不作未可徵治不無前犯故作白四證癡不犯與癡狂法則行白二由諍是非稍難除殄故此狂法便行白四也

第三爲二初正釋癡即顛狂心亂癡解謂狂病已止得法解竟不無前犯者示有他疑不與同法故

與癡狂下簡濫顛狂羯磨及與解法並用白二此有二意一爲簡二法二爲彰別意註中初緣以事白佛下是相文出三狂初是下品二即上品此二不與法三即中品故須與法

律應與自言治當與自言治佛在瞻波國白月十五日僧說戒時佛在衆坐默不說戒初夜已過阿難請說佛言欲令如來於不淨衆中說戒者無此理也中夜後夜請答亦爾時大目連即以天眼觀犯戒者去佛不遠內懷腐爛外現完淨即手牽出來白佛言衆已清淨應得說戒佛言自今已後不應爲取自言治因制此戒

疏四自言治者罪是自生還須自露對於人衆面陳其失故曰自言因言其罪情無隱伏則曰治也緣中由不取自言恐後清人濫被驅逐因制斯藥亦有三法自言五法自言如上現前可以知也

第四初釋文緣下釋註初緣後相尋文可解

律應與多人語當與多人語佛在舍衛國時諸比丘於十八事諍不息遂至僧中斷不了以事白佛佛言應與多覓罪相法非法語同一處應差比丘令行舍羅行有三種一者顯露二者覆藏三者耳語若上座標首智人和尚闍黎住如法地應顯露行舍羅若住非法地者作下二法行之若非法語人多彼應作亂起去故此律本云求覓罪相意亦同之

疏五多人語者由評法相取解不同故召兩朋同處面決行籌五德具八法者三種量度詳審衆情又知義理邪正明決依法行之非法者多且令散去後當更斷待法語人多事希法隱故略不述

第五初科先敘緣即註從初至不了也故下次示制法即註以事白佛已下文也八法者律云不愛不恚不怖不癡知已行不行有如是五法應差行舍羅并解三種行籌法共爲八也三種如註所列舍羅即籌籌有二別一完二破從正者捉完籌隨邪者捉破籌多者爲是細尋可解註中此律下示別名事希下三顯略

疏今亦有師共諍佛性或道理有或執行成俱有俱無不能自決十住羅縠凡下絕思義須三藏據理取

斷。是名事露法隱，誰有行之。

次科。或理有，謂理性本具，不假修證，此執有也。或行成者，謂行功所成，非性本有，此計無也。俱有謂亦理具亦修成，此計兩亦。俱無，如定性聲聞、闡提無等，此執雙非也。然彼佛性不墮四句，凡計一端，俱爲戲論。十住字誤，合云十地，或通指十聖，或但第十地及等覺人。彼見佛性如隔羅縠觀月，喻其未明。涅槃經云：菩薩位階十地尚不了了知見佛性，何況聲聞緣覺之人能得見耶？文況下凡，非彼所測，則可知矣。義下，明合用此法，由是言諍須教殄滅，是下傷時不用，露顯也。法何所隱，由人不行耳。

律應與罪處所當與罪處所。佛在釋翅瘦國時，象力釋子善能論議，得外道切問，前後相違，僧中亦爾。比丘以事白佛，佛言：僧應白四與彼羯磨，治取本罪，奪三十五事。若伏首本罪者，應白四羯磨如法爲解，故立此法。有本爲覓罪相者，意同如上，而次第六滅，覓諍上品藥故。

疏六明罪處所者，由彼比丘多造罪故，輒便首重及後舉勘，便復引輕。僧量其情，亦可推覈，未舉自陳多是其實，恐治引輕，定是虛枉，故重加法，奪其智能，伏首本罪，方爲解救，故僧作法，徵其罪處，故曰也。

第六初科，前敘緣起，即象力也。故重下，示制法。註文有本下，示異名，而下示次第。由前名濫，恐倒亂故，仍定品位，決無相濫矣。

疏律本此名或名覓罪相者，或以多人爲覓罪相者，今誦戒人不釋藥之上下，對病治滅，應先誦多滅，後誦覓相，此是好也。

次科。或名覓罪相，據律本也。今刪定戒，依律易之。或以多人爲覓罪者，錯用後名，召前法也。由律名同，致令濫用。今下，教依次誦。釋字誤，合作識。今刪定戒，多覓是多人語，單覓即罪處所，名相既正，藥病不差，故云好也。

律應與如草布地當與如草布地。佛在舍衛國，比丘共諍經年難滅，以事白佛，聽彼此二眾相對共滅，應一眾中上座作白言：我等行來出入多犯諸罪，除遮不至白衣家，餘罪共長老作草覆地，滅彼一眾中上座亦如上作白己，彼此和合，罪諍俱滅，更不相問，如草覆地。

疏七明草覆地者，兩朋相諍，經年難滅，勘檢罪事，不知首尾，無由以教取斷是非，故直面對各陳咎失，不須後說彼我是非，罪諍於此一時俱淨，如草掩泥，事淨便止，故曰也。

第七初敘緣起，即拘睒彌諍經涉六年，故下示制法。面對各陳等，即法儀也。如下結名。法藥如草，久諍如泥，從喻爲名。註中兩眾各一上座，先令彼眾伏地上座白懺。此眾受之。然後此眾對懺亦爾。遮不至白衣家由對俗犯所以除之。

律 諸大德我已說七滅諍法。今問諸大德是中清淨不。三說 諸大德是中清淨。默然故。是事如是持。始從四重終此七滅諍。八篇之文。廣教正宗也。皆謂犯略制廣。補其行教。有當機益。

疏 結後釋云如註所引當機益者。明上八段廣教正宗。惠利在機。必修於行。剋剪煩惱。深有成益也。

結章中。結後釋者。即指註也。八段是教。教必利機。機必修行。行必破惑證果。爲益之深。固可知矣。

律 諸大德我已說戒經序。已說四波羅夷法。已說十三僧伽婆尸沙法。已說二不定法。已說三十尼薩耆波逸提法。已說九十波逸提法。已說四波羅提提舍尼法。已說眾學式叉迦羅尼法。已說七滅諍法。此是佛所說戒經。半月半月說戒經中來。此即廣教流通文也。恐情疏放。故總結以示之。

疏 大段第三。言諸大德我已說戒經序下。廣教別流通也。還牒九段。反束告知。舉教所出。勸說流通也。

第三廣教別流通中。還下二句釋前牒名。舉下二句釋後佛說等通結。

疏 自上明廣教三段竟。

三段可解。

疏 次釋第二大段。略教行法。文分三段。第一從初若更有餘佛法至應當學。來明略教發起序。第二從忍辱第一道下。至廣分別說。來略教正宗。第三諸比丘下。勸修流通也。

律 若更有餘佛法。是中皆共和合應當學。此謂略教之別序也。

創佛利機。末勞麤顯。直舉綱要。聞皆會道。

疏 就初略序文云。若更有餘佛法者。一解據上釋迦所說爲本。望下六佛在釋迦之前。謂之爲餘。故曰餘佛法也。明此勸信修學。與下略說作興致之由。故名爲序。

第二略教亦分三分。序中三解。初解正釋中二。初釋餘義。據上釋迦說者。即廣教。六佛在釋迦前者。並過去佛也。明下次釋序義。

疏 又解上章八篇廣相。二機同感。序引七佛咸共說之。略教既被化初。多被攝心之士。恐於末法無機不須。故列七法同成一禁也。

次列意中。對廣明略。廣教通被三時利鈍二機。略教反上。一被化初。二唯利士。恐下出疑情。故下正列意。

疏問前解云下有七佛說略何故偏指六佛為餘答六佛攝義既寬從多故也

問中云前解者即上卷明二教中對前廣教七佛略偈並合為餘文中偏指故須問決答中釋迦一偈止明三業總前廣教更無別法前六佛偈各明一行如忍辱等廣文不攝故曰義寬前可包後後不攝前故曰從多也

疏又解據上廣教為當機之法略教在廣之外謂之為餘通有攝心之能理須齊奉故曰是中和合應當學也

次解前廣為本後略為餘文理須便此釋可取

疏或指偷蘭之罪八篇不列為餘不成解也

後解全非略教序意故所不取

疏第二段略正宗法文分為七

律忍辱第一道　佛說無為最　出家惱他人

不名為沙門

律此是毗婆尸如來無所著等正覺說是戒經此賢劫前九十一劫出興于世一百年中常說此偈後方廣說

疏初段又二初法體偈中分二上半明忍行之益下半示不忍之損就初忍法有三一法思惟二他不益三安苦也於辱生忍故曰忍辱行功既彊入道最勝故曰第一道此明因行也因不虛設必能感果是以次句明涅槃體寂不為諸相所遷故曰無為出離中勝故曰最也

二正宗分第一佛上半偈中初科又二初釋上句前通列三忍法思惟者謂於諸法安忍思擇而不勞倦二他不益者彼怨加害而不反報三安苦者眾苦逼迫安然忍受今釋忍辱即當第二梵語羼提此翻忍辱行功強者經云忍之為德持戒苦行所不能及因不下次釋下句無為即目涅槃自體

諸相即生住異滅四相簡諸有為隨相遷變有壞滅故

疏又釋忍力最大不為緣動名曰無為諸行中勝故曰最也

次釋忍力大者經云能行忍者乃可名為有力大人不為緣動緣即惱辱等

疏又釋夫欲淨澄戒行必以忍法為先既令戒淨故先歎忍也忍成戒淨有相自亡故次歎無為也

後釋欲附所宗故兼戒行以戒淨故業遣惑除故云有相自亡

二釋下半偈

疏下半誡勸中沙門名息惡之士今內違外惱便乖出俗形名也出家異俗也沙門異名也

下半偈中初示名義今下正釋起瞋是內違害他爲外惱既不息惡故乖形名出下二句舉文配釋形名出世反俗故並云異俗字合作形

二舉號

疏次釋能說法人中分三初題名二舉號三結法屬人也

二能說人三、初分文

次能說人中分文爲三餘六並爾下更不分

二隨釋三初題名

疏此是毗婆尸者顯前所說有劫佛名也此佛在賢劫前九十一劫出世由中間劫空故遠取有劫佛以

成七世也乃至後彌勒佛興卽以尸棄爲第七之祖也如是廣知本曰毗婆尸或曰婆沙鉢沙此譯同爲廣說也

題名中初總示毗婆尸如下自翻此下別釋初明劫數此依長阿含經所列下六並爾此佛出世三會說法度三十四萬八千人賢劫者慈恩劫章云卽此住劫稱賢劫二十劫中第九劫此界成後有千佛出世既多賢聖故名賢劫在前九十一劫者謂跨過空劫逆數壞住成更跨一空劫復取壞爲八十劫卽當前住劫第十劫故云遠取有劫等欲

三結法屬人

三指例

順世諦以七爲祖故也彌勒興時除毗婆尸故以尸棄爲第七若據相承合云第一此約從親至疏以釋迦爲始遠劫爲第七也乃至後佛出世第滅亦然本下翻名梵言三別毗字並同故下二不舉智論亦云鞞婆尸此翻種種具

疏二如來無所著等正覺者佛德難窮略陳三號解釋如常

次舉號中成論云乘如實道來成正覺故名如來此謂從眞垂應爲名結惑永盡故名無所著道同三世故名等正覺若對三身初應二報三法亦卽

解脫般若法身三種德也若對十號彼無第二又等正覺卽彼佛號華梵各舉耳

疏三說是戒經者明忍清戒之法戒淨由忍而成既是正法判非邪教故陳聖量也

三結法中初二句撮前略偈既下正釋結文指此略教是彼佛說故云陳聖量也

疏下六佛並同此解

指例中以下六段人法不同餘皆無別故通指之意使學者臨文準判

律　譬如明眼人　能避險惡道　世有聰明人

能遠離諸惡

律 此是尸棄如來無所著等正覺說是戒經。此賢劫前三十四劫出興于世。八十年中常說此偈後方廣說。

疏 第二段略如上分之。就初偈中但明離過行也。上半約譬明離險，下半約世明遠惡也。俗世俱有遠險避惡之能也。況出世缺有之士而同塵隨染乎。

第二法偈中，初總示上下，判釋初分偈句。上半約喻以明，下半即舉世事為比。如俗中君子懷仁抱義，遷善遠惡，所謂聰明人也。俗下通合，缺即破也。

疏 下明能說人中。言尸棄佛與第三同在賢劫前三十四劫中出世。前後兩分空劫無佛也。

能說人中。尸棄此翻云火。能燒有明可名佛德。七萬歲時出世。三會度二十五萬人。賢劫前三十四劫亦從空劫前壞劫逆數，即當住劫第七劫。此與下第三佛同劫同人壽時出世，但年有前後耳。或云後佛八萬歲者非。前下通示七佛。謂空劫前取三佛，空劫後取四佛。故云兩分等。

律 不謗亦不嫉　當奉行於戒　飲食知止足
常樂在空閑　心定樂精進　是名諸佛教

律 此是毗葉羅如來無所著等正覺說是戒經。此佛出世與前同劫。人壽七萬歲。七十年前說此略偈後方廣說。

疏 第三段略偈明止作二行。教化於時也。就初四句明身口奉戒止行成就相。後有半偈修善策勤作行成就也。就初又二。初半偈口無過也。次半偈身離過也。同住檢行，稱根而舉名。不謗，又解稱法而談，無顛倒過，不非聖說，故曰不謗。見他名利，口無譏毀，名不嫉也。二過既無，理資行本，故當奉戒也。

第三佛初止行。上半中，初釋不謗有二義。前約舉罪釋，後約說法釋。顛倒非聖即名謗法。高座講說，寧不慎乎。見下次釋不嫉。行本即目戒也。

疏 就身離中受納有方，不生內苦，故知止也。在喧亂道，處靜同聖，故樂空也。

下半偈中，節食處靜並道緣故。

疏 上既身口據法，定慧必有日新，故曰心定樂精進。策修之慧即四修也。法非餘人所傳，深須諦受，故曰是諸佛教也。

作行中，躡前生後。前是身口業，此即心業。又前是戒學，此即定慧二學。日新日有進益也。策修慧即四修者，舉四正勤釋上精進。一已生惡令除斷，二未生惡不令生，三未生善令生，四已生善令增長。

法下釋下句此句文局在後義總結前能說人前文已示偈後不釋毗葉羅亦云毗舍浮鞞怒附隨葉等皆音互耳此翻一切慈種姓同前娑羅樹下成佛二會說法度十三萬人

律 譬如蜂採華　不壞色與香　但取其味去
比丘出聚然　不違戾他事　不觀作不作
但自觀身行　若正若不正

律 此是拘樓孫如來無所著等正覺說是戒經此佛賢劫初佛人壽六萬歲時六十年常說此偈後方廣說

疏 第四段中說自利利他行或純自利行初釋分二初偈明利他行法下偈但明自利行也就前偈初三句喻文後比丘下合喻初中假名行者待食資身如蜂在聚也乞食如採世華攬四塵以成有感果之用故名華也施主亦以四事和合名施必同感果之用故如華也又蜂之採華非直取味亦損色香但取之至微不損成華感果之用故曰不壞色香也比丘亦爾終不多求壞俗之信義同不壞色與香也趣乞少許資身長道故曰但取其味去

第四佛偈初兩利釋利他喻中初釋上句乞食如採句絕世華下舉喻四塵即香色味觸施主下合喻又下次釋下句初舉喻比丘下合喻

疏 文中比丘合上蜂也出聚者方欲乞食向俗故云出向聚落如蜂不異故曰然也又云出聚者入聚落得食出詣僧園將噉無損俗懷如蜂在林取味出林還返故云出也又有戒文爲入聚者言比丘初入必以蜂喻自觀也

合法中初牒釋有二前約初乞出去釋又下次約乞已出還釋又有下點異初入自觀同前初釋

疏 下偈明自行中上明不外違下明唯內愼也不違戾者衆行不乖也不觀作不作者別人不預也夫好

惡由乎淨穢愛憎必因斯起凡夫遂有去取終恐涉於貪瞋事須兩遣成於捨護也下自觀中如常解

自行中初總分不違下別釋初釋上半衆別兩行並屬他故衆不可戾別不須觀戾乖也預猶辨也夫下顯意行淨故好行穢故惡見好則愛而取之見惡必憎而去之既是凡夫取舍不以道往往愛起於貪憎出乎瞋反成自累故須愛憎兩遣不一其心故云成捨護也下下指略下半謂須剋己正則守之不正則改之斯乃爲人爲道處衆立身之要術矣

疏又通作自行解。初三句喻文，下並法說。行者如蜂也，將入眾中學於行儀爲採也。清眾法成有感果用爲華也。依法而行不乖眾網，名不壞也。採取教法有資神用，名取味也。比丘合上蜂也，入聚合上採華，不違等半偈合上不壞色香也。但自觀下合上取味也。

次自行中，初釋、初總分，行下別釋爲二，初釋喻，此約入眾學法爲採。依教奉行爲取味。比丘下釋法說。入聚謂預眾也。餘合可解。

疏又解初偈明自行也。形報須資，依俗濟道，受納有儀，如初偈也。行假眾成，力未兼濟，隨機處默，恐惱僧儀，故自外護，即後偈也。

次釋中初偈自行資報，次偈處眾護僧，大同初釋。但從大判，不復碎分耳。

疏第二結能說中，拘樓孫賢劫成時，人壽六萬歲時六十年常說此偈。過此方說廣也。上下並須比事如此釋之。

能說中，拘留孫，一云迦羅鳩飡陀，或云迦那伽。此翻金仙人，即賢劫第九減劫。一會說法度四萬人。從人壽八萬歲減至六萬歲時出世。上下通指，令同此釋。然經註自顯，不復引也。

疏問：劫初人化，命限無量，佛何不出者？答：無過放逸。雖出不受正化，故論云：劫減佛興，劫增輪王也。

問中言人化者，謂劫初時人多從天化。答中，初約義釋，下引論證。未詳何論。言輪王者，地持云：初地菩薩作轉輪王主四天下，以十善化人，在於劫初等。

律　心莫作放逸　聖法當勤學　如是無憂愁　心定入涅槃

律　此是拘那含牟尼如來無所著等正覺說是戒經。此賢劫中爲第二佛，人壽四萬歲，二十年前常說此偈，後方廣說。

疏第五段明輕縱放逸行，然放逸之相極多，莫非迹散流俗，心隨苦樂，名放逸也。如涅槃說最爲善行之霜雹，就偈分二，上半明因行，下半明果滿也。

第五佛偈。標分中，初示放逸相，迹散流俗，謂行非潔白，心隨苦樂，謂志不堅正。如下引示放逸能喪善行，霜雹能摧生物，故以喻焉。彼經第十三云：諸善男子，因不放逸能生世出世法，若有欲得阿耨菩提，應當勤修不放逸法。夫放逸者有十三果報：一樂爲世間作業，二樂說無益之語，三常樂久寢睡眠，四樂說世間之事，五常樂親近惡友，六懈怠懶惰七常爲他人所輕八雖有所聞尋復忘失九樂處邊地十不能調伏諸根十一食不知足十二不樂定寂十三所見不正夫放逸者雖得近佛及佛弟子猶名爲遠。

疏 縱心塵境隨緣染著方名放逸若能攝心與正觀相應離諸緣過故曰心莫作放逸然逸通身口心爲本業故指心也此明離過進修會正有解脫因名爲聖法當勤學。

上半偈中初釋上句初牒釋逸通身口言其末也心爲本業窮其始也此下釋下句躡前離過生下

學法。

疏 如是者牒上因成也由行聖法入增忍位苦業永亡故曰無憂愁也心淨慧明諸有永絕故曰心定入涅槃也。

次半偈中初釋上句增忍位即內凡第三位苦業永亡者且據三途因果爲言以忍位不退不墮惡道故心下次釋下句諸有永絕即無學極聖上舉深賢永離三惡下舉極聖永出三界。

疏 賢劫初第二佛四萬歲時出世三十年前恆說此偈。

能說人中拘那含牟尼此翻金色仙一會說法度三萬人。

律 一切惡莫作　當奉行諸善　自淨其志意　是則諸佛教

律 此是迦葉如來無所著等正覺說是戒經此賢劫第三佛人壽二萬歲二十年前說此偈後方廣說

疏 第六段明三學行輕過修善也偈文爲二初三句明行教下一句指非濫說也就初有二句上明止惡下明修善次有一句明止作二行本唯心起當觀志意也心有所主名意貞固難拔名志也

第六佛偈上三句中初分句心下點文志意並心從義兩別。

疏 斯之正戒非餘邪術故曰是諸佛教。

次釋下句可解。

疏 賢劫第三佛人壽二萬歲時出世二十年前常說此偈。

律 能說中迦葉此翻飲光一會說法度二萬人。

律 善護於口言　自淨其志意　身莫作諸惡　此三業道淨　能得如是行　是大仙人道

律 此是釋迦牟尼如來無所著等正覺於十二年中

為無事僧說是戒經。從此已後廣分別說。此佛略教。即是略之正宗也。時接利根無再犯者。後因重過。佛止不說。即以廣略二教付弟子說也。

疏 第七段。明調三業門。以化於時。偈分為二。初一行明三業行淨。後明行成會正也。是大仙人道者。佛為世導。任物施名。仙為俗網所欣。故佛因之立教。小仙未免三惡。大仙永離九居。故曰也。

第七佛偈。初分文。是下。牒釋。初示名所以。小下。次明簡異凡仙。薩婆多云。薄伽梵於世俗中是尊勝故。又於聲聞獨覺之仙。是殊勝故。號大仙也。此則二乘亦名小仙。今文且對凡仙。故云未免三惡九

居。即三界。欲界為一。色無色各四。並眾生居處。故曰九居。

疏 能說人。此賢劫第四佛也。義當分三。此是釋迦下。明能說之人。於十二年下。明略教所為也。從此已後廣說者。明息略通廣也。

能說中。釋迦翻能仁。牟尼翻寂默。人壽一百歲時出世。說法不計會度人不計數。十二年常說此偈。標分可解。

疏 為無事僧者。如光師釋。由未最初犯。故曰無事。又釋容有初犯。但不在眾得行說戒。故曰無事。今釋云。如律五年制廣教。便有犯人。但最初不犯。即名無事也。至十二年方有重犯。如律佛言。從今我不說戒。汝今自說等。

牒釋中。初文三解。光師約未興廣釋。次師約屏犯不礙說戒釋。彼謂因在眾犯。佛始不說。則知已前不在眾犯皆名無事。今解中。五年有犯即破初解。最初不犯即破次師。至後重犯方名有事。如下引證文見滅諍。

疏 問佛何不為犯者說。答以無事不知無時不練犯人三問不答。必有碎首之苦。故不為也。

次科。初問答中。事謂行業。時即三世。正徧知海無不明練。碎首苦者。五分云。五百金剛常隨佛後。三問不答。競舉金剛杵擊碎其頭。如涅槃說。此亦化現非實爾也。

疏 問佛僧兩說俱為行淨之士。如何一開一閉。答佛眼無不觀了。唯行淨者方同。僧制取報三根現淨得陳說戒。

次問。僧中通穢是一開。佛唯淨境是一閉。答文可解。報告也。

疏 問俱有說能開閉猶昧。請陳其旨。答佛說不應則

○大段第三廣略二教總流通 三初分文

○三流通

神杵壞之僧說不應則無神可損故知末法淨穢同居但說對淨士會機入正穢雖在眾不壞僧法但自壞行遠有出期也

三問以前義未盡故復徵之答中還用初義兩以釋通故下顯益會機入正會合也正即正道遠有出期者謂無近益業疏云自爲來習是也

律 諸比丘自爲樂法樂沙門者有慚有愧樂學戒者當於中學（此謂略教之流通分）

疏 第三諸比丘下明略教流通也自爲者獨拔厭世也樂法者修善教也樂沙門者息惡士也有慚者隱不起過也有愧者外無非違也樂學戒者總攝上五成斯行本也當於中學者明上略教爲行者所依可受而從必有成濟也

三略教流通中初總示自下牒釋列釋簡人隱不起過即屏處外無非違謂露處也總攝上五者由具上五方能奉戒故云成行本當下釋勸學可受而從者教非虛授也必有成濟者行不徒爲也

疏 大段第三明廣略二教總流通文分爲五初從明人下至諸佛法來明廣教行益勸信流通第二若有自爲身下至入寂滅涅槃來明略教行益開演信順

二隨釋五初廣教勸信流通三初分文 二隨釋二初正彰戒益

流通第三從世尊涅槃時下至得入涅槃來明戒爲衆行之師善護行淨之士明付囑久住以辨流通第四若不持此戒下二偈明違佛遺囑必有陷墜之咎勸信奉順流通第五我已說戒經下結前迴向以辨流通

第三二教流通分文五段須用科語一一對經方見經意

律 明人能護戒　能得三種樂　名譽及利養　死得生天上　當觀如是處　有智應護戒　戒淨有智慧　便得第一道　如過去諸佛　及以未來者　現在諸世尊　能勝一切憂　皆共尊敬戒　此是諸佛法

疏 就初段分二初有二偈正彰戒益勸觀第二如過佛下一偈半引彼三世同遵行益也就前有二初有偈半明持之時不期世報而冥感獲次有半偈明持戒之善與慧相資道成遠益超出相有名第一道也釋文可解

初廣教勸信初中初科分末後一句示略今略點之初偈半中初句標持人必是智士故曰明人次三句先舉世報以誘鈍根上句總標下二句別示

二三世同遵

二略教信順流通

名利是現報生天是來報下二句上句勸觀下句
勸持如是處卽上三樂有智卽召信奉之士下半
偈次示出世果通接利鈍謂因奉戒發生定慧破
惑證聖故云第一道也上句明修因下句顯證果
疏第二引上廣行之教必有正說之人故通明三佛
旣並絕縛俱遵戒法若斯敬持是諸佛法也
次科偈半中前一偈上三句別舉義通十方下一
句顯德聖智滅惑生死苦盡故云能勝一切憂後
半偈謂旣爲三世尊敬則顯是諸佛法旣是佛法
同當奉持

律 若有自爲身 欲求於佛道 當尊重正法
此是諸佛教 七佛爲世尊 滅除諸結使
說是七戒經 諸縛得解脫 已入於涅槃
諸戲永滅盡 尊行大仙說 聖賢稱譽戒
弟子之所行 入寂滅涅槃
疏第二段略教分三初一行明律主引略勸之文次
一行半舉七佛說略行之度世也後尊行下一偈明
七佛諸子承奉聖教亦同度世明信順於略旣有功
能義非徒誡故也
第二略教信順有三偈半初分文明下示意初一

三付囑流通

行中上二句召機自爲身者厭生死苦也欲求佛
道希涅槃樂也下二句勸信正法卽略教是諸佛
教者極聖同還故次行半中前三句舉七佛說略
上二句歎德下句演法後三句明行之度世上下
二句明破障中間一句明入道破障中上句諸縛
是煩惱障下句戲論卽所知障後一行弟子奉行
初句遵師教次句贊略法聖賢通目諸弟子下二
句彰益上句成因下句證果
律 世尊涅槃時 興起於大悲 集諸比丘衆
與如是教戒 莫謂我涅槃 淨行者無護

我今說戒經 亦善說毗尼 我雖般涅槃
當視如世尊 此經久住世 佛法得熾盛
以是熾盛故 得入於涅槃
疏第三世尊涅槃時下分三初一行引佛戒時將傳
遺訓之儀第二莫謂我涅槃下一行半正明付囑之
法後三此經久住世明依教修行佛法增益廣大由
依教行如佛在日不殊故得入滅也
第三付囑流通有三行半初一行中涅槃時集衆
教戒者卽涅槃重扶戒律遺教珍敬木叉今撮彼
意以爲偈辭次一行半中初二句遮疑恐謂佛在

四、奉順流通

須護滅後不護故。我下示入法住持相似。上二句指所說法。則戒與律。下二句令觀法如佛。卽遺教云當知此則是汝大師。又經云若見法者卽見我身等。並同此意。後一行中歎教功益。初二句明住持益。教存人奉匡僧導俗修因剋果三寶久住莫不由斯。下二句明得道益。

律 若不持此戒　如所應布薩　喻如日沒時
世界皆闇冥　當護持此戒　如犛牛愛尾
和合一處坐　如佛之所說

疏 第四若不持此戒下明違教有損文分為三。初偈舉損令慧日沈眾行沒也。故譬日沒則眾世闇矣。後偈覩損勸持奉戒遮防。犛牛愛尾成上持戒也。和合如說成上如所應也。

第四奉順流通二偈。初偈上半法說若不字貫下二句。不持戒喪自行。不布薩滅眾法。此二既亡群生愚冥無所見故如日沒也。下二句舉喻如疏對合。後一偈上半勸修自行上法。下喻犛牛。說文云西南夷長髦牛也。（言出在夷國髦卽尾也）世傳其牛尾長赤色牛所護惜故教中多舉為喻。下半勸行眾法。佛初親說令倣上聖故云如佛說也。或可令遵佛制

三結略

五迴向流通

半月後行亦如疏配。

律 我已說戒經　眾僧布薩竟　我今說戒經
所說諸功德　施一切眾生　皆共成佛道

疏 第五我已說中分二。初一偈結前廣略之文。後半偈明說戒之益。豈唯卽坐亦迴斯業通被有心故云成佛道也。

第五迴向流通一偈半。初一偈中上二句結所說二教。下二句集始末行功。後半偈中上句所施之境徧該法界。下句所期之益直至菩提。前序歸敬諸佛。後偈三世同遵。欲求佛道施生成佛等獨出今宗高超群部。使夫行者學有所歸行無虛棄。業疏所謂故須域心於處者。旨在茲矣。文云有心卽目眾生。華嚴云凡有心者皆當作佛是也。

註 斯文卽法護尊者所撰。為廣略二教總流通也。今余所註述而不作。將用塵露山海昭揚遠代。同舟所存。固其爾矣。

疏 隨義更消亦得。但講通將了。說導若流。眾又久習。多生怠慢。故須約略指掌。接悟群情可矣。

結略中。上句示不盡。但下顯略意。上二句明說者意闌。說導若流言其欲速竟故。次二句明聽眾情慢。後二句結前簡略頗適機宜。

疏余以輕生籧篨正法昔在童稚即有信心無緣攜接致及過學年十有五方得尋師十六誦經十七剃落大業餘曆蒙受具戒于時佛法梗塞寺門常閑致於律教無處師尋但在守文持犯不識大唐御世時遭儉約乍欲投聽志不自由武德四年方得預聽纔得一徧便欲坐禪和尚教曰戒淨定明慧方有據始聽未閑持犯焉識汝且專聽吾自為汝知僧役務又往聽律十徧心樂禪思不忘晝夜聞持犯處多貫心懷至於文句並不尋究又欲坐禪和尚又曰更聽十徧可遂汝心又往律筵依位伏業時首律師親命覆

讀自顧愚闇文句缺然至於義理依語諳誦未是心證何容覆講遂不敢受聽二十徧時經六載貞觀初年周遊講肆尋逐名師若山若世遂以所解造鈔三卷未及覆治人遂鈔寫貞觀四年遠觀化表北遊并晉東達魏土有厲（砺）律師當時峯岫遠依尋讀始得一月遂即物故撫心之痛何可言之乃返沁部山中為擇律師又出鈔三卷乃以前本更加潤色筋脉相通又出删補羯磨一卷（貞觀八年出二十一年重修）疏兩卷（九年撰二十二年重修）含註戒本一卷（八年出永徽二年重修）疏三卷于時母氏尚存慶遺追喚顧懷不已乃返隰列同法相覩追隨極眾乃至三十達於河濱一夏言說又出

乙亥五月十日於補點疏記八月十三日點訖於此居惠安淨峯寺精力頹衰或有漏誤後再詳校也

尼註戒本一卷遂爾分手唯留鈔本餘並東流巡涉稽湖達於京邑十六年內母氏云崩性不狎諠樂居山野乃因事故遂往南山至二十年方得巖隱有樂戒者乃復相尋祈廣其文事不獲已又出羯磨并疏四卷永徽初年又請戒本及註解疏情不能已又出戒本含註并疏四卷值患停廢心志遼落昏忘非一為求不已至永徽二年九月十九日方為疏訖麤得開其大務決事行用頗有準承余今暮年旦夕為命故以歷之亦絕筆有據耳

四分律含註戒本疏行宗記卷第十六

二十二年癸酉八月十五日初依儀軌乃承補華藏戒本是夕校點行宗記竟粗具眉目俟後有暇再當覆校補點可耳

皈依三寶弟子秋浦周明泰施資敬刊
計刻此書連圈計字四十八萬四千四百七十箇
共付刻資壹千陸百玖拾伍元正
民國十三年　十二月　天津刻經處識

分會含註戒本疏記跋

曾聽天鼓自然鳴又聞鐘鼓俟桴方鳴矣毗尼爲言亦復如是乎性則無問而自說遮則待機說之是並正徧知者所以令然也于玆有歲星宿戊午孟冬之一日有客調律呂敲予蓬門來者啟扉窺之則斷金臭蘭之徒也問訊已竟客又手改端云自佛法東漸南山之正流溢於四海律教隆盛持犯開遮燦然維新矣凡普天之下釋門之緇素孰敢不祇奉乎且終南之遺書其大者三所謂鈔及二疏也於中戒業二疏本末異卷後進之英達踟躕照校矣于粵有律師

字禪龍固執一字權普泛四等航其慎獨也效乎草繫焉其愛物也比於鵝珠焉將濟學徒費勞嘗會羯磨疏記以流行天下云云予竊謂客云汝與彼龍公分會之場耶客云爾也復問律師何爲不會註羯磨耶客云未審何意予謂希冀本文俱會即可乎將不可耶客云如我惟忖芝祖科文正科疏文不係本文焉其爲此耶余云此何傷斯在且舉其例如天台法華會本依文句科以會經本隨判溪科以分文句今亦舉一千從依疏牒文以會註及戒隨記科釋分會疏文且鈔是宗鈔豈會戒本乎疏是註疏宜牒會本

文不可一準耳客云唯爾一言以著書諸紳矣客退暫時云今註戒疏記闕之會入須作此之分會註戒俱賦矣余云原夫戒體玄微德用難思不曰高乎越彼之太虛不曰深乎方之於滄溟恢恢焉晃晃焉迥出言象之外也今也將提短綆而臨于深井挑小管而窺於廣天吾恐不知量招罪於大方與厥貽譏乎後世孰若其屏德無聲無臭且夫小慧者德之賊也名是實之賓苟求虛譽遂勞同志言不得其門而臻彼奧則無有是處徒弄文章終失醇粹請勿受言矣客憤然進席悱然抵掌云鈔記既會業疏亦成第所

殘闕箇書耳汝今當仁豈讓他起予鞭吾恰急於魏帝之責幼弟也如予斗筲之器雖不以足責而揚桴擊鼓雖欲不鳴其豈可得遂乃謾諾矣退而倩想自小學薙染志學入律以來長被佛祖曠恩夙浴三學法水實知罔極矣焉敢不謝之乎是亦非宿因所令然耶況復戒則定慧之本原十方如來一門超出妙莊嚴路戒足不全若爲發趣欲全戒足則豈捨之大哉戒德方行資始百論盲跛之譬牟子之說行之解如之何乎苟守一隅而固辭則早晚使挑慧炬蒼生照正行之路因而利其器從事於斯矣而戒本註疏

文段鉤鏁不唯一重殆病符合而賴釋文逐節排布
疏記循科分會綸次今將法彼曲成從天地易簡五
部俱會一覽使普矣茲捻功成更以異本校讐猶恐
爽靈鑒多矣恭候後哲之琢磨非敢功於比先輩纔
酬佛恩少答祖德矣冀稱性微勳彌徧法界佛日增
輝法壽無窮矣云爾讚陽日內山陰沙門釋種蓮合
卽靜閣毫於靈芝寺徧照光院方丈
于旹寬保二年星舍壬戌孟冬穀旦

弘一大師全集

趙樸初署

第六冊

佛學卷

句讀校注

《弘一大師全集》（修訂版）編輯委員會 編

海峽出版發行集團
THE STRAITS PUBLISHING & DISTRIBUTING GROUP
福建人民出版社

初版發起人（敬稱略）

釋瑞今　釋宏船　釋廣洽　釋常凱　釋妙燈　釋廣淨
釋廣義　釋廣範　釋廣餘　釋廣安　釋傳貫　釋晴輝
釋覺定　釋優曇　釋元果　釋隆根　釋自立　釋唯慈
釋妙因　釋妙抉　釋心理　釋圓拙　釋妙蓮　釋妙湛
釋毅然　釋傳常　高文顯　陳珍珍　林子青　虞　愚
蔡吉堂　劉雪陽　豐一吟　金兆年

編輯委員會總顧問：趙樸初

編輯委員會主　任：林子青

副主任：釋圓拙　陳珍珍　沈繼生

編輯委員：釋圓拙　釋妙因　釋妙蓮　林子青

陳珍珍　高文顯　沈繼生　釋法雲　王連茂　陳泗東
陳清泉　陳祥耀　莊炳章　陳存廣　黃柏齡　楊加清
李瑞良　楊貢南　夏宗禹　許在全　余險峯　張虹劍
施榮茂　莊為玠　葉四遊　陳瑞熙　傅佩韓　陳懷嘩

修訂版編輯人員（敬稱略）

編輯委員會總顧問：李木源

顧　問：釋界詮　釋道元　釋本性　釋向願　釋理任　釋常定
汪毅夫　林文斌　余險峯　黃少萍　李育才　陳清泉
潘燕燕　胡曉泉　駱良益

主　編：釋學誠　陳珍珍　陳祥耀

副主編：周焜民　王爾康　吳幼雄　林長紅

編　委：釋學誠　陳珍珍　陳祥耀　周焜民　王爾康　吳幼雄
林長紅　祝聞影　周書榮　釋振宇　釋德昇　釋真仁
張　勇　林　樺

◎ 一九三五年攝於泉州

◎一九四二年攝於晉江福林寺

◎一九三八年攝於晉江安海水心亭

◎一九四二年攝於惠安

◎與浙江第一師範門生石有紀（立左側）合影

◎與俗姪李聖章　一九二七年攝於杭州西泠印社

◎與陶秉珍、朱章卿居士　一九二一年攝於杭州玉泉寺

◎一九三五年攝於惠安科峰寺

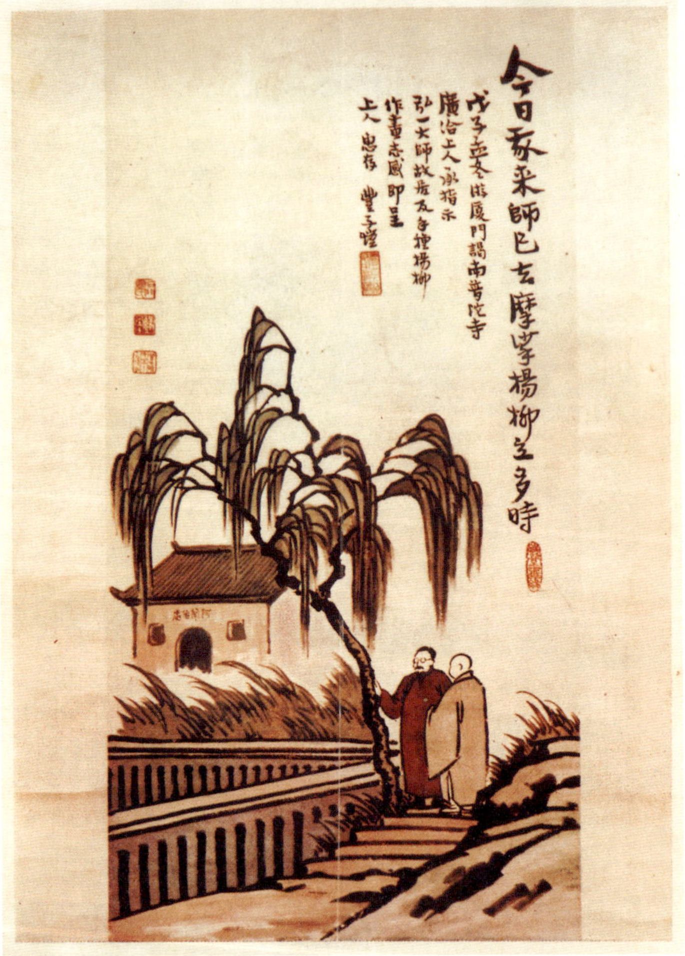

◎一九四六年豐子愷繪於廈門

◎一九三七年五月將赴青島講律，臨行前與會泉（前排左二）、宏船（後排左二）、傳貫（後排左三）、圓拙（中立灰白衣者）、廣義（右一）諸法師及高文顯（前排戴帽者）居士在廈門留影。

第六冊目録

佛學卷

第二部類　句讀校注（續）

佛學卷

句讀校注

四分律删補隨機羯磨疏目錄　南山律要五

四分律删補隨機羯磨疏目錄

謹案南山宣祖既述四分律删補隨機羯磨復自撰疏四卷以釋之古稱業疏者是也宋釋元照又撰濟緣記以釋疏原本各自別行羯磨唐時編入正藏而疏記則元明以來中土久佚清初釋讀體撰毗尼作持續釋以釋此羯磨深以未覩業疏爲憾幸東僧禪龍有疏記會本近歲來自海外已爲

刻行。今從會本錄出疏文。合羯磨文。重爲編次。釐爲十二卷。如右。七百餘年之佚編。一旦復顯於世。學者寶諸。辛未前安居日海鹽徐文霨顯瑞附識

曇無德部四分律删補隨機羯磨序

唐京兆崇義寺沙門道宣撰

原夫大雄御宇。意惟拯拔一人。大教膺期。總歸爲顯一理。但由羣生著欲。欲本所謂我心。故能隨其所懷。開示止心之法。然則心爲生欲之本。滅欲必止心元。止心由乎明慧。慧起假於定發。發定之功。非戒不弘。是故特須尊重於戒。故經云。戒爲無上菩提本。應當一心持淨戒。持戒之心。要唯二轍。止持則戒本最爲標首。作持則羯磨結其大科。後進前修。妙宗斯法。故律云。若不誦戒羯磨。盡形不離依止。自慧日西隱。法水東流。時兼像正。人通淳薄。初則二部五部之殊。中則十八五百之別。末則衆鋒互舉。各競先驅。人或從緣。法無傾墜。然則道由信發。弘之在人。人幾顚危。法寧澄正。所以羯磨聖教。緜歷古今。世漸增繁。徒盈卷軸。考其實錄。多約前聞。覈其宗緒。略無本據。師心制法者不少。披而行誦者極多。輕侮聖言。動絓刑網。皆務異同之見。競執是非之迷。不思反隅。更增昏結。致使正法與時潛地矣。故佛言。若作羯磨。不如白法。作白不如羯磨法。作羯磨。如是漸令正法疾滅。當隨順文句。勿令增減。違法毗尼。當如是學。慈誥若此。妄指

實難。昔已在諸關輔撰行事鈔具羅種類雜相畢陳。但爲機務相訓卒尋難了。故略舉羯磨一色刪標詮題若科擇出納興廢是非者彼鈔明之此但約法被事援引證據者在卷行用。然律藏殘缺義有遺補故統關諸部撮略正文。必彼此俱無則理通決例。並至篇具顯便異古藏迹。夫羯磨雖多要分爲八。始從心念終乎白四。各有成濟之功故律通標一號。今就其時用顯要者類聚編之。文列十篇義通七衆豈敢傳諸學司。將以自明恆務也。

丙子冬序日光別院標記竟　其中應提行者用「」
依科劃分之處用 一二三…等 大段如此 又大科空則增。
凡標章及標分之文牒文徵文問文總結及指廣文或不鈎劃
此後標記未及詳審俟後再加校正耳

四分律刪補隨機羯磨疏序　南山律要五

大唐沙門釋道宣於終南山豐德寺撰

觀夫聖人之利見也。妙以清澄界繫亡我靜倒以爲言焉。故張三學之教源顯八正之道業。揚四部之清訓樹五種之良規。莫不橫厲重關高翔極有者矣。然則學雖多位誠戒居先。豈不以衆善宏基依因之所本也。自古詳教咸分兩途。化教則通被道俗專開信解之門。行教則局據出家唯明修奉之務。三輪則攝於憶念。四藏則統在毗尼。義約則行教所收。從文則歸承法聚。止作兩善名實昧於卽機。受隨二戒願行標於時衆。所以前修後進成誦維持。代漸浮訛不無沿濫。自法流東夏開務實繁。戒本羯磨爭分異轍。良由受體止持攝修之極無越戒本。據行作持量處之要其唯羯磨。戒本序致如別所陳。羯磨衆氏義須詳顯。或單翻出（卽古本曹魏所翻者）或依律文（卽今一家依本直誦）或準義用（卽光師所述首云三藏者）或引緣據（卽願師後述廣子注者）。酬校諸本成務紛綸。增減繁略互見得失。單翻則失於文旨包舉難尋。依本則得在執據前後易惑。準義理雖無爽藏迹可嫌。緣據似是具周。止存別見。並隨事尋誦臧否冥然。唯可卷收信殊龜鏡。文依本綴疏廣引遊辭附文摘義鈔。逢其器。遠于近世。繼有作者。盛解律文。空張辭費。至於行事。未見其歸。撫務懷仁。實增勞想。今不揆庸昧。試纂聖言。削彼繁蕪。增其遺漏。具依正量。傍出行用。各顯部類。仍隨義舉。指瑕則知過宜改。摘理則思擇有蹤。時務則廣樹厥儀。同廢則略題名相。本雖行世。於理未陳。故復相從。勒開文義。余老矣。恐徒移日晷。妄損正功。耽滯無益之辭。以送有涯之命。誠不可也。大集法行之言。律頒常一之教。此而不審。餘竟何言。所題曇無德者。中梵本音。唐言譯之。名爲法鏡。部謂黨類之別名。運起正法之初位。四分即說之斷章。言律乃行所詮教。對彼繁略。故題删補。對彼潛務。故曰隨機。羯磨天音。人翻爲業。凡百所被。莫不成濟。且開大略。廣要如後。

四分律刪補隨機羯磨疏卷第一（始從集法 訖緣成篇）之上

大唐沙門釋道宣於終南山豐德寺撰疏

將欲造文披釋先以義門開解深求教旨意存決務隨務辨成不過四位初謂聖法即能辨之教二謂緣務即所被之事三謂秉御即弘法之人四謂安立即設法之所故律顯法具現方成今約機緣非四不立且依四別並以義求然後對法相攝分齊

初明聖法所謂羯磨略為四門一教興本意二顯名定體三辨務緣成四廣明非相

初教興意者自三寶降世俱敦缺有之機凡所立教無非為存滅惑然則佛法兩位通贍道俗唯斯僧寶獨據出家明功上鄰極聖顯德下濟群有但由僧海宏曠行位殊倫或內外以分途或凡聖而啟路或約寶通於緇素或就儀辨於持毀至於事務符會要以情見相投同和則上善可登同忍則下惡可滅非假聲教何以通之是以如來體斯弘理故制御僧方法隨有別住普使同遵但得其緣無非成遂

就第二門復分四別一釋名目二定體相三分廣所以四諸部同異初釋名者所言羯磨者中梵本音此翻為業業謂成濟前務必有達遂之功故明了論中亦同翻業現今譯經聲傳羯磨必翻稱業自古至今有翻羯磨為辦事者非無此義但用功能往翻然能事乃多要唯有二初謂生善事如衣食受淨入法結解並隨行善而得生也後謂滅惡事如懺罪治擯滅諍設諫名通善惡理在除愆皆由羯磨前務夷蕩故受此名又生善之極勿過受體由作法和便發戒業量同太虛共佛齊位也滅惡之大勿高懺重若不洗過生報便墮由此羯磨

拔之能令九百二十一億六十千歲阿鼻苦報欻然清淨豈非辦事諸部亦稱為劍暮者蓋取聲之不同也然以業義通於道俗謂此作法非局在僧故存梵言簡異通者知羯磨事非俗行故但以唐梵翻譯詳覈未通師資傳授習俗難改乍聞為業絕聽驚心今依正翻傍通舊解想無昧也二定體相者自古諸師依法出體但廣明非翻非如法今不同之律有正體無宜不立故異由來所述法義就門分二初明體者然此教法正據緣成緣則通於內外定體則繁今但剋相以論實唯言教問僧

和忍義非餘設卽以聲相相續善色爲體若據事
成感發業量是謂作與無作也廣如戒業章中今
依律宗全無三聚攝法但有隨相明體然則法隨
事興事緐法廣不可論體法假人弘人分三位謂
一人衆多人僧人故法隨人亦分三體謂心念法
對首法羯磨法若據律本以三羯磨謂單白白二
白四用通攝者但據衆法爲言今約成業辦事亦
通別人故別秉法理稱羯磨所以十誦四分咸有
誠文然律但明僧法餘不彰者取建業功強勿高
大衆故偏受羯磨之名舉事約文義皆通也二明

相者據法本體義張三位隨相略分以爲八品初
心念中自分三品一但心念法如朝夕常念四儀
等事二對首心念法如持說衣藥等也三衆法心
念法如說戒自恣分僧物等二對首中自分二品
一但對首法如白告受淨等二衆法對首法如捨
墮說恣等三衆法羯磨自分三品一單白法如和
白說恣等二白二法如結解諸界等三白四法如
受懺治諫等僧及一人法各分三對首一法但分
二品故有八相也三明分廣所以者但由法不孤
起起必託事而生事雖衆多大分三品初謂小事

未假證成一人獨秉便能遂辦如上所列次謂中
事中猶通也法雖衆多微通大小謂對首羯磨必
假境緣若無所對分通心念衆法治懺是所常行
必界僧少兼通對首故此一法分通大小後謂大
事如住持衆德匡攝僧儀息邪靜謗悔除極法自
非僧位莫能辦之故曰大事也然僧得自在通塞
適緣上得兼下下非僭上故說戒自恣事通僧別
乃至心念亦通辦之雖作法或乖而表淨是一良
以戒法相攝自他雙被故也餘有不通者或是事
重或是被機情事相投義須堪濟故限當位不通

彼此重就此三離八相者就心念中離分三相以
但心念法事是常行來往繫心衣食起觀止得獨
運豈向他陳餘者例然故名此也二對首心念者
事實假證緣闕故開但以衣鉢受淨待形爲要若
不曲聽教非通濟本唯對首末開心念從本爲名
故名此也三衆法心念所以立者事實僧成義非
獨濟但以說恣等法衣服施緣形心所資方膺道
業故雖僧秉通濟別人故名此也就對首中離爲
兩相初明但對首法者如告白證成持懺等事若
不引證情想紛馳緣假他成業由自吐彼此相會

方得濟機故因境對便立斯法言衆法對首者如懺捨等事下凡累障動與持違衣藥之間誰能清淨必有違犯要假僧除時緣或乖減衆亦許仍從本位故曰衆法對首此之二位本是僧行故作法時還通界集故文云不得別衆雖捨不成不同心念法中對首之法通界無人聽成心念得人別衆卽是本位若據衆法心念大略同此通界無別方成本法名相顯然無勞解也就衆法中離分三相若據和白處齊前事得遂義不分也但以僧情難一事分小大隨務裁法故開三品初單白者如說

戒告衆僧所常行聖制同遵有背結過未假煩請隨作便遂初牒事表陳勸僧和忍名之爲白卽此成遂有作業之功名爲羯磨若非常務情和稍難如受日離衣差使處分故須一白牒事陳情一羯磨量其可否方能成遂故曰白二羯磨討又應名白一羯磨以白與羯磨雙建其功故曰白二也若情事殷重和舉轉難如受懺大儀治擯重罰故須一白牒陳三羯磨量可方能成遂故曰白四亦以一白三羯磨通爲四也然此三位約文乃局就義通成但白據表唱之緣羯磨顯功成之用此爲局

也單白一法卽辨前緣初後羯磨非無表意此據通也然文分前後者以陳情之高者莫不名白功成業就者要唯羯磨故結集翻度之人取意分於前後若論律本通曰羯磨如上廣列今據隨事大小難易不同故法依之分廣其相問心念之與衆法約事各分三品未知對首據何獨爲二位答語事爲論乃殊品量且統裁之隨分三位約事九品法亦同之何以明耶如心念法中所被下事旣局三位自分三品謂下下下中下上也衆法之中所被上事當局位三自分三品謂上下上中上上也

對首之中亦應三品如持衣說淨名中下事加懺捨墮是爲中中若懺偸蘭衆多對首得爲中上故亦隨相分爲九也上以偸蘭非僧懺故入但對法收今依律中令小衆悔聽問邊人故開成一位耳問捨墮悔蘭俱非別衆如何分之以爲兩位答據非別衆說恣應上悔蘭限三應歸中品然以捨墮通對一人故名中中悔蘭其必問邊理歸中上以十誦云重者界內輕者界外四分下文小衆故也及時加法界亦通收與前說恣蓋是同也對人多少故有階級問說恣及捨通界必集據現到者開

成對首此豈爲中如悔次蘭三二人邊便得成法縱有不集義應得成此望前法理應非上答若據通集實如來難今據事大情多作法稀就故判中上如說懺等法心念亦開捨墮但對便成清淨次蘭不爾懺必衆人以罪起初二之篇懺分三境之異止得從義爲中上矣問如上廣相隨事三九不同古來所傳百一羯磨其相何耶答如古所傳百是數之總名隨事皆一羯磨故云百一也不無事義若考覈之自有一事而須三四者如受戒捨鉢德衣亡物之類是也從多限事爲言亦得局稱一

法莫不隨作業成皆曰羯磨也若據伽論恰有百一故彼列名單白二十四白二四十七白四三十也古人誦他異部自略本宗據四分中統收其相有一百三十四法有人細尋律本更加十法者又出僧尼互不同法及同秉者歷數爲二百六十一法有人隨戒各出二部捨墮即有一百二十法餘者更張之今以正律本文用法收事故以三羯磨攝一切故若隨事者事則無量何止前數以佛立法令僧準行如結集諸白滅後舉告既非佛制準義和用莫非僧法故不具舒且約略大途如上所

列也四明諸部同異計斯一門誠爲閑務既非當部徒費時緣然則博贍爲攝務之資通觀有經遠之用羯磨乃攝僧之大致豈是管見而欲明乎故當交映部別審成壞之源矣依僧祇中三品羯磨如此所明加一求聽羯磨故彼律中受日等事皆用之也十誦五分盍無異品然於別人所秉不出其相唯十誦云對首心念分衣已是名羯磨敢依此文統收衆別明了論中一切羯磨唯有五種故彼解云羯磨名爲所作業也一切通論悉稱羯磨與今唐翻恰然符合論云一者所作相貌羯磨謂

如此時量決事及時必定應作解云如僧立制比丘不得入於城市爲此事故一年一月或復永斷所立約時事各有相貌故也二者單白羯磨但作一白不說羯磨解云唱所立事令衆同知名之爲白問聽不遮名爲羯磨據如此解若僧時到前名白問和僧忍聽後即是斷決故成業也又云若唱所立事不問聽許不遮亦稱單白羯磨如今僧中打木和白一唱便定三者中間羯磨謂單唱白一分羯磨一分也解云唱事問聽皆不具足在單白白二之間故曰中間也如前僧祇求聽之法四名

白二五者白四如常所解文云後二羯磨唯僧得
作前三羯磨三人已上若作通成準此單白一法
既有問聽云何非僧而得秉御大德僧聽言何所
屬今通其旨三人和白初則改辭餘文準用義亦
無爽論通三人豈不然乎
大門第三明緣成相九種法辦皆具十緣如下文
說豎義者引之此明
大門第四顯成非相廣如下文至時當解　上來
雖四並是能成之法
今次第二法所被事緣境多途要分爲三一者爲

情立法如受戒懺罪治舉差使等二非情立法如
諸界結解等三情事合法如離衣造房付鉢等類
是非互有附法而生總要舉宗無非實事聖所制
約並不妄加設有作者或致破戒自惱或復招譏
妨業隨文顯相卒未可委
次解第三能秉御僧者四門分別初制意釋名二
定僧體狀三明人法相對四廣顯是非
初制意者僧寶流世元爲生善然生善在事假法
成立法不自建弘斯在人故制羯磨必由僧秉良
以五眾爲出世之田凡所造修無非拔濟故以僧

和之法能成勝業之緣何以知然如果向俗人雖
參聖限以形乖法別未許傳授所以五戒等受授
必出家其意可見言僧伽者中梵本音此土無名
比眾以譯有加和合乃是義用故文云僧者四人
若過和者羯磨說戒即如經律佛法眾也若以眾
翻則通三二據別顯德非四不成故存僧名知非
三也餘經云眾者彼不明僧義故從此翻律中恐
濫故存本也相從和義不無其理單兩相翻比眾
是本然此俗眾三人已上佛法顯僧其必四人莫
不攬假成用義相類也（案果向俗人謂證果向而未出家者）

二定體狀就分爲三初列數定體二立相所由三
攝用分齊并釋除疑執就初列數或凡聖分二或
儀寶分二或功用以分即事理兩和理取會正非
此所明事取即用是所機教然事和顯相還指法
通必於說戒等法相順同崇水乳無二便能隨法
待用故列三僧對心念法立一人僧對於對首立
眾多人僧對於眾法立四人僧僧雖名眾以下三
人同成眾故眾無別體還攬緣成故於緣中分兼
眾義且列三相言僧體者有人言依諸小論以五
陰實法爲體總陰成人人爲別用四人和聚成於

僧用故俱舍云僧和合以不隱沒無記爲性行陰
所攝有人約律準論取成實意攬指成拳攬陰成
人人假爲體實法無用四人假用爲僧之體而用
無別體還以四人陰本爲體如身口業無別有體
還以色聲爲體今存後引是所當宗然律本文不
就義理明體故不廣引有人但依律本約數明體
謂一人衆多至於四人並取三根清淨無非法相
便成僧體如對一人持說告白若非足數雖舉不
成故僧祇云僧無破戒不清淨也又十誦云清淨
同見是名爲僧若隨事別僧分多相依相辯體則

五人十人等今取刊定法務者爲體如上三列如
心念口言卽以自唱者爲體若據對首告倩則以
前證者爲體或能所俱體謂說戒等法若據衆法
羯磨能所不定若前有所被便除所爲之人說恣
之法同界成僧便無所爲有人但取四人爲體以
三人已下不名爲僧故文云大衆者四人若過雜
心云四人名僧非三人故由大聖鑒物知三人已
下辨法未盡四人已上作法成濟便標勝德故獨
名僧今若互約衆別兩法互有通塞俱非盡辦應
不名僧然則不爾當分通辦號弘法者何得不名

秉法之僧古人迷名謂僧異數今翻爲衆止是數
收四人已上其量不窮故約衆名總攝僧體聚論
附法弘在三緣故僧次一人功用極大通界盡集
心念衆法辦與百千敷教齊等約此齊量假用爲
體有人云上雖約義從用就相隨務皆云辨體然
僧寶之本要假法成秉法則百千非用具法則雖
一能辦何以明耶經云修六和敬令僧不斷故正
戒見爲法慧之宗由戒法爲衆德之基同受故須
同行有缺緣成不名僧也雖復同戒心同見慧爲
入道之本有異見者同界別法兩各得成故見異

法同不名僧也雖同戒見淨行須同邪命利乖財
法不共又非僧也上三據於僧體至於時務成濟
要以三業爲相故曰應來集者謂身和也應與欲
者謂心和也應訶不訶謂口和也既備三體能順
三和隨務成決是非俱辦故云僧也據此德用以
辨僧體一明立相所由有人言凡人法本興元爲
前境境殊三位位分三法隨法立人故分三相如
上一人至于僧也莫不由事有優劣故使人殊少
多以法對人人分三位將人約法法亦三乘異法
分人自有區別故須隨事便立三相也就後位中

分為四別一者四人乃至第四二十人僧有人言前二法爾也說戒相綰能所須四自恣治罪舉證須五後二逐情也中國僧多善心浮雜故制十人二篇悔治倍緣方濟故加二十受有中邊之殊故五人十人隨有專精第二故四人二十人也戒律攝用勿過受隨故又因之而立四也有人言僧雖有四體相分二初一為體非四不名為僧後隨事分故有三別自恣邊受體須四人但自陳己罪即須舉處若非德用濫全僧倫故差一人為僧事境和白面告無言表淨也方隅僧少前受心殷四實

濟緣事須別問若不差遣無由輒往問淨反白前緣方辦事兼受隨通用五也中國僧多前受生慢故倍前五為十人僧二篇鄰重犯悔情浮故倍中受為二十人僧三僧乃異莫非約事濃薄半倍增人方成前境猶受日法三品倍增類知可解問受隨同五邊受減半據受比殘邊方出罪開十人不答非類也邊隅僧少俗緣拘礙若不開聽永沈生死開有益也懺殘不爾初既誓持終便順犯本無慚愧垢心厚重若開十僧增長諸惡謂懺易成則乖機候故文中不言十人者除中國出罪也餘如

大疏三明攝用分齊又分為二初人次法就能秉人中又二初當僧局論次僧尼互作就初分三初三位定次三用通後就通局料簡初中事局一人作者如朝夕諸念也二局對首作如諸白告等三事專在僧如諸結解等各定隨人不相通也二明用通者或眾法通下或對首通下皆謂約界分齊有則眾集無則通之對首亦爾三料簡中問如說恣等眾法通下人位分三據緣應異何者是耶答有多異一人有少多二對法三別三約界通局謂僧局別通也四欲無欲異僧秉不開唯在結界別

人俱閉故五別相異僧中具三別若對眾多人則無不與欲別若對一人但有應來不來別所以可知二對互作中僧得被尼事但有三受戒半月出罪也約法分齊則一白問難三番白四自餘不行其教授自恣非無互差互往然是各行眾法至彼此部無面對作不同前三兩部通秉故文云二十眾受也五分云四十人出罪減一不成等然上局僧唱故約一相為言耳律云僧不得為尼作羯磨令受誦已當部作之十誦云如受戒等三僧對尼作不禮不語不敬此三尼遙為僧作又約四分捨

教授法僧爲尼作不禮羯磨尼爲僧作亦就法論
法位有三如上已辨各攝分齊可以情求然對首
中自分三別懺中品蘭唯約二三若對一人不名
小衆則非教也就衆法中律顯僧相四人除三法
五人除二法十人除一法二十人僧通作諸法問
四僧秉法通塞何相解云但據四人尚通秉法何
況餘三又人解云四人作務通秉衆法以體成僧
故也如說戒滅諍形法二同觸惱諸制謂單白也
差人被緣受日處分謂秉白二也七法治人諫證
等法謂秉白四也故法雖多以二攝盡謂說戒羯

磨四人通持意可見也問初僧既通何以文中除
三法耶答此除前事不除法也以自恣受懺境緣
須具故倍三人除三單白二白四法非謂餘事不
通四人故文云一切羯磨皆作五人通論通秉三
法約事就用但據自恣一白邊受二白是五人僧
用若作餘法收在初四十人僧者但一白四二十
人僧但一出罪自餘三法皆四人僧攝之問自恣
之時具有白二及中邊二受前皆三白今上所列
悉減何耶答自恣差人四僧所攝五德所爲不入
僧數正論僧用白和方是若論二受差人出衆四

人僧收白召對和二白在衆方五人僧攝及至受
具四人亦辨以羯磨者入僧數故問戒師白和既
在衆中應四人僧不應此白入五人攝答誠如來
難和白問僧身非預忍許不入數但秉僧法非別
所持請說俱在衆中相從五人所攝也問上列初
僧但除三事如受日受衣事皆須五人何爲不列
答云受日別人即是所爲不入僧攝受衣爲衆應
入五人自不得利故非五攝不同自恣彼此齊益
有人解云所言僧者始終重作秉法人者可入僧
收以互作故有於僧用差人持衣唯是所爲故非

五收如邊受中初白差時威儀所爲白召入衆又
是能持戒師白和便是所爲後與白四又是能持
故取斯義立五人也問如懺主初作單白後作白
二應非四人僧答懺主白和身外三人不名僧故
雖後還財未必同席不類前受相接成法又戒師
和時威儀入衆身外成僧義相全別也問法是僧
秉方名羯磨今秉法者不入僧中法非僧法答前
事委僧僧法和問義須進不入雖非應法爲僧成
故所被事皆名僧法如學悔秉法也如僧祇中五
人僧者自恣邊受諸尼薩耆此是正量豈有懺主

入四僧收豈可自忍也不同說戒結界成四即行
自他同遵莫非僧法故也故十誦中無有自忍作
羯磨故問結界唱相事中須之應五人僧何不列
者有人云律且舉之非謂餘者不列不得以受有
中邊之異故簡數約之隨有專精第二故又分耳
結界德衣並為僧務皆在五攝但非所為並入四
僧故僧祇云四眾羯磨者謂布薩事一切拜人案記云拜人即差法四人得作又人解云結界唱相不入五人
以但牒相結之不取人名入羯磨故然行事之時
相涉僧別依五百問聽用五人羯其本據正四人

攝如廣說戒四人開白必地自然義須結界初雖
唱白後入僧收不同受日受法牒名入教與上不
同問上列四僧收人盡不答但舉三人並通三法
就後四人皆收僧盡五人十人別為前事義非僧
收縱列八人律無正述故大眾者但明四人若過
四也昔以懺逆重蘭義張八人夷邊方便義立四
人此出師心未成正量十誦所顯但界內僧焉有
八人方名大眾五分無量比丘僧者即是四僧之
餘故律云況復過二十也
三明人法相對問能秉法僧有於四別僧所秉法
何但三耶答非是初僧不秉三法但四人僧者本
是僧體餘之三僧隨事淳薄故隨分耳僧體加一
得遂僧事號五人僧事情須發倍五加十號十人
僧心輕罪重倍十加人號二十人僧對法亦爾說
戒等被情事不難初則問和連辭即決故制單白
諸差諸結非常行務和忍稍難白加羯磨倍增一
法故名白二治諫等事成辦最難倍加二法故名
白四對人三反約法亦三是則人法相因皆由三
事也問法中約事無體直陳單白白二白四三法
半倍若準僧中亦應五人為體就五加十自決恆

務更何須四以為僧本解云四人成體加一為事
故後三僧不名本也法則不爾當白自體隨體附
事有上中下故倍增法無非本體猶如邊受白召
和入自是為事四人秉法還依本體但事須問非
差不成故僧外加一白則不爾法自是體何須重
加問就後四僧減則不成過便得就羯磨教法過
減俱非者何答僧取詳集無乖表和若制數定乖
別過起不名僧義是以過成減別非用法取濟時
通名和白既非情惱不慮乖別但順軌模便成正
法故云如白法作白等又解被事聖教咸準佛言

若有過減便由凡語淳薄斯異缺不成務也然則
制僧數定旣是聖教越度在凡應非辦法然情在
通和非集不顯隨集無乖方成法事故文云況復
過數等又云更無方便得別眾也若準十誦僧祇
人法相類重加成就減少不得文廣如彼
四廣顯是非如後文中不足數說　上來雖四總
明僧義
次解第四法依處起三種教法託二界起謂作法
自然也作法界三初是大界中曰戒場末曰小界
法雖通三元為眾法對首心念緣隨開作自然界

四聚蘭水道開結界法不及說欲也自餘對首心
念二法是所行處說恣受隨五人已去非所用也
故僧祇云非羯磨地不得行僧事問前言受欲入
對首法今何不通自然界作答法有通塞故曰楷
模結界白二局在自然說欲對首事唯作法以初
從兩對且就因名終成僧事自然不合若爾對首
捨墮界中有人何意不合答非界不合本是眾法
下通別人故名眾法對首必界有人隨人改法故
若有人成別眾也自餘相體廣如下述
上以法事人界為緣成之機今又對上四緣相攝

通塞就義又二初條貫其相後引法通塞
言條法中略分為三謂心念對首羯磨廣為九位
心念分三一但心念法二對首心念三眾法心念
對首分三一但對首法二眾法對首三小眾對首
或合為一如上列也羯磨分三一單白二白二三
白四廣略如此言條事者則有三種一情事二非
情事三二合也如前所引言條僧者略說為三獨
住約界為一人也二三同住為眾多也數及滿四
乃名僧也莫不弘秉通號僧焉就相廣分隨數為
七一者一人卽所對境或當身成用二者二人三

者三人四者四人五者五人僧六者十人僧七者
二十人僧二十實非四人實是隨用成務僧體在
中通名為僧二三亦爾隨機卽辦對法亦異故因
廣之人分七等言條界者略分為二自然雖四莫
非無法條理則通故合為一作法雖多略分為三
謂大界戒場小界也隨文列相則有七界大界分
三謂人法二同法食二同法同食別小界分三謂
受戒說戒自恣也廣列兩三兼於戒場故有七矣
次明塞通相攝此門之興元以教法所被必以成
濟為先成濟在緣緣闕不辦時務敢用九品羯磨

更互括檢相有顯成相無顯壞互缺緣乖則通成
壞故須昭練兢勵方可行事也先以但心念法略
列乃三摘取六念一法條之餘者例顯如將心念
法對事以論通於三也日月衣鉢非情也夏數受
緣二合也念身康羸唯情也對人以論唯是獨秉
可名心念有緣捨請乃是對首對界以論通諸界
作開無別衆二對首心念有七且取安居一法諸
例條之對事通三託處離二難為情也處所非情
也或身託前界淨藥及患等為二合也衣鉢持說
為非情也對人則唯獨秉若界有人而作心念即

是別衆召來加法是名本制對界通自然及三大
界戒場不許住三小非久固則不通安居餘法應
開也三衆法心念約文有四且就說戒約事非情
心淨應法則為二合也若就分衣唯是非情自量
得不文二合也今約所辨或法或衣唯是非情心
淨應緣此據通也若論自恣例同於此準此為言
唯局一也對人獨秉通界可行有則別衆隨集改
法約界則自然大界三小不通戒場時有未必恆
用四但對首中約文二十八法如衣藥受淨等對
事通三衣鉢持說為非情也懺下四篇自露六聚

為情也藥法白事即二合也對人唯獨一境不得
向二通諸對首例亦爾也若兼二三則名小衆須
問邊和又濫餘衆法故不開也縱懺三十亦止一
人單白告和為對前懺為證以罪通三悔故也若
爾何以文中加懺白者答因捨在僧便明墮悔事
非獨擅義須問和罪非僧除還同九十是以文云
此捨墮衣不得別衆不言罪也餘如後自對處通
諸界皆無別衆過五衆法對首中約文五法捨懺
說恣等也對事有二捨墮二合說恣非情也對人
始從一人或至三四說戒一法至四成僧單白廣

說如文所列不同自恣猶名三語以無五德不可
差故捨墮至四法通僧別捨財還衣僧中作法正
悔本罪須問邊三單白自和如前久廢三人已下
通行五緣約相加減隨機不定問四人受捨自他
合五一是所為餘者能持單白自量不入僧攝前
境滿四豈非僧耶答捨罪之者所為未除縱及還
衣終非僧攝對界通七不開小受以一席作法曾
無再用說恣兩界因舉便捨臨機具者則是四五
二僧之法六小衆對首義約懺蘭輕者對首一人
重者界中大衆中品待緣須小衆也事是情過八

局二三以須問故滅則不成不名小眾界亦可通
如上五也七眾法單白中文列三十九法事通三
境如餘語觸惱形法二同爲情事也說恣諸增結
集諸白非情事也滅諍和白德衣對受爲二合也
略題如此不可委示對人四人五人爲本以三人
已下無德可彰但受對首之號如說恣兩分可知
十八二十人則非分也對界唯作法四種自然俱
非分也就七法界互有通塞至時廣引且如三品
小界差問三白唯在受中既止一時不通餘者餘
二小界義亦同之非無舉罪即有白懺大界通行

戒場則局行鉢德衣形法等白不可爲有必具難
緣說恣二白亦通場上八明白二約文列五十七
法對事通三差使爲情諸結非情離衣房守則二
合也就人唯四不通五人十及二十也問上言自
恣須五人僧今何違者答自不明耳四僧差人前
境不足人乃是緣未成正法後秉白和對僧而作
方五人也餘差白二並以例知頃世濫行多以所
爲通入四攝故重顯之猶恐臨時相從迷也前言
不通五者非謂百千不舉白二但制五人單爲別
事白二所寄但在四人餘非制立若爾還衣付衣

並言展轉豈非須五答猶是四人以所牒者不預
僧例上已明訖何事猶疑對界而言亦通諸界七
箇白二通自然界以初結故不須重加則作法界
塞也餘並法界三小界中當界自局非無差人受
恣之事餘是閑務不必小界故彼文云作已即解
戒場通局又可情求如攝衣受日下鉢房舍白二
不通餘者類有可知九白四羯磨文列三十八法
對事唯情諸受諫證舉治等法依人加被莫非生
善滅惡爲宗餘二無義可明也就人以言三人非
分唯四人僧五人不通唯一單白十八二十皆一

白四故知餘法初僧收之對界爲言不通自然作
法界中就三小明唯一受戒是白四也說恣小界
則又不通不無因舉便即治出事由後生不在現
作上以羯磨條餘三緣麤相已顯今就四緣當局
各明通局所以就初法中心念羯磨有十四法但
心念有三自局而作設入對首並不成就餘例可
知七法通於對首四法通於僧別名義在文消也
就對首羯磨三十三法七種通心念五種通僧別
餘則必對人懺蘭局小眾略分如此至如通僧別
者非謂上通僧也以本是僧法開通於別人也言

通心念者本是對首法以界無證對故開及心念也就衆法羯磨一百三十四法中一法被一事各互不相通如差人問難不與白召同多法成一事則有相通義如受戒一也三白一白四方得成無作也統就衆緣結界畜衆必須相有白二中七結界法不得重加唯局自然不通作法餘白二及單白白四反上可知就事分三然隨法已顯故不重舉就人而論一人心念自秉口言是當分也設通上二是傍非正必界有人豈得獨作衆多對首爲前證境必是通情告事相領方能成遂雖通衆法

亦是開位四人成僧勝用非一約事乃三宗歸初位迴則彌勝若滅非法就界而論自然是弱不通僧務若不開結僧法無因唯聽白二作法七界互不相通文不許重及相接也然三大三小名多義一戒場自分故須圍繞雖相乃重兩間空也上約料簡羯磨成緣略分別竟

四分律删補隨機羯磨疏卷第一上

四分律删補隨機羯磨疏卷第一之中 羯磨上

大唐沙門釋道宣於終南山豐德寺撰疏

曇無德部四分律删補隨機羯磨 京兆崇義寺沙門道宣集

今欲造文科釋分齊就此羯磨文雖一卷略開三分法不孤起起必託緣而成故初一篇即爲序分由致已彰正宗宜顯故次諸界結解篇下訖懺罪篇已來爲正宗分八篇統略僧私兩成事須靜念離緣毗贊敎法光通末葉住持之相故末一篇明雜行流通分就初又二前標釋篇目後科文隨解

集法緣成篇第一 事法兼通大小齊降故前舉綱領末振毛目又緣通成壞敎相須張並如後列義無系亂

言集法緣成者諸出敎本文散難尋及到臨機僧別混亂至於加被成否渺然故前示綱模後依加用庶無遲慮也注云事法兼通大小齊降者欲明敎下所被無非成業爲功謂羯磨通也雖隨緣優劣皆有濟務謂齊降也依位數舉謂綱領也隨數顯相各有通塞若綱目之在綱如裘毛之依領故云末振毛目也此明總集三法區分之意然作法之始妙識是非準敎而行義無乖異故云緣通成壞等此謂對事加法立緣之相也

△就初集法自分爲二前舉大數用攝諸法單白已下隨法顯相

僧法羯磨略有一百三十四 佛言有三羯磨攝一切羯磨謂單白羯磨白二羯磨白四羯磨

言僧法羯磨略有一百三十四者總舉也非謂攝盡數是泛張故稱略也餘如上解有三羯磨攝一切者隨相顯法互周事境不可收盡以法從緣不過三法皆成業行故以三敎攝之不隨事境定其數也不同十誦恰列百一終非通被故此不論若準此收但據衆法若人通於僧別云三種五種一切攝盡也

△就文又三依人弘法人分三位故隨立也初又爲三謂三羯磨

單白羯磨三十九法 三十中二十七受懺法行鉢法餘語法觸惱法與剃髮法與出家法差敎授法喚入衆法對衆問和法說戒和法僧懺悔法僧發露法非時和合法諍滅說戒法自恣和合法難事略自恣法修道增自恣法諍事增自恣法第二諍增自恣法受功德衣和法捨功德衣法第一增說戒法第二增說戒法簡集智人法斷事遣不誦戒毗尼者出二法遣捨正義者出法草覆地法差往王城結集法迦葉論法毗尼白問優波離法毗尼白優波離答法問阿難法毗尼白阿難答法七百中論法白差比丘論法白正論法毗尼法白問一切去上座白上座答白行舍羅應有法白

單白三十九法者討理隨事何止此數且依律文

次第而列無有義類但應白相有無而已至下篇中亦不具出何者有則現用當世盛行且標名相事體如後無則事缺或復行稀或人通犯難爲洗懺如非時二和因諍四增觸惱論法餘語等是也今集法者且列名相依而解之用在將來故不顯事法也初言三十中二十七受懺法者許餘三十但以二寶餘衣捨既非僧因不明懺故闕此三餘有白者捨既在僧因即懺罪須白告量諸白例通故不更舉也二行鉢法者一鉢支身足堪助道乃廣乞求妨業招譏好者奪留惡者轉換若不白告

無由得知故曰也三餘語法掉戲邪綺躁擾亂僧語默乖常法義失度故制白斷改前餘語後作違法重增墮罪故曰也四觸惱法者因前語綺作法徵治轉興身邪重惱僧衆行來去住有滯恆倫立法制斷改前觸惱也五與剃髮六與出家即十戒也七差教授八喚入衆九對衆問和十說戒常和十一僧懺悔十二僧發露上之八法下具顯緣且直列名至時廣引也十三非時和者同住多年更求短缺彼此交諍遂成堅固具德和滅不定常期兩衆一心作法通解故曰也十四諍滅說戒者因

前和相理用法律二衆歡心同崇淨教說不待期故曰非時說戒也十五自恣常和法十六難事略自恣者僧正作法難緣忽生若猶廣說惱亂僧衆德人進不作白告知一時兩對彼此陳露事有三略謂一說再說廣說無非對白用顯略緣有人分爲三白今以說雖有異緣白不殊且合爲一十七修道增自恣者九旬勵修將尅忍位待時解脫末代便多若更他行衆具難得故白停之會正方作故曰也十八諍事增自恣者外界鬭諍不自銷殄反來清衆塵染何疑縱與同法本心未歇故且白

停至黑月未待令和去也十九第二增者兇惡不忍本界未和故來異住望同清蕩已來不肯即是無慚縱有舉處恐增鬭亂故抑且停更盡後夏也二十受功德衣和者名實兩副利潤弘多上士高世不通開限若不和許中下便絕故聽白和然後受也二十一捨功德衣者唯貪五利心無至道不可久延故須和捨或盡冬分如常作法二十二初增說戒二十三再增說戒亦以外諍入界不可同法故如自恣也二十四簡集智人者將評言諍必是義理是非若闕智人難爲刊定然僧通美惡多

不自量屏取評言對和息後故曰也二十五六斷事令不誦戒律者出二法戒者正行毗尼正教要由斯二人法方具今闕處眾出言無本內行又乖雖施豈用故俱唱遣二十七捨正義者雖具上二文義浮雜僞辯亂正終非順理故同前遣二十八草覆法者兩朋交諍互是瑕疵窮勘根源煩情叵歇是須綺靡不說是非素無重愆又乖對俗制令二眾各攬歸負面地相愧猶如草覆各陳此白罪諍俱銷有人尋律文安與尼受白大略同僧故不出也二十九差往王城集法者將欲弘法須待賓

緣同儔創聚義須先告某處也三十論法白者僧徒創聚本事須和若不白告無由顯意也三十一問優波離白者律是法命賢聖同持先須開演令法久住然擊揚有宗不得趣述故須和問表眾同心故曰也三十二波離答者既有先問無容杜默答對在僧先和後述示非私也三十三問阿難白者佛法命本既已先傳通解暢神之經次當須演阿難化教之匠故問令述也三十四答者亦以教不虛弘傳之有本對和仍答表法非謬也三十五七百中論法白者佛滅度後一百年中跋闍比丘

擅行十事惡法罔世事須除滅故伽耶比丘不憚勞苦徧國搜舉合七百人斷絕斯事既初論法義須告和因數託事爲名也三十六差人論法者對眾卽量賢愚濫委簡德屏論審知邪正故曰也三十七正論法者屏論已定三量無疑欲靜後緣必須對眾先和表意也三十八問上座白者此一切去閻浮高座百六十臘年德俱富眾所歸仰故先問之非和不忍也三十九上座答白者德居物尊發言信受還傳屏意處眾敷揚討後對眾行籌刊正應須先白文略不出梗槩如上也案一切去上座之名

白二羯磨五十七法作小房法作大房法差分臥具法差說麤罪法二十七還衣法離衣法滅六年臥具法護鉢法差教授尼師法制不往學家法幷解畜眾法尼差求教授法尼差自恣人往大僧中法與外道住法結受戒小界法幷解結說戒堂法幷解結大界法幷解結戒場法結不失衣界法幷解結說戒小界法幷解結二同界法結一同界法結食同法上三應有解與狂癡法幷解受日法差受自恣人法結自恣小界法幷解分四方僧物法賞看病人法分亡人輕物法結庫藏法差人守藏法結淨地法幷解差人守功德衣法付功德衣法差人懺白衣法差人行籌法遣信受戒差使法尼與僧作不禮法幷解差比丘料理房法持故房與道俗經營二法與覆鉢法差使告覆鉢家法解覆鉢法杖絡囊法律文具出如上應有差分粥分小食分佉闍尼差請敷臥具分浴衣分衣可取可與差比丘沙彌使

次明白二文列五十七初作小房法者多事經營惱亂二趣大不依量妨道招譏制乞處分商度限

齋爲法既少在文蓋闕二大房法者既有主作專任自由妨難兩緣一不思避故制依僧取僧節度事亦同前不出文也三差分臥具者爲僧知事義須普周若不通和恐涉私曲故先告委後方爲分四差說麤罪法者僧徒過犯未許世聞調達結愆上連王族若不早告濫染佛僧及過未彰先明示別故也五二十七還衣法者後文廣之六離衣法者既得重病將欲他行衣服厚重擔荷爲妨故從僧乞得離一衣七減六年臥具者法衣數造亂妨恆業故制限期任聽營辦必涉緣礙中亦開之恐

濫私情要須量處故曰也八護鉢法者乞多奪留下換還主恐設瞋忿作法罰之用舊持新始終監護也九差人教授尼者既具十德義通揚化輒爾開闡威相未彰故假眾差道風易扇故也十及十一結解學家法者見諦俗士正信居家不思乞求致令損竭凡愚覩相謂施獲殃故靜外譏立制割斷後既重有宜崇福會還須法解如舊施給故有二也十二畜眾十三尼差人請法十四尼差人往僧自恣與大僧不同十五與外道同住者諸見外道我倒未亡忽爾發心歸投大法若不試練輒與

受具性既未調恐反成難且爲沙彌四月同住以事陶冶得信方開十六及十七結解受戒小界者僧取六和不宜乖異既不許受恐礙生靈大聖權機曲制此法事成法就彼此通允即席便散不有後緣當坐便解判無疑設故立二法也十八及十九結解說戒堂者多人別造至時須定故立法示後集無疑既設說已須解又結也二十及二十一結解大界二十二結戒場二十三四結解不失衣界二十五六結解說戒小界者言行相因要在人法半月常被其意可見今至說期而心不會若不

開結教不被機故令下道疾結緩說事成即解起便失相二十七結二同者兩住互缺理須通和彼此法食咸有濟務也二十八單法同者亦是各住合界之事一則法食俱豐一則有食無法僧由法住故別解通結使二住成濟也二十九單食同者兩俱豐法一所無食若不兼濟全乖僧體故須和送非是結界上之三法應有解文律出其緣至時皆顯三十及三十一與狂癡法及解者心亂壞神不守本性來往違犯多乖法度據內非犯約外招疑故以法除雖在不妨後若病愈得乞爲解三十

二受日法。三十三差自恣人法。三十四五自恣結解小界者。夏末同遊至期須法。既不同意緣礙是難。曲制隨結得通情路。既作還解亦非久固。三十六分僧物者。既僧得施不私專己。先以法告後依法分。三十七賞瞻病人法。三十八分亡人衣物法。三十九結庫藏者。僧物須重不容妄置。故須委處商可和忍。四十差守藏人者。物既通屬相倚不收。致有損失。故須差遣。四十一二結解淨地。四十三差人守功德衣者。既名難活亦號堅固。爲功非少。非德不持。故須通和。守不出界。故曰也。四十四依

德付衣者。先已和擬義須付持。令奉有儀。不可虛託故也。四十五差人懺白衣者。非法譏罵壞信俗人。凡世尚恥。何況道服。若令自往無由解紛。制具八德作法差往也。四十六差人行籌者。多人斷諍情見互生。若不知機濫罔非法。三種格量。五種檢勘。若非通忍諍必難銷。故具德差任時取滅。四十七尼差人往僧中受戒者。既有絕貌能傾國城。圖略者多。唯希出寺。若詣僧受中途遭難。制作本法遣信通情。僧遙加被。信返告知。便感戒也。四十八九尼與僧作不禮法者。大僧上位。威重有儀。輕爾

自墜尼中。亂節致虧下敬。制遙作法。令自改過。後若恥悔還解如前也。五十差比丘修理房者。四方僧房義須修補。壞而不治未成相續。故差營理。因福饒之。五十一二持故房與道俗治法。僧房久故治葺須人。前但薄營。即堪安厝。今極朽壞。多用人工。事須和付。仍以情許停止量時。故有二也。五十三與覆鉢法者。得信居士輕掉論議。既虧奉敬。便成自損。若不制約。過益未明。故作法遮。不許往返。無任受用。如鉢之覆。因以爲名也。五十四差使告覆鉢家者。僧自作法。彼未曾知。若不委示。無緣改

悔故也。五十五解覆鉢者。既被告及慚懼不寧。便爲殺我。豈是薄信。故待乞謝。方爲解之。餘無信人。不預此法。五十六杖絡囊法者。老病羸頓。假用扶危。故立開聽。以理將濟。持多長慢。必取通和。餘不乞法。無義輒捉。五十七諸差人法。分衣分食等諸解法等。律雖顯意。多不具文。據理更有。故且存略。

白四羯磨三十八法。諫破僧法。諫助破僧法。諫擯謗法。諫惡性法。諫惡邪法。諫擯惡邪沙彌二法。諫隨舉比丘尼法。諫習近住法。諫勸習近住法。諫瞋捨三寶法。諫發諍法。諫習近居士子法。式叉學戒法。受具戒法。學悔法。訶責法并解。擯出法并解。依止法并解。遮不至白衣家法并解。不見舉法并解。不懺舉法并解。不捨舉法并解。與覆藏法。本日治法。摩那埵法。出罪法。憶念法。不癡法。罪處所法并

解
後明白四三十八法初諫破僧者立邪五法替正
四依濫染世間愚迷惑亂若不諫曉是非未明事
既難稀法亦隨隱二諫助破僧者當諫破主伴助
不同反諫法僧令息曉喻故設斯法令絶外援所
以主伴分二也三諫擯謗者染汙俗流是非混亂
故須擯出用清昏網然以六八同犯來去兩乖二
人不悔理須依法倚此反謗故諫令知僧無私涉
也四諫惡性者中人已上可以語上善友令行反
拒不隨故制僧諫有違斯犯也五諫惡邪法者欲

是障道生死中根出家志本誓斷此法反言不障
濫罔教限故諫令息也六七諫擯沙彌法者創入
聖法割愛爲先乃反教迹說欲非障初則理諫義
須開曉必不受行宜即擯遣八諫隨擧比丘尼者
比丘僧擧意在清心五衆同治不相往返乃違衆
命親事供承爲惱處深故諫令曉違三犯重故曰
也九諫習近住者尼須善朋方能勝進同伴濫惡
耽染情深但增不善故諫令別也十諫勸習近住
者僧本設諫意在懲惡反勸令住何勞別偶然素
絲易染朱紫難分故諫能喻無宜此勸也十一諫

瞋捨三寶者素欲投邪待憤方顯若不陳諫女族
無曉故也十二諫發諍者四諍久除夷然衆靜重
更發起亂動乖常故也十三諫習近居士子者道
俗情乖難生信重男女相別無宜親好今反習近
長增慢染故也十四式叉學法十五僧尼受具法
有別立爲二部羯磨本法有無各其志也今以文
相大同故不別顯十六學悔法者既犯四重永障
一生素不藏隱亦可容恕先令乞法後以對治盡
形學悔除地獄之障故也十七十八訶責幷解者
戒見儀命理須順奉今乃倒說塵坌僧倫若不擧

治中表難淨後若悛革隨從衆教得乞爲解因有
二法十九二十擯出幷解者既在聚落宜須長信
反倒四事壞亂俗心若不驅遣流習難革後若隨
順準前爲解二十一二與依止幷解者入道雖久
智鈍神昏纔懺還犯數作不止既無志度制依明
德盡形修學令識沈浮若後智通依前準解二十
三四遮不至白衣家幷解者信俗依投理須將順
反譏罵弄失出世法既忿再面恥更謝愆故加治
法遮其煩憒不許不至若自他調喜依法爲解二
十五六不見擧幷解者戒見等四佛法大綱反言

不見深乖至理且信爲道源又爲德母必壞邪信舉棄眾表亦絕僧務後若折伏還以法除二十七八不懺舉幷解者罪從緣生便有業招集增漏偏非道務今冒染大度罪福本空心同俗染未思洗蕩捨棄眾外義同不足後乃懺伏更作法收二十九三十惡見不捨舉幷解者舉治之重勿高此見汙染既多非舉不顯棄之眾外若彼污遺後若改心還依解取三十一與覆藏法者既犯次重卽須陳露知而故藏此過難忍隨所日覆以法徵治故曰也三十二與本日治者二篇半壞故號僧殘

洗心伏懺理須謹重行法未捨更犯本條可訶之甚還依初日故曰也三十三摩那埵者僧殘情過六夕僧中盡心供給欣其出罪名意喜也三十四出罪法者支條已傾根本須拔制僧二十方得弘持故也三十五憶念法者清人被謗取洗無因既是無學理非故犯須僧憶念用息諍情故曰也三十六不癡者過犯相齊清濁須別初造非心業亦不集然須僧證黠來不作也三十七罪處所者初未言告便引重罪及至勘刻遂轉引輕審其情實前言應是故加治法徵取本愆故曰也三十八幷

解者文雖不出非曰不無且存略也

有人就僧法中分爲多位初二部互作者單白中與尼問難白二中捨教授等白四中別住出罪受戒局僧爲尼作也次不禮等三尼爲僧作二當部別作者如結集諸白不通於尼本法六法諸諫殘等不通於僧也三二部通學者如同戒等亦有事義不可分盡如上已解且又存略上總爲三並是眾法

△次對首法分二初總舉位數後從位顯相

對首羯磨略有三十三佛言三語受戒已名善作羯磨說戒法中亦爾十誦律云

對首心念分衣已名作羯磨後來比丘不與分義分二別一但對首法二眾法對首法文通諸部並如下列

初中言對首者此提綱也既對一人已上乃至三四無別可彰但舉當時相當爲目故云對首皆是三語告情引證然作法之中文分三別或止對一人持衣說淨之類或通界同法如說恣捨懺或但對三人如中品蘭也及論作法又有三例或直自陳述前對默證如持說等或雖自言白前須示誡如安居諸懺入聚諸白或彼此互作交誦一文如說恣清淨並隨機隱顯莫非對首諸賢斟之位置

三十三者謂大數也通諸部爲言若對四分但有安居悔墮二三而已至於持說衣藥並缺其文故引諸部共成各如篇顯文云三語名羯磨者引證也以習俗生常唯言僧法得稱羯磨故引四分受戒法中初三歸受後便止之因以除疑前用三語羯磨如法但後作者是不得耳佛自斷云三語羯磨則餘不勞爭名也又引說戒者制知說戒法受俗戒等即指授五戒法爲羯磨也然行事之時但對俗境與僧對首相同故齊名也又引十誦文者彼此乃異同名羯磨理無滯結也餘文可解義分

二別者依位顯相也但以對首一言濫通衆別若不分相名教不開就義有三離小衆懺也約文但二合衆多也所以如上初但對首者事局中下不勞僧衆告情引證便成作業二衆法對首者本是僧秉別人非分道在兼濟故通於下如懺捨滅惡之方說恣清心之術若不許者教非通贍不濟時緣故兩被單對俱成惠及

但對首法二十八受三衣法并捨受鉢法并捨受尼師壇法并捨受百一衣物法并捨捨請法捨戒法受請依止法衣說淨法鉢說淨法藥說淨法受三藥法受七日法安居法與欲法懺波逸提法懺提舍尼法懺偷蘭遮法懺重突吉羅法自露六聚法露他重罪法捨僧殘行法白行行法白僧殘諸行法白入聚法尼白入僧寺法尼請教授法作餘食法

就位但對首二十八法中並是時須文自廣顯且列名相舉數可解二受持三衣一捨三衣有人分之爲六相也今以受捨法異且開爲兩當受分衣其法無別也若欲分者百一則多故不同也三受持鉢四捨鉢五受尼師壇六捨坐具七受百一助身具八捨百一衆具此之二法末代全稀謂捨長說淨三衣之外萬事畜一隨得加持不許離宿事在鈔中今此删也九捨請法十明捨戒者忽遇惡緣將陵重戒若不開捨後進無期故聽一說便成

用通凡下往返也十一受請依止十二十三十四衣鉢藥各說淨十五受三藥法十六受七日法十七夏安居十八與僧欲十九懺諸墮二十懺可訶二十一懺偷蘭此罪分三不可雜亂小衆如前甄簡餘者不問獨頭從生皆從一人邊懺二十二懺重吉羅二十三自露六聚者既已犯過義當洗除未及良緣且露無隱則輕而易出不繼後業二十四露他過者同侶有失三根不謬若私隱之期必欲犯故制向同徒陳無覆過彼聞便止不許更傳必知有危不告亦許二十五捨僧殘行者內依教

行總奪諸務。忽有別緣事須接濟。故開捨行往彼拯之。事若停歇。還須白行。即二十六也。二十七白入聚落。二十八尼白入僧寺者。僧尼位別。威儀須崇。輕爾突進。殊乖法式。故前通白進退須量。二十九尼請教授。三十作餘食法。數雖溢位。中二局尼。其致可見。

衆法對首有五。捨墮法。說戒法。自恣法。受僧得施法。受亡五衆物法。

衆法對首略有五法。一捨墮者。四人以下至二人來。口和問邊。單對一人。自如常也。二就說戒者。三人已下。展轉三語也。三自恣者。四人已下。亦須三語。

不可差人也。四受僧施者。以道俗欣福。各行大施。故一人已上。乃至極量。無非爲解脫出家。皆得爲福田也。界中局三。故開此法。五受亡僧衣者。文如下述。

△後明心念法。初舉後相。

心念羯磨略有十四。義分三別。一但心念法。二對首心念法。三衆法心念法。並通諸部。至文自顯。唯僧法羯磨獨四分一律。

初中言心念者。以獨秉法。傍無對證。辨濟不難。義加心念。審其意用也。略有十四者。且據時須。非謂不列不無也。義分三別者。恐法隨名局。妄用者多。

顯位張也。但心念者。事既恆須。數則勞擾。故開獨秉。不假他成。二對首心念者。法本須證。獨不預之。然攝修託處。所資受日。通濟道俗。形骸所待。衣藥爲要。故佛知時曲開此法。以濟獨住。誠有由也。而歸承有本。還存對首。爲言初矣。三衆法心念者。正法僧中。別人非分。但以財法兩惠。誠顯六和。若不傍流。何名僧體。故開獨秉。即事成業也。恐濫餘法。還須本宗。故題衆法。而當時通界無人可對。故云心念也。

但心念法有三。懺輕突吉羅法。六念法。說戒座中發露諸罪法。

就列相中。言但心念有三。初懺輕吉羅。二常途六念。非唯此六。故下文中來往語默。房衣食用。隨所動務。常爾一心念除諸蓋。不作違犯也。三說戒座中露罪者。計是對首。護衆故開。應入對首念中。然文制兩設。

對首心念法有七。安居法。說淨法。受藥法。受七日法。受持三衣法。捨三衣法。受持鉢法。

二對首心念有七。一安居。二說淨。三受藥。四受七日。五受衣。六捨衣。七受持鉢。文如下列。皆緣身所待急者。曲開也。

衆法心念法有四。說戒法。自恣法。受僧得施法。受亡五衆衣物法。

三眾法心念有四者一說戒二自恣三受僧施四受亡僧衣文具如下也

已前略明緣集已後辯緣成壞

已前明緣集者結前文也夫羯磨綱領舉位有三毛目往分隨位自顯以所集者各有部類不可混亂必不依作則自他相撓彼我同陷可不明耶後辯緣成壞者生下文也

△就分為二即成壞字初顯作法之始具緣辯成反則不成後僧法具七非下明不成相反則成矣初中又三隨人分也僧位又二以僧為秉法之人功用最强又是非通涉故須前舉後稱量事下廣顯緣具

前明僧法律中佛言有四種僧一者四人僧除受戒自恣出罪餘一切羯磨應作二者五人僧除中國受戒出罪三者十人僧除出罪四者二十人僧一切羯磨應作況復過二十若少一人非法非毗尼不成

初中舉數立四所以如上初四人僧除三事乃至二十人僧通諸事者皆約事限數故分階級也問上云四人得秉諸法今文乃局二十人僧者答上已明之但四通持事情須五乃至二十也今文對事顯法故云一切得作若就義理唯四得持五十

等僧為緣開也況復過者此釋疑情謂如羯磨增減俱非故此開通過彌成勝也此過但據二十若上三僧例亦有過五人說戒六人自恣可非法也律文略故義準加之若少不成者或是數少不應前四或是相乖如睡定亂語隔障之類或是體乖即有三根明練前失雖身預集而性不足也斯等頭數百千但為法簡不足成僧皆非秉御之功故云少也必入應法成隨數並得須知所以如下廣之

就作法具緣要十方得一稱量前事二法起託處三召僧方法四約界明集五應法顯和六簡眾是非七說欲清淨八正陳本意九問發事端十答所成法且列疏者一家廢立後更為述

一稱量前事毗尼母論云事謂人法也律云稱量比丘及自恣稱量羯磨及犯事也然所為之緣不出三種謂人法事也如受戒懺悔差使治擯等為人故作如說戒自恣等為法故作如結界攝衣淨地庫藏等為事故作或具或單時離時合並先須量據使成應法之緣

初中稱量前事者諸家羯磨皆略此緣律制稱量豈專擅立以法不孤建成必在緣事或濫疑義須前審焉待眾集方乃問之脫致爽差便成惱眾故前標舉思擇是非言稱量者若衡斗之增損識黍

衆與圭合也。注中分二。先引文證。後隨義開之。初中事謂人法者。即法所加通名事也。法通能所。人亦如之。如唱諸羯磨受戒懺罪等爲他而作。諸懺單白等自爲而作。是則互通也。然法物事有諸法名通。豈可地處不名法攝。就人以論。如律中解三法現前合僧歸人。五法現前。人僧乃別。下引當律。量比丘者。僧所差遣理須具德。受日捨衣亦觀機務。輒作濫加僧私無益。故曰也。或可稱量法事須幾成僧識達是非教限成壞。非人不預義須通曉也。言白衣者覆鉢懷信方堪被法。五八二受亦須

問緣先量後加。故應詳集也。言羯磨者事現在前非法則息。羯磨八種通鏡行藏。達則事法俱成。迷則翻種苦業。故須稱量也。言所犯者謂凡所造過無越七階。或涉疑濫或預迷塞。理須分別。事等晨昏無宜持犯相干多少委冒也。言量事者乃含多義。今但取當時達僧法所評者。隨人法物皆事所收。宜須商度重輕前後離合同篇異聚因果雜相。未可即施。先宜窮考故也。次就義解法緣有二。初三種者。文相易識。或具單下作法差別也。初中隨相受戒爲人者。以信士歸心。初依行本。故受法從

人也。望所受法即是聖教。應是法收。然法起依人。故從能受者爲名也。言懺差等相唯爲他。與治擯罰等自他通被。以斷除稊稗增長嘉苗。豈不然乎。或可隨義通塞。何限此也。言爲法者指說慾等非淨不預理在爲人。然僧別通行遵崇教法。故專在也。言爲事者但約非情依處加法。應由人與。然和告所唱唯是法也。合此兩緣所指則同。皆爲界限故唯明事。或具單下通解上緣。然發機不常前後難準。或但三分如前取別。有人解云。隨作一法皆須三量。何以明耶。如四人結界即人事也。白二加

之即具法也。對首亦爾。衣之是非事也。彼此相解人也。故文云言議往返。人現前也。口說持文即爲法也。心念亦爾。常存懷記爲人也。前境不一爲事心生口言爲法。不違此法。業成奉戒。豈非具三。今解不無其致。太爲通混。妙識羯磨所牒之辭則據本緣互不通也。如受法中但云乞戒者人也。諸結法中但云限約限即界也。自有人事合者。如人病衣重等。如是語者捉全籌等。無問僧別皆有單具。交絡雙單終合七緣。以從羯磨攝事皆盡。言離合者。如懺罪法異篇別法不合。同治同篇多種離合

皆得餘事類此可以情求言先量據者謂勸令早知不宜臨事臧否也

二法起託處僧祇律云非羯磨地不得受欲行僧事律中若作羯磨必先結界然託處有二種若自然界中唯結界羯磨一法自餘僧法並作法界中若對首心念二法則通二界

第二法起託處先以文據後以義求取僧祇文釋成羯磨所起必在法界自然地弱不勝僧事何以然耶夫僧法軌模起還法地若先未加事乖法式即如義證難事已臨欲行說恣猶先結界然依本法雖無文證即此成準言處有二者顯相通局也非謂僧法唯在法地結界一法非作法界由是草

創所依開此居宗若不自然後諸眾法無緣加被故此羯磨偏與餘反如受戒者聞法非障等自餘並在法界可以例知別人行法二界通塞如上也

三集僧方法律云佛言當敷坐打揵槌盡共集一處五分律云隨有木瓦銅鐵鳴者令淨人沙彌打之無沙彌者比丘亦得不得通三通付法藏傳中令有長打之法三千威儀中具明杵下之數薩婆多論云夫集僧揵槌必有常準不得互易

第三集僧方法者且依西梵本無科約雜碎文相隨引解之所以先敷座後打槌者由聲告即集牀座未施佇待悽惶非成獎務制先定座良在茲也

犍槌者梵本聲論云犍巨寒反地此云磬亦曰鐘也乃金石二物耳故五分云隨鳴者作之意取聞聲來集召僧法也故涅槃云擊鼓誡兵鳴槌集眾是爲法世四分中召僧七相不離聲色唱令猶不來者更相檢校意可見如律文令舊住淨人下位打者此召僧法制非具道者所爲必無二人方聽兼助也言三通者非是單三下也從微稠以至稀著聲絕之後又加三槌故云也阿含經云聞聲止苦者凡業有定與不定故苦有止與不止若作業必定聖所不免不定業者無緣則受有緣便止罪者遇善爲因打者設願爲緣故得聲傳苦滅自然感

應威儀經明杵數者今多不行故法墜於地但臨事籌度量時緩急外得生信滅苦內得無虛聲告若然可也論中不許互易者以僧法揩定輒改亂倫召法既乖受用非理故須常定也必欲換動先以本者召集現僧告令知意然後改革後更欲換還如前召如斯展轉雖是改換始終僧法若一住處兩磬互鳴前後雜亂不名常相隨用四事是盜僧祇由僧私一亂無法分異也今世有人言知鐘者云是淨語言打鐘者不淨語也元此知淨自不得爲令他作之故云知也鐘則不爾自他通用不

有種相何須避之當部言打其事極多人畜非情咸有其戒可亦改之為知淨也智論檛揵椎阿含擊揵椎五分打三通經中撞擊鐘鼓並以知淨之言別有所為故翻經之家隨以此方一相往翻莫非物觸聲發也故知鐘之言雖非巨害然是知法者之大忌也

四僧集約界夫界有二若作法界則唯三種謂大界戒場小界若論小界無外可集若戒場大界並頭盡唱制限集之若自然界則分四別謂聚落蘭若道行水界初言聚落則有二種若聚落界分不可分別者準僧祇七樹之量通計六間六十三步若無異眾得成羯磨若可分別聚落者準十誦律盡一聚落集之二言蘭若亦有二種若無難者諸部多云一拘盧舍按雜寶藏云五里是也相傳以此為定若難事蘭若如善見論七槃陀之量相去五十八步四尺八寸得作羯磨三明道行界準薩婆多十誦律縱廣六百步四明水界如五分律船上眾中有力人以水若砂四面擲所及處此之六相皆謂身面所向方隅限齊之內集僧無人方可應法

第四僧集約界者所以立界為欲攝僧隨其分齊不許乖異並是喪我之方略也文中先舉二界後隨別釋初作法中列三名者以攝餘界後當廣說小界無外者以界局在身坐外無法隨人集結故無外也若許有界則納訶人餘亦如後若論無場大界二處別集以界之內外咸有制約可從集故若爾小界無內可如前言身界之外可不須集答

元制簡人雖有不集不同大界制內外集若有戒場則四處各集一是界外二是界內三是內相外戒場外中間空地四是戒場體問羯磨之設界中無人則成何故集他外界答行法不同若作羯磨則隨界分局人不相集若作說恣則內外通收以是攝僧綱紀使內外同崇不許逃避乃至外界戒場見相便求多有句數即其事也有說云縱作羯磨亦須通知以年歲逾遠界相莫知或主客改轉虛傳制限故須通集先委問緣脫有濵落徒生疑惑必本非法實濫後緣若經受戒空傳聖法喪他

一生自他同陷深可鏡之此言易耳臨時難改問大界四集可如前言戒場之中亦有集不答場中兩集亦為說恣如難緣開之餘如結界法中說就自然界四種分之當部無文通取諸律四名如列各解可知聚落為二謂通局也初不可分別者或約僧之來去難可知者或約處所散落不知際域故僧祇云若城邑聚落界分散亂不可知者以五肘為弓七弓種一樹齊七樹為量相去作法雖有異眾各不犯別約相步之則有六間六十三步昔云七十三步半者錯算七間也僧祇疏中七樹六

間猶如四分衣界。八樹中間諸師衣界止計七間。如何僧界七樹非六間也。有人執舊見云。樹限兩頭各有勢分。故各分半。還是七間。又云周圓種樹。如月暈也。故有七間。又改僧祇爲八樹字。斯之我愛穿鑿太甚。何處有樹。卽以樹量律約世情假以相顯。中間七樹。二衆兩頭。各行僧事。相對旣爾縱廣四維。例集可知。律剋二身。故以樹限。若取當分。皆半折之。則自分之界。唯三十一步半耳。但以界體叵知。用身分相。廣如鈔顯。此一旣爾。餘之自然。大小乃殊。例有通局。皆半約之。彼律又云。聚落界

者相去雖不遠。行迹到處。亦名爲界。有人引之以爲僧界。此用非也。乃盜戒中顯空有兩位。不干僧界。今約步限。據不可分者爲言。以村聚散落無有垣壍。又僧雜鬧往返難究。指步爲限。檢括易成焉。取蹤迹遠通內界。故不可也。二可分別者亦有二緣。僧則在無易委。聚亦周院可悉。故十誦云。若無僧坊聚落中初結界者。齊聚落界。是僧坊界。此內共布薩羯磨。不得別作。縱彼文中齊行來處。此制通攝。恐妨界內。必作法時。身在門外亦得兩成。故彼文云。約以籬壍集。一蘭若者。亦有兩相。若無難

者諸部皆云。一拘盧舍而互說不定。大則二千弓。弓長五肘。小則五百弓。弓長四肘。四分俱盧舍者。一鼓聲間。驗鼓則鞞鼓不一。故其聲亦有遠近。皆是中國行李驛亭長短隨處。故致殊耳。大約雜寶藏五里爲候也。二有難者。如善見中蘭若極小。方圓七槃陀量。槃陀者乃量之總名。一槃陀有二十八肘。通計爲七。則百九十六肘。肘各尺八。六尺爲步。率之。故彼文云。若不同意。自七之外各行不妨。故知涉難也。三道行界者。如薩婆多云。隨比丘行。有縱廣拘盧舍界。不得別食別布薩。然部別有由。

當取十誦。故云拘盧舍者。長五百弓。弓長四肘。則七尺二寸。如是率之。則六百步。四明水界。善見云。水中不得結作法界。若自然界者。衆中有力人擲砂水所及處。外有比丘不妨內法。取水常流處深淺俱得。潮水不合。以作溢故若船上布薩。應下碇。若下檣不得繫岸及水中樹石。以與陸地相連故。此論不得結作法者。以水虛浮。相體難識故也。今則約岸分標。義亦可得。如四分合河而結。除無船橋。卽是明證。故五百問云。水中住船得結。如下廣說。文中六相。面方限齊之內者。據彼此各收。咸成別法。

審處觀時不容濫委。

五應法和合。律云應來者來應與欲者與欲來現前得訶人不訶是名和合反上三成別衆。

第五應法和合者僧人乃集有不來者義非僧體即是別衆今約此緣義分兩相或一上座告情以時勸勉或三業通僧顯成作業故律文云何名和合即反三別故知三業委僧豈是乖異文中應來者來謂應羯磨者須來總集餘不應者謂尼等四人十三難人三舉二滅重病癡騃既是位乖無由同法並不合來唯德行具堪識是非可有同法故須來也此名身集二應與欲者與欲來即簡非欲緣雖與不成有堪欲緣若邀身集致不濟機太急過分送心達衆即表無別故與欲來是名心集欲即心也三現前得訶人不訶者即簡不合訶者義無證正具德法應理非輒舉故言不訶也此名口集由默然故事法同持和通僧體前業成就反上三和即是三別廣如非相有人不立此和通入僧體以此三業順成僧義非無一致今以行事廣務要以識相爲先合相從體是非終不可練豈唯此和通入僧內四滿數中諸不足者可亦僧收今以翻和成別非相須知前但列僧則約相分數故文

云僧者四人若過今顯義用故統收三業此約事辨和也律中和合者一說戒謂約法辯和也二和雖殊非列不顯故分一位也。

六簡衆是非。律云未受具戒者出等文云有四滿數。

第六簡衆不足僧相即前僧義第四門也律雖出一不同之人謂未受者然非數相其類極煩若不廣明成非莫顯徒霑僧內終乖法式是以律中顯於四滿明是非相所以有者見前立僧但約數定便以非法之人用充數限故廣顯四種滿不滿義滿猶足數而此四中成滿唯二餘不滿者用列何爲莫不當時充僧謂是合法簡人方知不滿亦可從初得名交絡互顯方離不滿。

一者有人得滿數不應訶若爲作訶責擯出依止遮不至白衣家羯磨如是四人者是也。

舉相列名中初人得滿不合訶者由四羯磨但壞行法入輕治中不毀本信尚足僧數既奪德用故不應訶。

二者有人不得滿數應訶謂若欲受大戒人。

二不得滿數應合訶者即欲受大戒人體非具修豈合足數但今受法諸行根本立身之要脫有非緣無宜再涉故開訶令止事順法成也。

三者不得滿數不得訶者若爲比丘作羯磨以比丘尼式叉摩那沙彌沙彌尼足數若言犯邊罪等十三難人若被三舉若滅擯若應滅擯若別住若戒場上若神足在空隱沒離見聞處若所爲作羯磨人如是等二十八種不足數又云行覆藏本日治摩那埵出罪人二十誦律云行覆藏竟本日治竟六夜竟此上七人佛言不相足數十誦又云睡眠人亂語人憒鬧人入定人瘂人聾人瘂聾人狂人亂心人病壞心人樹上比丘白衣如是等十二人不成受戒足數摩德勒伽論云重病人邊地人癡鈍人如是等三人不成滿衆僧祇律云若與欲人若隔障若半覆露中間隔障若半覆露中手不相及若一切露地坐中手不相及又云若衆僧行作羯磨坐則非法乃至住坐臥互作亦爾四分云我往說戒處不坐爲作別衆佛言非法五分病人背羯磨說戒佛言別衆義加醉人等或自語前人不解心境不相稱等並名非法故律中受戒捨戒法內云若眠醉狂恚不相領解如前緣者並不成故文須知別衆不足數等四句差別臨機明簡成壞兩緣

三俱非者就此一位乖相極多略知大數後依隨解四分有三十二人十誦十五人伽論三人僧祇九人五分一人諸部通會共成一宗則六十許人不合足數今見講師但取四分二十八人是不足限不用他部口云律但列此二十八人明知不列是足數也今解律通列相令準例知本無結數擬含多相二十八者疏家束之勘檢律文隱顯不定如何氷執不通他部若有癡狂睡定之徒得入數者至如捨戒爲惡隨對應開若向狂心及未相解俱不成捨以非足數非對首人雖是比丘無住秉

法故須大觀衆部通照是非義類顯然不得不用文中若爲比丘作法以尼等四人足數者或由報別或法未具故不開之翻對及尼受具二十懺罪八人出罪四十者各成兩足互不相通若言犯邊罪等十三難人本犯戒障雖受不得以體非比丘虛霑僧用故也若被三舉者既本無信故作重治棄在衆外義無同法若滅擯者爲非既重加覆染心故作法除出海岸也若應擯者根本已壞去僧彌遠將欲擯遣逢緣且散故文云入波羅夷說中也亦可爲非公顯不懼覆藏或屏犯重而過迹陳露義須驅遣無力遮治行本既虧俱是應擯也問邊等十八人尼等四人爲自道非方是不足爲不自言當體不足有師解言僧取體如上既乖法宜然不足云自言者結集列相也又解人雖體非相有僧用各不相知理開成足故十誦云犯重罪人賊住邊等若先言有是過作法不成反上得也故律論並云同住之法肉眼三根淨不用天眼見他犯過廣如鈔中是以文中若言犯罪與彼不殊故知自言自述使人聞也又四分中於不持戒和尚受具足前三句者由不知不得故開第四句知不

得故方閉廣文如欲法中十九別住者將外界人
用充內數二十戒場上此二俱是異界兩列何意
由見外界不足謂戒場是界內應足外數然場雖
爲大界所圍兩不相接中留空地卽異界也二十
一神足在空十誦云空無分齊不可分限也二十
二隱沒者卽入地或在幷窖窨俱名非現故二十
三離見聞者解雖有多卽離比座見聞也若有互
離如欲法中二十四所爲作羯磨人者以爲僧所
量牒名入法安得成數又前乞是所爲後和是能
爲秉法專制訶足俱成除受大戒餘不合語通尼

等四合二十八人律中行覆藏本日治摩那埵及
將出罪以行法在身根本未拔壞衆義備是兩不
合若爾與四羯磨人有何異耶答前但小犯情過
可訶故足數收此犯次死罪深難拔故不足也有
人云四羯磨者衆法皆通僧殘諸治局二篇悔若
作此解焉有被訶責者得更治人犯二篇者開餘
懺主審約情事律文不了以義糾定應分二途若
同犯同治理無預加律言足數謂差結等若自有
犯必無淸過故有罪人不合解罪乍可應餘非罪
羯磨若作斯通始終無妨故此四人通前數等三

十二也餘取異部十誦十五人一行覆竟人二本
日治竟三六夜竟若此三人兼前殘四並是二篇
互不相足若爾夜竟人與將出罪有何異耶解云
律文兩位約遠近耳本日覆藏壞非壞分此亦爾
也又伽論云行別住人作擯成就除受戒法餘盡
得作引約四分明言不足者但據僧殘四位若同
上通非滅罪法可並作耳四睡眠人五亂語六憒
鬧七入定故彼律云若前比丘睡眠入定等或衆
僧睡眠入定等聞自已方睡定者成不聞者不成
也八瘂九聾十具二患人凡此十位以足僧數一

切不成因六羣證他受戒羯磨不成及後佛問皆
言不委因立制曰聽羯磨者當一心莫餘思惟專
心敬重心心同憶念如是聽作其作法者應分別
之是第一第二第三等不爾與罪若如伽論聾聞
聲者得成作法又次十一狂人十二亂心人十三
病壞心人十四樹上比丘十五白衣此與邊等何
異重來前十三難有過障戒此好白衣五八十具
雖並心淨不妨加法參差不成仍本名故有人云
卽有具戒緣須俗服者故不足數以無僧威儀也
今不同之不以威儀定僧體狀內具戒見財法應

僧外虧道相爲緣亦得如五大色不合受持爲緣
服用豈不秉法可以例也伽論有三一者重病人
二邊地人郎四分中邊不解兩不成捨三癡鈍人
用此滿衆俱不成就今約癡鈍事義須知夫羯磨
者爲通和忍隨文解意則非愚限故郎世行事祇
論身足及問是非渺同河漢今出愚相略有五焉
誦文合眼恐有渟延緣入非違傍無人覺此一迷
也或同誦一法前後無乖文相能所不識彼我此
二迷也或約文謹攝滐練自他增減乖務事法錯
濫不召令住此三迷也或文句乃明牒事不濫人

有別緣是非通默此四迷也或人法乃具事局界
境成否冥然端拱送忍此五迷也觀此五迷滐明
四法微爲弘獎僅涉僧倫齊五所收義歸不足至
於隨法明非非如霧結自非博觀餘復何論約指
通情如前亦可且就鈍人餘如後說如僧祇中有
九一者與欲人堂中作法通收欲者以入現數二
若隔障郎同在覆別有遮斷不見身也三半覆露
中間隔障四半覆露申手不相及五同在露地申
手不相及此上五種是善比丘當時乖相故非數
限又有行住坐臥更互作句以義細分則一行有

三歷作十二且從四儀郎合前九然此行等必有
餘緣亦應開許如立說戒敎授白召病者與來豈
同坐也然須相順面必向僧則成開制故五分中
病人背說戒者正判別衆四分我往不坐爲作別
衆等並是正量上來六十俱是簡緣豈唯如舊但
二十八必過今數義理有歸亦須收取如極醉人
共語不解人等亦是不相領會何有忍默之理故
須通照也文列受捨狂醉非者引證成前不足之
限患今學者但誦人言何不檢律自有明詁事類
極多故引令曉也廣如事鈔文云須知別衆足數

四句者上雖通列名含是非但爲緣差濫通淨行
故以法簡不宜混雜就分兩對初是別衆非足數
如應來不來等二人隱沒離見聞殘行法中七人
亦有通局如前僧祇中隔障四別等實如應法能
礙僧事故名別衆身不在僧非數收也二是足數
非別衆郎律中善比丘同住等由身參衆侶行德
昭彰故兼兩位也三亦別衆亦足數者如現前得
訶者訶身厠僧中通在數限口須忍默乃有訶制
郎非同和乃至僧坐而彼行立背面僧中等是也
四非別衆非足者如四分尼等四人邊等十三二

滅三舉等。或是報別法乖。或是行違治重。體既乖僧。不能爲別。十誦諸人。並是應法。但爲差脫。故不在僧。如睡眠亂語憒鬧。此三由入無記。不緣善惡。雖在衆中。不成作業也。入定善人。別有靜慮。至於忍默。不同僧和。然身雖在僧。不可爲足。見聞又絕。不名別衆。瘂等三人。根壞非證聽說。二緣正乖羯磨。狂等三人。由神亂故。不了自性。何預兩能。白衣本是無戒。可謂相似比丘。同住樹上。須知比丘在界內外。若枝委界外地者。身在界內。是名別衆。界外非別。若不委地。內外俱別。而是不足數收。重病

中邊。及以癡鈍醉不解語。並非二攝也。上以足數對別爲一四句。今以不足數對別。又爲四句。初是不足數非別衆。如所爲作羯磨者。體通道俗。且據比丘身在僧中。威儀相具。及以非具。俱非別也。然爲僧量。不名在數。或前加法。或自作白等是也。若未受具。又非義收。二是別衆非不足數。同上。三是別衆亦是不足數。卽界中不集者。同上初句。四非不足數非別衆。如律中別住戒場上。神足在空。並異界所收。非二種攝也。就兩對四句中。當宗所明十三難二滅。體相並不在足數。形報未終。斯法不

絕。尼等四人。三舉七行無記等。色但緣報。殊法隔心。差相轉。故暫入非。必能根轉法同。心相無改。者還通僧務。是足非別。

四者有人得滿數亦得訶。若善比丘同一界住。不離見聞處。乃至語傍人。如是等人。具兼二法者。

第四門中。得滿得訶者。謂善比丘也。今用若比丘反上尼等四人。邊等十三難。及白衣等。並體非也。上加善字。則反上三舉二滅。睡聾不相領等。雖是比丘。行相不善也。同一界住者。則反別住戒場上。不離見聞處。反上可知。乃至語傍人。反上所爲人也。以爲僧量。不得訶制。令他證正。越己至於餘人。

故曰也。又解。卽座餘人。足制訶止。恐因鬭亂。令傍證正。亦成訶也。以云誰諸長老忍。不忍便說也。又解直語傍人。此法不成。亦成訶也。故五分云。同界若訶。但比座聞。亦成訶也。又解。本以足數望所爲人。相反爲言。此言似倒。應云傍人語。以羯磨文中召令語默也。具兼二法者。謂含訶足也。

四分律刪補隨機羯磨疏卷第一之中

四分律删補隨機羯磨疏卷第一之下

大唐沙門釋道宣於終南山豐德寺撰疏

上明不應法者非足數收餘同法者義須盡集今既不來必有所以故次第七欲清淨緣先以義分五門料簡初制意釋名體門二定緣是非門三作法成壞門四持說應緣門五雜相分別門義立如此引義從文文分三別從初至眾多比丘與欲清淨來明與欲法二受欲者命過已下明持欲成否相三不得趣爾與欲下明說欲相初又分三初清淨來明制意二若有佛僧事下明開緣三五種欲下作法成壞

七說欲清淨律云諸比丘不來者說欲及清淨

初門分三如門所列言制意者凡僧事要務和合為宗乖此作業必不成濟然則形居世累事難通允制其身口容可從緣若不開心教則太局故大聖知時隨前法緣緩急相濟彼我齊舉通心達僧便成遂事意如此矣釋欲名者以希須為義如世色聲名為欲等今以僧務同遵義無乖異思得詳集如濟獲舟但以事違無由自達故遣致心名為欲也故伽論云所言欲者所作事樂隨喜共同如法僧事故十誦云欲名發心如法僧事隨法與欲故也釋欲體者有多種從法以言謂想欲等如雜心通中說也從相以論色聲為體或動其身色或動其聲相也從事以論則有兩種事一單僧須者如受懺二法等別人不預故僧須之二互須者如說恣等至期必說說必在僧若不求覓僧便有罪必私逃叛遠出亦犯是知俱須也文中不來者說欲清淨此即制開之本也

於中有三謂與欲受欲說欲等法若有佛法僧事病人看病事者並聽與欲唯除結界一法

文云於中有三謂與受說下即第二門緣如非義

就分為二一緣如非二定開制初中佛法事下辯緣開也大途橫絕有犯戒事無如法緣而與欲者以事非故不成是別僧事清淨理不容濫無心至尚豈是欣欲故有說者更招妄語當律開緣如文有五下文衣緣者乃非佛制比丘受行理亦通準僧祇云說戒不來者蘭若為衣鉢王賊禁閉守房等緣是開欲也二定開制中以欲之所在必緣僧務自然薄弱力所不勝唯除結界者自然開眾務其唯結界一解如上文云界須制限自結開欲終不識委故須通集也

△三五種與欲下卽第三門作法成壞就分爲三初
顯法二是非三正作
有五種與欲若言與汝欲若言我說欲若言爲我說欲若現身相若廣說與欲成與欲
初五種者四略一廣略則唯重廣通輕重也就五
又二四口說也若現身者是一後開故五分病重
不能口說聽身與欲若舉手舉眼搖頭得成
若不現身相不口說者不成應更與餘者欲又云欲與清淨一時俱說不得單說
二是非法中若不現相反身一也若不口說反口
四也文中更與餘者前既非法能所乖儀故更簡
人秉法方詣故也欲與清淨俱者以礙僧事律本

前緣二遂別說後令合也
若欲廣說者應具修威儀至可傳欲者所如是言大德一心念某甲比丘如
法僧事與欲清淨一說便止佛言若能憶姓相名類者隨意多少受之若不能記者但云眾多比丘與欲清淨亦得
就正加法中律云廣說不正出文今比轉欲故裁
出也文中分四初告前憶持二自言名號三牒所
爲事四正陳心本所以不稱病等緣者律無文也
稱者人言不足承用送心達僧未勞陳說如忘名
類但遞眾多可知也言如法事簡非法事律中本
爲事說欲及僧中事起非是所欲之事以礙僧務

但言如法隨時事起皆應羯磨故也言欲清淨者
有人言欲應羯磨清淨應說戒如僧祇中時集與
清淨非時集與欲四分合之爲妨當時作法也今
解云欲者表心無貳以應僧體清淨表行無玷實
通假用一說便止者律無結數三一之言準上下
文加三法處文中自明一說直成更無結約今以
一說爲定莫非呈心至僧眾多忘隱明判開之豈
限三說方成一法有人依五分僧祇不三說者不
成說欲以爲詳審必準亦任以四分無文制之文
中能憶姓相名類隨多少者今此四分與十誦同

座上人少說欲者多開之如斷諍中取諸人欲智
者屏量等也十誦中一界四處展轉與欲不同五
分欲少現多也不能記名云眾多者取心而已開
從本欲必能持記義依聲教
△二明受欲下卽解第四門義持說所以就分爲二
初持後說就初又二初明受已是非後明轉欲之
法
二明受欲法佛言若受欲者受欲已便命過若出界去若罷道入外道眾別部眾至戒場上若明相出等七緣若自言犯邊罪等十三難人三舉二滅在空隱沒離見聞處如是等通前二十八緣並不成受欲若至中道若在僧中亦爾應更與餘者欲僧祇云五種失欲如不足數中說又云在界外受欲持欲者出界

與欲人出界與欲已自至僧中還出眾第五持欲在僧中因難驚起無一人住者如是等並名失欲十誦云與覆藏等三人失欲五分云與尼等四人狂等三人或倒出眾人皆不成欲十誦云取欲清淨人若取時若取竟自言非比丘者不成清淨欲

初中明失則有三處謂受持中道及至僧中初從房內失相列二十八種非先有過也受欲已後方陳露之文中受欲者命終而僧猶用前欲房中及道可非欲到若在僧中事須分別有說者云未說不成已說在僧成或有說者說與不說俱名欲到如忘等例或云不爾忘有人持死無識也云何成持如捨戒中死人非數也若出界去者以轉在異域非欲本也說戒法中云餘道行致諸講者容云持至餘房即失欲也自恣文中辯緣一同便言出界則無謬也云罷道者受已言還俗也尋悔本心又將前欲入僧作法謂不失也但由中隔俗情欲非俗法也入外道眾謂同寺之內外道居處中國至今此事多有不如此方釋李乖也別部眾者則調達之黨五法為宗或同在釋門而見殊戒等如五部十八部故律文中同界各說兩別俱成戒場上者疑前出界此局內也中分異界與出不殊若明相出者即宿受欲十誦云若受宿欲不應說戒

問此宿欲者為約羯磨為約羯磨所為事辦不成耶答俱不得作如僧祇中八萬人自恣畏明相出滅眾各作四分恐明相出開略說戒若但經白時節可知何勞略也自言邊等十三及二滅三舉者既自逃過非數義顯即非持人雖復自言當後作法非本同聞不知通取以佛制三根無濫故也離見聞中三處俱有初在房中若受欲已必作送意雖離與者見聞則不失也作不送意互離見聞勢分未越故未成失若俱離者由過分齊教相正約故是失也中道望伴可以例之有伴可爾無則如何今解不問有無但不送意離生念處約俱離失有說者云如昔所解恐非弘贍今若約相以成失者有四種離一隱沒二倒出三障隔四遠坐初受中道據隱沒論若至僧中具兼四失問離見聞中為俱為互約誰辨離今解云皆望同坐展轉不約作羯磨者如轉輪說戒八萬自恣何由普聞但取相連即非別眾故五分中三種羯磨房小不容聽在前後簷下及庭中坐雖不了語皆為法來並名布薩若論辯失亦通俱互何以明耶四句分之一聞而不見失如僧祇不問覆露但有隔障即失成

別如五分雲霧黑闇中先不相識人不得受戒又
如背說戒師坐卽是別衆旣持他欲自別豈成也
二見而不聞失如五分若在屋隨倒出離若都露
地去僧一尋是也三俱見聞失十誦中空有互與
皆非法故四俱離失如僧祇中一切覆處不得離
見聞不成受具等上之四句所以並失莫非持者
入別非足故文云中道僧中俱列二十八緣上已
具明非法是同故云亦爾也旣已成失當更與者
明前非持人故覓應法也據此縱說付僧竟亦須
得入持欲自言可爾餘道戒場在空等類豈體乖

耶答戒具解昏雖行等夢制取餘者意在明人應
僧圓教耳豈唯孤行輒濟其神乎用人不同其致
各異義不可也問狂等三人尼等四人或受已捨
戒形生之徒何爲不列耶有人云濫不出也如狂
雖是一有三不同據常憶者是持欲也計餘不成
同濫不說有人云不勞所以但是略無如不足數
中邊睡定狂醉之人可是濫也律文上下列不足
數緣或少或具前後通括方成位耳今取諸部相
通明失以不知者則別衆緣成作業不就豈非險
也周行爲勝僧祇十種失欲五如不足數中卽隔

障等也六在界外受欲此能所俱非也審不入界
僧成法事七持欲出界此受者非法也令與者成
別八與欲已自出界此與者自非僧法得成九因
病人與欲已聞僧中有好大德來說法毗尼自力
就座久疲默出以先欲故更不重說此愚教失欲
本送心今身到僧前緣久廢故須後說十因布薩
時與清淨欲若暴風雨賊急火起驚散走盡名壞
衆失若有一人安坐不動名欲在僧彼律更有同
故稀故所以不出又如十誦覆等三人四分覆法
明言非數豈合持也又如五分尼等四人狂等三

人爲七倒出衆爲八通十誦三人爲十一通僧祇
十八爲二十一又通四分二十八人爲四十九人
也如諸部計會是非交映方成一法豈取專局用
成通照旣有別相則非法收自他同苦也故律文
翻種苦業多人不利等引十誦文明不成者反則
是成故彼文云若作法竟自言白衣沙彌等皆成
五分中自說罪人不名持欲反上則成如昔解不
自言成持欲不成足數數取體如持但傳信今解
同他部四分不了必不自言持數俱成若自言者
理非二攝十誦又云若受欲已或故不去放逸懶

睡入定等皆名不到睡定不成不犯餘者不成犯罪若與別住得戒沙彌亦名不到以不參眾侶常法故得受二欲俱是比丘也

（律云持欲比丘自有事起不及詣僧聽轉授與餘比丘應作如是言）大德一心念我某甲比丘與眾多比丘受欲清淨彼及我身如法僧事與欲清淨

次明轉欲初緣後法若據十誦僧祇若轉俱失四分開之或是異宗所廢且從當部毗尼母云七相應法者受已轉與一人如是至七皆成欲清淨也文中初牒前欲之辭我與眾多比丘者據迷忘也必思審者不得籠通彼及我身者自他雙牒以付後傳

△三明說儀者又即第四門中後義也初說欲儀後顯雜相

（三明說欲法僧祇云不得輒爾與人欲應與堪能持欲僧中說者若有說者羯磨人如上問已彼受欲者應答應如是言）大德僧聽某甲比丘我受彼欲清淨彼如法僧事與欲清淨（若自恣時應言與欲自恣餘詞同上）

初中簡能說人不得輒爾者以上非緣皆多別眾不唯空設更來愚罪故簡明智堪在眾說也正說之辭義兼兩也我受彼欲者傳初受辭彼如法下

牒應僧也文對自恣不言清淨者以淨應說戒欲應自恣不敢言淨令他舉過即求聽也若自在僧有緣須說者四分無文如十誦云若於僧前與欲誰應說佛言諸比丘隨意說準此似病人雖對僧說更須餘人為傳說也如僧祇中病人與比房欲不受即入僧中上座前脫革屣互跪合掌言我某甲清淨三說已佛言善但不受者越毗尼故知直說更不重述

（佛言若受欲人若睡眠若入定若忘若不故作並成若故不說得突吉羅若病重者應輿至僧中恐病增動者僧就病者所或出界作不合別眾故若中道逢難界外持欲來得成）

文中受者睡定下總明雜相即第五門義睡忘俱無記入定別緣也五分持欲至布薩處有諸迷病舉等皆清淨欲到若睡眠忘者吉羅中路忘等則名不到四分睡忘無罪者元作傳意不覺想轉故開文云不故作也若元入捨受理依文結若爾隨不說者皆成後法用說何為答為僧務故開欲應和不以欲緣作所為故如不稱名達心而已何要口說然法假相成故制說欲睡忘可責故結罪也既達僧中理是開限文中故不說者但獲小罪義應得成在開中故就文病緣輕重兩相何以不說

欲者病有多種前說者輕堪相對晤今者是重不說爲別五分云病者扶來不堪輿至方聽說欲若爾重病卽不足收何勞輿就答氣力虛微故不能說神道不昧是別衆故文令輿來表和達僧就病者所僧以法濟或出界者病多僧少相連不及濟緣旣爽時不可乖故徙出作也五分病人不能面僧或背坐臥佛言別衆應出界作若病在衆如滅諍草覆中兩衆皆舒手足伏地向羯磨人一心聽受準此仰伏俱開背是乖相是別是足必堪同僧而故仰伏者就開成別如僧祇中四儀不互也文

中逢難外來成者此緣非心隔但爲事遮開不失故若準此義有難在房僧法應成亦非心也若同五分母論若出不來若遮不至俱得清淨四分無文如下律中有作無想不成作法又云更無方便可得別衆前是不失欲開此卽非開別衆兩緣斯異不可一例也問與欲事訖不來成別不答文言應往不者治之未必有別何以明耶本取情和心已應僧相非乖背事訖違敎得罪得成如狂比丘得法在僧病止法存不往非別不同受日牒事而作事謝法滅理數宜然欲本不稱僧爲又別但知

通意故兩無違義須應往故結小犯問與欲在僧得立說不答僧祇中令互跪也若爾敎授說戒皆開立者答行事依文不可比附此二人者一爲僧使二爲僧聞餘雖爲僧皆須坐秉何況私欲輒同立說如前五分僧祇威儀小乖卽判成別四分云我往不坐恐治我故爲作別也然就僧法約相分之不必據內心違相順開成應法故文云如法羯磨而心不同佛開成和相乖心順卽是別衆如上等文七百結集後聽可等又須斟酌不必皆爾若能秉法人如上兩開就所爲者則有二例被治被

諫坐立俱成雖非數收情用兩別故治則極三違惱處重成四壞衆諫通多少莫不情求無慮破別也若乞受乞懺下情仰上非具法儀相似倨傲義無授法文自顯之　上解欲緣竟

八正陳本意（謂僧私兩緣僧中或創立法處則豎標唱相或常所集用則行籌告白等私事亦二若違情治罰則作舉乞罪若順情請許多須乞詞並至文具顯）

第八陳本意中初標擧兩緣通列則四如文具解有分爲六相者一違二順三衆常制四治道俗五制僧別六制試驗如四月等各引事成不離前四尋之可領豈多爲是就僧初緣地旣無法僧事須

行要前結相豎定標域理乃初緣稱量事攝然唱
相時必歸次八也問結界無欲用七何爲答必須
先知若不委者取欲結故若爾與初量何異答初
量事體是非第八緣成得否各其致也行事之時
豎在第三排緣第三至第四也由豎標訖然後集
僧及至第八可例前也一常集衆具既說忩之時
籌華湯水等位在第四排轉文四爲第五也餘以
情求上下統約也就私事違惱則須舉處無問道
俗及以僧尼或治或制必無來乞通望能所俱是
違情但須知法智人以事陳告審得情實作法加

之若爾僧法何名私事答僧爲前緣皆有利益或
令折伏或息邪疑既作法已請僧求解乞非僧命
故義歸私也一順情須乞事或有無文言多也二
向專己事不在僧必加乞也如受懺解等一者爲
僧差使或白告自量不必須乞白卽乞也若爾差
使爲僧豈成私事答前緣不定若輒加乞恐事不
和所爲乃僧文中列別既牒名字非私何謂故說
忩白辭文中牒僧自餘可準豈非大鑒也

九問事端緒律云僧今和合何所作爲事含通別臨時唯一通問

第九問事緒中所以須問者大衆詳集言說有由
和告之情義須唱顯故提集緣問本集意如文述
也事含通別者如受戒四法別須重問或就通論
但通一者以言非並述事不疊生必待前後縱有
通別止是一言不可異也

十答所成法律云應答言作某羯磨然事有先後法緣通別說戒自忩應在後作受戒捨墮義兼通別若結界捨界理無雙答並先須詳委然後答問

第十答所成法者有問於前無容久默故尋答爲
某羯磨也文中事有先後下引說戒如五分云僧
說戒時更有事起先作此事然後說戒如四分中
當說忩時有遮舉者必先與法然後說忩由此二

法制僧不動若說忩已方治舉者既爲別人多不
和合故在此也云法緣通別者有多種也或一事
多答爲別如受戒等三白一羯磨或別多事一答
爲通如捨墮也或多事別答爲別如犯多墮各懺
者是或一事一答爲通如受戒一也約人衆多約
法有四清旦一答終盡夜分並得成也或累事總
答如一席上欲作多法應卽答言攝衣羯磨攝食
羯磨雖一時答後歷別作理亦無妨自餘行事一
答作一可以準知上來一家行之有人言夫法之
所被卽目相因何有通也一受四度前後問答隨

問而作事義諸和何有朝問夕仍隨用中間隔斷豈是相接故非前義今解並無文制不容立異爲表事端通答何損約事流便不涉遲疑隨答卽作亦是決正結捨二界理無雙答者由地二界不同故有結捨兩異結則自然捨則作法隨其兩界唯各一答也下文誡勸其相可知隨事重囑恐不成耳

此就十緣通簡有五一相攝二有無三先後四成壞五廢立初中第三四五六七五緣並攝在僧九十兩緣並攝在法初及第八通攝事收非不許於

八法然與發業起本由前事也第二託處唯局兩界成羯磨緣略則有四僧事法界相隱須張故離爲十問如第四緣僧集約界文盛談處豈是僧收答界爲法託如第二緣今此第四約界明集僧之遠近能集在僧不唯界也二有無者有人言結界無欲故削第七受日差人無乞結淨不唱其相故削第八如是類減今解並須具之結界無欲立緣顯之受差無乞豈不須告告卽第八陳情事也結淨不唱此不尋文律云應唱房名其事極顯若不先陳何由結法故須具十乃鏡是非豈唯眾法須

此十緣對首心念非十不得以是非俱通持犯冥會並須條貫終始方乃引事作業恐未閑曉試爲略指但對首一法用歷十緣餘者例通取悟也如受衣法五大上色義加不成卽初緣也事通兩界卽第二緣口召對人卽第三緣約界明集有則對首無則心念卽第四緣前對相可卽第五緣癡鈍非數卽第六緣取欲非法卽第七緣執衣言議卽第八緣敘前辭諦卽第九緣答問可者卽終緣也誰不知繁義張所爲不可怪也心念等法例亦如之且如眾法心念說戒一法以歷十緣一商度時

節二審諸界相三作法撾擊四約處無人五觀其和別六自量是非七獨集非欲八具理籌水九激動說緣十如緣作業餘者例也三明先後者法事分二諸律先和後欲由取答緣以應欲務也四分先欲後和文如戒序及德衣法由說欲時但言如法知何不通必和居前義亦無妨不由前後卽說成敗二事前後者如結界豎標須在第三如標唱相還復第八如是例舉可以情求也四成敗者第二四五六七五緣事現方成有闕名壞何以然耶二界分相爲法不同少有差違不成羯磨餘之四

根條混亂問答分人題相各別義不容一又云差人具六無因本也若無本者法起無緣又云結界具五以無欲也今云非列二界何以知自然非列欲相何以知界無欲亦不可略上明十緣乃異諸師非敢苟異理自不可同也何以知耶如初第一佛制稱量人法羯磨咸有明教昔來不顯非謂不無此同聖律不同凡制也二緣兩界法有通塞三緣集相正制時須四集約處義須顯據並準誠文非臆課也至如和相簡人欲淨緣緒問答分兩並同前作義道相會非敢苟同理自不可異也古本

曹魏緣敘太簡三藏光師錄文不具故須舒之意言盡矣

中明眾多人法若作但對首法如持衣說淨等法通二界人唯是別眾若作眾法對首法如捨墮說戒等二界盡集人非別眾法則兩異並前須明識義無雜亂

二明眾多法初舉名相二依相解若具成法如十緣中已略示訖就文但一二法解對首作法義通二界人唯別者若對二人反為非法小眾問邊此但對一故開別成縱儭墮下例亦一人僧中白和因捨故也就眾法對首中人非則有雖事或多止是別眾或非數收若論法事隨緣各異如五人同

緣通是別眾或是非數不成人用第三集相佛制撾擊罪通輕重不作相者若分衣食則重不成據立羯磨成而違教故多論云不打揵槌僧食是盜但打不集隨集無犯故知約相以通法也律中羯磨作相不來聽相檢校更召集等故知初雖約相終須身集不以鳴槌便免別眾故不作相有得成也問答兩緣正是和舉不問失法義亦通成初稱量緣通評四法事法是非人處開閉約時而動不可逕述最須加厲餘九方陳八述本意法之所為通有成敗布薩眾具有闕法成但是作法軌儀其

實在說行淨違教輕罪若結標相少缺不成以羯磨所牒準標結相故也梗概如此至時廣之五廢立者諸師立緣互有出沒現傳羯磨卷首自明如并部師依德衣法以立六緣一僧集二和合三簡人四取欲五問緣六答意又著序云無片言增減正存此六若約戒序又加教尼和合在前僧集居後至於界託全不顯之致令依文自然之地輒行受戒斯一迷謬至今不改如相部師通收為七或云六五一者假界二能秉僧三簡異眾四與欲清淨五因本起六問答緣七正作法此則合緣同本

住作捨墮事一是所爲不入僧數四初僧用且得
捨衣一人受懺二人非僧破除並盡餘相如上四
人自恣三人說戒下至二人鄯無欲法俱名對首
約數則異文須改革不須謹誦義張小眾對首唯
懺中品蘭三人得作二人非眾餘如上述下文誡
無亂者世多誦語少有義求故事多蹇敗重誡勸
也
後明一人法若但心念法事通二界人唯獨秉若對首心念及眾法心念界通二處有人不得並如前集法中列三相歷然不容臨機致有乖殊法事不成
後明心念法中舉位分相如文易識但心念者人

事可知下二心念界同人別者以本是對人眾法
既獨在界故開作之今若有人還是本法不合別
作前集法中具分其位又云不容臨機差舛者亦
爲誦多慧少文重囑之如佛說法何慮不知猶言
諦聽諦聽善思念之此則勸詳審也重說善哉明
順法也重言如是述印定也大聖尚爾況下凡乎
集法雖多顯示明矣至於行用率多輕略義須反
照妄心何託
已前略辯成法具緣後明非法之相
又列成緣結前文也後明非法生後文也

△就非法相約人分三初僧法中文義爲二一恐人懷
疑非相徒設故依律本具解七非非相眾多隨文
叵盡故又從義用收諸非就前七非疏有大義彼
從文故科約稍煩今但舉名審其體相行事委識
得離便止四門張之一列數釋名體二分總別三
體有無四攝非相此卽是上羯磨義中末下門也
初門分三言列數者非出昏情事通凡聖述緣約
於眾法語失墜於四心隨相而言則不可盡且從
法約以爲七種其數如文二釋名者據律以相取
名今以義求作無軌要號曰非法體非教制名非

毗尼言羯磨者若是入非不名羯磨今得名者以
非法非律被他作業故曰也或可作業通於善惡
是名非法羯磨餘六非名大途略爾若解隨名如
下文中若豎義者引從此述三定體中爲三初約
文二約事三約業初約文者卽律所出單就白二
白四以明七非單白非者但具於五以無羯磨闕
二似故所以如大疏辨此非體所起在三羯磨餘
約相出具如文解二約事出者不離人法及爲事
也位約爲三如初非中三種俱非僧舉僧等人也
羯磨增減法也無病有藥事也次五人法相對明

非末下單就如法明非就中五內位又分三非似二別人法俱非非似二和法非人是法別眾者是人非所以約事交絡定體者以廣張綱目用收惡緣恐漏天網方便爲非及論得魚實唯一目問七非中人法列非則多就事出非則少界非不現其致如何答非起約情故在人也秉法在人多生僞濫是以約文此二倍多語其事非通攝兩界起必依人故隨隱顯或可界非略不明體三就業性者羯磨作業起必依情情通三性不離身口建立七非約二論說以方便身口色聲爲體或通當宗非

色非心名句味也如初非中增減妄加縱非惡心而作非法故是善色聲爲體如非法別中應來不來是名身業不與欲得訶者訶是口業並不善色聲爲體又如非法和中應來者來及應訶者不訶此善身口業色聲也然作非法及似法故入非法中若望同和義非惡也故知七非通三性而作非法業故此業爲集故能感不善果也反此七非便成如法作業終是集諦是非俱離爲要也二總別者若以名體收總別則律本體相七非皆別何以知之如初非中雖明人法事非不明二似餘人事

等含非不盡不可言總若以名收初總下別故非法相不出三緣初非之中攝人事非故律文中或法不稱事事不應法或事法俱互皆號非法非毗尼也故知總矣下之六非單舉人法一位交絡互非當局可知非別何也三體有無者此門就律釋文故須今不出之疑未達理故略舉之有人言此之七非前六律出名體第七有名無體體謂列其非相也有人言名體具於七非但人不能出也前六如文第七體者六非之外應乞不乞文句增減若訶不止第七非體有人言前約非法明體今此

第七就如法明體法須人弘許忍聽可召說即訶義須止唱相訶不止即其體也有人言前六有非應訶不訶皆六收之或有訶者即第七攝如非法別非法和約法非同莫不白此事爲彼事作故但配人和別即分二非此亦爾也故知訶時通含是非自六非外但不應法訶止即如不止爲非問訶不止非與得訶人訶有何別耶答約人明訶情不同故成別眾也約法不止欲同詳秉故入法非又云別眾訶者訶於事故訶法不止謂人法處等上諸解者但分爲二疑未當也今解無問情涉違順

緣通是非德人吐辭義須依住住則是別法不可非不住乖法人法俱非餘就文重解第四門攝是非相然是非之緣依情而起想見紛馳何由限約且約緣數以位束之爲慧解之由途顯行事之通塞耳就分爲五一人是非二法是非三事是非四明違順五明通雜並是前義但爲散落不聚致相難顯今以義收相比而攝就初人中是非爲二約前人非體相分二一言體非者如尼等四人十三難二滅之徒體是非數不合僧收三舉亦然戒同治隔不比難者本無戒故二滅戒存行缺一生舉法

少時解竟復本二者相非戒體純具緣相少乖或別眾收或非數攝且約三業辨相乖僧一身心別露在尋外覆離見聞隔障互離等及應來不來應欲不欲二身心集口別應訶者訶三心口集身別如同在僧中坐立不等背面乖相四三業相通而名不集並入非中如狂等三人睡定中邊癡鈍不了如上非數斯類最多雖初身集心無非欲口默不訶三業未開俱遊捨性是非不知實乖相務以羯磨文云大德僧聽誠其身也諸長老忍勸其心也不忍者說動其口也斯等兀爾識無行路言聲

激對非復情通法假僧弘相乖僧體不應六和又乖四準或三業雖明而見心有異如諸部等同界別法並兩通成俱非相也就人如中體相爲二初體是者謂善比丘具六和相同住現前一應來者來身集也不妨訶制而心不集故律云見作如法而心不同但應默然是名如法二應欲與欲口心集也三得訶不訶單口集也戒見利同豈非僧也二就相如本是難遮或當舉滅法報不具等當時三業相同秉法無濫事從因起緣是疏徵但本應務相僧得作故律中若先言有過舉眾同知不足

作法不成受已方知前法並是故律取三根清淨天通之所不許者良在斯乎問如睡定狂之徒體是好人相入非相若約相如何妨足數答事不可也今言僧者弘法之人通於凡聖若欲作業聽說安忍睡狂非預節非能秉是不足收可不誠乎問非數別眾輕重如何答非數有二一好人不足睡定語等不攝念故但犯吉羅前事不成故有重業二惡人不足如遮難體非三根眾委在僧數內自他俱重由實非僧濫秉法故若在數外自重他輕不應納之不妨成法也若論別眾亦通凡聖唯是

好人損他業重以同界故聖或不知非以不知不
名爲別餘外凡夫具障僧別並不成故體淨應數
失法故輕分別如此義無不解二一法是非中又二
一者法是言體是者如前集法約人同法三階不
同分階就位九品異等識鏡通塞無有滯礙是也
二者相是依持謹唱文句分明增減非相一不參
涉聽忍說默洽然無異緣本騰結前後無濫並由
聲相唱令徒衆同和約此業成故云相是二就法
非非無量故體相合明五種差別一者增減非應
作一白乃作二三羯磨亦爾白二白四增減例通

二倒作非卽二似法前明羯磨也三累罪作非卽
應作訶責作訶責已後乃作擯出等七覆藏等四
滅諍等七也四雜倒非如白中自增減顛倒羯磨
亦爾不同初非全白重也故文云不如白法作白
等知何不該五說不明非如毗尼母羯磨不成者
或言語不具前後不次說不明了等是也三事是
非者不過有三一情事二非情事三互合如門又
二就事是中初體是如情事中受無緣障懺非濫
疑非情事中界相有依不枉唱說互合之中人病
衣重據實以言並應聖教實卽體也二者相是如

受須衣鉢形法兩具非是正要儀相必須多罪依
篇總牒一悔相中乃應體須別指等餘卽類知就
事非中故亦有二言體非者難障而受詐癡乞法
無相大界空指山谷或有妄結小界無難輒開反
前是中可以相領言相非者形法不具衣鉢非教
小年諸遮雖過非重而是戒非並通事攝必改從
法還順相是不同前體盡形障故餘者例知四違
順中卽分爲二初明其順則有四種謂人法處事
俱現在前卽律文中人現前者言議往返是法現
前者所持法斷滅是處現前者白二作制限是三

法既現前事無容隱要唯四現方成作業後明違
中不過有三一者有藥無病如實非犯妄謂有過
從僧乞治卽事不應法也二者有病無藥如應與
訶責乃作五非等卽法不被事也三者病藥俱有
施不相當如應作訶責乃作擯出等斯則法事俱
違也五總通非相者約人法事處單重合歷爲十
四非初單歷爲四非二合爲六非又三合爲三非
餘總合爲一非以凡起非不定前後知非故造此
則可慙不識入非不可限約故以總含望攝爲盡
文中舉其綱紀餘不出者可例知之上來義說今

二者非法別眾者。人法俱非也。白此為彼者。白牒戒場羯磨牒攝衣也。若牒白四中事。則初非攝。若就單白作者僧時到前牒說戒忍聽後牒自恣也。未必常有立法例知。如今行世刈草掘地集眾同作。亦名僧事。望非是同。應來者不來下。三別眾相也。昔解云。所言訶者。訶前兩別。此非正解。不應增三。故五分中上二並同。此第三云。羯磨時得訶人不同而強作者。是名別眾。十誦上二亦同。第三云現前比丘遮成遮。此文義俱同。不煩妄解。

三者非法和合眾羯磨。非法同前。和合反上。四者如法別眾羯磨。如法反非法。別眾同前。

第三非法和合眾。第四如法別眾。更互相翻。文相可知。

五者法相似別眾羯磨。謂先作羯磨後作白。名法相似。別眾同前。六者法相似和合眾羯磨。法相似如上。和合同前。

第五法相似者。誦文無差。但倒作故。若白二白四互倒。則初非所收。第六法相似和合反上亦同。

七者訶不止羯磨。謂如法羯磨須僧同秉。今得訶人訶。若住應法違訶不止。即名非法。

第七訶不止者。律出其人。不明非體。如法為相。如上明之。註中八解。取律意耳。今解此非位分三別。

次文中。

僧法羯磨具七非。佛言有七羯磨。非法不應作。

初舉非數。即僧法羯磨具七非也。佛言已下。各牒隨解。不分自別。

一者非法非毗尼羯磨。謂一人舉一人。乃至僧舉僧。一白眾多白。一羯磨眾多羯磨。單白白二白四羯磨。交絡互作。若有病無藥。有藥無病。有事有法。施不相當。毗尼母云。若說羯磨言不明了。如是等人法事相。並初非所攝。

一者非法非毗尼下。正牒初名。註依律文解其體相也。二人舉下。至僧舉僧者。明人非也。夫舉法者能秉是僧。所秉是別。可有相順。得成作業。別人力

弱。不行羯磨。四人乃強。不可治僧。故能舉之人為非。此人非也。無僧舉一二三人者。以是如故非中不明也。十誦云。若一人擯一人。犯吉羅。若四人擯四人。犯蘭。以作破僧因緣故。若有多聞多眷屬者。雖是一人。若治擯者亦蘭。亦近破僧故。除同犯同懺。雖復是僧。以一羯磨牒一切僧者得也。其意可知。文中一一白眾多白下。此約三羯磨增減互非。即法非也。若有病下。明其事非。如上義解。下可知也。

二者非法別眾羯磨。謂白此事為彼事作羯磨。名為非法。應來者不來。應與欲者不與欲。來現前得訶人訶者。是名別眾。

初就人辨訶能訶之人唯是非非二就法辨訶所訶之法通是通非後人法合明者若非人來訶去卽是是住卽是非如人來訶住卽是是去卽是非其相竝如上有人得滿訶中所說每論云應止羯磨者比丘皆集但所作非法衆中持律行淨者說言此非法非律是不應作卽止不作是名止羯磨不應止者所作如法無說嫌者不應止也五分云若羯磨時得訶人不同者不成强作犯吉隔障訶者不成訶四分中約身坐處結小界爲遮訶人界外不成故僧祇若僧作非法羯磨若有力者遮言

非法前人凶惡能爲二難聽作見不欲不得趣爾於同意者說言此非法羯磨我不忍與見不欲三說已不得至四此卽六和中見不同也餘者與如法欲已捨去若非法斷事不遮不與欲及不欲者越毗尼若自念言隨其業行如火燒舍但自救身得護心相應者無犯

義立七非（謂律據事隨事分七今以義求收非斯盡別白二白四類亦同之若不別明成非莫顯）

次就義張文云攝非盡者以事則隨相不可窮本義則依理從歸有途故又述之各其致也一云單白非相義同過別別謂三十九相各不相有同謂四緣成業不可相無也下文可解

（今且就單白說戒一法具解七非餘之三種例之可曉）

今此七名交絡互現界非不無攝在事也離合適時不可交定也

一者人非（謂識過不懺疑罪不露界內別衆人非應法等）二者法非（謂三人以下單白說戒顚倒錯脫有訶不止說不明了等）三者事非（謂時非正教廣略無緣衆具有闕界非聖制）四者人法非（謂具二非唯事依法）五者人事非（法雖應教人事乖越）六者法事非（人雖應法二乖名壞）七者人法事非（三相並非如前類取）

一人非中識疑兩罪須懺露者以律正約犯者不得聞故此人亦望能所俱非律云不得爲犯者說故界中有別者卽訶不成也人非應法者謂威儀乖越不順教相故二法非中三人單白者非法和也倒錯不了此法非也有訶不止亦是法非由不止故三事非中時非正教者非布薩日制唯在三餘爲非日也有緣須略略有少多隨前緣緩急而合作法並乖緣也衆具闕者籌華燈火不濟時也界非聖制無難別緣結小界也既結說已文不卽解皆非法也餘有四法錯互上三不可頓現故張綱目收羅盡也四解小界汎評律中須解羯磨謂

無心領有十九種。十三爲情。餘六非情。言十三者。七治爲七。罪處爲八。顛狂九。學家十。覆鉢十一。不禮十二。擯沙彌十三。二義分之。一解得有用。體是僧故。二治無日限。理須爲解。如學家沙彌等。就事有六。大界。戒場。小界。不失衣。淨地。說戒堂。爲六。功德衣雖有日限。事寬濫用。故須捨之。又有無心領中。十三難重擯不須解。以非數故。有心中受戒須解。緣遍故開。引後戒故。大略如此。

理須條貫諸緣。明曉成敗。故佛在世。一事五處作之。並成非法。況今像末。焉可輕哉。義無怠慢。

文中理須條貫諸緣者。譬若尋條得葉。得葉雖殊。

各有依附。物之在貫。例亦同之。欲知非相。但尋其本。下文曉成敗者。又誡勸也。引佛世者。律云。作一羯磨俱作五非。七人共諍。言成不成也。

對首羯磨亦具七非。就中分二。

就對首中。初舉位明數。其相可知。

若但對首法。唯取持衣一法以顯非相。餘說淨等法類解。於緣有異。一人非。謂受對之人犯重遮難。有訶者訶。或對僧俗而作。二法非。謂持法錯脫說非明曉。三事非。謂犯捨異財。不合聖教。或五大上色受持不成。四者人法非。五人事非。六事法非。七具三非。並如上例知。交絡識相。

於緣有異者。以非攝之義則通也。莫不對人是足是淨。據法施事。附相乃異。於緣必如。如義通於對法。故須例解。約相持說。有殊故須委練。初明人非。即受對者。既有重緣。三根非妄。斯即非數。義無同證。問。自身犯重。合持說不。答。戒從別發。互不相乖。若不受淨隨相結犯。如學悔流。審知濁境。自犯重者。不合同作。乍可心念。若同學悔界無淨僧共對無妨。有訶者訶。謂前對證語使文具。不問住止俱是人非。或對僧俗者。僧是別位。俗是下流。必對二人。並人非攝。就法非中持脫錯者。脫謂不牒二名。錯謂不順受體。今誦僧祇乖依隨相是也。就事非

中。旣是法衣。不容濫染。五色上染。是俗非道。雖持不成。事不應法也。餘四交絡非相互現。可知。有無。

若眾法對首。亦具七非。今摘取捨墮一法。條然具解。餘者例同有異。一人非。謂界內別眾。人非應法。訶人設訶。置止即非。二法非。捨懺還財諸法乖正。三事非。犯過衣財。如律所斷。必非聖制。理無懺捨。並識相而加法。非有疑而過分。有違加無知罪。四者人法非。乃至第七具三非。顯相如上。

就眾法對首言人非者。謂法界內無僧故開。有人別眾不成捨也。自然五里亦須明練。餘界準知。人非應法者。所對行穢。體非拔濟。訶人設訶者。能敗法人。是別眾也。置止即非。聞訶即止。雖止亦非。即

人非也。若不止者自是法非。但以法假人弘有訶須住。自言我是聞止故去去是非法隨住是如不忍而說義非獨建故是法敗也。法非中捨等三人法和合僧私諸法不一。理須分別也。就事非中犯過如律者不問大小過限並犯。今時悔者但懺應量。餘不應者謂是不犯。論有誡文小大同染雖懺不脫。通須淨悔方免瑕累也。非制而懺如毛縣等未是衣相重物不合捨墮。小鉢本非受淨。正色非受非離。邪求理非正教濫貯服用皆墮。如斯般事。總是穢染不合受淨何得捨懺。非疑過分者謂衣

財散落染淨未分通將入捨卽過分也。故律文中識者懺悔疑者發露雖有覆藏不治日月。既有明例無容深約。餘文可知。

心念羯磨亦具七非。就中有三。

就心念中位列易知。

初但心念法唯取懺輕突吉羅罪具解餘例同異一人非。謂對人懺悔體非佛教。二法非。謂但心念而不口言雖言而非明了或增減錯忘。三事非。由事緣故悞犯則輕重或境通眾多未了前相。四人法非乃至第七具三非。

懺吉羅中輕重二懺對與非對理須知之。人非相中對首懺者如今捨墮牒覆對人人實當儀異篇

非律。此但心念不合向人開別眾作。若對首心念及眾法心念各具七非人通別眾界緣兩處並須準例隨事曉知。

餘二心念別眾並同。莫非開獨有人依本並託界分之。餘文誡勸恐入非路也。

四分律刪補隨機羯磨疏卷一之下

四分律刪補隨機羯磨疏卷第二（從諸界結解篇盡沙彌十數文）之上

大唐沙門釋道宣於終南山豐德寺撰疏

就正宗初先以義求相從次第然後依篇隨相解釋宗中八篇一家生起所以界法最居首者由眾法所託依界而生故為正宗之依持義須先顯既識諸界宜敦行猷眾行元綱勿高於戒故諸受法次二而生受本既彰隨相須立濟時助道緣資是要故諸衣藥次三而生受隨相依願行已具理揚淨教住持眾別故諸說戒次四而生聞教攝修託緣方詣故諸居法次五而生同居久處恐染瑕累

故諸舉法次六而生恐舉既清夏功須賞故諸施法次七而生上篇持行據體策修必有慢犯義須清蕩故諸懺法次八生焉光師所撰僧尼位分據律前後不無其致至於同法還入本條徒分設位虛費紙墨今但依篇自開通塞準律隨戒五眾同科舉相攝人義無不盡首題隨機故可知矣

諸界結解篇第二（界別有三攝僧界攝人以同處令無別眾罪攝衣界攝衣以屬人令無離宿罪攝食界攝食以障僧令無宿煮罪宗意如此）

此篇明界界別眾多隨位以攝文列三種人衣食也據律前後依緣顯相今集法者舉例次之先明攝僧者良由法假人弘弘之有本若非限約何知和別故前結界用通僧體於此別住必奉六和和相顯者勿過三業所以因之令無別眾人既同依眾法斯辦資濟開通理有成務外衣內藥形別有須故次攝僧兩緣隨立各題教意在文易顯

就初中約義以分總別又二初總敘致四門料簡一制結意二列數釋名三位分大小四結解差別

言制意者夫羯磨說戒正法住持由僧弘演方能遠被義須通遵理無限隔但以事雜據緣界約通濫縱有同和影赴難剋徒損正業不被前緣上聖

知機開隨境局作法分域一開已後凡有作業非界不成故制崇和益在斯矣先開後制意可見也

二釋名列數初名者明了論疏解云本音四摩此正翻云別住是也諸本云布薩界及戒場者非正本音所以名別住者謂此住作法與餘住不相通各不取欲故得名也今從律本但云界者加法約處除彼局此故曰界也故文云界者白二羯磨唱制限者是也就列數為二若論自然約界四種不同定量六種差異如上緣中已說今宗是作法略說為三隨位離之則成七界如上相攝門中已說

三定量大小者初三大界若小隨機大者須制四
分云大界廣遠僧坊極多及至說戒同集一處應
十五日說者十四日先往不得受欲以明相故準
此爲言應强百里五分明文云時有結無邊界者
佛制極遠應三由旬由旬乃是中梵量名正音踰
繕那此無正翻乃是輪王巡狩一停之舍也猶此
古亭豈局里數大分爲言四十里也相傳爲定僧
祇善見量同五分過者不成明了論中三由旬者
隅角量取也十誦云我聽一布薩和合故結界也
若一㧊盧乃至十㧊盧若山上僧坊結界山下十

㧊盧亦得安居山下僧坊結界山上安居亦爾多
論縱廣同十㧊盧舍必使此中布薩羯磨時不生
疑心設有河水大道亦得合結但定岸相然後結
也尼結大界極遠一㧊盧以恐遠險易陵辱也問
界中有村河得合結不答四分云不得隔駛流水
此明制也除常有橋船梁此明開也如上多云但
定岸相僧祇中但洲五處標結甚明文也言村得
不耆四分明文除村村外攝衣有文明知攝僧不
簡村也五分白衣新作堂舍爲得吉利故或非人
所惱故佛聽諸比丘於中布薩說戒準此知界攝

也多論云凡結大界所以通聚落結者以界威力
故諸惡不得便善神所護爲檀越故通結聚落也
準此以言良由僧德所動作業圓成善根所熏界
神護衞不可輕也五百問云界內病比丘不能僧
中求結一屋者僧應先解大界與結別界還結大
界不持衣者不得入中亦除佛地由佛僧位殊不
相攝故中國佛院列異僧表故有佛地塔地僧地
限域各別此方未行何得混雜義須限約又如明
了論圍輪別住者先結三四小別住訖周帀安相
四邊開路卽名蘭若地此外結大別住圍之如鐵

圍山繞四天下準此誠文一大界內隨結五三皆
得成也二戒場量者善見云容二十一人減則不
聽此據極小爲言二十出罪兼所爲者故局此耳
彼論又云場內不得安僧住處有慚比丘須折卻
唯置佛殿三種小界其量不定隨集多少依坐而
結受戒極小下至十人說戒四人自恣五人餘更
足數任時而約不開身外恐有訶人又不同前以
是久固此但別濟一時作業餘如後解
僧界結解法第一 有三種僧界一者大界二者戒場三者小界
就攝僧界文又分三初爲自然勞倦衆取濟機開

立大界界限制約事雜煩多又開戒場上二常途
難濟非務故開小界各如文次當自分別
今就大界內又有三種謂人法二同法食二同法同食別初唯本制後隨緣別開
就初大界文又三種即本二同餘二隨結其義如
位就初又二即結解也
就初結中以是衆同之本作業之基生善滅惡之
良緣住法依僧之淨地其緣具也得成遂於前言
其相乖也必顛覆於後輒有人立義薄列四門叢
雜交加難曉成敗得在浮沈失在現行故直敘通
披文獲事且位十門一相是非二形體狀三豎標

域四唱方隅五集僧法六不受欲七加法消文八
法有無九顯失否十結不成
初定相者意在依標識體了知同別善見八種一
山相者大如須彌小如象大若作標畔豈直指山
此還不識分齊據理約邊約峯指別處所使有尺
寸如明了論說二石相者大如牛許小者三十秤
漫石不得應別安石作準此據山理有通別也三
林相者草竹體空不堅實故極小四樹連接亦須
依邊不可通指四樹相者枯朽不任極小高八寸
形如針大無自生者新種亦得五路相者窮途不
得通於車步短齊三四村者亦任作六蟻封相者
極小高八寸者得七江相者好王治化五日一雨
不以為相四月不雨常流不斷者亦得作八水相
者謂自然池若入田水不以為相四分列相則十
餘種如空處露地草積釘杙皆非久固不可依承
一時規域作業便解得準律文若久住處擬後追
訪可通律論兩有兼濟
二界形者隨方斜角並悉得成故善見五相一方
二圓三鼓形四半月五三角明了論中其形十七
皆謂曲直重沓等略顯五三以為神解之路一長

圓別住地形細長兩頭圓也逐此地相一丈五尺
別立石已周帀如此依石唱之先結布薩界後結
不失衣等二四角別住三水波四山五巖六半月
七自性八圍輪九二繩十四廂等皆約其物體即
標列名豈唯十七隨相無量知名便罷餘如彼論
三豎標域者結界之本在此一門得在妙者諸緣
並具漫有所指尠入法儀若欲豎者前識三量一
者界標即唱者之所據二者界相即羯磨之所牒
三者界體即作法之依地或標即體相在標外或
標異體相在標內若論其相必在體外引此附事

何有不成欲知和別夏限衣藥但曉此三便有界也不識標體虛指山林或約城邑不緣其事得其語矣奈無義何今豎其標若在聚落多依牆域隨約內外並成處所若在空野多依林泉隨約標樹終識尺寸並爲相也若有戒場先豎三相周圍各別互不相接無則一重任時遠近問二界不接中間一標得兩相不有人云一肘已上大者得成如明了論疏一山一石東西各結又如十誦有問者言得並結不佛答周帀說爲內外相者是也今解此文不許接者恐兩界相通但得有隔何論大小

如前二繩繩卽體也可以情通云山石者亦恐相涉耳須得意也

四唱方相律使舊住者唱諳練方隅有所分次雖是舊住未了前緣不妨新客深閑內外依標而唱義當舊者律制堪能豈局客主並識標體及相三種通別五分中使一比丘唱四方界相又唱除內地爲安戒場故須除也今時結者內外兩相前後別唱所除之外相是空地事最顯也至文更述

五集僧相五百問云不得夜結結亦應成恐非不顯又云欲結時四角標頭安人立望不使人入入則不成當先結戒場等亦以人雜是非不可通練非數何損是數可遮耳若六種自然相中結者標狹相寬盡自然集故僧祇七樹之外與衆不犯可以準收若標寬相狹者盡標集之有人言但盡自然亦得以相外標內是無法地未是法被何勞遠集今解云雖在自然之外非別所收然作法文中通牒標內擬成二同唱時結時別衆在內律無所開何得非別界爲法本義必深防既無正文亦須比用故僧祇避難界云三由旬內彼有比丘若呼來若出界去然後結之無問相之內外有尼界者

不妨必有僧界內有比丘但不出界亦不須喚此則明文召集不可人語有依也

六不得受欲者有三義一結界衆同之本理須通和餘法衆同之末並依後起故不開欲也二者自然本弱僧事不行不開一結用通僧界諸務不立故此白二乃是前開欲是末緣必憑僧起界是作法強故攝之三者結界本興爲存限域依正兩報附此而知若開欲結終非委練故十誦云作羯磨人死餘不知相者應捨更結非欲之致可見意矣

七加法消文就分爲二初標後釋

結初大界法

初中結初大界者標也大界有三八法在前故云

初也

△就釋分五謂緣開制相結也

時四方僧集會疲極

僧會疲極者緣也律緣說戒初依自然隨身立界終成混亂若論說聽須總一集致百千眾一時奔赴竟不定處徒費時功如上教興也

佛言聽隨所住處結界

文云聽隨住結者以自然通漫未是相收隨所住

處立相加結有大利益一則審知說處二則分於限域三則身心不疲四則不廢正業略有弘義理故開之

應盡集不得受欲

文中盡集不受欲者上雖開結欲是別緣恐同法界故又制也

是中舊住比丘應唱大界四方相若有山樹林池城塹村舍隨有稱之應須義設方法如前僧法中具七緣已一比丘告僧云

大德僧聽我舊住比丘爲僧唱四方大界相從東南角某處標至西南角某處標從此至西北角某處標從此至東北角某處標從此還至東南角某處標此是大界外相一周訖

必有屈曲隨事稱之並須別指分齊尺寸處所由不知制限結既不成羯磨虛設受戒等法俱是空作故須加上分明唱相三徧已

是中舊住下第四相也初文後義初中律本但令唱相及論臨機附事不合旨義設下準文行事此一作業最是羣宗故須鋪列使可觀採解界後法準此依用若欲結者還引十緣次第至八方可加唱疏者疏也疏決疑壅必不曉者披文見意未勞煩隱虛喪累世恐不委觀更重張之一量結界標體相也二量集處唯在自然三量召法鳴椎諸相四明僧集約標約界唯四人僧五明和合集者非

別六明簡練須曉非數七明欲法非是所行八須標相引文告令四分唱人無名十誦五分列者爲欲舉名牒所唱相此不稱者恐濫爲別亦有牒名義亦通得莫非成僧故後云結大界也名是緣耳唱相不得羯磨文中牒故如五百問云五僧者以唱相者在四人外今不稱名即爲僧故四人亦得耳注云屈曲隨稱者以不委分齊通約山水從門直過內外起非終乖作業徒設處所廣如鈔顯至時引之委示後悟唱相三徧律無定約論知制限一徧足明但僧中行事乞唱都是先緣僧別乃殊

三徧無爽。

△五明加結緣正文二

佛言眾中應差羯磨人若上座若次座若誦律若不誦律堪能作羯磨者問答已

初顯何人秉法四位分之二約位定人二約法定用若上座者如五分說即上無人毋論約夏局就德顯不可依也故十誦云上座一人補如來也必有所壞次座亦得如身子法輪大將時亦預說上二不堪誦律次三非謂誦文必兼識義也若不誦者雖不連字累紙而曉達成敗故文云堪能作也不誦文本尙簡有能何況謹誦不簡通塞若據餘

律上座說戒持律羯磨者以上座昏朽秉御是難依文誠約有同佛世四分總列並據有能應預未閑亦通學悔九問集緣十答云結大界羯磨以界含大小聲教須分不可混也此一旣爾餘例取通

△二正加中文須詳解由識此義如鏡鑒形前曉集法達九等之參差次顯緣非了衆相之成敗後解聖教照文義之通塞斯之三鏡總羯磨之宏綱必曉此蹤則後文無所復用不能頓略示有所須故詮敘耳讀須見意也就分爲二初依文相解羯磨本後重列諸門釋其疑妨就前又二初單白者牒事告也旣非輕約義須詳述故又羯磨和決方定

如是白　大德僧聽此住處比丘唱四方大界相若僧時到僧忍聽僧今於此四方相內結大界同一住處同一說戒白如是

初白分五一大德僧聽者恐妄緣事無情同秉故初總告誡耳識也二此住處下牒緣告衆擬成本業也三若僧時到僧忍聽者法事契會謂時到也詳集同舉謂忍聽也今約心和勸聽可也前約身和勸聽聞也兩聲別召事義亦乖不解兩緣名非數也四僧今於此相內結下章牒根本勸僧同決

不可遲疑也前第二句緣本雙陳者住處比丘緣也唱大界相本也及至第四緣是傍疏本是親正故直舉示決通和相也列二同者結界所爲非正結事當時爲說戒故便結此界因牒入法律本多然戒相並是不可怪也五白如是者事已達僧更無餘處故結上務知作業也

大德僧聽此住處比丘唱四方大界相僧今於此四方相內結大界同一住處同一說戒誰諸長老忍僧今於此四方相內結大界同一住處同一說戒者默然誰不忍者說僧已忍於此四方相內同一住處同

一說戒結大界竟。僧忍默然故是事如是持。
就後羯磨又分爲三。初從大德僧聽下至誰諸長
老忍明作業將決情事須和還牒白中第二緣本
雙牒以告情也。二僧今於此相內下至不忍者說。
還牒白中第四單本重告大眾勸僧和決語默表
情不可久也。三僧已忍下眾情陳露默顯通和。故
牒本情持之在事也。有人解云羯磨爲二。從初至
結大界竟明前白委告緣本具彰。今重舉陳顯成
業處還牒前白勸僧和默。二僧忍默然下結前兩
告業成後語。就前體中文分爲四。初大德僧聽告

眾靜緣。二此住處下至同說戒牒二雙告。三誰諸
長老忍僧於此四方相內下勸僧同和共成作業。
必所不忍亦須陳說四僧已忍下既已久默事決
可知。故單牒本成前默相。有人解爲三。從初至誰
不忍者說總牒緣本勸僧通和語默之間足顯同
別。故白四法約說制三可以例知。二僧已忍下至
結竟字牒前忍默表業成就。作法至此是竟處也。
豈至三說即是作竟召令忍默。不忍便說尋聲即
說。安有法成。故至竟字結前默相。此義定矣。三僧
忍默然下不異前解。上三消判。各有指南後釋附

文可依行也。
就此分五。一有無。二通塞。三增減。四成敗。五釋疑。
初有無者。白中文五。第二句者牒時有顯晦。有則
牒緣牒本無則略之。述唱第三。若僧時到至第四
句方牒其二。總告結白。故律文中並牒緣本故。若
有緣起如前結界須比丘唱若有乞辭諸受懺等
第二句中並牒緣本故具五句。若諸差人無因緣
者但有四句。如前述也。羯磨文中無可爲論。二辯
通塞者。文義爲二。如單白中第一第三第五此之
三句文義通一百三十四白也。依文謹誦何有虧

盈。第二第四此之二句文局一事義通諸務。試爲
舉之。如結界云舊住比丘謂初緣也。牒方相者謂
事本也。說戒白云今僧十五日亦是緣也。布薩說
戒亦事本也。受戒白云某甲從和尚乃至清淨衣
鉢具足等並緣也。今從僧乞戒即事本也。如是例
通緣本是一。自可知也。至第四句中單牒根本略
去前緣。縱有雙者結翻非淨。何以括耶。故結界白
云於此相內結大界。豈非本所爲事也。說戒第四
云和合說戒亦是本也。受戒第四云僧與某甲受
具亦是本也。本義是通受說文異。極知費辭意取

解了達則後不看文覽事便作可謂稱量羯磨其致在於此乎羯磨之辭亦同斯舉大德僧聽誰諸長老忍僧忍者默然不忍者便說僧已忍作某竟此字已前文義皆通中牒緣本義通文局僧忍默下文義亦通通據白二白四兩羯磨也俱通易解莫非謹誦文局義通更牒一兩比見誦者受法煩拏頭踵迴互例失求和尚此猶未見疏也若見不致此辭故作法時十八通練片有差殊即須訶說豈唯戒師獨秉斯教有非不識作業不成相似比丘滿洲信矣何謂義耶羯磨法中誰諸長老忍前

緣本雙牒長老忍僧已後單牒根本勸僧和忍此義通也約文結界此住處比丘為緣僧今結界為本誰諸長老忍僧今結界下直明結相竟不牒於舊住此略說緣也結界既爾白二同然受戒亦然誰諸長老忍前還誦白中第二緣本雙牒長老忍後單牒本云僧今與某甲受戒者默然不忍者說此一既爾白四例然據此模軌豈有浮亂然時有煩略者但翻譯治文不淨故失窮耳三增減者有人誦語一準羯磨以律本云當隨文句勿令增減等今解當依義理不可從人據前通局門中文義

俱通者增減不得若少一字所言無詣也文局義通中莫不牒其緣本隨時立法多增少略俱順和法何以知乎如結大界即列二同戒場小界攝僧義一豈得二別何得不列也準此增著亦得如五分結場增文同一布薩等減卻二同亦得如諸界等結大界字此不可略正是業本如是例知四成壞門者如前文通不可改動事義相纏增損俱敗故文云勿令違法也餘文局中以事條是別標舉應機梵本唐辭翻傳單複隨其意義何寫經中如翻三衣為臥具敷具略得其相失其本體等故隨

其事得應法緣雖少增減不失事義皆得成也故諸部羯磨文義通者並無異辭文局義通部別乖各意可見也如此開張舉例自委五釋疑門問羯磨文中前後並云僧聽僧忍中間何以言長老忍者答事達在僧成否在別別須語默僧唯六和假用未彰還從別舉故曰也或有文云大德忍者終問別人隨時稱謂也問如欲辭稱事不成結界稱事云說戒者故知餘法若作不成答與欲前總說事則局故今結大界者後稱事故不似欲中與羯磨欲故律云僧今結界同一住處說等所以列二

同者答凡結界意人法須一故文云同一住處攝
人依處同一說戒攝人依法也問何故但云同說
戒不云同羯磨者答未有說戒不有羯磨但舉說
戒卽義通也又有解云同一住處三業是依無別
眾也同一說戒命行見具無乖法也表六和具顯
本結也羯磨別緣通爲不一說戒所及僧別同持
爲成本和故云說戒有人云說戒明異界詳集也
故律中界外戒場鬪疑俱召也若逃叛者俱有罪
失故云同一說戒若作羯磨唯同界同無異界同
以諸界僧不假羯磨若猶須集用結何爲終爲煩

慮也有人言結大界中不牒二同亦成作業由因
說戒故結隨牒如小界戒場不言二同亦得成就
大界要牒方得成者餘不稱者悉應不成問內有
諸界相卽列多應須改更何得依誦答不須云云
以除內地約身而論皆是界外古人有言以相望
相相有內外以體望相相在界外則可知矣
八法起有無者有人言無也然以造業發生無作
與行者心俱謂於心邊有得可得故有業也今此
結界非別所爲能作是情所爲非情何有法起誰
領繫者故知但是約界集處如律本中界現前者

作羯磨有制限者是也謂是作法之處簡異自然
乃至衣鉢藥地但曾作法得無罪累非有法起有
人言定有法起故經論中以作因緣發生無作若
作善事發善無作屬善行陰作惡亦爾若無記者
不發無作地是無記非情所收然諸結處非心不
起地是依報何得不從隨心業力有法依地故徧
標內皆有業力如上五分多論所陳以界威力善
神所護能令非人不惱道俗又如卽時中國結界
必須三反先豎標結令知限齊束約惡神不得出
故又作法解放之在外然後更結方始永固近僧

傳此常法不改若無法力誰能攝持又善見中依
相結已後失界相或掘至水輪或水蕩成坑或停
坑內作閣起屋二三層者並名同界不失本也若
有石山上廣下狹於上結界巖下比丘不妨上法
以界是色法依山而下隨其曲直沒入地際水輪
方住故也又云若戒場上大樹上有比丘喚下作
法準此依根在界內故是別非數也若枝著界外
地者不犯界外覆內例亦反同故十誦云若結界
時樹上比丘眾數滿者不召亦得準此而言樹著
界外地也比丘當時在下枝上故不喚亦得餘如

鈔說

九明失否相就文分二初明決失謂棄捨也故十誦云諸比丘捨僧坊去作念不還是名界失文殊問經下至有一優婆塞宿是名不失準此不守即失界也智論亦言一宿無僧是名棄捨伽藍十誦中若聚落屬賊一切界外隨意結之乃至舍利弗共佛遊行過宿空精舍佛言由棄故一切界外應結界說戒準上以言皆言失者無人守故善見水蕩計僧並散豈人水下宿守界也今通解云作示捨意所以言失雖非作法僧義絕故作還反意義

無失也故四分云治故伽藍不失淨地明知界在餘如鈔解泛明不失略列六種一善惡互解不失如律云惡比丘解淨地令餘得不淨觸不成等二僧尼互解不失見論云於尼界上得結僧界尼界不失尼結反上五百問云不得相叉三異同見互結不失如律中由諍見故兩無別眾同界各說佛判俱成兩無犯也四邪正互結十誦云僧破如法者得結界伽論云僧已壞法語者成捨非法語者反上可通五中邊不相領互結解不相妨各自足數兩不相通六失界相及空本界掘至水輪如上所引具分六位顯不失相

十明不成相反上諸門皆不成也四分相接錯涉隔水無濟不捨重結標相不顯緣非單複隨一現者皆不成也此一羯磨眾同之本隨相顯之是非略盡餘者準例故重累言終緣四攝校練得否人法處事深須體之如鏡屬物無容私隱冀諸臨御同嚮大猷故律文云如此比丘利益多人令法久住必反斯趣妄動非蹤彼我同陷長淪諸有故文云遮法毗尼多人不益作諸苦業以滅正法可不誡哉

解大界法

上明結成此顯解壞文分為二

（時諸比丘意欲廣作者狹作者佛言欲改作者先解前界然後廣狹作從意）

初標緣起者由廣狹後起欲張舊界故隨機立教解法生焉

（當如是解）大德僧聽此住處比丘同一住處同一說戒若僧時到僧忍聽解界白如是大德僧聽此住處比丘同一住處同一說戒今解界誰諸長老忍僧同一住處同一說戒解界者默然誰不忍者說僧已忍聽同一住處同一說戒解界竟僧忍默然故是事如是持

此一羯磨通解有戒場大界者由文無偏局故得。
文解中牒二同解者本結爲在二同今解非二同也何爲不立相解耶結界須識分齊故須標域捨界背相一切界外用立何爲文中此一羯磨通解有場者以二界不通各行結解無場大界外相一周有場大界內外兩圍及作結時俱是外故更不改張故一羯磨通結二界今解例同可以知也此即初義第四門也上明人法二同結解文竟
結同法利界法爾時有二住處別說戒別利養欲得共說戒同利養佛言聽各自解界應盡集一處不得受欲當唱方相結之結文與前略同唯有僧於此彼二處結大界同說戒同利養爲異

二明法食兩同界初標舉可知二解緣中初旣二別後欲二同者以法食互缺今即互須取法濟心之方取食濟形之術心形即道之具機至何敎不通故佛聽各解同結也計結之始還用人法前結文中列同說同利者約緣故入法耳如上同住同說也不列同住字豈得別衆乎必常途前法理是正本後若法食俱豐律聽解爲二別有人用人法二同結之亦是一途處分必如緣牒唱豈不會本意乎
結同法別利界法爾時有二住處別說戒別利養欲同說戒別利養佛言當各解通結

文略同前。
三明單法同文二初標後緣由利豐彼此一住無法出家所爲以此爲先慧命修延法身成立必由此也故佛聽之
又有二住處欲別說戒同利養爲守護住處故佛言聽之此四方僧物和法
文又列唯食同此僧制也本非結界因前同別故有事來以正法各明未勞相請利養處局故須周給由四方僧資屬處已定不作僧法理無輒分要須通和方得出界用濟窮苦如僧得施本通四方作法遮約文收現在四方常住物在利通還作僧

法方聽僧用故文中爲守住處也若不羯磨輒持出界若與僧別同是盜收故僧祇中通結一界彼此共用四方牀褥意可見也餘如戒本疏盜法中
△大段第二結戒場法約位爲二初場後界初中就文爲三一謂制開意二內外先後三結解法
結戒場法時諸比丘有須四人衆羯磨事起五人衆十人衆二十人衆羯磨事起是中大衆集會疲極佛言聽結戒場稱四方界相若安栓若石若標畔作齊限已
初中文云須四人衆起乃至作齊限此開結也由大界廣遠僧衆煩多縱有受懺數集難剋然僧和作業非別能成機會不開未爲赴感故因前事便

開結之釋名如何戒者通收正行場者揀擇精麤似世諸場莫非聚結異品收拾勝利結開喻此諸部或名戒壇中國寺別置之如此郊壇之相每有作法登階就位也問夫立場名謂在作法多者若爾大界可不通作何故不名場耶有人言大界本爲住結不專滅惡生善故不與場名小界雖暫生善旣無方限又非久固作法故沒名不彰有人言元結大界其實通法但作兩難故不名場戒場不爾隨集遂成無有乖難所以名也故十五法必在大界謂受日受捨德衣解界結解衣食界乞鉢捨

中四法爲十二也說恣亡衣此三本制大界難開戒場自餘羯磨並集場中作數非難故標處勝也或可各據一位不可雙顯彼已云大此得場名故也

毗尼母云必以大界圍遶五分等律須在大界前結

文云母論大界圍下明內外先後也卽第二門義由大界集難成和叵具故開結之若在界外本非煩務未爲勞也善見母論明文在內故四分云衆中有四人衆起又云此住處比丘爲僧唱相若是外者則無住處五分戒場初在界外後因賊難聽在界內若欲結者先結戒場後結大界若已結大界者應解已如前次第結之今時有人依光師羯磨先結大界者律文雖有先後由緣起故不卽因此明結法式理如五分不可依人母論文云直結小界外無大界者不得受具若忘結淨廚還解大界後解小界先結淨地次結小界後結大界祇律雖云在外此制前也五百問云後結戒場而受者如阜公云恐無所獲然本不知同於未制賴有此路得通僥倖卽可謂非分遇福也問淨地加結須作法界如上自然何得妄立答如論所述似順十

誦故彼文云大界內不許淨地先有捨之今若作結先結一小界就結淨廚又別結戒場後於兩界外俱分內外相已通結大界如明了論圍輪別住若不如此自然地中終無結理容有處分非所明矣

△三正加法文中分三作者豎三標下初列子注義張相位作是言下唱也羯磨者下正明結也

若欲作者先安三重標相內裏一重名戒場外相中間一重名大界內相最外一重名大界外相並三相已盡自然界內僧集在戒場標內先令一比丘唱戒場外相

初中且舉大界一場故列三相三體必更緣須諸

界亦隨界立體可以準知。盡自然集不云標者。以
場多小不越自然。必更寬廣終妨後法。理不開也。
然律文中場中相寬卒不能得。據此復寬宜從制
也。
應作如是言。大德僧聽我此住處比丘爲僧稱四方小界
相。從此住處東南角某標西迴至西南角某標從此
北迴至西北角某標。從此東迴至東北角某標從此
南迴還至東南角某標。此是戒場外相一周訖。三說已若有曲斜隨事稱之。
文中小界相者。對外大界爲言。異下三小界也。

△就結分二。即結解也。
羯磨者如上應和已白言。大德僧聽此住處比丘稱四方小界相。
若僧時到僧忍聽。僧今於此四方小界相內結作戒
場。白如是。大德僧聽。此住處比丘稱四方小界相。僧
今於此四方小界相內結戒場。誰諸長老忍僧於此
四方相內結戒場者默然。誰不忍者說。僧已忍於此
四方相內結戒場竟。僧忍默然故。是事如是持。結已牓示顯處令後來者知諸界分齊。餘條準此。
問。結戒場中何以不言同一說戒者。答。本爲衆大
集難別開結也。說戒通制。本據住處。場非住故。不
云說也。問。場與大界兩是別住。應具二同。何得無
者。答。場興本爲作業。不在安僧。故無住處。住既非
有。故說亦無。大界不爾。元對別說別利。故彰二同。
戒場無有所對。故俱無也。問。所以說恣二法須場
僧集。餘法不須者。答。此二攝取僧法位居行淨之
人。故制界之內外普同遵。故羯磨餘法所被多途。
無局於時。多緣別務。若制通集。還復相勞。徒有前
開終無後益。故作法時。異界有人不兩相集。所以
文中無同說戒。有人云。縱作法時安二同得。如五
分結戒場文。共住共布薩共得施也。

解戒場法。律無正文。準諸解界翻結即得。今亦例出。理通文順。應作是言。大德僧聽。
僧今集此住處解戒場。若僧時到僧忍聽解戒場。白
如是。大德僧聽。僧今集此住處解戒場。誰諸長老忍
僧集此住處解戒場者默然。誰不忍者說。僧已忍僧
集解戒場竟。僧忍默然故。是事如是持。
後明解法。若如光師前本則以解大界者通捨戒
場。故彼注云。此一羯磨通解二界。隨其大小文無
偏局。然則大界結有二同。及解之時牒同作法。戒
場結無同字。明知唯解大界。不在戒場。義不然也。
有人云。場結初無二同。理可得無。故亦成也。今解

不然結解相類大界結解俱有二同小界結解俱無二同故得成也場結無同後解方有解不類結此不成也有人用三小界解此亦非義三小俱無其相一席作法如何類耶今比諸界反結成解雖非律文有比量故就文爲二初標後法可知問戒場不許僧住文何牒者答住有多種四儀一時之目不可怪也如初結場猶稱住處何況解也問結場既竟須結通界文何明解答立法須也可即依文任時行藏義不連誦餘並準此

△後結通圍大界法中分三初標緣起二相三結

結有戒場大界法佛言不得合河水結除常有船橋梁者又不得二界相接應留中間初中不得合河結者以水難不恆卒增障集機緣既阻僧義不成徒張拯溺之名終喪乘權之實既無津渡結不成也僧祇中水中有洲五處據標結兩邊水內取三由旬恐持欲渡漂出界故三陸地上隨時大小問水陸二界互相攝不答如上說竟自然界中兩不相攝僧祇得者據作法言之不得二界相接者以界體限約各分位局今若連接終非別住故制之也如上相去一肘無有正文約同二繩得分便罷故文云應留中間即空地也

五分云不唱方相結界不成律文少略應如是唱相大德僧聽我比丘爲僧唱四方大界內外相先唱內相從戒場外相東南角標外二尺許某標者此約當時有者言之不必誦文此是大界內相東南角某標從此西迴至西南角某標從此北迴至西北角某標從此東迴還至東北角某標從此南迴還至東南角某標次唱外相從此住處東南角某處標西迴至西南角某標從此北迴至西北角某標從此東迴至東北角某標從此南迴還至東南角某標彼爲內相此爲外相此是大界內外相一周訖三唱已若欲唱相應將四五比丘出戒場外盡標相內集僧然後唱二重標相已

云不唱方相者今有結者臨時迷事或坐場內通唱三重者或於大界內通唱通結場界兩所者或但唱外相者或但唱內相者雖唱諸相互不周帀者皆謂異界相攝內外通濫三界混亂定斷不成界取相分無相非結正法從實無昧彼此可依文云先在場內隨標相集唱場結場既作法已將結大界方可召僧出戒場外又出自然入大界內依標相集先唱內相用規空地後唱外相用絕他界然始依結無法不成僧中方加羯磨其文如初結大界法無異故不出

律無結法。集法行用。必準誦之。在文委曲。可如目見也。餘如上二同中。

△三明結小界法。義分爲五。一教興所由。二集僧遠近。三無有標相。四結解同異。五顯張是非。初中夫機教相因。同諸藥病。凡情易結。聖意開之。故此三小。興唯在難。文列僧不和合。或不同意者。並是人難。不合作法。故開別結。以副情願。意可見也。問。如拘睒彌亦不同和。如何同界別說開也。答。此不同彼。彼則事見兩乖。便非僧義。故開別說。此見同事別。於事不和。得成訶別。故開別結。二集僧處者。觀律文相結。並外界蘭若自然。唯受戒中不同意人未出界者。是作法也。說戒文云下道。自恣文云異處。雖當部中無自然界。異處下道。即是誠文。道是一界。下是蘭若。必欲依集。可隨當時。如上盡自然也。有人云。並由難起。未須依界。隨集坐處。即以爲定。故文云坐處已滿齊如是處結之。有人言。此非正量。不可承準。須依律文。不同意未出界。疾疾結之。明知恐同自然。故以界爲限。既有緣難。不比常途。宜用善見七盤陀集之。彼文中云。不同意與此一也。三無標相者。凡爲久固。或無難遮。作法閑緩。

立相分域。此之三小。暫時一席。無有二會。故文云不應不解而去也。二若豎標相。不可遮訶。隨人即結。不和不至。故受戒云界外訶不成訶者。明以集身爲標相體。三者文云疾疾結之。恐遮人出界也。立相容遮。終非結意。餘如文解。四結解同異者。又上總門第四義也。大界結時豎相。解時牒二捨之。則解不類結。如上三小結解相應者。一現作非未來。二暫時非久固。三無相爲遮訶。故小界與人處相相應也。結者成解。餘人不得。若起迷方。無由重捨。故佛制不應不解而去。誠有深致。五廣張是非者。就文解之。文分爲四。

結三小界法。此三小界並爲難事故興。律云。不同意者未出界。聽在界外疾疾一處集結小界受戒。又言。若布薩日於無村曠野中行。衆僧不得和合者。隨同師善友下道各集一處結小界說戒。又言若自恣日。於非村阿蘭若道路行。若不得和合者。隨同師親友移異處結小界自恣。故知非難無緣輒結。類諸難開。若違制犯。

初緣分三界。在文可知。又皆無外相。即身所坐處以爲界體。故受戒中云此僧一處集結小界。說戒中云今有爾許比丘集結小界。自恣中云諸比丘坐處已滿齊如是比丘坐處僧於中結小界等。故知俱無外相爲遮訶人。即小界受戒法云。界外訶不成訶也。此文釋成無外相明矣。

二皆無相下。顯標處也。並指身以爲標體相在身外。

今有立界相房院於中結者羯磨不成以大界立相不唱非法小界無相若立非法故大界別人唱相羯磨文中牒之小界旣無唱法羯磨自顯標相故重委明示庶無疑濫脫隨而結則成多犯一非是開緣二輒立相三處留久固文云不應不解而去等四妄通餘法卽非制而制

三今有立相方院下明非法也卽第五門義大小二界緣難有無標相寬狹終不徒立文中羯磨不成者以法事相違也界以標相爲體大界無難作法具儀先唱標域後依加結乖不成也小界怱急不明立相恐訶人至納在相中隨集約身一時唱結有乖斯法理是壞緣下明四過者初非開緣專

權結小違佛教也如諸難緣界外持欲儉開八事離衣道斷持通九等之流雖是曲被未可常行依法用之則一切智故文云制已更開開已還制義須憑準何得自矜言輒立相者古師傳用自恣圓坐五德在中說戒直立開無衆具故僧祇云行住坐臥悉成布薩十誦亦然及作受戒相如熨斗柄是中問遮今有人結隨在何處臨時指擬方隅爲相然後誦結義則不然三小相同體以身集爲界如何於外更立標相必其擅置故引訶人令訶法壞大乖律文終非開意誠不可也故受戒文云疾

疾一處集知無異外一是也說戒文云爾許比丘集知數人外無界二是也自恣文云齊坐結之知坐處外非界三是也受中又云界外不訶四是翻是成非數可知矣問以身爲標外無界內問難受法如何得成文云界外不成受故答義須殷鑒不可冰情問難前緣可自依律界外問也及論請師乞受必須呼來入界十人融通開間納取一足入內尚預法儀何況俱也如斯行事內準佛教外約凡訶僧有授法之功前無虛受之願可也問訶人若來倚我身界豈不別耶答有人言初結不成以

同自然有別住故旣結界已雖訶不成界立爲難開無訶也如惡心觸不成觸等今解前後皆成結齊身坐正爲絕訶豈得前閉後開義不可也律無開語何得輒通如所開遮不勞身界旣結無外明不容訶故文云得訶人者謂善比丘在同住地餘無有文不可用也三處留久固者以因難生權開加結難非常有結寧永固必又開久用大界爲故文中卽解而去者一爲餘人迷相雖解不成二爲恐後結界能遮作法三爲臨機一教非爲重集違斯專制故乖正法也四妄通餘法者開爲前緣非

緣不可妄承行用違拒處多致令受者懷疑良由本界非制故文云非制而制者即非難而開也是制便斷者不於場界也多人不益謂戒不具足無行可依也明彼四是練此四非等鏡鑒而弗遺何疑滯於聖化矣

其羯磨文如常也

羯磨文如常者諸本連寫曾不揣量顯晦在時行藏適世即令場界二所作法向須邀延說悉之與受儀難緣希聞故略必臨事或有準誦自成故未煩出也

四分律刪補隨機羯磨疏卷第二之上

四分律刪補隨機羯磨疏卷第二之中

大唐沙門釋道宣於終南山豐德寺撰疏

△大段第二，結解衣界。先列義門，後就文釋。初須結得不，二解教興意，三結之方法，四約界通局，五除結前後。就文釋義，文分為二：前標舉結方，後牒緣加事。

結解衣界法第二（有三種僧伽藍，若大界共伽藍等，或界小於伽藍，並不須結。）

前中有三種伽藍下，即初門義也。界與藍等及界小藍，不須結者，以衣界自然約藍院起，隨有周帀，猶開勢分。今大界與周院標齊，未結衣界，院外攝衣，若加結意，入院方會，何須結也。或界在勢分內者，亦不須之，轉非開故。何況界小於院，依界結之，院內不免失衣，用此度之，俱不須也。（若界大於伽藍者，依法結之，則隨界攝衣也。）

文云若界大於藍者，即第二門義也。由界寬院狹，未結攝衣，界內院外，全夏失衣；由結衣界，隨僧界內，衣夏兩會，豈非益耶？如下緣說。十誦云：若作不離衣羯磨竟，齊牆壁籬柵來，僧尼乃至學戒沙彌、沙彌尼，不離三衣五衣也。（然有羯磨立無村結者，若準律文，先結衣界，村內攝衣，後因事起，方乃除村。今通立一法，不問有村無村，法爾須除。薩婆多論正立此義，以有村來五意故除。）

文中有立無村結下，即第三門義也。有人言：有村須除，無村不須，何得雷同俱須除也？如律文中無事有法，非法不成，無村加有，義同此也。有人言：有村結者，現除懸不結，後村移出，不合攝衣；無村結者，現結懸除，村來不攝，村去還會。今解不然。既依界結，徧標內地，同有攝衣，不由村來衣界便解；不由村在衣界不偏。但村是男女所居，多生染謗，性與比丘行有譏，故制令除之。故律中初結衣界中有村，不言除村，村中置衣，後為緣礙，方始除村。此除別緣，不除村體。何以知然？多論前解無村不除，後遂解云：羯磨法爾，莫問有無，皆須除之，村在不得，村去攝衣。問：本既無村而云除者，豈非無病有藥，何成羯磨？答：此攝衣界在同住地，所言除者，除衣障礙，不除村體，故無男女，任意著衣，豈在院宇？本無不結，村來必須，豈非煩重？又若不除，便起疑念，謂結衣界後，村來入衣則不失，故先結除。如前結界具列二同，可即有說，文中須述，不妨前結為成後同。衣界亦爾，為釋後除，可以類解。問：有村結已，不得會衣，與本無村何須著除？無村無結，村來障衣與有結同何須著除答爲釋疑故未結之前院內界外（案記云內外字倒傳文誤也據記應作院外界內）不免失衣由諸界故今既結竟車樹界滅疑謂村界亦隨不生爲釋此疑故二俱除村有五義如論故除一聚落界散亂不定衣界是定故二爲除誹謗故三爲除鬬諍故四爲護梵行故五爲除嫌疑令清淨故餘界無情故不須除

四結徧否者有八言結不偏界故文云除村村外界既有所除明知不偏矣十誦云除聚落及聚落界結取空地及住處村及勢分衣界不生故善見

云村外界者中人擲石以還是也八即解云十誦結時現除懸結以文云結取空地者即村外勢分也及住處者謂村體也後村移出更不須結四分無預結文故現除懸不結也今解不然既除聚落明有所除結取空地者僧坊外地及住處者謂僧坊也此內攝衣餘是所除故不偏也僧祇中舍衛一布薩界有九僧坊不結衣界隨方別攝後祇桓比丘詣開眼林坐禪或於彼宿恐失衣故佛令從祇桓及九精舍同結不失衣法令得安樂住亦除聚落及聚落界問無村結時既偏大界可稱同住有村不偏應不得稱答衣界假於僧界故稱本住未必相可俱偏攝衣或可偏界攝衣村礙故隔從本故通從緣故局有二釋文如上通也問結淨亦假僧界義非自然何不稱者答僧衣兩攝雖不相可莫不用攝入衣同處若論淨地元結攝食障入故不稱於本住又若稱者恐成相可偏有內宿不如不結若依僧祇聚落蘭若通結後因舍衛失火蘭若畏燒衣故急奔赴城中爲人所訶因制蘭若不通聚落四分所結城外僧坊若聚落內是彼廢教或是兩通既除村界明非廢也

若先無村作法結已淨人住處外村來入隨所及處皆非衣界若本村還出衣界仍攝若先有村村在非攝村去空地衣界還滿由村來去非結解故五分律中咸有斯意

文中若先無村結下至五分咸有斯意者明結隨界滿村緣故除文極明委五分云若本無村結不失衣界竟村後入者不須更結先已結故若本有村結衣界已村移出界即此空處有不失衣界若聚落小後轉大者隨村及處皆非衣界若村先大結衣界已後漸小者隨有空地盡是衣界準此通前約緣不偏據法從本說名爲偏

△後正加法中文分爲二初標緣顯示後依法結解

結攝衣界法時有厭離比丘見阿蘭若處有一好窟自念言我若得離衣宿者可即依此窟住佛言聽結不失衣除駛流水。
初緣言厭離者即頭陀比丘厭於世間不樂想也。
除駛流水者由漂蕩鼓怒會護是難僧界雖攝尚通梁濟文乃無橋義亦通許。
白云大德僧聽此處同一住處同一說戒若僧時到僧忍聽結不失衣界除村村外界白如是大德僧聽此處同一住處同一說戒今僧結不失衣界除村村外界誰諸長老忍僧於此處同一住處同一說戒結不失衣界除村村外界者默然誰不忍者說僧已忍此

處同一住處同一說戒結不失衣界除村村外界竟僧忍默然故是事如是持。結已準上牓示顯處。
就結文中若本有村現除懸結依上五分攝村下地故不同古人懸不結也古人云四分無文結住及空此非解也所以如上若本無村現結懸除準五分中後村來入不得安衣故知僧坊淨人男女別院並非衣界非時入者囑授同村亦即食家同宿屏露如是類知若單士女則非村攝但是染情之障礙耳故文云村者男女所居也善見云若施不失衣界內僧村中比丘不得者此據緣相明攝

不言法通僧界也餘有自然護衣義文在戒本疏。
就彼開之文中結已牓示者欲令後來不迷護衣也僧祇中應牓示顯處令後來比丘知說戒等。
解攝衣界法佛言應先解不失衣界卻解大界應作如是解。大德僧聽此住處同一住處同一說戒若僧時到僧忍聽僧今解不失衣界白如是大德僧聽此住處同一住處同一說戒僧今解不失衣界誰諸長老忍僧同一住處同一說戒解不失衣界者默然誰不忍者說僧已忍同一住處同一說戒解不失衣界竟僧忍默然故是事如是持。

就解文中標法為二初中先解衣界後解僧界者法儀倫式前後有據不可亂也十誦中若捨大界衣界隨捨者以衣法假本本失末亡而非正則亂倫獲罪又云若捨衣界大界不失者去末存本義之次第為除疑故文重釋也。
△大段第三結解食界義文為二初義又二結護分之就結淨中六意分門一制意辨名二列數定體三分自他四院有周缺五法有作否六解結差別
初制意者良由在生資報三品殊途故使適化立教非一然則上報堅強風骨雅正知量投乞便濟

形苦林谷是託四海爲寄如斯之徒未假儲貯中
人已下形報疏微制令分衛終喪溝壑若不開濟
容墜道業如緣中因病致死故開結之初雖約緣
終備三等欲使通濟病苦不限康羸道存爲本斯
教興也釋名者飲食繁雜能生染穢同住看守體
乖儀節名爲不淨既加結已隨局處所宿畜既除
非咎不起故名爲淨此從緣也非對穢言淨具四
儀故方名爲淨一由斯貯畜增貪長慢名汙淨心
二外道俗流生譏致謗名汙淨信三既同宿煮能
生多罪名汙淨戒四現結集因來受苦報食噉不

淨永離香潔名汙淨果今通引部別對明開制僧
祇云院內潘汁流巷人訶僧住與俗無別因制不
許十誦云初聽白二結地已外道譏言禿居士舍
倉庫食廚白衣無別因令僧坊外作既在露地乞
多食少因制不作淨地作者吉羅先結捨之有人
依此文相普不須結並爲他物淨故今解不然十
誦制斷僧坊無復食廚爲靜外譏若開他淨終負
外責一不可也若是他淨則無宿煮今彼律中唱
言兩界二不可也即四分文云待明乞食此中都
無作食處則相同十誦如何二開楞伽經偈若有

僧伽藍寺舍煙不斷常作種種食故爲人造作是
名不淨食如實修行者不應食此食今準大小兩
乘了教明文僧坊無廚不許結淨如涅槃云聲聞
僧者無所積聚大小麥豆若諸弟子時世饑饉乞
求難得無人供須爲住正法方開受畜必施檀越
四法依止是正教也反此經文義非所許況復楞
伽十誦明斷不開佛在祇桓尚無廚帳阿難煮藥
在僧坊外可以尋之故涅槃聖行華嚴正願乞食
自資全無積貯諸律初受必準四依如何終老乃
捨元行雖開僧常或是前廢不可師心順情開也

問如上諸教皆不開結今結前廢如何會通答曲
逐時機不堪本制便隨開者不無其致有人言諸
部不同何有會也大乘則上達可行小乘則分河
而飲故知部別且用當宗如鈔序中小持律也必
力堪濟通用何疑五分中近寺住者施屋與僧作
食合藥不得言是僧屋準此他物淨也母論佛見
比丘諍昨日食因制殘宿食及大界內食無淨廚
者一切不得食準上結界中界內別結通圍大界
則不相容既非同住自得相順此得從文失制意
也有人準律論文但是大界雖無院宇與食同住

隨犯宿者。今解言界者是院周界。豈局作法。縱結
攝僧無僧坊院不成儲畜譏過則無院雖周成不
結攝僧亦是宿攝能生過故。所以律云持食露地。
賊所持去因開寺內。若約界成不應四淨半有籬
障非唯自然義通作法。問。有界無院不集別眾無
界有院如何犯宿。答。僧食兩異何得例也。由方相
合儲過譏生。故有罪也。法事取和不從譏過故有
斯異。
二列名定體者。依文釋之。就分為二。謂總別也。
結解食界法第三佛言有四種淨地。一者檀越淨。若為僧作伽藍未施與僧。二者院相

不周淨。若僧住處半有籬障多無籬障都無籬障若垣若墻若塹若柵亦如是。三者處分淨。初作僧伽藍時。檀越若經營人處分如是言某處為僧作淨地。四者僧作白二羯磨結。若疑先有淨地應解已更結。
初標舉名題。佛言已下。顯數相也。一者檀越淨。文
中由是他物。貪儲不生。故直開也。義分為三。初處
所是他物。食具是自許。既是俗家。我固絕起。二處
是僧坊。食具俗有。律云聽作檀越食。令淨人掌舉。
不應自受所須隨索之。三處食俱他。如今俗設噉
會者是也。此之三淨必是真他。不容倚傍濫託檀
越。若道寺是俗造。即云他淨。一切僧坊俱非道有。
於中盜損。望俗推繩。乃至佛法咸無福也。財物無
在隨施成主。何得仍舊為檀越淨。有人言不結有
罪。若結難護。又言由有倚傍勝不結者。今解不然
佛制智明。不唯暗塞。親知是非。罔冒聖儀。非唯反
增愚暗。更遭不學諸罪。於彼宿煮終結根本。何有
脫也。若言護難。可以難而不結。世中五欲盛啓五
情。橫割斷之。得行佛教。豈唯食飲口腹之累。用涉
言哉。疏者立言。寧結減罪。何以知耶。由結淨地通
無內煮。一有益也。善者懼罪。雖宿有淨。惡者慢犯。
雖觸無染。二有益也。結防兩失。俱離無瑕。如何妄
指自貽伊責。二院相不周淨者。由體同空露。藏畜

心微故也。文列三相。言半有者。二方障也。言多無
者。一方有障。言都無者。事同空野。離障既爾。標四
例然。約文附事。則有十八處。據離為言。若二台至
於六合。或更互參。則多相也。通而為論。無非是開。
可以類解。三處分淨者。以初成故。未曾經宿。塵結
未多。隨人處分。即以名也。在文易顯。僧祇云。新作
住處。佛塔在東。廚在西南。僧居二中。行來之處。文
西南也。營事比丘以繩量度。作諸淨地。不得過時。
善見云。應捉柱云此處為僧作淨屋。如是三說。乃
至一柱作法。亦成。若已成者。召本主語令知淨地

隨語作成。若聚落老宿召來遣作若敎亦得。四者。
僧作白二。結出住來經久。不可處分。必須和通依
法結之。據如母論。先自然中集僧結淨。準僧祇中。
非羯磨地。不得行僧事。餘廣如結場界中。文中疑
有淨地。更解結者。謂荒毀僧坊迷謬淨處。且通解
已結依處分。故僧祇中僧俗兩住俱廢二年。得加
處分。上明列數也。
第三自他中。初一他物明淨。下三約自辨淨
四明周缺者。第二不周辨淨。餘者周中辨也
五作法以否。初二無法。直爾離染名之爲淨。下二

由加法成。隨法明淨。文就二作不同爲六。一僧別
異處分別。八羯磨僧法。二近遠異處分別。八加故。
不得經宿羯磨衆法隨事遠近。僧祇支尼梵志爲
佛造僧坊。佛令波離先往爲僧作淨廚。若過時者
名僧住處。不名淨也。五分。佛令先指其處爲淨地。
置食於中。若未羯磨比丘不得入中至明相出。言
羯磨者。卽處分之通名也。三一多異。處分隨時少
多。羯磨唯四。八已上四道俗異處分通七衆。羯磨
局於僧。五約處異處分通諸界。羯磨局大界。六解
法異。處分口法解羯磨唯白二。

正作法中結解分二。
結攝食界法。時有吐下病比丘未及得粥便死。佛言。聽在僧伽藍內邊房靜處結淨廚。應唱房若溫室若經行堂處若出家五衆房得作。除去比丘。五分云。若於一房一角半房半角或中庭或通結僧坊內作淨地並得。律令唱相令結法時。僧在院外遙唱遙結。應唱相言。大德僧聽我比
丘爲僧唱淨地處所。此僧伽藍內東廂廚院中若諸
果樹下。並作淨地。如是三唱。若更唱餘處。任時據量隨事通局。羯磨者作是白言。大
德僧聽。若僧時到僧忍聽僧今結東廂廚院中若諸果樹下作淨
地。白如是。大德僧聽。僧今結東廂廚院中及諸果樹下作淨地。誰
諸長老忍僧結東廂廚院中及諸果樹下作淨地者默然。誰不忍
者說。僧已忍結東廂廚院中及諸果樹下作淨地竟。僧忍默然故。

是事如是持。
初中標緣。由命難故開。結邊房靜處者。必具二緣。
乃開結也。以道寄淸修。食緣煩雜。俗中節士尙遠
庖廚。況出世人。奄掌庸僕。誠不可也。制在邊鄙。又
居幽靜。意可知也。律中應唱房名。卽是相也。今時
行事。直依羯磨單白四句。自唱自結。得在依文。失
於緣唱。欲依軌儀。白中加第二句。牒其緣本。理得
成也。今隨文故略而不出。恐諸局敎。或致餘言。此
是結集缺文。或是覺明漏誦。又可竺念遺筆。比諸
結法。義有虧緒。可不鏡乎。文列五衆房者。豈僧中

院居尼三衆是彼三衆爲僧造房擬自供養仍本
造者爲名如毗舍佉母云住我房者當與福饒可
以類也五分列相言通結者故彼文中通僧坊作
除僧住處以界內果樹將熟不長若不早結恐有
內宿故也又云不得羯磨机架上重屋上乘上作
淨犯吉羅亦不得淨地取土置不淨地而云是淨
依本地起有淨不淨本土若移無淨不淨僧祇或
於一邊二三邊隔道兩邊以爲淨地餘爲不淨皆
謂任時量處得淨其心隨其心淨器食亦淨如不
知果食在界內等卽此不知是淨心故開成緣淨

文中在院外遙結者卽解義門第六作法差別攝
僧界法同處結成攝食界法遙結乃就何以知之
故文云今於此四方相內結故淨地云僧今結某
處也所以然者僧界衣界攝人同法同處食界不
爾攝食障僧若人食同處加結之時相中不便故
遙唱結又解必同淨地復有何苦法自簡處豈同
不得故作結已雖有宿觸止壞食具不損淨地結
解有法穢染有罪兩不相干同處成結縱列某處
牒相爲言問結淨地中不豎方相者答古人不尋
文也如上已明須知分齊護宿煮過何得不也古

人有言以食望僧是攝是障謂僧食兩望也淨地
結意攝食障僧恐相染汙又云以僧望僧非攝非
障謂僧住望淨地也作衆法時同須赴集唯攝宿
煮不攝別衆可不然也文中結東廂廚院者若準
律文但言某處如僧祇中則在西南今準方土所
尙無施不可祇桓諸寺門並東開中梵尙日初方
故門在東爲上又多東風吹氣散也此土言方亦
以東始尙於陽氣以定北辰爲中故東爲廚也故
智論云隨俗無過不可以晝爲夜也問結淨地竟
定無內煮何不開宿答宿是隨人不問淨地不淨

地有人則犯無則不犯煮是隨處不問有人無人
但是大界卽犯內煮問結竟不得宿與不結何殊
如何開者答未結通界犯結竟局僧住故有益也
問旣不得同宿亦不得看煮答看煮非罪緣同宿
是本制故異也問結竟無宿煮得開惡觸及自煮
不答亦緣異也宿煮停貯過也餘二造作過也造
作非儀相淨法所不防問夫開結者爲免過也今
在中宿尙不免罪若爾說淨加法已亦應不合畜
長造房耶答制法不同爲益而起開閉合度故云
知機

解淨地法（律云若有緣者解已更結不出解文例準解法應言）大德僧聽若僧
時到僧忍聽僧今解某處淨地白如是大德僧聽僧
今解某處淨地誰諸長老忍僧解某處淨地者默然
誰不忍者說僧已忍解某處淨地竟僧忍默然故是
事如是持

就解文中雖非律文而開解故準說無苦

大門第二義明護淨五門別之初翻染法二護守
法三罪通局四相覆墮五淨生種

初中四位一緣不淨二緣淨三體不淨四體淨初
一須翻餘三不須如遇緣觸宿染穢由生律制儉

開乞求易得私順通文便自宿煮縱實依難遇豐
須閉因循不絕是緣不淨或可時沾緣淨扶持器
具之例後須息心仍事不歇或縱心把捉謂無罪
累知而故爲並須翻也五分有諸木器常用行食
肥膩不淨以瓦石揩洗破壞僧器者應沸湯灰汁
洗之僧祇云銅器淨洗用木器受膩棄之不入者
削用餘有米麪醬醋之屬隨用少許於六衆中展
轉博之後得本物即名爲淨物不定主隨屬故得
二緣淨者如僧祇中忘悞觸捉僧家麨食或遇時
緣船車載物得在上住又如十誦淨人執持釜器
泛物得爲扶佐不許傾側四分中惡心觸食令諸
得罪不觸自淨或器在雨中聽覆蓋等及時世飢
餓人相食者開內宿內煮自煮惡觸僧俗二食水
陸兩果不作餘食此爲八事義兼不受殘宿二罪
壞生一種文開內噉爲命難故不開外損爲靜世
譏濫故不顯若値豐年乞求易得猶順開者如法
治之斯等廣文如鈔備列緣會須開緣靜即閉前
雖宿觸開故無染不須翻也前門不應爲而爲此
門應爲而不爲兩乖法網雙獲一罪三體不淨者
如十誦多論販博財食治生道人所獲福會非過

屠宰雖不宿觸義不聽用乃至造像不合興敬縱
使施僧亦不合受以心隨之續作不絕本不許翻
縱翻終染由心在故若身死已後都收入僧以心
絕故四者體淨如十誦中比丘食竟以食不淨鉢
與淨人彼洗竟還置僧器中由一心與故名之爲
淨又與沙彌擔食後沙彌得已還與比丘以先不
共要隨施取食五分中自食殘者施淨人已明還
施者如法受之皆謂決心棄捨無再畜心故得如
本新淨器物柴水衣帛本非飲噉觸宿非罪水是
大開何得有染僧祇中比丘洗不受膩器著水然

火既涌沸已令人知之著米安中不得更然並使
淨人待重沸已如法受受然後重煮今多有人好
心然火致觸僧器皆是自煮律開然火乃是未下
米前又是淨器故也今時並膩膩是食餘有觸煮
者津塵通染故不許如上僧祇知水器等無膩體
淨僧器新淨有觸無翻以異別人故觸獲罪體無
膩染翻何所翻有人言僧祇律中船在水中車駕
牛時比丘雖觸無罪體淨今解不然此由牛水緣
來故開緣去便染不同水器當體是淨無緣來也
二明護掌法初護內宿者如五分使人於不淨地

洗菜未竟明相便出不犯以無心故四分中客比
丘持食來覓淨地未得明相即出亦不犯者據本
無心與食同宿忽經明相非是罪緣故開也內煮
自煮無文開護由煮緣時長不可奢縱故永閉也
唯除荒儉口法盡形餘無通處惡觸一種如前緣
淨諸律通開必非難緣寧死無犯由輒觸捉失聖
儀故如五百問中昔有持戒知事比丘以性急故
指揑僧器令收掌之後墮噉糞鬼中云云如彼又
智論僧護諸經盛明業相云云
三明通塞者藥罪分二前明四藥者據論時藥定

具四罪即內宿內煮自煮惡觸也由貧報是强貪
貯又甚餘之三藥不加法者事同時藥若加法者
惡觸一罪開於非時及七日藥若越其限則非敎
也古師云七日加法開內宿煮此無文也僧祇七
日寄僧淨地則有宿煮明矣自煮一罪義亦不開
若變生者則失受不淨何得後加若不變生重煮
非犯猶如淨地無內煮也四分文中但解盡形開
四罪故七日不列明不開也若未加法例不許之
故僧祇自煮薑湯不得飲也謂是生者有變熟故
必是乾者如律開之此聖言量不可輕也生涯漸

迫日月逝矣徒恣口腹死終不隨可爲心師於此
見矣余常覩行德諸僧康健之時清擧高世及乎
疾苦知何不噉保命如斯終歸後世無識之儔未
曾隱括排斥敎綱希貪口腹爲之陷溺如是長劫
誠可悲矣二明過中先緣後法初約緣明且據內
宿四分文不了如十誦云共三種人同食宿不應
食食得吉羅初共比丘謂與同宿也二比丘僧者
謂一具戒者同宿則通一切皆被染也如四分殘
食戒云今日受已至明日一切沙門釋子受大戒
者皆不清淨此通僧也或釋疑故如衣不淨犯起

別人謂食同此也衣有別屬食味是通故一切染則通餘也三共與學沙彌者由行違體順相同故染也尼中有四加式叉尼同宿同罪也故彼文云言內宿者羯磨結淨地已僧坊內宿飲食者是若取後制義通淨地約相從文違教無宿可知也十誦又云言內熟者結淨地已僧坊內煮飲食者是文言自熟者大比丘自作如上三人互不應食言惡捉者未受而觸是也比丘自取果與淨人已而從受噉制犯吉羅名惡捉也多論共宿三種（案記云合云共宿不共宿今文寫脫）若受食已作已有想不共同宿經宿

吉羅食則犯墮若自捉食名惡捉捉時吉羅作已有想經宿亦吉羅若食不受不捉作已有想經宿吉羅食亦吉羅此內宿也若食作已有想縱不共宿經宿吉羅者以心貯畜故犯四分無文義豈通許後對法分別者約位有四處時人食也先以內宿約處明者不通他物及不周地由偏坊界俱是開故餘二淨地若僧坊無人亦無宿也有人不開於淨地二淨有人不免內宿就時要經明相就人在三據知故犯律云遠來持食狗銜在界內風吹果墮皆無人知是食淨也就食二種長足則犯未

足則無以生相相連運運動故自散種子後生非罪不可言宿一明內煮就處不通四淨以法加簡故開煮二作法外僧坊院中更有惡也就時通晝夜就人通七眾就食通生熟並可類知三明自煮就處通坊淨以乖儀式譏過同故就時通晝夜就人則局僧中三位尼則有四就食但局生熟則開重煮也問律開式叉尼為尼造食又過受等今云何閉答如上所論據行儀也有沙彌尼理須令作必無開造如儉開緣四明惡觸就處通坊淨就時通晝夜就人為論具戒有三一不受而捉如上十

誦多論所除二膩勢相連如十誦中手巾裹鉢日須一洗由食膩塵能染後淨三任運失受何者是耶時藥過中受法自壞餘之三藥不加法者類同時藥義加口法（案記云義合作若）各越所期本觸名觸淨人有一謂膩染觸由失受故自執令授前食汗手又觸餘淨故唯此也若如法授事同新受洗手加者此淨人手不須洗穢又就比丘是觸非犯一為受而觸如行羹飯等二遇緣失受如多論中淨人來觸更加法等三破戒故捉律云不觸者淨四持戒悞觸如上緣淨重張四句一觸而非惡如律中

忘不受果持行方憶見淨人時如法而受。二惡而非觸如文欲令他得不淨食故於沙彌邊觸食等止坐觸者不觸得噉。三亦觸亦惡即意墮奉持隨造者是。四非觸非惡淸淨食也。上約人竟今就食論通其生熟故律中自種菜生以變動故無宿觸也。

四相覆墮者若非淨地有諸果菜未長足者運運變易未可論罪隨取及時將入淨廚服用無過縱就捉觸但名壞相由色變故不名惡捉以本生故。坊淨兩處互生互覆依其本地有淨不淨不依所

覆說淨不淨。問何故律中作意墮者說爲不淨。答此謂非淨地果長足既久作意欲噉有貯畜心便成內宿故說不淨若不作意則無心畜長足自墮不成同宿律中風吹鳥墮聽食無罪。五分云非比丘所爲見果落非淨地使淨人拾聚經宿白佛因制不知地非淨聽食若知不得食又不得樹上得果試看生熟便獲罪也。

五淨果菜法分三。制意處人作法也。初制意中明了論疏云諸外道等謂草木中有命根想律中亦爾若不制者則爲輕訶令彼獲罪又與白衣無別不生恭敬故便結斯戒又外道法中有火刀兩淨自傷鳥啄爪壞則無佛制淨法高勝於彼皆生深敬故有斯益。二明處人不同義張四句。初人果俱淨地大善如法。二人果俱非淨地成淨不得食以內煮故不妨及餘眾。三果在不淨地淨者在淨地若以刀火爪作淨成淨不可食爪刀雖非內煮以非處故。四果在淨地淨者在不淨地成淨得食後之二句依十誦文也。三淨法不同四分藥法中十種五種淨種淨根廣如鈔僧祇中果核者火淨已聽食若但皮淨不火淨食核者墮若火淨不皮淨

皮核俱食俱不皮火一提一越要須俱作法始成無犯餘如鈔說五分有十種淨法大同四分加水洗法律中水洗連根菜即是淨者如初生蔘蘿等未有節故且從根種如洗有節方從火淨毋論中說水所漂者塵所坌者此並相滅不可壞種也僧祇云多果同器隨一被淨餘者通成別則不成必須相及故甘蔗著葉莖淨之無葉者合束成淨。準此一盤生菜相種和雜相已洗淨種未火觸縱火觸相種猶非淨相種相隔又不相通例餘蒿草有隔非淨明了論中有四句一自加行淨者非言

自作成法。然自作有益。如果子一聚。若未淨。諸但食皮肉。一一吉羅。食核一一提。若以火觸聚中一子。止得一吉羅。餘皆成淨也。以成淨故。無一一吉一一提。豈非利益。乃至爪淨。例同此也。二他加行淨。三自他淨。共淨人作故。四非自他。若物若自傷等是。此四種淨。不但約一物成。於彼聚中若一被淨。所餘皆淨。疏解云。如一聚桃李。火觸一已。餘皆成淨。或以刀破爪傷一子一相一聚。亦成。餘皆例爾。作淨之體。本以爲法。非亦不生。故曰淨也。但成儀式。名沙門淨。

四分律刪補隨機羯磨疏卷第二之中

四分律删補隨機羯磨疏卷第二之下

大唐沙門釋道宣於終南山豐德寺撰疏

諸戒受法篇第三 戒法理通義該道俗以五戒有犯則具戒成難故須條貫始終體相明練七眾所受次如下列

就篇分二一謂標列也初又分二一即標釋也戒法有幾而言諸者約人則七眾不同約體則四位階級故二眾大受為一位同奉具戒無願也二眾沙彌為一位同奉未具有願也兩部在家為一位同奉五支之戒也淨行信心為一位同奉九支齋戒也由體同故根轉戒存報殊儀異就緣類別故曰諸

也問式叉別位理有異持何不在者答今據體論如上分四式叉增其學法據本但唯十戒如何知之以轉根驗還同沙彌也問體同沙彌自有常學何須增法有違缺戒答由於女報性涉虛羸即授具足恐有輕犯故增戒法加輔靈神必事陵踐隨法更學所言戒者謂禁約止善為宗雖有作用終須謹攝有越常規無非制約故云止也有人言防非禁惡為戒者非無一相然佛有戒未必防非戒通善惡不可偏解餘如別顯所言法者法謂楷模凡所準酌咸有緣相故也所言篇者謂章句分齊

之名自古無紙用竹編簡韋連束之隨章為束即號為篇故字體猶存竹也後漢蔡倫方擣樹皮為紙初也所言第者謂是居處王侯之宅從此得名篇次在此故云第也所言三者從文其實次二約義乃是三前不覺順世間言故得勒茲消判餘前後文可從此例也所言戒法理通下釋成俗受也古來集法多削在家便製疏云律制內眾不被外部今據律文通收清信禁束三業為道階梯理須明練是非通塞成敗何以知耶如來設教類同空界隨立一相攝修皆盡五戒被俗之法五體通道之規持犯相扶難遮齊則由斯弘義事必書紳恐涉生常故前標釋可通鑒也

就篇分二一謂道俗也就初俗中位分三別初受三歸二受五戒三受八戒

受三歸法

初三歸中諸師冥目誦習授之討論經論大有弘致既為師匠義須通博使受成濟彼我無虛背此師心多符妄習故為分途啟疏戶牖披文見意是為得也古人有言文疏之作當從三易一章句易讀二文字易識三辭義易達則為尚也今世筆者

反成三難章句蹇澀牽引梗舌一難也多專俗習
不涉本文蒼雅篇統自所未矚弁辯甄錄文理全
別不善多列令人心惑二難也援引事義翳文略
指相似餘辭未能顯別自非對讀更須解出三難
也故摘瑕累意存通教豈事藏密方稱能也餘如
常引經即其倫何以然乎故薩婆多云三歸五戒
乃至別脫由佛出故開立此法但輪王梵王說世
間法惠利眾生故十善四弘劫初便有未能清昇
超越世境法王出世不為世善要斷煩惱遠出界
繫故明戒善令依具修定慧等行集生有本此其

意也故律云為調三毒令盡故制增戒學也母論
云有五種三歸一翻邪二五戒三八戒四十戒五
具戒唯具戒者不行於今餘四通有上來敘引其
致今初翻邪義須分之初明業體二歸依本意三
約境寬狹四境通眞偽五作法不同六對趣分別
準多論中隨義分六初中多論曰言三歸者以何
為性有論者言教無教性此就所發教之業從體
明性故若淳重心有無教也無教者此明業體一
發續現不假緣辦無由教示方有成用即體任運
能酬來世故云無教今時經論多云無作義例同

也又云三業為性謂從初發業者為名故云互跪
合掌口說三歸是身口教因具而發能存於有故
名為性又云善五陰為性者色身恭敬識想受中
緣法翹注並由善本便生善行無貪等三攝御斯
法能生後有故因得名也由諸眾生依法受歸隨
其心力有善業起扶助形命若輕浮心體是無記
不發無作二解歸意者論云以三寶為所歸所歸
以救護為義如人獲罪於王投向他國以求救護
彼王敕言汝求無畏以投我者莫出我境莫違我
教必當救護眾生亦爾繫屬於魔有生死過歸向

三寶魔無如之何論云我境即四念處他境即五
欲也我教謂心師也他教謂師心也魔者梵本具
彰云魔阿羅此方略之但置上字後人加鬼不入
字書依唐譯之則云殺者能損眾生法身慧命也
彼論又云如昔有鴿為鷹所逐移入佛影泰然安
樂在身子影戰怖如初乃至如來習氣盡故入修
慈悲能為物護問如上所列審能護者提婆出家
本歸三寶何造三逆入阿鼻中答夫言救者救於
可救惡深罪定是以叵救問若罪叵救無罪未須
何須能救答調達初歸三寶心不眞實常求名利

自號爲佛。有競化過。雖有神力。息機不救。故經有說解心能改志性未同。終名拔濟。如此之人。不名闡提。又如闍王造逆入獄。以歸深信阿鼻罪滅轉在黑繩。如在人中七日受盡。又調達雖在阿鼻。以本歸心。受苦亦微。有時暫息。故知三寶所歸無虛。三寬狹者。論云通歸三世佛同法身。故不獨歸釋迦。以是別故。不名歸也。若爾。有諸天等於七佛中各自稱言某佛爲師。我爲弟子者。答言不爾。諸天別語何足爲定。亦稱一佛爲師。亦有言歸三世佛者。直以一佛爲證。何妨意表實通三世。故毗沙門

說歸依三世佛也。四約境眞僞者。論自問曰。何以所歸名歸依佛。此釋三寶名義也。因又答云。歸依者迴轉也。卽歸一切智無學功德也。又問爲歸色身爲歸法身。答。歸於法身。不以色身爲佛故。問何以出色身血得逆罪耶。答。以色身是法身器。故法身所依。故害色身得逆罪。故智論云。如泥銅等體無記也。非感罪福。以成法身相隨前敬慢有罪福也。又問何所歸者名歸法耶。答。歸於斷欲無欲滅諦涅槃是也。又問爲歸自身盡處他身盡處耶。答。自他盡處俱可歸也。盡處者謂滅諦體卽三諦所

無之處是也。由諸眾生聞佛正教。依觀修行。集因既傾。苦果便喪。誠由正道之所對治。病除藥滅。卽盡諦也。若藥不除。文是其病。如筏喻者。可以情求。故取自他法所成德。卽三諦所無。方爲正法。不但言說爲法。既是非情。知何用功。上明自身盡處。卽初果受歸。謂傾三結。三隨結轉也。今時下凡所受歸者。俱是他身所盡處。須如此知識。不但誦語而得成歸。鸚鵡之喻。往往親矚。宜改轍也。問。爲歸俗諦僧爲歸第一義諦僧耶。答。不以俗諦爲僧。以雜煩惱故。要以第一義諦僧。若爾。佛與提謂受歸之

時。不應言未來有僧汝當歸依。今解。以俗諦爲第一所依處。故言未來僧。又欲尊重俗諦僧。故言未來有實。而言之眞諦僧者常在世。故五明作法不同者。善見云。三歸有二種。一別受者言歸依佛歸依佛竟餘二歸亦如是也。二總受者如常三受三結也。多論云。受三歸者先稱法後稱佛者不成。若無所曉知。說不次第者自不得罪。成受三歸。若有所解。故倒說者得罪不成。問。佛亦是法。法亦是佛。僧亦是法。正是一法。有何差別。答。雖有一義相有差別。以三寶而言。無師大智一切功德是佛寶。盡

諦涅槃無爲是法寶聲聞學無學功德智慧是僧
寶又問稱於佛法不稱僧者乃至互少得成歸不
答不成受也若爾五分何爲有一語二語豈非漸
耶答此是教法初興制後不得乍得重受更增法
故善見云若師教言佛弟子不正而言弗者成受
三歸若俱弗則不成受若師教言佛弟子答言爾
或不出聲或語不具皆不成歸或言音不同如傖
吳兩俗不相解者應教其義如是不殺弟子答言
解而能持亦得受戒多問得從三師各受一歸不
答不得又問得一年半年受不答得隨日多少受

三歸也又問從師受歸乃至五日三歸限滿故是
師不答一從受法終身是師如報恩經損葉之喩
六對趣者五趣爲言皆得受也除報重者自餘山
間空遠輕繫地獄皆成三歸除不解者多論云龍
受三歸爲優婆塞又云龍畜生攝以業障故無所
曉知無受戒法雖經中說受八齋法但得善心功
德不得齋也四分龍受三歸及賈人等皆翻邪歸
非得戒也成實云餘道衆生得戒律儀經說諸龍
亦受一日戒故善見中諸龍及神得三歸五戒也
義準多論據無知者人猶不得何況鬼畜如餘得

者謂有知解律中制罪尚結偷蘭以能變化知解
人語可以類也
△二就文中初標後受
薩婆多論云以三寶爲所歸欲令救護不得侵陵故
也歸依佛者歸於法身謂一切智無學功德五分所
成歸依法者歸於自他盡處謂斷欲無欲滅諦涅槃
歸依僧者歸於第一義僧謂良祐福田聲聞學無學
功德也善見論云並須師授言音相順若
言不出或不具足不稱名不解故不成
初中受三歸者但得法被身爲佛弟子無戒可持
文中多論已下顯本從魔歸心正覺具列三寶體
者以妄作者多故偏列云知眞歸也又引善見者
釋成作法不易依緣而受亦不難也

應云我某甲盡形壽歸依佛歸依法歸依僧如是三說得法屬已
我某甲盡形壽歸依佛竟歸依法竟歸依僧竟三結已律
無受法準諸論文具出此但受歸法無有戒法故論
云三歸下有所加得歸及戒若無加者有歸無戒
授法文列得法屬已者明作法之時知三說已無
作便生故能所不昧於作業也後三結者囑授叮
嚀令持在懷不濫承奉故經云歸依於佛者眞名
優婆塞終不更歸依其餘諸天神下釋有歸無戒
者爲除世疑受五戒者但依前誦止是翻邪無戒
可得又引母論的處灼然不容晦惑彼我無益也
△二明受五戒法義分爲五一戒德高勝二簡器堪

能三作法延促四發戒時節五約相顯持二隨文釋義約文爲三謂標法相也

受五戒法

就初標中受五戒法詳是能授文列所受故隨列也

經云有善男女布施滿四天下衆生四事供養盡於百年不如一日一夜持戒功德以戒法類通情非情境故也論云由戒故施得清淨也

文列經施不及持戒者明戒德高勝即初門義也所以然者初受戒時已行三施盡衆生界故財有量不及此也盡形不盜者已施法界有情之財言

不殺者已施法界有情無畏即用戒法行已化他即名法施徧衆生界財爲局狹集散之法能開煩惑惱害之門戒法清澄故絕斯事又云由戒故施淨者智論云若不持戒得財施者多貪不淨以利求利惡求多求故使來世受不淨果如牛羊豬狗衣食麤惡若持戒者既絕惡求清淨行絕乃至佛果故云六波羅蜜在心不在事等

當於受戒前具問遮難故善生經云汝不盜現前僧物不於六親所比丘比丘尼所行不淨行不父母師長有病棄去不殺發菩提心衆生不如是等具問已若無者應語言此戒甚難能爲聲聞菩薩戒而作根本善男子戒有五種始從不殺乃至不飲酒若受一戒是名一分優婆塞具持五戒名爲滿分優婆塞汝今欲受何分之戒當隨意受爾時智者應隨語爲受阿含等經云於受前懺罪已然後受法

二當於受前問下至應隨爲受來簡人相即義門第二也文列善生簡人中還約性重者爲問也故彼經中問戒相者以法行務意存始終不取受具致有隨缺觀其志力察其智愚量功進法不徒虛受故文云雖隨言能當須久處六月供養出家智者審知可教待限滿已和僧爲受由能所知量願行齊具依法而受不負衆生目驗不堪強令受戒致使毀汙二俱沈溺可謂虛妄善惡其蹤叵追誡之哉如成論中五逆罪者賊住汙尼毗尼不許者

是人爲惡所汙能障聖道故不許出家若爲白衣得善律儀不遮修行施慈等善有世間戒準此有過如文不合必懺蕩已二教無違但業重障深不發具戒也文列阿含等下明行淨納法也但無始無明是生死本若理若事順違俱罪故須前懺使心清淨方堪聖法問前翻邪三歸直爾即授此五戒歸如何簡略者答翻邪背邪初心難拔欻然迴向宜即引歸若更覆疏容還舊迹五戒不爾先已歸正心性調柔堪思我倒故須簡略方入道門以五體有虧三乘無託仍隨分受皆是任時能接機

布教可準知也故智論涅槃皆明懺法從死生際至涅槃際隨時爲述

△將解作法卽解義門第三也若準多論五戒三歸不具分受則不得戒縱引經證謂持二三不言受體如是釋者義有未融如比丘受具不能全持可名少分成論云有人言五戒不叉唯頓無漸此事如何論答隨受一二三皆得律儀善生所列一分二分少分多分滿分是也準斯明漸五師受一得戒不疑如薄俱羅唯受不殺例也若準多論不得重受依成實四分俱開重受故末利夫人第二第

三重受五戒卽其證也又如多雜二論解云五戒一受佛制定故必須盡形八戒必一日夜不可乖也如成實中亦隨日受乃至盡形故十誦中或日或夜受五戒等並獲善也就文作法又分爲二初三歸誓發戒之緣後三歸結是囑非體

應如是授言　我某甲歸依佛歸依法歸依僧一日一夜盡形壽爲一戒一分五戒滿分優婆塞如來至眞等正覺是我世尊三授已

初文將欲受戒初須說緣境寬狹令受者志遠見相明白如具法中說文中分五我某甲者陳名自謂也如律文中皆自誓受者多論文云聽五眾受

兩俱得也故俱舍論必從他受如後說也二歸依佛下明迴向境界有人說云歸依佛無上尊歸依法離欲尊歸依僧諸眾尊隨德歎美乃是加敬任緣亦得三舉日夜者顯期時節也四一戒五戒者明隨力所持少滿等戒此正是本誓立意防制之願也優婆塞者此方傳於西梵音耳諸經不同取聲僞僻正從本音云鄔波塞迦唐翻善宿也故成論云此人善能離破戒宿古錄以爲淸信士者淸是離過之名信爲入道之本士卽男子通稱取意得矣在言少異五如來下略舉三號結歸正本也

問前歸三寶後更舉者答以三寶名通九十六道後須顯正非同前濫故重別列言如來者乘如實道來成佛也至眞者體悟無邪也等正覺者道同三世也此實我歸餘非敬也言三授者前受既輕三加誓願不同律文一說便獲並由機有利鈍故使受緣多少可以知矣

告云向授三歸正是戒體今又三結示戒所歸我某甲已歸依佛竟歸依法竟歸依僧竟一日一夜盡形壽爲一戒一分五戒滿分優婆塞如來至眞等正覺是我世尊三結已

告令戒體者令知得時節不比由來說後戒相方

云受戒也依此文中開第四門義多論問曰不受
三歸得五戒不答不得也要先授歸方得戒矣所
以說戒名者欲使知名令護行故後三結者付囑
也八戒十戒例亦同此如具戒法要用白四方得
後說四依四墮十三僧殘但爲知故凡具戒者不
以三歸得也要由多緣多力白四羯磨功德深廣
故此據制後爲言八年已前亦由三歸發具戒也
△三明示相者即第五門義約文爲二
告言今當示汝戒相汝諦聽受之 盡形壽不殺生是優婆塞戒能持
不答言能持 盡形壽不盜是優婆塞戒能持不答言能持 盡形

壽不邪婬是優婆塞戒能持不答言能持 若妄語若飲酒
並準上具問答已
初就相告令隨戒分五盡形壽明所期也不殺生
者所制境也是汝戒者能防本也結以屬人能持
不者牒緣問也答言能者明自誓也一戒既爾餘
並例同約此問答從他受也律中云世尊我今歸
依佛法僧盡形不殺乃至不飲酒此令自誓八戒
既開此應得也觀時進不義非抑塞接俗之化隨
機而舉可也多論中四是實戒一是遮戒所以同
結戒者由酒是放逸本能犯四戒迦葉佛時有優

婆塞飲酒故婬他婦盜殺雞人問答云吾不作也
又能作四逆唯不破僧又得亂報失一切善業由
多緣故與性戒罪同例智論酒有三十五失五戒
之中所以但列不妄語餘不斷者佛法貴實由此
八清淨口業不妄語故當知餘三亦斷也
餘有六重二十八輕諸雜行相廣如善生經及行事鈔中說發願同行八戒 餘相廣文如鈔中
△三明受八戒法初以義分後對文釋初義分五一
釋名簡法二要期立志三功益之美四受法差降
五顯其戒相

受八戒法
初名云戒云齋云關者衆名乃異莫不攝淨歸心
也言八戒者八即所防之境戒則能治之業言八
齋者齋謂齊也齊一其心或言清也靜攝其慮如
世閑室亦號齋也言關齋者即禁閉非逸靜定身
心也有人言尋名定義容有別也齋者過中不食
爲體戒者防非止惡爲義此得其語未詳其趣過
中不食乃就緣防何關齋體據從多論前八爲戒
第九是齋即離非時以爲齋體者約義用故便得
名也故論說言劫初之時此之六日諸惡鬼神大

有勢力吸人精氣故有智人教令不食因靜節故精氣得全至佛出世猶行此法故於不食重加八戒多論云受八戒人在七眾中何眾所攝雖無終身戒而有日夜戒應名優婆塞若得名者又無終身戒若言非者又有日夜戒止得為中間人也即七眾之外更有木叉八戒是也以義推之位五戒上

二要期立志者多論若欲受者先自恣色聲或貪噉飲食種種戲笑如是放逸然後受者不問中之前後皆不成齋若無心自放逸已遇善友受者亦

成若將欲受難事不得待難解已受者亦成善生云若諸貴人常敕作惡若欲受齋先遮斷已後方成就若不遮者則不成也成實云有人依官舊法或為強力令害眾生謂無罪者亦得殺罪以緣具故準善生經受善戒者必斷惡戒由受豬羊雞狗貓狸等事並惡律儀能失善戒故

三明功益者多云經說作閻浮王於人中寶一切自在不如八戒十六分一善生云除五逆罪餘罪皆滅或前教殺於後受齋正受便殺以戒力故雖復一時不得殺罪據此以論成大懺也由於一期

誓心清淨行同無著故能割斷諸業罪也智論云譬如輭將將兵終竟無勳健將破敵一日之中功葢天下五戒八戒其相同此良由五但離邪未能清絕八行全淨相同無漏約期乃少取行則多故功益彼成實云天王福報亦所不及帝釋說偈佛止之曰若漏盡人應說此偈六齋神之日奉持於八戒此人獲福德則為與我等

△就文為三謂緣法相也

善生經增一阿含云佛告優婆塞當於八日十四日十五日往詣長老比丘所一一受八戒一一授之勿令失次論中令五眾授之成實云若無人時但心念口言乃至我持八戒亦得成受俱舍論云若先作意

於齋日受者雖食竟亦得前受戒者下心合掌隨施戒人語勿前勿俱若違不成論云若受八戒應言一日一夜莫使與終身戒相亂成實云五戒八戒隨日月長短或一年一月乃至半日半夜重受減受並得

初標緣云引阿含證明受法式即義門第四也言八日十四日十五日者即黑白兩月俱有三日如智論中四天太子帝釋下如鈔說也多論五眾通授者皆是弘法之人成智二論開自受者非謂常途故彼文云若無人時得心念受明緣開也俱舍云欲受齋者清旦從他受下坐隨後說布薩護案記云注作下心字誤故論解言要日初出受之若先作意齋日必受食已亦得從他受者由觀他因緣不起犯

戒心故應互跪合掌若無敬心善法不生故除病時開隨施戒人語者師資道成授受有儀非輕法故文云一日夜者以五種三歸文相叢雜故須簡定義無混亂故準多宗必一日夜不通過減縱引十誦皮革所見本居諸人晝夜互受苦樂兩果並云不能全受八戒五戒或於半日夜者以俱舍論解但得善行可愛果不得戒也依文成實隨力多少者接俗之教不可約之如上說也

△正受法中受結為二

應如是授言　我某甲歸依佛歸依法歸依僧一日（年）一夜（月）為

淨行優婆塞（如是三授）

初文可解言淨行者以所期時奉持九支同諸佛戒故云淨也何以不言如來正覺者五戒初離邪緣故以正隔之今於五上重增勝行復何須也

我某甲歸依佛竟歸依法竟歸依僧竟一日（年）一夜（月）為淨行優婆塞竟（三結已）

△三明相中文分為二　初列相示　二阿含下明願引也所以須二者行足願目事緣相假雖奉勝行無願引心則令此業隨緣墜地故經論中盛弘此意至時長引證非徒然

次授戒相言　如諸佛盡形壽不殺生某甲一日一夜不殺生能持不（答言能持）如諸佛盡形壽不盜某甲一日一夜不盜能持不（答言能持）如諸佛盡形壽不婬某甲一日夜不婬能持不（答言能持）如諸佛盡形壽不妄語某甲一日夜不妄語能持不（答言能持）如諸佛盡形壽不飲酒某甲一日夜不飲酒能持不（答言能持）如諸佛盡形壽離華香瓔珞香油塗身某甲一日夜離華香瓔珞香油塗身能持不（答言能持）如諸佛盡形壽離高勝牀上坐及作倡伎樂故往觀聽某甲一日夜離高勝牀上坐及作倡伎樂故往觀聽能持不（答言能持）如諸佛盡形壽離非時食某

甲一日夜離非時食能持不（答言能持）

前相中如俱舍論分別者即義門末也故彼文云戒分三位前四名戒分離性惡故次一名為無放逸分若善受戒由飲酒故擾動諸學處故後三名修分若不受下二分有何過由飲酒故即便忘失是事非事念也離莊嚴者謂非舊莊嚴也若常所用莊嚴不生極醉亂心也若用高勝臥處及歌舞音樂隨行一事破戒不遠也若依時食離先所習非時食也憶持八戒即起厭離隨助之心若無第八此二不生也有離非時食餘為八戒以開觀歌

舞及莊嚴爲二。此本論不同。增一中不過時食爲
第六。合前嚴身及觀樂也。若依多論齋以過中不
食爲體。八事照明。故成齋體。其相支持名八支齋。
故言八齋。不言九也。若已受齋鞭打衆生。雖卽日
不行。待明當作。皆齋不淨。以要言之若身口作非
威儀事。卽名不淨。若心起貪瞋害覺雖不破齋齋
不清淨。若不修六念等。亦名不淨。就相文中隨戒
文二。初如諸佛至不殺生。舉勝境所行也。二某甲
已下。引己上同。問答之相。顯成持誓。有本云。我某
甲一日夜不殺生亦爾者。直述已契上同於佛。不

假問答。亦成說相。餘並準此。第三婬戒者以自他
俱遠故。有人云邪婬者此五戒相由制他開自故。
八戒云邪者誤也。第五戒相有人加辛脅者正文
無此。既受淨身焉噉羶臭。理不可也。第六華瓔油
塗者。中梵以爲美飾。此方所重衣服裝校脂粉塗
面。以爲修身。如論離舊莊嚴義須準的。西梵露首
徒跣爲恭之極。其猶此土有罪之人。東華所貴。在
修整巾履衣裳。以爲重敬。有人行事去取於中。然
劍履不登於殿。爲致敬也。亦須改從正法。唯人不
可依也。及說相時。士女既絕華瓔塗身當須改語

云離舊嚴身具等。亦通收彼此也。第七離高勝牀
及觀聽倡伎者合二散慢緣爲一戒也。阿含中八
種牀。金銀牙角等嚴飾故勝。佛及師僧父母從人
故勝。俱不合昇也。有餘文中高廣牀者約相辨離。
高卽八指以上。廣謂方三肘者。不可俱有單高亦
制。文列高者卽簡尺六已下開用。又言勝者卽列
八種。不必高大。如用師父所机褥卽是長慢故特
制也。又作倡伎樂者倡謂俳優。以人爲戲弄也。樂
謂金石。八音之所奏也。伎通男女。卽奏樂者。有本
去人加口。因隨字喚以爲唱者。唱謂導引之辭。全

非樂務。有人卽召倡字以爲唱者此不識字。知何
不道倡音爲昌。與唱全別。字義俱乖。不可通濫。脫
在有識俗士傳授戒訓。文字紕繆未成師誘。故須
遴愼也。第八戒中不言齋者。中梵但有斷食之方。
義當此域齋齊之訓。引誡義也。故國家每祀天地
神祇。令諸祭官淸身入齋宅。其閑室不行杖捶訶
叱之事。酒脯之費。不擇晨昏。故翻經者取其一分
淸身之義用以譯之。云關齋也。
（阿含經云。如上次第授已。當敎發願言。）我今以此八關齋功德不墮惡
趣八難邊地。持此功德攝取一切衆生之惡所有功

德惠施彼人使成無上正真之道亦使將來彌勒佛
世三會得度生老病死經云設有善男子善女人不發此願而持八齋者得少許福因引古證云
二明願中自他兩利也由持齋德對治惡趣者滅
戒難也八難者滅障聞思難上明自益也他惡攝
取己善惠人者行大道心也使成正道者不從他
方便唯一乘法也將來三會者緣遇慈氏近可寄
心下引事證者由願爲前導行卽後隨若鳥具翅
而陵虛如車具輪而致遠缺一不濟也案記云注云因引證者卽上經文而多古字傳寫誤也

△次明出家授戒法就分爲二一初標舉宗致二隨相
解之
出家受戒法七分明之
初義七門如文所列
一明出家功由菩薩
一明出家功由菩薩者如華嚴偈若有不識出家
法樂者生死不求脫是故菩薩捨國財爲之出家
求寂靜五欲所縛不離家欲令衆生解脫故以此
文證衆生無始纏著家屬無思解脫故大士引出
於世此據常沒下凡隨欲有者廣如郁伽長者涅

槃經中家及非家相比顯過方起欣厭得預法門
有大利機心希拔俗雖形在俗性無恆固不在言
限故淨名言汝但發心便是出家便爲具足是也
就分四句既出從道志求解脫心形俱出也雖形
附道而心沈世形出心沒也如淨名說心出形沒
也耽滯五欲縛著居家俱不出也然世濁惑深厭
苦求樂初雖欣出終墜欲海不修行業故徒行也
如智論云六情根完具智鑒亦明利而不求道法
唐受身智慧禽獸皆亦知欲樂以自恣而不知方
便爲道修善事既已得人身宜勉自利益不知修

道行與彼亦何異龍樹引誡爲極言也聞而不行
猶是不聞今重引告何得不用道行何耶一切無
染者是也良由衆生無始封著是此是彼是得是
失因之起染纏縛有獄故世鈍者多著財色少有
利者多貪名見四科束之勘不收盡終歸死去何
事迷乎
二明有益超世
二明出家超世者橫約諸有無思離染故樹出家
樂處閑靜若有貪著終成金鎖引出方便唯斯一
道如華手經有四法轉身卽在善來比丘蓮華化

生現增壽命。一者自樂出家。亦勸助人令欣出家。二求法無倦。亦勸他人。三自行和忍。亦勸他行。四習行方便。深發大願。隨有功利。至時引付。又如出家功德經。若能放人出家受戒。功德無邊。譬如四天下滿中羅漢。百年供養。不如有人為涅槃故。於一日夜出家受戒。謂由前施。雖多有竭。是欲界繫。為法出家。非三界業。故說過前。又云。縱起寶塔至忉利天。亦劣出家功德者。一時欣出。雖未可數。然其積微。是高勝本。前供無學。功德未多。後以供佛。情謂大勝。然終事供。淪歷下地。判非靜業。何有相

勝。智論云。出家人疾得解脫。如華色尼說廣緣。如鈔。至時引證。

三明障出大損。

三障出有損者。如出家經。為出家者而作留礙。抑制此人。斷佛種故。諸惡集身。猶如大海。現得癩病。死在闇獄。無有出期。

四明既出家已行於罪行。

四明出已乃行凡罪。據論罪本。皆由事縛。不思厭背。師心妄造。如大寶積經。出家二縛。謂諸見利養也。如律緣制。由名利故。便生有漏。因制諸戒。為防

罪業障三途也。今世出家。翻種苦本。不畏沈溺。多起下業。故彼文云。又有三癰。謂求見他過。自覆己罪。向諸行者。知來實苦。決定現世不造苦因。如知火燒湯爛。無有納手足者。佛說罪事。深宜遠離。以不信所燒。隨心造罪。更增俗人。故十誦云。未來世中出家人入地獄。白衣生天者。以俗人無法在身。但專信故。得生天也。出家有法。為世福田。乃反毀犯。妄受信施。開諸惡門。令多眾生習學放逸。故四分中為說利養難消。六十比丘得無學也。六十比丘熱血從面孔而出。六十比丘畏佛語故。便退還俗。餘如涅槃。為利出家。驅逐淨行等。廣亦如鈔。

五明既出家行凡福行。

五明出已乃行凡福。凡出家者。出有為家。為解脫者。謂脫纏縛。此為本也。如五分說。不為解脫出家。不得名僧。次不受供。今有行者。但知持戒。無心在道。道在虛通。達累為本。此而不思。但持戒善。自餘講解修習觀務。悉為非道。內多嗔忿。入汙淨心。此戒取結。謂為最勝。又是見取體。是欲界增生下業。若修世禪。緣色緣心。雖經上界。終還生死。未有出期。如鬱頭藍上極非想。還沈阿鼻。後作飛貍。佛記

無出若修多聞講誦經典不為解脫並增欲有求
成無漏若營世事供養三寶塔寺等相心無欣道
最是我所或淪下趣由造善時自愛憎他行諂行
誑雜惑成樹故受鬼趣相似果報以心非實生在
惡道以福事成故受勝處如智論云世間法者孝
順父母供養沙門布施持戒四禪四空念佛法僧
九想等是也又成實云智者不應持戒多聞禪定
等少利事中自以為足以貪著故忘失大利謂有
解脫也

六明出家修道要業

六明出家行聖道行但出世道無始未經皆由著
世慣習難斷今既拔俗智鑒明利若不行者禽獸
無別然聖道行經說乃多並隨機緣故藥無準要
而言之不過三種一者小乘人行觀事生滅知無
我人善惡等性二小菩薩行觀事是空知無我人
善惡等相三大菩薩行觀事是心意言分別故攝
論云從願樂位至究竟位名觀中緣意言分別為
境離行無別餘法至時廣引行法二十卷中除疑
捨障入道方便隨機有取

七明大小正行三學為本廣如鈔中

七大小相決同異者三心道行如上所明通進道
門不出三學一切聖人並由斯路若據二乘戒緣
身口犯則問心執則障道是世善故違則障道不
逸三途定約名色緣修生滅為理故佛性論云二
乘之人約虛妄觀無常等相以為眞如故知澄心
緣行隨心分心但見生滅何有諦用今學語者謂
以四諦八正為道得其語也行心須緣故語業命
是其道戒念定方便義約禪靜正思及見此為慧
觀四儀緣籌唯在慧解慧心一動隨念追覺初思
後見見是道明斯據法忍故非凡地然分有解亦

稱見也故成實云得世上正見不生惡道者即相
似無漏分斷三途通說得也據其戒定義約為言
正斂身心但緣慧理無心緣罪身口不起故道戒
三從此得名緣理觀度凝想無漏約心不散義名
為禪故道定三從此有也本唯慧觀滯漏是障思
擇障本畢竟無依由斯行起發生無作即名此業
為道有也若據大乘戒分三品約義收緣不異諸
律何以明之如殺一戒具兼三位息諸殺緣攝律
儀也常行慧命即攝善法也護前命故即攝眾生
此一既爾餘者例然非無一二遮戒如地持等實

壁開制戒異凡小然菩薩有二謂在家出家出家
菩薩形位同諸聲聞智論中文殊彌勒在比丘中
依夏坐也故涅槃中白四所受息世譏嫌性重無
別浮囊多少即譬五篇度生死海雖乞不與又如
攝論菩薩得無分別智一切塵不顯現由勝智方
便具行殺生等事有利益故自無染過縱有利益
有過不行此明大乘之人出家戒也在家菩薩如
淨名說至論定慧非復所聞止可誦語心行非路
又可悲也上以據事其標題義釋如前奇為心用

△二明就文依位分者初明乞度即畜眾法僧師有
攝護之勤二度沙彌法下正辯度人即資有奉遵
之志此通僧尼並須具有故一處列至時改號依
本直陳義無不得如光師本分別位者終是重引
如前離煩故也就初分三即標乞法也

乞度人法（時諸比丘輒便度人不知教授以愚癡故彼不被教授不按威儀著衣不齊整乞食不如法處處受不淨鉢食於大食小食上高聲大喚如婆羅門聚會法諸比丘以此事白佛佛言聽僧與授具足戒者白二羯磨）

初標緣中時度人者不知教授下明託緣過也諸
比丘白佛下因制畜也愚癡不知教授者自須飲
乳無義養他故律訶也不案威儀者行立坐臥身

行口言各非法式故也著衣不齊整者或作象鼻
樹葉襵皺高下也乞食非法者謂擇富去貧離難
從易棄惡取好皆非次第越威儀也五分佛未立
二師故威儀改常自手取食不從人受就他手中
抄撥而取手捻鉢緣不擎受食斯之妄法往往盛
行可通改也處處受不淨鉢食者謂起諸邪命不
淨殘宿穢染不洗器也皆不信鎔銅灌咽之苦故
其相多也於大小食上鬧亂者由不奉法心無求
道縱放身口假食而發俗士常法尚云食不語寢
不言儼若思安定辭儆不可長欲不可縱志不可

滿道高俗表如何反也問諸過之長勿高十惡如
何不述乃舉衣食兩緣者答十不善業外惡易除
身口內貪儀相難顯要託衣食其過方明故因制
也又十惡文制道俗知非貪染乖儀初未言過然
口腹之累沉溺者多形骸之重在生為急制戒為
道義須橫割反此悠悠未成其相也二就制中託
犯為緣因白制者覩壞方補聖說非虛事假僧量
理當告白也

（彼欲度人者當往眾中偏露右肩脫革屣禮僧足右膝著地合掌應作如是乞言）大德僧聽
我某甲比丘求眾僧乞度人授具足戒願僧聽我某

甲比丘度人授具足戒慈愍故三乞律中準羯磨文爲授具足戒者須乞畜衆法若按受戒揵度中前具列和尚德已總結文云如是畜依止畜沙彌亦爾故知並須以無德不合故

就初乞中具儀五者一偏袒右肩示執作之務明謙敬也俗中短右袂便於事是也袒謂肉袒如袒裼銜繩者今此末俗著偏袖衣謂名偏袒者非也西梵全無此衣但有方服耳二脫革屣除慢相也西梵南番多履此物靳皮爲底上施綱系有人以靴履當之義通事別或召爲革師者誤也涉解反之是也三禮僧足者然通大小但令盡集儀軌和

成縱師乞法於資所亦須盡敬由成僧故有秉法功鬫師資義也然律中相儭大者於小則具四儀除禮足也小者於大方具五法今此在僧則非大小無問長幼皆須禮足如鈔中具列多種此云禮足宜先上座隨時多少任力行也故十誦云頭面一一禮僧足也四右膝著地者身既翹仰表敬之極應須右膝右足及以左足三輪距地曲身前請是本儀也今乃右骸鋪地不如不設也余見梵僧有加敬者褰裙露膝用親於地而設禮訖或有長跪膝及足指用以距地翹翹顒望如對嚴尊此可

嘉也誠行注想心無暫移自餘不經長慢獲罪五合掌者表心專一無二緣也有經律中云叉手者則十指交也或云合十指爪掌者四分但云合掌未見指開爲附世情多開掌而合指也必指掌齊合心定無緣是本儀也問佛法威儀義遵上下焉有師來乞法而弟子端拱受禮此不可也答律據從緣禮有從俗僧無別僧即假成用師今乞法爲別而陳弟子秉法據僧能辦在緣既別理須禮僧事休餘務則反依敬世中常専何得懷疑文中列受具餘有剃髮及受十戒齊須乞法以無德者妄

爲師故四分簡和尚德中具有兼也諸欲受時先須乞請多不自量任僧籌議

與度人法佛言當觀察此人若不堪教授復不以二事攝取一者法二者衣食當語言大德止勿度人若有智慧堪能教授以二事攝者應與羯磨作是白言大德僧聽此某甲比丘今從衆僧乞度人授具足戒若僧時到僧忍聽僧今與某甲比丘度人授具足戒白如是大德僧聽此某甲比丘今從衆僧乞度人授具足戒僧今與某甲比丘度人授具足戒誰諸長老忍僧與某甲比丘度人授具足戒者默然誰不忍者說僧已忍與某甲比丘度人授具足戒竟僧忍默然故是事如是持

三明與法緣法爲二二緣中觀察者凡度人法要在拔俗出道爲先非以財食事資而爲師訓雖列法食兩位然以法務爲先故初卽云能教授者明存法本以資慧命後以衣食用攝形累有親疏也就簡德中律分三位簡小取大十夏已上簡愚取智解通持犯簡墮取勤不具此三文中令止具兼統攝義須和與問沙彌剃髮已乞畜法至後受時更須法不答二受後生俱須乞與容有德退不可準前。

△大段第二正度人中文分爲二初明僧受後明尼

法初文又二度沙彌法標起也與剃髮下隨相辨位。

度沙彌法。律中度羅睺羅爲最初僧祇云若年七歲解知好惡與出家過七十臥起須人不得度若能修習諸業聽出家若初欲出家者爲說苦事。一食一住一眠多學問答能者度。

初標言沙彌者西梵天音東夏人翻爲息慈也有人言息惡行慈爲行之始也有人言初拔世表多緣慈戀故息小慈用懷大哀救拔一切也文列羅睺爲初者如未曾有經九歲出家也西方沙彌每至夏末多以香華於空奉散以羅睺報身盡法猶有故也文列僧祇約年爲位者以出家之人要修道業爲本老小非務何勤苦於三學也故涅槃云誦經坐禪勸助衆事老無三昧有四山臨又云爲說苦事者以世網苦辛多厭求樂初雖慈許終有退敗故經論中有現世苦未來樂者出家人也晝夜鞭心常收正念不覺妄緣尋悔訶責故智論中菩薩日三夜三每行三事謂懺悔隨喜勸請也三千云必行坐禪等三不爾徒生徒死卽遺教曰中夜誦經以自消息餘時須依律文常爾一心念除諸蓋文云一食者佛教之中。一食爲本託緣開二不是長途至今西域統五天竺常行一食希見東

華寺別兩頓二住者一坐跏趺周時方起自非味重何以致斯一眠者中夜之時暫爾倚臥分星月次尋起緣念多學者慧心常運不許浮散也餘如鈔中沙彌別行。

△二就位分初形同法卽剃髮後法同法請授十戒

與剃髮法。時諸比丘輒度人故衆僧不知佛言汝若欲僧伽藍中剃髮當白一切僧若不得和合房房語令知已與剃髮若和合作白已剃髮作是白言大德僧聽彼某甲欲求某甲比丘剃髮若僧時到僧忍聽與某甲剃髮白如是。作白已喚入衆中與剃髮度人法式廣如鈔中。五分云先與受五戒已後受十戒。

初中又二緣法分也緣中因巧師兒比丘輒度有

不知者後覓卽得因生譏謗爲成問對無虧故合通告如五分先不相識者七日試之餘有出家儀式具如事鈔不可兩繁至時量引文中列通用二知者具兼二緣不和別語爲成問答若通和白爲表僧義此中欲求者卽和尚爲剃頂髮也律中剃髮闍棃者爲剃四邊不在羯磨中有人言所以須白爲量和尚以文中從某甲剃髮故今解不然和尚在初已乞畜衆故無重請但爲沙彌有人言尼須乞畜衆僧無制者此未讀文下結僧羯事行同也五分先與五戒者佛法大海漸漸深故如多論

云先以五戒調伏身心信樂漸增方受十戒也四分文中彼剃髮與出家人同者且據形同耳計在家法不應道務然律上下非以剃髮爲出家以法分俗方絕彼此故沙彌戒歸方云出家也

△次授法同中緣相法三

授十戒法佛言若在僧伽藍中度令出家者當白一切僧白己聽與出家應作如是白云大德僧聽此某甲從某甲比丘求出家若僧時到僧忍聽與某甲出家白如是

授戒體法善見云阿闍梨告言汝隨我語教汝受三歸答言爾又應問遮難發戒緣起準如經律例須具問

初緣中行事之時須具儀法故列二座謂和尚闍棃律中出家闍棃謂授十戒者應對和尚授者傍教如善見文發緣問遮例須舉者以發具戒藉此爲本深須練也義須二師隨機約略開示戒相悟入法體不但闇誦致迷得否自他陷也

方乃授云我某甲歸依佛歸依法歸依僧我今隨佛出家某甲爲和尚如來至眞等正覺是我世尊三授已便得戒我某甲歸依佛竟歸依法竟歸依僧竟我今隨佛出家已某甲爲和尚如來至眞等正覺是我世尊三結已

二正受法體結爲二初體中分五初某甲者陳已

名也二歸三境也三別指所重言隨出家四親依有本和尚也彼此相攝寄法傳心五如來下恐濫餘尊非同別部調達師也故別指之令無惑矣問五十二受具列如來中間八戒何不別顯答可知也

△三明相中文分三位初列十相謂依法受體次列五德明位堪物養後列十數顯慧解思擇

與戒相盡形壽不殺生是沙彌戒能持不答言能持盡形壽不偷盜是沙彌戒能持不答言能持盡形壽不婬是沙彌戒能持不答言能持盡形壽不妄語是沙彌戒能持不答言

能持盡形壽不飲酒是沙彌戒能持不答言能持盡形壽不著華鬘香油塗身是沙彌戒能持不答言能持盡形壽不歌舞倡伎及故往觀聽是沙彌戒能持不答言能持盡形壽不得高大牀上坐是沙彌戒能持不答言能持盡形壽不非時食是沙彌戒能持不答言能持盡形壽不得捉生像金銀錢寶是沙彌戒能持不答言能持此是沙彌十戒盡形壽不得犯。

就前相中據論業體具受七支如律文中大小持說約緣明十說境同僧故律隨戒並結吉羅但對受列相不可具陳且列易犯前誨示耳後諸行相

依師誨示如比丘中且示四重如是例也問具受列四非具乃多者有師解云計如比丘亦應多說如十誦中爲說下篇四分略故但明四重有人言沙彌前五猶是本俗今所受者但增後戒愚小易陵故示相也比丘受後且示四重性是障道餘所不知有文委告沙彌闕文故列後五此之十相與八戒同但增後一捉持金寶文列生像者古人云世中戲具似人畜形者不許捉也如律所制不持樂器亦是比擬然僧祇中生色金也似色銀也似即像銀之異名矣梵唐兩舉令俱解致即金爲色俱是唐言本梵說銀同此似像之目耳下總結令持可知也。

如請僧福田經沙彌應知五德一者發心出家懷佩道故二者毀其形好應法服故三者永割親愛無適莫故四者委棄身命遵崇道故五者志求大乘爲度人故

二明五德如文引經初德發心懷道者創發蒙俗情厭諸有唯欣出要常懷佩也佩謂帶持之者也有傳爲背誤也二德毀形應法者道俗路乖反形易性故割其所重服彼所輕明志絕奢靡與世違也三德割愛懷捨者以無始所親慈戀難斷終歸死別然不早悟今近割俗緣遠成濟度且從道業

兩捨親疏也故善見云瓦鉢貫肩以四海爲家居知誰可愛憎也四德委命遵道者明奉崇三學死而後已也五德志大度人者奉行極教兼濟於他斯德始終通於五眾俱堪物養人天師範故使誦持無輕受體及形服也

依如僧祇律應爲說十數一者一切眾生皆依飲食二者名色三者痛痒想四者四諦五者五陰六者六入七者七覺意八者八正道九者九眾生居十者十一切入其列數釋相對治顯正並廣如行事鈔中說

次三十數如文所列一者眾生依食者爲破自餓爲道者或餐風服氣餌藥存生是邪道也佛法不爾身假食資欲有段食根塵觸食卵生多思食上

界識食或有兼者如刖所陳食取濟形道取濟神故假形食緣修道行至論道也要修離著爲本不識道元乃以斷食爲道彼賊住者本非正師偷形入法謂無願爲故以識之餘九例爾二名色者爲破自然爲道彼計如犢生已自然飲乳棘尖烏黑火上水下風輕地重皆無其因佛法不然內報外報皆有本因諸衆生有皆因名色心不可見止可名談初始識支故轉爲名假染持識卽染爲色故哥羅邏時凝滑不淨中含心故展轉增長三十八轉九月便生託彼胎藏何得自然也三痛痒想卽

受異名古人翻經未通字義假事爲目痛者苦受痒者樂受想者捨受此破爲計梵天因者以劫初成梵天創下因有人物諸衆生等便計彼天以爲父母此生瞋喜還因彼天佛法不爾生憎愛者實由本陰何干天也以初一念緣色心名之爲識了達染淨名之爲想領納違順名之爲受由三想故便生三受由三受故便有三行故長論歷無有解脫也四者約諦爲破無因外道也如外草木自生死耳人亦同之佛法不爾苦集二法世俗因果滅道二諦出世因果諸衆生等知苦無諦不思惟故

終不厭離諸出聖人解苦有諦廣如涅槃盛開釋也五約陰論爲破執神我外道如彼計身中有神我諦身中宰主如麻米等統御心識佛法廣破我在何處爲在色中爲在識中計此身中但有五陰隨陰計我則有五種如是離合次第求之覓我無從便悟妄執得無我理分成無漏相似聖人六約識論爲破一識之道如有一室而具六窗獼猴徧出無識之人謂有六猴其實一也人亦如是根門乃六一識通行佛法不爾識隨根起若是一識豈眼根中而聞聲耶故知非也七約覺意爲破不修

外道以得五通逆順觀中八萬劫外冥然不委卽謂冥寞以爲冥諦涅槃之所任運至窮終歸果剋何須修也如轉縷丸於高山縷盡丸止佛法不爾要須方便增修乃剋如七覺支擇簡正理方能至詣何有不修八約正道爲破邪因者彼得通者見雞狗牛鹿今報已盡遠業將起生彼色天不思遠因謂卽報是便效彼畜噉草爲戒乃至修世八禪用爲涅槃邪進邪慧例皆爾也佛法不爾乞食等四爲聖道緣並濟形也正語等八爲正道因並濟心神觀用籌度深見倒想便得出也九約居止者

爲破妄計涅槃爲道者彼以非想及以有頂並心沈沒麤心不覺謂會大理大識妄也夫涅槃者寂寥虛曠非復色心此乃衆生所居何名絕有之法也十約諸入者破色空爲道也彼增修定緣色住心以色滅欲有以空滅色有謂空至極更不重修佛法不爾須尋本際但是自心運用多少實唯一識本無前境但是妄倒自立是非我見不除還受生死故智論云外道能生禪定船度欲色界海無色界海深廣難可得度由不破我心故上略隨解令寄心有在必至臨機更廣義類令深知解不在

語也自餘持說受淨衣藥衆具相同大僧罪據經位由奉願行未是具修且就吉羅悔以隨戒廣如事鈔故不委也

四分律刪補隨機羯磨疏卷第二之下

四分律删補隨機羯磨疏卷第三釋諸戒受法盡篇之餘之上

大唐沙門釋道宣於終南山豐德寺撰疏

△二就大戒文爲二段初標舉衆名後就緣正解初中標舉列緣文分爲二

比丘受戒法

言比丘者中梵天音此方無譯可以陳相如水火等彼此同體以名目之得其實也比丘不爾元出中方此土本無不知何目且用義例得詮便止因此四句以義翻名以名翻義餘二俱句可以例知中梵本音號曰煏芻此傳訛失轉比丘也初翻怖

魔次云乞士後云破煩惱或從功能者令魔怖也明本志者爲怖於魔也魔名如上世魔有四欲魔卽下界頂住者以欲纏生令不出也言陰魔者卽身所聚念念壞也言煩惱魔者卽心三毒起必滅善也言死魔者劫略善財終趣死也此人爲怖此四故出家也取其志致用以翻名如諸經律一切出家不問邪正修道之士俱稱比丘卽通名也此土沙門本言道士是正釋名李張之倫名爲治頭及鬼卒也後漸弘廣改名濫上致釋恥從改爲道人古晉漢經翻爲道士亦有德也今全不譯但云

比丘以存本音自與李異不妨還同五天異道且據一相知所歸也餘有翻者寄之戒本恐此總論增諸見也

佛言善來比丘破結使比丘三語語比丘邊地持律五人受戒比丘第五中國十人受戒比丘上列五受並正律文善來三語語雖局佛在餘三通於滅後

二就緣列五位不同略以義分五門料簡一列數顯相二通局不同三秉法差別四敎被凡聖五藉緣多少

初中列數如文可知通尼五受則有十也初善來顯出其相者此人宿樹勝因早嘗開悟斷惑一輪

道成初果佛親命召因敎感戒故母論云善來比丘威儀庠序手執應器如二十年學法者善見又云唱善來已八事衆具並皆隨身第二破結者此人修慧惑盡道證無學會正理窮自然感戒從所破爲名故曰破結也律云若能修道成羅漢卽名出家受具足也第三三語者此人積行非遠未登聖位於彼羅漢先有別緣託仗出家得由三語故曰也母論云諸羅漢等敎欲受者偏袒橫服剃髮染衣憑歸三寶依仗心成於此敎下卽發具足第四邊方持律五人者以邊隅荒險僧少遊行致令

三年方獲受具因事曲開就數彰目也十誦伽論
邊僧若多用本開法得戒得罪此方亦縣曹魏已
前並不受具至嘉平年法時沙門依法正部行羯
磨法十八受戒如僧傳中之所廣也第五中國十
眾者僧多信少機欲漸虧增至十人方爲勝境因
眾標目故曰也有人不立破結是戒破名是通初
果亦是不同餘受文列人法破結不爾但列空名
若以爲受乞求剬截亦應是戒若爾何故律文道
成羅漢卽名具足答此道成者在羯磨前年若未
滿羅漢替得今解不然若小年者自開胎閏如戒

本中全無羅漢用開未滿故知後成不是開小用
羯磨受也故五分中有人不滿受具足戒佛因制
曰得須陀洹者乃是第一受具不名白四乃至小
年受中亦無開得果者與此懸同故立破結是受
戒也就尼眾中列數有五初明八敬者女人機發
深厭生死求佛出家以無弘道遠化益故抑而不
許後還舍衞便自剃髮披衣倚僧坊立祈聽受戒
時爲三請便授敬法必具依行卽感具戒故因名
也第二二十眾受者爲明女報惑深智淺喜生慢
怠必欲受具僧尼各十方發勝心因二眾爲名也

第三遣信者姿貌瓌逸素染俗心出寺詣僧恐成
陵染故開差使詣僧乞受如常作法返告便獲因
使感戒卽以爲名第四小年曾歸者既已事人深
閑儀禮便耐惱辱有持戒能故減八年得行具戒
因其時緣而得名也第五邊方義立十眾者大僧
邊邑僧少便開尼脫有緣依僧亦五彼此具十義
應得受有人不立以尼戒中不許邊荒有恐處行
故雖在彼不合減受若爾戒下制僧亦是不開而
僧受戒卽邊通五此亦類準如何不合若依神州
自宋已前究勘僧史尼一眾受如諸律中八敬受

戒但專愛道餘五百尼十一眾受故求那跋摩聖
者言若無二眾但一眾受如愛道之緣者得也何
以知然及論本法止前方便未有可成還約僧中
羯磨方感後師子國鐵索羅等十一尼學宋語通
方二眾受以此五受兼通善破則七受也問如上
邊方開減五人文加持律乃成制也何名爲開有
人言中國制十人者四人善解法律六人足數便
得邊地開五要須持律今解不然持律之言豈局
中表僧徒多處知法不難依教依緣義必成濟邊
僧既少知法行稀恐約數成不專識教夫作業藉

緣緣乖業敗非假持律爲得遂成故遣此疑文列行德方能拯拔樹此良基不虛設也問造業善惡能所俱齊何因遣信受戒報還方感殺盜不然事成便獲答此不可例受願在緣緣來思具爲惡在境境損即罪

大門第二通局不同一約受二約報三約時四約方五約斷頓六約諸部初就受中善來破結三語八敬此局法緣互不相通如相可知五眾十眾二十眾遣信曾歸義立十眾此之六受從緣則眾名不同約法並由羯磨故此諸受束則爲五據當體

也彰局顯通則羯磨含六故總十矣二就報辨者依律五受善來一受通於僧尼律列八種通明善來具二受也如多論中佛不度尼爲止謗故若善來度外道當言本在王宮婇女自娛出家還度以自樂故如撰集百緣賢愚等經如來自唱善來度者皆得羅漢何以相違如明了論是聖人者佛唱善來非聖人者則不度也多論止謗義在凡夫必是聖人能遣邪執則非教限二明破結通於僧尼八種列中俱有文故三語一受唯僧明之不通尼者以成道初用三語法尼未有心八年制斷令與

羯磨十四年後方始剃髮求受八敬約時不及故非受緣八敬一受局尼明者師資道立方能弘利制尼依僧以法陶練故敬是下眾所行反通則亂倫及矣故不在僧也羯磨一受事通兩報據法單複由智淳薄備窮戒體終作業時即表名也三就時通局者善來三語八敬三受局佛在世也所以可知破結得戒通佛滅後以善見文五千年前得三達智故知果成戒滿也羯磨法通二時可知然善來受如付法藏阿難後秉度仙人者此是別緣不可常例四對處通局者善來八敬局在南洲由

中成道佛自秉故問何故一代不遊三天答南洲有四別緣謂見佛聞法出家悟道餘三洲無見佛緣且據一相如此判也至如舍衞九億有不見聞不妨餘洲有具四者從多爲言非不如上羯磨破結通三不疑三語一受八年前興未擯賓頭二洲無法何得通也故鼻奈耶云我今擯汝終身不得涅槃便於此沒出於西洲夏坐度人大興佛事十誦大同加起僧坊多論云東洲亦因有佛法教乃立四部眾等北洲是難故所不論五約漸頓通局初大小通局二別就小論初大通小局如善戒經

欲受菩薩戒者先當淨心受七眾戒趣菩薩道欲知大戒唯是漸受通於小乘小乘五受當局自通如後述也問受菩薩戒必假七眾爲前方便乃得大戒形盡之時小戒謝不有人云前戒局報與期俱滅菩薩戒盡於來際與願俱在有人言受大乘戒引五八十具令長終於未來故兩不失也若爾經生本戒在者作惡應犯答不知有戒無違心故二就小乘羯磨一受局漸非頓餘四通於漸頓故律中不與沙彌戒而受具足者得戒得罪故知制漸也諸部中必先五次十然後大戒如多論中不

與五十二戒直受具者一時得三種戒羯磨局漸是明文也問一時得三何須前受答多云染習佛法必須次第先受五戒以自調伏信樂漸增次受十戒善心轉增然後受具得法味故好樂堅固難可退敗不破威儀一時受者反上失次又破威儀如遊大海漸漸深也又云眾生得道藉緣不定或依十戒乃至具戒故致如來說斯次第問先受五戒十戒後受具戒捨五戒不答不捨也但失優婆塞沙彌次第得大比丘次第一戒常在隨時受名如樹葉譬春夏則青秋黃冬白又問一時受者有

三戒不答俱具無作無別五十也若爾便是一戒何故上云頓得三種答比丘受形俱無作與沙彌俗人同者故言三也實一無作體通三人故多云下品受五戒中品受十戒前五仍下上品受具戒本俗仍下沙彌是中餘者方上故知無三問頓受三戒捨時如何答有頓漸也若據漸捨直捨具戒作沙彌者則失具戒沙彌戒在乃至五戒三歸例爾亦望一時受戒與沙彌俗人防惡義同隨心捨者便捨留者便有上明羯磨受則制漸捨通漸頓善來三語破結此三文雖不明約義俱有先受五

戒來從三受則通漸也直本白衣徑投受法此局頓也八敬一受文列五戒則是通漸餘五百女未必曾受聞敬得戒應是頓也六諸部通塞從本四分略說五種羯磨受中離分出六通別則十橫通諸部有無所以十誦佛言有十種戒一自然無師戒者謂佛不假師教會理盡故因感戒也如多論云據自然者不假他教也非不自假樹下跏坐即身教也自言不解此座而得漏盡此口教也及後漏盡戒亦齊得二自誓者如付法藏中自誓之時身口律儀森然具也三得道者如五拘鄰四論義

者如增一中佛令須陀耶解有常色等義說法無
滯文無怯弱善見云七歲與問答受餘善來三歸
五眾遣信八重羯磨六受通四分也僧祇有八一
局七通一者自具足亦云自覺謂如來也餘善來
五十八二十遣信曾歸七受同四分也五分十二
種受互有通局一自然二一語言歸佛也三二語
言歸佛法也四十一眾即五百尼在十僧中愛道
爲和尚三八一受是五破惡見實即羅漢上法也
六第一受具謂初果童子也餘善來三語八敬羯
磨二十僧遣信六受同四分也問三語受戒具文

方成如何有缺開得受者答法化初開羣生機至
三名雖異體實同歸如涅槃中盛明其本約緣故
開就本亦得故二受不同也問破惡見實即同四
分破結之人如何局也答如問實也誤如局分宜
知在通不得誦語上約餘律對明通局次引諸論
如多論文正解十誦故彼文云七種受戒自誓見
諦三歸局在彼文善來三語八法羯磨四受通也
問四分律文但云三語此文更列三歸者答以義
約之歸猶結也作法既久宗奉漸漓加結成受故
多論云循業力故應三語得戒者三語則止三歸

亦然自然使爾牛呞比丘兄弟七萬比丘盡以三
語受戒四分文中但云歸依三寶隨佛出家本無
歸結摩得伽中十種無師自誓見諦問答三歸五
受局也五眾十眾二部僧八重遣信五通也善見
有八一教授者謂自誓也三歸問答此三局也善
來重法即八敬也遣信八語即二十眾僧尼俱白
四也五是羯磨並通也毋論有七善來建立受具
即破結也三語羯磨隨師教者即八敬也遣信爲
六通也敕聽一受即解義者是局也雜心列十一
自起二受師教者即自誓也三超昇者即五比丘

四問樂者謂須陀耶五三歸此上局也善來五八
受重法八敬也遣信十眾此五通也俱舍有十一
自然二入正定聚三信受大師語四問答五三歸
此局也六善來七信受八尊法八遣信九持律爲
五十中國十眾各下列人可知明了論云依他圓
德有七種比丘有四尼有三也獨覺有量佛無量
波羅蜜合說有九一善來者先白衣聖人佛呼善
來比丘修行清淨梵行正說正法作是說已髮落
衣變便得戒也善比丘者許其出家許與大戒來
者從白衣位來入出家位從無戒位入具戒位清

淨梵行者斷一切惡修一切善也四分云快修梵
行盡苦源即此是也正說正法者是梵行所依處
也二三歸得戒者善根稍薄戒法難生末說歸前
先誦佛語善來之法後方說歸竟感戒三略羯磨
者善根又薄須立和尙先問遮法後方和乞與今
不異四人秉白即發具戒四廣羯磨者善根轉薄
戒法難生加至白四方乃得戒尼中三受無歸及
略是聖人者佛喚善來非聖人者三歸單白所不
感也言遣使者是愛道言廣羯磨今二十衆也此
七種戒悉依他得言圓德者即戒體也所受徧周

法界無境不備隨行奉修德充一切故稱圓德獨
覺有量佛無量者三僧祇劫廣修萬行於最後生
有菩薩戒悉性得也苦法忍時得出家具戒盡無
生智起一切佛法一時圓滿三種功德無有邊量
也於此論中善來廣羯磨遣使通四分也三歸略
羯磨獨覺如來局當部也上隨數分有一百一種
略名從實則有二十種受一者自然二自誓三見
諦四論義五三歸六一語七二語八十一衆九略
羯磨十有量此局他部破結善來八敬三語二十
衆五衆十衆小年曾歸尼邊義立遣信此通他部

三明秉法師資多論說言通論諸受皆從佛得由
佛出世有是法故若義推之破結自得初從佛聞
法名從佛受後證無漏自獲非授四從他中善來
八敬佛邊得也三歸羯磨從弟子得即藉緣不同
爲通末代也問自他兩受何者爲勝答約緣不定
因微假緣從他爲勝如梵網云四方千里無戒師
者方於佛前自誓而受因强心猛未假他緣勝鼉
十受可對人也自然自誓破結之徒義非劣也問
何故如來獨秉善來比丘不得者有二義也一威
德力大轉緣入道二善識機欲應病與藥也比丘

反此不識前機如舍利弗錯授人法威德又劣如
僧祇中學佛喚之鬚髮故在威儀不淨爲人訶故
佛言汝不可得如佛無畏口也自今已後剃髮度
人八敬一受緣在二人故名佛秉若是僧者遣人
敬已義中不便理從佛也故愛道云若世尊有敎
我當奉行故也如多論中善來自誓佛於彼人有
和尙闍梨義然不爲其師三歸八敬得稱比丘爲
闍梨不得作和上羯磨一受亦非佛秉有十義故
不作有益一爲成平等化故二爲止鬪諍故三爲
止誹謗故四爲成三歸故五成四不壞故六成六

念故七為息滅眾生福故如正富羅輪王業滅八
不供養下人故九不惱眾生故十為通末代故問
佛非僧者何故愛道施衣令與僧中我即在者答
在應供僧故也上明不在羯磨僧也故成實云不
同僧事者以三寶位差別故
四明教被凡聖者善來一受約四分中必初果者
由佛自唱所被之人非劣下所堪道前相間非極
聖所囑也故十誦云善來受者一切如法諸佛法
王自在義故自與受戒無有學地命終不成羅漢
也如五分中須提那子善來受也此即通凡不妨

大約是聖多矣三語八敬非外凡地故多論云此
二受人不羸不捨不變根不斷善根始終堅固知
內凡也問內凡分得不退道行何故律文中失本
意者答信有二種一出家信二不壞信今云失者
失事疲苦非理信也縱律文中三語受者威儀不
淨不可怪也故律有言三果故犯無著不犯餘內
外凡則不疑也如僧祇中須斯二尼他逼受染自
分未亡故犯初重何妨感於別苦也成實云以我
慢故造集諸業以無我智力故諸業不集八敬四
分愛道初果五百女人亦通內外然多論中不變

不轉則內凡故破結一受此絕言議若論羯磨初
為凡與後通果向涅槃淨梵即初果人四分華尼
亦同受也五分陀驃十六成聖二十受具亦通四
果
五明緣假眾相就分為四初約緣明受二對辨同
異三約受優劣四顯法前後初中善來有五緣一
得道者故文云於座法眼淨也二對人法文云善
來比丘至盡苦源三有求心文云我修梵行四心
境合五事成作業破結亦五一假佛教誡二立誓
言三依教苦修四三毒皆盡五見空感戒三語五

者一有形同文云剃髮著衣故二對無學及教也
三有求心文云欲往佛所四心境合五作業八敬
五者如三語也問善來一受得道為緣餘三反者
答對佛德大不假相具能轉變故餘則不爾如上
說也羯磨受中總別諸緣既被下機當須廣顯具
依文註次第說也二對同異中有五初說結不同
者善來八敬一偏便得以唱教人大不假叮嚀渴
法心重文不須結三語之法初受法弱故須三說
前受心奢文假三結羯磨在僧通和非易故須四
徧眾心齊忍與奪已決故結一也二乞有無者通

論四受理須前告如今我欲（案記云今台作文即前善來文云我欲於如來法中等即是求乞）即是其相但羯磨者通情稍難若不遜請無由牒法故制乞也三立名相者初皆無相羯磨約緣由前三受內凡已上羯磨具縛有犯性重故制相也五八十戒或對俗化儀或是羯磨犯後故十戒中列和尚名明知非制前也四立和尚者三語已前未論相攝因過須師方制和尚故羯磨興者意存師資道成彼此兼濟文中兩攝也五教被多少羯磨一受有緣至三餘四通多少也三明校量五受有三初就緣者破結特勝自證得故

善來又次親承佛教八敬為三近囑學人遠因佛故三語為四但對無學羯磨最末唯在通凡廢人論教則無勝劣也二對過有無者善來機勝以無四過不無遮犯以在制前破結無著但有悞犯八敬三語如上所被已明如毗曇中煖心退作五逆斷善故此二受應是內凡已去也羯磨受者如多論中內實凡夫福薄感戒欣下有羸一過也容退道法二過也容變二形三過也邪見斷善四過也餘四反此故無災患三對功能者羯磨住持終於萬載是長也通三天下是廣也餘受局狹可以尋

求破結微通末法之世聖人不現時專附相故羯磨歷代秉宗也四約受前後者善來最先以陳如為首次三語次二以度一百一十羅漢（案記云一十合作十一）一令分頭廣化也羯磨次三以文云三語息故也八敬次四以十四年與阿難有和尚故明知在羯磨後也破結次五以四分中沙彌年滿方與此受也餘未具者如五戒法最初鹿野八年羯磨方有十戒未曾有中羅睺九歲生得道夜故第二八戒淨信未測其時具解受義附文消判更如後卷

△就比丘戒緣義如前約文從事又分為三謂緣法

相也前緣又二謂法事也就法辨緣言授戒者標其目也就事辨緣言正授者顯行務也就初法中法分為二初顯戒德尊高後依緣略簡

授比丘戒緣（戒是生死舟航正法根本必須緣緣集相應有違雖受不得）

文列戒為舟航違順約緣者以如來出世不欲增長諸有要求滅欲故立茲學然戒是定慧初基眾行元本本既不立餘何所憑但以佛世利機契動便感末時澆薄聖制從緣緣集則作業功成緣散則戒德無立無作不可見也託緣定其有無大聖唱言信非徒爾故前控引生起緣非

△今解已下託緣顯障文云二種羯磨具五緣者或中邊分二或僧尼分二並通收羯磨用分諸受然諸部中敘緣不一母論但就緣言多釋唯列因相今通會之總五爲約謂能所心及具終也

今解二種羯磨具足五緣方成一能受之人有五種一是人道故律云天子阿脩羅非人畜生不得戒故論云三歸五戒唯人中有餘道所無二諸根具足律云若狂若聾若瘂若身相不具百遮等人一切能汙辱衆僧者皆不得故三身器清淨薩婆多云先受五戒八戒曾破重者更受十戒不得故律云先受戒破於重戒還來受者名邊罪難又白衣沙彌造諸重業並十三難攝故四出家相具律云應剃髮著袈裟與出家人同若著俗服外道服衆莊嚴具裸形等不名受具故五得少分法律云不與沙彌戒而受具戒衆僧得罪故

就初能受類分又五以能名濫非刖不顯在生正務唯戒尊高有缺諸緣雖受不獲故須指掌程露其相故也初唯是人簡四趣者天實報勝但著樂多無求修道故也修羅懷疑道在會正非人鬼神諂誑不實畜生報局愚騃所收道在質直慧心退舉戒受爲道非道故障地獄常苦亂惱衝心故論說言如鍣鐵聚何能懷道而受戒也唯斯人者苦輕下趣樂劣上天强識念力能崇道業如多論引歸戒所投誠有致也二諸根具者以儀貌嚴正悅動物心凡所弘闡覩相易受若不簡約汙辱僧倫故律文中六根俱淨方應受法如眼一緣二十餘相並不堪也但今濁世福慧兩虧雖微學行多雜不善故受報形尠能圓具致通末俗義有開遮制則防世譏訶開則爲成道務此二爲本足攝前緣至如根緣耳舌意三助道勝也由耳聽法意緣邪正有疑通決非舌不明必具此三定爲戒本故狂聾瘂通及自他俱非數收意可見也眼及鼻身少缺通許約戒受法能乞能持雖通在遮得在開例如鈔廣引五分僧祇斟酌量持不可輕度三身心清淨者既爲道器純淨方堪如淨舍宅可以爲例

又如淨衣易染爲色故先染汙不成後受律中所列十三種人皆爲戒難如後相解文列多論者以五八十戒是具者基基既先頽無所加也何況毀具反道重受不可接也下引諸業者如汙尼逆罪雖無戒犯然業在生報戒障三途正與相違故成難攝四相具者卽形同也下列覆露兩儀俱非道相離於二邊也今時三衣實相同本自褊衫正背方裙裿支皆非經律也然且順律文非俗非外耳五得少分法者卽法同也法海不頓漸開方便欲使信樂守戒牢固也上列諸緣得否爲二前四必

具不具非緣不成後一制具不具則戒罪兩得
第二所對有七一結界成就以結不成羯磨無所依故二有能秉法僧以白四聖教非法眾者不合秉故三僧數滿足非謂頭數滿十故毗尼母云和尚二阿闍梨並須如法七僧爲證皆清淨明曉故律云若無和尚若十眾不滿如不滿數中所明皆不成就故四界內盡集和合律云更無方便得別眾羯磨故五有白四教法毗尼母云羯磨如法故六資緣具足律云若無衣鉢若借他衣鉢並非法故七佛法時中毗曇論云若至法滅一切結界受戒皆失沒故

大緣第二所對境中有七一結界須成者以教法所由非界不立深須通練方應受緣今世行事聞受便誦都不觀緣非但誦得不須界也縱知有界須曉結人迷濫多雜致虧界本卽須窮問初結體

標離合後人不知卽是虛指如上文中捨結極易何得自輕拈得徑作約事驗人心不實後生還爾何慮不然二有秉法僧者白四弘通非僧不合也三僧數須滿中邊二受雖列五十不同非數不可妄預如論簡人乃云清淨清淨之言何所不在豈在戒也戒淨由於智明必於事法開遮曉通如鏡方得受體清淨無染今有人言但不破戒卽堪足數此言濫也通不破戒無著猶染別不破戒時逢非數如睡定癡鈍聾狂之類雖有若無忍默空據不名僧滿今此邊隅用本開五必叵具者雖行無

罪可通曉也四明界集者以界收人同遵我倒咸遵一法成無礙行五明教法者羯磨大法和僧之辭得否難諧通決寄此母論如法簡非法也言略事廣何可具之宜取四緣上下比擬則爲得也六資緣者內欣勝法外假勝儀身心相依如魚有水若無若借俱非自緣並非法也七局法住時者由機謝緣終今時未及故不廣也上外緣七亦束爲四一七約處明本界成二三四緣俱成僧義五白四法六是事資離合可委成敗爲二餘違不合唯事須論若論衣鉢諸說不同有人解云依多論十

誦縱無亦開得戒得罪有人言部別不同何得例也如無和尚不可從彼有人言若無衣鉢全是非法可不開也若借得者當時是有但望告僧不言非法不得戒也義準和尚破戒四句如是開遮然得否無文凡情難信幸依聲教則無戒也
第三發心乞戒律云若受戒人不自稱名不稱和尚名教乞而不乞若眠醉瞋恚若無心受皆不得戒故

大緣第三明心有受此最因本義須前示如文所列不自稱者無心欲受強抑登場也不稱和尚者別有所重和尚見輕也言不乞者不欲於此別於餘眾上雖並默縱有所言旣非本懷乞非所乞不

名受也。（第四心境相應或心不當境或境不稱心或心境俱不相應並非法故。）四心境會者，界成僧具，法正緣合，而意別緣，不念戒本，即心不當境也。心雖殷至，界結不知，雖僧法具終非緣合，境乖心也。自餘例準，非緣不一。俱不相應者，舉業相投，不能兩離也。（第五事成究竟，始從請師，終于受竟，前後無違，得名辦事。）五事成同一者，法是緣成，隨違不合。八相始終，前後無濫，如造一食，緣必五行，闕一不可，法亦爾也。

正授戒體前具八法。

就約行事前緣列八，如文所顯，歷然自別。

△初請師法，文敘師資教興所由，作是請下，立法加被。初文又二：前明緣致，後修虔敬。

初明請師法。（律云：弟子無師教授，故造作非法。佛言：當立和尚，弟子看和尚當如父想，敬重相瞻視。又病比丘無人看故，便致命終。佛言：當立弟子，應共相敬重瞻視，便得正法久住，增益廣大。和尚看弟子當加兒想。善見云：以初不請故，後便違教，佛制令請也。）

初云弟子無師教授者，中人已上，須假師導，隨墮壞行，良無善友。法身慧命，必有所憑，故制和尚也。中梵本音鄔波陀耶，在唐譯言名之依學，依附此人學出道故。自古翻譯多雜蕃胡，胡傳天語，不得聲實，故有訛僻。轉云和上，如昔人解和中最上，此逐字釋，不知音本。人又解云：翻力生，弟子道力，假教生成，得其遠意，失其近語。真諦所譯明了論疏則云優波陀訶，稍近梵音，猶乖聲論。余親參譯，委問本音，如上所述。彥琮譯云鄔波弟耶，聲相近也。文云看如父者，世父疏通學務，道父開授慧明，喻在同也。如俗律名例，於其師如世叔父母者，立差降也。終次連枝，蓋非疏越。言敬重瞻視者，正教明告，互相敦遇，微生慢心，不受法化也。又病比丘下，立資弟也。由病致死，緣須待接，損喪道器也。言弟

子者，學後解生，故得名也。所以師名隨本音者，此土本無，故不可譯。俗中博士，微有相扶，然備束脩乖則非禮。佛法不爾，導以義方，開示出道，過恆俗訓。若行贈遺，則是邪緣，故從本也。弟子受學，義相似也，故從此方之言。師弟相攝云敬重者，以出道在心，形雖在卑，以懷道故，敬而後授，故無虛往也。彼我和敬，正法由生，光大遠世，皆賴開悟，深有致也。善見不請起過者，為束惡緣，制請結之，無輒離也。餘諸法訓，廣如受後及行事鈔也。

若依本律，請法不在僧中。今依十誦、僧祇，令受戒人先入僧中，教使次第一一頭面禮僧足，然後請之。

文列請法在僧中欲令受者覩相發敬也必預須受前一年一月亦無傷也人云一席加法不延久者恐心怠也於義似失次第隨禮者以凡多慢習戒在敬慎故折伏形骸希求淨法後必思犯非我輒授也

△就加法中請可爲二一

（當偏袒右肩脫革屣右膝著地合掌敎如是請言）大德一心念我某甲請大德爲和尚願大德爲我作和尚我依大德故得受具足戒慈愍故（三請已）

初請之法律制傍敎縱屏令誦識其文義後在僧中如法致請亦是儀也請文有五大德念者請專意也爲和尚者明所祈也願爲作者慈副本望也我依受具者三學由生也五慈愍故者已述所懷唯聽許也（僧祇云衆中三請已和尚應語發彼喜心律本言）可爾敎授汝清淨莫放逸（依佛阿毗曇中二阿闍梨亦有請法卽準上文餘師義例）

次答辭中若無告辭喜踊無所也告辭有四初可爾者總領請辭許爲師也敎授汝者非但事攝有法弘訓也清淨者宜重戒本攝持三業也莫放逸者諸過之源由行放逸當攝情根遠五欲也初答可爾中可是答諾下流爾是應酬上位雙云可爾未善知言全不可也至於儼持答中義兼前二以所對者有少長故有人解云律雖列四隨一成答意以通四共成一答如上解文初是許辭後三相攝義聯類也文列闍梨及餘師衆須有請者據理約事義不妄臨必須告情方赴受會今時行事薄濫轉輕搦得受者人情布訂至爲師傳使偏上下都不緣前受者本意如此行事何名來受理須本師開示委語令彼受者得知法用據成羯磨合衆齊功豈獨三師偏受其賜文雖開請義準上文阿

闍梨者本隨傳出亦訛略也如梵天音阿遮利耶卽唐所翻云敎授者彥琮隋譯阿遮利夜聲相近耳然敎授名通於輕重律中所出六種闍梨一者剃髮二者出家三者受經四者敎授五者羯磨六曰依止唯後一師始終成固餘者一席俱通名也餘如鈔說外有僧者同和作法比行事者號曰尊人尊師如善見云臨壇師也戒本人也故今加尊有所承也請法同和尚文以其秉故隨訶成別舉戒功齊不可輕也

二安受者所在（佛言受戒人不得在空隱沒離見聞處若在界外其和尚及足數人亦不

（得在空乃至界外佛言當安欲受戒者眼見耳不聞處立）

二安受者所注文具顯云不得界外者此通白四之時今約事緣界外無失如後段緣也五分中由為不如法人受故因制戒壇外十眾在壇上界外問之言眼見者自有所對發勝心也耳不聞者恐聽羯磨成戒難也至後問難何得聞者既已在僧正乞具法僧得自在許聞成後故無過也如餘非數並不開詞唯斯一人得預詞位意可見也文言立者行住兩儀心躁亂故坐是安靜未足稱恭故立望僧意取翹注及教師問又無坐文行事之家

召令對坐既是別告理亦應通然目對僧輒爾自坐有所輕也至時籌量去取恭慢也

三差人問緣（時有欲受戒者將至界外脫衣看稽留受戒事佛言不應爾自今已去聽於先問十三難事然後受戒師當問云眾中誰能與某甲作教授師若有者答言我某甲能戒師應和僧索欲已白言）大德僧聽彼某甲從和尚某甲求受具足戒若僧時到僧忍聽某甲為教授師白如是

三差教師者由界外露觀致返還故制依法問不可細檢如律上下但問諸遮至受戒法制十三難有難無難終須問之有則不感無則須問故知差意止在難也衣鉢名字泛顯之辭以通言路也就

分為二謂緣法儀也緣中問答者戒師欲和取名請可此中索欲和僧通別兩緣如上卷也

四分律刪補隨機羯磨疏卷第三之上

四分律刪補隨機羯磨疏卷第三之中

大唐沙門釋道宣於終南山豐德寺撰疏

△四出衆問法。就文爲三。初示其衣鉢者。恐生怖故。問答失差。前具示名。非本問意。難後問遮。非無須問。如名字衣鉢等。前已陳故。亦如前後。二應語下。正辨問難。傍兼十遮。三如我今問汝下。定其言議情事無爽。

四出衆問法。〔五分云。應安慰言。汝莫恐懼。須臾持汝著高勝處等。已取其衣鉢示語之言。〕此是安陀會。此是鬱多羅僧。此是僧伽梨。〔薩婆多云。此三衣名九十六種外道所無。唯佛法中有。今故示汝。〕此是鉢多羅。〔十誦云。鉢是恒沙諸佛標幟。〕此衣鉢是汝有不。〔答言是。諸部中亦即加受法者。〕

就初緣中。如五分云。被差人起至和尚前。問度此人未。謂十戒也。作和尚未。衣鉢具未。並答已。注謂著高勝處者。以戒遮既淨。堪爲道器。緣成業具。位登僧寶。豈卑下也。列示衣名。將多論告者。現未曾有法也。創在沙彌。但披縵服。忽厠大位。儀相殊絕。令心高遠。不志下流也。又列鉢名。引十誦者。示上參佛相。下濟羣有也。仍問所屬者。如五分中。即加受法。故問其緣。四分無文。義須準的。如後篇明之。

問。既未白四。義是沙彌。何得加者。答。既云受具。正

法有儀章。服被於外。容戒業充於內。報事義相假。何得不持。如僧尼二衆。體不同法。及論受戒。聞說皆開。故知持竟從僧乞受。如和尚例。可以通鑒。豈同古人雷同受後須曉之也。

△二正問中。前緣定其思審。不犯邊下。依數列問。

〔應語言。〕善男子諦聽。今是至誠時。實語時。我今當問汝。汝隨我問應答。若不實者當言不實。若實言實。

敕聽者。誡不妄緣。今至誠者。誡無妄答。下有無者欲舉事問。前定占也。

△將解難文。先以義引五門不同。一制僞淨意。二釋名體。三得名廢立。四收難多少。五通塞不同。

初來意者。光師云。夫欲遠希玄果。非戒不剋。然戒法清虛。乃出道津。濟法既精妙。致受非易。論其受也。非身淨不剋。是以身爲受道之器。心爲納法之主。身心圓淨。得戒亡言。若內懷遮難。於道非淨。雖備衆緣。徒勞無益。一生絕分。障不發戒。名之爲難。由難障故。因檢稽留。故制問之意在此也。

二釋名體。前列數者。難隨染起。染是生因。則無量也。且據重者。能障聖道。標舉十三。初邊罪難者。曾受佛戒。理宜謹奉。捉心不固。具緣犯重。爲過不輕。

業果生報不思捨悔反戒更受義無再攝分在衆外名之爲邊一生永障名之爲難難由邊罪障戒而生故曰邊罪自餘十二例如下述諸說云云終是犯重義無攝受也二壞尼難者淨具尊境是世福田理宜虔敬生出世福反加慢辱毀壞梵行業深罪重雖受無益名之爲難難由壞尼淨行而生故曰也尼中反之可加後說三賊心受戒難者沙彌俗人法非本位形濫僭上文盜聖財非分妄謂故號爲賊障不發戒世財是共雖盜非難法財不共具緣方感此難由賊妄謂而生故曰也四破內

外道難正取破內兼實破外志性無恆內外無取鬬亂彼此俱不成辦故文云汝不破二道耶是也五分云捨內法外道人者不應受戒此直取破內也由信心未著捨正歸邪破於內法即名爲難問沙彌雖破而不成難何故毀重同爲邊障答具分乃殊同壞本也若爾尼中兩衆犯後四重應是障也答前四限分故遣後四枝條深制五黃門者黃是中方之色昔刑其勢號曰閹人以衞中禁之門故曰也此不男者雖稟人類形微志弱無任道器反增欲染雖進學業終無登趣故曰也男子有五

如律緣彰女人亦五尼戒具列六七二難殺父母者人非化生業寄胎報假彼遺陰以成己體育養恩深理應反報方興逆害禍深障厚故曰也八殺羅漢者此人惑盡德圓福田應供反加興害清淨聖境向上業重障深故曰也九破僧者衆和法同出道良筌乃以邪法乖真分衆異軌使應悟失解業深障戒也十出佛血難如來四等道化衆生皆憑出世恩深厚報義在虔恭乃興惡心侵出身血斯業大重障戒名難難由惡心而生故曰也十一十二非人畜生難者報處卑微形心非器由斯障

戒故曰也十三二形難者凡爲道器要須志節清卓報殊性定方能弘道所作生成今則形挾兩境志致懦弱善惡不成焉能修道先得戒者因生倘失何況現報方欲感戒即斯爲障障因二根而生故曰二形難也文依名定體并辨離合初定體中隨義以彰體則多也何以明之黃門一難以五鈍煩惱爲體此約惑明也非人畜生以苦遍爲體此約報明也二形即以根雜爲體此約相明也餘邊等九以不善思心爲體此約業明也問五逆以業爲體何以不用夷蘭爲體答逆即障戒未假罪也

如俗人造逆。即說戒障何有罪耶、假令比丘作破僧等。悉以逆為業障重者邊收。蘭者戒難。可以蘭罪入懺。而本業非障耶。次辨離合中。問四重合一邊五逆而分者。答殺盜雖別。不由作事即障戒。由違重教方得邊名。據違背是一。故合為邊罪。若論逆名。隨事成業。無教可違。故律中外道殺父母者。無所長益。便即滅擯。豈望違教也。又解合逆離邊。或俱離合。皆有濫故。何以知耶。如造四重。俱犯成邊。今分為四。則繁雜也。逆不分五。濫逆非難。如殺三祖乃至後母等。或打棒父母等尊。世謂惡逆。戒

障簡輕。故並得受。若爾賊心有六。四輕兩重應立二難。答論六分二。據眾別說。不從重分。俱眾法故。又逆不離。謂俗具五。可以思之。

三得名廢立者。先據名中。非畜形黃。從報得名。邊罪破內。從法得名。賊心當體。餘六從境。謂壞尼五逆也。又解邊罪從法隱相顯。法通收重故。若隨說一。不通道俗具不具者。及退道人重來受者。今說邊名。莫不皆受佛戒。犯重更受。不可隨境。故以法收名。為邊罪。非畜黃形。如前從報。餘之八難。並從前境。如破內外道與壞尼等。何得殊名。此解可也。

次諍名中。問障戒不發。乃有無量。所以十三獨名難者。答言難有二種。一始終體定。不可延除。二雖具法緣。戒必不發。餘不具故。唯在遮收。小年衣鉢待求便是也。問十三初難何以名邊。今解邊法具四義故。一曾受內戒。今棄眾外。故云邊也。除壞尼者本無戒故。二通具不具者。可作邊名。除二破兩難。不通未具。賊心一難。不通具戒。三唯局曾受者可名為邊。通受未受。則不名邊也。如黃門難。或曾受後變。殺父母羅漢等。或受後捨竟而行殺。非畜二形。例通於受及未受等。四犯究竟罪名邊。除出

血偷蘭是方便。問尼犯後四。捨來名邊者。後四不通下眾。尚得邊名。破僧不通沙彌。亦是邊不。有人言尼犯八重。皆不名邊。何故如此。以法還戒。尚不重受。何須問邊。若爾既無。但十二難。何為具問。不問違教進退何依。今解初一違教法立名。餘隨境相。非有違也。破二道者。雖受具戒。但行業重。後來說難。初作之時。但得偷蘭。著外道服。即是其證。故知於正重違。出在海外也。

四收難中。三門分之。初總明盡否。二以八難收。三以三障收。就初門中。言不盡者。如多論云。凡受戒

法要以勇猛決誓斷惡爲先後依緣受方發戒也
諸天著樂善心微弱餓鬼身心常焦熱惱地獄苦
楚畜生業障雖經說齋但得善行如上諸趣皆無
得戒也四天下言北方難地以福報障又愚癡故
無有佛法唯三天下人有四種男女黃根唯二具
得黃根則障就男女中五逆汙尼賊住越濟案記云即
破內異名婬母斷善俱不得戒大而言之受佛法者蓋
不足言如上八畜成受三歸無感戒也善見云黃
門畜生二根賊住壞尼破內六人不障天道但障
聖道若五逆者人天聖障僧祇中不生羯磨事謂

十三難人及惡見沙彌更有四人共有一怨俱欲
出家路逢本怨初人張弓二者欲射還止三人射
而不死四人斷命此並輕躁無志初二已出家不
應驅後作惡應驅出後二並驅出了論云律中說
二十人不得戒如作誓言我非比丘永瘂永聾不
乞戒人永遮不得義說無根一道癡鈍狂昏無衣
鉢等乃有衆也且列十三若無前難問者得戒不
問不得餘不列者有則不得交是戒障無不問者
得戒無違故又人解云戒中說者收難並盡何以
明之此中要取有心乞戒雖作法加障得名難餘
有不至人別難收非此重攝如畜生者能變來乞
故號爲難自餘畜生本無有心義何說難問小年
乞戒不得應難答十三說者如前不定小年是遮
待滿得受故不同也若爾九歲和尙應待其滿如
何感戒也答小年俱同並是遮位緣疏因正故得
不異也類彼式叉不滿非法正制難違二以八難
攝者有人言十三障戒八障聞思故不攝也又云
不異前說衆難所收如華嚴云四輪摧八難者故
成實云一住善處二依善人三發正願四植善根
初輪摧五難三途長壽天及北有洲也二摧佛前

後三摧世智辯四摧聾盲瘂此本無心受不可通
說難也三以三障收者黃門欲愛多煩惱障收又
不能男亦報障攝邊罪壞尼賊心破道及五逆九
並業障收若障具戒十三俱是若障聞思唯五逆
也據俗戒言不妨受得如成論中所簡別也非畜
二根三是報障問此中說難寬狹輕重可得聞乎
答據十三難業寬報中煩惱最狹如上所引若泛
論之三障該通五道報則是寬煩惱是中業即狹
也故論云地獄具五業北洲有四餘則說十又以
八難配障前七是報世辯煩惱無業障也言輕重

者煩惱爲諸障本。故云若無我者諸業不集也。業障爲中。報是頑癡故爲輕也。言可轉者。報障難轉故重。餘可轉故爲輕。如懺法中廣顯其相也。

大門第五明通塞者。就分爲五。初約三趣。二處。三時。四人。五約戒前後分也。初中非畜局一難。人中具十一。以造業具故。說業有九。非畜無惡戒故不說業障。非無造別業。如成實說。又人中有受道故說黃形兩障。非畜乃兼體非道器。雖有不說難。問。何以十三難中不說天爲難。答。著樂不來。來亦得道。有說云。人中制戒。天不在例。通非人攝。如上律

文天子修羅子也。又如多論目連爲弟子上忉利天。見耆婆說。二就處者。北方永障。十三俱無。就三方論。東西亦有。但十一難。除出血破僧。若就南洲則具足也。三就時者。佛在便具。滅後十一。除二如上。故僧祇中破僧出血難。後子注云。此二難者。佛久涅槃。故依舊文。案記云舊文下合有問耳兩字。謂若缺者不名十三也。四就人者。謂男女道俗僧尼具非具也。男具十三。女唯十二。除破僧也。據俗沙彌無二。即二破也。據尼無一。除如上也。若爾違諫戒者不有破僧。答。具破在僧。尼但方便也。據未受戒。無二破及

邊罪三也。五約戒前後生難多少者。全不受者但有十難可知。若曾受未具戒生十難。無二破及壞尼三也。若爾非畜何得爲有耶。答。容變作故。不同上三畢竟也。壞尼縱有還邊罪攝。若受具捨前則生十一。加邊罪。無賊住壞尼也。捨戒後生則亦具有。就前十一中是非兩異。破內形生等有定失戒。由礙戒故名難也。非畜生者畢竟報轉定失戒也。若五種通力變者不失。非其難也。五種黃門。受戒前則障戒也。受後若生不失戒也。餘至文解。

△次消文相

汝不犯邊罪耶。答言無者。應語言。汝應不識此罪名。謂曾受佛戒已。犯於四重。即是佛法海外人。故名邊罪。汝不有耶。義決云。凡問難有無意在相解。故中邊不相領解。尚不成犯戒捨戒。今難問而不識者。與不問無別。律云不成受戒故。以下類此可知。云邊罪者須相領會。故注罪法。知邊名喻。若但得語不識邊義。徒相勞累不成問也。如捨戒中。如此開發。一說即成。尚自不通不相領解。何況受緣容預問對。彼此同昏。不成問難。候他累劫豈止此生。問者未來還同今業。可不勗哉。余周行晉魏及本京輔。所有律席罕不登臨。至於難緣全不籌議。但恐誦文不得。何暇更識其相。以上試論。咸生遠惑。

有師解云。夫受戒法。作法令誦。但應依文十三便足。答。道無者便即得戒。何須解義。余以事對。必不相解。受具便感。捨戒不解。反律應成。中邊不解通得足數。麤言不解。亦得正犯。同不相會。如何釋之。遲疑無決。因又問曰。將非解者本受亦不了。而答無耶。故此周章方便消釋。得否已定。不由此通。故多論云。先教授者。令知體相。聖人垂訓。良有深旨。但依持之。不勞妄述。近有行人通明經論。闇斯正義。重受非一。豈虛願耶。問。尼犯後四。亦名邊。不依伽論解。若轉根者。不名邊故。

汝不汙比丘尼耶。僧祇律云。謂白衣時汙淨戒尼梵行。

二解壞尼文中。不明淨染。引僧祇證者。故彼文云。若那含羅漢二尼。犯初中後。一切成難。由斷愛盡決無中染故也。若前二果及凡夫尼。初樂名壞。中後非難。以當分未除愛染。修道三四果者之所斷故。問。凡言壞者。謂汙戒也。聖境不壞。何名為難。答。由尊境清勝。慢汙成業。不待前壞。即成戒難。問。壞尼成難。為婬為觸。答。婬是有本。觸乃染緣。故隨重也。如十誦云。摩尼八人。汙尼八事。或一人以八事犯尼。令犯夷重。俗人非難。善見若壞式叉尼沙彌尼。不障出家。若尼三處行婬。皆壞尼難。以白衣服強與尼著。就行亦難。尼自樂著婬者。不障。有師云。但是具戒。何論淨穢。陵辱慢重。故障出家。未滿位輕。在不問攝。故文云。汝汙尼。明簡下眾。由是具戒望於俗人。皆是尊故。若準律中。曾婬著袈裟者成難。此文通三眾也。然文列比丘尼。文似簡故。三律俱無正決。斯即不了之文。宜用僧祇明判淨穢也。問。如善見說。殺凡尼至三果。不障戒。十輪云。殺辟支佛非逆。汙尼成障者。答。殺障戒者。取福田極也。汙障成難。對陵慢勝境。各有其理也。問。餘果受染

不受苦報。凡尼壞難。何不同聖。答。凡尼以見諦煩惱總發業。故入地獄。聖尼以修道潤業。故輕。但招別報。餘如上說。問。俗壞比丘成難不。答。成。如尼反說。男子亦有。如善生中簡五戒云。汝不曾犯比丘及尼不。故俱須問。何獨專尼。但無緣起。故不具列。如條部中亦有其事。今但舉一。三隅動也。

汝非賊住耶。謂白衣沙彌時盜聽說戒羯磨同僧法事。

三明賊住者。文非明顯。隨言難解。謂曾行盜取人財物。如注所解。始終無疑。善見三種。一但偷形者。無師自剃。不敢次第依比丘臘。又不受禮。不入僧

法諸利不受爲飢餓故若欲出家及受戒者開之。二偷和合者有師出家受十戒已往至他方妄言十夏受次第禮入僧布薩羯磨受人施者。三俱偷者此後二人並不合度。問偷和合者應在羯磨何以文中具列夏等。答夏次儀禮及信施等並是僧家六和表相由有戒故便有夏次等也。以盜戒相令他信之。如五百問中詐爲大道人受比丘一禮拜者即賊住。難意義同也。僧祇中凡人自出家或避難自著袈裟來不經布薩羯磨者得受。經者不得。若沙彌念言說戒時爲論何事盜入牀下聽之。

若聽明記得初中後語者不得戒。若暗鈍餘念睡眠不具得者成受戒。十誦若再三聽者已受應擯。縱經一布薩未受成受。如上通之據未解也。伽論若不自知滿二十歲後知不滿故經布薩羯磨者即賊住也。四分若共一比丘乃至僧所不共作法者出家不得已出家者成受。若於一比丘及僧所作衆法者成難。若作餘但對首但心念等法者非難。由說慾等體通僧別攝僧要務勿過於此故雖一人心念說慾即是衆法聞者成難。

汝不破內外道耶。謂曾作外道來受具足戒後復入外道今又重來受具足戒者。

四破內外道者由創入正法未沾道利反更還邪。心不定指制四月試之。必志性調柔深信明白然後受具也。沙彌戒願未是具法雖背無難。千伽云比丘不捨本戒入外道中作其相狀說見受業名越濟人。雖不入彼但著服樂見亦是越濟人。母論若結髮事火此二不試。有業因故。如長含云我涅槃後異道梵志來出家者即聽受具勿四月試。恐有異端則生本見有稽留故。此即廢前試教可準行之。

汝非黃門耶。謂非生揵妒變半月自截等六種者。

五黃門者不能男相難得自知故十律分五。一從生不能婬二半月能三妒者見他婬人已形方勇四他婬於已身分方勇五病朽爛若墮蟲噉。前四應擯後一聽住。捨戒更來應擯。律中受具戒已自截者擯之。定不失戒若惡賊業報者不擯故知比丘中有黃門也。若捨戒報來同十誦也。就自截中不論其相依五分中除二卵者擯之餘從懺法四分無文可準例也。

汝非殺父耶。汝非殺母耶。汝非殺阿羅漢耶。汝非破僧耶。汝非惡心出佛身血耶。僧祇律云此二難佛滅後無佛久涅槃依舊文問汝非是非人耶。謂諸天鬼神等變爲人形而受戒者。汝非畜生耶。謂有龍畜能變形爲人而來受戒者。汝非二形耶。謂此身中具有男女根。正乖道器。汝今無否。應一一具解。

餘解如下。

△二、次明諸遮文略顯十。如受法中二百五十許也。問已若答言無者。汝今字誰。和尚字誰。年歲滿不。此三事及十三難並須一一問答。以不具故不得戒。

文云汝今字誰下三種一處列者。皆遮發戒。故同次明也。律中皆不名受。如僧祇中不稱僧名。衆若不和不問受人不語。若心念答。若大喚答。皆不名受。

餘和尚等同四分也。三問年歲者。要須俗年滿二十者。雖日月不滿。後胎閏開滿得戒。若年月俱不滿者。不合前開。謂年十七者若年十八者得否如上也。

三衣鉢具足不。

四衣鉢者。律中無衣借衣並不成受。如多論中不除鬚髮。或無衣鉢受戒者得戒得罪。五百問云。壇上師僧或著俗服或犯禁戒。受人知非法者不得。不知得戒。準四分中無正文開。並是非法。有難當開。無難障者準論依受。

父母聽汝不。

五父母聽者。以生身所籍。義須盡養。比丘輒度。違情故制。十誦養兒來者。可問養母。必出家剃髮。不白父母。衆僧無過。善見云。若不度。故云我當焚寺。如是難者不犯。若於餘方國度。不須問也。今時行事。依問父母。義須前問。在無無則息言。有問聽不。有人云。父母爲二。分爲兩遮。今以事同。合作一問。

汝非負人債不。

六者問負債。

汝非奴不。

七問良賤。以位居尊勝。非卑劣所及。故律中盜度奴令主譏訶。同是奴聚。必如法放。非復爲奴。本不可尋也。僧祇云。有五。若家生買得抄得者。此人諸處不得度也。他與自來。餘處聽度。據此而論。本言被放。何論彼此。不放輒度。則入盜收。將非賤爲譏本。雖放猶被輕。故善見若放奴時。云有道心者放。無者還爲奴。如是語者不得度。準此主自送放。開度成受。逃奴不合。出家經云。若放奴婢人民出家。得大福德。斯言是也。五百問云。知是佛奴度者犯重。若先不知後知不遣亦重。其人非大道人故僧奴準之餘如盜戒僧祇等制。

汝非官人不。

八官人者皆為勳品已上流內九等文武員者恐負天朝可憂有責餘之散任義不在言僧祇云宮有四種有名有祿有名無祿此彼俱制有祿無名餘處得度無名祿者一切俱開據此度人知何不得但違王制多論小罪

汝是丈夫不律本云年滿十二者能耐寒熱風雨飢渴持戒一食忍惡言及毒蟲十事是丈夫相僧祇云二十已上七十已下有所堪能是丈夫位得與受戒若過若減縱有所堪及是應法而無所堪者並不得與授戒

九問丈夫夫者男子通名丈者極形之量也孔子九尺餘亦有一丈者故為大分耳文列堪耐十事者皆近局形骸耳惡言持戒在於心護俗以難割為之沈溺道則反之近忍事惱遠忍理觀依因有由故簡堪能應丈夫位也文列僧祇乃約年小大而有所堪是本制意年三十者俗為壯室無任剛正何在戒流七歲對問佛開受者但為堪故令昧情智未可從開依制取能義有依矣何者夫受戒願也依隨奉持行也知受而不知持徒願而無其行也何異搗空成有畫餅充飢本不可也必強加

法但可空施虛上戒德之瓶妄損明珠之喻甚非所望幸自隱括有無顯矣律中但云年二十者能堪十事減者無功此大約也問此小年者與前借衣俱作四句可得例不答第四兩句不得是齊年前三句不同衣鉢何以然耶衣鉢雖借當時是有或是非法不言不成故得戒也年則不爾雖不解處齊而年小者當時已制又有胎閏可使開故後時計滿方知前得也問胎閏等開為受前計之為受後計之答依律受後疑者方開胎閏不妨感戒白四時生不由後計方依開得據此以明本受無

疑依法得戒但依律斷前開何損

丈夫有如是病癩癰疽白癩乾痟癲狂汝無如此諸病不並依有無具答

十明諸病文列五種善見云癩癬二病不問赤白黑下至如爪若在露處增長不增俱不得度屏處增長不得不增得度育王經疥癩初果瘡痍四果也由惑盡此生業終報故總集受也多論云出家後癩者諸有僧事皆共作之若二食時莫在眾也五分中狂亂壞心或無和尚皆不名受今時受者至時昏梗瞪瞢如醉此並亂心全無心領何發無

作和上諸師俱不清卓故臨作法多增掉慢輕略眾網鬧憒識神或至睡眠低頭合眼意謂耳聞而實昏惱前後文字何能具領故賊住成難要在具辭令聽錯亂豈成弘攝俱不成受如非數說如我今問汝僧中亦當如是問如汝向者答我僧中亦當如是答。教授師應正理威儀已便告言待至僧中召命當來。後結文者恐受者怖懼僧中異問故前定是辭令知後意也。

△五白召入眾就分為三緣法儀也

五白召入眾法。佛言彼教授師問已還來眾中如常威儀相去舒手相及處立。

初緣中相去舒手相及處立者中國戒壇多在露地故須在於兩手相接卽一尋內地有成僧相遠不相攝則別眾收豈唯教師餘僧亦爾中間非數兩頭須及恐有見譏但望叢坐展轉周帀會有相連在於覆處不用此制文令立者諸羯磨法威儀必同此既坐立極成乖別由本是僧差往外為問事須酬對坐和失相如立說戒俱是為僧意可見也餘通如眾有乖成別

當作如是白言大德僧聽彼某甲從和尚某甲求受具足戒若僧時到僧忍聽我已問竟聽將來白如是。

二正加法邊地五人僧者據斯一白用僧處也中方僧多十人加法通始終作有人言何必如此邊五前差其實四人戒師和白自豈足數後作白四亦何須五準此就十亦有商略如初差人但有九也威儀師白召可名十僧戒師又和同前唯九後作白四可具十人以正制須之發生物信不同邊方得成便已如僧祇五分並戒師白召者則始終具五俱為情事

作此白已應喚言汝來來已當為捉衣鉢在戒師前右膝著地合掌當教如是乞

三明其儀相為捉衣鉢以乍入僧中威儀未涉且

為代擔示其方便也

△六明乞戒就分為二謂緣法也

六明乞戒法。彼教授師如前教已應語言計乞戒法汝應自陳但以不解故我教汝。

初緣須教者既別為差正當其務教授儀式何得輒受故先乞請後方和問無遮方得並僧法也僧祇在戒師前互跪教受鉢後受三衣白已教乞此異部不同也

應言大德僧聽我某甲從和尚某甲求受具足戒我某甲今從眾僧乞受具足戒某甲為和尚願僧慈愍故拔濟我。三乞已教授師復坐。

就正乞中前牒初緣云從和尚也後牒今意云從僧受重牒和尚者表戒法從僧行隨師也

七戒師和問法（應作白言）大德僧聽此某甲從和尚某甲求受具足戒此某甲今從眾僧乞受具足戒某甲為和尚若僧時到僧忍聽我問諸難事白如是

七戒師問和者文相可知問戒師所以不差異教授者答教師眾外問難不差無由問故戒師處眾而問何勞差也若爾結集在眾亦何須差答彼為僧結眾情非一故須定人誰問誰答受中為別請師已定故不須差問戒師白和教師則無者答互有無也終是僧義以輒問難眾情難忍故前白請教師出眾前已白差又在屏問知和誰者

△八正問中前緣後問大如前法小有差耳

八正問法（應言此安陀會鬱多羅僧僧伽梨鉢多羅此衣鉢是汝有不彼答言是又語言）善男子諦聽今是至誠時實語時今隨所問汝當隨實答（僧祇云汝若不實答便欺誑諸天魔梵沙門婆羅門諸天世人亦欺誑如來及以眾僧自得大罪）

注中列其衣鉢事是繁重也即定辭占故引接也

僧祇云欺誑不實乃欺天人及如來者以戒法所通下被上達非緣而受體是乖儀欺妄之深為通偏也

汝不犯邊罪耶汝不犯比丘尼耶汝非賊心受戒耶汝非破內外道耶汝非黃門耶汝非殺父耶汝非殺母耶汝非殺阿羅漢耶汝非破僧耶汝非惡心出佛身血耶汝非非人耶汝非畜生耶汝非二形耶

列難名示亦如教授同不了者俱非問也就十三中亦有文中云不犯邊罪不者單約難也或云犯罪邪者通有無也邪音夜加反疑未決者也是助辭非定意本須兩分音字義別矣就難事中次解六七云殺父母者膝下之養反加逆害天地之所不容也八殺羅漢者愚小多迷羅漢中音此義云

生上加阿字乃云無也此八三有業盡三界不生略須此示不爾知是何人不解謂是凡物也九破僧者此相又難破羯磨者兩眾一時作法犯中偷蘭不障戒也破法輪者立邪五法盡形乞食納衣樹下不食酥鹽及魚肉也行化於世致令禪誦佛境不行犯上偷蘭則能障戒文中通說義須廣分必須此示方曉通塞故經教所設意在解讚導前行實隨從今既無慧行起無因也十惡心出佛血者故論說言出血一也由心善惡耳故善登梵天惡沈鼻獄俱一劫也此上二難末代所無如前解

也破法輪逆今時微有出血惡逆滅後全無有人云既不正感眞容何妨毁損形像或有光現血流並入逆攝有人言不可感於血光但論惡心損是逆例如設像代眞敬福齊等今行惡毁受罪義一如尼破法豈同調達立諫設治則無與二彼既不疑堂堂行事敬像如眞損何獨別義不可也俗律云僧尼毁佛像者絞之意有在矣餘卽盜論非所奉矣故引示之可斟酌矣十一問非人者律中非人者鬼也俗云鬼者歸也無人不死死皆歸之約律明趣但說爲三謂人非人及畜生也以人畜兩

趣形現易知天鬼神等幽通難識故合天修鬼獄四道爲一趣也莫不分得五通異於人類故號非人故律中諸戒時有離之如同宿戒天子阿修羅子餓鬼子等地獄輕繫義應得同從重者多故輕不說如此分別略識非人曾以名問諸餘講士便答余云不讀觀音人非人等者可解言非人者此謂疑神經中八部緊那羅等也形如人焉但頂生角卽敎巧工釘角頭上想多聞者知出何文十二問畜生者世俗同知皆恥聲相目見是人而問畜者誠可怪也當從容轉語不失本意者道俗無過

也應語云世有聾龍及餘精魅能變化者趣攝畜生戒法無預卿非此等耶十三問二形者俗所同恥然必須問亦如畜中及制意釋名所引然諸部行事繁略不同至於差問無不具有良是同受同持故名同戒也制列遮相諸律並同及論難體十誦五分但問曾爲比丘如法持捨不此邊相也餘悉不問及至僧中亦爾四分亦同如律中制十三難已若不問者不名得戒故諸結者引之集坐在遮前問僧祗有二所言略者今僧中當問汝有無當答僧中一一問之大如四分及諸遮相不可鈔

盡須者覼之乃至問曾爲比丘四重十三事一一隨問若有犯者重則令去殘令後悔

若隨答言無者汝字何等和尙字誰年滿二十未三衣鉢具足不父母聽汝不汝不負人債不汝非奴不汝非官人不汝是丈夫不丈夫有如是病癩癰疽白癩乾痟癲狂病汝今有如是病無耶並依問已有無具答詞義相領同前敎授

次問遮相汝字何等依俗中法子生三月孩而名之年至二十冠而字之隨義別立僧中識者立名異字如僧傳中自餘者多名字通忍愚謂名字猶如眼目字義無別也當隨機轉問並改云名得實

錄也。奴及官人。貴賤非類。應轉名問得意便成。縱諸遮中不問父母債奴官人可不得戒。無正斷故。又非戒障。必略無損自餘如文。具顯辭義終是相領此為宗也。上以是事俱是戒緣。有闕一相。即非受法。十三難者名義須分。諸遮之中師資名字及丈夫三。此定須有。缺非戒緣。衣鉢餘者具須依文。至時增減通人情也。如僧祇中遮多四分猶有開略。況復四分定判遮不得戒處並通消息也。

△大段第二正授戒體分三。緣正結也。

二正授戒體法。薩婆多論云。凡欲受戒先與說法引導開解令於一切境上起慈悲心。便得增上戒。應語彼言。六道眾生多是戒障。唯人得受。猶含遮難。不必並堪。汝無遮難定得受戒。汝當依文發增上心。所謂救攝一切眾生。以法度彼。又戒是諸善根本。能作三乘正因。又戒是佛法中寶。餘道所無。又能護持佛法。令正法久住。又羯磨威勢眾僧大力。能舉法界勝法。置汝身心中。汝當一心諦受。

就初戒緣廣如鈔顯。有師別出一卷戒方便相。每至將受依說引化。此即末代如來同十誦也。引多論證者是正量也。凡愚智淺。何能生知。自非久學卒誨猶暗。此之戒法出家本務。素非懷太。定難容納。深有由矣。文令境上起慈悲者。以行慈救攝眾生故。如善戒經菩薩戒本。即七眾所受者是也。向不緣慈如何容大。意在後也。此時逼遽過不廣張。

但具依文。先以餘道所無令生厭也。人中無障得戒者便欣重也。增上心中救諸眾生即慈善根。謂佛心也。戒是三乘因者重行本也。餘道所無者可欽貴也。持法久住者有威德也。羯磨僧秉舉法界善納身心者明聖法假緣。緣成法滿充正報也。

應作白言。大德僧聽。此某甲從和尚某甲求受具足戒。此某甲今從眾僧乞受具足戒。某甲為和尚。某甲自說清淨無諸難事。年滿二十。三衣鉢具。若僧時到僧忍聽。僧授某甲具足戒。某甲為和尚。白如是。僧祇云。作白已問僧成就不。乃至羯磨第一第二第三亦如是。十誦云。羯磨受戒時。當一心聽莫餘覺餘思惟。應敬重。當正思惟。心心相憶念。應分別之。違者突吉羅罪。

大德僧聽。此某甲從和尚某甲求受具足戒。此某甲今從眾僧乞受具足戒。某甲為和尚。某甲自說清淨無諸難事。年滿二十。三衣鉢具。僧今授某甲具足戒。某甲為和尚。誰諸長老忍僧與某甲授具足戒。某甲為和尚者默然。誰不忍者說。是初羯磨。第二第三亦如上。次第問答無違者得。僧已忍與某甲授具足戒竟。某甲為和尚。

次正加中單白後四問四答。如僧祇十誦所明。極曉了矣。討餘法事例須問之。但寄受中說者以在生所重。唯斯一法。成敗得否俄頃即定。故委具文。

非餘不用也後羯磨中第三徧已應至僧與某甲受戒竟和尚某甲是羯磨竟處僧忍默然故是事如是持（善見論中及律本並云授具足已和尚阿闍梨等當爲記春夏冬時某月某日乃至量影等時受具足戒）僧忍默然故持者是總結和辭依文爲記春夏冬時及量影者爲受離多人前後錯亂故須師授局尺量次知一食時有前後發如是例也餘如念法中

問具戒發時在何言下答如智論云羯磨竟得又云與汝受戒竟得有人解云是事如是持者是竟

也如心論中第三羯磨剎那頃作及無作是根本業律師以爲第三說字是得戒也今以此解比前二度似是竟處引後通收則未竟也故第三中不忍者說尋有人訶便不成就既命令說依命而說可成前也故衆既默明有所許故通收云僧已忍與受戒竟故至此前名爲戒法理同智論受戒竟也如上卷中

問羯磨竟得通三性不答多論云一切皆得故十誦伽論云知時犯不知時清淨者如犯殘懺聞出罪白後睡不覺羯磨竟者是也準此以通前聞白已後睡得戒若爾既睡雖作不聞今俱不作何妨感戒答前雖無記白是和本後作教圓緣非乖相故不作不成有人言戒是善本善心相續思心暢滿若初善後惡皆不發戒以種類不續故律云與瞋恚睡眠人不名受具此豈始終惡無記耶中間暫起卽乖心思何有成耶如人起殺臨到境所心亂等生前事不犯戒亦同爾解云不同受是緣成法殺盜自造境自造須作成作感無作故前心異作無有業也受則不爾自作在前及論無作假緣方感已聞白竟故是業起又復解云今受戒者

如教人殺盜所教起狂心但令前會能教成重不坐所教以無有作無作故若能教起狂心但使遂本意能教得無作今例受者如彼能教以從僧乞願僧與戒僧隨其意依法加被似所教也問若如前例但受有心前緣不具亦同感業答譬取後半則不同所教也受是緣中須具殺盜損境相應也故多論云先以善心禮僧合掌白四起業相續成就是名善心發善心得若先以善心乃至起業羯磨未竟起不善念藉前善心力故發業任運而起與不善俱是名善心發惡心得亦以前善心

力敎作故得非不善心得。無記睡心入滅盡定者。是無心得。亦由前善心力故與滅定俱。故云無心得非無心而得也。

問。三羯磨竟發一形戒。三結安居即應滿夏。何不同也。答。不結亦成夏。不羯磨可成受。故不同。例又云受戒對法願心一期。安居對時行隨前後故也。

問。上云作法感戒。戒爲何相。請爲陳之。答。夫言戒者。其相極多。既是敎源。義當披演。略舉四門。一明戒體。二辨同異。三緣境相。四敘數量。就初門中又分爲三。一釋名體。二先後相。三通敘相。就初門中。

分四。一立所由。二引經證。三解名義。四明業體。

初門問曰。泛論戒者。可有幾種。答。略說三種。定道二戒。約心論業。別脫一戒。從緣發生。戒本防非。非通萬境。戒隨境攝。則無量也。如善生云。眾生無量。戒亦無量等。今以義約。止爲二戒。謂作無作。問。何以不立一無作戒。及以三者。答。事義相假。故唯有二。何以明之。若唯立作。但在一念。非通一形。何能防也。一受已難。義非數作。故須無作長時能防。念念之中。得未曾得故。若但無作。不能自生。要由作發。以作防非。則短無作起無所從。二法緣具作願方遂。上據下機。故說相藉。必如聖戒。道力所成。問。既立二戒。何不三合。今解不可。以法體唯二。名實互乖。廢體論名。不無三合。今據實論。故唯分二。不可合也。一作者是色心。無作非色心。二作者初緣。無作後業。三作是運動。無作非故。如是長短強弱性不均通。理不三合。故律中慈願五句。無第三者。可以類說。此約體論。唯斯二戒。對彼所防。如上廣說。

二引證門。如涅槃云。戒有二種。謂作無作。是人唯具作戒。不具無作。是則名爲戒不具足。又善生云。

是十種法。或有作色無無作色。或有作色及無作色。如人手執極香臭木。又心論云。第三羯磨一剎那頃作及無作。是名根本業道。如是多文。證唯有二。

三解名義者。就分爲三。即作無作戒也。所言作者。身口方便造趣營爲。名之爲作。如陶家輪動轉之初。故心論云。作者身動身方便也。言無作者。身動滅已。與餘識俱。是法隨生。故名無作。如成論無作品云。因心生罪福。睡眠悶等是時常生。故曰也。用斯兩法。並有懸防禁非之義。齊名爲戒。戒之通名。

寶兼善惡且就善生約爲五義一言制者能斷諸
惡法故二名迮隘性不容惡故三名淸凉遮煩惱
熱故四名爲上至無上道故五名爲學調諸根智
故雖有五釋並從義用爲名也涅槃所解如上初
通故云戒者直是遮制惡法若不作惡是名持戒
如上受緣已略解釋又如心論初念無作七種名
後諸無作五種名廣如常說今覈戒字乃當警也
預約未然之言字是俗有還須隨俗用通道訓古
曰防非不無其致
四出戒體問人皆知受所受是何答相傳解云受

名聖法由此法故奉敬守護淨如明珠能爲聖道
作基址故問曰其相如何答法體沈隱非易言彰
經論所談深有遠致故諸戒論盛顯行途至於業
理創而不述今敘其致略爲四門一明教宗二陳
體狀三列異執四顯正義
初門中問經論明體其相不同四分一宗當須定
指答首題所出可不知耶此方盛弘假實二解成
論所辨正通四分曇無德宗雜心俱舍乃解十誦
薩婆多宗故律明色眼識能見異於毗曇根能見
也諸有結正並問何心故云造善見三業當審觀

其意不同彼宗身口七業皆是色中有損益故餘
不具出
二陳體狀體謂業體正是戒法所依本也經論所
談善惡業者名也今述作無作者業之體也混名
從體一也離實談名異也多論陳體教無教也成
實雜心作無作也皆略名詮體義說動靜而難顯
其相如諸塵也今且依稀如論兩傳寄之取狀先
依本宗假名出體言作戒者謂始壇場終白四法
緣構成者諸師約文有多解釋或言色心爲體故
論說云口業者非直音聲要以心力助成身業亦

爾論其身口乃造業具非善惡體如無心殺人不
得殺罪故論云是三種業皆但是心離心無思無
身口業若解色爲業體十四種色悉是無記非罪
福性何得名業有人言以色聲爲身口業體故論
云身口業依止四大意業依心若身業非四大爲
性者意業依心亦不應以心爲體故知身業以四
大動故名動爲業業卽四大更無別體若論口業
四大相擊於中出聲聲成音曲有所表彰以爲名
字句還卽此名句爲口作業業無別體用聲作體
問此中五塵非罪福性何得以色聲爲體答非外

五塵及報色。不妨內方便色也。又云。一念色聲。眼耳所得。非罪福性。相續色聲法入所攝。意識所得。是罪福性。故論云。名字句者。是法名聲性法入所攝。問。若色爲業體者。何故論云口業者非直音聲。要以心力助成。答。聲爲業體。以心助成名字句也。用此名句。卽爲口業。心是助業之因。非正業體。問。前言離心無思。無身口業。而心卽思。體身口業起。亦不離心。應同用心爲體。答。破外人義。思心同時而體別。故言心卽是思。然心未必是思。思必是心故。又破外道身口二業。不假心助。故說離心無身

口業。問。第三羯磨竟時。身業相續爲眼意緣。可說身作戒體。依聲名句。業不可相續現。非耳意所緣。應無口作體。答。身業依色現。青等眼所得。亦爲意緣知。是身作戒體。語業依聲發。無記是方便。非常爲耳得。故至羯磨竟。遠從要期生。說有二業體。又云。世相義斷續。皆爲成一受。前乞已告情。後加是眾故。不容相續現。又解。身口得互造。前跪表言。故二解。無作者。謂白四所發。形期業體。一成續現。經流四心。不藉緣辦。任運起。故三聚之中。非色心攝。言非色者。旣爲心起。豈塵大成。故言非色。五義來證。一色有形相方所。二色有十四二十種異。三色可惱壞。四色是質礙。五色爲五識心所得。無作俱無此義。故不名色。言非心者。體非緣知。五義來證。一心是慮知。二心有明暗。三心通三性。四心有廣略。五心是報法。故成實云。如經中說精進感壽長福多受天樂。若但善心。何能感多福。何以故。不能常有善心故。又復意無戒律儀。所以者何。若人在三性心時。亦名持戒。故知爾時無有作也。以無作由作生。令行不善心。何得兼起作。又發無作也。由此業體。是非色心。故雖行惡本所作業。無有漏失。

故彼問曰。若無作是色。相有何咎。答。色等五塵非罪福性。不以色性爲無作也。又如佛說色是惱壞相。無作非惱壞相。不可得故。不可名色。問。無作爲身口業。身口業性。卽是色也。答。言無作者。但名身口業。實非身口所作。以因身口意業生。故說爲身口業性。又無作亦從意生。如何說爲色性。如無色界亦有無作。可名色耶。故涅槃云。戒者雖無形色而可護持。故知非色也。雖非觸對。善修方便。可得具足。故非心也。千住婆沙云。律儀善根有二種。作者是色。無作非色。問。色等是無記。無作善惡性。不

用色爲體。作戒善惡性應非色爲體。答。無作在後生。作戒依色滅。若是同時者。則是色無記。故滅已方續生。不用色爲體。作戒與依色同時體用生。不即不離。故還用色爲體。二依實法宗中分別二戒者。計非四分所通。然律中明五陰五相遠近內外亦有兼故。又重出也。俱是佛教機執不同。五百身因無非正說。今爲六位。初有爲無爲分別者。二戒俱有爲非三無爲也。由假緣成得彼業體四相所爲有失壞也。二就有爲三聚分別。二戒俱是色聚所收。以身口七業皆色損益。若以心爲業者。心念

殺盜亦應犯故。其實不爾。但以小機力劣不約心論且就身口發無作體還防身口麤現業非故涅槃云。從於身口獲無作色。以是無作色因緣故其心雖在惡無記中。本所受戒不名漏失。又心論云。無作假色牟尼所說等。三就色聚三色分別。此十一色義束爲三。如身色等爲眼所屬名可見有對。如五根四塵名不可見有對。如法入中無作假色是不可見無對。今此二戒三色所收身口色聲二法業性俱作戒體非餘八色。二無作者同用第三無對爲體。故心伽二論云。身作可見有對。口作不可見有對。身口無作俱不可見無對。所以名無對者。有對有三。如五塵五根障礙有對。二五根七心境界有對。三能緣心所緣有對。出過此三。故曰無對也。四就色聲本報方便分別。身口作戒以方便色聲爲體。就前身作是方便而非報者。故心論云。身動身方便故由報色鼓動方便方便感二戒也。問。如何取別。答。亦一異也。鼓動報身成方便色。如屈申跪拜何有異也。又解不一。有三別。任運酬因是報義。長短高下是方便。報色唯無記。方便通三性。報由往業生。方便由現起。如水波喻。溼動之相。

可以明也。問。方便以報爲體。現色是無記。何得說記業。答。色無善惡。從方便緣故說善惡。若爾經云何言善惡二心起時。則善惡二色相現者。心論又云。以清淨心動身口色。答。從緣兩現。不妨彼報體是無記。由心善惡方便轉現。如刀照面長廣不同。像轉從緣而本面不改。體雖無記不無相善順上文也。言口作戒唯是方便。以聲非報法故也。二種無作非報非方便者。以從作戒起故。作戒既非報是方便。明知無作非二色。故涅槃云。非異色因。謂非報也。以報是方便色因。方便非報。故說爲異。言

不作異色因果者謂非方便色也以方便是報色之果報非方便故說爲異是以解者云非二色又人解云如涅槃說菩提王子意疑比丘餘二性中何不失戒佛答非異色因等者其心雖在惡無記中本受不失唯就方便色中辨之非異色因者非受中作也以作但一念故不作異色因果者又非隨行作無作也以俱短故既非此二明是受體無作形俱縱入餘心不名失戒卽心論解無作云如善受戒穢汙無記心現在前故法隨生不名漏失五就方便色聲三性分別身口色聲局善非餘如

論文以善淨心動身口故名善作等然初色中有二十種謂青黃赤白光影明闇煙雲塵霧此十二色俱無記故高下長短方圓斜正此之八色通三性也身作戒者唯取後八來往跪屈局收善性就三聲中簡不受聲如風鈴等體唯無記不發業性取餘二聲謂因受聲如言令等及因俱聲如擊鼓等俱通三性今取善聲爲口作體言無作者通於二性無記非業局論禁警唯局善性六始終分別此善作中義通始終毅論成業據終非始以從請師至二羯磨要心未暢善而非戒第三唱已剎那

思滿卽善是戒問一切善作盡是戒不答律儀所攝善作名戒自餘十業但單稱善不名爲戒又解云始終通收並作戒體若唯一念前緣不如亦應感戒然既不爾故知通收又身口色體爲發戒緣身作色者始終相續爲眼所見口止之業非耳所聞若唯第三當時無聲應無口作故知通緣至三說滿論家剋取成就爲言有人云唯第三法一念而得不妨身相表口業故今解戒是有爲緣成緣法不請不乞後戒無從理須如前通始終也故光律師因立三喩如尉如輪如獨樂也桑榆報色也

匠治方便也與繩俱轉作戒也廢繩獨轉無作戒也善生經中亦同斯喩上通爲言作無作戒俱色爲體故涅槃云戒有七種從於身口有無作色善生經云是十種法或有作色及無作色謂有莊嚴及成已者或有作色無無作色謂無方便及成已者故薩婆多云初念戒色第二念戒色等故知俱色問無作非對復非可見云何名色答不以見對用解於色礙故名爲色無作雖非見對然爲四大造更相障礙據所可分故名色也問無作是色色卽是礙復對意根卽是障對如何上言出三有對

答障對有二義一者能所俱對色故二者能所兩緣俱障礙故如眼唯見色不聞聲故名障礙有對無作不爾雖對意根通緣非礙色非色別故非障對

三列異執自金河已後名教互張五部十八隨機而舉各謂指南皆通經論年代緜遠餘執漸離唯婆多正量上座大眾斯之四宗今盛西域此方所傳四部乃翻今時弘者曇無德部薩婆多部最爲殷矣然諸講士偏競不倫各尚學宗尠懷通量自晉南遷迄于陳世釋門義府多師成實彼土傳律

偏弘十誦以假名宗出有部體中原擾攘聲教奔飛元魏高齊大弘心論便依多雜出四分體後有碩學通觀兩宗雙出二體各用開律略敘其說須得本致故法正部難曰無作是色何故雜心界品云無作雖非礙以作是礙故彼亦說爲礙如影隨樹動又業品云強質名爲色無作亦非色也彼部通曰言無作非礙非色者不同可見不可見有對色礙故言非色非礙非不是無對色礙若聞無作雖非色礙謂是非色礙者卽界品云過去色雖非礙曾礙故未來色當礙故現在微塵雖非礙衆微集則礙豈以微塵不可觸而得名非色然則微塵是微色卽是微礙故知非者謂非麤現之色礙也

上明法執次明迷執如戒一受願行須同焉有受依假宗隨行實教故神州一統約受並誦四分之文及論隨行皆依有部行學非唯體相乖各亦乃緩急隨情至於戒體理事不同如昔光師依理明體謂此聖法能爲道務如鈔所顯齊末立體卽受五緣由此體具便感前法此則說緣爲體河北魏部雖依法數正解四分偏廣多宗江南晉師崇尚成實依論出體用通十誦斯並宗骨顛倒理味差

舛摘揣過濫何可勝言

四立正義夫戒體者何耶所謂納聖法於心胸卽法是所納之戒體然後依體起用防邊緣非今論此法三宗分別如薩婆多二戒同色者彼宗明法各有繫用戒體所起依身口成隨具辨業通判爲色業卽戒體能持能損既是善法分成記用感生集業其行在隨論斯戒體願訖形俱相從說爲善性記業以能起隨生後行故如律明業天眼所見善色惡色善趣惡趣隨所造行如實知之以斯文證正明業體是色法也如上引色或約諸塵此從

緣說或約無對此從對說雖多引明用顯業色然
此色體與中陰同微細難知唯天眼見見有相貌
善惡歷然豈約塵對用通色性諸師橫判分別所
由考其業量意言如此二依成實當宗分作與無
作位體別者由此宗中分通大乘業由心起故勝
前計分心成色色是依報心是正因故明作戒色
心爲體是則兼緣顯正相從明體由作初起必假
色心無作後發異於前緣故强目之非色心耳考
其業體本由心生還熏本心有能有用心道冥昧
止可名通故約色心窮出體性各以五義求之不

得不知何日强號非二問如正義論熏本識藏此
是種子能爲後習何得說爲形終戒謝答種由思
生要期是願願約盡形形終戒謝行隨願起功用
超前功由心生隨心無絕故偏就行能起後習不
約虛願來招樂果後約圓教明戒體者戒是警意
之緣也以凡夫無始隨妄興業動與妄會無思返
本是以大聖樹戒警心不得墮妄還淪生死故律
中云欲修梵行盡苦源者便命召之入聖戒數此
根利也後漸澆瀉不可示本乃就傍緣廣開衢路
終依心起妄分前境愚人謂異就之起著或依色

心及非色心智知境緣本是心作不妄緣境但唯
一識隨緣轉變有彼有此欲了妄情須知妄業故
作法受還熏妄心於本藏識成善種子此戒體也
由有本種熏心故力有常能牽後習起功用故於
諸過境能憶能持能防隨心動用還熏本識如是
展轉能靜妄源若不勤察微縱妄心還熏本妄更
增深重是故行人常思此行即攝律儀用爲法佛
淸淨心也以妄覆眞不令明淨故須修顯名法身
佛以妄覆眞絕於智用故勤觀察大智由生即攝
善法名報身佛以妄覆眞妄緣憎愛故有彼我生

死輪轉今返妄源知生心起不妄違惱將護前生
是則名爲攝衆生戒生通無量心護亦爾能熏藏
本爲化身佛隨彼心起無往不應猶如水月任機
大小此明略辨三宗戒體少異由來涉言語矣今
行學者多依隨戒忪縈守護不知戰兢本有何意
若不爲出空奉外儀或以汙心爲名爲利諂誑無
慚詐現持戒心爲業本終墜生死不如不受無犯
持也但順故業藏損集因故百論中罪福俱捨爲
天持戒名不淨也又成論云行者深心不樂爲罪
名淨持戒持世佛藏云若不爲除我倒而持戒者

名破戒人廣訶如彼今識前緣終歸大乘故須域
心於處矣故經云十方佛土唯有一乘除佛方便
假名字說旣知此意當護如命如浮囊也故文云
我爲弟子結戒已寧死不犯又如涅槃中羅刹之
喻問如上所斥須識宗途律是小乘豈懷大解矛
盾自扣如何會通答大小俱心律儀不異卿不見
前出家學本故興此難非矛盾也何況四分通明
佛乘故沓婆厭無學知非牢固也施生成佛道知
餘非向也相召爲佛子知無異乘也捨財用非重
知心虛通也塵境非根曉知識了義也略引成證

全乖小道何得不思致虧發足問如經所明無有
自作他人受果今此戒法何得待緣答上自誓受
是本戒也餘雖從緣還期心本可知

二明兩戒先後者衆解不同有人言二戒一時如
牛二角故善生云現在作善未捨之頃有作無作
第二念中成就過去作無作也作已過去唯有無
作心論亦云第一刹那作及無作是根本業多論
亦云初一念戒有身口敎及以無敎第二念中唯
有無敎無其敎也有人解云作戒前生無作事息
方有卽善生云世間之法有因有果方便心異作

時心異衆緣和合得名爲作如因水鏡則有面像
以作因緣發生無作作已過去唯無作在又如成
實云第二念頃名爲無作故知作戒爲初念無作
爲第二念問若如後解前何以通答論云作時具
無作者是作俱無作此二俱是戒因至三法竟思
業滿足二戒成處故云具也今解一時作先後起
豈有作絕無作方生由本登壇願心形限卽因成
也至後刹那二戒俱滿故云作時具無作是也且
約一受三時無作初因時無作此與作俱非乖俱
體不妨形俱因成未現二果時無作有二一還與

作俱同上明也二是形俱方爲本體以三法竟示
現之時三果後無作以通形終約時分二本通三
也故云作已過去無作恆在是也

第三門明通敘諸業依多論中大綱有八一者作
俱無作隨作善惡起身口頭卽有業相隨作同生
作休業止能牽於後不由起心任運相感故卽號
曰作俱無作餘七例爾二者形俱無作如今所受
善惡律儀必限一生長時不絕卽有業量隨心任
運三者要期無作如十大受及八分齋要心所期
如誓而起亦名願也故彼論云又此無作亦從願

生如人發願設會施衣無作常生扶助願者四者
異緣無作如身造口業發口無作等五者助緣無
作如無作品云教人殺生隨所殺時教者獲罪卽
其事也六者事在無作論云施物不壞無作常隨
多云若作僧坊及以塔像曠路橋井功德常生除
三因緣一前事毀壞二造者命終三起大邪見便
善業斷翻善例惡可以相明如畜鞭杖弓刀苦具
隨前事在惡業恆續七從用無作論云著施主衣
入無量定更令本生得無量福如是隨其善惡從
用皆爾問此從用業與前作俱有何等異答業相

虛通不相障礙間雜同時隨儀而別且如持鞭常
擬加苦既無時限卽不律儀爲形俱業要誓常行
卽名願業口教打撲卽是異緣前受行之文是助
業隨動業起卽是作俱鞭具不亡卽名事在隨作
感業豈非從用惡念未絕文是心俱故舉一緣便
通八業餘則例準知有無也八者隨心無作入定
慧心無作常起如成論云有人言入定入道有禪
無漏律儀出定則無是事云何論云出入常有常
不爲惡善心轉勝何以然耶有人計背支入本背
麤向細得發無作入支向麤不發無作今解不然

出入常有雖在事亂無作不失今言隨心者不隨
定慧隨生死心恆有無作入無餘已則無業也別
脫不爾隨形非心故經云初果生惡國道力無惡
業是矣

四分律删補隨機羯磨疏卷第三之中

四分律刪補隨機羯磨疏卷第三之下

大唐沙門釋道宣於終南山豐德寺撰疏

二明受隨同異。就分爲三。一釋兩名。二分戒善。三辨同異。初中問曰：何名受隨？答曰：言受戒者，創發要期，緣集成具，納法在心，名之爲受。即此受體能防非義，故名爲戒。謂壇場起願，許欲攝持，未有行也。既作願已，盡形已來，隨有戒境，皆即警察護持，無妄毀失，與願心齊。因此所行，故名隨戒。受局淨法，兼染不成；隨通持犯，皆依受故。問：願行相依，猶如輪翅，持可順受，犯豈名隨？答：隨有兩種，持犯乃

異，俱從受後而生，行兼善惡，皆由受故，相從目之爲隨戒也。二明戒善者。問：受後依持，順本名戒；不持有犯，應非戒也。如何通解，總名隨戒？答：如前相領，不應致問。隨有四種：一者專精不犯隨，此隨順本受。二者犯已能悔隨，此隨分違受，以初篇犯懺不復本故也。三者無心護持隨，此隨無行用，雖於境未犯，有違學教故。四者能犯無悔隨，此隨全缺行，雖與受相違，因受有犯故。是以受後行無問持與犯，通名說隨戒，莫不依受生，相從持犯戒。問：無作名者可是戒收，受隨二作乃是後時緣護，但應名善，何得名戒？答：如上已論。但戒是警心，始終緣具，願行成就，方名圓德。豈白四時獨名爲戒？要從始心及終行副，皆符戒禁，順成受故，不名獨善，由境周統也。三明二戒同異。就分爲二：初解二作，後解二無作。就初二作，有五同四異。何名二作？一者受中作戒，如初請師及八緣相，第三羯磨未竟已前，運動方便，名之爲作；即此作時，心防過境，名之爲戒。二者隨中作戒，既受戒已，依境起行，爲護受故，名之爲隨；於境起護，順本受願，名之爲作。不作不有，要由作生，正對境持，故名戒也。已解二名，次明五同：一者名同，俱名作戒故。二義同，俱防非境。三體同，俱以色心故。四短同，對別彰時故。五狹同，唯約善性故。言四異者：一者總別異。受作總斷，發心過境，普願遮防；隨作別斷，以行約境生，境通色心，不可緣盡，心所及處，方有行生，即名此行號之隨作，以心不兩緣，境無頓現故也。二根條異。受爲行本，隨後而生，自爲本也。三懸對異。受始壇場，可即非現，但懸遮約故也；隨作對境，起治嚴防，由其觀能不爲陵踐故也。四一多異。受作心因一品定也，若本下因，終至無學，更無增故，中上二心例之

亦爾也隨作多品者以境有優劣心有濃淡故隨
境對起心輕重不妨本受一品常定故心論云羅
漢下品戒少年上品戒也問所防三品異能防戒
一品何能對敵防耶答受起一品心總斷諸惡意
心因既是一無作故無三所防罪雖差非受獨能
遣要假隨行心故隨過輕重心還有優劣也又解
起非雖異防約在心不妨重境輕心能遣自有吉
羅防猶數作因斯以言不可以輕重分心妙以勤
怠顯異故使行人恆勤觀厭剎那動念即曉妄緣
曾不攝心雖行重過倒謂功德熾然不息現可知

也次解無作同異數齊先解其相何名受無作耶
即是行者願於藏業斷相續意無始妄習隨念難
隔故對強緣希求業撥自發言誠是其因也僧緣
加許副遂情本白四之期動發戒業業成志意是
其緣也即此緣業是行願本名受無作隨無作者
剎那已後隨境對防名作戒作息業成即名此業
為隨無作今詳二業初有五同一名同俱稱無作
故莫非是業任運而起二義同俱防七非故三體
同如上三宗故四敵對同以受體形期隨非防過
為護體故即名本體有防非能能實隨行行起護

本相依持也隨無作者對非與治與作齊等此無
作者非是作俱無作也謂起對防即有善行隨體
並生作用既謝此善常在故名此業為隨無作與
非對敵故與受同若同古師言無作者事息方有
此非對防止是作戒夫業有因方成其果豈可因
謝果忽何來至理推求俱涉言論若道一時則同
名過若云前後則無因過如是互求皆不可得故
強隨俗不無如上五多品同以受可重發故無作
有強羸隨心則濃薄業理亦澆淳也依多論中受
一隨多者以彼宗中不通重故止約隨行通優劣

也次明四異初總別異受但虛願欲於萬境不造
惡也法界為量可一念緣豈非總發隨約實行非
頓唯漸故別如上二長短異受體形期懸擬防故
說之為長隨無作者從行善生與方便俱心止則
住故名短也三寬狹異受體相續至命終來四心
間起本戒不失故名寬也隨無作者唯局善性防
非護本彼惡無記不順受故義非說有故名狹也
四根條異如前二作可以除疑
次解大門第三緣戒境心且依二宗不同初就當
宗成論所陳有四一能緣心二所緣境三發戒相

四約防非。初緣戒心但約現在念念雖謝不無續起。即以此心爲戒因本。二約戒境通緣三世。但有惡緣皆作斷意。不爾非戒。何以明耶。如怨家境雖終過去。得害死屍非非過也。彼怨之子是現在也。當生之非爲未來也。今欲成戒要須普緣。故論云皆於三世衆生境所得戒律儀。如人供養過去所尊亦有福德。律儀亦爾。又云慈悲布施是亦有福。戒亦爾者。以慈修心緣於三世拔苦與樂。戒法緣三例通三世。可同慈行。又云慈悲備物局現境起。過未已謝慈功無益。戒則不爾。必作普周方名戒

業。問。既同善行。何以異耶。答。慈等世善隨心寬狹。如經說慈七品是也。戒是通行。受者方有要作普周。無論善惡皆須息念。片涉怨嫌則非緣具。故論說云。以惡心隨戒增減等。由衆善本定慧因基。可同別善得爲道分。三所發戒唯是現在相續心中得。四防非者。以除過去未來非現在無非可防也。問。戒緣三世境。現境是所緣。斯即是現非。何言不防者。答。緣在懸對。未即不起。願欲斷除不妨緣義。若論其防。正在敵對。現在之境不定說非。六塵爲妙行可唯無學。一境有異見乃通人畜。興治有功。

非不能陵。防未非也。治弱非壯。不說能防。依教懺蕩名防過非。故無現非。更爲重舉。現在未起不名爲罪。纔起落謝即名過非。故文云。現在念念不住故。可分明見。問。如昔所傳。毗尼殄已起。戒防未起非。今何以言戒斷過去非。答。如向已解。望全不犯。防未起非。犯已依懺。還令戒淨。防已起非。已未雙防。俱名持戒。昔解毗尼防已起非。據七毗尼。戒防未起。謂壇場受體。此局論耳。今解毗尼亦除已未。何者是耶。如四諍對除是殄已起。明觀正斷應起不起。即絕未非。問。防非體唯一。對境論持犯。何須

立二戒。答。受體但防具其性是非。心要兼隨資受。方能防二世。問。若待隨行爲護受體。受隨相資止作防擬。名戒防非。非何故起。答。戒實能防。遮斷不起。常須隨行策持。臨抗方遊塵境。不爲陵侵。如世弓刀深能御敵。終須持執。乃陷前陣。問。戒發唯現在。緣境通三世。能防局過未。若爾懺悔者爲滅幾世罪。答。經論所顯懺三世也。以過業牽來報未非起現在。既不說名種。故通約三世。律制則不爾。唯懺已作。不識名種罪則不滅。現在無惡。以善惡二心不同時。故當起罪名。又未定故不得題名入懺

法也又依多宗亦有四意能緣心者局在一念所
緣境者唯現在一念以過未是法數非衆生數故
論云別脫依生起發戒亦現在一念心中得防非
亦過未現在無非故語其戒境有緣斯是略舉六
大地水火風空識等相乃至如來涅槃諦理並是
戒緣俱有損壞毀謗之義問六趣生外更有發不
答如來非趣攝中陰亦復爾故心論云四生收諸
趣中陰非趣攝以趣是到義中陰但傳識餘非情
相如後所說俱舍云得戒有三一切境一切分一
切因一切生境得戒是定分因不定分謂七支也

有人從一切分得戒謂比丘也有人從四分得戒
謂餘戒也因不定者有二種若立無貪瞋癡爲戒
生因即從一切得不相離故若立上中下意爲戒
生因則不從一切得三品不俱故今從後義爲因
約位分四有人從一切衆生得戒不由一切分一
切因謂隨一品意受五戒十戒也有人於一切衆
生得戒由一切分不由一切因即用一品因受比
丘戒有人於一切衆生一切分因得戒謂三品意
受三種戒也此言一切因歷三戒分盡在比丘也
有人於一切衆生得戒由一切因不得一切分用

三品意受五八十但有四支故分不盡若不從一
切衆生則無戒也以戒善隨偏異此則惡意不死
故又於衆生離五分別一於某生我離殺等二於
某分我能持之三處四時乃至日月五離某緣謂
除鬬戰事若作此受但得善行不得名戒於非所
能境云何得戒以屠者持野獸戒獵者持家畜故
由不害一切衆生命故得戒若從所能境則有增
減能非能互轉生故謂獵持豬羊戒死生麞鹿中
戒則減也或鹿生羊中戒則增也屠者例爾由戒
得捨必假因緣今此增減深乖戒義縱離此緣有

何過耶惡心不死故謂持家畜行獵不獲路逢豬
羊心還起殺夫論戒者普偏生境俱無害心方成
大慈行羣行之首豈隨分學望成大善義不可也
雜心成論大同故略如婆沙中有難者言如草木
等未有有時或時枯滅豈無增減能非能互轉亦
爾謂冬受春生於葉條上爲增戒也春受秋落則
是減也故解云衆生前後有草木永不有若爾衆
生入般永不有故戒則損也義張四句一心謝戒
在聖無惑故戒應隨謝以境不盡故不隨失二境
謝心在雖復入般草枯惑心在故三心境俱謝如

轉根者四俱不謝可知也如成論中如行施慈分有福德至於戒行於一衆生持一分戒亦得律儀此是餘師非正義也

大門第四約境明量戒不可分隨人立四初就在家士女五戒所獲多少如多論云五戒相者於一切衆生可殺不可殺乃至可欺不可欺一切衆生下至阿鼻上至非想傍及三千大千世界乃至如來有命之類皆得四戒以三因緣得十二戒并以形期三千界內一切酒上咽咽三戒以初受時一切是酒皆不飲故縱使入般酒盡戒常成就而不

失也問先受戒時於一切女三境下邪後取此女犯戒以不答不犯以於女上受非邪行今自己妻依禮非邪問殺盜隨境各唯一戒云何於婬遂分三境答隨境行婬皆有染故若爾死有四處亦應一身立四殺戒答不可也隨殺一處諸根並死可以隨婬一境餘境同壞故四死同一戒一婬分三品問七支俱命業何以偏制四答略指重者非謂不無故善生云優婆塞五戒八戒十戒無無義語兩舌惡口是事不然我今受持淨口業故俱得七分智論亦爾佛法貴實故以不妄爲先自餘通攝

不在言及今以義推貪等諸毒間雜不定三單三雙一合爲七用歷過境約文爲五對境爲七就業非情爲八爲十且以七毒就文歷之隨一一境得三十五戒偏生有四非情有一如是類推一明八戒有情同四非情得五以七毒歷緣一一境上六十三戒三明十戒衆生同上非情得六則有十也以毒通歷可以準知此律文中同僧七支學是有願皆吉羅故四明大戒如多論云一一衆生身口七支若不受戒皆因起惡由受戒約同翻爲善三種善根歷於七支成二十一餘則例知若以互起

則列七門婬境士女隨分二三女人身九六十三戒男子身八五十六戒自餘非情地水火風虛空草木凡聖教理隨有一境起過塵沙今反從善成塵沙戒則無量矣如善生云衆生無量大海無邊虛空無際草木無數戒善同爾亦無分齊故多論云於非衆生亦得無量戒善功德如十方世界所有大地下至金輪傷如微塵皆得其罪一一塵處今翻戒善復無量也如壞一草萌芽葉華一一得罪反罪成福文無量也故善生云大地無邊戒亦如是問約情七支攝戒盡不答盡通收故如打搏

等落殺戒中文解不盡何得相攝一輕重不同二能防體別殺打二戒因果條別故善生云除十業外更有業戒謂善惡法故知不盡若爾善惡何以但十答且列根本重故先解自餘支條略不盡矣就十業中互爲四句一善而非戒十中後三但制意地非所持故二戒而非善謂惡律儀三俱是者十中前七隨分修行名善要期普周名戒四俱非者身口無記也就餘三戒十中前四俱善戒也後六善而非戒如上四分善生經說四人所受通七支也若據菩薩十善俱戒如下四分心念故犯亦同相也

△第三隨相分文爲三初四重者止持行相二授四依作持行相三汝已受下總結前二勸以學方

次說隨相時有比丘受具足已衆僧捨去既不識犯便造重罪佛言自今已去作羯磨已當先與說四波羅夷法

就初止持前緣中由不即說羯磨通昧謂犯非過須前即示恐進無緣故略明四重聖行根源餘所未知律制修學如十誦中乃至十三殘法

△四重初篇如戒本疏今略消文就分爲二初標舉總相後隨四問結之

善男子聽如來至眞等正覺說四波羅夷法若比丘犯一一法非沙門非釋子

就前善男子聽者識其身心也且舉三號說四重者明人尊教切不得輕陵隨也犯非沙門釋子者簡絕門人不在我族也尼受相中云族姓女人同此也沙門者舊翻爲桑門音之互也涅槃云沙門那者是本音也或云乏道貧道以譯之皆謙虛自收不伐德也今譯爲息惡者取其意也元拔俗來入非家者決誓斷惡息本習也釋子者如阿含中及律八喩四河入海無復餘名四姓出家同稱釋

種如律複召云釋迦子者是也上單召之故云釋也中梵如此唐言譯之爲能仁也以四子被斥於雪山南人民歸之奄成大國父後得聞便曰吾子仁育故有多能因從姓也廣如僧祐釋氏譜十卷明之所言子者男子之通稱即有孳育之緣謂紹先聖之後也餘者何由說盡且削也

△就列相中

汝一切不得犯婬作不淨行若比丘犯不淨行受婬欲法乃至共畜生非沙門非釋子爾時世尊與說譬喩猶如有人截其頭終不能還活比丘亦如是犯波

羅夷法已不能還成比丘行。汝是中盡形壽不得作。能持不。答言能持。

婬戒分三。初列相示。二汝是中盡形壽不得作。明誡約。三答言能對僧立誓也。前又分二。初汝一切不得婬作不淨行者。總舉重輕俱不應也。以摩觸麤語漏失等相是婬事也。故通誡之也。二若比丘下依重說示。以前總舉治含收棄。棄是本防。故正列也。就分為三。謂法喻合。婬是障道之源。頭是納塵之要。去頭無所受用。喪本聖道便失故也。如解脫道論解之。

一切不得盜。下至草葉。若比丘盜人五錢若過五錢。若自取教人取。若自破教人破。若自斫教人斫。若燒若埋若壞色者。彼非沙門非釋子。譬如斷多羅樹心。終不復更生長。比丘亦如是。犯波羅夷法已。終不還成比丘行。汝是中盡形壽不得作。能持不。答言能持。

二盜戒分文同前。若比丘下重加誡文。列破斫燒埋壞色者。如條部中為除疑懷。謂非盜損。故前呈示。至時引解。不勞煩文。盜譬多羅樹者。中國有之。其皮可書。即經葉是。云貝多者。但妄謂耳。有人以松以櫚。皆非本物。所以譬者。盜奪他財。則法身無嗣。如樹拔心。則根幹枯朽也。

一切不得故斷眾生命。下至蟻子。若比丘故自手斷人命。持刀授與人。教死歎死。與人非藥。若墮胎。若厭禱殺。自作方便。若教人作。非沙門非釋子。譬喻者說言。猶如鍼鼻缺。不堪復用。比丘亦如是。犯波羅夷法已。不復還成比丘行。汝是中盡形壽不得作。能持不。答言能持。

三殺戒中例分同前。下至蟻子。取極細也。蟲難具識。而蟻偏多。曾見黃細狀如微砂。據目見者為量耳。如大集中大如微塵十六分之一。不在教也。文云非藥者。非是可活之藥也。若厭禱者。厭謂符祝抑伏。禱謂憑託鬼神。

一切不得妄語。乃至戲笑。若比丘非真實非已有。自說言我得上人法。得禪得解脫得定得四空定。得須陀洹果斯陀含果阿那含果阿羅漢果。天龍來鬼神來供養我。彼非沙門非釋子。譬喻者說譬如大石破為二分。終不可還合。比丘亦復如是。犯此波羅夷法已。不復還成比丘行。汝是中盡形壽不得作。能持不。答言能持。

四妄語中分亦同初。不得戲笑者。掉慢欺人也。雖

是非重能為後習非真實者不證得也非已有者
說他所證也得解脫者八解脫也定謂四禪空者
無色也天神來供有何故重以濫聖德感異供故
譬如大石者實言全行虛說難反如箭離弦不可
追之石分二分義相似也
有人說相依文謹誦如前羯磨今解不爾須識機
變不定依言隨義述盡令前解也有人行事十人
登壇隨人說相一一誡語今解羯磨加法隨緣至
三示相誨約任時前後不專局也縱不說相可返
失戒但乖法耳上四止持作為犯矣

△次明作持前義後釋義分五門一列數釋名諸依
自異二約眾行三制意四依次第五明開遮初門
列數可知所言依者四為他仗故咸言依也或就
人分如涅槃說有人出世具煩惱性等是也然是
非難識魔或能作故又須立法四依也故經中說
依法不依人乃至不依不了義經故涅槃云佛說
波旬說云何分別知故以教分畜八不淨自手作
食如是得者非佛所說廣文如彼今所分別當行
四依一切出家無不崇之以為本也二約眾行兩
法用攝諸依者如來說法大分為二一行法依即

四依八正是也凡欲懷道身心所履必有所憑故
立四八生行之範然則身口所待必假緣須心神
迷倒義當將導故出道所因良有以也二眾法依
謂說戒羯磨理必同遵方成匡化遠通末代眾別
齊益是正法也三立四意者依法雖四位分為二
謂內外兩資以明知足初就外資立二依者有待
之形假資方立無衣障形四大交損何能修道是
以前明糞衣知足以障形苦修道假處故須第二
樹下安坐上雖外形支立然有饑虛無由進業故
約內資明乞食法若身康健前三足充必病在身

懷苦妨道故次第四明服陳藥是以涅槃具顯治
本故彼文云出家之人有四種病由是不得四沙
門果為有衣欲乃至為有欲有四良藥能療是病
謂糞掃衣乞食樹下坐身心寂靜治有惡欲故名
四聖行也雜心大同依前四欲轉云愛取謂因衣
生愛乞食臥具生愛因有無生愛者愛斷滅故除
上及此餘名有愛隨次對治立四聖種問涅槃雜
心何不立藥答乞食攝故又不常須故不別立問
為知足立種為少欲耶答雜心云知足現在境起
故立聖種少欲未來處起故知現在不取一錢難

未來捨輪王易也卽涅槃云於未得財不生貪故
云知足也所言體者就前境論四塵也依毗曇八
微也就內心論無貪善根性約眷屬論善五陰性
也四明次第衣則無時不須資身最要理先明之
旣得覆形內惱須濟故次乞食身雖得立威儀須
託故第三明樹下坐無病三足病起不救則無治
能故立腐藥爲第四也此就受用行之次第一人
具四不同頭陀機敎列相多人方具也如離坐爲
五不可分身則可知也五明開遮者良由大聖識
達根性稱機授藥報力增上制前四法卽有資身

長道獲益中下力劣事假衆緣若不開聽著施衣
等則有退道寧堪涉苦若唯制者報劣絕分若唯
開者上行慢求由有開遮三人通備皆能會正故
曰聖種是知聖說具四種義一慈心益物二稱機
設藥三善達開遮非但開於中下服諸好衣亦開
上士有病及無糞衣聽受施服由本通道故有斯
開故雜心云若僧和合令超昇離生得果漏盡坐
禪學問思惟業生餘之三依例此可比四者佛說
乞食等四能生道緣正語等八能生道因稱法而
談無謬濫過調達效佛乃說五法唯制不開謂納

衣乞食樹下不食酥鹽等也一則不具四義如上
反說二則顚倒說法令墮邪見謂語業八爲道緣
乞食等五說爲道因逾於八正廣說相似惑亂正
依致令愚叢猶學此道卽調達部也故雜心中若
言五法是八正非者則地神唱生乃至三千世界
盡佛化境禪誦不行餘如戒本疏說就文爲二初
緣後相
授四依法時世飢儉乞求難得有外道輒自出家受戒後僧無食便卽休道佛言先與四依然後授戒復有外道求僧出家先說四依彼卽報言我堪二依若納衣腐藥不堪此二便卽休道佛言此外道大有所失自今已去後授四依

緣中初先與依由厭本習故開後授據此依理本
存道業庸疏未委故前誨約恐後退沒知初戒故
不徒然也
△二就體相中初標舉宗本比丘依糞掃衣下方列
四相
應如是授言善男子聽如來至眞等正覺說四依法比丘
依此得出家受具足戒成比丘法
所以止作二持並前標如來三號者略示非邪大
聖親誡故同舉之令重敎依行必無怠縱故也文
云依此得出家者離有爲也受具戒者登無願也

成比丘法同聖儀也前明四重有作則失聖源今
說四依隨因有順道業也
比丘依糞掃衣依此得出家受具足戒成比丘法是
中盡形壽能持不（答言能持）若得長利檀越施衣割壞衣
得受
就四初中分二初至能持是根本制也若得長利
下必不堪前故開限分也前制分四依糞掃衣者
舉名顯示也依律中列十種並世所同棄如糞掃
喻耳故俗所賤者道所貴也此據常人故有言耳
故論語云君子不恥惡衣惡食若恥則未可與議

也劉子云食足充虛接氣衣足蓋形御寒斯言是
也至如冠章甫衣縫掖嘉肴溢目芳音盈耳一時
之榮故不足尚也書云高位厚味俱不可久是以
君子存謙光之道忍人不忍謂憎愛也割人不割
即情欲也行人不行即仁義也欲（俗）尚爾況懷道乎
知是繁文末俗多昧故也二依此得出家下明受
具行本懷此為初不可忘也三是中盡形下約報
重問四立誓唱言何得後犯也問受體乃在白四
如何方問能者答計實如問但機鈍須示不贊不
知上機善達教旨不勞示相如善來三語也鈍濁

有生更須明示如不顯然文中但云受戒知戒何
境故前止四境後行四相分明曉喻後猶輕陵何
況不語文不作誓知誰不犯故不徒設也就衣開
中云長利者對本制外餘皆長也檀越施衣者不
問道俗持來淨施故任納也割壞衣者前通俗服
此專道相故二列也
比丘依乞食比丘依是得出家受具足戒成比丘法
是中盡形壽能持不（答言能持）若得長利若僧差食檀越
送食月八日食十五日食月初日食若僧常食檀越
請食得受

就二食中初制後開並同前解若僧差者即僧次
請也為解脫故出家受戒得往詣也反此不合名
盜下次若送食者至寺設也月八日十五日食者
謂黑白二月俱有三日文少十四日尼律具三此
惡日也故須供齋如前八戒說之月初日食彼國
重之至其異設多陳坊寺如此方俗正月元日三
月三日至九月九日亦須知也若僧常食隨有少
多準年為量也若請食者召往俗家即別請也隨
相乃多淨心為本兼分染著則不許詣故佛藏持
世不除我者則不聽受一盃之水一納之衣各識

分量也。不爾，熱鐵鍱身，鎔銅灌口，豈虛言也。

依樹下坐，比丘依此得出家受具足戒成比丘法，是中盡形壽能持不？答言能持。若得長利，若別房尖頭屋小房石室兩房一戶得受。

樹下開中言別房者，即大小二房。乞處分作是也。或是七眾為招提僧於坊寺中別置房宇，有來入住，別有供養，故律云幾房有福饒是也。幾房無福饒，即僧常住也。尖頭屋者，西國多平頭重屋，或至四五重者，如此方北界緣邊諸州，希有尖者，如文所列，即中高四厦也。故律云：王大殿並開受用。或

是叉手小菴椽頭拄地者。小房者，趣不礙頭，坐趣容膝，前障水雨也。石室者，巖岫山居。兩房一戶，隨相而列，可以事驗也。

依腐爛藥，比丘依此得出家受具足戒成比丘法，是中盡形壽能持不？答言能持。若得長利，酥油生酥蜜石蜜得受。

四腐爛藥者，世所同棄而實可收，即大小便也。有本說云：陳棄藥者，謂世間煮殘查滓可棄者，取重煮之得療，便止，何須問本。就開五藥酥蜜分二，油不分者，可解釋耳。

△三就總結分文為二：初至前去來明，即坐誨約；二弟子當日三時下，明後起隨行。

汝已受戒已，白四羯磨如法成就得處所，和尚如法，阿闍梨如法，眾僧具足滿。汝當善受教法，應當勸化作福，治塔供養眾僧。和尚阿闍梨若一切如法教，不得違逆，應學問誦經，勤求方便，於佛法中得須陀洹果、斯陀含果、阿那含果、阿羅漢果。汝始發心出家，功不唐捐，果報不絕。餘所未知，當問和尚阿闍梨。佛言當令受具戒者在前而去。

就初又二：初至當問和尚阇梨，當相委示；二當令

受具者在前而去，深防制也。前又分六：初汝已受具下，至眾僧滿牒受緣成足勸以護持，無得謂虧不重受體而忽犯也。二汝當善受教法下，明自行化他三昧之業。三和尚下，明奉法奉行義須隨順。云如法者，簡非法教，不行無過。四應學問下，前明自行化他，初入修福，今已將久，當修智分，故福智二輪與天地而同德。五汝始發心下，勸奉前教，因果盡然，感果必至也。六餘所未知者，顯法由人通，要假師授，方資成也。就初段中汝已受戒者，總明受體也。白四如法者，結成教法也。得處所者在作

法界內非自然也和尚如法者明根本師入戒緣也阿闍梨者卽受時二師非下所問也眾僧具足滿者結成支證不謬受也並爲人法僧界四緣周具形終奉持不慮妄受總結付之幸依行也至時隨機可唯此盞立法以爲語端未必謹誦也

△二弟子曰三時下明師資相攝法略舉其致餘廣如鈔就分爲二初本師和尚明相攝法後請依止下顯事緣有障更須師也

弟子當日三時問訊和尚朝中日暮當爲和尚執作二事勞苦不得辭設一者修理房舍二者補浣衣服和尚一切如法教盡當奉行違者如法治

所以受後卽明二師者以創奉大法但有願心至於萬行互周前境有緣乖法罪卽自科不以無知謂免咎責唯除便利餘並須問故於此明恐怠慢也

請依止師法時有比丘和尚命終若休道決意出界外以無人教授故種種破戒作非威儀佛言聽有阿闍梨當共相奉敬瞻視如和尚法當具修威儀如是請云大德一心念我某甲今求大德爲依止願大德與我作依止我依大德住三說已其阿闍梨亦須乞畜眾法如和尚法不異彼受請已應報言可爾與汝依止汝莫放逸弟子當爲執作二事不得辭設請經問義有所知解至滿五歲得離依止若無所知誦戒不利盡形依止阿闍梨須具五德知犯知不犯知輕知重滿十歲方得攝他若無此德不依無過和尚之德類此

二請依止中緣明離違遂造非法教須別請用補和尚故也所以五夏有知聽離依止者據教相也律中五分成立乃免從他者據行體也各有其致不矛盾也其德中言知犯者作過緣成也知不犯者識治能也知輕者下四聚也知重者上二篇也委識名種知練相壯無纖亂也重十歲者俗年壯室志幹成立隨所處斷善離羅網無德不依者依在欽重誠由行解累負人情義無歸向故雖專獨非罪緣也

△二就尼受分文爲二卽標受也

尼眾授戒法善見云尼者女也摩者母也重尼故稱之智度論云尼得無量律儀故應次比丘後佛以儀式不便故在沙彌後愛道經云女人但惑色畜眾知須臾事故制依大僧

就初標緣釋名如文摩是天音此云爲母重尼稱者以愛道爲尼之先卽佛之母故預同類相從爲摩如此世中皇姨皇舅之類也文列儀式不便者以男女染汙生議之先依位列之便屢接形故割三眾次沙彌後引愛道經者以稟質輕懦情智近局若不制依喜隨飄蕩故八敬之始並得戒之緣準法敬之法還千載深知機矣

△就後受中依衆分三

授沙彌尼戒法（其畜衆羯磨制髮法出家法具如上僧中唯加尼字爲異）

初授下衆法同上不出

△二就六法初式叉者學也摩那者法女也標法分二

授式叉摩那尼法（律本諸尼輒度人出家受戒以不知戒相故造作非法佛言應與學戒羯磨十誦中輒度妊身女人過起佛言與二歲羯磨可知有無然六法淨心二歲淨身）

就標緣中具列兩相初淨心者以女人志弱愚教者多隨緣造過特由學淺故特聖制增位勸學男子不爾多堪苦緣雖爲難阻不即陵壞故僧位中不曲制也二淨身者出僧出適言歸事人後喪從道懷胎受戒誕育懷挾譏過由生故限二年可知染淨是知學法爲淨心本文列盡形者是也約制有期爲淨胎本文列二歲者是也兩設其致各有源矣

△就法分三

乞學戒法（佛言聽十歲曾嫁及十八童女欲二歲學戒者○案據疏嫁字應作歸）

初乞緣中文列十歲曾歸者女人謂嫁也十八童女者處室未歸也有斯兩緣同學二歲此學法女無戒體也但受別教位過沙彌如上已解恐忘故

重言之以人不解謂分三衆有三戒體實同而異但增學也何以明耶依六法行無過聽受分有所犯更從始學或不學法或學不滿或缺不行並名非法爲佛所訶義無輒受今行事者多信意言不遵制意故有年未授學法正朝進具或具二年中多缺犯應更與戒忽而不行或少或多雜亂難說亦有一師當白四法都盧成就謂沙彌尼六法本法及大戒也相共召之名檲樸戒不知何出此復何論今立正法當順律文務取優長百代無古六法女中若全不受若受有缺或年不滿諸同一科

還如不受不合進戒闕尼一位何有沙彌逕尼受具也若爾沙彌不受得受戒者答不同也一無文開尼受已得具二男氣剛正有秉持故三爲女弱不能持戒故生一位以爲行本今無本行何得後受四者男無可試身胎故不限於時月女則反前故須具學今約上文十歲十八二女受學年滿受具者義須推之如十八式叉年初即受明年十九後年二十正滿兩周得戒定也如是正月二日乃至臘月晦日皆得受具可獨在於正月元日也不妨最小式叉臘月盡日受學法者猶是十八年內

沙彌尼受法得一日也至明日歲初爲年十九一周學之後年二十與受大戒判言爲得不違教相驗胎身淨豈與前減同日而言哉彼不行者及至受時僧問滿不尼徒無媿唱言滿淨自誑不了用受何爲況面奉佛口行虛詐何遑此急恐失聖耶然彼聖果非虛言之所得矣誠之哉

（當詣僧中偏露右肩脫革屣禮尼僧足兩膝著地合掌教作乞言）大姊僧聽我某甲沙彌尼今從僧乞二歲學戒某甲尼爲和尚願僧與我二歲學戒慈愍故（三乞已沙彌尼應往離聞處著見處立）

與學戒法（彼尼衆中作羯磨者應言）大姊僧聽彼某甲沙彌尼今

從僧乞二歲學戒某甲尼爲和尚若僧時到僧忍聽與某甲沙彌尼二歲學戒某甲尼爲和尚白如是大姊僧聽彼某甲沙彌尼從僧乞二歲學戒某甲尼爲和尚僧今與某甲沙彌尼二歲學戒某甲尼爲和尚誰諸大姊忍僧與彼某甲沙彌尼二歲學戒某甲尼爲和尚者默然誰不忍者說是初羯磨（如是三說）僧已忍與某甲沙彌尼二歲學戒某甲尼爲和尚竟僧忍默然故是事如是持

就乞法緣五儀具也兩膝著地此長跪也謂足指及膝拄地律中爲身悛弱互跪倒地佛令立儀與僧異也今時骸地猶勝大坐佛前也正行之前須請和尚以乞法中俱銜作故文列大姊僧聽者以對異僧必還從僧亦無失也兄姊皆先長之美號得意在斯文乎文中著見處立者恐成賊住準相如上受具長跪合掌遙祈亦得

△三召來衆中示名相者以遠離得法不知何戒故列相顯不與得罪如律結之就相分三初標舉總示二不得犯不淨行顯示輕重三佛言下分簡位別行通有無

次說戒相法（佛言應喚來入衆與說六法名字）某甲諦聽如來無所

著等正覺說六法

初總舉中顯八尊法勝何得不重也

不得犯不淨行行婬欲法若式叉摩那行婬欲法非式叉摩那非釋種女若與染汙心男子身相觸缺戒應更與戒是中盡形壽不得犯能持不（答言能持）不得偷盜乃至草葉若式叉摩那取人五錢若過五錢若自取教人取若自斫教人斫若燒若埋若壞色非式叉摩那非釋種女若取減五錢缺戒應更與戒是中盡形壽不得犯能持不（答言能持）不得故斷衆生命乃至蟻子若式叉摩那故自手斷人命求刀授與人教死讚

死若與非藥若墮胎若禳禱呪術自作教人作者非式叉摩那非釋種女。若斷畜生不能變化者命缺戒。應更與戒是中盡形壽不得犯能持不。答言能持。不得妄語乃至戲笑若式叉摩那不眞實非己有自稱言得上人法得禪得解脫三昧正受得須陀洹果斯陀含果阿那含果阿羅漢果天來龍來鬼神來供養我此非式叉摩那非釋種女。若於衆中故作妄語缺戒應更與戒是中盡形壽不得犯能持不。答言能持。不得非時食若式叉摩那非時食缺戒應更與戒是中盡形壽不得犯能持不。答言能持。不得飲酒若式叉摩那飲酒缺

戒應更與戒是中盡形壽不得犯能持不。答言能持。

就六相中不分自別。初相中分二。不得犯不淨行至釋種女明戒正體也。舉本重勸非正學體也。問此學戒沙彌尼知何重舉耶。答非謂不知前言重舉誡勵增學也。如今師授曉夕勗訓重述前言何處更別有法也。二若與染汙男相觸者正是學宗。心須淨曉中必行缺應從重受故列形終可不然乎。乃至衆中故作妄語戒學別論相天分也。五非時食六飲酒者此無可對直舉學本盡形行之。佛言式叉尼一切大尼戒應學除自手取食授食與他此學法女具學三法一學根本即四重是二學六法謂染心相觸盜減五錢斷畜生命小妄語非時食飲酒也三學行法謂大尼諸戒及威儀並制學之若犯根本戒法者應滅擯若缺學法者更與二年羯磨若違行法直犯佛教即須懺悔不壞本所學六法。

三就緣分別中大尼所奉戒應學者增本位故學相亦同。若爾沙彌亦通萬境應名學士也。答學有漸頓制有緩急。士則隨境能防雖犯無重加法。女則易爲緣壞增位尊彼沙彌犯則隨缺便補如大僧行高德遠以所防多故餘四漸疏故位隨降可通照矣。除自手取食授食與他者有人解爲二緣。今則不然。餘行並同大尼唯開不受授尼不同尼從人受方與尼有此異耳。若論不受惡觸何得不

無戒下四衆罪不虛列理自從人方可進耳。此二學法女具學三法下文列三品相極曉然以今通誦不識戒學故爲分之無所解也。然古師相傳受六法者加五條衣以對下衆著縵衣故近人行事是沙彌者例著五條至於六法還同本服是則律崩法壞漸訛替也。爲師爲匠俱行諂附密誘沙彌不覺滅法以多論文沙彌二衣。一當安陀會擬常務也。二當鬱多羅僧擬入衆也。若是正衣不應云當故以位分上下衣服標異也。律無明斷故有斯漸復有一師沙彌所服全同具戒以制三衣本爲

寒耳。大僧蒙給可簡下眾。故齊給三。今解不然。緣
起制僧。下眾非制。必隨時服。教所不禁。若是未具
已受三衣。不應大戒更示三號。鉢亦如此。體是下
位。供奉爲務。僧器受用。自足形有。縱有依持法終
未具。理必衣鉢。大受時須如文所列。至於出家十
戒非制。故不問也。即三衣鉢也。

△三明授大戒法。就文分二。

授比丘尼戒法。佛言有八敬比丘尼、善來比丘尼、破結使比丘尼、羯磨受、中有遣信比丘尼、十歲曾歸比丘尼、十八童女、二歲學戒、二十眾比丘尼、邊方義立十眾比丘尼。前二唯局佛世。後五通於像末。

初標緣中。列諸受相。略爲四種。廣列爲七。八敬。善
來。破結。羯磨也。前三如上已釋。後一離分爲四。相
如上顯然。此羯磨後代所行。須知緣法。遣信受者。
法預尼也。價直半國。梵行難。故開。今時所量非類。
故閉也。十歲曾歸者。由經奉給。有持戒能。加學十
二進受大戒。此則互說不同。如多論云十二得戒
者。夫家役使。堪忍苦緣。加厭本事。故僧祇云。先嫁
任苦。加有黠慧。故開成受。母論中十歲嫁者。度出
家已。二歲學沙彌尼戒。又二歲與式叉戒。滿具已
後得與大戒。計此年十四是也。承有論云。女年十

歲曾嫁歸者。與十二歲學六法滿已與受戒也。曾
憶見文。近忘不知何部。有彌沙塞師從中國來。亦
云年二十二當與受具。既有斯異。明須詳審。然從
多文。年十二得。至時觀量堪持戒否。三十八童女。
如常行之。四邊方義立。僧尼各五。自宋已前史籍
不載。及後揚輦還依中國。如前明也。

△就正受中又分爲二。初明本法。二就僧受法。就初
尼中。前具諸緣。如僧無異。後加正本。大同僧中。異
者重解。餘可知也。

乞畜眾法。佛言尼滿十二歲欲度人者。應具修威儀。禮諸尼僧足。如大僧法。三乞已。文同故不出。其度沙彌尼、式叉尼、大戒尼。並須別乞。以年年度弟子犯罪故。或捨畜眾法等故。

與畜眾法。佛言尼僧當觀此人堪能教授二歲學戒二事攝取者。當與。羯磨文亦如上。若不堪教授攝取者。羯磨非法。

前畜眾中。尼爲師傳。加僧二歲者。顯志弱累年爲
德也。女人多態。樂畜徒侶。猶本習也。如律上下爲
畜弟子。制二十餘戒。年年度人。不能教授。多違犯
故。隨度制畜眾法。命尼眾量之也。

正授戒前具八緣。一明請和尚法。佛言若十歲曾歸二歲學戒年滿十二。若十八童女二歲學戒年滿二十者。應與授戒。具修威儀。教言。大姉一心念。我某
甲求阿姨爲和尚。願阿姨爲我作和尚。我依阿姨故。

得受大戒。慈愍故。三請已，答言可爾，乃至請二闍梨七證戒人亦爾。
就乞法中云阿姨者，以重和尚同愛道故，是佛母妹，同號姨母也。

二安受者所在。佛言當安受戒人離聞處著見處立。

三差教師法。是中戒師應問言誰能與某甲作教授師，有者答言我某甲能，應作白差，如是言。大姊僧聽，彼某甲從和尚尼某甲求受大戒，若僧時到僧忍聽，某甲為教授師。白如是。

四教師出眾問法。當起禮尼僧足已，往受戒者所語言，妹，此是安陀會，此鬱多羅僧，此僧伽棃，此僧祇支，此覆肩衣，此鉢多羅，此衣鉢是汝有不。答言是。妹聽，今是真誠時，實語時。

我今問汝，實當言實，不實當言不實。汝不犯邊罪不。謂曾受五戒八戒十戒，犯四重已，及受大戒犯八重已，還俗訖，今重來者，名邊罪人，應答云不犯。已下難遮，並準上問，以彼此不解者非問答故。汝不犯淨行比丘不。汝非賊心受戒不。汝不破內外道不。汝非黃門不。汝非殺父不。汝非殺母不。汝非殺阿羅漢不。汝非破僧不。汝非惡心出佛身血不。汝非非人不。汝非畜生不。汝非二形不。並答言非。汝字何等。答言某甲。和尚字誰。答言某甲。年歲滿不。答言滿。衣鉢具不。答言具。父母夫主聽不。隨當時有者言之，不得兩楪，若無言無。汝不負人債不。答言無。汝非婢不。答言非。汝是女人不。答言是。女人有如是諸病，癩癰疽白癩乾痟癲狂，二根、

二道合道，小常漏大小便涕唾常流出，汝有如此病不。並答言無。有者又應告言。如我向問汝事，僧中亦當如是問。如汝向者答我，眾僧中亦當如是答。

五喚入眾法。佛言彼教授師問已，來至眾中舒手相及處立已，應作白召言。大姊僧聽，彼某甲從和尚尼某甲求受大戒，若僧時到僧忍聽，我已教授竟，聽使(將)來。白如是。即遙語言汝來，來已為捉衣鉢，令入僧中。

六明乞戒法。當禮僧足，在戒師前，兩膝著地合掌，教師教乞言。大姊僧聽，我某甲從和尚尼某甲求受大戒，我某甲今從眾僧乞受大戒，和尚尼某甲，願僧濟度我，慈愍故。如是三乞。

七戒師白和法。彼戒師應白言。大姊僧聽，此某甲從和尚尼某甲求受大戒，此某甲今從眾僧乞受大戒，和尚尼某甲。若僧時到僧忍聽，我問諸難事。白如是。

八對眾問法。彼戒師應問言。汝諦聽，今是真誠時，我今問汝，有當言有，無當言無。汝不犯邊罪耶。汝不犯比丘耶。汝不賊心受戒耶。汝不破內外道耶。汝非黃門耶。汝不殺父耶。汝不殺母耶。汝不殺阿羅漢耶。汝不破僧耶。汝不惡心出佛身血耶。汝非非人耶。汝非畜生耶。汝非二形耶。並答言無。汝字何等。和尚字誰。年歲滿不。衣鉢具足不。父母夫主聽汝不。汝不負人債不。汝非婢不。汝是女人不。女人有如是諸病，癩癰疽白癩乾痟

癲狂。二根。二道合道。小大小便常漏涕唾常出。汝有如是諸病不。並隨有無具須答已。正授本法羯磨文彼戒師當隨機示導令發增上心使具本法已應白言。大姊僧聽。此某甲從和尚尼某甲求受大戒。此某甲今從僧乞受大戒和尚尼某甲。某甲自說清淨無諸難事。年歲已滿衣鉢具足。若僧時到。僧忍聽。僧今與某甲授大戒和尚尼某甲。白如是。大姊僧聽。此某甲從和尚尼某甲求受大戒。此某甲今從僧乞受大戒和尚尼某甲。某甲自說清淨無諸難事。年歲已滿衣鉢具足。僧今為某甲授大戒和尚尼某甲。誰諸大姊忍僧今為某甲授大戒和尚尼某甲者默然。誰不忍者說。是初羯磨。第二第三亦如是說。僧已忍與某甲授大戒竟和尚尼某甲。僧忍默然故。是事如是持。

△後就正受緣須五義。一對時。二約眾。三明界。四立法。五料簡。初中律制即日往僧中。若經宿者得罪。若爾問。失本法不。答。不失也。法由捨故。隔日非解。若爾更新本法即用故受。答。文不明出。亦任取之。雖故法在。而是佛制義有涉疑。捨受如法。如諸疑相皆佛所聽故也。二約眾數者。有人行事作本法已。將三兩尼送至僧中與受大戒。便立義云。尼在僧中全不秉法。何勞眾往。界亦不須。縱文列二十眾者。前後列之。非一時也。今量不然。尼之依僧受隨一也。尼有犯殘。皆二部僧中具明行法。或八人四十人同秉羯磨法。是僧執所為在尼。評問和忍義通兩眾。何容至受遂分彼此。故律文中二部僧具足滿者。就大僧中明之。豈同前也。況復五分正文。十尼將往。四分亦云。彼尼僧應將詣大僧中。並不可減略也。三明界者。有人不立。由法在僧。今解須界。以法是兩眾所持。既行僧事義無自然。雖是僧作。尼開重結。諸律所聽明有事故。如五百問重結之。

不相叉者。恐出僧外非成同法。四立法儀式。然行事者紛紜。意言謹依五分。彼十比丘尼將本法者至大僧中。在前相對與受戒也。今時行者僧尼單列。各面相對。本法在中。然據外相不無議涉。縱容取中義亦通成。當僧在上位前後叢坐。尼眾在下還聚一處。使尼教師引本法者從僧次禮。然後在僧戒師前如文乞等。五料簡中。問。本法尼已聞白四。得聞餘法不。答。已聞應開。但是未具至於僧中所有加結不預僧例。若得在者用僧何為。要由僧作方成尼具。故知異也。正作結界須自然外後加白法一一召入若爾未預僧法全是無戒在內何妨今解此尼不同下眾全未得法故須消息中間人也故律中明名本法者為比丘尼相濫具戒然未預僧法何名具也如僧史說求那跋摩傳中尼戒大僧中生假令不作本法直從僧受亦成但犯罪耳律無正斷而是所通以事證知故知僧中大須立法方發彼戒若不能結界二眾不滿中容非別眾用界分若不約之雖來無用受定難剋寧可本法不成事通得否必若僧法有缺定判處行一世又須誡敕就文分三緣法相也初緣有四

本法尼往大僧中受戒法五分律云彼和尚阿闍梨復集十比丘尼僧往比丘僧中在羯磨師前小遠兩膝著地乞受具戒等義準尼僧自結大界護別眾過等

請羯磨師法律無正文準前具有應教言大德一心念我某甲今請大德為羯磨阿闍梨願大德為我作羯磨阿闍梨我依大德故得受大戒慈愍故三請已彼應如上答可爾

一明請師雖律非制當時必須若不告情何由妄作此即義有文無也義理加之

乞受戒法佛言彼受戒者禮僧足兩膝著地合掌教乞言大德僧聽我某甲從和尚尼某甲求受大戒我某甲今從僧乞受大戒和尚尼某甲願僧拔濟我慈愍故三說已尼教授師當復本座

二教乞戒應尼教師如法教之情必愜者如十誦云因式叉尼語不正故餘人便笑開餘人代乞者得戒

戒師和問法此中戒師應索欲問答訖應如是白言大德僧聽此某甲從和尚尼某甲求受大戒此某甲今從僧乞受大戒和尚尼某甲若僧時到僧忍聽我問諸難事白如是

三戒師和白法如文可知

正問難遮法應安慰法如上已便語言汝諦聽今是真誠時我今問汝有當言有無當言無汝不犯邊罪耶汝不犯比丘耶汝非賊心為道耶汝非壞二道耶汝非黃門耶

汝非殺父耶汝非殺母耶汝非殺阿羅漢耶汝非破僧耶汝不惡心出佛身血耶汝非非人耶汝非畜生耶汝非二形耶並令識相分明顯答以不解故無由得戒汝字何等和尚字誰年歲滿二十未衣鉢具足不父母夫主聽汝不汝不負人債不汝非婢不汝是女人不女人有如是諸病癩癰疽白癩乾痟癲狂二根二道合道小大小便常漏涕唾常出汝無如是諸病不並隨前事有無具答汝學戒未即應答言已學戒復應問言清淨不復重答言清淨復應問餘尼言某甲已學戒未餘尼答言已學戒重問言清淨不餘尼重答清淨

四正明問難遮中如前顯父母夫主先問有無有

問聽不無不須問。奴婢罪名士女同諱。僧是知法。義須轉勢也。二根下病非女五也。世俗所諱。僧尼同恥。不問亦得。故僧祇中僧問遮法。除女隱處也。以彼此懷慚。失弘誘相。耳問學、戒及淸淨相。文列爲二。如能長引。一時俱答亦得。乃至遮難長誦長答。前後交亂。但應十三及諸遮者義並通也。今時鈍弱。隨問不解。何能引答。不妨騶鵶逐語而聲終未解意。還同不語。如是例之。

正授戒體法。戒師應略說發戒方便。如大僧受戒中所說。以得戒在大僧。理須知正法。羯磨云。大德僧聽。此某甲從和尚尼某甲求受大戒。此某甲今從僧乞受大戒。和尚尼某甲。某甲所說淸淨無諸難事。年歲已滿。衣鉢具足。已學戒淸淨。若僧時到。僧忍聽。僧今爲某甲授大戒。和尚尼某甲。白如是。大德僧聽。此某甲從和尚尼某甲求受大戒。此某甲今從僧乞受大戒。和尚尼某甲。某甲所說淸淨無諸難事。年歲已滿。衣鉢具足。已學戒淸淨。僧今爲某甲授大戒。和尚尼某甲。誰諸長老忍僧與某甲授大戒。和尚尼某甲者默然。誰不忍者說。是初羯磨。三說。如上。問成就已。應言。僧已忍爲某甲授大戒竟。和尚尼某甲。僧忍默然故。是事如是持。授已。亦如上爲說。記春夏冬時節。示語云。

△授戒相中。前列八重。中列四依。後明結付。

次授戒相。應語云。族姓女聽。此是如來無所著等正覺說八波羅夷法。犯者非比丘尼。非釋種女。不得作不淨行。行婬欲法。若比丘尼意樂作不淨行。行婬欲法。乃至共畜生。此非比丘尼。非釋種女。汝是中盡形壽不得犯。能持不。答言能持。不得盜。乃至草葉。若比丘尼偸人五錢。若過五錢。若自取。教人取。若自斫。教人斫。若自破。教人破。若燒。若埋。若壞色。彼非比丘尼。非釋種女。汝是中盡形壽不得犯。能持不。答言能持。不得故斷衆生命。乃至蟻子。若比丘尼故自手斷人命。若持刀與人。教死。讚死。若與非藥。若復墮人胎。厭禱呪咀殺。若自作。若教人作。彼非比丘尼。非釋種女。汝是中盡形壽不得犯。能持不。答言能持。不得妄語。乃至戲笑。若比丘尼非眞實。非己有。自稱言我得上人法。我得禪。得解脫三昧正受。得須陀洹果。斯陀含果。阿那含果。阿羅漢果。天來。龍來。鬼神來供養我。此非比丘尼。非釋種女。汝是中盡形壽不得犯。能持不。答言能持。不得身相觸。乃至共畜生。若比丘尼有染汙心。與染汙心男子身相觸。從腋以下。膝以上。若捺若摩。若牽若推。若逆摩。順摩。若舉若下。若捉若急捺。此非比丘尼。非釋種女。

汝是中盡形壽不得犯能持不（答言能持）不得犯八事乃至共畜生若比丘尼有染汙心受染汙心男子捉手捉衣入屏處共立共語共行身相近共期犯此八事彼非比丘尼非釋種女犯八事故汝是中盡形壽不得犯能持不（答言能持）不得覆藏他罪乃至突吉羅惡說若比丘尼知他比丘尼犯波羅夷罪若不自舉不白僧若眾多人後於異時此比丘尼若罷道若滅擯若遮不共僧事若入外道後便作是說我先知有如是如是事彼非比丘尼非釋種女覆藏重罪故汝是中盡形壽不得犯能持不（答言能持）不得隨舉比丘乃至守

園人及沙彌若比丘尼知比丘為僧所舉如法如律如佛所教不隨順不懺悔僧未與作共住而隨順是比丘諸比丘尼諫是比丘尼言汝妹知不今僧舉此比丘如法如律如佛所教不隨順不懺悔僧未與作共住汝莫隨順是比丘尼諫是比丘尼時堅持不捨是比丘尼當三諫捨此事故乃至三諫捨者善不捨者彼非比丘尼非釋種女由隨舉故汝是中盡形壽不得犯能持不（答言能持五分云說八重已總說四譬應如是告言）族姓女聽如來無所著已說八波羅夷又說四種譬喻若犯八重如斷人頭已不可復起又如截多羅樹心不更生

長又如鍼鼻缺不堪復用又如析大石分為二分不可還合若比丘尼犯八重已不得還成比丘尼行汝是中盡形壽不得犯

初止持中大如僧中但闕喻耳就殺戒中墮人胎者謂初七日後凝滑精段隨落皆重由識託之失所依故厭禱如前言呪咀者呪謂言辭誓約不得違越咀謂結鄙惡言私罵令受由彼過業與妄相應遂令衰弱漸就瘦死也多為呪字音周又悞也伽（如）文音粥周六反之咀字悞也此乃音敘節咀嚼之咀也字須為詛阻慮反知無益談居世須耳恐

俗輕也就後重初分六初不得相觸乃至畜生輕重合論俱不應也此深防之言二若尼染心以下方顯重位識限相也三此尼非女者顯已越滅聖心也四是中盡形者約報持也五能持不者舉相以示六答能者自誓從約義無後犯餘三例爾應須引緣解文恐繁故也廣如注尼戒本中總顯四喻其相如前但後四重還前種類有人讀文不識後四名作何戒文中具顯犯摩觸故犯八事故覆重故隨舉故神思高浮不著字讀何由曉也

次說四依法（文應告言）族姓女聽如來無所著等正覺說

四依法。比丘尼依此得出家受大戒成比丘尼。依糞掃衣得出家受大戒成比丘尼。汝是中盡形壽能持不。（答言能持）若得長利。檀越施衣。割壞衣。得受。依乞食得出家受具足戒成比丘尼法。汝是中盡形壽能持不。（答言能持）若得長利。若僧差食。檀越送食。月八日食。十四日食。十五日食。若月初日食。若衆僧常食。若檀越請食應受。依樹下坐得出家受大戒成比丘尼法。汝是中盡形壽能持不。（答言能持）若得長利。别房。尖頭屋。小房。石室。兩房一戶。得受。依腐爛藥得出家受大戒成比丘尼法。汝是中盡形壽能持不。（答言能持）若得長利。酥油生酥。蜜。石蜜應受。

說四依中樹下。依者。非蘭若中。尼輕易陵。不行此教。何妨餘樹得受頭陀也。如五分說四依無樹下坐。改云依麤弊臥具也。四分文同。義非蘭若。以多難故。如僧祇中尼受具已。爲說八重。十九殘法。三十捨墮。乃至隨順法也。

汝已受大戒竟。白四羯磨如法成就。得處所。和尚如法。阿闍梨如法。二部僧具足滿。汝當善受教法。應勸化作福。治塔。供養衆僧。若和尚阿闍梨一切如法教授。不得違逆。應學問誦經。勤求方便。於佛法中得須陀洹果。斯陀含果。阿那含果。阿羅漢果。汝始發心出家。功不唐捐。果報不絕。餘所未知。當問和尚阿闍梨。（應令受戒人在前。餘尼在後而去也。）

四分律删補隨機羯磨疏卷第三之下

四分律刪補隨機羯磨疏卷第四從衣藥受淨盡末文之上

大唐沙門釋道宣於終南山豐德寺撰疏

衣藥受淨篇第四

上明受戒法儀攝法在已。義須將護前境通漫未可隨彰。故約形有用收行相。然身口之累在生爲重。受納將攝多隨妄心。隨妄染神未卒清蕩。是以大聖設法防之。欲使形備法儀。心存正觀折挫我慢。祛遺鄙雜。衣藥設致大意如此。就文以判正宗第三。衣藥相交且分爲二。初明制畜必須受持謂衣鉢坐具也。二明聽畜隨緣有無則受淨衣藥等。

就此二事自分二段。初中二。前明衣緣本制。後明受持行護。

受衣法

就初標章。

△多畜衣下。廣分所以。約爲十門。初制畜三衣意。二求財法。三明色相。四明衣量。五重單相。六條相多少。七長短相。八作衣法。九補治法。十護敬受用法。

時諸比丘多畜衣服。佛言當來善男子不忍寒苦畜三衣足。不得過。僧祇云。三衣是沙門賢聖幖幟。故薩婆多云。爲五意故。障寒熱。除無慚愧。入聚落。在道行生善。威儀清淨故。方制三衣。

初門。如律中說。如來因諸比丘畜長不自節約。是以初夜著一衣。乃至後夜著第三衣。明且因制。如衣法初。始於仙苑度五比丘善來之唱。三衣被體。何有重制者。由聖制法衣年歲已久。隨緣運造章服不同。敎網創弘多從道務。至於儀服蓋非本致。由使諸濫次第生焉。不可怪也。文引僧祇賢聖標幟者。律云。欲應袈裟服當調伏結使。故非凡恆所服也。又賢愚中。堅誓獸王獵者披袈裟故。不言致射。既被箭已忍痛至死。但言著袈裟者當於生死疾得解脫。餘如事鈔廣引經證。至時牽挽莊嚴辭句共相顯發。令聽信奉。可不好事。但莫專執。如何

非道。祇執不著最是妄本。如此覺之。如多論中五意最好。論解佛語多從理故。初云一衣不能障寒。三衣能故。如是除無慚愧者。由常一衣染淨通著。慚愧不生。以隨三用各有法式。屏露行護發生善心故。三者由僧伽梨隨聚方服能生物信故。四者若在道行。反披高牒敬護如塔。幽顯懷德故。五威儀清淨者。四儀受用各有所在。上解三意。須識三名。廣如事鈔。今略解示。恐未見鈔。依此略得。如多論解此三名者。爲現未曾有法故。九十六道無此名也。如安陀會者。本中梵音。此方無名體相知從

何譯故古翻經多異傳者莫非此致如三衣名總號袈裟俗無其字但隨音出梁時安大師云道服也然袈裟者本翻染色實非衣名故律文云應作袈裟色即壞色也何干名體故六味中有袈裟味可是衣也如十誦中翻爲敷具謂三衣相方若氈席也四分翻者以爲臥具如今被衾若襯親也如多論云臥具者是三衣名如戒疏解終非本服不知何名今隨別顯薄知其用如俗衫袴衣裳及至釋名則云上曰衣下曰裳也知是何物得分便已又且諸色界天行梵行故皆著斯服本非人衣知

何名目如大集名離染服賢愚名出世服四分名三法衣是軌用之名被則心行正法故文云雖被袈裟服不能除怨恨則不應此衣若依眞諦九卷雜記云袈裟是外國三衣都名名含多義或名離塵服由斷六塵故或名消瘦服由割損煩惱故或名蓮華服服者離著故或名間色服以三如法色所成故又如法華經云著如來衣者大慈悲心是比丘同佛所服故知行慈者衣如鈔引經四寸著身戰諍俱息豈非慈力之所被也又上云梵天行四等故恆服此衣義彌顯矣故此衣者亦名慈悲

衣又成律偈意也世稱福田衣以法畦畔之相世田用畦盛水長嘉苗養形命也法衣之田彌弘四利之益增三善之心養法身慧命也至時須引鈔及戒本中兩相照取故相傳云安陀會者是內衣也鬱多羅僧是上衣也在內衣上常服用故僧伽棃者是高勝衣如此釋名皆從事也或有說者下衣名院內道行中衣名入眾常服上衣名入聚落及伏外眾也故僧伽爲眾棃翻爲伏即從用以翻也或從相者即五條七條九條等是也或從價量或從寒暑及輕重等

律本云不得以犯捨墮物及邪命得衣作不成受

文云不得捨墮物作下即第二門義由是法衣體須清淨犯捨過財無任受法故不許也及邪命者言略事含知何不攝大而言之但以邪心有涉貪染爲利賣法禮佛讀經斷食諸業所獲贓賄皆曰邪命物正乖佛化故特制也如經中說比丘持糞掃衣就河所洗諸天取汁用洗自身不辭穢也外道持淨氈次後將洗諸天遙遮勿汙池也由邪命得體不淨故以此文證心淸淨者是正本故也依智論中言五邪者一高聲現威爲利養故二者强

占吉凶。三者激發令施。四者改常威儀。五者習學呪術。皆為利故。言四邪者謂方維上下也。雖求淸淨財體應法。綾羅錦繡俱不合故。世多用絹紬者。以體由害命亦通制約。今五天及諸胡僧俱無用絹作袈裟者。來此神州乃隨著耳。親問彼云。絹亦有也。但慈念故。以衣為梵服。行四無量。審知行殺而故服之。義不應也。

若以錦衣五大上色。不得受。應染作袈裟色。

三云若以錦衣下。明色相也。卽第三門義。以法衣順道。錦色斑綺耀動心神。靑黃五綵眞紫上色流

俗所貪。故齊削也。如澄師在趙服御綾錦者。此神道設化。一時王制。若不從逐生民酷罰。是以聖者權逐帝心。故傳述也。二石云大和尚不知何以旌德。宜位於王公之先。服以綾錦。不可以此逐行。澄法師神異之設。何不學之。言袈裟者。諸律多云靑黑木蘭三如法色。如鈔述也。然袈裟者。但翻為染則諸色者。非染不成。知何不是。故非匑相也。今依善見云。善來比丘衣同赤也。大莊嚴論云。我著赤色衣。涅槃亦云。被服皆赤。卽今梵僧皆服赤色。眞諦云。中國僧雖五部。赤色皆同一也。用斯事證袈裟染赤。頗近實矣。然五色中亦有赤色者。名同相別。如靑黑等可卽體同。赤卽木蘭所染。微涉黑色。卽世南海乾陀樹皮。頗相類也。

聽以長二肘廣四肘衣作安陀會。長三肘廣五肘作鬱多羅僧。僧伽梨亦爾。五分云。肘量長短不定。佛令隨身分量。律云度身而衣故也。

文云聽長二肘下。解衣量也。卽第四門義。諸部極小唯四分文。出家貧乏之故。是常也。且覆形儀。何由可具。餘二衣相義同。五分度身最好。先以衣財從肩下地踝上四指。以為衣身。餘分葉相足可相稱也。

若作新衣。一重作安陀會。鬱多羅僧。二重作僧伽梨。若故衣者。二重作安陀會。鬱多羅僧。四重作僧伽梨。若糞掃衣。隨意多作。

文云若作新衣一重下。解單複也。卽第五門義。諸部通會下二隨時。若至大衣必須重複。今多單作。是非法服。得行受持。服用得罪。例知增減可自比料也。所以唯複者。由省事弘道無假餘長。下二旣聽。則春夏得服。上衣是制。若輕薄者。則心易動。非懷道相。厚重被形。大儀是具。聖制有以。凡情未知。又複取受衣之時。以制通三時故。

應五條不應六條。乃至應十九條不應二十。若過是條數亦應畜。

文云應五條下謂條相多少即第六門義律中分三衣則以名分未見五條七條以相別也以意通文則如多論九品伽黎深成前例定知五下七中也極至二十五條者八云欲爲諸有作福田故言二十五有謂四有四惡趣及彼六欲天中無想淨居四空及四禪是也所以隻非偶者以沙門行慈仁育爲本同世陽化故數非偶也然著服者知慈悲故如鈔說也應法稻田畦畔齊整聽以刀截成沙門衣不爲怨賊所剝故薩婆多云從九條至十三條下品大衣二長一短從十五條至十九條三長一短從二十一條至二十五條四長一短名如法作若互增減成受持著用得罪

文云應法稻田者明割截相即第七門義也律云沙門衣三賤謂刀色體也所以示長短者由世稻畦隨水處高下致別也沙門服衣現長短者亦以法服敬田爲利諸有聖增而凡減喻長多而短少也又云互乖成受者受取依教必具三衣有而不持隨夜犯缺爲離罪故必須受之著取儀相用生物善長短差違乖慈梵故隨步越儀一一結罪律云應法四周有緣五條十隔應自浣染舒張碾治裁縫天衣中衣要割截若少褋葉作若作五納衣亦爾若下衣得襵葉作十誦云若少減量作若縵作僧祇云葉極廣應四指極狹如穬麥律本云應知此長

褋音牒

條此短條此是葉此是第一縫第二縫此中縫葉兩向聽葉作鳥足縫十誦云要須卻刺前去緣四指施鉤後八指施紐

文云應法四周下明作之方法即第八門義也以周緣故持無速壞也五條十隔者約相唯五通別短長也應自浣染六事俱是成衣之務也割截褋葉屈襵三相者莫不從制及聽自本之末乃至減縵皆據貧乏故有斯開有思割本無則任聽可也葉相廣狹誠文如別今多廣大澆風扇也鳥足縫者押葉下字有三叉相須卻刺者爲了縫文故有執者縫僧伽黎也今縫有二如五分說直縫卻刺

十誦中直縫補衣不免長染若卻刺者俱無罪故前去緣施鉤者謂逼邊緣四指安鉤擬反向後八指取紐也以覆左肩故有遠近今世覆臂故前八指又退緣內俱顛倒也故垂前一角爲象鼻相人不思罪習久謂法何必如許煩惱我執無始常習可是聖法耶聞義即改從諫若流斯上人也餘總鈔中薩婆多云三衣破但緣不斷不失受持三千威儀云令帖四角律本令褋障垢膩處若衣壞隨孔大小方圓補及如二指大

文云衣破緣不斷下明補治法即第九門義以緣

周相在受持限故雖中間破開補治之若又失受破非意故煩累則多但約緣存攝緣卽足貼四角者爲貼治擎舉相助爲力障垢膩者數浣本衣恐速壞故但摘補者足充淸淨也十誦云護三衣如自皮著大衣者不得擔土石草木雜使若不持三衣入聚落犯罪僧祇云當敬如塔想不著者擗襞擧之入俗人處不著紐者家家得罪五分云若衣下壞亦令倒著上下安鉤紐律中聚落外令反著衣比丘所行之處衣鉢恆隨猶如飛鳥餘廣如鈔文云護三衣如皮下明行護也卽第十門義以輕賤故非分破裂出家爲道乃多營衣非本望故理須將護不妄措寀律中奔車逸馬稠人刺棘並令

自持無有陵犯意可見也凡作袈裟六年一替必中改換如三十說敬如塔想深有致也以同佛衣誰敢輕慢若不持入聚犯者律開五緣非緣不合著紐制者爲形露故儀服有在隨家過生亦隨生罪倒反二著不可常途爲緣須爾所以衣鉢常隨身者由出家人虛懷爲本無有住著有益便停故制隨身若任留者更增餘習於彼道分會無思擇故有由也

△二明受法義分爲五初前後持二正從相三通塞法四正加受五失離緣

初前後持者約緣定持今多受後約三次第今多大約律本無文並隨情妄執今從他部受緣卽持旣奉聖儀須受聖法然後白四領納戒體安有受已方事持衣相越常模故乖正教也餘如前受具列兩時任機行用次約衣者前令持鉢後乃持衣儀相非便或未得本隨出便書意以先問內衣如名加受便著之也次受鬱多隨上被體後受伽黎乍可牒襆故律此衣或頭肩持或襆或擔不同餘兩鉢爲第二衣服旣被方可手執坐具第三最後加持疊置肩上沙門法式義但有三覆身之衣飼

口之鉢並法須受此二旣具須坐繫念如法敷坐常所御故自餘閑物無持法也

二明正從者有問曰三衣受法名體不同得互加不答準五分中若得衣財先作割截乃至不足作安陀會割之又不足褋葉作十誦有縵僧伽梨受持之準如上文若無大衣者得財依量作二十五條如法加受若不足者乃作九條如法割作若又不足當褋葉作又不足者七條割褋又不足者五條割褋襵作全不成者方作縵衣法加僧伽梨故四分云若廣長不足褋葉作之故僧祇中借檀越

衣安施鉤紐作淨受持。故知其相通有正從也。據如衣體未顯所屬。至於三名定有別用。且如縵衣。豈有異相隨名分三。故用三別。僧伽梨中自分正從。正十八品。謂始從九條至二十五。九等分之。約割褋緣二九十八也。從即有六。謂無正衣有二七條。一衣割截從於正受為鬱多羅。一衣褋葉義須加從謂伽梨也。五條有三。并一縵衣。故合數之則有六也。通前正衣則二十四也。餘之二衣例準可知。文中顯衣細分各有二十三。是以一縵衣通三品故。或隨顯名有二十四也。通三衣數則七十二種。後受自明。

三明通塞者。今依五眾隨位立法。僧尼二眾受法大同。若論衣相則有正從。如上門說。若尼別服覆肩衣裿支受相制異。故無所通。式叉一眾雖預學法至於衣服。八加五條。以為入眾也。又加一縵。以常服也。肩衣裿支自從別位則具四衣。兩眾沙彌同居一位。依論聽畜上下二衣。各加受法。如上明也。必有他緣更無可服。則用僧尼三衣亦得。唯加縵法。理須反披。若加受法。大同上眾。轉名三眾。以為異耳。

此段科文未完全，宜參閲記文。

四受衣方法。就文為二。初明五眾受衣法。二受坐具法。更分雜碎。去至時在口中也。就三衣中。初受後捨。

受安陀會法。佛言三衣應受持。若疑捨已更受。若有衣不受持者突吉羅。而不出受法。今準十誦加受持。若以青黃赤白黑五大色及上色染。律論並不成受。若如法衣。應云。大德一心念我比丘某甲。此安陀會五條衣受一長一短割截衣持。三說。下衣有四種。謂割截、㲲葉、褋葉、縵作。就中有正從二品。先明正有三種。從有二十一種。若作㲲葉褋葉二種衣者。加受文時餘詞同上。但改下㲲葉衣持。或褋葉衣持。若從衣受持者。應如是加云。大德一心念我某甲比丘。此安陀會二十五條衣受四長一短割截衣持。如是三說。乃至九條七條類此取解。其鬱多羅僧僧伽梨各有正從加受差互。準上可知。若加縵安陀會。餘文加上。應言此縵安陀會受持。三說。若擬作鬱多羅僧僧伽梨者。並準安陀會法。唯約衣上下增減為異。

就安陀會中分為二。先顯可持三衣。大德念下。就衣加法。前中云應受持之。不出其文。致有諸師行事罔濫。有人不加言教。但奉持無離。即是受也。若爾。何以文中云有疑捨受。明知有法。故須捨之。不受持者自犯罪耳。由失法故。無宜不受。有人用僧祇受者持迷教也。彼律開夜會。此部制明。相有緩急也。何得妄行。今用十誦持犯相類也。文中若疑者。謂曾受持後忘。謂未欲重加受。疑情不遣。故須

先捨後受明白也或可先受後難事訖疑生失否
未了故須捨受問疑是無知何不結罪答此中疑
從事生非本不學也以心境迷忘至佛方除如夜
暫出作心防護不謂失衣忽然地了八衣兩別此
失無疑疑謂未明雲霧闇塞非問自知忽然日出
此之迷事非學得知故須捨之無罪可負又云靑
黃等者由異俗故義須應法若猶本染諸判不成
雖强加持重結罪也問如今大衣並非複作又是
正色成受用不答必有外緣聽用無罪無緣有財
故單者犯如善見中若見著五大色衣者有智慧

人知是失衣比丘唯暫得著後求如法不可妄行
非複暫受如上已說可通覽也依文爲三謂正從
縵也前正衣中初明作法正儀下衣有四種下解
其所以謂割等四如文列也襵葉一種扃在下衣
餘通上二先明正三品者謂割褋襵作五條也從
有二十一謂取十八品大衣二品中衣一通縵者
同加安陀會也文中云若將從衣受者如文極顯
至時演示也何以通之如律無安陀會尙許借衣
受之何况自有三衣而不聽加受法有懼行事縫
諸條葉唯留五條一長一短卽衣加受今不同之

縵衣類極下也猶尙通下及上况正三衣不得加
作但依相題加三法故次縵安多會如五分中開
受服用此通二衆衣也皆是從攝題名異耳據體
一也若從八正則沙彌服受法如下也
受鬱多羅僧法此衣正有二謂割截褋葉七條也從有二十二若受割截衣餘文準上下文加法云此鬱多羅僧七條衣受兩長一短割截衣持三說若褋葉衣若從衣並準改
二明受鬱多羅法有文爲憂多猶陀衞多會陀會
取音之訛鄭耳正但有二如文列之從有二十二
品將十八品大衣三品下衣一品通縵則滿數矣

文中加從者牒相如衣體加餘並依文則是也
受僧伽梨法此衣正有十八種謂割截褋葉各有九品從有六種若受割截衣餘詞如上準改下云是僧伽梨若干條衣受若干長若干短割截褋葉衣持三說乃至九條準上例受若有從衣可例如前
三受僧伽梨中正從如上文亦具了云若干長短
者前之兩衣條數揩定更無延促故受如文必有
從者方從改定若據大衣割褋各九條隄相異何
得定言至時觀相方牒入法故云若干應用諸品
可不爾也
受縵衣法律本云下三衆若離衣宿得突吉羅薩婆多云應持上下二衣一當安陀會二當鬱

多羅僧若得加法衣應言大德一心念我沙彌某甲此縵安陀會受持律雖不出受法今準十誦五分律中加法三說

下眾受縵衣法中引律證須不得不受有八云三眾未具何得同持文中有罪此儭結也此非名語一戒可儭或是失本通戒並有何得妄消況復論釋與律符會如文說也

捨衣法律本云有疑聽捨已更受不出捨文僧祇云有緣須捨者具修威儀加云大德一心念我比丘某甲此僧伽梨是我三衣數先受持今捨一說便止下二衣乃至尼五衣等須捨亦爾

後明捨法中四分有疑如上開也非謂開捨而得

離衣故僧祇云夜往會衣不能得遂佛令遙捨以輕易重寧無衣故犯吉羅也若捨無罪須用白二以輕換重隨義亦然餘則不開也又如五分換易故捨善見多論壞相失捨如是不定同皆捨故或對衣作或緣隔作並同成也就分四句一捨衣不得罪二得罪不捨衣餘二俱句解如戒本就文如彼問受捨相類何以三一說別者答相違故也如捨戒法一說便成問結界捨界同白二者答僧和難得故須忍默餘別不類也

尼受餘二衣法時比丘尼露胸膊行為世人譏慢故白佛佛言當畜僧祇支覆肩衣今準僧祇加云大姊一心念我比丘尼某甲此僧祇支如法作我受持三說若準僧祇文廣四肘長二肘是祇支本制今則改變止可義準其覆肩衣廣長亦加祇支法今取所著者或減量作不必依文應準改加法大姊一心念我比丘尼某甲此覆肩衣如法作我受持三說若有換易須捨者亦準上文其式叉尼沙彌尼受四衣亦準同前

尼受二衣中文緣並具而異本制者覆肩肘量薄有所承祇支全改義須引定文雖約量漸訛替變然今衣相都乖本服冒言非重通世共行況此法衣相殊俗制依法加受無宜不合如律文云得下廣衣聽作祇支則與今量頗同類也然依文加不

可從古交與相違但云如法知非法故

心念受捨衣法五分云獨住比丘三衣中須有換易者應具修威儀手執衣心生口言加法云我比丘某甲此僧伽梨若干條今捨三說已然後受所長之衣如前威儀加法我比丘某甲此僧伽梨若干條受三說餘二衣等受捨亦爾所捨長衣加後心念淨施法餘四眾受捨並準此

心念受捨衣中如文五分但云獨住此處界內無八準得有八云此對首法無八開心念必須自旦至夕坊道覓人必無可證乃可加法豈聞聽獨僧不待對太自輕也但延佇候不過明相恐犯缺衣如僧祇中清旦不得心念說戒待客比丘意可見

也今解云法有通塞約緣故開不可一例但界無人即得自念雖有非數豈得對首如結小界及以戒場爲勞動人故開別作對首捨墮未勞待僧不同說恣彼此通奉任情安也此之獨受一往即成後人重至更不勞作不同說淨言中不了值人更說文如後也

五明失受持相義張四種障礙故離一者界礙如律中說此樹非彼樹等以隨衣所在界別不同如別廣說二者染礙以男女同處性相染汙譏謗由生故制須離律諸戒約多有斯例如同坐同宿同

行同乘與衣作衣無論道俗是女皆犯故多論中除村界者爲護梵行也以義而推無男有女是爲染礙三者情礙如僧祇中兄弟分齊五分多論外道異見樂人部衆王來入寺諸所遊行門取水處大小便處並非衣界即如四分戒本下說四者隔礙如僧祇中天祠門外須梯須鑰無者失衣四分水陸道斷同界難會豈非失也故五分云僧作羯磨結不失衣界而於中不得自在往返者是離衣也此之四失廣如別疏就文明義羯磨解竟須附文釋前已廣解作法攝衣此明自然皆歸戒本也

△受尼師壇法本梵音也律翻坐具故有明相就文爲二

受尼師壇法（佛言爲身爲衣爲臥具故制畜之長周四尺廣三尺更增半搩手者律本善見云令於縷際外增之十誦云新者二重故者四重僧祇云不得輒爾持故物作及屈頭縮量水逕量若乾大者犯墮受用犯小罪此是隨坐衣不得淨施及取新草盛物雜用應中搩左肩上而行至坐處取坐之若置本處當中掩之欲坐徐舒先手按後乃坐十誦云不應受單者離宿突吉羅五分云須搩四角不搩則已摩得勒伽云若離宿不須捨）

初制緣起中爲身者以形骸所資假斯故立也爲衣者若無坐具以衣爲敷事不可也臥具者恐損僧物擬用藉之自非無學何免穢溢長周尺量者

律云長佛二搩手廣一搩手佛在八倍人長八尺佛則丈六並依周尺以定律呂也更增半搩者謂截竟加半搩耳非謂相連說增也故佛滅度後一百年之時毗舍離國擅行十事不割縷淨是其一擅今世盛有即跋闍風妄情難信但準聖言自無咎也必須重者以單薄用藉一損身增患二漏汙僧物故也如僧祇可教誡者情多樂廣喜受僞法故遮惡緣預設防禁今不披律全廣長作正法滅身也除依教行正法生身也執此兩途增漏障道也言不得淨施者以宅所履本制須之必受持也

自餘聽畜方開淨施今多說淨無有受者不可怪
也說淨猶穴但無準的離宿不捨者過非道標雖
離不失是佛制故離宿結罪諸部未見染色義須
袈裟為正
律論制受闕文應義加云大德一心念我比丘某甲此尼師壇應
量作今受持三說必有餘緣準上捨衣法
律開減量必以受持但云如法作也但諸部中令
受而無受文義準衣鉢以知受捨
△二明受鉢法分為二前緣文列義分為五一制意
二論體三辯色四明量五行護

受鉢多羅法僧祇云鉢是出家人器少欲少事非俗人所宜五分云佛自作鉢坏以為後式
初中以出家務道本不謀食然有待形假資方就
俗則餚膳方丈無思厭背道則不雜種食一鉢知
足然古佛道法以為標幟非聖自制餘無知者如
五分引誠為後式
律中不得畜雜寶銅鐵木石鉢大要有二種泥鐵是也
二明體中出世貞素須離非緣雜寶為器濫在家
人木鉢外道石鉢唯佛比丘俱離但用泥鐵由離
諸濫省事易得也
應熏作黑赤二色世中時有挹油漆素紲紵等鉢並非佛制不成受持諸部唯有熏鉢一色

三明色中應熏作色者以諸餘色並同俗故受膩
易脫數有經營妨道亂業制用熏持唯被道眾佛
廣說之唯熏鉢法非俗常也今依律用隨作並成
但鐵熏一者多剝落耳西來鐵熏由牢固者解熏
法也世有挹油諸鉢體相乃同無奈色別不成受
也
十誦律及論云上鉢受秦斗三斗毗尼母云不滿斗斗半若過三斗不成受持
四鉢量中如多論解種種不定或以稱飯斤兩為
法四分他部多說上鉢受三斗下者斗半律是姚
秦時翻猶行晉法故唐雜令云斗者三斗為之故

知姬周本制圭抄為本如是乘之計今大者未有
容斗小者減本三升者加法應量使乖本制不成
相應如母論中不滿斗半則減五升不成受也有
人云律制量腹而食何定量也隨得成受未必依
論今解不然人食多少自須量料及論鉢量須準
聖言今有不食之人或有食一升者二食則嫌鉢
大一食則嫌鉢小俱須依量不容臆說必若過減
無任受淨審知違教故受獲罪
善見云若穿破失受持律云鉢破食入但淨洗食不出者無犯應謹護不得乃至足令破毗尼母云當用細澡豆洗律本云若葉若汁取令除膩應作囊若襆盛之繫口外向帶絡肩上挾鉢腋下五分云瓦鉢應

近地洗若非法洗得罪毗尼母十誦云鉢是諸佛標誌不得惡用及洗手敬之如目律中若破以白鑞鉛錫補綴

五行護法善見下文委之如鈔復廣也

律無受法準十誦云云大德一心念我比丘某甲此鉢多羅應量受常用故三說善見云若無八時獨受持鉢即準上文其尼等四眾亦準此若捨故受新並準前上

二正加受用十誦四分諸受文皆缺者以覺明論士誦本東傳至於翻時隨出便寫貴存一部無暇覆疏尋復返西此無行用故多缺也十誦翻弘當世隨缺譯者問之故文繁矣

余近問于闐國僧彼既大弘四分何以律無受日等諸受持法答云此無但脫漏也彼國梵本十萬偈從唐言譯則有百餘卷羯磨別本皆備諸受有信當寄也但傳文俱略須知其致不得專執計理法正隨法備文不須疑也

△二明聽教即衣藥受淨也

受藥法

藥濟形命無時不須故先明之就前內資四藥分二初緣後法

佛言有四種藥時藥非時藥七日藥盡形壽藥應手受之薩婆多云受食有五義律本無口受法準十誦及論制令口受時藥手口互塞餘三藥具兼二受

就緣中列四藥名相廣引鈔中至此說也此但加法故不廣繁就文手受多論五意為防盜相而為本也餘如戒疏一引口受為加延故得經時限故十誦云是三種藥舉宿不淨無病並不合受反上得加文列時藥手口互塞者以口法所加為延手受得過時限時藥過中自不合噉為須口法以無所延雖行口法為別所開因他不喜或為難逼不及手受遙加口受故律本云有時因緣置地而受即其事也故云手口互塞也餘之三藥若隨即噉

不須口法必欲經時先手受已後加口法必兼二受

△就後受中四藥即分四門就時藥中緣法分二

受時藥法佛言蒲闍尼有五種謂飯麨乾飯魚肉佉闍尼有五種謂枝葉華果細末食名為時藥謂從旦至中也若欲受者先知藥體後知授受餘藥並準此法

初就緣五正如文所列若噉此五名正食也是請是足能生後犯次列佉闍尼五非正者體氣力微雖噉開後故名此五非請非正非足食也廣如鈔中隨戒解之

△就二作法又分四別一觀藥染淨二授者是非三

明受法。四量時設觀時藥既爾。餘者例然。

藥無七過（一非內宿。二非內煮。三非自煮。四非惡觸。五非殘宿。六非販賣得。七非犯竟殘藥等。）初染淨中。言諸過者。前淨地中已具出竟。今略舉之由過常起。一非內宿者。謂知非是人食同住經明相也。二非內煮者。謂同坊寺內不煮食也。三非自煮者。謂非自他之火淨也。四非惡觸者。謂非未受輒自捉也。五非殘宿者。謂非自他比丘曾經捉已至明旦也。六明販博者。謂非自他不淨藥也。即與邪命非法自給之流相可如上。七犯竟殘者。謂餘三藥曾受違限非是他施而取噉也。

授有三種（一分別知是食非食。二有施心。三者如法授與。）

二授食法有三。初言分別者。以食是可正足非食不在正足或可食是可噉者。非食者如草木不可噉者。今見授者不言是食。不妨執時實是五正。以心別緣不成受也。必須心境相當成受應法。若錯受者非故不成。故律云。欲受此而錯受彼。並不成受及相觸等例知矣。二有施心者。若持食寄雖受非噉為掌舉故。後施開食。明知無心為施雖受不成。三者如法授與者。即非輕心。十誦中若輕心觸手不成授食。又如明了論中須知比丘是受食者若解成授廣如鈔顯。

自受三法（一別知食體與淨人所授之食者心境相當非錯彼此。二有心自食非為餘事。三如律手受具二五法。無非威儀事者。）

三自受法中。初明授受兩緣彼此相領體非錯悞。片違不成。二為自噉。若為下眾雖受不成。如善見中比丘乞食風塵坌食為沙彌受至寺與之後反施者更受如法。故知前受非名受也。三者如法受之。如律文中衣器手等互為十句。廣如鈔也。但須以時仰手表無盜相。若迎前抄撥置地任食如斯非法也。雖開置地緣至故也。分開輒行非緣獲罪。

如儉年食自捉自煮。今非其緣須離餓業。心不可信但依法也。廣如不受食戒說。

正食五觀（初計功多少量藥來處。二自知行德全缺應供。三防心離過貪等為宗。四正事良藥為療形苦。五為成道業故。並律論正文。非唯抑度。廣相如鈔。）

四作觀者。略為五門。比丘受用衣食房舍臥具事者必行觀察。如母論云。利根比丘所得利養隨口隨著隨入出時一一作念。不作念者為施所墮。若鈍根者。一食作念。如是不能能施所施並施所墮。若不行者腹破食出。由有來報故不即也。餘引鈔中對施興治明之。初計功者。如僧祇云。計此一粒百功乃成智論云初耕下種耘治刈穫乃至鉢中計一鉢食者作夫流汗食少汗多智者如何不思緣起二自量者如善見云有四種受用利養一者盜用二負債用三子物用四己物用不觀而食破戒受施如初人也持戒第二七學人者如第三八至無學果受利養者方如己物智論云出家比丘受食無觀嗜美心堅死入銅鐝地獄丸漿二苦動經無數三防心過者成論云現見眾生在不淨中生不在磐石中者由貪嗜味過故然食有三種謂好惡及中庸也因於三境便生三想次生三受後

生三行便結集苦如美食樂受後起貪行惡食苦受後起瞋行中食捨受後起癡行便趣三道地獄餓鬼及畜生也必要起觀三惡不生行業不欺自感善惡故俗諺云禍福無門唯人所召誠有由矣明了論中應生四觀一離食醉過二離喜樂過三離好過四離莊嚴身過多發貪染故偏舉治之四如良藥者但得支身以除饑渴有力無事令身安穩轉載而已餘何所求故經說言是身猶如車好惡無所擇香油及臭脂等同於調滑是也五為成道業者佛立觀意食為修道若行凡福非出世意

何則輪王十善福化故也如持世云若不為除滅我慢諸煩惱者不許受人一杯之水何況餘施文中廣列至時引用豈唯口說必在擎鉢前胸注精觀食心悶沸涌者知叵耐也合眼少時待定方進鍉鍉預看然後納口何心故納知貪嗜者須臾吐之眼不欲見何況流瀉臭穢難堪此不足貪但癡不覺若得惡食待瞋心歇然後噉之此毋論解若不行觀羅剎奪去後充飽竟乃憶前觀此業已成徒悔無益必須預覺何事迷耶言略事廣會在臨食方知分量是何位也大丈夫既不能造大過入

地獄豈為一口食而陷沒耶受苦是因而所為極弱矣

受非時藥法 佛言聽以梨棗甘蔗等汁作漿若不醉人應非時飲亦不應今日受漿留至明日若飲如法治僧祇五分律開受蜜漿若諸果汁澄如水色以水渧淨已義加受法云 大德一心念我比丘某甲今為渴病因緣此是蜜漿為欲經非時服故今於大德邊受 三說餘漿準此若無渴病犯罪

二受漿中初緣中云若不醉人聽非時飲故知醉者即時藥也今有用諸草木合釀為酒具色香味如酒不異但不醉者佛令屏處飲之非酒色香味若飲醉者如法治罪不應今日受漿至明日飲者

以越非時分故隨飲殘宿惡觸生也文列澄如水色者恐雜滓澱卽時漿也故諸果中自有淸汁初押漉時非不雜合澄久淸淨非時自削水滴淨者爲淨味故文雖在漿義通四藥如衣須揲須點爲壞色故如食須水滌之爲淨味故如屣須人著之爲壞好故如是一切無非壞我方便也不爾煩惱强壯自專服用何得忘懷也故十誦云如甘蔗不以火淨淸汁不以水淨一噎一吉也二加法中受是聽開文缺不出今以義約藥病兩具可如文也必無病者非時飲漿犯非時罪案注應非時飲句應據疏作聽

受七日藥法佛言有酥油生酥蜜石蜜世人所識有病因緣聽時非時服僧祇云諸脂亦七日服應義加云大德一心念我比丘某甲今爲熱病因緣此酥七日藥爲欲經宿服故今於大德邊受三說律本云風病服油及五種脂僧祇律具有對病設藥法云

三受七日藥法緣中具列酥脂各五亦準義文加受藥法僧祇中云風病服油冷病服蜜熱病服酥等分石蜜作法設治廣亦戒疏及行事鈔

受盡形壽藥法佛言一切鹹苦酢辛不任爲食者有病因緣聽盡形服乃至灰土大小便等亦手受加口法云大德一心念我比丘某甲今爲病因緣此薑椒盡形壽藥爲欲共宿長服故今於大德邊受三說

若有餘藥或白朮散丸湯膏煎等但不任爲食者牒名加法薩婆多云如五石丸隨牒一名餘藥通攝

四受盡形藥中緣雖列味不任爲食者總盡形體也加法之藥病相對者得也此旣盡形故開宿煮如上淨地及鈔廣明故不重者至時引用也

衣說淨法佛言長衣者長如來八指廣四指應淨施不者犯墮除波利迦羅衣不現前等薩婆多云不應量者過十日捨作突吉羅悔乃至錢寶穀米等亦爾佛指四面廣二寸也

衣說淨法義分六門謂制意等廣如鈔引今就文中言長衣者卽百一之外餘衣也不限應量不應量俱須說淨文云長八指廣四指以佛指面廣二寸用姬周尺量之則長尺六寸廣八寸也減此量

者如文亦說但罪有差降耳此人行事但說應量餘不應量捨不說之縱使應量以唐尺爲度減者不說又相染犯得其言矣失其實也尺八爲肘六尺爲步三斗爲鉢斯誦語也須識時變文中除波利迦羅者唐譯助身衣也卽百一供具令受持之不合淨施故云除也必不受百一而畜長財是百一數隨日犯捨無助身名唯除衣鉢坐具等五言不現前者卽合淨之衣遇緣不至以前人雖許衣鉢未現如是例之乃至穀米錢寶等分有資道如法聽受旣無自畜制令施他同類過增俗人不例

遣令知淨生善除貪。

請施主法。佛言有二種淨法。眞實淨。展轉淨法。薩婆多云。應求持戒多聞者而作施主。亦無請文。義加請法。 大德一心念。我比丘某甲。今請大德爲衣藥鉢展轉淨施主。願大德爲我作衣藥鉢展轉淨施主。慈愍故。三說。其眞實淨主。及錢寶穀米等。俗人爲主。並準請之。

二請施主中。初眞實淨。爲之既希。且削不出。展轉淨者。則屬於已。彼此加法。故多行之。就請施主。有人不立。須便遙指。如多論中。應求持戒多聞。求即請也。又彼文云。至俗人所語知比丘之法。不合畜錢寶。以卿爲施主。此正文也。行事之者。故須別指。

情寄有在。若有持犯存亡易識。令通漫指。隨衣則異。染淨不分。如何弘道。有人云。眞實淨主亡須改人。展轉非面。復何勞也。今解。兩施乃異。他屬不殊。故齊十日。通皆早請。餘廣如鈔。

正說淨法。善見云。若衣物衆多。段段說之。欲總說者。並縛相著。加重法云。大德一心念。此是我某甲長衣未作淨。今爲淨故。施與大德爲展轉淨故。彼受淨者言。 長老一心念。汝有是長衣未作淨。爲淨故與我。我今受之。汝施與誰。彼當言 施與某甲。受淨者言。長老一心念。汝有是長衣未作淨。爲淨故與我。我已受之。汝與某甲。是衣某甲已有。汝爲某甲故。善護持。著用隨因緣。長鉢殘藥。文並同準。

正加法中離合二緣。準論行事。就文爲三。初明財主懼犯長過。捨物與人爲展轉淨。若不言轉。謂眞實故。二受淨者言下。明前受財。言中展轉。不自專屬。更擬施人。人非獨許。律取同意。故問本主。汝施與誰。三既定淨主。理須遙囑。更牒本緣。明曾爲受。又牒前命擬付淨主。且還付汝。當爲淨主善護持故。著用之言隨時加減。此展轉者。初財主付淨者。此一轉淨也。淨者又遙囑人。此二轉淨也。淨主不知。還付財主作淨主物。此三轉淨也。俱淨貪著之

意。

心念說淨法。五分云。應偏袒右肩。䠒跪手捉衣。心生口言。 我比丘某甲。此長衣淨施與某甲。於五衆中隨意與之。隨彼取用。得至十一日。復如前威儀言。 我某甲。此長衣從某甲取還。得至十日。復如初言。我某甲。此長衣淨施與某甲。隨彼取用。如是捨故受新。十日一易。

心念淨法。既是別人。捨心難盡。且令轉換。得延時限。終須對說。方始究竟。不如受衣。非爲轉著。但加聖法。隨身服用。故心念受。與對首同。於五衆中。隨意與者。非謂隨衣各牒施主名也。但展轉淨主。既非目對。故通五衆。至於加法。隨定一人。當指爲彼

財爲彼而持護也。文分爲三。初遙施彼得過制限故云十一日也。後復還加不越常開故但十日。恐至明相依教犯故。又說與彼如前得過故。文捨故受新十日一易者。又荆致也。一是長衣。一是受持更番受淨不得過限。計受持者不畏犯長無奈淨者將是過限所以。指在大日內轉。此之兩淨亦謂開緣盡界無人雖有愚塞。或是非數求足叵得依前十日方得加用。必忽他行夜分還集者未得依此。

金粟淨法。薩婆多云。錢寶穀米並同長衣十日說淨。律本云。當持至可信優婆塞所若守園人

所如是告言。此是我所不應。汝當知之。論云。除錢及寶等。一切長財並五眾爲施主。若說淨錢寶。市得衣物不須淨施。僧祇云。施主若死等不得過十日更覓施主說淨。毗尼母云。若衣物未說淨點淨縫衣著已淨者則名衣和合淨。若色非法縫著如法者是名色衣和合淨。更不須別淨。

金粟淨法中引多論文。開說淨者並謂如法外施。非是求得及餘不淨雖說不成。由早犯故。金錢寶等如律俗人送爲衣價諸穀米等如律路中他施比丘斑豆穀米開爲施受淨人掌舉等。故斯雜物體是繁積時有濟道故曲開聽。如涅槃中爲護法故淨施篤信等。如多論中求可信人。四分亦爾。不許比丘親自執掌壞心行故。餘如鈔顯。引多論文。

所以五眾不得爲錢寶施主者並爲戒制不應行故。言淨施錢寶易得衣物不須更淨者。由初得財已入淨故。今既換得不是意外。本無貪附即本無染故也。又引僧祇施主若死不過十日者。以無所屬故也。此通道俗二主。常須憶之。問。多論淨寶得財入淨不說者寶主若死財衣說不。答。衣寶兩主道俗位分。既易淨財理須展轉。但非外得故開不說。必寶主無還須依淨。由無所指儲積還多。如母論中和合淨者謂說點染三種通淨。開無一墮及二吉羅。如十誦中縫者非法必須剌著方無三過。

諸說戒法篇第五

夫道假緣修業由因積。故能形心淨謐芟翦煩累。是以大慈敷化垂布聲教動搖物善慧利爲先。初即授以戒歸爲萬行之本。次則拯彼衣藥爲攝濟之緣。末則立教開弘爲隨務益業。此三具也。則出世之意存矣。就正宗中第四文也。大分爲二。初緣後法。摩得勒伽論云。云何布薩。捨諸惡不善法證得白法究竟梵行半月自觀犯與不犯清淨身口也。善見云。說戒法得知正法久住。毗尼母云。清淨者名布薩義。

就前緣中雖聞說戒迷意者多。故略敘引廣如鈔

顯。千誦云。佛未聽布薩羯磨說木叉會坐法等。外道譏言我尙有上法比丘無耶。因開比丘說戒布薩。四分中。王欲令比丘集會說法。如諸外道共相來往。佛因許之。然以教法初開事必有漸。古佛道法。何法不無。但爲教迹乃在餘道。故因收集共成一化。外道得其事。未隨相而行。佛隨後制。乃窮理本。令淸心形應道業。故文中引論言布薩者乃梵本音。此以義翻捨惡證善法也。大途如此。僧祇中乃至淸信士女九十六種出家之人。皆半月三受布薩。故彼文云。佛說淸淨是名布薩。卽如律云有

犯者不得說戒聞戒等。又云。龍女受布薩者。卽八戒齋也。故俱舍中云受布薩護。卽八齋也。又云布薩食者亦是淨齋之食耳。卽見論云布薩復八齋也。三千威儀經云。布薩者秦言淨住。義云長養齊竟陵文宣王撰淨住子二十卷。大論布薩法式願誓讚引。須讀者長人神思也。母論云。斷犯斷惑淸淨身口皆名布薩。義掃堂敷座名布薩事。自恣亦爾。故聚諸文。須知本意。不但聞說不行無益也。引見論中說戒法成正法不壞者。良由僧衆淸淨無犯。有犯尋懺通應淨住。戒淸淨故定慧可期。會正

因此相續不絕。故久住相由斯而弘。若至說時無思懺蕩。或不可懺。又不依悔。同衆聞說皆與心違。增煩動悶。事不獲已。不來理得。又恥非數。如斯聞說未足住持。或都不聞。一生虛過。如斯等例俱非正法也。然則有染雖聞聞生慚愧。常思淨信奉應說本。今雖塵點得非來習。則說無益矣。故伽論云。半月自觀若有犯者同意邊懺。豈非淨也。

△就文分三。卽從人也。就前僧中廣略爲二。就廣又二。從初至尼差人來說戒前法。二教誡尼下說戒座上法。前約僧尼隨文分也。就僧義四。一時節不

同。二集衆方法。三布薩衆具。四諸雜所須。廣如鈔中。至時引說。但隨文解以爲三段。

僧說戒法。佛言。若四人已上。當白已說戒。於十四十五十六日說戒。聽上座於布薩日白僧言。大德僧聽。今白月十五日布薩。白衆僧集某處說戒。如是白已。上座應教年少比丘具淨水鐙火舍羅。聽作時若打揵搥及餘時法。若告言諸大德布薩說戒時到。僧集已。比座共相檢校。知有來者不來者。其諸莊嚴說戒衆具。廣如鈔中。

初僧說戒法者。明白告令也。若不預告。或有迷亂至於懺蕩須思識疑。及時集處知須事有故也。文列三日者。皆謂黑白不同方土差異。三皆通正。隨用開得順增三文。若不許者自恣亦三。何爲行也。

然律本中亦云八日十四日十五日者無問黑白
三日布薩也前二爲俗則說法授歸後一爲道則
淨心說戒也言十六日者爲難開延未可常用所
以聽上座白者佛在自說用誡羣品今補位處故
非餘說今時白者多是維那上座不行受命故也
如說戒人本郎上座後開堪能義亦漸也文列某
處者以同界堂多須定處所以不容交亂也教年
少具者以上下有儀無輕擧層也具淨水者擬初
來故以舍羅草名以爲籌計用從事名知眾少多
欲赴布薩會也餘如文指所以至時常說不開者

如十誦云過去佛法幾時住世隨清淨比丘說戒
法不壞時也未來現在亦同此故母論云乃至鈍
根無知有難不得就餘寺聽戒者當略說戒云諸
惡莫作等僧祇中四人布薩俱不能利者不能說
盡者當說四三二一篇乃至偈序餘唱常聞若不
誦一篇作布薩者越毗尼擧眾不利者令上座出
界外心念布薩餘三人界內三語也若八人各誦
一篇當授一聽者既利若誦忘時餘人口授不得
重誦逆誦合誦有忘得補四分中當分人遣至餘
寺誦之至時人謂一篇盡文隨誦接也若爾紛紜

何不執讀答說戒羯磨俱是聖教如世言令未見
執文今所傳授還遵佛世故於聽說何得執讀又
世中呪術尚須誦持方能成遂聖制必依不勞異
解時常行事讀文作法餘法猶可不成咎淺受戒
一事自陷負人深不可也

△就同犯中識疑分二

僧同犯識罪懺白法佛言若僧集說戒盡犯罪者不得說戒不得聞戒不得向犯者
懺悔犯者不得受他懺悔彼比丘白已當懺悔應作如是白言大德僧聽此一切眾
僧犯罪若僧時到僧忍聽此一切僧懺悔白如是如是
白已然後說戒律本更不悔本罪

如何識罪同時犯耶世所同行雖罪不責如受錢
寶爲利行道禮佛誦經所獲贓賄合眾安坐知非
而受是爲一罪通於僧也故律云僧犯尼薩耆者
即斯人也或人別隨犯名種不同校量其罪俱非
清淨雖非同犯無任應說理總白懺露過便滅就
文標緣中僧集說戒者此以時逼無由外懺故律
說云若在說前同犯罪者當詣比近清淨眾中差
人往懺彼來返寺次第對懺今開白者義不同也
有犯不得說者戒法體淨擬敕將犯今自沈溺何
能拯救故不可也有犯不得聞者說序之時文言

俱悉罪者當懺淨者默然今心停罪端然應淨虛欺賢聖甚自負責又不可也不得向犯者懺者以罪積思除引證對息前既有瑕無由遣累又不可也犯者不得受他解罪者懺名上起前證染汙何能生他後斷之本故制不可也既有斯四義從開文作白同懺便應淨法律文不言更懺明知本罪隨滅何以知耶夫懺罪對人令證瑕累今作白告通無纖隱人俱非淨法是除緣如草覆白罪諍同滅亦俱有罪相向露也故作此白一切偷蘭下諸篇罪犯皆除也上二篇罪須僧別法故非所論

僧同犯疑罪發露白法 佛言若說戒時一切僧於罪有疑者應作白言 大德僧聽此一切僧於罪有疑若僧時到僧忍聽此眾僧自說罪白如是 然後說戒此但露罪得聞說戒本罪乃識已懺

二就疑罪者此疑從事生必對方除也如旦食粥似於正食至中還噉有疑犯足須待淨人方定罪目但露無瑕便應淨法故雖白露本罪不滅由未了知不名懺斷不同前白識達無疑告情及罪事同對首有斯異也十誦云一切僧同犯單白向四方僧後如法懺故知不滅矣今時奉教者云我不清淨不合聞聽此未了行教也律不徒然必爲來世但恐大重不應單白縱重學悔猶稱清淨豈今身死總收取乎問今諸罪人意謂不犯傍人審知欲舉違教以律文云不得逼懺者答兩有其致也意謂無罪心淨聞戒不得嬈之令生疑負一不得聽戒二不得懺悔若爾何故不知不脫者答若語自行不以不智隨犯依治也若據眾法謂不犯得聞說戒無違心故不犯謂犯不得聞戒心不淨故又據自行實犯謂無不犯謂有俱須兩識不可任情前言不得強逼者恐發諍競故且任之不同殘中忘謂無覆雖逼無諍故戒文中強與覆法

尼差人請教授法 於說戒日集僧索欲問緣答云差人請教授羯磨文言 大姊僧聽若僧時到僧忍聽僧差比丘尼某甲爲比丘尼僧故半月往比丘僧中求教授白如是 大姊僧聽今差比丘尼某甲爲比丘尼僧故半月往比丘僧中求教授誰諸大姊忍僧差比丘尼某甲爲比丘尼僧故半月往比丘僧中求教授者默然誰不忍者說僧已忍差比丘尼某甲爲比丘尼僧故半月往比丘僧中求教授竟僧忍默然故是事如是持 律本云應白二差一人已彼獨行無護更差二三人爲伴往僧寺中至所囑比丘所義準應差人承受彼囑授尼應具陳所請已至十六日更往僧寺中求可不時若得略教授已還至本寺鳴搥集尼眾不來者說欲已然後使尼如僧中

所告者在尼眾中具宣僧敕訖諸尼合掌頂戴受律雖無文準僧祇律文義如此若僧尼兩眾各滿五人已上方行此法故律本云若眾不滿若不和合者至時但禮拜問訊
尼請教法就文差緣應白二下後往僧相文行略
法廣者闕矣云各滿五人方羯磨差者以尼被差
即所為故非數攝也僧雖有五一須具德二十夏
者若無此夏雖復多人亦不合受以德不滿故
教誡尼法佛言於僧說戒時上座問言比丘尼眾遣何人來耶今但取當時說戒者問之受囑授者即起具修威儀為白僧言大德僧聽某處比丘尼僧和合僧差
比丘尼某甲半月半月頂禮比丘僧足求請教授尼
人三說已義加云彼應至上座所云大德慈濟能教授比丘尼不若答言不堪者乃至二十夏已來一

一具問若無有者還至上座所白言徧問眾僧無有堪者上座即應作略教誡法告囑授人云此眾無堪教誡師明日尼來請可不時應報言昨夜為尼徧請無有堪者雖然上座有敕敕諸尼眾精勤行道謹慎莫放逸
就兩處教誡皆列上座者指本律文以眾首比丘
綱維法務每有事違無不承撫即如前述替補佛
也文中曲指答對往返言議之儀者以見不學識
者年高座首動無法則令空遣尼還曾不對答識
者齊恥故具引之大略如此必有餘暇臨機更道
豈局斯也後說戒座上主客通有賢愚總集何得
自輕

告清淨法佛言若說戒日客來若少者當告舊比丘清淨應如是告言大德僧聽
我比丘某甲清淨若說戒序竟方陳此言必有犯者舉過告僧已餘者次第聽
告清淨法者文引客來明知舊淨若未至序問清
淨處隨到即坐不勞告淨以及後問故多人齊至
一一別說以各自陳也今解告淨不問主客但使
外來不及序問皆須告淨以應後說若爾在眾同
聽有緣說欲後更入眾須陳淨不答不須說也前
告淨者元未預聞此已陳默不勞重告若更須說
即座惡覺亦須說耶佛制心念在眾聞露雖有此
難無文制說然是後來餘不聞者及有憶過不告

皆犯不同在座有開心念各有所以任兩通之
識罪發露法佛言當至一清淨比丘所具威儀說所犯名種白言大德憶念我
比丘某甲犯某罪今向大德發露後如法懺悔三說說戒時憶者須用此法若餘時中依法懺悔十誦云發露比丘不須更發
疑罪發露法律本比丘犯罪有疑復過說戒佛言應發露已得聞戒義準云大德憶
念我比丘某甲於某處犯生疑今向大德發露須後
無疑時如法懺悔三說
識疑兩露與前不同僧同犯故可用僧法今則別
人自有所對清淨比丘故須露已方得聞戒文相
可委

說戒座上憶罪發露法律本爲在座上忽憶本罪向比座說之舉眾鬧亂佛令發露心念應義準云我某甲犯某罪爲逼說戒恐鬧亂眾故待竟當懺悔三說疑罪準此

座上露罪法者又不同前此爲緣開恐鬧眾故開心念成據法準繩應對首心念也然界無對方是本法今對眾念故非前條隨眾即成是但心念法不同對念也

△大段第二略說戒法緣相爲二

略說戒法佛言若王賊水火病人非人惡蟲及有餘緣者若牀座少露溼天雨布薩多夜已久或鬬諍說法等夜久者略說戒五分僧祇並爲多緣開聽略說說前方便一如廣法隨緣緩急廣略說之

就前緣中重輕又別前八爲難不出命梵後多爲緣將護僧故言王難者或將士眾擁寺列兵也賊者如僧祇中突入聞戒既不爲說便加苦惱制令改音誦餘經法不得斷絕也水能漂蕩火能焚灼病須將護拖曳致損人謂惡者伺覓捉縛非人鬼神及以惡蟲能爲比丘命作留難廣文具鈔量時引用餘緣之中布薩多者諸懺非一遂至夜久也懺爲淨罪即布薩也

律中具有三五略說隨緣遠近文非明了今依毗尼母論云若說序問清淨訖應言諸大德是四波羅夷法僧常聞十三僧伽婆尸沙乃至眾學並云諸大德是眾學法僧常聞諸大德是七滅諍法半月半月說戒經中來已下依文廣說若難卒至應隨到處云已說至某處餘者僧常聞若難緣逼近不得說序者僧祇云諸大德今十五日布薩時各正身口意莫放逸便各各隨意去律本至布薩日不得不說若無者應說法誦經亦得

今有行略而無法式就緣緩急故須稱時爲要也常途寒熱容所敘致可廣始終而略中廣也若誦至隨戒難卒排門不可轉誦或加執縛當言餘者僧常聞擲身走出也僧祇所引者據將欲說而難卒至故正身口亦是大意也舉律文中至期必說者以行基所託依準而成故也如無誦戒說法誦經亦抑其次者以戒制附相切要易持經授心識託虛難攝故隨時制輕重不倫各有致也不容愛憎同一說也

對首說戒法佛言若一比丘住處於說戒日當詣說戒堂掃灑令淨敷坐具辦澡水瓶然燈火具舍羅若客比丘來若四人以上應白說戒若有四人應集白說戒若有三人不得受欲應各各三語說戒如是言二大德憶念今僧十五日說戒我某甲清淨餘二人亦如是三說若二人共住亦準此若犯罪者向清淨者發露若懺悔已方得加法若有罪不發露者不應清淨法也

大段第二對首說戒法緣中先辨眾具待客比丘者以出家之人漂泊無侶何有定住是我所也遊

化觀方縱任自在隨處弘道不局坊寺望剎爲居四海爲食故也十誦五分云若聞客來淸淨同見布薩羯磨木叉會坐者舊比丘應遠迎逆輭語問訊代擔衣鉢四事供給湯水洗浴前後諸食一切供給不者與罪何以故以無佛時是人補佛處故是客比丘能廣分別諸法故須供養文中若滿四人應白說戒此具僧也三人已下不得受欲者是法別衆總集各說僧祇令掃塔院僧院內香汁灑地散華香等故律中莊嚴說戒堂也問僧說戒者一人秉說餘皆默坐下至對首皆各表淨者答僧

法位强成辦力大故白說戒通四方故別人力弱但表內淨應上教也何得一說餘同坐默

心念說戒法（佛言一比丘於說戒日如前辦衆具待客比丘若無者應言）今僧十五日說戒我某甲淸淨（三說五百問事云如上加法已有罪者向四方僧懺悔已獨坐誦戒至竟）比丘尼式叉摩那沙彌沙彌尼（爲別餘詞同上）

心念說中如文可知僧祇文如四分若無客者作念若得淸淨比丘罪如法除念已當心念口言三說布薩此即向四方僧發露大如僧中如五百問中文具列者是也縱使三人亦準爲法懺說戒相由常作故即是住持莫不折伏慢幢崇仰至教分傾煩惱

四分律刪補隨機羯磨疏卷第四之上

四分律删補隨機羯磨疏卷第四之中

大唐沙門釋道宣於終南山豐德寺撰疏

諸衆安居法篇第六

（時諸比丘一切時遊行蹋殺生草木斷衆生命根世人譏訶蟲鳥爲譬佛言不應一切時遊行聽三月夏安居有通訶別制出在尼律）

出家慕道馳散非業故當計時擇念義無浮逸今
乃沿隨邑野追逐情塵顛仆巨壑無思返迹是以
大聖以法遮防不許遊涉當居靜處故律文中三
時通制然有待之形託緣不一必量過起夏暑偏
多一則損生害命深乖慈道二招世譏謗不及禽
獸三爲過既深故非道業春冬過少待緣開赴有
斯別故名曰安居釋名者形心攝靜曰安要期在
住曰居也

就文分二初明住法後出界法初爲五初作法不
同二結時前後三夏閏延促四解結成不五背前
結後

就初門中住法有四謂對首心念忘成及界也相
在文中至彼消釋文分爲七前三不分就界爲四
以園界兩所足有雙隻故也用前七法下約三時
則二十一種將此數法以約兩界自然作法合四
十二種將此約人人有五衆則合二百一十種也

有人言前之二法既有聖教可通三時忘成及界
此之五法作法開成本無言說故中安居所不開
也恐不及前故損五利恐不及後一夏虛坐有斯
兩意開於二日中間不開如此約數則一百六十
種以前二法歷三時兩處及以五衆則六十種以
後五法依前二時則一百也如此分相據一人經
多夏一夏有多人故也因此前後泛解有六初開
制前後者對首心念此二制法始終一月一日結
之兼閏得兩月一日後之五法如上是開唯是前
後兩夏各十六日中間二十九日所不開也二結
罪前後者從四月十六日至五月十五日爲前以
不結者隨日不結吉羅後五月十六日爲後若不
結者尼提僧吉也三有難前後者五百問云從夏
初日至五月十五日可日日結坐若夏初有難不
得結者或五日三日乃至一月雖不結之不失前
坐以難不結非是故心此名三十日坐一日受歲
後坐夏人唯得一日結過七月十五日已有難者
可日日受歲盡八月十五日此名一日坐結三十
日受歲也四位約前後者初後兩夏各十六日中
間安居二十九日僧祇云若在道行至安居日即

於路側若於中道應受安居然後往趣所住之處應更安居道中不前安居一越至住不後安居二越據此前結安居若是不應後制但依教法知不成也往住後結可依受歲五行住者對念二法無問行住俱得用之忘成等五以是行人先有要故文云為安居來非舊人也必舊有要例亦開之六據法不同者對念作法以容預故忘等開成恐乖前後直爾便得若直爾得後用加法何為答制開義立何得不有

二明結時前後者問安居修道何時不須偏約在

夏者答夏過多故如上標舉溼熱鬱蒸散亂乖道生譏致謗因斯故制使修自行滿德成事須益物是以春冬隨緣外化若爾成化何局春冬夏中受日隨益開往春冬有過亦通制者答受日深益待量方赴春冬過少故任不結各有義也問夏有四月何但結三答待形須濟事須開捨故制前三特開後一迦提賞勞使作衣服受用資身弘道利俗也又解云四月通結唯初日成必有緣礙則不名歲教急機緩不名智人不可常行攝生不盡故開前一月續結成歲豈不然耶

三明夏閏延促者有人言佛制三月但依教數不勞多事通閏四月也故伽論云王作閏月數安居日滿自恣已受迦絺那衣即此衣成受不成受謂依閏不依閏據此論文明知不依自然得夏并受衣也有人言本契三月不出本界今夏未滿閏中出界即非相續依處安居故是破也昔人不依閏者但數九十日耳今有不依閏者正月便安閏月不安若據多論似攝閏取故彼文云若閏四月者則取前四月受雨衣滿一百二十日此衣開物尚制依閏安居修道理制收閏即彼伽論前安居已

王作閏月本知有故則依閏不合受衣本不知有數日成夏有斯兩文須通兩致如何從開而越本制義不可也問且如閏四月者前四月二十日受一月出界亦應攝閏在法內不答不得也本閏正月故曰閏餘何得攝閏兩月出界安居是制受日是聽故無開也五事賞勞其益亦爾以利是奢酬前功故縱兼有閏但止數滿不同修道慕急通攝也解諸妨盡須次釋延促若夏有閏次分三位若閏五月六月者定百二十日住以含內也若閏四月及閏七月此有延促須細委之就論四月者三

品坐之前四月十六日至閏月一日結者此十六人皆四月住若閏月二日結至三十日結有漸減隨日不定而住若五月一日至後夏初十六日人皆三月住此前二中或有安居隔一月自恣降一日謂正四月三十日結者與五月一日結人中間隔一閏月故前安居七月未去後安居八月一日去是也或有安居隔一月自恣同日去即閏月一日結望五月一日結者亦名隔月也自恣之時同八月一日旦去如是漸減乃至安居隔一日自恣同日去可以例知此前位一段義也若閏七月者

有二品坐法從四月十六日至五月一日結者皆三月住莫不數滿不及後閏故五月二日結至七月末止得八十九日明旦是閏含虛增故不得充數安坐本界盡閏月末至八月旦滿九十日明旦方去也如是日日至後夏初莫不收閏皆四月住是中或有安居隔一日自恣隔一月乃至安居隔十四日自恣隔一月即五月二日至十六日者可以尋知莫誦語也

四明夏中解界結成不者有人言本依界故成安居若解本界便失夏也以失所依即日雖結亦不

成就故文云安居竟應解界未竟而解知非也問在處成安居出經宿破何以解界即日便破答出界外者所依界在要經宿破今解本界失本所依是以不待宿也有人言本作法界結安居已夏中雖解但不出界不破安居以不離處何得說破故律文中來住此已往至餘處經宿破夏今不動離何故有破文列應解須知本緣此元不為安居但欲同法合界故須云解由安居之法不專作法界中結界本成僧事安居隨處並得若依文說不竟破夏者亦可不竟自恣應破夏耶反難可知如在

攝衣界中護衣緣故須解亦應失本所依即日明離然未經宿不說離衣夏亦同此何得即破有人言對自然界中安居結界受日昔解有兩初云失本自然破也文云安居竟應結也今解云本依自然結夏尚成今結作法牢强於本何得云破以不離界故然立心行者行護從急若後作法遠於自然但依自然分齊既無緣難不可後開若結狹本有說依新意以依處安居隨本自然為定由本作法意在羯磨安居隨處不要加結有人言隨後作法是聖教本如依自然護衣後結作法既不失前

亦隨廣護也僧祇云夏中結攝衣界及避難界彼文云前結安居已忽有難起王賊破戒蟲漉不得欲至餘處三由旬內若彼坊寺有比丘者若呼來若出界去已白二結之復欲就餘處者當捨已更結如是捨後結前求適意處若卒難至亦聽直去乃至尼依比丘安居中間或死餘去者亦三由旬內有僧住處通結界取半月往問也上並古師廢立耳嚴事悠悠須知緣本功德衣法實有斯文彼爲合界受衣須在夏末本非界結夏限也不述古語恐誦者致言故略敘也

五明即日背前結後成不者有人云所以不開者爲惱施主亦長貪求故佛言不得前歲也故知當日結已或受日往及不受日皆須經宿後結方成顯前是破雖作背意未宿不破所以即日後結不成者爲不許背請故若爾三衣何以受後捨前者答云以是別屬文無可惱後居反前故不類也今云亦成如持衣也文中破前違要者通攝宿結二人也爲欲彰過略不明成豈可受請即名安居要來住處作法結已後往餘處經宿違要便得罪也所以文中說破者於彼前家應成不成故說破也

故五分云受他夏初請竟十七日方往佛言不得前歲令後安居故知受請不成安居

上明義門今次對文大分亦二即住出也就前居住標法爲二

安居法佛言有三種安居前安居中安居後安居前安居者住前三月後安居者住後三月十誦律佛制五眾並令安居律云尼不安居波逸提僧等四眾突吉羅明了論云無五過處得在中安居一太遠聚落求須難得二太近城市妨修出道三多蚊蟻自他兩損四無可依人可依人要具五德一未聞令聞二已聞令清淨三能決疑網四通達無滯五正見五無施主供給藥食並不可安居律本云安居有四種一對首二心念三忘成四及界並有據緣如下具列

初標緣起有三安居者增三具明前中後也據時

定分初後一日中間安居二十九日就犍度中但明前後各住三月則無中也故舍利弗欲於佛所安居十七日至制後安居據相以言但前一日餘三十日爲後安居莫不望初俱名後故則缺中也文引十誦制五眾者如彼文云誰應安居謂五眾也四分尼三時遊行戒中尼提僧及三眾俱吉羅也緣發在尼體是女弱無宜遊散故重餘分有缺故輕也五分持律有五種安居時依廣誦者乃至沙彌不依者吉明了論中有五因緣夏成安居一處所有覆二夏初十六日彼疏云前後各及十六

日也。三若東方赤。彼疏云。十五日夜分盡東方已赤則入十六日。未赤者猶屬十五日。未是結夏時。若十五日便結夏者此乃春末日不名結夏也。則破十誦講者令及十五日入界內彼文明決。四者在別住中起安居心。疏云別住是布薩界也。安居心有三種。一爲自行。二爲利他。三爲料理三寶修治房舍一腳蹋界起如前心即成安居。第五無有五過如文。初過者待形須濟事籍資緣遠覓妨業也。二者城市猥雜出道清修性相違反也。三者蚊蟻物命惱害者多。或喉形骸不能思擇也。四者八須良友。全梵行基。雖並號善未必相副。故須簡練又須具五。隨問無滯。一也。隨說生信。二也。隨疑決之。三也。問答無疑。四也。辯同見正離諸邪執。五也。又以身非匏瓜繫而不食。前須藥食交濟旦夕無此則不可結也。

△就作法中文略有四。義張爲七。如前列也。

對首安居法。律本云應白所依八言我於此處安居已口言大德一心念我比丘某甲。今依某伽藍某聚落前三月夏安居房舍破修治故。三說。五分十誦云。彼八告所白者言知莫放逸。答言受持。律本云夏中當依第五律師廣誦二部律者若違得波逸提春冬依四種律師違者突吉羅理準律意應問彼言依誰持律者。答言依某甲律師。答言有疑當往問。五分云佛言當於持律者安居。若處所迮鬧者應七日得往返處心念遙依若依檀越村野林樹山巖房舍等安居者並同上文唯改伽藍爲異若修治破壞之語局僧住處隨事量度其四眾作法唯改言比丘尼式叉摩那尼沙彌沙彌尼爲別餘詞同上也。

初對首中。白所依八者是前對證也。下文中若無所依可白制心念也。有八執文以所依八是施主故。或是持律此解非也。多論云。佛亦安居而不對證以得一切智四無所畏故不從他安。又佛自結此法自制此法。故自安居不作三語但一說成。唯佛一人。永斷妄故。餘並對他。文須三說也。正作法中文分八段。初大德念者告所依證無餘想也。二我某甲者簡非他也。三依某伽藍者定所標處隨現言之。不得雙述也。四言前者簡異中後居也。世云若五月十五日月正圓滿時。西國始結夏坐。漢地安居也。滿一月。至八月十五日西國自恣時。漢地已受迦絺那衣一月也。善見論中亦以六月十六日爲後安居。準此時節中邊寒暑早晚故有前卻不同。此方神州曆有三代。漢初猶以十月爲歲暮也。余參傳譯親問來人。鐵門關外覩貨羅國用十二月十六日爲坐初也。準此經中乃坐春初。隨時沿革豈越規猷修道爲先餘避譏耳五明三月者通餘一月爲開制也六言夏者爲除春冬則四月十五日屬春八月十六日分屬冬也七安居者簡遊行故八房舍修治者料理資緣四方僧物法通三世前人料理今得受用現今修補擬用將來若止不修三世不續也所以三說者表無謬濫也若依止山窟樹林則不須陳料理事務如後文也前證須答是知對彼所陳莫放逸者如涅槃云諸善根本此誡敕也答受持者言議往返現前也餘迷所依者以律相指事事雜叢聚識知持犯非律

不明故制依諸餘四不合二藏論理理在虛通縱有邪倒未能卒曉故疑不問所犯葢微應亦結犯以非正故若爾春冬諸過何得獨開答必通懷疑俱不開也但爲過少餘四足用及遠追師不多勞弊夏過繁多恐迷不識故制依第五也五分比丘自不持律文不依持律者安居中疑文無問處佛聽往持律處如文依之問文制依律方隅持少自身他依復須依不有人言不須云也今解須依如五分成方離依止之類今雖無人而有成敎細尋取悟如律五答可也有人言二眾沙彌未受十戒

得安居以不答應供同僧夏末受利雖無戒法隨安居無罪

後安居法律中有比丘四月十六日欲前安居不至所住十七日乃到佛言後安居應準上文言後三月夏安居餘文並如上如是乃至五月十六日後安居法並準前

後安居法中如文準上中安居法道理應具今且略之諸部無也若立三種亦分三位應言夏三月中安居等多論佛常前安唯毗羅然國以因緣故後餘人可學也何事常後

心念安居法佛言若無所依人可自應心念安居文言我比丘某甲依某僧伽藍前三月夏安居餘詞同上

第二明心念法本是對首以無所對開心念也一切心念皆須口言唯說戒座上憶罪露者恐鬧眾故直爾自聞言了爲相也文如前法但略對境十誦五人謂蘭若獨住遠行長病饑時依親開作心念七事謂布薩自恣受日受衣受七日藥與捨請施衣等也

忘結便成法時有比丘來至所住處安居忘不結佛言若爲安居故來便成安居律中爲客比丘本有要期外來託處有忘開結必有住人不在通限若本有方便理通客主也

第三忘成法中文雖小來義通主客有要者成如上解也五分云有比丘爲安故來受房臥具已不

念安居口又不言佛言爲安居受房亦成安也若
爾忘不受日得例此不答諸律無解五百問云夏
中忘受七日出界行憶即悔者一坐中不得過三
悔過者不成歲
及界與園成安居法時有比丘往餘處安居一腳入園及界便明相出如是兩腳入
園及界便明相出如是兩腳入園及界便經明相佛
言並成安居若準八解後二種法應在前後十六日
若在中安居
隨日得結
四及界園中如文列四並爲外來故開成也界者
入攝僧界園者入僧伽藍園故伽論云云何名林
林名伽藍即給孤園是其證也今解所以前一腳

入界明相出成者以恩切不暇開不結成我今兩
足入界雙單在園處界既久容預得結未結遇明
應非前夏佛判云十六日夜分未盡入界雖不說
安開成前故問雙足入出成敗相對未知一足入
出得例前不答要須兩足出界辯破以利勝故若
一出破一入不成皆損行人不名開制大有理也
若爾入淨地者亦應一入成宿二足出免答要雙
足犯一出則免與前例開爲無犯故如受戒法生
善制緣則多捨戒背善故開隨人一說若是乘船
道行會衣夏日例皆準此文中後二在前後日者

如前說也有人言既是開緣何得重制隨三安居
通得開也
△二明出界行法律中有五初受日出法二命梵移
法三和護餘緣四受出逢難五無緣經難不來成
敗就總分二前一有法開出後四無法爲緣初又
分二對首眾法也且總簡約四種不同一對人二
約界三前後四相攝初中七日法者別人所持羯
磨眾法唯僧所作互乘不成今亦有人對首受一
月者愚教人也知何不爲猶知受法此癡而作十
誦應界內從五眾受七日也訃互非所足何得從

受此立法通文如五眾安居例此各從所位也二
對界者七日既是別人兩界通成羯磨須作法界
也三先後者昔人云先受七日後便十五日以文
云受過七日法等今解不然本未有緣何得妄受
隨事有無前後皆得文列過七日者立法限約豈
有事也此羯磨法是過七日緣耳非謂曾用今受
月也四相攝者謂先受七日更受一月攝而通用
有人言前受七日用竟不論若受未用即羯磨受
攝前對首人在眾法以法強故若前羯磨受日用
盡方得更受七日法也以一身中無二法現故文

云。不及即日還受七日也。又不及七日還用羯磨法。然今七日未盡。何得以羯磨受。明知相攝。今解云。不無此理也。但本是一緣。不得有長短二法。可如前判。今前後別緣各依受日。前法被事。事未是息。何得失法。如為患事須服酥油。兩緣未差。口法隨在。律列三品受法不同。並約眾緣不可受用。故不及即日。例用七收。明知以法收緣。依緣法則隨有也。就初法中十門分別。一定緣是非。二對緣離合。三受法差別。四懸受相。五不得互。六重單異。七隨事不同。八法盡事在。九僧尼分別。十明諸部。

就初緣中。通而辯者。要深為三寶。情不私涉。縱有召請。心無懷利。但為益他。皆聽往赴。若往非法。或生破戒。雖兼三寶。皆不成受。以佛法所貴清淨為先。今往染汙。雖受破夏。冒數為歲。依次受利。皆攝涉盜戒。善見云。偷夏唱大。得物犯盜。二就私事為求衣藥。命難將及。何得不開。隨受皆成。若為治生求利。乞求衣直。即是違負。不如不受。但犯吉羅。入可懺限。總斯兩位。約為五緣。一者三寶勝境緣。僧祇中為塔事開受。五分中為佛法僧事。十誦中若為誦阿含不通。欲通利故。更從他受。得破安居故去。四分中為誦梵動經通利故。聽受日去。案記云梵動經不傳此方僧祇云。若有如是事。為塔為僧所求索者。要有所得衣鉢諸物。使得一事。不得越界。如是事訖。應還本住。若半月一月乃至後恣。應還。不還亦越。道路遇難。即彼自恣者得。此僧祇中依事受日。故隨事訖須返本界。四分以法收事。片有不同也。二道俗疾病生善滅惡緣。如律為益得生信樂聽去。十誦云。為七眾故皆受七夜。興福設供。懺悔受戒問疑受法。有病遭難。但使生善皆聽去也。故彼文云。優婆夷言教我治病服藥食飲看病所須。但隨

所應白事應去。不遣使來亦應為去。如中路聞死返戒入外道眾。若八難事起。皆不應往。如四分中信心檀越繫閉諸難。雖非受緣。然開往也。即道俗相依。事相濟故。三者父母大臣緣。四分中二人懷信及不信者俱聽往彼。悠悠生福信樂者聽。若不信者力能返心亦應去。十誦中父母事者不問遣信不遣信俱去。或有外道召比丘來。我欲祠摩醯首羅天神等。皆不敢去。佛聽往彼。為清淨故。乃至中道聞死須返。四者為求衣鉢病藥者。若自病重不堪受日。即是命難。直去亦得。如不得隨意食等。

若知他病無人瞻視不問召喚聽受日往及爲覓藥食隨方遠近皆得行也五爲和僧護法事者律中顯緣未明受日必有和限依受聽去無限隨事可準僧祇或重破僧卽以事去四分緣中十八不同十四是檀越餘者佛法僧事也

二明對緣離合皆得別受無疑就總受中但使緣如隨爲多少皆非過也如懺同名異種罪法或張王兩緣各是七日不可合用羯磨半月以事各是別人所行止得前後受七日也如是例之若俱三日或復互減可同七日彼此兼用衆法離合可例

成之或張是別緣王是衆法隨依受之通用如上也

三受法差異者餘就文消然初日未得卽往縱過三期亦得赴彼由事在故法無失也異七日藥過期過起縱病未除制從日故又四分受依日爲量異十誦文彼計七夜故文中云及七日還也或途路不遠當日往還請召須宿亦依法受若爾開者何以律云不及卽日還聽受七日也答言不及者俱爲緣故或事或情不可一準

四言懸受者本有前事可牒緣成既無實緣不可虛牒一則不可倚傍二則本無實緣三則不知期限四則妄受僥倖一向不合也如律無事及減年等皆非法緣加羯磨不得若爾不成何故分房聽爲未來受答此但對事進否無法開成五百問中夏初卽受七日三十九日法好臨行受者亦得若無法者白日出界夏雖不破要須懺悔準此似是懸受然彼出界要須受日不爲宿也若得懸受何以十誦云無佛所聽緣受日出界經明相出破夏也以文證前本非受宿也

五明互用者有人言既有受法但是事如互用無

損所以知之十誦云有殘夜在白已餘用故知得互今解云法事兩緣義須相會本雖爲僧事竟殘日於佛無法何得妄用若爾何因十誦開白殘夜答此謂同事暫往卽還恐疑輒往故白殘夜非謂異事本無心受何得白行若本三寶俱須經營作法之時文中含攝是俱有心法復通也故十誦云比丘受日到聚落中七夜未盡作事未竟來還白佛因聽餘殘夜去云我受七夜一夜已過餘有若干夜往彼出界既云所作事未竟明知本事不可雜妄也

六重受得不有人言安居立行修道爲宗緣急開三以濟時要何得重受無此理也故十誦中爲破僧故聽受一七夜不得受二七夜乃至受三十九夜已破安居去此文明矣有人言修道務急何得制往必有緣來隨意開得今以義通并以文證初解通者如前檀越召受七日後有三寶要須經營何得不開明知亦得若爾何故十誦但聽初七今解初制不可怪也或一事上不重二七豈制異事不許受耶望法似重望事望緣前後不異何得重也數隨事受雖是非重如受三歸及五戒等隨人

不同皆言最初故知通也若言本事不得數者如爲父母受日往彼限滿留連尚開聽越今更受往何如彼往不受便得若言留住過限得夏是難故開父母令我更返受日乃至三寶經營未了受來重往不往大損何得不開又如官事須二三日曾受七日何能不去等爾直去寧勝如受夏制本意無事遊行今大緣來依法受往非專擅去何得獨制律云不及卽日還聽受七日此是通文不專一事如緣所列父母兄姊並開赴彼兄以前請父後又召豈不開之律中但言佛未聽我如是事去因

以白佛佛言隨聽往此卽重文以先開故早已依行後復緣來疑以白佛佛卽聽往豈非重也如四分中一夏受日開十八緣或更有者十九亦得如非時入聚落佛制囑往豈可前開後者不許五分云若有請無請有疑故問須出界外一切皆聽受七日往豈前須問後不須也若如所解十誦何通今云不許二七夜者彼受日法但有二位故對首七夜何得重加故云不得二七夜也不妨前後去者亦得若爾和僧用二法已破安居去者答受法依限前二有期故開隨受既用法盡和滅難期知

用何法往彼和也理須破夏是所開故若不爲和破則獲罪若定可期如前必聽依僧祇中還同十誦可用事訖彼不互用故須破夏豈得重受二七夜反成破夏頓受一月倒是安居有何意耶昔人又云半月一月雖同衆法長短緣異不名重受約義以觀卽開重相重加羯磨但隨緣別七日亦爾可以例之五百問云受七日行不滿還返後行不須更受滿七日已乃復更受若慮忘亦可日受一緣亦得再三受七日也此五百問卑摩羅叉口決也其人翻十誦者既有此通義無疑矣文明了論

云七日有難隨意行善解三品九種類解云安居有三緣故得出界此三各三種故成九種論云有事先成七日緣後成七日緣者解云雖請七日事竟不還破安居得小罪若事未了極得六夜第七日還至第八日更請七日出界宿先爲師病受七日出界外至三宿病差卽須還界本處別有施主請仍得用後三宿住本界外若後仍不了更請七日是則先後俱成七日緣此中開互用者由師病時施主請至故兼之也二論云有事先成七日緣後成有難緣者解云先爲施主請七日出至三宿

竟還本處聞有水火難起仍往餘處卽其事也三有事先成七日緣後成隨意緣者解云本住無好知識諠動妨業又無食藥先爲施主受七日出界經三宿事了應還本處有緣仍往有知識處名隨意行是其事也若有難隨意行作句準上然非受法但經一宿破安居有因緣故不得罪也若無緣出界反上得罪余親問翻經三藏及餘梵僧周五天竺無單受法但令如法隨事開也但正文如此義無抑塞恐事乖法情挾贓賄不得受耳

七隨緣長短者但令事是正須一夕並修七日以

法收緣如文不及卽日義開七日也夏中可爾夏末五日如何成受餘日非夏限故解云乃至七月十五日亦作七日法受餘日雖非以法成故律制三法餘日通束也縱引十誦亦同此解今夏末三日在不重受家既曾受日若受月法文是破夏由緣不合止可端然破夏虛歲問曰今有七月九日受七日法出界不還夏成以不答破也何以知然夏有後開無前開也以七月十五日須及夜分還返本界如律所制及七日還令限明相乃在界外絕此分齊故說破也若爾何以律文最後自恣七

日在受七日不還不犯者答謂七月十六日是最後自恣日也如急施衣中說之今此人以七月十日受七日故彼第七日是夏滿不來無犯又問七月十五日明相未出隨行不犯相出是開何有夏破答止爲明相未出須返界中名爲及法相出界外故違本制又問制及七日是有法緣至明夏滿法隨事失有何犯故令我破夏答日夜分齊約明相分第七夜分明相未出自屬前夜明相若出卽屬八日制七日夜須及界中今不在界故翻破夏至十六日自是後開由違前制故說破也若約此

解十誦亦及七夜返還同四分何有異耶明相若
出不及夜也如是思之
八事訖不來法有無者有人言事訖不來夏亦不
破以法在故如七日藥與欲類同狂病得法病差
不失等例也若爾不失與僧祇事訖有何異耶答
彼中隨事不隨法也此隨法故致此不同今解不
同不可依也事訖法謝十誦明文不同欲法羯磨
不牒今受日法牒事加之故謝法失亦如藥法病
止無用又不同狂解須乞故何因浪引令此煩釋
九僧尼不同者昔人解云尼隨僧受三法過緣上

下同處不說為異故無妨也今解不同性是女弱
未假多遊外化非廣理不同僧如僧祇中尼安居
中無羯磨受事訖法聽受七日四分亦爾如三時
遊行戒中唯有口受不云多日可準斯用也
十諸部同異者十誦廣開七夜緣下文唯為和僧
鑿寺聽三十九夜白王乞救不言餘事僧祇安居
中為通水故因聽塔事僧事作求聽法五分僧私
兩事具開三法如四分文今依當部但有月緣過
此已往無文所許執不同者不可用於三十九夜
及以事訖也若有不同可用諸部四分有法不可

通行不意本宗緣如事正者如鈔別行事中
就文分二初緣後法
受日法時有佛法僧塔事及父母檀越召請受戒懺悔等緣并瞻病求藥問疑請法如是諸事不知云何佛言不及即日還聽受七日去不及七日還聽受十五日去不及十五日還聽受一月日及一月日應還其三種受日並不通夜不同他律又所為之緣但是破戒非法事者並非正緣不成受日及破安居十誦云應五眾安居五眾受日若受日往赴在道事盡即須返界以無法故明了論中有重受七日法僧祇律云比丘尼無羯磨受日法若有緣開七日
緣中標舉名目下列諸緣可解也佛言不及即日
下列三品受日以法收緣也引十誦五眾者以世
多不行故重及也若在道事盡者釋成法失也明

了重受者釋除疑執也僧祇制尼者濫僧罔上也
恐未見義門略示成否相耳
事訖羯磨受日法僧祇律第四十卷云路遠緣長為塔事僧事應作求聽羯磨事訖應還有人加僧忍聽此安僧聖教彼羯磨例同大德僧聽某甲比丘於此處
雨安居若僧時到僧某甲比丘於此處雨安居為塔
事僧事出界行還此處住諸大德僧聽某甲比丘為
塔事僧事出界行還此處安居僧忍默然故是事如
是持
羯磨受日法佛法東流數本羯磨乞受日法全缺不同皆自意言未尋正教今學所宗但依律本本既無乞不可妄加又括諸部並無加乞應告情已羯磨者如是白言大德僧聽若

僧時到僧忍聽比丘某甲受過七日法十五日一月日出界外為某事故還來此中安居白如是。大德僧聽比丘某甲受過七日法十五日一月日出界外為某事故還來此中安居誰諸長老忍僧聽比丘某甲受過七日法十五日一月日出界外為某事故還來此中安居者默然誰不忍者說僧已忍聽比丘某甲受過七日法十五日一月日出界外為某事故還來此中安居竟僧忍默然故是事如是持。

二正加法緣中諸集法者四本不同加乞不定也。初人加乞羯磨不牒恐成增法此古羯磨也。第二人雖著乞辭準乞覆藏兩偏牒事時到已前增加乞辭忍聽已後略事而作羯磨亦爾此光師魏世盛行也。第三人但準六夜乞法牒緣誦事並盡以律文云不如白法作故今若增減並不成也。凡斯三集文局義通有人定判依受夏破今解不然俱順教故增乞減乞各有所憑羯磨大途猷規在故依受不失至時口解近世諸師不加乞辭準律直誦以律制斷加乞是增不敢輒用問凡受日法為防破夏夏是私緣若不求請何容妄與故乞是也。答凡情所信憑教為言律既缺文不可妄著不

同杖囊加乞是法以彼白中銜乞作故翻傳漏文非是不合統通諸部杖囊皆乞故非輒加受日不爾三律無乞問杖囊加乞受日不準者和僧諸法唯出德衣餘法皆無不應準著解曰此言理也謂在前和不由此和用入羯磨乞則不爾不入增故問德衣一法何故偏和答此攝利奢受者多故今捨須眾故偏問也。若爾半月說戒不是奢法應不須和答說戒攝僧住持萬載若不和合不成僧義故須同法表無乖競也。有人解云一切眾法俱有和也文或全缺故致不同餘不出者但是漏略有人言諸師解繁以意分二若僧差難起不專私意但依律作用乞何為如沓婆被差五德知事等例必為衣藥看病問苦既是私緣非乞不委加乞不妨故前三家集意在此不由此乞號加羯磨故律中增應作一白眾多白是名增也文句非應妄有所加即律文云不如白法而作白也今時加乞準諸乞辭及入法作亦準諸法何得專制獨斷不成義不可也。羯磨文中前告情者是乞家緣也當量機轉勢不可氷執文列二法者以不及七日還則但加半月法不及半月者但加一月法不得俱誦

二法則四十五日也。問：受月法時何不言過半月者？解云：七日別人，餘皆眾法，但云過七日，明知餘二俱白二也。同是眾故，不說分也。問：今受半月一月法者，若值小月如何數之？答：依律文也。半月加法云十五日，則不問大小，數日滿還返。如十誦中三十九夜也。若受一月，則依大小，不可數日。如律云住三月等，小攝其內也。

對首受日法。律論但聽受七日，並無正法。傳用羯磨白中義亦無失。十誦云：若無比丘，當從四眾受。應告言：長老一心念，我比丘某甲今受七日法，出界外為某事故，還來此中安居，白長老知。三說。十誦律云：開獨住比

丘心念受日，應準上文，唯除所對之言為別。

次對首中，雖無正法，準白中用。十誦令從四眾，可是正教，如前解之文，非可用。有人云：但告四眾知我行往，何如不告？故猶勝也。今解不然，立法須定，安有比丘對尼為證義，即敗也。若欲通消，但得心念。必欲令知，口告處所，終不以此為受日法也。

命梵二難出界法。律中若安居中，本二、大童女、婬女、伏藏欲來誘調比丘，又有惡鬼、怨賊、毒蟲、惡獸，不得如意醫藥使人，我若此住，必為我淨行及命作留難。佛言聽去。準毗尼母論云：移夏不破安居。諸部無文開。

次解命梵二難出界法。緣列本二、婬女來誘調者，淨行難也。凡心染愛，無始纏懷，今暫割削，遇緣還起。故有境來，知非是淨，或因斯次，有犯重障，說為難者，因中彰果。若已犯者，不名難故。惡鬼、毒蟲、不得如意醫藥，斯命難也。律中但云即應以此事去，不言得歲。有師解云：既開無罪，用夏何為？如明了論中有難隨意行，俱不得歲也。若依律中二處安居，二處受衣，準此無夏不得受衣。今得受衣，明知有夏。又五分云：食麤不足，父母親戚苦樂等緣，我若住者，恐失道意，及命梵，和僧聽破安居去，無有罪也。十誦云：命梵者此無罪，不言得夏。和僧復云

破夏去也。僧祇中有二難者，接界通收，此應得夏。直去不得，以無界隔。毗尼母中如文所開者，大如四分前所解也。明了論中安居有難者，住處多有博易來往，見此生貪，致犯大重，即以為難。餘可例知。又云：但破安居，不失夏。夏計行功，不虧法，故安居在處出，故名破也。古師解云：二難移夏多文不開。既是制限，從初去日外覓安穩，未得已還，雖經宿者，不名懈怠，不破安居，反前成破。若得住處，夏法隨身，不須加法，即成前後，不得輒出，出須受日。縱使去後本住夷靜，亦不得還；若後難起，更覓安

身亦得隨返如是廣知。
三明和僧護法者律中僧尼兩衆各鬪亂起若不
爲和便更增長就中爲二初以當界諸僧由我住
故便生鬪亂爲重此和便出界去後爲彼故往以
言化今時事在和忍不行故略指也如僧祇中若
爲和故受日往彼中前若了中後須還暮訖曉卽
還不來則破如是受日可以例諸
受日出界逢難法律中比丘受七日出界爲父母兄姊等至意留過日或水陸道斷遂卽過限佛言不失歲
四者限滿不來中但爲至意所留非故延限私涉

方便致爲宿者依法破夏道斷得歲非故專往由
本有法也若難盡不還自卽破夏
僧祇云若受日在道不得迂迴當日若了卽還本界
五明當日出界逢難經宿者律中辨失並約經宿
必有斯緣無文開得昔高齊世昭玄十統盛集明
德共評斯理並懷慈濟通僥倖故案記云彼時立昭玄司十僧統

諸衆自恣法篇第七

同住久處心性義開陶冶精靈方符正量故陳已
懷累通告前緣必事糾治無宜杜默故能展轉相
清淨也就文爲二標緣作法

時諸比丘共住受持瘂法佛種種訶責言此是白羊外道法自今已去聽共相檢校知有罪無罪有十利故便得正法久住應安居竟自恣也
初標目者如十誦云云何自恣攝衆僧故善惡相
化故以出過罪如法清淨故伽論云欲令諸比丘
不孤獨故各各憶罪發露悔過故又以苦言調伏
故又得無病安穩故自意喜悅故清淨無罪故緣
列其住受瘂法者由妄設法因言致諍俱行默然
何事乖越佛法不爾義須識非生知者少必假良
友豈伊不語何得離愆言滿天下無口過者豈聖
人乎故訶言同白羊也至死無聲此但强戾須作

何善故佛制之相檢校也又表一歲之勤情本據
道中含非法正缺道標義須清蕩無瑕受歲今若
相默豈抱過生年故須相檢應僧淨法也十誦云
若受瘂法偷蘭以同外道故僧祇中不得受不語
法若欲方便少事不語得至半月於布薩時應共
語問訊問事答事呪願等也過布薩已續復如初
若憍慢瞋恚而不語者越毗尼若爲年少欲折伏
者聽十五日不共語論至布薩時還共語作說戒
也如是展轉善見云若僧立非法制夏三月中莫
語莫眠莫出莫受供養者不從無犯

就後分文前僧後尼僧中分三節三人也就僧分二節廣略也大同說戒故不義張廣亦如鈔至時引用就廣法中文分爲四初明白二差五德三單白和四正作相

僧自恣法佛言應十四日十五日十六日自恣餘辨衆具如說戒中比丘不知何時佛言聽小食大食上上座應唱令白云大德僧聽今白月十四日餘日準此衆僧集某處自恣

初白辭緣應十四等者律列三日如下文中各有所爲然德衣法云安竟自恣及急施衣中皆十六日爲竟故也今行事者多用十四日後夜作者古

德所傳不可輒用脫明相出何得有成僧祇中八萬人同自恣時恐明出者滅衆界外深有由也如母論云九十日中堅持戒律及修諸善皆不毀失行成清淨故安居已方自恣也古人傳者以將竟故終須坐守夏末非緣不及竟也

差受自恣人法佛言聽作時若打揵搥若告言諸大德自恣時到僧集已應先差人應具兩種五德一自恣五德不愛不恚不怖不癡知自恣未自恣二具擧罪五德知時如實利益柔輭慈心也十誦五分並差二人以上若衆止五人前後單差若有六人一時雙牒而作羯磨應和問答已白言大德僧聽若僧時到僧忍聽僧差比丘某甲某甲作受自恣人白如是大德僧聽僧差比丘某甲某甲作受自恣人誰諸長老忍僧差比丘某甲某甲作受自恣人者默然誰不忍者說僧已忍差比丘某甲某甲作受自恣人竟僧忍默然故是事如是持作此法已兩五德者方從座起至上座前禮僧足已然後蹹跪和白

二差五德者緣制兩五德初自恣五德取不愛等以衆雜是非染淨同住無宜枉濫坌汙僧倫知時知法非人不顯故須之也又取擧罪五德者衆以清淨爲先過犯具彰何得杜默故須擧處德人行事也言知時不以非時者擧過諍靜無不和順也如實不以虛妄者有實非謬有根不濫也利益不

以損減者欲令清淨美德外彰也柔輭不以麤獷者慈心慰拔無鼓怒也所以差二人者威儀經云相向出罪不得求餘僧不差故今行事者如文所牒一時雙差五人前後互爲足數不容濫故如十誦中並差二人取上座也來至執足口說求聽若是下座不得執足乖儀式也二明行事時有立差後又立白俱不可也文相具足

白僧自恣法佛言自恣時應知比座有來不來者聽先白已然後自恣作是白言大德僧聽今日衆僧自恣若僧時到僧忍聽僧和合自恣白如是佛言若比丘應十四日自恣比丘尼應十五日自恣此謂二衆相依住法若無緣者二日

俱得自恣

三明和恣法單白如文下云比丘十四日者以僧須在前恣眾治舉旣犯淸淨方合受尼若制當日更相勞擾故餘如前解

正自恣法佛言應偏袒右肩脫革屣胡跪合掌應一從上座作次第應離坐自恣五分云取草布地令在上自恣老病者隨竟復本座應對前五德者言也大德眾僧今日自恣我比丘某甲亦自恣若有見聞疑罪願大德長老哀愍故語我我若見罪當如法懺悔三說律本云若說錯忘一一授之其二五德準僧祇云各至本座處自恣不得待僧竟其眾僧自恣已五德至上座前告云僧一心自恣竟便如常禮退出十誦律

四正自恣法前緣如文所以具儀者旣自陳請故現卑遜言離座者捨憍慢故布草坐者恐有損故餘如鈔中若依增一佛坐草座告諸比丘汝各坐草座默久告諸比丘言我欲受歲我無過咎於眾人乎又不犯身口意乎如是至三舍利弗言無三業過所以然者不度者度作眼目醫王大千界尊何有過也就文分五大德者正告五德求聽說也小者言長老眾僧今日自恣者牒僧恣時也我某甲亦自恣者下應上法縱陳過咎恣僧舉也若見聞疑罪下我有三根慈誨賜示五我若見罪下從聞悔過成我淸美所以三說者表仰囑之勤非是濫託也上且一途釋其大小更通論之長老乃大故經中長老舍利弗賢者阿難等律中不定今略釋之行解具故名爲大德年臘高遠名爲長老如俗中云長老之言也前單牒者但告五德後雙牒者勤重之志在僧故也何以知然律中不得疾疾竊語故是對僧令知名目理須淸朗擬眾通淨也僧祇亦云長老及僧自恣說又知通告也問前對小已得如文中云大德不答具德差遣咸所推敬何得不稱善見云大爲大德小爲長老且分二人

義通上下餘不可盡也其小五德在第二上座前立待眾首竟方互跪對作大五德者下至第三前立如是展轉廣如鈔中所出文也餘有如文至時口解

略自恣法佛言若有八難及餘緣如說戒中事者略說自恣但對首有二略單白已有三略如鈔所明若難事可得廣說便廣說若再說若一說若不者應如法治

就略恣中對五德者有二略二說一說也親對五德緩急自知任時量事不須和白不對五德有三略者則百人爲五十對一時彼此三說再說一說所以須白者旣不對五德成和在僧故須先和後

方如作也。

四人以下對首法。佛言若有四人不得受第五人欲更互自恣應盡集自恣若有四人應更互自恣如是白言三大德一心念今日眾僧自恣我某甲比丘清淨三說已若有三人二人亦準此法唯改對首人數為異又不得別眾及以有犯並不應此法

對首恣中四人不受第五人欲者通須盡集則展轉得成僧法若有四人不得如僧以所差人不足數故但彼此三說也。

一人心念法。佛言若自恣日往說戒堂掃灑敷坐具盛水器洗腳器然燈火具舍羅為待客比丘若無來者應心生口言今日眾僧自恣我比丘某甲清淨三說

心念法中大同說戒前修眾具如文可知說已心行應於僧故以即法不二十方同遵故曰今日眾僧自恣也。

尼差人自恣法。佛言比丘尼夏安居竟聽差一比丘尼為尼僧故往大僧中說自恣若僧尼二眾各不滿五至自恣日比丘尼往至比丘所禮拜問訊若眾滿者應索欲問緣答云差人自恣羯磨應云大姊僧聽若僧時到僧忍聽僧今差比丘尼某甲為比丘尼僧故往大僧中說三事自恣見聞疑白如是大姊僧聽僧今差比丘尼某甲為比丘尼僧故往大僧中說三事自恣見聞疑誰諸大姊忍僧差比丘尼某甲為比丘尼僧故往大僧中說三事自恣見聞疑者默然誰不忍者說僧已忍差比丘尼某甲為比丘尼僧故往大僧中說三事自恣見聞疑竟僧忍默然故是事如是持。佛言彼獨行無護者應差二三尼為伴往大僧中禮僧足已曲身低頭合掌作如是語比丘尼僧夏安居竟比丘僧夏安居竟比丘尼僧說三事自恣見聞疑罪大德僧慈愍故語我我若見罪當如法懺悔。三說已良久僧上座告言徒眾上下各並默然者實由尼等內勤三業外無三事故不見犯雖然上座有敕敕諸比丘尼眾如法自恣謹慎莫放逸使尼禮僧足辭退至本寺已集尼眾等傳僧教敕如說戒法所明也此自恣說戒略教授法律本文缺義明前後而臨事必須條理不容杜默故且略標一句以表常式得時行用未必依文

就尼法中要取兩眾滿五已上方得治舉行事具

也不同教誡約夏量德四人已下縱有所陳治舉非數此相依法制在八數今時殆盡彼此缺矣何名正法返千載乎近有行事或別房中或在戒場將五人僧受尼請恣且得酬於下眾非是佛制本規嗚呼見此良悲法滅餘亦須述知復何言。

諸分衣法篇第八

夏末受利將有濟緣受納乖儀福流非地故須具瞻諸施立法通局則能所無瑕不為施墮可不好耶。

於中僧得施有二初謂七眾所施為僧得二謂道俗所施為現前若約緣就時不出六種

初標緣中道俗兩施各有所在。

△先以義分後就文解初義四門一定時非時體二現前僧得有時非時三作法不作法四位例差別。

初明體者時有二種初一月五月是饒益夏勞俱五利時如律毗蘭若請為安居故施名為時也除此已外名為非時律中時有檀越為施塔故及亡人會現前僧大得可分衣物留過安居佛言不應留過此是非時衣現前僧應分準此為言但一年中不為夏勞即名非時何獨迦提五月之外第二明諸相有六不同初有二門一二部現前及僧得也

後有四門一部現前及僧得各如文解第三明作法不同有三種現前一時現前二非時現前三二部現前不須作法以四種定故一者時定皆據當受故二者處定隨家隨界故三者人定隨現集數故四者法定莫不約人約物唱籌分故三種僧得中二種僧得須作法者四種不定故迦提月中隨日即是故時不定隨處作得隨人集分但令及法即三不定法不定者五人已上展轉分之餘則對首及心念也就二部僧得一往隨人多少物亦相參等半分已隨部立法如文顯之以僧尼無其法

也有人言時僧得者直爾攝取以四定故留至非時方作法分若爾何以文言相待亦囑取者答有三義一元是界內二身同受施三有安居勞後來界外闕他二義故制不應此處安居餘處取衣也今解須法若不作者何名為僧何名限約界外來至何得不給若許不與此即現前非僧得矣故文云彼得夏衣應心念口言等即是加法也又十五二律云安居時僧得施者應受持若淨施人不爾者後來比丘應共分故知須也四位例者此一門義止分上別若不顯知雜合叵見初位為二者一

檀越施二亡僧物就前又二現前及僧得現前又二時及非時各一部二部僧得亦二時及非時非時有三一常住處二約界得三隨僧得此下二門各分一部二部於中有一人法二人三人四人五人已上作法各別至時口引就二部中一對面施二部二互施二部如五分中非安居時比丘住處施比丘尼無者僧應分尼坊施僧無者尼分時中亦列二部互施第二亡僧物中至文解釋

一二部僧得施法時有住處二部僧多得可分衣物時比丘僧多比丘尼少佛言分作二分無比丘尼純式叉摩那亦分作二分若純沙彌尼亦分作二分若無三眾比丘僧應分若比丘尼多

僧少若無應分作二分若乃至無沙彌者比丘尼應分得物已至當部中皆須作羯磨分所以名僧得者以施主心普均一化物徧通十方但有僧尼皆沾其分故名僧得還須僧法羯磨遮約十方來者既作法已現前自分羯磨如後

就初門中明二部僧得施者以本通施故無尼三眾亦總屬僧無僧二眾亦總屬尼所以不計八數約部分爲二者由僧尼位別本主標通望僧行施故約部也二眾互無互得受者據望由通僧義不異若不互受恐失福緣故開互取也釋僧相者以心通一化隨預僧海咸沾受故若不法約現僧無義可分作法之始還如亡物輕法

二三部現前得施法爾時世尊三月靜坐唯除一供養人時有六十頭陀比丘往至佛所爲佛所讚諸非頭陀比丘捨衣成大積佛言應布施眾僧若與一人聽與比丘尼非衣若行波利婆沙摩那埵比丘應與分七羯磨人應置地與若使人與若沙彌應等與若與半若三分與一守僧伽藍人應等與若乃至四分與一分若不與不應分若分應如法治○案四分據記疏四應作五

二明兩部現前施法如今俗會即行施者西梵不行錢寶以是制故隨得衣物相參數人分之此正教也與尼非衣者律無正解諸師各指勘究皆濫今但約文非衣相故與令作也行殘法者治輕手付七羯磨人恐違奪行故置地與殘中亦奪自乞行懺不同七法強抑治之沙彌同位僧因相假但以位卑行缺故有降也言等與者與大僧同一疋也言與半者大僧一疋彼二丈也言三分與一者即四丈中與沙彌一丈也故異部云一大僧分與三沙彌是也所以等者莫非福田同應供也守寺淨人應等與乃至五分中與一分者體非福田以供僧勞望僧故合不與不應分者以制在僧僧須周給今但繼於上尊不兼及下失於僧和無礙即非僧義雖分不合又是盜攝也

三時現前得施法時有比丘在異處結夏安居已復於異處住不知何處取物分佛言聽住日多處取若二處俱等聽各取半若大得可分應隨數人分或墮籌分乃至一人直爾攝取不作心念法

三明時現前法中以安居故爲福故施隨其勞限各取分也

四非時現前得施法時現前僧大得可分衣物佛言聽數人多少若十人爲十分乃至百人爲百分若好惡相參應使不見者擲籌分之不合羯磨

四非時現前者如上二部此據一眾隨人故也

五時僧得施法時有比丘未分夏衣便去後分衣而不待來又忘不出行者分不知成分不佛言成分衣應相待亦應出彼分應羯磨分之如非時僧得施法佛言若一比丘安居大得僧夏安居衣應心念口受言此是我物三說已若受不受更有餘比丘來不應與分

五分時僧得者夏勞開受施通一化若不作法何

以約之。

六非時僧得施法。得施有二。若道俗作檀越欲以施物普通十方皆與施福故律云時有異住處現前僧大得可分衣物分衣時有客比丘數數來分衣疲極佛言應差一人令分白二羯磨與其正法如後分亡人輕物中說二者若亡五眾所有衣物佛言應一切屬僧然僧有四方現前不同故物則重輕兩別文約輕重物中分處非唯一軼具如後十段

六非時僧得就文為二極分明也。

初明五眾死物之所屬。十誦有比丘死衣物眾多王家親屬並欲取物佛言王親不合僧應得之乃至今時雖依三寶出家財法必緣僧得佛法非分故入二僧廣如鈔中說

二分法十種。一者糞掃取如五分律水漂死者二者現前取如十誦學悔人擯人守戒人共住互死者三同見取如律此彼二部互死者四功能取如律云三舉人死入同羯磨舉僧五二部僧取如

律無住處死薩婆多二界中間死六面所向取如論二界中間死七入和尚僧祇云彌死衣物令和尚知八入所親白衣薩婆多云滅擯人物九隨所在得如十誦寄人不寄處等十在眾中死羯磨取廣亦如鈔說

三同活共財法。律無正斷若取分別共財則除隨身之物已外中分入僧同活則任在者籌量出處多少但取實情生死同志則無負犯若涉私懷具招兩過

四負債法。佛言應問言誰負病者物病人負誰物知已應索取若負他者聽持長衣償若無賣三衣償有餘與瞻病人僧祇云當深察前人可信可證明者與之反此不得

五明囑授。佛言僧問瞻病人言病人有囑授不若云病人臨終時言此物與佛與法與僧與塔與人若我終後與者佛言應索取現前僧分五分若生時與人未持去者僧應白二羯磨與之

六分物時。僧祇言若病者死不可信應持戶鉤付僧知事人然後供養舍利毗尼母云先將亡者去藏殯已送喪僧還來至寺取亡人物著僧前然後依法集僧分之

七斷輕重物。十誦病人死無看病者取衣物浣洗曝卷攝除擔入眾中律云彼持亡者衣物來在眾中當作是言大德僧聽某甲比丘此彼住處命過所有衣物此住處現前僧應分。如是三說毗尼母云並取衣物在僧前著已遣一人處分可分物不可分物各別一處

正明處分。佛言若比丘死若多知識若無知識一切屬僧若有園田果樹別房及屬別房物銅瓶銅瓫斧鑿鐙臺繩牀坐蓐臥蓐氍氀車輿守僧伽藍人水瓶澡罐錫杖扇鐵作器木作器陶作器皮作器竹作器及諸種種重物並不應分屬四方僧氍氀長三肘廣五肘毛長三指剃刀衣鉢坐具鍼筒俱夜羅器現前僧應分之律文正斷如此餘有不出者當於諸部律論聯類斷判當觀律本判意不容緩急自欺必欲廣知具如量處重輕物儀中俱夜羅器者謂減盋次盋小盋及餘鋺盞器皿

八量德賞物。佛言五法成就應與病人衣物故知不具則不得賞一知病人可食不可食可食應與二不惡賤病人大小便唾吐三有慈愍心不為衣食四能經理湯藥乃至差若死五能為病者說法已身於善法增益僧祇律有四種暫作若僧差作自樂福作邪命作並不合賞若為饒益病者欲令速差下至然一鐙遇命終者便得此物五分云多人看病與究竟者律云當與受持衣若不知者當極與看病與上三衣隨看中下與衣亦爾十誦云若不信者與不好不惡六物五分十誦云比丘病二眾合得比丘尼病三眾得摩得勒伽云白衣看病應與少許尼三眾同之十誦云看病人為病者出外乞衣藥者留待還付之五分外界看病者依法賞之

正明賞法。佛言應與瞻病者六物謂三衣鉢坐具鍼筒盛衣貯器應如是與大德僧聽某甲比丘命過所有三衣鉢坐具鍼筒盛衣貯器隨當時有者牒入此現前僧應分。若僧時到僧忍聽僧今與某甲看病比丘。白如是。大德僧聽某甲比丘命

過所有三衣鉢坐具。鍼筒盛衣貯器此現前僧應分。僧今與某甲看病比丘。誰諸長老忍僧與某甲看病比丘三衣鉢坐具貯器者默然。誰不忍者說。僧已忍與某甲看病比丘衣物竟。僧忍默然故。是事如是持。律本具明有德合賞。若無德者。理非僥倖。必知事勞無有法益者。可入輕物作法。然後和僧準論隨功賞贈。九分輕物法。毗尼母云。五人共住。一人死。不得作展轉分。律中出法少不具足。今準非時僧得施羯磨具有展轉之言。則五人已上須用此法。律文當差一人令分。白二羯磨。如是與之。有人存三番作法。此思文未了。亦有存二番法者。今準羯磨文中具含付分二法。餘無故不出。準律羯磨云。大德僧聽。某甲比丘命過。所有衣物現前僧應分。若僧時到僧忍聽。僧今持是衣物與比丘某甲。某甲當還與僧。白如是。大德僧聽。比丘某甲命過。所有衣物現前僧應分。僧今持是衣物與比丘某甲。某甲當還與僧。誰諸長老忍某甲比丘命過所有衣物現前僧應分。僧今持與比丘某甲。某甲當還與僧者默然。誰不忍者說。僧已忍持此衣物與比丘某甲。某甲當還與僧竟。僧忍默然故。是事如是持。作此法已。隨人多少。取其衣物依數與之。不宜別施。更招漏染。非佛制故。五分云。若不偏者。和僧與一無衣比丘。善見云。若一衣極好。不須割破。衆並有者從上行之。須者直付之。四人分法。毗尼母云。若但四人應作直分羯磨。其賞看病物。義準三人口和。以衣付言。諸大德憶念。今持此亡比丘某甲衣鉢坐具等隨有言之。與某甲看病比丘。三說。自餘輕物應準作直分羯磨云。大德僧

聽。若僧時到僧忍聽。某甲比丘命過。所有衣物現前僧應分。白如是。大德僧聽。比丘某甲命過。所有衣物現前僧應分。誰諸長老忍僧今分是衣物者默然。誰不忍者說。僧已忍分是衣物竟。僧忍默然故。是事如是持。若捨衣。若分衣。若客來。並如上。衆多人分法。毗尼母云。四人共住。一人死。應展轉分。捨衣已賞勞法。但二人口和付言。大德僧聽憶念。我等持是亡比丘某甲衣鉢坐具鍼筒盛衣貯器與某甲看病比丘。三說已。其輕物者。準本律云。應彼此三語受分。應言。共大德僧聽憶念。此亡比丘某甲衣物應屬我等。三說。餘人亦爾。若有二人。亦須準上。其賞勞直付。三語雖了。分物未入手。客來須與分。一人心念法。毗尼母云。一相應法者。二人共住。一人死。在者取衣口言。此某甲亡比丘物應屬我。作此三說已。手執物故。後來不得。十得受衣法。僧祇云。若為病人求醫藥衣食。及為塔事僧事。雖當時不在。並應與分。善見云。若界外比丘入。亦須與分。謂在羯磨時。律中有比丘無想別衆。不成分衣。又現前施中。得與沙彌淨人分等或半。如前分別。十誦云。比丘有衣鉢寄尼者。若死比丘索取。先見者分之。若在白衣家死者。輕物隨五衆現前分。重物任意遠近有僧法寺付之。若無五衆者。律令信樂檀越應守掌。若無五衆來者。應送與近處僧伽藍僧。餘如鈔中。

其亡物重輕作法制約在文。雖具終須開示。廣如鈔中及輕重儀之所解也。至時兩引。同歸一致。並須當法量斷。不容臨事遲疑。

四分律刪補隨機羯磨疏卷第四之中

四分律删補隨機羯磨疏卷第四之中

大唐沙門釋道宣於終南山豐德寺撰疏

懺六聚法篇第九

上諸門中被於行淨專精之人。但以五濁澆風鼓扇塵境。不能制割。遂與犯同。若不淸蕩。未曰智人。覆藏瑕疵終歸顯露。故當及時早懺。不可後世悔之。今多憍伐自矜。謂能拒抗前惡。深須量度。是何位人。然後自高可得度世。不然縱毒知何不經。生後苦楚。孰難遭遇。故論說言。地獄中陰身猶如鎔鐵聚。熱惱燒然。苦不可得譬喻。宜當除懈怠晝夜

不休息精勤修聖道。必使盡苦際。斯爲聖言量也。同舟各審知之。將欲解文。先以義顯四門分之。一對治方法。二理事不同。三小大對緣。四滅伏之意。初中凡罪生也。託因從緣。因卽妄心。非有謂有。隨有興我。便計彼此。卽起集業。故經說言。一切諸法自本來今。性相空寂。而衆生虛妄橫計得失彼我。起不善念。造衆惡業。輪迴五道。億劫不出。二者妄緣境有色心。由之造業。不知心變。妄謂他有。還緣自心。故反纏裹。如說三界上下法。我說皆是心。向造諸業。但知唯心。則無分別是彼此也。旣識起因。

能感後習。一感種類相續而起。二招苦報生後當受。今改前非。將修後是。從緣生滅。斯苦世法。於彼惡業特生厭賤。發重慚愧。立對治過。洗心懺悔。懺者梵語。本曰懺摩。唐言悔往。亦曰卑敬。存二方言。故曰懺悔。懺字後立。非此書也。取其義意。謂不造新。則此懺謂止斷未來非。悔謂恥心於往犯。由斯善故。已起無緣。當生無續。雙礙緣續。說名行除。又由斯善來感樂報。差彼苦緣。名爲報除。若欲懺者。略知此意。然雖開懺。經論不同。如十地中作業定故。則不可轉。如涅槃中有慚愧者。罪則非有。無慚

愧者。罪則非無。斯是了義。定業難絕。故有解言。所造重業。三時中定。報不定者。遇緣可轉。則有相除。如造重惡。定生報受。以報可轉。便加懺悔。由此懺善。亦居生報。奪惡不受。一差永定。故名報除。由行善故。亦是行除。若時報俱定。不可不受。則轉重令輕。如闍王之懺。亦名報行兩除。若時不定報定。及時報俱不定者。此造業微。易懺伏也。問。所造惡業。謝在於往。體是無法。何得言滅。答。如成論云。所造雖往。不無曾有。爲因成就。是以懺時悔有不悔無也。問。上明懺者爲斷爲伏。答。經說爲滅。論說爲伏。

據實爲言懺不滅惑但易奪抑伏耳要得無我方伏不起比丘犯戒依律懺者性罪正業隨至治際遮罪非情依法滅也又解云解惑與事名實不同何者是耶事滅有行迭相抑伏後勝相遣若上品惡業下品懺者非其敵對故強者先牽故惡不滅要須還起上品善業抑伏惡也中下相對餘可準知理懺空行達理爲先下解斷上惑上解斷下惑也何以知然如諸見等無始名重誰謂是非作意窮尋一見永見如析石喻也但思擇我畢竟無從於此生忍則無生解貪瞋等惑緣附事深入並知

非無由卒捨故至七學猶被纏之要須方便勝智乃斷如藕絲喻

二相對不同一強弱異者業招苦報生因中強惑正障解習因中勝二空有異懺業俱有有二相除有輕重故懺惑不同能治是智體空無礙所斷是有霜餤不俱三次第異懺業之方先後不定隨牒入法起對則伏斷惑不爾要先除我故論說言由此我故造集諸業乃至四住後斷無明四者類遣異斷惑用智如醒一方餘隅自反懺則隨牒一一別除如鋸木斫樹若防未非例同斷惑如初篇業麤不待勝心離之則易乃至第五同彼貪癡自非專護何能免也

三小大對緣就大乘中事理又別初依理者要識心本是大乘理其體清淨妙用虛通妄想故垢知垢是心意言不生外塵自遣何以故本不了心妄取塵境隨境起業業生妄受今達本妄體虛不實自恥往業妄搆所造如蠶作繭非他所纏深生慚愧誓斷妄習如斯念念不妄境緣無量罪垢自然除靜故如文解二者事懺如世常行或依堂塔或依繕造佛名經教禮誦諸業皆緣事起依此運心

隨所興起計功分課稱情愛戀違意憎嫌此不淨心未足除罪要先折伏人我貪競銜悲自咎曲身退迹推舉於他以事抑故由我惑壯不解思微屈苦低抑猶不可伏何況特懺用以爲功所以大聖布此良規正治我等麤重人也萬五千佛日須一徧阿彌陀佛日十萬徧如是讀誦營事諸業並定頭數計功自勵若有不至此即懈怠何名畏罪即地獄人如是鞭心如是立志雖名麤業世中罕有縱或行者多著名利諂誑自高復是輭賊羅刹妻也若欲行時須具五緣一請十方佛菩薩等爲明

證人以我心微假强緣故如諸佛等常在目前但罪垢故如盲不見動心緣事佛已先知何況浄眼對面行罪深可慚也故諸行人若微起惡常思佛前則愧息也二誦經呪爲妙藥也隨經能治但不至心若不專緣情則馳散故制束心在於口也三說已罪名如涅槃說爲惡不善等四立誓言從今已往福始罪終乃至成佛懺悔本宗斯爲要也故雖行懺後出懺場還尋故惡者由本結心不牢固耳所以諸習還相圍繞可不見耶五如教明證當緣塵境或夢或覺非是妄心之所變耶又非魔鬼

之所惑耶若是魔者我之所行未出魔境魔何由來將非我業之妄現耶令我心著重起倒耶若知唯心境不滅者將是我心之所妄耶如是覆疏本即非本何由靜妄知妄非眞即此非眞還傳妄耳如斯反識分了妄因又識此了還知從妄不爾欣慶隨妄不返深須早練不容自誑俗中識者年至五十知四十九非何況學道而懷習著則不可也二就小乘律中懺者亦有五緣一能二所三心四相應五究竟也初就能中一是五衆犯過之人二備儀相對下加四對上加禮如前明也二所對有

七初是同衆同戒見者二淸浄戒具如五分中蘭若所說同犯開懺請命難也餘如下文三作請辭四依教說五者可懺即輕四篇六說名種非有疑濫七勢分相及非別衆者三明懺心文有三也內心慚愧最是治本二立誓永斷此即懺悔也三露罪示他恥更後犯四心境相應者彼此言義迭相領會也五者事成有三謂教具足及訶責立誓故自責心生厭離是也三領受無違即答言爾也四大小所明滅否相者有人言大乘懺者得滅業也一者理深藥妙二發悟悔過起治行勝三多身

修業非一形證故也今解云經雖說滅不了義也望後理觀遠通說耳但地前故業分段所攝用以招生若據小乘增上忍中相似無漏惡道女業方得不受故成實云得世上見雖來往生死乃至百千世終不墮惡道若論別報無學未免故有貫腦之苦碎身之痛地獄燒身飢餓切體復何可論一思至此業之善惡俱不可作古人有言愼莫作善斯有遠旨如造世善生極有頂婆娑三界更增苦諦如燒金丸不可觸也又就律中懺重之相雖非即數有可收理盡形行學障地獄故餘至文解

上略義述須通融心。不爾晨夕直在佛前低頭妄懺。心多無記。更增慢習。不如不作。至時觀之作何物在。

今須消文。前緣後法。以懺悔法人並誦之。多未識曉。故引文示。

懺悔法。律云。有二種人。一者愚癡。謂不見犯。雖見犯不能如法懺悔。二者智人。即反上句。未曾有經云。前心作惡。如雲覆日。後心起善。如炬消闇。故經律俱明懺悔。

初列愚智者。深心不樂為罪者。何由可逢。但犯常思。即懺未代所幸。言不見犯者。由本不學。故作謂無。不以無知說言無犯故也。言見犯不如法懺者。

雖知犯相。但誦文言。事犯相互。有無不達。或濫褒過分說言一切。或對境癡教未曉。與奪或非。數妄坐造諸別相。故雖加誦。非緣所壞。通名非法。故文引未曾有經者。明凡下所造皆從妄習。慧心生也。今隨妄懺。覆本罪緣。還由心滅。是則生滅在心。知其營營本不生也。由妄生故。如此紛紜。悔於往業。用息諸後。不行妄也。斯為語矣。行心難矣。勤則不難。非聖學聖也。前引經律。釋成兩懺。

然懺法多種。若作事懺。但能伏業易奪。若作理懺。則能焦業滅業。

二明就事懺。能伏業者。義已明之。今直消文也。以恆三業晝夜六時繞旋虔誠。面對儀像。由善伏惡不隨起。故但是事伏。未息業源。不名滅也。言易奪者。若不行懺禮誦。諸業惡常現前相續不已。如家犬也。今發善行依教懺蕩。暫奪惡念。何由全遣。如逐還來也。故須常行常照。方能常遠常明也。良以事有對除力勝互起。可不然乎。若作理懺。能燋業滅業者。常自思擇識妄覆心。奮發力勵。無時離我。涕淚橫垂。衣毛為豎。乃至流血。慨生死過。故論說此為種解脫。如是積時漸覺輕利。於彼惡業分絕三塗。故名燋業。正見明白了知無我。隨登聖位。方

能除盡。故名滅也。故論說云。一生種解脫分善根。第二生修。第三生證。斯利根也。若有鈍者。乃至六十劫。上言懺業業何有滅。由分入聖生數有期煩惑既靜。業本無潤。於彼生死翛然變易。迥越諸有。傾四住故。自三賢已下分段未亡。招生感報。輪轉不絕。況餘煖頂退造諸逆。同凡受報。焉可言哉。底下諸凡福業不淨。何能參道。妄自矜伐。故常思量繫緣知妄。心須依理。形恆逐事。晨夕鞭策。用卒殘命。故智論十住婆沙云。菩薩晝夜六時禮十方佛懺悔勸請隨喜迴向。自餘凡俗未足自欺。終盡百

年恐同禽獸也。

先論利根依理斷業。如涅槃經云。若有修習身戒心慧能觀諸法猶如虛空。設作惡業患惟觀察能轉地獄重報現世輕受。若於小罪不能自出。心初無悔不能修善覆藏瑕玼。雖有善業為罪垢汙。現世輕報轉為地獄極重惡果。是為愚癡。若犯四重五逆謗法名為破戒。有因緣故則可拔濟。若披法服常懷慚愧生護法心建立正法。我說是人不名破戒。成實論云。有我心者則業煩惱集。若無我者則諸業不能得報。以不具故。未曾有經云。夫人修福須近明師修習智慧悔重惡業。華嚴經云。譬如幻師能幻人目。諸業如是。若如是知。是名清淨真實悔過。

引涅槃文為救重逆慚愧護法是根本懺。引成實者為明理懺之本據也。須識倒本。即謂我源。俗人尚云無固無我。強作抑制我心無我。況是聖法不可虛言說為無我。引未曾有者以力不專制須得善友。引華嚴者識業非有隨心妄起。如我身心豈是實耶。了知如此分見分除。不了此理漸昏漸厚。何時可淨。如磨鏡喻可以知之。

二者鈍根依事懺者。若依大乘則佛名方等具列行儀。依法懺悔要須相現準教驗心。若依律宗必須識於罪名種相。隨有牒懺若疑不識不合加法。唯除不學者隨犯結根本。此但滅犯戒罪也。故智論云。戒律中雖復微細懺則清淨。犯十善戒雖懺三惡道罪不除。如比丘犯諸性戒等。

二者鈍根。根非是鈍。但學之晚。人皆謂利。誰肯云鈍。有言鈍者心謂我利。如此煩惱反覆陷人。不識其畔。未可依理。故須事懺。如文可知。今準心論。若樂罪時須修事懺。若樂福時須修理懺。理則無著。著則還縛。須知分齊。就觀理中。小乘極處人法二觀。對我觀析唯見是塵。對陰求之但唯名色。求人求法了不可得。是為空也。大乘極處空識為本。初淺滯教謂境是空。了境本非性唯識也。略舉觀門行體如別。文云律宗識名種相者。名即六聚所結正也。種即當聚別類所收。相謂隨犯之眾數也。隨有牒懺者不可深褒也。疑及不識不合加法者。既迷名種知牒何罪也。除不學者隨結根本者。此除疑也。以深達教相恆懼陵犯。雖疑迷忘不結罪也。

若爾我本不學事法俱迷。亦應不犯。今解不然。彼有心持忘悞犯境非罪心也。卿無心學已結違願。不了境事是不學迷。隨所犯緣並結正罪。問。彼學無心犯境非犯。我亦無心何得犯耶。今解。心有多種。彼學識犯於境知非。開無犯者心不緣境。卿今緣境能所不忘。但不學故不知得失。與犯緣同何得非犯。且以一犯以問卿緣。如與士女同室宿戒。一知是士女。二知同室內。三知無命難。四知隨坐臥即犯。四辨知是犯緣。今何得逃罪。若原不緣境非學之功。亦同前免。文云但滅犯戒罪者。以性戒

故損物情也。雖依教懺，止免六聚，至於業道，終須
慧觀增上忍時，惡道便止。如文所列，亦如上解。
△就法依聚不分自六
懺波羅夷法。佛言：若比丘、比丘尼若犯波羅夷已，都無覆藏心，當如法懺悔，與學戒羯磨，奪三十五事，盡形行之。若眾僧說戒羯磨時，來與不來無犯。若更犯重，應滅擯。僧祇云：若犯重已，啼泣不欲離袈裟者，又深樂佛法，應與學戒。比丘不淨，彼不淨食；比丘亦不淨，得與比丘過食，除火淨、五生種及金銀，自從沙彌受食。十誦云：佛所結戒，一切受行，在大比丘下坐，不得與大僧過三夜，自不得與未受具過二夜，得與僧作自恣、布薩二種羯磨，不得足數，餘眾法不得作，得受歲。律云：不得二眾中誦律，無者聽之。毗尼母云：與學悔法已，名清淨持戒，但此一身不得超生離死，障不入地獄。
初懺夷中，此根本罪，聖道之源，既已毀犯，一生絕
分道，猶尚可奈，生報何？如僧祇中，捨此身已，來報
即墮阿毗脂獄。如罪福經，隨犯一重，則九百二十
一億六十千歲，與他化天同壽受苦。洗心歸懺，佛
教亦開，良由眾生信法未久，懷毒著妄，不思來苦，
故迷造重，後發勝心，悔過前失，亦令學戒，預入僧
儔。諸律名為學悔沙彌也。四分中都無覆者，方與
行法。若順教緣犯，竟無覆，即從求學，今時濁重，不
言開懺，或初雖覆，覆緣不成，並同前開，以無覆故。
或有違教，初極覆藏，今始發心，則是制限，若不許
懺，是教不周，律制學已，更犯方擯，不言覆懺不許。

悔學故，戒律中多從緣起，因制入法，至於後犯，未
必如緣，婬戒本二，自是制緣，後犯刑科，何問新舊？
言都無覆，方與學者，對下二篇故說斯耳。此既同
死，開懺若生，何得片藏，餘露將乞，故隨犯者皆同
學之。僧殘不爾，尚有咽喉，慧命未絕，戒身猶在，隨
其隱顯，露者前除，餘有覆罪，行乞行懺，致有罪夜
離合，於緣長短，有斯量據，致列開制。若論作法，鈔
中具張，以懺者疏薄，知蹊術，下文隨顯，至時口判。
懺僧伽婆尸沙法。佛言：若犯僧殘已覆藏者，隨覆日，與波利婆沙；行波利婆沙已，與六夜摩那埵；行摩那埵已，當二十僧中出罪。若犯罪不覆藏，僧應與六夜摩那埵；行此法已，便二十僧中與出罪羯磨。若二種行法中間重犯，隨所犯者，與本日治；行此法已，然後出罪。若行波利婆沙者，得羯磨已，奪三十五事，在僧下行，八事失夜，白僧發露，供給眾僧，盡覆日行之。其摩那埵法與別住法並同，唯在僧中宿為異。

懺二篇法，此悔次重，義張四位：一、覆藏罪隨夜隱
者得吉羅也，前須懺之；二、覆藏情過，此無罪也，但
是內藏瑕累，外現清白，罔冒僧倫，輕斯法律，故隨
隱日作法補行，伏在末席，折挫形心，即如文云隨
日與波利婆沙也，此名別住，別與下房下臥具宿，
不同僧住，故名也；三者僧殘情過者，罪次極刑，理
宜專奉，故懷放逸，造斯重過，情不可容，恐延後習，

制與六夜僧中苦行望以勗勉慚恥至極永為鑒誡如文行波利已與摩那埵也此翻意喜由先行覆日月頗遙洗懺之勤不無疲頓此與六夜清淨有期故自私喜不辭苦也亦為僧喜以見犯者罪易而懺難但覆在心過隨事逆同戒懷此為之生勸及與六夜僧慶罪根將欲除拔故亦同喜也四僧殘罪者根本正障沈滯身心要假羣僧同時共拔故文云二十僧出罪也至於乞法與行加奪失宿諸務極繁鈔列增卷今但知有懺則據法須緣事會漸希故闕文也必行其儀鈔中具矣

懺偸蘭遮法罪緣兩種初明獨頭偸蘭有三差別如破法輪僧盜四錢盜僧食等名上品若破羯磨僧盜三錢以下互有衣相觸等名中品若惡心罵僧盜一錢用人髮食生肉血裸身著外道衣等名下品二明從生者十誦云從初篇生重應一切僧中悔若初篇生輕二篇生重應界外四比丘衆中悔若僧殘生輕應一比丘前悔薩婆多云懺法與波逸提同前獨頭偸蘭懺法亦準從生上中下懺應知

懺第三聚法名如戒疏且釋罪緣獨頭從生各分三位如文具列名相顯矣至論懺法亦希故略已前三懺罪事非輕悔法繁密理須精練自可持律行用是常餘者博尋終成虛托必欲清蕩即是智人觀緣執法固無有失縱舒撰文非學不知徒費時功未辦前務故闕而不載必臨機秉御大鈔詳委

文列已前三懺明不廣之致及委付之文也其相易曉

懺波逸提法悔通僧別故前列三十唯據對首後列九十由貪慢財事輕重二心故分二位懺捨兩據

懺第四聚法具列三十如文辨懺必對僧者以因財事生犯貪慢所成正乖出道若欲洗懺非別能除制僧為境對之生愧能絕後犯後九十者隨事生犯過非貪貯故不假僧對證便滅有斯別狀故分兩位

△就前三十約境為三即對人也就對僧中位分為四初明捨財二捨心三捨罪四還衣前捨財中緣分為二初明捨財儀式僧中懺法下明捨懺所為也

前懺捨墮佛言犯捨墮衣不得遣與人作三衣作波利迦羅衣若數數著用衣若淨施應捨已然後作淨此尼薩耆衣當捨與僧若衆多人若一人不得別衆捨若捨不成捨得突吉羅故知三種懺法又犯通僧別界分二所並委詳思

就前文中犯捨衣不得與人者既已犯過義須捨淨愧於罪失直爾乞人制本淨心豈在財物故不許以不淨財施後受穢果必欲乞人如律捨遣三衣法服不容非染故不許也波利迦羅百一供具亦合受持還須淨財非淨乖受數數著者犯捨須懺謂破離罪故即制捨隨著結罪若淨施者體是

染財何堪淨法此愚教也俱須捨已後得如初方
如前緣五種用也此尼薩耆下明對境捨梵本如
此唐言盡捨於三境前俱不別衆問對僧絕後可
是上言亦有對別何名殷愧答本制在僧雖開別
人界還僧法不得別也唯制不開則犯捨極多求
僧叵得思淨無路故隨方面三境通行不許別衆
望僧生重隨人立捨且濟時要可不好耶言犯通
僧別者律云誰犯尼薩耆若僧若衆多人若一人
也如現前僧同財多貯取受錢寶以利求利俱是
不淨也界分二所者即有法無法兩地俱知分齊

各有所集

僧中懺法要須五人以上爲受懺者僧中捨墮有於三種初明捨財謂離罪緣中明捨心謂離罪因後明捨罪除生死業此之三捨懺法宗途義類通贖
二明懺捨所爲要須五人者以懺主單白和僧之
時非是自量義須他也身外須僧故五人攝如上
僧義也有人言律制捨財須在僧中對別盡集故
是僧義懺罪別衆同九十也以三說提墮何有乖
各有人言罪藉財事捨懺相符安有捨僧懺別正
乖文也彼人解云元制須僧正明財也因捨即懺
事在僧中故罪別除須有前證無宜妄受情和取

開故有單白若財事用盡正悔本墮則同九十可
更集僧前人解言聖制前列終爲重緣財事生犯
犯豈輕小故須僧悔理非別除如乞縣衣畜貿寶
等文非僧捨罪亦僧除若爾須者何不列懺答前
捨對僧因明僧懺此對非僧因略不出可以不出
即不須懺文既不了須用他部十誦多論並制僧
中若爾制僧當受懺時便懺九十兩得以不答輕
重乃殊同篇聚故問既同合懺何分輕重答約心
業重故捨緣心心不除者還不成捨故對僧也約
罪同墮報苦不殊如懺對別三說不異

初明捨財三十捨中乞縣作衣畜貿二寶此之三戒不對於僧餘者皆通三境今摘取數犯者以爲標首捨法有三初五長之物二離受衣三餘雜捨等辦定此三訖將往僧中佛言捨與僧時持往僧中偏袒右肩脫革屣向上座禮蹋跪合掌應作如是捨言大德僧聽我某甲比丘
故畜一三五八事長衣犯捨墮故離僧伽梨宿犯捨墮自買得一事衣犯捨墮我
今捨與僧一說若知數者隨多少言之若衣財衆多乃云不憶數也唯除三衣一種以必有數若衣財多處並隨處捨已然後懺罪由通染犯故也乃至罪名多少並具明牒準律如此不可疑作
就捨財中有二初辯須不者捨財雖多義張三位
一定長財二定受衣三定餘捨就定長中有五種
義不在說淨雖復過限無入罪也何者是耶一隨
受持故如三衣鉢具及盛貯所須也即簡二離衣

宿六年不揲雨衣之類俱是受故不勞說捨餘並例之二隨重物故如十誦善見云牀褥薦席枕几隱囊氍毹衣帳牎戶簾幔屬房之物不合說淨受持四分他與作被八不淨財不在淨限三隨供具即百一之物雖不受持不許說淨故謂小次諸鉢鍵鎔香鑪靴鞋屩韈之屬也四隨犯別過如取尼衣等入手即犯不假說故淨法簡境有過不合故五是說淨有緣故開如負債未得他寄未受貴財未入寄他主無邊表開緣絲麻毛縣不入尺寸如是諸物雖經多日不在說限就曾入已寄他可索。

必須集之不可遙囑故論說言尼薩耆者名為盡捨片有所留還能染漬就已屬已除共分者未割兩段知何頭是故不合說已外不問重輕十六枚器販博財食氈被絲縣衣鉢鉼椀紙筆雜事雖非犯長皆由取納乖方斷當高價並入賣買捨墮受持衣服須練離緣本不淨財無受法故不可捨也就入捨離知何緣失為界為隔為情為染深思懈慢故違須捨上定三位餘希不列若財產繁多徧歷餘處不可通集隨處各捨然後一時加懺法已次第還得二明對忘成否者若捨心淨還衣未說見本忘物尋即相染須通更捨作犯長法若說竟見及未還見皆依後捨不染前淨以無畜故若本畜心捨而不離雖無忘染有心貯故捨不成捨還依本長有人云我後見忘作心施人何得染者答卿心麤也見便生我即是染竟後方施人文是佛制具兼兩犯何得無心問捨財實有謂無成捨界實別眾謂無應同答忘財不集非情不礙別是情礙向故成僧故有謂無各有其致文中僧捨有三財是罪緣者非法貪貯輕慢戒禁故是緣也言捨心者貪慢為本最須先捨故捨猶畜不名淨心言

捨罪者若不洗懺苦業長劫故須瞻曉即是稱量之謂也就捨儀中列三物者以長能染須宿淨心故別還也離衣雖捨即座須還本非貪積由慢惰故若又經宿令他得罪不得同長一處束也取尼迴僧之物單是事違若捨量時故又別牒相連總說各段別捨餘如文相至時更顯可引鈔中相足消釋。

中明捨心薩婆多云衣已捨罪已悔畜心斷當日明日或得本財及得異財並不犯二者衣已捨罪已悔畜心不斷當日明日得本異財並犯由心染故三者衣已捨罪未悔畜心斷者若即日得本財異財犯突吉羅今按諸律論捨墮還財並由僧量不自專已或永棄捨或永入僧或還本道俗或通施七

衆如律本斬壞入庫之例等是也故捨心決絕曾無顧緣若還本財事同新得如法說淨應本白法今此律宗言非虛設既捨與僧心亦無繫故律本云若不還衣若著用破壞受作三衣但犯突吉羅止是失法之罪

中明捨心者以長衣犯相隨貪心成故論顯之爲捨方便就文三句中初句中三相如法雖得本財不犯染也問上解須宿爲欲淨心今文當日何不同者答若心不淨多日亦犯如論第二句也今此淨心故開受故如四分中遠行等緣當日開取同斯意也或可本財自是已物未曾入已後得非染及異財者非望送故第三句中犯吉羅者罪須前

懺然後還衣以還違敎又心斷故止犯小罪下引諸部及當宗中斬壞之屬成前淨心不可猶戀故捨隨用但犯吉羅文成捨意可不明也

捨罪法佛言彼捨衣竟即於僧中懺悔

三捨罪中有七緣一乞懺二請主三白和四說相五捨罪六詞治七立誓要僧中具七衆多唯六除乞懺辭改單白和爲問邊者對首則五無乞無問餘相可準至文不解委亦如鈔

乞懺悔法準律本後文出當作是乞大德僧聽我某甲比丘故畜衆多若干長衣犯捨墮是衣已捨與僧今有衆多若干波逸提罪從僧乞懺悔願僧聽我某甲比丘懺悔慈愍故三說

就僧乞懺者未必更事威儀即前捨相如文詳允準律滅諍知此乞辭義張文句也若犯經時有用壞盡雖無財捨而有本罪亦隨牒入十誦五分云犯捨墮衣火燒腐爛蟲嚙斷壞賊盜所失但如法滅罪不須捨也若失奪者即此名捨有殘段者亦不應捨但如法懺罪僧借衣皆得受持離宿懺罪衣不須捨上殘不須謂是碎壞不入尺寸故多云牛嚼鼠嚙火燒衣者過日犯捨若依僧祇受用犯衣與墮合懺輕重同乞有人誦者不成捨墮以四分中同篇合懺異者不合故文云若覆藏者先與吉悔後治本罪

請懺悔主法佛言若一住處一切僧並犯罪者不得向有犯者懺悔有犯者不得與他解罪若有客比丘來清淨無犯者當一一往彼所懺悔若無來者當詣比近清淨衆中懺悔此比丘當還本住處餘比丘向此比丘說犯名種懺悔若能如是者名清淨五分律云若有命難因緣佛開同犯不同犯並得受懺若無緣者不得故律云有二種癡謂不見犯從犯者懺悔律闕請法今準義應須言大德一心念我比丘某甲今請大德爲波逸提懺悔主願大德爲我作波逸提懺悔主慈愍故三請未得答其可不

二明請懺主文中多列者以世人多言下至不同犯故若是容預非淨不合必兼命緣同犯亦礙以

經有犯三根具委如何對證息後犯也須識清淨者用發勝心豈唯前境故僧殘出罪倍受十八生彼心也必欲投懺往彼橫死雖未乞行罪說清淨準此量境境是心境用境發心心微境劣故須選擇不可妄行故文云癡騃所及

和白法應索欲問和已答云受波逸提懺悔羯磨大德僧聽某甲比丘故畜眾多若干長衣犯捨墮此衣已捨與僧是中有眾多若干波逸提罪今從眾僧乞懺悔若僧時到僧忍聽我比丘某甲受某甲比丘懺悔白如是作是白已告言可爾

三白和者答問辭云受懺單白羯磨此通答也具

兼偷蘭若云捨墮受懺者此通一篇也若加長離乃是別牒

四為說罪名種相以犯者無知非有謂有覆說二過誰具生之理當為說罪相來報破戒習業虛受利養隨機而舉及著用犯說戒默妄隨夜自覆三品為本隨夕展轉犯相眾多分為九品必具有者先懺方便後悔二覆及著用也廣如鈔中若檢無九品直懺本墮勿誦常語令他煩憒如善見云作白和已先問見罪不若言見者當來莫作不答言善然後受懺乃至一二三八捨法皆問邊人訖後問犯者如僧中無異莫不引證意存絕後是懺義也

正捨罪法其常途謹誦多有繁濫檢過則無無不可妄指藏罪著用隨犯方言希故削除有則如後應言大德一心念我比丘某甲故畜眾多若干長衣犯捨墮此衣已捨與僧有眾多若干波逸提罪今向大德發露懺悔不敢覆藏懺悔則安樂不懺悔不安樂憶念犯發露知而不敢覆藏願大德憶我清淨戒身具足清淨布薩三說已

五捨罪中如緣文相者以誦文者多名實兩失故也藏罪著用而言希者何名覆罪恐人知犯謂是

惡數今犯墮者唱言告他初二篇罪猶有露者不懼治罪何有藏耶故覆墮下世無幾也著用說默此二則多須牒前悔如上說也正捨罪中文分八段初大德念既欲自陳恐前輕略告令攝想也二我某甲下牒已人之名號也三故畜下張列種相定其罪目有多少也四今向露者表無覆藏說罪本故此之一句是懺本也五懺則安樂者遠得禪果用適形心故曰二也六不懺下明為惡業纏縛三塗身既不安心寧懷樂也七願大德下請證明也八戒身具足者前犯如染今懺順本故曰也清

淨布薩者自行內淸見聞外淨。懺本犯已應成僧法。故得內外和合也。所以三說表情重之勤故也。

應語言。自責汝心生厭離。答言爾。

六七如文可知。

還衣法。佛言彼捨墮衣應還此比丘。若不還者犯罪。還法有三。謂五長等有緣者展轉還。非五長者卽座還。若無緣五長者明日還。明了論中令一宿間故義須分識。

四還衣中分二。

初明卽座轉付法。佛言若衆僧多難集。此比丘有因緣事欲遠行者。應問言汝此衣物與誰。隨彼說便與。是中有一月衣。急施衣。過後畜長鉢殘藥長衣。此五長戒依此法還之。應作如是言。

大德僧聽。某甲比丘故畜衆多若干長衣犯捨墮。此衣已

捨與僧。若僧時到僧忍聽。僧今持是衣與某甲比丘。某甲比丘當還此比丘。白如是。大德僧聽。此某甲比丘故畜衆多若干長衣犯捨墮。此衣已捨與僧。僧今持此衣與某甲比丘。某甲比丘當還此比丘。誰諸長老忍僧持此衣與某甲比丘。某甲比丘當還此比丘者默然。誰不忍者說。僧已忍持此衣與某甲比丘。某甲比丘當還某甲比丘竟。僧忍默然故。是事如是持。僧祇云。知識比丘僧中得此衣已。屛處付與。

初卽座法。前緣列三法意如上解。就文云衆僧多者。以刪過祈請僧和極難。明又重集轉增煩重。是則輕他未爲投懺。故開卽座無多勞擾。二難集者。或有別業情會是難。亦開卽座作法和與。有人合爲一緣。難集釋成多義。今分爲二。以多少難易互爲四句。可例明也。三有緣遠行者。此自緣非他也。既捨心盡無容停住。必有前緣宜濟時要。故開與知識展轉屛付。猶恐染隨也。必決絕者義如論開。

後明卽座直付法。若非五長並依此法。若是五長曾經宿者亦準此文。大德僧聽。某甲比丘故離僧伽梨宿餘二衣乃至迴僧物並準著。犯捨墮。此衣已捨與僧。若僧時到僧忍聽。僧今持此衣還某甲比丘。白如是。大德僧聽。某甲比丘故離僧伽梨宿

犯捨墮。此衣已捨與僧。僧今持此衣還某甲比丘。誰諸長老忍僧持此衣還某甲比丘者默然。誰不忍者說。僧已忍還某甲比丘衣竟。僧忍默然故。是事如是持。

後直付中既無累礙。不須展轉故也。

對四人已下對首法。若向四人懺者捨財文同於上。懺罪須口和三人不得用單白。還財得作直付羯磨如上。佛言若欲在三比丘前懺悔者。應至三淸淨比丘所。如前捨懺法具修威儀。作如是捨言。諸大德聽。我某甲比丘故畜衆多長衣犯捨墮。我今捨與諸大德。作如是捨已。應懺本罪。先請懺悔主。其請文如上僧中無異。是中懺主應問餘三比丘言。二長老聽。若長老聽我受某甲比丘懺悔

者我當受（彼二比丘答言）可爾（方告懺罪者言可爾還衣對二人亦爾）

對眾多人文猶兩指（案記云注文指捨財還衣同上眾法故云兩指）

對一人捨墮法（佛言若在一比丘前懺悔者至一清淨比丘所應如法懺今時行事對首懺多故須明立定式使披尋者易為照練）

捨衣法（應將一比丘至自然界中或在戒場並須盡集將所犯財並連束一處已具修威儀如是捨言）大德一心念我某甲比丘（故畜眾多長衣故離僧伽梨宿）犯捨墮今捨與大德（一說）

請懺悔主法（其文如上僧中所說懺悔主應為分別罪名及種與相也名謂六聚差別種謂畜長離衣三十事異相謂一多不同故律云一名多種住別異佛言若犯僧殘罪乃至突吉羅知而覆藏者應先教作突吉羅懺後如法懺故知前須委問然後教悔）

明懺罪法（若案捨墮具足八品突吉羅二品根本從生如後所列覆藏合有六品初二品覆本墮生中二覆著用不淨衣生後二覆僧說戒默然生並經初夜二夜以去為率）

先懺從生罪（其八品小罪應總請一懺悔主文同波逸提唯以突吉羅懺悔主為異次正懺悔覆藏罪）大德一心念我比丘某甲故畜眾多長衣犯眾多波逸提罪經夜覆藏隨夜展轉覆藏（并著用犯捨衣突吉羅罪經夜覆藏隨夜展轉覆藏經僧說戒默妄語犯突吉羅罪經夜覆藏隨夜展轉覆藏並據有言之）並犯突吉羅罪不憶數今向大德發露懺悔更不敢作願大德憶我（一說餘治罪立誓並如上）

懺悔二根本小罪法（善見云犯捨墮衣不捨而著隨著得突吉羅律云僧說戒時乃至三問憶念罪而不發露者突吉羅）大德一心念我某甲比丘犯著用不淨衣及經僧說戒默妄語並犯突吉羅罪各不憶數今向大德發露懺悔更不敢作願大德憶我（一說餘詞同上此並據有犯者言之上來從生根本律合前後兩懺不出正文今義準諸懺理例可解故立正儀想無疑濫）

懺根本罪法（應對前懺主言）大德一心念我比丘某甲故畜長衣不說淨犯捨墮此衣已捨與大德有眾多波逸提罪今向大德發露懺悔不敢覆藏（餘文如上僧中乃至訶治立誓還衣諸法並準前條其犯捨財已用壞盡必委種相及九十事並同懺悔）

就對首中具明行事麤文是本細注為疏非無消判大略盡矣

懺後墮法（大同三十中唯無財捨為異若懺前品從生八種或有或無如新衣過量著用並犯理須準懺如妄語掘地無因而犯亦不必並通宜隨犯多少稱實前懺不得在根本後以佛制在前若懺根本別眾得開不同三十其請懺悔主文如上說若正悔本罪文少有別應言）大德一心念我某甲比丘犯故妄語波逸提罪（餘有隨稱）不憶數（但犯單墮多不憶數自有憶者隨有言之實而非謬）今向大德發露懺悔不敢覆藏（餘詞如上乃至訶責立誓亦爾）

就於後墮如前儀相雖是財事不對人捨餘有方便根本具列文中

懺波羅提提舍尼法（謂在村巷中從非親尼自手受食或食尼指授食等諸律令請一人為懺主說罪名種一說便止其詞曰）大德一心念我某甲比丘食比

丘尼指授食犯波羅提提舍尼罪不憶數。大德我犯可訶法所不應為。今向大德悔過。僧祇云。前人應問言汝見罪不。答言見。應訶責言慎莫更作。答言頂戴持。

懺突吉羅法。佛言。若故作者。犯應懺突吉羅。又犯非威儀突吉羅。若不故作。但犯突吉羅。律本具明故悞二心昌言兩罪條別。諸師不披律部。但以五懺為宗。遂即雷同一概。輕重共同懺蕩。且五懺明義止是別時。偷蘭及墮有無多少。立法非一。理須顯明。凡語難依聖言易信。故毗尼母云。若故作者對一人說懺。悞作者責心懺。此則與律符同。何得故執如律訶責揵度及明了論薩婆多等。各有明據。非唯抑度義須謹依。餘有從生根本九品不同。並如上準酌例取。

正明懺儀。律並無文。準用前法。理通除滅。前明故作者。先請懺主云。大德一心念。我某甲比丘請大德為突吉羅懺悔主。願大德為我

作突吉羅懺悔主。慈愍故。三說

捨罪法。從生根本明須兩識。種相多少。並委審詳。應對前人作是言。大德一心念。我某甲比丘故不齊整著僧伽梨。餘有準著。犯一突吉羅罪。今向大德發露懺悔。更不敢作。願大德憶我。一說訶責立誓如前。

悞作懺法。具修威儀。心生慚愧。口言。我某甲比丘悞不齊整著僧伽梨犯一突吉羅罪。我今自責心悔過。一說

第五六聚。盛列懺儀。揀略而讀。得在大綱細尋義理不失綱目。故不煩解。必更討擊。具出條章可檢事鈔懺六聚也。

上來至此隨相解文。皆是正宗憲章法式。依之行用。庶無疑慮矣。

雜法住持篇第十

此則大段第三流通分也。夫欲照彰裔葉住持佳運。必依憑行模。方能光遠。故此末分盛列斯文。就分為二。初約緣念白相攝諫喻。自行通和。外無違損。故得道業日隆。生信廣大。斯即護法。故不墜也。二佛言有五種持律。下由行得成。立識達邪正。曉明持犯。進止有儀。故吐言成律。非律不證。隨相起行。非聖不模。是則正法由興。方復懷遠。斯大意也。

就前文五。

六念法。律中並有其事。而文意散落。正本出在僧祇。而彼言略意廣。文當世盛行。故須義加文云。

第一念知日月數。僧祇云。念知月一日乃至十四日十五日。月大月小。悉應知之。五分云。諸比丘應知半月數。知布薩日。悔過清淨。律云。念知黑月白月兩種數法。若入聚落。先須知之。此則具含道俗兩法。應作念言。今朝黑月小一日。乃至十四日言之。若大言大也。其白月者以純大故。但言今朝白月一日乃至十五日。

第二念知食處。僧祇云。清旦當作施食念等。今以諸部會通隨實作念言。我常乞食。若言我常自食己食。若言我常食僧食。若不常定者。應作是念言。我無請處今乞食。若食己食。若檀越及僧常食等例知。若言今有請處念自赴。若言我有請處今依背緣。佛言。若迦提月中。若施衣。若病等。並開背請。若言我有請處今捨與人。佛言。若一日受

眾多請自受一請餘者施與人言長老我應往彼今布施汝僧祇云我今得食施與某甲比丘乃至沙彌尼若言我某甲比丘今朝檀越施與正食迴施比丘某甲檀越於我不繫我當食三說十誦云此念法唯五種人得作謂阿蘭若獨住遠行長病饑時依親里住人如此得行心念第三念知受戒時夏數僧祇云日日自憶若干臘諸部律論皆爾應言我於某年某月某日某時若干影受具戒今無夏後若有夏隨多少稱第四念知衣鉢受淨僧祇云當憶受持三衣及不受持作淨施者我今三衣鉢具並受持長財並說淨後有不受持不說淨者隨有念持念說念多少等第五念知食同別僧祇云念別眾食又應念言我不別眾食若準佛言別眾食有八緣開者應白入若無別眾食緣者白出若有者白言我有別眾食緣作此白已得食第六念身強羸僧祇云念若病不病應言我今不病堪行道若有病者應言我有病念須療治

初明念法緣身而求欲使常爾一心繫想除蓋也

白同利食前後入聚落法爾時羅閱城中眾僧大有請處皆畏慎不敢入城受請佛言聽諸比丘相囑授入城應告同請比丘如是言大德一心念我某甲比丘先受某甲請今有某緣事欲入某處聚落至某家白大德知佛言若囑授已欲至村而中道還或詣不至所囑家或囑至白衣家乃更至庫藏處尼寺中若即白衣家還出如是等皆失前囑授若欲往者當更囑授除施衣時者謂迦提一月五月除此已餘時中勸化作食并施衣者若迦提時通開

白非時入聚落法佛言若入聚落當囑同住比丘而不出囑法前條亦爾僧祇云食雖早竟若入即各非時既無正文應義設言長老我非時入聚落十誦律云至某

長老等應大字

城邑聚落某甲舍前人言可爾

二明兩白者約時前後故分斯二欲使憑準於他無自師稟也

作餘食法佛言若比丘食有二種一者不正食謂根食枝葉華果食油胡麻黑石蜜磨細末若粥出釜持草畫之無處非食非請非足食二者正食謂飯麨乾飯魚肉等是請是食是足若於正食中若食飽足已捨威儀不作餘食法得而食之咽咽波逸提若依僧祇但前食甚足飽食咽咽已捨威儀者若更食即名犯足又依律本諸比丘受不作餘食法者見上座來告云我受不作餘食法便不須起而得食竟故知前境是足若起須作餘食法又尼敬僧戒中亦爾故知尼亦有餘食法若犯足者持食至未足者前白言大德我已足食汝知是看是彼取少食已還與彼若不食者亦得與言長老我已食已止汝食之彼便取食之律云一足食比尼作法已通一切足食者同食

三作餘食法者形骸之累口腹為先因之致惱沉殃者眾故列斯緣表非法相也

訶責弟子法爾時諸弟子不順弟子法不承事和尚阿闍梨無慚無愧不受教敕作非威儀行不恭敬難與語與惡人為友好往婬女家婦女家大童女家黃門家比丘尼精舍式叉摩那精舍沙彌尼精舍好往看龜鼈佛言和尚阿闍梨應作訶責有三種一者喚弟子現前二者出過令伏三量過設訶又自量喜怒非分暢志並反欺負訶詞五種應言我今訶責汝汝去若言汝莫入我房若言汝莫為我作使若言汝莫至我所若言不與汝語是謂和尚訶責弟子法阿闍梨訶責詞亦同唯改第四訶詞言汝莫依止我弟子被訶責已應日三時朝中日暮向和尚阿闍梨懺悔當如是懺悔偏袒右肩脫革屣右膝著地合掌作是懺言

大德和尚我某甲今懺悔更不敢作。若聽者善。若不聽者當更白三。時如上懺悔。猶不許者。當下意隨順。求方便解其所犯。若下意隨順而師不受其懺者。當如法治。亦令餘比丘為將順故令共至和尚阿闍梨所。調和令早受懺悔。彼和尚若盡形壽訶責。竟安居訶責。又訶責病者。不出過。不現前。並名非法。反治其師。若弟子被治罰。未相懺悔而受供給及以依止者非法。須治其師。若弟子被輕訶責而不為和尚阿闍梨及餘比丘執事勞役者。佛言得罪。應如法治。

弟子辭和尚曰謝法。佛言。若弟子見和尚五種非法。應懺謝而去。白和尚言。我如法和尚不知。若言我不如法和尚不知。若言我犯戒和尚捨不教訶。若弟子犯過。和尚捨者。得據合訶而癡故不責不問。今若有犯亦不知。若言若犯而懺者亦不知。僧祇云。應輒語諫師。若不受者。和尚應捨遠去。依止師者。持衣鉢出界宿。明日當還。更依止餘比丘。十誦云。有四種和尚。若法食俱與名樂住。若與法不與食者。餘處覓食。名為苦住。若與食不與法。懺謝而去。若不與法食了。問晝夜即應捨去。由出家本意志存道業。俗懷圍遶。翻結生死。故成實言。染著眷屬愛樂住處。故墮迦陵伽等餓鬼中生。餘廣如鈔。

四師資相攝者。由本義和意專道素。必乖初請。亦任後緣也。

諫作犯法。時有比丘欲犯波羅夷乃至惡說。佛言。諸比丘應如法諫。作如是言。大德莫作是。不應爾。大德所作非法非律非佛所教。若此比丘言。我今始知是法是戒經半月半月說戒經中來者。餘比丘復應如是諫。長老。汝曾經二三說戒中坐。何況多。汝今無利不善得。何以故。汝說戒時不用心念。不一心攝耳聽法故。然此比丘自知所作。是謂他所諫非。故作犯根本。不從語突吉羅。若自知所作非。謂他諫者是。故作犯根本。不從語波逸提。比丘無知無解。隨所犯罪如法治。重增無知罪波逸提。若為無知人諫。應反語言。汝可問汝師和尚阿闍梨。更學問誦經。知諫法已。然後訶諫。薩婆多云。若前所諫者有六種人。一心有愛憎。二鈍根無智。三若少聞見。四為利養名聞。五為現法樂但欲自攝。六若新出家愛戀妻子。如是六人。諫則有損。若發教諫。出言無補。應反語言。但自觀身善不善行。亦不觀他作以不作。若反上六者。則應展轉相諫。

諫止犯法。時有比丘不學戒。亦不讚歎戒。佛言。餘比丘應如法諫。彼作是言。大德當學戒讚歎戒。不自破壞。不犯罪。不為智者訶責。受福無量。長夜安樂。若彼比丘言。長老。何用此雜碎戒為。我今不學此戒。當難問餘智慧持律比丘。餘比丘復應重諫言。大德欲滅法故作是語耶。大德既不學戒。不讚歎戒。亦自破壞。多犯眾罪。為智者訶責。長夜受苦。不得安樂。若彼諫比丘癡不解者。此所諫比丘應報彼言。汝還問汝和尚。餘文如上。如法諫已。諫若為知為學者。應當難問。

五諫作止兩犯者。過起所因。無越斯二。生知者尠。事假友成。制隨境諫。相成道也。

佛言。五種持律。若誦戒序乃至三十。是初持律。若誦戒序乃至九十事。是第二持律。若廣誦戒毗尼。是第三持律。若廣誦二部戒毗尼。是第四持律。若廣誦毗尼。是第五持律。是中春冬依止四持律。若違突吉羅。夏安居應依第五。若違波逸提。

佛言。持律人得五功德。一者戒品牢固。二者善勝諸怨。三者於眾中決斷無畏。四者有疑悔開解。五者善持毗尼令正法久住。

佛言。有四種斷事人。若寡聞無慚。若多聞無慚者。在僧中言說斷事。僧應種種苦切訶責。令無慚者不復更作。若有慚者多聞。若有慚者寡聞。眾中言說斷事。僧應種種佐助開示。若隨彼所說讚言善哉。

佛言。有五種疾滅正法。有比丘不諦受誦律。喜忘文句。復教他人。文既不具。其義有闕。二爲僧中勝人上座。而多不持戒。但修不善。後生倣習。放捨戒行。三有比丘持法持律持摩夷。不教道俗。即便命終。令法斷滅。四有比丘難可教授。不受善言。餘善比丘便即捨

置。五互相罵詈。互求長短。疾滅正法。

佛言。若上座既不學戒。亦不讚歎戒。若有餘比丘樂學戒歎戒者。亦復不能以時勸勉讚歎。我不讚歎如是上座。何以故。若我讚歎者。令諸比丘親近習學。其法長夜受苦。我見如是上座過失。是故不讚歎。若中座下座亦如上作句。次有上中下座能讚歎戒。佛讚如此上座。作句反上即是。

佛言。毗尼有五答。一序答。二制答。三重制答。四者脩多羅答。五者隨順脩多羅答。

僧祇律言。欲得五事利。當應持律。一建立佛法。二令正法久住。三不欲有疑悔請問他人。四僧尼犯罪恐

怖者爲作依怙。五欲遊化諸方而無有礙。是爲篤信持律者五利。

十誦律。諸比丘廢學毗尼。便誦讀脩多羅阿毗曇。世尊種種訶責已。讚歎毗尼。多有長老比丘就優波離學律。佛告比丘。有十種法住世。令正法疾滅。有比丘無欲鈍根。雖誦句義。不能正受。又不解了。不能令受者有恭敬威儀。乃至不樂阿練若法。又不隨法教。不敬上座。無威儀者。令後生不學毗尼。致令放逸失諸善法。好作文頌莊嚴章句。樂世法故。正法疾滅。甚可怖畏。諸比丘應如是知。

善見毗婆沙云。佛語阿難。我滅度後有五種法令法久住。一毗尼者是汝大師。二下至五人持律在世。三若有中國十人。邊地五人。如法受戒。四乃至二十人出罪。五以律師持律故佛法住世五千年。

薩婆多論云。毗尼有四義。餘經所無。一是佛法平地。萬善由之生長。二一切佛弟子皆依戒住。一切眾生由戒而有。三趣涅槃之初門。四是佛法瓔珞。能莊嚴佛法。具斯四義。功强於彼。

佛言。有四種廣說。若比丘如是語。諸長老。我於某村某城親從佛聞受持。此是法是毗尼是佛所教。若聞

彼比丘所說不應生嫌疑有不應訶應審定文句已應尋究脩多羅毗尼檢校法律若聽彼比丘所說不與脩多羅毗尼法律相應違背於法應語彼比丘汝所說者非佛所說或是長老不審得佛語何以故我尋究脩多羅毗尼法律不與相應違背於法長老不復須誦習亦莫敎餘比丘今應捨棄若聞彼比丘所說尋究脩多羅若毗尼法律與其相應者應語言長老所說是佛所說審得佛語何以故我尋究修多羅毗尼法律與共相應而不違背長老應善持誦習敎餘比丘勿令忘失此是初廣說第二句從和合僧上座前聞第三句從知法毗尼持摩夷三比丘前聞第四句從一知法毗尼摩夷比丘所聞文句違順受捨亦如是是謂四廣說是故諸比丘汝等當隨順文句勿令增減違法毗尼當如是學佛說如是諸比丘聞歡喜信樂受持

後明敎詮相中非無有解意存寫行故略言焉若不如說徒言何益故論說云雖是法語說不應時或不受用俱名綺語聖制有以何勞拒之必欲兼明待於暇景余漸老矣昏又及之故略餘言非意矣

曾以貞觀九年春因遊方次於沁部縣土縣鸞巢村僧坊出疏兩卷諸用講解爲文句略指非學未知至二十二年春於終南山豐德寺三五德舊更請重出余不獲已輒復疏之昏朽之情薄得披約至於要妙所未盡也二月二十七日爲讀訖更待重修知復何日約卷則前輕而後重就義則前重而後輕據理前後未聞附辭始終易識舊五十紙今二倍增想披尋者無嫌不隱

四分律刪補隨機羯磨疏卷第四之下

計刻此疏連圈計字十九萬一千零六十九個並刻簽條共付刻資九百六十五圓一角五分
中華民國二十年 六月 天津刻經處附識

四分律羯磨疏濟緣記序

大宋餘杭沙門釋元照述

僧以衆爲名衆以和爲義良以情生性昧行別事乖由此隨流莫知究本所以歸一師之氏族等三聖之容儀其爲德也戒見利以齊均其爲用也身口意而一致爭紛既息我倒斯平可使性顯情忘返流復本者矣且夫陰陽育物非斯而萬物不成禮樂治民舍此而四民不立所謂天時地利不如人和先王之道用斯爲美矧乃發揮佛化綱紀僧宗建滅惡生善之緣關超凡趣聖之路唯茲勝法備此大功爰自玉毫收彩於西乾貝葉流津於東夏微言殆絶異集繁興賴我聖師慨茲凡庶知時擧要纂八法以成文索隱鉤深闡四緣而作疏忝霑微善獲追遺音竭慮研幾何啻於韋編三絶隨聞著錄敢遵於墨印四求庶令垂裕後昆豈謂反光前代使僧海還同於一味祖燈分照於無窮劫石可消願言曷既勉夫來學毋怠流通

四分律羯磨疏濟緣記會本目錄

卷首　第一冊
科文一之四　記序
卷第一　疏一之一　第二冊
疏序　立章懸判　義別釋四緣　初能辦之教
卷第二　疏一之二
立章懸判之餘　二所被之事　三弘法之人　四設法之所　次對法相攝分齊
卷第三　羯磨上　疏一之三　第三冊
釋集法緣成篇　僧法羯磨　對首羯磨　心念羯磨
卷第四　羯磨上　疏一之四

釋集法緣成篇　僧法十緣　一稱量前事　二法起託處　三集僧方法　四僧集約
界　五應法和合　六簡眾是非
卷第五　羯磨上　疏一之五　第四冊
釋集法緣成篇　七說欲清淨　八正陳本意　九問事端緒　十答所成法
卷第六　羯磨上　疏一之六
釋集法緣成篇　眾多人法　一人法　僧法羯磨七非　義立七非　對首羯磨七
非　心念羯磨七非
卷第七　羯磨上　疏二之一　第五冊
釋諸界結解篇　僧界結解法第一　結攝僧大界法
卷第八　羯磨上　疏二之二

釋諸界結解篇　結大界法之餘　解大界法　結同法同利界法　結同法別利界
法　結戒場法　解戒場法　結有戒場大界法　結三小界法
結解衣界法第二　結攝衣界法　解攝衣界法
卷第九　羯磨上　疏二之三　第六冊
釋諸界結解篇　結解食界法第三　結攝食界法　解淨地法
卷第十　羯磨上　疏二之四
釋諸戒受法篇　受三歸法　受五戒法　受八戒法
卷第十一　羯磨上　疏二之五　第七冊
釋諸戒受法篇　出家受戒法　乞度人法　與度人法　度沙彌法　與剃髮法
授十戒法　授戒體法

卷第十二　羯磨上　疏三之一
釋諸戒受法篇　比丘受戒法
卷第十三　羯磨上　疏三之二　第八冊
釋諸戒受法篇　授比丘戒緣　正授戒體前具八法　初請師法　二安受者所在
三差人問緣　四出眾問法
卷第十四　羯磨上　疏三之三
釋諸戒受法篇　差人問法之餘　五白召入眾法　六乞戒法　七戒師和問法
八正問法
卷第十五　羯磨上　疏三之四　第九冊
釋諸戒受法篇　正授戒體法

卷第十六　羯磨上　疏三之五

釋諸戒受法篇
正授戒體
法之餘

卷第十七　羯磨上　疏三之六

苐十冊

釋諸戒受法篇
正授戒體法之餘　次說隨相
授四依法　郎座誨約　本師和
尚相攝法　請依止師法　尼眾授戒法　授沙
彌尼戒法　授式叉摩那尼法　乞學戒法　與
學戒法　說戒相法　授比丘尼戒法　乞畜眾
法　與畜眾法　正授戒前八緣　正授本法羯
磨文　本法尼往大僧中受戒法　請羯磨師法
乞受戒法　戒師和問法　正問難遮法　正
授戒體法　次授戒
相　次說四依法

卷第十八　羯磨下　疏四之一

釋衣藥受淨篇
受衣法　受安陀會法　受僧伽
棃法　受縵衣法　捨衣法　尼
受餘二衣法　心念受捨衣法
受尼師壇法　受鉢多羅法

卷第十九　羯磨下　疏四之二

苐十一冊

釋衣藥受淨篇
受藥法　受時藥法　受非時藥
法　受七日藥法　受盡形壽藥
法　衣說淨法　請施主法　正說
淨法　心念說淨法　金粟淨法

釋諸說戒法篇
僧說戒法　僧同犯識罪懺白法
僧同犯疑罪發露白法　尼差人
請教授法　教誡尼法　告清淨法　識罪發露
法　疑罪發露法　說戒座上憶罪發露法　略
說戒法　對首說戒
法　心念說戒法

卷第二十　羯磨下　疏四之三

釋諸眾安居法篇
安居法　對首安居法　後安
居法　心念安居法　忘結便
成法　及界與園成
安居法　受日法

卷第二十一　羯磨下　疏四之四

苐十二冊

釋諸眾安居法篇
受日法之餘　事訖羯磨受日
法　羯磨受日法　對首受日
法　命梵二難出界法
受日出界逢難法

釋諸眾自恣法篇
僧自恣法　差受自恣人法
白僧自恣法　正自恣法　略
自恣法　四人以下對首法
一人心念法　尼差人自恣法

釋諸分衣法篇
二部僧得施法　二部現前得施
法　時現前得施法　非時現前
得施法　時僧得施法十段　初明五眾死物之
所屬　二分法十種　三同活共財法　四負債
法　五明囑授　六分物時　七斷輕重物
八量德賞物　九分輕物法　十得受衣法

卷第二十二　羯磨下　疏四之五

釋懺六聚法篇
懺悔法　懺波羅夷法　懺僧伽
婆尸沙法　懺偷蘭遮法　懺波

逸提法爲二前懺捨墮　懺後墮法
懺波羅提提舍尼法　懺突吉羅法

懺雜法住持篇
六念法　白同利食前後入聚落
法　白非時入聚落法　作餘食
法　訶責弟子法　弟子辭和尚白謝法　諫作
犯法　諫止犯法　五種持律下疏記均略不釋

釋四分律刪補隨機羯磨疏科卷第一

宋餘杭郡沙門釋元照錄

大科分三
初疏序二
二本文○
三批記○
初題號二
二序文二
初正陳由序二
二略釋本題

○二本文二
初標題
二判釋二
初立章懸判三
二牒文解釋○
初約義別釋四緣四
二對法相攝分齊○
初能辨教二
二所被事○
三弘法人○

初標題
二撰號
初通敘教源二
二然下別明戒律二
初略歎戒德
二自下廣辨弘傳二
初通敘自古判教
二眞下別明羯磨興二
初敘意標示
二且下分章正釋二
三上下示略結成○卷二
初分章
二初下隨釋二
初通明教興
二然下別示羯磨三
初標
二所下釋二
初翻名三

初明立教本意
二故下顯被物功深
初敘古二
初集本二
二又下綴疏
初通敘爭分以總標
三戒下別列諸家以奚
二今下明今二

初集本
二本下出疏二
初正明
二余下示意
初敘僧寶功高
二但下列示差別
三至下正顯教意
初明正譯
二自下出古翻
三諸下示別號

四設法所○
初牒章分位
二初下依位別釋四
初明教興本意二
二顯名定體二
初標分
二初下隨釋四
初釋名目二
二定體相二
三分廣所以二

初標
二但下釋二
初敘立三體所以二
二重下爭八相所以二
初總標
二就下別示二
初分位別釋三
二問答料簡二
初明對首離合六
初對二位不同以問

二然下簡辨二
初標
二自下釋二
初敘古分章
二初下依章別釋二
初明體二
二明相三
初標示
二初下別列三
三僧下結數
初敘由標示
二初下分位別明三
初小事
二中事
三大事二
初心念二
二就下對首二
初標舉
二初下隨釋二
初但對首

初明存梵所以
二但下示通古之意
初標
二然下釋二
初約論出體
二今下依律出體二
初顯體
二若下會名
初心念三品
二對首二品
三眾法三品

初明大義
二然下辨通塞
初標舉
二以下隨釋三
初但心念
二對首心念
三眾法心念
初正明
二此下料簡

二據事例分以答
三躡二機兩分以難
四約對人多少以答
五約集僧緩急以難
六約事情輕重以答
二明大數多少二
初引相傳以問
二承古語以答二
四諸部同異二
初標

羯磨疏科卷一

二計下釋二
三辨務成緣
四廣明非相已上卷一
〇二上下明所被事三
初結前生後
二緣下約事正明
三是下舉宗指略
〇三次下明弘法人三
初牒名列章
二初下依章別釋四

二衆法對首二
三就下衆法二
初敘意分章
二初下依位別示三
初正明三
二然下料簡三
初正答
二若下顯數三
初敘意
二依下正明二
初諸律
二明了論二
初舉數正名
二論下依論別釋二
初正釋四
二又下會通
初制意
二言下釋名四
初列數二
二言下定體二

初單白
二白二
三白四
初明通局
二然下辨前後
三若下示離分
初示本數
二有下引增加
三今下出今意
初相貌羯磨

三

二單白羯磨
三中間羯磨
四白二白四羯磨
初示正翻
二若下明存梵
三相下評古譯
四然下引俗類
初通明諸位
二然下別顯事和
初古解

初制意釋名二
二定僧體狀二
初牒名分章
二就下依章別釋三
初列數定體二
二立相所由二
初標
二有下釋二
初總示三相
二就下別明衆法二

羯磨疏科卷一

初標示四位
二有下正顯所以三
三攝用分齊二
初牒章分位
二就下隨位別釋二
初入二
初標分
二就下隨釋二
二次下法二
初總示三位

初標
二有下釋五
初五陰實法
二四人假用二
三依律約數二
四局據四人二
初古解
二今下今破
五六和德用三
初初師約二意解二
二有下後師據體相解二
初正明二
二問答
初分位
二初下隨釋三
初當僧局論二
二三下僧尼互作二
初標章
二僧下隨釋二
初舉通塞以問

二今下今取
初約教示體
二若下隨相辨異
初明三體
二上下示三和
初敘由
二故下出體二
三既下結顯
初約法情往分
二受下約受隨以釋

四

初總示四位
二自下別釋後三
初明位定
二明用通
三通局料簡二
初標章
二問答
初僧秉被尼
二十下僧尼互作
初今釋

二然下別簡二種 二
初略示對首
二就下廣辨衆法 三
初通標四位
二廣申問答 三
初明四僧秉法通塞 八
二明初僧除法不盡 二
初簡不列受日受衣 二
二問不列結界 二
初敘問

二約俱通以答
三引除法以難
四約除事以答
五舉餘法以問
六約所爲以答
七躡白和以難
八約相從以答
初牒前文以問
二約非五以答 二
初約五人解

二有下古解 二
初立義
二問答 二
初引古 四
二如下今判
初引捨懺以問
二約非類以答
三據秉法以難
四約僧成以答
初牒前伸問

羯磨疏科卷一

五

二引釋 二
三明四位攝人盡不 三
三人法相對 二
初牒章
二問下正釋 二
四廣顯是非
○四上下明設法所 二
初結前生後
二三下就位正釋 三
初通標

二又（有）下據四人解
初明二數差別 四
二明過減差別 三
初舉差別以問
二據本宗以答 二
三若下點他部同
初作法
二自下自然 二
初正明
二問答 二

二約義以答 二
初正答
二破古
初舉差別以問
二約相因以答
三躡僧體以問
四約不同以答
初乖別有無解
二聖教順違解
初問受欲不通

二作下別釋 二
三自下指廣
○三上下對法相攝分齊 二
初結前生後
二就下分章解釋 二
初分章
二言下隨釋 二
初條貫其相 四
初條法
二條事

初但心念 二
二對首心念 二
三衆法心念 三
四但對首 二
初標示
二對下列釋 三
五衆法對首 二
初標示
二對下別釋 三
初對事

二問捨墮不合
初標示
二列釋 三 如文
初對事
二對人 二
三對界
初正示
二釋疑
初簡辨
二問答

羯磨疏科卷一

六

三條僧
四條界
二次下引法通塞 三
初牒章敘由
二先下分位正釋 二
初以九法條餘緣 九
二三下就四緣各明通塞 三
初結前標後
二就下分位以明 四
初明法 三

二對人 二
三對界
六小衆對首 二
七單白羯磨 二
八白二羯磨 二
初標示
二對下列釋 三
初正示
二問答 二
九白四羯磨 二

初標簡
二事下列示
初標示
二事下列釋 三 如文
初對事
二對人 二
三對界
初舉自恣以問
二引還衣轉難
初標示

二明事
三明人
四明界已上卷二
○二牒文解釋三
初集法緣成篇爲第一二
二諸界結解下八篇爲第二至第九○
三雜法住持篇爲第十○
初分文
二言下正釋二
初標釋篇目二
羯磨疏科卷一
二就下科文隨釋三
初明集法三
二已下辨緣成○
初衆法羯磨二
初科分
二言下隨釋二
二對首羯磨二
初科分
二初下牒釋二
初總舉位數二

初心念法
二對首法
三衆法
初篇目
二本文二
初科判
二就下牒釋二
初釋題
二注下釋注二
初集法
二然下緣成
初前舉大數二
二就下隨法顯相四
初分文
二單下牒釋三
三有下通簡
四上下結示
初釋標二
初釋名二
二位下顯數

二對下列釋三如文
○三上下示略結成
初釋標
二有下釋注
初釋標二
初釋總數
二至下示隱顯
二初下釋注二
初解前諸法三十如文
二計下釋後略文
七
初單白二
二白二二
初總舉
二初下牒釋四十如文
三白四二
初總舉
二初下牒釋二十八如文
初正釋名義
二然下舉例總分
初受戒文

二義下依位顯相二
初釋總分二
二就下釋別相二
初但對首三
二衆法對首二
初標示
二二下牒釋
三心念羯磨二
初科分
二初下牒釋二
羯磨疏科卷一
○二已下辨緣成二
初結前標後
二就下分章解釋二
初科分
二初下牒釋二
初明成二
二又下辨壞○
初敘意分文
二初下牒文解釋二
初列名示意

二文下釋注三
初示分意
二初下釋二法二如文
初舉數
二二下牒釋五
三數下點數
初標舉二
初釋標二
二義下解注二
初示分意
二但下釋三法三如文
二就下列相三
初分位
二僧下隨釋三
初僧法二
二衆多人法○
三一人法○
初前舉僧位二
二就下廣顯緣具二
初釋標

二說戒文
三十誦文
初至第八衣鉢受捨法
九至十八捨請等諸法
十九至二十二懺諸罪法
二十三四自他露罪法
二十五至三十諸自害等法
初釋名
二略下顯數
初但心念
八
二對首心念
三衆法心念已上卷三
初正明
二問答
初釋四位二
二況下釋過滅二
初過
二若下滅
初釋母論
二下下釋本律五

二初下牒文解釋二
初牒緣別釋十
二就緣通簡○
初稱量前事二
二法起託處○
三集僧方法○
四僧集約界○
五應法和合○
六簡眾是非○
七說欲清淨○

羯磨疏科卷一

八正陳本意○
九問發事端○
十答所成法○
初牒名
二先下釋注二
○二法起託處二
○三集僧方法三
○四僧集約界二
初標示
二文下牒釋二

二注下釋注二
初分文
二初下牒釋二
初先引文證二
二次下後隨義開二
初分文
二初下隨釋二
初釋三種三
二或下釋作法差別三
初具單二
二離合
三結勸
初文據義證
二言下顯相通局
初標示
二所下牒釋七
三今下斥濫
初通示
二小下別釋三
初小界

初比丘
二白衣
三羯磨
四犯
五事
初人
二法
三事
初略示
二有下委釋二

九

初引古解
二明今解
初敷座
二犍槌
三如下打人
四言下打法
五阿下長打
六威下杵數
七論下互易
初正明

初分示
二初下牒釋二
初作法界二
二就下自然界三
初釋總標
二聚下釋別相四
三文下釋後結
初聚落二
二蘭若二
三道行

羯磨疏科卷一

四水界
○五應法和合三
初標示立意
二文下牒注解釋三
三有下破古不立
○六簡眾是非二
初標指
二律下牒釋二
初牒文顯意三
二舉下舉相列名二

二若下無場大界二
三若下有場大界二
初正明
二問答二
初問大界二
二問戒場
初釋標
二初下釋相二
初不可分別二
二可分別
初示相
二昔下斥非二
初總標
二若下別釋二
初三和三
二反下三別
初敘略示廣
二所下明廣所以
三而下顯餘不滿
初前二十八人二

二釋妨
初問
二答二
初今解
二古解
初斥錯筭
二有下斥妄執
三中下結示分齊
初錯筭步限三
二彼下妄用他文二

十

初指古妄引
二今下顯今不同
初無難
二有難
初身和
二心和
三口和
初尼等四人
二十三難人
三三舉人

初總標
二初下別釋四
初得滿不得訶
二不得滿得訶
三不得滿不得訶二
初標分
二四下隨釋二
初略示大數二
初正示
二今下破執二

羯磨疏科卷一

初引彼所執
二今下立理以破
三文下依文隨解三
初不足諸相三
初本宗三十二人二
二餘下他部三十六人二
初標
二十下牒釋四
初十誦十五人二
二伽論三人二

初列釋二
二通下結數
初二十六人體不足二
二十下別擧六人緣不足六
十九別住人
二十戒場上人
二十一神足人
二十二隱沒人
二十三離見聞人
二十四所爲人
二律下後四人二
初牒文釋
二若下伸問難二
初標數
二二下列釋二
初明前十八人二
二又下解後五人二
初通列五相
二此下別示白衣二
初對簡

四二擯人
初正明四
二問答二
初敘問
二引釋二
初引古師取當體
二又下今師約須具言
初問
二答二
初答通

十一

二有下斥古二
初引彼所計
二若下斥非顯理
初正明二
二凡下結示
初前三人三
二四下後七人
初列示
二若下徵釋
三又下簡濫

三僧祇九人二
四五分一人
三上下義加二人二
二文下足別四句三
初述意通標
二初下別示兩對二
三就下料簡定不定
四得滿得訶三
○七說欲淸淨三
初牒前生起

羯磨疏科卷一

二先下開章解釋二
三上下結示○
初立義門分判
二義下就文科釋三
初分文
二初下正釋三
初與欲二
二受欲○
三說欲○
初分文

二有下斥非
初前五人
二又下後四人
初明義加
二文下釋引證
初標示
二今下牒釋五 如文
三具下總結 已上卷四
初制意三
初標擧
二言下列示三
三文下牒釋
二文下緣開二
三下作法成壞二
初標分
二初下隨釋三
初顯法
二三下是非
三就下正作三
初明出法

初通列三種
二今下別釋癡鈍三
初總擧
二誦下別示
三觀下通結
初以足數對別衆四 如文
二上下以不足對別衆二
初躡前標後
二初下列示四句四 如文
初明制意

十二

二釋欲名
三出欲體
初標分
二初下隨釋二
初緣如非
二定開制
初總分
二所下別釋三
初不稱緣
二如法事

二初下牒釋三
○二受欲二
初標分
二初下隨釋二
初受已是非二
初諸部人數二
初本宗二
初失相二
二既下重與二
初正釋

二自下問答
二問下他部二
初敘問生起二
初敘問
二引釋二
初約相濫釋
二約略無釋
二今下正取諸文四
二引下明成不相三
初牒文正釋

二文下解詞句二
三二下釋注文二
初標示失處
二初下牒文隨釋二
初房內失相二
二文下二處指略
初指處明失
二文下正釋諸相三
初七人緣隔失七
二自下十六人自莫
三離下三人相乖失三
初約處明失二
二問答辨相二
初雙問
二別答二
初答約人
二若下答俱互三
初敘由
二僧下牒釋三
三通下合數

三欲清淨
初一說
二文下憶忘
初命過
二出界
三罷道
四外道眾
五別部眾
六戒場上
七明相出二

初正釋
二問答
初約三處示相
二有下引四種分對古科
初總舉
二二下別列四如文
三上下通結
初僧祇十人
二十誦三人
三五分八人

二如下斥古兩分
三十下引文重示
二轉欲之法二
○三說欲二
初標分
二初下隨釋二
初說欲儀二
二文下顯雜相三
初標指
二睡下牒釋四

三問下料簡二
初問事訖不來
二問僧中立說三
初問答
二引難二
○三上下結示
○八正陳本意二
初牒章
二初下隨釋二
初總標

四如下結誥
初分文
二若下牒釋二
初為他傳法三
二若下有緣自說法
初睡眠定忘二
二文下故不說
三就下重病緣三
四文下逢難外來二
初牒釋
二若下義決
初難
二答二
初正答前難
二然下通明儀相二
初僧緣二
初創立法處二
二常集眾具
二就下私緣二
初違情治法二

初緣
二文下法
初簡人
二正下詞句
三文下改轉
初牒釋
二通妨
初對簡二
二文下牒釋
三五下引示

初正簡
二釋疑
初約相成和
二若下簡與爲差別
初正釋
二問答二
初問結界無欲
二問稱量相濫
初牒釋
二徵名

二就下別相二
○九問發事端二
初標章
二所下隨釋二
○十答所成法二
初標章
二有下隨釋二
○二此下就緣通簡二
初標示分章
二初下隨章別釋五

初相攝二
二有無二
三先後二
初標分
二諸下隨釋二
四成壞二
五廢立二
初牒章
二諸下正釋二
○二衆多人法二

二順情許請二
初明問詞
二事下敘通問
初明答文
二文下釋簡辨三
初正釋
二斥異二
初約四緣統隨
二問第四所歸
初標章
二有下正釋二
初引古
二今下申今二
初法先後
二事先後
初牒章
二第下正釋四
初引諸本得失二
二上下明今家所立（已上卷五）
初標分略示

初事有先後
二云下法緣通別三
三下下誡勸
初明受懺
二結下釋結捨
初引異計
二今下示通解
初對明衆法
二豈下例通別法三
初敘意

二但下別舉二
初對首
二心念
初五緣闕壞
二第下三緣闕成
三初下第一必具
四八下第八隨事
初總標
二如下別列二
初并部師

○三一人法二
初標示
二但下牒釋二
初法通塞
二又下囑累
○二又下辨壞二
初結前生後
二就下牒文解釋三
初分文
二初下隨釋三

初僧法二
二對首法○
三心念法○
初分文
二就下隨釋二
初依律本二
二約義立○
初約義說二
二就文解○
初敘意分章

二對下牒注解釋二
初法通塞三
二下下誡勸
初列數釋名體三
初標分
二言下正釋三
初列數
二釋名
三定體二
初標分
二初下隨釋三
初約文
二約事二
三約業三
二分總別二
三體有無二
初牒章示意
二有下廣引衆釋二
初引他釋四
二上下顯今義

二如下相部師
初但對首
二就下衆法對首
三義下小衆對首
初標舉
二如下分配
三所下顯意
初正明三
二推釋
初準論示體

二如下別配性業
三故下結示如非
初牒章
二若下正釋二
初據名體明唯別
二若下約名分總別
初約文名體有無
二就義名體皆具
三約如非以辨
四據可不可以分三

二初下隨章牒釋四
初牒章
二然下隨釋二
初敘意分章
二就下依章解釋五
初人是非二
初標分
二約下隨釋二
初人非二
二就下人如二
羯磨疏科卷一
初總舉
二初下列釋二
二法是非二
初總舉
二二下別釋二
初法是二
二法非二
三事是非二
初標分
二就下隨釋二

四攝是非相二
初分文
二言下隨釋二
初體非
二相非二
初總示
二二下列釋四
初體是
二相如二
初正明
二問答二
初問相如可足
二問足別輕重三
初標
二言下釋二
初體是
二相是
初標舉
二二下列釋五
初標

初正明
二簡濫
初身心別
二口別
三身別
四三業別二
初總示
二如下別釋二
初約狂睡等釋
二或下約異見釋
十七
初總問
二別答二
三分下結顯
初答足數
二答別眾
初增減非
二倒作非
三累罪非
四雜倒非
五說不明非

初事是二
二事非二
四違順二
初標分
二初下隨釋二
五通雜二
○二上下就文解二
初標示
二初下隨釋二
初分文
羯磨疏科卷一
二二下牒釋五
初第一二
二第二二
三三四
四五六
五第七二
○二約義立二
初標章
二文下牒釋三
初總意二

二初下釋二
初標
二言下釋二
初明順
二後下辨違
初標章
二約下正釋二
初總示
二二下隨釋三
初人非二
二文下法非
三若下事非
初標
二自下注二
初標示
二今下正釋二
初牒注釋
二今下示離合
初牒釋三單三
初人非

初體是
二相是
初體非
二相非
初歷句
二以下述意
初正釋
二十下引證
初略示
二昔下斥古
十八
初非法
二應下別眾二
初約義以釋
二毋下引文以明四
初毋論
二五分
三四分
四僧祇
初無心領二
初標示

二二下非相二
三文下結勸
初正釋非相二
二因下因明解法二
○二對首二
初總標
二於下別釋二
初但對首二
初總標
二初下非相二
二衆法對首二
初廣釋三單三
二餘下略指雙具
○三心念二
初總舉
二懺下別釋二

二法非
三事非
二餘下略示雙具
初標示
二謂下列釋二
初委釋三單三
二餘下略示雙具
初人非三
二法非
三事非
初人非三
二法非
三事非
初但心念
二餘下餘三心念已上卷六

二言下正釋三
初十三有情
二就下六種非情
三又下二種無解
二有心領
初犯重二
初正明
二問答
二有下呵人
三或下僧俗
初別衆
二人下非應
三呵下呵止
初犯過如律
二非制不合
三非疑過分

釋四分律刪補隨機羯磨疏科卷第一

釋四分律刪補隨機羯磨疏科卷第二

宋餘杭郡沙門釋元照錄

○第二諸界結解下八篇爲正宗分分二
初標分
二宗下隨釋二
初正釋八
二上下總結○
初諸界結解篇第二分二
二諸戒受法篇第三○
三衣藥受淨篇第四○

四諸說戒法篇第五○
五諸眾安居篇第六○
六諸眾自恣篇第七○
七諸分衣法篇第八○
八懺六聚法篇第九○
初篇目
二本文二
初釋標題二
二就下解別相三
初攝僧界二

初明相從次第二
二依篇解釋二
初明位次
二先下敘所以
初標分
二初下隨釋二
初總義二
初分章
二言下隨釋四
初制結意
二列數釋名二
三位分大小二
四結解差別懸科解文
初標章
二初下正釋三
初大界量三
二戒場量

初正敘次第
二光下簡異古本
初牒章
二初下正釋二
初釋名二
二就下列數
初翻名示義
二今下會釋今文

初示界量三
初示本宗極量
二五下據諸文會高
三十下引律論彰異
二問下顯村河二
初合問
二別答二
初答合河
二言下答合村
三五下明別界二

二攝衣界○
三攝食界○
初釋總標
二就下釋別相三
初大界二
二戒場○
三小界○
初敘意分門
二初下隨文牒釋十
三此下結示伸誡

初相是非二
二形體狀二
三疊標域二
初牒章指要
二若下示量顯法二
四唱方隅二
五集僧法二
初標章
二五下正釋二
六不受欲二

三三小量
二就下別釋二
初釋標
二就下釋相三
初八法二同三
二法食二同○
三法同食別○
初牒章顯意
二善下引文正明二
初牒章略示
二故下引論顯相二
初分三量
二今下明竪法三
初正明
二問答二
初標章
二律下正示二
初引誡遮非
二若下示相明集三
初標示

初引病緣明開結
二文下進圍輪明多界
初分文
二就下牒釋二
三此下結指
初結法三
二上下解法○
初引善見示相
二四下引本律會通
初善見論

二明了論
初問
二答二
初引古解
二示今解
初簡唱八
二五下示唱法
初伸正解
二有下引古釋
三今下顯今通

七加法消文二
初牒章分門
二初下隨文牒釋三
初釋標
二就下釋文二
初標示
二僧下列釋五
初緣
二文下開
三文下制
四是下相二
五五下結二
初標分
二初下隨釋二
初緣二
二正加二
初標章敘意
二就下分門正釋二
初分門
二就下隨釋二

二二下正釋三如文
初分文
二初下隨釋二
初釋引文
二自下明義設二
初標示
二若下隨釋二
初明能秉四位三
二九下示問答二緣
初約義總分
二若下就文牒解
三若下示餘律不同
初分文
二初下隨釋二
初白文二
二就下羯磨二
初列示三釋三
二上下結斷可不
初白文
二羯磨

初排緣
二四下唱法三
初不牒名
二注下示屈曲
三唱下明偏數
初總舉
二二下別釋五
初初句
二第二句
三第三句
三
四第四句三
五第五句
初總示
二前下對簡
三列下別釋
初初師解
二次師解
三後師解
初文義俱通
二第下文局義通三

初依文相解二
二就下重列諸門三
初標分
二初下隨釋五
初有無二
二通塞二
初標示
二如下隨釋二
三增減二
初標章
二有下正釋二
四成敗二
五釋疑二
初標章
二正釋四
八法有無二
初牒章
二有下正釋二
初初師定無法
二次師定有法二

初標章
二白下正釋二
初白文二
二羯磨二
初通示綱緣
二俱下別明緣本四
初標示
二比下斥訛
三何下配釋二
四據下結誥
初標章
二如下正釋二
初問法中召別
二問稱事成局
三問列二同所以二
四問多相不改已上卷七
初立義
二如下引證三
初指前文
二又下舉現事

初總舉
二如下別釋二
三極下結誥
初第二緣本雙陳
三至下第四單牒其本
初義通
二約下文局二
初白二當法
二受下白四受戒
初引古不通增減
四
二今下明今有得不得
初明綱
二餘下次示緣二
初約唐梵以明
二故下舉他部例三
初問答
二難不牒羯磨二
初問
二答四如文
初引相壞明不失

九顯失不二
初標分
二初下隨釋二
十結不成
〇二上下解法二
初標舉分文
二初下隨文牒釋三
〇二法食二同二
初標位
二初下隨釋二

〇三法同食別二
初標分
二由下牒釋二
〇二戒場二
初標舉分文
二初下隨文別釋二
初明戒場法二
初牒章科判
二初下隨文解釋三
初制開意二

三文下引青見三
初失二
初引教明失
二準下會釋相違
二泛下不失三
初緣起
二文下解法二
初標舉
二二下注解二
初釋緣起
二詳下明用法三
初當法緣起
二文下單食同法三
初制意
二釋名二
初正釋
二問答二
初標指
二由下隨釋二
初內外

三若下引隨處明非無
三文下明樹集彰兩異
初總標
二二下別釋六 如文
三如下結示
初釋文二
二文下解注
初牒釋二同
二何下明不立相
初示今通解

二有下點古局意
初明出法
二以下顯須和
初立問
二有下引釋二
初初師解
二次師解
初約義正斥
二毋下引文質非二
初引示諸文

二文下內外先後二
三三下結解法二
初牒章分文
二初下隨文牒釋三
初相位
二文下唱相
三就下結法二
初標分
二問下牒釋二
初結二

二解二
初標示
二若下正釋二
二後下後明大界二
初標分
二初下隨釋三
〇三三小界二
初標分
二初下隨釋五
初教興所由二

二五下先後二
初引示
二今下斥古二
初明牒緣三
二有下引別解
初斥古濫用二
初斥用大界法四
三有下斥用三示法
二今下顯今所出二
初示意
二就下牒釋二
初緣二
初不得合河二
二不下不得相接
二云下相二
三律下結
初正明
二問答
初標章
二觀下正釋二

二問下決通論意
初問不言說戒
二問不牒二同
三問說忩通集
初引古
二然下今破
三有下重救
四今下再責
初分文
二問下釋法二

初問文牒住處
二問隨結明解
初正釋
二問答
初列斥諸非
二界下顯今正式
初明今釋
二有下引古解二
初約身坐處
二有下準律約量

二集僧遠近二
三無有標相二
四結解同異
五顯張是非二
初牒章分文
二初下隨文別釋四
初指緣
二釋標處
三明非法二
四指羯磨
初標指
二大下正釋二
○二攝衣界二
初牒章分科
二初下隨科牒解二
初列義門
二就文釋二
初分文
二前下隨釋二
初標擧結方五

初標章
二凡下正釋三 如文
初通明非法
二下別解四過三
初標擧
二初下列釋四
三明下結誥
初非是開緣
二言下輒立相四
三三下處留久固
四四下妄通餘法
初須結得不
二文下教興本意
三文下結之方法三
初標示
二有下牒釋二
四四下結界通局三
初標章
二有下正釋二
初古解約體明不偏三

初引古所傳
二今下斥世承用
三故下據文翻破
四問答釋疑二
初問受時行事
二問訶入倚身二
初立問
二答釋二
初古解
二今下今斥
初約隨有無解
二約牒除解
初古解二
二今下今義三
初立理
二故下引據
三問下釋疑二
初問無緣牒乖法
二問有無著除乖要
初標古所立

二後下牒緣加事二
初牒章科判
二初下依科別釋二
初標緣顯示
二就下依法結解二
初結二
二就下解二
初標章分示
二初下牒釋標文 已上卷八
○三攝食界二
初結淨二
二護淨○
初分門
二初下隨釋六
初制意辨名二
初制意立名二
二今下對明開制二
初標擧
二僧下正釋二
二列數定體三

二今解約緣明不偏四
五文下除結前後二
初點注
二五下引證
初釋結法二
二文下釋傍示
初正釋除結
二故下別示餘義三
初牒章分科
二就下隨文別釋二
初制意
二辨名
初引教明廢二
二問答顯開二
初問
二答三
初約義答
二五下引文示二
三有下斥異解二
初檀越淨三

二十下引彼誤解
初通十誦
二僧下引文證
三問下伸問答二
四若下會異宗
初問衣界二同須不
二問淨地不爾之意
初明村相
二善下通論文
三餘下指自然
初引二律
二有下斥異解二
初引古所立
二示今廣破二
初躡彼執略破
二今下準諸教廣斥
初引他物文
二引開結文
初古解
二今解二

初牒章分科
三下依文別釋四
三上下通結
三分自他
四院有周缺
五法有作不二
初總分四種有無
二文下別明二作異同二
初總舉
二二下別釋六如文
初示名體
二此下遮倚濫
三有下斥妄解三
二不周淨二
初標示開意
二文下牒釋諸相
三處分淨二
四白二淨三
初釋唱相
二文下釋五眾房
初正解
二釋妨
初引古
二今下斥非
三疏下彰益
初標意示名
二僧下約處顯法
初標制意
二據下定結處
三文下釋疑有

六結解差別二
初分文
二初下隨釋二
初結三
初標緣
二律下顯相三
三文下加結三
二就下解
○二大下護淨二
初牒章分科
三五下釋五分通結
初院外遥結二
二問不竪標相
三文下東廂廚院
初標指
二攝下牒釋三
三問答五
初緣不淨二
二緣淨三
初引示三
初對僧界顯異
二有下明同處亦成
初問結竟不開內宿
二問制宿還同不結
三問看煮例宿應制
四問觸煮準應無犯
五問長房例須不合
初明觸染緣
二五下示翻淨法二
初五分

二初下隨科別釋五
初翻染法二
初標列
二初下隨釋四
初明舊食器
二如下新器物三
二守護法二
三罪通局二
初牒章分位
二前下隨位別釋二
二斯下結顯
三前下對簡
三體不淨
四體淨二
初通列
二僧下引示三
三有下斥非
初標章
二初下正釋三
初時藥
二僧祇
初僧祇
二十誦
三四分
初引文
二今下指濫
三如下重判
初內宿
二內煮自煮
三惡觸

初藥二
初標示
二據下列釋二
二罪二
初標分
二初下隨釋二
初緣二
二後下法二
初牒章總舉
二先下分位別釋四
二餘下餘三藥二
初通明不加法
二若下別示加法二
初正示二
二此下結斥
初標示
二如下引明二
初引十誦通明四緣二
二多下引論別簡宿過
初正明
初明非時七日三
初惡觸
二古下宿煮
三自下自煮
二四下引盡形證
初明內宿二
初約人顯相
二故下引文示犯
二十下辨後三
初成觸二

初內宿
二內煮
三自煮二
四惡觸三
四相覆蓋二
五淨生種二
初牒章分文
二初下隨文別釋三
初制意
二處人

三淨法二
初標示
二四下正釋二
○三諸戒受法篇第三
初篇目
二本文二
初分文
二初下牒釋二
初標題二
二就下列法二

二問答
初標處時
二就下約八二
三上下就食
初正明
二問答二
初問
二答二
初列多種法四
二僧下明離合法二
初僧祇
二明下了論二
初分示
二戒下隨釋二
初釋標二
二所下釋注
初牒釋六
二不下顯意
初分位
二就下隨釋二

初具戒有三
二淨人唯一
二又下不成觸二
初正示四緣
二重下歷句料簡
初釋通
二律下引證
初四分
二僧祇
三五分

四母論
初引論四句
二疏下引疏別釋已上卷九
初釋諸二
初正明
二問答二
初問不列式文
二約增法轉難
二釋戒
三釋法

初俗人受法二
二道眾受法○
初受三歸法二
二受五戒法○
三受八戒法○
初敘引三
二上下正明二
初義門懸解二
初標舉分章
二初下隨章別釋六

初明業體二
二歸依本意二
三約境寬狹二
四境通眞僞二
初標章
二論下引釋三
五作法不同二
初標章
二善下正釋二
初善見

初標分
二初下隨釋三
初敘非示意
二古下斥古撰述
三何下引文彰勝
初引問
二有下引解三
初標章
二論下引釋三
初明歸意二
二彼下引昔緣
三引問答二
初佛三
初問所歸名義
二問正歸何身
三問出血得罪
二法二
初問所歸法體
二問自他盡處三
三僧二

四釋篇
五釋第
六釋三
初教無教爲體
二又下約三業爲體
三又下善五陰爲體
初引論
二論下隨釋
初問提婆有歸無護
二問不救設歸無益

初標章
二論下引釋二
初定寬狹
二若下伸問難
初引問答
二盡下牒釋三
初釋盡處
二上下揀聖凡
三須下結誥
初問所歸

二多下多論六
六對趣分別二
初標章
二五下正釋三
初正明
二多下引示
三義下義決
三三下牒文正釋二
○二受五戒法二
初標列義門

三三下隨文釋義二
初分文
二就下別釋三
初標二
二將下法二
初作法延促二
初標指
二若下正釋二
初受緣差別三
二就下作法詞句二
初明倒說成不
二問一體何分
三問互滅成不三
四問異師別受
五問受時長短
六問爲師遠近
初牒章分文
二初下隨文解釋二
初標文
二文下注解二
初戒德高勝二
三三下簡器堪能三
初標指
二文下牒釋二
三問答
初漸頓二
初多宗局頓
二成宗通漸頓
二若下重受
三又下延促
二若下再難
初問答
二若下轉難
三善下引示
初釋標文
二授下釋授法三
初釋成法處
二後下釋三結
三下下釋無戒
初標指

二所下牒釋二
初持戒勝行施
二又下因戒以成施
初審問量能二
二又下行淨納法
初釋善生問遮難
二如下引成論簡輕重
初稱名
二歸境
三時節

初分文
二初下牒釋三
二告下發戒時節二
初牒文標指
二多下引論正釋二
初正示時節
二凡下因明具戒
三三下相二
○三受八戒法二
初標分

二初下隨釋二
初前三約義辨三
初釋名簡法二
二要期立志二
三功益之美二
二就下後二對文釋三
初分文
二初下牒釋三
初標緣二
二正下受法二
初指緣境
二文下釋詞句二
三言下釋三授
初總示
二我下列釋五
初標指分文
二初下牒文解釋三
初就相告分二
二餘下指略餘文
初釋名二
初顯正解
二有下斥異說
二多下簡法
初標
二多下釋二
初標
二多下釋四
初標指
二言下正釋四
初分文
四多少
五三號三
初總示
二問答
三言下牒釋
初正釋戒條
二約下料簡諸相三
初例通自誓
二多下辨遮性
三五下明七支

初明緣難
二善下明斷惡
初多論
二善生經
三智論
四成論
初受齋日
二多下授法人
三俱下受儀
四又下日限

三三下明相二
初標分
二前下別釋二
初列相示二
初總示二
二就下別釋六
二明願引二
初釋文
二下下點注已上卷十
○三次明道眾受戒法三
翔鷺疏科卷二
初牒章分科
二初下隨科別釋二
初標舉宗致三
二隨相解之○
初總舉
二二下別釋七
三上下結誥
初出家元緣二
二有益超世二
三障出有損二

二初下隨釋
初引論分位
三有下明離合不同
初初戒
二第三
三第五
四第六二
五第七二
六第八
初標
二如下釋三
初引教正明
二此下就機對辨二
三然下引誡勸修三
初標
二橫下釋二
初明立法本意
二如下引諸教明功三
初標
二如下釋

初二方修飾
三西下辨兩土禮儀
初總示
二阿下別釋二
初釋高床
二又下明倡伎三
初牒釋
二有下點示
初明利鈍不同
二就下歷四段簡
十五
初斥濁世不修
二如下引聖論極誡
三道下示所修行相
初華手經
二又下出家功德經
三智下智度論
初明罪本
二今下明造惡三
初指世垂誡
二故下引教轉證三

四行凡罪行二
五行凡福行二
初標
二凡下釋三
六行聖道行二
初標
二但下釋二
七大小乘相決同異三
初標
二三下釋二
翔鷺疏科卷二
初總示
二若下別釋二
初小乘三學三
二若下大乘三學三
○二隨相辨之三
初牒章分文
二此下示通兩位
三就下隨章牒釋三
初乞度人法二
初標分

初標
二據下釋二
初出家之本
二今下明凡福行相四
三如下引二論通證
初敘難勸修
二然下列示行相三
初戒
二定下定
三今下慧三
初約法明同異
二然下就人簡同異
初戒二
二至下定慧
初分文
二愚下隨釋二
初釋緣起二
二三下釋制畜
初總舉
二牒釋五

初十誦律
二四分律
三涅槃經
初明持戒
二若下修禪
三若下多聞
四若下營事
初標舉
二二下列示
三離下結指
十六
初明修證
二斯下示通凡
三據下辨三學
初正釋六
二問答
初愚癡
二威儀
三著衣
四乞食
五受鉢

二初下牒釋三
初標緣二
二就下乞法二
初明具儀三
二文下黏乞法
三三下與法二
初分示
二緣下別釋二
二大下正度人法三
初牒章分位

二初下依位別釋三
初明僧受二
二明尼受○
初度沙彌二
三三下授大戒法○
初分示
二初下隨釋二
初標章分文
二初下隨文解釋三
初緣

三重徵
初偏袒
二脫屣
三禮僧三
四䠒膝二
五合掌
初釋緣二
二問答
初釋標緣起三
初釋標名
三文下釋注解七袈裟
三餘下指廣
三三下隨相辨位三
初總分
二初下隨釋二
初形同二
二法同二
初分文
二初下釋體二
初正明

六鬧亂
初大小通禮
二然下對別僧異
三如下正示禮儀
二余下引事顯正
初示法斥非
初觀察可否
二就下簡德如非
初分文
二緣下牒釋二
十七
初釋緣
二此下釋法二
初釋白文三
初牒文釋
二有下辨所為
三有下明通局
二五下釋後注三
初牒文正釋
二四下通會本宗
初正釋

二法二
三相三
初分文
二就下隨釋三
三自下指略已卷十二
初戒相二
三三下五德三
初標示
二初下牒釋五袈裟
三斯下結誥

三次下十數三

二問答
初正明
二問答
初釋通數二
二此下釋別相三
初指同標異
二文下異釋第十
三下下釋總結
初總舉
二二下別釋十
三上下結誥

二彼下示總意
初依食住二
二名色
三痛痒想
四四諦
五五蘊
六六入
七七覺意
八八正道
九九眾生居
十八
十十一切入

釋四分律刪補隨機羯磨疏科卷第二

釋四分律删補隨機羯磨疏科卷第三

宋餘杭郡沙門釋元照錄

○二授具戒法二
初牒章分文
二初下隨文別釋二
初標舉眾名二
二就下隨緣正解○
初標分
二言下隨釋二
初釋標舉二
二三下釋列緣三
初標列章門
二初下隨章正釋五
三具下指廣如後二卷十
初列數顯相二
二通局不同二
三秉法差別○
四教被凡聖○
五藉緣多少○
初牒章分科

初正釋三
二餘下指廣
初正明二
初總示
二初下列釋二
初僧中五受二
初正明五
二有下斥異二
初引異解二
二明今斥
二就下尼中五受二
初正明五受二
初標舉
二初下別釋五
二以下總通七受
初例僧義立二
二若下明神州元始
二問答二

初敘翻傳
二中下釋名義
三如下明存梵
初善來
二破結
三三語
四邊方五人
五中國十人
初立理
二釋妨
初八敬
二二十眾
三遣信
四小年曾嫁
五邊方十八二
初正明今立
二有下斥古妄廢
初邊方不戒開

二初下隨位別釋六
初約受
二約報二
初標舉
二依下列釋五
三約時
四約方二
五約漸頓二
初標分
二初下隨釋二

初大小通局二
三下別就小論二
初總示
二故下別釋二
六約諸部三
初示本數生起
二十下引律論別明二
初引律三
二上下引論二
初結前標後

初善來二
二破結
三三語
四八敬
五羯磨
初標舉
二善下正釋二
初正明
二問答
初羯磨唯局漸三
初約諸教正明
二引多論辨析四
三上下結示
三善下餘四通漸頓
初十誦十種
二僧祇八種
三五分十二種二
初多論七種二
二伽論十種
三善見八種

二遣信異殺盜
初據本律以示
二如下會經論相違
初明二洲通塞二
初善來八敬唯局
二羯下簡餘三通局
二北下簡北洲唯塞
初問頓得何須前受
二問漸受前戒失否
三問頓受體分幾種二
初問答
二若下轉難
四問頓受捨時如何
初正明
二問答二
初問三語有缺何開
二問破惡理非在局
初正明通局
二別問三歸
初總示

二如下引論正明七
三上下括諸部通局
○三秉法差別三
初標舉
二多下正明
三問答二
初問兩受勝劣
二問佛秉善來三
初正伸問答
二八下重簡八敬

三如下引論通示二
○四教被凡聖二
○五藉緣多少二
初牒章分位
二初下隨位別釋四
初約緣明受二
二對辨同異二
三約受優劣二
四顯法前後二
初牒名

四母論七種
五雜心十種
六俱舍十種
七了論九種三
初列示二
二此下通釋
初僧中四種四
二尼下尼中三種
初正明
二問答
初標章
二善下正釋四
初列示四受二
二羯下略釋羯磨
初正明四
二問答
初標舉
二初下列釋五契
初標舉
二初下正釋三

二一下別明二
三於下結通局
初釋依他七受二
二獨下釋自證二受
初善來
二三歸
三略羯磨
四廣羯磨
初善來
二三語八敬三
三
初通明二受
二別問三語
三八下重簡八敬
三破結
四若下羯磨
初善來
二破結
三三語
四八敬
初就緣

二善下正釋二
○二就緣正解二
初標指分文
二前下隨文別釋三
初釋緣二
二釋法○
三釋相○
初分示
二就下正解二
初就法辨緣二

二就下就事辨緣○
初分文
二文下別釋二
初顯戒德尊高
二今下依緣略簡二
初釋總標
二就下釋別相五
○三就下就事辨緣三
初牒章總舉
二初下隨位別明八

初具戒前後
二餘下未具前後十二呈卷
初能受人三
初標舉敘由
二初下牒文正釋五
三上下結示得不
初唯是人道
二諸根具足三
三身器清淨二
四出家相具
五得少分法
二所對境二
初標示
二一下列數二
初正釋七
二上下料簡二
三發心乞戒
四心境相當
五事成究竟
初分示

二對過
三對功能
初明簡意
二但下敘形報
三至下簡輕重
初明簡意
二文下牒文解
初結界成就
二能秉法人
三僧數滿足二
四
初牒釋
二今下斥濫
四界內盡集
五白四教法
六資緣具足
七佛法時中
初總束四緣
二成下交決成敗二
初總分兩異
二若下別簡事資

三上下結斷通塞○ 卷十
初明請師法 二
二安受者所○
三差人問緣○
四出眾問法○
五自召入眾○
六明乞戒○
七戒師和問法○
八正問法○
初分文
羯磨疏科卷三
二初下隨釋 二
初敘師資教興 三
二就下明法加被 二
初標分
二初下隨釋 二
○二安受者所 二
○三差人問緣 三
初標緣
二如下示意
三就下牒釋

二初下牒釋 二
初明緣致 三
二文下修處敬
初釋立和尚緣 三
二文下釋立弟子緣 三
三善下釋制請緣
初釋請法 二
二次下釋答詞 二
初釋和尚詞句 四
二文下釋諸師例同 四
初明請意
二今下斥時訛
三阿下釋名義 二
四請下示請法
初標示
二云下正釋 三
初標分
二就下隨釋 三
初示其衣鉢 二
三三下正辨問難 二

初敘制意
二中下翻名釋義
三文下釋敬攝
初敘制意
二言下釋名義
三師下明相攝
初明請儀
二請下釋請詞
初標示
二吉下列釋
五
三初下別釋
四有下明四所以
初二師
二外下餘師
初安界外
二言下離見聞
三文下立望
初釋審問安慰
二列下釋示衣鉢名相 二
初正釋

○四出眾問法 二
初標分
二勅下正釋 二
初定其思審
二將下依數列問 二
初先以義引 二
二正消文相○
初分文
二初下隨釋 五
初制簡淨意
羯磨疏科卷三
二正釋名體 二
初標章列數
二初下正釋名體 二
初釋名 八
二次下定體 二
初標分
二初下隨釋 二
三得名廢立 二
初標舉
二先下正釋 二

三後下定其言詞
初邊罪 二
二壞尼
三賊住
四破內外道 二
五黃門
六至十五逆 四
十一十二非人畜生
十三二形
初正明
二問答
初依名定體 二
二次下辨離合 二
初標
二問下釋 二
初問邊逆離合
二引諸師義解 三
初標
二非下釋 二
初標

二問答
初正釋
二自下指例
初正明
二釋妨 二
初問答
二轉難
初殺父母
二殺阿羅漢
三破和合僧
六
四出佛身血
初約違教有無釋
二約離合繁濫釋 二
三約簡俗不具釋
初正釋
二若下轉難
初約四義釋
二文下約三義釋
初問答
二轉難 二

初據名二
二次下諍名二
四收難多少二
初牒章分科
二就下隨科別釋三
初總明盡不二
初標章
二言下正釋二
二以八難收二
初牒章
二有下隨釋二
初約不攝釋
二又下約餘難釋
三以三障收二
五通塞不同二
初牒章分門
二初下隨門別釋五
○二次下正消文相三
初標舉
二云下隨釋二

二問下釋二
初總問通名
二別問初難二
初約攝不盡三
初引教文四
二義下約義說
二若下斷成不
二又下明攝盡二
初正明
二問答二
初牒章
二黃下正釋二
初總收
二問答二
初三趣二
二就處
三就時
四就人
五約戒前後二
初正釋二

初引尼例難
二有下約義各釋二
初約尼無以釋
三若下今約違教釋已上卷十三
初多論
二善見
三僧祇
四了論
初舉小年以問
二引和尚轉難
初通問
二別答二
初答寬狹
二答輕重
初正明
二問答
初標
二全下釋二
初通示
二就下別簡

初釋難二
二釋遮○
初廣明前五五
二餘下指略餘八
初遮罪二
二壞尼二
初牒文示相
二問答釋疑五
三賊住二
初標示
二善下別釋五
四破內二
初牒釋
二十下引示二
五黃門二
○二次下釋遮二
初標章指廣
二文下牒文略釋八
初合釋前三種三
四衣鉢具

二問答
初牒釋
二余下斥訛五
初問污聖何名難
二問成難為婬觸二
三問殺污不同障
四問凡報非同聖
五問壞僧成難不
初善見二
二僧祇
三十誦
四伽論
五四分
初明破相
二毋下廢試教
初示合列
二如下釋名字
三三下釋年歲
初述制意
二十下示別相

初敘遊方
二有下引他解
二余下舉事難
四故下引論證
五近下示相從
初正伸問答
二善下料簡諸相二
初引論正示
二有下決判淨具二
初引他解
二若下明今解
初引示
二問答
初標敘示相
二律下料簡自截
初名義
二文下十事
三文下堪能二
初正釋三
初牒釋

五父母聽四
六負債
七奴僕二
八官人二
初簡位明制
二僧下引教辨相
九丈夫三
十諸病二
○五白召入眾二

三今下明須不
四有下顯離合
初牒釋
二僧下引示二
初明人奴
二五下辨佛僧奴
初總示
二善下別釋二
初緣二
初釋立處

二何下顯意
三律下點示
二問答二
初問例借衣四句
二問開胎閏前後
初癲病
二五下顛狂病二
初引示
二今下斥非
初今釋

初標分
二初下隨釋三
○六明乞戒二
初標分
二初下隨釋二
○七戒師和問法二
初標法
二問答二
○八正問法二
初標分
二注下隨釋二

二文下明立意
二法三
三儀
初緣二
二就下法
初問戒師不差二
二問教授無白
六七殺父母
八八下殺羅漢
九破僧二

二有下他解
三如下示異
初正釋
二僧下示異
初問答釋通
二若下引事例難
初牒釋
二文下結詰
初牒釋
二此下通結三

初釋緣
二列下釋問二
初釋重難三
初指前重誡
二就下通示問詞
三就下正釋難相三
初牒名顯相七
二然下諸部同異二
二次釋輕遮二
○二大下釋法二

十惡心出血二
十一非人三
十二畜生
十三二形
初示名
二約下顯相
三僧下斥非
初標示
二汝下牒釋二
初標指

初明有無
二有下引他解二
三故下結示
初約現相釋
二有下據毀壞釋
初明差問唯同
二制下明律相同異
初示名字
二奴下釋餘相已上卷十四
初明引論之意

初標分
二就下隨釋三
初戒緣二
二次下正加法二
三僧下總結二
初正釋結詞
二廣伸問答四
初問戒發時節二
二問法竟通三性二
三問安居不同戒

二引下牒釋三
初標舉
二單下正釋二
初問
二答二
初引他解
二今下明今解
初問
二答二
初引論立義二

二文下釋起慈心
三此下釋正發戒法
初白中問答
二後下羯磨竟處
初正解
二若下釋妨
初引彼所執
二解下示今躡破三
初約義正破二
二故下引文證成

四問法體相狀二
初敘問開章
二就下隨章牒釋四
初明戒體二
二辨同異○
三緣境相○
四敘數量○
初分門
二就下隨釋三
初釋名體二
二明先後相○
三通敘相○
初分門
二初下列釋四
初牒章
二問下隨釋三
初問所受以發起
二問體相以開章
三初下隨章問以解釋四
初明教宗二

二有下斥他異說二
初立所由二
初標
二問下釋二
初示今所立
二釋其所以二
初問不通多少二
二問不立三合二
二引經證三
初標
二如下正引三
三如下結示
三解名義二
四明業體二
初標
二問下釋二
初問
二答二
初舉宗以答
二故下約義顯異

初斥殺盜非彼例
二又下約教他反答例二
初正明
二釋妨
初問
二答二
初正答相須
二上下對簡聖戒
初問
二答
初涅槃經
二又下善生經
三又下雜心論
初標分
二所下隨釋三
初釋作
二言下釋無作
三用下釋戒三
初略釋
二戒下引示

二陳體狀二
三列異執○
四顯正義○
初標
二體下釋三
初克定名體
二多下指體通標
三先下依宗別釋二
初假名宗二
二實法宗○
初正示體相二
二引諸文證成三
三難作戒立色
初引成論二
二故下引涅槃經
三十下十住婆沙論
○二實法宗二
初標章敘起
二初下依位別釋二
初別分六位六

初標宗
二言下依釋二
初作戒體二
初舉名標示
二或下諸師定體二
初約色心爲體二
二約方便色聲爲體二
初約論正立
二問答遮難四
二無作體三
初通示名體
二言下別釋二非二
初釋非色
二釋非心
初證非心二
二故下證非色三
初標
二三下釋二
初標
二此下釋三

三今下顯正
初約論示體
二若下立理遮妨
初五塵非記難
二違前心助難
三違前心體難
四聲非相續難二
初正問
二伸答三
初約要期釋
二約斷續釋
三約互造釋
初引初段
二又下引後段
初引前問答
二引後問答
初約義以釋
二故下引教以證
初總束三色
二今下正配三戒

羯磨疏科卷三

初有為無為分別
二三聚分別二
三三色分別二
四本報方便分別二
初標
二身下釋二
五三性分別二
初標
二身下釋二
初作戒二
二言下無作戒
六始終分別二
初標
二此下釋二
二上下總明體相二
○三列異執二
初牒章
二自下正明二
初明法執二
二上下明迷執二

初二種作戒二
初總示
二就下別釋二
初身作戒二
二口作戒
三二種無作戒三
初正示體相
二故下引經證成二
初通簡善性
二然下別簡色聲三
初出諸解二
二今下明今斷
初初師據終非始二
二文下今師始終通收
初示體引證
二問答釋疑二
初通明兩土弘傳
三然下別就此方諍計三
初明前乖競
二後下示後分宗

三所下別釋無對
初正明
二問答二
初問二色同異
二問所依非記業二
初正伸問答
二引教轉難
初初師通約三色解
二文下今師唯據方便解
初簡色
二就下簡聲
初正明
二遮難
初立理難破
二有下覆救初師
初約非對見難色
二約有對礙難相違
初假宗執離心伸難
二彼下有部約細色釋通
初光師

十三

羯磨疏科卷三

初結前標後
二如下列示不同三
○四顯正義二
初牒章
二夫下正釋二
初歷示三宗三
初示體標宗
二如下依宗別釋三
三此下指略結成
初實法宗二
二假名宗二
三圓教宗二
初標示
二戒下正釋三
二今下總結囑累二
初斥迷示本三
二立問釋疑二
○二明先後相二
初牒章標舉
二有下引示諸解二

三略下略敘異計二
初敘起
二如下正列四
三斯下總責已上卷十五
初標示
二彼下正釋三
初標示
二由下正釋二
初依宗通示
二考下約義考體二
初敘立教本致
二愚下根器差殊
三彼下所受之體三
初舉現事呵破
二故下引諸文證非
三今下指所歸重勸
初問乖宗二
二問假緣
初執二戒同時
二有下執二戒前後

二齊末師
三河北師
四江南師
初依宗示體
二如下引律顯正
三如下斥前諸說
初正示體相
二問答釋疑
初約圓義以示體相
三由下約隨行以明持犯
三是下舉因果以細勸三
初攝律儀戒
二以下攝善法戒
三以下攝眾生戒
初問
二答二
初約圓義以釋
二何下舉本宗以況
初引昔通
二今下示今解二

十四

初引他師異解二
二問下示今決通二
○三第下通敘相二
初牒章總舉
二二下隨位別明八
○二辨同異二
初牒章分科
二初下隨科別釋三
初釋兩名二
二分善戒二

初牒前總問
二約義各釋二
初作俱無作
二形俱無作
三要期無作
四異緣無作
五助緣無作
六事在無作
七從用無作二
八隨心無作二

初約同時以通前
二亘下約三時以示相
初正明
二問答
初依多論釋
二如下引成論釋
初總問
二別答二
初釋受名
二既下釋隨名二

初標章
二問下正釋二
三辨同異二
初標分
二就下隨釋二
初釋二作二
初總舉
二何下正釋二
初先釋二名
二次下正辨同異二

初牒章
二問下隨釋二
初問有犯不名隨二
二問二作應非戒二
初明五同二
二言下辨四異二
初標示
二二下正釋四
初總別異
二根條異

初正明
二問答
初問
二答
初標示
二二下列釋五如文
初正明
二問答二
初問
二答二

二次下解二無作二
初標舉
二先下別釋二
初先解二名
二今下正明同異二
初明五同二
二次下辨四異二
初標舉
二初下正釋四
○三緣境相二

三懸對異
四一多異二
初標
二二下釋五
初總別異
二長短異
三寬狹異
四根條異
初牒章總舉
二初下隨位別明二

初約輕重答
二又下約勤怠答
初名同
二義同
三體同
四敵對同二
五多品同
初正示二同
二若下會今古異
初正明

初就成宗二
初總示
二初下別釋四
初能緣心
二所緣境二
三發戒相
四約防非二
初略示
二問答四
二次下依多論二

初舉事以明
二故下引論以示二
初問不防現非二
二問斷過去非二
初問
二答二
三問立三戒所以二
初問
二答二
四問懺悔滅幾世二

二徵釋
初問
二答二
初正答
二更下重舉
初約義正答
二昔下翻破古解
初正答
二轉難二
初牒難

初標舉
二能下正明二
初通列四意
二語下別明戒境三
初引俱舍三
初明從生起三
二又下明離五過
三於下明徧緣意二
初舉事以徵
二由下約義以釋三
二雜下指二論
三如下引婆沙二
四如下點成論巳卷十六
○四敘數量二
初牒章總舉
二初下依位別釋四
初五戒二
二八戒
三十戒
四大戒三

初問
二答
初總示諸境三
二俱下別釋情境四
初通明三種二
初總標定不定
二分下別釋不定二
二約下別分四位三
三若下結示定意
初立難
二故下釋通二
初正通
二若下轉難二
初標舉
二如下正釋二
初引論二
二今下義推
初正明
二問答三
初有情量二

二釋通
初示境相
二問趣外
三餘下指非情
初分不定
二因不定
初總標
二有下別列四如文
初明從所能過
二縱下明離得捨過
三夫下正示所以
初約入般以難
二義下張四句通收
初問邪婬
二問多少二
三問偏制
初問答
二若下躡難
初引論
二若下義推

初示數量二
二如下引文證二
三問攝戒二
初總問
二別答二
○第三示戒相二
初牒章分文
二就下隨文別釋三
初止持行相二
二作持行相○
三結勸學方○
初標緣相
二四下分文釋二
初指廣總分
二就下牒文別釋二
初標舉總相二
二就下隨四結之三
初正釋二
二有下斥古二
三上下結示

二自下非情量
初通證二境
二故下引證非情
初攝盡
二又下攝不盡三
初總釋
二沙下別釋二
初沙門
二釋下釋子
初通標
二婬下列釋四
初婬二
二盜二
三殺二
四妄二
初標指
二不下牒釋二
初釋相
二譬下釋喻
初列數

初約義正明
二若下徵釋經意
三就下料簡戒善三
初正簡具戒
二就下對餘三戒
三若下對菩薩戒
初總分
二前下釋相二
初標示
二初下正釋二
初總舉輕重
二三下依重說示
初標分
二文下牒釋二
初釋相
二盜下釋喻
初標指
二下下牒釋
初斥執文
二有下斥別說

○二次下作持行相二
初標分
二義下隨釋二
初義說二
初列章
二初下隨釋五
初釋名數三
二約眾行二
三明制意二
四依次第三
五明開遮二
初標
二目下釋二
二就下釋文二
初標分
二緣下隨釋二
初分文
二所下隨釋二
初釋標舉三
初明標號

二所下釋名
三或下辨異
初標舉
二一下正釋三
初正明二
二是下引證二
三問答二
初立四意三
二所下出依體
初標章
二衣下正釋
三此下對簡
初明正法通開遮三
二調下明邪法唯制三
初釋緣
二釋體相二
初糞掃衣二
初分文
二前下隨釋二
二就下乞食二

初行法依
二眾法依
初總示
二初下別釋二
初外資
二上下內資
初涅槃經
二雜心論
初問經論不同
二問種依何立
初立教
二是下彰益
初正示
二故下引證
初明本制三
初總示
二依下別釋四 如文
三問答
二就下辨後開
初牒釋

二文下牒釋
三前下簡異
二就下釋列相四
○三三下結勸學方二
初標分
二就下隨釋二
初即坐誨約二
二後起隨行二
初通明二師三
二別釋依止二
○二明尼受戒法二
初牒章分文
二就下隨文別釋二
初釋標三
二就下釋受二
初標示
二初下列釋三
初略示沙彌尼法
二釋式叉尼法二
初標示分文

初總示
二若下別釋二
三樹下樹下坐
四四下腐爛藥二
初分文
二前下釋初段三
初標指
二就下分示
三所下顯意
初釋緣
二所下釋法二
初釋名
二文下明列次
三引下明依僧
初釋制緣三
初斥世妄行二
二今下顯今正法三
初敘立意
二六下示所立二
三彼下斥虛詐

二隨下結誥
初釋制
二就下釋開
初總分
二就下別釋
三至下結示
初明開離
二具下簡師德二
初有德可依二
二無下無德不須
初簡解能
二言下簡年臘
初釋兩緣相
二此下明體有無
三今下辨今行事二
初斥諸異
二亦下斥合受
初簡諸非法二
二今下正明今義
初正明

羯磨疏科卷三

二就下隨文牒釋二
初釋標
二就下釋法二
初總分三科
二初下別釋二段二
初乞緣二
二三下說相二
初釋召入
二就下正釋相二
初分文
二初下別釋三
三釋大尼法二
初分文
二初下隨釋二
初釋標緣二
初指略標起
二遣下列釋四受四
初遣信
二十下十歲曾歸三
三三下十八童女

二就下釋乞法四
初明具儀
二正下明前請
三文下釋詞句
四文下釋著處
初標舉總示
二就下顯示輕重二
三三下簡行有無二
初標舉
二大下正釋三
初釋尼同法二
二除下釋尼異法
三此下釋後三法二
初牒文略示
二然下簡辨服飾三
初牒釋標舉
二如下引示不同三
三既下結顯所取
初標分
二就下隨釋二

二若下釋妨
初總標
二初下別釋二
初釋初相二
二乃下釋餘相
初釋戒體二
二釋學法
初正明
二問答
初正釋
二問答
初示古式
二近下示濫行二
初濫式叉
二復下濫具戒二
初引異解
二今下約義斥
初引多論僧祇
二毋下引母論
三承下引傳聞

羯磨疏科卷三

四四下邊方義五
二就下釋正受二
初明五義二
初標分
二初下隨釋五
初對時二
二約眾二
三明界二
四立法二
五料簡二
初牒章
二問下正釋二
二就下牒文釋二
初總分三科
二初下牒釋兩段三
初釋緣二
二授下釋相二
初標分三科
二初下牒釋二段二
初釋八重三

初明本法二
二後下就僧受法三
初引教明制
二問法失否二
初問答
二轉難
初牒章
二有下正釋二
初標章
二然下隨釋二
初問答二
初問本法同僧事
二難未具出界外
二如下引勸
初總舉
二二下別釋四
初釋重罪相二
二總下釋總列四喻
三有下示後四名
初釋前四重二

初分文標示
二前下牒釋前緣二
初釋畜眾
二就下釋請法
初牒章
二有下正釋二
初引古非
二今下顯今斥
初引古非
二今下示今義
初詣僧法
二今下集坐法
初請師
二敎乞戒
三戒師和白
四正問難二
初問遮難
二問學戒
初釋墮胎
二厭下釋厭禱

二說下釋四依二
初簡第三不同
二如下引僧祇通示引卷十七
二就下釋後四重
初總指同前
二就下別釋殺戒三
三言下釋呪咀二
初釋義
二多下點字

釋四分律刪補隨機羯磨疏科卷第三

釋四分律刪補隨機羯磨疏科卷第四

宋餘杭郡沙門釋元照述

○三衣鉢受淨篇第四二
初篇目
二本文二
初敘來意
二就下就文釋二
初約文總判
二初下隨位別釋二
初制門二
二聽門○
初受衣二
二受鉢○
初五眾受衣法二
二受坐具法○
初分文
二就下隨釋二
初明衣緣本制二
初標分
二初下隨釋十
初制畜三衣意二
初制意三
二上下釋名二
初標指
二如下略釋二
初敘本無翻二
二今下隨義別顯三
初舉例示意
二如下引教以釋二
初釋通名六
二至下示別名二
初指廣
二故下略釋
初明乞求淨二
二文下求財法二
二雖下明財體如法
初釋捨墮物
二及下釋邪命二
初本律二
初示本緣
二始下明重制
二文下僧祇二
初引釋
二餘下指廣
三如下多論
初釋多譯之意
二如下引現翻以示
初大集經
二賢愚經
三四分律
四眞諦雜記
五法華經
六世傳
初舉相以釋
二如下引文以示二
初引經明淨心

二明受持行護二
初牒章分文
二初下隨門別釋五
初前後持二
初標示妄執
二今下明正義二
初受緣前後
二次下加法次第二
初正加
二沙下示意
二正從相二
初標
二有下釋二
初敘問
二答釋二
初准教以立三
二據下舉衣別配三
初示通所以
二僧下正配三衣
三文下指文合數
三三下明色相二
初釋非法色二
二言下釋如法色二
初標指三色
二然下正示袈裟色三
四文下明衣量
五文下明重單相二
六文下條相多少三
七文下長短相三
初釋割截
二所下明長短
三又下釋非法
八文下作衣法四
九文下補治法
十文下敬護受用三
初引教
二准下義推
三故下引證
初牒章
二今下正釋二
二依下引論顯邪相
初明簡意
二如下遮倚濫
初定色相
二然下簡正色
初示三種差別
二所下徵釋所以
初示三品
二極下釋極數
三所下明唯隻
初明作衣法
二割下明條葉
三鳥下明縫刺
四前下明鉤紐
初敬護
二若下著用
三所下常隨
初總標
二僧下別示三
初僧尼兩眾

三通塞法二
四正加受二
初對首受捨法二
初僧衆受三衣二
初分文
二就下隨釋二
初受法二
二後下捨法三
初明諸捨差別
二就下歷句簡辨
三問答釋疑二
初約受捨非類以問
二約結界以難
二尼下尼衆受三衣二
二心念受捨法二
初牒釋
二有下斥異二
初引異解
二今下伸今解
五失離緣三

初牒章分文
二就下隨文別釋二
初大僧受三衣三
二下衆受縵衣
初安陀會二
二鬱多羅僧
三僧伽梨
初分文
二前下隨釋二
初顯可持三衣三
二依下就衣加法二
初分文
二前下牒釋三
初通示
二而下別點二
初總標二種
二然下別釋祇支
初牒章總標
三下依標列標四
三此下結示指廣

二式下式叉二衆
三兩下沙彌二衆
初釋制受二
初標舉
二有下正釋二
初斥不加法
二有下斥用法差
二文下釋有疑二
初正釋
二問答
三叉下釋非色二
初正衣
二文下從衣二
三次下縵衣
初牒文顯意
二有下斥世妄行
初界礙
二染礙
三情礙
四隔礙

○二受坐具法二
初標示名義
二初下牒文解釋二
○二受鉢二
初標分
二前下隨釋二
初釋緣二
初分章
二初下隨釋五
二釋法二
初點文
二四下辨缺三
○二聽門二
初牒章分示
二藥下隨位解釋二
初四藥加受法
二衣等說淨法○
初標分
二就下隨釋二
初時藥二

初釋緣七
二律下釋法
初制意
二體
三色
四量二
五行護
初引教以定三
二有下斥古異說二
初敘缺所以
二余下引親問證
三但下結示重誥已上卷十六
初緣三
初釋四名體
二就下釋二受法
三文下對藥通塞三
二就下法二
初分門
二就下隨釋四
初觀藥染淨二

初制意
二長下尺量
三必下重作
四如下過量
五言下不開淨施
六離下離宿不捨
七諸下色相
初示量
二律下定斗
三計下顯非
初引他計
二今下伸今斥
初時藥互塞
二餘三並通
初標指示意
二下牒文顯相
初總舉
二初下別釋三
初分別食
二有施心

初標分
二初下隨釋二
初釋緣
二就下釋法二
初總示
二初下別釋四
二非時藥二
初標
二初下釋二
三七日藥
羯磨疏科卷四
四盡形藥
○二衣等說淨法二
初衣說淨法二
初標指
二今下牒釋三
初釋標緣四
二二下請施主三
三正下正加法二
初對首二
二心念三

二授者是非二
三正明受法二
初總舉
二初下別釋三
四量時設觀三
初通標述意
二初下牒文別釋五
三豈下結誥行用二
初對境興治
二言下極言激勵
初釋標緣四
二二下釋加法
初體量二
二文下簡除
三言下不現前
四乃下金粟同說
初明二法出沒
二就下辨請法須不二
初釋緣
二就下釋法二

三如法與
初彼此相領
二為自噉
三如法受
初計功多少
二自量全闕
三防心離過
四正事良藥
五為成道業
初離非
五
二不下時限
三文下藥體
四水下作淨
初正釋
二比下斥異
初二主須請
二有下主亡改易
初牒釋
二此下總示
初制說意

初對簡
二於下牒釋二
三此下結意
二金粟說淨法二
○四諸說戒法篇第五三
初篇目
二本文二
初敘意生起
二就下分文解釋二
初標分
羯磨疏科卷四
二就下隨釋二
初緣三
二就下法二
初眾僧法二
二對首法○
三心念法○
初廣法二
初說戒前法二
初僧說戒法二
初指廣總標

初展轉淨二
二文下互易淨
初釋漫指
二文下分文句
初標
二引下釋五
初標指
二十下引示二
三文下牒釋二
初布薩名義三
二引下住持功能三
初總分
二就下牒釋三
初白告二
初示告意
二文下牒文釋三
二敎下正說二
初說前儀式
二所下常說之意三
初正明

二如下簡淨主
三言下淨財易物
四又下主亡重覓二
五如下和合淨法
初正釋
二問答
初引二律以示
二然下原機教所由
初牒釋
二僧下引示
六
三故下結告
初奉戒法住
二若下毀犯法滅
三然下勸令懺淨
初三日
二所下上座白
三文下白文
初母論
二僧祇
三四分

二初下隨文別釋三
初說戒法二
二就下識疑懺露法二
初分示
二如下隨釋二
初識罪懺白二
二疑罪發露白三
二尼請敎法二
初分文
二云下牒釋
羯磨疏科卷四
二就下說戒座上法四
二大下略法二
初標分
二就下隨釋二
初釋前緣二
二今下釋略法三
初三種略法三
二舉下律制必說三
○二對首法二
○三心念法二
二毋下引證三
三若下釋疑
初明
二就下牒文釋三
初敘過顯法
二今下斥世愚敎
三問下問答釋疑三
初敎誡尼法二
二告淸淨法二
初貼文解
二今下以義決二
三識疑發露法
四座上發露法
初分文
二言下隨釋二
初常途寒熱法
二若下正誦卒難法
三僧下將誦卒難法
初標示
二緣下正釋二
初定時節
二有下釋四制二
三律下釋懺滅
初牒釋四 如文
二既下結示
初問舉治可不
二問迷犯不脫
初明上座
二文下示對答
初正明
七
二釋難二
初舉說欲難
二約兩意釋
初釋八難
二餘下點餘緣
初敘制說之意
二如下明開說餘經
初緣四
初辨具待客
二文下滿衆改法

初標示
二僧下隨釋二
○五諸衆安居法篇第六分二
初篇目
二本文二
初敘意釋名二
二就下開章解釋二
初開章
二初下正釋二
初安居法二
羯磨疏科卷四
二受日法○
初列義門二
二對文釋○
初分章
二就下隨釋五
初作法不同三
二結時前後二
三夏閏延促二
初標章
二有下正釋二
初釋詞句
二懺下明懺意 已卷十九
初敘意二
二釋名
初通制安居意
二然下別制夏坐意
初列法
二用下配數三
初示今釋
二有下引他義
三如下總示
三因下引汎解二
初標章
二問下正釋二
初定夏閏二
初初師不依閏
二有下次師須依閏三
初引古所立
二若下顯今去取二
二解下釋延促二
三三下不開受欲
四僧下衆具莊嚴
二問下法
初標示
二初下列釋六
初開制前後
二結罪前後
三有難前後
四位約前後
五行住不同
六據法不同
八
初問答
二轉難
初問偏制夏坐三
二問但制三月
初據文詳定
二約受日例難
初明三品
二此下歷句簡二
初隔月降日一句

羯磨疏科卷四

初結前標分
二若下依位列釋三
初閏五月六月爲一位
二若下閏七月分三位三
四解結成不二
初標章
二有下正釋二
初古師廢立二
二上下今師結諾
五背前結後二
初標章
二有下正釋二
初他解三
二今下今定二
○二上下對文釋二
初指前標後
二就下分文解釋二
初分文
二初下正釋二
初釋緣起二

初總示
二就下別釋二
初閏四月三
二若下閏七月二
初辨夏中解界二
初初師執失夏二
二有下次師定不失三
三有下明夏中結界二
初引古標示
二初下分位解釋二
初立義
二所下顯意
三若下釋通
初立理
二故下引據
初標章
二有下隨釋三
初正釋
二有下斥非
三多下引證

二或下隔月同日者
三此下結示
初分示二品
二是下立句以簡
初據文立義
二問答釋疑
初正立義
二文下通律文
三若下舉例難
初解失本破夏二
初引他非
二今下顯正解
二有下次解依後不失二
初立理
二僧下引證
初釋三種法
二文下釋通五衆
三明下釋離諸過二
初總示五法
二初下列釋五過

九

羯磨疏科卷四

二就下釋作法二
初示列數
二初下依位釋四
初對首二
初釋所依人三
二正下正作法二
初前安居法二
二後安居法
初釋大僧法二
二有下明餘衆法
二心念二
三忘成二
初牒文點示
二若下例開受日
四及界四
○二受日出界法二
初標章分門
二初下依門解釋五
初受日出界法二
二命梵難移法○

初總標
二初下列釋八
初告所對
二稱名
三標處
四簡位二
五所期
六簡時分
七正所爲
八制修治二
初牒文釋
二十下引開緣
初牒文通示
二界下釋兩所
三今下明開意二
四文下點入解
初標分
二初下隨釋四
初對人三
二約界

初正明
二世下示異二
初世傳
二余下親問
初釋正文
二所下釋餘辭三
初三說
二前下對答
三餘下所依人二
初正明
二問答二
初問春冬開意
二問自依須否
初正明
二問答二
初問雙隻出入成敗
二難淨地內宿應尙
初分示
二今下斥非
三十下明所對

十

三和護餘緣○
四受出逢難○
五無緣經難不來○
初標分
二且下隨釋二
初約義料簡二
二就文解釋○
初約四位總簡二
二就下列十門分別二
初標分

二就下隨釋十
初定緣是非三
二對緣離合二
三受法差別二
四懸受相二
初標
二本下釋三
五不得互二
初標
二有下釋二

三先後二
四相攝二
初標示
二有下正釋二
初三寶緣
二私己緣
初通示兩位二
二總下別分五緣二
初總示
二二下別列五
三四下引律總示
初通示離合
二或下別簡合受二
初標指
二然下正釋三
初定非法
二若下釋來難
三五下通論意
初引異解
二今下伸今義二

初引昔義
二今下示今解
初他解
二今下今義
初三寶勝境緣
二道俗請召緣
三父母大臣緣
四爲求衣鉢緣
五和僧護法緣
初衆別各合

二或下衆別互合
初簡藥法
二又下示部別
三或下明處近二
初正明
二釋妨
初斥非
二釋難二
初牒難
二釋通二

六重單異二
初標
二有下釋二
初初師局單受
二有下次師開重受二
初引古通意
二今下明今廢立二
初標示
二初下正解二
七隨事不同二

初標
二但下釋二
初明夏中受法
二夏下辨夏末受法二
八法盡事在二
初標
二有下釋二
九僧尼分別二
十諸部同異二
初標

初以義通二
初古約異緣重受二
二若下今據本緣重受四
初牒前難破
二律下準律證成四
三若下釋通十誦二
四昔下引古反例
初通不許二夜文
二若下釋無法聽受
二五下引文證三
初引五百問證
二又下引明了論證二
三余下引梵僧證已上卷二十
初正明
二問答四
初引他解二
二今下明今義
初標
二昔下釋二
初明三部同異

初釋通律意
二故下引文反質
初正解
二遮難
初舉事釋通
二律下引開緣證
三如下引列緣證
四五下引五分證
初總舉文
二論下別釋文二

初委釋前一三如文
二若下指略後二
初受法不還問
二引文相違難
三明相入開難
四夏滿法失難
初立理
二通妨
初引昔解
二今下示今解

二十下釋二
○二就下就文解釋三
初分文
二緣下隨釋二
初緣
二法二
初標章
二緣下正釋二
初眾法羯磨受二
二次下別法對首受三

初示立法
二十下釋所告三
○二命梵難移法三
初標章
二緣下正釋二
○三和護餘緣二
初標章
二律下正釋二
○四受出逢難
○五無緣經難不來

二今下顯本宗有限
初緣二
初總舉
二初下別釋三
初增加不同二
二近下依律直誦二
三有下約緣兩通
二羯下法二
初告情
二文下羯磨二
初略點
二有下斥非
初釋二難
二律下辨成不二
初牒文示
二有下引諸解三
初本宗開直去
二如下僧祇聽受日
初標目
二緣下緣起二

初別示三本三如文
三凡下總判成敗
初正明
二問答四
初約私緣須乞問
二引德衣和僧難
三約德衣偏有問
四引說戒須和難
初正釋
二問答二

初問牒緣同
二問數小用
初明開罪無夏三
初引他解
二若下準律證
三又下引文示
二又下約成破兩分
三古下據勤怠二判
初敘本緣
二又下示所表

○六諸眾自恣篇第七分三
初篇目
二本文二
初敘意
二就下正釋二
初分文
二初下隨釋二
初標緣二
二就下作法二
初分文指廣

二就下隨文牒釋二
初僧法三
初五人已上僧法二
二四人已下對首法
三一人心念法
初廣法二
二就下略法
二尼法三
○七諸分衣法篇第八分二
初篇目

初釋制緣二
二十下引文證三
初總分
二初下牒釋四
初白告二
二差五德二
初差緣二
二行事
初釋兩種五德二
二所下明差二所以
三單白和
四正作相二
初釋緣二
二就下釋法二
初正釋陳辭二
二其下展轉行事
初略釋前緣
二此下嗟時失敬
三近下斥世非法
初標分

初十誦
二僧祇
三善見
初定日
二今下斥濫二
初斥用後夜
二如下斥用十四
初通標
二初下列釋二
初自恣五德

二又下舉罪五德
初牒釋
二若下引誡
初通釋詞句
二上下別釋大小二
初正明二
二問答
初辨長老之名
二前下示詞中兩牒
初牒章

羯磨疏科卷四

二本文二
初敘意
二初下開釋二
初標分
二初下隨釋二
初以義分二
二就下就文解六
初二部僧得三
二二部現前五
三時現前
四非時現前
五時僧得
六非時僧得二
初總分文指
二其下別示亡物已卷二十一
○八懺六聚法篇第九分二
初篇目
二本文二
初敘意生起三
二將下分章判釋二

二初下隨釋四
初定時非時體
二分諸相不同
三作法有無二
四位例差別二
初標示
二初下正分二
初約部分意
二二下互無互受
三釋下僧得名相
初通示施法
二與下與尼非衣
三行下與治罰人
四沙下與下眾
五守下與守寺人
初敘有犯須懺
二今下斥無知自矜
三故下引聖言勸勉
初標
二凡下釋三

二有下隨釋二
初三種現前
二三種僧得二
初正明
二有下辨異二
初引他計二
二今下明今解
初立義
二釋妨
初總分
二就下別分二
初檀越施
二第下亡僧物
初生罪因緣
二既下識過立懺
三懺下釋名示意
初引二文
二故下引他解
初敘問
二答釋二

十五

羯磨疏科卷四

初先以義顯三
二後就文釋○
初標分
二初下隨釋四
三上下結示
初對治方法二
二事理不同二
三大小對緣二
初標章
二就下正釋二
初大乘懺二
二小乘懺二
初總舉
二初下別釋五妿
四滅伏之意二
初標章
二有下正釋二
○二今下後就文釋二
初分示
二初下牒釋二

初立懺之意三
二縈下可懺不可懺二
三問答釋疑二
初問罪滅空名
二問懺爲斷伏二
初標
二一下正釋四
初總示
二初下別釋二
初理懺
二事懺二
初敘懺意三
二若下明正修二
初引他解
二今下示今解二
初明大小理懺二
二又下小乘事懺
初列釋二
二前下總結
初事懺

初約伏業釋
二又下引理事解二
初總徵
二事下別釋二
初事滅有行
二理下理懺空行
初强弱異
二空有異
三次第異
四類遺異
初敘境心
二所下明事業
三若下示過誡勸
初總舉
二一下別釋五妿
初正明
二一下結誥
初釋律
二又下釋經
初正明

十六

初釋緣二
初經律事理兩懺二
三下二懺對根不同二
初通釋兩懺二
二引下別釋對根二
初利根依理
二三下鈍根依事二
二就下釋法二
初標舉
二初下隨釋五
初懺波羅夷三
初敘開二
二言下牒釋
三若下指法
二懺僧殘三
三懺偷蘭遮二
四懺波逸提二
初總分
二就下別釋二
初三十捨墮二

二若下理懺二
初通釋二義二
二上下別明滅義二
初經中化懺二
初牒釋
二今下通示二
二文下律宗制懺三
初罪名種相
二疑下有疑不識二
三文下懺滅分齊
初敘過明開
二四下釋通開制三
初標舉
二一下列釋四
三至下略指
初釋懺法
二文下點通結
初捨財儀式四
初釋五制
二此下明對境二

二故下引證
初約位以明
二底下舉凡以勸
初引論通標
二就下略舉理觀二
初小乘
二大乘
初牒釋
二若下引難二
初約迷忘例同難
二約彼此無心難
初示律緣
二今下引他執
三若下明今決
初治覆藏罪
二治覆藏情過
三治僧殘情過
四治僧殘罪
初牒釋
二問答

二就下九十單提
初標分
二就下隨釋三
初五人已上僧法二
二四人已下對首法
三一人對首法
初分位
二前下隨釋四
初捨財二
初分文
二就下牒釋二
初約義辨定二
二文下牒釋三捨
初約物辨須不三
三下對首成不三
初明成不
二有下斥異說
三問下通疑妨
二捨心二
三捨罪二

三言下通僧別
四界下分二界
三下捨懺所為二
初用僧限齊二
初正示人數
二有下辨定須不四
二就下正釋捨財二
初標分
二初下隨釋二
初辨須不二
二就下釋捨儀
初標列
二就下隨釋三
三上下結示
初定長財二
二已下定餘捨
三受下定受衣
初標示
二就下牒釋二
初釋句數二

初初師立義
二有下次師難破
三彼下初師重救
四前下次師再破二
初正破
二釋難三
初難綿寶不列
二難九十通合懺
三難合懺無輕重
初總標
二一下列釋五
初隨受持
二隨重物
三隨供具
四隨犯別過
五說淨有緣
初總標
二初下別釋二
初合釋初一句二
二別釋第三句

初列緣
二就下牒釋二
初離明前五五
二六下略示後二
四還衣二
初標分
二初下隨釋二
初卽座轉付二
二後下卽座直付
初前緣

二就下作法三
五懺提舍吉羅
○第三雜法住持篇爲流通分三
初篇目
二本文二
初標示
二夫下牒釋二
○三曾下批記已上卷二十二

二下下釋諸部
初乞懺三
初略釋乞法
二若下無財牒懺
三若下異部不同
二請主三
三白和
四說罪二
五捨罪二
初僧多
二難集
三遠行
初敘意分文
二就下隨文別釋二
初行護流通二
二後下達教流通
初總舉
二初下別釋五

初正釋
二問答
初牒釋
二豈下引類
三準下準決
初隨有說示
二如下審問誡約
初釋緣
二正下示法二
初總舉

二初下正釋八
○三上下總結正宗
初六念法
二兩種白法
三作餘食法
四師資相攝法
五有諫止作兩犯法

釋四分律刪補隨機羯磨疏科卷第四

四分律刪補隨機羯磨疏濟緣記卷第一

宋餘杭郡沙門釋元照述記

四分律刪補隨機羯磨疏序

題中上三字標所宗律簡他部故次六字標能宗羯磨簡餘文故上並所解疏爲能解上皆所序序爲能序所解之題序末自釋而云疏者結界篇云疏者疎也疏決疑壅必不曉者披文見意謂羯磨本文全依佛語雖加注釋言略義含來學披尋不無疑壅故須開釋啟悟未聞或立義以申明或附文而披釋其猶決江河之滯塞使川澤以疎通奥

義深文由茲流暢故也序義如常臨文自舉

大唐沙門釋道宣於終南山豐德寺撰

撰號中上二字標其時也次五字示其號也沙門即出家之通名釋乃隨師之姓氏於下記其處也終南在古長安西南五十餘里亦名太一山豐德寺在終南之豐谷準僧傳本號豐谷後因智藏法師居之故改爲豐德耳撰即訓述示其謙也準下此文凡經兩出此即後修之本

觀夫聖人之利見也鈔以清澄界繫亡我靜倒以爲言焉

序文序教源中初科通叙如來出世設教之旨意明羯磨教有所歸觀謂以意推詳惑盡理明行極果滿謂之聖人名通凡小及以因行細而簡之今此乃局鈔覺極果又復別指此方化主釋迦本師耳利見周易乾卦二五兩爻皆云利見大人彼明國君出潛登極必合時心萬物宜覩今謂如來乘時應世機緣成熟羣生宜見故借彼語以明垂應鈔以猶言要使也界是苦道繫即業道我倒即惑道由惑起業因業感苦欲脫此苦必先以戒禁捉業非故曰清澄次以定慧縛殺煩惑故云亡靜界

即三界六道繫即七支十惡我即人執倒即四倒無常計常苦逼計樂無我計我不淨計淨通而爲言不出四住五住見思無明也釋尊一代所說教門大小雖殊理盡於此更無餘途故云以爲言焉若據毘尼本唯止業今從佛意通遠爲言即下云凡所立教無非爲存滅惑是也

故張三學之教源顯八正之道業揚四部之清訓樹五眾之良規莫不橫厲重關高翔極有者矣

次科初示教本眾生沈溺既唯三道佛設教門不出三學對業立禁戒對惑立定慧惑傾業喪則苦

下疏文見卷十一第十四頁
下三句見卷十一第十二頁
二別明戒律二 初略歎戒德

道畢矣若準高僧傳論即對三業以立三學戒對身口定慧對意病唯齊此藥不空施法門雖多皆從流出故云教源故下云通進道門不出三學一切聖人並由斯跡是也就此三學離爲八正故云顯也一者正見見四諦分明故二正思惟思惟發動覺知令增長入涅槃故三正語除四邪命攝口業住正語中故四正業除身邪業住淸淨正身業故五正命除三業中五邪命住淸淨正命故六正精進勤精進修涅槃道故七正念念正道及助道法故八正定入諸禪定故此八通名正道出世正業簡邪行故亦名聖道四聖所修簡凡位故準下疏云語業命三是其道戒念定方便義約禪

靜方便即是精進正思及見此爲慧觀上二句彰教行下二句顯被機四部淸訓即經論化教通道俗故僧尼士女謂之四部五眾艮規即律藏制教局出家故莫下結歎教功六道深固故喻重關厲猶關也無色天頂謂之極有翔謂飛舉也此明三藏無漏聖法橫則闢開六道之門豎乃高超三有之表滅惡生善革凡成聖顯上淸澄亡靜之義也

然則學雖多位誠戒居先豈不以眾善宏基依因之所本也

別明中初科上句躡前三學次句獨推戒功豈下

戒疏文見卷一第二十一頁
二廣辯弘傳二 初通叙自古判教

出居先所以有二義一者萬善宏基謂出生萬行宏即大也二者依因所本謂能發起定慧即遺教云若無淨戒諸善不生又云依因此戒得生禪定滅苦智慧是也

自古詳教咸分兩途化教則通被道俗專開信解之門行教則局據出家唯明修奉之務三輪則攝於憶念四藏則統在毗尼義約則行教所收從文則歸承法聚止作兩善名實昧於即機受隨二戒願行標於時眾所以前修後進成誦維持代漸浮訛不無沿濫

次科通敘中初總分兩教三輪下別敘毗尼初中

從古皆爾故曰咸分就文二教對明兩別道俗出家被機異也信解修奉立法異也戒疏云何名化教開演化導令識邪正教本化人令開慧解本非對過而立斯教言行教者起必因過隨過制約言唯持犯事通止作戒律一宗局斯教矣就別敘中又二初四句總判所歸止作下別示宗要初中上二句通對餘藏下二句局就律宗三輪者一者神足爲無信也二曰說法爲無解也三須憶念爲無證也由此三種運轉不絕故並名輪前之二輪攝餘二藏後之一輪即攝律藏雖復互兼不無偏勝

二別明羯磨廣興二初叙古二初律本二初通叙會分以總標

言憶念者謂毗尼立法殷勤屬累制令記憶不使
遺忘所以常爾一心違者制犯故知常勤觀察始
號奉持四藏者三藏外加一雜藏用收眾典今明
戒律四中之一制法雖多毗尼總攝故云統也義
約者從理而判此即取上總分別收律藏從文者
且就本律二眾戒本二十犍度皆名法聚準五百
結集文比丘事聚在一處名比丘戒本尼戒亦然
受戒法聚在一處名受戒犍度乃至諸犍度亦爾
犍度梵言即翻法聚是則一部始末通歸法聚所
收別示中止作兩善即二持名即名字實即體相

昧謂草昧取剏始之義周易云天造草昧（文見屯卦注云造物之始始於冥昧故曰草昧言其草略未甚顯著）即機與下時眾並目當
時稟化之者受隨二戒受戒是壇場願體隨戒即
後起行相故云願行標謂指其大端未為盡理所
以下結示上二句示前世傳持下二句明後代訛
濫凡古今文字播於眾口相傳誦習者謂之成誦
浮訛言其時變沿濫謂其義乖
自法流東夏開務寔繁戒本羯磨爭分異轍良由受
體止持攝修之極無越戒本據行作持量處之要莫
唯羯磨

二別列諸家以彰失

次別明羯磨敘古集本中初文初二句推往古弘
傳自漢至唐涉于九代對西曰東大國曰夏或弘
傳三藏或立法行事皆謂開務歷代非一故曰寔
繁戒下次明二文獨盛體行止作攝修量處即二
文之宗旨祇由極要致使遞代弘持甚眾所見既
別故曰爭分各立宗途故云異轍轍即車所由之
道
戒本序致如別所陳羯磨眾氏義須詳顯或單翻出（即古本曹魏所翻者）或依律文（即今一家依本直誦）或準義用（即光師所述首云三藏者）或引緣據（即願師後述廣子注者）酬校諸本成務紛綸增減

繁略互見得失單翻則失於文旨包舉難尋依本則
得在執據前後易惑準義理雖無爽藏跡可嫌緣據
似是具周止存別見並隨事尋誦臧否冥然唯可卷
收信殊龜鏡
次科初二句指略戒本即含注戒序敘古所出亦
有四家非今正意故指如彼次正列羯磨又二初
列名眾氏猶言諸家單翻者按懷素律師序云曹
魏鎧律師（即康僧鎧）於許都集題云曇無德部雜羯磨
及曹魏時又有曇諦律師於洛陽集題云羯磨一
卷出曇無德部（二本並見大藏）昔以次句用收諦本然彼

出於曹魏則非即今一家又受日加乞牒入羯磨復非依本直誦今詳鐙諦二本並是單翻俱出曹魏意以此句通收二本二依律者祖師之世別有一家列次文句一依律本即下明受日法云近世諸師不加乞辭準律直誦頗符今注祖師所集承用此本但立篇次以類集之彼本依律緣起隨有隨錄無有義類故下斥云前後易惑是也三準義者即元魏慧光律師於鄴下集此同曇諦本意詳光師即用諦本但加義注故云準義首云三藏者即撰號自稱三藏法師四引緣者謂據律緣起即

隋朝法願律師於并州撰兼出章疏并汾盛行已上三本並亡酬下次對校為三初四句通示諸過酬即是對成務紛綸謂事無倫序增減繁略言不得其中如受日乞辭或加不加解戒場法或出不出兮亡物法或二或三作法成緣或六或七等增則成繁減則成略又可增減約法繁略在文互見得失言未全是也二別點得失單翻中彼無注釋故失文旨復不辨緣成則羯磨綱要在文不顯故云包舉難尋此本全失後三則兼得失並上句縱與下句奪破易惑謂前後不次使人迷亂義見上文爽亦訓失光師之本或用他文及加自義並無標簡謂之藏跡參混聖語故曰可嫌今家不爾引文約義一一標顯即羯磨序云律藏殘闕義有遺補故統關諸部撮略正文必彼此俱無則理通例決並至篇具顯異古藏跡別見謂所見不通並下總斥無用隨事尋誦謂機生取用也臧否冥然謂如非不辨也不堪依用故可卷收不足憑信故殊龜鏡龜辨吉凶鏡分妍醜殊猶乖也

又依本綴疏廣引游辭附文摘義尠逢其器逮于近世繼有作者盛解律文空張辭費至於行事未見其

歸撫務懷仁實增勞想

綴疏中二初斥前代游辭謂非要之言附文摘義述疏之體能此撰述實難其才故云尠逢其器次斥近世初二句標人逮及也次二句敘非要至下二句明失本撫下二句示傷感辭費謂言辭過實曲禮曰無辭費撫務謂惜其正軌懷仁謂悲於來學勞想謂積念成勞此見聖心為物之切也

今不揆庸昧試纂聖言削彼繁蕪增其遺漏具依正量傍出行用各顯部類仍隨義舉指瑕則知過宜改摘理則思擇有蹤時務則廣樹厥儀同廢則略題名

二出疏二、初正明

二示意

相。

明今中。初科。初二句總叙撰集。揆。即訓度。對下聖言。故云庸昧。未敢自許。故云試纂。纂即集也。削下別示文體七段。初示刪補繁蕪遺漏義見上文。二依正量。謂羯磨文句一無加減。三出行用。即諸篇布設行事次第。對本羯磨。故言傍出。四顯部類。謂集成十篇。故或可所引諸部並顯名題。五隨義舉。下文標云義設等。六明取捨。指瑕者。下文破古皆標有人等。知過宜改。令捨執也。摘理者。謂取他所長。思擇有蹤。謂考校得實也。七明隨機時務。如受

結說惄衣藥受淨等。同廢如二大界三小界懺上三篇罪等。下並標名。不出其法。樹字上呼。厥其也。上之七段。若合題目。初是刪補。末示隨機。中即羯磨文。復一一反古所集。對前可解。

本雖行世。於理未陳。故復相從。勒開文義。

出疏中。初文上句指前。次句起後。理即是義。隨文披釋。故曰相從。勒猶析也。

余老矣。恐徒移日晷。妄損正功。耽滯無益之辭。以送有涯之命。誡不可也。大集法行之言。律頌常一之教。此而不審。餘竟何言。

貞觀九年初製，年四十歲。二十二年重修，年五十三歲。

二略釋本題

次科。初叙惜於時功。大下次顯審其宗旨。若唯循舊。一則虛費。二乃乖宗。斯疏所興。深意在此。準下批文。貞觀九年剏製。將近六十。至二十二年重修。已及七十。故云老矣。前著後加。皆未可測。晷即日影。無益辭者。諸古疏也。有涯命者。報有期也。莊子云吾之生也有涯。注云涯限也。大集第七寶女品云。世尊。云何菩薩修行法行。佛告寶女菩薩。不捨親舊知恩報恩憐愍一切。修於忍辱。難施能施。慈心護戒。思惟善義。護持正法。善護眾生。淨身口意。淸淨其行。乃至勤修六波羅蜜四念處八正道。是名菩薩修行法行。

四分大小持犍度云。初夜後夜精進覺悟。若在晝日若行若坐常爾一心。念除諸蓋。頒賜也。經稱法行。旨在修行。律制常一。意存攝念。苟不體此。則失宗要。被物無功。終成浪迹。故云此而不審等。仍知今疏專被攝修。講學討論。勿忘斯意。

所題曇無德者。中梵本音。唐言譯之。名爲法鏡。部謂黨類之別名。運起正法之初位。四分即說之斷章。言律乃行所詮教。對彼繁略。故題刪補。對彼濟務。故曰隨機。羯磨天音。入翻爲業。凡百所被。莫不成濟。且開大略。廣要如後。

釋題中三初釋人名次釋律號後釋本題初中亦云曇摩德翻法鏡者戒疏云能照達萬法亦云法正明慧卓朗除邪倒故亦云法護興建正法不墜於時故（或云法密又名法藏）黨類者約法則指其部文就人則約同所見運即是時正法千年佛滅百年便分五部故云初位律題中斷章者四度傳文一部分就隨說止處即為一分故云斷章斷字上呼行所詮者所即語辭別於餘藏故曰行詮本題中對彼者即指古本繁略義見上文濟務謂時所不行者如二大三小諫治悔重等法古皆備出今本但存

現行要用者故云隨機機即弩牙喻其要也羯磨翻業下文具辨被事成濟即是業義且下結指上句通指前序或云別指釋題下句示後疏文然業理幽微一宗樞要寄茲略示啟悟來蒙且夫諸法常住則知眞妄同源方便隨宜故說從眞起妄眞理本寂清淨湛然不守自性從緣發動動即業相動之不已熾然麤顯變起世間眾生國土凡聖因果一切諸法此理事相對以辨業也又於一心中派出諸業六凡為染四聖是淨由諸眾生迷理起妄隨妄興業流轉六道則為染也有能覺悟反妄

歸眞修解脫道超出諸有二乘之人名無漏業菩薩及佛名大悲業對望六凡通名為淨此約染淨以明業也又三界見思無明煩惱並業所成無別有體涅槃云業作煩惱煩惱作業三界六道一切苦報皆酬往業業成於報報體即業故知業積成惑業變為報三道輪轉無非是業此約三道以明業也又業由心起心隨境生境既無量業亦非一所緣雖眾能造唯三身口是具意為業主意即業思思即行心是則一切善惡業相皆心所造此約心境以明業也又三毒所起十不善行是三途業

諂誑強狠即修羅業歸戒布施即人天業無漏八正是二乘業六度萬行即菩薩業無緣大慈不思議用即諸佛業如起信贊佛偈云最勝業徧知等但六凡迷業三聖修業唯佛證業故知業者徧該十界或云三惡三善或云四惡人天為善或云六凡為惡四聖為善此約因果以明業也又五陰中一陰是色四陰是心識想受三悉是無記流入行心方成善惡就此行心復分三性善惡如上無記業者癡狂心亂睡眠誤妄悉無記業善惡二業招生感報無記業者不能感報或云不招總報亦感

二本文二、初標題

別報如成論蔓中造業五分蔓中結五吉羅之類此約三性以明業也又大小兩乘經律論藏教相所詮唯戒定慧當知三學行之本也教由生也行即是業詮行成教是則三世十方一切佛法無非詮業此約教行以明業也又十善五停四弘六度一切觀行並化教業毗尼所詮開遮輕重一切律藏並制教業化據理性理有順違制就教法教有持犯此約化制以辨業也又總括一化三宗不同一明受隨作無作體如戒業章三體差別二隨行持犯成就處所有宗動色假宗重緣圓教瞀念若持若犯並準此三以爲分齊此約大小以明業也又殺盜婬等身口非違生死根本方便正念護本所受名止善業策勤三業有善起護眾別等法名作善業違止名作惡反作名止惡即止作二犯此約止作以明業也今此羯磨義翻爲業名通體局且用十門一一簡辨則臨機秉御莫不成功主教傳通了無滯礙矣

四分律刪補隨機羯磨疏卷第一 始從集法訖緣成篇

本文中標題前是序題此即疏題有本不存乃是寫脫比戒疏事鈔義必具之題下注字標卷始末

二判釋二、初立章懸判三、初敘意標示

二分章正釋二、初分章

意使先知文相起盡不可擅除

將欲造文披釋先以義門開解深求教旨意存決務隨務辨成不過四位初謂聖法即能辨之教二謂緣務即所被之事三謂秉御即弘法之人四謂安立即設法之所故律顯法具現方成今約機緣非四不立

立章中初文初敘意造即訓至披即是分決謂決斷務即法所被事隨下列示四位即法事人處羯磨大宗眾法別法非四不成一部始終不離此意首先標舉其致在茲若望眾緣成法則聖法是其正宗若據秉法被事則緣務是其本意故下引據律顯法者即滅諍中明諸羯磨須具現前毗尼彼云有五種現前云何法現前所持法滅諍者是法即羯磨云何毗尼現前所持毗尼滅諍者是準教斷諍云何人現前言議往反者是評量所諍云何僧現前應來者來應與欲者與欲得訶人不訶者是三業和也云何界現前唱羯磨作制限者是作法界也彼因斷諍故用毗尼今通諸法故唯存四第三即所被事第五且據眾法故局作法今明安立須通兩界故彼文云此現前法通一切羯磨則知準彼五現爲今四位耳且依四別並以義求然後對法相攝分齊

二隨釋二、初約義別釋四緣四、初能辨教二、初牒來分位。二依位別釋四、初明教興本意二、初通明教興。

正釋分章中大分二章依四別者卽上四緣一一緣下開章廣辨故云義求對法相攝卽下總論四緣下文牒云對上四緣相攝通塞是也

初明聖法所謂羯磨略爲四門一敎興本意二顯名定體三辨務緣成四廣明非相

初明聖法訖于卷一盡

初敎興意者自三寶降世俱敦缺有之機凡所立敎無非爲存滅惑

初能辨敎敎興意中初科上二句明出世意具舉三寶不相捨故從本垂應故云降世厭世拔俗之士名缺有機敦崇也下二句明設敎意凡所立言該乎一代滅惑超世三藏並然

二別示二、初羯磨三、初叙僧寶功高

然則佛法兩位通贍道俗唯斯僧寶獨據出家明功上鄰極聖顯德下濟羣有

別示中初科上二句總叙佛法贍猶攝也慕佛稟法不局道故唯下別明僧寶初二句示位入僧海者必出家故下二句歎德上鄰極聖者三乘因種故如律瓶沙王施佛園毗舍佉母施佛衣佛並勸令施僧之類故知功力尚等於佛況小聖乎下濟羣有六道福田故言羣有者正報卽四生依報則三界開爲九有二十五有

二別示差別

但由僧海宏曠行位殊倫或內外以分途或凡聖而啟路或約寶通於緇素或就儀辨於持毀

次科上二句通示上句明其衆多下句顯其行別或下別列有四對一內外對五停心總別相念名外凡僧煖頂忍世第一名內凡僧二凡聖對總上兩凡更兼薄地並爲凡僧初果至無學通名聖僧分途啟路理同文互三緇素對言約寶者初果已上學及無學無漏功德名爲理寶亦名第一義僧但取證果不論形服如律見諦白衣同入僧海故通緇素四持毀對儀卽威儀通目篇聚持戒破戒二僧別故上來四對八位初唯局凡第三局聖二及第四並通凡聖

三正顯教意

至於事務符會要以情見相投同和則上善可登同忍則下惡可滅非假聲敎何以通之是以如來體斯弘理故制御僧方法隨有別住普使同遵但得其緣無非成遂

三中初句明事起要下顯須和情見卽六和之一上善卽受具下惡卽悔重略舉此二總餘生善滅惡一切羯磨登成也非下明假敎和忍在心非言不顯故須言敎以通衆情上叙機緣是下正明制

法初二句明知機故下明立法御僧方法即羯磨
也隨下示制約隨界同遵不得乖別但下顯成功
緣即機事或可八法等緣兩釋俱通
就第二門復分四別一釋名目二定體相三分廣所
以四諸部同異
初釋名者所言羯磨者中梵本音此翻爲業業謂成
濟前務必有達遂之功故明了論中亦同翻業現今
譯經聲傳羯磨必翻稱業
第二翻名中初科初翻名業謂下釋義成濟是能
加前務是所被羯磨詞句當體言音身不乖儀意

無異想三業構造衆別等行由之成決即名此法
謂之爲業業以造作成事爲義如十善十惡能成
因感果故並名業此就能造作體爲名若論所發
無作業性如後廣明故下引證了論具如後引現
今譯經即指唐翻祖師曾預譯場故得其實
自古至今有翻羯磨爲辦事者非無此義但用功能
往翻然能事乃多要唯有二初謂生善事如衣食受
淨八法結解並隨行善而得生也後謂滅惡事如懺
罪治擯滅諍設諫名通善惡理在除愆皆由羯磨前
務夷蕩故受此名又生善之極勿過受體由作法和

便發戒業量同太虛共佛齊位也滅惡之大勿高懺
重若不洗過生報便墮由此羯磨拔之能令九百二
十一億六十千歲阿鼻苦報欻然清淨豈非辦事
次科初標古示名百論但翻爲事相傳加字助之
事鈔猶存此翻問前云成濟前務等豈非辦事今
古那分答前以業翻名以功能釋義今此直以功
能翻名於義頗疎故所不取（講者皆云俗以士農工商爲業僧以羯磨爲業又訓業爲捷辦事捷速等傳謬久矣識者宜改）然下依名釋義文有兩
段前通約諸法釋食即是藥八謂差舉法即說悉
夷平也又下次別約二法釋量同太虛法體廣徧

故共佛齊位功德高深故言生報者凡報有三一
現報（即今身受）二生報（即轉身受）三後報（後後身受）犯重歲數出
目連問罪報經彼云犯波羅夷罪如他化自在天
壽十六千歲墮泥黎中於人間數如文所引彼經
不定獄名此準僧祇云墮阿鼻經音義云阿鼻翻
爲無間一身無間（充滿獄故）二苦無間（不暫息故）學者多迷
生善滅惡二事請考此文足爲明據
諸部亦稱爲劍暮者蓋取聲之不同也
三中波離問經名爲劍暮劍羯暮磨音小訛耳
然以業義通於道俗謂此作法非局在僧故存梵言

二示通古之意

二定體相二、初標。二釋二、初叙古今宗。

二依宗別釋二、初明體二、初標。

簡異通者知羯磨事非俗行故

簡辨中初文初叙華言通濫業義通者如七支十善動不動等不局道故名義既通必生疑濫故云謂此等也故下正出存梵所以簡濫遮疑文復生善故也

但以唐梵翻譯詳覈未通師資傳授習俗難改乍聞爲業絶聽驚心今依正翻傍通舊解想無昧也

次科初示翻譯之疏師下明相傳執舊聞而不從故云絶聽異於常見所以驚心今下顯兼通正翻爲業傍通辦事臧否自分故云無昧

三定體相者自古諸師依法出體但廣明非翻非如法今不同之律有正體無宜不立故異由來所述法義就門分二

次定體相叙古中依法者法即羯磨謂依律中七非羯磨辨示非體以非顯如如即法體如後七非顯體中明今不同者律有三法即法是體何須別求反驗古解總有二過一律既有體不當強立二翻律七非但偏眾法不收對念反上二過故云異也

初明體者然此教法正據緣成緣則通於内外定體

二釋二、初約論出體

二依律出體二、初顯體

則繁今但剋相以論實唯言教問僧和忍義非餘設即以聲相相續善色爲體若據事成感發業量是謂作與無作也廣如戒業章中

約論中初遮簡緣通内外者即有情非情也人唯局内法處局外事通内外緣相既多從緣定體體則不一故云繁也如上古師翻非明體則涉諸緣故特點之今下正示剋相謂定約所秉言教聲相簡餘塵相續簡一念善色簡惡無記聲是不可見有對色故有作善色聲非也標聲相不可重言上約能被示體若下指所發如後量即體量戒業章見受戒篇問相

續善色與作何異答尋後相比自可通之

今依律宗全無三聚攝法但有隨相明體然則法隨事興事繁法廣不可論體法假人弘人分三位謂一人眾多人僧人故法隨人亦分三體謂心念法對首法羯磨法

依律中初文二初標所出律無三聚者顯上善色依諸小論諸論明法並約聚收一色聚二心聚三非色非心聚成宗更立無爲聚隨相即下三位並見律文然下正示法體有二初明不隨事立事即所被且據眾別百八十四故云事繁立法數同故云法廣

法假下次明須對八立先列三八下列三法配對
可知即此三法是律正體問此亦依法與古何別
答略如上辨在文自異
二會名
若據律本以三羯磨謂單白白二白四用通攝者但
據眾法爲言今約成業辦事亦通別八故別秉法理
稱羯磨所以十誦四分成有誠文然律但明僧法餘
不彰者取建業功强勿高大眾故偏受羯磨之名舉
事約文義皆通也
次科初示文局律云有三羯磨攝一切羯磨謂單
白白二白四今下義判人雖非眾成業不殊理無
異號所下引據十誦心念分衣佛言善作羯磨四
分受五戒三語受具皆名羯磨具如後引然下究
律所以舉下結歸上義舉事即前義判約文即前
引證
二明相三、初標示
二明相文一大段似不應分爲二段必須合併乃順適也
二明相者據法本體義張三位隨相略分以爲八品
次明相中即上三體各有別相相隨分八隨事仍
多攬相歸體體唯三位文列八相隨一相下略舉
一二對尋本文未勞委釋
二別列三、初心念三品
初心念中自分三品一但心念法如朝夕常念四儀
等事二對首心念法如持說衣藥等也三眾法心念

二對首二品
三眾法三品
三結數
三分廣所以二、初標
二釋二、初敘立三體所以二、初敘由標示
二分位別明三、初小事
二中事

法如說戒自恣分僧物等
但心念下舉六念者若據羯磨止出三法今以六
念義攝四事四儀歷事起觀一切心念後科所列
例亦皆然如雜法篇委明其相
二對首中自分二品一但對首法如白告受淨等二
眾法對首法如捨墮說恣等
三眾法羯磨自分三品一單白法如和白說恣等二
白二法如結解諸界等三白四法如受懺治諫等
僧及一人法各分三對首一法但分二品故有八相
也
三明分廣所以者
分廣所以者前於三體廣分八相但列名數然猶
未明開張之意故立此門以彰教旨
但由法不孤起起必託事而生事雖眾多大分三品
敘三體中文對三事立三法者量病處藥不可差
故前文隨人立體則彰所秉之階差此中對事顯
法則明能被之來致當知人法事三三三互望耳
初謂小事未假證成一人獨秉便能遂剋如上所列
小事中列相已明故指如上
次謂中事中猶通也法雖眾多微通大小謂對首羯

三大事二、初明大義

二辨通塞

磨必假境緣若無所對分通心念眾法治懺是所常行必界僧少兼通對首故此一法分通大小
中事中初訓字法下釋義初通示謂下別釋爲二初釋通小眾下次釋通大眾法治懺且據說恣捨墮等法故下結示
後謂大事如住持眾德匡攝僧儀息邪靜謗悔除極法自非僧位莫能辦之故曰大事也
大事中初科住持眾德即受結說恣匡攝僧儀即諸治罰息邪靜謗即諸諫法悔除極法即夷殘等然僧得自在通塞適緣上得兼下下非僭上故說戒

自恣事通僧別乃至心念亦通辦之雖作法或乖而表淨是一艮以戒法相攝自他雙被故也餘有不通者或是事重或是被機情事相投義須堪濟故限當位不通彼此
次文初總標處判成否一出僧命故得自在此即律本開解戒堂之語適猶稱也上下別釋又二初釋通者大事通對念中事通心念故上得兼下小中二事不通上法故下不僭上下舉說恣顯示兼通作法乖者辭句異故表淨一者所爲同故艮以等者示通意故且約說恣餘見後文餘下次簡塞

二正分八相所以二、初總標

二別示二、初分位別釋三、初心念二、初標舉

二隨釋三、初但心念

二對首心念

三眾法心念

二對首二、初標舉

二隨釋二、初但對首

者事重如受懺治諫等被機如諸差結等情事等者示不通意
重就此三離八相者就心念中離分三相以但心念法事是常行來往繫心衣食起觀止得獨運豈向他陳餘者例然故名此也
次分八相但心念中據論羯磨必具言章繫心起觀通歸六念故得引之運即是作
二對首心念者事實假證緣出故開但以衣鉢受淨待形爲要若不曲聽教非通濟本唯對首末開心念從本爲名故名此也
對念中且舉衣鉢受淨安居受日緣至必行故同開也

三眾法心念所以立者事實僧成義非獨濟但以說恣等法衣服施緣形心所資方膺道業故雖僧秉通濟別人故名此也
眾法念中說恣施衣更兼亡物故云等也衣即資形法即資心膺親也
就對首中離爲兩相初明但對首法者如告白證成持懺等事若不引證情想紛馳緣假他成業由自吐彼此相會方得濟機故因境對便立斯法

但對中白告如白入衆白僧殘等持卽加衣加藥懺謂悔下諸篇紛馳謂不專一不成業故緣下示名義卽簡衆法緣業皆他

言衆法對首者如懺捨等事下凡累障動與持違衣藥之間誰能淸淨必有違犯要假僧除時緣或乖減衆亦許仍從本位故曰衆法對首

衆法對首初科略擧捨墮等餘說忿得施亡衣

此之二位本是僧行故作法時還通界集故文云不得別衆雖捨不成不同心念法中對首之法通界無人聽成心念得人別衆卽是本位若據衆法心念大

略同此通界無別方成本法名相顯然無勞解也

次科初明本位又二初示制不下簡異心念法中對首者卽對首心念無人暫開有還本位本是別法不勞盡集若下次點前法亦制盡集故曰同此衆法是本心念是開故云名相顯然等

就衆法中離分三相若據和白處齊前事得遂義不分也但以僧情難一事分小大隨務裁法故開三品

衆法中初科示離合意在文可見

初單白者如說戒告衆僧所常行聖制同遵有背結過未假煩請隨作便遂初牒事表陳勸僧和忍名之爲白卽此成遂有作業之功名爲羯磨

單白中初明事輕且擧說戒初下次顯法相

若非常務情和稍難如受日離衣差使處分故須一白牒事陳情一羯磨量其可不方能成遂故曰白二羯磨計又應名白一羯磨以白與羯磨雙建其功故曰白二也

白二中初擧事望前故難對後尙易故云稍也稍卽訓少故下顯法又二初分示計下決名

若情事殷重和擧轉難如受懺大儀治擯重罰故須一白牒陳三羯磨量可方能成遂故曰白四亦以一

白三羯磨通爲四也

白四中擧事顯法決名並同上也

然此三位約文乃局就義通成但白據表唱之緣羯磨顯功成之用此爲局也單白一法卽辨前緣初後羯磨非無表意此據通也

料簡通局中初總示但下別釋初明文局單下次明義通單白辨緣不唯表唱羯磨表意豈獨成功彼此具兼義非偏局初後羯磨者卽白二白四也

然文分前後者以陳情之高者莫不名白功成業就者要唯羯磨故結集翻度之人取意分於前後

前後中三法安布單白在先雖復兩通不無偏勝據論佛世隨緣制法本無前後故推結集等人結集卽波離法正翻度乃覺明竺念此明律列獨頭單白在先之意若二種羯磨白法前後佛本自安非後來也

若論律本通曰羯磨如上廣列今據隨事大小難易不同故法依之分廣其相

離分中律云有三種羯磨單白羯磨白二羯磨白四羯磨據名各立本無差降如上廣列指體相中上文所明三法優劣非本律文故云今據等

問心念之與眾法約事各分三品未知對首據何獨爲二位

料簡中問離合者上且依律第列八品今於對首中摘出中蘭自爲一品例亦分三共爲九品故也

初問中舉念眾兩同責對首獨異

答語事爲論乃殊品量且統裁之隨分三位約事九品法亦同之何以明耶如心念法中所被下事旣局三位自分三品謂下下中下上下也眾法之中所被上事當局位三自分三品謂上下上中上上也對首之中亦應三品如持衣說淨名中下事如懺捨墮是爲中中若懺偷蘭眾多對首得爲中上故亦隨相分爲九也上以偷蘭非僧懺故入但對法收今依律中令小眾悔聽問邊人故開成一位耳

答中初通叙對事分法隨分三位謂三品事中皆可分三則於對首離出一品故爲九品約事分法法亦有九故云同也何下次別列品位又三初明心念但念爲下下對念爲下中眾念爲下上二明眾法單白爲上下白二爲上中白四爲上上三對首中如文自列偷蘭三品重蘭攝在眾法輕者自歸中下今立中上唯局次蘭然據作法還卽但對

而居眾法對首之上故諸問答自此而生上下會通初決前合意今下顯今離意

問捨墮悔蘭俱非別眾如何分之以爲兩位

轉難中悔蘭小眾制問邊人亦不許別卽與懺捨理不當異

答據非別眾說恣應上悔蘭限三應歸中品然以捨墮通對一人故名中中悔蘭其必問邊理歸中上以十誦云重者界內輕者界外四分下文小眾故也及時加法界亦通收與前說恣蓋是同也對人多少故有緒級

六約事情輕重以答
五約集僧緩急以難

答中初斥奪前難捨懺但制別集說恣通收內外
若取別眾須推說恣不體今意故且奪之然下伸
今所立初對捨墮以顯通局捨墮下通一人中蘭
局定三二據分品次於理顯然十誦三階初篇生
重界內大眾懺上品二初篇生輕二篇生重應界外
四比丘眾中悔四比丘者能所合論須界外者由制問邊界內有人恐謂別眾準知無人亦通界內三僧殘生輕一比丘前悔下品四分即滅諍
犍度故云下文彼云小眾二三人也及下次對說
恣以明同異上約別眾明同下據對人顯異界亦
通收者以界有人亦不得別然說恣眾法僧私必

集悔蘭別法不集亦成今此且據制必問邊一往
言同次科自見對人多少者說恣不定下通一人
則顯悔蘭人位揩定故為上矣
問說恣及捨通界必集據現到者開成對首此豈為
中如悔次蘭三二人邊便得成法縱有不集義應得
成此望前法理應非上
轉難中初難眾法對首理合居上由本眾法有別
不成故次難悔蘭義合在中由是別法縱別亦成
自可違制不妨成法
答若據通集實如來難今據事大情多作法稀就故

二明大數多少二、初引相傳以問
二示古語以答二、初正答

判中上如說恣等法心念亦開捨墮但對便成清淨
次蘭不爾懺必眾人以罪起初二之篇懺分三境之
異止得從義為中上矣
答中初縱許前難今下奪歸正義又二初示所立
事大情多即下云罪起初二篇故作法稀就即下
云懺分三境異故如下比校說恣開獨念捨墮通
單對即顯事輕悔易反上二義悔蘭必眾人者尚
非單對況獨念乎言從義者非文所有酌理立故
三境即上三階
問如上廣相隨事三九不同古來所傳百一羯磨其
相何耶

次明多少問中初躡前品位二引古申疑百一羯
磨今見藏中昔賢所集故曰古傳
答如古所傳百是數之總名隨事皆一羯磨故云百
一也不無事義若考覈之自有一事而須三四者如
受戒捨鉢德衣亡物之類是也從多限事為言亦得
局稱一法莫不隨作業成皆曰羯磨也
正答中初依古釋名百是所被事一即能被法事
無限量舉百以總之法皆通被舉一以貫之不無
事義許其有理若考等者遮於後疑恐謂一事止

用一法故舉受戒等釋之受戒四法一差教師白二召入白三對衆問白四正受白四捨鉢三法一受懺單白（若不行鉢止用受懺還鉢二法）二行鉢單白三護鉢白二（戒疏準僧祇加差人行鉢白二）德衣三法一差五德二付衣竝白二三上座和僧白亡物三法一賞看病二差五德三付分法竝用白二用法雖多望事還一不妨百一之名故云從多等也莫下次釋羯磨可見

若據伽論恰有百一故彼列名單白二十四白二四十七白四三十也古人誦他異部自略本宗據四分中統收其相有一百三十四法

顯數中初文初引論示數藏中百一羯磨首標一切有部則知出於十誦論宗彼律數亦同之古下斥古迷宗即引本部大數示之總括一部故曰統收百三十四且舉衆法心念對首多出他宗故所不算

有人細尋律本更加十法者又出僧尼互不同法及同秉者歷數爲二百六十一法有人隨戒各出二部捨墮即有一百二十法餘者更張之

次科三家數別初加十法即百四十四次師歷數二本竝亡未詳何法後師獨分三十捨墮受懺還衣一戒二法僧尼二部合數可知更有多家列數不同不復具引故略指云餘者等也

今依正律本文用法收事故以三羯磨攝一切故若隨事者事則無量何止前數以佛立法令僧準行如結集諸白滅後舉告既非佛制準義和用莫非僧法故不具舒且約略大途如上所列也

三中初據文立義以三羯磨攝一切者此正律文若下斥古局數律文所出且據緣起非止此數事既無量不可隨事以定法數以下顯今從法結集等白竝諸羅漢準法裁之則彰三法統攝多事不可如古據律定數不具舒者異前諸師細尋等也且約略者指前列數非限定也

四明諸部同異計斯一門誠爲閑務既非當部徒費時緣然則博贍爲攝務之資通觀有經遠之用羯磨乃攝僧之大敎豈是管見而欲明乎故當交映部別審成壞之源矣

四明諸部叙意中初明非要然下次叙須明初通叙爲學義須兼濟攝務資者助於行事故經遠用者流於久永故羯磨下別顯秉御必在通明莊子云用管闚天用錐指地不亦小乎

二正明二、初諸律

依僧祇中三品羯磨如此所明加一求聽羯磨故彼律中受日等事皆用之也十誦五分蓋無異品然於別人所秉不出其相唯十誦云對首心念分衣已是名羯磨敢依此文統收眾別

諸律中初明眾法三律三法並同四分求聽一法唯出僧祇同下了論中間羯磨然下明別法諸律雖有對念散在前後正出羯磨但列眾法故云不出其相對念別法得稱羯磨十誦明文故云敢依等下引四分五戒三歸皆名羯磨乃是義準而非明文

二明了論二、初舉數正名

明了論中一切羯磨唯有五種故彼解云羯磨名爲所作業也一切通論悉稱羯磨與今唐翻恰然符合

了論初科引論舉數故下引解釋名一切悉稱者證名該眾別也與今符合者證翻名得正也

二依論列釋二、初正釋四、初相貌羯磨

論云一者所作相貌羯磨謂如此時量決事及時必定應作解云如僧立制比丘不得入於城市爲此事故一年一月或復永斷所立約時事各有相貌故也

相貌中引論彼論凡約年月日時所制之法皆名時量次引解中舉事顯相不入城市釋上決事一年一月等釋上及時事有相狀時有分限故得是名

二單白羯磨

二者單白羯磨但作一白不說羯磨解云唱所立事令眾同知名之爲白問聽不遮名爲羯磨據如此解若僧時到前名白問和僧忍聽後即是斷決故成業也又云若唱所立事不問聽許不遮亦稱單白羯磨如今僧中打木和白一唱便定

單白中初標論次引解初約白法釋不遮即忍聽據如此等疏家準判祇就一法分爲兩別告眾名白成業名羯磨又下次約唱告釋

三中間羯磨

三者中間羯磨謂單唱白一分羯磨一分也解云唱事問聽皆不具足在單白白二之間故曰中間也如前僧祇求聽之法

中間法中初據論次引解指如僧祇求聽者彼受日事訖正用此法云大德僧聽某甲比丘於此處雨安居若僧時到僧忍聽（此即白一分所謂唱事不足）某甲於此處雨安居爲僧事塔事出界行還此中住諸大德某甲比丘爲僧事塔事出界行還此處安居僧忍默然故是事如是持（此謂羯磨一分不云忍者默然等即問聽不足）

四白二白四羯磨

四名白二五者白四如常所解

四五二法大同當部故指如常

二會通

三辨務成緣

四廣明非相

又云後二羯磨唯僧得作前三羯磨三人已上若作通成準此單白一法既有問聽云何非僧而得秉御大德僧聽言何所屬今通其旨三人和白初則改辭餘文準用義亦無爽論通三人豈不然乎

會通中初引論相貌一法削人可作單白中間須僧秉御那云前三通三人耶準下決通初叙非理

今下正決初改詞者改大德僧作諸大德等

大門第三明緣成相九種法辨皆具十緣如下文說豎義者引之此明

大門第四顯成非相廣如下文至時當解

三四兩門即成壞相並指如後法後合辨故略標之囑令自引豎義者即講解之師

四分律刪補隨機羯磨疏濟緣記卷第一

四分律删補隨機羯磨疏濟緣記卷第二

宋餘杭郡沙門釋元照述記

上來雖四，並是能成之法。今次第二法所被事。

所被事中，初科上二句結前，下二句生後。緣境多途，要分爲三：一者爲情立法，如受戒、懺罪、治舉、差使等；二非情立法，如諸界結解等；三情事合法，如離衣、造房、付鉢等類。

次科緣境即事，事起不一，故曰多途。攝多歸要，故但三種。三情事合者，事即非情，如文所引。

是非互有，附法而生。總要舉宗，無非實事，聖所制約。

並不妄加，設有作者，或致破戒自惱，或復招譏妨業。隨文顯相，卒未可委。

三中初二句通標，以上三事攝一切事。二一事下各有是非，故云互也。並由加被，其相方彰，故云附法生也。總下別示，初顯是實事。言通須知其相，鈔云並令前境是實，片無錯涉，皆成法事。若一緣有差，悉並不成，如不覆藏與覆藏羯磨，即無事有法，又應與作訶責乃作擯出，此即有藥有病施不相當，佛並判不成，故知事者必須稱實，方稱聖教。世有妄行妨疑羯磨，無論曾結不結，徒施一法，請觀此文，早須改弊。設下示非破戒自惱是損自，如受具緣乖，懺治非法，戒場大界標相不明，淨地攝衣事容虛謬，隨有違教，無非結罪。招譏妨業即損他，如無病離衣，妨難造房等。一一犯戒，又復招譏，或可破戒招譏，通前諸事既容毀戒，豈不招譏。是則二損通該一切。隨下示意，隨文事多，無由委示，止可如上約義通明。

次解第三能秉御僧者，四門分別：初制意釋名，二定僧體狀，三明人法相對，四廣顯是非。

初制意者，僧寶流世，元爲生善，然生善在事，假法成立，法不自建，弘斯在人，故制羯磨必由僧秉。良以五

眾爲出世之田，凡所造修，無非拔濟，故以僧和之法能成勝業之緣。何以知然？如果向俗人，雖參聖限，以形乖法別，未許傳授。所以五戒等受，授必出家，其意可見。

三能秉制意中，初敘立意，二良下推所以。初中生善之言，通於自他世及出世。事即眾別行相，僧非事則不能生善，事非法不立，法非人不弘，則知事法並依人矣。次所以中，初敘勝能，五眾皆爲解脫出家，能生他福，故喻如田。勝業即羯磨。何下次舉事顯。果向即四果四向。未許傳授者，此明雖聖而

非師也五八二戒通五衆授此明雖居下衆卽堪軌物也

言僧伽者中梵本音此土無名比衆以譯有加和合乃是義用故文云僧者四人若過和者羯磨說戒卽如經律佛法衆也

釋名中初科初翻名僧出中梵故此無名既無正翻故取比譯有下點異或翻和合衆以衆是名體故和合爲義用次引律文顯體用兩別下指經律證上單翻

若以衆翻則通三二據別顯德非四不成故存僧名知非三也餘經云衆者彼不明僧義故從此翻律中恐濫故存本也

次科雖翻爲衆律但稱僧故須示意以通名則濫於小衆據別德則唯局四人簡通標別故存梵號餘下釋妨以餘經中有從華語故此通之若爾上指經律云佛法衆是則律中亦有從華如十誦伽論五衆十衆受戒卽五十二僧也又如當部戒場緣云有四衆五衆事起等今作二釋一者從多爲言雖諸律中華梵互舉多云僧故二者諸律餘處或標爲衆正明能秉並云僧故如下引律四種僧

羯磨疏濟緣記卷二 立章懸判　三

等是也

相從和義不無其理單兩相翻比衆是本

三中上二句縱古以義助名故曰相從下二句奪歸前譯本梵唯標名體彼加和合則名義雙標體用齊舉梵語唯一華言兼二故云單兩相翻然終非對翻故云比衆是本

然此俗衆三人已上佛法顯僧其必四人莫不攬假成用義相類也

四中初示數異莫下顯義同卽前所謂比衆以譯義見此也

羯磨疏濟緣記卷二 立章懸判　四

二定體狀就分爲三初列數定體二立相所由三攝用分齊幷釋除疑執就初列數或凡聖分二或儀寶分二或功用以分卽事理兩和理取會正非此所明事取卽用是所機教

次定體狀列數中初科文列三對上二卽合前敎興意中四對八位耳初卽內外凡聖二卽約寶就儀比之可見第三功用前雖不列義蘊其中以事和通凡聖理和唯局聖又事卽收儀理卽目寶言功用者功取斷證用取行事初果已去見眞諦理理無異體聖證皆同謂之理和故云會正卽證聖

二別顯事和

戒疏云云見卷九八丁オ 六十一頁

二定體二初標 二釋五初五陰 實法

也斷證階位推彼經宗故非所明今論作業正取事用故是機教

然事和顯相還指法通必於說戒等法相順同崇水乳無二便能隨法待用故列三僧對心念法立一人僧對於對首立眾多人僧對於眾法立四人僧僧雖名眾以下三人同成眾故眾無別體還攬緣成故於緣中分兼眾義且列三相

次科初明對法顯相說戒等者等取羯磨水乳無二戒疏云如水合水如乳合乳一物各論可喻和相僧雖下會上別人得名所以眾乃別人所聚別

卽成眾之緣故雖一人望能成眾故分兼得名且下一句示其總略別分七位如下自明

言僧體者有人言依諸小論以五陰實法爲體總陰成人人爲別用四人和聚成於僧用故俱舍云僧和合以不隱沒無記爲性行陰所攝

二定體中初師爲三初立體諸小論卽俱舍雜心等五陰實法卽報得色心色總四大心離一識陰是聚義五種和聚故名五陰總下次顯相人爲別用據一人也四成僧用正僧體也故下三引證論文初約性簡不隱沒簡不集無記簡善惡卽顯現

二四人假用二初 古解

前報法是僧之體此明據也次約陰攝彼宗明法並歸五陰體雖實法和聚成用故入行陰攝之不妨體非造作

有人約律準論取成實意攬指成拳攬陰成人人假爲體實法無用四人假用爲僧之體而用無別體還以四人陰本爲體如身口業無別有體還以色聲爲體

次師中初科初正定體約律準論者由彼成實正宗四分宜取彼論出今律體則顯前解未善宗途攬指成拳者指喻五陰拳喻人假人無別體陰聚

爲人望陰是實故人名假假通餘趣簡之以人實法自體無記非用法聚爲人人方有用其猶五指成拳拳能揮舉五行成器器可施爲問假之與用爲同爲異答實法成人爲假人能造作名用問假用既別何者是體答文云四人假用爲僧之體豈不明乎上云人假爲體且偏舉耳而下次顯一異假用是能依故無別體實法爲所依故還以陰爲體如下引例假用如身口業陰本如色聲若爾則與前師何異答前指實法卽爲僧體今明陰本自推假體故知僧以假爲體假以陰爲本異可知也

二今取

三依律約數二
初約數示體

二隨相辨異

今存後引，是所當宗。然律本文不就義理明體，故不廣引。

次科初示取意。然下顯略意，律中約數，不明假實，故云不就義理也。

有人但依律本約數明體，謂一人、衆多至於四人，並取三根清淨，無非法相，便成僧體。如對一人持說告白，若非足數，雖舉不成。故僧祇云：僧無破戒不清淨也。又十誦云：清淨同見，是名爲僧。

第三師所立，對前二家，總有三失：一遠取諸論，不依本教；二但云四人，不約三位；三但取假實，不論淨穢。有斯通濫，故須別立。初科爲二，初明依律約數，數有三位，少多不同。並下次明取根簡境。立理舉事，引證可知。

若隨事別，僧分多相，依相辯體，則五人、十人等。今取刊定法務者爲體，如上三列。如心念口言，即以自唱者爲體；若據對首告情，則以前證者爲體，或能所俱體，謂說戒等法；若據衆法羯磨，能所不定，若前有所被，便除所爲之人，說恣之法，同界成僧，便無所爲。

次科又二，初總示。隨事多相者，準下一至二十則有七種。隨事雖爾，通取證法，秪有三位，故云今取等。刊猶詳也。如心念下別顯法所被事，不出有二：一者別人，事由有所爲，故取能證爲體；二者衆同事，既無所爲，則能所俱體。心念一人則無可簡，對首、衆法並須兩分，在文可見。

二今破

四局據四人二
初古解

有人但取四人爲體，以三人已下不名爲僧，故文云大衆者四人若過。雜心云：四人名僧，非三人故。由大聖鑒物，知三人已下辦法未盡，四人已上作法成濟，便標勝德，故獨名僧。

第四師亦同約數，但出僧體須局四人，不合濫別，名義乖故。初科初立理，故下引證。文云即是本律。由下推所以。

今若互約衆別兩法，互有通塞，俱非盡辦，應不名僧。然則不爾，當分通辦，號弘法者，何得不名秉法之僧？古人迷名，謂僧異數，今翻爲衆，止是數收，四人已上，其量不窮，故約衆名總攝僧體。覈論附法，弘在三緣，故僧次一人功用極大，通界盡集，心念衆法，辦與百千數教齊等。約此齊量，假用爲體。

次科初躡破。衆別兩法，當分自通，相望互塞。別人不得行僧事，大衆不許作對念。若約互望，則俱非盡辦，皆不名僧，何獨別人？若從當分，則各自能辦

五六和德用三，初敘由

二出體二初明三

齊得名僧何獨四人古人下正名初出古見彼謂僧名標顯勝德非是從數卽迷名也今下示今釋既翻爲衆衆卽是數數通多少是以三緣皆彰僧號（舊以人法事爲三緣者非）下舉僧次請人衆法心念例顯別人名體不別鈔云別請五百羅漢不如僧次一人得福無量如飲大海則飲衆流故云功用大也下云心念說悐籌華香水鳴鐘集僧一同大衆故云與百千等也引彼例此名義不殊故云齊量雖是別人辨法功大約此假用卽爲僧體

有人云上雖約義從用就相隨務皆云辨體然僧寶之本要假法成乖法則百千非用具法則雖一能辨何以明耶經云修六和敬令僧不斷

第五師初科又二初牒前四家但就人相不明和法雖無指斥意彰未善然下正敘所立假法成者法卽六和下引經示文出華嚴

故正戒見爲法慧之宗由戒法爲衆德之基同受故須同行有缺緣成不名僧也雖復同戒心同見慧爲入道之本有異見者同界別法兩各得成故見異法同不名僧也雖同戒見淨行須同邪命利乖財法不其又非僧也

二示三和

三結顯

次科三體中分二初明戒見初二句雙標戒是法宗能生衆德見是慧宗能入聖道宗卽本也由下各釋初釋正戒受隨兩同乃入僧位受中缺緣謂本受不得隨中缺緣謂受已毀破雖復下次釋正見異見有二一邪見異如調達部黨二執見異如俱睒彌鬭諍雖同正戒由見不同同界別法佛並判成雖同下二明同利淨行卽是正命乞食僧次別請僧常並不別衆反此利乖戒見亦異故云財法不共

上三據於僧體至於時務成濟要以三業爲相故曰應來集者謂身和也應與欲者謂心和也應訶不訶謂口和也

次三和中初句躡前言僧體者謂體和也必具三體乃名僧寶下分三業卽相和也必須三相方能辨事

既備三體能順三和隨務成決是非俱辨故云僧也據此德用以辨僧體

三中初總示三體別八恆具故言備也三和臨事方彰故云順也是非俱辨是謂如法事非卽律中科索媒嫁等事雖乖法僧和亦成故云俱辨據下

二立相所由二初標

二釋二初總示三相

二別明眾法二初標示四位

二正顯所以二初初師約二意解二初約法情往分

結斷二體內德三和外用故云德用

二明立相所由

第二立相所由即明總別多少之意

有人言凡人法本興元為前境境殊三位位分三法隨法立人故分三相如上一人至于僧也莫不由事有優劣故使人殊少多以法對人人分三位將人約法法亦三乘異法分人自有區別故須隨事便立三相也

總示中初引他義事法人三相因而立則人隨法立也境即是事小中大事為三位念對眾法為三法莫下次示今解初立義以下點前非謂若約三法則人法相因若離人品則人法兩別數則不齊故云異法分人自有區別則知人位不隨法立故下結成理歸隨事立也

就後位中分為四別一者四人乃至第四二十人僧

次科標示中言後位者即單就僧位自分四別

有人言前二法爾也說戒相絹能所須四自恣治罪舉證須五後二逐情也中國僧多善心浮雜故制十人二篇悔治倍緣方濟故加二十

次正顯中初師二意初解為二初釋前二理數合然故云法爾說戒雖分能說所聽彼此同須故云相絹烏板反之謂相絹繫也自恣舉罪須一五德事必五人次釋後二言逐情謂恐人情慢易故兩倍增之也

二約受隨以釋

二後師據體相解二初正明二初總示四位

二別釋後三

受有中邊之殊故五人十人隨有專精第二故四人二十人也戒律攝用勿過受隨故又因之而立四也

次解邊方僧少開五人中國僧多制十人專精即奉持清淨堪應說戒第二謂犯殘懺已戒體復生望初本受名第二白法兼通此義故云又因立也

有人言僧雖有四體相分二初一為體非四不名為僧後隨事分故有三別

後師正明中初科四人為體者體即是本後三隨事體在其中

自恣邊受體須四人但自陳已罪即須舉處若非德用濫坌僧倫故差一人為僧事境和白面告無言表淨也方隅僧少前受心殷四實濟緣事須別問若不差遣無由輒往問淨反白前緣方辦事兼受隨通用五也中國僧多前受生慢故倍前五為十人僧二篇鄰重犯悔情浮故倍中受為二十人僧三僧乃異莫非約事濃薄半倍增人方成前境猶受日法三品倍

增類知可解。

次科初刖示三位又三初明五人文叙自恣邊受二法雙標別釋合結如文刖問卽教授師屏處問難反白卽召入中下次明十八二下後明二十人三僧下總結邊恣爲薄中受次濃倍五爲十悔殘最濃倍十爲二十成謂成辦境卽機事下舉受日亦因前事三品倍增足堪比顯

問受隨同五邊受減半據受比殘邊方出罪開十八不答非類也邊隅僧少俗緣拘礙若不開聽永沈生死開有益也懺殘不爾初既誓持終便順犯本無慚

愧垢心厚重若開十僧增長諸惡謂懺易成則乖機候故文中不言十八者除中國出罪也餘如大疏

問答初叙問上二句躡上邊恣下三句舉殘比難僧少既同義應例減答中初句略示受是生善懺是滅惡故云非類邊下委釋初釋受開後明殘閉機候謂以璿機候於節令一無差失喻佛開制軌度不差下引律證具云四人除受戒自恣出罪五人除中國受戒出罪十人除出罪二十人一切得作五人既除中國受戒則顯邊方開五十人但除出罪不言中國則顯邊方不開十八明矣下指大

疏未見其文

三明攝用分齊又分爲二初人次法就能秉人中又二初當僧局論次僧尼互作就初分三初三位定次三用通後就通局料簡初中事局一人作者如朝夕諸念也二局對首作如諸白告等三事專在僧如諸結解等各定隨人不相通也

第三攝用初人中當僧局論有三初科且據但念但對專僧之法局對三人故云位定

二明用通者或眾法通下或對首通下皆謂約界分齊有則眾集無則通之對首亦爾

二中此收眾對二念眾法對首謂說恣眾法通下二人持說對首通下一人對首亦約無人乃通故云亦爾

三料簡中問如說恣等眾法通下人位分三據緣應異何者是耶答有多異一人有少多二對法三別三約界通局謂僧局別通也四欲無欲異僧秉不開唯在結界別人俱開故五刖相異僧中具三別若對眾多人則無不與欲刖若對一人但有應來不來刖所以可知

三中問意欲簡前通使無濫故通下對念更兼本

位故云分三。答中五異。初二可解。三中僧局作法。別通兩界。四中說欲僧唯不開結界則顯餘法通開。五中僧具可知。眾多人中對首無欲故但有二。心念無訶故唯有一。將別對人以明有無故兩云若對。（舊記作二種對首者非。）

二對互作中。僧得被尼事但有三。受戒半月出罪也。約法分齊則一白問難三番白四。自餘不行。其教授自恣非無互差互往。然是各行眾法。至彼此部無面對作。不同前三兩部通秉。故文云二十眾受也。五分云四十人出罪減一不成等。然上局僧唱故約一相

為言耳。律云。僧不得為尼作羯磨令受誦已當部作之。

僧尼中。初僧被尼為三。初正明尼從僧受戒。對問一白。正受白四。又依僧悔殘不行覆藏但有半月摩那埵并正出罪兩番白四。其四法耳。其下簡異。說戒教授自恣請悔。尼眾差尼來請僧眾差僧往教並用白二。恐謂同前故須簡別。下引二文證前同秉。五分但明出罪。若論半月即須八人。然下重示。謂上四法制須僧秉。據此一相言得對尼非謂餘法得同尼秉。文證可知。當部即本眾。

十誦云。如受戒等三僧對尼作。不禮不語不敬。此三尼遙為僧作。又約四分捨教授法僧為尼作不禮羯磨尼為僧作。

次互作中。十誦僧對尼三同上所列。尼為僧中由僧乖行尼不禮等則違八敬。作法遙被不禮無過。四分中尼眾非法僧不往教作法遙捨。十誦無此。又此律但有不禮則無餘二。

次就法論法位有三。如上已辨。各攝分齊可以情求。

次法中總示如上三位九品。

然對首中自分三別懺中品蘭唯約二三若對一人

不名小眾則非教也。

別簡對首中悔蘭小眾是今義立。

就眾法中律顯僧相四人除三法。五人除二法。十人除一法。二十人僧通作諸法。

眾法通標中四人除三一受戒（通收中邊）二自恣（正取和白）三出罪（出僧殘罪昔以自恣邊受懺捨為三謬矣）五人除二二中國受戒二出罪十人除一即出罪也。

問。四僧秉法通塞何相。

次廣問答明通塞中。初問四僧即四位僧。

解云。但據四人向通秉法。何況餘三。又人解云四人

三引除法以難
四約除事以答

作務通秉眾法以體成僧故也如說戒滅諍形法二
同觸惱諸制謂單白也差人被緣受日處分謂秉白
二也七法治人諫證等法謂秉白四也故法雖多以
二攝盡謂說戒羯磨四人通持意可見也
答中二解意同但初師麤略故復引後解文中但
叙四人餘三可見略舉三法復據二攝證上四人
通秉一切
問初僧既通何以文中除三法耶
第三難中文既簡除通持安在
答此除前事不除法也以自恣受懺境緣須具故倍

三人除三單白二白四法非謂餘事不通四人故文
云一切羯磨皆作五人通論通秉三法約事就用但
據自恣一白邊受二白是五人僧用若作餘法收在
初四四十人僧者但一白四二十人僧但一出罪自餘
三法皆四人僧攝之
答中分二初釋四人除法所以初二句略示法自
通秉事有不行故但除事耳以下委釋自恣受戒
懺卽出罪倍三人者五十二十除三單白自恣和
僧一白受戒召入對問二白（此通中邊）二白四者正受
一白四出罪一白四若自恣差五德受戒差教師

五舉餘法以問
六約所列以答
七躡白和以難
八約相從以答

出罪中覆藏六夜並四人法不在所除亦科自見
舊記解此差謬叵言學者相承至今傳誦恐亂正
解不復刪破也下指文云卽除法後續有此語故
知除此通餘一切五人下二簡三位所秉分齊如
文亦列知有五法自餘一百二十九法皆歸初位
問自恣之時具有白二及中邊二受前皆三白今上
所列悉滅何耶
答自恣差人四僧所攝五德所爲不入僧數正論僧
用白和方是若論二受差人出眾四人僧收白召對
和二白在眾方五人僧攝及至受具四人亦辦以羯

磨者入僧數故
五六問答如前已示答文兩段初明自恣後論二
受云四人亦辦且據邊受爲言若約中受正須十
人
問戒師白和既在眾中應四人僧不應此白入五人
攝
七問中教授差白既是四人戒師和白在眾問僧
事同差白何得五人
答誠如來難和白問僧身非預忍計不入數但秉僧
法非別所持請說俱在眾中相從五人所攝也

答中初領來難既爲所量故不預忍但下通前意非別持者自身秉法外須僧故請卽戒師請問說謂四僧說默且取請說在衆相從爲五據實四人故受戒篇中唯取白召是五人僧用

二明初僧除法不盡二。初問不列受日受衣二。初牒前文以問。

問上列初僧但除三事如受日受衣事皆須五人何爲不列

次明除法初問夏中受日夏竟德衣事似五人故須問決

二約五非以答二。初今釋。

答云受日別人卽是所爲不入僧攝受衣爲衆應入五人自不得利故非五攝不同自恣彼此齊益

答文兩段初明受日所爲非數後明德衣五德無利還同所爲

二古解二。初立義。

有人解云所言僧者始終重作秉法人者可入僧收以互作故有於僧用差人持衣唯是所爲故非五收如邊受中初白差時威儀所爲白召入衆又是能持戒師白和便是所爲後與白四又是能持故取斯義立五人也

古解初科爲三初示所立差下次簡受衣無互作義如下三舉邊受互作之相自恣亦爾五德受差卽是所爲對衆和白又是能持

二問答二。初引古四。初引捨懺以問。

問如懺主初作單白後作白二應非四人僧

問答中初問懺捨墮法懺主受懺須白問僧及後還財復作白二亦同互作合歸五人今此律中初僧不簡卽四人故收難云應非四人

二約非數以答

答懺主白和身外三人不名僧故雖後還財未必同席不類前受相接成法又戒師和時威儀入衆身外成僧義相全別也

答中二初約還財不定答懺捨五人一是所爲懺主身外三人非僧所以懺主入四人攝但是四人法耳律中還財諸長隔日餘雖卽座然亦無在故

云未必也又下次約受懺不同釋懺主白時外無人足故自入數與受全別

三據秉法以難

問法是僧秉方名羯磨今秉法者不入僧中法非僧法

三問中躡上戒師身外成僧以明教意

四約僧成以答

答前事委僧僧法和問義須進不入雖非應法爲僧成故所被事皆名僧法如學悔秉法也

答中律中說恣無能秉法故開學悔自不預數足爲明準

二今判

如僧祇中五人僧者自恣邊受諸尼薩耆此是正量

二問不列結界 二初敘問

二引釋二 初約五人解

二據四人解

豈有懺主入四僧收豈可自恣也不同說戒結界成四即行自他同遵莫非僧法故也故十誦中無有自恣作羯磨故

今判中初引據僧祇懺捨五人僧法則知前解局據本宗鈔云今以本宗不了用僧祇爲定事同戒師相從五人準有四法是五人用豈下宗非不下簡異故下引證

問結界唱相事中須之應五人僧何不列者

問不列結界中上文已簡今此復問發後所引

有人云律且舉之非謂餘者不列不得以受有中邊

之異故簡數約之隨有專精第二故又分耳結界德衣並爲僧務皆在五攝但非所爲並入四僧故僧祇云四眾羯磨者謂布薩事一切拜人四人得作

初解中初明文略受有中邊隨分持犯如前已示結下次約義判既爲僧務須在五收餘非爲僧則在四攝下引僧祇證非所爲拜人即差法也

有人解云結界唱相不入五人以但牒相結之不取人名入羯磨故然行事之時相涉僧別依五百問聽用五人覈其本據正四人攝如廣說戒四人開白必地自然義須結界初雖唱白後入僧收不同受日受

三明四位攝人盡不 二 初牒前伸問

二約義以答 二 初正答

二破古

法牒名入教與上不同

次解初立義然下釋疑以五百問須五人故唱相起立餘三自坐據四是僧約坐如別外相相涉其實僧耳今若行事息疑即須依論若考僧用定非五人舊云大師不取論文者非如下義證四人廣說必在法地可驗結界止用四人不下簡別相反可知

問上列四僧收盡人不

第三攝盡否問中四僧即總四位

答但舉三人並通三法就後四人皆收僧盡五人十人別爲前事義非僧收縱列八人律無正述故大眾

者但明四人若過四也

正答中初正示三人一多四也三法念對眾也就後四者三中末位也縱下指妄義見次科故下質非文出本律彼謂八人名大眾故

昔以懺逆重蘭義張八人夷邊方便義立四人此出師心未成正量十誦所顯但界內僧爲有八人方名大眾五分無量比丘僧者即是四僧之餘故律云況復過二十也

破古中初引古十誦蘭分三懺彼於上品自分二別夷邊即初篇近方便可用四人逆蘭事重復倍

四人皆無所據並云義立此下宗非十誦上品蘭界內大眾懺即四人耳五分即顯大眾無別數故四分亦證數止四人五十二十已是過數故云況復過也

三明人法相對

第三人法相對唯論四位僧人三品眾法別人別法此門不明

問能秉法僧有於四別僧所秉法何但三耶

初問可解

答非是初僧不秉三法但四人僧者本是僧體餘之

三僧隨事淳薄故隨分耳僧體加一得遂僧事號五人僧事情須發倍五加十號十人僧心輕罪重倍十加人號二十人僧對法亦爾說戒等被情事不難初則問和連辭即決故制單白諸差諸結非常行務和忍稍難白加羯磨倍增一法故名白二治諫等事成辦最難倍加二法故名白四對人三反約法亦三是則人法相因皆由三事也

答中初二句通示但下別釋又二初敘四僧對下次明三法略舉一二以彰難易對人下總結

問法中約事無體直陳單白白二白四三法半倍若準僧中亦應五人為體就五加十自決恆務更何須四以為僧本

三問中人分體相法直倍三於義不齊故以法例人應除初體

解云四人成體加一為事故後三僧不名本也法則不爾當白自體隨體附事有上中下故倍增法無非本體猶如邊受白召和入自是為事四人秉法還依本體但事須問非差不成故僧外加一白則不爾法自是體何須重加

四答中初明三人具體且舉五人故言加一十八

加六二十八加十六後之三位體蘊其中法下次明三法即體言當白者通目三法上約義釋下舉事顯且舉邊受餘法準知

問就後四僧減則不成過便得就羯磨教法過減俱非者何

明過減中初問律列四僧後云況復過是白及羯磨並云增減非法欲申教旨問以通之

答僧取詳集無乖表和若制數定乖別過起不名僧義是以過成減別非用法取濟時通名和白既非情惱不慮乖別但順軌模便成正法故云如白法作白

二聖教順違解

三點他部不同

鈔云等、見律會本卷一第四十頁。

四廣顯是非

四明設法所二、初結前生後

等。
答中初解人別生惱過則通收法無此義理須楷
定。下指文云即見本注。
又解被事聖教咸準佛言若有過減便由凡語淳薄
斯異缺不成務也。然則制僧數定既是聖教越度在
凡應非辨法。然情在通和非集不顯隨集無乖方成
法事。故文云況復過數等。又云更無方便得別眾也」
次解初明法須準教。然下次明人取通和據數似
違文約事正合教下引兩文顯彰聖制。並私釋法取
楷定不容改作人須和合義必通收律文對事局

分四位並據極限至於臨事唯多彌勝。
若準十誦僧祇人法相類重加成就減少不得文廣
如彼。
他部中彼宗合作單白加為白二。合作白二而加
白四加則愈勝減則非法。鈔云御法例通於無準
是也。
四廣顯是非。如後文中不足數說。
四廣顯是非是謂應數非則不足此門辨人故須
略舉下文既廣不復兩繁。
上來雖四總明僧義。次解第四法依處起。

二就位而釋三、初通標

二別釋二、初作法

二自然二、初正明

二問答二、初問受欲不通

二向捨墮不合

第四設法所中初科可解。
三種教法託二界起謂作法自然也。
次通標中三種法者總僧別也。
作法界三初是大界中曰戒場末曰小界法雖通三。
元為眾法對首心念緣隨開作。
別釋中法界通三法眾法是本制。
自然界四聚蘭水道開結界法不及說欲也。自餘對
首心念二法是所行處說恣受隨五人已去非所用
也。故僧祇云非羯磨地不得行僧事。
自然正明中初示通塞四種自然一切眾法並塞

唯開結界一切別法皆通不許傳欲。
問前言受欲人對首法今何不通自然界作答法有
通塞故曰楷模結界白二局在自然說欲對首專唯
作法以初從兩對且就因名終成僧事自然不合
問答中初問指前言者即前攝法但對首中舉白
告受淨等欲法在中答中初通明法義結下別示
兩局由本自然故須結界為成僧法故開說欲初
從兩對謂付欲時終成僧法即對眾說。
若爾對首捨墮界中有人何意不合答非界不合本
是眾法下通別人故名眾法對首必界有人隨人改

法故若有人成別眾也
次問對首捨墮非爲成僧自然界中亦有不得者
答中此緣別眾非界不通餘眾法對念類此可知
自餘相體廣如下述
指廣中即下具緣第四中委明諸界體相
上以法事人界爲緣成之機今又對上四緣相攝通
塞
第二相攝即卷初分章云然後對法相攝分齊是
也初科緣成機者機即是要對四緣辨通塞者有
二先以八法爲頭一一法下歷人事界以辨通塞

後就四緣各辨通塞
就義又二初條貫其相後引法通塞
次解釋中條貫四相未論相攝
言條法中略分爲三謂心念對首羯磨廣爲九位心
念分三一但心念法二對首心念三眾法心念對首
分三一但對首法二眾法對首三小眾對首或合爲
一如上列也羯磨分三一單白二白二三白四廣略
如此
初條法中對首義開小眾文在但對故開合不定
三位九品故云廣略

言條事者則有三種一情事二非情事三二合也如
前所引
條事易知
言條僧者略說爲三獨住約界爲一人也二三同住
爲眾多也數及滿四乃名僧也莫不弘秉通號僧焉
就相廣分隨數爲七一者一人即所對境或當身成
用二者二人三者三人四者四人五者五人僧六者
十人僧七者二十人僧二十實非四人實是隨用成
務僧體在中通名爲僧二三亦爾隨機即辦對法亦
異故因廣之人分七等

條僧中初文略說莫下結名就下廣分一人中所
對境者約但對爲言當身成用即本心念二人三
人並通兩釋二十實非通上五十隨事加故四人
實是是本體故二三亦爾者亦上二義一是隨用
二通號僧
言條界者略分爲二自然雖四莫作無法條理則通
故合爲一作法雖多略分爲三謂大界戒場小界也
隨文列相則有七界大界分三謂人法二同法食二
同法同食別小界分三謂受戒說戒自恣也廣列兩
三兼於戒場故有七矣

二引法通塞二
初牒章敘由

二別住正釋三初
以九法僧條三緣
九初但心念二初
標示

二列釋三如文

條界中略則為二。自然作法。初自然中。條理通者。體無異故。次作法中。略則為三。廣開為七。大小各三。戒場獨一。兼前自然。則有八種。若合大小。實唯有四。若開自然則有十一。

次明塞通相攝。此門之興。先以教法所被。必以成濟為先。成濟在緣。緣闕不辦時務。敢用九品羯磨。更互括撿。相有顯成。相無顯壞。互缺緣乖。則通成壞。故須昭練兢厲。方可行事也。

次通塞中初科。初句牒章。此下敘意。初敘羯磨教本成否在緣。敢下次標此門布致所以。舉法括緣

歷緣撿法。故云更互。相有無者。相字平呼。猶言俱也。互缺通成壞者。有者自成。無者自壞。或可望法亦有成者。如下具緣中。昭練誡昧。兢厲誡輕率。下列九法。並略提一二。示其大綱。諸餘例作。講讀至此。宜用集法文注對之。則昭然可見。

先以但心念法略列。乃三摘取六念一法。條之餘者例顯。

但心念。標中四儀語默。念法非一。故云略列。

如將心念法對事以論。通於三也。日月衣鉢非情也。夏數受緣二合也。念身康羸唯情也。

二對首心念二
初標示

二列釋三如文

初對事中。一四兩念為非情。二三兩念為二合。第六為情。不列別眾。應收二合。受緣中此就一法以論三事。觀下諸文。或一事但一。或三或二。不必一定。隨文自見。

對人以論。唯是獨秉。可名心念。有緣捨請。乃是對首。

次人中四分捨請。是對首。僧祇無人開作念。有謂但念。故特點之。應是外部。故對念不列。

對界以論。通諸界作。開無別眾。

對界可知。

二對首心念有七。且取安居一法。諸例條之。對事通

三。託處離二難為情也。處所非情也。或身託前界淨藥及患等為二合也。衣鉢持說為非情也。

對念事中。安居具三。衣鉢但一。二難即命梵身患是情。淨藥非情。故為二合。

對人則唯獨秉。若界有人而作心念。即是別眾。召來加法。是名本制。

對人中。界內有人非所開故。

對界通自然及三大界。戒場不許住。三小非久固。則不通安居。餘法應開也。

對界中。戒場小界唯除安居受日二法。

三眾法心念約文有四且就說戒約事非情心淨應法則爲二合也若就分衣唯是非情自量得否文二合也今約所辨或法或衣唯是非情心淨應緣此據通也若論自恣例同於此準此爲言唯局一也

眾法心念事中初引古解並通二合今下示今判獨在非情心淨應緣豈唯此法故云通也

對人獨秉通界可行有則別眾隨集改法

對人同上

約界則自然大界三小不通戒場時有未必恆用

約界中三小卽解故塞戒場稀故微通

四但對首中約文二十八法如衣藥受淨等對事通三衣鉢持說爲非情也懺下四篇自露六聚爲情也藥法白事卽二合也

但對事中總配諸法故云通三不妨一法各對一耳藥法兼人患白告通前事故是二合

對人唯獨一境不得向二通諸對首例亦爾也若兼二三則名小眾須問邊和又濫餘眾法故不開也縱懺三十亦止一人單白告和爲對前懺爲證以罪通三悔故也

對人中初示本位若下簡小眾濫於眾法者謂同眾法對首緫下示捨墮前懺卽懺主罪通三悔前文已明

若爾何以文中加懺白者答因捨在僧便明墮悔事非獨擅義須問和罪非僧除還同九十是以文云此捨墮衣不得別眾不言罪也餘如後白

釋疑問中上科略示未顯白意故復徵之答中初示懺白罪下明正悔是下引證僧法顯是爲衣下指加後卽單白中

對處通諸界皆無別眾過

對處皆通須簡欲法自然中塞

五眾法對首中約文五法捨懺說恣等也對事有二捨墮二合說恣非情也

眾法對首事中犯捨兼物故是二合

對人始從一人或至三四說戒一法至四成僧單白廣說如文所列不同自恣猶名三語以無五德不可差故捨墮至四法通僧別捨財還衣僧中作法正悔本罪須問邊三單白自和如前久廢三人已下通行五緣約相加減隨機不定

人中初示人位說下次簡通局初明四人唯自恣法別人所行捨墮一種猶兼僧別說戒等三若至

二列示　初標簡　六小眾對首二　三對界　二問答

四人還本僧位然捨墮中捨財還財懺主預數正悔受懺身外非僧不行白法故但問邊如前廢者上引僧祇斥古是也三下次明二三人對上四人唯局二法故云通行五緣緣卽法也然捨墮則問邊有無說恣等詞句加攺故云約相等也

問四人受捨自他合五一是所爲餘者能持單白自量不入僧攝前境滿四豈非僧耶答捨罪之者所爲未除縱及還衣終非僧攝

問答中恐將所爲足前僧數故問決之答文可見

對界通七不開小受以一席作法曾無再用說恣兩界因舉便捨臨機具者則是四五二僧之法

對界中八種除一小界故通七耳因舉便捨卽懺捨墮說戒小界行四僧法自恣小界行五僧法若據一是所爲止是三四人法今此且通能所爲言

六小眾對首義約懺蘭輕者對首一人重者界中大眾中品待緣須小眾也

六小眾中局悔中蘭律合但對故云意（義）約通列三懺文出十誦

事是情過人局二三以須問故滅則不成不名小取（眾）界亦可通如上五也

七單白羯磨　二初標示　二列釋三如文

列示中事人可知界指上五同前通七

七眾法單白中文列三十九法事通三境如餘語觸惱形法二同爲情事也說恣諸增結集諸白非情事也滅諍和白德衣對受爲二合也略題如此不可委示

單白事中說戒自恣各有二增故云諸增

對人四人五人爲本以三人巳下無德可彰但受對首之號如說恣兩分可知十人二十人則非分也

人中四人通一切五人簡四法說恣兩分卽是眾別十及二十各據白四故單白非分

對界唯作法四種自然俱非分也就七法界互有通塞至時廣引且如三品小界差問三白唯在受中旣止一時不通餘者餘二小界義亦同之非無舉罪卽有白懺大界通行戒場則局行鉢德衣形法等白不可爲有必具難緣說恣二白亦通場上

對界中初通示二界就下別簡作法囑令廣引須考諸白此中略簡大途可見初簡二小受局三白說恣二小各唯一白捨墮重蘭隨舉可懺故通懺白次簡大界一切通行三簡戒場行鉢等白事須大界場上不行自餘通作如後結界中

八白二羯磨二 初標示 二列釋三 初對事

二對人二 初正示

二問答二 初舉白 總以問

八明白二約文列五十七法對事通三差使爲情諸結非情離衣房守則二合也

白二事中諸結卽結界房卽造房治房守卽守藏德衣餘更自尋

就人唯四不通五人十及二十也

人中一切白二皆四人秉不通三位對前可知

問上言自恣須五人僧今何違者答自不明耳四僧差人前境不足人乃是緣未成正法後秉白和對僧而作方五人也餘差白二並以例知頃世濫行多以所爲通入四攝故重顯之猶恐臨時相從迷也前言不通五者非謂百千不舉白二但制五人單爲別事白二所寄但在四人餘非制立

羯磨疏濟緣記卷二 立章懸判 三五

問答中初問易解恐迷故問答中爲四初答通前境不足是所爲故餘下指例頃下斥濫前下遮疑

二引還衣牒難

若爾還衣付衣並言展轉豈非須五答猶是四人以所牒者不預僧例上已明訖何事猶疑

次難中捨長本制隔日還財有緣卽座開付知友展轉還之又分亡物先付五德令分與僧據此二法受付之人皆非所爲應是五人答文可會指上明者見眾法對首中

三對界

對界而言亦通諸界七箇白二通自然界以初結故不許重加則作法界塞也餘並法界三小界中當界自局非無差人受恣之事餘是閑務不必小界故彼文云作已卽解戒場通局又可情求如攝衣受日下鉢房舍白二不通餘者類有可知

界中初總示七下別釋初明自然三小三大戒場爲七說戒堂法亦在自然餘下次明作法說恣小界既通懺白理有還衣戒場局中且略舉之淨地德衣餘諸解法並不通作細尋文注通塞顯然大界不行三小諸解餘則並通

羯磨疏濟緣記卷二 立章懸判 三六

九白四羯磨 二初標示 二列釋三 如文

九白四羯磨文列三十八法對事唯情諸受諫證舉治等法依人加被莫非生善滅惡爲宗餘二無義可明也

白四事中諸受是生善諫治等並滅惡唯局情事不通餘二

就人以言三人非分唯四人僧五人不通唯一單白十八二十皆一白四故知餘法初僧收之

人中五人唯一白者此望不通白二白四且就一位爲言耳

對界爲言不通自然作法界中就三小明唯一受戒

是白四也。說懺小界則又不通。不無因舉便卽治出。事由後生不在現作。

界中作法大界戒場一切通行。所以文中但簡三小治。謂治罰出卽出罪。正爲說懺因舉而生。故非現作。現猶正也。不同受戒是正作故。

二就四緣各明通塞二。初結前標後。

上以羯磨條餘三緣麤相已顯。今就四緣當局各明通局所以。

第二各明中初科。前文隨法歷緣通塞。未見四緣各具之義。故云麤相。

二分位以明四。初明法三。初心念法。

就初法中。心念羯磨有十四法。但心念有三。自局而作。設入對首並不成就。餘例可知。七法通於對首。四法通於僧別。名義在文消也。

次科法中。初明心念。文列法數並見文注。當局心念。對首不成。況入小衆及以四僧。並是非法。故云餘例可知。亦可探點。但對越數同非。

二對首法

就對首羯磨三十三法。七種通心念。五種通僧別。餘則必對人懺蘭局小衆。略分如此。至如通僧別者。非謂上通僧也。以本是僧法。開通於別人也。言通心念者。本是對首法。以界無證對。故開及心念也。

對首中。初分通局。七通心念。自屬初位。五通僧別

衆法對首也。餘必對人。卽諸但對也。至下次釋兩通。言通僧者。中法行大事也。通心念者。中事開下法也。前云中猶通者。卽其義焉。

三衆法

二用云然，見前卷一第二十二頁。

就衆法羯磨一百三十四法中。一法被一事。各互不相通。如差人問難不與白召同。多法成一事。則有相通義。如受戒一也。三白一白四方得成無作也。統就衆緣。結界畜衆必須相有。白二中七結界法不得重加。唯局自然不通作法。餘白二及單白四反上可知。

衆法中。初示總數。二下顯通塞。初通論三法。今明事者。須分二途。一就通簡別。如一受戒四法各被。二攝別歸總。如受四緣通成一受。今文約此以分通塞。據本各被。約義明通。統就衆緣者。如欲行受。地或自然須先結界。和尚度人須乞畜衆。皆可攬歸受戒。以彰多法成一之義。自恣捨墮罰鉢亡衣並有斯義。臨文自擧。白二下別簡。白二七結不重是塞。餘並法地爲通。故云反上。

二明事

就事分三。然隨法已顯。故不重擧。

次明事中。卽情非情二合三也。指如隨法。卽上條緣中。

三明人　四明界　三宗畧結成

就人而論一人心念自秉口言是當分也設通上二是傍非正必界有人豈得獨作衆多對首爲前證境必是通情告事相領方能成遂雖通衆法亦是開位四人成僧勝用非一約事乃三宗歸初位過則彌勝若滅非法

三明人中初明一人雖通三法旁正須分衆下次明衆多同上兩別四下三明大衆一體三用用還依體故歸初位

就界而論自然是弱不通僧務若不開結僧法無因唯聽白二作法七界互不相通文不許重及相接也

然三大三小名多義一戒場自分故須圍繞雖相乃重兩間空也

四就界中初明自然既開結界則通作法作下次明法界初總示然下別簡初簡大小開合次簡場界兩殊界中別立故云自分兩間空者自然隔也

上約料簡羯磨成緣略分別竟

後結文中對下緣成隨文廣釋故云約也已上諸門廣辨緣相始終文義不越四科斯乃立法楷模作業宗要寄言學者宜切講磨達之則舉事功成昧之乃徒相勞擾三寶由之而損益一身自此以昇沉凡在秉宣宜乎兢慎

四分律刪補隨機羯磨疏濟緣記卷第二

四分律删補隨機羯磨疏濟緣記卷第三

宋餘杭郡沙門釋元照述記

二牒文解釋三、初舉法緣成篇為序分二、初篇目、

集法緣成篇第一

二牒釋中初集法篇題中四字即文兩段義如疏釋不復預解

二本文二、初科判、

今欲造文科釋分齊就此羯磨文雖一卷略開三分法不孤起起必託緣而成故初一篇即爲序分由致已彰正宗宜顯故次諸界結解篇下訖懺罪篇已來爲正宗分八篇統略僧私兩成事須靜念離緣毗贊教法光通末葉住持之相故末一篇明雜行流通分

初科判中初叙意總標準此羯磨本唯一卷今分爲三乃後開耳法下就文別判初叙序分由下次叙正宗八篇下三叙流通略即要也二三兩篇多是眾法第四唯是別法後五並通眾別故云僧私兩成末篇首明六念入聚師資住持等法故云靜念等毗即訓助末葉即目後世若據經宗三分判文序及流通結集所叙中間正宗是佛所說今此十篇無非佛語但取作法眾緣爲羯磨之序加法被事是羯磨正宗修奉弘持爲羯磨流通故與經宗名通義異又復序中須分證信發起之別今以集法廣列聖教發生物信故爲證信序次以緣成委示緣相爲法由致故爲發起序

二正牒釋二、初分文、二正釋二、初標釋篇目二、初釋題、

就初又二前標釋篇目後科文隨解

言集法緣成者諸出教本文散難尋及到臨機僧別混亂至於加被成否渺然故前示綱模後依加用庶無遲慮也

釋篇目中初科前叙所患又二初叙法亂眾法全出本宗別法多取外部所出非一故云文散至下次叙緣暗故下後明立意法亂須集緣暗須明此則前示綱模後依加用即下諸篇行事遲慮即疑惑也

二釋注二、初集法、

注云事法兼通大小齊降者欲明教下所被無非成業爲功謂羯磨通也雖隨緣優劣皆有濟務謂齊降也依位數舉謂綱領也隨數顯相各有通塞若網目之在綱如裘毛之依領故云末振毛目也此明總集三法區分之意

釋注中初科爲二初釋文此下示意初中事法即所被中自分三別房衣等是事說恣等爲法受懺等即人今以句局義必兼人羯磨聖法通被此三故曰兼通大小即三法下三品之事故云優劣文

舉大小亦合收中降字訓等謂成濟無殊或可訓
被謂聖法不揀也依位舉數即三法總目如綱領
隨數顯相即八品別類如毛目對文可解
然作法之始妙識是非準教而行義無乖異故云緣
通成壞等此謂對事加法立緣之相也
次科亦二初釋文準教即成乖教即壞此下示意
就初集法自分爲二前舉大數用攝諸法單白已下
隨法顯相
初釋集法法有三位初衆法中科分云初集法者
總標前段自分二者別分僧法也

言僧法羯磨略有一百三十四者總舉也非謂攝盡
數是泛張故稱略也餘如上解
舉大數中初科指如上者即前總義分廣中云隨
事無量何止前數是也
有三羯磨攝一切者隨相顯法互周事境不可收盡
以法從緣不過三法皆成業行故以三教攝之不隨
事境定其數也不同十誦恰列百一終非通被故此
不論若準此收但據衆法若八通於僧別云三種五
種一切攝盡也
釋注中三初牒釋隨相顯法則數不可限如上大

數略舉而已以法從緣則總歸三法故三羯磨攝
盡一切隨相從緣並目事境互即是徧不下二點
異部如前已示若下三顯通數通僧別者兼後對
念合僧爲一故總有三開僧爲五僧別齊開則爲
八九
就文又三依八弘法八分三位故隨立也初又爲三
謂三羯磨
次顯相分文中初總分三位（據此合在標舉前分）初下正分
衆法
單白三十九法者計理隨事何止此數且依律文次

第而列無有義類但應白相有無而已
單白標中初科依律次列知無義類隨相有無則
非加減如三十懺白闕三之類
至下篇中亦不具出何者有則現用當世盛行且標
名相事體如後無則事缺或復行稀或八通犯難爲
洗懺如非時二和因諍四增觸惱論法餘語等是也
今集法者且列名相依而解之用在將來故不顯事
法也
次科初總示下諸篇中衆法止有六十餘法故云
不具出也何下徵意初明出意現用盛行所謂隨

機也下文自廣此但標名無下示不出意事缺所謂濟務也稀行難舉略提數法餘不出者類此可知下篇無文此須具解開明法眼資補心靈或委質淨邪或親逢三會或爲因行而化物或作果用而利生用在將來所期遠矣

初言三十中二十七受懺法者計餘三十但以二寶綿衣捨既非僧因不明懺故闕此三餘有白者捨既在僧因即懺罪須白告量諸白例通故不更舉也

解注中初科三十中一一戒後並出懺法二寶捨對俗人乞綿制令斬壞不對僧捨因略懺法故缺

三白有者反之尋文可解諸下二句示不加之意

二行鉢法者一鉢支身足堪助道乃廣乞求妨業招譏好者奪留惡者轉換若不白告無由得知故曰也

二中乞鉢懺捨具有四法懺主白和單白如前眾僧還鉢白二如後此行鉢白即取所乞下鉢從上座行易取惡者與之令持五德行時須白告眾得惡鉢已復作白二制令愛護如後自說

三餘語法掉戲邪綺躁擾亂僧語默乖常法義失度故制白斷改前餘語後作違法重增墮罪故曰也

三中即九十綺語戒闡陀犯罪眾僧問之乃云汝向誰說爲論何事等名爲餘語未白犯吉白已違墮斷字音短謂止絕也

四觸惱法者因前語綺作法徵治轉興身邪重惱僧眾行來去住有滯恆倫立法制斷改前觸惱也

四中亦即前戒闡陀因前制故以身惱僧喚來不來應語不語等名爲觸惱制犯同前轉字去呼

五與剃髮六與出家即十戒也七差教授八喚入眾九對眾問和十說戒常和十一僧懺悔十二僧發露上之八法下具顯緣且直列名至時廣引也

五至十二八法如後下文既廣故此不述

十三非時和者同住多年更求短缺彼此交諍遂成堅固具德和滅不定常期兩眾一心作法通解故曰也

十三即拘睒彌國比丘鬬諍後有大德諫諭和滅須白通之因即說戒故有後白

十四諍滅說戒者因前和相理用法律二眾歡心同崇淨教說不待期故曰非時說戒也十五自恣常和法

十六難事略自恣者僧正作法難緣忽生若猶廣說惱亂僧眾德人進否作白告知一時兩對彼此陳露

事有三略謂一說再說廣說無非對白用顯略緣有
八分爲三白今以說雖有異緣白不殊且合爲一
十六中難緣卽王賊等八難德人卽五德進否謂
觀緣緩急一時兩對如合百人爲五十對次第三
略隨急漸開有下宗異
十七修道增自恣者九旬勵修將剋忍位待時解脫
末代便多若更他行衆具難得故白停之會正方作
故曰也
十七中將剋忍位卽內凡四善根中第三位也忍
有二義一忍可義忍可諦理皆如實故二決定義

善根決定無退動故若至此位必入初果是以行
人急欲修證故延自恣待時解脫者羅漢有二種
若鈍根者須待好時方得解脫名時解脫準婆沙
論待時有六一須好衣服二須好飲食三須好臥
具四須好處所五須好說法人六須好同學若利
根者不待如上六種好時自得解脫名不時解脫
今謂末代利根者稀故云待時多也會正方作謂
待證聖果然後自恣也
十八諍事增自恣者外界鬭諍不自銷殄反來清衆
塵染何疑縱與同法本心未歇故且白停至黑月末

待今和去也
十八中謂自恣時外界鬭諍比丘欲來同法佛制
白停那至後半待彼情和返界而去
十九第二增者兇惡不忍本界未和故來異住望同
清蕩已來不首卽是無慚縱有舉處恐增鬭亂故抑
且停更盡後夏也
十九中已來不首謂從前至今首卽是伏縱下釋
通不舉所以後夏卽八月半問後夏若來爲更增
不答律令强和合自恣謂恐廢衆法强與和合說
戒亦爾唯開二增

二十受功德衣和者名實兩副利潤弘多上士高世
不通開限若不和許中下便絕故聽白和然後受也
二十中梵云迦絺那此翻功德令僧獲利實有勝
功名實相稱故云兩副餘名如後中下之器聞受
必從上行頭陀恐不相允作白和衆意在於此少
欲無求謂之高世
二十一捨功德衣者唯貪五利心無至道不可久延
故須和捨或盡冬分如常作法
二十一五利卽開五戒一畜長二離衣三别衆四
背請五食前後至他家不囑同利夏竟求衣此五

爲妨故佛權開名爲五利心不至道至猶趣也有
緣隨捨不必皆盡冬分故云或也
二十二初增說戒二十三再增說戒亦以外諍入界
不可同法故如自恣也
二十二三大同自恣
二十四簡集智人者將評言諍必是義理是非若闕
智人難爲刊定然僧通美惡多不自量屏取評言對
和息後故曰也
二十四卽七滅諍用多人語殄諍之法須作一白
簡集有智屏處評已對衆和滅故云息後

二十五六斷事令不誦戒律者出二法戒者正行毗
尼正教要由斯二人法方具今闕處衆出言無本內
行又乖雖施豈用故俱唱遣
二十五六斷事卽是評諍同衆之僧有不誦戒或
不誦律作法遣出故有二白誦戒習行誦律發解
解行資人人能弘法故云人法兩具由不誦律故
言無本由不誦戒故乖內行解行兩亡故無所用
今時比丘不知戒律觀斯制約豈不爲悲忝學祖
乘應須知幸
二十七捨正義者雖具上二文義浮雜僞辯亂正終

非順理故同前遣
二十七雖誦戒律所見邪僻亦須除簡
二十八草覆法者兩朋交諍互是瑕疵窮勘根源煩
情叵歇事須猶靡不說是非素無重愆又乖對俗制
令二衆各攬歸負面地相愧猶如草覆各陳此白罪
諍俱銷有人尋律文安與尼受白大略同僧故不出
也
二十八互是瑕疵言皆有過也煩情叵歇言不可
止也猶靡和順之貌律中草覆地法唯除犯重并
遮不至白衣家餘皆可滅故云素無重愆乖對俗

也行法之時二衆相對一衆伏地上座作白彼衆
亦然罪隨諍滅不須復懺如草掩泥從喻爲目有
下示異與尼受白卽對衆問難律滅諍後卽接尼
法故列於此今不取之
二十九差往王城集法者將欲弘法須待資緣同儔
創聚義須先告某處也
二十九已下六法並五百結集中事初集同往先
白告處律云諸比丘皆言唯王舍城房舍飲食臥
具衆多我等宜可共往結集迦葉卽作白也
三十論法白者僧徒創聚本事須和若不白告無由

顯意也
論法白者具云迦葉論法毗尼白即結集也大眾
既集須告本意
三十一問優波離白者律是法命賢聖同持先須開
演令法久住然擊揚有宗不得趣述故須和問表眾
同心故曰也
律是法命謂佛法壽命擊發也宗即是本
三十二波離答者既有先問無容杜默答對在僧先
和後述示非私也
三十三問阿難白者佛法命本既已先傳通解暢神

之經次當須演阿難化教之匠故問令述也
經論化教詮示定慧明心之學故能開通智解暢
悅心神文但云經義應兼論或有說云迦葉結集
論藏
三十四答者亦以教不虛弘傳之有本對和仍答表
法非謬也
三十五七百中論法白者佛滅度後一百年中跋闍
比丘擅行十事惡法罔世事須除滅故伽耶比丘不
憚勞苦徧國搜舉合七百人斷絕斯事既初論法義
須告和因數託事為名也

三十五下五法並七百結集緣毗舍離城跋闍子
擅行十種非法事皆言佛說以化於時耶舍伽耶
比丘聞已往破云是非法彼即和合作法舉之伽
耶被舉遂往諸國求伴得離婆多等七百羅漢其
集斷之重集法藏十事如資持下卷具引
三十六差人論法者對眾即量賢愚濫委簡德屏論
審知邪正故曰也
三十七正論法者屏論已定三量無疑欲靜後緣必
須對眾先和表意也
三量一現量現理當也二比量他事例也三正教

量聖言證也
三十八問上座白者此一切去閻浮高座百六十臘
年德俱富眾所歸仰故先問之非和不忍也
問上座者律云毗舍離城有一長老名一切去是
閻浮提最上座也見佛世事故離婆多對問取證
故先白告上座
三十九上座答白者德居物尊發言信受還傳屏意
處眾敷揚
還傳屏處論意不異前論故也
計後對眾行籌刊正應須先白文略不出梗槩如上

也。
釋後略中理有文無示不盡故巳前所出且舉大
略故云梗槩如上。
次明白二文列五十七初作小房法者多事經營惱
亂二趣大不依量妨道招譏制乞處分商度限齊爲
法既少在文益闕
次白二中初二卽十三中二房乞處分法無主制
量故云小房從人求乞斫伐神樹故惱二趣爲下
二句顯示下篇不出之意
二大房法者既有主作專任自由妨難兩緣一不思
避故制依僧取僧節度事亦同前不出文也
有主不制量故云大房然妨難二處亦不許作故
須處分節度卽指授也
三差分臥具者爲僧知事義須普周若不通和恐涉
私曲故先告衆後方爲分
三中謂以僧物分與別房事須五德故白差之
四差說麤罪法者僧徒過犯未許世聞調達結惡上
連王族若不早告濫染佛僧及過未彰先明示別故
也
四中卽調達破僧立邪五法行化於時又教闍王

作逆故連王族佛令身子往告白衣事越常途故
須差遣
五二十七還衣法者後文廣之
六離衣法者既得重病將欲他行衣服厚重擔荷爲
妨故從僧乞得離一衣
六中卽離衣戒除僧羯磨上二衣中隨離一衣下
衣不許
七減六年臥具者法衣數造亂妨恆業故制限期任
聽營辦必涉緣礙中亦開之恐濫私情要須量處故
曰也
七中限期之外任聽營辦限內有緣事須乞法
八護鉢法者乞多奪留下換還主恐設瞋忿作法罰
之用舊持新始終監護也
八中律云好者應奪留罰入廚也取最下不如者與之展轉易也先持者受用新還者常持恐彼損壞罰令守護
九差人教授尼者既具十德義揚通化輒爾開闡威
相未彰故假衆差道風易扇故也
九中佛制教尼須具十德一持戒二多聞三誦二
部律四決斷無疑五善能說法六族性出家七顏

貌端正八堪為尼說九不犯重十滿二十夏
十及十一結解學家法者見諦俗士正信居家不思乞求致令損竭凡愚覩相謂施獲殃故靜外譏立制割斷後既重有宜崇福會還須法解如舊施給故有二也
十及十一即提舍尼第三戒緣羅閱城中一家夫婦俱得見諦於物無吝施多貧乏世人譏言因施致得作法制僧不得往乞後富還開因有二法
十二畜眾
十二下三法畜眾通兩眾餘二局在尼

十三尼差人請法十四尼差人往僧自恣與大僧不同
十五與外道同住者諸見外道我倒未亡忽爾發心歸投大法若不試練輒與受具性既未調恐反成難且為沙彌四月同住以事陶冶得信方開
十六及十七結解受戒小界者僧取六和不宜乖異既不許受恐礙生靈大聖權機曲制此法事成法就彼此通允即席便散不有後緣當坐便解判無疑設故立二法也
十六七此由本界人心不同故來作難佛開此教

生靈即通目有情別召受者上敘開結即下明制解既制即解可驗此界不通後緣決無疑矣
十八及十九結解說戒堂者多人別造至時須定故立法示後集無疑既設說已須解又結也
十八九中未開結界別立戒堂統通一集既有多處來眾難期故須標結令知定處準律羯磨白云大德僧聽若僧時到僧忍聽在某處作說戒堂白如是（羯磨準知）此但指處不唱方相本非結法而言結者但望要心剋定為言（古記錯引後結界法為戒堂故特出之）既設說已者謂此處已作後移別處故有解結

二十及二十一結解大界
二十二結戒場
二十三四結解不失衣界
二十五六結解說戒小界者言行相因要在人法半月常被其意可見今至說期而心不會若不開結教不被機故令下道疾結緩說事成即解起便失相
二十五六律因一眾布薩日於曠野中行眾不和合隨同師善友下道各集一處結小界說戒尋言起行以行踐言故曰相因然言行所立必由淨僧弘闡聖法故云要在人法此明半月說戒之意下

道即蘭若處若在城邑則非開限恐彼來訶故須疾結結已無外則容緩說

二十七結二同者兩住互缺理須通和彼此法食咸有濟務也

二十七下三法律有四種大界初如前列此即餘三後一非界所以總義但列三種兩住互缺者律明有二住處一處行說戒無利養一處有利養不說戒佛開各解其結此名法食二同界

二十八單法同者亦是各住合界之事一則法食俱豐一則有食無法僧由法住故別解通結使二住成濟也

二十八兩處各受利養同一布薩此謂法同食別界

二十九單食同者兩俱豐法一所無食若不兼濟全乖僧體故須和送非是結界上之三法應有解文律出其緣至時皆顯

二十九兩各說戒一有利養一無利養此名食同法別界相因名界實非標結上下點缺下云後若法食俱豐律令解為二別故知此三並須有解律下指廣後結界中具明來致

三十及三十一與狂癡法及解者心亂壞神不守本性來往違犯多乖法度據內非犯約外招疑故以法除雖在不妨後若病愈得乞為解

三十三十一即難提比丘得癲狂病多犯重罪故制此法內非犯者以無心故外招疑者人不悉故雖在界中不妨僧事狂有三品下品常來上品不來中品來否不定故須與法愈即病差

三十二受日法三十三差自恣人法

三十四五自恣結解小界者夏末同遊至期須法既不同意緣礙是難曲制隨結得通情路既作還解亦非久固

三十四五同上說戒若據夏末未行自恣那得師友道路同遊思之

三十六分僧物者既僧得施不私專己先以法告後依法分

三十六僧得施即十方現前物

三十七賞瞻病人法

三十八分亡人衣物法

三十九結庫藏者僧物須重不容妄置故須委處商可和忍

鈔云本見律刊會本
卷十三之第二十六頁子注

三十九謂依大界別結庫藏仍須人守故有後法
商即量度
四十差守藏人者物既通屬相倚不收致有損失故
須差遣
四十一二結解淨地
四十三差人守功德衣者既名難活亦號堅固爲功
非少非德不持故須通和守不出界故曰也
四十三名難活者鈔云貧人取活爲難能捨少財
入此衣獲功極大又翻堅實謂能感多衣衣無敗
壞或云堅固或云蔭覆等差已須付故有後法

四十四依德付衣者先已和擬義須付持令奉有儀
不可虛託故也
四十五差人懺白衣者非法譏罵懷信俗人凡世尚
恥何況道服若令自往無由解紛制具八德作法差
往也
四十五此因善法比丘譏罵質多居士佛令罰已
往彼懺謝須人通意故差同往即七治中遮不至
白衣家法也八德者一多聞二善說法三說已自
解四能解人意五受人語六能憶持七無闕失八
解善惡言議律差阿難具此德故

四十六差人行籌者多人斷諍情見互生若不知機
濫罔非法三種格量五種檢勘若非通忍諍必難銷
故具德差任時取滅
四十六即斷言諍取多人語須人行籌三種格量
律云有三種行一顯露二覆藏以物覆籌而行三耳語時行
耳畔勸勉若上座智人住如法地應顯露行若住非法
地作下二法行若非法人多應亂起去五種檢勘
顯露有五一諸比丘作念衆中非法人多然彼和
尚闍梨皆如法應顯露行二彼諸比丘作念衆中
多非法人而上座智人持法持律持摩夷如法語

應顯露行三諸比丘不知如法語多非法語多然
和尚闍梨如法顯露行四諸比丘不知如上然上
座智人持法律等應顯露行五彼諸比丘知此諍
事法語人多即顯露行覆藏耳語各有前四句無
第五句
四十七尼差人往僧中受戒者既有絕貌能傾國城
圖略者多唯希出寺若詣僧受中途遭難制作本法
遣信通情僧遙加被信返告知便感戒也
四十七即尼受戒遣信之緣此尼端正直半尸迦
國故云傾國城圖謀也餘如後述

四十八九尼與僧作不禮法者大僧上位威重有儀輕爾自墜尼中亂節致虧下敬制遙作法令自改過後若耻悔還解如前也

四十八九輕爾自墜謂不省位尊甘從下劣也尼中亂節謂不守威儀恣爲惡行也

五十差比丘修理房者四方僧房義須修補壞而不治未成相續故差營理因福饒之

五十四方常住三世相續若不治補不及未來因福饒者謂以福益之耳

五十一二持故房與道俗治法僧房久故治葺須人

前但薄營即堪安居令極朽壞多用人工事須和付仍以情許停止量時故有二也

五十一二薄即是略居即訓置前敘付與法仍下明量可法檢律無文應是義具

五十三與覆鉢法者得信居士輕掉論議既虧奉敬便成自損若不制約過益未明故作法遮不許往返無任受用如鉢之覆因以爲名也

五十三下三法此因毗舍離國諸大離奢受慈地教言沓婆羅漢侵犯我婦佛令作覆鉢法不與往返佛言有十種法應與覆鉢罵謗比丘一爲比丘作損減二作無利益三方便令無住處四鬭亂比丘五於比丘前說佛法僧惡六七八以無根不淨法謗比丘九犯比丘尼十十中多因口過故云輕掉論議等如覆鉢者從喻爲名

五十四差使告覆鉢家者僧自作法彼未曾知若不委示無緣改悔故也

差法中律差阿難爲使往語離奢

五十五解覆鉢者既被告及慚懼不寧便爲殺我豈是薄信故待乞謝方爲解之餘無信人不預此法

解法中律云居士聞阿難告已云如此便爲殺我

尋即悶絶倒地久乃醒悟故知深信方堪此法

五十六杖絡囊法者老病羸頓假用扶危故立開聽以理將護持多長慢必取通和餘不乞法無義輒捉

五十六杖貫絡囊少壯不許老年兼病得法方開

五十七諸差人法分衣分食等諸解法等律雖顯意多不具文據理更有故且存略

五十七中但是通指餘不出者律顯意者即房舍法中但云分粥分小食等應差具五法者分之即不愛恚怖癡知可分不可分也理非漫差必有和法又前諸結多闕解法結解相待豈得無解故知

三白四三、初總舉
二隨釋二十八。如文

文略不足疑矣。
後明白四三十八法。初諫破僧者。立邪五法。替正四依。濫染世間。愚迷惑亂。若不諫曉。是非未明。事既難稀。法亦隨隱。
白四中。初至四。即僧殘篇後四違諫戒。初諫調達破僧。邪五法者。一乞食。二著糞衣。三露坐。四不食酥鹽。五不食魚肉。並制盡形。故是邪法。替即是廢正四依。如受戒篇。事下示略。
二諫助破僧者。當諫破主。伴助不同。反諫法僧。令息曉喻。故設斯法。令絕外援。所以主伴分二也。

二中。即三聞達等四伴比丘黨助調達勸僧莫諫。息止也。援護也。所下雙結。
三諫擯謗者。染汙俗流。是非混亂。故須擯出。用清昏網。然以六人同犯。來去兩乖。二人不悔。理須依法。倚此反謗。故諫令知僧無私涉也。
三中。即阿濕婆等在羇連聚落汙家惡行。佛令舍利弗往擯。二人來悔。二人逃去。二人不悔。遭擯起謗。
四諫惡性者。中人已上可以語上。善友令行。反拒不隨。故制僧諫。有違斯犯也。

單提第六十八。
單提第七十。

四中。即闡陀惡性拒逆僧諫。故加此法。中人已上。二句出論語。續云中人已下不可以語上。
五諫惡邪法者。欲是障道。生死中根。出家志本誓斷此法。反言不障。濫罔教限。故諫令息也。
五至七。並見單提。初即梨吒說婬欲不障道。名惡邪見。言是佛說。故須法諫。
六七諫擯沙彌法者。創入聖法。割愛爲先。乃反教迹。說欲非障。初則理諫。義須開曉。必不受行。宜即擯遣。
六七。即跋難陀二沙彌共行不淨。二篇漏觸自謂非障。仍云佛說。故令諫喻。違則擯出。舊云滅擯非也據理而諫。

故云理諫。
八諫隨舉比丘尼者。比丘僧舉。意在清心。五眾同治。不相往返。乃違眾命。親事供承。爲惱處深。故諫令曉。違三犯重。故曰也。
八中。即尼八夷之一。律因闡陀犯罪。僧爲作舉。不肯從順。有比丘尼往返承事。故制此戒。
九諫習近住者。尼須善朋。方能勝進。同伴濫惡。耽染情深。但增不善。故諫令別也。
九下四法。即尼僧殘中後四戒。尼有八諫。前四同僧。後四不同。九中。律因二比丘尼常相親近。共作惡行故制此戒。

十諫勸習近住者，僧本設諫，意在懲惡，反勸令住。何勞別偶？然素絲易染，朱紫難分，故諫能喻，無宜此勸也。

十中卽六羣尼勸前二尼，言衆僧恚故令汝別住，汝等莫別住，當自共住，懲誡也。偶卽是對，言不須別求伴對。墨翟見染絲而悲，爲其可以黃可以黑，此喻人性易可染汚也。論語曰：惡紫以奪朱，惡鄭聲而亂雅樂，此喻人之邪正不可辨也。對前所喻，故云能喻，喻卽勸也。

十一諫瞋捨三寶者，素欲投邪，待憤方顯，若不陳諫，女族無曉故也。

十一卽六羣尼趣以小事不喜，便云我捨佛法僧，更有餘沙門婆羅門，自可依彼修梵行等。女族卽目尼衆。

十二諫發諍者，四諍久除，夷然衆靜，重更發起，亂動乖常故也。

十二尼發四諍，向僧犯提，此由僧諫，違諫犯殘，夷平也。

十三諫習近居士子者，道俗情乖，難生信重，男女相別，無宜親好，今反習近，長增慢染故也。

十三卽單提戒。居士子者，尼戒本云親近居士居士兒共住是也。數見故長慢，情熟故增染。

十四式叉學法、十五僧尼受具法，有別立爲二部羯磨，本法有無，各其志也。今以文相大同，故不別顯。

十四五中有下點異，彼謂本法有無故分，今以文同故合，故云各其志也。

十六學悔法者，既犯四重，永障一生，素不藏隱，亦可容恕，先令乞法，後以對治，盡形學悔，除地獄之障故也。

十六律云：僧尼犯重已，都無覆藏心，令如法懺悔，故云素不藏隱。此謂懺時盡露無餘，卽是都無也。然雖開懺，不復本淨，但除獄報也。

十七十八訶責幷解者，戒見儀命，理須順奉，今乃倒說，塵坌僧倫，若不舉治，中表難淨，後若悛革，隨從衆教，得乞爲解，因有二法。

十七已下八種，卽四羯磨治罰法。戒見儀命，律名四事：破戒（犯前三聚）、破見（六十二見）、破威儀（犯下四聚）、破正命（非法乞求）。彼皆破言不破，故云倒說。中表卽內外，謂身心也。或可內坌道衆，外惑俗流。悛卽訓改。

十九二十擯出并解者既在聚落宜須長信反倒四事壞亂俗心若不驅遣流習難革後若隨順準前爲解

十九二十亦是倒說四事但據對俗與前異耳

二十一二與依止并解者入道雖久智鈍神昏纔犯數作不止既無志度制依明德盡形修學令識沉浮若後智通依前準解

二十一二沉浮即善惡

二十三四遮不至白衣家并解者信俗依投理須將順反譏罵辱失出世法既忝再面恥更謝愆故加治

法遮其煩憒不許不至若自他調喜依法爲解

二十三四自他調喜即比丘居士兩相和順

二十五六不見擧并解者戒見等四佛法大綱反言不見深乖至理且信爲道源又爲德母必懷邪信擧棄衆表亦絕僧務後若折伏還以法除

二十五下六種即三擧治罰法此亦倒說四事而言不見有罪前猶有信但加責罰此壞正信故須擧棄道源德母文出華嚴

二十七八不懺擧并解者罪從緣生生便有業招集增漏偏非道務今冐染大度罪福本空心同俗染未思洗蕩捨棄衆外義同不足後乃懺伏更作法收

二十七八過亦同前有犯不解與前爲別罪從緣生緣即心境緣生雖空生則成業業必感報雖學大教言行相違故云冐染梵網云口雖說空行在有中是也今世禪講多墮此見但知心空不知心有諸大乘經皆談二諦若專空寂空則非空縱使空空還成偏計智者云業性雖空果報不失是知紗有則一毫不立眞空乃因果歷然因筆斯文略言大要

二十九三十惡見不捨擧并解者擧治之重勿高此

見汙染既多非擧不顯棄之衆外若彼汚遺後若改心還依解取

二十九三十執欲爲道局名惡見若朽遺者謂同棄物此雖惡見而非正犯故令解取還歸淨僧

三十一與覆藏法者既犯夽重即須陳露知而故藏此過難忍隨所日覆以法徵治故曰也三十二與本日治者二篇半壞故號僧殘洗心伏懺理須謹重行法未捨更犯本條可訶之甚還依初日故曰也三十三摩那埵者僧殘情過六夕僧中盡心供給欣其出罪名意喜也三十四出罪法者支條已傾根本須拔

制僧二十方得弘持故也

三十一下四種即懺殘法覆藏謂犯來不露本日治謂行覆未滿重犯前過摩那埵即翻爲意喜大同治覆僧中爲別被條即覆藏罪

三十五憶念法者淸人被謗取洗無因既是無學理非故犯須僧憶念用息諍情故曰也三十六不癡者過犯相齊淸濁須別初造非心業亦不集然須僧證點來不作也三十七罪處所者初未言告便引重罪及至勘刻遂轉引輕審其情實前言應是故加治法徵取本欲故曰也三十八幷解者文雖不出非曰不無且存略也

三十五下四種並滅諍法憶念法即沓婆羅漢爲慈地比丘姪事加謗佛令對衆與憶念法令審虛實證成淸淨不癡即難提緣如上已引點謂心復明利也罪處所即戒本覓罪相也律因象力比丘善能論義得外道切問不能通便作妄語初自汎說及僧中問復加文飾如文所敘刻推也解法理有故點文略含注戒云若伏首本罪應白四爲解是也

有人就僧法中分爲多位初二部互作者單白中與尼問難白二中捨教授等白四中別住出罪受戒局僧爲尼作也次不禮等三尼爲僧作二當部別作者如結集諸白不通於尼本法六法諸諫殘等不通於僧也三二部通學者如同戒等亦有事義不可分盡如上已解且又存略

三通簡中初引他義二部互作已如前解二部別中諸諫殘者尼中八諫前四兩通此中且據後四爲言二部通中同戒等者即受懺說恣之類亦下示與奪

上總爲三並是衆法

次對首法分二初總舉位數後從位顯相

第二對首中分科爲二即綱領毛目也

初中言對首者此提綱也既對一人已上乃至三四無別可彰但舉當時相當爲目故云對首皆是三語告情引證

釋名中初科皆是三語大約爲言然說欲白告等但一說耳

然作法之中文分三別或止對一人持衣說淨之類或通界同法如說恣捨懺或但對三人如中品蘭也

及論作法又有三例或直自陳述前對默證如持說

等或雖自言白前須示誡如安居諸懺入聚諸白或
彼此互作交誦一文如說恣淸淨並隨機隱顯莫非
對首諸賢斟之
次科前三別者卽三人通局如上說也後三例者
卽法事隱顯也前二但對後一衆法並下結示同
異最末一句囑後自裁
位置三十三者謂大數也通諸部爲言若對四分但
有安居悔墮二三而已至於持說衣藥並缺其文故
引諸部共成各如篇顯
顯數中言大數者非止此故上列衆法唯據當宗

此明別法多出他部下皆標簡故云各如篇顯
文云三語名羯磨者引證也以習俗生常唯言僧法
得稱羯磨故引四分受戒法中初三歸受後便止之
因以除疑前用三語羯磨如法但後作者是不得耳
佛自斷云三語羯磨則餘不勞爭名也
釋法初科初牒示以下顯意四分受戒犍度八年
前用三語受具後制白四已舍利弗問佛卽決云
爾前名善作羯磨自制已後不名受具佛下準判
又引說戒者制知說戒法受俗戒等卽指授五戒法
爲羯磨也然行事之時但對俗境與僧對首相同故

齊名也
次科說戒犍度佛制上座說戒日與諸白衣言語
問訊作羯磨受戒卽授五戒然下會同準下結界篇引
五分處分淨名爲羯磨亦可證也
又引十誦文者彼此乃異同名羯磨理無滯結也餘
文可解
三中十誦文據甚明猶恐迷執謂爲異部故云彼
此等滯結卽壅塞也上略示意餘下指文
義分二別者依位顯相也但以對首一言濫通衆別
若不分相名敎不開就義有三離小衆懺也約文但

總分中初科名敎不開開亦分也離三合二如前
二合衆多也所以如上
累聞
初但對首者事局中下不勞僧衆告情引證便成作
業
次科但對中局中下者卽中品下事
二衆法對首者本是僧秉別人非分道在兼濟故通
於下如懺捨滅惡之方說恣淸心之術若不許者敎
非通贍不濟時緣故兩被單對俱成惠及
衆法對首文中輒舉捨墮說恣而得施亡物資身

所須亦是機要。兩被單對者，除捨墮外說恣等四。
通下二位。單即心念，對即對首。
就位但對首二十八法，中並是時須文自廣顯，且列名相，舉數可解。
一受持三衣，二捨三衣。有人分之為六相也。今以受捨法異，且開為兩。當受分衣，其法無別也。若欲分者，百一則多，故不同也。三受持鉢，四捨鉢，五受尼師壇，六捨坐具，七受百一助身具，八捨百一眾具。此之二法，末代全稀，謂捨長說淨。三衣之外，萬事畜一，隨得加持，不許離宿，事在鈔中。今此刪也。

牒釋中，初科二衣中有人下，斥異。事別法同，故不可分。下舉百一比難可知。受捨坐具，華梵互舉，助身眾具，事同名異。下指事鈔，見二衣篇。
九捨請法，十明捨戒者，忽遇惡緣，將陵重戒。若不開捨，後進無期，故聽一說便成，用通凡下，往返也。十一受請依止，十二、十三、十四衣鉢藥各說淨，十五受三藥法，十六受七日法，十七夏安居，十八與僧欲，
次科捨戒中，若帶戒犯重，永障一生，捨已還來，則聽再受，故云通往返也。
十九懺諸墮，二十懺可訶，二十一懺偷蘭，此罪分三。不可雜亂。小眾如前甄簡，餘者不問，獨頭從生，皆從一人邊懺。二十二懺重吉羅。
三中偷蘭三品，並通因果。此但對中，唯收下品。
二十三自露六聚者，既已犯過，義當洗除，未及良緣，且露無隱，則輕而易出，不繼後業。二十四露他過者，同侶有失，三根不謬，若私隱之，期必欲犯，故制向同徒陳無覆過。彼聞便止，不許更傳，必知有危，不告亦許。
四中自露中，良緣即目所對，或境非淨，或數不滿，故云未及。若常隱覆，業則相續，今既自露，故云不

繼。露他中，私覆他過，意在自為，故須發露。彼下明說限，必下示開緣。
二十五捨僧殘行者，內依教行，總奪諸務，忽有別緣，事須接濟，故開捨行，往彼拯之。事若停歇，還須白行，即二十六也。二十七白入聚落，二十八尼白入僧寺，者僧尼位別，威儀須崇，輕爾突進，殊乖法式，故前通白。進退須量。二十九尼請教授，三十作餘食法。
五中捨僧殘中，總奪諸務，即三十五事。拯謂濟拔。注中更有白僧殘諸行法，即合歸二十六中，故前總數但二十八事，鈔別開，故二十九。兩處差數開

三點數
二衆法對首二 初標示 二牒釋
三心念羯磨二 初科分
二牒釋二 初標 舉二 初釋標 二初釋名

合異耳。然羯磨後出，從後爲定。古記不曉，妄改羯磨爲二十九。後

二尼法由對僧作，故列於此。

數雖溢位，中二局尼，其致可見。

點數中，注列三十，不應前標，故須點示。

衆法對首略有五法。一捨墮者，四人已下至二人來。口和問邊單對一人，自如常也。二說戒者，三人已下展轉三語也。三自恣者，四人已下亦須三語，不可差人也。四受僧施者，以道俗欣福各行大施，故一人已上乃至極量，無非爲解脫出家，皆得爲福田也。界中局三，故開此法。五受亡僧衣者，文如下述。

衆法對首中，次列五法，分節讀之。據鈔唯四，捨墮約罪自歸，但對此望捨財對僧，故入衆法對首。所以鈔與羯磨總數同有三十三，彼離白殘，不分捨墮，此開捨墮，故合白殘耳。

後明心念法，初舉後相。

三明心念科分云：初舉後相，亦即綱目也。

初中言心念者，以獨秉法，傍無對證，辨濟不難，義加心念，審其意用也。

釋標中，初科據通衆別，並須心念，但以一人獨秉，事易心輕，特標斯目，誡令謹攝。

二顯數
二解注二 初示分意
二釋三法三 如文
二列相三 初但心念

略有十四者，且據時須，非謂不列不無也。

義分三別者，恐法隨名局，妄用者多，顯位張也。

解注中，法隨名局者，恐聞心念一槩而作，故列爲三，則通塞無濫。

但心念者，事既恆須，數則勞擾，故開獨秉，不假他成。

但心念可解。

二對首心念者，法本須證，獨不預之。然攝修託處，所資受日，通濟道俗，形骸所待，衣藥爲要，故佛知時，曲開此法，以濟獨住，誠有由也。而歸承有本，還存對首，爲言初矣。

次對念中，然下四句收束七法，而下結名本末兩顯。

三衆法心念者，正法僧中別人非分，但以財法兩惠，誠顯六和，若不傍流，何名僧體，故開獨秉，即是成業也。恐濫餘法，還須本宗，故題衆法，而當時通界無人可對，故云心念也。

三衆念中，注列四種，總歸財法，恐下結名同上。

就列相中，言但心念有三：初懺輕吉羅，二常途六念，非唯此六，故下文中來往語默，房衣食用，隨所動務，常爾一心念除諸蓋，不作違犯也。三說戒座中露罪

案後之二下十二字應移至下兩段疏文之後
二對首心念
三衆法心念

者，計是對首護衆故開，應入對首念中。然文制兩設，列相中但念有三，言分二品，故重誤輕通收因果。重者對首，輕但責心，卽心念也。六念且制淸晨，實通朝夕，利根之人，口口著著，不忘心觀，一心爲能除，五益是所除，故知上智微生妄念，卽犯刑科，若此爲心，乃眞持戒，自餘昏散，無足言之，雖嚴整容儀，謹守戒行，但驚凡眼，未合聖心，學者臨文，宜應自照。座上發露，初文是縱，然下卽奪，謂律制發露當途對念，在衆心念，兩法各制，非是從開，故云文制兩設，以對首心念須界無人，今此對衆作法自成，故知別立，不類對念。後之二位，列名指下，廣在後篇。

二對首心念有七：一安居，二說淨，三受藥，四受七日，五受衣，六捨衣，七受持鉢，文如下列，皆緣身所待，急者曲開也。

三衆法心念有四者：一說戒，二自恣，三受僧施，四受亡僧衣，文具如下也。

四分律刪補隨機羯磨疏濟緣記卷第三

四分律删補隨機羯磨疏濟緣記卷第四

宋餘杭郡沙門釋元照述記

已前明緣集者結前文也夫羯磨綱領舉位有三毛目往分隨位自顯以所集者各有部類不可混亂必不依作則自他相撓彼我同陷可不明耶後辨緣成壞者生下文也

第二辨緣成中初科二段初敘結前綱領毛目如上已分各有部類部即三位類即八品自他相撓謂勞而無功彼我同陷謂二俱墮負撓奴巧反亂也後下次明生後

就分爲二即成壞字初顯作法之始具緣辨成反則不成後僧法具七非下明不成相反則成矣

次科分中成壞二字成即十緣壞即七非辨成則反壞明壞則反成理必然矣

初中又三隨人分也僧位又二以僧爲秉法之人功用最强又是非通涉故須前舉後稱量事下廣顯緣具

僧法分文中即示前舉僧數之意一則秉御功强二以是非通涉謂下成壞二門皆涉僧位故也

初中舉數立四所以如上初四人僧除三事乃至二十人僧通諸事者皆約事限數故分階級也

初釋四位正明中初指立意即總義中初下牒釋

四人爲本餘三隨事故有四位

問上云四人得秉諸法今文乃局二十人僧者答上已明之但四通持事情須五乃至二十也今文對事顯法故云一切得作若就義理唯四得持五十等僧爲緣開也

問中以前三位並有所除至後二十始通一切與上相違故發是問答並如前爲緣開者緣即是事開猶離也

況復過者此釋疑情謂如羯磨增減俱非故此開通過彌成勝也此過但據二十若上三僧例亦有過五人說戒六人自恣可非法也律文略故義準加之

次科釋過中初牒釋法則增減俱非人但減非增是開猶決也此下義判合云四人除三法餘一切得作況復過四人等五十例然

若少不成者或是數少不應前四或是相乖如睡定亂語隔障之類或是體乖即有三根明練前失雖身預集而性不足也斯等頭數百千但爲法簡不足成僧皆非秉御之功故云少也必人應法成隨數並得

須知所以如下廣之

次釋滅中初約人數明少或相乖下次約不足明少體相兩乖雖多不濟指廣如下卽簡衆中

二廣顯緣具二
二初列名示意

就作法具緣要十方得一稱量前事二法起託處三召僧方法四約界明集五應法顯和六簡衆是非七說欲淸淨八正陳本意九問發事端十答所成法且列疏者一家廢立後更爲述

廣顯中列名可解古師或立六緣或五七不定十緣之義獨出今疏故云且列等廢立如後通簡第五門說

二牒文解釋二
初牒緣別釋十
初稱量前事二
初釋標

初中稱量前事者諸家羯磨皆略此緣律制稱量豈專擅立以法不孤建成必在緣事或濫疑義須前審爲待衆集方乃問之脫致爽差便成惱衆故前標舉思擇是非言稱量者若衡斗之增損識黍絫與圭合也

第一稱量釋標中初敘立意爽失也言下釋名義衡卽是秤如秤之稱則識黍絫如斗之量則識圭合孫子算經云秤起於黍十黍爲絫十絫爲銖二十四銖爲兩又斗起於粟六粟爲圭十圭爲抄十抄爲撮十撮爲勺十勺爲合十合爲升等絫字力

委反或來戈反並通

二釋注二初分文
二牒釋二初先引
文証二初釋母論

注中分二先引文證後隨義開之初中事謂人法者卽法所加通名事也法通能所人亦如之如唱諸羯磨受戒懺罪等爲他而作諸懺單白等自爲而作是則互通也然法物事有諸法名通豈可地處不名法攝就人以論如律中解三法現前合僧歸人五法現前人僧乃別

釋注引母論中初總示以前明四緣人法處爲能成事卽所被就事別分復有三種如注自列論中語局義必兼事法所加者簡上能成恐相濫也法

通能所者羯磨是能說恣等爲所此義易知故不別舉人亦如之四僧爲能差懺等爲所如唱下略舉數事以明自他受懺則自能他所懺白則互通能所以懺主白和自爲能秉爲他所量故云互通也戒師問白事亦同之然下別釋初點法通論標人法欲明法字通收諸事則三種具故謂世間事有皆可名法諸法之言何所不該則知法中可攝地處就下釋人律中現前毗尼有二不作羯磨則三法現前（一人二法三毗尼僧合人中）若加羯磨用五法現前（人中離僧更加界現）合僧歸人則能所合論人僧別者則僧

能入所
下引當律量比丘者僧所差遣理須具德受日捨衣亦觀機務輒作濫加僧私無益故曰也或可稱量法事須幾成僧識達是非教限成壞非人不預義須通曉也

釋本律中初科爲二初約所爲釋或下次約能秉釋須幾成者約數滿也識達是非者簡堪能也非人卽不足者

言白衣者覆鉢懷信方堪被法五八二受亦須問緣先量後加故應詳集也

次科覆鉢正據衆法五八義同別法

言羯磨者事現在前非法則息羯磨八種通鏡行藏達則事法俱成迷則翻種苦業故須稱量也

三中事現在前謂機生也非法則息謂事不成濟也如教則須行非法卽宜藏鏡明也

言所犯者謂凡所造過無越七階或涉疑濫或預迷塞理須分別事等晨昏無宜持犯相干多少委目也

四中七階卽七聚犯有三心一識二疑三不識迷塞卽不識也等晨昏者謂同晝夜晷刻定也持犯相干謂不識犯緣多少委目謂不知犯相

言量事者乃含多義今但取當時達僧法所評者隨入法物皆事所收宜須商度重輕前後離合同篇異聚因果雜相未可卽施先宜窮考故也

五中隨人法物者人如受懺法卽說恣物謂結界離衣杖囊行籌之類商度等者且據懺罪爲言餘可例準也離合同異下文自顯

次就義解法緣有二初三種者文相易識或具單下作法差別也初中隨相受戒爲人者以信士歸心初依行本故受法從人也望所受法卽是聖教應是法收然法起依人故從能受者爲名也言懺差等相唯

爲他興治擯罰等自他通被以斷除稊稗增長嘉苗豈不然乎或可隨義通塞何限此也

次義開釋三種中初文隨相二望總舉受戒下別釋初釋受戒行本卽戒體望戒是法據受歸人言下次釋懺治懺差偏局治擯兩通斷除稊稗喻被他增長嘉苗喻被自稊音啼稗傍卦反田中穢草也或下點上所分不定義也

言爲法者指說恣等非淨不預理在爲人然僧別通行遵崇教法故專在也

二中據所被則在人約所遵故在法

三事　二釋作法差別　三、初且單二、初畧示　二要釋二、初引古解　二明今解

言爲事者但約非情依處加法應由人興然和告所唱唯是法也合此兩緣所指則同皆爲界限故唯明事

三中約非情者此句簡判也須人秉法同歸於界故云合此兩緣等

或具單下通解上緣然發機不常前後難準或但三分如前取別

次釋具單中初文通解上三種有離合等也機即前事或但分三即三單句複具如後

有人解云隨作一法皆須三量何以明耶如四人結

界即人事也白二加之即具法也對首亦爾衣之是非事也彼此相解人也故文云言議往返人現前也口說持文即爲法也心念亦爾常存懷記爲人也前境不一爲事心生口言爲法不違此法業成奉戒豈非具三

次引古中三量即人法事如下第列三位各具三量如文可知

今解不無其致太爲通混鈔識羯磨所牒之辭則據本緣互不通也如受法中但云乞戒者人也諸結法中但云限約限即界也自有人事合者如人病衣重

等如是語者捉全籌等無問僧別皆有單具交絡雙單終合七緣以從羯磨攝事皆盡

今解中初句縱與次句斥奪彼分三量不辨能所故云通混鈔下示正義羯磨所牒即正陳所爲法法各別故不互通略舉受結餘可類知自有下即複具四句人病衣重即離衣法此二合也如是語捉全籌即具足句本律滅諍中云行籌應有白云如是語者捉完籌如是語者捉破籌律不出文但示緣耳如是語是法者即是人籌豈非事又如延日自恣修道是人日即是事自恣即法更就別法例此尋之

略爲圖示使能所兩分焉

能被法　所被事有七　秉法人　秉法處

- 一人
  - 心念　懺輕吉發露等
  - 對首　懺露白告等
  - 眾法　受懺差遣等
- 二法
  - 心念　獨自說恣
  - 對首　二三人說恣
  - 眾法　四五人說恣
- 三事
  - 心念　受施亡物
  - 對首　受淨衣藥等
  - 眾法　諸結界等
- 四人法
  - 心念
  - 對首
  - 眾法　迦葉論法波離阿難問答等
- 五人事
  - 心念　六念
  - 對首　安居
  - 眾法　離衣杖囊付衣付房非時和等
- 六法事
  - 心念
  - 對首
  - 眾法　說恣小界法同大界諍事說恣等
- 七人法事
  - 心念
  - 對首
  - 眾法　滅諍行籌延日自恣

言離合者，如懺罪法，異篇別法，不合同治，同篇多種，離合皆得。餘事類此，可以情求。

次釋離合，且據懺罪，異篇一向離，同篇通離合。文如受戒被多人，受日合多緣等，並準說之。

言先量據者，謂勸令早知，不宜臨事臧否也。

三中勸令早知，即稱量緣；臧否即如非也。

第二法起託處，先以文據，後以義求，取僧祇文釋成羯磨所起，必在法界，自然地弱，不勝僧事。何以然耶？夫僧法軌模，起還法地，若先未加，事乖法式，即如義證。難事已臨，欲行說恣，猶先結界。然依本法，雖無文證，即此成準。

二法起處釋注，初科為二，初標分文據即僧祇，義求即本律。取下次牒釋，初釋文據，未加聖法，故云地弱；僧事功強，所以不勝。即下釋義求，此引說恣小界可驗。眾法不許自然，本法即本律法聚，謂當部中無文有義，即用義決。若準五現秉法須界，亦是明據，但非正意，故云無耳。

言處有二者，顯相通局也。非謂僧法唯在法地。結界一法，非作法界，由是草創所依，開此居宗。若不自然，後諸眾法無緣加被，故此羯磨偏與餘反。如受戒者聞法非障等，自餘並在法界，可以例知。別人行法，二界通塞，如上也。

次科又二，初總示，非下別釋。前明眾法，七結界法不通法地，如文所叙。初受聞法，事類頗同，其餘諸法不通自然，反對結界，故可例知。後明別法，受欲一法不通自然，餘皆兩得，並見總義。

第三集僧方法者，且依西梵，本無科約，雜碎文相，隨引解之。

三集僧中，初標依西梵者，彼土撰論解釋經律，但大開分段，至於解文並無科節，此門倣彼，乃述作之變也。

所以先敷座後打槌者，由聲告即集，來座未施，佇待悽惶，非成獎務，制先定座，良在茲也。

牒釋中，初科悽惶，煩悶之貌。眾既不樂，殊非同法獎導之意也。

犍槌者，梵本聲論云犍（巨寒反）地，此云磬，亦曰鐘也。乃金石二物耳。故五分云：隨鳴者作之。意取聞聲來集，召僧法也。故涅槃云：擊鼓誡兵，鳴槌集眾，是為法也。四分中召僧七相，不離聲色，唱令猶不來者，更相撿挍，意可見。

三打人　四打法　五長打

次科揵椎如字呼之下依聲論方乃轉音今八一槊改椎為稚例呼為地未披經律妄自改作如鈔記委辨下文或單作椎梵言之略鐘磬並通金石為之金卽銅鐵也五分隨鳴不必金石如注所列涅槃中彼云如鳴椎集僧嚴鼓誡兵吹貝知時是名法世言是法彼世諦之事耳四分七相量影破竹作煙吹貝打鼓打揵椎打地若唱諸大德布薩時至等準文有八一三是色餘並屬聲通為唱令如律文令舊住淨人下位打者此召僧法制非具道者所為必無二人方聽兼助也

三中下位卽沙彌具道卽大僧一自是所集一事儀非重無人聽助卽是緣開

言三通者非是單三下也從微稠以至稀著聲絕之後又加三椎故云也

四中凡鳴鐘法先虛指十下卽微稠也十一以去漸稀漸大卽稀著也至三十七下緩打三下為集三乘常途齋講宜依此法晨昏長打廣如鈔中

阿含經云聞聲止苦者凡業有定與不定故苦有止與不止若作業必定聖所不免不定業者無緣則受有緣便止罪者遇善為因打者設願為緣故得聲傳

六杵數　七互易

苦滅自然感應

五中注引付法藏傳卽罽膩吒王墮魚受苦聞鐘停息遣告長打有斯冥感故引阿含彰其所以猛心一往始終無間為定業中間微悔卽不定定業則果相已就故聖不免不定則因勢猶微故通緣奪若爾罽膩吒王業應不定答引業則定故永墮魚中滿業不定故遇緣停息罪者先有善因偶然遇善打者方今發願隨願冥通儻臨此務宜善用心若準此文比丘自打與上相違答律據集僧事須下眾傳取濟物故約大僧

威儀經明杵數者今多不行故法墜於地但臨事籌度量時緩急外得生信滅苦內得無虛聲告若然可也

六中經中杵數備如鈔記今下斥世但下示法令籌度者或住處大小僧徒少多時緣緩急隨宜長短不必依經於外有功於內成用內外兩濟事不徒然

論中不許互易者以僧法指定輒改亂倫召法既乖受用非理故須常定也必欲換動先以本者召集現僧告令知意然後改革後更欲換還如前召如斯展

轉雖是改換始終僧法若一住處兩磬互鳴前後雜
亂不名常相隨用四事是盜僧祇由僧私一亂無法
分異也
七中初明制意倫即是次必下示換法若下顯過
相
今世有人言知鐘者云是淨語言打鐘者不淨語也
元此知淨自不得爲令他作之故云知也鐘則不爾
自他通用不有種相何須避之當部言打其事極多
人畜非情咸有其戒可亦改之爲知淨也智論楗
椎阿含擊揵椎五分打三通經中撞擊鐘鼓並以知

淨之言別有所爲故翻經之家隨以此方一相往翻
莫非物觸聲發也故知鐘之言雖非巨害然是知法
者之大忌也
三斥濫中初引濫彼謂使人時須云知鐘不得云
打鐘元下次正斥有四初示知淨本制一爲比丘
自不得爲此通掘壞錢寶等二爲有生種相此局
壞生一戒鐘並反此義不須之當下次引餘戒例
難言人畜者即打比丘提乃至打畜生吉非情即
打故衣智下三引示槌擊打撞事同語異隨用翻
之故下四誡誥在事雖非大害於法深屬無知凡

在學流故須避忌
第四僧集約界者所以立界爲欲攝僧隨其分齊不
許乖異並是喪我之方略也
第四初科爲欲攝僧是立界意喪我方略即攝僧
意凡夫具縛我倒熾然乖異則轉增和合則漸息
由事證理得法無我是佛權謀故云方略
文中先舉二界後隨別釋初作法中列三名者以攝
餘界後當廣說
作法界中初科指後即第二篇
小界無外者以界局在身坐外無法隨人集結故無

外也若許有界則納訶人餘亦如後
別釋小界中初顯示制意若下暗斥古非
若論無場大界二處別集以界之內外咸有制約可
從集故
次無場界中此約說恣內外兩集故云別集不容
私避即是制約下文四集義亦同之
若爾小界無內可如前言身界之外可不須集答元
制簡人雖有不集不同大界制內外集
釋妨中恐謂說恣小界可以類同故須簡別答中
制簡人者爲遮訶故若須外集開無所濟大界非

難故曰不同

若有戒場則四處各集一是界外二是界內三是內相外戒場外中間空地四是戒場體

三有場界中當局自集事義易知特約共集示其異相

問羯磨之設界中無人則成何故集他外界

初問大界外集之意

答行法不同若作羯磨則隨界分局人不相集若作說恣則內外通收以是攝僧綱紀使內外同崇不許逃避乃至外界戒場見相便求多有句數即其事也

答文今釋中初句總示若下別釋即僧私二緣通局兩集乃至下別證通集本律說戒犍度云時有一住處說戒日客比丘來見舊比丘在戒場上見而不求便作羯磨諸比丘白佛佛言成羯磨說戒有罪一句若見已便求求已不喚成羯磨說戒有罪二句若見已求求已喚成羯磨說戒無罪三句聞疑亦如是同上三句又有住處說戒日舊比丘見客比丘在戒場上三句並聞疑三句並同上餘廣如彼故云有多句數也

有說云縱作羯磨亦須通知以年歲遙遠界相莫知或主客改轉虛傳制限故須通集先委問緣脫有漠落徒生疑惑必本非法實濫後緣若經受戒空傳聖法喪他一生自他同陷深可鏡之此言易耳臨時難改

次古解中此就私緣約界不明可有通集必無疑濫則不須之初敘須集所以脫下彰不問之非初謂標相不分必下次即本結乖法於界生疑不出此二必有此緣解已重結不同今世無問曾結不結一概妨疑請考此文足知傳謬濫後緣者通諸衆法作並不成受法尤重故別舉耳此言易者兼

結不難故臨時難改再受非易故

問大界四集可如前言戒場之中亦有集不答場中兩集亦爲說恣如難緣開之餘如結界法中說

次問戒場比前大界例有四集答云兩集即是通局二集或可字誤兩合作四

就自然界四種分之當部無文通取諸律四名如列各解可知

自然中初科本宗盜戒有聚落界三小界中有蘭若道行但非明顯故云無耳所出諸部文中自標聚落爲二謂通局也

二釋相二、初不可分別二、初示相

聚落。釋標云通局者通即不可分別局即可分別。初不可分別者或約僧之來去難可知者或約處所散落不知際域故僧祇云若城邑聚落界分散亂不可知者以五肘爲弓七弓種一樹齊七樹爲量相去作法雖有異衆各不犯別約相步之則有六間六十三步。

不可分中初科爲二初列相即人處二種不可別知或俱或互並是此收二俱可分則屬後攝故下引示文唯約處義必兼人彼因婆羅門問種樹法佛言以五肘弓量七弓種一樹能令根莖堅固扶

疏生長不相妨礙時優婆離白佛已聞種樹分齊今復問若有處所城邑聚落界分不可知若欲羯磨應齊幾許使異衆各各相見而得成就不犯別衆耶文中上是請問以下即佛答五肘九尺七弓六丈三尺一樹得十步半。

二斥非二、初錯算步限三、初斥錯分界

昔云七十三步半者錯算七間也僧祇疏中七樹六間猶如四分衣界八樹中間諸師衣界止計七間如何僧界七樹非六間也。

初錯算步限中初科一期之誤多十步半故云錯也下據彼疏會同本部蘭若衣界決知誤矣。

三結示分齊

二斥妄執

有人執舊見云樹限兩頭各有勢分故各分半還是七間又云周圓種樹如月暈也故有七間又改僧祇爲八樹字斯之我愛穿鑿太甚何處有樹即以樹量律約世情假以相顯。

次科初引彼執次列三種上二轉計下一欺罔月旁氣謂之暈斯下總斥初二句責其情執次二句示今取量不必須樹下二句顯律本緣依樹所以假即借也。

中間七樹二衆兩頭各行僧事相對既爾縱廣四維例集可知律尅二身故以樹限若取當分皆半折之

則自分之界唯三十一步半耳但以界體亘知用身分相廣如鈔顯此一既爾餘之自然大小乃殊例有通局皆半約之。

三中有二初定方圓若無異界體則定圓必有相侵尖斜不定律下二辨通局六十三步半是自分半屬深防亘即不可指廣如鈔見集僧篇此下例通六相之中除可分聚餘皆半折如蘭若五里人各二里半等自分深防合舉是通兩分爲局問今若集僧依通依局答若彼無人止須依局恐來不定故必從通名爲深防義在於此若爾縱有人來

在我自分之外。理應無過。答。人雖在外。界已相侵。故有成別。尋鈔可知。問。可分別聚何不兩分。答。四周有院攝相義强。若在相外。則彼此界別。若在相中。卽同自分。餘無院相。約量通收。故皆半減。

彼律又云。聚落界者。相去雖不遠。行跡到處亦名爲界。有人引之以爲僧界。此用非也。乃盜戒中顯空有兩位不干僧界。

次妄用他文中。初科。初引所執。卽僧祇文。雖字寫誤。彼是離字。有下指妄。用盜戒空有者。空卽蘭若有卽聚落。彼具云。空地者。垣墻院外除聚落界餘

者。盡名空地。聚落界者。去離不遠。多人所行蹤跡到處。是名聚落。謂聚外行路亦屬聚界。昔人據此謂七樹之外更須勢分。故此指破。令後無疑。

今約步限據。不可分者爲言。以村聚散落。無有垣塹。又僧雜鬧。往返難究。指步爲限。撿括易成。焉取蹤跡遠通內界。故不可也。

次科。卽叙人處兩不可知。約步爲量。既無四院。何有行跡而可取耶。

二可分別者。亦有二緣。僧則在無易委。聚亦周院可恐。故十誦云。若無僧坊聚落中。初結界者。齊聚落界是僧坊界。此內共布薩羯磨。不得別作。縱彼文中齊行來處。此制通攝。恐妨界內。必作法時。身在門外。亦得兩成。故彼文云。約以離塹集。

次可分聚中。初示相。人處兩緣。皆可知故。故下引據。初正引。無僧坊者。此明人處可別知。故齊聚落者。此明界限盡四院。故如佛化初至未有僧居。則多此相。若準事鈔。蘭若僧坊。或有四相。亦同此集。縱下遮疑。彼律下文又云。聚落界。齊行來處。謂聚外行路也。疑是昔來執爲勢分。故特決之。制通攝者。恐有人界通外遠集耳。故下轉證。既約離塹明

非遠集。

二蘭若者。亦有兩相。

蘭若標中。亦兩相者。亦上聚落有通局也。通謂無難。局卽有難。

若無難者。諸部皆云。一拘盧舍。而互說不定。大則二千弓。弓長五肘。小則五百弓。弓長四肘。四分俱盧舍者。一鼓聲間。驗鼓則鞞鼓不一。故其聲亦有遠近。皆是中國行李驛亭。長短隨處。故致殊耳。大約雜寶藏五里爲候也。

初無難中。初引示不定。僧祇二千弓。計有十里。十

誦五百弓約有二里四分鼓聲則無數量鞞是小
鼓鼓即大鼓皆是等者總示諸部不同所以天下
次明今所取雜寶藏經云一拘盧奢注云秦言五
里候猶準也
二有難者如善見中蘭若極小方圓七槃陀量槃陀
者乃量之總名一槃陀有二十八肘通計為七則百
九十六肘肘各尺八六尺為步率之故彼文云若不
同意自七之外各行不妨故知涉難也
次有難中初引示槃陀梵言此方無譯二十八肘
有五丈四寸百九十六肘共三十五丈二尺八寸

則五十八步四尺八寸不同意者謂眾不和合即
同本律三小之緣故云有難唯三小界局在蘭若
依此集僧相傳但云惡比丘作難者謬矣
三道行界者如薩婆多云隨比丘行有縱廣拘盧舍
界不得別食別布薩然部別有由當取十誦故云拘
盧舍者長五百弓弓長四肘則七尺二寸如是率之
則六百步
道行中初引示即彼論中別眾食文道行不住則
開別眾今此停止故有制約委如鈔記然下定量
以多論正解十誦故云部別有由等百弓有七十

二丈共一百二十步五百弓總六百步即為二里
大約三百步為里也
四明水界善見云水中不得結作法界若自然界者
眾中有力人擲砂水所及處外有比丘不妨內法取
水常流處深淺俱得潮水不合（以作溢故）若船上布薩應
下礦若下橦不得繫岸及水中樹石以與陸地相連
故此論不得結作法者以水虛浮相體難識故也今
則約岸分標義亦可得如四分合河而結除無船橋
即是明證故五百問云水中住船得結如下廣說
水界中初引示砂水者或擲砂或灑水準鈔計有

一十三礦合步作矴即矴石也橦音幢合作樁橛
也水中樹不與地連準應得繫此下義判先出論
意後舉二文準知得結廣在次篇故指如下
文中六相面方限齊之內者據彼此各收咸成別法
審處觀時不容濫委
釋結中顯示分齊誡令審悉
第五應法和合者僧人乃集有不來者義非僧體即
是別眾今約此緣義分兩相或一上座告情以時勸
勉或三業通僧顯成作業故律文云何名和合即反
三別故知三業委僧豈是乖異

第五標中初躡前生起今下約義示相謂衆僧拗
集或約首者陳告或取撿校無乖唯此一緣義兼
兩相昔以和合別衆為兩相者非。下引律文別證後相
文中應來者來謂應羯磨者須來總集餘不應者謂
尼等四人十三難八三舉二滅重病癡駭既是位乖
無由同法並不合來唯德行具堪識是非可有同法
故須來也此名身集
次牒釋身和中應羯磨者即善比丘簡餘不應具
見次緣德行具者體淨也識是非者解明也
二應與欲者與欲來即簡非欲緣雖與不成有堪欲

羯磨疏濟緣記卷四　釋集法緣成篇　三三

緣若邀身集致不濟機太急過分送心達衆即表無
別故與欲來是名心集欲即心也
心和中初簡不應非三寶等緣不合與欲故有下
次示應與身異心同故成和相
三現前得訶人不訶者即簡不合訶者義無證正具
德法應理非輒舉故言不訶也此名口集由默然故
事法同持和通僧體前業成就
口和中不合訶者即諸不足四羯磨等證明令正
故云證正
反上三和即是三別廣如非相

三別中指如非相即是次科及七非中
有八不立此和通入僧體以此三業順成僧義非無
一致今以行事廣務要以識相為先合相從體是非
終不可練豈唯此和通入僧內四滿數中諸不足者
可亦僧收今以翻和成別非相須知前但列僧則約
相分數故文云僧者四人若過今顯義用故統收三
業此約事辨和也律中和合者一說戒謂約法辯和
也二和雖殊非列不顯故分一位也
三破古中二初引古通入僧體者謂前舉數四位
僧中即具和義不復別開也今下二申今又三初

羯磨疏濟緣記卷四　釋集法緣成篇　三四

標古非過在通濫體即四位相即三和豈唯等者
謂後簡衆四滿之人亦上僧收若不別立是非莫
辨可亦僧收而不須立耶例今和別義亦同也今
以下次示今意釋通前後體用兩分律下引文證
律云僧者四人若過和者說戒羯磨彼既兩分比
今事和別分有準昔記妄解不足可破
第六簡衆不足僧相即前僧義第四門也
第六標中總義略指故此應之
律雖出一不同之人謂未受者然非數相其類極煩
若不廣明成非莫顯徒霑僧內終乖法式是以律中

顯於四滿明是非相
次顯意中初文初叙略以作法問和止問未具然
下示廣律明四滿見瞻波犍度
所以有者見前立僧但約數定便以非法之人用充
數限故廣顯四種滿不滿義滿猶足數
次科初句徵律何意而有四滿見下卽釋前立僧
者卽初標四位也滿猶足數不滿反之
而此四中成滿唯二餘不滿者用列何爲莫不當時
充僧謂是合法簡人方知不滿亦可從初得名交絡
互顯方離不滿

三中初叙疑文中四種初後成滿中二不滿莫下
決通有二上約未簡釋下據句數釋亦以此義通
名四滿
舉相列名中初人得滿不合訶者由四羯磨但壞行
法人輕治中不毀本信尙足僧數旣奪德用故不應
訶
舉相中初科對後舉擯故曰輕治奪德用者卽三
十五事中不得訶羯磨是也
二不得滿數應合訶者卽欲受大戒人體非具修豈
合足數但今受法諸行根本立身之要脫有非緣無

宜再涉故開訶令止事順法成也
二中謂沙彌受戒或曾披律或復重來曉達如非
旁無訶者所爲不輕聽自呵止唯局一受餘非所
開行依體生故爲根本爲世軌範故能立身
三俱非者就此一位乖相極多略知大數後依隨解
四分有三十二人十誦十五人伽論三人僧祇九人
五分一人諸部通會其成一宗則六十許人不合足
數
三中示數初科四律一論共有六十二言許者示
不盡故

今見講師但取四分二十八人是不足限不用他部
口云律但列此二十八人明知不列是足數也
次科引執中此卽鈔序六師初師見也
今解律通列相令準例知本無結數擬含多相二十
八者疏家束之勘撿律文隱顯不定如何永執不通
他部若有癡狂睡定之徒得入數者至如捨戒爲惡
隨對應開若向狂心及未相解俱不成捨以非足數
非對首人雖是比丘無住秉法故須大觀衆部通照
是非義類顯然不得不用
次破中三初明本宗不定二十八人出瞻波犍度

二依文隨解二、初不足僧相三、初本宗三十二人二、初出二十八人二、初列釋二、初二十二人體不足二、初正明四、初尼等四人

昔云贍波但有六人謬矣癡狂捨戒等出婬戒及受戒揵度行覆藏等出人揵度故云律文隱顯等若下次引捨戒例難引彼開緩並今制急可驗癡狂定是非數

故下三示須用諸部

文中若爲比丘作法以尼等四人足數者或由報別或法未具故不開之翻對及尼受具二十懺罪八人出罪四十者各成兩足互不相通

初本宗尼四人中初通示大尼報別沙彌未具尼下二衆卽兼二義翻下別簡據尼本不足僧然僧得與其秉故云翻對懺罪八人卽摩那埵

二十三難人

若言犯邊罪等十三難人本犯戒障雖受不得以體非比丘虛霑僧用故也

三三舉人

若被三舉者既本無信故作重治棄在衆外義無同法

十三難及三舉並可解

四二擯人

若滅擯者爲非既重加覆染心故作法除出海岸也

若應擯者根本已壞去僧彌遠將欲擯遣逢緣且散故文云入波羅夷說中也亦可爲非公顯不懼覆藏或屏犯重而過跡陳露義須驅遣無力遮治行本既虧俱是應擯也

二擯中初釋滅擯爲非重者局四夷故覆染心者不學悔故出海岸者衆不容故若下次釋應擯有三初是可擯初篇刑科名爲夷說已犯重者在此所收故云入也亦下二種公屏雖殊俱不可擯兇頑強狠僧力不加但可自知勿將係數

二向答二、初叙問

問邊等十八人尼等四人爲自道非方是不足爲不自言當體不足

叙問中道謂口言

二引釋二、初引古師取當體

有師解言僧取體如上既乖法冥然不足云自言者結集列相也

初師解中初立義云下釋妨律文列相並云若言恐謂口說故推結集爲彰別相故標簡耳

二次師約須自言

又解人雖體非相有僧用各不相知理開成足故十誦云犯重罪人賊住邊等若先言有是過作法不成反上得也故律論並云同住之法肉眼三根淨不用天眼見他犯過廣如鈔中是以文中若言犯罪與彼不殊故知自言自述使人聞也又四分中於不持戒和尚受具足前三句者由不知不得故開第四句知不得故方開廣文如欲法中

次師初立理故下引證初引他部十誦文相甚明

二別住等六人緣
一只顯過初十九別住人

二二十戒場上人

三二十一神足人

四二十二隱沒人

律論即十誦多論下舉當文會同十誦又下引本律受戒法中文云時有從不持戒和尚受戒後疑問佛佛言汝知和尚不持戒否報云不知佛言得戒（初句）復有如上緣佛亦如上問彼報言知佛又問汝知不應從如此人邊受否報言不知佛言得戒（二句）復有如上緣佛次問二種彼並云知佛又問汝知從如此人受不得戒否報云不知佛言得戒（三句）復有如上緣佛次問三種並云知佛言不名受具足（四句）

十九別住者將外界人用充內數

次科別住即異界也

二十戒場上此二俱是異界兩列何意由見外界不足謂戒場是界內應足外數然場雖為大界所圍兩不相接中留空地即異界也

場上亦即異界故徵重意內外兩列遮後濫用圍輪小界亦此所收

二十一神足在空十誦云空無分齊不可分限也

神足即六通之一亦名如意通空無分齊無所依故

二十二隱沒者即入地或在井窖窨俱名非現故

五二十三離見聞人

六二十四所為人

二結數

二後四人二初牒文釋

隱沒中入地即總示或下別舉窖窨並地穴也

二十三離見聞者解雖有多即離此座見聞也若有互離如欲法中

離見聞中有約離秉法人見聞今所不取故略標之廣在欲法比字平呼並也

二十四所為作羯磨人者以為僧所量牒名入法安得成數又前乞是所為後和是能為秉法專制訶足俱成除受大戒餘不合語

所為中初通釋又下簡受戒和尚雖牒名入法而與餘不同前乞謂乞畜眾後和即通正受秉法專制謂主其制度偏在和尚故成訶足除下示局自餘諸法羯磨牒名無非所為不成訶足故云餘不合語（昔記謾解學者宜知）

通尼等四合二十八人

結數中尼等四人由是別類義無同法故別列在前十三難下二十四種同是本眾體相乖差故次列于後故通前後合成總數

律中行覆藏本日治摩那埵及將出罪以行法在身根本未拔壞眾義備是兩不合

次後四中初科次篇鄰重故能壞眾訶足非分故

兩不合。

若爾，與四羯磨人有何異耶？答：前但小犯，情過可訶，故足數收。此犯次死，罪深難拔，故不足也。

問答可解。

有人云：四羯磨者，衆法皆通，僧殘諸治局二篇悔。

引古中，初科四羯磨人，但不訶法，生善滅惡，一切衆法並謂足數，故云皆通。僧殘四人但不足懺殘羯磨，餘法皆通，故云局二篇悔。此師所判，乃據律文事鈔科，為少分不足，猶循古解，不了義也。

若作此解，焉有被訶責者得更治人犯二篇者開餘懺主？審約情事，律文不了，以義料定，應分二途。若同犯同治，理無預加。律言足數，謂差結等。若自有犯，必無清過，故有罪人不合解罪，乍可應餘非罪羯磨。若作斯通，始終無妨，故此四人通前數等三十二也。

次科，初躡破生善可爾，治罰懺罪並滅惡事。身既有過，如何加彼？審下義決，初總標料猶正也。若下別列，同犯同治，如犯殘者不足懺殘，被訶責者不足訶責，餘準說之。差結生善，可通律意。若自有犯，即別犯別治，如犯殘不足捨墮，訶責不足擯出等。犯者不得為人解罪，是律所制。非罪羯磨，亦即生

善。若作下結示，用此二途決文不了，於義盡善，故無所妨。

餘取異部，十誦十五人，一行覆竟人，二本日治竟，三六夜竟。若此三人，兼前殘四，並是二篇互不相足。

次釋他部，十誦前三人中，初科前據正行，此約日滿未及作法，恐將預數，故須列之。

若爾，夜竟人與將出罪有何異耶？解云：律文兩位約遠近耳。本日覆藏，壞非壞分，此亦爾也。

次科，初徵，次釋中，律文兩位通指二部，夜竟未出故是遠，將出臨事故為近。仍舉本日覆藏為例，以同是一事，亦兩分故。

又伽論云：行別住人，作擯成就，除受戒法，餘盡得作。引約四分，明言不足者，但據僧殘四位。若同上通，非滅罪法，可並作耳。

自餘治懺，一切不通。

三中，初引論文，彼除受戒，準前義判，反得成足。引下，次對本律，如上所明。若下準前義決，但足生善。

四睡眠人，五亂語，六憒鬧，七入定。故彼律云：若前比丘睡眠入定等，或衆僧睡眠入定等，聞白已方睡定者成，不聞者不成也。八瘂，九聾，十具二患人。

後七人中前四昏亂後三病報中引彼文決前睡定聞白巳後知所爲事有心持御故判法成

凡此十位以足僧數一切不成因六羣證他受戒羯磨不成及後佛問皆言不委因立制曰聽羯磨者當一心莫餘思惟專心敬重心心同憶念如是聽作其作法者應分別之是第一第二第三等不爾與罪若如伽論聾聞聲者得成作法

二結示

結示中初總判因下別示初明睡亂引本制緣心莫餘思不妄緣也專心敬重不輕法也心心憶念不間雜也不爾與罪違得吉也此乃成法之緣作

業之本凡臨秉御愼勿自輕若爾何以前文白巳睡定而得成者答彼是曲開非本正制若下次決聾人

二解後五人二、初通列五相

又次十一狂人十二亂心人十三病壞心人十四樹上比丘十五白衣

二別示

後五人中初科亂心壞心亦是狂類但相別耳此與邊等何異重來前十三難有過障戒此好白衣五八十具雖並心淨不妨加法參差不成仍本名故

二別示白衣二、初對簡

次科對簡中由與邊等同是無戒故須簡之

有人云即有具戒緣須俗服者故不足數以無僧威儀也今不同之不以威儀定僧體狀內具戒見財法應僧外虧道相爲緣亦得如五大色不合受持爲緣服用豈不秉法可以例也

二斥非

斥非中初引非今下正斥爲緣即有難如十誦中和尚師僧著俗服得戒是也善見比丘爲賊所剝聽著五大色衣即是俗服脫臨法席豈不足數

二加論三人二、初通列三種

伽論有三一者重病人二邊地人即四分中邊不解兩不成捨三癡鈍人用此滿衆俱不成就

伽論通列中二邊地人即同四分捨戒所列故引合之

二別釋癡鈍三、初總舉

今約癡鈍事義須知夫羯磨者爲通和忍隨文解意則非愚限故即世行事秖論身足及問是非渺同河漢今出愚相略有五焉

次別釋中初科文敘羯磨取解爲功世多愚暗故須歷辨渺同河漢言其浮漫無涯畔也

誦文合眼恐有停延緣入非違傍無人覺此一迷也或同誦一法前後無乖文相能所不識彼我此二迷也或約文謹攝深練自他增減乖務事法錯濫不召令任此三迷也或文句乃明牒事不濫人有別緣是非通默此四迷也或人法乃具事局界境成[redacted]冥然

端拱迭忍此五迷也。

二中五迷。初總四法，通曰非違。自二巳下別歷非相。二法，三事，四人，五處。躡前起後，次第相生，尋文可見。

觀此五迷，深明四法。微為弘獎，僅涉僧倫。齊五所收，義歸不足。至於隨法，明非，非如霧結，自非博觀，餘復何論。約指通情，如前亦可。且就鈍人，餘如後說。

三中初示足不足。觀迷明法，麤可秉宣，未為通博，故云微僅。至下次指非相，如霧結者，喻其多也。約指通情，即上五迷。指餘如後，即辨壞中。

如僧祇中有九。一者與欲人堂中作法，通收欲者以入現數。二若隔障，即同在覆，別有遮斷，不見身也。三半覆露中間隔障。四半覆露申手不相及。五同在露地申手不相及。此上五種，是善比丘當時乖相，故非數限。

僧祇初科半覆露者，謂半僧簷下，半僧露地也。

又有行住坐臥，更互作句，以義細分，則一行有三，歷作十二。且從四儀，即合前九。然此行等，必有餘緣，亦應開許，如立說戒，教授白召，病者輿來，豈同坐也。然須相順，面必向僧，則成開制故。

次科初列人相四儀更互者，如行作法，住不足數，坐臥亦爾。舉一為首，以歷餘三，故成十二。然下次明開緣，若據白召，本是制立，且望相乖成法，為開。病人雖臥，不得背僧，故成開制。

五分中病人背說戒者，正判別眾，四分我往不坐，為作別眾等，並是正量。

五分背別一人，仍引四分乖儀，以顯文。觀文勢，五分證上病須面向，四分證上四儀互乖。

上來六十，俱是簡緣，豈唯如舊，但二十八，必過今數。義理有歸，亦須收取。如極醉人，其語不解人等，亦是

不相領會，何有忍默之理，故須通照也。

義加中初科初結數，反古，必下正示義加。義有歸者，謂歸不足。注引捨戒睡狂，如上出在他部。醉及不解此之二人，諸部無文，是今義判。舊以鈔中義加三人者準此驗非。問：既出捨戒，那云義加？答：由非正列，不足數中。然對捨不成，義是不足故也。

文列受捨狂醉非者，引證成前不足之限。患今學者但誦人言，何不撿律，自有明誥，事類極多，故引令曉也。廣如事鈔。

次科初點文言受捨者，即受法捨戒中，以捨戒兩

二足別四句三、初述意通標

二別示兩對二、初以足數對別衆 四如文

出故標簡。患下示意。指廣如鈔見足數篇。

文云須知別衆足數四句者。上雖通列、名含是非、但爲緣差。濫通淨行。故以法簡、不宜混雜。就分兩對。

次足別句中、初文。叙前列相、或體非而相是、或體淨而緣差、同歸非數。故云名含等。所以淨行之人。濫通數內、事雖非足、不妨成別。故以足別作句簡辨。

初是別衆非足數。如應來不來等二人。隱沒。離見聞。殘行法中七人、亦有通局。如前僧祇中隔障四別等。實如應法、能凝僧事、故名別衆。身不在僧、非數收也。

初四句中、第一句。收十五人。應來及應欲爲二人、本非不足之數、對別作句。故此入之。殘行七人、據行不足、猶通生善、不應滅惡、故有通局。餘八不現。約相不足。足別之言、隨句各異、臨文裁酌、不必一槩。

二是足數非別衆。即律中善比丘同住等。由身參衆侶。行德昭彰。故兼兩位也。

次句。身參衆侶。故是足、行德昭彰。故非別。

三亦別衆亦足數者。如現前得訶者。訶身厠僧中、通在數限。口須忍默。乃有訶制、即非同和。乃至僧坐、而彼行立、背面僧中等是也。

三中。六人。應訶外入、義亦同前。此等身現。故足、相乖故別。

四非別衆非足者。如四分尼等四人、邊等十三、二滅三舉等、或是報別法乖、或是行違治重、體既乖僧、不能爲別。十誦諸人、並是應法、但爲差脫、故不在僧。如睡眠亂語憒鬧。此三由入無記、不緣善惡、雖在衆中、不成作業也。入定善人、別有靜慮、至於忍默、不同僧和。然身雖在僧、不可爲足、見聞又絕、不名別衆。瘂等三人、根壞非證聽說。二緣正乖。羯磨狂等三人、由神亂故。不了自性、何預兩能。白衣本是無戒、可謂相似比丘。同住樹上、須知比丘在界內外。若枝委界外地者、身在界內是名別衆。界外非別。若不委地、內外俱別、而是不足數收。重病中邊及以癡鈍、醉不解語、並非二攝也。

四中、初四分二十二人。報別即尼等三人、法乖即沙彌及十三難、行違即二滅、治重即三舉。十誦十二人、次第牒解。一一各顯、二非所以。入定中雖是善行、而非證法、故云別有等。如色無色定、各有所緣。澄心凝住、故云靜慮。瘂等人中、以羯磨法誠聽

二明不足對別眾
二初歸前標後
二別示四句四 如文

勸說故云乖也狂中兩能亦即說聽白衣中如律戒本釋比丘中有相似比丘謂剃染形同本無戒者非別非足易知不解同住樹上即界內樹也枝委外地即涉兩界若不委地但從根判重病下即伽論三人義加二人非二可知上以足數對別為一四句今以不足數對別又為四句

次四句標中以前四句攝人未盡故復出之初後二句唯收四人中二同前如文所指

初是不足數非別眾如所為作羯磨者體通道俗且據比丘身在僧中威儀相具及以非具俱非別也然為僧量不名在數或前加法或自作白等是也若未受具文非義收

初句所為通道俗者大僧差懺諫治尼眾懺殘下眾受具等並為道眾剃髮付房覆鉢等皆為俗眾且據比丘者簡餘眾也身在僧者簡遙被也威儀具非具者如差懺受日並須具儀諫治擯罰皆令立作前加法者前僧加我也自作白者戒師懺主和白也昔云教授召入非也由是能秉非所為故未具類別不收所為

二是別眾非不足數同上

三料簡定不定

三是別眾亦是不足數即界中不集者同上初句

二三指同對前可見

四非不足數非別眾如律中別住戒場上神足在空並異界所收非二種攝也

四中三人異界據本不足今望體如身現理合成足故非不足異界非別於義易知前隱沒等體應非現故歸非足有改云亦不足者句法不爾故

就兩對四句中當宗所明十三難二滅體相並不在足數形報未終斯法不絕尼等四人三舉七行無記等色但緣報殊法隔心差相轉故暫入非必能根轉法同心相無改者還通僧務是足非別

三料簡中初示永定斯法即是滅擯以帶難犯重皆須擯故尼下次明不定七行即懺殘七人無記等色總上十誦伽論僧祇諸相報殊法隔對人可見心差即睡病狂癡相轉即樹上中邊四儀乖背等尼女根轉即入僧中沙彌進具尼下二眾兼上兩緣三舉已解並是法同睡醒定起狂止智明並心無改也下樹語通四儀同眾等即相無改也是足非別同上善比丘也舊記改云是別非也兩重四句總收六十一人僧祇與欲前後不收義歸後四初句所攝

四得滿得訶三 初標示 二牒釋五如文

第四門中得滿得訶者，謂善比丘也。

今用若比丘反上尼等四人邊等十三難及白衣等，並體非也。

第四門釋比丘中反前十八人並非比丘故。上加善字，則反上三舉二滅睡聾不相領等，雖是比丘，行相不善也。

二釋善字反上多相舉滅是行不善，睡聾等即相不善。

同一界住者，則反別住戒場上。

不離見聞處，反上可知。

三四對反可見。

乃至語傍人，反上所爲人也。以爲僧量不得訶制，令他證正，越已至於餘人，故曰也。又解，即座餘人足制訶止，恐因鬪亂，令傍證正，亦成訶也。以云誰諸長老忍不忍便說也。又解，直語傍人，此法不成，亦成訶也。故五分云：同界若訶，但比座聞，亦成訶也。又解，本以足數望所爲人相反爲言，此言似倒，應云傍人語，以羯磨文中召令語默也。

五語傍人，次列四釋。初中語謂得訶越已，即所爲餘人，即能秉。此約能秉得訶之人在所爲外，故云傍也。次解即約外來隨喜望正秉僧謂之傍人。三中此據比座望訶法者得爲傍人。四中無別建立，但扶成初解耳。

三總結

具兼二法者，謂合訶足也。

總結中結歸上標兩得句也。

四分律刪補隨機羯磨疏濟緣記卷第四

四分律刪補隨機羯磨疏濟緣記卷第五

宋餘杭郡沙門釋元照述記

上明不應法者非足數收餘同法者義須盡集今既不來必有所以故次第七欲淸淨緣先以義分五門料簡初制意釋名體門二定緣是非門三作法成壞門四持說應緣門五雜相分別門

第七欲法中義門有五下文自點今先對文從初律云至淸淨是第一門從於中至結界一法卽第二門從有五種至淸淨亦得卽第三門從二明受欲下至餘詞同上並第四門從佛言若受欲下盡

末文並第五門就文分三如文自別

義立如此引義從文又分三別從初至衆多比丘與欲淸淨來明與欲法二受欲者命過已下明持欲成否相三不得趣爾與欲下明說欲相初又分三初淸淨來明制意二若有佛僧事下明開緣三五種欲下作法成壞初門分三如門所列

與欲制意中標云如門者卽前義門第一含三科也（昔云與受說三者非）

言制意者凡僧事要務和合爲宗乖此作業必不成濟然則形居世累事難通允制其身口容可從緣若不開心教則太局故大聖知時隨前法緣緩急相濟彼我齊舉通心達僧便成遂事意如此矣

制意中初敘僧事然下次明欲法又二初敘機緣故下次明立教緩制身口急開心欲彼是僧事我卽欲緣

釋欲名者以希須爲義如世色聲名爲欲等今以僧務同遵義無乖異思得詳集如濟獲舟但以事違無由自達故遣致心名爲欲也故伽論云所言欲者所作事樂隨喜共同如法僧事故十誦云欲名發心如法僧事隨法與欲故也

釋名中初通示名義希須謂心有所望舉世五欲證名彌顯今下次別敘欲法僧務是所欲思集卽能欲水濟獲船喻其情狀事違卽欲緣下引二文具含能所顯上所釋並有明據

釋欲體者有多種從法以言謂想欲等如雜心通中說也從相以論色聲爲體或動其身色或動其聲相也從事以論則有兩種事一單僧須者如受懺二法等別人不預故僧須之二互須者如說恣等至期必說說必在僧若不求覓僧便有罪必私逃叛遠出亦犯是知俱須也

三牒釋

二緣開二初標分

二隨釋二初緣如非

出體中有三初想欲者想是連引正取欲心以爲
今體須知兩别不可相混言從法者即三聚中心
法所攝下指雜心彼通明心法故曰通中論問曰
云何心法等聚答曰想欲及觸慧念思與解脫憶
定及與受此說心等聚想欲觸慧念思脫憶定受十並心聚攝論自
解云想者於境界取像貌欲者於緣欲受也所謂於緣心欲領受
文色聲中如注五種現相動色餘四動聲廣
說具儀即兼二種三從事者羯磨所被不出二種
即僧私二事私事則秉法之僧須我成法僧事則
彼此同制僧别相須不求有罪明僧須也私逃亦

犯明别須也上三明體初是能欲後是所欲中即
欲法
文中不來者說欲淸淨此即制開之本也
三牒釋中制其必說開其不來故云制開之本
文云於中有三謂與受說下即第二門緣如非義就
分爲二一緣如非二定開制
二開緣標分中舉起義科攝文分齊
初中佛法事下辯緣開也大途橫絕有犯戒事無如
法緣而與欲者以事非故不成是别僧事淸淨理不
容濫無心至尚豈是欣欲故有說者更招妄語當律

二定開制

開緣如文有五下文衣緣者乃非佛制比丘受行理
亦通準僧祇云說戒不來者蘭若爲衣鉢王賊禁閉
守房等緣是開欲也
緣如非中初敘立所以大途謂欲法大意絕即是
斷不成是别者已欲非法僧事别眾無心至尚謂
於僧法無崇尚之心而濫委他緣輒爾送欲豈是
欣慕希須耶說招妄語者以不欲言欲違心故犯
鈔云令他傳此對眾而說二一人邊皆波逸提所
傳之人知而爲告結犯亦然當下引示緣相四分
六緣下文即六羣作衣僧喚與欲僧作法已六羣

後悔佛制犯提僧既受行故知如法欲法出布薩
犍度作衣出戒本計非下文未詳何意僧祇三緣
今通準用
二定開制中以欲之所在必緣僧務自然薄弱力所
不勝唯除結界者自然開眾務其唯結界一解如上
又云界須制限自結開欲終不識委故須通集也
次定開制注云並聽與欲是開唯除結界是制文
但敘制餘開可知舊云自然開結界者非初敘制意由不勝
僧事故不許傳欲唯除下次牒文釋即顯律中不
開所以此有二釋一解如上即前所敘自然薄弱

等次解可會準結界中有三解初云結界眾同之本理須通和餘法眾同之末並依後起下二同此三五種與欲下即第三門作法成壞就分為三初顯法二是非三正作

三成壞中標分文義兩門科語不別

初五種者四略一廣略則唯重廣通輕重也就五又二四口說也若現身者是一後開故五分病重不能口說聽身與欲若舉手舉眼搖頭得成

顯法中二初約廣略分而云輕重據病為言就下次約身口分下引五分別證身相搖頭謂點頭示與相也

二是非法中若不現相反身一也若不口說反口四也文中更與餘者前既非法能所乖儀故更簡人秉法方詣故也欲與清淨俱者以礙僧事律本前緣二途別說後令合也

是非中三初釋非相次釋再與前非法者躡上二反也能與違法所傳暗教二並背儀故須別與也

三釋合傳律中初令說戒傳清淨羯磨傳欲因說戒時羯磨事起不傳欲來妨僧法事佛令合傳

就正加法中律云廣說不正出文今比轉欲故裁出也

正作中初科如前引律但云廣說而無詞句比轉欲者文如後引此中但取前後四句故云裁出

文中分四初告前憶持二自言名號三牒所為事四正陳心本

所以不稱病等緣者律無文也稱者人言不足承用送心達僧未勞陳說如忘名類但述眾多可知也

次科不稱緣中初徵律下答初句正示稱下斥非鎧師羯磨牒緣入法鈔中轉欲猶循古本準今例削送下顯理如下舉例文見下注

言如法事簡非法事律中本為事說欲及僧中事起非是所欲之事以礙僧務但言如法隨時事起皆應羯磨故也

二中初釋文相簡非法者如律媒嫁淨人等律下示本緣為事說者如云為受懺事與欲等既礙僧事故佛制斷俱云如法隨事皆應

言欲清淨者有人言欲應羯磨清淨應說戒如僧祇中時集與清淨非時集與欲四分合之為妨當時作法也今解云欲者表心無貳以應僧體清淨表行無玷實通假用

三釋注文二初一說

二憶忘

三中初引古解執律廢教僧祇正文說戒有限故云時集餘法不定名非時集四分下次明今釋初示所據鈔云今須雙牒由文正制不同僧祇猶行廢教今下釋義即約心行以分兩別欲而非淨即不足數淨而不欲即是別衆故須兩具方成僧法僧體假用名實互舉

一說便止者律無結數三一之言準上下文加三法處文中自明一說直成更無結約今以一說為定莫非呈心至僧衆多忘隱明判開之豈限三說方成一法有人依五分僧祇不三說者不成說欲以為詳審必準亦任以四分無文制之

釋注一說中初示今判律中三歸白四後並結云第二第三亦如是等故云文中自明即顯無結約者止一說耳衆下舉例不憶名姓但云衆多亦成說欲又準下文若忘不說故隱不說並名欲到故知但取通意不必徒煩有下點異執彼據他律以決四分必下是縱無大害故以下是奪乖本宗故鈔云不須云云取他外部是也

文中能憶姓相名類隨多少者今此四分與十誦同座上人少說欲者多開之如斷諍中取諸人欲智者

二受欲二初標分

二隨釋二初受已是非二初諸部人數二初本宗二初失相二初標示失處

二牒文隨釋二初房內失相二初指處明失

屏量等也十誦中一界四處展轉與欲不同五分欲少現多也不能記名云衆多者取心而已開從本欲必能持記義依聲教

次憶忘中二初釋能憶四分斷諍簡集智人屏處評量餘不預者並令傳欲十誦一界四處作法互相與欲二文並顯集少欲多故知隨意多少得受五分反之宗計異故次釋不憶本欲即心能記依教非所開故若爾必能憶持而故慢說欲法成否答據下睡忘故隱不說理應得成但違教耳

二明受欲下即解第四門義持說所以就分為二初持後說就初又二初明受已是非後明轉欲之法

第二受欲標分中義門第四復分持說即攝文中受說兩科此亦義判下分受已轉欲二門即從文科也

初中明失則有三處謂受持中道及至僧中

初科本宗失相標處中言受持者即初房內

初從房內失相列二十八種非先有過也受欲已後方陳露之

次房內中初科初標總數鈔云二十七者可驗文誤非下示先後若先有過不合對傳受已過生可

容有失。

文中受欲者命終而僧猶用前欲房中及道可非欲到。若在僧中事須分別。有說者云未說不成。已說在僧成。或有說者說與不說俱名欲到。如忘等例。或云不爾。忘有人持。死無識也。云何成持。如捨戒中死人非數也。

次釋諸相。初七人中。初科前示失相。房下次辨三處。房道易知。不在委示。僧中多說。故須備引。初解已說僧持雖死亦成。次解俱成。引例不齊。云下指破。仍據捨戒決知非理。義詳兩判。前解為優。

若出界去者。以轉在異域非欲本也。說戒法中云餘道行。致諸講者容云持至餘房即失欲也。自恣文中辯緣一同。便言出界則無謬也。

次科初明失。止為同界故令送欲。今反出界。故非欲本。說下會名。說恣兩出言異義同。講者迷名乃作異釋。餘房同見義無失欲。故知非也。

云罷道者。受已言還俗也。尋悔本心。文將前欲入僧作法。謂不失也。但由中隔俗情。欲非俗法也。

三中初示相。但下推失所以。問為取前人失戒故失耶。答。欲取起心失戒須作法捨。但使發意即須再受。

入外道眾。謂同寺之內。外道居處。中國至今此事多有。不如此方釋李乖也。

四中中國即西土。如祇桓寺有外道俗人院是也。釋李即佛老姓氏。

別部眾者。則調達之黨。五法為宗。或同在釋門。而見殊戒等。如五部十八部。故律文中同界各說。兩別俱成。

五中二釋。初即邪正別。五法如前。或下二是執見別。五部十八戒疏義鈔廣之。

戒場上者。疑前出界此局內也。中分異界。與出不殊。

六中對前第二內外分耳。

若明相出者。即宿受欲。十誦云。若受宿欲不應說戒。

七中初科欲限當日越宿即失。十誦文證以一例諸。

問。此宿欲者為約羯磨為約羯磨所為事辨不成耶。答。俱不得作。如僧祇中八萬人自恣。畏明相出滅眾各作。四分恐明相出。開略說戒。若但經白。時節可知。何勞略也。

問中以羯磨事或當法即成。如受懺等。或被後行

事如說惑等然今宿欲不被羯磨於理可知且如後夜自巳說惑至明未竟前欲可用否答中兩引明據顯知不被隔宿之事必有此緣當更取欲

自言邊等十三及二滅三舉者既自述過非數義顯即非持人雖復自言當後作法非本同聞不知通取以佛制三根無濫故也

次十八人初列相明失雖下決後同法謂此自言失欲之者後臨僧事但非當本同聞之人還成足數

離見聞中三處俱有初在房中若受欲已必作送意

雖離與者見聞則不失也作不送意互離見聞勢分未越故未成失若俱離者由過分齊教相正約故是失也中道望伴可以例之有伴可爾無則如何今解不問有無但不送意離生念處約俱離失

後三人約處中初科初總標初下別釋房中明失作不送意見聞俱離中道中行伴不定故所不用前標三處不明僧中者以易知故或可備見下問答中

有說者云如昔所解恐非弘贍今若約相以成失者有四種離一隱沒二倒出三障隔四遠坐初受中道據隱沒論若至僧中具兼四失

次科初斥古非弘贍者攝相不盡故今下立義初列相隱沒受他欲已入井窨等倒出見下五分障隔見僧祇遠坐即離比座初下次對處有無可解

問離見聞中爲俱爲互約誰辨離

問中含二初問俱互二問所離

今解云皆望同坐展轉不約作羯磨者如轉輪說戒八萬自恣何由普聞但取相連即非別衆故五分中三種羯磨房小不容聽在前後簷下及庭中坐雖不了語皆爲法來並名布薩

初答中初義判如下舉例四分爲衆大聲小不聞說戒令作轉輪高座立上說之故下引證三種羯磨即通舉單白二白四三衆法也

若論辯失亦通俱互何以明耶四句分之

一聞而不見失如僧祇不問覆露但有隔障即失成別如五分雲霧黑闇中先不相識人不得受戒又如背說戒師坐即是別衆既持他欲自别豈成也

次答俱互初句僧祇明失欲五分兩段初防遮難後犯別衆並準明失

二見而不聞失如五分若在屋隨倒出離若都露地

三通結

二二處指異

二重與二、初正釋

二問答

去僧一尋是也。
次句五分斷諍中文正判失欲。
三俱見聞失十誦中空有互與皆非法故。
第三句十誦空有互與空與地受或地與空受雖
復見聞然非同界故。
四俱離失如僧祇中一切覆處不得離見聞不成受
具等。
第四句僧祇不成受具準例失欲。
上之四句所以並失莫非持者入別非足故。
通結中總示失欲之意又此四句多據僧中微通

房道尋之可見。
文云中道僧中俱列二十八緣上已具明非法是同。
故云亦爾也。
指二處中律文三處人數並同但俱列房中例通
餘二耳。
既已成失當更與者明前非持人故須應法也據此
縱說付僧竟亦須得入持欲。
次重與中初科初釋文據下義判以僧中有失亦
制更與則知說付僧竟亦須預數同持。
自言可爾餘道戒場在空等類豈體乖耶答戒具解

二他部二、初敘問生起二、初敘問

二引釋三、初約相濫釋

旨雖行等夢制取餘者意在明人應僧圓教耳豈唯
孤行輒濟其神乎用人不同其致各異義不可也何
問中文脫問字界外場上並是體淨自可重與何
必餘人答中初示制意僧取知法解行兼備方能
被事故云圓教無解之行謂之孤行雖復秉持不
資神用常途足別乃約體淨秉法持欲必揀智明
故云用人不同等也準爲四句一有解無行非別
是足可秉可持如犯邊罪等不自言足數持欲二有行無解非別
非足不可秉持如前癡鈍及文中戒具解者三解行俱備一切
並成四解行全無一切不預然此有解亦有多途

或時過學肆濫預律科或歲久看尋而專封名相
或依文講說而罔達是非縱使水清猶非持秉況
乎濫濁焉可言哉。
問狂等三人尼等四人或受已捨戒形生之徒何爲
不列耶。
次取他部敘問中初問狂人尼等文出五分受捨
形生下雖無出義不合持。
有人云濫不出也如狂雖是一有三不同據常憶者
是持欲也計餘不成同濫不說。
釋中初師狂有三品下品成持餘二不成律文若

二約異文釋
二正取諸文四初敘由
二牒釋三初僧祇十人

列便濫下品準尼亦爾本衆自成恐濫不簡故文
不出
有人云不勞所以但是略無如不足數中邊睡定狂
醉之人可是濫也律文上下列不足數緣或少或具
前後通括方成位耳
次師初句廢前次句立理如下例難以不足數中
不列中邊等人豈是濫不說耶而律中前後隱顯
互出故云律文上下等引彼例此顯是略無
今取諸部相通明失以不知者則別衆緣成作業不
就豈非險也周行爲勝

次正取中敘由云不知者或寡於聞見或專執己
宗別衆非法陷己累他故云險也周行猶徧用也
僧祇十種失欲五如不足數中即隔障等也六在界
外受欲此能所俱非也審不入界僧成法事七持欲
出界此受者非法也令與者成別八與欲已自出界
此與者自非僧法得成九因病人與欲已聞僧中有
好大德來說法毘尼自力就座久疲默出以先欲故
更不重說此愚教失欲本送心今身到僧前緣久廢
故須後說十因布薩時與清淨欲若暴風雨賊急火
起驚散走盡名壞衆失若有一人安坐不動名欲在

二十誦三人
三五分八人
三合數
四結誥

僧彼律更有同故稀故所以不出
僧祇中初指前五六下次列後五六中能所界外
不礙僧事七中受者失法故成別衆八中與欲出
界今多此類學者慎之九中亦與者非不說而去
則妨衆法十中亦受者愚教因難失法理須再取
故若據彼部欲淨各傳今云布薩而雙與者以布
薩時兼羯磨故一人安坐欲不失者此據已說付
僧爲言下文指廣彼有轉欲失四分開之宿欲失與尼
沙彌失受者還戒失與者還戒失比上本宗同稀
可解

又如十誦覆等三人四分覆法明言非數豈合持也
十誦三人亦同前列乃會四分非數非持
又如五分尼等四人狂等三人爲七倒出衆爲八
五分八人報病儀乖不成可見
通十誦三人爲十一通僧祇十八人爲二十一又通四
分二十八人爲四十九人也
合數中五分後列即躡上文逆通前數
如諸部計會是非交映方成一法豈取專局用成通
照既有別相則非法收自他同苦也故律文翻種苦
業多人不利等

二明成否相三初牒文正釋
二斥古兩分
三引文重示

結誥中初結前是非交映者彼此互望有者爲是不出名非一法即是欲也豈下反古彼則專局本宗此則通照諸部明前總括非取於古也旣下顯過律明比丘非法羯磨故此責之翻種苦業即自苦多人不利即他苦委如後引

引十誦文明不成者反則是成故彼文云若作法竟自言白衣沙彌等皆成五分中自說罪人不名持欲反上則成

次成否相中初科牒法反則成者謂不自言也下引彼文作僧法竟自言得成即顯不成約未竟耳

五分文顯彌彰今義

如昔解不自言成持欲不成足數數取體如持但傳信今解同他部四分不了必不自言持數俱成若自言者理非二攝

次科初引古今下義決同他部者即上二文四分列相亦云自言而不甚明故云不了但取自言不言不分持數兩別

十誦又云若受欲已或故不去放逸懶睡入定等皆名不到睡定不成不犯餘者不成犯罪若與別住得戒沙彌亦名不到以不參衆侶常法故得受二欲俱

二轉欲之法二初分文
二牒釋二初緣
二法

是比丘也

三中所引不涉上科或是證前或彰未盡初約不去明不到睡定不犯以非意故作意亦犯餘者犯罪即故不去及放逸人情過可責故若下次約人非明不到別住即上覆藏人得戒沙彌即學悔人以羯磨云與波羅夷戒故云得戒（昔云十戒非也）以下顯意得下準判乃知傳欲須簡如法二欲即與欲及轉欲也

次明轉欲初緣後法

若據十誦僧祇若轉俱失四分開之或是異宗所廢日從當部毗尼母云七相應法者受已轉與一人如是至七皆成欲淸淨也

次轉欲緣中初示部別雖他宗已廢然於機有益故從當部如淨地也下引論證同此宗故彼文約數收法如在一數名一相應今此轉欲在七相應開七轉故旣有定限已外不成

文中初牒前欲之辭我與衆多比丘者據迷忘也必思審者不得籠通彼及我身者自他雙牒以付後傳法中兩段但釋牒名餘詞同前故不復解據迷出法以事稀行多不知故若止一人但云受某甲比

丘欲清淨受多不忘但別牒多名餘詞無異麤通俗語無簡別故

三明說儀者文即第四門中後義也初說欲儀後顯雜相

三說欲中標分可解

初中簡能說人不得輒爾者以上非緣皆多別衆不唯空設更來愚罪故簡明智堪在衆說也

爲他中初科躡前失相以彰簡意來愚罪者若學未通即結違教惰學不識須斷無知

正說之辭義兼兩也我受彼欲者傳初受辭彼如法

下牒應僧也

次科文牒彼我故云兼兩

文對自恣不言清淨者以淨應說戒欲應自恣不敢言淨令他舉過即求聽也

三中自恣彰己有過不當傳淨告僧任舉故曰求聽

若自在僧有緣須說者四分無文如十誦云若於僧前與欲誰應說佛言諸比丘隨意說準此似病人雖對僧說更須餘人爲傳說也如僧祇中病人與比房欲不受即入僧中上座前脫革屣互跪合掌言我某

甲清淨三說已佛言善但不受者越毗尼故知直說更不重述

次自說中初示本宗次引十誦既指比丘似對僧前與欲令說後準僧祇緣法昭然而詞句頗略準上加之如鈔具引羯磨據宗故所不出不受者吉理不應故下二句決前十誦止是自陳

文中受者睡定下總明雜相即第五門義睡忘俱無記入定別緣也五分持欲至布薩處有諸迷病舉等皆清淨欲到若睡眠忘者吉羅中路忘等則名不到

四分睡忘無罪者元作傳意不覺想轉故開文云不

故作也若元入捨受理依文結

次明雜相睡忘中初科初釋文入定緣善即是有記次引五分顯示成相諸迷即下睡忘病即狂癡舉謂治擯睡忘結吉以懈慢故病舉無罪不由巳故後舉四分會通結犯律約不故反故亦犯故云元入等睡眠無記三受之中捨受所攝

若爾隨不說者皆成後法用說何爲答爲僧務故開欲應和不以欲緣作所爲故如不稱名達心而已何要口說然法假相成故制說欲睡忘可責故結罪也既達僧中理是開限

二故不說

三重病緣三初對簡二初正簡

二釋疑

二牒釋

次科難意不說既成後法反顯對說無功答中初明欲本取和不入羯磨如乞唱等以牒入法不可不言如下舉例即前忘憶謾牒亦成可驗取心不拘言說然下示開制

文中故不說者但獲小罪義應得成在開中故

次科文但結罪不云不成理如所判

就文病緣輕重兩相何以不說欲者病有多種前說者輕堪相對唔今者是重不說為別五分云病者扶來不堪與至方聽說欲

三中對簡初科牒文徵意注中望前通云重病然

與來尚輕僧就復重故分兩相病下釋通前說輕者上與欲中開病緣故對唔即與欲也不說為別謂不堪對說即成別眾五分反之引以彰異

若爾重病即不足收何勞與就答氣力虛微故不能說神道不昧是別眾故

釋疑中伽論重病不足數故答中即顯神昧是不足收

文令與來表和達僧就病者所僧以法濟或出界者病多僧少相連不及濟緣既爽時不可乖故徙出作也

三引示

四逢難外來二初牒釋

二義決

牒釋中爽即是違時不可乖如說恣等日限定故徙即移也

五分病人不能面僧或背坐臥佛言別眾應出界作若病在眾如滅諍草覆中兩眾皆舒手足伏地向羯磨人一心聽受準此仰伏俱開背是乖相是別是足必堪同僧而故仰伏者就開成別如僧祇中四儀不互也

引示中即明病者坐臥之相初準文制背若下引例開臥以草覆法兩眾前後更互伏地則秉白時一坐一伏不妨成法準下決開制仰伏非背所以皆開須約側臥以分向背堪坐故臥乖本開緣遺成別眾文證如前

文中逢難外來成者此緣非心隔但為事遮開不失故

四中初科此緣即出界之緣事遮即命梵等難若準此義有難在房僧法應成亦非心也若同五分母論若出不來若遮不至俱得清淨四分無文如下律中有作無想不成作法又云更無方便可得別眾前是不失欲開此即非開別眾兩緣斯異不可一例也

三料簡二、初問事訖不來。

二向僧中立說二、初問答。

次科初準例準上持欲以例在房有難是同非心不別故也若下引決初引他部開成出界不來此句因引遮不至者是今取證謂同界內爲難所遮無別眾過故云清淨四分下次據本宗判別初句示無開如下引急制餘之制教多開境想容有方便唯此別眾特反常途比前成欲緩急全殊不可相例

問與欲事訖不來成別不答文言應往不者治之未必有別何以明耶本取情和心已應僧相非乖背事訖違教得罪得成如狂比丘得法在僧病止法存不往非別不同受日牒事而作事謝法滅理數宜然欲本不稱僧爲又別但知通意故兩無違義須應往故結小犯

料簡中初問恐疑事訖法謝成別故問決之答中初準判何下徵意初敘非別所以如下引例病止例事訖法存比欲在不同下遮簡恐取彼例故須通之欲不稱者一不同也僧爲別者由彼羯磨正爲受日今此送欲僧爲他緣二不同也兩無違者彼欲不失僧法得成故也

問與欲在僧得立說不答僧祇中令互跪也

次問立說遮濫行故答文可解

二引難二、初難。

若爾教授說戒皆開立者

難中引事發下諸文

二答二、初正答前難。

答行事依文不可比附此二人者一爲僧使二爲僧聞餘雖爲僧皆須坐秉何況私欲輒同立說如前五分僧祇威儀小乖即判成別四分云我往不坐恐治我故爲作別也

正答中初止來難此下次伸所以諸羯磨中開立唯二若準尼鈔立說亦廢以僧況私準知不合仍引諸文明判別眾五分背坐僧祇儀互故云小乖并下四分並如上引

二通明儀相二、初約相成和。

然就僧法約相分之不必據內心違相順開成應法故文云如法羯磨而心不同佛開成和相乖心順即是別眾如上等文七百結集後聽可等又須斟酌不必皆爾

次通明中初科初標示心下別釋又二初明心違相順成和引律雜法中文舍利弗見作非法羯磨佛聽默然故云開成此云非法乃據緣乖彼約事如故云如法二明相乖心順成別如上文者近取上答遠指前緣足別諸相復指律中七百結集即跋闍擅行十事之一

二、簡所爲差別

彼云在界内別衆羯磨巳聽可（聽可即欲之異名耳）謂先作
法有不集者後取欲也彼稱佛說七百羅漢斷成
別衆亦即同上相乖心順等之一字略束之詞又
下結諸然有相順心違成別如得呵者呵亦有相
乖心順成和如病開臥故云不必皆爾
若能秉法人如上兩開就所爲者則有二例被治被
諫坐立俱成雖非數收情用兩別故治則極三違惱
處重成四壞衆諫通多少莫不情求無慮破別也若
乞受乞懺下情仰上非具法儀相似倨傲義無授法
文自顯之

次所爲中初指能秉兩開即前二八就下正簡所
爲初標二例違順分之初違又二八分通局壞衆
即是破僧情求謂僧勸諫次順中受懺並制具儀
下篇備出故指後文自餘受衣受日差人賞勞等
例皆跪坐義無乖異

三結示

上解欲緣竟

八正陳本意二、初牒章標

第八陳本意中初標舉兩緣通列則四如文具解有

二隨釋二、初總

分爲六相者一違二順三衆常制四治道俗五制僧
別六制試驗如四月等各引事成不離前四尋之可
領豈多爲是

第八釋總標初牒釋有下點異初二同今私緣而
違中止收諸諫三即合今僧緣四中七治等爲治
道覆鉢爲治俗五中滅諍結集等自是制僧餘語
觸惱等即制別六中唯局試外道耳不離前四者
四即歸違五兼違順六即還順

二別相二、初僧緣二、初創立結處二、初正釋

就僧初緣地既無法僧事須行要前結相豎定標域
理乃初緣稱量事攝然唱相時必歸次八也
創立中初科初叙結意相即界相豎下次判所屬
若據商度分齊即屬稱量今取唱相告僧須歸陳
意

二問答二、初問結界無欲

問結界無欲用七何爲答必須先知若不委者取欲
結故
初問答中雖不聞說須存遮濫今不可闕

二問稱量相濫

若爾與初量何異答初量事體是非第八緣成得否
各其致也行事之時豎在第三排緣第三至第四也
由豎標訖然後集僧及至第八可例前也
難中若爾二字躡前判屬答中初分示初但評量
八正唱告行下排次第若約豎標即在第三排三
爲四等若據唱相須在第八故此一緣前後不定

二常集衆具

二常集衆具既說恣之時籌華湯水等位在第四排

轉文四爲第五也。餘以情求，上下統約也。

二常集中，初示位，準鈔僧集堂已始進籌水，故在第四。今多預備，故乖次第。餘下例通諸法，隨緣上下不定。

就私事違惱則須舉處，無問道俗及以僧尼，或治或制，必無來乞，通望能所，俱是違情，但須知法智人以事陳告，審得情實，作法加之。

私緣違情中，初科，僧尼卽道中別相，更收沙彌，如捨教尼擯諫沙彌，並違情事，智人陳告，亦當第四。若爾，僧法何名私事？答：僧爲前緣，皆有利益，或令折伏，或息邪疑，旣作法已，請僧求解，乞非僧命，故義歸私也。

次科答中，能秉雖僧，所爲是私。初敘能秉，折伏卽治罰，息邪卽諸諫。旣下，示所爲，望後乞解卽彰私義。

二順情，須乞事，或有無文言多也。一向專己，事不在僧，必加乞也。如受懺解等，二者爲僧差使，或白告自量，不必須乞，白卽乞也。

順情中，初科，初牒釋，二下列相分二，卽乞有無也。白自量者，卽戒師懺主，白卽乞者，謂未羯磨須先告衆，卽同乞也。

若爾，差使爲僧，豈成私事？答：前緣不定，若輒加乞，恐事不和，所爲乃僧，文中列別，旣牒名字，非私何謂？故說恣白辭，文中牒僧自餘，可準，豈非大鑒也。

次科答中，初明無乞，差人選德，未委衆情，故云不定。所下，次顯私事，下舉說恣白文，相比僧私自分。準此，可判一切衆法，故云自餘等也。

第九問事緒中，所以須問者，大衆詳集，言說有由，和告之情，義須唱顯，故提集緣，問本集意，如文述也。

第九釋中，初文提集緣，對上句問集意，卽下句。

事合通別者，如受戒四法，別須重問，或就通論，但通一者，以言非並述，事不疊生，必待前後，縱有通別，止是一言，不可異也。

次科，初釋事合通別，別則易解，故但明通。言非並述，如受四法，不可具牒，故事不疊生，行須次第，不可頓作，故縱下釋唯一問，一切羯磨，無論通別，並無異辭。

第十答所成法者，有問於前，無容久默，故尋答爲某羯磨也。

第十答文，某字卽總諸務。

二釋簡辨三初事有先後

二法緣通別二初明受懺二初正釋

文中事有先後。下引說戒，如五分云：僧說戒時，更有事起，先作此事，然後說戒；如四分中，當說恣時，有遮舉者，必先與法，然後說恣。由此二法制僧不動。若說恣已方治舉者，既爲別人，多不和合，故在此也。

簡辨中，初科前引二文，必約說恣，可分先後。餘無所分，或約結解、八衣食界義，亦可說。由下二出所以。

云法緣通別者，有多種也。或一事多答爲別，如受戒等三白一羯磨；或別多事一答爲通，如捨墮也。或多事別答爲別，如犯多墮各懺者是；或一事一答爲通，如受戒一也。約人眾多，約法有四，清旦一答，終盡夜分，並得成也。或累事總答，如一席上欲作多法，應卽答言：攝衣、羯磨、攝食、羯磨，雖一時答，後歷別作，理亦無妨。自餘行事，一答作一，可以準知。上來一家行之。

次科受懺中，初文初總標，或下別列五句：一與四卽受戒通別；二與三卽捨墮通別，自恣德衣亡物，但涉多法，例有通別；第五累事是別，一答爲總，前四卽兩單句，此卽兩亦句，雙非不可立。自餘下指諸單法唯別無通，如說戒受日治諫之類，上下示今所行生後異義。

二斥異二初引異計

二示通解

二釋結捨

三誡勸

二就緣通簡二初標示分章二隨章別釋五初相攝二初約四緣統隨

有人言：夫法之所被，卽目相因，何有通也？一受四度前後問答，隨問而作，事義諧和，何有朝問夕仍隨用。中間隔斷，豈是相接？故非前義。

斥異中，初科此師立義廢前通答。

今解並無文制，不容立異，爲表事端，通答何損？約事流便，不涉遲疑，隨答卽作，亦是決正。

次科初破偏執，此立彼廢，皆是義裁，既無明文，不可定執。爲下明兩通，然眾多受戒，雖通朝夕，須約一坐，不起爲言，必有出入，坐立不同，並須重和，不可通用。

結捨二界，理無雙答者，由地二界不同，故有結捨兩異，結則自然捨，則作法隨其兩界，唯各一答也。

次結捨中，事雖同席，託界不同，理無通答。

下文誡勸，其相可知，隨事重囑，恐不成耳。

三誡勸可解。

此就十緣通簡有五：一相攝，二有無，三先後，四成壞，五廢立。初中第三四五六七五緣並攝在僧，九十兩緣並攝在法，初及第八通攝事收，非不評於八法，然與發業起本由前事也。第二託處唯局兩界，成羯磨緣略則有四，僧事法界，相隱須張，故離爲十。

二就緣通簡相攝中。初科攝上十緣總歸四法。當知秪是離合異耳。

問。如第四緣僧集約界文盛談處。豈是僧收。答。界爲法託。如第二緣。今此第四約界明集僧之遠近。能集在僧。不唯界也。

次科問答由前第四廣分二界似濫第二。故問簡之。

二有無者。有人言結界無欲。故削第七受曰差八無乞。結淨不唱其相。故削第八。如是類減。

有無引古中。彼計隨事增減。不必一概。

今解並須具之。結界無欲。立緣顯之。受差無乞。豈不須告。告即第八陳情事也。結淨不唱。此不尋文。律云應唱房名。其事極顯。若不先陳。何由結法。故須具十。乃鏡是非。

今解中。初科第破前義。結淨地法。古不唱相。如文引斥。故知違教。

豈唯眾法須此十緣。對首心念非十不得。以是非俱通。持犯冥會。並須條貫終始。方乃引事作業。恐未閑曉。試爲略指。

別法中。是非約緣。持犯據罪。是故成持。非故是犯。

眾別雖殊。斯義不別。故須齊具。

但對首一法。用歷十緣。餘者例通取悟也。如受衣法。五大上色。義加不成。即初緣也。事通兩界。即第二緣。口召對人。即第三緣。約界明集。有則對首。無則心念。即第四緣。前對相可。即第五緣。癡鈍非數。即第六緣。取欲非法。即第七緣。執衣言議。即第八緣。勅前審諦。即第九緣。答問可者。即終緣也。誰不知繁。義張所爲。不可怪也。

對首中。初總標。如下別列。前對相可。謂許與對首。即和合也。執衣言議。謂能受人有所白也。勅前審諦。囑彼對證也。答問可者。所對許也。昔以第八爲加受法。九十爲問成否者。此十前緣。豈濫正作。故知非也。誰下示意。

心念等法。例亦如之。且如眾法心念說戒一法。以歷十緣。一商度時節。二審諸界相。三作法撾擊。四約處無人。五觀其和別。六自量是非。七獨集非欲。八具理籌水。九激動說緣。十如緣作業。餘者例也。

心念中。五觀和別者。界中無人即和。有則成別。九激動說緣。即具儀斂念。有如問事。十如緣作業。謂將作未作。審慮如緣。即同答問。眾法心念可爾。但心念法如何具十。如晨朝六念。初二同前。三自至

三先後二 初標
二隨釋二 初法先後

二事先後

四成壞二 初牒
二正釋四 初五緣闕壞

像前四知唯獨秉五三業無乖六七可知八審知日月身康羸等九十亦同隨義意裁無不通說

三明先後者法事分二諸律先和後欲由取答緣以應欲務也四分先欲後和文如戒序及德衣法由說欲時但言如法知何不通必和居前義亦無妨不由前後即說成敗

先後法中初引示不同諸律先和後欲謂問答在前問欲在後如十誦羯磨首云作羯磨者唱僧和集欲作何事僧中一人應隨答云作某羯磨又唱不來諸比丘說欲說已唱白羯磨四分先欲後和

如前所列羯磨前緣唯出戒序及出德衣二處故此指之文中各顯教意諸律則先審所爲應我所欲四分則通應如法不簡前緣必下會通彼此不必固執

二事前後者如結界竪標須在第三如標唱相還復第八如是例舉可以情求也

次科明事並見前文此中義括故重舉耳

四成敗者第二四五六七五緣事現方成有闕名壞何以然耶二界分相爲法不同少有差違不成羯磨餘之四緣通是別眾或是非數不成人用

二三緣闕成

三第一四具

四第八隨事

成壞初五緣中初通列何下推釋所以初別明第二次合示餘四界中不集三業不和體相有乖不送心欲並歸別眾六兼非數故並不成

第三集相佛制撾擊罪通輕重不作相者若分衣食則重不成據立羯磨成而違教故多論云不打揵槌僧食是盜但打不集隨集無犯故知約相以通法也

律中羯磨作相不來聽相撿挍更召集等故知初雖約相終須身集不以鳴槌便免別眾故不作相有得成也問答兩緣正是和舉不問失法義亦通成

次三緣中初明作相又二初以義判食重犯盜法

輕但吉故下次準文證初證食重律下決法輕次明問答失法有犯不害後法

初稱量緣通評四法事法是非人處開閉約時而動不可遥述最須加勵餘九方陳

三明初緣據此乃是知法上座集眾詳議理數合然義無不具四法並有是非開閉總義備明約時即觀緣可否遥述謂直爾秉法問設不稱量法成以否答下云佛制稱量違制有過必緣法無謬秉可判非

八述本意法之所爲通有成敗布薩眾具有闕法成

五廢立三、初牒來、二正釋二、初引律本得失二、初總標、二別列二、初并部師、二相部師

但是作法軌儀其實在說行淨違教輕罪若結標相少缺不成以羯磨所牒準標結相故也梗概如此至時廣之

四明第八有二初明說恣通成若下次明結界定壞下令廣之如諸治諫差人受日並以白告爲正陳意必闕亦成若諸受懺不乞不成

五廢立者諸師立緣互有出沒現傳羯磨卷首自明

廢立釋中初科標云諸師雖有多家不出下二如井部師依德衣法以立六緣一僧集二和合三簡人四取欲五問緣六答意文著序云無片言增減正

存此六若約戒序文加教尼和合在前僧集居後至於界託全不顯之致令依文自然之地輒行受戒斯一迷謬至今不改

井部師即井州願律師初引示前準德衣列相即彼白前次第問緣並無加改若下次引戒序校異有二一加教尼二和集前後唯除說戒餘法並同

至下躡破文相易解

如相部師通收爲七或云六五一者假界二能秉僧三簡異眾四與欲清淨五因本起六問答緣七正作法此則合緣同本根條混亂問答分人題相各別義

二明今家所立

不容一文云差人具六無因本也若無本者法起無緣文云結界具五以無欲也今云非列二界何以知自然非列欲相何以知界無欲亦不可略

相部師即相州礪律師初引示若對前六合初二爲能秉合五六爲問答止有四種加一五七則總七矣或六五者差人具六結界有五如下牒破因本起即正陳本意謂是法起之因本也此下隨斥

前斥列相加七合六皆非理故文下次斥類減差人除因本結界除界及欲由彼假界但據作法今並須具如文遮斥

上明十緣乃異諸師非敢苟異理自不可同也何以知耶如初第一佛制稱量人法羯磨咸有明教昔來不顯非謂不無此同聖律不同凡制也二緣兩界法有通塞三緣集相正制時須四集約處義須顯據並準誠文非臆課也至如和相簡人欲淨緣緒問答分兩並同前作義道相會非敢苟同理自不可異也古本曹魏緣叙太簡三藏光師錄文不具故須舒之意言盡矣

次今立中爲二初明同異古下二斥餘本初中前明四異非苟異者苟猶强也何下徵示初緣出母

論本律故云佛制等二兩界者次師假界唯取作法不通自然法有通塞總義已明三四兩緣初師集僧但據問集不分作相約界之異故前四種並今翻立咸準誠文如前注顯至下次明六同和相與問答同初師簡人欲淨同初後二師緣緒即正陳意此同後師據理合爾故非苟同斥餘本中古本曹魏者鎧本並不立緣諦本首云凡諸羯磨應先白未受具戒者出不來比丘說欲清淨僧今和合何所作爲答某羯磨止有簡衆說欲問答四緣故云太簡也光本已亡不知所立故下結示今備

四分律刪補隨機羯磨疏濟緣記卷第五

四分律删補隨機羯磨疏濟緣記卷第六

宋餘杭郡沙門釋元照述記

二明眾多法初舉名相二依相解若具成法如十緣中已略示訖就文但一二法解

二眾多人法標中分文可解若下指具緣如前對首心念並須具十是也就下示註文

對首作法義通二界人唯别者若對二人反爲非法小眾問邊此但對一故開别成縱懺墮下例亦一人僧中白和因捨故也

但對中初牒文若下釋義初約小眾反顯開别成者但得一人餘不集故縱下舉捨墮釋疑

就眾法對首中人非則有雖事或多止是别眾或非數收若論法事隨緣各異如五人同住作捨墮事一是所爲不入僧數四初僧用且得捨衣一人受懺二人非僧破除並盡餘相如上四人自恣三人說戒下至二人都無欲法俱名對首約數則異文須改革不須謹誦

眾法對首中初明人非無非别眾非數所攝若下次明法事初捨墮中六人同住盡行僧法四人同住唯是别法今此五人故通僧别初捨後還並是僧法口和問邊即是别法破猶簡也次說恣中約數須改者說恣對二人則云二大德自恣對三人則云諸大德一人如常

義張小眾對首唯懺中品蘭三人得作二人非眾餘如上說

小眾對首是今義開本唯但對耳

下文誡無亂者世多誦語少有義求故事多蹇敗重誡勸也

誡勸中蹇敗謂遲疑無所成也

後明心念法中舉位分相如文易識

三一人法標中舉位即文標分相即註釋

但心念者人事可知下二心念界同人别者以本是對人眾法既獨在界故開作之今若有人還是本法不合别作前集法中具分其位

牒釋中初科前明但念下下次明餘二亦通二界故界同而有别眾故人别餘指如前聞之多矣

又云不容臨機差舛者亦爲誦多慧少又重囑之如佛說法何慮不知猶言諦聽諦聽善思念之此則勸詳審也重說善哉明順法也重言如是述印定也大聖尚爾況下凡乎集法雖多顯示明矣至於行用牽

二辨壞二初結前生後

三牒文解釋二初分文

二隨釋三初僧法二初分文

二隨釋二初依律本二初約義說二初敘意分章

多輕略義須反照妄心何託
囑累中初示意如下舉況三種重言偏在經律況
今重囑意亦同之集下申誡集法多者通指本文
教本範心心須稟教慢教任情還增本妄故令自
照既不附教則其心何所寄乎
又列成緣結前文也後明非法生後文也
二辨壞中初科言又列者又前標故下云又明又
合作後
就非法相約人分三初僧法中文義爲二恐人懷疑
非相徒設故依律本具解七非非相眾多隨文叵盡

故又從義用收諸非
僧法分文中唯僧法中具有文義餘二別法止有
義非恐下敘雙出所以
就前七非疏有大義彼從文故科約稍煩今但舉名
審其體相行事委識得離便止四門張之一列數釋
名體二分總別三體有無四攝非相此即是上羯磨
義中末下門也
僧法文非敘意中疏即首律師疏彼解廣律故曰
從文名及體相義門自顯此下對指即前總義能
辨教中第四廣顯非相也

二隨寺牒釋四初列數釋名體二初標分

二正釋三初列數

二釋名

三定體二初標分

二隨釋三初約文

初門分三言列數者非出昏情事通凡聖述緣約於
眾法語失墜於四心隨相而言則不可盡且從法約
以爲七種其數如文
義說初門列數中初二句敘非所起昏情有二一
者愚教二則迷忘凡夫具二望有事述故云通也
述下文明事廣緣約眾法局三羯磨故失墜四心
通三性故識受想並無記行兼善惡隨相之言通
指百三十四眾法且下三明束約統歸七耳
二釋名者據律以相取名今以義求作無軌要號曰
非法體非教制名非毗尼言羯磨者若是入非不名

羯磨今得名者以非法非律被他作業故曰也或可
作業通於善惡是名非法羯磨餘六非名大途略爾
若解隨名如下文中若竪義者引從此述
釋名中前釋初名非法約事乖非毗尼據違教羯
磨兩釋初取被事釋後約惡法釋餘下文指後六
羯磨通號下六並同然非法別眾法相似等六種
別名無非乖事違教故云大途略爾仍指釋文令
先引說
三定體中爲三初約文二約事三約業初約文者即
律所出單就白二白四以明七非單白非者但具於

二約事二、初正明三、初標舉。

二分配

三顯意

五以無羯磨闕二似故所以如大疏辨此非體所起
在三羯磨餘約相出具如文解
定體中初約文者卽三羯磨以明非體初叙文初
非略舉單白後非通合中間五非並二羯磨故云
單就等單白具五例準明之以白與羯磨互倒名
法相似單白獨作義無二似廣在律疏故指如彼
此下次義決須該三法但具闕耳餘約相者卽指
文中不從義也
二約事出者不離人法及爲事也位約爲三
二約事正明中初科通名爲事別分三位

如初非中三種俱非僧舉僧等人也羯磨增減法也
無病有藥事也次五人法相對明非末下單就如法
明非就中五內位又分三非似二別人法俱非非似
二和法非人是法別眾者是人非
次科爲二初總分三別第滅可知就下別分中五
人法俱互自爲三句通上具單則爲五句
所以約事交絡定體者以廣張網目用收惡緣恐漏
天網方便爲非及論得魚實唯一目
三中初徵以下次釋張網取魚得在一目教制被
物犯止一端以喻顯法義可見也

二推釋

三約業三、初舉論示體。

問七非中人法列非則多就事出非則少界非不現
其致如何答非起約情故在人也秉法在人多生僞
濫是以約文此二倍多語其事非通攝兩界起必依
人故隨隱顯或可界非略不明體
問中人法事處理合齊彰而事非唯出初句界非
諸句俱無故問以示之答中初答人法人情易變
秉法多差故倍多也語下次明事處事攝兩界故
界不現非起依人故事獨少初非略明餘六不出
故云隨隱顯也或下別示界非
三就業性者羯磨作業起必依情情通三性不離身

口建立七非約二論說以方便身口色聲爲體或通
當宗非色非心名句味也
三約業中初文初叙業相言作業者簡非所發也
三性身口如下自配約下引文示二論卽指多雜
方便簡報法色聲簡餘麤廣如戒業章中或通當
宗卽指成論彼非色心聚有十七種法名句味卽
其三焉今以羯磨言教攝屬其中名詮自性一言
已上召體彰物句詮差別二言已去隨義短長味
卽名句所詮之義所以律翻名句義也體乖心色
故二非攝唐翻名句文者文卽文字爲二所依此

二別配性業

歸色法全異成宗非今所取（昔約所發無作解者非也）如初非中增減妄加縱非惡心而作非法故是善色聲爲體如非法別中應來不來是名身業不與欲得訶者訶是口業並不善色聲爲體又如非法和中應來者來及應訶者不訶此善身口業色聲也然作非法及似法故入非法中若望同和義非惡也

次科初示初非以無別衆故判善性縱即是任如下明第二非即以別衆爲不善性準須更收第四第五皆別衆故又如下示第三非準下雙結明兼第六唯第七非文中不收若望如法羯磨即善色

聲若望得訶人訶即不善聲義兼善惡不可一判故知七非通三性而作非法業故此業爲集故能感不善果也反此七非便成如法作業終是集諦是非俱離爲要也

三結示如非

三中初結非法據前但收善惡二性然皆出昏情無非無記故通三也業是集因故能感果反下示如法集是世間因通含善惡如雖是善不了成滯非出離因故亦須離此言離者非謂捨棄亢爾不爲執捨爲離離還成執若乃達名字性離了諸行緣生祇此有爲無非實際豈唯作法奉戒亦然豈

唯奉戒萬行亦然故淨名云能如此者是名奉律故知能持無慧但是集因有慧不持終歸魔業此勉持者更加勝進非謂抑善使不爲也思之

二分總別二、初牒文。二正釋二、初據名體略唯別

二總別者若以名體收總別則律本體相七非皆別何以知之如初非中雖明八法事非不明二似餘八事等合非不善不可言總

二分總別據名體中初以義定名即文標七名體即名下註釋何下引示初非註中列八法事與下六種列相全別故知各立不可相收

二約名分總別

若以名收初總下別故非法相不出三緣初非之中

攝八事非故律文中或法不稱事事不應法或事法俱互皆號非法非毗尼也故知總矣下之六非單舉八法一位交絡互非當局可知非別何也

次約名中初義判故下引示又二初明總相三緣即八法事初非當體是法而攝八事仍引律證顯上三緣通號二非後之六種不出八法通是二非皆歸初攝故爲總矣法不稱事等即對註中有病無藥等三句也下下二明別相對文可尋

三體有無二、初牒文示意。

三體有無者此門就律釋文故須今不出之疑未達理故略舉之

三體有無中初科律列七非第七一種獨不顯相諸師異說律疏須明今此所存意如文顯

有人言此之七非前六律出名體第七有名無體體謂列其非相也

他釋中初解第七律但標名故云無體註中顯相乃取人解非律有之

有人言名體具於七非但人不能出也前六如文第七體者六非之外應乞不乞文句增減若訶不止第七非體

次解初斥前解前下示所立不乞是事非增減卽法非此二前六不出義歸第七也

有人言前約非法明體今此第七就如法明體法須人弘評忍聽可召說卽訶義須止唱相訶不止卽其體也

三中秉唱無謬因訶號非故以如法爲體

有人言前六有非應訶不訶皆六收之或有訶者卽第七攝如非法別非法和約法非同莫不白此事爲彼事作故但配人和別卽分二非此亦爾也故知訶時通含是非自六非外但不應法訶止卽如不止爲非

四中初科初立義如下舉例一三兩種非法是同人分兩異例今前後有非是同可不可別故下結示體相如非不定

問訶不止非與得訶人訶有何別耶答約人明訶情不同故成別衆也約法不止欲同詳秉故人法非又云別衆訶者訶於事故訶法不止謂人法處等

簡濫中前非法別等皆有得訶人訶故須簡別答中兩釋初約人法分前成別衆後成非法欲同詳秉顯人如也又下次約四緣判

上諸解者但分爲二疑未當也今解無問情涉違順緣通是非德人吐辭義須依住住則是別法不可非不住乖法人法俱非餘就文重解

今義中初斥諸解然此七非體相各立那得相對但分二耶誠爲未當不足疑矣（舊云取第二師者非）次示今義情卽屬人緣收事處住卽是止由是得訶人訶故止不止皆成別衆然止順訶故法不非卽如法別不止違訶故兼法非同非法別此之兩相卽非體矣（今講律者皆言心乖故訶訶成別衆心同故訶訶成法非此傳古義不見此文）

第四門攝是非相然是非之緣依情而起想見紛馳何由限約且約緣數以位束之爲慧解之由逆顯行

二依章解釋五初人是非二初標分
二隨釋二初人非二初分文
二隨釋二初體非
二相非二初總示
二列釋四初身心別
二口別
三身別
四三業別二初總示

事之通塞耳就分爲五一人是非二法是非三事是
非四明違順五明通雜並是前義但爲散落不聚致
相難顯今以義收相比而攝
四攝非相初敘意中紛馳謂雜亂也緣數即下人
法事等慧解行事自足相須一不可缺就下分章
並下點示
就初人中是非爲二約前人非體相分二言體非者
如尼等四人十三難二滅之徒體是非數不合僧收
三舉亦然戒同治隔不比難者本無戒故二滅戒存
行缺一生舉法少時解竟復本

初人是非體非中初通列諸相三下別示三舉對
上難滅簡示不同
二者相非戒體純具緣相少乖或別眾收或非數攝
且約三業辨相乖僧一身心別露在尋外覆離見聞
隔障互離等及應來不來應欲不欲
相非中初身心別即收九種
二身心集口別應訶者訶
三心口集身別如同在僧中坐立不等背面乖相
二三可解
四三業相通而名不集並入非中

二別釋二初約狂睡等釋
二約異見釋
二人如二初總舉
二列釋二初體是

四中標云三業相通謂外相通僧也
如狂等三人睡定中邊癡鈍不了如上非數斯類最
多雖初身集心無非欲口默不訶三業未開俱遊捨
性是非不知實乖相務以羯磨文云大德僧聽誡其
身也諸長老忍勸其心也不忍者說動其口也斯等
兀爾識無行路言聲激對非復情通法假僧弘相乖
僧體不應六和文乖四準
釋中初科初列相且舉七人餘指如上即憒亂瘂
聾重病等類雖下次顯意初敘三業隨順而乖開
即是明捨性即無記以下次舉羯磨顯其非用兀

爾昏塞之貌六和則具兼德用四僧則必簡解能
故須解行雙全訶足俱得今既昏用故乖斯二僧
有四位攝法軌定故云四準
或三業雖明而見心有異如諸部等同界別法並兩
通成俱非相也
次科即部別異見兩不相足如上說也
就人如中體相爲二初體是者謂善比丘具六和相
同住現前一應來者來身集也不妨訶制而心不集
故律云見作如法而心不同但應默然是名如法二
應欲與欲口心集也三得訶不訶單口集也戒見利

同豈非僧也

次明人如體是中初通示二下列顯前列三和初身集中由相順心乖得成法事故特示之文如向引戒下後明三體

二就相如本是難遮或當舉滅法報不具等當時三業相同秉法無濫事從因起緣是疎微但本應務相僧得作故律中若先言有過舉眾同知不足作法不成受已方知前法並是故律取三根清淨天通之所不許者良在斯乎

相如中初文為三初列數法報不具即尼等四人當下次顯如因謂所被之心緣即能秉之境相僧即律所謂相似比丘故下三引證初指律中即從不持戒和尚受戒四句也五分十誦並如前因故律下次引滅諍自言治文十誦多論文亦同此天眼是六通之一故云天通

問如睡定狂之徒體是好人相人非相若約相如何妨足數答事不可也今言僧者弘法之人通於凡聖若欲作業聽說安忍睡狂非預即非能秉是不足收可不誡乎

初問中初三句領前下二句正問謂此等人或在

眾無乖準不自言亦應得足答中初句直判今下示意聽說安忍秉法三能由此有記故成善業睡等無記故云非預下句令誡遮後濫用

問非數別眾輕重如何

次總問中輕重之言義含業制

答非數有二一好人不足睡定語等不攝念故但犯吉羅前事不成故有重業二惡人不足如遮難體非三根眾委在僧數內自他俱重由實非僧濫秉法故若在數外自重他輕不應納之不妨成法也

答足數中初句總標二下別釋初明好人制輕業重二明惡人內外兩別若論違制同上俱輕文明輕重並據業耳自即惡人他即眾僧

若論別眾亦通凡聖唯是好人損他業重以同界故聖或不知非以不知不名為別餘外凡夫具障僧別並不成故體淨應數失法故輕

次別眾中初通簡所別對前通惡故唯好人鈔云別眾唯據清淨一色此約不毀四重為言由是淨僧無前濫預但不與同法故唯損他以下列示別相初明聖境謂聖人在界容有不知不開境想故亦成別餘下次明凡夫但是境淨僧別二法皆能

三結顯
二法是非二初總舉
二別釋二初法是
二釋二初體是
二相是
二法非二初標以舉
二列釋五如文

障之故云具障等失法輕者且示制罪須知業重」
分別如此義無不解
結顯指上二答可決前問
二法是非中又二一者法是言體是者如前集法約
人同法三階不同分階就位九品異等識鏡通塞無
有滯礙是也
二法是非體是中八分三位法亦三階故云約八
同法三位九品如上已明
二者相是依持謹唱文句分明增減非相一不參涉
聽忍說默泠然無異緣本騰結前後無濫並由聲相

唱合徒眾同和約此業成故云相是
相是中初通明離過聽下別顯綱緣上二句明綱
下二句示緣第二句牒第四句騰羯磨後結並下
結示相如
二就法非非無量故體相合明五種差別
法非標中當體即相所以合明
一者增減非應作一白乃作二三羯磨亦爾白二白
四增減例通
列釋初中單白但有增二種羯磨通增減
二倒作非即二似法前明羯磨也

三事是非二初標分
二隨釋二初事是二初標
二釋二初體是
二相是

二中指二似法前羯磨後白此據全法互倒若文
句倒即屬第四
三累罪作非即應作訶責作訶責已後乃作擯出等
七覆藏等四滅諍等七也
三中七治四殘對數可見滅諍七者謂七滅中憶
念不癡罪處所三羯磨也或可合有三解並草覆
一白故有七矣
四雜倒非如白中自增減顛倒羯磨亦爾不同初非
全白重也故文云不如白法作白等知何不該
四中初示相不下簡濫故下引證該謂該收

五說不明非如毗尼母羯磨不成者或語言不具前
後不次說不明了等是也
五中引論不具不次不明秉唱之非無出三種
三事是非者不過有三一情事二非情事三互合如
門又二一就事是中初體是如情事中受無緣障懺非
濫疑非情事中界相有依不枉唱說互合之中人病
衣重據實以言並應聖教實即體也
三事是非體是中歷舉三事無非據實實即體者
指出體狀
二者相是如受須衣鉢形法兩具非是正要儀相必

須多罪依篇總牒一悔相中乃應體須別指等餘卽類知

相是中受以衣鉢形法爲相法卽十戒懺以所犯多少爲相體卽犯之種類故須別指餘類知者非情以標限分齊爲相二合卽病與衣當體有相

就事非中故亦有二言體非者難障而受詐癡乞法無相大界空指山谷或有妄結小界無難輒開反前是中可以相領

事體非中初明情事無下次明非情事無相謂不竪標相妄結小界潛斥古非下令反前卽無病衣

輕二合非也

言相非者形法不具衣鉢非敎小年諸遮雖過非重而是戒非並通事攝必改從法還順相是不同前體盡形障故餘者例知

相非中初列非相必下簡異形可剃除法容求受衣鉢營辦小年待滿前體永定故特簡之餘下指例非情二合比上以說

四違順中卽分爲二

四五兩門並總論四法

初明其順則有四種謂人法處事俱現在前卽律文中人現前者言議往返是法現前者所持法斷滅是處現前者白二作制限是三法既現前事無容隱要唯四現方成作業

四中初明順者卽四緣如法作業成辦也引律三現證前三種能成之緣以被後一所辦之事

後明違中不過有三一者有藥無病如實非犯妄謂有過從僧乞治卽事不應法也二者有病無藥如應與訶責乃作五非等卽法不被事也三者病藥俱有施不相當如應作訶責乃作擯出等斯則法事俱違也

次明違中引律三句事法互違初卽事違於法二卽法違於事三卽事法俱違乞治卽求懺五非卽上法非中增減等五律文有處以七非中間五種名五非羯磨如後自引

五總通非相者

五中作句總括通收非相故曰總通約人法事處單重合歷爲十四非初單歷爲四非二合爲六非又三合爲三非餘總合爲一非

歷句中單列總合此二可見二合六者一人法二事人三人處四法事五法處六事處三合爲三者

一人法事二人法處三法事處（合有人事處爲四句今但云三未詳所以）

以凡起非不定前後知非故造此則可慙不識入非不可限約故以總含望攝爲盡文中舉其綱紀餘不出者可例知之

二述意

述意中初明作句知非故造謂學人也不識入非不學人也學者知慚非猶可數不學愚教乖謬何窮所以須句總而括之文下次示文略謂律七種且據大綱必約句數收非方盡

二引證

二就文解二初標示

二隨釋二初分文

上來義說今次文中初舉非數即僧法羯磨具七非

二牒釋五初第一二初總示

也佛言巳下各牒隨解不分自別一者非法非毗尼下正牒初名註依律文解其體相也

二隨釋三初人非二初正釋

二人舉下至僧舉僧者明人非也夫舉法者能秉是僧所秉是別可有相順得成作業別人力弱不行羯磨四人乃強不可治僧故能舉之人爲非此人非也無僧舉一二三人者以是如故非中不明也

次就文解第一人非中初科初點文天下次釋義初叙如法別下次示非法註云乃至者律列十三句文舉初後二句略中間諸句耳謂一人具舉四位二人三人爲頭具四亦爾（三四成十二句皆別人輒行羯磨）四

人舉四人（此後一句即僧舉僧）別人力弱釋前諸句四人乃強釋後一句無下三點示所無

十誦云若一人擯一人犯吉羅若四人擯四人犯蘭以作破僧因緣故若有多聞多眷屬者雖是一人若治擯者亦蘭亦近破僧故除同犯同懺雖復是僧以一羯磨一切僧者得也其意可知

次科十誦初明別擯別若下僧擯僧若有下僧擯別雖是如法然恐徒眾隨師破別故亦制罪上三明制除下示開如說戒白懺即僧被僧也

二法非

文中一白眾多白下此約三羯磨增減互非即法非

也

法非中增減可知交絡互非者如單白結界白二受具白四說恣又如白牒結界羯磨牒出罪之類

三事非

若有病下明其事非如上義解下可知也

事非指上即前違中

二第二二初標

二注二初非法

二者非法別眾者人法俱非也白此爲彼者白牒戒場羯磨牒攝衣也若牒白四中事則初非攝若就單白作者僧時到前牒說戒恣聽後牒自恣也未必常有立法例知如今行世刈草掘地集眾同作亦名僧事望非是同

第二釋非法中初牒釋此約三法當位自互若三法交互即屬初非未下示非相不定下舉世事即今禪眾用爲僧法此顯非相隨情訛變不可收盡

應來者不來下三別眾相也

別眾中初文三業不和故分三別

若解云所言訶者訶前兩別此非正解不應增三故五分中上二並同此第三云羯磨時得訶人不同而强作者是名別眾十誦上二亦同第三云現前比丘遮成遮此文義俱同不煩妄解

次科古謂訶法在眾非別但訶前二故列別中此

下正斥本律增三云佛言有三種和合謂應來者來等反此別眾具三明矣故下引證五分十誦但云遮訶明判別眾可證妄解

第三非法和合眾第四如法別眾更互相翻文相可知

三四相翻易故不釋

第五法相似者誦文無差但倒作故若自二白四互倒則初非所收第六法相似和合反上亦同

五六二似亦據當法自倒又不通單白

第七訶不止者律出其人不明非體如法爲相如上明之註中人解取律意耳

第七標中律出其人者但云得訶人訶故前之六種並依律註後既闕文故引人解即相傳也

今解此非位分三別初就人辨訶能訶之人唯是非非二就法辨訶所訶之法通是通非後人法合明者若非人來訶去即是是住即是非如人來訶住即是是去即是非其相並如上有人得滿訶中所說

釋中初科三位初人唯是即善比丘二法通是非三合明中非人者即前所簡不得訶人去住即約秉法止不止也如人訶者準前四句二人得訶然

今且據後善比丘故下但指第四句耳

母論云應止羯磨者比丘皆集但所作非法眾中持律行淨者說言此非法非律是不應作即止不作是名止羯磨不應止者所作如法無說嫌者不應止也

次引文中母論有二前明應止持律行淨即得訶人說言等者即訶止之詞後明不應止即如法也

五分云若羯磨時得訶人不同者不成强作犯吉隔障訶者不成訶

五分不同即心不和强作犯吉即訶不止隔障不成以非數故

四分中約身坐處結小界爲遮訶人界外不成故
四分即準小界反顯同界成訶
僧祇若僧作非法羯磨若有力者遮言非法前人凶
惡能爲二難聽作見不欲不得趣爾於同意者說言
此非法羯磨我不忍與見不欲三說已不得至四此
即六和中見不同也餘者與如法欲已捨去若非法
斷事不遮不與欲及不欲者越毗尼若自念言隨其
業行如火燒舍但自救身得護心相應者無犯
僧祇中初明訶欲若非下二示開制初中又三初
明可遮有力謂具道德者前下二在衆不欲目對

心乖名見不欲制不趣爾須擇同意訶須三說即
對三人不至四者恐各成衆令僧破別如鈔引云
當語傍人言此非法制止得三人是也此下疏家
點示餘下三說欲起去彼律具云若作非法制應
訶令止不者當說如法欲已捨去此但意乖望前
爲難故云餘者開制中初明違制不依上三通得
吉羅若自下次明開法護他之心稱實言喻故曰
相應
次就義張文云攝非盡者以事則隨相不可窮本義
則依理從歸有途故又述之各其致也云單白非相

義同過別別謂三十九相各不相有同謂四緣成業
不可相無也下文可解
義張總意中初科又二初釋叙意事局義通躡前
生後以彰立意云下釋同別不可相有隨法過別
也不可相無四緣義同也指下文者即餘單白白
二白四並類此釋故云可解
今此七名交絡互現界非不無攝在事也離合適時
不可交定也
次科前離爲四成十四非此合爲三止有七非前
是義門總攝此欲從文歷句故云離合適時等交

即訓俱
一人非中識疑兩罪須懺露者以律正約犯者不得
聞故此人亦望能所俱非律云不得爲犯者說故界
中有別者即訶不成也人非應法者謂威儀乖越不
順教相故
次釋非相人非中初釋不懺露約行明非能所俱
非謂能說所聞二俱違律界下次釋別衆非法約
緣明非別衆且據口別餘二準知非法略舉乖儀
通含足別
二法非中三人單白者非法和也倒錯不了此法非

也有訶不止亦是法非由不止故
法非三節對文可解
三事非中時非正教者非布薩日制唯在三餘爲非日也有緣須略略有少多隨前緣緩急而合作法並乖緣也衆具闕者籌華燈火不濟時也界非聖制無難別緣結小界也既結說已又不即解皆非法也
事非中四時緣具界並事所收制唯在三黑白兩半各有三日有緣略者謂八難餘緣緩則略少急則略多今無緣輒略或雖有緣不隨緩急故云並乖也

餘有四法錯互上三不可頓現故張網目收羅盡也
次示雙具雙有三句具足一句即用三單相合歷之總爲七句
因解小界汎評律中須解羯磨謂無心領有十九種十三爲情餘六非情
因明總標中無心領者僧法加彼前無領受心也言十三者七治爲七罪處爲八顛狂九學家十覆鉢十一不禮十二擯沙彌十三二義分之一解得有用體是僧故二治無日限理須爲解如學家沙彌等
初無心中十三有情爲二初別列諸相七治即四

羯磨及三舉也二下次約義總分初義收十法次義收三法等取覆鉢
就事有六大界戒場小界不失衣淨地說戒堂爲六功德衣雖有日限事寬濫用故須捨之
六非情中上列六解下示德衣同非情故據有日限限滿自失本不須解故以濫用通之（昔云使衆同知屬有心領者非）
又有無心領中十三難重擯不須解以非數故
後二中十三難人并犯重人盡形滅擯不須爲解
有心中受戒須解緣逼故開引後戒故大略如此

有心中受戒須解即遇緣捨戒後得重受故云引後也
文中理須條貫諸緣者譬若尋條得葉得葉雖殊各有依附物之在貫例亦同之欲知非相但尋其本下文曉成敗者又誡勸也引佛世者律云作一羯磨俱作五非七人共諍言成不成也
結勸中初釋條貫諸緣即百三十四法如葉如物七非統攝如條如貫總必攝別故令尋本下下釋誡勸本律四十三云爾時有住處僧爲比丘作法非別衆羯磨時衆多僧共諍或言非法別衆或言

非法和合或言如法別眾或言法相似別眾或言法相似和合（此即五非應是五處評量再作故云五處作也）或言羯磨成就或言不成就（合上爲七人也）戒壇經云佛世執法猶行五非豈是不學無知人耶臨機心境迷忘故也

就對首中初舉位明數其相可知

對首中舉位是標明數即註

於緣有異者以非攝之義則通也莫不對人是足是淨據法施事附相乃異於緣必如如義通於對法故須例解約相持說有殊故須委練

但對總標中初舉通釋別於緣異者即二十八法

是別七非是通莫下對較通別初總舉如義下別釋初釋義通對法即該二十八也約下次釋相異

初明人非即受對者既有重緣三根非妄斯即非數義無同證

人非犯重中初文但釋犯重註云遮難即本受不得人如小年不稱名等雖遮障戒

問自身犯重合持說不答戒從別發互不相乖若不受淨隨相結犯如學悔流審知濁境自犯重者不合同作乍可心念若同學悔界無淨僧共對無妨

問中恐謂不堪爲他對證自加受淨亦不成故答

中初明須說重雖有犯餘自成持本從別發隨別解說如下次簡對首自雖犯重亦須淨境彼我學悔無淨方開

有訶者訶謂前對證語使文具不問住止俱是人非

二中不問住止者止即法如人別不止人法俱非

或對僧俗者僧是別位俗是下流必對二人並人非攝

三中僧即四人故云別位或對二三亦名非法

就法非中持脫錯者脫謂不牒二名錯謂不順受體今誦僧祇乖依隨相是也

法非中不牒二名即已名衣名能所不辨或俱或互皆名非法訛錯義多特舉乖宗暗斥時用

就事非中既是法衣不容濫染五色上染是俗非道雖持不成事不應法也

事非中且舉色相求財不如體量乖法並是事收餘四交絡非相互現可知有無

就眾法對首言人非者謂法界內無僧故開有人別眾不成捨也自然五里亦須明練餘界準知

眾法對首人非中初科前明法界後示自然且舉蘭若餘令準知

人非應法者，所對行穢，體非拔濟。

二中，行穢語通輕重，但使有過，不合受懺。訶人設訶者，能敗法人，是別眾也。置止，即非聞訶即止，雖止亦非，即人非也。若不止者，自是法非，但以法假人弘，有訶須住，自言我是聞止故去，去是非法，隨住是如。不忍而說，義非獨建，故是法敗也。

三中，初釋設訶能敗法人，即得訶者，次釋置止，又二，初明即止，法是人非，當句所收，若下次明不止。人法兩非，即兼下句，但以等者敘非所以，不忍而說，舉文以示。

法非中，捨等三人法和合，僧私諸法不一，理須分別也。

法非中，捨等三者，牒註捨財懺罪還衣，人法和合謂訶人不訶，僧私私即是別，懺通三位如上累明。必應自憶，不憶更檢看之。

就事非中，犯過如律者，不問大小過限並犯，今時悔者，但懺應量，餘不應者謂是不犯，論有誠文，小大同染，雖懺不脫，通須淨悔，方免瑕累也。

事非中，且舉長衣以顯非相，初文不問大小，大即應量犯提，小即不應得吉，過限即十日已外，今下所非論，即多論，如鈔具引。

非制而懺，如毛綿等，未是衣相，重物不合捨墮，小鉢本非受淨，正色非受，非離邪求，理非正教，濫貯服用皆墮，如斯般事，總是穢染，不合受淨，何得捨懺。

次科初別列為三，初至捨墮，簡非犯長，毛綿不成量，被褥重物，並不開畜，小鉢一句，兼收長乞，皆非所犯，正色下三句，簡非離衣，正色邪求，濫用已犯，故非離宿，如下總結，準知如法可入受淨，方犯長離。

非疑過分者，謂衣財散落，染淨未分，通將入捨，即過

分也。故律文中，識者懺悔，疑者發露，雖有覆藏，不治日月，既有明例，無容深約。

三中，初牒釋制，教犯懺並須明識，懷疑通捨，是為過分，故下引證，疑不許懺，雖下舉例，謂疑罪未決，不算日月，治覆藏罪，可例有疑，不可謾捨，故云無容深約，鈔引律云，不憶有疑，不識並不成覆（舊云犯長覆藏不同僧殘治日月者非）。註中判犯並無知罪，必約學與不學，迷心愚教，斷犯有無。

餘文可知。

就心念中，位列易知。

二別釋二、初但心念

二餘二心念

心念中位即三法列即七非

懺吉羅中輕重二懺對與非對理須知之人非相中

對首懺者如今捨墮牒覆對人人實當儀異篇非律

此但心念不合向人開別衆作

但念中初釋總標故心重吉如前對首誤心輕吉

即此心念次釋人非此是但念對首成非如下舉

類懺墮牒覆人同對首罪是異篇即是事非輕吉

對首罪雖同聚人濫上位故是人非

餘二心念別衆並同莫非開獨有人依本竝託界分

之餘文誡勸恐人非路也

次餘二中初通釋二法但示人非自餘易解有人

依本者對首心念即還對首衆法心念隨有增人

若至二三歸前對首若至四五依本僧法約界有

無如非自顯下釋誡勸遮後濫行

四分律删補隨機羯磨疏濟緣記卷第六

四分律刪補隨機羯磨疏濟緣記卷第七

宋餘杭郡沙門釋元照述記

四分律刪補隨機羯磨疏卷第二 從諸界結解篇盡沙彌十數文

大唐沙門釋道宣於終南山豐德寺撰

就正宗初先以義求相從次第然後依篇隨相解釋

宗中八篇一家生起所以界法最居首者由眾法所託依界而生故為正宗之依持義須先顯既識諸界宜敦行猷眾行元綱勿高於戒故諸受法次二而生受本既彰隨相須立濟時助道緣資是要故諸衣藥次三而生受隨相依願行已具理揚淨教住持眾別故諸說戒次四而生聞教攝修託緣方詣故諸居法次五而生同居久處恐染瑕累故諸舉法次六而生恣舉既清夏功須賞故諸施法次七而生上篇持行據體策修必有慢犯義須清蕩故諸懺法次八生焉

正宗分相從次第中初科今師集法安布篇次簡異他本故云一家文列八段自二已下並有躡前生起之意初敘第一既下敘第二猷法元大也受下敘第三受隨下敘第四聞下敘第五同下敘第六舉法即自恣也恣下敘第七上下敘第八上篇總躡前七通而相望初篇為本後七皆末前七據

持後一約犯又二三與八是自行餘皆眾法又三與七是資緣餘並正行第五兩兼焉

光師所撰僧尼位分據律前後不無其致至於同法還入本條徒分設位虛費紙墨今但依篇自開通塞準律隨戒五眾同科舉相攝人義無不盡首題隨機故可知矣

次科初示古光師羯磨前出僧法後出尼法律中戒本犍度並僧位在前尼眾在後故云據律上是縱許至下斥奪謂受結說恣等僧尼同法僧中出已自可指同彼於尼法又復列之故云還入等二明今中通謂兩眾同行塞則彼此各局準隨戒者即律戒本一一戒後並列五眾犯之同別彼則舉戒相以攝人此則隨法位而列眾仍舉首題以彰從要

諸界結解篇第二

諸界結解篇篇目中如文三種人中合七故云諸界結謂心業要緣解即捨本期業

此篇明界界別眾多隨位以攝文列三種人衣食也據律前後依緣顯相今集法者舉例次之

釋標中初科初示總位據下次明例集律前後者

八衣二界出前布薩犍度食界出後藥犍度舉例
次者同是界故例卽類也
先明攝僧者良由法假人弘弘之有本若非限約何
知和別故前結界用通僧體於此別住必奉六和和
相顯者勿過三業所以因之令無別眾人既同依眾
法斯辨資濟開通理有成務外衣內藥形別有須故
次攝僧兩緣隨立各題致意在文易顯
次科初別叙八界卽明立界顯彰和別眾法之本
理必居先僧體卽和合也八下次合叙衣食二界
先法後事故二在後又外資常用內藥有時故先
衣後食各下二句卽點法文
就初中約義以分總別又二初總叙致四門料簡一
制結意二列數釋名三位分大小四結解差別
攝僧界總義四門第四結解差別但是懸科別釋
無別有文故後釋結解竟結云此卽初義第四門
小界中亦然準知此科通該諸界以一一界皆有
結解卽是差別也
言制意者夫羯磨說戒正法住持由僧弘演方能遠
被義須通遵理無限隔但以事雜據緣界約通濫縱
有同和影赴難剋徒損正業不被前緣上聖知機開

隨境局作法分域一開已後凡有作業非界不成故
制崇和益在斯矣先開後制意可見也
制意中初叙僧法同遵但下二明因機制教又二
初明機生眾中事起緣來不一故云事雜閻浮洲
境統爲自然故界通濫以界廣故影赴難剋以奔
馳故損廢正業以身應事如影赴形故云影赴上
下次明立教望前自然本制通集故局結名開望
後作業必須依界故還復成制
二釋名列數初名者明了論疏解云本音四摩此正
翻云別住是也諸本云布薩界及戒場者非正本音
所以名別住者謂此住作法與餘住不相通各不取
欲故得名也
釋名中初科初引教翻名正翻別住義如後釋下
出二名徧見諸律故通指之但云諸本布薩界則
局就本緣爲號戒場則通收眾行爲名並非正翻
故特標簡所以下示義則知此名通該場小
今從律本但云界者加法約處除彼局此故曰界也
故文云界者自二羯磨唱制限者是也
次科示名所出義同上解下引律證卽五現中文
就列數爲二若論自然約界四種不同定量六種差

三位分大小二、初標章。二正釋三、初大界量三、初示界量三、初示本宗極量。

二據諸文會同

異。如上緣中已說。今宗是作法。略說爲三。隨位離之。則成七界。如上相攝門中已說。

列數中。初旁出自然。故指如上。今下正明作法。三大三小戒場爲七。指上相攝卽懸義中。

三定量大小者。

〔三位分大小。〕

初三大界若小隨機。大者須制。四分云。大界廣遠。僧坊極多。及至說戒同集一處。應十五日說者。十四日先往。不得受欲。以明相故。準此爲言。應强百里。

大界示量中。初科。初以義定。四下次準文決。隔日

方到百里有强。故下取諸文。三由旬量則百二十里也。欲不隔明。如上已示。

五分明文云。時有結無邊界者。佛制極遠應三由旬。由旬乃是中梵量名。正音踰繕那。此無正翻。乃是輪王巡狩一停之舍也。猶此古亭。豈局里數。大分爲言。四十里也。相傳爲定。僧祇善見量同五分。過者不成。明了論中三由旬者。隅角量取也。

次科爲二。初示極量。五分因濫故制齊限。躡釋由旬以定里數。輪王停舍與此間古亭。卽今之館驛也。智論由旬有三品。上品八十里。中品六十里。下

三引律論彰異

品四十里。若據俱舍止十六里。準敎酌中。故云大分。僧祇善見同三由旬。如鈔所引。過不成者。此示制也。明了下。二明量法。隔角量者。爲取四圓。若四方量則四隅有餘故。

十誦云。我聽一布薩和合。故結界也。若一拘盧。乃至十拘盧。若山上僧坊結界。山下十拘盧亦得安居。山下僧坊結界。山上安居亦爾。多論。縱廣同十拘盧舍。必使此中布薩羯磨時不生疑心。設有河水大道。亦得合結。但定岸相。然後結也。尼結大界極遠一拘盧。以恐遠險易陵辱也。

三中十誦多論並云十拘盧。彼宗一拘盧有二里。止齊二十里。（舊以雜藏五里釋者謬也。）下約山寺上下互明。但在十拘盧內同一法界。故並得安居。恐疑高下不相攝。故特此決之。（舊約山岩上下不相礙釋。甚非文意。）問。比前太狹。何以引之。答。或彰部異。或證宜狹。或顯諸部皆立分齊。不可通漫。或有別意。學者更裁。多論三段。初示量同。前必使不生疑者。此示不廣之意。二明得合河道。三明僧尼不同。尼界極齊二里。已外不得。鈔云。必有難緣。可用僧祇三由旬內。（以界寬廣。於中安居。容可避難。）

二顯村河二初合問

二別答二初答合河

問界中有村河得合結不

　問中如上多論已明得結欲引諸文故重發問

答四分云不得隔駛流水此明制也除常有橋船梁此明開也如上多云但定岸相僧祇中但洲五處標結甚明文也

　初答中四分駛卽急疾梁亦是橋小大分之僧祇但洲水中孤絕者彼明五標兩在水中三在陸地如戒場中具引

二答合村

言村得否者四分明文除村村外攝衣有文明知攝僧不簡村也五分白衣新作堂舍爲得吉利故或非人所惱故佛聽諸比丘於中布薩說戒準此知界攝也多論云凡結大界所以通聚落結者以界威力故諸惡不得便善神所護爲檀越故通結聚落也準此以言良由僧德所動作業圓成善根所熏界神護衞不可輕也

　次答有三初準四分攝衣羯磨由村在界故須牒除次準五分俗舍既許布薩理必結界後據多論卽明通攝所以諸惡卽魔邪變怪等事準此下疏家顯示神護之意

三明別界二初引病緣明開結

五百問云界內病比丘不能僧中求結一屋者僧應先解大界與結別界還結大界不持衣者不得入中亦除佛地由佛僧位殊不相攝故中國佛院列異僧表故有佛地塔地僧地限域各別此方未行何得混雜義須限約

　三別界中初科論文前示緣開仍敎結法次明護衣且據作法攝衣爲言若據自然則通彼此三簡佛地由下疏家伸意西土三寶地別仍斥此方混濫表卽外也

二準圍輪明多界

又如明了論圍輪別住者先結三四小別住訖周帀安相四邊開路卽名蘭若地此外結大別住圍之如鐵圍山繞四天下準此誠文一大界內隨結五三皆得成也

　次科初引論圍輪別住卽下所引十七之一蘭若翻爲空處卽中隔自然下舉喻顯卽彰名義鐵圍應法師云梵言柘迦羅此云輪山故曰圍輪準下決判可解

二戒場量

二戒場量者善見云容二十一人減則不聽此據極小爲言二十出罪兼所爲者故局此耳彼論又云場內不得安僧住處有慚比丘須折卻唯置佛殿

　戒場中初明小量且據一眾行事備足故不聽減

三、三小量

四、結解差別
二、別釋二、初釋總標

二釋別相三、初大界二、初釋標
二釋相三、初人法二同三、初分文
二牒釋二、初結法
三、初敘意分門

若兼二眾須容四十一人。彼下次示廣量。既制僧住顯知非狹。

三種小界其量不定。隨集多少依坐而結。受戒極小下至十人。說戒四人。自恣五人。餘更足數。任時而約。不開身外。恐有訶人。又不同前。以是久固。此但別濟一時作業。

三小中。初示量。文下對簡。比前二界相反可知。餘如後解。

就攝僧界文又分三。初為自然勞倦。眾取濟機。開立大界界限制約。事雜煩多。又開戒場。上二常途。難濟非務。故開小界。各如文次。當自分別。

二別釋總標中。各據本緣敘三次第。界限制約制必集。故事雜煩多。眾數起故。非務即目難緣非常有故。下文既廣故略指之。

就初大界文又三種。即本二同。餘二隨結。其義如位。大界標中。對注可見。

就初又二。即結解也。就初結中。以是眾同之本。作業之基。生善滅惡之良緣。住法依僧之淨地。其緣具也。得成遂於前言。其相乖也。必顯覆於後轍。有人立義。薄列四門。叢雜交加。難曉成敗。得在浮沈。失在現行。

二隨文牒釋十、初相是非二、初牒
李顯意
二引文正明三、初引善見示相

故直敘通被文獲事。且位十門。一相是非。二形體狀。三豎標域。四唱方隅。五集僧法。六不受欲。七加法消文。八法有無。九顯失否。十結不成。

初本二同結法中。初科為二。初敘界功。前四句。初句示攝僧。次句彰成法。第三句明辦事。第四句顯勝處。住法依僧即二同也。次四句明成壞。前言即初結之法。後轍謂向後行事。有人下二明緣相。初敘古薄略。其文已亡。不知所立列門既少。事無條緒。故云叢雜也。隱顯互見。故云得在浮沈。行事難明。故云失在現行。故下顯今委備搜文獲事。謂撿

尋諸教得所合行之事。十門中。初二是處。三四即事。五六是人。自餘並法。

初定相者。意在依標識體。了知同別。善見八種。一山相者。大如須彌。小如象大。若作標畔。豈直指山。此還不識分齊。據理約邊約峰指別處所。使有尺寸。如明了論說。二石相者。大如牛許。小者三十秤。漫石不得。應別安石作準。此據山理有通別也。三林相者。草竹體空。不堅實故。極小四樹連接。亦須依邊。不可通指。四樹相者。枯朽不任。極小高八寸。形如針大。無自生者。新種亦得。五路相者。窮逕不得。通於車步。短齊三

二引本律會通

四村者亦任作六蟻封相者極小高八寸者得七江相者好王治化五日一雨不以爲相四月不雨當流不斷者亦得作八水相者謂自然池若入田水不以爲相

二形體狀二初牒章略示

二引論頭相二初善見論

初門善見山相但是總體義須別指峰巒巖巘以爲分齊如了論者卽下所引一丈五尺別安石等

二明了論

二中漫石謂無稜角者準下決前山相不可漫指

三四兩相並前簡不堪後顯體量四樹已上爲林獨株爲樹五中窮逕不得謂極底路人絕草生失本相故任字平呼六中螻蟻運土成聚謂之蟻封

七中好王正法治世雨不失時莫測水之深淺故不可用八除田水以不常故然此二相於事難顯或約堤岸或取涯畔或立別標從總爲名但云江等

四分列相則十餘種如空處露地草積釘杙皆非久固不可依承一時規域作業便解得準律文若久住處擬後追訪可通律論兩有兼濟

四分十餘委如鈔記且舉四種以明非固更有荊棘汪水糞聚等皆非久固之物一下約義通之如空露等止可暫用故云得準律也然律列樹林山巖等與論大同故云可通律論卽如論中小樹蟻封豈是久固草竹窮逕等何妨暫時今以意定若論暫用諸物皆通若取久永必須別選

三豎標域二初牒章指要

二界形者隨方斜角並悉得成故善見五相一方二圓三鼓形四半月五三角

第二界形善見鼓與半月以物象之

明了論中其形十七皆謂曲直重沓等略顯五三以爲神解之路一長圓別住地形細長兩頭圓也逐此地相一丈五尺別立石已周帀如此依石唱之先結布薩界後結不失衣等二四角別住三水波四山五

巖六半月七自性八圍輪九二繩十四廂等皆約其物體卽標列名豈唯十七隨相無量知名便罷餘如彼論

了論長圓或一丈或五尺趣舉遠近以彰立相言水波者標相屈曲狀如波焉自性卽蘭若空處二繩謂兩處繩圍中間連續四廂卽四向有屋中有空庭且列十種餘卽一門方土比丘尼優波塞埴墻滿圓顚狂並如鈔記具解皆下疏家總示結略指廣

三豎標域者結界之本在此一門得在玆者諸緣並

具漫有所指，捴入法儀。

三豎標中，初科斯乃結法，正陳本意，乖此則心無所緣，法無所被，故知為要。

若欲豎者，前識三量：一者界標，即唱者之所據；二者界相，即羯磨之所牒；三者界體，即作法之依地。或標即體，相在標外；或標異體，相在標內。若論其相，必在體外，引此附事，何有不成？欲知和別夏限衣藥，但曉此三，便有界也。不識標體，虛指山林，或約城邑，不緣其事，得其語矣，奈無義何！

示量中，初科前分三量，初是周匝標物，二謂四圍

外表，羯磨牒云四方相內是也；三即所圍內地，循外為相，則標下即體，就裏為相，則標與體異。標體容有異同，體相必不相離，故云相必體外也。引下次示成否在於明暗。

今豎其標，若在聚落，多依牆域，隨約內外，並成處所；若在空野，多依林泉，隨約標樹，終識尺寸，並為相也。若有戒場，先豎三相，周圍各別，互不相接，無則一重。任時遠近。

豎法中，初文前明標相，聚蘭兩別，莫不皆取分齊分明；若下次明戒場有無立相多少。有場三相，如後自明。

問：二界不接，中間一標，得兩相不？有人云：一肘已上，大者得成，如明了論疏，一山一石，東西各結；又如十誦，有問者言得並結不，佛答周帀說為內外相者是也。

問答中，古解局量，不許減小，仍引了論山石東西證知標廣，下引十誦周帀分相驗須相遠。

今解此文，不許接者，恐兩界相通，但得有隔，何論大小？如前二繩，繩即體也，可以情通，云山石者，亦恐相涉耳，須得意也。

今解中，初通十誦，如下次釋了論，彼尚用繩為標，則知山石未必須大。

四唱方相，律使舊住者唱，諳練方隅，有所分齊，雖是舊住，未了前緣，不妨新客深閑內外，依標而唱，義當舊者。律制堪能，豈局客主？並識標體及相三種通別。

第四唱相，簡人中，初通律意，雖下次約義決，當猶同也。律文凡作羯磨，皆云眾中堪能者作，故可取證。並下示堪能之相，標即體為通，標異體即別。

五分中，使一比丘唱四方界相，又唱除內地為安戒場，故須除也。今時結者，內外兩相前後別唱，所除之

五集僧法二、初標示。二正釋二、初引誡遮非

二示相明集三、初伸正解

二引古釋

外相是空地事最顯也至文更述

次唱法中初引文示除內地者但唱外相相中牒除內地卽不唱內相也今下示今法但唱兩相不須牒除至文述者卽戒場中

五集僧相五百問云不得夜結結亦應成恐非不顯又云欲結時四角標頭安人立望不使人入入則不成當先結戒場等亦以人雜是非不可通練非數何損是數可遮耳

五明集僧引誡中初引論有三前定時節恐非不顯者謂別眾不足暗處難知必燈燭分明理應無損又下次明撿察恐入自然當下三明先後亦下疏家顯上時節撿察之意非數等者謂不得滿者不集無損得滿之人別則成遮

若六種自然相中結者標狹相寬盡自然集故僧祇七樹之外異眾不犯可以準收若標寬相狹者盡標集之

次明集中初文有二標狹則相在標外須出標集標寬則相在標內須出相集

有人言但盡自然亦得以相外標內是無法地未是法被何勞遠集

三顯今通

六不受欲二、初標示

二正釋三、如文

次科古謂標寬相狹未結在自然外不妨作法結已雖同法界結法已成故不須集

今解云雖在自然之外非別所收然作法文中通牒標內擬成二同唱時結時別眾在內律無所開何得非別界爲法本義必深防既無正文亦須比用故僧祇避難界云三由旬內彼有比丘若呼來若出界去然後結之無問相之內外有尼界者不妨必有僧界內有比丘但不出界亦不須喚此則明文召集不可人語有依也

三中初以義通唱相所圍結法所牒明非異處故判成別界下次引比例眾法所依故爲法本僧祇難界三由旬集豈非據標尼界兩不相礙僧界義須隔出此下準判所謂依法不依人也

六不得受欲者有三義一結界眾同之本理須通和餘法眾同之末並依後起故不開欲也

六明欲法初義明其制急

二者自然本弱僧事不行不開一結用通僧界諸務不立故此白二乃是前開欲是末緣必憑僧起界是作法強故攝之

二中初敘僧法不許自然唯一結界事須開耳首

冠諸務故云前開欲下次明欲法必須法地僧本欲未從本故勝

三者結界本興爲存限域依正兩報附此而知若開欲結終非委練故十誦云作羯磨人死餘不知相者應捨更結非欲之致可見意矣

三中初正明爲知界相此義最長常途即以處爲依報人爲正報今云兩報即攝三界依報則攝食攝衣知其持犯正報則攝僧作業知其和別故云附此而知故下引證文據明矣

七加法消文就分爲二初標後釋初中結初大界者

標也大界有三人法在前故云初也

七中釋標可解

就釋分五謂緣開制相結也僧會疲極者緣也律緣說戒初依自然隨身立界終成混亂若論說聽須總一集致百千眾一時奔赴竟不定處徒費時功如上教興也

文中初緣初依自然即始制統通隨身立界即次分六相初不定處聽作戒堂後復移易故云竟不定也指上教興即前制意

文云聽隨住結者以自然通漫未是相收隨所住處

立相加結有大利益一則審知說處二則分於限域三則身心不疲四則不廢正業略有弘義理故開之

開中初敘教意下列四益並翻自然弘即訓大通收上四

文中盡集不受欲者上雖開結欲是別緣恐同法界故又制也

制中開已復制故云又也

是中舊住下第四相也初文後義

相中分文從是中至隨有稱之是文應須下是義

初中律本但令唱相及論臨機附事不合

釋文中點律通漫而無唱之法式故云附事不合

自義設下準文行事此一作業最是羣宗故須鋪列使可觀採解界後法準此依用

義設中初科初示文意諸法之本故曰羣宗解下次指餘法解界後者即餘大界及戒場等並同此也

若欲結者還引十緣次第至八方可加唱疏者疏也疏決疑壅必不曉者披文見意未勞煩隱虛喪累世恐不委觀更重張之一量結界標體相也二量集處唯在自然三量召法鳴槌諸相四明僧集約標約界

唯四人僧五明和合集者非別六明簡練須曉非數七明欲法非是所行八須標相引文告令

次科排緣中初叙重意仍解疏義以顯須明前雖總示猶慮未曉故云恐不委觀二下次正列緣四集僧中界狹約標標狹約界餘並如前

四分唱人無名十誦五分列者爲欲舉名牒所唱相此不稱者恐濫爲別亦有牒名義亦通得莫非成僧故後云結大界也名是緣耳唱相不得羯磨文中牒故如五百問云五僧者以唱相者在四人外今不稱名即爲僧故四人亦得耳

唱法中初文爲三初明諸部不同各出所計亦下次顯通意謂羯磨詞中前縱牒名後正結界所爲自別牒亦不妨名下三彰濫所以謂唱相若稱羯磨必牒若止四人行事恐謂所牒非數能秉非僧故云濫別五百問論十誦同宗制必五人正防此濫今但不稱法中不牒亦無疑濫故云四人亦得

注云屈曲隨稱者以不委分齊通約山水從門直過內外起非終乖作業徒設處所廣如鈔顯至時引之委示後悟

次科通約山水謂漫指標物從門直過謂不隨屈曲如寺正門兩邊墻闊門闑半中外唱直過則閫外有界容有不集別眾之非內唱直過則閫內非界容有失欲破夏離衣之過故云內外起非事鈔雖詳大略盡此

唱相三徧律無定約論知制限一徧足明但僧中行事乞唱都是先緣僧別乃殊三徧無爽

三中三一既無明據故準乞法例之僧別雖異先緣是同意令審悉知界分齊

五明加結緣正文二初顯何人秉法四位分之一約位定人二約法定用

五加結法初緣能秉中初科約位定人謂夏次上下約法定用即學解優劣

若上座者如五分說即上無人毋論約夏局就德顯不可依也故十誦云上座一人補如來也必有所壞次座亦得如身子法輪大將時亦預說上二不堪誦律次三非謂誦文必兼識義也若不誦者雖不連字累紙而曉達成敗故文云堪能作也不誦文本尙簡有能何況謹誦不簡通塞

次科初釋上座五分十誦文通老少是今所取毋論局者彼云從無夏至九夏是下座十夏至十九

名中座二十至四十九名上座十誦中上座衆首替補佛處末世庸鄙安可濫當必下釋次座有所壞者謂前上座神昏德缺不堪任故智論說舍利弗是第二轉法輪大將或時替佛說法說戒彌勒下生經云大智舍利弗能隨佛轉法輪佛法之大將身子華言以母身軀好子從母號故云身子上下釋誦律上二不堪句絕若下釋不誦律下準選能決上誦文必兼解義位雖四別解能必同通塞即是明昧

若據餘律上座說戒持律羯磨者以上座昏朽兼御

是難依文誡約有同佛世四分總列並據有能應預未閑亦通學悔

三中初示餘律即是五分持律羯磨還簡堪能上座說戒則通昏朽如來在世親臨說戒今推衆首事有同焉次明本宗總列即前四位應預未閑謂得滿者非堪能故學悔秉法如上已明

九問集緣十答云結大界羯磨以界含大小聲教須分不可混也此一既爾餘例取通

問答二緣通問別答餘皆例爾

二正加中文須詳解由識此義如鏡鑒形前曉集法達九等之參差次顯緣非了衆相之成敗後解聖教照文義之通塞斯之三鏡總羯磨之宏綱必曉此蹤則後文無所復用不能頓略示有所須故詮叙耳讀須見意也

正加中初文又二初略示前下次廣明初二句躡前集法羯磨九品階降不同故云九等（舊云始稱量終第九者非）次二句躡上緣成緣非即十緣七非後二句即叙當文文義通塞如下自明斯下通結必解此三綱紀在手則何用後文但行事所須不可頓略故復叙之至論秉御大綱已盡此矣誡令見意其意

如此

就分為二初依文相解羯磨本後重列諸門釋其疑妨就前又二初單白者牒事告也既非輕約義須詳述故又羯磨和決方定初白分五一大德僧聽者恐妄緣事無情同秉故初總告誡耳識也二此住處下牒緣告衆擬成本業也三若僧時到僧忍聽者法事契會謂時到也詳集同舉謂忍聽也今約心和勸聽可也前約身和勸聽聞也兩聲別召事義亦乖不解兩緣名非數也

初解文相單白第三句初通釋法事契會等者謂

能所相應稱可衆心故今下別點聽字平去兩音前後須別

四僧今於此相內結下單牒根本勸僧同決不可遲疑也

第四句初科可解

前第二句緣本雙陳者住處比丘緣也唱大界相本也及至第四緣是傍疎本是親正故直舉示決通和相也

二中躡前第二對辨雙單緣謂先叙因由本即正陳所爲前是告衆義必雙標後決成和文須單舉

列二同者結界所爲非正結事當時爲說戒故便結此界因牒入法律本多然戒相並是不可怪也

三中初示意結界本出布薩犍度因集說戒奔馳疲頓故聽別結即以二同牒入羯磨如下文云不著亦得明非羯磨所被正緣律下舉例律本羯磨多用緣起牒入法中如治諫等故曰多然又諸戒相並用前緣牒入戒本如盜殺等舉之可知故云並是

五白如是者事已達僧更無餘慮故結上務知作業也

第五句如是二字指示之辭謂所白事如是而已即結上也

就後羯磨又分爲三初從大德僧聽下至誰諸長老忍明作業將決情事須和還牒白中第二緣本雙牒以告情也二僧今於此相內下至不忍者說還牒白中第四單本重告大衆勸僧和決語默表情不可久也三僧已忍下衆情陳露默顯通和故牒本情持之在事也

次釋羯磨初解爲三段初陳情告衆二審衆可否三顯衆已和言情事者情謂能秉之心事即所被

之事所被自分情非情別今望能秉一切羯磨並須心和通爲情事語默表情者語則表別默則表和即文云忍者默然不忍者說即語也衆情下二句釋僧已忍至竟字前審說默衆既無說即顯情和故爲成相故下一句釋僧忍默然故持下一句釋是事如是持持謂同心秉行非輕爾也

有人解云羯磨爲二從初至結大界竟明前白委告緣本具彰今重舉陳顯成業處還牒前白勸僧和默二僧忍默然下結前兩告業成後語就前體中又分爲四初大德僧聽告衆靜緣二此住處下至同說戒

牒二雙告。三誰諸長老忍僧於此四方相内下。勸僧同和。共成作業。必所不忍。亦須陳說。四僧已忍下。既已久默。事決可知。故單牒本成前默相。

次師中。初麤分爲二。前體後結。躡前白法對顯羯磨。白是委告。且使眾知。羯磨勸和。正顯成業。結前兩告。總收白羯磨也。業成後語。即結詞也。就下次於初段。復分四別。牒二雙告。即緣本也。

有人解爲三。從初至誰不忍者說。總牒緣本。勸僧通和語默之間。足顯同別。故白四法約說制三。可以例知。二僧已忍下。至結竟字。牒前忍默。表業成就。作法至此。是竟處也。豈至三說。即是作竟。召令忍默。不忍便說。尋聲即說。安有法成。故至竟字。結前默相。此義定矣。三僧忍默然下。不異前解。

後師中。由前二師並將僧已忍下爲結成文。則知皆以說字爲法竟處。今此分三。初至說字。止顯同別。仍舉白四三說。例知非竟。二指定成處。仍責前解未爲盡理。三同次師。故略指耳。

上三消判。各有指南。後釋附文。可依行也。

結斷中。上二句通示。三釋下二句別取後解。各有指南。言其所示。皆有理也。昔黃帝與蚩尤戰。蚩尤作大霧。迷其四方。黃帝作指南車。一指於南。則餘方可辨。遂擒蚩尤而即帝位。(出崔豹古今注)言附文者。示可取之意。謂約義分節。文相甚親。比前二師。則爲優矣。

就此分五。一有無。二通塞。三增減。四成敗。五釋疑。初有無者。

次列諸門。初門有無。但明白法。第二一句。有則五句。無則四句。若白四中。白並是五句。唯單白及白二白。或四或五句。故須明之。

白中文五。第二句者。牒時有顯晦。有則牒緣牒本。無則略之。連唱第三。若僧時到。至第四句。方牒其二。總告結白。故律文中並牒緣本。故若有緣起。如前結界。須比丘唱。若有乞辭。諸受懺等。第二句中並牒緣本。故具五句。若諸差人。無因緣者。但有四句。如前述也。

白文中。初示文相。顯晦即是有無。若五句白則第四句單牒根本。若四句白則雙牒緣本。故云牒二總告等。仍指律文諸白證之。若有下次出所以。如前述者。即指當科無則略之等文。

羯磨文中。無可爲論。

次羯磨中。一切羯磨定具五句。故無可論。

二辯通塞者文義爲二。
次明通塞通謂白與羯磨前後綱要文義咸同塞謂兩間緣本隨事各異故文別義同。
如單白中第一第三第五此之三句文義通一百三十四白也依文謹誦何有虧盈。
白中初科虧盈即加減也。
第二第四此之二句文局一事義通諸務試爲舉之
次科標舉中文局一事謂結說受各不相同義通諸務謂緣本雙單諸白無異。
如結界云舊住比丘謂初緣也牒方相者謂事本也。

說戒白云今僧十五日亦是緣也布薩說戒亦事本也受戒白云某甲從和尚乃至淸淨衣鉢具足等並緣也今從僧乞戒即事本也如是例通緣本是一自可知也。
第二句中略舉三法餘自例知然據單白緣本可分若羯磨前白則緣本不同如結界白比丘爲緣牒相爲本及至羯磨人相並緣結界是本受白亦爾從和尚等爲緣乞戒爲本若論羯磨從乞皆緣僧受爲本隨義裁取不可一例。
至第四句中單牒根本略去前緣縱有雙者結翻非

淨何以括耶故結界白云於此相內結大界豈非本所爲事也說戒第四云和合說戒亦是本也受戒第四云僧與某甲受具亦是本也本義是通受說文異。
第四句中初總示據義唯單或有雙者結集翻傳治文不淨何下次別列後二句結示通局
極知費辭意取解了達則後不看文覽事便作可謂稱量羯磨其致在於此乎。
結誥中初二句示意達下彰益仍舉律制稱量羯磨意在明解如前已釋。
羯磨之辭亦同斯舉大德僧聽諸長老忍僧忍者

默然不忍者便說僧已忍作某竟此字已前文義皆通中牒緣本義通文局僧忍默下文義亦通通據白二白四兩羯磨也。
羯磨中初科前後俱通共有五句中牒緣本即三中間通據下簡去單白但通二法耳。
俱通易解莫非謹誦文局義通更牒一兩。
別明中初文上二句指綱要下二句標緣本更牒一兩即下所舉結界受戒對前單白故云更也。
比見誦者受法煩拏頭踵迴互例失求和尚此猶未見疏也若見不致此辭故作法時十人通練片有差

殊卽須訶說，豈唯戒師獨秉斯教，有非不識作業不成，相似比丘滿洲信矣。

次科，初敘過有三，煩拏卽調弄音聲，過拏謂牽引令長也，頭踵迴互卽前後顛倒，過踵卽足跟，例失求和尚訶句脫失過，謂受法中多不牒某甲從和尚求受具足戒，直云今從僧等也。此下斥非又二。初責其不學，故下示其成否。十師通練則成，有一不識則否。無戒滿洲文出大集，形服濫道，故曰相似。

何謂義耶？羯磨法中，誰諸長老忍前，緣本雙牒，長老忍僧已後，單牒根本，勸僧和忍，此義通也。

三中，初科長老忍前卽第二句，後單牒本卽第四句，僧已忍下再單牒本，諸法皆爾，故云義通。

約文結界，此住處比丘為緣，僧今結界為本，誰諸長老忍僧今結界下，直明結相，竟不牒於舊住，此略說緣也。結界既爾，白二同然。

次科，白二中，前舉結法，後二句例通。

受戒亦然，誰諸長老忍前，還誦白中第二緣本雙牒，長老忍後，單牒本云僧今與某甲受戒者默然，不忍者說。此一既爾，白四例然。

白四中，分文同上，且舉受法，餘準例之。

據此模軌，豈有浮亂，然時有煩略者，但翻譯治文不淨，故失翦耳。

四中，初指前可準，然下決通乖異。言煩略者，謂有羯磨第二句單牒本者，如淨地之類，或第四句雙牒緣本，如分亡物付分羯磨是也。理不當然，過在翻人耳。

三增減者。

三明增減，綱須楷準，緣則不定，但不乖義，增減皆通。

有人誦語，一準羯磨，以律本云，當隨文句，勿令增減等。

引古中，彼滯文相，一槩不許。

今解當依義理，不可從人。據前通局門中，文義俱通者，增減不得，若少一字所言無詣也。文局義通中，莫不牒其緣本，隨時立法，多增少略，俱順和法。何以知乎？如結大界卽列二同，戒場小界攝僧義一，豈得二別，何得不列也。準此增著亦得，如五分結場增文同一布薩等，減卻二同亦得，如諸界等結大界字。此不可略，正是業本，如是例知。

四成敗二初標來 二正釋二初明綱 二次示緣二初約唐梵以明

明今中初指所當依義者取中當故不從人者涉偏情故據下正明又二初示綱定言無諍者乖理趣也文下次明緣不定初叙通所以何下舉事釋成且取結界以示可否初明可增減二同之語塲小不列加之不妨故引五分以爲明準大界具列減亦無害反如塲小文皆不列故云如諸界等結大下次明不可減末句指例令通餘法

四成壞門者

四明成壞綱則順成違壞緣則違通成壞

如前文通不可改動事義相纏增損俱敗故文云勿

令違法也

綱中纏猶續也下引律文卽古所執彼則通證綱緣今唯別證綱耳

餘文局中以事條是別標舉應機梵本唐辭翻傳單複隨其意義向寫經中如翻三衣爲臥具敷具略得其相失其本體等故隨其事得應法緣雖少增減不失事義皆得成也

緣中初科初標事別梵下次示理通且舉三衣以明差互猶爲正經則驗緣中改作無過經中卽指戒本若作離衣六年羯磨或梵或華隨牒通得又

二舉他部例三 五釋疑二初標來 二正釋四初問法中召別 二向稱事成局

如說戒布薩互牒皆成故下結示通成但取應事不局文言

故諸部羯磨文義通者並無異辭文局義通部別乖各意可見也如此開張舉例自委

次科諸部羯磨綱同緣別可驗牒緣隨機不局

五釋疑門問羯磨文中前後並云僧聽僧忍中間何以言長老忍者答事達在僧成否在別別須語默僧唯六和假用未彰還從別舉故曰也或有文云大德忍者終問別人隨時稱謂也

五釋疑初問僧是告眾長老囑別故問通之答中

初正答法雖僧秉有一不和則不成就故云成否在別也或下次會異

問如欲辭稱事不成結界稱事云說戒者故知餘法若作不成答與欲前總說事則局故今結大界者後稱事故不似欲中與羯磨欲故律云僧今結界同一住處說等

次問中引前欲法例難結界不當稱事既局說戒不通餘事答中初叙欲法在前總赴一切僧事故云前總今下次明結法結後方稱與欲全異緣因說戒故牒二同據本結法實通一切

三問列二同所以 二、初問答。 二難不牒羯磨 二、初問。 二答四、如文。

所以列二同者，答凡結界意人法須一，故文云同一住處攝人依處，同一說戒攝人依法也。

三中初科問答，即顯二同，舉處舉法，用攝人和。

問何故但云同說戒，不云同羯磨者。

次科問中和法有二，不當偏牒。

答未有說戒不有羯磨，但舉說戒，即義通也。

答中初解意明說戒必兼羯磨，舉一含二，不須重舉。

又有解云同一住處，三業是依，無別眾也；同一說戒，命行見具，無乖法也；表六和具，顯本結也。羯磨別緣，

通爲不一；說戒所及，僧別同持，爲成本和，故云說戒。

次解中初分二同，各攝三和，命行即利與戒也。羯磨下對校出沒，羯磨爲別人所爲兼不一，說戒通僧別，專爲成和合，所以牒不牒也。

有人云說戒明異界詳集也，故律中界外戒場聞疑俱召也，若逃叛者俱有罪失，故云同一說戒。若作羯磨唯同界同，無異界同，以諸界僧不假羯磨，若猶須集，用結何爲，終爲煩慮也。

三中即約通別兩集明著不著，說戒法中界外場上見客比丘，或聞或疑，不求不喚，說戒得成有罪。此制能別也，逃叛有罪此制所別也。

有人言結大界中不牒二同亦成作業，由因說戒故結，隨牒如小界戒場不言二同亦得成就，大界要牒方得成者，餘不稱者悉應不成。

四中元因說戒故牒入法，不因羯磨故不牒耳，非正結事，不牒通成，如下引二界爲例，此難可知。

四問多相不改

問內有諸界相即列多，應須改更，何得依誦，答不須云云。以除內地約身而論，皆是界外，古人有言以相望相，相有內外，以體望相，相在界外，則可知矣。

四問謂大界中或有戒場別界，昔人須於結法緣

中牒除某處，今家不爾，故問示之。答中初斥古煩，約下示今義，但云於此四方相內，已簡他地，鈔中加云內外相內，若準今文，不加爲定。古下引證，相相對望則有內外兩別，體相對望則內外兩相俱在體外耳。

四分律刪補隨機羯磨疏濟緣記卷第七

四分律删補隨機羯磨疏濟緣記卷第八

宋餘杭郡沙門釋元照述記

八法起有無者有人言無也然以造業發生無作與行者心俱謂於心邊有得可得故有業也今此結界非別所爲能作是情所爲非情何有法起誰領繫者故知但是約界集處如律本中界現前者作羯磨有制限者是也謂是作法之處簡異自然乃至衣鉢藥地但曾作法得無罪累非有法起

第八門初師解中初句判定然下申所以又二初敘有情有法無作是所得心爲能得故云有得可

得今下正明無情無法初立理如下引據即五現文但作制限顯知無法乃下例通持衣受鉢加藥淨地等義並同也

有人言定有法起故經論中以作因緣發生無作若作善事發善無作屬善行陰作惡亦爾若無記者不發無作地是無記非情所收然諸結處非心不起地是依報何得不從隨心業力有法依地故徧標內皆有業力

次師中初義判故下準教立義善生經云世間之法有因則有果如因水鏡則有面像又成論云因心生罪福等涅槃婆沙雜心並有明文廣如鈔引

文中初通明業相善惡有記並能發業由是造作故屬行陰無記非業一往且對善惡爲言不無別業如別所明地下正明有無有二義一者標結由心心必發業如咒加物物必成用二者依正二報皆心所成體既相關理須發業

如上五分多論所陳以界威力善神所護能令非人不惱道俗

引證中初科指文如上即前定量中

又如即時中國結界必須三反先竪標結令知限齊

東約惡神不得出故又作法解放之在外然後更結方始永固近僧傳此常法不改若無法力誰能攝持

次科梵僧所傳中梵現行故云即時初結爲一反次解爲二反後結爲三反反猶徧也東約惡神者壇經云惡鬼被圍極苦惱故佛令解之近下示所聞唐時多有梵僧到此彼土以爲常法今時重結蓋準此文有不從者寔陋故也若下反質前義

又善見中依相結已後失界相或掘至水輪或水蕩成坑或停坑內作閣起屋二三層者並名同界不失本也

二引陋處明非等

三明樹集彰兩異

三善見中初段結巳失相或失牓示或失標相而處猶可辨地是上輪土輪下是金輪金輪下即水輪水輪下即風輪今此結法徹齊金輪至水輪際言其極也地上既壞巳無限制坑中起閣猶名同界顯是法持鈔云無也問無作何以不徹水輪答水相虛浮界須際畔要期結地金屬地收水非所期故法不到

若有石山上廣下狹於上結界巖下比丘不妨上法以界是色法依山而下隨其曲直沒入地際水輪方住故也

次段巖下比丘由非同界故相不妨界取標限分齊故是色法（有節法字在下於文非便）由是色法故須附物既至地際顯是業力

又云若戒場上大樹上有比丘喚下作法準此依根在界內故是別非數也若枝著界外地者不犯界外覆內例亦反同故十誦云若結界時樹上比丘衆數滿者不召亦得準此而言樹著界外地也比丘當時在下枝上故不喚亦得餘如鈔說

三中初引論文準下次約義決戒場樹上本是界外而今喚集故約根判界外覆內根依在外不犯

二會釋相違

九明失否二初標分

二隨釋二初失二初引教明失

枝著內地則別故云反同故下會通十誦此彰內地有法明矣後指如鈔見結界篇

九明失否相就文分二初明決失謂棄捨也故十誦云諸比丘捨僧坊去作念不還是名界失文殊問經下至有一優婆塞宿是名不失準此不守即失界也智論亦言一宿無僧是名棄捨伽藍十誦中若聚落屬賊一切界外隨意結之乃至舍利弗共佛遊行過宿空精舍佛言由棄故一切界外應結界說戒

第九門明失中初科初示失相故下引示有四初十誦中作念不還即棄捨也二文殊問經有人不失準無即失三智論可解四十誦中兩段初以伽藍在聚聚為賊奪比丘捨去故一切處並同界外通為自然也後還得之聽隨意結乃下次即身子侍佛同宿空藍正值半月佛知棄失故令結之準上以言皆言失者無人守故善見水蕩計僧並散豈人水下宿守界也今通解云作永捨意所以言失雖非作法僧義絕故作還反意義無失也故四分云治故伽藍不失淨地明知界在餘如鈔解

次科初引相違今下次以義釋作意去還故失不失下引本律證成不失淨地尚存明知界在問泛

爾出去無捨還意，或寺遺火，或僧死盡，爲失界否？答：但無決捨永不還心，義非失法。

泛明不失，略列六種。

次明不失標中，泛猶通也。

一、善惡互解不失。如律云：惡比丘解淨地，令餘得不淨觸，不成等。

別釋中初科，初標示如下，引例。惡心解淨地、觸淨食，佛並判不成。解者觸者得罪。例今大界，解亦不成，故知不失。

二、僧尼互解不失。見論云：於尼界上得結僧界，尼界不失，尼結反上。五百問云：不得相叉。

二中，見論僧尼互結既成，反結例解不成可見。五百問中，彼明尼與大僧共行受懺，尼須結界，與大僧界相不得叉互，恐出僧界不成同法。引此亦明互結不妨。

三、異同見互結不失。如律中，由諍見故，兩無別衆，同界各說，佛判俱成，兩無犯也。

三中引律，即拘睒彌國僧諍不和，同處各說，須各結界，驗成互結。

四、邪正互結。十誦云：僧破，如法者得結界。伽論云：僧已壞，法語者成，捨非法語者，反上可通。

四中邪僧，即調達之黨。十誦如法者，即正見僧。既簡邪僧不與同法，則知邪正各結皆成。伽論法語、非法語，即邪正二僧。正僧捨，正邪既不成；邪僧捨，邪正亦不足，故云反上。此上二種但明互結，反解可知。

五中邊不相領，互結解不相妨，各自足數，兩不相通。

五中既不相足，互結互成，互解不成。

六、失界相及空本界，掘至水輪。

六中失相掘地，即前善見；空本界，即前四分。

如上所引，具分六位，顯不失相。

結文可解。鈔中有五，無此三四兩種，仍開失相空本爲二。

十、明不成相。反上諸門，皆不成也。四分：相接、錯涉、隔水無濟、不捨重結、標相不顯、緣非單複，隨一現者，皆不成也。

第十門，初對前反顯，即上七門，並是作法成緣，反則不成。次引律示相，且列四種：相接錯涉，無中隔也；隔水無濟，闕橋船也；不捨重結，乖本制也；標相不顯，迷分齊也；緣非單複，總括七非，如前所列。此一羯磨衆同之本，隨相顯之，是非略盡，餘者準例。

故重累言終緣四攝校練得否人法處事深須體之如鏡屬物無容私隱冀諸臨御同響大猷故律文云如此比丘利益多人令法久住必反斯趣妄動非蹤彼我同陷長淪諸有故文云遮法毗尼多人不益作諸苦業以滅正法可不誡哉

三結示中初結前十門門之下各有是非如前已示餘準例者下諸結法例皆倣此不復更出故於此處不免重累此示前文須繁之意終下次申誡約初明如法之益人法處事對前十門攝別歸總故云四攝冀即是望響猶曉也猷法也下引律證利他住法爲益大矣必下次明非法之害反斯趣者乖四攝也彼我陷者示所損也復引文證遮即是障損人滅法爲害大矣

上明結成此顯解壞文分爲二初標緣起者由廣狹後起欲張舊界故隨機立教解法生焉

第二解法緣起中先結廣者後欲狹先結狹者後欲廣故云廣狹後起張改也

文解中牒二同解者本結爲在二同今解非二同也何爲不立相解耶結界須識分齊故須標域指界背相一切界外用立何爲

解法中釋文兩科易解一切界外即前十誦中語文中此一羯磨通解有場者以二界不通各行結解無場大界外相一周有場大界內外兩圍及作結時俱是外故更不改張故一羯磨通結二界今解例同可以知也

釋注中初釋一法兩通二界即有場無場也故一下次舉結法例解

此即初義第四門也上明人法二同結解文竟

三結指中義門第四即結解差別下諸結解並以釋中正結解法歸前義攝

二明法食兩同界初標舉可知二解緣中初既二別後欲二同者以法食互缺今即互須取法濟心之法取食濟形之術心形即道之具機至何教不通故佛聽各解同結也

次法食二同注解中初文謂兩寺相鄰一寺有食不行說戒一寺說戒而闕飲食今欲各解合結彼此相濟法以濟心食以濟形形即是色心色二法道所由成故爲道具也

計結之始還用人法前結文中列同說同利者約緣故入法耳如上同住同說也不列同住字豈得別衆

乎。必常途前法，理是正本。後若法食俱豐，律聽解爲二別。

次用法中，初文初明結法，還用人法。前結謂同上，但云四方相內結大界耳。二同是緣，去留皆得。必常途前法，謂單牒前結，除去二同也。後下次明解法。

有人用人法二同結之，亦是一途處分，必如緣牒唱，豈不會本意乎。

次科此師全用前法，還牒住說二同。彼恐不牒同住，容可別眾，故亦下是縱，以同住通含義攝同利。

故必下是奪，謂必牒同說同利，豈不知結界本意不容別眾耶。

三明單法同文二，初標，後緣由。利豐彼此，一住無法。出家所爲，以此爲先，慧命脩延，法身成立，必由此也。故佛聽之。

三法同食別，當法中據文無法，且約說戒，由是眾法之本，攝僧之要。說戒不行，則餘可知矣。

文又列唯食同，此僧制也。本非結界，因前同別，故有事來。

次單食中，初利此僧制者，示法用也。因前同別者，句義相從也。

以正法各明，未勞相請。利養處局，故須周給。由四方僧資屬處已定，不作僧法，理無輒分。要須通和，方得出界用濟窮苦。如僧得施，本通四方，作法遮約，文收現在。四方常住物在，利通還作僧法，方聽僧用。故文中爲守住處也。若不羯磨，輒持出界，若與僧別，同是盜收。故僧祇中通結一界，彼此共用四方牀褥，意可見也。餘如戒本疏盜法中。

次科初敘法食同別，由下次明作法和僧。又二，初明須法之意，文舉得施事義頗同。僧物雖通，分須

作法，仍指緣起。既令守處證知，送彼繼續常住，遺聽僧用。若下二明無法之過。僧別同盜者，與別可知。然送與僧，彼此常住，但無和法，輒移成重。準結知事同情之者，彼知受用，理亦同科。鈔引伽論言犯吉者，且結違法，據文須重，故引僧祇證知局處。餘下指廣，學者自尋。

大段第二結戒場法，約位爲二，初場，後界。初中就文爲三：一謂制開意，二內外先後，三結解法。初中文云：須四十人眾起，乃至作齊限，此開結也。由大界廣遠，僧眾煩多，縱有受懺，數集難尅。然僧和作業，非別能

二釋名二初正釋

二問答二初正問

二引釋二初初師解

成機會不開未爲赴感故因前事便開結之
二戒場法初明結場制意中初點文由下叙意尅
猶遂也無縁大慈有感必赴故開結也
釋名如何戒者通收正行場者揀擇精麤似世諸場
莫非聚結異品收拾勝利結開喻此諸部或名戒壇
中國寺別置之如此郊壇之相每有作法登階就位
也
釋名正釋中戒收正行者以通諸法非專受戒而
得名故場揀精麤者揀麤選精或約擇處或約選
物似世場者以喻爲名世場則聚積珍奇之貨以

收多利戒場則舉行羯磨之法而積大功諸部下
示異名僧祇五百問皆云壇上師僧等問場壇何
別答封土曰壇除地曰場言場則通收所結之地
言壇則別指封土之處善見云外國戒場多在露
地如世祭壇郊祀之所謂國家郊外祀天立壇謂
之圓丘登階就位軌度如戒壇經
問夫立場名謂在作法多者若爾大界可不通作何
故不名場耶
問答中問詞欲顯場界得名所以
有人言大界本爲住結不專滅惡生善故不與場名

二次師解

小界雖暫生善既無方限又非久固作法故沒名不
彰
初解中但叙大小二界即顯戒場專爲作法獨受
斯號
有人言元結大界其實通法但作兩難故不名場戒
場不爾隨集遂成無有乖難所以名也故十五法必
在大界謂受日受捨德衣解界結解衣食界乞缽不捨
中四法爲十二也說恣亡衣此三本制大界難開戒
場自餘羯磨並集場中作數非難故標處勝也或可
各據一位不可雙顯彼已云大此得場名故也

次解有二初約作法難易解前叙大界後明戒場
反上兩難隨集遂成即集僧易也無有乖難和合
易也十五法中受日受捨德衣三法並依本安居
處場非住處故解界還依本結之處不通遙解故
結解衣食四法二結本依大界二解不可異處乞
缽捨懺以須罰缽入厨故戒場非分四法如集法
中上之十二縱有難緣不開場上下三兩通別在
後列除此十五餘一百十九並通場上況兼別法
其通可知或下次約立名彰異解彼此各立無別
所以

文云母論大界圍下明內外先後也卽第二門義

第二門初科牒文母論明內外五分辨先後由大界集難成和叵具故開結之若在界外本非煩務未爲勞也善見母論明文在內故四分云衆中有四人衆起又云此住處比丘爲僧唱相若是外者則無住處

內外中初立義善下引證母論四分卽如文注善見云應先結戒場後結大界若先結大界當捨已更前結之文明先後仍見內外五分戒場初在界外後因賊難聽在界內若欲結者先結戒場後結大界若已結大界者應解已如前次第結之

先後中初科五分文同善見兼明兩義今時有人依光師羯磨先結大界者律文雖有先後由緣起故不卽因此明結法式理如五分不可依人

斥古中初科初示非律下點執彼謂律文先結大界後開戒場據本緣起以立次第理下決正壇經云雖預開空域終是非法之地是也

母論文云直結小界外無大界者不得受具若忘結淨廚還解大界後解小界先結淨地次結小界後結大界祇律雖云在外此制前也五百問云後結戒場而受者如卑公云恐無所獲然本不知同於未制賴有此路得通僥倖卽可謂非分遇福也

引證中初科母論結小無大乖本制故彼第八云差人先結淨地次結衆僧房卽小界也後結大界此則了論圍輪別住也若忘先結淨地解已次第結之此證戒場理必先結僧祇在外同上五分初緣五百問是卑摩羅叉口訣謂於中受戒恐無所獲以本結非法則後受涉疑故云恐也本不知者未見教制非故違故通僥倖者許有得故非分遇福卽

僥倖義也

問淨地加結須作法界如上自然何得忘立答如論所述似順十誦故彼文云大界內不許淨地先有捨之今若作結先結一小界就結淨廚又別結戒場後於兩界外俱分內外相已通結大界如明了論圍輪別住若不如此自然地中終無結理容有處分非所明矣

次科以前母論先結淨廚似在自然故問決之答中初約義釋以十誦中制斷淨地故先結別界於中結淨自然分隔卽彰僧界不結淨廚故云順十

誦也若下結示必然雖處分淨通在自然而論明
作法故非所明
三正加法文中分三作者豎三標下初列子注義張
相位作是言下唱也羯磨者下正明結也
三結解者亦即前義第四門也分文云義張相位
即立三標分三相也
初中且舉大界一場故列三相三體必更緣須諸界
亦隨界立體可以準知盡自然集不云標者以場多
小不越自然必更寬廣終妨後法理不開也然律文
中場中相見卒不能得據此復寬宜從制也

隨釋中初科初明三相緣須諸界謂眾院別房皆
通別結隨有更立不止三重盡下次釋集僧標相
兩集今但依相故須顯意下引律文場界太寬令
從本制即前所引說戒法中比丘在場或求不得
明非狹也
文中小界相者對外大界為言異下三小界也
二中戒場三小體別名濫故特點之必牒戒場義
亦通得相中且約場面向南為言注云曲斜隨稱
者以戒場界不必循壇隨依堂舍故有屈曲
就結分二即結解也問結戒場中何以不言同一說
戒者答本為眾大集難別開結也說戒通制本據住
處場非住故不云說也
三結法牒緣中問答並以結大界法對校不同初
問答中餘法被別故開戒場說戒攝僧制必大界
難開場上非是常儀
問場與大界兩是別住應具二同何得無者答場興
本為作業不在安僧故無住處住既非有故說亦無
大界不爾元對別說別利故彰二同戒場無有所對
故俱無也
次問正明不安同住因兼同說故具舉之答中初

敘戒場不牒有二義一非安僧二無所對下明大
界牒意相反可知
問所以說恣二法須場僧集餘法不須者答此二攝
取僧法位居行淨之人故制界之內外普同遵故羯
磨餘法所被多途無局於時多緣別務若制通集還
復相勞徒有前開終無後益故作法時異界有人不
兩相集所以文中無同說戒
三問據前緣集已明今欲更申教意雖重而別對
尋可見答中初明說恣羯磨下次明餘法所被多
途反上專被行淨故無局時者反上時限定故多

緣別務反上唯攝僧故所以下準通別兩集復決前義大界有通集故牒二同戒場唯別集故無同說既無同說因無同住故不牒二同義益顯矣

有人云縱作法時安二同得如五分結戒場文共住共布薩共得施也

次別解中即前羯磨增減中義五分明據顯知無在彼有三同下加得施即是利同四分同說通攝見利不復別標也

後明解法若如光師前本則以解大界者通捨戒場故彼注云此一羯磨通解二界隨其大小文無偏局

解法斥古用大界法中初文光本已亡今藏中諦本猶存此法疑是光師集用諦本隨大小者小即戒場但云解界明知兩通

然則大界結有二同及解之時牒同作法戒場結無同字明知唯解大界不在戒場義不然也

二中大界牒二同結解相應若用解場解不應結故不可用

有人云場結初無二同理可得無故亦成也

三中此師意謂結場不牒二同乃是文無理有故云理可得無今牒同解義亦無妨

今解不然結解相類大界結解俱有二同小界結解俱無二同故得成也場結無同後解方有解不類結此不成也

四中即舉大小結解相類以判場界雖解不成法須言教豈以結法理有解時輒牒耶

有人用三小界解此亦非義三小俱無其相一席作法如何類耶

次斥用三小中有二不便一不立相二非久固故亦不類

今比諸界反結成解雖非律文有比量故

顯今中初文比諸界者大小衣食莫不皆然足爲準據故云比量

就文爲二初標後法可知問戒場不許僧住文何牒者答住有多種四儀一時之目不可怪也如初結場猶稱住處何況解也

釋法中初問以文違前答故須決破住多種者有示暫故四儀之住明非長久今此所牒止是暫時

下文引結況解因知結法亦暫時耳

問結場既竟須結通界文何明解答立法須也可即依文任時行藏義不連誦餘並準此

二後明大界二、初標分。二隨釋三、初緣三、初不得合河二、初正釋

次文結後明解立法次第諸界皆然故此總決通界即通圍大界答中文雖次列舉用在時耳行藏

即用不用也

二問答

後結通圍大界法中分三初標緣起二相三結初中不得合河結者以水難不恆卒增障集機緣既阻僧義不成徒張拯溺之名終喪乘權之實既無津渡結不成也僧祇中水中有洲五處據標結兩邊水內取三由旬恐持欲渡漂出界故三陸地上隨時大小

二不得相接

後結大界緣中初科正釋為二初示制意既障僧集無由應事故機緣阻也復乖和合故僧義不成也是則如來乘權制法拯濟沈溺但有虛名終無實效故云徒張等津渡即船橋梁僧祇下次引開成五處據標結者彼因摩頭羅國叢林精舍隔河東岸有仙人聚落精舍時二處比丘共結為一布薩界乃至若河中有洲應五處作羯磨(謂五處立標通為一界隨處作法一切盡集)一摩頭精舍二水中三洲上四水中五仙人聚落精舍(此即兩在水中三在陸地也)如陸地道兩邊各二十五肘(謂三處陸地兩邊立標量也二十五肘計四丈五尺)水中亦爾(廣量與上陸地齊也)一時夏水泛漲比丘受欲來應羯磨為水漂出界殆死得出白諸比丘乞廣結界即於上

二相三、初列斥诤非

二顯今正式

下水三由旬作標結界(即移水中兩標令遠也)

問水陸二界互相攝不答如上說竟自然界中兩不相攝僧祇得者據作法言之

問答中欲顯作法自然攝不攝異故問通之答中

初指自然即前緣成明六相中僧下次通作法

不得二界相接者以界體限約各分位局今若連接終非別住故制之也如上相去一肘無有正文約同二繩得分便罷故文云應留中間即空地也

次科初示制意如下次明分隔不定濶狹前引古

師局執一肘故復點古非引文顯正

云不唱方相者今有結者臨時迷事或坐場內通唱三重者或於大界內通唱通結場界兩所者或但唱外相者或但唱內相者雖唱諸相互不周帀者皆謂異界相攝內外通濫三界混亂定斷不成

二明相中初科初通標或下別列有五一場中遙

唱隨界各結二大界通唱通結遙加戒場三四兩種兩相互缺五雖具唱相有差訛皆下總結異界相攝即前二內外通濫即後三或可二句通該五

過戒場大界中隔自然故云三界

界取相分無相非結正法從實無昧彼此可依文云

三結

三三小界二初標敎
二隨釋五初敎興
所由二初正明

二問答

先在場內隨標相集唱場結大界方可召僧出戒場外又出自然入大界內依標相集先唱內相用規空地後唱外相用絕他界然始依結無法不成

次科初叙正制可下次敎依文先結戒場既下後結大界分標集衆各唱各結事既合敎故無不成律無結法集法行用必準誦之在文委曲可如目見也餘如上二同中

三結法中初明用法律中既無別立故令準用無場結法此不重出但指同前故云在文可見鈔加

內字準此不須餘下指略卽前疏家解釋等文也

三明結小界法義分爲五一敎興所由二集僧遠近三無有標相四結解同異五顯張是非初中夫機敎相因同諸藥病凡情易結聖意開之故此三小興唯在難文列僧不和合或不同意者並是八難不合作法故開別結以副情願意可見也

三小界敎興中初文初叙應機設敎同藥病者言相應也凡情易結謂生滯礙不和同也文下次引緣證八難卽同法人情事乖違副卽應也

問如拘睒彌亦不同和如何同界別說開也答此不同彼彼則事見兩乖便非僧義故開別說此見同事別於事不和得成訶別故開別結

問中拘睒彌比丘鬬諍二十年衆不和合同界各說佛判並成今此亦然何須別結答中事謂所作事或忍不忍見卽所執計有同不同見乖則失於六和事乖則礙於衆法彼兼事見此唯局事故不同也相傳但云惡比丘爲難據此所明足知虛謬

二集僧遠近二初標章
二正釋二初明今
意

二集僧處者觀律文相結並外界蘭若自然唯受戒中不同意人未出界者是作法也說戒文云下道自忞文云異處雖當部中無自然界異處下道卽是誠

文道是一界下是蘭若必欲依集可隨當時如上盡自然也

第二集僧明今意中初定結處文如法列受戒作法乃起諍之處界外疾結邊卽蘭若故知三小不開城邑說戒下次明集僧又二初示界相說忞兩緣因在道路遂開各結言下道者在道之下卽以蘭望道故云異處雖當部等者前集僧中四處六相並出他部雖四分無文而小界有義故特示之道是一界卽道行也下是蘭若亦是一界準有道蘭二自然相必下二明依集隨當時者或道或蘭

各有分齊，但道通蘭聚，此局蘭處，卽如本緣無村曠野是也。

有人云：並由難起，未須依界，隨集坐處，卽以爲定。故文云：坐處已滿齊，如是處結之。

引古中，初解，卽準自恣結法中文。

有人言此非正量，不可承準，須依律文，不同意未出界疾疾結之，明知恐同自然，故以界爲限，既有緣難，不比常途，宜用善見七盤陀集之，彼文中云不同意。與此一也。

次解初斥前，須下次示義，依律文者，卽如注引。若

隨坐處不慮他呵，何須疾結，驗知約界，既下引量具如上釋，舉論會同，義須準用，卽顯有難蘭若，唯被三小，此文明矣。

三無標相者，凡爲久固，或無難遮作法，闕緩立相分域，此之三小暫時一席，無有二會，故文云不應不解而去也。

三無標相，初釋爲二，初敘二界須相有三：一久固，二無難，三闕緩。此下次明小界不立，反上三義。且舉暫時，如文制也。

二若豎標相，不可遮訶，隨人卽結，不和不至，故受戒云界外訶不成，訶者，明以集身爲標相體。

二中初二句示立相之過，次二句顯不立之益，以界隨身不和之人不可至，故引證可解。

三者文云疾疾結之，恐遮人出界也。立相容遮，終非結意，餘如文解。

三中準文立義，若立標相，事容遲緩，遮人卽至，結法不成，下指文解，卽第五門。

四結解同異者，又上總門第四義也。大界結時豎相，解時牒二捨之，則解不類結，如上三小結解相應者，一現作非未來，二暫時非久固，三無相爲遮訶，故小

界與人處相相應也。結者成解，餘人不得若起迷方。無由重捨，故佛制不應不解而去，誡有深致。

四結解中，初標指前後，諸界皆有結解一科屬前第四義門，故一一提示。大下對明同異，初敘異前以大界結解皆牒二同，故云相類，此望解時不牒標相，且云不類，欲彰小界無相所以，故躡以問之。一下釋通，初列示三義，反前大界，故下結顯異相。人處相者，處卽界體，下引制解，益彰無相。

五廣張是非者，就文解之，文分爲四：初緣分三界，在文可知。

二釋標處

三明非法二初標指

二正釋二初通明非法

二別解四過三初標舉

二列釋四初非是開緣

第五初指三緣注中受戒一種界內不和潛出界外文不顯處義必空野說恣二種並因道路無村曠野非村蘭若語少異耳注云類諸難開謂如諸戒命梵緣開非難擅行無非正犯

二皆無相下顯標處也並指身以為標體相在身外

二標處中注中三引文證並結法牒緣如後自釋

三今有立相方院下明非法也即第五門義

大小二界緣難有無標相寬狹終不徒立文中羯磨不成者以法事相違也界以標相為體大界無難作法具儀先唱標域後依加結乖不成也小界忽急不

明立相恐訶人至納在相中隨集約身一時唱結有乖斯法理是壞緣

三明非法通明中初標示二界不同如注對顯文下牒釋初通示界下別釋前明大界須相不立則非後示小界無相立則乖法

下明四過者初非開緣專權結小違佛教也如諸難緣界外持欲儉開八事離衣道斷持通九等之流雖是曲被未可常行依法用之則一切智故文云制已更開開已還制義須憑準何得自矜

次四過中初過為二初明違教權猶擅也如下引

二輒立相四初引古所傳

二斥世所用

類為他持欲難緣出界開不失法儉開八事內宿內煮惡觸殘宿僧俗二食水陸兩界不作餘食法此四並開不作餘食耳。由有儉緣不作不犯忘不持衣歸護不及或水陸道斷並開無罪九等即三根中各分三品上根守制專持不犯中下不堪故須曲被依法用者緣至則開緣盡還制開制隨時則彰如來是一切智人也故下引證即迦葉答富那羅之語如鈔記引義下誡斥自賢曰矜

言輒立相者古師傳用自恣圓坐五德在中說戒直立開無眾具故僧祇云行住坐臥悉成布薩十誦亦

然及作受戒相如熨斗柄是中問遮

二中初科自恣對跪須坐說戒隨聞故立二律所明四儀通得古謂說恣宜不立相受戒問難事須立相故云如熨斗柄也講者但云古師三小立相濫矣。

今有人結隨在何處臨時指擬方隅為相然後誦結義則不然三小相同體以身集為界如何於外更立標相必其擅置故引訶人令訶法壞大乖律文終非開意誠不可也

次科初牒非義下轟斥初責其妄判三小同為遮訶不當有異那得小受獨立相耶必下顯過一則

三標文翻破

四問答釋疑二
初問受時行事

法壞二乃違文。
故受戒文云：疾疾一處集，知無異外，一是也。說戒文云：爾許比丘集，知數人外無界，二是也。自恣文云：齊坐結之，知坐處外非界，三是也。受中又云界外不訶，四是。翻是成非，數可知矣。
三中，初別引四段，並彰無外，如注所引。翻下總結若立外相違上諸文，則成四非。
問：以身爲標，外無界內，問難受法，如何得成？文云界外不成受故。答：義須殷鑒，不可氷情。問難前緣，可自依律界外問也。及論請師乞受，必須呼來入界。十人融通，開問納取，一足入內，尚預法儀，何況俱也。如斯行事，內準佛教，外約凡訶，僧有授法之功，前無虛受之願可也。
初問中，律云，受戒人不得在空隱沒離見聞處，及在界外。古師執此以立外相，故引爲難。答中，初斥執計，問下教行事。律云，有受戒者，將至界外脫衣看稽留，受戒因制問難。此即明在界外。上引不成文者，準下決云，此通白四之時耳。二下舉類，即如十誦，一人中間木上坐，足四邊作法，故云尚預法儀，如下結益。

二問訶人倚身二
初立問

二答釋二 初古解

二今斥

三處留文固

問：訶人若來，倚我身界，豈不別耶？
次問若據今師，已無身外之界，欲破古解，故假設爲問。
答：有人言，初結不成，以同自然有別住故。既結界已，雖訶不成，界立爲難，開無訶也。如惡心觸不成觸等。
古解中，彼由立相，故作兩通。初結若來，即成訶別。結已，或至縱訶不成，引例可見。
今解：前後皆成，結齊身坐，正爲絕訶，豈得前閉後開？義不可也。律無開語，何得輒通？如所開遮，不勞身界。既結無外，明不容訶。故文云，得訶人者，謂善比丘在同住地，餘無有文，不可用也。
今斥中，初斥非理，若依立相，初結結後，並成訶別。何得輒判？律下，次斥違文。既下，示今意。既不立相，了無倚身來訶之義，故下引文證，可驗古師妄判無取。
三處留久固者，以因難生，權開加結。難非常有，結寧永固？必又開久，用大界爲。故文中即解而去者，一爲餘人迷相，雖解不成；二爲恐後結界，能遮作法；三爲臨機一數，非爲重集，違斯專制，故乖正法也。
三中，初敘非久，所以用大界爲言，無所濟也。故下

四妄通餘法

三結誥

四指羯磨

準制解責非次列三義一中以界不重結留則遮後違下結斥專制謂擅行也

四妄通餘法者開爲前緣非緣不可妄承行用違拒處多致令受者懷疑良由本界非制故文云非制而制者卽非難而開也是制便斷者不於場界也多人不益謂戒不具足無行可依也

四妄通餘法謂已後續用也違拒多者自陷陷他違制壞法也致令等者彰不成也故下引證律文通斥非法今引別對小界第配三句舉事可明無行可依謂闕行體也

明彼四是練此四非等鏡鑒而弗遺何疑滯於聖化矣

結誥中明彼四是卽今所立一須難緣二不立相三須卽解四唯一席練此四非自昔相承翻成四過或無難輒結或立相開訶或留而不解或通於後法違此是非如鏡鑒物則於佛敎無疑滯矣遺漏也

羯磨文如常者諸本連寫曾不揣量顯晦在時行藏適世卽今場界二所作法尚須邀延說恣之與受儀難緣希聞故略必臨事或有準誦自成故未煩出也

二攝衣界二初標章分科

二隨科牒解二初列義門

二就文釋二初分文

二隨釋二初標舉結方五初須結得否

四指法中文脫標數故多妄節今詳前科明非方畢故以指法卽爲第四初斥古本彼文皆出三小結解之法顯下示今略顯晦行藏卽隨機義下舉場界以數況稀邀延謂集結遲留事難成也場界尚然況三小乎必下指廣律說戒法中具出結法故令準誦後世素師不體此意復出羯磨備引諸法故知隨機之義獨見今宗餘如鈔記

大段第二結解衣界先列義門後就文釋

次釋衣界初列義門卽懸科文相至後釋文隨文卽點

初須結得否二解敎興意三結之方法四約界通局五除結前後

就文釋義文分爲二前標舉結方後牒緣加事

次就文釋標舉結方方卽是法

前中有三種伽藍下卽初門義也界與藍等及界小藍不須結者以衣界自然約藍院起隨有周帀猶開勢分今大界與周院標齊未結衣界院外攝衣若加結竟入院方會何須結也或界在勢分內者亦不須之轉非開故何況界小於院依界結之院內不免失衣用此度之俱不須也

初門。初標義門。界下二牒釋不結有三。初明藍界俱等結則失於勢分。或下二明藍狹界寬但齊勢分結則無益。何況下三明藍寬界狹結則院內失衣。用下總結度音鐸量也。

文云若界大於藍者。即第二門義也。由界寬院狹。未結攝衣界內院外全夏失衣。由結衣界隨僧界內衣夏兩會。豈非益耶。如下緣說。十誦云。若作不離衣羯磨竟齊牆壁籬柵來。僧尼乃至學戒沙彌沙彌尼不離三衣五衣也。

二中。初標示。由下正釋。此明界寬。即出勢分外者。

不結則益夏損衣。結之則衣夏齊益。指下緣說。即緣起也。下引十誦。且證衣界隨僧界義。準齊牆壁似藍界俱等。本不須結。或可藍外別有籬牆等。思之。文略式叉。故云乃至。三衣五衣。且舉僧尼所畜。式叉三眾同制二衣耳。

文中有立無村結下。即第三門義也。

三結法中。此門所明。羯磨詞中除村。村外古今集法或去或留。故曲辨示。

有人言。有村須除。無村不須。何得雷同俱須除也。如律文中無事有法非法不成。無村加有義同此也。

古解中。初解。初立義。有則須牒。無則不須。雷聲普徧。故曰雷同。言其不簡也。語出曲禮。如下。引證。即瞻波文。彼明無覆藏罪與覆藏法。如無病加藥。佛判不成。故取爲例也。

有人言。有村結者。現除懸不結。後村移出。不合攝衣。無村結者。現結懸除。村來不攝。村去還會。

次解不問有無。皆須牒除。但懸不結義未盡理。與今少異。故下斥之。現除懸不結者。以先有村故。現牒除所除之處。即非衣界。既爲村礙。無由預加。故懸不結。現結懸除者。由本無村可容徧結。恐後村

來於中同護。故先牒除。

今解不然。既依界結。徧標內地同有攝衣。不由村來。衣界便解。不由村在。衣界不徧。但村是男女所居。多生染謗。性與比丘行有譏。故制令除之。

今義中。初科。初明結法。不由村聚在無。但下。次明牒除本爲攝護通塞。了此二途。則古今自異。

故律中初結衣界中有村不言除村。村中置衣。後爲緣礙方始除村。此除別緣。不除村體。何以知然。多論前解。無村不除。後遂解云。羯磨法爾。莫問有無。皆須除之。村在不得村去攝衣。

三釋疑二初問答村牒除乖法

二向有無著除非要

次科初引當律本不制除後緣礙者因比丘寄衣村中往會形露懷慚故制此下準判別緣即指染礙何下次引論轉證彼有二解即諸論師意見各異如上所引二師不同即各據彼一解耳但次師未善論意與今不同村在不得以現除故村去還攝以懸結故

問本既無村而云除者豈非無病有藥何成羯磨答此攝衣界在同住地所言除者除衣障礙不除村體故無男女任意著衣豈在院宇本無不結村來必須豈非煩重又若不除便起疑念謂結衣界後村來入

衣則不失故先結除如前結界具列二同可即有說文中須述不妨前結爲成後同衣界亦爾爲釋後除可以類解

釋疑中初問以前古師執此爲例故問決之答中初釋通在同住地此明結依大界必須相應既除障礙懸除於後則是有病作法理成豈下蹋古彰過有二一則煩重二乃起疑如下舉例結顯兩成

問有村結已不得會衣與本無村何須著除無村無結村來障衣與有結同何須著除答爲釋疑故未結之前院內界外不免失衣由諸界故今既結竟車樹界滅疑謂村界亦隨不生爲釋此疑故二俱除村有五義如論故除一聚落界散亂不定衣界是定故二爲除誹謗故三爲除鬭諍故四爲護梵行故五爲除嫌疑令清淨故餘界無情故不須除

四結界通局二初標章

二正釋二初古解約體明不偏二初標古所立

次問有二初有村障衣結須牒除無村通護著除何益此明無村不須牒也二問無村不結之處不曾牒除村來亦障比於有村結者牒則無功此顯有村亦不須除也與猶比也答中初釋通院內界外內外字倒傳文誤也未結則院外自然樹車各立故有失衣結已則作法勢强諸餘即滅唯村自

攝故必須除村下次釋偏除所以五義中初是難護餘並招譏村聚則移徙不常衣界須分齊可準故云定不定也四中第四護己餘三護他上明村界須除餘下次簡餘界不須以樹車等無情染故

四結偏否者

四中前列章云約界通局偏即是通否即是局詞異義同

有人言結不偏界故文云除村村外界既有所除明知不偏矣

古師初科即前所計懸不結者

二引彼誤解
二今解的緣唯不徧四初通十誦
二引文証

十誦云：除聚落及聚落界，結取空地及住處。村及勢分，衣界不生故。善見云：村外界者，中人擲石以還是也。人即解云：十誦結時，現除懸結，以文云結取空地者，即村外勢分也；及住處者，謂村體也。後村移出，更不須結。四分無預結文，故現除懸不結也。

次科。十誦四句，即彼羯磨中牒除文也。上二句同今四分，後二句彼部所加。村下釋上二句，村即聚落，勢分即聚落界也。文既牒除，故界不生。仍引善見示上勢分，即十三步。入下次出他解。彼謂十誦四句，上二句是現除，下二句是懸結。（舊云文脫，合云懸不結者，非。）四分止有二句現除文，無下二句預結文，故云懸不結也。

今解不然，既除聚落，明有所除，結取空地者，僧坊外地；及住處者，謂僧坊也。此內攝衣，餘是所除，故不徧也。

今解中，初文初釋牒除，謂文中除聚但是一向簡除，豈得所除之處復加結耶？結下次釋加結，以界寬藍狹，方結攝衣故。藍外界限名為空地，藍內僧坊名為住處，則知彼文同今四分，那云異耶？

僧祇中，舍衛一布薩界有九僧坊，不結衣界，隨方別

三伸問答二初同衣界二同須不
二問淨地不稱之意

攝。後祇桓比丘詣開眼林坐禪，或於彼宿，恐失衣故，佛令從祇桓及九精舍同結不失衣法，令得安樂住，亦除聚落及聚落界。

次科。僧祇九精舍，彼云：佛告諸比丘，從今日祇桓至開眼林（以林標號）、東方精舍、西方精舍、東林精舍、西林精舍、王園精舍、受籌塔婆（以塔標號）、還林精舍，盡同作不失衣法。彼律亦但除聚，同今宗耳。

問：無村結時既徧大界，可稱同住；有村不徧，應不得稱。答：衣界假於僧界，故稱本住，未必相可俱徧攝衣。或可徧界攝衣，村礙故隔，從本故通，從緣故局。有二釋，文如上通也。

問答中，初問既牒同住，即須徧界，有村不徧應除。二同答中，初引古解，即前懸不結師義，未必相可，言其不徧，可猶稱也。或下次示今義，既稱同住，體必相可，據界本通，從緣不徧，故云局也。有下指前十誦古今兩解。

問：結淨亦假僧界，義非自然，何不稱者？答：僧衣兩攝，雖不相可，莫不用攝人衣同處。若論淨地，元結攝食，障人故不稱於本住。又若稱者，恐成相可，徧有內宿，不如不結。

四會異宗

次問衣食兩界能依義同稱不稱別故問分之答中初明衣界須稱雖不相可者約緣爲言若下次明淨地不稱有二釋一攝食障人二恐徧界有過世人見此便謂通結淨地須除二同然不知前牒二同正彰通結下除堂殿別簡分齊明非相可豈得妄除今此所通自明本宗別結不須稱耳聞聲即用曾不考尋恐後妄傳寄此點示

若依僧祇聚落蘭若通結後因舍衞失火蘭若畏燒衣故急奔赴城中爲人所訶因制蘭若不通聚落四分所結城外僧坊若聚落內是彼廢敎或是兩通既除村界明非廢也

四會異宗中初引僧祇聚蘭通結者即前九精舍涉聚蘭故蘭若畏燒衣者謂蘭若比丘也彼云時舍衞城中失火城中諸人運物出城諸比丘多於城中寄衣畏火燒故急走向城爲人訶者彼言諸不信佛者呵言我等火逼出城避難是沙門等向城而走如蛾趣火有何急事等因制等者彼云佛言從今巳去不聽練若通結聚落應練若處通結練若聚落處通結聚落乃至如前互結得越毗尼罪次引四分會通兩部初約相廢釋城外僧坊者

五除結前後二　初點注

二引證

二牒緣加事二初牒事科判　二依科別釋二初標緣顯示

律因比丘見蘭若好窟聽結衣界故羯磨除村即通聚落乃是僧祇廢敎或下次約兩通釋既制除簡即不相通正合彼宗故非所廢僧祇後結亦制除村如前可見

文中若先無村結下至五分咸有斯意者明結隨界滿村緣故除文極明委

五除結中初科點文示意可見

五分云若本無村結不失衣界竟村後入者不須更結先巳結故若本有村結衣界巳村移出界即此空處有不失衣界若聚落小後轉大者隨村及處皆非

衣界若村先大結衣界巳後漸小者隨有空地盡是衣界準此通前約緣不徧據法從本說名爲徧

二中初引文前明無村現結懸除若本下次明有村現除懸結復分三相初移村出界二展小爲大三縮大爲小有無廣狹隨緣不定驗知除村但除緣礙耳準下次準決前義皆有誠據

後正加法中文分爲二初標緣顯示後依法結解

初緣言厭離者即頭陀比丘厭於世間不樂想也除駃流水者由漂蕩鼓怒會護是難僧界雖攝尚通梁濟文乃無橋義亦通許

正加標緣中頭陀翻抖擻世間有二一器世間二有情世間三界六道同歸苦果知苦斷集故云厭世等駛疾也文不開橋梁準前僧界故云義通律中明開橋梁注中不引且云無耳

就結文中若本有村現除懸結依上五分攝村下地故不同古人懸不結也古人云四分無文結住及空此非解也所以如上若本無村現結懸除準五分中後村來入不得安衣

次依法結解即前義門第四門也結法中初科即釋羯磨結除兩句初有村結法村下之地通爲衣

界故云攝也重舉古非並如前示次無村結法指文可知

故知僧坊淨人男女別院並非衣界非時入者囑授同村亦即食家同宿屏露如是類知若單士女則非村攝但是染情之障礙耳故文云村者男女所居也

次別示中初文淨人居處並是所除故非衣界非時入聚食家强坐與女同宿屏坐露坐此等諸戒皆約村聚並見九十因明僧坊男女別院通諸犯相不獨障衣也單士女者謂無住處或雖有處村相不成並歸染情兩礙下引律文證須住處方爲村攝舊云但士女者有男無女有女無男者非問今僧坊中淨人居處或單有男或獨有女爲成村否答但使俗居通歸村攝若無村處既是染情必須男女或單有女若論獨男則非礙攝

善見云若施不失衣界內僧村中比丘不得者此據緣相明攝不言法通僧界也

二中善見施主施物局處此即懸不結者所執之文故引決之緣相明攝謂有村礙故攝衣界不攝村中非謂結法有不徧也

餘有自然護衣義文在戒本疏就彼開之

三中以自然衣界合在彼明此論作法故通指之

文中結已牓示者欲令後來不迷護衣也僧祇中應牓示顯處令後來比丘知說戒等

釋牓示中初示意僧下引證彼制僧界故云知說戒等等取集僧護夏也例今衣界要知離護

就解文中標法爲二初中先解衣界後解僧界者法儀倫式前後有據不可亂也十誦中若捨大界衣界隨捨者以衣法假本本失末亡而非正則亂倫獲罪又云若捨衣界大界不失者去末存本義之次第爲除疑故文重釋也

解法中次科初牒釋倫即次也下下引示前引頓捨僧界所依是本衣界能依爲末界雖頓失亂其次序違制犯吉又下後引漸捨爲下二句顯示注意準前篇首已明次第此中復注故云重釋若今行事當依次解

四分律删補隨機羯磨疏濟緣記卷第八

於時後二十一年歲次壬申正月初八日至十日抄錄冠科八卷竟手患凍結忍痛振管故字蹟潦艸未能工整後賢覽是卷者願恩恕焉

四分律刪補隨機羯磨疏濟緣記卷第九

宋餘杭郡沙門釋元照述記

大段第三結解食界義文爲二初義又二結護分之

第三攝食界分科中初分義文次於義中文分結護結有六門兼上義文護有五門唯是義說

就結淨中六意分門一制意辨名二列數定體三分自他四院有周缺五法有作否六解結差別

結淨分門中四是懸義二六釋文

初制意者良由在生資報三品殊途故使適化立教非一然則上報堅強風骨雅正知量投乞便濟形苦

林谷是託四海爲寄如斯之徒未假儲貯中八已下形報疎微制令分衛終喪溝壑若不開濟容墜道業如緣中因病致死故開結之初雖約緣終備三等欲使通濟病苦不限康羸道存爲本斯教興也

初門制意中初通叙機教三品卽上中下三根適悅也然下別叙教興又二初明上根依制報堅强者宿善致故風骨正者舉動有儀故知量投乞丙有志節故便濟形苦少欲知足故林谷是託慕閑靜故四海爲寄不爲物累故具斯諸德乃名上行次明中下須開初叙報劣反前諸義不堪上行病瘁而死故喪溝壑也若下次明開益若不開許或望崖而退或中道而廢故云墜道業也下引本緣頗彰教益初下示通被一通三根二通健病問既稟此教豈號上行答或時病緣義通兼濟

釋名者飲食繁雜能生染穢同住看守體乖儀節名爲不淨既加結已隨局處所宿畜既除非咎不起故名爲淨此從緣也非對穢言淨其四儀故方名爲淨一由斯貯畜增貪長慢名汚淨心二外道俗流生譏致謗名汚淨信三既同宿煑能生多罪名汚淨戒四現結集因來受苦報食噉不淨永離香潔名汚淨果

釋名中三初通釋前明不淨生染穢者謂有宿畜等過乖儀節者謂非比丘所宜次明淨義相反可知此下簡濫言從緣者望離過也非對穢者斥妄解也有謂簡餘穢處而名淨故其下別顯以上淨名通含四義汚心是惑汚戒卽業汚果是苦三並自汚二卽汚他今既結已翻成四淨

今通引部別對明開制

次對明開制以諸經律開制互現故須辨示會通教意

僧祇云院內膰汁流巷人訶僧住與俗無別因制不

二示今廣破二初謬彼執畧破

二斥異解二初引古所立

許十誦云初聽白二結地已外道譏言禿居士舍倉
庫食厨白衣無別因令僧坊外作既在露地乞多食
少因制不作淨地作者吉羅先結捨之
初明廢中初科僧祇元開淨地播汁流外播音翻
字合從水汏米汁也十誦初制界外由有倉厨故
遭譏毀審知儲畜本非道儀既下次明永斷乞多
食少謂求乞者多食不足故
有人依此文相曾不須結並為他物淨故
次斥異中初文既依上文祇合永廢乃為他物深
乖教旨

今解不然十誦制斷僧坊無復食厨為靜外譏若開
他淨終負外責一不可也若是他淨則無宿煮今彼
律中唱言兩罪二不可也即四分文云待明乞食此
中都無作食處則相同十誦如何二開楞伽經偈若
有僧伽藍寺舍煙不斷常作種種食故為人造作是
名不淨食如實修行者不應食此食
今破中初文初破自違所據有二不可即下次引
經律證非四分既無食處義同制斷那得妄云他
物開耶楞伽偈文初三句指過次二句示名由為
比丘而造故名不淨下二句制斷準下經文如何

二准十誦教廣斥

界中尚容他物
今準大小兩乘了教明文僧坊無厨不許結淨如涅
槃云聲聞僧者無所積聚大小麥豆若諸弟子時世
饑饉乞求難得無人供須為住正法方開受畜必施
檀越四法依止是正教也反此經文義非所許況復
楞伽十誦明斷不開佛在祇桓尚無厨帳阿難煮藥
在僧坊外可以尋之故涅槃聖行華嚴正願乞食自
資全無積貯諸律初受必準四依如何終老乃捨元
行雖開僧常或是前廢不可師心順情開也
次廣斥中初通示若大小相望小乘是不了義教

大乘即了義教今望淨地大小皆斷通為了教但
在小則前開後廢在大則一向不立此為異耳如
下別引涅槃即四依品文初三句即引前段彼具
云聲聞僧者無所積聚所謂奴婢僕使庫藏穀米
鹽豉胡麻大小諸豆若自手作食自磨自舂種種
非法故若有說言如來聽畜非法之物舌則卷縮
若諸下即引後段時世等四句即是開緣必具此
緣方開受畜雖開受畜要須淨施篤信檀越四法
依止即依法不依人等法四依也楞伽十誦文見
前科祇桓無厨事出僧祇阿難為佛溫飯在祇桓

門邊所謂煮藥也涅槃聖行即聖行品彼明菩薩聞是經已遠離八不淨物出家求道堅持佛戒是佛菩薩所行故名聖行乃至云不畜穀米麥豆生熟食具常受一食不曾再食若行乞食及僧中食當知止足常爲諸天世人恭敬供養等華嚴正願淨行偈云若得食時當願衆生爲法供養志存佛道若不得食當願衆生遠離一切諸不善法諸律受戒並制先說四重四依令遵上行元即初也雖下遮妨律開僧常明有淨地然是廢前後不可用不下正斥。

問如上諸教皆不開結今結前廢如何會通

次問答顯開問中諸教既廢今何復行

答曲逐時機不堪本制便隨開者不無其致有人言諸部不同何有會也大乘則上達可行小乘則分河而飲故知部別且用當宗如鈔序中小持律也必力堪濟通用何疑。

答中初約機宜釋逐猶順也對上根則制益開損對中下則制損開益故云不無致也有下次引據宗釋初示諸律異大下次明大小異上達即大根性者西竺大小乘人分河飲水言其不可同也故下結示用當宗則不取諸律小持律則不用諸經指鈔序者彼十門中第四門後明六師持律第一唯執四分不取外宗今存淨地正宗此見但在彼則專守不通在今則隨時取捨雖同而異學者須知必下復示兼通不必一向也問前引四分都無食處即同他律此復開結何以相違答他部一向制斷當律或去或留立教適機義見于此問諸律永斷與大何殊答小教令行淨命爲絕譏訶大乘乞食自資專存利物據制雖同約行須別

五分中近寺住者施屋與僧作食合藥不得言是僧

屋準此他物淨也

次引文中初文前師望判例爲他物特引此文顯知自別若言僧屋即非他物餘如後說。

母論佛見比丘諍昨日食因制殘宿食及大界內食無淨廚者一切不得食準上結界中界內別結通圍大界則不相容既非同住且得相順此得從文失制意也。

次科母論初引制文有二一制殘宿二制內宿則知界中須結淨地同四分也準下次點前文即結場中先結小界作淨地已外結大界欲彰大界中

不容淨地以順十誦制斷之文雖順而違故云既非等引此亦彰彼論不廢淨地

有人準律論文但是大界雖無院宇與食同住隨犯宿者

三斥異古解古準律論者律中淨地須依大界又上母論亦在大界不約院宇卽犯內宿前師隨處並爲他物此師無院同界制犯前則太緩此又大急莫非任情故須引破

今解言界者是院周界豈局作法縱結攝僧無僧坊院不成儲畜識過則無院雖周成不結攝僧亦是宿

攝能生過故所以律云持食露地賊所持去因開寺內若約界成不應四淨半有離障非唯自然義通作法

今解中初科爲三初立義是院周界謂律論云界乃是院相周帀之界至於成宿但取院相故云豈局作法準文三句初院周界者卽院界俱有成犯可知縱結下卽有界無院縱畜無過與古不同院雖下卽有院無界攝相義强故有宿過所下引證既因露地開移寺內結作淨地可驗露處無過明矣若下反質律有四淨若不約院則缺不周但有三耳又復不周通於兩界故知不爾

問有界無院不集別衆無界有院如何犯宿答僧食兩異何得例也由方相合儲過識生故有罪也法事取和不從識過故有斯異

釋妨中問諸別衆例難無界不當犯宿答中初總示由下別釋兩途各異在文可見

二列名定體者依文釋之就分爲二謂總別也初標舉名題佛言已下顯數相也

次列數定體分科中總卽前標別則後列結解二法總中分二卽文注也

一者檀越淨文中由是他物貪儲不生故直開也義分爲三初處所是他物食具是自許既是俗家我固絕起二處是僧坊食具俗有律云聽作檀越食令淨人掌舉不應自受所須隨索之三處食俱他如今俗設嚫會者是也

檀越淨中初科初敘意義下顯相初云食具卽通器物生熟之者許猶有也固卽是執二中不自受者恐成已物故三中一時齋供謂之嚫會

此之三淨必是眞他不容倚傍濫託檀越若道寺是俗造卽云他淨一切僧坊俱非道有於中盜損望俗

推繩乃至佛法咸無福也財物無在隨施成主何得
仍舊爲檀越淨
次科初明委實若下次斥妄計律中盜損僧物不
望俗結又施入三寶俗皆獲福今若屬俗事皆反
之財下三結責
有人言不結有罪若結難護又言由有倚傍勝不結
者
三中初文彼謂結與不結二皆不可倚傍他物且
得無罪故勝不結
今解不然佛制智明不唯暗塞親知是非罔冒聖儀

非唯反增愚暗更遭不學諸罪於彼宿煮終結根本
何有脫也若言護難可以難而不結世中五欲盛啟
五情橫割斷之得行佛教豈唯食飲口腹之累用涉
言哉
二中初斥倚傍佛制智明言其制法顯了也不唯
暗塞言其不當罔冒也然彼自謂倚傍爲他物淨
故云親知是非等反增愚暗即癡業也不學更兼
無智故云諸罪此二枝條并下根本並制罪也若
下次斥難護佛所立教勉力奉持豈得畏難輒自
除削仍舉五欲責其任情絕欲則能奉教畏教即

是順欲況飲食四塵發欲之甚過患灼然不言可
見啟發也累即是患
疏者立言寧結滅罪何以知耶由結淨地通無內煮
一有益也善者懼罪雖宿有淨惡者慢犯雖觸無染
二有益也結防兩失俱離無瑕如何妄指自貽伊責
三中初通示何下別釋一無內煮對下內宿約人
不定故云通無二無宿觸持戒爲善雖宿有淨謂
結淨已大界無內宿也破戒爲惡雖觸無染亦謂
大界無宿觸也以未結時善者避犯不敢與宿惡
者慢犯與宿成觸今既結已二皆成淨結下雙結

上二句示今益下二句責古非貽贈伊是也
二院相不周淨者由體同空露藏畜心微故也
二不周中初科心隨境轉罪自心生所以處露心
微罪無可結也
文列三相言半有者二方障也言多無者一方有障
言都無者事同空野離障既爾標四例然約文附事
則有十八處據離爲言若二合至於六合或更互參
則多相也通而爲論無非是開可以類解
次科初釋三相注中籬障二物合明障謂版壁帷
帳之類離下指例謂垣牆等皆具三相約下結數

離障爲二并下四種爲六一中有三則十八矣舊記合離障爲一但有十五取檀越淨中三爲十八謬矣上約單歷據下次約合論以離爲頭歷下五種二合至六合有四十五句二合有五（如云離垣離牆等並以半有多無都無三種歷之則一有三爲十五句）三合有四（十二句）四合有三（九句）五合有二（六句）六合有一（三句謂每一句諸物相間不定故）或更互參者如以障爲頭二合至五合有三十句以垣爲頭二合至四合有十八句以牆爲頭二合至三合有九句壍唯二合有三句總一百五句通前單歷則一百二十三句數之可見通下總結

三處分淨者以初成故未曾經宿壍結未多隨人處分即以名也在文易顯

三處分中初文所以不經宿者住處嚴淨事簡省故又復制法有限齊故經宿反上則有白二法也僧祇云新作住處佛塔在東廚在西南僧居二中行來之處又西南也營事比丘以繩量度作諸淨地不得過時善見云應捉柱云此處爲僧作淨屋如是三說乃至一柱作法亦成若已成者召本主語令知淨地隨語作成若聚落老宿召來遣作若教亦得

次科僧祇初定方所西土僧寺門皆東向故塔廟在前廚在後角僧在兩間行來處即大小便處彼多東風故廚廁皆在西南吹氣於後而廁在廚後故云又也營事下正明處分不過時者限明相也善見初明剏造則捉柱作法若下次明已成則召主指授若無本主則召父宿恐彼不解故令教作此約新屋準下僧祇亦通廢寺

四者僧作白二結由住來經久不可處分必須和通依法結之

四中初科一是伽藍非是他物二須院相非是不周三如文叙故須白二結之

據如母論先自然中集僧結淨準僧祇中非羯磨地不得行僧事餘廣如結場界中

二中母論自然如前已決僧祇文證必在作法

文中疑有淨地更解結者謂荒毀僧坊迷謬淨處且通解已結依處分故僧祇中僧俗兩住俱廢二年得加處分

三中迷謬淨處即是失相非不曾結今人準此無論曾結不結例解妨疑若此謂疑則何有非疑處乎結依處分且據久廢爲言下引僧祇示其年限必廢未久還須白二三四兩門此前可見

上明列數也。

第三自他中初一他物明淨下三約自辨淨。

四明周缺者第二不周辨淨餘者周中辨也。

五作法以不初二無法直爾離染名之爲淨下二由加法成隨法明淨。

第五總分中初二無法並通兩界又初通俗住二局僧居。

又就二作不同爲六一僧別異處分別人羯磨僧法

別釋有六初義易解。

二近遠異處分別人加故不得經宿羯磨衆法隨事遠近僧祇支尼梵志爲佛造僧坊佛令彼離先往爲僧作淨厨若過時者名僧住處不名淨也五分佛令先指其處爲淨地置食於中若未羯磨比丘不得入中至明相出言羯磨者即處分之通名也。

二中初分異僧下引示彼明佛於鷲求多羅國遊行爾時支尼耶螺髻梵志聞世尊來作僧房淨厨遣人請佛等餘如疏中梵志即淨行居士之通名并下五分並制不得過時證前局近五分羯磨語濫故下決之（準此五分亦召別法爲羯磨不唯十誦四分）三四及初並是簡人二即是事五處六法總歸四緣。

三一多異處分隨時少多羯磨唯四人已上。

四道俗異處分通七衆羯磨局於僧。

五約處異處分通諸界羯磨局大界。

五中通諸界即自然作法。

六解法異處分口法解羯磨唯白二。

六中處分口法解但云此處不作淨屋。

正作法中結解分二初中標緣由命難故開結邊房靜處者必具二緣乃開結也以道寄淸修食緣煩雜俗中節士尙遠庖厨况出世人奄蒙庸僕誠不可也制在邊鄙又居幽靜意可知也。

第六門結中初科初示開緣由命難者即本緣起律因看病入城求粥城門未開遂致餓死言二緣者即須邊房又兼靜處以下申致意道寄淸修者謂修道託處必在淸曠之所不宜與食同處俗下舉况語出孟子但借彼語而意自別（彼云君子之於禽獸也見其生不忍見其死聞其聲不忍食其肉是以君子遠庖厨）奄蒙庸僕混於賤類也制下結顯欲遠僧處故兼僻靜。

律中應唱房名即是相也今時行事直依羯磨單白四句自唱自結得在依文失於緣唱欲依軌儀白中如第二句牒其緣本理得成也今隨文故略而不出。

恐諸局教或致餘言此是結集缺文或是覺明漏誦又可竺念遺筆此諸結法義有虧緒可不鏡乎

次顯相中初科初點文今下斥異初叙計彼不削立唱相羯磨緣中牒之故云自唱自結得下次今斥又三初指過律本結法白唯四句故依文爲得然既不立唱相則第二句中不牒緣本故緣唱爲失欲下敎加改今立唱相既有前緣故須加句今下示今文初明不加之意局教謂守文之徒餘言卽是識誚此下決文缺所以初推結集過或波離初集或法正分宗次推翻傳過覺明卽佛陀耶舍

誦本西來此方竺佛念對翻筆受諸結界法白並五句獨此缺之故有虧緒謂失於條緒也

文列五衆房者豈僧中院居尼三衆是彼三衆爲僧造房擬自供養仍本造者爲名如毗舍佉母云住我房者當與福饒可以類也

次科僧寺義無尼居故約房主通之仍引事類亦見本律毗舍佉母造房施僧仍自供給既云我房明屬本主當與福饒謂受供施以福益我也

五分列相言通結者故彼文中通僧坊作除僧住處以界內果樹將熟不長若不早結恐有內宿故也又云不得羯磨機架上重屋上乘上作淨犯吉羅亦不得淨地取土置不淨地而云是淨依本地起有淨不淨本土若移無淨不淨僧祇或於一邊二三邊隔道兩邊以爲淨地餘爲不淨皆謂任時量處得淨其心隨其心淨器食亦淨如不知果食在界內等卽此不知是淨心故開成緣淨

三中初示結法通僧坊者牒二同故除僧住者下削簡故以下示開意又下明非法又二初明作法而所加非處亦下次明移土而不重解結不淨地卽大界中後引僧祇以明結意二三邊約相鄰隔

道兩邊卽相對皆下示名如下引證後自廣之

文中在院外遥結者卽解義門第六作法差別

三加結中初標亦是卷初第四結解差別也

攝僧界法同處結成攝食界法遥結乃就何以知之故文云今於此四方相內結故淨地云僧今結某處也所以然者僧界衣界攝人同法同處食界不爾攝食障僧若人食同處加結之時相中不便故遥唱結

次遥結中初文初示僧食不同何下引文別證並羯磨緣所下各推所以初明僧界同處仍兼攝衣以同僧故次明食界遥結

二明同處亦成
二向不豎標相
三東廂廚房

又解必同淨地復有何苦法自簡處豈同不得故作結已雖有宿觸止壞食具不損淨地結解有法穢染有罪兩不相干同處成結縱列某處牒相爲言

次科初反前義苦猶害也故下次約宿觸結解對顯不同縱下決前所執

問結淨地中不豎方相者答古人不尋文也如上已明須知分齊護宿煮過何得不也古人有言以食望僧是攝是障謂僧食兩望也淨地結意攝食障僧恐相染汚又云以僧望僧非攝非障謂僧住望淨地也作衆法時同須赴集唯攝宿煮不攝別衆可不然也

次不豎相中初問由古不立故假問通之答中初斥古如下顯今指如上者即顯相中古下引證此則別有一師立句簡辨二界同異今此取證各攝分齊文爲兩段前段初二句引古謂下今釋謂以淨地望大界則各攝不通也又下第二段初二句引古謂下今釋謂以大界望淨地則攝僧義一也

文中結東廂廚院者若準律文但言某處如僧祇中則在西南今準方土所尚無施不可祇桓諸寺門並東開中梵尚日初方故門在東爲上又多東風吹氣散也此土言方亦以東始尚於陽氣以定北辰爲中

三向答五初向結竟不開內宿
二向制宿通同不結

故東爲廚也故智論云隨俗無過不可以晝爲夜也

三釋東廂中初示諸部不通四分不定僧祇如前今下次明隨方安立初二句通示祇桓下別釋初釋西土尚東一爲尚日二則東風寺門東向故廚在西南二明此土尚東四方四時皆以東爲始以北爲終以定北辰者爾雅釋天云北極謂之北辰郭璞曰北極天之中以正四時然則極中也辰時也以其居天之中故曰北極以正四時故曰北辰然此土寺門多是南向尚於正陽故廚厠宜在東北亦以多南風故也故下引證彼明佛法不免從俗但不從彼見且如晝夜是世俗定法豈得不隨耶

問結淨地竟定無內煮何不開宿答宿是隨人不問淨地不淨地有人則犯無則不犯煮是隨處不問有人無人但是大界即犯內煮

問答中初問宿煮義則須問分之答中內宿隨人兩處俱犯內煮隨處唯局大界

問結竟不得宿與不結何殊如何開者答未結通界犯結竟局僧住故有益也

次問淨地不免內宿結有何益

問既不得同宿亦不得看煮答看煮非罪緣同宿是本制故異也

三問謂暫入看煮亦應不得

問結竟無宿煮得開惡觸及自煮不答亦緣異也宿煮停貯過也餘二造作過也造作非儀相淨法所不防

四問欲分四罪差別答文皆易見

問夫開結者爲免過也今在中宿尚不免罪若爾說淨加法已亦應不合畜長造房耶答制法不同爲益而起開閉合度故云知機

五問初領前若下正難說淨對畜長加法對造房即與處分也答中初二句正答立法益物不可一例下二句結歎佛號知機良由於此

就解文中雖非律文而開解故準說無苦

二解法中據律有開無法翻結爲解故云準說

大門第二義明護淨五門別之初翻染法二護守法三罪通局四相覆墮五淨生種

第二護淨此下五門大同事鈔科釋引用廣在資持此中隨文略點而已

初中四位一緣不淨二緣淨三體不淨四體淨初一須翻餘三不須加遇緣觸宿染穢由生律制儉開乞求易得私順通文便自宿煮縱實依難遇豐須閉因循不絕是緣不淨或可時沾緣淨扶持器具之例後須息心仍事不歇或縱心把捉謂無罪累知而故爲並須翻也

初門緣不淨中初科五種初遇緣觸宿二律下無緣輒開三縱下因開不制四或下緣罷不息五或下愚教慢犯

五分有諸木器常用行食肥膩不淨以瓦石揩洗破壞僧器者應沸湯灰汁洗之

次科五分如上觸已須洗翻之

僧祇云銅器淨洗用木器受膩棄之不入者削用餘有米麪醬醋之屬隨用少許於六衆中展轉博之後得本物即名爲淨物不定主隨屬故得

僧祇中初翻器具餘下翻食物謂物衆多不必全換但取少許易已投入其中縱得本物亦自成淨此法極要宜乎準行

二緣淨者如僧祇中忘悞觸捉僧家麪食或遇時緣船車載物得在上住

緣淨中初科僧祇二緣皆非意故

又如十誦淨人執持釜器泛物得爲扶佐不許傾側

　十誦佐助事止須息

四分中惡心觸食令諸得罪不觸自淨或器在雨中聽覆蓋等及時世飢餓人相食者開內宿內煮自煮惡觸僧俗二食水陸兩果不作餘食此爲八事義兼不受殘宿二罪壞生一種文開內噉爲命難故不開外損爲靜世譏濫故不顯若値豐年乞求易得猶順開者如法治之

　四分三節初惡心觸佛判觸者得罪不觸者成淨二或下覆器觸律云若酥油瓶不覆無淨人者自手捉蓋懸置其上卽緣淨也三及下儉開八事又四初敘緣開下列八事上四相別二食兩果同開不作餘食總有五事所以分者由本緣起四物別來故此下示罪相惡觸內宿則兼不受殘宿既開自煮義兼壞生文開內噉謂果菜爲食不開外損卽斬壞草木文中若列恐謂俱開故云濫不顯也

　若下明還制順開成犯卽屬前科

斯等廣文如鈔備列緣會須開緣靜卽閉前雖宿觸開故無染不須翻也

　二中指鈔文見四藥約緣開閉大同於此前下決

　上緣淨無染不翻

前門不應爲而爲此門應爲而不爲兩乖法綱雙獲一罪

　三中上列諸緣涉於兩門故須簡辨如儉開緣既遇豐年不應宿觸而反爲之卽不應爲而爲也先雖開聽今須還制而反不依卽應爲而不爲也前是作犯此卽止犯雖復兩乖同歸宿觸故云一罪

三體不淨者如十誦多論販博財食治生道人所獲福會罪過屠宰雖不宿觸義不聽用乃至造像不合興敬縱使施僧亦不合受以心隨之續作不絕本不許翻縱翻終染由心在故若身死已後都收入僧以心絕故

　體不淨中初引十誦身雖出家經營爲活故號治生道人以所得財求福設會持戒比丘不得受用罪過屠宰者彼云屠兒止害一生販賣一切皆害故造像不禮施僧不受以下出制意本下示體穢

　若下明死已入僧

四者體淨如十誦中比丘食竟以食不淨鉢與淨人彼洗竟還置僧器中由一心與故名之爲淨又與沙彌擔食後沙彌得已還與比丘以先不共要隨施取

食五分中自食殘者施淨人已明還施者如法受之皆謂決心棄捨無再畜心故得

體淨中初科十誦初明決與淨食不淨鉢者謂已用食者又下次明互易淨彼隨施取食下有反此不得一句謂若先其要卽非體淨五分明還施者謂淨人不食明早還施比丘得受皆下通決上文如本新淨器物柴水衣帛本非飲噉觸宿非罪水是大開何得有染

次新器中初科諸物器分新故餘則不論明了論水名大開量不須受故

僧祇中比丘洗不受膩器著水然火既涌沸已令人知之著米安中不得更然並使淨人待重沸已如法受受然後重煮

次引示中初科僧祇不受膩者卽是新器不得更然護自煮故受已重煮同溫食故

今多有人好心然火致觸僧器皆是自煮律開然火乃是未下米前又是淨器故也今時並膩膩是食餘有觸煮者律塵通染故不許

二中初叙非具有二過一則惡觸二則自煮律下顯過律卽僧祇雖開然火而非觸煮今則反之違教有罪

如上僧祇知水器等無膩體淨僧器新淨有觸無翻以異別人故觸獲罪體無膩染翻何所翻

三中初準前文僧下決新器以下二句釋上有觸體下二句翻上無翻

有人言僧祇律中船在水中車駕牛時比丘雖觸無罪體淨今解不然此由牛水緣來故開緣去便染不同水器當體是淨無緣來也

斥非中僧祇彼云若船上載穀覆以蘆席比丘坐上不得問名字若大車上載諸穀上覆者得坐同

上古謂體淨今判緣淨如上所列牛水緣來者彼文云若風波漂船在岸一切不淨繩篙不離水名淨又云忽卽車翻離牛者一切不淨若牛繩尾未離車名淨準知古判不足取也

二明護掌法初護內宿者如五分使人於不淨地洗菜未竟明相便出不犯以無心故四分中客比丘持食來覓淨地未得明相卽出亦不犯者據本無心與食同宿忽經明相未是罪緣故開也

二掌護法內宿中二律經明皆開不犯並約無心通之

內煮自煮無文開護由煮緣時長不可耆縱故永閉也唯除荒儉口法盡形餘無通處

二中初明示制二煮緣長無容忽忘唯下次明緣開儉緣如上及加口法盡形一藥已外不開

惡觸一種如前緣淨諸律通開必非難緣寧死無犯由輒觸捉失聖儀故如五百問中昔有持戒知事比丘以性急故指揑僧器令收掌之後墮噉糞鬼中云云如彼又智論僧護諸經盛明業相云云

三中初示緣開必下次明制約初出制意失聖儀者鈔云爲現大人相故三世三聖並不自作等如

下引誡五百問云云者彼又云五百餘年不見漿水正欲趣厠護厠鬼神打不得近等智論云若沙門福田食以不淨手觸或先噉或以不淨物著中死入沸屎地獄僧護經彼因僧護比丘遊海邊見諸地獄多是迦葉佛時比丘觸汙衆食不給客僧等罪故受此報文有一卷須者看之又護淨經云由有宿捉等衆僧食不淨後墮臭屎池中等

三明通塞者藥罪分二

三明通塞復開兩門初分四藥對四罪有無後隨一罪中用四位簡辨但有罪爲通無罪爲塞用此尋文昭然可見

前明四藥者據論時藥定具四罪即內宿內煮自煮惡觸也由貪報是強貪貯又甚

初時藥中貪報強者氣味殊越故貪貯甚者日別常須故

餘之三藥不加法者事同時藥

餘三藥中初科同時藥者具四罪故

若加法者惡觸一罪開於非時及七日藥若越其限則非教也

次科非時七日中惡觸開限內已外則不開

古師云七日加法開內宿煮此無文也僧祇七日寄

僧淨地則有宿煮明矣

宿煮中初引古判欲彰自任故責無文下引僧祇旣安淨地驗知古非文明七日非時無宿內煮同開

自煮一罪義亦不開若變生者則失受不淨何得後加若不變生重煮非犯猶如淨地無內煮也

自煮中初義判若下釋所以自煮一罪唯局變生失受成觸義無再加熟物非犯引類可知

四分文中但解盡形開四罪故七日不列明不開也

若未加法、例不許之。故僧祇自煮薑湯不得飲也、謂
是生者有變熟故、必是乾者如律開之。
後盡形中有二意。一顯四罪通開、二證前二不許。
若下遮疑。恐謂未加亦通開故、僧祇薑湯不開自
煮、與上相違、故加義決。
此聖言量、不可輕也。生涯漸迫、日月逝矣、徒恣口腹、
死終不隨、可謂心師、於此見矣。余常覩行德諸僧、康
健之時、清擧高世、及乎疾苦、知何不噉、保命如斯、終
歸後世、無識之儔、未曾隱括、排斥教網、希貪口腹、爲
之陷溺、如是長劫、誠可悲矣。

結斥中二、初指教以勸、生涯迫者、死將近也、日月
逝者、年光速也、死不隨者、棄其所養也、可爲心師
者、勸其自勵也、余下指事以斥、初叙其乖謬、保下
歎其愚暗、無下責其毀教、恥躬不逮、輕貶律乘、謂
爲小教、不披聖教、故未隱括、陷溺長劫、無出期也。
二明過中先緣後法。
次明罪中分緣法者、緣即四過成犯之緣、相法即
以罪對四法之通塞。
初約緣明、且據內宿、四分文不了。
初緣標示中、四分但列罪名、而不明人位差別、故
云不了。
如十誦云、其三種人同食宿不應食、食得吉羅、初其
比丘、謂與同宿也、二比丘僧者、謂一具戒者同宿、則
通一切皆被染也、如四分殘食戒云、今日受已、至明
日一切沙門釋子受大戒者皆不清淨、此通僧也、或
釋疑故、如衣不淨犯起別人、謂食同此也、衣有別屬、
食味是通、故一切染則通餘也、三共與學沙彌者、由
行違體順相同故染也、尼中有四、加式叉尼同宿同
罪也。
十誦內宿中、初科、初總示、初下別列、其比丘者、即

約別人自染已食也、二比丘僧中二、初約通染釋、
謂宿約別人、犯通僧故、下引殘宿類顯通僧、或下
次約釋疑釋、衣別食通、恐濫須出、三與學沙彌即
學悔也、尼中三並同僧、唯加式叉。
故彼文云、言內宿者、羯磨結淨地已、僧坊內宿飲食
者是、若取後制、義通淨地、約相從文、違教無宿可知
也。
次科初引文、若下義決、上文但云僧坊、後制須通
淨地、據文似淨地中違教不犯、故云約相等。
十誦又云、言內熟者、結淨地已、僧坊內煮飲食者是。

文言自熟者，大比丘自作，如上三人互不應食。言惡捉者，未受而觸是也。比丘自取果與淨人已，而從受噉，制犯吉羅，名惡捉也。

後三罪中，初明內熟。熟即煮也。文下亦明自煮，指上三人，即比丘、僧及學悔也。言下三明惡觸有二：一直爾自捉，二捉令人受。

多論：其宿三種：若受食已作已有想，不共同宿，經宿吉羅，食則犯墮；若自捉食名惡捉，捉時吉羅，作已有想，經宿亦吉羅；若食不受不捉，作已有想，經宿吉羅，食亦吉羅，此內宿也；若食作已有想，縱不共宿，經宿吉羅者，以心貯畜故犯。四分無文，義豈通許。

多論中，初通示三種。初位準彼，合云共宿不共宿。今文寫脫。其宿犯吉，即內宿罪；不共亦吉，如下自明；犯墮即是殘宿，以先受故。二中經宿吉者，即內宿罪。三中亦然。初受，二捉，三不受不捉，歷句次第，在文可見。古記以後段別釋文爲第三者，非。若下別釋初位，雖非同處，已想不殊。

後對法分別者，約位有四：處、時、人、食也。

先以內宿約處明者，不通他物及不周地，由偏坊界俱是開故。餘二淨地，若僧坊無人，亦無宿也；有人不開於淨地。二淨有人，不免內宿。就時要經明相。就人在三。據知故犯。律云：遠來持食，狗啣在界內，風吹果墮，皆無人知，是食淨也。就食二種，長足則犯，未足則無，以生相相連，運運動故，自散種子，後生非罪，不可言宿。

後對法中，四罪各以處、時、人、食四位簡之。內宿對處，他物不周二並無過。餘二淨中，內宿約人，故僧坊有物無人不犯；淨地食處有人不開。二淨即處分、白二也。就人在三，如上三種。據知犯者，罪隨心故。引律三緣證上。須知遠來持食，即客比丘入界，覔淨地未得，明相忽現。又律云：時有狗從淨地啣食至不淨地，諸比丘白佛，佛言淨。諸鳥獸啣亦爾。風吹果墮，如下自引。食取長足，種子已變，未熟非犯。

二明內煮。就處不通四淨，以法加簡，故開煮。一作法外，僧坊院中，便有惡也。就時通晝夜。就人通前僧。就食通生熟。並可類知。

內煮中，就處他物不周通界並無處分、白二，須簡內外，故云二作法外等。惡即罪也。時、人及食三並通者，皆有犯故。通七眾者，據能煮爲言，若論所犯。

局上三人。
三明自煮就處通坊淨。以乖儀式譏過同故。就時通晝夜。就人則局僧中三位。尼則有四。就食但局生熟。則開重煮也。
自煮中。處時兩通並有犯故。人食各局。以下衆通造受熟食許重溫。
問。律開式叉尼為尼造食。又過受等。今云何閉。答。如上所論據行儀也。有沙彌尼理須令作。必無開造。如儉開緣。
問中。上云尼有四人。式叉在中。違律故問。答中據行儀者。即本制法。有人不許。無人故開。

四明惡觸。就處通坊淨。就時通晝夜。
惡觸中。處時可解。
就人為論。具戒有三。一不受而捉。如上十誦多論所除。二膩勢相連。如十誦中手巾裹鉢日須一洗。由食膩塵能染後淨。三任運失受。何者是耶。時藥過中。受法自壞。餘之三藥。不加法者。類同時藥。義加口法。各越所期。本觸名觸。
約人成觸中。初科。一中指上律論。即前緣中除。即簡也。二中。膩染後淨。即汚觸也。三中。四藥過中。三藥過期。皆有失受惡觸。義加。義合作。若本觸名觸。謂本開觸之物。今乃成觸也。
淨人有一。謂膩染觸。由失受故。自執令授。前食汚手。又觸餘淨。故唯此也。若如法授事同新受。洗手加者。此淨人手。不須洗穢。
淨人一中。初明非法。前食汚手。即前殘食汚淨人手。若下次明如法。謂不自執。直令淨人授之。比丘洗手再受。淨人不須洗穢。以如法故。
又就比丘是觸非犯。一為受而觸。如行羹飯等。二遇緣失受。如多論中淨人來觸。更加法等。三破戒故捉。律云不觸者淨。四持戒悞觸。如上緣淨。

次不成中。初科四緣。二中觸失更加。再受而觸也。三中。即諸比丘相嫌故觸之緣。四指緣淨。即上僧祇忘悞觸捉等。
重張四句。一觸而非惡。如律中忘不受果持行方憶。見淨人時如法而受。二惡而非觸。如文欲令他得不淨食。故於沙彌邊觸食等。止坐觸者不觸得噉。三亦觸亦惡。即怠墮奉持隨造者是。四非觸非惡。清淨食也。
次歷句中。初句忘故不惡。纔見淨人即應置地。從

三就食

四相覆墮二、初正明

二問答二、初問

彼受之二中卽上破戒故觸也。沙彌受食故往觸之。坐卽坐罪。三四可知。

上約人竟。今就食論。通其生熟。故律中自種菜生。以變動故無宿觸也。

食中初明通犯。故下別示生物不犯之義。雖曾手種變故非觸。

四相覆墮者。若非淨地有諸果菜未長足者。運運變易未可論罪。隨取及時將入淨廚服用無過。縱就捉觸但名壞相由色變故。不名惡捉以本生故。坊淨兩處互生互覆。依此本地有淨不淨。不依所覆說淨不淨。

四相覆墮。初科初明大界生物。縱捉觸者。謂未離地時。坊下次明二界互覆。並依根判。故云依本地等。律云時有樹根在不淨地枝覆淨地果墮淨地。諸比丘不知爲淨不淨。佛言若無人觸自墮者淨。又云樹在淨地果墮不淨地。比丘不知爲淨不淨。佛言淨。

問。何故律中作意墮者說爲不淨。

問中。律云若風吹雨打獼猴諸鳥觸墮者佛言若不作意欲使墮者淨。反顯作意則是不淨。若云約

二答二、初釋通

二引証

五淨生種二、初牒章分文。二隨文別釋三、初制意

根。何以律據作意判耶。

答。此謂非淨地果長足既久作意欲墮有貯畜心便成內宿。故說不淨。若不作意則無心畜長足自墮不成同宿。

答中初科。一是大界。二又長足畜心故犯。無畜無過。

律中風吹鳥墮聽食無罪。五分云。非比丘所爲見果落非淨地。使淨人拾聚經宿白佛。因制不知地非淨聽食。若知不得食。又不得樹上得果。試看生熟便獲罪也。

次科四分如前。五分非淨地卽大界。約知不知判淨非淨。又下亦五分文。試看獲罪者準鈔卽是惡觸。此據已熟爲言。必未長足準前但名壞相。則非惡捉。

五淨果菜法分三。制意處人作法也。初制意中明了論疏云。諸外道等謂草木中有命根想。律中亦爾。若不制者則爲輕訶。令彼獲罪。又與白衣無別。不生恭敬。故便結斯戒。又外道法中有火刀兩淨自傷鳥啄爪壞則無佛制淨法高勝於彼。皆生深敬。故有斯益。

五淨生種制意中。了論初爲遮謗。又下次異白衣

彼無淨法故。又下三異外道。彼有兩淨。佛制五法。故有斯益。通結三意。

二明處人不同。義張四句。初人果俱淨地。大善如法。二人果俱非淨地。成淨不得食。以內煮故。不妨及餘眾。三果在不淨地。淨者在淨地。若以刀火爪作淨成淨不可食。爪刀雖非內煮。以非處故。四果在淨地。淨者在不淨地。成淨得食。後之二句。依十誦文也。

次處人中。初二句可解。三中三淨俱不得食。刀爪非煮故。下通之。四中人雖非處。果非內煮。故得食之。後下指所出。前之二句。諸律皆然。

三淨法不同。四分藥法中。十種。五種淨。種淨。根。廣如鈔。

三淨法。四分中十種。是總標。五種淨。種淨。根。是別示根種各五。即為十矣。淨種五者。一火。二刀。三瘡。四鳥啄。五不中種。（謂不堪為種也。）淨根五者。一皮剝。二削皮。三腐。四破。五瘀燥。（或黵瘀。或乾燥。）

僧祇中。果核者。火淨已。聽食。若但皮淨不火淨。食核者墮。若火淨不皮淨。皮核俱食。俱不皮火。一提一越。要須俱作法。始成無犯。餘如鈔說。

僧祇初通示。若下簡辨。有四句。初句食核墮者。即壞生故。若下。即第二句。以火淨通壞相種。故不論異。俱下。即第三句。二俱不淨。雙結可知。要下。即第四句。二俱淨也。下指事鈔。四藥廣之。

五分有十種淨法。大同四分。加水洗法。律中。水洗蓮根菜即是淨者。如初生蓼蘿等。未有節故。且從根種。如洗有節。方從火淨。

五分初指同。加下示異。本律十法之外。亦有此法。即水洗為淨。下簡蓼蘿。即蘿勒蓼。似今蘭香。猶有節者。即是節種。故加火淨。

母論中說。水所漂者。塵所坌者。此並相滅。不可壞種也。

母論。水塵壞相。終須火淨。

僧祇云。多果同器。隨一被淨。餘者通成。別則不成。必須相及。故甘蔗著葉。莖莖淨之。無葉者。合束成淨。準此。一盤生菜相種和雜。相已洗淨。種未火觸。縱火觸相種。猶非淨。相種相隔。又不相通。例餘蒿草有隔非淨。

離合中。初科。初引文。別不成者。謂不同器。不相及也。甘蔗有葉。以相隔故。須逐莖淨。無葉相及。故得合淨。準下。義決相即莖葉。種即結實。由為葉隔。種二了論二。初引論四句。

二引疏別釋

須別淨。
明了論中有四句。一自加行淨者。非言自作成法。然自作有益。如果子一聚若未淨者。但食皮肉。一一吉羅。食核一一提。若以火觸聚中一子。止得一吉羅。餘皆成淨也。以成淨故。無一一吉一一提。豈非利益。乃至爪淨例同此也。二他加行淨。三自他淨。其淨人作故。四非自他者。物若自傷等。是此四種淨。不但約一物成。於彼聚中若一被淨。所餘皆淨。

了論四句中。初總示。二下別例。初句比丘自作故云自加行淨。止得一吉。卽自煮罪。若但刀爪。但是

壞相。若據自煮。本不合食。鈔引十誦除火觸者。準是開法。義非常途。二他加行。卽淨人爲淨。易故不明。三四可解。此下通結。非但一物成者。謂不獨觸者成淨。隨物多少。一切皆淨。

疏解云。如一聚桃李。火觸一已。餘皆成淨。或以刀破爪傷一子一相。一聚亦成。餘皆例爾。作淨之體。本以爲法。非永不生。故曰淨也。但成儀式。名沙門淨。

疏解中。初釋通淨。一子一相。子卽是種。餘皆例者。上文且舉桃李爲言。自餘諸物。皆可例說。作下次出淨法本意。既但名淨。但是作法表心而已。欲彰沙門動有儀法。如上制意杜絕譏訶。簡異外俗故也。

四分律刪補隨機羯磨疏濟緣記卷第九

四分律刪補隨機羯磨疏濟緣記卷第十

宋餘杭郡沙門釋元照述記

諸戒受法篇第二

釋受法篇篇目中若據本文始於三歸終至尼受法有多種如疏總括不出四位故云諸戒受謂所受之心因法即能授之儀式如疏自解

就篇分二謂標列也初又分二即標釋也戒法有幾而言諸者約人則七眾不同約體則四位階級故二眾大受為一位同奉具戒無願也二眾沙彌為一位同奉未具有願也兩部在家為一位同奉五支之戒

也淨行信心為一位同奉九支齋戒也由體同故根轉戒存報殊儀異就緣類別故曰諸也

本文標題釋諸字中初科初牒問約下釋通又下初總示人即受人體謂法體故下列別四位每一位中各兼男女餘三則人法齊等第二則兼收式叉七眾備矣初云無願已獲具足無願求故問道定二戒豈不欣求答今此且望別脫中極定道心戒不假緣受隨功自感故非所論問準善戒經比丘具戒為菩薩方便豈非有願答心雖企求教有分齊且據當教故云無願二明沙彌有願反上可知三在家五戒不斷正婬但名婆塞簡下八戒未彰淨號四九支者若據諸教皆名八關剋實有九故云九支由下通結上二句明體同故合根轉戒存通該四位男女互轉不復重受可驗體同下二句明緣異故離文列受法一一位中各有不同至下自見

問式叉別位理有異持何不在者答今據體論如上分四式叉增其學法據本但唯十戒如何知之以轉根驗還同沙彌也

初問中以前四位獨遺式叉故須問決重加六法

出過小眾故云異持答中初指前通答式下顯同小眾既云增學明不發體鈔云六法是其學宗戒體更不重發還約轉根證同小眾

問體同沙彌自有常學何須增法有違缺戒答由於女報性涉虛羸即授具足恐有輕犯故增戒法加輔靈神必事陵踐隨法更學

次問中常學即十戒也六法制行二年中間有犯還復從初故云有違缺戒答中初敘報劣故下次明制法輔助也靈神即心識下云六法練心恐輕犯故二年練身恐有胎故

所言戒者謂禁約止善爲宗雖有作用終須謹攝有越常規無非制約故云止也有人言防非禁惡爲戒者非無一相然佛有戒未必防非戒通善惡不可偏解餘如別顯

次釋戒中初示今義禁約言通止善名局以局簡通卽知善戒由止成善故云止善雖有等者會通作持依法離過還歸止攝則知止善通收二持有下斥古解初引古非無一相但得止義故然下正斥上二句斥防非戒必防非人何有犯故知須假行人隨中嚴奉始可離非故云未必也次二句斥禁惡屠獵所持亦名爲戒今云禁惡但局善戒故云偏解下句指廣卽事鈔中卷戒疏初卷也

所言法者法謂楷模凡所準酌咸有緣相故也

三中初示義凡下指文下諸事法散在教文今師詳括布列成儀緣謂成緣相卽法相

所言篇者謂章句分齊之名自古無紙用竹編簡韋連束之隨章爲束卽號爲篇故字體猶存竹也後漢蔡倫方擣樹皮爲紙初也

四中初釋名自下指事簡卽竹片韋卽皮繩擣皮爲紙起自後漢故云初也

所言第者謂是住處王侯之宅從此得名篇次在此故云第也

五中俗中第宅鋪皆取居處次第之義

所言三者從文其實次二約義乃是三前

六中從文次二謂從初集法來卽當第三約義三前謂從正宗來卽當第二

不覺順世間言故得勸茲消判餘前後文可從此例也

示意中初點前言不覺者明非意也順世間言者隨俗諦也勸約也餘下指例前後九篇宜同此釋

所言戒法理通下釋成俗受也古來集法多創在家便製疏云律制內眾不被外部今據律文通收清信禁束三業爲道階梯理須明練是非通塞成敗何以知耶如來設教類同空界隨立一相攝修皆盡五戒被俗之法五體通道之規持犯相扶難遮齊則由斯弘義事必書紳恐涉生常故前標釋可通鑒也

釋注中初略判古下二委釋初引古今下敘今文三初明所據三歸五八並見受戒揵度爲道階梯十具漸次故律被內眾兼明導俗故今集法據此爲量何下次推教意同空界者虛空有二義一無

邊義喻周徧也二包含義喻攝機也且舉五戒顯上一相廣攝之義被俗法者約相局也通道提者據體通也善生經云此戒甚難能爲沙彌大比丘菩薩戒而作根本是也但姪分邪正罪無篇聚至於大重小輕方便趣果義則不別故云持犯相扶字或作符注引善生具問遮難與道不異故云齊則由下三明須立弘即訓大書紳出論語彼云子張書諸紳謂凡聞師教則書於紳帶示不敢忘也恐涉等者出注意也

就篇分二謂道俗也就初俗中位分三別初受三歸二受五戒三受八戒初三歸中諸師冥目誦習授之討論經論大有弘致既爲師匠義須通博使受戒濟彼我無虛背此師心多符妄習故爲分途啟疎戶牖披文見義是爲得也

次科俗法三歸敘引中初文初指非心無所曉冥目誦文恐遺忘故討下次責昧教經論即下引多論等既背聖教每事師心心即妄習符猶順也故下示文意分途即下諸門戶牖即門下之義

古人有言文疏之作當從三易一章句易讀二文字易識三辭義易達則爲尙也今世筆者反成三難章句蹇澀牽引梗舌一難也多專俗習不涉本文蒼雅篇統目所未矚弁辯甄鐲文理全別不羞多列令人心惑二難也援引事義翳文略指相似餘辭未能顯別自非對讀更須解出三難也故摘毀累意存通教豈事藏密方稱能也餘如常引經即其倫

次科初引古三易沈隱侯云沈約字休文封隱侯文章當從三易易見事一也易識字二也易讀誦三也出顏氏家訓今疏倒列之也今下斥世三難牽引謂句長梗猶礙也俗習謂世俗相傳無典據也蒼頡篇爾雅玉篇字統四皆古賢字書彼皆未見弁皮變反乃古製皮

冠辯與辨同謂罪人相訟古疏並作辨字用之甄字訓簡鐲字訓除彼亦一混而用翳文謂不顯所出略指謂引詞不備相似餘詞等謂隱而難見若欲解者須用本文對讀不然又須注解故下顯示今意初二句示離過次二句明異古後二句顯從要上句明不廣破下句標今所法謂同經論直顯其義也

何以然乎故薩婆多云三歸五戒乃至別脫由佛出故開立此法但輪王梵王說世間法惠利衆生故十善四弘劫初便有未能淸昇超越世境法王出世不

為世善要斷煩惱遠出界繫故明戒善令依具修定慧等行集生有本此其意也故律云爲調三毒令盡故制增戒學也母論云有五種三歸一翻邪二五戒三八戒四十戒五具戒唯具戒者不行於今餘四通有。

三中初句徵上直顯之意故下引文以示歸戒功勝不可隱略論文初舉歸戒所出文略十戒故云乃至別脫即具戒也但下比校優劣初明世教之劣輪王是人主十善化人梵王是天主以四弘化人即慈悲喜捨四無量心不待佛出故劫初即有

報在人天故未超世教法王下次明歸戒之勝莫非斷集脫苦修道證滅也四分三毒盡集因斷也母論三歸該通五法足彰功勝獨後一種八年制斷故不行耳

上來叙引其致今初翻邪義須分之初明業體二歸依本意三約境寬狹四境通眞僞五作法不同六對趣分別準多論中隨義分六

義門分章結前標後分章爲六準多論者並是論文疇參解釋但彼無科約今疏以義分之耳

初中多論曰言三歸者以何爲性

初門引問中性即是體

有論者言教無教性此就所發教之業從體明性故若淳重心有無教也無教者此明業體一發續現不假緣辦無由教示方有成用即體任運能酬來世故云無教今時經論多云無作義例同也

初解中三初正定體教無教性彼論續云受三歸時胡跪合掌身也口說三歸口也是身口教若淳重心有身口無教此就等者疏家斷也教爲能發由教發得無教故云所發教之業即以無教爲性也無教者下二釋名一發謂初念續現即第二念教猶

使也謂非教使之然任運自然酬因感報故也世云無由教示於人者非也今下會異即善生成論雜心等也餘如戒業章中

又云三業爲性謂從初發業者爲名故云互跪合掌口說三歸是身口教因具而發能存於有故名爲性

次師中初示體三業即是前教謂下今判故下引證但云身口意在二中因下示立所以具即身口有即來報

又云善五陰爲性者色身恭敬識想受中緣法翹注並由善本便生善行無貪等三攝御斯法能生後有

故因得名也由諸衆生依法受歸隨其心力有善業起扶助形命若輕浮心體是無記不發無作

三師中初示體色身恭敬即兼口說三心緣法此明初受故爲善本行心攝御隨起奉持五陰備矣因以名焉斯法即三歸功德由下釋所以依法受歸即初受也隨心力者即隨持也此師亦據能發明體雖兼色陰發必由心故下準論證成心起

二解歸意者論云以三寶爲所歸所歸以救護爲義如人獲罪於王投向他國以求救護彼王勑言汝求無畏以投我者莫出我境莫違我教必當救護衆生

亦爾繫屬於魔有生死過歸向三寶魔無如之何

第二歸意中初文初句示境所歸下顯義如人下舉喻衆生下合法上三句合上獲罪於王下二句合上投向他國魔有四種天陰惱死未歸三寶皆繫屬焉

論云我境即四念處他境即五欲也我教謂心師也他教謂師心也魔者梵本具彰云魔阿羅此方略之但置上字後人加鬼不入字書依唐譯之則云殺者能損衆生法身慧命也

次科四念爲我境者是佛所教可依住故即身不淨受是苦心無常法無我四皆如實而觀故云念處五欲爲他境者是魔所住故佛則以心師法魔則捨法任心魔是略梵據字本體從手從石世謂鬼趣相傳加鬼篇韻有之知非古也翻名釋義在文易解

彼論又云如昔有鴿爲鷹所逐移入佛影泰然安樂在身子影戰怖如初乃至如來習氣盡故久修慈悲能爲物護

次科引緣意彰唯佛是可歸故準論初在舍利弗影後入佛影故云移也今文互倒取其意耳乃至

者彼云所以爾者佛有大慈悲舍利弗無故佛習氣盡舍利弗未盡故佛阿僧祇劫修菩薩行舍利弗六十劫修苦行故文但舉佛三勝對之可見

問如上所列皆能護者提婆出家本歸三寶何造三逆入阿鼻中答夫言救者救於可救惡深罪定是以叵救

引問中初問上二句躡前提下正難提婆達多此翻天熱生時諸天心熱故三逆者出佛身血破和合僧打殺蓮華色尼即殺阿羅漢舊將教闍王殺逆爲三者非生入阿鼻一劫受苦是則三歸不能護之也答中

三約境寬狹二 初標章 二引釋二 初定寬狹

二問不救從歸等益

以其難救故所不救。
問若罪叵救無罪未須何須能救答調達初歸三寶心不眞實常求名利自號爲佛有競化過雖有神力息機不救故經有說解心能改志性未同終名拔濟如此之人不名闡提又如闍王造逆入獄以歸深信阿鼻罪滅轉在黑繩如在人中七日受盡又調達雖在阿鼻以本歸心受苦亦微有時暫息故知三寶所歸無虛
次問有罪不救無罪不須救義安在答中初約不救釋息機謂不施用也故下次約能救釋又二初

約開解釋解心改者了知正道故志未同者猶行邪行故闡提此云無信又下二約轉業釋阿闍世此云未生怨四殺父母造二逆業後於佛所懺悔受歸轉阿鼻一劫之長爲黑繩七日之短（俱舍疏云先以黑繩拼量支體後方斬鋸故以爲號）調達亦爾雖不能易處亦由歸佛力故苦微有間如報恩經中佛令阿難往獄問之調達云我在此得三禪樂然此小教且據實論若約大乘莫非權行經云示現三毒及邪見等是也
三寬狹者論云通歸三世佛同法身故不獨歸釋迦

二伸向難

二引釋三 初佛 三 初向所歸名義

四境通真偽二 初標章

以是別故不名歸也
第三門初寬狹者釋迦境狹三世境寬小教明三世以六佛爲過去釋迦爲現在彌勒爲未來十方現在教所不論若歸一境餘則無心故不名歸若爾有諸天等於七佛中各自稱言某佛爲師我爲弟子者答言不爾諸天別語何足爲定亦稱一佛爲師亦有言歸三世佛者直以一佛爲證何妨意表實通三世故毗沙門說歸依三世佛也
問答中論云若爾諸天自說我是迦葉佛弟子拘留孫佛弟子如是七佛中各稱等答中初通示別

語卽各稱也亦下別釋雖皆稱一而通局有異故非一定下引毗沙證成通意
四約境眞僞者
第四境眞僞者法身佛滅理法第一義僧名眞境也色身佛經教法凡夫僧名僞境也
論自問曰何以所歸名歸依佛此釋三寶名義也因又答云歸依者迴轉也卽歸一切智無學功德也
明佛中初科初引問此下疏家點示也答中初釋名義衆生無始背捨三寶今迴昔心轉向聖境故若約大乘一體三寶反照自心卽名迴轉如別所

論卽下示所歸。戒定熏修，因成果滿，五分法身，名一切智無學功德。問此中歸佛而云無學者。答無學之名，義通大小。然小教談佛與二乘人斷證同故。如鹿苑初度五人，名六羅漢。若爾與下第一義僧何異。答斷證雖同，三乘位別。二乘實證，佛是權方。

又問為歸色身，為歸法身。答歸於法身，不以色身為佛故。

次問答中依法身體現起色身。若歸色身則逐末忘本，若歸法身則本末俱得。故云不以等也。

問何以出色身血得逆罪耶。答以色身是法身器故。法身所依故，害色身得逆罪。故智論云如泥銅等體無記也。非感罪福，以成法身相，隨前敬慢有罪福也。

三問以出佛身血約損色身而結罪故。答中初約義釋。法身無相，假色以彰，如物在器，傷器則損物。故下引證，彼明形像可為今例。

又問何所歸者名歸法耶。答歸於斷欲無欲滅諦涅槃是也。

法中初問答中，三果見思通名為欲，斷欲卽學人，無欲卽無學。由斷故無，無卽滅諦。出世之果，滅卽涅槃寂滅之理。此所歸法體也。

又問為歸自身盡處，他身盡處耶。答自他盡處俱可歸也。

次問盡處卽上滅諦。為歸自己最後所證，為歸他境已成就者。答文可見。

盡處者謂滅諦體，卽三諦所無之處是也。由諸眾生聞佛正教，依觀修行，集因既傾，苦果便喪。誠由正道之所對治。病除藥滅，卽盡諦也。若藥不除，又是其病。如筏喻者，可以情求。故取自他法所成德，卽三諦所無，方為正法。不但言說為法，既是非情，知何用功。

牒釋中初文為三。初總示法體，滅諦、盡諦，翻傳異耳。二由下別叙修證。初明苦集二諦，所謂知苦斷集。集因卽三毒四住，苦果卽三界六道。誠下次明道滅二諦，所謂修道證滅。正道卽三學八正，病卽苦集，藥卽道諦，盡如病差。三若下重遣法見。又三。初舉喻。金剛般若云：汝等比丘知我說法如筏喻者，法尚應捨，何況非法。若通喻四諦，苦集如此岸，滅如彼岸，道喻船筏。不捨船筏，非至岸矣。故曰可以情求。故下二顯體。法所成德，法卽八正，苦集病亡，修道藥遣，二執已破，空理現前，卽三諦無處是聖所證。不下三遮妄滅理體寂故是非情非口議心緣所及故云知何用功。

上明自身盡處。即初果受歸謂傾三結、三隨結轉也。今時下凡所受歸者。俱是他身所盡處。次揀凡聖中。初明聖人歸自以自證故。三結即三諦下各有結惑。結惑既破三諦乃亡轉歸滅理故引三隨結轉。今下次明凡夫歸他。由自未得故歸他證。

須如此知識。不但誦語而得成歸。鸚鵡之喻往往親矚。宜改轍也。

三中初句勸學。不下斥非。鸚鵡能言鳥也。但學人語不知其義。往往親矚言多見也。

問。為歸俗諦僧。為歸第一義諦僧耶。答。不以俗諦為僧以雜煩惱故。要以第一義諦僧。

三僧中。初問內外兩凡薄地凡夫名俗諦僧。初果已去名第一義僧。由證第一義諦無生滅理從所證為名。論云聲聞學無學功德。是則通收四果四向也。答文可解。

若爾佛與提謂受歸之時不應言未來有僧汝當歸依。今解以俗諦為第一所依處故言未來僧。又欲尊重俗諦僧故言未來有實而言之眞諦僧者常在世故。

再難中。引佛為提謂長者授歸之詞。既言未來即世俗僧。違上答也。解中有二。初約所依釋以眞依俗故舉俗召眞。又下次約尊重釋。恐謂未來無眞實僧。於世俗僧輒生輕慢。眞僧常在何限未來。

五明作法不同者。善見云。三歸有二種。一別受者言歸依佛歸依佛竟。餘二歸亦如是也。二總受者如常三受三結也。

第五善見總別二受隨意準行。

多論云。受三歸者先稱法後稱佛者不成。若無所曉知說不次第者。自不得罪成受三歸。若有所解故倒說者得罪不成。

多論彼先問云。佛以法為師。於三寶中何不以法為初。答。法雖是佛師而法非佛不弘。是以佛在初。餘如疏引。無知失次迷心故成。有解故倒故心不成。

問。佛亦是法。法亦是佛。僧亦是法。正是一法有何差別。答。雖有一義相有差別。以三寶而言。無師大智一切功德是佛寶。盡諦涅槃無為是法寶。聲聞學無學

功德智慧是僧寶

次問中準戒疏三寶有四一體理體化相住持然一體局大乘理體通大小且就教限理體無別以爲問端三寶互望佛僧無體同歸一法則無三別欲明互倒何意不得答中初標示一即據體別乃約相以下別釋佛僧能證法即所證能中師資位分故三恆別佛云無師大智對下僧寶從佛所聞專自利故法云無爲簡異佛僧皆修證故所以二寶皆稱功德彼論又云以法而言無師無學法爲佛寶非學非無學法爲法寶聲聞學無學法爲僧寶

又問稱於佛法不稱僧者乃至互少得成歸不答不成受也

三問答中乃至互少謂但稱佛而不稱法或稱法僧而不稱佛

若爾五分何爲有一語二語豈非漸耶答此是教法初興制後不得乍得重受更增法故

次科五分有一語二語受具故引爲難答中初興後廢故後不得乍得猶言寧可謂寧可從後重增不宜從初減少也

善見云若師教言佛弟子不正而言弗者成受三歸若俱弗則不成受若師教言佛弟子答言爾或不出聲或語不具皆不成歸或言音不同如傖吳兩俗不相解者應教其義如是不殺弟子答言解而能持亦得受戒

三中初約音訛明成否弟子言弗師正資謬故得成受若俱弗者師資俱謬故受不成若師下次約異音辨成否第列四異後言音不同即方俗異語教使解義既得受戒例亦成歸傖仕衡反字書云吳人謂中國爲傖中國即指京都今之北人與南吳音異也

多問得從三師各受一歸不答不得

四問多即多論三師各受答不得者人法俱異故

又問得一年半年受不答得隨日多少受三歸也

五問彼宗五八局時三歸通故

又問從師受歸乃至五日三歸限滿故是師不答一從受法終身是師如報恩經損葉之喻

六問恐疑限滿師義絕故答中指經喻者彼云受具戒時失十戒五戒否答不失但失名失次第不失戒也乃至始終常是一戒隨時受名譬如樹葉

春夏則青秋黃冬白隨時異故樹葉則異而始終是一葉今借彼喻此以有歸無歸雖殊而始終是師耳。

六對趣者五趣爲言皆得受也除報重者自餘山間空遠輕繫地獄皆成三歸除不解者。

第六對趣正明中修羅偏在五道故但云五趣舊云除地獄者非。除重報者別簡下趣以人天二趣自可受故文舉輕獄鬼畜類知除不解者通簡五趣以八天不解亦不成故。

多論云龍受三歸爲優婆塞文云龍畜生攝以業障故無所曉知無受戒法雖經中說受八齋法但得善心功德不得齋也四分龍受三歸及賈人等皆翻邪歸非得戒也成實云餘道衆生得戒律儀經說諸龍亦受一日戒故善見中諸龍及神得三歸五戒也。

次科多論初明唯許受歸又下次明不聽受戒無所曉者畜類多愚不堪持奉準下得歸亦取知解。雖經等者卽善生中龍受八戒論家妨難以意釋之齋卽八戒然是成論所據卽如下引四分佛初成道賈客獻蜜初受三歸次爲龍受今正明龍畜因引之耳下引二論歸戒皆開善見神者卽是鬼

趣。

義準多論據無知者人猶不得何況鬼畜如餘得者謂有知解律中制罪尚結偷蘭以能變化知解人語可以類也。

三中義準總判諸文初判多論如下次釋成見二論律中殺畜提盜妄並吉若有知解通結偷蘭由能奉持故開得戒。

二就文中初標後受初中受三歸者但得法被身爲佛弟子無戒可持文中多論已下顯本從魔歸心正覺具列三寶體者以妄作者多故偏列云知眞歸也又引善見者釋成作法不易依緣而受亦不難也

次解中標文三段初示立法分齊次釋多論歸正覺者對上從魔且明佛寶正覺卽華言也妄作多者人師授法不知體相故三寶多種唯明理體故云偏列簡住持化相故曰眞歸如上義門眞僞中說又下三釋善見難易成否在於明昧故須師學始可授人。

授法文列得法屬已者明作法之時知三說已無作便生故能所不昧於作業也。

次釋授法初科三說已者此據初念已前通名爲

作無作便生卽約次念徹至盡報也能授所受知業成處故不昧也

後三結者囑授叮嚀令持在懷不濫承奉故經云歸依於佛者眞名優婆塞終不更歸依其餘諸天神

次科初示結意故下引證西土外道多事天神今旣向佛故云不歸等

下釋有歸無戒者爲除世疑受五戒者但依前誦止是翻邪無戒可得文引母論的處灼然不容晦惑彼我無益也

三中初釋除疑有人用此授八五戒故特決之文

下次釋引證初二句點文有加無加用分歸戒卽此誠文是準的之處灼明也下二句誡斥晦暗也

二明受五戒法義分爲五一戒德高勝二簡器堪能三作法延促四發戒時節五約相顯持

第二五戒列義門中五義懸科文相如下配之

二隨文釋義約文爲三謂標法相也就初標中受五戒法計是能授文列所受故隨列也

次釋標中初科計是能授者以今立法令師解故然文中列相但約所受故隨列者示無他意也三歸八戒同標所受例此通之十戒已後始標能授亦是隨列無別所以

文列經施不及持戒者明戒德高勝卽初門義也

釋注標指中注引經云亦善生文

所以然者初受戒時已行三施盡衆生界故財有量不及此也盡形不盜者已施法界有情之財言不殺者已施法界有情無畏卽用戒法行已化他卽名法施徧衆生界財爲局狹集散之法能開煩惑惱害之門戒法淸澄故絕斯事

牒釋中初科初總示以初受時立誓斷惡徧生境故財法無畏施爲三施盡下二別列不盜不妄取

卽是施財不殺無侵惱卽施無畏此二自行令他倣之卽法施也財施濟彼困窮無畏令他安樂此二卽慈悲也法施使彼開悟卽智慧也三者旣備其勝可知財下通結初句示財施局狹一不具三施二不徧生境集下明財施生過集則不免貪求散則寧無取捨得者則喜不得則瞋能開煩惱故不及戒

又云由戒故施淨者智論云若不持戒得財施者多貪不淨以利求利惡求多求故使來世受不淨果如牛羊猪狗衣食麤惡若持戒者旣絕惡求淸淨行絕

乃至佛果故云六波羅蜜在心不在事等
次科引論前明破戒行施之損以利求利謂販賣治生惡求謂邪利活命多求即貪婪無厭惡因惡果報應必然文列牛羊等且舉餘報若下次明持戒行施之益清淨則離上諸過佛果則反上惡果故下引證還即論文施戒忍進禪智爲六波羅蜜翻到彼岸修此六法能至佛果故若心不淨雖行六事非波羅蜜故云在心不在事然此爲破垢心之人非謂廢除事行今人不修戒施妄以此語文飾己非一何謬哉

二當於受前問下至應隨爲受來簡人相即義門第二也文列善生簡人中還約性重者爲問也故彼經中問戒相者以法行務意存始終不取受具致有隨缺觀其志力察其智愚量功進法不徒虛受故文云雖隨言能當須久處六月供養出家智者審知可教待限滿已和僧爲受由能所知量願行齊具依法而受不負衆生目驗不堪强令受戒致使毀污二俱沈溺可謂虛妄善惡其蹤叵追誡之哉
次科釋善生中兩段初釋問難注中四種乃性重中極重之者白衣有犯障戒不發不列大妄非彼犯故見病棄去可攝殺虫故下次釋問相注中先歎戒功次示戒相後問欲受何戒即問戒相也今釋後段初明分受所以受具謂具受五條也隨缺謂受已毀犯也故下次明簡練此約出家欲受十戒當先試練即如多論先以五戒調伏身心信樂漸增方受十戒是也供養即是給侍衆僧出家智者即和尚師僧和僧受者即法同單白由下三正彰問意前叙如法之益能所即指師資願行即目受隨負違也目下後彰非法之損任情非法善惡兩兼故云虛妄事無實跡故不可追

如成論中五逆罪者賊住污尼毗尼不許者是人爲惡所污能障聖道故不許出家若爲白衣得善律儀不遮修行施慈等善有世間戒準此有過如文不合必懺蕩已二教無違但業重障深不發具戒也
次成論中初引文若十三難通障道戒五逆賊污七難不障俗戒故特簡之文中初明制出家意以出家人必取聖道故若下次明通在家意且令誘接住善道故施慈等者布施修慈皆世福故準下
次義決雖通五戒必約懺淨爲言有過不懺如注所簡故云不合二教即世教與佛制也恐疑懺淨

二行淨納法

三問答

容可出家故約深重釋通教意。
文列阿含等下明行淨納法也但無始無明是生死本若理若事順違俱罪故須前懺使心淸淨方堪聖法。

次行淨納法中先懺後受經論並然故注云阿含等妄起不覺謂之無始無明業苦所依故爲生死之本動念違理作惡違事澄心順理修善順事違罪可知順有罪者以凡心學道本惑尙存造理則取捨未忘行事則我人難拔所以順違二俱有罪義須懺淨以應淨法故云故須等

問前翻邪三歸直爾卽授此五戒歸如何簡略者答翻邪背邪初心難拔欻然迴向宜卽引歸若更覆疎容還舊跡五戒不爾先以歸正心性調柔堪思我倒故須簡略方入道門以五體有虧三乘無託仍隨分受皆是任時能接機布教可準知也故智論涅槃皆明懺法從死生際至涅槃際隨時爲述

問答中前受歸法不制簡能與此不同故須問決簡謂簡取略卽略去答中初答三歸疎不簡覆疎謂反覆疎理舊跡卽邪道五下次答五戒須簡初彰異一曾受歸法不慮退還二爲入道門須簡淨器

二戒宗通漸頓

二法二初示法延促 二初標指 二正釋二初受緣差別三初漸頓二初多宗局頓

五戒是聖道之基有虧則三乘無託恐有輕犯故須簡略仍下準例以體淨者猶須量能聽隨分受明知慮犯故制簡之故云可準知也故下引證經論明受皆先懺悔驗須簡擇不容濫預無始有識名生死際究竟果滿名涅槃際略舉始末以攝中間所有過惡一時盡悔此卽悔詞然非一定故令隨述

將解作法卽解義門第三也若準多論五戒三歸不具分受則不得戒縱引經證謂持二三不言受體如是釋者義有未融如比丘受具不能全持可名少分

第二法中初科受緣漸頓中初文初引彼計不具分受謂不受五而受一二則不發戒體縱引經者論家防難卽下善生明分五受彼謂受時具發五戒但由隨中持有多少故有一分少分等如下蹋斥謂若許受體具五隨行不具而名少分卽應比丘具受分持得名少分比丘耶當知全分定約受體耳融通也

成論云有人言五戒不又唯頓無漸此事如何論答隨受一二三皆得律儀善生所列一分二分少分多分滿分是也準斯明漸五師受一得戒不疑如薄俱

二重受

羅唯受不殺例也。

次成論中，初牒前義以為問端，頓謂具受，漸即分受。答中正答律儀即戒體，善下引證，分即支義。五法一體，總中彰別，故名為分。準下義決，以前三歸不許五缺，異師別受並判不成，恐謂同彼，故準決之。薄俱羅此翻善容，以彼好容儀故。婆羅門種，天竺國人，昔毗婆尸佛時曾作貧人，持一訶梨勒果施病比丘，服訖病愈，以此因緣九十一劫天上人中受福快樂。今生婆羅門家，其母早亡，後母惡之，嘗就母求餅，被投於餅爐，父見救之，火不能死。又

嘗從母求肉，被投釜內，湯不能死。又嘗牽母衣，被推於河中，大魚吞之，會父買魚剖腹，了無所損。水不能死，後求佛出家，得阿羅漢，年一百六十歲，未曾有病。蓋從昔嘗持一不殺戒，故受斯報。準知分受理無所疑。

若準多論，不得重受；依成實、四分，俱開重受，故末利夫人第二第三重受五戒，即其證也。

次重受中，亦以兩宗對明得否。多宗五戒，其必盡形，故但一受，義無重加。成宗不爾，任時長短，隨受隨增，末利此翻為柰，由昔施柰得今果，故二三重

三延促

二作法詞句二，初分文。

二牒釋三，初指緣境。

二釋詞句二，初總示。

二別釋五，初稱名。

受事見本律。

又如多雜二論解云：五戒一受，佛制定故，必須盡形，八戒必一日夜，不可乖也。如成實中，亦隨日受，乃至盡形。故十誦中，或日或夜受五戒等，並獲善也。

三延促中，初合引二論，以同宗故。五戒盡形不可促，八戒日夜不可延，故云佛制定也。舊解制定謂不可受一二者，義見前科，不可濫此。次引成論，二戒延促任意皆得，故云隨日也。仍引十誦，用彼證此，即皮革中文，或日或夜者，有受日不受夜，有受夜不受日，則知五戒不局盡形，如後八戒中具引。

就文作法，又分為二：初三歸誓發戒之緣，後三歸結是囑非體。

次釋作法，分文中，前誓是緣，正發戒體，後結為囑意使堅持。

初文將欲受戒，初須說緣境寬狹，令受者志遠見相明白，如具法中說。

指緣境中，以前四戒並徧有情上發，唯酒一戒亦徧無情發，並同具戒，先須開導志遠，謂立誓要期；見相謂識知境量。

文中分五：我某甲者，陳名自謂也。如律文中皆自誓

受者多論文云聽五眾受兩俱得也故俱舍論必從他受如後說也

次釋詞句稱名中初點文如下次明自他本律智論皆聽自誓多論俱舍並制從他雖云兩得準下八戒無師故開有則不許故指如後

二歸依佛下明迴向境界有人說云歸依佛無上尊歸依法離欲尊歸依僧諸眾尊隨德歎美乃是加敬任緣亦得

二歸境中初釋文有下示異三歸加語見雜心論今時又云兩足尊眾中等無非歎德去留皆許

三舉日夜者顯期時節也

三中特彰日夜明通延促也

四一戒五戒者明隨力所持少滿等戒此正是本誓立意防割之願也優婆塞者此方傳於西梵音耳諸經不同取聲僞僻正從本音云鄔波塞迦唐翻善宿也故成論云此人善能離破戒宿古錄以為清信士者清是離過之名信為入道之本士即男子通稱取意得矣在言少異

四中初總示少滿謂少分滿分此正本誓顯餘並旁緣也優下次別釋翻名有二初明正翻前正梵名後引成論釋義宿謂住止之處即喻惡因果也舊云舉夜攝日者非有作優波或云婆私或無迦字皆僞僻耳古下次引義翻取意雖得對梵有差故云少異

五如來下略舉三號結歸正本也

五中初科佛具十號文但舉三故云略也如來正覺世尊是為三號正覺即佛華梵異耳結歸正本恐濫邪緣

問前歸三寶後更舉者答以三寶名通九十六道後須顯正非同前濫故重別列

問中正列三歸後重舉佛遮疑故問答文可解九

十六者外道通數

言如來者乘如實道來成佛也至真者體悟無邪也等正覺者道同三世也此實我歸餘非敬也

牒釋中初釋如來乘謂能證智如實道即所證理悟理起修從因至果故云來成佛也若金剛般若云無所從來亦無所去故名如來此乃就理為言當知理無去來修有始末故須兩會不可偏求次釋正覺眞簡邪僞等簡偏小

言三授者前受既輕三加誓願不同律文一說便獲並由機有利鈍故使受緣多少可以知矣

釋三授中前受輕者謂心浮薄即鈍根者律文一說謂最初開化利根之者並下會通可知

告令戒體者令知得時節不比由來說後戒相方云受戒也依此文中開第四門義

次發戒時節中初科初示意不下遮非多論云有言三歸竟說一不殺戒爾時得戒以勢分相著本意受五故有言說五戒竟得戒恐有執此故特揀之彼論自云諸說中受三歸已得者此是定義即今所取也依下點義門

多論問曰不受三歸得五戒不答不得也要先授歸

方得戒矣所以說戒名者欲使知名令護行故後三結者付囑也八戒十戒例亦同此如具戒法要用白四方得後說四依四墮十三僧殘但爲知故

引論中初科多論問答初定發體必在三歸所以下次明說相結歸別有所爲下例二戒仍舉具戒通證說相四墮彼宗謂夷爲墮故論釋云犯四重者由與魔鬭墮在負處故（有改爲四重者非）又彼說前二篇是戒分故四分唯說四重據根本故

凡具戒者不以三歸得也要由多緣多力白四羯磨功德深廣故此據制後爲言八年已前亦由三歸發具戒也

次科初引論釋以三歸少緣少力故須羯磨方發具戒多緣力者論云三師十僧白四羯磨等是也

此下疏判如上所解且據八年已後爲言

三明示相者即第五門義約文爲二初就相告令隨戒分五盡形壽明所期也不殺生者所制境也是汝戒者能防本也結以屬人能持不者牒緣問也答言能者明自誓也一戒既爾餘並例同

第三明相告令中初文隨戒分五一一戒下五句並同唯境爲別三云能防本者釋下戒字結屬人

者釋是汝字

約此問答從他受也律中云世尊我今歸依佛法僧盡形不殺乃至不飲酒此令自誓八戒既開此應得也觀時進否義非抑塞接俗之化隨機而舉可也

料簡中初科初指上從他律下次明自誓成論八戒亦通自誓文如後引觀下示通意

多論中四是實戒一是遮戒所以同結戒者由酒是放逸本能犯四戒迦葉佛時有優婆塞飲酒故婬他婦盜雞殺人問答云吾不作也又能作四逆唯不破僧又得亂報失一切善業由多緣故與性戒罪同例

智論酒有三十五失。次科初總分實卽性惡所下別釋以遮戒無量唯酒同結故特示之初徵由下次釋有四意初意引緣婬他婦是邪行盜雞殺人答吾不作卽妄語又能下卽次意不破僧者以立邪三寶須自作佛若飲酒者人不信故又得下卽第三意論云雖非宿業有狂亂報失下卽第四意論云廢失正業坐禪誦經佐助眾事故由多下總結智論三十五失現財空竭眾病之門鬭諍之本倮露無恥醜名惡聲覆沒智慧所得散失伏匿盡說事業不成醉爲愁

本醉中多失醒後憂愁自力轉少身色漸壞不知敬父不知敬母不敬沙門異道沙門不敬婆羅門不敬尊長不知敬佛不知敬法不知敬僧朋黨惡人疏遠賢善作破戒人無有慚愧不守六情縱色放逸人所憎惡眾所擯棄行不善法棄捨善法人不信用遠離涅槃種狂癡緣死墮惡道當來狂騃已上三十五句每句一種有云三十六者非。

五戒之中所以但列不妄語餘不斷者佛法貴實由此人清淨口業不妄語故當知餘三亦斷也。

三中初徵意佛下次釋通四業俱斷重者標之此據本宗成論爲言若多論中但發身三口一具戒方斷七支。

餘相廣文如鈔中。

次指略中文見導俗篇注指善生六重者彼云一殺二盜三邪婬四大妄五不說四眾所有罪過六不得沽酒二十八輕者一不供養父母師長二耽樂飲酒三不瞻視病四見乞者不與五見四眾尊長不承迎禮拜六見四眾毀戒心生憍慢七不持六齋八四十里內有講法處不往聽九受招提僧臥具牀座十飲蟲水十一險難處無伴行十二獨宿尼寺十三爲財命打罵奴僕十四以殘食施四眾十五畜貓狸十六畜養畜獸不淨施未受戒者

俗人作淨施十七不畜三衣鉢錫杖十八作田不求淨水陸種處爲自給故十九市易販賣斗秤不平二十於非處非時行欲非處卽餘道非時卽六齋受戒懷妊等時二十一商估不輸官稅二十二犯國制二十三得穀果不先奉三寶二十四僧不聽說法讚歎輒自作二十五在五眾前行二十六僧中付食與師選擇美好過分二十七養蠶二十八行路見病者捨去並得失意罪。

三受八戒法二。初標分。

三明受八戒法。初以義分。後對文釋。初義分五。一釋名簡法。二要期立志。三功益之美。四受法差降。五顯其戒相。

二隨釋二。初前三約義辨三。初釋名簡法二。初釋名。二初顯正解。

三八戒分文中。義門有五。前三唯義。後二兼文。即上對文釋也。

初名云戒云齋云關者。衆名乃異。莫不攝淨歸心也。言八戒者。八即所防之境。戒則能治之業。言八齋者。齋謂齊也。齊一其心。或言淸也。靜攝其慮。如世閑室亦號齋也。言關齋者。即禁閉非逸。靜定身心也。

釋名中。初科。初總示三名。或處單稱。或處連呼。云

八關齋戒。並如經律呼召不同。息緣離過。善法內增。故云攝淨歸心也。言下次別釋。初釋戒義。所防是過。能治即行。次釋齋義。有二。一齊。取專注心無差別。淸。取離過絕諸雜想。世中齋館。亦取閑靜之意。三釋關義。從喻爲名。如世門關防姧止寇。即禁閉義也。

二斥異說

有人言。尋名定義。容有別也。齋者過中不食爲體。戒者防非止惡爲義。此得其語。未詳其趣。過中不食。乃就緣防。何關齋體。據從多論。前八爲戒。第九是齋。即離非時。以爲齋體者。約義用故。便得名也。故論說言。

二從同法

劫初之時。此之六日。諸惡鬼神大有勢力。吸人精氣。故有智人。教令不食。因靜節故。精氣得全。至佛出世。猶行此法。故於不食。重加八戒。

次科。初引異說。彼有二過。一者。齋則別在非時。戒乃局收餘戒。而不知齋戒名通。二者。過中既爲齋體。餘戒並是義用。而不知諸戒各具體用。此下次示。今斥過中不食。八中之一。體是遮戒。節食淸身。惡緣可離。故云緣防。豈得妄判通爲齋體。據下三引彼所執。雖是論文。而不體意。約義用者。論取靜節以爲齋義。因本節食而加八法。故爲齋體。仍引

智論。昔緣爲證。據本令全不食。佛教但離非時。雖依世法。須知自異。

多論云。受八戒人。在七衆中何衆所攝。雖無終身戒。而有日夜戒。應名優婆塞。若得名者。又無終身戒。若言非者。又有日夜戒。止得爲中間人也。即七衆之外。更有木叉八戒是也。以義推之。位五戒上。

簡法中。論文初標問。雖下答通。彼宗五戒定須盡形。名終身戒。八戒唯一日夜。故名日夜戒。若下轉難。止下重釋。望非終身。不當與名。望有日夜。不可無名。在可否之間。故云中間人也。五十具戒位通

二要期立志二初標。
二釋三初明緣難。

二明斷惡

七衆並須盡形所以日夜不在其數若爾受八戒者究竟何名答如受法云淨行優婆塞豈非名耶上據多宗五八局時故在七衆之外若取成宗通收俗衆非七外矣

二要期立志者多論若欲受者先自恣色聲或貪噉飲食種種戲笑如是放逸然後受者不問中之前後皆不成齋若無心自放逸已遇善友受者亦成若將欲受難事不得待難解已受者亦成

第二要期明緣難中初放逸成否前明不成據論受齋必在清旦然期心放恣前亦不成況中後乎

色聲飲食即是欲塵若無心者非因受齋而故放恣前後皆得若將下次明遇難成否如王賊繫閉等緣心通事礙中後開成

善生云若諸貴人常勅作惡若欲受齋先遮斷已後方成就若不遮者則不成也成實云有人依官舊法或爲強力令害衆生謂無罪者亦得殺罪以緣具故準善生經受善戒者必斷惡戒由受猪羊雞狗貓貍等事並惡律儀能失善戒故

次斷惡中初引善生明成否貴人即王大臣常勅作惡謂行殺戮鞭捶等事次引成論以遮疑依官舊法如宰官秉政依國典刑或爲官所使刑戮於人癡人多謂自無有罪下準善生同惡律儀並須禁斷猪羊家畜即屠者戒貓貍野獸即獵師戒受惡戒者既失善戒故受善者必先斷惡

三功益三初標。
二釋四初多論

二善生經

三明功益者多云經說作閻浮王於人中寶一切自在不如八戒十六分一

三功益中多論舉事校勝閻浮王即轉輪王彼云於閻浮提中一切人民金銀財寶於中自在彼國一錢重十六分故經論中多舉爲比

善生云除五逆罪餘罪皆滅或前教殺於後受齋正

受便殺以戒力故雖復一時不得殺罪據此以論成大懺也由於一期誓心清淨行同無著故能割斷諸業罪也

善生中對罪顯功初明能滅往業五逆業重故獨簡之或下次明能敵現罪初引文問前云若不遮惡受則不成今何教殺而得受者答前云常勅作惡同於惡戒惡強善弱故禁善不生此暫作惡惡弱善強故得戒罪滅此據不立任運犯者爲言若據律文教他任運則罪戒俱得據下示意一期非盡形也心淨離正婬也行同無著者下依俱舍列

相云如諸佛不殺生等若八齋經則云如阿羅漢不殺等則知無著之名通三乘也

智論云譬如輭將將兵終竟無勳健將破敵一日之中功蓋天下五戒八戒其相同此下由五但離邪未能清絕八行全淨相同無漏約期乃少取行則多故功益彼

智論對五戒顯勝初立喻勳即功勳蓋謂掩覆他人之功五下合法下出所以欲為生死本絕欲則超生故唯約婬以分勝劣時少則不及盡形行多則加彼三戒仍斷正婬

成實云天王福報亦所不及帝釋說偈佛止之曰若漏盡人應說此偈六齋神之日奉持於八戒此人獲福德則為與我等

成論天王即帝釋是三十三天主故據論帝釋先說偈佛方止之文中引倒偈云六齋神之日謂天神下降日也則為與我等帝釋自謂受持八戒福與己同佛呵止之若漏盡人可說此偈則與三乘聖人無漏福等帝釋天福所不及也

就文為三謂緣法相也初標緣云引阿含證明受法式即義門第四也

次就文釋標緣中初科點文示義注引善生大同阿含文略不牒

言八日十四日十五日者即黑白兩月俱有三日如智論中四天太子帝釋下如鈔說也

釋中初科智論白月三日初八四王使者下十四四王太子下十五四王自下黑月亦爾觀察世間善惡奏聞帝釋而非帝釋下也指如事鈔見導俗篇

多論五眾通授者皆是弘法之人成智二論開自受者非謂常途故彼文云若無人時得心念受明緣開也

次科多論定從他受彼云夫受齋法必從他受於何人邊受五眾邊受成智二論並開自受文約無師義兼緣礙

俱舍云欲受齋者清旦從他受下坐隨後說布薩護故論解言要日初出受之若先作意齋日必受食已亦得從他受者由觀他因緣不起犯戒心故應互跪合掌若無敬心善法不生故除病時開隨施戒八語者師資道成授受有儀非輕法故

三中初引論文有四清旦是定時從他即假境下

坐是具儀（注作下心字誤）隨說卽作法布薩翻淨住卽是戒義明了論云在身口名戒在心名護是也故下

次引論解次第四節各顯教意當自分之

又云一日夜者以五種三歸文相叢雜故須簡定義無混亂故準多宗必一日夜不通過減縱引十誦皮革所見本居諸人晝夜互受苦樂兩果並云不能全受八戒五戒或於半日夜者以俱舍論解但得善行可愛果不得戒也依文成實隨力多少者接俗之教不可約之如上說也

四中又云卽牒注也注標論云卽是多論初出彼

宗之局初示意故下引據彼論云以佛本聽一日一夜齋法以有定限不可違也縱下通妨初引難彼論自難云若爾如皮革中說等卽十誦皮革犍度說億耳沙彌在曠野行見諸餓鬼皆是鄉黨本居之人或日受樂夜受苦或日受苦夜受樂並云等者億耳問故諸鬼答也半日夜者謂曾受五八或受日不受夜或受夜不受日豈非五八不局時耶以下次引釋多論自通曰本生因緣不可定又曰迦旋延欲度億耳故作變現感悟其心非是實事此釋理迂故引俱舍通之謂彼受樂止是泛善

既不全受故不得戒善行是因可愛卽樂果依下次準成宗二戒並通時日多少前文已示故此指之

正受法中受結爲二

正受中初科受結二者前三歸是受正納體故後三歸是結重囑累故

初文可解言淨行者以所期時奉持九支同諸佛戒故云淨也何以不言如來正覺者五戒初離邪緣故以正隔之今於五上重增勝行復何須也

次科初句指略卽上三歸前已釋故言下牒釋以

同佛戒故名淨行私釋對前五戒未斷正婬故加簡之何下示異由五戒後具列三號今文旣闕故此通之若爾不受五戒直受八戒非是重增理須加唱若謂五戒初離邪緣故須簡正何以十戒又復著耶私釋作法加簡非正受詞前除後加義應通得文中且據一往釋耳

三明相中文分爲二初列相示二阿含下明願引也所以須二者行足願目事緣相假雖奉勝行無願引心則令此業隨緣墜地故經論中盛弘此意至時長引證非徒然

二別釋二。初列相示二。初總示二。初引論分位。

三明相中。初科爲二。初正分文。所下。次出所以。行足願目舉事喻法以顯相須。行願二法。經論廣明。不可具述。囑令長引。徒虚也。

前相中。如俱舍論分別者。卽義門末也。故彼文云。戒分三位。前四名戒分。離性惡故。次一名爲無放逸分。若善受戒由飲酒故。擾動諸學處故。後三名修分。若不受下二分有何過。由飲酒故。卽便忘失是事非事念也。離莊嚴者。謂非舊莊嚴也。若常所用莊嚴不生。極醉亂心也。若用高勝臥處及歌舞音樂隨行一事。破戒不遠也。若依時食離先所習非時食也。憶持八

戒。卽起厭離隨助之心。若無第八。此二不生也。

列相。總示中。初科。初標。指由八戒相諸出不同文依俱舍故須標定。卽前義門第五顯戒相也。故下引論判釋。初通分三分。諸學處卽前後諸戒。修分謂約事策修助成性重故。若下。次別顯後二。初反徵。由下。顯過。又二。初明第二分。酒能亂性。不辨是非。容犯諸戒故。離下。次明第三分。次第三戒各顯過失。非舊莊嚴。謂華瓔等。俗中常習。是舊莊嚴。今並離之。但存常所服用。故云非也。高牀長慢樂音動情。皆近破戒。依時食者。卽不過中。憶八戒者無

二明辨合不同

他念故。卽滅惡也。起厭離者。不樂世緣。卽生善也。若不節食。飽腹嗜味。故二心不生也。

有離非時食。餘爲八戒。以開觀歌舞及莊嚴爲二。此本論不同。增一中。不過時食爲第六。合前嚴身及觀樂也。若依多論。齋以過中不食爲體。八事照明。故成齋體。其相支持。名八支齋。故言八齋。不言九也。若已受齋。鞭打衆生。雖卽日不行。待明當作。皆齋不淨。以要言之。若身口作非威儀事。卽名不淨。若心起貪瞋害覺。雖不破齋。齋不清淨。若不修六念等。亦名不淨。

次科。初云有離等。卽是多論。謂非時之外。展七爲

八。則有九支。開歌舞莊嚴者。對下增一合爲一故。此本論者。卽文中所列。是依俱舍。以合高牀觀樂爲一。故云不同。增一中列數則同。離合列次與今全異。多論列數如前。文中但出離開之意。謂一日節食。以八事檢束方顯清心奉齋之行。故云照明等。支持猶佐助也。上示名體。若已下。次明持奉有三。初身口犯。待明當作。卽要期業。若心下。二明意犯。違情故瞋。惱他爲害。（論本作害。有改爲癡。非也。）上二皆作犯。若不下。三明止犯。以受戒者當須逐日念佛法僧及天戒施故。

就相文中隨戒文二初如諸佛至不殺生舉勝境所行也二某甲已下引己上同問答之相顯成持誓有本云我某甲一日夜不殺生亦爾者直述己契上同於佛不假問答亦成說相餘並準此

別釋中初科爲三初分文云諸佛者已經開顯得通指故有下次點別本已契謂要誓也餘下三指例

第三婬戒者以自他俱遠故有人云邪婬者此五戒相由制他開自故八戒云邪者誤也

第三中初正釋五戒斷他妻八戒二俱斷有下次指誤今世有授五戒反除邪字愚教人也

第五戒相有人加辛脊者正文無此既受淨身焉噉羶臭理不可也

第五中斥非加辛脊者如云不飲酒及辛脊等即五辛俗饌理自不噉明不須加也

第六華瓔油塗者中梵以爲美飾此方所重衣服裝挍脂粉塗面以爲修身如論離舊莊嚴義須準的

第六中初科西梵華油通於男女此方脂粉唯是女流皆舊莊嚴依論離之故云須準的也西梵露首徒跣爲恭之極其猶此土有罪之人東華所貴在修整巾履衣裳以爲重敬有人行事去取於中然劍履不登於殿爲致敬也亦須改從正法唯人云離舊嚴身具等亦通收彼此也

次科初示兩土異儀有下斥世人妄判彼謂東西敬儀俱成太過取東華則違於聖教依西梵則此土非宜但略加巾履不至過甚故云去取於中然下正斥此方俗禮帶劍著履不得登王者之殿則微同跣露故令改正須具五法如後所引及下教受時改語還依論文通收彼此即華梵也

第七離高勝牀及觀聽倡伎者合二散慢緣爲一戒也

七中總示云散慢者觀聽是散高牀爲慢

阿含中八種牀金銀牙角等嚴飾故勝佛及師僧父母從人故勝俱不合昇也有餘文中高廣牀者約相辨離高即八指以上廣謂方三肘者不可俱有單高亦制文列高者即簡尺六已下開用又言勝者即列八種不必高大如用師父所机褥即是長慢故特制也

別釋中初科初引文示阿含八牀金銀牙角爲四佛師父母爲四從人爲勝但取尊長受用不必嚴

飾昇登也有餘文者四分諸律皆名高廣大牀高一尺六廣五尺四此是制量過此量數則為高廣文列下次牒文釋初釋高義即前諸律須約分齊文不言廣準理不開又下次釋勝義即上阿含不必局量机亦牀類褥謂敷坐之物亦不許也

又作倡伎樂者倡謂俳優以人為戲弄也樂謂金石八音之所奏也伎通男女即奏樂者

次科牒釋中俳優有云排遣人憂字義全乖依文但是戲劇人之通名耳金石絲竹匏土革木謂之八音奏進也

有本去人加口因隨字喚以為唱者唱謂導引之辭全非樂務有人即召倡字以為唱者此不識字知何不道倡音為昌與唱全別字義俱乖不可通濫脫在有識俗士傳授戒訓文字紕繆未成師誘故須遠慎也

次科初改斥字音曲導引謂之為唱有下次斥音誤知何不道徵起下文脫下三勸慎紕正作䚹匹夷反亦謬也先令學知則臨事無謬故云遠慎

第八戒中不言齋者中梵但有斷食之方義當此域齋齊之訓引誠義也故國家每祀天地神祇令諸祭官清身入齋宅其閑室不行杖捶訶叱之事酒脯之費不擇晨昏故翻經者取其一分清身之義用以譯之云關齋也

八中初出文意謂離非時即誠實義故下示齋名

初引俗中齋名即取清閑專一之義有散齋有內齋如別所辨宅居也取一分者明非全同也

二明願中自他兩利也由持齋德對治惡趣者滅戒難也八難者滅障聞思難上明自益也他惡攝取己善惠人者行大道心也使成正道者不從他方便唯一乘法也將來三會者緣遇慈氏近可寄心

二明緣中初文初總示由下別釋初釋自利戒法唯人得受故惡趣為戒難聞思修慧須生善道值佛聞法具根正信故八難為聞思障如遮難中自明他下次釋他利行大道心即菩薩行方便是二乘權教一乘即佛道實教豈唯八戒一宗立教皆用此意學者宜知三會者彌勒下生經云初會說法九十六億人得阿羅漢第二會九十四億人得阿羅漢第三會九十二億人得阿羅漢補釋迦處故云近也

下引事證者由願為前導行即後隨若鳥具翅而陵

虛。如車具輪而致遠。缺一不濟也。

釋注。願行相須。一不可缺。鳥翅車輪法喻可見。注云因引證者。卽上經文。而多古字。傳寫誤也。

四分律删補隨機羯磨疏濟緣記卷第十

[seal]

二次明道眾受戒法
二初標宗分科
二隨科別釋二初標
舉宗致三初總舉
二別釋七初出家
元緣二初標
二釋三初引教正明

四分律刪補隨機羯磨疏濟緣記卷第十一

宋餘杭郡沙門釋元照述記

次明出家授戒法就分爲二初標舉宗致二隨相解之初義七門如文所列

次明道眾標舉宗致總舉中次列七門統明出家始終行相學者至此當須自撿若唯徒說於己何益說食數寶目擊多矣

一明出家功由菩薩者

初門標云菩薩者卽指釋迦因行爲言如華嚴偈若有不識出家法樂著生死不求脫是故菩薩捨國財爲之出家求寂靜五欲所縛不離家欲令眾生解脫故以此文證眾生無始纏著家屬無思解脫故大士引出於世

釋中初科華嚴二偈前偈爲不識故立法示之後偈爲著欲故方便引之初偈上二句示不識之過下二句明立法之相捨國財者菩薩在家爲王太子次紹王位國城財寶一切自在欲明難捨猶須捨之況餘凡庶不足戀矣寂靜卽涅槃果後偈初句示著欲下三句明方便文略下二句具云示現不樂處五欲是故出家求解脫以下疏家結顯推功歸佛

二就機對辨二初
明利鈍不同

此據常沒下凡隨欲有者廣如郁伽長者涅槃經中家及非家相比顯過方起欣厭得預法門有大利機心希拔俗雖形在俗性無恆固不在言限故淨名言汝但發心便是出家便爲具足是也

次就機中初科初明鈍根此據等者斷上文也郁伽長者經穢居品云居家菩薩當知在家穢汚之事常念作故名爲居家斷諸善根本是名居家乃至居家如羅網如毒蛇如火燒身等涅槃云居家迫窄猶如牢獄一切煩惱由之而生出家寬曠猶如虛空一切善法由之增長若在居家不得盡壽淨修梵行我今應當剃除鬚髮出家學道有下次明利根心希拔俗等謂居塵不染者固卽是定淨名卽維摩經梵云維摩詰此翻淨名彼因諸長者子問云我聞佛言父母不聽不得出家維摩詰言汝等但發阿耨多羅三藐三菩提心卽是出家卽是具足爾時三十二長者子卽發菩提心等以佛令剃染受具本爲發大道心既已發心何須出受故云卽是此言乃被上達圓機末俗凡流無宜倚濫

二歷四句以簡

三引誡勸修三初示濁世不修

二引聖論極誡

就分四句既出從道志求解脫心形俱出也雖形附道而心沈世形出心沒也如淨名說心出形沒也既滯五欲縛著居家俱不出也

次文初後二俱句中間二互句初句從道是形出求脫即心出若以兩根對四句者初句兼收利鈍鈍者因形而發心利者起心而從事第三句唯利二四兩句則非所論

然世濁惑深厭苦求樂初雖欣出終墜欲海不修行業故徒行也

三引誡中初科初示時機謂厭在家營趁之苦求

出家供給之樂即涅槃云為衣食而出家者初下次明退墮詩云靡不有初鮮克有終即斯類矣徒行謂出家無益也

如智論云六情根完具智鑒亦明利而不求道法唐受身智慧禽獸皆亦知欲樂以自恣而不知方便為道修善事既已得人身宜勉自利益不知修道行與彼亦何異龍樹引誡為極言也聞而不行猶是不聞今重引告何得不用

次科論文三偈初偈上二句明報勝下二句嗟不學六情根者情即是識謂根識無缺也智能鑒物

三示所修行相

故云智鑒唐虛也身對初句智慧對次句次一偈舉況畜是癡報但知欲樂即經所謂但念水草餘無所知也後一偈中上半合初偈下半合次偈龍下結告勸依必應此偈出在他經故云引誡以畜況人為誡深切故云極言

道行何耶一切無染者是也良由眾生無始封著是此是彼是得是失因之起染纏縛有獄故世鈍者多著財色少有利者多貪名見四科束之尠不收盡終歸死去何事迷乎

三中初示道行以偈文未顯故特徵示用開心路

一切之言通收善惡塵境染惡則增業染善則成障能於日用所行所學觸境無染無染之智即是般若背塵合覺絕縛入道必始於此深可體究慎勿誦文良下反釋所以又三初示染本封著是貪愛此彼得失即分別由斯二種輪迴不息能離此者即名道行非別有道故下云道在虛通達累為本是也故下次舉世情財收八穢色乃荒婬名謂虛聲見即妄執上二常流所著故為鈍下二學者所求故為利此且一往分之然有具四或復互輕不必一定尠猶無也終下重誡凡在同徒用斯自

照有一子是未脫輪迴且聽教參玄為人軌範反
乃積財荒色諍見沽名跡混世塵不思出要形出
心沒何所利乎
二明出家超世者橫約諸有無思離染故須出家樂
處閑靜若有貪著終成金鎖引出方便唯斯一道
第二門釋中初科初示立意約謂約絕若下次遣
滯著謂不知方便住於閑靜故以金鎖以喻法縛
引下三點權道
如華手經有四法轉身即在善來比丘蓮華化身現
增壽命一者自樂出家亦勸助人令欣出家二求法

無倦亦勸他人三自行和忍亦勸他行四習行方便
深發大願隨有功利至時引付
次科華手經轉身即生報也善來比丘謂值佛得
戒者蓮華化生即生佛淨土者現增壽命即現報
也下列四法前三並自行勸他後一即化他行願
正取初法餘三連引隨下囑令廣述引付謂引以
付他
又如出家功德經若能放人出家受戒功德無邊譬
如四天下滿中羅漢百年供養不如有人為涅槃故
於一日夜出家受戒謂由前施雖多有竭是欲界繫

為法出家非三界業故說過前又云縱起寶塔至忉
利天亦劣出家功德者二時欣出雖未可數然其積
徵是高勝本前供無學功德未多後以供佛情謂大
勝然終事供論歷下地判非靜業何有相勝
次功德經初歎德譬下次引喻有二初供聖喻前
引經謂下出意有漏有竭無漏無窮優劣可見又
下二寶塔喻前引經忉利天在須彌頂二一下示意
初明勝劣前下顯重喻佛僧雖異事供不殊二皆
非勝下地即欲界靜業即禪定尚非上二界之定
業況無漏聖業乎

智論云出家人疾得解脫如華色尼說廣緣如鈔至
時引證
智論彼引蓮華色比丘尼本生經云佛在世時此
尼得羅漢果後化諸婦人出家女云我等持戒為
難恐破戒墮獄尼云墮者從墮久有出期我昔曾
為戲女因著袈裟至迦葉佛時乃得出家由破戒
故墮獄今值釋迦佛卻得出家解脫以此證知若
都不出家寧獲聖果下指如鈔即沙彌篇
三障出有損者如出家經為出家者而作留礙抑制
此人斷佛種故諸惡集身猶如大海現得癩病死在

闇獄無有出期。
第三門引經亦即出家功德經諸惡集身等謂業深廣故喻如海癩病墮獄即現生兩報。
四明出已乃行凡罪據論罪本皆由事縛不思厭背。師心妄造如大寶積經出家二縛謂諸見利養也如律緣制由名利故便生有漏因制諸戒爲防罪業障三塗也。
第四示罪本中初正示言事縛者即上四科因之生罪故爲罪本如下引示寶積諸見即八法兩執利養謂所須四事律緣即舍利弗請佛制戒佛言

我自知時未得利養過漏未起後須提耶等皆由利養豐盈向道心薄遂生過漏故知名利毀戒之緣欲脫死生深須遠離。
今世出家翻種苦本不畏沈溺多起下業故彼文云又有三癡謂求見他過自覆己罪向諸行者知來實苦決定現世不造苦因如知火燒湯爛無有納手足者佛說罪事深宜遠離以不信所燒隨心造罪更增俗人。
次造惡中初科初傷時衆業能生苦故云苦本出家脫苦今既造業故云翻種下業即三塗因故下。

次引文示即是寶積前已標名故此略之求他覆己於心爲患故喻癡瘡向下三正垂誡初勸知果斷因向謂語告納猶入也佛下次明違教造業不信能喪善根功德故如燒焉。
故十誦云未來世中出家人入地獄白衣生天者以俗人無法在身但專信故得生天也出家有法爲世福田乃反毀犯妄受信施開諸惡門令多衆生習學放逸故。
次科十誦中初引文以下顯意前明白衣生天後明出家入獄一反道法二妄受施三令他習學白

衣無此故昇沈異焉。
四分中爲說利養難消六十比丘得無學也六十比丘熱血從面孔而出六十比丘畏佛語故便退還俗
四分六十得果即清淨者六十流血謂毀犯者六十退道即初入者。
餘如涅槃爲利出家驅逐淨行等廣亦如鈔。
涅槃中彼云我涅槃後濁惡世時多有爲飢餓故發心出家名爲禿人見有持戒威儀具足清淨比丘護持正法驅逐令出若殺若害若論罪行且列五種所謂貪欲瞋恚愛親求利慳嫉也下指如鈔。

五行凡福行二初標 二釋三初出家之本

並沙彌篇。

五明出巳乃行凡福。凡出家者出有爲家爲解脫者謂脫纏縛此爲本也。如五分說不爲解脫出家不得名僧亦不受供。

第五釋中初文出家求脫經律通言。牒以釋之示其行本有爲總目三界纏縛且論二惑下引五分證知求脫乃名出家。

三多聞

二明凡福行相四初明持戒

今有行者但知持戒無心在道道在虛通達累爲本此而不思但持戒善自餘講解修習觀務悉爲非道內多瞋忿入汚淨心此戒取結謂爲最勝又是見取

體是欲界增生下業。

次行相中初科初敘持戒昧道言虛通者道之體也言達累者道之用也餘爲非道者是此非彼也內多瞋者怒他不從己欲也此下結示行果凡夫具十使貪瞋癡慢疑五鈍使也身見邊見邪見戒取見取五利使也今此執戒爲勝即二種結使煩惱耳既無禪觀未脫欲有故是下業。

四營事

二修禪

若修世禪緣色緣心雖經上界終還生死未有出期如鬱頭藍上極非想還沈阿鼻後作飛貍佛記無出

三引二論通證

次科世禪即四禪四空定也緣色故生色界緣心故生無色界外鬱頭緣者具云鬱頭藍弗坐得非非想定嘗於林下水際修之爲魚鳥所喧發起瞋毒欲害魚鳥以定力故生無色界非非想天以瞋害故彼天壽終墮飛貍中能飛空搦禽入水取魚以食之。

若修多聞講誦經典不爲解脫並增欲有未成無漏

三中多聞講誦多爲名聞利養馳騁見解是非相勝皆是下業學者聞之宜乎自省

若營世事供養三寶塔寺等相心無所道最是我所或淪下趣由造善時自愛憎他行諂誑雜惑成樹

故受鬼趣相似果報以心非實生在惡道以福事成故受勝處。

四中初明行果由下次推心因以強勝故自愛憎他以追求故行諂行誑此等不一故云雜惑積集既眾故喻如樹惡道是總報勝處即別報

如智論云世間法者孝順父母供養沙門布施持戒四禪四空念佛法僧九想等是也又成實云智者不應持戒多聞禪定等少利事中自以爲足以貪著故忘失大利謂有解脫也

三引證中智論孝順至布施並是營福持戒可知

四禪等並是世禪唯缺多聞見下成論念佛法僧即六念修九想即不淨觀初作脹想二青瘀相三壞想四血塗漫想五膿爛想六噉想七散想八骨想九燒想成論中以貪著故并下謂有解脫二句並疏主加釋言解脫者即下三聖行也愚者見此便謂持戒多聞皆不足為然而不知徒行無詣故為世福若真求脫無非聖道但心有通塞事豈替廢耶

六明出家行聖道行但出世道無始未經皆由著世慣習難斷今既拔俗智鑒明利若不行者禽獸無別

第六釋中初科初叙難行所以今下次勸勵力須修即用上文智論偈意

然聖道行經說乃多並隨機緣故藥無準要而言之不過三種

次科標中叙廣攝廣歸要止有三種

一者小乘人行觀事生滅知無我人善惡等行二小菩薩行觀事是空知無我人善惡等相三大菩薩行觀事是心意言分別故攝論云從願樂位至究竟位名觀中緣意言分別為境

列示中三種觀法並云觀事者事即觀境統收諸法文中且舉我人善惡故云等也初則見相如實觀性本空次則見相如幻空華水月當相即空不待觀性後則觀一切法唯心所變心外無法初觀生滅滅已見空次觀幻化生處見空後觀唯心生滅幻化無非心變以心生法生心滅法滅生滅有相相如幻化二乘小聖見之為空然而不知生滅去來本如來藏故大菩薩但了唯心圓修三觀不偏性相故名中道意言分別者謂觀一切諸法皆由心思口議分別前事故有差別萬法皆歸思議思議不出自心攝末歸本故云唯心下引攝論即

攝大乘論願樂位通收加行三賢也究竟位別指最後妙覺行雖淺深皆觀唯識即是中道故云觀中緣謂能觀意言分別即所觀故云境也

離行無別餘法至時廣引行法二十卷中除疑捨障入道方便隨機有取

三中初句結示離行無別法者謂上三行收括盡故至下指廣行法者舊云即道整禪師所撰凡聖行法其文已亡不復見矣

七大小相決同異者三心道行如上所明通進道門不出三學一切聖人並由斯路

二別釋二初小乘三學三初戒

二定

第七總示中初結前通下起後一切聖人通收大小三乘極果雖志有遠近證有淺深而所修道行皆遵三學故云並由斯路

若據二乘戒緣身口犯則問心執則障道是世善故違則障道不逸三塗

小乘戒學中戒緣身口此句通該空有兩宗緣由也犯則問心此句局在四分空宗執障道者是利使故違障道者是惡因故

定約名色緣修生滅爲理故佛性論云二乘之人約虛妄觀無常等相以爲眞如故知證心緣行隨心分

心但見生滅何有諦用

次定學中初示定相名色即是所觀五陰四陰屬心心無形相但有名字故云名色故智論云一切諸法中但有名與色若欲如實觀但當觀名色準此並通大小觀境今文且就小教爲言謂觀此五陰緣會故生緣散即滅生滅從緣了無自體無體故空空即是理故云緣修生滅爲理也故下引證論明大小兩乘眞如差別文見第四如疏略引彼又續云此虛妄觀唯因中有果地則無是故此如小乘眞如因中則成果地則壞以住空故菩薩如者離於虛

二示通凡

三慧三初明修証

妄約眞性以觀眞故如大乘眞如此如於因果中二處無異故唯成不壞是故二乘如者逐其定滅去而不來菩薩如者因果恆有去來不異捨因到果故稱如去從果出用故曰如來上並論文故下結示了達五蘊專緣行心隨見起滅住於寂滅故無諦用不同大士證眞起用故也

今學語者謂以四諦八正爲道得其語也行心須緣故語業命是其道戒念定方便義約禪靜正思及見此爲慧觀四儀緣籌唯在慧解慧心一動隨念追覺初思後見見是道明

三慧學中初科初斥其逐語而不知修故下示其道相即以八正配屬三學口語身業活命此三屬戒攝念入定由於方便方便即是正精進此三屬定念與方便非正禪定今以意受收故云義約思是思擇即破惑之智故曰初思見是見解即證理之慧故云後見四儀等者謂隨事觀察推功歸慧斯據法忍故非凡地然分有解亦稱見也故成實云得世上正見不生惡道者即相似無漏分斷三塗通說得也

次科初結前所配法忍即初果即知入聖可名正

道。然下次正顯通凡分有解者謂內凡四善根中世第一入分見空理下引成論證成分見世上謂將入聖位凡中最上謂世第一也望眞無漏故云相似望盡見障故云分斷

據其戒定義約爲言正斂身心但緣慧理無心緣罪身口不起故道戒三從此得名緣理觀度凝想無漏約心不散義名爲禪故道定三從此有也本唯慧觀滯漏是障思擇障本畢竟無依由斯行起發生無作卽名此業爲道有也

三中前敘戒定初二句通標以斷證之時正用慧

學相兼非正故云義約正下別釋心既緣理則攝斂身口自然無惡澄凝念慮任運不散約此二義以爲戒定本下後正顯慧學滯漏是惑思擇卽慧畢竟無依卽眞空理發生無作卽無漏功德道分所獲故云道有

若據大乘戒分三品約義收緣不異諸律何以明之如殺一戒具兼三位息諸殺緣攝律儀也常行慧命卽攝善法也護前命故卽攝衆生此一既爾餘者例然非無一二遮戒如地持等寶璧開制戒異凡小

大乘戒學中初科初標示三品卽是三聚出瓔珞經一攝律儀戒律儀禁惡卽斷惡也二攝善法戒卽修善也三攝衆生戒亦名饒益有情戒卽度生也小乘則隨緣別制大教則依心總結故以三戒通攝一切故名爲聚是故斷惡則無惡不斷修善則無善不修攝生則無生不度且舉大略餘廣如後約下二對小乘以明同異初性戒明義同且舉殺戒餘並例作如婬息諸染緣常修梵行不汚前生如盜則離侵損緣常行惠施不惱前生如妄則離虛妄緣常行實語不誑前生下至衆學條條類說無非三聚若準智論聲聞戒但有斷惡一聚既

不度生不習方便無餘二聚今用大意決於小宗約義明同莫不齊具非下次明遮戒或異地持云若菩薩有檀越以金銀等寶物奉施菩薩以瞋恨心違逆不受卽名爲犯由捨衆生故小乘則制畜捉故云開制異也且略舉之必欲通知須將善戒梵網對下六聚則同異可見

然菩薩有二謂在家出家出家菩薩形位同諸聲聞智論中文殊彌勒在比丘中依夏坐也故涅槃中白四所受息世譏嫌性重無別浮囊多少卽譬五篇度生死海雖乞不與文如攝論菩薩得無分別智一切

塵不顯現由勝智方便具行殺生等事有利益故自無染過縱有利益有過不行此明大乘之人出家戒也在家菩薩如淨名説

次科初通標出下次別釋前明出家菩薩有三初明形位同他方諸佛多有聲聞菩薩二種僧不相參混其菩薩僧不局形體唯釋迦佛但有聲聞僧不立菩薩僧故諸大菩薩影響施化皆須剃染稟戒所以形位同聲聞也此據一類機緣所見然菩薩作用不必常爾故下二明受隨同息世譏嫌即諸遮戒性重無別謂性遮等持也浮囊多少者彼

明人欲渡海而須浮囊有羅刹問乞初全乞不與次乞一半三乞掌許四乞指許五乞微塵許喻三毒欲犯五篇而皆不與即喻堅持也文下三明急護同無分別智謂觀諸法如實平等故無分別唯一眞體外塵本無故塵不顯現亦名如理智初地已上始得用之方便即權巧殺生等者即十惡也有利益者謂利他也自無染者謂自利也具此二利雖行無犯互有所缺亦不行之故云縱有等今時愚人不量位地不知權行作惡無恥妄引爲例自誤誤他難可救也後明在家菩薩指淨名經彼

云雖爲白衣奉持沙門淸淨戒行雖處居家不著三界示有妻子常修梵行現有眷屬常樂遠離乃至入諸婬舍示欲過等

至論定慧非復所聞止可誦語心行非路文可悲也

次定慧中謂衆生心體本來明靜妄起昏動遂致流浪若達唯心無別餘法當知昏動體即明靜定慧寂照同出異名此理幽遠末世機劣非彼所聞縱聞不行言之何益故略不明但悲歎而已如淨心觀歸敬儀等亦略明之自可尋也

上以據事其標題義釋如前可爲心用

結告中初句結上七科其下指令遵用標題即本文總標義釋即標下子注七分行法學此乃知出家來致次第修捨始末有歸今時但知削染不識何爲形雖出家行同塵俗徒生徒死即斯人矣

二明就文依位分者初明乞度即畜衆法簡師有攝護之勤二度沙彌法下正辯度人即資有奉遵之志

次隨相解中分文可解

此通僧尼並須具有故一處列至時改號依本直陳義無不得如光師本分別位者終是重引如前離煩故也

次科。初示今本如下。次斥他文。卷首叙生起中已示。故指如前。

就初分三。即標乞法也。初標緣中時度人者不知教授下。明託緣過也。諸比丘白佛下。因制畜也。

三乞度人。標緣。分文中。託緣過者過即是緣。託緣制教不徒設也。

愚癡不知教授者。自須飲乳無義養他。故律訶也。

初釋緣起。正釋中。初科舉喻。嬰兒不當爲父。愚教不宜畜人。此亦本律佛訶比丘之詞。彼因二歲比丘持一歲弟子往佛所。佛訶責云。身未斷乳。應受人教。云何教人乎。

不案威儀者。行立坐臥身行口言。各非法式故也。

二中。以威儀語通四儀。言行皆不依律故也。

著衣不齊整者。或作象鼻樹葉襵皺高下也。

三中。謂著內衣三衣也。象鼻垂前一角。樹葉謂垂前兩角。如多羅樹葉。襵皺謂襵已安緣。如今裙類。高下謂下垂過肘。高過脚腨。餘如事鈔衆學中。

乞食非法者。謂擇富去貧。離難從易。棄惡取好。皆非次第。越威儀也。五分佛未立二師。故威儀改常。自手取食。不從人受。就他手中抄撥而取。手捻鉢緣不擎受食。斯之妄法往往盛行。可通改也。

四中。初牒釋。擇富去貧。是分別過。離難從易。是懈怠過。棄惡取好。即貪嗜過。五下引緣。自手取食。一向不受也。就手抄取。受而乖法也。捻緣不擎。非受儀也。斯下譏勸。

處處受不淨鉢食者。謂起諸邪命。不淨殘宿。穢染不洗器也。皆不信鎔銅灌咽之苦。故其相多也。

五中。初牒釋。不淨鉢食律云處處受不淨食。或受不淨鉢食。邪命是體不淨。不淨殘宿更收內宿惡觸。並緣不淨。此釋上不淨食也。穢染不洗即器具不淨。此釋上不淨鉢也。皆下示意。不信來苦故噉

不淨。鎔銅灌咽略舉一相。鐵丸火炭獄報何窮。

於大小食上鬧亂者。由不奉法。心無求道。縱放身口。假食而發。俗士常法。尚云食不語寢不言。儼若思。安定辭。傲不可長。欲不可縱。志不可滿。道高俗表。如何反也。

六中。初出起過之由。不奉法等推其內心也。假食發者形於外事也。俗下舉儒況釋。並曲禮文。戒寢食時不當言語。儼然若有所思。身不妄動也。安定詞。口不妄言也。傲長則禍。欲縱則失。志滿則溢。戒

令自節然後爲君子也道高俗表超世人也如何
反者責其不當也
問諸過之長勿高十惡如何不逃乃舉衣食兩緣者
答十不善業外惡易除身口內貪儀相難顯要託衣
食其過方明故因制也又十惡文制道俗知非貪染
乖儀初未言過然口腹之累沈溺者多形骸之重在
生爲急制戒爲道義須橫割反此悠悠未成其相也
問答中初問可見答中有二初約內外難易釋制
內以治外先難而後易又下次約麤細釋道俗知
非此明麤顯故通制二眾初未言過此彰微細故

偏制道眾然下出須制所以沈溺多者偏生過故
在生急者常受用故若不割斷入道徒爲故云未
成相也
二就制中託犯爲緣因白制者覩壞方補聖說非虛
事假僧量理當告白也
次制畜中初示託緣如補衣法事下次明制白不
許自專
就初乞中具儀五者一偏袒右肩示執作之務明謙
敬也俗中短右袂便於事是也袒謂肉袒如袒裼衒
褻者今此末俗著偏袖衣謂名偏袒者非也西梵全
無此衣但有方服耳
乞法具儀釋偏袒中初顯意示執作者卑己敬他
如僕侍故短右袂出論語彼云褻裘長短右袂謂
私居之裘當裾長而袂短袒裼衒褻出孟子裼音
錫衣也褻謂馬韁言袒衣而執韁亦僕從之儀也
今下斥非以偏袒本是袒露而非衣名彼時偏袖
輒號偏袒今時兩袖亦名褊衫又復訛矣西梵祇
支覆肩並同袈裟之相故云但有方服
二脫革屣除慢相也西梵南番多履此物靳皮爲底
上施綱系有人以靴履當之義通事別或召爲革師

者誤也沙解反之是也
脫屣中初示意西下二顯相靳居焮反固也綱系
即皮帶靴謂皮靴屨即革履或下三正名然今字
書所綺反之明通兩音但未見平呼故知是謬
三禮僧足者然通大小但令盡集儀軌和成縱師乞
法於資所亦須盡敬由成僧故有秉法功闕師資義
也
禮足中初科初明所敬通大小者不問夏次有前
後也縱下次釋疑以師敬資反於常理然而在眾
但論僧別

然律中相儭大者於小則具四儀除禮足也小者於大方具五法今此在僧別非大小無問長幼皆須禮足

二中初引律制相儭謂互相對首今下次示令不同僧德尊勝別入望之不論夏次故云別非大小如鈔中具列多種此云禮足宜先上座隨時多少任力行也故十誦云頭面一一禮僧足也

三中初句指廣事鈔引四分云手執兩足口云和南等故云多種此下點文先從上座次第別禮然恐僧多義通眾別故令任力下引十誦一一別禮意在恭勤也

四右膝著地者身既翹仰表敬之極應須右膝右足及以左足三輪距地曲身前請是本儀也今乃右骰鋪地不如不設也

跪膝中初科初示意應下顯相膝蓋足心三處皆圓故並名輪距至也今下斥非骰吐猥反不如不設非敬儀故

余見梵僧有加敬者褰裙露膝用親於地而設禮訖或有長跪膝及足指用以距地翹翹顒望如對嚴尊此可嘉也誡行注想心無暫移自餘不經長慢獲罪

次科初引所見長跪謂兩膝著地本制尼女亦通僧故足指距地通及足心非唯指也翹翹即高舉之貌嚴尊即君父師此可嘉者言其可法也誡下勸依上二句示制跪所以下二句責非法之過不經謂無典據言獲罪者在制則違教輕吉於化則結業招報

五合掌者表心專一無二緣也有經律中云叉手者則十指交也或云合十指爪掌者四分但云合掌未見指開為附世情多開掌而合指也必指掌齊合心定無緣是本儀也

合掌中初示立意無二緣者緣即想念有下辨相又二初示異叉手似今擎拳之類或云等者出法華鈔莊嚴品四下出律意手指必合不在言之但標一端云合掌耳

問佛法威儀義遵上下焉有師來乞法而弟子端拱受禮此不可也答律據從緣禮有從俗僧無別僧即假成用師今乞法為別而陳弟子秉法據僧能辦在緣既別理須禮僧事休餘務則反依敬世中常事何得懷疑

重徵中初問以事乖常恐懷疑故答中初二句通

示律據緣者如下釋也禮從俗者曲禮云禮從宜
使從俗謂雖是禮須合時之所宜爲使他邦當隨
彼之風俗皆謂事不可常守也僧下正釋四人別
假衆成僧用故無別僧也下明師資所爲各異不
比常時事已明決故不在疑
文中列受具餘有剃髮及受十戒齊須乞法以無德
者妄爲師故四分簡和尚德中具有兼也諸欲受時
先須乞請多不自量任僧籌議
乞法中初明例通剃髮受十戒卽畜沙彌文略畜
依止四下指證卽如注引受戒中文本簡受具兼

通餘二故云具兼諸下勸依總上多事故云諸也
三明與法緣法爲二緣中觀察者凡度人法要在拔
俗出道爲先非以財食事資而爲師訓雖列法食兩
位然以法務爲先故初卽云能敎授者明存法本以
資慧命後以衣食用攝形累有親疎也
與法釋緣中初科初敘度人之本雖下次通律意
法能資神故親食但養形故疎所以文列前後也
就簡德中律分三位簡小取大十夏已上簡愚取智
解通持犯簡墮取勤不具此三文中令止具兼統攝
義須和與

次科初釋不堪次列三位缺一須止簡墮取勤下
脫一句準鈔合云能勤敎授具下次釋堪能備上
三德總收餘行故云具兼統攝
問沙彌剃髮已乞畜法至後受時更須法不答二受
後生俱須乞與容有德退不可準前
問答中恐謂前乞後不須故容德退者出其重意
若爾德苟不退須重乞否答退與不退非簡不知
須僧量可例皆乞法
大段第二正度人中文分爲二初明僧受後明尼法
初文又二度沙彌法標起也與剃髮下隨相辨位

初標言沙彌者西梵天音東夏人翻爲息慈也有人
言息惡行慈爲行之始也有人言初拔世表多緣慈
戀故息小慈用懷大哀救拔一切也
二正度法僧受沙彌標緣中初科初翻名有下釋
義有二初師約止作釋次師單就止惡解慈戀卽
是情愛用懷大哀等乃言外之意耳
文列羅睺爲初者如未曾有經九歲出家也西方沙
彌每至夏末多以香華於空奉散以羅睺報身盡法
猶有故也
次釋注中初科初引經文以示年幼羅睺羅此翻

障蔽是佛之子以障佛出家如羅睺之障日月也
西下次舉現事可驗最初法猶存者謂法身常在
也
文列僧祇約年爲位者以出家之人要修道業爲本
老小非務何勤苦於三學也故涅槃云誦經坐禪勸
助衆事老無三昧有四山臨
二中初示簡意老謂過七十小即未七歲故下引
經但證老者經列三事即是道業年老力衰故並
無味將死不久如四山來逼成論云行者見死有
大力勢如大石山從四方來無逃避處

又云爲說苦事者以世網苦辛多厭求樂初雖慈許
終有退敗故經論中有現世苦未來樂者出家人也
晝夜鞭心常收正念不覺妄緣尋悔訶責故智論中
菩薩日三夜三每行三事謂懺悔隨喜勸請也三千
云必行坐禪等三不爾徒生徒死即遺教曰中夜誦
經以自消息餘時須依律文常爾一心念除諸蓋
三中初示須說之意世網苦辛謂工商士農經營
求趁不容自安人多厭之求安閑樂故反說苦事
知其志願初慈許者謂師輒受也終退敗者謂資
疲厭也故經下二引苦事之相初通示指經論者

三指廣

多所出故在家欲樂是苦因出家苦行是樂因事
似相反理實相應言鞭心者心如鈍驢常須鞭策
可得前進常收正念不隨塵也不覺尋悔縱之不
久也故下引證智論日夜各分初中後分以爲六
時三千經中坐禪等三同上涅槃近故略之徒空
也夜準遺教三時無廢晝依本律四儀常攝
文云一食者佛教之中一食爲本託緣開二不是長
途至今西域統五天竺常行一食希見東華寺別兩
頓
四中初明本制託下示緣開因病開粥故至下引

據希下斥非今時比丘見便進噉豈止兩頓律崩
法壞一至於此悲夫
一住者一坐跏趺周時方起自非味重何以致斯
五中周時謂盡一日味重謂禪定樂
一眠者中夜之時暫爾倚臥分星月次尋起緣念
六中倚臥謂倚身而已分星月次不使長久故
多學者慧心常運不許浮散也
七中慧心常運即遺教云常自省察不令有失是
也
餘如鈔中沙彌別行

三指廣如鈔不復繁錄學者自尋

二就位分初形同法卽剃髮後法同法謂授十戒

次辨位分示中剃髮披衣形同大僧十戒稟制法同具戒

初中又二緣法分也緣中因巧師見比丘輒度有不知者後覓卽得因生譏謗爲成問對無虧故令通告如五分先不相識者七日試之餘有出家儀式具如事鈔不可兩繁至時量引文中列通別二知者具兼二緣不和別語爲成問答若通和白爲表僧義

形同釋緣中初示本緣巧師卽工巧之匠入寺求

覓有不知者問答有差生譏故制令通告者總下通別二知五分制試意在遮譏下指事鈔亦沙彌篇文下次釋白告通知謂作白法別知卽房房語具兼二緣卽僧和不和此句總標不下別釋各顯教意

此中欲求者卽和尚爲剃頂髮也律中剃髮闍梨者爲剃四邊不在羯磨中

次釋法白文中初科白云彼某甲者卽所度之人欲求某甲謂能度和尚恐人濫用疏特簡之竊原剃髮本須和尚但恐煩累故令闍梨先落四邊唯留頂髻和尚自落以彰親度後世妄傳四邊斷下八地煩惱頂上斷有頂一地煩惱以具難斷故令和尚除之仍先剃爲九髻以應其數訛風一扇愚蔽相習微具智眼豈不省非

有人言所以須白爲量和尚以文中從某甲剃髮故今解不然和尚在初已乞畜衆故無重請但爲沙彌

二中以文牒二名所爲難定皆指和尚今定沙彌是非可見也

有人言尼須乞畜衆僧無制者此未讀文下結僧罪事行同也

三中以畜衆法出尼犍度故生異執既結僧罪可驗通行

五分先與五戒者佛法大海漸漸深故如多論云先以五戒調伏身心信樂漸增方受十戒也

釋注中初科五分以喻顯意律鈔續云不同外道一往頓受下引多論釋漸深義

四分文中彼剃髮與出家人同者且據形同耳詳在家法不應道務然律上下非以剃髮爲出家以法分俗方絕彼此故沙彌戒歸方云出家也

次科初舉律文此出大小持犍度恐人執此便謂

二法同二初標章分文
二隨文解釋三初緣

同出家人不當受在家五戒。形雖剃染，體未納法，故以斷云據形同耳。許下次以義決。初二句叙疑，以彼五戒非出家法故。然下決破。律上下者，謂前後文。除此大小持文，餘無文故。以法分俗，謂須十戒方名出家。彼此即俗與道，故下引證。十戒三歸云我今隨佛出家，某甲爲和尚。又如形同單白，但云剃髮法，同白中始云求出家。驗知受十戒者方名出家。已前剃髮體是俗人，不妨得受在家五戒。方符五分多論漸深之義。問今剃髮已，不名出家耶？答形同出家，體猶是俗。受法約體，不論形，故問。

既剃髮已，可名優婆塞耶？答體是婆塞，於義何傷。如足數中形同之人，尚名白衣，今名婆塞，不足怪也。若爾，何故涅槃經云雖未受十戒，亦墮僧數？答形同僧耳，何事猶疑？問四分律中何以求出家者直受十戒耶？答彼土士女多有在俗受五戒者，故略之耳。文既不顯，故引五分多論必須次受。問今若不受五戒，爲有何過？答準如多論失次第，故尼鈔注云僧得小罪，餘如下漸頓受捨中世有欲廢壇下五戒，故此辨之。餘廣如別。

次授法同中緣相法二。初緣中行事之時須具儀法，

二問答

二釋體二初正明

二法二初分文

故列二座，謂和尚闍黎。律中出家闍黎，謂授十戒者，應對和尚授者傍敎。如善見文。發緣問遮，例須舉者，以發具戒藉此爲本。深須練也。義須二師隨機約略。開示戒相，悟入法體，不但闇誦致迷得否，自他俱失也。

次法同緣中，初明受儀。如善見者，即指注文。發下，次明開導。發緣謂發戒緣境，亦問遮難。難同僧中。遮除年歲衣鉢，但問十三。深須練者，謂令受者明識也。開示在二師，悟入在受者。戒相法體並依境量以彰深廣。下誡爲師不可輕易。

二正受法體結爲二。

二法中分文。體結二者，前三歸是正受法體，後三歸即結前付囑。

初體中分五。初某甲者陳己名也。二歸三境也。三別指所重。言隨出家，四親依有本和尚也。彼此相攝寄法傳心。五如來下，恐濫餘尊，非同別部。調達師也。故別指之，令無惑矣。

釋體中，初科分句牒釋。三中唯言隨佛，故云別指。

四中彼此等者，示須牒意。

問五十二受具列如來，中間八戒何不別顯？答可知也。

三相三初分文

二隨釋三初戒相二初釋通數三初正明

問答中云可知者以五戒是革俗之初十戒乃入道之始恐迷邪正特須簡別自餘已曉故不須之此義易知故不委示

三明相中文分三位初列十相謂依法受體次列五德明位堪物養後列十數顯慧解思擇

三相中分文爲三初正戒相次彰具德位堪物養爲世福田故後知法數慧解思擇辨別邪正故

就前相中據論業體具受七支如律文中大小持說約緣明十說境同僧故律隨戒並結吉羅但對受列相不可具陳且列易犯前誨示耳後諸行相依師誨

示如比丘中且示四重如是例也

戒相通數中初科初明體具大小持者即犍度名彼明沙彌大僧持奉行同既發七支則徧該萬境不同有部但發四支唯獨具戒發七支耳隨戒即僧尼戒本戒戒下文結三衆罪可證同僧但唯結一品與僧尼爲異但下次明列十所以下舉具戒說相爲例事義頗同

二問答

問具受列四非具乃多者有師解云計如比丘亦應多說如十誦中爲說下篇四分略故但明四重有八言沙彌前五猶是本俗今所受者但增後戒愚小易

三釋總結

二是釋第十

二釋別相三初指同標異

陵故示相也比丘受後且示四重性是障道餘所不知有文委告沙彌闕文故列後五

問答中問意可解答有二解初約義同釋十誦說下篇者即僧殘也猶是戒分壞衆同故四分略者初篇示死次篇可救待學自知故亦不說有下次約不同釋大僧可尋律部不在多列沙彌止問二師未許學律特須委示故云闕文也

此之十相與八戒同但增後一捉持金寶

別相中初科八戒離開成九故但加一

文列生像者古人云世中戲具似人畜形者不許捉

也如律所制不持樂器亦是比擬然僧祇中生色金也似色銀也似即像銀之異名矣梵唐兩舉令俱解致即金爲色俱是唐言本梵說銀同此似像之目耳

次科初出古解彼逐言相謂是衆生形像故如下示今釋初縱古善見云八施樂器不得捉得賣然下顯今初引據生色謂生有瑩彩似色謂似近於金似即像者會字義也梵下釋今文生像是翻梵金銀即唐言意令通曉所以雙標即下會通二律名義無別

下總結令持可知也

二明五德如文引經

次五德中標云如文卽指注也

初德發心懷道者創發蒙俗情厭諸有唯欣出要常懷佩也佩謂帶持之者也有傳爲背誤也

牒釋初德中二句初釋上句唯下釋下句佩下正字義

二德毀形應法者道俗路乖反形易性故割其所重服彼所輕明志絕奢靡與世違也

二中初通示故下別釋上二句釋反形下二句釋易性奢則華侈靡謂美麗

三德割愛懷捨者以無始所親慈戀難斷終歸死別然不早悟今近割俗緣遠成濟度且從道業兩捨親疎也故善見云瓦鉢貫肩以四海爲家居知誰可愛憎也

三中初敘情愛世俗貪生不知有死故不早悟今下釋永割兩捨親疎謂無適莫適字音嫡故下引證

四德委命遵道者明奉崇三學死而有已也

四中奉崇三學釋下遵道死而有已釋上委命

五德志大度人者奉行極教兼濟於他

五中大乘窮理盡性謂之極教

斯德始終通於五衆俱堪物養人天師範故使誦持無輕受體及形服也

總結中言始終者非唯初受時也通五衆者非獨沙彌位也能消信施故堪物養有所取法故可師範故使等者示須說意

次三十數如文所列

十數中對破外計以別邪正西竺外道總有六師一富蘭那迦葉（說諸法不生不滅）二末伽梨拘賒梨子（說諸法自然無有因緣）三刪闍夜毗羅胝子（說衆生過八萬劫任運得道不假修行）四阿耆多翅舍欽婆羅（說衆生有苦應修拔髮熏鼻等苦行自然解脫）五迦羅鳩馱迦旋延（說諸法亦生亦滅）六揵陀若提子（說一切業定如人死還爲人）一師下各有十五弟子各執所見今此略引十種以配十數耳

一者衆生依食者爲破自餓爲道者或餐風服氣餌藥存生是邪道也佛法不爾身假食資欲有段食根塵觸食卵生多思食上界識食或有兼者如別所陳食取濟形道取濟神故假形食緣修道行至論道也要修離著爲本不識道元乃以斷食爲道

依食中初科初標示或下出外計餌仍吏反食也

二示總意

佛下示正法初示三界皆依食住段食謂四塵所成有形段故起世經云閻浮提人以飯麨豆肉等名麤段食亦名摶食即取摶聚亦段義也觸食謂根塵相觸資益諸根如戒本中食家有寶即觸食家是也卵生多思食者起世經云若有眾生意思資潤諸根增長如魚鼈蝦蟆等上界識食謂無色天資益延久唯識持報起世成論並云無色眾生皆識所持或有兼者謂欲有諸趣亦有識食起世成論並云中陰地獄入滅盡定皆名識食又瑜伽論謂第八識因餘三食勢力所資便能任持諸根

大造（即四大也）令不滅壞有長益義即以第八梨耶為體（彼是大乘論故）若經部中取前五識獨頭意識為體（謂成實小論以六識為體）準此以論則識食一種通該三界六道不唯上界也又思食卵生且取一相須知欲色兩界通有四食唯無色界局有識食耳不可廣示故指如別食下次明須食所以離著即道元也

彼賊住者本非正師偷形入法謂無願為故以識之餘九例爾

次科本非正師即邪徒也謂無願為言偷形者但為飲食而於正法無心願樂以法推求可驗邪正

二名色

三痛痒想

律令為說其意若此識猶別也

二名色者為破自然為道彼計如犢生已自然飲乳棘尖烏黑火上水下風輕地重皆無其因佛法不然內報外報皆有本因諸眾生有皆因名色心不可見止可名談初始識支故轉為名假染持識即染為色故哥羅邏時凝滑不淨中含心故展轉增長三十八轉九月便生託彼胎藏何得自然也

二中初標示彼下出外計且列數端例餘皆爾佛下正破彼計無因故以十二因緣破之亦名十二支無明行過去因也識名色六入觸受現在果也

愛取有未來因也生與老死未來果也內外即是依正初通示心下委釋識支投染遂為名色支染即男女赤白不淨哥羅邏時謂初受胎時亦名羯邏藍此云雜穢七日一轉三十八箇七日成二百六十六日五大四小故成九月已前與母同氣已後四日與母別氣故至十月然後趣生

三痛痒想即受異名古人翻經未通字義假事為目痛者苦受痒者樂受想者捨受此破為計梵天因者以劫初成梵天創下因有人物諸眾生等便計彼天以為父母此生瞋喜還因彼天佛法不爾生憎愛者

實由本陰何干天也以初一念緣色心名之爲識了達染淨名之爲想領納違順名之爲受由三想故便生三受由三受故便有三行故長淪歷無有解脫也

三中初標示古譯名爲痛痒想今翻謂之苦樂捨此下出計彼土多事梵天蓋尊其始以爲父母佛下正破本陰即五陰中受陰受有三別故名三受前由識想後起三行即善惡無記業因感苦樂憎懀果報因果相續故云長淪等

四者約諦爲破無因外道也如外草木自生死耳人亦同之佛法不爾苦集二法世俗因果滅道二諦出

世因果諸衆生等知苦無諦不思惟故終不厭離諸出聖人解苦有諦廣如涅槃盛開釋也

四中初標示如下出計外草木者即用無情類顯有情佛下對破世出世間皆由因果諦是審諦如實觀察凡愚無諦故受輪轉聖人有諦故能出離指涅槃者彼云善男子所言苦者不名聖諦何以故若言苦是聖諦者一切牛羊驢馬及地獄衆生應有聖諦此明衆生無諦之義廣如第七卷中問無因與前自然何異答前計現法皆無因由此即撥無三世因果故不同也

五約陰論爲破執神我外道如彼計身中有神我諦身中宰主如麻米等統御心識佛法廣破我在何處爲在色中爲在識中計此身中但有五陰隨陰計我則有五種如是離合次第求之覓我無從便悟妄執得無我理分成無漏相似聖人

五中初標示如下出計或有計云我大色小色在我中或計色大我小我在色中即如文中如麻米等受想行識並有二計歷之可見佛下對破爲在等者且舉二陰略受想行此即離求應云爲總在五陰中此名合求得無我理即是我空亦名人空生空眞如

也分成相似即是內凡世第一人

六約識論爲破一識之道如有一室而具六窗獼猴偏出無識之人謂有六猴其實一也人亦如是根本乃六一識通行佛法不爾識隨根起若是一識豈眼根中而聞聲耶故知非也

六中初標如下出計彼謂識神居于身中窗猴爲喻似多而一佛下正破佛法明識根境相對妄起六識互不相通豈得一體若爾佛法亦談一識與外見何殊答彼認隨塵生滅事識佛教梨耶尙非二乘境界況外道乎

七七覺意

八八正道

七約覺意爲破不修外道以得五通逆順觀中八萬劫外冥然不委卽謂冥寞以爲冥諦涅槃之所任運至窮終歸果剋何須修也如轉縷丸於高山縷盡丸止佛法不爾要須方便增修乃剋如七覺支擇簡正理方能至詣何有不修

七中初標五通者如意天眼天耳他心宿命逆觀過去八萬劫前順觀未來八萬劫後冥不知處以爲臻極意謂凡人八萬劫盡自至涅槃不假修證縷丸爲喻其意可見佛下正破七覺支一擇法覺支智慧善能簡別眞僞故二精進覺支精進修道善能覺了不謬行無益苦行故

三喜覺支心得法喜覺了此喜不依顛倒而生故四除覺支斷除諸見煩惱時覺了除諸虛僞故五捨覺支若捨所見念著之境覺了所捨虛僞不實故六定覺支發諸禪時覺了諸禪虛假不生見愛妄想故七念覺支修出世道時覺了定慧均平若心沈沒當念用前三支察之若心浮動當念用後三支攝之而此七覺通是運智擇法進修

八約正道爲破邪因者彼得通者見雞狗牛鹿今報已盡遠業將起生彼色天不思遠因謂卽報是便效彼畜噉草爲戒乃至修世八禪用爲涅槃邪進邪慧例皆爾也佛法不爾乞食等四爲聖道緣並濟形也正語等八爲正道因並濟心神觀用籌度深見倒想

十十一切入

九九衆生居

便得出也

八中初標彼下出計此由不達三世因果故生此見由雞狗等宿有天業強牽爲畜畜報既盡卽生天上彼謂諸畜噉草不淨遂得生天便卽效彼以立爲戒修四禪定以無想天爲涅槃修四空定以非想爲涅槃投嵓赴火等爲邪進橫生計校爲邪慧此卽八邪道也佛下顯正乞食等者卽行四依資形爲緣正語等八如前已示濟心爲因便得出者出三有也

九約居止者爲破妄計涅槃爲道者彼以非想及以

有頂並心沈沒麤心不覺謂會大理大識妄也天涅槃者寂寥虛曠非復色心此乃衆生所居何名絕有之法也

九中初標彼下出計非想卽色界無想天有頂卽無色界非有無想天大識妄者自謂識妄不知是妄天下顯正寂寥故非心虛曠故非色色天有色無色有心並非涅槃故

十約諸入者破色空爲道也彼增修定緣色住心以色滅欲有以空滅色有謂空至極更不重修佛法不爾須尋本際但是自心運用多少實唯一識本無前

三結誥

境但是妄倒自立是非。我見不除還受生死。故智論云。外道能生禪定船度欲色界海。無色界海深廣難可得度。由不破我心故。

十中。初標彼下出計。增修定者。初則緣色住心。即以定業以滅欲有亂業。此定既成。次又觀空。即用無色定業以滅色有定業。至此爲極謂爲涅槃。佛下顯正。彼既緣色緣空以爲至極。此即用十一切處定以破之。此之十境亦緣色空。但是發定之處。非至極也。一青一切處（謂取少青色觀緣使徧一切處皆青。）二黃一切處三赤一切處四白一切處（並例上釋之。但改色爲異。）五地一切處（取少地色觀之。使一切處皆地色。）六水一切處七火一切處八風一切處（此三例上。並取水火風色徧也。）九空一切處（謂觀虛空。使一切處皆空。）十識一切處（謂觀識處。使一切處皆有識也。）十皆言一切處者。卽從所觀境徧滿爲名。今名入者。謂從此以發定也。尋本際者推於心也。多少謂初觀少色後使多徧。實唯一識攝境歸心也。但是等者。彰外計之過。引證可知。

上略隨解。令寄心有在。必至臨機更廣義類。令深知解。不在語也。

結誥中。初結前。必下識令廣示。

三指略

自餘持說受淨衣藥眾具。相同大僧。罪據經位。由奉願行。未是具修。且就吉羅悔以隨戒。廣如事鈔。故不委也。

三指略中。初明作持行。同持說受淨者。謂沙彌制二縵衣并一鉢。自餘衣藥鉢並須淨施受。故須持。淨故須說。罪下示止持行。別悔以隨戒。謂通五篇皆吉悔。故下指如鈔。並見沙彌篇。

四分律刪補隨機羯磨疏濟緣記卷第十一

二授具戒法二初勝舉分文
二隨文別釋二初標舉眾名二初標名
二隨釋二初釋標舉
二初正釋三初敘翻傳

四分律刪補隨機羯磨疏濟緣記卷第十二

宋餘杭郡沙門釋元照述記

四分律刪補隨機羯磨疏卷第三 釋諸戒受法篇之餘

大唐沙門釋道宣於終南山豐德寺撰

二就大戒文爲二段。初標舉眾名。後就緣正解。

初中。標舉列緣。又分爲二。一言比丘者。中梵天音。此方無譯。可以陳相。如水火等。彼此同體。以名目之。得其實也。比丘不爾。元出中方。此土本無。不知何目。且用義例。得詮便止。因此四句。以義翻名。以名翻義。餘二俱句。可以例知。

二授具戒法。標舉。正釋中。初文。初示無譯。如下。即舉有譯反顯無譯。故云比丘不爾等。水火未詳梵語。詮顯也。因列四句。以義翻名。即下翻比丘是也。又如以覺翻佛。以業翻羯磨等。此類甚多。臨文自舉。以名翻義。如火器翻憍陳如。鶖鷺翻舍利。並以此土物名。翻彼得名之義。餘二俱者。以名翻名。如水火等。彼此名同。又如白楊翻尼俱律。線翻修多羅。律翻毗尼。戒翻尸羅之類。以義翻義。如彼岸到翻波羅蜜。無上正等正覺翻阿耨多羅等是也。

二釋名義

中梵本音。號曰煏芻。此傳訛失。轉比丘也。初翻怖魔。次云乞士。後云破煩惱。或從功能者。令魔怖也。明本志者。爲怖於魔也。魔名如上。世魔有四。欲魔即下界頂住者。以欲纏生。令不出也。言陰魔者。即身所聚。念念壞也。言煩惱魔者。即心三毒。起必滅善也。言死魔者。劫略善財。終趣死也。此八爲怖此四。故出家也。取其志致。用以翻名。

三明存梵

次科。初總示三名。煏皮逼反。或云苾芻。上云不知何目。而世中妄傳是草名者。謬也。比丘。因名。阿羅漢。果號。因中三名。對果三號。怖魔對殺賊。乞士對應供。破煩惱對無生。或下別釋。初名功能是德。本志即出家心。魔名如上。前三歸中已具釋故。欲魔即天魔。住欲界天頂。有求出離。則懷愁惱。變現異相。擾令著欲。故云以欲等。陰魔即五陰遷謝。不得安住。故死爲魔者。謂死苦所逼。奪其善念故。此下結示名義。雖通兩釋。本志義長。故獨結之。

如諸經律。一切出家。不問邪正。修道之士。俱稱比丘。即通名也。此土沙門。本言道士。是正釋名。李張之倫。名爲治頭及鬼卒也。後漸弘廣。改名濫上。致釋恥從。改爲道人。古晉漢經。翻爲道士。亦有德也。今全不譯。但云比丘。以存本音。自與李異。不妨還同五天異道。

二指廣

二釋列緣三初標列章句

且據一相知所歸也
三中初明西土名通以邪正雖別皆出家故此下
次明此方名濫晋習鑿齒與謝安書云比見釋道
安故是遠勝非常之道士故知本是釋氏之名李
耶老君姓名耳字伯陽謚曰聃張卽漢世三張皆
黄巾之首(張陵張魯張角號爲三張)按弘明集國家今爲首領
部轄鄉民名爲治頭(舊云梳髮導氣者非)驅策鬼神故名鬼
卒醮獻星宿亦名祭酒後改爲道士故釋氏不稱
古下三示古今翻譯不同初叙古翻亦有德者出
彼翻意今下明今不譯雖簡此土猶濫彼方不能

兩全故云且據一相也
餘有翻者寄之戒本恐此總論增諸見也
指廣中前文但釋怖魔而乞士等名具在戒疏故
對指之恐增諸見者或謂彼此不合兩繁或責此
宗不當廣說或誡學者隨言生著示不多之意也
二就緣列五位不同略以義分五門料簡一列數顯
相二通局不同三秉法差別四教被凡聖五藉緣多
少
次釋列緣標章中五位卽註所引善來等也下列
五門不出機教機既有差教亦非一故須立義簡

二隨章正釋五初列數顯相二初正明二初總示

二列釋三初僧中五受二初正明五初善來等如文

辨差別
初中列數如文可知通尼五受則有十也
初門總示中通尼五者卽八敬二二十衆遣信小年
邊方十衆也據尼有七善來破結此二同僧故不
在數
初善來顯出其相者此人宿樹勝因早蒙開悟斷惑
一輪道成初果佛親命召因教感戒故母論云善來
比丘威儀庠序手執應器如二十年學法者善見又
云唱善來已八事衆具並皆隨身
初僧五受正明中初科爲二初正明樹字上呼種

也見思兩惑如車之二輪初果破見故曰一輪因
教感戒教卽善來故下引證初明具足威儀如二
十年者毗奈耶云如百歲苾芻年數雖差皆取相
同宿德也次明獲得衆具六物外加針線刀子共
爲八事
第二破結者此人修慧惑盡道證無學會正理窮自
然感戒從所破爲名故曰破結也律云若能修道成
羅漢卽名出家受具足也
二中修慧惑盡卽是思惑能破是智所破是結故
云從所破爲名下引律證戒隨果發卽名具足不

須更受問一切無學皆破結得戒耶答此有多別若因中已受則隨定道展轉增勝更不重發若先不曾受期心至果則果戒俱獲即是破結受也若本無期得果無戒故有白衣羅漢問因戒得定因定發慧豈得入聖後方感戒答必有五八爲入道基未稟具足至果方感問證聖無惡何須戒耶答功德未滿威儀不具若不稟受入衆無由終是白衣未堪道用

第三三語者此人積行非遠未登聖位於彼羅漢先有別緣託仗出家得由三語故曰也毋論云諸羅漢等教欲受者偏袒橫服剃髮染衣憑歸三寶依仗心成於此教下即發具足

三中初正示望前位劣故云積行非遠等對後緣勝故云於彼羅漢等毋下引證偏袒等即具儀歸三寶等即作法依仗心是能發因具足即所發體

第四邊方持律五人者以邊隅荒險僧少遊行致令三年方獲受具因事曲開就數彰目也十誦伽論邊僧若多用開法得戒得罪此方赤縣曹魏已前並本不受具至嘉平年法時沙門依法正部行羯磨法十人受戒如僧傳中之所廣也

四中邊方即齊白木條已外初引緣示相律因億耳沙彌欲受具戒三年待僧方滿十人請佛開之十下次辨僧多成否少故權開多則還制籍開故得戒違制故得罪此下三究此方元始赤縣即震旦之別名河圖云崑崙東南方五千里號曰神州亦稱赤縣曹魏前者後漢明帝時法流此方僧唯剃染不稟歸戒至曹魏嘉平年即齊帝時有天竺僧曇摩迦羅（或云柯羅）此翻法時始行受戒事鈔云中夏戒律之始即今宗之次祖焉

第五中國十衆者僧多信少機欲漸虧增至十人方爲勝境因衆標目故曰也

五中言中國者局五天已內僧多信少敬奉薄也機欲漸虧受心輕也

有人不立破結是戒破名是通初果亦是不同餘受文列人法破結不爾但列空名若以爲受乞求制截亦應是戒

斥異引解初科立理中初果亦是謂名濫也不同餘受列人法者即如註中善來三語等是法一一皆言比丘是人破結但標所破之惑而非受法故是空名律戒本中列八種比丘一名字二相似三

自稱四乞求五著割截衣六破結使七善來八白四彼謂唯下二種從受彰名餘皆非受故用難破若爾何故律文道成羅漢即名具足答此道成者在羯磨前年若未滿羅漢替得

次科律中有人年不滿受具成阿羅漢而得戒者彼謂先已證聖後白四受開年未滿非破結得戒今解不然若小年者自開胎閏如戒本中全無羅漢用開未滿故知後成不是開小用羯磨受也故五分中有人不滿受具足戒佛因制曰得須陀洹者乃是第一受具不名白四乃至小年受中亦無開得果者

與此懸同故立破結是受戒也

今破中初標戒本通前律意律開小年止有胎閏布薩三位而已義立頻大通為四位故知後成者謂年未滿羯磨受者作法已後證聖感戒非白四得也故下次引證彼律初果破見得戒不同本宗且取證前非羯磨得耳由見眞理故名第一受具小年三位亦同本律故下三結斷

就尼眾中列數有五初明八敬者女人機發深厭生死求佛出家以無弘道遠化益故抑而不許後還舍衛便自剃髮披衣倚僧坊立祈聽受戒時為三請便授敬法必具依行即感具戒故因名也

尼受明五受中初科初敘機發即大愛道同五百女也以下次明佛不許度女性鄙弱人少敬信故無弘化之益反更毀辱正法減半後下三明尼自剃染由佛不許却還城中輒自變形復至祇桓倚門而住祈求也時下四明阿難代請佛令傳教能行八敬即與出家愛道等聞即發具戒

第二二十眾受者為明女報惑深智淺喜生慢怠必欲受具僧尼各十方發勝心因二眾為名也

二中惑深故多滯智淺故少信喜慢故不敬僧尼

各十心隨境勝也

第三遣信者姿貌瓌逸素染俗心出寺詣僧恐成陵染故開差使詣僧乞受如常作法返告便獲因使感戒即以為名

三中瓌公迴反美也逸謂輕逸染俗心者有諸賊等伺其出故差使即遣信也

第四小年曾歸者既已事人深閑儀禮便耐惱辱有持戒能故減八年得行具戒因其時緣而得名也

四中婦人謂嫁為歸十二得受望前二十故減八年因時緣者小年是時曾嫁是緣

第五邊方義立十眾者大僧邊邑僧少便開尼脫有緣依僧亦五從此具十義應得受

五中初科今立中據律無文取僧爲例由是開敎接物生善故云義立

有人不立以尼戒中不許邊荒有恐處行故雖在彼不合減受若爾戒下制僧亦是不開而僧受戒卽邊通五此亦類準如何不合

斥古中初引古計尼戒見單提中彼云若比丘尼邊界有疑恐怖處人間遊行者波逸提若下正斥戒下制僧謂廣解中僧亦犯吉故用反難還立前義

若依神州自宋已前究勘僧史尼一眾受如諸律中八敬受戒但專愛道餘五百尼十一眾受故求那跋摩聖者言若無二眾但一眾受如愛道之緣者得也何以知然及論本法止前方便未有可成還約僧中羯磨方感後師子國鐵索羅等十一尼學宋語通方二眾受

次科初明一眾受僧史卽梁僧傳宋元嘉中求那初至爲尼受具準諸律者卽五分等若四分中愛道五百同八敬受十僧一尼爲十一眾一尼亦本西國來者求那跋摩此翻功德鎧何以等者申從僧所以後下次明二眾受上明宋前當元嘉七年次至十年有僧伽跋摩此翻眾鎧次至此土諸尼欲求二眾重受此時已有師子國八尼在此尋有鐵索羅等三尼至京成十一人及正行受止用十人鐵索羅是梵語未見所翻

以此五受兼通善破則七受也

七受中善來破結該兩眾故據局唯五兼通有七

問如上邊方開減五人又加持律乃成制也何名爲開有人言中國制十人者四人善解法律六人足數

便得邊地開五要須持律今解不然持律之言豈局中表僧徒多處知法不難依敎依緣義必成濟邊僧既少知法行稀恐約數成不專識敎夫作業藉緣緣乖業敗非假持律焉得遂成故遣此疑文列行德方能拯拔樹此良基不虛設也

問答中初問減五少於中國是開持律嚴於中國爲制開不成開故須問釋有下次答爲二初引古義其謬可知二今解中初三句通示中謂中國表卽邊表僧下別釋前釋中國不著後明邊土須加行德卽持律之言良基卽戒體也

問造業善惡能所俱齊何因遣信受戒報還方感殺盜不然事成便獲答此不可例受願在緣緣來思具爲惡在境境損卽罪

次問教人殺盜不待報還遣信事同不當有別答文可解具猶滿也

大門第二通局不同一約受二約報三約時四約方五約漸頓六約諸部

初就受中善來破結三語八敬此局法緣互不相通如相可知五衆十衆二十衆遣信僧歸義立十衆此之六受從緣則衆名不同約法並由羯磨故此諸受束則爲五據當體也彰局顯通則羯磨含六故總十矣

第二通局約受中初明四受法緣皆局法卽作法緣卽受緣五下次明六受緣局法通故下總示離合束爲五者六羯磨受合爲一故彰局謂列前四受顯通卽開後羯磨則爲十矣

二就報辨者依律五受善來一受通於僧尼律列八種通明善來具二受也

約報善來中初科律列八種卽上所引八種比丘及尼戒本八種比丘尼名數不別皆有善來破結故知此二該通兩衆舊云十受中除三語八敬者非如多論中佛不度尼爲止謗故若善來度外道當言本在王宮婇女自娛出家還度以自樂故如撰集百緣賢愚等經如來自唱善來度者皆得羅漢何以相違如明了論是聖人者佛唱善來非聖人者則不度也多論止謗義在凡夫必是聖人能遣邪執則非敎限

次科爲二初引經論相違多論止謗一經入道如來等語卽百緣文賢愚經云蓮華色尼佛唱善來度也如下次引了論會通聖人卽初果已去

二明破結通於僧尼八種列中俱有文故

破結中僧尼八種同上釋也

三語一受唯僧明之不通尼者以成道初用三語法尼未有心八年制斷令與羯磨十四年後方始剃髮求受八敬約時不及故非受緣

三語局僧由制斷三語過五年後方始度尼故時不及

八敬一受局尼明者師資道立方能弘利制尼依僧以法陶練故敬是下衆所行反通則亂倫及矣故不在僧也

八敬局尼，貧可敬師，上無尊下，於義不通，陶甄也。
倫即是次。

羯磨一受事通兩報，據法單複，由知淳薄，備窮戒體終作業時，即表名也。

羯磨中據法單複，僧唯一受，尼加本法，舊以羯磨六中僧少尼多為單複者非。由智淳薄，對上單複，即表名者，皆名羯磨受故。

三就時通局者，善來三語八敬三受局佛在世也。所以可知破結得戒通佛滅後，以善見文五千年前得三達智，故知果成戒滿也。羯磨法通二時，可知。然善來受如付法藏阿難後秉度仙人者，此是別緣，不可常例。

三中言就時者，即在世滅後也。三局二通，如文。五千年前謂第一千年也。通達三世名三達智。然下會異付法藏傳說阿難臨滅於恒河水中度五百仙人，皆善來得戒，恐引為妨，故特通之。言別緣者，一則機在阿難，非通他故；二則一時之用，非通後故。

四對處通局者，善來八敬局在南洲，由中成道，佛自秉故。問：何故一代不遊三天？答：南洲有四別緣，謂見佛聞法，出家悟道，餘三洲無見佛緣，且據一相如此判也。至如舍衛九億，有不見聞，不妨餘洲有具四者，從多為言，非不如上。

第四明三洲中，初科初正示，問下次釋疑。問中三天即三天下。答中初約局說，以見佛等四種勝緣異於餘洲，故云別也。且下次就通論，舍衛國中人有九億，三億見佛聞法，三億見佛不聞法，三億不見佛不聞法。餘洲具四，謂隨機普應，無方所故。據通則四洲具缺互有，從多則南洲多具少缺。

羯磨破結通三，不疑。三語一受，八年前興，未擯賓頭二洲無法，何得通也？故鼻柰耶云：我今擯汝終身不得涅槃，便於此沒出於西洲，夏坐度人，大興佛事。十誦大同，加起僧坊。多論云：東洲亦因有佛法，教乃立四部眾等。

次科初明羯磨等但通三者，準下除北洲故。次三語中，賓頭盧為現神足，取竿上旃檀鉢，為佛所擯往餘三洲，因有佛法。既在八年之後，則三語局南明矣。鼻柰耶中但云西洲，又不言起僧坊，故引十誦多論續之。

北洲是難，故所不論。

簡北洲中八難之一法化不及五受俱無此亦且
據一相爲言耳
五約漸頓通局初大小通局二別就小論初大通小
局如善戒經欲受菩薩戒者先當淨心受七衆戒趣
菩薩道欲知大戒唯是漸受通於小乘小乘五受當
局自通如後述也
第五大小通局中初科初通標大可攝小故大通
小無兼大故小局如下別釋初釋大通菩薩戒自
有兩宗若梵網經是華嚴部道俗非畜皆得受之
則通漸頓若善戒經是法華涅槃部唯比丘得受

唯漸無頓今此且據善戒明之七衆戒即五十具
該七衆故彼云欲受菩薩戒必先受優婆塞五戒
沙彌十戒比丘具足戒譬如重樓四級不由初級
至二級乃至不由三級至四級者無有是處小乘
五受下次明小局當局謂小教必無通大之理自
通謂當五分戒通於五十指如後述即次科也
問受菩薩戒必假七衆爲前方便乃得大戒形盡之
時小戒謝不有人云前戒局報與期俱滅菩薩戒盡
於來際與願俱在有人言受大乘戒引五八十具令
長終於未來故兩不失也若爾經生本戒在者作惡
應犯答不知有戒無違心故
問答中問意謂大戒通至未來經生不滅小戒齊
一形報命終須失然既小戒爲大方便即應小戒
亦隨不謝答有二釋初釋據誓兩不相干故小戒
自失期即要誓次釋取體引小歸大故隨大俱長
至於來際若爾下釋妨隔生既在理應有犯答文
約後不知以明不犯若爾必因往迹或有知者有
違犯否答大小持犯並據今報曾受爲言縱使有
知義應無犯如上二釋前就教限後約分通各有
所長未可去取

二就小乘羯磨一受局漸非頓餘四通於漸頓
次就小乘總示可解
故律中不與沙彌戒而受具足者得戒得罪故知制
漸也諸部中必先五次十然後大戒如多論中不與
五十二戒直受具者一時得三種戒羯磨局漸是明
文也
別釋羯磨漸中初科初依四分唯約十戒爲具足
方便諸部下次據五分多論更加五戒爲十方便
若準尼鈔不先五戒直受十戒亦得戒得罪多論
直爾受具三戒齊得故知羯磨一受無有不具五

十戒者近世有人欲廢五戒準斯明判豈非狂簡乎

問一時得三何須前受答多云染習佛法必須次第先受五戒以自調伏信樂漸增次受十戒善心漸增然後受具得法味故好樂堅固難可退敗不破威儀一時受者反上失次又破威儀如遊大海漸漸深也又云衆生得道藉緣不定或依十戒乃至具戒故致如來說斯次第

次科初問躡上併受以難次第答有二意初染習意又云下得道不定意初中前叙次受之益得法

味等謂志不變也不破威儀謂行無犯也二下次明併受之損翻上二益以成兩過後舉海喻對合可知次意中謂諸衆生宜樂各異隨於何戒而得入道故須次第也

問先受五戒十戒後受具戒捨五戒不答不捨也但失優婆塞沙彌次第得大比丘次第二戒常在隨時受名如樹葉譬春夏則青秋冬黃白

次問捨五戒下略十戒字捨猶失也答云不捨謂法體也但失次第謂名位也下舉葉譬雖變而存可合上義

又問一時受者有三戒不答俱具無作無別五十也

三問恐疑併得分三體故答中俱具無作體通三也無別五十混爲一也

若爾便是一戒何故上云頓得三種答比丘受形俱無作與沙彌俗人同者故言三也實一無作體通三人故多云下品受五戒中品受十戒前五仍下上品受具戒本俗仍下沙彌是中餘者方上故知無三

轉難答中初正答與沙彌俗人同者且如五戒三種俱禁沙彌後五十具齊約豈非通三所以不受五戒直受十戒體通二種不受五十直受具足體

通三人故下引證彼宗三品亦定體無重增故下品受五中品受十但十中後五是中品耳故云前五仍下又上品受具唯二百四十是上品耳故云餘者方上此據次受三品三戒合爲一體若體有三則應別發可證頓受無三明矣若成實宗下五中十則引五爲中及乎上品受具則引五十齊上

問頓受三戒捨時如何答有頓漸也若據漸捨直捨具戒作沙彌者則失具戒沙彌戒在乃至五戒三歸例爾亦望一時受戒與沙彌俗人防惡義同隨心捨者便捨留者便有

三結示

二簡四通漸頓

六約諸部三初示本數生起

二引律論別明二初引律三初十誦十種

四問中次第漸受捨有漸頓一時頓受應無漸捨答中初句通答若下別釋頓義易知故但明漸乃至等者謂捨具十作優婆塞或捨三種但存三歸亦下出其所以前文已示三二之義故云亦望也

上明羯磨受則制漸捨通漸頓

結示中受局捨通如前可解言頓捨者謂直作白衣更無所留也

善來三語破結此三文雖不明約義俱有先受五戒來從三受則通漸也直本白衣徑投受法此局頓也八敬一受文列五戒則是通漸餘五百女未必曾受聞敬得戒應是頓也

餘四中前合明三受善來三語未及十戒但有五戒破結一受容兼二戒八敬中文列五戒即律明愛道先受五戒爲優婆夷故餘女無文故云未必

六諸部通塞從本四分略說五種羯磨受中離分出六通別則十橫通諸部有無所以

第六初科通則爲五別則成十橫猶旁也本異相望以顯有無

十誦佛言有十種戒一自然無師戒者謂佛不假師教會理盡故因感戒也如多論云據自然者不假他教也非不自假樹下跏坐即身教也自言不解此座而得漏盡此口教也及後漏盡戒亦齊得二自誓者如付法藏中自誓之時身口律儀森然具也三得道者如五拘鄰四諦義者如增一中佛令須陀耶解有常色等義說法無滯又無怯弱善見云七歲與問答受餘善來三歸五衆遣信八重羯磨六受通四分也

十誦自然中初引律示謂佛成道斷惑證眞自然感戒如下引論決上自然必由緣發不假他教謂無師也非不自假謂由教生無教也準此如來果中得戒僧祇亦然若依五分因中得戒隨機異見

廣如義鈔二中自誓即大迦葉森然即衆多來集之貌三中五拘鄰即鹿園初度五人也拘鄰即五中之首此翻本際即憍陳如二曰阿濕卑（亦云頞陛）三曰摩訶摩南（亦云摩訶拘利）四曰婆提（亦曰跋提）五曰婆敷（亦名十力迦葉）若依善見善來得戒與此不同四中彼經云佛在摩竭提國波沙山中清旦從靜室起在外經行時須陀沙彌在佛後行佛曰我今問卿義有常色及無常色爲一義爲有若干對曰此義非一所以然者有常色是內無常色是外佛言汝快說此義今即聽汝爲大比丘故云說法無滯等廣如第

二十二卷善見佛問云汝年幾答我年七歲餘同
增一
僧祇有八一局七通一者自具足亦云自覺謂如來
也餘善來五十八二十遣信會歸七受同四分也
僧祇自具足卽上自然也五卽邊方十卽中國八
卽八敬餘可知
五分十二種受互有通局一自然二一語言歸佛也
三三語言歸佛法也四十一衆卽五百尼在十僧中
愛道爲和上三人一受是五破惡見實卽羅漢上法
也六第一受具謂初果童子也餘善來三語八敬羯
磨二十僧遣信六受同四分也
五分正明中互有通局互謂各半也準下問答五
局七通十一衆與四分不同破惡見實惡卽是惑
實卽是理第一亦目眞理是第一義故
問三語受戒具文方成如何有缺開得受者答法化
初開羣生機至三名雖異體實同歸如涅槃中盛明
其本約緣故開就本亦得故二受不同也
初問前引多論三歸有缺法不成故答中名異體
同謂理體一體隨稱皆具在機雖異於理常同涅
槃中或說一爲三或說三爲一彼明衆生本性一

體三寶小乘方便教中離說爲三故云約緣開也
大乘實教還說爲一故云就本亦得本卽體也
問破惡見實卽同四分破結之人如何局也答如問
實也誤如局分宜知在通不得誦語
次問答中示有誤者謂恐學者循文不自詳審故
特誡之上云卽羅漢上法乃是會同四分豈是誤
耶
上約餘律對明通局次引諸論如多論文正解十誦
故彼文云七種受戒自誓見諦三歸局在彼文善來
三語八法羯磨四受通也
次引論中多論初科三歸三語名位各別四分不
爾名通位一問論解十誦何以與上名數不同請
爲通之
問四分律文但云三語此文更列三歸者答以義約
之歸猶結也作法既久宗奉漸漓如結成受故多論
云宿業力故應三語得戒者三語則止三歸亦然自
然使爾牛呞比丘兄弟七萬比丘盡以三語受戒四
分文中但云歸依三寶隨佛出家本無歸結
問答中初示名義作法久者謂三語也漓卽是薄
故下引文證多論宿業謂往緣也三歸亦然亦宿

二伽論十種　三善見八種　四母論七種

業也梵云憍梵波提此翻牛呞亦云牛跡過去爲牛故口有牛呞足有牛跡呞音詩說文云吐而噍也噍才笑反嚼也彼云兄弟七萬詣諸比丘所諸比丘各盡以三語受戒四分三語亦有加結今云本無未詳何意有云四分雖有結歸而得戒在於三語不同彼宗結歸方獲

摩得伽中十種無師自誓見諦問答三歸五受局也五衆十衆二部僧八重遣信五通也

伽論問答即論義三歸同上多論故在局也下善見亦同前十誦三歸即是三語故在通也

善見有八一教授者謂自誓也三歸問答此三局也善來重法即八敬也遣信八語即二十衆僧尼俱白四也五是羯磨並通也

善見自誓云教授者謂從佛聞法故論云佛告迦葉汝應如是學言我於上中下座發慚愧心應聽一切善法置於我心等迦葉以教授故即得具足是佛神力得也八敬云重法重即尊敬或云八尊義亦同也八語謂尼中本法僧中正受兩番白四故云八語

母論有七善來建立受具即破結也三語羯磨隨師

五雜心十種　六俱舍十種

教者即八敬也遣信爲六通也勑聽一受即解義者是局也

母論破結名建立者彼文正名上受具即同四分上法而論云從今已去聽汝等立善根上受具準約文意名爲建立八敬名隨師教謂從阿難邊受佛教故解義名勑聽者彼論佛告蘇陀沙彌從今已往若有疑惑恣汝來問亦即與戒故得名也聽字平呼

雜心列十一自起二受師教者即自誓也三超昇者即五比丘四問樂者謂須陀耶五三歸此上局也善

來五八受重法八敬也遣信十衆此五通也

雜心自起即佛自然超昇即初果人破惑出離也問樂謂因問義生願樂故

俱舍有十一自然二入正定聚三信受大師語四問答五三歸此局也六善來七信受八尊法八遣信九持律爲五十中國十衆各下列人可知

俱舍第十四列數之下一一出人名故云各下列人也初即佛與獨覺二即五拘鄰彼正名得入正性離生在言頗隱故此易之得世間定名邪定聚初果入聖名正定聚三即大迦葉四即蘇陀夷七歲

五即六十賢部其集受具（賢部未詳）六即那舍等（謂須提那耶舍）七即大生主（即大愛道）八即法授尼（伽論云達摩提那即梵言也。見論云半迦尸尼。謂直半迦尸國故。）九十但分中邊不出人號。

明了論云依他圓德有七種比丘有四尼有三也獨覺有量佛無量波羅蜜合說有九。

了論總示中七種從師受故云依他獨覺與佛二種自然感發則非依他獨覺小乘境局大千故猶有量佛無量義如後自釋究竟果滿故稱波羅蜜。

一善來者先白衣聖人佛呼善來比丘修行清淨梵行正說正法作是說已髮落衣變便得戒也善比丘者許其出家許與大戒來者從白衣位來入出家位從無戒位入具戒位清淨梵行者斷一切惡修一切善也四分云快修梵行盡苦源即此是也正說正法者是梵行所依處也。

僧善來中初引論善下牒釋斷惡是清淨修善即梵行引四分證快修梵行證修善盡苦源證斷惡正說正法言所說當依正教行須憑教故是所依。

二三歸得戒者善根稍薄戒法難生未說歸前先誦佛語善來之法後方說歸竟感戒。

三歸中稍少也準此作法先唱善來後說三歸獨異諸部。

三略羯磨者善根又薄須立和上先問遮法後方和乞與今不異四人秉白即發具戒。

三中受前方便並同廣法唯四人單白此二為異。

四廣羯磨者善根轉薄戒法難生加至白四方乃得戒。

四中法須白四僧須十人。

尼中三受無歸及略是聖人者佛喚善來非聖人者三歸單白所不感也言遣使者是愛道言廣羯磨今二十眾也。

尼中無三歸及略羯磨善來廣法此二通僧遣使一種唯局尼眾。

此七種戒悉依他得言圓德者即戒體也所受徧周法界無境不備隨行奉修德充一切故稱圓德。

通釋中初釋依他言下釋圓德即戒體一句是總示也所受等釋上圓義隨行等釋上德義故下一句通結。

獨覺有量佛無量者三僧祇劫廣修萬行於最後生有菩薩戒悉性得也苦法忍時得出家具戒盡無生智起一切佛法一時圓滿三種功德無有邊量也。

次二受中文牒二種不釋有量反佛無量自可知故若據餘部通歸自然今取位別心境廣狹故分二焉阿僧祇劫翻無數時而言三者且約釋迦修菩薩道時以論分齊從古釋迦至尸棄佛值七萬五千佛名初僧祇次從尸棄至然燈佛值七萬六千佛名第二僧祇又從然燈至毗婆尸佛值七萬七千佛名三僧祇若望聲聞當內凡位萬行者萬是數之通名行實無量不必一萬最後生謂王宮所生也菩薩戒者謂久修菩薩行習性自然遠惡住善故云性得若爾前云小戒為大方便今何倒耶答此菩薩戒亦即小乘義說為戒非從他受不同梵網善戒受者方獲苦法忍時即證見道無漏聖慧斷惑之時準此初果即得具戒盡無生智起句絕無盡智與無生智二智發起即證無學道時謂證滅諦結惑斷盡故名盡智從盡智後無漏智起一切結惑無再生理名無生智三種功德者一菩薩戒二出家具戒三佛法圓滿前二是因後一是果皆偏生境故無邊量然此且據小教明佛若約大乘出生成道無非示現隨緣垂應非實爾也於此論中善來廣羯磨遣使通四分也三歸略羯磨

獨覺如來局當部也

結通局中三通四局當部即了論自謂上隨數分有一百一種略名從實則有二十種受一者自然二自誓三見諦四論義五三歸六一語七二語八十一眾九略羯磨十有量此局他部破結善來八敬三語二十眾五眾十眾小年曾歸尼邊義立遣信此通他部

三括諸部中初示開合二下次明通局前十局他部者本宗無故後十通他部彼此同有故（有本並作當部者誤也）餘如別圖委示此不復云也

三明秉法師資

第三秉法差別標云師資者師即是佛資即弟子從緣不同故有差別

多論說言通論諸受皆從佛得由佛出世有是法故若義推之破結自得初從佛聞法名從佛受後證無漏自獲非授四從他中善來八敬佛邊得也三歸羯磨從弟子得即藉緣不同為通末代也

正明中初引論通明若下次約義別說五受中初自餘他從他四中二師二資八敬阿難傳敎還因佛得藉緣不同者機宜異也通末代者三歸八年

三問答二 初問兩受勝劣

羯磨至今也。

問。自他兩受何者爲勝。答。約緣不定。因徵假緣。從他爲勝。如梵網云。四方千里無戒師者。方於佛前自誓而受。因强心猛。未假他緣。勝鬘十受。可對人也。自然自誓破結之徒。義非劣也。

初問答中。初句通答。因下別釋。因徵謂宿善根薄心不猛厲。須憑他發。梵網千里無師。方開自誓。又須好相。故知受戒必須從師。因强心猛。反上可明。勝鬘經說勝鬘夫人卽波斯匿王女。聞佛授記已立受十大願。一我從今日乃至菩提餘九同此於所受

戒不起犯心。二於諸尊長不生慢心。三於諸衆生不起恚心。四於他身色及外衆具不起嫉心。五於內法不起慳心。六不爲自己受畜財物。凡有所受悉爲成熟貧苦衆生。七不自爲己行四攝法。爲一切衆生故。四攝謂布施愛語利行同事以不愛染心。無厭足心。無礙心。攝受衆生。八若見孤獨幽繫疾病種種厄難困苦衆生。終不暫捨。必欲安穩。以義饒益。令脫衆苦。然後乃捨。九若見捕養衆惡律儀及諸犯戒。終不棄捨。我得力時。於彼處見此衆生。應折伏者而折伏之。應攝受者而攝受之。何以故。以折伏攝

二問佛秉善来 三初正伸問答

受故。令法久住。十攝受正法。終不忘失。何以故。忘失法者。則忘大乘。若忘大乘。則忘波羅蜜。此由心猛。故不對人。自然等受。皆此類也。

問。何故如來獨秉善來。比丘不得者。有二義也。一威德力大。轉緣入道。二善識機欲。應病與藥也。比丘反此。不識前機。如舍利弗錯授人法。威德又劣。如僧祇中學佛喚之。鬚髮故在。威儀不淨。爲人訶。故佛言。汝不可得如佛無畏口也。自今已後。剃髮度人。

次問中。初科。初問。有下次答。初明唯佛可秉。轉緣謂變形服。比丘下次明弟子不得。不識前機。反上

次義。舉緣證者。涅槃明舍利弗教二弟子。一觀白骨。一令數息。經歷多年。各不得道。卽生邪見。言無涅槃。佛喚舍利弗而呵責云。汝不善教。云何爲彼顚倒說法。此二弟子。一是浣衣。一是金師。金師應教數息。浣衣應教白骨。以汝錯教。令生惡邪。佛爲二人如應說法。聞已得阿羅漢。威德劣者。反上初義。引僧祇證。卽諸弟子亦以善來度人。因機制斷。形服不變。還同俗儀。故云不淨。無畏口。佛具四無畏。一。一切智無所畏。佛言我是一切智人若沙門婆羅門等言是法不知者不見微畏相。二漏盡無所畏。佛言我一切漏盡若人言漏不盡者亦無微畏。三說

二重簡八敬

三引論通示二 初正明

障道無所畏佛言我說障法若人云是障法不障道者亦無徵畏四說盡苦道無所畏佛言我說聖道能出世間若人言是道不能盡苦者亦無徵畏

八敬一受緣在二人故名佛秉若是僧者遣人敬已義中不便理從佛也故愛道云若世尊有教我當奉行故也

次科由制敬僧若令僧授則是敬已引愛道證文見本律

如多論中善來自誓佛於彼人有和上闍梨義然不為其師三歸八敬得稱比丘為闍梨不得作和上羯磨一受亦非佛秉有十義故不作有益一為成平等

化故二為止鬬諍故三為止誹謗故四為成三歸故五成四不壞故六成六念故七為息滅眾生福故如正富羅輪王業滅八不供養下人故九不惱眾生故十為通末代故

三正引中彼論七受但明五者見諦同善來三語同三歸彼無破結故所不論和尚相攝義闍梨教授義善來自誓佛兼二義三歸令向三寶八敬令重眾僧但有教授無相攝義佛不秉羯磨十義總束為四初三種皆為離不平等過故佛若自度則有親疎鬬諍誹謗由是而生次三種皆謂佛若度

二向答

四四教被凡聖二 初標章 二正釋四 初善來

人則入僧數關三寶故四不壞者三寶及戒內凡已上信樂決定名四不壞信六念亦三寶外加戒施天又次三種皆為離損眾生過故正富羅者論云昔有一比丘應得羅漢而有轉輪王業不得漏盡佛欲令其速得道故即為比丘一正富羅即是皮履轉輪王福一時盡滅下人即眾生佛是人天中尊不當反養眾生若為和尚必須給養容此二過不惱眾生者佛若為師則諸弟子不問遠近盡來投佛則令眾生多受苦惱最後一種若佛自度但被現機不通滅後故論總結云以是種種因緣佛不

為弟子作和尚闍梨

問佛非僧者何故愛道施衣令與僧中我即在者答在應供僧故也上明不在羯磨僧也故成實云不同僧事者以三寶位差別故

問答中問詞牒前次三種舉律以難我即在者謂在僧中答中僧分二種應供則通羯磨則局下引成論證上羯磨僧事即眾法也

四明教被凡聖者善來一受約四分中必初果者由佛自唱所被之人非劣下所堪道前相間非極聖所囑也故十誦云善來受者一切如法諸佛法王自在

義故自與受戒無有學地命終不成羅漢也如五分中須提那子善來受也此卽通凡不妨大約是聖多矣

第四善來中初定位約四分者簡他部通凡故由下釋所以上三句明教勝劣下卽二凡已還下二句明機劣道前謂見道已前內凡之人猶隔聖位故云相間故下引證初二句通示一切之言總收機教諸下別釋初明教勝王以自在爲義如來得法自在故稱法王無下次明機勝言凡蒙善來度者必由學地得至無學如下會異須提那最初犯

婬是內凡人一則部別有異二取多分爲言

二三語八敬三初　通二受

三語八敬非外凡地故多論云此二受人不羸不捨不變根不斷善根始終堅固知內凡也

三語八敬中初科初定位故下引示無四種過顯是內凡一戒不羸二不捨戒三不轉根爲女四不生邪見

二別問三語

問內凡分得不退道行何故律文中失本意者答信有二種一出家信二不壞信今云失者失事疲苦非理信也縱律文中三語受者威儀不淨不可怪也故律有言三果故犯無著不犯餘內外凡則不疑也如

三重簡八敬

僧祇中須斯二尼他逼受染自分未亡故犯初重何妨感於別苦也成實云以我慢故造集諸業以無我智力故諸業不集

次科問詞不退道行躡上四種律中因諸比丘受教人間遊行說法時有聞法得信欲受具足諸比丘將詣如來所未至中道失本信意不得受具佛令諸比丘自今已去聽三語受具據此有退則非內凡答中初正答出家信者欣樂梵行卽爲事信不壞信者分見眞諦故爲理信失事信則可通律文不失理信則還歸前判縱下釋妨律中三語受

者不按威儀著衣受食皆不如法因立和尚羯磨受具此亦失事故不可怪故下引況四分中無著卽四果結惑已盡則無故犯不妨悞犯僧祇自分卽愛欲初重卽婬戒感別苦者但異凡夫有總報故下引成論釋成聖人造業無總報所以凡夫具三我見慢名字初果已去而有慢我無我智卽空慧也

八敬四分愛道初果五百女人亦通內外然多論中不變不轉則內凡故

三中四分愛道及五百女皆八敬受雖通聖凡還

依多論判位爲定。

破結一受此絕言議。

破結中唯局四果不通餘人故絕言議。

若論羯磨初爲凡興後通果向涅槃淨梵即初果人。四分華尼亦同受也。五分陀驃十六成聖二十受具。亦通四果。

羯磨中涅槃三十九云有一梵志名淨行出家受戒時佛勅陳如將至僧中爲羯磨受十五日後諸漏永盡得阿羅漢義約受時已證初果四分蓮華色尼亦是初果羯磨受具若賢愚經佛善來度所出不同不可和會五分陀驃妙即四分沓婆十四出家十六成羅漢二十羯磨受具若爾得羅漢時即是破結何不感戒思之可知。

五明緣假衆相就分爲四初約緣明受二對辨同異三約受優劣四顯法前後初中善來有五緣一得道者故文云於座法眼淨也二對人法文云善來比丘至盡苦源三有求心文云我修梵行四心境合五事成作業。

第五假緣初門善來中初緣律中凡善來度者佛先與說法即於座上遠塵離垢（破見惑也）得法眼淨（即見道也）二對人法人即是佛法即善來律具云佛言善來比丘於我法中快修梵行盡苦源三有求心律明受者先白佛言我欲如來法中修梵行等佛方召之四心境合即上二三能所對也五中事成作業謂法竟體具也。

破結亦五一假佛教誡二立誓言三依教苦修四三毒皆盡五見空感戒。

破結中初須聞教非自然故二須立誓期心在後若非此緣破結無戒五見空者空即眞理。

三語五者一有形同文云剃髮著衣故二對無學及教也三有求心文云欲往佛所四心境合五作業。

三語中二無學及教即人法也律云彼欣往佛所中途而止佛令諸比丘三語度之欲即求心

八敬五者如三語也。

八敬同三語者一愛道與五百女各自披剃倚立祇桓故二即阿難傳八敬故三即愛道求出家故四五可知。

問善來一受得道爲緣餘三反者答對佛德大不假相具能轉變故餘則不爾如上說也。

問答中善來對佛必變形服故須得道爲緣餘不

爾者不對佛也破結證聖形服自變餘二對資力不能變如上說者即師資中

羯磨受中總別諸緣既被下機當須廣顯具依文註次第說也

羯磨中總則五緣別爲十五文註可見

二對同異中有五初說結不同者善來八敬一徧便得以唱教人大不假叮嚀羯法心重又不須結三語之法初受法弱故須三說前受心奢又假三結羯磨在僧通和非易故須四徧衆心齊忍與奪已决故結一也

二對同異初中善來八敬機教俱勝不假叮嚀謂不須多徧三語初受法弱謂能授教劣一說難感故至於三前受心奢謂所受機劣恐有陵犯加結囑之羯磨四徧一白三羯磨以和難故說須多也衆既和忍不假多結與奪即可否不同三語別人獨授故須三徧破結無法故非所論

二乞有無者通論四受理須前告如今我欲即是其相但羯磨者通情稍難若不遜請無由牒法故制乞也

二中初通明四受亦除破結既不對人故無從乞如今我欲合作文即前善來文云我欲於如來法中等即是求乞三語八敬並如上引但下別顯羯磨稍猶漸也

三立名相者初皆無相羯磨約緣由前三受內凡已上羯磨具縛有犯性重故制相也五八十戒或對俗化儀或是羯磨犯後故十戒中列和上名明知非制前也

三立名相名謂受名相即戒相初二句略示上句通舉四受羯磨受法初亦無相下句別點羯磨後因犯重方制說相緣即緣起由下委釋所以初明

三受無相內凡初果少犯性重破結無犯故不在言羯下次明羯磨有相雖通上聖正爲凡下故云具縛等五下因決餘戒立相之意對俗化儀謂五八也羯磨犯後謂十戒也由羯磨法制依和尚故準十戒作法詞中牒和尚名可驗在後義見次科

四立和尚者三語已前未論相攝因過須師方制和尚故羯磨與者意存師資道成彼此兼濟文中兩攝也

四立和尚初明餘受不立因下次明羯磨須立因過等者律云弟子無師教授故造作非法佛言當

立和尚意存師資者羯磨緣中一一牒故文中兩
攝律云和尚看弟子當如兒意弟子看和尚當如
父想展轉相敬重相瞻視正法便得久住等
五教被多少羯磨一受有緣至三餘四通多少也
五中羯磨本被一人有緣開三不得至四以羯磨
法不被僧故餘通可知
三明校量五受有三初就緣中破結特勝自證得故
善來又次親承佛教八敬爲三近囑學人遠因佛故
三語爲四但對無學羯磨最末唯在通凡廢人論教
則無勝劣也

三校量約緣中初明勝劣四義分之初約自他次
約師資三約兼獨四約聖凡從寬至狹對之可見
廢下二明無勝劣以上四位並據能授人分若論
所授無非具戒
二對過有無者善來機勝以無四過不無遮犯以在
制前破結無著但有悞犯八敬三語如上所被已明
如毗曇中煖心退作五逆斷善故此二受應是內凡
已去也羯磨受者如多論中內實凡夫福薄感戒欣
下有羸一過也容退道法二過也容變二形三過也
邪見斷善四過也餘四反此故無災患

對過中善來無四過謂無下有羸等過有謂四雖重者非有犯遮爾時未制不論所犯破結毒盡無故心故
八敬三語前引多論判爲內凡然內凡有四位一
煖二頂三忍四世第一毗曇煖心有退則顯多論
據忍與世第一人故云內凡已去俱舍亦云忍終
不斷善則知爾前尚有退也凡羯磨被凡具過可
知初謂毀犯二即捨戒三即根變四即墮邪餘四
反者即前四受災患即四過也
三對功能者羯磨住持終於萬載是長也通三天下
是廣也餘受局狹可以尋求破結微通末法之世聖

人不現時專附相故羯磨歷代秉宗也
功能中羯磨長終萬載且舉大數也廣遍三天除
北洲也餘局狹者如上約時方中已明破結雖通
而隱故唯羯磨流及無窮秉立也
四約受前後者善來最先以陳如爲首次三語次二
以度一百一十羅漢令分頭廣化也羯磨次三以文
云三語息故也八敬次四以十四年與阿難有和尚
故明知在羯磨後也破結次五以四分中沙彌年減
方興此受也
四明前後具戒中憍陳如鹿園初度故知善來最

二未具前後

先三語中下一百一十羅漢者合云十一準受戒犍度先度五人共佛為六羅漢次度耶輸伽子為七次度耶輸伽同友四人為十一（一名無垢二名善譬三名滿願四名伽凡婆提）次度耶輸伽同友五十人為六十一次度如來同友五十人為百十一次度那羅陀梵志為百十二律云時世間有百十一羅漢共佛為百十二佛告諸比丘汝等人間遊行勿二人共行諸比丘受教人間遊行說法時有得信欲受戒者諸比丘將詣佛所中道失本意佛令自今已去汝等即與出家授戒即三語受也羯磨中云三語息者律

明諸比丘三語度人其未被教誡者不安威儀等因制和尚羯磨受戒文云佛言自今已去捨三語聽滿十人授具足戒白四羯磨等八敬中阿難傳敬之人既有和尚顯是羯磨受具則明八敬在後若據年數相去稍遠縱無此證前後自分破結中律云爾時有年未滿二十者受具已生疑佛言自今已去聽數胎月閏月十四日說戒若得阿羅漢即名出家受具戒準此定在羯磨受後然對八敬前後難明文中且據髣髴而已

餘未具者如五戒法最初鹿野八年羯磨方有十戒

於指廣如後

未曾有中羅睺九歲生得道夜故第二八戒淨信未測其時

次未具中五戒鹿野者律中佛為耶輸伽父授五戒云是為最初優婆塞三自歸耶輸伽父為首是也十戒羅睺為始可以為定八戒雖云未測然十戒相但於八中加一可驗在前

具解受義附文消判更如後卷

指廣中前但分別五受而未明受義故指如文後卷即自此之後解釋標目緣法等文皆見受義或可卷合作說疑是字誤

四分律刪補隨機羯磨疏濟緣記卷第十二

[illegible seal]

四分律刪補隨機羯磨疏濟緣記卷第十三

宋餘杭郡沙門釋元照述記

就比丘戒緣義如前約文從事又分為二謂緣法相也

第二就緣標分中緣義如前即上第五藉緣多少四門分別

前緣又二謂法事也就法辨緣言授戒者標其目也就事辨緣言正授者顯行務也就初法中注分為二初顯戒德尊高後依緣簡略

釋緣分示中就法辨緣言標目者謂標列條目楷模可準體此五緣則曉知成敗就事辨緣言行務者謂臨機正受次第儀式準此八緣則事有倫序（事鈔則有十緣）又就法則總收終始就事則唯局受前昔人解鈔科前為古五緣後為今十緣者幾許誤哉今猶講之誤未省耳

文列戒為舟航違順約緣者以如來出世不欲增長諸有要求滅欲故立茲學然戒是定慧初基眾行元本本既不立餘何所憑但以佛世利機契動便感末時澆薄聖制從緣緣集則作業功成緣散則戒德無立無作不可見也託緣定其有無大聖唱言信非徒爾故前控引生起緣非

就法顯戒德中初至所憑釋歎戒前釋生死舟航不欲增諸有者人天非意也要求滅欲者為令出離也欲即是惑生死本故然下釋正法根本定慧是別標二學眾行乃統攝三乘但下至徒爾次釋立緣初敘須緣所以利機如善來度者契動謂不假多緣也緣集下明順違得失集即齊具散即乖缺無作非色故不可見眾緣有相故可定之大聖唱言謂是佛制故下示注意控猶據也

今解已下託緣顯障文云二種羯磨具五緣者或中邊分二或僧尼分二並通收羯磨用分諸受然諸部中敘緣不一母論但就緣言多釋唯列因相今通會之總五為約謂能所心及具終也

次科釋總標中初點文託緣即下五緣一一緣下各顯乖障用成如法文下牒釋中邊約方僧尼約位並通收等者羯磨六受若中邊分者十人二十遣信會歸並中國也五人并義立十人並邊方也若僧尼分者五人十人是僧餘二十人等並屬尼也然下列示母論如所對中三五兩緣所引多釋即是多論如能受中初三兩緣所引此據能所以

二釋別相五初能受人三初標舉叙由

二簡非五初唯是人道

分因緣或約發心爲因餘並爲緣隨時不定勿滯一端

就初能受類分又五以能名濫非別不顯在生正務唯戒尊高有缺諸緣雖受不獲故須指掌程露其相故也

初能受人標舉中初示通別能受名通五種相別濫謂通濫在下明須列之意指掌喻其易見程露猶顯示也

初唯是人簡四趣者天實報勝但著樂多無求修道故也修羅懷疑道在會正非人鬼神諂誑不實畜生

報局愚騃所收道在質直慧心遐舉戒受爲道非道故障地獄常苦亂惱衝心故論說言如鎔鐵聚何能懷道而受戒也唯斯人者苦輕下趣樂劣上天强識念力能崇道業如多論引歸戒所投誠有致也

初人道中初總標天下別釋初簡餘趣列示五道文標四趣則合修羅通諸趣故天著樂者多論云如目連勸帝釋云佛世難值何不數數相近聽受正法乃至帝釋云天上種種宮觀無數天女天須陀食自然百味百千伎樂以自娛樂雖知佛世難遇正法難聞以染樂所縛不得自在等阿修羅或

二諸根具足三初明同意

二叙形報

翻疑神疑是信障故不能入道非人下合明鬼畜上四句列二趣下四句明違道質直反鬼神慧心反畜類遐舉謂高遠也地獄引偈即智論也具云地獄中陰身（謂獄中報陰也）猶如鎔鐵聚熱惱燒然苦不可爲譬喻唯下次顯人道苦輕下趣無常苦也樂劣上天無勝境也此二句異於天獄强識異畜生念力異修鬼下指多論彼云五道而言唯人得戒餘四道不得是也

二諸根具者以儀貌嚴正悅動物心凡所弘闡覩相易受若不簡約汙辱僧倫故律又中六根俱淨方應

受法如眼一緣二十餘相並不堪也

二簡根具中初科以出家弘法利益羣品必須儀相發彼信心下引律文略舉眼根總列諸遮有一百四十餘種二十餘相者謂青黃赤白爛紅水精極深三角大張斜瞋微梨等備如資持中

但今濁世福慧兩虧雖微學行多雜不善故受報形尠能圓具教通末俗義有開遮制則防世譏訶開則爲成道務此二爲本足攝前緣

次科初叙時澆報劣學行謂修持也教下次明教通開制防譏則護於外化成道則接彼下根

至如根緣耳舌意三助道勝也由耳聽法意緣邪正有疑通決非舌不明必具此三定為戒本故狂聾瘂通及自他俱非數收意可見也眼及鼻身少缺通許約戒受法能乞能持雖通在遮得在開例如鈔廣引五分僧祇斟酌量機不可輕度

三中初明三根有缺不開下引足數證知非用通自他者即能秉所為也眼下次明三根有缺通許如下指廣如鈔並見受戒篇文廣不錄臨文自尋誡令斟量意在精擇

三身心清淨者既為道器純淨方堪如淨舍宅可以

為例又如淨衣易染為色故先染汙不成後受律中所列十三種人皆為戒難如後相解

三中初科初以喻顯舍宅則先法後喻淨衣則先喻後法律下次指所簡下文委解文列多論者以五八十戒是具者基基既先頹無所加也何況毀具反道重受不可接也下引諸業者如汙尼逆罪雖無戒犯然業在生報戒障三途正與相違故成難攝

次科初釋邊罪四分但論具戒故引多論以通餘戒然據成難須約四重雖五八十不分重輕可準大僧篇聚為例頽毀也下下次釋重業文中且據全未受戒白衣為言注列沙彌汙尼殺逆還歸邊攝但有賊住如後自明生報三途戒所不障故與相違

四相具者即形同也下列覆露兩儀俱非道相離於二邊也今時三衣實相同本自褊衫正背方裙裿支皆非經律也然且順律文非俗非外耳

四中初牒釋云形同者斷緣相也下列等者釋簡非也俗人莊嚴著有邊也外道裸形著無邊也亦名斷常二邊智論云佛聖弟子住於中道故著三

衣今下次決時用初明三衣相同本者不異西梵也自下次示餘衣正背鈔作褡膊方裙似今幃裙裿支搭左肩上繫右腋下以襯袈裟名出本律但製造乖法耳此等諸衣雖非經律然其體色猶存道相可順律文律云自今已去一切俗人外道服並不得著是也

五得少分法者即法同也法海不頓漸開方便欲使信樂守戒牢固也

五中初斷緣相法下次顯教意

上列諸緣得否為二前四必具不具非緣不成後一

制具不具則戒罪兩得
結示中戒罪兩得頓獲故得戒違制故得罪
大緣第二所對境中有七一結界須成者以教法所
由非界不立深須通練方應受緣今世行事聞受便
誦都不觀緣非但誦得不須界也縱知有界須曉結
人迷濫多雜致虧界本即須窮問初結體標離合後
人不知即是虛指如上文中捨結極易何得自輕拈
徑作約事驗人人心不實後生還爾何慮不然
第二所對結界中初敘緣今下斥非初斥不立界
緣非但誦得言不唯直誦羯磨而得戒也縱下次

斥立而乖謬一須尋界相分齊分明二須考結人
學行明昧指上文者即結界篇約下總責二過心
不實者非為度人故後生還爾相似果報故
二有秉法僧者白四弘通非僧不合也
二中通論能秉須至四人堪持眾法
三僧數須滿中邊二受雖列五十不同非數不可妄
預如論簡人乃云清淨清淨之言何所不在豈在戒
也戒淨由於智明必於事法開遮曉通如鏡方得受
體清淨無染
三中別約受具必須數滿兩緣相濫通別分之初

科初釋數滿正明中受兼示邊開如下次釋母論
若唯守戒無智暗教持犯不明終非清淨
今有人言但不破戒即堪足數此言濫也通不破戒
無著猶染別不破戒時逢非數如睡定癡鈍聾狂之
類雖有若無忍默空據不名僧滿今此邊隅用本開
五必叵具者雖行無罪可通曉也
次科初引非此下躡斥無學結惑永盡名究竟解
脫一切無犯故云通不破也然有誤犯故云尚染
若云但不破戒聖人誤破即應非數凡夫惑業尚
存名別別解脫有犯不犯故云別不破也若云但

不破戒凡僧不破睡定等緣即應足數今下決此
土用僧據本僧多須依中國知法難得可用五人
理應無罪十誦伽論得戒得罪乃約易得處為言
四明界集者以界收人同遣我倒咸遵一法成無礙
行
四中局界顯和不生執諍近據當教則終遣我倒
遠取大乘則成無礙行準此明界豈止區別彼此
乎
五明教法者羯磨大法和僧之辭得否難諳通決寄
此母論如法簡非法也言略事廣何可具之宜取四

緣上下比擬則爲得也
五中初敘緣得否難諧人事乖故通決寄此功在法故毋論如法通收四緣人法事界單雙具足歷開七句統攝諸緣故云上下比擬也
六資緣者內欣勝法外假勝儀身心相依如魚有水若無若借俱非自緣並非法也
六中身心總上二句魚水喻上身心無借二皆非法得否如後自明
七局法住時者由機謝緣終今時未及故不廣也
七中法滅據釋迦一化滅劫復增至人壽六萬歲

時法皆滅盡七萬歲獨覺出世八萬歲彌勒下生
上外緣七亦束爲四一七約處明本界成二三四緣俱成僧義五白四法六是事資離合可委
料簡中初科言外緣者對前能受是內報故第七屬處者以結界法未失故離開爲七合歸唯四成敗爲二餘違不合唯事須論
次科總分中餘違不合六緣不具即是敗也事資多說故曰須論
若論衣鉢諸說不同有人解云依多論十誦縱無亦開得戒得罪有人言部別不同何得例也如無和尚不可從彼有人言若無衣鉢全是非法可不開也若借得者當時是有但望告僧不言非法不得戒也義準和尚破戒四句如是開遮然得否無文凡情難信幸依聲教則無戒也
別簡中古今四解初師準多論明判得戒但非威儀故得小罪次師但破前解不出正義即顯須依本部例判不得多宗和尚不現前或無和尚皆許得戒四分不通顯是部別不可濫用第三師全無不得借者見有約知不知準和尚四句前三句不知皆得後一知故不得如是開遮結彼所判然下

即今師判上二句貶初後二解下二句取第二師聲教即本律也
大緣第三明心有受此最因本義須前示如文所列
不自稱者無心欲受強抑登場也不稱和尚者別有所重和尚見輕也言不乞者不欲於此別於餘衆上雖並默縱有所言既非本懷乞非所乞不名受也
三發心中初示緣相心爲發戒正因法所依本故云因本如下牒釋三段並據不乞上雖下義決縱乞亦非以無心故和尚見輕謂於和尚無心承稟故注中更列醉眠等皆謂無心也

四心境相當

五事因究竟

二就事辨緣三初牒章總舉二隨位別明八初明請師法二初分文二隨釋二初敘師資教興二初分示二牒釋三初明緣致三初釋立和尚緣三初敘制意

四心境會者界成僧具法正緣合而意別緣不念戒本即心不當境也心雖殷至界結不知雖僧法具終非緣合境乖心也自餘例準非緣不一俱不相應者罪業相投不能兩離也

四心境中即上二三兩緣相對以辨俱互四句初標即二俱相應句界下釋第二句界僧法緣緣即是事四境皆如意別緣者但無渴法緣境之心縱緣餘善亦不相當心雖下釋第三句翻上可明自餘例準謂餘非相不出心境如前能受遮難資緣等並有如非收之可見俱下釋第四句罪業相投

宿惡會也不能兩離心境俱非也

五事成同一者法是緣成隨違不合八相始終前後無濫如造一食緣必五行闕一不可法亦爾也

五事成中初正釋八相即下八法如下喻顯一食喻受體五行喻八法

就約行事前緣列八如文所顯歷然自別初請師法文敘師資教興所由作是請下立法加被初文又二前明緣致後修虔敬初云弟子無師教授者中人已上須假師導隨墮壞行良無善友法身慧命必有所憑故制和尚也

三釋敬揖

二翻名釋義

次就行事請師緣致中和尚制意云中人已上者儒教人分九等上智不待教下愚不可教唯中人可教故須師也

中梵本音鄔波陀耶在唐譯言名之依學依附此人學出道故自古翻譯多雜蕃胡胡傳天語不得聲實故有訛僻轉云和上如昔人解和中最上此遂字釋不知音本人又解云翻力生弟子道力假教生成得其遠意失其近語真諦所譯明了論疏則云優波陀訶稍近梵音猶乖聲論余親參譯委問本音如上所述彥琮譯云郁波弟耶聲相近也

翻名中初出正翻自下辨訛僻又三初明古翻蕃胡是雜戎邊國故語多不正下出兩解一則迷於華梵故云不知音本一則不究梵名故云失其近語次真諦譯諦即陳朝三藏乖聲論者前出正翻蓋依聲論譯場親問名義得實三彥琮譯琮即隋時法師

文云看如父者世父疎通學務道父開授慧明喻在同也如俗律名例於其師如世叔父母者立差降也終次連枝蓋非疎越言敬重瞻視者正教明告互相敦遇微生慢心不受法化也

三敬攝中初釋父想引俗律證者彼有名例律犯本師同叔父母顯異親生故云差降也終次連枝謂犯兄次之顯師義重故云非疎越也言下次釋敬視。

又病比丘下立資弟也由病致死緣須待接損喪道器也。

立弟子中初科資即訓取謂取法於師因病致死發起之由。

言弟子者學後解生故得名也所以師名隨本音者此土本無故不可譯俗中博士微有相扶然備束脩

乖則非禮佛法不爾導以義方開示出道過恒俗訓若行贈遺則是邪緣故從本也弟子受學義相似也故從此方之言。

次科初釋資名在後故為弟從生故為子所下次辨師名出家之法始於西梵故和尚名此土本無下舉俗禮明不翻之意自漢已來國家多置五經諸子博士即學者之師禮記云君子知至學之難易而知其美惡然後能博喻然後能為師束脩即肉脯古者用為見師之禮今則名通金帛等物故論語云自行束脩已上吾未嘗無誨焉師名恐濫故不取之弟子義同故可比用。

師弟相攝云敬重者以出道在心形雖在卑以懷道故敬而後授故無虛往也彼我和敬正法由生光大遠世皆賴開悟深有致也。

三中初明師敬資意以文令共相敬重恐疑反倒故特示之尊卑據形相敬約心由心懷道不可輕故無虛往者言資必受敎也彼下次釋功益展轉開悟相生不絕至於無窮。

善見不請起過者為束惡緣制請結之無輒離也餘諸法訓廣如受後及行事鈔也。

釋制請中先無請法度已起過和尚呵責便云誰請汝耶因制請之束惡緣者令不作過也請結之者結為父子也指如受後即依止中事鈔即師資篇。

文列請法在僧中欲令受者覩相發敬也必預須受前一年一月亦無傷也入云一席加法不延久者恐心怠也於義似失次第隨禮者以凡多慢習戒在敬慎故折伏形骸希求淨法後必思犯非我輒授也。

修敬中初釋僧中初出令解僧私兩通預須受者謂先私請也入下次斥非彼局僧中不通先請畢

世師資豈容心怠故云似失其實失也次下次釋
徧禮初令盡敬意在後持
就加法中請可爲二初請之法律制傍教縱屏令誦
識其文義後在僧中如法致請亦是儀也
第二立法請法中初科文令傍教義通自誦觀機
利鈍二竝無在
請文有五大德念者請專意也爲和尚者明所祈也
願爲作者慈副本望也我依受具者三學由生也五
慈愍故者已述所懷惟聽許也
次科請文五段初句爲一我某甲下二句爲二願

下二句爲三我依下二句爲四末一句爲五
次答辭中若無告辭喜踊無所也
答辭標中由答知許故生喜踊
告辭有四初可爾者總領請辭許爲師也教授汝者
非但事攝有法弘訓也淸淨者宜重戒本攝持三業
也莫放逸者諸過之源由行放逸當攝情根遠五欲
也
列釋有四初答請二許教三誡業四約心
初答可爾中可是答諾下流爾是應酬上位雙云可
爾未善知言全不可也至於懺持答中義兼前二以

所對者有少長故
三中初釋當文可是允許爾即稟承未善知言斥
翻傳也至下次會他處懺法兼二對少云可對長
云爾彼通少長故可兩標此唯請師不當雙列故
也
有人解云律雖列四隨一成答意以通四共成一答
如上解文初是許辭後三相攝義聯類也
四中初引他解意下示今釋義聯類者言相貫也
文列闍梨及餘師衆須有請者據理約事義不妄臨
必須告情方赴受會

釋諸師中初科據理約事理謂道理事即事儀
今時行事薄濫轉輕搦得受者人情布訂互爲師傳
使偏上下都不緣前受者本意如此行事使名來受
理須本師開示委語令彼受者得知法用據成羯磨
合衆齊功豈獨三師偏受其賜文雖開請義準上文
次科初敘訛搦謂捉搦布訂猶安排也互爲偏上
下者更輪而轉不緣受者本意謂不取彼欲與不
欲也如下正斥本師開示謂和尚示知羯磨教授
名字德業令知此等秉御有功故云知法用也推
功合衆則不偏受三師之賜也文下指法但改和

尙爲阿闍梨等。

阿闍梨者本隨傳出亦訛略也如梵天音阿遮利耶即唐所翻云教授者彥琮隋譯阿遮利夜聲相近耳然教授名通於輕重律中所出六種闍梨一者剃髮二者出家三者受經四者教授五者羯磨六曰依止唯後一師始終成固餘者一席俱通名也餘如鈔說

三中初科初翻名釋義本隨傳出謂翻律者隨聞而譯不究本音也次出正翻亦依聲論然下列示多種通輕重者下六種中前三爲輕四五次重後一最重出家闍梨即授十戒者教授羯磨即授具

戒者依止闍梨替和尙處故云始終指餘如鈔亦即師資中

外有僧者同和作法比行事者號曰尊人尊師如善見云臨壇師也戒本人也故今加尊有所承也

次科外僧即三師外七證師尊人尊師人師兩字並據善見上加尊字示有稟承今云尊證是也

請法同和尙上文以其秉故隨訶成別舉戒功齊不可輕也

二安受者所注文具顯云不得界外者此通白四之時今約事緣界外無失如後段緣也五分中由爲不如法人受故因制戒壇外十衆在壇上界外問之

第二正釋中初科白四時謂正受時不得界外非謂問難時也如後段者即差問中云將至界外看等引五分證不如法人彼因界外借衣鉢故由本在餘處起過故制壇外十衆壇上對僧前也界外問者即壇外也

言眼見者自有所對發勝心也耳不聞者恐聽羯磨成戒難也至後問難何得聞者既已在僧正乞具法僧得自在許聞成後故無過也如餘非數並不開訶唯斯一人得預訶位意可見也

二中初牒釋至下通難初徵以戒師和白沙彌在衆得預聞故既下次答許聞成後謂成具戒也不足數中沙彌一人不得滿得訶特異常途足以爲例

文言立者行住兩儀心躁亂故坐是安靜未足稱恭故立望僧意取翹注及教師問又無坐文行事之家召令對坐既是別告理亦應通然自對僧輒爾自坐有所輕也至時籌量去取恭慢也

三中初釋須立之意行住是散住謂行時暫止坐卧是慢文簡三儀理無卧故及下次明正問之儀

三差人問緣三初標緣

二示意

三隨釋

初示時事以律無文例皆對坐既下次決可否上二句是縱別告謂教師獨問然下即奪目對僧者即壇上十師坐有所輕意令跪也令籌量者謂觀機恭慢去慢取恭不局坐跪也

三差教師者由界外露觀致返還故制依法問不可細撿

第三初科注中但云稽留律明受者慚愧返道故云返還也

如律上下但問諸遮至受戒法制十三難有難無難終須問之有則不感無則須問故知差意止在難也

衣鉢名字泛顯之辭以通言路也

二中初引律制律上下者即差出對眾兩處問難但列十六輕遮而制受法中如注所引又云不問十三難者則不得戒由有明制義必前問故正問處並皆略之遮無定制義通得否須立儀式是以具列也故下次顯差意仍示後問文有旁正

就分為三謂緣法儀也緣中問答者戒師欲和取名請可此中索欲和僧通別兩緣如上卷也

三中初總分緣即如注問答和僧法即作白儀謂出眾威儀準鈔自已續云應起禮僧已案常威儀

四出眾問法三初標分

三隨釋三初示其衣鉢三初釋審問安慰

至受者所羯磨本脫宜引加之緣下牒釋取名請可謂和白問僧此下點示通和但云受戒羯磨別和隨法各答

四出眾問法就文為三初示其衣鉢者恐生怖故問答失差前具示名非本問意難後問遮非無須問如名字衣鉢等前已陳故亦如前後二應語下正辨問難傍兼十遮三如我今問汝下定其言議情事無爽

第四標分中初段二意釋之初即通言釋謂正欲問難假為言端故云非本問意難後下次約應後釋謂後遮中須問衣鉢在言既略故前委陳後問

易領意使相應故云亦如前後名字即已與師名義同衣鉢故連舉耳二三兩段在文可見爽即差也

就初緣中如五分云被差人起至和尚前問度此人未謂十戒也作和尚未衣鉢具未並答已注謂著高勝處者以戒遮既淨堪為道器緣成業具位登僧寶豈卑下也

示衣鉢中初科初引示五分三問和尚合知故須前審作和尚者即請師也注下牒釋僧寶超越故云高勝

列示衣名將多論告者現未曾有法也創在沙彌但披縵服忽厠大位儀相殊絕令心高遠不志下流也又列鉢名引十誦者示上參佛相下濟羣有也仍問所屬者如五分中即加受法故問其緣四分無文義須準的如後篇明之

次科正釋中初釋引論示衣又下次釋引律明鉢仍下三釋問已有由爲加法故須審定此據五分須對敎師後引僧祇則對戒師指如後篇即受淨中

問既未白四義是沙彌何得加者答既云受具正法

有儀章服被於外容戒業充於內報事義相假何得不持如僧尼二衆體不同法及論受戒聞說皆開故知持竟從僧乞受如和尚例可以通鑒豈同古人雷同受後須曉之也

問意假設他疑引起後義答中初立理謂正受時時具儀相故須先持如下引例有二初引尼衆受戒同法以例未具得加三衣次引和尚先請後受可例受前加法無過聞說皆開聞即開聽說謂開訶豈下彰異古來例皆受後加持事鈔兩存義猶未決雷同言無異識也問若加受法誰爲對首答

按壇經云敎授師於此爲受衣準此即對大僧也若謂沙彌不合與僧對首者即應難曰沙彌那得受大僧衣耶既許沙彌受僧衣何妨大僧爲對首今時有用沙彌爲對者止可本衆對加縵衣沙彌既無三衣豈得對彼加受請以理求無事冰執

二正問中前緣定其思審不犯邊下依數列問勅聽者誠不妄緣令至誠者誠無妄答下有無者欲舉事問前定占也

二正問難定思審中誠不妄緣令攝耳也誠無妄答令正心也下有無者即實不實也占謂視兆卜

其未然也

將解難文先以義引五門不同一制簡淨意二釋名體三得名廢立四收難多少五通塞不同

初來意者光師云夫欲遠希玄果非戒不剋然戒法清虛乃出道津濟法既精玅致受非易論其受也非身淨不剋是以身爲受道之器心爲納法之主身心圓淨得戒亡言若內懷遮難於道非淨雖備衆緣徒勞無益一生絕分障不發戒名之爲難由難障故因檢稽留故制問之意在此也

列問義門制意中引光師文四段初敘戒功玄果

通目三聖剋獲也然下次明簡淨是下三明有無
得否亡無也由下四結顯問意
二釋名體前列數者難隨染起染是生因則無量也
且據重者能障聖道標舉十三
二中初科染即是情以十三難不出三道三道皆
情情生非一故難亦無量
初邊罪難者曾受佛戒理宜謹奉捉心不固具緣犯
重爲過不輕業果生報不思捨悔反戒更受義無再
攝分在眾外名之爲邊一生永障名之爲難難由邊
罪障戒而生故曰邊罪

釋名中初科曾受佛戒總該道俗不思捨悔謂將
犯時不捨戒戒羸不悔也反戒即犯重也破前爲
邊障後爲難分在眾外謂不入二種僧中
自餘十二例如下述諸說云云終是犯重義無攝受
也
次科初指例已後諸難標釋結三並同初釋諸下
斥異云云多說如第三門
二壞尼難者淨具尊境是世福田理宜虔敬生出世
福反加慢辱毀壞梵行業深罪重雖受無益名之爲
難難由壞尼淨行而生故曰也尼中反之可如後說

二中言淨具者淨簡穢境具簡沙彌陵犯勝境必
無奉信故受無益尼中反者即壞淨具大比丘也
三賊心受戒難者沙彌俗人法非本位形濫僭上又
盜聖財非分妄謂故號爲賊障不發戒世財是共雖
盜非難法財不共具緣方感此難由賊妄謂而生故
曰也
三中形濫即偷形盜聖財即偷法盜世財非難者
據本白衣爲言若受五十濫五成重即入邊收
四破內外道難正取破內兼實破外志性無恆內外
無取鬬亂彼此俱不成辦故文云汝不破二道耶是

也五分云捨內法外道人者不應受戒此直取破內
也由信心未著捨正歸邪破於內法即名爲難
四中初科初引本宗明破二道俱不成辦謂於所
業兩無成故次引五分但明破內著猶定也陟慮
反之
問沙彌雖破而不成難何故毀重同爲邊障答具分
乃殊同壞本也
問答中以破局大僧邊通小眾故問決之具分即
目大小二戒
若爾尼中兩眾犯後四重應是障也答前四限分故

違後四枝條深制。
轉難中尼有八重犯皆成障。尼下二眾前四成邊
後四非障因引爲難欲顯不同。
五黃門者黃是中方之色昔刑其勢號曰閹人以衛
中禁之門故曰也。此不男者雖稟人類形微志弱無
任道器反增欲染雖進學業終無登趣故曰也。男子
有無如律緣彰女人亦五尼戒具列。
五中初示名中方屬土土色黃或云昔用雌黃塗門以應其色故。
天子中禁號爲黃門由用閹者爲守因目其人然
古有黃門侍郎之官即非閹人也昔刑其勢即古

宮刑閹字音淹謂男無勢者然今五種不必因刑
但借彼名耳即經所謂五種不男之人是也此下
示難意形微無丈夫相志弱無剛勇性反增染者
由欲重者障此報故登成也男下顯相女人五者
即騾筋鼓角脈皆謂不通婬者
六七二難殺父母者人非化生業寄胎報假彼遺陰
以成已體育養恩深理應反報方興逆害禍深障厚
故曰也
六七合明二難初敘恩深方下次明過重
八殺羅漢者此人感盡德圓福田應供反加興害清
淨聖境同上業重障深故曰也
八中分節同上感盡德圓即自行福田應供即利
他德即果上無漏福慧也
九破僧者眾和法同出道良筌乃以邪法乖真分眾
異軌使應悟失解業深障戒也
九中初敘正化僧法之益筌即取魚之具喻教法
也乃下顯難邪法乖眞即是五法分眾異軌即破
僧也
十出佛血難如來四等道化眾生皆憑出世恩深厚
報義在虔恭乃興惡心傷出身血斯業大重障戒名

難
難由惡心而生故曰也
十中四等即慈悲喜捨四皆平等傷出血者本欲
殺佛殺之不果但出身血耳
十一十二非人畜生難者報處卑微形心非器由斯
障戒故曰也
十一二趣別義同所以合明
十三二形難者凡爲道器要須志節清卓報殊性定
方能弘道所作生成今則形挾兩境志致懦弱善惡
不成焉能修道先得戒者因生尚失何況現報方欲
感戒即斯爲障障因二根而生故曰二形難也

二定體二初標列 二隨釋三初依名定體二初正明

二問答

十三初敘所堪志報性三皆須出眾則學必有所發道必有所立故云所作生成今下次明難相反上三種形掭兩境謂男女二根即報劣也志弱如文善惡不成即性不定下引受後形生戒失以況現有不感可知

次依名定體并辨離合初定體中隨義以彰體則多也何以明之黃門一難以五鈍煩惱爲體此約惑明也非人畜生以苦逼爲體此約報明也二形即以根雜爲體此約相明也餘邊等九以不善思心爲體此約業明也

定體正明中即用三道以爲難體二形約相即是報亦苦道收五鈍即三毒及慢疑也不善思即行心也

問五逆以業爲體何以不用夷蘭爲體答逆即障戒未假罪也如俗人造逆即說戒障何有罪耶假令比丘作破僧等悉以逆爲業障重者邊收蘭者戒難可以蘭罪入懺而本業非障耶

問中比丘犯逆三殺皆夷破血並蘭理合爲體答中初判定逆取業障不論篇聚故云未假罪也如下反質初引俗犯無罪以質假下次約僧犯可懺以質重夷自入邊收逆蘭方爲戒難然蘭是制罪容可懺滅即應犯者懺已非障故知不可以蘭爲體

二辨離合二初標 二釋二初向邊逆離合

二引諸師義解三 初約違教有無釋

二約離合繁濫釋二 初正釋

次辨離合中問四重合一邊五逆而分者

離合中問意易解

答殺盜雖別不由作事即障戒由違重教方得邊名據違背是一故合爲邊罪若論逆名隨事成業無教可違故律中外道殺父母者無所長益便即滅擯豈望違教也

初師解中初明邊罪約違教略舉殺盜婬妄亦然

若下次明逆罪據成業外道犯逆受已即擯不因所犯顯非違教

又解合逆離邊或俱離合皆有濫故何以知耶如造四重俱犯成邊今分爲四則繁雜也逆不分五濫逆非難如殺三祖乃至後母等或打棒父母等尊世謂惡逆戒障簡輕故並得受

次師中初科初通標準有四句合邊離逆此句正用合逆離邊及俱離合三句皆有繁濫何下別釋初明離邊成繁逆下次明合逆有濫祖與曾祖高祖謂之三祖後母即繼母打約身分棒即持物此

等俗刑例同爲逆。佛律唯據殺親父母始成戒障。
今若不分濫餘輕故。
若爾，賊心有六，四輕兩重，應立二難。答：論六分二據衆別說，不從重分，俱衆法故。
轉難中，律云：賊心入道者，或至一比丘二比丘三比丘衆僧所共羯磨說戒，或至一二三比丘衆僧所共羯磨不說戒。（此二句律云未受不合已受滅擯，即兩重也。）或至一二三比丘衆僧所不共羯磨說戒，或至一二三比丘所不至衆僧所不共羯磨說戒，或至一二比丘所不至三比丘衆僧所不共羯磨說戒，或至一比

丘所不至二三比丘衆僧所不共羯磨說戒。（此四句律云未受不合已受得戒，即四輕也。）難意云：若謂逆罪濫輕故須離者，賊住亦有輕重，何故卻合？答中上二句答開據衆別者，前二共作衆法，後四對作別法。下二句釋妨。又應難曰：既有兩重，何不分二？釋之可解。
又逆不離，謂俗具五，可以思之。
三師中，五逆重罪，僧可具造，俗無破僧，不列不顯。
三得名廢立者，先據名中，非畜形黃，從報得名，邊罪破內，從法得名，賊心當體，餘六從境，謂壞尼五逆也。
第三據名，四義中，邊破從法者，邊是犯制法，破即毀正法。賊心當體，即賊爲名。
又解：邊罪從法，隱相顯法，通收重故。若隨說一，不通道俗具不具者，及退道人重來受者。今說邊名，莫不皆受佛戒，犯重更受，不可隨境，故以法收，名爲邊罪。非畜黃形，如前從報。餘之八難，並從前境，如破內外道與壞尼等，何得殊名？此解可也。
次三義中，邊罪隱相，謂不分四重，顯法謂但立邊名。若隨說一，謂離邊名外，隨立一名，則該攝不盡。大分道俗，即收四戒，道中有具不具，具中有在道及帶戒退道。餘八中，破是能破，二道是所破，所破

即境，與壞尼同。又賊心者，名從能盜，義兼所盜，故亦從境。此解可者，今所取故。
次諍名中。
次諍名中，下引問難，古今廢立，故曰諍名。
問：障戒不發，乃有無量，所以十三獨名難者？答：言難有二種，一始終體定，不可延除；二雖具法緣，戒必不發。餘不具故，唯在遮收。小年衣鉢，待求便是也。
通名問答中，初明難具二義。延謂待，無除謂易去。
餘下次明諸遮不具。小年可待，衣鉢可求，反初義也。餘遮緣具，亦有發戒，但得小罪，反次義也。

二別問初難二初問答合

二轉難二初引尼例難

二約義各釋二初約尼無以釋

二今約違教釋

問十三初難何以名邊今解邊法具四義故一曾受內戒今棄眾外故云邊也除壞尼者本無戒故二通具不具者可作邊名除二破兩難不通未具賊心一難不通具戒三唯局曾受者可名為邊通受未受則不名邊也如黃門難或曾受後變殺父母羅漢等或受後捨竟而行殺非畜二形例通於受及未受等四犯究竟罪名邊除出血偷蘭是方便

次問初難問答中欲顯邊名局在初難故以四義對簡十二初義簡壞尼內戒簡外道邪戒二中簡三難破內破僧局具戒賊心局未具三中簡七難

黃門三殺非畜二形第簡可尋四中簡出血

問尼犯後四捨來名邊者後四不通下眾尚得邊名破僧不通沙彌亦是邊不

轉難中尼有八重前四通三眾後四局大尼□破亦局僧可例名邊否

有人言尼犯八重皆不名邊何故如此以法還戒尚不重受何須問邊

答中初解以尼無再受故沒邊名以法還戒謂作法捨也

若爾既無但十二難何為具問不問違教進退何依

今解初一違教法立名餘隨境相非有違也破二道者雖受具戒但行業重後來說難初作之時但得偷蘭著外道服即是其證故知於正重違出在海外也

今解中初躡破尼中具問十三難可驗非理今下正解為三初立理尼中後四望違重教故得邊名二眾未稟故不通耳破僧據境不望違教破下次釋難前科初解邊破二難並從法故今此隨境故復通之律中著外道服學外道事業並得偷蘭可驗破二但約業重非違重教故下三結示

四分律刪補隨機羯磨疏濟緣記卷第十三

四分律刪補隨機羯磨疏濟緣記卷第十四

宋餘杭郡沙門釋元照述記

四收難中三門分之初總明盡否二以八難收三以三障收就初門中言不盡者如多論云凡受戒法要以勇猛決誓斷惡爲先後依緣受方發戒也諸天著樂善心微弱餓鬼身心常焦熱惱地獄苦楚畜生業障雖經說齋但得善行如上諸趣皆無得戒也四天下言北方難地以福報障又愚癡故無有佛法唯三天下人有四種男女黃根唯二具得黃根則障就男女中五逆汙尼賊住越濟婬母斷善俱不得戒大而

言之受佛法者葢不足言如上人畜成受三歸無感戒也

第四收難前明不盡引多論中初敘本因諸下次簡障難初約趣簡天與鬼獄並非人攝即簡非畜也四下次就人趣約四洲簡北洲人壽千歲珍寶飲食自然故是福報著樂無厭故是愚癡人下三就三洲約四報簡二具謂根具者黃根即黃門二形就下四就男女約諸業簡越濟即破內異名邪正不攝故名越濟上之四位總攝十四前引多論犯五八十重者受戒不得即爲邊罪通爲十五婬母與斷善在十三外大下三總斷葢不足言謂必須淨器諸餘雜類不足言也

善見云黃門畜生二根賊住壞尼破內六人不障天道但障聖道若五逆者人天聖障

善見中初六人可以誘之人天必不能破惑證聖五逆是無間業故障人天聖三道文無邊罪非人義準前收非人後收邊罪

僧祇中不生羯磨事謂十三難人及惡見沙彌更有四人共有一怨俱欲出家路逢本怨初人張弓二者欲射還止三人射而不死四人斷命此並輕躁無志

初二已出家不應驅後作惡應驅出後二並驅出

僧祇中十三同上惡見沙彌說欲不障道更四人者並退道人故云無志初二方便即止不應驅出即許得戒後二共殺二並驅出即是難攝

了論云律中說二十人不得戒如作誓言我非比丘亦瘂亦聾不乞戒人亦遮不得

了論二十者彼云何者二十五黃門（四分合一）五無間人（即五逆也）汙比丘尼人誓言我非比丘人偷住人龍夜叉瘂人聾人瘂聾人不乞戒人遮人（即小年無衣鉢等諸遮也）對今四分十種是難餘並遮收

義說無根一道癡鈍狂昏無衣鉢等乃有衆也且列十三
義說中且列六種而云等者示其不盡無根謂無男女形一道即大小同處
若無前難問者得戒不問不得餘不列者有則不得交是戒障無不問者得戒無違故
成否中初斷十三難餘下次斷餘難交俱也
又八解云戒中說者收難並盡何以明之此中要取有心乞戒雖作法加障得名難餘有不至入別難收非此重攝如畜生者能變來乞故號爲難自餘畜生本無有心義何說難
攝盡中初科初判定何下申所以此師要取可預受者名爲重難定止十三餘收別難即八難也如下舉畜類顯
問小年乞戒不得應難答十三說者如前示定小年是遮待滿得受故不同也
次科初問以年不滿者乞戒障得理應成難何得在遮答文可見
若爾九歲和尚應待其滿如何感戒也答小年俱同並是遮位緣疏因正故得不異也類彼式叉不滿非

法正制難違
轉難中律中九歲和尚度人得戒得罪準難小年理應得戒答中初示同異類下次舉例式叉二歲未滿不成受具小年亦爾並律正制故不可違
二以八難攝者有人言十三障戒八障聞思故不攝也
八難收中初釋即攝不盡師義八障聞思即是障道以聞思修是入道之慧十三不攝故知有餘
又云不異前說衆難所收如華嚴云四輪摧八難者故成實云一住善處二依善人三發正願四植善根初輪摧五難三途長壽天及北有洲也二摧佛前後三摧世智辯四摧聾盲瘖瘂此本無心受不可通說難也
次釋即前攝盡師義故云不異等如下引示華嚴文通故引成論別配先列四輪輪以摧碾爲義初下後配八難初輪中三途爲三天報壽長故云長壽天北有洲者謂欲有處也三途惡處下二難處故以住善處摧之二中佛未出時爲佛前佛法滅已名佛後生不值佛故以依善人摧之三中世間聰辯多知博聞並歸邪見故以正願摧之四中三

三以三障收二。初牒章。二正釋二。初總收。

二問答二。初通問。二別答二。初約合寬狹。

根不具由不親善。故以種善摧之。初輪摧五下三各一。初處二時三心四報。對之可見。此下結示。

三以三障收者。黃門欲愛多煩惱障收。又不能男亦報障攝。邊罪壞尼賊心破道及五逆九並業障收。若障具戒十三俱是。若障聞思唯五逆也。據俗戒言不妨受得。如成論中所簡別也。非畜二根三是報障。

三障總收中。初約煩惱收。黃門者取其心也。亦報障者據其形也。邊下次約業障收。初別示。以邊等九並由造作故是業收。若下次料簡有三。初通示戒障。次別對聞思。若據非畜亦障聞思。此且就業

爲言耳。三明通受俗戒。前引成論。五逆賊住壞尼等。若爲白衣不遮絕慈等善。有世間戒何皆是也。舊云俗戒是輪王戒謬矣。非下三約報障收。三皆不善報故。

問。此中說難寬狹輕重可得聞乎。答。據十三難業寬。報中煩惱最狹。如上所引。若泛論之。三障該通五道。報則是寬。煩惱是中。業即狹也。故論云。地獄具五業。北洲有四。餘則說十。又以八難配障。前七是報。世辯煩惱。無業障也。

問答中。初答初據前以示業九報三煩惱但一。寬狹可見。若下次約義泛論煩惱及業並依於報故

二答輕重

報最寬。煩惱雖偏隱而時發。故爲中。造業不具。故最狹也。引論證業。即雜心文。彼云。地獄眾生有五不善業。惡口。綺語。貪恚邪見。爲苦逼故有惡口。不時說故有綺語。貪及邪見成就而不行。瞋恚者俱有。謂與貪邪俱故。無殺盜邪婬妄語兩舌。無殺故。無受財故。無執受女相八故。無異相故。皆相離故。鬱單曰有後四不善業。綺語貪恚邪見。有歌歎故有綺語。三意成就而不行。無殺盜等六故。壽分定故。無受財故。無執受女故。無欺他故。常和故。柔輭故。彼方行婬將女至樹下。樹即覆之。行已還復。若樹不覆並媿而離。餘三洲八畜生餓鬼及欲界天並具十業。故云餘說十也。雖天不害天而害餘趣。又天亦有截手足斬首等。明有瞋殺也。有色無色無有不善業道。已上文注並據論文。昔記謬妄故特委引。

又下因收八難。前七約報可解。世辯是分別見故屬煩惱。

言輕重者。煩惱爲諸障本。故云若無我者諸業不集也。業障爲中。報是頑癡故爲輕也。言可轉者。報障難轉故重。餘可轉故爲輕。如懺法中廣顯其相也。

次答中。初約本末釋。煩惱生業報。故云諸障本。引文證者。即成實文。我即煩惱。業能招報。送論可知。言下次約轉變釋。報果已定故難轉。餘可轉者業有二別。不定可除。定業可轉。煩惱心昏反照即轉。小乘見思一斷永盡。大教無明體即覺性。在迷望

悟則迷悟分殊以悟望迷則迷悟叵得無明常照
虛妄常眞不待刹那轉凡爲聖所謂百年闇室一
燈能破準知業次前輕煩惱最輕也指下懺法尋
以對之
大門第五明通塞者就分爲五初約三趣二處三時
四人五約戒前後分也
初中非畜局一難人中具十一以造業具故說業有
九非畜無惡戒故不說業障非無造別業如成實說
又人中有受道故說黃形兩障非畜乃兼體非道器
雖有不說難

第五三趣中初科初明非畜不通餘難故各局一
人下次明人趣初總示以下別簡初簡邊逆等九
非畜無惡戒者雜心云鬼畜欲天有十業離不律
儀是也然但不能造總不妨造別總謂牽生業別
即莊嚴業無記感報文見成論如鈔所引又下次
明黃形非畜兼者律明三趣並有黃形
問何以十三難中不說天爲難答著樂不來來亦得
道有說云人中制戒天不在例通非人攝如上律文
天子修羅子也又如多論目連爲弟子上忉利天見
耆婆說

問答中答有二義初謂非難但不來耳有下次明
是難即非人耳如下引證初引律證次義指如上
者即前經注能受初緣中具引文下引論證初義
彼云目連爲弟子病上忉利天問耆婆（以針佛故天報一劫）
正値諸天入歡喜園目連在路側諸天一無顧者
耆婆後至見目連而舉一手目連怪之（先世是目連弟子）
即以神力制車令住耆婆下車目連呵責答曰以
我人中爲大德弟子故舉手耳頗見諸天有爾者
否以著樂染心不得自在故使爾也目連遂問弟
子有病當云何治答曰唯以斷食爲本

二就處者北方亦障十三俱無就三方論東西亦有
但十一難除出血破僧若就南洲則具足也
二中佛出南洲故有出血破僧二難以破僧立邪
三寶須眞佛故也
三就時者佛在便具滅後十一除二如上故僧祇有
破僧出血難後子注云此二難者佛久涅槃故依舊
文謂若缺者不名十三也
三中初示通局故下引文證文下小字謂之子注
舊文下合有問耳兩字謂下疏釋彼律依文之意
四就人者謂男女道俗僧尼具非具也男具十三女

唯十二除破僧也據俗沙彌無二即二破也據尼無一除如上也若爾違諫戒者不有破僧答具破在僧尼但方便也據未受戒無二破及邊罪三也

四中初通列四對男下別簡初簡男女女無作佛義故不能破僧次簡道俗具非具二位合明道具可知但出俗與非具此約受五八俗人受十戒沙彌三簡僧尼除如上者亦即破僧然破僧違諫僧尼同犯明有破僧故須引難戒疏云尼雖無破輪體得立主伴堅持五法故云方便也四簡未受此亦未具所收但都未受與前爲異故別出之既未沾戒品故無邊難

五約戒前後生難多少者全不受者但有十難可知若曾受未具戒生十難無二破及壞尼三也若爾非畜何得爲有耶答容變作故不同上三畢竟也壞尼縱有遭邊罪攝若受具捨前則生十一加邊罪無賊住壞尼也捨戒後生則亦具有

五中通示有三初全不受無三同上若曾下次明未具即五八俗士十戒沙彌既是人報義無非畜兩難故引以徵之壞尼邊攝義無兩立若受下三明已具前後捨前加邊罪者對上全不受者故云加也具戒無賊心壞尼邊罪攝捨後則具有若論捨已同前生十但未捨前容作二破邊罪故云具耳

就前十一中是非兩異破內形生等有定失戒由礙戒故名難也非畜生者畢竟報轉定失戒也若五種通力變者不失非其難也五種黃門受戒前則障戒也受後若生不失戒也餘至文解

別簡中初通標前十一者即上捨前生者失戒名難爲是不失爲非破下別釋初明破形次簡非畜五種通力即業報五通二辨黃門指如文解即見

下科

次消文相云邊罪者須相領會故注罪法知邊名喻若但得語不識邊義徒相勞累不成問也如捨戒中如此開教一說即成尙自不通不相領解何況受緣容預問對彼此同昏不成問難悞他累劫豈止此生問者未來還同今業可不勗哉

次消文邊罪牒釋中初示文注之意悔喻佛法犯重者棄出其外了知邊難從喻爲名方成問答如下引捨況受容預問對預即厠預彼下斥非顯報勗亦誡也

余周行晉魏及本京輔，所有律席，罕不登臨。至於難緣，全不籌議，但恐誦文不得，何暇更識其相。以上試論，咸生遠惑。

斥訛中，初科，初叙尋訪。晉魏，即河東河北；京輔，即京兆關輔。至下，次明輕略。以上論者，即指前科。遠惑遠，即大也。

有師解云：夫受戒法，作法令誦，但應依文十三使足。答道無者，便即得戒，何須解義。

二中，他解愚癡，不學習舊成風，尚以鄙詞拒於高論，豈唯目擊，從古皆然，悲夫。

余以事對，必不相解，受具便感；捨戒不解，反律應成；中邊不解，通得足數；麤言不解，亦得正犯，同不相會。如何釋之？遲疑無決，因又問曰：將非解者本受亦不了而答無耶？故此周章方便消釋，得否已定，不由此通。

三中，初躡難。有三律中，捨戒須彼此相解；又中邊不相解，互不足數；又於女前說麤惡語，彼解方犯，同是不相領會。彼既不成，此何感戒？因下，次徵彼本受，既作此解，驗彼受時不了答無，必無疑矣。周章驚懼之貌。得下，止其妄救。

故多論云：先教授者，令知體相，聖人垂訓，良有深旨。但依持之，不勞妄述。

四中，多論，彼云：凡欲受戒，先為說法，引導開解等。下勸依稟，責前非解。

近有行人，通明經論，聞斯正義，重受非一，豈虛願耶。

五中，行人並一時高德智者，循理聞即懷疑，故求增受。壇經備述，豈比今世執愚守死者乎。

問：尼犯後四，亦名邊不？依伽論解，若轉根者，不名邊故。

問答中，尼八名邊，如前已說。伽論異解，故問引之。

尼轉為僧，限分戒失，故不成邊。

二解壞尼，文中不明淨染，引僧祇證者，故彼文云：若那含羅漢二尼，犯初中後一切成難，由斷愛盡，決無中染故也。若前二果及凡夫尼，初樂名壞，中後非難。以當分未除愛染，修道三四果者之所斷故。

壞尼中，初牒文。故下，引示三四兩果，一向無壞，始終是淨，故不論初後。中染，中即內心。初二兩果，初壞後非，當分即已地思惑，愛染修道，謂是具惑，學人三四所斷，故不與同。

問：凡言壞者，謂汙戒也。聖境不壞，何名為難？答：由尊境淸勝慢汙成業。不待前壞卽成戒難。
初問躡前三四無染不當稱境。答中壞取能心。不
論所境。

二問成難為婬觸二、初正伸問答。

問。壞尼成難爲婬爲觸。答。婬是有本。觸乃染緣。故隨
重也。如十誦云。摩尼八人汙尼八事。或一人以八事
犯尼。令犯夷重。俗人非難。

三問殺污不同障

次問以尼婬觸皆自犯重。故引爲問。答中初正答。
婬爲生死之源。故云有本。觸是成婬之漸。故云染
緣。隨本故重。據體非難。如下引證。摩尼句絕。卽摩
觸也。八人下二句卽八事。上句約多人共汙。下句
約一人獨汙。如資持委引八事。卽捉手捉衣入屏
處共立共語共行身相倚共期。

二料簡諸相二、初引論正示。

善見。若壞式叉尼沙彌尼不障出家。若尼三處行婬。
皆壞尼難。以白衣服强與尼著就行亦難。尼自樂著
婬者不障。
料簡中初科。初簡下衆。若下次顯餘道。以下三明
易服尼自樂著而不障者。亦據不知爲言。

二決判淨具二、初引他解。

有師云。但是具戒。何論淨穢。陵辱慢重故障出家。未
滿位輕在不問攝。故文云汝汙尼。明簡下衆。由是具
戒聖於俗人皆是尊故。

四問凡報非同聖

二明今解

次科他解中。初定境。末下次簡位。故下引文雙證。
若準律中曾婬著袈裟者成難。此文通三衆也。然文
列比丘尼文似簡故。三律俱無正決。斯卽不了之文。
宜用僧祇明判淨穢也。
今判中初明簡位。本律兩文通局難定。前據善見
乃是明文。三律下次定境。四部律唯僧祇簡淨。如
上所引可決前非。
問。如善見說殺凡尼至三果不障戒。十輪云殺辟支
佛非逆。汙尼成障者。答。殺障戒者取福由極也。汙障
成難對陵慢勝境。各有其理也。
三問殺中論逆唯殺羅漢。凡夫有學辟支果人並
非逆障。以殺難汙如何不同。答中初通非逆意。學
人未極可知。辟支果人而不敎化。亦爲非極。辟支
佛卽翻緣覺。亦名獨覺。汙下次通成汙意。
問。餘果受染不受苦報。凡尼壞難何不同聖。答。凡尼
以見諦煩惱總發業故入地獄。聖尼以修道潤業故
輕但招別報。餘如上說。
四問卽上僧祇須斯染樂不墮惡道。恐謂凡通。故
問別之。答中初明凡尼墮苦。我見旣在造業牽生。
次明聖尼無報。由有聖智作業力微。但能潤生故。

名潤業指餘如上即牒釋中
問俗壞比丘成難不答成如尼反說男子亦有如善生中簡五戒云汝不曾犯比丘及尼不故俱須問何獨專尼但無緣起故不具列如條部中亦有其事今但舉一二隅動也
五問答中初判成難尼中對女故問比丘反例男子亦同有犯如下引證彼簡五戒具戒例同故下結顯俱問下指條部者彼明比丘强捉男子就己行婬佛言波羅夷舉一三隅動者言不可滯於一端也論語云舉一隅不以三隅反則不復也言人性若此不復更敎也

三明賊住者文非明顯隨言難解謂曾行盜取人財物如法所解始終無疑
賊住標中顯示文注之意
善見三種一但偷形者無師自剃不敢次第依比丘臘又不受禮不入僧法諸利不受爲飢餓故若欲出家及受戒者開之二偷和合者有師出家受十戒已往至他方妄言十夏受次第禮入僧布薩羯磨受人施者三俱偷者此後二人並不合度
次科善見引示中三種初偷形者臘次受禮作法受利四並不偷故判得戒二偷和合具列四法隨一成障三俱偷者兼前二種
問偷和合者應在羯磨何以文中具列夏等答夏次儀禮及信施等並是僧家六和表相由有戒故便有夏次等也以盜戒相令他信之如五百問中詐爲大道人受比丘一禮拜者即賊住難意義同也
問答中初約義答夏禮是戒和信施即利和見在其中矣既不具體輒便預之即盜戒相也如下引論且證受禮餘可例之大道人即是比丘

僧祇中凡人自出家或避難自著袈裟來不經布薩羯磨者得受經者不得若沙彌念言說戒時爲論何事盜入牀下聽之若聰明記得初中後語者不得戒若暗鈍餘念睡眠不具得者成受戒
僧祇中初明二偷前敘偷形經者不得謂經布薩羯磨即偷法故若下次示偷相初中後語據一羯磨始終爲言必約聽全兼須曉義不具不解義非難收如文甚顯
十誦若再三聽者已受應擯縱經一布薩未受成受如上通之據未解也
十誦中再聽三聽必解成難故擯一聽未解非難

四伽論

成受如上通者卽僧祇文今以義定不問多少但令記解卽是難攝

伽論若不自知滿二十歲後知不滿故經布薩羯磨者卽賊住也

伽論不自知者初受時也旣知須止故聽成難亦須準上具解方成

五四分

四分若共一比丘乃至僧所不共作法者出家不得已出家者成受若於一比丘及僧所作衆法者成難若作餘但對首但心念等法者非難由說恣等體通僧別攝僧要務勿過於此故雖一人心念說恣卽是

衆法聞者成難

四分中初是偷形若下卽偷法初正明衆法語通對念羯磨若作下簡別法皆非由下釋所以說恣通僧別該三法故

四破內二初牒釋

四破內外道者由創入正法未沾道利反更還邪心不定指制四月試之必志性調柔深信明白然後受具也沙彌戒願未是具法雖背無難

破內中初文心不定者於彼邪正都無信故律因反邪故制試法不許輒度沙彌中破過輕非障

二引示二初明破相

十伽云比丘不捨本戒入外道中作其相狀說見受業名越濟人雖不入彼但著服樂見亦是越濟人

次科破相中十誦伽論文同合引作相狀者同其形儀故說見者樂彼所計故受業從彼所學故不入彼者身在僧門但具此三卽爲破道

二廢試教

母論若結髮事火此二不試有業因故如長含云我涅槃後異道梵志來出家者卽聽受具勿四月試恐有異端則生本見有稽留故此卽廢前試教可準行之

廢試中初引母論獨開不試檢文未獲如下次引長含通開不試由有稽留反生本見此下勸依然

須量機用舍未可全廢

五黃門二初標叙示相

五黃門者不能男相難得自知故十律分五一從生不能婬二半月能三妒者見他婬人已形方勇四他婬於已身分方勇五病朽爛若墮蟲噉前四應擯後一聽住捨戒更來應擯

黃門中初科十律卽十誦彼律五種若對注文唯三種同而又離妒爲二復加病朽但無揵變一中半月能半月不能輪環相間五中爛墮蟲噉其爲三相

二料簡自截

律中受具戒已自截者擯之定不失戒若惡賊業報

二指略餘八
二釋遮二 初標舉指廣
二牒文略釋八 初合釋前三種三 初示合列
二釋名字

者不擯故知比丘中有黃門也若捨戒報來同十誦
也就自截中不論其相依五分中除二卵者擯之餘
從懺法四分無文可準例也
次科初明擯之須不惡賊爲賊所害業報卽上病
朽等捨戒報來謂業報至也同十誦者如上應擯
也就下次明截之分齊餘從懺者卽截少分者但
犯蘭故
餘解如下
指略如下者卽正問中前後分釋遮作之變
二次明諸遮文略顯十如受法中二百五十許也

釋遮中初科開有十六合則爲十百五十許如資
持引
文云汝今字誰下三種一處列者皆遮發戒故同次
明也律中皆不名受
釋前三中初科律中皆不名者示遮義也
如僧祇中不稱僧名衆若不和不問受人不語若心
念答若大喚答皆不名受餘和尚等同四分也
次科祇律六種不稱僧名卽衆僧名不和可解不
問卽不問遮難不語卽不答心念大喚雖答非儀
餘同四分卽不稱和尙及自己名也

三釋年歲
四衣鉢具
五父母聽四 初述制意

三問年歲者要須俗年滿二十者雖日月不滿後胎
閏開滿得戒若年月俱不滿者不合前開謂年十七
者若年十八者得否如上也
三中俗年二十縱令臘月盡日生正朔一日受胎
閏頻大布薩四位增之猶賸五月一日準戒疏中
此猶存古若十八下卽出今義今師不必俗年滿
但年十八十九卽堪入算有滿不滿故云得否如
上唯十七者不在算也
四衣鉢者律中無衣借衣並不成受如多論中不除
鬚髮或無衣鉢受戒者得戒得罪五百問云壇上師

僧或著俗服或犯禁戒受人知非法者不得不知得
戒準四分中無正文開並是非法有難當開無難障
者準論依受
衣鉢中初引示多論資不具儀五百問師僧非法
意以緣疎並許得戒準下今判四分制急難緣可
通無難準論者謂依彼受可判得戒
五父母聽者以生身所籍義須盡養比丘輒度違情
故制
父母初科身所籍者假彼遺陰故盡養謂終身竭
力以奉給之

二示別相　三明須否　四顯離合　六負債　七奴僕二、初牒釋　二引示二、初明人奴

十誦養兒來者可問養母必出家剃髮不白父母眾
僧無過善見云若不度故云我當焚寺如是難者不
犯若於餘方國度不須問也
二中養兒養母皆非親者故不白無過善見不度
焚寺卽阿逸多緣由難故開
今時行事依問父母義須前問在無無則息言有問
聽不
三中八不見疏不管有無例問聽否果或俱亡知
誰不許
有人云父母爲二分爲兩遮今以事同合作一問

四中據人有二約事不殊
六者問負債
負債中西土負債出家不索招譏故制此土不爾
隨有非礙
七問良賤以位居尊勝非卑劣所及故律中盜度奴
令主譏訶同是奴聚必如法放非復爲奴本不可尋
也
奴僕中初科初示意故下引緣必下簡主放者本
不可尋以後從良亡前賤跡故也
僧祇云有五若家生買得鈔得者此人諸處不得度

二辨佛僧奴　八官人二、初簡位限制

也他與自來餘處聽度據此而論本言被放何論彼
此不放輒度則入盜收將非賤爲譏本雖放猶被輕
故善見若放奴時云有道心者放無者還爲奴如是
語者不得度準此主自送放開度成受逃奴不合出
家經云若放奴婢人民出家得大福德斯言是也
引示中初科僧祇五奴家生謂在主家產者并下
買得抄得皆損財力屬主義强諸處不得謂本國
他邦今時一統須論州郡他與自來無損財力他
處聽之據下準決下二初以義通若非主放度卽
成盜明是放者理合通開何局餘處詳究律意爲

避譏呵故云將非等善見下次引文證道心卽出
家心主言無決故不得度準下三約義決下仍引
經證成自放
五百問云知是佛奴度者犯重若先不知後知不遣
亦重其人非大道人故僧奴準之餘如盜戒僧祇等
制
次科佛僧奴或費佛僧物雇或人施佛僧係屬二
寶度則成盜指鈔盜戒彼引僧祇寺主互用三寶
物謂言不犯佛判犯夷其文甚廣尋鈔看
八官人者皆謂勳品已上流內九等文武員者恐負

二引教非相

九丈夫三初名義

天朝可憂有責餘之散任義不在言
官人中初科凡官有九品並據勳爵以分差次自下至於一品故云已上係勳品者謂之流內自餘散職並名流外恐負天朝律因比丘輒度匿王勇將白佛故制可憂有責謂慮國家見罪於僧故僧祇云官有四種有名有祿有名無祿此彼俱制有祿無名餘處得度無名祿者一切俱開據此度人知何不得但違王制多論小罪
次科僧祇名即聲名祿謂爵祿用此二者歷為四句有名無祿如賢臣除謫者有祿無名謂世之庸

吏無名無祿即散任常流也此彼亦約國土為言然或國王聽許即非此限據下準後一句以決庶人有謂係於官籍不得輒度準無名祿義合通開多論凡違王制結吉羅罪
九問丈夫夫者男子通名丈者極形之量也孔子九尺餘亦有一丈者故為大分耳
丈夫中初科孔子家語云孔子長九尺六寸河目隆顙（河目上下匡平而長顙額也）其頭似堯其頸似臯繇其肩似子產然自腰下不及禹者三寸且舉極形未必皆爾故云大分

二十事

三堪能二初正釋

三初雙釋

二顯意

文列堪耐十事者皆近局形骸耳惡言持戒在於心護俗以難制為之沈溺道則反之近忍事惱遠忍理觀依因有由故簡堪能應丈夫位也
次科初通釋十事如注分之惡下別點二種持戒禁情忍辱降惱故加心護事惱既平理觀可顯故下總結以彰簡意
文列僧祇乃約年小大而有所堪是本制意年三十者俗為壯室無任剛正何在戒流七歲對問佛開受者但為堪故今昧情智未可從開依制取能義有依矣

三正入中初科初示文意專取堪能然有壯年而不堪者故云何在戒流禮云男三十壯有室（言可娶也）女二十壯而嫁或有童稚即堪能者七歲對問即論義受者今下釋妨恐謂今時年小堪能亦應得受故依制須二十已上取能須堪耐苦事
何者夫受戒願也依隨奉持行也知受而不知持徒願而無其行也何異搗空成有畫餅充飢本不可也必強加法但可空施虛上戒德之瓶妄損明珠之喻甚非所望幸自隱括有無顯矣
次科初二字徵上簡意夫下釋其所以初敘願行

三顯示

二問答二初問例借衣四句

相須知下次明缺行之過又二初貧無持意有名無實搗空畫餅喻有同焉必下二師妄加法智論云譬如貧人志求富貴天與一器名曰德瓶所須皆得後乃憍逸立瓶上舞瓶卽破壞一切皆失喻受戒者放恣毀犯失戒功德經云精進持淨戒猶如護明珠今謂本受不得亦無所犯故云虛上妄損若此行受深乖教意故云非所望也下勸隱括意令自審初受之心則有戒無戒灼然可見

律中但云年二十者能堪十事減者無功此大約也三中本律約年簡能然年滿者未必盡能故以大

約以通文意

問此小年者與前借衣俱作四句可得例不答第四兩句不得是齊年前三句不同衣鉢何以然耶衣鉢雖借當時是有或是非法不言不成故得戒也年則不爾雖不解處齊而年小者當時已制又有胎閏可使開故後時計滿方知前得也

問答中初問以古師用和尚四句以例借衣或有將例年小故問破之二不知借衣非法二不知不合借受三不知雖受不得四俱知年小例作可解答中借衣小年各後一句故云兩句俱不得戒此

二別釋二初屏病

十諸病二初總示

二問開胎閏前後

則可同若前三句小年不知亦不得戒衣鉢不知容有得義故不同也何下徵釋所以初釋衣鉢一是見有二無定制年下次釋小年反上二義兼復有開

問胎閏等開爲受前計之爲受後計之答依律受後疑者方開胎閏不妨感戒白四時生不由後計方依開得據此以明本受無疑依法得戒但依律斷前開何損

次問亦由古解受後可算受前不開故問決之答中初敘本開據下次示今斷受前計滿卽是得位

十明諸病文列五種

諸病總示中一癩謂疥癩二癰疽三白癩四乾痟謂瘦瘠也五顚狂

善見云癩癬二病不問赤白黑下至如爪若在露處增長不增俱不得度屏處增長不得不增得度育王經疥癩初果瘡痍四果也由惑盡此生業終報故總集受也多論云出家後癩者諸有僧事皆共作之若二食時莫在衆也

別釋中初科善見屏露兩別意恐招譏不生物善故次育王經卽明聖人未免業報則凡夫可知也

業終報者謂所作業終此一報。三引多論受後患
生處眾之法。僧事即羯磨。
五分中、狂亂壞心或無和尚皆不名受。
次科、引示中。或無和尚相帶而引。
今時受者至時昏梗瞪瞢如醉此竝亂心全無心領
何發無作和尚諸師俱不清卓故臨作法多增掉慢
輕略眾網鬧憒識神或至睡眠低頭合眼意謂耳聞
而實昏惱前後文字何能具領故賊住成難要在具
辭今聽錯亂豈成弘攝俱不成受如非數說。
斥非中、初敘機鈍梗塞也。瞪文證反目直視貌瞢

武亙反、心不明也。和尚下次斥師乖不清卓者解
行缺也。臨席作法有三過、一輕慢二鬧憒謂馳散
也三昏睡仍引賊住反例如法。要具辭者初中後
語始終無謬。有謂初中後語隨一成難請以此文為證弘謂弘法、攝即
攝機。
後結文者。恐受者怖懼僧中異問故前定是辭令知
後意也。
三定言議中。顯示教師累囑之意。
五白召入眾就分為三、緣法儀也。初緣中相去舒手
相及處立者。中國戒壇多在露地。故須在於兩手相

接即一尋內地。有成僧相遠不相攝則別眾收。豈唯
教師餘僧亦爾。中間非數、兩頭須及、恐有見譏但望
叢坐展轉周帀會有相連在於覆處不用此制。
第五緣中、初科、初正釋教師立處。豈下次明眾僧
坐相。由列行對坐則中間相遠故非數收、不然須
令兩頭伸手相及、借令如此猶恐見者譏為非數
故令叢坐則免他疑。言叢坐者謂叢身參坐不使
相遠也。
文令立者。諸羯磨法威儀必同。此既坐立極成乖別。
由本是僧差往外為問、事須酬對、坐和失相。如立說

戒。俱是為僧。意可見也。餘通如眾、有乖成別。
次科、初敘異。由下釋通。坐和失相謂非為使酬對
之儀。如下引例。餘下示餘法不開。
二正加法。邊地五人僧者。據斯一白用僧處也。中方
僧多、十人加法、通始終作。
法中、初科邊地五人前後三法皆四人僧。獨此一
白五人僧用。故云用僧處也。中國始終通是十人。
有人言何必如此。邊五前差其實四人、戒師和白自
豈足數、後作白四亦何須五。準此就十亦有商略。如
初差人但有九也。威儀師白召可名十僧。戒師又和

同前唯九後作白四可具十人以正制須之發生物信不同邊方得成便已

次科初句斥前邊下示義初明邊五不異前說準下次明中十不同上解初三各九二四俱十律制十人正爲白四故後一法定須具之異上邊方缺亦成法

如僧祇五分並戒師白召者則始終具五俱爲情事三中四分教師白召故獨指此爲五人彼部四法並戒師作則通名五人俱爲情事者出彼所見欲彰五人皆能秉故

三明其儀相爲捉衣鉢以乍入僧中威儀未涉且爲代擔示其方便也

儀中師反代資事乖常式且欲引接故云示方便也

六明乞戒就分爲二謂緣法也初緣須教者既別爲差正當其務教授儀式何得輒受故先乞請後方和問無遮方得並僧法也

第六緣中初科正當其務謂差教受止爲教乞先乞後和本宗行事

僧祇在戒師前互跪教受鉢後受三衣白已教乞此異部不同也

次科僧祇前加衣鉢可準彼文然先鉢後衣先和後乞皆異當宗

就正乞中前牒初緣云從和尚也後牒今意云從僧受重牒和尚者表戒法從僧行隨師也

法中牒初緣者謂先請也牒今意者即正乞也戒從僧者謂今受體也行隨師者即後隨行也

七戒師問和者文相可知問戒師所以不差異教授者答教師衆外問難不差無由問故戒師處衆而問何勞差也

第七初問答可解

若爾結集在衆亦何須差答彼爲僧結衆情非一故須定人誰問誰答受中爲別請師已定故不須差

引難中波離阿難對衆結集而亦先差違上義故

答中初示結集須差受下次明戒師不差一爲別人二先受請與上不同

問戒師白和教師則無者答互有無也終是僧義以輒問難衆情難忍故前白請教師出衆前已白差又在屏問知和誰者

次問答中初通答以下別釋初明戒師有和無差

教下次明教師有差無和各一和白故云終是僧義。

八正問中前緣後問大如前法小有差耳。

第八初科小有差者唯遮難之名時有不同如前云汙尼後云犯尼前云賊住後云賊心等對之不見。

注中列其衣鉢事是繁重也即定辭占故引接也僧祇云欺誑不實乃欺天人及如來者以戒法所通下被上達非緣而受體是乖儀欺妄之深爲通徧也。

次科緣中初釋衣鉢辭占即下審定虛實先舉衣

鉢用爲發端耳僧下次釋實答戒法所通通何等人唯被上達清卓之器論語云君子上達(達於道義)小人下達(達於財利)非緣謂帶難欺妄徧者即如注列八天佛僧四位收盡注中兩云諸天前是別召魔梵後乃總目餘天。

列難名示亦如教授同不了者俱非問也。

釋難中初文略指如前謂須相解。

就十三中亦有文中云不犯邊罪不者單約難也或云犯罪耶者通有無也耶音夜加反疑未決者也是助辭非定意本須兩分音字義別矣。

次科初示異同邊則局難罪兼輕重故通有無邪下次正音義邪也字別人或不分故特點示。

就難事中次解六七云殺父母者膝下之養反加逆害天地之所不容也。

三正釋殺父母中膝下之養即孝經云親生之膝下以養父母日嚴(膝下謂孩幼之時比及年長則日加尊嚴能致敬於父母)。

八殺羅漢者愚小多迷羅漢中音此義云生上加阿字乃云無也此人三有業盡三界不生略須此示不爾知是何人不解謂是凡物也。

殺羅漢中初釋名愚小迷者謂昧名也上加阿字

合云無生業惑俱亡無後有故略下示意。

九破僧者此相又難破羯磨者兩眾一時作法犯中偷蘭不障戒也破法輪者立邪五法盡形乞食納衣樹下不食酥鹽及魚肉也行化於世致令禪誦佛境不行犯上偷蘭則能障戒。

破僧中初科此相難者人少識故破羯磨者謂同一界爲言破法輪者佛說四依八正運轉如輪調達用此五法抑令不行故曰破也禪誦即目觀法文中通說義須廣分必須此示方曉通塞故經教所設意在解慧導前行實隨從今既無慧行起無因也。

次科文中通說但標破僧故必須此示須分輕重
故故下汎論解行勸令明識不唯此也
十惡心出佛血者故論說言出血一也由心善惡耳
故善登梵天惡沈鼻獄俱一劫也
出血中初文引論即多論耆婆鍼醫調達殺害出
血事同而心不等耆婆生天調達墮獄準前多論
耆婆自生忉利今云梵天定非色界
此上二難末代所無如前解也破法輪逆今時微有
出血惡逆滅後全無
次科有無中指如前者即僧祇子法破輪有者即

調達徒黨西土不絕此方則無
有人云既不正感眞容何妨毀損形像或有光現血
流竝入逆攝
他解中初釋惡心損像取相為逆
有人言不可感於血光但論惡心損是逆例如設像
代眞敬福齊等今行惡毀受罪義一如尼破法豈同
調達立諫設治則無與二彼既不疑堂堂行事敬像
如眞損何獨別義不可也俗律云僧尼毀佛像者絞
之意有在矣餘即盜論非所奉矣
次釋中初立理如下舉例有二初約敬福反例次

約尼眾破僧比例彼下顯過謂凶頑之人不疑毀
之有罪堂堂公顯之貌下引俗律毀佛死罪可驗
同逆餘盜論者謂菩薩等像也
故引示之可斟酌矣
結示中可斟酌者意令臨機籌量用舍也
十一問非人者律中非人者鬼也俗云鬼者歸也無
人不死死皆歸之
非人中初科引俗云者文出尸子
約律明趣但說為三謂人非人及畜生也以人畜兩
趣形現易知天鬼神等幽通難識故合天修鬼獄四

道為一趣也莫不分得五通異於人類故號非人故
律中諸戒時有離之如同宿戒天子阿修羅子餓鬼
子等地獄輕繫義應得同從重者多故輕不說如此
分別略識非人
二中初指律文人畜局一非人合四故止三趣以
下次示離合初明合意故律下二明離意同宿戒
但開三趣義收地獄仍示律文不說所以
曾以名問諸餘講士便答余云不讀觀音人非人等
者可解言非人者此謂疑神經中八部緊那羅等也
形如人焉但頂生角即教巧工釘角頭上想多聞者

十二畜生

十三二形

二約新同異二、初明差同唯同。

二明別相同異

知出何文
三中初敘非觀音即普門品八部天龍夜叉等謂
頂生角故號非人想下結斥世有畫鬼冠帶似人
云是經中人非人者又傳獨覺則頭安一角寫婆
藪則貌如老嫗循名昧實今古皆然
十二問畜生者世俗同知皆恥聲相目見是人而問
畜者誠可怪也當從容轉語不失本意者道俗無過
也應語云世有羣龍及餘精魅能變化者趣攝畜生
戒法無預卿非此等耶
畜生中初明直問當下教轉語戒法無預言非分

也
十三問二形者俗所同恥然必須問亦如畜中及制
意釋名所引
二形中同上改語應準制意云世有形挾兩境者
志致懦弱善惡不成殊非道器卿非此等耶
然諸部行事繁略不同至於差問無不具有良是同
受同持故名同戒也
諸部中初科名同戒者即戒本云共戒同戒言其
受隨不別也
制列遮相諸律並同及論難體十誦五分但問曾為

二次釋輕遮二、初標示。二釋釋二、初示名字。

比丘如法持捨不此邊相也餘悉不問及至僧中亦
爾四分亦同如律中制十三難已若不問者不名得
戒故諸結者引之集坐在遮前問僧祇有二所言略
者今僧中當問汝有無當答僧中一一問之大如四
分及諸遮相不可鈔盡須者觀之乃至問曾為比丘
四重十三事一一隨問若有犯者重則令去殘令後
悔
次科初示遮同及下次明難別初十五二律屏處
僧中止問邊相次四分亦同謂差問正問亦不列
難言諸結者即集羯磨人引難冠遮依律具問坐

猶著也三僧祇有二謂廣略也廣則具問略即如
文謂屏問時但囑累而已下指遮相如事鈔備引
仍問篇聚重是邊罪故令去殘下非難故令悔受
已方悔故云後悔也
次問遮相汝字何等依俗中法子生三月孩而名之
年至二十冠而字之隨義別立僧中識者立名異字
如僧傳中自餘者多名字通忍愚謂名字猶如眼目
字義無別也當隨機轉問並改云名得實錄也
次釋輕遮示名字中初引儒釋二教名字兩分俗
法如孔子名丘字仲尼之類僧中識者如智者字

二釋緣相

三結斷通塞

德安眞觀字聖達等僧傳皆出之祖師字法徧名字下
斥謬說當下敎改問
奴及官人貴賤非類應轉名問得意便成縱諸遮中
不問父母債奴官人可否得戒無正斷故又非戒障
必略無損自餘如文具顯辭義終是相領此為宗也
次餘相中初點官奴二種敎令轉名仍示可略意
彰非要自下指略餘相重囑須解
上以是事俱是戒緣有闕一相即非受法十三難者
名義須分諸遮之中師資名字及丈夫三此定須有
缺非戒緣衣鉢餘者具須依文至時增減通人情也

如僧祇中遮多四分猶有開略況復四分定判遮不
得戒處並通消息也
三結斷中初通結八緣必須圓具十下別點遮難
初明重難諸下次簡輕遮三種須具餘通增減丈
夫即年滿若準鈔文名字年歲衣鉢今此衣鉢在
增減中必應問前累示已曾加法略之無損通人
情者臨事自裁也如下引況僧祇遮多開略如上
所示四分列遮並云未受不應受已受得戒故知
除前三外改轉廣略一切皆通
四分律删補隨機羯磨疏濟緣記卷第十四

四分律刪補隨機羯磨疏濟緣記卷第十五

宋餘杭郡沙門釋元照述記

大段第二正授戒體分三緣正結也

第二釋法標中緣即初教發戒正即羯磨正受結即受已結詞

就初戒緣廣如鈔顯有師別出一卷戒方便相每至將受依說引化此即末代如來同十誦也

初緣標指中廣如鈔者彼明三品發心并示緣境發心則終依上品緣境則徧該十界如貧持委釋有師出戒方便者未詳何人鈔文亦云別抄有三

十餘紙末代如來者以其知法替補佛處故同十誦者彼云知布薩法者盡應供養以無佛時是人補處是也

引多論證者是正量也凡愚智淺何能生知自非久學卒誨猶暗此之戒法出家本務素非懷大定難容納深有由矣

牒釋中初科初示所據凡下次明須師開導所以出家本務聖道基故素猶先也懷大有二若爲生死即約所斷若爲聖果即約所趣深有由者示論意也

文令境上起慈悲者以行慈救攝衆生故如善戒經菩薩戒本即七衆所受者是也向不緣慈如何容大意在後也

次科初釋文如下決疑疑云今受小戒那云徧境行慈攝衆生耶故此通之善生經即菩薩戒法言菩薩戒以七衆戒爲本者彼云菩薩若欲受持菩薩戒者先當淨心受七種戒如人欲請大王先當淨治所居屋宅等即五十具三戒約人爲七耳準此經意凡爲比丘必受菩薩大戒今受小戒向前緣慈爲受大戒故云意在後也準知具足且就小

宗若望菩薩猶是方便問多論有部而云起慈斯即分通何殊本律答施小爲大無非分通故諸部之中時有斯意但四分立教宗旨灼然五義證成下文具引

此時逼遽過不廣張但具依文先以餘道所無令生厭也人中無障得戒者使欣重也增上心中救諸衆生即慈善根謂佛心也戒是三乘因者重行本也餘道所無者可欽貴也持法久住者有威德也羯磨僧秉諸法界善內身心者明聖法假緣緣成法滿充正報也

三中、初示略意。遍遽謂將臨秉法。過不廣張、謂止可依文、過此外事、不宜繁引也。先下牒釋、次第七節。初言餘道、即餘趣、後言餘道是外道。謂佛心者同上善戒意也。內猶納也。假緣即羯磨與眾僧也。充正報、偏色心也。攬無邊聖法、蘊有待凡軀。五分基成、三身體具、超凡鄙穢、流入眾聖寶位者、其斯之謂乎。

次正加中、單白後四問四答。如僧祇十誦所明、極曉了矣。計餘法事、例須問之。但寄受中說者、以在生所重、唯斯一法、成敗得不、俄頃即定。故委具文、非餘不用也。

五加法、釋白中。初指文。一白三羯磨、故問答有四。計下、示意。以一切羯磨、並問成否。二律之中、獨論受法、故此示之。在生重者、畢身受用故。

後羯磨中、第三偏已應至僧與某甲受戒竟、和上某甲是羯磨竟處。

羯磨中、但示竟處。綱緣通局、並如前卷。

僧忍默然、故持者、是總結和辭。依文爲記、春夏冬時及量影者、爲受離多人、前後錯亂、故須師授。局尺量次、知一食時有前後發。如是例也。餘如念法中。

總結中、初科。初點文。依下釋法、依文即善見與本律。一年中、春夏冬三時。一時有四白四黑月。一月有十五日。一日量影、分中前後。謂於日中立竿。中前受者、以影長爲先、影短爲後。中後反之。或以尺量、或論腳步。食時即中時也。有前後發、謂發戒也。如是例者、且舉量影。自餘取時、可例此也。指念法者、即雜法篇。

問。具戒發時在何言下。答。如智論云、羯磨竟得。又云、與汝受戒竟得。有人解云、是事如是持者、是竟也。如心論中、第三羯磨剎那頃作及無作、是根本業。律師以爲第三說字是得戒也。

初問答中、初科、前引智論。論出兩解。人取後義。如下、後引雜心。根本業即受體也。律師者、論家自指。今以此解比前二度、似是竟處。引後通收、則未竟也。故第三中不忍者說、尋有人訶、便不成就。既命令說、依命而說、可成前也。故眾既默、明有所許。故通收云僧已忍、與受戒竟。故至此前、名爲戒法。理同智論受戒竟也。如上卷中。

次科。初舉前後總示。前二度即初二羯磨。後通收即總結文。故下別釋。初釋三說未竟、命即召也。故

二問法竟通三性
二初問
二答二初引論立義
二初正解

二釋妨

二斥他異說二初
引彼所執

衆下次釋通收乃竟即智論初義結界已示故復
指之。
問羯磨竟得通三性不答多論云一切皆得故十誦
伽論云知時犯不知時清淨者如犯殘懺竟出罪白
後睡不覺羯磨竟者是也準此以通前聞白巳後睡
得戒
次問答立義中初科初引答一切得者通三性也
故下次舉例知時即不善有記不知時即無記下
舉悔殘顯示上義準下三準決既聞白巳知僧爲
秉領納心決故判得戒

若爾既睡雖作不聞今俱不作何妨感戒答前雖無
記白是和本後作教圓緣非乖相故不作不成
次科難意彼既不聞不作應得答中初示聞白後
下次明羯磨緣非乖相謂能成之緣須滿足故
有人言戒是善本善心相續思心暢滿若初善後惡
皆不發戒以種類不續故律云與瞋恚睡眠人不名
受具此豈始終惡無記耶中間暫起即乖心思何有
成耶如人起殺臨到境所心亂等生前事不犯戒亦
同爾
斥異中初科初立義種類不續三性相間故律下

二釋妨

二約教他反顯今例
二初正明

二示今歸破二初
約義正破二初斥
殺盜非例

引證即受戒犍度文彼約暫起今取始終如下舉
例心亂生者或疑想心差或癡狂失念戒同爾者
比之可知
解云不同受是緣成法殺盜自造境自造須作成作
成感無作故前心異作無有業也受則不爾自作在
前反論無作假緣方感巳聞白竟故是業起
次正破中初科初總分戒假他成故云緣成法殺
盜反之故云自造境自造須作下別釋初明殺盜
不犯受下次顯受戒須成
又復解云今受戒者如教人殺盜所教起狂心但令

前會能教成重不坐所教以無有作無作故若能教
起狂心但使遂本意能教得無作今例受者如彼能
教以從僧乞願僧與戒僧隨其意依法加被似所教
也
次科正明中殺盜兩戒自作教他二俱成重故舉
爲例初明所狂唯能教成犯不坐謂不坐罪若下
次明能狂則能所俱犯今例下但合後半前半不
同如後問決今以受者比能教十師同所教
問若如前例但受有心前緣不具亦同感業答譬取
後半前半則不同所教也受是緣中須具殺盜損境

相應也。

釋妨中問引前半以難受心如能教起殺前緣卽十師如所教起狂彼既能教成重此應受者得戒。答中初判不同受下次申所以受須緣具所狂則非具殺取損境所狂則亦損故不同也。

二引文証成

故多論云先以善心禮僧合掌白四起業相續成就是名善心發善心得若先以善心乃至起業羯磨未竟起不善念藉前善心力故發業任運而起與不善俱是名善心發惡心得亦以前善心力教作故得非不善心得無記睡心入滅盡定者是無心得亦由前善心力故與滅定俱故云無心得非無心而得也。

引證中三句發並善心得通三性初明善性得若下次明惡性得起業謂聞白竟羯磨已去轉惡亦成亦以業者遮疑恐謂惡心而發善戒故無下三明無心得此有二種睡是無記心滅定心想不行卽是無心。

三問安居不同戒

問三羯磨竟發一形戒三結安居卽應滿夏何不同也。答不結亦成夏不羯磨可成受故不同例又云受戒對法願心一期安居對時行隨前後故也。

三問受戒結夏立法天殊本非相例但古疏有此

相從引之答文有二初約結法有無以反質又下次約所對頓漸以顯別以法可頓受時須漸歷故也。

四問法體相狀二初敘問問意

問上云作法感戒戒爲何相請爲陳之。答夫言戒者其相極多既是教源義當披演略舉四門一明戒體二辨同異三緣境相四敘數量。

初門至卷十六第三十三頁止

四問躡上諸文請益發起答中初明義廣既下大顯正要其相多者卽下四門每門之下諸別科條並是其相是教源者教卽律藏律由戒生故戒爲律本略下三列章門初是戒體二卽戒行三謂戒相四卽戒法。

初門至卷十六第三十六頁止

二隨事解釋四初明戒體二初約門

就初門中文分爲三一釋名體二先後相三通敘相

二隨釋三初釋名體二初分門

就初門中分四一立所由二引經證三解名義四明業體

二列釋四初立所由二初標

初門問曰泛論戒者可有幾種。答略說三種定道二戒約心論業別脫一戒從緣發生戒本防非非通萬境戒隨境攝則無量也如善生云眾生無量戒亦無量等今以義約止爲二戒謂作無作。

二釋二初示今所立

戒體釋名立所由釋中初科問中通問戒業不專今受故云汎論答中初句總答定下別釋初釋定

道二戒。不從緣受。隨入禪定。斷惑證道。任運發起。故名定共道共。亦名禪無漏。對下別脫。亦名總脫。次釋別脫。一從緣生。反上任運。二所防通萬境。反上心業。如下引證。境別、文具如後。今下。示今義立統攝始終。

問。何以不立一無作戒及以三者。

次科。問多少中。問意欲顯唯二所以。

答。事義相假。故唯有二。何以明之。若唯立作。但在一念。非通一形。何能防也。一受已難。義非數作。故須無作長時能防。念念之中。得未曾得故。若但無作。不能

自生。要由作發。以作防非則短。無作起無所從。二法緣具。作願方遂。

正答中初總示。何下別釋。前明須無作意。一則作戒時短。由作法竟剎那即謝。故但至一念。二者作戒唯一念。義無頻數。念念中者。謂隨中防遏。得未曾得。謂任運增新。若但下。後明須立作意。以下雙結。

上據下機。故說相藉。必如聖戒。道力所成。

對簡中。上明二法相藉。乃據羯磨受者為言。若見諦破結自誓之徒。斷證之時。任運獲得。據發無作。必有先期。但不同凡多緣多力耳。

問。既立二戒。何不三合。

問三合中。問意以無作體或與作俱。合立第三作無作合。

今解不可。以法體唯二。名實互乖。廢體論名。不無三合。今據實論。故唯分二。不可合也。一作者是色心。無作非色心。二作者初緣。無作後業。三作是運動。無作非故。如是長短強弱。性不均通。理不三合。故律中慈瞋五句。無第三者。可以類說。此約體論。唯斯二戒。對彼所防。如上廣說。

答中。必應他師有立此句。故標今解。初立義。名雖可立。體無合理。故云不可。一下次顯別有三。一即自性別。二謂起時別。三即體相別。長短強弱等。結上三別。無作長強。作則短弱。均和也。故下引類。即增一文。彼云有五句語。無第三句。即舉罪五德。一時非時。此句無第三句。二實與不實。三損減利益。四麤獷柔和。五瞋恚慈心。並無第三句。謂二種性別。不可立第三台句也。此下結示所立。此約體論。謂能防受體。無出此二。所防無量。文見前答。

二引證門。如涅槃云。戒有二種。謂作無作。是人唯具

作戒不具無作是則名爲戒不具足。
引證中涅槃唯具作不具無作謂輕浮心受者。
又善生云是十種法或有作色無無作色或有作色及無作色如人手執極香臭木。
善生中初示有無十種法卽十業道。如下舉喻極香臭物喻善惡業手執喻作色放物有餘香臭卽喻無作色不喻無記業但有執持而無餘氣對合可見。
又心論云第三羯磨一剎那頃作及無作是名根本業道。

心論中一剎那時作戒滿足無作發現根本業者望前後方便爲言彼云如沙彌受具入戒場禮僧求和尚乃至第二羯磨皆是方便卽接今文又云次說四依乃至身口所作及無作是名爲後如是多文證唯有二。
結示中準上善生二並是色有宗所計今但取證唯二之意。
三解名義者就分爲三卽作無作戒也。
名義標中作無作是別名戒卽通名該上二故。
所言作者身口方便造趣營爲名之爲作。如陶家輪動轉之初故心論云作者身動身方便也。
作中初示名義如下舉況陶家謂範土之師以輪旋物輪喻報身動轉喻作故下引證身是報色動身方便卽是造作所謂方便色也。
言無作者身動滅已與餘識俱是法隨生故名無作。卽成論無作品云因心生罪福睡眠悶等是時常生故曰也。
無作中初示名義身動滅者作戒謝也餘識卽四心識受想行望前作戒行心故云餘也法隨生者非由造作常自增長故如下引證彼論問曰何法

名無作因下卽答因心生者推本作也睡眠卽無記中善惡亦然故云等也。
用斯兩法並有懸防禁非之義齊名爲戒
釋戒中初科懸防對未來禁非止現起。
戒之通名實兼善惡且就善生約爲五義一言制者能斷諸惡法故二名迮隘性不容惡故三名清涼遮煩惱熱故四名爲上至無上道故五名爲學調諸根智故雖有五釋並從義用爲名也涅槃所解如上初通故云戒者直是遮制惡法若不作惡是名持戒如上受緣已略解釋又如心論初念無作七種名後諸

無作五種名廣如常說
次科初示通名且下次引釋三段並約善戒故云
且就等善生五名初約教二據性三從用四取果
五約行並從義用未能詮體故涅槃中如初通者
即制義也指受緣者即釋篇目中心論中彼曰波
羅提木叉作時即彼剎那無作凡有七種名作時剎那
即三法竟初意也一彼一切惡戒對治故名律儀防護惡故二
入七眾具故名波羅提木叉律儀於一切眾生所得故即別解脫
戒也三善作故名妙行得愛果故四思願道故名業道思願
從彼道五彼最初隨順解脫故名波羅提木叉一隨
轉故

切眾生慈心得故六名業業者作所起故是言思者不然說波羅提木叉
故以此當知亦非後三業道七名尸羅尸羅者淳善義不起害心故
後諸無作五種名謂第二念去終盡一心故云諸也除波羅提木
叉者非前故除第五非最初故除業道者在起業思後故
除第四也廣如常說即上所引是也
今覈戒字乃當警也預約未然之言字是俗有還須
隨俗用通道訓古曰防非不無其致
三中初示名義覈推也警即警寤常自預覺不使
臨境有迷故云預約未然然猶形也前取禁義即
通善惡此唯局善且從一相字下明取字書之意

古曰防非亦如前引頗符警義故此與之
四出戒體問人皆知受所受是何答相傳解云受名
聖法由此法故奉敬守護淨如明珠能為聖道作基
址故
四明業體初問中受者雖多而不自知所受之體
欲警學者故發是問答中云相傳者承古所解舉
果目因以其能通聖道故鈔云就已成為言名為
聖法復令受者不自輕故鈔云知自身心懷佩聖
法等
問曰其相如何答法體沈隱非易言彰經論所談深

有遠致故諸戒論盛顯行途至於業理削而不述今
叙其致略為四門一明教宗二陳體狀三列異執四
顯正義
次問前但示名未顯體相故伸此問發起開章答
中初叙難明業理虛玄非耳目所屬故云沈隱等
凡論通兩藏通經之論謂之經論善惡業理彼宗
所談即後所引成實毘曇雜心俱舍等深有遠致
謂理致幽遠如下自陳通律之論則名戒論如多
論善見毘尼母摩得伽此等多明持犯之相故云
盛顯行途業理不述以非宗故今下分章自昔辨

三隨章門以解釋四 初門教宗二 初標
二 釋二 初問
二 答二 初舉宗以答

體教宗紊亂故先須定宗宗旨既分依宗出體故次陳體狀宗體既顯須辨是非既了昔非方申正義四門始末次第相由

初門中問經論明體其相不同四分一宗當須定指

初門問中上二句通示諸部差別下二句別推本部所宗

答首題所出可不知耶此方盛弘假實二解成論所辨正通四分曇無德宗雜心俱舍乃解十誦薩婆多宗

答中初略指今宗羯磨首標曇無德部自可知故

此下次對辨假實小教入道不出四宗一空二有三雙亦四雙非今取此方盛行故唯有二言假宗者彼明諸法緣生故空故名空宗但有名字故名假宗又深取大乘空義故名經部師實法宗者彼明我人等假名是空陰界入等並是實有亦名一切有宗亦即毘曇部

二 約義顯異

故律明色眼識能見異於毘曇根能見也諸有結正並問何心故云造善見三業當審觀其意不同彼宗身口七業皆是色中有損益故餘不具出

次科有二初明根識異四分且舉眼根餘根皆爾既推心識有所分別則顯通深但不談七八與大異耳毘曇不爾既不推心故唯根見眼耳鼻等爲浮塵根見聞覺知即勝義根二皆是色唯意是心

諸下次明結犯異結正即結篇聚正罪律中凡比丘犯過問佛求決佛問汝以何心犯有心則斷成犯無心則云不犯此明兩犯由心也故下即律序偈雖具三業主在於意故偏審之彼云備具三種業則通於持犯今此易之且據二持爲言彼宗不爾七支並判色聚所收故云皆是色中即雜心云色者一切身口業是色性因四大故有損益者示

彼所計如善戒持則體肥犯則戒羸罪業造則更增熾則除滅由有此義故立爲色如上雜心因四大者亦彼所計能造是色所造亦然彼宗立色不出斯二下指餘者如後五義顯示分通全乖小道此且略之

二陳體狀二 初標
二 釋三 初列定名體

二陳體狀體謂業體正是戒法所依本也經論所談善惡業者名也今述作無作者業之體也混名從體一也離實談名異也

第二定名體中初示體相思願要緣攬法成業故塵沙戒法爲能依業體無作爲所依也經下次會

名體諸論明善惡業即作無作之名作無作即善惡業之體作與無作二俱名業業名是通作無作別混名從體一者名體相即故離實談名異者名體兩分故混猶攝也

多論陳體教無教也成實雜心作無作也皆略名銓體義說動靜而難顯其相如諸塵也今且依俙如論兩傳寄之取狀

次指體中初示諸文多論教無教義篇首已釋俱舍名為表無表者取表示義雜心體同多宗名濫成實略名謂不論善惡業也銓體謂唯明作無作也動即是作靜即無作如諸塵者取相類也心論

云七極微成一阿耨（彼最細色天眼能見阿耨翻無上）七阿耨為一銅上塵七銅塵為一水上塵七水塵為一兎毫上塵七兎毫塵為一羊毛上塵七羊毛塵成一牛毛上塵七牛毛塵成一向遊塵（應是戶向中飛塵）七向遊塵成一蟣七蟣成一虱七虱成一麵麥等今下標

今釋依俙隱約之貌相既難顯且寄兩宗之論出其相狀即彰此門陳體且依二宗所計至後正義三宗分別始是今師正出體相

先依本宗假名出體言作戒者謂始壇場終白四法緣構成者諸師約文有多解釋

假名宗作戒中初科初略示標始終者示時之分齊始自請師終三法竟緣構成者正示作義諸下次標舉

或言色心為體故論說云口業者非直音聲要以心力助成身業亦爾論其身口乃造業具非善惡體如無心殺人不得殺罪故論云是三種業皆但是心離心無思無身口業

初師示體中初準論立義即本成論色心即總三業拜跪登降是身陳乞對答是口此二並色色不

自發要由心助故兩兼之非直音聲直猶獨也論下釋成身口非記實不能造假之成業故云造具如世器具要假人用如下舉例律殺戒中心境迷忘一切無心並開不犯故下引證皆但是心謂心王也心王起意思意思起身口若離心王三業無託故三並無也

若解色為業體十四種色悉是無記非罪福性何得名業

次科多宗所明身口二業悉判為色故此攻之五根五塵四大為十四色業取有記無記非業罪福

二約方便色聲爲體三初約論正立

二問答遮難四初五塵非記難

即是善惡。
有人言以色聲爲身口業體。故論云。身口業依止四大。意業依心。若身業非四大爲性者。意業依心。亦不應以心爲體。故知身業。以四大動故名動爲業。業即四大。更無別體。若論口業。四大相擊於中出聲。聲成音曲有所表彰以爲名字句。還即此名句爲口作業。業無別體。用聲作體。
次師。初科。初立義。此師但取前色。離爲色聲。不談心造。頗符小教。故下準論反質。彼分三業所依各異。身口既依四大。故不應以心爲體。故下正出體相。初明身業。四大是色。色動爲業。動無別體。即色是體。若下次明口業。聲非報法。由擊而發。音曲是業。音曲無體。即聲爲體。

問。此宗五塵非罪福性。何得以色聲爲體。答。非外五塵及報色。不妨內方便色也。又云。一念色聲眼耳所得。非罪福性。相續色聲法入所攝。意識所得是罪福性。故論云。名字句者是法名聲性法入所攝。
問答中。初難。此宗即成論。前云十四種色悉是無記。今明色聲。故摘五塵爲難。答中。初簡色體。一簡外塵。由是內報色聲非無情外物。二簡內報謂取

二違前心助難

三違前心體難

方便動作非頑然報法。故云不妨內方便也。內即對外。方便對報。又下次辨業性。謂爾一念見聞非業。即屬色聲二入。緣慮相續則有成業。即落法塵。故云法入所攝。謂拜跪俯仰爲目所緣。陳詞乞戒爲耳所屬。故云意識所得。有云三師七僧意識得者謬矣既爲意得。關乎內心。即成記業。故云是罪福性。下仍引論。且證口業。是法名聲性。謂是法之名句聲爲體性。判歸法入。明非心業。
問。若色爲業體者。何故論云。口業者非直音聲。要以心力助成。答。聲爲業體。以心助成名字句也。用此名句即爲口業。心是助業之因。非正業體。
次難。既不許心爲體。正違上文。故須通釋。答中。心可助業而非正體。

問。前言離心無思無身口業。而心即思體。身口業起。亦不離心。應同用心爲體。答。破外人義。思心同時而體別。故言心即是思。然心未必是思。思必是心。故。又破外道身口二業不假心助。故說離心無身口業。
第三難中。違前論文推心之義。答中即約破邪釋通論意。欲顯彼文非正明體。初破思心體別。思從心起。言體未必有用。言用其必兼體。則顯體同。異

於外見也。又下次破身口不兼心。故明心助以反邪論。

問。第三羯磨竟時身業相續爲眼意緣。可說身作戒體。依聲名句業不可相續現非耳意所緣。應無口作體。

第四問中前立相續色聲爲體故生此難。初叙身有相續義。始終現前眼意緣者。眼根分別意識所得故兼兩根。（古謂十師眼意緣者非。）依下次難聲無相續義。由前陳乞正加羯磨受者無聲。故耳意緣者亦同上釋。

答。身業依色現。青等眼所得亦爲意緣。知是身作戒體。語業依聲發。無記是方便非常爲耳得。故至羯磨竟遠從要期生說有二業體。

答中初釋。初明身作體。青等者略舉顯色眼所矚者。語下次明口作。無記是方便。謂此語聲體是無記。前加三乞故是方便。乞已默受故不常爲耳意所得。羯磨竟時雖無語聲。取前求乞之心成口作業。故云遠從要期生。身兼口作。故云二業。

又云。世相義斷續皆爲成一受。前乞已告情。後加是衆。故不容相續現。

次釋。上二句釋通世相。即是事儀。口作有斷。身作常續。事雖斷續同爲成受。故說二業。前下示口斷義。正加須默。理不容續。

又解。身口得互造。前跪表言故。

三釋中成宗身口有互造義。如勸歎令死即口造身業。現相表聖即身造口業。今身跪受表示乞詞。即非斷義。

二解無作者。謂由四所發形期業體。一成續現經流四心。不藉緣辦任運起故。三聚之中非色心攝。

無作中初二句標簡。言所發者簡作戒是能發。形期簡作戒止在一念。一下釋相。一成續現指成處也。謂三法竟一刹那時。經四心者顯常存也。識受想行謂之四心。不藉緣等示名義也。謂此業性任運增長。牽生感果不由於作。自然而作故名無作。

三聚下判屬法聚。彼篇立四聚攝一切法。一色聚（攝一切色法。）二心聚（攝一切心法。）三非色心聚（攝十七種法名不相應行。無作當第十七。）四無爲聚（攝三無爲。虛空擇滅非擇滅。）言非色者。既爲心起。豈塵大成。故言非色。五義來證。一色有形相方所。二色有十四二十種異。三色可惱壞。四色是質礙。五色爲五識心所得。無作俱無此義。

故不名色。

釋非色中。初約能造對簡。塵即五塵。大即四大。二並是色。非彼所成。明非色法。五下次約色義反證。即上塵大具此五義。無作不爾。一非形方。二無差異。三不可惱壞。四非礙。五非對。十四種如前。二十種即顯色十二。形色有八。如後自明。惱壞者論云。是色若壞即生憂惱。又云有情有惱無情有壞。五識心即眼耳等五識。所得即五塵也。

言非心者。體非緣知。五義來證。一心是慮知。二心有明暗。三心通三性。四心有廣略。五心是報法。

非心中。初句對簡。謂無作業體非覺知。不能緣慮。與心體異。故號非心。古云不可緣慮而知者非。五下反證。心具五義。無作反之。初非慮知。即是上義。二謂頑善無有愚智迷悟之異。故無明暗。三唯是善。非惡無記。惡則反之。四唯一定。故無廣略。謂意根爲略。四心六識乃至心數則爲廣也。五是三業造起。故非報法。

故成實云。如經中說精進感壽長。福多受天樂。若但善心何能感多福。何以故。不能常有善心故。

引證非心。初段中經文論家自引。精進是作。壽長是現報。福多謂無作增長。天樂是生報。若下論家顯示經意。人心不定。豈能常善。此顯無作一發巳後。任運增多。不假心作。即非心義。

又復意無戒律儀。所以者何。若人在三性心時亦名持戒。故知爾時無有作也。以無作由作生。今行不善心。何得兼起作文發無作也。由此業體是非色心故。雖行惡。本所作業無有漏失。

次段初引論。謂意思中無有戒體。顯是非心。三性心者謂餘善心及惡無記。彼論云。若人在不善無記無心亦名持戒。疏家易之。即合無心歸於無記。爾時無有作者。謂意入餘性。無有造作。卻名持戒。

即知無作任運常存。故名持戒。有云本論作有無作。但是論文寫錯不須妄釋。以下疏家委釋。又二。初釋爾時無有作義。由下次釋三性名持戒義。

故彼問曰。若無作是色相有何咎。答。色等五塵非罪福性。不以色性爲無作也。又如佛說色是惱壞相。無作非惱壞相。不可得故。不可名色。

次證非色。初問答中。若立爲色。有二種過。一非罪福性。二是可惱壞。如五塵四大具有惱害損壞之義。論云無作惱壞相中不可得故。今文似多非字。

問。無作爲身口業。身口業性即是色也。答。言無作者

二引涅槃經
三十住婆沙論
三難作戒立色

但名身口業實非身口所作以因身口意業生故說爲身口業性又無作亦從意生如何說爲色性如無色界亦有無作可名色耶

次問中身口是色業性亦應是色答中初正名義實非身口作者以三性時無有作故因身口意生者謂從本作得名故又下次彰非色有二初約能造詰其所發如下二約空報質其因業毘曇說無色天有色今此成宗云彼天無色然生彼天者必因戒定無作之業即顯無作非色明矣

故涅槃云戒者雖無形色而可護持故知非色也雖

非觸對善修方便可得具足故非心也

涅槃中此明無作決然是有恐謂體非形體而不修奉故兩勉之心隨境生則有觸對無作不爾故云非也

十住婆沙云律儀善根有二種作者是色無作非色

婆沙中律儀善根即本受體

問色等是無記無作善惡性不用色爲體作戒善惡性應非色爲體答無作在後生作戒依色滅若是同時者則是色無記故滅已方續生不用色爲體作戒與依色同時體用生不即不離故還用色爲體

第三難中上三句叙無作非色下二句難作戒立色答中初答無作不與色俱故不兼色作下次答作戒與色同時故須兼色色爲作戒所依故云依色色即是體作戒爲用記無記別故不即即體成用故不離問如上二師論作戒體並云心力助成如何分異答前立色心心能成業身口是具故心爲正後取色聲即色爲體假心兼助故心爲旁問二師並云依宗立體何以不同答二並據論所見有殊前談心造正取分通後明色造欲存小教問鈔疏前後並取初師今出次解爲取不取答初師

深窮業本於理爲長次解曲順宗途在教爲當今家從理多用初師欲辨教宗仍通後解問一念相續如何分異答謂爾眼見名一念色重緣籌慮名相續色一念屬前眼根相續屬後意根故云意識所得聲香味觸亦然即知意根通緣五塵通歸法入也問有犯則體羸四捨則戒失那云無惱壞耶答缺行故羸本得無損教權故失業性不亡此即成宗通深之意問無色天爲有色否答小教但說大種麤色彼天既無故云無色大教既談識種細色不妨彼有定果之色餘如別說

二依實法宗中分別二戒者計非四分所通然律中明五陰五相遠近內外亦有兼故又重出也俱是佛敎機執不同五百身因無非正說今爲六位

實法宗中初科初標宗二戒卽作無作計下示意

初敘難然下決通有二義初約相兼義以淺不通深深得兼淺所以假宗亦談實法受戒犍度佛爲五比丘廣說五陰乃至一切色過去未來現在色過去已滅未來不至現在已生未謝此爲一相若內若外內謂自身外卽他身或以情非情分之若麤若細有對爲麤無對爲細或約物有大小分之若好若醜不染色爲好染污色爲醜或約人物美惡分之若遠若近有云去來爲遠現在爲近此卽濫上三世或可耳目不到者爲遠可到爲近一切色非我非彼非彼所非我所上二非我見下二非所見應作如實正觀智慧作此觀智是實非邪受想行識亦復如是一一具上五相次約正敎釋方便之敎理非一定機執雖異佛意常融故此明之不妨兩是下引事證卽涅槃文彼云五百比丘問舍利弗佛說身因何者是耶舍利弗言汝等各正解脫自應識之何緣問耶有比丘言我未得正解脫時意謂無明卽是身因作是觀時得阿羅漢復有言無明行識乃至五欲卽是身因如是各各自說已所解已其往佛所舍利弗白佛如是諸比丘誰爲

正說誰不正說佛言善哉一一比丘無非正說今

下總標

初有爲無爲分別者二戒俱有爲非三無爲也由假緣成得彼業體四相所爲有失壞也

初位中初判定彼宗一切色心等法皆名有爲唯三法名無爲一虛空二擇滅有學地修慧破惑故名擇滅三非擇滅無學身智俱亡名非擇滅或可約有餘無餘二種涅槃分之滅卽滅諦空理也由下出所以四相者雜心云一切有爲法生住及異滅或可卽指能造四大故云四相所爲

二就有爲三聚分別

二中彼宗亦立三聚攝法但無作法在色聚收與前爲異

二戒俱是色聚所收以身口七業皆色損益若以心爲業者心念殺盜亦應犯故其實不爾但以小機力劣不約心論且就身口發無作體還防身口麤現業非

義釋中四初判定二戒卽作無作以下次釋意身口七業持之則損惡而益善毀之則損善而益惡既容損益故歸色聚若下三斥他宗彼宗不論心犯故有此難然大乘嘗爾四分重緣亦據方便不

成果。其下四彰教意。無作爲能防。七支爲所防。
以色防色。是彼所計。
故涅槃云。從於身口獲無作色。以是無作色因緣故。
其心雖在惡無記中。本所受戒不名漏失。又心論云。
無作假色。牟尼所說等。
次科涅槃初敘從發。以下次顯常存。兩言無作色。
可爲今據。心論上句示體。下句指證。旣是佛說可
驗得實。問。前引涅槃雖無形色。以證非色。何以相
違。答。經收衆計。前後不定。但執則俱非。了則皆是。
不足疑也。問。心論假色從何得名。答。卽如下云。如

法入中無作假色。此謂對前五塵實礙之色。故名
假耳。問。天台菩薩戒疏出戒體云。不起而已。起卽
性無作假色。與此何殊。答。彼明眞性隨緣變起。全
性成色。對眞名假。名濫體別。不可混同。問。假色與
下細色何別。答。若比心論則名體俱別。若對戒疏
則名別體同。由心所造善惡業種。微細難知。故名
細色。餘如後說。
三就色聚三色分別。此十一色義束爲三。如身色等
爲眼所屬。名可見有對。如五根四塵。名不可見有對。
如法入中無作假色。是不可見無對。

第三總束中。十二入中除意是心。餘六塵五根名
十一色。色塵一種見對兩具。五根四塵九色無形。
故不可見。根塵相偶。故云有對。法塵中色見對俱
無。
今此二戒。三色所收。身口色聲二法業性俱作戒體。
非餘八色。二無作者同用第三無對爲體。故心伽二
論云。身作可見有對。口作不可見有對。身口無作俱
不可見無對。
正配中。初總示。身下別配。初配作戒。身色卽初色。
口聲卽次色。二下次配無作。身口所發。故云二無

作也。故下引證。雜心伽論文同合引。
所以名無對者。有對有三。如五塵五根障礙有對。二
五根七心境界有對。三能緣心所緣有對。出過此三。
故曰無對也。
別釋中。卽分十八界爲三有對。初根塵明對。五塵
五根各對不通。故云障礙。卽收前二色也。次根識
明對。六識并意根七並屬心。根識不濫。各有分齊。
故云境界。三意法論對。能緣是意。所緣卽法。問。無
作假色旣屬法入。爲意所緣。何以得出第三有對。
答。後總明中自有問釋。

四本報方便分別 二、初標

二釋 二、初總示

二別釋 二、初身作戒 二、初正明

二問答 二、初問二色同異

四就色聲本報方便分別

第四標中本報卽四大方便卽四大動用此但簡二作無作則非二色所收如下自見

身口作戒以方便色聲爲體

二作標中身作簡去本報但取方便口作唯是方便則無所簡

就前身作是方便而非報者故心論云身動身方便故由報色鼓動方便方便感二戒也

身作中初科初牒示故下引據身卽本報動身卽方便由下釋所以雖依本報若非運動無由成業故云方便感二戒卽作與無作也若據無作下文自明此推能發故採明之

問如何取別答亦一異也鼓動報身成方便色如屈申跪拜何有異也又解不一有三別任運酬因是報義長短高下是方便報色唯無記方便通三性報由往業生方便由現起如水波喻逕動之相可以明也

初問欲明二色差別答中初句總答鼓下別釋初明亦一以方便色全報動轉無別有體故又下次明亦異初別舉有三初是動靜異任運酬因非造作故長短高下卽屈申拜跪有作用故次約三性

二問所依非記業 二、初正伸問答

二引教釋難

異三卽過現異如下總喻水逕喻本報波動卽方便

問方便以報爲體現色是無記何得說記業答色無善惡從方便緣故說善惡

次問方便無體全依本報所依現色體是無記則非記業答中初示本報無記從下次明方便有記

若爾經云何言善惡二心起時則善惡二色相現者心論又云以清淨心動身口色答從緣兩現不妨彼報體是無記由心善惡方便轉現如刀照面長廣不同像轉從緣而本面不改體雖無記不無相善順上文也

轉難中上云色無善惡則違經論經兼善惡論云清淨卽是善色則顯色有善惡耶云無者答中初正答從緣兩現緣卽心境善惡由於心境本報體還無記由心善惡釋上從緣文但舉心心必因境方便轉現釋上兩現如下喻顯刀喻心境之緣面喻本報像喻方便體下結合方便轉現故云相善不違經論故云順上問經云心起何不推心分善惡耶答彼宗二業不談心故問心論既同彼宗耶云心動色耶答彼宗非不明心但心爲遠助之緣

二口作戒

二二種無作戒二 初正示體相

二引經證成二 初師通約二色釋

二次師推據方便解

非正業體故云由心善惡方便轉現是也
言口作戒唯是方便以聲非報法故也
次口作中據聲相差別莫不酬因但由鼓擊方生
故唯方便並非質礙現色故非報法也
二種無作非報非方便者以從作戒起故作戒既非
報是方便明知無作非二色
無作中初科但約作戒相反以顯無作非是二色
故涅槃云非異色因謂非報也以報是方便色因方
便非報故說為異言不作異色因果者謂非方便色
也以方便是報色之果報非方便故說為異是以解

者云非二色
次科初解中初釋經文此文來意如次師引初句
方便望報方便名異色依報而起故報為因意謂
無作非方便所依之報色次句報望方便報名異
色方便成事故方便為果意謂無作不作報色所
起方便即顯無作非二色也是下次結體相而云
解者即指前科
又人解云如涅槃說菩提王子意疑比丘餘二性中
何不失戒佛答非異色因等者其心雖在惡無記中
本受不失唯就方便色中辨之非異色因者非受中

五三性分別二 初標

作也以作但一念故不作異色因果者又非隨行作
無作也以俱短故既非此二明是受體無作形俱縱
入餘心不名失戒即心論解無作云如善受戒穢污
無記心現在前故法隨生不名漏失
次師解中初引本文彼三十四卷云菩提王子問
佛若有比丘護持禁戒若發惡心失比丘戒否佛
言戒有七種（七支）從於身口有無作色以是無作色
因緣故其心雖在惡無記中不名失戒猶名持戒
又問以何因緣名無作色佛答如疏餘二性者即
惡無記唯下次示義釋初句判定作戒已非報故

無作但非方便耳非下別釋初句作望無作故作
是異色發生無作故云因也但一念者極謝處也
次句言不作者謂非是受體所為也作是異色因
無作是果亦望受體無作故名為異隨戒臨境境
謝則止故云俱短上並簡非既下顯體餘心亦即
惡無記（懷素疏中破前二解別立解云謂元受戒善心色因非彼惡無記因故言非異色因但由感得自類善果不必能招惡無記果故云不作異色因果此以善性望餘二性為異色則非對前二）
色也即下轉證穢污即惡性諸文但云二性意以
善性是本所宜故前云三性據餘汎善故
五就方便色聲三性分別身口色聲局善非餘如論

文以善淨心動身口故名善作等
第五作戒通簡中此論戒體故局善性非餘二性文證同前彼文具論三性文云善者淨心身口動如施戒等不善者不善心身口動如殺生等無記者無記心身口動亦如是故云等也
然初色中有二十種謂青黃赤白光影明闇煙雲塵霧此十二色俱無記故高下長短方圓斜正此之八色通三性也身作戒者唯取後八來往跪屈局收善性
別簡色中初列諸色青等十二體貌顯然名爲顯

色高下等八相形乃見名爲形色前局無記俱非情故後通三性該情非情故身下次明今體簡判色性往來跪屈則有高下長短相故
就三聲中簡不受聲如風鈴等體唯無記不發業性取餘二聲謂因受聲如言令等及因俱聲如擊鼓等俱通三性今取善聲爲口作體
次簡聲中初列諸聲不受者謂諸無情物鼓擊發聲無執受者故取餘二聲者皆發業性故通舉之準明口作止取因受耳言因受者謂有四大爲因鼓擊發聲有所分別執受因俱者情與非情兩相兼故因受通三性者言令善惡醉夢無心中語因俱如擊鐘鼓講法禮誦爲善作樂誡兵等爲不善無緣妄擊等爲無記今下次剋定今體簡聲局性則無通濫
言無作者通於二性無記非業局論禁警唯局善性
無作中初通明局下明判禁警即今戒業
六始終分別此善作中義通始終聚論成業據終非始以從請師至三羯磨要心未暢善而非戒第三唱已剎那思滿即善是戒
第六唯明作戒不說無作故先標云善作等初解

中初文前判定以下釋所以彼取業成方得名戒
問一切善作盡是戒不答律儀所攝善作名戒自餘十業但單稱善不名爲戒
問中欲彰戒善別故答中初判今作戒自下次指餘汎善戒有二義一有本期誓二徧該生境餘善反之故不名戒
又解云始終通收並作戒體若唯一念前緣不如亦應感戒然既不爾故知通收又身口色體爲發戒緣身作色者始終相續爲眼所見口止之業非耳所聞若唯第三當時無聲應無口作故知通緣至三說滿

論家剋取成就爲言
次解立理中初正立若下反質初舉前緣不如難
又下次約口作止息難論下通前論意理無所妨
有人云唯第三法一念而得不妨身相表口業故
覆救中即前云身口得互造前跪表言故此則顯
有口作還歸前義
今解戒是有爲緣成緣法不請不乞後戒無從理須
如前通始終也故光律師因立三喻如麝如輪如獨
樂也桑榆報色也匠治方便也與繩俱轉作戒也嬮
繩獨轉無作戒也善生經中亦同斯喻

今斷中初叙法假緣後戒即是無作理下正判剋
取次師故下引喻有三但釋獨樂今傚配之麝身
如報色割取如方便以香熏物如作戒香去氣在
如無作輪謂車輪木體匠治運動自轉比上獨樂
合法可見引此可證作戒通於始終下指善生即
如前引如人手執極香臭木是也問此明身口色
聲與成宗次師何異答前取相續法入所收此宗
不立相續唯歸前二所攝
上通爲言作無作戒俱色爲體故涅槃云戒有七種
從於身口有無作色善生經云是十種法或有作色

及無作色謂有莊嚴及成已者或有作色無無作色
謂無方便及成已者故薩婆多云初念戒色第二念
戒色等故知俱色
明體相中初科初總示六門簡辨故云通也故下
引證涅槃從身口者即作色也善生中釋云莊嚴
者亦即方便變其語耳兩云成已即所發業問既
有作色那云無方便耶答身口雖動必加虔恪有
成業用方名作業故號莊嚴苟非專剋雖徒運用
二戒俱無即如上引手執木石喻之可解如多論
云若輕浮心但有教者亦止空動不發業性準知

作戒必取發業不唯身口動作而已婆論初念具
兼作與無作第二念但唯無作故下一句通結三
文二戒俱色所據明矣
問無作非對復非可見云何名色答不以見對用解
於色礙故名爲色無作雖非見對然爲四大造更相
障礙據所可分故名色也
問答中初難躡前三色所判答中初立義色具二
義一對二礙今此無作具下一義無下釋成四大
謂地水火風有內外兩別此即內四大也俱舍名
大種所造大取廣徧義種即因生義即雜心云一

切身口業是色性因四大造故由能造是礙故所造業身色口聲善惡無記體性各異故云更相障礙歷然不混故云據所可分

問無作是色色即是礙復對意根即是障對如何上言出三有對答障對有二義一者能所俱對色故二者能所兩緣俱障礙故如眼唯見色不聞聲故名障礙有對無作不爾雖對意根通緣非礙色非色別故非障對

次難問中初二句承上答文次二句躡前三色中判在法入故對意根即是障對者障即是礙雙括兩文難前無對答中初汎叙對障初義五根是能五塵爲所二並是色此即對義也次義五根不能互緣五塵不能互入文舉眼根餘四例爾此即礙義也無下正通來難雖對意根等者能通而所礙反上次義意根通緣落謝五塵如前已說色非色別者能心而所色反上初義故非障對雙結兩非故出有對也

三列異執自金河已後名教互張五部十八隨機而擧各謂指南皆通經論年代綿遠餘執漸離唯婆多正量上座大衆斯之四宗今盛西域此方所傳四部乃翻今時弘者曇無德部薩婆多部最爲殷矣

三列異執法執中初科爲二初叙西竺分宗金河者河中產閻浮金故以爲名在拘尸城西北三四里西至娑羅林不遠即如來入滅之處謂佛滅已來也名教互張此句總擧四位分部佛初滅度迦葉結集即分二部一上座部窟內五百羅漢集者二大衆部窟外千人集者一百年後分爲五部四百年後分十八部或二十部下云餘執漸離即五百部隨機擧者推分派之由各謂指南明所見之異皆通經論示所宗也綿即是長婆多是五部之一正量即十八中一上座大衆即根本二部此下次明此方傳譯初明翻度言四部者僧祇本部之一十誦五分四分即五部中三今下次示弘傳二部最殷即空有二宗殷即訓盛

然諸講士偏競不倫各尚學宗邀懷通量自晉南遷迄于陳世釋門義府多師成實彼土傳律偏弘十誦以假名宗出有部體中原擾攘聲教奔飛元魏高齊大弘心論便依多雜出四分體

別示此方中初科初叙偏執倫等也各尚學宗黨所習也邀懷通量無大見也自下次叙宗亂初明

南朝。古晉自宣帝至愍帝凡七帝皆都中原。至元帝渡江南始鎮建業即今金陵凡十一帝。自此分東西兩晉。自東晉及宋齊梁陳並都江南。故云南遷等。義府。即學舍異名。彼弘十誦。乃準成論立色爲體。中下。次明北朝。中原即京兆。自西晉已來分爲十六國。故云擾攘。即雜亂也。奔飛謂零替也。元魏高齊並都於彼。元是魏姓。簡曹魏拓跋魏。高亦北齊之姓。簡南齊蕭氏。彼弘四分。乃依雜心多論立非色心爲體。

後有碩學通觀兩宗。雙出二體。各用開律。

次科。碩學者。美其通博。未知何人。此師即依成實出四分體。準多雜出十誦體。故云通觀兩宗等。前文定宗。即準此師。

略敘其說。須得本致。故法正部難曰。無作是色。何故雜心界品云。無作雖非礙。以作是礙故。彼亦說爲礙。如影隨樹動。又業品云。彊質名爲色。無作亦非色也。

三中初科。初二句標示。恐人不曉諸宗顛亂。故略敘之。令知來致。故下引難。法正部即弘四分者。反據雜心難彼有部。不合立色。界品既云非礙。顯非是色。望作說礙。無作非礙。影隨樹動。法喻可見。業品明云非色。不足疑矣。

彼部通曰。言無作非礙非色者。不同可見不可見有對色礙。故言非色非礙。非不是無對色礙。若聞無作雖非色礙。謂是非色礙者。即界品云。過去色雖非礙曾礙故。未來色當礙故。現在微塵雖非礙。眾微集則礙。豈以微塵不可觸而得名非色。然則微塵是微色。即是微礙。故知非者。謂非麤現之色礙也。

次科。初釋通前文。非礙非色。牒上兩文。有對色礙。謂五根五塵。無對色礙。即法入假色。若下。引論反質。又三。初引文。彼三世色並云非礙。不可執此便

云非色。豈以下。質謬。然下。顯正。麤現色者。如前十四二十等。且明假宗引據之誤。必應實宗反用成論。避繁不引。故云略敘耳。

上明法執。次明迷執。

迷執中。初科。問二執何分。答法執則出體依宗文據參亂。迷執則出體差互。文義俱乖。莫不是已非他。並歸備計故也。

如戒一受。願行須同。焉有受依假宗。隨行實教。故神州一統。約受並誦四分之文。及論隨行。皆依有部行學。非唯體相乖各。亦乃緩急隨情。至於戒體理事不

同。

列示中、初文、初叙受隨必同願行，即是受隨異名。二戒相副，不當差互，故云焉有等。故下明此方參亂。神州一統，謂此方一統之內，以曹魏時曇摩迦羅依四分宗始行受戒，自此至今，天下同遵。他部雖翻未聞有用，但制行受，未有廣律。至姚秦時先譯十誦，人即依承。後翻四分，置而不用。至元魏法聰首講四分，人猶執舊，故多依有部也。體相乖各，行不副願也。緩急隨情，教不歸一也。上取宗亂，至下次標體乖，理事不同者，初師依理，餘皆約事。

如昔光師依理明體，謂此聖法能爲道務，如鈔所顯。

正列中，光師即元魏慧光律師。依理者，言理有二：一者大乘實理，即常住眞心不生滅性；二者小乘權理，即生空眞如生滅盡處。但云依理，爲依何理。又戒由造作發生，理是天然本爾。又戒是緣生，理本無生。若云此法能爲道務者，且法是能趣，道是所證。今明法體，而乃遠取所證之理，即今法體爲是何物耶。今之禪講，多墮此見，狂簡斐然，何足議也。指如鈔者，即標宗隨相明戒法中。

齊末立體，即受五緣，由此體具，便感前法。此則說緣爲體。

次齊末者，即高齊法願律師。五緣即能受人等五種總緣。此五乃能成之緣，戒業是所感之法。今若指緣爲體，所感前法爲是何物。光師求之甚遠，願師取之太近，中間法體杳然莫知，豈非業理幽微，非常情之所測乎。

河北魏部雖依法數，正解四分，偏廣多宗，

三中，魏部即今魏府。法數謂法相名數。宗部各殊，然彼諸師名數乃依四分，出體反用多宗，即用色爲假宗體也。

江南晉師崇尚成實，依論出體，用通十誦。

四中，晉師即東晉已來傳弘之者。依成實論出十誦體，即用非色非心爲有部體也。

斯並宗骨顛倒，理味差僻，摘揣過濫，何可勝言。

總責中，宗骨顛倒即後二師，理味差僻即前二師。或可四師並具二過，不唯此二，過濫尤多。如上略述，故不勝言。唐朝懷素還依有部立色爲體，近世霅川岳師融會假實，以爲一見，乃謂成論非色非心，還即是色。鈔文既云非塵大之色，明知是細色耳。且空有兩宗，豎義立體，迭互斥奪，矢石相反。如何和會以爲一見若體不異何用分宗又但妄云細色不知細色是何等物問彼據天台玅玄云成論人云色是無教法不至無色界豈非成宗自召爲名答此乃成論諸師牒難有宗之語謂若以色爲無教則應不至無色界無教既至彼天則顯非色明矣不究本文妄引爲據聾瞽來學爲害甚極」

四分律刪補隨機羯磨疏濟緣記卷十五

四分律删補隨機羯磨疏濟緣記卷第十六

宋餘杭郡沙門釋元照述記

四立正義

四正義中問下列三宗何爲正義答若對兩論諸師談體未有指歸則通指三門若準後問如正義論熏本藏等則別指圓教

夫戒體者何耶所謂納聖法於心胸卽法是所納之戒體然後依體起用防邊緣非今論此法三宗分別

示三宗中初科初略示體貌納是能受心聖法卽所受戒能所相冥心法和合而成於業攬法爲業

爲道基本故名戒體體充正報心爲總主故云心胸初受則心爲能納法爲所納受已則法爲能依心是所依問卽法是體法體何分答若望未受但名爲法體是無情若加期誓要緣領納依心成業此法有功乃名爲體是故言法未必是體言體其必是法如藥丸喻藥味各別如戒法也和合成丸如戒體也丸非他物卽藥成丸雖異而同雖同而別如是知之依體起用卽隨行也今下次標宗別釋

如薩婆多二戒同色者

實法中薩婆多者以計標宗雜心俱舍毗曇並同此見

彼宗明法各有繫用戒體所起依身口成隨具辨業通判爲色業卽戒體能持能損既是善法分成記用感生集業其行在隨論斯戒體願訖形俱相從說爲善性記業以能起隨生後行故

示體中四初至爲色敘彼所計各有繫用卽三界繫欲界麤段四大色界淸淨四大所造之業所感之果皆是色法無色界天非四大造則無有色但無四大造色不妨彼天亦有果色故雜心問云無

色界何故無戒耶答戒者是色彼中無色無四大性故若彼有四大者亦應有戒彼宗計戒爲色故說彼天無戒成宗計爲非色故說有戒隨具辨業具卽身口能造是色所起亦色教與無教二法同聚故云通判爲色業卽下二句次示色義由無教體持則肥充犯則羸損有增損義故立爲色既下三明業性本報無記從善惡緣方便轉現戒是善法教無教體二並善色既不推心造故云分成記用力用既弱不能感果故推隨行能生集業謂招生之業體是集因故云集業論下四結示體相願

二引律顯正

訖卽作謝形俱謂無作至於終身望後隨行得名善記故曰相從是則由教生無教無教起隨行隨行能生集業集行招來報

如律明業天眼所見善色惡色善趣惡趣隨所造行如實知之以斯文證正明業體是色法也

次引律中卽本律受戒犍度初引文彼明如來成道始得三明(宿命天眼漏盡)天眼中云菩薩以三昧定意清淨結使已盡以清淨天眼見衆生生者死者(果報)善色惡色(業相)善趣惡趣(因中果相)若貴若賤(善惡各有貴賤此因中果有差別)隨衆生所造行皆悉知之卽自察知此衆

生身行惡口行惡意行惡邪見誹謗賢聖造邪見業報身壞命終墮地獄畜生餓鬼中(此釋上惡色惡趣等)復觀衆生身行善口行善意行善正見不誹謗賢聖造正見業報身壞命終生天上人中(此釋善色善趣)是謂見衆生天眼智等(舊云指十誦者非)卽如律中佛訶目連不應以天眼觀人持犯十誦多論亦同制之又十誦云天眼觀犯罪比丘如駛雨等並謂徹見善惡色故至於鬼報五通世俗術數尚有見者況聖人修得天眼耶以下次取證若此明色乃佛本懷諸論諍分未窮斯意況弘論者罔測可知

三斥前諍謬

如上引色或約諸塵此從緣說或約無對此從對說雖多引明用顯業色然此色體與中陰同微細難知唯天眼見見有相貌善惡歷然豈約塵對用通色性諸師橫判分別所由考其業量意言如此

三中牒前所立或約諸塵謂無作假色判歸法入卽是法塵此對作戒色聲二塵故云此從緣說緣卽作戒或約無對謂無作體是不可見無對卽翻作戒二種有對故云此從對說雖下次斥其不達仍舉中陰例顯業色無色天報類亦同之中陰亦名中有謂六趣之外幽陰業識未至前趣在死生

之間故名中陰有云極善惡者乘業趣生非善非惡四十九日墮在中陰形如嬰孩上並小論一途之說若準中陰經歲數久近不定形相大小各殊應知中有亦是報處但由小教不談細色故非趣攝耳如來由此說業爲色諸師不曉立義強分故云豈約塵對等諸下三結其妄判卽上實法六門分別非理曰橫量卽體量意言謂胸臆自裁問假宗業依心起故云身口是具今實法中那云隨具辦業答若就宗限實如來難然此所辦尅實從理以深決淺故不局名教也問四分既明善色惡色

天眼所見那得談體鈔云非色答彼明細色義通
大乘此談非色正符宗意問今引四分出多宗體
未審多宗約何立色答如上已辨自可分之問四
分細色與多宗假色何異答彼對諸塵此論心業
故不同也
二依成實當宗分作與無作位體別者
二假名宗標中言當宗者對前非正學宗故位體
別者對前二種體同故
由此宗中分通大乘業由心起故勝前計分心成色
色是依報心是正因故明作戒色心爲體是則兼緣

顯正相從明體由作初起必假色心無作後發異於
前緣故強目之非色心耳
通示中初敘宗勝言分通者四分部中蘊大乘義
如下五種全乖小宗況明心造超過有部故云勝
也分下示體相初明作體分心成色若論成法則
內外色報率由心造若約成業則身口動作皆但
是心色是依報等者若內外相望則國土爲依四
生爲正若因果相望則色報爲依心識爲正兼緣
即依報之色顯正即正因之心此明二法不相捨
離故曰相從由下次辨無作反作爲名不由色心

造作故異前緣法體雖有而非色心無由名狀且
用二非以目其體故云強也
考其業體本由心生還熏本心有能有用心道冥昧
止可名通故約色心窮出體性各以五義求之不得
不知何目強號非二
考體中初科初正示業體上二句推發生之始言
由心者即第六識意思所造下二句示生已之功
六復熏六故云還熏發體之心故云本心若論始
起則心爲能生體是所生若約熏習則體爲能熏
心爲所熏心與業體互爲能所有能有用能謂發

起後行用即防過緣非心道下推本所立心無形
貌故曰冥昧但有名字故曰止可名通或號名色
即其義也本唯心造心冥色顯所以兼之欲彰業
體是彼所造故云窮出體性即此乃是示體之處
恐亂宗旨不欲指破學者思之如前色心各有五
義無作並無故號非二此明小教不可直示且附
權意別彰異名故云強目
問如正義論熏本識藏此是種子能爲後習何得說
爲形終戒謝答種由思生要期是願願約盡形形終
戒謝行隨願起功用超前功由心生隨心無絕故偏

就行能起後習不約虛願來招樂果
問答中此問所來由後圓教決此二非以爲識種識既常存種則無滅卽違今宗命終失義故採取後文爲難以彰前後無違初四句牒後圓教文也此是者指上二非也下二句正難且舉命終義通四捨答中初二句總標思卽緣境之心願謂剋期之誓願約下別釋初釋下句願有始終故有要期行隨下次釋上句思無限齊故種子不亡行卽思心行起願後故曰超前故下雙結上二句結上種存下二句結上願謝問兩云强目是何教意答若

據本教翻作爲名今取通意識達體貌卽知二非附權而立故云强耳問此中後習與前實法集業何異答彼明業爲集因此示種能熏習委如下說
自昔傳律皆以戒體爲難雖祖訓坦然奈後賢未達霅溪則和會二非還同細色如前已破增輝謂非色非心乃是聚名畢竟其體是何法耶答種子義也會正謂祖師談種乃漸入大乘後又有人立爲思種通慧僧錄謂非色非心名下卽體仍破增輝名外別求以爲騎牛討牛今詳諸說俱違祖教霅溪則全迷假實餘師則不辨大小且識藏種子非小教所談故後立圓教始可言之諸師乃以四分二非卽是種子豈非大小相亂耶若可直示四分宗師皆是四依豈得不知心種之義何以別立二非號耶又若此宗便明種子後立圓教何爲又使假宗但有空名而無實體通慧雖不能究出體相而斥諸家騎牛討牛深有所以今謂若在假宗定以二非爲體約後圓教可云種子耳
後約圓教明戒體者
三圓教中先開大意略爲五門初叙教本良以衆生本有清淨眞常妙性由諸妄念故受輪轉如來

欲令息妄歸眞故於寂場首制心戒令息妄緣名爲菩薩心地法門小機昧已力不堪任而又降跡鹿園方便提誘乃於菩薩戒中摘取少分以爲五八十具後既開顯盡用付之所以梵網頓制則具十夷善戒漸圓但列四重殺盜已制不復重明是知如來唯有一乘圓極妙戒華嚴直與鹿苑曲示三世十方莫不皆爾故云於一佛乘分別說三卽其意也二釋名者前並小教此是大乘以大決小不待受大卽圓頓義也前二偏計空有不均今悟教權名殊體一色與非色莫不皆然卽圓融義也

前既從權一期赴物今此克實究竟顯示卽圓滿義也具此諸意故名爲圓三顯體者一切大乘莫不皆以常住佛性妙理爲體諸佛所證妄住其中衆生所遺日用不覺包徧十虛含育萬有隨順物宜種種異說法界涅槃中道實相圓覺般若眞如眞空法性佛性唯心唯識佛藏佛母等故於一法說種種名今依楞伽起信唯識攝論以明藏識梵云阿梨耶或云阿賴耶此云含藏識謂含藏一切善惡因果染淨種子（眞諦翻無沒識亦取任持不失之義）此有二宗唯識師謂眞如隨緣不生滅與生滅和合非一非

異名阿賴耶卽眞妄和合識攝論師謂外塵本無實唯有識是大菩薩佛果證行此卽全指眞如爲眞識此亦如來隨宜異說後有宗師第八識外別立第九淸淨眞識今準楞伽略明三種經云略說有三種識廣說有八種相何等爲三謂眞識（卽是眞如）現識（亦名藏識）分別事識（亦名轉識）此約眞如隨緣不變不與妄合爲眞識不變隨緣和合現起爲現識譬如明鏡衆色像現餘之七識爲分別事識用此三種統收諸說彼經又云如來藏名阿賴耶而與無明七識共俱如大海波常爾不絕又云如來藏者爲

無始虛僞惡習所熏名爲藏識今明此識體本眞淨隨緣妄動積藏業種名爲第八轉趣諸根爲第七（名爲傳送亦名染汚）流於心意爲第六徧至五根爲五識所造成業第七攬歸第八含藏成熟來果有善惡依正差別今就已成差別法中了無差別故云唯識卽知十界依正因果同一識體未有一法而非識者楞伽偈云譬如巨海浪無有若干相諸識心如是異亦不可得今明戒體造雖在六起必因八造已成種還依於八問八識之相可得知乎答通而爲言法法皆是別就已身現前陰入無非識

變始來未去任持報命六識依止憶持往事睡眠魂夢故習暫起皆可知也四出立意問二宗談體自足何須別立圓教答兩宗出體教限各殊若唯依彼則辨體不明若復不依則宗途紊亂故準二經別立一教窮理盡性究竟決了使夫學者修持有託發趣知歸爲諸有福田紹衆聖因種興隆佛法超越生死萬劫未聞此生獲遇除茲一道更無餘途若非究我祖乘須信投心無地一生虛度豈不誤哉嗚呼五示所據問依何教義立此教耶答下引法華涅槃二經爲證法華開聲聞而作佛涅

宋刻妥序解引此文作直以

二正釋三初叙立教本致

槃扶小律以談常舍此二經餘無此義華嚴隔出方等彈訶是以梵網斥二乘為邪見學則有違善戒指小法為方便不學成犯二部之異於此自明問前二三云宗此標教者答據云三宗理無偏局然既別標不無其致由前兩計各有宗黨今此直以大乘圓義以決前體故但云教耳

戒是警意之緣也以凡夫無始隨妄興業動與妄會無思返本是以大聖樹戒警心不得隨妄還淪生死故律中云欲修梵行盡苦源者便命召之入聖戒數此根利也後漸澆濁不可示本乃就傍緣廣開衢路

終依心起妄分前境

立教中初句標示警意緣者此明一切諸戒皆我心業世尊如業制法而警悟之無別有戒衆生業無量故戒亦無量業無盡故戒亦無盡當知二百五十三千八萬無量律儀非他法也以下正釋初叙教本心為境轉故隨妄心境相合故興業習妄既久動便隨塵故與妄會即合也淪歷長劫愈忘其本本即自心若非佛教何由思返此叙衆生妄業無窮是下次叙如來因業立戒令息妄業妄業已息苦果亦傾不淪生死故能返本還悟自心

二根器差殊

也故下次示機差又二初明利根善來受者一聞開悟了知妄業即自制心便求脫離位在初果故云聖戒欲修梵行返妄業也盡苦源者脫生死也生死是苦煩惑為源惑破理顯故云盡也此借偏文以證圓戒須知三道淺深不同斷證有異後下次明鈍根羯磨等受者迷心逐境即從境制就傍緣者緣即是境廣開衢路謂說略制廣篇聚重輕待緣而制初唯三語後加白四總別諸緣始終圓具法隨境制受從境發雖云緣境實自心生故云終依等

愚人謂異就之起著或依色心及非色心智知境緣本是心作不妄緣境但唯一識隨緣轉變有彼有此

次根器中初叙鈍者妄計言愚人者謂佛世昧心之者計為他法佛亦隨之假名字說通論諸部不出三見一多宗計色二僧祇計為心三成宗計非色心（此三並就無作為言然僧祇計心但據第六能造以明所造不同今宗所明心種此依章安涅槃疏出之）竊詳此文正決當今所受之體前明細色已破有宗今此唯決四分作無作耳作戒心造彼兼色故無作心種彼謂非色心故此由佛世機悟有殊致使滅後分宗各計故涅槃云我於經中或

三所受之體三初
約圓義以示體相

說爲色諸比丘便說爲色或說非色諸比丘便云
非色皆由不解我意謂不知佛方便說故智下次叙利根易
悟初明因教悟解境卽情與非情二諦等境緣卽
隨境所制塵沙等法二皆心作則一切唯心不下
次明思惟觀察既達唯心則隨所動用不緣外境
攝心反照但見一識識卽心體不守自性隨染淨
緣造黑白業成善惡報故有生佛依正十界差別
故云有彼此也無始不了徧法界境造虛妄業出
沒生死是故如來如法界境制無邊戒戒無別體
卽虛妄業如婬盜等豈別有戒縱妄成業禁業名

戒故事鈔云未受已前惡徧法界今欲進受翻前
惡境並起善心故戒發所因還徧法界又善生中
眾生大地草木海水虛空五並無邊戒亦同等並
此意也
欲了妄情須知妄業故作法受還熏妄心於本藏識
成善種子此戒體也
三所受體中前明利根未受之前已發大解此明
修證先須稟戒初句希求脫離了猶盡也妄情之
言通含見思無明等惑次句反觀往業無始慣習
積惡時深雖達唯心卒難調制若非戒法靜業無

由故云佛所制戒如猿著鎖如馬轡勒如捉盜賊
截生死流發定慧力菩提基本涅槃初門所以三
乘聖人並由斯跡捨此修道枉費時功卻步求前
終無所至矣故下如緣納法初二句示作業作法
之言通收始終方便正受熏妄心者假前勝境發
動勝心此心反妄卽是眞心以眞熏妄令妄不起
卽如鈔云以已要期施造方便善淨心器必不爲
惡測思明慧冥會前法此卽能熏妄爲所熏此卽
作熏猶如燒香熏諸穢氣也下三句正明無作由
熏成業業圓成種種有力用不假施造任運恆熏

妄種冥伏妄念不起此無作熏猶如香盡餘氣常
存也初句示所依處亦是所熏也次句顯能依體
亦卽能熏也善卽簡惡種子是喻如世穀果皆有
種子略說十義一從眾緣生二體性各異三生性
常存四任運滋長五含畜根條華葉等物六雖復
含畜相不可得七遇時開綻八子果不差九展轉
相續十出生倍多無作具此故以比焉然種子名
通義須細簡初約十界四趣爲惡餘六是善次就
善中人天有漏四聖無漏三就聖中三乘是偏是
權唯佛是圓是實今此戒種文唯簡惡若望人天

二、約隨行以明持犯

是無漏種若望偏權是圓實種行者當知本所受體即是一體三佛之種故薩遮尼犍云如來功德莊嚴之身以受戒爲本持戒爲始又法華云佛種從緣起即斯義也下句結示正義所立唯此問種子之名通小教否答名通體別由彼不談識藏雖名種子還目色與非色故雜心云調達造逆滅善種子人無間獄即知種名不專大小問大小同異可得聞乎答若論心色變造則大小皆同但小教唯談六識不窮發起之本不示所依之處是故有部收歸法塵假宗非二所攝今明唯識則發起有

從依持得所如上楞伽海浪之喻浪從海起還復海中又如天台菩薩戒疏云戒體者不起而已起即性無作假色全性而起還依性住經生不滅良由於此問此與菩薩戒體如何分異答必有同異當自尋之問既發此體後用受菩薩戒否若不須受即應約大判持犯耶若云須受則無作業爲重發否問性無作假色與種子如何並須細求不可相濫

由有本種熏心故力有常能牽後習起功用故於諸過境能憶能持能防隨心動用還熏本識如是展轉

三、舉因果以細勸
三、初攝律儀戒

能靜妄源若不勤察微縱妄心還熏本妄更增深重

次隨行中二初明謹奉初句躡前受體故下正敘隨行初句明力言有常者運運不息生生常住故次句明能言後習者有其二別一者習因徹至未來二者習果即後三佛今明起後且據因論起下諸句明用能憶謂時中不忘能持謂執守不失能防謂塵緣不侵由憶故持由持故防一心三用無前無後隨心動用語該始終熏本識者此隨行中熏通作無作展轉有四一對境差別二起心前後三來報相續四入位階差靜妄源者語通因果準

下修顯圓證三身則究竟永盡故云靜也若下次明慢犯上二句反上三用微縱即瞥爾念下二句反上戒熏問瞥爾增妄即應有犯若有犯者則與菩薩戒何異耶答制業分之即無有濫問熏有幾種答初受作戒熏熏成無作次則無作熏熏起隨行三則隨中作無作熏還資本體若論所熏通熏心識問如起信說內外二熏此屬何收答彼以眞如爲內熏師友教法爲外熏今以一識本眞則爲內熏作無作戒並外熏耳

是故行人常思此行即攝律儀用爲法佛清淨心也

以妄覆眞不令明淨故須修顯名法身佛
三舉因果中先知來意衆生識體本自清淨離諸塵染由妄想故翻成煩惱又復本來自在具足方便智慧威神德用由妄想故翻成結業又復本來平等無有彼此愛憎差別由妄想故翻成生死今欲反本故立三誓一者斷惡誓受攝律儀戒修離染行趣無作解脫門復本清淨證法身佛名爲斷德二者立修善誓受攝善法戒修方便行趣空解脫門復本自在證報身佛名爲智德三者立度衆生誓受攝衆生戒修慈悲行趣無相解脫門復本

平等證應身佛名爲恩德然此三誓三戒三行三脫三佛三德隨舉一誓三誓具足乃至三身三德一一皆爾言有前後理無各別如是心受即發圓體如是心持即成圓行華嚴云戒爲無上菩提本淨名云能如此者是名奉律涅槃云欲見佛性證大涅槃當須持戒等皆此意也初科初句召今受者次句勸令思修此行謂白四所受聲聞戒也此二句該下三聚初攝律儀又二初標因果即之一字點小爲大乃是圓宗融會之意智論以八十誦即尸羅波羅蜜勝鬘謂毗尼即大乘學須得此意

二攝善法戒

三攝衆生戒

可通彼文律儀禁惡止業破惑徹至究竟清淨心者即法身體以下次明所以初二句叙昔迷不明淨者貪染所障失本淨故次二句顯今悟須修顯者稟戒破障即能顯之因法身即所顯之果
以妄覆眞絕於智用故勸觀察大智由生即攝善法名報身佛
二明攝善法初二句叙迷絕智用者愚癡所障遺本明故下顯悟勤觀察者修善破障此即是因報佛是果
以妄覆眞妄緣憎愛故有彼我生死輪轉今返妄源

知生心起不妄違惱將護前生是則名爲攝衆生戒生通無量心護亦爾能熏藏本爲化身佛隨彼心起無往不應猶如水月任機大小
三明攝衆生亦名饒益有情初叙迷憎愛即障忘本平等故由有彼我分別故受生死雜報今下顯悟初二句開平等解知生心起亦唯識變彼我同體無高下故次二句修平等行將護之言通含四弘誓四等心四攝行是下二句結名上是修因生通下即感果初二句心境相應次二句慈熏成果次四句明隨緣起應如水月者水喻機感月喻垂

應月不入水水不濁月隨器大小波澄影現慈善根力感應難思問三聚三身爲同爲別答語異義一隨舉一戒三聚具足隨舉一聚互具亦然故知初受圓發三誓隨中奉持圓修三行成因感果圓證三身三誓卽是三聚三身三聚亦卽三身三誓三身亦卽三誓三聚心佛無差因果不二能如此者始名圓戒是波羅蜜卽究竟木叉也是知行人若發此心若獲此體當知卽是三佛之種如何自輕不加珍敬然雖三戒彼此互具至於修奉恤用攝生則能任運含攝一切豈止餘聚耶問教有分齊何須此示答爲成本宗分通義故何以然耶如前善戒五十具等迭爲方便是故受五習十受十習具受具習大故前三戒並名方便假宗知權不住方便符通深之部意爲稟大之先容所以鈔敘發心爲成三聚此明隨行次對三身願行相扶彼此交映彼則期心後受此乃卽行前修方見圓宗深有來致若爾既顯分通何須別立答義雖通大教終局小不可濫通故須別立隨意盡理不亂宗途請觀前明實宗無一心字次述假宗無一種字始見聖師深體權實自餘凡愚未足擬議也

此明略辨三宗戒體少異由來涉言語矣

三指略中初結前明合作門言略辨者示不盡故言少異者若據教宗名義不濫論其業體畢竟常同當知細色及以二非無非種子但是如來隨宜異說耳由來卽指此門從初至此涉言語者言其繁也

今行學者多依隨戒忪惸守護不知戰兢本有何意若不爲出空奉外儀或以汚心爲名爲利諂誑無慚詐現持戒心爲業本終墜生死不如不受無犯持也但順故業減損集因

次囑累中初科初敘迷本言行學者命奉戒之士忪纖容反驚懼也惸瞿營反孤獨也戰兢躡上忪惸若下次彰過失初明無益但心無諂不妨持奉不爲出者謂志無遠趣也此中明出須論究盡二種生死或下示有損汚心是總標名利等卽別示爲名利者猶知持戒若諂詐等並破毀者心爲業本等總上諸人空奉者不失人倫汚心者不免惡道因戒所墜反不如無由本受具爲反故業今乃增新何如順故隨行十善終得出離故云滅集因也或可故業卽輪王十善涅槃所謂舊醫舊戒之例

二引諸文證非

故百論中罪福俱捨爲天持戒名不淨也又成論云行者深心不樂爲罪名淨持戒持世佛藏云若不爲除我倒而持戒者名破戒人廣訶如彼

引證中百論罪福俱捨是正教也彼云有漏淨福（即人天也）無常故尚應捨何況雜罪福爲天持戒明求福之過彼云持戒有二一者不淨二者淨何等不淨謂持戒求樂報一者生天二者人中富貴何等爲淨行者作念一切善法戒爲根本持戒則心不悔心不悔則歡喜歡喜則心樂心樂得一心（得定）得一心則生實智（發慧）智生則得厭得厭則離欲離欲

得解脫解脫得涅槃是名淨持戒成論但是畏罪還無所詣據彼爲是今引彰過（如鈔引證罪分齊是也）佛藏我倒即本惑不爲除惑非求解脫故下指廣者彼喻蝙蝠入穴爲鼠飛空爲鳥既不入說戒僧眾不名出家復不入王者役是不名白衣等如資持記具引今準事鈔持犯篇四種分齊可括諸文一賊分齊即上名利諂詐等二罪分齊即成論不樂爲罪三福分齊即百論爲天持戒四道分齊道通三乘無非出離前令返妄下誡域心必指佛道是今分齊

三指所歸重勸

今識前緣終歸大乘故須域心於處矣故經云十方佛土唯有一乘除佛方便假名字說既知此意當護如命如浮囊也故文云我爲弟子結戒已寧死不犯又如涅槃中羅剎之喻

三重勸中初示所歸識前緣者塵沙萬境無邊制法無始顛倒迷爲外物故受輪轉今知唯識無有外塵故正受時徧緣法界勇發三誓翻昔三障由心業力結成種子自爲戒體應知能緣所緣能發所發能熏所熏無非心性心無邊故體亦無邊心無盡故戒亦無盡當知即是發菩提心修大慈行

求無上果此名實道此即大乘三世如來十方諸佛示生唱滅頓開漸誘百千方便無量法門種種施爲莫不由此故曰雖說種種道其實爲佛乘此即行人域心之處然而濁世障深慣習難斷初心怯懦容退菩提故須期生彌陀淨土況復圓宗三聚即是上品三心律儀斷惡即至誠心攝善修智即是深心攝生利物即迴向發願心既具三心必登上品得無生忍不待多生成佛菩提了無退屈此又行人究竟域心之處矣故下引證即法華開顯文也經云我此九部法隨順眾生說入大乘爲

二立問釋疑二初問乖宗二初問

本（十二部中九部屬小乘同歸一佛乘故）又云聲聞若菩薩聞我所說法乃至於一偈皆成佛無疑十方佛土中唯有一乘法（十方皆爾不獨釋迦）無二亦無三（大小相對爲二三乘相對爲三）除佛方便說但以假名字引導於衆生說佛智慧故（餘乘修證因果色非色等皆方便假名耳）既下勸修初句躡上開悟由識前緣若起毀犯卽是犯自心故增妄業故淪生死故汚佛種故退菩提故失功德利故大小經論廣勸奉持雖不顯彰聖意在此若不知此得失何微既知此已所獲既深所失亦大理須謹攝不可微縱當下結勸奉持命與浮囊世人所重且舉爲

喻諸經論說鵝珠草繫海板比丘皆忘生護戒則壽命浮囊亦未足爲重也文云卽本律釋同戒文寧死不犯不啻命故涅槃羅刹乞浮囊乃至塵許菩薩不與譬護吉羅委如鈔記

問如上所斥須識宗途律是小乘豈懷大解矛盾自扣如何會通

釋疑中初問初四句責其昧教如上斥者卽指前訶不知本等文下二句難其相違宋人有賣矛盾賣矛則誇其利賣盾則詫其堅或人難曰用子矛刺子盾如之何因而無對後世以喻自言相違扣

二答二初約圓義小釋

二舉本宗以況

通上去二音擊也

答大小俱心律儀不異卿不見前出家學本故興此難非矛盾也

答中初科初約義會同實法唯色假部兼緣又實法唯制身口假宗通於三業並是方便假名字說約圓克實發體則無非心造故云大小俱心所制則皆歸妄念故云律儀不異卿下責其自昧卿卽召彼難者出家學本卽前釋出家七門中後二門也

何況四分通明佛乘故沓婆厭無學知非牢固也施

生成佛道知餘非向也相召爲佛子知無異乘也捨財用非重知心虛通也塵境非根曉知識了義也略引成證全乖小道何得不思致虧發足

次科初通標意謂縱是小教於理自融何況本部非局小耶故下別列五義初沓婆厭無學者見僧殘無根謗戒彼云沓婆摩羅子得阿羅漢在靜處思惟心自念言此身不堅固（無常生滅終歸空寂）我今當以何方便求牢固堅法（卽厭無學身求菩薩法）我今宜可以力供養分僧臥具差次受請飯食（修利他行福業莊嚴）白佛因令白二差爲知事等部主引此由知小道非究竟

故二施生成佛。即是戒本迴向之詞。文云施一切眾生皆共成佛道。一切成佛之言乃華嚴法華圓頓了義。可驗部主知餘二乘非歸向處。三相召佛子。梵網大戒乃稱佛子。小乘戒本但名比丘。而律序云如是諸佛子佛子亦如是等。此即部主令歸佛乘。四捨財用非重。謂捨墮求悔先須捨財捨已。僧用不還止犯吉羅而不成盜。知心虛通者。鈔云四分一律宗是大乘虛通無係故發言誠事無滯結若依他部。一捨已後無反還求任僧處斷是也。五塵境非根曉。如小妄戒釋見聞觸知云見者眼

識能見耳識能聞鼻舌身識能觸意識能知識即是心。不同有部但云眼見等。如前已述。略下結責上二句顯略。如戒序中稽首諸佛。又如後序三世諸佛皆尊敬戒。又云若有自為身欲求於佛道。又破僧戒提婆害佛諸比丘執杖石遶窟大喚。佛安慰言諸佛常法無所復護。何以故已勝諸怨故。此皆大乘之義。則知分通非唯前五。何下正責。今立圓宗會小歸大。不由小徑直造大方。乃為成佛菩提發足之始。有得聞者合生忻遇。反加詰難強生荊棘惡業所障豈非自虧耶。今多此徒。是可憐愍。

問。如經所明無有自作他人受果。今此戒法何得待緣。答。上自誓受是本戒也。餘雖從緣還期心本可知。次問。如經即大涅槃佛教闍王觀身之事。彼云無有我作他人受果。言自作者必自受故。例今受戒止可自作何必假彼和尚師僧羯磨等耶。答中初指自誓以合經意。是本戒者謂是如來本所立意。應知受戒直是立誓斷惡修善而已。餘下次會。餘受亦由自得但由機鈍須假勝境發彼心故。至論得戒非心不成。故云還期心本。期猶約也。前文已示故指可知。問自誓獨成不假緣者破結自獲耶

具五緣。答通論別脫並從緣。但望羯磨人法少多事儀繁省故為異耳。

二明兩戒先後者。眾解不同。有人言二戒一時如牛二角。故善生云。現在作善未捨之頃有作無作。第二念中成就過去作無作也。作已過去唯有無作。心論亦云。第一剎那作及無作是根本業。多論亦云。初一念戒有身口教及以無教。第二念中唯有無教無其教也。

第二先後。初師解中。初立義。故下引示。善生現作未捨此通從初至法竟來第一念也。有作無作即

顯同時第二念中成過去者指前念也（有云合云第一者非）
心多二論大略同之第一刹那卽三法纔竟之時
望方便名爲根本業具如前引
有人解云作戒前生無作事息方有卽善生云世間之法有因有果方便心異作時心異衆緣和合得名爲作如因水鏡則有面像以作因緣發生無作作巳過去唯無作在又如成實云第二念頃名爲無作故知作戒爲初念無作爲第二念
次師解中初立理反前卽下引文爲準彼以作戒爲因無作爲果作是方便無作非方便作時在前

無作在後故兩云異水鏡喻作面像喻無作
問若如後解前何以通
次今決中初科前何以通卽所據經論並云作時具二戒故
答論云作時具無作者是作俱無作此二俱是戒因至三法竟思業滿足二戒成處故云具也
答文昔通中彼謂作俱無作與作同時不妨形俱在後生耳
今解一時作先後起豈有作絕無作方生由本登壇願心形限卽因成也至後刹那二戒俱滿故云作時

具無作是也
今解初科爲三初取前師豈下斥後師由下申所以初敘始生願心形限卽形俱也至下次明成就後刹那卽三法竟第一念也二戒滿足卽作戒與形俱無作也下仍引證卽上經論
且約一受三時無作初因時無作此與作俱非乖俱體不妨形俱因成未現二果時無作有二一還與作俱同上明也二是形俱方爲本體以三法竟示現之時三果後無作以通形終約時分二本通三也故云作巳過去無作恆在是也

次科初通標三時者卽前經論初二兩念但初念中取其爾前爲因時耳初下別列因時有二作俱未竟形俱潛發二並爲因二果時者卽上二種第一念時皆究竟故三果後者卽第二念巳去作俱隨謝止有形俱耳約下總結約時分二通前經論但約兩念以分本通三者顯今所立據義合有因時（此又同前雜心方便根本及後時也）下引善生別證果後也
第三門明通敘諸業依多論中大綱有八
第三通敘者總明一切作無作業一通善惡二通化制三通定散四通漏無漏故云諸業多論八種

而非次列。但括略前後所有名相，故云大綱有八。

至下判釋，亦兼餘論。

一者作俱無作，隨作善惡起身口頃，即有業相隨作同生，作休業止，能牽於後，不由起心任運相感，故即號曰作俱無作。餘七例爾。

作俱中，初示業相，作休業止，示分齊，故能牽後者，彰功力故。不下，釋名義。問：既隨作有，那不由心？答：此言正示無作義也。起心屬作，業力任運，不由作故。如世樹影，可以比焉。餘下指例，下七事別無作名義莫不皆然。

二者形俱無作，如今所受善惡律儀，必限一生，長時不絕，即有業量，隨心任運。

二中，必下示名。由本要誓期一形故。即下顯體，今明受體正用前二兩門，餘皆類引。

三者要期無作，如十大受及八分齋，要心所期，如誓而起，亦名願也。故彼論云：又此無作亦從願生，如人發願設會施衣，無作常生，扶助願者。

三中，初釋名相。十大受即前勝鬘十願，八分齋即八戒。前引成論通自誓故。亦下示異名，文證可知。

四者異緣無作，如身造口業，發口無作等。

四中，彼宗七支不互，故有異緣。身造口業，如現相妄語，口造身業，如深河誑殺，雖假異緣，還發本業。成論不爾，身造發身，口造發口，隨具發業，則無異緣。

五者助緣無作，如無作品云：教人殺生，隨所殺時，教者獲罪，即其事也。

五中，引文即是成論。彼約教人，所教行事，助成能教。文明造罪，善亦如之。

六者事在無作，論云：施物不壞，無作常隨，多云若作僧坊及以塔像、曠路、橋井，功德常生，除三因緣：一前

事毀壞，二造者命終，三起大邪見。便善業斷，翻善例惡，可以相明。如畜鞭杖弓刀苦具，隨前事在，惡業恒續。

六中，初明善業。論云即成實文。多云即多論，曠猶大也。三因緣者，初即所造事壞，二三即能造緣滅。應有四句：初人物俱在，此句不失；二物壞人在；三物在人喪；四人物俱喪。三句並失。若爾事壞命終，應無福報。答：下云便善業斷，非謂永無，前業恒在，但不相續耳。翻下次例惡業，對翻可知。

七從用無作，論云：著施主衣，入無量定，更令本主得

無量福。如是隨其善惡從用皆爾。

七中。初科。引文。亦即成論。入無量定。即四無量定。一慈無量心。能與他樂故名為慈。二悲無量心。能拔他苦名悲。三喜無量心。度他得樂生歡悅心名喜。四捨無量心。若緣於他無憎無愛之心名捨。四皆偏眾生境。故名無量。禪定心中發。故名為定。

隨善惡者。示通說也。

問。此從用業與前作俱有何等異。答。業相虛通。不相障礙。間雜同時。隨儀而別。且如持鞭常擬加苦。既無時限。即不律儀為形俱業。要誓常行。即名願業。口敎打撲。即是異緣。前受行之文是助業。隨動業起。即是

作俱。鞭具不亡。即名事在。隨作感業。豈非從用。惡念未絕。文是心俱。故舉一緣。便通八業。餘則例準知有無也。

次問中。欲彰業相。故躡相濫以為問端。答中。初通示。動念成業。業體皆心。故曰虛通等。暫起不定。故曰間雜。同時。下文且舉一緣。以明間雜。若知心念隨緣起滅。動變不恆。則善惡邪正。或離或合。剎那萬異。何止於此哉。且下。列示前則作俱在初。此歸第五。餘並同前。尋文自見。問。隨動起業與隨作感業畢竟相濫。如何以分。答。作俱通一切。從用局事

物。由具物故。或用不用。是以用時必兼二業。故知作俱未必有從用。從用其必兼作俱。莫非具此二心。致使業隨心發。然下隨心。本據定慧。此云惡念未絕。乃是隨義明之。故下指例。上明八業。且據全具為言。須知業理隨念不定。故云知有無也。且今受體。初具作俱。形俱同起。亦有要期。須師秉法。即是助緣。能牽後習。亦即隨心。若論隨行。作俱定有。互造。敎他。異緣助緣。衣鉢資具。事在從用。功成不滅。莫非隨心。如是類舉。多少可見。

八者隨心無作。入定慧心無作常起。

八中。即明定慧心中所發無作。兩宗不同。故須並出。初釋隨定慧者。入定發慧則有。出則皆無。

如成論云。有人言入定入道有禪無漏律儀。出定則無。是事云何。論云。出入常有。常不為惡善心轉勝。何以然耶。有人計。背支入本背麤向細得發無作。入支向麤不發無作。今解不然。出入常有。雖在事亂無作不失。今言隨心者。不隨定慧隨生死心恆有無作。入無餘已則無業也。別脫不爾。隨形非心。故經云。初果生惡國。道力無惡業。是矣。

成論四節。初牒異宗。以問論下。立義相反。出入常

有者不局入定入道也。何下重徵所以。初徵有下釋又二。初叙他計。背支入本等。戒禁身口爲支。定慧治心爲本。淨戒不住，故名背支而得禪定，故云入本。背麤向細，如初禪爲麤，二禪爲細，乃至四禪四空迭論麤細。次第漸深以論背入。出定住戒爲背本入支。出深住淺爲背細向麤。入有出無，其相如此。今下示正義又四。初破執。今下正釋。隨生死者死此生彼，恆不失故。入下示盡處，謂化火焚身入無餘依涅槃，身淪空寂，此時方無。爾前恆有，故名隨心。別下揀別脫，故下引經證，即涅槃說，初果

生殺羊家，父令殺羊，乃牽羊與刀，閉之一室，竟不肯殺，以至自盡。此由宿生道定戒力，可證隨生死心也。

二明受隨同異。就分爲三：一釋兩名，二分戒善，三辨同異。

初中。問曰：何名受隨。

第二受隨同異。總問兩名，欲知其義。

答曰：言受戒者，創發要期，緣集成具，納法在心，名之爲受。即此受體，能防非義，故名爲戒。謂壇場起願，許欲攝持，未有行也。

釋受名中。初釋受義。要期是心，緣集即境，納法在心，即心境相應。即下次示戒義，謂下結斷分齊。

既作願已，盡形已來，隨有戒境，皆即警察，護持無妄毀失，與願心齊，因此所行，故名隨戒。受局淨法，兼染不成。隨通持犯，皆依受故。

釋隨名中。初叙戒義，警察即能防，護持即能持，無妄即能憶。與下次示隨義。因下合名受。下雙判通局。

問：願行相依，猶如輪翅，持可順受，犯豈名隨。答：隨有兩種，持犯乃異，俱從受後而生，行兼善惡，皆由受故。

相從目之爲隨戒也。

問中。難前隨中通犯。車輪鳥翅，兩不可虧，可喻願行必須相副。答中順違雖異，同望本受，俱名隨戒。

二明戒善者。問：受後依持順本名戒，不持有犯應非戒也。如何通解，總名隨戒。

次分善戒。初問意亦同前，但義未盡，故復委示。

答：如前相領，不應致問。隨有四種：一者專精不犯隨，此隨順本受；二者犯已能悔隨，此隨分違受，以初篇犯懺不復本故也；三者無心護持隨，此隨無心用，雖於境未犯，有違學教故；四者能犯無悔隨，此隨全缺

行雖與受相違因受有犯故是以受後行無問持與
犯通名說隨戒莫不依受生相從持犯戒
答中初斥難隨下正通又二初列四隨前二是持
初止持二作持以能求悔少分違受若犯餘聚懺
復清淨故舉學悔以顯分違後二是犯三止犯四
作犯是下次結名義五字為句大約同前
問無作名者可是戒收受隨二作乃是後時緣護但
應名善何得名戒
次問中通舉二作而云後時緣護則局在隨作意
以受作可名為戒隨作但名為善故下云豈白四

時獨名為戒此難受作不專戒名
答如上已論但戒是警心始終緣具願行成就方便
圓德豈白四時獨名為戒要從始心及終行副皆符
戒禁順成受故不名獨善由境周統也
答中初通示戒義如上論者即前善作始終分別
中始終之言通收二作及二無作無非警心該周
法界不容少缺故號圓德名出了論要下正通來
問始心謂受作及終行副即隨作順受故名戒境
周故非善
三明二戒同異就分為二初解二作後解二無作就

初二作有五同四異何名二作一者受中作戒如初
請師及八緣相第三羯磨未竟已前運動方便名之
為作即此作時心防過境名之為戒二者隨中作戒
既受戒已依境起行為護受故名之為隨於境起護
順本受願名之為作不作不有要由作生正對境持
故名戒也已解二名
三辨同異二作釋名中初總徵二下列釋初釋受
作請師及八緣者及猶至也謂至第八對眾問難
三羯磨即正受時運動名作防過名戒次釋隨作
中起護名作對持名戒已下通結

次明五同一者名同俱名作戒故二義同俱防非境
三體同俱以色心故四短同對別彰時故五狹同唯
約善性故
次五同中第四云對別彰時者唯局色心運動之
頃不通餘時故
言四異者一者總別異受作總斷發心過境普願遮
防隨作別斷以行約境生境通色心不可緣盡心所
及處方有行生即名此行號之隨作以心不兩緣境
無頓現故也
四異初中受作總斷由心起願可徧發故隨作別

斷者由行隨境不容並爲故境通色心者色通情
非情心局有情

二根條異受爲行本隨後而生自爲本也

三懸對異受始壇場可即非現但懸遮約故也隨作
對境起治嚴防由其觀能不爲陵踐故也

三中懸是受體對即隨行可即非現謂未有非也
觀能謂對治力也陵踐即是毀犯

四一多異受作心因一品定也若本下因終至無學
更無增故中上二心例之亦爾也隨作多品者以境
有優劣心有濃淡故隨境對起心輕重不妨本受一

品常定故心論云羅漢下品戒少年上品戒也

四中受作一定更無改故上中下品義不同時隨
作對境起心輕重且如諸戒人與非畜人有男女
黃形男女有尊卑親非親等隨戒各別心亦萬差
此中且據篇聚大分三品四重爲上殘等爲中吉
羅爲下故云多品不下簡濫引據同前

問所防三品異能防戒一品何能對敵防者

問中何能對敵者能少所多不相等故

答受起一品心總斷諸惡意心因既是一無作故無
三所防罪雖差非受獨能遣要假隨行心故隨過輕
重心還有優劣也

初答中初敘能防唯一所下次明所防有三隨過
輕重即篇聚罪也

又解起非雖異防約在心不妨重境輕心能遣自有
吉羅防猶數作因斯以言不可以輕重分心妙以勤
怠顯異故使行人恆勤觀厭剎那動念即曉妄緣曾
不攝心雖行重過倒謂功德熾然不息現可知也

次答中初敘心罪有殊重惡難犯而易離吉羅易
犯而難護因下約義以決不以輕重分心廢前義
也妙以勤怠顯異示所立也須分三品恆觀爲上

品中庸爲中品不攝爲下品勤觀之人動念即曉
此明重心護輕也不攝之人犯重謂福此明輕心
慢重也如知事互用慈心教死治塔拔草之例世
中目見故云可知

次解無作同異數齊先解其相何名受無作耶即是
行者願於惑業斷相續意無始妄習隨念難隔故對
強緣希求業援自發言誠是其因也僧緣加許副遂
情本由四之期動發戒業業成志意是其緣也即此
緣業是行願本名受無作隨無作者剎那已後隨境
對防名作戒作息業成即名此業爲隨無作

二正作同異二、初明五同二、初標二釋五、初名同二業同
三體同
四敵對同二、初正示二同

次二無作、釋名中、初句標示、何下、列釋、初受無作、初徵、即下次釋、又二、初敘開悟、故下次明納法、仍分因緣、二法和合、乃成受體、强緣即八法等境、希求即發心、援護也、自發言者、即陳乞也、僧加許者、謂衆忍也、自四期者、即法就也、即下、結名體、次明隨中、刹那後者、示分齊也、隨業依作、故重舉作以明無作。

今詳二業、初有五同、一名同、俱稱無作、故莫非是業任運而起、二義同、俱防七非故。

五同中、初二可解。

三體同、如上三宗故。

三中、指上三宗者、若實法宗、二並是色、若假名宗、二並非色非心、若後圓宗、二皆心種。

四敵對同、以受體形期隨非防過、爲護體故、即名本體、有防非能、能實隨行、行起護本、相依持也、隨無作者、對非與治、與作齊等、此無作者、非是作俱無作也、謂起對防、即有善行、隨體並生、作用既謝、此善常在、故名此業爲隨無作、與非對敵、故與受同。

四中、初科、初明受體、據受無作無防非能、而不能自防、故假隨行、如戈矛雖利、要由持用、方陷前敵、

二會古今異
五多品同

故云相依持也、次明隨中、初通示、此下、簡濫、謂下顯相、準此對防、同時多業、二是本受無作、二即隨中作俱、三即隨行無作、與非敵對。

若同古師、言無作者、事息方有、此非對防、止是作戒、夫業有因、方成其果、豈可因謝果忽何來、至理推求、俱涉言論、若道一時、則同名過、若云前後、則無因過、如是互求、皆不可得、故强隨俗、不無如上。

次科、初敘古、如前已破、天下顯正、初斥非、至下次遣執、至理推者、若約空理、則一切有爲皆可破故、若約道理、則彼此所計皆不了故、涉言論者、容執

諍故、同名過者、濫作俱故、無因過者、因果隔絶故、强隨俗者、隨順世諦、離執見故、指如上者、歸同時故。

五多品同、以受可重發、故無作有强羸、隨心則濃薄業理亦澆淳也、依多論中、受一隨多者、以彼宗中不通重故、止約隨行、通優劣也。

五中、初用受體、本受許重增、一體有三品、謂初受是下、次增爲中、復增爲上、若但一增、則有二品、若本不增、亦止一品、隨下、次明隨行、如前隨過約心、各分三品、故云濃薄業理、即無作也、上準成論明

同依下次引多論顯異彼不立重受仍自難曰若爾何故戒有羸不羸耶答此對隨行不論受體是也。

法界爲量可一念緣豈非總發隨約實行非頓唯漸

次明四異初總別異受但虛願欲於萬境不造惡也故別如上

四異中初異可解

二長短異受體形期懸擬防故說之爲長隨無作者從行善生與方便俱心止則住故名短也

二中以隨無作與作同時故心止則住若爾何以前云此善常在答此望不復對防前攝已作不失既不能防則非隨戒但名爲善不同受體終身能防由本期故

三寬狹異受體相續至命終來四心間起本戒不失故名寬也隨無作者唯局善性防非護本彼惡無記不順受故義說非有故名狹也

三中四心通三性三心無記行分善惡文中受約四心隨簡三性上下互舉耳

四根條異如前二作可以除疑

四中指前受根隨條不殊二作故

次解大門第三緣戒境心且依二宗不同

三緣境即約四門以辨三世

初就當宗成論所陳有四一能緣心二所緣境三發戒相四約防非初緣戒心但約現在念念雖謝不無續起即以此心爲戒因本

成論中能緣局現在念念相續即爲業本

二約戒境通緣三世但有惡緣皆作斷意不爾非戒何以明耶如怨家境雖終過去得害死屍非非過也彼怨之子是現在也當生之非爲未來也今欲成戒要須普緣

二所緣初科初約義示通不爾非戒以境不盡但名善故何下舉事顯相父亡爲過子在爲現將後有孫爲當（有以腹中子爲當者非即屬現故）涅槃云如人斬截死屍以是業緣應墮地獄亦如伍員鞭屍之類故論云皆於三世衆生境所得戒律儀如人供養過去所尊亦有福德律儀亦爾又云慈悲布施是亦有福戒亦爾者以慈修心緣於三世拔苦與樂戒法緣三例通三世可同慈行又云慈悲備物局現境起過未已謝慈功無益戒則不爾必作普周方名戒業

引證中初文初示所緣如下舉事例初舉供福別

例過去。又下次約慈施通例三世。又二初明可例。又下次明非例。言備物者。以物有限。不霑過未。故為局狹。文中語迮。合云過去已謝。未來未至。

問。既同善行。何以異耶。答。慈等世善。隨心寬狹。如經說慈七品是也。戒是通行。受者方有。要作普周。無論善惡。皆須息念。片涉怨嫌。則非緣具。故論說云。以惡心隨戒增減等。由眾善本。定慧因基。可同別善。得為道分。

徵釋中。同善行者。持戒布施。同六度故。答中初敘施局。如經說慈。即涅槃經。謂親中三品。一士親(師僧父母)。二中親(兄弟姊妹同學等)。三下親(惠我財物或朋友等)。怨亦三品。一上怨(奪我父母性命等)。二中怨(奪我兄弟性命財物)。三下怨(奪我朋友性命等)。不怨不親為一品。於此七種等行慈心。止局現境。明非普徧。戒下次顯戒通。初對簡施慈。一非通徧。二不須受。要普周者。三世十方。無不該故。則知本體。徵惡不容纖塵。莫立比於明鏡。喻若瑠璃。眾聖所稱。良由於此。無論善惡。好者惡者。無所揀故。故下二引文示。即俱舍文。若不盡斷。則有二過。一惡心不死。二隨戒增減。後自引之。由下三申所以。上二句明功。下二句彰異。別善即世福。戒是道

分。故不同之。

三所發戒。唯是現在相續心中得。

三所發中。若論發業。通於未來。且據初得。故局現在。蓋約能緣。以彰分齊也。

四防非者。以除過去未來非。現在無非可防也。

四中。初科可解。

問。戒緣三世境。現境是所緣。斯即是現非。何言不防者。

初問。躡前緣境。以難防非。

答。緣在懸對。未即不起。願欲斷除。不妨緣義。若論其防。正在敵對。現在之境。不定說非。六塵為妙行。可唯無學。一境有異見。乃通人畜。與治有功。非不能陵。防未非也。治弱非壯。不說能防。依教懺蕩。名防過非。故無現非。

正答中。初敘緣境通。若下次釋防非局。初明現境無非。六塵為妙行。謂觀境空寂。可唯無學。謂不專極聖。一境異見。如人見水。天見瑠璃。鬼見膿河。魚見窟宅。此明現境或見為空。或隨心異。不定為非。故無可防也。與下次明過未有非陵。謂侵陵。更為重舉。現在未起。不名為罪。纔起落謝。即名過非。

故文云現在念念不住故可分明見

重舉中卽明現境不立遺落二世故下引證卽涅槃文彼云色有三種過去未來現在過現不可害何以故過去過去故現在念念滅故遮未來故名之為殺前念過去後念未來此理益明故云可見

問如昔所傳毘尼殄已起戒防未起非今何以言戒斷過去非

次問引古偏利則違上文

答如向已解望全不犯防未起非犯已依懺還令戒淨防已起非已未雙防俱名持戒

答中初科指前對文可解

昔解毘尼防已起非據七毘尼戒防未起謂壇場受體此局論耳今解毘尼亦除已未何者是耶如四諍對除是殄已起明觀正斷應起不起卽絕未非

次科初敘古局見七毘尼卽七滅諍今下申今通解戒防已未如上已明此中但出毘尼通二世耳知法之人謂之明觀如教而滅故云正斷

問防非體唯一對境論持犯何須立二戒

三問中意謂受體自可防非不須隨戒

答受體但防具其性是非心要秉隨資受方能防二世

答中略示以發次問具謂具度秉立也

問若待隨行為護受體受隨相資止作防擬名戒防非非何故起

轉難中戒既能防非不當起非既或起戒則無功

答戒實能防遮斷不起常須隨行策持臨抗方遊塵境不為陵侵如世弓刀深能御敵終須持執乃陷前陣

答中初法說如下喻顯弓刀喻受體執持喻隨行陣喻塵境

問戒發唯現在緣境通三世能防局過未若爾懺悔者為滅幾世罪

四問牒前四種以問懺悔初句卽含能緣所發

答經論所顯懺三世也以過業牽來報未非起現在既不說名種故通約三世律制則不爾唯懺已作不識名種罪則不滅現在無惡以善惡二心不同時故當起罪名又未定故不得題名入懺法也

答中初明化懺則通三世如經論中已作今作當作悉懺悔等名種卽罪名種相律下次明制懺唯局過去初正明須識名種對反化懺現下簡餘二

世現懺是善義不兼惡未來不定無由牒悔

次依多宗亦有四意能緣心者局在一念所緣境者唯現在一念以過未是法數非眾生數故論云別脫依生起發戒亦現在一念心中得防非亦過未現在無非故

次依多宗通列中唯除所緣有異餘三並同成論所緣中彼以過未二境但有名句法入所收故為法數現在有情為眾生數由別脫戒依有情發過未無情即非戒境此據七支性戒為言若論遮戒亦對現有草木等物仍引論證即雜心文彼云別

解脫律儀於現在陰界入得（五陰十八界十二入）眾生處所得非過去未來以墮法數故

語其戒境有緣斯是略舉六大地水火風空識等相乃至如來涅槃諦理並是戒緣俱有損壞毀謗之義

次明戒境即廣第二所緣境也總示中初科初二句通標有緣斯是語略義含包攝大千該羅萬有略下別示六大即攝一切情與非情如來諦理即是佛法二寶損壞毀謗通上諸境有情兼二非情唯損如提婆害佛破法即毀損二寶也

問六趣生外更有發不答如來非趣攝中陰亦復爾故心論云四生收諸趣中陰非趣攝以趣是到義中陰但傳識

次科問中恐謂趣外無別境故答中初通答故下別證中陰趣謂趣時故是到義言傳識者捨此趣彼中間未至名中陰故

餘非情相如後所說

三中指後即第四數量中

俱舍云得戒有三一切境一切分一切因一切生境得戒是定分因不定

別釋情境俱舍通明總標中一切境即徧眾生界

一切分謂七支戒一切因即三品心是得戒因若論生境唯具方得分因不具容可得戒

分謂七支也有人從一切分得戒謂比丘也有人從四分得戒謂餘戒也

分不定中彼宗唯具戒具發七支五八十戒並發四支

因不定者有二種若立無貪瞋癡為戒生因即從一切得不相離故若立上中下意為戒生因則不從一切得三品不俱故今從後義為因

因不定中無貪等即三善心不相離者三毒有離

二別分四位二初總標
二別列四如文

三結示定意

合三善必同時故上中下意卽三品發心隨一品
定故云不俱此據兩義具缺以明不定
約位分四有人從一切衆生得戒不由一切分一切
因謂隨一品意受五戒十戒也
別分中四位並云有人者謂受者不定歷爲四句
一一句中並標一切衆生得戒以境定故初三卽
二俱句二四卽二互句
有人於一切衆生得戒由一切分不由一切因卽用
一品因受比丘戒
有人於一切衆生一切分因得戒謂三品意受三種

戒也此言一切因歷三戒分盡在比丘也
三中此言下點示以三心不俱須歷三戒可云一
切因又唯具戒具發七支則一切分唯在比丘盡
猶足也
有人於一切衆生得戒由一切因不得一切分用三
品意受五八十但有四支故分不盡
四中三心受三不至具戒故但具因而不具分
若不從一切衆生則無戒也以戒善隨偏異此則惡
意不死故
結示中初反判以下申意戒善簡泛善隨偏非局

二明離五過

三明偏緣意二初舉事以徵

二約義以釋三初明從所能過

狹異此卽反上不徧死息也
又於衆生離五分別一於某生我離殺等二於某分
我能持之三處四時乃至月日五離某緣謂除鬭戰
事若作此受但得善行不得名戒
次離過中初總標五種分別悉能障戒故須離之
方發戒品一下別列初於境分別如云我不殺猪
羊等二於戒分別分卽是支如云我持不殺支等
三處如云於此國能持四時如云今年此月此日
能持五云除鬭戰者謂平時能持或值此緣卽不
持等若下結斷

於非所能境云何得戒以屠者持野獸戒獵者持家
畜故
三偏緣中初科力分可持名所能境力所不堪名
非所能境舊云如南洲受戒望餘三洲爲非所能者謬矣意謂所能得戒
於義可知非所能境云何發戒以下舉屠獵顯非
所能屠者但能持野獸卽爲所能不能持猪羊卽
非所能獵者反之
由不害一切衆生命故得戒若從所能境則有增減
能非能互轉生故謂獵持猪羊戒死生麞鹿中戒則
減也或鹿生羊中戒則增也屠者例爾由戒得捨必

二明離得捨過 三正示所以 二指二論

假因緣。今此增減深乖戒義。

釋中初科初句釋通。戒須徧境故能非能並須斷惡也。若下反顯。初敘過損字寫誤合作增減。謂若許獵師持家畜羊生鹿中即所能轉生非能戒則減也。鹿生羊中即非能轉生所能戒則增也。若許屠兒持野獸則鹿生羊中能生非能戒則減也。羊生鹿中非能生能戒則增也。由下結非戒從緣受。亦須緣捨。今自增減得捨無緣故乖戒義。

縱離此緣有何過耶。惡心不死故。謂持家畜行獵不獲。路逢猪羊心還起殺。

次科初躡前難。縱不假緣自然增減理亦無過。惡下釋通。獵持家畜不持野獸由存殺念還害所能容有犯戒故。

夫論戒者普徧生境俱無害心方成大慈行羣行之首。豈隨分學望成大善義不可也。

三中大慈即佛行。羣行首者即發趣義。分學者謂持少分而不徧境。大善即上大慈行首。

雜心成論大同故略。

次指二論。言大同者。若準成論境該三世。五八二戒得隨分受。與彼不同。然徧周生境彼此無異。

三引婆沙二初立難 二釋通二初正通 二轉難二初約入般以難 二張四句通收

如婆沙中有難者言。如草木等未有有時。或時枯滅。豈無增減。能非能互轉亦爾。謂冬受春生於葉條上為增戒也。春受秋落則是減也。

婆沙引難中未有時受受已方生戒則有增。已有時受及後枯死豈非戒減。意謂草木縱令徧斷亦不免此過。故以爲難。

故解云。眾生前後有草木永不有。

釋中初文眾生生前死後並在諸趣故前後有得有互轉可說增減。草木不爾。未生已滅皆永不有。義非互轉故無增減。俱舍雜心並同。雜心云眾生

前後同性草等後非性。語雖少異於理頗明。

若爾眾生入般永不有故戒則損也。

轉難中眾生入般謂入般涅槃亦永不有則應有損。

義張四句。一心謝戒在聖無惑故戒應隨謝以境不盡故不隨失。二境謝心在雖復入般草枯惑心在故。三心境俱謝如轉根者。四俱不謝可知也。

張句中初句惑盡故心謝境存故戒在。次句入般草枯爲境謝凡夫惑在故戒存。此句正通前問。三如轉根者僧尼互轉諸不同戒持犯非分故二俱

四點成論

謝。四可知者如常持故。

如成論中、如行施慈分有福德、至於戒行於一衆生持一分戒亦得律儀。此是餘師、非正義也。

點成論中、初引示、以施類戒許從別得、正乖諸論徧境之義。此下決破。餘師即他家異說。此但斥上一衆生義。若持一分論家所取即是正義。

四分律刪補隨機羯磨疏濟緣記卷第十六

四分律删補隨機羯磨疏濟緣記卷第十七

宋餘杭郡沙門釋元照述記

大門第四約境明量戒不可分隨人立四

第四數量標中戒不可分境量同故隨人立四五八十具

初就在家士女五戒所獲多少如多論云五戒相者於一切衆生可殺不可殺乃至可欺不可欺一切衆生下至阿鼻上至非想傍及三千大千世界乃至如來有命之類皆得四戒以三因緣得十二戒并以形期三千界內一切酒上咽咽三戒以初受時一切是

酒皆不飲故縱使入般酒盡戒常成就而不失也

五戒正明中初明情境不可殺不可欺者或約境强如佛聖人等或是境弱如蠕動微物不可婬妄等或不可親如諸天餘洲餘趣等乃至者須云可盜不可盜可婬不可婬阿鼻非想約豎論傍及大千據橫說小教境量齊此而已四戒即前四支依情境發三因緣者單歷三毒并下次非情境咽咽三戒兼前共發十五戒上別列兩境縱下總示境滅戒存如前句義入般對情酒盡即非情

問先受戒時於一切女三境下邪後取此女犯戒以不答不犯以於女上受非邪行今自己妻依禮非邪

初問疑謂受時非妻後娶成犯故三境即三道答中本期離邪無所違故

問殺盜隨境各唯一戒云何於婬遂分三境答隨境行婬皆有染故

次問難上婬境獨異餘戒答文可解

若爾死有四處亦應一身立四殺戒答不可也隨殺一處諸根並死可以隨婬一境餘境同壞故四死同一戒一婬分三品

難中以殺難婬應開四境四處即咽腦心腰皆可

致命答中初句判非隨下辨異故下結示

問七支俱命業何以偏制四答略指重者非謂不無故善生云優婆塞五戒八戒十戒無無義語兩舌惡口是事不然我今受持淨口業故俱得七分智論亦爾佛法貴實故以不妄爲先自餘通攝不在言及

三問五中口業但列妄語故有是問答中初略示故下引證善生中初斥非十戒上合有沙彌字無義語言不合義即綺語也我下顯理若但禁妄通餘三種口業非淨故智論以重攝輕故知通制

今以義推貪等諸毒間雜不定三單三雙一合爲七

用歷過境約文爲五對境爲七就業非情爲八爲十且以七毒就文歷之隨一一境得三十五戒偏生有四非情有一如是類推

義推中初離七毒三單可解三雙者一貪瞋二貪癡三瞋癡一合卽三毒並起用下歷戒初列位約文五者擬列相文對境七者五中開婬三境就業非情七支外加酒爲八開婬則爲十昔云因明八戒十戒者謬矣且下正歷合數可見

二明八戒有情同四非情得五以七毒歷緣一一境上六十三戒

八戒中有情同四同上五中前四支也非情五者

八戒實九合數如文準前對境爲十一就業非情則十二十四

三明十戒衆生同上非情得六則有十也以毒通歷可以準知此律文中同僧七支學是有願皆吉羅故

十戒中初示數卽上九中更加捉寶歷之共爲七十對境十二就業非情則十三十五此下辨犯此律文者簡異多宗卽大小持犍度

四明大戒如多論云二一衆生身口七支若不受戒皆因起惡由受戒約同翻爲善三種善根歷於七支成二十一餘則例知

大戒示量有情中初文初叙偏發所以三下歷示戒數餘例知者七支外諸篇聚制也

若以互起則列七門婬境士女隨分二三女人身九六十三戒男子身八五十六戒

次科初示心毒婬下開境對歷男女數異

自餘非情地水火風虛空草木凡聖敎理隨有一境起過塵沙今反從善成塵沙戒則無量矣

非情中初示境量凡聖理敎謂凡聖所說者並非情攝隨下歷數隨一一境七毒歷之境尙無量以

毒歷戒數則叵知矣

如善生云衆生無量大海無邊虛空無際草木無數戒善同爾亦無分齊

引證中善生五量括盡諸境衆生有情餘四無情大地摘在後科

故多論云於非衆生亦得無量戒善功德如十方世界所有大地下至金輪傷如微塵皆得其罪一一塵處今翻戒善復無量也如壞一草萌芽葉華一一得罪反罪成福又無量也故善生云大地無邊戒亦如是

多論有二初舉地塵土輪至金輪皆屬地大故如
下次明草木仍引善生覆證前段
問約情七支攝戒情不
　問攝戒中約情謂有情也
答盡通收故如打搏等落殺戒中
攝盡中且約四根本統收諸戒罄無不盡何況七
支文中且舉殺戒種類所歸餘三皆然
又解不盡何得相攝一輕重不同二能防體別殺打
二戒因果條別故善生云除十業外更有業戒謂善
惡法故知不盡

攝不盡中初科初立義輕重即所防過能防謂對
治行如殺犯重打但得提所防既殊能防亦別方
便果本彼此不同既非相攝故知不盡故下引例
十業前七即是七支彼經十外更有業戒例今七
支不攝明矣善惡法法即是業
若爾善惡何以但十答且列根本重故先解自餘支
條略不盡矣
　次科難意謂既有餘善惡法何但列十者答中可
解
就十業中互為四句一善而非戒十中後三但制意

地非所持故二戒而非善謂惡律儀三俱是者十中
前七隨分修行名善要期誓周名戒四俱非者身口
無記也
　料簡中初文初句後三意業小教不制故非所持
　三中前七對治是善要誓是戒
就餘三戒十中前四俱善戒也後六善而非戒如上
四分善生經說四人所受通七支也
　次科初依多宗餘三即五八十前四並通戒善後
六三戒不制故云非戒如下次示今宗四人即婆
塞淨行沙彌大僧所對四戒通制七支

若據菩薩十善俱戒如下四分心念故犯亦同相也
三中初對菩薩戒由制單意故通後三俱是戒攝
如下次對本律言如下者即諸犍度律制發心作
心念作並吉又一切時中常爾一心邊皆結犯此
宗制教義同菩薩但嘗爾重緣以分大小耳
第三隨相分文為三初四重者止持行相二授四依
作持行相三汝已受下總結前二勸以學方
就初止持前緣中由不即說羯磨通昧謂犯非過須
前即示恐進無緣故略明四種聖行根源餘所未至
律制修學如十誦中乃至十三殘法

二分文釋二初指廣總分

二隨文別釋二初標舉總相二初總標

第三戒相止持中初文初敘不說之損羯磨詞中但標受具故云通昧須下次明即說之益恐進無緣謂後受戒障本宗四重由是行根十誦兩篇並取戒分

四重初篇如戒本疏今略消文

次分釋中初科上二句指廣今下標分就分爲二初標舉總相後隨四問結之就前善男子聽者誡其身心也且舉三號說四重者明人尊敎切不得輕陵隨也犯非沙門釋子者簡絕門人不在我族也尼受相中云族姓女大同此也

總相中初科四節耳聽心思故誡身心三號一如來二至眞三等正覺簡絕門人對非沙門不在我族對非釋子以稱釋子同佛族故引尼說相預點後文同此釋故

二別釋二初沙門

沙門者舊翻爲桑門音之互也涅槃云沙門那者是本音也或云乏道貧道以譯之皆謙虛自收不伐德也今譯爲息惡者取其意也元拔俗來入非家者決誓斷惡息本習也

別釋初文初示梵言二皆訛略涅槃爲正或下明翻譯謂貧乏道德故云謙虛等收謂收斂自稱所能謂之伐德若準涅槃釋義則別彼云沙門名乏那名道斷一切乏（愚失法利故如貧乏）斷一切道（修八正道斷諸邪道）以是義故名沙門那上依古翻今下次引今譯元拔俗者謂離父母之家入非家者即造空寂之道

二釋子

釋子者如阿含中及律八喩四河入海無復餘名四姓出家同稱釋種如律復召云釋迦子者是也上單召之故云釋也中梵如此唐言譯之爲能仁也以四子被斥於雪山南人民歸之奄成大國父後得聞便曰吾子仁育故有多能因從姓也廣如僧祐釋氏譜十卷明之所言子者男子之通稱即有孳育之緣謂紹先聖之後也餘者何由說盡且削也

釋子中初明同族律八喩即海八德佛告阿難海有八未曾有一大海漸漸深二一潮不過限三不宿死屍四百川來會無復異稱五萬流悉歸而無增減六出生衆寶七大身衆生居住八同一鹹味八中第四正符今意下四河等即阿含文中梵香山無熱惱池四方流出以爲四河一恆伽二辛頭三婆叉四私陀四姓一刹帝利二婆羅門三毘舍四首陀復召是具舉單召即語略中下翻名初翻釋字仍引本緣如來宗祖得姓之始昔懿摩王有四

子。一名面光，二名象食，三名路指，四名莊嚴。少有所犯，父擯出國，到雪山邊，住直林中（即雪山南）。歸者如市，鬱爲强國。父王遙歎：我子釋迦。本翻仁能，順此方言，故迴倒耳。今直示華語，故云吾子等。僧祐律師出梁朝，即祖師先身，撰釋迦譜凡十卷，今見藏中。所下次解子字。孳育緣者，佛口生故。紹先聖後者，嗣法王位故。孳音兹，生息也。紹即繼嗣。餘下指廣，具如譜中。

就列相中，婬戒分三：初列相示，二汝是中盡形壽不得作明誡約，三答言能對僧立誓也。前又分二：初汝

一切不得婬作不淨行者，總舉重輕，俱不應也。以摩觸、麤語、漏失等相，是婬事也，故通誡之也。

婬戒總舉中，既云一切不婬，則根條種類無不誡也。文舉僧殘而云等相，等取餘篇。

二若比丘下，依重說示，以前總舉，治舍收棄。棄是本防，故正列也。就分爲三，謂法、喻、合。婬是障道之源頭，是納塵之要。去頭無所受用，喪本聖道便失故也。如解脫道論解之。

次依重中，初叙起前總舉者，躡上科也。治舍收棄，殘下諸篇，犯懺可收；初篇四重，犯則永棄，恐濫餘

輕，故須別列。就下正釋，初分文。經中初至非釋子法也。爾時下喻也。比丘下合也。婬下通釋，初句釋法，次句釋喻。納塵要者，通六塵故，四塵唯局觸，通身分法有冥緣。去下二句釋合。下指論解，彼曰：云何頭爲戒義？答：如人無頭，一切諸根不復取塵，是時名犯。如是比丘以戒爲頭，若頭斷已，失諸善法，於此佛法謂之爲死。又標宗引婆沙云：戒名爲頭，能見苦諦諸色，乃至知色陰等法。如貧持委釋。

二盜戒分文同前。若比丘下重加誡。

盜戒標中，云分文同前，大分爲三：一列相，二誡約，

三立誓。初中又二：初總舉重輕，下至草葉，上至過五，即知通舍。若比丘下別示重戒。此又分三：法、喻、合也（餘之二戒並同此分）。疏中唯點別示一科，望前總舉，故曰重加。

文列破、斫、燒、薶、壞色者，如條部中，爲除疑懷，謂非盜損，故前呈示。至時引解，不勞煩文。

釋相中，破斫等文，說相本無，出律條部，引後加前，故示列意。下令引解，如鈔釋相及戒本疏，雖非盜取，破壞成功，計直結犯。

盜譬多羅樹者，中國有之，其皮可書，即經葉是。云貝

三殺二、初標指
二勝釋
四妄二、初標指
二勝釋二、初釋相

多者、但妄謂耳。有人以松以櫚、皆非本物。所以譬者、盜奪他財則法身無嗣、如樹拔心則根幹枯朽也。
釋喻中、初正明體。皮如絹素、彼用爲經。貝多是名訛。松櫚卽體別。所下、次釋喻意、合法可知。
三殺戒中例分同前。下至蟻子、取極細也。蟲難具識、而蟻偏多。曾見黃細狀如微砂、據目見者爲量耳。如大集中、大如微塵十六分之一、不在教也。文云非藥者、非是可活之藥也。若厭禱者、厭謂符祝抑伏、禱謂憑託鬼神。
殺戒釋中三、初釋蟻子。舉偏多者、人易識故。曾見

等者、示教制之量。肉眼見故。大集極細、天眼可見、則非教制。文下釋非藥、謂毒藥也。若下釋厭禱。符祝謂書符呪。祝憑託鬼神、謂假他興害。喻舉鍼缺可比棄物也。
四妄語中分亦同初。不得戲笑者、掉慢欺人也。雖是非重、能爲後習。非眞實者、不證得也。非已有者、說他所證也。得解脫者、八解脫也。定謂四禪。空者無色也。天神來供、有何故重、以濫聖德感異供故。
妄語釋相中、初釋總舉戲笑。律中小妄犯提、戲笑犯吉。鈔云、以非言說之軌儀。非下釋重相。說他所

二釋喻
二斥古二、初斥執文

證、假他表己、以誑於人。八解脫者、一內有色相外觀色。謂修不淨觀、觀白骨存身內骨人、故云內有色。又不壞外色、故云外觀色。此位在初禪。二內無色相外觀色。謂入二禪、故壞滅內骨人、故無色。猶觀外不淨相、故外觀色。三淨身作證。淨謂緣淨。除外不淨相、但於定中練淸淨色、故名緣淨。以無著心受三禪樂、故名身作證。四虛空處。或前三背捨、一心緣無邊虛空而入定。卽觀此定依陰界入、故有虛誑不實、心生厭背而不愛著。五識處。謂捨虛空處、一心緣識入定。餘如上說。六無所有處。謂捨二處、一心緣無所有入定。餘同上。七非有想非無想。謂捨無所有處、緣非有非無處入定。餘同上。八滅受想。背滅受想諸心心數法、以患厭散亂心入定證涅槃故。此八通名背捨。智論云、背是淨潔五欲、捨是著心、故名背捨。若發眞無漏慧、

斷三界結業盡、卽名八解脫也。四禪四空、雖通凡法、聖道所由、故成大妄。天供濫聖、義亦同之。
譬如大石者、實言全行、虛說難反、如箭離弦不可追之。石分二分、義相似也。
釋喻中、虛說難反、謂一發於口、悔不可復。箭離弦者、喻有同也。
有人說相依文謹誦、如前羯磨。今解不爾、須識機變、不定依言、隨義述盡、令前解也。
斥古中、初科。初示執文、如前羯磨、謂同白四、不可增損。今下、次顯今意、廣略隨宜、開解爲本。

有人行事十人登壇隨人說相一一誡語今解羯磨如法隨緣至三示相誨約任事前後不專局也縱不說相可返失戒但乖法耳

次科初叙非十人登壇謂受戒者隨人說者謂隨意別說趣舉十人餘多亦爾理雖無害事成煩重今下顯正羯磨加被尚開三人說相誡約義無專局意令受竟都集說之然說相誡約非正受緣不說無害止是違教故云縱不等

上四止持作爲犯矣

結中止對惡緣制不許作故作成犯止作相翻持

犯見矣

次明作持前義後釋義分五門一列數釋名諸依自異二約衆行三制意四依次第五明開遮

作持義說中初科諸依自異卽下三種四依不同

初門列數可知

次科初文列數如文故云可知

所言依者四爲他仗故咸言依也

釋名中但示依名別相如後

或就人分如涅槃說有人出世具煩惱性等是也然是非難識魔或能作故又須立法四依也故經中說依法不依人乃至不依不了義經故涅槃云佛說波旬說云何分別知故以教分畜八不淨自手作食如是得者非佛所說廣文如彼今所分別當行四依一切出家無不崇之以爲本也

辨異中初明人四依引經示者彼具云有人出世具煩惱性少欲知足乃至正定正慧無戲論等不妨未斷煩惱爲初依（卽內凡人由未斷惑故具煩惱）須斯二果爲二依那含爲三依羅漢爲四依斯皆大權示聲聞像出世弘法爲物所依然下次明法四依是非難辨者謂恐滅後魔說亂眞故立四法令驗邪正經

中亦卽涅槃文舉後二初云依義不依語二依智不依識下引經文以明立意波旬卽惡魔通號以教分者教卽是法畜不淨手作食佛並制斷反言得者卽是魔說今時比丘談禪講教輕侮戒律自尊所學作惡無恥壞亂正法積畜不淨恣婬怒癡口腹累之未異鄙俗當知此輩卽是魔鬼化作比丘引無量人入阿鼻獄般若楞嚴衆經明說今正是時邪師滿世凡爲學者得不擇歟上是泛列今下次示今文一切之言通收一化皆須崇奉

二約衆行兩法用攝諸依者如來說法大分爲二

一行法依即四依八正是也凡欲懷道身心所履必有所憑故立四八生行之範然則身口所待必假緣須心神迷倒義當將導故出道所因良有以也

第二行法中初示相凡下顯意身心所憑身憑四依心憑八正範即是法然下別配初二句四依配身次二句八正配心導引也下二句結上兩法相藉之意

二衆法依謂說戒羯磨理必同遵方成匡化遠通末代衆別齊益是正法也

衆法中說戒局半月常行羯磨通一切僧事二種攝僧通號衆法理下四句即示四益一攝衆和同二糾正佛法三維持久住四被物無遺

三立四意者依法雖四位分爲二謂內外兩資以明知足初就外資立二依者有待之形假資方立無衣障形四大交損何能修道是以前明糞衣知足以障形苦修道假處故須第二樹下安坐

第三門正明外資中初總舉有下別釋初明糞衣交俱也修下次明樹下

上雖外形支立然有饑虛無由進業故約內資明乞食法若身康健前三足充必病在身懷苦妨道故次第四明服陳藥

內資中初敘乞食若下次明腐藥陳謂陳舊是以涅槃具顯治本故彼文云出家之人有四種病由是不得四沙門果爲有衣欲乃至爲有欲有四良藥能療是病謂糞掃衣乞食樹下坐身心寂靜治有惡欲故名四聖行也

引證涅槃中引文前出四病四沙門即四聖道文舉衣有二欲乃至中略食欲住處欲欲即貪欲滯著爲病有下次示四藥即是四依第四與律不同有惡欲謂執世相爲實貪利追求等故云惡欲即以身心寂靜治之一切聖人由茲得道故云聖種

雜心大同依前四欲轉云愛取謂因衣生愛乞食臥具生愛因有無生愛者愛斷滅故除上及此餘名有愛隨次對治立四聖種

雜心初句示同依下正引初示病轉即改轉愛取即欲語少異耳乞食是藥邪列病中必應乞好而制乞麤或可乞合作巳論文寫誤第四論云因有無有生愛（有無愛謂執斷空　有有愛謂執世相）即斷常兩見愛斷滅者著邪空也除上即衣食處及此即斷滅此四之外諸所有法皆名有愛隨下示藥亦以寂靜治第

四病
問涅槃雜心何不立藥答乞食攝故又不常須故不別立
初問中上引經論不立腐藥與律全異故問決之答有二釋並雜心文初釋彼云依乞食攝藥故又下次釋彼云又不一切時故藥不別立(有病則用不當須故)
問為知足立種為少欲耶答雜心云知足現在境起故立聖種少欲未來處起故知現在不取一錢難未來捨輪王易也即涅槃云於未得財不生貪故云知足也

次問少欲知足二法差別今此四依為何而立答中初正答知足現境起對有不貪故少欲未來起對無不求故論云知足立聖種非少欲故故下比校二行難易今依難立則知行勝引涅槃證未得財即現在境但未入手故云未得
所言體者就前境論四塵也依毘曇八微也就內心論無貪善根性約眷屬論善五陰性也
出體中初標就下釋有二初約境色塵該四境香味收食藥觸塵有通別通並觸對別但收衣樹毘曇有部雜心俱舍並明八微謂四塵各起於極微故有四微四塵之麤假四微所成故通名八微就下次約心者心即是行雜心云聖種何等性答無貪善根性(即三善根)約眷屬論善五陰性(無貪善根是行陰是主餘四陰共成此行故云眷屬也)
四明次第衣則無時不須資身最要理先明之既得覆形內惱須濟故次乞食身雖得立威儀須託故第三明樹下坐無病三足病起不救則無治能故立腐藥為第四也
第四正釋中躡前起後次第相由尋文易見
此就受用行之次第一人具四不同頭陀機教列相多人方具也如離坐為五不可分身則可知也

對簡中初指前不下簡異恐謂同彼十二頭陀故特點之機教列相謂因機設教離坐為五鈔云於處立五一蘭若二塚間三樹下四露坐五隨坐此明多人各行之行豈可一身而分五處(離衣為二糞衣三衣)(離食為四乞食一摶一坐不作餘食威儀有一謂常坐也不通並行例亦如上)
五明開遮者良由大聖識達根性稱機授藥報力增上制前四法即有資身長道獲益中下力劣事假眾緣若不開聽著施衣等則有退道寧堪涉苦若唯制者報劣絕分若唯開者上行慢求由有開遮三人通

備皆能會正故曰聖種

第五門正法中初科初叙聖意報下次明開遮遮卽是制初叙四制專被上根中下次明四開卽攝中下二根且舉施衣餘三類說若下三明二教相成不可闕一備合作被會正卽證果

是知聖說具四種義一慈心益物二稱機設藥三善達開遮非但開於中下服諸好衣亦開上士有病及無糞衣聽受施服由本通道故有斯開故雜心云若僧和合令超昇離生得果漏盡坐禪學問思惟業生餘之三依例此可比四者佛說乞食等四能生道緣

正語等八能生道因稱法而談無謬濫過

次科初總舉二下別列初是本誓二卽鑒機三能達教一開巳後通被三根仍引雜心顯示開聽必須存道僧和無諍容可進道得果對超昇漏盡對離生上舉施衣餘三有開意不殊此四卽彰益四依資道故得名緣八正修心故云道因

調達效佛乃說五法唯制不開謂納衣乞食樹下不食酥鹽等也一則不具四義如上反說二則顛倒說法令墮邪見謂語業八爲道緣乞食等五說爲道因逾於八正廣說相似惑亂正依致令愚叢猶學此道卽調達部也

邪法中初叙立法調達具云提婆達多此云天熱生時諸天心熱惱故立邪三寶破佛正法五法卽法寶也酥鹽以酥脂煮鹽彼爲珍味故而言等者等取魚肉一下次顯過不具四義一無慈心二不識機三不曉教四無利益二顛倒說法以因爲緣以緣爲因卽用五法以貶八正也逾過也相似者五中前三名相似語後二爲妄語愚叢猶學至今西竺尙有遺風

故雜心中若言五法是八正非者則地神唱生乃至

三千世界盡佛化境禪誦不行餘如戒本疏說

次科初明破正巳成人所信故則下次明法輪不轉禪誦卽觀法鼻柰耶云諸佛常法食時僧破至暮還復中間人天無悟道者故云不行餘下指略卽破僧戒宜自尋之

就文爲二初緣後相緣中初先與依由厭本習故開後授攝此依理本存道業庸疏未委故前誨約恐後退沒知初戒故不徒然也

二就文釋緣中注文兩段初先與依釋初制緣由下二句釋後授緣由厭本習欲令外道不反道故

據下示制意依理謂立四依之理道庸疏即鈍機退後知初追本不捨故

二就體相中初標舉宗本比丘依糞掃衣下方列四相所以止作二持並前標如來三號者略示非邪大聖親誡故同舉之令重敎依行必無怠縱故也

次體相標舉中初文徵意兼通前後略下總釋示非邪者外道調達皆立依法故無怠縱者不輕犯故

文云依此得出家者離有爲也受具戒者登無願也成比丘法同聖儀也

次科三有之中皆有爲法超拔有爲故名出家言無願者無所求故同聖儀者三乘皆爾故

前明四重有作則失聖源今說四依隨因有順道業也

三中止持制作作故障聖作持制止作故順道隨因因猶依也

就位初中分二初至能持是根本制也若得長利下必不堪前故開限分也

釋相糞衣中初科根本制者正被上根故開限分者中下二根力分所及故

前制分四

本制別釋中初科初略示

依糞掃衣者舉名顯示也依律中列十種並世所同棄如糞掃喻耳故俗所賤者道所貴也此據常人故有言耳故論語云君子不恥惡衣惡食若恥則未可與議也劉子云食足充虛接氣衣足蓋形御寒斯言是也至如冠章甫衣縫掖嘉肴溢目芳音盈耳一時之榮故不足尚也書云高位厚味眞不可久是以君子存謙光之道忍人不忍謂憎愛也制人不制即情欲也行人不行即仁義也欲尚爾況懷道乎知是繁文末俗多昧故也

依律下委釋爲三初示名體律十種者一牛嚼二鼠嚙三火燒四月水五產婦六神廟七塚間八求願九往還十王職（此十西土所棄故拾取以爲衣）俗賤道貴示相反也此下次議其名常人謂淺識者若卓拔君子豈以衣爲糞掃耶故下三引況初論語未可與議言此庸人不足語道劉子即劉書也（有云劉勰劉歆並非）著書二卷五十五篇窮悴無由自達乃負其書候沈約於車前獻之約覽而異之遂呼登車定交時人號此書爲劉子今引防欲篇彼云明者刳情以遣

三問答

累約欲以守貞方接食足等語斯言是者美其有理也至下叙厭榮冠衣二字去呼章甫殷時冠也縫掖大袖衣也家語孔子對哀公曰丘少居魯衣縫掖之衣長居宋冠章甫之冠嘉肴謂品饌非穀而食曰肴芳音謂歌樂之聲高位是貴厚味是富未詳何書俱不可久勢有退也是以下明向道易謙卦云人道惡盈而好謙謙尊而光卑而不可踰君子之終也忍人等者謂衆人所不能者我則勉力爲之文出淨住子本唯三句疏加配釋助顯其文以俗況道俗淺道深理必過之況不及乎況相

反乎知下三結意

二依此得出家下明受具行本懷此爲初不可忘也

二中受體是立行之本四依爲發衆行之初

三是中盡形下約報重問四立誓唱言何得後犯也

三問四答對文易解

問受體乃在白四如何方問能者答計實如問但機鈍須示不贊不知上機善達教旨不勞示相如善來三語也鈍濁有生更須明示如不顯然文中但云受戒知戒何境故前止四境後行四相分明曉喻後猶輕陵何況不語又不作誓知誰不犯故不徒設也

二辨後開

二乞食二初總示

二別釋三初牒釋

問中先受後問義似倒故答中初通叙二機須否贊即是助鈍下次別明鈍機須意有生謂著有衆生羯磨言通非列不顯若此猶犯況不爾耶

就衣開中云長利者對本制外餘皆長也檀越施衣者不問道俗持來淨施故任納也割壞衣者前通俗服此專道相故二列也

開中初云長利即總舉檀越施等即別相納受也

就二食中初制後開並同前解

二乞食總分中初制後開大分二段制中亦四一舉名二示行本三問四誓並同上分後二亦爾

若僧差者即僧次請也爲解脫故出家受戒得往訃也反此不合名盜下次若送食者至寺設也月八日十五日食者謂黑白二月俱有三日文少十四日尼律具三此惡日也故須供齋如前八戒說之月初日食彼國重之至其異設多陳坊寺如此方俗正月元日三月三日至九月九日亦須知也若僧常食隨有少多準年爲量也若請食者召往俗家即別請也

牒釋六段初釋僧差唯簡求脫出五分文由不爲脫乖於僧理往則成盜準知僧次不可妄受次釋送食尋常營辦送入僧寺三釋齋日黑白各三故

三樹下坐

二結誥

名六齋文少十四定是文脫尼律具者如後所引
鬼神得勢啖人精氣故云惡日若依智論即四王
等下降之日四釋初日彼國重者此土亦然仍引
方俗三時爲比正月元日天下同之餘二必應京
兆所尚東南雖用而不修營但爲燕會耳五釋僧
常即常住食六釋別請小教所通大乘示開
隨相乃多淨心爲本兼分染者則不許計故佛藏持
世不除我者則不聽受一盃之水一納之衣各識分
量也不爾熱鐵鍱身鎔銅灌口豈虛言也
結誥中隨相多者示不盡也淨心語通且示三種

一離邪求二離貪嗜三離養身爲成道業即前五
分爲解脫者有一于是即爲分染況俱有耶下引
經證不求脫者不堪信施各識分量誡令自照若
不知分自受人施必招苦報故云不爾等學者覽
此不可讀過反觀自心還爲何事坐受人施苟非
求脫秖今自衣已是鐵鍱秖今鉢食已是鎔銅即
因之果形影不差矧復無知作惡毀戒豈不嶮乎
樹下開中言別房者即大小二房乞處分作是也或
是七眾爲招提僧於坊寺中別置房宇有來入住別
有供養故律云幾房有福饒是也幾房無福饒即僧

四腐爛藥二初釋制

常住也尖頭屋者西國多平頭重屋或至四五重者
如此方北界緣邊諸州希有尖者如文所列即中高
四厦也故律云王大殿並開受用或是叉手小菴椽
頭拄地者小房者起不礙頭坐趣容膝前障水雨也
石室者巖岫山居兩房一戶隨相而立可以事驗也
三樹下坐本制可解但釋開文爲五初釋別房大
小二房即過量不過量招提梵語此云別房施謂
施主造房待遇來僧而自供給有福饒者謂僧受
用以福饒益彼檀越故無福饒者即常住處非別
所供二釋尖屋緣邊鄰蕃胡等處希少也中高四

厦今時所謂獨角亭也引律王殿相或似之謂王
施僧故開受用叉手謂椽尾相交攢於中也三釋
小房示橫竪量據理甚窄且舉極小須可容身未
必然也四釋石室五釋兩房共戶隨相列者非止
此也
四腐爛藥者世所同棄而實可收即大小便也有本
說云陳棄藥者謂世間煮殘查滓可棄者取重煮之
得療便止何須問本
四腐藥制中有二釋初釋中小便治勞大便解熱
名黃龍湯有下即次釋則通眾藥人所不用故云

陳棄卽腐爛異名。謂但將治疾，勿究所來，故云何
須問本。
就開五藥，酥蜜分二。油不分者，可解釋耳。
開中，酥分生熟，蜜有蜂石，油獨不分，可解釋者，酥
雖體一，生熟味殊；油縱生熟，體味不異，故無可分。
三就總結分文爲二。初至前去來，明卽坐誨約；二弟
子當日三時下，明後起隨行。
三結勸學方。權分中，卽坐謂受已未散，誨謂敎誨，
約卽誡約。
就初又二。初至當問和尚闍棃當相委示；二當令受

具者在前而去深防制也。
卽坐分文中，當相當字去呼。深防制者，受者在前，
十師隨後，恐有乖儀，預作防準。
前又分六。初汝已受具下，至衆僧滿牒受緣成足，勸
以護持，無得謂虧，不重受體而忽犯也。二汝當善受
敎法下，明自行化他三昧之業。三和尚下，明奉法奉
行義須隨順，云如法者，簡非法敎不行無過。四應學
問下，前明自行化他，初入修福，今已將久，當修智分。
故福智二輪，與天地而同德。五汝始發心下，勸奉前
敎因果盡然，感果必至也。六餘所未知者，顯法由人

通要假師授方資成也。
次釋初段總分中，初但示總意，文如後釋。二中受
敎卽是營福，先須自行，然後化他。三昧業者，卽習
禪定，並屬福業。三昧亦云三摩提，三摩鉢底，或翻
爲定，或翻等持。三中如法謂合法律，非法反之。四
中躡前第二以顯此文。二輪兩儀，喻其必具。五中
因果盡然通論一切，驗今奉敎，必不虛因。文云唐
捐猶言虛棄。六中資若訓助，卽屬二師；或訓取者，
卽屬弟子。
就初段中，汝已受戒者，總明受體也。自四如法者，卽

成敎法也。得處所者，在作法界內，非自然也。和尚如
法者，明根本師入戒緣也。阿闍梨者，卽受時二師，非
下所問也。衆僧具足滿者，結成支證，不謬受也。並爲
人法僧界四緣周具，形終奉持，不慮妄受。總結付之，
幸依行也。
別釋中，初科牒釋六句。初是受人，卽含體相資緣。
事如法也。二法。三處。和尚已下三段，並是僧收支
證，支猶共也。並下總結四緣。人卽是事。
至時隨機，可唯此盡。立法以爲語端，未必謹誦也。
後結示中，上二句敎增損，下二句示前文。

二弟子曰三時下明師資相攝法略舉其致餘廣如鈔。

後起隨行明二示中初科略舉其致即示注文指如鈔者即師資篇。

就分爲二初本師和尚明相攝法後請依止下顯事緣有障更須師也。

次科事緣有障即命終休道遠去等。

所以受後即明二師者以創奉大法但有願心至於萬行亙周前境有緣乖法罪即自科不以無知謂免咎責唯除便利餘並須問故於此明恐怠慢也。

三中徵釋以申敎意初敘受體至下次明隨行亙徧也律制唯除次小便利一切並須白師。

二請依止中緣明離違遂造非法敎須別請用補和尚故也。

次請依止釋緣中離收命終休道違即決意出界。或可二字並該三緣。

所以五夏有知聽離依止者據敎相也律中五分成立乃免從他者據行體也各有其致不矛盾也。

釋法中初科律有兩文乍似言乖故約敎行以分。依知趣合故不矛盾五分即戒定慧解脫解脫知見五法成身故名爲分。

具德中言知犯者作過緣成也知不犯者識治能也。知輕者下四聚也知重者上二篇也委識名種知練相狀無纖亂也。

簡德初科簡解中犯等四種並見律文非學不了。故制委識犯不犯通該篇聚輕重局分上下名種相三如懺篇分別。

重十歲者俗年壯室志幹成立隨所處斷善離羅網。

簡年中以二十受戒今滿十歲即是三十故曰壯室禮云三十壯有室志幹成立謂有節也處斷離過言其方能也。

無德不依者依在欽重誠由行解累負人情義無歸向故雖專獨非罪緣也。

無德中初敘可依累下示不可依若作若作上聲則數爲非義若作去呼則自不淸白並負弟子依賴之情專獨非罪謂無師時許不依止故。

二就尼受分文爲二即標受也就初標緣釋名如文。摩是天音此云爲母重尼稱者以愛道爲尼之先即佛之母故預同類相從爲摩如此世中皇姨皇舅之類也。

第二尼法釋標中初科如文卽指善見佛呼愛道人遂法之預厠也如下舉例皇卽訓大父母之族尊故稱之

文列儀式不便者以男女染汚生譏之先依位列之便屢接形故制三衆次沙彌後

次科卽智論文依位列者謂依五衆次第則男女相間似於匹對招世譏嫌故云便屢接形屢猶近也接形謂男女交參

引愛道經者以稟質輕懦情智近局若不制依隨喜飄蕩故八敬之始並得戒之緣準法敬之法還千載深知機矣

三中初叙報劣若下次顯須依飄蕩卽放逸無拘故下三彰益八敬始者最初愛道因之發戒法還千載善見云若度女人正法減半佛令傳敬若能受行還復千載深知機者美佛權巧也

就後受中依衆分三

釋受標中言依衆者尼三衆

初受下衆法同上不出

列釋初科下衆沙彌尼受法同前僧中故略不出

二就六法初式叉者學也摩那者法女也標法分二

六法標中梵云式叉摩那此翻學法女

就標緣中具列兩相初淨心者以女人志弱愚教者多隨緣造過特由學淺故特聖制增位勸學男子不爾多堪苦緣雖爲難阻不卽陵壞故僧位中不曲制也二淨身者由曾出適言歸事人後喪從道懷胎受戒誕育懷挾譏過由生故限二年可知染淨是知學法爲淨心本文列盡形者是也約制有期爲淨胎本文列二歲者是也兩設其致各有源矣

釋標中三初標舉初下次別釋初釋淨心前叙尼有增位謂別立一衆勸學卽重加六法男下次明僧無反尼可見二釋淨身適卽訓往歸猶嫁也後喪從道謂夫亡而出家者誕育謂生子懷挾卽抱持是下三結顯初結淨心引後說相旣通盡形證知修學約下次結淨身引後結法旣局二歲顯是驗胎各有源者卽上二本

就法分三

釋法總分三者一緣二法三相下文但釋緣相耳

初乞緣中文列十歲曾歸者女人謂嫁也十八童女者處室未歸也有斯兩緣同學二歲

制緣中初科初示緣異處室謂室女未歸卽未嫁

有下次顯學同注中嫁字合作歸如疏所牒可驗寫誤矣

此學法女無戒體也但受別教位過沙彌如上已解恐忘故重言之以人不解謂分三眾有三戒體實同而異但增學也何以明耶依六法行無過聽受分有所犯更從始學或不學法或學不滿或缺不行並名非法爲佛所訶義無輒受

次科初以義判體同沙彌無別戒體指上解者文見二下之首以下斥非實同謂體一而異卽增學何下推所以卽明六法增法檢行爲受方便義非發體初叙如法或不下明非法或不學者謂都不受學不滿者此雖曾受年限未充缺不行者受已有犯不復從始如尼律中並因起非佛訶制戒故云爲佛訶也

今行事者多信意言不遵制意故有年未授學法正朝進具或具二年中多缺犯應更與戒忽而不行或少或多雜亂難說

三辨行事斥世中初文初通斥故下別列年未受學正朝進具卽以兩日以當二歲應作四句一年缺行具如上二日并下或少而無所犯二行缺年具如具二年中間缺犯并下或多謂過二歲三年行俱缺上三句並非法四年行俱具唯此句得受

忽不行者謂慢教也

亦有一師當白四法都盧成就謂沙彌尼六法本法及大戒也相共召之名棞樸戒不知何出此復何論

次科尼中四法一白四受故云都盧此卽方俗之語猶言一併也棞音混木未破曰棞謂圓棞也樸音朴木素曰樸謂匠未成器也彼謂但一法受棞成樸質不須更分漸次多端也不下正斥上句斥無所據下句明無可取

今立正法當順律文務取優長百代無古

顯今中初科一須合教二須理長優卽勝也三可垂世百代無古久而愈新誠由有考故至無窮

六法女中若全不受若受有缺或年不滿諸同一科還如不受不合進戒闕尼一位何有沙彌徑尼受具也

次科簡非正明中初列非受有缺者卽缺行也諸下總判無沙彌尼受具之理故例判不成

若爾沙彌不受得受戒者答不同也一無文開尼受已得具二男氣剛正有秉持故三爲女弱不能持戒故生一位以爲行本今無本行何得後受四者男無可試身胎故不限於時月女則反前故須具學

釋妨問中沙彌不受十戒直得具足但僧得小罪

耶與式叉不同答中初合總合二下別示有四初即反顯沙彌有文開故二顯男位開則有益三明沙彌蹤闕五十能以具戒即爲行本尼則不然故加此位四則易見準知頓受唯許僧中不開尼衆問不受五十直受六法得不答式叉以十戒爲體若容直受則無所依故不可也

今約上文十歲十八二女受學年滿受具者義須推之如十八式叉年初即受明年十九後年二十正滿兩周得戒定也如是正月二日乃至臘月晦日皆得受具可獨在於正月元日也不妨最小式叉臘月盡

日受學法者猶是十八年內沙彌尼受法得一日也至明日歲初爲年十九一周學之後年二十與受大戒判言爲得不違教相驗胎身淨豈與前減同日而言哉

今義中初通標如下別舉初明年月俱滿如是下次明年滿日月不滿最小之者實行一年一日以臘月盡日即當一年不違教者年數滿故可驗身胎以經年故豈下異古前減即上所斥然今雖減與古全乖不同日而言者言與彼異也

彼不行者及至受時僧問滿不尼徒無媿唱言滿淨自誑不了用受何爲況面奉佛口行虛許何遽此急恐失聖耶然彼聖果非虛言之所得矣誡之哉

三中初敘謬以僧中正受先須問尼六法滿淨滿謂年具淨即行具自下正斥初斥誑自不了謂不曉了況下次斥欺佛何下斥忽遽以不行六法欲速受具故妄語障道判非得聖今時皆爾五十六法一併而受便受具戒必無得理無戒滿洲正當今矣

就乞法緣五儀具也兩膝著地此長跪也謂足指及膝拄地律中爲身悷弱互跪倒地佛令立儀與僧異

也今時骰地猶勝大坐佛前也

乞法中初科初總點五儀兩下別釋長跪仍引本緣明與僧異骰吐猥反謂以股臥地也據非跪儀且勝大坐

正行之前須請和尚以乞法中俱銜作故

次科文中不請和尚而乞中牒之故令先請準僧詞句

文列大姊僧聽者以對異僧必還從僧亦無失也兄姊皆先長之美號得意在斯文乎

三中初明簡異必下次示義通必還從僧謂牒大

德意在稱美今云大姊深得本意
文中著見處立者恐成賊住準相如上受具長跪合掌遙祈亦得
四中初示制意準下示儀式祈求也
三召來眾中示名相者以遠雖得法不知何戒故列相顯不與得罪如律結之
說相中初科由是遙被故須示相不說違制故律結罪
就相分三初標舉總示二不得犯不淨行顯示輕重三佛言下分簡位別行通有無初總舉中顯人尊法勝何得不重也
次科總示中舉佛三號欲示人尊以彰法勝
就六相中不分自別初相中分二不得犯不淨行至釋種女明戒正體也舉本重勸非正學體也
次顯輕重初相釋戒正明中婬盜等四即本十戒故云正體望前已制故云重勸
問此學戒沙彌尼知何重舉耶答非謂不知前言重舉誡勵增學也如今師授曉夕勗訓重述前言何處更別有法也
問中欲顯列相重舉之意答中十戒已說故曰前

言今復述之故云重舉誡勵增學謂舉前根本勸後學法也下引師訓例通重述勗亦誡也
二若與染污男相觸者正是學宗必須淨曉中必行缺應從重受故列形終可不然乎
次學法中正學宗者即今所受正戒摩觸須淨曉者淨謂奉持無犯曉即明達教相
乃至眾中故作妄語戒學別論相天分也五非時食六飲酒者此無可對直舉學本盡形行之
釋餘相中初例餘三重由下三中並前舉重戒後明學法故云戒學別論相天分者謂同天地高下易見五下次別釋後二但有學法故無可對
三就緣分別中大尼所奉戒應學者增本位故學相亦同
三簡行同法中初文增本位者過沙彌尼也
若爾沙彌亦通萬境應名學士也答學有漸頓制有緩急士則隨境能防雖犯無重加法女則易為緣壞增位尊彼沙彌犯則隨缺便補如大僧行高德遠以所防多故餘四漸踈故位隨降可通照矣
問中式叉同尼故得名學沙彌同僧例亦應爾答中初二句通示士下別答初明沙彌不名所以由

二釋尼異二法

望大戒則為緩望不增位故為頓則學頓而制緩
也若準他文亦名小學但非本號故沒不彰女下
次明式叉得名之意則學漸而制急也仍舉五眾
所防多少以顯沙彌式叉二位優劣得名不同
除自手取食授食與他者有人解為二緣今則不然
餘行並同大尼唯開不受授尼不同尼從人受方與
尼有此異耳若論不受惡觸何得不無戒下四眾罪
不虛列理自從人方可進耳
次釋異中初出古解為二緣者彼謂除自手取卽
開自不受而食也授食與他開為他作能授人也

三釋後三法二初標文略示

今下次示今解初約一緣釋通文相不受授尼對
簡大尼受已可授準鈔亦據無人方開若下次斥
古謬說不受食戒下列四眾可驗同制義無輒捉
此二學法女具學三法下文列三品相極曉然以今
通誦不識戒學故為分之無所解也
三法中初科初指文顯以下次示分意無所解者
言易見也

二簡辨服飾二初示古式

然古師相傳受六法者加五條衣以對下眾著縵衣
故
辨服飾中初文然既位過小眾服飾宜殊雖是古

二斥濫行二初濫式叉

傳於義可取
近人行事是沙彌者例著五條至於六法還同本服
是則律崩法壞漸訛替也為師為匠俱行諂附密誘
沙彌不覺滅法以多論文沙彌二衣一當安陀會擬
常務也二當鬱多羅僧擬入眾也若是正衣不應云
當故以位分上下衣服標異也律無明斷故有斯漸
斥濫中初科初敘訛沙彌著五條則僭於上式叉
同本服則屈於下是下正斥諂附謂私於已徒密
誘謂容其僭濫下引多論證知非法當字去呼代
也故下結上相傳律下究訛所以故有斯漸謂漸

訛也

二濫具戒二初引異解

復有一師沙彌所服全同具戒以制三衣本為寒耳
大僧蒙給可簡下眾故齊給三
次科初敘非大小同服本制為寒義無簡小

二約義斥

今解不然緣起制僧下眾非制必隨時服教所不禁
若是未具已受三衣不應大戒更示三號鉢亦如此
體是下位供奉為務僧器受用自足形有縱有依持
法終未具理必衣鉢大受時須如文所列至於出家
十戒非制故不問也卽三衣鉢也
次今解中初敘僧具緣起制僧卽衣犍度為比丘

制隨時謂隨寒熱單重換易。若下，次明小眾不許。初以理難破，以受具問難。先示衣鉢，必先加受，豈得後示可驗。前無鉢亦例同。但可依持，未可即用。準用僧器。縱下，示乖法理。下，示正儀。大受時須謂受大戒方制具故，如文列者，即羯磨詞中牒衣鉢故。至下，取反例。十戒不問，顯非合具，即三衣鉢者，轉釋十戒所不問事。

三明授大戒法，就文分二。初標緣中列諸受相略為四種，廣列為七。八敬、善來、破結、羯磨也。前三如上已釋。後一離分為四，相如上顯。然此羯磨，後代所行，須

知緣法。

三大尼標緣中，初科諸受前三局一。羯磨開合，故略四廣七。前三後四，並指前者，即總義中上，即指略。然下，敘起羯磨之言，通合四受。

遣信受者，法預尼也。價直半國，梵行難，故開。今時所量非類，故閉也。

遣信中，初示本緣起法預，即尼名。價直半國，言有美貌也。今下，明後不開，所量非類，謂設有恣態，必不能及。

十歲曾歸者，由經奉給，有持戒能，加學十二，進受大戒。此則互說不同。

曾歸中，初文敘本開意，蓋取有能。互說不同，即如下引。

如多論云十二得戒者，夫家役使堪忍苦緣，加厭本事，故僧祇云先嫁任苦，加有黠慧，故開成受。

次科，多論、僧祇並據十二，皆取堪任，同今四分。黠慧即厭本事。

母論中十歲嫁者度出家，已二歲學沙彌尼戒，又二歲與式叉戒，滿具已後得與大戒，計此年十四是也。母論又加二歲，部計不同。

承有論云女年十歲曾嫁歸者，與十二歲學六法，滿已與受戒也。曾憶見文，近忘不知何部，有彌沙塞師從中國來，亦云年二十二當與受具。

傳聞中，初敘所聞。嫁歸語重，疑是寫剩。曾見後忘，示同眾人，故有。下，取人為證，彌沙塞即五分部師。詳彼部意，由曾出嫁，需染塵緣，加十二歲學法磨鍊，或其然也。

既有斯異，明須詳審。然從多文，年十二得。至時觀量堪持戒否。

三中，初結前。然下，示所取。至下，誡觀機。

三十八童女如常行之

十八童女如文所明

四邊方義立僧尼各五自宋已前史籍不載及後揚輦還依中國如前明也

義立中佛教後漢時來曹魏之時立僧受法尼唯一衆邊受至宋元嘉十年僧伽跋摩至於揚都求集西尼立二衆受故云還依中國自此爲始則知爾前史籍不載輦謂天子都處指如前者見總義中

就正受中文分爲二初明本法二就僧受法

正受標分中先尼中受故云本法爲後僧中正受方便亦由報弱故立階漸

就初尼中前具諸緣如僧無異後加正本大同僧中異者重解餘可知也

本法中初文前緣卽請師等八法後加卽白四正受同不兩繁異須重解

前畜衆中尼爲師傳加僧二歲者顯志弱累年爲德也女人多態樂畜徒侶猶本習也如律上下爲畜弟子制二十餘戒年年度人不能教授多違犯故隨度制畜衆法令尼衆量之也

牒釋中初科初釋加歲與僧不同累猶多也女下次明制乞反其女習仍引律文以彰敬意卽尼戒本單提篇中上下文也今略列名一度姙身婦二度乳兒婦三度年未滿二十女四十八女不與二歲學法卽與受具五與學戒不滿六學戒滿不與受七小年曾嫁不滿十二八小年學滿不白衆輒與受九知彼不白而輒與受十多度弟子不教二歲學法不以二法攝取卽年年度人也十一不二歲隨和尚十二尼僧不聽而授人戒十三自未滿十二歲爲和尚十四年滿十二衆僧不聽自授人戒卽不乞畜衆也十五尼僧不聽而謗僧有愛等十六父母夫主不聽輒與受十七度憂愁瞋恚女十八勸式叉捨學法與受戒十九從式叉求衣與受戒二十不滿一歲授人戒二十一與本法已經宿方往僧中受下對時中卽引此文

就乞法中云阿姨者以重和尚同愛道故是佛母妹同號姨母也

次科阿安葛反卽尊上之言同佛姨母名重可知

注中二事卽法食也

後就正受緣須五義一對時二約衆三明戒四立法

二隨釋五初對時
二初引教明制
二句法失否二初
問答
二轉難
二約眾二初牒章
二正釋二初引古非

五料簡初中律制即日往僧中若經宿者得罪
正受義門對時中初科文如前引得罪即犯提
問失本法不答不失也法由捨故隔日非解
問中上云得罪不言法失不失答中初句直判下
二句示意解亦捨也
若爾更新本法即用故受答文不明出亦任取之雖
故法在而是佛制義有涉疑捨受如法如諸疑相皆
佛所聽故也
轉難中法既不失爲重受本法爲不須耶答中初
約兩通答謂再受不受二皆得也雖下次約重受

答以違制教得否不決故云涉疑言捨受如法謂
對首作法捨前本法重新更受下舉疑例如律治
故伽藍不知淨地所在又先結大界後結戒場又
大界結不如法標相漠落並令解已重結是也
二約眾數者有人行事作本法已將三兩尼送至僧
中與受大戒便立義云尼在僧中全不秉法何勞眾
往界亦不須縱文列二十眾者前後列之非一時也
第二引古中文出三過一不知此法二眾同秉二
不知同秉各依法界三妄通律文律有二十眾比
丘尼彼謂本法正受共爲二十故云前後列也

二顯今非
三明界二初牒章
二正釋二初引古非
二示今義

今量不然尼之依僧受隨一也尼有犯殘皆二部僧
中具明行法或八人四十八人同秉羯磨法是僧執所
爲在尼評問和忍義通兩眾何容至受遂分彼此故
律文中二部僧具足滿者就大僧中明之豈同前也
況復五分正文十尼將往四分亦云彼尼僧應將詣
大僧中並不可減略也
今解中初句直破尼下申理初明須眾及界舉隨
例受隨即悔殘如戒本中明列人數故不可異前
與半月僧尼各四即八人也後正出罪僧尼各滿
二十故四十八問和通兩眾者即顯同秉義須結

界故下次通律文豈同前者正破古解同前本法
而言二十也況下引證甚明足彰前謬
三明界者有人不立由法在僧
第三釋中初科彼謂尼不秉法故不須界
今解須界以法是兩眾所持既行僧事義無自然雖
是僧作尼開重結諸律所聽明有事故如五百問重
結之不相叉者恐出僧外非成同法
次科初立理雖下引證諸律聽者即是善見及下
五百問彼云僧尼重結得不得相叉謂界相須等
準非同法雖叉無害

四立法儀式。然行事者紛紜意言。謹依五分。彼十比
丘尼將本法者至大僧中在前相對與受戒也。
第四詣僧法中。初通斥。謹下示儀。五分明文。反前
臆度。
今時行者。僧尼單列。各面相對。本法在中。然據外相
不無議涉。縱容取中。義亦通成。當僧在上。位前後叢
坐。尼眾在下。還聚一處。使尼教師引本法者從僧次
禮。然後在僧戒師前如文乞等。
次科。初出異。然下。立法。僧尼相對。尊卑抗敵。故生
譏毀。然於禮乞對受。事有不便。縱容取中。是今裁

度。中猶當也。二眾同行。上下叢坐。一位有倫序。二二
行事順便。
五料簡中。問。本法尼已聞白四。得聞餘法。不。答。已聞
應開。但是未具。至於僧中所有加結。不預僧例。若得
在者。用僧何為。要有僧作。方成尼具。故知異也。正作
結果須自然外。後加白法。一一召入。
第五初問中。餘法。謂尼結界。本法尼得同聞否。答
中。初明不合。已聞應開。是縱。未具不預。即奪。僧中
加結。謂往僧寺尼結界時。若下。二簡異。謂若許在
眾同法則即是大尼。何勞僧受耶。正下。三示制度。

謂結界時。令本法尼出六十三步外等。
若爾。未預僧法。全是無戒。在內何妨。今解。此尼不同
下眾。全未得法。故須消息。中間人也。故律中明名本
法者。為比丘尼相濫具戒。然未預僧法。何名具也。
次難中。既無具戒。義同小眾。體不足數。何妨在界。
今下。釋通。初定名。消息猶言詳度也。中間人者非
大小所攝故。故下。示義。初明非小。名字去呼。然下。
次顯非大。
如僧史說。求那跋摩傳中。尼戒大僧中生。假令不作
本法。直從僧受亦成。但犯罪耳。律無正斷。而是所通。

以事證知。故知僧中大須立法。方發彼戒。若不能結
界。二眾不滿。中容非別。眾用界分。若不約之。雖來無
用。受定難剋。寧可本法不成。事通得。不必若僧法有
缺。定判虛行一世。又須誡哉。
引勸中。初引傳文。即宋元嘉中師子國八尼來問
跋摩曰。宋地未經有尼。何得二眾受戒。今引跋摩
答詞。律無正斷。謂無不作本法不得之文。以下準
誡。初敘緣成。若下。次顯非法。中容非別。謂設二眾
滿須看不足別眾兩相。眾用界分等者。出須界所
以。謂若無界限。不知和別。則無僧用。剋獲也。寧下

三結斷得否無體妄持故曰虛行
就文分三緣法相也初緣有四一明請師雖律非制
當時必須若不告情何由妄作此卽義有文無也義
理加之
牒釋緣中請師律文不出義準僧中加之義有文
無顯知是略
二敎乞戒應尼敎師如法敎之情必慄者如十誦云
因式叉尼語不正故餘人便笑開餘人代乞者得戒
二中初釋自乞情下次許代乞慄謂慄弱
三戒師和白法如文可知

三中文云大戒望小爲言
四正明問難遮中如前顯父母夫主先問有無有問
聽不無不須問奴婢罪名士女同諱僧是知法義須
轉勢也二根下病非女五也世俗所諱僧尼同恥不
問亦得故僧祇中僧問遮法除女隱處也以彼此懷
慚失弘誘相耳
四中初科初通指父下略釋初釋父母聽否次釋
奴婢俗禮以有罪者爲奴婢故云罪名轉勢裁問
如前已明三釋非女五相難分二根一也道合二
也道小三也常漏便利四也涕唾常出五也世下

敎轉問仍引僧祇證知多恥
問學戒及淸淨相文列爲二如能長引一時俱答亦
得乃至遮難長誦長答前後交亂但應十三及諸遮
者義並通也今時鈍弱隨問不解何能引答不妨鸚
鵡逐語而聲終未解意還同不語如是例之
次科初點文云列二者先問學戒謂受六法後問
淸淨謂中間無犯如下示總答例餘遮難並別牒
而問通用一答但取相解無非成法若不解者雖
復別答反例不成故云今時等引答謂長問而總
答也

授戒相中前列八重中列四依後明結付
釋相總分中初八重四依各有標自從汝已受戒
下卽結付也
初止持中大如僧中但闕喩耳
釋八重總指中言闕喩者據文前別列八重後總
舉四喩四分文闕故引五分足之
就殺戒中墮人胎者謂初七日後凝滑精段隨落皆
重由識託之失所依故
殺戒中初科初示分齊初七日後者舉其最始由
下示犯意

二釋厭禱

厭禱如前。

次科厭魅也。禱俗呼爲到非。

三釋呪咀義 二初釋

言呪咀者呪謂言辭誓約不得違越。咀謂結鄙惡言。私罵令受由彼過業與妄相應遂令衰弱漸就痍死也。

三中初科初釋文由下示意過業謂過去結業與今會遇故或有中者。

二點字

多爲呪字音周又悞也。加文音粥周六反之咀字悞也此乃音敘即咀嚼之咀也字須爲詛阻慮反知無益談居世須耳恐俗輕也。

次科初呪音周又字聲俱誤。加文字須從示聲宜音粥檢今字書呪字正是呪詛祝通呪粥二音謂祭祀祝贊應是後改疏依古韻詛字從言有從口者字音俱別爲遮文字學者專攻名相無補於道故云無益談也。復慮不學空然無知而自足者故云居世須耳。

二釋後四重

就後重初分六初不得相觸乃至畜生輕重合論俱不應也此深防之言二若尼染心以下方顯重位識限相也三此尼非女者顯已越滅聖心也四是中盡形者約報持也五能持不者舉相以示六答能者目誓從約義無後犯餘三例爾應須引緣解文恐繁故也廣如注尼戒本中

後四重中但釋摩觸節文爲六餘三例之初中非人犯蘭畜生得吉故云乃至輕猶不得況作大重故曰深防三中越即是違滅即毀滅越滅聖心則非其族也六中約即制也餘下指例應下示略廣下指廣注尼戒本其文已亡

二釋總列四喻

總顯四喻其相如前但後四重還前種類

釋喻中八重而列四喻以後四重種類攝故觸八婬類覆隨妄類

三示後四名

有人讀文不識後四名作何戒文中具顯犯摩觸故犯八事故覆重故隨舉故神思高浮不著字讀何由曉也

示名中初敘迷名文下列示神下結責高浮謂恃俊輕易故讀文不細

二釋四依 二初簡 第三不同

說四依中樹下依者非蘭若中尼輕易陵不行此教何妨餘樹得受頭陀也如五分說四依無樹下坐故云依麤弊臥具也四分文同義非蘭若以多難故

四依中初科尼不許獨居蘭若故樹下依必在聚落如下引異彼律第三僧尼不同麤弊去著靡也

二引僧祇通示

如僧祇中。尼受具已。爲說八重。十九殘法。三十捨墮。乃至隨順法也。

次科僧祇制三篇。前二戒分。提是威儀之首。僧殘多四分二戒。乃至隨順者。卽四重後。各有勸持文。尋之可見。

四分律删補隨機羯磨疏濟緣記卷第十七

四分律删補隨機羯磨疏濟緣記卷第十八

宋餘杭郡沙門釋元照述記

四分律删補隨機羯磨疏卷第四 從衣藥受淨盡末文

大唐沙門釋道宣於終南山豐德寺撰

衣藥受淨篇第四

釋衣藥受淨篇篇目衣總二衣藥含四藥衣中受通制聽三衣百一淨局聽教唯收諸長藥中受該四藥手口不同淨唯七日但收長藥

上明受戒法儀攝法在己義須將護前境通漫未可隨彰故約形有用收行相然身口之累在生為重受納將攝多隨妄心隨妄染神未卒清蕩是以大聖設法防之欲使形備法儀心存正觀折挫我慢袪遣鄙雜衣藥設致大意如此

本文來意中初結前篇義下生後意又二初敘從要立法將護即隨行前境漫者偏塵沙故形有即身口然下次顯治病有功初敘病身口累者謂衣食也多隨妄者謂自任也是下明藥形備等者外正內明任運使爾我慢是惑鄙雜即業挫則臥反摧也袪去魚反謂拂除也

就文以判正宗第三衣藥相交且分為二初明制畜

必須受持謂衣鉢坐具也二明聽畜隨緣有無則受淨衣藥等就此二事自分二段

總判中相交謂交參也制唯對受但局衣鉢聽兼受淨則通衣藥二事分二即制聽也

初中二前明衣緣本制後明受持行護就初標章多畜衣下廣分所以約為十門初制畜三衣意二求財法三明色相四明衣量五重單相六條相多少七長短相八作衣法九補治法十護敬受用法

制門衣緣本制標分中初標章者即受衣法也

初門如律中說如來因諸比丘畜長不自節約是以初夜著一衣乃至後夜著第三衣明旦因制如衣法初

制意本律中初文因諸比丘即六羣等乃至者略中夜著第二衣緣起在犍度之首故云初也初中後夜漸覺陰寒故令阿難取三法衣次第重著始於仙苑度五比丘善來之唱三衣被體何有重制者由聖制法衣年歲已久隨緣運造章服不同教綱創弘多從道務至於儀服蓋非本致由使諸濫次第生焉不可怪也

次科初敘難仙苑即鹿野苑婆沙云施鹿林梵摩

達王以樹林施眾鹿故亦號仙人論處羅勝仙人始於彼轉法輪故意云初時已具後衣法中何以復制耶由下釋通初敘年賒事變教下出變所以急於修證趣得覆形不暇如法遂致訛濫

文引僧祇賢聖標幟者律云欲應袈裟服當調伏結使故非凡愜所服也又賢愚中堅誓獸王獵者披袈裟故不言致射既被箭已忍痛至死但言著袈裟者當於生死疾得解脫

僧祇中初文引四分偈顯非凡服上二句云懷抱於結使不應被袈裟結使即見思惑體是三毒次

賢愚經云佛告阿難古昔無量阿僧祇劫此閻浮提於山林中有一師子名躒迦羅毘（秦言堅誓）軀體金色光相明顯時獵師剃頭著袈裟內佩弓箭以毒箭射之師子驚覺即欲馳害見著袈裟念言此人不久必得解脫所以者何此染衣者三世聖人標相我若害之則為惡心向三世賢聖便說偈曰耶羅羅婆奢沙娑訶乃至獵師剝皮奉王王求仙人解說上語云耶羅羅者云剃頭著染衣人當於生死疾得解脫婆奢沙者云如上人皆是賢聖之相近於涅槃娑訶者云如上人當為諸天世人所見

敬仰等

餘如事鈔廣引經證至時牽挽莊嚴辭句共相顯發令聽信奉可不好事但莫專執如何非道祇執不著最是妄本如此覺之

次科初指廣見二衣篇至下勸引牽挽猶援引也但下破執上二句破所執次二句破能遣執是病遣如藥病去藥存藥還成病復是法見微密難除故云最也下句誡觀察學者至此慎勿強會汝今憒學尚未有執將何為遣況今遣遣必非已分自非定慧照達名相一切緣生則終日談玄未說一

句終日執卷未始看文猶如揮手於空可謂如如不動若斯傳演何往不通

如多論中五意最好論解佛語多從理故初云一衣不能障寒三衣能故如是除無慚愧者由常一衣染淨通著慚愧不生以隨三用各有法式屏露行護發生善心故三者由僧伽梨隨聚方服能生物信故四者若在道行反披高揲敬護如塔幽顯懷德故五威儀清淨者四儀受用各有所在

多論初標歎初下引示初意障形二即滅惡餘三生善三四生他善五生自善如是下四例前並云

一衣不能三衣能故隨三用者下衣作務道行中
衣入眾法食上衣說法入聚發善心者此生自善
下生他善反拔高揲者四分聚落外令反著衣僧
祇不著者澼藝舉之幽卽非人顯卽人也威儀清
淨言無過也
上解三意須識三名廣如事鈔今略解示恐未見鈔
依此略得
釋名標中初句結前三意謂須三之意指廣顯略
意令對照
如多論解此三名者爲現未曾有法故九十六道無

此名也如安陀會者本中梵音此方無名體相知從
何譯故古翻經多異傳者莫非此致
敘無翻中初文引論明出自聖心非凡所測如下
略舉一名以顯多譯餘二例之
如三衣名總號袈裟俗無其字但隨音出梁時安大
師云道服也然袈裟者本翻染色實非衣名故律文
云應作袈裟色卽壞色也何干名體故六味中有袈
裟味可是衣也如十誦中翻爲敷具謂三衣相方若
氈席也四分翻者以爲臥具如今被衾若漸親也如
多論云臥具者是三衣名如戒疏解終非本服不知

何名
次科初示名通三衣同名故云總號增一云如來
所著衣名曰袈裟華嚴淨行品云著袈裟時當願
眾生等俗無字者梵語借音但作加沙後謂之衣
故篇韻中例添衣字梁下又二初引人語應是襄
陽道安法師然安出晉朝而云梁者未詳所以或
恐梁朝別有安師然下評量道服之言殊非對譯
袈裟染色名體全乖引四分彰非舉六味反質準
涅槃經甘苦辛酸醎淡是爲六味不云有袈裟味
不知何出如下次引教文一律並取方相以翻多

論所釋止定其名未知袈裟從何爲目仍指戒疏
見捨墮中彼云但以三衣總號此土先無不知何
物而廣長之相同此被敷故卽相翻云臥具等餘
廣如彼
今隨別顯薄知其用如俗衫袴衣裳及至釋名則云
上曰衣下曰裳也知是何物得分便已又且諸色界
天行梵行故皆著斯服本非人衣知何名目
別顯中初科初標示下引諸文各據一相故云別
顯此無其物名不可考故云薄知薄猶略也用卽
功用如雜染等如下舉例初舉俗名以例無實釋

名漢劉熙撰字書皆爾不獨一文物本無名隨義强立且分別相考名求實罔測其由故云知是等

又下次舉天服以顯難知

如大集名離染服賢愚名出世服

次科通名中大集賢愚名異理同與下雜記離塵消瘦蓮華等無非遠離解脫之意

四分名三法衣是軌用之名被則心行正法故文云雖被袈裟服不能除怨恨則不應此衣

四分標名示義心行正法不出二持仍引文證即律拘睒彌犍度偈云雖有袈裟服懷抱於結使不能除怨害彼不應袈裟結使已除滅持戒自莊嚴調伏於怨仇彼則應袈裟

若依眞諦九卷雜記云袈裟是外國三衣都名名含多義或名離塵服由斷六塵故或名消瘦服由割損煩惱故或名蓮華服服者離雜故或名間色服以三如法色所成故

眞諦記中此指西竺故云外國名含多義示不翻所以離塵是破業消瘦即斷惑蓮華喻上二種前三從功後一從色

又如法華經云著如來衣者大慈悲心是比丘同佛所服故知行慈者衣如鈔引經四寸著身戰諍俱息豈非慈力之所被也又上云梵天行四等故恆服此衣義彌顯矣故此衣者亦名慈悲衣文成律偈意也

法華中初引經彼云是善男子善女人入如來室著如來衣坐如來座乃爲四眾廣說斯經如來室者一切眾生中大慈悲是如來衣者柔和忍辱心是如來座者一切法空是安住是中以不懈怠心爲菩薩四眾廣說是經此謂弘經三軌然今以慈對衣或恐慈忍理無異故比丘同佛服者下凡眾生身被佛衣寧不自慶如下二引證初指鈔證即二衣篇引悲華經云如來於寶藏佛所發願成佛時我袈裟有五功德一犯重邪見人一念敬重必得三乘授記二天龍人鬼敬其少分即得三乘不退三人鬼等得四寸許飲食充足四眾生共相違反念袈裟力尋生悲心五若在兵陣持其少分常得勝他若我袈裟無此五力則欺十方諸佛等又下次指前證四等即慈悲喜捨故下三結名律偈即上所引令除怨恨亦即慈悲耳

世稱福田衣以法畦畔之相世田用畦盛水長嘉苗養形命也法衣之田彌弘四利之益增三善之心養

法身慧命也

世傳中初標示即剃髮披衣時偈文相承無出故云世稱法謂法則畦即田勝世下法喻可解彌大也四利即四等三善謂無貪嗔癡也至時須引鈔及戒本中兩相照取

別名中初科鈔見二衣戒本脫疏字見捨墮故相傳云安陀會者是內衣也鬱多羅僧是上衣也在內衣上常服用故僧伽梨者是高勝衣如此釋名皆從事也或有說者下衣名院內道行中衣名入眾常服上衣名入聚落及伏外眾也故僧伽爲眾梨翻

爲伏即從用以翻也或從相者即五條七條九條等是也或從價量或從寒暑及輕重等

次科有五初從事內衣最在裏故高勝入王宮聚落說法時著故或下二從用下衣中院內道行更如作務此三時服用故上衣且舉二用翻名可見或下三從相或下四從價者鈔云七條名中價衣餘二可准或下五寒暑輕重即從時也分別功德論云爲三時故制有三衣冬則著重夏則著輕春則服中是也

文云不得捨墮物作下即第二門義由是法衣體須清淨犯捨過財無任受法故不許也

第二門乞求中初科初標指由下示意即三十中諸衣戒有犯未懺加法不成故

及邪命者言略事含知何不攝大而言之但以邪心有涉貪染爲利賣法禮佛讀經斷食諸業所獲贓賄皆曰邪命物正乖佛化故特制也

次科舉相中初標事廣天下略示大要且列四種賣法謂受財講說斷食即邀利休糧取要言之微有希望之心隨所動用皆歸邪行內汚自心外彰譏醜故乖佛化今時滿眼其誰免之悲夫

如經中說比丘持糞掃衣就河所洗諸天取汁用洗自身不辭穢也外道持淨氎來後將洗諸天遙遮勿汚池也由邪命得體不淨故以此文證心清淨者是正本故也

引文中初文初引緣即寶梁經周那沙彌名通大小故云比丘以下結示淨穢由心不在物也

依智論中言五邪者一高聲現威爲利養故二者強占吉凶三者激發令施四者改常威儀五者習學呪術皆爲利故言四邪者謂方維上下也

次科五邪初中爲利養故一句該下四種第四身

邪。餘皆口邪。四邪中略提名而已。論云淨目天女問舍利弗乞士者有四種食合藥種植田園名下口食仰觀星宿名仰口食（今云上者謂仰上故）四方巧語名方口食呪術卜算名四維口食（不言其不正）皆為求食供口甘為賤事故名口食。

雖求清淨財體應法綾羅錦繡俱不合。故世多用絹紬者以體由害命亦通制約。今五天及諸胡僧俱無用絹作袈裟者。來此神州乃隨著耳。親問彼云絹亦有也。但慈念故以衣為梵服行四無量審知行殺而故服之義不應也。

財體中初簡文。綺輕絹紗縠生疏葛苧並非應法。世下次辨絹帛。初示制意。蠶家乞得律制捨墮。然非蠶家展轉來者準律猶通。今準大乘深求義意並不許之。廣如章服儀中所辨。今下引事證。五天即四方中間五天竺國。諸胡即五竺之外。親見親問。可驗非虛。彼云下並胡僧語。梵天所著。故云梵服。

三云若以錦衣下明色相也。即第三門義。以法衣順道錦色斑綺耀動心神青黃五綵真紫上色流俗所貪。故齊削也。

第三非法中初科華文正間並乖道故。如澄師在趙服御綾錦者此神道設化一時王制若不從逐生民酷罰是以聖者權逐帝心故傳述也。二石云大和尚不知何以旌德宜位於王公之先服以綾錦不可以此逐行。澄法師神異之設何不學之。

次科初引傳即神異科竺佛圖澄西域人姓帛晉永嘉中來洛陽善誦神呪能使鬼物以痲油雜臙脂塗掌見千里外事又聽鈴音以言吉凶建平四年四月天靜無風塔上一鈴獨鳴澄謂眾曰鈴云國有大喪不出今年至七月石勒死子弘立少時

石虎廢弘自立傾心事澄下書曰和尚國之大寶榮爵不加高祿不受榮祿匪傾何以旌德宜衣以綾錦乘以雕輦朝會之日和尚陞殿常侍以下悉助舉輿太子諸公扶翼而上主者唱大和尚眾座皆起以彰其尊。餘廣如本傳。趙即石氏僭號。二主皆暴虐故云酷罰。二石即勒與虎。不可下示誡不可効其著衣宜乎學其神異今人既無神異但効著衣羊質虎皮何足貴也。

言袈裟者諸律多云青黑木蘭。三如法色如鈔述也。

次如法中初科指諸律者。四分十祇僧祇名同四分十誦云靑泥棧語少異耳下指如鈔見二衣中然袈裟者但翻爲染則諸色者非染不成知何不是故非剋相也今依善見云善來比丘衣同赤也大莊嚴論云我著赤色衣涅槃亦云被服皆赤即今梵僧皆服赤色眞諦云中國僧雖五部赤色皆同一也用斯事證袈裟染赤頗近實矣

次科定色中初示名濫今下二引文顯相善見具云善來比丘瓦鉢串左肩靑色句袈裟赤色鮮明莊嚴論因比丘乞食其家有珠爲鵝所呑主疑比丘盜之打之幾死不言尋打鵝死比丘方說主問

羯磨疏濟緣記卷十八　釋衣藥受淨篇　十三

其故比丘答云我著赤衣映珠似肉鵝遂呑之涅槃云如來入城乞食闍王放醉象欲令害我見我翼從被服赤色謂呼是血而復見趣云即今者謂親見也引眞諦者據所傳也用下三結告

然五色中亦有赤色者名同相別如靑黑等可即體同赤即木蘭所染微涉黑色即世南海乾陀樹皮頗相類也

簡正色中初示名同靑黑亦然故引質之赤下次顯相別章服儀云木蘭一色此方有之赤多黑少若乾陀色是也

文云聽長二肘下解衣量也即第四門義諸部極小唯四分文出家貧乏故是常也且覆形儀何由可具餘二衣相義同五分度身最好先以衣財從肩下地踝上四指以爲衣身餘分葉相足可相稱也

四中初標示諸下牒釋初明本宗局量僧祇十誦多論各有三品量寬於四分如事鈔具引出家等者出極小意餘下取五分通文初令依用下衣宜小故但云二衣先下示度身法踝即腳外突骨從肩至踝即廣量橫竪條皆名葉相廣多不稱特示度法長中無妨故不出之但使周身披搭得便

羯磨疏濟緣記卷十八　釋衣藥受淨篇　十四

依文九尺頗覺有餘今人廣不五尺長過丈二反執五分度身之文無乃度之不細乎習久成俗卒難曉喻法服製度壞滅久矣

文云若作新衣一重下解單複也即第五門義諸部通會下二隨時若至大衣必須重複今多單作是非法服得行受持服用得罪例知增減可自比料也

五中初科初標示諸下正明下二隨時通單複故大衣制定不許單故斥非判罪即據下門長短增減故云比料

所以唯複者由省事弘道無假餘長下二既聽則春

六條相多少三初
示三品

二釋極數

夏得服上衣是制若輕薄者則心易動非懷道相厚重被形大儀是具聖制有以凡情未知又複取受衣之時以制通三時故

次科初徵由下釋初示通意複則難壞故云省事下下次顯開制又二初約制心釋有問文中子曰甚矣古之爲衣冠裳履何樸而非便也曰先王法服不其深乎爲冠所以莊其首爲履所以重其足衣裳襜如（襜如盛貌）劍珮鏘如皆所以防其躁也以此防民猶有疾驅於道者今捨之曰不便是投魚於淵寘猿於木也（寘置）天下庸得不馳騁於狂乎俗禮

尚爾況出世聖道反不然耶二約對時釋分別功德論云爲三時故制三衣冬則著重（大衣）夏則著輕（五條）春則著中（七條）大衣對冬故須複作此謂對時而制非謂三時各定一衣章服儀云但以變在人情不惟源本本在遮寒單疏非分

文云應五條下謂條相多少卽第六門義律中分三衣則以名分未見五條七條以相別也以意通文則如多論九品伽梨深成前例定知五下七中也

六中初科初示本律但云安陀會等不以五七而分中下以下義決多論上衣九品下極九條則可

三明唯隻

爲例

極至二十五條者人云欲爲諸有作福田故言二十五有謂四有四惡趣及彼六欲天中無想淨居四空及四禪是也

次文初引示標人云者本無出故言下轉釋諸有略爲三有謂欲色無色三界也或云九有以上二界各有四也此據依報器界爲言今此以正顯依細分爲二十五文中以羯（偈）括之出阿毘曇論初句總收欲界下地五趣四有卽四洲次句準論合云梵王六欲天梵王天卽初禪第三天欲界有六天

（四天王忉利二天依須彌山夜摩兜率化樂他化四天依空住）第三句論作無想五淨居總論四禪有十八天初禪三天（梵衆梵輔大梵）二禪三天（少光無量光光音）三禪三天（少淨無量淨徧淨）四禪九天（無雲福生廣果此三凡夫所居無想一天外道所居無煩無熱善見善現色究竟此五三果所居）無想卽四禪第四天自五已上通名淨居俱舍名五那含是也四四及六共成二十二餘卽四禪中三天有人計此便爲涅槃究竟果處故特舉之使知非耳

所以隻非偶者以沙門行慈仁育爲本同世陽化故數非偶也然著服者知慈悲故如鈔說也

七長短相三、初釋割截 二明長短 三釋非法 八作衣法四、初明作衣法

三中隻爲奇數雙爲偶數陽生陰殺故取陽數意
令內省。
文云應法稻田者明割截相即第七門義也律云沙
門衣三賤謂刀色體也
七中初文引律以示割碎爲刀賤染壞爲色賤麤
疏糞掃爲體賤
所以示長短者由世稻畦隨水處高下致別也沙門
服衣現長短者亦以法服敬田爲利諸有聖增而凡
減喻長多而短少也
二中初明長短所以水高處則畦狹水下處則畝

廣沙門下次示多少不同長則第增短唯一定法
喻可見
又云互乖成受者受取依教必具三衣有而不持隨
夜犯缺爲離罪故必須受之著取儀相用生物善長
短差違乖慈梵故隨步越儀一一結罪
三中初明成受且成衣數故著下次明用罪由違
制度故
文云應法四周下明作之方法即第八門義也以周
緣故持無速壞也五條十隔者約相唯五通別短長
也應自浣染六事俱是成衣之務也

二明條葉 三明縫刺 四明鉤紐

八中初科爲三初釋周緣五下明條相準例應云
七條二十一隔等相唯五者五七相定大衣九等
短一長異故云通別應下釋浣治六事如注
割截褋葉屈襵三相者莫不從制及聽自本之末及
至減縵皆據貧乏故有斯開有思割本無則任聽可
也葉相廣狹誡文如別今多廣大澆風扇也
次科初示制聽褋葉謂以外葉褋縵衣上襵葉謂
就縵衣略襵爲相割褋通三衣襵葉局下衣制本
聽末次第漸開十誦更聽減量縵作故云減縵有
思割本謂依制也無則任聽謂從開也葉下釋廣

狹誡文如別即指僧祇斥世不依今時又廣
鳥足縫者揲葉下字有三叉相須卻刺者爲了縫文
故有執者縫僧伽梨也今縫有二如五分說直縫卻
刺十誦中直縫補衣不免長染若卻刺者俱無罪故
三中初示鳥足相須下釋卻刺初明引決四分不
了故有下辨名濫初引執今下正辨五分二縫卻
刺即倒針縫則知四分非止直縫十誦明判可驗
直縫非本制矣
前去緣施鉤者謂逼邊緣四指安鉤擬反向後八指
取紐也以覆左肩故有遠近今世覆臂故前八指又

退緣內俱顛倒也故垂前一角爲象鼻相八不思罪習久謂法何必如許煩惱我執無始常習可是聖法耶聞義即改從諫若流斯上人也餘總鈔中

四中初示正制中八一指即令一寸今下斥非初指非覆臂垂地故前八指退緣內者八寸不啻象鼻眾學所制步步吉羅八下正斥初示執訛何下勸改過如許言其多也無始等者點其所執聞義等勸其遷善聞義即改出論語彼云聞義不能從徙亦改也從諫若流出史記美漢高祖能聽諫也

文云衣破緣不斷下明補治法即第九門義以緣周

相在受持限故雖中間破開補治之若又失受破非意故煩累則多但約緣存攝緣即足貼四角者爲貼治擎舉相助爲力障垢膩者數浣本衣恐速壞故但摘補者足充清淨也

九中三段初明損破失法文取多論暗斥善見彼中間破即失受故文釋貼角三釋障膩以左肩著肉別加片布就裏襯之有膩摘洗則不損衣

文云護三衣如皮下明行護也即第十門義以輕賤故非分破裂出家爲道乃多營衣非本望故理須將護不妄揩突律中奔車逸馬稠人刺棘並令自持無有陵犯意可見也凡作袈裟六年一替必中改換如三十說敬如塔想深有致也以同佛衣誰敢輕慢

十中初科初敘敬護之意律下引示初引律明制道逢諸事皆須迴避稠人謂多人處更有泥塗門戶門小側身門低曲身凡下次準戒相以求必中不滿謂減六年乞法聽作敬如塔者如注所引同佛衣者知難當故今時愚者作惡不除屠屏不著脫著不知福疊損壞不時補治體色乖儀短長無準袴襦俗服敬若身皮正制法衣視同棄物祖師所謂輕聖所重重聖所輕現世剎除他生永離悲夫

若不持入聚犯者律開五緣非緣不合著紐制者爲形露故儀服有在隨家過生亦隨生罪倒反二著不可常途爲緣須爾

次科爲三初持入聚據通三衣律開五緣且局大衣耳一疑怖二疑雨三經營大衣四浣染五藏舉次釋著紐不著入俗罪即犯吉後釋倒反倒爲下壞反須村外故云爲緣

所以衣鉢常隨身者由出家人虛懷爲本無有住著有益便停故制隨身若任留者更增餘習於彼道分

曾無思擇，故有由也。

三中，虛懷謂心無所累，無住即四海爲居，留衣反之故爲道障，由即制意。

二明受法義分爲五：初前後持，二正從相，三通塞法，四正加受，五失離緣。

初前後持者，約緣定持，今多受後，約三次第，今多大約律本無文，並隨情妄執。

第二受持定前後中，初妄執有二：一受後加法，二先鉢後衣，緣即受緣，大約謂不依次第。

今從他部受緣即持，既奉聖儀，須受聖法，然後白四領納戒體，安有受已方事持衣，相越常模，故乖正教。

也。餘如前受具，列兩時，任機行用。

次正義中，初科初立理，彰非他部，即五分僧祇。餘下指前勸用。五分教授出問時，僧祇戒師正問時，故云兩時。舊云受前受後者非。

次約衣者，前令持鉢後乃持衣，儀相非便，或未得本，隨出便畫意，以先問內衣，如名加受，便著之也。次受鬱多，隨上被體，後受伽梨，乍可牒褋，故律此衣或頭肩持，或褋或擔，不同餘兩。鉢爲第二，衣服既被，方可手執，坐具第三，最後加持，疊置肩上。

次科正加中，初指非，不知教意，故未得本意。下示法衣鉢坐具次第三節，大衣牒擔，引律褋持，示非常用。

沙門法式義，但有三：覆身之衣，餉口之鉢，並法須受。此二既具，須坐繫念，如法敷坐，常所御故，自餘閑物，無持法也。

示意中，三衣身衣足也，一鉢口食足也，坐具依處足也。三事爲道緣，三學爲道因，則入道有本，出離可期，是則出家可徒爲矣。

二明正從者，有問曰：三衣受法名體不同，得互加不？

二正從問中，疑其各異，不可互加。

答：準五分中，若得衣財，先作割截，乃至不足作安陀會割之，又不足褋葉作。十誦有縵僧伽梨受持之。

次答準教中，初科五分文漫，義是伽梨，乃至字中略其多品，仍準十誦，更開縵衣。

準如上文，若無大衣者，得財依量作二十五條，如法加受。若不作者，乃作九條，如法割作。若又不足，當褋葉作。又不足者，七條割褋。又不足者，五條割褋、襵作。全不成者，方作縵衣，法加僧伽梨。

次科初明正衣，先割後褋。又下次明從衣，中下及

三引證

二举衣别配三 初示通所以

二正配三衣

三指文合數

縵並易本名加伽梨法。

故四分云若廣長不足褋葉作之故僧祇中借檀越衣安施鉤紐作淨受持故知其相通有正從也

三中四分證褋葉僧祇證縵衣據如衣體未顯所屬至於三名定有別用且如縵衣豈有異相隨名分三故用三別

次別配中初文體通名局加名為定下引縵衣證隨名別

僧伽梨中自分正從正十八品謂始從九條至二十五九等分之約割褋緣二九十八也從即有六謂無

正衣有二七條一衣割截從於正受為鬱多羅一衣褋葉義須加從謂伽梨也五條有三并一縵衣故合數之則有六也通前正衣則二十四也餘之二衣例準可知

二中初委出大衣先示正數後明從衣言無正者示開緣也餘下次指二衣令例準者七條正衣有一從有二十二並加鬱多羅五條正衣有二從有二十一並加安陀會

文中顯衣細分各有二十三是以一縵衣通三品故或隨顯名有二十四也通三衣數則七十二種後受

三通塞法二 初牒章 二正释二 初总標 二别示三 初僧尼兩眾

二式叉一眾

三沙彌二眾

四正加受三 初牒章引文

自明

三中三衣各有二十四總合可知

三明通塞者今依五眾隨位立法

僧尼二眾受法大同若論衣相則有正從如上門說若尼別服覆肩衣祇支受相制異故無所通

三明通塞僧尼中初示通兩眾各有七十二品若下明塞以局尼故祇支正云僧卻踦此云掩腋衣

式叉一眾雖預學法至於衣服入加五條以為入眾也又加一縵以常服也肩衣祇支自從別位則具四衣

式叉中通塞準上入加五條者據同下眾畜二縵衣特加五條以為簡別雖無所出今亦用之

兩眾沙彌同居一位依論聽畜上下二衣各加受法如上明也必有他緣更無可服則用僧尼三衣亦得唯加縵法理須反披若加受法大同上眾轉名三眾以為異耳

二沙彌中初示正衣二皆縵服多論云一當安陀會一當鬱多羅僧必下次明從衣文但明通準加法中沙彌尼亦有覆肩祇支則為塞也

四受衣方法就文為二初明五眾受衣法二受坐具

法更分雜碎去。至時在口中也。
四正加中。初文更分雜碎者。就五眾中。初對首受捨。二心念受捨。又對首中。初僧後尼。僧中先受後捨。受中。初大後小。大僧中初三衣後縵衣。省煩不分。故令口舉。

二隨文別釋二。初對首受捨二。初僧眾受三衣二。初分文。二隨釋二。初受法二。初大僧受三衣三。初安陀會二。初分文。二隨釋二。初顯可持三衣三。初釋制受二。初標舉。

就三衣中。初受後捨。
就安陀會中分為二。先顯可持三衣。大德念下。就衣加法。前中云應受持之。不出其文。致有諸師行事罔濫。
次科僧受安陀會。制受標中。律中有義無文。古人罔濫有二。一師不取外部。故但手持。一師雖用他宗。而不曉教。

二正釋二。初斥不加法。

有人不加言教。但奉持無離。即是受也。若爾。何以文中云有疑捨受。明知有法。故須捨之。不受持者自犯罪耳。由失法故無宜不受。
釋中初文初出古所執。若下。據文難破。

二斥用祇差

有人用僧祇受者。此迷教也。彼律開夜會。此部制明相。有緩急也。何得妄行。今用十誦。持犯相類也。
次科初指昔迷。後示今用。僧祇夜分暫到衣所。即不失法。四分十誦並護明相。

二釋有疑二。初正釋。

文中若疑者。謂曾受持。後忘謂未。欲重加受。疑情不遣。故須先捨後受。明白也。或可先受後難。事訖疑生。失不未了。故須捨受。
次釋有疑。初科有二。初約迷忘明疑。或下。次約難緣明疑。謂奪失道斷染隔等緣。

二問答

問。疑是無知。何不結罪。答。此中疑從事生。非本不學也。以心境迷忘。至佛方除。如夜暫出作心防護。不謂失衣。忽然地了。人衣兩別。此失無疑。疑謂未明。雲霧闇塞。非問自知。忽然日出。此之迷事。非學得知。故須捨之無罪可負。

問答中。初示疑心。若生來不學。臨境瞢然。此可結犯。今是事迷。縱前不學。非學之功。故無有罪。忘是無明。至佛方盡。如下。出迷相。非問自知。自合作。能負違也。

三釋非色二。初正釋。

又云青黃等者。由異俗故。義須應法。若猶本染。諸判不成。雖強加持。重結罪也。
三非色中。初文異俗。謂出俗之人。不依俗色。本染即五正間。強加重結。犯九十。新衣戒。更增無知等。

二問答

問。如今大衣。並非複作。又是正色。成受用不。答。必有外緣。聽用無罪。無緣有財故單者。犯。如善見中若見著五大色衣者有智慧人知是失衣比丘唯暫得著後求如法不可妄行非複暫受如上已說可通覽也問雙牒二事且據大衣若論非色餘二亦同答中初約緣有無以定開制如下引示初決非色有智慧人即知教者非下次指非複前第五門受成著犯

依文爲三謂正從縵也前正衣中初明作法正儀下衣有四種下解其所以謂割等四如文列也褊葉一種局在下衣餘通上二先明正三品者謂割褋褊作五條也從有二十一謂取十八品大衣二品中衣一

通縵者同加安陀會也

加法正衣中初點文下衣下釋注初別示正衣先下次總明正從

衣中云若將從衣受者如文極顯至時演示也何以通之如律無安陀會尚許借衣受之何況自有三衣而不聽加受法

加從中初科初點文何下釋開意準借況自理必開聽

有慚行事縫諸條葉唯留五條一長一短即衣加受今不同之縵衣類極下也猶尚通下及上況正三衣不得加作但依相題加三法故

次科初敘異慚行事者謂疑教也縫條葉者謂以大衣加從餘條並須縫之秖留五條開葉如數入法故曰即衣加受（準此自古衣皆開相今並縫合）今下正斥舉縵爲況以顯體通依相題者如文安陀會二十五條等

次縵安多會如五分中開受服用此通二眾衣也皆是從攝題名異耳據體一也若從人正則沙彌服受法如下也

縵衣中初引五分上通二眾若下次據多論正屬

下眾

二明受鬱多羅法有文爲憂多猶陀衞多會陀會取音之訛鄭耳正但有二如文列之從有二十二品將十八品大衣三品下衣一品通縵則滿數矣文中加從者牒相如衣體加餘並依文則是也

二鬱多中初示異名憂鬱音轉下衣三名安字是同下二字諸出各別舉以比之故云猶也論語云惡鄭聲以亂雅樂（注樂犯自鄭衞故曰鄭聲雅樂即古樂）雅即是正鄭謂不正今謂邊國失正梵音故云訛鄭正下次示正從文下三明加從牒相如衣準前不異

三僧伽梨

三受僧伽梨中正從如上文亦具了云若干長短者前之兩衣條數揩定更無延促故受如文必有從者方從改定若據大衣割褋各九條堤相異何得定言至時觀相方牒入法故云若干應用諸品可不爾也三伽梨中初示正從云下釋詞句若干者數之通名初明前二數定若下正示大衣多品故牒通名臨時加改

二下衆受縵衣

下衆受縵衣法中引律證須不得不受有人云三衆未具何得同持文中有罪此賸結也此非名語一戒可賸或是失本通戒並有何得妄消況復論釋與律

符會如文說也

下衆縵衣中初點文有下斥妄初敘妄彼謂未具未合加持豈有離罪離衣戒後三衆結吉乃是餘賸之罪非實犯也此下正斥非名語者責其無稽也若秪此一戒結三衆罪或失結之本意非理而結容可爲賸今並不然諸戒並有非一戒也律論相符非失本也指如文者並見注中

二捨法三初明諸捨差別

後明捨法中四分有疑如上開也非謂開捨而得離宿故僧祇云夜往會衣不能得遂佛令遙捨以輕易重寧無衣故犯吉羅也若捨無罪須用白二以輕換重隨義亦然餘則不開也又如五分換易故捨善見多論壞相失捨如是不定同皆捨故或對衣作或緣隔作並同成也

捨法中初科初釋四分開文同上非下次明諸捨初明作法捨僧祇遙捨以缺衣吉易離衣墮（借衣如受則免缺衣）白二捨者即如戒本除僧羯磨以輕換重同是作法開離故云隨義亦然又下五分換易捨見下心念中多見壞相以失爲捨或下總結對衣謂白二換易緣隔即遙捨也

二歷句簡辨

就分四句一捨衣不得罪二得罪不捨衣餘二俱句

解如戒本就文如彼

次歷句中初句如白二等次句即犯離衣戒三兩亦句如僧祇四俱非句即持奉者下指戒疏見三十中

三問答釋疑三　初約受捨非類以問

問受捨相類何以三一說別者答相違故也如捨戒法二說便成

三問答中初問易解

二約結界以難

問結界捨界同白二者答僧和難得故須忍默餘別不類也

次難引僧比別非類可知

尼受二衣中文緣並具

尼二衣中初科文緣即法注

而異本制者覆肩肘量薄有所承祇支全改義須引定文雖約量漸訛替變

次科總標中以祇支覆肩並約肘量顯是方服覆肩猶存方相故薄有承祇支已作褊衫故漸訛替文即僧祇

然今衣相都乖本服昌言非重通世共行況此法衣相殊俗制依法加受無宜不合如律文云得下廣衣聽作祇支則與今量頗同類也然依文加不可從古交與相違但云如法知非法故

釋祇支中初責其違教昌言即佛語尚書云禹聞昌言而必拜謂善言也況下次勸其加受如下三引類通許律正作上狹下廣似今褊袖故云同類下令依文即指詞句古依僧祇牒量加受事不稱法今不可從

心念受捨衣中如文五分但云獨住此處界內無人準得

心念中初科初準文此下義判

有人云此對首法無人開心念必須自旦至夕坊道覓人必無可證乃可加法豈聞聽獨曾不待對太自輕也但延佇候不過明相恐犯缺衣如僧祇中清旦不得心念說戒待客比丘意可見也

斥異中初文初明佇待但下示分齊如下引據

今解云決有通塞約緣故開不可一例但界無人即得自念雖有非數豈得對首如結小界及以戒場為勞動人故開別作對首捨墮未勞待僧不同說恣彼此通奉任情安也此之獨受一往即成後人重至更不勞作不同說淨言中不了值人更說文如後也

次科初立義說戒說淨則須待人加衣不須故云通塞如下二舉例有二一引小界戒場例行法取成但恐煩眾豈須待耶二引別人懺捨例由本對僧若須相待不應開別不同下三釋妨初釋說恣須待眾別異故此下二釋心念說淨須待受淨別故漫指淨主故言不了

五明失受持相義張四種障礙故離一者界礙如律中說此樹非彼樹等以隨衣所在界別不同如別廣說

五失離列釋中初界礙者即作法自然十六種衣界各不相同

二者染礙以男女同處性相染污譏謗由生故制須離律諸戒約多有斯例如同坐同宿同行同乘與衣作衣無論道俗是女皆犯故多論中除村界者爲護梵行也以義而推無男有女是爲染礙

二染礙初顯相律下舉例且列六戒下定提舍三十九十其例極多道俗即尼衆俗女故下引證即攝衣文證以下結示

三者情礙如僧祇中兄弟分齊五分多論外道異見樂人部衆王來入寺諸所遊行門取水處大小便處並非衣界即如四分戒本下說

三情礙中僧祇兄弟分居同家別室在中護衣衆處非界五分多論外道幻惑樂人蕩逸王臣威勢若與同處皆不自在遊行門等皆都衆處既非衣界制必隨身下指四分即離衣中

四者隔礙如僧祇中大祠門外須梯須鑰無者失衣四分水陸道斷同界難會豈非失也故五分云僧作羯磨結不失衣界而於中不得自在往返者是離衣也

四隔礙僧祇衣在祠中梯鑰可入方便開之四分可解五分不得自在義通三礙爲物阻絕即屬此收

此之四失廣如別疏就文明義羯磨解竟須附文釋前已廣解作法攝衣此明自然皆歸戒本也

結中初指廣即戒本疏就下示今略謂就今文當廣其義而結攝衣中已明今此附文不宜廣義須下示前廣此略各有宗故

受尼師壇法本梵音也律翻坐具故有明相就文爲二

受坐具中初科翻名有明相者似此氈褥對翻可見故世云爲尼師制文不識楪故謂之壇者謬矣

初制緣起中爲身者以形骸所資假斯故立也爲衣者若無坐具以衣爲敷事不可也臥具者恐損僧物擬用藉之自非無學何免穢汙

釋緣中初科三意一資己身二敬法衣三護僧物無學苦依未亡尚有穢漏入無餘已然始免之

長周尺量者律云長佛二搩手廣一搩手佛在人倍人長八尺佛則丈六並依周尺以定律呂也更增半搩者謂截竟加半搩耳非謂相連說增也故佛滅度後一百年之時毘舍離國擅行十事不制縷淨是其一擅今世盛有即跋闍風妄情難信但準聖言自無

三重作　四過量　五不開淨施

呰也。

二中，初明初量。佛一搩手長二尺，八止一尺。律呂猶準則也。六律六呂氣候不差，故更下次明增量。初示增法，故下引斥妄行。跋闍十事資持具引。擅謂專輒，不割縷淨，謂統同增量。如法無過。必須重者，以單薄用穡，一損身增患，二漏汚僧物故也。

三中，初示不量，二過，兼復損衣。如僧祇可教誡者，情多樂廣，喜受僞法，故遮惡緣，預設防禁。今不披律，至廣長作，正法滅身也。除依教行正法生身也。執此兩途，增漏障道也。

四中，初示律意，今下斥非。法之興廢在於一身，可不愼乎？違教則如病須藥，依教則病差藥有。二俱障道，情不可留也。注中諸相並見鈔記。言不得淨施者，以宅所履本制須之，必受持也。自餘聽畜，方開淨施。今多說淨無有受者，不可怪也。說淨猶夾，但無準的。

五中，初明制受非長，故不聽淨，宅居也。今下斥非。不可怪者，不知教故。說淨夾者，夾於受持，勝不受故。

六離宿不捨　七色相　二釋法　二受鉢二、初標示。　緣二、初分章。　二隨釋五、初釋　二隨釋五、初制意

離宿不捨者，過非道標。雖離不失，是佛制故。離宿結罪。

六中，過謂情過，異三法服，故非道標。諸部未見染色，義須袈裟爲正。

七中，色準袈裟，離五正間。注中五分搩角助牢，不搩無過。伽論離宿不捨，不失法故。律開減量，必以受持。但云如法作也。但諸部中令受而無受文，義準衣鉢以知受捨。

釋法中，初示詞句，律中制過開減，減非應量，故令改之。但諸下明所出，知受捨者令憶持故。

二明受鉢法，分爲二。前緣文列義分爲五：一制意，二論體，三辯色，四明量，五行護。

初中，以出家務道，本不謀食。然有待形，假資方就。俗則餚膳方丈，無思厭背；道則不雜種食，一鉢知足。然古佛道法以爲標幟，非聖自制。餘無知者，如五分引。誡爲後式。

受鉢制意中，初敘食緣。論語云：君子謀道不謀食。俗下二明異俗。方丈列鼎，言其奢侈。種猶多也。然下三示聖制。諸佛標幟，出十誦文。軍中旗幟，有所別故。注引五分，彼云佛在蘇磨國，自作鉢坏，令窑

師燒初成金鉢次成銀鉢佛言王若聞者謂我能燒金銀並令埋之後成鐵鉢青如閻浮樹佛令用之號蘇摩鉢

二明體中出世貞素須離非緣雜寶爲器濫在家人木鉢外道石鉢唯佛比丘俱離但用泥鐵由離諸濫省事易得也

二體中初簡濫貞謂志堅素謂行潔寶木石三皆不聽用按本起經佛念往佛以鉢受食時四天王往頞那山取石爲鉢各以奉佛佛累於左手以右手按之合爲一鉢四際分明所以比丘不聽者恐

濫上故又準智論石鉢體重慈愍諸比丘故又云細石難得麤者受膩故問比丘三衣許濫佛者答鉢但體殊衣唯量別但下顯體離濫易得具二義故

三明色中應熏作色者以諸餘色並同俗故受膩易脫數有經營妨道亂業制用熏持唯被道眾佛廣說之唯熏鉢法非俗常也今依律用隨作並成但鐵熏一者多剝落耳西來鐵熏由牢固者解熏法也世有捉油諸鉢體相乃同無柰色別不成受也

三色中初敘制意有三一異俗二不受膩三不廢業佛廣說者見本律雜犍度彼云時瓶沙王布施比丘鐵鉢比丘不受佛言聽畜乃至云畜鉢不熏生垢患臭佛言應熏彼不知云何熏聽作爐若釜若瓨種種泥塗以杏子麻子泥裹以灰平地作熏鉢塲安支以鉢置上鉢爐覆上以灰壅四邊手按令堅若以新牛屎壅四邊燒之當作如是熏今下示熏法依律即黑赤兩色僧祇孔雀咽鴿色即青翠色善見瓦鉢貫左肩青色是也鐵堅不入故色易剝準善見鐵鉢五熏土鉢二熏則知西竺解熏法也世下斥濫捉油似今磁器

四鉢量中如多論解種種不定或以稱飯斤兩爲法四分他部多說上鉢受三斗下者斗半

四明量引教中初文多論自云論師種種異說以一義爲正謂一鉢他受十五兩飯鉢他量名上鉢受三鉢他飯二秦斗二斗一鉢他羹餘可食者半一秦斗即秦三斗諸部多說如鈔廣引律是姚秦時翻猶行晉法故唐雜令云斗者三斗爲之故知姬周本制圭抄爲本如是乘之

次科古晉周制未改故云晉法唐令變古古法可見算法起自六粟爲圭自圭抄撮勺合升斗斛皆

以十數乘之乘增也
計今大者未有容斗小者減本三升者加法應量便乖本制不成相應如母論中不滿斗半則減五升不成受也
三中大未容斗謂姬周斗似今三升已上小減三升亦即周升似今一升太小乖法引論證非周時斗半爲唐五升
有人云律制量腹而食何定量也隨得成受未必依論
斥古中初科妄執律文彼制量食非鉢大小近聞

愚者亦執此言播醜於人孤陋置耳
今解不然人食多少自須量料及論鉢量須準聖言今有不食之人或有食一升者二食則嫌鉢大一食則嫌鉢小俱須依量不容臆說必若過減無任受淨審知違教故受獲罪
次文初責昧教今下次以事徵謂食不食多少不同如何可準俱下三勸依教無任受淨加受說淨皆不成故
五行護法善見下文委之如鈔復廣也
五行護中注文備顯故但指之

二正加受用十誦四分諸受文皆缺者以覺明論士誦本東傳至於翻時隨出便寫貴存一部無暇覆疏尋復返西此無行用故多缺也十誦翻弘當世隨缺譯者問之故文繁矣
二釋法辨缺中初文四分即覺明誦來兼解婆沙故號論士羅什亦從傳受是時遂有大小毘婆沙師翻譯纔就拂衣西邁不知所終十誦即姚秦什師所翻
余近問于闐國僧彼既大弘四分何以律無受日等諸受持法答云此無但脫漏也彼國梵本十萬偈從

唐言譯則有百餘卷羯磨別本皆備諸受有信當寄也
次科于闐即高昌近於東夏與月支等皆土蕃耳有信當寄許諾之詞
但傳文俱略須知其致不得專執計理法正隨法備文不須疑也
三中法正即部主既立宗集法理必須備

四分律刪補隨機羯磨疏濟緣記卷第十八

四分律刪補隨機羯磨疏濟緣記卷第十九

宋餘杭郡沙門釋元照述記

二明聽教。卽衣藥受淨也。

二聽門標中。卽衣藥等。合前題也。衣唯對淨。更收長鉢。三藥但受七日兼二。若通金粟。時藥亦二。藥濟形命。無時不須。故先明之。就前內資。四藥分二。初緣後法。

四藥標分中。初示先後。就下分文。

就緣中列四藥名。相廣引鈔中。至此說也。此但加法。故不廣繁。

緣中初科。指鈔。四藥皆以時限爲名。五正不正爲時。清漿爲非時。酥蜜等爲七日。不任食者爲盡形。就文手受。多論五意。爲防盜相而爲本也。餘如戒疏。二引口受。爲加延故。得經時限。故十誦云。是三種藥擧宿不淨無病。並不合受。反上得加。

次科。手受五意。一斷盜緣。二求證。三止謗。四少欲知足。五令他生信。口受延時。爲對病故。十誦擧宿收二宿。不淨收二煮惡觸等。此謂藥有過也。無病。非開緣也。藥穢則雖病不開。無病則藥淨亦閉。文列時藥手口互塞者。以口法所加。爲延手受得過時限。時藥過中。自不合噉。焉須口法。以無所延。雖行口法。爲別所開。因他不喜。或爲難逼。不及手受。遙加口受。故律本云。有時因緣。置地而受。卽其事也。故云手口互塞也。

三中時藥言互塞者。本唯手受。緣開口受。以替手受。隨一卽成。不通兼互。初敘不須口法。雖下次明口法開緣。他不喜者。卽外道緣。爲難逼者。五分火燒馬屋緣。並以食遙置地。比丘口加三受。卽當手受也。引律因緣。不出上二。又寶器盛食。見女起婬。並開口加。

餘之三藥。若隨卽噉。不須口法。必欲經時。先手受也。後加口法。必兼二受。

餘三藥不先手受。不成口法。理無偏也。

就後受中。四藥卽分四門。

就時藥中。緣法分二。初就緣。五正如文所列。若噉此五名正食也。是請是足。能生後犯。次列佉闍尼五非正者。體氣力微。雖噉開後。故名此五非請非正非足食也。廣如鈔中隨戒解之。

次法時藥緣中。五正云。是請是足者。以背請足食並據五正明犯。非正不犯。故並反之。

二釋出三初總示　二別釋四初觀藥染淨三初標指示意　二牒文頭相　二授者是非二初總舉二別釋三初分別食

就二作法又分四別一觀藥染淨二授者是非三明受法四量時設觀時藥既爾餘者例然
初染淨中言諸過者前淨地中已具出竟今略舉之由過常起
釋法觀染淨中初科過常起者無時不須故
一非內宿者謂知非是人食同住經明相也二非內煮者謂同坊寺內不煮食也三非自煮者謂非自他之火淨也四非惡觸者謂非未受輒自捉也五非殘宿者謂非自他比丘曾經捉已至明旦也六明販博者謂非自他不淨藥也即興邪命非法自給之流相可如上七犯竟殘者謂餘三藥曾受違限非是他施而取噉也
次科七段名相易解六種並據大僧所為唯第二內煮通於大小道俗等人七犯竟藥亦制自他離上七過方應受法故並云非也
二授食法有三初言分別者以食是可正足非食不在正足或可食是可噉者非食者如草木不可噉者今見授者不言是食不妨執時實是五正以心別緣不成受也必須心境相當成受應法若錯受者非故不成故律云欲受此而錯受彼並不成受及相觸等

二有施心　三知法与　三正明受法二初總舉二別釋三初彼此相領　二為自噉

例知矣
授者是非別釋中初科初牒釋是食非食兩義通之初約正不正以分謂是正食則有犯足及背請非正不犯故次約可噉不可噉以釋今下指過初判非法必下示成否引律可見及相觸者即見下科十誦文也以彼輕心比今別緣故云例知
二有施心者若持食寄雖受非噉為掌舉故後施開食明知無心為施雖受不成
二中先寄後施即知前心雖受不成
三者如法授與者即非輕心十誦中若輕心觸手不成授食又如明了論中須知比丘是受食者若解成授廣如鈔顯
三中十誦須至誠了論取知解
三自受法中初明授受兩緣彼此相領體非錯悞片違不成
三正受別釋中初文可見
二為自噉若為下眾雖受不成如善見中比丘乞食風塵坌食為沙彌受至寺與之後反施者更受如法故知前受非名受也
二中善見由為塵坌作念與他非自受故言反施

三如法受

者沙彌卻施比丘也。
三者如法受之如律文中衣器手等互爲十句廣如
鈔也但須以時仰手表無盜相若迎前抄撥置地任
食如斯非法也雖開置地緣至故也分開輒行非緣
獲罪如儉年食自捉自煮今非其緣須離餓業心不
可信但依法也廣如不受食戒說
三中初示法四分初五種手與持物歷爲四句二
互二俱第五遙擲過復有五種身衣肘器與還以
四受并有緣置地若下彰非又二初總示非法雖
下別釋置地分猶微也下舉儉開證非常法今非

四並明作觀三
初通標述意

等者勸令依教非受而食當獲餓報故名餓業
四作觀者略爲五門比丘受用衣食房舍臥具事者
必行觀察如母論云利根比丘所得利養隨口隨著
隨入出時一一作念不作念者爲施所墮若鈍根者
一食作念如是不能能施所施並施所墮若不行者
腹破食出由有來報故不卽也餘引鈔中對施興治
明之
四明作觀通標中初敘四事如下引文示初明須
作隨口對食隨著對衣出入對房文略臥具利根
念强故不暫間鈍人易忘但制初時如下次明不

行所施不堪能施無濟故二俱墮此來報也服破
文略袈裟離身並現報也由有來果故少現報故
云不卽

二釋文別釋五
如文

初計功者如僧祇云計此一粒百功乃成智論云初
耕下種耘治刈穫乃至鉢中計一鉢食者作夫流汗
食少汗多智者如何不思緣起
別釋初觀卽思鉢食耕種炊爨之勞僧祇一粒百
工多粒莫計智論耕耘至鉢推其始末也汗卽身
血文且舉飯餘皆準之注令量來處者思彼減割
何意施我

二自量者如善見云有四種受用利養一者盜用二
負債用三子物用四己物用不觀而食破戒受施如
初人也持戒第二七學人者如第三人至無學果受
利養者方如己物智論云出家比丘受食無觀嗜美
心堅死入銅鑊地獄丸漿二苦動經無數
二中初引善見明可否盜用喻有罪負債喻須酬
子物喻須謝己物喻自在三果四向爲七學初二
凡夫三四聖人乃至四果方堪信施學者聞此能
無慮耶次引智論示來報銅鑊卽獄名
三防心過者成論云現見衆生在不淨中生不在磐

石中者由貪嗜味過故然食有三種謂好惡及中庸也因於三境便生三想次生三受後生三行便結集苦如美食樂受後起貪行惡食苦受後起瞋行中食捨受後起癡行便趣三道地獄餓鬼及畜生也必要起觀三惡不生行業不欺自感善惡故俗諺云禍福無門惟人所召誠有由矣明了論中應生四觀一離食醉過二離喜樂過三離好過四離莊嚴身過多發貪染故偏舉治之

三中初略引穢因磐石淨處少見蟲生然下正明因果又三初通示心境因境發識次生三陰結集至苦即成三色五陰備矣如下別配因果必下示觀法初勸修防三心故欺猶虛也下引俗證即左傳文禍福無門非先有也惟人召者由已正不正也證前善惡率由自心語勢雖似須知淺深明下引示能離四過即為四觀一貪飽二嗜味三欲光澤四樂肥充此四治貪雖通三心瞋癡稀故

四如良藥者但得支身以除饑渴有力無事令身安穩轉載而已餘何所求故經說言是身猶如車好惡無所擇香油及臭脂等同於調滑是也

四中藥以治病飢渴故病以飲食治之轉載見下

三結誥行用二
初對境興治

偈經即雜藏彼因王以麤細二食試外道外道心起愛憎及試比丘比丘說偈答王因知邪正謂如塗軸油豈論香臭如資持具引

五為成道業者佛立觀意食為修道若行凡福非出世意何則輪王十善福化故也如持世云若不為除滅我慢諸煩惱者不許受人一杯之水何況餘施文中廣列至時引用

五中初明道業謂求出離凡福非道故所不聽如下次示不堪不除我等即非道行彼經文廣故下指之

豈唯口說必在擎鉢前胷注精觀食心悶沸涌者知叵耐也合眼少時待定方進鍉鍉預看然後內口何心故內知貪嗜者須與吐之眼不欲見何況流瀉臭穢難堪此不足貪但癡不覺若得惡食待瞋心歇然後噉之此母論解若不行觀羅剎奪去後充飽竟乃憶前觀此業已成徒悔無益必須預覺何事迷耶

結誥中初科初示法擎鉢前胷示其儀也注精觀食攝心在境也心悶沸涌者貪嗜盛也知叵耐者治力不加也合眼待定漸漸制也鍉即鉢器鍉鍉看者別別觀也內即入也何心內者離三心四過

也知貪嗜者猶未調也上吐下流後可惡也上對美味若下對惡食也此下引文證羅刹喻三心食後方觀不可追也

言略事廣會在臨食方知分量是何位也大丈夫既不能造大過入地獄豈爲一口食而陷沒耶受苦是因而所爲極弱矣

次科初令自省餘時則高談莫及對食乃抑制難平顯是下凡自可知也大下次示激勵一等造惡受苦不辭反爲口腹長劫墮獄所爲極弱者悲其鄙劣也

二受漿中初緣中云若不醉人聽非時飲故知醉者即時藥也今有用諸草木合釀爲酒具色香味如酒不異但不醉者佛令屏處飲之非酒色香味若飲醉者如法治罪

二非時釋緣中初科初定藥體今下指時事色香味三具而不醉開飲非具而醉犯吉境緣不具故不至提

不應今日受漿至明日飲者以越非時分故隨飲殘宿惡觸生也

二中過時宿觸更兼不受非飲不犯

文列澄如水色者恐雜滓澱即時漿也故諸果中自有清汁初押漉時非不雜合澄久清淨非時自別

三中澱音殿亦查滓也

水滴淨者爲淨味故文雖在漿義通四藥如衣須揲須點爲壞色故如食須水渧之爲淨味故如屣須人著之爲壞好故如是一切無非壞我方便也不爾煩惱强壯自專服用何得忘懷也故十誦云如甘蔗不以火淨清汁不以水淨一墮一吉也

四中初示淨意文局義通者四藥俱須以水滴淨如下舉類新衣須點揲新屣著七步如下總示權巧忘懷懷即我執故下引證不火淨即壞生墮

二加法中受是聽開文缺不出今以義約藥病兩具可如文也必無病者非時飲漿犯非時罪

二加法中初示缺今下點文必下遮濫

三受七日藥法緣中具列酥脂各五亦準義文加受藥法僧祇中云風病服油冷病服蜜熱病服酥等分石蜜作法設治廣亦戒疏及行事鈔

七日中初示緣酥脂各五謂酥蜜等五脂有五者熊羆猪驢魚也亦下顯法僧祇四病對四藥酥分生熟即爲五也等分謂三病俱發戒疏見長藥戒

事鈔見四藥篇
四受盡形藥中緣雖列味不任爲食者總盡形體也
加法之藥病相對者得也此既盡形故開宿煮如上
淨地及鈔廣明故不重者至時引用也
四盡形中初釋緣加下示法此下明開内宿二煮
惡觸四罪
衣說淨法義分六門謂制意等廣如鈔引
第二衣說淨標指中六門者一制意二施主差別
三開說通否四說之法用五施主存亡六失法不
同

今就文中言長衣者即百一之外餘衣也不限應量
不應量俱須說淨文云長八指廣四指以佛指面廣
二寸用姬周尺量之則長尺六寸廣八寸也減此量
者如文亦說但罪有差降耳
釋緣初科正釋中初示名義上根但三衣中根受
百一下根聽畜長不下明體量初總標文下別釋
初明應量減下二明不應量應者犯提不應但吉
此爲異耳
比人行事但說應量餘不應量捨不說之縱使應量
以唐尺爲度減者不說文相染犯得其言矣失其實

也尺八爲肘六尺爲步三斗爲鉢斯誦語也須識時
變
斥異中初通列三過初減量不說二用尺有乖以
唐一尺多二寸故三不知染犯減量不說過日犯
長則應量者說亦不成得下別斥尺度但聞長廣
尺寸之數而不知尺有古今不同是得言失實也
仍舉肘步鉢量例須曉之
文中除波利迦羅者唐譯助身衣也即百一供具令
受持之不合淨施故云除也必不受百一而畜長財
是百一數隨日犯捨無助身名唯除衣鉢坐具等五

二中初釋文必下簡濫畜長之人百一亦長衣鉢
制物不在其例
言不現前者即合淨之衣遇緣不至以前人雖許衣
鉢未現如是例之
三中如是例者或買未來或爲將行或藏他處等
乃至穀米錢寶等分有貪道如法聽受既無自畜制
令施他同類過增俗人不例遣令知淨生善除貪
四中初明聽畜既下二示開淨同類過增同不應
故俗人不例是彼所宜故生善即化他除貪即自
利

二請施主二、初明二法出沒

二請施主中初眞實淨爲之既希且削不出展轉淨者則屬於已彼此加法故多行之

二請施主初科眞實物過主邊爲之故希展轉多行乃據彼時今亦稀矣

二辨請法須不二、初二主須請

就請施主有人不立須便遥指如多論中應求持戒多聞求即請也又彼文云至俗人所語知比丘之法不合畜錢寶以卿爲施主此正文也行事之者故須別指情寄有在若有持犯存亡易識令通漫指隨衣則異染淨不分如何弘道

次科須請中初敘非須便遥指臨事漫射如下引

證論明道俗二主並須請之雖無請文求語二字即其義也行下勸依令下彰過臨時漫指淨主則多故隨衣各異存亡不識故染淨不分不能明已如何化他若此弘道道必不振

二主亡改易

有人云眞實淨主亡須改人展轉非面復何勞也今解兩施乃異他屬不殊故齊十日通皆早請餘廣如鈔

次改易中初敘他解今下斥非同是物主不當强分

三正加法二、初對首二、初釋緣

正加法中離合二緣準論行事

三加法對首緣中段段各說名離多衣總說名合

二釋法二、初牒釋

就文爲三初明財主懼犯長過捨物與人爲展轉淨若不言轉謂眞實故二受淨者言下明前受財言中展轉不自專屬更擬施人人非獨許律取同意故問本主汝施與誰三既定淨主理須遥囑更牒本緣明曾爲受又牒前命擬付淨主且還付汝當爲淨主善護持故著用之言隨時加減

法中初科三段初即財主面付對首二即對首審問財主三即對首遥施淨主著用加減或可去留無必或令鉢藥隨改

二結示

此展轉者初財主付淨者此一轉淨也淨者又遥囑人此二轉淨也淨主不知還付財主作淨主物此三轉淨也俱淨貪著之意

次科初釋展轉此捨彼受經涉三人遂成三轉俱下示教意

二心念二、初對簡

心念淨法既是別人捨心難盡且令轉換得延時限終須對說方始究竟不如受衣非爲轉著但加聖法隨身服用故心念受與對首同

次心念中初科初敘淨法權開不下次簡受衣示定淨爲轉著受是繫心一捨一取迥然天別著即

二體釋二 初展轉淨二 初釋漫指

封執。

於五衆中隨意與者，非謂隨衣各牒施主名也。但展轉淨主既非目對，故通五衆，至於加法隨定一人，當指爲彼財，爲彼而持護也。

二分文句

次科展轉中，初文初遮非，恐謂隨衣臨時謾牒。但下顯正，由不面請，故通五衆，至於作法恆定一人」。

文分爲三：初遙施彼，得過制限，故云十一日也。後復還加，不越常開，故但十日，恐至明相依教犯故。又說與彼，如前得過故。

次科文句三節：初後施彼，中間取還，更輪而作，非

一時也。十一日者，顯屬他故。

文捨故受新，十日一易者，文別致也。一是長衣，一是受持，更番受淨，不得過限，計受持者不畏犯長，無奈淨者將是過限，所以指在十日內轉。

二互易淨

二互易中，文別致者，不同前也。此謂不說淨人，爲免畜長兩衣輪受，不須說淨。若畜長人，加受說淨，自可準前。

三結意

此之兩淨，亦謂開緣，盡界無人，雖有愚塞，或是非數，求足亘得依前十日，方得加用，必忽他行，夜分還集者，未得依此。

三結意中，兩並對首無人故開。愚塞謂無知，非數即行缺。幸有同住，他行未歸，義須佇待，則非開限」。

二金粟說淨法二 初標

金粟淨法中

二釋五 初制說意

金粟淨，金收七寶，粟總五穀。

引多論文開說淨者，並謂如法外施，非是求得，及餘不淨。雖說不成，由早犯故。金錢寶等如律俗人送爲衣價，諸穀米等如律路中他施比丘斑豆穀米開爲施受淨人掌舉等。故斯雜物體是繁積，時有濟道，故曲開聽。如涅槃中爲護法故淨施篤信等。

釋中，初科初簡非法，求得即邪命，不淨謂興販等。

此已先犯，皆不入淨。金下示如法。兩引開文，無非濟道。衣價即錢寶，引經律論並令施他，明非自畜。涅槃護法，爲存僧寶，佛法在世故。

如多論中，求可信人，四分亦爾，不許比丘親自執掌，壞心行故。餘如鈔顯。引多論文所以五衆不得爲錢寶施主者，並爲戒制不應行故。

二簡淨主

二簡主中，以捉畜二戒五衆同制，故注云錢寶外，長財即衣財耳」。

三淨財易物

言淨施錢寶易得衣物，不須更淨者，由初得財已入淨故。今既換得，不是意外，本無貪附，即本無染故也」。

三中淨財易衣從本故淨。
又引僧祇施主若死不過十日者以無所屬故也此通道俗二主常須憶之。
四中初科注引僧祇欲明俗主準前衣淨眞假二主是義是同故云此通等也。
問多論淨寶得財入淨不說者寶主若死財衣說不答衣寶兩主道俗位分既易淨財理須展轉但非外得故開不說必寶主無還須依淨由無所指儲積還多。
次問淨財易衣主死如何答中初明前同不說必下正決所疑。

如母論中和合淨者謂說點染三種通淨開無一墮及二吉羅如十誦中縫者非法必須刺著方無三過
五中不說淨一墮不點染二吉謂衣未二淨縫於已淨者上又五正問染縫著如法色上以能從所合成一體故云和合下引十誦決論縫文。

諸說戒法篇第五

篇目大分僧別別分對念故云諸也。
夫道假緣修業由因積故能形心淨諠剋剪煩累是以大慈敷化垂布聲教動搖物善慧利爲先初即授以戒歸爲萬行之本次則拯彼衣藥爲攝濟之緣末則立教開弘爲隨務益業此三具也則出世之意存矣。
敘意中初通敘修證緣即衣藥等因謂受體及後隨行形心淨諠即治業剋剪煩累即破惑諠靜也是下別對諸篇敷開也教由聲故說云聲教凡愚頑騃故須動搖萬行本即受體也攝濟緣謂內外二資也隨務益業通下六篇此三具者如造宮室初如基址二如牆援三如庭宇比之可見。
就正宗中第四文也大分爲二初緣後法。

解釋標中從文當五約義居四。
就前緣中雖聞說戒迷意者多故略敘引廣如鈔顯
釋緣標指中不深敎旨故多迷意。
十誦云佛未聽布薩羯磨說木叉會坐法等外道譏言我向有上法比丘無耶因開比丘說戒布薩四分中王欲令比丘集會說法如諸外道共相來往佛因許之。
引示中初科十誦會座即普集長少作法講論等言因開者對譏爲開立法成制四分即說戒揵度王見外道和集生善故令效之。

然以教法初開事必有漸古佛道法何法不無但為
教迹乃在餘道故因收集共成一化外道得其事末
隨相而行佛隨後制乃窮理本令清心形應道業故
次科初敘託緣十誦外譏四分王敎起敎之端當
知說恣古佛常法敎有形迹故名敎迹因收集者
謂取彼所行成我法則欲收邪衆歸心正法權巧
之意凡小莫知外下次明意別事末則暫爾和同
理本則終令出離似同而別天地相懸
文中引論言布薩者乃梵本音此以義翻捨惡證善
法也大途如此

釋名義中初文捨惡證善如注具引捨諸惡不善
謂業惑也證得白法謂無漏功德也究竟梵行即
無學果諸文所翻不出斯意故云大途如此
僧祇中乃至清信士女九十六種出家之人皆半月
三受布薩故彼文云佛說清淨是名布薩即如律云
有犯者不得說戒聞戒等又云龍女受布薩者即八
戒齋也故俱舍中云受布薩護即八齋也又云布薩
食者亦是淨齋之食耳即見論云布薩復八齋也三
千威儀經云布薩者秦言淨住義云長養齊竟陵文
宣王撰淨住子二十卷大論布薩法式願誓讚引須
讀者長人神思也毋論云斷犯斷惑清淨身口皆名
布薩義掃堂敷座名布薩事自恣亦爾
次科初僧祇布薩通於俗外每半三日集會修善
故云三受四分無犯方許聞說仍名八戒皆清淨
義俱舍戒護三業分之布薩召食故知名通非止
說戒善見同上兩文三千淨住取離惡義長養取
生善義南齊蕭子良封竟陵謚文宣淨住子名即
準上經舊云有二十卷多明在家布薩法未見其
文毋論犯即是業下分事義皆歸清淨自恣亦爾
同上事義

故聚諸文須知本意不但聞說不行無益也
三中上二句結前七段無非行淨即是本意下二
句申誡
引見論中說戒法成正法不壞者良由僧衆清淨無
犯有犯尋懺通應淨住戒清淨故定慧可期會正因
此相續不絕故久住相由斯而弘
釋住持中初科文敘三學相由入道皆始於戒故
知戒存則道行戒廢則道喪理數然耳
若至說時無思懺蕩或不可懺又不依悔同聚聞說
皆與心違增煩動悶事不獲已不來理得又恥非數

如斯聞說未足住持或都不聞一生虛過如斯等例俱非正法也

二中初叙非有四一愚不思懺二重不可懺三不依法懺此等同聞深非本制四都不聞況復求懺如下總結

然則有染雖聞聞生慚愧常思淨信奉應說本今雖塵黠得非來習則說無益矣故伽論云半月自觀若有犯者同意邊懺豈非淨也

三中初敘犯者籌慮塵黠即毀犯來習即後因果也說為清過故知無益故下引勸

就文分三即從人也就前僧中廣略為二就廣又二從初至尼差人來說戒前法二教誡尼下說戒座上法前約僧尼隨文分也就僧義四一時節不同二集眾方法三布薩眾具四諸雜所須廣如鈔中至時引說但隨文解以為三段

僧說戒中初科四門時節即三日食前後晝夜等集眾即鳴鐘約界等鈔中無此第二而有第三正說儀軌但下總標

初僧說戒法者明白告令也若不預告或有迷亂至於懺蕩須思識疑及時集處知須事有故也

說戒白告中初科白告二意一令思所犯及下二令知時處法事必須有之故云事有

文列三日者皆謂黑白不同方土差異三皆通正隨用開得順增三文若不許者自恣亦三何為行也然律本中亦云八日十四日十五日者無問黑白三日布薩也前二為俗則說法授歸後一為道則淨心說戒也言十六日者為難開延未可常用

牒釋中初明通三所以黑月小盡無十五故方土差異隨國用故本律增三具列三日故引為據若下斥非有執半月定須十五故此詰之然下定當

律本三日又引別文六齋日耳意彰十四本非正日下明十六王賊等開亦非正也若爾前後二日為可用否答十五常定必有他緣前後皆得

所以聽上座白者佛在自說用誡羣品今補位處故非餘說今時白者多是維那上座不行受命故也如說戒人本即上座後開堪能義亦漸也

二中初敘教意十誦云上座一人替補佛處今下決時事受上座命傳以告僧下引說戒比例可知

文列某處者以同界堂多須定處所以不容交亂也

三中西竺僧寺別立戒堂文約堂多縱令常一亦

二正說三。初說前儀式

二常說之意三。初正明

二引證三。如文

須白之。

敎年少具者，以上下有儀無輕舉眉也。具淨水者，擬初來故，以舍羅草名以爲籌，計用從事名。知衆少多欲赴布薩會也。餘如文指。

正說中，初科三段，初中，上則指敎下須依稟，故云有儀眉置也。二具淨水擬初來者，謂客來洗濯須先備之，準非衆中華水供具。三舍羅翻籌，故從事名。

所以至時常說不開者，如十誦云：過去佛法幾時住世，隨清淨比丘說戒法不壞時也。未來現在亦同此故。

次科正明中，比丘問佛，三世佛法興廢久近，佛因答之。止以說戒用驗存亡。方今天下行此法者，百無一二，縱行乖法，佛法住世，知非久矣。

母論云乃至鈍根無知，有難不得就餘寺聽戒者，當略說戒，云諸惡莫作等。

次引證母論兩緣開略，一鈍根不能誦，二有難不得往。略說四句，言略義深，律藏雖多，亦不出此，豈唯律藏，佛法皆然。

僧祇中，四人布薩，俱不能利者，不能說盡者，當說四三二一篇，乃至偈序，餘唱常聞。若不誦一篇，作布薩者，越毘尼。舉衆不利者，令上座出界外，心念布薩。餘三人界內三語也。若人人各誦一篇，當授一聽者，既利，若誦忘時，餘人口授，不得重誦，逆誦，合誦，有忘得補。

三釋疑

僧祇有三，初開略說，從多至少，次第開之，舉下次開別法，若下三開，指忘重誦，再說一篇也。逆誦從後退前也。合誦二人同聲也。忘得補者，覆誦所遺也。

四分中當分人遣至餘寺誦之，至時人謂一篇盡，又隨誦接也。

四分各學遞接共成一本。

若爾紛紜，何不執讀？答：說戒羯磨，俱是聖教，如世言合未見執文，今所傳授，遵佛世故，於聽說何得執讀文，世中呪術尙須誦持方能成遂，聖制必依，不勞異解。時常行事，讀文作法，餘法猶可，不成咎淺，受戒一事，自陷負人，深不可也。

釋疑答中，初示制意，本通說戒，因兼羯磨，君父垂誡，義非讀文，誦呪加持，足爲明例。時下，次斥時訛。文明羯磨，說戒例然，餘法但自結罪，受法令他無戒深不可者，誡其改過。

就同犯中識疑分二。如何識罪同時犯耶。世所同行，雖罪不責。如受錢寶爲利行道。禮佛誦經所獲賑賄，合眾安坐知非而受。是爲一罪通於僧也。故律云僧犯尼薩耆者，即斯人也。或人別隨犯名種不同，校量其罪俱非清淨。雖非同犯，無任應説。理總白懺露過便滅。

二釋懺露識罪懺中。初文初徵起。世下釋通。又二。初約合眾同犯。今時齋會過午非時受錢捉寶之類。引證可知。或下二約各人別犯。二並通懺。

就文標緣中僧集説戒者。此以時逼無由外懺。故律説云：若在説前同犯罪者，當詣比近清淨眾中差人往懺。彼來返寺次第對懺。今開白者，義不同也。

牒釋中初文初明臨逼方開。故下次簡餘時不許。合眾皆犯，一人懺淨堪爲對首。

有犯不得説者。戒法體淨，擬勑將犯。今自沉溺，何能拯救。故不可也。

次四制中初謂行缺不堪訓人。

有犯不得聞者。説序之時文言俱悉。罪者當懺，淨者默然。今心停罪，端然應淨。虛欺賢聖，甚自負責。又不可也。

二即體穢不合淨教。

不得向犯者懺者。以罪積思除，引證對息。前既有瑕，無由遣累。又不可也。

三懺不簡境穢中浣穢。

犯者不得受他解罪者。懺名上起。前證染污，何能生他後斷之本。故制不可也。

四自不省非病人治病。懺名上起出明了論。

既有斯四義，從開文作白同懺便應淨法。

結示中由無淨境故開白懺。問：作白之人爲須淨否。答：既云眾犯彼此齊懺，必有一淨自當對首。

律文不言更懺，明知本罪隨滅。何以知耶。夫懺罪對人，令證瑕累。今作白告通無纖隱。人俱非淨，法是除緣。如草覆白，罪諍同滅。亦俱有罪相向露也。故作此白，一切偷蘭下諸篇罪犯皆除也。上二篇罪須僧別法，故非所論。

三中初準判。何下徵意。初敘所以。對眾無隱，心淨罪除。準此白前必應告眾，慚恥自責，向僧發露。如下引例滅諍草覆，事義頗同。故下簡濫除上二篇，餘皆可懺。

二就疑罪者此疑從事生必對方除也如旦食粥似
於正食至中還噉有疑犯足須待淨人方定罪目但
露無瑕便應淨法故雖白露本罪不滅由未了知不
名懺斷不同前白識達無疑告情及罪事同對首有
斯異也十誦云一切僧同犯單白向四方僧後如法
懺故知不滅矣

疑罪中初敘過相粥似正食謂稠厚者初出釜時
物畫成字即爲正食未問淨人成否不決故云疑
也雖露不滅與前故異十下引證向四方僧即發
露也

今時奉教者云我不清淨不合聞聽此未了行教也
律不徒然必爲來世但恐大重不應單白縱重學悔
猶稱清淨豈令身死總收取乎

次科初敘妄執恥已不淨遂不聽戒此下責愚教
大重即四夷懺重名學悔犯不思懺積累至死業
隨識去即總收也

問今諸罪人意謂不犯傍人審知欲舉違教以律文
云不得逼懺者答兩有其致也意謂無罪心淨聞戒
不得嬈之令生疑負一不得聽戒二不得懺悔

三中初問罪人謂迷犯者旁人謂知律者不舉不
合同聞舉之又違律制不得逼懺須彼自悔也答
中不舉兩致即如下例

若爾何故不知不脫者答若語自行不以不習隨犯
依治也若據眾法謂不犯得聞說戒無違心故不犯
謂犯不得聞戒心不淨故又據自行實犯謂無不犯
謂有俱須兩識不可任情前言不得強逼者恐發諍
競故且任之不同殘中忘謂無覆雖逼無諍故戒文
中強與覆法

次問意謂既許聞戒罪何不脫答中有二初約眾
自二行對明自行據體有犯隨治眾行取和不疑

許聽無犯疑有約心不開又下次單就自行以辨
實犯謂無理須舉悔不犯謂有義不妄施前下決
上律文且爲護眾仍簡僧殘次死須救故逼無諍
也

尼請教法就文差緣應白二下後往僧相文行略法
廣者闕矣

尼請法中初科就文差緣即前羯磨應白二下即
後注文往僧相者尼往僧中之儀式也廣法即僧
中請人作法差往教誡等法律本具之當世不行
故但存略今時廣略俱廢止可聞知用爲來習耳」

云各滿五人方羯磨差者以尼被差即所爲故非數攝也僧雖有五一須具德二十夏者若無此夏雖復多人亦不合受以德不滿故

次科尼中差使僧必差師二並所爲皆不入數故須各五方可行之若但行略不必僧滿

就兩處教誡皆列上座者指本律文以衆首比丘綱維法務每有事達無不承撫即如前述替補佛也

次座上法教尼中初文兩處教誡即法中前云上座作略教法後云上座有教勑指本律者示所據也以下出所以達至也承領撫恤以應前事

文中曲指答對往返言議之儀者以見不學識者年高座首動無法則令空遣尼還曾不對答識者齊耻故具引之大略如此必有餘暇臨機更道豈局斯也後說戒座上主客通有賢愚總集何得自輕

次科初示答詞委曲之意天下令更裁酌不必如文後下誡令知耻不可慢衆

告清淨法者文引客來明知舊淨若未至序問清淨處隨到即坐不勞告淨以及後問故多人齊至一一別說以各自陳也

二告淨中初科初明律文局客若下次簡說時須否但不及三問即須告之多下三明衆多各說

今解告淨不問主客但使外來不及序問皆須告淨以應後說

義決中初科但使外入不局客舊

若爾在衆同聽有緣說欲後更入衆須陳淨不

次科難中由說欲去事訖須來故

答不須說也前告淨者元未預聞此已陳默不勞重告若更須說即座惡覺亦須說耶佛制心念在衆聞露雖有此難無文制說然是後來餘不聞者及有憶過不告皆犯不同在座有開心念各有所以任兩通之

釋中初約不須釋已經三問默應淨故惡覺念起律制犯吉聽在衆露不令再告故舉爲難例知不須雖下次約必須釋初縱上難詞然下奪歸今義

餘不聞者即中間諸篇及憶過者謂說欲出外方憶犯也各下雙結文無去取準說爲長

識疑兩露與前不同僧同犯故可用僧法今則別人自有所對清淨比丘故須露已方得聞戒文相可委

三識疑發露中初對簡前懺今下正明今法一是別人二有淨境與前不同

座上露罪法者又不同前此為緣開恐鬧眾故開心念成據法準繩應對首心念也然界無對方是本法今對眾念故非前條隨眾即成是但心念法不同對念也

四座上露中初簡前法容可對露據下次辨法位初標示然下定奪又二初顯非對念以界無人方開作故今下定歸但念以對大眾法自成故

大段第二略說戒法緣相為二就前緣中重輕又別前八為難不出命梵後多為緣將護僧故

第二略法前緣初科重輕別者八難是重餘緣為輕

言王難者或將士眾擁寺列兵也賊者如僧祇中突入聞戒既不為說便加苦惱制令改音誦餘經法不得斷絕也水能漂蕩火能焚灼病須將護拖曳致損人謂惡者伺覓捉縛非人鬼神及以惡蟲能為比丘命作留難廣文具鈔量時引用

次科八難中一王二賊三水四火五病六人七非人八惡蟲如文次解賊常劫盜人但冤仇所以兩分

餘緣之中布薩多者諸懺非一遂至夜久也懺為淨罪即布薩也

餘緣中注列五種第四言濫故獨釋之即目行懺為布薩耳

今有行略而無法式就緣緩急故須稱時為要也常途寒熱容所敘致可廣始終而略中廣也

三種略中初科初斥非就下示法初通敘略法之要常下正釋所出之法意謂臨時緣來即須戒師觀緣而略今依母論乃是冬夏寒熱等緣預先備擬之法故曰容所敘致可廣始終者始即前序終即滅諍下文既非急難容可廣也而略中廣即中

間七篇略題篇目是所略也是則前後自廣中間名略問七滅諍為通略否答八篇皆略何有不得準如尼鈔滅諍亦略若爾文何不略答母論略緣但止眾學又滅諍不長容可廣說引起後結所以存之有謂末世諍多此篇為要者謬矣問事鈔分略卻略取今文明略為卻為取答一言略者則兼卻取如云諸大德是四夷法即取篇名為略取也僧常聞者略去戒條而不說者為略卻也鈔云略取謂取諸八篇題首略卻謂諸篇種類是也自餘妄說具如資持所破

若誦至隨戒難卒排門不可轉誦或加執縛當言餘者僧常聞擲身走出也

二中謂已在座正欲說廣王賊等至故開略說前說過者自名爲廣餘者常聞止是略卻或可餘者爲略取僧常聞爲略卻

僧祇所引者據將欲說而難卒至故正身口亦是大意也

三中僧祇將說難至謂作白竟但云各正身口意制說在此故是大意若在白前後須重說

舉律文中至期必說者以行基所託依準而成故也

二制說中初科半月一誦提策受體不說縱怠毀破無疑基既傾危餘何所託

如無誦戒說法誦經亦抑其次者以戒制附相切要易持經授心識託虛難攝故隨時制輕重不倫各有致也不容愛憎同一說也

次科初牒示先後以下釋通教意身口近事故云附相心識玄曠故云託虛附相則易持託虛則難制初制說戒故重後開誦經故輕不容等者復恐無知妄生取捨故特遮之

大段第二對首說戒法緣中先辦衆具待客比丘者以出家之人漂泊無侶何有定住是我所也遊化觀方縱任自在隨處弘道不局坊寺望刹爲居四海爲食故也十誦五分云若聞客來清淨同見布薩羯磨木叉會坐者舊比丘應遠迎逆輒語問訊代擔衣鉢四事供給湯水洗浴前後諸食一切供給不者與罪何以故以無佛時是人補佛處故是客比丘能廣分別諸法故須供養

第二對首緣中初敘僧無定跡望刹爲居到處卽止四海爲食時至卽乞十下引示迎待布薩羯磨謂懺罪也木叉會坐卽說戒也何下徵意云補佛

處則知如上承迎供養乃據知法有道之士料非庸流所能當也

文中若滿四人應白說戒此具僧也

次科滿四白說屬前僧法

三八已下不得受欲者是法別衆總集各說

三中準律說欲不開別人法別衆者對首如法界中不集耳

僧祇令掃塔院僧院內香汁灑地散華香等故律中莊嚴說戒堂也

四中掃灑香華示非常務發動物心尊法重道也

二問

三心念法二：初標示
二隨釋二：初釋詞句

二明懺意

問僧說戒者一人秉說餘皆默坐下至對首皆各表淨者答僧法位强成辦力大故白說戒通四方故別人力弱但表內淨應上教也何得一說餘同坐默次法問中欲彰僧別二法優劣答文初明眾法通收本攝僧故別下次明對首爲別且表淨故上教即僧法心念說中如文可知僧祇文如四分若無客者作念若得淸淨比丘罪如法除念已當心念口言三說布薩此即向四方僧發露大如僧中如五百問中文具列者是也縱使三人亦準爲法

三心念釋中初引僧祇無客來者顯獨作故先作念發露後方陳詞此下合五百問縱下例通對首謂罪須僧懺待眾不滿亦先發露然後互說懺說戒相由常作故即是住持莫不折伏慢幢崇仰至教分傾煩惱

次科初句徵起何故說戒先須懺露由下釋通初二句示說戒意謂半月常作頻令洗懺戒品旣淨定慧乃明即住持相莫下明懺露意慢幢即人我至教即戒法伏我仰法聖道可期故傾煩惱且據兩凡故云分也

四分律删補隨機羯磨疏濟緣記卷第十九

四分律刪補隨機羯磨疏濟緣記卷第二十

宋餘杭郡沙門釋元照述記

諸眾安居法篇第六

釋安居篇篇目中諸眾者若就人明眾即五眾也若約位明眾即對念也若約法多明眾即前中後對念忘及等並見文中安居如下自釋

出家慕道馳散非業故當計時擇念義無浮逸今乃沿隨邑野追逐情塵顛仆巨壑無思返迹是以大聖以法遮防不許遊涉當居靜慮故律文中三世通制

敘意中初科初敘所應計時謂惜分陰不虛度也

擇念謂專心觀行離妄緣也今下明不應邑野即城邑村野逐情塵者營世務也巨壑喻現業來報是下示制意準通三時知開非意此據上根絕世之流單坐夏時乃被中下況俱不坐何足議哉

然有待之形託緣不一必量過起夏暑偏多一則損生害命深乖慈道二招世譏謗不及禽獸三為過既深故非道業春冬過少待緣開赴有斯別故名曰安居

次科託緣不一世緣無定不可常故損生命者夏月地多蟲故招世謗者如緣起說彼云蟲鳥尚有巢窟故曰不及禽獸春冬止有第三故云過少

釋名者形心攝靜曰安要期在住曰居也

釋名中形心攝靜無雜緣故要期在住無奔馳故

就文分二初明住法後出界法初為五初作法不同二結時前後三夏閏延促四解結成不五背前結後

就初門中住法有四謂對首心念忘成及界也相在文中至彼消釋文分為七前三不分就界為四以園界兩所足有雙隻故也

安居五門初門列法中初分四法又下次開七法及界中園與界各有雙隻故為四也

用前七法下約三時則二十一種將此數法以約兩界自然作法合四十二種將此約人人有五眾則合二百一十種也

配數中初科約人五眾一眾具四十二種總合可知

有人言前之二法既有聖教可通三時忘成及界此之五法作法開成本無言說故中安居所不開也恐不及前故損五利恐不及後一夏虛坐有斯兩意開於二日中間不開如此約數則一百六十種以前二法歷三時兩處及以五眾則六十種以後五法依前

三總示

三引汎解二初標示

二列釋六如文

二時則一百也。

他義中初科初示制開通局。如下歷數。二法歷三時成六。兩處每處有六爲十二。一眾十二故有六十。五法歷二時爲十。兩界爲二十。五眾成一百。

如此分相據一人經多夏。一夏有多人故也。

總示中兩義以顯歷數所以。一人多法不可同時。故約多夏多人始能具耳。

因此前後泛解有六。

三泛解六門。準下初門即前次師之義。而下諸門。今家所取故因引之。

初開制前後者。對首心念此二制法始終一月一日結之兼聞得兩月一日。後之五法如上是開唯是前後兩夏各十六日。中間二十九日所不開也。

初門且出彼界準如初釋則通三位。

二結罪前後者。從四月十六日至五月十五日爲前。以不結者隨日不結吉羅。後五月十六日爲後。若不結者尼提僧吉也。

二中尼提即單提。中制僧吉即隨結也。

三有難前後者。五百問云。從夏初日至五月十五日可日日結坐。若夏初有難不得結者。或五日三日乃至一月雖不結之不失前坐。以難不結非是故心。此名三十日坐。二日受歲。後坐夏人唯得一日結。過七月十五日已有難者可日日受歲盡八月十五日。此名一日坐結三十日受歲也。

三中五百問初明前難。以難緣故未暇加法。要心已定故不失前坐。二日受歲同是七月十五自恣故。後下次明後難。謂結後安居者七月十五夏雖未滿可隨前坐先自恣故。

四位約前後者。初後兩夏各十六日。中間安住二十九日。僧祇云。若在道行至安居日即於路側若於中道應受安居。然後往趣所住之處應更安居。道中不前安居一越至住不後安居二越。據此前結安居若是不應後制但依敎法知不成也。往住後結可依受歲。

四中即三位結法。前後各一日餘並名中。僧祇道行未至前所至期必說且爲免過不當結法。

五行住者。對念二法無問行住俱得用之。忘成等五。以是行人先有要故文云爲安居來非舊人也。必舊有要例亦開之。

五中行即外客。住即舊住。要即要期。上引他解必

二轉難

二結時前後二初標章 二正釋二初問偏制夏生二初問答

下今判

六據法不同者對念作法以容預故忘等開成恐乖前後直爾便得若直爾得後用加法何爲答制開義立何得不有

六中初正明若下釋妨以忘成等初即開成後須加法故答中初成從開後加稟制

二明結時前後者問安居修道何時不須偏約在夏者答夏過多故如上標舉濕熱鬱蒸散亂乖道生譏致謗因斯故制使修自行行滿德成事須益物是以春冬隨緣外化

二結時初問答中初敘夏月制意指如上者即三種過然前後敘致並附權意託緣立法究論聖戒莫非爲道毘尼開制大要在茲行滿下次明春冬開意

若爾成化何局春冬夏中受日隨益開往春冬有過亦通制者答受日深益待量方赴春冬過少故任不結各有義也

次科轉難中論化益則夏中亦開據有過則春冬亦制是則三時同等開制無功答中緣分急緩故量不量殊過有少多故結不結異

二問但制三月

三夏閏延促二初標章 二正釋二初定夏閏二初初師不依閏

二次師須依閏二初引古斥立

問夏有四月何但結三答待形須濟事須開捨故制前三特開後一迦提賞勞使作衣服受用資身弘道利俗也又解云四月通結唯初日成必有緣礙則不名歲教急機緩不名智人不可常行攝生不盡故開前一月續結成歲豈不然耶

次問答中初約開後釋文下次約留前釋佛名一切智人以能知機故攝生不盡不收中下故

三明夏閏延促者有人言佛制三月但依教數不勞多事通閏四月也故伽論云王作閏月數安居日滿自恣已受迦絺那衣即此衣成受不成受謂依閏不依閏據此論文明知不依自然得夏并受衣也

三定閏中初師初立義故下引據王作閏者謂國家出年歷也數滿謂從前四月十六去取九十日即六月十六自恣受衣不依已滿故成受依閏未滿故不成受據下結斷

有人言本契三月不出本界今夏未滿閏中出界即非相續依處安居故是破也昔人不依閏者但數九十日耳今有不依閏者正月便安閏月不安

次師中初科初敘過未滿出界即下數滿者閏中出界即下閏月不安者昔下指非昔人可恕今人

愈乖正字去呼對餘謂之正下同謂前後三月則守安居中間閏月則許出界近閏四月僧錄司曉告令閏四月十六結夏謬哉

若據多論似攝閏取故彼文云若閏四月者則取前四月受兩衣滿一百二十日此衣開物尚制依閏安居修道理制收閏即彼伽論前安居已主作閏月本知有故則依閏不合受衣本不知有數日成夏有斯兩文須通兩致如何從開而越本制義不可也

次科詳定中初引多論準開況制雨衣即用澡浴夏月多垢故聽畜之即下通前伽論彼文通依不

依乃據知不知耳先知後結定須依閏先結後知則開數滿有下結責可知

問且如閏四月者前四月二十日受一月出界亦應攝閏在法內不答不得也本閏正月故曰閏餘何得攝閏兩月出界安居是制受日是聽故無開也五事賞勞其益亦爾以利是奢酬前功故縱兼有閏但止數滿不同修道慕急通攝也

例難問中前四月受後五月滿中間含閏共六十日答中初正明受日五下因決迦提制是攝修故宜長開是奢縱故宜短閏法每日餘分積成其月

還閏正月名爲閏餘如鈔減年戒中細明

若下有閏次分三位若閏五月六月者定百二十日住以合內也

次延促釋中初位易見

若閏四月及閏七月此有延促須細委之

就閏四月者三品坐之前四月十六日至閏月一日結者此十六人皆四月住若閏月二日結至三十日結有漸減隨日不定而住若五月一日至後夏初十六日人皆三月住

閏四月初三品中初後數定中則不定閏月二日結則三月二十九日住如是漸退至三十日結即

三月一日住

此前二中或有安居隔一月自恣降一日謂正四月三十日結者與五月一日結人中間隔一閏月故前安居七月末去後安居八月一日去是也

歷句中初句並正月中結大論夏閏雖攝在中然是虛月不係夏數是以前後並取三箇實月而結有不定故作句簡之以明差別

或有安居隔一月自恣同日去即閏月一日結望五月一日結者亦名隔月也自恣之時向八月一日且

去如是漸減乃至安居隔一日自恣同日去可以例知

次句漸減如云安居隔二十九日乃至隔一日自恣同日去

此前位一段義也

若閏七月者有二品坐法從四月十六日至五月一日結者皆三月住莫不數滿不及後閏故五月二日結至七月末止得八十九日明旦是閏含虛增故不得充數安坐本界盡閏月末至八月旦滿九十日明旦方去也如是日日至後夏初莫不收閏皆四月住

次閏七月分品中初品可見次品從五月二日至後夏者謂十六結者並中間涉閏皆坐四月

是中或有安居隔一日自恣隔一月乃至安居隔十四日自恣隔一月即五月二日至十六日者可以尋知莫誦語也

立句中安居隔日並據多人各結爲言此須漸減歷爲十四句故令尋知

四明夏中解界結成不者

四解結標中據論夏界本不相涉古有此義故須辨之以除後惑

有人言本依界故成安居若解本界便失夏也以失所依即日雖結亦不成就故文云安居竟應解界未竟而解知非也

解界初師中初科前立義後引文由彼錯執故生此見

問在處成安居出經宿破何以解界即日便破答出界外者所依界在要經宿破今解本界失本所依是以不待宿也

問答中爲防外難故此曲分

有人言本作法界結安居已夏中雖解但不出界不破安居以不離處何得說破故律文中來住此已往至餘處經宿破夏今不動離何故有破

次師初科初斥前所立故律下準文反破

文列應解須知本緣此元不爲安居但欲同法合界故須云解由安居之法不專作法界中結界本成僧事安居隨處並得

二中初決前師所執同法合界義見後科由下顯事義不同安居隨處者一不專法地二不局僧寺

若依文說不竟破夏者亦可不竟自恣應破夏耶反難可知如在攝衣界中護衣緣故須解亦應失本所

依卽日明離然未經宿不說離衣夏亦同此何得卽破。

三中初引自恣難解界失夏自恣通三日預前兩日是夏末竟如下次約攝衣難卽日失夏有人言對自然界中安居結界受日普解有兩初云失本自然破也文云安居竟應結也

次結界初解中初科錯執律文故此妄判今解云本依自然結夏尚成今結作法牢强於本何得云破以不離界故然立心行者行護從急若後作法遠於自然但依自然分齊旣無緣難不可後開若結狹本有說依新意以依處安居隨本自然爲定由本作法意在羯磨安居隨處不要加結

次科初斥非理然下次決寬狹初明先狹後寬古今不異立心行者謂秉志持奉之人若下次決先寬後狹兩釋不同有說依新卽示古解彼謂從急捨寬就狹意以等者卽明今義安居要依本期義須仍舊結界爲行羯磨事不相干

有人言隨後作法是聖教本如依自然護衣後結作法旣不失前亦隨廣護也

次解初中是聖教本者本制依界故下舉衣界例須依後

僧祇云夏中結攝衣界及避難界彼文云前結安居已忽有難起王賊破戒蟲遮不得欲至餘處三由旬內若彼坊寺有比丘者若呼來若出界去已白二結之復欲就餘處者當捨已更結如是捨後結前求適意處若卒難至亦聽直去乃至尼依比丘安居中間或死餘去者亦三由旬內有僧住處通結界取半月往問也

次科避難界卽是大界王賊等是命難破戒卽梵行難三由旬百二十里可集者則呼來不集者則出界已上明開僧乃下示開尼或死餘處謂所依比丘

上並古師廢立耳覈事悠悠須知緣本功德衣法實有斯文彼爲合界受衣須在夏末本非界結夏限也不述古語恐誦者致言故略敘也

結誥中初總指覈下示本緣覈吏謂考古所述悠悠卽泛漫無歸古所執文出德衣者彼具云安居竟有四事應作自恣應解界應結界應受功德衣由德衣法不聽外界故令夏竟各解合結通爲一界乃得同受故有此文耳不下示意誦者致言謂

學彼文者反言不達故。
五明即日背前結後成不者。
第五標中律文有比丘先受檀越前安居請即日背前向後家佛判違要不得前歲古今異說故須辨定。
有人云所以不開者爲惱施主亦長貪求故佛言不得前歲也故知當日結已或受日往及不受日皆須經宿後結方成顯前是破雖作背意未宿不破。
他解中初科初示律意故下次準判當日即四月十六此家結已背往彼家不許當日結前安居義

須越宿結中安居。
所以即日後結不成者爲不許背請故。
次科徵示不成前安之意。
若爾三衣何以受後捨前者答云以是別屬又無可惱後居反前故不類也。
三中捨前故衣加後新衣以衣例夏理合開成答文兩義衣與夏別。
今云亦成如持衣也文中破前違要者通攝宿結二人也爲欲彰過略不明成豈可受請即名安居要來住處作法結已後往餘處經宿違要便得罪也所以

文中說破者於彼前家應成不成故說破也。
今定中初科初舉例古謂不同今家正取文下義決宿結二人宿謂結已經宿方往結謂當日往彼即結律文通含不可一向經宿方往破前不疑當日往結判成前夏以安居法明破有二一離本處二須經宿此並不爾那得云破所下通律意彼望前家不成明破不妨後家即日成法但不應背理得小罪。
故五分云受他夏初請竟十七日方往佛言不得前歲令後安居故知受請不成安居。

次科五分但取不以受請爲法證前可見。
上明義門今次對文大分亦二即住出也。
次對文中初科住即安居出即受日。
就前居住標法爲二初標緣起有三安居者增三具明前中後也據時定分初後一日中間安居二十九日就犍度中但明前後各住三月則無中也故舍利弗欲於佛所安居十七日至制後安居據相以言但前一日餘三十日爲後安居莫不望初俱名後故則缺中也。
次科緣起釋中初文又二初據增三明三種就下

二釋通五眾

三釋雜語通二 初總示五法

次準安居犍度出二法引律開緣謂中爲後但名異耳

文引十誦制五眾者如彼文云誰應安居謂五眾也四分尼三時遊行戒中尼提僧及三眾俱吉羅也緣發在尼體是女弱無宜遊散故重餘分有缺故輕也五分持律有五種安居時依廣誦者乃至沙彌不依者吉

次科初引十誦次會本宗制通五眾戒制三時則知春冬無緣遊涉亦制緣發等者示重輕意餘分缺者即指四眾情非重故後引五分持律五種即

五律師下文自引廣誦者即第五律師沙彌須依驗知五眾並須坐夏

明了論中有五因緣夏成安居一處所有覆二夏初十六日彼疏云前後各及十六日也三若東方赤彼疏云十五日夜分盡東方已赤則入十六日未赤者猶屬十五日未是結夏時若十五日便結夏者此乃春末日不名結夏也則破十誦講者令及十五日入界內彼文明決四者在別住中起安住心疏云別住是布薩界也安居心有三種一爲自行二爲利他三爲料理三寶修治房舍一腳蹋界起如前心即成安

二列釋五過

二釋作法三 初示列數

居第五無有五過如文

三中初科一即擇處夏多雨故二即定日疏示前後中間可知三即克時東方赤即日上海東霞光微映即爲限齊上是論文則下斥謬彼文即了論四中依界起心此爲法本仍列三行以示心相一腳成法色心具故第五如下

初過者待形須濟事籍資緣遠覓妨業也二者城市猥雜出道清修性相違反也三者蚊蟻物命惱害者多或咬形骸不能思擇也四者人須良友全梵行基雖並號善未必相副故須簡練又須具五隨問無滯

一也隨說生信二也隨疑決之三也問答無疑四也辯同見正離諸邪執五也文以身非匏瓜繫而不食前須藥食交濟旦夕無此則不可結也

次科五過並妨道業初即奔馳二謂喧鬧三謂損行文約自他兩惱釋之四即闕教副猶稱也五法簡人無非學行識智有資我者文下即第五謂飢困過論語云吾豈匏瓜者哉焉能繫而不食匏瓜即瓠也言人無繫能食非此物比

就作法中文略有四義張爲七如前列也

作法中列數開合同上

初對首中白所依人者是前對證也下文中若無所
依可白制心念也
對首釋所依中初文託前爲證故曰所依即對首
作法者
有人執文以所依人是施主故或是持律此解非也
次科二解皆非以迷名故
多論云佛亦安居而不對證以得一切智四無所畏
故不從他安又佛自結此法自制此法故自安居不
作三語但一說成唯佛一人永斷妄故餘並對他又
須三說也

三中多論明佛安居初示異以下顯意有二初明
不從他私釋佛僧位別不可以僧爲對小教秪談
一佛無可對故四無畏者一一切智無所畏二漏
盡無所畏三說障道無所畏四說盡苦道無所畏
又下二明不三說餘下雙結則知凡下並須依人
正作法中文分八段初大德念者告所依證無餘想
也二我某甲者簡非他也
釋大僧法列釋中前二可解
三依某伽藍者定所標處隨現言之不得雙述也
三中文牒藍聚出法之詞恐依誦故

四言前者簡異中後居也
四中初云簡中後者定三位故
世云若五月十五日月正圓滿時西國始結夏坐漢
地安居也滿一月至八月十五日西國自恣時漢地
已受迦絺那衣一月也善見論中亦以六月十六日
爲後安居準此時節中邊寒暑早晚故有前卻不同
此方神州歷有三代漢初猶以十月爲歲暮也
示異中初文初示所傳彼此結解並差一月善見
頗同引以證之準下義詳卻即後也三代夏殷周
夏建寅爲正殷以丑月爲正周以子月爲正漢初

承秦尙行周歷故十月爲歲暮十一月爲歲首
余參傳譯親問來人鐵門關外覩貨羅國用十二月
十六日爲坐初也準此經中乃坐春初隨時沿革豈
越規猷修道爲先餘避譏耳
次科初敘所問坐初謂前安居準下和會此間經
律以十二月十六至四月十五爲春分故坐春初
也隨時沿革謂時節有差豈越規猷謂坐法無別
五明三月者通餘一月爲開制也
五中通前爲制通後爲開
六言夏者爲除春冬則四月十五日屬春八月十六

日分屬冬也。

六中佛教三時。一時四月無秋分故。

七安居者簡遊行故。

七簡遊行攝靜修道是正敎本。

八房舍修治者料理資緣四方僧物法通三世前八料理今得受用現今修補擬用將來若止不修三世不續也。

八中初科既是僧物明非已有既通三世故須修治。

所以三說者表無謬濫也若依止山窟樹林則不須

陳料理事務如後也。

次釋餘詞中初科初正示三說之意若下次令隨處加改指後文者即下注也。

前證須答是知對彼所陳莫放逸者如涅槃云諸善根本此誡勑也答受持者言議往返現前也。

次科初前證誡勑涅槃云諸過之源由行放逸此反顯之答下結者立誓言議往返五現前中人現前也。

餘述所依者以律相指事事雜叢聚識知持犯非律不明故制依諸餘四不合二藏論理理在虛通縱有

邪倒未能卒曉故疑不問所犯蓋微應亦結犯以非正故。

三正明中初明所依律師律有五種持律一誦戒至三十二誦戒至九十三廣誦戒四廣誦僧尼二部戒五廣誦二部律夏制須依第五餘時可依前四二下次明不依經論二師餘藏敎理非謂不問但夏坐攝修正爲奉戒事有兼正故制不制別若爾春冬諸過何得獨開答必通懷疑俱不開也但爲過少餘四足用及遠追師不多勞弊夏過繁多恐迷不識故制依第五也五分比丘自不持律又不依

持律者安居中疑又無問處佛聽往持律處如文依之。

初問以春冬不制依第五故答中初示通相但下次明局意過少故開過多故制弊困也五下引制緣如文依之即指注中五分文也。

問文制依律方隅持少自身他依復須依不有人言不須云也今解須依如五分成方離依止之類今雖無人而有誡敎細尋取悟如律五答可也。

次問以持律師既爲他依自無依故有下引釋初示他解次顯今義律制比丘五分法身成立方離

依止準知爾前不可離法逮至成立任運不離即涅槃云佛亦有師所謂法也律云毘尼有五答一序答(謂序緣起)二制答(即制戒)三重制答(如婬乃至共畜生等)四修多羅答(化教正文)五隨順修多羅答(但順其義不必依文)此謂或答疑問須依經律則為師者依教明矣

有人言一眾沙彌未受十戒得安居以不答應供同僧夏未受利雖無戒法隨安居無罪

餘眾法中已受十戒如上已明恐疑未受故引決之應供同僧為解脫故隨僧修道無僭上過故云無罪

後安居法中如文準上中安居法道理應具今且略之諸部無也若立三種亦分三位應言夏三月中安居等多論佛常前安唯毘羅然國以因緣故後餘八可學也何事常後

後安居中初指文注依揵度但出後安居法準下次決中安居法顯示略意仍出詞句下引多論敘佛所行勸令遵學毘羅國緣論中自引檢尋未獲

第二明心念法本是對首以無所對開心念也一切心念皆須口言唯說戒座上憶罪露者恐鬧眾故直爾自聞言了為相也文如前法但略對境

二心念中初示制開二下明作法恐謂心念不須言故因決餘法故云一切言了為相三業具故文下點同異由是獨秉前告後答義不可立

十誦五人謂蘭若獨住遠行長病饑時依親開作心念七事謂布薩自恣受日受衣受七日藥與捨請施衣等也

次科蘭若獨住為一人饑時謂歉歲依親謂在俗舍並據無侶故開獨念七事中對前羯磨前二即眾法心念次三及下施衣即說淨並對首心念捨請是但對首前集法中對念有七四種同此餘三即安居捨衣受鉢也則知心念安居唯出本律

第三忘成法中文雖外來義通主客有要者成如上解也五分云有比丘為安故來受房臥具已不念安居口又不言佛言為安居受房亦成安也

三忘成者夏初在界忘不加法後憶方加許成前坐初科初牒釋文開外客義通舊住古今異也下引五分以示忘相不念謂不起心不言謂不加法若爾忘不受日得例此不答諸律無解五百問云夏中忘受七日出界行憶即悔者一坐中不得過三悔過者不成歲

次科問意謂夏中有緣意欲受日忽遽忽忘應同忘成答文引論酌情故開恐濫又制

四及界園中如文列四並爲外來故開成也

四及界者十六後夜自外奔至纔及明現後方加結亦成前夏初文對注可解

界者入攝僧界園者入僧伽藍園故伽論云云何名林林名伽藍卽給孤園是其證也

二中初通釋藍界曾結則約界未結則從藍或可界寬藍狹則約界說藍寬界狹卽據藍論山林村聚並同藍斷故下別釋藍相藍是梵語此翻爲園

本因給孤買園祇陀施樹不忘其始故經律中皆以園林召之卽僧坊之通號世有聞園林謂是野圃又謂藍者乃是牆援不學寡陋取笑後生豈不愼乎

今解所以前一腳入界明相出成者以忽切不暇開不結成我今兩足入界雙單在園處界既久容預得結未結遇明應非前夏佛判云十六日夜分未盡入界雖不說安開成前故

三正明中初敘本開悤遽我下次決入界容緩隋慢越明似非開限故引佛判並成前夏問一腳既成雙何復說答緣起次第前雙後隻初急次緩因有兩開既開已後但須論隻雙自可知

問雙足入出成敗相對未知一足入出得例前不答要須兩足出界辯破以利勝故若一出破一入不成皆損行人不名開制大有利也

問答中初問入卽成安出謂破夏雙足可知隻足乃異故問通之答中出破論雙入成約隻有益無損得教本意故云有理

若爾入淨地者亦應一入成宿二局出免答要雙足犯一出則免與前例開爲無犯故如受戒法生善制

緣則多捨戒背善故開隨人一說若是乘船道行會衣夏日例皆準此

次難中僧入淨地卽犯內宿恐謂同夏故引爲難

答中初義判雙隻出入則反夏不同方便免過則大同前例如下引類文出多論彼續舉喻受如登山捨如墜下作持生善則多緣使成作犯背善則隨開免過若下通示與女乘船尼女道行並作犯行同前內宿會衣作持行同前成夏

文中後二在前後日者如前說也有人言既是開緣何得重制隨三安居通得開也

二受日出界法二、初標章分門。
二依門解釋五、初受日出界法二、初標分。
二隨釋三、初約義科簡二、初約四位總簡二、初標分。
二隨釋四、初對人三、初分示。
二斥非
三明所對

四中、初牒釋注中人解忘成及界不開中安居、有下、次引義決制開四法並通三位、指前義門、對之可解。

二明出界行法、律中有五、初受日出法、二命梵移法、三和護餘緣、四受出逢難、五無緣經難不來成敗、就總分二、前一有法開出、後四無法爲緣。

二受日、分門中、初列章一二及四、即牒本文、餘二義章、對之自見。就下總分若據第四、初亦有法、望後逢難、是無法耳。

初又分二、對首衆法也。且總簡約四種不同、一對人、

二約界、三前後、四相攝。

初中、七日法者、別人所持、羯磨衆法唯僧所作、互秉不成。

受日、總簡對人中、初文、衆別三位對緣長短、不可濫用。

今亦有人對首受一月者、愚教人也、知何不爲、猶知受法、此癡而作。

次文、愚教自任、故無不爲也、知受昧法、故是癡也。

十誦應界內從五衆受七日也、計互非所足、何得從受、此立法通文、如五衆安居例、此各從所位也。

二約界
三先後二、初引昔義。
二示今解
四相攝二、初標示。
二正釋二、初似解。

三中、初引文云、從五衆在言頗混、計下決通立法通文、謂通開五衆皆得受日也。

二對界者、七日既是別人、兩界通成、羯磨須作法界也。

二界可解。

三先後者、昔人云、先受七日、後便十五日、以文云受過七日法等。

三中、初科古謂三法次受、不通差互、仍執牒緣究文不細。

今解不然、本未有緣、何得妄受、隨事有無、前後皆得。

文列過七日者、立法限約、豈有事也、此羯磨法是過七日緣耳、非謂曾用今受月也。

次科、初斥古非、隨下顯今義、文下釋妄執、謂文中過字乃是過法之過、非過前也。

四相攝者、謂先受七日、更受一月、攝而通用。

四中、初標通含古今兩意。

有人言、前受七日用竟、不論若受未用、即羯磨受攝前對首入在衆法、以法強故、若前羯磨受日用盡方得更受七日法也、以一身中無二法現故、文云不及即日還受七日也、又不及七日還用羯磨法、然今七

日未盡何得以羯磨受明知相攝
次科他解中初立義別法是弱眾法爲強先別後眾則攝弱歸強前眾後別則強能禁弱以下示意仍據律文不善其意
今解云不無此理也但本是一緣不得有長短二法可如前判今前後別緣各依受日前法破事事未是息何得失法如爲患事須服酥油兩緣未差口法隨在律列三品受法不同並約眾緣不可受用故不及即日例用七收明知以法收緣依緣法則隨有也
今義中初縱彼解同緣可爾若論別緣眾別前後

各不相攝今下示今義初反前義如下舉比例兩緣即藥所治病律下示制意謂律但約絕諸非法緣則不可受若緣如法隨得受用豈論相攝乎
就初法中十門分別一定緣是非二對緣離合三受法差別四懸受相五不得互六重單異七隨事不同八法盡事在九僧尼分別十明諸部
次十門中前二是緣次六是法後二辨異
就初緣中通而辯者要深爲三寶情不私涉縱有召請心無懷利但爲益他皆聽往赴若往非法或生破戒雖兼三寶皆不成受以佛法所貴淸淨爲先今往染污雖受破夏冐數爲歲依次受利皆攝涉盜戒善見云偷夏唱大得物犯盜
第一初科三寶緣中初敘如法聽受若下次示非法不開又三初敘非雖兼三寶謂倚傍眾緣而實爲己以下顯意冐妄也善下引證雖得十歲中間有破妄稱受施並名偷夏
二就私事爲求衣藥命難將及何得不開隨受皆成若爲治生求利乞求衣直即是違負不如不受但犯吉羅人可懺限
私緣中初敘如緣若下次示非緣不受破夏止犯

一吉大論緣相必是急要事不得已須至出界方應受法倚濫自欺破夏得罪
總斯兩位約爲五緣
五緣總示中即展前二爲五初後是三寶中三並私事
一者三寶勝境緣僧祇中爲塔事開受五分中爲佛法僧事十誦中若爲誦阿含不通欲通利故更從他受得破安居故去四分中爲誦梵動經通利故聽受日去僧祇云若有如是事爲塔爲僧所求索者要有所得衣鉢諸物使得一事不得越界如是事訖應還

本住若半月一月乃至後忞應還不還亦越道路遇難卽彼自忞者得此僧祇中依事受日故隨事訖須返本界四分以法收事片有不同也

初中前引四律明開爲塔卽佛事學誦經卽法事梵動經不傳此方後引僧祇示相初引文前敘聽往使得一事言其爲衆至少亦聽後明制還後忞謂臨解夏卽猶就也此下點示彼聽事訖今宗不開此乃以法收事彼卽隨事立法

二道俗疾病生善滅惡緣如律爲益得生信樂聽去十誦云爲七衆故皆受七夜興福設供懺悔受戒問

疑受法有病遭難但使生善皆聽去也故彼文云優婆夷言教我治病服藥食飲看病所須但隨所應白事應去不遣使來亦應爲去如中路聞死返戒入外道衆若八難事起皆不應往如四分中信心檀越繫閉諸難雖非受緣然開往也卽道俗相依事相濟故

二中初敘開意懺爲滅惡餘皆生善十下引示緣相且列七事興福設供爲一餘並兩字分之續引彼文略示有病不遣使來但傳音耗中路聞彼四緣卽止八難卽王賊水火等於我爲障前列遭難乃約彼耳如下四分繫閉是也

三者父母大臣緣四分中二人懷信及不信者俱聽往彼悠悠生福信樂者聽若不信者力能返心亦應去十誦中父母事者不問遣信不遣信俱去或有外道召比丘來我欲祠摩醯首羅天神等皆不敢去佛聽往彼爲清淨故乃至中道聞死須返

三中四分二人父母大臣各有信與不信尊親不可違官力能損益故不信亦聽力能返心謂有道德能迴邪見十誦父母通開可決不簡不信外道召往可決不信亦開摩醯首羅卽大自在天中梵所事爲清淨者卽發彼善心

四者爲求衣鉢病藥者若自病重不堪受日卽是命難直去亦得如不得隨意食等若知他病無人瞻視不問召喚聽受日往及爲覓藥食隨方遠近皆得行也

四中初明己病雖容直去要須受日不任衆食許其別索名隨意食不得開去若下次明看病不召聽往急於濟苦

五爲和僧護法事者律中顯緣未明受日必有和限依受聽去無限隨事可準僧祇或重破僧卽以事去

五中初示律文但令破去必下義決初約無限釋

有須依受無準僧祇事訖羯磨或下次約事重釋

四分緣中十八不同十四是檀越餘者佛法僧事也

三引律中十八緣者一大臣奪僧供養白王二求同誦經人三大臣鑿渠白王四檀越請布施五比丘請懺殘六尼請懺殘七式叉請懺悔受戒八沙彌沙彌尼請受戒九無信大臣欲見十有信大臣欲見十一不信父母欲見十二有信父母欲見十三母請十四父請十五兄弟姊妹親里知識請此有三種十六爲求衣鉢十七慮僧破故去十八爲和僧故去自第四至第十五中二三其十四緣並爲檀越

餘皆三寶可見

二明對緣離合皆得別受無疑就總受中但使緣如隨爲多少皆非過也如懺同名異種罪法

第二離合通示中初總標別下別釋初句明離就下顯合引懺爲例同名卽同篇罪律開合懺

或張王兩緣各是七日不可合用羯磨半月以事各是別人所行止得前後受七日也如是例之若俱三日或復互減可同七日彼此兼用衆法離合可例成之

別簡中初文須知三緣分齊一日至七日並七日緣八日已去是半月緣十六日已去爲一月緣文明兩家別緣不得合加衆法前後受者或約次第作法或約用盡更加或互減者如張須五日王用一日等衆法例成者如張是十日王須二十日合受一月

或張是別緣王是衆法隨依受之通用如上也

次科如張須三日王是十日可受半月等通用如上卽前所謂多少皆得

三受法差異者餘就文消然初日未得卽往縱過三期亦得赴彼由事在故法無失也異七日藥過期過

起縱病未除制從日故

第三受法正釋中初文初敘預受三期謂三七日彼事不息更過亦聽下簡藥法彼是對病此卽據緣故不同也

又四分受依日爲量異十誦文彼計七夜故文中云及七日還也

二中受日受夜部計少差如下自說

或途路不遠當日往還請召須宿亦依法受

三中初科但取事緣未訖不論處之在近

若爾開者何以律云不及卽日還聽受七日也答言

不及者俱爲緣故，或事或情不可一準。

次科，引律爲難，釋中亦約前緣，非謂處遠故言不及。

四言懸受者。

第四懸受，謂未有緣發先受擬之。本有前事可牒緣成，既無實緣不可虛牒。一則不可倚傍，二則本無實緣，三則不知期限，四則妄受僥倖，一向不合也。如律無事及減年等皆非法緣，加羯磨不得。

釋中，初文初敘非，二下列過有四。凡行受日一須緣現，二是的實，三知日數，四即稱法。如下舉例，律中無事有法羯磨不成，年歲不滿受戒不得。

若爾不成，何故分房聽爲未來受？答：此但對事進不。無法開成。

二中，以夏日分房尚有餘者當爲未來僧受，比今懸受那得不成？答：中對事進不，謂僧來不來，不可定故。顯今受日有法開成，必須實緣以應法故。

五百問中，夏初即受七日，三十九日法好臨行受者亦得。若無法者，白日出界，夏雖不破，要須懺悔。準此似是懸受，然彼出界要須受日，不爲宿也。若得懸受，何以十誦云無佛所聽緣受日出界，經明相出破夏也？以文證前本非受宿也。

三中，初引論文，詳彼夏月有緣白日出斡，亦先請法，表非專擅，而云好者謂聽許也。不受而出須懺悔者謂犯吉也。準下以義決，初詳其文勢似是而非。一彼宗夜法，今言受日顯非爲宿；二白日出界無法尚犯，顯是制急。若下引律反質，驗非懸受。以五百問宗十誦故。

五明互用者。

第五互用者，謂本以此緣受日，後有別緣意謂法在乖前而用。

有人言既有受法但是事如互用無損，所以知之？十誦云有殘夜在白已餘用，故知得互。

初異解中，彼據十誦以立互義，然而不分緣有同別，如下自明。

今解云法事兩緣義須相會，本雖爲僧事竟殘日於佛無法何得妄用。

今義初科，但斥前解，即彰今意不同互用會合也。

若爾，何因十誦開白殘夜？

釋難中，初科問詞，即彼所據須爲通之。

二釋通二、初釋通律意。

二引文反質

六重單異二、初標。二釋二、初初師局單受。

二次師同重立二、初引古通立意。

答此謂同事暫往卽還恐疑輒往故白殘夜非謂異事本無心受何得白行若本三寶俱須經營作法之時文中含攝是俱有心法復通也

答中初正釋彼文夜限未竟故曰殘夜續用須白用息眾情此乃一緣本法在故別緣無法何得輒通若下別出通互作法通牒後用皆聽

故十誦云比丘受日到聚落中七夜未盡作事未竟來還白佛因聽餘殘夜去云我受七夜二夜已過餘有若干夜往彼出界既云所作事未竟明知本事不可雜妄也

次科具引始末是非可見初示緣開云下出白法

既下準文以定不通異緣

六重受得不有人言安居立行修道爲宗緣急開三以濟時要何得重受無此理也故十誦中爲破僧故聽受一七夜不得受二七夜乃至受三十九夜已破安居去此文明矣

第六初師中初立義彼謂一夏止開三法不許重受又須次第不容前後故下引據彼律但有眾別二法初別後眾可證不亂後令破去可證不重

有人言修道務急何得制住必有緣來隨意開得

二明今唐立二、初標示。二正解二、初明以義通二、初古約異緣重受二、初正解。

二進難

二今據本緣重受四、初牒前難破。

次師初科初句是縱何下卽奪此雖通許文義未詳下列二門委明進否

今以義通并以文證初解通者如前檀越召受七日後有三寶要須經營何得不開明知亦得

義通中古解初科前後但約異緣未爲盡善

若爾何故十誦但聽初七今解初制不可怪也或一事上不重二七豈制異事不許受耶望法似重望事望緣前後不累何得重也數隨事受雖是非重如受三歸及五戒等隨人不同皆言最初故知通也

次科初引難今下釋通初約初制釋謂始制時未

有他緣故或下次約同緣釋初立義謂一緣上不開再受異緣雖重不名重故如下引例律中佛初出世凡受歸戒並云某人最初受歸等法同人別不名爲重

若言本事不得數者如爲父母受日往彼限滿留連尙開聽越今更受往何如彼往不受便得若言留住過限得夏是難故開父母令我更返受日乃至三寶經營未了受來重往不往大損何得不開又如官事須二三日曾受七日何能不去等爾直去寧勝如受夏制本意無事遊行今大緣來依法受往非專擅去

受七日往。豈前須問。後不須也。
四中。五分有無請者。即檀越緣。有疑即問。法緣下。舉疑問以質不重。
若如所解。十誦何通。今云。不許二七夜者。彼受日法。但有二位。故對首七夜。何得重加。故云不得二七夜也。不妨前後去者亦得。
通十誦中。初文。初牒難。今下。釋通。謂立法已定。不可一法妄加二七。前後各請。理無所妨。
若爾。和僧用二法已破安居去者。答。受法依限。前二有期。故開隨受。既用法盡和滅難。期知用何法往彼

和也。理須破夏。是所開故。若不爲和。破則獲罪。若定可期。如前必聽。依僧祇中還同十誦可用事訖。彼不互用。故須破夏。豈得重受二七夜。反成破夏。頓受一月。倒是安居。有何異耶。
次科。初問。次答。初約無期釋通。則顯有期須受。如前必聽。謂聽重也。依下。引僧祇對校。彼和無限聽作事訖。豈下。約非以詰古執不重。乃謂先受七日。後有七日緣須受月法。緣法既乖。故是破夏。有何意者。責其愚蔽。
昔人又云。半月一月。雖同衆法。長短緣異。不名重受。何得獨制。
今解中。初科牒難二節。初約父母疊請難。法盡留連。尚聽越限。更受有法。勝於留住。若下。縱彼轉計。彼約難緣。通上文故。留住既開。指令再受。義無抑塞。仍決三寶本義大同。又下。次約官事促迫難。直去從緩。受日準急。緩不勝急。受往何損。等爾等猶頓也。
律云。不及即日還。聽受七日。此是通文。不專一事。如緣所列父母兄姊並開赴彼。兄以前請父後又召。豈不開之。

次釋律中。初科。初示文相通合。如下。舉事緣反質。律中但言。佛未聽我如是事去。因以白佛。佛言。隨聽往。此即重文。以先開故。早已依行。後復緣來。疑以白佛。佛即聽往。豈非重也。
二中。初引本開。此下。次顯重義。如四分中。一夏受日開十八緣。或更有者。十九亦得。如非時入聚落。佛制囑往。豈可前開後者不許。
三中。舉律列緣如前所引。且據當時緣起而列。非謂已盡。非時入聚。有緣開囑。足爲今例。
五分云。若有請無請。有疑故問。須出界外。一切皆聽

二引文証三、初引五百問証

二引明了論証二、初總舉文

二別釋文二、初委釋前一有三。如文

約義以觀卽開重相重加羯磨但隨緣別七日亦爾可以例之

四據古中眾法兩位義是開重別法雖一可以比例

五百問云受七日行不滿還返後行不須更受滿七日已乃復更受若慮忘亦可日受一緣亦得再三受七日也此五百問卑摩羅叉口決也其八翻十誦者既有此通義無疑矣

次引文中初科初引論曰受一緣是別受再三卽重受此下會通卑摩羅叉此云無垢眼卽十誦部

師來至此土八有請問隨決成文十誦本什師翻未治而亡卑摩續翻部文方足

又明了論云七日有難隨意行善解三品九種類解云安居有三緣故得出界此三各三種故成九種

了論總舉中先偈後解偈中上句卽總三品舉一為頭交互歷之一中有三故為九種

論云有事先成七日緣後成七日緣者解云雖請七日事竟不還破安居得小罪若事未了極得六夜第七日還至第八日更請七日出界宿先為師病受七日出界外至三宿病差卽須還界本處別有施主請

二指略後二

仍得用後三宿住本界外若後仍不了更請七日是則先後俱成七日緣此中開互用者由師病時施主請至故兼之也

別釋中初科三句初句又二初明重受先下次示互用由初作法兩緣合受故得兼用如後自決

二論云有事先成七日緣後成有難緣者解云先為施主請七日出至三宿竟還本處聞有水火難起仍往餘處卽其事也

次句有難開往餘處而非破夏

三有事先成七日緣後成隨意緣者解云本住無好知識諠動妨業又無食藥先為施主受七日出界經三宿事了應還本處有緣仍往有知識處名隨意行是其事也

第三句敘本住緣一無師二喧憒三藥食不便有緣仍往通上三種且舉求師耳

若有難隨意行作句準上然非受法但經一宿破安居有因緣故不得罪也若無緣出界反上得罪

後二品中初指例初先成有難為頭後成有三二先成隨意為頭後成亦三然下決下二品得夏所以上引論證正取初句餘並相因

余親問翻經三藏及餘梵僧，周五天竺，無單受法。但令如法隨事開也。但正文如此，義無抑塞。恐事乖法，情挾贓貯，不得受耳。

三梵僧中，初引彼答。但下，示教意。初明開意。正文即如上引。恐下，次示遮意。治生爲利，並名贓貯。

四分律删補隨機羯磨疏濟緣記卷第二十

三引梵僧證

[seal]

四分律删補隨機羯磨疏濟緣記卷第二十一

宋餘杭郡沙門釋元照述記

七隨緣長短者

七中謂事容長短三法楷定若事法互望事長過月則退就短法事短一日則進從長法但令事是正須一夕並修七日以法收緣如文不及即日義開七日也

釋中初文但令事是謂緣如法夏中可爾夏末五日如何成受餘日非夏限故解云乃至七月十五日亦作七日法受餘日雖非以法成故律制三法餘日通束也縱引十誦亦同此解今夏末三日在不重受家既曾受日若受月法又是破夏由緣不合止可端然破夏虛歲

次正明中初躡前問解下約義釋又三初釋通事雖一日法不可減以事從法故加七日十誦受夜二位雖殊以法收緣彼此無異故云縱引等今下斥非不重受家即前古師尚有徒黨前已受日次須受月然一二日在不成月法故令破夏意謂成歲不知虛也

問曰今有七月九日受七日法出界不還夏成以不

答破也何以知然夏有後開無前開也以七月十五日須及夜分還返本界如律所制及七日還令限明相乃在界外絕此分齊故說破也

問答中初問亦由諸說不同故立問轉難以盡疑情答中初直判夏有後開謂迦提月無前開即夏限內以下悉釋三位受法並須最後一日身在界中不爾破夏

若爾何以律文最後自恣七日在受七日不還不犯者答謂七月十六日是最後自恣日也如急施衣中說之今此人以七月十日受七日故彼第七日是夏滿不來無犯

次難中自恣三日十六為最後退前七日即初十也釋中指急施衣彼次第增中自恣十日在即七月初六受衣迦提後不增乃至云自恣一日在謂從初七去至十五日受衣後須次第增則知以十六為自恣日餘如資持中

又問七月十五日明相未出隨行不犯相出是開何有夏破答止為明相未出須返界中名為及法相出界外故違本制

三難中明未出有法明出入迦提答文如前相出

即明相。

又問：制及七日，是有法緣，至明夏滿，法隨事失，有何犯故，令我破夏？答曰：夜分齊約明相分，第七夜分明相未出，自屬前夜；明相若出，即屬八日。制七日夜須及界中，今不在界，故翻破夏。至十六日自是後開。由違前制，故說破也。若約此解，十誦亦及七夜，返還同四分，何有異耶？明相若出，不及夜也。如是思之。

四難中，法隨事失，法謂日法，事即是緣。答中初正答，十五夜分不還，即是破夏。若下會異，十誦受夜，亦約十五夜分還界，不還破夏，一同四分。

八事訖不來法有無者，有人言：事訖不來，夏亦不破，以法在故。如七日藥與欲類同，狂病得法，病差不失等例也。

第八他解中，初科，初義判，如下引類有三：七日藥病愈法在，與欲已事訖不來不妨成法，癲狂羯磨雖差不失，足可為例。

若爾不失，與僧祇事訖有何異耶？答：彼中隨事不隨法也，此隨法故，致此不同。

次科以事訖法在，則濫僧祇事訖羯磨無有日限。答中彼隨事故，法不定日；此隨法故，法唯三位限

內事訖不來不失耳。

今解不同，不可依也。事訖法謝，十誦明文，不同欲法。羯磨不牒，今受日法牒事加之，故謝法失，亦如藥法病止無用。又不同狂解須乞，故何因浪引，令此煩釋。

今義中，初斥前非，事下指所據。十誦文見注中，不下責妄引。欲不牒緣，受日牒故；藥法病止無用，受日容有他營；狂須乞解，受日自失。三皆非例，前義不成。

九僧尼不同者，昔人解云：尼隨僧受三法過緣，上下同處，不說為異，故無妨也。

第九昔解中，三法過緣，過即非法破夏，緣即如法聽去。上下即僧尼，謂律中如非同一處列，既不說異，驗知是同。

今解不同，性是女弱，未假多遊，外化非廣，理不同僧。如僧祇中，尼安居中無羯磨受事訖法，聽受七日。四分亦爾，如三時遊行戒中，唯有口受，不云多日，可準斯用也。

今解中，初敘立，如下引證。僧祇文顯，四分尼戒本云：若比丘尼春夏冬一切時人間遊行，除餘因緣，波逸提。廣解云：若比丘尼為佛法僧事病比丘尼

十誦部同異三：初標，二釋二：初明三部同異。
二明本宗有限

事聽受七日法出界去。所謂餘因緣也。文中止聽七日不開餘二，故可爲準。口受卽對首七日也。

十誦部同異者，十誦廣開七夜緣，下文唯爲和僧鑿寺聽三十九夜，白王乞救不言餘事，僧祇安居中爲通水故因聽塔事僧事作求聽法。五分僧私兩事具開三法，如四分文。

第十釋中，初文十誦別法廣開，謂開緣多也。衆法唯二，和僧如前引。鑿寺謂安居中王出征伐，無信大臣意欲毀寺，僧往白王羯磨受日。僧祇通水亦爲邪臣壅塞通渠，白王求救，本因僧事遂通三寶。

五分緣法並同今宗。

今依當部但有月緣，過此已往無文所許，執不同者，不可用於三十九夜及以事訖也。若有不同，可用諸部。四分有法不可通行，不意本宗緣如事正者，如鈔別行事中。

次科，初示本部分齊，執下誡輒用他宗。執不同者，卽守本宗之人，若有不同謂依他部受者，或可如前往外和僧和滅難期卽緣不同聽用，事訖行彼部事，不下美部主立法緣，如謂無非濟急事正謂行事有序，不意謂不期而遇，指鈔別行事者，卽諸

二就文解釋二：初分文，二隨釋二：初緣。
二法二：初標來，二正釋三：初衆法羯磨受二：初緣，二總舉。
二別釋三：初增加不同二：初別示，三如文。

部篇。彼文具引僧祇、十誦羯磨廣明不同之相。

就文分二：初緣，後法。緣中標舉名目，下列諸緣可解也。佛言不及卽日，下列三品受日，以法收緣也。引十誦五衆者，以世多不行，故重及也。若在道事盡者，釋成法失也。明了重受者，釋除疑執也。僧祇制尼者濫儕罔上也。恐未見義門，略示成不相耳。

次就文釋緣中，標名可見。下下釋注五段，初二本律，後三諸部。次第牒解，對文可尋。恐下結示注意。

二正加法緣中，諸集法者，四本不同，加乞不定也。

次釋法。衆法緣中，初中諸集法者，卽古今出羯磨

之人。

初人加乞羯磨不牒，恐成增法，此古羯磨也。

次科增加中，初文三本，初卽僧鎧羯磨，先從僧乞，不入羯磨，彼謂律文本無乞，故曹魏初出，故云古也。

第二人雖著乞辭，準乞覆藏兩徧牒事，時到已前增加乞辭，忍聽已後略事而作，羯磨亦爾。此光師魏集世盛行也。

第二卽曇諦本光師用之，開拓注釋，遂爲光本。覆藏羯磨前陳三乞，後方與法，白與羯磨第二句中

二總判成敗

二依律直誦二 初正明

二向答四、初仍私緣須乞問

牒前所乞故云兩徧牒事第四句單云與法故云略事。

第三人但準六夜乞法牒緣誦事並盡以律文云不如白法作故今若增減並不成也。

第三卽願師本六夜乞辭牒前覆藏乞法行日等已方乞後法諸羯磨中此最委悉故特準之不許簡略故云並盡白及羯磨兩徧牒事大同覆藏仍引律證明有所準若論加乞豈非增耶。

凡斯三集文局義通有人定判依受夏破今解不然俱順敎故增乞減乞各有所憑羯磨大途猷規在故

依受不失至時口解。

次科初結前所引有下責其妄判初雖加乞法依律文餘雖入法各有所準不可判非猷法也下令口解卽如上說。

近世諸師不加乞辭準律直誦以律制斷加乞是增不敢輒用。

次依律中初文言近世者疑是礪師祖師亦嘗從學一月而亡以律制者如前所引正當今用。

問凡受日法爲防破夏夏是私緣若不求請何容妄與故乞是也答凡情所信憑敎爲言律既缺文不可

二引德衣和僧難

三約德衣偏有問

四約說戒須和難

妄著不同杖囊加乞是法以彼白中銜乞作故翻傳漏文非是不合統通諸部杖囊皆乞故非輒加受日不爾三律無乞。

次科初問律中凡是私緣必從僧乞故答中初釋通不下除妨律本杖絡囊法白中牒乞而前無乞詞後人加入今亦存用一以白文明牒二則諸律皆同受日但無故不可類。

問杖囊加乞受日不準者和僧諸法唯出德衣餘法皆無不應準著解曰此言理也謂在前和不由此和用入羯磨乞則不爾不入增故

次難以和僧問答唯出功德衣及說戒二法餘皆準著故引爲並答中初句美其來問謂下釋通凡諸羯磨前有乞詞羯磨必牒故。

問德衣一法何故偏和答此攝利奢受者多故今捨須眾故偏問也。

三問答欲顯律文偏出所以。

若爾半月說戒不是奢法應不須和答說戒攝僧住持萬載若不和合不成僧義故須同法表無乖競也。

有人解云一切眾法俱有和也文或全缺故致不同餘不出者但是漏略。

四難中說戒亦和當有別意故問中之答中初示
教意有下出他解
有人言諸師解繁以意分二若僧差難起不專私意
但依律作用乞何爲如沓婆被差五德知事等例必
爲衣藥看病問苦既是私緣非乞不委加乞不妨故
前三家集意在此不由此乞號加羯磨故律中增應
作一白眾多白是名增也文句非應妄有所加即律
文云不如白法而作白也今時加乞準諸乞辭及入
法作亦準諸法何得專制獨斷不成義不可也
三兩通中初總標若下別釋初明僧事不乞僧差

如營幹三寶等緣難起如救寺和僧之類律中差
知事五德並無乞請故舉爲例必下次明私緣須
乞初示緣相問苦謂濟他急難故下救前諸師雖
各加乞不違律制律明增加有二非法一多增白
法二妄增詞句今皆有準故是可用
羯磨文中前告情者是乞家緣也當量機轉勢不可
冰執
次釋法中初科告情即牒法緣白僧知委而非加
乞故云乞緣令隨機者此示通意去留皆得以息
諍情

文列二法者以不及七日還則但加半月法不及半
月者但加一月法不得俱誦二法則四十五日也
次羯磨中初科即點注中集牒二法律文大字連
寫遮謹誦故
問受月法時何不言過半月者解云七日別人餘皆
眾法但云過七日明知餘二俱白二也同是眾故不
說分也
初問三法合須次第云過後二眾法並云過七日
故須釋之解中羯磨欲顯眾別兩緣半月一月短
長雖異無非過別故

問今受半月一月法者若值小月如何數之答依律
文也半月加法云十五日則不問大小數日滿還返
如十誦中三十九夜也若受一月則依大小不可數
日如律云住三月等小攝其內也
次問答中言依律者以羯磨中半月牒日故數日
滿一月牒月故隨大小下引律文即以安居以證
受日
次對首中雖無正法準白中用
對首中初科準白用者即牒緣文比前可見
十誦令從四眾可是正教如前解之文非可用

次略點中彼文不了以理廢之指如前解謂各眾
自對見上義門
有人云但告四眾知我行往何如不告故猶勝也今
解不然立法須定安有比丘對尼爲證義即敗也若
欲通消但得心念必欲令知口告處所終不以此爲
受日法也
斥非中初引他解今下示今義初正斥律中尼及
下眾可得對僧如尼白入寺沙彌對僧自恣之類
若論大僧必無餘眾作證之理若下釋通先作心
念後囑而去

次解命梵二難出界法緣列本二婬女來誘調者淨
行難也凡心染愛無始纏懷今暫割削遇緣還起故
有境來知非是淨或因斯次有犯重障說爲難者因
中彰果若已犯者不名難故惡鬼毒蟲不得如意醫
藥斯命難也
第二命梵移夏釋中初科爲二初釋梵難注列三
女即婬境伏藏是盜境本二即在俗時妻二謂匹
偶也凡心等者即示難相恐因此境汚我戒行懼
犯未犯則名爲難已犯成罪故不名難惡下次釋
命難注列五種皆可致命

律中但云即應以此事去不言得歲
次科牒示中據云應去理是得歲
有師解云既開無罪用夏何爲如明了論中有難隨
意行俱不得歲也
次引諸解初解中初科彼據了論有難隨意二種
並云經宿破安居有因緣故不得罪如前具引
若依律中二處安居二處受衣準此無夏不得受衣
今得受衣明知有夏
次準律中二處安居即移夏者夏竟受衣破夏不
預今既許受有夏可知

羯磨疏濟緣記卷二十一　釋諸眾安居法篇　十二

又五分云食麤不足父母親戚苦樂等緣我若住者
恐失道意及命梵和僧聽破安居去無有罪也十誦
云命梵者此無罪不言得夏和僧復云破夏去也僧
祇中有二難者接界通收此應得夏直去不得以無
界隔毘尼母中如文所開者大如四分前所解也明
了論中安居有難者住處多有博易來往見此生貪
致犯大重即以爲難餘可例知
三引證中大有五段五分中食麤謂有病不如意
不足謂供須有缺親戚苦樂謂俗舍凶喜事此三
約義亦命梵所收十誦和僧破夏亦如前引僧祇

夏中有難結三由旬界於中往來毋論如文卽指注中大如四分卽上二處受衣文了論博易亦犯盜緣前引三律並非明斷後引了論但出難相中間毋論乃爲明決顯知得夏

又云但破安居不失夏夏計行功不虧法故安居在處出故名破也

次解既移其處故破安居隨處修道故不失夏

古師解云二難移夏多文不開既是制限從初去日外覓安穩未得已還雖經宿者不名解怠不破安居反前成破若得住處夏法隨身不須加法卽成前後

不得輒出出須受日縱使去後本住夷靜亦不得還若後難起更覓安身亦得隨返如是廣知

三中四節初敘勸怠以分成破制限卽是夏日若得下次明後處不須復結縱下三明本住難靜不還若後下四明後處有難開還本處

三明和僧護法者律中僧尼兩衆各鬬亂起若不爲和便更增長就中爲二初以當界諸僧由我住故便生鬬亂爲重此和便出界去後爲彼故往以言化今時事在和忍不行故略指也

第三和僧本宗中初通敘就下別釋有二初約當界本和因我故諍重此和者恐僧壞故後約他界有諍我往故和今下三示略

如僧祇中若爲和故受日往彼中前若了中後須還暮訖曉卽還不來則破如是受日可以例諸

次科僧祇事訖卽還遲留則破不唯和僧一切受日並制卽還故云如是等也

四者限滿不來中但爲至意所留非故延限私涉方便致爲宿者依法破夏道斷得歲非故專往由本有法也若難盡不還自卽破夏

第四標文經疏語別相成見義初釋親緣所留次

釋水陸道斷各顯如非尋文可見

五明當日出界逢難經宿者律中辨失並約經宿必有斯緣無文開得昔高齊世昭玄十統盛集明德共評斯理並懷慈濟通僥倖故

第五但約夏中暫出中途遇難初示無文昔下次引人判高齊卽北齊高卽國主之姓簡異南齊彼時立昭玄司十僧統以掌天下僧尼事衆集評議開許得夏懷慈濟者是可愍故通僥倖者非分而獲故

諸衆自恣法篇第七

二本文二，初敘意

二正釋二，初引文，二隨釋二，初標緣二，初標目

釋自恣篇。自恣疏中自釋，言諸眾者，約人則該五眾，約法則分三位，人法兩釋，並見文中。

同住久處，心性義開，陶冶精靈，方符正量。故陳已懷累，通告前緣，必事糾治，無宜杜默，故能展轉相清淨也。

次敘意中，初二句敘安居開明也；次二句顯自恣範土鎔金，謂之陶冶。今取調練之義，精靈即神識，正量即教法。故下轉釋自恣，初二句敘自義，累即是罪，前緣即五德；次二句明恣義，所謂陶冶也；下二句彰益，所謂符正量也。

就文為二：標緣作法。初標目者，如十誦云：云何自恣攝眾僧故，善惡相化故，以出過罪，如法清淨故。伽論云：欲令諸比丘不孤獨故，各各憶罪發露悔過故，又以苦言調伏故，又得無病安穩故，自意喜悅故，清淨無罪故。

釋標篇目中，十誦三意：攝眾是住持，益善惡相化即利他益，出過清淨是自利益。伽論六意：一有法為侶，二無覆藏，三摧我慢，四身安，五心樂，六業淨。已上律論但出制意，準鈔釋名云：自宣己罪，恣僧舉過，內彰無私隱，外顯有瑕疵，身口託於他人，故

二緣起二，初釋制緣二，初敘本緣

二示所表

二引文證三，初如文

曰自恣。

緣列，共住受瘂法者，由妄設法，因言致諍，俱行默然，何事乖越，佛法不爾，義須識非，生知者少，必假良友，豈伊不語，何得離愆，言滿天下無口過者，豈聖人乎。故訶言同白羊也。至死無聲，此但強戾，須作何善，故佛制之相檢校也。

次制緣中，初文敘愚見妄設法者非制而制，故因言致諍，意謂各默則無乖違。佛下敘制意，豈伊不語，豈猶苟也。孝經云：言滿天下無口過，行滿天下無怨惡，豈聖人者，凡人皆可行也。強謂剛強，戾即狠戾，我人相競，故非善也。

又表一歲之勤，情本據道。中含非法，正缺道標。義須清蕩無瑕，受歲今若相默，豈抱過生年，故須相撿，應僧淨法也。

次科言又表者，謂假他緣而顯此事。中含非法，中即夏限，道標即戒行，生年即夏歲。

十誦云：若受瘂法偷蘭，以同外道故。

引文中，十誦瘂法即白羊外道。世有持不語者，即佛門之外道也。

僧祇中不得受不語法，若欲方便少事不語，得至半

二作法二初分文指廣

二隨文牒釋二初僧法三初五人已上僧法二初廣法二初總科二牒釋四初白告二初定日

月於布薩時應共語問訊問事答事呪願等也過布薩已續復如初若憍慢瞋恚而不語者越毘尼若爲年少欲折伏者聽十五日不共語論至布薩時還共語作說戒也如是展轉

僧祇開不語有二初爲自已少事若爲下次爲折辱弟子並限半月無緣不開故制越罪

善見云若僧立非法制夏三月中莫語莫眠莫出莫受供養者不從無犯

善見四並非制故聽不從若如法制違則有罪

就後分文前僧後尼僧中分三即三八也就僧分二

即廣略也大同說戒故不義張廣亦如鈔至時引用

次作法分文中三八即三位僧同說戒者即前篇也

就廣法中文分爲四初明白二差五德三單白和四正作相初白辭緣應十四等者律列三日如下文中各有所爲然德衣法云安竟自恣及急施衣中皆十六日爲竟故也

僧廣法白中初科初據律通三日指下文下即後注云二衆相依住法故云各有所爲然下次準義定十六功德衣中但云安居竟十四十五皆非竟

二斥濫二初斥用後夜

二斥用十四

二差五德二初差緣二初牒兩種五德二初通標

二別釋二初自恣五德

故急施衣次第增中十五受急施衣云自恣一日在即是十六也

今行事者多用十四日後夜作者古德所傳不可輒用脫明相出何得有成僧祇中八萬人同自恣時恐明出者滅衆界外深有由也

次科斥後夜者古謂十四近夜分盡方可自恣明旦十五尼來問罪故欲法不羼宿羯磨不破明引證可知必重取欲再秉亦得

如母論云九十日中堅持戒律及修諸善皆不毀失行成清淨故安居已方自恣也古人傳者以將竟故

終須坐守夏末非緣不及竟也

斥十四中初引文古下斥非彼執竟者乃是將竟非已竟也須坐守者以未竟故非緣即出界破夏也

二差五德者緣制兩五德初自恣五德取不愛等以衆雜是非染淨同住無宜枉濫玷汚僧倫知時知法非人不顯故須之也

次差五德自恣五德中愛則有黨恚則起僧怖則多怯癡則無知若此等人則容枉濫此釋上四德也知時者三日是時餘並非時知法者三位是法

乖則非法、或可約人行淨應法有犯不應或可就事合教是法不合非法、此釋第五德也。

又取舉罪五德者。衆以清淨為先、過犯具彰何得杜默、故須舉處德人行事也。言知時不以非時者舉過靜諍無不和順也。如實不以虛妄者有實非謬有根不濫也。利益不以損減者欲令清淨美德外彰也。柔輭不以麤獷者慈心慰拔無鼓怒也。

次舉罪中、初通示。德人行事言此事重有德可行故須選也。言下別釋。一中知時謂合時心、與前自別。二中雖有實犯又須三根不濫。三中謂成人之

美非欲辱之。四五合釋。二德相由、慈心必無麤獷柔輭定無瞋恚、又可三業分之則二德別也。

所以差二人者。威儀經云、相向出罪、不得求餘僧不差故。今行事者如文所牒一時雙差。五人前後互為足數。不容濫故。如十誦中並差二人取上座也、來至執足口說求聽。若是下座不得執足乖儀式也。

差二所以中、初別示。即三千威儀。不得求餘句絕、則知第二五德止為一人耳。今下次準雙牒。古來行事遂人單差故。如下三明選德。必取耆宿則發物善、以尊重故次第來就。求聽即求他舉過聽我悔罪。今多晚生甚非教意。

二明行事。時有立差後又立白、俱不可也。文相具足」

次行事中。立差立白當時所行。下指文相即後子注、差已方起禮僧跪和二法皆坐。

三明和恣法。單白如文。下云比丘十四日者以僧須在前恣衆治舉既犯清淨方合受尼、若制當日更相勞擾故。餘如前解。

三單白中、初點法。下下釋注。若爾。何以前文定十六日耶。答。必有尼依在前何損、但不出界預作皆通。然今國制僧尼各居不相依附、但用十六可為

常準。

四正自恣法。前緣如文。所以具儀者既自陳請故現卑遜。言離座者捨憍慢故。布草坐者恐有損故。餘如鈔中。

正作緣中、初科、初總示。所下別釋三節。一具儀。二離座者避席而起出露地也、有云互跪者謬矣。三布草恐損謂護身衣、有云如來受吉祥童子輭草而成正覺遂撰一偈令衆誦之。又身不離座止以草把覆於坐具之下。傳謬於今習以成俗。邪風易扇是處皆同。正教難行聞而不改。此生愚執世世

盲冥悲夫。

若依增一佛坐草座告諸比丘汝各坐草座默久告諸比丘言我欲受歲我無過咎於眾人乎又不犯身口意乎如是至三舍利弗言無三業過所以然者不度者度作眼目醫王大千界尊何有過也。

次科增一阿含經初敘如來自恣示同凡法故垂範後世故令眾省己故使折我慢故舍利下身子稱歎三業無過具三不護故不度者度明其慈愍也作眼目者明其示法也作醫王者明其濟物也且就教限故云大千。

就文分五大德者正告五德求聽說也小者言長老眾僧今日自恣者牒僧恣時也我某甲亦自恣者下應上法縱陳過咎恣僧舉也若見聞疑罪下我有三根慈誨賜示五我若見罪下從聞悔過成我清美所以三說者表仰囑之勤非是濫託也

釋法陳詞中初文初釋文句有五牒文顯意能所自別後示偏數少略多繁故止三說

上且一途釋其大小更通論之長老乃大故經中長老舍利弗賢者阿難等律中不定今略釋之行解具故名為大德年臘高遠名為長老如俗中云長老之言也

次正明中初科又三初點前局更下次示名通經召尊上非專少小律但隨稱亦不以此而分尊卑故曰不定今下三釋名義反明大德名通長老名局俗禮召鄉中父宿為長者鄉老皆尊敬之言

前單牒者但告五德後雙牒者勤重之志在僧故也何以知然律中不得疾疾竊語故是對僧令知名目理須清朗擬眾通淨也僧祇亦云長老及僧自恣說又知通告也

次科初示前後單複何下推釋所以先準本律疾

疾急語竊語聲低並犯吉罪後引僧祇長老局五德及僧通大眾準今詞中大德召五德長老對告僧而不云僧者意以下至別人知我三根亦求舉過如羯磨云誰諸長老忍即僧中召別也

問前對小已得如文中云大德不答具德差遣咸所推敬何得不稱善見云大為大德小為長老且分二人義通上下餘不可盡也

問答中相美之稱不論大小善見所解一往揀別其小五德在第二上座前立待眾首竟方互跪對作大五德者下至第三前立如是展轉廣如鈔中所出

文也餘有如文至時口解
次行事中從上至下次第對說一跪一立不容並跪令衆委悉揀別無濫今有並跪令說非法獲罪下指如鈔見自恣篇彼文具出事儀成否尋以對之避繁不錄
就略恣中對五德者有二略二說一說也親對五德緩急自知任時量事不須和白不對五德有三略者則百人爲五十對一時彼此三說再說一說所以須白者既不對五德成和在僧故須先和後方如作也次略法中八難餘緣行廣不及故開略說初對五

德略有二本廣三說緣緩減一緣急減二次不對五德有三先須作白告僧令知通前五略廣略共有六種自恣
對首恣中四人不受第五人欲者通須盡集則展轉得成僧法若有四人不得如僧以所差人不足數故但彼此三說也
對首中初明五人不得受欲本是僧位集行僧法若下次明四人能秉不足正是別位止行對首三人二人隨改初句
心念法中大同說戒前修衆具如文可知說已心行應於僧故以即法不二十方同遵故曰今日衆僧自恣也
心念中初指緣說下次釋法即法不二以事表理事既同遵理必無外
就尼法中要取兩衆滿五已上方得治舉行事具也不同教誡約夏量德四人已下縱有所陳治舉非數
尼中初科又二初明滿衆彼此僧法互缺不成說戒請人須二十夏自恣但取具二五德四下次釋不滿治舉非數且就僧論若尼不滿不行差法但用口差應作四句一尼滿僧不滿二僧滿尼不滿

三俱滿四俱不滿二句廣法二句略法
此相依法制在八數今時殆盡彼此缺矣何名正法返千載乎
二中初示制法在八數者即八敬中夏末依僧自恣爲一敬也次今下傷歎彼此缺者僧既缺德尼則缺敬最初如來不許度尼乃曰正法千年若度女人減五百歲能行八敬還復千年故舉此言以傷法滅
近有行事或別房中或在戒場將五人僧受尼請恣且得酬於下衆非是佛制本規嗚呼見此良悲法滅

餘亦須述知復何言。

三中本須大界通衆求舉別房戒場深非本制。下復悲嗟法無興衰隨人故滅縱述無用故云知復何言。文廣疏略今更分之。初注是緣若衆滿下卽法又三初尼差八法二佛言下尼往僧中請法三良久下僧中上座誡勑法又二初示法上座告勑使尼傳敎此下二結告敎誡詞句祖師義設非律有之且標一句言其少也未必依文令轉變也

諸分衣法篇第八

釋分衣篇篇目僧得現前約人約時六位差別故云諸也

夏末受利將有濟緣受納乖儀福流非地故須具瞻諸施立法通局則能所無瑕不爲施墮可不好耶

敘意中初敘乖法之損非地地卽是處故下次明立法之益具瞻猶徧覽可不好者言有利也

初標緣中道俗兩施各有所在先以義分後就文解

標分中初點注各有所在謂僧得現前等各不同也先下例門

初義四門一定時非時體二現前僧得有時非時三作法不作法四位例差別

初明體者時有二種初一月五月是饒益夏勞供五利時如律毘蘭若請爲安居故施名爲時也除此已外名爲非時律中時有檀越爲施塔故及亡人會現前僧大得可分衣物留過安居佛言不應留過此是非時衣現前僧應分準此爲言但一年中不爲夏勞卽名非時何獨迦提五月之外

初定體中初句總標時下別列前明時體無衣一月有衣五月五利卽開五戒一畜長二離衣三背請四別衆五食前後至他家毘蘭若佛與諸比丘在彼安居有爲夏功而施除下次明非時體初列

示爲佛造塔爲亡設會因而施僧留過安居欲時中受故準下義決則知二名但取施主之意爲賞夏功名時不爲名非時應作四句一時中有非時迦提月不爲夏勞施二非時中有時有因緣故急施餘二俱可解

第二明諸相有六不同初有二門二部現前及僧得也後有四門一部現前及僧得各如文解

第二六相卽本文六段不出現前僧得二施前二對兩衆後四對時非時

第三明作法不同有三種現前一時現前二非時現

前三二部現前不須作法以四種定故一者時定皆據當受故二者處定隨家隨界故三者人定隨現集數故四者法定莫不約人約物鬮籌分故

第三釋中初科初列三施並不作法以下次申四義出其所以皆據當受謂同時者數人鬮籌即是分法

三種僧得中二種僧得須作法者四種不定故迦提月中隨日即是故時不定隨處作得隨人集分但令及法即三不定法不定者五人已上展轉分之餘則對首及心念也就二部僧得一往隨人多少物亦相參等半分已隨部立法如文顯之以僧尼無共法也

次科正明中初總標二下別示前明一部中二施須法反上不定亦有四種次第列之隨處得作即第二不定餘三可見就下後明二部一往直分義無同法

有人言時僧得者直爾攝取以四定故留至非時方作法分

次辨異他解中初科初立義彼謂時僧得有時中分不用作法或留非時分即須作法四定一局迦提時二局坐夏處三局安居人四局直分法

若爾何以文言相待亦囑取者答有三義一元是界內二身同受施三有安居勞後來界外闕他二義故制不應此處安居餘處取衣也

次科初敘難即第五段下注文佛制相待及出囑者分恐不及羯磨故耳答下彼謂相待留分乃是舊住暫出故具三義外客止有夏勞闕前二義下仍引據明非外人

今解須法若不作者何名爲僧何名限約界外來至何得不給若許不與此即現前非僧得矣故文云彼得夏衣應心念口言等即是加法也又十五二律云安居時僧得施者應受持若淨施人不爾者後來比丘應共分故知須也

今解中初句判定若下顯過有二一不作法過二不給外客過故下引證初引本律具如注中又下次引他部分物入手未曾持說後來有分驗知通收義須法約

四位例者此一門義止分上別若不顯知雜合叵見

四位例標中止分上別即上六種細分其相

初位爲二者一檀越施二亡僧物

次正分中文相難見爲圖示之

- 初檀越施二
  - 初現前二
    - 初時現前二
      - 初一部
        - 初一人法
        - 二二人法
        - 三三人法
        - 四四人法
        - 五五人已上法
      - 二二部
        - 初對面施二部
        - 二互施二部
    - 二非時現二
  - 二僧得二
    - 初時僧得
    - 二非時僧得三
      - 初常住處
      - 二約界得二
      - 三隨僧得三
        - 初一部五
        - 二二部二
- 二亡僧物

就前又二。現前及僧得。現前又二。時及非時。各一部二部。僧得亦二。時及非時。非時有三。一常住處。二約界得。三隨僧得。此下二門。各分一部二部。於中有一人法。二人三人四人五人已上作法各別。至時口引施二部中。一對面施二部。二互施二部。如五分中。非安居時。比丘住處施比丘尼。無者僧應分。尼坊施僧無者尼分。時中亦列二部互施。

檀越施中。僧得非時施中。初打入常住僧不分也。二約界集者羯磨分也。三隨僧得謂檀越隨來者與也。就一部中作法五位。就二部中對互兩別。下引五分別證互施。前時僧得止就一部。彼通二部如文所明。

第二亡僧物中至文解釋。

二亡物中在文委具故略提耳。

就初門中明二部僧得施者。以本通施故。無尼三眾亦總屬僧。無僧二眾亦總屬尼。所以不計人數約部分為二者。由僧尼位別本主標通望僧行施故約部也。

次就文中初科。初明互局本通施者。通五眾故。所下次正示意。

二眾互無互得受者。據望由通僧義不異。若不互受恐失福緣故開互取也。

次科據望通者。通二部故。

釋僧相者。以心通一化。隨預僧海。咸沾受故。若不法約。現僧無義可分。作法之始還如亡物輕法。

三中初敘施意。若下明須法。大同亡物。故指如後。

二明兩部現前施法。如今俗會僧行施者。西梵不行錢寶。以是制故。隨得衣物相參數人分之。此正教也。

第二初科舉西梵者。欲明此間多以錢寶為嚫。即犯捉畜二戒。

與尼非衣者。律無正解。諸師各指。勘究皆濫。今但約文非衣相故與令作也。

次科斥諸師者或云帽袜或謂幡幢或云女服今取非衣相者即衣財也

行殘法者治輕手付七羯磨人恐違奪行故置地與殘中亦奪自乞行儭不同七法强抑治之

三中初示兩付恐違奪行以奪三十五事中不得受人供給故殘下釋妨二並奪行而付與不同故須簡辨

沙彌同位僧因相假但以位卑行缺故有降也言等與者與大僧同一疋也言與半者大僧一疋彼二丈也言三分與一者即四丈中與沙彌一丈也故異部

云一大僧分與三沙彌是也所以等者莫非福田同應供也

四中初敘與意言同位者僧二尼三各有類故僧因相假必由小戒至具戒故言下示分法等半少分並由僧命觀其長幼勤惰善惡貧富等異部即僧祇所下辨等與

守寺淨人應等與乃至五分中與一分者體非福田以供僧勞望僧故合不與不應分者以制在僧僧須周給今但繼於上尊不兼及下失於僧和無礙即非僧義雖分不合又是盜攝也

五中初敘得分之意非福田故少與供僧勞故須與不下次釋不與之過恐謂俗衆不預施故不合是吉盜收犯重

三明時現前法中以安居故爲福故施隨其勞限各取分也

第三安居施者即是施也隨勞限者謂現前也

四非時現前者如上二部此據一衆隨人故也

第四不爲夏勞故曰非時人物限定故名現前注文可見

五分時僧得者夏勞開受施通一化若不作法何以

約之

第五須作法者即破古解

六非時僧得就文爲二極分明也

第六初科分二即如注中前檀越施後亡人物其亡物重輕作法制約在文雖具終須開示廣如鈔中及輕重儀之所解也至時兩引同歸一致並須當法量斷不容臨事遲疑

次科初指廣亡物重輕即處判也作法制約即攝僧別賞勞付分等也鈔及儀文開釋甚廣至下勸引仍誡曉達今更略分二亡物中大分爲二初敘

所屬又下次示分法十門明之大同儀鈔文亦自顯有疑尋對第九門中有四前二是僧後二卽別初僧卽五八已上行事備故付分羯磨中諸長老下秖合單牒根本多牒緣十五字兼時削去

四分律删補隨機羯磨疏濟緣記卷第二十一

四分律刪補隨機羯磨疏濟緣記卷第二十二

宋餘杭郡沙門釋元照述記

懺六聚法篇第九

釋懺六聚篇篇目懺是能悔心六聚卽所犯過法
通理事化制不同局題就宗卽指諸羯磨耳
上諸門中被於行淨專精之人但以五濁澆風鼓扇
塵境不能制斷遂與犯同若不淸蕩末曰智人覆藏
瑕疵終歸顯露故當及時早懺不可後世悔之
敘意中初科初二句結前七篇正宗行相但下生
起當篇須立之意初敘成犯之由五濁時數漸減

爲劫濁邪執堅固爲見濁催年促壽爲命濁三毒
猛盛爲煩惱濁分別妄計爲衆生濁皆非淸淨故
並名濁亦名五滓卽是有情無情二種世間劫減
情浮遂境造業與犯同者人篇聚也若下明須懺
所以注引律二種愚人二種智人一堅持不犯二
犯已能懺終歸顯露卽現當後三報
今多憍伐自矜謂能拒抗前惡深須量度是何位人
然後自高可得度世不然縱毒知何不經生後苦楚
孰難遭遇
二中憍伐自矜是愚謂能拒抗是癡既愚且癡不

知分量禍至方悔追不可及下引攝論初地八地
一自無過失二有利他始可示行殺生等過餘凡
不爾故云不然等縱毒卽是罪皆造故曰知何不
經業成則獄苦卽至故曰孰難遭遇
故論說言地獄中陰身猶如鎔鐵聚熱惱燒然苦不
可得譬喻宜當除懈怠晝夜不休息精勤修聖道必
使盡苦際斯爲聖言量也同舟各審知之
三中智論四趣各有一偈此引地獄偈上一偈示
苦報陰卽五陰如鎔鐵聚略譬少分故云不可譬
喻下一偈勸修餓鬼偈云餓鬼受穢形其類百千

種不聞漿水名動經千萬劫畜生偈云畜生相殘
害日夜常逼迫愚癡暗障故無由思解脫修羅偈
云修羅被五道威武抗諸天多疑不信故燒然諸
善根斯下結告舟喻聖法可以濟渡同法同道同
行同學等皆召出家奉持之士
將欲解文先以義顯四門分之一對治方法二理事
不同三小大對緣四滅伏之意
初中凡罪生也託因從緣因卽妄心非有謂有隨有
興我便計彼此卽起集業故經說言一切諸法自本
來今性相空寂而衆生虛妄橫計得失彼我起不善

二識過立懺

念造眾惡業輪迴五道億劫不出二一者妄緣境有色
心由之造業不知心變妄謂他有還緣自心故反纏
裹如說三界上下法我說皆是心向造諸業但知唯
心則無分別是彼此也
義門第一立懺意中初科初總標因下別釋又二
初示罪因妄無也無而謂有即是妄義由隨境有
謂之六塵緣影亦名六境界心幻化陽燄龜毛兎
角皆喻此心與我起業生死輪迴由不了此故下
引證諸法本空證非有也眾生妄計證謂有也橫
計等是惑道起不善等是業道輪迴不出即苦道

二明罪緣色心二法攝境盡故不知心變迷唯心
故妄謂他有計心爲境故以心緣心造業自縛如
蠶繭故已上敘迷如下顯悟三界中色無色天爲
上欲界爲下或云三界無別法唯是一心作語少
異耳既了唯心反觀前罪皆非他法故云向也
既識起因能感後習一感種類相續而起二招苦報
生後當受今改前非將修後是從緣生滅斯苦世法
於彼惡業特生厭賤發重慚愧立對治過洗心懺悔
次科初指因即躡上文能下顯果後習有二一即
習果二即報果今下敘懺意有三一生厭二發愧

三釋名示意

二方懺不可懺二、初引二文。

二引他解

三立治從緣生滅即上因果苦集二諦並世間法
懺者梵語本曰懺摩唐言悔往亦曰卑敬存二方言
故曰懺悔懺字後立非此書也取其義意謂不造新
則此懺謂止斷未來非悔謂恥心於往犯由斯善故
已起無緣當生無續雙礙緣續說名行除又由斯善
來感樂報差彼苦緣名爲報除若欲懺者略知此意
三中初翻名懺是略梵悔即略華今時篇韻皆有
懺字乃是後加取下文以義分斷後爲懺恥前爲
悔轉因爲行除易果爲報除
然雖開懺經論不同如十地中作業定故則不可轉

如涅槃中有慚愧者罪則非有無慚愧者罪則非無
斯是了義定業難絕
次可懺中初科初標示如下正引十地即十地論
涅槃即如來答闍王之語有慚非有懺即滅故無
愧非無不懺存故涅槃終窮決了之義即知餘說
皆爲不了也
故有解言所造重業三時中定報不定者遇緣可轉
則有相除如造重惡定生報受以報可轉便加懺悔
由此懺善亦居生報奪惡不受一差永定故名報除
由行善故亦是行除若時報俱定不可不受則轉重

今輕如闍王之懺亦名報行兩除若時不定報定及時報俱不定者此造業微易懺伏也

次科三句凡起心造罪初中後心有無輕重各有八句先明有無八句一時有二時無有三句二時有一時無有三句三時俱無三時俱有各一句重輕八句例上作之今取俱有俱重爲定餘皆不定初句時定謂三時俱有俱有容有重輕故報不定遇緣卽是懺悔善果奪惡爲報除善行易罪爲行除若時下卽次句此中時定謂三時俱重也闍王造二逆以能悔故轉入黑繩地獄七日受盡亦具

兩奪故名二除若時下卽一互一俱兩句時不定者並前七句

問所造惡業謝在於往體是無法何得言滅答如成論云所造雖往不無曾有爲因成就是以懺時悔有不悔無也

初問中一切諸法過去已謝未來未至現在不住三世叵得罪性本空何有滅耶答中罪性虛妄故空不無虛妄因果故有若謂定無則墮邪見

問上明懺者爲斷爲伏

次問中斷謂永無伏謂暫抑

答經說爲滅論說爲伏據實爲言懺不滅惑但易奪抑伏耳要得無我方伏不起比丘犯戒依律懺者性罪正業隨至治際遮罪非情依法滅也

答中初科初指前經論卽涅槃十地也據下約義以決初明化業易奪抑伏卽上二除內凡已上分見無我方伏不起爾前尙起初果方斷比丘下次決制懺性罪不滅故至治際謂斷證時遮輕故滅

又解云解惑與事名實不同何者是耶

次科徵中以智破惑故云解惑卽是理觀事卽事懺實卽體也

事滅有行迭相抑伏後勝相遣若上品惡業下品懺者非其敵對故强者先牽故惡不滅要須還起上品善業抑伏惡也中下相對餘可準知

事滅中以事滅事故云有行罪懺各有上中下品各對各滅卽爲對敵而上可滅下下不滅上由非對敵雖懺不滅

理懺空行達理爲先下解斷上惑上解斷下惑也何以知然如諸見等無始名重誰謂是非作意窮尋一見永見如析石喻也但思擇我畢竟無從於此生忍則無生解貪瞋等惑緣翳事深人並知非無由卒捨

二事理不同二、初標
二正釋四如文

故至七學猶被纏之要須方便勝智乃斷如藕絲喻」理懺中初總示理懺觀空故名空行下解即見道破見惑上解即修道破思惑何下別釋初釋下解斷上無始我執邊邪等見名爲上惑喻如析石必無再合又經云夜見電光即得見道我見本無妄計爲有了知是妄即證我空心住此空名無生忍號法眼淨貪下次明上解斷下貪愛等惑對見名下三果四向皆名有學勝智即上解似斷不斷故如藕絲

二相對不同

二中標文與前少異即用事理對校斷伏淺深

一强弱異者業招苦報生因中强惑正障解習因中勝

釋中初科事行懺業生因强而習因弱理觀破惑習因勝而生因劣

二空有異懺業俱有有二相除有輕重故懺惑不同能治是智體空無礙所斷是有霜餤不俱

二中懺業俱有以事伏事故有二相除即行報也懺惑不同以無懺有故霜餤即喻罪懺二物相陵體不同時以喻觀成惑破二俱空故

三大小對緣二、初標來
二正釋二、初大乘懺
二、初總示
二別釋二、初理懺

三次第異懺業之方先後不定隨牒入法起對則伏斷惑不爾要先除我故論說言由此我故造集諸業乃至四住後斷無明

三中懺業隨有即牒斷惑必依次第指論說者即是成論三界見惑爲一住三界思惑爲三住無明爲一住是謂五住煩惱我爲根本斷證次第先斷我次見後思最後無明

四者類遣異斷惑用智如醒一方餘隅自反懺則隨牒一一別除如鋸木斫樹若防未非例同斷惑如初篇業麤不待勝心離之則易乃至第五同彼貪癡自非專護何能免也

四中惑是類遣罪須別除懺過非則異防未非則同輕心防重重心防輕並同類遣

三小大對緣就大乘中事理又別初依理者要識心本是大乘理其體清淨玅用虛通妄想故垢知垢是心意言不生外塵自遣何以故本不了心妄取塵境隨境起業業生妄受今達本妄體虛不實自恥往業妄搆所造如蠶作繭非他所纏深生慚愧誓斷妄習如斯念念不妄境緣無量罪垢自然除靜故如文解」

第三大乘理懺中初示理體清淨故無染虛通故

二事懺二、初叙懺意三、初叙境心。

二明事業

無礙妄想故垢。垢含二種，卽染與礙。何下明懺悔。初叙起妄遂成三道。今下次明求悔有四。一覺悟。二恥己。三立誓。四觀念。不妄境緣，知唯心故。下指如文，卽見本法。

二者事懺。如世常行，或依堂塔，或依繕造佛名經教禮誦諸業，皆緣事起。依此運心，隨所興起，計功分課。稱情愛戀，違意憎嫌，此不淨心未足除罪，要先折伏人我貪競衒悲自咎曲身退迹推舉於他，以事抑故。由我慠壯，不解思微，屈苦低抑，猶不可伏，何況特懺用以爲功。

事懺，叙意中，初科，初示依處，繕造卽經藏佛，下明所修，佛名經教卽持名讀誦也。依下明用心，初總示稱，下別釋。又二，初明過要，下顯正心善伏惡故云事抑。但知禮誦，不兼折伏，謂之特懺，特猶獨也。所以大聖布此良規，正治我等麤重人也。萬五千佛日須一徧，阿彌陀佛日十萬徧，如是讀誦營事諸業並定頭數，計功自勵。

次科云治我等者，欲使晚學自知分量，生慚恥故。萬五千等，略舉持名，以示功行，限時計課，以事繫心。

三示過誡勸

二明正修二、初總舉。

二別釋五。如文。

若有不至，此卽懈怠，何名畏罪，卽地獄人。如是鞭心，如是立志，雖名麤業，世中罕有。縱或行者，多著名利，謟誑自高，復是輭賊，羅刹妻也。

三中對前理觀，故名麤業。彼時罕有，方今可知。輭賊則不覺侵盜，鬼妻則終遭食噉。安謂爲善，不知成惡。修持之難，斯可知也。

若欲行時，須具五緣。

正明標中，業相微隱，託緣可驗，缺不成功，故云須具。

一請十方佛菩薩等爲明證人，以我心微，假強緣故。

如諸佛等常在目前，但罪垢故，如盲不見，動心緣事，佛已先知，何況淨眼對面行罪，深可慚也。故諸行人若微起惡，常思佛前，則愧息也。

初緣中，初示請意。行法經云：十方諸佛常在世間，我濁惡眼障故不見等。動下誡嚴肅，故下教想念。凡起惡念，思佛卽除，息惡滅罪，以境勝故。

二誦經咒爲妙藥也，隨經能治，但不至心，若不專緣，情則馳散，故制束心在於口也。

二中隨經能治，無優劣故，束心在口，繫名句故。

三說已罪名，如涅槃說爲惡不善等。

三中指涅槃者彼經第十云發露諸惡從生死際所作諸惡悉皆發露至無至處等

四立誓言從今已往福始罪終乃至成佛懺悔本宗斯爲要也故雖行懺後出懺場還尋故惡者由本結心不牢固耳所以諸習還相圍繞可不見耶

四中初示宗要故下次誡還墮由本不牢故有反覆

五如教明證當緣塵境或夢或覺非是妄心之所變耶又非魔鬼之所惑耶若是魔者我之所行未出魔境魔何由來將非我業之妄現耶令我心著重起倒

耶若知唯心境不滅者將是我心之所妄耶如是覆疎本卽非本何由靜妄知妄非眞卽此非眞還傳妄耳如斯反識分了妄因又識此了還知從妄不爾欣慶隨妄不返深須早練不容自誑俗中識者年至五十知四十九非何況學道而懷習著則不可也

五中初明緣境謂夢覺中善惡相現非下次明撿察初疑心變又下次疑魔現若是下三責業現魔居欲界天頂若修世禪及無漏業將出彼境方感魔故若知下四責心妄如是下結示本卽眞心展轉推妄故皆非本知妄遣知了妄遣了識了從妄

二小乘懺二、初總舉
二別釋五、如文

應須遣識遣遣無窮則無所住不爾欣慶謂作勝解下文引俗況道莊子云蘧瑗年五十知四十九年非孔子年六十知五十九年非又論語云加我數年五十以學易可以無大過則知爾前未達天命動成非也問修理懺人須禮誦否答愚智兩分事理無二上智達理不礙修行中下昧空故存漸誘應爲四句總攝羣機一得理失事一心禪觀外闕莊嚴如有目無足不能前進二逐事迷理計功分課不了緣生如有足無目不知所從三事理雙運自足相資萬行圓修必至彼岸四理事俱昧盲

而無足愚癡惰慢終無出期是知理事各立未免偏邪空有一如是眞修習故曰實際理地不受一塵佛事門中不捨一法諸佛菩薩歷劫熏修華竺祖師終身苦行此理深密何可盡言略示大途麤分緇素耳

二就小乘律中懺者亦有五緣一能二所三心四相應五究竟也初就能中一是五衆犯過之人二備儀相對下加四對上加禮如前明也

二小乘別釋中初能懺有二對下加四卽偏袒右肩等五儀中除禮足也

四滅伏之意二初標
二正釋二初引他解

二所對有七。初是同衆同戒見者。一淸淨戒具。如五分中蘭若所說同犯開懺謂命難也。餘如下文。三作請辭。四依教說五者可懺。卽輕四篇。六說名種。非有疑濫七勢分相及非別衆者。

二所對中。指五分者。彼云若有命難因緣佛開同犯不同犯並得受懺無緣不得準知揀淨。五中四篇可懺者。夷雖開懺終不復本故。

三明懺心。文有三也。內心慚愧最是治本。二立誓永斷此卽懺悔也。三露罪示他恥更後犯。

三懺心中具慚斷露罪無不脫。

四心境相應者。彼此言義迭相領會也。

五者事成有三。謂教具足。及訶責立誓。故自責心生厭離是也。三領受無違卽答言爾也。

五事成有三。教具足爲一。謂作法無非。訶誓爲二。謂前對誨易也。

四大小所明滅否相者。有人言大乘懺者得滅業也。一者理深藥妙。二發悟悔過起治行勝。三多身修業。非一形證故也。

四他解中。一謂法勝。二是行勝。三卽報勝。雖有三勝。不分事理。

二示今解二初明大小理懺二初正明

今解云。經雖說滅。不了義也。望後理觀遠通說耳。但地前故業。分段所攝。用以招生。若據小乘增上忍中相似無漏。惡道女業方得不受。故成實云得世上見雖來往生死乃至百千世終不墮惡道。若論別報無學未免。故有貫腦之苦。碎身之痛。地獄燒身。飢餓切體。復何可論。

今解初科正明中。初決經文。如注所引。未曾有經或通諸經說滅之文。事但抑伏。理觀能滅。但下文二。初明大乘地前三賢尚有分段生死。則知不滅。若下次示小乘忍位方免惡道。則知爾前業亦非

滅。成論世上見卽世第一。又過忍位則知內凡已上。將鄰聖位無漏慧勝。方能滅業。惡道是總報。餘苦卽別報。故下四句並果人償債之緣。初如婆沙中差摩比丘病重諸比丘問之。自言我病不差猶如壯士繫縛其頭兩手急絞。我之頭痛亦復如是。次如增一。目連乞食爲梵志所打骨肉爛盡。三如雜寶藏經離越羅漢山中坐禪爲人誣盜牛。十二年在獄自言過去誣他盜牛經一日夜後墮三惡道受苦無量。餘殃不盡故受此報。四如百緣經黎軍支過去餓母七日後成羅漢七日乞食不得呑

沙而死委如資持。
一思至此。業之善惡俱不可作。古人有言。愼莫作善。斯有遠旨。如造世善生極有頂。婆婆三界。更增苦諦。如燒金丸。不可觸也。
結誥中。初示業理可畏。一能引後習。二歷劫不亡。三牽生感報不由於人。古下引證。以作惡則墮三惡趣。作善則墮三善道。皆不出輪迴。善雖是福。能障聖道。甚於作惡。後生聞此。愼勿錯會。如下顯意。有頂即非非想天。壽八萬大劫。是爲難地。燒金丸者。即喩凡福反爲害也。

又就律中懺重之相。雖非即數。有可收理。盡形行學。障地獄。故餘至文解。
次科小乘事懺中。非即數者。即猶入也。有可收者。來否隨意也。盡形行者。不復本淨也。此所謂小乘無懺重文也。
上略義述。須通融心。不爾晨夕直在佛前低頭妄懺。心多無記。更增慢習。不如不作。至時。觀之。作何物。在。
結示中。初勸明心。不下顯過患。至下責愚暗。至時觀者。令自省也。作何物者。必墮惡趣也。
今須消文。前緣後法。以懺悔法。人並誦之。多未識曉。故引文示。
第二就文分示中。人誦不識者。一人識理事。二不識化制。三不識滅伏。不了此三。教門則亂。
初列愚智者。深心不樂爲罪者。何由可逢。但犯常思即懺。末代所幸。言不見犯者。由本不學。故作謂無。不以無知說言無犯故也。言見犯不如法懺者。雖知犯相。但誦文言。事犯相互有無不達。或濫褒過分。說言一切。或對境癡教。未曉與奪。或非數妄坐。造諸別相。故雖加誦。非緣所壞。通名非法故。
緣中初科釋律中。初通示。如注愚智二人。一中有二。則爲四人。深心不樂。即成論文。具云行者深心不樂爲罪。名淨持戒。言下別釋。初釋不見犯。故作謂無。即是愚也。言下次釋不如法懺。有四。初誦文者。即迷法也。事即是境。犯即篇聚。二濫褒者。謂迷過也。言一切者。通無所屬也。三癡教者。成否不決也。四非數等。前境不勝也。諸別相者。即別衆也。故下通結上四並非如法。

又引未曾有經者。明凡下所造。皆從妄習慧心生也。今隨妄懺覆本罪緣。還由心滅。是則生滅在心。知其營營本不生也。由妄生故。如此紛紜。悔於往業。用息

二總結

二二懺對根不同二
初通釋兩懺二初
事懺

諸後不行妄也斯爲語矣行心難矣勤則不難非聖學聖也

經中初釋前惡妄如雲翳日比慧明因明有暗由靜生暄今下釋後善卽敘懺意心性湛然隨緣起滅起滅由緣則本不生矣斯下結勸言之非難爲之乃艱勤不難者小水常流能穿石故非聖卽凡夫爲誡惰者推功上位

前引經律釋成兩懺

結文可解

二明就事懺能伏業者義已明之今直消文也以恆

三業晝夜六時繞旋虔誠面對儀像由善伏惡不隨起故但是事伏未息業源不名滅也言易奪者若不行懺禮誦諸業惡常現前相續不已如家犬也今發善行依教懺蕩暫奪惡念何由全遣如逐還來也故須常行常照方能常遠常明也良以事有對除力勝互起可不然乎

次二懺對根事懺中初點示以下次消文又二初釋伏業以善伏惡如石壓草乍似平伏根不除故言下次釋易奪以善易惡如逐家犬暫得相離還能歸故故下勸修常行則常遠常照則常明良下

二理懺二初通釋
二義二初正明

二引證

二別明滅義二初
約位以明

示意事對除者卽懺法也力勝互起善惡相敵強現弱隱勢相奪也

若作理懺能燋業滅業者常自思擇識妄覆心奮發力斷無時離我涕淚橫垂衣毛爲豎乃至流血慨生死過故論說此爲種解脫如是積時漸覺輕利於彼惡業分絕三塗故名燋業正見明白了知無我隨登聖位方能除盡故名滅也

理懺初科正明中初示悟理之相如下次明修習不間積時有二下論自說於下二明斷證入道分絕三途卽世第一位正見明白卽初果是則內凡名燋見道名滅

故論說云一生種解脫分善根第二生修第三生證斯利根也若有鈍者乃至六十劫

引證中利根三生須身身不間鈍根二十劫當一生如上且據極利極鈍爲言當知斷證不必一定

上言懺業業何有滅由分入聖生數有期煩惑既靜業本無潤於彼生死翛然變易迥越諸有傾四住故自三賢已下分段未亡招生感報輪轉不絕況餘煖頂退造諸逆同凡受報焉可言哉

次科約位中初小乘滅相分入聖卽初果言滅有

二舉凡以勸

二別釋對根二
初利根依理

二生數有期一也初果七反二果一反業本無潤二也翛然輕逸之貌生死有二種一分段生死二變易生死迴越諸有卽無學果自下大乘滅相地前三賢十住十行十回向初地已去分破無明同前初果下舉内凡況外凡可知

底下諸凡福業不淨何能參道妄自矜伐故常思量繫緣知妄心須依理形恆逐事晨夕鞭策用卒殘命故智論十住婆沙云菩薩晝夜六時禮十方佛懺悔勸請隨喜迴向自餘凡俗未足自欺終盡百年恐同禽獸也

舉勸中初示位地未入外凡謂之底下亦名薄地卽我等也故常下勸修心理形事所謂雙修也故下引證二論並明菩薩位雖深淺常行五悔文闕發願自下準況懈怠自矜瑜同禽獸文見智論及遺教經

引涅槃文爲救重逆慚愧護法是根本懺引成實者爲明理懺之本據也須識倒本卽謂我源俗人尚云無固無我強作抑制我心無我況是聖法不可虛言說爲無我引未曾有者以力不專制須得善友引華嚴者識業非有隨心妄起如我身心豈是實耶了知如此分見分除不了此理漸昏漸厚何時可淨如磨鏡喻可以知之

別釋利根中釋涅槃文注中三節初轉重爲輕二轉輕爲重三懺除重逆疏中略釋後段慚愧以善翻惡護法以功補過此二最要故是根本次成論中理懺本據謂識我也舉俗爲況勸令觀察論語云子絕四無意無我無必無固強作抑制不可縱也我心無我本不有也三未曾有經明須師友有所助也華嚴初明達妄了下次明入證内凡三賢分見初果十地分除

二鈍根依事二　初經中他懺二　初牒標

二者鈍根根非是鈍但學之晚人皆謂利誰肯云鈍有言鈍者心謂我利如此煩惱反覆陷人不識其畔未可依理故須事懺如文可知

鈍根中初科明根鈍之由如下示對治之法自不明心故難依理

二通示二　初引論通標

今準心論若樂罪時須修事懺若樂福時須修理懺理則無著著則還縛須知分齊

次科通標中卽雜心文若樂罪者惡業勢強理觀難成以善翻也若樂福者善業勢強能障聖道以觀破也理卽是空著則非空故還成縛令知分齊

二略舉理觀二初小乘

須自審也
就觀理中小乘極處人法二觀對我觀析唯見是塵
對陰求之但唯名色求人求法了不可得是爲空也」
次舉理觀中小乘理中初通示五陰爲法計法爲
人此二本無妄計爲實遂成二執故受輪轉對下
別釋意計有我我即法塵又計陰爲實陰即名色
緣生緣滅求下總結推求人法但有虛計知計是
虛人法不立是爲二空凡夫聞解內凡少見初果
分證無學盡證是爲涅槃也

二大乘

大乘極處空識爲本初淺滯教謂境是空了境本非
性唯識也略舉觀門行體如別
大乘中空識爲本者空謂了一切法皆因緣生生
即無生識謂即此緣生同一識體無有外塵若達
緣生不知唯識是爲鈍根若知唯識達法源底是
爲利器故鈔云鈍見空時不分別色異二乘也智知唯
識不分別空異鈍根也下指行體委如受法七門義說

二律宗制懺三初罪名種相

委辨識相如戒體中
文云律宗識名種相者名即六聚所結正也種即當
聚別類所收相謂隨犯之衆數也隨有牒懺者不可
深褒也

次制懺中初科名如波羅夷種如婬盜等相如一
婬中有多少也餘篇例此罪少而悔多謂之深褒」

二有疑不識二初牒釋

疑及不識不合加法者既迷名種知牒何罪也除不
學者隨結根本者此除疑也以深達教相恆懼陵犯
雖疑迷忘不結罪也
次科牒釋中初釋學人開迷除下次示不學隨結
言除疑者恐濫須揀故深達等者敘學人開意反
顯不學不開

二引難二初約迷忘例同難

若爾我本不學事法俱迷亦應不犯今解不然彼有
心持忘慢犯境非罪心也卿無心學已結違願不了
境事是不學迷隨所犯緣並結正罪
次引難中初難學不學雖異迷妄是同故解中初
敘不可學迷卿下次明可學迷結違願者下壇已
後起斷學意頓結不學罪不了事境對境暗教結
不學無知罪

二約彼此無心難

問彼學無心犯境非犯我亦無心何得犯耶今解心
有多種彼學識犯於境知非開無犯者心不緣境卿
今緣境能所不忘但不學故不知得失與犯緣同何
得非犯且以一犯以問卿緣如與士女同室宿戒一
知是士女二知同室內三知無命難四知隨坐臥即

犯四辨知是犯緣今何得逃罪若原不緣境非學之
功亦同前免
次難律中犯必問心無心不犯豈揀學不學耶解
中有三初明二心不同且下舉一犯以問與女人
及未受者同室宿人雖不學四緣可知故若下三
例開迷忘原不緣境如同室宿不知先有士女等
可同學人開罪故云同前免也
文云但滅犯戒罪者以性戒故損物情也雖依教懺
止免六聚至於業道終須慧觀增上忍時惡道便止
如文所列亦如上解

三中犯戒罪是違制業道罪是違理違制事伏即
淨違理觀照方除鈔云篇聚依教自滅業道任自
靜思是也
就法依聚不分自六初懺夷中此根本罪聖道之源
既已毀犯一生絕分道猶尚可奈生報何如僧祇中
捨此身已來報即墮阿毘脂獄如罪福經隨犯一重
則九百二十一億六十千歲與他化天同壽受苦洗
心歸懺佛教亦開良由眾生信法未久懷毒著妄不
思來苦故迷造重後發勝心悔過前失亦令學戒預
入僧儔諸律名為學悔沙彌也

第二釋法波羅夷敘開中初文初明過重如下引
示生報阿毘脂即阿鼻此云無間罪福經即目連
問罪福報應經洗下三明開懺一信淺二惑深三
業重今並反之則可懺也畢世堅持所犯重戒故
名學悔不足僧數位在僧末故號沙彌
四分中都無覆者方與行法若順教緣犯竟無覆即
從求學
次科律緣中如注緣起觀其文勢無覆方開
今時濁重不言開懺或初雖覆覆緣不成並同前開
以無覆故或有達教初極覆藏今始發心則是制限

次他執中彼分兩意初雖覆藏一以緣差故開如
無人對露等二以無緣故制則終身不許悔也
若不許懺是教不周律制學已更犯方擯不言覆懺
不許悔學故戒律中多從緣起因制入法至於後犯
未必如緣婬戒本二自是制緣後犯刑科何問新舊
今決中初以理反責故下斥據本緣律中緣起懺
者無覆故牒入法仍引婬戒因須提挪與本二行
不淨故制及後斷犯不可執緣
言都無覆方與學者對下二篇故說斯耳此既同死
開懺若生何得片藏餘露將乞故隨犯者皆同學之

僧殘不爾，尚有咽喉慧命未絕，戒身猶在，隨其隱顯，露者前除，餘有覆罪，行乞行懺，致有罪夜離合，於緣長短，有斯量據，致列開制。

牒釋中，初通示教意，此下別釋兩篇不同之相。初明初篇盡露，方開文牒，都無覆者，乃據臨懺，同篇盡露，非謂從初始終無覆，古今兩義通塞可見。僧下，次明二篇隨懺，皆得隱顯，即是覆露，罪夜離合，罪謂本犯，夜即覆日，離則各隨長短，合則以短從長，即知隨懺不必盡露。

若論作法，鈔中具張，以懺者疏薄，知蹊術下文隨顯。

至時口判。

指法中，初指鈔文，以下示今注蹊術小徑也。

懺二篇法，此悔次重義張四位，一覆藏罪隨夜隱者，得吉羅也，前須懺之。

次僧殘篇列釋，初中若據覆藏，該通六聚，獨僧殘篇懺已須治，與餘不同。

二覆藏情過，此無罪也，但是內藏瑕累，外現清白，罔冒僧倫，輕斯法律，故隨隱日作法補行，伏在末席，折挫形心，即如文云隨日與波利婆沙也。此名別住，別與下房下臥具宿，不同僧住，故名也。

二中，初敘情過，故下明治罰，隨隱日者，年月長短，覆罰相應也。即下引證翻名釋義，即治罰相。

三者僧殘情過者，罪次極刑，理宜專奉，故懷放逸，造斯重過，情不可容，恐延後習，制與六夜，僧中苦行，望以勗勉慚恥至極，永為鑒誡，如文行波利已，與摩那埵也。此翻意喜，由先行覆日月頗遙，洗懺之勤不無疲頓，此與六夜清淨有期，故自私喜，不辭苦也。亦為僧喜，以見犯者罪易而懺難，但覆在心，過隨事逆，同戒懷此，為之生勤，及與六夜，僧慶罪根將欲除拔，故亦同喜也。

三中，初敘過制，中明治，如下引示翻名有二：初約自喜，罪將出故，亦下次約僧喜，同慈念故，過隨事逆，過謂情過，事即治法，同戒即眾僧，為生勤者，愍其勞故。

四僧殘罪者，根本正障，沈滯身心，要假羣僧同時共拔，故文云二十僧出罪也。

四中，初敘過要，下明治，故下引證。二十僧者，倍受加十，僧位之極，有云三十八懺重出初教經，此乃僞典，不足承用。

至於乞法，與行加奪，失宿諸務，極繁，抄列增卷，今但

知有懺則據法須緣事會漸希故闕文也必行其儀鈔中具矣

略指中初疊示四法前須陳乞二也羯磨與行二也奪三十五事三也八緣失宿四也今下示略必下指廣

懺第三聚法名如戒疏且釋罪緣獨頭從生各分三位如文具列名相顯矣至論懺法亦希故略

三偷蘭中初指名此翻大障善道亦翻麤惡麤罪等且下釋文注中前列三品獨頭即果罪也次列三品從生即二篇方便也後引婆論懺同提者分

三位也但蘭則據罪重輕三懺不互提則約眾多少三法隨時耳

文列已前三懺明不廣之致及委付之文也其相易曉

次通結中本文四節初明法廣自下次示從師餘者謂非學律宗師必下勸依法縱下顯略意前示不廣最後指鈔即委付也

懺第四聚法具列三十如文辨懺必對僧者以因財事生犯貪慢所成正乖出道若欲洗懺非別能除制僧爲境對之生愧能絕後犯後九十者隨事生犯過非貪財故不假僧對證便滅有斯別狀故分兩位就前三十約境爲三即對人也就對僧中位分爲四初明捨財二捨心三捨罪四還衣

前捨財中緣分爲二初明捨財儀式僧中懺法下明捨懺所爲也就前文中犯捨衣不得與人者既已犯過義須捨淨愧於罪失直爾乞人制本淨心豈在財物故不許以不淨財施後受穢果必欲乞人如律捨遣三衣法服不容非染故不許也波利迦羅百一供具亦合受持還須淨財非淨乖受數數著者犯捨須懺謂破離罪故即制捨隨著即罪若淨施者體是染

財何堪淨法此愚教也俱須捨已後得如初方如前緣五種用也

四波逸提僧法捨財五制中五節初明與人受穢果者因不淨故如律捨遣作法捨已然後與人三下次作三衣波下二作百一此並加受必須淨財數下四釋著用謂破離罪出彼妄計若下五釋淨施上是別釋俱下總結

此尼薩耆下明對境捨梵本如此唐言盡捨於三境前俱不別眾

次對境中初科梵本尼薩耆此云盡捨謂財心罪

二問答

三通僧別

四分二界

二捨懺所為二 初明僧限齊二 初正示人數

三皆捨故。三境即三位人。

問。對僧絕後可是上言。亦有對別何名殷愧。答。本制在僧。雖開別人界。還僧法。不得別也。唯制不開。則犯捨極多。求僧叵得。思淨無路。故隨方面。三境通行。不許別眾。望僧生重。隨人立捨。且濟時要。可不好耶。

問。中以僧境則勝。別境弱故。答中。初明法位本制末開。雖對一人。莫非僧故。唯下。次明開意。提輕易犯。若定須僧。懺難成故。方面即集僧界。可不好者。美其知機也。

言犯通僧別者。律云。誰犯尼薩耆。若僧若眾多人若

一人也。如現前僧同財多貯。取受錢寶。以利求利。俱是不淨也。

三通僧別。初列三人。如下。次示僧犯同財多貯。即同犯長。取受錢寶即同犯捉畜。以利求利。即同犯貿易。

界分二所者。即有法無法兩地。俱知分齊。各有所集。

四明二界。僧定法地。別通兩界。

二明懺捨所為。要須五人者。以懺主單白。和僧之時。非是自量義。須他也。身外須僧。故五人攝。如上僧義也。

二辨定須不四 初初師立義

二次師難破

三初師重救

四次師再破二 初正破

二明所為。用僧中。初科懺捨。五人。出僧祇律見前總義。故指如上。

有人言。律制捨財須在僧中。對別盡集。故是僧義。懺罪別眾。同九十也。以三說提墮。何有乖各。

次科。初師立義。初明捨財須僧。對別盡集。謂二三人亦盡界集。懺下。次明悔罪對別。體同九十故。

有人言。罪藉財事。捨懺相符。安有捨僧懺別。正乖文也。

次師中。捨財懺罪。始終須僧。

彼人解云。元制須僧。正明財也。因捨即懺。事在僧中。

故罪別除。須有前證。無宜妄受。情和取開。故有單白。若財事用盡。正悔本墮。則同九十。可更集僧。

三重救中。初明僧本捨財。因懺須白。若下。財盡悔罪。不須對僧。

前人解言。聖制前列。終為重緣。財事生犯。犯豈輕小。故須僧悔。理非別除。如乞綿衣畜貿寶等文。非僧捨。罪亦僧除。

四再破中。初科。初立理。前列。謂揀三十。在九十前。由過輕重耳。如下。準例。蠶綿斬壞。畜寶貿寶。並捨與俗。並非僧捨。而須僧懺。

若爾須者何不列懺答前捨對僧因明僧懺此對非僧因略不出可以不出即不須懺文既不了須用他部十誦多論並制僧中

釋難中初難三十中二十七戒皆明捨懺獨綿寶等文並略故答中初敘不出所以可下以理反質文下引他部證

若爾制僧當受懺時便懺九十兩得以不答輕重乃殊同篇聚故

次難既云重輕即應九十不可合懺答文可解

問既同合懺何分輕重答約心業重故捨緣心心不除者還不成捨故對僧也約罪同墮報苦不殊如懺對別三說不異

三難合懺體同不應云別答中初明心業有異故分前後約下次明制教是同故通合懺對別謂對首也

就捨財中有二初辯須不者捨財雖多義張三位一定長財二定受衣三定餘捨就定長中有五種義不在說淨雖復過限無入罪也何者是耶

次科定長財標中不在說淨即無犯長

一隨受持故如三衣鉢具及盛貯所須也即簡二離衣宿六年不揲雨衣之類俱是受故不勞說捨餘並例之

列釋初科三衣鉢是正受持物盛貯器即相隨物下簡五戒並不入長不揲即坐具戒

二隨重物故如十誦善見云牀褥薦席枕几隱囊氍毹衣帳牕戶簾幔屬房之物不合說淨受持四分他與作被八不淨財不在淨限

二中律論所列無非縱意助道非要隱囊如小貯褥氍毹獸毛所織四分被屬八穢

三隨供具即百一之物雖不受持不許說淨故謂小

次諸鉢鍵鎔香鑪靴鞋屩袜之屬也

三中鍵鎔小鐵鉢也屩即草履

四隨犯別過如取尼衣等入手即犯不假說故淨法簡境有過不合故

四中先曾犯過則不入長

五是說淨有緣故開如負債未得他寄未受買財未入寄他主無邊表開緣絲麻毛綿不入尺寸如是諸物雖經多日不在說限就曾入已寄他可索必須集之不可遙囑故論說言尼薩耆者名為盡捨片有所留還能染漬就已屬已除其分者未割兩段知何頭

是故不合說
五中如下六句並是緣開寄他主無謂主不在也
邊方開五事長衣入手方犯未入非犯絲麻毛綿
不成衣故就下再簡寄他可索須集就已下次簡
共分未定所得
已外不問重輕十六枚器販搏財食氈被絲綿衣鉢
缾捥紙筆雜事雖非犯長皆由取納乖方斷當高價
並入賣買捨墮
次科十六枚器即大釜釜葢大盆及杓小釜釜葢
小盆及杓洗瓶瓶葢并盆杓水瓶瓶葢及盆杓則

二釜二瓶各有四物也已下雜物並不入長
受持衣服須練離緣本不淨財無受法故不可捨也
就入捨離知何緣失爲界爲隔爲情爲染深思懈慢
故違須捨
三中初簡非捨就下次辨失緣須究四礙
上定三位餘希不列若財產繁多徧歷餘處不可通
集隨處各捨然後一時加懺法已次第還得
結示中初示略若下次明難集各捨合懺隨處各
還
二明對忘成不者若捨心淨還衣未說見本忘物尋

即相染須通更捨作犯長法若說竟見及未還見皆
依後捨不染前淨以無畜故若本畜心捨而不離雖
無忘染有心貯故捨不成捨還依本長
二對忘中初科有三初明成染通前重捨若說下
次明不成染但捨後見若本下三明畜心不斷雖
捨不成
有人云我後見忘作心施人何得染者答卿心麤也
見便生我即是染竟後方施人又是佛制具兼兩犯
何得無心
次科初敘異說答下正斥言心麤者不自審也心

念微細前執後捨自不覺故謂言不染佛令捨已
方遣與人一是相染二違佛制犯提及吉故云兩
犯
問捨財實有謂無成捨界實別衆謂無應同答忘財
不集非情不礙別是情礙同故成僧故有謂無各有
其致
三中初問律中作法界中有人無想作法不成引
以相並答中情非情別有礙無礙不同可見
文中僧捨有三財是罪緣者非法貪貯輕慢戒禁故
是緣也言捨心者貪慢爲本最須先捨故捨猶畜不

二釋捨儀
二捨心二初標示
二牒釋二初釋句數二初總標
二別釋二初合釋初一句二初正釋

名淨心言捨罪者若不洗懺苦業長劫故須瞻曉即是稱量之謂也

次牒釋中次第三節由財起心故財爲罪緣由心成罪故心爲罪因由罪感報故罪爲生死業故下通結囑令明曉稱量即十緣之一所謂稱量所犯也

就捨儀中列三物者以長能染須宿淨心故別還也離衣雖捨即座須還本非貪積由慢惰故若又經宿令他得罪不得同長一處束也取尼迴僧之物單是事違若捨量時故又別襆相連總說各段別捨餘如

文相至時更顯可引鈔中相足消釋

次捨儀中初示三物各襆以還衣有別不可相參必可標記同處亦得注中五長十日月望急施并藥與鉢今取五中三種衣也餘下示略仍囑講者臨時旁引

中明捨心者以長衣犯相隨貪心成故論顯之爲捨方便

二捨心標中論中歷句令知捨懺淨心爲本論家善巧故云方便

就文三句中初句中三相如法雖得本財不犯染也

二向答
二別釋第三句
二釋諸部
三捨罪二初引緣

合釋中文釋初句而後答中即見次句三相即衣罪心也

問上解須宿爲欲淨心今文當日何不同者答若心不淨多日亦犯如論第二句也今此淨心故開受故如四分中遠行等緣當日開取同斯意也或可本財自是已物未曾入已後得非染及異財者非望送故

問中躡前五長須宿別還有相違故答中初約心淨釋如下引例遠行緣即下即座轉付法或下次約本異二財釋本財未曾入已異財未先有望畜心既斷後並無染故雖當日得受無犯

第三句中犯吉羅者罪須前懺然後還衣以還違教又心斷故止犯小罪

第三句心斷無染但行事倒亂故制小罪

下引諸部及當宗中斬壞之屬成前淨心不可猶戀故捨隨用但犯吉羅文成捨意可不明也

次諸部中注列諸部捨法差別無非斷念故曰成前淨心不還用盡理成損盜然但判吉明不屬已

故曰文成捨意也

三捨罪中有七緣一乞懺二請主三白和四說相五捨罪六訶治七立誓要僧中具七眾多唯六除乞懺

辭改單白和爲問邊者對首則五無乞無問餘相可準至文不解委亦如鈔

三捨罪中初科初通列僧下次別簡三位第滅隨人改法尋文可知

就僧乞懺者未必更事威儀即前捨相如文詳允準律滅諍知此乞辭義張文句也

乞懺中初科初指具儀即藉前儀不須重展下示詞句注指律後即滅諍犍度乞法文也

若犯經時有用壞盡雖無財捨而有本罪亦隨牒入十誦五分云犯捨墮衣火燒腐爛蟲嚙斷壞賊盜所

失但如法滅罪不須捨也若失奪者即此名捨有殘段者亦不應捨但如法懺罪僧借衣皆得受持離宿懺罪衣不須捨上殘不須謂是碎壞不入尺寸故多云牛嚼鼠嚙火燒衣者過日犯捨

次科初正明十下引示初明壞失若下次明奪失

就僧借受且免缺衣離宿不捨非已物故上下覆點殘段既違多論故此通會彼制犯捨葢微損耳

若依僧祇受用犯衣與墮合懺輕重同乞有人誦者不成捨墮以四分中同篇合懺異者不合故文云若覆藏者先與吉悔後治本罪

三中初引他文受用犯衣得吉與墮同一法懺有下斥妄用以下據宗決文明先後顯見本宗立法有序

二明請懺主文中多列者以世人多言下至不同犯故若是容預非淨不合必兼命緣同犯亦礙以經有犯三根具委如何對證息後犯也須識清淨者用發勝心

二中初科初斥謬說文多列者注引四分五分文委悉故世謂但不同犯即堪對懺若下顯正義容預謂非難緣須對淨境容閑也五分命難故開則

知非緣不合須識清淨者識謂諳悉也

豈唯前境故僧殘出罪倍受十人生彼心也必欲投懺往彼橫死雖未乞行罪說清淨

次科前境即所對人僧殘出罪用二十僧同須清淨下引欲懺中途橫死良由境勝心強故使未行即淨

準此量境境是心境用境發心心微境劣故須選擇不可妄行故文云癡騃所及

三中境即心境謂因境有心故心隨境別故須揀境以發勝心下舉文斥即注所引二種愚也

三白和者答問辭云受懺單白羯磨此通答也具兼偷蘭若云捨墮受懺者此通一篇也若加長離乃是別牒

三中兩重通別初通異聚次通一篇望上為別對下猶通後局一戒為別可知如云懺畜長犯捨單白之類

四為說罪名種相以犯者無知非有謂有覆說二過誰具生之理當為說罪相來報破戒習業虛受利養隨機而舉及著用犯說戒默妄隨夜自覆三品為本隨夕展轉犯相眾多分為九品必具有者先懺方便

後悔二覆及著用也廣如鈔中若檢無九品直懺本墮勿誦常語令他煩憒

四中初說正罪犯者無知不識上三故覆說二過即覆藏及說戒默妄說罪相令知犯故說來報餘習令生懼故說虛受施令慚恥故及下次說從生如犯長墮為本著用默妄覆藏三罪又此三罪各有經夜一吉隨夜展轉一吉二中有三故為九品先懺方便即經夜隨夜六品吉也二覆一本覆藏一即默妄或是都無或復不具並須改轉也

如善見云作白和已先問見罪不若言見者當來莫作不答言善然後受懺乃至一二三人捨法皆問邊人訖後問犯者如僧中無異莫不引證意存絕後是懺義也

二中初引論一問一誡下至對首例須此問莫下顯意

五捨罪中如緣文相者以誦文者多名實兩失故也藏罪著用而言希者何名覆罪恐人知犯謂是惡數今犯墮者唱言告他初二篇罪猶有露者不懼治舉何有藏耶故覆墮下世無幾也著用說默此二則多須牒前悔如上說也

五捨罪緣中初通示藏下牒釋初明覆藏犯少文中徵示覆罪之相惡數謂不足數者今下斥世無恥不畏人知二篇尚爾提下何疑著下次明二罪犯多

正捨罪中文分八段

法中詞句分八

初大德念既欲自陳恐前輕略告令攝想也

二我某甲下牒已人之名號也

三故畜下張列種相定其罪目有多少也

四今向露者表無覆藏說罪本故此之一句是懺本

也。
五懺則安樂者。遠得禪果。用適形心。故曰二也。
第五得禪果故安。適形心卽樂。
六不懺下。明爲惡業纏縛三塗。身旣不安。心寧懷樂
也。
七願大德下。請證明也。
八戒身具足者。前犯如染。今懺順本。故曰也。淸淨布
薩者。自行內淸。見聞外淨。懺本犯已。應成僧法。故得
內外和合也。所以三說。表情重之勤故也。
八中上句約自行。下句卽衆行。三說表勤。諸法皆

爾。
六七如文可知。
次略示六七。詞治立誓。前已分故。
四還衣中分二。初卽座法。前緣列三法。意如上解。
四還衣卽座轉付。緣中初總示三法。卽如下釋指
如上者。卽捨財中。
就文云衆僧多者。以別過祈請。僧和極難。明又重集。
轉增煩重。是則輕他。未爲投懺。故開卽座。無多勞擾。
次科初中。別過謂別人犯。祈請謂須他和。
二難集者。或有別業情會是難。亦開卽座作法。和與
有人合爲一緣。難集釋成多義。今分爲二。以多少難
易互爲四句。可例明也。
二中初正釋別業。謂有他營。雖少難集。則與前異。
有下斥濫。下令作句。一僧多難集。二僧多易集。三
僧少難集。四僧少易集。卽知僧多未必難也。
三有緣遠行者。此自緣非他也。旣捨心盡。無容停住。
必有前緣。宜濟時要。故開與知識。展轉屏付。猶恐染
隨也。必決絶者。義如論開。
三中上二他緣。此卽自緣。開與知識。卽同意人。爲
替受已。屏處還之。下示論意。但使心斷。縱使直還

義亦無過。
後直付中。旣無累礙。不須展轉故也。
次直付中。無累礙者。非長染故。
對衆多人。文猶兩指。
四人對首中。注文指捨財還衣。同上衆法。故云兩
指。
就對首中。具明行事。麤文是本。細注爲疏。非無消判。
大略盡矣。
一人對首中。注亦名疏。取疏通義。釋文甚略。更須
科示。大小有四節。初捨財。二請主。三懺覆藏。又二。

前懺展轉從生後懺根本小罪四正懺墮罪後須還財文見注中就於後墮如前儀相雖是財事不對人捨餘有方便根本具列文中九十中亦有因財致犯但制造失方多非畜積例不須捨準注有三一請主二懺覆藏先從生後根本三正悔本罪

第五六聚盛列懺儀撿略而讀得在大綱細尋義理不失綱目故不煩解必更討擊具出條章可撿事鈔懺六聚也

釋後二篇但指文相囑令自尋今須略釋提舍中初緣後法緣中略舉二戒三學家過受食四蘭若受女食一請懺主二說名相三陳本罪又五初正露過提舍尼即翻可訶法二前人問三隨問答四訶責五立誓突吉羅初緣中注文四段初定罪相故作二罪並對首悔誤作一罪但責心悔律本下二斥古非昌言即佛語也五懺餘聚中偷蘭合同墮悔吉羅不分故誤止是別時謂非通用蘭無捨財還衣故少墮則反之故多凡下三引證上明本罪餘下示從生正懺中初懺故作一請懺主二說種相三正出罪四訶五誓並同前後懺誤犯一具儀對聖像前二生媿是悔本也三口言正悔罪上來至此隨相解文皆是正宗憲章法式依之行用庶無疑慮矣

總結中結前八篇勸令遵奉

雜法住持篇第十

此篇列法非一復無條緒故云雜法比丘依行則佛法光顯故云住持

此則大段第三流通分也

本文標中法化垂布後世如水流注無窮故曰流通

夫欲照彰裔葉住持佳運必依憑行模方能光遠故此末分盛列斯文就分爲二初約緣念白相攝諫喻自行通和外無違損故得道業日隆生信廣大斯即護法故不墜也二佛言有五種持律下由行得成立識達邪正曉明持犯進止有儀故吐言成律非律不證隨相起行非聖不模是則正法由興方復懷遠斯大意也

牒釋中初敘意照彰猶開發也裔葉即目後學佳運謂釋迦化乃至增劫八壽六萬歲時行模即法

二隨文別釋二初行之證次通二初總舉。二別釋五如文。

律。就下分文約緣念白。念即六念白即白入聚二法相攝即訶責諫喻即諫二犯。二中並是持律知法判斷可否之事識達等是知教進止是起行吐言等是斷事懷遠謂出離也。

就前文五初明念法緣身而求欲使常爾一心繫想除益也。

初六念中一念時注分二意知布薩是爲道入聚落即爲俗第二念食初不受請三並云常我無下次受請者須加有無初無請有三同上若下有請有三初赴二背三捨捨中又二初對首捨後心念捨三念夏數爲憶受體四念衣鉢爲知受淨五念別眾爲知開制六念康羸爲防懈怠六種是境念即是心境不離身繫心在已則無馳散故云常爾等。

二明兩白者約時前後故分斯二欲使憑準於他無自師稟也。

二中前白中前約食前後後白中後通及晝夜初中以同受請輒往不白惱施主故後白中後非時並令對白不使自任。

三作餘食法者形骸之累口腹爲先因之致惱沈殃者眾故列斯緣表非法相也。

三中因致惱者起貪染故表非法者令知過故注文前明二食揀去不正唯正有犯次引二律以定犯相但使境足即破他師謂飽足故作法中彼食少許即表他殘方聽再食一人作已通及餘人無非殘故。

四師資相攝者由本義和意專道素必乖初請亦任後緣也。

四中二法前是師訶後即資去道素道謂聖道素即清白乖初請者不受教故初中注文前示過佛言下出法訶詞有五從輕至重對過淺深依止大同唯改第四訶已求悔卑遜具儀仍須陳乞文注備顯弟子去中陳詞五句不知不教非師義故注明諫諍不聽及無法訓並聽捨去迦陵伽此翻共命。

五諫作止兩犯者過起所因無越斯二生知者尠事假友成制隨境諫相成道也。

五中初諫作犯又二初如法諫將陵篇聚他諫故拒即九十中不受諫戒若爲下次如法拒反令諫者問師更學則顯前諫不如法也注中婆論六八

二達教流通

不可諫故令自檢六八可諫故令相勉次諫止犯
卽九十拒勸學戒諫詞七句一勸學二勸贊三勸
勿毀四勸勿犯五不爲智者訶卽勸離過六受福
是現報七長夜安樂卽來果餘比丘下重勸一一
反上後開抵拒如上故略
後明教詮相中非無有解意存寫行故略言焉若不
如說徒言何益故論說云雖是法語說不應時或不
受用俱名綺語聖制有以何勞拒之必欲兼明待於
暇景余漸老矣昏又及之故略餘言言非意矣
次達教中初敘略意教本導行時既不行言亦何

益仍引成論以證隨宜必下次彰不盡暇景謂餘
時也本文前就本宗有五初明五持律二持律五
德三四種斷諍四五種滅法五五種對答已上皆
本宗也他部中初僧祇五利二十誦初勸學戒佛
告下十誦滅法彼列二五法今合爲十第一五法
有比丘下四句爲第一法又不解了卽第二法不
能下二句爲第三法乃至者略第四有說法者不
能如法敎鬬諍相言不樂下卽第五法又不下第
二五法初句卽第一法下略第二云不隨忍法隨
不忍法不敬下卽第三法令後下卽第四法致令

三批記

下卽第五法好作下卽彼五怖畏中文一不修身
戒心智二與尼相近三好作文頌等卽如文引四
爲衣食故捨練若入聚落五爲衣食故多所求覓
善見五種住法毘婆沙卽翻爲論多論毘尼四義
勝餘二藏四廣說出四分彼明比丘論法毘尼必
須詳審詳句以三藏教法印定是非十誦名爲四
墨印初從佛聞二從眾僧聞三從二三人聞四從
一人聞所聞有四撿勘並同餘如鈔記尋對可知
曾以貞觀九年春因遊方次於泌部綿上縣鸞巢村
僧坊出疏兩卷諸用講解爲文句略指非學未知至

二十二年春於終南山豐德寺三五德舊更請重出
余不獲已輒復疏之昏朽之情薄得披約至於要紗
所未盡也二月二十七日爲讀訖更待重修知復何
日約卷則前輕而後重就義則前重而後輕據理前
後未聞附辭始終易識舊五十紙今二倍增想披尋
者無嫌不隱
批文初敘初製前本至下次明重撰今本絕筆卽
講因記時日約下三對校二本有四初句明卷前
二故輕後四故重次句明義前本文略故義重後
本文廣故義輕第三句顯理第四句示文後出紙

數以釋輕重。

四分律刪補隨機羯磨疏濟緣記卷第二十二

計刻此記連圈計字三十四萬二千零四十四個

又刻科文加半計字三萬八千三百十六個繪刻

掛線並連簽條共付刻資一千九百七十五元九

角一分二釐

民國二十年　六月　天津刻經處謹識

甲戌六月二十一日對續藏經校訖。後五日對律宗會元校訖。

乙亥十月三日始補標黃點，十四日標竟，十六日去淨峯，居此半載矣。

校點此本，始於二十一年壬申正月，迄於二十五年丙子九月二十日。時居鼓浪日光別院，春秋五十有七。南山律苑演音記

四分律删補隨機羯磨隨講別錄

沙門弘一撰

標誌例
- ——標舉羯磨文或註　‥‥再牒文　○別標
- △每節標首　——分段

釋題目

△**曇無德部**　佛滅百年後、律分五部。一曰曇無德、翻爲法正法護等、即是部主之名也。

四分律　曇無德尊者所採集者、曰四分律。隨說止處、名曰一分。四分傳文、一部方就。梵語毗尼、此翻爲律。律者、法也。

四分
- 初分二十卷　比丘戒本。
- 第二分十五卷　尼戒本並二犍度。
- 第三分十四卷　共有十六犍度。
- 第四分十一卷　前列二犍度。後列結集等四段。

採集　相傳云、於上座部僧祇律中、搜括博要、契同己見者、集爲一部。

删補　對彼古本或繁或略、而删之補之。

隨機　時所不行者、不出。但存現行要用者、故曰隨機。機即弩（窩弓、弓有臂者。）牙。（弩上發矢之機。）喻其要也。

羯磨　此翻爲業。⊕（所以存梵言者。恐謂業義通於道俗、非局在僧。故存梵言、知羯磨事非俗行故。）以造作成事爲義。（此就能造作體爲名、非是所發業性也。）即是受戒懺悔等事之宣告儀式也。

⊕所以名爲業者。羯磨時
- 誦詞句……口
- 不乖儀……身
- 無異想……意

三業構造而成事、即名此法曰業也。

卷上　本爲一卷。後世分爲上下二卷。

△**京兆**　古長安城。

別述羯磨大宗

△**羯。磨。**　大宗有四。
- 法　能辨之教。即羯磨法也。
- 事　法所被者。如受戒懺悔等也。
- 人　秉法之僧也。
- 處　作法之地。如大界小界等也。

例如受戒、事也。傳戒之儀式、法也。和尚阿闍梨、人也。受戒之地、處也。

法。　義張三法。分爲八品。

三法	八品	
(一)心念法	㊀但心念法	本位
	㊁對首心念法 ㊂衆法心念法	旁通
(二)對首法	㊀但對首法	本位
	㊁衆法對首法	旁通
(三)衆法	㊀單白法 ㊁白二法 ㊂白四法	皆本位

據律、唯衆法稱爲羯磨。今以義判、心念對首皆稱羯磨。以人雖非衆、成業不殊、理無異號也。

事。　事境雖多、以三攝盡。
- (一)情　如受戒等。
- (二)非情　如衣鉢等。
- (三)情非情合　如造房等。

人。　分爲三位。
- (一)一人僧……心念法成就
- (二)衆多人僧二三人也……對首法成就
- (三)四人已上僧（四人僧　五人僧　十人僧　二十人僧）…衆法成就

僧伽、此譯爲衆。衆乃別人所聚、別即成衆之緣。故雖一二三人、亦得名僧也。

處。　大分爲二。
- (一)作法界
  - (一)大界
  - (二)戒場
  - (三)小界
- (二)自然界
  - (一)聚落
    - 不可分別聚落
    - 可分別聚落
  - (二)蘭若
    - 無難蘭若
    - 有難蘭若
  - (三)道行界
  - (四)水界

聚落　即村也。名通大小、下至一家、亦名聚落。凡有牆籬等周圍者、皆曰聚落。

羯磨一部略開三分
- 序分　初一篇
- 正宗分　中八篇
- 流通分　末一篇

若據經宗、三分判文、序及流通結集所敍、中間正宗是佛所說。今此十篇無非佛語。但取作法衆緣爲序、加法被事爲正宗、修奉弘持爲流通。故與經宗名通義異。

△**集法緣成篇**　即以篇名、分此篇文爲二大科。
- 集法者、自初至第三頁前半止。
- 緣成者、自第三頁後半至第八頁篇末止。

集法　文注、事法兼通乃至毛目、釋之。

緣成　又緣通至衆亂、釋之。

△事法、兼通

法 事（所被） 人（能成） 處
- 事 房衣等
- 法 說恣等（亦攝處）
- 人 受懺等

文舉事法、義必兼人。羯磨齊被此三、故曰兼通。

大小 齊降

- 大事 衆法
- 中事 對首法 文舉大小、義必兼中。
- 小事 心念法

羯磨齊被此三、故曰齊降。降、被也。

此二句、若欲易解者。應云、羯磨齊被事中之事法人又齊被大中小三事也。

前舉綱領末振毛目 此以綱領毛目、而喩三法八品。

八品之於三法、若綱目之依綱。 八品之於三法、若裘毛之依領。

- 綱 綱之大綱繩也。（由此向右橫看）→ 領 衣領也。 以喩三法 ─ 前舉
- 目 網之目也。（由此向右橫看）→ 毛 裘之毛毛也。 以喩八品 ─ 末振

前舉、末振 ─ 集；三法、八品 ─ 法；集法

此二句、若欲易解者。應云、故先舉三法後分八品也。

△緣通成壞等四句 釋篇中緣成二字。篇名中唯標緣成、義兼緣壞也。準教即成、乖教即壞。

八法舉例
單白羯磨……白僧自恣法（卷下第十五頁後）
白二羯磨……結大界法（卷上第九頁前第六行起）
白四羯磨……正授戒體法（卷上第二十五頁後）
但對首法……受安陀會法（卷下第二頁前）
衆法對首法……對首說戒法（卷下第十頁後）
但心念法……誤作懺法（吉羅）（卷下第三十二頁後）
對首心念法……心念受捨衣法（卷下第三頁後）
衆法心念法……心念說戒法（卷下第十一頁前）

△對首羯磨 下注二行、引三文、以證別法得稱羯磨。

別法得稱羯磨。
- （一）四分受戒文 佛未制白四受戒法已前、用三語受戒、即是說三歸依以授比丘戒也。後制白四受戒、即廢止此法。
- （二）四分說戒文 說戒法中。佛制上座、說戒日、與諸白衣作羯磨受戒。
- （三）十誦文

或對首／或心念 分衣已 心念一人受得非分、對首乃分也。頒 分也。

一稱量前事

△稱 如秤之稱。量 如斗之量。凡欲行法、不許輒加。先須評議事緣可否。

△事謂人法也 論舉人法、義必兼事。如前所明。應云、事謂人法事也。

△律云稱量已下有五。律、本律也。

稱量
- 比丘 ┌所爲者、如僧所差遣、理須具德等。└秉法者、或約數滿、或簡堪能、亦須罰緣。
- 白衣 如受五戒八戒者、五八義同別法也。
- 羯磨 單白、白二、白四、
- 犯 七聚罪也。
- 事 事含多義、今但取當時僧中所評者。

△所爲之緣 即所被之事。

治 音持。處理之也。如治罪等。南山云、言表不通、不成羯磨。勸誡讀音宜正也。 治擯 見僧殘第十二汙家擯謗戒。

結界 結僧界。攝衣 結衣界。淨地 結食界。庫藏 結庫藏。

△或單 人 法 事 或具 ┌二合 人法 人事 法事 └三合 人法事 具、複也。

時離時合 如受戒被多人等。常時一人、難緣三人。

二法起託處

△處有二
- （一）自然界 昔未行結界、故依自然。隨身到處、即有界限。非謂有法生起也。
- （二）作法界

受欲 局別法。其餘諸別法、兩界通作。唯此欲法、局羯磨地。

行僧事 除結界法外、其餘諸僧法。

三集僧方法

△三通 非謂單三下也。始終共四十下。先執杵定心、輕打十下、漸漸發聲。中間二十七下、漸稀漸大。乃至聲盡、打後三下。卽以此三名爲三通。集三乘也。

長打 接前四十、增兩四十、共百二十。第二四十中。先輕打漸大、共十八下。中間十九至二十二、共四下、須聲盡方打。此救四惡趣苦也。以後十八下、漸漸收聲、乃至微末。第三四十中、與第一同。惟從三十六、卽下三下、名爲三通。末後二下、名息槌。

槌 靈芝云、須音槌爲地。 杵下之數 見資持記卷四。

四僧集約界

△小界無外可集 通局兩集皆爾。

戒場大界並盡唱制限集之 今文約通集者收內外。若局者無外。

制限 不容私避。此約說忞、故內外通收。若其他羯磨、則隨界分局、人不相集也。

自然界分四別等 未制結作法界前、卽依自然界而秉羯磨。旣制結作法界後、唯能秉結界一法耳。

△聚落 兼城邑
(一)不可分別 〔僧之往返難知 雜鬧難究 / 處所散落無際 無有垣墻〕隨有一種卽歸此收、不必具二。
(二)可分別 〔僧之在否易知 / 處所周院可悉 四面或三面有相〕此相必須具二。

七樹之量通計六間六十三步

一肘 中人之肘、一尺八寸。

一弓 僧祇律五肘爲一弓、十誦律四肘（四分亦爾）爲一弓。今據僧祇、一弓計九尺。

七弓 計六丈三尺。種一樹

七樹共有六間 樹與樹之中、謂之間。

一步 六尺。

一間 七弓、共六丈三尺。合計十步半。

六間 共三十七丈八尺。合計六十三步。

十誦盡聚落集 四分、聚落界取院相。若準事鈔。蘭若僧坊、或有三面四面牆籬等、須準可分別聚落集。兩面一面、還依蘭若。

無難 有難 此謂本界得訶之人、未能同意、故來訶法、令事不成、故名難耳。有難一種、局三小界、不通餘法。

一里 共一百八十丈。合計三百步。

一槃陀 有二十八肘。計五丈四寸。

七槃陀 有百九十六肘。計三十五丈二尺八寸。以步合算卽是五十八步零四尺八寸也。

道行界 此約停住時言。

水砂四面擲所及處 相傳以十三步爲定。

五應法和合 卽是身和心和口和也。

△得訶人不訶 以俗語釋之。應云、有當場出言反對之資格者、而不出言反對。

△別衆之義、亦不易解、今以俗語簡略釋之、如下。

別衆 善比丘 有資格者。
應來者不來 無故不到、示不贊同。
應與欲者不與欲來 因故不到、而不告假、示不贊同。
現前得訶人訶 人雖到、當場出言反對、示不贊同。

已上三種之中、有一種、卽是別衆。必須全體表示贊同、乃名和合。

六簡衆是非 見前立僧但約數定、便以非法之人用充數限、故今簡之。

△四羯磨人 行事鈔資持記卷七、僧綱大綱篇、第二十頁末後第十二行起、至第二十三頁十五、行止、詳說四羯磨人。文義易解。可檢閱之。
(一)訶責 對道衆、倒說四事（破戒、破見、破威儀、正命。）倒說者、但是口說、未必身行、故加此罰。「應僧中舉罪、爲作憶念、得伏首罪、乃作訶責羯磨。」與作法已、應奪三十五事。「一一順從無有違者、向僧求解。」僧當量審、若實順從者、然後爲作解訶責羯磨。
(二)擯出 對俗人、倒說四事。又如僧殘第十二汚家行也。「應作擯出羯磨、驅出當界。幷奪三十五事。」若隨順求解、不得輒入界、當在界外遣信來請。「僧當量審、解之。」
(三)依止 對道俗、倒說四事。癡無所知、數犯。「應作依止羯磨、令依師學律。幷奪三十五事。」若明達持犯時、應向僧求解。「僧當量審、解之。」
(四)遮不至白衣家 對俗人、倒說四事、並加罵謗。輒便捨去。「應作遮不至白衣家羯磨、不許捨去。幷奪三十五事。」若隨順求解者、應差一比丘同往俗人處懺悔。「僧當量審、若俗人歡喜者、卽爲解之。」

已上四人、唯壞其行、心猶有信、故入輕治、可足僧數。但奪三十五事中云不應嫌羯磨、不應訶羯磨人。故得滿數不應訶也。

破戒破威儀 就別論。戒者前三聚、威儀者後四聚。就通論。七聚皆名戒、亦總名儀。

破見 正見者、見四諦分明故。破見者、六十二見。於五蘊生計總六十見、更加斷常二見。

破正命 正命者、住清淨正命故。破正命者、非法乞求、邪意活命。有五邪四邪等、如行事鈔僧網大綱篇廣明。

七聚
- 夷
- 殘
- 蘭
- 波逸提
- 波羅提提舍尼
- 吉 惡作
- 惡說

僧中舉罪 自具五德、三根具了。具問上中下座及所舉人聽可已、然後舉之。

作憶念 謂在某處、某時、共某人、作某罪。

△若欲受大戒人 體非比丘、不能滿數。但受戒之時、倘有非緣、開訶令止也。

△不得滿數不得訶

此門共有六十二人
- 本宗三十二人
- 他部二十八人
  - 十誦十五人
  - 伽論三人
  - 僧祇九人
  - 五分一人
- 義加二人

△若言犯邊罪等十三難人 十三難、見受戒篇。本犯戒障、雖受不得。以體非比丘、虛霑僧用故也。

三舉
- (一)不見舉 倒說四事、或不信因果。僧問何不見犯、答云不見。」應作不見罪舉羯磨。且棄衆外、不同僧事。（簡異滅擯永棄）并奪三十五事。」若後心意調柔、已懷正信、應向僧求解。」僧當量審、解之。
- (二)不懺舉 倒說四事、犯不肯懺、拒逆僧命。應作不懺罪舉羯磨。餘同上。
- (三)惡見不捨舉 即戒本九十單提中第六十八戒緣。「倒說四事、謂欲不障道、拒逆僧命。」應作羯磨等、同上。

已上三人、信行俱壞、棄在衆外、不足僧數。

此三皆云舉者、如物舉棄、不復用故。

滅擯 犯四重戒、心無慚愧、不肯學悔、濫居僧限。應作法擯出、永不共住。

應滅擯 或將欲擯遣、逢緣且散。或凶頑強狠、僧力不加。

已上尼等四人、邊罪等十八人、若不自言、各不相知、理應足數。

別住 異界人也。

戒場上 戒場雖爲大界所圍、而不相接、中留空地。（參觀結戒場法圖）即異界也。

隱沒 即入地也。或在井中、或地穴中。

離見聞處 同覆處、見聞俱離成失。此謂離比座見聞、非謂離秉法人見聞也。比 靈芝云、平聲。今字書、作去聲。並也。

所爲作羯磨人 爲僧所量、豈得足數耶。

行覆藏 即戒本僧殘後文所云波利婆沙也。或翻覆藏、或翻別住。隨覆藏日、多少行之。若不憶日月數者、應從受戒已來治之。」於治罰期中、應奪三十五事、執衆勞苦奉淨比丘如和尚法、客比丘來應白、出界見比丘應白等。

本日治 別住期中、若再犯僧殘者、前已行者即除却、還依本日多少自始行之。

摩那埵 翻爲意喜。自喜行法將滿、僧喜此人能悔過還成清淨也。此法僅六夜、於行覆藏期滿後行之。治罰如前。行摩那埵期中犯殘、亦本日治。

出罪人 謂將出罪也。

△行覆藏竟本日治竟六夜竟 前據正行。此約日滿、未及作後法。恐以預數、故須列之。六夜竟與將出罪人異、前遠後近也。（夜竟未出故是遠、將出臨事故爲近。）

睡眠亂語憒鬧 由入無記、不緣善惡、不知羯磨成否。憒鬧 昏亂（不靜）也。

狂人亂心人病壞心人 即四分所云、癡狂、心亂、痛惱所纏。

亂心人病壞心人 亦是狂類、但相別耳。

樹上比丘 以高下處別、相非同住故。

白衣 此好白衣。與十三難中、邊罪等不同。前十三難、有過障戒。此好白衣、五八十具雖並心淨、不妨加法參差不成、以無戒故、仍本名也。（前則人非法是、此則人是法非。）

△重病人 必約神昏。

邊地人 約言不相領者。若相領可足。

癡鈍人 靈芝云。即不解律人。縱稱學律、不能通了者、亦爾。經論禪宗諸師、不諳律部者、並在此收。

△與欲人 堂中作法、通收與欲者以入現數。以下五種、是善比丘。因當時乖相、故非數限。

隔障 即同在覆、別有隔障、不見身也。又解、同在露地、而隔障也。

半覆露中間隔障 半覆露者、謂半僧簷下、半僧階下也。

半覆露申手不相及 申手不相及者、謂雖無隔障、申手不及也。

一切露地坐申手不相及 申手相及約一尋內。周尺八尺也。

已上四種、分別立表如下。

- 覆
  - 申手不相及 — 同相
  - 中間隔障
- 半覆露
  - 申手不相及
  - 中間隔障
- 露地
  - 申手不相及
  - 中間隔障

（半覆露、露地）乖相

但說戒羯磨等師、及所爲人、須在申手相及之內。餘人雖申手不相及、亦無妨也。

△我往說戒處不坐 續云、恐餘比丘爲我作羯磨、若遮說戒。

△病人背羯磨說戒 病人開臥、須面向也。四儀縱同、身面向背亦論同別也。

△受戒捨戒法內 律中捨戒文有兩出、一出婬戒、二出受戒法。今引受戒法中捨戒文也。

眠醉狂恚不相領解 眠狂如上、出在他部。醉及不解、此之二人、諸部無文、是今義判。

義加 既出捨戒、而云義加者。由非正列不足數中。然對捨不成、義是不足故也。

△別衆不足數等四句差別

以足數對別衆
- 初是別衆非足數
- 二是足數非別衆
- 三亦別衆亦足數
- 四非別衆非足數

以不足數對別衆
- 初是不足數非別衆
- 二是別衆非不足數
- 三是別衆亦是不足數
- 四非不足數非別衆

具如羯磨疏中廣明。

△善 反上三舉二滅等、及睡聾不相領等、行不善、相不善。 比丘 反上尼等四人、十三難、及白衣也。以彼等非比丘故。

同一界住 反上別住戒場等。 不離見聞處 反上離見聞處。

語傍人 反上所爲人也。以爲僧量、不可訶制。令他證正(勘實)、越己(即所爲)至於餘人。餘人即能秉者。此約能秉得訶之人在所爲者外、故云傍也。傍、與旁通。語傍人三字、若求易解者、略釋如下。語者得訶。傍人者所爲人以外之人。合言之、所爲人以外之得訶之人。

七說欲清淨

△欲 簡略言之、即俗所謂告假缺席也。約字義言、欲者、以希須爲義、謂心有所望也。故伽論云、所作事樂(去聲、好之也。)隨喜、共同如法僧事。意謂僧事重大、因故未往、爲遣他人致意、以示贊同也。

△五種與欲 四略一廣。略唯病重、廣通輕重也。

△欲與清淨 欲而非淨、即不足數。淨而不欲、即是別衆。故須兩具、方成僧法。

△二明受欲法 疏科亦作持欲成否相。

△二十八緣(房內)
- (一)七人緣隔失
- (二)十八人自言失
- (三)三人相乖失

命過 若房中及中道、可非欲到。若在僧中、未說不成、已說在僧成。

外道衆 中國寺內有外道院。 別部衆 或謂達黨。或他部計、異宗。

明相出 欲限當日、越宿即失。

離見聞處
- (一)在房受已、作不送意。見聞俱離、(離與者見聞)失欲。
- (二)中道、作不送意、離生念處。亦見聞俱離、失欲。
- (三)僧中、可知。

若至中道等 以上之文爲房內。此舉二處指略。

△如不足數中說 僧祇前五出彼足數、欲法無文。由不足故、理非持欲、約義取之。餘人同上。唯與欲人應作別解、言與欲人者、謂受他欲已、自復與欲、他欲即失也。

僧祇後五人
- (一)在界外受欲 此能所俱非也。若不入界、僧法得成。
- (二)持欲者出界 此受欲者非法。出界失欲、令與欲者成別衆也。
- (三)與欲人出界 此與者自非、僧法得成。靈芝云、今多此類、學者慎之。
- (四)與欲已自至僧中還出衆 因病人與欲已、聞僧中有好大德來、入衆聽法。久疲默出。以先欲故、更不重說。此愚教也。身到欲失。不說而去、則妨僧法。
- (五)持欲在僧中因難驚起無一人住者 此名壞衆失。若有一人安住則不失。

△與覆藏等三人 準同足數、合有正行四也。

△倒出衆人 僧斷事時、不與欲而出也。

取時 屏處。 取竟 收中道僧中。 自言非比丘者 不自言則成。若作法竟自言者成。

△轉授 十誦僧祇不許。四分開之。

△與衆多比丘受欲清淨 且據受多人欲而迷忘者。若受多不忘、別牒多名。若止受一人、但云受某甲比丘欲清淨也。

△若自恣時應言與欲自恣 自恣不言清淨者。以自恣時、希僧舉罪、不敢陳淨。故但云與欲自恣耳。

若故不說得突吉羅 理亦得成。並謂在僧中也。

△若病重者等 何以不與欲者、因重病不堪故。何以不入不足數中、(伽論謂重病不足數)因神識不昧故。

中道逢難等 前明持欲者出界、即失欲法。此由難緣、故開暫出。

八正陳本意

△豎標 若據商度分齊、即屬第一。若行事時、豎標第三。由豎標訖、然後集僧。今此相從唱相列之。

△乞罪 乞、音氣、去聲。與也。 乞詞 乞、音詰、入聲。求也。

順情請許 如七羯磨解法等。 多須 事或有無也。

九問事端緒

△唯一通問 答雖不一、問無異辭。

十答所成法

△事有先後　說戒自恣應在後作

說戒自恣二法、可以制僧不動。當時有他事起、應先作他事、然後說恣也。即是總別二答也。言總答者、如受戒法有三單白一白四、於差教授時總云受戒羯磨、餘之三法並不須問。言別答者、四法別提、如云差教授師單白羯磨等。捨墮等類此可知。

法緣通別　受戒捨墮義兼通別

結界捨界理無雙答 事雖同席、託界不同。結在自然、捨在作法。理無通答也。

一稱量前事
二法起託處 —— 處
三集僧方法
四僧集約界
五應法和合 —— 人
六簡衆是非
七說欲清淨
八正陳本意 —— 事
九問事端緒
十答所成法 —— 法

衆法羯磨

△單白　告僧

△白二—{一白 告知／一羯磨 量處可否}通白及羯磨、故云白二。

△白四—{一白 告知／三羯磨 量可}通白及三羯磨、故云白四。

△但對首　告情引證

對首羯磨

△衆法對首　少數

心念羯磨

△但心念

△對首心念／△衆法心念 }少數

後二法各具十緣、如疏記中明。

△法則兩異—{若唯對一人、如但對首、云大德一心念。即常式。／若對二人、或自恣對三人者、於大德上、應加一諸字。}

僧法羯磨具七非

△非法 事乖也。非毗尼 違教也。

人、法、事、三種俱非。初非註中

（一）人非
- 一人舉 —— 一人、二人、三人、四人
- 二人舉 —— 一人、二人、三人、四人
- 三人舉 —— 一人、二人、三人、四人
- 四人舉四人

能舉之人為非{別人力弱、不行羯磨。／四人力強、不可舉僧。}

（二）法非
- 一白衆多白……增減 應作一白、乃作二三。
- 一羯磨衆多羯磨……增減
- （單白但有增。二種羯磨通增減。）
- 單白白二白四羯磨……互作 如單白結界、白二受具、白四說恣、即三法交互而作也。

（三）事非
- 有病無藥 法違於事也。如應與訶責、乃作非法羯磨。
- 有藥無病 事違於法也。如實非犯、妄謂有過、從僧求懺。
- 有事有法（有病有藥）施不相當 事法俱違也。如應作訶責、乃作擯出。

毗尼母云等 應屬法非。

△白此事為彼事作羯磨 如白牒戒場、羯磨牒攝衣。此約當位（白二）自互。若三法交互、即屬初非也。

△先作羯磨後作白 誦文無差、但倒作故。亦據當法自倒也。（若白二白四互倒、則初非所收。）

△若住應法違訶不止即名非法 住即是止。由是得訶人訶、故止不止皆成別衆。然止順訶、故法不非、即如法別衆。不止違訶、故彙法非、即非法別衆也。

義立七非

△義同過別 過別者、三十九種各有非相也。義同者、謂同以四緣成業也。（四緣者、即人法事、又以事攝處也。）

△今且就單白說戒一法 學者須預將羯磨卷下諸說戒法篇（第七頁至第十一頁）研習然後聽講下文乃能了解。

疑罪不露 若有疑罪、應先發露、然後得聞說戒。俟當來識罪無疑、乃懺悔也。

人非應法 謂威儀乖越、不順教相故。

時非正教 佛制黑白兩半月各有三日、即十四十五十六日也。今非此日、而行布薩。

廣略無緣 若有難緣、應略說戒。緩則略少、急則略多。今無緣輒略、或雖有緣、不隨緩急也。（南山義立、盛夏嚴冬、準前略說。）

界非聖制 無有難事、輒結小界而說戒。或說已、不解而去也。

△條貫 百三十四僧法、如葉如物。七非統攝、如條如貫。

葉—物
條—貫（貫錢之索也。）
（小枝也。）

一事五處作之並成非法 律云。爾時有住處僧、爲比丘作非法別衆羯磨。時衆多僧共諍。（諍、去聲。直言正人之失也。）或言非法別衆、或言非法和合、或言如法別衆、或言法相似別衆、或言法相似和合。靈芝云。此卽五非。應是五處評量再作、故注云五處作也。

對首羯磨亦具七非

△唯取持衣一法 學者須預將羯磨卷下第一頁至第三頁研習然後聽講

於緣有異 二十八法（但對首法）各有非相也。（卽前過別）

△犯重 犯四重者。應失戒也。 遮難 卽本受不得人也。

有訶者訶 謂前對證者、語使文具。故曰訶也。若因訶而止、卽是人非。若不止者、人法俱非。

對僧 僧卽四人。或對二三、亦非法也。

犯捨 卽三十捨墮中諸衣戒、有犯而未懺者、加法不成故。 異財 凡可用者皆曰財、（靈芝云、財卽總於衆物。）今約衣而言也。異財者、謂綾羅絹紬等、皆非衣財也。

△摘取捨墮一法 學者須預將羯磨卷下第二十五頁懺波逸提法起至第三十頁止詳細研習然後聽講

界內別衆 界內無僧、不成捨也。故開衆法對首、若有而不集、卽是別衆、

人非應法 所對之人、但使有過、若重若輕、皆不應受懺也。

捨懺還財 卽是捨衣懺罪還衣、共三法也。

犯過衣財如律所斷 不問大小、過限（十日外）並犯也。大卽應量者（應量者、長佛八指廣四指。）犯提、小卽不應量者犯吉。

必非聖制理無懺捨 如毛綿等未是衣相、被褥重物本不開畜、不合捨墮也。

非有疑而過分 制教犯懺、並須明識。若衣財散落、染淨未分、懷疑通捨、是謂過分也。故律文中、識者懺悔、疑者發露。

有違加無知罪 卽單提第七十三。

心念羯磨亦具七非

△唯取懺輕突吉羅罪 學者須預將羯磨卷下懺突吉羅法（自第三十一頁末、至篇尾。）研習然後聽講

△諸界結解篇 界者、加法約處、除彼局此也。

△人法二同 同一住處。（義攝食同）同一說戒。

△結初大界法 人法二同在前、故云初也。

如前僧法中具七緣已

一量結界、標相體也。 標卽周回標物、如石樹等。相謂四圍外表、羯磨牒云四方相內是也。體卽所圍內地。

二量集處、唯在自然。

三量召法、鳴槌諸相。

四明集僧、約標約界。 標寬界狹者、盡標集之。標狹界寬者、盡自然界集之。唯四人僧。

五明和合、集者非別。

六明簡練、須曉非數。

七明欲法、非是所行。 次至第八、方可唱相也。

七緣中第一第四、須參閱下圖。

—標狹而自然界寬。（第四）

或就裏爲相、則標與體異。

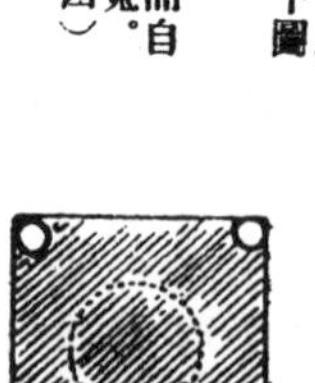

—標寬而自然界狹。（第四）

或循外爲相、則標下卽體。

屈曲隨稱

結法有二— 或在蘭若、依山附水、傍道緣樹、其形方圓三角等不定。少有屈曲。
或在城邑便隨牆院籬柵壍渠多是四方時有屈曲。

羯磨中唱相文蘭若用之若城邑唱相、如行事鈔所出。

誦律 非謂誦文、必兼識義也。 不誦律堪能作羯磨 雖不能誦累紙、而曉達成敗。

問答已 上座云、僧今和合何所作爲。答云、結大界羯磨。此卽僧法十緣中第九第十也。

同一住處同一說戒 卽人法二同也。最初爲說戒故、便結此界、因牒入法。不用亦可。

釋白文及羯磨文

單白文—
第一句告衆敕聽 ┐綱此之三句、文通一百三十四羯磨也。
第二句宣情白衆 ┤此句或闕。（單白白二）
第三句和集聽可 ┤若羯磨文及白四中白、定無闕也。
第四句忍可所爲 ┤
第五句白結告知 ┘緣本此之二句、文局一事也。

羯磨文、亦爾。大德僧聽、誰諸長老忍、僧忍者默然、誰不忍者說、僧已忍作某竟。已前之文皆通、卽是綱也。中牒緣本、則文局也。僧忍默下、文又通也。

羯磨文
- 從初至誰不忍者說 總牒緣本、勸僧通和。語默之間、足顯同別。（若白四者、已上三說。）
- 僧已忍至結大界竟 牒前忍默、表業成就。作法至此、是竟處也。（已下皆一說。）
- 僧忍默然下 總收白與羯磨、卽結詞也。

△四方僧物和法 此僧制也、本非結界。因句義相從、故隨列於後。

△結戒場法

戒場 戒者通收諸法、非專受戒而得名故。僧法羯磨一百三十四中。有十二法、必在大界。有三法、難事乃開戒場。除此十五、餘一百十九並通場上。

十五法
- 受日法
- 受功德衣法
- 捨功德衣法
- 解界法
- 結衣界法
- 解衣界法
- 結食界法
- 解食界法
- 乞鉢懺捨四法
  - 一受懺之主白和法
  - 二衆僧還鉢法
  - 三五德行鉢法
  - 四護鉢法
- 說戒法
- 自恣法
- 分亡五衆衣物法

（受日法至乞鉢懺捨四法：此十二法必在大界）
（說戒法、自恣法、分亡五衆衣物法：此之三法、本在大界。有難開通戒場。）

三重標相

結有場大界唱相文云、從戒場外相東南角標外二尺許某標者

二尺許 古人相傳、應距離一肘、卽二尺許。南山謂、得分卽可、不限廣狹。故二尺許三字、可以删去。

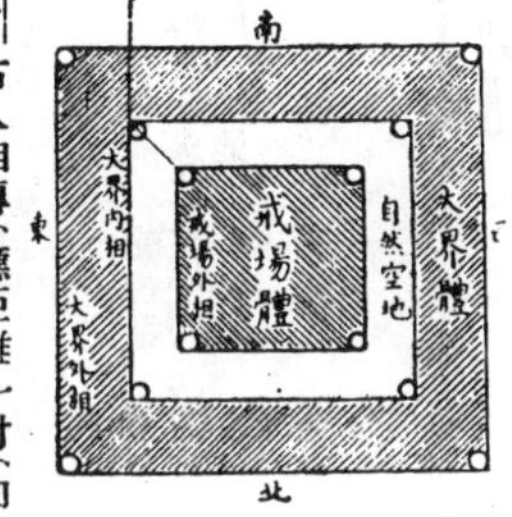

小界 對外大界而言。異下三小界也。

△解戒場法 先解大界、後解戒場。解戒場時、應在戒場相內、不得在大界遙解。

△結有戒場大界法 將結大界、方可召僧出戒場外。又出自然、入大界內。先唱內相、用規空地。後唱外相、用絕他界。

將四五比丘 若準大界不開說欲、要知界相、理須盡往。

△結三小界法 此由留難故起、不同大界集僧、宜用善見七槃陀集之。並指在蘭若之中。必在聚落、文中不開。

類諸難開 如諸戒中、命梵緣開。非難擅行、無非正犯

妄通餘法 以後續用也。

非制而制 非難而開也。

△結解衣界法

衣界有二
- ㈠自然攝衣界 如僧伽藍界等、共十五種。（本部十一、他部四。）三十捨墮中、離衣戒廣明。
- ㈡作法攝衣界 唯有一種。依大界相而結。卽今所明。

△僧伽藍 翻爲衆園、卽僧家所住之院也。

若大界共伽藍等不須結 以自然攝衣界中僧伽藍界。約伽藍起、隨有周匝猶開勢分。（有十三步若見後圖。）今大界與伽藍標齊。若衣未結作法攝衣界、於伽藍外勢分之內攝衣。若結作界、則唯依自然攝衣界、卽不能依自然攝衣界、伽藍外勢分之內反成失衣。故不須結於此作法攝衣界也。參觀下圖。

大藏經會案原稿以——線標伽藍、以……線標勢分、以紅——線標大界、爲便排版、茲以〰〰代紅線。

或界小於伽藍不須結 或大界小於伽藍、更不須結作法攝衣界。若結者、則大界之外伽藍之內亦不免失衣矣。參觀下圖。

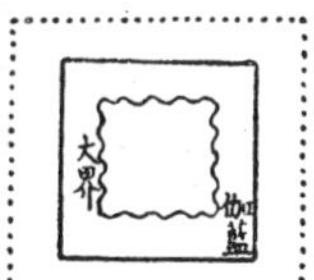

卽使大界大於伽藍僅十三步、亦不須結作法攝衣界。因結與不結、等無有異也。參觀下圖。

若界大於伽藍者依法結之 若大界大於伽藍十三步以上、乃可結作法攝衣界也。因未結作法攝衣界時、伽藍勢分之外大界之內卽失衣也。若結作法攝衣界者、凡在大界之內皆可不失衣也。參觀下圖第一。又若大界大、中無伽藍、但有住舍、義同伽藍、亦應結作法攝衣界也。參觀下圖第二。

(一)

(二)

△然有羯磨立無村結者 此古師舊解。彼謂若現在無村、應於羯磨文中删去除村等語。故云無村結也。與今解不同。

後因事起方乃除村 因比丘置衣在村。脫著時、形露懷慚。以此白佛、因制除村。

薩婆多五意
- ㊀聚落不定衣界是定 村聚則移徙不常、衣界須分齊可準、故云定不定也。此約難護而言也。
- ㊁爲除誹謗 以下四意並是招譏。第四護己、餘三護他也
- ㊂爲除鬬諍
- ㊃爲護梵行
- ㊄爲除嫌疑

△厭離比丘 卽頭陀比丘厭於世間、不樂想也。

駛 音史、疾也。

除村 村界分齊。

村外界 村外勢分。

△應先解不失衣界卻解大界 以結時、先大界、後衣界。解時則反之、先解衣界、後解大界也。

結解食界法

△淨地 以飲食繁穢、同處生患。今旣別結、情無儲畜、食不生罪、故名爲淨。此望離過說淨、非對穢以明。故結淨以外之地、非是穢也。

檀越淨有三
- 一處是他物食是己有 如注文所明。雖食在中、不名有犯。
- 二食是他物處是己有 卽施主寄食僧界、令淨人掌舉、隨用施僧也。
- 三處食俱是他物 卽俗舍設會供僧也。

院相不周淨
- ㊀籬
- ㊁障 謂板壁帷帳等。
- ㊂垣 低牆也。
- ㊃墻
- ㊄壍 阬也。
- ㊅柵 編木爲垣也。

（以上）
- 或半有 二面有也。
- 或多無 一面有也。
- 或都無 露地也。

（以上）非儲積相、故開也、若三面有者、則非院相不周。

此六種互參合者亦爾。

處分淨 住處初成、未曾經宿者、行之。若經明相、則改用白二法也。

白二結 僧伽藍院相周匝、(三面、四面、)比丘在中有宿煑過。不問住之久近、可作白二結之。除去比丘。

△邊房靜處 必具二緣，乃開結也。

出家五衆房 僧寺義無尼三衆居。是彼三衆爲僧造房、擬自供養、仍本造者爲名也。

除去比丘 比丘所住房舍、應除去也。

通結僧坊內作淨地 通結羯磨、(五分通別皆可。)如資持記具出。應云除僧住行來房舍等也。今四分中、唯有別結之法。卽隨戳羯磨所引也。

院外遙唱遙結 卽僧在大界遙加法也。

補釋

△宿煑 篇名註中云、令無宿煑罪。今補釋之。宿卽內宿。若大界內有食、僧在大界內宿、經明相、卽犯罪。今結食界、僧在食界外大界內宿、則無犯矣。煑卽內煑。不應在大界內煑食。今結食界、於食界內煑、則無過矣。共有四過、一內宿、二內煑、三自煑、四惡觸。前文唯舉初二、因三四與食界無關係也。今列表具釋如下。講時、隨宜廣略可耳。

四過用四位簡辨表

四過＼四位	處	時	人	食
內宿：或未結淨地、大界內。或已結淨地、於淨地外、大界內。或淨地內。共飲食宿。	他物不周 — 不犯；自分二處：或淨地外大界內、或淨地內 — 犯	經明相犯	三人：比丘、僧衆、學悔（尼加式叉）	離地物、已長足逢霜 — 犯；未離地物、未長足 — 不犯
內煮：或未結淨地、大界內。或已結淨地、於淨地外、大界內。煮飲食。	他物不周 — 不犯；自分二處：或淨地內 — 不犯；或淨地外大界內 — 犯	晝夜皆犯	能煮通七衆，食犯局三人	生、熟 — 皆犯
自煮：不限何地、自煮飲食。	不限何地皆犯	晝夜皆犯	三人	生 — 犯；熟食重溫 — 不犯
惡觸：不限何地。或未受而觸。或膩勢相連。（註一）或任運失受。（註二）	不限何地皆犯	晝夜皆犯	三人故觸 — 犯；爲受而觸、如行羹飯、忘誤而觸 — 不犯	生、熟 — 皆犯

註一 手巾褁鉢、日須一洗。由食膩塵、能染後淨。此卽汚觸也。

註二 時藥過中、受法自壞。餘之三藥、不加法者、類同時藥。若加口法、而越限者、雖是開觸之物、亦成觸也。

四藥對四過有無表

四藥＼四過	內宿	內煮	自煮	惡觸
時藥	有	有	有	有
非時藥	不經明相。義無內宿。	有	有	無
七日藥	有	有	有	無
盡形藥	無	無	無 但有生分者不開	無

（非時藥、七日藥、盡形藥）此三種、須是加口法者限內。若不加者、同時藥。

諸戒受法篇

△受三歸法　歸者、顯本從魔、歸心正覺。即儀受三歸、如上所明。

三歸有五種
- 一翻邪三歸
- 二五戒三歸
- 三八戒三歸
- 四十戒三歸
- 五具戒三歸

佛成道後八年制斷。改用羯磨。

△三寶　小乘三寶有三種、一理體、二化相、三住持。羯磨註引多論、唯明理體。授法之師固應知之。但以此爲初信佛法白衣宜說、恐彼智力未能了解、不若改說住持三寶爲宜也。故靈芝曰。創入道門、未諳法義。且示住持三寶、令寄心有所。應云、雕塑靈儀是佛寶、琅函玉軸是法寶、剃染秉戒爲僧寶、云云。

△受。。。。前應懺悔　以信邪來久、妄造非法。今創歸投、必翻邪業。

△不解　諸趣皆得受、除不解悟者。

△盡形壽　本宗、約盡形壽。多宗、亦得一年半年五三日間受之。

三說得法屬已　以三說已、即發善法也。

三結　重更囑累、不令忘失也。

△準諸論文　智論。

故論云　母論。

三歸下有所加　如羯磨中五八十戒文所述。於三歸言下、即發戒故。非是示戒相時、答言能持、乃發戒也。

受五戒法

△經云　善生經。

論云　智論。

四事　飲食、衣服、臥具、湯藥。

情非情境　前四性戒有情境發、後一遮戒非情境發。

△汝不盜等　此四種、乃性重中極重之者。白衣有犯、障戒不發。必懺淨已、乃能受五戒也。不列大妄、非彼犯故。見病藥去、可攝殺中。

△根本　但受而破者、不能再受。多論云、若受五戒八戒十戒具戒而犯重者、更受不得。

一分滿分
- 一戒……一分
- 二戒……二分
- 三戒……少分
- 四戒……多分
- 五戒……滿分。

優婆塞　近事男。謂親近奉事三寶也。

△受法　於受戒前、須說緣境寬狹。令受者識知境量、立誓要期。

△一日一夜一戒一分

	多論	成論
延促	五戒必須盡形。	五戒隨日受、乃至盡形。
漸頓	五戒不具受、不得戒。	五戒隨受一二三、皆得戒。

(附)重受	不許重受。	得重受。
(附)他趣	他趣無受戒法。	他趣得受。除無知解。

如來、至眞等正覺、是我世尊　略舉三號、恐濫邪緣。以三寶名通九十六外道故。至眞等正覺者、眞簡邪僞、等簡偏小。

△妄語　兼攝餘三口過、亦應斷也。此據本宗成論爲言。若多論中、但有妄語、具戒方斷餘三。

具問答　約此問答、從他受也。靈芝云、多論俱舍並制從他、本律智論皆聽自誓。南山云。律中之文、是令自誓。八戒既開、此應得也。觀時進否、義非抑塞。接俗之化、隨機而舉可也。(以上皆南山疏文)

△六重二十八輕　出優婆塞戒經、即善生經。爲菩薩優婆塞戒。

諸雜行相　行事鈔云、當供養三寶、勸化作諸功德等。

受八戒法

△八戒　又名八關齋戒。關齋者、禁閉非逸、靜定身心也。

△八日十四日十五日　黑白二月各有三日。所以須此三日者、智論有二說。

(一)初八日天王(四天王)使者下、十四天王太子下、十五天王自下。觀察世間善惡、奏聞帝釋。

(二)此三日是惡鬼得勢之時、疾病凶衰、令人不吉。今持齋以避之。

一一受八戒　善生經云、受八戒、不得多者、恐人參混、心不專一。泛論歸戒獨受爲佳。則心不他緣、法無通濫。今多衆受、於理雖通、終成非便。

△論中令五衆授之等　論中、即多論也。靈芝云。多論定從他受。成智二論並開自受、文約無師、義兼緣礙。

△食竟亦得　在清旦受、是定時也。言食竟者、以緣礙故。

△論云等　論云者、多論。

	多論	成論
日限	受八戒者、必一日一夜。	一年一月乃至半日半夜、並得。
減受	無減受文。	亦得隨受一二三。

一日一夜　自今日明相出時始、至明日明相出時止。

△受。。。。前應懺悔　鈔引智論文云云。須者檢之。

△淨行　五戒唯斷邪婬。今受八戒並斷正婬、故加淨行以簡之。

△如諸佛等　言如諸佛者、舉勝境所行也。某甲已下、引己上同。

飲酒　南山云、有人於下加辛肴(即五辛)者、正文無此。既受淨身、焉噉羶臭、理不可也。今案吸煙亦應例此、判爲不可。

華香等　此爲西土俗飾、與東華不同。準南山疏、應改語云、離舊嚴身具。則通收彼此也。

高勝　高者。如律所云、高廣大牀。高一尺六、廣五尺四、此是制量。過此則爲高廣。但下溼之處、可用八寸木承支牀脚。勝者。金銀牙角等嚴飾故勝、佛及師僧父母從人故勝、俱不合登也。

倡伎樂　倡謂俳優。伎通男女、即奏樂者。樂謂金石絲竹等。

△別。明。離。合。　列相之文、是依俱舍論、以合高牀觀樂爲一。行事鈔分高床觀樂爲二。前列八戒、後列不過中食一戒、據多論也。多論云、齋以過中不食爲體。又以八戒禁防非逸、方顯持齋清淨。故言八齋、不言九也。

△功德　如疏中、明功益章詳述。

八難　一地獄、二餓鬼、三畜生、四長壽天、五北洲、六佛前後、七世智辯聰、八諸根不具。

持此功德乃至正眞之道　疏云。他惡攝取己善惠人者、行大道心也。使成正道者、不從他方便、唯一乘法也。靈芝釋云。行大道心、即菩薩行。方便是二乘權教。一乘即佛道寶教。豈唯八戒。一宗立教、皆用此意。學者宜知。

△因引古證　即上經文、而多寫古字。傳寫誤也。

△附。明。捨戒。　多論云。若受齋已、遇惡因緣、逼欲捨戒者。不必要從五衆邊捨、趣得一人即成。義云、若自有染心將欲犯戒、寧可捨已爲之、後還懺受亦得。五戒十戒同此。若捨比丘戒者、須對比丘捨之。如行事鈔資持記廣明。○趣遍、本文作趣。音促、速也。

出家受戒法

釋標宗七分

△七分明之　靈芝云。次列七門、統明出家始終行相。學者至此、當須自檢。若唯徒說、於己何益。說食數寶、目擊多矣。

△功由菩薩　菩薩即釋迦本師。此明出家、從因彰號。晉譯華嚴經云。若有不識出家法、樂著生死不求脫。是故菩薩捨國財、爲之出家求寂靜。五欲所縛不離家。欲令衆生解脫故、示現不樂處五欲。是故出家求解脫。

五欲　色、聲、香、味、觸。又財、色、飲食、名、睡眠。

有益超世　鈔作勸出有益。

行於罪行　據論罪本、皆由事縛。鈍者多著財色、利者多貪名見。（見即妄執）四科束之、尠不收盡。若論罪行、且列五種。所謂貪欲、瞋恚、愛親、求利、慳、嫉也。

行凡福行　若出家不爲解脫。但知持戒無心在道、或修世禪、或修多聞講誦經典、或營世事供養三寶塔寺等相。

修道要業　疏鈔皆作行聖道行。要而言之、有三種、即三觀也。一者性空觀、小乘人行。二者相空觀、小菩薩行。三者唯識觀、大菩薩行。

上之三科、總論十界之因、故並名行。凡罪即三途行、凡福即修羅人天行、聖道即三乘佛果行。歷示心行、令識因果、捨罪修福、革凡成聖、厭小慕大、趣一佛乘。是故疏中專指大乘爲出家學本也。

大小正行三學爲本　三心道行、如上所明。通進道門、不出三學、一切聖人並由斯路。

△廣如鈔中　新刊行事鈔資持記卷四十一第一頁至十七頁、又羯磨疏濟緣記卷十一第一頁至十八頁、皆釋已上七科之義、至爲精要。學者宜熟讀之。

△乞度人法　即乞度人授具足戒。下文云、畜依止畜沙彌亦爾。故知本簡受具、兼通餘二。齊須乞法、以無德者不可妄爲師故。今乞畜沙彌法、（下文所列剃髮及授十戒總稱云畜沙彌法）而引乞授具足戒法以爲例也。

△和。尚。及。阿。闍。梨。

- 和尚（翻爲知有罪知無罪。）
  - 與剃髮出家。（剃髮者、僅剃頂髮少許。別請阿闍梨先爲剃四邊。）
  - 與授具足戒。
  - 此二事應一人兼任。但受具足戒時、前和尚或已命終或休道等、應別請和尚任之。
- 阿闍梨（翻爲教授。）
  - 一與剃髮、與授十戒、或一人或二人分任、名曰出家闍梨。
  - 二受具戒時作羯磨者、名曰羯磨闍梨。亦名戒師。
  - 三受具戒時教授威儀者、名曰教授闍梨。亦名威儀師。
  - 四從受經律論、乃至四句偈、名曰受經闍梨。
  - 五乃至依止一宿、名曰依止闍梨。

和尚及依止闍梨須十夏已上、依止者、未滿五夏若和尚命終等別請依止、五夏已後若不知法者亦須依止。其他四種闍梨須五夏已上。（若依明了論疏、羯磨闍梨應七夏已上。）善見律云、若不解律、但解經論、不得度沙彌及依止。

△和尚德　三律中具列百三十餘種。

△二事　雖列法食兩位、然以法務爲先。

△度沙彌法　沙彌翻爲息慈。謂息世染之情、以慈濟羣生也。

度羅睺羅　佛令舍利弗度、出家受十戒。

過七十聽出家　謂作沙彌。

一住　住即是坐。一坐跏趺、周時方起。

一眠　中夜之時、暫爾倚臥。

△與剃髮法　與剃髮法者、下文受十戒法。爲形同法、爲法同法、剃髮披衣形同大僧也。十戒稟制法同具戒也。

彼某甲欲求某甲比丘　文牒二名、所爲難定。和尚在初已乞畜沙彌法、故無重請。今所爲者、但是沙彌也。

欲求某甲剃髮　指和尚言。剃髮闍梨不在羯磨中。

△先與受五戒已後受十戒　剃髮已。先以五戒調伏身心。久處六月給侍衆僧、信樂漸增。和尚師僧審知可教。僧待限滿已、和僧爲受十戒。」既受五戒已、形同出家、體是婆塞。故下文受十戒已、方是出家也。涅槃經云、雖未受十戒、亦墮僧數。乃是形同僧也。

△授十戒法

△出家 即是授十戒、非是與剃髮也。

△阿闍梨 謂與授十戒之出家闍梨。應對和尚、授者旁教。

遮難 問難、如授具戒時問十三難。遮事、亦如授具戒時、但除年歲衣鉢、僅問十三事也。

發戒緣起 即受前、二師開導也。薩婆多云、凡受戒法、先與說法引導開解、令一切境上起慈愍心、便得增上戒。衆生造惡、由迷前境。惡業既因境起、善業還從境生。未受戒前、惡遍法界。今欲進受者、翻前惡境並起善心、是故戒發還遍法界。（言法界者、若就教限、則局三千大千。今從圓意、須論十方法界也。）所言境者、情非情也。沙彌發戒與大僧同、於比丘戒中沙彌皆結吉羅。故知且列十戒喜犯前標、餘所未知二師別教。

△生像金銀 生色、金也。（生色謂生有瑩彩）似色、銀也。（似色謂似近於金）似即像也。生像是翻梵、金銀是唐言。意令通曉、所以雙標。

△適莫 適音的。適莫即親疏。

△十數 十數者、對破外道以別邪正。印度外道甚多、今此略引十種以配十數耳。所以說十數者。因外道賊住者、偷形入僧衆中、但為飲食、而於正法無心願樂。若以十法推求、即可驗知邪正也。

十數
- ㈠依飲食法……為破自餓外道
- ㈡名色……為破自然外道
- ㈢痛痒想 即三受也。痛即苦受、痒即樂受、想即捨受。……為破梵天為因外道
- ㈣四諦……為破無因果外道
- ㈤五陰……為破神我外道
- ㈥六入……為破一識外道
- ㈦七覺意……為破不修外道
- ㈧八正道……為破邪因外道
- ㈨九衆生居 欲界合為一、四禪、四空、即是為九居。既是衆生居處、即非涅槃。……為破妄計涅槃外道
- ㈩十一切入……為破色空外道

△比丘受戒法 比丘翻為怖魔、亦云乞士、亦云破煩惱。

釋五受

△善來 為西方寺衆制法。凡見人來、即須迎前唱言善來。善來受戒者、約四分律必已證初果。（他部通凡）受者先白佛言、我欲於如來法中修梵行等。佛方召言、善來比丘、於我法中快修梵行、盡苦源。受者即髮落衣變、便得戒也。

破結使 若先未受戒、期心至果、則證四果時果戒俱獲、即是破結使比丘。若本無期、得果無戒、故有白衣羅漢。

三語 即三歸也。佛度百十一羅漢已、令往人間遊行說法。有欲受具戒者、諸羅漢等教令剃髮染衣、憑歸三寶、即得戒也。八年制斷、令興羯磨受戒。

釋五緣

△二種羯磨 或中邊分二、或僧尼分二。

△非人 鬼神也。

故論云三歸五戒餘道所無 論者、多論。彼論謂餘道許受三歸、但不聽受戒。

百遮 律中遮事、言五根不具者、有百二十六種。

皆不得故 輕者應得、重者不得。

△所對有七
- 一結界成就
- 二有能秉法僧
- 三僧數滿足
- 四界內盡集和合
- 五有白四教法
- 六資緣具足
- 七佛法時中

（二、三、四）人　（五）法　（六）事　（一、七）處 第七屬處者、以結戒法未失故。

清淨明曉 若唯守戒、無智暗教、持犯不明、終非清淨。

並非法故 若依多宗、得戒得罪。若依四分、應不得戒。

△心境 即上二（所對境）三（發心乞戒）兩緣。

境不當心 心雖殷至、四境有非相也。

心不當境 人法事處、四境皆如。但無濁法緣境之心。

釋受前八法

△初明請師法

和尚 即是剃髮和尚、今復與授具足戒。南山云、比有大德多人望重、受戒者多、及至下座獨己蕭然、此則元無兩攝。斥其非律制也。

請和尚 問、剃髮之時已曾請訖、今何重請。答、重請者有三解。

三解
- 一已請之和尚、或遠行或休道或命終等。
- 二或已請之和尚無德、須別改請。
- 三雖是一人、亦可重請。以前請為剃髮受沙彌戒、今請為受具戒故。

餘師 今云尊證。

△二安受者所在

受戒人不得在界外 此約正受之時。若問遮難、律許界外問。但戒壇圖經云、戒場內東階設席、擬問遮難。則亦通界內也。

△四出衆問法

著高勝處 僧寶超越、故云高勝。

取其衣鉢示語之言 正欲問難、先示衣鉢假為言端。

安陀會 又名內衣、裏衣、中著衣、下衣、五條衣、院內道行雜作衣。
鬱多羅僧 又名中價衣、上衣、（在內衣上常服用故）七條衣、中衣、入衆衣。（齋講禮誦諸羯磨事）
僧伽梨 又名雜碎衣、（條數多故）複衣、大衣、高勝衣、九條衣、（從九條至二十五條）衆集時衣、入王宮聚落衣。（及說法授戒）
即加受法 此據五分。四分無文、義須準的。
意在相解 應沙彌時、教令識相誦之。
汙比丘尼 唯是淨境。若汙淨比丘亦爾。
白衣時 即是俗人未受五戒或八戒者。若已受五戒或八戒、皆邊罪收。
賊住 於衆僧正作諸羯磨時、而盜聽之。必約聽全、兼須曉義、乃名賊住。若聽衆法對首、衆法心念者、亦爾。靈芝云、若屏唱私讀、非是僧中正作、未具聞者定非成障。
破內外道 初來重來、兩番破外。受竟反還、即是破內。
破僧 於同一界內、兩衆一時作法、是名破羯磨僧、犯中偸蘭、不障戒也。若如調達立邪五法、是名破法輪僧、犯上偸蘭、則能障戒。
負債 西土負債、出家不索、招譏故制。此土不爾、隨有非礙。
奴 主自送放、開度成受。逃奴不合。
官人 因度波斯匿王勇將出家、王譏故制。餘之散任、無有妨也。
癩 疥也。 癰疽 瘡毒也。 白癩 白癬。即白禿風也。 乾痟 痟瘦病也。
並依有無具答 諸遮之中、有得戒、有不得戒。如行事鈔廣明。
△五白召入衆法
相去舒手相及處立 中國戒壇、多在露地。須令兩方舒手相及。否則即是別衆也。
立 此一單白、唯須立秉。由本是僧差往外爲問、事須酬對、坐和失相。
△八正問法
欺誑諸天等 註中所列、人天佛僧四位收盡。兩云諸天者、前是別召魔梵、後乃總目諸天。
正授戒體法
△增上戒 即上品戒也。
置汝身心中 由有塵沙戒法注其身中、終不以報得身心而得容受、應發心作虛空器量身方得受法界善法。
△問僧成就否 行事鈔云、僧中知法者答言成就。又云、僧皆默可。案此應是一人答而衆僧默然歟。
餘覺餘思惟 餘、異也。覺謂初起。思惟即籌慮。

應分別之 十誦律云、作羯磨者分別言、是第一羯磨第二羯磨第三羯磨、若不分別說得突吉羅。故簡正記指此文約能秉者。
次第問答無違者得 一切羯磨並問成否、非限授戒一法也。
△春夏冬時某月某日 一年中、分春夏冬三時。一時中、有四白月四黑月。一月中、有十五日或十四日。
量影 分午前後計之。謂於日中立竿、午前受者以影長爲先、影短爲後。午後反之。
△說隨相 即示所授之戒相也。
△當先與說四波羅夷法 略明四重、聖行根源。餘所未知、律制修學。若十誦僧祇、於四重後、更說僧殘也。
破斫燒埋壞色 此五、出律條部。雖非盜取、破壞成功、計値結犯。斫者、以刃擊之也。
多羅樹 貝葉樹也。
非藥 謂毒藥也。 禰禱 禰謂書符咒祝、禱謂憑託鬼神。
戲笑 見大妄語開緣、應結吉羅、以非言說之儀軌故也。
△授四依法 四依有三、一人四依、二法四依、三行四依。今約行也。
人四依 大權示聲聞像、出世弘法、爲物所依。
四依法 每段文中、皆先根本制、後開限分。根本制者、正被上根故。開限分者、中下二根力分所及故。
糞掃衣 律有十種、皆人所棄者、喻如糞掃耳。
長利 長、去聲、餘也、多也。對本制外、餘皆曰長。此二字總舉、下別明也。
檀越施衣 不問道俗。 割壞衣 上通俗服、此專道相。
僧差食 即僧次請也。 檀越送食 尋常營辦、送入僧寺。
月八日食十五日食 即六齋日食也。文略十四日。此爲惡日、鬼神得勢啖人精氣、故須供齋。
月初日食 月初者、初一日十六日。月初供齋、中國所重、此土亦然。
僧常食 即常住食。 檀越請食 召往俗家、即別請也。
別房 即戒本中、造房二戒、乞處分作是也。或是七衆於坊寺中別置房宇、有來入住別有供養。
腐爛藥 或云、即大小便。或云、陳棄之藥、人所不用者、名腐爛也。

酥等
- 酥 即熟酥
- 油
- 生酥
- 蜜 即蜂蜜
- 石蜜

油唯一種 油縱有生熟、體味不異、故無可分。
酥有二種
蜜有二種
（共）五藥

酥 由牛乳煎成之。從乳出酪、從酪出生酥、從生酥出熟酥。

石蜜 西土石蜜有二、黑石蜜者似此砂糖、白石蜜者似此米糖。又解、以甘蔗汁煎之、堅強如石、名曰石蜜、即冰糖也。

△得處所 在作法界內、非自然也。

△在前而去 受者在前、十師隨後。恐有乖儀、預作妨準。

尼衆授戒法

△尼者女也摩者母也 總云阿摩尼、此云母女。即佛呼姨母之稱也。

故制依大僧 如下所示八敬法也。

授沙彌尼戒法

△授式叉摩那尼法 式叉摩那、此翻學法女。應先授沙彌尼戒已、方能授此法。今以在家貞女目之、乃訛誤也。

六法淨心二歲淨身 前者試看大戒受緣、後者可知有胎無胎。

△十歲曾嫁二歲學戒 先嫁任苦、加有黠慧、故開十二歲受具戒也。又解。有五分律師從中國來、謂年二十二歲乃可受具。因十歲曾嫁者露染塵緣、而加十二歲學法磨鍊、故二十二歲乃受具也。

兩膝著地 此長跪也。若僧則應互跪、即是右膝著地。

△六法 此學法女、體同沙彌尼、不別得戒法、但增學也。

不得犯不淨行等 已下婬等四法中、皆先舉根本重戒、後明今授之學法。後二但有學法、無別本也。

缺戒應更與戒 若二年中犯者、更與二年羯磨也。

△除自手取食授食與他 即先不受而授與尼。對簡大尼必須受已乃可授也。

若違行法等 此據犯僧殘以下者、一一作吉羅悔。若犯尼戒後四夷者、不滅擯、應更與二年羯磨。

授比丘尼戒法

△八敬比丘尼 如來成道十四年、姨母愛道求出家、佛不許度。阿難三請、佛令傳八敬法向說、若能盡形行者聽其出家。愛道云頂戴持、即得具足戒也。

八敬
- 一者百歲比丘尼見初受戒比丘、當起迎逆、禮拜問訊、請令坐。
- 二者比丘尼不得罵謗比丘。
- 三者不得舉比丘罪、說其過失、比丘得說尼過。
- 四者式叉摩那已學於戒、應從衆僧求受大戒。
- 五者尼犯僧殘、應半月在二部僧中行摩那埵。（尼無波利婆沙。摩那埵改為半月。制在二部僧中行、各滿四人已上。請大僧應着年解律、安置尼寺別院。大僧自結界、懺竟、解之。懺尼每日至二部僧中作白、客僧尼來寺時亦衞、並奪三十五事折伏之。半月如法行已、應與出罪、僧尼各二十人、共四十人、不得減少。南山云、道風漸替、知犯不知有悔、縱有懺心集衆難得。是唐時已不行此法矣。）
- 六者尼半月內、當於僧中求教授人。（諸說戒法篇、尼差人請教授法及教誡尼法中、明略教誡法。南山云、比世中、多有行前略法、良由廣德難具。靈芝云、今時廣略俱廢、止可聞知、用為來習耳。）
- 七者不應在無比丘處夏安居。（去比丘住處半由旬內、得安居。過者不得。常至僧中、諮求教誨。）
- 八者夏訖、當詣僧中求自恣人。（諸自恣法篇、尼差人自恣法中略明。靈芝云、今時尼法節制不行、幸而聞之、無復見矣。）

遣信比丘尼 即法預尼也。因其美貌、出寺詣僧、恐成陵染。差使乞受、僧中作法、返告便獲、故名遣信。南山云、今時所量非類、故閉也。

十歲曾歸比丘尼 即前云、開十二歲受具戒也。

二十衆比丘尼 中國尼受具時、應集僧尼各十人授之。

乞畜衆法

△滿十二歲 即十二夏。異於大僧滿十夏也。

年年度弟子犯罪 尼戒中單提篇上下有二十餘戒、皆為畜弟子而制。

捨畜衆法 若和尚尼無德、僧止其度人、捨畜衆羯磨。

授前具八緣

△阿姨 阿即尊上之言。以重和尚、同佛姨母稱故。

和尚二闍梨 尼和尚十二夏、僧則十夏也。尼二闍梨六夏、僧則五夏也。

△僧祇支 翻云掩腋衣。披於左肩以襯袈裟。 覆肩衣 掩於右肩用遮袒露。

此二衣相、本似袈裟、而無條葉。尼衆必持。大僧亦有畜用、但是聽衣耳。祇支覆肩兩用、原爲比丘尼也。(尼露胸膊行、爲世譏嫌故制。)若大僧所著者、至後魏前、並服祇支。後加右袖、兩袖縫合、謂之偏衫、乃是祇支覆肩二物合成。

二根等 已下五種、是女隱處。不問亦得。

△正授本法 本法者、未依大僧受具戒前、先依尼衆受者。但是戒緣、未發具足、故名本法也。

△往大僧中受戒法 既受本法已、應卽日集尼往僧中。

十比丘尼僧 尼僧十人、大僧十人。合計二十衆中受也。

在羯磨師前等 受者至大僧中、唯須羯磨、故單請戒師耳。

尼僧自結大界 應自然界、尼僧盡集。(僧作法界、尼望爲自然故。)唱相結之。(一依僧界)因開尼於僧界內重結、兩不相攝也。

△學戒清淨 先問學戒、謂受六法。後問清淨、謂中間無犯。

授戒相

△族姓女 與佛同族、卽釋種女也。凡出家者、同稱釋種。

△儭禱 如前。 呪咀 呪謂言辭誓約、不得違越。咀謂結鄙惡言、私罵令受。

△不得身相觸乃至共畜生 輕重合論也。非人犯蘭、畜生得吉、故云乃至。

若尼有染汙心等 顯重位也。 腋以下膝以上 僧戒、從髮至足。 捺 手重按也。

身相觸 此爲尼第五重戒。與僧中殘戒較之、有四不同。

	僧(殘)	尼(夷)
一、死活異	通四境。覺、眠、新死、少壞、皆同。	唯覺。
二、大小異	不簡大小。	唯取能行婬事。
三、身分異	隨觸境便犯。	腋以下、膝以上、腕以後。
四、心境異	不問境染淨。但能觸者有染心、便犯。	必俱有染心。

△八事 此爲尼第六重戒。若尼與男子俱有染心、犯下七事、七偸蘭遮。八事滿足、乃犯波羅夷也。若八捉手、不成重。因同一事、非八事滿故。

捉手 捉手者、乃至腕。以腕後是重。

捉衣 身上衣。

入屛處
共立
共語
共行
並謂離伴見聞處。

身相近 二身相卽。

共期 共行婬處。

△覆藏他罪 此爲尼第七重戒。覆餘罪、蘭。作覆藏心、覆重、方犯重。明相出、便犯。

遮不共僧事 若被三舉、行摩那埵等、不得滿數也。

△隨舉比丘 此爲尼第八重戒。隨順者、供給所須也。大略與比丘戒本九十單提中、第六十九隨舉比丘戒、相同。唯比丘直犯提。尼須三諫不捨乃結重。

△八重 前四同大僧。第五摩觸戒、第六八事成重戒、第七覆藏他重罪戒、第八隨順被舉比丘戒。前四根本。後四枝條、女情偏重故須特制。

僧戒與尼戒比較如下圖。(其數目皆據四分律、若他部則稍異。)

	僧戒	尼戒
波羅夷	四	八是中前四與僧同。
僧殘	十三	十七是中有七戒與僧同。
不定法	二	無
捨墮	三十	三十是中有十八戒與僧同。
波逸提	九十	一百七十八是中有六十九戒與僧同。
波羅提提舍尼	四	八與僧異。
衆學法	一百	一百但搖身行及生草菜上大小便、又作波逸提。
滅諍法	七	七與僧同。
共計	二百五十	三百四十八

案四分律云、尼衆學戒與大僧戒無異、故不出耳。考大僧戒中、搖身行及生草菜上大小便二戒、尼結吉羅。故此表中尼戒衆學法標云一百、而不云九十八。又考尼戒波逸提法中亦有此二戒、故附註於下。

四依法

△依樹下坐　尼不許獨居蘭若、故樹下依必在聚落。如五分律中、說四依法、無樹下坐。改云、依粗弊臥具也。

衣藥受淨篇

受衣法

△邪命　邪求養命也。如爲利讀經等。

△五大上色　即是青黃赤白黑、五方正色也。皆不得受。復有緋紅紫綠硫黃、五方間色也。青者似藍靛而淺、緋者大赤、即絳色也。赤白爲紅。赤青爲紫。青黃爲綠、黃黑爲硫黃。此五間色　依資持記錄。考禮記集註、緋字作碧、青白爲碧也。

袈裟色　此云不正色染。即是青黑木蘭三色也。青黑皆非正色。青者銅青、如舊銅色。黑謂雜泥、或以果汁浸於鐵器遂成黑色、或以河底緇泥染之。木蘭、樹名、其皮赤黑色、可以爲染。

△度身　度、入聲。量度也。

△若過是條數　謂極至二十五條。

△下品大衣二長一短　多論唯云大衣。若五條者一長一短、若七條者亦二長一短。

△褋葉　褋又作褋。謂以外葉褋縵衣上。

攝葉　謂就縵衣略攝爲相。

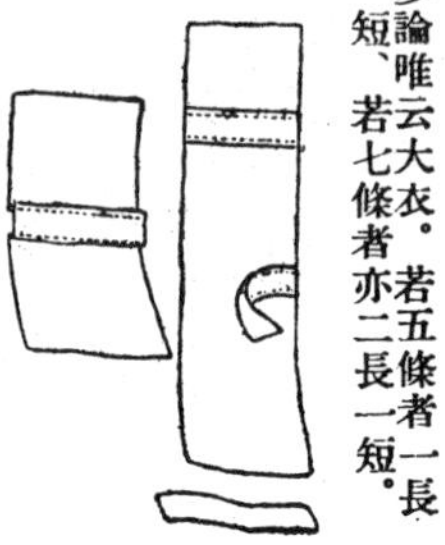

羯磨註中、有割截褋葉攝葉三相。割褋通三衣、攝葉局五條衣。

五納衣　五色碎段、重納爲衣。聽用正間之色。以雖是正間、非純色故。

四指　中人一指、周尺一寸也。

穬麥　穬、亦作𪎊。大麥也。

縫葉兩向　且如七條、兩邊三條各順左右一向、中間一條兩壓左右之上、與今製者相同也。

鳥足縫　如丁字形。以葉相一邊既開、當作鳥足縫以押定之。

卻刺　卻即是倒。謂倒針刺。

案作衣方法、此土古代相傳之法、與印度不同、此土新舊律家所說亦互歧異。舊律家中諸師之言、復有參差。今且據宋妙生律師所定五衣圖、稍爲變通、繪畫如後、以資參考。當來更擬蒐集中外圖籍、精密研審。今且從略、未能詳述也。

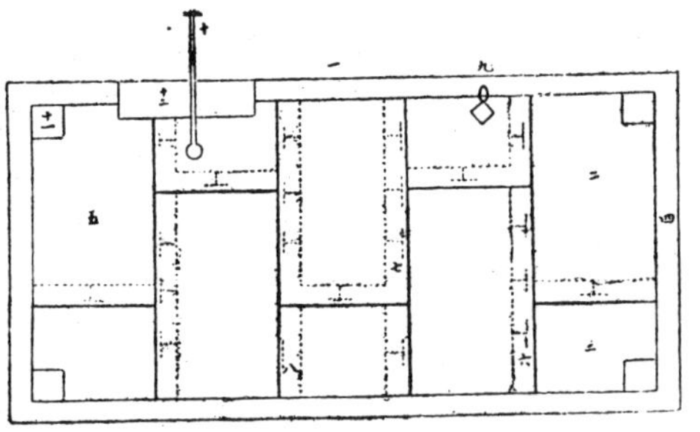

一　長二肘廣四肘作安陀會
二　長條
三　短條
四　應法四周有緣
五　五條十隔
六　葉極廣應四指極狹如穬麥
七　縫葉兩向
八　鳥足縫
九　前去緣四指施鉤
十　後八指施紐
十一　帖四角
十二　褋障垢膩處

案、靈芝與今製者同。中條先短後長、此圖且依妙生原式繪畫。宋時又有新式、於其右角施鉤、後紐於中條、前施之衣式也。即是現今通行之用帛條、以後乃末時、後紐用銅如意。

△正從　正即本位之衣。從謂缺於本衣、用別衣當數。此中分二。一者新作、得財不足改作他衣也。二者舊有、爲舊有之他種長衣也。從、去聲讀。

三衣各分正從茲列表如下。

安陀會
- 正有三種——或割、或褋、或攝。（攝葉唯限安陀會）
- 從有二十一種
  - 僧伽梨、九等。（九條十一條十三條十五條十七條十九條二十一條二十三條二十五條）或割、或褋、共十八品。
  - 鬱多羅僧。（七條）或割、或褋、共二品。
  - 縵衣。一品。

鬱多羅僧
- 正有二種——或割、或褋。
- 從有二十二種
  - 僧伽梨、九等。或割、或褋、或攝、共十八品。
  - 安陀會。或割、或褋、或攝、共三品。
  - 縵衣。一品。

僧伽梨
- 正有十八種——九等。或割、或褋、共十八品。
- 從有六種
  - 鬱多羅僧。或割、或褋、共二品。
  - 安陀會。或割、或褋、或攝、共三品。
  - 縵衣。一品。

且約僧伽梨言。應作二十五條乃至九條、如法割截作。若不足者、當褋葉作。（上明正衣、下明從衣。）又不足者、七條割褋作。又不足者、五條割褋攝作。又不足者方作縵衣。但既屬從衣、並易本名、加僧伽梨法。以上就新作者言。若舊有者、暫以充數亦爾。

受尼師壇法

△縷際外增　後開增量、於緣外增之。如下圖。

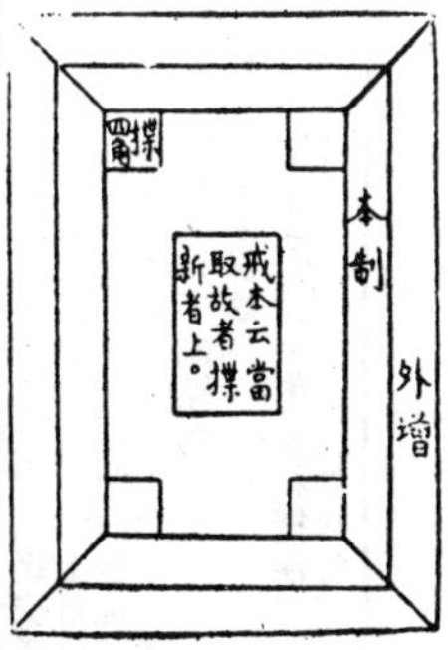

△屈頭 轉尺頭也。　縮量 不預枕張也。量去聲。織機之橫木也。枕、光　水濕量 意含退縮也。

△中揲 一作中疊、謂橫半攝之。又得長疊、謂豎爲四攝。　中掩 未坐時、恐塵汚故。

受鉢多羅法

△坏 又作坯。音不。陶土製器而未燒成者。

△鑕 以鉛與錫製成。　泥 瓦器也。

△熏作黑赤二色 宋時熏鉢法。安鑪在下、作圓籠覆上。籠中用鐵條橫架。安鉢在中、以竹烟熏之。多作黑色、罕有赤色耳。

掍油 戒疏云。若油、若掍磨等。記云。油字去呼、謂以桐荏油塗已燒之。掍合作𩠐、爲揩摩出光也。與今磁器相似也。

綊紵 綊、又作夾。卽木骨布漆者是。

△上鉢受秦斗三斗 若下鉢應斗半。姚秦用姬周之斗也。今與唐斗對照、列表如下。

上鉢——秦斗三斗‖唐斗一斗
下鉢——秦斗斗半‖唐斗五升
中鉢、準是可知。

△乃至足令破 鈔引四分廣文。宜自檢閱。

細澡豆 用豆粉製、可以除垢。細者、久擣篩而用之。　若汁 果汁也。

△受藥法 藥者、對治新故二種之病、故病卽饑渴也。通名爲藥。

時藥 有五種正食、五種不正食、如下所引。僧祇云。時漿者、一切米汁粉汁乳酪漿是。非時漿者、一切豆穀麥、煑之頭不折破者。準此、牛乳豆腐漿等、皆屬於時藥也。

受食有五義 見行事鈔記、戒本疏記、單提第三十九不受食戒。

△魚肉 諸律雖明魚肉爲時食、但佛涅槃前已制斷。故涅槃云、從今日後、不聽弟子食肉。行事鈔記卷三十三、第二頁後半至第六頁廣明。

內宿內煑自煑惡觸 見前講錄。

殘宿 午前手受食、過午、曰殘。若復經夜、曰宿。此殘宿之宿、與內宿不同。殘宿之宿者、已手受而經夜。內宿者、未手受而共宿。

心境相當 心卽能緣、境謂前食。

具二五法 見鈔記卷二十四第十七頁後半、八正受食法文。

正食五觀 見鈔記卷三十五對施興治篇。五觀出了論疏、非論文也。

△甦 與甦同、音蕊。律云甦果漿。是西域果名、此土未聞也。

衣說淨法

△眞實淨 物寄他邊、令彼掌錄。請一比丘爲淨主、對說之。行者旣稀、文略不出。

展轉淨 物在己邊、但作他想。於五衆中、請一人爲淨主。又於一比丘前對首、作展轉淨法。不須面對淨主、亦不須語淨主令知也。

並準請之 請眞實淨主文、同前。唯改展轉爲眞實。主文云。比丘之法、不得畜錢寶金銀穀米等。請俗人淨越爲淨施主、後得錢寶等盡施檀越。一說。今以檀

△正說淨法 此有三轉、如疏文。

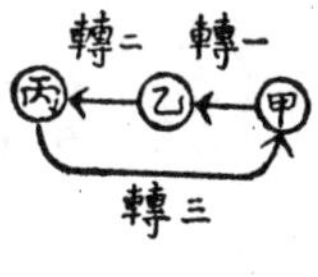

㊙財主（說淨者）、
㊚對首者（受淨者）
㊛淨主（施主、淨施主）

△如是捨故受新十日一易 靈芝科判、謂前爲展轉淨、此爲互易淨。又謂此爲本律之文。若依他說、則不爾也。

△金粟淨法 金粟必施俗人。復是眞實、義無展轉。

△點淨 謂以壞色點於一角、以爲標識。今不詳述。廣如事鈔戒疏單提第六十著新衣戒委明。

△諸說戒法篇 說戒、梵語云布薩。

△捨諸惡不善法 謂業惑也。　證得白法 謂無漏功德也。　究竟梵行 卽無學果。

僧說戒法

△十四十五十六日 十五常定。必有他緣、前後皆得。

舍羅 籌也。削竹如箸云籌。應漆沙筒盛、懸著布薩堂上。

△僧同犯識罪懺白 此以說戒時逼、無由外懺。若非時逼、當差人詣比近淸淨衆中懺之、彼來返寺次第對懺。

白已當懺悔 由無淨境、故開白懺。

更不悔本罪 若作此白、一切偸蘭下諸篇罪犯皆除也。上二篇罪、須僧別法、故非所論。

尼差人請教授法

△各滿五人已上 尼中差使、僧必差師、二並所爲皆不入數、故須各五方可行之。若但行略、不必僧滿。

告清淨法

△客來若少者 若少者、不須重說戒、唯告清淨。若外界比丘若多若等、縱說戒竟皆令重說。

△識罪發露法 識疑兩露、與前不同。僧同犯故、可用僧法。今則別人、又有所對清淨比丘、故須露已方得聞戒。

名種 名如波逸提等。種如小妄語等。

略說戒法

△王賊 乃至惡蟲 卽八難也。 病 約重病須將護也。 非人 卽鬼神爲惱。 惡蟲 通目禽獸能爲命難者。

人 謂有寃仇者欲執縛比丘。此據常人、不同賊也。

布薩多夜已久 謂滅罪人多、遂至夜久、恐明相出、開略說戒。卽目行儀爲布薩耳。

△三五略說 三五者、文有三段、每段有五種。

若難卒至等 此約已說序等竟、難猝至也。

若難緣逼近等 此約作白竟、將說難至、故但云各正身口意。若在白前、後須重說。

對首說戒法

△不得受欲 準律、說欲不開別人。

△諸衆安居法篇 安居者、形心靜攝曰安、要期在住曰居也。

蟲鳥爲譬 世人譏云、蟲鳥尙有巢窟。

通訶別制 通訶者、春夏冬一切時不得人間遊行。別制者、制結夏安居也。

△三種安居 四月十六日是前安居、十七日已去至五月十五日名中安居、五月十六日名後安居。若二種安居者、四月十六日爲前安居、十七日已去至五月十六日皆名後安居。此約賞罰而明前後也。若約結罪、則以前三十日爲前安居、五月十六日名後安居、與上不同也。

三月 若夏中有閏月、或延或否、如業疏及事鈔廣明。

未聞令聞已聞令淸淨 初約授法、二卽檢行。

對首安居法

△所依人 卽對首作法者。託前爲證、故曰所依。

某伽藍某聚落 安居通於自然作法二界。或聚落蘭若、或僧坊俗舍、並可安居故。

房舍破修治故 佛世、安居比丘應修補僧房。今無此制、可删去此六字。

五律師

- 一誦戒至三十捨墮
- 二誦戒至九十單提
- 三廣誦比丘戒本
- 四廣誦僧尼二部戒本
- 五廣誦二部律

（一、二、三、四：春冬依。五：夏依。）

誦 非唯誦文。通須解義、曉達持犯、方可依之。

△及界與園成安居法 界者攝僧界、園者僧伽藍園。若界寬藍狹則約界說、藍寬界狹卽據藍論。山林村聚並同藍斷。

一脚兩脚 謂園與界各有雙隻二種、共爲四也。

受日法

△七日 屬對首法、通二界。 十五日一月日 屬僧法、局作法界。

並不通夜 約最末之一日而言、餘日亦通夜也。 他律 十誦律。

比丘尼無羯磨受日法 下三衆亦爾。

△事訖羯磨受日法 此處及第十篇末、皆有僧祇事訖羯磨文。依南山事鈔業疏、皆謂不可用。可見此文爲後人增入、故應删去。

△當從四衆受 謂各衆自對、非互對也。又對自衆下位時、先作心念、後囑而去、終不以此爲受日法也。

命梵二難出界法

△本二 本時婦也。 伏藏 地有伏藏、容生盜取。前三爲婬境、伏藏是盜境。皆屬梵行難也。

惡鬼等 皆命難也。

△諸衆自恣法篇 自恣者、自宣己罪、恣僧擧過、內彰無私隱、外顯有瑕疵、身口託於他人、故曰自恣。

十利 見含註戒本大婬戒戒緣中。

僧自恣法

△十四日十五日十六日 雖三日通用、約定一期十六日定。若前二日自恣、恐無知者出界破夏故。

白月十四日 若十六日自恣者、應改云黑月一日、依通例即七月十六日也。雖律制前後安居者、從安居多者自恣。而依通例多前安居、（不結前安居者、至後安居日日結吉羅。）如是後安居人應從前安居者自恣、住待日足。

△兩種五德 一人具此二德也。

第一五德　　舉罪 若有罪者、應舉罪治竟、然後自恣。　　第二五德

前後單差

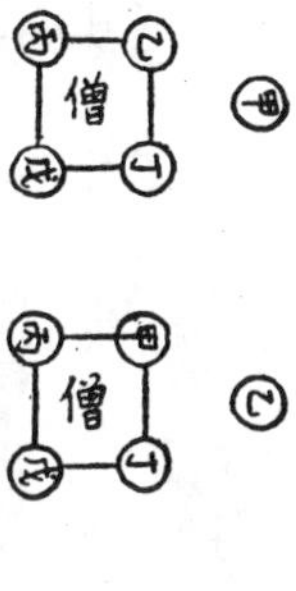

△比丘應十四日自恣尼應十五日自恣 僧須在前自恣、既已清淨、方合受尼故。亦可比丘十五日、尼十六日。靈芝云。必有尼依、在前何損。然今國制、僧尼各居、不相依附。但用十六、可爲常準。

△應一一從上座作

第一上座　第一五德敷具互跪。上座見五德來、即從座起、互跪合掌陳詞。

第二上座　第二五德立。　（第二五德敷具等。）

第三上座　（第一五德立。）　（第一五德敷具等。）

第四上座　〔第二五德立。〕如是展轉至終。

已下略

離座 捨憍慢也。　取草布地 懼損衣也。　大德長老 大德指五德、長老對告僧。

△略自恣法

對首有二略 即對五德、本廣三說、今則二說一說也。

單白已有三略 若急難不可閑緩者、則不對五德、應作單白羯磨告僧令知。便各各相對、一時彼此三說二說一說。單白文見行事鈔。

△差多人自恣 謂僧多故、始終二人、互相替換。非謂齊作。

五人法 自恣時、一五德同僧坐、一五德展轉取自恣。若至坐處、二人共說。

△四人以下對首法

△不得受第五人欲 通須盡集、則成五人僧法。

後二十六年正日十二日始錄三十日寫訖

時居晉水南陀別院年五十有八　弘一

諸分衣法篇

△僧得 以施主心該通一化、偏施十方大衆。應鳴鐘集十方衆、作羯磨限約、然後由現僧分之。功德即偏十方僧也。

現前 以施主心唯限此處同住之衆。不須羯磨、即依人數多少而直分也。

時施 施主之意、爲賞前安居人之功、名曰時施。施時應在前安居竟之時、（七月十六日以後）故曰時也。

非時施 施主之意、不問時節、有緣即施。人不約安居、時通一年內、故曰非時也。

六種 前二據二部、後四皆據一部。

△諸非頭陀比丘捨衣成大積 十二頭陀中。第七糞掃衣、則捨檀越施衣也。第八但三衣、則捨長衣也。

與沙彌守僧伽藍人 六種施皆然、非局第二也。但淨人唯非時、沙彌通時非時。

△時現前 施主將衣物至安居處、數安居人多少、各各分與衣物是也。

△一軼 軼與轍通。車輪迹也。

△有比丘死衣物衆多 比丘、跋難陀也。衣物直四十萬兩金。

△五分律水漂死 時有比丘水所漂死、衣鉢挂著界內樹枝。諸比丘見、謂入僧界內、應屬僧、不敢取。以是事白佛。佛言、聽作糞掃衣想取。

擯人 即擯出。非滅擯也。

共住互死 此三同處、隨有死者、存者取之。

二部互死者 鈔批云。邪部歸正、正部向邪、未至其所、中路而死、屬所向之處、以心決故。若至彼部、同不須論、一向入彼。

入同羯磨舉僧 唯本作法者得之。

二部僧取 五衆先來見者得。非是共分也。

無住處死 即在白衣家死也。又如五分律獨住比丘死、亦爾。

薩婆多二界中間死 此與第六何異耶。日本古德謂此是在二界中間獨住之比丘。

如論二界中間死 有一比丘持衣鉢向彼寺、未至、在二界中間死。佛言、隨所去處僧得、若不知去處隨面向處僧得。

令和尚知 謂令和尚分別財體、以師物自入、沙彌物入僧。形同者亦爾。

入所親白衣 以生時不同財法故、僧無分義。鈔批引相部律云。此是犯重人死、有其三別。若未擯者、多論云同於常判、即同清淨僧尼也。二若已作法擯、入所親白衣。三學悔死、十誦律謂入死時現前僧也。四分、若四羯磨人及行別住之人、同清淨人死判之。如十誦。有比丘持衣寄阿難、三處共爭、謂能寄人所寄者寄物處。佛言、屬阿難處僧、界內現前

寄人不寄處等

僧應分、以寄人不寄處故。鈔批釋云。亡比丘本住處名能寄人、言所寄者即阿難處也、言寄物處者即阿難遙寄之處也。佛言屬阿難處僧等者。十誦云。有一比丘死、是衣物本寄阿難。其亡比丘在異處死、阿難在異處住、所寄衣物又在異處。其死處、及阿難所住處、幷更寄衣物處、各言合屬我處僧。佛言、阿難所在處界內現前僧應分。

在衆中死羯磨取 鈔云、一和淸衆死、方入羯磨。記釋云。對前一三五六九故云一和、對前二四七八故云淸衆、前九並是直分故云方入。

△同活共財 會正記云、同活者平生活計俱同也、共財者共有財各有半分也。

具招兩過 卽盜罪之夷蘭也。謂重物應入常住者準僧祇犯夷、輕物應入現前者準善生犯蘭。

△應索取現前僧分 鈔曰、若云此物死後與我作墓買棺槨碑碣造像寫經供僧等事、並不成就。以生存屬己、死後屬僧。鈔又云、律無賣物分法、今時分賣非法非律。

僧應白二羯磨與之 令作法者、恐僧不知故。

△不可信 上有略文。應云、不應卽開(鈔作閉)其戶、彼有共行弟子持戒可信者與戶鈎、若不可信持戶鈎付僧知事人。

舍利 卽死屍。

△擗 音辟。析也。

氍氀 氀與毹同。氍毹、織毛褥也。叢毛編織、而出毛頭。

氍氀長三肘等 過此量則入重。

△僧差作 未必具德。

自樂福作 非益他故。

邪命作 爲衣食也。

不合賞 不應作法賞勞、後仍可和僧賞贈。如下文所明。

若不信者 鈔引十誦、具云。先問受持何衣鉢、(先問、謂瞻病者問病人也。)一一別問。若不問不知、或不信者、(不信、謂瞻病者不可憑也。)與不好不惡六物。

正明賞法 應五人作。準鈔記文前後次第、總列表如下。

- 集財
  - 鳴鐘集十方僧
  - 維那披讀大小物單(無論現不現)
  - 瞻病人具儀捨物
  - 持律上座
    - 先問負債
    - 二問囑授
    - 三問同活共財
    - 四斷輕重分別抄記
  - 作賞勞法(白二)
  - 分輕物法(白二)

盛衣貯器 盛衣者、爲盛衣袋及三衣襆。貯器者、爲鉢袋及鉢函等。

△有人存三番作法此思文未了 三番者、一差人二付衣三分衣。未了者、律指付與分爲一法、彼謂有二也。

亦有存二番法者 二番者、一差人二付分。也。以口差人而作付分、故不作差法。今所用者一番法

隨人多少等 五德潛數人數、先行籌已、然後以籌對物付之。

不宜別施更招漏染非佛制故 此是非時僧得施、功德徧十方僧。不須造像設齋等、更生漏過、違佛本制也。

四人共住一人死應展轉分 展轉者、彼此相語也。前五人法中云展轉者、僧今持此衣物與某、某當還與僧。與今不同也。

附圖

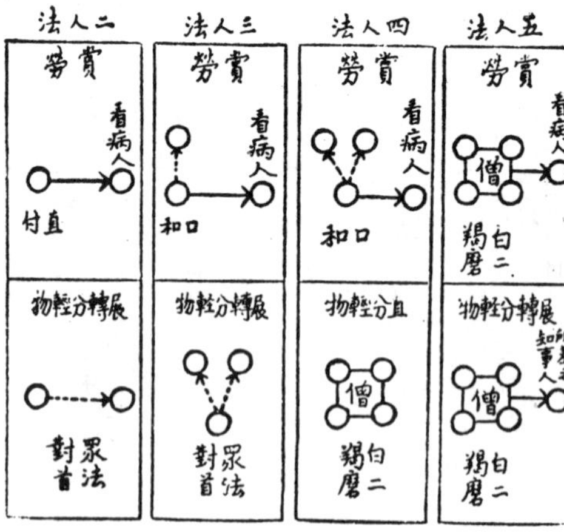

懺六聚法篇

△懺悔法 依鈔記分判列表如下。

- 懺悔
  - 化教通懺
    - 理懺 …… 無生懺
    - 事懺且約大乘取相懺言 …… 取相懺
  - 制教局懺 …… 作法懺

- 化教通懺
  - 通理事
  - 通大小乘
  - 通道俗
  - 通悔三世
  - 通牒十業
- 制教局懺
  - 局事
  - 局小乘
  - 局道
  - 局現犯
  - 局篇聚

問、此篇題云懺六聚法、應專屬於制教、何以兼說化教之理懺事懺乎。答。此不曉化制二教罪懺相須也。若唯依化懺則制罪不亡、若專據制懺則業道全在。故當二懺齊用、則使業制俱除。

焦業 內凡。 滅業 初果。

身戒心慧 觀身無常名修身。觀心躁動制伏名修心。觀戒是善梯隥名修戒。觀智慧有力能斷名修慧。

現世輕受 今世頭目等痛、橫罹死殃、鞭打饑餓。

我說是人不名破戒 說破爲不破者、善業勝故、犯心輕故。此據化教故言不破、若約制教還卽成破也。

△懺波羅夷法 問、世中皆云小乘無懺重之文、今諸律中云何開懺。答。律開懺者、爲同財法、及障來報。若望體壞、無任僧用、不復本位、猶同不懺、故云無耳。非謂不許懺也。

不淨食宿觸同故。得與比丘過食過食、同沙彌故。即受食也。

除火淨五生種異沙彌故。金銀異淨人故。自從沙彌受食不自捉故。

過二夜尼鈔作三夜。得受歲雖不依大僧臘次、不妨增臘故。

懺僧伽婆尸沙法

△八事失夜見事鈔卷二十八第三十三頁後半。

僧中宿非謂與僧同處二人共宿。尼則不然。尼鈔云、尼行應得二人共宿。

懺偷蘭遮法

△罪緣兩種
- 一獨頭當體是果也。（果蘭 究竟果頭 自性不從他生）
- 二從生謂初二篇下方便。（因蘭方便）

（各有三品）

初二篇下方便者、如下圖。

	近方便	次方便	遠方便
初篇	上品蘭	中品蘭	突吉羅
二篇	中品蘭	下品蘭	突吉羅

△懺法
- 上品蘭須五人以上、方得行之。
  - 一向僧乞懺
  - 二請懺主
  - 三懺主單白懺主作白受懺、爲僧所量、不入僧數。故須五人以上。
  - 四爲說罪相
  - 五正懺罪對首法。
  - 六呵責
  - 七立誓
- 中品蘭須三四人、界外悔。或界內無人、亦可在界內。
  - 一請懺主
  - 二懺主問邊
  - 餘與上品後四同
- 下品蘭向一人悔。
  - 一請懺主即答可爾。
  - 餘與上品後四同。

懺波逸提法

△悔通僧別本是僧法、由界僧少、次開二位。但乞鉢戒、須局當界、又局僧中。餘二十六、人含僧別。

△三境僧、衆多人、一人也。

捨法有三
- 初五長之物
  - 十日（一）
  - 月望（三）
  - 急施過後畜（二十八）
  - 長鉢（二十一）
  - 長藥（二十六）

  （此三是長衣。今取五中三種衣也。）
- 二離受衣
  - 離衣（二）
  - 蘭若離衣（二十九）
- 三餘雜捨等

通染犯若雖捨者、有不盡殘物是長、則相染也。三十戒中、唯五長有相染義。

△一名多種住別異出四分律第三分人犍度。一名證通號。多種證別相。此聚自爲一聚、與餘不濫、故云住別異也。

八品突吉羅依疏鈔皆云九品、而有最先覆藏一吉。故下列之表依此立九品、其增者以［　］別之。

根本	從生根本望前爲從生、望後爲根本、故兼二名。	從生
畜長等—提	［最先覆藏亦名根本覆藏——吉］	經夜覆藏—吉 隨夜展轉—吉
	著用犯捨衣——吉	經夜覆藏—吉 隨夜展轉—吉
	經說戒默妄——吉	經夜覆藏—吉 隨夜展轉—吉

經夜覆藏即第一夜也。隨夜展轉覆藏即第二夜。若覆多夜、罪更增多、如是例之。

已用壞盡鈔中正悔本罪法具列、宜自檢尋。

及九十事並同懺悔業疏記卷二十二第三十一頁、第二三問答委明。

雜法住持篇

△念知食處
- 初不受請法
- 二受請法
  - 初無請法
  - 二有請法
    - 初赴（計）
    - 二背
    - 三捨
      - 初對首捨
      - 二心念捨

△二白入聚法　作餘食法　諫作止犯法（此五法並同戒本、今不解釋。）

訶責弟子法　弟子辭和尚白謝法（參閱事鈔師資相攝篇。）

△佛言五種持律以下（參閱事鈔記卷三第二十七頁至三十九頁。）

毗尼有五答（此五答者、謂或答疑問須依經律也。）　一序答（謂序緣起。）

二制答（即制戒。）　三重制答（如婬乃至共畜生等。）

四修多羅答（化教正文。）　五隨順修多羅答（但順其義、不必依文。）

丁丑六月二十六日第二次草稿錄竟

時居齊州湛山寺

四分律刪補隨機羯磨諸文目錄

篇名‖

僧法。。。

對首•••

心念、、、

集法緣成篇第一

與欲文　轉與欲文　僧中爲他說欲文

諸界結解篇第二

結大界唱相文　結大界白二羯磨文　解大界白二羯磨文

結戒場唱相文　結戒場白二羯磨文　解戒場白二羯磨文

結有戒場大界唱相文

結衣界白二羯磨文（淨地）　解衣界白二羯磨文

結食界唱相文　結食界白二羯磨文　解食界白二羯磨文

諸戒受法篇第三

授三歸文　授五戒文（畜衆）　授八戒文

乞度人文（畜衆）　與度人白二羯磨文　與剃髮單白羯磨文

授十戒單白羯磨文（與出家）　授十戒文

授具戒請師文

差教授師單白羯磨文（威儀師）　教授師出衆問緣文　白召入衆單白羯磨文（喚入衆）

乞戒文　戒師和尚單白羯磨文（對衆問和）　戒師正問文

授具戒白四羯磨文（正授戒體）　說隨相文　授四依文

請依止師文

沙彌尼乞學戒文　與學戒白四羯磨文（式叉學法）　說式叉戒相文（六法）

授尼具戒請和尚文

差教授師單白羯磨文　教授師出衆問緣文　白召入衆單白羯磨文

乞戒文　戒師和問單白羯磨文（白和）　戒師正問文（對衆問）

正授本法白四羯磨文

請羯磨師文　乞受戒文　戒師和問單白羯磨文　戒師正問文（正問難遮）

授具戒白四羯磨文（正授戒體）　說隨相文（授戒相）　授四依文

衣藥受淨篇第四

受安陀會文（加受法）　受從衣文　受鬱多羅僧文　受僧伽梨文

受縵衣文

捨衣文

尼受餘二衣文

心念受捨衣文

受尼師壇文

受鉢多羅文（加口法、下同）

受非時藥文　受七日藥文　受盡形壽藥文

衣說淨請施主文　正說淨文　心念說淨文

金粟說淨文

諸說戒法篇第五

說戒日上座白告文

僧同犯識罪懺悔單白羯磨文（請法）　僧同犯疑罪發露單白羯磨文

尼差人請教授白二羯磨文　教誡尼受囑授者白僧文

客來告清淨文

遍說戒時識罪發露文　遍說戒時疑罪發露文

說戒座上憶罪發露文

略說戒文

對首說戒文　心念說戒文

諸衆安居篇第六

對首安居文　心念安居文

受日白二羯磨文　對首受日文

諸自恣法篇第七

自恣日上座白告文。差受自恣人白二羯磨文。自恣常和單白羯磨文。正自恣文
對首自恣文、心念自恣文、
尼差人往僧自恣白二羯磨文。尼來僧中陳請文

諸分衣法篇第八

時僧得施一人心念文、
瞻病人捨衣文
賞瞻病人白二羯磨文。展轉分亡人衣物白二羯磨文。（分輕物）
賞瞻病人口和文。直分亡人衣物白二羯磨文。
分亡人衣物對首文。分亡人衣物心念文、

諸罪懺法篇第九

對僧捨財文　乞懺悔文　請懺悔主文　受懺單白羯磨文。（和白）
正捨罪文
（還衣）卽座轉付白二羯磨文。卽座直付白二羯磨文。
對三人捨財文　受懺問邊文
對一人捨財文　懺從生罪文　懺二根本小罪文　懺根本罪文。（正捨罪）
懺後墮文
懺波羅提提舍尼文
請突吉羅懺主文　對首懺故犯文　心念懺悞作文、

雜法住持篇第十

六念文、附捨請文
白同利食前後入聚落文　白非時入聚落文
作餘食文
訶責弟子文　弟子辭和尙白謝文
諫作犯文　諫止犯文

結戒場及大界法略例

此乃草稿、不免錯脫、俟後改正。

是爲蘭若處僧坊、院相周匝依院相結大界、中結戒場之例。

古傳戒場圖 在露地。以小墻圍之。

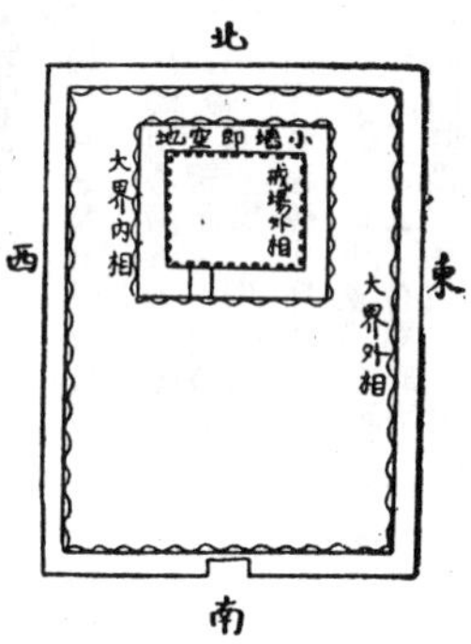

此圖且依日本密宗所學說一切有部圖而摹寫、與南山律頗有不同、聊備參考。

一 小墻高二尺許
二 旁開小門
三 地基約高五寸
四 中有小塔高與人齊
五 塔前供棹
六 受戒時羯磨師問遮難處
七 打靜用砧及槌
八 衆僧坐處　此是秉羯磨處

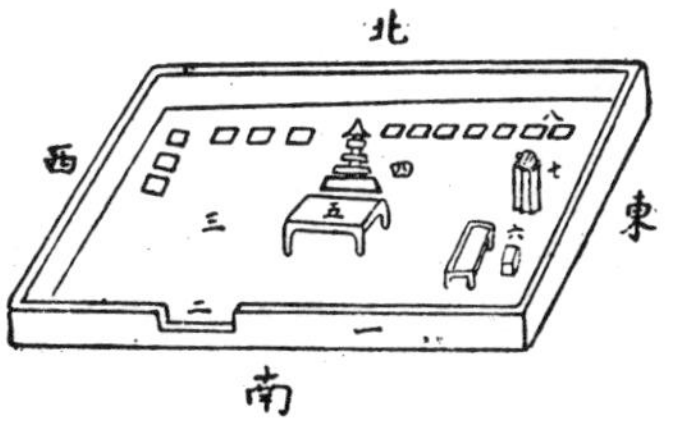

新擬定湛山寺戒場圖 依講堂結

藏經會案、爲便製版、以……線代紅線。以～～～線代藍線、

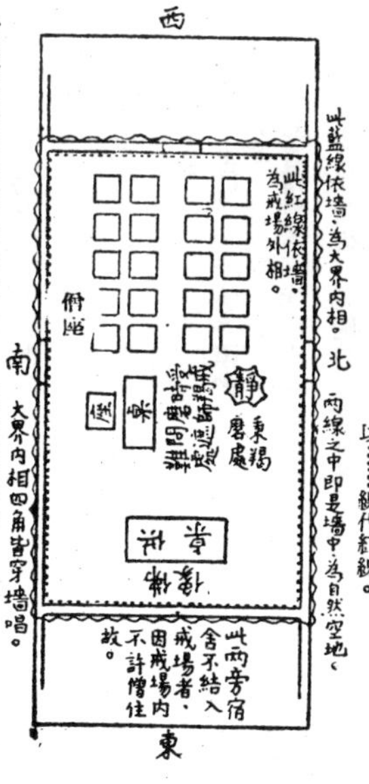

新擬定湛山寺戒場及大界圖　大界依院相結

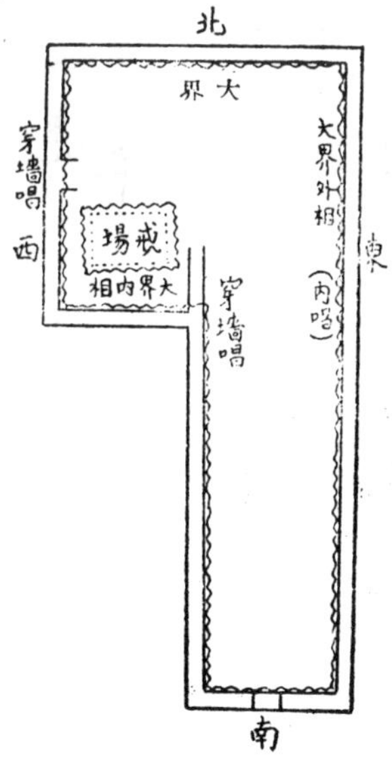

行法次第

△敷座席 戒場內外各敷座。

△打犍槌 應長打百二十下、分初中後、各四十下。若僧少者、唯打初四十下、名三通也。(或有先打二下、作前方便。)〔圖見附錄〕

△集僧 蘭若處僧坊、院相周匝、若依院相結大界者。宜準可分別聚落、但集院內之僧。

△白告 衆僧坐已。維那立起、禮僧足。至打靜處、打靜二下、互跪合掌、(僧應互跪、而亦通長跪。若尼則唯長跪。)白云。

諸大德僧等、莫怪此集。今有結戒場及大界事、須僧同秉、各願齊心、共成遂也。打靜二下。復座。

打靜用槌

取槌法、屈右手第四五指、以餘三指把之。靈芝云、打槌止爲白告靜衆、不同鐘磬打爲事用也。

△唱戒場相 預差一比丘唱之。其人應從座起、禮僧足已。至打靜處、打靜二下。互跪合掌、作如是言。(已下唱相、依湛山寺戒場及大界圖。)

大德僧聽。我(此住處)比丘爲僧唱四方戒場相。從堂內東南內角、西迴至西南內角、從此北迴至西北內角、從此東迴至東北內角、從此南迴還至東南內角。此是戒場外相一周訖。三唱已、告僧云。已唱戒場相訖。打靜二下。復本座。

△結戒場法 秉羯磨師乃從座起、禮僧足已。至打靜處、打靜二下。互跪合掌。

問僧集否。維那互跪答云 僧已集。

羯磨師打靜一下。又問言。和合否。答云 和合。

同前未受具戒者出。若有、卽遣出。答云 未受具戒者已出。若無、卽云 此衆無未受具戒者。

同前僧今和合何所作爲。答云 結戒場羯磨。

羯磨師打靜一下。又二下、乃唱白辭。次大德僧聽乃至白如是。打靜一下。乃作羯磨。次又大德僧聽乃至誰不忍者說。打靜一下、乃誦下文。次又僧已忍乃至如是持。打靜二下。衆僧出戒場外。

依僧祇律。作白已、問僧成就否、僧中知法者答言成就。羯磨已、亦爾。若白四羯磨者、第一第二第三亦如是別別問答。此唱相文甚簡略。若委明者、如事鈔。

△唱大界相 前同。

大德僧聽。我比丘爲僧唱四方大界內外相。先唱內相。戒場牆外東南穿牆成就外角、此是大界內相東南角標。從此西迴至西南穿牆成就外角、從此北迴至西北穿牆成就外角、從此東迴至東北穿牆成就外角、從此南迴還至東南穿牆成就外角。此是大界內相一周訖。次唱外相。寺院正門內大牆東南內角、此是大界外相東南角標。從此西迴至正門內西南內角、從此北迴穿西院牆成就凹入西南內角、又從此西迴至西院內西南內角、從此北迴穿牆至西北內角、從此東迴至東北內角、從此南迴還至東南內角。此是大界外相一周訖。彼爲內相、此爲外相、此是大界內外相一周訖。三唱已、告僧云已唱大界內外相訖。復本座。

△結大界法 依前可解。

丁丑二月居晉水南陁初稿
四月居青島湛山寺第一次修正
弘一

受戒法略例

且依事鈔及羯磨等略錄、其錯脫處俟後改正。南山晚年、別撰戒壇圖經、廣明受戒之法。俟後暇時、精密研審、再依彼輯錄。

戒場圖 如別紙。又於戒場外(距作羯磨處眼見耳不聞處)設一座一旁桌上應加拂及靜、此是羯磨師問難及說隨相四依等處。儿加拂及靜、擬屏問難用。

行法次第

△敷座席

△打犍槌

△集僧 僧坐已。十師燒香禮佛、互跪合掌、同聲說偈云。

戒香定香解脫香 光明雲臺徧法界
供養十方無量佛 見聞普熏證寂滅 說已、入座。

△白告 同前中改云、今有受具足戒事。

△請師 引請人引受者持三衣及鉢入。先禮佛。次禮衆僧足。復至和尚前、致禮已、互跪合掌。引請人云。

所以請和尚者、此是得戒根本所歸投處。若無此人、承習莫由、闕於示導、不相生長。必須請之。計汝自陳、不解故教也。教如是請言 大德一心念。我某甲今請大德爲和尚、願大德爲我作和尚。我依大德故、得受具足戒。慈愍故。三說 和尚答云 可爾。教授汝、清淨莫放逸。受者答云 頂戴持。

復至羯磨師前、致禮已、互跪合掌。引請人云。羯磨阿闍梨者、受戒正緣。若無此人秉於聖法、則法界善法無由得生、故須增上重心請者、方發無作。請言中、應改云請大德爲羯磨阿闍梨、願大德爲我作羯磨阿闍梨。答詞同上。

教授師前云 教授阿闍梨者、爲汝教授引導開解、令至僧中發汝具戒緣起方便。並因此師。重心請者、方乃發戒。請言同上、應改稱教授阿闍梨。

七證師前云 尊師或尊師、七證師者、唐時名曰尊人、宋時名曰尊證。者、以羯磨法非是獨秉、必須此人證無錯謬。若論發戒功與三師齊德、故須請之。應總請七師。請言同上、應改稱尊師。

案準行事鈔、請師後、由師說法開導、教發戒緣。應在事先、故今略之。鈔云。必受前時、智者提授。不得臨時方言發心。若約臨時師授、法相尙自虛浮、豈能令受者得上品耶。

△安受者所在 受者持三衣及鉢、至眼見耳不聞處。以衣鉢等安置一邊、遙向衆僧禮已、一心合掌、虔誠而立。引請人復座。

△差人問緣 羯磨師卽從座起、禮僧已。至打靜處、打靜二下、互跪合掌。問言。

衆中誰能與某甲作教授師。彼受請者、互跪合掌、答云我某甲能。復座。

羯磨師打靜二下。問言僧集否等、和合否等、未受具戒者出等。並同前。

羯磨師打靜一下。又問言 不來諸比丘說欲及清淨。若無者答云 此無說欲及清淨者。問答同前。

僧今和合何所作爲。答云受戒羯磨。此總答也、別答有四。

羯磨師打靜一下。次大德僧聽乃至白如是。打靜二下、又二下乃唱白詞。復座。

△出衆問法 教授師應下座、禮僧已、至和尙前、(彼此互跪合掌、)問云。

度此人否、答云已度。又問作和尙否、答云已請。又問衣鉢具否、答云已具。

教授師至受者所、入座。受者互跪合掌。教授師把拂、打靜二下、安慰言、汝莫恐懼、須臾持汝著高勝處。

鈔云、教授師至受者所、正敷坐具、坐已。今依他本、別設几座。

教授師應取其衣等示之。先執五條衣、語言 此是安陀會。復指七條衣、語言 此是鬱多羅僧。執大衣、語言 此是僧伽梨。復言 薩婆多論云、此三衣名、九十六種外道所無、唯佛法中有、故今示汝。又執鉢 語言 此是鉢多羅。十誦律云、鉢是恆沙諸佛標誌。問此衣鉢是汝有否。答言是。打靜二下。

鈔云、又指身所著者此名鬱多羅僧。似受者先已著七條衣。今稍變易、謂受者先唯著縵衣、至屏問後始著五七條衣。

次受者應持三衣及鉢而加受法、今略不載。

次屏問遮難。受者互跪合掌。教授師把拂、打靜二下、應語言 善男子諦聽乃至若實言實。

問遮難文、鈔中稍有增改、今依羯磨。

又問 汝不犯邊罪耶乃至汝不有耶。答言無。

又言 汝不汙比丘尼耶乃至正乖道器。皆答言無。

應讚言 善男子、已問難事、十三既無、戒可得受。

準業疏、畜生二形應轉語問。問畜生者、應語云、世有龔龍及餘精魅能變化者、趣攝畜生、戒法無預、汝非此等耶。問二形者、依記應語云、世有形挾兩境者、志致懦弱、善惡不成。殊非道器、汝非此等耶。

又言 更問諸遮、汝今字誰。答言某甲。

和尙字誰。答言我因事至、說和尙名、和尙名某甲。

年歲滿二十否。答言滿。

三衣鉢具足否。答言具。

父母有否。答言有。復問父母聽汝否。答言聽。

汝非負人債否。答言無。

汝非奴否。答言無。

汝非官人否。答言無。

汝是丈夫否。答言是。

丈夫有如是病乃至汝無如此諸病否。答言無。

應讚言 汝無遮難、定得受也。打靜二下

又言 如我乃至如是答。打靜二下

應教受者立起。爲著五條衣、上著七條衣、令威儀齊整。餘衣襆襆。鉢置囊中。襆囊執手中立。語言 待至僧中、召命當來。

△白召入衆 教授師還來衆中、禮僧已。至打靜處、打靜二下、合掌立白言。

大德僧聽乃至白如是。打靜二下。

白已、至門限內、某甲來。來已、爲捉衣鉢、令禮僧足已。至羯磨師前、互跪合掌乞戒。舉手呼言

△乞戒 教授師至羯磨師前、互跪合掌、將衣鉢付羯磨師。立起。爲受者正衣服、安慰其心。語云。

此戒法唯佛出世樹立此法。祕故、勝故、不令俗人聞之。故六道之中、唯人得受。猶含遮難、不得具受。汝今既無、甚是淨器。當深心乞戒、須臾之間入三寶數。若輕浮心、戒不可得。

又語言 計乞戒法乃至拔濟我。三乞已。教授師復坐。教授受差所任事已畢。

△戒師和問 羯磨師乃從座起、禮僧已。至打靜處、打靜二下、互跪合掌白言。

大德僧聽乃至白如是。打靜二下。

△正問 羯磨師卽著本座、受者往座前互跪合掌。羯磨師打靜二下、把拂。應言。

此安陀會乃至汝今有如是病無耶。並如上一一具答。打靜一下。

又云 六道衆生乃至諦受。打靜二下。鈔中廣說受前開導之語。應事前預習、故今不錄。

△正授戒體 羯磨師卽從座起、禮僧已、至打靜處。受者禮僧已、互跪合掌。羯磨師打靜二下、互跪合掌、應先告僧言。

大衆慈悲、布施其戒。同心共秉、願勿異緣、令他不得。應四顧望之、不令有非別之相。又告僧言 衆僧聽作羯磨。

又打靜二下言大德僧聽乃至白如是。打靜一下。
又應語受者言已作白已、僧皆隨喜。今作羯磨、動彼戒法。莫令心沈舉、當用心承仰。又白僧言當聽羯磨。
打靜一下言大德僧聽乃至誰不忍者說。打靜一下。
又應語受者言已作初羯磨、僧皆默可。今十方法界善法、並皆動轉。當起欣心、勿縱怠意。
打靜一下言大德僧聽乃至誰不忍者說。打靜一下。
又應語受者言已作二羯磨法、僧並和合。今十方法界善法、並舉集空中。至第三羯磨竟時、當法界功德入汝身心。餘一羯磨在。汝當發身總虛空界、心緣救攝三有衆生、並欲護持三世佛法。又白僧言願僧同時慈濟前生、同共合掌佐助、舉此羯磨。
打靜一下言大德僧聽乃至誰不忍者說。打靜一下。
次又打靜一下言僧已忍乃至如是持。打靜二下。羯磨師還著本座。受戒者立起。
此時應須量影、爲記受戒時日、如律所明。今從略。

△說隨相及四依

次受戒者至羯磨師前、互跪合掌。師打靜二下。把拂、應言。依鈔應先說勸持之文。今略。

善男子聽乃至能持。此說隨相四重戒。

打靜一下。善男子聽乃至得受。此說四依法。

復言打靜一下。

復言汝已受戒已乃至阿闍梨。打靜二下。羯磨師立起復位。

△自慶禮辭

受者至佛前、禮佛已。互跪、說自慶偈云。

遇哉值佛者　何人誰不喜　福願與時會　我今獲法利

次禮衆僧。復禮和尚二闍梨及七證師。在前而去。大衆退散。

丁丑二月居晉水南陁初稿

四月居青島湛山寺第一次修正　弘一

說戒安居自恣略例

依湛山寺齋堂形式擬定說戒位置圖

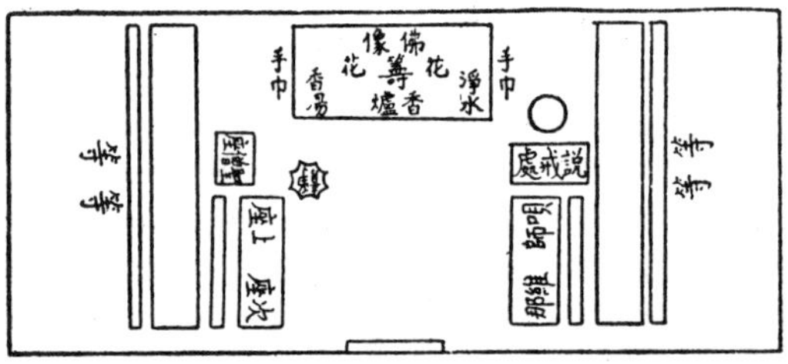

此圖據日本淨土宗古傳說戒儀式圖摹寫。以備參考。

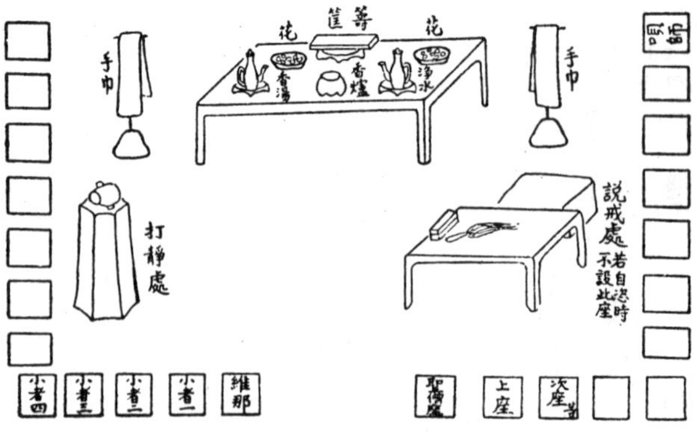

說戒法略例

行法次第

△預白於說戒日、小食時、維那打靜二下白言。

大德僧聽。今□月□□日衆僧和合、某時某處說戒布薩。打靜二下。

△衆具堂中莊嚴、應先期爲之。說戒日晨、應具淨水香湯鮮花手巾及籌。并應預敷座席或牀。梵言舍羅。極短五寸、極長尺八。極粗不過小指、極細不得減箸。多以竹木爲之。

△鳴鐘集僧應長打百二十下。衆集堂外、同說聞鐘偈云。

降伏魔怨力、除結盡無餘、露地擊犍槌、比丘聞當集。
諸欲聞法人、度流生死海、聞此妙響音、盡當雲集此。

若大小同行法、沙彌應與大僧同集一處。若別行法、應二處集。今例、約大小同行法。

△入堂恭攝　說偈已、入堂。燒香、禮佛已。互跪合掌同說偈云。

持戒清淨如滿月、身口皎潔無瑕穢、
大衆和合無違諍、爾乃可得同布薩。說已、各依位隨次而坐。

△盥掌浴籌　維那行事時、令年少比丘數人助之。維那先取淨水及香湯洗手已、取籌浴之、亦浴打靜槌柄。浴已、合衆同說偈云。

羅漢聖僧集、凡夫衆和合、香湯浴淨籌、布薩度衆生。　維那復座。

年少　□　年少
維那

△行衆湯水　次令年少比丘二人、持淨水器及手巾、自上座起次第行之。各以水盥掌、取巾拭淨、各說偈曰。

八功德水淨諸塵、盥掌去垢心無染、
執持禁戒無缺犯、一切衆生亦如是。次行香湯、如前。各說偈曰。
香水熏沐澡諸垢、法身具足五分充、
般若圓照解脫滿、羣生同會法界融。

△打靜唱告　維那取籌至打靜處互跪、左手捉籌、右手打靜二下、告云。

大德僧聽。衆中誰小、小者收護。三說。

又打靜一下。告云。大德僧聽。外有清淨大沙門入。三說。

又打靜一下。告云。大德僧聽。此衆小者已收護、外清淨大沙門已入。內外寂靜、無諸難事、堪可行籌廣作布薩。我比丘某甲爲僧行籌、作布薩事。僧當一心念作布薩。願上中下座各次第如法受籌。三說已、復云。並受囑授人籌。打靜一下。立起。

△行籌白數　維那行籌時、令一年少比丘助之。復令一人佐助收籌。（令年少持籌、一一授與維那、）行籌時自上座起、維那取籌一枚、互跪授之。上座互跪合掌說偈云。

金剛無礙解脫籌、難得難遇如今果、
我今頂戴歡喜受、一切衆生亦如是。說時受取、兩手擎而頂戴之。

次收籌者、亦自上座起。同前威儀。說偈云。令年少隨維那後執籌。維那互跪、上座說偈。

具足清淨受此籌、具足清淨還此籌、
堅固喜捨無缺犯、一切衆生亦如是。說已、即還籌。還籌維那、轉交與年少。再由年少總交與維那、維那授與上座。

收籌已、互跪授與上座、便數知之。不言。即交還維那、置几上。維那又打靜一下云。次行沙彌籌。三說。打靜一下。行籌、收籌、付數、皆同前。

次維那至上座前、互跪取數時。上座當告云。僧有若干、沙彌若干、都合若干。

維那即起、至打靜處、互跪、打靜一下、白云。大德僧聽。此一住處一布薩、大僧若干、沙彌若干、都合若干人。各於佛法中清淨出家、和合布薩。上順佛教、中報四恩、下爲含識。各誦經中清淨妙偈。打靜二下。大衆同聲說偈云。

清淨如滿月、清淨得布薩、身口業清淨、爾乃應布薩。　維那立起。

△請說戒師　應先請上座說戒。縱已別差、仍須請之。維那至上座前、互跪合掌白言。

大德慈悲、爲僧說戒。

若上座堪說、即答云。此說戒事、正當我作。即便說之。

若不堪者、答云。今此說戒、任當某甲。但爲老病、言詞濁鈍、恐惱衆僧。令次座說。

維那即至次座前、如上請之。若辭不說者。維那即還至上座前云。次座亦辭不堪。

上座先預知有誦利者、應語維那至某甲所云。僧差說戒。維那即往彼所互跪合掌白云。僧差說戒。

維那即還至打靜處、打靜二下、互跪合掌白言。大德僧聽。僧差律師某甲爲僧誦律、梵音某甲律師升高座。打靜二下。

說戒人出衆禮僧已、復座。互跪合掌白言。少比丘某甲稽首和南、敬白衆僧。僧差誦律、恐有錯誤。願同誦者指授。白已、一禮升座。

△散灑供養　年少比丘持淨水、僧前左右灑之。次灑香湯及散花。後以水花合著一盤、總從一頭卻行布散、使及兩邊。

初散花時、同說偈云。

散華莊嚴淨光明、莊嚴寶華以爲帳、
散衆寶華徧十方、供養一切諸如來。

散花已、維那即從座起、打靜二下。梵唄者唱云。

稽首禮諸佛、及法比丘僧。今演毗尼法、令正法久住。
優波離爲首、及餘身證者。今說戒要義、諸賢咸共聽。

梵唄時、卻行散花水。唄竟、年少比丘互跪佛前、燒香爐中。年少復座。維那打靜一下、白云。行香說偈。大衆同說偈云。

戒香定香解脫香、光明雲臺徧十方、
供養十方無量佛、見聞普熏證寂滅。維那打靜二下、復座。

△座上問答　說戒師打靜一下、秉拂誦戒。（已下隨宜打靜）

誦　未受具戒者出。諸沙彌等各從座起、禮僧、至　互跪合掌。上座告云。此衆僧布薩說戒。汝未受具足、不預聞之。各隨本業誦習、謹愼莫放逸。至鳴槌時、同赴堂來。告已、沙彌應答云。頂戴持。諸沙彌隨次而出。維那在本位前互跪合掌云。未受具戒者已出。

又誦不來諸比丘說欲及淸淨。若有說欲者、應出大德僧聽。某甲比丘、我受彼欲淸淨、彼如法僧事與欲淸淨。一說。維那互跪合掌云。維那互跪合掌云。說欲及淸淨已。

又誦誰遣比丘尼來請敎誡。維那互跪合掌云。此衆無尼來請敎誡。

又誦僧今和合何所作爲。維那互跪合掌云。說戒羯磨。

△說竟偈唄誦略敎已。當更鳴鐘、令沙彌集。然後誦明人能護戒等。

維那至打靜處、打靜二下。梵唄者唱云。

神仙五通人、　造設於呪術、　爲彼慚愧者、　攝諸不慚愧。

如來立禁戒、　半月半月說、　已說戒利益、　稽首禮諸佛。

說戒人於梵唄時、自高座下。小比丘某甲、致敬衆僧足下、敬謝衆僧。禮僧已、互跪合掌白云。

僧差誦律、三業不勤、多有忘失。願僧慈悲施與歡喜。復本座。

△祝贊迴向維那復打靜二下、互跪合掌白云。

上來行法所有功德、奉祝梵釋四王、天龍八部、伽藍眞宰、土地靈聰、各軫威神、安神護法。今口口口、聖化無窮。文武官僚、長居祿位。師僧父母、善惡知識、十方信施、法界衆生、承此善根俱登彼岸。打靜二下、復座。

△自慶禮散大衆皆於本座前互跪合掌、同聲說自慶偈云。

諸佛出世第一快、　聞法奉行安隱快、

大衆和合寂滅快、　衆生離苦安樂快。

次大衆至佛前作禮、說三歸偈云。

自歸於佛、　當願衆生、　體解大道、　發無上意。

自歸於法、　當願衆生、　深入經藏、　智慧如海。

自歸於僧、　當願衆生、　統理大衆、　一切無礙。大衆退散。

丁丑四月二十日第二次草稿　　時居青島湛山寺

弘一

安居法略例

△對首安居法應對一人具儀。互跪合掌云。

大德一心念、我比丘某甲今依某伽藍前三月夏安居。三說

所對者云知、莫放逸。

答云受持。

所對者又問云依誰持律者。

答云依某甲律師。

所對者云有疑當往問。

自恣法略例

行法次第

△預白於自恣日、小食時、維那打靜二下白言。

大德僧聽。今黑月一日衆僧和合、某時某處自恣。打靜二下。

△衆具堂中莊嚴、應先期爲之。自恣日晨、應具淨水香湯鮮花手巾及籌。並預覓乾軟草、人別一握、長二尺許、剪已束之、以備展坐。

△敷座席準餘法事、牀席兩通。獨此自恣、唯局席地。

若有沙彌者、亦有同行別行二法。今例、約無沙彌。

△鳴鐘集僧應長打百二十下。衆集堂外、同說聞鐘偈云。

降伏魔怨力、　除結盡無餘、　露地擊犍槌、　比丘聞當集。

諸欲聞法人、　度流生死海、　聞此妙響音、　盡當雲集此。

△入堂恭攝說偈已、入堂。燒香禮佛已。互跪合掌同說偈云。

持戒淸淨如滿月、　身口皎潔無瑕穢、

大衆和合無違諍、　爾乃可得同自恣。說已、各依位隨次而坐。

△盥掌浴籌維那行事時、令年少比丘數人助之。維那先取淨水及香湯洗手已、取籌浴之、亦浴打靜槌柄。浴已、合衆同說偈云。

羅漢聖僧集、　凡夫衆和合、　香湯浴淨籌、　自恣度衆生。維那復座。

△行衆湯水次令年少比丘二人、持淨水器及手巾、自上座起次第行之。各以水盥掌、取巾拭淨、各說偈曰。

八功德水淨諸塵、　盥掌去垢心無染、
執持禁戒無缺犯、　一切衆生亦如是。次行香湯、如前。各說偈曰。
香水熏沐澡諸垢、　法身具足五分充、
般若圓照解脫滿、　羣生同會法界融。

△打靜唱告維那取籌至打靜處互跪、左手捉籌、右手打靜二下、告云。

大德僧聽。衆中誰小、小者收護。三說。
又打靜一下。告云。大德僧聽。外有清淨大沙門入。三說。
又打靜一下。告云。大德僧聽。此衆小者已收護、外清淨大沙門已入。內外寂靜、無諸難事、堪可行籌廣作自恣。我比丘某甲爲僧行籌、作自恣事。僧當一心念作自恣。願上中下座各次第如法受籌。三說已、並受囑授人籌。打靜一下。復云。

△行籌白數維那行籌時、令一年少比丘助之。復令一人收籌。行籌時自上座起、維那互跪授之。上座互跪合掌說偈云。

金剛無礙解脫籌、　難得難遇如今果、
我今頂戴歡喜受、　一切衆生亦如是。說時受取、兩手擎而頂戴之。
次收籌者、亦自上座起。同前威儀。說偈云。
具足清淨受此籌、　具足清淨還此籌、
堅固喜捨無缺犯、　一切衆生亦如是。說已、即還籌。

收籌已、互跪授與上座、便數知之。次維那至上座前、互跪取數時。上座當告云。僧有若干。維那即起、至打靜處、互跪、打靜一下、白云。
大德僧聽。此一住處一自恣大僧若干、各於佛法中清淨出家。上順佛教、中報四恩、下爲含識。各誦經中清淨妙偈。打靜二下。大衆同聲說偈云。
清淨如滿月、　清淨得自恣、　身口業清淨、　爾乃應自恣。維那復座。

△散灑供養年少比丘持淨水、僧前左右灑之。次灑香湯及散花。後以水花合著一盤、卻行布散。初散花時、同說偈云。

散華莊嚴淨光明、　莊嚴寶華以爲帳、
散衆寶華徧十方、　供養一切諸如來。靈芝云、說清淨妙偈已、即須梵唄、散灑花水、亦須供養。今準尼鈔、先散灑乃梵唄也。說戒法亦同。
散花已、維那打靜二下。梵唄者唱云。
如來妙色身、　世間無與等、　無比不思議、　是故今敬禮。
如來色無盡、　智慧亦復然、　一切法常住、　是故我歸依。梵唄時、卻行散花水。
唄竟、年少比丘互跪佛前、燒香行香說偈。大衆同說偈云。
爐中。維那打靜一下、白云。
戒香定香解脫香、　光明雲臺徧十方、
供養十方無量佛、　見聞普熏證寂滅。維那打靜二下、復座。

△差五德羯磨師即從座起、禮僧已。至打靜處、打靜二下、互跪合掌白言。依靈芝記、秉法前、應先由上座敍事告衆、選擇德人。今且從略、俟後補入。

僧集否。維那互跪合掌答云僧已集。
羯磨師打靜一下。和合否。答云和合。
又問言。
同未受具戒者出。答云此衆無未受具戒者。
前
同不來諸比丘說欲。若有說欲者應大德僧聽。比丘某甲、我受彼欲自恣。
前
互跪合掌云
彼如法僧事與欲自恣。一說。維那互跪合掌云說欲已。若其他羯磨時、說欲者。應云、我受彼欲清淨、彼如法僧事與欲清淨。
羯磨師打靜一下。又問言　僧今和合何所作爲。維那互跪合掌答云自恣羯磨。
同
前衆中誰能爲僧作五德自恣人。五德二人互跪合掌各答云某甲能。
羯磨師打靜一下。乃唱白辭。次大德僧聽乃至白如是。打靜一下。次又
又二下、乃唱白辭。　一下、乃作羯磨。大德僧
聽乃至誰不忍者說。打靜一下。乃誦下文。次又僧已忍乃至如是持。打靜二下。復座。

△五德白和兩五德從座起、禮僧已、至打靜處、打靜二下。互跪合掌、一人白言
大德僧聽乃至白如是。打靜二下。復座。

△行草五德白和已。令年少比丘次第行之。先至上座前、互跪授已、乃至下座。各取草已、於所坐席外地上敷之。

△五德唱告行草及各敷布已。兩五德乃從座起、至上座前、互跪合掌云。
一切僧就草座偏袒右肩、互跪合掌如法自恣。告已。五德立起。大衆即時離本座處、坐於草上。俟後正對五德自恣時、方乃互跪合掌也。

△正行自恣第一五德至第一上座前互跪合掌、此時第二五德應在第二上座前立。第一上座見第一五德來、即從草座起互跪合掌云。
大德一心念衆僧乃至當如法懺悔。三說。第一上座復本座。第一五德復至第三上座前立。第二五德於第二上座前互跪合掌、第二上座亦互跪合掌對說。如是展轉乃至下座。一心念三字、依鈔增入。羯磨文無。其兩五德自恣、各至本座處應行之、不得待僧竟。
衆僧既自恣已。兩五德至上座前、互跪合掌告云。

△說訖告衆

僧一心自恣竟。兩五德復座。靈芝云、五德歸位已。然後梵唄、說自慶偈、呪願迴向。三歸禮散。

△祝贊迴向及梵唄維那至打靜處、打靜二下。互跪合掌、白云。

上來行法所有功德奉祝梵釋四王天龍八部、伽藍眞宰、土地靈聰、各軫威神安神護法。今口口口、聖化無窮。文武官僚長居祿位。師僧父母善惡知識十方信施法界衆生、承此善根俱登彼岸。打靜二下、退座。梵唄者唱云。

處世界如虛空、　如蓮花不著水、　心清淨超於彼、　稽首禮無上尊。

△自慶禮散大衆皆互跪合掌、同聲說自慶偈云。

諸佛出世第一快、　聞法奉行安隱快、

大衆和合寂滅快、　衆生離苦安樂快。

次大衆至佛前作禮、說三歸偈云。

自歸於佛、　當願衆生、　體解大道、　發無上意。

自歸於法、　當願衆生、　深入經藏、　智慧如海。

自歸於僧、　當願衆生、　統理大衆、　一切無礙。大衆退散。

已上所集略例數種。匆促屬稿、未暇詳審。又以老病纏綿、精神昏憒。其中文義、不免訛誤脫略。俟後再爲精密研審而修改也。

丁丑二月初九日編寫竟幷記　弘一

附錄　**打犍槌圖**大藏經會案此圖原見講錄第四十頁結戒場及大界法略例中、爲便製版、移入附錄。

初　中　後

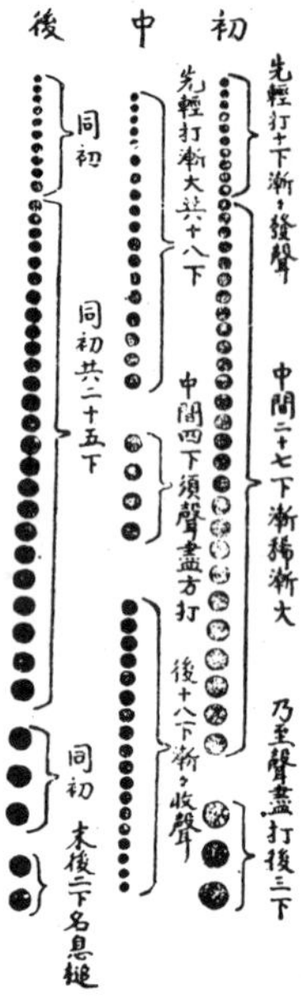

四分律刪補隨機羯磨疏略科

壬申六月晦日始錄
七月一日夕錄訖　弘一

此本專爲初學讀羯磨者而別錄寫。故凡屬疏之科、自非重要、故多簡略。（屬疏之科誌⊕記號）科目文字、依疏寫錄。（凡有前後互異者、亦附寫之、而用（　）記號以區別。但前後稍異者不錄。）凡疏中闕此科文而必須增入乃能連貫者、依靈芝別行科文補之。（旁記。。）

- 先⊕以義門開解
  - 初依四別並以義求
    - 初明聖法（能成之法）
      - 初教興本意
      - 二顯名定體
        - 初釋名目
          - 初明體
          - 二明相
        - 二定體相
        - 三分廣所以
          - 初大分三品
          - 二離八相
        - 四諸部同異
      - 三辨務緣成（明緣成相）
      - 四廣明非相（顯成非相）
    - 二法所被事
    - 三能秉御僧
      - 初制意釋名
      - 二定僧體狀
        - 初列數定體
          - 初列數
          - 二定體
        - 二立相所由
        - 三攝用分齊
          - 初人
            - 初當僧局論
            - 二僧尼互作
          - 二法
      - 三人法相對
      - 四廣顯是非
    - 四法依處起
  - 二對法相攝分齊○
- 後造文科釋分齊○

○二對法相攝分齊

- 初條貫其相
  - 初條法
  - 二條事
  - 三條僧
  - 四條界
- 二引法通塞（明緣通相攝）
  - 初以羯磨條餘三緣
    - 一但心念法
    - 二對首心念
    - 三衆法心念
    - 四但對首
    - 五衆法對首
    - 六小衆對首
    - 七衆法單白
    - 八白二
    - 九白四
  - 二就四緣當局各明通局所以
    - 初法
    - 二事
    - 三人
    - 四界

○後造文科釋分齊

- 初一篇爲序分
- 次篇下訖懺罪篇爲正宗分
  - 初⊕以義求相從次第
  - 後依篇隨相解釋
- 末一篇明雜行流通分

疏文總科如上。以下十篇依次別列。

集法緣成篇第一

- 初標釋篇目
- 二科文隨解
  - 初集法（明緣集）
    - 初衆法羯磨
      - 初舉大數用攝諸法
      - 二隨法顯相
        - 初單白
        - 二白二
        - 三白四
    - 二對首法
      - 初總舉位數
      - 二從位顯相
        - 初但對首
        - 二衆法對首
    - 三心念法
      - 初舉
      - 二列相
        - 初但心念
        - 二對首心念
        - 三衆法心念
  - 二辨緣成壞
    - 初具緣辨成
      - 初僧位
        - 初前舉
        - 二廣顯緣具（作法具緣）
          - 初稱量前事
            - 初不可分別
            - 二可分別
          - 二法起託處
            - 初引文證
            - 二隨義開之（就義解法緣）
          - 三集僧方法
          - 四僧集約界
            - 初舉二界
            - 二隨別釋
              - 初作法
              - 二自然
                - 初聚落
                  - 初無難
                  - 二有難
                - 二蘭若
                - 三道行
                - 四水界
          - 五應法和合
          - 六簡衆是非
            - 初牒文顯意
            - 二舉相列名
              - 初人得滿不合訶
              - 二不得滿數應合訶
              - 三俱非
              - 四得滿得訶
          - 七欲清淨緣
            - 初以義分
              - 初制意釋名體門
              - 二定緣是非門
              - 三作法成壞門
              - 四持說應緣門
              - 五雜相分別門
            - 二從文（案此二科分文稍有參差。今於羯磨鉤段依第二從文科。）
              - 初與欲法
                - 初制意
                - 二開緣（緣如非義）
                  - 初緣如非
                  - 二定開制
                - 三作法成壞
                  - 初顯法
                  - 二是非
                  - 三正作（正加法）
              - 二持欲成否相（受欲）
                - 初受已是非
                - 二轉欲之法
              - 三說欲相（說儀）
                - 初說欲儀
                - 二顯雜相
          - 八正陳本意
          - 九問事端緒
          - 十答所成法
      - 二衆多人法
      - 三一人法
    - ○二明成否相（非法相）
      - 初僧法
        - 初依律本文（前七非）
          - 初⊕義說
            - 初舉非數
            - 二各牒隨解
          - 二文有七如文
        - 二義張
      - 二對首
      - 三心念

諸界結解篇第二
- 初攝僧界
- 二結解衣界〇
- 三結解食界〇

- 初㊉總敘致
- 二別
  - 初大界
    - 初人法二同
      - 初結
        - 一㊉相是非（定相）
        - 二㊉形體狀（界形）
        - 三㊉豎標域
        - 四㊉唱方隅
        - 五㊉集僧法
        - 六㊉不受欲
        - 七加法消文
          - 初標
          - 二釋
            - 初緣
            - 二開
            - 三制
            - 四相
            - 五結（明加結）
        - 八㊉法有無
        - 九㊉顯失否
        - 十㊉結不成
      - 二解
        - 初標緣起
        - 二解
    - 二法食兩同
    - 三單法同
  - 二戒場
    - 初戒場
      - 初制開意
      - 二內外先後
      - 三結解法（正加法）
        - 初相位
        - 二唱
        - 三結
          - 初結
          - 二解
      - 初緣
      - 二正加
        - 初依文相解羯磨本
          - 初白
          - 二羯磨
        - 二㊉重列諸門釋其疑妨
    - 二結通圍大界法
      - 初標緣起
      - 二相
      - 三結
  - 三小界
    - 初㊉教興所由
    - 二㊉集僧遠近
    - 三㊉無有標相
    - 四㊉結解同異
    - 五顯張是非
      - 初緣
      - 二顯標處
      - 三明非法
      - 四羯磨

〇二結解衣界
- 初標舉結方
  - 初須結得否
  - 二解教興意
  - 三結之方法
  - 四㊉約界通局（結遍否）
  - 五除結前後
- 二牒緣加事（正加法）
  - 初標緣顯示
  - 二依法結解
    - 初結
    - 二解

〇三結解食界
- 初結淨
  - 初㊉制意辨名
  - 二列數定體（列名）（總）
  - 三㊉分自他
  - 四㊉院有周缺
  - 五㊉法有作否
  - 六結解差別（正作法）（別）
    - 初結
    - 二解
- 二㊉義明護淨

諸戒受法篇第三
- 初標
  - 初標
  - 二釋
- 二列
  - 初俗
    - 初受三歸
      - 初㊉敘引其致
      - 二正明。。
        - 初㊉義分
        - 二就文
          - 初標
          - 二授法
    - 二受五戒
      - 初義分
      - 二隨文釋義
        - 初標
          - 初戒德高勝（即疏義分中初門義）
          - 二簡器堪能（簡人相）（即疏義分中二門義）
        - 二法
          - 初三歸誓（即疏義分中三門作法延促義）
          - 二三歸結（即疏義分中四門發戒時節義）
        - 三相（即疏義分中五門約相顯持義）
          - 初就相告令
          - 二餘相
    - 三受八戒
      - 初以義分
        - 初釋名簡法
        - 二㊉要期立志
        - 三㊉功益之美
        - 四受法差降
        - 五顯其戒相
      - 二對文釋
        - 初緣（即義分中第四門義）
        - 二法
          - 初受
          - 二結
        - 三相
          - 初列相示（即義分中第五門義）
          - 二明願引
  - （出家授戒法）
    - 初標舉宗致

- 二道
  - 二隨相解之（就文依位分）
    - 初明乞度
      - 初標緣
      - 二乞
      - 三與法
    - 二正辨度人
      - 初明僧受
        - 初度沙彌〇
        - 二大戒〇
      - 二明尼法〇

〇初度沙彌
- 初標起
- 二隨相辨位（就位分）
  - 初形同法
  - 二法同法
    - 初緣
    - 二正受法
    - 三明相
      - 初列十相
      - 二列五德
      - 三列十數

〇二大戒
- 初標舉衆名
  - 初標舉
  - 二列緣
    - 初列數顯相
    - 二㊉通局不同
    - 三㊉秉法差別（秉法師資）
    - 四㊉教被凡聖
    - 五㊉藉緣多少（緣假衆相）
- 二就緣正解（約文從事）
  - 初緣
    - 初法
      - 初顯戒德尊高
      - 二依緣略簡（託緣顯障）
        - 初能受
        - 二所對境
        - 三明心有受
        - 四心境會
        - 五事成同一
    - 二事（約行事前緣）
      - 初請師法
        - 初敘師資教興所由
          - 初明緣致
          - 二修虔敬
        - 二立法加被（加法）
          - 初請
          - 二可（答辭）
      - 二安受者所
      - 三差教師
      - 四出衆問法
        - 初示其衣鉢
        - 二正辨問難傍彙十遮
          - 初定其思審
          - 二依數列問
        - 三定其言議情事無爽（結文）
        - 初㊉以義引
        - 二消文相
          - 初難
          - 二明諸遮
      - 五白召入衆
        - 初緣
        - 二正加法
        - 三明其儀相
      - 六明乞戒
        - 初緣
        - 二法（正乞）
      - 七戒師問和
      - 八正問
        - 初緣
        - 二問
          - 初列難名示
          - 二問遮相
  - 二法（正授戒體）
    - 初戒緣
    - 二正加
    - 三總結和辭
  - 三相（隨相）
    - 初止持行相
      - 初緣
      - 二分文消釋
        - 初標舉總相
        - 二隨四問結之（列相）
    - 二作持行相
      - 初㊉義分
      - 二釋文
        - 初緣
        - 二相（體相）
          - 初標舉宗本
          - 二列四相（位）
    - 三總結前二勸以學方
      - 初即坐誨約
        - 初當相委示
        - 二深防制
      - 二後起隨行（師資相攝法）
        - 初本師和尚明相攝法
        - 二顯事緣有障更須師他（請依止）

〇二明尼法
- 初標緣
- 二受
  - 初授下衆法
    - 初標緣
    - 二法
      - 初乞緣
      - 二乞法緣
      - 三召來衆中示名相
        - 初標舉總示
        - 二顯示輕重（六相）
        - 三分簡位別行通有無（就緣分別）
  - 二式叉六法
    - 初標緣
    - 二正受
      - 初明本法
      - 二就僧受法（正受）
        - 初㊉五義
        - 二就文分
          - 初緣
          - 二法
            - 初明請師
            - 二教乞戒
            - 三戒師和白法
            - 四正明問難
          - 三授戒相
            - 初列八重（止持）
            - 二列四依
            - 三明結付
  - 三授大戒法

衣藥受淨篇第四

- 初明制畜
  - 初五衆受衣法。。。。。
    - 初明衣緣本制
      - 初標章
      - 二廣分所以
        - 初制畜三衣意
        - 二求財法
        - 三明色相
        - 四明衣量
        - 五重單相
        - 六條相多少
        - 七長短相
        - 八作衣法
        - 九補治法
        - 十護敬受用法
    - 二明受持行護（明受法）
      - 初㊉前後持
      - 二㊉正從相
      - 三㊉通塞法
      - 四正加受（受衣方法）
        - 初對首受捨法
        - 二心念受捨法
      - 五㊉失離緣（明失受持相）
      - （此行科文依靈芝重釐訂者錄寫）
  - 十一受尼師壇法
    - 初制緣起
    - 二法
  - ○二受鉢法
    - 初緣
    - 二正加受
      - 初制意
      - 二論體
      - 三辨色
      - 四明量
      - 五行護
  - 初僧衆受三衣
    - 初受法
      - 初大僧受三衣
        - 初安陀會
  - ○二明聽畜
    - 初四藥
      - 初緣
      - 二法（受）
        - 初時藥
          - 初緣
          - 二作法
            - 初觀藥染淨
            - 二授者是非（授食法）
            - 三明受法（自受法）
            - 四量時設觀（作觀）
        - 二受漿
        - 三受七日藥法
        - 四受盡形藥
    - 二衣等說淨法。。。。。
      - 初衣說淨法
        - 初標緣。。
        - 二請施主
        - 三正加法
          - 初對首淨法。。。。
          - 二心念淨法。
      - 二金粟淨法
- 二明聽畜○
  - 初受衣。。
  - 二受鉢○

諸說戒法篇第五

- 初緣
- 二法
  - 初僧法
    - 初廣法
      - 初說戒前法
        - 初僧說戒法
          - 初說戒法。。。
          - 二同犯懺白法
            - 初識罪
            - 二疑罪
        - 二尼請教法
      - 二說戒座上法
        - 初教誡尼法
        - 二告清淨法
        - 三識疑兩露
        - 四座上發露法
    - 二略說戒法
      - 初緣
      - 二相
  - 二對首說戒法
  - 三心念說

諸衆安居法篇第六

- 初明住法
  - 初㊉明義門
  - 二對文
    - 初標緣起
    - 二作法
      - 初對首
        - 初前安居法
        - 二後安居法
      - 二心念法
      - 三忘成法
      - 四及園界
- 二明出界行法
  - 初受日出法
    - 初㊉約義
    - 二就文
      - 初緣
      - 二正加法
        - 初衆法
        - 二對首
  - 二命梵移法
  - 三㊉[illegible]

諸衆自恣篇第七

- 初標緣
- 二作法
  - 初僧
    - 初僧法
      - 初廣法
        - 初明白
        - 二差五德
        - 三單白和
        - 四正作相
      - 二略恣
    - 二對首恣
    - 三心念法
  - 二尼

諸分衣法篇第八

- 初以義分
- 二就文解
  - 初明二部僧得施
  - 二明兩部現前施
  - 三明時現前
  - 四非時現前
  - 五明時僧得
  - 六非時僧得

懺六聚法篇第九

- 初以義顯
- 二消文
  - 初緣
    - 初引經律釋成兩懺。。。。
    - 二二懺對根不同。。。。
      - 初用僧限齊。。。
      - 二捨財
  - 二法
    - 初懺夷
    - 二懺第二篇法
    - 三懺第三聚法
    - 四懺第四聚法
    - 五第五六聚
      - 初前三十
        - 初對僧
          - 初明捨財
            - 初捨財儀式
            - 二捨懺所爲
          - 二捨心
          - 三捨罪
          - 四還衣
            - 初即座法
            - 二直付
        - 二對衆多人
        - 三對一人
      - 二後墮

雜法住持篇第十

- 初行護流通。。。。
  - 初明念法
  - 二明兩白
  - 三作餘食法
  - 四師資相攝
  - 五諫作止兩犯
- 二明教詮相

謹案羯磨疏略科草稿、分段隔線——原用藍線、。。原用朱圈、㊉及（）原皆用朱。茲爲便排印、一律不用朱藍等色。又原稿中（）亦偶有用藍色者、今別以〔〕代之。大藏經會謹識

弘一大師全集

趙樸初署

第七冊

《弘一大師全集》（修訂版）編輯委員會 編

佛學卷 句讀校注 華嚴集聯 講演錄

傳記卷

序跋卷

海峽出版發行集團
THE STRAITS PUBLISHING & DISTRIBUTING GROUP
福建人民出版社

初版發起人（敬稱略）

釋瑞今　釋宏船　釋廣洽　釋常凱　釋妙燈　釋廣淨
釋廣義　釋廣範　釋廣餘　釋廣安　釋傳貫　釋晴輝
釋覺定　釋優曇　釋元果　釋隆根　釋自立　釋唯慈
釋妙因　釋妙抉　釋心理　釋圓拙　釋妙蓮　釋妙湛
釋毅然　釋傳常　高文顯　陳珍珍　林子青　虞　愚
蔡吉堂　劉雪陽　豐一吟　金兆年

編輯委員會總顧問：趙樸初
編輯委員會主　任：林子青
副主任：釋圓拙　陳珍珍　沈繼生
編輯委員：釋圓拙　釋妙因　釋妙蓮　林子青
陳珍珍　高文顯　沈繼生　釋法雲　王連茂　陳泗東
陳清泉　陳祥耀　莊炳章　陳存廣　黃柏齡　楊加清
李瑞良　楊貢南　夏宗禹　許在全　余險峯　張虹劍
施榮茂　莊為玠　葉四遊　陳瑞熙　傅佩韓　陳懷曄

修訂版編輯人員（敬稱略）

編輯委員會總顧問：李木源
顧　問：釋界詮　釋道元　釋本性　釋向願　釋理任　釋常定
汪毅夫　林文斌　余險峯　黃少萍　李育才　陳清泉
潘燕燕　胡曉泉　駱良益
主　編：釋學誠　陳珍珍　陳祥耀
副主編：周焜民　王爾康　吳幼雄　林長紅
編　委：釋學誠　陳珍珍　陳祥耀　周焜民　王爾康　吳幼雄
林長紅　祝閩影　周書榮　釋振宇　釋德昇　釋真仁
張　勇　林　樺

◎一九四一年攝於晉江

二三二、常惺法師行住持廈門南普陀寺受請典禮與歡迎弘一律師攝影

◎一九三二年攝於廈門南普陀寺，前排左起第十一人為弘一大師，第十二人為太虛大師。

◎一九三七年攝於上海

◎一九四二年攝於泉州

◎一九四二年弘一大師最後講經處——泉州小山叢竹書院故址，泉州佛教會立碑紀念。

◎一九四二年攝於泉州彌陀寺

◎一九三八年攝於泉州承天寺
自左至右：瑞今法師、泉州日報社經理、鄭健魂、弘一法師、轉塵法師、袁延年、高文顯、傳貫法師、廣義法師、覺圓法師。

◎一九三一年大師門生李鴻梁敬攝於紹興快閣

◎一九四八年豐子愷（中立者）參謁大師最後講經處

◎一九二八年冬劉質平、夏丏尊等人於浙江上虞白馬湖為大師所建晚晴山房

◎一九三四年大師在廈門南普陀寺倡辦佛教養正院

◎大師在廈門故居——南普陀寺兜率陀院

◎與普行法師　一九二七年夏攝於杭州本來寺

◎一九四〇年冬大師自永春放舟晉江上游，順流而下南安。

◎杭州虎跑寺之李叔同紀念館

◎晴遠師敬塑大師坐像，陳列於泉州開元寺尊勝院。

◎一九三六年大師自日本古版大藏經中檢出古蒼蠅，交泉州高文顯居士收藏。

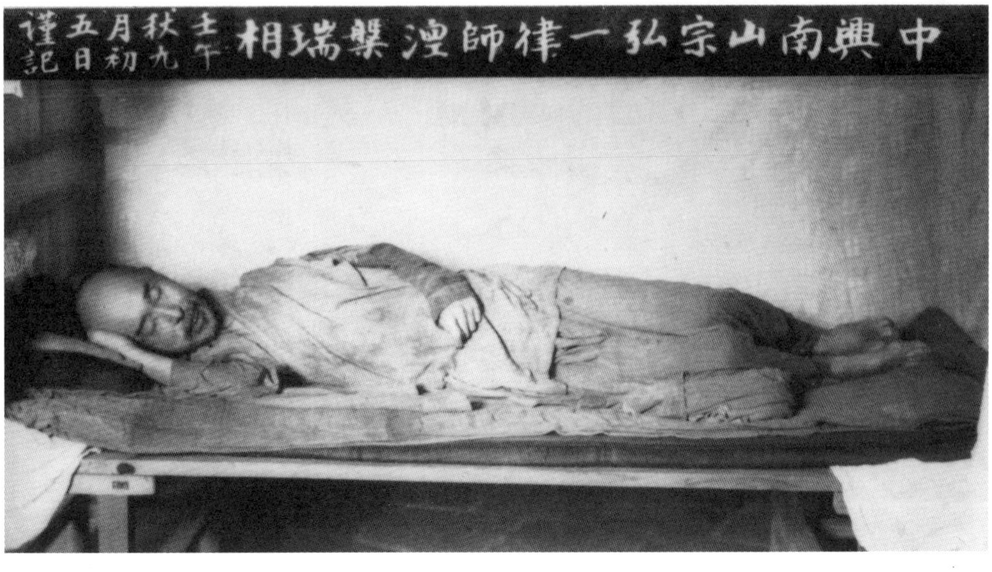

◎一九四二年秋攝於泉州

◎弘一大師所供佛像

◎弘一大師背影　一九三六年攝於廈門鼓浪嶼

◎一九三七年大師在青島湛山寺講律，值七七日本侵華事起，乃書「殉教」橫幅以明志。（大師弟子傳貫法師珍藏）

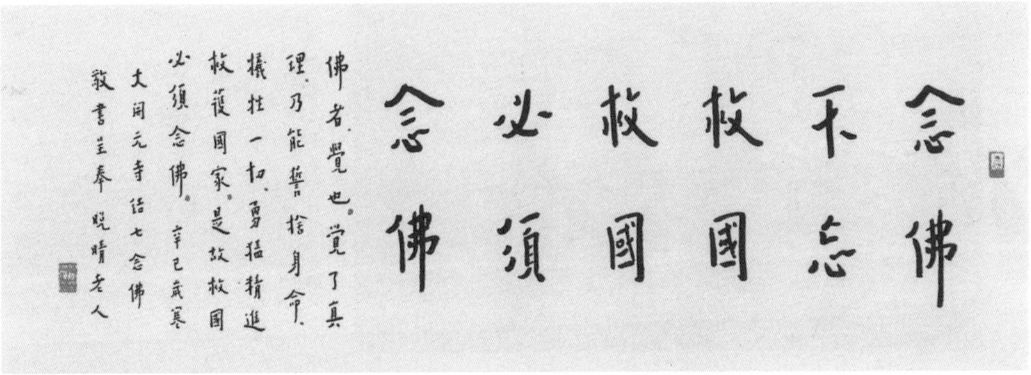

◎抗戰時期，大師手書「念佛不忘救國，救國必須念佛」橫額多幅分贈各方，勖諸佛弟子共赴國難。

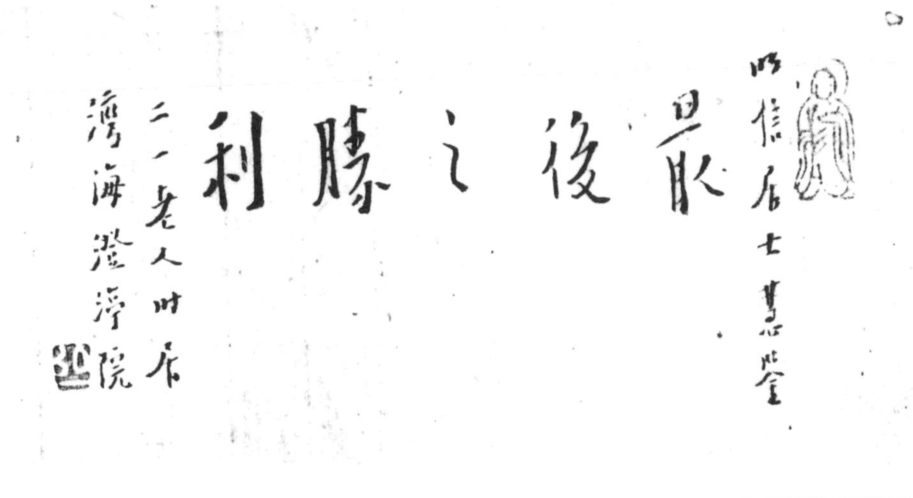

◎一九三八年十月大師在安海題寫「最後之勝利」

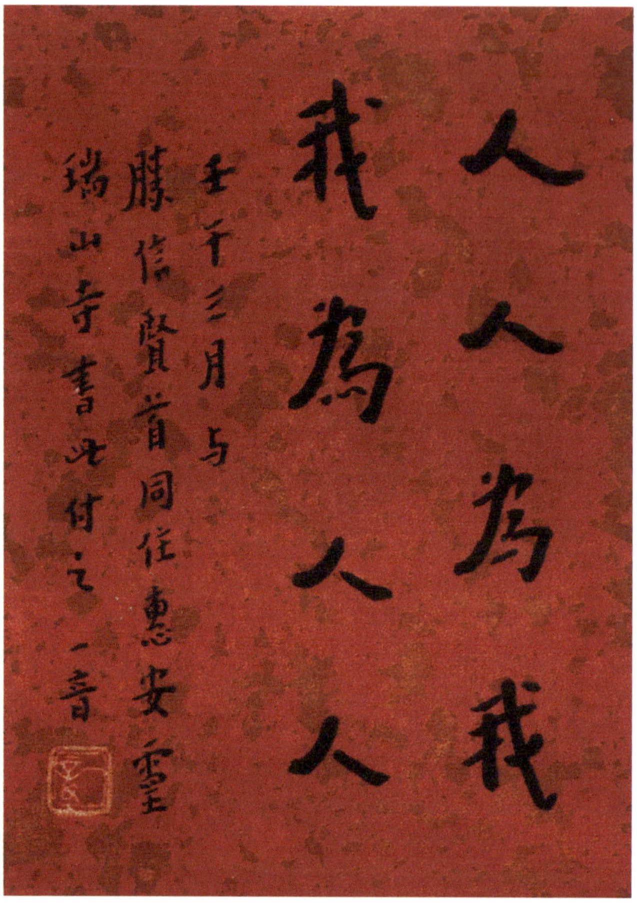

◎弘一大師書「人人為我，我為人人」句

◎惠安淨峯寺「弘一大師故居」

◎弘一大師曾掛錫泉州開元寺尊勝院之寮房

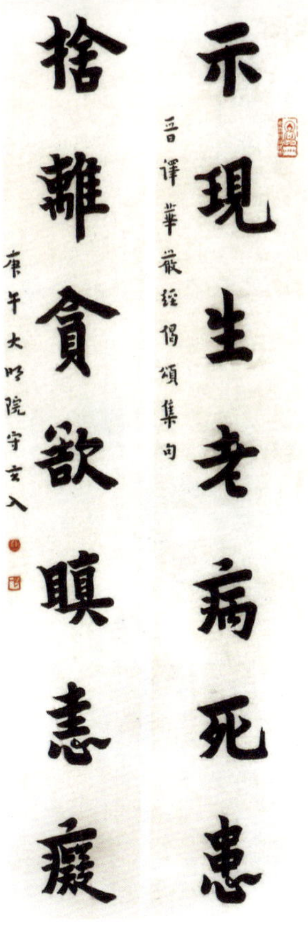

◎弘一大師書華嚴經偈頌集句

◎泉州開元寺內的「弘一大師紀念館」新館

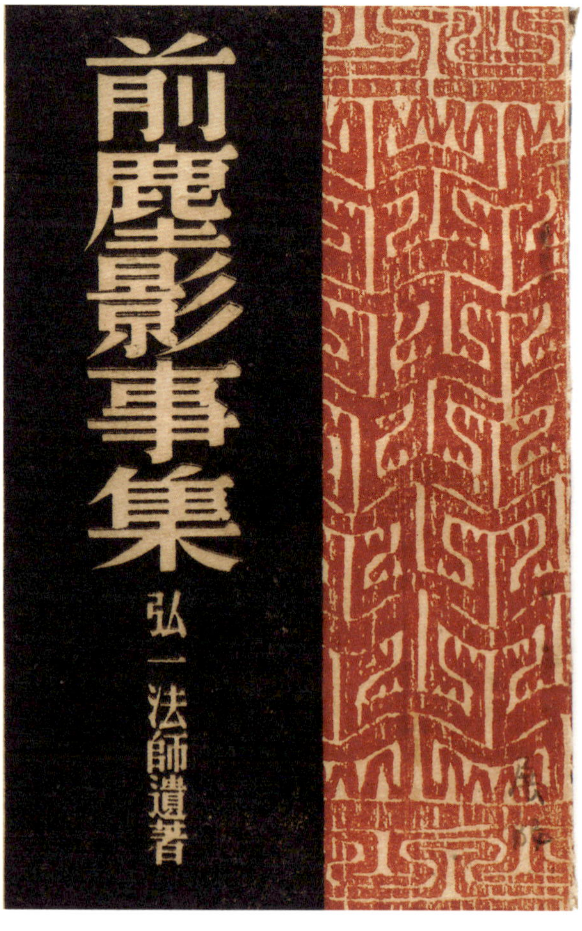

◎弘一大師遺著《前塵影事集》書影

第七册目録

第三部類　華嚴集聯

第四部類　講演錄

傳記卷

序跋卷

第一部類　佛學

第二部類　文藝

本冊說明

一　本冊為佛學卷（部分句讀校注與講演錄）、傳記卷、序跋卷、文藝卷（內分論說、詩詞、聯語、歌曲、集句、篆刻、繪畫、劇照等八個部類）之合集。（修訂版編者按，文藝卷調至第八冊，其中「集句」調至佛學卷。）

二　佛學卷始見於第一冊，終卷於本冊。繼南山律宗三大部（即三疏：《行事鈔》、《戒本疏》、《羯磨疏》；三記：《資持記》、《行宗記》、《濟緣記》）之後，收入本冊者，有四分律二小部（即《拾毗尼義鈔》與《比丘尼鈔》）及《梵網經菩薩戒本疏》、《五戒相經箋要》、《圓覺本起章》等五部典籍，均採用收藏於泉州開元寺弘一法師紀念館中大師親筆圈點校注之手蹟，影印製版刊出，保持手稿原貌。（修訂版編者按，《五戒相經箋要》後，今附大師所集《新集受三歸五戒八戒法式》。）另有附錄二篇，供對照校閱。其中一篇為「科表」，亦採用影印製版。《解行次第》一篇係重鈔稿，以排字版刊印。講演錄部分有十七篇演講記錄稿，以前曾陸續發表過，發表之前，均經大師寓目校閱。（修訂版編者按，今補為十九篇。）本集所收大師佛學著述之完備，實為空前。特為讀者隆重推薦。

三　傳記卷主要收入大師所撰史傳遺著共二十六篇。所立傳主，不論在家、出家均在收錄範圍之內。蓋大師在俗之日，為我國新文化運動啟蒙時期之藝術大師，早年即以文會友，交遊既廣且篤。此一時期大師為之立傳者，均係海內外藝壇知名人物。《樂聖比獨芬傳》可謂我國音樂界為貝多芬立傳之首例。大師在《樂石社社友小傳》中為柳亞子立傳，亦鮮為人知。《李叔同小傳》一節，是僅見的一篇大師出家前的自傳素材，其中有不少珍貴史料。這類文字也可以收入文藝卷，因傳記單獨立卷，故收入本卷。大師出家後為道友或在家居士立傳者為數不少。不分身份高低，雖為庖人、村婦、貧兒，亦為之作傳，充分體現大師「以無礙眼，等視衆生」之精神。行文概以傳主的史實為根據，夾敘夾議，持論公允。晚歲潛心編寫的四大律師道宣、靈芝、蕅益、見月年譜，亦收入傳記卷。此四位代表唐宋明清之律宗高僧，為大師生平之最崇敬者。年譜體例雖較簡略，然字句之錘煉，實見功力，足徵其史筆之謹嚴。

四　序跋卷主收大師為佛經、律典、法語及並世道侶或在俗文友著作所撰序言、跋語、題記等，為數達百餘篇。（修訂版編者按，今將雜著卷中題記部分調入，共增至二百餘篇。）分為佛學、文藝兩部分。是類文字色彩斑斕，頗具特色，絕非尋常應酬敷衍文字。其中不乏有記事、述志、懷人、議論之作。隨感而發，真切感人。言簡意賅，語淺情深。其中佛學方面的序跋，闡釋經論要旨，足見大師於佛教學問之精到。至於文藝部類之序言、跋語，為前期文藝思想之反映，亦為在俗時期文藝生涯之實錄。出家後雖「力戒放逸」，仍不免有在家文友慕名景仰者以藝事見詢，大師常以序跋簡札作答，其於藝事之真知灼見，識者當能辨之。大師晚歲居泉州，泉州古稱海濱鄒魯，為唐宋歷史文化名城，郡中遺留歷代文物頗多。大師耳聞目見，每有所作，可以從中窺見大師所受宋儒思想之影響，亦值得讀者注意。

五　文藝卷集句部分，收有大師所集並手書的《華嚴集聯三百》。此作在內容上是宗教的，但在形式上卻是文藝的。其文字體裁與書法藝術均具特色，特將原本手蹟複印收入文藝卷，以供讀者欣賞。書法卷不再收錄，以免重複。（修訂版編者按，《華嚴集聯三百》今調入佛學卷。）文藝卷歌曲部分，收有曲譜二十一首，依大師遺願，一律用五線譜。但其中《春游》一曲，係採取大師手蹟影印刊出（修訂版編者按，今移作第八冊圖版）；《大中華》一曲，係大師依民歌（或崑曲）記譜成曲，故不標作曲者姓名。另有四首原件祇標明李叔同作詞，不知作曲者是誰，姑且存疑。（修訂版編者按，今共收曲詞七十四首。）

六　佛學卷演講錄部分《佛教的源流及宗派》一篇；傳記卷中之《朽道人傳》（即近代名畫家陳師曾傳）一篇；文藝卷歌曲部分《長逝》、《冬》二歌，文已佚，存目待補。（修訂版編者按，上述佚文已補。）

佛學卷

句讀校注
華嚴集聯
講演錄

校勘義鈔序　　南山律要二

宋餘杭郡沙門釋元照述

此鈔傳世其來久矣或爲之訓解或口以傳授但去聖緜遠在人寡薄城中之乳日漸乖真林間之偈相承傳謬故使大慈留訓久掩其風末裔問津莫知所適是以積年躭翫四出搜求欲廣見聞固當詮示輒爲序引麤列三科庶使智者觀之所謂思過半矣著撰來意一也駮古異議二也校本差互三也初中夫毗尼爲教厥號行詮行之所依存乎事相往古諸德末窮斯旨競述義疏廣引繁詞唯我祖師拔乎衆見

刊削搜補顯行世事森列二持統歸三行故事鈔之作最居其首且事則在乎簡要行必憑乎楷模故不廣義章但直舒正範然則聖教宏遠至理淵微或隱伏之深文或廢興之來致無非正說豈患多途學必優柔義須精練是以攬諸要義別錄成章斯文之興抑其次矣是知事義兩鈔表裏相資非事鈔則行無所憑失乎教本非義鈔則解無以發昧於來詮詳其題號兩分實乃行解兼舉二部之作旨在于此或云戒業二疏不盡之義收拾成文者嘗用對考而文義多同若其不盡止可拾其所遺豈得彼此重見故知不爾或云爲二疏張本者且事鈔所指三部顯然豈是爲疏而爲草剏吾宗學者深須詳鑒果有所疑試引誠證鈔興意云每所引用先加覆檢於一事之下廢立意多諸師所存情見繁廣今並刪略止存文證（此明事鈔下序義鈔云）及教通餘論理相難知自非通解焉能究盡廣如集義鈔所顯此引文證也又下明不學無知持犯等義兩鈔猶同及乎二疏始多損益或復廢前其類非一此以義證也又先撰事鈔當武德之末（九年）次製此鈔乃貞觀之初（元年）曆相去足顯同時況貞觀之間始剏二疏（戒疏八年業疏九年）以見昔云拾疏不盡

者得非謬哉此約時驗也又法寶律師（玄暢）批云此鈔國初南山祖師述助釋行事鈔據此所明頗得其實旣云助釋則相資之義皎若重輪況指國初而同出之文奄如合契此引古證也釋疑會異委在別論第二駮古異議者通慧僧錄（贊寧）許此鈔有三種定在事鈔前撰一曰文義麤質多云首解二曰著述不全埋名沒代前無序引後無批文三曰備其遺忘略示義章但云將講等古記雖欲救正奈何理寡辭枝況不知疑之所來誠有由矣嘗三復斯語竊所未安故曲辨之俾無後惑原夫此鈔之製蓋集諸師章疏以成

二示次義
三示後義
三總結示勸

文體古賢製作直伸義意不務雕飾今則且依彼本刪要錄之及乎二疏始加潤色比諸大部辭理彬彬與此讐校安得無疑又歷代述作僅兩十家他師之義但通標昔解又解等唯首師大疏理趣弘遠爲今所宗故獨顯名用簡諸說斯實推寄有本不掩師承況首解之言蓋語從省要亦何質之有而彼輒見指斥一未可也又嘗考古本首後不全章節不次名代不顯誠如所言然亦未可非於作者故今略以數意求之有云草藁纔成便爲他竊未暇輯綴此昔所通亦一意也又唐室衰末涉于五代天下紛擾釋侶逃散諸宗經訓因之殘缺此二意也又祖教流行本於關輔江浙相邈過數千里傳文至此訛脫叵知此三意也又撰述至今歲時悠遠或傳寫遺漏或紙素零脫例如歸敬儀文前無半序比於儒宗書禮亡逸尤多況此間見行猶闕下卷可非驗耶此四意也而彼未詳直爾輕貶二未可也又製撰之家非唯一轍今但攢聚義類不立篇目撮略爲宗復無附釋但標將講節爲大科會諸家之異同以區可不列展轉之難問用闕深疑辭義宛然豈唯備忘三未可也用上諸意駮彼三種以見先德曾未討論傳習之流無踐斯

三校本差互二初標分二隨釋三初辨諸本二初標章二隨釋三初列示
三本三初見行本
二後古本
三永嘉本
二示古妄分
三明今所在
二正名題二初標章二隨釋三初正明題目
二因示撰號
三定品次二初標章二隨釋三初元無品次
二古本倒亂

迹第三校本差互復有三別初辨諸本者天台律師允堪科釋之本則爲三卷世中見行後得古本止有上中兩卷比三卷者始末皆同固常持疑無處求決近於永嘉得故常寧律師文溥一本四卷即以上中各分爲二彼自批云據法寶目錄云有三卷今止獲二卷細尋此說復按後批始知東夷寄還元有三卷下卷獨亡不傳江左非本無矣後人不達分中爲下且應目錄之數豈知失於本趣不於後進耶又審諸部隱略指在義鈔而文多不出良由於此諸師章記輒云指誤檢彼無文等蓋不知所以裁之故言多率爾今從古本止存上中兩卷復慮重大析開爲四下卷闕如以俟於後二正名題者此間所見古今多本並云四分律拾毗尼義鈔而永嘉一本獨云拾毗尼要然雖理趣一貫其如全缺兩殊又事鈔所指復有多別或云集義鈔或單云義鈔皆略舉也或云別鈔非同部也今則從多爲正如文所題又按通慧云埋名沒代可驗卷首本無撰號後人添入今亦存之三定品次者自上卷之初至中卷之末總一十六段皆首標將講而無一二次第之目然諸古本於破僧大意之下即列僧殘及二不定又間以時非時然後始列四

夷。便接捨墮。校以篇聚顯然倒亂。究其所由莫可知矣。昔天台律師降僧殘不定次於四重昇時非時綴于破僧。雖云改易而文次宛順於理無損。今從彼意。總列卷首。

毗尼大綱　起戒差別　十三難
不學無知　轉業變根　破僧大意
時非時　四波羅夷　十三僧殘
二不定　三十捨墮　九十單提
四提舍尼　眾學　七滅諍
四諍。

四分律拾毗尼義鈔卷上之上　　南山律要二

唐終南山沙門釋道宣撰

將講毗尼藏略存六門。

第一如來在世制有五名所以不分者。如來始從鹿苑終至鶴林隨根制戒乃有萬差何者良由衆生根器不同樂聞有異故令聖制輕重不等緩急有殊諸部輕重乃有無量雖復不同各稱根性皆有奉行之益以是義故聖制本有五名若不爾者付法藏傳云。佛現在時分爲五部應成無義又方等云於五部僧學何毗尼又復方廣云互用五部僧物如是等經亦

何須引若依大集文殊問等佛在世時全無五部文意之異何者如來爲利他成道證一乘妙樂將欲演說衆生行別不能一流遂使方便說三乘之別此是例也今毗尼藏者如來既自不分明知聖現在時無其五意五意若有亦應如彼三乘別與作名不可仍爲一部問若無五意亦無同事而有輕重制者何以經云我涅槃後分我毗尼以爲五部答如闍王十夢經說設我去世後分爲五典非謂在時已有五意此言分者例彼以解又解所以不分者具二義故一教主是一共誰諍競而得分之雖佛弟子名有五人皆是相承異世傳通化物故言一也二所被衆生不相是非何者衆生利根各各自念良由我等根器不同致令聖制輕重有異有何可諍各體化意依分修行以是義故聖者之制現無五意但有懸記之言佛去世後始有諸部分張。

第二辨廣略異者準增一六佛俱久住俱說廣略第一壽八萬四千年百年後制廣戒第二壽七萬年八十年後便立廣禁第三壽七萬年七十年後立廣教第四壽六萬年六十年後立廣教第五壽四萬年四十年後立廣戒第六壽二萬年二十年後立廣戒問

若爾並說廣略住滅應等何以四分言佛告舍利弗毗婆尸佛式棄佛拘留孫佛迦葉佛修梵行法得久住廣說乃至隨葉佛拘那含牟尼佛法不久住然則四長二短斯乖何通首解二佛滅者隨說略邊望廣說邊故言久住然則二佛隱其說廣但彰其略言不久住四佛隱略表廣導其久住故與身子作請之序若依五分言前三不久住後三久住更問若爾便有廣教何疾滅耶解云五篇諸戒乃是廣教作業受戒廣略通有不局一也安居自恣義亦同之以是而言雖法亡滅亦有作業受戒不同餘四受唯被內凡不

通末代問。涅槃云迦葉佛法住世七日。今言久住者何答。據利根者七日假教修行故經云七日七日若過自得淳熟不假教修故復言滅其鈍根者始終假教修行故今言久住此是制教廣略而已化教非無廣略之義而先略後廣定次之異易可思之。

第三說戒時節者如來在世但說略教以略教法言略包含通於輕重皆有行益弟子說廣表衆行法。二又解佛非僧故不能秉又解廣是別教若爲五說利益不普輕重異故善見云一切諸佛但說教授波羅提木叉不說威德波羅提木叉解云略教但指三

業而直諫故言教授廣教追事有怖故言威德又四分云汝等自說此是如來最後說戒此是證也問所以弟子得爲犯者說解云五分等佛言不應以天眼見舉應以肉眼見舉他罪又不能令犯者頭破七分如來反前故不得說然佛說戒時節遠近經論不定善見云如來成道二十年前常說略教後付弟子說婆論云佛成道十二年前說者爲無事僧說此略教也四分亦爾隨根所見異故善見亦言過去佛不爲聲聞弟子結戒不犯非故亦不結威德波羅提木叉亦不半月半月說戒乃至六年一說戒一切比丘悉

集佛所布薩計滿六年有神通僧者而來無神力者諸天來白即取衣鉢承諸天力到布薩處即說忍辱第一道等廣如大疏。

第四五師任持不分者依首疏融均二十年一師一百年付法藏相承付囑五師無闕不敘年數文殊問經云佛去世後百年始分第一師名迦葉比丘於佛滅後任持理行二教具足圓通隨化機盡大悲經云即以法藏付囑阿難竟於雞足山現大悲之願願力任持未入涅槃化彌勒佛弟子作十八番變立誓願竟即入涅槃如是等第二阿難比丘受此付屬具足

流通如經中言阿難乘船在恆河水中二王俱請阿難不知偏受誰請是故中流而入涅槃息諍競故又云付二弟子一名商那和修胎衣比丘過去慚愧胎裏著衣生出隨長故名胎衣也二名末田地和修在摩突羅國教化末田地在罽賓國二人並頭教化以此而言第三師末田地第四師商那和修受持佛法具足無缺任持八十誦律在摩偷羅國教化時人名曰摩偷羅律師將欲涅槃即以此法付屬第五優波掘多掘多善能說法但無三十二相時人名爲無相好佛至於受持勝於其師但簡律要用偏而行之然

三正顯不分

此五師皆內懷明朗深達玄微體道殊方又善見化
宜善傳聖教被時益世。一百年前猶自不分仍爲一
部大毗尼藏。

五 五部分張二。初標章。二隨釋二。初本部初分二。初通叙所由。

第五五部分張者。然第五師有五弟子。神解不同。莫
不皆窮理奧但執一見以爲楷準不能均融於是離
分一藏作衆部之名。掘多在世於後末時有王大集
論師共論佛法時各情見不同有所偏執掘多受持
佛法既少不能判正遂分一藏以爲五典各自相承。
並傳季世良由教主非一。五師同世情見相違互說
不同。如涅槃說由此異相朋黨相援互相諍訟依之

二引經委示二。初大集經七。如文。

修行莫不悟道。又大集云我涅槃後我弟子顛倒解
義顛倒宣說故隱覆法藏名曇摩毱多。解云此名顛
倒解義法名四分。就化儀次第說先果後因故名倒
說倒說故隱覆覆他先因後果義又云受有三世及
以內外善能論義破壞外道說一切性皆得受戒凡
所問難善能答對是故名爲薩婆諦婆解云此名三
世有亦名壞外道法名十誦又云說無有我及以受
者轉諸煩惱猶如死屍名迦葉毗解云此名解衆生
空亦名重空觀法名解脫又云。不作地相乃至識相。
故名彌沙塞此名廣解義亦名不著有無法名五分。

又云皆說有我不說空相猶如小兒是故名婆麤富
羅解云此名著有行此中無本不知法名是何又云。
廣博偏覽五部經典故名摩訶僧祇解云此名大和
衆亦名大數不知法之幾分又云如是五部雖各別
異乃至不妨涅槃若準遺教法律五師服色品而讚

二遵教法律

歎薩婆多者是人名博通敏達智導法化著絳袈裟。
曇無德者人名奉執清禁斷當法律著皂袈裟。
彌沙塞者人名禪思入微究暢玄旨著青袈裟。
迦葉遺者人名此人精進勇決救護衆生著木蘭袈
裟摩訶僧祇者人名此人勤學衆經敷演義理著黃

二五部重分二。初三藏口傳。

袈裟此中首解三藏口傳。一百年後分爲十二部薩
婆多中分出婆差部婆差中復分出三。一法上二名
賢胄三名六成此即本末合有五部迦葉遺中分出
二部一名僧伽提二名淺摩提本末合三將三足五
以成八部彌沙塞中分出一部名中間見此二配八
成十部唯曇無德摩訶僧祇二部不分通前成十二。
四百年後分爲十八唯僧祇中更分出六部。一名遺
迹二名彌沙三名施設四名毗陀五名施羅六名上
施羅。以是六部配前十二。合有十八部佛去世後爲

二文殊問經

二十部。故文殊問經言未來我弟子有二十部皆令

諸計住二十部者並得四果三藏平等無下中上廣如大疏。

第六總別者前五是別偏執已見故以經云雖各別異故知是別僧祇是總以此眾僧行解虛通不生偏執知彼別見皆各隨分契當無差故復說偏覽五部經典故知是總問若爾何故如來勸中唯言如是五部不言六者解云如來見前別見恐人不受故偏牒別見言五而勸不妨僧祇是總以行五見不恐人不行故不須勸雖復五行亦無妨故專論四分總別之異廣如別鈔毗尼藏大綱略解如是。

將講起戒差別即以十門。

第一序名略解者起戒略五略五者何一善來者往植好因道根深厚尋教生解斷惑一輪道成初果深厭生死希求出家佛唱善來即發具戒如百年昔比丘言在僧祇二上法者無欲迦葉修道進德惑盡解滿會性空上法而發具戒三三語者稽德非遠不感大聖託彼小聖厭有求出剃髮染衣憑依三寶即發具戒四八敬者愛道女女中最利聞佛不聽女人出家特生厭離遂自剃髮染衣倚立祇桓阿難三請如來遙宣八敬之法付與阿難頂受尊教授於愛道愛道聞之導此八法作奉行之意即發具戒五作業者根性最鈍非假勝緣扶彼勝因不能發戒思之可解此中有人不立上法得戒何者一無上法人二無上法教而四分云修道成羅漢即名出家受具足者此作業前成以羯磨度之將羅漢增於年不滿二十處而已又胎聞之疑皆是前故羅漢亦爾又解羅漢後成何者如律中言若數胎聞一切十四日布薩滿二十者即名得戒若不滿修道成羅漢亦得具戒故知有上法其五分童子迦葉亦可須引第五作業受中僧尼不同僧中有二一者十眾二者五眾中國邊地

如次可知尼則有四一二十僧受二十僧受中邊如前三遣信受信言之下便發具戒故四十二受已曾嫁故問中國十人不言持律邊地五人言持律者何答汎解十人要四人善解羯磨六人足數故十人不言持律邊地開法要須五人皆是持律如伽論問如佛說邊地持律五人得受具足若有十人持律五人受戒開得不佛言得具戒與受者得罪因茲更問三事一問出罪開十人不二問受開白二不三問受戒人少懺悔即多解初問者即有四意一為不開惡受既難得理宜謹奉二為不損總體三若詣餘方懺悔

不至有難亦滅四以開五人邊僧卽多第二可解依明了論更有略羯磨疏中云善根轉薄須立和尚闍黎先問遮法後從大衆乞與唯說單白便得具戒四人卽作不如廣羯磨善根非勝故盡白四說而尼無此也解第三問者受少懺悔多者受則創入情殷宜爲生善懺卽入久習誕善心難生後爲滅惡除業排惡故須二十遣信出界亦同是釋問遣信受戒要須報還方始得戒殺盜不爾者答受戒是要期思願滿足爲義殺盜損境爲義故不相並然卽將此六受屬前四種以成十受但此六種莫不皆通作業隱別就

通是故但存五種受戒廣如大疏

第二僧尼通別者如婆論云七種受中六局一通五唯比丘一唯在尼作業通二五是比丘者善來自誓三歸見諦三悟是也爲止誹謗故如來不以善來度女餘者可解摩夷云善來上法作業如此三受二衆通備如說五百女人善來出家是也撰集百緣云佛自面唱善來度尼皆得羅漢非唯一二賢愚云蓮華色尼佛唱善來度明了論有善來上法通尼四分亦有破結使尼理卽通也三歸受戒不通尼者準經論驗尼無三歸得戒婆論云成道八十年已前三歸度人爾時尼未有心出家八年已後止三歸與羯磨度人所以不通問若不得及三歸度及善來敎應善來度答今舉不及爲彰不度正以未有心出家故此言不通者謂具戒三歸五八十等理卽通尼婆論云佛成道十四年後以八敬度女人自此已後以其羯磨度其女人此不通僧思之可知若對時別者善來三語八敬此三局佛在世雖云付法藏中說阿難恆水度五百仙人唱言善來頓成羅漢果而不可依上法得戒亦通二時佛滅度後五百年中解脫堅固可無一人入羅漢果羯磨可解若論處者善

來八敬局在閻浮以佛在此而成道故又此二種佛自秉故問若爾何故不遊三天下敎化者答閻浮提人有四種別緣謂見佛聞法出家得道故東西二洲無見佛緣羯磨通三可知上法通者如來一代三天下中可無一人入阿羅漢果三語不通者如律中言汝等各各人間遊行不得二人相隨百一十八中無賓頭盧名以賓頭盧被擯東西天下始有佛法故鼻奈耶云佛語賓頭盧我今擯汝終身不得解脫涅槃不得住閻浮提時尊者受世尊擯已卽歸僧牀取臥具於閻浮提沒出俱耶尼於彼夏坐多度弟子敎化

二北洲

俗人大作佛事十誦亦爾唯言起僧房爲異婆論云
婆提亦因擯賓頭盧往大作佛事乃至有四部眾等
北方是難地化所不及故五受俱無也

三二覺得戒二 初標章 二隨釋二 初正明二 初如來得戒二 初正示二 初果中得

第三二覺得戒者若依僧祇如來果中得戒故彼律
云佛在菩提樹下最後心中廓然大悟自覺妙證是
名具足若依婆論亦果得戒以自言不起此座而得
漏盡漏盡之時果戒俱得若依五分因中得戒故彼

二因中得二 初引示

律云二月八日夜半逾城乃至在一須摩那樹下剃
髮著袈裟即言我今已獲具足不言受也善見亦因
中得戒以寶衣易得麤布僧伽黎已被衣剃髮竟即
言已獲具足四分無文若以義推餅沙王見菩薩著
袈裟乞食爾時未成道故知因中得然此太子王宮

二融會

非實生雙樹非實滅不可定言又解爾時未有佛法

三覆釋

云何得袈裟剃髮者是首陀會天化作獵師令厭離

二釋疑二 初舉異盡以問

也問戒本防非佛既惡盡何以戒爲答戒是功德法
若當無戒乃可惡盡功德不滿是故須耳若爾果頭

二引不護以難

得有戒者果頭亦應有三護何故果頭有三不護答
本是惡法護其三業防過未起故果頭不須三護戒
是善法是故有戒

二獨覺得戒二 初正問得否

問獨覺爲有戒耶解云亦得雖出
無佛世緣於別事得脫亦得解脫戒問若爾別解脫

二引教申難二 初叙難

佛出世有既出無佛世云何得有之者如婆論言非
僧攝耶

二釋通二 初順婆論答

答別解脫有二一在家三歸五八等二出家
別解脫二百五十是多論就初而說故言無戒

二依善見解

今更
解得具別解脫何以故五戒形俱過去時有不至今
身亦佛未出世故無自受法婆論如此依善見云有
以五戒十善戒一切時有乃至無佛出世辟支輪王
等亦教受故若不爾者如來獨覺得自然戒佛亦在

三引佛例證

家耶眞諦明了疏云於過去多劫中以修戒行於最
後生身即五戒性成在家已至苦法忍時而出家具
戒鬚髮自落衣鉢在身爾時具得別脫定生無漏戒

二釋妨二 初問自然得名不同

也問如來所以得自然名弟子而得上法者答因中
不假師說教故會自然理得盡智故弟子不爾

二問二覺假教以否

問佛
與獨覺不假他身教假自身教不婆論云假自身教
得佛在樹下坐即身教成就口自發言我要不解此
坐而得漏盡即口教成就後得漏盡戒亦俱得廣如
大疏

四師資不同二 初標章 二隨釋二 初正明二 初明五受

第四師資不同者婆論云此五種受遠而言之皆從
佛受由佛出世有是法故若以義推上法自得餘四
從他何者由佛說法得證無學名從佛受以義而言
盡智現前自證得戒故不從他受從他受中善來八

二辨七衆
二釋妨七。初问善來佛兼。
二问八敬遙宣
三问佛不作師
四问尼無論義
五问僧無遺信二。初答回釋通。
二引難轉問
六问上法不同二。初引文以問。

敬佛邊得戒。三歸羯磨弟子教得。若論七衆者。如婆論云。大而言之。皆從佛受。以事而言。比丘優婆塞優婆夷三衆從佛得戒。二沙彌從佛得戒。一難提。二耶奢。尼之三衆佛已不授。爲止誹謗故。報恩云。均提沙彌佛唱善來得沙彌戒。不得具戒。後更說法便悟聖道。問。何故如來得兼善來。比丘不得者。答。具二義。一麤習其亡。威德力大。能轉緣入道。二善識根器應機授藥。故比丘不爾。問。佛何故遙宣八敬。不對面化者。答。爲表未來依憑大僧諮受法訓故。多論云。見諦善來自誓。佛於彼有和尚阿闍黎義。然佛不爲人作師。

拾毗尼義鈔卷一　十三

三歸得戒。得稱比丘作阿闍黎。不得作和尚。八敬得戒。得稱阿難作阿闍黎。不得作和尚。問。如來何故不以羯磨與人作師耶。答。爲成平等化故。爲成三歸故。爲成四信故。爲成六念故。問。何故尼中無論義得戒耶。答。性多煩惱。難可拔悟。不得與佛對談。稱可聖心故。問。何故比丘中無遺信耶。答。女人志弱。故有遺信。男子剛決。何須遺信。問。若爾。比丘應無梵行難。梵行難有遺信可有。又解尼不得請僧就寺受戒。故有遺信。比丘不爾。何得相並。問。依四分摩夷得羅漢果名上法得戒。五分陀驃十四出家。十六成羅漢。年滿二

二約義以答二。初約方便答。
二約俱得答二。初正解。
二釋妨
三約從勝答二。初正解。
二釋妨
七問俗人得果二。初问經律相違。
二問涅槃差别。

十。羯磨受戒。賢愚經云。舍利弗度專頭沙彌。七年出家。十四得羅漢。爲報師恩。不受具足。又育王傳。毱多度二沙彌成羅漢。令采華摘果。猶名沙彌。如是等教何意耶。答。四分摩夷先有方便受戒之心。盡智現前。果戒俱得。五分等說先無方便受戒之心。得果無戒。又解。俗人沙彌道成羅漢。果戒俱得。問。若爾先得戒者。何故律云更唱善來羯磨。答。爲除俗相故。釋疑入衆故。所以更唱。又解。迦葉定自誓得戒。而名上法者。以世間盛法者名爲上法。故付法藏傳云。自誓言下。身口律儀。森然具足。不同昔解。自誓言下不發戒品。

拾毗尼義鈔卷一　十四

是故多論云。自誓得戒。唯迦葉是。然非在羅漢心中得。唯從勝緣以彰名也。若爾。何故律中云。沙彌得羅漢。卽名具足。答。此亦羯磨前成。今從勝名。問。經言俗修道不證第四果。何故律中言俗人得羅漢果耶。答。義雖矛盾。理卽無妨。婆塞有三歸五戒八戒。如前說故。此中三歸五戒者。聞佛說法得下二果。不證三四。受八戒者。亦證三四。經律各一。思之可知。問。何故涅槃經出家婆塞遠離五欲得那含果。比丘比丘尼得四道果耶。解云。爲顯在家出家作差別故。不言得四果而已。

五位列凡聖二初標章
二隨釋三初善來
二三歸八敬二初準婆論局內凡二初正明
二釋妨
二約義通外凡
三羯磨
六發戒時節二初標章
二隨釋五初善來
二上法
三三語二初正示
二釋疑二初引智論立問
二據母論答通三初總舉
二列釋五初翻邪

第五位列凡聖者依四分言善來一種唯被聖位不通二凡解非圓明厭心非極故十誦云善來受戒一切如法諸佛法王自在義故自與受戒無有學地命終不成羅漢善來言下俱發具足不證於果祇疏云善來言下果戒俱得果謂初果五分云善來受戒通於凡聖爲須提那善來受也三歸八敬不通外凡如婆論云此二人不羸不捨不變根不斷善根始終堅固無諸災患故知內凡問若爾內凡已去得不壞信成就不退何故律云將至佛所中失本意答解信有二二一事中出家信二理不壞信彼言失者謂失事信而非理也又解八敬通外凡愛道初果五百女人何得無凡三語不通外凡羯磨受戒始被外凡一興已後三人通被引說教旨廣如大疏

第六發戒時節者善來一種唱善來竟卽發具足上法受戒盡智現前得三語受戒摩夷云前三歸是出家三結竟卽發具足問若爾懺悔之法殄於往愆使身心淨然後乞受何故智論云受三歸竟然後懺悔答依母論有五種三歸一翻邪三歸此人信邪來久今始入佛法不得卽受先教歸三寶翻邪入正後始懺悔不發戒品如商客兄弟說五道皆得三歸唯除

拾毗尼義鈔卷一　十五

二五戒二初明簡淨
二问時節三初叙问
二答釋二初約受歸得
二約說相得
三簡判
三八戒
四十戒
五具戒
四八敬
五羯磨二初引示二解
二釋通疑妨二初引安居例難
二約多義釋通三初舉不結反破

重獄二五戒三歸謂五逆罪賊住汙尼二根先犯五戒等如是一切皆不得受問受五戒者何時發戒答要受三歸已得五戒而欲令前人識名字故須說之又解說一不殺戒爾時得五戒爲能持一戒五戒盡能持故又復五戒勢分相著故兼本意誓受五戒竟然後方得首解於諸說中受三歸已得五戒者此是定義八戒十戒亦皆如是如是五戒一受無量廣如婆論三八戒三歸亦問諸難及得戒時準五戒解四十戒三歸者如五分云度沙彌已先受優婆塞三歸五戒後受沙彌三歸十戒故五具戒三歸者如母論云問五八十等皆受三歸何故不名具足戒耶答五八十等宜說三歸不足更有所加謂五戒等具足三歸宜是先加又當爾之時未有五八十等無所可列故四分云歸依佛法僧今於如來所出家如來至眞等正覺是我世尊卽各出家受具足戒十誦又云具三歸者歸三寶已三唱我隨佛出家卽得受戒八敬受戒說第八訖卽發具戒羯磨受戒釋論云與汝受具足竟卽發具戒又解羯磨竟發戒問三羯磨竟卽發一形戒我三結安居亦應得一夏問但作安居意不三結安居亦得成安居亦應但作受戒意不三羯

拾毗尼義鈔卷一　十六

磨亦應得戒既不同彼何爲作難又解受戒要期一
形盡形始廢無者可屬故羯磨竟發一形戒安居要
心是短三月滿時有者可屬是故待滿方得義不相
並又解但知受戒就法安居對時若就法一時之間
有多法若就時一時之中不得有多時時是總法是
別時法要須前謝後生義不相並
第七五受漸頓者婆論云五種受中羯磨一種亦漸
亦頓餘頓非漸於義似失何者善來三語何故不得
曾已先受八戒五戒後受具足而言漸也上法亦爾
如律言沙彌羅漢卽是其漸八敬亦爾云何言餘四

非漸婆論雖言七種受中白四一種次第三時得餘
戒一時而得無三時次第以前驗之不可卽定今解
五種漸頓俱得不得言開開卽無罪若論其羯磨一
種唯漸非頓餘四並通依僧祇律等雖言先受三歸
五戒後受十戒不言併受者不得眞諦明了疏先不
受十戒不得具戒此戒是具足方便能攝未來具足
戒名願毗尼此應是異部所說不存者得問若一時
得三種戒者何須次第受之婆論答柒習佛法必須
次第如是次第得佛法味好樂堅固難可退敗一時
受者卽不如是又言眾生應受五戒而得道果十具

亦爾是故如來說此次第又文雖言一時得三而無
有別無作一體隨位別說三戒故若依樓炭經云不
受五戒直受十戒不得十戒首解未見經本問受戒
一形設欲不犯後犯不失戒我要期三月不出宿後
出經宿不失夏不答戒先發得在己所以不失夏本
未得故破也若未得者云何言破解破有二一已得
名破二應得不得名破若當限滿無破可破
第八作法不同者善來八敬一徧得三語三徧得羯
磨四徧得善來對佛勝一徧可爾八敬學人秉何故
亦一徧若望阿難計應多徧以兼佛故若世尊有是

敎故知由佛但愛道渴法情殷故同一徧三語者若
計羅漢一徧應得但以此人渴法情慢故三徧方得
三語對無學人何故三徧答人雖有異皆是辨戒疏
緣心是正因以愛道情殷先自剃髮爲聖抑止豪淵
子孫無心他化方從出家中間失意故知心輕羯磨
雖眾以通凡聖故四徧得三語所對雖是無學以別
人秉其緣稍勝故三徧得此中善來第一三語第二
羯磨第三八敬第四上法第五制次如是引文指事
廣如大疏問五戒十戒羯磨此三前後云何解云五
戒初制如鹿野成道耶輸伽父一人受五戒最先八

二辨三歸
三點八敬
九受隨同異二初標章
二隨釋二初無作戒二初明同
二辨異
二作戒二初明同
二辨異

年後方有羯磨自此已後說十戒法以十戒文云和尚某甲故知最後羯磨五年已前興顯三語以僧祇云五年犯婬戒故蓋是四分提挪也然善見云八夏犯與多論相應以此可言八年前不可定言其八戒者不知早晚

第九受隨同異者同有四義一名同俱名無作故二義同同防身口七支故三體同同以非色心爲體故或名色性故四敵對同受中無作體在卽是對是防非與隨中無作一等異亦四種一受中無作總先成心斷一切惡無問情非情一時總得隨中無作別發行不頓修次第漸成修者發無作不修者不發無作二長短不同受中無作要期懸發擬於一形形存戒在說之爲長隨中無作從修行而發與方便色心俱事止卽無說之爲短三寬狹不同受中無作一受已後任運而起三性之心恆有不失名之爲寬隨中無作善性便有惡無記無名之爲狹四根枝二別受中無作是其根本隨中無作依受而起說爲枝條若論二作者同亦有四一名同二義同三體同四短同異亦有多種受作總斷隨作別斷受作根本隨作枝條受作懸防隨作現防受作一品隨作多品廣如大疏

十問答料簡二初標章
二隨釋五初沙彌戒二初示方軌
二釋疑妨二初問別相
二問四依
二沙彌尼戒二初問請師不同
二引和尚轉難
三問式叉戒二初問男女有無
二示六法之相三初正明
二釋疑

第十問答者受勤策戒方軌者如五分應先受優婆塞三歸五戒後受沙彌三歸十戒十誦亦言先五後十善見云禮僧已往闍黎所禮足互跪合掌闍黎教言汝當隨我語教汝受三歸答言爾首解云亦應問十三難諸遮以生善也問沙彌何不直說前四性惡便罷而說後六遮惡戒者解云此十喜犯故先爲說自餘諸戒師後別教問何以四依爲大僧說不制沙彌者解云以沙彌志弱情懦不堪問大尼請僧爲師沙彌尼何不如是解云小尼成行不依丈夫故不令大僧作十戒師大尼反前大僧爲師問若爾亦應大僧爲和尚耶解云非親相攝故不得爲和尚問童女所以有學法丈夫無者何答首解此有二義一女人有懷妊之過故須與二年學戒淨其身法丈夫無此何須作之二爲表女人煩惑垢重入道卽難自非加以學法進道無由丈夫善因既勝堪能立行故更不須加其學法學法者何首解與六法未滿二年更犯輕者缺其學法更與二年六外犯者但缺行法不缺學法若犯四根本卽應滅擯故有學根本有學學法有學行法若滿二年已犯者亦缺學法更與二年問若爾行覆藏竟犯者亦應壞法解云覆藏隨日治其

三指畧
四具足戒二。初明和尚是非三。初和尚非法。
二不乞不請
三師不現前
二問二師差別二。初問戒師不差二。初約義釋通。
二約結集難
二問教師不和

情過非盡形故曰滿不壞學法盡形非局二年爲對
受具略限二年非謂多年局不聽學所以不例僧祇
十八法廣如大疏又依伽論若白衣爲和尚與白衣
受具足爲得戒不答得戒僧犯吉羅非出家人爲和
尚與人受具足爲得戒不答得戒首解雖有其文亦
不可用僧犯吉羅非在家用善見云若人不請和尚
不乞戒不得與受者吉伽論云受具足時不乞和尚
得戒僧犯吉羅十誦云與無和尚人受戒受者得戒
衆僧得罪婆論云先請和尚受十戒時和尚不現前
亦得十戒若受十戒時和尚死若聞知死受戒不得

拾毗尼義鈔卷一　三十二

不聞知者得受具足戒和尚不現前不得戒以不滿
僧故若數滿設無和尚亦得戒善見云無和尚與受
具戒得吉羅是人得戒黃門爲和尚爲人受戒得戒
衆僧得罪問羯磨師所以不差教授師獨差者何解
云教授師出衆問難若僧不差無以輒問故須僧差
奉命而問羯磨師在衆而問何須僧差若爾結集法
藏亦在衆作法何以白差答結集爲與衆僧不爲別
人若不差不知誰問誰答故須差問答人定方得結
集其羯磨師爲別人受戒先請師已定或復在衆是
故不差問作業師單白和僧教授師所以無單白和

五本法尼戒二。初問聽羯磨二。初約義釋通。
二約法例難
一受已說相
○三十三難三。初標章。
二隨釋七。初隨難略解四。初總舉。
二列釋十。初邊罪二。初標。
二釋二。初正示名義。
二。初縱叙諸妨。
二一義釋通
二簡問辨異名

僧者答羯磨在衆問難又僧不差故須和僧教授師
旣爲僧差奉命遣問何須更和問作本法尼得聞羯
磨法不答雖未得戒已曾聞羯磨故宜在大尼下坐
得聽後人受戒羯磨不犯遮難以不異本所聞法故
問若爾教授師單白所以不犯難者解云曾聞羯磨
師單白彼差人單白事雖是異同是單白不殊故聽
不犯不可例言至大僧時亦有此者雖同羯磨而衆
異故又五分言受大戒已初說八重次說四依後說
八不越法乃至尼說四依無樹下坐十誦云說羯磨
已先說四依次說四重八重廣如彼律

拾毗尼義鈔卷一　三十三

將講十三難略存七門
第一隨難略解者難雖千途但從重說略表十三此
中第一邊罪者問何以爲邊罪答不以殺盜爲邊若
爾俗人作同亦應名邊若以受戒不得爲邊者犯尼
淨行亦應名邊若簡衆外名邊者應擯之人應非邊
以未擯故若以夷名邊者沙彌吉羅應非邊今正論
邊體對作過違佛制教不作卽已作卽分外故名邊
罪問何以不名滅擯人答實應言之但以此人經捨
戒來故不與前名又此二人對比丘位中得法者名
滅擯不得名邊道理是一但爲別二人仍從本稱故

二壞尼二初標 二釋三初引教正明 二初僧祇二初引示 二釋疑 二善見 二諸師異判二初他師解 二首師解 三問答釋疑三初問殺汙不同 二問受報差別 三問尼無汙尼二初引破僧例難 二約義釋通二初約不同釋 二據成難釋

存邊目。第二壞尼淨行者如祇律云若羅漢那含二聖尼初中後一切皆名壞尼淨行斯須二果及凡夫持戒初若受樂是壞尼淨行中後不名尼難問聖境不壞何成難者解云但使行業成就不待前壞即成障戒善見云若壞式叉沙彌尼不障出家若比丘尼三處行婬皆名壞尼乃至若尼自樂著白衣就行婬者不障出家有人言但是具戒不問淨穢陵慢皆重未滿之人所對境輕故不障戒是故四分云汝不汙比丘尼不明知簡下二眾但是具戒勿問清濁望於俗人皆是尊境五分十誦皆亦如是首解雖三部

不言清濁而祇律最善問善見云殺凡尼乃至三果皆不障戒方廣十輪殺辟支佛非逆何以汙辱尼障戒耶解云殺損福田故制犯逆此下諸人非極福田故殺不成逆問斯須二果受樂時得重者應得地獄報耶解云不受若爾何故凡尼受報者答對無對故不成例問俗男可爾俗女無壞尼降此一邊若爾比丘有二破僧可有違諫殘尼無破法輪闕一不應殘解云尼雖無破法輪而諫法是通俗女壞尼一向不通又解壞比丘亦成難以男子壞比丘義稀故不說障戒理即成難故善生說受五戒者汝不犯比丘比

三賊心二初標 二釋二初引文顯相二初通示三種 二別顯偷法 二約義決通 四破二道三初標示 二釋疑二初明沙彌破內非難 二問二眾犯重不障 五黃門三初標 二釋三初十誦五種 二僧祇六種

丘尼不。第三賊心受戒者善見云盜有三一偷形者無師自出家不稱比丘臘次第不受禮拜不入僧法事不受利養二偷和合者有師出家受十戒而未受具往他方或稱十夏次第受禮入僧布薩受人信施三二俱偷準上可知若偷形者不受法事更欲出家受戒者得僧祇云若沙彌作是念說戒時論說何等即入牀下盜聽若聰明記得初中後語者不得與受戒不爾得受十誦云若二三聽布薩不應受已受擯若一布薩或聽不聽應受五百問云沙彌詐稱大道人受大比丘一禮拜是名賊住難此中一解律云

至一二三比丘所故知對首眾法皆成此障首解雖一二三僧所盜形共對首不成此難以是別人對首法。第四破二道難者正就破內兼取破外問沙彌破不成難者何以盜殺同障戒耶答大小雖別同犯根本問若爾尼下二眾犯後四重何不障戒答前四對限分有違即障戒後四枝條深防不類。第五黃門難者依十誦此有五種一生不能二半月不定三妒他行能四因他婬能五病朽等此中前四是正難其第五者若不動聽住雖不動若還俗捨戒更來受者不與受受者可擯依僧祇此亦有六一生不能二

夫妻嫉妒生小時捺破三王臣割卻以備門閤四前人觸身故生起五妒見他行然後方起六半月不定前三不應與受受已應擯後三不應與出家出家已不應驅出後若姓心起應驅出依四分律亦有五種一生二犍三妒四變五半月此中若受具後被餘緣故失男根不應擯出若捨戒者不應與受雖已受自割男根便應滅擯。第六第七殺父母難者善見云若殺畜生父母得出家十誦云異想異因緣殺父母皆得受戒。第八殺羅漢者伽論云異想殺羅漢亦得受戒十輪云若人出家受具足得見諦斷其命是

逆亦根本是人於佛律中應驅出善見云若殺白衣羅漢不得出家殺三果人不障出家。第九破僧難者伽論云非想破者不得與出家受戒法想破者得與出家受具足戒問對沙彌言僧破僧不於教可爾女人不得破如何乃問僧破僧不耶首解云以實言之應無此難然比丘轉根為尼或佐成伴故亦須問沙彌應無也然曾作大比丘捨戒來欲受戒或立主伴義可得有故亦須問也。第十出佛身血難者問五逆中所以出佛身血與惡心名自餘四逆不與惡心名者解云若與治病針刺出血及以打佛此非惡心今言惡心者調達本作斷佛命意出血故此名之五分調達惡心出血破僧比丘不知云何待御佛言不應與出家已受具應滅擯止言擯調達不言調達比四分云佛為下害無有是處何故復說出佛身血耶首解壞身出血即緣雖可出血不能斷命故無有是處如毗婆沙云八百天子得宿命通見佛過去捕魚等業十住婆沙問實不出血命亦不可斷何以現血不示斷命出血有二一為現平等無二增減故調達雖出佛身血如視羅云無異故二為彰報定除天子邪見故菩薩藏云當時出血無量眾生得道故示

出血若有眾生應見斷命得益者如來即示故經云應現滅度以現作惡後受報故餘難可解問依四分前問受戒後問得戒眾得越毗尼此義何者首解此亦應是四分廢教伽論云受具足時不問遮道法便與受戒得戒僧犯吉羅

第二依名出體者黃門五使煩惱為體非人畜生以苦逼切為體二形以二身穢惡報色為體自餘九種以不善業思為體問五逆以何為體答俱以逆為難體不假夷蘭如俗人逆障豈得夷蘭若論夷等邊罪攝問四事合一邊五逆別者何耶答殺盜雖別不由

二得名
三諍名廢立二初標
二釋二初问十三獨稱難
二问第一獨名邊二初问答釋通
二難前二破二初擧尼邊類難
二引多義釋通三初尼無邊義
二違教有無
三通别非類

作事卽障戒要違重敎方得成邊違敎處一故合一
名逆無敎可違但隨事成逆故如是戒難有十三而
名有四非人畜生二形黃門從報而名邊罪破內外
從法得名賊心當體餘六從境壞尼五逆是
第三諍名廢立者問障戒不發乃有無量何以十三
獨得爲難餘皆名遮答凡稱難者皆有二義一始終
體定二雖具諸緣而不發戒十三難具二得名難餘
不具故唯名遮問十三中所以初難獨得邊名餘皆
不爾答邊具四義一曾得內法今飄衆外可名爲邊
餘皆未入除壞尼淨行二通大僧沙彌不得出家者

得名作邊除破二道及以破僧不通沙彌賊心局在
沙彌不通大僧此三雖得內法各不相通故餘名之
三不通俗人者黃門殺父母羅漢非人畜生二形此
七通俗不立邊名四犯究竟罪名邊除出佛身血是
方便故通俗人故問尼犯後四重捨戒而來落邊罪
難者若爾後四不通沙彌尼得名邊罪者破和合等
不通沙彌亦應是邊此有妨難解云若避此妨尼犯
八重皆不作邊名何者尼直如法捨戒尚不聽重出
家何須立邊罪難此卽無妨又解初是違佛敎得重
罪自餘隨事無敎可違又此邊者是十三之別事若

四收難盡不二初標
二隨釋二初收不盡二初示餘難二初引數列相
二總问須否
二明衣鉢
二收盡二初正明
二釋妨二初问年少非難二初问答釋通
二引和尚例難

見初名邊欲使餘悉名邊者亦應言乃至二形類前
十二皆二形耶結難可知邊是別事之名難是該通
之稱
第四收難盡不者解有二種一語難而言乃有無量
且表十三十三名難者婆論又云斷善根人亦不得
戒善見云六八不障天道障於聖道黃門畜生二根
賊住壞尼破道也若五逆人天聖二道俱障祇律更
足惡邪見沙彌不生羯磨事首解似得戒明了論云
律中說二十人不得戒廣如彼論然且列十三無卽
問便得戒不問不得餘者有卽不得無卽不問得戒

多論云若無衣鉢得戒問若爾何必須衣鉢耶答一
爲威儀故二爲生前人信敬心故三爲表異相故內
德既異外相亦異善見云無衣鉢受戒師僧得罪不
言得戒以不一解此收難盡此中要取有心出家隨
僧乞戒作法加被不得名難餘落在無量難收非此
重攝如似畜生取能化人乞戒是難自餘畜生無來
乞義皆非此攝問若爾年不滿二十有心乞戒不得
應是難收答一向不得屬於十三年不滿者待滿卽
得故義不共問若爾九年和尚亦應不得戒答不滿
雖同皆是遮位疏緣正因故得不得別式叉不滿亦

二問不說八難　五三障對收二初標　二隨釋三初約義收　二明寬狹二初總問　二別答二初答寬狹　二答輕重　六明通塞二初標　二釋四初明難二初明非畜不分　二問諸天非難

應有難隨情消息。問。八難何不說耶。答。此障戒。彼障聞思。故略不說。又解。不異前說。華嚴經云。四輪摧八難成實。云。一住善處。二依善人。三發正念。四植善根。初輪摧於五難。三塗長壽鬱單。二摧佛前後。三摧世智辯聰。四摧聾盲瘖瘂。子細具論。前已簡訖。彼無心來乞。故非此例。

第五三障收十三難者。黃門一難。愛欲斯多。煩惱障攝。以不能男亦落報障。邊罪壞尼賊心破道五逆九。業障收。若障戒不發。前四是業。若障證聞思。唯五逆是前四。非障非人畜生二根三是報障。問。十三難中

幾寬幾狹。幾輕幾重。答。若就十三。辨者業寬報中煩惱最狹。若汎解三障。該於五道。報最寬。煩惱中。業最狹。唯人中少分起故。就八難配障。前七是報。後一是煩惱。八難無業。若輕重者。煩惱障是諸障根本。以之爲重。業爲中。報最爲輕。若就可轉不可轉報障不可轉。以之爲重。餘二可轉。令滅說之爲輕。

第六通塞者。問。非人畜復有黃門等。何不分耶。答。人中受道。故從黃門二形以說障。非畜無受道體。即是難。雖有黃門二形。不以此障戒。故不說難。問。何以不說天爲難者。答。以天著樂不求出家。若能厭背求受

二論處　三就時　四對人　七約戒前後二初標　二釋二初總示諸位　二別簡受具二初通標　二別釋三初破道二形　二非畜　三黃門

戒者得戒。所以不說。四分云。天子亦是難。攝婆論云。目連弟子病。覓耆婆向忉利天。逢耆婆著樂不能敬師。廣如婆論。若論處者。北方報障無作法義。不說障戒難。三方雖可有而多少不同。東西十一。除出佛身血。破僧。南方具十三。就時者。佛在有十三。去後唯十一。若對人者。男中十三。女唯十二。若約比丘得作十一。無壞尼賊住沙彌有十無二破壞尼。俗中亦有十。無二破邊罪。

第七約戒前後辨難生者。若原不至受戒。唯得十難如上。若受沙彌戒者。十難如上。若曾受具足已捨者。

容有十一。加邊罪。若受具不捨。不生賊住壞尼。設生反名邊罪。十一備有。十一中有名難有不名難者。破內外二形生等是定失戒。以礙戒故名難。非畜等二生有名難者。若決定變化以報變失戒名難。通力暫變不定失戒。非難。五種黃門若受戒前有。以罪重故皆不得戒。若受後生者。五非重業。不失戒。然有擯不擯別。但就犍中自截須擯。以厭身故。或爲他犍及報生等。皆不須擯。非厭身故。然不可以擯故即失戒。亦可擯者失戒。餘者設生。止自犯戒。今擯定不失戒。十三如此。十六遮繁故。所以不解。邊罪賊心破二道亦

通於遮所以四句如四分解。

四分律拾毗尼義鈔卷上之上

四分律拾毗尼義鈔卷第上之下　南山律要二

唐終南山沙門釋道宣撰

將講不學無知漸頓略存四門

第一以不學無知相對解漸頓者一解不學無知是其止犯於一切法上息心不學是其止即得不學罪亦結無知罪兼犯二罪得有頓義不得犯一切戒此解大難當息不學之時正不學罪由不學故緣法不了始結無知此先後心起不得雙犯何言兼二罪名之為頓又解不學無知先後心起非一時故亦是其漸不得言頓其不學無知文證者律中云五歲不學

羯磨不誦戒本得罪者以其行法若不誦持行難成立故遣令學問故今言不誦得罪此亦為難彼乃是汎論化儀法若有罪者後云汝當得四果若不得者亦應有罪何不見懺不得四果之罪又云制者對於可制學問可制四果不可制獨頭煩惱不可制安居自恣可制然就所學之教不過二教二教者何一制二聽故地持云有罪行者制無罪行者聽制有二種一制作作即無愆不順有罪二制止作即有過止即無違言聽教者作與不作皆無罪生此中止持作犯唯對二教中事以明作持止犯通對二教中事法兩種制門中事有二一不可學事如似人作非人想者二者可學事如似衣鉢體量等是聽門中事者唯可學如似房舍尺量長衣廣狹等是法謂造房乞處分等是第二別釋漸頓者不學之罪可有漸頓無知之罪唯漸非頓所以知者如要心於一切可學法上皆作不學之意於一一法上皆得頓犯不學之罪及爾所罪處本受戒時發爾所戒善以防不學之罪今總作不學之心寧不頓犯眾多罪耶云何為漸若要心雖不學經餘者悉學望不學經邊唯犯一罪名之為漸云何無知唯漸非頓然無知之罪要須緣而不了

方結其罪一心之中不可備緣諸法便皆了知唯是別緣而犯故制為漸不言頓（案此下當有脫文）

第三分齊者有三別謂就教對行從根言就教者論其學從始至終悉皆須學不學即結不學罪無知之罪五夏已後方結與前不同言對行者謂有淺深故少解之人實望上不足形下有餘若不制者謂恃少解與高勝齊等故律云五夏智慧比丘應從十夏比丘求依止故言從根者若利根易悟從始至終即結二罪以此人不學故無知非不能知鈍根難悟始終唯結不學無無知罪非此人力分律云愚癡比丘盡

四可懺以否。二。初標舉
二隨釋。二。初通问。
二別解。二。初不學可懺。二。初正解
二通妨
二俱可懺
○五轉業變根。三。初標
二隨釋。七。初轉業。二。初標
二釋。二。初根業兩異
二引教明根。二。初轉成男女
二轉成餘類。二。初二形

形依止故。

第四解不學無知可懺不可懺者。問。不學無知可懺以不。答。一解不學罪可懺。無知罪不可懺。所以然者。不學之罪有斷相續義。若要心還學。卽無不學罪。卽斷相續故可懺。無知之罪。雖作心欲知。緣而不了。猶是無知。無斷相續故不可懺。若後緣了。卽是解惑相除。復不須懺。問。若爾發心欲知。由未知故相續不斷。不得懺者。我作心欲學。猶未學。是不學相續。亦不得懺。答。學據始修進趣為言。知論終成了境為義。始終不同。何得相並。又解。若息心不學。後時緣而不了。結

無知罪。若作心學一切。而力分未知。後時緣不了。是無知。聖不結無知罪。如是解者。有斷相續。不學無知二俱可懺。

將講轉業變根略存七門。

第一轉業者。經論明轉業。今明轉根。麤同細別。轉根其必轉業。轉業未必轉根。如善見云。此二根中變成男根者最上。成女根者最下。乃至如是二根。以多罪故。以多功德故。而解云。修身戒心慧故。轉業變根。以是義故。惡業不定。可斷除故。善業不定。可增修故。善見亦云。變作三種二形。一能自受胎。亦能令他受胎。

二黃門
二受戒得否。三。初標
二釋。三。初別釋。三。初僧中師資互轉
二僧尼二僧互轉
三尼中師資根轉
二引證
三能防廢興。二。初標舉
二列釋。三。初戒體。二。初標
二釋。三。初多無作解。二。初體滅
二體增

二能自受胎。不能令他受胎。三不能自受胎。能令他受胎。此三皆擯。五分云。若自斷根。若惡獸嚙。若怨家害。若自爛壞。若不能男。皆須滅擯。不如四分。

第二受戒得不者。如十僧欲與沙彌受戒。僧忽變尼。此人不得戒。尼無與男子受戒法故。又以法不滿故。若事將竟。變為尼者。沙彌得比丘戒。若弟子變為女人。臨竟變者。得戒。前卽不得。為本法不滿故。若十僧與本法八受戒者。能所二八互轉。得戒進否。例前取解。若明十尼與式叉作本法。論師根變。弟子有得戒有不得戒。亦準上解。論弟子變者。勿問法滿不滿。一

向不成。以男子畢竟不假本法故。須引十誦文顯。如是義。故伽論。若眾數比丘聞羯磨已轉根。得比丘戒。比丘尼從比丘乞受戒。和尚轉根。亦復如是。

第三能防廢興者。別有二種。一就戒體廢興。二就教廢興。今先就體。若存多無作解者。如僧轉為尼。本受得輒教誡尼等。以所防無故無此等無作。或尼轉為僧。洗淨過分等戒亦如是。不同修道成羅漢者。但以三毒悉盡。不造惡業。故無作成。若比丘轉為尼者。以所防獨行事生。故能防無作亦隨起。尼轉亦爾。何以故。以本受時總斷一切惡。有善法皆修。此卽是因。今

二二無作解二。初正解。
二釋疑二。初約具發問名。
二引焌法轉難二。初申問。
二答釋二。初總標。二列釋二。初約懷胎解。
二據強弱解二。初約義正解。
二難前相違
二就教二。初標。
二釋二。初明不廢。

轉爲緣因緣具足所以還生本無今有又作一無作解者比丘要心有惡當斷容有轉根犯尼戒義故本要心時懸發一切與尼不同戒故僧轉爲尼能防受體更無生滅雖僧尼互轉不可以本惡境無故卽使能防謝又可以所防惡起卽使能防生以無作唯一本要期心足雖過境廢興能防定一問若大僧受時已得尼戒者何以不名爲尼答戒體無殊隨根有異未變之時位是男根故名比丘不得名尼問男女互有二戒者何故婆沙云女人身中有男子焌法男子身中無女人焌法者此轉何異解有二一女人懷他

男子胎男子焌男子無懷胎義故無胎女焌又解男子轉根作女人雖變女人本男子焌法猶在女身中若女轉爲男子者今男子身中無本女人焌何以故男子修焌猛利增上雖成女人本焌猶在女人志弱轉成男子者女時修焌根轉非焌卽無問若爾何故上說女變成男功德勝何非上耶答戒是生得善根轉由過去不定業故得今轉若過去業定今無轉義焌是修得若轉習猶在以男子根猛利今成聖多欠就敎者若所制事同或所制緣異但是犯同如盜殺夷等此敎不廢如長衣鉢離衣流類亦爾自有犯同

二通廢興
四順行法二。初標示。
二隨釋三。初明作否二。初不同犯。
二同犯二。初僧變為尼。
二尼變為僧
二引文示二。初十誦。
二伽論
三約捨戒例問
五違行法二。初標示。

而事相反者如二同室宿犯提流類此敎不廢若所禁事同而輕重不同者如弄失摩觸等類辨有無不同皆有廢興

第四順行法重作不者懺僧殘是但使不同勿問法足不足行滿不滿隨僧尼互轉清淨更無續作故諸同犯者如婆論云若比丘犯僧殘乃至十年覆藏後變爲尼者行十五日法若得六夜法竟未行變爲尼到彼更作法以眾有多少別時有長短異故得行六夜竟直與出罪若辨尼變先未得法變爲比丘同罪有覆藏者婆論云與覆藏治善見云不治覆藏直與

六夜若尼行半月竟變者亦直出罪若尼行半月乃至六夜未竟變者彼更與六夜法若六夜竟變者彼直與出罪十誦云頗有比丘尼犯五種罪不悔不發露不犯耶佛言有轉根是首解五篇是也伽論問頗有比丘尼犯邊罪得受戒耶答有犯不共波羅夷捨戒轉成男子者得問如捨戒還俗者無相續義罪亦應滅答三義異其轉根者一僧尼雖異皆是具足修道人二是業非心表無背道爲惡三以根變故更無自成作義故隨變罪滅捨戒反此所以不例

第五違行法解作不者七羯磨治人是但使不同犯

僧尼互轉未治不須治已治不問調未調不須更作法設若調竟已去亦不須解以不同故更無起義唯有遮不至白衣家者不同罪雖滅而治法不亡以對俗故若比丘於同犯中得法竟變爲尼者即於尼中順行調伏者尼爲解之問若爾此同犯衆何不更與作法答此法當部各自得作具辨長短故不須更作於彼行已尼爲解之何以不同順行者解云懺僧殘中尊三十五事敬奉清淨比丘八事失夜行法是難故不得在彼行更須作法此違行是易故此得彼行問尼變根罪滅舉法謝者何以懺罪竟舉法不亡答

變根罪滅但任運滅非作法滅懺悔作法滅故舉法在問若爾我解大界衣界應在答解卻大界衣界無解處故要須相依又舉時不藉前罪罪雖滅謝舉法猶在

第六結界成不者十誦問一切比丘結界羯磨時僧都轉成女人界名比丘界名比丘尼界耶佛言名比丘尼界一切尼僧結界轉根反前問若比丘結界羯磨時有轉者有不轉者是界爲僧爲尼耶佛言說羯磨人成男屬比丘成女屬尼問比丘結界羯磨時說羯磨比丘獨成女界屬誰耶佛言名比丘尼反前可

二隨釋二　初不同犯
二同犯二　初正明
二釋妨二　初問不重與法二　初問答釋通
二對前順行
二問懺罪不同二　初問答釋通
二引解界例難
六結界成否二　初標
二釋二　初引文以示三　初明合衆都轉
二問事轉不轉
三明秉法獨轉

解廣如彼文問所以結界地隨僧轉沙彌受戒僧變爲尼得比丘戒者解云沙彌有情植男報業定僧有男女二業以業盡報轉沙彌業定故不隨衆轉界是非情又無定業故隨衆轉又界是有心自結受是有心爲他故異問若爾比丘受持衣藥亦是無情又非業報亦應隨轉作尼受法答僧衆力彊又不偏牒名故隨僧轉衣鉢別人力弱又復別題名字僧尼不同故問羯磨法同結界本欲爲僧雖復轉變猶故是僧是故衆變則成尼界羯磨欲竟以變爲尼即成尼界者我說淨欲竟變者亦應即成尼家說淨答說淨變

者反前可解如律所辨判界成者悉是臨羯磨欲竟時語若勢分未滿變皆不成

第七衣藥資緣重作法不者若先受持說淨後雖互轉受及淨法皆不失如先結界竟後比丘等轉界猶屬本若本持衣說淨作此二法未成變者皆不成臨說竟時變者皆成善見云更須受持說淨者悉是未成此解非也結界我不得用故善見云若先受七日藥滿七日更作七日受一切請施主如常不失衣藥淨法皆失受持問前言同罪不得滅何以受衣說淨僧尼同不應受時失本法答由所對人別故失若爾

二約義伸問二　初問受結不同
二引持境例難二　初問答釋通
二例前轉難
七衣藥資緣二　初標
二釋二　初出異解
二引正説二　初引教正明
二約同罪難二　初問答釋通
二引僧殘難

○六破僧大意二 初標章
二隨釋五 初破僧体異三 初列示多位
二正明體相三 初羯磨法輪分二
二理事二和分二
三行法眾法分二三 初總標
二列釋二 初行法輪
二眾法輪

大僧犯殘一眾懺尼悔二眾除牒所對人既別亦應得滅又解大僧三衣有一夜六夜別尼齊一夜大僧衣鉢齊開十日尼開不同一日十日別是故失又言但以稱名異故失

將講破僧大意略存五門

第一破僧體異者或就三寶說一或約凡聖說二或就位分三一外凡假名僧唯有威儀無有實德故名假名二內凡和合僧理解絕違故名和合三眞實僧理解明白故名眞實或就用說四今以要略就勝劣分二一羯磨法輪有差別故此羯磨僧以無勝德可彰

就迹名之其法輪有二一就緣說輪如來眞教能詮輪行能生輪解故名爲輪二就體解輪無漏空觀轉凡成聖故名爲輪就四分律要取具於理事二和破方成逆業是僧故有事和是寶故有理和二和既壞法亦異故故伽論云捨八正而說餘道是輪壞一界之內二眾各別自恣羯磨是僧壞又依四分律亦有二和一行法輪謂佛四依由說五邪眾失同行名破行輪故四分云二事破僧妄語相似語若破眾法不以五法爲能破若失解名破者五百比丘受化失解即是破僧何待伽耶是即破行也眾法輪者本是一

三結示
二解破法輪二 初標
二釋二 初總問
二別釋三 初八正輪
二行輪二 初標舉
二隨釋二 初一二三 初列示二種
二引和以難
二第三二 初正明
二釋難二 初引本律正難
二約得罪轉難

和今分二別說戒羯磨名之爲破故四分云二事破僧作羯磨取舍羅要經始終二方成破逆若就實言之行法是成僧因破法輪家法故名之爲破無別法輪僧可破羯磨亦御眾之法及成僧因破羯磨僧家法故名爲破非謂破羯磨僧上來皆就事辨破體論云非色非心爲體今律家辨僧是假名攬四以成僧四外無別體指四人爲體故四分云僧者四人過四人等

第二解破法輪者問破法輪不過有三就何解破者指八正道以之爲輪正語業命三是戒數爲轂正見

思惟二是慧數爲輻正念定二是定數爲輞正方便是精進數是轉輪者此四共成一能輾生死名輪今若指行爲輪體者有三種一應得不得以解破二失解以解破問若爾我亦應將得以解和何故四分云和合者一羯磨乃至過四人等第二反難可解答前羯磨等者猶是望敎明破得解者實是理和證理聖人名和合僧三相破以解破調達及四伴是能破五百是所破問若爾何故四分云伴黨者若四過助伴黨者乃至無數今將五百作所破者助伴黨者與律相違答若破行法五人是能破五百是所破問若爾

三就教二初正明。
二引證
三二破異二初標舉。
二隨釋九初僧不同。
二初正示不同。
二會通經律
二假佛異

何故得蘭答得自破蘭是第二以四分云懺悔違阿難諫故若破眾法時五百亦是能破以共他秉非法羯磨亦是所破以仍本名若就教法者本一今別故名為破破即有三一主破調達是二件破四件是三助破五百是此三人是能破僧是所破何者本未破僧時與佛一和之眾不名為破分作二部即是本一今別名之為破如鼻奈耶云調達當壞僧時正爾食時諸佛常法食時壞至暮還合又五分云調達十五日布薩時唱五法是五百人取籌唯阿難及須陀洹不取時身子目連大阿羅漢皆不在眾遂將五百人別布薩廣如彼解。

第三二破異者異便九種第一僧不同者羯磨亦通於尼法輪非俗俗無濫故道中唯具得法滿故問若準涅槃經云於閻浮提示現女身成佛眾人見皆言甚奇廣如彼經如何五分女人有五礙不得作帝釋魔王梵王輪王三界法王故不破法輪耶答今言不成釋迦一報男子成道假說過去亦如彼解又言女成佛者女人修道後成佛時即是男子果仍因名。

第二假佛異者破羯磨不假自稱為佛不秉羯磨故法輪僧要假一人自稱作佛佛握法輪故提婆亦有

三就數異二初正示人數。
二引邪例難
四就界異二初約二破解。
二就法輪解二初正解。
二引難二初问唱告不同。
二問約界成局
五二僧異二初據論正明。

三十相稱以為佛故　第三就數異者義如論說以實言之所破眾中亦有如來故是五人此彼各五故足十八而說九者佛不屬僧以言破僧故佛略之問若佛非僧攝者調達邪佛非是僧攝但應八人答如來佛寶體非虛謬故僧不攝調達自號體非佛故通收為九又解如來在眾一向不壞以威德故不可說故提婆若無破僧何得故不成例　第四就界異者破羯磨僧要作法界內不通界外破法輪僧能破僧人須秉羯磨要在界內所破通外皆受邪化故又解同一界內即受邪外僧於界外來受邪化故通內外此中破眾法一向界內若破行法則通內外故王舍唱五法是提婆是佛乃至大千法輪不轉故知行法通界內外問不善地神唱五法是三千失解若善地神唱四諦得道亦應六天得解答善難惡易不應相涉問前言能破僧人要在界內者成破法輪須假羯磨但有破羯磨僧何得更有破法輪僧耶答雖假羯磨不假破羯磨僧故有二別何者若先不作羯磨不成反破如來眾法要破行眾二輪方成究竟故須羯磨　第五二僧異者破羯磨僧世俗勝義二僧俱破聖人應有事亂破法輪僧唯破俗僧勝義僧識達邪

二引經立難三初會經論相違三初叙問
二引釋四初得解不同
二大小兩異
三二僧差別
四二輪通局
二明殺聖非例二初叙問
二引解四初可不可
二障不障解

正故此中雜心一解內凡已還名世俗僧自分不退他分勝進應得不得故名爲破見諦已去名勝義僧自他共望不能破也問若內凡他分不得名破者何故經云我觀人天無破和合僧一解云經就已得上解論就未得上解經論互談故不相違二解凡敎道有二一大乘祕密教經說無破者是二小乘現破示二教論說破者是又解煖頂二心名世俗僧自分不失他分可破忍心已上名勝義僧自他不壞依成實云乾慧已還名世俗僧自分不破生空已上自他不壞故彼論云凡夫輕躁故易可破若得世間空無我

心尚不可破況無漏乎又解若望行法論所破唯凡須忍受故眾法所破該通凡聖不以忍故就凡有二一定機者此時定聞法輪剋證聞思必不可壞二不定者謂設無邪勝緣是時應聞須證解正是調達所破問若破凡僧應得不得名破法輪僧者我殺那含金剛後心使不得羅漢應得殺羅漢罪答那含羅漢二俱可殺何須殺那含使不得羅漢以結勝殺羅漢逆以證解僧永不可破故就可得僧破令不得以結破輪逆二解今明破僧正障理解使不會聖故破凡結壞罪殺本是不障解雖殺那含金剛不障羅漢解

三兼不兼解
四不可壞解
三示供福不同
六就方異
七就時異三初正示
二釋疑
八就罪異三初正示
二釋疑二初问破二結一
二问破别名僧二初约義釋通
二举殺例難

又解三寶共頭有兼壞之義雖殺那含不兼羅漢亦復不共故不相成例又解金剛一念不可得壞假設言之問若爾供應聖凡望聖得福不答不得若爾勿得破聖罪答不同已得聖解不可破故就應得不得而論凡聖二僧皆可供故不須供凡以得聖福　第六就方異者如論說　第七就時異者羯磨通末代法輪在佛現六時不破亦如論說問六時中言前後者望破僧而作前後以無第二破故是昔解者八難佛前後應分二難者答今據破時望於前後彼望二佛共說中間　第八就罪異者破羯磨僧犯輕偷蘭

可懺非逆以正破正故唯破僧故破法輪僧偷蘭體重逆不可懺以邪破正故具壞三寶故問前調達破僧法輪障前入理解今結二罪不答此二相假若無僧者法輪不轉法輪不轉僧不得益然即斷法輪亦失理解故望斷法損僧合結一罪問調達破於別人不得理解而不望別人就僧總結者答據調達本心正欲破僧若得三人非本所期思心不暢不成逆罪破四已上思暢成逆又解若此四聞思不破他破攬成僧寶利益世間由破理解即無所攬不成僧寶益世之義是故損別望僧得罪問若破別就僧破結者

九就報異　四破僧時處二初正明　二引證二初正引　二釋妨二初問四件非別

我殺四別人亦應望僧總結答不例殺本命別故別結罪破本望心結亦由一法同時故罪有多少第九就報異者破羯磨僧墮阿鼻一劫受苦破法輪僧受報如論

第四破僧時處者調達初立邪三寶能破因成未即究竟故諸比丘白佛佛言汝莫破僧又如來依法略有二種一行依者四依八正是也二眾法者說戒羯磨是也今調達學佛亦說二依一立邪五法以為行法反破如來八正四依二立非法羯磨以為眾法反破如來正眾法故處所者以王舍忍可五法始破行

法後至伽耶羯磨說戒反破眾法始是究竟破正義備故僧祇云調達向伽耶佛使阿難喚即語阿難我不去吾從今日後不共佛法僧事布薩自恣說戒等欲學不學自從我意阿難作是念此是害事出是惡聲將壞僧耶二反喚後六羣比丘自相謂言瞿曇沙門必當三喚我各正意先作羯磨馳譽後世即布薩竟及至三喚說戒已竟佛自聞之便說清淨如滿月頌等告阿難言非法眾已作布薩如法人自作布薩去以斯證故破在伽耶問調達得喚不喚盡集別亦不犯四件同僧不犯逆罪不喚應犯別何得不犯答

二問眾法異相二初問　二答二初眾法異　二羯磨異　五逆蘭究竟最初二初標示　二隨釋二初出血二初有最初二初正明　二引殺以顯三初約義釋通　二蹋前轉難三初殺父例同難　二犯逆非淨難

非罪重故便是不犯但一破已後邪正不相足數各作無妨故言不犯問調達行法與正既異眾法云何答眾法亦異故僧祇云調達欲破僧非前序已四夷乃至滅諍隨順法不制者制制者不制又復七羯磨開制不同道俗共行九部經等更作異句義味各異文辭自說誦習亦持教人既知眾法異云何羯磨異耶或可共作多白不作羯磨或作羯磨不作白或先羯磨後作白或單白說或文為增減顛倒首尾是名非法羯磨若諸比丘信受二法始是具足破正義備方成逆罪

第五二逆偷蘭究竟最初者出血方便是規不暢故復是最初無逆教可違問出血之罪是制制殺人戒後輕重已顯云何無廣可違答殺佛偷蘭與凡不同一可懺不可懺別二逆非逆異故得最初非第二也問逆不逆異別有初者即殺凡重罪非逆殺父重罪是逆亦逆不逆異應殺父逆業別有最初答不同殺凡及父雖有逆不逆同不可懺故無別初殺佛方便二異如上故大智論云多聞持戒九清淨人方能破僧為此義故若第二者便不清淨何能破僧問調達出血偷蘭是初可爾豈不犯逆若便犯逆何故言淨

二引示
三古解
四釋疑二。初问無過逆制二。初約義釋通。
二引違諫例難
二问僧有幾初二。初問答釋疑。
二問答無所以
三问俗犯有初否二。初約義釋通。
二引緣以難

故又復過狀顯彰。佛自訶責。破僧罪重。泥棃一劫。因
果盡明。違教造罪。故知第二。故善見云。破僧無最初。
以違佛諫故。若無諫者。卽有初明也。首解。五逆猶無
初。於偷蘭爲第二。故就言第二者。得罪同他第二。非
謂調達前已有人破僧。調達爲第二。問。漏過未起。云
何逆制罪名。答。過全未起。聖人不得立制。然已秉五
法。行化於時。聖何不違。問。若調達違諫破僧是第二
者。違諫僧殘亦訶言。汝若不捨。更犯重罪。亦應是第
二。答。佛訶調達因果具彰。罪名是定。僧諫之中。罪名
通含於輕重。不表因果。故非第二。又解。破僧是所諫

之事。諫時諫破僧。作時作破僧。故知破僧是第二。問。
比丘犯五逆。幾有最初。答。破僧一逆無別最初。餘四
廣前犯者。皆有最初。以無廣教可違故。問。同是逆罪。
何故有無不同。答。破僧倚傍須設諫違教而作。是第
二。餘四不爾。今言有初者。犯違教罪。不論行逆。問。俗
人犯逆有初不。答。俗犯無初。所以知爾。欲明俗人欲
希出家。已與逆害業障尤重。無剋道益。故是第二。以
四分云。外道滅擯。故知無初。問。若爾俗人無初。不得
出家者。何故菩薩阿逸多犯三逆罪。佛聽受具。卽是
有初。何得言無。答。猶自無初。但值佛勝緣。望諸比丘

三外道滅擯難
二無最初二。初引解。
三釋疑三。初遣人第二難。
二大妄成犯難二。初釋通。
二轉難
三婆沙相違難
四破僧四。初正明。

答。言清淨者。望制罪無違。說爲清淨。非望違理惡行。
如俗人鴦掘殺人滿千。後出家猶名清淨。問。若爾。外
道殺父母。佛言滅擯者。答。非第二人。須滅擯。此殺父
母違理惡行重。故滅擯。首解云。五逆之罪。犯卽無初。
若無初者。云何出佛身血。後始破僧。故名清淨。答。於
滅擯教無違。故言清淨。問。若爾。遣彼四人。至六十四
人方便。豈非第二。云何言淨。答。我言淨者。不犯初篇
重罪。名淨。非持五篇不犯。名爲清淨。亦可調達犯偷
蘭。及以行逆。得入羯磨僧數。名持戒。故得破僧。若於
制罪有違。反前可解。問。提婆既言作佛。犯重。何成破

僧耶。答。但言我當作佛。故不犯。問。若爾。當時非佛。何
得破耶。又依伽論解。稱佛犯蘭。有二義。不重。一世間
一佛。更無第二。二具三十二相八十種好。異於世人。
無人信受。故輕而非重。問。若先出血。何故婆沙云。造
餘無間。不得破僧者。答。謂未受戒前。可造四逆。不得
破僧。以受戒不得體。非比丘。故不成破。又解。餘無間
者。就三逆罪。非謂出血。何者。三逆卽有波羅夷名。違
教重極。故不能破。若違行重教輕者。得蘭。卽十誦云
九清淨人能破。而四分云。出血破僧前。故知望滅擯
教無違。破僧偷蘭是究竟。非方便所規。得暢。更無進

○七時非時二初標章
二隨釋四初立時非時
二現僧各二二初總標
二別釋二初就一部以示二初時中二種
二非時二種
二指二部類知
三作法有異二初總標
二別釋二初二種現前

是業障不得度之遂焚燒僧坊故知無初
將講時非時略存四門
第一定立時非時者時有二種一五利佛賞比丘授五利故名爲時二安居勞時如毗蘭若請僧安居爲是而施名爲時衣除此已外名曰非時如四分云現前僧大得可分物留過安居佛言不應留此是非時衣現前僧分故知不爲勞故名爲非時
第二現僧各二者時中有二何者施主爲安居故現前數人施名時現前如四分云僧得安居衣破爲二部佛言數人多少是施主布施該通一化內作安居

者是僧皆得故名時僧得如律云若比丘安居大得僧安居衣彼比丘應作念口言受是也非時有二者施表別人有限者名非時現前如四分云現前僧大得可分衣物佛言聽分應數人多少乃至好惡相參等分若施主普同時該十方分通一化名非時僧得如律云有住處現前僧大得可分衣時有客比丘數數來分衣疲極佛言應差一人令白二羯磨分就一部如此其二部者於上四處類加可解
第三作法異者有二現前不作法四種定故一時二處三人四法此四皆定以施主局限人物定故但數

二弍種僧得二初列示二解
二引古判定二初略示
二委釋二初出師意二初斥後解
二引文難二初違律相待難二初義釋通
二引界例難
二違律局界難
二取後師解二初正明直攝

人墮籌分如四分云物已分竟乃至應使不見擲籌是也若準一人如律云歡喜受已有客比丘來不與分首解界內一人領物故作歡喜受分之名此是初緣末開三語受法故二二種僧得中並須作法四不定故但二部僧得一向隨人多少物等已當部各自須作法分又解時僧得不須作法前安居人直爾攝取留至非時復須作法首解此二中後義爲定其初解者時僧得若就時勞位定應不作法但以施主心普該一化安居竟者及法皆得故須作法如四分一比丘大得僧夏衣佛言心念口言此是我物若已受者

餘比丘來不與分解云受者受持餘不及法故不得分問不及法故不得分者何故律云應相待囑授取耶答有三義開待囑取一元是施物界內人二身同受施三取安居勞去分者成以作法成故去者有三義故開待等問若爾外界人亦有安居亦得相待囑取不答闕他二義不言相待而有勞義故及法得問若外安居人及法得者何故律云不應此處夏安居餘處受衣答此對時現前施言之今解意者四種定故不須作法而說應心念口言此是我物者謂安居時僧得施各各界內四人已上直爾攝取此施物人

二重釋心念
四位例差別二初標分
二隨釋二初檀越施二初總分多位
二略明二種二初標示
二隨釋二初墮籌分
二羯磨分二初指文
二立法二初用法不同三初首師三法
二次師一法二初正立
二破難
三後師二法

非僧故須心念作法。又解此物既是僧得施亦不須心念三語受直是興念攝物屬已便定律云若受者就興念也。

第四位例差別者斯有二例。一檀越施。二亡比丘物。初中有二謂現前及僧得。現前有二。時及非時各有一部二部。僧得亦二謂時非時各有三別。一常住處。二者界得如善見論十五種界是。三此僧得此中二門各有一部二部。一部中一人二三人四人五人已上法皆各別。今且就略而論有籌分有羯磨分。此中墮籌分者引文如上首解若二人已上得墮籌分。唯

有一人歡喜受之。五分亦言若受持若淨施若與人。不爾餘來應分。羯磨分者應引文亦如上也。首解法應有三差別。一差分衣人。文云差一比丘故。二付衣法。文云僧今持與某甲。彼當與僧故。三被差人作白二法。分文云持衣與一比丘。令白二羯磨分故此前後二法律略不序。行者應具。又解文中白二者是付法亦即分法。云僧今與某甲比丘彼當與僧故知即攝付分二法。若此付即是分法者。此羯磨非受衣人作。故文云持衣與一比丘。令白二分。此令分者是誰作。故知不爾。又解同前。又須二法。律云應差一人令

二正明分法二初總示
二別釋三初時僧得二初律文
二首解二初示律意
二辨死亡
二時現前三初本律
二首解
三十誦
三非時現前二初一部自分

分白二羯磨。昔人傳律不詳。由前墮籌難了。故令作法。今由此現前僧得作二別人受法。如別處。時僧得者。如律云有比丘分夏衣彼比丘行還問言夏衣分未。答言已分。問言取我衣分不。答言不取。彼比丘訶責餘比丘言我在此安居而不取我衣分。佛言成分衣應相待亦應囑授後人受夏衣分。此中首解安居時僧得施主聽分四方安居者有其分。佛開得物界內前安居人直爾攝取不須作法。然此比丘出行不在僧界內盡集攝取故成分衣。彼比丘既在此前安居理應合攝故言應待等囑

授取準此可解。若未攝身死不言分與入僧以未定屬故。若是現前嚫利物要索分與若死亦應計人分。一分入僧以定屬故分衣如是食即不爾故四分云食隨施心不應分。二時現前者如律云比丘在異住處結夏安居已復於餘住處彼不知當於何住處取安居物佛言聽住日多處應取若二處等聽各取半。此中首解施主為夏安居故數人各與二衣故言取半。十誦云若二處安居日多處與物若日等者自恣處與若二處自恣先自恣處與。非時現前如四分云王舍城諸優婆塞聞聽諸比丘畜檀越施衣即送種

二二部共分二。初引文。
二首解
二七比丘物二。初標章。
二隨釋二。初僧法四。初正示。
二引證
三義決
四示異
二別人法四。初引文。

種好衣與諸比丘。諸比丘不知云何。往白如來。如來言聽分。不知如何分。佛言當數人多少。若十人爲十分。廣說可解。若論邪正二部者。如律云。諸比丘大得可分衣物。僧破爲二部。佛言應分爲二分。若未得可分衣物。僧破爲二部。佛言應問檀越當與誰。若言與某甲上座。卽應隨彼語上座所在處與。若彼言不知。若言俱與。應分作二分。乃至諸比丘得可分衣物。有比丘從此部往彼部。彼不應與分。若未得衣物。有比丘從此部往彼部。不應與。首解出界外。好比丘尚無有分。況邪僧乎。又可同住一界。亦不得分。次言亡人

物者。五人已上分。次第二法。一者看病賞勞。二四人作羯磨施一人。一人還僧。若四人者。昔解亦得作羯磨施一人。一人還僧所爲付比丘亦墮。四人僧故。今解所爲人不得足數。四人止得作羯磨分。不得展轉。母論云。五人共住。一人亡。四人作羯磨分之。是名四相應法。五人羯磨分比丘物。四人羯磨施一人。一人還施僧。然後分之。是名五相應法。義言具五。方言展轉施。故知五人已上得作二法。其一二三相應法。例可解。五百問又言。五人已上得羯磨分。四人已下不得羯磨分。祇律云。四人共住一人死者。三人應作是

二義決
三釋妨
四辨別衆二。初引文。
二義決
〇八四波羅夷二。初標章。
二隨釋七。初毒業成犯二。初通標。
二別釋二。初三毒成三。初婬戒。
二殺盜
三大妄
三業成二。初標分。
二細釋三。初婬戒。
二殺盜三。初正明。

說。諸長老某甲比丘無常。具稱有物現前應分。此處無僧。我等現前應得。義云。唯一人作法。二人不作。一說卽得。不言至三。四分不言互作。亦不言一人作。然依祇律好。何以。不同對首說戒自恣者。彼須各各說已行淨故。不同十誦更互相說。又十誦云。僧打揵槌。僧和合分物已起。若有界內比丘來。別衆分衣得成。佛言欲與者與。不得強分。義言不知用羯磨以不。四分云。別衆分衣。不成分。吉羅。若有比丘作無想分不成分。無犯。若無比丘作有想分衣得成。而得吉羅。

將講四波羅夷。略以七門。

第一毒業成犯者。婬戒以利已患。故因三事起貪心故成。善生言。若爲樂行非梵行。是名從貪。而境交內順暢思事決。是故貪成。癡心非順。瞋是相違。故不能成。殺盜二戒。患通損益。以三事起。三事成。廣如善生及論中解。又僧祇云。摩摩帝互用僧物者。是名癡心起成。不須曲引。大妄語戒。利已爲故。因貪癡起。亦貪癡成。希名利故。不以瞋成。不同小妄。亦以瞋成。設有處說三事起成。通論輕重。三毒旣爾。別論業者。初三身犯。後一口犯。麤分如此。以細言之。婬戒事設形交。非身不就。故身心成犯。口無犯義。殺盜二戒。自作教

二釋難二初約咒物難身助
二引咄死難鬼助
三會通二初明前不互
二引示通互二初正明
二釋妨
三大妄
二自作教他二初標章
二隨釋二初自作教人
二自他始終二初通標

人彼此俱辦故身口皆成身本口末何者口言雖了要假前人身業斷命離處教人成重故問口不獨成殺盜者云何口業呪物過關及以殺得成罪何須身助答凡一切呪法皆令鬼神夜叉以其身業扶物過關及以斷命非不假身助故問若爾云何師子吼殺獸壯夫咄殺人何以鬼神身業助乎答此亦由身壯聲大深河道淺殺人等類類此可解此中依多雜二論三業不互造業性別故事不竟故言章了了未得成重要假身故人解三業互造經論不同不可通和成實許互身口互作義如上解如和利經云外道神

仙起一瞋心即滅那羅陀國此是意造身業僧布薩時得默妄罪是意造口業問意得造身口二業者何故不許身口作意業答意是根本故得作身口身口是末故不得作意妄言一戒欲顯已得聖希招名利非言不宣口業獨成亦有身業現相成重身表口業故從根本判互口業若論三業本末互造始終無妨

第二自作教他不同者婬戒自作成重非教人也樂在前人故殺盜二戒患通損益自作教人損境暢思又齊故彼吾同犯大妄語戒自不以言教人稱聖於已無潤但得輕罪此中論自他始終不同者自他有

二別釋二初自他二初通列三位
二別配四戒四初婬
二盜二初正明
二釋妨
三殺二初正示
二釋妨
四妄
二始終
三錯誤剋漫二初標章
二隨釋二初錯誤二初略分二義
二別配四戒四初婬
二盜三初漫心
二剋心

三一自造他二他造自三自造自婬戒三犯盜戒盜他重餘二無罪問若爾何故四分云盜得已衣得偷蘭者答此望境差不約損自自施不成此亦如是殺戒自殺他他殺自可解自殺自者如十誦云自殺無罪善見亦爾何者善生云不起他想無瞋心故若依五分結前方便命斷偷蘭故順正亦然今四分意不立進趣自殺無罪命斷無戒然即自殺夷蘭並無但得殺業不善道問若爾何故調部自殺犯偷蘭答此次方便自殺不成戒存故致偷蘭縱立進趣何咎不應難言自打自謗自覆等亦無犯者戒猶存故妄三

可解論始終者初戒入即犯不待得樂殺即據終要待命斷盜妄約中財雖離地猶未得用妄雖言了未得名利故

第三錯誤剋漫之義者此中錯誤皆是不當殊謬之位略論異者錯就現緣境差爲義誤約不現緣境差心謬爲義錯誤既分須配四戒婬戒勿問錯誤患起內情但使正道不問知不知此彼男女人非人畜雖心緣此謂彼誤亦成犯雖境多交涉錯亦成犯盜戒言之若心漫無寄凡非已物皆是盜境勿問三趣境有差殊心有謬妄皆稱本心故錯誤並犯若心剋定

三用犯 三殺三初漫心 二剋心 三別就人趣三初正明 二引證 二釋妨 四妄二初正明 二引證

要取人物不盜餘趣剋心取者是其盜境餘者卽非及至造境境有交涉心有迷謬雖舉離處不成入已由本主不稱所期心境既非何過之有故錯之與誤期皆不犯若用此物得前偷蘭物體無罪後知便還不者犯重語殺而言若漫心無局三趣俱害勿問錯誤皆得成犯若剋心害人不殺餘趣若爲害心所緣是其殺境及至造趣契會相應斷命成犯若非本期卽非殺境及至造趣事會心有迷謬非畜雖死不稱所期又無殺心故錯誤不犯若就人言之錯卽無犯誤卽成犯何者且緣王張解若望後人雖非本期以

心不了緣此謂彼勿不皆有緣人之心誤亦成犯以緣具故不如盜戒故勒伽云殺母而殺非母殺非母而殺母羅漢凡夫母父外人並偷蘭遮人非人亦復如是問若誤重錯輕者何故五分云欲殺彼而誤殺此生疑佛言偷蘭答此錯境爲誤祇律疏云錯殺犯誤不犯卽彼律云多人相逐行欲殺前人而誤傷中後無犯故知境交名誤心緣此謂彼爲錯故不應難論其妄語異趣言之錯犯誤不犯漫心無簡錯誤俱犯以詐顯道德欺誑前人表已得聖損境事成已得潤故錯誤俱犯十誦云欲說初果錯說二三四亦犯善

三釋妨 二剋漫二初標示 二配釋三初婬戒 二殺盜二初示犯相 二引異解 三妄語二初示犯相 二引旨解 四本制興立二初標章 二隨釋二初約義以明二初正明 二釋妨三初問對制不同 二問對惡制戒

見云錯說二三四禪等皆犯問妄語言了卽得其罪不開錯誤者我盜物離處卽結其罪應無錯誤答盜本自有損主離處故有錯誤妄語言了卽是虛解故無錯誤錯誤既分今論剋漫者婬戒犯無剋心初期在此而後會彼男女張王人畜一切盡犯殺盜二戒有剋成犯餘境不犯人解殺盜亦有作剋不成剋者如欲害怨命欲壞怨財而此人其多人並坐其多人財一處同室放火燒時知有餘人及財不剋俱燒者是前言成剋者對境界可分者言之妄語剋心罪有犯不犯犯謂心境相當不犯者謂心境不相稱設令並

坐言欲誑東人西人聞亦無有犯以於西人無誑心故首解若三趣俱現內心知有犯無剋心於餘境亦犯若三趣不並有剋心成犯於餘境不犯廣如別章第四須知本制之興何以立四者論聖制之興爲防患源謂貪瞋癡對於貪愛以制前二對於瞋癡當分立一爲斯差別故因制四問瞋癡各一貪獨制二者何答貪心雖一而境殊內外故立二戒所瞋之境雖二但得罪不等癡慢誑境局在有心不通非情故局一也故四分阿難答孔雀問制增上戒學爲調貪欲瞋癡令盡故故知爲三問戒能防非不除性結何故

三问尼八相對

對此以制戒。答。指論對治戒防麤非定伏細亂慧翦性結。但以慧不孤起。必依於定。定生有源。功由淨戒。

二引教以示二。初引文四。初本律盜戒。

就本以表。故言戒除。問。已知四對。三制。未識尼八對何位立。答。尼雖八種。前四是本。不異此說。後四是末。離於本故。故不別對。又如盜戒中說。佛告頻婆王云。何名本罪。王言。若故斷命。偷至五錢。婬他婦女。自爲己身。於本衆中故作妄語。若犯此四。是名不活。佛言。我今亦爲諸比丘制於四重。準此言之。餘三略無。無別所以。

二薩婆多論

婆多問言。此戒何故獨依國法。餘三不也。答。有二。一因盜王材故。須依王法。餘三不因王起。二此

戒國法有異。或盜多財得死罪。或盜少財得死罪。多少不定。今盜王材故。問王法。婬殺二戒事成即罪。成相是定。故不問國法。妄語國不治罰。故亦不問。

三大集經

準大集文。依王法立於四戒。同盜戒文。

四善見論

善見問佛云。一切智。三世諸佛結戒輕重。世尊悉知。何以方便問大臣。答。不問其論。一錢結重。世人譏嫌比丘持戒功德無量。猶如虛空大地不可度量。云何如來以一錢結重。如來用智慧籌量。令禁戒久住。令人信受心伏。故。此

二首解

中首解。若近而言之。佛依於王。若遠而言之。王依於佛制。何者。諸婆羅門等鈔撮過去諸佛經律禁制。分齊安置已典。用爲國師。爲王立法治國化人。故知依佛。

五先後次第對治二。初通標。二別釋三。初明先後。二示次第二。初正明。

第五戒先後次第論對治者。愛法喜爲故。初犯婬。乃至第四弄失長衣妄語等類。可以準知。故善見云。佛成道二十年。始制婬戒。僧祇云。佛成道五年冬。第五半月十二日中後一人半影爲邪舍制初戒等。六年冬分第二半月十日東向坐食後二人半影制此戒。六年冬分第三半月九日食前西向坐一人半影爲衆多病比丘因鹿杖外道制此戒。六年冬分第四半月十三日食後三人半影東向坐制此戒。

二釋疑二。初问大小列相不同。

問。同是出家。沙彌與僧異者。答。沙彌前五猶是俗戒。後五更加。又俗人福分自妻不障。斷婬即可。非全分故。故殺在初。以全斷故。若爾。沙彌智分應婬在初。以全斷故。答。但以人同方便。並是少分。故不同例。又年幼小。婬惱未發。小多無慈。故殺在初。婬爲後制。制意既爾。

二雖全斷不存盜俗

三論對治

須論對治者。婬戒離染淨行。盜戒少欲知足。殺戒慈悲憐愍。妄語實對治等。

六沙弥任運三。初標章。

第六沙彌任運者。如善生云。八戒中若先遣信欲刑戮人。信遲未至。其人去後發心受齋時。信至即殺。雖

二隨釋二。初約教不文。二初正明。

復一時。以戒力故。不得殺罪。此既得戒。無有殺罪。故

知無任運犯問若以戒力故不得殺罪者何故即善生云有諸貴人常敕作惡若欲受齋先敕語遮先諸惡乃得成就若先不遮徑受齋者不得名齋答此諸貴人自在常教敕殺義同惡律儀人以作惡是强而復時長此處受齋者雖是善法時短弱故爲可障故不得齋前是暫作惡短弱故雖復不遮得齋故不得並問若惡律儀不善前成强而時長障八齋不成者我受形俱戒者亦善律儀前成强而時長何故生大邪見時即爲他所遮而失戒耶答前惡勝時長八齋弱短故障戒不起今大邪見是斷善根相違故失戒

以邪勝善劣故若得形俱戒後雖受惡律儀必不失戒非斷善根故然論唯言四種捨不言受惡戒時捨此雖作惡乃可犯戒不名失戒若成實論及善生言受惡戒時即失善戒不同雜心婆多云受惡戒時善戒皆互捨也首解不見經論有任運犯今以義求準律說似有任運犯何者是耶先教人作殺等已不遮不悔惡果種成受具已後果就得罪此中婬戒無教人同犯故無任運犯若沙彌時教人殺盜及稱己得聖已進受具戒竟信成三事教者三性之心任運犯三重以無作生故若論自作不善性有善無記無前

後自業相成亦通三性若受戒未竟所教事成即邊罪故不得戒若受戒欲竟教事亦成罪戒俱得以善惡二因勢分相資俱各成故

第七略解四戒者昔解就婬戒以準聖教意五戒中但制他妻八戒俱制自他唯限日夜唯於大戒乃制自妻亦盡形壽何者他妻五戒已制故略不說此論二難者梵難正是恐犯戒事故於夷殘二犯不開以梵難體合護戒故其命難者恐與命作難故於初夷中開作前事以怨逼但通心故律云不受樂無犯是也其盜戒中雖無正文就義有開但令於他物上無

損爲護命梵故暫移東西義應不犯若逼令燒等即無開也若有自護命梵而不得殺他是故不開妄言亦然五百問云不自爲己故而作妄語通別二開義如別處又婆多問云盜五成重爲何等錢答曰論解不定或解金銀銅鐵錢佛依王舍法結戒其王舍本隨以何錢諸有佛法處準以五錢爲限名重未詳王舍用何錢故言各不定又解隨國土所用一切有佛法處即以彼錢爲五錢量用有不同故言各不定又解本依王舍法盜五錢得死罪而制此戒故限五錢王舍既爾自餘國法隨盜即入死錢之多少皆犯此

二引首師詳定
二示盜處
三明非旨
四釋難處
五簡境想二。初正示。五。初殺盜不同問。
二處分非緣難
三掘地結犯難
四後心乖文難

戒故言各不定首解雖有三解觀律師意後解爲定
又十誦盜五錢者古大銅錢得重罪若盜小錢八十
文隨其盜處所用小錢之義經論本自不定行亦難
知成罪之時宜就寬護戒之時乃至草葉不得盜
取既知輕重不定理宜急護又誦云盜天北方人物
偷蘭彼於此物無我所心故伽論又云三天下人重
以此錢斷罪奈耶云師子殘下直五錢得重乃至鷹
雞殘取者皆重今四分無盜非人物文諸師云云義
在別處又婆論云舉物離地還著本處得一罪卽持
去得二罪一得業道罪以盜他物故二波羅夷以佛

結戒故解云準此論就於一境逆重二義定別不同
問設若盜戒中有主無主想無盜心不犯者何故殺
戒得有非人想乎答無主想謂糞掃衣非生罪緣人
非人想能生罪緣故不相例問若爾不處分作處分
想非生罪緣何故不同於盜戒答此不可學彼卽可
學故問若爾地非地想亦不可學事何故得吉又解
此作轉想得前心小罪問若本迷人作非人想殺人
死邊無罪起想當非人邊有心無境但得吉羅者何
故律云非人想殺得偷蘭耶答據根本作人想殺破
威儀往時已得偷蘭臨對人所轉作非人想殺若結

五無蘭違律難
二結指。
三殺三。初父母兼逆、四。初問成逆約知不知。
二問得聖犯幾逆
三問變尼例打罪三。初約義釋通。
二引殺例打
三變畜例尼

後心轉想之罪應得吉羅律隱後心罪結前心蘭問
臨對人所轉作非人想若後心無偷蘭者何故律云
非人想偷蘭耶答轉想當非人時實無偷蘭由轉想
當非人故前心偷蘭不得攬因成果者由轉想結前
心蘭此是律旨此戒既爾一切戒皆然問殺父母爲
知得逆不知得逆答本漫心情無所簡若對父母心
雖不知稱四事者先見羊作漫心殺雖羊去父母等
代處作羊想而殺得逆重若本剋心不殺父母父母
雖死而不知是但得波羅夷罪不得逆罪問若父母
出家成羅漢得二逆不答十誦云得成夷罪并二逆

又涅槃云一殺父王二殺須陀洹罪兼二重如斷命
時卽損恩養亦損福田二境既別心緣兩害得二逆
波羅夷理卽顯也五分唯得一罪何者福恩雖異是
一行者既無二命何得二罪直以逆名表此波羅夷
業重故言波羅夷并逆無別二逆問父變爲尼殺得
逆罪者我亦打此尼得打比丘罪不答但犯打尼問
若爾應得殺尼之罪如打故也答打時位是女人故
結打尼罪殺本就違恩而結逆罪不就於位問若父
善業盡變成畜生若殺此畜亦有違恩得殺逆不答
不例父變爲女根雖有異同是人趣故望父得逆畜

[四明謗法不入逆二 初明非逆] [二顯成逆三 初正明] [二釋妨] [二问堕人胎輕重] [三殺供不同] [四妄四 初问佛實語]

生與人趣既不同報亦應異故犯殺畜提若始變少分亦應得夷若通身變者一向不可殺但得境强蘭但以知通變本作沙彌與死若暫自變非畜生若知變作猶得夷逆以死時是父非餘境壞故不知無逆此中首解謗法重故不入五逆如五逆不入四重義如智論又解謗法重者謂大乘教故若破小法唯犯逆罪即前破法輪是也問若爾此逆者何故律云毀呰修多羅毗曇犯吉答前言逆者謂是破滅誹謗故今言吉者直是毀呰故所以無違問若殺人得重殺畜得提者何故十誦云墮人胎不得重墮畜胎犯耶

答即彼律解初是人懷畜生胎後是畜生懷人胎殺化人者偷蘭問殺佛不知是佛不得逆者供養佛不知是佛不應佛邊得福耶答供養本漫心一切生福處皆作供養之意雖佛作神想由本無心簡別故望佛邊得福若本剋心正供養樹神意若對佛作樹神想供養望佛邊無福殺供俱有漫剋二心不得將漫心供養難剋心殺問首解聖人有二實語一身證實除虚妄說稱實二想實理觀方便聞彼水聲如目連等未知佛亦有不答佛唯有身證實語何故一聲聞知境不盡二入定即知出即不了故有想實語如來

[二總明妄語二 初列五種] [二次问判三 初總判] [二細論] [三定虚實] [三问罪不待信三 初約義釋通] [二引事例難] [三首師定判] [四问獨安自言二 初昔解]

不爾其凡夫人亦有事中身證想心實語然非理解故皆不能斷虚誑之心後時違心背想遂成妄語妄語雖多不出五種波羅夷僧殘偷蘭波逸提吉羅總判爲二波羅夷偷蘭同以出世法誑他得罪然誑人損重或於非天損輕過淺故有輕重餘三妄語同以世法誑於人也重輕成三准義可解若細論者自有說聖而得輕罪自有說凡而犯重罪廣如十誦此中初二妄語雖有四句要心境俱虚有犯餘三妄語勿問境之虚實但使心虚皆成妄問妄語本爲誑人生信今結罪之時不待生信知便結罪答知麤信細止

得從知後生信不得從信後生知故不待信問若爾如勸受偏心男子食豈可受相難知何言了即結耶答彼以繫他謗俗故言了即結首解凡口造口家業言章了了前人即知壞境義備何待於信如口造身家業勸足食汎教他受偏心男子食殺盜等雖言章了了前境未壞不得結重問此之一戒安置自言引虚餘三戒本不著何意昔解此一罪重有壞衆義須僧治罰不著自言衆即不知不得治罰綱網不立今著反前餘三種自行中除不假衆罰亦無壞衆之義如覆他重罪僧輕尼重著不著異問若爾初篇三戒

二篇十一。壞衆義同。何以不著。答。計義應爾。但結集家就相隱難知重著輕略。如大妄小妄大覆小覆大謗小謗皆重著輕略。非無此義。

二首解三。初立義。

首解自言有二。一問自言。二不問自言。初通諸戒。後前解是。然夷中當時有故。卽序戒本。自餘提中當時無故。戒本不存。如漏失戒當時有夢。卽開戒本。初戒理有。但當時無遂闕戒本。此亦如是。

二釋難

問。若爾。文云若問者。是問自言。當時旣無。何以序耶。答。據通諸戒。實不須序。但對不問自言。故須之耳。若不序者。時人見有不問自言。故謂不須問自言。是故對序。餘無所對。故因問自言亦不序也。

三示異

祇律云。六年制此戒。婆論云。八年興羯磨。廣如別章。

四分律拾毗尼義鈔卷第上之下

四分律拾毗尼義鈔卷第中之上　南山律要二

唐終南山沙門釋道宣撰

將講僧殘略存七門

第一配其三毒成業之相者媒嫁二房此是遮惡自餘十戒體是不善名爲性惡此中初有七戒因三事起貪染心成次有二戒因瞋心起瞋嫉心成次有二戒因三事起癡慢心成次有二戒因瞋癡起瞋癡心成祇律云有罪從欲生弄身摩觸一切染心語媒嫁是名從欲生有罪瞋恚生無根謗毀呰驅出打搏等是名從瞋恚生有罪從愚癡生邪見邊見等有罪非

三毒生謂阿羅漢犯罪

第二配身口二業成犯之義者身者漏失摩觸及以二房身業犯漏失摩觸唯身心成非口房亦有教人口業犯義也自餘九戒口業犯亦有身業助成之意地是通故須別配僧祇律云有罪非身口從心生應當問何心取他物殺人觸女人斷草掘地是名取心不取事有罪取事不取心不應問以何心婬欲酒與女人宿未受具人過三夜若犯者當如法治

第三教遣自作同不同相者先明自作教人位分有三有五戒自作成重教人一向輕者謂二麤語媒嫁二房教人作此五事於身無潤不同犯若二麤語能所互有染心能所互輕重能所俱有染心能所同犯媒嫁能所有潤利益亦如是二房亦有共作義亦得有同犯次有二戒自作教人一向同犯勿問爲已不爲已以損境暢思不殊計義應然然善見云慈地得殘尼得吉羅義云若教他言汝持我三根謗彼人所教輕何者若僧撿校不問所教又六戒自作正犯重教人一向輕謂漏失摩觸自作成重教人偷蘭以無潤已故下四諫戒若僧未諫教勿捨輕吉未有僧命可違故若僧已諫教勿捨蘭有衆法可違故問上教

人漏失等若作教者蘭未作教吉今教他未成已得蘭者解云彼教人者但自壞損他以無僧命衆法此事違過義是小故故待事成教者偷蘭今教人者自壞損他復違僧命衆法故不待成重問若調達違白未竟教言勿捨受教之人但犯吉羅何有能教犯重所教犯輕者答調達正是所諫之人有諫法可違結罪分齊爲白竟果果既是蘭故白未竟因犯小罪若教遣者初九自作遣人俱犯正罪餘四無遣人爲已令得罪也若論沙彌時方便任運有犯不者二麤語媒嫁二房及以二謗如是七戒沙彌作方便遣人爲

已竟受具竟前所遣八事成任運三性心中犯七僧殘餘無遣八同犯義故無任運犯。

第四配初篇種類之別者如婆沙論云十三中初五戒三十中取衣浣衣染羊毛三九十中女人說法同宿女坐強坐露坐教尼下十合有十五悔過中後戒衆學中高瞻視等此是婬類二房畜寶貿寶販賣乞縷奪衣迴僧物藏衣鉢不問主賊期行四悔中第三戒衆學中飯覆羹汙草水此是盜類十三中污家三十中憍奢耶九十中用飲蟲水摶打他殺生等四悔中初戒衆學中大摶飯汙草水此是殺類十三中二

謗二破戾語三十中有一二居士王臣遣使九十中初戒悔過中第二戒衆學中一切說法戒等是妄語戒種類。

第五持犯方軌者唯有二房具二持犯餘戒止便成持作即是犯二房二持者止不作房名止持從僧乞法名作持言二犯者止不乞法名止犯作造房邊名作犯此罪體一而名有異止持作持名體各別此中但解作持九句上品唯一識法識犯隨僧乞造故名作持識犯無愚不犯二罪名爲上品中品四句得法無罪名爲作持各帶愚癡不及上品故制爲中品四

句者一識法疑犯二識法不識犯三疑法識犯四不識法識犯下品亦四句唯癡多爲別制以爲下品四句者一疑法疑犯二疑法不識犯三不識法疑犯四不識法不識犯廣如大疏。

第六僧尼犯異者有六戒輕重不同漏失一戒大僧重尼犯輕何者如婆論云女人要在屏處多緣多力苦乃盈流故輕男子隨事能出故重摩捉一戒尼重僧輕何者尼惑厚重更受摩捉必爲前境所陵成大過故方便之內制與重名男子必無陵壞不須深防限分中制故輕三麤語大僧重尼輕僧爲之義數故

重女人志劣麤語稀故輕四房僧重尼輕何者僧得孤遊獨宿二房得殘尼即不爾媒嫁二謗已下七戒僧尼同犯義即可思。

第七隨難略解者問善見云夢通三性既有善惡應招果報何故四分漏失戒中夢不犯耶答就總報故言不犯若望別報罪通善惡五分律云得五吉羅此之謂也問如九十中制坐雖同而對道俗分戒摩捉何合隱師云結罪便故合制對比丘通道俗二女俱殘論尼二男俱夷故隨便合坐中僧對二女俱提理應得合但結尼時道俗輕重不同故須離分問若爾

尼離五衣俱提如比丘對二女坐提僧三重二輕如
尼對二男坐輕重不同不應得合答若就三五結罪
不便義亦應離俱莫不皆對受法以辨離是故須合
屏露二女直事譏故隨義別結故不同衣有對法義
（二引同行難應合）
故問若觸中結罪便故合者如下行戒二女俱提尼
共二男俱吉此亦是便何故不合答結罪義便亦應
合但就開緣不同與尼同行有疑恐怖佛開以力將
（二盜觸因果差別二 初約義释通）
援彼難俗人即無所以不合問摩觸鄰近重境獨得
究竟殘不名方便殘盜四錢亦鄰近重境得名方便
蘭不得究竟名者答盜入五錢要假四成五是以少

一結方便增一結究竟行大婬欲不假摩觸是以婆
（二首師别判）
多云或有犯婬非身相觸如已身二處者是也首解
盜有相續成重義作方便名觸無成重義故作究竟
如律云再盜不滿五佛言以相續心前後滿五夷問
（三二房五 初問開制不同）
房同依位得戒四制不行聖不制犯戒後四開有違
何禁輕重者答四制少欲依成上品若使不行便當
中下是故戒制不行聖不制犯四開非勝稱彼自分
然今自分不行是故輕重別制但房是疏緣義不要
急營過即多有於五種是故制殘餘三依者資身正
（二问離合差别二初 问二戒不合）
要事不可闕情過輕微唯制於提問初後皆房何故

不合答房相雖同而主有無及以量異作法是難故
（二難前戒不離二初 約義释通）
須離也問若爾前房二戒既別何故不分答就得罪
別邊應分然過量不處分皆由作房生緣同故合又
欲顯作一口房具得四罪欲使行者懼而不為所以
（二点示文相）
不分又顯處分不處分俱有過量罪故不分之此中
前房過量後房不處分而初文不次者此是結集者
意如似殺人戒中已言殺生提此經家乘勢而結非
謂此提是迦留陀前若不爾者迦留殺畜即是第二
（三问妨難成否二初 總问）
不應訶言最初犯戒問妨難處法得成不昔解成問
（二别答二初昔解）
若爾律云不應與處分答本不防妨難所防不同雖

有妨難但隨僧乞免專任之過故四分云有難有妨
（二首解二初約義释通）
不過量僧處分二吉羅故知成也首解不成以作羯
磨要須事如稱法故四分云妨難互無不應與處分
而言二吉者是處分先成妨難後起以法先成不壞
（二躡前伸难二初举 戒遮難不成）
無殘妨難後生不應作而故作犯二吉問若妨難處
處分不成者如受戒中難重障戒此即義齊百遮同
此何成受戒答非根本故可得避此餘處作房受是
自身不可避之於餘處受所以不爾問若妨難生法
（二約離衣難法在）
猶有者人病衣重與羯磨離病差法存不答要期離
故差即法滅如受戒後難生不失前戒命終及捨過

期即失問若爾那狂病止須解者答此元得不由心本無期限是故病差法存須解問處分羯磨防妨難不答不防問若爾說淨應不防長答若有妨難本不聽處分要待無妨即聽是故處分不防妨難說淨是懸防過限所以防長以是義故已處分竟得有妨難生若已說淨必無長過起問處分法爲與人相應爲與處相應答與處相應故多論云處分處得作房餘處不得問既與處相應餘人就此處作房得不答不得問若爾結界亦與處相應餘人亦應不得就此處作一切羯磨答結界時不稱人名法無局故此僧結

竟餘僧得作處分不爾問若初處分依限乃至作時過而未知於過限之處得不處分罪不答此非全不處分但可小犯而不得殘又解得殘雖本處分之內不作反在外作故然四分云處分過量得一殘故知此解非也問沙彌乞處分已至大僧竟方得作房云何解云更不須乞位雖不同委僧已訖人復不異故又解人雖不異具不具別故更乞之問爲互過結罪爲俱過結罪答善見云長中減一搩手廣中過一搩手廣中減一搩手長中過一搩手皆犯殘互過尚犯何況長廣俱過問無根謗人望僧虛解犯妄語提不

答善見云不犯也以謗一向假虛成此就專語謗而說若兼誑僧意者望前人得殘望僧得提問僧尼互隨吉何故謗同大僧打同沙彌耶答打即就位謗就具修若依餘律打謗相似問若言比丘要須是淨緣起淨故一向入獄何故律云彼人不清淨者答犯下四篇故言不淨又解云不淨者亦成謗衆法俱取見聞中淨得作法事今故違見淨橫說言犯自惱惱他不問淨穢皆成謗罪又解打破戒比丘犯提者總就位論謗取治罰故簡淨濁爾問若前所謗實不淨能謗心中謂是淨向他道不淨得究竟殘者我前境是

非人心中作人想殺亦應得究竟夷若所殺實非人我所謗實不淨心中作淨解心中作人解若淨想說不淨即便得僧殘亦應人想殺非人同得波羅夷若言謗他是惡望心結罪者亦可發意殺人最惡不啻望心結其惡但當作意謗不欲斷命此之惡心輕而故就心結我發大惡心斷人命何爲不就心結又後實淨作不淨想向他道不淨此無僧殘罪實人作杌木想殺此亦無波羅夷又殺亦心境違此謗亦心境違何得一究竟一不究竟答謗就心虛爲義殺就心境俱實便犯如四分云沓婆自言清淨慈地自言引

四問佛何不證　五根義差別二初見聞二根二初問根之名義三初示名　二蹋難三初引答非難　二約先後難　三就非舉難　二問不立觸知二初問答釋通　二蹋前轉難二初約順知難　二引小妄難

謗問佛是一切智人善知淨穢何故不發言證沓婆是淨慈地是犯而取自言答論言有二義一佛若證一是一非生人毀謗謂佛有愛憎故二若證沓婆是犯現在不犯故若不言犯過業果就故所以須自言治罰云何名根答見聞是根能生舉罪語故問若爾無見聞能生謗語何不名根若謗卽就瞋心說根我舉亦就心說根解云實亦應通近皆由心遠根有別然彼由有見聞然後生舉心是故見聞作根此是無事橫加要須發有瞋心後起於謗此卽有者爲根問若爾我亦無根是有後起謗心亦應先有者爲根答

此不必因無根故起謗心彼卽因見故起舉心若爾自有無根不起謗故無根不得爲謗根如自有見而不舉罪亦可有見非舉根解云有根佛制舉無根不制謗故不相成例問三根中何故唯表見聞不存觸知答觸者卽唯合不得嘗彼犯故知者卽是見聞後知故落見聞中觸後知無準上取解若直言我意知不從見聞知不成證故問若爾見聞後有順見聞心順彼卽是知何故無順知答此不自知要由見聞故知前犯是外境要由見聞故若無見聞卽不知犯問若爾小妄語中何得有知答小妄中未必要取外境

二疑根二初總示　二釋疑二初難妄無見根　二問五生差別二初正明　二引難　六問結罪有異二初正明

故須立知是故謗境非是別名法塵故不名爲知準了論疏說疑通五塵五塵之中不分明了名曰疑根思之可知又解從聞生疑各有四事但於見生疑中唯有婬殺二事以相顯故盜無疑根見根唯三不得言見妄語故問若爾九十小謗中見麤惡語者答此亦當時眼見聞說故爾問但有從見聞後生疑而不從見疑後生聞復不從聞疑後生見答雖同見聞後生疑有生不生疑者若見聞根實者卽不生疑若不了者得生疑心然聞本對於聲見疑非是聲以見對於色疑者唯是心並非耳所聞故不得從見疑後生

聞又見對於色聞疑非是色以聞對於聲疑者唯內心並非眼所矚故不得從聞疑後生見問若不得從聞後生見者何故律中言若從彼聞是謂見根答此見從聞說見根非從聞生見根說者本有生者後起又聞中通五塵故從聞得說五又不得從見後說聞者見是局不通又五塵與聞不並生義如前說問何以謗初二得罪不同覆說初二同結一提答凡論謗者罰有輕重初篇枉滅第二是輕故結不同覆二同提者重屏覆稀輕露覆數稀須輕制數須重制故同一科又解初二雖殊護心義一壞衆不異故同一提

二蹋難三初三結同犯
二問諸戒多少異
三問謗說有無殊
五四諫四初问諫法有無
二問破僧分二
三違諫重輕二初正問

說二同提者以重稀輕數同壞外護俗人不揀輕重
譏齊故同一提問謗覆說下三罪何故俱結吉者答
罪雖階降罰微故吉問謗得三覆說得二毀諫等同
結一提者解云謗就治罰覆說壞眾損有輕重故二
三不同毀疑諫等汎惱義齊不專對犯逆及十三難
謗其淨人皆得僧殘及毀得根本提然於難中無覆
說過非比丘故問滅諍文云覆他過重自覆過輕覆
他有本自覆無本故提吉不同自說義稀輕說他數
重故提吉不同然律亦云自謗無犯自說得吉者何
答謗對僧故不犯說對僧俗未具招譏故致得吉問

十三中初九無諫後四須諫者何答初九條然是非
更無有濫及以倚傍至顯都不須諫後四皆有倚濫
理行二教是非交雜眞僞難分迷墜惡故事是可愍
故須僧諫問破僧違諫所以二戒餘者卽單答破僧
事大要假主伴相助以諫主不捨立初戒當諫主時
四伴影助僧卽設諫若不捨者立第二戒餘二一人
獨辦不假主伴故無二戒問違諫得殘利吒違諫應
得殘耶答一解今四戒皆倚傍行教言說相濫朋黨
相助事成破僧前二壞法輪後二壞羯磨又前二所
諫事重諫心亦重故得僧殘後二事雖非重皆犯多

二蹋難二初牒三難
二引諸解三初初解
二次解
三首解

罪汙家惡性容犯下眾根本之罪又非理謗僧恃已
陵物皆過積集僧三諫不捨亦結重罪其利吒說欲
不障於理教有違僧法無濫又復口說未犯根本所
爲事微三諫不捨故結提罪問若爾調達是主犯逆
可重四伴犯輕何故不捨違諫同殘又尼立主伴相
影響但作方便畢竟不成何故違諫亦得僧殘又違
一人諫來驗所諫之事通於七眾違諫之罪同結一
提故知不就諫事輕重一解就心虛實此之四戒所
諫之人可了知所作事虛僧諫實是故違情過重不
捨得殘其說欲不障情迷執實謂已見者是僧諫爲

非無心違眾情過輕微但得逸提何以得知如破僧
中以五法爲非初句心虛重第四心實輕又違一人
諫來驗心實得吉虛卽得提況僧諫之中甯不心虛
罪重實卽得輕等同虛實但違僧命重別人不爾故
有輕重一解不可言心虛實得罪輕重若爾應言利
吒心虛得僧殘如婆論云利吒是外道弟子聰明利
根遣入佛法學得倒說此卽心虛應得僧殘破僧第
四句心實應提應心虛殺畜得夷心實殺人得提若
得將殘比提我亦以波羅夷擬提若言人畜不並者
我亦逆與說欲不同不復上言情迷執實首解心虛

四問經戒差異

六結文

○十二不定二初標舉

二隨釋五初釋名二初標

二釋二初引昔解

二立今義二初斥古

實前後理乖今存初解隨事輕重結罪不同如殺盜媒謗乃至眾學並望違教處齊罪應一例以事昇降得罪階差又破僧四句雖有虛實違諫同殘將知就事不論虛實婆論問經中說但自觀身行諦視善不善戒本中云何展轉相教等何以相違答佛因時制戒言乖趣合不相違背但以前人心有愛憎鈍根無知少聞少見無利發言如是等人故言但自觀身行若為慈心有益者利根發言有益廣聞若為利他聞法如是等人故言共語相諫問律云不得強逼令懺然復言強與者答此望前別人治取行淨故須強與

而不得逼者彼取眾法當時心事恐廢說戒說戒已過然後須問廣如八卷

將講二不定戒略存五門

第一釋名昔解屏露二別名二四法無準名曰不定不定有四一犯不定以夷殘提或單或並犯不定故二舉不定俗女舉罪不識罪名稱非法事一二三舉犯不定故三自言不定舉罪既多自言何一故四治不定隨自犯三罪中二法治故此中聖意防過欲令制定犯既不定何為戒本又舉不定意有何失若非過者非戒所防列來何為其自言者為是對僧自言

二正立

二論體二初標

二釋三初初師解

二次師解二初指非立義

二問答釋妨

三者師解五初蹋破

為是屏處自言若是初者便非屏處自言僧未檢校有何因緣輒爾自言治若不定何得治之若隨一法名不定者此即一定何名不定以是義故前解不定實無一二三四之名但以屏露不同故言二戒中未言實犯故律云是中無定法故名不定又可信女但應見過顯狀不知實犯及以不犯其實不決故名不定

第二論體者有解如法自言為能治行非法自言為所防失此序罪法七滅中存治罪法非自言者犯夷殘三如是例也問若爾我七聚罪皆有非法自言何

獨此三餘四不彰又復尼亦有非法自言何無不定答屏序三罪露取二過為不定體廢罪論處廢處論罪二各是定據處序罪得言不定今指三二罪為所防過離染淨行為能治行故律多明三罪問若指三二為所防者云何說戒不舉三罪二罪問清淨但舉二不定問者答我舉處序為戒故唯舉處問不問罪也若爾三罪二罪輕重各異何合一戒又此比丘為犯三竟舉來白佛為未犯三罪舉來白佛若犯三罪竟餘屬先制各權十利何假於此更復重制若恐重犯復須制者餘亦重制是即無窮若未犯三豫先制

二立義　三顯非　四引據　五釋疑三初問違戒本　二問不辨輕重

者一切諸戒皆亦應爾無別因故又以三二罪爲不定體束成一戒者名作何罪凡戒者皆能治行一對防一罪今屏卽名三露便稱二能治亦爾何爲戒體又且名作何戒若言不定戒者不定乃是犯緣起作罪名亦非能治何得名戒由此失故首解房室私禮常俗所宜而比丘獨共一女屏露二處同坐麤語於三罪中令他生疑犯相難分故言不定何者如此疑心自前未有故知但取三罪差互生疑以爲戒本若以罪爲不定者諸篇已彰何假此中方言最初又復律中舉以白佛佛集比丘擬入最初犯波羅夷等篇

文已顯訖此中復說故知取三罪疑以爲不定體不以三罪名作不定體又如毗跋律云此是未來中事容有無實犯是故世尊作不定說廣如彼說以此定知非實犯也而此三戒受染氣分私屏所爲外涉疑似損壞時心汙辱僧衆是故未犯預制此戒問二不定不犯者何故律云自言犯夷等卽如比丘語治答若實犯夷自言犯者落在前篇中治今以犯而不犯者作不定體問二不定中旣有二戒何不辨輕重名直出治人治罪法者答正以比丘處在屏露生他疑心若不治直爾制戒不可信致疑無以可息故廢其

三問所犯罪二初定罪　二立難　三最初同異二初標　二釋三初初師解　二次師解二初立義　二釋難二初引婆論　二舉立治難　三後師解二初斥他解　二立正義　四通塞同異二初標　二釋五初篇聚

輕重罪名直就治罰以爲宗耳問二不定中犯何等罪答犯吉羅問七聚中無二不定名云何犯吉若爾我七聚中無不應爾如法治名不應爾如法治爲有犯無犯答不應爾如法治亦吉罪若爾我二不定戒七聚中雖無其名何爲不得結吉罪

第三最初同異者昔解不定是第二如戒本云如婆私說治下無最初五篇戒本一向無治罰法下有最初問若爾前戒摩觸言犯廣後犯僧殘復最初者答廢處不成今就別論各自得初前五篇者制廣補略云初今言不定是制總廣補他別廣處問若爾應在

五篇後制何故婆論或在五篇前制答前制五篇隨事別制犯相分璉旨雖易見隨事難故就處總制各別得初故善見云此戒下有開通不犯問若有最初復有下開何以戒本如婆私說治答此出法者言擬治後犯問若爾說戒序召問有默妄罪不問卽無此卽別犯云何言總又如序中問總問下犯故名爲總今不問卽無故知非總今解同是最初而義有異五篇實犯得初此未必犯此得初者前來未制被舉疑似今開不犯生疑雖同屏露不同故各得初

第四通塞同異者斯有五種一篇聚同異者若從所

作通七五罪舉唯犯吉羅。二犯處同異者凡論犯罪。
不離屏露犯通五七又序二三者以染譏極故。三默
罪同異者問屏露得犯五篇戒者僧說戒時舉屏問
三舉露問二同外有犯不序名問有默妄不答有犯。
問者隱默有過除二三外護犯無默以無問緣可違。
問若爾何故七滅中七藥之外設不過者皆是默過。
答比丘舉此七藥問能秉法僧用此七藥與他滅諍。
今不定中若總舉二處有犯者不卽是總舉處別問。
是知總別不同。四僧別同異者此問別人以舉罪問
故罪是別人犯下唯問僧以舉藥問故是僧秉故。五

罪藥同異者問彼此皆有藥罪何故此唯問罪下卽
問藥答毗尼之興爲殄於諍此聖舉罪不與物違及
是無諍故不問藥下七毗尼所舉之人通於凡聖罪
諍俱有若單問罪諍互不相收若罪諍俱問謂當俱
有皆有妨故竝廢不論今從能治故問異也。問此不
定中治罪治人與下滅諍有何差別。答此中治罪治
人爲欲止息道俗疑心其滅諍中正爲除諍不論息
疑有斯別故所以不同。又此中有三毗尼與七毗尼
有無不同此有三者如比丘語治卽是自言毗尼如
可信婆私語治卽是罪處所此二毗尼要須三五現

前方滅罪諍卽是現前何無餘四者憶念不癡淸人
被謗遂彼諍訟用二毗尼而定人情此聖女舉罪得
實無諍故二無用多人語定理邪正以滅於諍此聖
女舉罪不諍邪正復無諍可滅何用多人此從聖舉
不諍輕重非經年難滅何用草覆。又此中自言引犯
未卽滅罪無諍可殄遠有滅義通名毗尼下七自言
引罪懺悔滅諍是別名毗尼。又此中自言但引上三
不言下二其七滅中但引下三不言上二彼此互收。
理皆通五。又此自言治藥具出亦不當宗略而不辨。
滅諍自言當宗故出自言藥此現前者卽未滅罪又

無諍殄但治人相伏息外疑謗通名毗尼下卽治人
滅罪諍別名毗尼通別兩異不得言一廣如別章。
第五僧尼有無者一解僧屏犯有三露犯有二致有
差殊故有不定尼屏犯有二容可差殊有一不定露
卽犯一犯卽是定處無差殊是以尼無若如前釋就
處總制二一一處中各犯眾多何故今言尼無不定又
解佛制舉罪要假男女二眾迭相監舉見聞竝同方
了比丘同法得舉當男女眾舉者尼是弟子舉師違
敬故取可信女人類尼舉處由多得實義同前引不
識名種致有差殊故唯僧有尼犯須舉二眾各備不

三尼無獨行辨

四矜擯重輕辨

○十一三十捨墮三初標章。

二隨釋三初釋名前後二初釋名。

二前後

二依位別解二初標章。

二隨釋八初明捨不捨三初標示。

二正釋二初引古解

三初總示三義。

須俗男類比丘處比丘識犯卽無不定又解尼不得獨行行卽有伴屏露二中由無第三犯故所以尼無若如此者尼應無屏露二處與男共坐戒首解尼所以無二不定者若比丘共他女人屏露坐夫主見生不信或時訶責乃至驅擯外招譏過爲患處深故須聖制然尼雖共男坐婦生不信理無驅遣夫義過微不制所以尼無如是云云

將講三十捨墮略存二門（案二當作三）

第一釋名前後者此名爲捨捨有三種財相續貪心及罪皆須捨故捨雖有三而此名捨捨財物故不由

餘二若不爾者九十亦有二捨何不名捨三十九十雖復文別先後捨異罪均之悔輕重義齊故百二十戒合爲第三篇然三十捨由於財事取濟失方廣生罪過故洗心懺先須對僧捨財相續貪心心事旣捨罪方除滅作法是難先識於難次及於易所以序在九十前云

第二依位別解者略開八門第一三十九十同因財犯而捨不捨異者凡須捨三義一是屬已之財二體現在受用生過故三捨已歸主受用無愆三十具三義九十中有二十七戒所以不捨三義不具故因食

二別配戒條四初明戒闕初三。

二三戒闕第二三初正示

二釋疑二初躡過三以問。

二引販責轉難

三十二戒闕第二

四八戒闕第三

三料簡諸戒二初列戒。

二料簡三初真實淨施二初正示。

二釋難

二白色三衣

三高牀等戒二初正示。

十四財有十三坐脫腳牀屏露二敷高腳等四闕初第三財中眞淨施食中過三與外道食入他手他物共他食闕初緣問取三鉢未食生罪何不入捨財體現故答雖取過有罪然是施主所捨理通無局佛制共分卽非屬已闕乎初緣問若爾味通不捨者生畫留食亦是味通何故捨乎答以已私物易得此食體是非法不合同食卽是緣局故得入捨食中十二闕第二緣求食無罪食已方生體不現故歎施展別足勸非殘受美藥酒財中八戒闕第三緣者覆屋白衣兜羅牙角尼瘡雨等強敷與衣作衣遺落藏他等亦

因財生罪亦須分別眞實淨施以輒用有罪屬施主闕初緣若爾三十戒盡不說淨耶答使尼浣打二離兩衣此受持故非說淨長衣一月鉢藥四由不說淨此卽不疑五敷擔擗乞縷等犯由造作成卽過生若作未成不應尺量自餘諸戒多由領受一往生過皆不合說淨奪衣一戒或是受持或可說淨捨與他時失其淨法故奪得入捨自餘易知問白色三衣捨竟歸主受用生罪染壞聽懺不須捨者白毛臥具類亦應然答此由自造生過不制受用是故歸主不染得用故得入捨高牀已下捨竟歸主受用有罪故不須

二引難
二伸正義二初破難 前解六初難鉢藥
二難奪衣
三難過鉢實淨
四難五敷具
五難浣染等
六難五敷等
二結示正義
二犯人同異三初標示
二正釋二初僧別對顯
二同活有無三初五戒不同

捨牙角鍼筒打破便罷不須持捨問若爾綿褥斬破
不須捨答綿褥斬壞歸主和泥有受用益三義無闕
鍼筒少物損功甚大若壞已聽用貪心不息還無用
故不入捨又解且如乞鉢等一惡還主不聽受用餘
入僧庫七日藥與守園人若十四日口捨等可用無
愆又奪衣中定與不定取失淨法其不定者不失淨
法云何而言捨與前人失其淨法又取過三鉢與他
同味眞實淨施皆屬施主若盜此物望誰得罪施主
若死即應入僧又五敷具若妨業中制雖雜亦應犯
若體不如中制雖捨猶不如何言還主不犯又浣衣

二離雨衣等四受持犯捨者戒本何不除不受持亦
應餘衣是不犯若言五敷二毛七縷等八不應尺量
不令說者戒本下文應除說淨是故前解三義難具
所以今解有二意一三十中由貪心尤重取物失方
二即妨道招譏過重故須捨卻違本貪心九十不爾
設因財犯皆因造作受用失方不爲貪儲故不對捨
離衣一種雖非貪取離宿違敬汙受持法捨懺令說
第二犯人同異者一人盡犯此即易知四方僧一向
不犯同活人中五戒一向不同二離衣六年臥具不
揲坐具雨衣何者此戒皆別人受持無共受義何有

二七戒不定
三十八戒有同不同
三自作教他二初標示
二正釋二初通示自他
二別釋教人三初十七戒直爲教人
二十三戒教人爲己
四重犯輕重二初標示
二正釋二初通明諸戒
二別解浣染

我離令彼得罪七戒不定長衣一月衣鉢藥過後畜
浣衣奪衣等如長衣同主人俱現前不說皆有情過
是故同犯若一人遠去敕在者說而彼不說在者有
犯行者無過是故不定餘四亦然若受持衣浣奪亦
不共犯若共有長共浣共奪亦得同犯餘十八中若
不同作已爲他亦不同犯如一人在道遇賊打失奪
三衣居士爲奪故施而過知足受在家者不知何有
同犯今言同者同行皆失共計過取故言同犯餘者
易知約現前僧應犯七戒謂共作綿褥黑白臥具共
擔過三畜寶易寶共奪衣第三自作教他同異者自

作一向正犯教人同異不定者直教他十七戒能教
者一向輕以無財潤已故但不應教他爲惡故犯吉
羅有十三戒教人爲已得物潤已與至作無殊準三
性心中不善無作任運起異何者十三謂五敷具奪
衣受寶取尼衣浣故衣染擗毛過反索衣自乞縷織
讚織師如是等知第四重犯有無者四戒得重犯浣
故衣擔羊毛擗羊毛用雨衣此物現前容了更作故
重也自餘二十六皆無重犯又解浣衣更使浣打但
犯小罪而文云浣打染三尼薩耆者非謂一衣生於
三罪各使爲一婆論云一時作三事亦得一捨若使

五捨懺方法二。初標通。
二別釋三。初明捨財二。初標舉。二隨釋五。初對境。
二全壞
三處所
四集衆
五還財三。初本宗。二他部二。初十誦。
二五分
三僧祇

浣不淨染不成色。打不熟。皆吉。浣染相彤。何無重犯。何有二浣得重犯乎。善見亦無重犯。文義相似。諸部云云。不須廣引。第五捨懺方法者。三捨如上。且論捨財有五門。第一對境者。綿褥是壞息貪。故對境無也。畜易二寶由體長貪。僧受亦犯。故對俗捨。其對僧境通彤。一二三等可解。第二全壞如上可解。第三處所處所無遮。第四集衆。三戒不集。第五還財還財五例。一壞還主。二入俗反體還主。三入僧還主。不復本用。四入僧入俗。不復本用。五一向還主。四分如之。十誦云。易寶畜寶販賣得寶。少者永捨。多者付同意淨人。

作四方僧臥具。要僧中悔。餘一同四分。五分五捨。一入僧永捨畜寶等捨與僧。差人永棄。若僧不爾。令淨人爲僧貿衣食。與僧食用。唯本主不得食。恐遂本心故。二永入僧捨。五敷具入常住用。唯本主不得坐。三入僧俗捨。藥入僧。僧捨與俗人沙彌塗足然燈。本主不得用。一切比丘不得食。餘二同此。祇律五捨。一捨入僧無盡物。謂畜寶貿寶。若出息利作僧房舍中衣。僧不得分用及食。爲折伏本主貪心故。二捨入僧用。謂五敷具。迴僧物。隨僧作何等用。其中純黑憍奢耶。僧不得著用。得作地敷及作罽鞢帳幔等。六年不揲。

三重犯還法二。初明諸戒還法。
二對五長合捨三。初合三長衣。
二合長鉢
三合長藥
二捨財
三論捨心二。初明經夜差別。
二示心斷得否
六持犯方軌二。初標章。
二隨釋二。初正明持犯。

不得作地敷。僧得著用。俱不襯身。白毛臥具中好如前解。不好如後解。餘三亦同此。若存重犯還法者。綿褥畜寶貿寶。不對僧。二十七中四戒卽日歸主。二離二毛非相染故。七日藥雖相染。以還主制身外用。故亦卽日還。有四戒要經宿。餘十八戒別捨。不須經夜。若二十三戒。其長月過合捨之時。六戒卽日歸主。二離二毛藥鉢。若以二十三戒其長鉢合捨。唯乞鉢一戒。其長鉢經宿。餘皆卽日歸。若以二十三戒其長藥合捨。一切卽日歸。以內外資別。衣鉢不同。皆不相染故。廣如大鈔。其罪中綿褥二寶。捨財不集衆。故悔於

別衆得成。自餘諸戒捨財及罪。皆悉盡集。別作不成。論其捨心。有五戒長月鉢藥過由相續儲貪。若欲還財畜心須斷。所捨長財體不得卽日歸主。要須經夜。若有遠行急難開卽日展轉。自餘諸戒皆無經日相續畜過。但使財罪已捨。卽歸無染。此中婆多云。卽日得受異財。不犯長。以心斷故。非如本財曾經畜過故。若心未斷。皆不得受。唯除七日歸主塗足然燈。以不得作藥服。故卽日得受異藥不染。以心斷故。此約不得卽日歸主。第六持犯方軌者。凡是作持。止便是犯。長月鉢藥過此五順教作法。不犯長。名爲作持。止不

二因示問淨
七僧尼不同、二初標示。
二正釋、二初同戒。
二不同戒、二初標舉。
二列示、三初有無不同。
二犯同緣異、二初正明。
二釋妨、二初問長衣同僧。
二問有伴何同
三輕重不同
八沙彌任運、二初標示。
二正釋、二初十五戒有犯、三初總舉。

說淨名爲止犯二離衣宿藏六年作臥具作此三事
得羯磨故名爲作持反此名止犯畜寶一戒說付俗
人淨主當受名爲作持不作名止犯三十九十雖同
一篇二處問淨者前有財可捨不得別衆九十反此
故分二問意在於此也第七僧尼同異者此中十八
僧尼同犯十二不同不過有三一有無不同過前求
雨衣離衣六夜僧有尼無何者尼浴衣常聽用故尼
無蘭若故二犯同緣異者長鉢是僧尼俱墮名曰同
犯開緣不等僧過十日尼便一夜故名緣異何者僧
不制有伴若獨孤遊無伴可對故開十日使覓伴對

說尼卽不爾故開一夜問若爾尼畜長衣不應同僧
答鉢若已成不須營造宜卽說淨受持故唯許一夜
衣營未成皆有長過一日營縫不可卽成故開十日
問若爾長衣未成有伴可對何不說已作衣與鉢成
者竟有何異而不同耶答衣開十日據但三衣者若
就說淨尼亦制一日過卽犯長而開十日者一開已
後同聽十日三輕重不同者有九戒所作事一得罪
階降名曰輕重謂五敷具取尼衣浣故衣擗羊毛擗
羊毛尼吉僧提故第八沙彌任運者未受具前先教
人作十五戒謂長衣鉢一月衣急施衣過後畜此四

二別列、二初四戒。
二十一戒
二餘戒無犯
三隨難別解、二初標章。
二隨釋卅四、初長衣戒十四、初先列、二初相染釋、二初正明二染、二初傍通傍染、二。
初正明、二初列示諸戒。
二約義皆成
三釋通疑妨
二結顯
二豎通豎染
既有傍通必有豎通二句力律刊本所改

戒沙彌時受財屬已受具已後數過十日不須營助
三性心中任運犯提亦可通前日數前後滿十藥法
不爾沙彌時雖作手口二受進受具竟卽失口受既
無法藥故無任運更有十一戒沙彌教人爲已作五
敷具持衣與尼使浣染打擗羊毛過三反索衣取非
親尼衣自乞縷使非親織師織教人爲已奪衣此十
一戒作方便已進受具後任運犯自餘諸戒雖本作
方便進受具後要須更作受領方法故無任運犯
第三隨難別解者三十戒中長衣爲先唯除九戒傍
染二十一戒皆令犯長九戒是何二離二毛二鉢二

寶七日藥如律云犯長尼薩耆更易餘衣得犯販賣
復由續心畜不斷故復犯長罪以此證知餘皆重犯
若存此解販賣入手要說淨作三衣過十日無長不
爾卽犯若販賣不說無長者何由爲長所染既爲長
染明知理合說淨作三衣問若爾何故衣法云尼薩
耆衣不應說淨作三衣答得小罪故云不應非謂說
淨不成若販賣財說淨竟若悔本罪此衣不須捨已
入淨故此中先得長衣過十日後取尼衣得犯二罪
是名傍染及先無長衣而取尼衣便犯取罪過日犯
長是名傍通既有傍通必有豎通言豎通者前得淨

原本云既有染存豎通者並淨當似原本脫去依豎通二字力酌增之在字如舊未知是否俟他日覓得古本再校定也又案律刊本所改亦與戒本疏相符也

二釋疑

二喜犯釋二初立理

二釋疑四初引律難無染二初約義釋通

二準決三衣

二引房衣難販賣

三引條相難量外

四引白色難成受

二諸緣二初正明

財過十日犯捨懺已復過十日後犯長罪及一日得衣乃至十日日日得衣乃至十一日初日位過犯下九日衣相與俱犯故名竪染問若爾販賣得藥手口二受亦應得成答不同販賣有過說淨與他好斷相續是以得成藥本不受即是離貪由作二受即是長貪所以不成又解財無二捨何有重犯又云既言不應說淨明知體無長過甯容有染但以人之喜犯故在初而解問若爾何故律云更貿餘衣一尼薩耆此便成重染答此五眾邊貿又復遣人二眾邊貿不犯販賣是故有染若自俗邊貿但犯販賣即無染過以

是義故得長作三衣販賣無長作三衣不成者何有三衣可名為長今失三衣次須三受三衣無長即好斷相續故作衣得問若爾過量衣房不應成受持處分答販賣等舉體有過過量等外有過內無愆故不相竝問若爾十九條大衣長短不如亦條內有過何故成受得用答是佛制畜故成受用販賣不爾問若爾白色三衣亦是制畜何不成受答以非道服譏過即多故不成受婆論云三衣雖不受持過日無離衣罪有壞儀缺衣二罪若本說淨今作三衣即失本淨以三衣無長可防故乃至比丘有因緣得一端氎指

二問答

三德衣三初問德衣五長前後

二問三戒獨開迦絺二初問答釋通

二引戒比難

三約食戒不列之意

四長量

作三衣即不犯長問若爾何故一月戒云不割截聽縫過日犯者答彼先有三衣堪受持故須截作衣相方得免長此論先無三衣故不相竝問功德衣與長衣等五戒何者為先若功德衣先開者何為長等五事開功德衣若長等先制者迦絺無緣何言已出故答依五分長衣等戒實是先制功德後開廣如彼說四分難解問唯初三戒獨有迦絺開者何答此三戒皆是屬己之物開即有益便無長離之咎又不惱施主故餘即不爾問若爾自作五敷具過三由旬用雨衣等可非屬己何惱他主何不開耶若言作故致訶

不開者我亦長故離故致訶亦應不開答長離無多譏訶妨道餘即不爾問此三戒得時衣利者已竟等餘三食者得利處齊戒本不著竟何答此三戒專得功德衣利無彼餘緣開故此本得著餘無此義故戒本外開又解食中三戒時衣利者亦在戒本戒本言作衣時是也時中不犯故急施戒本例此可解此中長者十誦云長佛四肘不言廣婆論云四肘者七尺二寸祇律云廣一肘長二肘應作淨善見補三衣云長尺六廣八寸須說淨長衣云長二搩手廣一搩手犯捨墮母論云廣佛四指長八指應作淨施又開限

五開十日
六淨主
七著用二 初問脫著不同二 初約義釋通
二引異相
二問衣食不同二 初問
二答二 初畜心輕重釋
二內外兩資釋二 初正解
二破難
八捨財二 初舉別眾難忘物

十日者祇律云數極至十故十誦云不緩不急故四分若行十日還故開十日若言一月佛法應開不言長量爾所長廣問祇云若俗人畜生無心人邊作淨不名作淨是謂非處何故藥戒中開五眾俗人及畜生邊皆成施主答衣唯防長更無受及淨同位卽得藥防長及受淨故通俗人畜生皆由成受及淨故問犯長衣不捨而用著著得罪何不脫脫得罪耶答著有情過故得罪脫無情過何有愆爲如非法房入卽有過出時無咎此亦如是善見云若犯捨衣無比丘故未得捨懺得著無罪首解此言在於三衣戒故似

開三衣非謂餘衣問何故衣畜重著輕食卽食重畜輕答聖聽說淨故不作而畜衣有體在隨畜心重以體在故隨著用制輕食本不聽畜畜心微故罪輕隨食卽盡無有所續故得罪重又解欲明衣食等皆是資緣衣是外資食充內飢衣有別屬畜卽壅已是故罪重著用罪輕食取除飢畜食義通不成屬已要食方資是故食重畜輕內外資異故不相竝問若爾何故畜七日藥亦重食不淨藥亦輕著用白色衣亦重更問捨財實有謂無成捨者界內有人謂無亦應成答捨衣不集以彼非情不能礙捨又說淨與他是故

二明須捨之意
九還財二 初問還衣遠近
二問作法須否
十作三衣三 初長衣問作
二重縫摘分
三問制前後
十一制前有無
十二緣開數日
十三淨主命終

成捨人俱是情彼可礙此法令同遵故不得成問何意要須捨物答若不捨財畜心不遣故然不聽別眾捨者良以財物利重人之喜犯須僧盡集眾視詳悉欲令犯者對眾旣媿內生慚恥息過於後問旣知還衣極疾卽坐未知極遠答如祇律云亦不得停久過半月還乃至說白四還不同四分作白二法問捨財不作法還作羯磨者何答捨是別人出在內心非和能決僧衣還彼無容自專所以不同又受懺非正滅罪正滅更假餘緣故以單白還衣準僧作法卽成故須白二又伽論問頗有比丘過十日衣卽此衣一夜

離宿耶答有過十日衣作三衣已受出界外明相出故知犯長衣得作三衣問若重縫三設有因緣摘分持行致於異處不離衣宿比丘若死云何答本界內分又解應與看病人以本是一衣同受持故律師云後是定義問如來差阿難令作袈裟已前無三衣耶答準有糞掃衣無割衣故又解雖有割衣而無如法問初得衣鉢過於五日若被擯等若狂亂人上入天宮至北單越後解擯若得本心若還本處以何日爲限而作說淨答一解更得一日又解取前五日律師云後義定也此中首解眞實施主若命終者勿問先

十四重物非淨二初正釋　二難破　二離衣戒四初問所離輕重二初敘問　二釋通二初約要心釋　二約開制釋二初正釋　二轉難　二根轉法失　三離衣不分　四所開衣時二初雙問　二別答二初答所離　二答時長短

作及已未淨皆須說淨以守八亡故有說若得長財作成被及得先成不合說淨是重物故問若爾如尼十六枚器七日藥等豈是輕物聖開說淨法耶更問離三衣重離餘衣輕有何意耶答夫三衣者道標服式資身要用無時不須生善最勝以受時要心不許離宿今既離宿違本要心失於受持故得罪重餘衣鉢等非是道服又用有時非常所須是以受時不言不離今雖離宿不失受法所以罪輕又解三衣制畜是上中下違制故提餘衣爲此中下對開有違故犯吉問若爾鉢亦對制有違何故犯吉而不失受

答衣障形醜無時不須犯提失受鉢用時限故不相竝善見云受持三衣已轉根即捨問十日衣一月衣分爲二戒者離衣有病得僧羯磨病差離衣何以不分二戒而合一也答凡論分離一財體不同故二日月長短不同故此中合者一同是三衣二若病未差無離衣宿若差離宿與本無病不異是故合也問羯磨離衣於三衣中得離何衣幾時得離答四分云唯離伽梨十誦云下二亦得明知三衣隨意離一五分云得留中衣上下不得若有賊者好者隨留十誦云從七月至九月夏分不開五分云今聽前安九月後

三月望衣戒三初定時非時　二引文顯異三初僧祇　二多論　三善見　三約義決通二初正示

安八月祇律云白四羯磨限一月夏中亦得今律白二善見云病僧爲羯磨離衣往餘方若差欲還路嶮不得還恆作還意雖差不失婆論云羯磨病重不行病差不行更得病即先羯磨同一月內得問有時衣有非時衣就何立月望衣耶答就非時衣此中祇律云前十日得故衣若細衣得已不自作不教他作過前十日犯捨中後二十亦如是說四分分之若前十日五日已過得望衣用後五日中十日前五日此十日應作中十亦爾後十日前五日過得望衣乃至九日過一日中作十日得衣即日作多論云

勤求不斷待滿一月若想念斷不至一月若初得衣日自知必無望處過十日犯捨若初日得衣停衣待望不得所望非望而得是二種十日內不淨施與人作衣至十一日犯捨墮乃至十日不得所望非望而得應合成十一日犯捨墮善見云若有望處一月得畜若二十九日得望衣細先麤者說淨細者復得一月爲望得故若後得衣麤復停一月如是乃至勿過一月義云若三衣俱故竝少勿問皆開一月若十日中大衣上同衣足者當日不割綿挺十一日明相出犯下二衣財少不足者亦染犯長若無根本者得開

一月問既爲作三衣體自無長何以染也答少財若無故壞受持三衣自實無染今言染者以有故壞三衣故不如昔解問先有長衣三衣望未斷爲被染不答此是法衣彼是長衣何得相染問若爾三衣望斷得少餘財爲被染不答既同犯長何得不染乃至二十九日亦如是足即不開不足便開故

問何故取尼衣重不制取鉢答衣有五故喜能捨與致受義數故須制鉢唯有一尼捨稀故設令受者但得小罪又解無犯祇云尼與比丘鉢及餘小物取而無犯故廣說乃至出界二十五肘離見聞處一切犯

提問尼取僧衣何故小罪答大僧上尊與尼義稀故問若爾能與之人亦應犯輕何僧得提答大僧與尼就譏過中制生染義深故得罪重尼取僧衣就稀數而制故得輕罪

問浣染打實是三戒總制者何答皆是使尼處同復是始終由一衣生故問既制令尼洗衣何故不制熏鉢答染浣義易尼多閑解爲洗義數熏治是難尼多不閑作之義稀故聖不制問令洗新衣何以輕耶答使洗義稀且不生過故制輕之又下二眾無有師義爲洗即稀是以犯輕式叉尼是下眾使上尊浣衣義

稀故犯輕罪

問衣中所以制過知足取不制鉢耶答衣有三領失即多少不定鉢唯有一失一受一本自無罪所以一制一不制

問衣中既立勸增價鉢無增者答衣資身義寬喜增故制鉢資身狹義稀所以不立問若勸鉢增輕者乞鉢如何制同衣耶答實以鉢無多用然彼全乞一鉢惱處深故犯捨墮勸增非一故犯小罪

問勸增縷何故乃至一縷亦犯乞衣一條與此相違答乞本施主先無心捨乃至乞時任彼籌量施與多

少惱義是微故得一條方犯其勸增中虛心自施分限已定不荷其恩嫌少更索長貪惱彼情過最深故勿問多少隨增皆犯

問若勸二居士增價一增一不增爲犯前後答犯後戒唯增者犯不增者不犯猶是二人合作故問所以但勸二居士不勸三者答二合作一衣勸增損惱是多所以須制三合作多損惱是微是以不制問若三居士各爲已作一布衣今勸三人合作紬衣豈可非損何以不制答此戒要本施衣體上增方犯今勸作紬落前乞衣戒中首解本爲買絹今勸增買紬落在

乞戒此戒要本施衣體上方犯下求縷亦爾。
十忽切索衣戒二
初問鉢無過索
問衣價中制過索罪何故不制過索鉢價者答鉢本
用食得一便足更無多用何可開之若全無鉢過百
二問望誰結罪
千反索亦無罪故不制之問忽切索衣為損王臣為
損淨主邊得罪答由王臣心勤恐失此物致索忽切
十一蚕綿二毛三戒二
初問綿毛捨別
惱彼施主損一境結罪問綿臥具黑白毛臥具皆乞
貴物同不聽作何故捨法全壞不同答綿由害命得
竝乞貴物令斬壞息貪黑白雖貴不由害命故得生
二問寶藥㲲捨
患義微是以全捨問綿褥二寶七藥何以揲捨作開
通者答凡捨竟得復本用者不得揲捨辨開今此四

拾毗尼義鈔卷三　三五

戒捨竟反前故得又解此四戒捨竟或時體變壞或
不聽復本用長衣等義反前故不同十誦云若已成
者受用無犯非如五分臥褥應捨與僧。
十二減六年臥具戒
問得羯磨竟得減六年作若作純黑白為犯前犯後
戒耶答不犯減六年以得法故純黑白邊別犯前戒。
如得僧處分過量造房不壞處分得過量罪。
十三不揲坐具戒二
初問臥具互相反
問臥具制年限不制其揲坐具反前者何答臥具為
取暖氣資身受用年多已去久故陳朽無資身義故
制年限不制其揲坐具不取資身暖氣但恐汙僧臥
具障身便罷但使體在不限年數既有坐具常得受

二問制捨有何意二
初約義釋通
用貪好更作是以制揲息著好心問若不揲者揲已
便懺復何須捨答不揲舉體有過今雖更揲猶有本
過體在故須捨其過量量內無告先割量外然後懺
罪故不須捨又可捨已便歸主無受用義故須割卻
二比過量以難
不須捨也問若爾不揲捨已還主猶好亦應須揲答
不揲為好捨已還我義同新得非我情過過量他與
猶亦是犯母論云不揲坐具得羯磨已無不揲過。
十四貿寶戒二
初敘問
二答釋三
初八物相自易
問八不淨物中展轉相易犯何罪耶答以金綿褥等
二相易者提得餘六互者吉六六相易得小罪得餘
二貿衣易八物
二者犯捨此中若以八不淨物貿得十種衣皆得犯

拾毗尼義鈔卷三　三六

捨以十種衣貿得金銀錢綿褥氍毹轉得尼薩耆得
餘六者吉多論云說淨錢寶得易衣外財作三衣鉢
三淨不淨相易
器入百一物數不須說淨已外須說若捨墮錢寶者
易得衣財作百一物數先畜錢邊吉對首懺先畜寶
邊僧中捨墮懺已貿衣財作百一物不須捨已入淨
故。
十五販賣戒
問販賣之物持淨戒者生時不聽受用何故死後得
分答此業最重若存食用者彼比丘念雖販賣有罪
猶有供僧福續作無已故不聽用比丘既死更無作
理故羯磨分。

十六長鉢戒五初問鉢無迦絺開
二問不受迦絺鉢
三問何不開迦提
四畜犯差別三初伽論
二十誦
三多論
五问過減不成
十七乞鉢戒二初問與乞衣何異
二問長鉢應同

問長衣戒本得有迦絺衣開。鉢何故無。答衣鉢體別。益不及鉢。有過不相損，有利不相及，所以無也。問衣不利鉢，何不受迦絺鉢。答衣有三領，爲伽梨重故，開功德衣，雖離無罪，兼益長故。鉢唯有一，常隨身受用，何得受功德鉢。既不開受，不益長鉢，故不言已出。問何故不問迦提一月。答鉢若未成，本自無長，何假開也。其鉢若成，已開十日，足得說淨，故無一月。又餘衣有四時不同，令浣浣故，開有時限。鉢即不爾，故不相竝。伽論問頗有一鉢即尼薩耆不。答有，謂不受持。十誦問頗有比丘過十日畜長鉢不得捨不。答有，得鉢已轉根作尼者是也。尼畜十日轉亦爾。婆論問白色衣畜過十日犯，白色鉢畜過十日何故不犯。答衣可染令如意，必成壞色，更無增損，儲畜義强，故犯長過。鉢若燒熏，或令損壞，難可如意，是故不犯。問衣過若滅皆成受持，鉢何無此。答衣者過可截，減可續，是以成受。鉢無此事，故不成受。

問乞鉢，鉢無多用，好者留置，奪入僧庫，爲本寺故。者乞得多衣，亦惱施主，兼損寺舍，何不如鉢。答衣本資身，用寬，故歸主。鉢無多用，資身義狹，故須入僧。問若爾長鉢過日亦無多用，何不一鉢還主，餘者入僧。答

十八乞縷戒二初問不制從尼
二引浣衣例難
十九勸織師戒三初勸增別制
二問不制勸二
三問乞縷何異
二十奪衣戒二初舉隨擯同犯以問

畜長鉢，或自已物易得，或施主虛心捨施，無損他義，雖無多用，生患處少，故悉還主。其乞鉢者，一長貪求，二惱施主，三損寺舍，四無多用，如是生患義非一，故須入僧。

乞縷令織中何故但制俗非親里，不制尼耶。答俗屬官故，尼即不爾。又尼無自織法，大僧知法使尼義稀，假令爲織，但得小罪。問若爾亦可但制使俗人浣衣，不制尼耶。答聖教聽尼自浣染衣，是故大僧喜令尼浣，妨彼修道。又浣染義易，更無多損，故不犯也。

問勸織師戒損居士縷，與前勸二二居士問縷何異而別制之。答前對縷主面勸，此屏處勸織師，所以有異。問前戒有勸二居士合作衣戒，此中何故無勸二織師合作衣戒。答前對二居士面勸，皆是縷主，得有合衣義，故制。此中若二居士各遣一織師織衣，比丘屏處勸二織師合作一衣，既非縷主，何有合義，所以不制。問此中亦與織師犯由前縷師何異。答前戒損織師不損縷主，以自得縷故。此戒損縷主不損織師，以與價故。又前非親犯，親即無犯。此戒不問親不親，皆有損縷主義故。又前織成犯，此領受犯，所以別制。

問若奪沙彌衣不犯者，下九十中隨沙彌不應與大

二引打戒不同例難

二十一求雨衣戒三。初問含潤不同。二初 問求用開閏不同。

二問德衣不開之意

二引首師別解

三引諸文示相二初 求用。

僧同犯亦應犯輕答本與衣為欲共行沙彌非已同類與之義稀奪亦不數是故犯輕下僧作法擯舉竟皆不聽隨順同遵僧法損惱無殊是以同犯問奪沙彌衣及犯重比丘同得小罪者何故打即輕重不同答與衣本欲共行沙彌及犯重俱不得共行共宿義齊故同犯輕罪打本取惱犯重比丘與已同位損惱義深沙彌位別是其下眾受惱義微故輕重不同。

問如四分云自三月十六日始求雨衣四月一日用浴婆論云閏三月者要後三月十六日始求若閏四月前四月十六日安居者即受用至七月半未識用中何故聽閏前四月十六日用求中何故不聽閏前三月半求答求貪惱他用中無惱故前後不同問雨衣閏月中得多日用受功德衣亦應閏月得多利答衣益處多閏中開者有長貪之過雨衣已物夏閏開用無多長貪首解明其制意時開一月求畜而大制時半月應求半月應畜設未受持不須說淨是百一受持衣若前安居至四月十六日應如法受持用至七月十五日應著一處不應畜用畜用者越亦不須捨至後安居不須更受如前畜用故多論云從三月半至三月盡應作若得成衣四月一日應畜若不成

二捨法

二十二急施衣戒五初 問與長衣何異。

二明通前後

三問時中不增三初 約義釋通。

二引非時開反難

四問與長犯相不同 二初叙問。

二答釋二初正答前 問

二由亦古非

衣乃至四月半聽求聽作設三月十六日得一二日即成者律師云亦得畜用祇律云四月一日要受持已用至八月十五日當捨多論又云尼弱劣擔持即難不聽畜得畜浴衣一切常開又五分云至八月十五日應捨眾中作唱云大德僧聽今僧捨雨浴衣三說此律無也。

問急施衣與長衣有何異答此戒時非時俱犯故與彼不同違教長貪之深重所以制之如五分云前後安居十日未至自恣時得急施衣應受首解以此證知後安居未竟亦得受急施衣問非時受衣過一月五月外更增九日時中何故不增乎答非時受衣還得非時開今既時受何得非時開若爾非時受亦應不得時中開又解要是急施非時受時外增九日時中受者既非急施衣受無時限何須更開九日問長衣入十日不說淨越十日明相入十一日犯此急施衣七月六日受越十日明相入十六日應犯何故律云乃至五月畜不犯答長衣不與時分相接但有前開故越十日入十一日犯今急施衣六日受者至十五日明相未出開前無犯入十六去日復有開時分兩開相接是以無犯十五日者破夏離衣安居未竟

五問迦提不攝十日、二。初叙問。

不聽出界但有後開無彼前開越此便犯。問。一月衣攝十日衣共爲一月功德衣攝迦提月以爲五月。何故迦提月不攝十日衣過一月五月已更增日者何。

二釋通、三。初一月攝十日。

答。一月衣攝十日衣有三義。一同是非時位。二同防長罪功能處齊。三十日是本不足開一月。此是以長收短故得相攝。

二德衣攝迦提

功德衣攝迦提者亦有三義。一同是時位。二俱得五利功德處齊。三迦提本位五月不足故開。此亦以長收短所以得攝。

三迦提不攝十日

迦提月不攝十日衣者亦有三義。一時非時別。二利有寬狹。三本末不相攝。五月不攝十日亦如是。

拾毗尼義鈔卷三　四十一

二十三蘭若離衣、二。初問二難開法不同。

問。離衣戒中有功德衣開六夜戒中何故不存。答。上士不受功德衣故不開。問。若爾應無迦提月。答。功德衣由作法有迦提月不由作法受故不相竝。

二引迦提常開例難

又解聚落比丘得聚落中受衣向蘭若處。蘭若比丘不得來到聚落中受功德衣向蘭若處。何以得知。異界比丘不成受故。

二十四迴僧物戒

問。轉許僧物犯提。何故轉許佛物不犯提耶。答。許僧之物於己有濫轉可稱心喜受因制。許佛物於人無濫轉之義稀故不制提。

三結示

捨墮略要麤制如是。

四分律拾毗尼義鈔卷第中之上

〇十二九十單提二。初總舉。
二隨釋六。初三業成犯二。初標舉。
二隨釋三。初身犯。
二口犯二。初正配。
二亦非
三身口犯二。初總分。
二別配二。初三十一戒口作業共身心犯二。初總舉。
二別示三。初十九戒自口作假他身。
二七戒自口作假自他身
三五戒自身作假他口
二七戒口止業共六身心犯

唐終南山沙門釋道宣撰

將講單提略存六門。

第一配三業解成犯相者。九十之中有三十一戒是身而非口。如總頌言。女未强脱覆與屏施別過非殘不外坐屏露四三軍酒水擊牛白二隨打搏宮。有二十一戒是口而非身。如頌言。故毀兩同說道女異嫌尼譏法恐怖疑發起欲拒毗同欲無根謗。二十一毗尼。昔解與年不滿是口業犯。今解不然。律云和尚提眾僧吉。故知自身作業假他口也。三十八戒亦口亦

身。三十一戒口家作業共身心犯。有七戒口家止業共身心犯。論前作業亦有三。一身口作業假他身成。有十九戒。若論自作唯身心犯。若就教人名自口作業假他身。故頌言。掘壞牽用勸然藏飲殺驅與尼捉落寶高牀七戒俱。二有七戒自口作業假自他身犯。且如與尼同行。要假自口共期。後身業行越界方犯。如頌言。屏露二處數四期索美食。有五戒自身作業假他口者。如食尼歎食。假尼口業。歎身業啗方犯。餘者亦例同。頌言。讚諫及二聽與年不滿五違諫之罪。亦有口違諫。且就一相言不盡理。二論止業共身犯

二自作教他二。初標舉。
二隨釋二。初正明教他二。初正示二。初自作教他同犯。
二教人不為已
二義決
二因示遮性
三持犯方軌二。初標舉。

者。覆藏一戒論解不同。伽論云。意業犯。此就根本說。非但意犯。摩夷亦爾。十誦亦說尼覆重罪亦單心犯。善見云。身心犯者。見聞他犯。此通名身業。未卽成犯。若口發露本自無罪。由所見聞止不發露。意地覆藏。故口家止業假身心。故頌言。覆背足非時家貢不與欲。

第二身口業自作教他不同之義者。有十二戒自作教他同犯。餘者自作正犯。教人卽輕。頌言。掘壞牽用勸恐然藏殺飲無根捉落寶。自作教他同。莫問為已不為已。過中是損悉同犯。有十戒教人不為已。於身

無潤。雖損是可已得小罪。何者是耶。頌言。屏露與尼衣高牀七戒俱。此前十戒教人為已。能教犯提。受使者吉。若不為已。受教者提。能教犯吉。此義未盡。如打搏等亦自他俱惱。何不同犯。而獨無根謗飲蟲水等俱是無文。義決卽齊。故知不盡。此中善見云。輒教誡尼是遮非性。故但三十戒以為性惡。自餘六十悉名為遮。今且序性不須遮名。故頌云。故毀兩說異嫌强牽用譏不驅恐覆疑故飲發說隨隨拒毀同與不屏打搏無。

第三持犯差別者。九十中有十二戒具二持犯。何者

二隨釋二。初總示三。初十二戒雙持犯三。初正明二。初別列諸戒。
二總示四行
二斥古二。初明七日藥。
二辨覆藏
三結顯二。初正結。
二釋難
二戒作持止犯
三七十六戒止持作犯」二作句二。初標指事。
二正列句二。初止持二。初總標。
二別列三。初上品。

是耶由得羯磨得說麤罪教誡尼受功德衣得背請別眾食囑授入不犯非時食前後入他家作餘食法不犯足食勸足七日盡形作口法受故不犯殘宿不受淨施問主著如法僧事與欲起此十二戒由聖開聽作法順教卽無其罪名爲作持若止不作法身作有違名止犯若據作事邊名作犯此二犯業思體一而名有異止法止事畢竟不爲名止持止作二持名體各別昔解七日手口受竟防無非時名作持今解不然七日藥未作口法體合非時食本無日限由作口法過七日名非時此乃由口法生如何得言防名

爲作持覆藏昔解亦言作持此亦不然頗有順聖教作法覆藏得無罪耶我非時入村順教作由是非時入村而無罪得名作持故知昔非今存十二餘無作法順教義不名作持問教人掘地聖開知淨得防教人無罪豈非作持答此之十二順教作法自身得作而無罪過得名作持知淨語中但開教人由不開自作故不名作持亦有二戒作便是持止卽是犯謂覆藏不攝耳聽戒餘七十六戒止持作犯作持作犯義如上解今明止犯止持言止持者有九句分三品上品一句識法識犯不犯根本復無愚癡不學無知淸

二中品
三下品
二止犯二。初總標。
二別列二。初古解。
二今解二。初立句。
二略示
四僧尼差別二。初標章。
二隨釋二。初正示僧尼二。初標示。
二列釋二。初準文二。初六十九戒同犯。
二廿一戒不同犯二。初總標。
二別釋三。初有無。
二輕重
三犯同緣異

淨皎然名上品中品四句初識法疑犯二識法不識犯三疑法識犯四不識法識犯此四不犯根本制爲止持有四無知不及於上名爲中品下品四句初疑法疑犯二疑法不識犯三不識法疑犯四不識法不識犯此四皆不犯根本名止持有八罪劣前二名爲下品次論止犯九句有立八句無識法識犯此翻進趣修學以明止犯既言止犯由不學生何有識法識犯是以但八今解若翻解以明止唯得八不得有九若翻修明止卽有九句如不受三衣說淨等解而不作云何不得有九識法識犯望根本不作法名止犯

然識教相無有愚癡名爲下品中品四句各得一罪上品四句各得二罪以犯門解義罪多爲上翻前持中無罪爲上句法迴換上下可解

第四僧尼差別者九十中六十九戒僧尼同犯下尼律有文不煩更數有二十一戒與尼不同有三種別一有無不同謂輒教尼說法至日暮譏訶教授師此三尼無次第相生無意可解有十三戒輕重不同故頌言作衣持屛坐三期受讚食勸足美牙角過量覆三衣此之十三作事同罪有階降故曰輕重不同之義如律中解次有五戒犯同緣異頌言背請足外道

二就義　二指諸部略　五沙彌任運二初標舉　二隨釋二初指戒列示三初明有無　二指同　三簡異　二約行總收二初總標　二別釋九如文

與年雨浴衣如此五戒得罪處齊名爲犯同緣異故落在不同戒中。廣如律說。文雖如是今就義更立。應有三。一牽他出春冬房僧尼同犯。夏房僧吉尼提。二毀呰尼通二衆僧輕重別。三覆藏一戒。二篇同尼初篇覆尼重僧輕。諸部不同如別章解。

第五沙彌時作方便進受具戒者。二十二戒有任運義自餘諸戒無教人同犯故無任運。何者是耶。即前第二番教人同犯者是不煩更數。雖然猶少有差別。露處全非任運屏處容有半是。若永去全非若暫去者二俱在界外即得有任運受戒竟犯更約九十以

明條相有九種別。一始從妄語至壞鬼神村有十一戒明守口意攝身莫犯善調三業行。二從異語惱僧盡覆屋過三節有九戒明善將入心隨護衆意不相惱行。三從輒教誡尼至與俗女同行已來有十戒明遠避嫌疑離染淨行。四從施一食盡過受四月請已來有十七戒明內資節量少欲知足行。五從觀軍陣至不作三染色已來十三戒明計意任緣離諸放逸修習出道無著行。六從故斷畜生命至與賊同行有七戒明常行遠離修慈愍物行。七從說欲不障道至不攝耳聽戒有六戒明深心信解敬順諸佛教法行。

六隨難問答二初標章　二列示卅三初妄語戒二初對藏衣示犯　二引下衆以難　二罵戒四初引謗戒難犯同二初問答緣通　二約輕重轉難二初善約惡律通　二惡法不分轉難　二約謗戒難僧尼差別　三同數衆輕重

八從同羯磨後悔盡無根謗有七戒明同住安樂不相嬈惱詳和無二共相遵奉行。九從突入王宮盡此篇來有十戒明衣服外儀節量謹攝無違行。

第六隨難問答者。問。故作爲重戲即犯輕。何故藏他衣鉢二俱犯提。答。妄語非惱境故有情過犯戲即無情過論藏惱境雖能藏者心有輕重前人受惱不殊。是故俱犯。問。下衆猶是惱境。故應犯提。答。同類比丘受惱情重復能礙於布薩故重提異類設令毀破受惱未有諍訟不能障礙僧事所以犯輕。問。謗戒中七聚謗罪階降何故毀呰一提。答。謗既損惱有增微故

結罪階降毀呰直就受惱邊制。問。若爾我以四重毀受惱重吉羅毀亦應輕。答。毀呰有二。一惡法。皆提善法皆吉。其謗中唯有惡法。謗無善法謗故不相並。問。若爾毀呰惡法中何故無階降。答。謗本有三義。一爲損惱。二爲治罰。三要對人前毀呰唯有損惱闕無治罰故無階降。

問。謗通二衆如何尼毀比丘及尼別人提僧局同類。答。謗據擯治毀呰有尊卑上下違敬之咎故有輕重。尼罵大僧衆吉爲之義稀應可僧罵尼衆提爲之數故若爾謗大僧稀亦應輕答以別人相惱數故大僧

四問不著大衆
三同室宿戒二初問與後戒不同二初問離合二初叙問
二答釋
二問過三宿二初問
二答二初昔解
二今解二初約義釋通
二引律以難
二問觀軍制別

知法罵衆義稀故二衆俱吉問妄語戒著於大衆中餘戒何故不著答妄語七衆俱犯提毀呰兩舌等唯比丘提餘皆輕所以不著

問同室戒通道俗坐行船等道俗別者何耶答比丘共二女坐盡日教授不教授有異所以須離答論宿者比丘及尼俱無教授義比丘共二女同行者尼兼二開一難故二多伴故俗女卽異故宿卽義齊其同船者招譏損重不如俗女故不相並

問共女宿何故無過三夜戒答佛制不聽與女同室故本不開故伽論云若與一女人相續過三夜但有同室罪無過三夜罪今解與女同宿雖制不聽亦有過三夜罪若與女人同宿不結過三夜者過量不處分卽是犯不應有妨難罪

問若結二罪者何故四分唯言天男者答前已制故爲異前戒故著天男若言男故女不犯者同誦中亦言脩羅男可共女人共誦不犯是故未受具者除比丘及尼餘者是也除中通二衆故知取中通五衆伽論更問初禁其宿後開二三夜犯何故觀軍戒中初制見犯後開二三夜別立戒本猶有直見犯者何答未受戒中本犯由從宿後開二三夜永無初宿犯軍

四說麤罪戒二初引破僧例問
二約謗戒例問
五實得道戒三初問與大妄不同二初問答釋通
二引事轉難二初約賓頭現相以難
二約凡夫得通以難
二問制教無用二初問答釋通
二約凡轉難
三問不同增慢

本由於觀犯後緣開三夜戒本過三犯觀軍非是宿猶有觀軍犯

問依此律破僧出血二蘭名雖輕而業甚深說亦壞衆同犯於提者何故四分說麤戒中云但除二篇不序偷蘭答以名輕重若序蘭名人謂餘蘭亦提止濫故略

問說初二篇同犯於提者謗他初二罪輕重者何答謗他初二有治罰義損有深淺故罪輕重說他初二無治罰義就壞衆處齊故結一品

問大妄語身現相與口同重者我得道現通亦應得提何故賓頭盧現通得吉答妄語身現表口是重問若爾王舍城人言得羅漢者取鉢卽身表口亦應得重答口言得道凡聖俱能說有濫故說重通唯聖現凡夫不能無濫故輕問凡夫亦得通者卽是俱濫答凡夫說卽易得通者少卽是難也

問此戒凡夫一向無犯聖人一制已後更無重犯此教便成無用答今制此戒正爲凡夫問凡夫無實何能得犯答今制聖以遮凡聖已被制更無說理後若說者卽知是凡

問此戒本何不除增上慢答起時無故略在通開釘

六壞生戒

七異語惱僧戒二初
例餘三以問僧制

二引諫戒以難白竟

八屏敷僧物戒

九牽他出房戒

十覆屋過三節戒

杙著樹隨釘多少一一結提答草木多有生分出相隨所壞處皆障他一分生不起故是以隨壞得提畜生唯一假命以要待死方名斷命故犯一罪又解遮性不同制意輕重故

問餘三口過但作即犯不待僧制者何故惱僧戒中要待僧制耶答餘之三業一正相違二損惱處重是故即犯綺語不爾故要待僧制

問一切諫戒諫竟即隨犯何故此戒白竟未犯答此是惱僧非是諫法直是僧制白竟未違制要待更作方是違制就後結犯與諫不同

問上轉僧物下尼互用及屏處敷具戒各序三種僧物同異云何答迴僧中正取許僧敷具及互用唯取已捨與僧以俱是僧物故各序三種須辨不同

問惱他戒中開親友不簡淨穢出房戒中局是清淨不除親友者何答前是俗人處屬先借者親友無強故開非僧住處故不簡淨穢此是僧房淨者有共住義穢者驅出無犯

問有看覆戒何故無自覆戒答不看覆時房成得受用自覆過三節結罪竟房無用義亦可看覆尚不聽豈況自覆乎

十一教尼戒五初問
唯請比丘

二問愛道請佛

三問佛不自教

四問結犯差別二初
敘問

二答釋二初引首解

二示今解

要今解下者昔解
前乃古師解耳

五後戒廣同

十二受尼讚食戒二
初問餘物結輕

問教誡戒中何故但請比丘不請佛者答若請佛教授有二種過一違八敬教二違本要期自誓受心若請大僧反前二失問若爾佛已遣尼半月往僧制請教授愛道何故不往請僧而更求佛者答尼雖蒙佛制大僧未制半月教尼愛道懸知請亦不得故來求佛請敕比丘往教誡尼問佛何故不自教授答佛作即不可不通末代故僧作便通

問僧不差中說八敬法何故不犯提答昔解八敬文定過微故說法滋廣邪正難分故吉提有異日非說法及敬皆得吉羅以不言故今解說法八敬無別輕

重二名互顯故又日非說法八敬亦得二罪而律云吉羅者此結日非罪不結不差罪者戒本已結竟故

問教誡戒中差與不差白非教授俱犯吉者後戒亦差與不差說至日暮亦應俱提答僧差說法至日暮者眾法攝尼不敢輒往故犯提不差說者無於眾法攝受於尼尼去無罪過由我微俱提不含輕重故作異名日非之中亦僧差者重不差罪輕俱吉羅通於輕重故同結一名理有階降彼此相似竟有何妨

問受尼讚食犯提何故受酥油等犯吉答財物利重情著難捨勸捨義稀致受不數是以制輕食無獨食

二問過受制題

十三背請食戒二初約義釋通三初問緣開二初敘問

二答釋二初不開五緣二

初作衣等四緣

二沙門施食緣

唯二開二緣二初正示衣時

二問戒本不列

勸辦義易致受義數所以須重酥油外用歎勸亦稀是故亦輕大僧歎尼義稀受亦不數是以制輕問若爾何故過受戒中亦食提衣等吉者答食是資身最急人喜受故又受用體壞損惱施主是以重然施主造福德舍安襯身衣聽一宿受用不聽將去過受義稀設過受用衣鉢不壞猶屬施主損惱義微過受然燈及塗足油雖體壞盡身外而用過受義稀故輕

問別眾戒中開有七緣何故展轉戒中唯開病緣及施衣時不開餘五答作衣道行船行大會如此四時由飲食難得施主好心請食於身有益不惱施主故

須開之今既二家請食食即豐饒何得開耶開即長貪惱他唯損無益故不開之其沙門食者彼為益外道亦無施主可惱故須開今若開背佛弟子受沙門請者損佛弟子失利處深開成大損是故閉也而為利比丘故益施主具得衣食二福果故準此二戒言衣時者不受衣一月受衣五月除此已餘時勸化作衣并施衣者故知時中勿問病與不病有衣無衣施

問若爾何故戒本唯言病及施衣不別開時答戒本無時下有時文即疑不開戒本無捨請下有捨請亦應不開

二問背衣食

三問須捨請三初問作念單重

二問第四念所防

三引別眾難味通

二引文示相四初四分

二伽論

三四分

問衣本背前家取後家不犯者亦可食背前家取後家應無犯答食本體壞致惱施主故犯衣本體現常存不惱施主故不犯如似背九十日安居止得吉羅以是生食體未壞故背一日請重以是熟食體壞故

問準祇律作念而捨須至三說不如今律要須實捨未知六念中第二三說餘一說者何答第二念一防不作念吉二防背請提以防二罪故須三說餘闕後義故俱一說問第四念何不作念已防不說淨提答衣本別屬不得即當說淨所以不防食味通故得防

問若爾別眾食亦是味通作念竟應防別眾提答食

味雖通若聽別者致念破僧是故不開又解前捨義通味復是通故念當捨別眾者念不別後時更別不順味通故不得也此中四分云若一日受十家請第二家若食犯一提八吉以初是前餘九皆是後請故若背九家得九吉以不捨故捨即無罪伽論云若受前家請往至座上未食前家更有異家送食若食後家食犯背罪先食前家食已即座上更食後家食不犯四分云或食已更得食者受前家食已更受餘家食乃可犯足不犯背請或一處有前食後食者謂一施主前後再設五正食食雖有二以主是一亦無背

四了論如文

請乃可犯足明了論云家邊請不具足食疏云有施
主請比丘中食卽往赴彼從餘施主家邊度此家施
主見比丘請暫過路遠乞大德爲我食小食卽設蒲
闍尼比丘進少許而去後於彼家食無罪由非先時
逆請故論云教化作得食解云比丘入施主家教化
得蒲闍尼食不得飽更進餘家得蒲闍尼食亦無罪
非先時逆請故論云常食解云於施主家食蒲闍尼
竟還本住處食常住僧食無罪若已受他請中前於
本住處食蒲闍尼已往施主家食得提論云憐愍食
此食不礙次第傳食解云若受三家請依前請次第

傳食二三家蒲闍尼無罪若逆次第食得提食第三家
食時不得罪第二家食進一黏方得提若衣食具若
病故逆受無犯論云有因緣受四月請解云比丘受
請得極四月過卽吉羅若久請者屬施主故一年三
時聽一時若受四月請中前餘處食蒲闍尼中前還
此受請處更食蒲闍尼無犯是常食處故廣如別章

十四別眾食戒十一 初定施主二 初引二解

問別眾戒中言施主者爲通道俗爲但俗人答婆論
云不問道俗皆成施主俱有別眾過又解要是俗人
而作施主方有別眾何者在家貯畜食具或有別請
故出家不爾故律云爲愍白衣家故又善見云沙門

二首師判二 初正判

食不犯者或有同法沙門及外道沙門是也首解云
四方僧食無別眾罪故須說有施主者爲簡此也二
解既爾宜就急好故云沙門施食者在此沙門釋子
法外出家者是故知內道沙門亦是犯位而言愍白
衣者亦可從多或從緣起說雖然要是持戒人來不
與者犯犯戒非也安居云善比丘來應與惡比丘來
不應與

二釋難

問若有請坐禪等師然次至不能者何答有解坐禪
誦經佐助眾事人亦應食唯除惡戒如五分說又解
禪師等是別請非僧次法師律師亦復如是

二能別多少

問要一處四人食方犯別提耶答不爾故善見云一
時受食已各分二處食犯何故爲一時受食故別乞
亦爾故彼云各去一時受各一處食及別乞別去一

三僧次開意

時受食皆犯問何故得僧次者不犯答卽是雜眾異
人不敢異計故亦可既徧四方僧皆蒙請故無別眾

四食體淨穢二 初明正不正

首解雖是別請若非正食無一日充身長道之義本

二定淨不淨二 初昔解二 初立義

自無罪故婆論云四人已上非正食故無罪昔解不
淨食不合同味不犯別眾若爾非法羯磨亦不合同

二釋難

遵應不犯別眾答非法詳集容可反非爲如故制令
犯食中不爾既是不淨設往不能迴令作淨往而無

二今解二初正明
二釋難
五乞食
六一坐食
七檀越送食
八沙弥非別
九法食能所三初能別
二所別二初總標二別釋三初食有豐儉

益是故不犯今解成別雖是不淨得同情異計還成背別非時不受足食勸足以不相假異計故亦犯問若爾何故販賣衣不淨藥不犯長耶答彼有過故不合說淨而不淨食得犯別者以罪不擇境淨法簡境故

問按婆論云四人各乞於一處食無別眾罪何故律云家家乞食通己五人佛訶制戒答論就散乞一處食律據一家併乞共食是故無違問比丘有物一處共三人食並犯提不答婆論云四人中一人有食於僧界內或行路中於俱廬舍界內一處與三人食三

人犯提食主無犯善見云二俱不犯以比丘不成施主故二論既別不須通和問如僧盡集未食僧食或食檀越食有一施主別請四人在僧中次第並坐受此食食犯提以不答不與僧同味咽咽犯提若四人先取僧中食一口已後得益無犯婆論如此

問沙彌不成足數不成別者僧次請來不應免四比丘罪答別得破僧沙彌無破僧故不成別眾而同是福田故成僧次此中若對法食能別處要四人已上方犯以廣誦作法作僧事故法食無限多即轉好故若論所別亦有三一食有豐儉開不開別由人有多

二作法不作法
三損有輕重
三開緣
十九種開緣二初明九緣二初敘問二答釋六初病時
二作衣

少如婆論云食難得處所別四人已上便開不犯以食無倍供故三人已下犯以容有兼濟故若食易得多少悉犯四分許村落既小食復難得彼此限局各不相容不問多少悉開不犯不爾皆犯其法食者所別之處若一乃至百千悉皆是犯理無限故二作法不作法別所別不作輕就作法中秉於眾法別三人已下對首作法但犯輕非正眾故若彼此成眾俱秉眾法相知俱眾食即不爾三人已下不問正不正足不足無犯四人已上正足俱提不正足吉三損有輕重所別之處但使不秉於法假令秉法非正法不問

多少能別得吉以法食遠資別不同味即惱情微故所以輕別眾食中食資身近別不同味即惱情重故別得提若作法者別三即吉人不得益別四得蘭僧不得益

問法與食開緣何異答食中有僧次無與欲者食是事資食方成益故法是理資送心表和彼此獲益故無僧次而有與欲

問別眾食中開有九緣何意答病謂腳躃以異惱僧義故難濟命故言作衣者十誦云不問應量不應量衣一切盡聽要食難得處易得不聽首解作衣久延

三施衣　四道船　五大衆集　六沙門施二初引論　二釋妨　二釋疑妨二初對時通局三三初配時非時　二引作衣難

恐廢正業故言施衣者施時不受後須難得自得濟形亦福施主故言道行船行者昨日來今日食明日行今日食皆犯卽日行極小半由旬來去食者不犯婆論云若到所至受食亦無犯義言道中多難亦難得食故言大衆集者食足四人長一人爲患者謂四人中長非謂四外別有一人乃至百人長一例此可知又解彼此成衆八人已上名爲大衆食無倍供食難得故開使不犯七人不爾故言長一爲患若食易得處雖大衆集別食得提又解大衆者四人已上故尼律云大衆者四人若過又婆論沙門施食者外道沙門除佛五衆一切出家皆名沙門義云爲小益外化以道法眩邪入正開使不犯若沙門請已復俗作白衣或作五衆持食與比丘白衣請已入外道出家作沙門手持食與此二俱提先是出家五衆請後作沙門外道亦犯十誦云白衣請比丘後作外道沙門持食乞受請吉食者無犯

問所以白衣俗人不開者答闍王信心施主愛重比丘遂助破僧外道情疏無相親附助成破僧以小益故開

問將九緣配時非時者解云九中作衣衣時唯在時

三問別立無用　二有緣不白二初舉入聚例問　二引別住轉難　十一結罪不同　十二五足食勸足二戒五初開獨餘食問

中不通非時餘七通時非時施衣時內不犯時外亦開問若爾時外作衣亦應不犯答施對新得彼此有益作衣已物更無勝利是故不同故四分作衣時者自恣竟無迦絺一月有衣五月廣如彼說問若爾直就時中自得別何須作衣答此舉受持之時

問若有緣不白入不犯重者我有三寶緣不白入聚落亦應犯輕答此須白者爲釋他意非所防故白入聚落不同此也問若爾行覆藏六夜有緣出界不白應輕不應失夜答明其病等六緣對治別衆不防於白六夜出界正防失宿不防於白何得將對治難不對治也

問別衆食何以不計所別境界多少結罪而結咽咽罪者答本制意爲惱白衣爲惱僧衆故制不專爲損於所別何得偏就所別境界故隨業結不就於境

問足食勸足二戒有餘食法開讃歎過一食背請別衆過三鉢索美食非時不受殘宿如是九戒何故無耶答二戒曾前犯足貪心更食須法作殘息彼貪過是藥病相當故須開之餘九戒中前六未足一向卽犯非對治藥故後三亦未犯足然是非時食體不淨若開作法前人得罪已自招殃復非對治故所以不

二問不開六緣
三覺想不同
四獨立勸足
五問教勸開合
十六非時食戒二初明二方時限
二引伽論以證

開。

問別眾戒有六緣此不開何答彼未犯足故以六開。既得食充身文長道益此曾前食五正飽足堪一日資身長道若更以六開轉增貪心開成大損非對治藥依四分云對俗人作成小罪足食人前不成法明了祇律皆頌成也。

問足食非足想亦應犯提何故律無答是雖正食心作不正想無情過故不犯所以不論問食中有數戒足食戒獨勸人同犯何答此戒有餘食法開可有不犯日既未過人多滯俗謂言無過不問心之好惡人

情隨世輕違佛制一切同犯。

問準十誦勸人非時食殺生草木然火掘地㗛殘宿食等勸他為己不為己前人作者二俱得提與此不例何答此戒有四義故離一足食身業犯勸足口業犯二足食病開勸足無病開三足食貪心犯勸足通三性四足食咽犯勸足已身不食犯故不得合。

問南浮提比丘至餘三方以何時食耶答如十誦云南閻浮比丘到俱耶尼用閻浮提時俱耶尼食三方亦如是乃至天食過中無犯伽論問頗有比丘非時食佉闍尼不犯耶答有若往北單越用彼時食不犯。

十七殘宿食戒
十八與外道食戒三初問道俗輕重
二問九十六種二初叙問
二答釋二初依祇律在內
二據婆論明外
三示尼犯相
十九四月受藥過戒

若在單越以閻浮時至彼中夜一切三方亦似閻浮提十誦云餘三方殘宿食三方人不得互食北方宿食彼無我心所隨意食無犯乃至受法不受法比丘得更互受食得食無犯明了論云能受者具戒比丘住於自性伽論云以北鬱單法不受食不犯。

問既知與在家外道食犯輕未知何故與出家食犯重答出家名同眞偽難分生人惑倒故制以重其白衣者道俗位別不生惑倒故所以輕婆論云外道男女若病若求出家與不犯出家者四月試四分亦然

問佛道為是九十六種外為內答祇律販賣戒云似

是內故彼律云一切九十六種出家人邊買無罪不言七故知是內婆論三衣戒云現未曾有法九十六道無此三衣名正釋此戒云自手與九十六種異見人食不問在家出家有衣無衣悉提販賣戒云外道根本六師教十五弟子各各受行異見六師各別有法與弟子不同師弟子通九十六如是師師相傳常有不絕佛道是外不疑尼亦應提今結小罪是方便為作不同。

問施一食受過受酥油所以輕四月請戒中過受酥油何故重答彼施作身外塗足然燈既是外用過受

二十違諫戒二 初引僧諫例同
二舉勸學以難
二十一怖他戒二 初問緣示意
二舉殺以難
二十二真實淨戒
二十三疑惱戒
二十四謗僧殘戒

義稀故輕。此施中內資受用過受義數故所以重。

問。違僧諫中諫竟即犯。不待事成。別人諫中諫竟未犯。要待事成違諫成犯者。答。彼僧諫中有僧命衆法。違情過重。諫竟便犯。不待事成。此一人諫無僧命衆法。違情過輕。要待事成。若不作事。便成受勸。故不相竝。問。若爾拒勸學亦是一人。無僧命衆法可違。諫竟即犯。與此相違者。答。彼諫止犯之人。發言拒諫。道已不學。即是止犯。違諫義成。此諫作犯。雖言拒諫。未是作犯。違諫未成。要待作事。違諫義足。故不相竝。

問。怖他戒中怖佛爲緣者。答。欲明前人怖與不怖聞

知即犯。問。若爾我殺佛爲緣。死與不死亦應得重。答。不爾。然殺戒凡人爲緣。因明破僧業。以明殺佛。非將殺佛因即制戒。

問。四分眞實淨五衆不得更互作。何故戒序施五衆者。答。律辯相中總明二種淨施法。故戒本中兼五衆。又解。僧尼同戒。故序五衆。

問。疑惱戒中不問前人惱不惱。若聞知得罪者。戒本何言少時不樂者。答。非待前人少時不樂方犯。就惱他者意故與告。

問。覆初二同謗。何有輕重。答。謗以重事誣訕於人。衆

二十五覆麤罪戒
二十六減年戒三 初問本制之意
二問疑心犯重二 初約義釋通
二引造房難
三開增胎閏三 初示今昔二解

僧擯棄。損惱處深。故初篇重。以二篇謗人。既是可懺不永配衆外。損微故輕。此直覆藏。不經衆首。露無治罰義。同是麤罪。壞衆義齊。故結一品。與謗不列[例]。問。覆他重自覆輕何。答。自覆名輕而治重。又解。覆他有本重制。今發露自覆本壞。不須重制。婆論云。覆罪有三。覆夷殘得提。覆二逆得對首蘭。首云。依四分若覆二逆理應犯殘。

問。何故如來不聽減二十出家受具。答。如大集云。佛告頻婆娑羅王太子。幾年不聽入宮。世尊過二十不聽入宮。佛告。我亦如是。沙彌未二十乃至得道不聽

入衆。

問。和尚疑弟子不滿。疑應犯輕。所以重者。答。受戒人有情可問。何不安詳細問取實。既自有疑。輕慢法故。而與受戒。令不得戒。惱他處深。故與知同。問。若爾有情可問。不問得重。與知同者。我能造房。人疑前處分成不成。羯磨人有情可問。而慢法造作。亦應得重。答。受戒事重。復是根本。心既帶疑。心輕慢法。惱衆損他。房則不爾。此中昔解。本受戒時。弟子俗年不滿。日月復少。不開數胎及閏。若受戒時俗年滿。日月不滿者。開疑亦如是。今解但數胎閏得滿二十。設俗年不

滿閏亦何失。又解。此國三年一閏得度。首解沙彌胎閏者。且就極小臘月盡日生。年滿二十。正月一日受具。總計年月。始有十八年二日。以胎中二百七十日數。計九月四日。通前有十八年九月六日。次計閏月。俗云十九為章。以七為閏。計十八年九月六日有六月二十七日閏。通前有十九年四月三日。次計頻大月。總破前年成二百三十二月三日。四十九月為一章。章有三頻大月。一百九十六月成四章。得十二日。餘三十六月。有兩頻大。足前合成十四日。次計十四日布薩。一年成得十八日。總計十九年四月得三百

四十八日。用三百三十六日為年。餘十二日在。貼頻大中十四日。又貼胎閏中三日。成一月一日。通前為二十年五月一日。計此沙彌二十受戒。十二月為一年。長五月一日。假使沙彌臘月盡日生。年滿十九。至八月十二日受戒者。綸前五月一日中七大布薩滅得七日。又減閏餘弱得五日。又減頻大弱得半日。總計弱得十三日。減前五月一日。餘有四月十八日在。計此沙彌臘月盡日生。年滿十九。八月十二日受戒者得。故伽論問。從何處數成年。從母胎數取一切閏月。五分云。時童子迦葉不滿受具。後方生疑。乃至佛

問比丘。童子迦葉有所得不。答得須陀洹。佛言。此人乃是第一受具。不名白四如法受戒。自今已後聽數胎中。若不足聽數閏月。若不滿聽以沙門年足。母論云。不滿者聽數胎中年。若不滿者聽數閏月。復不滿者聽數十四日布薩。復不滿者。言實得羅漢果。此是上法受具。雖不滿二十得受具足。不犯。義云。雖五分師不存十四日。二十三法。次第子開。母論別論十四二十。故知數十四日布薩。祇律云。冬時生。冬時受春時生。春時受。前安居生還前安居受。後安居生後安居受。此四皆未經安居。竟皆名不滿。若冬時生經安

居竟受。春時生前安居生後安居生。此四皆經安居竟受。悉名滿。若不滿二十兩半謂滿無犯。半謂不滿犯提。此名受具足。解云。按此文滿二十兩方名為滿年。故上文云。不滿二十兩減二十年。滿二十年過二十年皆名不滿。若滿二十兩減二十年過二十年皆名滿。廣如彼說。十誦云。若年不滿二十自想不滿或忘不知不滿。僧問滿不。答言滿。得戒。乃至若年滿二十。若知滿。或不知滿。或疑。答僧言不滿。不得戒。若答不知。若言疑。皆得戒。僧犯吉羅。不詳問故。又五分本制五年一閏。十誦許瓶沙王六年一閏。

二十七隨擯沙彌戒二初明三舉不同

問沙彌不見不懺是邪見不作擯名何故順擯戒中獨表擯名答不見不懺條然是非與教不濫又無諫可違情過是徵復無隨順他人之義故宜作舉名說

二會諸文示相

欲不障一一反此故作擯名與彼異也伽論云夏安居中擯比丘得共住又言擯沙彌不應捨若向僧懺悔布薩應攝取此律云共行不淨行者謂第二篇非重以滅擯沙彌成與受戒故祇疏四分義記皆言犯重若是犯重何得須諫又若擯多是重何故七羯磨中輕於三舉

二十八不攝耳聽戒二初引安居難結犯

問不攝耳聽戒中說五篇過攬二百四十九吉成一

提者尼從四月十六日不安居至五月半得二十九吉亦應攬前二十九吉成後一提答欲明說戒從序至下共成一說相故攬前吉已成後提安居不爾日日當分皆得結成

二舉不學難重輕

問此律云止不學一切法唯犯吉羅何故不攝耳聽得提答對事解止犯得通上四若對進趣學唯犯吉

二十九毀毘尼戒

問戒序非戒何故呵言雜碎得提答戒序說二百五十戒義若呵序卽是通呵一切戒故通犯一提

三十鬬諍戒二初問結犯違文

問鬬諍戒中若往聞便犯者何故戒本云聽此語已向彼說者犯答此就聽者意本擬為向彼說作鬬亂意聽卽得罪不待向說若向彼說得罪者落在兩舌戒不在此也

二引兩舌較異

問此戒何故聞便犯提兩舌戒要待傳此向彼方犯答前戒先未有諍一往聞時未必生諍要向彼說此戒先有諍事若往聽時必生忿諍情過最重故聽卽得罪

三十一非時入聚戒

問入聚落戒中若在本界得大小互白何故到聚落則唯大白小答在聚落邊令白小不令自在本界得互者為令知處不礙僧事故互白無妨

三十二過量尼師壇戒

問過量尼師壇覆瘡衣等戒尼輕僧重何故雨衣戒

僧尼同犯答雨衣貪身外用女人漏身醜相外彰喜廣長作故制同僧餘三貪身著用尼好小衣過量義稀是故尼輕十誦云畜覆瘡衣乃至痛差過十日者提五分云無因離雨衣宿越

三十三佛衣等量戒二初問衣鉢制異

問就衣制佛等量戒鉢何不制答衣是法衣不可定量身有大小事須相稱故制不過

二問鉢何制量三初問鉢何定量

問若爾鉢應法器何以定量答鉢唯用食更無大小可對故限定量

二問佛衣定量

問若爾佛衣何以定量答弟子無限不可定準世唯一佛故不同也又解衣若過得截用人喜過所以制鉢若過截無用不喜過故不須制

三問鉢無等量
〇十三提舍尼二。初標舉。
二隨釋四。初存四所以二。初標章。
二隨釋三。初總分。
二別釋二。初託內起過三。初總分。
二別示二。初私屏。
二眾中
二託外起過三。初總分
二別釋二。初聚落。
二蘭若
二犯罪所以二。初標章。
三示四非
二隨釋
三持犯相二。初標章。
二隨釋二。初二戒俱持犯二。初通標。
二別釋二。初釋第二

問何故不與佛等量作鉢。答。衣體同故。得有過。鉢體別。不得有過。應引智論。

將講提舍尼略存四門。

第一存四所以者。凡譏過之來。一託內眷屬起。二託外眷屬起。就託內中。不過私屏及眾。就私屏起失。比丘與尼黑服是同。而男女相別。躬在聚落。自手取食。容生深心。招譏損道。對離此過。故制初戒。若在眾中。偏心指授。迹涉私曲。默受不可。於眾不顯。對離此過。故制第二戒。託外起過。不過聚蘭。此中學家過受。令他竭盡。招致譏過。故制第三。是謂聚落起也。比丘懈

怠。在於迥險。安坐受食。使諸賊觸嬈。送食女人。招致譏過。對離此惡。故立第四。而無別罪。故婆論云。此戒體無罪名。一人邊說悔過。若息念皆能滅也。

第二犯罪所以者。就此四戒中。第三戒違僧制得罪。此學家羯磨。僧未作時。無制可違。受食無罪。由僧唱制。受便犯。此罪由僧作法而生。此僧制不異佛制。隨人用有異。自餘三戒。皆由佛制得罪。

第三持犯相者。第一第四具二持犯。二持者。若尼指授。止而不食。是止持。若見過呵責。後食無罪。名為作持。此二名體俱別。二犯者。若見指食。默然不呵。食便

二釋第四
二二戒單持犯
四二行異二。初標章。
二隨釋二。初總分四戒。
二別示第三二。初約位明犯。
二秉法差別
〇十四眾學戒二。初標舉。
二隨釋四。初序名不同二。初標章。
二隨釋二。初明不顯數。
二釋其名義二。初引諸文。
二引首解二。初正宗。
二釋疑

得罪。由止而生。故曰止犯。雖指不呵。身業不食。無犯。犯由身業食而生。名曰作犯。望前名止。望後為作。此罪體一而名有異。

第四蘭若。止而不食。名止持。順教作法。語言莫送來。受食無犯。名作持。二犯反前可知。餘二止。即成持作即有犯。第四二行異者。前之三戒。就自分行中。以離譏過。後就勝進分中。以離譏過。如僧祇云。學家者。夫婦俱得見諦已上。乃至俱是那含。一人不得。不名學家。問。學家羯磨。諸羯磨中。以何法耶。答。按諸律。或用單白。白四。或白二。結白四解。不定。廣如別章。

將講眾學略存四門。

第一序名不同者。所以此篇不序頭數。但言眾者。今篇威儀違失。乃有塵沙。不可以限數法局。故稱名眾。今且標人之喜犯百戒。重者集在篇內。餘在雜威儀中。如善見云。式叉迦羅尼。翻學應當。語倒。故言應當學。婆論問。何故此篇獨名應當學。答。餘戒易持而罪重犯懺是難。此戒難持而易犯。常須念學。不結罪名。故言應當學。首解。若就所防彰名。應言眾突吉羅。今隱其所防。就能治行受稱。故名學。問。論其學也。實通上四。非局此篇。何故偏得此名。答。此篇威儀微細。自

二持犯相二。初標章。
二隨釋二。初正明持犯二。初就學心。
二就作法
二因示教人
三僧尼同異二。初標章。
二隨釋二。初正明同異。
二因示任運
四辨釋戒相二。初通明諸戒三。
初約三寶分別。
二明三寶前後
二別釋。初段二。初總分四種

非專翫在心勤加護持其行難成故特加勸學之名。又復能持此戒滿足無缺學行成就之終彰學功義顯故偏受學名。

第二持犯相者若就學心皆具二持二犯起心修理名作持不作前事名止持反此成二犯若望作法名作持者唯杖絡囊一戒具二持犯餘皆止持作犯此中一向無教人爲己犯設教人不爲己前人重吉己犯輕吉。

第三僧尼同異者趍行生草有二戒不同餘者同犯無教人爲己故無任運犯此中有四一從初至立大

小便有五十一戒明敬僧威儀二從不恭敬人不得與說法至騎乘人有八戒辨敬法威儀三從不得止宿佛塔中至安佛在下房有二十六戒明敬佛威儀四從人坐己立訖未有十五戒出能敬之人若大乘一體三寶法先師故佛後資故若就別相佛初成道次轉法輪後當機悟聖今就住持由僧教化斷惡修善法由人通依法潔淨安置尊像故得住持初五十一戒中初二戒明敎諸比丘著衣服式齊整應法二從不得反抄至不得戲笑坐二十三戒明入村落受請行來坐起方法三不用意受食至洗鉢水棄白衣

二別問。初二。初明觀佛三。初問。
二答三。如文。
二示著法
〇十五七滅諍三。初標舉。
二正釋六。初釋字得名二。初標章。
二隨釋二。初通名。
二別名二。初正釋七。
初現前。

舍有二十三戒明食上方法四大小便生草下有三戒明大小便利進止方法大意如是。

問五篇戒中何故制泥洹僧著三衣獨觀過去未來佛及淨居天答婆論云佛結五篇戒皆應觀三世諸佛及淨居天但年歲久遠文字漏落餘篇盡無此篇獨有又本結五篇此最在初後結集者詮次在後以初貫後故餘不論之又云三世諸佛結戒有同不同五篇戒中不必盡同著泥洹僧袈裟一切盡同是故此戒觀佛及天如十誦云佛觀過未諸佛齊整著內衣及聞淨居天空言齊著故制此戒此中婆論云極

高著者如釋種千人同時出家羯磨受者非善來也乃至踝上一搩手上下過名高下若比丘沙彌遠行來時應踝上二搩手上至膝下比丘尼等一切時踝上一搩也毋論云踝上三指應法過是不應長四肘廣一肘半是名量。

將講七滅諍略存六門

第一釋字得名者夫按經論毗尼名滅以無爲體但無理一揆更無殊狀何有七滅今隨緣而表且序七而已此中體非過未名曰現前能滅於諍故曰毗尼所以目云現前毗尼毗尼不須更論義無異故世局

二憶念

三不癡

四自言

五多人語

六罪處所

七草覆地

二釋疑二初問互名可否

二問作舉有無

受稱若在過未不能滅諍故憶念者由僧作法念彼清淨情即息故就能治得名不癡者詳心作法證彼前人黠來不犯諍情即息故從境受目不癡對癡癡在僧故自言者引過懺悔定罪輕重而滅於諍故約能立名多人語者詳心捉籌表多人語定理邪正以滅於諍故亦約能治立名罪處所者前引後違或前言犯後言不犯輕重亦爾言致相違徵其犯處故於前後中以前爲實後便是虛何者初言伏罪義可好心僧未許治故言多是實後見僧欲治便復更言此是懼罰之言義可不實故不信也約境爲名草覆地

者衆僧共犯因評致諍言旣翻覆若尋撿者恐成深重難可從滅故聖大慈開不說名種直爾二衆和合迭相懺謝以息其諍如草覆地掩塵使不用故引喩得名問旣憶念不癡二俱清淨得更互彰名不答望同清淨應得俱成增諍不得互彰然憶念本來清淨若與不癡者所舉不息以他諍謂已曾作故若不癡與憶念名者能舉之人諍復難息以他謂我妄舉清人故問憶念不癡律皆言不作舉憶念何故罪處所中律獨云作舉作憶念答彼實不犯但執三根大衆知情故言此罪更不作舉憶念此人實犯須作舉憶

二定體異二初標章

二隨釋三初總示

二列釋四初五名四體

二問前少異

三五名五體二初正示

二釋難

四能所相對

三通妨五初問作法具闕

二問僧人能所

念是知不例

第二定體異者且論現前必有五法五法者何起諍名人秉法名僧僧住處名界軌用名法能滅名毗尼此有四解一解五名四體人僧界別有名體法與毗尼更無別體軌用邊名作法滅諍名爲毗尼第二解五名四體少異言毗尼無別體用上四法爲體故第三解五名五體旣言五法故以調逆進不名法正殄於諍名毗尼問有法起時名作毗尼毗尼起時有法已息如何乃言五法現前答雖不竝頭而有相續在現故言現前第四解能所相對在現前故言五法僧

界法毗尼是其能起諍者是其所要以能對所方有滅諍義得名現前毗尼故問爲當四人已上作法一向具五法爲當亦有不具者答義卽不定如伽論云十種羯磨不現前但具四法何者覆鉢捨學家捨作房擯沙彌顚狂不禮不共語不共養等是也唯有僧界法毗尼毗尼者遠有諍義又說戒自恣等唯有僧界法如結大小界唯有僧法若三人已下作能滅者但須三種現除僧界設四人已上但使不秉羯磨者亦有三問五法中能斷通僧人但與一僧名所爲通僧人隱僧彰人何答秉法故存僧名所中就數分實

三問三五開合

四僧別互舉

五問三五差別二 初叙問

二答釋二初明同

二辯異二初詮相

二汎論

三總別通塞二初 標章

二隨釋二初通示 四名

二別釋四相二初名 總別

有僧別之位皆不秉法故從別名人問五中能所別
故使僧人立二名者如三中亦有能所別何故不從
能所立僧人答若就數分實應僧人立二但以別人
及僧不秉羯磨處齊故同作人名若與僧名恐濫於
作法故問瞻波中一人舉一人乃至僧舉僧皆不如
法何故上云一人乃至爲僧僧爲僧皆如法者答瞻
波中對羯磨治人是故皆非此中直是定理是非非
治人故所以如法問既知五法未知五法中法毗尼
人與三法中法毗尼人有何差別答五中法指羯磨
法三中法者或是言語定是非爲法或自言懺法名

法三中人者起諍人及判諍人通名人現五中人者
但取起諍人不取於僧其毗尼者勿不皆是諍無之
處此是正體故五三同也若就詮相三五皆異何者
五法中無指羯磨判滅爲無名毗尼三法中無者言
語判滅爲無名毗尼或以自言懺滅名爲毗尼汎論
五三異者五法是寬三法是狹何者五法獨滅於言
諍若配餘六通滅四諍三法不通廣如別章
第三總別通塞者總以收攝爲義別以區分立稱通
以體徧諸處塞乃唯局自分此中名有總別體殊通
塞毗尼之名是總以有收攝義故若論現前名等是

二體通塞四初正 示

二對顯

三釋難

四歷位通塞二初指文

二差[illegible]塞

二對餘五別配四初 界現前

二法毗尼現前

三人現前

四僧現前

別以名各不相收然現前是體通用通故名爲總餘六
六不獨行要假現前方得滅諍即是不癡現前故知是
自相望六六常別憶念現前非是總若以現前望下六
別若以餘六望現前現前常是總若以結界是別若
即是其別如似羯磨望受日結界受日望羯磨羯磨即是總問現前該六名爲
以結界受日望羯磨羯磨即是總問現前該六名爲
通者自言亦通何故落在塞中答汎爾自言應說爲
通但今自言唯取攬短歸己名自言毗尼故不在通
餘無攬短之義如憶念之人本亦不犯不癡之人病
差不爲多人語者各言我是罪處之人後便解違草

布地者不說名種是故不說自言爲通指文辨相廣
如別章如此七滅論義皆有三法現前若如文辨者
唯現前自言二毗尼有三五現前餘五各五其中界
現前五中皆同法滅位通隨相各別人亦通五毗尼
唯多人語中人可在斷諍數中餘皆不爾僧亦位通
隨相不同何者現前毗尼中僧具十德者集餘不在
例多人語中僧不問愚智悉集并起諍人自判草覆
中僧不簡愚智要是兩朋眾皆集即此彼互作僧人
憶念不癡罪處所中僧應簡取具不愛等四諸門如
律

四滅罪諍及治人二初標章
二隨釋二初示罪治不同二初滅罪
二治人
二問法藥差別二初敘問
二答釋二初正答同別
二餘四不出所以二初標問
二引解二初二義解二初滅不究竟
二有定不定
二隱畧解二初通釋
二別示四初現前
二自言
三多人語

第四滅罪諍及以治人者自言草覆罪諍俱滅罪處一種不滅罪俱滅諍自餘四種唯滅諍而無罪可滅其七中六種但滅諍不治人以人無過故諍是鬬亂故須滅之罪處所亦滅諍亦治人諍須滅如上以人諱罪觸僧故須治人與處所竟應奪三十五事文五分云本言治有二種一可悔二不可悔不可悔者與作盡形壽不可悔白四羯磨餘無此過故不論解此中問法之與藥有何別答如現在毗尼法者簡集智慧羯磨是也藥者正用三藏教法判者是也不如憶念等三法藥同體今疏家作法藥通解所以不出法

藥體者二解滅不究竟故若作此解不出法者且得如是藥是究竟何以不出此責難自言毗尼諍應得滅從多論同言未滅第二作不定解者覔中三品上中下定言犯二諍執情流轉不定用藥無準故不出義可爾又解餘四所以不出法藥者現前通滅四諍智出何體若欲具論謂皆並用正欲隨分少序恐謂常定謂皆滅諍是故隱之如現前中五法三法人有增減等是名不定雖簡衆白竟諍復未滅故言不究竟如自言或對一二三四或自引犯不犯輕重等故知無準雖假和白諍罪未滅故知亦不究竟多人語

四草覆地
五滅人多少二初標章
二隨釋二初正明多少
二引示諸相三初憶念
二自言
三覔罪
六藥病相當二初標章
二隨釋二初總配三品
二別對四諍四初言諍二初明通塞二初敘問

中三種行舍羅五四不同故知無準雖作差白羯磨等諍情未息滅亦不究竟草覆中用法應定但以滅不究竟是故不出法體

第五滅人多少者二通五局如律中解依阿含經要羅漢被舉得作憶念凡夫不得何故凡夫有故犯戒羅漢無故犯止誤犯耳善見云憶念毗尼者爲愛盡比丘至鄢含不爲凡夫婆論云比丘比丘尼現前三衆不現前與憶念羯磨不癡罪處亦爾婆多云若比丘犯戒內爛舉衆共知不須自言直爾遣出伽論云若不語彼而擯比丘得成擯僧犯吉羅不作憶念亦

如是不作白羯磨亦得成擯衆僧犯吉不現前如是祇律云覔罪相羯磨人盡形行八事一不得與度人二不得與受具戒三不得與人作依止四不得受比丘按摩供給五不得作比丘使六不得受次第差會義云都盡時得七不得爲僧作說法人八不得與僧作說毗尼及羯磨人

第六病藥相當者藥雖有七所除有二凡滅諍之來要從下至上是故初四毗尼擬滅諍中下二品藥後三毗尼擬滅諍上品藥此中問言諍以幾藥滅答以現前多人語二何故言諍由評理邪正法相是非各

二答釋二初明當用　二不當用二初簡覓諍　二簡犯諍　二問增減二初敘問　二答釋二初正答　二別示二初明能斷僧　二示行籌法三初作法差人　二三種行籌三初顯露　二西覆藏

言已是不能刊定遂生其諍然法相是非唯教所備
是故三藏法師依於聖教用現前多人語定理是非
邪正既分諍情即息藥病相當故唯有二餘五無此
義如覓諍中三毗尼諍由人起清濁未分是以生諍
用憶念不癡定人罪處所定人清濁清濁已分諍
情遂息故是對治言諍評理而生若以憶念等三定
人清濁理相不分猶自生諍非此對治何得用也其
犯諍由人犯之輕重而生起須以自言定犯輕重若
彼相朋黨不聽自言諍情遂深不須檢校罪之輕重
以草覆滅言諍評理不諍罪事不同犯有輕重何須

自言及草覆也問頗有言諍以一滅滅不以多人語
耶答若一比丘乃至僧爲比丘現前好言教語如法
如毗尼如佛所教令息諍事是名一滅滅然僧評斷
應差十法者別住一處共斷此事餘有不誦戒者不
知戒毗尼便捨正義作非法語僧作單白出此比丘
十法如律若多人法者先差五德人謂不愛等爲行
舍羅者以白二差令行行有三種三種者若念眾中
非法者多而和尚闍梨皆如法應顯露行舍羅舍羅
即二二破二完法非法者各執隨一若念諍事如法
人多而和尚等不如法即應覆藏行舍羅恐諸比丘

三耳語　三量眾可否　二覓諍二初明通塞二初敘問　二答釋二初明當用　二明不當用　二問增減四初問除不癡罪處　二問除憶念罪處　三問除憶念不癡

隨和尚捉舍羅故若念如法人多而和尚等非法者
彼應耳語而行舍羅舍羅有二如初可知此中若如
法多者彼應作白言諍事已滅若如法少即應作亂
已便起去應遣使往比丘住處僧中白言彼住處非
法比丘多善哉長老能往至彼若如法多諍事滅功
德多此比丘聞應往若不往當如法治問覓諍以幾
滅滅答此四滅滅現前憶念不癡罪處何故覓諍由
人而起須用此四定人清濁諍情即息藥病相當是
以用覓既不諍理何用多人復不諍前犯輕重故不
用自言草覆問頗有覓諍用二滅滅不以不癡罪處

所耶答若比丘不犯重殘及蘭諸比丘言犯此三罪
數詰不止僧應與此比丘憶念滅然不現前不自言
不清淨非法別眾皆不如法是名爲覓諍以二滅滅
問頗有覓諍以二滅滅不以憶念罪處所耶答若有
比丘顛狂心亂犯眾罪後後還得心諸比丘皆言犯
重殘蘭數詰不止僧以白四與此比丘不癡毗尼五
事如法名爲覓諍以二滅滅不以憶念等問頗有覓
諍以二滅滅現前罪處所不以憶念不癡耶答若有
比丘好論議與外道論時得一切難便前後語相違
若在眾僧中問時亦前後語相違眾中故作妄語僧

四問草覆用現前
三犯諍。二初明通塞。二初敘問。
二答釋。二初明當用
二不當用
二問增減。三初問除草覆
二問除自言
三明唯用現前
四事諍。三初明通塞
二顯無增減
三示總相

以白四與此比丘罪處所五事如法名爲覓諍以二滅滅問頗有得草覆以現前滅不答如覓三中或初一人二人三人衆僧等一往和諧得者是問犯諍以幾滅滅答此三滅滅現前自言草覆何故自言懺悔定罪輕重諍情即息藥病相當故若約不聽流至上品作草覆滅之既不諍理故不用多人又不諍人之清濁何用憶念等三然自言罪諍共滅草覆滅諍廣如磨夷問頗有犯諍以二滅滅現前自言不以草覆耶答若比丘犯罪若罪在一比丘前懺應至一清淨比丘所而作懺法是也二三四等皆亦如是問頗有

犯諍以二滅滅現前草覆不以自言耶答若比丘諍事是中比丘多犯衆罪非沙門法云無齊限出入行來不順威儀尋究此事恐令罪深重不得如三藏教令滅諍事智慧比丘以單白作如草覆懺亦有犯諍唯現前滅義同覓諍問事諍以幾滅滅答以一切滅滅隨所犯故首解事諍中更無別趣唯有前三故以一切滅滅恐濫竝用故言隨所犯問餘諍用藥皆別一一問事諍之中唯有總問者何答餘諍用藥滅當品即盡是故別問此諍三品用藥不定若當問一當品不盡是以闕而不解然言諍中事作以現前多人

〇十六四諍。二初標舉
二隨釋。五初辨相得名。二初標章
二隨釋。二初辨相。四初言諍
二覓諍
三犯諍
四事諍
二得名。三初總示
二別釋。二初言覓從因。二初正示
二釋難。二初約理通以問
二引言通釋難
二覓諍
二犯事從境

滅覓諍中事作用憶念等三滅犯諍中事作以自言草覆滅故言以一切滅滅隨所犯十誦又云常所行事唯一現前滅

將講四諍略存五門

第一辨相得名者夫理不自班藉言以顯詳法是非定理邪正彼此諍言遂成乖分名之爲諍諍由言起故名言諍內有三根伺覓前罪舉來詰僧遂生其諍諍由覓起故名覓諍具緣造境違教作事名之爲犯因評此犯而致紛紜名之爲諍諍從犯起故名犯諍評他已起百一羯磨彼此不和遂生其諍諍由事起

故名事諍如母論云二人同競名鬬徒黨相助名諍往徹僧者名言各說其理名訟諍雖有四得名有二言覓約因犯事從境何者境別塵沙諍乃無量故不從境言即通含要而省約故就因名問理亦是通何不就境名爲理諍答理通於四更無別也問若爾言亦是通不可就言受名答理均一揆本自無過執情三品兼復通四是以不彰言雖通四爲彰言過有執情三品是以初諍從言立目餘三隨事論其覓諍境別清濁便有二文然境雖違順莫不由覓生諍是故隱境從因犯事二諍從因受名不出言覓今隱因從

三問答三初以犯諍難言諍
二以事諍難覔諍
三以事例難立名
二僧尼同異二初標章
二隨釋二初正示同異二初對明同異
二對諍辨異二初犯諍
二事諍

境疏八解言諍若是從境彰名境別塵沙我犯別無量不可從境得名答言諍從境攝諍不盡諍於二諦更不攝故不相假故論其犯諍由諍輕重方名犯諍此卽相假輕重非一若從犯者攝諍斯盡是故從境

又問覔諍若從境彰名境別淸濁諍便有二者事諍亦境有是非不應從境立名答犯境唯濁覔通淸濁事亦是狹唯是羯磨已作者不通餘事及未作者是非皆事故問舉事名事諍舉罪何故不名罪諍乃云覔諍答舉事是其必有事得從於境名事諍舉罪未卽有罪是故因其必有覔由此言之事諍就業而立

餘三就行而立理實隨緣諍乃無量今且就一方化儀略表此也

第二僧尼同異者謂尼僧各自有四諍不殊是名爲同而有異者如僧尼論義兩情乖競此雖言諍然不假滅滅故不名言諍攝何故一二衆既別爲之義稀二住處別故不礙羯磨說戒三復無共用藥滅故言諍反三如是乃至事諍亦爾此中有異者比丘與尼諍一衆犯二比丘諍尼犯或二尼諍比丘犯罪事不同者皆不在犯諍或比丘諍尼犯事同見不同者在言諍攝或比丘與尼諍一衆羯磨亦非事諍或二比

二明起諍多少
三辨諍根義三初標章
二隨釋四初言諍根三初標四位
二明第二
三釋三四
二覔諍根二初標列
二隨釋二初第一
二第二
三犯諍根二初標列
二釋
四事諍根
三問答二初敘問
二答釋二初互塞答

丘諍尼羯磨成與不成在言諍中事諍攝以得有破僧共用藥滅故二尼諍比丘羯磨亦爾論起諍人多少者言犯二諍得通多少人起覔諍唯得三人已下起事諍無別如前三判

第三辨諍根義者言根有四一貪無貪等就體性說根二僧界八就事說根三六諍等就業說根四十八法就法說根若泛評四種僧是非而生諍由僧起故言僧爲根界八準此又摩夷云諍根本六分別十八何者爲六一瞋恚二惱害三約爲四惱疾五見取六邊邪二見廣說法非法乃至說非說十八種是名諍

根本聚覔根有三初二同前三者以三舉事爲根此是所犯事僧界八等是所評事故不同貪根者謂三不善心舉而生諍無貪等準此可知又由舉僧犯而生諍者故言僧爲根僧根由犯界就遠緣說界爲根餘者可解犯根亦四初三同覔四者六犯所起如增六說三舉等就所犯事說六犯者就能犯說故不同貪等爲根者三不善心犯遠生於諍說爲根既言是犯故無三善爲根若就起諍行者得有三善心爲根義事根有三如前三中初二說同四諍何故根有不同答言中多評法相故以十八事爲根餘三不同故

不說覓犯三中唯求犯不犯輕重故以三舉六犯等
爲根與事不同故不說事中同前二位故不說十八
三舉六犯等根又解亦可準通互舉而已
第四三性之義者言覓犯事皆通三性義準可知問
不善犯中凡聖何異答凡夫遮性俱犯三果唯犯遮
戒亦可凡夫犯廣略學人唯犯略十誦云凡夫通三
性犯戒阿羅漢唯無記作四分亦似通善問四諍爲
善爲不善答不善問若爾何故文云或善等耶答若
據始心評理是非說作善後心乖惱卽是諍今滅時
滅諍不滅善言覓二諍中無記是善無記犯諍中無

記是不善無記事諍中無記不定若言覓二諍中無
記名善無記犯諍中事諍無記是不善無記問既言
無記如何乃說善不善耶答論解不定此說微品善
惡不能引於總報說爲無記望感別報邊說善不善
非謂泛爾無記心起故言無記問從三諍生事諍如
何昔解若諍制言諍羯磨以七藥滅名言諍中事作
若諍制覓諍中羯磨亦以七藥滅名覓中事作若諍
制犯諍中羯磨亦同七藥滅名犯中事作若爾諍受
日等羯磨何諍所收今解但使諍其一切已作百一
羯磨道理是非事同見異者是言諍中事作若諍治

人舉罪能舉證犯所舉諱犯不肯引過者覓中事作
若前人羯磨惡心懈怠心者是犯中事作指事顯相
品之差別廣如別章
第五定諍多少者如律中云或有言卽是言諍或有
言非言諍或有言諍卽是言或有言卽是諍或有言
非諍或有諍卽是言或有諍非言廣如彼說此中首
解諍有二種初言單諍者因其論義兩情乖背無伴
勢者是名單諍以是義故或有言者舉單言卽言諍
者是單諍或有言者舉單言非言諍者非單諍是往
復單言恐此單言諍濫餘三諍故須簡言或有言諍

卽言者謂是言諍非三諍後言重諍者兩人論義執
情致鬬復有餘人卽伴勢力自重諍故或有言卽是
諍是初總顯也或有言非諍者或有諍卽是言者正
是重諍恐此重生諍謂是餘三諍故須簡之或有諍
非言諍謂是餘三諍犯覓等諍準此類解故律不論
廣如首解

四分律拾毗尼義鈔卷第中之下

新羅國寄還書

寄南山律祖義鈔三軸於唐國左神策軍李侍御伏
侍御狀切析義鈔侍御識能通古存心利物寓二乘

之奧典達萬品之未諭遺訓先被於東國聖教卻流於西秦廣布中華宣揚勝業軌範闕而復全學功寡而易曉誠心至重願普傳之幸甚謹狀

大中三年五月三日新羅國王城慧明寺沙門自相狀

專檢校寫東泉寺沙門玄靈

唐法寶律師批

此之三軸名拾毗尼卽集義鈔也國初南山祖師述助釋行事鈔矣于時草稿纔成新羅僧之所竊歷今二百餘載不覩其文去會昌五年春幸因大檀越李侍御字元佐附海東金舍人於本國求之蒙彼國王城慧明寺寺下佚失

敬刻此鈔連圈計字六萬八千八百九十七箇並連簽條共付刻資三百四十七元九角六分

中華民國二十年　一月　天津刻經處識

四分律比丘尼鈔序

唐終南山沙門釋道宣述

原夫別解脫戒始制鹿野之初毗尼法藏終被鶴林之後爰洽七眾藻鏡四依慈風扇於五天德音播於三界繇是坦羣類之夷途拯含靈之弱喪爲四生之標幟作六趣之舟航者也時有愛道一人舍夷五百徜樹芳因嘉聲遠著深明業果妙達苦空迺能厭惡生死訶毀家法憑仗尊親請佛求度葢大聖玄鑒知有自行之功闕無弘傳之利故逆止於內心恐將生於外結姨母情樂道門愛重福田之服自毀髮容瞻

戀祇桓之室殷勤三請佛遂許之正法理合千年度尼減其五百阿難憂泣請度出家佛令尊崇八敬虔奉三尊愛道聞持正法弗墜洎如來晦跡慧日潛暉女人戒德漸將訛替逢緣起障解境生迷遂有明暗異途昇沈殊趣故知浮海棄囊巨壑終爲難渡涉途毀足長路實不易行若非精懃護持戒品理難牢固余忝預道門早承師訓自慨庸識闇短冥若夜遊竭愚不已稍染毫蔭每一事可觀輒再詳心首施身口之關鑰識持犯之龜鏡務存至簡遂事省功恐大本難通勞而寡效故制之以限分遵之以積漸猶天地二化始合於自然齊魯二變終臻於至道若文義俱辨復非鈔者所明今輒研覈諸篇撮其樞要立章三十勒成三卷今所撰者用四分爲宗斯文不具更將諸部補闕易簡爲義兼以人語會通餘之不盡文露可尋

篇目　　　　南山律要三

四分律比丘尼鈔卷上之上　南山律要三

唐終南山沙門釋道宣述

勸學篇第一

此篇大門有三。一順益。二違損。三業報。

第一順益者。涅槃云。欲見佛性。證大涅槃。必須深心修持淨戒。若持是經而毀淨戒。是魔眷屬。非我弟子。我亦不聽受持是經。月燈三昧云。雖有色族及多聞。若無戒智猶禽獸。雖處卑下少聞見。能持淨戒名勝士。華嚴經云。具足受持威儀教法。行六和敬。善御大眾。心無憂悔。順佛正法。不違其教。是故能令三寶不

斷。法得久住。又云。戒是無上菩提本。應當具足持淨戒。若能堅持於淨戒。是則如來所讚歎。持法經云。持二百五十戒者。現世可得阿羅漢。辟支佛。涅槃。大智度論云。若求大利。當堅持戒。如惜重寶。如護身命。以戒是一切善法住處。持戒之人。壽終之時。風刀解身。筋脈斷絕。心不怖畏。地持云。三十二相無差別因。皆由持戒所得。若不持戒。尚不得下賤人身。況復大人相報。此律云。持律之人。得五種功德。一戒品牢固。二善勝諸怨。三眾中決斷無畏。四所有疑悔善能開解。五善能持毗尼。令正法久住。十誦云。佛法幾時住世。

答。隨清淨比丘說戒法不壞。名法住世。成實論云。道品樓觀。以戒為柱。禪定心城。以戒為郭。要佩戒印。得入善眾。五百問事云。若持戒者。即見法身。若護法者。便為護佛。如半月說戒。即見我也。

第二違損者。大品經云。我若不持戒。當墮三惡道中。尚不得下賤人身。況得成就眾生淨佛國土一切種智。薩遮尼揵經云。若不持戒。乃至不得疥癩野干身。何況當得功德之身。梵網經云。若佛子信心出家。受佛淨戒。故起心毀犯其戒者。不得受一切檀越供養。亦不得國王地上行。不得飲國王水。五千大鬼常遮

其前。鬼言大賊。入房舍城邑宅中。鬼復掃其腳跡。一切世人罵言佛法中賊。一切眾生眼不欲見。犯戒人畜生無異。木頭無別。涅槃經云。樂好衣服。縱逸嬉戲。奴為比丘。婢為比丘尼。不樂不淨觀。毀謗毗尼。互用三寶物等。是名法滅盡相。佛三昧經云。犯四重禁。虛受信施。過殺八萬四千父母等罪。此律云。有五種疾滅正法。一有比丘不誦律。喜忘文句。復教他人。文既不具。其義有闕。二為僧中勝人上座。一國所宗。而多不持戒。但修不善。後生倣習。放捨戒行。三有比丘持法持律持摩夷。不教道俗。便即命終。令法斷絕。四比

丘難可教授不受善語餘善比丘捨置五共相罵詈互求長短疾滅正法又破戒之人有五過失一自害二爲智者所訶三惡名流布四命終生悔五死墮惡道又上座不學戒亦不讚歎戒有餘比丘樂學戒者不能以時勸讚我見如是上座過失故不讚歎恐餘人習傚長夜受苦十誦云有諸比丘廢學毗尼便讀脩多羅阿毗曇世尊種種訶責五分律諸比丘不誦羯磨不得受具足戒善見云若不解律但解經論不得度沙彌作依止師

第三業報犯罪輕重者經云佛告目連若比丘比丘尼無慚愧心輕慢佛語犯眾學戒如四天王天壽五百歲墮泥犂中於人間數九百千歲佛告目連若無慚愧心輕慢佛語犯波羅提提舍尼戒如三十三天壽千歲墮泥犂中於人間數三億六十千歲佛告目連若無慚愧心輕慢佛語犯波逸提如夜摩天壽二千歲墮泥犂中於人間數二十一億四十千歲佛告目連若無慚愧心輕慢佛語犯偷蘭遮如兜率天壽四千歲墮泥犂中於人間數五十億六十千歲佛告目連若無慚愧心輕慢佛語犯僧伽婆尸沙如不憍樂天壽八千歲墮泥犂中於人間數二百三十億四

十千歲佛告目連若無慚愧心輕慢佛語犯波羅夷如大自在天壽十六千歲墮泥犂中於人間數九百二十一億六十千歲總計僧尼於五篇七聚罪且篇別單一罪論之如人間日月歲數合有一千二百六十一億五十千歲墮泥犂中聖教不許特須敬順宜修方便檢察身口勗志專崇高慕前聖不得自怠輕慢佛語故經曰正法住正法滅意在茲乎

釋聚篇第二

此篇大門有七一波羅夷二僧伽婆尸沙三偷蘭遮四波逸提五波羅提提舍尼六突吉羅七惡說上列七聚名下列五篇者除偷蘭遮惡說便是五篇也

第一波羅夷者十誦云謂墮不如意處婆論釋云猶與魔鬪以犯此戒更墮負處阿毗跋律云夷者秦言劫功德也釋云波羅夷者譬如斷人頭不可復起也若犯此戒不復成比丘尼此但從行法非用爲名又無餘者此從眾法絕分爲名故偈云諸作惡行者猶如彼死屍眾所不容受以是當持戒

第二名僧伽婆尸沙者婆論云僧伽者名僧婆尸沙者名殘若犯此罪垢纏行者非全淨用有殘之罪由僧除滅故名僧殘母論云如人爲他所斫殘有咽喉

故名爲殘。

第三偷蘭遮者，見論云：偷蘭名爲大，遮言障善道。體是鄙穢，此從不善以立名。

第四波逸提者，十誦云：墮在燒煑覆障地獄，故名墮。尼薩耆者，出要律儀云：尼薩耆者，舊翻爲捨，墮聲論云：尼翻爲盡，薩耆爲捨，此云盡捨。捨財捨罪捨心，具此三捨，故云盡捨。

第五波羅提提捨尼者，義翻云向彼悔，從對治境以立其名。明了論云：翻爲各對應說，謂對人說所作罪也。

第六突吉羅者，見論云：突者惡也，吉羅者作也。此律云式叉迦羅尼者，翻爲應當學。見論云：式叉者學，迦羅尼應當作，名爲學應當作也。義云：西域語倒，故云學應當作。若依此方，應云應當學。婆論問曰：何故此篇獨名應當學？答：餘戒易持而罪重，犯懺是難；此戒難持罪輕而易犯，當須心學。不結罪名，故云應當學。又西僧云：翻爲守戒，此罪微細，持之極難，故隨順當守以立其名。十誦云：以天眼見犯戒比丘如駛雨下，豈非精懃在心，名爲守戒也。

第七惡說者，初以身名惡作，口名惡說，故突吉羅復加一惡說，合有七也。

問曰：諸經律中，或名尸羅，或名戒，或名毗尼，或名律，或名波羅提木叉，或名解脫，既有多種，云何取別耶？

答曰：若廢名談體，體即是一，總不出戒。戒是防非止惡爲義，所以諸名並欲防非，齊兼止惡，故攝別歸總，莫過於戒。故經云：戒定慧也。此據三學行法以立總也。若廢體談名，名則有別。言毗尼者，謂西梵正音，此翻爲滅。然滅非毗尼，謂能滅諸過，故名滅。此從功行以立其名。言律者，法也。法有楷模，能詮輕重，疏染淨，故名爲法。就能詮之教以立其名。此上二種並從能

治行以立名也。此下尸羅及與木叉，皆從所詮之行以立其名。言尸羅者，智論云：秦言性善，謂體是善，非惡無記，亦名爲戒。戒有防非之功，亦有善因之義。此從善因以立名。言波羅提木叉者，此云處處解脫，謂身口七支非一，名爲處處，果名爲解脫，隨分得脫，即是果義。此從果善以立名。雖因果並論，然防非中要生善義强，故以戒攝別，用爲宗極。由有戒故，久助資成，便招世間出世間多種樂果，故名戒也。若欲互攝，隨以何名，皆有互攝之義。如戒是防非止惡，即是滅惡義；戒有楷模，能詮輕重，即是法義；法義既成，便是

性善性善既成便為因義因義招生即攝果義餘名互起亦皆如此上明因果二名復有受隨兩義言受戒者謂創發要期納法在心名之為受有懸防之能又名為戒二隨戒者謂持心後起義順於前名之為隨隨有防非之功亦名為戒隨有兩種一是精持不犯二犯已能悔若對精持不犯便具止作二持若對犯已能悔即辨止作二犯所言止持者如受戒已止不作惡即名為持持由止生故名止持言作持者謂動身口戒意離非順本所受不犯前過號之為持持由作生故名作持言止犯者謂止不修善違本所受

名之為犯犯由止成故名止犯此則止犯翻前作持也言作犯者謂動身口造作前非違本要期名之為犯犯由作成故名作犯翻前止持也故二持翻兩犯二犯翻二持逆順不相妨善惡體相違

結界篇第三

此篇大門有三一定量二大界三戒場

第一定量者婆論云尼大界者唯得一拘盧舍（義準五里儻有難緣準四分律僧界一日往還義有百里中間延促任情所結）見論云戒場極小下至容二十一人便得減則不聽（中間大小任情可知）

第二大界有六種一僧緣二立相三唱形四集僧五辨欲六作法

第一僧緣者問曰界中有河得合結否答常有橋船得問曰一標得作兩相否答一肘已上作相者得

第二立相者若依此律界相不定若東方有山稱山有塹草積汪水糞聚釘杙空地等並得作相然空相一種結竟即須題記令後來尼識知界相行法者無疑見論云界形有五一方二圓三鼓形四半月五三角義云若先無相隨前所列者立之亦得今時結者多是空地四方城邑隨相唱之然須識過後便得唱結謂前學未達後學未明若唱方相須容舛錯如從

牆外唱云從東南角至西南角乃至一周訖寺南門外便成別眾以唱界從牆基直過門限外便成界內儻寺中閉戶作羯磨門限外有人不喚盡集豈非別眾若從牆內唱復有破夏離衣之過以界隨牆內起今既傍牆直唱門限內地便成界外寺中作法有人說欲至門限內須有所作又來入界豈非別眾若破夏離衣者有人在界安居明相未出至限邊未還之頃明相已出便是界外豈非破夏離衣既知不易不得籠通直唱儻有斯謬令他一生虛過

第三唱形者五分律云不唱方相結不成此律云使

舊住人唱義云未唱之前親自按行識知處所屏處暗誦勿令對衆致有謇錯先須從東南角爲始故律云東方有山稱山此亦何定隨穩便而唱未要指東爲式僧中差一人唱被差人起禮僧足已至僧中立唱云

大姊僧聽我舊住比丘尼今爲僧唱四方大界相從寺院大牆東南角内角傍牆西下至南門東頰北土楞從此屈曲至南門西頰北土楞從此傍牆西出至西南角内角從此傍牆北出至西北角内角從此傍牆東出至東北角内角從此傍牆南出還至東南角

内角是爲大界相一周訖（三說亦有牒人者法亦應成也）

若有俗家侵入寺腹或牆塹尖斜或寺多門並須一一屈曲隨地形唱若橫牆隔礙者當須唱穿牆直過便得

第四集僧者若標相狹自然寬者應盡自然界六十三步集若標相寬自然狹者亦盡標内集一則深防二僧祇有文若標内外有僧界者兩不相妨不須集僧若有作法界者但令寺尼莫出自然界餘自然界通結亦得

第五辨欲者問曰結界何爲不得受欲答曰具三義故不得受欲一結界是衆同之本理宜急制二自然界弱不勝羯磨故僧祇云非羯磨地不得作僧事三令知界畔護夏護衣宿食别衆等過

第六作法者

上座問僧集和合否答曰僧集和合又問云未受具戒者出答云已出又問云僧今和合何所作爲答云結大界羯磨（上來問答衆中知解者爲之）

大姊僧聽此住處比丘尼唱四方大界相若僧時到僧忍聽僧今於此四方相内結大界同一住處同一說戒白如是

大姊僧聽此住處比丘尼唱四方大界相僧今於此四方相内結大界同一住處同一說戒誰諸大姊忍僧今於此四方相内結大界同一住處同一說戒者默然誰不忍者說僧已忍於此四方相内同一住處同一說戒結大界竟僧忍默然故是事如是持

第三戒場者别有五節一豎標二立圖三擇非四唱結五解界

第一豎標者若安戒場結者應豎三標第一重者戒場外一肘自然内畔安一標此是戒場相第二重標者戒場外來一肘自然外畔安一標此是大界内相

第三重者大界外相周帀安標此是大界外相也若安石釘橛並得作相先唱內標爲首然後第二第三次第結之其大界牆基無比寺連者不問寬狹並得作相若有寺牆相連或內安戒場者其二界牆基必須尺八已上方得爲相故律云應留中間地恐兩界涉也義詳極狹應留一肘計有尺八得標二相更闕彌善

第二立圖者上來達法者無疑猶恐新學之徒未能曉會故略以畫圖冀補規路按圖行事庶免矛盾耳

此大界外相

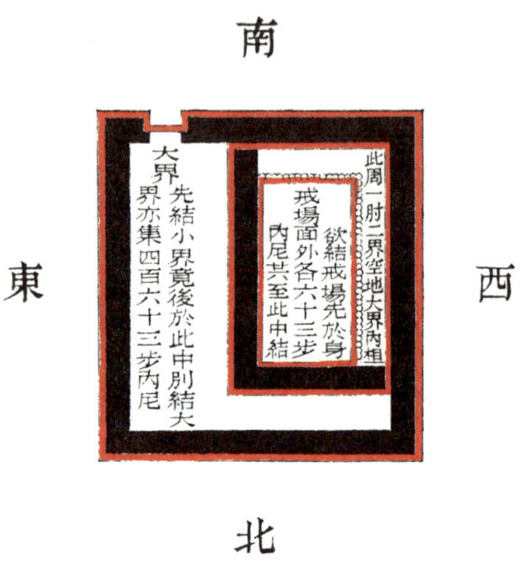

今依此圖便有三相若唱大界外相必須在外唱之周帀屈曲一如前說若在牆內唱者西南兩面自然地邊卽與大界內相共合便不分彼此之異若無戒場者得從內唱大界內相東北二邊有小牆者應傍小牆東南角外唱穿小牆西入還傍大界南牆內至西南角還傍大界內西牆直北穿小牆過然後屈曲唱之戒場外自然地東北兩邊卽用小牆爲自然空地西南兩邊卽用一肘繩標外爲自然地若大界內先無相者應竪標杙以繩連之當於戒場東南角離大界南牆尺八傍小牆基下釘一大杙直至西牆離

西大牆內尺八地又釘一杙直北至小牆基下復釘一杙亦令遠大牆一尺八寸仍以繩連此三標外爲自然地其戒場相者東北兩面卽以小牆內畔爲戒場相西南兩邊卽以繩標久固不壞者人在自然地內不妨戒場內得成法事以識知界相故若破壞無者後客尼來不知界畔客可來去不定恐破僧法事若大界牆基闊二尺已上者唱此一肘自然地縮入大界牆內爲穩審故以界是色法入實無妨計一肘自然地尺殘有二寸便是界體足標兩相上來所列聊寄一物作此界相未必如圖至時稱事任補玆處

三擇非

四唱結二 初唱結戒場二 初示唱相

二加羯磨

於戒場門亦應屈曲唱出恐文繁不述
第三擇非者若結二界應先結戒場後結大界五分亦然若先結大界當捨已更前結戒場後結大界母論云外處不結大界直結小界者亦不得受具
第四唱結者若欲唱結各當界為之不得彼此遙作使自然界尼盡集戒場所令一舊住比丘尼起具修威儀立唱云（坐唱亦得）
大姊僧聽我舊住比丘尼今為僧唱戒場四方小界相從東南角內標傍繩西下至西南角內標從此傍繩北下至西北角內標從此傍小牆東下至東北角內標從此南下還至東南角內標此是戒場相一周訖（三說）
上座問僧集和合否答云已集和合又問未受具戒者出答云未受具戒者已出又問僧今和合何所作為答曰結戒場羯磨
大姊僧聽此住處比丘尼唱四方小界相若僧時到僧忍聽僧今於此四方小界相內結戒場白如是
大姊僧聽此住處比丘尼唱四方小界相僧今於此四方小界相內結戒場誰諸大姊忍僧今於此四方小界相內結戒場者默然誰不忍者說僧已忍僧今

二唱結大界二 初示唱相

於此四方小界相內結戒場竟僧忍默然故是事如是持
次結大界者有三重一唱內相二唱外相三唱竟總結先唱內相云
大姊僧聽我舊住比丘尼今為僧唱四方大界內相從小牆東南角穿小牆西出傍大牆內至西南角內角從此傍大牆北下穿小牆直過至小牆西北角外角從此傍小牆東下至小牆東北角外角從此傍小牆南下還至小牆東南角外角此是大界內相一周訖（三說）
次唱外相者應從寺院外牆東南角外角為始
大姊僧聽我舊住比丘尼今為僧唱四方大界相從寺院外牆東南角外角傍牆直至南門東頰外土楞隨屈曲西出至門西頰外土楞從此西下至西南角外角從此北下至西北角外角從此東下至東北角外角從此南下還至東南角外角此是大界外相一周訖（三說）
第三唱已總結云此為外相彼為內相此是大界內外相各三周訖唱已應告僧云已唱大界內外相竟眾僧應作羯磨唱尼然後復座

二加羯磨

五解界二初解無場大界

上座問僧集和合否答云僧集和合又問未受具戒者出答云已出又問僧今和合何所作爲答云結大界羯磨

大姊僧聽此住處比丘尼唱四方大界相若僧時到僧忍聽僧今於此四方相內結大界同一住處同一說戒白如是

大姊僧聽此住處比丘尼唱四方大界相僧今於此四方相內結大界同一住處同一說戒誰諸大姊忍僧今於此四方相內結大界同一住處同一說戒者默然誰不忍者說僧已忍於此四方相內同一住處

同一說戒結大界竟僧忍默然故是事如是持

第五解界者先解無戒場大界法

上座問僧集和合否答云僧集和合又問未受具戒者出答云已出又問不來諸比丘尼說欲否答云說欲訖又問僧今和合何所作爲答解大界羯磨（自下諸羯磨問緣皆須此四不繫重述準此可知出功德衣犍度文）

大姊僧聽此住處比丘尼同一住處同一說戒若僧時到僧忍聽今解界白如是

大姊僧聽此住處比丘尼同一住處同一說戒今解界誰諸大姊忍僧同一住處同一說戒解界者默然

二解有場大界二初正明解法

二通示失否

四集眾篇二初篇目

二本文二初分門

二通釋三初鳴稚五初示緣起

二顯功用

誰不忍者說僧已忍同一住處同一說戒解界竟僧忍默然故是事如是持

若有戒場先解大界後解戒場上座問答隨事別稱不同受戒一答得作眾多羯磨次解戒場者正解戒場時還須在戒場內不得在大界遙解律無解文今準難事解界但翻結爲解理通文順

問僧今和合何所作爲答解戒場羯磨

大姊僧聽僧集此處解戒場若僧時到僧忍聽今解戒場白如是

大姊僧聽僧集此處解戒場誰諸大姊忍僧集此處

解戒場者默然誰不忍者說僧已忍集此處解戒場竟僧忍默然故是事如是持

此律治故伽藍不失淨地若疑應捨已更結見論云依相結已後失界相界亦不失不法滅盡經云劫火起時僧作伽藍所不爲火焚乃至金剛界爲土臺也假令惡心解界亦不失

集眾篇第四

此篇大門有三一鳴稚二集僧三分齊

第一鳴稚者五分初打三通後因他請方有長打付法藏經云長打意存濟苦增一阿含經云若打鐘時

一切惡道諸苦並停。又說二偈除五百億劫生死之重罪降伏魔力怨除結盡無餘露地擊揵稚比丘聞當集諸欲聞法人度流生死海聞此妙響音盡當雲集此。既知如此維那將欲鳴稚先具威儀禮十方佛已至誠爲物召集十方賢聖之意。然後漸漸生槌令從微至著不得麤心大打驚動衆心。西傳云時至應臂叱揵稚臂叱者此云打揵稚者此云所打之木或用檀桐木等彼無鐘磬故多打木集人也。五分布薩不時集妨行道佛言唱時至若打揵稚若打鼓吹螺。使舊住沙彌淨人不得多打應打三通。在處多不得

徧聞高處唱之。猶不知集應更相語知集若無沙彌淨人比丘亦得打。尼準同僧十誦云居士請僧自於寺內鳴稚乃至白時至及送食女人亦自鳴稚。此律若唱時到亦言沙彌白衣爲之。今時諸寺僧尼立制不許沙彌白衣打鐘此迷教甚矣。

第二僧集者。此有二種第一若作法界攝僧盡須界內集除說欲不犯。第二若自然界則有二節。一可分別聚落謂城外村坊邊夷城邑人民稀尠可得分別。隨義立名也。即準十誦於無僧坊聚落中初作僧坊。未結界相隨聚落界是僧坊界。下文齊行來處此內

不得別衆。此應是可分別聚落也。此律聚落界取其院相。二不可分別聚落者謂中華之處人民繁多不可分別隨義立名也。即準僧祇若城邑聚落界分不可知者用五肘弓七弓種一樹齊七樹相去使異衆相見不犯別衆各得成就此應是不可分別聚落也。義準相通計七樹六間總有六十三步。蘭若道行水界此之三種希故不論。

第三分齊者。此總明僧有四種。一四人僧者極少說戒捨墮者是。二五人僧者謂極少邊地受具自恣者是。若準僧祇捨墮亦入五人僧攝即類自恣亦然。三十人僧者謂極少中國

受戒者是。準尼二衆各十人也。四二十僧者謂極少懺僧殘出罪者是。尼懺出罪僧尼各須二十同大僧也。各義云前之四僧各據自行爲言。並須清淨如已犯小罪不應羯磨故。若據衆法則有二種若爲說戒懺罪必須清淨以有犯者不得說戒不得聞戒不得向犯者懺悔犯者不得受他懺悔若爲受戒生善門者未必取體但使三根相淨令前人起尊仰心便成受具故律云弟子雖知和尚犯重而不知向如是人邊受戒不得亦開成受當知但取相淨。

足數篇第五

此篇大門有二。一揀眾。二簡相。

第一揀眾者。十誦云。有十一人不足僧數。謂睡眠比丘若聞白已睡者得成。未白已前不足數。亂語人。憒鬧人。入定人。瘂人。聾人。具二人。狂人。亂心人。病壞心人。樹上比丘等。並不足數。伽論云。有三人不足數。重病人。邊地人。癡鈍人等受戒自恣。一切不成足數。僧祇云。有七人不足數。謂和尚足十授戒不成。若與欲人若隔障。若半覆半露中間隔障。若半覆半露伸手不相及。露地不相及。乃至行作羯磨坐則犯別住。坐臥互乖亦爾。義加醉尼亦不足數。十誦白衣亦不足

數。婆論亦不足數。右件諸部及義加總有二十三人並不足僧數也。此律有二十八人不足數。謂為比丘作羯磨。比丘尼及式叉。沙彌沙彌尼。十三難。三舉。已擯應擯等。此二十二人由非類故不足。別住。戒場上。神足在空。隱沒。離見聞處。此等五人雖是同類。由與僧居相中是乖。故不足數。為羯磨人由為僧量故不足數。和尚一人不足受戒羯磨為他所量故。訶責擯出依止遮不至白衣家等四人得應一切羯磨。摩那埵本日治出罪等三人。及十誦中行本日治竟行摩那埵竟合有五人。不足前摩那埵等三種羯磨。得應餘法事用。義云。十三難

等若未自言已前。同僧法事並得成就。若雖自言。當作法時無人知者亦成僧事。由相不違辦得前事故。此律云。不得以天眼觀他淨穢。應以肉眼看也。十誦云。若犯重人。賊詐作比丘。本白衣時破戒人等。若言過後羯磨不成。若不言者。一切法成。乃至亦不聽天眼看他持犯。義云。自言者。要告前人云我犯婬盜等。令前人了了知解。方為自言。若雖不自言。然眾並知是犯重十三難人等。舉國知聞。眾人共悉。此等諸人不待自言亦不足數。假令同界不喚無過。若爾何故律云並要自言。又不應以天眼觀他淨穢耶。答。律要

自言者。據不知者論。今既知犯。豈待自言。又不許天眼觀。應以肉眼看。我還以肉眼看。不用天眼觀。何為得足數。故婆論云。犯重比丘眾僧知犯。不須自言。及以現前直爾滅擯驅出。義云。若審知有此犯重人。其人凶惡不可簡出。秉法之人若在露地作法。必令眾僧肩膝相拄。周帀而坐。不得間隔好人。單行而坐。伸手之外便成別眾。若行此法。宜可密為。不得向說前人。若知反成凝法。若在堂內覆障處作法者。雖好惡相差。法成無過。今時末法犯者極多。恐法難辨。故別標記。

第二簡相者。夫論眾法但取外淨，不論內染。但令相順心違，便成法事。故律云：見如法羯磨而心不同，得成如法。準此取相，不論心非。若欲秉法，問和待答人坐竟，然後為之。為濟被治許立得成。若乞受戒懺悔等，坐乞彌善。雖無正文，義準應得。唯有二人立秉得成：一威儀師為僧所使，不得輒坐；二半月說戒，眾大難聞，開立說戒。自餘一切並須坐秉也。如律云：為眾大，開作轉輪高座說戒。未必立說得成就，開立說戒者，良恐不成。若依此說，但開威儀師一人得立秉法，餘者不成。五分云：病人背羯磨，佛言犯別眾。今時僧尼不閑戒律，徒眾既大，多有後生，威儀不正，背羯磨師，非也。

受欲篇第六

此篇大門有二：一欲緣，二說法。

第一欲緣者。義云：若有犯戒、非法緣等，以事非故，不合與欲。故律云：若為佛法僧塔、看病病人等，是正緣開也。今時尼眾輕慢說戒，不敬羯磨，聞道眾集作法，則生怠惰；心受戲論，造作非法，則身輕奮勇。致令說欲者多，眾集者少。又無病稱病，不欲言欲，不淨言淨，令他傳妄對眾而說，隨僧多少，一一尼邊皆獲三提。所傳之人知而妄告，亦得三罪。問：無病既不合說欲，得成法事否？答：成。前人自有妄語之罪。

第二說法者。此律正說欲文，不牒其事。今時著者，乃是古人所加，不安無失。

大姊一心念，我某甲比丘尼如法僧事，與欲清淨。此自說法，一說便得。

次明轉欲兼他法。謂受他欲已，自有緣事不得往者，須轉與他。佛云開之。問：得幾度轉？答：依母論，得七反轉。

大姊一心念，我某甲比丘尼受某甲比丘尼欲清淨，彼及我身如法僧事，與欲清淨。一說

問：欲與清淨同異云何？答：欲應羯磨，清淨應說戒。若說戒之時，二俱須牒。此律：若重病人不能廣說者，聽若言我說欲，若言與我說欲，若言為我說欲，若現身相等，並成欲。反上不成。問：餘說可解，若為現相？答：五分云：病人不能口說，聽現身相與清淨欲。若舉手、舉指、搖頭，乃至舉眼，得名清淨。對眾法：

大姊僧聽，某甲比丘尼我受彼欲清淨，彼如法僧事，與欲清淨。一說

若受他欲已不得往者，對僧說云：

大姊僧聽，我某甲比丘尼，彼某甲比丘尼，我受彼欲

清淨彼及我身如法僧事與欲清淨。一說

若自有緣說付僧者。

大姊僧聽我某甲比丘尼如法僧事與欲清淨。一說

問對僧說欲音聲閙亂。一時總說者得成以否。答若有難逼定應得成除此𡧍恐非法不成。故五分僧祇令至僧中稱名字說若不如是一一不成。問欲人多坐人少得成法否。答此律不了。餘部恐不成。故僧祇云與欲人若多作布薩得越毗尼罪。五分云聽多人集持欲人來少。問睡眠忘誤不說者得成否。答此律受欲人若睡眠入定忘誤不說皆成。若故不說法成

得罪。問與欲已前事訖不來犯別衆否。答不犯以我情和至僧不關欲緣事也。

十戒篇第七

此篇大門有十。一釋名二出家三受戒四受衣五說淨六捨墮七說戒八安居九受日十自恣。

第一釋名者。耶舍傳云沙彌者註云勞之小者以修道勞也。又翻爲息慈謂息世染之情以慈濟萬物也。又創入佛法俗情猶存故須息惡行慈也。

第二出家者。僧祇云一日一夜出家修梵行離六百六千六十歲三途苦。本緣經云一日一夜出家故二

十劫不墮三惡道。五百問事云父母王法不聽盜度犯重。見論云求度不得欲燒寺者聽不白父母得度出家。此律不白父母私度巧師兒出家佛言自今已去若度出家者應作單白和僧使知爲成問答無過失。立出家者眼見耳不聞處作形同單白和僧云

僧今和合何所作爲。答作形同單白羯磨。

大姊僧聽是某甲從比丘尼某甲求剃髮若僧時到僧忍聽某甲從比丘尼某甲剃髮白如是。若不和白房房語知亦得。

次請和尚云。

大姊一心念我某甲今請大姊爲和尚願大姊爲我作和尚我依大姊故得剃髮出家慈愍故。三說

次請阿闍梨云。

大姊一心念我某甲今請大姊爲阿闍梨願大姊爲我作阿闍梨我依大姊故得剃髮出家慈愍故。三說

二師並答言好。

婆論云若先請和尚受十戒時和尚不現前亦得十戒若聞知死受戒不得若不聞死受戒得成。闍梨應同。清淨士度人經云於落髮處香湯灑地周帀七尺內四角懸旛安一小座擬出家者坐復施二勝座擬

二師坐。欲出家者著本俗服拜辭父母尊親訖口說偈云流轉三界中恩愛不能脫棄恩入無爲眞實報恩者。（說偈已脫去俗服也）見論云應以香湯洗浴除白衣氣度人經云仍著出家衣止得著泥洹僧及僧祇支未得著安陀會。入道場時應來至和尚前長跪和尚應生兒想不得生惡賤心弟子於師應生父想和尚爲種種說法誡其心已。來向闍梨前坐善見云以香水灌頂讚云善哉大丈夫能了世無常捨俗趣泥洹希有難思議。敬禮十方佛竟說偈云歸依大世尊能度三有苦亦願諸眾生普入無爲樂。（然後闍梨爲剃髮）度人經云

爲剃髮時傍人爲誦出家唄云毀形守志節割愛無所親棄家弘聖道願度一切人。與剃髮時當頂留三五周羅髮來至和尚前長跪和尚問言今爲汝除去頂髮許否答云好。然後和尚爲著袈裟當正著袈裟時善見論說偈云大哉解脫服無相福田衣披奉如戒行廣度諸眾生。度人經云禮佛訖行道三帀誦自慶偈云遇哉值佛者何人誰不喜福願與時會我今獲法利。又禮大眾及二師已在下行坐受六親拜賀。出家離俗竟心懷歡喜父母諸親皆爲作禮悅其道意。應中前剃髮最好。毋論云剃髮著袈裟已然後受

三歸五戒等。

第三受戒者。先集僧已受戒人著見處離聞已。作法同單白令僧知其得法問僧云。

僧今和合何所作爲答作法同單白羯磨。

大姊僧聽是某甲從比丘尼某甲出家若僧時到僧忍聽某甲從比丘尼某甲出家白如是。

五分十誦先受五戒然後受十戒。（儻不受五戒直受十戒亦得眾僧得小罪也。）善見云當令禮僧足往阿闍梨所禮已長跪合掌教云汝當隨我語授汝三歸答云爾。義云文中不言在僧前受計理別處爲受應得然欲生行者善心。

當對僧受最好。亦須問其遮難以有難者不得受戒問難之緣大同下具戒中說。

我某甲歸依佛歸依法歸依僧我今隨佛出家某甲爲和尚如來至眞等正覺是我世尊。（三說）

我某甲歸依佛竟歸依法竟歸依僧竟我今隨佛出家已某甲爲和尚如來至眞等正覺是我世尊。（三說）

既受戒已應爲說戒相。

盡形壽不殺生是沙彌尼戒能持否。（答能）

盡形壽不偷盜是沙彌尼戒能持否。（答能）

盡形壽不婬是沙彌尼戒能持否。（答能）

盡形壽不妄語是沙彌尼戒能持否。答能

盡形壽不飲酒是沙彌尼戒能持否。答能

盡形壽不著華鬘香油塗身是沙彌尼戒能持否。答能

盡形壽不歌舞倡伎故往觀聽是沙彌尼戒能持否。答能

盡形壽不高大牀上坐是沙彌尼戒能持否。答能

盡形壽不非時食是沙彌尼戒能持否。答能

盡形壽不捉生像金銀寶物是沙彌尼戒能持否。答能

告云

是沙彌尼十戒盡形壽不得犯能持否。答能

既知戒相已應爲說出家功德高於須彌深於巨海。傍若無邊廣於虛空。又爲說六念等法大同僧尼由制通沙彌尼至第三念時云。

我今年若干歲某年某月某日某時受得沙彌尼十戒。

此律當以生年爲次第若生年等者應以出家年爲次第二俱須知餘所未知當問和尚闍黎。

第四受衣盋者由隨道要務並加持故法衣被身以遮外也應器資食以充內也內外不持皆結其犯僧祇五眾衣盋恒常隨身違者出界結罪要論云沙彌尼受十戒已應具上下二衣一當鬱多羅僧二當安陀會。財體色法同下篇說手執上衣隨對一大尼式叉沙彌尼前皆得說云。

大姊一心念我沙彌尼某甲此縵鬱多羅僧應量作今受持。三說下衣準說。

大姊一心念我沙彌尼某甲此縵鬱多羅僧先受持今捨。一說下衣準說受盋云。

大姊一心念我沙彌尼某甲此盋多羅應量器今受持。三說捨文反前可解。

第五說淨者若得長衣盋藥並同下尼法唯改罪名

爲別並號吉羅。

第六明捨墮通界內外得以無別眾過若犯五篇同名吉羅。初篇四重應當滅擯自下四篇懺淨依本。

第七說戒者通別有二通如尼說別則不同沙彌尼等半月亦合別集一處說戒爲末世行希故略而不述若具說者反成蚩弄徒盈卷軸儻有不羣冀詳鈔也。愛道尼經云應爲沙彌尼等說五德十數名福田。爲良爲美依之得福盡可成佛云何爲五一者發心離俗懷佩道故二者毀其形好應法服故三者委棄身命尊崇道故四者永割親愛無適莫故五者志求

大乘爲度人故。爾時世尊爲説偈言。毀形守志節。割愛無所親。棄家弘聖道。願度一切人。五德超世務。名曰最福田。供養獲永安。其福第一尊。此偈出福田經僧祇十數云。一者一切衆生皆依食故。爲破自餓外道。二者名色。爲破自然外道。三者痛痒想。爲破執梵天爲因外道。四者四諦。爲破無因果外道五者五陰。爲破神我外道。六者六入。爲破識外道。七者七覺意。爲破不修外道。八者八正道。爲破邪因外道。九者九衆生居。爲破色無色天計涅槃外道。十者十一切入。爲破色空外道。式叉尼對首説戒。

大姊一心念。十方衆僧説戒日。式叉摩那某甲清淨。三説。沙彌尼準説。

第八安居者。十誦制五衆安居受日。此律遊行戒中三衆並結有罪。坐夏法則如下文説。

第九受日者。準尼七日法説。不爾直白。當衆大尼式叉尼沙彌等。出界亦得。

第十自恣者。通行。尼自恣已。五德尼喚式叉尼沙彌尼入僧中。五德尼對前受自恣。

大姊一心念。今衆僧自恣日。我式叉摩那亦自恣。若有見聞疑罪。大姊長老哀愍故語我。我若見罪。當如法懺悔。三説。沙彌尼準説可知。

若別自恣。則不須此。對首自恣云。

大姊一心念。今是衆僧自恣日。我式叉摩那尼某甲清淨。三説。

沙彌尼類説可知。不清淨者。發露懺已自恣。母論云。沙彌等常逐二師讀誦經。一切僧中所有作者皆不得違。婆論云。沙彌尼等不爲三寶利益緣掘地者犯罪。此律大尼戒後結突吉羅。五分云。若罰沙彌尼先語其師。師亦不應作非法助沙彌尼。若治罰應作種種苦使。掃地除糞擔石治階道等。若不爲和尚阿闍梨及餘人作使。應語如法供給和尚衆僧作使。次第應作。不應遮不與僧中利養。此是施主物應與。此律

次第與房舍臥具。若不愛護。不應與。若利養隨次與。自餘法用具如五部律三千威儀説。但不得説罪體輕重。師僧指事教持不犯。師僧不教並結有罪。不取師語亦結有犯。

學戒篇第八

此篇大門有五。一翻名。二乞戒。三秉法。四六法。五行法。

第一翻名者。式叉義翻爲學。摩那爲法。故名爲學法尼也。

第二乞戒者。此律云。聽十八童女。二歲學戒。當如是

三秉法

四六法

與沙彌尼應詣僧中具修威儀作如是乞云
大姊僧聽我沙彌尼某甲今從衆僧乞二歲學戒和尚尼某甲願僧與我二歲學戒和尚尼某甲慈愍故三說

第三秉法者沙彌尼應離聞著見處已尼衆中當作羯磨和僧云
僧今和合何所作爲答云受二歲學戒羯磨
大姊僧聽彼沙彌尼某甲今從衆僧乞二歲學戒和尚尼某甲若僧時到僧忍聽與沙彌尼某甲二歲學戒和尚尼某甲白如是

大姊僧聽彼沙彌尼某甲今從衆僧乞二歲學戒和尚尼某甲僧今與沙彌尼某甲二歲學戒和尚尼某甲誰諸大姊忍僧與沙彌尼某甲二歲學戒和尚尼某甲默然誰不忍者說三說
僧已忍與沙彌尼某甲二歲學戒竟和尚尼某甲僧忍默然故是事如是持

第四六法者此律云次當喚來入衆爲說六法名字
某甲諦聽如來無所著等正覺說六法不得犯
一不得婬欲法若式叉摩那行婬欲法非式叉摩那非釋種女若與染心男子身相觸缺戒應更與戒汝是中盡形壽不得犯能持否答能
二不得偷盜乃至草葉若式叉摩那取人五錢若過五錢若自取教人取若自斫若教人斫若埋壞色非式叉摩那非釋種女若取減五錢缺戒應更與戒汝是中盡形壽不得犯能持否答能
三不得故斷人命乃至蟻子若式叉摩那故自手斷人命求刀授與人教死讚死若非藥墮胎厭禱呪術自作教人作非式叉摩那非釋種女若斷畜生不能變化命者缺戒應更與戒汝是中盡形壽不得犯能持否答能

四不得妄語乃至戲笑若式叉摩那不眞實非已有自稱言我得上人法得禪解脫得三昧正受得須陀洹果乃至阿羅漢果言天來龍來鬼來供養我非式叉摩那非釋種女若於衆中故作妄語缺戒應更與戒汝是中盡形壽不得犯能持否答能
五不得非時食若式叉摩那非時食缺戒應更與戒汝是中盡形壽不得犯能持否答能
六不得飲酒若式叉摩那飲酒缺戒應更與戒汝是中盡形壽不得犯能持否答能

五行法三、初正示行法二、初正明三、初列示三種
第五行法者式叉摩那具學三法一學根本謂前四

重是二學法謂染心男子相觸盜八四錢斷畜生命小妄語非時食飲酒此是六法體三學行法謂一切大尼戒行並須具學若於學法中犯者更與二年羯磨犯根本滅擯犯餘行但名行缺於教不制直令改悔若滿二年已犯學法者更與二年此律式叉摩那一切大尼戒法應學除自手取食無沙彌尼者不犯得授食與他僧祇云式叉尼應學十八法一在大尼下沙彌上坐二式叉尼不淨食大尼淨大尼不淨食式叉尼亦不淨三大尼得與式叉尼二宿式叉尼得與沙彌尼二宿四式叉尼得與大尼授食除火淨五

生種取金銀自從沙彌尼受食五大尼不得爲說七聚罪名六得語云不婬殺妄語如是等憶持七式叉尼布薩日八至自恣日入僧中長跪合掌云

阿闍梨耶僧我某甲清淨僧憶持

三說已而去第九第十第十一第十二謂後四波羅夷犯者更從始學第十三十七僧殘已下若犯一一作吉羅悔餘如彼說（此十七僧殘等作六句通十二爲十八句）

問受法爲對面遙授耶答諸部不同今依四分令此沙彌尼入眾從僧三乞已應往離聞處著見處已比丘尼爲羯磨授準此四分遙者得若依十誦入眾對面爲授乃諸部不同弗可互用當部自行不得捨此就彼問學戒不滿二年得戒否答不得何意得知如持六法垂滿二年隨缺一戒更與二年故知不得又僧祇云若尼受學不滿與受具得提學戒要滿二歲十誦云六法者練心地試看大戒受緣二年者練身也試知有胎無胎故臨受對眾問云二歲學六法否五分等羯磨文中皆言二歲學戒滿義云今時多有無識之人公然許他不滿便與受具若不滿得戒何故僧祇十五律等皆結師罪又五分等皆羯磨文中言滿今時師眾俱知不滿輒違聖教妄言道滿便事

不應法法豈得成若勒年滿定知得戒若凡情妄授儻不得戒豈非誤他一生虛過罪負累劫既非難逼有何忽迫強違聖意抑令早受或有妄引文解言不受十戒尚自得成準此不滿二歲何容不許今解不同彼是開通律有誠文此是制法聖教便禁開制不同何得相準六法是制不得不行十戒開法逆順無違斯則開制矛盾昇沈有隔非直妄判之過偏顯無知亦乃冒受之失殃及自他耳此律云不知得戒相造非法與學制法若已曾嫁者年十歲已上與二歲學不須十八也問何意小年曾嫁便與六法耶答婆

三料簡雜相
若一事鈔作若二
九畜衆篇 二初篇目
二本文 二初分門
二隨釋 二初畜意
事鈔云義須重与法也
二制乞 二初明乞示儀

論云：年十二者得受具戒，爲夫家所使，經忍衆苦，加厭本事，意志成就。僧祇亦然。義云：式叉尼不得與大尼爲伴，以戒未滿故；自不得與沙彌爲伴，以非同類故。若一大尼兼一式叉尼，若二式叉尼兼一沙彌尼，得共爲伴，餘人不合。沙彌尼雜戒文云：不得共優婆夷相看形體大笑，又不得僻處倮形自弄身體，亦不得照鏡摩面畫眉；受經時當與長老尼共行，去座六尺長跪問義時，當識句讀；師若訶責，卽自悔過，不得覆藏，不得自理，不得惡眼視師等。

畜衆篇第九

此篇大門有二：一畜意，二制乞。

第一畜意者。此律云：尼十二歲欲度人受具足戒者，應白二羯磨請僧聽許已，然後得度；否者犯提。若受他依止式叉尼等，犯吉羅。若和尚尼無德，僧止其度人，捨畜衆羯磨。若得羯磨已，一年中得一大尼、一六法尼、一沙彌尼、一依止人，更不得多。隔一年已更欲度者，還如前法，與衣食及法，更不須重與羯磨。

第二制乞者。其度沙彌尼、式叉尼、大尼戒，並須乞，以年年度弟子犯罪故，捨畜衆法等。乞比丘尼度尼，應具修威儀，禮僧足，長跪合掌，乞云：

二同和加法

大姊僧聽：我比丘尼某甲，今求衆僧乞度人受具足戒，願僧聽我度人受具足戒，慈愍故。（三說）

僧作法時，問：僧今和合何所作爲？答云：與畜衆羯磨。

大姊僧聽：此比丘尼某甲，今從衆僧乞授人具足戒。若僧時到，僧忍聽，僧今與比丘尼某甲授人具足戒。白如是。

大姊僧聽：此比丘尼某甲，今從衆僧乞授人具足戒。僧今與比丘尼某甲授人具足戒。誰諸大姊忍僧與比丘尼某甲授人具足戒者默然，誰不忍者說。僧已忍與比丘尼某甲授人具足戒竟，僧忍默然故，是事如是持。（若受依止阿闍梨等，準理亦合乞畜衆羯磨，並同前說。）

四分律比丘尼鈔卷上之上

四分律比丘尼鈔卷上之下　南山律要三

唐終南山沙門釋道宣述

具戒篇第十

此篇大門有五。一由藉。二本法。三至僧。四戒相。五退捨。

第一由藉者。義云若欲受具先受十戒六法然後受具。故律云若不受十戒得戒而眾僧得罪。故十誦云若未度出家便與受大戒得戒不。佛答言得戒而眾僧得罪。（未度者謂未受十戒）婆論云所以佛制受十戒者為染習佛法故。六法制意如別。

第二本法者此有十種。一請師。二戒緣。三安置。四白差。五出問。六白喚。七乞戒。八白和。九問難。十正受。

第一請師者。若欲受具三師七證要請方得。故佛阿毗曇中。二阿闍梨並有請文。七證義況。亦明請和尚法。所以須請者以和尚得戒根本。若無此人闕於教授進道莫由理必須請。見論云以不請故多造非法。師訶責之。反云誰請大德為我和尚。佛因制之。若不請不得與受。此律請師不云僧屏計此三師得戒根本。預前三兩月請何傷大理。今時多在眾中請者。此依十誦僧祇也。當具威儀至和尚前長跪住阿闍梨教云所以須請者。此師是發戒根本。若不請者。無由得戒。汝當殷重心請。計此請文出自汝口。由汝不解故我教汝。當一心承我教。答言爾。

大姊一心念我某甲今請阿姨為和尚。願阿姨為我作和尚。我依阿姨故得受具足戒。慈愍故。（說三）

僧祇云。次第眾中三請已。和尚應語言。發汝喜心。此律答云可爾。或云教授汝。或云汝莫放逸。答云頂戴持。（次請二闍梨律無正文佛毗曇中文不順巧今義出之）若欲請者至戒師前。和尚教云。羯磨阿闍梨者是受戒正緣。若無此人秉法則大地塵沙法無由得生。故須起殷重心於戒師

所。如是種種教化已。然後請云。

大姊一心念我某甲今請阿姨為羯磨阿闍梨。願阿姨為我作羯磨阿闍梨。我依阿姨故得受具足戒。慈愍故。（說三）

次請威儀師。阿闍梨云。由此威儀師為汝引導。今至僧中發汝具戒緣起。並由此師。故須起殷重意請。

大姊一心念我某甲今請阿姨為威儀阿闍梨。願阿姨為我作威儀阿闍梨。我依阿姨故得受具足戒。慈愍故。（說三）

問。何故律中喚和尚等為阿姨。答。佛在世時大愛道

(二揀諸師德臘二 初揀戒德)

尼是佛姨母諸尼因是得戒遂學佛語皆喚阿姨尼阿摩等善見云尼女也摩者毋也義準重尼故稱之然阿非梵語漢地所稱女通大小毋者耆年如世人喚其阿毋義亦相類僧祇云和尚尼欲授人具戒應先求比丘尼不得臨時選衆若不可者當求半許若過半許而作法(不犯重者秉法自餘可可足數而已)義云若和尚犯重羯磨師知不成受戒以所牒非比丘尼用十師互相知亦不成受了了知非則不應羯磨下至知有四人清淨者得成僧用故伽論云邊地五人持律者授(當知中國理則妄言)若十人處五人受戒得比丘得可訶罪受戒

人不知和尚是賊住依彼出家受具足得戒否答得戒僧犯吉羅(既云不知者開知者應不得)

(二揀夏臘)

此律大僧和尚十夏尼和尚十二夏(此據極小者必須限定)大僧和尚開九夏而得小罪(尼和尚十一夏準此應開)二種闍梨大僧五夏已上尼六夏已上方得成授餘師隨夏大小並得五百問事云比丘五臘不滿度弟子知非而度犯提弟子不知是非得戒(尼不滿六臘義亦應開)

(三问白讀羯磨)

問諸方僧尼情識闇鈍不閑戒律貪求徒弟白讀羯磨爲人受戒得成已否答不成反結無知不學之罪故此律遣上座誦羯磨或報云誦或云先誦後忘遂稽留受戒事故須要誦方得五分諸比丘不誦羯磨不得受具戒義云末法時訛多有斯謬故引文證願依時誦

(二戒緣二 初緣境二 初正明)

第二發戒緣者義云所發之戒乃有無量隨境總論要而言之不過情與非情依正兩報有無二諦滅理涅槃佛說聖教文字經卷形像塔廟地水火風虛空識等六塵萬境法界等緣不可具陳何以故由不受故則於一一衆生莫問凡聖起塵沙等惡今翻爲善則成塵沙等戒故善生經云衆生無邊戒亦無邊

(二引证)

婆論云於非衆生上亦得無量戒善功德如十方世界所有大地下至水際空界已來若傷如微塵並得其

罪由受戒故成善且如壞一草葉始從萌芽一一華葉得爾罪今翻爾罪得若干戒故善生經云大地無量戒亦無量乃至虛空有盜損之義故善生經虛空無邊戒亦無邊

(二顯德二 初歎德)

婆論云新受戒人與佛齊功以此推之出家之士眞是善法功德之聚位尊人天良由於此不論持者假令毀戒亦得無邊戒利何以知之故十輪云破戒比丘雖是死人是戒餘力能大利益人天道俗猶如牛黄麝香等佛即說偈云薝蔔華雖萎勝於一切華破戒諸比丘猶勝諸外道

(二結勸)

是故行者受戒毀禁尚得功德況當清淨於法奉持則難思議汝

當緣念如上諸境知所緣境已次爲廣開心懷令彼受者增益道志應語云族姓女諦聽當發上品心得上品戒若發中下心得中下戒假令道成四果是戒猶是中下何名上品若言爲正向泥洹故爲趣三解脫門故爲成三聚戒故爲令法久住故爲救衆生諸苦惱故爲求佛道度衆生故如是如是眞佛弟子得佛淨戒必須知者於受戒前一一提授使心心相續了法明淨方得爲受

第三安置者此律云當安欲受戒人置眼見耳不聞處立若安見聞俱離處及界外者不名受戒故五分

云以起過聽安戒場外眼見處

第四單白者此應差威儀師屏問遮難此律由界外脫衣看故令受者慚恥稽留受戒佛言不得露形看當差人屏問遮難伽論云受具戒時不問遮道法得戒僧得吉羅此律云戒師當問衆中誰爲某甲作教授師答云某甲能戒師問僧云僧今和合何所作爲答差教授師單白羯磨作此答止得作一法若答云受大戒羯磨者後不須和僧縱更受亦不須和以一答通多人故

大姊僧聽彼某甲從和尚尼某甲求受具足戒若僧時到僧忍聽某甲爲教授師白如是

第五出衆問難者所以須問耶恐其覩衆生怖有無差互言辭舛錯容不實屏處怖微令得審定然此十三難不問不得戒若有而不問亦不成受故律文自制後不問不得戒又問難之體必須分析文句令識相輕重不得直問言汝不犯邊罪否不知邊罪意是何罪等自非明律灼然何能達此若不委問恐是十三難沙彌尼式叉尼是白衣時曾受八戒隨破一重皆不發戒自非懇惻重懺得證何得輒授既有斯謬委具問之今正出衆問難威儀師當起禮僧足已

至行者所坐語受者汝坐令大敷坐具爲舒張已在伸手內若依五分云應安慰云汝莫怖畏須臾持汝著高勝處應取衣鉢種種誘訓執五條已語云此是安陀會指身所著此是鬱多羅僧執大衣已此是僧伽梨汝身著者僧祇支汝所披者此是覆肩衣一切九十六種外道無此衣名今故示汝幷執鉢已語云此是鉢多羅此衣鉢是汝有否答云是威儀師爲襆衣鉢已語言善女人諦聽今是至誠時實語時我今問汝隨問答我若不實者當言不實若實當言實所以如此者由無始以來多有妄語欺誑凡聖致使沈

溺生死今欲捨虛妄證眞實故令汝實答我今問遮難答若不實徒自費功浪受無益一汝不犯邊罪否應語云計汝應不識何謂邊罪以曾受戒行婬盜五錢殺人自稱得聖犯此罪者必不得戒或曾受五戒八戒十戒犯四重已或受大戒犯八重已還俗訖今重來者名邊罪人等或白衣沙彌尼時造重業並十三難攝汝不犯此否答言不二汝不白衣時汙他淨戒比丘否答言不三汝不白衣時及沙彌時盜聽他說戒羯磨眾僧法事否答言不四汝不破內外道否謂曾作外道來求受戒還作外道今復重來否答言

不五汝不是黃門否答言不（黃門者，謂石女是）六汝不殺父否答言不七汝不殺母否答言不八汝不殺阿羅漢否答言不九汝不破僧否答言不十汝不惡心出佛身血否答言不十一汝非非人否答言不（非人謂天女阿脩羅女諸鬼等變爲女形爲人而來受戒否）十二汝非畜生否答言不（謂鬼龍能變化者猒世惡趣而變形來受戒否）十三汝非身挾男女二形否答言不問已應語言女妹汝已道無今更問汝諸遮妨義而遮事非一文中略問十六自餘受法廣明皆言不應不論得否今以義準有得不得若不自稱字不稱和尚尼字年歲不滿衣盋不具等定不得戒自外可

知汝字何等答言某甲和尚尼字誰答言某甲年歲滿否答言滿衣盋具否答言具汝父母聽夫主聽否答言聽汝非負債否答言不汝非婢否答言不汝是女人否答言是女人有如是病癩癰疽白癩乾消顛狂二形二道小大常漏大小便涕唾常流汝有如是諸病否答言無伽論云聾人不聞羯磨不得戒聞者得何以故由無遮難故又當語言如我今問汝事僧中亦當如是問如汝向者答我眾僧中亦如是答更莫改變應教起立爲正著七條令威儀齊整著履屧坐具安臂上襆衣置手中已語言我僧中爲汝通信

若大眾許可我當舉手招汝汝可即來答言爾若依五分教著衣時密如法觀看無病不如是種種方便看之若不相識人不應雲霧暗中受五百問事云要須燈燭照之

第六單白喚入眾者彼教授師還攝威儀來至僧中如常威儀相去伸手及處立當作白云

大姊僧聽彼某甲從和尚尼某甲求受具足戒若僧時到僧忍聽我已問竟聽將來白如是

白已勿出僧中於堂門限內立待舉手喚言某甲來彼來已至僧中時當爲捉衣盋教正衣服四面禮僧

竟

第七正乞戒威儀師教至羯磨師前兩膝著地合掌衣盋付戒師已安慰其心懇惻至誠仰憑清衆求哀乞戒戒師語言此之戒法非人不得故六道之中唯人得受彼天主常作念言何時得受具戒由報障故不得受戒汝今生人道中無諸遮難當發增上善心乞戒須臾之間便入三乘聖人僧寶之位難可校量但乞戒由汝自心發言不從他出既是勝妙之法若不曉其方軌則階漸無由可證故佛教我為汝引導汝當一一逐我言教

大姊僧聽我某甲從和尚尼某甲求受具足戒我某甲今從衆僧乞受具足戒和尚尼某甲願僧拔濟我慈愍故三說

威儀師教已依本坐

第八戒師單白和僧問難者戒師當白云

大姊僧聽此某甲從和尚尼某甲求受具足戒此某甲今從僧乞受具足戒和尚尼某甲若僧時到僧忍聽我問諸難事白如是

第九正明對衆問難者應取其衣盋一一提示言此安陀會鬱多羅僧伽棃衣及盋此衣盋若借來者不得戒實是汝物否答言是應語言善女人聽今是至誠時實語時我今問汝當隨實答所以言眞實者故僧祇云汝若不實答欺誑諸天魔梵沙門婆羅門諸天世人亦欺誑如來及以衆僧自得大罪今問十三難還同上威儀師所問而衆僧恐屏處有濫故對衆一一問汝汝還一一依威儀師所問一一答我答云爾已下正問遮難一同前威儀師說

第十正受戒者若答無遮難堪為正受將欲受戒先勗心懷令生上品意戒師語言善女人汝遮難並無衆生同共隨喜當與汝戒但戒善廣大亙周法界當

起上品心得上品戒何等上品故前緣起云為趣泥洹果向三解脫門成就三聚淨戒令正法久住此是上品智度論云下持戒生人中持戒生六欲天上持戒生色無色天又下清淨持戒得阿羅漢道中清淨持戒得辟支佛道上清淨持戒得佛道當廣開汝懷所以爾者塵沙戒法注汝身中不以報得挾小而得受也當作虛空器量之身徧周法界一切凡聖依正兩報無問自他等境皆發塵沙等戒汝當願納此法又此戒法若是有色者入汝身時如天崩地陷之聲由是非色法故令汝不覺汝當起驚悚之意勿得懈

慢今為汝作羯磨發此塵沙戒善所以法界善戒而得用羯磨發者汝不聞愛道仙人用呪術之力尚能移山鎮海迴天轉日豈況如來六道之師所說聖教法中之上而無此力今白三羯磨世尊口出我傳佛教發汝戒體汝須知之正作法前白云眾僧慈悲布施某甲戒作此語已應四向顧望勿令入睡眠亂語非法別眾等坐若有即須喚令正坐向羯磨師一心聽說十誦云證他受戒各各入定亂語戲笑不知羯磨成否佛言不成若作羯磨者應分別之是第一羯磨第二第三亦如是莫餘覺餘思惟應起敬重憶念

達者吉羅文殊問經云四眾於何時不得作聲或身口木石及諸餘聲佛告文殊於六時中不得作聲一禮佛時二聽法時三眾和合時四乞食時五正食時六大小便時如是誡已然後白云

大姊僧聽此某甲從和尚尼某甲求受具足戒此某甲今從僧乞受具足戒和尚尼某甲某甲自說清淨無諸難事年歲已滿五衣盋具若僧時到僧忍聽僧今授某甲具足戒和尚尼某甲白如是

白已問僧成就否乃至三番亦一一問之此僧祇文準此僧中知法者答云成就次作羯磨云

大姊僧聽此某甲從和尚尼某甲求受具足戒此某甲今從僧乞受具足戒和尚尼某甲某甲自說清淨無諸難事年歲已滿五衣盋具僧今授某甲具足戒和尚尼某甲誰諸大姊忍僧與某甲受具足戒和尚尼某甲者默然誰不忍者說如是三說僧已忍與某甲受具足戒竟和尚尼某甲僧忍默然故是事如是持作羯磨已即須量影記其時節疑後辨其大小

此律云若有八難餘緣天陰暗等當二三人一時作羯磨然不得加四以同別眾故無難者不得授

第三至僧受者此律作本法已即日應往僧中求受

大戒違者犯罪就中略有十問答

一問僧至尼寺受戒成否答若依薩婆多師資傳說此不如法不成受戒如端正女人此是難故猶不許請僧來至尼寺受戒此既非難何容得開

二問寄尼寺外俗家結界成受戒否答律亦無文然容可通仍非法得小罪無妨戒成

三問本法尼名作何等答律名比丘尼也

四問尼在僧寺得作本法否答如明了論云僧界內為尼立界作法理得無過

五問留髮白衣與受具足得戒否答有得不得問云

何有得。答。得者謂志求出家。厭世俗情。王難不聽落髮出家。具此意者。得戒不疑。故婆論問云。不除髮得戒否。答。得。但非威儀。又伽論問云。若白衣爲和尙與白衣受具足戒得戒否。答。得戒。僧犯吉羅。又十誦波離問云。若男子作女威儀女相女形。制已如男子法受戒得戒否。佛言。得戒。衆僧得罪。女人作男子威儀得戒亦然。五百問事云。壇上師僧或著俗服。或犯禁戒。若受戒人知是非法。不得。不知者得。若弟子著俗服。當時不知者得。若據此文。如不知亦得戒也。問。云何不得戒。答。數見邊方尼妄行戒律。見有誡文。無問善惡。遂卽雷

同。總與授戒。觸事無知。專習非法。紡績機織。俗務是常。長眉高髻。綺染恆式。師有貪利門徒之心。弟子有偷形避役之意。所以僧不簡弟子好惡。得利便授。弟子不擇師行是非。苟求資蔭。永惟斯理。俗禮尙自不成。況出世淸虛。何容得就。若據所論定不得戒。故此律宗要出家相具。應剃髮著袈裟。與出家人同。若著俗服外道服。衆莊嚴具。裸形等。並不名出家受具足戒。若受戒人不自稱名。不稱和尙名。說乞而不乞。若眠醉狂顚恚。無心受戒。或心不當境。或境不當心。或心境俱不相應。並名非法。不名受戒。前後無違。方名辦事。今兩

述宗取捨。任從。然諸經律。並令落髮同僧。出家異俗。輒依論開。良恐非然。又論非宗要。宜就律儀。

六問。有人尼中作本法竟。將三兩尼送受戒人往僧寺得否。答。依此律不得。故律云。比丘尼僧應將受戒者至大僧中。既言是僧。云何許別。又受戒已。猶勸言二部僧具足滿。僧祗亦云。尼受大戒。合二十衆。又五分。彼和尙闍梨須集十尼僧。往比丘僧中乞戒。故知僧尼各須十人。

七問。尼僧至僧寺受戒。須結界否。答。此之羯磨。二衆所秉。非界無以攝人。非界無以羯磨。各集本部重結

穩審。又如尼懺僧殘。二衆各須結界。亦有諸師不立者。良恐誤也。若欲作法。尼僧盡集自然界內。令本法尼在自然界外。正結作時。不得對僧作法。須離聞處遙見無妨。故律下文不應對尼作羯磨。

八問。尼至僧寺。若爲安置。答。應在二部僧中長鋪兩席。使中間空容二三尺。許令伸手相及。本法尼多者。總在離聞著見處。一一喚來入衆乞戒。受得戒已。在尼下行坐。

九問。若爲請師。答。比丘尼僧令闍梨將引受者入禮僧已。教在戒師前長跪請師言。

十問正乞戒法二。初正明乞戒。

二略示餘法

四戒相二。初正說戒相三。初八重二。初約緣顯意。

二正示八重

大德憶念我某甲今請大德爲羯磨阿闍黎願大德爲我作羯磨阿闍黎我依大德故得受具足戒慈愍故（說三）

十問若爲乞戒答威儀師教云

大德僧聽我某甲從和尚尼某甲求受具足戒我某甲今從衆僧乞受具足戒和尚尼某甲願僧救濟我慈愍故（說三）

威儀師復本坐已大僧闍黎然後作法問遮難已又問汝學戒清淨否答學戒清淨更問餘尼等知此人學戒清淨否尼和尚答云學戒清淨然後僧作羯磨（正作法時出在僧鈔非關尼事）

第四戒相者若據理論當隨師具學何獨此八但爲初受未知輕重遇緣便犯因制八根本若毀不任僧用餘篇枝條懺便復淨

族姓女聽如來無所著至眞等正覺說八波羅夷法比丘尼犯一一波羅夷非比丘尼非釋種女

一女人一切不得犯婬作不淨行若比丘尼犯不淨行行婬欲法乃至共畜生彼非比丘尼非釋種女爾時世尊爲說譬喻猶如有人截其頭終不還活比丘尼亦復如是犯波羅夷已還不成比丘尼行汝是中盡形壽不得作能持否（答能）

二一切不得作盜下至草葉若比丘尼盜人五錢若過五錢若自取若教人取若自斷若教人斷若自斫若教人斫若燒若埋若壞色者彼非比丘尼非釋種女譬如斷多羅樹心終不復更生長比丘尼犯波羅夷已如是終不還成比丘尼行汝是中盡形壽不得作能持否（答能）

三一切不得故斷衆生命下至蟻子若比丘尼故自手斷人命持刀授與人教死歎死勸死與人非藥若墮人胎厭禱呪詛殺自作方便若教人作彼非比丘

尼非釋種女譬如鍼鼻缺不堪復用比丘尼亦如是犯波羅夷已不復還成比丘尼行汝是中盡形壽不不得作能持否（答能）

四一切不得妄語乃至戲笑若比丘尼非眞實非已有自言我得上人法得禪得解脫得三昧正受得須陀洹果斯陀含果阿那含果阿羅漢果天來龍來鬼神來供養我彼非比丘尼非釋種女譬如大石破爲二分終不還合比丘尼亦如是犯波羅夷已不可還成比丘尼行汝是中盡形壽不得作能持否（答能）

五不得身相觸乃至共畜生若比丘尼有染心與染

心男子身相觸從腋已下膝已上若捉若摩若牽若推若逆摩若順摩若舉若下若捉若捺彼非比丘尼非釋種女汝是中盡形壽不得作能持否答能

六不得八事乃至共畜生若比丘尼受染汙心男子捉手捉衣入屏處共立共語共行共期身相近犯此八事彼非比丘尼非釋種女汝是中盡形壽不得犯能持否答能

七不得覆藏他重罪乃至突吉羅惡說若比丘尼知他比丘尼犯波羅夷罪若不自舉不向僧說若不語眾多人後於異時此比丘尼若罷道滅擯若遮不共

事若入外道後便作是說我先知有如是事彼非比丘尼非釋種女覆藏重罪故汝是中盡形壽不得犯能持否答能

八不得隨順被舉比丘語乃至守園人及沙彌若比丘尼知比丘為僧所舉如法如毗尼如佛所制不隨順不懺悔僧未與作共住而隨順是比丘諸比丘諫是比丘尼言妹知否今僧舉此比丘如法如律如佛所制不隨順不懺悔僧未與作共住汝莫隨順是比丘諸比丘諫是比丘尼時堅持不捨是比丘尼當三諫捨此事故乃至三諫捨者善不捨者彼非比丘尼

非釋種女由隨順故汝是中盡形壽不得犯能持否答能

次當為說四依法防外道故說此四應語云族姓女諦聽如來無所著至真等正覺說四依法比丘尼依此得出家受具戒成比丘尼法

一依糞掃衣比丘尼依是得出家受具足戒成比丘尼汝是中盡形壽能持否答能若得長利檀越施衣割截衣等得受

二依乞食比丘尼依是得出家受具足戒成比丘尼汝是中盡形壽能持否答能若得長利若僧差食若檀

越送食月八日食十五日食月初日食若僧常食檀越請食得受

三樹下坐比丘尼依是得出家受具足戒成比丘尼汝是中盡形壽能持否答能若得長利若別房尖頭屋小房石室兩房一戶得受

四依腐爛藥比丘尼依此得出家受具足戒成比丘尼汝是中盡形壽能持否答能若得長利酥油生酥蜜石蜜得受

汝已受戒竟白四羯磨如法成就得處所和尚如法阿闍梨如法二部僧具足滿汝當善受教法應當勸

生作福治塔供養佛法僧和尚阿闍梨若一切如法教授不得違逆應學問誦經勤求方便於佛法中得須陀洹果斯陀含果阿那含果阿羅漢果汝始發心出家功不唐捐果報不絕餘所未知當問和尚阿闍梨（受戒已若還寺者令受戒尼在前而去）。義云先教誦六念受持衣盋坐具等若作式叉尼時說淨長衣鉢者應更請施主總持說淨若犯長財並捨作突吉羅懺然後說淨又二時中請和尚教誡說法具如下章說

第五遇緣退捨者此律云若不樂淨行者開聽捨戒去若欲留五戒者應言我作優婆夷若欲留十戒者

應言我作沙彌尼若欲全捨者應言我作在家白衣願大姊憶知我是白衣（一說成）。婆論云若無出家人可對捨隨對一白衣外道等前但使情相領解一捨便成不須至三增一阿含經云開比丘七反捨戒過者非法諸解並許出家受具然尼開捨戒還家無文得許重來出家受戒爲女人志弱不堪弘道初尚不許何容輒開後度今時尼衆不學問者多昏於志趣妄行禪法道言信施難消遂被惡人化令捨戒大僧容可再歸尼倫一捨不還無辜自墜失於大利故律云若有捨戒者於佛法爲死實由不解致流昏俗也永

言此事深可痛心

六念篇第十一

第一念知日月大小法者若是白月應云今朝白月大一日乃至十五日以白月一向大故不須云小若是黑月便通大小黑月大者應云今朝黑月大一日乃至十五日黑月小者今朝黑月小一日乃至十四日此謂識去布薩日遠近又防俗問故解云若人聚落先知日月數等

第二念知食處法者全不受請者應云我今不受請自食己食或云食僧常食不受請或云乞食不受請

若受請無供養者應云我今自食無請處或云我今食僧常食無請處或云乞食無請處若受請不背者應云今有請處念當自往若受請有背緣者應云今有某緣得背請（緣者謂迦提月施衣等緣）若受多請者應對人捨云今日有多請處自受一請餘者施與大姊在某處（隨對五衆出家人邊捨皆得）若無人對依十誦依親里住尼心念捨云我某甲今朝檀越施我五正食迴施比丘尼某甲檀越於某不計得自恣食（三說）

第三念知夏大小法者若初受戒者應云我於某年歲次在某日月在一尺木若干影時受具足戒我今

無夏後若有夏隨夏多少稱之（西國受戒竟以木影擬後辨大小也）
第四念知衣盋法者若衣盋具受者應云我五衣盋具足受持（不具者隨多少稱之）若長衣盋藥等求說者應云念當說淨犯長者應云今有長財念當說淨
第五念知別眾食法者若有別眾者云今有某緣得別眾食或病迦提月等若無緣者應云念不別眾食
第六念知病之有無法者若有病念當療治無者應云隨眾行道

受衣篇第十二

此篇大門一十有七一制聽二功能三釋名四財如五體如六色如七量如八條數九隄數十重數十一作法十二受法十三捨法十四得失十五補浣十六敬護十七坐具

第一制聽者所以名制者謂五衣六物佛制令畜違便得罪所以言聽者謂一切長衣及百一供身具等隨報開聽違順無過
第二功能者婆論云欲現未曾有法故一切九十六種外道無此衣名為異外道故智論云佛聖弟子住於中道故制著三衣不同外道裸身無恥白衣多貪故重著也分別功德論云為三時故制有三衣冬則著重夏則著輕春則著中亦障諸蟲故此律寒故制著三衣又為三世如來並著如是衣義云為調三毒因緣故制三衣華嚴經云著袈裟者捨離三毒也大悲經云但使性是沙門汙沙門行形是沙門被袈裟者於彌勒佛乃至樓至佛所得入涅槃無有遺餘悲華經云如來於寶藏佛所發願成佛時我袈裟有五功德一者入我法中或犯重邪見等四眾於一念中敬心尊重必於三乘受記二者天龍人鬼若能恭敬此人袈裟少分即得三乘不退三者有鬼神諸人得袈裟乃至四寸飲食充足四者若眾生共相違反念

袈裟力尋生悲心五者若在兵陣持少分恭敬尊重常得勝他若我袈裟無此五力則欺十方佛僧祇云僧尼有戒德俗人索破袈裟欲禳災者得與小者伽論僧尼等破壞三衣盋犯自性偷蘭遮但是衣盋不問受持不受皆不得壞滅亦不應破滅補衣賣之雜用皆犯前罪
第三釋衣名者此律云聽刀割壞成沙門衣不為怨賊所劫作安陀會襯身著鬱多羅僧僧伽梨入眾時著然此衣名諸部並無正翻今以義推略知指歸慧上經云五條者名中著衣七條者名上著衣大衣者

名衆集衣義云大衣者名雜衣以條數多故若從用立名入王宮聚落衣七條者名中價衣從用爲名入衆衣五條者下著衣從用爲名道行作務衣

第四財如者謂非四邪及自手興生出舉販博得財並不如法受亦不成故律云不以邪命激發得現相得犯捨墮衣等不得作三衣

第五體如者義云要須厚重者得若細薄生疏露體乃至綾羅錦繡文綺衣等並不成受僧祇云一切生疏毛髮樹皮草衣等不成受五百問云生絹不作三衣若不現身者得

第六色如者此律云上色染衣不得畜當壞作袈裟色（袈裟色者此云不正色也）十誦云一切青黃赤白黑五種純大色衣不得著除其納衣婆論云五大色衣不成作三衣文紫草奈皮地黃紅緋染色黃櫨木等皆不如法色若五大色衣三點淨得作餘衣著謂紺黑青得皁木蘭一切得受純青淺青碧等點淨得作衣裏用若赤白黃不純大色者亦得若不如法色染訖更以如法色覆成受持文殊問經云色衣不太赤不太黃不太黑不太白淸淨如法色三法服及與餘衣皆如是色義云作淨法者用前紺黑青於四角頭隨意作一點僧祇云極大如四指極小如豌豆見論如麻子大僧祇云不得並作或一三五七九等不得如華形作若浣藝泥汙卽名淨若新僧伽梨趣一角頭作乃至一切衣新時亦爾若衆多破段衣一處合補者一處作淨青者謂銅青黑者謂雜泥等染木蘭者謂果汁等義云蜀地有木蘭樹皮其色赤黑然復鮮明可以爲染微有香氣關東并州亦有木蘭樹子堪爲數珠兼得爲染其色稍黑京內諸山亦有求之者希

第七量如者此律云五條長四肘廣二肘大衣七條各長五肘廣三肘若極小者長四肘廣二肘半並名

如法若過此分齊亦得受持以可截故若過量外者應說淨否者犯捨義云說時應在受持後以法衣外爲長故

第八條數者此律大衣從九條乃至十九條等若過是數亦應畜七條五條名自楷定婆論云僧伽梨三品九條十一十三是下品十五十七十九是中品二十一二十三二十五名上品

第九隄數者此律不了今依婆論云大衣下者兩長一短上者四長一短並名如法若互增減者成受持著用得小罪

第十重數者此律云大衣新者兩重餘二衣一重故者隨意多少作

第十一作法者此律云大衣七條要須割截五條得襵葉作五分云若染縵衣作條文縫葉者衣或襵作衣葉或半向上半向下作葉一切突吉羅阿難奉敎作衣左條左靡右條右靡中條葉兩向靡若得衣不足乃至一長一短作猶少者聽帖葉作乃至不足聽作縵安多會僧祇云作葉極廣四指極狹如麵麥不得横葉相當縫衣後時宣脫應作馬齒縫衣上下破應安緣要須卻刺十誦云佛教比丘施鞊紐前去緣四指施鞊後去緣八指施紐應作是法又卻刺者是佛所許如法畜用直縫者不得是世人衣爲異俗故又爲防外道故此律但云縫僧伽黎不論卻刺用十誦者好三千威儀云三衣令帖四角此律應安鞊紐肩上帖障垢膩處

第十二受法者此律但云三衣應受持而無受文今依十誦明其受法大衣者隨其條數多少稱之今且受十五條文餘者準說可知

大姊一心念我比丘尼某甲此僧伽梨十五條衣受三長一短割截衣持三說 受七條

大姊一心念我比丘尼某甲此鬱多羅僧七條衣受兩長一短割截衣持三說 受五條

大姊一心念我比丘尼某甲此安陀會五條衣受一長一短割截衣持三說 受縵條衣文云

大姊一心念我比丘尼某甲此縵僧伽黎受持三說餘二衣可知

此律五條開屈葉者應云屈葉衣持若帖葉作者應云帖葉衣持帖時開一邊刺一邊令似割截衣若兩邊俱刺者但同縵衣法

受僧祇支文

大姊一心念我比丘尼某甲是衣厥修羅受長四肘廣二肘半是厥修羅衣持三說

僧祇支者長四磔手廣二磔手半互減互過者提覆肩衣義準亦然義云僧祇支者此云上狹下廣衣云厥修羅者此西國方言不同故翻譯有二設互牒二文於理無乖或量己身大小作之受時但云僧祇支應量作合受持此亦應成尼本爲露胸膊行爲世人譏慢故佛制畜祇支覆肩二衣

受覆肩衣文

大姊一心念我比丘尼某甲此是覆肩衣如法作今

受持。說三

第十三捨衣法者。本律無文。今依僧祇捨云。

大姊一心念。我比丘尼某甲。此僧伽梨是我五衣數。先受持。今捨。一說。餘二類牒可知。

若一時受捨。越毗尼。

大姊一心念。我比丘尼某甲。是衣厥修羅如法作。先受持。今捨。

大姊一心念。我比丘尼某甲。是覆肩衣如法作。先受持。今捨。

又依五分云。

我比丘尼某甲。此僧伽梨若干條。今捨。一說

下二衣類說可解。僧祇云。若至他家忘不持三衣去。到彼憶已。應遙捨之。捨竟。應權借俗人衣。被作淨安鉤紐受義云。知比丘有僧尼長衣借受彌善。欲還應捨到本處。已更受舊衣。不犯捨墮。十誦云。借衣離宿。但懺提罪。不復須捨。

第十四得失者。五分云。諸比丘不捨先受持衣更受餘衣者成受。先三衣說淨者亦成。由不捨故但犯小罪。此律若失想燒想賊奪想水漂想則失受持。得者還須更受。以忘失故無捨罪。若道逢難緣不得會衣者不失受持。婆論云。三衣不受持。有壞威儀缺衣二罪。若本說淨。今作三衣。卽失本淨法。又捨此衣更受餘衣。前衣卽須說淨。否者過十日犯長。婆論云。若三衣破。不問孔大小。但使緣不斷。不失受持。尼祇支覆肩衣義準此說。

第十五補浣者。十誦云。以小段物補衣。若卻刺者。不須說淨點淨。若直縫者。段段須說。否者段段得二罪。謂不說淨不點淨也。見論云。若衣欲破未穿壞者。或一條二條。應先以物補。後割卻故者。不失受。三衣背處欲破。當轉著兩邊。先相連著。後以刀破開。然後卻

刺緣。不失受持。袈裟若大減卻。若小物裨。亦不失受。若浣壞色。亦不失受。此律三衣壞。隨孔大小方圓補治。下二衣亦同

第十六敬護者。十誦云。護三衣如自皮。鉢如己眼。著大衣者。不得捷木石土草掃地敷具等。又不得腳躡敷坐臥上及襯身著。若不持三衣入聚落俗人處犯吉羅。遺教三昧經云。比丘行時。僧伽梨袈裟衣鉢錫杖等當與身俱。不得去身六尺。五百問事云。不能著大衣入聚落。但持著肩上行無犯。僧祇云。敬三衣如塔。若入聚落必須帶紐行。若無紐者。用鍼綴。無鍼者

下至手捉若無紐隨入家家得越心悔有而不著亦越毗尼披時當通肩披齊兩角左手捉時不得手中出角頭如羊耳律中至佛前上座所並令偏袒經中通肩披衣五百世中入鐵甲地獄五分云得四褺大衣枕之中阿含經多處有文開枕大衣臥七條中三千威儀經云不著泥洹僧不得著僧祇支如是重重乃至最上著僧伽梨故知三衣得上下重著也五分云若出村爲草木鉤衣破裂塵入葉中聽爲護衣故聚落外反著衣下數壞聽倒著衣上下安鉤紐及帶雨時不應倒著此律尼不著祇支入白衣舍提覆肩應同

毗尼母及此律袈裟不得簾牀及腳蹋三千威儀經云三衣在下地身不得高牀處坐洪正二部毗尼論云若著大衣入村不得禮拜師僧上座等五百問事云無中衣時得著大衣上講禮拜小衣不近身淨潔無七條者五條亦得著入眾食及禮拜不著三衣食犯罪十誦亦然

第十七坐具法此律長佛二磔手廣一磔手半廣長更增各半磔手五分云佛一磔手長二尺義云四分坐具總長五尺廣四尺僧祇云互減過皆提五分云須帖四角不帖則已此律若減量作若疊作兩重並得婆論云今用敷臥具上見論云令受持不合說淨不出受文今義出之

大姊一心念我比丘尼某甲此尼師壇應量作今受持說三

捨文

大姊一心念我比丘尼某甲此尼師壇本受持今捨一說

十誦不應受單尼師壇得提離宿犯吉伽論云不須捨墮亦不須離宿母論云護尼師壇如護身賢愚經云舍利弗以尼師壇著左肩上入眾降邪道鼻柰耶經云亦著肩上入眾坐禪義云今時多安左臂上隨

方所宜想亦無過

受盋篇第十三

此篇大門有七一制意二體如三色如四量如五受捨六失法七護法

第一制意者僧祇云盋是出家人器非俗人所宜十誦云盋是恆沙諸佛標誌不得惡用中含經云盋名應器婆論云見一肆上好盋圓正可愛律師云佛初出世眾僧無盋佛勅帝釋令天工匠作十萬盋在世間肆上盋者天盋非是人造

第二體如者此律大意有二一謂泥二謂鐵五分云

用白銅盋及外道木盋等此是外道法若畜得偷蘭遮。十誦云石亦不得作盋。義云今時僧尼亦有畜瓷盋義判同石又畜夾紵盋揩瓦油盋並是非法毀破無罪。

第三色如者。此律云應熏色僧祇熏作孔雀咽色鴿色者如法。

第四量如者。此律大盋受三斗小者斗半中器可知。母論云若不滿斗半及過三斗者不成受持義云此之升斗諸方用各不定未可準定將古類今上盋受一斗下者五升中者可知然佛初出世人形姝大所食亦多故限五升以爲揩定今經像季人形漸小若定行斯良恐非用故五分云隨方國土雖是我語不爲清淨者不行無過雖非我語於餘方清淨者不得不行又盋名應器須應其身大小準食之故下律云量腹而食度身而衣趣足而已。不得見有此判遂畜小小之者若不滿四升已上定不得受僧盋不滿五升已上定不成持數見尼等受持四升已下故別標記。

第五受捨。此律無文依十誦受云。

大姊一心念我比丘尼某甲此盋多羅應量器今受

持。三說 捨云。

大姊一心念我比丘尼某甲此盋多羅應量器先受持今捨。一說

第六失法者。五百問事云若一日都不用盋食犯墮。病重者開若出界經宿不失受持。見論云若先受持盋穿如粟米即失受持若以鐵屑塞已更須受之。若買他盋未還直不成受其主雖言但受持亦不成受若過日亦不犯長若買他盋度價竟盋主熏已報比丘尼知不往取過日犯捨若餘人知熏竟傳向比丘尼說聞語不往取過日無犯。此律盋盂孔罅食入中但洗餘食不出無犯。準此雖破不漏猶成受持。不問但畜一盋不加受法過日犯捨否。答不犯由是制畜事同三衣但犯不受小罪若有二盋一須受持一須說淨不爾犯捨墮。

第七護法。此律所行之處衣盋俱行如飛鳥羽翮隨身。母論云至乞食時各自作盋絡或盋自持之。僧祇云不得用灰土洗令色脫當取樹葉汁洗。三千威儀云洗盋當用澡豆皁莢二種爲淨。僧祇云不得臨危處洗盋。先洗師盋後洗已盋。不得持已盋中殘水瀉師盋中。乃至浣染衣亦爾。勿以師衣共已衣漬之。母

論云。不應盋內洗手。敬之如目。五分云。護盋如眼睛。洗盋聽去地一尺。瓦盋離地五六寸許。宜好處安置。僧祇云。惡心破盋偷蘭遮。五百問事云。不得覆壁上。應巾裹懸壁上。

淨施篇第十四

此篇大門有五。一施主。二請法。三說淨。四存亡。五失法。

第一施主者有二。一展轉。二眞實。眞實希故不論。今且明展轉法。於中簡別對施有五。一衣。二藥。三盋。四寶。五穀米。前三施主依僧祇善見。於五衆中隨得一人作展轉施主。後二並以俗人爲淨主。涅槃經云。雖聽受畜錢寶等物。要須淨施篤信檀越。婆論云。先求一知法白衣爲淨主。五分云。有四種人不爲展轉淨施主。一不讚歎人。二不與人好名稱。三應淨施五衆。四不得與白衣。婆論云。應相前人持戒多聞有德而作施主。後得物時。於一比丘尼邊稱施主名說淨。僧祇十誦五分等。並不得對施主而說。亦不應令前人知。直別處對一人說。

第二請法者。應具修威儀至一五衆大德名聞者前。陳本淨意。然後請云。

大姊一心念。我比丘尼某甲。今請大姊爲衣藥盋展轉淨施主。慈愍故。（三說）

請下三衆不須云大德大姊等。直語言。我今請式叉摩那等爲展轉淨施主。幸願作之。（一說便得。）（此文義立。若依五分等。似不請亦得成。）

次錢寶施主者。婆論云。先求一知法白衣。語言解知。若不解。教令知解。至白衣所語云。比丘尼法不得畜錢寶粟等。今以檀越爲淨施主。後得錢寶盡施檀越。前人報云好。

第三說淨者。見論云。所說之物衆多散落者。併束相著。然後說之。毗律應至比丘尼前手捉衣云。大姊一心念。此是某甲長衣未作淨。爲淨故施與大姊。爲展轉淨故。（彼受請者語云。）大姊一心念。汝有此長衣未作淨。爲淨故與我。我今受之。（彼受者當語云。）汝施與誰。（答云。）施與某甲。（謂提施主名也。）長老一心念。汝有是長衣未作淨。爲淨故施與我。我今受之。汝與某甲是衣。某甲已有。汝爲某甲故。善護持著用隨因緣。（藥盋說稱準此可知。然尼得長盋當日須淨。不同長衣開畜十日。）婆論云。錢寶穀米等並同長衣十日說淨。毗律云當

持至優婆夷若守園人所告云
此是我物所不應汝當知之即名說淨
五分云心念說淨直云如是捨故受新十日一易文不明了今義準出之有難獨住尼具修威儀手捉衣云
我比丘尼某甲此是長衣淨施與某甲（於五衆中隨意與之從彼取用得至十日後如前說）我比丘尼某甲從某甲取還（得至十日後如前說）我比丘尼某甲此是長衣淨施與某甲隨彼取用（是如捨故受新十日一易）

第四存亡者僧祇云施主齊三由旬內知某存亡五分云施主知在道以否婆論云施主若至異國更求淨施主（此律無文隨意兩用）

第五失法者婆論云若死更求施主除錢寶穀米等自外一切長財盡五衆邊作淨義準錢寶等俗人淨主存亡同前此律若忘不說淨或賊奪失想等雖多日不犯長若失五日後時憶得更經五日說淨亦得若得衣十日至第十日冥忘不說後時憶得即須當日說淨不爾犯捨墮十誦云忘後五日得所忘衣更得十日說淨婆論云若說淨財寶及以衣財若人貸之後時寶還寶錢還錢乃至衣財相當還者不須說

淨不相當者更須說之（以本性同貪心少故也）若補衣物不滿尺六廣八寸者亦犯長故婆論云若先不應量衣此衣盡捨作突吉羅懺毋論云惡比丘尼不說淨者入手即犯不須至十日婆論云若得新韡應令白衣著行五七步即是淨五分得新屐令淨人著行七步

說戒篇第十五

此篇大門有六一時節二緣集三儀式四差使五客舊六略說

第一時節者有五一十四十五十六日二食後僧祇云食前亦得布薩而不得晨起布薩得罪以後來比丘尼不聞故伽論云何布薩謂捨諸惡不善法證得白法究竟梵行又半月自觀犯與不犯淸淨身口名布薩也三若晝若夜亦得說戒四增減五非時下二希故不述

第二緣集者五分云布薩不時集妨行道佛令作時節使知事維那晨起白僧
大姊僧聽今白月某日黑月某日衆僧和合在某時某處說戒白僧令知（一說便得今時僧尼輕此戒法多在夜暗說戒致令後生威儀不善也）

第三儀式者今此一門此律不足兼取諸部補闕此

律云若至說戒日上座應勅諸尼沙彌尼等使掃灑佛塔僧院高下處令泥治平正辦諸名華五三槃各香湯一二銅盂今時多用食器盆等盛湯此非生善之義冬月無華可得者諸繒綵華亦得說戒當徧布其席及門限外亦鋪其席擬脫鞾履若鳴鐘集僧不簡沙彌尼等並來入堂受籌以此律戒序開沙彌尼得聽若依餘部不得者多十誦云行籌者爲檀越問僧不知頭數佛令行籌不知沙彌數亦令行籌若人施布薩物沙彌亦得取分雖不往布薩羯磨處由受籌故亦得分此律爲受供行籌則通沙彌也尼下二眾準此

籌極短並五指極長一肘極麤不過小指細不減箸初入堂時先偏袒右肩脫去鞾履合掌作禮若恐人鬧不及一一作禮但俛身側入依次坐近數見僧尼及至俗家齋上僧尼在牀上禮佛尋討一切經律及問西國諸德並無此禮直是怠惰安身不存敬意反招自累何成覓福如臣拜君豈得居牀人王尚自不許法王甯容輒開故三千威儀經云比丘不得座上作禮初入堂時說偈云持戒清淨如滿月身口皎潔無瑕穢大眾和合無違諍爾乃可得同布薩說此偈已各依次坐年少尼起行香湯淨水眾大時令三五

尼助行行時各須偏袒右肩脫去鞾履具修威儀維那先取香湯洗手浴籌至打靜處維那自浴亦得今時多使上座自浴籌此非敬儀當浴籌時僧各說偈云羅漢聖僧集凡夫眾和合香湯浴淨籌布薩度眾生說此偈已令年少尼行香湯淨水先行淨水兼行淨巾拭手令乾正承水時復說偈云八功德水淨諸塵盥掌去垢心無染執持禁戒無缺犯一切眾生亦如是行香湯時復說偈云香水熏沐澡諸垢法身具足五分充般若圓照解脫滿羣生同會法界融承香湯水時不得漱口吐地數見故別標記維那浴籌已

右手執槌至打靜處立徐緩打一下已安手放槌勿令作聲然後唱云

大姊僧聽眾中誰小小者收護說二

大姊僧聽外有清淨大沙門入說二

大姊僧聽眾中小者已收護外清淨大沙門已入內外寂靜無諸難事堪可行籌廣作布薩我比丘尼某甲爲僧行籌作布薩事僧當一心念作布薩願上中下座各次第如法受籌三說 又沙彌尼等不須唱出待聽說序已唱出也。

說竟維那來至上座前長跪授籌與上座即鴈行長跪合掌一切僧亦隨上座儀式正取籌時當說偈云

二遶籌
三納籌
五行沙彌籌
六取數告眾
五請說戒師 三 初陳請

金剛無礙解脫籌難得難遇如今果我今歡喜頂戴受。一切眾生亦如是。欲還籌時復說偈云具足清淨受此籌具足清淨還此籌堅固喜捨無缺乏一切眾生亦如是說已即付與他還復本座。如是展轉至大尼訖。維那來至打靜處立收籌者付上座數維那自數亦得。數已打靜唱云

大姊僧聽次行式叉摩那尼沙彌尼籌

三說已往式叉尼等所行訖收取付與上座數竟。維那總取還至打靜處立唱云

大姊僧聽此一住處一說戒比丘尼若干人式叉摩

那若干人沙彌尼若干人都合若干人各清淨出家和合說戒上順佛教中報四恩下為含識各誦經中清淨妙偈一說

眾僧一時合掌說偈云

清淨如滿月清淨得布薩身口業清淨爾乃應布薩此出僧祇

彼維那舉籌已至上座前禮三拜已白上座云

眾僧和合請大姊為眾誦律

若上座自說者語云此戒法正當某甲說某甲自誦維那依上座已即須唱之。若辭不堪者告云此說戒

二唱告
三升座
六供養說戒 二 初灑散花水
二行香供養

任當某甲但為自身老弱言辭濁惡恐延時惱僧更為請眾中能誦者說。維那更禮一拜已當起至第二上座前還依前問無異。上來問答可宜大語令眾聞知不得竊聲相生不善也若第二上座不堪者直請能誦不勞展轉至下。故僧祇云若上座若次座應誦不能者差能誦者說。若差得者打靜唱云

大姊僧聽僧差律師某甲為僧誦戒梵音某甲律師坐高座一說

僧既差已律師應起具修威儀至僧中大鋪坐具四向禮拜僧已長跪白云

我比丘尼某甲稽首和南敬白眾僧僧差誦律恐有錯誤願同誦者弘垂指授

白已更設一拜然後坐座。香水餘殘維那左右灑之應留中間空處擬人來往香華亦爾令旋旋散散華時各說偈云

散華莊嚴淨光明莊嚴寶華以為帳散眾寶華偏十方供養一切諸如來此出華嚴經

說已維那打靜令小者供養好聲者梵唄。作梵時應誦稽首禮諸佛兩行偈至行香說偈時僧一時合掌說云

戒香定香解脫香光明雲臺徧法界供養十方無量佛見聞普熏證寂滅（此出華嚴）

供養雖竟維那仍須立住彼戒師誦至未受具者出則戒師應且住誦令式叉尼沙彌尼出式叉尼等應具修威儀來至僧前禮三拜已長跪住取上座教勑上座當告諸式叉摩那沙彌尼等汝等年未充行未滿不堪進入羯磨僧數同聽說戒待至年充行滿受具戒竟然後得預說戒汝等各還本處靜念唱誦不得散亂然後方便更設一拜依次而出若式叉尼等別說戒堂則不須此戒師唱不來者說欲維那答云說欲已若無欲人者應答云此處無說欲人（若欲差教授尼使者戒師且待僧差使然後和問如上）

比丘尼鈔卷二　說戒篇十五　四二

第四差使者見論云初爲女人鈍根故盡聽尼僧往僧寺受教後爲人譏嫌故僧往尼寺教誡尼僧當於說戒日僧集時索欲問僧云

僧今和合何所作爲答云差求教授人羯磨

大姊僧聽若僧時到僧忍聽今差比丘尼某甲爲比丘尼僧故半月往比丘僧中求教授尼人白如是

大姊僧聽僧今差比丘尼某甲爲比丘尼僧故半月往比丘僧中求教授尼人誰諸大姊忍僧差比丘尼某甲爲比丘尼僧故半月往比丘僧中求教授尼人者默然誰不忍者說僧已忍差比丘尼某甲爲比丘尼僧故半月往比丘僧中求教授尼人竟僧忍默然故是事如是持

此律羯磨差一人已自外口差二人爲伴往僧中四分十誦云尼若囑時應囑主人僧無病有智慧明戒律者大僧於布薩日應預差一人擬受尼囑人房前設一獨坐牀尼若來時應佛殿前立餘僧見者示尼囑授人處此尼至房前比丘應詣牀坐已將一比丘爲伴使尼禮三拜已曲身合掌云

比丘尼鈔卷二　說戒篇十五　四三

大德一心念某寺尼衆和合半月頂禮比丘僧足求請教授尼人（說三）

比丘受尼囑已語云今夜說戒時爲諸請衆僧未知有否然尼衆等爲欲別請爲依僧次請隨尼所答爲請又告明日早來問其可否使尼答云爾更設一拜便歸僧祇云尼入僧寺當在門屋下先白比丘比丘當量儀得所若尼賢善自入無事著衣服具者聽入反此不聽尼明日來時如前儀式告云昨夜僧集之時具傳所請無有教誡尼人又無善說法者雖然上座有勑語諸尼衆當勤精進如法行道謹慎莫放逸

五尼傳教法

使尼合掌云頂戴持便禮已而退至本寺時卽須鳴鐘集僧不來者說欲尼皆來集堂內依次立住所差尼人至上座頭立打靜說白云

大姊僧聽僧差我比丘尼某甲往比丘僧中請教授尼人而僧無教授尼人亦無善說法者雖然上座有勅語諸尼眾當勤精進如法行道謹慎莫放逸

三明雜相

諸尼眾等一時合掌云頂戴持出五分十誦僧祇今時多行此略法由廣法難故不出也

四指廣略

此律若比丘僧盡病應遣信行禮拜問訊若別眾眾不滿亦遣使問訊若尼僧病眾不滿亦禮拜問訊義云若僧尼各五人以上僧中二十夏者得行此廣略二法僧若不足但應禮拜問訊便罷

二續示說戒餘儀二初問事宗

次說戒師問僧云僧今和合何所作為維那答云說戒羯磨今時多有答云布薩說戒者此答不通羯磨良恐非法也

戒師待維那坐已然後作白以未坐時便有坐立不同豈非別眾等過

二說戒竟三初說已梵唄

若說戒竟維那鳴鐘三下使外人知說戒竟時梵師誦律序下偈作唄云

神仙五通人造設於呪術爲彼慚愧者攝諸不慚愧如來立禁戒半月半月說已說戒利益稽首禮諸佛

伽論云不得作半唄作半唄者吉羅若不解前唄作處世界唄亦得

不勞更作如來梵也

二下座陳詞

戒師下座已至僧中禮謝云

小比丘尼某甲稽首和南敬謝眾僧僧差誦律三業不勤多有舛錯願眾慈悲布施歡喜

三眾僧自慶

說已眾僧卽應各說自慶偈云

諸佛出世第一快聞法奉行安隱快大眾和合寂滅快眾生離苦解脫快

俱舍論說偈云

諸佛出現樂說正法亦樂大眾和合樂聚集出家樂

然後唱三歸禮散亦有諸大德說戒竟上座爲布薩呪願任情所宜然無正文

五客舊二初正示二初外來告淨

第五客舊者問界外客尼欲得聞戒得入以否答此律客舊中開聽若客尼入時至說戒處不得先到餘房恐破他說戒未誦序唱是中清淨否來客尼隨次入作禮已依行坐聽誦戒師若見客來卽須止誦不止者客尼訶停待客尼坐已依次爲誦若已說序竟乃至說戒已當入僧中四向禮僧已長跪住一人告清淨云

大姊僧聽比丘尼某甲等若干人並清淨一說

告已隨次坐戒師依說若不清淨者一一別告云

大姊僧聽比丘尼某甲犯某罪爲逼說戒未得懺悔後當如法懺

說已依前住文續次爲說若客尼來多及等者縱說
戒訖皆令主人從頭更誦不誦者如法治律云等多
更爲說問說戒至半不說欲得起出否答有緣要須
說欲得去若衆中無能誦得戒者至布薩日依前儀
式直差一人說法誦經諸教誡等便散毋論云若鈍
根無知不得就餘寺說者下至說一偈云
諸惡莫作諸善奉行自淨其意是諸佛教和南聖衆
如是作已方得散去不合不說若於說戒座上憶得
罪者即須心念發露云
我比丘尼某甲犯某罪待說戒竟當如法懺

作如是已便得聽戒若犯有疑者應念云
我比丘尼某甲於某事上疑待說戒後當決了懺
若於未說戒憶得罪者應說懺已方得聞戒法
第六略說者此律若有八難王賊水火病人非人惡
蟲難等或大衆集牀座少多病天雨鬭諍說戒夜久
如是等緣皆聽略說戒師當量難緣遠近觀時早晚
難若遠則爲說三篇已餘者略卻若近及病寒熱等
緣當爲說序已餘者便略云何略耶說戒序已問清
淨竟應言
諸大姊是八波羅夷法僧常聞乃至諸大姊是七滅
諍法僧常聞
已下必須廣說若難卒至即說序已云餘者僧常聞
若序不得說者應云某日布薩說戒時衆生各正身
口意謹慎莫放逸說已便散若衆主善能御衆者每至盛
夏盛冬恐僧老弱患寒熱者當爲略說平旦僧集時
維那白說戒日天時盛熱大寒恐僧疲弊大衆宜可
早集當爲略說勿假託因緣自生厭怠若作如是秉
衆亦名善御大衆心無憂悔五分欲作羯磨僧不可
和當於說戒前作以說戒是正制僧不敢散
次明別人法者若隨所住處二人已上至說戒日還

掃灑處所具布薩調度一如前式待客尼來若四人
以上即須廣說二三人以下各相向說云
大姊一心念今僧十五日說戒我比丘尼某甲清淨
說三
若對二尼應云二姊一心念餘語同前若一人者應
云今僧十五日說戒我比丘尼某甲清淨說三

四分律比丘尼鈔卷上之下

比丘尼四分律鈔卷中之上　南山律要三

唐終南山沙門釋道宣述

安居篇第十六

此篇大門有八一制意二結時三夏閏四對首五心念六忘成七及界八移夏

第一制意者此律通制三時意存慜物又偏約夏月情在三過一無事遊行妨修道業二損傷物命違慈實深三所爲既非招世譏謗防止三告故制安居

第二結時者此律雖云前中後三時若據結文止自有二謂四月十六結者是前十七日已去迄今五月

十六日來皆稱於後唯一日爲前二十九日爲後此律大僧不結前安居吉尼不結前同吉不結後提不依大僧安居亦提明了論云無五過處得安居一太遠聚落求須難得二太近城市妨修道業三多有蟻蚊自他兩損四無可依人依人須具五德一求聞令聞二已聞令淸淨三能決疑網四通道達俗無滯五除邪見得正見五無施主供給藥食有此五過不可安居僧祇云若親里請尼者先教請比丘不肯者不得受請見論云尼依比丘住處半由旬得安居過者不得前夏檀越爲尼請比丘來而尼已安居竟乃至後夏初比丘有緣事不來當更請餘比丘來若不得來應去路有難事者得安居若初安居竟比丘有緣事去尼後方知已結安居者不得移去得住無罪若夏竟不得無比丘處自恣應覓作法僧祇云雖在一比丘處安居至半月時亦應請問布薩無者三由旬內有僧通結取故五分云有比丘自不持律不依持律人安居夏中生疑又無問處乃至佛言依持律處安居若房舍迮者聽近持律師七日往還處於中遙依安居有疑往問此律不依廣誦二部律師得提義云大僧丈夫尙令依律師處住有疑皆須往問譬如

嬰兒無時暫離乳母恐生罪累自溺長津今時尼衆觸事無知動乖法式志性昏滯好染俗風孤遊自在不承戒律或伽藍偏僻獨處邊荒或憒閙城隍無僧迴立所以舉動不仁行步失禮八敬罕自無聞三業唯加蜂蠆敬俗倒爲闍梨慢僧反爲師弟靜言此事良用慨然

第三夏閏者若閏五月六月定百二十日安居若閏四月者從四月十六日至閏月一日結者並四月住若閏月二日已後結者漸漸轉少以越閏月故若五月一日迄至十六日結者皆三月住若閏七月從四

月十六日及五月一日結者盡三月住由未至閏故若五月二日已後結者皆四月住由九十日未滿含閏月故

第四對首具修威儀至一尼前云

大姊一心念我比丘尼某甲依某僧伽藍前三月夏安居房舍破修治故說三

五分十誦前人報云汝莫放逸答云受持又義問云依誰持律答云某律師告云有疑當往問答云爾若依村落山間樹下安居者即須改前伽藍又除房舍破修治等語直云

大姊一心念我比丘尼某甲今依某村家前三月夏安居說三

或有人云依皇帝聚落安居或云依法界安居此皆不成反結無知不學之罪問所以寺中令修治房舍耶答僧房修治用通三世前人料理今人受用今人修補以擬當來若不修治三世不續後安居者云

大姊一心念我比丘尼某甲依某僧伽藍後三月夏安居房舍破修治故說三

第五心念者十誦尼不合心念今依十誦饑儉時開尼依親獨住所以偏出此文具修威儀至佛前云

我比丘尼某甲今依某聚落某家前三月夏安居說三

第六忘成者此律忘不心念若為安居故來便成安居義云既言為來者舊住之人良恐不開若舊住人要此期夏忽忘不說亦須量行若外來尼不為益事者此便不成

第七及界者此律云一一腳入界二雙腳入界三一腳入園四雙腳入園東方明相若出亦開外來者不說得成

第八移夏者此律難有二種謂命梵二難也一命難者謂鬼神賊等及惡獸毒蟲不得如意飲食醫藥及

隨意使人若安居住此便則斷命故律云我在此住必為我命作留難佛皆聽去二梵難者謂破男子誘調畏犯重戒佛亦聽去若至彼結成者從初去日即須勤覓安身處若住處未得已來雖曾經宿不破安居以非故心輕慢意也反前不成若得住處夏法隨食於彼無緣不得出界恐破夏也若本處無難亦不得來由已結成故此律俗家安居見有二難當白檀越求移去若聽不聽但應自去若依餘部不云得夏今準毋論得夏故論云移夏不破安居也問遇緣出界經宿忘不受日得夏否答諸部並無文斷唯五百

問事云夏中忘不受七日出界憶即悔者得一坐中不得過三悔不成歲問遇緣出界忽值水陸道斷諸難不及本界失夏以否答諸部亦無文斷古昔大德校量三藏義開得夏若爲三寶益事及已大事不及界者開自餘悠悠無益之事破夏不疑

受日篇第十七

此篇大門有六一受緣二互用三受法四得重五逢難六五利

第一受緣者此律云凡受日之緣要爲三寶利益大事檀越請喚生善滅惡得去十誦云爲誰受日爲七

衆受並爲生善滅惡應去若遣使不遣使俱得受若中路聞死反戒入外道衆八難事絕皆不應去僧祇若爲私己求覓衣鉢藥草等悉成受日義云貧者應開富者宜禁若病重不堪受日直去不破夏故律云不得隨意及看病人等得去無犯若爲治生覓利假託貴勝乞穀麥等或受雇撿校經像營造佛盆或悠悠請喚心不殷重或爲一緣受日遂歷衆事或即事不實虛構外緣如是無益之事並不合受日既不合受妄數爲夏無德自大冒受信施計滿犯重見論云自長已夏受施犯重五百問事破戒治生得財造佛尙不免地獄何況得福

第二互用者問得互用否答十誦云受七日到聚落七日未盡所作事未竟還來至本處佛言有殘夜在應白已去義云謂本事上得白已餘用非謂異事上得若總爲三寶事受日者得將互用如爲營佛事得法僧上用以俱有受日緣故若有大益私營經像或當僧次請及捨請等成受緣然捨請須問本主聽者得成

第三受法者

大姊一心念我比丘尼某甲今受七日法出界外爲

某事故還來此中安居白大姊知 說三

此對首法律中唯有受名無其受文相傳義說唯得六夜在外至第七日必須還也若依界安居不得戒場上受日以非要心本處故又二界各別然不得互用若依戒場安居亦然互宿亦不得問尼得羯磨受日否答諸敎並無文開故僧祇尼安居中無求聽羯磨法佛事僧事而遊行故知尼無也義云爲尼是女弱不許孤遊若當延日在外恐難逼臨危可懼之甚所以聖意知時禁防不在出限今有諸德猶順人情義開羯磨敬惟斯理良恐非然假令事益雖多在外

或爲王臣請喚非七日可了甯可數受七日七日不辦同難直去無犯

第四得重者問得重受日否答觀其文意但爲生善利益事得重不疑明了論亦開重受七日十誦不許者爲部別不同大唐波頗三藏亦開重受西域大德來者皆不聞單受之法廣說妨難具在僧鈔

第五逢難者律受七日出界爲父母兄弟姊妹故二私通生善滅惡緣等至意留住過日得夏若難息即須急還不得停住免破夏疑僧祇云夏中和僧去在道不得遷延當直去至彼和了即還故知停住甯不

破夏

第六五利者此律七月十六日夏罷已至八月十五日已來名迦提月此翻名功德月以夏坐有勞開受五利潤益比丘尼五利是何一得背請二得別衆食三得食前食後至別家不須囑授四得畜長衣不說淨五得離三衣宿尼應開五衣前三開食後二通衣也見論云四月十六日結者得五利十七日已去不得名賞前罰後也僧祇有五種人不得安居衣一被舉人二破夏人三罷道人四死人五不囑授人破夏有十種過失一爲諸佛所訶二爲諸天世人所訶三破夏四得罪五不得受功德衣六不得五事利七不得攝施八不得安居衣九惡名流布十後悔入地獄

自恣篇第十八

此篇大門有十一制意二時節三集僧四差使五簡人六秉法七五德八自恣九略法十雜法

第一制意者夫九旬修道精練身心人多迷己不自見過理宜仰憑清衆垂慈誨示縱宣己罪恣僧治舉內彰無私隱外現有純淨故曰自恣也

第二時節者此律七月十四日十五日並得自恣又急施衣戒中十六日亦得自恣此則三時爲交叉不

知何時自恣佛聽大食小食上上座應白大姊僧聽今白月十五日衆僧集某處自恣維那作白亦得

第三集僧者義云要五人已上方得白差自恣若破夏不安居人雖不得夏以舉罪義同理必依衆恣僧治舉此律若後安居人從前安居者自恣仍須待日滿得還乃至沙彌尼等亦須盡集以治舉義同待僧唱出方可得去

第四差使者此律比丘尼夏安居竟比丘僧夏安居竟聽差一比丘尼爲僧故往大僧中說自恣十誦云應差二勸了知法尼往僧中當作白和僧

僧今和合何所作為答差比丘尼某甲往僧中說三事自恣羯磨

大姊僧聽若僧時到僧忍聽僧差比丘尼某甲為比丘尼僧故往大僧中說三事自恣見疑聞白如是

大姊僧聽今差比丘尼某甲為比丘尼僧故往大僧中說三事自恣見聞疑誰諸大姊忍僧差比丘尼某甲為比丘尼僧故往大僧中說三事自恣見聞疑者默然誰不忍者說僧已忍差比丘尼某甲為比丘尼僧故往大僧中說三事自恣見聞疑竟僧忍默然故是事如是持

又應口差二三人尼為伴往大僧中禮身足已曲身合掌云

大德僧聽比丘尼僧夏安居竟比丘僧夏安居竟比丘尼僧說三事自恣見聞疑大德僧慈愍故語我我若見罪當如法懺悔（三說）

尼說已大僧良久默然上座應勅尼云大眾上下各並默然不云見罪良由尼眾內禁三業外無三事內外清淨並無缺犯各應如法精勤行道謹慎莫放逸如法自恣比丘尼當傳此教告眾令知使尼答云爾頂戴持更設三拜已便還當於明日尼僧自恣時鳴稚集尼僧已不來者說欲尼僧等各依行立被差尼在上座頭立宣大僧教云

大姊僧聽僧差我比丘尼某甲往大僧中說三事見聞疑大眾上下並皆默然不云見罪良由尼眾內禁三業外無三事內外清淨並無缺犯各應如法精勤行道謹慎莫放逸如法自恣

宣已諸尼一時合掌頂上各云頂戴持然後尼僧安庠自恣律云大僧十四日自恣尼僧十五日自恣此二眾相依故局日時若大僧病別眾不和眾不滿等尼應遣使問訊大僧若尼眾病乃至不滿亦須問

訊大僧問尼眾不知所以須問訊大僧耶答若知不和便能為其和解

第五簡人者此律要具二種五德方堪自恣初五德一不愛二不恚三不怖四不癡五知自恣不自恣（此五是自恣五德。）第二五德者一知時不以非時二真實不以虛妄三利益不以損減四柔輭不以麤獷五慈心不以瞋恚（此五是舉罪五德。）若不具此二五德舉不知時恐惱眾僧反成自累五分云要差二人以上乃至多人（為眾大更互息作也。）三千威儀云要差二人為僧自恣竟五德自相向出罪不得求餘人自恣竟以餘人僧不差故僧

祇十誦云差有德者今時多有年少者作相中不善
第六秉法者未差五德前先須行香湯淨水行籌唱數一依前說戒法問收說戒語加自恣詞然後差其五德上座秉法秉法時不須喚五德尼立恐成別眾問僧集和合否答曰僧集和合又問未受具戒者出答云未受具戒者已出若有式叉尼等出時法用還依前說戒中無異又問不來比丘尼說欲若有說欲者應云
大姊僧聽比丘尼某甲我受彼欲自恣彼如法僧事與欲自恣一說便得
今時多有依說戒法說欲若受欲尼本房內受他說

欲者對僧不得改正還令問本房取彼尼自恣若持欲尼對僧錯說者得臨座改正成有邊方不學律者自恣時有病緣等不許他說欲此迷愚甚矣
又問僧今和合何所作為答自恣差人羯磨又問眾中誰能為僧作五德自恣人答云某甲能
大姊僧聽若僧時到僧忍聽僧差比丘尼某甲某甲為僧作受自恣人白如是
大姊僧聽差比丘尼某甲某甲為僧作受自恣人誰諸大姊忍僧差比丘尼某甲某甲為僧作受自恣人者默然誰不忍者說僧已忍差比丘尼某甲某甲為

僧作受自恣人竟僧忍默然故是事如是持
第七五德法者僧既差已即從座起至上座前禮足跪住若在露地應在伸手相及內自作白和僧云
大姊僧聽今日眾僧自恣若僧時到僧忍聽和合自恣白如是
次明行草法者五分云好泥地布草座而自恣並須偏袒右肩兩膝著地合掌自恣前覓輭淨草隨僧多少人別一剪置上座前五德取草行之從上座至下座人付一剪訖五德亦須一剪自一手執往至本座處然後敷地若大眾多令年少尼三五人助行訖五

德至上座前白云一切僧就草座偏袒右肩長跪合掌如法自恣白已僧皆警策依唱儀式增一經如來亦同僧坐於草座告諸比丘汝等各就草座我欲受歲等廣如彼說
第八自恣法者其一五德來至上座前大敷坐具長跪第二五德尼至次座前立眾僧行間兩邊並須敷長延大席令不汙五德尼足若上座見五德來就即整衣服長跪偏袒右肩合掌一切僧亦爾然後說云
大姊一心念眾僧今日自恣我比丘尼某甲亦自恣若見聞疑罪大姊長老哀愍故語我我若見罪當如

法懺悔三說
上座說已復本而坐此初五德尼翻至第三上座前立彼第二五德尼受懺同前如是展轉乃至下座律開病尼隨身所安自恣僧祇云二五德各至本座坐處自相向出罪不得待僧竟十誦云衆僧說已五德至上座前告云僧一心自恣竟然後禮敬而退

第九略說者此律若有八難餘緣同前說戒中並許略自恣令五德作白云

大姊僧聽若僧時到僧忍聽今爲難故僧各各三語自恣白如是

作白已衆僧一時相向各三說已便散今時尼衆或有小語自恣或五德尼各一時受他自恣此並非法故律云不得竊語自恣鬧亂自恣令一一次第從上座自恣大語分明使僧盡聞上明六人已上法若限五人其法稍別以男內總有五尼則不合說欲先問病總集一處白羯磨差一五德竟又差一人不得雙牒二人以所爲兩人不入僧數故假令六人已上作法無其難事亦不得雙牒二人一時作羯磨至自恣時一五德同僧坐一五德展轉取自恣若事總了二五德尼自相向說餘法同前若界內唯有四尼已下止得對首自恣不合衆法對首云

諸大姊一心念今日衆僧自恣我比丘尼某甲清淨說三

餘下三人互說如前若二人相對云大姊一心念不須云諸大姊等若依十誦飢儉從親里獨住尼心念云

今日衆僧自恣我比丘尼某甲清淨說三

第十雜法者問所以對僧云見罪對首云清淨者答對僧治舉義足故云見罪得懺別人攝治不盡故云清淨舉心應僧若僧及別人自恣已更有客來少則

告清淨等多更爲說若二人作法已更有三人來應作僧法自恣若二尼來還同對首若四人已下犯提乃至吉羅並須懺已自恣若犯初二篇屏對一尼發露已自恣僧祇云不得此界安居餘處自恣此律前安居人自恣竟分夏衣後安居人得同受物仍待日滿得還安居竟不去犯罪

師徒篇第十九

此篇大門一十有三一師徒名二依止意三免依止四合依止五通行法六白事法七請經法八報恩法九無師法十簡師德十一請師法十二師攝法十三

訶懺法。

第一師徒名者問何名爲師和尚闍梨者答見論云無罪見罪訶責是名我師其於善法中教授令知是我闍梨義云和尚此云知有罪知無罪是名和尚故此律云我犯不犯師不知也又義云和尚者爲力生闍梨者爲正行弟子者學在我後爲弟解從我生爲子。

第二依止意者尸迦羅越六方禮經弟子事師當具五意一當敬歎之二當念其恩三所有言教隨之四報恩不厭五從後稱譽師教弟子亦有五意一當令

疾知二令勝他人弟子三令知不忘四有諸疑難悉爲開解五欲令弟子智慧勝師正法念經云若畏師持戒名下持戒僧祇云度弟子者不得爲供給自己故度人出家得罪當使彼人因我度故修諸善法得成道果佛藏經云五夏已前於人受學律藏五夏已後具知應學無我人法見論云云何學律謂讀誦解義也此律云和尚畜弟子當如兒想弟子看和尚當如父想義云如兒想看者須具四意一匠成訓誨二慈念三矜愛四攝受以衣食如父看者還具四心一親愛二敬順三畏難四尊重敬養如臣子之事君父也故律云如是展轉相敬相重瞻待令正法便得久住增益。

第三得免依止總有八人此律有六餘部有二此律一樂靜二守護住處三病四看病五滿六夏已上六自有智行住處更無勝已七饑儉無食處十誦云若遭饑餓死者當在日日見和尚處住恐不爾者若十五日若一月若二由旬半若至自恣時來見和尚八行道稱意處五分云諸比丘各勤行道無人與作依止當於衆中上座大德心生依止敬如師住。

第四合依止總有十人此律云一和尚命終二知休

道三和尚決意出界四和尚捨畜衆五弟子緣離他方六弟子不樂住處更求勝緣七未滿六夏八不諳教綱故律云若愚癡無智慧盡形依止他十誦云雖受戒多歲不知五法者盡形依止他一不知犯二不知不犯三不知輕四不知重五不廣誦戒通利毋論云百臘不知法者應從十臘知法者依止僧祇有四不善知法不善知毗尼不能自立不能立他盡形依止九或愚或智愚謂性戾癡慢數犯衆罪智謂犯已即知依法懺洗志非貞正依止於他十不誦戒本毋論云不誦戒人若故不誦若先誦後忘若鈍根誦不

能得此三種人不得離依止十誦云不誦戒有四過一不得畜弟子二不得離依止三不得作和尚四不得作阿闍梨

第五通行法者此律師及弟子有七種通行法一衆僧與師作治罰弟子相料理令和尚順從於僧設作令如法不違逆求除罪令僧疾與解罪二若和尚犯僧殘弟子當如法勸化令其發露爲集僧作覆藏六夜出罪等尼行十五夜摩那埵法三和尚得病弟子當瞻視若令餘人看乃至差若命終四和尚不樂住處弟子當自移五和尚有疑弟子當以法以律教除六和尚若

惡見弟子教令捨惡見住善見七弟子當以二事將護謂法及衣食和尚於弟子並通行此法如上僧祇云和尚闍梨有非法事弟子不得麤語如教誡法應輭語諫師云應作是不應作是若和尚不受語者弟子應捨遠去若是依止捨者當持衣鉢出界一宿當還五分云若師犯僧殘求僧乞羯磨弟子應掃灑敷座集僧求羯磨師等

第六白事法者此律云凡有所作並須白師令知白時具修威儀長跪合掌云尊憶念弟子某爲某因緣故須到某處同伴某甲白尊令知師應量宜謂同伴

如去處如營事如方始聽去若一事乖違便不合放而同伴之人必須明解律教持戒灼然老少相兼堪始聽去五分云欲行預前二三日白師令知唯除大小便用楊枝不白十誦云一切所作事皆須白師唯除禮佛法僧大小便嚼楊枝三種不白僧祇云不白師得取與半條線半食等若約一條線而不白得罪若不能一一白師者當通白亦得見論弟子從師行不得遠師七步沙彌威儀云弟子隨師行不得以足蹈師影復有五事一不過歷人家二不得止住道與人語三不得左右顧視四當低頭隨師後五到檀越

家當住一面師教坐應坐

第七請經法者此律云彼清旦入和尚房中受經問義沙彌經云若入師房應三彈指見論云弟子參師應避六處一不得當前二不得當後三不得太遠四不得太近五不得處高六不得上風立

第八報恩者此律云清旦入和尚房內除大小便器白時到等又日三時朝中暮問訊和尚又執作二事勞苦不得辭託一修理房舍二爲補浣衣服師如法教事盡當奉行若遣往餘方不得假託內緣而住僧祇云弟子應晨起先右腳入和尚房已頭面禮足問

安眠否。雖百歲比丘無智慧者，應依止十臘比丘，如弟子事師無異。尼亦應同。十誦云：除禮足，餘盡應依師教。經云：一日三時應參師和尚。若參師不見時，應持土塊草木以爲記驗。天時若熱，日别三時以扇扇師。若有比丘於彼師所或和尚邊不敬信心，遂說長短，於將來世别有一小獄，名爲搥撲，當墮是中。墮彼處已，一身四頭俱焦。於彼獄處復有諸蟲，名曰銅嘴，常噉舌根。若從他聞一四句偈，名於千劫取彼和尚阿闍梨等荷擔肩上，或時背負頂戴，亦未能報也。地獄經云：爲人弟子說師僧過者，設師有實，命終入地獄，噉

其舌根。若得好食美果等，不與父母師僧，先自食噉，生餓鬼中，後生爲人貧窮。若人含毒向師長，入鐵鉞地獄，後生毒蛇中。若惡心學父母師長語，入融銅地獄，後生爲人瘖啞。僧祇云：有人問汝和尚阿闍梨字何等，不得直道和尚阿闍梨字，應告言義因緣故字某甲。此律若弟子見和尚四種非法，應懺謝而去，白和尚云：一我如法，和尚不知；二我不如法，和尚亦不知；三我犯戒，和尚捨不教訶；四犯而懺者亦不知。

第九無師住時節者。此律開先洗足飲水已，然後依止。伽論云：初至他處不相諳委，一三日選擇師。十誦云：無好師者，聽五六夜；有好師者，乃至一夜不依止者得罪。

第十簡師德者。此律阿闍梨有五種：一出家阿闍梨，謂依教受十戒者是；二受戒阿闍梨，謂爲受具足秉羯磨者是；三教授阿闍梨，謂教授威儀者是；四受經阿闍梨，謂所從受經者是；五依止阿闍梨，謂受依止者是。義云：前四通名阿闍梨，今此所明準論依止闍梨，以替和尚處故，必須諳究經律，圓解明白，方始得爲。僧祇云：不得輒請依止，須成就五法：一愛念，二恭敬，三慚，四愧，五樂住。伽論云：凡欲依止人者，當好量

宜能長善法者，及問餘人云：此比丘尼戒德何似？能教誡否？眷屬復何似？無有諍訟否？若都無者，然後依止。此律明二師德者有三：一簡少取老，十二夏已上爲和尚，至六夏已上爲闍梨；二夏數雖滿，必須智慧；三雖具上二德，然要勤教詔弟子。闍梨亦七種共行法，如前和尚中說。

第十一請師法者。此律由和尚命終，無人教授，故多壞威儀。佛令聽有依止闍梨，相依教訓，如和尚法展轉相依，令佛法倍增益流布。請時具修威儀，至彼師所云：

大姊一心念。我比丘尼某甲。今求大姊爲依止阿闍黎。願大姊爲我作依止阿闍黎。我依大姊故。得如法住。（三說）

彼師告云。可爾。與汝依止。莫放逸。（隨道事皆得）一五分云。若師不答許可者。不成依止法。

第十二攝受法者。僧祇云。日別三時教三藏教法。不得廣者。下至略知戒經輕重陰界入義。若受經時。其誦時。坐禪時。卽名教授。若不爾者。下至云莫放逸。義云。若請師須具四意。一作請彼攝我。我當依彼慈念憐愍意。二請取道法資神。令教授行成智立意。三自

申己意。我能依止愛念恭敬。如父母想意。四彰已能依止而行。謂慚愧二心也。具此四法。方無過咎。若不爾者。徒自悠悠。終無成辦。五分。受戒已。師應六年自攝。若教他攝。違者犯提。弟子亦應六年依承和尚。此律。受戒已不得離和尚。見論云。和尚多有弟子。留一人供給。餘者隨意令讀誦。僧祇云。弟子爲王難。師必經理。若賊抄掠等。覓錢救贖。否者犯罪。十誦云。和尚有四種法。弟子應量宜。一與法不與食應住。二與食不與法不應住。三法食俱與應住。四若法食俱不與者。不須問師。若晝若夜應捨去。闍黎亦然。僧祇云。若

住樂住四句同前。五百問事云。其師無非法而誘將他沙彌去犯重。

第十三訶懺法者。凡弟子有過。必須以理訶責。訶責之法。事須出過。令彼伏首依罪懺悔。此律云。師不出過輒爾訶責弟子。云我何過。訶責我。僧祇若師訶責。弟子不受者。當語知事斷食。若前兇惡者。師自遠去一宿更還。得住無過。善戒經云。師不驅擯弟子。重於屠兒旃陀羅等。屠兒不壞正法。不定墮三惡道中。若畜惡弟子。必生惡道。又爲名聞利養故畜徒衆。是邪見人。名魔弟子。五百問事云。有師不教弟子。弟子破

戒。故便墮龍中。後因相遇。返來害師。義云。若訶責弟子。先自量喜怒。次量前過輕重。外現威肅。內懷悲愍。苦言切勅。令息後犯。又經中無有杖打弟子之法。數見僧尼每加杖捶。痛徹前人。於是遂引涅槃二子之喻。此未達教意。然彼並是住一子地。悲心無差別。得行此法罰。今時杖楇衆生。皆瞋怒猛熾。放暢心懷。加痛前人。豈同大悲一子之念。地持論云。上過罰黜。中犯折伏。下犯訶責。亦無杖打之法。此律。或盡形責弟子。或夏初犯過。罷夏瞋猶不息。或不現前訶責。或設訶而受供給。此並非法得罪。此律云。師訶弟子。命餘

比丘尼將順使向和尚阿闍梨所調伏令早懺悔應觀折伏柔和知時受懺弟子應至二師所具修威儀合掌云大姊我今懺悔更不復作若不聽者當日三時懺悔和尚猶不許者當下意隨順求解其所犯若求解其過和尚闍梨當受不受如法治

致敬篇第二十

此篇大門有十一敬寺二敬佛三敬法四敬僧五定尊六致拜七八敬八報恩九醫藥十殯終

第一敬寺者每惟佛法陵遲出家僧尼道心疏略至於眾行觸事闕如故令堂殿朽壞舍屋崩摧門牆凋

弊糞穢盈階路絕人蹤僧徒漂寄不修不拭日就衰隤造罪造愆無時暫捨是以葷辛酒肉競奉僧房香華幡蓋罕供佛宇六時致拜早自無心三業虛譚彌加蜂蠆或將人共宿飲醼同餐絲竹管絃公然聚會遂令惡人興毀始擬便摧颺火纔焚終將煙滅故使冥鬼効靈善神捨衛伽藍無故直為尼戒有虧招世譏嫌亦由眾無綱紀古德寺誥乃有十篇略述三五不備具錄或云道場或云寺或云無生或云停壽或云息惡或云寂滅或云淨住隨意七名各有所表今時居者豈稱名者也示法滅盡經云劫火起時僧作伽藍所不為劫火燒乃至金剛界為土臺也五百問中昔有婆羅門相一比丘有天子相時比丘入寺持錫杖倚佛圖牆禮佛已出遂失貴相等（今時僧尼尠知敬儀公然造過豈類杖倚伽藍之罪）僧祇云佛寺惡壞更好作得尼乾經云或嫌塔寺及諸形像妨礙除滅送置餘處者如是惡人攝在逆眾生數分中上品治之十輪經云若破寺殺害比丘其人欲終支節皆疼多日不語死墮阿鼻地獄具受諸苦地持論云支提者名塔雜心論云有舍利名塔無者名支提或名塔婆或名偷婆（此云塚亦名方墳也）支提者此云廟（廟者貌也）耶舍傳云提婆鼻阿羅者（隋云

天遊）天謂國王遊謂僧處其處王立故名天遊舊來以寺代之寺乃此土公院謂是司也嗣也柘鬬提奢者（隋云四方但是僧處）舊招提者訛略也昔人去鬬除奢柘復誤作以柘招兩字形濫相似致久來誤矣增一經云作房施僧名招提十誦云有檀越施比丘僧房轉施比丘尼僧者是名非法施非法受非法用僧祇云若有檀越施比丘尼房舍等應讓比丘僧若不讓而受者佛言此違敬法

第二敬佛者惟今道俗虔誠寡薄慢怠逾強輕懱聖容傲物自廣遂令故像豐多盈堂滿室跌光墮落手

足縱橫泥木雜汙糞土狼藉於是青蓮之座數傾白毫之相屢危寶塔自摧嚴容聳峙設有興心造作鎔鑄不圓相好尊儀至多疏漏或爭價高下增減靈相逐賤省功將爲稱意致使形儀換改不類西華隨情造作乃同糞土遂使國君有破壞之心臣民存不敬之意善惡無徵羣邪競起至聖不加反招自辱靜思己過豈不然乎阿含經云無恭敬心於佛法中當墮龍蛇中以過去從中來今猶無敬故多睡也又佛昇忉利天優塡王請目連爲我等將巧師看世尊形下來造之三上三審三下始得眞相世尊下來此像迎

佛佛爲摩頂記當來利益於我敬福經云經像主莫論道履經像之匠莫云客作造佛布施二人獲福不可度量欲說其福窮劫不盡受吾約制是佛眞子如是精誠造少福多問居士之中作經像師合取直否答不得取價直如賣父母取財者逆過三千直是天魔離吾佛法非我眷屬飲酒食肉五辛之徒不依聖教雖造經像數如微塵其福甚少盈不足言劫燒之時不入海龍王藏勞而少功不敬之罪死入地獄主匠無益諸天不祐不如不造直心禮拜得福無量如向所列造多福少像師作像不具足相五百世諸根不具第一盡心爲上妙果先昇

第三敬法者今時像季法逐人訛道俗相濫傳謬背眞祈求邪道隨順邪師法受惡友不親善友不修內典專翫俗書或注讀莊老躭著孔經解奏鬼神呪詛吉凶或琴棋歌戲將爲正業講經律論用爲非要或無錢請讀則舌卷愁開聞財雇誦則憂不聲暢或有鈔寫聖文體多舛錯既不勘治又不護淨或將共同宿處在門簷風零雨滴蟲嚙爛滅或增削經論加添俗語科題品目混濁聖文致使西河之亂孔子獻鼠之疑玉璞經無靈驗之功誦無救苦之效招世譏謗

指佛無徵福不贖過罪業彌天故敬福經云善男子經生之法不得一字顚倒重著點汙五百世中墮迷惑道中不聞正法此律云若比丘敬佛僧戒者正法不滅若不敬者疾滅正法也大蓮華經云受佛禁戒不護將來各言我是於大乘法亦如冥夜各自說言我得佛法受鐵鏘地獄苦事難述從地獄出瘖瘂聾盲不見正法摩耶經云若年少比丘親於眾中毀呰毗尼當知法滅不久住

第四敬僧者惟末世僧尼諳究既微積罪尤大服玩乖於內典舉動同於外俗知解類若管窺舛駮剩爲

大匠。更相扇動。共作愆瑕。互求長短。諍情難息。或有縱蕩六情。馳騁三毒。朋黨癡惡。患厭清眾。恃官形勢。枉厭良善。枷禁囹圄。追令歸俗。自作好人。獨標眾首。或有共一伽藍。兩處結界。大院禪院。不同布薩。法服名利。苟自貪榮。佛制聽戒。便推認惡。或有兩處鳴鐘各集徒眾。諍爲多少。致成忿諍。遂使道俗有向背之心。伽藍有不和之相。佛藏有鳥鼠之喻。犬集有獮猴之況。昔者學步邯鄲。不謂匍匐而歸。鷄欲朝鳴。何期反成烏調。哀哉哀哉。痛傷難忍。永惟期理。深可慎歟。故大寶積經云。出家有二種縛。一見縛。二利養縛。又

二種癰瘡。一求見他過。二自覆已罪。像法決疑經云。諸比丘自稱我是法師。我是律師。我是禪師。此三種學人。能滅我法。更非他人。迭相毀呰。正法念經云。爲求財利說法。名爲下施。爲名聞勝他說法。名爲中施。爲增長眾生智慧而爲說法。名爲上施。或有比丘不樂禪誦。貪樂求財。於他病者。不相應治。生於黑繩地獄。五百問事云。比丘志樂衣服。晝夜染著。因病致死。後生蛇中。還來纏衣。眾僧葬亡比丘訖。取衣鉢作法。蛇延頸吐毒。僧共看之。有得道者。勸蛇令去。遂入草中。毒盛火出。燒身命終。死入地獄。大悲經云。佛過去

時見一切人等。無不傾側謙下禮敬。以是義故。成佛已來。山林人畜見佛行時。無不傾側低頭禮拜。此律云。其敬長老者。是人能護法。現世有名譽。將來生善道。

第五定尊者。母論云。下座稱上座爲尊者。上座稱下座爲慧命。又無夏至九夏。是下座。十夏至十九夏。名中座。二十夏至四十九夏。名上座。五十夏已上者。一切沙門國王之所尊敬。是名耆舊長老。五分云。上無人者。即名上座。婆論云。內道一切皆是上座。外道一切皆是年少。僧祇云。無歲比丘得共三歲坐。乃至七

歲得共十歲坐。若臥牀得三人坐。坐牀得二人坐。伽論云。地敷得共未受具人坐。

第六致拜。和南者。此云度我。出要律儀云。和南者恭敬也。聲論云。槃那寐者。此翻爲禮。智度論云。禮有三法。一口禮。二屈膝。三頭至地。是爲上禮。又有三禮。下者揖。中者跪。上者稽首。菩薩禮佛有三品。一者悔過品。二者隨喜品。三者請佛品。地持論云。當五輪至地作禮。阿含經云。二肘兩膝及頂。名五輪。亦云五體投地。五分云。若人多。但別禮師。總禮餘人而去。三千威儀經云。繞塔有五。一低頭視地。二不得蹹蟲。三不得左右視。四不

唾地。五不與人語。又當念佛法僧恩。梵網經云。出家人法。不向國王禮拜。亦不應向父母禮拜。五百問事云。弟子得禮師塚。以報恩故。（準此屍靈未埋亦得禮也）此律小沙彌尼。沙彌。式叉摩那。比丘尼。比丘如來及塔。如是展轉從下向上。乃至大比丘得禮如來及塔。五百問事云。繞塔不得女衆隨。有優婆塞者不犯。（準此尼繞塔不得男子隨）見論云。辭佛法繞佛三帀。四方作禮而去。合十指爪掌。又手於頂上。却行絕不見如來。更復作禮適前而去。增一云。塔前不得禮餘人。十誦云。佛塔聲聞塔前自他不得禮。五百問事云。佛塔前禮比丘犯墮。此律

云。大小便。裸身。剃髮。說法。嚼楊枝。洗口。飯食。噉果等皆不應禮。五百問事云。淨潔韡鞋履。亦得著禮拜僧。祇不得如瘂羊不語。當相問訊。少病少惱。安樂否。道路不疲苦否。寶梁經云。破戒比丘受他持戒者恭敬禮拜。得八輕法。一作愚癡。二口瘖瘂。三顏貌醜陋。四其面側戾。見者蚩笑。五轉受女身。作貧窮婢使。六形體羸瘦。夭損壽命。七人所不敬。常有惡名。八不值佛世。此破戒者。乃至大地無涕唾處。第七八敬者。五分云。瞿曇彌白佛言。願聽女人出家受戒。佛言。止止。莫作是語。所以者何。往古諸佛皆不

聽女人出家。諸人皆自依於佛。在家剃髮著袈裟。勤行精進。獲得果證。未來諸佛亦復如是。我今聽汝以此爲法。如是三請佛。亦不聽。瞿曇彌便大啼哭。自剃髮等。乃至佛爲說八敬。方聽出家。母論云。阿難爲女人求出家。迦葉謫罰阿難十事。一者若女人不出家者。諸檀越等（自下爲頭）常應各各器盛食在道側。互跪授與沙門。二者常應與衣服臥具於道中求沙門受用。三者常應乘象馬車乘在於道側。以五體投地。求沙門而蹈過。四者常於路中。以髮布地。求沙門蹈上而過。五者常應恭敬心請諸沙門到舍供養。六者常應

生恭敬心。淨掃其地。脫身衣服布地。命沙門坐。七者乃至脫體上衣。掃比丘足上塵。八者乃至常應舒髮拂比丘足上塵。九者乃至沙門威德過於日月。況諸外道豈能正視於沙門乎。十者女人不出家者。佛之正法應住千年。今減五百。一百年中得解脫。一百年中得堅固定。一百年得堅固持戒。一百年得堅固多聞。一百年得堅固布施。見論云。所以不聽女人出家者。爲敬法故。若度女人出家。正法五百歲不住。由世尊制比丘尼行八敬。故正法還得千年。摩耶經云。千一百歲已。諸比丘等如世俗人嫁娶行媒。於大

衆中毀謗毗尼義云今時尼衆順教行媒受俗馳使街衢路首輕突大僧不避尊儀陵辱上下或獨行無侶孤遊聚落出入行來類同賤俗滅法之原特由於此然法衆多不能具述今但逐要不過八敬今列八名幸願依行冀正法長存千齡弗墜耳此律云一者百歲比丘尼見初受戒比丘僧當迎逆禮拜問訊請令坐二者比丘尼不得罵謗比丘三者不得與比丘罪說比丘過失比丘得說尼過失四者式叉摩那已學於戒應從衆僧求受大戒五者尼犯僧殘應半月在二部僧中行摩那埵六者尼於半月從僧中求請

教授人七者不應在無比丘處住八者夏安居訖當詣僧中求自恣人如是八法並應尊重恭敬讚歎盡形壽不應違之中含經云若比丘聽尼問經律毗曇然後得問不聽者犯第五尊師法僧祇云尼入大僧寺中應頭面一一禮一切比丘足若老病不堪隨力多少恐不徧者得就總禮應云我尼某甲頭面禮一切僧足若比丘入尼寺應須禮不得罵云是犯戒是醫師是摩訶羅無所知乃至實罪皆不得說比丘得說尼實罪尼若憍慢不恭敬迎逆禮足者犯越敬法大愛道尼經云若比丘舉比丘尼過尼應自省不得

高聲大語又比丘尼敬比丘僧視之如佛此律云比丘尼式叉摩那沙彌尼等觸犯諸比丘者佛言應喚來謫罰若不改悔應作捨教授羯磨僧祇云若比丘犯過親里尼得輭語語不得訶責十誦云尼見大僧不起提此律若一比丘喚一比丘尼乃至衆多比丘尼應往若不往如法治問何故制尼依僧耶答愛道尼經云女人但欲惑色益壽畜弟子亦不欲學問但知須臾之事故依僧也

第八報恩者五分畢陵伽父母貧窮以衣食供養佛言若人百年之中右肩擔父左肩荷母於上大小便

利極世珍奇衣服供養猶不能報須臾之恩從今聽比丘盡心供養父母否者得重罪僧祇云父母不信三寶者應少經理若有信者得自恣與無乏父母貧賤將至寺中自手與食一切皆得母論云父母若貧者先授三歸五戒十善然後施與若不貧者雖受戒不合與增一經云孝順供養父母功德果報與一生補處菩薩功德一等又云教二人作善不可得報恩謂父母也是故比丘常當孝順供養父母不失時節當如是學

第九醫藥者此律老病比丘不堪步涉聽作步挽車

若與若乘除牸牛草馬等尼應例前見論云作醫師得突吉羅若爲出家五衆合藥者得若和尚父母在寺疾病弟子亦得爲合藥又父母貧賤在寺內供養淨人兄弟姊妹叔伯及姨舅等並得爲合藥無者自有得借用不還者勿索如是乃至七世五百問事云若道人慈心作醫治不得取物自入已前人强與應取若病不病不得服氣唾腫同外道故五分云爲知差次會等聽學書不得爲好廢業不聽卜相問他吉凶此律不得賣卜誦呪處方治病等由事容不實謗毀好人開學誦書及學世論爲伏外道故新學比丘

開學算術尼學呪術醫等得提患吐用髮燒作灰以水和漉服患熱用栴檀塗洗水治患毒用腐爛藥田中泥治亦須水和受服五分云青木香著衣中辟蟲誦呪時不噉鹽不眠牀佛聽神呪法耳僧祇云生癰癧用小麥研塗之十誦云不淨脂鹽得服此律不淨酥用灌鼻

第十殯終者此律云白衣來寺中應方便喻遣若稱譽佛法僧者隨能爲之若死爲淨伽藍故擔棄之僧祇云比丘不得喚爺孃兄弟等名字乃至姨姑等止得稱優婆塞優婆夷增一經云佛告阿難自今已後諸比丘稱卿僕射向大稱尊向小稱賢相視當如兄弟自今已後不得稱父母所作字又小比丘向大比丘稱長老大比丘稱小比丘爲好學（尼亦準同）五分云不得展轉作俗人相喚阿婆阿母阿兄阿弟喚師僧應言和尚阿闍梨（今時僧尼喚和尚闍梨爲阿師喚同學云某公此無識之甚也）增一經云四姓入佛法中同名爲釋迦種子不得依俗姓見論云喚婢爲大姊不得云婢

隨戒篇第二十一

第一波羅夷簡要釋五（大僧唯有初四）尼總有三百四十八第一篇有八第二篇有十七第三篇有二百八第四

篇有八第五篇有一百及七滅諍合有三百四十八戒世人妄傳五百戒者非也亦有經律尼戒五百此但有總數而無實名也

婬戒具四緣犯一是正道大小便及口是二有染心三興方便四與境合但使正道入三處如毛頭皆犯此律有將小兒根內口中弄雖本無婬心但使入時受樂便犯十誦口中要過齒犯此律若爲怨家賊等緣强持男根令三處入自無婬心但使始入入已出時無有一念受樂心者皆不犯若隨有一時受樂便犯若比丘及尼互教前人作者偷蘭前人不作教者

吉羅。下三眾相教作及不作俱吉。仍作滅擯。不犯者。若睡眠無所覺知（謂開怨逼已不犯）。不受樂（謂開怨造他不犯也）。一切無有婬意（謂無染心不犯）。

盜戒具六緣。一有主物。二有主想。三有盜心。四重物。五興方便。六離本處犯。此中約境判盜開為十三。一佛。二法。三僧。四三寶互用。五當體互。六像共寶互。七即物自互。八出貸。九賓客。十人物。十一非人物。十二畜生物。十三雜明盜業。

第一盜佛物者。十誦云。盜佛圖物精舍中供養具。若有守護主。計直犯重。毗柰耶律云。盜佛物等。望本主

結重。由斷彼福故（以佛無我所心盜得偷蘭）。十誦偷舍利。婆論盜佛並為淨心供養。自念云。彼亦弟子。我亦弟子。如是者不犯。伽論云。盜佛舍利不滿五。偷蘭遮。滿五犯重。（由轉賣活命故犯重。）

第二盜法物者。此律云。時有盜他經卷。佛言佛語無價。計紙墨犯重。十誦云。借他經拒逆不還。令主生疑犯蘭（由心未斷若決犯重）。正法念經云。盜他祕方犯重。五百問事云。地中伏藏物。若為三寶齋堂設會。得取無罪。不得口吹經上塵。亦不得燒故經。得重罪。如燒父母。不知有罪者不犯。義云。如前盜舍利不犯者。為施主情通。若局不通。亦應得重。造經通塞亦然。

第三盜僧物者。若有守護主。望守護人犯重。若主掌自盜。準善見論。盜僧物犯重（謂常住僧物也）。僧祇云。若將長食還房。偷蘭遮。婆論云。不打鐘食者犯盜。又空寺中見食盜噉。隨多少犯罪（準論得蘭）。善生經云。盜亡比丘物。若未羯磨。從十方僧得罪輕（謂人不滿五。但犯偷蘭）。若已羯磨望現前僧得重（謂人限滿五得重）。若臨終時。隨亡人囑物。盜者隨約所與人結罪。五分云。盜心貿僧好物。直五錢犯重。一錢已上犯偷蘭。

第四三寶互用者。僧祇云。寺主摩摩帝互用佛法僧

物。謂之不犯。佛言波羅夷。義云。今時僧尼掌三寶物。取僧糧食。乘僧驢馬。使僧家人為佛法營使者。並依律滿五犯重。寶梁經云。佛法二物不得互用。由無人與佛法物作主。復無可諮白。不同僧物。常住招提互有所須。營事比丘和僧索欲。行籌和合者得用僧物。修治佛塔依法取僧和合者得用。不和者勸俗修治。若佛塔有物。乃至一錢。以施主重心故。捨諸天及人於此物中應生佛想塔想。乃至風吹雨爛。不得貿寶供養。以如來塔物無人作價。五百問事云。本非佛堂設像在中。比丘如法共宿。作隔障不犯。由佛在世。亦

與弟子同房宿故婆論四方僧地不和合者不得作佛塔為佛種華果十誦云僧園中樹華聽取供養佛塔僧祇云院內樹薪應取少多溫室食厨別房用不得過取若無分限者隨意多少應取乾枯者十誦云樹皮葉等隨比丘用義云雖有此開亦復省已用之損僧物者其業甚重隨盜一毫則望十方凡聖結罪故方等經中華嚴聚菩薩云五逆四重我亦能救盜僧物者我所不救大集經云盜僧物者罪同五逆觀佛三昧經云用僧祇物者過殺八萬四千父母等罪並違戒律故受斯殃是故行者宜急深訪

第五當體互用謂本作釋迦改為彌勒本作大品改充涅槃本作僧房改供僧食皆是違反施心並得互用罪五百問事云用佛彩色作鳥獸形得罪除在佛前為供養故不犯見論云若施主奉施園果擬為衣服湯藥盜心迴分食者計直得重若擬作僧房迴作僧食犯蘭若住處乏少糧食各欲散去無人守護者得和僧減用其園果等重物作食守之若賊亂世聽持去賊止還本處欲供養此像乃供養彼像得小罪十誦云僧房壞持僧臥具等物賣治房舍伽論云持此四方僧物盜心度與餘寺得小罪以還為僧用故不得重義云若為僧使路無乞食處聽和僧持食在道得食準前善見守寺之文在寺莊田碾磑為知事者鳴鐘得食若知事人為僧撿挍將僧淨人畜生至餘寺莊田食僧糧草豆準前伽論得吉若私為已知識相看縱是僧家淨人畜生計直犯重此律若國土荒壞住處無人得持此寺物將向餘寺若國土還靜本住處有人還持此物歸本寺否者如法治

第六像共寶互謂住持三寶與理寶互用還得罪

第七佛物自互者五百問事云佛物買取供養具供養不得賣佛身上繒與佛作衣又佛堂柱壞換訖故

柱施僧僧不得用十誦云以佛塔物出貸佛言聽僧祇云供養佛物華多聽轉賣買香燈供養猶故多者轉賣著無盡財中五百問事云先上佛幡得取作餘佛事用若施主不聽不得用

第八出貸者僧祇云塔僧二物互貸分明券記某時貸某時還若知事交代當於眾中讀疏分明唱記付囑後人違者結罪十誦云別人貸塔僧物若死計直還見論云亦得貸借財物作私舍善生經云病人貸三寶物十倍還之餘不病者畏恐不開

第九賓客等者此律云若知法律者凡所至處迎逆

供給飲食。十誦以此人替補我處故須供給。僧祇云若惡賊愚夫工匠國王大臣有力能損益者應與飲食。五分若白衣入寺不與食起嫌心佛言應與。持惡器與又嫌佛言以好器與。（此謂見僧過者應與若高識君子爲說信食難消非慳悋等以此言遣亦不乖也）十誦云病人索僧貴藥與兩錢半價。見論云若淨人分番上下者上者與衣食下者不得與。長使者供給衣食。十誦云客作人若雇得一日使。卒遇風雨難緣不得作者佛令量功與價。

第十盜人物者。見論云比丘爲他刖人乃至三寶守護財物若謹慎掌護堅鎖藏戶而賊或從孔中屋中

竊取逼迫取非守護主能禁限者但望本主結罪皆不合徵若主掌懈慢不勤掌錄爲賊所偷者守物比丘須償之以望守護主結罪。十誦遠處受他寄物在道損破者好心投破者不應償惡心投破者須償。借他物不問好心若破一切須償。義云今多有好心爲他洗治鉢器好心損破準此不合償主索計錢犯重。有人不現前盜得物雖本心不捨後見不得奪犯重。故此律十誦律時有比丘奪劫者物佛言波羅夷。若現前盜者賊心猶豫本主不捨護心義强得取故僧祇云逐賊和喻得恐嚇得無犯。或因他逐恐怖故施得取以成物主故但使不從賊乞他自與者得取。已染壞色著若有主識認者應還。若賊比丘尼邊認得衣本主見者不得直奪應還本直。（以物屬此盜尼）僧祇云若人被官收錄未鈔物名寄付比丘者得取。若已鈔錄者不得取。若施佛塔僧者得取。應露現持出不得覆藏。若問是何物應答言佛法僧物。不許者還。婆論云持國禁物出界罪入死者得重。又違王教吉羅。王民合死盜持出得重。自外不聽無盜心者不犯。僧祇云官稅比丘物方便自免不犯重。一我不共要。二非理稅我。故此律云比丘無輸稅法不同白衣官須稅物

比丘爲他隱認者得重。義云今時僧尼多爲俗人影認車牛人物免稅計直犯重。伽論云若狂人自持物施不知父母眷屬者比丘得取。若父母可知不自手與不得取。

第十一盜非人物者。五分云盜他覆塚幡蓋神廟中衣他所守護物計直犯重。僧祇云盜外道塔物神祀物得重。（此亦望守護主結重）十誦盜天神像衣及華鬘等物偷蘭。（此望境結蘭）婆論云取非人物五錢已上重蘭四錢已下輕蘭。見論云取諸鬼神物繫樹物無守護者無罪。（此望非人不護）

第十二盜畜生物。十誦盜虎殘者吉。由不斷望故。取師子殘者不犯。由斷望故。婆論云。一切鳥獸食殘取者吉。

第十三雜明盜業者。善見云。貴賤處所等。謂此土直減五。彼土直過五。或此土直過五。彼土直減五。並依本處斷。若盜心唱地云定是我地。地主生疑者犯蘭。決失心者重。若來問僧。僧答同者皆重。若共諍園田。違理判與。乃至口斷多端。偷夏唱大等。得物滿五皆重。畢一標時重。乃至一髮一麥許皆重。以地深無價故。十誦云。或樗蒲轉齒圍棋移子等皆重。謂賭物者重。不賭輕。

不犯者。律中與想取。已有想取。糞掃取。暫取。想親友意想取等。皆不犯。親友者要具七法。一難作能作。二難與能與。三難忍能忍。四密事相告。五互相覆藏。六遭苦不捨。七貧賤不輕。如是七法能行者是善親友。應附之。殺妄略如大僧辨。

摩觸戒。六緣成犯。一是人男。二人男子想。三彼此有染心。四腋已下膝已上腕已後。五身相觸。六受樂便犯。若尼以輕境觸男子重境。男以輕境觸尼重境。此二皆重。不要二重境相觸。此律云。一有衣。一無衣相觸蘭。二共有衣吉。尼隨觸男子多少。一一波羅夷。僧祇。若共男子捉器捉繩捉杖木等。皆非威儀。欲心動物偷蘭。遮城門道狹鬧。待稀得過。若輕處有瘡癰者。得使男子治。先令兩女人急捉。令覺女人。不覺男子。若重處瘡者。使女師治。見論云。比丘觸尼。尼身不動受樂隨處得罪。十誦云。不犯者。若父母兒想。或水火刀杖惡緣等觸。一切無染心故不犯。仍有吉罪。義云。今時齋會處。數有尼自行水香等事。終不善宜。令男子行者最好。若自行時宜可懸放。勿令觸著男子手。諸器物等亦然。

八事成重戒。具五緣成。一事男子。二男子想。三有染

心。四七事未懺悔。五作八事。便犯。此律捉手者。輕腕已後重。捉衣者。身上衣。入屏處者。謂離伴見聞處。共立共語共行者。亦離見聞處也。身相依者。二身相及處。共期者。共行婬處。若尼及男子二俱染心。犯前七事者偷蘭。若不懺悔犯第八事竟。波羅夷。若準此犯八捉手不成重。以事是一故。若一男犯八。或一時犯八。八年犯八。八男成八。俱犯重罪。亦無次第。僧祇亦然。不犯者。此律云。若有所與。禮拜悔過受法。屏處不作惡事不犯。俱無染心故。下文暗室者提。以招譏故。

覆藏他重罪戒。具六緣成。一是大比丘尼。二犯重罪。

二示犯相 二初明犯 三初釋覆心

二釋發露

三釋結犯

二不犯

三知他犯重四作覆藏心五不發露六明相出便犯若獨住無人不成覆十誦云若尼被舉狂亂心覆者不犯若狂止覆者便犯僧祇云知尼犯應向人說若犯罪人兇惡有勢力者恐有命梵等難應作念言彼業行罪報自當知喻如失火燒舍但自救身焉知他事得心相應便罷義云若欲發露故不成者爲非清淨者若對先知不肯發露人二俱有過以各須發露故如向有犯者不成懺悔若欲發露稱犯重人名各各說罪名種方成發露若不得人名罪名無覆藏過若前人受他發露竟不須更說若說則有無窮之過若彼犯人

自發露竟餘人作覆藏心皆不成以根本已發露竟十誦云尼不得比丘前發露麤過還向尼前懺悔若不識罪相至比丘所汎問取解還至尼邊懺悔此律若知尼犯重前食時知後食時說蘭乃至初中後夜時時並蘭明相出重不犯者若無人可向說意欲說而未說明相出或命梵等難不說皆不犯

四分律比丘尼鈔卷中之上

四分律比丘尼鈔卷中之下　南山律要三

唐終南山沙門釋道宣述

第二篇十七僧伽婆尸沙簡要釋七十三大僧

媒嫁戒具六緣犯。一人男女。二人男想。三為媒嫁事。四媒嫁想。五言章了。六受語往還報便犯。此律若一念頃乃至須臾暫時和合媒嫁並犯僧殘。受男家語時吉羅。報女家時蘭。許還報殘。若作券書言非我婦猶未唱出和者蘭。若婦禮已斷不復往還和合者殘。僧祇云。若主人畜多婦妾不均鬭諍。一婦私成比丘即為和平。或夫婦不和勸和合者蘭。若婦人及女還

家比丘到舍便勸早還者蘭。恐累夫瞋不得和合五分云。若為男倩女為女倩男長使者蘭。此律云。知事白僧媒嫁淨人供給婚具問僧和可者。一切殘。若非理用物犯重。伽論云。若指腹作媒嫁及自媒身者蘭。僧祇云。乃至為他求好馬種和合者蘭。餘畜生吉。毗柰耶得僧殘。

言人戒具四緣。一往俗官所言。二言白衣居士。三詞列其事。四下手疏便犯。此律相言謂詣官共諍曲直。若斷官下手疏者僧殘。說不道名目者偷蘭。見論云。至官言人令官罰物隨多少犯罪物應償之。若被奪物得就官乞護身不得道名字。官自訪得治罰無犯。若人入寺斫伐樹木不得奪刀斧應還直。五分云。若為人輕陵得語父母親里有力者援護。十誦云。尼在斷事人前瞋恨訶罵本所打人僧殘。若向餘人訶罵本所打人蘭。

度賊女戒具五緣。一是賊人罪應死者。二知是賊女。三不問王大臣。四輒便受具。五羯磨竟便犯。十誦云。賊有二種。一偷財物犯王法。王欲殺之。二偷身犯夫欲殺之是中犯者和尚知殘。闍梨知蘭。尼僧知吉。都不知無犯。五分若發心度賊女方便乃至集僧三羯

磨未竟皆吉。三羯磨竟和尚殘。餘師皆蘭。僧祇云。與出家越與學戒蘭。受具戒殘。

四獨戒。此戒有四合成一戒。先明獨渡河具四緣。一是河水。此律水獨不能渡。亦不論深廣。今準道行戒但使褰衣渡水。異於陸路皆殘。大界中亦犯。以難同故。如界中有村獨入亦犯。若有橋者如常開之。二者獨自渡。如前尼疾疾入水蘭。雙腳上岸僧殘。後尼獨入水蘭。上岸時得前尼為伴不犯。若乘車舟等不犯。此律云。彼尼當求一尼共渡入水時隨入水深淺褰衣至彼岸時漸下衣已然後上岸。若不待後伴犯蘭。

三者無因緣除命梵等難及伴命終皆不犯四獨越至岸便犯謂伴中無相拔義獨入村具四緣成一是八村莫問大界內村獨入皆犯此律云尼獨行詣村隨所至村殘若空野無道處行一皷聲間亦偷殘村中獨行一界者吉（準此若一坊內獨行及一家獨行但得吉羅也）僧祇云若共伴至城邑界當相去在伸手內共入界若在伸手外獨過界者蘭二者獨行三者無因緣四者越界便犯（舊人云若欲入村隨有橫道但使越過便犯而諸部無文理應未犯）故此律若無界獨行一皷聲間離伴見聞方犯若至門不待後伴雙足入門限僧殘村中先有尼者不犯以前尼爲伴故

若出村亦越門限方犯獨宿具三緣犯一離伸手外宿莫問寺中村內牀別席別並犯應在伸手內更相檢校方能離過若本在伸手內後因睡重忽相離者不犯本作離意隨轉側多少便犯故律云共宿者若舒手不相及隨轉一一僧殘僧祇云當在伸手內一夜中三度以手相尋看不得一時頓三度看當初中後夜各一時相尋覓知其在無五分若不相及處初中後夜偷蘭明相出僧殘二者無因緣除命梵等難樂靜等不犯三者隨臥一一結罪獨在後行戒者根本中間故作離伴見聞處行犯又伴無難緣亦犯此律見聞俱離僧殘見聞互離偷蘭次明渡水不犯者若共伴漸渡不失威儀乘船渡橋上渡躡梁渡或同伴死休道遠行及諸難等皆不犯五分云水狹淺無畏男子處不犯入村不犯者如前闕緣便是獨宿不犯者此律云共二尼宿舒手相及處若一尼出大小便或出受經誦經若樂靜獨處經行或爲病尼煑羹粥作飯乃至餘難緣等不犯僧祇云若病尼賊亂圍城獨宿不犯獨行不犯者在不離見聞處若一尼大小便爲諸難等並不犯僧祇云不得出聚落界除道行便利邂逅失伴未及中間不犯病亦如是五分云

若恐怖走時老病不及伴者無犯

受染心男子衣食戒具五緣犯一是男二男子想三染心施衣食四知他染心施衣食五受得入手便犯僧祇云若尼無染心男子授衣食湯藥殘若人與衣鉢所須口雖不語現身相畫地作字知有欲心受者皆蘭謂勸受故十誦云因是尼與僧設食偏與所愛尼兩受者蘭

勸受染心男子衣食戒具五緣犯一是人男子二染心施食三知他染心施食四發言激切勸令受之五言了便犯五分勸受語語殘

汙家擯謗違諫戒具六緣犯。一汙家惡行事，二心未悔改，三作白驅擯，四違理謗僧，五僧如法設諫，六三諫竟便犯。此律汙家但得吉羅，後時擯謗違諫始得僧殘。於中有四汙家：一依家汙家（以一家物偏給一家，物主生瞋，得物者喜，心標名利，招俗譏謗）；二依利養汙家（如法得利，非理授俗，得者報恩，不得懷瞋，退彼善心，違平等施）；三依親友汙家（依王大臣記俗勢力，所為不平，令俗瞋喜）；四依僧伽藍汙家（以僧華果餉贈白衣，令彼俗心悋希僧惠，以非為是，故曰汙家）。婆論云：作此種種惡業，破彼信敬善心，是名汙家。作惡行者，作此不清淨穢汙垢濁，又得惡果故。若以少物贈遺白衣，縱使因此起七寶塔，種種莊嚴，建立精舍，猶如祇桓，

四事供養滿閻浮提一切眾聖，不如靜坐清淨持戒，即供養眞實法身。不犯者：此律云：若與父母病人、繫閉獄囚及寺中客作，不犯。

第三篇尼薩耆簡要釋九（大僧同有三十戒，有十二不同。）

離衣宿戒，具六緣：一是已五衣，二受法，三人衣異處，四不捨會，五無因緣，六明相出犯。人衣異有四種不同：一者染礙，謂同界有男子者，名為染礙，故律云：諸比丘脫衣服人家形露，佛言除村。村外界故知村不攝衣，名為染礙。二者隔礙，此律若水陸道斷等，離衣不犯。三者情礙，此律若失奪想，惡獸命梵難緣等，失衣無犯。婆論云：王來入界，住宿大小行在近處，並非衣界，以情隔故。四者界礙，此律自然衣界有十一種：一伽藍，二村界，三樹界，四場界，五車界，六船界，七舍界，八堂界，九庫界，十倉界，十一蘭若界。前中伽藍及村二界各有四相，成者不名多界，為僧村二界義強，攝前九界，便成一界。若此四相不圓者，諸界並生，便有十一界起，故律云：若干界（謂內有三礙起。）四相：一周帀垣墻，二籬柵不周，三籬墻不周，四四周有屋。此律云：十一界各加勢分，更有十三步，故律云：以中人擲石所及處是。見論云：中人者，取不健不羸人，盡力擲至落

處，不取轉處（諸師義評計十三步。）若置衣在十一種界內，身在界外宿，若不捨會，不至擲石所及處，明相出，一一犯捨墮。若界內有男子，持衣須近身，不爾，明相出犯捨，以無勢分故。又餘部衣界有四：一道行者，十誦云：與師持衣道中行，前後四十九尋內不失衣，婆論云：縱橫四十九尋內不失衣。二洲上界者，見論云：水洲上十四肘內不失衣，若有人來往，衣須近身，不爾失衣。三水界者，見論云：比丘在阿蘭若處夜入池中浴，未竟明相出犯捨。母論云：一腳在岸，一腳入水，雖經明相不失衣。四井界者，僧祇云：道行露地井闌旁宿，諸

衣在二十五肘內身在外宿者失衣或置衣井內身在上宿不以繩連或不垂手腳經明相出皆犯例餘坑窖等皆犯明了云道行夜宿錯持衣去他衣不失已衣失也

畜寶戒具四緣犯一是錢寶二知是三爲己四受取犯此戒以畜故犯文中捉者表畜時意下自有捉寶戒寶是八不淨財中一數盛辨八不淨物名通經論一是田宅二種植園林三畜積鹽粟四畜奴婢五養羣畜六貯金銀錢七爲金銀鏤牀錦褥氍毹八銅鐵釜鑊除十六枚器不犯若畜此八皆長貪壞道汙染梵行又得穢果故名不淨次明開

畜得否者第一田宅一向無開唯小房一口資生長道別人開不犯五分云有人施僧田宅店肆佛言聽受使淨人知第二園池者別人不許受見論云居士以池施僧供給浣濯及衆生飲用得受第三畜積鹽粟者僧祇云若比丘糴時作是念此後時恐貴今糴此粟當依是得誦經坐禪行道者得亦不論多少畜三五石應得鹽準上開是盡形藥餘無開法婆論云若比丘得穀米等即日應作淨若無白衣時四衆邊作淨若不作淨至地了時作吉懺淨法如上第四畜奴婢者僧祇云若人施僧供給女淨人聽受若施別人一切不得若施淨人爲料理僧故別人得受第五養羣畜者僧祇云一切衆生不應受自餘野鳥獸等若不受者我當殺之語言汝自求水草守護勿令傷害不得剪翅羽籠繫若能飛行自活者放去莫拘繫之日藏分經云佛言大王於我法中有諸比丘假令如法始從一人乃至四人我不聽受田宅園林象馬奴婢等常住僧物若滿五人乃可得受遺敎法律云騎乘車馬一日除五百日齋福一歲三百六十日乘除十八萬日齋福舍利弗問經何故比丘乘騎除五百日齋福者佛言比丘知禁律人他見生謗令他得罪除老弱暫乘得第六畜金銀錢

者僧祇云若居士施金銀爲衣直得受不得自手取使淨人知無淨人者指腳邊地語言是中知著地已自用草葉瓶瓦等遙擲覆上將人令知持去若知佛有金銀欲舉者若是生地應敎淨人知已作坑內錢置中若散落者得自提瓶瓦擲錢使入得自塡上僧祇十誦善見云若病兒得金銀錢令淨人畜爲貿藥故若多人與藥直得置氈褥底眼暗求時手觸無犯第七金銀鏤牀錦褥氍毹者毋論云別人聽受刻鏤大牀唯除金銀不犯此律氍毹廣三肘長五肘毛長三指聽受應淨施畜第八銅鐵釜鑊者毋論云瓦缾

銅盆銅盌種種等器。佛聽別人得受。見論云：若施器使僧應打壞，不得賣；若樂器不得捉，得賣。僧祇云：若四月八日大會供養時，金銀塔及菩薩像幢供養具等有金銀塗者，使淨人捉；若倒地者，助捉無金銀處；若塗徧者，以物裹手捉，不得先提後放。僧祇云：受寶物者，若身分乃至手腳繫僧伽梨鉢中，皆犯。此律若受金銀者，決定非我沙門釋子法。五分云：當知是人必定不信我之法律。

貿寶戒具五緣犯：一是錢寶，二相易，三決價，四爲已，五領受便犯。此律以財物易錢寶故犯，不論衣食也。此戒貿易便犯，不同販賣爲利故買以還賣，故得與白衣淨人，不得與沙彌，以同犯故。

販賣戒具六緣犯：一在俗家人，二共相交貿，三決價，四爲己，五自貿易，六領受便犯。十誦云：若可捨物，食噉口口吉，作衣著著提。若須是物，審思言：我以爾所物買。若彼不肯，更應再語；若復不肯，應三語索。不得者，覓淨人使買。淨人不知市易，當教以爾所物買是物，應好量議教買。得者無犯。若買得物此賤彼貴，有利不犯。雖教淨人買無犯，然不得對物主前取尼語上下，屏處教者得。僧祇云：市肆上衣先有價定，比丘持價來買，置地時語言：此直知是衣。若不語默持去者，越毗尼罪。有國土買物常法，先有價定，齎直來著物邊，物主搖頭，當知與相。比丘亦應語言：此直知是物。前人若解，要須語已持去；若默持去者，越毗尼罪。若買客物直五十而索百錢，比丘以五十知者不犯。十誦云：若私賣買，前人悔取本物，七日內聽還；若過不應。婆論云：若眾僧衣未三唱得益價，若三唱已不應悔，設悔不應還。五分云：使淨人易時，應心念：寧使彼得我利，我不得彼利。三千威儀云：教人入市買物有五事：一當教莫與人諍，二當教買淨者，三莫使侵人，四不定走促人，五當護人意。

五百問事云：有求利者，販賣作福，此人尚不免地獄，何況得福，由不隨佛語故。非供養。請他食者，受人犯白衣物，若爾可食；二三人亦白得食，不白犯墮。使人墮窮厄無食處，彼應使白衣作食治生。尼白僧云：是言非我物，亦可食。婆論云：此販賣戒，一切提中最重。寧作屠兒，不作販賣。何以故？屠兒止害一生，販賣者一切俱害，不問道俗、賢愚、持戒毀戒，無往不欺，常懷惡心。設若居穀，悕希天下荒儉霜雹災變；若居鹽及餘物，欲使四遠反亂，王路隔塞，故重於屠兒。此物作塔作像，皆不得向禮。但作佛意禮，亦應得福。設與僧作食若作僧房持戒比丘不應食用住中得罪中間若死得羯磨分僧祇云一切九十六種出家人邊不諍語買無罪此律雖許出家五眾互易仍不得如市道法許價上下

迴僧物入已戒具四緣一是通與僧物二許想三迴入己四入手便犯此律云僧物有三一已許僧物謂通明僧物未分僧別此迴犯捨二未許僧物迴入已無犯何意得知故律未許想尚得吉故知未許還作未許想何容得罪三已捨與僧此定屬僧物勸迴入已犯重五分云迴向餘人者犯提向餘僧眾多人者

越此彼畜生物迴者越心悔見論云欲供養此像迴與彼像吉此律若許僧物迴與塔許現前僧物迴與四方僧許僧物迴與尼並吉故文言許異處也若入塔不應還取即屬塔用以福同故乃至入尼亦爾十誦婆論云若檀越施此自恣僧物迴與彼自恣僧者物應此分其比丘作吉懺若不還此僧計錢犯重乃至此彼一人物迴亦重（準此定屬僧僧衣行道讀經計供等疏迴私入與人共犯重罪）僧祇云尼眾乞供乃至偏心曲受者重為眾乞物與餘眾眷屬者重此律迴僧物者還竟得互用罪

乞酥油戒具五緣犯一是非親里居士二當前索酥三不用重還四更索異物五得異物入手便犯義云若乞酥得無提舍尼罪罪由食生既不食還主可有罪耶蓋有患及四開緣長請更請盡形請聽乞醫藥無直乞之愆若有直乞罪時何須結彼互索之過

迴現前僧食直作五衣戒具緣可解若居士虛心施作食或自乞得食直迴異用皆犯過

畜長鉢戒具五緣犯一先有受持鉢二更得器三不說淨四無顛狂等因緣五過明相便犯十六枚器者大釜釜蓋大盆大杓小釜釜蓋小盆及杓水鉼鉼蓋貯水大盆及杓洗鉼鉼蓋小盆及杓總有二釜四盆

二鉼四杓四蓋合有十六過長不說淨並犯捨墮毋論云十六枚中各畜長者即日施人及施尼（不爾犯墮）

貿衣已後強奪戒具五緣犯一共相貿易二決價直三相當四瞋心強奪五得物便犯十誦云尼共大僧貿衣竟還悔者尼薩耆僧祇云尼棄故僧伽梨有人拾取補治還奪犯捨墮自餘小雜物捨與他人還奪者越

第四篇一百七十八波逸提者今簡要釋一百一（大僧唯有九十戒復有二十一戒不同尼）

小妄語戒具六緣犯一是人二作人想三違想說四

二示犯相三初明離合
二敍有本
三列罪相三初說戒數妄
二前人不解
三妄及輕惱
一惡罵戒二初列犯緣
二示犯相二初頭罵相
二引示綺語
三兩舌戒二初列犯緣

知違想五言了六聞解便犯婆論云妄語兩舌惡口相歷作四句一是妄語非兩舌惡口傳他此語向彼說以不實故名妄語以無分離心故非兩舌輭語說故非惡口餘句類上有無可知成實論云餘口三業或合或離綺語一種必不相離婆論云不妄語者若說法議論傳語一切是非莫自稱爲是常令推寄有本則無過也不爾是斧在口中此律若僧說戒時三問憶念有罪而不說吉若異說者前人不解若顛倒說若發大聲不了若有所說前人不解並犯十誦云若語高姓云是下姓提若語兩眼人云汝是一眼人

得妄語提又輕惱比丘故提語一眼人云汝是瞎眼人得惱他提

惡罵戒具六緣犯一是比丘尼十誦五分爲下三衆吉二自毀呰語伽論云傳他語駡吉三知是毀呰四作折辱彼意五言了六前人聞知便犯此律云種類毀呰語者卑姓家生行業亦卑技術工巧亦卑若言汝是犯過人依實亦犯僧祇云若以上惡法毀尼及父母言汝父母是者提汝和尚闍黎是蘭汝同友是越毗尼成實論云雖是實語以非時故卽得綺語

兩舌戒具六緣犯一是尼二說鄙惡事三知是惡事

二示犯相三初釋名
二示犯
三彰異
四共男宿二初列犯緣
二示犯相二初通釋
二辨相
五未具宿二初列犯緣

四傳於彼此五言了六聞知便犯此律兩舌者彼此鬭亂令他破也僧祇云以惡法告言某甲說汝是無有上中下法欲令他離向己若彼離不離皆提婆論云說已更說提若不傳此語兩邊令離散者一切皆吉

共男子同室宿戒具五緣犯一是男子二室相成三共同宿四知同室宿五隨轉側便犯此律室相有四一四周有障上亦有覆謂同在一堂於中隔障准論不合二前敞無壁謂堂簷下兩頭有障三雖覆而不徧謂周帀有牆通覆其上中間開天井四雖覆徧而有開處謂雖通有覆上有隙孔也此之四室尼共男子同

宿無問先後俱至但隨脇轉側一一皆提若共畜生黃門二根人等宿吉比丘尼晝日臥男子立者吉男子若坐便犯屏坐提婆論云若都集堂同障內設使堂中有諸小房雖各各別以室同故猶是一房若多房共一戶亦犯覆者乃至以衣縵作屋壁者乃至高一肘半共宿皆犯若共十男子同宿十提隨一一起更臥一一得十提隨一一轉側得十提若白衣舍有男子並房不閉戶吉

共未受具人同宿過三夜戒具五緣犯一是未受具人男女二室相成三共同宿四知同宿五過三夜犯

伽論云已二夜共沙彌尼宿第三夜共男子宿得二提僧祇云三夜犯竟若未懺悔後共宿者轉增長罪更無二夜開悔過已當別房宿後更得二夜也此律若更無宿處至第三夜明相未出前遣沙彌白衣出或自出護明相亦得至第四宿若自去若使彼去更無開法

與未受具人同誦戒具五緣犯一佛所說法二字句味三未受具人四齊聲誦五言說了便犯婆論云若同聲句齊者提聲齊句異者吉

向未受具說他人麤罪戒具七緣犯一是比丘及尼二犯初二篇罪三知四無僧法開五向未受具人六言詞了七前人知解便犯五分云尼向白衣說比丘汎爾小過提婆論云寧破塔壞像不說他人麤罪若說則破法身不問前人有罪無罪說者皆提此律云若說名字若種姓若相貌若衣服若房舍及自說已罪皆提

與男子說法過五六語戒具六緣犯一是人男子二知是三不請四無有智俗女人五言章了六過五六語便犯此律請者聽齊五六語若他不請說隨義多少皆提五語者謂色受想行識無我也六語者謂眼

耳鼻舌身意無常也更增一句便犯僧祇云說六句已語云使汝速盡苦得提婆論云有智女人者要解人情語可作證明無犯若為小男說者吉僧祇云若盲若聾亦名無人一盲一聾此二人當一人若眠亦名無人若為父兄弟說者亦犯五分云若自誦經男子來聽或問要義為解過者不犯

掘地戒具五緣犯一是生地二作生地想三自掘四使人掘時不作知淨語五傷如蚊腳便犯此律但使教人不作知淨不問現前不現前掘掘皆提若自方便掘一提若中間止住一一提若使前人多掘一提若重語疾疾掘語語提僧祇云走來走去欲令地壞乃至擲物令傷如蚊腳者一切提釘房內壁損傷人功者得越毗尼罪先有孔者不犯地有沙石者不犯見論云若野火來近寺為護住處得剗草掘地以斷火若把火燒手擲地不犯僧祇云覆處地不犯

壞生種子戒具五緣犯一是五生種二作生種想三自壞四不作知淨語五傷物便犯此律生種有五一根二枝三節四覆羅五子子種淨法亦有五一火二刀三瘡四烏破五不中種僧祇云根莖種者以刀中破淨節種者以刀破或以摘去芽目淨心種者如蘿

勤蓼等是應揉搇淨。子種者如穀麥等是脫皮淨。若總用火淨使通上五種。五果中裏核種者如棗杏等是應掐破淨得去核食。火淨者得合核食。膚果種者如華茇棃柰等是。皆須火淨。若一切熟果自然落下。觸木石傷如蚊腳者成淨。應去子食。殼果種者椰子胡桃石榴等是。皆須火淨。檜果種者如香菜蘇荏等是。無子應揉搇淨。有子應火淨。角果種子如大小豆是。子未成應揉搇淨。子成應火淨。摩摩帝有穀倉未淨。畏年少尼不知法。應使人火淨。乃至後時恆言舂去不犯。(自餘類知)若以五生種擲著池中井水中大小便

中。糞掃中越毗尼罪。死者提。草木中行欲使死者越毗尼罪。傷如蚊子腳提。(立坐臥亦如是)石上生衣餅上生毛皆須淨人知。不爾犯罪。若日乾得剗卻。水中浮萍不得手撥。有牛馬行處得取水用。若無行處捉土塊若石仰擲言至梵天上去。若下時打水開處即得用。水中翻覆浮萍越毗尼罪。若著岸上提。若入水洗時水草著身者以水覆澆令入水。若斷朝菌越毗尼罪。見論云。若須華果得自攀枝下使淨人取亦得。抱淨人取。五分云。凡諸草木若有所須語淨人言汝知是。若不解復語言汝看是。若不解復語言我須是。此律不言看是吉。壞地亦然。草生覆道徧擊開路枝折葉落者無犯。以不故爲也。

露處敷僧臥具戒。具六緣犯。一是四方僧牀。二知。三是露處。四自敷使人敷。五去不自舉不使人舉。六出門便犯。五分以不坐臥而不舉佛言亦提。若白衣家借僧臥具食訖不舉亦提。若知事人暴曬僧臥具在邊若坐禪若眠者吉。(謂大雨風吹不覺故)僧祇云若僧牀上安像比丘禮拜手觸不舉者亦提。若多人禮拜悉皆手觸屬最後者。此律出門犯。(以作不來意也)

屏處敷僧臥具戒。具六緣犯。一是僧物。二知僧物。三

屏處。四爲己用。五不自舉不教人舉。六或出界或過三夜便犯。

强敷僧臥具惱他戒。具五緣犯。一先借得住處安上已定。二知他先住。三作惱亂彼意。四强於中間敷。五隨坐臥便犯。十誦云若爲惱他故開戶閉戶開嚮閉嚮然火然燈呪詛讀經說法隨他不樂皆提。

用蟲水戒。具四緣犯。一是蟲水。二知有蟲。三不作漉法。四隨所用便犯。僧祇云若蟲細者應作三重漉囊。猶有蟲者更別造井。諦視有蟲者應捨所住處去。若用蟲水方便澆者。一息一提。隨息多少皆提。若使人

澆一語一提若使人疾疾澆語語提蟲生無常或先有今無或先無今有是故日日諦看無蟲便用

別眾食戒具七緣犯一是有施主二僧次請及別請別乞三五正食在時中四食處成眾五知界內有比丘尼不集六無因緣七咽咽犯提此律無問道俗皆成施主見論云要別請四人俱受成眾卽座上一人覆鉢不食待餘三人食竟一人後食不犯故知俱受成眾此律云若二三人隨意食四人已上應分作二部更互入食（若門外僧與家內相去六十三步外者不名別眾以別自然一界也）婆論云若大界內有二處僧祇一日中俱有檀越食布薩處無過不布薩處不請布薩處一人不送一分食者此僧犯提此律病者不犯下至腳跟躄故不犯見論云謂沙土入中不能行也

非時食戒具四緣犯一是非時二非時想三時食四咽咽便犯此律云時者明相出乃至日中按此時爲法四天下亦爾毗羅三昧經云佛爲法慧菩薩說食四種旦起天食時午時法食時暮時畜生食時夜鬼神食時後二種食多生病疾其出家人應作天食法食故曰食時過午已後非上二時故曰非時見論云吐食未出咽喉還咽無犯若出咽者提十誦云阿那

律弟子病服吐下藥中後心悶佛言稻稗竹筍汁囊盛米粥絞汁與猶不差佛聽屏處食米粥（雖有此開宜就急好）

殘宿食戒具三緣犯一是殘宿食二知是三咽便犯此律今日受食自貯界內留至明日自煑食者咽咽得七罪謂三提四吉一不受二非時三殘宿（此三提罪）四內煑五內宿六自煑七惡觸（此四吉罪）

不受食戒具緣可解見論云天人鬼神畜生飛鳥皆成受食婆論云爲作證明故非人畜生及無知小兒悉不成受（準此前善見畜生成受者要解人意方得受）此律除水及楊枝不須受僧祇云若風吹塵牛駝振身塵來乃至眾鳥女人行衣曳地塵來如是一切塵坌鉢下草不坌食者成若及食者一切更須受唯畜生振身作意受者得自餘一切不作意受者應更從他受若行麨時抖擻麨器迸落鉢中作意者得名爲受不作意者不名爲受餘食亦爾五分云眼暗比丘得按草受食（今時多有僧尼按地受食與盲何異）見論云額汗流入鉢更須受臂中汗流入手不須受得食無罪十誦云行食時淨人觸比丘手若特輕故觸比丘手不應受婆論云手不淨受食犯吉僧祇云淨人行果菜時應語云懸空放果墮草上卽去不名爲受小停者得爲受（行草本擬護淨宜應多行今時齋上）

雅行三五枝。非體淨意。見論云。遥擲從地轉來落比丘上成受。僧祇云。大會時淨人難得比丘受取行之。若鎗鑊熱不得受者當下以兩木橫置地比丘腳躡上言受受得成。此律下文欲受油錯受酥等不成受必令心境相當得成受。準此今時諸寺旦起解齋作粥醎淡不得恆意欲受淡反得醎粥者不成受既知此事維那旦起未行粥前白僧知令作普受意。此律受食已有三失。一任運失謂受得已食時既過故云任運失也。二遇緣失謂淨人觸失受也。三自變生爲熟失也。準此今時冬月齋上多有僧尼得生麥等自索鑊子溫煑令熟此亦變生爲熟準前失受咽咽提罪兼有自煑吉羅。見論云。受生薑後生芽不失受。火淨已生芽處更淨非生芽處得食鹽變成水得食。

共俗男子屏坐戒具四緣犯。一是俗男子。二屏處坐。三無第三人。四伸手不及戶處坐便犯。僧祇云。若母姊妹淨人等睡眠癡狂心亂嬰兒非人畜生雖有是人亦名爲獨。準此雖有父兄弟等亦名爲獨。竟日坐一提中間更起一一提。若淨人作務來往不斷門向道中有人行如食頃不斷若閣上閣下淨人遥見者並不犯。此律若舒手及戶坐使乞食尼見若二尼爲伴若有識別人在邊及有難緣等並不犯。

共男子露坐戒具四緣犯。一是俗男子。二露處坐。三無第三人。四伸手內共坐便犯。十誦云。與男子露地坐隨起還坐隨得爾數提。相去半尋提。相去一尋半吉。二尋若過無犯。

觀軍陣戒具四緣犯。一是軍陣。二故往。三無因緣。四往見便犯。僧祇云。若入聚落城邑道中逢軍陣不作意見無犯。若作意舉頭下頭窺望欲使見者提。十誦云。若軍陣發行爲鬪彼賊殺死因觀無常故不犯。婆論云。道由中過無犯。若立住看犯。左右反顧壞威儀故吉羅。

飲酒戒具三緣犯。一是酒。二無重病緣。三飲便犯。此

律體雖是酒而非酒色非酒香非酒味不應飲。體非是酒然有酒色酒香酒味得飲。若飲甜味酒若飲酸味酒若食酒糟若食麴等並吉羅。麴者謂和酒麴乾者若餘麴食者不犯也。自今已去以我爲師者乃至不得以草木頭內酒中滴入口。餘藥治不差以酒爲藥者不犯。五百問事云。若醫師言必差得和藥服不得空服。强勸人不飲吉飲提。婆論云。此戒極重能作四逆唯除破僧又能破一切戒及餘衆惡故。

水中嬉戲戒具三緣犯。一是水。二無因緣。三入水便犯。此律戲者放意自恣或以手畫水相澆乃至以鉢

盛水弄一切皆提除水弄餘苦酒等吉僧祇云水陸互澆潰越俱水中者提五分持雪乃至草頭露弄者吉此律若道行渡水者不犯

二十四擊攊他二初列犯緣

擊攊他戒具四緣犯一是比丘尼二作惱意三手脚

二示犯相

十指四觸著便犯僧祇云以一指指比丘亦提五指指五提乃至差會指某甲去者亦提尼亦應同五分云若擊攊沙彌畜生等亦吉尼下眾亦同也此律若以餘物擊攊者吉若不故作意或睡眠令覺不犯

二十五不受諫二初列犯緣

不受諫戒具五緣犯一自作非法事二他如法諫三知已所作非前人諫者是四拒諫不受五隨所作犯

二別料簡

根本違諫得提此諫作犯雖發言拒犯未是作犯要待作事違諫義成故得提罪此戒最益制欲犯者恐有業行之過不可一一集僧而諫故令一人處處行諫違便得罪要論云前諫人有六種不應從一心有愛憎二若鈍根無智三若少聞見四為利養名聞五為現法樂但欲自攝六若新出家愛戀妻子如是六人諫則有損

恐怖尼戒具五緣犯一是比丘尼二作恐彼意三以六塵等事示說四現相言了五見聞便犯不待前怖與不怖

二十七減半月浴二初列犯緣

減半月洗浴戒具五緣犯一曾前洗浴二未滿半月三無因緣四更洗浴五洗過半身便犯

二示犯相

僧祇云隨數滿十五日皆名半月此律六緣不犯一熱時者春後四十五日夏初一月亦得二病時者下至身體臭穢三作時者下至掃屋前地四風時者下至一旋風五雨時者下至一滴雨著身六道行時者下至半由旬來往皆開不犯五分云共白衣浴室中浴者偷蘭遮

二十八露然火二初列犯緣

露地然火戒具四緣犯一是露地二無因緣三然草木有燄者四然便犯

二示犯相

僧祇云旋火作輪或火中有草木比丘撥聚一切皆犯若然生種一提一壞生二然

火五分云要燄高四指此律若病須火便身得自然敎人不犯應是死土石上不犯

二十九藏衣鉢二初列犯緣

藏他衣鉢戒具三緣犯一比丘尼衣鉢二驚動彼意三取藏便犯

二示不犯

此律不犯者若在露地恐風雨漂漬舉之若物主為性慢墮衣物狼藉為誡勒藏不犯

著白色衣戒具四緣犯一是五衣二是己物三不染壞四著便犯

故斷畜生命戒具五緣犯一是畜二知是三有殺心四起方便五命斷便犯

三十二飲蟲水二初列犯緣

飲蟲水戒具五緣犯一是蟲水二作蟲想三不作漉

法。四飲用。五隨咽得提。若蟲命斷。還屬前戒。為深防故。故分兩戒。僧祇云。比丘受具已。要畜漉囊。應法澡罐。無者用袈裟角漉。同伴中都無者。舉眾有罪。十誦云。不持漉袋行二十里犯罪。僧祇云。若漉水得已。便能見掌中細文者看。看時如大象載竹車迴頃。知無應用。若施主請比丘食。應問漉水未。若自看漉。或使可信人教漉。否者自漉。不得語莫殺傷蟲。水著器中。還送水來處。來處遠近有池。七日不消者。以蟲著中。若知水有蟲者。不得持器繩借人。若池汪水有蟲。不得唱云此水有蟲。若問者。答云長老自看。若知友同師者。語云此中有蟲。當漉用。

與賊期同道行戒具六緣犯。一是賊。二知是。三是與期。四同一道行。五不離見聞處。六越界便犯。與負債人同行越毗尼罪。

拒勸學戒具五緣犯。一作止不學意。二前人如法勸學。三知已作非。前人諫者是。四作不受勸意。五言了便犯。

毀毗尼戒具五緣犯。一是毗尼。二前比丘尼誦戒時。三作滅法意。不令久住。四發言毀呰。五言了便犯。僧祇云。僧未說戒時訶越。說時訶提。說已訶越心悔。五分云。發心作念。令人遠離毗尼。不誦而毀呰提。若作念木叉令不久住蘭。毗律若毀阿毗曇契經等犯吉。

不攝耳聽戒具四緣犯。一是廣誦戒時。二在眾中坐。三作不聽意。四說過五篇犯一提。僧祇云。從序至篇吉。隨中間戒一一吉。一切不聽止一提。此提不得向人悔。當於眾中持戒威德敬難者前悔。前人應訶治。

同羯磨嘖知事後悔謗僧戒。此希故不述具緣。婆論云。凡僧和合。若執若人大德及貧賤人和合賞已訶者提。若外來訶者吉。

屏聽四諍戒。希故不述其緣。僧祇云。若聞他怨欲相殺害。或聞賊來。非法比丘尼惡計欲偷僧物。知事人聞即白僧言。當自警備。我聞惡聲。若師日暮竊來按行諸房。聞弟子說法語。不得對面讚毀。後時得。若來然後歎責。毗律二人在暗地語。若在道行共語。應先彈指謦欬。否者吉羅。

瞋心打比丘尼戒具四緣犯。一是比丘尼。二生瞋心。三作打意。四打著便犯。十誦云。一把沙豆散眾多比丘。隨著一一提。尼亦應同。伽論云。瞋心欲心打女人殘。尼打俗男亦然。大集經云。若道俗等打破戒比丘。罪重出萬億佛身血。何以故。能示人出要道。乃至涅槃故。僧祇云。

若畜生入寺觸突塔舍形像壞華果樹等得以杖打
木石鳴地等恐怖令去不得杖擬畜生
摶比丘尼戒具緣可辨伽論云若舉手刀向眾多比
丘一一提向尼亦爾
捉遺落寶戒具五緣犯一是重寶通及自他二幷諸
莊飾具三非住處及宿處四無心盜取擬還本主五
捉著便犯婆論云因拾遺寶爲緣起正犯但明捉寶
便犯同舊辨也此律供養塔寺莊嚴具堅固收舉不犯應是
無淨人收舉故開僧祇云若見遺物者當唱令之無主者應
懸著高顯處令人見若人言是我物應問言汝物何

處失答相應者與若無識者應停至三月已若塔園
中得者即作塔用僧園中得者作四方僧用若貴價
物者瓔珞金銀不得露現唱令得寶比丘應審數諦
看有何相貌然後舉之來認時相應者與對眾多人
與不得屏處還教授三歸語言佛不制戒者汝眼看
不得若無人來認者停至三年如前處當界用之若
治故塔掘地得寶藏者淨人不可信者當白王知淨
人可信者停至二年已應作塔用若王覺問比丘言
汝此中有寶藏耶答言得已用作此塔王言已作者
止此功德屬我在者還我若王言汝不知地中寶藏

屬我耶問何以用盡還我來比丘應以塔物還若塔
無物應爲塔乞還若王問言佛戒中云何比丘答言
塔地得物即在塔用僧地亦然王言從佛僧用無罪
僧祇云入聚落中有遺落物不得取有人取與比丘
者得即是施主聚落中風吹衣不得作糞掃衣想取
若曠路無人處得取若衣有寶以腳躡斷露捉使人
見至住處始見有寶者與淨人掌作衣藥價直五分
云若比丘寄衣經十二年不還欲取者集僧評價作
四方僧用若彼後還以僧物償不受者善
非時入聚落戒具五緣犯一非時分二無啟白喚緣

三不囑授四向俗人舍五入門便犯十誦云若蘭若
處白比丘來入聚落還至蘭若處即以先白入聚落
者提若白入聚落從聚落出至本僧坊還入聚落即
以先白入提同一界善比丘不白入提不白比丘隨
所經過大巷小巷得爾所吉羅隨入白衣家隨一一
提若入蘭若近聚落僧坊不白無罪準尼同僧婆論云若
總白入聚落後到隨意所至處無犯僧祇云若多人
道行欲入聚落展轉相白然後當入已到宿處復欲
出外取薪草木者若從本道出者無犯若更從餘道
出者不白提智度論云一切白衣舍皆名聚落準此寺院

二示犯

見論云有市名聚落無市名村界。此律內淨人房院不白亦提若有啟白請喚路由聚落過無犯。

四十三過量牀戒二初列犯緣。

過量造牀戒具五緣犯。一是牀。二僧牀及口牀。三過量。四自作使人作。五作成便犯。僧祇云僧牀亦犯。俗牀不犯此律爲截者不犯。僧祇云得過量牀欲截恐檀越不喜者應埋腳用。乃至截腳木還越牀腳亦犯。若終日一坐提。起已還坐隨一一提。他牀越。若福德舍高牀無犯。乃至不截者越。毗律足高如來八指者。十誦云佛一指二寸。謂高一尺六寸如法。闊狹任情

二示犯相

四十四食蒜戒三初列犯緣。

食蒜戒具三緣。一是蒜。餘辛犯輕。二無重病緣。三食

二示犯相

用咽咽犯提。所以蒜重餘輕者。一美味。尼多嘉食。二臭故重。餘辛也。五分云食生蒜提。熟者吉。五辛報應經云。比丘尼等飲酒食肉葷辛讀經誦論等得提。五辛得重吉。唯除僧伽藍外白衣家限四十九日香湯澡浴竟讀誦無犯。故噉穢物見不訶者亦犯。

三開重病

僧祇十誦五分等更無餘治者開病。比丘服蒜聽七日在一邊小房內。不得臥僧牀褥。大小便處講堂皆不得至。又不得受請及僧中食。不得就佛禮拜。得在下風處遙禮。七日滿已澡浴熏衣方得入眾。若用香塗病者先供養佛已然後塗身。還在屏處一同前法。

四十五剃毛戒二初略指緣。

剃三處毛戒具緣可解。三者謂大小便及腋下爲三也。

二示別相三初制剃髮意。

毋論云剃髮者但除頭毛及鬚。餘毛一切不聽。卻所以剃髮者爲除憍慢自恃心。不聽利木刀刮汗卻毛。若斷一一毛一一吉羅。除頭上毛不犯。若斷餘毛一一偷蘭。

僧剃三處毛下品有蘭。

二舉僧戒例

三舉明剃髮

剃髮有四種次第。一上座。二髮長。三先洗頭。四有緣欲行。五分云尼過半月不剃髮提。涅槃云。髮爪長利破戒之相。此律不得爲白衣剃髮驅使提。除欲出家者。不犯。今時多有僧尼諂心求利受驅使敗善增惡無過此等頭髮極長若兩月。若廣二指一剃爪極長如一麥。卽剪髮不得用剪刀剪。半月應剃髮一剪爪違者吉羅。聽畜盛髮器。十誦云

髮當埋坑中。若髮長者開畜剃刀及鞘。若刀卷者手上波石上磨。其石內刀囊中。

四十六洗淨過分戒二初略指緣。

洗淨過分戒具緣可辨。

二示別相

僧祇云大小行已不用水而用僧坐具牀褥者越。十誦不洗大小行處不得坐臥僧臥具上。若坐者吉。伽論云不洗大小便處不得禮拜受人禮。除無水。若爲非人相瞋。水神所瞋。或服藥等皆不犯。三千威儀經云不洗淨禮佛者設禮拜無功德。

四十七供水扇戒三初略指緣。

供僧水扇戒具緣可辨。

二明制意

僧與尼男女相別。供給水扇容生染習迹涉譏醜故犯。

三示犯相

僧祇水扇互給越。水扇俱

給提。眾多比丘互有兄弟供給水扇無犯。十誦云。比
丘食時尼立侍者提。與食已還坐。若別處無犯。
乞生五穀戒。具緣可辨。出家之人理宜乞食資身。無
事修道。今乃躬乞穀米。事務煩雜。廢修道業。長己貪
結。惱亂施主。過實不輕。故制提罪。見論云。乞豆瓜果。
為造僧房舍乞穀米等。一切無犯。
觀伎樂戒。具緣可辨。觀看伎樂。令心蕩逸。廢修道業。
動越威儀。汙辱僧眾。損己不輕。故制往看見便犯提。
見論云。下至獼猴孔雀共言好。往看得提。
共男子入屏障處共語戒。具緣可解。然男子（女）有別。體

無參涉。今入屏處容生染習。遠成大過。招世譏醜。清
白難分。故所以制。若離見聞屏。文無染心而非共語。
但犯吉羅。要假共語方犯於提。若有染心落在八事
戒。坐不犯。此共男子屏處。前離見聞屏。復語犯。此是
露障屏。不假語犯。不云立住者。以不行故犯輕。遣
伴遠去與男子屏處立行耳語。此是離見聞屏。唯遣
伴遠去耳語為異。
入白衣舍坐已不辭主人去戒。具四緣犯。一是白衣
舍。二主人請在好牀席坐已。三不辭輒去。四出一足
便犯。

輒坐他牀戒。具四緣犯。一白衣舍。二是牀座。三不語
主人。四輒坐便犯。
共男子入暗室戒。前是覆障屏。有窻牖光明。無第三
人犯。今以其暗室故生患處重。雖有多人猶犯。以此
為異。故別制也。五分云。共男子入暗室語提。若恐
怖處若卒燈滅不犯。義云。不問親與非親。須有燈明。
惡心呪詛戒。具三緣犯。一有瞋心。二作惡呪詛。三言
詞了了便犯。此律云。立誓者令稱南無佛提。謂經云。
南者歸。無者命。佛者覺（此云歸命覺也）。又南者禮。無者大。佛
者壽（此云禮大壽也）。

因瞋心推胸哭戒。具四緣犯。一同於諍事不善憶持。
二內瞋恨。三推胸哭已。四隨便淚墮。一一提。僧祇云。
若尼自打不啼。啼而不打。亦打亦啼俱提。
覆身同牀戒。具四緣犯。一同牀臥。二覆身。三無病緣。
四隨臥便犯。同被褥臥同牀。不同被褥同牀同被褥。
不同牀在地上臥亦犯。
故惱客舊戒。具四緣犯。一知他比丘尼先住後至。二
作故惱心。三在前誦經問義。四言詞了了便犯。
同活病不看戒。具四緣犯。一是比丘尼病。二是同活。
三無因緣。四不看便犯。五分云。同學病不看提。同學

者謂同和尙阿闍梨及常共伴。若止住不同無犯。
安居中牽他出房戒具五緣犯。一是僧房分得入己二先聽在彼房住三瞋心牽出四無因緣五出戶便犯。僧祇云牽他出時彼若抱柱捉戶倚壁隨離一一處皆提若口訶叱隨語離處亦提。此律驅下二衆吉。僧祇云若尼出行不付房舍牀褥與知事人閉戶而去者提。十誦伽論云若鼾眠應起經行不能經行應起屏處不應惱他。
三時無事遊行戒具三緣犯。一春夏冬遊無因緣二一除受日及春夏冬有利益因緣故不犯。三隨所越界

便犯。此律春夏冬遊行隨村界俱提。義云不同舊解破安居行提春冬犯吉聽爲羯磨塔事僧事遊行不言春冬受請。
安居竟不知請戒具四緣犯。一是檀越安居請二一夏限已滿三無因緣四不去便犯。毋論云若安居竟應移餘處若有緣不得去不犯若無緣者出界一日還來不犯。五分云若不限請若更受請處無犯。
泉渠水中露身洗浴戒具三緣犯。一是河渠水二露身洗浴三洗身徧便犯。僧祇云尼入俗人室浴有年少入身懷妊壞其淨行因制不聽尼入俗室病者在房然火油塗揩不如是者越毗尼。十誦云男子洗處前浴皆提。
過五日不看僧伽梨戒具三緣犯。一是僧伽梨二舉處不堅密三過五日不看便犯。十誦云故意不看五衣俱提。
與僧衣作留難戒具四緣犯。一是檀那許施衣二知許施衣三作方便勸彼不令施衣四施主息心施便犯。
輙著他衣戒具三緣犯。一是他衣二不問輙著三入村乞食便犯。

與俗人外道衣戒具四緣犯。一是非親里白衣外道二是袈裟一衣三持與彼四前人領受便犯。十誦與外道與白衣皆提。義云今數見尼僧往道士觀求治病交涉來往供給衣食因染俗情壞其梵行招世譏謗損辱佛僧非但師無綱紀亦因前無法度若有力罰令歸俗者此人爲護法因緣故當來之世必獲淨土之報。僧祇云若尼有德聽女人爲兒乞小小破衣以禳災者不得與大者不得自手與應遣人與。
僧如法分衣遮不令分戒具四緣犯。一是僧作法分。二恐弟子不得三遮令不分四僧不分便犯。

與白衣外道食戒具五緣犯。一是在家出家外道俱犯。二知是。三是食。四自手與非置地使人與。五彼領受便犯。五分云。若外道來乞應以已分一團別著一處與。不得以僧食與。汎汎男子自手與食提。親里者不犯。義云。比見邊方僧尼寺內設會及僧施每喚道士同僧受施。滅法之原無過此等。自惟高邁人天。重逾金玉。忽然下墜邪流無辜自辱。豈不痛心。

與白衣作使戒具四緣犯。一是白衣。二無病因緣。三非時為作使。四隨使便犯。

自手紡績戒具三緣犯。一是麻縷。二自手紡績。三隨

手一一犯提。十誦云。若紡縈績若織若擗若抖擻若纏手。隨動手一一犯提。纏線開不犯。五分云。尼自織作衣提。若刺鞾法張衣先刺吉羅。衣差緶聽。安相義云。今時尼眾慕道者希。專事機帚紡績是常。作務精勤。經教多忘。貧者貪美不休。富則轉生紛擾。還復倣習惡法。愈興荏苒流行。致乖常式。敬尋捨俗入道冀免業因。入道被纏反同累俗。靜慮推事深可悲乎。

著俗服輒在白衣牀臥戒具三緣犯。一是白衣舍。二是他夫婦常居止宿牀。三隨臥便犯。

經宿不辭主人去戒具四緣犯。一語主人在他舍內宿。二不辭主去。三無因緣。四出門便犯。

度妊身女人戒具四緣犯。一妊身。二知。三受具戒。四三羯磨竟便犯。十誦掘多尼生男兒作是念。佛說比丘尼不得獨房。乃至佛言。告諸尼等與掘多尼作獨房宿羯磨。是尼應與從僧三乞牒乞而作。未離乳聽母觸。餘離觸吉。離乳母觸吉。餘尼觸提。離母共宿吉。辭去後提。五分云。聽白二羯磨差一尼伴之。被差尼得羯磨故不犯。自今已後欲受戒時先看乳相。若無乳相不犯。僧祇云。不知在白衣時娠。已度者未應與受戒。待娩身已。若生女者出草蓐已與受具戒。若生

男者離乳已後與受具。若有親里將養。即與受具。

度童女年不滿受具戒具四緣犯。一是年未滿二十。二知年未滿。三與受具。四羯磨竟便犯。婆論云。六十已去不得受大戒。設師僧強授亦不得戒。以不堪任苦行道故。心智鈍弱。聽為沙彌。七歲以下亦不許度。未滿二十不得受具者。以其輕躁不堪忍受寒苦。若受大戒人多訶責。若是沙彌人則不訶。毋論年不滿者聽數胎中年。又不滿者聽數閏月。復不滿者聽數十四日布薩。復不滿者佛言實得羅漢果者。此是上法受具。雖不滿二十得戒無犯。若先不知受後有疑方開。不得逆數受戒。

以違教故。
不與二歲學戒羯磨戒具五緣犯一是十八已上童女二不與學戒羯磨三年滿二十四與受具戒五三羯磨竟犯
不說六法名字戒具六緣犯一是十八童女二與學羯磨三不說六法四年滿二十五受具戒六羯磨竟便犯
度受諸遮童女戒具四緣犯一是諸根不具二知不具三與受具戒四三羯磨竟便犯
不以二事攝弟子戒具四緣犯一是清淨弟子二恆

隨和尚三師有法及衣食四不以此二事攝便犯
未滿十二夏度人戒具三緣犯一內無實夏二與受具戒三羯磨竟便犯
僧不聽度人謗僧戒具四緣犯一內無實夏二僧不聽三非理謗僧四言詞了了便犯
父母夫主不聽輒度人戒具四緣犯一有父母夫主二不聽三輒與受具戒四三羯磨竟便犯
不與學戒尼受具戒具四緣犯一是學戒清淨二滿二年三無因緣四作心不與受具便犯
多度弟子戒具四緣犯一是曾前度人二未滿十二月三更度人受具四三羯磨竟便犯僧祇云若年年與弟子受具者提應停一年若尼有多弟子若一年與受學法一年與受具戒雖年年不犯古德光師云若寬解者一年間與一人受具一人依止一人六法一人沙彌尼令得四人若急解者一人止得度一人準此應然據前僧祇提母論云受一人具足一年教授一切大道人所作法竟然後更一人若沙彌尼受學戒已二年不得度沙彌尼式叉尼受具已得度沙彌尼
不半月請教授師戒具三緣犯一僧尼眾各各五人

已上四人已下但犯吉羅二無因緣三不差人往請便犯
不詣大僧自恣戒具四緣犯一是夏安居竟二五人已上成眾三無因緣四不差人往自恣便犯五分云若尼聚落無比丘自恣無請處蘭若有比丘道路險難彼比丘為尼入聚落自恣尼先自眾中自恣已後差人往比丘中教誡語同
不依大僧安居戒具三緣犯一在無比丘處二不作依止心三結安居竟便犯
不白入大僧寺戒具四緣犯一是有比丘寺二不白

比丘三無因緣四入門便犯僧祇云尼不白大僧入伽藍者最初入者提後入者無犯五分云若立不見比丘不得不白而入須見比丘應往前白比丘籌量可聽不可聽者若八不見及不聽而入提

訶罵比丘戒具三緣犯一是大比丘二以惡言罵彼三言詞了了便犯十誦云噁嗌向比丘者提

罵尼眾戒具四緣犯一是尼眾二因諍事瞋怨三以惡言罵辱四言詞了了便犯

不白眾使男子治癰戒具緣可解然男女形別理無交對聽彼破癰容生染習自壞心行所以制也五分

云若令男子治癰打鐘集僧來往病人前然後衣裹身唯留可治處治之餘法如摩觸戒具述

背請戒具緣可解若受非正食請及正食不足背之無犯十誦云從今聽尼數數食何以故女意數數食故乃至若尼能受請都不食者提是中犯者乃至食一口隨受請不食一一提

於家生嫉妬戒具四緣犯一施主好心供養於師二見師得利內生嫉妬三發言嫉師四言詞了了便犯十誦云護惜他家者人取覓代他言無提五分云嫉妬他人得利欲專我得犯提

用香塗身戒具緣可解凡出家修道理宜觀身不淨特生厭離反用香氣潤澤塗身令形香潔耽著己體情存放逸患累之深所以制也

著婦人嚴身具戒具緣可解既畜著俗人嚴身之具多生染習障道深故故須聖制

乘乘行戒具緣可解五分云乘乘行戒者車輿象馬乃至著屧皆名乘若老病若行路乃至腳指痛無犯僧祇云若病人不能行乘雌乘無罪

不著祇支入村戒具三緣犯一有祇支二不著三入村門便犯

不安居戒具三緣犯一是後安居日二不結安居三過後安居日便犯

誦呪為活命戒具三緣犯一是世間呪術二為活命三言詞了了便犯十誦云以外書聲誦佛經者吉五分云學迷人呪起死人呪蘭尼自使人卜提此律以世俗呪術教授白衣亦提

先不請比丘輒問義戒制意者輒問即慢法輕人遞相窮詰令彼惱特非所宜故所以制之若二人習一部不解轉問無犯

百夏尼不敬比丘戒具緣可解若不禮敬便有三過

五提舍尼　六衆學　七滅諍　二結示

一違八敬教。二違本受戒奉行之心。三慢法輕人情過是重故。所以制也。

第四篇八提舍尼。上四僧吉下四僧提。僧別有四提舍尼。

第五篇衆學戒。大僧同尼。

七滅諍亦僧尼同有。

上來所列諸戒者。逐尼數犯者述之。餘不盡者非無異相。或文繁寡要。或事希難犯。或其相易明。或其理幽隱。若欲廣陳恐盈卷軸。冀後博學依文取決。

四分律比丘尼鈔卷中之下

四分律比丘尼鈔卷下之上

唐終南山沙門釋道宣述

匡眾篇第二十二

此篇大門有五一教有興廢二簡知事德三秉教通塞四僧食通局五入眾服儀

第一教有興廢者夫軌範一界統攝徒眾必須德行內充威儀外肅律教一宗必先諳究不憚勞苦不存聲譽令遠域異僧欣心有所界中行者策神進業此之御眾何事不行故律云非制不制是制卽行如是漸漸令法久住若法出恆情言無規矩翻同鄙俗何

成匡眾宜自私退息用慈懷故律云非制而制是制便斷如是漸漸令法速滅也

第二簡知事德者今此一門總述諸德若能綱紀量過而行償違斯法舉不知時諍事由生惡法難息故律云汝等數數舉他罪恐壞正法故必具此德恕而不治正法亦滅律云能舉罪人當具五德一知時不以非時二眞實不以虛妄三利益不以損減四柔輭不以麤獷五慈心不以瞋恚能斷事人亦具五德一持戒清淨二多聞三廣誦二部戒律四能問能答五如法教訶及作滅擯今五德善能滅鬬諍事治斷非業亦具五德一觀前事是實否二觀合是時宜否三觀僧不令生塵垢否四觀有利益否五觀得善件否處判他事亦具五德一善知不犯二善知犯三善知輕四善知重五善知決斷無疑毗尼母論云能諫之人無五法不須受一無慚愧二不廣學三常覓人過四憙鬬諍五欲捨道寶梁經云二種人得爲知事一阿羅漢二須陀洹人所以爾者餘諸比丘戒不具足心不平等是人不合爲知事也復有二人得當知事一能淨持戒識知業報二畏後世罪有諸慚愧及以悔心如是二人自無瘡疣亦護他人若不具此德率

以庸情輒處判他反成自累何匡益他也故律云我說此人愚癡故犯波羅夷謂不諳教綱冥犯大罪既知不易誠爲大誡宜詳聖意省己爲人也

第三秉教通塞者大集云若未來世有諸王四姓爲護法故能捨身命寧護一如法比丘不護無量諸惡比丘是王捨身生淨土中若隨惡者是王無量世中不復人身王等不治則斷三寶種奪眾生眼雖無量世修戒施惠則爲滅失又犯過比丘應須治者一月兩月苦使或不與語不與共坐共住或滅擯出一國乃至四國有佛法處治如是等惡比丘已諸善比丘

二引明違治二初示折攝

二攝鈍根

三明治四罰

二廣懲非法二初不隨非制二初列示衆相

安樂受法故使佛法久住不滅婆論云違王制故得吉羅涅槃經云若善比丘置不訶責當知是人佛法中怨若能驅遣治罰是我弟子眞聲聞也勝鬘經云世尊應折伏者而折伏之應攝受者而攝受之何以故以折伏攝受者令正法久住天人充滿惡道減少於如來所轉法輪而得隨轉十輪云若鈍根衆生欲發善根懈怠少智忘失正念貪著住處四事供養離善知識如此衆生善勸化料理僧事及以佛法和向闍梨是爲安置營事福處遺教三昧經云若罪小者罰令治塔寺若中罪者罰掃除寺若上罪者僧使若

十日二十日三十日竟無缺失當於衆僧中懺悔夫惟尼衆現居凡位孰能無犯遇緣成犯宜依篇聚順教治罰或飲酒相打令輸財物當時同和唱制已後便卽自違又藏匿不還由犯財故因茲犯重易輕翻成自累雖知非法猶共立制同和故爾此豈不由非法立制能令正法不行致有斯繆或小小之過暫違治擯求懺不受綿歷歲月益罪尤深退道歸俗將由此起或令尼等收刈穀麥斬伐草木種植根栽或行醫鍼灸順方治病求貪俗利苟自潤身或躬在店肆販賣治生搆斂酒肉公然聚會或受俗使役往來媒

二如法訶默

二治擯惡徒二初示惡相

二明治法

嫁行非犯重和同共住或獨行無侶輕觸尊儀染俗成風不依內律如是非法衆宜詳可滅法之原無過此等有知解者並不合隨若非法人多不許違者好人當作自脫之法僧祇云若非法制應訶令止不肯者當說如法欲已起去若衆中有力者訶令止否者聽去當語傍人言此非法制我不忍可止得三人作不得至四恐彼成僧破僧事起故律云不得僧舉僧也仍須向同意人邊說若不作應說見不欲與護心相應當作是言彼作非法自有業報何關我事譬如失火燒舍但自脫身焉知他事五分云若作非法羯

磨時不能轉者默然不訶後言不可者無犯若作非法羯磨不與欲而起者無犯自大聖西隱正教東流時經像季日就衰羸持犯憲章俄爾將盡故略而不述指在天本若聞說者反被陵辱點汙淨心兼恃勢力害清淨人其懷轉惡實難挫伏致使大教息用遺風訛替故律云應制不制令戒毀壞速滅法矣然將欲治擯今依律文便有九種餘八事希兼復難行故隱不述默擯一種持犯中要應略出之故智論云如梵天治之色界不語爲樂欲界不愛故違情立治制故不共語也

四僧食通局三初明非法二初約食三初正辯僧食二初惡業深

二受報苦

二別明獻佛

二衣物三初問答示制

第四僧食通局者夫身為大患待形須濟畜服是同教無偏局十方同遵理無乖背無主無客是所常儀其中飲食凡聖共有鳴鐘雲集遐邇同飡今時諸寺屢斷僧食苟自壅已不兼於客人情忌局用心不等傷一時眾情塞十方僧路傳謬後生斯害甚矣慳貪獨潤惡業愈深報恩經云知事人與客僧惜食十九億劫生屎尿中其形似人無有手足付法藏經云有僧伽耶舍大海邊見堂閣嚴飾滿中僧眾經行禪思鳴稚集食食將欲訖爾時餚饍變成膿血便以鉢器共相打擲頭面破損血流汙身而作是言何為惜食

今受此苦於迦葉佛時同止一處客比丘來咸共瞋恚藏惜飲食而不共分以此因緣今受斯苦僧護經云是諸比丘不打犍稚默然受用客比丘來不與飲食還空鉢出以是因緣受火牀苦筋肉銷盡骨如焦炷從迦葉佛來受苦不息又不打犍稚默飲僧甜漿恐外僧來以惜因緣故入地獄中飲噉融銅初獻佛時上中下座必教白衣奉佛及僧獻佛竟行與僧食不犯若不爾者食佛物故千億歲墮阿鼻地獄檀越不受前教亦招前報若生人間九百萬歲墮下賤生何以故佛物無人能評價故義問今時七月十五日

一正斥時非

三引敘明報

四輩道俗造盆獻供隨盆衣物未審屬誰答隨本主意若將入佛法依施主本心若標別者眾主尼等明解律人依經律斷並入安居現前尼取一比丘尼分一分入佛所以然者此為安居有勞修道有益故佛及現前尼各得一分故經云目連雖得六通非一人力之所柰何仰藉十方佛僧濟魂拔親冀生善道獻佛及僧意存救苦故須僧分不得餘人此律下文時諸比丘分夏安居食及衣佛言不應分食聽分夏衣此時通兼時僧現前施名為賞善夏勞之物故定入佛及僧不得隨情曲判併入佛法及常住僧今時數

見僧尼情識闇短諂究非長昏於聖教親附白衣巧詐多端諂心求利雖得獻物還將入己或有主人隱匿施物私背客僧屏處共分不均夏客如是自垢本心來生定墮惡道又結無知不學之罪故僧護經云檀越施食現前僧應分待客去方分入地獄中噉食糞屎（準此衣物重食寧不招前苦也）寶梁經云佛告迦葉營事比丘數得僧物慳惜藏舉或非時與或有不與者營事比丘以此不善根當墮穢惡鬼中常食糞丸佛告迦葉營事比丘寧噉身肉終不得用三寶之物又云若有比丘或作寺主維那與檀越食向白衣讒說眾僧過

惡順白衣情不肯教詔茍貪利養或以隨親逐近其相招致不依年夏所得之物計錢犯重又有比丘或為寺主維那典掌物事以自在力故將衆僧飲食與白衣賢者自不依衆僧食輒取僧食自食以損僧物死墮下賤以力償之不行集經云一念之惡能開五不善門一惡能燒人善根二從惡更生惡三為聖人所訶四退失道果五死入惡道佛藏經云當一心行道隨順法行勿念衣食有所須者如來白毫相中一分供諸末代一切出家弟子亦不能盡五分云十方衆僧自有食分依時而來不須召喚白衣及中能齋

亦得與食（謂能損益開。反此應禁也）十誦婆論云若外道來衆僧與食不犯止不得自手與以外道常伺比丘短故開與之若不打犍稚名盜食僧祇若作相已不來無犯雖復打鐘而遮閉戶不通客者亦犯（準此作相令定不許雜亂若換鐘磬先集僧白衆知然後得換）若大界內有二三伽藍同一布薩食時各打鐘一切莫遮清淨無過大集云若一寺一村五法師住鳴稚集僧次第賦給無有悋惜不訟彼短是名如法住大功德海若無量破戒僧但五人清淨如法護持佛法懸諸衆生功不可討此律客比丘初至先語僧制法式等無過見論若至空寺見樹有果

應打犍稚無者下至三拍手然後取食否者犯盜飲食亦爾若客比丘來舊比丘不肯打磬者客比丘應自打食者無犯僧祇云若行食時滿杓與上座上座應斟量得徧當取不得偏饒上座若沙彌淨人偏與師僧大德者知事人應語言平等與僧食無高下婆論云若衆僧行餅錯得一番不還僧者犯盜五百問云上座貪心偏食犯墮不病稱病索好食得犯重（今時寺中僧次疏而簡客者此疏變為別請不名僧次又此住處不名僧寺以簡通就別同於鄙俗又乖施主普同之意）

第五入衆服儀者此律云入衆當具五法一應以慈

心二應自卑下似拭塵巾三應知坐起法若見上座不應安坐若見下座不應起立四彼至僧中不為雜說世俗事若自說法若請他說五若見僧中有不安忍應作默然住之智度論云佛聖弟子住和合故有二種法一者賢聖說法二者賢聖默然夫論衆法軌用形儀若清淨可觀則物生善天龍歡喜威儀濫惡便辱佛法何所巨益故十誦云比丘衣服不淨非人所訶又涅槃云譬如破戒比丘身無威儀也華嚴云具足受持威儀衆法是故能令三寶不斷法得久住惟佛教東流年經六百至於自行猶成鄙俗又華夷

方隔經律未學雖剃髮似尼無妨風俗仍在容畜非法之服爲佛法瑕疵荏苒流行致成常式或著俗人袍襖褌袴斜韡或髮爪鋒長衣多聚膩或畫眉假飾雕唇注口或脂粉塗面志染俗情或歌舞醼會公然放逸或黑白同居緇素混雜或食座高聲不敬耆宿或衆僧未出預走爭門列席寒心觀徒啟齒以此推之豈成高尼之謂也見論云若多聞弟子知禁律者見餘所用不當如法即須打破無損物主不得索償此佛勑比丘破檀尼迦非法瓦屋亦無有罪義云恐惡法流行染及清衆也

翻淨篇第二十三

此篇大門有九一制意二淨處三加法四辨過五翻淨六對緣七互墮八檢開九淨生

第一制意者良由尼衆報有優劣上中下差三種區別居上達之徒志力精强制令分衛以乞自活情標方外不居畜積若中下之流抑同上士貪力不逮容生退道是以大聖慈愍見饑喪命方開同界別結儲積食不生罪名之爲淨若違別就同長己貪結業因不淨名之爲穢從改正名目之爲淨也

第二淨地處此門有四一籬牆不周淨此律云半有籬障多無籬障都無籬障此三非宰儲積義微故開不犯若三周有院獨開一面攝食義强此結有罪厨舍孤立類亦同然也垣牆塹柵亦如是類前籬障周缺多少二檀越淨一食具是他物故律云自今已去應作檀越食食淨人掌舉不得自受若有所須隨意索取二處所是他物故律云若爲僧作伽藍未施與僧雖食在中不名有犯三食及處俱是他物不屬僧用此三同他物淨要眞非假不得冒託他自負來業也三處分淨者此律云若檀越若經營比丘爲僧作伽藍時處分如是言某處爲僧作淨地是名處分淨四白二羯磨結淨地者義云謂伽藍院相周帀比丘尼在中有宿煑過無問久近隨處

結之除去比丘尼然後結之母論云大界內無淨厨者一切宿煑不得食乃至藥草亦爾此律云因比丘餓死故聽在伽藍內邊房靜處結作淨地必須在作法界上結不同處分在自然界得五分云諸比丘欲羯磨一房一角半房半角或中庭通結坊內作淨地並聽結竟題牓示令後客尼識知故律云客問何處淨地不淨地

第三加法者前三不作羯磨如前所明今第四作法此下具述也若欲作法一切尼衆並集大界內遙指結之不得坐淨地中結所以然者以食望僧是攝是障以僧望僧非攝非障上座令一舊住比丘尼起立唱云

大姊僧聽舊住比丘尼爲僧唱淨地處於某處房內爲僧作淨地。（三唱已復座若溫室食堂一隅一角隨繞唱結不局一處不取唱人𨁝入羯磨）律師問云僧今和合何所作爲答白二羯磨爲僧作淨地。

大姊僧聽若僧時到僧忍聽僧今於某處結淨地白如是。

大姊僧聽今結某處作淨地誰諸大姊忍僧結某處作淨地者默然誰不忍者說僧已忍僧結某處作淨地竟僧忍默然故是事如是持。

若後改轉須解卻者律無解文義準反結卽成。

問僧今和合何所作爲答解淨地羯磨。

大姊僧聽若僧時到僧忍聽僧今解某處淨地白如是。

大姊僧聽僧今解某處淨地誰諸大姊忍僧解某處淨地者默然誰不忍者說僧已忍解某處淨地竟僧忍默然故是事如是持。

第四辨過者其檀越不周二淨無內外晝夜同宿內煑無過但不得觸若處分羯磨二淨通尼在內檢校唯護明相若共同宿便壞食具更須翻淨兼有內煑。

第五翻淨者五分云有諸木器肥膩不淨以瓦石揩洗恐破壞者用沸湯淨洗。僧祇云淨人行食淨器墮比丘鉢中尋卽卻者名淨停須臾者不淨。（須臾夜極長有十八須臾日有十二夜短翻前二春秋夜晝各有十五須臾卽是也）若是銅器洗淨用木器若膩入中者削剗卻之不可用當棄之。十誦云若比丘尼有膩器二三度用澡豆洗故不淨者當以木刮卻然後澡豆二三遍洗是淨餘有未盡者如米麪油醬等於大僧寺及俗人家沙彌尼淨人處隨多少更互博取雖得本物已入手兩相捨意故不犯。故見論多比丘共一沙彌行各自擔食至時自分已沙彌語比丘言今持我食與大德易得已復展轉乃至下

座若不解者教之亦得義準翻淨其僧博等亦然若盆甕等器有食膩者釜上蒸之內外熱徹膩出卽淨。一切銅器磨之卽淨鐵器以火燒內趣令膩盡木倉櫃等削刨泥拭土倉窖等隨有更拭石器者或以水洗或以鐫治亦得無殘膩。此律得捉僧角杓銅杓浴牀等則無觸淨。（應非常用者得）問比丘不護淨何過耶。答依護淨經云由比丘觸僧淨食不淨故五百歲墮餓鬼中復五百歲墮狗中復五百歲墮蜣蜋中復得人身衣不蓋形食不充口因說知事比丘觸僧器故墮餓鬼中五百餘年不見漿水正欲趣廁護廁神鬼打不

得近智度論云沙門福田食以不淨手觸或先噉或
以五不淨物著中入沸屎地獄中五百問事云精進
知事人以指挃僧淨器入噉糞鬼中恆在廁上不能
得食如是因緣至多不可具述行者慎之不得自誤
第六對緣者初明惡觸者十誦云比丘食竟以不淨
鉢及食與沙彌白衣洗鉢竟還著僧器中是名淨一
心過與則無惡觸僧祇云若曬穀時比丘在上行者
當腳處使淨人扒卻難事急雖蹈無罪必天雨無淨
人時得自遙擲物覆捉淨瓶石鎮之忘覆食器亦爾
比丘錯把淨麨者非故名淨若還放餅中即為不淨

餘皆例爾檠緣沒麴麥為器船在水中非器岸上為器車
駕牛時非器無牛者為器若食時或甘蔗蘿蔔束豆
囊上令比丘坐不動身亦不得問若動問者一切不
淨應難時開坐也若船車上載諸穀覆者比丘得坐上下不
得名字若小車有淨物若取衣鉢時動車者一切不
淨當令淨人取不得以牛在故為淨應令淨人先上比丘尼後
上若下時比丘尼先下若在載物車中忽即車翻離
牛者一切不淨若牛繩尾未離車者名淨十誦云比
丘與沙彌擔食道中食時與沙彌沙彌還與比丘者
先不共要得食反此不得飯粥羹器傾側聽佐淨人

正已不得復觸若佐揩釜亦爾人驢車牛等負食傾
側亦爾此律若酥油餅不覆無淨人覆者自手捉蓋
遙擲置上以離緣開覆故不犯若居士持食寄比丘掌舉後索
還與比丘者得洗手受之五分云若惡人以僧不淨
米一把投淨米中可分者除之不可分者趣去一把
　二自煮者僧祇云薑湯不得自煮以變生故乞得
冷食自溫者不犯若作食時淨人小者得捉其手教
淘抒飯等　三內宿者五分云使淨人於不淨地洗
菜未竟明相出者犯此律有比丘持食來覓淨地未
得明相出不犯　四內煮者若在界內為他者不礙

私已與他有餘洗手受食不犯此律式叉尼得與大
尼過食不得同宿或是無沙彌尼故開
第七互墮者此律云安食具在樹上並從根斷若根
在不淨地枝覆淨地果墮淨地或為風吹雨打鳥獸
墮者但無人觸知遇緣而墮雖經明相不成內宿謂
長足果也若不淨地未長足來運運重生則無內宿
隨時而取得入淨廚若果菜已離本處者隨經明相
比丘尼若知即不得食上來準義通說以律無文故
第八儉開者此律為穀米勇貴人民饑餓乞食難得
為賊持去佛憐愍故開界內共食宿內煮自取食僧

俗二食水陸兩界並不作餘食法舊解尼無餘食法開若據敬僧戒中似尼犯足有餘食法今且論無者若儉時應開七罪謂內宿內煑自煑惡觸不受足食殘宿等三提四吉(尼無足食應開二提)兼壞生種如水陸果子不受而食豈令淨耶此律若時世還賤故開食者佛言不得如法治之十誦云若饑儉時食竟得持殘去語施主知(今時豐足僧尼齋殘不語主知持歸計錢滿五犯重宜自慎之)

第九淨生者僧祇云每食時上座應問果菜淨未無蟲否問答如法已得食維那亦爾此律淨法有十初五者一火淨二刀淨三瘡淨四鳥啄破淨五不中種

淨此五刀瘡鳥三淨應去子食不中種淨及火淨皮子都食次五者一皮剝淨二剫皮淨三腐淨四破淨五瘀燥淨此五淨根種法故律云水洗連根菜卽名淨火淨便通五種(後五依五分通淨根種)僧祇多果同一器一果作淨餘者通淨若別器者一一別淨甘蔗菁葉莖莖作淨無葉者和束淨(準此蒿草子葉散落總無淨法比丘尼不合自作云云)明了論云加行所作(疏云)如一聚果子若未作淨者但食皮肉一一吉羅若食核一一得提今以火觸止得一吉羅令一聚果子俱淨免於多罪豈非利益僧祇云樹果野火所燒灰圍穀聚恐非人偷亦名爲淨若食果核者火淨已聽食若皮淨不火淨食核得提明了疏云此淨法不但約一物以成如一聚桃李但火一觸餘皆成淨此作淨體本以爲法非使物不生故名沙門淨問種相云何別耶答種者謂根莖可種植或雖離地從緣種之生者亦名爲種相者如諸果菜及餘食餅上有青華白毛者名生相(壞種得提損相獲吉)

受藥篇第二十四

此篇大門有六一藥體二受意三受法四說淨五通塞六重受

第一藥體者此有四一時藥者此律有十謂餅麨乾

飯魚及肉枝葉華果細末磨食等(魚及肉初開後禁諸經種種訶責文不復具述)二非時漿者僧祇云謂一切穀豆麥煑不破者取汁而飲諸生果汁等要以水作淨若器底殘水被雨濺等亦爲淨十誦云若蒲桃不以火淨汁中不以水淨及互不淨不應飲俱淨得飲見論云舍樓伽漿者謂藕根漿澄汁使清淨得飲毋論種種果多食不淨聽破汁飲若不至初夜變成苦酒者不得飲以酒勢欲成故義云若作漿法要須汁滓相分漉澄水淸其狀如水方得飲之若有濁汁與時食和咽咽犯提　三七日藥者此律酥油生酥蜜等五種世人所

識當食當藥如食飯乾飯不令麤現有病因緣得非時服。伽論云沙糖漿亦得七日受。僧祇云此藥清淨無時食氣一時受取得七日服人有四百四病風病百一用油脂治火大熱病用酥治之水病用蜜治之雜病用上三藥治之。十誦云石蜜不得輒噉除五種人得食謂遠行人病人食少人不得食人若施水處和水得噉五分饑渴二時以水和飲。 四盡形藥者僧祇云胡椒蓽茇薑呵棃勒等此藥無時食和者頓受病比丘尼盡形服之此律云一切苦辛鹹甘等不任爲食者聽形盡服見論云一切樹木及草根莖枝

葉不任爲食並得盡形受服義云今時多有僧尼非時分中食於時食何者是耶乾棗汁生棗汁乳酪清漿生藕根或諸生果搗破不以水和澄清稠濁飲之或食餳糖清飯漿等如是之類非時而食咽咽犯提

第二受意者此門有二一手受二口受初手受意婆論云有五義故制一爲斷盜竊因緣故二爲作證明故三爲止誹謗故四爲成少欲知足故五爲生他信敬心故次口受意爲防手受故若無口受過午便失手受由有此法乃至限滿方始法謝又爲防非時不受殘宿惡觸內煑自煑等七罪手受但防不受惡觸二罪也

第三受法初受時食者未受已前要須識知食體兼作普受之意方得成受故律云欲受油錯受酥等並不成受皆須心境相當方得名受唯除眼暗及不喜見沙門得置地受 二受非時漿口法者諸律雖制受服而無受法自下受法及說淨等並準文義出依行彌善手執湯漿至一比丘尼前云

大姊一心念我比丘尼某甲今爲渴病因緣故此是薑蜜湯爲欲夜分已來服故今於大姊邊受 三說

若蒲桃梨奈諸果漿等隨其病緣類牒說之若頓受不過須臾飲盡者不勞加法 三受七日藥者

大姊一心念我比丘尼某甲今爲熱病因緣故此是酥七日藥分爲欲七日共宿服故今於大姊邊受 三說

如是風病服油冷病服蜜雜病服石蜜等類牒可知

四受盡形藥者

大姊一心念我比丘尼某甲今爲氣病因緣故此是薑蘋丸盡形壽藥爲欲共宿長服故今於大姊邊受 三說

如是薑桂及餘丸散等隨病因緣類牒可解若買藥令俗人斷價定已比丘尼自選今多於本分買竟然

後遺稱已受取不得置地卽須對同伴尼加其口法。如其不爾停過須臾失受惡觸罪生不能如是之時令俗人受取持歸和擣竟然後口受最善。

第四說淨者。此七日藥一種作口法竟偏心屬已故須說淨以藥體是貴資身力强過畜延時無變動義若不說淨越過七日便犯捨墮餘之三藥不具前意不須說淨。說淨方法如長衣法唯云長藥爲異。若初受藥忘不說淨者不成惡觸故律下文云受得生薑忘不說淨佛言應放地使淨人作淨已自應洗手更受故知忘受不成惡觸。

第五通塞者。手受爲防其盜。一人受竟通餘尼共食無罪論其口法亦通餘人由其口法加他二通之藥一者味通二者手通故捨與前人受法不失。

第六重受者。義云論其手受觸失本受卽須更受雖重無過。若論口法依婆論云五日已還淨人來觸更餘不受藥來雜更加七日法不作二日法正從法論不從藥勢六日已去不得重加以藥物入淨故便隨藥勢更不加法若藥衆多不知何者是本藥應手口二受然後服之若病重尼不得口受傍人直爾爲受與服亦得設看病尼爲手口二受稱病人名亦得成受盡形壽藥若淨人來觸直爾手受不須作法以口法不失若餘藥來雜更口法受之。

訃請篇第二十五

此篇大門有十一。一簡請二釋非三訃會四至家五就座六淨食七香願八受食九食儀十噠嚫十一還法。

第一簡請。此律請有二種。一僧次二別請。雖開別請。然諸經律禁約者多故梵網仁王並廣訶不爲十誦善生雖別請五百羅漢猶故不得名請僧福田若能僧中請一似像惡比丘猶得無量果報增一經成論

云如飲海水卽飲衆流僧次亦爾。比丘應供經云若我弟子有受別請定失四果不名比丘道人不名受檀越供養人是人不得國王地上行不得飲國王水有五百大鬼常遮其前是比丘七劫不見佛不爲授手不得檀越之物五百大神常隨其後言佛法中大賊佛言莫如外道親近知識國王大臣前自唱言我得眞道欲受別請若我弟子受別請者非佛弟子非求道人是空作是訃名爲畜生地獄中人不見千佛五分但爲解脫出家者得爲僧次請唯除犯惡戒人正法念經云心常念他請喚與食此是放逸因緣十

誦云別請有二處一寺上二施主門外又別請人有
四種一別請有德二別請耆年三別請親屬四別請
主人又僧次對別請四句一初僧次後成別請謂寺
上僧次差來是僧次至施主家語言今有德師來稱
某甲請意即答言實爾便成別請二初別請後成僧
次謂寺上別請至施主家毀呰別請讚歎僧次後無
別請心故成僧次三前後俱別四俱不別初及第三
犯別眾提二四不犯別請對別眾亦有四句一別請
非別眾謂寺上別請來是別請施主門外無人可別
非別眾食二非別請是別眾謂施主門外有人可別

比丘尼鈔卷五　計請篇二十五　三二

是別眾食謂寺上僧次請來非別請三二俱別四二
俱不別二三犯提初四不犯門外別者謂施主家內
先有三人後別請門外一人門外更有人可別故是
別請亦是別眾食若施主家先無比丘尼要門外別
請四人更有人可請別眾食婆論云若聚落界內無
眾僧有施主請四人已上聽打揵稚若不打者設知
此中乃至一比丘尼不來者得別眾食罪若疑有比
丘尼者不集亦犯若打揵稚不問有無一切無罪又
僧祇云食應作四種相一打揵稚二吹貝三打鼓四
唱令若不作四相而食僧祇食名不清淨名盜食僧

祇食不問界內有比丘尼無比丘尼不作四相皆犯
盜僧祇也
第二釋非五百問云作得佛物請比丘尼不合食沽
酒家內一切不得入更有餘門者得入若請比丘當
持一日戒一日不沽酒屠兒家亦爾僧祇云若來請
比丘尼明日食不得定答云決去應語云若無緣事
當計之若有請僧應問姓名客人舊住巷陌不得輒
往應先令一人若月直園民沙彌在前訪問恐試弄
比丘及有留難恐僧失食故十誦云為知請故須立
維那出要律儀翻為寺護又云悅眾本音婆羅此云

比丘尼鈔卷五　計請篇二十五　三三

次第也五百問事云受別請已遣人代去主人意無
在者得若嫌者墮婆論云被請人與僧同去不白先
人者墮經管知事人在僧後到者墮食未嚫去者墮
餘人私行直報同伴得僧祇云若念至精舍當食若
過餘處食悔過若值彼僧受請隨去無犯十誦婆論
云檀越請僧食僧次未到自云我應去故妄語提若
得食計食犯重十誦云不請自來吉羅鼻奈耶云因
饑儉請一二人故多人惱亂施主提為病僧事作衣
事故不犯僧祇云得為俗家設會張幔及設供具唯
不得與男子共舉物五分云白衣應借僧臥具應是相益

者修福別事應禁之見論云沙彌雖未受具亦入比丘數涅槃經云乃至未受十戒亦得受請上來尼及式叉尼沙彌尼並得準前

第三赴會者此律云若欲受請應往衆僧常小食大食處往若檀越白時到者上座應在前行如鴈行而去諸比丘應偏露右肩在後行若有佛法僧病比丘事者當白上座在前去必於衆中有命梵等難若問不問聽去若上座道行大小便應待來然後如前去也

第四至請家者十誦云到食處應默然一心淨持威儀生他善心當除入坐義云若至請家未安佛座及

聖僧座尼衆不得在先坐當令先安諸經像在高顯處極使清淨後鋪聖僧座其法乃有五卷即梁武帝對中國三藏出之文廣不錄今依請賓頭盧經云預宿請在高顯處敷設虛輭物爲座我若來時坐處有相今時僧尼多慢此法輕辱聖儀特乖佛教既自無敬亦令俗士不虔三寶滅法之原由今上座從此已下更採經律補闕前文文雖不次於理弗乖若敷聖僧座時堪容一人大坐處亦令施主依時宿請其座上必須淨潔勝於僧座仍不得剌華散華在上又不得彩畫雕飾相同於佛其座高卑不得越過尺六還如凡座無異亦不得用常住僧槃椀盛食置前此唯得獻華而已若用鉢盂銅椀通及化報於理如法所以同凡者此賓頭盧雖是聖僧報身猶存佛制令三天下每日赴供又持戒之時同凡僧無異豈得破戒處高兼觸僧淨器聖僧錢還入聖僧用若有餘長將入作聖座鉢盂銅椀匙筯食巾廟屋燈燭等諸雜供養但不得將入常住僧及入私已用亦不得造聖僧形像置上座食堂頭儭賓頭盧報身自來赴供豈得推卻素形而坐亦不得將聖僧物作餘聖僧阿難迦葉等形何以故以別屬物不得互用故律云許此

處不得異用也

第五就座者此律云菩提王子請佛從於階下布衣令佛蹈上過世尊不受令卻之爲未來比丘故又往食處不應雜亂叢聚而住應隨次坐上座入座已應看中座下座勿令不如法不善覆身若有者彈指令覺若遣人語知好如法坐中下座以去互看亦爾僧祇云不好覆身坐者謂著細生疏衣形體露現摩訶羅坐謂不正坐尼坐不正不待語恐其慚恥應作方便遣令取物若姪女故作者當自避去此律至請家彼此相問年歲大小訖坐若恐日時欲過聽上座八人尼

次第坐餘者隨坐五百問事云若共師並坐更無別處者得不得同槃食沙彌威儀經云若共師連坐飯當離師六尺此律云不應故在後往食上令諸比丘起見來亦不須起若未來者比坐開處尼應同之僧祇云若有可笑事上座應語言云何聖毗尼中出斷現齒呵呵而笑當忍之起無常苦空無我死想若不可止當以衣角遮口徐徐制止身不定者當動手足乃至折草漸漸自制義云若至死亡之家禁慎諠笑不得妄談世論致俗譏訶五分云若至請處外有客比丘不得入語主人聽入不許者語云與我食分自共等

食又不許者應自語委知僧坊有食可往彼去然後乃食婆論云通集門外比丘一處喚一大者入更餘不集者亦喚入之雖打犍稚終須不遮方得清淨尼亦同準今時齋處上座但憂自身飲食新利豈愁門外客尼別眾等過舉眾得罪長阿含經云世尊詣會常在眾中坐左面比丘右面清淨士也

第六淨食者此律云上座應問云果菜淨未若言未淨令淨僧祇云上座當知誰看房看病等應語與食若檀越惜者應語長壽法應與不得不與若日晚者應先發遣令去也

第七行香呪願增一云有設供者手執香鑪而白時至佛言香為佛使故須之也五百問事云千威儀經云不得立受香因比丘受香女觸其手欲心發退道佛言若立受吉羅尼受男香準同但令懸放立受應開十誦云為諸天聞唄喜故開唄此律佛受賈客麨已然後呪願辯意長者子經云食前呪願僧祇云上座應知前人所施當為應時呪願若不能者次座應說又不能者乃至下座都無者並得罪雜寶藏經云諸比丘若說法呪願當解時宜憂悲喜樂知得不得妄說今時導師貪事宮商綺詞逸口妄說者也

第八受食者若欲受食先量己身德行優劣然後受

食不得自大為施所墮婆論云如農夫作者是功用果非威勢果食其子肉者是威勢果非功用果僧祇云告諸比丘計此一粒米百工乃成奪其妻兒之分求福故施云何棄之十誦云應觀是食難消難辦毋論云每得食時應生厭心為存身命故又受人信施不如法用入三塗中受大重苦若不受苦報者食他信施即破腹出衣即離身若前人無善而施者能施所施二俱為施所墮智度論食為行道不為益身如養馬養豬無異伽論云若得食時口口作念得衣時著著作念入房時入入作念若鈍根者初得衣食房

舍總作一念義云初欲食時先奉三寶六道衆生已後當食口口作念攝受作三歸之意初下一匙飯時願斷一切惡盡入第二匙時願修一切善法滿足入第三匙醬菜時所作功德迴施羣生普共成佛此則口口受得菩薩三聚淨戒豈非大益耶若不能口口作念前總作一念已然後食之亦得見論云若人施佛食誰合得食若有侍佛僧得食無僧白衣侍佛亦得食此律云供養佛塔治塔人得食增一云施中上者不過法施業中上者不過法業恩中上者不過法恩又施畜生獲福百倍施犯戒人獲福千倍涅槃經

云因曠野鬼爲受不殺戒已告鬼言我今當勅聲聞弟子隨有佛法處悉施汝食若有住處不能施者卽是天魔徒黨非我弟子五分云若與乞兒鳥狗等應量已分內減與不得取外施愛道尼經云出衆生食如指甲大智度論云鬼神得人一口食而千萬倍出也中阿含經云若死人布施祭祀者若生人處餓鬼中者得餘趣不得由各有活命食故若親族不生入處中者但施自得其福乃至施主生六趣中施福常隨以持戒但得人身必須餘福助報往生經云以亡人衣物作福死者七分獲一準此經文未死已前所有衣物不如及身早作功德並屬現前人也此律云比丘得食便食爲俗譏責佛令唱等供已然後食僧祇待唱等供然後食若時欲過隨食無罪十誦云從今上座待唱徧聞等供聲一切僧共食五分云尼至請處未唱隨意食口口提下二衆吉增一經云諸王設供自手行食庶士同之此律若請二部僧先與比丘恐日過者一時與之僧祇云食時應護右手當以左手受飲食器注唇不得深含椀緣又不得觸著額鼻及飲盡留少許於口飯處瀉棄之次與下座沙彌食上鬧亂恐壞俗信以水浣灑者不犯弄水罪十誦云食著手不得振卻應拾取之僧

祇云不得噂喋作聲食鼻奈耶律云不得縮鼻食第九食法者僧祇云上座應徐徐食不得速竟住看年少勿令狼狽食不飽滿應相望看之乃至待行水隨順呪願已然後乃止又云居士飯僧訖遺餘食料理與比舍婆論云出家僧尼白衣等齋訖不用澡豆末灰巨摩等漱口皆不成齋法如過去有比丘字蓮提六十歲持齋戒不闕唯一日用巨摩豆屑等成齋若不爾者皆不成齋若依此律但云知住時知坐時知卧時於四威儀中隨一時食五正食足便成齋不論澡豆

第十噠嚫者雜阿含經云佛及比丘食已默去檀越生疑佛令上座爲說大嚫乃至一偈云若爲利故施此利必當得若爲樂故施後必得快樂此律粥初出釜畫不成字者無犯厚便是正食食足已後更食者僧提尼吉又施粥得五事善一除饑二除渴三消宿食四大小便調適五除風患僧祇云施粥得十利益持戒清淨人所奉恭敬隨時以粥施十利饒益於行者色力壽樂辭清辯宿食風除饑渴消是名良藥佛所說欲得人天長壽樂應當以粥施衆僧此律若上座不能爲檀越說法呪願語能說者作若不語不受並結有罪若說大嚫時上座四人相待餘者聽去三千威儀經云未飯不得爲人說法恐落邪命故今齋上僧尼施主不請多有諂心齋前強索經讀亦是邪命婆論云要食後說法有四種益一爲消信施故二爲報恩故三令生歡喜心善根成就故四爲在家人應行財施出家人應行法施故見論云聽說義時要撮諸文五分云諸比丘請破戒邪見諸根不具者歎唄說法因此惡人得勢又能辱僧佛言請法師三藏諸根具足者說伽論云若無能誦唄者當次第差若都無者各誦一偈能者不受偷蘭此律令說諸惡莫作一偈增一經云諸惡莫作者謂戒

具足清白之行諸善奉行者謂心意清淨自淨其意者謂除邪倒是諸佛教者謂愚惑想滅戒淨故意淨意淨故無倒無倒故惑想滅也

第十一還寺者五分云還寺去時上座八人相待餘人前去雜阿含經云諸比丘食竟皆入禪室坐禪晡從禪起而說法也今時末法僧尼食已廣營俗務市廛街巷盈衢滿肆唯利是求何成出家息惡之士

屆寺篇第二十六

此篇大門有二第一入寺第二儀式

第一入寺者此律云舊比丘聞客來應出外迎爲受衣鉢安置溫室重閣及經行處供給水器等問舊比丘我若干歲有房分否答言有問有人住否若無人者應問有臥具利養器物房衣等否有者當取至房受已又問何處大小行淨地佛塔聲聞塔第一上座房乃至第四上座房等一一別問若不問者主人一一示語乃至大小食處客受房問主人已應禮佛塔次禮聲聞塔後禮第一上座乃至第四上座應偏袒右肩脫革屣右膝著地捉兩腳如是言大德我禮若四上座房內思惟應隨座次禮房主人一一示語十誦云若上座時見應禮難見遠者則止三千威儀經云若入

他房具五法。一於外彈指。二當脫帽。三作禮。四正住。教坐乃坐。五不應經行。五分。住處迮不相識者聽同牀坐不得眠。僧祇云。舊比丘應語客僧。一切僧家制限。若伴已去者。不得語令知。云不及伴。應語可小停息。更應有伴。必有急去者。應給糧食。囑累行伴。五分云。白衣入寺。應借臥具受用。三千威儀經云。新至比丘。以十事與之。一當避與房。二當給所須。三朝暮問訊。四語以習俗。五當教避諱。六當語請到處。七語僧教令。八當某事可食。九示縣官禁忌。十語以賊盜處所也。

第二儀式者。五分。若四威儀不如法者。非為於世而作大明。僧祇云。若行平視迴時合身迴。中阿含經云。若朝乞食。守攝諸根。乞食已。收舉衣鉢。澡洗手足。以尼師壇著於肩上。至無事處。或經行坐禪。淨心障已。於中夜時入室欲臥。四褺憂多羅敷牀上。褺僧伽梨作枕。右脇而臥。當頭面向佛像處。足足相累。意想明相。至後夜時速起。如初夜法。僧祇云。頭向袈裟及和尚長老比丘。初夜思惟自業。至中夜右脇著下。累兩腳。合口舌柱上齗。枕右手。舒左手。順身上。不捨念慧思惟起想義。云一切天人龍鬼。是出家修道之緣。於

彼幽顯。不得輕有犯觸。雖居暗室。常當自照。十誦云。燈明中不得眠。毋論云。若過十臘。有法事必能利益者。雖師不聽。自往無過。僧祇云。行時先下腳跟。後下腳指。在道行欲宿。遣一年少比丘前覓宿處。索前食後食。當白非時入聚落。得已還報。應展轉相白。入（尼年少有難不得先行待老少相看一時而到）智論云。出入來去安庠一心。舉足下足。觀地而行。避亂心。為護眾生故。是名不退菩薩相。僧祇云。不得作駱駝坐。應加趺坐。若疲極者。當互舒一腳。增一經云。令聽比丘先以手憑座後坐。此是我教。十誦云。無病不得晝臥。若憙眠應起經行。見

論云。臨欲眠時。先思於六念也。三千威儀經云。不得於上座處坐。亦不得與三師並坐。十誦云。聽法時上座來不應起。起者吉羅。若和尚阿闍梨恭敬故自起。不得令他起。吉羅。乃至聽法不得與沙彌同牀坐。沙彌得與白衣同牀坐。大比丘三夏亦同牀坐。三千威儀經云。欲上牀時。當具七法。一當徐卻踞。二不得匍匐上。三不得使牀有聲。四不得大拂牀有聲。五不得大欠大吒歎息思惟世事。六不得搴狗臥。七起以待飾。心走不定。當自責本起。毋論云。比丘貪著睡眠廢捨三業。不復行道。金剛力士訶責。佛言。食人信施。不

應懈怠夜二時中應坐禪誦經經行一時以自消息是名臥法僧祇臥法如師子王不得眠至日出應於後夜當起正坐思惟已業又仰臥者修羅覆者餓鬼臥左脇貪欲人臥也

懺悔篇第二十七

此篇大門有六一懺波羅夷法二懺僧伽婆尸沙法三懺偷蘭遮法四懺波逸提法五懺波羅提提舍尼法六懺突吉羅法

第一懺波羅夷法者此有三種一懺儀二懺法三行法第一懺儀者此律比丘比丘尼犯波羅夷已都無

覆藏心令如法懺（舊師云不許尼懺者此是看文不審也）僧祇云若犯罪已啼哭不欲脫去袈裟深樂佛法令與學悔羯磨比丘不淨食彼亦不淨食得與比丘授食除火淨五生種及捉餘金銀等應從沙彌尼授食（亦準同也）十誦云若有犯此重戒者如法乞羯磨佛所結戒一切受行在大比丘尼下坐不得與大比丘尼過三夜宿自不得與白衣沙彌尼過三夜宿得為僧作布薩自恣二種羯磨仍不得自足僧數餘一切羯磨皆不得作得受夏也（尼亦準同）伽論云謂無能作者得作前二種法大唐波頗三藏云縱自言犯重及有三根自他相對並

成說淨受衣等阿毗跋律云有比丘名僧伽婆藪遂犯婬便自覺悟捨錫杖法衣著小舍勒出入大唱云我是十方三世佛賊偏求自悔至持律所知其犯重即化作一大火坑僧伽婆藪便東身走投火火即變成涼池律云汝心如是戒還得之無破戒罪即得羅漢如僧伽婆四事皆爾母論云與白四悔法已名清淨持戒但此一身不得超生離死然障不入地獄治禪病經云犯重比丘將欲懺悔者脫去僧伽梨著安陀會五體投地如泰山崩心生慚愧供僧苦役掃廁擔糞如是經八百日已後香湯洗浴著僧伽梨入塔

觀像見好瑞應有證後為僧誦戒滿八百徧方得清淨也虛空藏經佛名等經若比丘比丘尼犯四重五逆悉許得懺然此諸經並是大乘若欲捨懺特須自驗根性審看經意然後得悔不得見有斯經便慢律教

第二懺法者犯尼應具威儀脫新衣著故五條至心懇惻來至僧中五體投地舉聲大哭如泰山崩自發露云我是佛法中大賊偷形出家行非犯重冒濫清眾自非他懺罪中之極惡中之大省已患過誰逾於我污辱凡聖壞滅佛法恨不碎身如塵歷劫重謝苟

貪性命但延朝夕。蒙世尊慈訓懺法攜誘罪人冀免來報願大眾慈悲布施悔法。作如是已。然後請云。

大姊僧聽。我比丘尼某甲犯不淨行不憶數。或互用三寶物盜滿五錢不憶數。或共男子互相摩觸不憶數。或犯八事成重不憶數。或知他犯重故作覆心不憶數。憶數云隨隨犯多少稱也。此等諸罪犯已都無覆藏心。今從眾僧乞波羅夷戒。願僧與我波羅夷戒。慈愍故。三乞

上座問云。

僧今和合何所作為。答云。與波羅夷戒羯磨。

大姊僧聽。此比丘尼某甲犯不淨行不憶數。或互用

三寶物盜滿五錢不憶數。或共男子互相摩觸不憶數。或犯八事成重不憶數。或知他犯重故作覆心不憶數。此等諸罪犯已都無覆藏心。今從眾僧乞波羅夷戒。若僧時到僧忍聽。僧今與某甲比丘尼波羅夷戒。白如是。

大姊僧聽。此比丘尼某甲犯不淨行不憶數。或互用三寶物盜滿五錢不憶數。或共男子互相摩觸不憶數。或犯八事成重不憶數。或知他犯重故作覆心不憶數。此等諸罪犯已都無覆藏心。今從眾僧乞波羅夷戒。僧今與某甲比丘尼波羅夷戒。誰諸大姊忍僧與比丘尼某甲波羅夷戒者默然。誰不忍者說。如此三說

僧已忍與比丘尼某甲波羅夷戒竟。僧忍默然故。是事如是持。

第三行法者。此律云。犯波羅夷戒已。當奪三十五事。一不應授人大戒。二不應受人依止。三不應畜沙彌尼。四不應受僧差教授比丘尼。五若僧差不應往教授。尼無此二。應有半月及自恣不受僧差使。六不應說戒。七若僧中問答毗尼義不應答。八若眾僧作羯磨不應作。九僧中簡集智慧者評論眾事不得在列。十若僧差作信命不應作。十一不得早入聚落。十二不得逼暮還。十三不

應親近比丘。十四不應親近白衣外道。十五應好順從諸比丘尼教。不應作異語。十六眾僧隨所犯為作訶責羯磨已。不應復更犯此罪。餘亦不應犯。謂為初篇作訶責。指下四篇亦不應犯。故名餘亦不應犯。十七若相似。若從此生。若相似者謂同犯初罪也。若從此生者。謂根本上方便生。如為初篇婬戒作訶責。而共男子屏處坐是也。十八若復重於此。謂犯初篇不覆。更犯餘篇覆罪。十九不應嫌羯磨。二十不應嫌羯磨人。二十一善比丘尼為敷坐具供養。不應受。二十二不應受他洗足。二十三不應受他安洗足物。二十四不應受他拭革屣。二十五不應受他揩摩身。二十六不應受他善比丘尼禮拜。二十七不得受

他合掌。二十八不得受他問訊。二十九不得受他迎逆。三十不得受他持衣鉢。三十一不應舉善比丘尼爲作憶念作自言。三十二不應證他事。三十三不應遮布薩。三十四不應遮自恣。三十五不應共善比丘尼諍。又不得衆中誦律。無能者聽。與波羅夷戒已僧說戒及羯磨時來與不來俱不犯。若重犯婬戒應當滅擯。若犯餘篇依聚得懺。

第二懺僧伽婆尸沙法者。此有六種。一釋名。二乞懺。三奪事。四雜行。五出罪。六誡勗。

第一釋名者。婆論云。僧伽者名僧。婆尸沙者名殘。若

犯此罪。垢纏行人。非全淨用。有殘之罪。須僧除滅。故名僧殘。摩那埵者。見論云。秦言意喜。謂比丘犯僧殘行覆藏已。前雖自意歡喜。亦生慚愧。亦使僧喜。由前喜故。與其少日。故始得喜名。衆僧歎言。此人因茲改悔。更不起犯。戒得清淨。故名意喜。阿浮呵那。此名出罪羯磨。見論名爲喚入衆。亦名拔除罪法。母論云。謂清淨戒生。得淨解脫。善持起去。故名阿浮呵那。

第二乞懺者。若欲懺此罪。無問有覆無覆。制在二部僧中。半月行之。數各滿四人已上。若作出罪。僧尼兩衆數各二十。不得減少。然請僧之時。須請耆年明解

律者。令尼生敬。不起慢意。下至四僧。多則彌善。安置尼寺別院。不生譏嫌處。僧尼二衆。各須結界。懺竟僧卻解之。懺尼來至二部僧中。具修威儀。脫去七條。已偏露右肩。塗跣合掌。曲身低頭。自慨此罪。垂入重處。曲蒙慈愍。特賜懺法。自惟我身。佛法中賊。詐被法服。冒霑清衆。恃己高行。望他尊敬。惡中之惡。無過我等。舉聲悲泣。盡心自責。如是誡已。四向禮僧。竟來至羯磨師前。長跪合掌。住傍人取其犯名。教乞。羯磨師教亦得。

大德僧聽。我比丘尼某甲。故犯媒嫁男女。得僧殘罪。

不憶數。或犯言人得僧殘罪不憶數。或犯獨渡水。獨入村。獨宿。獨在後行。得僧殘罪不憶數。或受染心男子衣食。得僧殘罪不憶數。（隨犯多少解稱憶者云憶）今從衆僧乞十五夜摩那埵。願僧與我十五夜摩那埵。慈愍故。（三說）

羯磨師問云。

僧今和合。何所作爲。答。作十五夜摩那埵羯磨。

大德僧聽。比丘尼某甲。故犯媒嫁男女。得僧殘罪不憶數。或犯言人得僧殘罪不憶數。或犯獨渡水。獨入村。獨宿。獨在後行。得僧殘罪不憶數。或受染心男子衣食。得僧殘罪不憶數。今從衆僧乞十五夜摩那埵。

二白行三和初白

三奪事二和誡勑。

若僧時到僧忍聽僧與比丘尼某甲十五夜摩那埵。白如是。

大德僧聽此比丘尼某甲故犯媒嫁男女得僧殘罪不憶數或犯言人得僧殘罪不憶數或犯獨渡水獨入村獨宿獨在後行得僧殘罪不憶數或受染心男子衣食得僧殘罪不憶數今從眾僧乞十五夜摩那埵僧今與比丘尼某甲十五夜摩那埵誰諸長老忍僧與比丘尼某甲十五夜摩那埵者默然誰不忍者說如是三說僧已忍與比丘尼某甲十五夜摩那埵竟僧忍默然故是事如是持。

二已行

三告客

第三奪事者羯磨師作法已當誡勑云善女人聽是白四羯磨是聖教良藥遵之在心奪三十五事是折伏法勿得有違執眾勞苦更奉淨尼是調伏法一一順行白等八事是發露法宜加省愧深自慨責憶念依行日日作白勿令違闕闕者失宿自慢慢他既示悔已因僧集時即作白云

大德僧聽我比丘尼某甲故犯媒嫁男女得僧殘罪不憶數或犯言人得僧殘罪不憶數或獨渡水獨入村獨宿獨在後行得僧殘罪不憶數或受染心男子衣食得僧殘罪不憶數已從僧乞十五夜摩那埵僧

四雜行四和云具覆法。

二執役居處

已與我十五夜摩那埵我比丘尼某甲從今日行摩那埵白二部僧令知我行摩那埵三白

若已行一夜者餘詞同上乃至云

僧已與我十五夜摩那埵我比丘尼某甲已行一夜竟餘十四夜在白二部僧令知我行摩那埵三白餘日少例準可知若僧尼各別處者當先至僧所白云大德餘句同前後至尼所作白云大姊僧聽等餘句同上恐作白煩日別集二部僧一處總白爾善。

若外客僧尼來入界時皆應作白云大德一心念下句同白大尼云大姊令知我行摩那埵中間白詞皆同僧法若外客多時應白云諸大德姊一心念等餘亦同上若外客僧尼年耆宿老者待至房內安置坐已然後作白亦得作白之時恆生慚愧悲慨自責不生戲笑外客受白亦生慚愧不得輕弄如是行法客主應教外生物善。

第四雜行者此律云得摩那埵時亦同行覆法唯僧中宿日日白僧為異應日三時見清淨僧一切如法作不應違逆至布薩日應掃灑布薩處供給水器具舍羅等在小房中住不應二人共宿尼行應得二人共宿若眾僧衣物得隨次取之在大比丘尼下式叉尼上坐不得與清淨比丘尼共經行同一牀一版應作隔斷已然後坐應供給清淨二部僧見有客來代擔衣鉢乃

三有緣白停
四八事失夜
五出罪二和生法。

至洗除圊廁勿令慢惰不得在屛房內以客來不見
故應至小屋繩牀居在門首伺候外客勿令默入不
知若大眾難集若不欲行若彼人輭弱多有羞愧應
至僧所白云
大德我今日捨勑不行說一
若欲行時還至僧所白云
大德我今日隨所教勑當作說一
見論云行別住人有人請喚或與人受戒得停行法
事罷續行若寺中多有比丘尼來去難白晝日得捨
行法明相未出還須白行干誦乃至六夜法白僧停

得二十五夜此律云其懺尼得更互作使禮拜迎逆
亦得受沙彌等禮拜有八事失夜法應當慎護一往
餘寺不白二有客比丘尼來不白三有緣事自出界
外不白四界內徐行者不白五病不遣信白六大僧
不得二人同室宿尼應翻前七在無比丘尼處住八不半
月半月說戒時白尼懺作白應不須此此之八事不得違闕隨
違一事即失一宿
第五出罪者此懺尼次第具行十五夜法已應淨剃
髮著受七條被覆肩衣著淨革屣具修威儀來至二
部僧中四向禮僧足殷勤虔懇責悔先罪自惟罪釁

二與法

生女人中污染僧眾其過甚多今蒙大德等慈悲示
誨得免諸障不勝喜躍如是謝已後乞出罪云
大德僧聽我比丘尼某甲故犯媒嫁男女得僧殘罪
不憶數或犯言人得僧殘罪不憶數或犯獨渡水獨
入村獨宿獨在後行得僧殘罪不憶數或受染心男
子衣食得僧殘罪不憶數已從眾僧乞十五夜摩那
埵僧已與我十五夜摩那埵我比丘尼某甲行十五
夜摩那埵竟今從眾僧乞出罪羯磨願僧與我出罪
羯磨慈愍故說三
羯磨者問僧云

僧今和合何所作為答作出罪羯磨
大德僧聽此比丘尼某甲故犯媒嫁男女得僧殘罪
不憶數或犯言人得僧殘罪不憶數或犯獨渡水獨
入村獨宿獨在後行得僧殘罪不憶數或受染心男
子衣食得僧殘罪不憶數已從眾僧乞十五夜摩那
埵僧已與比丘尼某甲十五夜摩那埵此比丘尼某
甲已行十五夜摩那埵竟今從眾僧乞出罪羯磨若
僧時到僧忍聽僧今為比丘尼某甲作出罪羯磨白
如是
大德僧聽此比丘尼某甲故犯媒嫁男女得僧殘罪

六誡勗

不憶數或犯言入得僧殘罪不憶數或犯獨渡水獨入村獨宿獨在後行得僧殘罪不憶數或受染心男子衣食得僧殘罪不憶數已從眾僧乞十五夜摩那埵僧已與比丘尼某甲十五夜摩那埵此比丘尼某甲已行十五夜摩那埵竟今從眾僧乞出罪羯磨誰諸長老忍僧與比丘尼某甲出罪羯磨者默然誰不忍者說如是三說僧已忍與比丘尼某甲出罪羯磨竟僧忍默然故是事如是持

第六誡勗者律師作羯磨已當誡勅云諸姊等諦聽今時經像季法逐人訛犯者競興悔意轉㚇雖樂剃髮染衣俗情猶在是以能受能破厭戒厭持不欣懺犯好入地獄苟求資蔭不希出世今既犯戒類同斯禍賴蒙改悔策勵前非懺於先罪誡為大誡故論云若有二十清淨比丘出僧殘罪者我法不滅今善女人等已興隆正法令不斷絕則是眞佛子能報三寶重恩復使凡聖欣慶道俗欽仰自今已後願更莫犯如護鵝珠草繫比丘無異假令興懺因緣難辦今末法中惡比丘尼多尚不欲聞其名況當聽汝懺悔如是誡約令息後犯諸懺尼等一時合掌答言頂戴奉持願盡未來際終不敢犯然後唱禮而散若有犯捨提罪因此眾集總懺令淨

亦得

四分律比丘尼鈔卷下之上

四分律比丘尼鈔卷下之下　　南山律要三

唐終南山沙門釋道宣述

第三懺偷蘭遮罪者別有兩種。一出罪輕重。二出懺儀式。

第一出罪輕重復有二節。一初篇下從生方便偷蘭遮。二不從篇下生者名爲獨頭偷蘭遮。第一從生方便復有三品。一上。二中。三下。故十誦云。從初篇下生重。此近方便蘭應一切僧中懺。若初篇下生輕。二篇下生重者應界外四比丘衆懺。若二篇下生輕者應界內一比丘前懺。尼僧準同。上來雖分輕重。然未識罪名。

自下具顯出之。後時興懺令識易行。

初篇生重者。就尼八重中。且逐數犯者述其三五。如欲犯婬。其男子身口交觸。未得暢遂。得初篇方便重偷蘭遮。或欲盜五錢。已捉物著。因緣不遂。得重偷蘭遮。或受男子摩觸腕已前膝已下。隣近重境。得重偷蘭遮。或欲犯八事。已犯前七。並犯第八。遇緣不遂時。重偷蘭遮。或知他犯重。故作心覆。未經明相臨曉悔露。得重偷蘭遮。如是等罪並依十誦一切僧中悔。此名上品 若從初篇生輕者。如欲犯婬犯盜等。已隣近人物者。因緣不遂。得初篇方便輕偷蘭遮。二篇生重者。如欲媒嫁受男家語將報女家。受女家語還男家。臨報還悔。得重偷蘭遮。或言八口說至官欲道名字。方便還悔。得重偷蘭遮。或獨入水待後伴。欲雙腳上岸。方便還悔。得重偷蘭遮。或獨行至村。臨越村界。方便還悔。得重偷蘭遮。或獨宿離伴。伸手外意。臨至明相。方便悔露。得重偷蘭遮。或獨在後行。欲俱離見聞。垂離還悔。得重偷蘭遮。上來兩篇輕重二位。依十誦界外四比丘前懺。此名中品

第二篇生輕者。如欲媒嫁受男家語。將報女家。未至還悔。得第二篇方便輕偷蘭遮。或言八口說。未道名

字。方便還悔。得輕偷蘭遮。或疾疾入水。待後伴。方便還悔。得輕偷蘭遮。或獨入至村。未入村界。方便還悔。得輕偷蘭遮。或獨宿離伴去。明相猶遠。方便還悔。得輕偷蘭遮。或獨在後行。欲離見聞處。方便還悔。得輕偷蘭遮。或欲受染汙心男子衣食。未得入手。方便還悔。得輕偷蘭遮。並依十誦界內對一比丘前懺。此名下品

第二獨頭偷蘭遮者。準十誦有三品。若受用石鉢。瞋心裂破五衣。著外道衣。灌下部。露身行。畜用人髮。食生肉。盜一二錢等。並對一人前懺。此名上品 若破羯磨僧盜得三錢。其男子摩觸一有衣一無衣等。並對四人

二通會二文

二懺儀式 二初標列

二隨釋 二初正懺本 四罪 三初大眾法 二初料簡

二正明 七初僧中陳乞

二請懺悔主

前懺。此名中品 若盜得四錢盜僧食共男子摩觸腕已前膝已下並界內對一切僧前懺。此是上品 此律別眾戒中。大眾者若過四人若據此文縱犯中品罪亦名大眾懺小眾者下滅諍犍度中若二三人名為小眾若據此文十誦對二人懺者亦名小眾也。此律教二人行婬成者偷蘭遮不成者突吉羅亦是自性偷蘭遮應對小眾懺。

第二出懺儀式者別有三節。一大眾法。二小眾法。三一人法。

第一大眾法若欲懺悔要五人已上得受他懺懺主作單白和僧羯磨不落僧數又依婆論無問輕重悉從僧三乞已然後請懺主對首三說如懺波逸提法犯尼具修威儀來至僧中問訊長跪云

大姊僧聽比丘尼某甲故犯不淨行已共男子身口交觸未得暢遂犯初篇方便重偷蘭遮罪不憶數或犯盜用四錢得獨頭偷蘭遮罪不憶數隨犯多少憶數云憶今從眾僧乞懺悔願僧聽我懺悔慈愍故三說

次至懺悔主邊禮已請云

大姊一心念我比丘尼某甲今請大姊為偷蘭遮懺悔主願大姊為我作偷蘭遮懺悔主慈愍故三說

三懺主單白

四為說罪相

五正明捨罪

次懺主尼先作單白和僧云

僧今和合何所作為答單白懺重偷蘭遮羯磨

大姊僧聽比丘尼某甲故犯不淨行已共男子身口交觸未得暢遂犯初篇方便重偷蘭遮罪不憶數或犯盜用四錢得獨頭重偷蘭遮罪不憶數今從眾僧乞懺悔若僧時到僧忍聽我受比丘尼某甲懺悔白如是

白已廣為說罪相語云大姊今依婆論云犯戒有三。一犯業道罪。二犯惡行罪。三犯戒罪。又懺法有四。一更相易脫懺是凡愚懺。二永斷相續懺是凡智懺。三焦業懺是賢人懺。四滅業懺是聖人懺。汝既出家為尼雖非賢聖亦應作上品凡智永斷相續懺既居凡位孰能無犯犯已能悔是第二健人佛制禁戒寧死不犯如護鵝珠草繫比丘此是第一健人汝已破佛淨戒今生懺悔即是第二健人若不懺者便是地獄之人虛受信施如熱鐵纏身冒受他食如咽熱鐵丸出入行來猶如獵師內懷腐爛外現完淨詐霑清眾望人師敬心無慚恥畜生無異如是方便誨責令永斷前罪兼息後犯懺尼聞法已發大慚愧起殷重心然後捨罪云大姊一心念我比丘尼某甲故犯不淨行已共男子身口交觸未得暢遂犯初篇方便重偷蘭遮罪不憶數或犯盜用四錢獨頭重偷蘭遮罪不憶數今向大姊發露懺悔不敢覆藏懺悔則安樂不懺不安樂憶念犯發露知而不覆藏願大姊憶我清淨戒身具足清淨布薩。（三說）

次懺主訶責問云：汝識是罪否？答言：識。又懺主語云：毀犯甚易，懺悔極難，自責汝心，當生厭離，乃至形枯命終，更莫毀犯。答言：頂戴持，不敢更犯。

第二小眾懺者。十誦云：若四人受他懺，則無單白和僧之儀，止得迴問邊人。（請主同前）受懺尼問邊人云：諸大姊等聽我受此比丘尼某甲懺悔否？諸尼答云：姊好。（懺主尼爲說罪相與前同）

大姊一心念我比丘尼某甲故犯婬盜滿五錢已隣近人物因緣不遂犯初篇方便輕偷蘭遮罪不憶數或犯媒嫁受男家語將報女家受女家語欲報男家臨報還悔犯第二篇方便重偷蘭遮罪不憶數或盜用三錢得獨頭中品偷蘭遮罪不憶數不敢覆藏懺悔則安樂不懺不安樂憶念犯發露知而不敢覆願大姊憶我清淨戒身具足清淨布薩。（三說已下問答要期並同前法）

第三一人法者。（請懺主說罪相此二同前）

大姊一心念我比丘尼某甲故犯媒嫁受男家語將報女家受女家語欲報男家未至還悔犯第二篇方便輕偷蘭遮罪不憶數今向大姊發露懺悔不敢覆藏懺悔則安樂不懺不安樂憶念犯發露知而不覆藏願大姊憶我清淨戒身具足清淨布薩。（三說問答要期並同前述）

此方便獨頭偷蘭遮，並還有方便獨頭吉羅。如欲犯初二篇罪，欲動身口，遇緣還止，得方便吉羅。如欲盜四錢媒嫁等，闕緣不果，得獨頭吉羅。此之兩品各有經夜隨夜展轉覆。

第四懺波逸提法者。此有兩重：一懺三十捨墮，二悔波逸提罪。就初又二：一眾法難行，略而不述；二明對首易懺，別有七重：一簡財，二捨財，三捨罪，四還衣，五忘物，六捨寶，七雜法。

一簡財者。若犯長中，除八不淨財，餘一切須說淨者，無問輕重，皆須說淨。如尼十六枚器，有長不說淨，並制有罪，豈非重。（八不淨財十六枚器等如上隨戒中說）若是長財未被說淨者，唯除負債未入手，或他寄來，或買得他物斷價已定先未入手，皆不須捨。已曾入手，令寄他邊，此須索捨若已入手中除共物未分捨與三寶決屬乞他或香案巾帊窗戶簾幕牀帷席等並不合捨十誦云牀褥薦席鉢囊氍㲣衣帳等悉屬房物不許說淨經巾鉢囊臥具非身著用者皆不犯長若著用中鞋韡履韈非衣所攝者不須集捨自外供身之具無問氈被皆須集捨五衣之中隨多少離宿犯捨者至時文中一一別稱次販賣捨中謂自手於俗人邊買衣食具一切鉢器瓶椀鞋韈等無問輕重多少雖非犯長無非自口斷決爭價上下乃至增減一錢即成賣買皆犯捨墮自外田宅奴婢車乘机案等同八不淨

財不須集捨但作吉羅懺以體是重物不能隨身修道用故若生活至多散在餘處財當別捨其罪同懺懺竟諸處次第還衣亦得

第二捨財者應將合捨之物來向自然界中或至白衣家或作法界內無僧或有二尼已下並得對首捨衣總束此物至懺主尼前放地已具修威儀四向禮佛竟次禮懺主尼三拜竟然後近衣物邊長跪手執衣物捨云

大姊一心念我比丘尼某甲故畜多長財故十日不說淨犯捨墮離五衣宿犯捨墮販賣得財犯捨墮迴僧物犯捨墮互乞酥油犯捨墮迴現前僧食直作衣犯捨墮過畜長鉢經宿不說淨犯捨墮過畜十六枚器經宿不說淨犯捨墮共貿衣已後雖奪得犯捨墮如是眾多衣物犯捨墮不憶數乃至三十戒中遂其所犯隨有多少稱之憶數云憶也今持此衣物捨與大姊若邊有四尼者應云捨與諸大姊若有二尼者應云捨與二大姊一說便得

第三捨罪者先請一清淨比丘尼為懺主謂不犯八重十三難若犯下四篇已經懺悔者三根清淨得為懺悔主不爾反成自累何成益物故律云有犯者不得受他懺悔不得向有犯者解罪既知此已省己行

之

大姊一心念我比丘尼某甲今請大姊為波逸提懺悔主願大姊為我作波逸提懺悔主慈愍故說三

次懺悔主先問傍尼云大姊等聽我受此比丘尼懺悔否傍尼答云好傍若無尼則不須此問也次受懺為尼答云受汝懺悔然後廣說罪惡果報云大姊既是佛弟子依佛出家行佛淨戒今故毀破何名尼也佛制禁戒寧死不犯令衣鉢隨身長衣說淨今違聖教名破戒人心無慚恥受他信施若受他食即是洋銅灌口著他施衣便是熱鐵鍱身若死入地獄飢吞熱鐵丸渴飲

四明悔罪二、初懺吉罪四、初說示懺法

沸銅汁。無量歲中受諸苦惱。後生為蟲。常在廁中。以食不淨故。或生寒鴞無毛身中。或生裸國中。常無衣服。以離五衣宿故。受苦如是。姊。姊。今可發大慚愧。自向佛僧求哀懺悔。如是憶悔已。先懺吉羅。後悔提罪。如犯長衣。曾經著用。兼聽說戒。隱覆不懺。便生八罪。謂覆提有二。著妄有二。覆隨著妄有四。此之八品。並號吉羅。若計犯數。乃有無量。皆入懺中。應云不憶數。或無覆者。則不須此。乃至七聚。亦有覆隨吉羅。準說可知。

二問對首義

懺此八。應對一人悔。問。何以得知此八得對一人悔。答。準論云。故作者對一人悔。誤作者自責心懺。

明了婆論並云。輕者責心。重者對人。此則文順理通。於義不乖。比來諸師多引律文。又有小罪不從人懺。依此一教。遂即雷同。總判責心。良恐非法。然律不從人懺者。謂誤作也。論對人者。謂故作也。此則律論各談。一見會通。皆得。今犯此八。並隱而不說。豈得誤輕耶。

三請懺主

若欲懺者。應請一清淨比丘尼為懺悔主。具修威儀。至懺悔主前云。

四正懺吉罪

大姊一心念。我比丘尼某甲。今請大姊為突吉羅懺悔主。願大姊為我作突吉羅懺悔主。慈愍故。三說

次捨罪云。

二懺提罪

大姊一心念。我比丘尼某甲。故畜長衣。經十日不說淨。犯捨墮。不憶數。一一牒作法。餘犯類準可知。憶數言憶也。識知是罪。故作心經夜覆藏。得突吉羅罪。不憶數。第二夜已去。乃至多夜。隨展轉覆藏。得突吉羅罪。不憶數。經僧說戒時。尼八處三問。犯默妄語。得突吉羅罪。不憶數。識知此罪。故經夜覆藏。得突吉羅罪。不憶數。因此更有故犯諸篇方便獨頭突吉羅罪。次下篇總牒入懺亦得。今向大姊發露懺悔。不敢覆藏。懺悔則安樂。不懺不安樂。憶念犯發露知而不覆藏。願大姊憶我清淨戒身具足清淨布薩。一說便得

次懺提罪云。

大姊一心念。我比丘尼某甲。故畜眾多長衣。過十日不說淨。犯捨墮。故離五衣宿。犯捨墮。販賣得財。犯捨墮。各不憶數。憶數云憶。五衣一向憶數。且逐數犯一一作法。自外隨三十中犯之多少。牒入稱懺之。是諸衣物。已捨與大姊。是中各犯根本波逸提罪。不憶數。又犯捨衣財。已用壞盡。是中亦犯根本波逸提罪。不憶數。衣財現在。則不須此犯。餘提罪向此類懺亦得。今向大姊發露懺罪。不敢覆藏。懺悔則安樂。不懺不安樂。憶念犯發露。知而不敢覆。願大姊憶我清淨戒身具足清淨布薩。三說

五明訶誓

懺主語云。汝識是罪否。答云。識。又語云。自責汝心生

厭離意乃至形枯命終更不得犯如護鵝珠草繫比丘無異答頂戴持不敢更犯

第四還衣者若捨長衣長藥十六枚器等並由貪心過畜不說故必須經宿還爲斷相續故若捨離衣宿販賣得諸物並須當座還之若犯長衣等有遠行因緣不得經宿者懺主尼即座展轉付彼知識尼得衣已屏處與之亦得

第五忘捨衣財者謂捨衣已或還衣竟而未說淨忽見本捨之財即生已想還成相染一切不成更將總捨若衣已說淨後見本忘物前捨並成淨法不失後

忘元物或別捨若衣已捨未還主者見本忘物即須別捨其本捨衣總還其主令同說淨既知捨財不易未捨物前應總作念云現集之財今並將捨已外忘財不集者決定捨與三寶同學知識之意如是念已後見本忘物無問早晚前捨並成若捨已還未得說淨見本忘物方生捨念者不成由染意前生捨心後起故此謂長財捨竟還見長財等故有相染若見本忘物是販賣財者無相染義若捨墮還竟見本長財過十日者此入相染之例便作長犯捨之以販賣財罪已捨懺竟同是長財也

第六捨寶者當取所畜錢寶金銀等捨與知法白衣淨人云此是我所不應畜汝當知之（一說便成捨法）捨已其罪對尼懺懺主未捨罪前應問所畜錢寶並捨與白衣淨人未答已捨若未捨者教如法捨已然後罪同前懺自餘穀米等並同前說淨篇述

第七雜法者此別對首法若能所滿四人已下但使無僧不問作法自然界中並成對首若能所滿五人已上作法界內及戒場上不合對首應作衆法捨之縱自然界及白衣舍亦不合對首捨以正懺悔時尼唯是所懺不落僧攝餘尼展轉懺竟還墮僧數又餘

懺尼雖未捨懺以體是大尼豈非僧攝既成僧故何得對首捨懺若知不易衆法復難欲得受多尼捨懺之時令諸懺悔尼總向大界內坐懺主尼一一喚來入自然界內如是展轉作法乃受無量皆成如法不爾之時徒自費功財還不淨虛爲獨善數見僧尼共行此法別疏記之

第二單懺百七十八單提法此中分二一若有覆藏突吉羅亦有輕重兩位謂輕者責心重者對人此二法下懺突吉羅中具說二若犯提吉不覆藏者則不須此今且懺根本捨罪法具修威儀請清淨比丘尼

二為說罪相 二初正明罪相

二明對首懺法

三正示捨罪

懺悔已傍尼答云好(邊若無尼則不須此)受尼語懺悔尼云某甲身器豈得清淨非行者艮緣大姊既犯佛戒還須向佛懺悔譬如因地而倒還須託地而起如是生殷重心請十方諸佛同時加被爲我證明兼說利養難消出家難得種種方便隨時誨責犬同捨墮中說廣誡勑已告言罪相如是何得隱藏若欲懺悔具須陳說除疑不識後當決了見論云若生時惡罵彼人彼已入涅槃能罵者求懺悔當於涅槃處作懺悔懺悔已夭道門不閉如是語已次教捨罪云(自下單提犯稀數不同且逐數犯者述之稀者不論儻有誤犯任補茲處討理應牒一一作法餘犯類牒可知然尼眾等持律者希犯過者多恐臨時懺悔不識名種今數犯者具述如左)

大姊一心念我比丘尼某甲犯故妄語毀呰語兩舌語共男子同室宿共未受具戒人同室宿過三夜與未受具人同誦向未受具戒人說他尼麤罪自手掘地壞生種露處敷僧臥具不舉屏處敷僧臥具強敷僧臥具惱他比丘尼用蟲水別眾食非時食食殘宿食不受食共男子屏坐共男子露坐觀軍陣飲酒水中戲擊攊他不受諫恐怖他減半月洗浴露地然火藏他衣鉢著白色三衣故斷畜生命飲蟲水不攝耳聽戒瞋心打比丘尼手搏比丘尼捉遺落寶非時入聚落過量造牀食蒜剃三處毛洗淨過分乞生五穀觀伎樂共男子入屏障處立語共男子入屏處輒坐白衣牀共男子入暗室瞋心呪詛一椎胸露身共尼同牀口惱他同活尼病不看三時無事遊行泉渠水中露身洗浴輒著他衣與白衣作使自手紡績度諸遮童女不以二事輒授弟子受戒已離和尚出去多度弟子不半月請教誡不詣僧自恣不依僧安居不白僧入寺訶罵比丘眾不白眾使男子治癰背請於家生嫉妒用香塗身乘行不著祇支入村不安居輒問大僧義百夏尼不禮小比丘如是等並犯波逸提

罪不憶數(憶數云憶)今向大姊發露懺悔不敢覆藏懺悔則安樂不懺不安樂憶念犯發露知而不覆藏願大姊憶我清淨戒身具足清淨布薩(三說)

四訶責立誓

懺已語云汝識是罪否答識又語云自責汝心生厭離意自今已去更莫重犯如護鵝珠草繫比丘無異答云頂戴持不敢重犯

五提舍尼

第五懺波羅提提舍尼者此門先請懺悔主云

大姊一心念我比丘尼某甲今請大姊爲波羅提提舍尼懺悔主願大姊爲我作波羅提提舍尼懺悔主慈愍故(三說若有覆藏還有輕重兩位吉羅應先懺覆吉後懺根本如上說之兼說利養難消善)

惡果報。如前說之。
大姊一心念。我比丘尼某甲無病。經居士家。自乞酥油等。不憶數。（憶數云憶。隨犯多少稱之。）大姊我犯可訶法。所不應爲。今向大姊發露悔過。不敢覆藏。懺悔則安樂。不懺不安樂。憶念犯發露。知而不覆藏。願大姊憶我清淨。戒身具足。清淨布薩。（一說）誡責要期。並如前說。
第六懺突吉羅者。此律有二。一則故作犯根本突吉羅。又重犯非威儀突吉羅。二不故作。直犯非威儀突吉羅。此中亦有從生獨頭二罪。如從諸篇下生者。無問輕重。以發心不善。欲動身口。並入故作攝。如婬戒發心動身口。而未起方便色等。乃至突吉羅中發心欲令身不齊整著五衣等。不簡輕重。並須對人一說悔。若獨頭吉羅。如眾學百戒等。不從諸篇後生者。亦有故誤兩罪。故作者對人。誤作者責心。今先對故作重者有二。先懺覆吉。後悔根本。不得以名同。故共根本合懺。故下律云。若犯僧殘。作僧殘意覆藏。應教作突吉羅懺已。與覆藏羯磨。犯波逸提。乃至突吉羅。惡說亦如是。問。如初篇方便重吉。乃至第五篇輕重。既殊。云何齊一說懺。答。悔罪雖齊。業報大異。若約諸篇方便獨頭犯。乃至無量。今且約婬方便。又更約著衣不齊整獨頭吉羅。各一罪作法。並有經夜隨覆二吉。通前根本。各有三品吉羅。皆先懺覆罪。後悔根本。並以故心犯戒。此吉是重。齊須對一人說懺。更有餘犯類牒可知。具修威儀。請一清淨尼云。
大姊一心念。我比丘尼某甲。今請大姊爲突吉羅懺悔主。願大姊爲我作突吉羅懺悔主。慈愍故。（三說）
次捨罪云。
大姊一心念。我比丘尼某甲。故犯婬戒。未動身口前方便得突吉羅罪不憶數。識知是罪。故經夜覆藏。得突吉羅罪不憶數。第二夜已去。乃至多夜。隨展轉覆藏。得突吉羅罪不憶數。又犯著用衣不齊整。得獨頭突吉羅罪不憶數。識知是罪。故經夜覆藏。得突吉羅罪不憶數。第二夜已去。乃至多夜。隨展轉覆藏。得突吉羅罪不憶數。犯此根本方便獨頭。得突吉羅罪不憶數。今向大姊懺悔。不敢覆藏。懺悔則安樂。不懺不安樂。憶念犯發露。知而不敢覆。願大姊憶我清淨。戒身具足。清淨布薩。（一說便得）
次明誤犯者。謂不繫念。遇緣豈非外生不善。理須改悔。如著五衣。心不審諦顧看齊整。或戲笑犯妄語等。

並由先無攝念後起諸過故律云若入若出屈伸俯仰攝持衣鉢常爾一心若欲懺此亦先懺覆後悔根本具修威儀禮十方佛竟然後長跪住合掌口云

我比丘尼某甲敬白十方諸佛證知弟子某甲不慎威儀坐起不如法著衣不齊整或犯戲笑妄語等識知是罪經夜覆藏得突吉羅罪不憶數第二夜已去乃至多夜隨展轉覆藏得突吉羅罪不憶數又犯根本壞非威儀得突吉羅罪不憶數今向十方諸佛發露懺悔不敢覆藏懺悔則安樂不懺不安樂憶念犯發露知而不敢覆願十方諸佛憶我清淨戒身具足清淨布薩（一說）

若犯罪未經明相出或識犯或疑犯逼說戒日未卽懺者應至一清淨尼所發露先憶得罪云

大姊一心念我比丘尼某甲犯某罪未得懺悔今向大姊發露後當如法懺悔（一說）

次發露疑罪云

大姊一心念我比丘尼某甲於某事上生疑未得決了今向大姊發露後無疑時當如法懺悔（一說便得若雖發露後覆還成又如前發露之）

送終篇第二十八

此篇大門有六一制看二簡人三供侍四安置五誡法六殯終

第一制看者夫人之形多諸嬰累四大互反六腑難調若不互看命無所寄是故律云汝曹不相看視誰當應爲乃至世尊爲病人說法洗除大小便已便立制云自今已去應看病比丘應作瞻病人若供養我者應供養病人世尊是極果之人猶親自看病況同法義重如何相棄

第二簡人者此律云若病者聽和尚阿闍黎乃至同和尚同闍黎若弟子等從親至疏看若都無者衆僧

應與瞻病人而不肯看應次第差又不肯者如法治準若無者乃至七衆優婆夷等應看不應觸比丘（病尼翻前準同於上）僧祇云當隨病人多少差往若不看者一切僧得罪若道逢比丘乃至病應覓車乘馱載令歸如法供養乃至死時應闍維殯埋不得捨棄下二衆亦然

第三供侍者僧祇云若病人衣鉢外有醫藥直者取之供給無者衆僧應與若僧無者彼有貴價衣鉢當貿賤者受持餘者供給若病人惜者應白僧云此病人不知無常慳惜衣鉢不肯貨易白僧以輭語說使

二瞻遣食

三明覓食

四明貨取

四安置二初供侍讚勸。

得開解然後為貨易若復無者應外求覓與之若僧中取好食與看病人不得愛惜自業而不瞻視五分云無淨人處聽比丘自洗燒器看水令淨人淘米著中比丘然火使熟更從淨人受取持與病人不犯五分云每僧行粥時亦問別有病僧粥否若無應先與病人然後行與僧十誦云當隨病所須問病因緣覓師求藥日別到僧厨問有病人食否若無取僧所供給庫中物無者當為外求應從善好名聞福德比丘索又病人得藥差者但是僧中不淨殘宿惡捉不受內宿並得服之善生云瞻病人不應生厭若自無物

出外求之不得者貸三寶物差已依法十倍償之五百問事云看病人將病人物為病人所須供給不問病者或問起嫌並不得用若已取應償不還者犯重比丘病困不得闕衣鉢而作功德若不即有故弊衣鉢受持者犯墮毗律當問病人持何等衣彼病人又受不好衣鉢及送與他恐看病人得佛言不應爾第四安置者僧祇若大德應在露處上好房中擬道俗問訊生善瞻病人每須燒香然燈香水塗地供侍人客覓論看病人讚病者言長老持戒具足莫戀著住處及衣物知識朋友但存念三寶及念身不淨於

二立堂安像

五誡法

六殯終六初哀慟。

二申敬

三界中慎莫懈怠隨命長短而作若知病人先於正念患貪財房舍親眷應移至靜房之中善也如西國祇桓圖云寺西北角日光沒處為無常院若有病者安置在中堂號無常多生厭背去者極多還唯一二其堂內安一立形像金色塗之面向西方其像右手舉左手中繫一五色綵幡令病人手執幡腳作往生淨土之意雖有便利世尊不以為惡原其此土本是雜惡之處猶降靈俯接下類羣生令度苦海況今信心將命投佛而棄捨之隨病者所緣何境或作彌勒阿閦等形如前安置燒香散華種種莊嚴生病者善心

第五誡法者十誦云看病人應隨病者先所習學阿練若誦經持律法師阿毗曇佐事隨其行解而讚歎之不得毀呰退彼善心故律云為病人說法令其歡喜毋論云病人不用看病人語看病人違病者意並得吉羅第六殯終者五百問事云師亡不得舉聲大啼應小泣淚耳此律尼槌胸啼哭泣淚一一墮義云以愛染不亡俗情弗捨若高節清居不著世情為生物善哭亦何咎故雙林終後比丘等宛轉在地猶如圓木槌胸大叫淚下如雨雖未離欲然不招世譏若外來弔

三覆屍　四殯送　五葬法　六像塔

人。小於亡人。至於屍所。如常設禮。先執孝子手默慰弔云。後至大德所。具展哀情弔問拜之。五百問事四分律等。若見亡人塚塔大於已者。並令禮敬。五百問云。應先白僧。以亡人泥洹僧僧祇支覆屍而送。不得埋。過五錢犯重。師弟子同學當求財殯送。若無物可送。眾僧別人斂少財供養舍利。若全無者。應貸亡人物權將殯之。還來倍償。羯磨竟從現前僧乞取亦得。五分云。亡屍以衣覆根。見論云。不得送喪。除為觀無常不犯。若手執母屍殯斂無罪。（尼執父屍準此應得）增一經云。如來共阿難羅云自舉母牀。不令人代。為報恩故。

比丘尼鈔卷六　送終篇二十八　三十一

義云。和尚闍黎長養我法身。父母兄弟長養我生身。恩德既重。躬自擔送。想亦無過。但不得變服。比見邊野僧尼孝服袈裟麤布。絕白相同於俗。滅法之原。無過於此。故摩耶經云。佛去世後一千三百年。諸比丘衣服變白。不受染色。當知法滅不久。西國葬法有四。一水。二火。三土。四林。五分云。屍應埋之。若火燒在石上。不得草上安。此律如來輪王二人火葬。五百問事云。得為亡師立形像。僧祇云。持律法師營事比丘德望比丘應起塔相輪懸旛蓋。在屏處安置。不得在經行處多人行處。若違結罪。若眾僧不許者。教令和

〇二十九二衣篇　一本文　二隨釋十初制意　二簡物　三共財

合作之。（為有德尼立塔應同此也）

二衣篇第二十九

此篇大門有十。一制意。二簡物。三共財。四囑授。五輕重。六負債。七賞勞。八時節。九分法。十雜法。

第一制意者。問。所以五眾身亡物皆入僧。又依三寶出家。何為不兼入佛法耶。答。以生存之日。因僧受施。身行所為。僧寶所攝。縱施佛法。僧亦無分。是以身亡之後。追物入僧。佛法無分。親俗亦不合得。故十誦云。難陀死後。諸親白衣競來諍物。佛判不與。欲使三寶位別。無招互用之咎。道俗形殊。又無債索之諍。

比丘尼鈔卷六　二衣篇二十九　三十二

第二簡物者。此門有四。一糞掃想取。五分云。界中水漂死人挂樹枝上。隨前見者得衣。四分無人得取。若二人已上便須作法分。二入二部僧想取。五分獨住死。婆論云。二界中間死。此律無住處白衣家死。隨五眾先來見者得取。三入俗人親想取。婆論云。滅擯死。將衣鉢付生緣。以生時不同僧法故。四入同和尚僧想取。十誦云。沙彌死。所有內外衣。白二羯磨與看病人。輕物入僧。重物不應分。五分亦同。此律無文。依彼部斷。

第三共財者。義云。若師本意。唯與弟子衣食。自外餘

財不共同者已給者得未與者師亡以師物悉皆屬僧實非同生假冒同生取僧物者犯重若師本言所有財物決心同共看如兒想終無分別者若當別活還俗及死者悉共分半自著衣服現用器物各屬其身未用之財衣或取半是名共活不同活妄言而取能與之僧所受之人皆犯二罪謂重物入常住準僧祇犯重輕物入現前準善生犯蘭

第四囑授者此門有三節一囑通善惡二囑通前後三囑通成否初節有四一囑授善者謂自知昔來非法儲積唯是不善今好心既發捨物爲福破己慳貪

此囑名善也二囑名不善者恐此儲財死後屬僧慳心便妄囑俗人此囑名不善也三不囑善者謂病篤之時惟此爲財能生不善佛有誠判何預我分先自理心正念三寶心心相續念念不絕忽爾命終此不囑名善也四不囑名不善者謂前心欲捨後心慳惜恐慮還活資身無備吝情愈固不開惠施便則命終此不囑名不善 二囑通前後者僧祇云囑與衆多人最後人得授與衆多人在前者得義準此文犯重如判決與他出自我口後遇緣差慳惜不與或轉付別人便乖本意如盜得來轉以施人是得偷罪 三囑通成否明了論云決心捨已不犯長明知前捨已成俱不悔者或病人臨終遣造經像供養衆僧使我眼見忽即命終者成若云死後與我鈔經畫像立墳棺者不成故律云若臨終時囑與佛法僧若我死後與者佛言一切屬僧故知心不決絕不成囑授

第五輕重者準此亡人衣物諸部緩急不同此域諸師各懷異見或有意親常住方便入重或與現前曲引從輕倒說乖理事不合教爭事由伴實難消息既知不易當問何宗受戒若渺漠不原又問此寺何律行事使始終楷定大教區分不得互易自貼心懷又

且邊夷荒鄙風俗漸殊資具服章形名不等亦須輕重區分種類非雜疏條依教用防紕繆今立四分爲本此文不足餘部補闕此有三節一佛制畜物如五衣六物等以資身道要故佛判入輕二佛不聽畜物田宅奴婢園池雜畜以招譏妨道判入重收三佛許畜物如長衣鉢錢寶金銀以物雖妨道長貪而道服資具佛令說淨畜用無過而義含輕重則有三支一性重者謂一切金銀錢寶木石盆缾釜鑊車輿十六枚器等以體是重物不堪隨道故判入重二性輕者謂一切百一之具可得隨身如布絹絲綿等莫問多

二廣分七種七初絲麻毛綿 三和褥氈繡綺

二囊廚線袋

三俗色形服

少佛判入輕三從用輕重者或事重從用輕者如剃刀及石盛鉢函五衣箱鍼筩盌蓋匙筯莫問鐵瓦木作者皆判入輕或事輕從用重者如大小帳步障枕扇氈褥牀帷等並判入重此攝不盡更七支收束後定輕重依此而判

第一絲麻毛綿所成者此律坐臥褥入重氍㲣長五肘廣三肘毛長三指佛判入輕義準此文被單亦判入輕過前者入重八尺以下輭薄應量氈例入輕過量鞹者入重以不堪著用故小氍㲣錦繡綺色分明者入重自餘綾羅等有鳥獸文者入重非鳥獸文者

入輕自餘交梭生絲布等無問大小義準入輕故律開受大價疏衣種種好衣也僧祇云漉水囊二種腰帶臥具等入輕五分劫貝單敷襯身衣鍼線囊鉢囊革屣囊佛判入輕錦綺毛㲪氈及蚊厨等入重準此律輭小者入輕鞹大者入重鍼線袋綵色成者入重纑縷絲綿等無問多少以親成衣故入輕縈緝綟麻等以非親入重盛三衣袋依五分入輕自外雜用袋等入重白衣雜線韡韈等及男女衣服綺色成者入重非綵色者入輕為受持入衣財故此律下文自今已去一切俗人衣服不應著義準今時有尼故作俗

二銅鐵瓦木二初受用諸具

二供養眾具

人袍襖下領通肩長袖衣等正判入重若俗人衣已摘壞者無問是色非色入輕錦繡蚊壞以色綺故入重已染壞者入輕

第二銅鐵瓦木者此律云銅缾盆器繩牀水缾澡罐錫杖扇斧鑿燈臺机案車輿及鐵皮竹木陶作器等此下五種作器並是能造判重剃刀入輕錢寶等入重十誦云一切染色若煮未煮不應分準諸作具類從入重僧祇錢七寶珠木槃木盆竹筥等入重見論云鍼線入輕楞伽經云為割截袈裟故畜四寸刀頭如月刃義判入輕過量白鐵瓷瓦鉢等入重若生時

造諸擬送終調度等並判入重若生存之日為師僧父母所造隨入輕亡人所屬鏡及屏風障子鎖等以妨長故義判重收此律俱夜羅器者相傳云銅盌是入輕十誦云鍵鎔者謂小盌也出要律儀云鍵鎔者為助食器秦言淺鐵鉢也義準供養具經架佛牀机案拂等及襯香鑪衣香鑪經櫃等若無心作作時唯擬入佛法供養者隨亡人意入佛法用不得追奪以別屬故若生時是已物造作或他人布施無别的標者香鑪經架準十誦入輕母論隨能供養者與若有寶物莊嚴不可脫者入輕寶物入重其餘雜香案隨

三田宅園林　四皮物　五畜生　六奴婢

香鑪斷自外佛牀曲机夾膝如意杖案拂經櫃等亡人生存不定屬佛法者死後入重若定入佛法者隨亡者意唾壺入重木槵木蘭竹節數珠澡豆麪瓠瓢以隨身長道要故入輕義判鐘錢殘物等施主定屬鐘者還入鐘用若施主通者殘物入常住僧

第三田宅園林者入重十誦赭土入重義判雌黃白墡入重

第四皮物者十誦云皮物者謂盛油囊受半斗已下及繫革屣韋等入輕僧祇云聽分革屣準此平韡屣韈入輕斜韡等入重以相同俗故此律云一切皮衣

不得著入重母論云經律先有付囑處卽依付彼若無付囑隨能受持者與義判一切俗書素畫絹等入重如肇師五論皎公高僧傳等兼有內語者入輕別人能讀亦得

第五畜生者依母論入重

第六奴婢者此律入重所有私物莫問輕重並入彼人若常住僧奴婢死者衣物與親里若無親者俱常住僧用若私奴婢死同衣食者所有資財入己分處若不同財直令輸課或分番上下得功力者所有資財入親無親者事同無主物

七四藥　三結會異同　六負債二初先以義求　二初纏約佛法別人以明　二別據常住別人以辨　二後引文斷四初十誦明諸相　二舉論明遺索

第七四藥時與非時七日等盡判入重上來所列且據大宗其中未盡準例可知然四分澡罐錫杖鍼錐刀子等雖判入重依十誦五分入輕不爽大理以隨身要用故不同餘妨道等物

六負債者若佛法別人負亡人亡人負佛法別人輕重物者若有則相當還無則交絡還所以須索者以重物入常住僧輕物入現前僧先負亡人輕物者今索得重物還須博輕物分若先負亡人重物今索得重物者入重以本是重物者入重以本是輕物令僧分常住僧負亡人重物者不須索取以還入常住故

若負輕物索取現前僧分若別人負輕重二物俱須索取以重物入常住輕物入現前十誦云生時負三寶物應歸若三寶貸亡人物索取入現前故須並索依本而斷乃至四方現前客舊互負之物亦同上說

十誦云生時賒取他酒未還價便死佛言取衣鉢還若無物歸應取僧物還恐出諸比丘惡聲故義準若負餘物不生譏過者不還無罪以亡人無物故有物者應還十誦云先與他衣價死時還索取他衣未與價若死還本衣無者賣衣鉢還母論云若有息物在外遣淨人推求取入此寺常住僧義準此文若負

物在白衣家，同四分無住處死，五眾先見者得其重物，隨前見者處分。五百問事云：比丘借人物，前人死，要須白僧得取本物，不白得罪；若不與强取，或僧知而不還，自他二俱得罪。僧祇云：若索債者，當看前人持戒可信者與，不可信者不應與；若可信人證明者應與，反此不得。

第七賞勞者。此律有二五德：初五德者，病人難看，表瞻病者德滿。一病人所不應食而欲食，不肯服藥；二看病人有至心而不如實語；三應住不住等；四身有苦痛而不能忍；五身堪能而不作，抑他作，又不能靜

坐止息內心。第二五德者，明看病人自行德滿：一知病人可食不可食，可食應與；二不惡賤病人大小便利唾吐；三有慈悲心，不為衣食故看；四能經理湯藥乃至差若命終；五能為病人說法，令病人歡喜，已身於善法增長。有二五德者，應與看病人衣物；若小瞻病，無好至心，佛判不與。僧祇云：有四種看病不合賞物：一暫作看，不懷久意；二僧次差看；三自樂福德，不憐愍；四邪命而看，止為利養，並不合得。若欲饒益病者，欲令速差之意，下至然一燈，見命終者應得。此律莫問德之優劣，應與受持衣；若不知何者是受持衣，

應量瞻病人有上中下：若極上看病與上三衣，中下看者與中下三衣。十誦先問看病人受持何衣鉢，一一別問；或不知或不信者，應與中六物。此律賞勞六物者，三衣為三，鉢盂為四，坐具為五，鍼筩為六（尼加覆肩衣、僧祇支，義合應八）。又文加十盛衣貯器者，盛衣者猶是盛衣袋及五衣襆，貯器者猶是鉢袋及函等，此並通入賞勞也。義準：一德物並具，二德具物不具，此二合賞；三物具德不具，四德物俱不具，此二不合賞。而看病辛苦而欲優饒者，束入現前作羯磨訖，後量德優劣，三唱口和，僧隨多少賞之。五分、十誦：比丘病時，七眾應

看。二眾合得衣，謂比丘及沙彌（尼病三眾合得衣，謂比丘尼、式叉尼、沙彌尼也）。雖父母兄弟看而不應與勞，不滿德故。伽論云：白衣看應與少許。義準：若多尼、式叉、沙彌尼看病者，應與究竟者；若齊究竟者，應與一人，已屏處分等。十誦云：若看病者出行為病人乞衣藥，合得三衣者，應留待身還與，亦可攝入現前唱和付亦得。若餘處比丘來看病，亦與賞。尼應準同。

第八時節者。僧祇云：若病人死，不應即開其戶。彼有弟子持戒可信者，與戶鉤；若不可信，持戶鉤付僧知事人。已先供養舍利，料理竟，弟子持戒可信者使出

衣物若不可信應使知事人出衣物然後僧分十誦就屍邊分衣屍起護衣佛言待屍去後或在異處應分今時僧尼初亡始竟閉門在中分衣畏外客尼得非直分衣不成亦外住不善也

第九分法者此門有三節一羯磨二對首三心念

第一羯磨中五人得作賞勞分衣羯磨若四人者止得分衣不成賞勞以僧不滿故寧可羯磨後將衣物口和賞勞母論云由四人中牒一人入羯磨餘三不成僧故今立法者令瞻病人將亡人輕重二物並集僧中重物不可勝舉多者知數已直付僧庫亦得書日作法彌善不得閉門限約客尼以通十方理無私

背故婆論云白日閉門已不打鐘打鼓食者名盜僧食罪又此分衣不成而此物者人人各有分而有心限約客者各犯微塵數偷蘭遮故善生經云盜亡比丘衣物者若未羯磨望十方僧得罪若羯磨已望同羯磨僧滿五得夷不滿偷蘭數見諸寺行此惡法故疏說之也看病人應近物邊長跪執物捨之若無看病尼維那捨之亦得

大姊僧聽某甲比丘尼於某住處命過所有若衣若非衣此住處現前僧應分我比丘尼某甲今捨與僧

一說

眾中明律者即決判云先問僧中誰知亡人負三寶則人物又誰知三寶則人負亡人物一一檢問有無竟然後決定輕重重物一處著輕者一處著并問看病人將亡人輕重物送死否若有索取輕物入羯磨分重者入僧若本盜心將送終者不合索分已成盜故若權借用或無犯心者應索分不成盜故具問前已後量德賞勞若五德不具則不合賞今行事者直對僧問德具已否若答不具者極成鄙惡具者合與然有勞合得既知如此必看病有功合賞者律師語云大姊看病實有功勞佛令優賞若也不與便違聖

教大姊宜可順教取之其看病尼又陳無德僧復抑受如是相讓彼此生善非直自行可觀亦則眾儀生善知此事已然後問

僧今和合何所作爲答作賞勞羯磨

大姊僧聽某甲比丘尼命過所有衣鉢坐具鍼筩盛衣貯器此住處現前僧應分若僧時到僧忍聽僧今與看病比丘尼某甲白如是

大姊僧聽某甲比丘尼命過所有衣鉢坐具鍼筩盛衣貯器現前僧應分今與看病比丘尼某甲誰諸大姊忍僧與看病比丘尼某甲衣鉢坐具鍼筩盛衣貯

器者默然誰不忍者說僧已忍與看病比丘尼某甲衣鉢坐具鍼筩盛衣貯器竟僧忍默然故是事如是持。

義云。應隨物多少稱。不得依文總誦。恐無事不稱羯磨名爲非法羯磨。雖成仍獲小罪。如二沙彌一時受戒。一有難。一無難。無難者自成無妨小罪乃得。婆論云。三衣餘處索來此賞若此德不具。卽隨彼分。若依十誦沙彌死時羯磨應云。

某甲沙彌尼命過所有內外衣及非衣應分。

餘語同前僧也。次明分輕衣羯磨法羯磨師問云。

僧今和合何所作爲。答分亡比丘尼輕衣物羯磨。

大姊僧聽某甲比丘尼命過所有若衣若非衣現前僧應分若僧時到僧忍聽僧今持此衣物與比丘尼某甲。比丘尼某甲當還與僧。白如是。

大姊僧聽某甲比丘尼命過所有若衣若非衣現前僧應分。僧今持此衣物與比丘尼某甲比丘尼某甲當還與僧誰諸大姊忍某甲比丘尼命過所有衣物現前僧應分僧今持此衣物與比丘尼某甲比丘尼某甲當還與僧者默然誰不忍者說僧已忍持此衣物與比丘尼某甲比丘尼某甲當還與僧竟僧忍默然故是事如是持。

五分云。若衣少不徧者。和僧與一無衣比丘。尼亦準同若有一衣上好者。依見論云。從上次第行之。須者直付。不須至下。準此律破分行亦得。問。作羯磨已和僧爲亡人乞修齋福得否。答。出家之士以智德居懷。不要修福爲業。依判入僧最爲殊勝。若外生物善內捨貪心。隨將少多爲亡人爲福。此則二行俱益存亡並利也。僧祇云。或爲病人求覓衣藥。或爲僧勞事。雖當時不在並應與分。謂好心善者得問。式叉尼沙彌尼家人淨人等合與分否。答。此律云。若僧和合應與沙彌等分。若不和合乃

至四分中與一分。淨人五分中與一分。若不得者不應分。若分得罪。毋論云。若五人共住一人死者其衣鉢等三人口和賞一看病人。餘之四人但得作直分羯磨不須展轉分之。賞勞云。

諸大姊憶念。今持此亡某甲比丘尼衣鉢坐具等賞某甲看病比丘尼。三說。隨物多少稱之。不得總誦。若二人。直云大姊。自外同前。

直分羯磨云。

大姊僧聽某甲比丘尼命過所有若衣若非衣現前僧應分。若僧時到僧忍聽僧今分此衣物。白如是。

大姊僧聽某甲比丘尼命過所有若衣若非衣現前

二對首 三心念 十雜法二初定僧俗中物

僧應分誰諸大姊忍僧今分此衣物者默然誰不忍者說僧已忍僧今分此衣物竟僧忍默然故是事如是持。

第二對首者。母論云。四人共住一人死。三人應展轉相語云。

二大姊憶念此物應屬我。（餘二人互如是說即成分衣也）

三人共住一人死者。彼此相對互說云。

大姊憶念此物應屬我。（後尼亦然）

若有看病合賞勞者。二人和付衣鉢與亦得。

第三心念者。母論云。一相應法者。二人共住一人死者。心念口言。

此亡比丘尼物應屬我。（對首心念並三說已。互執衣後來客尼不合與分也）

此律云。若一人受施。應心念口言。

此是我分亦得。（亡物應同）

第十雜法者。若尼在莊園及私伽藍死者。應如寺法分之。云何名私伽蘭。如在村坊聚落俗人共造一院。唯三寶受用。白衣不通居止。兼有周市籬牆等。即名伽藍。不要結界方號伽藍者。若有看病尼。重物入尼本寺。輕物入現在寺。若有四人已上見亡人物者。則須羯磨分。若先無界結已作法分。三人已下對首分。

二判俗舍中物 ◎三十雜要篇二初篇目 二本文二初分門 一直釋八初僧物二初正明

以不同白衣家死故。十誦。比丘衣鉢寄在尼寺者。還比丘索取分。尼寄比丘衣鉢僧寺亦爾。若無人守掌者。事同白衣家法。故此律云。若比丘尼無住處白衣家死。有信心檀越應掌錄此物。若有五眾出家人先來者應與。若無來者應送與近僧伽藍。義云。雖知白衣家有亡物。要須手捉目覩。作屬己之意。方得此物。反此不成。後來尼應共分。若俗人已攝屬已者。盜財義成。不得反奪。若白衣畏罪還尼者得取。若僧尼一時共見亡物者。若是尼亡屬尼。僧亡屬僧。不得共攝。以各是知法人故。不須作法。直爾攝屬己意則得。不

比莊寺。以彼閑預。要須作法。若僧尼前後來見者。屬先見者得。互攝取也。

雜要篇第三十

此篇大門有八。一僧物。二乞食。三堅坐。四就法。五淨地。六遇賊。七濟生。八雜事。

第一僧物者。此門有五。一四方僧物。謂一切重物。上至羅漢。下至沙彌。盡皆有分。無有和合賣買供給私用。此約方爲名也。二常住僧物。謂常在此處。不可移動。四方僧來。即此處受用。此從用爲名也。三柘鬪提奢物。（舊云招提僧物是也）謂俗人地別。謂現前僧各造私房。四

二引証

二乞食

方僧來起立房舍供給所須此以處爲名也五僧鬘物謂園中華果貨得物來此從鬘爲名也五分云僧有五種物不可賣不可分一地二房舍三須用物四果樹五華果僧祇云若僧地種果者有功若一樹一園聽與一熟不能併取者年取一枝枝徧即止若種瓜菜聽與一剪有比丘僧地作屋上座來不與持草木餘處去

第二乞食者見論云分衛者乞食也三乘聖人並皆乞食此律若比丘入村乞食者清旦洗手著七條已襞大衣著肩上手執打露杖在道行時常思惟善法

若見人先問訊言善來若近聚落便著大衣至於村門應看巷陌第一門第七門相右手捉杖左手持鉢道側而行次第乞食若俗人送食不得迎取除喚往取不得強乞知得立待若得食已乃出村安鉢著地探大衣如前進否而去僧祇若乞食時不得語云與我食得大富當在現處默然而立十誦云乞食時入三重門至中庭三彈指不得便去僧祇云迦葉發願乞食初得施與僧尼後得自食寶梁經云凡乞得食分爲四分一分與同梵行一分與窮不乞丐之者第三分與諸鬼神第四分自供身命但念修道於其食

三陞座

四說法二初觀機簡辨

中不生貪染心若乞食時繫念威儀終不輕躁諦視目前不過一尋次第乞之

第三陞座者三千威儀經云上座讀經先禮佛次禮經法及上座後在座正坐向上座犍稚聲絕先讚偈唄如法而說此律不得二人同一高座說法以相諍互求長短故五百問事云若僧中說法高座上無病不得凭机捉麈尾犯墮非毛者得此律得麈尾拂開畜不云得捉十誦云犛牛尾拂用拂佛塔故得受僧祇云自今已去聽捉線拂裂㲲樹皮等作之除犛牛尾馬尾金銀柄等一切不聽捉若白色應染壞用不

得如婬女捉作姿作相是名非法若爲律師法師敷師子座散華著上不拂卻不得坐婆論云不得以華香瓔珞莊嚴具著佛身上得散地供養衆僧亦爾不得華香著漿飲食上供養衆僧

第四說法者此律爲檀越說法聽說契經及分別義得不具說文句母論云若大衆集文多恐生疲厭者聽諸比丘引經中要言妙詞直顯其義不犯又佛法中不貴浮華之言語雖質朴不失其義令人易解者是立意也五分云若衆樂淺不樂深不益前人名惡說反此名善說又應除貪心不自輕心不輕大衆心

應慈心喜心利益心不動心立此等心乃至一四句令前人如實解者長夜安樂又諸比丘請破戒根不具者說法因此惡人得勢又辱衆僧佛言聽請法師三藏者說涅槃經云若比丘爲利養故說法所有徒衆亦倣是師是人便自壞衆五百問事云若希望心爲讀經說法得物犯捨墮無貪心不犯無衣得取雜阿含經云一比丘得受六十新學比丘教誡說法涅槃經云若有受持讀誦書寫宣說莫非時非國不請而說輕心輕他自欺隨處而說及滅佛法乃至令無量人死墮地獄則是衆生惡知識也十誦云有五種

人問不應爲說毗尼謂試問無疑問不爲悔所犯故問不受語問詰故問並不得答寶梁經云不教施主佛性毗尼此比丘賊行賊住著衣噉食坐臥等皆是賊也

第五淨地者成實論云若掃僧房一閻浮不如掃佛塔一手掌撰集百緣經云掃地得五功德一自除心垢二去憍慢三調伏心四增長功德五得生善處沙彌威儀經云掃地有五法一不得背人二不得逆掃三卽當令淨四不得有跡五當卽棄卻無垢淸淨女問經云掃佛地得五福一自心淸淨他人見亦生淨心二爲他愛三天心歡喜四集端正業五命終生善道天中

第六遇賊者此律比丘被剝不得露身行得罪當以輭草樹葉覆形應取長衣著知友僧中覓衣著乞衣得已應還本處否者犯罪母論云令虛發己聲使賊去僧祇云若賊言僧物何處不得示實處又不得妄語應示房舍牀等佛物指塔邊供具等若道中行有露令年少在前若有賊獸難老僧在中央欲令賊起慈心者老僧前行

第七濟畜生者律中慈心解他被繫狗子被溺豚子

解蘭若處賊繫牛等不犯僧祇云有神力奪賊劫人放諸禽獸皆慈心作者不犯十誦云若悲壞羅網及獄但犯吉羅五百問事云行路寄鬼神屋宿不得有觸擾意違者犯墮

第八雜事者僧祇云然火有七事無利一壞眼二壞色三身羸四衣垢五臥具壞六生犯戒緣七增世俗語五百問事云續佛光明晝不得滅佛無明暗以本無言念齊限故滅有罪大唐波頗三藏法師云佛前燈以物傍取不損光者得僧祇云不得卒持燈入堂唱言諸大德燈欲入乃至滅亦爾以手遮語之不聽

二捨離五慳　三四恩四輩　四大小洗漱　五明諸過益　六對彼檀越

用口吹滅應以手扇衣角扇當敲折頭焦成實論云出家之人應捨五慳一財物慳二法慳三家慳四住處慳五稱歎慳染著眷屬愛樂住處故墮迦陵伽等餓鬼中生阿含經云四恩者謂父母師僧國王檀越四輩者謂天龍人鬼此律云非行來處若有小便及洗手足時聽著屐又不得裸身上廁三千威儀經云不洗大小便處不得坐僧坐具上上座禮拜三寶若禮無福應脫袈裟僧祇支大小便不洗大小便處不得臥僧臥具若坐臥者吉羅此律云不嚼楊枝有五過一口氣臭二不別味三熱陰不消四不別食五眼

不明五分云嚼已應洗棄以蟲食死故又不忍辱人有五過失一兇惡不忍二後生悔恨三多人不愛四惡聲流布五死墮惡道此律云經行有五益一堪遠行二能思惟三少病四消飲食五得定久住母論云詣寺乞人無糧食者嬰兒獄囚懷妊等類施之無過僧祇云作樂供養佛有欲心者即須捨去增一云阿闍世王信心後無令事佛之家貲輸迎送五百問事云若施軍器不須受母論云若為在家人作師教化作福有五事一不應檀越舍止住二不繫念貪利三為別別說法布施持戒八齋等四不與共娛樂五繫

七履用嚴浴　八學出須道　九五亂敬式

心貪利常欲相見又五事為檀越尊重恭敬一非親舊處不往反二不求形勢料理檀越家業三不共竊語令家中生疑四不教良時吉日祠祀神鬼五不過度所求此律喜往白衣家有五過失一數見男子二既相見便附近三轉親友四便生欲意五為欲意故或至死苦若次死苦地持云若見眾生當即慰問舒顏先語平視和色正念在前此律若白衣嚏者呪願長壽僧祇云聽畜甎瓦揩指腳母論云寒處聽著俗人鞾五分云作鞾翰太深聽齊踝上母論云何以脫革屣繞佛行者以生俗人訶言起嫌慢心故此律令

僧畜斗斛升合及秤若住房內臭者以香泥乃至以四角懸香僧祇云浴時不病人揩者越母論云洗浴不為令嚴身淨潔故但令除身中風令得安隱行道當為厭患身法調伏心法應生慈心為得少欲知足故此律若營事人作房成就莊嚴香熏所須具足者與房住九十日一移更不得受餘房若人能治房者白二與之五分云若月直監食人欲知生熟酸鹹者得貯掌中舐嘗之齋法經云不許嘗謂貪心嘗也大五濁經云佛涅槃後當有五亂一者當來比丘從白衣學法世之一亂二者白衣坐上比丘處下世之二

十頭陀少欲

亂。三者比丘說法不行承受白衣說法以爲無上。世之三亂。四者魔家比丘自生現在於世間以爲其道諦。自不明詐爲信世之四亂。五者當來比丘畜養妻子奴僕治生販賣諍訟不承佛敎世之五亂。不得塔院內染曬衣。著革屣涕唾。見論云。頭陀者抖擻。智論云。以無生法忍爲頭陀菩薩住於煩惱觀無上法忍是上頭陀。或有經云頭者少欲陀者知足。西云阿蘭若。東云空閑處。雜心論云。知足於現在處起難。少欲於未來轉生易。涅槃經云。於未得之財不生貪名少欲。於已得之財不生貪名知足。知足是現在。少欲是

未來。又少欲猶有欲。知足更無欲。

四分律比丘尼鈔卷下之下

計刻此鈔連圈計字拾萬零五千八百九十三箇
連簽條圖共付刻資伍百叁拾陸圓柒角八分
民國十九年八月 天津刻經處謹識

四分律比丘尼鈔科

天台沙門允堪撰科　南山律苑一音重治

接後記號◎◎⊙○●△▽▲▼

- 初鈔序
  - 初題號
    - 初標題
    - 二撰號
  - 二序文
    - 初敘教興傳
      - 初略歎戒德
      - 二別明尼戒
        - 初敘昔緣起
        - 二斥後訛替
    - 二明今撰述
      - 初通敘興懷
      - 二撰述體勢
      - 三示今取用
- 二鈔文
  - 初篇目
  - 二正文
    - 初上卷十五篇◎
    - 二中卷六篇◎
    - 三下卷九篇◎
- 三後偈◎

◎初上卷十五篇
- 初標題號
- 二隨篇釋
  - ⊙初勸學篇至十五說戒十五篇如下列

⊙初勸學篇
- 初篇目
- 二本文
  - 初分門
  - 二隨釋
    - 初順益
      - 初引大乘經論
      - 二引小乘律論
    - 二違損
      - 初引大乘經
      - 二引小乘律論
    - 三業報
      - 初列示
      - 二結勸

⊙二釋聚篇
- 初篇目
- 二本文
  - 初分門
  - 二隨釋
    - 初正示七聚
      - 初波羅夷
      - 二僧殘
      - 三偸蘭
      - 四波逸提
      - 五提舍尼
      - 六突吉羅
      - 七惡說
    - 二別簡諸名
      - 初略示體同名異
      - 二別約名異分釋
        - 初從能治行立名
          - 初列示
          - 二通結
        - 二就所詮行立名
          - 初標
          - 二釋
            - 初約因果分對
              - 初正明
            - 二別示受隨義
              - 初結前生後
              - 二別釋受隨
                - 初明受
                - 二明隨
              - 初總釋名義
              - 二分示兩種
                - 初標顯
                - 二正明
                  - 初示二持
                  - 二明二犯
                - 三合結
            - 二簡辨
              - 初對論強弱
              - 二互攝相通

⊙三結界篇
- 初篇目
- 二本文
  - 初分門
  - 二隨釋
    - 初定量○
    - 二大界○
    - 三戒場○

○二大界
- 初牒名開章
- 二隨章正辨
  - 初簡緣
  - 二立相
    - 初豎標
      - 初明標相
      - 二示界形
    - 二唱相
      - 初敘由
      - 二識過
        - 初外唱過
        - 二內唱過
      - 三結斥
  - 三唱形
    - 初明唱人
    - 二定初始
    - 三正唱相
      - 初示相
      - 二辨異
  - 四集僧
    - 初明盡集
    - 二示別界
  - 五辨欲
  - 六作法
    - 初豎標
    - 二立圖
      - 初敘意示圖
      - 二覆顯三相
      - 三結囑指略
    - 三釋非
    - 四唱結
      - 初唱結戒場
        - 初示唱相
        - 二加羯磨
      - 二唱結大界
        - 初示唱相
        - 二加羯磨
    - 五解界
      - 初解無場大界
      - 二解有場大界
        - 初正明解法
        - 二通示失否

○三戒場
- 初牒名分章
- 二隨章別釋

⊙四集衆篇
- 初篇目
- 二本文
  - 初分門
  - 二隨釋
    - 初鳴稚
      - 初示緣起
      - 二顯功用
      - 三教運想
      - 四翻梵號
      - 五明制度
        - 初總明制法
        - 二別定打人
    - 二集僧
      - 初作法攝
      - 二自然攝
        - 初明可分別
        - 二不可分別
    - 三分齊
      - 初通明分齊
      - 二料簡淨穢
        - 初自行唯局淨
        - 二衆法通淨穢

⊙五足數篇
- 初篇目
- 二本文
  - 初分門
  - 二隨釋
    - 初釋衆
      - 初通列人數
        - 初他部及義加二十三人
        - 二本宗二十八人
        - 三別示十人
      - 二簡辨是非
        - 初未言開足
        - 二示自言相
        - 三避惡離過
    - 二簡相
      - 初通簡內外
      - 二別簡坐立

⊙六受欲篇
- 初篇目
- 二本文
  - 初分門
  - 二隨釋
    - 初欲緣
      - 初正釋
      - 二問答
    - 二說法
      - 初明與欲法
        - 初廣說欲法
          - 初正明
            - 初自與法
            - 二轉與法
          - 二問答
        - 二略說欲法
          - 初通示略法
          - 二別問現相
      - 二明說欲法
        - 初示法
        - 二問答
          - 初問總說成否
          - 二問說欲人多否
          - 三問睡忘失否
          - 四問事訖不來

⊙七十戒篇
- 初篇目
- 二本文
  - 初分門
  - 二隨釋
    - 初釋名○
    - 二出家○
    - 三受戒○
    - 四受衣○
    - 五說淨○
    - 六捨墮○
    - 七說戒○
    - 八安居○
    - 九受日○
    - 十自恣○

○○初釋名　二出家
- 初顯功益
- 二簡聽否
- 三明作法
  - 初秉白告衆
    - 初緣起
    - 二秉白
  - 二陳詞請師
    - 初示請詞
    - 二別料簡

- 三剃髮儀式
- ○三受戒
  - 初緣
    - 初作白告衆
    - 二受法次第
    - 三示威儀
    - 四教問緣
  - 二體
  - 三相
    - 初列戒相
      - 初正示相
        - 初莊嚴設座
        - 二辭親易服
        - 三師爲說法
        - 四灌頂讚歎
        - 五禮佛歸依
        - 六闍梨剃髮
        - 七師除頂髮
        - 八授衣披著
        - 九旋繞自慶
        - 十辭親受賀
        - 十一剃髮時節
        - 十二即受歸戒
      - 二說功德
    - 二說六念
- ○四受衣
  - 初受捨衣法
  - 二受捨鉢法
- ○五說淨
- ○六捨墮
- ○七說戒
  - 初略指通別十二數說
    - 初五德
    - 二十數
  - 二因示五德十數
  - 三別明式叉對首
- ○八安居
- ○九受日
- ○十自恣
  - 初正明自恣
    - 初五人已上通別法
    - 二四人已下對首法
  - 二雜行教示
    - 初身口雜行
    - 二略示罪相
    - 三責對同利
    - 四指略示教
- ⊙八學戒篇
  - 初篇目
  - 二本文
    - 初分門
    - 二隨釋
      - 初翻名
      - 二乞戒
      - 三秉法
      - 四六法
      - 五行法
- 初正示行法
  - 初正明
    - 初列示三種
    - 二總明犯相
    - 三廣釋行法
  - 二問答
- 二別明小年
  - 初正明
  - 二問答
    - 初問授法儀軌
      - 初授食開閉
      - 二衆別行法
    - 二問不滿開成
      - 初正明不成
      - 二義斥今非
      - 三遮其妄引
- 三料簡雜相
- ⊙九畜衆篇
  - 初篇目
  - 二本文
    - 初分門
    - 二隨釋
      - 初畜意
      - 二制乞
- ⊙十具戒篇
  - 初篇目
  - 二本文
    - 初分門
    - 二隨釋
      - 初由藉○
      - 二本法○
      - 三至僧○
      - 四戒相○
      - 五退捨○
    - 初明乞示儀
    - 二問和加法
- ○初由藉

- ○二本法
  - 初牒章分文
  - 二隨章正釋
  - ●有十種如下列
- ●初請師
  - 初通敍請意
  - 二正明請法
    - 初請師法
      - 初請和尚法
        - 初制請意
        - 二引制緣
        - 三列請儀
        - 四出請詞
        - 五明答法
      - 二請二師法
        - 初請羯磨師
        - 二請教授師
    - 二別料簡
      - 初問阿姨名義
      - 二揀諸師德臘
        - 初揀戒德
        - 二揀夏臘
      - 三問白讀羯磨
- ●二戒緣
  - 初緣境
    - 初示境
      - 初正明
      - 二引證
    - 二顯德
      - 初歎德
      - 二結勸
  - 二心量
    - 初勸發上品
    - 二誡令先示
- ●三安置
- ●四白差
  - 初引緣
  - 二作法
- ●五出問
  - 初示問意
  - 二辨如非
    - 初引律制
    - 二明須解
    - 三誡委問
  - 三明正問
    - 初敷座安慰
    - 二取衣陶誘
    - 三勸令實答
    - 四問十三難
    - 五問諸遮事
    - 六囑後同答
    - 七具儀安立
      - 初義準得否
      - 二正問諸遮
      - 三別簡聾人
- ●六白喚
  - 初作白
  - 二召入
- ●七乞戒
  - 初置衣安慰
  - 二勸導用心
  - 三正陳乞詞
- ●八和白
- ●九問難
- ●十正受
  - 初受前開導
    - 初敍由
    - 二略示
  - 二正加羯磨
    - 初示境發心
      - 初正明
      - 二引證
    - 二開懷納法
    - 初誡衆靜聽
    - 二白四羯磨
    - 三別明難緣
- ○三至僧
  - 初引制即往
  - 二問答申義
    - 初總標
    - 二別列
- 初問僧來尼寺
- 二問寺外結界
- 三問本法何名
- 四問僧寺作法
- 五問俗相得否
  - 初總標示
  - 二列兩釋
    - 初明得受
    - 二明不得
  - 三示正判
- 六問開別送往
- 七問尼須結界
  - 初立理斥非
  - 二結時儀式
- 八問安置坐處
- 九問請師儀詞

- 十問正乞戒法
  - 初正明乞戒
  - 二略示餘法
- ○四戒相
- 初正說戒相
  - 初八重
    - 初約緣顯意
    - 二正示八重
  - 二四依
    - 初顯意
    - 二正示
  - 三結囑
- 二義明餘行
- ○五退捨
  - 初捨法次第
  - 二對人陳詞
  - 三重來可否
    - 初正示
    - 二傷時
- ⊙十一六念篇
  - 初篇目
  - 二本文
- 初念知日月
  - 初列相顯意
  - 二示律別緣
- 二念知食處
  - 初不受請法
  - 二受請法
    - 初無請法
    - 二有請法
      - 初不背法
      - 二開背法
- 三念知夏臘
- 四念知衣鉢
- 五念同別食
- 六念身康羸
- ⊙十二受衣篇
  - 初篇目
  - 二本文
    - 初分門
    - 二隨釋
    - ○有十七門如下列
- ○初制聽
  - 初先示制意
  - 二正明功用
    - 初示功用殊勝
    - 二誡故意破壞
- ○二功能
- ○三釋名
  - 初列名標示
  - 二約義正翻
- ○四財如
- ○五體如
- ○六色如
  - 初辨色相
  - 二作淨法
  - 三示如色
- ○七量如
  - 初依本律定量
    - 初明極小量
    - 二別判過量
  - 二引多論示準
- ○八條數
- ○九隄數
- ○十重數
- ○十一作法
  - 初三品開制
  - 二改轉造作
  - 三施鉤紐法
  - 四縫刺如非
  - 五令帖四角
- ○十二受法
  - 初明三衣
    - 初列示受法
      - 初受割截正衣法
      - 二受縵條從衣法
    - 二別明屈帖
  - 二餘二衣
    - 初僧祇支
      - 初正加法
      - 二別料簡
    - 二覆肩衣
- ○十三捨法
  - 初正明捨法
    - 初對首捨法
    - 二獨住心念
  - 二別示借衣
- ○十四得失
  - 初不捨更受
  - 二過緣失否
  - 三不受轉淨
  - 四緣斷失受
- ○十五補浣
  - 初直縫須淨
  - 二補浣之法
- ○十六敬護
  - 初正明敬護

〇十七坐具
初製作法
初定角量　二帖角　三減疊　四敷臥
二入聚隨身　三帶紐齊整　四制令偏袒　五開許枕臥　六上下重著　七反倒著著　八別明尼制　九復示敬護　十有緣不禮　十一互著得否　十二著衣受食
二受捨法
三持用法
初離宿　二敬護　三著肩

⊙十三受鉢篇
初篇目　二本文
初分門　二隨釋
初制意
初正明制意　二別示古式
二體如
初示如法　二顯非法　三斥時用
三色如
四量如
初正示鉢量
初定鉢量　二會唐斗
二斥世非法
初明妄執　二斥非法
五受捨
六失法
初約受用示制開　二約穿損明失法　三約度價辨成否　四明不漏不失　五明不加非犯
七護法
初明隨持　二示洗法　三令敬護

⊙十四淨施篇
初篇目　二本文
初分門　二隨釋
初明施主如非　二求有德別說　三不對主令知
初施主
初標簡　二正明
初總示五種　二分別道俗　三別簡前三
二請法
初請道眾法　二請俗人法
三說淨
初對首
初對尼說　二對俗說
二心念
四存亡
五失法〇

〇五失法
初淨主死亡　二迷忘重說　三貸易後還　四　五別示惡尼　六因明淨履

⊙十五說戒篇
初篇目　二本文
初分門　二隨釋
初時節〇　二緣集〇　三儀式〇　四差使〇　五客舊〇　六略說〇

〇初時節　〇二緣集　〇三儀式
初總示　二別釋
初預辦眾具
二明行籌法
初通下眾　二示製法
三入堂恭攝
初禮敬
初示儀式　二斥非法
二說偈
四維那行事
初盥浴法
初盥掌浴籌　二行眾湯水
二唱白法
初審問監護　二召集聖凡　三告眾受籌　四行大僧籌　五行沙彌籌　六取數告眾
初受籌　二還籌　三納籌
五請說戒師
初陳請　二唱告　三升座
六供養說戒
初灑散花水　二行香供養
七明問答法
初簡小眾　二問傳欲

〇四差使
初正明差使往來
初引本緣
二正行法
初往請法　二受囑法　三尼入寺法　四僧誡勅法　五尼傳教法
三明雜相　四指廣略
二續示說戒餘儀
初問事宗
二說戒竟
初說已梵唄　二下座陳詞　三眾僧自慶

〇五客舊
初正示
初外來告淨　二主客相從
二雜辨
初說欲得去　二誦餘經法　三座上發露

〇六略說
初正示僧法略說
初正明座上憶得　二別明未說戒前
二因示別人行法

初正明略說戒法
初引教以明　二約義以立
二別明先作羯磨
初略緣

二略法
初通示緩急兩相　二別顯急緣儀式

◎二中卷六篇
初標題篇號　二隨篇釋⊙
初安居至六隨戒六篇如下列

⊙十六安居篇
初篇目　二本文
初分門　二隨釋
初制意
二結時
初正明
初正示結時　二別明尼制
二雜簡
初示五過　二明依僧
三夏閏
初教受請　二示遠近　三所依人
初引證　二誡歎
四對首
初前安居
初加法
初正出法　二明改轉
二問答
二後安居
五心念
六忘成
初引文　二義通
七及界
八移夏
初正明移夏
初引律開文　二詳定成否
二雜辨諸緣
初約勤怠以判　二準文義以證
初忘不受日　二出界遇難

⊙十七受日篇
初篇目　二本文
初分門　二隨釋
初受緣
初先明如法
初為他緣　二私己緣
二通示非法
二互用
初正明互用　二別示受緣
三受法
初正明
初約別受明通塞　二約通受明通塞
初正示受法　二依處差別
二問答
初示對首受法　二明第七日還
初明羯磨無開　二原聖意斥非
四得重
五逢難
初引開文　二約義決
六五利
初敍意

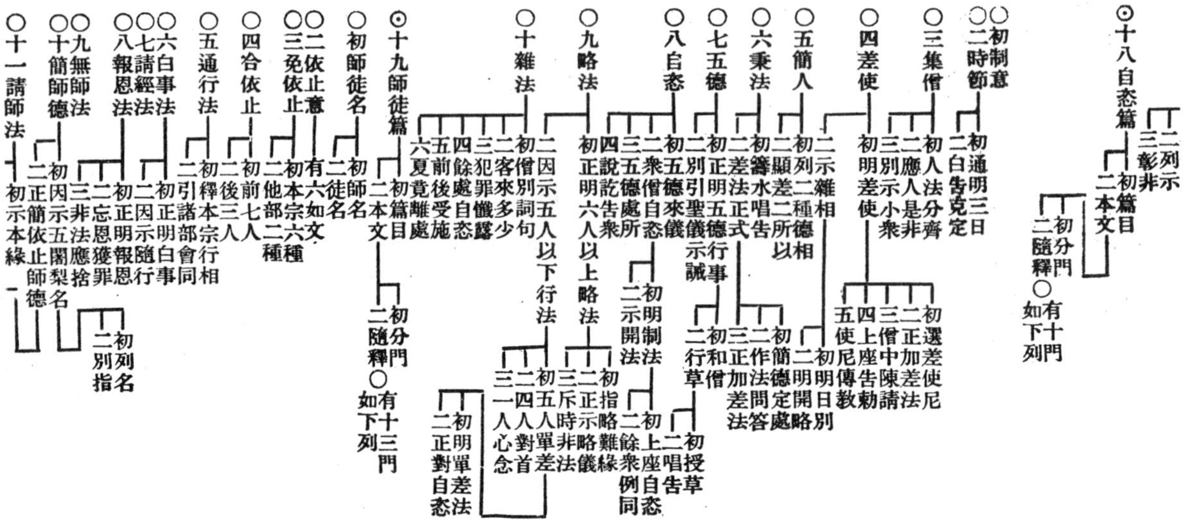
⊙十八自恣篇
○初制意
○二時節
○三集僧
○四差使
○五簡人
○六乘法
○七五德
○八自恣
○九略法
○十雜法
⊙十九師徒篇
○初師徒名
○二依止意
○三免依止
○四合依止
○五通行法
○六白事法
○七請經法
○八報恩法
○九無師法
○十簡師德
○十一請師法

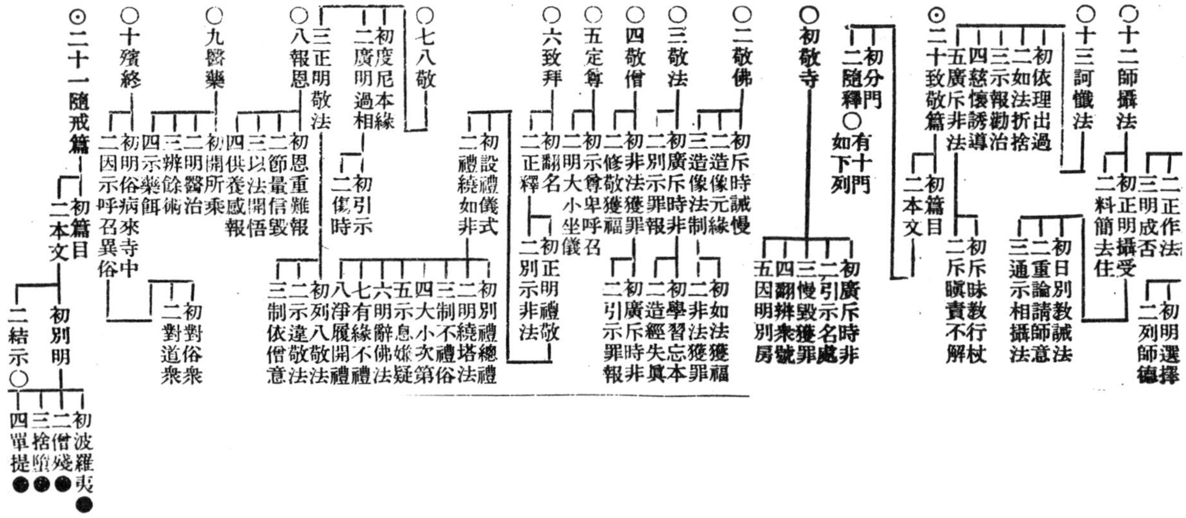
○十二師攝法
○十三訶懺法
⊙二十致敬篇
○初敬寺
○二敬佛
○三敬法
○四敬僧
○五定尊
○六致拜
○七八敬
○八報恩
○九醫藥
○十殯終
⊙二十一隨戒篇

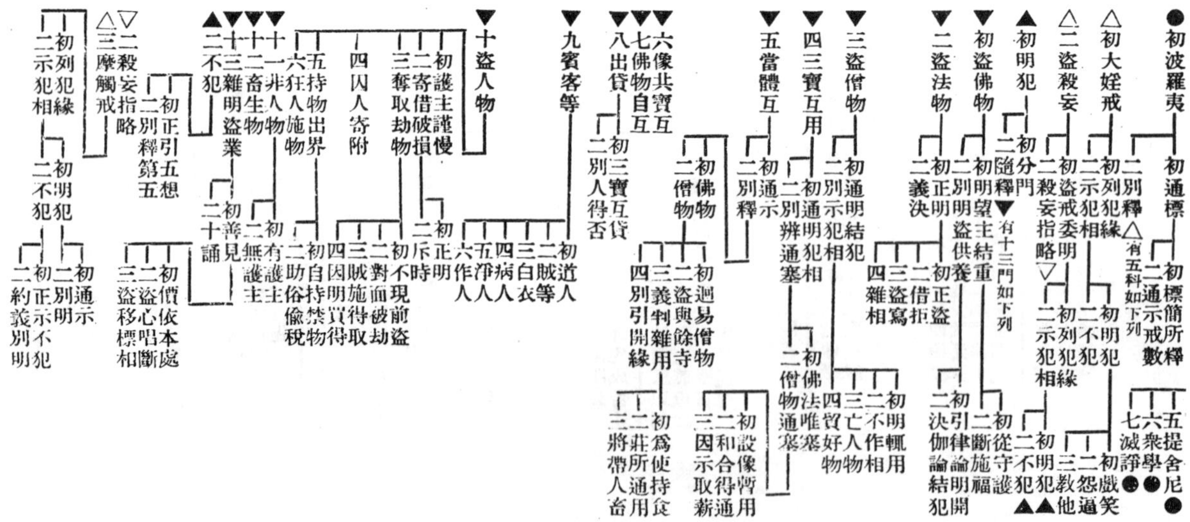
●初波羅夷
△初大婬戒
△二盜殺妄
▲初明犯
▼初盜佛物
▼二盜法物
▼三盜僧物
▼四三寶互用
▼五當體互
▼六像共寶互
▼七佛物自互
▼八出貸
▼九賓客等
▼十盜人物
▼十一非人物
▼十二畜生物
▼十三雜明盜業
▲二十不犯
▽二殺妄
△三摩觸戒

- △四八事戒
  - 初列犯緣
  - 二示犯相
    - 初明犯
      - 初正釋八事
      - 二料簡異相
    - 二不明犯
- △五覆藏戒
  - 初列犯緣
  - 二示犯相
    - 初明犯
      - 初釋覆心
      - 二釋發露
      - 三釋結犯
    - 二不明犯
- ●二僧殘
  - 初標簡
  - 二別釋 △有七科如下列
- △初媒嫁戒
  - 初列犯緣
  - 二示犯相
    - 初通示
    - 二別明
- △二言人戒
  - 初列犯緣
  - 二示犯相
    - 初正示相言
    - 二別列餘相
- △三度賊女
  - 初列犯緣
  - 二示犯相
- △四四獨戒
  - 初牒名顯總
  - 二分四別示
    - 初列四緣
    - 二斥古釋明犯
    - 初別釋犯緣
      - 初獨渡河
      - 二獨入村
      - 三獨止宿
      - 四獨後行
    - 二列示不犯
      - 初開渡河
      - 二開入村
      - 三開獨宿
      - 四開獨行
- △五受染心
  - 初列犯緣
  - 二示犯相
- △六勸受染*
- △七汙家戒
  - 初列犯緣
  - 二示犯相
    - 初明犯
    - 二不明犯
- 初簡示兩緣顯制
- 二別釋汙家惡行
  - 初四分唯釋汙家
  - 二婆論具釋二種
    - 初通標二種
    - 二別釋汙家
- ●三捨墮
  - 初標簡
  - 二別釋 △有九科如下列
- △初離衣戒
  - 初列犯緣
  - 二釋第三緣
    - 初明前三礙
    - 二別釋界礙
- 初約本宗解
  - 初通列
  - 二略釋四緣種
    - 初簡強弱
    - 二辨勢分
- 二據他部解
  - 初列四緣
  - 二示別
- △二畜寶戒
  - 初列犯緣
  - 二簡物體
    - 初列相示制
    - 二開畜得否
  - 初田宅
  - 二園池
  - 三鹽粟
  - 四奴婢
  - 五羣畜
    - 初明開法
    - 二制作淨
    - 初護命暫開
    - 二聽僧限齊

- △三貿寶戒
  - 初列犯緣
  - 二對簡異
    - 初明犯
      - 初彰示相
        - 初嗽著結犯
        - 二明自貿法
        - 三悔還得否
        - 四教人貿法
      - 二損
        - 初作福無功
        - 二受施獲罪
        - 三惡業深重
    - 二不犯
  - 三老弱開乘
  - 六錢寶
    - 初示受法
    - 二藏舉法
    - 三病開觸
  - 七牀褥
  - 八金具
    - 初正明衆具
    - 二別制錢寶
- △四販賣戒
  - 初列犯緣
  - 二示犯相
- △五迴僧戒
  - 初列犯緣
  - 二示犯相
    - 初通列犯相
    - 二餘事犯輕
    - 三決施成重
- △六乞酥油
  - 初列犯緣
  - 二別料簡
- △七食作衣
  - 初略指緣
  - 二示犯相
- △八畜長鉢
  - 初列犯緣
  - 二示犯相
- △九貿還奪
  - 初列犯緣
  - 二示犯相
- ●四單提
  - 初標簡
  - 二別釋 △有百一科如下列
- △初小妄語
  - 初列犯緣
  - 二示犯相
    - 初明離合
    - 二教有本
    - 三列罪相
- △二惡罵戒
  - 初列犯緣
  - 二示犯相
    - 初說戒默妄
    - 二前人不解
    - 三妄及輕惱
- △三兩舌戒
  - 初正顯罵相
  - 二別示綺語
  - 初列犯緣
  - 二示犯相
    - 初釋名
    - 二示犯
    - 三彰異
- △四共男宿
  - 初列犯緣
  - 二示犯相
    - 初通釋
    - 二辨相
- △五未具宿
  - 初列犯緣
  - 二示犯相
    - 初別釋未具
    - 二未懺疊犯
    - 三將明互去
- △六同誦戒
  - 初列犯緣
  - 二示犯相
- △七說粗罪
  - 初列犯緣
  - 二示犯相
    - 初明尼衆不同
    - 二示說罪過重
    - 三辨所說種類
- △八說法過
  - 初列犯緣
  - 二示犯相
    - 初簡請否
    - 二示語相
    - 三明有智
    - 四引緣開
- △九掘地
  - 初列犯緣
  - 二示犯相
    - 初通示
    - 二別明
      - 初列相
      - 二緣開
- △十壞生種
  - 初列犯緣
  - 二示犯相
    - 初分列種淨名
    - 二種果作淨法
    - 三行護開制法

- △十一露地敷
  - 初列犯緣
  - 二示犯相
    - 初示相
    - 二分齊
- △十二屏處敷*
- △十三強敷
  - 初列犯緣
  - 二示別相
    - 初列示開制
    - 二別引緣開
    - 初道俗皆主
    - 二互食非衆
    - 三請送須否
- △十四用蟲水
  - 初列犯緣
  - 二示犯相
- △十五別衆食
  - 初列犯緣
  - 二示犯相
    - 初正示
    - 二緣開
- △十六非時食
  - 初列犯緣
  - 二示犯相
    - 初釋時非時義
    - 二明開制分齊
- △十七殘宿食
  - 初列犯緣
  - 二示多罪
- △十八不受食
  - 初略指緣
  - 二示犯相
    - 初對境如非
    - 二所受通塞
    - 三示受食法
    - 四錯誤不成
    - 五受已失法
- △十九共屏坐
  - 初列犯緣
  - 二示犯相
    - 初明犯
    - 二不明犯
- △二十共露坐
  - 初列犯緣
  - 二示犯相
- △二十一觀軍陣
  - 初列犯緣
  - 二示犯相
    - 初正示三失
    - 二別明轉變
- △二十二飲酒戒
  - 初列犯緣
  - 二示犯相
    - 初正示相
    - 二明業重
- △二十三水中戲
  - 初列犯緣
  - 二示犯相
- △二十四擊攊他
  - 初列犯緣
  - 二示犯相
- △二十五不受諫
  - 初列犯緣
  - 二別料簡
- △二十六恐怖尼*
- △二十七減半月浴
  - 初列犯緣
  - 二示犯相
- △二十八露然火
  - 初列犯緣
  - 二示犯相
- △二十九藏衣鉢
  - 初列犯緣
  - 二示不犯
- △三十著白衣*
- △三十一斷畜命*
- △三十二飲蟲水
  - 初列犯緣
  - 二別料簡
    - 初制畜漉囊
    - 二漉護等法
- △三十三賊期行
  - 初列犯緣
  - 二示別相
- △三十四拒勸學*
- △三十五毀呰尼
  - 初列犯緣
  - 二示犯相
- △三十六不攝耳
  - 初列犯緣
  - 二示犯相
- △三十七賞後悔
  - 初略指緣
  - 二示犯相
- △三十八屏聽諍
  - 初略指緣
  - 二示別相
    - 初正示本戒
    - 二因通摩觸
    - 三斥誡非法
- △三十九瞋打尼
  - 初列犯緣
  - 二示犯相
    - 初明人趣
    - 二明畜趣

△四十手搏尼
- 初略指緣
- 二示犯相

△四十一捉遺寶
- 初列犯緣
- 二釋諸相
  - 初釋戒名
  - 二示開緣
    - 初開收舉
    - 二明拾遺
    - 三顯伏藏
    - 四辨取受

△四十二非時入聚
- 初列犯緣
- 二示犯相
  - 初明犯
    - 初列示諸聚村名
    - 二因解犯相
  - 二不犯

△四十三過量牀
- 初列犯緣
- 二示犯相

△四十四食蒜戒
- 初列犯緣
- 二示犯相
- 三開重病

△四十五剃毛戒
- 初略指緣
- 二示別相
  - 初制剃髮意
  - 二舉僧戒例
  - 三委明剃髮

△四十六洗淨過分
- 初略指緣
- 二示別相

△四十七供水扇
- 初略指緣
- 二明制意
- 三示犯相

△四十八乞五穀
- 初略指緣
- 二明制意
- 三示不犯

△四十九觀伎樂
- 初略指緣
- 二明制意
- 三示別相

△五十屏共語
△五十一坐不辭*
△五十二輒坐牀*
- 初略指緣
- 二明制意
- 三別料簡

△五十三入暗室
- 初標名
- 二明制意
- 三示犯相

△五十四惡心詛
- 初列犯緣
- 二示別相

△五十五椎胸哭
- 初列犯緣
- 二示犯相

△五十六覆同牀
- 初列犯緣
- 二示犯相

△五十七惱客舊*

△五十八不看病
- 初列犯緣
- 二示別相

△五十九牽他出
- 初列犯緣
- 二示犯相

△六十無事行
- 初列犯緣
- 二別料簡

△六十一不知請
- 初列犯緣
- 二示不犯

△六十二露洗身
- 初列犯緣
- 二示別相

△六十三不看衣
- 初列犯緣
- 二示犯相

△六十四障施僧*
△六十五輒著衣*

△六十六與外衣
- 初列犯緣
- 二示犯相
  - 初正結犯
  - 二斥時非
  - 三明緣開

△六十七遮分衣*

△六十八與外食
- 初列犯緣
- 二示犯相
  - 初正明開制
  - 二斥誡時非

△六十九爲俗使*

△七十自紡績
- 初列犯緣
- 二示犯相
  - 初正明開制
  - 二斥誡時非

△七十一俗牀臥*
△七十二宿不辭*

△七十三度姙女
- 初列犯緣
- 二明立制

△七十四度童女
- 初列犯緣
- 二明制意
- 三示開疑

△七十五不度二歲*
△七十六不說六*
△七十七度遮女*
△七十八不事攝*
△七十九受已離*
△八十未滿度
△八十一度人謗*
△八十二三不聽*
△八十三不與學*

△八十四多度人
- 初列犯緣
- 二示犯相

△八十五不請教*

△八十六不詣自恣*
- 初列犯緣
- 二示別緣

△八十七不依安*

△八十八不白入
- 初列犯緣
- 二示犯相

△八十九罵比丘
- 初列犯緣
- 二示犯相

△九十罵尼衆*

△九十一使男治
- 初略指緣
- 二示制意
- 三明治法

△九十二背請戒
- 初略指緣
- 二示犯相

△九十三家生姤
- 初列犯緣
- 二示犯相

△九十四香塗身
- 初略指緣
- 二明制意

△九十五著俗具
- 初略指緣
- 二明制意

△九十六乘乘行
- 初略指緣
- 二示不犯

△九十七不著衣*
△九十八不安居*

△九十九呪活命
- 初列犯緣
- 二示犯相

△百不請輒問
- 初標名
- 二制意
- 三不犯

△百一不敬
- 初略指緣
- 二明制意

●五提舍尼

●六衆學

●七滅諍

○二結示

◎三下卷九篇
- 初標題號
- 二隨篇釋

⊙二十二匡衆篇
- 初篇目
  - ⊙初匡衆至九雜要九篇如下列
- 二本文
  - 初分門
    - ○有五門如下列
  - 二隨釋

○初教有興廢
- 初明興
- 二明廢

○二簡知事德
- 初具德荷法
  - 初列示衆德
  - 二別明知事
- 二任情獲罪

○三秉教通塞
- 初依教立治
  - 初通道俗治
  - 二別明道治
    - 初示折攝
    - 二攝鈍根
    - 三明治罰
- 二廣懲非法
  - 初不隨非制
    - 初列示衆相
    - 二如法訶默
  - 二治擯惡徒
    - 初示惡相
    - 二明治法

○四僧食通局
- 初明非法
  - 初約食
    - 初正辨僧食
    - 二別明獻佛
  - 二約衣物
    - 初問答示制
    - 二正斥時非
    - 三引教明報
      - 初惡業深
      - 二受報苦
- 二示如法
  - 初福田無盡
  - 二開與俗食
  - 三作相離過
  - 四行食平等

○五入衆服儀
- 初入衆
- 二服儀
  - 初通示
  - 二斥時
    - 初廣斥服儀非法
    - 二別明破損無罪

⊙二十三翻淨篇
- 初篇目
- 二本文
  - 初分門
  - 二隨釋

- 初制意
- 二淨處
  - 初標分
  - 二隨釋
    - 初不周淨
    - 二檀越淨
    - 三處分淨
    - 四白二淨
- 三加法
  - 初標簡
  - 二正釋
    - 初明須結
    - 二示結法
      - 初四分唯聽別結
      - 二五分通別並聽
    - 二解結法
      - 初示儀
      - 二唱相
      - 三作法
- 四辨過
- 五翻淨
  - 初正明護淨
  - 二問答示過

- 六對緣
  - 初惡觸
    - 初行食等觸
    - 二諸器等觸
      - 初開緣
      - 二錯誤
      - 三器具
    - 三擔持等觸
  - 二自煑
  - 三內宿
  - 四內煑
- 七互讎
- 八儉開
  - 初四分開八事
    - 初引八事
    - 二定罪多少
    - 三明還制
  - 二十誦開持殘宿食
- 九淨生
  - 初總示淨法
  - 二淨一通餘
  - 三別釋種相

⊙二十四受藥篇
- 初篇目
- 二本文
  - 初隨分釋門
- 初藥體
  - 初時藥
  - 二非時
    - 初明藥體
    - 二示淨法
    - 三簡諸漿
    - 四明澄漉
  - 三七日
    - 初明藥體
    - 二配諸病
    - 三有緣開
  - 四盡形
    - 初藥體
    - 二義斥
- 二受意
  - 初標分
  - 二隨釋
- 三受法
  - 初時食
  - 二非時
  - 三七日
  - 四盡形
    - 初示受法
    - 二自買法
- 四說淨
  - 初加受通塞
  - 二開忘非觸
- 五通塞
- 六重受

⊙二十五計請篇
- 初篇目
- 二本文
  - 初分門
  - 二隨釋 ○有十一門如下列

○初簡請
- 初明二請
  - 初示損益
  - 二別料簡
- 二作四相
- 初正示
  - 初僧次請獲福
  - 二受別請獲罪
- 二簡人

○二釋非
- 初廣明如非
  - 初擇請處
  - 二答請法
  - 三立維那
  - 四捨前請
  - 五誡惱衆
  - 六違晨念
  - 七斥自往
  - 八開佐助
- 二別示下衆

○三計會

○四至家
- 初檢儀入座
- 二安佛僧位
- 初義設

- 二引文
  - 初引賓頭盧經
  - 二引諸文補闕

○五就座
- 初引聖誡凡
- 二互相檢校
- 三相問大小
- 四師資表敬
- 五無緣後往
- 六呵止喧笑
- 七外客聽否
- 八佛世法式

○六淨食
- 初審問作淨
- 二給付不來

○七香願
- 初行香
  - 初引本緣
  - 二示離過
  - 三明作唄
- 二咒願
  - 初定前後
  - 二教應時

○八受食
- 初受食作觀
  - 初受食
  - 二作觀
    - 初明難消
    - 二示厭治
- 二佛食所屬
- 三勸施幽顯
  - 初正勸
  - 二示施法
- 四薦亡獲益
  - 初先唱等供
  - 二勸俗行食
  - 三二部先後
  - 四受用等法
  - 五喫食雜法
- 五食時雜法

○九食法

○十嚫
- 初引緣起
- 二示法式
  - 初因明食粥
  - 二正明說法

○十一還法

⊙二十六屆寺篇
- 初篇目
- 二本文
  - 初分門
  - 二隨釋
- 初入寺
  - 初迎客問主法
  - 二禮敬入房法
  - 三制限瞻待法
    - 初通明
    - 二別示
      - 初坐法
      - 二臥法
- 二儀式
  - 初總明四儀
  - 二別示雜相
    - 初出行法
    - 二坐臥法

⊙二十七懺悔篇
- 初篇目
- 二本文
  - 初分門
  - 二隨釋
  - ○有六列門如下

○初八重
- 初標章
- 二列釋
- 初示懺儀
  - 初懺已護持
  - 二引緣彰淨
    - 初引小乘
    - 二引大乘
- 二明懺法
  - 初發露乞戒
  - 二問和與法
- 三顯行相
  - 初奪行
  - 二入衆
  - 三重犯

○二僧殘
- 初標章分門
- 二隨位別明
- 初釋名
- 二乞懺
  - 初總示懺法
  - 二威儀教乞
  - 三和僧與法
- 三奪事
  - 初誡勅
  - 二白行
    - 初初白
    - 二已行
    - 三告客
- 四雜行
  - 初示異覆法
  - 二執役居處
  - 三有緣白停
- 五出罪
  - 初乞法

- 六誡勗
- 二與法
- 四八事失夜

○三偷蘭遮
- 初牒名分位
- 二依位別論
  - 初罪輕重
  - 二懺儀式 ●●

●初罪輕重
- 初標分
- 二正辨
  - 初上品
  - 二中品
  - 三下品
- 初方便
  - 初牒章分敘
  - 二隨相委明
    - 初結前生後
    - 二輕重分途
- 二獨頭
  - 初合明三品
  - 二通會二文

●二懺儀式
- 初標列
- 二隨釋
  - 初正懺本罪
  - 二略指吉罪
- 初大乘法
- 二小衆法
- 三一人法
  - 初料簡
  - 二正明
    - 初僧中陳乞
    - 二請懺悔主
    - 三懺主單白
    - 四爲說罪相
    - 五正明捨罪
    - 六訶責
    - 七立誓

○四二提
- 初牒章標列
- 二隨位別明 ●有二章如下列

●初懺捨墮
- 初標分敘列
- 二依位廣陳 △有七科如下列

△初簡財
- 初明長
- 二離衣
- 三販賣
  - 初入捨須否
  - 二別捨總懺

△二捨財

△三捨罪
- 初請懺主
- 二問邊尼
- 三說罪相
- 四明悔罪
  - 初懺吉羅
  - 二懺提罪
    - 初總示懺法
    - 二問對首義
    - 三請懺吉主
    - 四正懺吉罪
- 五明訶誓

△四還衣

△五忘物
- 初忘物相染
  - 初正明忘染
  - 二別明前捨
- 二料簡販長

△六捨寶
- 初對首可否
- 二方便離過

△七雜法

●二懺單提
- 初料簡
- 二正明
  - 初請懺悔主
  - 二爲說罪相
  - 三正示捨罪
  - 四訶責立誓

○五提舍尼

○六吉羅
- 初正明吉罪
  - 初出方軌
  - 二立條例
- 二因示發露
  - 初識罪
  - 二疑罪
- 初出罪種
  - 初引例示罪
  - 二名同懺別
  - 三問答析疑
- 二示懺儀
  - 初懺故犯
  - 二懺誤犯
    - 初先出其相
    - 二正明作法

⊙二十八送終篇
- 初篇目
- 二本文
  - 初分門
  - 二隨釋
- 初正明罪相
- 初明供給
- 二聽造食
- 初制看
- 二簡人

- 三供侍
  - 三明覓食
  - 四明貸取
  - 二因明對亡懺法
- 四安置
  - 初供侍讚勸
  - 二立堂安像
- 五誡法
- 六殯終
  - 初哀慟
  - 二弔敬
  - 三覆屍
  - 四殯送
  - 五葬法
  - 六像塔

⊙二十九二衣篇
- 初篇目
- 二本文
  - 初分門
  - 二隨釋 ○有十門如下列

○初制意

○二簡物

○三共財

○四囑授
- 初牒章標列
- 二依章別釋
  - 初囑通善惡
  - 二囑通前後
  - 三囑通成否

○五輕重
- 初牒章述過定宗
- 二分門隨位別解
  - 初略分三位
    - 初標釋三位
    - 二別示第三位
  - 二廣分七種
    - 初絲麻毛綿
      - 初褥氈繡綺
      - 二囊廚線袋
      - 三俗色形服
    - 二銅鐵瓦木
      - 初受用諸具
      - 二供養衆具
    - 三田宅園林
    - 四皮物
    - 五畜生
    - 六奴婢
    - 七四藥
  - 三結會異同

○六負債
- 初先以義求
  - 初總約佛法別人以明
  - 二別據常住別人以辨
- 二後引文斷
  - 初十誦明諸相
  - 二母論明遺索
  - 三五百問明物主索取
  - 四僧祇明量彼可信

○七賞勞
- 初簡德
  - 初示二種五德
  - 二明賞物可否
- 二與物
  - 初引文示物
  - 二準義量德
- 三簡人
  - 初明七衆得否
  - 二明外界合唱

○八時節
- 初死已即分
- 二屍去後分

○九分法
- 初牒章分別
- 二依位別明
  - 初羯磨
  - 二對首
  - 三心念
- 初五人法
  - 初賞勞
    - 初合敍賞分
    - 二集物召衆
    - 三瞻病捨衣
    - 四處判諸物
    - 五加法賞勞
  - 初明不須問德
  - 二告勅謙讓
  - 三正加賞法

- 二四人法
  - 四別示雜相
  - 二分物
    - 初作羯磨
    - 二分物法
  - 初明衣少
  - 二勸依行
  - 三明留分
  - 四與餘衆

○十雜法
- 初定僧俗中物
- 二判俗舍中物

⊙三十雜要篇
- 初篇目
- 二本文
  - 初分門
  - 二隨釋
    - 初僧物
      - 初正明
      - 二引證
    - 二乞食
    - 三陞座
    - 四說法
      - 初觀機簡辨
      - 二答緣協時
    - 五淨地
    - 六遇賊
    - 七濟生
    - 八雜事○

○八雜事
- 初火燈然滅
- 二捨離五慳
- 三四恩四輩
- 四太小洗漱
- 五明諸過益
- 六對彼檀越
- 七履用嚴浴
- 八營主須宜
- 九五亂敬式
- 十頭陀少欲

◎三後偈

稽首十方種智佛　十二部經眞法輪
三乘聖果諸尊師　我今迴向總披陳
自惟生死沒苦海　隨逐癡愛溺長津
意欲出離不能離　蒙聖遙愍救沈淪
暫息四流諸苦難　得預出家事三尊
復曰國王父母力　許我隨學諸法門
不知將何酬斯德　故我讚述報佛恩
撰鈔聖言多說贊　頂禮懺謝願矜憐
貞觀一十九年出　目擬讀誦詎兼人
儻有同閱一句者　普共隨喜至眞源

案此偈亦宣祖所撰、附於鈔後。古本有之、今刊本應補入。　弘一

梵網經菩薩戒本疏卷一

唐魏國西寺沙門法藏撰

原夫法身虛應浹有岸以瓢形妙智潛通極無邊而照象至眞明理卽事而能理旋超視聽之外冥權會事卽理而能事迴架筌蹄之表故得蓮華藏界懸日月以照臨菩提樹王開甘露而濟乏千華千百億盧舍那爲本身十重四十八釋迦文爲末化不可說法啓心地於毛端不思議光舉身化於色頂於是四十二位大士之所同修八萬威儀聖賢以之齊致況乃恒沙戒品圓三聚而統收塵數嚴科具六位而該攝既如因陀羅網同而不同似薩婆若海異而非異等摩尼之雨寶濟洽黎元譬瓔珞以嚴身功成妙覺是故五位菩薩莫不賴此因圓三世如來無不由此果滿既爲道場之直路亦是種覺之良規大哉難得而言者也然則梵約當體離染爲名網就喻彰功能立號經則貫穿縫綴體用同詮盧舍那則徧照果圓說則扣機宣唱菩薩標因異果顯能持之人十重等簡法異人顯所持之法重開二五輕分六八具防止惡故稱爲戒文無二軸故云一卷故言梵網經盧舍那佛說

菩薩十重四十八輕戒一卷

將釋此經略作十門一教起所因二諸藏所攝三攝教分齊四顯所爲機五能詮教體六所詮宗趣七釋經題目八教起本末九部類傳譯十隨文解釋

初教起所因者何故辨此菩薩戒耶略由十因謂法應爾故示本行故攝大機故授法命故勝法被故令成行故得諸位故滅重障故顯眞性故得勝果故初法應爾故者謂此菩薩三聚淨戒既爲道場直路種覺圓因是故一切諸佛出興於世利樂眾生皆依古法法爾初時結於菩薩波羅提木叉爲宗本之要如大王路法爾常規故須說也是故下云各坐菩提樹誦我本師戒又云是盧舍那誦我亦如是誦解云既佛本師戒復但云誦不言說者明則本法非新制也又云三世諸佛已說今說當說故知同說也二示本行者三世諸佛皆悉往昔同行此戒成最正覺是故成道先示此要令諸菩薩之所修學下文云一切諸佛之本源行菩薩者之根本又云一切菩薩已學今學當學解云若無此戒法無一菩薩得成佛道三攝大心者謂如

來出世若不顯此菩薩毗尼諸有情初發大菩提心者而未能知何等應作何等不應作而進行無依是故要當制立菩薩學處令知進修智論十三云譬如無足欲行無翅欲飛無船求渡是不可得若無戒欲求好果亦復如是若人棄捨此戒雖居山苦行食菓服藥與禽獸無異四授法命者謂諸衆生若無此戒法命不立與非情及畜生等無有異瓔珞經下卷云佛子若過去未來現在一切衆生不受菩薩戒者不名有情識者畜生無異不名爲人當離三寶海非菩薩非男非女等五殊勝益

者謂以最上菩薩戒霑及衆生必當令彼成正覺瓔珞經云又復法師能於一切國土中敎化一人出家受菩薩戒者是法師其福勝造八萬四千塔況復二人三人乃至百千福果不可稱量六成諸行者謂一切菩薩無邊大行莫不皆以淨戒爲本智論十三云譬如大地一切萬物有形之類皆依地而住戒亦如是戒爲一切善法住處又華嚴經云譬如造宮室起基令堅固施戒亦如是菩薩衆行本此經下云一切菩薩已學今學當學七成諸位者謂由具足菩薩戒故信行得成方乃得入十

住等位瓔珞云初發心出家欲紹菩薩位者當先受正法戒戒者是一切行功德藏根本正向佛果道問位以智成因何說戒答戒具三聚攝善戒中既具大智理亦無違下文中十發趣十長養等皆因此成又問以何得知此菩薩戒多是住前菩薩所行戒耶答瓔珞經下卷云我今在此樹下爲十四億人說住前信想菩薩初受戒法佛子是信想菩薩於十千劫行十戒法當入十住心此之謂也八滅重障者重障有二謂惑與業今既具防三業律儀戒中惡無不止惑業種子是所除滅故瓔珞

下卷云受十無盡戒已其受者過度四魔越三界苦從生至生不失此戒常隨行人乃至成佛九顯眞性者謂由具此菩薩淨戒遂令障滅行成性離究竟下云佛性常住戒法流通也十得勝果者謂此淨戒因位究竟必獲如來圓明勝果故華嚴經云戒是無上菩提本應當具足持淨戒此經下云微塵菩薩衆由是成正覺此之謂也

第二諸藏所攝者此有四重初約二藏有二謂大小二乘各有菩薩藏聲聞藏於此四中唯大乘內菩薩藏攝或通大乘聲聞藏攝以大中聲聞悉許

成佛於此戒法亦受持故亦通收小中菩薩以彼三十四心成佛等事離此實戒更無餘故或亦通彼聲聞藏以七衆所持別解脫戒皆是菩薩律儀攝故是故彼法亦在此中二約三藏亦二一唯是大乘毗奈耶藏以具詮顯調伏行故二或通餘二以戒具三聚該於三學成因五位必具餘故三約十藏亦二一唯戒藏二或通餘以三聚中攝諸行故四約十二分教亦有二一是緣起經攝二亦通餘如理應知

第三攝教分齊者聖教塵沙統略爲二一是化教

二是制教釋此二別略作四門一約法異且化教者謂如來出世普爲一切說諸因果理事等法制教者謂舉過顯非立正法制非理違犯結示罪名辨其持犯輕重篇聚二約機異謂化教普爲通內外衆莫問佛法內人及佛教外人通對而說制教唯對佛自內衆私祕制說三約益異謂化教但令離諸性惡起信等行制教令其雙離遮性以護譏嫌威儀可軌以生物信光顯正法自行化人故四約主異謂化教通於五種人說如智論云一佛二菩薩三弟子四神仙五變化制教唯佛自說以制

戒輕重餘無能故由此四異是故二教成差別也於此二中制教所攝然制通大小仍是大收

第四顯所被機有四種一約種姓二約遮難三約發心四約現在位初中有二先約權教五種姓中定姓二乘及無種姓非此所爲以彼於此非其器故菩薩種姓正是所爲其不定性亦兼攝如瑜伽等說二約實教五種種姓俱此所爲以許佛性皆悉有以於此身定入寂故名定性二乘非謂寂後而不趣向於大菩提如法華楞伽寶性論等說又爲謗大乘人是一闡提因依無量時故說無性非

謂究竟無清淨性如寶性及佛性論說又依佛性論自斷說無佛性爲不了教餘如前說是故一切衆生皆是所爲耳二約遮難者亦二一雖欲發心若具七遮現身非器二要須深心懺悔除滅遮難好相相應發心純直方堪爲器三約發心者亦二一雖內有種姓若未能發大菩提心現在前時亦未堪爲菩薩戒器二要須發心直趣正行不有邪求名利等過方堪爲器是此所爲四約現在位者亦二一終二始終者如三賢已上法雲已還終位菩薩雖亦受持菩薩淨戒然經生所受不名新得

具性戒故非此正爲始者從初發意十信已還於
此戒品有受有隨有持有犯故是正爲以本業經
中十信初心受此十戒其入位已去但增修爲異
故也

第五能詮教體者略作十門一能詮門謂唯以名
句文爲體以能詮表所詮故二歸實門謂唯以音
聲爲體以名等依聲假立無別體故經云以音聲
爲佛事故三具二門謂聲及名等要具此二方成
詮表不相離故十地論云說者以此二事說聽者
以此二事聞四俱非門謂聲名卽空俱泯言卽無

言無言之言無寄無住經云如來常住不說一字
上四門中前三通小乘具四唯大乘是故四句合
爲一事有無俱離可知五徧通門謂香光等一切
諸法悉爲教體無不皆有詮理益物故經中香光
飯等而作佛事六詮旨門謂能詮所詮合爲其性
以不相離故論云契經體性略有二種一文二義
文是所依義是能依七唯心門謂名等聲等能詮
所詮無不皆是說聽心識更互爲緣之所顯現離
此心識無別性故經云我說識所緣唯識所現故
八歸眞門謂名等識等莫不悉皆唯是眞如以諸

虛相本自盡故眞如實體性自顯故經云一切法
卽如等也九無礙門謂卽眞之相相不礙存卽無
言之言言同法界卽相之眞眞無不顯卽言之無
言言未嘗說既言無言而無二則說無說而俱存
無礙鎔融以爲教體十雙泯門謂理事無礙性相
俱融則形奪兩亡語默雙泯非言非不言非教非
不教非眞非不眞一切皆離不能辨之也是謂大
乘無礙教體也

第六所詮宗趣者有二先釋宗後顯趣問宗之與
趣何別答語之所表曰宗宗之所歸曰趣又釋宗

是言下所尊趣卽標其意致宗中亦二先總後別
總者以菩薩三聚淨戒爲宗以是文中正所詮顯
所尊所崇唯此行故別中有五一約受隨二約止
作三約理事四約造修五約該收初者創起大誓
要期三聚建志成就納法在心故名爲受受與於
前持心後起順本所受令戒光潔故名爲隨又受
是總發萬行從生隨是別修順成本誓要具此二
資成正行故以爲宗二止作者謂止離諸惡微過
不沾作修萬善衆德圓修要具此二皎潔行成故
爲宗也三理事者謂事防三業使惡止善行以理

御心令惑滅智立智論云菩薩亦持理性戒故又前離業障令福圓後除滅惑障成慧滿此則離二障成二嚴方爲究竟故以爲宗四造修者有四一法二受三相四行謂初是所受戒法二正受相應三辨其戒相四對緣持犯所詮雖衆然四門統攝故爲宗也五該收者謂諸菩薩波羅密行莫不具足三聚所謂發三聚心修三種行成三迴向菩薩萬行莫過於此故以爲宗第二趣者意也致也謂持此三戒增長三學成就三賢十聖等位究竟令得三德三身無礙佛果是意趣也謂一律儀離過

顯斷德法身二攝善修萬行善以成智德報身三以攝衆生戒成恩德化身故也宗趣竟也

第七釋題目者有二先辨一部都名後釋當品別目初中亦二先梵網者所詮義也經者能詮教也義中梵西國正音云梵覽摩傳譯存略故但云梵此翻爲極淨以淨中之極故准此經上下文梵網之義略有四種一約行體用謂梵者當體爲目離染爲義網者就喻爲名勝能爲義此中梵有一義謂明五位行體平等圓淨光潔網有二義一差別義二滂漉義初喻信等五位相別後喻五位滂漉

衆生從因至果究竟解脫此二及梵總有三義謂體相用網中差別是相此即依體起用以梵成網故云梵網則持業釋也又亦法喻雙舉爲名也二約義者此舉梵王之網喻所詮之義俱從喻稱故云梵網何者上卷經云時佛觀諸大梵王網羅幢因爲說無量世界猶如網孔各各不同別異無量佛教門亦復如是解云以諸梵王持此幢網供佛聽法佛因見彼網孔差別交絡無邊參而不雜遂以喻彼諸衆生類迷悟己性造善惡業苦樂昇沈依正交雜而其分齊別別不同故云世界猶如網

孔此即梵之網依主釋亦是有財釋以俱是喻故問此中梵網與華嚴中因陀羅網何別答彼是帝釋網此是梵王網彼網在殿此網在幢喻意亦別彼取寶珠成網互相影現辨重重無盡此取網孔差別不同義故爲異也三約教者梵辨教是淨網顯教有能故華嚴云張大教網亙生死海漉天人龍置涅槃岸此之謂也又上云猶如網孔等佛教門亦如是等也四約戒者梵有二種一約位在家所持不名梵行出家五衆方名梵行二約實聲聞小戒不防意惡不破諸見不名真梵諸菩薩等所

持三聚具防三業破見入理方名實梵此如華嚴梵行品說網有三義一喻菩薩戒相塵沙微細差別交雜出沒屈曲難知如網孔也二喻此律儀戒功能遮防有情令不作惡如網籠羅也三喻此戒攝善救生二種功能滂漉自他俱出離故是故此中亦梵亦網持業釋也問何故不唯存此釋而通上三耶答此是一部通名非唯說戒故須通辨也經者謂以聖言貫穿攝持所應說義及所化眾生故云經也二別名中有三義一舍那佛者舉教主也說心地法門品者是一品通名也菩薩戒本者

品內別目也梵本經中皆名毗盧舍那此云光明徧照然有二義一內以智光照眞法界此約自受用義二外以身光照應大機此約他受用義何故經首別標此名為簡餘經是釋迦化身所說又梵網字下標此名者別餘品也梵網一部大本之中唯此品等是舍那說餘品應是釋迦說故說者圓音應機演茲妙理故云說也菩薩者備如常解心者則是菩薩所起信等五十心也地者即是信等諸位通名地也十地論中地前總名信行地故以俱有生成荷戴通名地也無非妙軌云法通智遊

履為門類別不同稱品今於品內別釋如此菩薩戒本故別標舉謂防非止惡為戒標略異廣為本也

第八明教本末者有二先明此戒後顯餘類初此戒來處者此三世諸佛本戒法界法爾非新所制舍那菩薩修行此戒位滿成佛於蓮華臺藏世界之中為欲利樂諸眾生故還自誦出傳授化身令各就機於閻浮提為諸眾生方便誦顯是故得有如斯戒本若論具本什公相傳云西域有十萬頌六十一品具翻應成三百卷未至此土故不具也

二餘類戒者如梁朝攝論戒學中引毗柰耶瞿沙毗佛略經說菩薩戒有十萬種差別如茲大本未沾此域又上代諸德相傳云眞諦三藏將菩薩律藏擬來此土於南海上船船便欲沒省去餘物仍猶不起唯去律本船方得進眞諦歎曰菩薩戒律漢土無緣深可悲矣又曇無讖三藏於西涼洲有沙門法進等求讖受菩薩戒幷請翻戒本讖曰此國人等性多狡猾又無剛節豈有堪為菩薩道器遂不與授進等苦請不獲遂於佛像前立誓邀期苦節求戒七日纔滿夢見彌勒親與授戒幷授戒

本並皆誦得後覺已見識識覩其相異乃喟然歎
曰漢土亦有人矣即與譯出戒本一卷與進夢誦
文義相同今別行地持戒本首安歸命偈者是也
又聞西國諸小乘寺以賓頭盧為上座諸大乘寺
以文殊師利為上座令衆同持菩薩戒羯磨說戒
皆作菩薩法事律藏常誦不絶然聲聞五律四部
東傳此土流行其來久矣其於菩薩律藏迴不東
流曇無讖言於斯已驗致使古來諸德或有發心
受戒於持犯闇爾無所聞悲歎良深不能已已藏
雖有微心冀茲勝行每慨其欠闕志願西求既不

果遂情莫能已後備尋藏經捃摭遺躅集菩薩毗
尼藏二十卷遂見有菩薩戒本自古諸賢未廣解
釋今敢竭愚誠聊為述讚庶同業者粗識持犯耳
第九明傳譯緣起者此經於大秦姚興弘始三年
有西域三藏法師鳩摩羅什此云童壽以持菩薩
戒故偏誦此一心地法門品以此品略明菩薩戒
相是故印土持菩薩戒者無不皆誦於時沙門慧
融道祥等八百餘人請羅什受菩薩戒遂於逍遥
園或云於長安草堂寺中共學士翻譯經論五十
餘部唯此梵網經最後什自誦出而共譯之慧融

等從筆受亦同誦持仍別錄此下卷之中偈頌已
後所說戒相獨為一卷名作梵網經盧舍那佛說
菩薩十重四十八輕戒一卷卷首別標當時受戒
羯磨等事仍云此羯磨出梵網經律藏品內盧舍
那佛為妙海王及王千子受菩薩戒法其八百餘
人誦此戒本也

第十隨文解釋者於此文中分為三分初十一行
半偈是標源歎戒分二從爾時下對緣正說分三
從我今在此樹下結說勸持分又釋初是戒起所
從分二對緣正說分三結說勸學分初中分二初

有五偈明標源顯戒後六偈半歎戒勸持又釋前
五戒所從勝後是所流戒勝又前是傳戒人勝後
是所傳戒勝前中有四初一頌明舍那眞身起千
化佛二一頌一句明千化佛復各化為百億釋迦
三一頌二句明化身就舍那聽受戒法四一頌一
句明化身就機傳通本戒

我今盧舍那　方坐蓮華臺　周帀千華上
復現千釋迦

初一頌之中上二句明本源實身下二句明所現
千佛此中盧舍那等三類佛有人釋云千華臺上

盧舍那佛是自受用身千華上佛是他受用身百億釋迦為變化身此釋恐不應理以華臺上佛亦是隨他受用身故今釋此佛內自實成及應機化境諸聖教中總有五說一約諸部小乘於此大千百億閻浮中唯此閻浮釋迦是實報成佛餘州皆是化往本不論舍那佛二若依入大乘論等說摩醯首羅天上有一實報成佛以一大千世界為所統境化作百億釋迦一時成佛三若依此經蓮華臺藏世界之中坐華臺上實身成佛名盧舍那其千華上千釋迦則是千摩醯首羅天上各有一釋

迦此千釋迦一一各化作百億釋迦故有千百億釋迦於千百億國中菩提樹下一時成佛准此言之則一實身成佛時以千三千世界為主化境合有千箇百億其千釋迦是實報千百億釋迦是化身四依攝論等受用身有二種一自受用是實身成佛稱法界成身土相稱依正無礙唯佛獨住更無菩薩二隨他受用身為地上菩薩於淨土中現身說法為地前機現化身佛所主化境又廣於前智論云數此三千大千世界如恆沙為一世界種數此世界種復至恆沙為一世界海數此海復至

十方恆沙為一佛世界是釋迦佛所化境界五依華嚴經無成無不成故盧舍那一切處皆實身成佛又以盧舍那則是釋迦不分報化二位之別但說十身以顯無盡是故所主化境無邊無盡且如一類須彌樓山世界之數則盡十方滿虛空徧法界又一類樹形世界亦同前徧法界其側住世界俯仰世界倒世界眾生形等無量形類一一形類各各本類普徧法界然互不相礙又此雜類並皆攝在蓮華藏世界海中是故華藏亦說無盡又以華藏界一一塵中現一切世界如因陀羅網如是

重重無盡出過思議之表此等並是盧舍那常轉法輪處也今此文中還依如上第三義說上二句中初句顯其本身後句明其源土初中以是舍那自說故云我今然通辨我義略有六種一執我謂分別俱生在於凡位二慢我謂但俱生在有學位三習氣我謂二我餘習在無學位四隨世流布我謂諸佛等隨世假稱五自在我謂八自在等如來後得智為性六真我謂真如常樂我淨等以真如為性此中稱我通後三種隨義應知盧舍那義如前已釋次句言方坐蓮華臺者方有二義一將欲

義謂方將等二正住義謂方住等今依後義正在
華上故云方坐也蓮華臺者是十八圓滿中依止
圓滿諸論二釋通有三義一謂約事二就理三據
無礙初約事者謂如來所感大寶蓮華王爲所依
止然通辨蓮華總有四類智論云一人中蓮華十
葉已上二天上蓮華百葉已上三菩薩蓮華千葉
已上四義准佛蓮華無限量故華嚴中大蓮華座
不言葉數但云一一華葉皆徧法界二就理者如
來智身依於眞理義等故以蓮華表示亦有四義
梁攝論中一如世蓮華在泥不汙譬法界眞如在

世不爲世法所汙二如蓮華性自開發譬眞如自
性開悟衆生若證則自性開發三如蓮華爲羣蜂
所採譬眞如爲衆聖所用四如蓮華有四德一香
二淨三柔軟四可愛譬眞如四德謂常樂我淨三
理事無礙者謂佛果圓融理事混通依正無礙相
即自在思之可見下二句中初句明佛所住處謂
於千華之上或云千蓮也下句所現佛此千還是
受用身攝有人釋云若約相顯爲論盧舍那身爲
十地後等覺位菩薩現此千釋迦爲初地已上菩
薩現此亦無違

一華百億國　一國一釋迦　各坐菩提樹
一時成佛道　如是千百億

第二一頌一句明此千佛復現百億釋迦於中先
四句釋一華所現後一句類結餘華前中初句舉
一華主百億國國者是四天下中南洲國也是故
即一三千大千世界有百億四天下等故云百億
國於一一南洲菩提樹下各有一釋迦同時成佛
故云各坐等也類結者如一華既有百億國餘九
百九十九華亦各主百億故類結云如是總爲千
箇百億也

盧舍那本身　千百億釋迦　各接微塵衆
俱來至我所　聽我誦佛戒　甘露門則開

第三一頌二句明化佛就報領受戒法於中初句
標舍那本身是化佛所出之處故須標也次句舉
化身數次句明宰持大衆具眷屬相次的顯主伴
俱來至我舍那所次句正明領受戒法次句明說
戒利益謂此妙戒諸說中最同於甘露味中之上
於此創演故曰門開又釋甘露有三義一當食充
飢同攝善內備二當飲除渴同攝生濟乏三當藥
療病同律儀斷惡故以爲喻又釋甘露是仙藥服

者長生得此戒命盡未來際故也
是時千百億　還至本道場　各坐菩提樹
誦我本師戒　十重四十八
第四一頌一句明化身就機傳通本戒於中初三句各還本位後二句誦傳本戒謂此戒法諸佛所師故云本師戒也十重等出戒相輕重數也上來標源顯戒亦是戒所從來竟
△自下第二歎戒勸持中有三初有三行一句歎益勸受後三行一句舉法勸信
戒如明日月　亦如瓔珞珠　微塵菩薩衆

由是成正覺　是盧舍那誦　我亦如是誦
汝新學菩薩　頂戴受持戒　受持是戒已
轉授諸衆生　諦聽我正誦　佛法中戒藏
波羅提木叉
初中有六初二句辨戒德圓滿於中初能破無明大闇出生死長夜顯無住涅槃故云如日月也二能莊嚴行者令諸佛護念人天樂觀故如瓔珞珠也又釋初是慧嚴後是福嚴又釋律儀戒以能破諸黑惡故如日也攝衆生戒以大悲淸涼爲相故如月也攝善法戒以能攝修具諸勝善法而自佩故如瓔珞珠也二次二句明戒用深廣謂微塵菩薩是多人同行故勝也由此成正覺能成大果故勝也亦則前句是廣後句深也三次二句明大人誦持故勝謂初句報佛後句化佛四次二句舉益勸學成自利行五次二句教令轉授成利他行六次三句誡聽所誦以此戒中含攝蘊積備具衆德故云藏也又爲簡定道二戒故言波羅提木叉戒梵云波羅提此言別若具應云毗木叉此云解脫謂持此戒行於諸犯境皆別別解脫故名也又可當於生死而得解脫故也

大衆心諦信　汝是當成佛　我是已成佛
常作如是信　戒品已具足　一切有心者
皆應攝佛戒　衆生受佛戒　即入諸佛位
位同大覺已　眞是諸佛子　大衆皆恭敬
至心聽我誦
第二舉法勸信中分三初五句明信法成益於中初一句總勸生信二次二句出所信境又是教生信方便謂信己身有佛性法故即定是當來成佛之義三次二句辨信益謂由信自有自性住佛性信佛是至得果性謂起此信即是發入理菩提心

也故此心即是得戒故無垢稱經云發菩提心即
是出家是即具足成比丘性此之謂也二有六句
勸衆普受於中二初二句總勸普受即是下文但
解法師語盡受得戒故云一切有心等又可凡諸
有心皆有佛性有佛性故堪為道器故云攝佛戒
也又前是當成之佛據佛性體也此明有心之者
皆攝佛戒是佛性用也二次四句釋攝戒利益謂
入菩薩三聚戒中即是佛本因之位故名佛子下
諸戒首皆云若佛子者是也三後二句以有此益
故勸衆聽誦上來總是第一標源歎戒分訖也

梵網經菩薩戒本疏卷一

三從我已說下應改作
三諦佛子諦聽下
即是卷十第十三十五頁之文

梵網經菩薩戒本疏卷二

唐魏國西寺沙門法藏撰

△自下第二大段正說中分三初明結集者序當時事二告諸菩薩下明對機正誦三從我已說下結勸受持

爾時釋迦牟尼佛初坐菩提樹下成無上覺初結菩薩波羅提木叉孝順父母師僧三寶孝順至道之法孝名爲戒亦名制止佛卽口放無量光明是時百萬億大衆諸菩薩十八梵天六欲天子十六大國王合掌至心聽佛誦一切佛大乘戒

初中四一序成佛時處二序所結戒相三序口光表說四序衆集聽受初中爾時者是此化身從報佛所受旨迴還至此之時故云爾時也釋迦此云能是姓也牟尼此云寂是名也菩提樹者在摩伽陀國於此樹下有金剛座賢劫千佛皆於此座成等正覺此樹下得菩提故名菩提樹創坐得佛故云初坐等也二序所結戒中有二初辨相二會名前中以是本戒非是待犯然後方制故最初成佛卽結此戒不同聲聞戒故云初結菩薩波羅提木叉也孝者謂於上位起厚至心念恩崇敬樂慕供養順者捨離己見順尊教命於誰孝順略出三境一父母生育恩二師僧訓導恩三三寶救護恩然父母有二位一現生父母二過去父母謂一切衆生悉皆曾爲所生父母今由持戒於父母竭誠敬養令修善根發菩提心今世後世離苦得樂又由發菩提心持菩薩戒救一切衆生悉令成佛是故二位父母皆爲孝順又由具持菩薩淨戒當得道力救護一切諸衆生故於過現父母亦爲孝順又供養孝順師僧三寶下文具顯又以如說修行爲報其恩故爲孝順是至道法者謂至極之道莫先

此法又以此道能至於果故云至道此卽道能至也謂作了因至涅槃果又作生因至菩提果二會名者謂行此孝行卽是順教無違名爲持戒故云孝名戒戒謂制御三業止滅諸惡故云　亦名制止也三序佛口光者如來將說戒法先於金口放大光明驚覺令知當從此口吐戒法光照入其心故現此相令衆集也四序衆集聽於中先集衆二辨敬聽前中有四衆一菩薩二色天三欲天四人王初一是同生衆後三是異生衆二辨敬聽者合掌身儀不慢至心住念不散也

△第二對機正誦中二先歎戒要勝後正誦戒相前
中二初明戒法深勝二從佛子諦聽下辨戒機緣
廣
佛告諸菩薩言我今半月半月自誦諸佛法戒汝等
一切發心菩薩亦誦乃至十發趣十長養十金剛十
地諸菩薩亦誦是故戒光從口出有緣非無因故光
光非青黃赤白黑非色非心非有非無非因果法是
諸佛之本原菩薩之根本是大眾諸佛子之根本是
故大眾諸佛子應受持應讀誦善學
前中二初舉法辨勝後是故諸佛子應受下正勸

修學前中二初約人顯勝二是故戒下約法辨勝
前中二初約佛自誦顯勝人誦故明戒勝也二約
五位菩薩眾誦明多人誦故明戒勝也以信行不
成位故但云發心也以十住是三賢之初入位之
始故云發趣也十行增修善根故云長養十回向
是世間修終堅固不壞故云金剛十地可知是故
戒光從口出者是前從初發心至十地滿三無數
劫常誦持故致後誦時口中每出說戒之光如智
論中有三藏比丘以多生說法口出香類同此也
又釋以此戒法破無明闇從用名光又釋從佛口

光中出戒光故從緣為名故云光有緣非無因者
今此誦戒口出戒光非無因緣以多劫積集因緣
深固致令如此又釋此屬第二約法辨勝於中有
三初明戒無自性起藉因緣謂此戒法既從因緣
必無自性無自性戒名為戒光以佛說為緣機感
為因或師授為緣菩提心為因無自性戒方得發
起故云有緣非無因也二明戒體甚深言故光光
等者光猶戒謂是因緣所發戒體無量數多故曰
光光也故者所由也謂此戒光因緣生故是故無
性離相故云非青等也於中三句初離色心者謂

此真戒性非質礙又非緣慮故云非色心又釋戒
於思種而建立故用思種為體故云非青等色也
於思種上假立為色故云非心也二離有無者謂
緣起之戒便無自相即緣非戒離緣無戒除即除
離不得中間如是求戒永不是有無然此不無此
不有之戒以不同兎角無因緣故是故此戒俱絕
有無又可非所執故不有從緣起故非無又從緣
起故不有非所執故不無故云非有非無也三離
因果者以稱性之戒離能所生故非因果也又釋
以戒能成彼大菩提果故非果法也又藉菩提心

爲因起故非因法也以是果非果卽因故是因非因卽果故是故剋性非因果也三諸佛之本下明戒用廣於中三初明戒雖非果而能作果故云諸佛之本原二明戒雖非因而能作因故云菩薩之根本以菩薩是因位故三雖俱非因果然能通爲大衆之本二是故下結勸修學中應受應持應誦文應學義

佛子諦聽若受佛戒者國王王子百官宰相比丘比丘尼十八梵天六欲天子庶民黃門婬男婬女奴婢八部鬼神金剛神畜生乃至變化人但解法師語盡

受得戒皆名第一清淨者

第二明戒機緣廣中初標受佛戒二辨戒機差別有二十衆於中變化人者如龍變爲人小乘入難此中通也後但解法師語下通結多門餘義可知

△第二正誦戒相中二先總釋隨戒之相略作六門一釋名二分輕重三明具闕方便四持犯麤細五諸部種類六對小辨異並如別說二別釋戒相中亦二先十重後輕垢前中三先舉數勸持二立名辨相三總結勸持又亦可初總誦二別誦三結勸

佛告諸佛子言有十重波羅提木叉若受菩薩戒不誦此戒者非菩薩非佛種子我亦如是誦一切菩薩已學一切菩薩當學一切菩薩今學已略說菩薩波羅提木叉相貌應當學敬心奉持

總中四一舉數二若受下勸誦其文於中先明不誦有損非菩薩者失現行菩提心也非種子者乖菩提心種子也又前失位後失行也後舉佛自誦彰誦有益三勸學其義謂舉三世齊學勸令受學四已略說下結說勸持並可知

△第二立名辨相中先以義料簡後釋本文初中十重略作十門一釋名二明犯因三明犯具四顯犯

境五造境自他六自作教他七犯相始終八明犯輕重九明諸部相攝十明攝三聚○初釋名者先釋總名謂一周圓數二五稱十波羅夷者此云他勝處略有三釋一約法謂是佛弟子以所持佛戒爲自非毀佛戒爲他若專精不犯則自勝於他若破其根本卽他勝於自以戒爲學處持犯所依故云處也二約業謂魔業爲他三約報謂墮不如意處爲他並可知此從數義以彰名卽帶數釋二別名如下釋○第二明犯因者謂犯此十重皆因三毒於中二初約麤相二就細辨初中此十戒內殺

毀及瞋此三因瞋犯是故制此爲防瞋此中約動三業以分三謂身語意如次應知又內外分二謂初二約外後一約內外中色聲分異又盜婬慳此三因貪犯但初二麤現後一細故又約財色分二謂盜慳俱望財但自他分異謂盜望他財慳望自物又盜望未得慳望已得何以約財分二約色不分耶以財許如法畜望已得未得分爲二色無通畜義故唯一禁斷又有財盜及施故得分爲二色無施與義故更不開二又妄酒及謗此三因癡犯於中酒但爲癡因妄謗爲癡果果中妄由邪見望

己身不聖而言聖謗由邪見望他三寶實聖云非聖故分二也癡果已顯彰約境可分二癡因用猶隱約事唯立一又說過通三毒可知此則爲調伏三毒立茲十戒二約細辨者此十戒中一一皆通有三毒犯第九瞋中有時由彼貪癡引故亦得有三是故各調三毒通名毗尼此云調伏〇第三明犯具者所謂三業此十戒中初三及酒皆依身犯故智論十三云酒及前三俱是身戒今此中有四義釋一約自他初三成自害後一成他害以得酒已方作大罪二約依正有三句一盜卽依報二殺

如四分律婬酒戒若懷非道非酒想疑但是正境皆結究竟

婬望正報三酒通依正以爲飲酤不爲貯畜亦得正報收三約違順亦三句一殺盜望違情婬犯順迷情酤酒通違順以恣迷情故順取其直故違四約因果初二損財斷命苦果中極故俱成重後婬酒順迷種苦因極故亦成重是故古德云婬爲生死本酒爲過患源律中此二不立境想義存此也又妄說毀謗此四是語業犯卽是語四失也一妄語二離間語以說過令離故三綺語以讚毀無義故四惡口以惡言謗黷故又釋初一違境失次二違教失謂一餘處傳非二現前毀讚後一違理失

並可知又慳瞋二戒是意業犯此中何故瞋依本名貪就慳性說謂瞋障慈悲乖凝行重貪或容有順悲愍故是故約慳違慈濟說若細論十戒一一皆有三業成犯以互相導故如下釋文處說亦伏三業名爲調伏也〇第四明犯境差別有四一約情非情境者謂前九全及第十少分是約情境犯以佛僧二寶亦是情攝故婬瞋各有一義及第十少分約非情犯以謗法寶婬屍瞋塊俱同犯故二約勝劣境者謂說謗二戒局勝境犯以要說彼菩薩等過及謗三寶方成犯故酤酒一戒唯劣境犯

以聖等勝位無飲酒故餘七通二位以俱有犯義故三約因果境者謂謗戒少分唯果境犯以除僧寶故所餘因境犯也四約凡聖境犯者第十中佛寶局聖第五全局凡以聖無飲酒不可對辨酤也所餘通凡聖凡中通四趣除地獄以彼苦報不可對故或亦通五以鬼等持戒亦對彼趣故聖中二乘果向十聖大乘六位因果通論悉成犯境問對聖他心豈成誑耶答但對境言彰則爲成犯不問前人信與不信又於聖誑語理重誑凡豈得無犯又釋境中略有十境謂五趣生爲五并依報非情

爲六又二乘菩薩佛法爲四故有十於十戒中唯瞋通十境以於非情杌等亦有瞋故盜具九除非情以無主物不犯故法物盜成故成盜法婬通八除佛法以非情死屍亦成犯故不除也慳亦通八除法及非情以無求索故餘皆成犯境殺妄說毀此四通七除佛法非情所由可知酤酒通五趣除所餘謗唯三寶亦除餘所由並可知○第五造境自他中有四例一自造他境二他造自境三自造自境四他造他境以十戒應配之且初例具十犯可知二例唯一犯謂婬戒有犯所餘不犯可知三

例十中通四犯謂殺婬慳瞋以菩薩理宜不捨生死爲物受身而返厭身自殺故亦得罪又以婬意自愛其身及如律中弱脊自婬等善生經云自施不成施自慳成慳又如有一不稱意事搥胷自瞋等是故此四通自爲境第四例於十戒之中一切通犯謂教他趣餘境自犯故也○第六自作教他者有四句一自作不教他二教他不自作三亦自亦教他四非自非教他初二可知三中有二一如犯婬教他就已一犯得二罪若約睡及怨逼則無教他義二餘教他及自作別犯兩罪故也第四句

者謂見作隨喜及讚歎作等雖非自作亦不教他然亦是犯是故此四徧犯十戒俱結重也○第七犯相始終於中三例一始二終三據中此中婬犯據始侵如毛頭卽結犯不待精樂殺犯據終要命斷方結所餘據中如盜離本處雖已成犯猶未得用等餘准可知有義慳瞋亦約初犯以起念便犯故○第八輕重門者有二先總辨後別論總辨十戒輕重者此十戒中幾是業道重有五謂初四及第十幾是障道重有三謂毀慳瞋幾是重亦小輕有二謂酤說又分三一前四中殺人盜五乃至大

妄同小乘最重。二後四全次重。三五六全及初四少分。謂約非八非五非道小妄此等應小輕。又前五招譏多後五應少。又酤唯約遮餘通遮性。有義十戒俱通二罪。二若別論者。一一之中各有輕重至下文處辨之。○第九攝諸門者有四。一約十惡者。於顯十戒中謗意是邪見謗詞惡口酒是癡因。謗是癡果所餘如次餘九應知。二依菩薩善戒經出家菩薩有八重。即此中初四及後四是也。以出家菩薩先受聲聞戒具前四重。後受菩薩戒更加後四故。三依善生經在家菩薩有六重。即此中初六是。四依瑜伽地持有四重。即此後四是。又小乘四重。即前四是也。是故此戒通攝道俗備統大小

故具十耳。○第十攝三聚戒者有二義。一若從勝為論。此十戒總是律儀攝。以俱止惡故。二若通辨皆具三聚。謂於此十中一一不犯律儀戒攝。修彼對治十罪之行攝善法攝。謂一慈悲行。二少欲行。三淨梵行。四諦語行。五施明慧行。六護法行。七息惡推善行。八財法俱施行。九忍辱行。十讚三寶行。以此二戒教他眾生。令如自所作。即為攝眾生戒。是故十戒一一皆具三聚。餘義可知。

△第二釋文者。別釋十重即為十段。何等為十。如半頌曰。殺盜婬妄酒　說毀慳瞋謗

初篇殺戒第一

佛言。佛子若自殺教人殺方便讚歎殺見作隨喜。乃至呪殺。殺因殺緣殺法殺業。乃至一切有命者不得故殺。是菩薩應起常住慈悲心孝順心。方便救護一切眾生。而反自恣心快意殺生者。是菩薩波羅夷罪。

將釋此戒略作十門。一制意。二次第。三釋名。四具緣。五闕緣。六輕重。七得報。八通塞。九對治。十釋文。○初制意者。略由十意。一由斷生命業道重故。負

此重業不堪入道。是故大小二乘道俗諸戒皆悉同制。二由違害大悲心故。瑜伽云。若有問言菩薩以何為體。應正答言。大悲為體。尚須為物捨身。況害彼命。三背恩養故。下文云。六道眾生皆我父母。生生無不從是而生。豈得害也。四乖勝緣故。智論云。或可蟻子在前成佛。蒙其濟度此事難知。若害彼命。與彼無緣。不蒙救也。五並有佛性悉為當來法器。如不輕菩薩深敬眾生。尚無不敬。豈容有害。六違失菩薩無畏施故。經云。所以持不殺戒。為施眾生無畏故也。又涅槃中。如來壽命無有限量。皆

因不殺七衆四攝行故論云菩薩二利之中利他為最若起害心衆生捨離設欲法施無所化故又損過寶故智論云假使滿閻浮無價珍寶無有能直於身命者是故奪彼命根亦得盜寶之罪涅槃經又云一切畏刀杖莫不愛壽命恕己可為喻勿殺勿行杖等禁九為報恩故謂菩薩大行依衆生得尚念報恩寧容加害十法爾故三世諸佛家業法爾不念加害利益衆生故也○第二次第者戒相塵沙無邊浩汗何故最初辨茲殺戒一謂菩薩萬行無不以大悲為本為存行本故先制也二有情所重莫不以形命為先為救物命故先辨此若爾何故聲聞戒初不同此耶謂此以救生行為先彼以自行為首又釋彼要待犯已方制婬戒初犯故殺不先僧祇律云成道五年制婬第六年制盜及殺菩薩不爾約十業道此為初故三世本戒非新制故○第三釋名者息風名生依身心轉隔斷不續名為殺生戒者是能治之行從所治為名故云殺戒涅槃經云衆生佛性住五陰中若壞五陰名曰殺生若有殺生即墮惡道息有三種過去現在則不可殺遮未來故名殺夫衆生者名出入息

斷出入息故名為殺我等諸佛亦隨俗說名為殺問息斷名殺入滅盡定豈是不死耶答以後起時息還生故是故不名斷問此報息滅後報息生應非無耶答以命根斷故報隔異故不例滅定問殺既爾從緣必無自性無自性故應無有罪答有無自性得罪還無自性得報一切法皆爾問既自心變衆生還自殺者無實衆生死何因有罪答還自心變罪如衆生來報受罪當知亦爾問知殺性空殺應無罪答空是罪治知空必不殺殺必不了空故亦有罪若謂無罪而作殺者以邪見故罪應重於餘何得言無罪也○第四具緣者有二一通二別通緣有三一是受菩薩戒人以不受戒無犯故經云有犯名菩薩無犯名外道二是住自性謂非顛狂等以彼無犯故三無開緣謂即救生無間苦等此三通諸戒二別緣者依地論五緣一是他身簡自故二是衆生簡杌等故三有衆生想簡迷心故四起害心簡無殺意故五正加害簡未害故依對法論亦五緣一事謂有情數二意樂謂起此想及必害意三方便謂為害故加刀杖等四煩惱謂貪瞋癡五究竟謂彼有情由方便故或無間死或

後時死合此二論通具七緣一他身二衆生三起衆生想四殺心五加刀杖等六有三毒七斷正命幷上通緣總有十種可知○第五闕緣者闕通緣可知別中若闕初緣有三義一應得重輕垢謂以惡心自殺已身故二應得輕輕垢謂以善心厭身自殺違菩薩行故經云說身無常而不讚說厭離於身此中有癡前有瞋故餘六緣皆具也三得福成持謂爲法滅身爲生捨命如薩埵王子等若不捨皮得罪此中非直無三毒亦與智和合故成持也亦卽闕初及第六二緣次闕第二緣者有二差

別一若諸趣相差俱得重以七緣不闕故二若非情來替有二罪一畢竟不知是非情約心應得重方便如唯識論云夜踏瓜皮謂殺蝦蟆死入惡道此但爲闕境得重方便二若次後知是非情違前暢思得中方便故闕彼緣得此三罪若於上三位兼起疑心亦得三罪謂若於初位欲殺畜人來替於上生疑爲畜爲人而斷命者此雖境改心移以命同害亦俱重也若於次位欲殺生杌來替後生疑爲生爲杌害已終身不決以少闕心得中方便若於後位欲殺生杌替後生疑害後知杌得輕方便問此中闕心與後位及闕境與前位各何別耶答此於異境起疑故不同初以彼起本想故疑當異境故不同後以彼於本境起疑故問何故雙闕唯疑非想答以想無雙闕如欲殺生杌來替此是闕境於上起杌想此闕心若害無罪是故想無雙闕疑中乖本期故闕境懷猶預故闕心是故單雙二闕各三合爲六也次闕第三緣有想疑二別想中有四一若本迷生爲杌害已無罪以三心俱闕故二若本欲殺生臨至境轉作杌想害已不知得方便罪以不暢本思故闕中後故約前方便結一

輕罪三若害已了知起喜心結重方便以闕中間具前後故四若於人起畜等想本迷轉想俱重也疑中二一於本境疑起有三一疑生爲杌終身不決輕方便二後決暢喜重方便三疑爲人爲畜後決不決俱重二於異境起疑亦三一爲杌爲生終身不決重方便二後決輕方便三疑爲畜爲人俱重也次闕第四緣有二一全不犯二雖無殺心而有打等故得輕垢也次闕第五緣得重方便罪以雖不興方便而有殺心故次闕第六緣有二一以無記心殺還得重二不貪皮肉故殺亦不瞋酬怨

故殺不癡祠祀故殺但以大悲救彼極苦不避自
苦故亦無犯此依瑜伽辨次闕第七緣有二一畢
竟不知不死約心得重方便二知不死得中方便
○第六輕重者有二一麤二細麤中有三一約所
殺生二約能殺心三所用殺法初中生類所殺雖
無崖畔總括此界不過有七謂六道及聖人然約
此七位輕重有四一約生斷命一切皆夷問何得
有殺地獄生答菩薩亦有遊彼趣中救衆生故是
故對彼亦有不殺況有菩薩於地獄中創起慈悲
成初心故也二約報謂人重畜等輕以人於彼大

小二乘通道器故三約德謂害發菩提心者業道
加重不問人畜等故經云殺發菩提心畜生罪重
於殺邪見人四約逆謂下文七逆中除於破僧以
無命可損唯逆無餘故出佛身血是逆及重方便
以不可殺故無夷餘五依位各得二罪謂逆及夷
於中父母及二師或有各得三罪一夷二逆謂此
四人有得羅漢者一殺父母等二殺羅漢三斷生
命故得三罪涅槃經云一殺父王二殺須陀洹故
也若依俱舍唯得一無間以依止一故第二約心
明輕重者然殺念慮雖多不過三性善惡無記即

爲三品惡重善中無記下或無報於中二先別辨
後交雜前內惡中三毒相導成業七亦有三品謂
三單輕三雙次一合重單中亦三貪下瞋次癡重
何以然者艮以飢荒外至貪火內煎雖了業道然
不能自制貪彼皮肉以自濟軀遂斷彼命故非極
重二雖亦了知因果而瞋怒難制遂瞋斷命業道
過前故爲次也三不信因果將謂無罪有德恣心
殺生復勸他殺婆沙云虎豹豺狼蜈蚣蛇等傷害
於人殺之無罪父母衰老及遭病疾若能殺者得
福無量又殺生祠天以爲福德又確執殺生有福

無罪如婆藪仙人多劫受苦是故癡因最爲重也
善生經云貪心殺生輕瞋心次癡心重故此云也
三雙者亦三品也謂貪瞋下貪癡次瞋癡重二一合
者等分最爲上上此約業道分輕重若約遮教俱
犯重二善心者善心殺生如見長病極苦衆生不
忍其苦遂以慈心斷彼命根又如律中比丘父犯
死罪比丘語膾子乞一刀等此皆業道輕俱犯重
戒三無記心者或不成犯以無記不成業故或亦
有業以還得報故如山居比丘推石殺蟻蟻受豬
身亦還推石害彼比丘各無記心冥然受報此即

於戒雖爲不犯然殺業如茲不亡故不可輕也世有愚人飲用蟲水且云我但用水本不害蟲蟲若自亡固非我咎此不識業道不見聖教深可悲其愚矣第二交雜辨者亦七一約三時心謂欲作正作已作此三時中三性心間起故業有輕重謂三中一惡二無記輕一惡二善次一善二惡重又一善二無記輕一無記二善次一無記二惡重又三俱惡重俱善次俱無記輕如上別辨二約殺心三時具闕者闕二心輕闕一心次具三重此三通上三性別門心內各有此三隨輕重應知第三所用

殺法輕重者有二一約三業二約苦惱初中三業單雙等亦有七三單者一身業殺中謂加刀杖等或身現相令怖墮墜或示相教人令成殺等或作書令殺或作坑穽羂網射發毒藥授殺具等水陸空飛有因致死犯輕重可知二語殺或以善言勸厭身死或教人令殺或呪殺或如壯夫吐唱使死此語殺中初一輕次一中後二重也三意殺者如二十唯識論中仙人瞋殺三國眾生一時而死乃至草木亦死不生是故得知意最重故也此中語意同作身業三雙者具身語殺謂身加語說呪此

輕或具身意殺爲次或語意殺爲重一合最重二約苦惱者謂分分割身令多日命盡此苦惱多怨心既深故重也反此應輕又約有恩無恩有過無過皆有輕重應知二細辨者然此輕重業道微細約境開心應善思准耳○第七得報者有二類一約犯違教遮罪下文云墮三惡道二劫三劫等二約業道性罪依十地論對法論等得三種果一異熟果謂墮三惡道二等流果謂若生人中多病短命三增上果謂所感外物皆少光澤不久住故又依優婆塞戒經第四云因殺生故現在獲惡色惡

力惡名短命財物耗減眷屬分離賢聖呵嘖人不信用他人作罪橫羅其殃是名現在惡業之果捨此身已當墮地獄多受苦惱飢渴長命惡色惡力惡名等事是名後世惡業之果若得人身復受惡色短命此一惡人因緣力故令外一切五穀果蓏皆悉減少此人殃流及一天下又智度論十三云如佛語難提迦優婆塞殺生有十罪何等爲十一者心常懷毒世世不絕二者眾生憎惡眼不喜見三者常懷惡念思惟惡事四者眾生畏之如見蛇虎五者睡時心怖覺亦不安六者常有惡夢七者

命終之時狂怖惡死八者種短命業因緣九者身壞命終墮泥梨中十者若出爲人常當短命○第八通局者於中有二先通後局通者或有殺生而不犯戒生多功德如瑜伽戒品云謂如菩薩見劫盜賊爲貪財故欲殺多生或復欲害大德聲聞獨覺菩薩或復欲造多無間業見是事已發心思惟我若斷彼惡衆生命墮那落迦如其不斷無間業成當受大苦我寧殺彼墮那落迦終不令其受無間苦如是菩薩意樂思惟於彼衆生或以善心或無記心知此事已爲當來故深生慚愧以憐愍心

而斷彼命由是因緣於菩薩戒無所違犯生多功德故也又涅槃第十二亦同此說可知二局者有二義一違犯謂見厄不救見他殺已怨不以悲救微起順情此等皆犯二順持謂若不常起大悲思重身心擬以身命代死代苦等恆思不忘不爾便犯如是等應知○第九對治行者有二先明起心後明行相前中如十地經第二地云是菩薩復於一切衆生中生安隱心樂心慈心悲心憐愍心利益心守護心我心師心生尊心論曰集者依增上悲復爲念衆生故生十種心復次此心爲八種衆

生故生一者於惡行衆生欲令住善行故如經安隱心故二者於苦衆生欲令樂具不盡故如經樂心故三者於怨憎衆生不念加報如經慈心故四者於貧窮衆生欲令遠離彼苦如經悲心故五者於樂衆生欲令不放逸如經憐愍心故六者於外道衆生欲令現信佛法如經利益心故七者於同行衆生欲令不退轉如經守護心故八者於一切攝菩提願衆生取如己身是諸衆生即是我身如經我心故生餘二心者觀彼衆生乘大乘道進趣積集具足功德如經師心故生尊心故二明行相

者明往昔菩薩緣衆生行略舉三五如昔二比丘過夏參佛一亡一達佛問達者汝伴何在答云爲不飲蟲水在路自亡某恐不得見佛遂犯蟲水存命至此佛卽出金色臂看云汝不持戒見我何益其在路亡者先已至此聞法得果又如鵝珠比丘護衆生命不惜身命又如菩薩鹿王代鹿母命等又如鹿王以身爲橋救濟羣獸全彼自殞等又如月上女菩薩儉世見女人新產飢急恐噉其子菩薩割自乳房以救彼命等又如薩埵王子救餓虎捨身命等如尸毗王救鴿捨身又如海中船破衆

人將沒菩薩商主告彼衆人令殺我髮等我今開氣取死海必漂岸以濟衆命等如是類往昔規模令今倣習應善思之○第十釋文者就此戒中文別有三一制令斷惡即律儀戒也二制修善行即攝善戒也此二所對爲攝生戒三違制結犯示以罪名初中言佛子者釋有總有別總中有二義一從佛法生謂發菩提心受菩薩戒得佛法分名爲佛子如人從父母生得彼體分一名爲人子此則佛是能生子是所生二子是因義謂以修佛行能生佛果名爲佛子如種子生果等此即子是能生

佛是所生從果爲名此二皆佛之子故依主釋何故爾者若不從佛生無以成佛故梁攝論云無不從此法身流無不還證此法身別中有五義如攝論云一方便爲父二般若爲母三禪定爲胎四慈悲爲養育五信樂大乘爲種子又有四義如佛性論一淨信爲種子二般若爲母三禪定爲胎四慈悲爲養育如次即是地前四位應知問未知菩薩至何位得佛子名答諸聖教說有多種一約絕功用不行同佛作用名爲佛子如楞伽經八地菩薩名最勝子二約證得佛法分名爲佛子如佛性論

初地名佛子三約不退佛法名爲佛子如瓔珞等經說十住即名佛子四約入大乘發菩提心受菩薩戒即名佛子如此經說五約入佛法縱入小乘名佛子如四分律序中說今此通前四以諸位同持此戒故亦通收以攝小令迴故文中有二初舉過二制斷初中四一明能殺位二殺相差別三所作殺事四辨所殺生初中四種殺一自殺可知二教他有二義一教他令自死二教他令殺生問自殺或教他所殺未亡自身先死後所殺亡未知得重以不答若依小乘不犯夷以彼未命終未成罪

故命終已後戒已失故菩薩戒既經生不失故還得夷問若教他殺生他領受已後不殺者彼能教人得何罪耶答約心得重後若知不殺生喜心得輕方便生瞋得重方便三方便讚歎殺者此亦有二一歎能殺之人有勝德二歎所用殺法有功能此二各有二一望未殺歎德令殺二望已殺歎德令喜皆悉善巧引譬曉喻讚美殺事故云方便讚殺也又釋如律中讚死勸死亦是也四見作隨喜殺者亦二一見聞此殺俱生喜故二見聞彼死亦皆生喜問此上三位何別答有二別一約三時謂

初約未殺敎遣殺次約正殺讚有德後約已殺生隨喜二約三類初約下位人便令殺次約中位人雖不可使殺方便讚美令得成殺後約上位不可對讚但見彼殺已還生隨喜俱得重罪可知二乃至呪殺者明殺相差別謂於上四位所作或刀斫杖打乃至呪殺以殺相衆多呪殺最希故云乃至也如呪龍令入鑊等三殺因下明所作殺事然此四殺略作四釋一約所作謂自殺爲因敎他爲緣讚歎彼法隨喜其業二約所殺一命爲活因斷故名殺因二衣食等爲活緣奪故令死名殺緣三以

法成治如酷法官等以法成殺故名殺法四如屠獵等家恆爲殺業三約具緣一殺心爲因刀杖等爲緣造趣方便爲法正斷命根爲業於上七緣相攝應知四約行謂十地論中攝爲三離一有二謂內離貪等外離刀杖是此中離因離緣也二慈悲等爲對治離是此中離殺法也三向不惱衆生何況故殺爲果行離是此中離殺業也四辨所殺生中乃至有命者此有二義一廣謂總攝一切七種衆生故云乃至也二狹謂簡去草木故云有命瑜伽云謂壽煖和合現存活故名爲命有謂假有即

有命之者有財釋也第二正制者不得故殺者謂無害義故云不得殺也然錯誤無犯故復云故第二是菩薩下明制修善行於中有二先制起勝心二制作救事前中言是菩薩者標持戒人也應起者制令之詞也常住有二義一起此慈等恆在心中無暫時忘故云常住二制令起此順眞理之慈故云常住前自相續後順凝然又前是無間後是甚深以此深厚慈悲通緣一切下位衆生作拔苦與樂意復以深厚孝心別緣上位父母師長等作報恩供養意又釋緣三位衆生起此三心一於怨

所起慈二於苦者起悲三於勝位起孝又釋總通於一一衆生各有三心以一切衆生恐曾爲父母等故若依華嚴通起十心如前治行中說二方便救護者依心起行作所益事方便有二義一巧欲令所作益事成辦二巧欲作所益不帶過失救護有五義一於下位衆生作救拔事順前慈悲於上位衆生作護持事順前孝心二於已在苦者救令得脫未入苦者護令不入三在苦者救之得樂者護之四以救故令離苦得樂以護故令捨惡住善五救護是一事謂拔濟衆生也第三而反下明違

制結犯於中先明違制有四義一於眾生不起慈行已爲大過失況作殺事殺已爲重況更恣心恣心最重況復快意是故此殺最爲極重又恣心者殺心無限漫該諸境心無厭足快意者殺心猛盛勇快稱情三時無間下是菩薩波羅夷者結示罪名如前已釋上來明殺戒竟

梵網經菩薩戒本疏卷二

梵網經菩薩戒本疏卷三

唐魏國西寺沙門法藏撰

初篇盜戒第二

若佛子自盜教人盜方便盜咒盜盜因盜緣盜法盜業乃至鬼神有主劫賊物一切財物一鍼一草不得故盜而菩薩應生佛性孝順慈悲心常助一切人生福生樂而反更盜人財物者是菩薩波羅夷罪（古本呪盜二字在盜業下與疏相符）

將釋此戒十門同前○初制意者略辨十種一業道重故謂非理偷劫障道尤深負此重愆豈堪入

道二壞禁法故古來諸國無不同制盜為重罪佛教道俗大小乘戒悉制為重三生惱深故謂財即是眾生極貪愛處非理侵奪惱他之甚故非所宜四損財及命故謂財是眾生形命之濟若盜彼財即是奪命故智論第十三偈云一切諸眾生衣食以自活若劫若奪取即為劫奪命五失所化故謂偷盜之人一切眾生眼不喜見況受其化六壞信心故謂作此極惡令諸眾生應信不信已信者皆壞七汙釋門故謂惡名流布舉世皆嫌穢累釋宗豈過於此八違正行故謂違害菩薩大慈大悲濟眾生行九失六度故謂檀攝六度盜壞於檀六度俱喪十乖四攝故謂應以財攝後方授法今反竊盜四攝同亡矣制意多端略辨此十宜可准知○第二釋名者名有多種一名劫取謂強力欺奪二名嚇取謂舉事令怖求遂與物三名偷取謂避主私竊四名不與取謂物主不與而方便取故然以四句定之一與取非盜可知二與取是盜如錯數剩與知而默受三不與取是盜可知四不與取非盜如親友想及暫用等五名盜取謂非理損財名之為盜前四名局此一名通以燒埋等亦在中是

故廢前四名唯標此一名盜是所防戒是能防能防盜故名為盜戒從所為名○第三次第者於十業道先殺次盜此順彼也又先害正報次損依報亦成次第○第四具緣者通緣三種如前已辨別緣准彼十地對法二論參糅七緣同前一非己物謂盜己物不成重故諸無主物雖非己有不成重故次第二須明有主雖實有主若迷謂無主亦不成重故次第三有主想何不云知而言想耶以知唯了境想通迷悟闕緣順此故有想也雖有主想若不作盜意亦不成重故次第四明有盜心心雖

念盜若不舉方便侵損不犯成亦非成重故次第五舉方便方便雖起若爲大悲救苦或不成犯次第六有三毒心或雖現行若物不離處屬己不犯成故次第七舉離本處也○第五闕緣者通緣可知別中且闕初緣有二罪一盜己物已畢竟不知是自物約心結重方便二後知是己物得輕方便次闕第二緣有六罪以單雙闕在此門故且約境三者一欲盜人物畜等物來替盜畜等物作人物想盜已於後若知不知一切俱重以皆是犯境故二無主物替盜已畢竟不知是無主約心結重方

便三盜已知是無主得輕方便一雙闕三者一欲盜人物畜等物替是闕境於上復疑爲人物爲畜等物是闕心盜已於後若決不決一切皆重二無主物替復生疑爲有主爲無主盜已不知得重方便以少闕心故三疑心盜已後知無主得輕方便以知境全闕心闕一分故輕也上二位各三中二夷二重方便二輕方便可知次闕第三緣有想疑二別想中有五句一約本迷本迷有主作無主想取已不犯以三心俱闕故二後知有主不還結重三約轉想謂欲盜有主物臨至境所轉作無主想

取已不知有主得方便罪以不暢本思故闕中後故約前方便結一輕罪四後知有主不還亦重五若於人物起畜等物想本迷轉想俱重二疑中亦五句初約本境有主物上生疑爲有主爲無主取已畢竟不決得重方便二取已後決不還得重若還輕罪同次前句三於異境無主物上疑爲無主爲有主取已不知得重方便四取已後決得輕方便五人畜互疑俱皆重也問云何名爲無主物耶答善見論云子作惡事父母逐去後時父母死者是物名無主用卽無罪薩婆多論云二國中間二

邊村其相間空地有物是名無主若國破王走後王未統此中有物亦名無主有心取用並皆不犯次闕第四緣本無盜心總無罪也次闕第五緣有二罪一雖有盜心未起方便彼有別緣還送此物來生心忍受得方便罪二不還心決得重罪次闕第六緣有二一無記心取亦重二以大悲善心爲救重苦卽不犯如下開緣中辨次闕第七緣有二罪一行至物所作已有想竟得重罪二至物所生疑得方便罪也○第六種類輕重者有四初明物主二明物體三明盜心四明盜法初中物主種類

有二一三寶物二別類物初三寶物中作六門分別一釋相二明互用三出貸四待賓五執入六輕重初中先明佛物有說盜佛物不得重罪以佛物無我所心故無惱害故如涅槃中得偷蘭者是若善生經說望護主結重有說一切俱重以侵損劣位尚結重況尊位財物天人供養非理損盜豈得輕罪塔有神守非無護主今依此經菩薩戒宗一切皆重涅槃經約小乘說故若盜佛像及舍利等不作意偷者無犯依薩婆多論說為淨心供養自念云彼亦弟子我亦弟子如是者無犯又作偷心

取犯重故摩得勒伽論云盜佛像舍利滿五犯重又此菩薩戒不待滿五也二法物者一切皆重若盜經論佛言以無價計紙墨皆重五百問云不得口吹經上塵土像塵准同若燒故經得重罪如燒父母若不知有罪者犯輕准借他經論疏鈔等不還皆重若有壞損私卷還他不令主知亦重正法念處經云盜他祕方犯重准此是私讀記取或私鈔寫雖不損本以方法直物故皆結重問淨心取像既不犯重淨心取經應亦無犯答不例以像可遙敬法要親讀讀誦現違故結重也若本造經通

為一切以淨心取計亦無犯又若造像情局不通取已生惱計亦應犯三僧物有二種一廣大二限局初中二一十方常住僧物謂眾僧寺家常住穀麥果子等體通十方不可分用故云常住但盜一毫已上俱重大集經中盜眾僧田宅園林奴婢畜等物是名破戒相失比丘法是波羅夷非沙門不得與如法眾僧同共止住應當擯出又善見論云不打鐘食僧食者犯盜又設打鐘閉門計亦應犯二十方現前僧物謂如僧得施及亡比丘物未作法前通十方僧有取分義故云十方現前取一毫

已上十方一一僧邊各為一波羅夷二限局者亦二一眾僧物謂即此亡比丘物等已作法竟為屬現前僧等及有施主持物施與現在僧或一七二七等並未分之二別人物謂一比丘物及如上物已分者等俱重善生經云盜亡比丘物若未羯磨從十方僧得罪若已羯磨望現前僧得罪若臨終時隨亡人囑授物盜者隨約所與人結罪也第二明互用者有二種一三寶互二當分互初中如僧祇中摩摩帝互用佛法僧物佛言波羅夷今有檢校塔像經等者取僧食糧乘僧畜生使僧淨人一

文叙佛物法物准同

毫俱重。又於僧房院地內造佛堂塔，及於塔院地中取井水等，俱重。又准寶梁經云：佛法二物不得互用，由無能與佛法物作主，復無處可諮白。不同僧物常住招提，互有所須，營事比丘和僧索欲，行籌和合者得用。若用僧物修治佛塔，依法取僧和合得用。不和合者，勸俗人修治。若佛塔有物，乃至一錢，以施主重心故，捨諸天及人，於此物中應生佛想塔想，乃至風吹爛壞，不得貨寶供養。以如來塔物無人作價，若准此文，僧物得和作佛法用，佛法物無有僧用義。又佛堂內設僧席，僧坊內置經

像妨僧受用，共成互用，由三寶位別故。若暫安，或不礙用，理亦無犯。又五百問事云：本非佛堂，設像在此中，比丘如法共宿，作隔障者不犯，由佛在時亦與弟子同房宿故。又薩婆多論云：四方僧地不和合者，不得作佛塔及為佛種花果。若僧中分衍得者，聽隨意供養。花多無限者，隨用供養。若經荒餓，三寶園田無有分別，無可問處者，若僧和合，隨意處分。若屬塔水，用塔功力得，僧用得重。若功力由僧，當籌量多少，莫令過限，過即結重。若施主通三寶施者，皆全用得無犯。二明當分互者，先辨佛

物有六重：一是佛寶物，應懸塔中供養故。多論云：佛在世時，若施主佛供養，即色身受用；若佛滅，言供養佛寶，即色身為不得受用，應著爪髮塔中。施心供養法身，法身長在故。二佛受用物，謂佛堂帳座等，及佛衣鉢等，但曾經佛及像受用，皆不得易。以一切天人敬如塔故。如前寶梁經說。又五百問云：不得賣佛身上繒與佛作衣。又佛堂柱壞，施主換訖，故柱施僧，僧不得用。准此文，佛堂基土及泥木金石，曾作佛像及受用者，並合供養，不得轉用也。三屬佛物，謂入施佛許令出息等。十誦律云：以

佛塔物出息，佛言聽之。五百問云：佛物得賣作供養具供養。又准後分涅槃經上卷云：佛告阿難，若佛現在所施物，僧眾應知；若佛滅後，一切信心處施佛物，應用造佛形像及造佛衣、七寶幡蓋、買諸香油、寶華以供養佛。除供養佛，餘不得用，用者即犯盜佛物罪。又五百問云：佛物不得移至他寺，犯棄。若眾僧盡去，白僧，僧聽將去無罪。比丘賒作佛像書經得物，不得取；若得佛家人畜，不得使，使得大罪。四供養佛物，如僧祇律云：供養佛華多，聽轉賣買香燈油，猶故多者，轉賣著佛無盡財中。又云

有舍利者名塔無舍利名支提支提得安佛華葢供養具若有云佛貪欲瞋癡已斷用是精舍供養爲得越毗尼罪業報重又言若佛生等大會日得持供養佛塔中上者供養佛塔下者供養支提又五百問云佛旛多欲作餘佛事者得問施主不許不得又智論云如畫作佛像一以不好故壞得福一以惡心故壞便得罪五獻佛物四分律云供養佛塔食治塔人得食善見論云佛前獻飯侍佛比丘得食若無比丘白衣侍佛亦得食准此文齊上佛盤應與掃治塔人食六局佛物如本造釋迦像

後改作彌陀等善見論云欲供養此像乃供養彼像得小罪准此望境理實義通俱違施心得互用罪若作僧像及菩薩天神理宜結重若施心通擬侍佛供養故理亦無犯五百問云用佛彩色作鳥獸形得罪除在佛前爲供養故若檢校佛物於上六位應善分別勿令有互用第二法物者亦六重一法寶物應著塔中供養多論云若施法寶者應懸塔中不得作經及與說戒人等二法受用物如軸帙箱巾函帕等類准前不得餘用三施法物多論云若直言施法分作二分一分與經一分與讀

誦經人准前亦得出息等四供養法物五獻法物並准佛應知六局法物中若本作大品經改作涅槃理應非重若改寫論及人集僞經決判得重若本施通寫理亦無犯第三僧物者有五種一僧寶物多論云若施僧寶凡夫僧聖人僧不得取分以施僧寶故此物應還付施主若無施主應著塔中供養第一義諦僧若言施眾僧者聖僧凡僧俱得取分以言無當故准此文受施者甚須善知二常住僧物摩得勒伽論云持此四方僧物盜心度與餘寺得小罪以還爲僧用故不犯重准此若將僧

食不與餘寺出界而食不還犯重雖打鐘亦不免盜以處攝定故又五百問云若爲僧乞白僧聽將僧食在道若僧不許或不白行還須償不者犯重准此文若爲僧使路無乞食處聽和僧得食未必鳴鐘若僧家莊磑鳴鐘得食不須和僧若將餘寺淨人畜等食此寺物准前伽論得少罪若爲此寺作使理亦無犯若私用一毫已上俱重又破戒及時全戒非時食俱成犯若有請食至房非時安然而食正當斯犯也三十方現前僧物將入常住亦重比見知事存好心人方便迴施現前僧物供常

住用將爲益僧皆正犯重或爲僧侵俗或爲俗侵
僧或非法羯磨分衣物等並盜十方現前僧物又
斷割輕重違文皆重幸善思之四衆僧物如亡比
丘物作如法羯磨竟屬現前一衆或非分賊賣或
分可不均或不和僧別賞餘人等俱重五已界局
僧物如本施此寺現前僧迴將餘寺等或維那執
疏越次差僧或別人得疏私自獨受皆以施主情
該僧次故違獲重若先受別請卽後犯戒第三出
貸者僧祇中塔僧二物出息互貸分明疏記某時
貸某時還若知事交代當於僧中讀疏分明唱說

付囑後人違者結罪十誦中塔物出息取利還著
塔無盡財中善見得貸借僧物作私房善生經病
人貸三寶物十倍還之餘不病僧似不開此上並
非佛等寶物亦非佛法所受用物以彼皆無迴轉
義故五百問云佛物人貸互出息自用同壞法身
若有施佛中牛奴不得受用及賣易之若施軍器
亦不得受第四瞻待法者准下文有大乘法師來
迎接禮敬黃金百味等供給十誦云以此人替補
我處故須供給不言用何物供准應是現前僧物
可和用故五分律云若白衣入寺僧不與食便起

嫌心佛言應好持與又惡器盛食與之又生嫌心
佛言好器與之准此應是惡人覓僧過者不識業
道之類也若在家二衆及識達正士了僧物難消
卽不應與故大集經云但是衆僧所食之物不得
輒與一切俗人亦不得云此是我物別衆與食然
於衆僧有損益者聽與故僧祇云若損者益者應
與損者賊來詣寺索種種飲食若不與者或能燒
劫寺內雖不應與畏作損事故隨多少與益者若
治僧房巧匠及撩理衆僧物事者應與前食後食
及塗身油非時漿等若王及諸大勢力者應與飲

食是名益者十誦云供給國王大臣薪火燈燭得
用十九錢不須白僧若更須用應白僧竟與又有
惡賊從知食比丘索食比丘言爲僧故辦是食不
爲汝等便捉一比丘手脚截腰斷諸比丘白佛佛
言若有如是怖畏處若乞少少與若半乞半與若
全乞都與莫以是因緣故得大衰惱又十誦云客
作人雇得全日卒遇難緣不得如契者佛令量功
與之善見云瞻待淨人法若分番上下者當上與
衣食下者不得長使者供給衣食准上諸文餘不
論者可以例之問凡此所引多是小乘云何得通

菩薩性戒用答菩薩性戒共學攝論明文故得用也問菩薩既守僧物不給貧窮豈不違害本大悲耶答此即為悲何以故若以僧物與人二俱獲罪長劫受苦何名大悲故不與也第五執三寶物人者大集經三十二云佛言有二種人堪作僧事何等為二一者具八解脫阿羅漢人者二者須陀洹等三果學人堪知僧事供養眾僧諸餘比丘戒不具足心不平等不令是人為知僧事寶梁經上卷佛告迦葉我聽二種比丘得當眾事何等為二一者能持戒二者畏於後世喻若金剛復有二種一

者識知業報二者有諸慚愧及以悔心復有二種一者阿羅漢二者能修八背捨者迦葉如是二種比丘我聽當事自無瘡疣聖教既然即為永誡懼來報者幸自斟量第六輕重者此門約境三位俱重以遮性具故於中分別三種寶物及佛法受用幷常住僧物理應最重大集經三十亡云若四方常住僧物現前僧物篤信檀越重心施物或華果等諸物一切所須私自費用或持出外乞與知識親里白衣此罪重於阿鼻地獄所受果報又方等經華聚菩薩云五逆四重我亦能救盜僧物者我

南山云十誦僧祇許別人請用僧草等若重須具戒清淨在僧法界如律所說財法皆同若行少闕乖僧用犹得罪宜量有心行亦自隱而令取焉重之釋云言具戒者成就自行也在僧法者堪入眾法也有下仰試信法向道名有心勵己攝僧名行者自隱者令審己也令取者令許教也

所不救大集經云盜僧物者罪同五逆觀佛三昧經云用僧祇物者過殺八萬四千父母等罪又如靈巖寺記云時有客比丘卒死至地獄中見觀世音為舉石函出罪記錄並為取僧樹薪私用染作皆受重罪又不以取少而得不償故迦葉佛時有比丘田中行見穀甚好取七粒穀安著口中生墮牛中以身償之智論中以盜五六粒粟故後受牛形五百身已修道得羅漢猶自牛呞牛呞比丘是也此為深誡幸善思之第二明別類物中二先明主差別二辨業輕重前中有十一為守護主如善

見云比丘為三寶別人守護財若謹慎掌護堅鎖藏戶而賊從孔中竊取或逼迫强取非是護主能禁限之者不令徵守物人若徵犯重若掌懈慢不勤為賊所偷者守物比丘必須償之不償結犯十誦云若受寄物好看失不應償若不好看失應償又若好心悞破不須償惡心故破須償今有好為他洗鉢悞破索償隨得皆重二賊施物不應受之賊為施故盜即是盜緣也若從他乞即是教他盜也故俱不得受故瑜伽戒云若知此物是盜得不取無犯義准若彼改過而施計亦應受也以悲心

愍彼亦應受但不從彼乞恐更盜將施故若小乘
戒但有主施皆受故十誦云賊偷物來或好心施
或因他逐恐怖故施得取此物莫從賊乞自與者
取得取已染壞色而著有識者若索還他三奪賊
物者有二一爲自二爲他初中四句一自未作捨
心賊得想未成奪取不犯重故五分云有比丘爲
賊所剝爭得衣物生疑問佛佛言不犯若大乘戒
應犯輕垢以順慳貪違悲慧故二自心未捨賊已
作得想奪亦成重以賊作得想物已屬賊賊業成
竟奪則自成賊故律云賊奪賊物故多論云先失

物作心未捨還取此物計錢成重三自心已捨賊
未得想取亦成重以違本想故謂已作捨心物非
己有豈容得取故多論云先心已捨正使己物不
得取取計成重准此若未覺失物賊已偷盜於外
著用後見本物奪取犯重四已已捨賊已得成重
無疑准此若失物已後知埋藏處等亦不得畱意
輒取及告人等賊因致死便犯二夷又毗奈耶云
若失物官人奪得還比丘者得取無犯二爲他者
有二一若於賊起瞋於物起貪爲自親知奪賊同
前四句准之二若起慈心護三寶等物奪取無犯

同下開緣如後說四盜施物者如已捨物施人後
還取者犯重故伽論云施已還取亦成犯盜五盜
官物者律云比丘無輸稅法不同白衣官稅俗人
物比丘爲他隱認者得重准此今有屬致官人令
應稅不稅理應犯重僧祇云官稅比丘物方便自
勉者不犯重一我不共要二非理稅我薩遮尼乾
子經云不輸王課非盜義准應是私度修道福資
國主故非盜也問山中柴木既屬國王何因取時
而不犯盜答王意本捨擬給百姓故隨取貼卽爲
主也若山中伏藏諸寶物王不捨故取便犯也六

盜狂人物者伽論第七云狂人邊得取衣不或得
或不得云何得不知父母等所在自持物施比丘
得取云何不可取父母等可知不自手與不可取
七盜畜物者多論云一切鳥獸食殘取者得吉羅
罪准此戒得重如田中掘鼠藏等亦重八盜神物
者僧祇云盜外道塔物神祠物得重此菩薩戒文
云乃至鬼神物等義准若欲從鬼神乞知與不與
者應擲卜辨捨悋等九盜鬼物十盜天物並准可
知二明業輕重者有六一約報强弱人物皆重爲
攝護心强故與聲聞小戒共故餘趣返上或亦應

輕。二約惱苦多少。不問諸趣。但令憂苦深重。亦卽應重。返此爲輕。三約失濟。不問生惱多少。但使本自貧窮。資緣先乏。遇玆盜劫。性命難全。理宜尤重。四約德。不問貧富。但使盜發菩提心諸有德者物。理亦重。五約恩。謂盜三寶物最重。六總辨者。有三事故重輕可知。一令生重苦惱。二彼先乏少令命難全。三三寶是有德。或深或淺。父母師僧及餘修行等。或成一盜。於境具三。此應最重。闕一爲次。闕二爲下。俱闕下下。並准可知。三寶物重。僧物最極重。此等約重業道中。更明輕重。犯戒義齊。故俱重。

也。第二約所盜物體者。通情非情。非情中有三。初約財等。二約六塵。三約六界。初中亦三。一有我所心有守護物。如匱中縣絹等。二有我所心無守護物。如田中五穀等。三無我所心無守護物。如地中伏藏等。此三隨盜皆重。若准律文。佛地僧地若有伏藏隨出屬佛僧二位。亦無還主及遂與王。二盜六塵者。明了論中。盜色極多。且約六根起非法行者。如諸仙人是胸行師。有人蛇螫作仙人書見者皆愈。然須價直。比丘被害。偸看得愈。不問損不看時卽犯。准此祕方要術不許人見。偸看亦重。盜聲

者。如誦呪治病。欲學須直。密聽犯重。又盜聽者。婆藥鼓得病差等。香味偸嗅嘗觸。准例可知。盜法者。若祕方要術。病者心緣卽差。得直方示。得直聽寫。比丘受法。就師心緣得差。不與價直。故犯重。三約六界者。如十誦云。若爲田故相言。得勝者重。不如者輕。若作異相過分者重。旣不言理之曲直。義准若彼人已盜僧地屬已。相成依理得重。若彼未定應輕。若非分取地。理宜是重。盜水者。准僧祇。比丘爲佛僧或自爲。盜壞陂渠。得越入田蘭。滿卽夷。伽論云。計陂塘功過分而用水滿者結重。又僧祇云。

若器先塞。盜拔塞時越。注入器中蘭。注滿者重。若依此菩薩戒。入器卽重。盜火者。如取僧廚火令釜冷等可知。盜風者。如了論中。有呪扇藥塗比丘偸搖。不與價直重。盜空者。若於界牆起閣臨他空界妨他起造。故是盜空。盜識者。是智慧也。了論中。人有伎倆不空度人。比丘就學。不與價直。故是盜識。如是一切。應細准之。二盜有情者。僧祇盜四足者。驅向所期。擧足邊偏犯重。不隨向者輕。本期不定擧足偏卽重。本主來逐。心未得失者輕。善見云。盜空中鳥。左翅至右翅。尾至頭。上下亦爾。俱得重罪。

准此戒縱無主鳥身自爲主盜皆重也准此若獵
殺生得殺盜二罪若盜乘馬等亦重謂盜功用也
二盜無足者僧祇云籠蛇等盜取犯重若瞋罵言
何以籠繫即開放者越五分若壞殺具無犯不應
耳十誦伽論慈心壞網吉羅依此菩薩戒若以盜
心取犯以慈心解放應無犯如下開緣中三盜二
足者若盜良人男女作賤隨移二腳便重故菩薩
內戒經云菩薩不得掠良民作奴婢義准若引令
出家於父母無惱應不犯若父母交不濟者私引
逃背理亦應犯必堪入道教令者孝養即爲菩薩

正行也問私引入道現闕王課望損國王豈非犯
重答若是實行修道之人福資國王過所稅財故
亦無犯若苟避王役偷身入道亦應不免又若爲
無人驅使方便引作弟子但圖其力使不教訓者
即盜其力用也必有師資以法理教訓豈少驅使
而得報恩何容彼有犯也十誦中賊促弟子將去
師還奪取犯重賊未決想無犯弟子自偷身來者
不犯依菩薩戒應贖弟子或以身替若弟子於後
日受大苦贖替不得奪應不犯同開緣故善見云
盜奴婢犯重十誦見他奴婢語言辛苦何不走去

如語去舉一足蘭二足舉重若奴婢已叛催令馳
去隨語得重或言此儉彼豐奴即叛去不教故不
犯或聞豐樂遂比丘去而驅使者逢難喚去皆不
犯也問既驅使豈不盜功力耶答若奴未曾巡力
用屬主故教私使便犯奴既去後功力屬奴奴自
施力故無犯也據此但背尊私使畢皆犯也次輕
重者唯是俱犯重然草葉等小物小損業道應輕
反此爲重第三盜心者有二一通二別通中有三
位一約三性謂善惡無記二約三毒謂貪瞋癡三
約三時心謂初中後此三位中各有七句謂三單

三雙一合即三七二十一句輕重等相並准前戒
應具廣論二別者十誦云盜心有六種謂苦切取
輕慢取以他名字取觸突取受寄取出息取此中
出息取輕餘五重摩得伽云劫奪心有三種謂强
奪取耎語取施已還取四分中十種一黑闇心者
謂癡心愚教生可學迷隨作結重如摩摩帝互用
佛法僧物等二邪心者謂貪心規利詐現實德邪
命說法曲順前人而得利則名盜三曲戾心者謂
與少慊恨現瞋多索或示威怒得即成盜四恐怖
心者謂迫喝取或說地獄惡報或以王官勢力取

皆犯重也。五常有盜心者。謂惬懷規奪以得物爲任。六決定取者。謂內心籌慮方便已成因必剋果。動物成犯。七恐怯取者。謂示身口相令畏敬而與物也。八寄物取者。或全拒捉或以少還或寄新還故。九見便時取者。謂伺求他慢見穩便時而取也。十寄託取者。或假名聞威德或示親友勝人或假託官人或傳他名字或恃己言辨等。如是諸文明在律論。然並意地細犯。極順菩薩內心淨戒故錄附之。冀修行者誡而護焉。第四盜法者約有十一。約書竟犯。謂斷亡僧物輕重互斷下筆書成便犯。

梵網戒疏卷三　圭

又綱維判僧物非理而用等也。又物上書字攝作己有。又非理斷得非理斷與。二俱結重。又善見云。書地作字書一頭時輕書兩頭時重。二約言了犯。謂於言中非理割斷。善見云。若盜心唱言定是我地地主生疑偸蘭。決定失心者重。若來問僧答同皆重。又如偸夏受施等。又以言辨誑惑不還等皆重。三約移標犯。善見云。標一舉時蘭舉二標重。乃至得一髮一麥皆重。地深無價。繩彈亦爾。此約量地辨。四約至異色犯。謂如多論。氍毹氍㲣上有樹枝葉花令從樹葉上盜牽至樹華上犯重。以異本

色處故。五約壞色犯。謂如借衣等非理用損望所損減結重。故律云。若壞色故。六約燒埋犯。謂如放火燒他林等。約損他財邊犯盜。約不應放火邊犯下輕垢。七約隨籌犯。如四分云。盜隱記數籌分物籌致令欠少也。又爲眾主分物不平等。八約轉齒犯。如十誦。樗蒲轉齒移碁子等皆重。九約呪犯。謂呪損他財。如文呪盜等。十約通犯。謂如空中吹物等打破他財等。又於此中所未辨者。類既多種並可准知。此等亦通論離處義也。然盜微細難持易犯。幸懷道者附事思之。故善見論云。戒律宜從急

梵網戒疏卷三　圭

護。此第二重戒事相難解。不得不曲碎解釋其義理分別。必當善思論文。如彼小乘防身口尙爾。況菩薩戒三業齊護意地偏深。可以情得。上第六門竟。○第七盜業果者。一者依十地論及對法等果有三種。一異熟果。謂墮三惡趣中受劇苦。二等流果。謂人中乏少財及與財不得自在。三增上果。謂於外苗稼遭霜雹等。二依優婆塞戒經第四卷云。若人樂偸是人亦得惡色惡力惡名短命財物耗減眷屬分離他人失物於己生疑雖親附人人不見信常爲賢聖之所呵責。是名現在惡業之果。捨

靈芝云五想皆謂無盜心也與想者謂他與也已有想謂非他物也糞掃想謂無主也暫取想所持還也親厚想等能此也律下小註云而七法者一謂力作難者之云所二已所重物與之不悋三極相遮惱了等所恨四以事務私心向等所隱五猶惡揚善怨傷外說六因財患難多方拯濟七貴賤貧富始終一如故知識實古人周備日餘流記皆隱刑在

此身已入於地獄得受惡色惡力惡名飢渴苦惱受命長遠是名後世惡業之果若得人身貧於財寶雖得隨失不爲父母兄弟妻子之所愛念身常受苦心懷愁惱是一惡人因緣力故一切人民凡所食噉不得色力是人惡果殃流萬姓三依智度論第十三云如佛說不與取有十罪何等爲十一者物主常瞋二者人疑三非時行籌量四朋黨惡人遠離賢善五破善根六得罪於官七者財物沒入八者種貧窮業因緣九者死入地獄十者若出爲人懃苦求財五家所共若賊若水若火若王若

不愛子用乃至藏埋亦失○第八通局者先通後局通有三類一約想二約事三約密意初想者四分云與想取已有想糞掃想暫取想親厚想皆無犯也律中具七法名親厚一難作能作二難與能與三難忍能忍四密事相告五互相覆藏六遭苦不捨七貧賤不輕如是七法人能行者是善親友准此量之二約事者如瑜伽戒本云又如菩薩見劫盜賊奪他財物若僧伽物窣堵婆物取多物已執爲己有縱情受用菩薩見已起憐愍心於彼有情發生利益安樂意樂隨力所能逼而奪取勿令

受用如是財故當受長夜無義無利由此因緣所奪財寶若僧伽物還復僧伽窣堵婆物還窣堵婆若有情物還復有情又見衆主或園林主取僧伽物窣堵婆物言是己有縱情受用菩薩見已思擇彼惡起憐愍心勿令因此邪受用業當受長夜無義無利隨力所能廢其所主菩薩如是雖不與取而無違犯生多功德三約密意如梁攝論云云何菩薩行奪非他與謂菩薩教化衆生不從王主及父母等之所得故二局者乃至一念起取心即便成犯文殊問經云若起盜想犯菩薩波羅夷罪○

第九對治行者略辨思惟十種行事一菩薩持律儀戒時乃至夢中尚無草葉不與取想何況其事二持攝善法戒時乃至身命念念捨與一切衆生何況有盜三持攝衆生戒時慈悲方便常念饒益何容得有損盜之事四習少欲行謂見他財物無量百千無所欲心況有盜事五知足行謂身雖貧乏心恒自足終不餘求經云知足之人雖臥地上猶爲安樂六無貪行謂縱自有百千財物並爲衆生無有一念向己之心七頓捨行謂於一衆生一念頓捨恒河沙世界財寶身命如是念念盡未來

劫意猶不足如一衆生一切亦爾八歡喜行謂若
見衆生永離貧苦財富百千歡喜無盡勝得天樂
九深悲行謂見貧苦衆生悲徹心府流淚不止十
殊勝行謂設以人天富樂及二乘涅槃授與衆生
非以爲足要令當得無上菩提方爲究竟將欲修
行如是等行何容得有偸劫等事○第十釋文者
三義同前一制斷惡業二制修善行三違制結犯
初中二先舉過後正制前中四初辨能盜二盜方
法三顯所盜相四所盜物初中自盜教人皆成究
竟此中有二問答皆同前戒可知問前殺中有四

謂自他讚喜何故此中無後二耶答文中存略攝
在方便中謂讚歎隨喜俱非正盜故在方便中又
釋此中歎其盜法見盜隨喜通不犯夷故存略也
前釋爲勝言方便盜者或因市易或餘種種但使
方便侵損他財物又類非一故通名方便盜因下
明盜方法於中因等四種釋亦同前謂一自作爲
因教他爲緣方便爲法事畢爲業二約所盜者謂
一他人用功爲得財之因枉奪其功故名盜因又
如密作隱其少功枉取多直皆盜彼財因故也二
他人應得財破壞令其不得盜彼財緣故也三受

學法術不與其直四侵損產業故云盜業三約能
盜者謂一自爲賊二助賊爲伴三設諸方法四家
爲賊業四約具緣者一內有盜心二外乏資具三
施功造趣四擧離本處十地論中初二是因離次
一是對治離謂何應施與後一是果行離謂何況
盜取並可知三所盜相者盜取其物方便多種下
至呪盜故偏擧之準前戒有乃至字故得知也以
盜心呪物令屬己等又託彼呪緣枉取他物俱名
呪盜四乃至下顯所盜物於中二先約主謂通五
趣唯除地獄始從人天至非人故云乃至鬼神也

但是有主必犯故云有主又爲己奪他劫賊之物
又可劫他賊物故云劫賊物二約物體謂一鍼一
草者明極少尚犯不待滿五也二言不得故盜者
立制禁斷謂誤取無犯故云不得故也第二而菩
薩下明制修善行亦是攝善戒行也亦是治彼惡
之行於中有二一起心二作益前中應起四心然
有四釋一起四種心一起佛性心二孝順心三慈
心四悲心以上生字貫下以下心字通上故初二
緣上位尚須供養何得有盜後二緣下位尚須救
濟何容有盜爲對治盜故起此心也二依佛性起

二心謂生佛性之孝順佛性之慈悲以此二心雖
緣上下二類衆生而常隨順本性平等故云佛性
卽同前戒中常住字也三以此佛性有二義故生
二心也一常住義經云其藥本味停住山中約此
本性清淨義故生孝順心而尊敬如常不輕菩薩
敬四衆等二約隨緣義經云隨其流處成種種味
約此成染義故生慈悲心而救度如常啼菩薩愍
四衆等又以常住卽隨緣隨緣卽常住不二故是
菩薩緣衆生常具二心也又義准衆生皆有二義
一是所依佛性具有二義如上辨二是能依雜染

亦二義一緣成似有義二無性卽空義由此染法
有卽空義故所依佛性常淨不反也由此染法有
似有義故所依佛性隨緣成染也今此文中不約
染法但就佛性二義說二心也四約自性住佛性
在纏可愍生慈悲心也約引出及至得果出障可
尊生孝順心也二常助一切下明依心作益於中
明常助者明長時無間也一切人者明廣攝無餘
也生福者令種樂因也生樂者令得樂果也此二
通世出世大小二乘可知准瑜伽但生現樂無福
利或俱無菩薩皆不作或但生福利或俱生菩薩

皆作是故此中具生福樂二種益事第三而反下
違制結犯有三義一違前斷惡又違後修善故制
謂盜他物令他生苦生罪非福樂故二應益生而
不益生犯攝生戒應施不施犯攝善戒不應盜而
盜犯律儀戒故此一盜具違三戒結爲重罪三應
助生福樂而反盜生罪苦違反之甚故結重罪下
示罪名可知盜戒竟

梵網經菩薩戒本疏卷三

梵網經菩薩戒本疏卷四

唐魏國西寺沙門法藏撰

初篇婬戒第三

若佛子自婬教人婬乃至一切女人不得故婬婬因婬緣婬法婬業乃至畜生女諸天鬼神女及非道行婬而菩薩應生孝順心救度一切衆生淨法與人而反更起一切人婬不擇畜生乃至母女姊妹六親行婬無慈悲心者是菩薩波羅夷罪

將釋此戒十門同前○初制意者略有十義一業道重故謂若是邪十惡業攝負此重愆不堪入道

故須制也二繫縛深故謂生死獄中愛爲枷鎖智論云婬欲雖不惱衆生心繫縛故爲大罪也三生死本故由貪染婬蕩生死輪迴欲海愛河漂溺無岸四壞功德故僧祇律云可畏之甚無過女人敗正毀德莫不由之染心看者越毗尼小乘尚爾況菩薩等地持云菩薩怖生死等過聲聞百千萬倍五壞世間故正法念處經云世間男得苦皆由於女婦非少非中年莫不由此因女人壞世間令善悉滅盡天中大繫縛莫過於女色女人縛諸天將至三惡道六亂靜心故謂欲火喧心令失禪失念

欲海波浪破定水故七入魔網故謂舐刀刃之蜜貪毒花之色損害衆生是魔意願經云此五欲者是衆魔境界八失神通故如仙人見女生染失通墮落又如獨角仙人騰空巖岫後爲婬女騎頸將至人間九障涅槃故律中婬欲爲初戒比丘犯此今世不得涅槃十障菩提故經云五欲者是障道法能障生天況無上道如是等無量過失故須制也○第二釋名者染情逸蕩耽滯專固故謂之婬約俗書此字有二一水邊壬者是爲過咎也女邊壬者是爲邪私也故滯雨多者名霪雨滯書多者名

淫書故皇甫士安讀書三年經時不識春秋乘馬不知牝牡今情滯色欲名婬欲亦名婬色亦名爲婬荒故書云內作色荒外作禽荒約內典名不淨行謂愛染汙心名爲不淨行非法境汙淨戒品故云行行即業也亦名非梵行戒者聖對斯過立制遮防故云戒也從所制爲名矣又此經中莫問在家出家菩薩俱絕婬欲是故文中不簡邪正一切皆斷問若爾何故在家菩薩有妻子耶答在家有二類若約初心人則未受戒前先有妻子若約得位已去爲化衆生現有妻子是方便力故華嚴中

十行菩薩持淨戒時有無量魔女惱亂菩薩不生一念欲心淨如佛除其方便教化衆生寧捨身命不加惡於人如是准之故知幷是方便實無欲想又如瑜伽戒本許在家菩薩爲化衆生方便從欲者謂心淨如佛而行方便猶尚不開出家菩薩何況心淨不能同佛○第三次第者若依十善戒經婬但防邪殺盜不爾故居後此順彼位而總斷爲異又釋身業犯中殺望前境違惱最極是故在初盜違其次婬違最劣或順貪心故有第三問若爾何故聲聞戒中此戒最初答婬欲爲生死本聲聞

正爲厭捨生死速趣涅槃故先制此菩薩不爾故在第三又釋彼戒是待犯方制之戒婬最初犯制匪後立此戒既不待犯方制故依古戒順十善業不同彼也○第四具緣成犯者通緣如前應知別緣准論亦有七一是有情類以木等無犯重故死屍未壞等是情類攝故問此中何故不同前二戒有簡異自身立他緣耶答以自盜不成盜自婬卽成婬如律中弱脊自婬成重等是故不同也二是正境謂女三男二等以餘處不犯重故三起彼想謂以迷生爲木及迷道爲非道皆不犯重故四有

婬心以睡眠等不犯故五有三毒以在家菩薩正慧御心方便化生開不犯故若約出家不開則無此緣六造趣以不動身儀不成重故七與境合謂入如毛頭等若爲怨逼開與境合禁其受樂○第五闕緣義者闕通可知別中若闕初緣有二罪闕第二有六罪同前謂異道想若決不決俱重若非道同差畢竟不決約心重方便後若知非道得輕方便又若二道互差於彼起疑亦決不決俱重若非道差起彼疑不決中方便若決輕方便次闕第三緣亦想疑二別想有四句一本迷謂無心犯重

元趣非道錯侵正道後不知錯應結方便二後知入道結重方便不同小乘以對法五緣中有起彼想故也又以大乘業思在意多約心結故不同也三本心趣重臨至正道忽轉想迷謂爲非道犯已知道暢遂本心雖闕中心理亦應重以心多境全故小乘應據此義而說四畢竟不知闕中後二心得重方便二疑中二句一疑道爲非道後心知道亦應結重二後畢竟不知應得重方便餘異道想疑等俱重以皆是犯境故次闕第四緣者有三句一怨持菩薩陰置女根中由嚙指等禁心不受樂

卽總不犯反此成犯二菩薩睡眠爲他所婬畢竟
不覺理亦無犯三覺已不受樂無犯受樂已成犯
次闕第五緣者有二句一約位在家菩薩闕此無
犯出家成犯二約三時心中一心明慧二心闇惑
應重方便二惑一慧理應成重次闕第六緣者有
二句一若不動身無犯以是身業犯故二若但起
身卽得方便罪以未至身故非重次闕第七緣有
二句一縱動身儀至境未對便止得方便二至境
將處毛分未侵便止得重方便○第六輕重者略
就七位顯之一約境二約心三合辨四約數五約

造趣六約損七種類初犯境有十一死屍未壞二
與鬼交通三畜生四人五諸親六女妹等七在家
二眾持五八戒等八出家二眾具大戒等九父母
十聖人如犯羅漢尼等皆前輕後重可知二約心
者亦有十種一有增上貪心謂貪心猛盛於父母
等前無羞恥等二中品貪雖具羞恥而戀著極深
三下品貪謂具羞恥戀著非深重輕可知四約瞋
心謂瞋彼人故作婬事五約癡以謂如說欲不障
道而故作之六具貪瞋謂瞋爲方便貪心究竟七
具貪癡謂以癡爲方便貪心究竟八瞋癡方便貪

心究竟上五位皆前輕後重可知九無記方便癡
貪究竟十善心方便慈貪究竟亦前重後輕可知
三合辨者有十種一重心對前重境二中心對前
重境三輕心對重境四重心對中境五中心對中
境六輕心對中境七重心輕境八中心輕境九輕
心輕境十善心中下境並有輕重准事可知四約
數者有五種一暫犯生怖卽悔永斷二數犯自後
懺之斷三數犯數懺連緜不斷四犯已相續終身
不改五見犯爲益無持戒心無懺悔意執犯爲是
以畢竟終身皆前輕後重可知五約造趣者有三

種一極私竊二少避人三公然行皆前輕後重六
約損者有五種一如欲火燒天祠等二壞自他梵
行等三惡事顯彰多人生謗四惡名流布壞他信
心五不壞他信前重後輕可知七約種類者謂摩
觸漏失麤語媒嫁等類皆不應犯耳涅槃經第三
十一云若有菩薩自言戒淨雖不與女人和合見
女人時生嘲調言語戲笑如是菩薩成就欲法毀
破淨戒汙辱梵行令戒雜穢不得名爲淨戒具足
○第七得果者依十地論及對法等亦有三種一
異熟果墮三惡趣中受劇苦等二等流果謂於人

中受二妻相競及婦不貞良三增上果謂人中所
感外物多有怨競又依優婆塞戒經第四云若復
有人樂爲邪婬是人不能護自他身一切衆生見
皆生疑所作之事妄語在先於一切時常受苦惱
心常散亂不能修善喪失財物所有妻子心不戀
慕壽命短促是名邪婬現在惡果捨此身已處在
地獄受惡色身飢渴長命無量苦惱是名後世惡
業果報若得人身惡色惡力人不憙見不能守護
妻妾男女是一惡人因緣力故一切外物不得自
在又大菩薩藏經第十云舍利子我說一切習近

欲時無有小惡而不造者彼若報熟無有小苦而
不攝受是故我說一切三千世界中衆生大怨無
過妻妾女色諸欲又云若有衆生味著男女妻妾
諸女色欲當知卽是味著利刀之刃卽是味著大
熱鐵丸卽是味著坐熱鐵牀卽是味著熱鐵梯橙
又云當知婦人滅聖慧眼乃至廣說又正法念經
云如妙色毒花如觸猛火炎欲樂亦如是後受大
苦惱如火益衆薪其火不可滅自他俱能燒欲樂
亦如是如飛蛾投火不見燒害苦欲樂亦如是癡
人不覺知又云如是女欲網繫縛甚堅牢能令諸

衆生輪轉於有獄身縛尙可解心縛不可脫心既
爲欲縛常受諸苦惱又眞僞沙門經云比丘有二
事墮鑊湯中一者常念愛欲心二者喜愛結知友
聖言如此意念尙墮鑊湯況身語過患甚重智論
十三云又有十罪如彼應知又律云寧以男根置
毒蛇口中終不近女人以毒蛇唯損一生女害多
生故蛇害不入地獄女害入地獄故蛇害肉身女
害法身故幸諸智者用深自誡○第八通塞者先
通中謂得位菩薩有在家者爲化衆生有開不犯
如瑜伽戒本云又如菩薩處在居家見有母邑現

無繫屬習婬欲法繼心菩薩求非梵行菩薩見已
作意思惟勿令心恚多生非福若隨其欲便得自
在方便安處令種善根亦當令其捨不善業住慈
愍心行非梵行雖習如是穢染之法而無所犯生
多功德出家菩薩爲護聲聞聖所教戒令不壞滅
一切不應行非梵行又清淨毗尼經云問曰頗有
犯戒成尸波羅密不文殊師利答言有謂菩薩教
化衆生不自觀戒二塞者如涅槃三十一云復有
菩薩自言戒淨雖不與彼女人身合嘲調談笑於
壁障外遙聞女人瓔珞鐶釧種種諸聲心生愛著

如是菩薩成就欲法毀破淨戒汙辱梵行令戒雜穢不得名爲淨戒具足復有菩薩自言戒淨雖不與彼女人和合言語嘲調聽其音聲然見男子隨逐女時或見女人隨逐男時便生貪著如是菩薩成就欲法毀破淨戒汙辱梵行令戒雜穢不得名爲淨戒具足復有菩薩自言戒淨雖復不與女人和合言語嘲調聽其音聲見男女相隨然爲生天受五欲樂如是菩薩成就欲法毀破淨戒汙辱梵行令戒雜穢不得名爲淨戒具足善男子若有菩薩清淨持戒而不爲戒不爲尸波羅密不爲果報

不爲利益不爲菩提不爲涅槃不爲聲聞辟支佛唯爲最上第一義故護持淨戒善男子是名菩薩淨戒具足釋相可知○第九對治行者約三聚辨先就攝律儀有二先約境謂此實是屎尿不淨等不淨觀中具說又智論五種不淨等具錄二約心謂此欲念皆從邪思惟起若止此思欲不生故如說頌曰欲欲知汝本但從思想生我今不思汝汝還不得生又此色境並是自心虛誑顯現如攝論云於一端嚴婬女身出家耽欲及飢狗臭屍昌豔美飲食三種分別悉不同故知貪取唯取自心如

狗嚙枯骨自食津液等又知能取所取皆此虛妄空無所有故無不離二約攝善法菩薩正應修習正智正觀諸波羅密無邊善根安有留行如此非穢三約饒益有情菩薩理宜以世出世無量善法利益眾生眾生若起如此煩惱正應救彼何容自以非穢及之是故經云寧捨身命不加惡於人若加惡於人無有是處故也正法念經云乃至畫婦女眼尚不欲觀破欲堅明慧故名得解脫○第十釋文者三義同前初辨過制斷中有二先標過總制二顯示過相初中先標過謂由作教他等二示

得故婬者總制也謂婬穢染欲非梵行所宜故云一切女人不得婬然以故簡悞故云不得故也准於此文及集論等故知有境想二示過相中先釋顯前自他作位有四作謂因緣法業亦同前四釋一約能釋謂因者內起染心邪思惟等緣者外畜脂粉等莊身令染法者作姿態等又說豔言詞等又施設婬事方法業者以婬爲家業二約所釋中因者正道處緣者摩觸等法者謂對法等業者令他動作以成業等三約通釋中因者內起貪心緣者外境現前法者遣趣方便業者正犯結業四約

自他作釋中因者自作也緣者助他成法者說法教他業者自他業成此等釋上自作教人竟次釋前一切女謂越人至畜故云乃至畜生通下論有十種一畜二天三鬼四神五人六六親七姊妹八己女九母十非道謂下部及口俱是所犯也第二而菩薩下制修善行中有二先起心後成益前中敬同上位起孝順心愍其下位起慈悲心此心綺互文寄在後此中具有二成益者救令離苦度令入法也淨法與人者授與淨戒令修梵行此是菩薩所應行第三而反下違制結犯於中有四重一

不作前益已乖正行二況更起惡法加人三況貪欲熾盛不擇禽獸四況於母等此等四雖輕重不同俱違正行同結重愆故云波羅夷也

初篇妄語戒第四

若佛子自妄語教人妄語方便妄語妄語因妄語緣妄語法妄語業乃至不見言見見言不見身心妄語而菩薩常生正語正見亦生一切眾生正語正見而反更起一切眾生邪語邪見邪業者是菩薩波羅夷罪

將釋此戒十門同前○初制意者亦十義同前一業道重故謂十不善業惡趣因果負此重業豈堪入道二非所應故謂誑惑於人尚非世間好人所作況入道之人以誠實為最三閉善路故智論十三云妄語之人先自誑身然後誑人以實為虛以虛為實虛實顛倒不受善法譬如覆瓶水不得入妄語之人心無慚愧閉塞天道涅槃之門觀知此罪是故不作四實語益故彼論云復次觀知實語其利甚廣實語之利自從己出甚為易得是為一切出家人力如是功德居家出家人共有此利善人之相五易解脫故彼論云復次實語之人其心

端直易得免苦譬稠林曳木直者易出也六法不入心故彼論云復次佛子羅雲其年幼稚未知慎口人來問之世尊在不詎言不在若不在時人問羅雲世尊在不詎言佛在有人語佛佛語羅雲澡盤取水與吾洗足洗足已語羅雲覆此澡盤如勅即覆佛言以水注注已住問言水入中不答言不入佛告羅雲無慚愧人妄語覆心道法不入亦復如是七壞法行故彼論云呵多比丘雖行法施以妄語故死入地獄八幽靈棄故經云妄語之人諸天鬼神皆悉見之捨不護故九開過門故謂殺盜

等過皆由妄語而助成故。十具遮性故。是故寧捨
身命。終不起犯。菩提資糧論偈云。雖由實語死退
失轉輪王。及以諸天王。唯應作實語。解云。以性重
故。爲己損益。殞命不開。〇第二釋名者。言非稱實
爲妄。令他領解爲語。戒防此失。此從所治爲名。智
論十三云。妄語者。不净心欲誑他。覆隱實出異語。
生口業。是名妄語。解云。此中亦攝惡口兩舌綺語
等三。從首爲名。以過患相起故。智論云。四種口業
中妄語最重故。復次但說妄語。已攝三事。復次諸
法中實爲最大。若實語。四種正語皆已攝得。〇第

三次第者。先身業。次語業。爲次第。問。何故身三別
制。語四同遮。答。彼無相攝。此可通收故。又釋下文
說毁及謗攝餘三故。〇第四具緣成犯者。別緣亦
七。一對衆生。二起彼想。三起誑心。四覆實事。五具
三毒。六言明了。七令他解。〇第五闕緣者。闕初緣
有三義。一中邊及異趣相差。若領解俱重。若彼不
領。不知重方便。若知輕方便。二非情差。知與不知
亦輕重二方便。三若帶疑。雙闕亦有三罪。輕重准
之。次闕第二緣亦三罪。謂起中邊異趣想。領解重。
不知其不領重方便。知則輕方便。本迷轉想同前

戒准之。次闕第三緣。或總不犯。以無誑心故。或犯
輕。以不審故悞他故。次闕第四緣有二義。一於有
謂無誑言有於事。雖無覆。以覆想爲重。二本迷轉
想及疑。皆犯方便可知。次闕第五緣有二。謂或無
犯。以善心故。或生福。以利益故。如瑜伽入開緣故。
次闕第六緣。得重方便。以雖疾疾語。然他領意故。
又如瘂人指揮誑人。令他領解。同於言了。俱是重
也。次闕第七緣有三。知他不領。輕方便。亦不知重
方便。令他疑。亦重方便。〇第六輕重者。此過難護。
人皆易犯。於中有二。先通後別。通論有五。一大妄

語。二小妄語。三起妄語想。皆前重後輕。四闕緣無
犯。五方便得罪。二別辨亦五。一約境。二約事。三約
所爲。四約心。五約言。初中有三。一誑恩境尊人等。
二多人大衆等。三於他極惱等。理應更重。二約事
者亦三。一約出世法。言得聖等。多論云。自言是佛
不成重。以他不信故。二約净法。言得禪等。三約世
事。不見言見等。皆前重後輕。三約所爲有四。一由
妄語得聖名利及見爲功德常行不息。二得世名
利廣多無量。三率爾誑他於己無益。四規避免苦
誑他等。皆前重後輕。四約心者。謂三性心單雙一

合輕重准前就惡心中亦三單三雙一合輕重准之五約言者十誦云或云我今日不入世定前人問云昨日云何答言亦不入犯蘭皆謂言近相故或云我是學人前人急問云何名學人便答言我是多聞利根禪誦慧者犯蘭若言無漏學者重或言我是無學乃至答言懈怠不學蘭說聖無學重解云依此宗准輕重可知又釋依十住論第八卷調伏心品以五種分別妄語輕重彼論云以眾生分別故事分別故時分別故五眾分別故住處分別故則有輕重雖輕妄語晉久則重重能失菩提

心一眾生分別者斷善根邪見者及餘深煩惱者是則為重二事分別者若說過人法及破僧是三時分別者出家人妄語則重四五眾分別者如波羅夷僧伽婆尸沙罪則重五住處分別者僧中妄語若證則重解云此亦文顯可知餘戒亦准此五種應知○第七得果者遮罪報如下文顯其性罪得三種果十地經云妄語之罪亦令眾生墮於地獄畜生餓鬼若生人中得二種果報一多被誹謗二恆為多人所誑對法論中更加增上果謂種不結實又智論十三如佛所說妄語有十罪一口氣

已上經文依十地論所引与晉唐二譯異。

臭二善神遠之非人得便三雖有實語人不信受四智人謀議常不參預五常被誹謗醜惡之聲周聞天下六人所不敬雖有教勅人不承用七常多憂愁八種誹謗業因緣九身壞命終當墮地獄十若生為人常被誹謗○第八通局者先局後通局者謂為自起念便犯文殊問經但起一念妄語想犯波羅夷二通者為他或有不犯如瑜伽戒云又如菩薩為多有情解脫命難囹圄縛難刖手足難劓鼻刵耳剜眼等難雖諸菩薩為自命難亦不正知說於妄語然為救脫彼有情故知而思擇故說

妄語以要言之菩薩唯觀有情義利非無義利自無染心唯為饒益諸有情故覆想正知而說異語說是語時於菩薩戒無所違犯生多功德○第九對治行者理實此中通離四過但妄語為初故偏舉耳十地經中二地菩薩具離四失故彼經云離於妄語常作實語諦語時語是菩薩乃至夢中不起覆見忍見無心欲作誑他語何況故妄語又離於兩舌無破壞心不恐怖心不惱亂心此聞不向彼說此壞故彼聞不向此說彼壞故不破同意者已破者不令增長不憙離別心不樂離別心不樂

說離別語不作離別語若實若不實又離於惡口所有語言侵惱語麤獷語苦他語令他瞋恨語現前語不現前語不斷語鄙惡語不喜聞語不悅語瞋惱語心火能燒語心熱惱語不愛語不樂語不善自壞身亦壞他人語如是等語皆悉捨離所有語言美妙悅耳所謂潤益語輭語妙語憙聞語樂聞語入心語順理語多人愛念語多人憙樂語和悅語心徧憙語能生自心他心歡喜敬信語常說如是種種美妙語又離於綺語常善思語時語實語義語法語順道理語毗尼語隨時籌量語善知

心所樂語是菩薩乃至戲笑尙不綺語何況故作綺語解云具釋此文如十地論第四卷中應知又言覆見忍見者俱約心約境語有八種犯不犯言四犯者一實有報言無二實無報言有此二心境俱違三實有謂無報言有四實無謂有報言無此二違心不違境俱約違自見心故云覆見等也反此四種則爲非犯非犯四中前二如想亦如事後二如想不如事並可知又金剛般若功德論四語中云云檢耳○第十釋文者三分同前初舉過正制中有三一能作犯謂自作教人俱重言方便者

謂假託異事令他別解謂如上云我今日不入世定等二妄語因下明所用妄法自作爲因教他爲緣方便名法事成爲業又釋一內起誑心二外爲所規三巧說妄法四常作爲業此四各別犯又釋此四合成一犯可知三乃至下所成妄語於中有三業初語業中但六識於六境各有成妄語今但論眼見略餘云乃至身妄語者如律中有問誰得羅漢果者起著脫僧伽梨有非羅漢應言著脫雖不發言身成妄語又如善生經身作口業者是也心妄語者謂虛誑心亦如上覆見等二而菩薩下

辨所行菩薩理應自作十種正語謂如事如想故云正語正見無損有益故復云正也及勸他人亦爲此業三而反下違制結犯謂理宜正語反起邪見語業違害至深故結重罪又亦教他妄語他謂爲是是故云邪見恆作此顚倒行故云邪業

上來四戒大小乘同犯名爲共戒自下六種小乘非重名不共戒

梵網經菩薩戒本疏卷四

梵網經菩薩戒本疏卷五

唐魏國西寺沙門法藏撰

初篇酤酒戒第五

若佛子自酤酒教人酤酒酤酒因酤酒緣酤酒法酤酒業一切酒不得酤是酒起罪因緣而菩薩應生一切眾生明達之慧而反更生一切眾生顛倒之心者是菩薩波羅夷罪

將釋此戒十門同前○初制意者又略辨十種一成他惡業故謂昏醉無惡不造乃至能作五逆等罪智論十三酒三十五失中云一行不善法也二

失他善行故謂由酒醉放逸應生善不生已生善皆滅智論云朋黨惡人疏遠賢善無慚無愧不守六情縱色放逸棄捨善法也三損害他故謂令他現在損依正報智論云現世財物空竭何以故人飲酒醉心無節限費用無度無度故眾病之門鬭諍之本裸露無恥醜名惡聲人處不敬伏慝之事盡向人說身力轉少身色亦壞也四失禮儀故智論云不敬佛法僧不敬父母及諸尊長何以故醉悶怳惚無所別故五破淨戒故謂由昏醉一切戒品皆悉不護智論云能作破戒人故六失定慧故謂酒醉亂心昏正明慧智論云覆沒智慧故七開過患門故謂由昏醉引一切諸煩惱業智論云不應瞋而瞋故八種癡狂因故謂現在酒癡令多生狂愚智論云種狂癡因緣也九障聖道故謂於諸道行皆不能修故智論云遠離涅槃故又如伏龍比丘醉伏吐地蝦蟇口邊食吐佛言此人能伏毒龍今乃不能伏蝦蟇也十墮惡道故智論云身壞命終墮惡道泥犂中若得為人常當狂騃如是等種種過失故不應酤亦不自飲又智論引頌云酒失智覺相身色濁而惡智心動而亂慚愧已被劫

失念增瞋心失歡毀宗族如是雖名飲實為飲死毒不應瞋而瞋不應笑而笑不應哭而哭不應打而打不應語而語與狂人無異奪諸善功德知愧者不飲○第二釋名者令人昏醉名酒貨授與人曰酤防止此惡為戒亦從所治為名智論云酒者能令人心動放逸是名為酒一切不應飲是名不飲酒解云彼論就五戒故但防飲○第三次第者前四同聲聞四重此戒非彼故在第五又五戒中此當第五不飲酒戒但以飲唯損己一身過未深故屬下輕垢酤損多人故今制重又為菩薩二利

之中利他爲最但乖益生已爲非理況乃成損故
非所宜是故未論自飲先制授他○第四具緣成
犯者別緣有六緣一是酒二酒想三酤意四受得
直五授與酒六前人領入手便犯○第五闕緣者
闕初緣畢竟不知得重方便罪以酢等於他非昏
亂故若後知生喜輕生悔重又若兼疑重方便闕
第二緣有三一本迷總不犯後知生喜重方便生
悔亦不犯二轉想輕方便以有前心故後知生悔
輕三疑亦重方便後知生喜亦重方便以闕少許
心以成重故不喜生悔理宜小輕闕第三緣得一

輕垢罪如下文過與他五百生無手等闕第四緣
有二義一得重方便以不得直不成酤故二正犯
大重以施人酒罪過取直故闕第五緣得重方便
以他強奪不成酤故闕第六緣亦重方便以前人
不歙不成酤故○第六輕重者略就五位以明輕
重一約事二約境三約損四約心五約合辨初中
有四一酒有醲醨二酤有多少三時有長短四期
限有無皆有輕重准可知二約境者有七種一酤
與非人二畜生三無戒人四五八戒人五出家未
受具戒人六具戒人七具菩薩戒人皆前輕後重

又此中復有具前四位輕重可知三約損者有二
先約乖善有四種一令他飲酒防修仁禮二廢修
世善三失二乘善四乖修菩薩道皆前輕後重可
知次明起惡亦有四種一令他飲酒起諸煩惱二
造十惡業三犯四重等四作五逆等皆前輕後重
可知四約心者有三種一約三性心二約三時心
三約三毒心初善心犯者謂爲和諍等又慜其疲
乏及寒等苦授酒應輕二無記心犯者謂心弱境
強應次三惡心犯者謂作損害意爲重二約三時
者謂前三性心於初中後三時等有輕重可知三

約三毒者有三單三雙一合謂貪輕瞋次癡重初
貪有二一若貪不自濟恐命不存暫作應輕二資
緣不闕貪利無厭故宜亦重二瞋亦二一以有嫌
恨授與令昏癡稱順本心二起上品瞋令造惡妨
善以快本心應前輕後重三癡亦二一自謂非重
念言此既水米所作但令情不昏醉理應無罪是
以常作不休二見有勝德謂將爲得色得力能益
衆生縱令飲有得無失執此惡見自作教人理應
最重二三雙者貪瞋輕貪癡次瞋癡重三一合最重
此上總有三三輕重可知又此上有共戒不共戒

准相可知○第七犯得報者謂如經中有三初酒河地獄是釀酒家罪二酒池地獄是酤酒家罪三灌口地獄是飲酒人罪又十輪經第四校量此罪頌曰十壓油輪罪等彼一婬坊置彼十婬坊等一酒坊罪置十酒坊罪等彼一屠坊置彼十屠坊罪等王等一○第八對治行者菩薩思惟我應以明慧正行授與衆生何容反與昏狂之飲令作大罪甚爲不可略明十事應與衆生一我應授與世智令識尊卑禮或修孝義等行二應令深信三寶修敬養等行三應令明識善惡業果避罪修福四應

令知出世善業修出離行五應令知二乘所有行果六應令知大乘行果殊勝之相七應令知菩薩地位分齊謂十發趣等八令知菩薩所應行行謂應作不應作等九令知佛果神力解脫不思議處令知生欣欲等十令知法界法門眞俗平等無礙法○第九通局者初通謂救衆生命難等時爲藥應開故如殺盜等又如末利夫人所作等二局者乃至一毛渧等起一念等皆有犯義故皆閉也○第十釋文中三分同前初中先舉過二正制三釋意初中二先舉犯位謂自作教他俱成犯故二辨

犯法亦四種亦四釋一約位謂自作爲因教他爲緣方說其法同作爲業二約能謂置麴米等爲因畜槽具等爲緣合和爲法常酤爲業三約所爲謂寶煎因緣與他爲因自須往酤與他爲緣示他方法爲法令他作成爲業四約具謂規利及酒爲因他求爲緣價直及斟量爲法授受成業二一切酒下正制依智論十三酒有三種一穀酒二果酒三藥草木等酒若乾若溼若清若濁不得酤乃至一毛頭等故云一切酒不得酤三是酒下明釋意謂以酒是諸過患本能作一切重惡能犯一切禁戒

無不由酒起故云起罪緣謂三十六失如智論十三說二而菩薩下明所應行中應生衆生明達慧者謂諸菩薩法爾皆應令諸衆生明知俗諦因果差別則通達眞諦平等一味勝慧成行斷惑得果何容反授昏狂之藥令重顚倒違理之甚故結重文可知

初篇說四衆過戒第六

若佛子自說出家在家菩薩比丘比丘尼罪過教人說罪過罪過因罪過緣罪過法罪過業而菩薩聞外道惡人及二乘惡人說佛法中非法非律常生悲心

教化是惡人輩令生大乘善信而菩薩反更自說佛法中罪過者是菩薩波羅夷罪

初制意者略有三意一爲壞信心故菩薩理宜弘護三寶過惡揚善以生物信何容說過廢黷信心乖利他行故須深制也二招重釁故謂初心菩薩豈免微失理應讚其實德成自正行而反以惡心苟求其短言陳彼過自負重愆故須制也三背恩德故謂由三寶恩及戒法防身加成勝德當獲大果理宜粉骨碎身護持遺寄而今反以惡言說其罪背恩之甚故須制也○第二釋名者說在家出

家菩薩僧尼罪過戒然位居不定誰免其失故云罪過非理唱陳故云說防此業非故云戒此則語從所說爲名戒約所防受稱皆依主釋又說三寶長短如經云云○第三次第者於此十戒中初四同聲聞四重後四同瑜伽菩薩四重中間更加酤酒說過酤酒麤顯故先辨說過細隱故後論○第四具緣成犯者有七緣一是正境如文四位問此中何故制說小乘僧尼過耶答俱是佛法相住持故是自內眾故問何故不制說佛及法過答以彼無過故若無失而說則是謗故屬第十戒修行之

者劣位有失易嫌說故制也二作彼想三作說過意四對外人五作外人想六言彰了七前人領解故成犯也○第五闕緣者若闕初緣有五一自四境相差皆重二非境差說已畢竟不知是非境約心重方便三後知非境不喜應得中方便喜自不犯應輕四帶疑不知重方便五後知輕方便闕第二緣者亦想疑二別初中本迷後不知及後知生怖俱不犯或犯輕方便以說他眾生過生自快心非無失故二後知生快得重方便三轉想後不知及知已怖俱輕方便四後知已快重方便二疑中

不知及知已怖俱重方便知已快得重雖闕小心而過重故闕第三緣不作說過意言錯無犯或正說法言次而論或敎誡門人皆不犯闕第四緣自眾來差畢竟不知約心應重後知喜不喜准得輕重二方便疑亦同前可知闕第五緣想疑等准前可知闕第六緣疾疾語等言不彰了得重方便闕第七緣無人領解亦重方便可知○第六輕重者略約六位一約所說境二約所對人三約言辭四約心念五合辨六約自他初中有六一見地上菩薩爲物逆行謂非而說二見三賢菩薩及四果聖

人微失而說三說自和上闍梨之過四說傳法住
持人過五說同類淨戒過六說破戒人無戒人過
此六皆初重次輕應知二約所對人者有五一對
國王大臣說其過令彼捨信破壞三寶二對外道
惡人伺求過者說其罪過增彼邪見誹謗佛法三
對信心白衣說過壞其信心上三位初重次中後
下四雖對自眾而快意說得方便罪五為眾中舉
罪呵責及說向彼師令彼教誨等此不犯也三約
言辭者有三一以極鄙惡言彰顯而說二以飄言
而說重輕可知若作書與人等亦同犯四約心者

有三初約惡心者有三初約單一以癡心謂說為
德不懼破戒等二瞋心酬彼怨說已暢情等三為
貪利養為名聞故說他罪過令名利向己等二約
三雙三單一合並准前此上輕重可知三約無記
心率爾輕心妄念而說亦犯非染汙三善心為調
伏故等要具五德云云檢取此則不犯五約合辨者
謂起上初心以上初言對上初人說上初境為最
重餘次相合及非合皆有輕重應知六約自他者
自己一說過患猶輕教他勸人處處傳說亦為重
也○第七犯得報者說菩薩及僧尼罪過業道極

重如經中入拔舌地獄耕其舌等云云又如不思
議光菩薩經中饒財菩薩說賢天菩薩過故九十
一劫常墮婬女腹中生生已棄之為狐狼所食一
言之失苦惱如是足為龜鏡○第八修治行者諸
菩薩常應讚歎一切眾生所有功德況於菩薩及
內諸僧尼是故常應歡喜讚歎三寶功德已見眾
生少善即便讚說諸法無行經云若見破戒人不
說其過惡應當念彼不久亦得道涅槃經云為
彼眾生全無善可讚當念佛性之善而讚歎之勿
說其過以自汙心○第九通局者若慈心舉罪呵

擯等若因說彼惡行調伏等若假王等力而方便
調伏等理應不犯反此乃起一念嫌心欲說等悉
皆成犯○第十釋文者三分同前初舉過正制中
二先自他二位說四位持戒人謂初二持菩薩戒
後二持聲聞戒以俱是自佛法內眾為人天福田
故不合說過經云占蔔華雖萎猶勝諸餘花破戒
諸比丘猶勝諸外道又經云有犯名菩薩無犯名
外道是故彼犯猶不可輕如牛雖死牛黃益人破
戒比丘猶能生於人天十種功德如十輪經說又
大悲經中諸出家人左手攜男右手攜女從一酒

家至一酒家不出賢劫當般涅槃等是故見有少
許佛法所被之處皆應讚歎二罪用說法四門釋
同前一約能說者一三毒染心爲說過因二罪爲
所求等爲說過緣三方便施設使他識過爲說過
法四常以說過爲業二約所說者一不正說其過
但說彼罪過因令此前人知彼有過爲罪過因也
二亦不正說過而說彼造過之所爲亦令前怨領
知過狀故爲說過罪緣三說其違犯淨戒之法不
說其彼過彼已知故四說其處犯罪過之業三僉
釋者一謂內有說心二外遇惡緣境三曾見過法

四陳說成業四自他分可知二辨應行中先簡非
謂外道惡人通說佛法內人非住正法非修律儀
行又二乘人不信大乘故亦說行大乘人言非法
律又此約菩薩前約僧尼如有威儀比丘等云云
二教正謂菩薩聞此則應起悲心不得起瞋嫌等
心但應方便敎化令止說過而生淨信此爲作業
故云常生等也三違理結犯中聞他說過忍不敎
勸己爲非理況復聞已自更助說佛法中過違害
至深是故結示重罪

初篇自讚毀他戒第七

若佛子自讚毀他亦教人自讚毀他毀他因毀他緣
毀他法毀他業而菩薩應代一切眾生受加毀辱惡
事自向己好事與他人若自揚己德隱他人好事令
他人受毀者是菩薩波羅夷罪

初制意者略由四意一乖正行故菩薩理宜密行
內蘊讚揚他德攬曲向己推直與人何容反揚自
德非理毀他失行之甚故須制也二成大損故謂
自讚乃耗減善根毀他便招罪業三自讚壞他信
心毀他便不受化四悞累眾生故謂他人倣習失
善成惡損物之甚故宜制也○第二釋名者謂無

德自揚爲讚越過辱他爲毀又顯揚己德爲自讚
恥辱有德名毀他防治此失故稱爲戒○第三次
第者前戒依過而說所患猶輕今乃越過加毀爲
失尤重是故次後說也亦是菩薩四波羅夷之中
此居初故先辨也○第四具緣成犯者具六緣一
正境謂自他二起彼想三作讚毀意四爲名利等
五正加毀讚六前人領讚受毀便犯○第五闕緣
義者闕初緣有五一單自讚亦重如善戒經說彼
云菩薩若爲貪利養故自讚身得犯菩薩戒住地
是名菩薩第五重法樓戒經亦同此說二單毀他

亦重。如此文云。他受毀者犯重故。三毀張人王人。
及餘趣來替等皆重。以俱正境故。四非情替後不
知重方便。後知中方便。五自讚戒德錯讚定等亦
重。以俱是正境故。闕第二緣有二。一起餘趣想及
疑毀俱重。二起非情想輕方便。疑中方便。又本迷
轉想可知。於戒作定想讚等俱重。闕第三緣有二。
一雖不作毀他意。然不護他過令他生惱重方便。
二舉罪呵嘖等以悲心故不作毀意故不犯。或呵
嘖門徒等亦為生他信心故自讚若他生譏得方
便若生信則不犯。闕第四緣有三。一單名單利俱

重等。恭敬門徒等理亦應重。二依慢心以無為得
重方便。三為益眾生理應不犯。仍須思量善巧。不
得云我但作益生意無罪。邀自謂不犯。然名聞微
細難識。自賊壞行莫先於此。幸深自誡以存內德
闕第五緣。言不明了等重方便。闕第六緣有二。一
前人志强拒逆不受其毀。二雖自讚德無人信受。
故皆得重方便。○第六輕重者。於中有六。一約境
二約言。三約對。四約損。五約心。六約行。初中有二。
先明所毀之境。通有四。一一人。二二人。三多人。四
大眾。別有七。一聖人。二賢人。三己師。四傳法住持

人。五凡諸有德人。六無德人。七非人畜生等。如次
重輕可知。二自讚境有三。一實自破戒無德無慚
無愧。二雖不破戒然無餘道行。三有戒有行。此三
如次前重後輕。二約言中亦二。先毀他中五。一毀
德言過。二有德言無。三多德言少。四無罪言有。五
少罪言多巧令他信。輕重可知。以上通別二境入
此五中次與非次輕重可知。二自讚中三。一自言
得聖。二言具三學。三言具戒等一學。重輕可知。此
三歷於前三境。若言得聖三俱是大賊出佛藏經。
若言具三學二位是賊以第三非虛故。若言具戒

等一位是賊以後二非妄故。但初破戒者而自言
戒淨者此望前二猶非極重。然聖教中名為大賊。
況前二位甚為可畏。故善見論中有五種大賊。一
者犯七聚自言清淨乃至五者從他聞法言自解
也。然此自讚與毀他各有單輕雙重。就雙中有俱
重非俱輕。次與非次輕重可知。三約所對人中。一
對一人。二對眾人。三對大眾。於此三處皆有現前
毀不現前毀各有輕重。四不對餘人。於此四處各
有自讚毀他之輕重。復攝取分前二門通辨之。復
有輕重可知。四約損者有四。一由毀傳法人令一

方佛法不行此罪最重十輪經中廣說可知二毀
一眾令他壞信以增異見三毀一德非傳法人但
令他生苦惱皆前重後輕可知四自讚令他倣習
亦人有多少為損有輕重又有消自善根以成重
罪可知五約心者有四一若為令他起信心故讚
自毀他是福非犯二若由放逸無記心犯是犯非
染汙三若於他人有愛恚犯是染汙非重四為貪
名聞利養恭敬是重非輕此第四中有三品一若
由煩惱現行非極猛利或發慚愧是為爽品二雖
或猛利亦無慚愧未見為德猶名中品三都無慚

愧深生愛樂見為功德是名上品最重也又此門
中貪癡心犯為重餘心或輕及無犯等餘義准前
應知六約行者佛法內人多約四位起行謂三學
及雜行初約戒學者有三類一矯異謂雖不破戒
性非質直依邪思計現異威儀眩耀世間以求名
利本無淨心以求出離然普抑餘人無異威儀者
悉為無德此是沙門賊亦是威儀賊也如迦葉經
寶積經等說二約淺識者謂性非深智恃己戒行
將為出離陵他乘急戒緩之眾聞諸法空便生恐
怖此是佛法怨賊也出佛藏經三約定學者亦二

類一約貪誑者謂性樂名利久在山中心少澄靜
現得定相眩耀世人招大名聞普抑餘人無此相
者悉以為非此是阿蘭若賊也出華手經又經云
納衣在空閑自稱阿蘭若等二約邪慢者謂性非
多聞依山習定鬼神加令得定見他心念不善覺
知即恃此起慢當招大名聞陵蔑餘人悉以為非
傷害佛法此是魔黨大賊也起信論及華手經說
三約慧學者亦有二類一約淺者謂性少聰明誦
學無次第為名利衒心急預講說已見臆斷非毀
古今唯求名利元無出意恃自無衍亦輕侮戒定

此是賣佛法賊當招大苦出華嚴經中魔業中也
二約深者謂性少明辨雖於二乘三藏文義少通
然猶未得佛意既當傳法唯讚名利以勸後學非
毀古今顯自獨絕恃此為德起慢陵人但誦持法
藥而不滅病已負染愆況更法中起病甚不可救
奇哉水中出火以何滅之此是害佛法之賊出佛
藏十輪經四約雜行者亦有二類一約福行者謂
性非質直依苟姦計其崇奇福眩耀世人招引重
嚫意在以少呼多用此活命既遂其所求即恃此
起慢陵蔑餘人無利養者悉以苟非利養既爾名

聞亦然。此是賣佛法賊。出迦葉經。二約餘行者。謂性非慧悟。隨學一法。即便封著。眩此所學。以招名利。援餘所修皆非究竟。此亦愚人。蠹害佛法賊也。此上略舉四位。理實通一切行皆有誑偽。並應准簡。勸諸後學。勿令自心墜中。即其寶積寶梁迦葉佛藏等經。講讀在心。府養菩提心。方可爲要耳。○第七得報者有三。初通論者。護國菩薩經云。菩薩有四種墜落之法。一者不恭敬他。二者背恩諂曲。三者多求利養名聞。四者詐善揚德。是爲四種墜落之法。二別約毀他者。如謗佛經中。有十八人毀謗

一辯積法師。遂令當處佛法少分陵遲。此十八人後墮地獄經無量劫受拔舌等苦。後多生無目。末後逢釋迦佛出家多時苦行竟無所得。後便還落。乃至廣說。三別約自讚。如扇提羅等五人。四人在林間坐。一人於聚落唱云林中有羅漢。遂大得供養。後墮地獄備受衆苦。出已爲人。與本施主作擔轝持穢器人等。乃至廣如律文。○第八修治行者。此有三義。一菩薩常自顯己過。令他聞知。不作一念覆藏之心。恐增長故。慮難滅故。於己功德常不顯說。不起一念耀己之心。恐耗損故。慮不增故。二菩薩常應於他有情不見其惡。唯見其善。是故忍惡於己。推善與人。心恆清淨。此爲常行。問。若自無惡而忍。若他無善而推。豈非諂曲而妄語耶。答。自居不足。安得無失。謂無失者唯佛一人。以累盡故。又他無餘善。猶有佛性。即是眞善。若意至此而忍推者。非直無諂。亦無妄語。而乃具發無量善根。令戒清淨。故爲持也。三菩薩常應於名聞起處多利養處。則不居之。以傷害故。論云。利養如霜雹損功德苗故。又如毛繩爲損甚故。如法得之。尙須遠避。經云。利養交至。遠避三由旬外。況由讚毀非理得耶。

是故菩薩理不應爲。護國菩薩經云。有四種法應當棄捨。一者菩薩棄捨居家。二者既出家已不貪利養。三者離諸檀越。四者不惜身命。是爲四法應當棄捨。如是准也。○第九通局中有二。先通後局。言通者有三。先明自讚亦三。一讚自所行之法令他修學。二爲令衆生未信者生信。三已信者增長。若實有此益。不雜貪慢。自讚無犯。不讚有罪。乖利益故。二明毀他亦三。一毀邪道令歸正見。二毀執見令離著。三毀惡行令捨離。若不雜瞋慢。應時有益。毀他不犯。不毀有罪。三求名利有二。一爲益衆

生二求出世間眞實名利故此求不犯不求有罪如是准之二局者於上三位或總或别以纏相應心起念欲犯雖未至重是則爲犯以是所害法故深須防護也餘義可知◎第十釋文者就第一舉過正制中二先舉過亦二初犯位謂自作教他准前亦應有四同前略故也二犯相四犯同前亦同三釋略無自讚理應具有四一約能者貪慢等爲因二名利等爲緣三巧設軌模成自揚陵彼之則爲法四常作此事爲業二約所者亦四一不正讚毁但說彼因遂令自德顯揚他人被毁故云因也

二毁他種族等故云緣自讚亦爾三毁他所依法等故云法四毁他所依業等故云業自讚亦爾三合辨者一內因二外境三加毁四成業自讚亦爾上來舉過竟准上此中合有第二正制文應云一切不應自讚毁他又略不具也第二而菩薩下明所應行亦是釋上立制所由謂佛故制不自讚毁他以諸菩薩法合代他受於加毁若不代受已乖菩薩行況更自加毁違害誠深故結重科文意如此於中非理陵欺名加毁令其恥報爲辱又菩薩爲衆生發菩提心決令衆生捨惡使盡是故衆生惡事是菩薩所有以攝是已任故已爲衆生修善根故是故已善根並他有故須與他也第三若自揚下非理違犯並可知

梵網經菩薩戒本疏卷五

梵網經菩薩戒本疏卷六

唐魏國西寺沙門法藏撰

初篇故慳戒第八

若佛子自慳教人慳慳因慳緣慳法慳業而菩薩見一切貧窮人來乞者隨前人所須一切給與而菩薩以惡心瞋心乃至不施一錢一鍼一草有求法者不為說一句一偈一微塵許法而反更罵辱者是菩薩波羅夷罪

初制意者初檀為萬行首故攝六度故是捨慳成施略由十意如華嚴經十行品中初歡喜行云此菩薩為大施主悉能捨離一切所有等心惠施一切眾生施已無悔不望果報不求名譽不求生勝處不求利養言十者一但欲救護一切眾生二欲攝取一切眾生三欲饒益一切眾生四欲學一切諸佛本行五欲正心憶念諸佛本行六欲清淨諸佛本行七欲受持諸佛本行八欲顯現諸佛本行九欲廣說諸佛本行十欲令一切眾生離苦得涅槃樂是為十由此當知菩薩理無不施之行○第二釋名者悋惜財法不濟所求稱曰故慳戒防此失亦依主立名○第三次第者前讚毀自他以求

名利望未得之財追求時過今約已得屬己慳悋不捨貯畜時過前麤此細義次第故來也○第四具緣成犯者然此戒中犯有四處一自慳二教他三隨喜四讚慳今且約自辨具緣餘三准之自具六緣成犯一自有財法二乞者現前三具前二想四起慳惡心五對緣正違六前人空迴故犯○第五闕緣義者且闕初緣有三義一若彼全無一鍼一草可施與者應以善言深心垂淚慰謝乞者仍作是念我今薄福不能果遂眾生所願是我罪咎我當精懃修行令願成滿即如言懃勇是謂不犯二若恃自無物慢心不謝而無愧悔應得小罪三若為乞人不信其無頻頻抑索遂起嫌心即犯中罪若便起瞋即犯後瞋戒法施亦同次闕第二緣有四義一無乞不犯二自有財等見貧苦人彼不能乞或羞不乞而不施與亦犯三自有財見同修行者乏少衣食廢修正行彼人儉己而不求索不與亦犯四先貯多財雖無乞者而不捨施福田故此後三位皆得方便罪非正犯重故次闕第三緣有二一先謂上二位各有想疑二別想不犯疑犯方便並可准之闕第四緣有二一若以悲心調伏彼故

不與無犯若無記心犯方便可知次闕第五緣有四一初許與不與犯重二許多與少三許勝與劣四遲時後與後三俱方便次闕第六緣有二一若不空迴無犯二若雖空不迴意猶未絕犯方便○第六輕重者有五一約物二約田三約損四約心五合釋初中財法無畏財施有三謂外內俱就外財中通說有十一食等二藥等三衣等四財等五畜生等六奴婢七名聞八王位九妻妾十男女皆前前不與應重後後不與應輕二內身中有五一暫請驅使二取髮爪等三將作奴婢四取支節血肉

五全取身命前前不與皆重後後不與皆輕二法施中三一世法二二乘法三菩薩道法三無畏施亦三一捨惡二捨苦三救命上二位皆亦前前不與為輕後後不與為重可知二約田有四一恩田謂父母師主等二德田謂三寶等三悲田謂飢窮眾生等四苦田謂困厄眾生等皆前前不與為重後後不與應輕三約損者於上四境各有二種一由不給濟令彼命盡二命雖不盡令大苦惱等皆有前重後輕可知四約心者亦有三事單雙一合等准上知之又慳有三品如盧至長者等最重其

中下可知五約合辨者或於劣物起上慳對勝境為最重或於勝物對劣境起下慳應輕餘句並准之○第七得報者略辨十種一生餓鬼中如目連母等二或餘趣受苦如疥癩野干乃至無一毛可以覆身等三於人中受貧窮苦困四耗減損減宿世善根五失於菩薩檀波羅密六由慳法世世常受愚癡善生經云若有於財法食生慳當知是人於無量世得癡貧報七由匿法眼恆無眼目八由不施無畏生生常懷恐怖無暫安穩九恆為怨家而得其便十令三檀六度俱不成餘如別說○第

八治行者略顯十種一思惟己身及以財物皆是無常磨滅之法一旦廢壞非惜能留是故慳惜都無所益二況此並是王賊水火惡子等分彼既未侵速應捨施置堅牢藏令永屬己三若慳不施則種世世貧窮之業以隨自身四又由我先世不串習施故今有財慳而不能施若我今者不勵力施此習不破更增長能障大施故我今應勵意違慳而行惠施五又若自貧乏恐不存濟而慳不施則當思惟貧是施障為破此障應當忍苦勵力行施我因宿業曾受種種飢渴等苦不能饒益於一眾

生今我行施得饒益他設受衆苦乃至殞命而終
不令乞者空迴況當猶有餘菜葉等可以活命是
故應當忍此貧苦而行布施六若於身命及所重
財而不能捨即當思惟我於三界大師前發大菩
提心時一切內外皆已捨訖如何今乃違本誓孤
負衆生七又使令我犯菩薩波羅夷罪則爲欺誑
十方諸佛甚爲不可八我今捨此不堅固物臭穢
之身令我當得清淨法身堅固之法此既益我若
不行施則失大利九此身及財是虛妄物何不能
捨滿衆生願何能當以無上菩提饒益衆生十我

當觀察一切法空無我我所而今於此虛妄身財
慳悋不捨何能證入平等法性思惟如是十種對
治於諸慳悋無不能捨具如華嚴智論瑜伽等說
○第九通局者依瑜伽第三十九略有三十種不
施無犯一若知種種內外施物於彼衆生唯令安
樂不作利益或非安樂非利益皆不施與二若有
來求共爲伴侶欲作非理逼迫損害誑惑於他便
不以身而施於彼三若諸菩薩於所行施意樂清
淨見有無量利衆生事正現在前設有來求自身
支節不應施與四若魔衆天懷惱亂心現前來乞

身分支節不應施與以心念彼當獲上品過罪及
損害故五或有衆生癡狂心亂來求菩薩身分支
節不應施與六若有衆生或爲自害或爲害他來
求毒火刀酒等物不應施與七不以他物如同意
物而行惠施八不行媒媾以他妻妾而行布施九
不以有蟲飲食等物而行布施十若有衆生來求
種種能引戲樂能引無義之物不應施與以令彼
多行憍逸惡行身壞之後墮諸惡趣十一終不施
人捕獵等物十二或有衆生將欲殺害終不施與
十三若有來求罝羅置弶爲害衆生及爲習學皆

不施與十四若有怨家來求讎隙爲欲呵罵縛錄
殺害奪財治罰終不施與以要言之一切逼迫損
害衆生戲樂等具皆不施與十五若有病者來求
非量非宜飲食亦不施與十六若有衆生食飽滿
已性多饞嗜數復來求珍妙飲食亦不施與十七
若有來求父母師長定不施與十八又諸菩薩於
自妻子奴婢僕使親戚眷屬若不先以正言曉喻
令其歡喜終不強逼令其憂惱施來求者十九雖
復先以正言曉喻令其歡喜生樂欲心而不施怨
家惡友藥叉羅剎等二十若有上品逼惱衆生樂

行種種暴惡業者來求王位終不施與若彼惡人
先居王位菩薩有力尚應廢黜況當施與□十一
又諸菩薩終不侵奪父母妻子奴婢僕使親戚眷
屬所有財物持用布施□十二亦不逼惱父母妻
子奴婢僕使親戚眷屬以所施物施來求者□十
三不以非法不以卒暴亦不逼迫損害於他而行
惠施□十四又諸菩薩若在諸佛聖教出家終不
違越所有學處而行惠施□十五又諸菩薩於來
求者終不施與不合儀物謂施出家者殘宿飲食
等或諸便穢洟唾反吐膿血不淨所雜所染又不

告白不令覺知如棄捨法施糜飯等謂不食葱者
施以葱雜葱染飲食不食肉者施以肉雜肉染飲
食不飲酒者施以酒雜酒染飲食如是等皆不施
與□十六又諸菩薩終不口授求過外道所有正
法□十七亦不施彼所寫經典□十八知性多貪
求欲衒賣經卷等者亦不施與□十九知欲祕藏
亦不施與□二十不求勝智亦不施與又云如上所
說諸不施者菩薩不忍直言我不施汝要當方便
曉喻發遣諸菩薩所畜一切資具等物爲作淨施
故先以捨與十方諸佛菩薩如苾芻作淨施法若

觀來求者施時稱理應作是念諸佛菩薩無有少
物於諸眾生而不施者如是知已取物施之若觀
施時不稱正理即應念先作淨施法告言此物是
他所有不獲施汝莫言曉喻方便發遣又十住論
雖若新學菩薩有人來求頭目等而未能施者應
說偈頌云我初發道心善根未成熟願我速成就
後必當相與（更勘論文）二局者但自審觀有少慳心即
當施與不爾便犯若約祕密菩薩應極慳謂乞戒
淨囊纖塵不與乃至小罪猶懷大懼等◎第十釋
文者亦有四一明犯位謂自作教他如前釋二舉

過正制中二先舉過謂慳因緣法業亦四釋同前
可知二而菩薩見已下明正制謂制施貧乞但世
人貧有二種一財貧二法貧故云一切貧乞菩薩
施此二事故云一切給與三而菩薩以惡下違制
成犯謂惡心者慳結不破亦是違戾不施違餘煩
惱瞋心者忿怒乞人而不施與也此是不施之心
下明所不施物先財後法乃至不施等者舉少況
多一葉草尚不與況多又就下最極爲言故云乃
至一草等也法中一塵者意明極少非謂法門中
而有微塵此順西方語法如能斷金剛般若經中

無少法者梵本名無微塵法也而反罵辱者明極
重之相惜草葉而起重瞋發惡言而與罵辱故宜
重也此具三業可知四結示罪名可知

初篇故瞋戒第九

若佛子自瞋教人瞋瞋因瞋緣瞋法瞋業而菩薩應
生一切衆生中善根無諍之事常生悲心而反更於
一切衆生中乃至於非衆生中以惡口罵辱加以手
打及以刀杖意猶不息前人求悔善言懺謝猶瞋不
解者是菩薩波羅夷罪

初制意者略由十意一瞋中最重莫先此故二亦

成業道惡趣因故三燒滅宿世諸善根故四能結
大怨累劫難解故五由此能害諸衆生故六乃至
能作無間罪故七能障菩薩忍波羅密故八害諸
菩薩大悲心故九令所化衆生皆捨離故十具足
成就百千障故華嚴經廣引又云我不見有一惡
法出過菩薩一瞋心者而損既甚故須制也〇第
二釋名者謂於違境起損害心戒防此失故以爲
名〇第三次第者前慳貪次瞋恚故來也〇第四
具緣者一有對違境二起彼想三不禁心四起瞋
便犯此約心若通身口更加打罵五緣便犯若取

至極更加前人來謝瞋猶不解六緣方犯〇第五
闕緣者闕初緣者有三謂有情相差若非情相差
若情非情相差若望心或俱重直對身口有輕次
闕第二緣亦有三謂本迷轉想及疑約心俱重身
口有輕可知闕第三緣有二一謂常勤修治失念
應輕方便二不勤修治應重方便次闕第四緣有
三謂下中上若起下瞋心即便生悔輕方便二起
下瞋不生悔重方便三起中瞋即生悔重方便餘
並入重可知若望身語闕打罵重方便反此便重
若望極說更他懺悔自生悔重方便反此成重〇

第六輕重者略約五位辨一約境二約因事三約
惑相四約成損五合辨初中瞋境略有十種一賢
聖二二師三父母四傳法人五衆僧六俗人七己
弟子男女八奴婢九畜生十非情望戒俱重望業
道皆前重後輕二約因事者略因十事起瞋一違
己見解二違己情欲三侵己名利四損己眷屬五
無辜致罵六枉被打縛七刀解支節八將斷其命
九害其父母十毀滅三寶因此十事起瞋皆前重
後輕三約惑相亦辨十種一念動起瞋顏無異色
二顏色反異三舉身戰動四兼或打罵五於上所

起暫起卽悔六經宿方悔七多時不捨八前人暫
謝悔卽解九前人多時求悔方解十多時求悔亦
不解皆前輕後重可知四約損者亦略顯十種一
因瞋他令他捨佛法二更發惡罵三打棒繫縛四
損他財物五解他支節六斷他命根七害己親屬
八永捨三寶九燒寺害僧十作諸逆罪皆前輕後
重五合辨者亦顯十位謂於前四內於尊境因小
事起重瞋作大損爲最重餘[illegible]相合及非次等
各有輕重准思可知見○第七得報者略顯十種
一瞋恚得十罪如智論三由瞋故入八大地獄如

梵網戒疏卷六　十三

善戒經第一卷說三亦墮餓鬼畜生華嚴經云瞋
恚罪上者地獄因中者畜生下者餓鬼此上是報
果四等流果者經云若生人中得二種果報一者
常爲他人求其長短二者常爲他所惱害五增上
果者約依報對法論第七由瞋故令果味辛苦六
身常醜陋人不喜見七失上界禪樂八乖二乘解
脫九害菩薩二利行十失菩薩五位處可知○第
八修治行者略辨思惟十種對治令瞋不起一思
惟一切衆生從無始已來未曾不爲我父母親眷
及和上尊長等是故但應生悲心孝心何得有瞋

而加打罵二思惟無常瑜伽云彼諸有情若生若
長一一皆是無常死法極報怨者謂斷彼命是諸
衆生命念念斷智者何緣復欲更斷如是生死無
常死法諸有情上其有智者尚不應起有染濁心
況當以手塊杖加害何況一切永斷其命是故於
諸怨害悉能忍受三思惟苦瑜伽云又自他身一
切皆用性苦爲體彼無知故於我身中性苦體上
重增其苦我既有知何我於彼性苦體上重加其
苦又諸有情大輿盛者尙爲三苦常所隨逐況衰
損者我今於此應勤方便令離衆苦不應於彼重

梵網戒疏卷六　十三

加其苦四思業緣謂我今無過横加打罵必由宿
緣業若不爾者豈有苦報無因而生既定是自業
不應瞋他資糧論偈云打罵恐殺縛終不怨責他
皆是我自罪業報故來現五思苦增多謂由我往
昔苦惱害他故招此苦惱今我不忍則更種當來
大苦因緣若我不捨此苦因者則爲於己自作非
愛則爲於己自生結縛自與怨害非是於他六思
愍愚智論中若被酒醉人及鬼著打罵卽不瞋之
衆生亦爾無明酒醉煩惱鬼著爲之驅使不得自
在故不應瞋但作是念此煩惱過非衆生咎我當

勤求菩提為諸眾生治煩惱病要令永差七復自思惟我不生淨土無惱之處既在此穢土法應受惱但應調伏自心以求出離不應瞋彼如入棘林法應被刺但求免出不應瞋刺八復思惟我自發菩提心為一切眾生荷負重擔設地獄苦尚為他受況此小苦遂違本誓而不能忍若我不忍則自不調伏何能令他捨諸煩惱故不應瞋九復更思惟我今修學諸菩薩行菩薩行中忍行為最持戒苦行所不能及此行要由惱害方成若無彼惱我行不成彼人施我大行應復愧謝若不慚謝亦負

深愆何乃背恩反生瞋惱甚為不可經云提婆達多為大善知識斯之謂也十復更思惟因緣無性經云由手刀杖及以我身故得成打我今不應橫瞋於他解云由彼成打則瞋彼者亦由我有打何不自瞋又打從緣起必無自性無自性故則畢竟空能打所打既無所有忍尚不立何得有瞋法句經云知瞋等陽炎忍亦無所忍思益經偈云身怨及刀杖皆從四大起於地水火風求曾有傷損設節節解身其心常不動知心不在內亦復不生外諸法念念滅其性常不立於中無罵辱亦無有恭

敬○第九通局者餘戒皆有開通此戒獨無者以瞋障道過深故若常修對治但違境過失念准瑜伽不犯更無開處若據祕密染論中菩薩亦起瞋以呵諸煩惱故○第十釋文者四義同前一舉過二正制三違犯四結罪初中自他別舉復通四位因緣法業四釋同前二而菩薩下明正制中先明利他行謂令生無瞋善根故云無諍事又令善根中無瞋恚鬬諍之事故常生悲心者明益生之心謂以大悲愍念如己何容起瞋三而反下明違犯中三一明瞋境謂情與非情二境也二明瞋業用

謂罵發口業打發身業不息發意業三前人下明瞋深重謂結恨難捨故云不解也四結罪可知

初篇謗三寶戒第十

若佛子自謗三寶教人謗三寶謗因謗緣謗法謗業而菩薩見外道及以惡人一言謗佛音聲如三百鉾刺心況口自謗不生信心孝順心而反更助惡人邪見人謗者是菩薩波羅夷罪

初制意者略由十意一業道尤重無過此故二燒滅善根悉無餘故三背恩德惡中極故四破壞信心滅法眼故五於善行中若小若大悉不成故六

如論知向一切倒見皆名邪見何故世尊於業道中但說謗無之見名爲邪見答曰此邪見於邪見中最爲罪惡何以論此邪見者依止故有一切門若婆羅門斷除善根又此邪見最順惡業障邪見於諸正法隨意而作是故此見偏說在彼惡業道中當知餘見非不邪見自損損他

入於外道邪見網故七爲大邪見斷善根故八作諸衆生惡知識故九斷三寶種由此見故十令自他成阿鼻業故是故制也○第二釋名者勝德可珍故稱三寶非理塵黷故名爲謗戒防此失故以爲名○第三次第者前瞋次邪見故來也○第四具緣有五一對人衆二三寶境三起彼三想四作邪見五發謗言便犯○第五闕緣者闕初緣非情差重方便闕第二緣以非三寶境得重方便闕第三緣本迷無犯轉想及疑皆得方便闕第四緣不破見故得重方便闕第五緣者言未發或異言故

皆重方便○第六輕重者有六一約所對二約所謗三約能謗四約所損五合辨六自他初中對一人二人多人大衆前輕後重二約所謗中三寶有三謂住持并別相及同體或一二三各如次前輕後重三約能謗謂心有三品下中上言有麤細及中輕重可知四約所損有五一由此謗故令多發菩提心人於不定者生退失二令已信者生退三未信者不信四未邪見者生邪見五已邪見者生堅執皆前重後輕五合辨者對大衆謗勝境上邪見發麤言成大損爲最重餘如次及交絡皆有輕

重可准知六自他者一自二他三俱皆前輕後重可知○第七得報者誹謗三寶罪同五逆墮阿鼻地獄如大品經泥犁品說又如威儀法師謗大乘墮地獄經多劫後生人中常盲無目如諸法無行經等說又如鬱頭藍弗當在地獄等又智論邪見得十罪撿錄○第八治行者信慧相導於三寶境深忍淨信堅固不壞寧捨身命經百千劫終不生於一念疑等以智分別天上人中世出世間唯此爲最是故信心一向決定○第九通局者無謗心疾疾語爲衆生令調伏應無犯餘總無開可知若約

祕密破相言非須出所由勿使他疑可知也○第十釋文者四義同前一擧過二正制三違犯四結罪初中先能謗人謂自他也因緣法業是所用謗法四釋同前類彼釋此可知二而菩薩下明正制於中先法後喩前中具二種人一外道謂邪見故二惡人謂內外俱無信故二言謗者明所聞少也三百鉾刺心者明痛切多也問華嚴經云菩薩聞讃佛毀佛於佛法中心定不動云何此中乃云如鉾刺心答四類衆生一聞毀佛生喜以邪見故二無喜無憂以佛法外人故三聞已生痛以是初心

弟子故四聞已無憂無喜以是不退菩薩故知佛功德不可毀故毀所不到故彼經據不退位此文約初心故不同也若是初心强同後位而不復痛者是愚惡人順本惡見忍受此事故不可也問諸法皆空何須强痛答眞空不壞緣起業果是故尊卑宛然若壞此爲空是惡取空外道見也如涅槃經五百婆羅門謗云一切皆空何處更有佛菩提等由此謗故王殺彼類得福無罪汝今豈欲同彼類耶三況口自下明違犯於中舉輕況重謂聞一言尚生此痛舉輕也況自謗爲況重也不信不孝

是謗因也四而反更下正成違犯謂助前二種人以成謗事下結示罪名上來十重竟

善學諸人者是菩薩十波羅提木叉應當學於中不應一一犯如微塵許何況具足犯十戒若有犯者不得現身發菩提心亦失國王位轉輪王位亦失比丘比丘尼位亦失十發趣十長養十金剛十地佛性常住妙果一切皆失墮三惡道中二劫三劫不聞父母三寶名字以是不應一一犯汝等一切諸菩薩今學當學已學如是十戒應當學敬心奉持八萬威儀品當廣明

第三結勸修學於中四一結勸防深二明犯損勸持三持同三世四結略指廣初中善學諸人者此有三義一謂此諸人是善學戒者二是學善之者告此諸人謂大衆也又是當來學菩薩道者也是菩薩下結數及名應當下誡言誡勖於中有二重意一謂一戒中尚不應犯微塵許況全犯一戒塵者明少分也如俗云臣於國無塵露之功等又釋如護浮囊微塵不犯等二於十戒不應犯一況具犯十二若犯者下明犯有失於中有二先明失十大利後明得三塗大損前中一失大心謂犯此十

重現此身上不能發菩提心以違本誓願非法器故二失王位謂得小王位由菩薩戒爲因國亡故失果也三轉輪王位亦爾四失比丘者謂犯此戒應入地獄定不得爲人作比丘又由犯重現在不成比丘用故云失也五比丘尼亦爾上來四位染通凡小位自下五種失大乘位於中四位是因位謂三賢十聖一位是果位於中有二一法身果謂果位之性名爲佛性二報身果妙行所成名爲妙果常住之言通此二處犯此十重如此等位皆不復成故云一切皆失二墮三惡下明由犯此戒或

入地獄餓鬼畜生也。二劫三劫者，由犯時有輕重。
如前說。是人於彼三種趣中，隨其所應劫數，此彼
二三不定。不聞父母等名者，明二親是慈育之深，
三寶是救護之極。在彼受苦，不聞此名，明無救也。
又釋雖出惡趣，然生邊地下賤。二三劫中不聞二
親三寶名等。文通二釋可知。以是不應一一犯者，
總結勸持。三汝等下，誡同三世學。謂有二意：一三
世菩薩同學此戒；二一一菩薩於中此三位應學
此戒。四是十戒下，結略指廣。此經廣本中有八萬
威儀品，於中廣說此十戒相。上來總釋初篇十重
竟。

梵網經菩薩戒本疏卷六

梵網經菩薩戒本疏卷七

唐魏國西寺沙門法藏撰

輕垢罪篇第二

將釋此篇略作八門一制意二辨名三數類四具輕重五舍多少六遮性七麤細八釋文○初制意者諸佛何故制此輕戒謂一為護世間起譏嫌故二光顯菩薩出世道故三微細情塵悉制斷故四調伏三業制三毒故五方便遠護十重戒故六增長菩薩三聚戒故餘如下釋文處說○第二辨名者輕垢者簡前重戒是以名輕簡異無犯故亦名

垢又釋黷汙清淨行名垢體非重過稱輕善戒地持輕戒總名突吉羅瑜伽翻為惡作謂作非順理故名惡作又作具過惡故名惡作亦有惡說即語過也善生經名失意罪謂忘念所作乖於本志故名失意也○第三數類者通論此篇數類有十一若依瑜伽有四十四種輕戒二若依地持善戒經雖有少增減大同瑜伽已上多分是出家戒相三依菩薩內戒經四十二種四依善生經除六重外別有二十八五依方等經除二十四種戒外別更有五五二十五種制不應作已上多分是在家戒六依此經大數有四十八種七若細尋此文內或有一戒中有多種戒總論向將百種已上通道俗戒八或八萬種如下文引八萬威儀品中說九或十萬種如梁論引毗奈耶瞿沙羅經說菩薩戒有十萬種差別十或塵沙如智論中略有八萬廣有塵沙等數如是等皆此類也○第四輕重者此四十八種中幾唯是輕幾帶於重謂六戒帶重所餘反此謂一國使殺生戒於中為使故入此篇殺生故帶重罪二放火焚燒戒中焚燒故入此篇隨所損物故為重三依官强乞戒中恃官勢入此篇强

取物犯盜戒四為主戒中為主失儀入此篇損三寶物故宜犯重五違禁行非戒中以詐現親附等故入此篇自身謗三寶故入重收又殺盜故犯重六齋三長月作非故入此篇收殺生故重六畜作非法戒中輕秤小斗等入此篇收取人財物等是犯重○第五多少者幾唯一戒幾具多戒謂有十戒一具多戒一於販賣戒中有三戒一賣良人二賣奴畜三賣棺木等二不能救生戒中有二戒一救生免殺二亡日講法以救亡苦三於輕新求學戒中亦二戒一受戒儀式二法師倚恃不為答問

戒四於惡伎損生戒中有六戒一賣男女色二自手作食自磨自舂三占相解夢四呪術工巧五調鷹法六合毒藥五於違禁行非戒中有四戒一密謗三寶二爲媒婚三齋月殺生四心及偸盜六於畜作非法戒中有六戒一畜刀箭等二輕秤小斗三因勢取物四害心繫縛五破壞成功六養貓貍七於觀聽作惡戒中有五戒一不得看鬪二不得聽樂等聲三不得博戲四不得作卜五不得作賊使八於故入難處戒中有三戒一頭陀二布薩三坐夏冬令如法不入難處等九於應講大乘戒中

有二戒一敎他建立塔寺處二敎災厄時講大乘十於受戒乖儀戒中有二戒一受戒儀二不禮俗上來十內散說三十五種又前門中六戒內各有所含重戒亦各具二戒也所餘三十二戒各唯一種是故總有七十九戒應知○第六遮性者於此四十八中幾是遮戒幾是性戒○第七麤細者於此戒中幾麤防身語幾細防意業又幾是麤防惡業幾細防惑障此上二門並隨文應知○第八釋文者於此篇內文別有三初結前生後二正顯戒相三結勸修學

佛告諸菩薩言已說十波羅提木叉竟四十八輕今當說

初中先結前已說十重之戒後生後當說四十八種輕

△就第二正顯戒相中四十八戒或攝爲五段謂三十二九各指本品故或散爲四十八章如文當知釋文分爲五段初三十各一後二九各一故有五也

輕慢師長戒第一

若佛子欲受國王位時受轉輪王位時百官受位時

應先受菩薩戒一切鬼神救護王身百官之身諸佛歡喜既得戒已生孝順心恭敬心見上座和上阿闍梨大同學同見同行者應起承迎禮拜問訊而菩薩反生憍心慢心癡心不起承迎禮拜一一不如法供養以自賣身國城男女七寶百物而供給之若不爾者犯輕垢罪

將釋此戒略作八門一制意二次第三釋名四具緣五闕緣六輕重七通塞八釋文○初制意者菩薩理應謙卑敬養一切衆生況於師長輒有輕慢違行之甚故須制也○二次第者既創得戒理須

從師受教若懷輕慢教授無由故須先制以隨戒廣行賴此而易立故○三釋名者於師及長心輕身慢戒防此失從所離爲名○四具緣者具四緣一是師是長是德人二知是師等三故起輕慢四身不敬養故結犯○五闕緣者闕初二緣並有小罪以於一切含靈皆須敬故闕第三緣得中罪以於師長身心不敬故闕第四緣得上罪以於師長起輕慢心故○六輕重者有四種一約境有三品一於二師最重二於長友次三於同類輕於此三境犯上中下三罪可知二約心亦三品謂一以嫌

恨心恚惱心犯上品二無嫌恨等但由驕慢癡心是中品三懈怠忘念是下品三約對以此三心對前三境如次綺互輕重可知四約事亦三品一不能賣身等二不如法敬養三不迎送禮拜與中上三罪可知之○七通塞者謂一闇夜不識二若睡眠他作覺想三若重病四若病新差無力五若在座說法六若正聽法護說法者心皆不犯如瑜伽戒說○八釋文者有三初明受得戒二既得下示行勸持亦是前爲受戒此爲隨行三若不爾下故違結犯初中二先明應受戒位略舉三位一國王

是粟散等二輪王金銀銅鐵三百官通諸文武等此三貴位於諸衆生皆能損益若不受戒幽靈不護何以統御羣生故言應先受菩薩戒二一切下明受戒利益上順聖意諸佛歡喜下協羣靈得鬼守護令其身無災厄職位長存第二示行令持中亦二初順顯應行二而菩薩下違失顯非前中三初起重心二見尊人三設敬儀初中有二心謂報恩敬養仰從尊命爲孝順恭敬有三一給侍二迎送三禮拜然此二心亦是菩薩常所行行也二尊人略有六種人一上座是衆中上首二和上亦鄔

波陀耶此云親教師也然有三種一十戒和上二具戒和上三菩薩戒和上卽諸佛是也今此約前二說三阿闍梨者此云軌範之師謂教授法則故名也然有六種一十戒阿闍梨二大戒羯磨三威儀教授四受業五依止六授菩薩戒四大同學者謂同於一師學菩薩藏年夏先己之類也五同見六同行謂同見大乘菩薩藏法同行菩薩所行行等初卽同解後卽同行此二通同師不同師但同此業俱是所重又釋亦通小乘解行之人悉是所重以亦同是佛法為故三設敬儀中有三若病應

起若無力應承迎若健時應禮拜又釋初起次迎後禮二而菩薩下違失顯非中二初舉失謂憍慢翻前恭敬心也癡翻前孝順心於師不孝於長不敬或亦二通又於上不敬曰憍於等自大名慢具作前二名癡此三是違行之心不起承迎等者是違行之相一一有二種一於前六位一一人所各不如法供等二於彼人所設一一供事各不如法等但供養有三種一恭敬供養謂迎禮等二事供養謂香華等三行供養謂如說修行等於此三種並皆須具下顯敬儀中若設貧窮無財供者終無

開許故今戒自賣身此通在家及出家二位賣國城約王位所統名國所據曰城賣男女者是本誓願之男女故賣時無失又是菩薩重人重行情至深故破此恩愛縱非同願男女亦破情向法也此二位約在家人七寶約輪王位有二義一是金輪等七一輪二玉女三象寶四馬寶五珠寶六主兵臣寶七主藏臣寶菩薩皆悉布施非是所賣二約餘七寶一金二銀三瑠璃四頗梨五赤珠六車渠七碼瑙百物是通一切諸所有等此中七寶百物有二義一是所賣同上男女二是供具謂以此等

供彼所須故云而供給之第三若不爾下故違結犯謂違前敬儀是故結犯可知之

飲酒戒第二

若佛子故飲酒而生酒過失無量若自身手過酒器與人飲酒者五百世無手何況自飲不得教一切人飲及一切眾生飲酒況自飲酒若故自飲教人飲者犯輕垢罪

初制意者酒為惛狂之藥重過由此而生智論有三十五失多論能造四逆唯除破僧為過之甚故須制也〇二次第者前即離外儀不敬今則內無

惛亂故次明也〇三釋名者亦從所妨立名〇四具緣者一是酒二起彼想三無重病四飲便犯問小乘律飲酒不通想疑此中何故有彼想耶答以酒為過源故彼不通錯等今據緣成故具想也是故文云若佛子故飲酒既云故飲明知不故即非正犯〇五闕緣者闕初緣得小罪以起想等故闕第二緣中罪以境是實故若闕三四無罪可知〇六輕重者有三一若約境酺等應輕釀酒應重二約心若輕病無貪亦犯應輕反此應重三約事即引生小益即便同飲是犯應輕反此亦重〇七通塞

者若為救生命難等即飲酒無犯如末利夫人等又救彼無間業同飲勸彼息麤重業理亦無犯反此所作一切皆犯○八釋文者亦四初標酒重過二若自下釋成重三不得教人下正制所重四若故下故違結犯初中言酒過無量者智論說三十五種是略顯應具列之四分律第十五佛語阿難凡飲酒有十過失何等為十一者顏色惡二者劣力三者眼視不明四者現瞋恚想五者壞田業資生法六者增致疾病七者益鬭訟八者無好名稱惡名流布九者智慧減少十者身壞命終墮於惡

道又如娑伽陀比丘先時能伏毒龍後由飲酒不能伏蝦蟇等又大愛道比丘尼經云不得飲酒不得嘗酒不得嗅酒不得鬻酒不得以酒飲人不得言有疾欺飲藥酒不得至酒家不得與酒客共語夫酒為毒藥酒為毒水酒為毒氣眾失之源眾惡之本殘賢毀聖敗亂道德輕毀致災立禍根本四大枯朽去福就罪靡不由之寧飲洋銅不飲酒味所以者何酒令人失志迷亂顛狂令人不覺入泥犂中是故防酒耳餘失如智論說二釋成中二先舉輕五百世無手杜順禪師釋云以俱是腳故云

此下廿六食雜卯卵犯食肉戒

無手即畜生是二況自飲者況重也三正制中亦先舉他後況自前中一切眾生者通畜生等亦不令飲以失利他故四故違結犯可知

食肉戒第三

若佛子故食肉一切肉不得食斷大慈悲性種子一切眾生見而捨去是故一切菩薩不得食一切眾生肉食肉得無量罪若故食者犯輕垢罪

初制意者菩薩理應捨自身肉以濟物命何容反食眾生之肉違害之甚故須制也○二次第者前離惛亂之飲今離損命之食次第故也○三釋名

者非理食噉眾生身分名為食肉戒防此失從用立名○四具緣者具四緣一是肉以非肉無犯故二是他肉以食自肉無正犯故三起肉想以錯悞無犯故四入口便犯以不食無失故○五闕緣可知○六輕重者有四一約境二約情三合辨四約惑初境中有四一畜產胎衣是無命肉二自死肉三淨肉四知斷命等約戒皆犯業道如次各前輕後重二約情亦三一重病充藥二飢荒濟命三放逸常食亦俱犯戒業道准知三合辨者以後配前如次及交絡輕重准知四約惑者三毒准知○

七通塞者約自一向塞而無通約化衆生心有令發菩提心緣雖未見文准亦應通○八釋文者有三初舉犯二正制三結罪正制中二先標制一切肉者通四生之身分二斷大慈下釋成制意以有三失故初斷悲乖化失涅槃云夫食肉者斷大慈大悲之種此則食肉違害大悲性種失自利也衆生見捨失利他也又初乖化因後失化果又云畜生見食肉人頭上有血光念云我身有肉彼人食肉彼若得我要當食我我遂怕怖而走檢入楞伽涅槃央屈經等云云又如一切智光明仙人不食

肉因緣經中廣顯食肉之失彼仙人即是彌勒菩薩當來成佛制食肉犯重具如彼說二一切菩薩下違行非人失謂凡發菩提心行菩薩行理應捨自身命以救衆生何有反食衆生之肉故不應也三食肉得無量下罪業非輕失謂依智論食肉得殺生罪以見殺生忍可故又如說肉非自然生皆由斷命得若人不斷肉是即劫命賊第三結罪可知

食五辛戒第四

若佛子不得食五辛大蒜革葱韮葱蘭葱興渠是五種一切食中不得食若故食者犯輕垢罪

初制意者菩薩理應香潔自居反食熏穢臭氣懞悖令賢聖天神捨而不近故須制也○二次第者前食有命之身分今則犯無命之熏悖故次第也○三釋名者臭穢熏則爲辛數類差別而爲五非理餐噉爲食防止此弊爲戒亦功能立名○四具四緣一是五辛二起彼想三無開緣謂重病及度生等四食已便犯○五闕緣可准知○六輕重者約境氣有濃淡約心情有貪厭約事緣有損益並有輕重可知○七通塞者謂自重病及救多生有

利益安樂等緣理應是通餘皆塞也○八釋文中有三初總制二大蒜下別制此中五辛與餘處別餘處有韮蘭葱蒜及興渠爲五此文中五大蒜可知有人說韮葱是胡葱蘭葱是家葱上三是人間常食革葱是山葱北地有江南無其興渠有說芸臺是也然未見誠文有說江南有菜似野蒜根莖似韮亦名蓍咾子北地所無也又釋其阿魏藥梵語名興渠將謂是此辛臭物之苗葉三若故下違制結犯

不舉教懺戒第五

若佛子見一切衆生犯八戒五戒十戒毀禁七逆八難一切犯戒罪應敎懺悔而菩薩不敎懺悔共住同僧利養而共布薩一衆住說戒而不舉其罪敎令悔過者犯輕垢罪

初制意者菩薩理應舉過示人令其懺洗務令清淨開光遺寄使其正法千載不墮下救黎元不捨羣品上護聖敎以報佛恩爲益重甚故須制也○二次第者前自潔己身今則不與穢行同居故也○三釋名者作違敎理聖結有愆曲順彼情覆不勸悔戒防此失亦功能立名○四具緣者五緣成

犯一是犯戒有情二知彼有罪三無別遮緣四故作覆藏五共同法事○五闕緣中闕初二無罪闕第三亦無犯謂若舉彼卽起煩惱鬬爭而生是故如草布地餘二闕可知○六輕重者犯小戒不敎應輕重則應重又五八應輕十具應重又舉而不從爲輕從而不舉爲重又福弱不能舉爲輕瞋嫌不舉爲重並可知○七通塞者自無五德他不從者理通無犯餘位皆塞○八釋文中二初對緣正制二而菩薩下違制結犯前中亦二初舉制戒緣有七種一犯八戒有二一小乘八戒如成實論二菩薩八戒如文殊問經二犯五戒亦二一小乘五戒如小論二菩薩五戒如善生經三犯十戒亦二一沙彌十戒如律二菩薩十戒復二一如此經十無盡戒二文殊問經亦以沙彌十戒爲菩薩戒四毀禁亦二一大比丘戒二菩薩戒五七逆如下辨六八難者一義十三難中除五逆以彼入七逆中故餘八是此猶恐未然以非人等不障得戒故又有人釋是三塗等八難此應非以彼是報非舉懺故今正解取彼八難之因卽罪業也以可懺除故七一切犯通結二應敎下正制戒行謂以慈心敎

其懺洗二而菩薩下違制結犯中亦二先違制後結犯前中有三一不敎悔而共住者處同也二利同亦是食同三法同布薩者梵語正音名補殺多此云淨住謂三業光潔名淨卽戒無毀缺也與衆和合名住卽法利無二也後而不舉下結犯可知依瑜伽戒本云若諸菩薩安住菩薩淨戒律儀見諸有情應可訶責應可治罰應可驅擯懷染汙心而不訶責或雖訶責而不治罰如法敎誡或雖治罰如法敎誡而不驅擯是名有犯有所違越是染違犯若由懶惰懈怠放逸而不訶責乃至驅擯非

染違犯無違犯者若了知彼不可療治不可與語喜出麤言多生嫌恨故應棄捨若觀待時若觀因此鬪訟諍競若觀因此令僧諠雜令僧破壞知彼有情不懷諂曲成就增上猛利慚愧疾疾還淨而不訶責乃至驅擯皆無違犯解云輕過但訶中過須罰重過須擯皆以慈心不以瞋恚利益不以損害知時不以非時等也

不敬請法戒第六

若佛子見大乘法師大乘同學同見同行來入僧坊舍宅城邑若百里千里來者即起迎來送去禮拜供

養日日三時供養日食三兩金百味飲食牀座醫藥供事法師一切所須盡給與之常請法師三時說法日日三時禮拜不生瞋心患惱之心為法滅身請法不懈若不爾者犯輕垢罪

初制意者諸佛所師所謂是法菩薩理應敬人重法滅身求請而反露踞慠輕慢人法失道之甚故須制也○二次第者前則於失者不教誨今則於得者不敬請也○三釋名者輕人慢法名不敬請戒防此失亦功能立名○四具緣者四緣成犯一實有大乘解行之人二無別開緣三故起慢心四不供養不請法○五闕緣可知○六輕重者約人者有三一解行過己是軌範師慠而不敬請理應是重二解行同己不請少輕三劣己不請無犯二約法亦三准人可知○七通塞者重樓戒經云若菩薩憍慢心故不諮問師不受師教得罪不犯者若病若狂若癡若大聰明多聞有智為調眾生若入定時也○八釋文者文中三初見勝人遠來明制戒緣二即起等明正為制戒三若不爾等明故違結犯初中大乘法師者是總舉簡異小乘故也下別辨同於大法同見是解勝同行是行勝入僧

坊約出家菩薩舍宅約在家城邑約王等二正制中二初制敬養人二制啟請法前中迎送各禮約初後威儀也日日三時約時分也謂辰旦供養小食齋時供養正食餘時供非時湯藥等故為三時也三兩金等下約所用資具也謂重法情深於人極敬良由末代說法之師替如來處故令尊重極至供養故攝論云若人戒足雖羸劣而能說法利多人如佛世尊應供養受彼所說故相似又謗佛經中有人謗辯積法師即為謗佛供養法師即為供養佛等又如大法炬經法師品中廣顯大乘法

師令其敬養等二常請下於法制請中三時者謂於一日初中後三時請法隨彼講時皆具威儀徧祖禮等是身業也請法之辭語業也不生瞋心等意業也令辦難辦之供情無患惱身受難忍之苦不生瞋心故也如賢愚經第一卷釋迦過去作毗楞竭王爲求一偈身受千釘又如雪山童子爲求半偈高巖捨命如是等故云爲法滅身等三若不爾下違犯結罪可知

不聽經律戒第七

若佛子一切處有講毗尼經律大宅舍中有講法處

是新學菩薩應持經律卷至法師所聽受諮問若山林樹下僧地坊中一切說法處悉至聽受若不至彼聽受者犯輕垢罪

初制意者但新學菩薩觸事無知理應執持經律四方求學以成道行而反有講不聽抱自無知不識持犯故令戒行並皆虧失退入邪小爲過既重故須制也○二次第者前則通請大法今則剋聽毗尼故須制也○三釋名者化制二教別名經律不能就師屬耳餐受戒防此失故立斯名○四具緣者亦具四緣一是新學二有講法處三無別開緣四不往聽受故便犯○五闕緣可知○六輕重者約人約法各三類輕重准前可見○七通塞者亦准前戒可知○八釋文中三初舉勝緣二是新學下對緣正制三若不至下故違結犯初中一切處者通舉一切俱是講說經律之處有講毗尼經律者舉所講法也毗尼此云滅謂身語意惡猛氣炎熾戒能防止故稱名滅謂此經律宣說毗尼故云毗尼經律大宅舍者別顯處也講法者重顯法也謂開釋本文名之爲講正制中二先約法制聽謂應持經律往彼聽受二若山林下約處制往命

其受法三若不至下故違結犯可知

背正向邪戒第八

若佛子心背大乘常住經律言非佛說而受持二乘外道惡見一切禁戒邪見經律者犯輕垢罪

初制意者菩薩理應棄捨二乘受持大乘眞實之法方名菩薩而今乃棄大歸小失其正行乖理之極故須制也故涅槃經云菩薩怖二乘道如惜命者怖畏捨身大般若戒品云若菩薩設殑伽沙劫受妙五欲於菩薩戒猶不名犯若起一念二乘之心卽名爲犯如是等文廣如彼說○二次第者前

雖離慢懃學而或心墮二乘故次制令專習大乘也○三釋名者心捨大乘故名背正遵崇邪小故曰向邪禁防此失故名為戒○四具緣者一是大乘法二起彼想三心背語非四捨此受彼故結犯○五闕緣者准前釋可知○六輕重者約境大乘有權教實教約心背捨有疑心決心約事嬾惰愚癡故各有輕重並准釋可知○七通塞者此戒一向不開以諸菩薩無有暫時捨大乘故若癡狂若數數習斷治煩惱力強暫起還憶一切不犯○八釋文者於中三先背正二受邪三結犯初中情隔

正理故云心背大乘謂所說法眞理名為常住能說之教故稱經律又釋此大乘經律三世諸佛同說同行更無改易故云常住經律也語越眞詮故云言非佛說二而受持下受邪法中先約人有二或墮二乘地或墮外道中惡見下約邪法有二或總撥一切佛所說法此是外道惡見或唯撥大乘不非小教是二乘惡見也二一切禁戒亦二或是外道烏雞鹿狗戒等或小乘乖大之戒邪見亦二或是外道不信因果或是小乘不信法空等上是所詮經律是能詮邪教三結犯可知

不瞻病苦戒第九

若佛子見一切疾病人常應供養如佛無異八福田中看病福田第一福田若父母師僧弟子病諸根不具百種病苦惱皆養令差而菩薩以瞋恨心乃至僧坊中城邑曠野山林道路中見病不救者犯輕垢罪

初制意者菩薩以大悲為體拔苦為用何容見病而不瞻救故須制也又若能禁心看病令其得差即是施命故須制也又如來大聖尚躬瞻病苦況其餘類而不瞻救○二次第者前背上勝法今則捨下病苦故次制也又前則於法有背今則於生

不濟故次制○三釋名者病之與苦鄰死之厄捨而不救實違慈行立禁防止亦功能受稱○四具緣者一是病苦二起彼想三自無病等四嫌心捨去故結成犯○五闕緣者闕初二緣並無犯闕第三緣中若自少患即便捨去應得小罪若重無犯闕第四緣中有起嫌心不捨去起悲心而捨去皆得小罪如四分律云云○六輕重者約境病苦有輕重約心悲念有厚薄約事在緣有急緩皆犯有輕重准釋可知○七通塞者若自病若新差若遣人看若與食與藥若彼自有人若彼病已差如是

一切無犯反上一切皆犯更有餘緣准思可知○八釋文者有二先舉緣制行二而菩薩下故違結犯亦是先令作持後顯止犯前中亦二初總舉令行二若父母下別辨戒行前中亦二初總顯同佛二校量顯勝八福田者有人云一造曠路美井二水路橋梁三平治嶮路四孝事父母五供養沙門六供養病人七救濟危厄八設無遮大會未見出何聖教有云供養三寶爲三四父母五師僧六貧窮七病人八畜生亦未見教賢愚經云施五人得福無量一知法人二遠行來人三遠去人四飢餓

人五病人足以三寶亦爲八種既言如佛無異復言八中第一明知非是後二種八此應是初八之內方爲第一也二別顯中父母等別舉親位顯其重相理實通一切衆生也言諸根不具等顯其病相如病既爾苦惱亦然皆令差脫乃至身命亦不悋惜如月上女割乳房以濟產婦如毗舍母割肱肉以供病比丘等皆務令得濟不顧己命是菩薩也二而菩薩下故違結犯中惡心害悲故云瞋恨乃至僧房者約師僧弟子病處城邑者約父母等病處曠野等者通一切病苦處見病不救者正顯

違行犯輕垢者結示罪之名

畜諸殺具戒第十

若佛子不得畜一切刀杖弓箭鉾斧鬪戰之具及惡網羅殺生之器一切不得畜而菩薩乃至殺父母尙不加報況殺一切衆生若故畜刀杖者犯輕垢罪

初制意者菩薩理應廣聚法財利樂衆生反畜殺具乖於悲濟故須制也○二次第者前防自身不能濟病今就依報不畜非器故次制也○三釋名者殺具損命違害悲濟戒防此失故立斯名○四具緣者一是殺具二有彼想三無別開緣四故畜

成犯○五闕緣可知○六輕重者約境所畜有多少勝劣約心情有剋漫約事擬用不用單合皆輕重之義准思可知也○七通塞者義准爲護佛法及調伏衆生等畜應不犯及從惡人乞得擬壞未壞亦無犯反上一切隨畜皆犯是故菩薩見他畜勸令毀破若勸不得應乞應贖猶亦不得應以威逼等撿挍要當令止○八釋文者有三初制畜非器二止內怨三故違結犯初中但殺具多類略列十種一刀是割截義二杖是捶打義三弓是送箭義四箭是中害義五鉾是傷刺義六斧是斫伐義

七鬪戰具謂甲弩等一切俱是鬪戰之具。此上通害人及以畜生。八惡網是捕魚捕鳥。九殺生之器。通舉坑穽等。十總結但是害具總不得畜，故云一切不得畜也。二而菩薩下，止內怨心，示行令修。於中但是發心行菩薩道者，有殺父母怨，理無加報，故云菩薩等也。經云：以怨報怨，怨終叵盡；唯有無怨，怨乃息耳。是故不報。況復菩薩觀一切衆生總無怨者，悉是悲境，俱是慈救。於曾有怨處偏起重心，視如赤子。問：若爾，菩薩於自父母何成孝耶？答：怨若未害，縱碎自身猶如微塵，經無量劫，要當孝行以存護養。如其父母已被害訖，即是宿業酬彼，無益更招大損，怨怨不絕。如琉璃王害釋種時，如來神力無如之何，此之謂也。言況殺衆生者，舉重況輕也。約境舉父母重，餘衆生輕；約心為父母酬得罪輕，為餘人酬得罪重。三若故畜下，違犯結罪可知。

如是十戒應當學，敬心奉持。下六品中當廣明。

如是十戒結上十種，勸學令持。下六品等指彼廣本，以彼六品之中有開有釋，如彼應知。

梵網經菩薩戒本疏卷七

梵網經菩薩戒本疏卷八

唐魏國西寺沙門法藏撰

△自下第二十戒之中先明持犯後結勸指廣前中十戒卽爲十段

通國入軍戒第十一

佛言佛子不得爲利養惡心故通國使命軍陣合會興師相伐殺無量衆生而菩薩不得入軍中往來況故作國賊若故作者犯輕垢罪

初制意者菩薩理應和諸違諍令息相害而反通國使令相侵害爲失之甚故須制也別說有三一

生嫌嫌故二乖和行故三成相殺故爲過旣重理宜須制〇二次第者前卽防畜戰殺之具今則止彼身爲戰使故次辨也〇三釋名者爲國使傳言入陣令鬪戒防此失故立其名〇四具緣者一二國二軍二爲利養及惡心三傳此言至彼四彼聞已來害此若據損命犯二罪一望斷命邊犯殺戒二身爲軍國使邊犯此戒〇五闕緣者若闕初緣二國非怨計得方便罪不望殺邊二若不爲利但有惡心若無惡心但爲利爲名皆犯若總闕此緣得重方便三若不傳等總無犯四彼若不相害亦犯重方便可知〇六輕重者約境所傳之言有極惡劣惡約心爲名利及惡心有單有雙約事令他有想害不想害皆有輕重思之可知〇七通塞者若以善心爲調伏彼令其和穆入軍入國一切無犯除上皆犯更准思之〇八釋文者亦三初擧過緣二正制斷三違結犯初中爲得財利或得官位或但有惡心酬昔怨故通國使命者身爲國使通致兩頭論鬪戰事或但在一處示其圖策令得相害亦犯此戒或示得行兵等法或入軍傳言立期交陣令多人命斷故云殺無量衆生也二而菩薩

下正制斷中先擧輕謂暫入軍中猶不開許況作國賊令茲鬪戰三若故下故違結犯可知也

傷慈販賣戒第十二

若佛子故販賣良人奴婢六畜市易棺材板木盛死之具尚不應自作況敎人作若故自作敎人作者犯輕垢罪

初制意者菩薩理應慈濟羣品而乃販賣人畜死具自資內違慈行外招譏謗故須制也〇二次第者前雖止爲國賊猶恐劫掠良賤故須制也〇三釋名者賣盛死具所以傷慈販人及畜復違濟救

戒防此失故立此名○四具緣者一是正境自有四種一良人二奴婢三六畜四盛死具二隨起彼想三正買賣四事成便犯○五闕緣者初二隨闕各無犯後二隨闕各得方便罪可知○六輕重者約境賣良人最重販奴婢應次六畜應輕死具最輕約心有耎中上分輕重約事爲求多利賣與惡人令極苦等理應最重反此是輕可知也○七通塞者若爲三寶要藉若爲利生若爲調伏直買直賣一切無犯反上皆犯○八釋文者又三初舉過二正制三結犯初中四句一販賣良人類二販奴

婢三六畜者周禮云牛馬人羊豕雞爲六也理實通一切畜生皆不得販賣今但言盛死之具即棺槨轜車之類二一切皆犯以是旃多羅業故二倘不下正制自他俱不應作但菩薩二利中利他爲最故舉自況他也三若故作下故違結犯

無根謗人戒第十三

若佛子以惡心故無事謗他良人善人法師師僧國王貴人言犯七逆十重於父母兄弟六親中應生孝順心慈悲心而反更加於逆害墮不如意處者犯輕垢罪

初制意者一爲欲護前說謗毀等三重戒故二爲離惱亂諸好人故三爲護佛法離醜惡故實倘不說況起謗耶四爲離自招重業過故○二次第者前於下位不輕今於上人不謗故也○三釋名者無根謗人是違理之極戒防此失故立此名○四具緣者一實是好人二知是無事三故起惡心四發言謗黷明了便犯○五闕緣者闕初二緣犯說過戒闕後二緣各得方便罪可知○六輕重者亦三初約境有三品一和尚諸師二有德尊者三同位善人二約心亦有三品耎中上不同三約法雖

俱成乖然各有輕重准可知耳○七通塞者除癡狂亂及地上菩薩逆行餘一切皆犯也○八釋文者又三一舉所制之過二明須制所由三違制結犯初中以惡心者明起謗之因謂三毒盛興違理損物故云惡心言無事謗他者明違境成謗謂無三根惡事言良人等者明所謗之人謂良善是同位人法師及師僧是己所尊位國王及貴人是世所尊共是所應讚歎之位豈容有謗言犯七逆十重者明所謗之罪理實輕垢亦應有犯文中就重故也二父母下明須制所由中父母等亦是所謗

數孝心者於師父等尊位人處應生孝順心於等
及下生慈悲設不生此心猶有罪失况起惡等三
而反更下故違結犯可知

放火損燒戒第十四

若佛子以惡心故放大火燒山林曠野四月乃至九
月放火若燒他人家屋宅城邑僧坊田木及鬼神官
物一切有主物不得故燒若故燒者犯輕垢罪

初制意者誡燒山野為護殺罪制焚屋宅為防盜
戒放火損燒譏謗極弊理非菩薩利生所宜故須
制也○二次第者前即不謗於人今則不損依報

故次明也○三釋名者執火焚燒非理損物戒防
此失故立斯名○四具緣者一對山等境二起彼
想三以惡心四以火燒之故便結犯○五闕緣者
闕初二緣各皆無犯闕後二緣各得方便○六輕
重者亦三約罪有三若燒損生命及損他物皆實
犯重就故以火燒山屋等物非菩薩所應故結輕
垢約損命損財各有多少放火招譏隨其淺深皆
有輕重約心有耎中上差別約事招譏亦三品不
同各有輕重可知○七通塞者文中約山野從四
月至九月燒犯餘時不犯同律中露地然火戒云

云約燒屋等一切皆犯五分律燒野不犯重此似
同彼○八釋文亦三初舉所離之過二正制不聽
三故違結犯初中一以惡心者簡卻慈心救物二
故放火者簡於錯悞也三燒山林等者正明處燒
成損於中二先燒山等是損無主物四月等約時
辨定約損生命二若燒他人等是有主物一燒他
屋宅二城邑三僧坊四田木五鬼神物六官物第
二一切有主物下正制不聽若故下故違結犯其
可知也

法化違宗戒第十五

若佛子自佛弟子及外道惡人六親一切善知識應
一一教受持大乘經律應教解義理使發菩提心十
發趣心十長養心十金剛心於三十心中一一解其
次第法用而菩薩以惡心瞋心橫教二乘聲聞經律
外道邪見論等犯輕垢罪

初制意者菩薩理應以菩薩乘授與眾生令得究
竟饒益反以二乘小法用以化人違理違願故須
結戒故經云若以小乘化我則墮慳貪此事為不
可此之謂也○二次第者前則遮其外損今則護
其內益故次明也○三釋名者以法化生理宜以

大違本所宗授以小乘戒防此失故立斯號○四
具緣者一對前人二以惡心三教異論四彼領受
即便結犯○五闕緣者闕初二緣各總無犯闕後
二緣各得方便罪○六輕重者約境前人有利鈍
不同謂利根授小法令失大益或能謗毀大乘鈍
根反上故有輕重若約心有瞋心妒心等諸惡亦
有冣中上差別若約事損益有多少皆有輕重單
雙一合可准知耳○七通塞者若以好心教令廣
知不令味著理應不犯又若欲爲破邪小執令解
知彼宗意亦不犯又若彼根是小乘法器先授小

法擬後漸引令入大乘此亦無犯又若忘悞等一
切無犯如瑜伽戒品反上一切皆犯○八釋文者
文中二先明順理應行二明違教結犯前中先舉
所教之人雖通一切略論四種一內衆謂佛弟子
二外衆謂諸外道三俗眷謂六親四法侶謂善知
識下明所教之法有三種一教教法謂大乘經律
二教理法謂教解義理三教行法謂使發菩提心
等即授教令解依解起行是其意也於中發心者
是位前信行法也發十心者是前十發趣當十住
位也長養心者是前十長養當十行位金剛心者

是前十金剛當十迴向略不論十地此釋同前文
又釋發菩提心發十心是地前位長養心是地上
行金剛心是十地滿等覺位中金剛心也二一解
其法用者令解地位修行所依漸次分齊不令雜
亂擬後修行知其趣向不爾云何得到佛果菩薩
之人理應以此成佛之法授與衆生是其常業二
而菩薩下違教結犯中惡心瞋心者是犯戒心教
他等者明犯戒事大集經云勸學小乘是魔業也
況外道邪論耳結犯可知
惜法規利戒第十六

若佛子應好心先學大乘威儀經律廣開解義味見
後新學菩薩有從百里千里來求大乘經律應如法
爲說一切苦行若燒身燒臂燒指若不燒身臂指供
養諸佛非出家菩薩乃至餓虎狼獅子一切餓鬼悉
應捨身肉手足而供養之然後一一次第爲說正法
使心開意解而菩薩爲利養故應答不答倒說經律
文字無前無後謗三寶說者犯輕垢罪
初制意者新學求法理宜爲說如乖此蹈爲失至
重故須制也略由三意一爲護前慳法重罪二爲
欲攝護新學法器令正行有依三爲護正法傳燈

不絕故須制也○二次第者前於諸人不教爲失今於求者不施爲失故次明也○三釋名者匿正法求財利戒防此失故以立名○四具緣者有六緣一有來求人二自解法三無開緣四規別利五倒說六前人領受卽便結犯○五闕緣者闕初緣犯前戒次闕第二得重方便以自不應無所知故次闕第三緣不犯次闕第四亦重方便以雖不求利倒說爲重次闕第五得輕方便以雖別求利然說不顚倒次闕第六緣亦重方便以前人雖不領言已彰顯○六輕重者約求法之人情有厚薄就

所規利養復有深淺據所說法倒錯多少望於前人爲損輕重如是此等並有輕重准釋可知○七通塞者地持戒云若菩薩眾生求法往至其所欲得聞法若菩薩瞋恨慳嫉不爲說者是名爲犯眾多犯是犯染汙起若懶惰懈怠犯非染汙起不犯者外道求短若重病若狂若知不說令彼調伏若所修法未善通利若知前人不能敬順威儀不整若彼鈍根聞深妙法生怖畏心若知聞已增長邪見若知聞已毀呰退沒若彼聞已向惡人說○八釋文者此戒有三初先制自學二見後新學下令

教後進三而菩薩下正違結犯初中言應好心先學等者菩薩最初先學大乘中威儀法式擬自修行及教後來新學菩薩名爲好心簡異小乘聲聞威儀故云大乘威儀謂行住坐臥若食若飲若語若默若出若入應作不應作皆有威儀法式理應善解此等經律不爾如何持菩薩戒故制令先學二令教後進中有二先明新學來求二應如法爲說下明正教爲說於中亦二先說苦行令堅其志後說正法令增慧悟前中亦三初爲說一切苦行者總標也下別辨中謂上供諸佛下濟眾生於此

二處不惜軀命又以上爲求法荷重恩故下愍眾生滿悲願故又以出家重法不貴香華要以身命而成供養如喜見菩薩燒臂供養等爲眾生中濟餓虎等如薩埵王子等及餘無量諸菩薩等並應當知二後一一下爲說正法中謂先說苦行堅其志已然後方乃爲說眞空內心觀法次第令修勿使非分作罪所作謂爲善知此是初心所行次入信位及三賢等諸位所行一一次第勿令倒錯聞慧開其心思修令意解故三而菩薩下違教結犯中言爲利者明情別所求應答不答者問異答異

倒說經律者。不先爲說苦行持戒。即說蕩空毀其戒軀。令失正行。故云倒說。文字無前後者。迴前作後。迴後作前。中置前後。前後置中。令乖義理。故爲失也。謗三寶說者。云此倒說是佛所說。則爲謗佛也。法實不爾。言法如是。即爲謗法。復云僧同此說。亦是謗僧。結罪可知。

依官强乞戒第十七

若佛子。自爲飲食錢物利養名譽故。親近國王王子大臣百官。恃作形勢。乞索打拍牽挽。橫取錢物。一切求利。名爲惡求多求。教他人求。都無慈心。無孝順心者。犯輕垢罪。

初制意者。菩薩理應謙卑。益物殞命無違。而反曲恃官威。非分侵害。乖理之甚。故以制之。別辨三意。一爲護盜戒故。二恐乖自利。違謙卑行故。三恐乖利他。失所化故。此三如次爲三聚戒。○二次第者。前則順理求法。倒說成謗。今則非分恃威。苟求名利。故次明也。○三釋名者。假威求利。戒防此失。故以爲名。○四具緣者。亦六緣成犯。一爲自名利。二故近官等。三倚恃威勢。四逼惱他人。五求彼處求。六得彼處得。○五闕緣者。闕初緣有三義。一得重

方便。以設不自爲。亦不得爲衆生非理求物故。二得輕方便。以設爲飢餓衆生。亦不得逼他令其賑給。三有福無罪。以法假彼威治諸惡人。爲護正法。次闕第二緣有一罪。謂重方便。以雖不親近。非故。然用彼威以成其失。次闕第三緣。亦重方便。以雖不恃威。然惱他得利。次闕第四。亦重方便。以雖不惱他。然以威得物。次闕第五緣。得輕方便。以雖無求心。然以威得物。次闕第六緣。得重方便。以雖不得物。然有求心等故。○六輕重者。約得物邊犯初篇重戒。就恃威惱他邊犯此輕垢。於此罪中輕重有十。一約所窺名利。有深有淺。二約所附之官。有尊有卑。三約所用威勢。有厚有薄。四約所惱之苦。有輕有重。五約能惱之情。有剋有慢。六所得名利。有多有少。七合說上六。有俱輕俱重。八或重多輕少。九或輕多重少。十或輕重齊等。並有輕重。准釋可知。○七通塞者。若以善心恃威奪賊物。以還本主三寶衆生。又若爲救菩提心人命梵行等難。又若因此令人發菩提心住菩薩戒。又若一作令無量衆生捨惡住善。准應無犯。反上犯之。○八釋文者。此中有四。一自行非。二教他作。三無對治。四結

罪名。初中有五。一明所爲。謂自爲者。簡他也。以爲衆生非正犯。飲食資身等錢爲受用等。財爲貯畜等。此爲利養。總結多類。美名善譽。謂利養內資。美名外振。凡愚所貪。殞命難捨。損害善本。猶毛繩等。二明所親近。謂有四位。一國王。二王子。三大臣。謂知軍國等。四百官。謂餘官位。皆有威勢故也。若親附彼威。失自正行。是故大小乘經。並皆慇懃不許。行人而親近之。三明所恃威。謂恃託彼威。高舉其心。陵蔑他等。故云恃作形勢也。四正成逼惱。亦有四種。一逼惱乞索。二打拍令苦。三非分牽挽。四橫取錢物。皆是侵惱衆生。令其厭背。自負深愆。失他善品。五廣求所求。此有三種。一是利皆求。名一切求。二惱他取物。名爲惡求。三求無厭足。名曰多求。二教他求者。非直自行乖失。亦乃教他同犯。二利俱乖爲失至甚也。三無對治者。謂慈心益物。孝心益生。俱翻前失。然無此治。故云都無慈心等也。四犯輕垢罪者。結示罪名也。

無知爲師戒第十八

若佛子。學誦戒者。日夜六時持菩薩戒。解其義理佛性之性。而菩薩不解一句一偈戒律因緣。詐言能解者。卽爲自欺誑。亦欺誑他人。一一不解一切法。而爲他人作師授戒者。犯輕垢罪。

初制意者。菩薩理應內自成德。以示衆生。乖失茲蹤。故須制也。別說亦有三種。一覆自無知。詐爲師範。欺誑失故。二不閑文義。失善品故。三詐爲他師。無實引導。不利益故。此三如次亦爲三聚。故須制也。○二次第者。前則强威逼奪。今則詐爲授法。故次明也。○三釋名者。隱自無知。詐爲師範。戒防此失。故以爲名。○四具緣者。具四緣成犯。一性非闇鈍。二惰不習學。三隱愚詐智。四爲師授戒。故以爲犯。○五闕緣者。於此四緣次第各闕。並得輕方便罪。准釋可知。○六輕重者。謂實無知。詐言能解。此犯初篇妄語罪也。今取乖失引導。令法化不傳。故結此罪。於中有六。一根有利鈍。二學有懃惰。三覆有深淺。四師有大小。五四俱有輕重。六相合互多少。並有輕重。准釋可知。○七通塞者。若性闇鈍。懃學未成。若不隱無知。若便無人爲師。如此所作一切。准應無犯。反上皆犯。○八釋文者。亦四。一舉正應修。二無知詐解。三無解爲師。四結示罪名。初中二。先應誦文。後令解義。前中且舉大綱。令六時誦持理實一切時皆須誦然於六時不得有闕次令解義者謂善解持犯等義及眞理等義故云義理復解成佛之因故云佛性略有三種一自性住佛性二引出佛性三至得果佛性具釋如佛性論等皆應具解二而菩薩下明無知詐解辨無知言不解一句等者依梵本八字成一句四句爲一頌制戒所由名因緣又持犯所由亦名因緣又受戒有因有緣隨戒亦有因有緣皆須善解方堪爲師次詐言能解者隱自無知詐言能解虛誑他人盜善聲譽下顯其失謂失自實利則爲自欺他無稟益

復是欺他兩利俱失情恆安忍爲患至重三一下明無解爲師謂於一切行法一一不解則實無所解輒爲師範非直師資兩位欺誑自他亦令如來法化遏絕流通此滅法之愆爲失尤重故下第四結示罪名可知

鬬謗欺賢戒第十九

若佛子以惡心故見持戒比丘手捉香爐行菩薩行而鬬搆兩頭謗欺賢人無惡不造者犯輕垢罪

初制意者菩薩理應稱揚讚美菩薩行人令善譽遠彰黎元倣習而反惡心謗黷鬬諍毀善增惡爲失既重故制茲戒或別說亦三謂惡不止善不增乖所化並准可知○二次第者前自無知今欺有德故也○三釋名者搆謗令鬬欺蔑賢良戒防此失故以爲名○四具緣者具五緣一內有惡心二見戒行人三謗以惡言四傳搆兩頭五造惡令鬬故成犯也○五闕緣者闕初緣得輕方便以無惡心故餘闕皆得重方便准釋可知○六輕重者亦有十義一心通三性二境有持犯三謗有深淺四傳有達不達五鬬有多少六俱厚俱薄也七厚多薄少八薄多厚少九厚薄等十不等皆有輕重准

釋可知○七通塞者若錯悞狂著鬼若治罰人准應無犯反上皆犯○八釋文者有三初惡心見淨境二鬬謗成愆三故爲犯初中以破壞心誹謗心妒勝心故云惡心也見持戒比丘是不犯輕重戒也手執香等是行道威儀二而鬬搆下鬬謗成愆謂鬬諍結搆令兩頭違諍惡心唆彼爲欺妄言說過爲謗謗此於彼亦謗彼於此兩謗互傳令鬬諍因茲起惡故云無惡不造也三若故作下故爲結罪可知

不能救生戒第二十

若佛子以慈心故行放生業一切男子是我父一切女人是我母我生生無不從之受生故六道衆生皆是我父母而殺而食者卽殺我父母亦殺我故身一切地水是我先身一切火風是我本體故常行放生生生受生常住之法教人放生若見世人殺畜生時應方便救護解其苦難常教化講說菩薩戒救度衆生若父母兄弟死亡之日應請法師講菩薩戒經福資亡者得見諸佛生人天上若不爾者犯輕垢罪

初制意者菩薩理應殞命救生而反見衆生苦而無慈救違行之甚故須制也別說亦三謂增惡損

善失救生也○二次第者前於賢欺謗今則見苦不救也○三釋名者內無慈心見苦不救戒防此失故以爲名○四具緣者具四緣一內無慈心二見人殺生三捨而不救四令彼命斷故以成犯○五闕緣者闕初緣得重方便以雖有慈心而不救故闕第二緣有二義一總無罪以不見人殺無可救故二得重方便以見苦衆生而不救故闕第三緣亦有二義一輕方便以雖無慈心而不捨救故二王力自在救不得故無罪也闕第四緣得重方便以命不斷非由救故餘義准之○六輕重者有七義一約無慈心有厚薄二約所救衆生有尊卑三約所作救行有力逮不逮四約所救之苦有多少五合說有純輕純重六輕多重少七重多輕少並准思可知○七通塞者若自重病若無勢力徒自殞命終無有益准應無犯反上皆犯○八釋文者於中三先順理應行放生二救他殺害三講救先亡初中三謂標釋結一以慈心行放生業者是標也二一切男子下釋也謂何以救生而不殺者釋有二義一普親觀二平等觀前中先明一切男女皆我父母辨定理實也而殺食卽殺我父母者

明違理不可也問若爾殺生應得逆罪答以隔生故非逆也二亦殺我故身下明平等觀謂衆生之身皆稟四大然我故身亦曾攬此是故彼我同一四大故說害彼卽害我故身三故常行下總結常行也二若見世人下救他殺害中亦由上二種觀理應救拔況自慈心法應救生也三常教化下明講救先亡於中二先總通標謂講說戒法令人識罪斷惡修善以成救度二別就先亡辨講福資稟令亡見佛明所成益也下明違行結犯

如是十戒應當學敬心奉持如滅罪品中廣明一一

戒相。

上來略顯十戒之相，結勸修學。如滅罪品下，指彼品中一一廣明，具如彼說。

梵網經菩薩戒本疏卷八

梵網經菩薩戒本疏卷九

唐魏國西寺沙門法藏撰

無慈酬怨戒第二十一

佛言佛子不得以瞋報瞋以打報打若殺父母兄弟六親不得加報若國主為他人殺者亦不得加報殺生報生不順孝道尚不畜奴婢打拍罵辱日日起三業口罪無量況故作七逆之罪而出家菩薩無慈報讎乃至六親中故報者犯輕垢罪

初制意者菩薩理應忍行內充慈悲外溢而反瞋罵及打為失至甚故以制之別顯亦三瞋怨不止忍善不增眾生背捨既乖三聚制此嚴科○二次第者前見苦不救今則於怨起酬並違正行故也○三釋名者內無慈行外起酬怨戒防此失故以為名○四具緣者具四緣一對怨境二起瞋心三動身口四酬究竟故成犯也○五闕緣者闕初緣犯初篇重戒以於非怨境起瞋等故闕第二緣得輕方便罪以無瞋心餘非重故次闕第三緣得重方便雖不起身口瞋等重故次闕第四緣亦重方便以事非究竟故○六輕重者怨境有深淺起瞋有麤細加行有增微前人苦有多少俱輕俱重綺

互多少皆有輕重並准應知○七通塞者若為治罰令悔若為調伏令住善行若自雖數對治而煩惱厚重不覺起准應不犯反上皆犯○八釋文者有五一舉過正制二犯便違行三舉輕況重四簡道異俗五故犯成罪初中二先於自怨亦二謂瞋約意業打據身業語隨二起略而不舉若具應言以罵報罵又以自身被殺自無規酬故不害以殺報殺也二若殺父母下犯君親怨亦二謂親約孝境君約忠境據孝據忠理應酬報但為怨怨相酬怨終不盡唯有無怨怨為息耳是故如來慈救制此嚴科故云不得加報也二殺生報生下明違理乖行謂生猶命也謂殺命還以命酬故故殺生報生非是以生報殺此謂違理也不順孝道者明乖行也問俗禮之中君父之怨不報非孝何故此中若報非孝耶答道與俗反俗據現在不說當來因果業報今若重酬苦業滋多令其君父沈淪永劫何成孝道況此怨等何必前生非已父母今若殺彼豈成孝行故云不順孝道也三尚不畜下明舉輕況重以畜奴婢身打口罵隨起瞋惱三業罪咎口業偏多故云口罪無量此舉輕猶無量罪下況

重故云況作七逆之罪理宜罪重無量難脫四而出家下簡道異俗於中雖在家出家二位同犯然出家作此過失尤深故別重舉以捨俗親緣修慈普濟而反爲親酬報乖行至甚故五故作下明故違結犯可知

慢人輕法戒第二十二

若佛子初始出家未有所解而自恃聰明有智或恃高貴年宿或恃大姓高門大解大福饒財七寶以此憍慢而不諮受先學法師經律其法師者或小姓年少卑門貧窮諸根不具而實有德一切經律盡解而

新學菩薩不得觀法師種姓而不來諮受法師第一義諦者犯輕垢罪

初制意者菩薩理應爲四句而身受千釘求半偈而高巖捨命王身爲羅刹之牀天衣作野干之坐輕天王之勝位敬鬼畜爲尊高者莫不皆是重法爲先也華嚴云菩薩摩訶薩爲求法故爲法難得故能施法者作如是言若能投身七仞火坑當與汝法菩薩聞此歡喜無量作是思惟我爲法故尚於阿毗地獄諸惡趣中受無量苦況入人間微少火坑而得聞法奇哉正法甚爲易得免於地獄無量楚毒入小火坑而得聞法汝但說法我入火坑如求善法王菩薩金剛思惟菩薩等又云若人爲我說一句法令我菩薩行得清淨者設三千大千世界滿中大火我從梵天投身此火不以爲難如是等況乃故作輕人失法爲損至重故須制也別顯亦三一起慢增惑二失法乖善三教他陷誤壞三聚行故須制也○二來意者前則於怨起酬今則於德不敬又前於怨境增自惑業今於有德慢失法益故也○三釋名者於人起慢捨求正法戒防此失故以爲名○四具緣者亦四緣成犯一他

卑有德二自恃起慢三見彼生輕四捨不求法○五闕緣者闕初緣輕方便餘三皆重方便准釋可知○六輕重者前德有大小自慢有厚薄輕心有多少捨法有深淺如次及綺互皆有輕重准釋可知○七通塞者若自病若無力若彼實無德似有德若爲調伏彼若爲調伏餘衆生若慢惑猛利對治力弱並應不犯若怠惰犯輕反上皆重○八釋文者亦有五一自實無知二妄恃起慢三輕捨有德四立禁正制五違制結犯初中始出家者創入道淺也未有所解者於大小乘並未習學於菩薩

學處觸事無知。且舉出家。理實在家亦同斯制也。二妄恃起慢中。妄恃十事而起十慢。一聰明慢。謂恃自聰明散動高舉。二世智慢。謂恃有世智輕於深法。三高貴慢。謂恃曾任官。四耆年慢。謂恃己年長不知處老。五大姓慢。謂恃己刹利諸大姓等。六高門慢。謂恃己上代簪貴非卑。七解慢。謂恃解世法或小乘外典。八福慢。謂恃己曾作諸大福行。九富慢。謂恃己富有諸財物等。十寶慢。謂恃己家有金等七寶以生於慢。於此十中攝爲六慢。三對。初二及七八是福慧一對。四及九十是身財一對。餘

三是家位一對。於此十中。隨恃一種以成犯緣。未必一一犯。要具此十。故云或也。三而不諮下。明輕捨有德。於中二。先總明輕捨。二其法師下。別釋法師。前中。既新出家恃上諸慢。不諮問先學法師經律中義。致令修行觸事無知。過五歲後。更結無知罪。俗中學問尚至官僚。況出俗行人。本以學業爲務。三祇累劫。無棄寸陰。今乃起慢捨求。何行成之有也。二別釋法師中亦二。先顯位卑。後辨德高。前中略舉五事。一小姓。二年幼。三卑門。四貧窮。此並翻上十中四位。應知。五諸根不具。形殘醜陋。二而實

[illegible]文似當現前之字

下。辨德高。中實有德者。明行德高勝。言一切經等者。明智解深遠也。四而新學下。明立禁止制。謂觀其所說不得觀種姓者。於上五中略舉一位。理實五事俱不得觀。況菩薩受法於羅刹。諸天頂禮於野干。此豈可觀種族耶。五而不來下。明違制結犯。謂略舉第一義。理實通問二諦。又釋。佛法望世法。俱爲第一義。又釋世諦易知。眞諦難了。故令問也。餘文可知。

輕新求學戒第二十三

若佛子。佛滅度後。欲以好心受菩薩戒時。於佛菩薩

形像前自誓受戒。當七日佛前懺悔。得見好相。便得戒。若不得好相。應二七三七乃至一年。要得好相。得好相已。便得佛菩薩形像前受戒。若不得好相。雖佛像前受戒。不名得戒。若現前先受菩薩戒法師前受戒時。不須要見好相。何以故。是法師師師相授。故不須好相。是以法師前受戒。卽得戒。以生重心。故便得戒。若千里內無能授戒師。得佛菩薩形像前自誓受戒。而要見好相。若法師自倚解經律大乘學戒。與國王太子百官以爲善友。而新學菩薩來問若經義律義。輕心惡心慢心。不一一好答問者。犯輕垢罪。

初制意者菩薩理應入諸苦趣開導眾生令發大心受菩薩戒瓔珞經云若化一人令發心受菩薩戒者勝造大千世界滿中佛塔也又華嚴云為一眾生故阿毗地獄中無量劫燒煮心淨如最勝解云菩薩尚應入地獄而化眾生何容新學來求不好為答亦增惡乖善失於所化既違三聚成過非小故須制也○二次第者前則慢不求法今則慢不說法經云菩薩求法不懈說法無惜此之謂也又前明輕於先學今則侮於後進經云不輕未學敬已學如敬佛此之謂也○三釋名者於諸新學

而不導引不善傳授令法速滅戒防此失故以為名○四具緣者五緣成犯一自解大乘二新學來求三倚恃官勢四起輕等心五不如法答故犯也○五闕緣者初二隨闕皆輕方便後三隨闕皆重方便准釋可知○六輕重者自解有深淺求者有慇慢恃勢有多少起心有輕重答問有是非俱輕俱重或交絡多少並有輕重准釋可知○七通塞者若病若無力若不解若彼慢法若為調彼等如前說皆不犯反上皆犯○八釋文者文中有二先明受戒儀式後若法師下明違行結犯前中有受

何以故下應有徵釋三字

菩薩戒章如別說此文中有三一自誓受二從師受三釋自誓意前中亦三一初受戒時謂佛在世時無自誓受故云滅後也欲以者欲願至誠求戒心也好心者順理淨信菩提之心此二為戒器故舉之也二於佛菩薩下明受戒事言於佛菩薩像前者謂表如在之想也志發於裏誠言立誓弘願自要口陳羯磨應教相現名為得戒羯磨文如別說應教之相有二種一以心表相謂若我心虛妄實不能行諸菩薩所行者願佛菩薩莫與我戒若實當與以自知心實故則知得戒二諸方有涼風

起故知得戒也三當七日下釋得戒緣先作七日法謂入淨道場懺悔障戒罪好相者佛來摩頂等具如經文其障重之者乃至一年雖過一年不得好相終不得戒此等懺悔儀亦如別說二若先受戒下明從師受於中先標不須好相二何以故徵嘖云所受之戒既不二何因好相有須不須下釋云以是法師從上代來師師相授今此戒法展轉傳來故不須好相自誓不爾自誦羯磨自既無戒從誰而得要從佛菩薩佛菩薩處難了知故要以好相表方乃得戒故須相也三是以下結謂但於

師生重心受卽便得戒故不須相也三若千里下
釋自誓意若千里內有戒師而輕彼不從受雖自
誓亦不得戒釋受戒竟第二若法師下明違行結
犯於中五句一倚自所解二恃外高勢三新學來
求四內起三心五不如法答故結犯也三心者一
輕忽前人二嫉妒起嫌等云惡心三憍慢陵物於
此三中隨一成犯故也

背大向小戒第二十四

若佛子有佛經律大乘正法正見正性正法身而不
能勤學修習而捨七寶反學邪見二乘外道俗典阿

毗曇雜論書記是斷佛性障道因緣非行菩薩道若
故作者犯輕垢罪

初制意者本爲受行大乘名爲菩薩今若捨此何
大士之有別說亦三一乖大行二習異熏心三障
得菩提爲失旣深故須制也〇二次第者前恃慢
陵人今背眞向僞又前卽輕人今則捨法故也〇
三釋名者任己無知隨諸惡友捨大乘之珍寶習
邪小之瓦礫戒防此失故以爲名〇四具緣者三
緣一發背心二捨大法三習邪小故犯也〇五闕
緣者於三中隨闕一種悉重方便又雙闕後二或

雙闕初後皆輕方便或雙闕初二或甚輕或無罪
並可知〇六輕重者三中各有暫有永或俱暫俱
永或綺互多少悉有輕重並準釋可知〇七通塞
者若爲衆生暫學若爲成自廣智若同事調彼皆
不捨自行悉應不犯反上爲犯〇八釋文者文中
有五一學眞正二明背捨三習邪小四辨過失五
結成犯初中言佛經等者總舉應學之法次別顯
四種一正法者是大乘教法二正見者行法三正
性者理法四正法身者果法謂依教起行行能證
理理圓果滿又信果受敎修行入理又釋初二是

修生法謂依止聞熏習法生無分別智正見後二
是本有法謂在纏名正性出纏名法身此上並是
菩薩所應修學也二而不能下明背捨以大乘法
可珍從喻名寶如捨七寶反取瓦礫也三反學下
明習邪小中言反學者是倒學也此倒學有八種
一邪見者是總句謂惡見乖理故云邪也二二乘
者十地論七種邪見中名異乘邪見楞伽二十種
外道中名小乘外道此等並就執著乖大故立斯
名又十地論名正梵行求衆生又法華云汝等行
處是菩薩道此等並就順趣大乘故非邪等今據

前義故呵不令學三僧伽等論異說乖眞故云外道四世俗詩書習彼妨道五阿毗曇此云對法即小乘諸部諍論相違損害大乘六小乘外道及以世典雜糅成論故云雜論又如世中四韋陀等論皆名雜論七書者謂耽學書點以失光儀八記者謂學筭數記穀聚之多少等此上類中若精神有餘隨分薄知故理應無失若性非聰悟而捨眞習僞理宜正犯維摩云若好雜句文飾事者當知是爲新學菩薩四是斷下顯三失一斷佛性者此有二義一由習邪法令身中佛性闕緣故不得生於

智等萬行此則遮其功能故云斷也二習此邪法令於世間大乘不行名斷佛種姓經云此大乘法流行名佛種不斷二障道因緣者亦有二義一於菩提道作障礙因緣二障菩提道因亦障彼緣令因緣俱闕道無由生三非行菩薩道者亦二義一乖於菩薩所行之道二結上所作非是菩薩故云者也五故作等結犯可知

爲主失儀戒第二十五

若佛子佛滅度後爲說法主爲僧房主教化主坐禪主行來主應生慈心善和鬪訟善守三寶物莫無度用如自己有而反亂衆鬪諍恣心用三寶物者犯輕垢罪

初制意者菩薩衆主理宜慈心撫衆善守德財而爲主乖儀業道斯起故須制也別示違壞三聚准釋可知○二次第者前背正法今損德財故也○三釋名者從所防爲目可知○四具緣者三緣一身爲衆主二無慈護心三令衆起諍及損亞寶物故成犯也○五闕緣者闕初緣重方便闕後二皆輕方便此中據爲主不護邊得輕垢罪約所損財物皆犯夷罪是故綱維知事非分費用三寶財物

犯二戒也○六輕重者主勢有强弱慈護有堅耎衆諍費財有多少俱及綺互悉有輕重准釋可知○七通塞者若王等取若强賊若自重病若衆極惡未能和得並應不犯反上皆犯○八釋文者文中有三一明爲主二制其所作三違制結犯初中佛滅後者以遺法住持要藉衆主故簡定時也主義雖多略舉五種一說法主者謂慈悲撫衆傳授無遺令法久住二僧房主者謂身住綱維爲衆當苦堅守護財物三教化主者謂導引檀越修治塔寺善守彼財復不惱衆四坐禪主者謂善授止觀

令伏煩惱五行來主者領衆遊方令善攝諸根不毀禁戒二應生下明制其所作於中先制令和衆謂制上五主衆有違諍應以慈心要令和穆後制上五主守三寶物過於眼目寧捨身命終不非理謂將三寶物不依聖教任自意用故云如自己有又惡人爲主慳悋自財不惜此物不如已有深可悲矣三而反下違制結犯謂静衆令亂和衆令諍不思業道恣情損費故結斯愆餘義如前盜戒中說

待賓乖式戒第二十六

若佛子先在僧房中住後見客菩薩比丘來入僧房舍宅城邑國王宅舍中乃至夏坐安居處及大會中先住僧應迎來送去飲食供養房舍卧具繩牀事事給與若無物應賣自身及以男女供給所須悉以與之若有檀越來請衆僧客僧有利養分僧房主應次第差客僧受請而先住僧獨受請而不差客僧僧房主得無量罪畜生無異非沙門非釋種姓若故作者犯輕垢罪

初制意者菩薩見客比丘尚應賣身供養況故違聖教輕蔑良賓爲失既深故須制也別辨有三一違法律二乖自行三令客行人無依失業亦有乖三聚准釋可知○二次第者前則爲主失儀今則待賓乖禮故也○三釋名者故違其法不待良賓戒防此失故以爲名○四具緣者四緣成犯一先住僧坊等處二後有客菩薩僧來三不供資具四不同利養故犯也○五闕緣者闕初緣有二義一雖非舊住見此非法而不制之犯重方便二制御不從宜速捨去而經宿不去應輕方便次闕第二緣亦二義一聲聞僧來重方便二在家菩薩來輕方便次闕後二緣各得重方便可知○六輕重者

住處有貧富客僧有多少求資有難易利養有厚薄有俱及互輕重准前○七通塞者若重病不自由若王力自在若初發心未能賣身理應不犯反上皆犯○八釋文者文中有六一先住見客二制令供待三令辦難辦四利養齊均五違教得罪六呵責結犯初中略舉五處一僧房者是伽藍中出家菩薩所住處也二舍宅者是在家菩薩所住處亦是檀越家安置僧處三國王宅舍者是王宮內等其城邑字通前二位所在之處四乃至夏坐安居處者更有多處不能具說故云乃至也謂下至

暫於一夏權住之處五大會中者謂在檀越設會衆中見後來者皆須讓坐以表相敬此復二處舉劣況勝也二先住僧下制令供待於中略制六事一自須迎送二供給飲食三房舍止處四房內臥具牀氈褥等五或常坐不臥之者須給繩牀六或燈火水等別說難盡故總結云事事給與令無乏短三若無有下明令辦難辦若無物可供則賣己衣資若迫無衣物下至賣身終無空過如來制意重至於此然賣身通二位男女雖在家此中賣身及男女有異釋如別說四有檀越下明利養齊均

謂信施既該於十方衆僧亦水乳一味是故佛令僧依次受如法得而無罪施依僧次如法施而福廣故云有利養分等並可知五而先住僧下明違教得罪謂違如來僧次之敎盜十方現前僧利利縱微小望僧利則無邊故云得無量罪六畜生下呵嘖結犯先以三事呵一愚癡甚故同畜生二無聖果故非沙門三無彼因故非釋種後若故作下結犯可知

受別請戒第二十七

若佛子一切不得受別請利養入己而此利養屬十方僧而別受請卽取十方僧物入己八福田中諸佛聖人一一師僧父母病人物自己用者犯輕垢罪

初制意者菩薩理應捨所重財物助成施會何容曲受別請取彼普施之物別說有三一壞如來僧次之法二損施主無限之福三累自身取此不應受物比丘應供法行經云若我弟子有受別請者是人定失一果二果三果四果不名比丘是人不得國王地上行不得飲國王水有五百大鬼常遮其前是比丘七劫不見佛佛不授手不得受檀越物五千大鬼常隨其後言佛法中大賊諸比丘不

應作次第僧中有佛化僧四道果僧菩薩僧七賢僧凡夫僧欲使四方檀越得如是僧故莫受別請又居士請僧福田經意亦同此故深制也○二次第者前則爲主乖儀今則受請失則故也○三釋名者乖次受請爲害至深戒防此失故以爲名○四具緣者四緣成犯一身在衆中二私獨受於別請三進趣方便四取物便犯○五闕緣者闕初二緣各總無犯闕後二緣各重方便可知○六輕重者得物有多少受心愧無愧等亦有俱互輕重准之○七通塞者具論有四句一僧次請僧次受二

別請僧次受此二不犯三僧次請私別受此最重四別請別受此亦有二種一如施主設七僧供僧次請六人別請此一人帖僧次數此犯輕於前二僧次請七人數外別請此有緣僧或最輕或亦不犯又若重病若至彼不受物若將護施主令彼發菩提心若令多人發菩提心並應不犯○八釋文者有四一總制二定物三顯失四結犯初中總制不得受一切別請利養入己二而此下辨定其物謂何以不得別受此利以此利屬十方現前僧若非僧次定不合受問如亡比丘輕物亦屬十方現

前僧豈得僧次受耶答雖同屬十方然制法有異彼以羯磨爲約此以僧次爲限各依本法受已無互三而別受下顯失中略顯七種過失一取十方現前僧物以是彼所應得故二八福田物三佛物四聖人物五師僧物六父母物七病人物以此物通彼所得故也四故犯下結犯可知

故別請僧戒第二十八

若佛子有出家菩薩在家菩薩及一切檀越請僧福田求願之時應入僧坊問知事人今欲次第請者卽得十方賢聖僧而世人別請五百羅漢菩薩僧不如

僧次一凡夫僧若別請僧者是外道法七佛無別請法不順孝道若故別請僧者犯輕垢罪

初制意者菩薩理宜殞命護法何容故違聖敎別請所親乃是俗中曲席豈成福會別顯亦三一害佛僧次之敎二失自無限善根三悞常受學衆生故須制也○二次第者前爲福田不受別請今爲施主不請別僧故也○三釋名者隨情別曲興違平等施戒防此失故以爲名○四具緣者亦四緣成犯一設施會二有僧衆三故別請四施已便犯○五闕緣者闕初二緣不犯闕後二緣結方便○

六輕重者於上四緣各有多少俱多俱少及互有等輕重准之○七通塞者若僧次已具不爲別施但尊重高德別有生善滅惡理應無犯及僧次外王力逼請亦應無犯餘有句數同前翻取准之○八釋文者文中有五一明設供時二制僧次請三校量顯勝四違制辨失五結示罪名初中在家出家正是所制及一切檀越者兼敎世人令得無限之福謂將請僧田欲設施會求所欲時故云也二應入下明制僧次請謂敎此施主往於僧中問知事人僧次分齊也言今欲次第請者陳己請意簡

非別請故云也言即十方賢聖僧者顯其勝德謂
十方僧通凡及聖和同一味若無所簡別依教僧
次請得一人以是十方中一故通於十方故得十
方僧福也如於大海飲一掬水即爲已飲閻浮提
中一切河水若別飲一大江盡猶未得名飲於河
況飲小水僧次別請當知亦爾三而世人下校量
顯勝謂別請五百羅漢僧或五百菩薩僧等者如
別飲江水等也不如僧次一凡夫僧者如飲大海
一掬之水問彼所別請僧豈非十方僧中之人何
得非十方攝答別請注心在所欲之人非是普該

十方僧也僧次不爾請無別注心該一切是故廣
也四若別請下明違制辨失略顯三失一是僧法
外故名外道法二七代佛戒總無此法是則正內
所無也三違逆佛心故云不順孝道五若故下結
示罪名可知

惡伎損生戒第二十九

若佛子以惡心故爲利養故販賣男女色自手作食
自磨自舂占相男女解夢吉凶是男是女呪術工巧
調鷹方法和合百種毒藥千種毒藥蛇毒生金銀蠱
毒都無慈心若故作者犯輕垢罪

初制意者菩薩應大慈救物不惜身命何容爲利
以惡法損人別害三聚故須制也○二次第者前
背勝田今習劣伎又前爲失善今此增惡故次制
也○三釋名者習惡伎術違理損害戒防此失故
以爲名○四具緣者亦四緣成犯一起惡心二爲
利養三習惡術四現行用故犯也○五闕緣者次
第闕四緣皆得重方便可知○六輕重者於此四
中既各有多少俱等輕重准前知之又此所制十
三失中自手作食自磨自舂此二稍輕餘皆重也
○七通塞者謂從自手作食至工巧等七種有時

或通餘六必無開法除聖位菩薩權形同事是則
難知也○八釋文者文中有五初舉世惡事二作
便結犯前中惡心者是造惡因也爲利者造惡緣
也販賣等明所作惡事也惡事雖衆略舉十三一
賣色者謂居婬肆賣女色與男或賣男色與女據
教他婬邊理實犯重今約衒賣邊更結輕垢是故
得二罪也二自手作食者是惡觸非法也三自磨
舂者是壞生及惡觸此二亦是世所譏嫌也四占
相男女者占男女婚嫁相宜又相其身中黑子文
等又解其夢有吉凶等五是男是女者占胎辨於

男女等也六呪者爲呪咀等又以惡呪呪龍等七術者厭禱等符書等又幻術眩惑等八工巧者爲匠傭作以求利等九調鷹法者縫眼等既調熟已令殺衆生十和百種毒藥者以百種毒合成此藥千毒亦爾既數有多少理應功能急緩十一蛇毒者以五月五日蛇合和毒藥又以毒藥飼蛇等十二生金銀者合假金銀以誑惑人十三蠱毒者亦蛇及貓鬼等損害衆生言都無慈心者結彼惡作爲無慈心故也二若故作下成犯可知

違禁行非戒第三十

若佛子以惡心故自身謗三寶詐現親附口便說空行在有中爲白衣通致男女交會婬色縛著於六齋日年三長齋月作殺生劫盜破齋犯戒者犯輕垢罪

初制意者菩薩理宜心如金剛護持禁戒令衆中油鉢一滴無遺海內浮囊纖塵不毀何容惡心婬盜殺謗爲護本戒制茲末禁通結二罪故須制也○二次第者前作惡損生今公行毀禁戒故也○三釋名者惡心熾盛不避嚴科戒防此失故以爲名○四具緣者亦四緣成犯一起惡心二對惡境三造方便四作便犯○五闕緣者隨闕一緣皆重方便亦本末二方便罪也並准思可見○六輕重者於上四緣皆各有多少俱不俱等輕重准前思之又於所作中謗三寶爲最重殺盜應次餘戒少輕可知○七通塞者除癡狂等聖示同事等餘皆悉犯更有開閉如前十重處說應知○八釋文中三初以惡心者明造惡因謂不信有業果等而造諸罪二明所作罪業略舉三種一如怨詐親謂詐現親附依三寶蔭以自活命而實誹謗三寶未嘗信受此亦犯第十重也口便說空等者釋顯詐親實謗之相謂口詐說空似順佛語行中執有謗佛

所說二爲白衣下明媒嫁婬穢謂或爲私通或爲成妻爲其通傳巧令和合縛著堅密送諸衆生致此罪處亦犯初篇第三重戒以犯教人婬故今就媒邊犯此篇也具如前說三齋日毀禁謂年三月六皆外道作罪祠祀求恩福時今惡見不捨同彼而作故成深愆三長月六等檢智論云云此明作罪時所作罪中略辨四種初二是犯重戒以於此時作故亦兼犯此篇後二是輕謂非時飲噉及毀威儀等戒三結示罪名可知上來別釋十戒訖

如是十戒應當學敬心奉持制戒品中廣解

結勸指廣。謂此十戒。彼大本經制戒品一一廣解。

今但略舉名相耳。

梵網經菩薩戒本疏卷九

梵網經菩薩戒本疏卷十

唐魏國西寺沙門法藏撰

見厄不救戒第三十一

佛言。佛子。佛滅度後。於惡世中。若見外道一切惡人。劫賊賣佛菩薩父母形像。販賣經律。販賣比丘比丘尼。亦賣發心菩薩道人。或爲官使。與一切人作奴婢者。而菩薩見是事已。應生慈心。方便救護。處處敎化取物贖佛菩薩形像。及比丘比丘尼發心菩薩一切經律。若不贖者。犯輕垢罪。

初制意者。菩薩見衆生在厄。理應殞命救濟。何容

見自所尊三寶二親惡人所賣。而不救贖。故須制也。別辨亦有違三聚義可知。○二次第者。前故犯重禁。今不濟尊厄故也。○三釋名者。從所防爲目可知。○四具緣者。亦四緣成犯。一是所尊。二實在厄。三親見知。四捨不救。故成犯也。○五闕緣者。闕初緣得方便罪。闕後三緣俱無罪可知。○六輕重者。尊境有多少。苦厄有輕重。親見遠聞。救拔有難易。或俱或互。輕重同前准思可知。○七通塞者。若癡狂。若彼索多物。此迫無求處。設自賣身亦不充數。若彼爲菩薩行。故捨身命與之。志不願贖。並應無罪。反上應結。○八釋文者。文中有四。一舉厄事。二明所尊在厄。三制令救贖。四故違結犯。初中佛言者。以是別品之首。故標斯語。於中先明厄時。謂以佛在世時無此事。故云佛滅後也。雖佛滅後。然信心純厚之世無此事。故云惡世中。次明作厄人有三。一外道以邪信故。二惡人以不信故。三劫賊以求物故。二賣佛下。明尊在厄。略舉三位。一佛等形像。謂或但將賣。或欲融毀。皆須救贖。言父母像者。已父母形像。爲他所賣。又釋謂佛菩薩尊重如父母。非謂二親形像。二賣經律。三賣僧等有四人。

一僧。二尼。三在家菩薩。四出家菩薩。故云道人也。言或官等。明所賣二處。謂或入官。或一切人作奴婢也。三而菩薩下。明制令救贖。謂見已生慈。爲救因方便等救緣。若彼須物。應處處乞索。敎以贖之。四若不贖下。明故違結犯可知。

畜作非法戒第三十二

若佛子。不得畜刀杖弓箭。販賣輕秤小斗。因官形勢取人財物。害心繫縛。破壞成功。長養貓狸豬狗。若故作者。犯輕垢罪。

初制意者。菩薩理應慈救益生。何容畜殺害具。損

財命亦違三聚故須制也○二次第者前尊厄不
救今損害衆生故也○三釋名者故畜害具侵他
財命戒防此失故以爲名○四具緣者五緣一非
法物二以惡心三故畜積四恃官勢五損衆生○
五闕緣者隨所闕一皆得重方便准釋可知○六
輕重者各有多少俱等准前可知○七通塞者若
癡狂若爲護法若以調衆生令離惡住善理應不
犯反上皆結並准可知○八釋文中二先舉過正
制二故違結犯前中有六一不得畜刀等四物此
是大刀其月刃小刀非所犯故杖是以器杖非局

一色二販賣等既是在家許販賣但不得以輕秤
等侵他計其所得既是犯重約用小斗等以犯此
戒三因官等在俗任官以勢取物或別恃餘官以
取物等四恃官勢以害心繫縛打罵衆生五恃官
勢破壞他成功奪他所有六長養猫兒等諸惡律
儀略顯四種豬是所殺餘三是能殺二若故下明
故違結犯可知

觀聽作惡戒第三十三

若佛子以惡心故觀一切男女等鬪軍陣兵將劫賊
等鬪亦不得聽吹貝鼓角琴瑟箏笛箜篌歌叫伎樂
之聲不得摴蒲圍碁波羅塞戲彈碁六博拍毬擲石
投壺八道行城爪鏡芝草楊枝鉢盂髑髏而作卜筮
不得作盜賊使命一一不得作若故作者犯輕垢罪
初制意者菩薩理宜處靜思道何容隨流蕩志失
於道業別顯有八一失禪定二增放逸三壞善品
四滅法行五招大譏六悞所化七毀禁戒八成苦
因壞道之甚故須制也○二次第者前貯畜非宜
今觀聽作惡也○三釋名者觀聽非宜作不應作
戒防此失故以爲名○四具緣者此中有五種戒
一觀鬪戒二聽樂戒三博戲戒四妖術戒五賊使

戒然此五戒各具四緣犯一有所對用二有心趣
向三造趣方便四事成結犯皆准可知○五闕緣
者初二戒中闕初二緣各不犯闕後二緣得方便
罪於後三戒中四緣內隨闕一緣皆得方便罪准
釋可知○六輕重者於前四緣各有多少俱不俱
等准前應知又此五中前二稍輕後三應重三中
如次下中上差別可知○七通塞者於前二戒中
若病若解鬪若以音樂供養三寶理宜不犯於後
三中除癡狂餘一切皆犯○八釋文者文中三初
別制五非二總結同制三故違結犯前中五非即

爲五段初觀鬪戒中唯後應有不得二字爲後有
總結是故五中有有者無者以惡心故者明犯因
此有三類一觀相鬪用此快彼無揮解意二將此
爲戲悅已狂心三暢發害心次明所觀鬪亦有三
類一男等相鬪謂相罵相打等二軍兵列陣三劫
賊相鬪或可軍兵與賊相鬪更無第三也等者等
餘一切所不說者二亦不得下明聽音樂戒於中
略明十種前九別辨九種音樂聲後一通結伎樂
並可知三不得下博戲戒於中有九種戲第三波
羅塞戲者是西國兵戲法謂二人各執二十餘小

玉乘象或馬於局道所爭得要路以爲勝也四彈
碁者謂以指彈碁子得遠爲勝五言六博者有二
種釋一云卽雙六是也一云別數六種博戲前釋
爲定六七可知八投壺者謂投杖於壺中如嵇康
等九八道行城可知四爪鏡下明妖術戒於中略
辨五種一爪鏡者承聞西國術師以藥塗爪甲呪
之卽於中見吉凶等事故名爪鏡二用芝草作術
三呪楊枝四呪鉢五以人髑髏並用作筮占知吉
凶皆是凡愚所作豈修行所宜故嚴制一切斷五
不得下明賊使戒謂與賊爲使助成盜業若據成

他盜邊犯前初篇約作不應作便犯此罪耳三一
一下總制三若故下結犯並可知

堅持守心戒第三十四

若佛子護持禁戒行住坐臥日夜六時讀誦是戒猶
如金剛如帶持浮囊欲度大海如草繫比丘常生大
乘善信自知我是未成之佛諸佛是已成之佛發菩
提心念念不去心若起一念二乘外道心者犯輕垢
罪

初制意者謂大菩提心是衆行之本成佛之因若
忘此心則喪其萬德旣壞三聚失於五位何菩薩

之有故須制也〇二次第者前制令斷惡今策令
修善故又前斷身語麤惡今斷意中細念〇三釋
名者謂一念異心尙立嚴制況餘麤失故從所防
立名又制令堅持戒勸令守心從所制爲名〇四
具緣者具三緣犯一厭自大行二緣彼異宗三捨
此求彼一念便犯〇五闕緣者各闕皆重方便可
知〇六輕重者厭有深淺緣有多少求有暫永故
有輕重准前知〇七通塞者若宿習力暫起現行
若新發心暫失念若示同彼若調衆生皆應無犯
餘皆犯也〇八釋文者文中有四一制堅持戒二

制守大信三制護大心四故違結犯初中二先法說謂制於四威儀六時誦持戒品自檢三業無毀纖塵二舉喻中一如金剛者明持心堅固無有能壞二持浮囊者明用堅心正持戒品若輕若重無犯纖毫如浮囊塵許漏則溺檢涅槃經云云三如草繫比丘者依莊嚴論有諸比丘為賊所剝裸形伏地以草連根縛之經宿不轉國王因獵見草中裸形謂是外道傍人答云是佛弟子何以得知以其右膊全黑是褊袒之相王即以偈問云看時似無病肥壯有多力如何為草繫日夜不轉側比丘

偈答此草甚危脆斷時豈有難但為佛世尊金剛戒所制王發信心解放與衣將至宮中為造新衣種種供養是故知為持小戒不惜身命小乘尚爾況大乘乎二常生下明制守大信謂自知我是未成之佛者信佛性定有故行必可成故此信因決定也佛是已成者信佛亦曾如我今修成此信果也由此信故行無退轉三發菩提心下明制護大心謂由前信故令菩提心念念相續無暫離心故云也四若起下明故違結犯大般若淨戒品中菩薩設起無量世間心不名犯戒起一念二乘心則名毀犯菩薩淨戒廣有狹量具如彼說可知

不發大願戒第三十五

若佛子常應發一切願孝順父母師僧三寶願得好師同學善友知識常教我大乘經律十發趣十長養十金剛十地使我開解如法修行堅持佛戒寧捨身命念念不去心若一切菩薩不發是願者犯輕垢罪

初制意者大願熏修令萬行增長不立弘誓行起無由故須制也華嚴云不發大願為魔業○二次第者前防心不向二乘今誓願趣求大行故也○三釋名者從所防所制以立其名○四具緣者亦

三緣一無心起願二不願所願三設願速忘故成犯也○五闕緣者皆得方便罪可知○六輕重者由不發願廢所修行有多有少故有輕有重又忘本誓有多時少時故有重輕可知○七通塞者初心菩薩要藉大願資成大行不發便犯若得位已去宿願久成設不新發理亦無犯○八釋文者文中有二初制發大願二違制結犯前中有五一制願孝行二願勝師友三願聞大法四願如說修行五願行堅持初中應常發孝順於三處孝順一父母是生育恩二師僧是訓導恩三三寶是福田恩

皆是重恩故成孝順之境也二常願下明制願好師友於中亦有三類一好師者教以菩薩所修正行二好同學者同師同行三善友知識者未必同師但同行相資此並是成行勝緣故願得之三常教下願聞大法謂所以願上勝人希望教我大乘經律此總句十發趣等是別句謂是菩薩趣佛果之路即三賢十聖之位是所行之要故願聞解四使我下願依解起行謂即得解已願一一如說修行華嚴中菩薩求法已即作是念如說行者乃得聖法不可但以口言而得淸淨涅槃經四親近中

亦如說行爲終也五堅持下明願行堅持謂堅持戒願念念相續故也三若一切下不願結犯可知

不起十願戒第三十六

若佛子發十大願已持佛禁戒作是願言寧以此身投熾然猛火大坑刀山終不毀犯三世諸佛經律與一切女人作不淨行復作是願寧以熱鐵羅網千重周帀纏身終不以破戒之身受於信心檀越一切衣服復作是願寧以此口吞熱鐵丸及大流猛火經百千劫終不以破戒之口食信心檀越百味飲食復作是願寧以此身臥大猛火羅網熱鐵地上終不以破戒之身受信心檀越百種牀座復作是願寧以此身受三百鉾刺經一劫二劫終不以破戒之身受信心檀越百味醫藥復作是願寧以此身投熱鐵鑊經百千劫終不以破戒之身受信心檀越千種房舍屋宅園林田地復作是願寧以鐵鎚打碎此身從頭至足令如微塵終不以破戒之身受信心檀越恭敬禮拜復作是願寧以百千熱鐵刀鉾挑其兩目終不以破戒之心視他好色復作是願寧以百千鐵錐徧劖刺耳根經一劫二劫終不以破戒之心聽好音聲復作是願寧以百千刃刀割去其鼻終不以破戒之心貪

齅諸香復作是願寧以百千刃刀割斷其舌終不以破戒之心食人百味淨食復作是願寧以利斧斬斫其身終不以破戒之心貪著好觸復作是願願一切衆生悉得成佛而菩薩若不發是願者犯輕垢罪

初制意者謂不立大誓自要戒行或虧損故制立誓願防心策志令戒行光潔故須制也〇二次第者前對順起願今則對非立誓故也〇三釋名者同前可知〇四具緣者三緣同前〇五闕緣〇六輕重並同前可知〇七通塞者若病若暫忘若得位理應不犯反上犯之〇八釋文者文中亦二先

制立十誓後故違結犯前中亦二先總標願意謂先發十願已方能堅持佛戒二作是願下別解於中有十三種前十二大誓自護戒後一大願他成佛前中於婬戒立十二大誓餘戒皆准之於中初一對所犯戒立火坑刀山誓言寧以此身等者校量表志對立誓言謂火坑刀山但害一身女色不爾害多生身又入中刀火苦害非重惡道火等苦實難量又此苦一時彼苦多劫又世火燒後或生天上破戒火燒命終入惡道以此校量是故寧入火等而不犯戒下十一望破前婬戒受信施等立

大誓願謂初六信施四事等後五上妙五塵等二對信施衣立熱鐵纏身誓為三義故立此諸誓一如此信施是淨戒人受今若犯戒則為盜受二諸施主等信佛語故捨妻子糧為福施之今毀禁受之則欺誑既悞施主蕩累如來三如來大慈分毫相功德與遺法弟子得四事何容餐佛福而毀佛戒經云破戒之人無一渧水分鬼罵言大賊是故寧受熱鐵等不破戒受施也三對信施食立鐵丸猛火誓四對信施牀立臥熱鐵地誓五對信施藥立三百鉾刺誓六對信施房舍立投熱鐵鑊誓七對信施恭敬立鐵鎚碎身誓八對視好色立熱鐵挑目誓九對聽好聲立千錐劖耳誓謂劖於偏身鋒皆至耳故云偏身刺耳也十對嗅諸香立千刃割鼻誓十一對食味立千刃斷舌誓十二對好觸立利斧斬身誓此上五塵皆非犯戒所應故對立誓十三常願眾生在已先成佛二若不發下明故違結犯可知

故入難處戒第三十七

若佛子常應二時頭陀冬夏坐禪結夏安居常用楊枝澡豆三衣瓶鉢坐具錫杖香爐漉水囊手巾刀子

火燧鑷子繩牀經律佛像菩薩形像而菩薩行頭陀時及遊方時行來百里千里此十八種物常隨其身頭陀者從正月十五日至三月十五日八月十五日至十月十五日是二時中此十八種物常隨其身如鳥二翼若布薩日新學菩薩半月半月布薩誦十重四十八輕戒時於諸佛菩薩形像前一人布薩即一人誦若二人三人乃至百千人亦一人誦誦者高座聽者下坐各各披九條七條五條袈裟結夏安居一一如法若頭陀時莫入難處若國難惡王土地高下草木深邃師子虎狼水火風難及以劫賊道路毒蛇

一切難處悉不得入若頭陀行道乃至夏坐安居是諸難處悉不得入若故入者犯輕垢罪

初制意者菩薩修行要資緣具難處闕緣違教妨道故須制也○二次第者前明護戒心堅不避炎灰今則存身長道微難皆離○三釋名者亦所防所制以立其名○四具緣者此中制五種行一頭陀二遊方三坐禪四安居五布薩皆具四緣一為修行二知是難三不遠避四故入中便犯也○五闕緣者皆得方便並准知之○六輕重者難處有深淺廢行有多少識過有厚薄致有輕重並准思

可知○七通塞者若自調心若調眾生若更無處暫時在中若更無好路理應不犯反上犯之○八釋文者文中有四一制所修行二舉諸難處三制不令入四違制結犯初中於五行內一總舉三門二別釋四事前中已先標所作二時頭陀者謂春秋二時頭陀者此翻名抖擻謂抖擻煩惱也二冬夏坐禪者此二時極寒極熱既不出遊是以攝跡修禪也三結夏安居者謂依教坐夏修行長道准釋中應有四遊方五布薩文略故也常用下明所用道具於中三衣為三佛菩薩像為一故有十八也並是隨身所須資道有要故制令畜也二而菩薩下別釋中一先頭陀及遊方時制畜十八事物二別顯頭陀時節謂此二時非寒非熱得入山林增修道業三若布薩下別釋布薩者此翻名淨住以半月半月誦戒文檢三業若有犯則令悔無犯默然使戒淨同住故名也於中新學者制誦戒人言半月等布薩時也誦十重等制所誦戒也於諸佛等明誦處也一人等明布薩儀也各各等制著持受三衣也四結夏等別釋夏安居並令一一如法應於聖教冬夏坐禪略不釋也三若頭陀

時下舉諸難處略舉十二難處一國難惡王者彼國王不信三寶頭陀不得入彼界中二地有高下三草深林密四黑師子噉人五虎六狼七水八火九風十賊十一毒蛇所行之路十二總結一切難處三不得下制不應往四若故下違制結犯可知

眾坐乖儀戒第三十八

若佛子應如法次第坐先受戒者在前坐後受戒者在後坐不問老少比丘比丘尼貴人國王王子乃至黃門奴婢皆應先受戒者在前坐後受戒者次第而坐莫如外道癡人若老若少無前無後坐無次第兵

奴之法我佛法中先者先坐後者後坐而菩薩不次
第坐者犯輕垢罪
初制意者以背俗故不以老少爲尊卑以順道故
但以戒德爲長幼顯出世之勝範摧我慢於世間
順成三聚之行故須制也〇二次第者前令外避
厄難令使內順衆儀故也〇三釋名者亦所防所
制以立其名〇四具緣者四緣成犯一在衆中二
知歲數三遣趣方便四坐已便犯也〇五闕緣者
闕初二緣不犯闕後二緣得方便或但行立皆亦
同犯〇六輕重者衆有大小坐有上下時有多少

俱等輕重並准前知之〇七通塞者若癡狂若身
當說法若疑他大已便居下坐若大衆坐定自後
到來校三五歲坐並應無犯反上皆結〇八釋文
者文中有四一擧法總制二就人辨定三呵違讚
順四故違結犯前中用受戒前後以明長幼故如
坐餘一切皆爾律云見上座應起不應安坐見下
座不應起等二不問下約人辨定中有人釋云令
四衆等雜合通坐以明長幼令解不爾比丘衆中
自辨尊卑餘衆皆爾是則大小宛然男女道俗不
相和雜三莫如下簡非顯是謂莫如等簡非令離

我佛法等顯是令修四而菩薩下明違制結犯可
知

應講不講戒第三十九

若佛子常應教化一切衆生建立僧坊山林園田立
作佛塔冬夏安居坐禪處所一切行道處皆應立之
而菩薩應爲一切衆生講說大乘經律若疾病國難
賊難父母兄弟和上阿闍梨亡滅之日及三七日乃
至七七日亦應讀誦講說大乘經律齋會求福行來
治生大火所燒大水所漂黑風所吹船舫江河大海
羅刹之難亦應讀誦講說此經律乃至一切罪報三

報七逆八難杻械枷鎖繫縛其身多婬多瞋多愚癡
多疾病皆應讀誦講說此經律而新學菩薩若不爾
者犯輕垢罪
初制意者制諸菩薩以法救生令免現未所有災
苦故別辨有四一令增福故二授法行故三除災
難故四救先亡故是故制也〇二次第者前制坐
儀令制引導故也〇三釋名者從所制爲名可知
〇四具緣者亦四一見衆生二知厄難三無慈心
四不引導故成犯〇五闕緣者闕初緣無犯中二
犯方便可知〇六輕重者見厄有多少引導有難

易自身有愚慧皆俱不俱等輕重可知◯七通塞者若自愚不解若彼不受化若無講人可請應一切無犯反上皆犯◯八釋文者文中四一化令修福二制爲講法三救其所厄四違制結犯初中教化衆生令作六事一建立僧房二於山林中作禪屋等三爲三寶立田園等四令作佛塔等五令作冬夏坐禪之處等六俱一切行道處所皆勸營立令諸行人得依此修道二而菩薩下制爲講法授與大乘令修大行三若疾病下救其所厄於中有五一救苦難中有四一若病時二若國有厄難時

三若諸方賊起時四先亡追福時皆應說此經等設齋求福二行來下救災厄中有五種一治生不利時二火災三水災四風災五海羅刹謂怖彼諸災皆應講此大乘三乃至下救罪報中一切罪報唯大乘能救三報者一現報二生報三後報滅此三報之罪也七逆八難可知四杻械下救牢獄難可知五多婬等救三毒等難皆應說等通結上厄皆同以說大乘而作救拔四而新學下違制結犯

上來別釋九戒竟

如是九戒應當學敬心奉持梵壇品當說

結勸指廣可知梵壇者此翻爲默擯具以非理違犯不受調伏故以此治之彼品之中明此義故以爲名可知

受戒非儀戒第四十

佛言佛子與人受戒時不得簡擇一切國王王子大臣百官比丘比丘尼信男信女婬男婬女十八梵天六欲天子無根二根黃門奴婢一切鬼神盡得受戒應教身所著袈裟皆使壞色與道相應皆染使青黃赤黑紫色一切染衣乃至臥具盡以壞色身所著衣一切染色若一切國土中國人所著衣服比丘皆應

與其俗服有異若欲受戒時師應問言汝現身不作七逆罪耶菩薩法師不得與七逆人現身受戒七逆者出佛身血殺父殺母殺和上殺阿闍梨破羯磨轉法輪僧殺聖人若具七遮即現身不得戒餘一切人盡得受戒出家人法不向國王禮拜不向父母禮拜六親不敬鬼神不禮但解法師語有百里千里來求法者而菩薩法師以惡心瞋心而不即與授一切衆生戒者犯輕垢罪

初制意者衆生設不發心菩薩理應化令受戒何容千里來求而以惡心不與授戒別乖攝生通違

三聚故須制也○二次第者前講法引生今授戒攝物故也○三釋名者就所制爲名可知○四具緣者五緣一自解經律二彼無遮難三彼來求戒四此以惡心五不授便犯也○五闕緣者次第闕各得方便罪可知○六輕重者謂解有明昧求有勤惰惡心有多少不授有暫永俱不俱等輕重准之○七通塞者若病若新差無力若自闇鈍若彼非實求若外道詐來若具遮難一切不犯反上皆犯○八釋文者文中有五一總攝戒器二教其衣色三問遮簡器四制不拜俗五違求結犯初中有

十八衆廣如前十重初釋可知二應教其衣色於中有三初制袈裟色袈裟此云不正色謂青等五色互相和染成不正色名爲壞色二一切染衣下制餘衣色三若一切國土下明制與俗異並可知三若欲下制問遮簡器於中亦三一問數簡器言現身者有二義一簡於過未故云現也二此七逆罪未經懺悔罪猶現在故云不得與七逆人現身受戒若依教相懺悔應得二七逆者下列名簡器此七逆義具如別章三餘一切下無逆皆得可知四出家人下制身不拜俗謂心敬理無所犯五但

解下明違求結犯謂既非七逆但解師語之類有從百里等來求而瞋不與戒理宜結犯言惡心者爲名利等嫉妒等瞋嫌等訐怨等言一切衆生戒者有二義一不與彼一切求戒衆生之戒也二此是戒名謂名菩薩戒爲一切衆生戒以此是一切衆生所應得戒故云也餘並可知

無德詐師戒第四十一

若佛子教化人起信心時菩薩與他人作教戒法師者見欲受戒人應教請二師和上阿闍梨二師應問言汝有七遮罪不若現身有七遮師不應與受戒無

七遮者得受若有犯十戒者應教懺悔在佛菩薩形像前日夜六時誦十重四十八輕戒若到禮三世千佛得見好相若一七日二三七日乃至一年要見好相好相者佛來摩頂見光見華種種異相便得滅罪若無好相雖懺無益是人現身亦不得戒而得增受戒若犯四十八輕戒者對首懺罪滅不同七遮而教戒師於是法中一一好解若不解大乘經律若輕若重是非之相不解第一義諦習種性長養性不可壞性道種性正法性其中多少觀行出入十禪支一切行法一一不得此法中意而菩薩爲利養故爲名聞

故惡求多求貪利弟子而詐現解一切經律爲供養故是自欺詐亦欺詐他人故與人受戒者犯輕垢罪初制意者若不解大乘經律持犯輕重而爲人作師者有四一令眞法滅以闕傳故二令非法行以錯傳故三悞所化令他不至解脫處故四增自惡業以貪名利故是故須制也○二次第者前實有解來求不與今實無德强爲他作師皆所不應故也○三釋名者防彼詐失制令實學故以爲名○四具緣者具四緣成一實自無知二對彼所化三貪名利等四授戒便犯○五闕緣者隨闕皆有方

便罪可知○六輕重者無知有多少所化有利鈍貪心有輕重授戒有具闕亦俱不俱等輕重可知○七通塞者若學猶未成他來逼請不爲利等授應不犯反上皆結○八釋文者文中有五一辨在師德二制教弟子三實無所知四爲利詐解五授戒結犯初中旣教他起信便與授戒故云作教戒法師者也二見欲受下明制教弟子於中有四一教請二師此有二義一謂於人中請此二師受菩薩戒如受沙彌十戒法二遥請本師釋迦佛等爲和上親請傳戒師爲闍黎善戒經云師有二種一

是不可見謂佛菩薩僧是二可見謂戒師是從是二師得菩薩戒又普賢觀經請五師者於不可見師中請也瑜伽等中請一師者唯望可見師說也二二師應問下明應問七遮七遮卽是七逆以障受戒故名遮也此經約遮故別問此七若據大小二義善戒經約德通問十種事具者方得受戒一具三戒不謂五戒十戒及具戒彼經約出家菩薩要具此三戒方得受菩薩戒二發菩提心不三是眞實菩薩不四能捨一切內外所有物不五能不惜身命不六能於貪處不貪不七能於瞋處不瞋

不八能於癡處不癡不九能於畏處不畏不十能隨我所受一切菩薩戒不皆應答能爾若具足言應先問七遮後問上十德方可得受若在家菩薩十中除初餘皆同問善生經中更有餘問如彼辨也三若有下敎懺犯十重罪謂若有犯十重者敎懺悔方法言三世千佛者謂過去莊嚴劫中華光如來爲首下至毗舍浮如來如是等一千諸佛今此賢劫中倶留孫如來爲首下至樓至如來一千佛未來星宿劫中日光如來爲首下至須彌相如來爲一千又見好相中旣不言夢見覺見甚難若

得此相舊戒還全更不須受若不得此相舊戒已失故云現身不得戒此是上品纏犯故失戒也而得更受故云而得增受戒增受是重受也四懺輕垢罪謂教對首懺如比丘懺提罪法通論犯此二篇懺有四種一上纏犯十重對十方佛方等懺二中下犯十重對四菩薩僧懺三犯十重下重方便對首懺四輕方便責心懺二輕垢中本罪對首方便責心並如別集中說五而教戒師下明於上所說制令委解故云一一好解也三若不解下明實無所知於中有五一不解戒法謂若輕若重是犯

非犯是持非持二不解理法謂眞諦平等不違俗等三不解位法謂習種是十住長養姓種是十行不壞是十迴向金剛幢位道種是十地謂聖道治惑故云也正性是佛位正果顯故四不解行法謂於上諸位多少觀行及入定出定等分齊言十禪支者謂初定五支二定一支三定三支四定一支此經非本未故須入行五一一不得意等者總結無知也四而菩薩下明爲利詐解於中初爲四事詐現解法謂一利二名三門徒四供養後自欺欺他是出過呵嘖五與人下明作已結犯可知

非處說戒戒第四十二

若佛子不得爲利養故於未受菩薩戒者前若外道惡人前說此千佛大戒邪見人前亦不得說除國王餘一切不得說是惡人輩不受佛戒名爲畜生生生不見三寶如木石無心名爲外道邪見人輩木頭無異而菩薩於是惡人前說七佛教戒者犯輕垢罪

初制意者戒律制於內衆爲祕密之教法外道惡人理非所聞故須制也別顯有三一輕自戒品二增彼惡見三令他毀謗是故制也○二次第者前則爲利詐解今則爲利妄傳故也○三釋名者不

應說而說戒防此失故以爲名○四具緣者亦四緣一爲利二對外人三心不迷四說戒了便犯○五闕緣者隨闕皆得方便罪可知○六輕重者爲利有多少外人有善惡心中有想疑說戒有具闕皆有俱不俱等輕重可知○七通塞者若對國王若純信行人若將爲進戒先說示問能不皆不犯反上皆失○八釋文者文中有四一總制二通塞三釋惡人四違制結犯初中言未受菩薩戒者此有三種一純不信菩薩道故不受二雖不謗亦不能受三信擬受未受前二結犯二外道者執著異

道求佛法過聞佛所說雜碎戒相或當輕毀三惡人者聞說戒律輕毀法衆故不應說言千佛者多也謂一切諸佛皆同說此戒故云千佛大戒非但賢劫千佛也二邪見下明通塞中以此戒制自內衆理非彼聞如人寶藏不示賊處言除國王者佛法付屬二人一佛弟子爲內護二國王爲外護是佛付囑之人故對說無犯又以國王有力當依戒律策勵行人故須知也餘非此用一切皆斷三是惡人下釋惡人惡人有二種一頑愚謂此身無戒雖人名畜以無人因故後身亦不見三寶如木石

無心豈有能見二惡見謂邪見乖理如木非情四而菩薩下違制結犯可知

故毀禁戒戒第四十三

若佛子信心出家受佛正戒故起心毀犯聖戒者不得受一切檀越供養亦不得國王地上行不得飲國王水五千大鬼常遮其前鬼言大賊若入房舍城邑宅中鬼復常掃其腳跡一切世人罵言佛法中賊一切衆生眼不欲見犯戒之人畜生無異木頭無異若故毀正戒者犯輕垢罪

初制意者菩薩理宜不惜身命護持淨戒何容壞自本誓而無懼毀禁戒故須嚴制又爲護一切戒品令堅固故制此戒也○二次第者前不應說而說今則不應犯而犯故也○三釋名者從所防爲目○四具緣者亦四緣一身有戒二對犯境三故起心四作便犯○五闕緣者謂一三無犯二四得方便可知○六輕重者謂境有强弱心有忽漫犯有輕重亦有俱等准前○七通塞者此戒無別制但起心犯餘戒卽亦犯此戒是故通塞皆如諸戒處說應知○八釋文者文中有三初汎舉毀禁二顯過呵嘖三制毀結犯前中言信心出家等者舉

其本誓也故起心等者明違誓結犯二不得下明顯過呵嘖於中有八一供施無一毫分二大地無一足分三飲水無一渧分問供施破戒無分可爾王之水土衆生同感何故亦無分答白衣無戒食王水土皆有輸稅出家不稅良爲戒行今旣二種俱無豈有其分無分而用豈非是賊四鬼遮罵賊是此義也謂戒行若金剛有戒神讚護今旣戒破神去則有五千大鬼遮其前而罵賊掃其後而滅路五世人亦罵之謂於佛法中作偷形相賊偷利養等賊故也六一切衆生不欲見者以如怨詐親

故七犯戒同畜生者以是罪身同故八同木頭者無所知故三故毀下制毀結犯可知

不敬經律戒第四十四

若佛子常應一心受持讀誦大乘經律剝皮爲紙刺血爲墨以髓爲水析骨爲筆書寫佛戒木皮穀紙絹素竹帛亦應悉書持常以七寶無價香華一切雜寶爲箱囊盛經律卷若不如法供養者犯輕垢罪

初制意者以戒是成佛勝因彼教理宜尊重況是諸佛之母如來所師崇重之極豈先於此故須制也○二次第者前令不毀禁戒今制令敬法故也

○三釋名者防彼不敬制令重法故以爲名○四具緣者亦四緣一對勝法二無敬心三不求供四不作便犯○五闕緣者各闕皆方便可知○六輕重者經有多少心有輕重身有富貧作有好惡俱等准之○七通塞者若病若貧無得處若常入深定若貪救衆生若恆說法理應無犯反上皆結○八釋文者文中有五一制受持二制讀誦三制書寫於中先舉難謂剝皮等後況易謂木皮等謂貝多葉皮爲木皮也餘可知四常以下制令供養書寫等十種法行此中具說五若不下違制結犯可知

不化衆生戒第四十五

若佛子常起大悲心若入一切城邑舍宅見一切衆生應當唱言汝等衆生盡應受三歸十戒若見牛馬豬羊一切畜生應心念口言汝是畜生發菩提心而菩薩入一切處山川林野皆使一切衆生發菩提心是菩薩若不發教化衆生心者犯輕垢罪

初制意者爲菩提心是成佛因故制諸菩薩教化衆生皆應令彼發此大心經云若以小乘化我則墮慳貪此事爲不可故須制也○二次第者前則

於法不敬今則於生不化是故俱制也○三釋名者捨化衆生違害大悲戒防此失故以爲名○四具緣者亦四緣一對衆生二不起悲三不起方便四捨不勸導故成犯也○五闕緣者各闕皆方便可知○六輕重者衆生有難易悲心有厚薄方便有多少不勸有暫永亦有俱等准前○七通塞者若病若無力若未解若彼難化並理應無犯反上皆犯○八釋文者有四一制化人類於中大悲是能化之心也城邑等是化處一切衆生是所化唱言等是化方便受三歸等化所得益此有二義一

受戒先受三歸後說十戒相。二有二種受戒。一受菩薩三歸戒。二受十戒。二若見下。明化畜生類。謂彼無領解。故以此言警覺。成自熏修。則與彼遠作勝因。如昔有牛塔前食草。舉頭見塔後便得度等。三而菩薩下。立制定位。謂要化眾生令發大心。方是菩薩故云也。四若不下。違制結犯可知。

說法乖儀戒第四十六

若佛子。常行教化起大悲心。入檀越貴人家一切眾中不得立為白衣說法。應白衣眾前高座上坐。法師比丘不得地立為四眾說法。若說法時法師高座香

華供養。四眾聽者下坐。如孝順父母。敬順師教。如事火婆羅門。其說法者若不如法犯輕垢罪。

初制意者。令彼重法增善根故。自亦重法順教命故。為成二利順彼三聚故制斯戒。○二次第者。前教人發心。今則教令敬法故也。○三釋名者。所防所制以立斯名。○四具緣者。四緣。一對他人。二住非儀。三不起悲。四發言說故成犯也。○五闕緣者。各闕皆方便可知。○六輕重者。他有可語不可語。住非儀有深淺無悲有暫永發言有具闕。俱等准前可知。○七通塞者。若他病重若王力自在。並無犯。反上皆犯。○八釋文者。文中有三。一制非儀。二教正則。三違制結犯。前中悲心是化眾生因故教常起也。貴人多慢故偏舉之。非儀有三。一人坐己立。二人高己下。三人在座己在非座。此中高座具後二也。並可知。二若說法下。明教正則。於中五事。一置法師於高座。二供之以香花。三聽者居下坐。四尊敬如父母。五順受其教如事火梵志。攝論云。若人戒足跛羸劣而能說法利多人。如佛世尊應供養受彼所說相似故。又經云。有知法者若老若少皆應供養如事火婆羅門。三其說法者下。明違

制結犯。不如法有三種。一身儀謂立等。二心念謂求名利等。三語業謂非法說法法說非法及世俗言詞等。又智論中唯說諸行法及實相法方為法施。餘皆非也。

非法立制戒第四十七

若佛子。皆以信心受佛戒者。若國王太子百官四部弟子。自恃高貴破滅佛法戒律。明作制法制我四部弟子不聽出家行道。亦復不聽造立形像佛塔經律。破三寶之罪。而故作破法者犯輕垢罪。

初制意者。菩薩理應不惜身命護持三寶。而反恃

威損壞正法故須制也○二次第者前説法非儀令恃威滅法爲失既重故次制之○三釋名者從所防爲目○四具緣者亦四緣一信心受戒二恃自高威三非法立制四損壞佛法故成犯也○五闕緣者闕初緣結重罪非犯戒闕次緣結重方便闕後二緣皆方便可知○六輕重者恃威立制壞法各有多少俱等准之○七通塞者若制惡人不令出家不聽造像將賣理應不犯餘皆犯○八釋文者文中有三一總明滅法二別顯滅相三故作成犯前中亦三一本以信心受戒二恃自高威三

破滅佛法二明作下別顯中二一障其出家修道二障造形像造經此破住持三寶遺法衆生賴此住持今既損滅其罪至重故總結云破三寶罪也三而故作下違教結犯可知

自壞內法戒第四十八

若佛子以好心出家而爲名聞利養於國王百官前説七佛戒橫與比丘比丘尼菩薩戒弟子作繫縛事如師子身中蟲自食師子肉非外道天魔能破若受佛戒者應護佛戒如念一子如事父母而菩薩聞外道惡人以惡言謗佛戒時如三百鉾刺心千刀萬杖打拍其身等無有異寧自入地獄經百劫而不用一聞惡言破佛戒之聲而況自破佛戒教人破法因緣亦無孝順之心若故作者犯輕垢罪

初制意者菩薩理應護持正法光揚顯發令法久住報佛深恩何容爲利自毀內衆損己正法爲失既大故須制也○二次第者前恃自威令恃他勢各皆損法故同制也○三釋名者所防爲目○四具緣者亦四緣一爲名利二王前説戒三橫作留難四繫縛內衆故成犯也○五闕緣者四緣各闕皆方便可知○六輕重者四緣各有多少並有俱

不俱等准之○七通塞者若制惡比丘等不損法理應不犯餘皆犯耳○八釋文者文中有五一舉過令離二舉德制修三聞非勸傷四況自親作五故作結犯前中先舉本好心出家次爲名利於王等前説戒繫縛自食下喩顯蓮華面經云佛告阿難譬如師子命終若空若地若水若陸所有衆生不噉食彼師子身肉唯師子身自生諸蟲還自食師子之肉阿難我之佛法非餘能壞是我法中諸惡比丘破我三大阿僧祇劫積行勤苦所集佛法解云佛法外人所不能壞故云非外道等二若受

佛戒下，舉德制修中，制令護戒至誠，如慈母念於一子，如孝子事於父母，皆無時暫忘也。三而聞下，明聞非勸傷，於中先傷同現在苦，後牢自下，通入惡趣，並可知。西況自親作中，正作及與破滅作因緣，無孝順心者是破法因也。五若故下，明故作結犯，可知。上來別辨九戒竟。

如是九戒應當學，敬心奉持。

總結勸學，可知。上來別顯輕戒竟。

諸佛子，是四十八輕戒，汝等受持，過去諸菩薩已誦，未來諸菩薩當誦，現在諸菩薩今誦。

三總結。此是三世同誦。上來別明輕重二篇戒竟。

諸佛子諦聽，此十重四十八輕戒，三世諸佛已誦當誦今誦，我今亦如是誦。汝等一切大眾，若國王王子百官比丘比丘尼信男信女受持菩薩戒者，應受持讀誦解說書寫佛性常住戒卷，流通三世，一切眾生化化不絕，得見千佛，佛佛授手，世世不墮惡道八難，常生人道天中。

三總結勸學。於中有四：一舉佛同誦，謂三世佛菩薩及我釋迦在因在果皆同誦，故知是要勝。二汝等下，勸眾令持，謂舉彼諸眾略勸作五事：一受持，謂領納名受，不忘名持；二讀；三誦；四解釋；五書寫。三佛性下，明流通不絕，謂佛性常住，明理法湛然也。戒卷流等，明教法傳通。又釋佛性為成佛本有之因，戒卷為外緣傳受，謂從過去傳至現在，現在向未來展轉相受，故云不絕也。四得見下，明傳授利益。於中有三：一見佛益，謂得見此賢劫中千佛相授；二示離惡處益；三得生善處益，謂生人中等。為道器身，攝眾生處也。上來總是正宗竟。

我今在此樹下，略開七佛法戒，汝等當一心學波羅提木叉，歡喜奉行。如無相天王品勸學中一一廣明。

三千學士時坐聽者，聞佛自誦心心頂戴，喜躍受持。

第三結勸流通分。於中四：一結己略說；二汝等下，勸學令修；三如無相下，指彼廣文；四三千下，明眾聞奉持，謂彼品中一一廣說，令彼三千徒眾聞生歡喜。又釋彼三千眾聞佛誦此略本，生喜受持。釋文既了，述懷頌曰：

廣本毗尼藏，薄祐莫能見。
戀彼菩薩戒，竭愚而解釋。
願此摩尼燈，恆耀十方界。
示導諸羣生，至大菩提所。

梵網經菩薩戒本疏卷十

剃染已來，即獲披讀藏首疏，歷十數年，點誌標記，粗具大概。去年將此本傳示同學，因見舊稿脫字舛錯，乃為精密校正。始於九月下旬，訖於十一月二十三日，乃得蕆事。共成六卷，稍顯輕重耳。更編出科文一卷，冀讀者先依科讀疏，了然如指掌耳。

沙門騰雲時居吾水草菴

梵網戒疏卷十

三寶弟子覺一施洋銀二百圓敬刻此經連圈計字九萬四千四百零六箇餘貲印送伏願仗此功德身體安康淨因增長行利生業趨無上道

光緒二十五年冬十一月金陵刻經處識

佛說優婆塞五戒相經箋要

宋天竺三藏求那跋摩譯

明沙門智旭箋要　後學曇昉校幷補釋

聞如是。一時佛在迦維羅衛國。爾時淨飯王來詣佛所。頭面禮足。合掌恭敬。而白佛言。欲所請求。以自濟度。惟願世尊哀湣我志。佛言。可得之願。隨王所求。王白佛言。世尊已爲比丘比丘尼沙彌沙彌尼制戒輕重。唯願如來亦爲我等優婆塞分別五戒可悔不可悔者。令識戒相。使無疑惑。

迦維羅衛。中天竺國之名。卽世尊生處也。淨飯王。卽世尊之父。以父王爲當機而請五戒法相。正表此五戒法。乃是三世諸佛之父。依於五戒出生十方三世一切諸佛。詎可忽哉。

佛言。善哉善哉。憍曇。我本心念。久欲與優婆塞分別五戒。若有善男子受持不犯者。以是因緣當成佛道。若有犯而不悔。常在三塗。故。

上契佛意。下契羣機。故再歎善哉也。憍曇。卽瞿曇。是王之姓。西國以稱姓爲敬。故受持不犯。則當成佛。犯而不悔。則墮三塗。五戒爲法界。十法界皆趣五戒。皆趣不過也。

問。受持不犯。當成佛道。受而犯者。亦當成佛否。犯而不悔。常在三塗。犯而悔者。亦墮三塗否。答。受而犯者亦當成佛。惟不受戒。則永無成佛因緣。犯而悔者不墮三塗。但犯分上中下三種差別。悔亦有作法取相無生三種不同。理須各就當戒委明。未可一言盡也。

爾時佛爲淨飯王種種說已。王聞法竟。前禮佛足。遶佛而去。

佛以是因緣告諸比丘。我今欲爲諸優婆塞說犯戒輕重可悔不可悔者。諸比丘僉曰。唯然願樂欲聞。

問。比丘律儀。是大僧法。所以不許俗聞。今五戒相是優婆塞所學。何故不向王說。乃待王去之後。以是因緣告比丘耶。答。七衆戒法。如來皆於比丘僧中結者。正以比丘爲七衆中尊。佛法藉僧寶而立。故云佛滅度後。諸尼應從大僧而學戒法。夫尼戒尚屬比丘。況五戒而不屬比丘耶。故今向比丘僧說此五戒。正欲令優婆塞轉從比丘學也。

殺戒第一

佛告諸比丘。犯殺有三種奪人命。一者自作。二者教人。三者遣使。△自作者。自身作奪他命。△教人者。教語他人言。捉是人繫縛奪命。△遣使者。語他人言。汝識某甲不。汝捉是人繫縛奪命是使隨語奪彼命時。優婆塞犯不可悔罪。

殺戒以五緣成不可悔。一是人。（謂所殺者人。非畜生等。）二人想。（謂意在殺人。）三殺心。四興方便。五前人命斷。今之自作教人遣使皆是以殺心而興方便故奪彼命時。犯不可悔罪也。不可悔者。初受優婆塞戒之時。說三歸竟卽得無作戒體。今犯殺人之罪。則失無作戒體。不復成優婆塞。故不可作法懺悔也。既不可悔。則永棄佛海邊外。名爲邊罪。不可更受五戒。亦

不得受一日一夜八關齋戒。亦不得受沙彌戒及比丘戒。亦不得受菩薩大戒。惟得依大乘法修取相懺。見好相已。方許受菩薩戒。亦許重受具戒。十戒八戒及五戒等。爾時破戒之罪。雖由取相懺滅。不墮三塗。然其世間性罪。仍在。故至因緣會遇之時。仍須酬償夙債。除入涅槃或生西方。乃能脫之。不受報耳。可不戒乎。

復有三種奪人命。一者用內色。二者用非內色。三者用內非內色。△內色者。優婆塞用手打他。若用足及餘身分。作如是念。令彼因死。彼因死者。是犯不可悔罪。若不卽死。後因是死。亦犯不可悔。若不卽死後不因死。是中罪可悔。△用非內色者。若人以木瓦石刀矟弓箭白鑞段鉛錫段遙擲彼人。作是念令彼因死。彼因死者。犯不可悔罪。若不卽死。後因是死。亦犯不可悔。若不卽死。後不因死。是中罪可悔。△用內非內色者。若以手捉木瓦石刀矟弓箭白鑞段鉛錫段木段打他。作如是念。令彼因死。彼因死者。是罪不可悔。若不卽死。後因是死。亦犯不可悔。若不卽死。後不因死。是中罪可悔。

此三種亦皆殺法所謂興方便也。手足身分。是凡

情之所執受。故名內色。木瓦石等。是凡情所不執受。名非內色。有處亦名外色。用彼內色捉彼外色。故爲雙用內非內色也。因此方便而死。不論卽死後死。總是遂其殺心。故從前人命斷之時。結成不可悔罪。後不因死。則但有與殺方便之罪。未遂彼之殺心。故戒體尚未曾失。猶可慇勤悔除。名爲中可悔罪也。

復有不以內色不以非內色。亦不以內非內色。爲殺人故合諸毒藥。若著眼耳鼻身上瘡中。若著諸食中若被褥中車輿中。作如是念。令彼因死。彼因死者。犯

不可悔罪。若不即死、後因是死、亦犯不可悔罪。若不即死、後不因死、是中罪可悔。

此以毒藥爲殺方便也。既不用手足等、又不用木石刀杖等、故云不以內非內色而前人命斷是同、則不可悔罪亦同。

復有作無煙火坑殺、核殺、弶殺、作穽殺、撥殺、毗陀羅殺、墮胎殺、按腹殺、推著水中火中、推著坑中殺、若遣令去就道中死、乃至胎中初受二根身根命根於中起方便殺。（弶者、木檻詐取也。撥者、弩石也。）

此更廣標種種殺方便也。核弶及撥、皆是殺具。毗陀羅、即起屍呪術、下文自釋。餘並可知

無煙火坑殺者、若優婆塞知是人從此道來、於中先作無煙火坑、以沙土覆上。若口說、以是人從此道來故、我作此坑。若是人因是死者、是犯不可悔罪。若不即死、後因是死、犯不可悔罪。若不即死、後不因死、是中罪可悔。△爲人作無煙火坑、人死者、不可悔。非人死者、是中罪可悔。（從人邊得方便罪、不從非人邊得殺罪也。以於非人無殺心故。）畜生死者、下罪可悔。（下字恐誤。準一切律部、亦是中罪。亦從人邊得方便罪、不從畜生邊得殺罪也。以於畜生無殺心故。）△爲非人作坑、非人死者、是中罪可悔。（非人、謂諸天修羅鬼神。戴道義弱。故殺之者、戒體未失、猶可悔除也。）人死是下罪可

悔。畜生死者、犯下可悔罪。（亦皆從非人邊得方便罪、不從人及畜生得殺罪。以於人及畜生本無殺心故。）△若爲畜生作坑、畜生死者、是下罪可悔。（畜生較諸天鬼神、更劣。故殺之者、罪又稍輕。）若人墮死、若非人墮死、皆犯下罪可悔。（還從畜生邊得方便罪也。）△若優婆塞不定爲一事作坑、諸有來者皆令墮死。人死者、犯不可悔。非人死者、中罪可悔。畜生死者、下罪可悔。都無死者、犯三方便可悔罪。是名無煙火坑殺也。

此廣釋無煙火坑殺、他以例核殺弶殺作穽殺撥殺無不爾也。

問。一切有命、不得故殺。殺者非佛弟子。何故今殺天龍鬼神僅結中罪、殺畜生僅結下罪、猶不失戒、不至墮落耶。答。凡論失戒、須破根本四重。所謂殺人、盜五錢、邪婬、大妄語。此四重中、隨犯一種、決非作法之所能懺。至如殺非人畜生等、性罪雖重、而於違無作罪、猶爲稍輕。今云中罪可悔、下罪可悔、乃是悔除違無作罪、免墮三塗。非謂并除性罪也。殺一命者、必償一命。故殺者固當故償、誤殺者亦須誤償。縱令不受戒者、亦必有罪。故大佛頂經云、如於中間殺彼身命、或食其肉、如是乃至經微塵劫、相食相誅、猶如轉輪、互爲高下、無有休息。佛制

殺戒良由於此受持不犯便可永斷輪迴設復偶犯至心懺悔永不復造亦可免墮三塗故名中可悔下可悔耳設不念佛求生淨土何由永脫酬償之苦哉

毗陀羅者若優婆塞以二十九日求全身死人召鬼呪屍令起水洗著衣令手捉刀若心念口說我爲某甲故作此毗陀羅即讀呪術若所欲害人死者犯不可悔若前人入諸三昧或天神所護或大呪師所救解不成害犯中可悔是名毗陀羅殺也△半毗陀羅者若優婆塞二十九日作鐵車作鐵車已作鐵人召鬼呪鐵人令起水洗著衣令鐵人手捉刀若心念口說我爲某甲讀是呪若是人死者犯不可悔罪若前人入諸三昧諸天神所護若呪師所救解不成死者是中罪可悔是名半毗陀羅殺△斷命者二十九日牛屎塗地以酒食著中然火已尋便著水中若心念口說讀呪術言如火水中滅若火滅時彼命隨滅又復二十九日牛屎塗地酒食著中畫作所欲殺人像作像已尋還撥滅心念口說讀呪術言如此像滅彼命亦滅若像滅時彼命隨滅又復二十九日牛屎塗地酒食著中以針刺衣角頭尋還拔出心念口說讀

五戒相經箋要

呪術言如此針出彼命隨出是名斷命若用種種呪死者犯不可悔罪若不死者是中罪可悔

三種呪術斷命並名厭禱殺皆毗陀羅之類也

又復墮胎者與有胎女人吐下藥及灌一切處藥若針血脈乃至出眼淚藥作是念以是因緣令女人死死者犯不可悔罪若不即死後因是死亦犯不可悔罪若不即死後不因死是中罪可悔△若爲殺母故墮胎若母死者犯不可悔若胎死者是罪可悔(仍於母邊得方便罪不於胎邊得罪以無殺胎心故)若俱死者是罪不可悔若俱不死者是中罪可悔△若爲殺胎故作墮胎法若胎死者犯不可悔若胎不死者是中罪可悔若母死者是中罪可悔(仍於胎得方便罪也)俱死者是犯不可悔是名墮胎殺法

按腹者使懷妊女人重作或擔重物教使車前走若令上峻岸作是念令女人死死者犯不可悔若不即死後因是死是罪不可悔若不因死者是中罪可悔△若爲胎者如上說是名按腹殺也

遣令道中死者知是道中有惡獸飢餓遣令往至惡道中作如是念令彼惡道中死死者犯不可悔餘者亦犯同如上說是名惡道中殺

乃至母胎中初得二根身根命根加羅邏時。以殺心起方便欲令死。死者犯不可悔。餘犯同如上說。

加羅邏或云歌羅邏或云羯邏藍此翻凝滑又翻雜穢狀如凝酥乃胎中初七日位也

讚歎殺有三種。一者惡戒人。二者善戒人。三者老病人。△惡戒人者。殺牛羊養雞豬放鷹捕魚獵師圍兎射麞鹿等偷賊魁膾呪龍守獄。若到是人所作如是言。汝等惡戒人。何以久作罪。不如早死。是人因死者。是罪不可悔。若不因死者。是中罪可悔。若惡人作如是言。我不用是人語。不因是死。犯中可悔罪。若讚歎

是人令死。便心悔。作是念。何以教是人死。還到語言。汝等惡人。或以善知識因緣故。親近善人。得聽善法。能正思惟。得離惡罪。汝勿自殺。若是人受其語。不死者。是中罪可悔。△善戒人者。如來四衆是也。若到諸善人所。如是言。汝持善戒有福德人。若死便受天福。何不自奪命。是人因是自殺。死者。犯不可悔罪。若不自殺者。中罪可悔。若善戒人作是念。我何以受他語自殺。若不死者。是罪可悔。若教他死已。心生悔言。我不是。何以教此善人死。還往語言。汝善戒人。隨壽命住。福德益多。故受福益多。莫自奪命。若不因死者。是中罪可悔。△老病者四大增減。受諸苦惱。往語是人言。汝云何久忍是苦。何不自奪命。因死者。是罪不可悔。若不因死者。是中罪可悔。若病人作是念。我何緣受是人語自奪命。若語病人已。心生悔。我不是。何以語此病人自殺。還往語言。汝等病人。或得良藥善看病人隨藥飲食病可得差。莫自奪命。若不因死者。是中罪可悔。

此三種讚歎殺。皆廣標中所無。然並如文可知。

餘上七種殺說犯與不犯同如上火坑。

七種。指廣標中核。弶。穽。撥。及推著水中火中坑中

也。

若人作人想殺。是罪不可悔。人作非人想殺。人中生疑殺。皆犯不可悔。非人人想殺。非人中生疑殺。是中罪可悔。

按他部。或但人想一句結重。或人想人疑二句結重。今三句皆結重也。以理酌之。祇應二句結重耳。謂人人想不可悔。人人疑亦不可悔。餘四句結可悔。謂人作非人想中可悔。非人作人想中可悔。非人非人疑中可悔。非人非人想亦中可悔。

又一人被截手足置著城塹中。又衆女人來入城中。

聞是啼哭聲。便往就觀。共相謂言。若有能與是人藥漿飲。使得時死。則不久受苦。中有愚直女人便與藥漿。卽死。諸女言。汝犯戒不可悔。卽白佛。佛言。汝與藥漿時死者。犯戒不可悔。

此結集家引事明判罪法。而文太略。準餘律部。若作此議論時。便犯小可悔罪。若同心令彼覓藥者。同犯不可悔罪。若知而不遮者。亦犯中可悔罪。

若居士作方便欲殺母。而殺非母。是中罪可悔。仍於母邊得方便罪。不於非母邊得罪。以是誤殺。本無殺心故也。△若居士欲殺非母。而自殺母。是犯中罪可悔。非逆。亦於非母得方便罪。不於母邊得殺罪也。△

若居士方便欲殺人而殺非人。是中罪可悔。但於人邊得方便罪。△若居士作方便欲殺非人而殺人者。犯小可悔罪。但於非人得方便罪。

若人懷畜生胎。墮此胎者。犯小可悔罪、△若畜生懷人胎者。墮此胎死者。犯不可悔。

若居士作殺人方便。居士先死。後若有死者。是罪犯可悔。當未死前。僅犯方便罪。當其死時。戒體隨斷。故後有死者。彼則不犯破戒重罪也。

若居士欲殺父母。心生疑。是父母非耶。若定知是父母。殺者是逆罪。不可悔。此亦須六句分別。父母、父母想。父母疑。二句是逆。父母、非父母想。及非父母三句。皆犯不可悔。非逆。△若居士生疑。是人非人。若心定知是人。殺者犯不可悔。亦應六句分別。二不可悔。四可悔。如前所明。

若人捉賊。欲將殺賊。賊得走去。若以官力。若聚落力。追逐是賊。若居士逆道來。追者問居士言。汝見賊不。是居士先於賊有惡心瞋恨。語言我見在是處。以是因緣令賊失命者。犯不可悔。△若人將衆多賊欲殺。是賊得走去。若以官力。若聚落力追逐。是居士逆道來。追者問居士言。汝見賊不。是賊中或有一人是居士所瞋者。言我見在是處。若殺非所瞋者。是罪可悔。仍於所瞋者得方便罪。餘如上說。若殺所瞋者。是罪不可悔也。

若居士母想。殺非母。犯不可悔。非逆罪。六句分別。二逆。四非逆。上已明。今重出耳。

若戲笑打他。若死者。是罪可悔。本無殺心故也。但犯戲笑打他之罪。

若狂不自憶念。殺者無罪。見糞而捉。如栴檀無異。見火而捉。如金無異。乃名爲狂。更有心亂。痛惱所纏。二病亦爾。

若優婆塞用有蟲水及草木中殺蟲。皆犯罪。若有蟲。無蟲想。用亦犯。若無蟲。有蟲想。用者亦犯。

此亦應六句分別。一有蟲。有蟲想。二有蟲。有蟲疑。二句結根本小可悔罪。三無蟲。有蟲想。四無蟲。無蟲疑。二句結方便小可悔罪。五有蟲。無蟲想。六無蟲。無蟲想。二句無犯。今言有蟲無蟲想亦犯者。欲人諦審觀察不可輒爾輕用水及草木故也。

有居士起新舍在屋上住。手中失梁墮木師頭上。即死。居士生疑。是罪爲可悔不。問佛。佛言。無罪。本無有殺心故。△屋上梁人力少不禁。故梁墮木師頭上。殺木師。居士即生疑。佛言。無罪。從今日作好用心。勿令殺人。△又一居士屋上作。見壁中有蠍。怖畏跳下。墮木師上。即死。居士生疑。佛言。無罪。從今日好用心作。勿令殺人。△又一居士日暮入嶮道。値賊。賊欲取之。捨賊而走。墮岸下織衣人上。織師即死。居士生疑。佛言。無罪。△又一居士山上推石。石下殺人。生疑。佛言無罪。若欲推石時。當先唱石下令人知。

又一人病癰瘡。未熟。居士爲破而死。即生疑。佛言。癰瘡未熟若破者。人死是中罪可悔。雖無殺心。而有致死之理。故犯罪也。若破熟癰瘡死者無罪。癰瘡既熟。理應破故。△又一小兒喜笑。居士捉擊攊令大笑。故便死。居士生疑。佛言。戲笑故不犯殺罪。從今不應復擊攊人令笑。不應。便是小可悔罪。△又一人坐以衣自覆。居士喚言起。是人言勿喚我。起便死。復喚言起。起便即死。居士生疑。佛言。犯中罪可悔。初喚。無罪。第二喚。犯中罪也。

盜戒第二

五戒相經箋要

佛告諸比丘。優婆塞以三種取他重物。犯不可悔。一者用心。二者用身。三者離本處。△用心者。發心思惟欲爲偸盜。△用身者。用身分等取他物。△離本處者。隨物在處。舉著餘處。

盜戒以六緣成不可悔。一他物。二他物想。三盜心。四興方便取。五直五錢。西域一大錢。直此方十六小錢。五錢。則是八十小錢。律攝云。五磨灑。每一磨灑。八十貝齒。則是四百貝齒。滇南用貝齒五箇。準銀一釐。亦是八分銀子耳。六離本處。今云取他重物。即是他物。他物想。直五錢之三緣。用心即是盜心。用身即是興方便取。離本處即第六緣。六緣具足。失無作戒體也。

五戒相經箋要

復有三種取人重物。犯不可悔罪。一者自取。二者教他取。三者遣使取。△自取者。自手舉離本處。△教他取者。若優婆塞教人言盜他物。是人隨意取離本處時。△遣使者。語使人言。汝知彼重物處不。答言知處。遣往盜取。是人隨語取離本處時。

此三種取。皆辨所興方便不同。同以六緣成重也。

復有五種取他重物。犯不可悔。一者苦切取。二者輕慢取。三者詐稱他名字取。四者强奪取。五者受寄取。

此五種取。亦是方便不同。同以六緣成重也。

重物者。若五錢。若直五錢物。犯不可悔。

此正釋五錢以上皆名爲重物也。不論何物。但使本處價直八分銀子。取離處時。卽犯不可悔罪。

若居士知他有五寶若似五寶。以偷心選擇。而未離處。犯可悔罪。(未具六緣。得方便罪。) 若選擇已取離本處直五錢者。犯不可悔。(已具六緣。便失戒體。不論受用與不受用。)

五寶卽五金。所謂金銀銅鐵錫也。似者像也。以金銀等作諸器具名爲似寶。若未成器諸金銀等名爲生寶。故云生像金銀寶物。謂一者生金銀寶物。二者像金銀寶物也。或云七寶。準例可知。

離本處者。若織物異繩名異處。若皮若衣一色名一

處。異色名異處。△若衣皮牀。一色名一處。異色名異處。△若毛蓐者。一重毛名一處。一色名一處。異色名異處。是名諸處。

且如毛蓐自物。放一重上。他物放二重上。或自物放一色上。他物放異色上。今取他物離彼二重。置一重中。離彼異色。置一色中。則令他人生失物想。故爲離處。而具六緣。更犯不可悔也。

居士爲他擔物。以盜心移左肩著右肩。移右手著左手。如是身分名爲異處。

左肩右肩等例皆如是。若無盜心。則雖左右數移。豈有罪哉。

車則輪軸衡軛。△船則兩舷前後。△屋則梁棟椽桷四隅及奧。皆名異處。以盜心移物著諸異處者。皆犯不可悔。

衡轅前橫木。所以駕馬。軛轅前橫木所以駕牛。舷音弦。船之邊也。負棟曰梁。屋脊曰棟。椽桷音傳角。皆屋椽也。

盜水中物者。人筏材木。隨水流下。居士以盜心取者。犯不可悔。若以盜心捉木令住。後流至前際。(卽名離處。) 及以盜心沈著水底。(亦名離處。) 若舉離水時。(亦名離處。) 皆犯不可

五戒相經箋要

悔。△復次有主池中養鳥。居士以盜心按著池水中者。犯可悔罪。(未離彼處故。) 若舉離池水。犯不可悔。(離彼處故。) △若人家養鳥。飛入野池。以盜心舉離水。(是爲離處。) 及沈著水底。(亦名離處。) 皆犯不可悔。

又有居士內外莊嚴之具。在樓觀上。諸有主鳥銜此物去。以盜心奪此鳥者。犯不可悔。(具六緣故。) 若見鳥銜寶而飛。以盜心遙待之時。犯中可悔。(方便罪也。) 若以呪力令鳥隨意所欲至處。犯不可悔。(具六緣故。) 若至餘處。犯中可悔。(亦方便罪。) △若有野鳥銜寶而去。居士以盜心奪野鳥取。犯中可悔。(雖非有主物。從盜心結罪。) 待野鳥時犯小可悔。△又

諸野鳥銜寶而去.諸有主鳥奪野鳥取.居士以盜心奪有主鳥取.犯不可悔。具六緣故。從鳥主邊得罪.若待鳥時.犯中可悔。是方便罪。餘如上說.△又諸有主鳥銜寶物去.爲野鳥所奪。是無主也。居士以盜心奪野鳥取.犯中可悔.亦從盜心結罪。若待鳥時.亦犯中可悔。準上.應小可悔。中字恐誤。不則上亦應云中可悔也。餘亦同上.

若居士蒱博.以盜心轉齒.勝他.得五錢者.犯不可悔。

賻錢爲戲.名摴蒱.雙陸.戲名.六博.賭賻.家所用.馬子及圍棋子.象棋子.骰子之類.皆名爲齒。轉齒者.偷棋換著.乃至用藥骰子等也。準優婆塞戒經及梵網經.則蒱博等事.亦犯輕垢.今但受五戒者.容可不犯.而轉齒勝他.全是盜心.故犯重也。

五戒相經箋要

若有居士.以盜心偷舍利.犯中可悔。不可計價直故。若以恭敬心而作是念.佛亦我師.淸淨心取者.無犯。△若居士以盜心取經卷.犯不可悔.計直輕重。所盜經卷若直五錢以上。則不可悔。若減五錢.中可悔也。

夫盜田者.有二因緣奪他田地。一者相言.即告狀於官府也。二者作相。即立標示界限相也。若居士爲地故.言他得勝。若作異相.過分得地。直五錢者.犯不可悔。

有諸居士.應輸估稅而不輸.至五錢者.犯不可悔。△復有居士至關稅處.語諸居士.汝爲我過此物.與汝半稅。爲持過者.違稅五錢.犯不可悔。△居士若示人異道.使令失稅.物直五錢.犯中可悔。若稅處有賊及惡獸.或飢餓.故示異道.令免斯害.不犯。

又有居士與賊共謀.破諸村落.得物共分.直五錢者.犯不可悔。

五戒相經箋要

盜無足衆生者.蛭蟲.蛭音質.水蟲也。于投羅蟲等.未見翻譯。人取舉著器中.居士從器中取者.犯不可悔。選擇如上。

盜二足三足衆生者.人及鵝雁鸚鵡鳥等.是諸鳥在籠樊中.若盜心取者.犯不可悔.餘如上說.△盜人有二種。一者擔去.二者共期。若居士以盜心擔人著肩上.人兩足離地.犯不可悔。若共期行過二雙步.犯不可悔。餘皆如上說。

五戒相經箋要

盜四足者.象馬牛羊也。人以繩繫著一處.以盜心牽將過四雙步.犯不可悔。△若在一處臥.以盜心驅起過四雙步.犯不可悔。△多足亦同。△若在牆壁籬障內.以盜心驅出過羣.四雙步者.犯不可悔.餘如上說.△若在外放之.居士以盜心念.若放牧人入林去時.我當盜取。發念之機.犯中可悔。△若殺者.自同殺罪。殺已.取五錢肉.犯不可悔.

復有七種。一非己想、二不同意。三不暫用。四知有主。五不狂。六不心亂。七不病壞心。此七者取重物、犯不可悔。取輕物、（四錢以下。）犯中可悔。△又有七種。一者己想。（謂是己物。）二者同意。（素相親厚，聞我用時，其心歡喜。）三者暫用。（不久即還本主。）四者謂無主。（不知此物有人攝屬。）五狂。六心亂。七病壞心。此七者取物無犯。

有一居士，種植蘿蔔。又有一人來至園所。居士言。與我蘿蔔。居士問言。汝有價耶。為當直索。答言。我無價也。居士曰。若須蘿蔔。當持價來。我若但與汝者。何以供朝夕之饍耶。客言。汝定不與我耶。主曰。吾豈得

與汝。客便以呪術令菜乾枯。廻自生疑。將無犯不可悔耶。往決如來。佛言。計直所犯可悔不可悔。莖葉華實皆與根同。

有一人在祇洹間耕墾，脫衣著田一面。時有居士四望無人，便持衣去。時耕者遙見，語居士言。勿取我衣。居士不聞，猶謂無主，故持衣去。耕人即隨後捉之，語居士言。汝法應不與取耶。居士答言。我謂無主故取之耳。豈法宜然。耕人言。此是我衣。居士言曰。是汝衣者便可持去。居士生疑。我將無犯不可悔耶。即往佛所諮質此事。佛知故問。汝以何心取之。居士白言。謂

言無主。佛言。無犯。自今而後取物者善加籌量。或自有物、雖無人守而實有主者也。

若發心欲偷未取者、犯下可悔。取而不滿五錢者、犯中可悔。取而滿五錢、犯不可悔。

欲偷未取、下可悔。遠方便也。取而未離處、中可悔。近方便也。文缺略。不滿五錢、中可悔、未失戒也。滿五錢、不可悔、已失戒也。失戒須取相懺、例如殺戒中說。所有世間性罪、償足自停。較殺業稍輕耳。

婬戒第三

佛告諸比丘、優婆塞、不應生欲想欲覺、尚不應生心、

何況起欲恚癡結縛根本不淨惡業。

於欲境界安立名言、名為欲想。於欲境界忽起尋求、名為欲覺。由欲不遂而起於恚。欲之與恚同依於癡。三毒既具、則為一切結縛根本。違清淨行、能招此世他世苦報、故名不淨惡業也。

是中犯邪婬有四處。男女黃門二根。女者。人女、非人女、畜生女。男者。人男、非人男、畜生男。黃門二根、亦同於上類。

若優婆塞與人女非人女畜生女三處行邪婬、犯不可悔。△若人男非人男畜生男黃門二根、二處行婬、

犯不可悔。

若發心欲行婬未和合者，犯下可悔。（遮方便也。）若二身和合止不婬，犯中可悔。（近方便也。）

婬戒以三緣成，不可悔：一婬心，謂如飢得食，如渴得飲，不同熱鐵入身、臭屍繫頸等。二是道，謂下文所明三處。三事遂，謂入如胡麻許，即失戒也。

若優婆塞婢使已配嫁有主，於中行邪婬者，犯不可悔，餘輕犯如上說。三處者，口處、大便、小便處，除是三處，餘處行欲，皆可悔。△若優婆塞婢使未配嫁，於中非道行婬者，犯可悔罪，後生受報罪重。

婢使未配嫁，則未有他主，若欲攝受，便應如法以禮定名，為妾為妻，皆無不可。若非道行婬，壞其節操，致使此女喪德失貞，故雖不失戒體，而後報罪重。所謂損陰德者，幽冥所深惡也。

若優婆塞有男子僮使人等，共彼行婬二處，犯不可悔罪，餘輕犯罪同上說。

若優婆塞共婬女行婬，不與直者，犯邪婬不可悔；與直無犯。

若人死乃至畜生死者，身根未壞，共彼行邪婬，女者三處，犯不可悔，輕犯同上說。

若優婆塞自受八支（謂一日一夜八關戒齋），行婬者，犯不可悔。八支無復邪正，一切皆犯。

若優婆塞雖都不受戒，犯佛弟子淨戒人者，雖無犯戒之罪，然後永不得受五戒乃至出家受具足。

佛弟子淨戒人，謂比丘、比丘尼、式叉摩那、沙彌、沙彌尼、優婆塞、優婆夷也。乃至已妻受八支戒日，亦不得犯，犯者同名破他梵行。

問：犯他淨行，固名重難，設有反被受戒人所誘者，是遮難否？或不知誤犯，後乃悔恨，誠心發露，許受五戒及出家否？答：若知彼已受戒，便不應妄從其

誘，然既被誘，罪必稍減。不知誤犯，理亦應然。但懺悔之方，決非輕易，應須請問威德重望、深明律學者，乃能滅此罪耳。

佛告諸比丘：吾有二身，生身、戒身。若善男子為吾生身起七寶塔，至於梵天，若人虧之，其罪尚有可悔；虧吾戒身，其罪無量，受罪如伊羅龍王。

此結示淨戒不可虧犯也。戒身即法身，佛以戒、定、慧、解脫、解脫知見為法身，故以此戒法，師師相授，即是如來法身常住不滅。若或自破梵行，或復破他梵行，則是破壞如來法身，故較破壞生身舍利

塔罪爲尤重也。伊羅龍王，具云伊羅跋羅，亦云伊羅鉢，伊羅，樹名，此云臭氣，跋羅，此云極，謂此龍王昔爲迦葉佛時比丘，不過以瞋恚心故，犯折草木戒，不知懺悔。遂致頭上生此臭樹，苦毒無量，況殺盜婬妄根本重戒而可犯乎。然殺盜二戒，稍有慈心廉退者，猶未肯犯，獨此婬戒，人最易犯，故偏於此而結示也。然犯戒之罪，既有重於壞塔，則持戒之福，不尤重於起塔耶。幸佛弟子思之。

妄語戒第四

佛告諸比丘，吾以種種訶妄語，讚歎不妄語者，乃至

戲笑尚不應妄語，何況故妄語。

是中犯者，若優婆塞不知不見過人聖法，自言我是羅漢，斷三界煩惱盡。向羅漢者，斷無色界思惑將盡。犯不可悔。若言我是阿那含，斷欲界煩惱盡。斯陀含，斷欲界六品惑。若須陀洹，斷見惑盡。乃至向須陀洹，世第一後心，具足八忍智少一分。若得初禪，離生喜樂五支功德相應。第二禪，定生喜樂四支功德相應。第三禪，離喜妙樂五支功德相應。第四禪，捨念清淨四支功德相應。若得慈悲喜捨無量心，若得四無色定，所謂虛空定，識處定，無所有處定，非想非非想處定。若得不淨觀，阿那般那念。此云遣來遣去，即入息出息也。此二觀乃佛法二甘露門。但應修習，不應云得。諸天來到我所，諸龍，夜叉，捷疾鬼。薜荔，亦云閉麗

多。此翻祖父鬼。毗舍闍，噉精氣鬼。鳩盤茶，甕形厭魅鬼。羅刹，可畏鬼。來到我所。彼問我，我答彼，我問彼，彼答我，皆犯不可悔。

此大妄語以五緣成不可悔。一所向人，二是人想，三有欺誑心，四說重具，即羅漢乃至羅刹來到我所等，五前人領解。若向聾人，癡人，不解語人說，及向非人畜生等說，並屬中可悔罪也。

若本欲言羅漢，誤言阿那含者，犯中可悔。餘亦如是犯。未遂本心故也。△若優婆塞人問言，汝得道耶，若默然，若以相示者，皆犯中可悔。未了了故。乃至言旋風土鬼來至我所者，犯中可悔。準十誦律。未得外凡，

別總相念，妄言已得。戒未清淨，妄言持戒清淨。未曾讀誦經典，妄言讀誦等。並犯中可悔罪。

若優婆塞實聞而言不聞，實見而言不見，疑有而言無，無而言有，如是等妄語皆犯可悔。更有兩舌，惡口，綺語，並皆犯罪。但不失戒，故云可悔。非謂無性罪也。

若發心欲妄語，未言者，犯下可悔。遠方便也。言而不盡意者，犯中可悔。或誤說，或說不了了，僅名近方便罪也。若向人自言得道者，便犯不可悔。

若狂，若心亂，不覺語者，無犯。

酒戒第五

佛在支提國跋陀羅婆提邑，未見翻譯。是處有惡龍，名庵

婆羅提陀。（未見翻譯。）兇暴惡害。無人得到其處。象馬牛羊，驢騾駱駝，無能近者。乃至諸鳥不得過上。秋穀熟時，破滅諸穀。長老莎伽陀，（或云槃陀伽，或云般陀。此翻小路邊生，又翻繼道。往昔慳法，又喜飲酒。今生愚鈍，一百日中不誦一偈。佛令調息，證阿羅漢。）遊行支提國，漸到跋陀羅婆提。過是夜已，晨朝著衣持鉢，入村乞食。乞食時，聞此邑有惡龍，名庵婆羅提陀，兇暴惡害。人民鳥獸，不得到其住處。秋穀熟時，破滅諸穀。聞已，乞食訖，到庵婆羅提陀龍住處。泉邊樹下，敷坐具大坐。龍聞衣氣，即發瞋恚，從身出煙。長老莎伽陀，即入三昧，以神通力，身亦出煙。龍倍瞋恚，身上出火。莎伽陀復

入火光三昧，身亦出火。龍復雨雹。莎伽陀即變雨雹，作釋俱䴵，髓䴵，波波羅䴵。龍復放霹靂。莎伽陀即變作種種歡喜丸䴵。龍復雨弓箭刀矟。莎伽陀即變作優鉢羅華，（此云青蓮。）波頭摩華，（此云紅蓮。）拘牟陀華。（此云黃蓮。）時龍復雨毒蛇，蜈蚣，土虺，蚰蜒。莎伽陀即變作優鉢羅華瓔絡，瞻蔔華瓔絡，婆師華瓔絡，阿提目多伽華瓔絡。（瞻蔔此云黃華。婆師此云夏生華，又翻雨華，雨時方生。阿提目多伽舊云善思夷華，或翻龍甜華。）如是等龍所有勢力，盡現向莎伽陀。如是現德已，不能勝故，即失威力光明。長老莎伽陀，知龍勢力已盡，不能復動。即變作細身，從龍兩耳入，從兩眼出。兩眼出

已從鼻入，從口中出。在龍頭上，往來經行，不傷龍身。爾時龍見如是事，心即大驚怖畏，毛豎，合掌向長老莎伽陀言。我歸依汝。莎伽陀答言。汝莫歸依我。當歸依我師，歸依佛。龍言。我從今歸三寶，知我盡形作佛優婆塞。是龍受三自歸，作佛弟子已，更不復作如先兇惡事。諸人及鳥獸，皆得到其所。秋穀熟時，不復傷破。如是名聲流布諸國。長老莎伽陀，能降惡龍，折伏令善。諸人及鳥獸，得到龍宮。秋穀熟時，不復破傷。因長老莎伽陀名聲流布，諸人皆作食傳請之。是中有一貧女人，信敬請長老莎伽陀。莎伽陀默然受已。是

五戒相經箋要

女人爲辦名酥乳糜，受而食之。女人思惟，是沙門噉是名酥乳糜，或當冷發。便取似水色酒，持與是莎伽陀。不看，飲。飲已，爲說法，便去。過向寺中。爾時闇酒勢便發，近寺門邊，倒地。僧伽黎衣，等漉水囊，鉢，杖，油囊，革屣，鍼筒，各在一處。身在一處，醉無所覺。爾時佛與阿難，（此云歡喜。佛之堂弟，佛成道時生。爲佛侍者。又翻慶喜，又翻無染。）遊行到是處。佛見是比丘，知而故問阿難。此是何人。答言。世尊。此是長老莎伽陀。佛即語阿難。是處爲我敷坐牀，辦水，集僧。阿難受教，即敷坐牀，辦水，集僧已。往白佛言。世尊。我已敷牀，辦水，集僧。佛自知時。佛即洗足坐，問諸

比丘。曾見聞有龍、名庵婆羅提陀。兇暴惡害。先無有人到其住處。象馬牛羊驢騾驝駝、無能到者。乃至諸鳥、無敢過上。秋穀熟時、破滅諸穀。善男子莎伽陀、能折伏令善。今諸人及鳥獸、得到泉上。是時衆中有見者言見。世尊。聞者言聞。世尊。佛語比丘。於汝意云何。此善男子莎伽陀、今能折伏蝦蟇不。答言不能。世尊。佛言。聖人飲酒、尚如是失。何況俗凡夫。如是過罪。若過是罪、皆由飲酒故。從今日若言我是佛弟子者、不得飲酒。乃至小草頭一滴、亦不得飲。佛種種訶責飲酒過失已。告諸比丘。優婆塞不得飲酒。

酒者、有二種。穀酒、木酒。穀酒可知。木酒者、或用根莖葉華果、用種種子、諸藥草、雜作酒。酒色、酒香、酒味、飲能醉人、是名爲酒。若優婆塞嘗咽者、亦名爲飲、犯罪。若飲穀酒、咽咽犯罪。若飲酢酒、隨咽咽犯。若飲甜酒、隨咽咽犯。若噉麴能醉者、隨咽咽犯。若噉滴糟、隨咽咽犯。若飲酒澱、隨咽咽犯。若飲似酒、酒色、酒香、酒味、能令人醉者、隨咽咽犯。若但作酒色、無酒香、無酒味、不能醉人、及餘飲、皆不犯。

酢、謂味酸也。但是飲之能醉、不論味酸味甜、皆悉犯罪。麴者、作酒之藥。滴糟者、即今燒酒。酒澱者、澱音殿。酒之滓垽音印。似酒者、果漿等變熟之後、亦能醉人。此酒戒但是遮罪、爲防過故、與前四根本戒同制。三緣成犯。一是酒。謂飲之醉人。二酒想。謂知是酒、或酒和合。三入口咽咽。結可悔罪也。若食中不知有酒、或酒煮物、已失酒性、不能醉人者、並皆無犯。

佛說優婆塞五戒相經箋要竟

補釋

補釋經義、分別三章。一引律釋文。二立表辨相。三別錄旁義。初引律者。凡經文脫略、譯言未融。支舉其要、引大律文以爲補釋。使昭然易喻、尋覽無惑。二立表者。犯相境想開緣、經文箋要、併有闕略。後學遲疑、莫知所擬。故綴集增補、列爲圖表。初心之侶、儻有微益。三別錄者。或引前識、或率私臆。略補其遺趣、使易了。豈曰能盡持犯之概、差見可耳。

第一章　引律釋文

第五葉第六行文云。無煙火坑殺、他核殺、作穽殺。大律作憂多殺、頭多殺、作羂殺。

同第十三行、文云。若口說。大律作若心念若口說。

第六葉第七行已下。大律委辨頭多殺乃至撥殺。律文甚繁今錄其概。頭多殺者有二種。一者地。二者木。地頭多者若作坑埋人脚踝等、令象等蹴蹋。木頭多者、穿木作孔若析人脚杻手枷頸。令象等蹴蹋。弶殺者、知是人從此道來、於中依樹等施弶。羂殺者施羂。撥殺者施機撥、亦如是。

第九葉第一行、文云。乃至母胎中初得二根、身根命根加羅邏時。大律作乃至胎中初得二根者、謂身根命根迦羅羅時、

第十葉第四行。文云。自奪命已下、準大律、應有不因死者中罪可悔句。

同第六行。文云。隨藥飲食。大律作隨病飲食、

第十三葉第二行。文云。在屋上住。大律住作作。

第十四葉第三行。文云。用身分等、取他物。大律作若手若脚若頭若餘身分取他人物。

同第十三行。文云。是人隨意取。大律作是人隨語、卽偷奪取。

第十五葉第三行已下、大律分別爲地處、上處、虛空處、乘處、車處、船處、水處、田地、僧坊處、身上處、關稅處、共期處、無足處、二足處、四足處、多足處。此節屬地處。大律云。如人有五寶、若似五寶、在地。

同第十行。此節並下文屋則梁棟椽桷四隅及奧句屬上處。文多脫略、未易了解。大律云。上處者、若細陛繩牀、麤陛繩牀、蓐等、被等、樹上處、屋上處。悉名爲上處。細陛繩牀處者、謂脚處足處乃至上頭處。若以繩織、異繩名異處。若皮若衣

覆、一色名一處、異色名異處。如是諸處、有五寶若似五寶、以偷奪心取、若選擇時、罪悉如上說。麤陛繩牀處者、若一板名一處。若皮若繩若衣覆、異繩名異處。餘如上說。蓐者、一種毛、一種名一處。表處裏處、一色名一處、異色名異處。是諸處有五寶若似五寶等、廣如上說。乃至屋上處者、謂門間處向處及梁椽處等、一桄名一處。是諸處有五寶若似五寶等、廣如上說。

同第十八行。文云。居士爲他擔物等。屬身上處。大律云。身上諸處、謂脚處乃至頭處。以偷奪心

取是衣囊。從此處移著彼處者。犯重。
第十六葉第二行。文云。車則輪軸橫軛句。屬車處。大律云。車處者。犢車等數種。犢車處者。謂輻輞轅轂箱處欄楯處。是諸處有五寶若似五寶等。廣如上說。
同。文云。船則兩舷前後句。屬船處。大律云。船處者。單槽船等數種。單槽船處者。兩舷處兩頭處等。是諸處有五寶若似五寶等。廣如上說。
同第八行。此節屬水處。
同第十一行。文云。按著池水中者。大律作若沈著水底。與次段文同而結罪異。闕疑。
同第十五行。此節屬虛空處。
第十七葉第五行。文云。若待鳥時。亦犯中可悔。註云。準上應小可悔。中字恐誤。今檢大律云。以偷奪心奪野鳥取。偷蘭遮。若待鳥時突吉羅。準是律義。此文中可悔應是小可悔。
同第十七行。此節屬田處。
同第二十行。此節屬關稅處。
第十八葉第一行已下二段。文多脫略。大律云。若估客語與過是物。與過者。是稅物直五錢。犯

不可悔。（因隨敎盜者亦同犯故。）若估客到關。邏語與過是物。稅直當與半與過者。亦爾。若云稅直盡與汝者。亦爾。又云。若估客到關。示異道令過。斷官稅物。是稅物直五錢。犯不可悔。若估客未到關。示異道令過。斷官稅物。是稅物直五錢。犯中可悔。
同第五行。此節屬共期處。
同第七行。此節屬無足處。文云。蛭蟲于投羅蟲等。大律作蟦蟲千頭羅蟲。
同第九行。此節屬二足處。
同第十二行。文云。人兩足離地。大律作過二跡。
同。文云。二雙步。麗藏本及一切經音義皆作二叟步。大律作二跡。
同第十四行。此節屬四足處。並多足處。
第二十葉第十行。文云。不應生欲想欲覺。律論釋云。欲想者。身口不動。但心想女人。欲覺者。心旣瞢醉。身體瞢瞢。
第二十七葉第十五行。文云。滴糟。麗藏本作酒糟。大律亦爾。
同第十六行。文云。似酒酒色。麗藏本似字下無酒字。大律亦爾。

第二章　立表辨相

辨相中。初列犯相。次標境想。三明開緣。今初。

罪分上中下三品。殺盜婬妄四戒。皆具三品。飲酒一戒。唯有中下二品。故先後別列。

	上品不可悔根本罪
一殺	殺人命斷。（若殺生身父母阿羅漢聖人。即犯逆罪。）
二盜	取他物直五錢。
三邪婬	入道。（女有三處。男有二處。）
四妄語	向人說證果乃至羅剎來到我所等彼領解。

	中品可悔近方便罪	下品可悔遠方便罪
一殺	殺人不死。（若後因是死者。仍犯不可悔罪。）	發心欲殺人而未殺。
二盜	取而未離處。	發心欲盜而未取。
三邪婬	二身和合止而不婬。	發心欲婬而未婬。
四妄語	誤說而未遂本心。說不了了。前人未了解。向聾瘂不解語者說。	發心欲妄語而未言。

	中品可悔等流罪	下品可悔等流罪
一殺	殺天龍鬼神。（殺不死。下品可悔方便罪。）	殺畜生。（殺蟣蝨蚊蟲等。及用有蟲水者。亦爾。）
二盜	取他物直不滿五錢。	取他物直三錢已下。
三邪婬	入餘處。（非道。）	
四妄語	向天龍鬼神說。或向解語畜生說證果等彼領解。向人說旋風土鬼來至我所。（旋風土鬼。次於羅剎等。故爲等流。）小妄語。又兩舌惡口綺語等。（若言不了了者。犯下品可悔方便罪。）	向不解語畜生說證果等。

	中品可悔根本罪
五飲酒	凡作酒色。酒香。酒味。（或闕一。或闕二。）飲之能醉人者。

	下品可悔方便罪
五飲酒	欲飲而未咽。

	下品可悔等流罪
五飲酒	凡作酒色。酒香。酒味。飲之不能醉人者。（但是酒。）

次標境想

一　殺

- 人
  - 人想。
  - 人疑。
  - 非人想。
- 非人
  - 人想。
  - 非人疑。
  - 非人想。

人想、人疑——上品不可悔。

非人想、人想、非人疑、非人想——中品可悔。非人者。天龍鬼神。若畜生。屬下品可悔。

二　盜

- 他物
  - 他物想。
  - 他物疑。
  - 非他物想。
- 非他物
  - 他物想。
  - 非他物疑。
  - 非他物想。

他物想、他物疑——上品不可悔。且約直五錢已上物。

非他物想、他物想、非他物疑——中品可悔。

非他物想——無犯。

三　邪婬

- 道
  - 道想。
  - 道疑。
  - 非道想。
- 非道
  - 道想。
  - 非道疑。
  - 非道想。

道想、道疑——上品不可悔。

非道想、道想、非道疑、非道想——中品可悔。

四　妄語

- 向人
  - 人想。
  - 人疑。
  - 非人想。
- 向非人
  - 人想。
  - 非人疑。
  - 非人想。

人想、人疑——上品不可悔。且約大妄語。

非人想、人想、非人疑、非人想——中品可悔。

五 飲酒

- 酒
  - 酒想。
  - 酒疑。
  - 非酒想。
- 非酒
  - 酒想。
  - 非酒疑。
  - 非酒想。

酒想。酒疑。——中品可悔。

非酒想。酒想。——下品可悔。

非酒疑。非酒想。——無犯。

三明開緣。

一 殺

- 無殺心而誤致死。如經中廣說。
- 狂亂壞心。見糞而捉，如栴檀無異，見火亦捉，如金無異。乃名為狂。

——無犯。

二 盜

- 與想。謂彼已與己。
- 己想。謂是己物。
- 同意。亦云親厚想。業疏親厚。謂我用時。其心歡喜。
- 暫用。不久即還本主。
- 謂無主。亦云糞掃想。不知此物有人攝屬。
- 狂亂壞心。

——無犯。

三 邪婬

- 為怨家所執。如熱鐵入身等。惟苦無樂。
- 熟睡不覺知。
- 狂亂壞心。

——無犯。

四　妄語

向人說證果等法，不言自證。
誤說。（欲說他事，而誤說證果等。）
戲笑說等。
狂亂壞心。
——無犯。

唐南山律師云。戲笑說等，雖不犯重，而犯輕罪。以非言說之儀軌故也。

菩薩戒本云。又如菩薩爲多有情解脫命難，囹圄縛難，刖手足難，劓鼻刵耳剜眼等難，雖諸菩薩爲自命難，亦不正知說於妄語，然爲救脫彼有情故，知而思擇，故說妄語。以要言之，菩薩唯觀有情義利，非無義利，自無染心，惟爲饒益諸有情故，覆想正知而說異說，說是語時，於菩薩戒無所違犯，生多功德。文 小乘律中雖無此文。若爲解脫命難等，亦宜準是開聽。

五　飲酒

食中不知有酒而誤飲。
或酒煮物，已失酒性，不能醉人。
病時，餘藥治不瘥，以酒爲藥。
以酒塗瘡。
狂亂壞心。
——無犯。

宋靈芝律師云。餘藥不治，酒爲藥者，非謂有病即得飲也。須徧以餘藥治之不瘥，方始服之。

第三章　別錄旁義

若已受五戒而毀犯者，皆結突吉羅（新譯作突色訖里多。）罪。分其輕重，爲上中下三品。突吉羅，此云惡作。佛說犯戒罪輕重經云，若無慙媿，輕慢佛語，犯是者，如四天王壽五百歲，墮泥犁中，於人間數九百千歲。涅槃經云，若言如來說突吉羅，如上歲數入地獄者，並是如來方便怖人。如是說者，當知決定是魔經律，非佛所說。

第三葉第四行釋云，殺戒以五緣成不可悔等，是謂具支成犯，以諸戒結罪，皆須具足支緣方成犯事。若盡具者，卽成上品不可悔罪。若闕一二者，是中下品可悔罪。

見他人殺而歡喜者，亦犯下品可悔罪。若見他殺有力應救，設力不能救者，應起慈心，念佛持呪，祝令解冤釋結，永斷惡緣。

五戒之中，小乘與大乘異者，惟是殺戒，頗多差別。大乘殺畜生者，天台義疏結罪雖有二途，而靈峯毘尼事義集要唯用其一。謂大士殺傍生，亦犯重罪。因受菩薩戒者，必已發菩提心，自應了知衆生同有佛性，慈悲愛愍，如子如身，豈可

輕視傍生，橫加殺害，故單用結重一途也。（文）今人唯受五戒，雖不結重，應生慈心，善行救護。

若借人物，久而不還，迴為已有者，卽得盜罪。律載盜罪最繁，多至數卷，可見是戒護持非易。（今人付郵政局寄信時，以紙幣加入信內。寄印刷物時，以信加入印刷物內。悉犯盜稅罪。）

第二十一葉第十七行文云：共婬女行婬，與直無犯，應是不犯上品不可悔罪。然戕身敗德，寧謂無過，思之。

若己之妻妾有娠時，乳兒時，及非婬根處而交遘者，亦名邪婬。如智論廣說。（準義應是可悔罪。）

律論云：若長老聞此不淨行，愼勿驚怪。何以故？如來憐愍我輩，為結戒故，說此惡言。若不說者，云何得知罪之重輕。若法師為人講，聽者愼勿露齒笑。若有笑者，驅出。何以故？佛憐愍衆生，金口所說，汝等應生慙媿心而聽，何以笑。

五戒相經箋要補釋

妄語戒正制大妄語，兼制小妄語。小妄語者，如經云：實聞而言不聞等，應犯中品可悔罪。

又兩舌、惡口、綺語，亦並犯中品可悔罪。兩舌者，向此說彼，向彼說此，構起是非，乖離親友。惡口者，罵詈呪咀，令他不堪。綺語者，無義無利，世俗浮辭，增長放逸，忘失正念。

五戒相經箋要補釋

口說出家在家菩薩、比丘、比丘尼罪過，梵網經及優婆塞戒經悉結重罪。不論說者實不，倂犯。今五戒中，雖不結重，彌須愼護，心生大懼。

若為利養故，種種讚歎他戒定慧解脫解脫知見成就，而密以自美；若為利養故，坐起行立，言語安詳，以此現得道相，欲令人知，悉犯中品可悔方便罪。

若教他人飲酒者，咽咽二俱結罪。咽咽結罪者，隨一咽結一罪，多咽結多罪。

宋靈芝律師云。此方多有糟藏之物。氣味全在。猶能醉人。世多貪噉。最難節約。想西竺本無。故教所不制。準前糟麯足爲明例。有道高士。幸宜從急。

新集受三歸五戒八戒法式凡例

一五戒八戒當分屬於小乘然欲秉受戒品應發大菩提心未可獨善一身偏趣寂滅雖開遮持犯不異聲聞而發心起行宜同大士淸信之侶幸其自勉

一歸戒功德經論廣讚汎言果報局在人天故須勤修淨行期生彌陀樂土宋靈芝元照律師云一者入道須有始二者期心必有終言有始者卽須受戒專志奉持令於一切時中對諸塵境常憶受體著衣喫飯行住坐臥語默動靜不可暫忘也言其終者謂歸心淨土決誓往生也以五濁惡世末法之時惑業深纏慣習難斷自無道力何由修證故釋迦出世五十餘年說無量法應可度者皆悉已度其未度者皆亦已作得度因緣因緣雖多難爲造入唯淨土法門是修行徑路故諸經論偏讚淨土佛法滅盡惟無量壽經百年在世十方勸贊信不徒然

一受歸戒者應於出家五衆邊受（出家五衆者苾芻苾芻尼式叉摩那沙彌沙彌尼）然以從大僧受者（大僧者苾芻苾芻尼）爲通途常例必無其人乃依他衆（依成實論及大智度論皆開自受八戒靈芝濟緣記云成智二論並開自受文約無師義兼緣礙靈峯云受此八關齋法須一出家人爲作證明不問大小兩乘五衆但令畢世不非時食者便可爲師設數里內決無其人或可對經像前自誓秉受耳）

一受歸戒者若依律制應於師前一一別受其有多衆併合一時受者蓋爲難緣非是常制有部毗柰耶雜事云如來大師將入涅槃五百壯士願受歸戒時阿難陀作如是念彼諸壯士於世尊處一一別受近事學者時既淹久妨廢圓寂我今宜請與彼一時受其學處（文）準斯明文若無難緣未可承用

一受歸戒時授戒者說受者隨語西國法式唯斯一途唐義淨三藏云准如聖教及以相承並悉隨師說受戒語無有師說直問能不戒事非輕無容造次（是編專宗有部與他律論之說小有歧異學者亦毋因是疑謗他宗以各被一機並契聖教也）

一諸餘經論有云不能具受五戒者一分二分得受若依薩婆多毗尼毗婆沙說謂不具受者不得戒彼云問曰凡受優婆塞戒設不能具受五戒若受一戒乃至四戒受得戒不答曰不得若不得者有經說有少分優婆塞多分優婆塞滿分優婆塞此義云何答曰所以作是說者欲明持戒功德多少不言有如是受戒法也靈峯亦云若四分三分等

既未全受但可攝入出世福業未可名戒學也文準斯而論今人欲受戒者當自量度必謂力弱心怯不堪致遠未妨先受一分乃至四分若不爾者應具受持乃可名爲戒學豈宜畏難失其勝利

一今人乞師證明受歸依者輒稱歸依某師俗例相承沿效莫返循名覈實頗有未安以所歸依者爲僧伽非唯歸依某師一人故靈峯云歸依僧者則一切僧皆我師也今世俗士擇一名德比丘禮事之竊竊然矜曰吾某知識某法師門人也彼知識法師者亦竊竊然矜曰彼某居士某宰官歸依於我者也噫果若此則應曰歸依佛歸依法結交一大德可也可云歸依僧也與哉文 故已受歸依者於一切僧衆若賢若愚皆當尊禮爲師自稱弟子未可憍慢妄事分別

一今人受五戒已輒爾披五條衣手持坐具壞濫制儀獲罪叵測依佛律制必出家落髮已乃授縵條衣若五條衣唯有大僧方許披服今以白衣濫同大僧深爲未可（方等陀羅尼經云在家二衆入壇行道著無縫三衣無縫即是縵條非五衣也又成實論云聽畜一禮懺衣名曰鉢吒鉢吒即縵條也據經論言著縵條衣亦可聽許但準律部無是明文不著彌善）若坐具者梵言尼師但那舊譯作泥師壇此云坐具亦云臥具唯大僧用以襯氈席防其汙穢此土敷以禮拜蓋出訛傳大僧持之猶乖聖教況在俗衆誇亂甚矣（義淨三藏云尼師但那本爲襯替臥具恐有所損不擬餘用敷地禮拜不見有文故違聖言誰代當罪）

一既受戒已若犯上品重罪即不可悔若犯中品下品輕罪悉屬可悔宜依律制向僧衆前發露說罪罪乃可滅豈可妄談實相輕視作法靈峯云說罪而不觀心猶能決罪之流儻談理而不發露決難清罪之源若必恥作法而不肯奉行則是顧惜體面隱忍覆藏全未了知罪性本空豈名慧日又云世人正造罪時實是大惡不以爲恥向人發露善中之善反以爲羞甘於惡而苦於善遂成惡中之惡永無出期顛倒愚癡莫此爲甚文 今於篇末依有部律酌定說罪之文若承用時未可鋪綴儀章增減字句是爲聖制不須僭易

新集受三歸五戒八戒法式凡例

一末世已來受歸戒者多宗華山三歸五戒正範曲逗時機是彼所長惜其儀文少傷繁縟靈峯受三歸五戒法頗稱精要承用者希蓋可悵歎（陳隱顯譏此法）惟約受者自說而略錄之若師前受仍依華山尊釋斯言實出臆斷戒事法式宜遵聖敎若以西土常規目爲略錄別宗異制偏尙繁文是非濫殽若爲安可恐懷先惑聊復辨陳 是編集錄

悉承有部。(具云根本說一切有部。唐義淨三藏法師留學印度二十餘年。專攻此部。歸國已來。譯傳此部律文。凡十九部。近二百卷。精碻詳明。世稱新律。)宗彼律文。出其受法。簡捷明了。不逾數行。西土相傳。並依此制。匪曰泥古。且示一例。可用與否。願任後賢。

新集受三歸五戒八戒法式

永寧晚晴院沙門曇昉集

第一章　受三歸法

三歸者。以三寶為所歸。三寶者。佛法僧。歸依三寶者。翻無始邪心。歸三寶正覺。應示三寶境界。但創入道門。未諳法義。且示住持三寶。令寄心有所住。持三寶者。雕塑靈儀是佛寶。琅函玉軸是法寶。剃染稟戒為僧寶。應當志誠歸向。從今已後。盡此形命。誓依佛為師。誓學法藏。誓敬僧衆。(已上依靈芝芝苑遺編寫錄。少易數字。)三寶廣義。具如靈峯受三歸五戒法中委明。(受三歸依者。不應復信神仙鬼怪等。若欲卜筮決疑者。可依大灌頂經梵天神策百首行之。)

凡受五戒八戒者。皆須先受三歸。今依律文寫錄受法如左

先教求受三歸者。令禮敬已。在本師前蹲踞合掌。(義淨三藏云。蹲踞者。雙足履地。兩膝皆豎。攝斂衣服。勿令垂地。)師教云。汝隨我語。(已下皆授戒者說。受戒者隨語。)

阿遮利耶存念。(阿遮利耶。舊譯作阿闍黎。此云軌範師。凡授三歸五戒八戒之師。皆以是稱。今輒稱為和尚。大乘佛制。和尚新譯作鄔波馱耶。惟有與剃髮出家及授近圓戒者。乃可稱之。若此土叢林住持。應云寺主。今稱和尚。亦有未可。)我某甲始從今日乃至命存。歸依佛陀兩足中尊。歸依達摩離欲中尊。歸依僧伽諸

衆中尊。如是三說。

師云。

鄔箄迦。譯云好，或云爾。亦是方便義。由此聖教爲善方便能趣涅槃至安隱處。

答云。

娑度。譯云善。

第二章　受五戒法

五戒持犯之相具如優婆塞五戒相經箋要并補釋委明。今依律文寫錄受法如左。

先教求受戒者令禮敬已。在本師前蹲踞合掌。師教云。汝隨我語。已下皆授戒者說，受戒者隨語。

阿遮利耶存念。如諸聖阿羅漢。乃至命存。不殺生。不偸盜。不欲邪行。不虛誑語。不飲諸酒。我某甲始從今日。乃至命存。不殺生。不偸盜。不欲邪行。不虛誑語。不飲諸酒。亦如是。此卽是我五支學處。是諸聖阿羅漢之所學處。我當隨學隨作隨持。如是三說。

願阿遮利耶證知我是鄔波索迦。鄔波索迦，舊譯作優婆塞，此云近事男。受三歸依，乃可稱之。若女人者，改稱鄔波斯迦。舊譯作優婆夷，此云近事女。歸依三寶受五學處。

師云。

鄔箄迦。

答云。

娑度。

第三章　受八戒法

八戒或開爲九。以歌舞香鬘爲二。第九不非時食名齋。或合爲八。如今所宗。

五戒如前。今約後三略釋。

第六。歌樂等不自作。亦不故往觀聽。不香鬘塗彩。金銀珠寶嚴身。第七。座牀臥牀等量高一肘。笏尺一尺五寸。不令廣大。亦不以寶飾莊嚴。第八。明相出已。乃至中午。卽正午時。聽噉時食。中午已去。至翌朝明相未

出已來。不應食果物小食。亦悉屏絕。若病時，午後聽煮麥，令皮不破，漉汁飲之。若他物治不瘥，必午後噉食，方除愈者，聽於屏處授與食。

俱舍論云。後離三種。能防憍逸。以若受用種種香鬘。高廣牀座。習近歌舞。心便憍舉。尋卽毀戒。由遠彼故。心便離憍。若有能持依時食者。以能遮止恆食時故。便憶自受近住律儀。能於世間深生厭離。若非時食。二事俱無。數食能令心縱逸故。

八戒者。於月六齋日及年三長齋月受。月六齋日者。初八日。十四日。十五日。二十三日。二十九日。三十日。若月小者，取二十八日足之。年三長齋月者。正月。五月。九

月若已受五戒者若未受者悉可受持是戒以種出世之因。

薩婆多毗尼毗婆沙云若受五戒必盡形受若受八戒必一日一夜若有力能受一日過已次第更受。

靈峯齋經科註詳釋八關齋義（非時食十大益論見靈峯宗論卷五之三。）樂廣聞者幸共研尋。

有部律無受八戒之文今宗齋經等義併依有部律文程式酌定受八戒文如下（若未受三歸者應先受三歸。）先教求受戒者令禮敬已在本師前蹲踞合掌教

作是語（授者說受者隨語。）

阿遮利耶存念如諸聖阿羅漢乃至命存不殺生不偷盜不婬欲不虛誑語不飲諸酒不歌舞作樂香鬘塗彩不坐高牀大牀不非時食我某甲一日一夜不殺生不偷盜不婬欲不虛誑語不飲諸酒不歌舞作樂香鬘塗彩不坐高牀大牀不非時食亦如是此即是我八支學處是諸聖阿羅漢之所學處我當隨學隨作隨持（如是三說。）

願阿遮利耶證知我一日一夜爲淨行鄔波索迦歸依三寶受八學處。

新集受三歸五戒八戒法式

師云。奧箄迦。答云。娑度。

第四章　說罪法

若犯上品不可悔罪依小乘法則永棄佛海名爲邊罪不許懺悔不得更受五戒亦不得受八戒沙彌戒苾芻戒菩薩戒惟依大乘法修取相懺（取相懺當依梵網合註附列之梵網經懺悔行法。）見好相已方許受菩薩戒亦許重受五戒等（若殺生身父母阿羅漢聖人即成逆罪準梵網經現身不得戒。）若

犯中品下品者應懺悔懺悔新譯作說罪（義淨三藏云。云懺悔非關說罪。乞他容恕皆云懺摩即容忍致謝意也。若悔罪者本云阿鉢底提舍那。阿鉢底是罪提舍那是說應言說罪。）犯中品者向清淨大小乘僧衆三人前說罪。犯下品者向一人前說罪或無三人止向二人一人亦得滅罪儻無清淨大小乘僧衆堪向說罪者但殷重自誓終不復犯罪亦得滅若有人可向說罪者必不得自誓滅也。

五戒三品揀別具如五戒相經箋要並補釋委明。

八戒中六七八三事悉屬中品可悔罪其方便等流屬下品可悔罪如飲酒戒例彼可知。

說罪之文。依有部律酌定如左。

先作禮敬已。蹲踞合掌。作如是說。

大德存念。我鄔波索迦某甲。有故殺蚊蟲命。（隨其所犯稱之。）犯下品可悔惡作罪。（突色訖里多。此云惡作。）及此方便惡作罪。（凡所犯罪。無論根本方便等流。皆有方便罪。說罪時。應并說之。）此所犯罪我今於大德前。從清淨來。並皆發露。不作覆藏。由發露已。便得安樂。（如是三說。）

所對苾芻問言。

汝見罪不。

答言。

我見。

又問。

將來諸戒能善護不。

答言。

能護。

所對苾芻言。

奧箄迦。

答言。

娑度。

案僧衆犯罪已。不即說罪者。應得覆藏罪。於說罪

時。一一並說悔。若在家二衆。律中雖無明文。然犯罪已不應覆藏。當即說罪。若因故不得已覆藏多日乃說罪者。應心生大懼。痛自呵責。否則即是輕慢聖教。寧謂無過。愼之愼之。

新集受三歸五戒八戒法式竟

今之學者皆曰發菩提心而知其義者蓋鮮不知其義何由發起余覽圭峰圓覺大疏釋成本起因文前開示總有三重初了圓覺性次發菩提心後修菩薩行文義詳明炳然區分乃錄其文并綴鈔記都為一卷題曰圓覺本起章冀初心者共廣聞焉

唐裴相勸發菩提心文併宜研覈金陵刊版二卷

歲次鶉尾永寧調御院沙門勝立書

圭峰宗密禪師華嚴行願品鈔云發菩提心者謂菩提是所求果德即無上菩提心是現前能求之心以發是求菩提之心故名發菩提心也或可菩提名覺即覺察覺悟也謂了諸煩惱過患不起放逸違本心源慧光內燭也以起是心故名發菩提心

圓覺本起章

唐終南山草堂寺沙門宗密撰

夫欲運心修行先須信解真正以為其本本若不正所修一切皆邪縱使精勤徒為勞苦權宗多云先且漸修功成後自頓悟若華嚴此經教相儀式皆先頓同佛解方能修證故彼經初信位滿便成正覺然說三賢十聖歷位修行云云通妨故此文殊段中頓彰信解之境令信解真正成本起因後普賢等十菩薩節級顯示總別觀行令依解修行隨根證入普賢最初問云聞此圓覺境界云何修行等

夫欲運心下文四一正立二權宗下簡權三若華嚴下引例言彼經者即梵行品之文注云通妨者應有難云若成佛已何復歷位修行應以貴人子孫沒落成賤多年已後却論得頓成貴人漸學禮樂德行之喻及孩子頓生六根漸漸成長等義通之疏故此下四指文

今初言信解真正者華嚴三聖觀云有信無解增長無明有解無信增長邪見信解圓通方為行本今則頓信本有圓覺本無無明故出生死名為真正真者揀妄則不同迷倒凡夫但將妄念修行正者揀邪則不同執見異宗及諸外道三聖觀又云信若不信法界信則是邪

今初下文二初正釋信解真正成本起因二結意初中二一釋信解真正於中二初引據正釋後今則下指文簡邪

復云成本起因者最初發起之因也

復云下二釋成本起因文中四一直指

然此經說因意深文略若不會通諸教管窺者信解難生今於

文前懸為開示

二然此下立意。

根尋本末總有三重初了圓覺性次發菩提心後修菩薩行

三根尋本下標列。

了覺性者四大非我五蘊皆空空病亦空了然自覺身心異則不真生佛體同同豈增減依此悟解終始無殊然堪發心學菩薩行見聞影響何實何虛雖應形聲譏主譏害不依此悟所作非真自謂修行元是結業

四了覺性下牒釋於中二一兼所起行釋二兼所成果釋初中三一了性二發心三修行初中三一正釋二引證三結定初今初文二初順釋於中初句牒次句遣凡迷之執已起人天乘也雖但舉四大意兼四蘊亦皆非我恐二句文重故不云蘊次句遣小乘之執意明五蘊一一當體即空非唯蘊中無我說名蘊空此則已超小乘教也次二句超始教始教中法相破相二宗皆未顯本有真覺故今顯法身自覺聖智故皆超也然亦空之言有三意一但遣執空之病無別所顯二空即色故不唯空三體是真如本覺無不是空今意在第三故超始教次聖凡下四句超終教終教中雖顯真性尚有在纏出纏之異在即是凡出即是聖以今頓教顯煩惱之纏本空何在何出見生可度則非菩薩若以相見不見如來故云異則不真也唯如如及如如智獨存故云生佛體同也此上皆正顯頓悟妄空真有之行相也次依此下明悟後觸境理稱性修行也於中初四句且攝前二句成後二句終始無殊者涅槃云發心（初發）畢竟（妙覺）二不別華嚴云初發心時即成正覺果位重會普光善財再見大聖皆此類也見聞下四句正明一切時中觸境合道言影響者見一切色皆如影像聞一切聲皆如谷響覺一切法皆如幻化皆不壞相而即空矣何實者無生寂故何虛者應形聲故覺性隨緣故

不依下二反顯也下文云縱經多劫勤苦修行但名有為終不能成一切種智聖果又云皆輪迴故不成聖道既皆云不成聖即不離業報也

三

故華嚴云不能了自心云何知正道彼由顛倒慧增長一切惡又云設有菩薩無量百千億那由他劫具行六波羅蜜修習種種菩提分法若未聞此不思議大威德法門或聞不信順悟入不得名為真實菩薩若聞此法信解悟入當知此人生如來家具菩薩法離世間法深入如來境界

故華嚴下二引證文二一引經唯證了性二引論總證三重初中又二一證反顯自有文二一證不了有損意明先了自心方知正道故證反顯顛倒慧者若不了心所有見解盡是倒慧縱說因緣無生或六度二空俱未免為倒以不了自心外解法皆為邪故障於頓悟心地之宗故增長惡上明不了有損也又云下二明迷修無益即出現品彼疏懸談判云良以有作之修多劫終成敗壞又新序云失其旨也徒修因於曠劫若聞下二證順釋若對前迷修無益應云悟修有益也即是次前之文也彼疏懸談次前云無心體極一念便契佛家又新序云得其門也等諸佛於一朝

故論中亦先開示二覺次令發三心後方修五行

如次配此三重然就初門中引者初門之意最難信解故

故論中下二引論總證三重也注云配此三重者如前所列最難信解者謂今時人設有欲發大乘之心亦不先務參問求了自心但以法座之前胡跪隨口說四弘願便名發菩提心不知欲發菩提之心必須先頓悟自己心性（華嚴中海雲比丘告善財言要得普門善根光明具真實道三昧智光乃至恆樂如來境界如是乃能發菩提心上明難信下明難解）設信有此言亦若存若亡不能止息一切求悟自心故云難信解也

顯著若是幸不踟躕

顯著下三結定也經論明文故云顯著況道理昭昭目前耶（昭昭者謂菩提心即大智大悲大願既未領悟何名大智）幸不踟躕者意今亦須如救頭燃便學心地法門圓頓之宗也

二發菩提心者既悟圓覺則堪發大心為萬行本故華嚴二千

四

行法最初以菩提心為所依。

二發菩提心者下於中二。一正釋此門。二兼前結指。初中三。一總標也。二千行法者即彼第八一會謂普慧菩薩發二百問普賢菩薩以二千答問一答十故最初等者謂普賢入佛華嚴三昧十方地動從三昧起普慧問言偈等為菩薩依等普賢答云佛子菩薩摩訶薩有十種依所謂以菩提心為依恒不忘失故等下文又云若忘失菩提心而修諸善根者魔所攝持。

然有心體。心相。心德。

有下二別列。

言心體者大悲大智大願三種心是。大願是總。悲智是別。願者樂欲。樂欲何事。唯發心願。樂通達諸法。救度眾生。故成悲智。

言心體下牒釋於中三。初體中又二。今初直釋也。從發心願樂下三句如次是願智悲三心也。願樂二字貫通悲智二句。

五

故云總也。結云故成悲智者。悲智正是所願樂之心也。願樂但為成悲智故。清涼大師述菩提心義文云言大智者凡欲發心先當智慧觀察此心。何者是於菩提心體即知自心等諸佛心。心佛眾生三無差別。如此心體即菩提心故我此心空無一相萬德本具體絕百非。如淨月輪當千五日圓滿無缺浮雲若翳不見月輪長風卷雲皎然明白心亦如是本來圓淨遍照法界即是菩提體無生滅即是圓寂惑雲所覆無所覺□方便慈風拂除妄惑真心本淨非是新生□發□心真智知心矣。即以此智了物同體愍物同迷而起悲拯依體起用無悲之悲用無不體無緣不寂心雖本淨久翳塵勞廣起大願發修萬行行願相資如車二輪如鳥二翼翔空致遠必假相資故經云如龍布密雲必當霔大雨菩薩發大願決定修諸行。以大願故悲智常住無住萬行自然成就故以大願而為其主。悲智相導即無住行。以此對顯即行願相持故此三心無德不攝。始於十住終至菩提若果若因不離三矣。

是故論云。信成就發心者略說三種。一者直心。正念真如法故。即是大智無所執著。二者深心。樂修一切諸善行故。即是大願

謂四弘等。對四諦故。三者大悲心。救護一切苦眾生故。

是故論下二引證也。文意可易。每句皆從即是下是疏指配論之三心也。故慈氏云菩提心燈(總標)大悲為油大願為炷(上二心依名也)光照法界(大智心也)四弘等者為對苦諦故眾生無邊誓願度。度苦源故(陰入皆如無苦可知)為對集諦故煩惱無邊誓願斷。斷絕習故(煩惱即菩提無集可斷)為對道諦故法門無邊誓願學。出離之道也(邊邪皆中正無道可修也)為對滅諦故無上佛果誓願成。成佛方名證真寂滅也(生死即涅槃無滅可證也)

心相者。所發之心要無分齊。謂約悲願則大悲盡度眾生。大願盡修諸行。約大智念真如則上無菩提可求。下無眾生可度。中無萬行可修。故淨名云。當令此諸天子捨於分別菩提之見。皆為無分齊也。

心相者牒第二文也。初二句總標。下一句別釋。悲心無分齊也。華嚴休捨優婆夷云。菩薩不為調一眾生故發菩提心。乃至調伏不可說佛剎塵數眾生故發菩提心。為度一切眾生盡無餘故。發菩提心。次一句別釋願心無分齊也。次上結經云為百萬阿僧祇方便行故發菩提心故。其一一行皆無齊限。次約念真如下別牒大智心無分齊也。淨名下彼說維摩呵彌勒受記道理。後結云。當令此諸等。次云菩提者不可以身得不可以心得。寂滅是菩提滅諸相故。若融上二心則度而無度修而無修故經云若於一切智發生迴向心見心無所生。當獲大名稱。

六

心功德者。若依上發心一念之德。過於虛空。諸佛同讚多劫不盡。

心功德者。文二。一正釋也。言諸佛同讚不盡者。故華嚴發心功德品中以一百大喻較量菩提之心所有功德不及少分最後一喻云一念供養無邊佛亦供無數諸眾生悉以香華及妙鬘寶幢幡蓋上衣服美食珍座經行處種種宮殿悉嚴好毗盧遮那妙寶珠如意摩尼發光曜念念如是持供養經無量劫不可說其人福聚雖復多不及發心功德所說種種眾譬喻無有能及菩提心以諸三世人中尊皆從發心而得生發心無礙無齊限欲求其量不可得一切智智誓必成

所有眾生皆永度。發心廣大等虛空。生諸功德同法界。所行
善遍如無異。永離眾著佛平等。又云。菩提心是十力本。亦為
四辯無畏本。十八不共亦復然。莫不皆從發心得。又云。智慧
光明如淨日。眾行具足如滿月。功德常盈如巨海。無垢無礙
同虛空。又云。十方三世諸如來。悉共讚歎初發心。此心無量
德所嚴。能到彼岸同於佛。如眾生數爾許劫。說其功德不可
盡。以住如來廣大家。三界諸法無能喻。次下勸云。欲見十方
一切佛。欲施無盡功德藏。欲滅眾生諸苦惱。宜應速發菩提
心。

故善友翻禮童子。羅漢推敬沙彌。雖始終不殊。而先心難矣。是
以彌勒二百二十二喻。廣顯功能。懇勸善財。再親妙德。

善友下、二引證也。禮童子者。即善財童子第五善知識彌伽
大士。敬沙彌者。智度論中說。終始不殊等者。即涅槃經云。初
發已為天人師。勝出聲聞及緣覺。發心畢竟二不別。如是二
心先心難。自未得度先度他。故我敬禮初發心。釋曰。禮初心
者。若敬白月之新生。美青衫之萌芽。故華嚴毗盧品云。一切
法悉入最初菩提心中住。（彼疏三義釋。一後因前得。如修

七

途在於初步。二發心正念真如。真如攝一切法。三三德開
顯。初後圓融也。）先心難者。汎取萬萬迷人論之。機幾分信
佛教。信者幾分遇真正善友。遇者幾分信。信者幾分解。解者
幾分皆絕緣真發菩提心。即萬分中無一也。若汎取萬萬已
真發阿耨菩提心人論之。即十中便有三二決定成佛。不妨
七八分退入二乘。是以彌勒下。華嚴第七十八。懇勸下二句
即第七十九。從初至末。皆指文殊。豈非懇矣。今再見者。以究
竟之心。即所發菩提心故。故清涼釋云。契文殊之妙智。（再
見時名知照無二相也）究是初心。（初見時也）
又云啟明東廟智滿不異於初心。

此上二門。正是本起因也。

此上二門下、第二兼前結指也。三重因中。
前了覺性發覺心二門總為本起地矣。

三修菩薩行者。既已發心、當修諸行。故善財所見諸善知識。一
一云。我已先發阿耨菩提心。而未知云何學菩薩行、修菩薩道。

三修菩薩行中文四。初躡前釋也。既云、已先發菩提心、而未
知菩薩行等。即顯發心與修行別也。金剛經中、須菩提問菩
薩行。亦云、善男子、善女人、發阿耨菩提心。應云何住等。
亦是為已發菩提心者起問。意顯未發者不堪修菩薩

然對上了悟。即是依理而修。對上發心。即是以行酬願。難思佛
法。即之於心。非向外求。非數他寶。

對上了下、二總對二門釋。數他寶者。大經問明品云。譬如貧
窮人日夜數他寶。自無半錢分。於法不修行。多聞亦如是。

廣有萬行。統之三學。要唯定慧。車輪鳥翼。互闕無能。以是菩薩
所依賴故。天台宗於止觀。意在斯焉。

廣有下、三出行體。統之三學者。施忍助戒。進助定。後四皆助
慧故也。則萬行不出十度。十度攝歸三學。要唯定慧者。防非
制業者。故令護戒。但定慧等修。何有外非內業而可防制。
故持護之心非絕跡。稱性不名真修也。所依賴者。續引問明
品中文也。文云。譬如有力王。率土咸戴仰。定慧亦如是。菩薩
所依賴。天台宗者。三止三觀是其宗也。今修止觀者。意成定
慧也。

此第三門。即普眼章已下皆是。

此第三下、四指經文。指經文說菩薩行之處也。

上三重因兼果成四。

上三重下。大文第二兼所成果釋。於中七段。
今此一標立也。

故我清涼大師答順宗皇帝所問諸經了義。綸貫始終。亦如次
全同此四。一明識不思議境。使信解居懷。二真正發菩提心。令
棲志高尚。三巧安止觀。萬行助修。四迴向菩提。因果圓滿。

二故我下、引證。

今本起因。即彼一二。隨根修證。即彼三四。

三今本下、總配此經。

八

是知顯示從凡至聖始終炳著者莫尚斯焉。四是知下即成了義。彼答諸經了義，此是修多羅了義，能詮名題所詮法行如此同矣。（清涼宗於華嚴天台兼攝諸大乘教窮理盡性成此四節故冥符此經）

若約從本起末攝末歸本論因果者，復成四句。一所從之本是因。（本起因也）二起末正是其因。（六度萬行）三攝末正是其果。（菩提涅槃二轉依果）四所歸之本是果。（生佛同成正覺）

約下五配屬本末。言因因者，是因家（六度）之因也。由此本起之心，方能成就六度萬行，故故敎起因緣十門中第一云，顯示因行有本，其如彼釋。果果者，由圓滿菩提涅槃之果，方知對待從緣之法亦不可得。（下云生死涅槃如夢）但是本源圓明覺性，故故此圓覺又是果家之果，以生死煩惱本無所有，無二可轉，為菩提涅槃，故故注云，生佛同成正覺。生佛同成方名圓也。故敎起第二門云，泯絕果相成圓故。

然一與四但是覺性，故華嚴所宗性因性果。

一與下六始終皆本。言但是覺性者，初信如來藏為本起因，後證清淨法身為究竟果。如來藏及法身皆是覺性也。

是以因該果海，果徹因源，初心即得菩提，果後猶稱菩薩。

是以下七本末融攝也。於中初四句因果該徹。初二句躡上以標第三句，釋初句因徹果也。第四句即釋次句果徹因也。

善財初後俱託文殊，智身位地始終同會普光明殿，皆斯義矣。

敘疏云，契文殊之妙智，究是初心，入普賢之玄門，曾無別體。

善財下指文證成也。初二句即此童子初遇文殊表信智，再見文殊表證智，如前已釋。故後疏判云，契文殊之妙智究是初心（即此二文殊也）入普賢之玄門曾無別體（即前如來藏及法界二普賢也）。又啓明東廟智滿不異於初心（亦文殊也）寄位南求因圓不踰於毛孔（亦普賢也）位下二句者，華嚴第二會在普光明殿說十信，乃至六在他化說十地，表位轉高，說處轉勝。至第七會說因圓果滿，據此類例只令更向上界，而乃却重會普光明殿者，表究竟證極不離初心所信之覺性也。故下云皆斯義矣。總結一段之文也。

然本起之義，泛釋難明，故此一章拔茅連茹，實藉因果相照，敎理相符，文雖稍繁，為後綱領。

然本起下大文第二結意也。拔茅連茹者，取象言之也。即周易泰卦初爻之詞，是交連牽引不可割絕之象。今欲明本行起之因，須說了性及發心行相，欲明此二行相，又須對六度萬行言之。既說三重因義，即須結歸究竟之果，以圓頓之宗因果該徹，故異於諸敎。諸敎但以六度萬行為因，菩提涅槃為果，故次云實藉等也。

己巳年季秋。　弘一法師將去温州。以手錄圓覺本起章一帙見詒。然廿餘年來。均以因緣未熟。不克流傳。有負吾師之付託。獲罪實深。現以秦福生張修明二居士之力。倡印流布。俾世之學者。由解起信。因信起行。以副先德開示之宗恉。與乎　法師之弘願。如今學說紛歧。首崇懷疑。乃以求知之心。探本然之德。使此後誦讀經論。一文一句。俱得廻向菩提。功不唐捐。今歲值　法師圓寂十五週年。且以此作爲紀念焉。丁酉暮春。弟子孫選靑敬識。

解行次第

清涼圭峯撰述中，皆詳明。今依圭峯《圓覺疏》，略錄如下。

總有三重：

△初了圓覺性。四大非我，五蘊皆空。空病亦空，了然自覺。聖凡相異，異則不真。生佛體同，同豈增減。依此悟解，終始無殊。然堪發心，學菩薩行。

△二發菩提心。既悟圓覺，則堪發大心，為萬行本。然有心體，心相，心德。

心體者，大悲大智大願三種心是。大願是總，悲智是別。願者樂欲。樂欲何事，唯發心願樂。通達諸法，救度衆生，故成悲智。

心相者，所發之心，要無分齊。謂約悲願，則大悲盡度衆生，大願盡修諸行。約大智念真如，則上無菩提可求，下無衆生可度，中無萬行可修。

心德者，若依上發心，一念之德，遇於虛空。諸佛同讚，多劫不盡。

△三修菩薩行。既已發心，當修諸行。然對上了悟，即是依理而修。對上發心，即是以行酬願。難思佛法，即之於心。非向外求，非數他寶。

上三重因，兼果成四。故我清涼大師答順宗所問，諸經了義綸貫始終，亦如次全同此四。謂一明識不思議境，使信解居懷。二真正發菩提心，令棲志高尚。三巧安止觀，萬行助修。四迴向菩提，因果圓滿。是知顯示從凡至聖始終炳著者，莫尚斯焉。

南山三大部靈芝記註釋現存本

（佚失不傳者不錄）

資持記：資行鈔　二十八卷　日本照遠撰　大正大藏經第六十二卷刊本，日本唐招提寺藏寫本（南普陀寺及湛山寺藏）。

講要　七卷　日本良秀述　日本大谷大學藏寫本。

通　八卷　日本大谷大學藏寫本。

通考　十卷　日本大谷大學藏寫本。

序解並五例講義　一卷　宋則安述　續藏經刊本，南普陀寺藏。

通釋　二十卷　日本古寫本　南山律苑藏。

濟覽　二十六卷　日本古寫本　彼邦今失傳　南山律苑藏。

行宗記：警意鈔　二十二卷　今殘缺　日本照遠述　日本東大寺藏殘本十六卷　日本大谷大學藏殘寫本五卷。

濟緣記：顯緣鈔　四十一卷　日本照遠述　日本東大寺藏刊本。

續藏經（經律註疏）

第五十九套

第三冊　梵網義疏　智者；刪補　唐明曠；疏註　宋與咸加註（續第四冊）。

第五冊　梵網經記　唐傳奧。

第六十套

第一冊　賢首疏、義寂疏。

第二冊　勝莊述記、知周疏（殘）、太賢宗要。

第三冊　太賢：古迹記、法銑：疏（殘）、宋慧因註。

第六十一套

第三冊　元曉：菩薩戒本持犯要記。

第六十二套

第一冊　四分比丘戒本疏　唐定賓；四分律含註戒本　唐道宣；四分律戒本疏發揮記　宋允堪（卷三）。

第六十三套

第一冊　釋四分戒本序　宋道言。

第六十四套

第一冊　四分律比丘尼鈔　六卷　道宣。

第二冊　業疏正源記　宋允堪。

第六十五套

第一冊　羯磨序解　宋則安。

第三冊、四冊、五冊　四分律疏　唐法礪。

第六十六套

第一冊、二冊、三冊　四分律飾宗義記　唐定賓。

第四冊、五冊　四分律疏　唐智首卷九、四分律開宗記　唐懷素自卷一至卷十二。

第六十七套

第一冊　四分律開宗記自卷十三至卷二十。

第二冊、三冊、四冊、五冊　行事鈔批　二十八卷　唐大覺自卷一至卷二十五。

第六十八套

第一冊　行事鈔批自卷二十六至卷二十八。

第一冊至第五冊　行事鈔簡正記十七卷　後唐景霄。

第九十四套

第二冊至第四冊　涅槃經集解　梁寶亮等。

第九十五套

第二冊　梵網戒本私記　元曉卷上、　四分律搜玄錄殘　唐志鴻。

第三冊　義鈔輔要記六卷　宋允堪。

第五冊　略授三歸五八戒並菩薩戒　唐澄照。

第二編第十一套

第一冊　律苑事規　元省悟。

大正新修大藏經

第四十卷　律疏部全　行事鈔等　論疏部一。

第四十五卷　諸宗部二　誡觀法等。

第六十二卷　續律疏部全　梵網開題　同戒本疏日珠鈔　資行鈔。

第七十四卷　續諸宗部五　律宗綱要等。

第八十五卷　古逸部　疑似部。

南山律

三大部：一行事鈔，二戒本疏，三羯磨疏。

二小部：一拾毘尼義鈔，二比丘尼鈔。

開非時食　沙彌十戒儀則經。

自誓受戒　瓔珞、梵網、占察、大毘婆沙論第百二十四、瑜伽師地論第四十一、倶舍論第十四、順正理論第三十七、阿毘達磨藏顯宗論第十九、大乘法苑義林章第三末。

越毘尼罪　唯泛稱違律之罪、不指罪名。此語散見僧祇律，非無重輕之別。如第三、以盜心觸七日藥云云。

近事律儀　別解脫律儀之一。於諸善法親近承事；故曰近事。能防身語，故曰律儀。有部必受五戒方名；經部等但三歸。

近住律儀　八戒　別解脫律儀之一。近阿羅漢住，故云近住。

華嚴集聯三百

晋譯大方廣佛華嚴經偈頌集句百聯

住深法性

世间净眼品

得上善根

净行品

甚深功德

世间净眼品

無上清涼

净行品

升無上道

淨行品

得正法流

淨行品

發無上意

淨行品

得總持門

淨行品

斷除煩惱
淨行品

具足菩提
淨行品

常得正念
淨行品

普行大慈
淨行品

見法如幻
淨行品

以道自娛
淨行品

令出愛獄
淨行品

永得大安
淨行品

體解大道

淨行品

饒益衆生

十回向品

善悟無礙

十回向品

永得大安

淨行品

無上勝少地

盧舍那佛品

離垢清涼園

離世間品

滅除一切苦

盧舍那佛品

圓滿無上悲

入法界品

常住於寂靜
盧舍那佛品

而有深慈悲
十地品

有無量自在
盧舍那佛品

入不二法門
光明覺品

觀察真實義
光明覺品

建立智慧幢
離世间品

能說真實義
光明覺品

為現智慧燈
光明覺品

安住平等相
光明覺品

廣發大悲心
入法界品

遠離一切有
光明覺品

圓滿無上悲
入法界品

其心無所著

光明覺品

诸佛常現前

妙勝説偈品

自性真清淨

菩薩明難品

諸法無去来

十忍品

常樂寂靜法

妙勝說偈品

而行慈悲心

十地品

遠離眾生相

妙勝說偈品

具足大悲心

光明覺品

無上慧堅固

妙勝說偈品

功德華莊嚴

入法界品

無有分別想

初發心功德品

而行慈悲心

十地品

而無眾生想

初發心功德品

常行大慈心

光明覺品

離闇趣明正

初發心功德品

除熱得清涼

入法界品

常飲法甘露

初發心功德品

安住寶蓮華

盧舍那佛品

大慈念一切

初發心功德品

慧光照十方

明法品

平等觀諸法

初發心功德品

悲心救世間

十地品

解彼真實性

夜摩說偈品

得佛智慧光

十地品

能与清淨眼 十行品

為現智慧燈 光明覺品

度脫眾生海 十行品

滿足大願雲 入法界品

智慧善分别
十行品

音声非如来
夜摩说偈品

诸佛常护念
十行品

百福自庄严
十行品

觀佛無厭足

十行品

闻法悲受持

入法界品

持戒到彼岸

十行品

说法度众生

夜摩说偈品

慧眼見一切
十行品

妙音滿十方
十行品

擊無上法鼓
十行品

利一切世间
十地品

語言無所著 十行品

智慧不可量 十行品

演說於妙義 十地品

長養諸善根 如来性起品

身自持淨戒
十地品

我常修大慈
入法界品

常為佛所護
十地品

但以智可知
十地品

慈悲依智慧

如来性起品

清淨如虛空

入法界品

普雨潤大地

如来性起品

如月行虛空

十地品

法雲雨甘露

如来性起品

浄戒為塗香

離世間品

消渇愛欲水

離世間品

出生智慧華

離世間品

圓滿法界月 離世间品

清涼功德池 十行品

長養智慧樹 離世间品

開發菩提門 入法界品

觀色如聚沫

離世間品

持戒為妙香

離世間品

住一切智樹

離世間品

建無上法幢

離世間品

慚愧為深塹
離世間品

智慧如金剛
離世間品

常持清淨戒
入法界品

應生歡喜心
入法界品

具諸功德藏

入法界品

起大慈悲心

妙勝說偈品

除滅虛妄倒

入法界品

具足智慧明

十行品

遠離煩惱垢
入法界品

增長菩提心
兜率讚佛品

饒益一切衆
入法界品

圓滿無上慧
入法界品

即發弘誓願

入法界品

普放淨光明

夜摩說偈品

大願悉成滿

入法界品

百福自莊嚴

十行品

言必不虛妄 入法界品

心離於有無 十地品

入一切智藏 入法界品

度無量衆生 光明覺品

成就功德海
入法界品

具足智慧身
入法界品

長養功德藏
入法界品

具足智慧身
入法界品

慈悲甚弥广

入法界品

智慧不可量

十行品

无尽智慧海

入法界品

一切世间灯

夜摩说偈品

持戒不放逸
入法界品

了身如虚空
離世间品

精勤持净戒
入法界品

慈悲度众生
入法界品

演說甚深清淨法

令生無量歡喜心

世間淨眼品

世間淨眼品

示現諸佛深妙法

開發眾生菩提心

世間淨眼品

賢首菩薩品

開發眾生智慧海
淨見如来清淨身
世间净眼品
世间净眼品
照除一切愚癡闇
能然無上智慧燈
世间净眼品
世间净眼品

所演妙法無窮盡

唯有諸佛能證知

世間淨眼品

普令衆生得法喜

賢首菩薩品

猶如滿月顯高山

世間淨眼品

世間淨眼品

普雨法雨潤一切

難行苦行為衆生

世間淨眼品　世間淨眼品

能立無上正教法

常為世間良福田

世間淨眼品　盧舍那佛品

度脱一切衆生海
得成最勝世間燈
世間淨眼品
賢首菩薩品
開示衆生見正道
猶如淨眼觀明珠
世間淨眼品
世間淨眼品

分别世间諸法相
安立衆生净戒中

世间净眼品

善説微妙寂静法
得生廣大歡喜心

賢首菩薩品

盧舍那佛品

世间净眼品

教化無量衆生海
安住一切三昧門

盧舍那佛品 十回向品

捨諸佛所修善法
以無上道化衆生

盧舍那佛品 盧舍那佛品

滿足一切大願力
速成無上佛菩提

盧舍那佛品

賢首菩薩品

隨順諸佛真實教
增長眾生清淨心

光明覺品

世間淨眼品

常歎諸佛勝妙戒
增長衆生清淨心
賢首菩薩品　世間淨眼品

應當具足持淨戒
常為饒益諸群生
賢首菩薩品　十回向品

菩薩苦行無与等

如来神力徧十方

賢首菩薩品　世间淨眼品

信解微妙甚深法

成就清淨無等心

賢首菩薩品　十回向品

戒是無上菩提本
佛為一切智慧燈

賢首菩薩品　世间淨眼品

遠離一切放逸行
當發無上菩提心

賢首菩薩品　賢首菩薩品

則持淨戒順正教
普於眾生放大光
賢首菩薩品　世間淨眼品

常樂柔和忍辱法
安住慈悲喜捨中
賢首菩薩品　世間淨眼品

示現生老病死患

捨離貪欲瞋恚癡

賢首菩薩品

除滅一切瞋恚毒

賢首菩薩品

令生無量歡喜心

十回向品

世间净眼品

具足護持清淨戒

方便啟導眾生心

十回向品

十回向品

常能具持清淨戒

速成無上功德幢

十回向品

賢首菩薩品

如来境界無有邊際
普賢身相猶如虛空
世间净眼品
永離塵穢畢竟清淨
盧舍那佛品
勤修眾善具足菩提
净行品
净行品

體解大道發無上意

捨離家難入空法中

淨行品

淨行品

得一向意勤求佛道

說微妙法饒益衆生

淨行品

十回向品

究竟得到頭陀彼岸

具足成就智慧藏身

淨行品　十回向品

究竟成就無上勝行

悉以回向一切衆生

十回向品　十回向品

附四聯

經文連讀
非是集句

消滅一切愚癡闇
超升無上智慧臺

世間淨眼

出生無上菩提樹
長養最勝智慧門
賢首菩薩品
顯現明淨智慧燈
永滅生死愚癡闇
十回向品

覺悟無量生死行
逮得不退智慧門

十回向品

以上悉依晉譯大方廣佛華嚴經録出

唐譯大方廣佛華嚴經偈頌集句百聯

所行無礙

淨行品

以法自娛

淨行品

具足慚愧

淨行品

究竟清涼

淨行品

至法彼岸

淨行品

長佛善根

淨行品

究竟清淨

淨行品

具足威儀

淨行品

履淨法界
淨行品

獲勝善根
淨行品

說甚深法
淨行品

昇無上堂
淨行品

獲最勝法　淨行品

昇無上堂　淨行品

證菩提道　淨行品

得堅固身　淨行品

具頭陀行
淨行品

得堅固身
淨行品

入真實慧
淨行品

得堅固身
淨行品

永持梵行

勤修善根

恆守正念

常行大悲

净行书

净行书

净行书

净行书

入深法界
淨行品

獲勝善根
淨行品

絶世貪愛
淨行品

趣佛菩提
淨行品

深入佛智
淨行品

得預法流
淨行品

入一切智
淨行品

昇無上堂
淨行品

捨離眾惱

淨行品

成就佛身

淨行品

見一切佛

淨行品

昇無上堂

淨行品

端正嚴好
淨行品

清淨調柔
淨行品

衆德悉具
淨行品

大悲所熏
淨行品

安住真如地

如来現相品

普照智慧燈

十忍品

善入音聲海

如来現相品

堅住菩提心

兜率偈讚品

遠離於衆相
如来現相品

頓度諸群生
十忍品

則悟甚深法
如来現相品

而興大悲心
普賢行品

未曾有苦惱
華藏世界品

決定成菩提
夜摩偈讚品

心生大歡喜
毗盧遮那品

佛放淨光明
須彌偈讚品

體相無所有
光明覺品

光明靡不周
如來現相品

二邊皆捨離
光明覺品

一念得菩提
離世間品

常護諸佛法

光明覺品

恆塗淨戒香

入法界品

我性未曾有

光明覺品

智眼靡不周

光明覺品

入於真實境
光明覺品

照以智慧光
離世間品

具一切功德
光明覺品

得無上菩提
普賢行品

如夢不真實

菩薩問明品

捨我而修行

十忍品

無有一切相

夜摩偈讚品

而興大悲心

普賢行品

離一切分別

夜摩偈讚品

得無上菩提

普賢行品

欲為諸法本

兜率偈讚品

心如工畫師

夜摩偈讚品

一心求佛智

平等行世间

其心得安隐

有苦皆灭除

十地品

菩萨问明品

十忍品

毗卢遮那品

供佛令歡喜

十忍品

知身如虛空

離世間品

其心無染著

十忍品

如法而了知

十忍品

方便行於世
寂靜調其心
處世而不住
見心無所生

十忍品
離世間品
十忍品
光明覺品

了世皆如夢

十忍品

見心無所生

光明覺品

捨法得自在

普賢行品

知身如虛空

離世間品

心識猶如幻

離世間品

色相無有邊

世王妙嚴品

捨慢持淨戒

離世間品

以法化眾生

十地品

勤行精進無厭怠

善了境界起慈悲

世主妙嚴品

世主妙嚴品

法身示現無真實

慈心普徧等虛空

世主妙嚴品

初發心功德品

無量法门皆自在

一切智性如虛空

世主妙嚴品

光明照耀靡不及

世主妙嚴品

智慧增長無有邊

世主妙嚴品　十地品

如来為說廣大法
汝等應生歡喜心
世主妙嚴品
放大光明令覺悟
毗盧遮那品
離諸熱惱恆清涼
世主妙嚴品 十迴向品

衆生有苦皆令滅

如来處世無所依

世主妙嚴品

世主妙嚴品

供養一切諸佛海

得成無上照世燈

世主妙嚴品

十迴向品

悉使衆生離諸苦
普於十方演妙音
世主妙嚴品
世主妙嚴品
顯示一切如来境
發生無量歡喜心
世主妙嚴品
十迴向品

願門廣大不思議
慈心普徧等虛空
世主妙嚴品
見佛自在生歡喜
初發心功德品
發心迴向趣菩提
世主妙嚴品
毗盧遮那品

普滅眾生煩惱熱

恆演如来寂妙音

世主妙嚴品

世主妙嚴品

而捨諸有無所著

爲度眾生普現身

世主妙嚴品

如来現相品

能學如来之妙慧

而捨眾生起大悲

世主妙嚴品

入法界品

為利眾生而出現

不染世法如虛空

世主妙嚴品

世主妙嚴品

廣大寂靜三摩地

清淨光明徧照尊

世主妙嚴品

華嚴世界品

令生深信入佛智

普現明燈照世間

世主妙嚴品

世主妙嚴品

悉能悟入如来智

未曾暫起分別心

世主妙嚴品

信解真實無分別

十迴向品

光明徧淨如虛空

世主妙嚴品

世主妙嚴品

隨衆生心而化誘

示甘露道使清涼

世主妙嚴品

世主妙嚴品

開示不思議最妙法

發勝菩提大願心

世主妙嚴品

毗盧遮那品

一切如来同讚喜

十方眾生悉慰安

如来現相品

初發心功德品

諸如来所悉親近

為眾生故求菩提

普賢三昧品

世主妙嚴品

常樂慈悲性歡喜

其心善軟恆清涼

世界成就品　十迴向品

慈念一切眾生海

興起無量大悲心

毗盧遮那品　十迴向品

則以智慧為先導

猶如影像現世間

賢首品

世主妙嚴品

念念示現成佛道

種種方便化眾生

賢首品

世主妙嚴品

普使受持清淨戒

應當速發菩提心

賢首品　初發心功德品

十善業道悉清淨

百福相好所莊嚴

賢首品　十行品

大悲哀愍救一切

妙音演說徧十方

賢首品

世主妙嚴品

能於眾生施無畏

普使世間得大明

賢首品

十行品

如幻如夢離分別

無垢無礙同虛空

十住品

初發心功德品

衆行具足猶滿月

發心廣大等虛空

初發心功德品

初發心功德品

於一切法無妄想
盡未来際救眾生

初發心功德品　世主妙嚴品

欲滅眾生诸苦惱
為現法炬大光明

初發心功德品　世主妙嚴品

但願普与衆生樂
未曾暫起戲論心

初發心功德品 十廻向品

智慧無邊不可說
光明照世為所歸

十行品 初發心功德品

善能安住無礙藏

未曾暫起戲論心

十行品

十迴向品

能以妙慧善安住

為度眾生普現身

十行品

如來現相品

恆以大音宣正法
當念本願度眾生
十行品
十地品
護持眾戒到彼岸
成就無畏為世雄
十行品
十行品

勤修三昧無二相

調伏衆生徧十方

十行品

世主妙嚴品

深入廣大智慧海

普作清涼功德池

十行品

十行品

解了諸法猶如響
化導衆生無有邊

十迴向品
世主妙嚴品

衆生幻化無有實
諸佛護念恆不忘

十迴向品
十行品

以法長養諸功德

發心趣向大菩提

十迴向品

毗盧遮那品

譬如法界無分別

恆以智慧悉了知

十迴向品

十行品

如月清涼被眾物

以法滋味益群生

十地品

世主妙嚴品

法性真常離心念

佛眼廣大如虛空

十地品

世主妙嚴品

知一切法不可说

脱眾生苦無有餘

阿僧祇品　世主妙嚴品

演一言音充法界

起大慈悲現世间

如来出現品　入法界品

入真實慧永無煩惱

得清淨命不矯威儀

淨行品

淨行品

皆得妙法究竟清淨

廣度一切猶如橋梁

淨行品

淨行品

得清淨手受持佛法

具慚恥行藏護諸根

淨行品

淨行品

得善意欲洗除惑垢

證無上法究竟清涼

淨行品

淨行品

附集句二十五聯

原譯華嚴集句較多前録百聯之外猶存二十五聯附録於下

已證如来智

如来現相品

勤行廣大慈

入法界品

思議莫能及

如来現相品

光明無有邊

如来現相品

隨應演妙法

如来現相品

平等施衆生

入法界品

速入如来地

如来現相品

普演廣大音

如来現相品

能滅衆生苦

毗盧遮那品

為興大法雲

如来現相品

住於清涼慧

光明覺品

永離煩惱身

離世間品

永絶諸戲論

光明覺品

念報於佛恩

兜率偈讚品

破諸煩惱障
光明覺品

照以智慧光
離世間品

自性無所有
夜摩偈讚品

智眼靡不周
光明覺品

滅諸煩惱患

兜率偈讚品

放大清淨光

入法界品

能成平等智

十忍品

恆起大願心

十地品

除灭世间想
十忍品

了达诸法空
离世间品

令除烦恼热
离世间品

悉发菩提心
世界成就品

令入難思清淨法

發生無量歡喜心

世主妙嚴品

十迴向品

諸佛境界不思議

普賢身相如虛空

世主妙嚴品

普賢三昧品

普淨福海除衆苦
廣説佛道悟群生

世主妙嚴品　十地品

世間煩惱皆令盡
菩薩功德無有邊

世主妙嚴品　十行品

福德如空無有盡

佛境甚深難可思

世主妙嚴品

世界成就品

福德如空無有盡

大悲念物靡不周

世主妙嚴品

世主妙嚴品

此乃能入如来智
而不生於取著心
世界成就品　十迴向品
廣大智慧無所礙
自然覺悟不由他
光明覺品　十行品

具足修習諸功德

朗然開悟大菩提

賢首品

世主妙嚴品

常為諸佛所護念

當淨其意如虛空

初發心功德品

如來出現品

普作群生功德藏

恆演如来妙音

初發心功德品 世主妙嚴品

智眼清淨無与等

言音善巧靡不充

十行品 十住品

附八聯

經文連續
非是集句

立志如大山
種德若深海

離世間
品

得授菩提記
安住廣大心

離世間品

妙智清淨日
大悲圓滿輪

入法界品

廣闢離塵清淨道
永耀衆生智慧燈
世主妙嚴品

神通應現如光影
法輪真實同虛空
世主妙嚴品

一即是多多即一
文隨於義義隨文
十住品

紹隆佛種不斷絕
摧滅魔宮無有餘
初發心功德品

善知一切真實相
深入無邊法界門

入法界品

以上悉依唐譯大方廣佛華嚴經錄出

唐貞元譯大方廣佛華嚴經入不思議解脫境界普賢行願品偈頌集句百聯

甚深智境界
無礙妙光明
法界無分別
佛智同虛空

悉離有無相
普遊解脫門
能消諸渴愛
當作世光明

微妙難思議
清淨如虛空
衆德皆圓滿
八表同歡康

遠離於身相
安樂諸世间
普入扵法界
開悟诸群生

智身無所著
世間唯假名
發心求正覺
忘己濟群生

深入智慧海
普游解脫門
其心無厭倦
於世起慈悲

飲诸佛法海
放大智慧光
速入如来地
普游解脱門

與世為依怙

如日處虛空

能隨诸佛教

普順衆生心

欲满诸佛智
普顺众生心
當令诸佛喜
普随众生心

當到功德岸
普出愛欲泥
當為世依救
普放智光明

往生佛國土
普放智光明
消竭煩惱海
增長福智芽

到佛功德岸
照世圓滿燈
應生大喜躍
專向佛菩提

其心大歡喜
捨世起慈悲
親近善知识
迴向大菩提

當修功德海
永離貪著心
當令衆生喜
能報大師恩

增長諸功德
成就大菩提
諸佛所稱歎
八表同歡康

欲解眾生縛
當成三界師
疾入大智海
當聽妙法雲

當示於正道
普攝諸群生
诸佛等慈父
人命如電光

則能入佛境
不著扵世间
到佛功德岸
為世大明燈

興雲霔甘澤
念己濟群生
為發大悲意
能建正法幢

徧知一切法
為世大明燈
欲滿諸佛智
能發大悲心

方便随宜而化度
利乐平等无怨亲
誓修普贤清净行
即发菩提广大心

汝常護持清淨戒
我爲演說大悲門
常行清淨菩提道
而興廣大悲愍心

獲得無憂安隱樂
示我真乘解脫門
調伏衆生無懈倦
覺悟法性如虛空

普事一切善知識
志求無上佛菩提
一切諸苦皆消滅
百福妙相具莊嚴

願得普賢真妙行
能救法界苦眾生
願得普賢真妙行
常樂利益諸眾生

香氣普熏於一切
大悲廣濟諸群生
常行清淨菩提道
願得端嚴相好身

得入普賢深行願
常放智日大光明
護諸苦厄如父母
決定利益無怨親

住大慈悲恆自在
滌除炎熱使清涼
勇猛精勤無退轉
光明相好以莊嚴

是故精勤持淨戒
不著塵垢如蓮華
我身離著無諸垢
智眼常明如日光

覺悟一切諸放逸
圓滿無上大菩提
隨衆生心說妙法
以普賢行悟菩提

起大願雲周法界
以普賢行悟菩提
成就甚深平等忍
增長如空大智心

亦聞演說甚深法
即發廣大希有心
悲滅衆生煩惱闇
恆塗淨戒真實香

光明晃耀如星月
智慧境界等虛空
開示甚深微妙法
發起廣大菩提心

解了世间猶若夢
滅除障垢無有餘
速疾增長無礙智
普徧發起大悲心

發心願得無師道
爲衆能開甘露門
證入甚深諸法性
度脫一切苦衆生

普化眾生令解脫
不著一切如虛空
證入難思真法性
普見無量諸如来

誓願勤求一切智
普徧發起大悲心
普離一切諸煩惱
專求最勝佛菩提

本性真常離分別
智慧廣大如虛空
得佛究竟諸安樂
起深清淨大慈悲

安住諸佛菩提道
不起凡夫染汙心
最勝寂靜真實法
清淨福德智慧身

開示淨妙人天路
常起廣大慈悲心
勤修利益眾生道
安住增長淨戒中

願證法身成正覺
常於苦海救眾生
了知法界皆無礙
於諸梵行悉堅持

廣大自在神通力
最上無垢深淨心
增長無量深福海
利益一切苦眾生

增長無量深福海
修行如幻妙法門
雨大法雨令開悟
行菩提行利眾生

相好莊嚴甚微妙
智慧廣大如虛空
誓救衆生無退怯
不著一切如虛空

諦觀諸法眞實性
不起凡夫染汙心
必成寂靜菩提果
具修廣大清淨慈

勇猛護持於佛法
頭常利益諸世間
身心安樂無諸苦
智力廣大徧十方

皆悉勤修普賢行

恒不忘失菩提心

常得出家修净戒

恒以正法御群生

常得出家修淨戒
普為衆生作世燈
圓滿普賢諸行力
速獲如来無上身

為汝演説菩提法
至心憶念大悲尊
願度無量群生衆
速離一切憂怖心

生我智慧辯才力
不受三塗八難身
一切勝福皆成就
三毒翳障盡銷除

附二聯

經文連續
非是集句

如風遊虛空

所行無障礙

遠離諸妄想
隨順於衆生

以上悉依唐貞元譯大方廣佛華嚴經
入不思議解脱境界普賢行願品録出

改過實驗談

癸酉正月在廈門妙釋寺講

今值舊曆新年，請觀廈門全市之中，新氣象充滿，門戶貼新春聯，人多著新衣，口言恭賀新禧、新年大吉等。我等素信佛法之人，當此萬象更新時，亦應一新乃可。我等所謂新者何，亦如常人貼新春聯、著新衣等以為新乎？曰：不然。我等所謂新者，乃是改過自新也。但「改過自新」四字範圍太廣，若欲演講，不知從何說起。今且就余五十年來修省改過所實驗者，略舉數端為諸君言之。

余於講說之前，有須預陳者，即是以下所引諸書，雖多出於儒書，而實合於佛法。因談玄說妙修證次第，自以佛書最為詳盡。而我等初學之人，持躬敦品、處事接物等法，雖佛書中亦有說者，但儒書所說，尤為明白詳盡，適於初學。故今多引之，以為吾等學佛法者之一助焉。以下分為總論別示二門。

總論者，即是說明改過之次第：

一、學　須先多讀佛書儒書，詳知善惡之區別及改過遷善之法。倘因佛儒諸書浩如煙海，無力徧讀，而亦難於了解者，可以先讀《格言聯璧》一部。余自兒時，即讀此書。歸信佛法以後，亦常常翻閱，甚覺其親切而有味也。此書佛學書局有排印本甚精。

二、省　既已學矣，即須常常自己省察，所有一言一動，為善歟，為惡歟？若為惡者，即當痛改。除時時注意改過之外，又於每日臨睡時，再將一日所行之事，詳細思之。能每日寫錄日記，尤善。

三、改　省察以後，若知是過，即力改之。諸君應知改過之事，乃是十分光明磊落，足以表示偉大之人格。故子貢云：「君子之過也，如日月之食焉；過也人皆見之，更也人皆仰之。」又古人云：「過而能知，可以謂明。知而能改，可以即聖。」諸君可不勉乎！

別示者，即是分別說明余五十年來改過遷善之事。但其事甚多，不可勝舉。今且舉十條為常人所不甚注意者，先與諸君言之。《華嚴經》中皆用十之數目，乃是用十以表示無盡之意。今余說改過之事，僅舉十條，亦爾；正以示余之過失甚多，實無盡也。此次講說時間甚短，每條之中僅略明大意，未能詳言，若欲知者，且俟他日面談耳。

一、虛心　常人不解善惡，不畏因果，決不承認自己有過，更何論改？但古聖賢則不然。今舉數例：孔子曰：「五十以學《易》，可以無大過矣。」又曰：「聞義不能徙，不善不能改，是吾憂也。」蘧伯玉為當時之賢人，彼使人於孔子。孔子與之坐而問焉，曰：「夫子何為？」對曰：「夫子欲寡其過而未能也。」聖賢尚如此虛心，我等可以貢高自滿乎！

二、慎獨　吾等凡有所作所為，起念動心，佛菩薩乃至諸鬼神等，無不盡知盡見。若時時作如是想，自不敢胡作非為。曾子曰：「十目所視，十手所指，其嚴乎！」又引《詩》云：「戰戰兢兢，如臨深淵，如履薄冰。」此數語為余所常常憶念不忘者也。

三、寬厚　造物所忌，曰刻曰巧。聖賢處事，惟寬惟厚。古訓甚多，今不詳錄。

四、吃虧　古人云：「我不識何等為君子，但看每事肯吃虧的便是。我不識何等為小人，但看每事好便宜的便是。」古時有賢人某臨終，子孫請遺訓，賢人曰：「無他言，爾等只要學吃虧。」

五、寡言　此事最為緊要。孔子云：「駟不及舌。」可畏哉！古訓甚多，今不詳錄。

六、不說人過　古人云：「時時檢點自己且不暇，豈有功夫檢點他人。」孔子亦云：「躬自厚而薄責於人。」以上數語，余常不敢忘。

七、不文己過　子夏曰：「小人之過也必文。」我眾須知文過乃是最可恥之事。

八、不覆己過　我等倘有得罪他人之處，即須發大慚愧，生大恐懼。發露陳謝，懺悔前愆。萬不可顧惜體面，隱忍不言，自誑自欺。

九、聞謗不辯　古人云：「何以息謗？曰：無辯。」又云：「吃得小虧，則不至於吃大虧。」余三十年來屢次經驗，深信此數語真實不虛。

十、不瞋　瞋習最不易除。古賢云：「二十年治一怒字，尚未消磨得盡。」但我等亦不可不盡力對治也。《華嚴經》云：「一念瞋心，能開百萬障門。」可不畏哉！

因限於時間，以上所言者殊略，但亦可知改過之大意。最後，余尚有數言，願為諸君陳者：改過之事，言之似易，行之甚難。故有屢改而屢犯，自己未能強作主宰者，實由無始宿業所致也。務請諸君更須常常持誦阿彌陀佛名號，觀世音、地藏諸大菩薩名號，至誠至敬，懇切懺悔無始宿業，冥冥中自有不可思議之感應。承佛菩薩慈力加被，業消智朗，則改過自新之事，庶幾可以圓滿成就，現生優入聖賢之域，命終往生極樂之邦，此可為諸君預賀者也。

常人於新年時，彼此晤面，皆云恭喜，所以賀其將得名利。余此次於新年時，與諸君晤面，亦云恭喜，所以賀諸君將能真實改過，不久將為賢為聖；不久決定往生極樂，速成佛道，分身十方，普能利益一切衆生耳。

放生與殺生之果報

癸酉五月十五日在
泉州大開元寺講

今日與諸君相見。先問諸君（一）欲延壽否？（二）欲愈病否？（三）欲免難否？（四）欲得子否？（五）欲生西否？

倘願者，今有一最簡便易行之法奉告，即是放生也。

古今來，關於放生能延壽等之果報事蹟甚多。今每門各舉一事，為諸君言之。

一、延壽　張從善，幼年，嘗持活魚，刺指痛甚。自念我傷一指，痛楚如是。羣魚剔腮剖腹，斷尾刮鱗，其痛如何？特不能言耳。遂盡放之溪中，自此不復傷一物，享年九十有八。

二、愈病　杭州葉洪五，九歲時，得惡夢，驚寤，嘔血滿牀，久治不愈。先是彼甚聰穎，家人皆愛之，多與之錢，已積數千緡。至是，其祖母指錢曰，病至不起，欲此何為？盡其所有，買物放生，及錢盡，病遂全愈矣。

三、免難　嘉興孔某，至一親戚家。留午餐，將殺雞供饌。孔力止之，繼以誓，遂止。是夕宿其家，正擣米，懸石杵於朽梁之上。孔臥其下。更餘，已眠。忽有雞來啄其頭，驅去復來，如是者三。孔不勝其擾，遂起覓火逐之。甫離席，而杵墜，正在其首臥處。孔遂悟雞報恩也。每舉以告人，勸勿殺生。

四、得子　杭州楊墅廟，甚有靈感。紹興人倪玉樹，赴廟求子。願得子日，殺豬羊雞鵝等謝神。夜夢神告曰，汝欲生子，乃立殺願何耶？倪叩首乞示。神曰：爾欲有子，物亦欲有子也。物之多子者莫如魚蝦螺等，爾盍放之！倪自是見魚蝦螺等，即買而投之江。後果連產五子。

五、生西　湖南張居士，舊業屠，每早宰豬，聽鄰寺曉鐘聲為準。一日忽無聲。張問之。僧云：夜夢十一人乞命，謂不鳴鐘可免也。張念所欲宰之豬，適有十一子。遂乃感悟，棄屠業，皈依佛法。勤修十餘年，已得神通，知去來事。預告命終之日，端坐而逝。經謂上品往生，須慈心不殺，張居士因戒殺而得往生西方，決無疑矣。

以上所言，且據放生之人今生所得之果報。若據究竟而言，當來決定成佛。因佛心者，大慈悲是，今能放生，即具慈悲之心，能植成佛之因也。

放生之功德如此。則殺生所應得之惡報，可想而知，無須再舉。因殺生之人，現生即短命、多病、多難、無子及不得生西也。命終之後，先墮地獄、餓鬼、畜生，經無量劫，備受衆苦。地獄、餓鬼之苦，人皆知之。至生於畜生中，即常常有怨仇返報之事。昔日殺牛羊豬雞鴨魚蝦等之人，即自變為牛羊豬雞鴨魚蝦等。昔日被殺之牛羊豬雞鴨魚蝦等，或變為人，而返殺害之。此是因果報應之理，決定無疑，而不能幸免者也。

既經無量劫，生三惡道，受報漸畢。再生人中，依舊短命、多病、多難、無子及不得生西也。以後須再經過多劫，漸種善根，能行放生戒殺諸善事，又能勇猛精勤懺悔往業，乃能漸離一切苦難也。

抑余又有為諸君言者。上所述殺牛羊豬雞鴨魚蝦，乃舉其大者而言。下至極微細之蒼蠅蚊蟲臭蟲跳蚤蜈蚣壁虎蟻子等，亦決不可害損。倘故意殺一蚊蟲，亦決定獲得如上所述之種種苦報。斷不可以其物微細而輕忽之也。

今日與諸君相見，余已述放生與殺生之果報如此苦樂不同。惟願諸君自今以後，力行放生之事，痛改殺生之事。余嘗聞人云：泉州近來放生之法會甚多，但殺生之家猶復不少。或有一人茹素，而家中男女等仍買雞鴨魚蝦等之活物任意殺害也。願諸君於此事多多注意。自己既不殺生，亦應勸一切人皆不殺生。況家中男女等，皆自己所親愛之人，豈忍見其故造殺業，行將備受大苦，而不加以勸告阻止耶？諸君勉旃，願悉聽受余之忠言也。

敬三寶

癸酉閏五月五日在泉州大開元寺講

三寶者，佛、法、僧也。其義甚廣，今唯舉其少分之義耳。

今言佛者，且約佛像而言，如木石等所雕塑及紙畫者也。

今言法者，且約經律論等書冊而言，或印刷或書寫也。

今言僧者，且約當世凡夫僧而言，因菩薩羅漢等附入敬佛門也。

第一敬佛　略舉常人所應注意者數條

禮佛時宜洗手漱口，至誠恭敬，緩緩而拜，不可急忙，寧可少拜，不可草率。佛几清潔，供香端直，供佛之物，以烹調精美人所能食者為宜。今多以食物之原料及罐頭而供佛者殊為不敬，蕅益大師大悲行法中曾痛斥之。又供佛宜在午前，不宜過午也。供水果亦宜午前，供水宜捧奉式。供花，花瓶水宜常換。

紙畫之佛像，不可僅以綾裱，恐染蠅糞等穢物也。（少蠅者或可。）宜裝入玻璃鏡中。

木石等雕塑者，小者應入玻璃龕中，大者應作寶蓋罩之，並須常拂拭像上之塵土也。

凡大殿及供佛之室中，皆不宜踞坐笑談，如對於國王大臣乃至賓客之前尚應恭敬，慎護威儀，何況對佛像耶？不可佛前曬衣服，宜偏側。不得在殿前用夜壺水澆花。若臥室中供佛像者，眠時應以淨布遮障。

第二敬法　略舉常人所應注意者數條

讀經之時，必須洗手、漱口、拭几，衣服整齊，威儀嚴肅，與禮佛時無異。蕅益大師云：「展卷如對活佛，收卷如在目前，千徧萬徧，寤寐不忘。」如是乃能獲讀經之實益也。

對於經典，應十分恭敬護持，萬不可令其污損。又翻篇時，宜以指腹輕輕翻之，不可以指爪劃，又不應折角，若欲記誌，以紙片夾入可也。

若經典殘缺者亦不可燒。臥室中几上置經典者，眠時應以淨布蓋之。

附：每日誦經時儀式

- 禮佛　多少不拘。
- 讚佛　經偈或天上天下無如佛等，阿彌陀佛身金色等。爐香乍爇不是讚佛。
- 供養　願此香華雲等。
- 讀經
- 迴向　不拘，或用我此普賢殊勝行等。

第三敬僧　略舉常人所應注意者數條

凡剃髮披袈裟者，皆是釋迦佛子，在家人見之，應一例生恭敬心，不可分別持戒破戒。

若皈依三寶時，禮一出家人為師而作證明者，不可妄云皈依某人。因所皈依者為僧，非皈依某一人。應於一切僧眾，若賢若愚，生平等心，至誠恭敬，尊之為師，自稱弟子。則與皈依僧伽之義，乃符合矣。

供養僧者亦爾。不可專供有德者，應於一切僧生平等心，普徧供之，乃可獲極大之功德也。專贈一人功德小，供眾者功德大。

出家人若有過失，在家人聞之，萬不可輕言。此為佛所痛誡者，最宜慎之。

以上已略言敬三寶義竟。茲附有告者，廈門泉州神廟甚多，在家敬神，每用豬雞等物。豈知神皆好善而惡殺，今殺豬雞等物而供神，神不受享，又安能降福而消災耶？惟願自今以後，痛革此種習慣，凡敬神時，亦一例改用素食，則至善矣。

常隨佛學

癸酉七月十一日在泉州承天寺為幼年諸學僧講

《華嚴經行願品》末卷所列十種廣大行願中，第八曰「常隨佛學」。若依《華嚴經》文所載種種神通妙用，決非凡夫所能隨學。但其他經律等，載佛所行事，有為我等凡夫作模範，無論何人皆可隨學者，亦屢見之。今且舉七事。

一　佛自掃地

《根本說一切有部毗柰耶雜事》云：「世尊在逝多林。見地不淨，即自執篲（敘銳切。）欲掃林中。時舍利子、大目犍連、大迦葉、阿難陀等，諸大聲聞，見是事已，悉皆執篲共掃園林。時佛世尊及勝聖弟子掃除已，入食堂中，就座而坐。佛告諸比丘，凡掃地者，有五勝利。一者自心清淨。二者令他心清淨。三者諸天歡喜。四者植端正業。五者命終之後當生天上。」

二　佛自舁（音余，即共扛擡也。）弟子及自汲水

五分律，佛制《飲酒戒緣起》云：「婆伽陀比丘，以降龍故，得酒醉。衣鉢縱橫。佛與阿難舁至井邊，佛自汲水，阿難洗之」等。

三　佛自修房

《十誦律》云：「佛在阿羅毗國。見寺門楣（門戶上之橫梁。）損，乃自修之。」

四　佛自洗病比丘及自看病

《四分律》云：「世尊即扶病比丘起，拭身不淨，拭已洗之。洗已復為浣衣曬乾。有故壞臥草棄之。掃除住處，以泥漿塗灑，極令清淨。更敷新草，並敷一衣。還安臥病比丘已，復以一衣覆上。」

《西域記》云：「祇洹東北有塔，即如來洗病比丘處。」又云：「如來在日，有病比丘，含苦獨處。佛問：『汝何所苦，汝何獨居？』答曰：『我性疎懶不耐看病，故今嬰疾，無人瞻視。』佛愍而告曰：『善男子！我今看汝。』」

五　佛為弟子裁衣

《中阿含經》云：「佛親為阿那律裁三衣。」諸比丘同時為連合，即成。

六　佛自為老比丘穿針

此事知者甚多，今以忘記出何經律，不及檢查原文，僅就所記憶大略之義錄之。佛在世時，有老比丘補衣。因目昏花，未能以線穿針孔中。乃歎息曰：「誰當為我穿針？」佛聞之，即立起曰：「我為汝穿之」等。

七　佛自乞僧舉過

是謂佛及弟子等結夏安居既竟，具儀自恣時也。《增一阿含經》云：「佛坐草座，（即是離本座，敷草於地而坐也。所以爾者，恣僧舉過，捨憍慢故。）告諸比丘言：「我無過咎於眾人乎？又不犯身口意乎？如是至三。」靈芝律師云：「如來亦植自恣者，示同凡法故，垂範後世故，令眾省己故，使折我慢故。」

如是七事，冀諸仁者勉力隨學。遠離憍慢，增長悲心，廣植福業，速證菩提。是為余所希願者耳。

改習慣

癸酉在泉州承天寺講

吾人因多生以來之夙習，及以今生自幼所受環境之熏染，而自然現於身口者，名曰習慣。

習慣有善有不善，今且言其不善者。常人對於不善之習慣，而略稱之曰習慣。今依俗語而標題也。

在家人之教育，以矯正習慣為主。出家人亦爾。但近世出家人，惟尚談玄說妙。於自己微細之習慣，固置之不問。即自己一言一動，極粗顯易知之習慣，亦罕有加以注意者。可痛嘆也。

余於三十歲時，即覺知自己惡習慣太重，頗思盡力對治。出家以來，恆戰戰兢兢，不敢任情適意。但自媿惡習太重，二十年來，所矯正者百無一二。自今以後，願努力痛改。更願有緣諸道侶，亦皆奮袂興起，同致力於此也。

吾人之習慣甚多。今欲改正，宜依如何之方法耶？若臚列多條，而一時改正，則心勞而效少，以余經驗言之，宜先舉一條乃至三四條，逐日努力檢點，既已改正，後再逐漸增加可耳。

今春以來，有道侶數人，與余同研律學，頗注意於改正習慣。

數月以來，稍有成效。今願述其往事，以告諸公。但諸公欲自改其習慣，不必盡依此數條，儘可隨宜酌定。余今所述者，特為諸公作參考耳。

學律諸道侶，已改正習慣，有七條。

一、食不言。現時中等以上各寺院，皆有此制，故改正甚易。

二、不非時食。初講律時，即由大眾自己發心，同持此戒。後來學者亦爾。遂成定例。

三、衣服樸素整齊。或有舊製，色質未能合宜者，暫作內衣，外罩如法之服。

四、別修禮誦等課程。每日除聽講、研究、鈔寫及隨寺眾課誦外，皆別自立禮誦等課程，盡力行之。或有每晨於佛前跪讀《法華經》者，或有讀《華嚴經》者，或有讀《金剛經》者，或每日念佛一萬以上者。

五、不閒談。出家人每喜聚眾閒談，虛喪光陰，廢弛道業，可悲可痛！今諸道侶，已能漸除此習。每於食後、或傍晚、休息之時，皆於樹下檐邊，或經行、或端坐、若默誦佛號、若朗讀經文、若默然攝念。

六、不閱報。各地日報，社會新聞欄中，關於殺盜淫妄等事，紀載最詳。而淫欲諸事，尤描摹盡致。雖無淫欲之人，常閱報紙，亦必受其熏染。此為現代世俗教育家所痛慨者。故學律諸道侶，近已自己發心不閱報紙。

七、常勞動。出家人性多懶惰，不喜勞動。今學律諸道侶，皆已發心，每日掃除大殿及僧房檐下，併奮力作其他種種勞動之事。

以上已改正之習慣，共有七條。

尚有近來特實行改正之二條，亦附列於下：

一、食碗所剩飯粒。印光法師最不喜此事。若見剩飯粒者，即當面痛訶斥之。所謂施主一粒米，恩重大如山也。但若爛粥爛麵留滯碗上不易除去者，則非此限。

二、坐時注意威儀。垂足坐時，雙腿平列。不宜左右互相翹架，更不宜聳立或直伸。余於在家時，已改此習慣。且現代出家人普通之威儀，亦不許如此。想此習慣不難改正也。

總之，學律諸道侶，改正習慣時，皆由自己發心。決無人出命令而禁止之也。

萬壽巖念佛堂開堂演詞

甲戌八月

今日萬壽禪寺念佛堂開堂，余得參末席，深為榮幸。近十數年來，閩南佛法日益隆盛，但念佛堂尚未建立，悉皆引為憾事。今由本寺住持本妙法師發願創建，開閩南風氣之先。大眾歡喜，歎為希有。本妙法師英年好學，親近興慈法主講席已歷多載。於天台教義及淨土法門悉能貫通。故今本其所學，建念佛堂弘揚淨土。可謂法門之龍象，僧中之芬陀矣。

今念佛堂既已成立。而欲如法進行，維持永久，胥賴護法諸居士有以匡輔而助理之。

考江浙念佛堂規則，約分二端。一為長年念佛，二為臨時念佛。

長年念佛者，齋主供設延生或薦亡牌位，堂中住僧數人乃至數十人，每日念佛數次。

臨時念佛者，齋主或因壽誕或因保病或因薦亡，臨時念佛一日，乃至多日，此即是水陸經懺之變相。

以上二端中，長年念佛尚易實行。因規模大小可以隨時變通，勉力支持猶可為也。若臨時念佛，實行至為困難。因舊日習慣，惟尚做水陸誦經拜懺放燄口等。今遽廢此習慣，改為念佛，非易事也。

印光老法師文鈔中，屢言念佛勝於水陸經懺等。今略引之。《與徐蔚如書》云：

> 至於七中，及一切時，一切事，俱宜以念佛為主。何但喪期。以現今僧多懶惰。誦經則不會者多。而又其快如流，會而不熟亦不能隨念。縱有數十人，念者無幾。惟念佛則除非不發心，決無不能念之弊。又縱不肯念，一句佛號入耳經心，亦自利益不淺，此余決不提倡作余道場之所以也。

又《復黃涵之書》，數通中，皆言及此。文云：

> 至於保病薦亡，今人率以誦經拜懺做水陸為事。余與知友言，皆令念佛。以念佛利益，多於誦經拜懺做水陸多多矣。何以

故？誦經則不識字者不能誦，即識字而快如流水，稍鈍之口舌亦不能誦，懶人雖能亦不肯誦，則成有名無實矣。拜懺做水陸亦可例推。念佛則無一人不能念者，即懶人不肯念，而大家一口同音念，彼不塞其耳，則一句佛號固已歷歷明明灌於心中，雖不念與念亦無異也。如染香人，身有香氣，非特欲香，有不期然而然者，為親眷保安薦亡者皆不可不知。又云：至於作佛事，不必念經拜懺做水陸，以此等事，皆屬場面，宜專一念佛，俾令郎等亦始終隨之而念，女眷則各於自室念之，不宜附於僧位之末。如是則不但尊夫人令眷實獲其益，即念佛之僧並一切見聞無不獲益也。凡作佛事，主人若肯臨壇，則僧自發真實心，倘主人以此為具文，則僧亦以此為具文矣。又云：做佛事一事，余前已詳言之，祈勿徇俗徒作虛套，若念四十九天佛，較誦經之利益多多矣。

又《復周孟由昆弟書》云：

做佛事，只可念佛，勿做別佛事，並令全家通皆懇切念佛，則於汝母，於汝等諸眷屬及親戚朋友，皆有實益。又云：請僧念七七佛甚好。念時，汝兄弟必須有人隨之同念。

統觀以上印光老法師之言，於念佛則盡力提倡，於做水陸誦經拜懺放燄口等，則云決不提倡。又云念佛利益多於誦經拜懺做水陸多多矣。又云誦經拜懺、做水陸有名無實。又云念經拜懺做水陸等事皆屬場面。又云徒作虛套。老法師悲心深切，再三誥誡，智者聞之，詳為審察，當知何去何從矣。廈門泉州諸居士，歸依印光老法師者甚衆。惟望懍遵師訓，努力勸導諸親友等，自今以後，決定廢止拜懺誦經做水陸等，一概改為念佛。若能如此實行，不惟閩南各寺念佛堂可以維持永久，而閩南諸邑人士信仰淨土法門者日衆，往生西方者日多，則皆現前諸居士勸導之功德也。幸各勉旃！

青年佛徒應注意的四項

丙子正月開學日在南普陀寺佛教養正院講

養正院從開辦到現在，已是一年多了。外面的名譽很好，這因為由瑞金法師主辦，又得各位法師熱心愛護，所以能有這樣的成績。

我這次到廈門，得來這裏參觀，心裏非常歡喜。各方面的布置都很完美，就是地上也掃得乾乾淨淨的，這樣，在別的地方，很不容易看到。

我在泉州草庵大病的時候，承諸位寫一封信來，——各人都簽了名，慰問我的病狀；並且又承諸位念佛七天，代我懺悔，還有像這樣別的事，都使我感激萬分！

再過幾個月，我就要到鼓浪嶼日光巖去方便閉關了。時期大約頗長久，怕不能時時會到，所以特地發心來和諸位敘談敘談。

今天所要和諸位談的，共有四項：一是惜福，二是習勞，三是持戒，四是自尊，都是青年佛徒應該注意的。

一　惜福

「惜」是愛惜，「福」是福氣。就是我們縱有福氣，也要加以愛惜，切不可把它浪費。諸位要曉得：末法時代，人的福氣是很微薄的；若不愛惜，將這很薄的福享盡了，就要受莫大的痛苦。古人所說「樂極生悲」，就是這意思啊！我記得從前小孩子的時候，我父親請人寫了一副大對聯，是清朝劉文定公的句子，高高地掛在大廳的抱柱上，上聯是「惜食，惜衣，非為惜財緣惜福」。我的哥哥時常教我念這句子，我念熟了，以後凡是臨到穿衣或是飲食的當兒，我都十分注意，就是一粒米飯，也不敢隨意糟掉；而且我母親也常常教我，身上穿的衣服，當時時小心，不可損壞或污染。這因為母親和哥哥怕我不愛惜衣食，損失福報，以致短命而死，所以常常這樣叮囑著。

諸位可曉得，我五歲的時候，父親就不在世了！七歲我練習寫字，拿整張的紙瞎寫，一點不知愛惜，我母親看到，就正顏厲色地說：「孩子！你要知道呀！你父親在世時，莫說這樣大的整張的紙不肯糟蹋，就連寸把長的紙條，也不肯隨便丟掉哩！」母親這話，也是惜福的意思啊！

我因為有這樣的家庭教育，深深地印在腦裏，後來年紀大了，也沒一時不愛惜衣食；就是出家以後，一直到現在，也還保守著這樣的習慣。諸位請看我腳上穿的一雙黃鞋子，還是民國九年在杭州時候，一位打念七佛的出家人送給我的。又諸位有空，可以到我房間裏來看看，我的綿被面子，還是出家以前所用的；又有一把洋傘，也是民國初年買的。這些東西，即使有破爛的地方，請人用針線縫縫，仍舊同新的一樣了。簡直可盡我形壽受用著哩！不過，我所穿的小衫袴和羅漢草鞋一類的東西，卻須五六年一換。除此以外，一切衣物，大都是在家時候或是初出家時候製的。

從前常有人送我好的衣服或別的珍貴之物，但我大半都轉送別人。因為我知道我的福薄，好的東西是沒有膽量受用的。又如吃東西，只生病時候吃一些好的，除此以外，從不敢隨便亂買好的東西吃。

惜福並不是我一個人的主張，就是淨土宗大德印光老法師也是這樣，有人送他白木耳等補品，他自己總不願意吃，轉送到觀宗寺去供養諦閑法師。別人問他：「法師！你為甚麼不吃好的補品？」他說：「我福氣很薄，不堪消受。」

他老人家——印光法師，性情剛直，平常對人只問理之當不當，情面是不顧的。前幾年有一位皈依弟子，是鼓浪嶼有名的居士，去看望他，和他一道吃飯，這位居士先吃好，老法師見他碗裏剩落了一兩粒米飯；於是就很不客氣地大聲呵斥道：「你有多大福氣，可以這樣隨便糟蹋飯粒！你得把它吃光！」

諸位！以上所說的話，句句都要牢記！要曉得，我們即使有十分福氣，也只好享受二三分，所餘的可以留到以後去享受；諸位或者能發大心，願以我的福氣，布施一切衆生，共同享受，那更好了。

二　習勞

「習」是練習，「勞」是勞動。現在講講習勞的事情：

諸位請看看自己的身體，上有兩手，下有兩腳，這原為勞動而生的。若不將他運用習勞，不但有負兩手兩腳，就是對於身體也一定有害無益的。換句話說，若常常勞動，身體必定康健。而且我們要曉得：勞動原是人類本分上的事，不唯我們尋常出家人要練習勞動，即使到了佛的地位，也要常常勞動才行，現在我且講講佛的勞動的故事：

所謂佛，就是釋迦牟尼佛。在平常人想起來，佛在世時，總以為同現在的方丈和尚一樣，有衣缽師、侍者師常常侍候著，佛自己不必做甚麼；但是不然。有一天，佛看地下不很清潔，自己就拿起掃帚來掃地，許多大弟子見了，也過來幫掃，不一時，把地掃得十分清潔。佛看到了歡喜，隨即到講堂裏去說法，說道：「若人掃地，能得五種功德。……」

又有一個時候，佛和阿難出外遊行，在路上碰到一個喝醉了酒的弟子，已醉得不省人事了；佛就命阿難擡腳，自己擡頭，一直擡到井邊，用桶汲水，叫阿難把他洗濯乾淨。

有一天，佛看到門前木頭做的橫楣壞了，自己動手去修補。

有一次，一個弟子生了病，沒有人照應，佛就問他說：「你生了病，為什麼沒人照應你？」那弟子說：「從前人家有病，我不曾發心去照應他；現在我有病，所以人家也不來照應我了。」佛聽了這話，就說：「人家不來照應你，就由我來照應你吧！」就將那病弟子大小便種種污穢，洗濯得乾乾淨淨；並且還將他的牀鋪，理得清清楚楚，然後扶他上牀。由此可見，佛是怎樣的習勞了。佛決不像現在的人，凡事都要人家服勞，自己坐著享福。這些事實，出於經律，並不是憑空說說的。

現在我再說兩樁事情，給大家聽聽：《彌陀經》中載著的一位大弟子——阿瓷樓陀，他雙目失明，不能料理自己，佛就替他裁衣服，還叫別的弟子一道幫著做。

有一次，佛看到一位老年比丘眼睛花了，要穿針縫衣，無奈眼睛看不清楚，嘴裏叫著：「誰能替我穿針呀！」佛聽了立刻答應說：「我來替你穿。」

以上所舉的例，都足證明佛是常常勞動的。我盼望諸位，也當以佛為模範，凡事自己動手去做，不可依賴別人。

三　持戒

「持戒」二字的意義，我想諸位總是明白的吧！我們不說修到菩薩或佛的地位，就是想來生再做人，最低的限度，也要能持五戒。可惜現在受戒的人雖多，只是掛個名而已，切切實實能持戒的卻很少。

要知道，受戒之後，若不持戒，所犯的罪，比不受戒的人要加倍的大，所以我時常勸人不要隨便受戒。至於現在一般傳戒的情形，看了真痛心，我實在說也不忍說了！我想最好還是隨自己的力量去受戒，萬不可敷衍門面，自尋苦惱。

戒中最重要的，不用說是殺、盜、淫、妄，此外還有飲酒、食肉，也易惹人譏嫌。至於吃煙，在律中雖無明文，但在我國習慣上，也很容易受人譏嫌的，總以不吃為是。

四　自尊

「尊」是尊重，「自尊」就是自己尊重自己，可是人都喜歡人家尊重我，而不知我自己尊重自己；不知道要想人家尊重自己，必須我自己尊重自己做起。怎樣尊重自己呢？就是自己時時想著：我當做一個偉大的人，做一個了不起的人。比如我們想做一位清淨的高僧吧，就拿《高僧傳》來讀，看他們怎樣行，我也怎樣行，所謂：「彼既丈夫我亦爾。」又比方我想將來做一位大菩薩，那末，就當依經中所載的菩薩行，隨力行去。這就是自尊。但自尊與貢高不同：貢高是妄自尊大，目空一切的胡亂行為；自尊是自己增進自己的德業，其中並沒有一絲一毫看不起人的意思的。

諸位萬萬不可以為自己是一個小孩子，是一個小和尚，一切不妨隨便些；也不可說我是一個平常的出家人，那裏敢希望做高僧、做大菩薩。凡事全在自己做去，能有高尚的志向，沒有做不到的。

諸位如果作這樣想：我是不敢希望做高僧、做大菩薩的，那做事就隨隨便便，甚至自暴自棄，走到墮落的路上去了，那不是很危險的麼？諸位應當知道：年紀雖然小，志氣卻不可不高啊！

我還有一句話，要向大家說，我們現在依佛出家，所處的地位是非常尊貴的，就以剃髮、披袈裟的形式而論，也是人天師表，國王和諸天人來禮拜，我們都可端坐而受。你們知道這道理麼？自今以後，就當尊重自己，萬萬不可隨便了。

以上四項，是出家人最當注意的，別的我也不多說了。我不久就要閉關，不能和諸位時常在一塊兒談話，這是很抱歉的。但我還想在關內講講律，每星期約講三四次，諸位碰到例假，不妨來聽聽！

今天得和諸位見面，我非常高興。我只希望諸位把我所講的四項，牢記在心，作為永久的紀念！時間講得很久了，費諸位的神，抱歉！抱歉！

弘一大師最後一言
——談寫字的方法

丁丑三月二十八日在南普陀佛教養正院講　高文顯筆記

我到閩南這邊來，已經有十年之久了。前幾年冬天的時候，我也常到南普陀寺來，看到大殿、觀音殿，及兩廊旁邊的欄杆上，排列了很多很多的花；尤其正在過年的時候，更是多得很，多得很。其中有一種名叫做「一品紅」的（按閩南人稱為聖誕花，其頂端之葉均作紅色，學名為：Euphorbia Pulcherrima），顏色非常的鮮明，非常的好看，可以說是南國特有的一種風味，特有的色彩。每當殘冬過了，春天快到來的時候，把它擺出來，好像是迎春的樣子，而氣象確也為之一新。

我於去年冬天，到了這裏來，心中本來預料着以為可以看到許多的「一品紅」了。豈知一到的時候，空空洞洞的，所看到的，盡是其他的花草，因而感到很傷心！為什麼以前那麼多的「一品紅」，現在到哪裏去了呢？找來找去，找了很久，只在那新功德樓的地方，發現了三棵，都是憔悴不堪，顏色不大鮮明，很愁慘的樣子，也沒有什麼人要去賞玩了。於是使我聯想到佛教養正院，過去的時候，也曾經有很光榮的歷史，像那些「一品紅」一樣，欣欣向榮，有無限的生機；可是現在則有些衰敗的氣象了。養正院開辦已經三年了，這其間，自然有很多可紀念的史跡，可是觀察其未來，則很替他悲觀，前途不堪設想。我現在在南普陀這裏，還可以看到養正院的招牌，下一次再來的時候，恐怕看不到了。這一次也許可以說是我最後的演講。

這一次所要講的，是這裏幾位學生的意思，要我來講關於寫字的方法。我想寫字這一回事，是在家人的事，出家人講究寫字有什麼意思呢？所以這一次講寫字的方法，我覺得很不對。因為出家人，假如只會寫字，其他的學問一點不知道，尤其不懂得佛法，那可以說是佛門的敗類。須知出家人不懂得佛法，只會寫字，那是可恥的。出家人唯一的本分，就是要懂得佛法，要研究佛法。不過出家人並不是絕對不可以講究寫字的，但不可用全副精神去應付寫字就對了。出家人固應對於佛法全力研究，而於有空的時候，寫寫字也未嘗不可，寫字如果寫到了有個樣子，能寫對子、中堂，來送與人，以作弘法的一種工具，也不是無益的。

倘然只能寫得幾個好字，若不專心學佛法，雖然人家讚美他字寫得怎樣的好，那不過是「人以字傳」而已。我覺得出家人字雖然寫得不好，若是很有道德，那麼他的字是很珍貴的，結果却是能夠「字以人傳」。如果對於佛法沒有研究，而且沒有道德，縱能寫得很好的字，這種人在佛教中是無足輕重的了。他的人本來是不足傳的，即能「人以字傳」，這是一樁可恥的事，就是在家人也是很可恥的。

今天雖然名為講寫字的方法，其實我的本意是要勸諸位來學佛法的。因為大家有了行持，能夠研究佛法，才可以利用閒暇的時間來談談寫字的法子。關於寫字的源流、派別，以及筆法、章法、用墨，……古人已經講得很清楚了，而且有很多的書可以參考，我不必再多講。現在且就我個人關於寫字的心得及經驗，隨便來說一說。

諸位寫字的成績很不錯，但是每天每個人只限定寫一張，而且只有一個樣子，這是不對的。每天練習寫字的時候，應該將篆書、大楷、中楷、小楷，四個樣子都要多多地寫與練習。如果沒有時間，關於中楷可以略掉；至於其他的幾樣，是缺一不可的；且要多多地練習才對。我有一點意見，要貢獻給諸位：下面所說的幾種方法，我認為是很重要的。

我對於發心學字的人，總是勸他們先由篆字學起。為什麼呢？有幾種理由。

一、可以順便研究《說文》，對於文字學，便可以有一點常識了。因為一個字一個字都有它的來源，並不是憑空虛構的。關於一筆一畫，都不能隨隨便便亂寫的。若不學篆書，不講究《說文》，對於字學及文字的起源就不能明白，簡直可以說是不認得字啊！所以寫字若由篆書入手，不但寫字會進步，而且也很有興味的。

二、能寫篆字以後，再學楷書，寫字時一筆一畫，也就不會寫錯的了。我以前看到養正院幾位學生所抄寫的稿子，寫錯的字，很多很多。要曉得寫錯了字是很可恥的。這正如學英文的人一樣，不能把字母拼錯一個，若拼錯了字，人家怎麼認識呢？寫錯了我們自己的漢文字，更是不可以的。我們若先學會了篆書，再寫楷字時，那就可以免掉很多錯誤。

此外寫篆字也可以為寫隸書、楷書、行書的基礎。學會了篆字之後，對於寫隸書、楷書、行書就都很容易，因為篆書是各種寫字的根本。

若要寫篆字的話，可先參看《說文》這一類的書。有一部清人吳大澂的《說文部首》，那是不可缺少的；因為這部書很好，便於初學。如果要學寫字的話，先研究這一部書最好。

既然要發心學字的話，除了寫篆字而外，還有大楷、中楷、小楷，這幾樣都應當寫。我以前小孩的時候，都通通寫過的。至於要學一尺二尺的字，有一個很簡便的方法，那就可用大磚來寫。平常把四塊大磚拼合起來做成桌面的樣子，而且用架子架起來，也可當桌子用；要學寫大字，却很方便，而且一物可供兩用了。大筆怎樣得到呢？可用麻扎起來做大筆，要寫時就可以任意揮毫。大磚在南方也許不多，這裏倒有一個方法可以替代，就是用水門汀拼起來，成為桌子。而用麻來寫字，都是一樣的。這樣一來，既可練習寫字，而紙及筆，也就經濟得多了。

篆書、隸書乃至行書都要寫，樣樣都要學才好。一切碑帖也都要讀，至少要瀏覽一下才可以。照以上的方法學了一個時期以後，才可專寫一種或專寫一體。這是由博而約的方法。

至於用筆呢？算起來有很多種，如羊毫、狼毫、兔毫……普通是用羊毫，兔毫及狼毫亦可用，並不限定哪一種。最要注意的一點，就是寫大字須用大筆，千萬不可用小筆，用小的筆寫大字，那是很錯誤的，寧可大筆寫小字，不可以用小筆寫大字。

還有紙的問題，市上所售的油光紙是很便宜的，但太光滑，很難寫。若用本地所產的粗紙，就無此毛病了。我的意思，高年級的同學可用粗紙，低年級的可用油光紙。

此地所用的有格子的紙，是不大適合的，和我們從前的九宮格的紙不同。以我的習慣而論，我用九宮格的方法，就不是這個樣子。現在畫在下面，並說明我的用法。

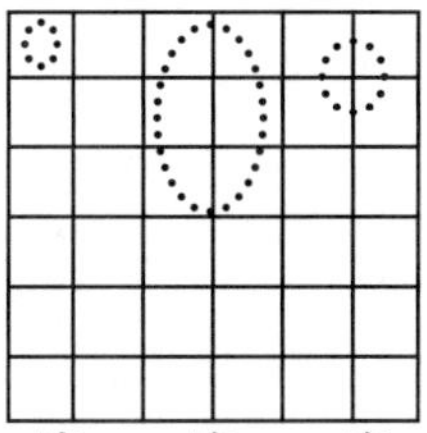

寫大楷時用

寫篆字時用

寫中楷時用

若用這種格子的紙，寫起字來，是很方便的。這樣一來，每個字都有規矩繩墨可守的。如寫大楷時，兩線相交的地方，成了一個十字形，就不致上下左右，不相對稱了。要曉得，寫字總不能隨隨便便，每個字的地位，要很正，要不偏左，不偏右，不上不下，要有一定的標準。因為線有中心點，初學時注意此線，則寫起來自然會適中，很「落位」了。

平常寫字時，寫這個字，眼睛專看這個字，其餘的就不管，這也是不對的。因為上面的字，與下面的字都有關係的，即全部分的字，不論上下左右都須連貫才可以。這一點很要緊，須十分注意。不可只管寫一個字，其餘的一切不去管它。因為寫字要使全體都能夠配合，不能單就每個字去看的。

再有一點須注意的，當我們寫大字的時候，切不可倚在桌上，須使腕高高地懸起來，才可以運用如意。

寫中楷懸腕固好，假如肘部要倚着，那也無妨。至於小楷，則可以倚在桌上，不必懸腕的。

以上所說的，是寫字的初步法門。現在順便講講關於寫對聯、中堂、橫披、條幅等的方法。

我們寫對聯或中堂，就所寫的一幅字而論，是應該有章法的。普通的一幅中堂，論起優劣來，有幾種要素須注意的。現在估量其應得的分數如下：

章法五十分，字三十五分，墨色五分，印章十分。

就以上四種要素合起來，總分數可以算一百分。其中並沒有平均的分配，我覺得其差異及分配法，當照上面所分配的樣子才可以。

一般人認為每個字都很要緊，然而依照上面的記分，只有三十五分。大家也許要懷疑，為什麼章法反而分數佔多數呢？就章法本身而論，它之所以佔着重要地位的原因，理由很簡單。在藝術上有所謂三原則，即一統一，二變化，三整齊；這在西洋繪畫方面是認為很重要的。我便借來用在此地，以批評一幅字的好壞。我們隨便寫一張字，無論中堂或對聯，普通將字排起來，或橫，或直，首先要能夠統一；字與字間，彼此必互相聯絡、互相關係才好。

但是單止統一也不能的，呆板也是不可以的，須有變化才好。若變化得太厲害，亂七八糟，當然不好看。所以必須注意彼此互相聯絡、互相關係才可以的。

就寫字的章法而論，大略如此。說來雖甚簡單，却不是一蹴可及的。這需要經驗，多多地練習，多看古人的書法以及碑帖，養成賞鑑藝術的眼光。自己能常去體認，從經驗中體會出來，然後才可以慢慢地有所成就。

所謂墨色要怎樣才可以？即質料要好而顏色要光亮才對。還有印章，蓋壞了，也是不可以的。蓋的地方，要位置適中，很落位才對。同時印章當然要刻得好，印章上的字須寫得好。至於印色也當然要好的。蓋用時，可以蓋一顆兩顆。印章有圓的方的，大的小的不一，且有種種的區別。如何區別及使用呢？那就要於寫字之後再注意蓋用，因為它也可以補救寫字時章法的不足。

以上所說的，是關於寫字的基本法則，可當作一種規矩及準繩講，不過是一種呆板的方法而已。寫字最好的方法是怎樣？用哪一種的方法才可以達到頂好頂好的呢？我想諸位一定很熱心的要問。我想了又想，覺得想要寫好字，還是要多多地練習，多看碑，多看帖才對，那就自然可以寫得好了。諸位或者要說，這是普通的方法，假如要達到最高的境界須如何呢？我沒有辦法再回答。曾記得《法華經》有云：「是法非思量分別之所能解」，我便借用這句子，只改了一個字，那就是「是字非思量分別之所能解」了。因為世間上無論哪一種藝術，都是非思量分別之所能解的。即以寫字來說，也是要非思量分別，才可以寫得好的；同時要離開思量分別，才可以鑑賞藝術，才能達到藝術的最上乘的境界。記得古來有一位禪宗的大師，有一次人家請他上堂說法，當時臺下的聽衆很多，他於登臺後，默然坐了一會兒以後，即說：「說法已畢。」便下堂了。所以今天就寫字而論，講到這裏，我也只好說：「談寫字已畢了。」

假如諸位用一張白紙，完全是白的，沒有寫上一個字，送給教你們寫字的法師看，那麼他一定說：「善哉，善哉！寫得好，寫得好！」

諸位聽了我所講的以後，要明白我的意思，學佛法最為要緊。如果佛法學得好，字也可以寫得好的。不久會泉法師要在妙釋寺講《維摩詰經》，諸位有空的時候，要去聽講，要注意研究。經典要多多地參究，才能懂得佛法。我覺得最上乘的字，或最上乘的藝術，在於從學佛法中得來；要從佛法中研究出來，才能達到最上乘的地步。所以，諸位若學佛法有一分的深入，那麼字也就會有一分的進步；能十分的去學佛法，寫字也可以十分的進步。

今天所說的，已經很夠了。奉勸諸位以後要努力勤求佛法，深研佛法！

佛教的源流及宗派

戊寅年春在泉州梅石書院講　陳祥耀記錄

今天貴校要我來向各位談些佛教問題，我要講的題目是《佛教的源流及宗派》。這題目牽涉範圍很廣，限於時間，我只講一些簡要通俗的內容，以供各位參考而已。

佛教是釋迦牟尼佛創立的。他生於印度的迦毗羅衛國，是個太子。父親淨飯王，母親摩耶夫人。佛誕生七日，摩耶夫人即逝世，由姨母扶養長大。他名叫悉達多，釋迦牟尼是人們尊稱他為「釋迦族的聖賢」的意思。他為「度世」而降生娑婆世界（即忍苦辱的世界），慈悲敏感之心超乎常人。少時身享富貴，而出游宮外，看到世人生老病死的種種痛苦，甚感惻然，即有出家修道之心，淨飯王害怕他出家，曾加勸阻和防範，但他終於離家出走去修道。中外典籍，對佛誕生的時間，有的說是周昭王時，有的說是春秋時；他出家年齡，有的說是十九歲，有的說是二十九歲。他出家後，向一些修苦行的道人（當時也稱為「沙門」）學道，學了六或十年左右的時間，覺得沒有很大的心得，後來到摩揭陀國菩提伽耶這地方的菩提樹下靜坐思念，才悟得正法，修成佛道。從此到處宣講佛法，前後經過四五十年，門徒由少而多，創立了印度的佛教。在印度，他宣教的地域很廣，而以在摩揭陀國首都王舍城、憍薩羅國首都舍衛城的時間為最長。王舍城傳法地點是著名的竹林精舍，舍衛城傳法地點是著名的祇園精舍（亦稱給孤獨園）。他的傳法，以破除世間迷妄、修持身心清淨、普渡衆生、共求正覺為主，是無上妙音，深得徒衆信服，聽講人數很多。他於八十歲時，在拘尸那揭羅國都城的娑羅樹下安詳涅槃，這一點載籍的說法是一致的。

佛說法時是口講，首先用文字詳記成書的，是大弟子阿難。佛涅槃後，弟子對佛說經書，經過四次大規模的討論和整理，參加人數和結集經書都很多。後來把佛說經書和佛教典籍，編為經、律、論三類，稱為「三藏」。佛涅槃前後，佛法已傳入印度鄰近國家；在東漢時，又傳入我國。從印度、西域來我國傳教的高僧大德很多，加上我國高僧的共同努力，佛教經籍在我國譯述最多，保存最富，據《開元釋教錄》所載，那時我國所譯述的「三藏」經籍，已有一千多部，五千多卷。

據我國「天台宗」的說法，佛在世說法可分為五個時期：第一個時期，向大根器人說《華嚴經》等大乘教理，這種教理比較高深，有的徒衆不能領會；第二個時期，向根器較小的人說《阿含經》等教理，這是小乘的，比較容易領會、修持；第三個時期，說「方等」教理，「方等」是包含廣的意思。佛恐徒衆拘執小乘教理，受到局限，故又廣說世間與出世間法，引導大衆再接受大乘教理，經書有《維摩詰經》、《楞嚴經》等；第四個時期，繼續說《般若》諸經的大乘教理；第五個時期，說《涅槃經》、《法華經》等，把從小乘到大乘的教理，重加融通闡釋。這樣劃分稱為「判五時教」。「華嚴宗」的「判教」內容，與此又有不同，這裏不再詳說。

佛涅槃後數百年間，印度佛教也有「上座」、「大衆」諸部的分別。佛教從東漢傳入我國，經過魏晉南北朝而隋唐，有了很大的發展。到了唐代，已先後形成十個主要的宗派。

（一）律宗。佛家「三學」為戒定慧，戒律以撿束身口意「三業」為主，有大乘律與小乘律之分。唐代居住終南山的道宣律師所創立的律宗，稱「南山宗」。南山宗所立，是依《涅槃》、《法華》等經義而釋通小乘律，建立圓宗戒體的。它雖屬小乘，而實通大乘。律是出家人所應學的；對於在家人，也說有「五戒」、「八戒」等修持法。這一宗盛於唐，北宋時還有些人學習，南宋以後就失傳。現在又有許多人在學習，將來能再興盛也未可知。

（二）俱舍宗。它是依《俱舍論》而建立的。分析各種名相，非常精細，可以說是小乘「相宗」。它雖屬小乘，但研究大乘相宗，要以它為入手；就是要學它宗，也宜以它為根底。切不可因其屬小乘而輕視。這宗興起於南朝陳時，盛行於唐，以後漸衰。

（三）成實宗。它是依《成實論》而建立的，也屬小乘。它開始於姚秦時，至唐漸衰。所說「我空」、「法空」的道理，雖然是小乘的，但與大乘「空宗」是有相通的。

（四）三論宗。是依《中論》、《百論》、《十二門論》而建立的，同時依據《大般若經》。自此以下七宗，不限於修持自度，志在度世，超世間而又適應世間，所以都屬大乘宗派。這一宗由姚秦時的鳩摩羅什提倡，是講般若真空的道理，以破小乘和外道，亦名「空宗」和「性宗」。唐時經吉藏法師闡揚，學者亦衆，以後漸衰。

（五）慈恩宗。亦名「唯識宗」和「法相宗」。依《解深密經》、《瑜伽師地論》，由唐代玄奘法師編譯《成唯識論》，他的弟子窺基（常住長安大慈恩寺，稱慈恩大師）著《成唯識論述記》而建立起來的。它講大乘「萬法唯識」之理，最為精密。唐時甚盛，以後即衰，並且有的唐人撰述失傳。到最近三十年來，失傳古籍，從海外請來，學者又多，重呈興盛狀況。關於這一宗，我認為是很重要的，無論學哪一宗，都要以它為根底。切勿因怕分析名相繁難而不去學習它。

（六）天台宗。這一宗是陳隋間居天台山的智者（智顗）大師所建立的。它依《法華經》而立，又稱「法華宗」。講「一心三觀（空假中）」、「三諦（真俗中）圓融」等道理。此宗再經唐代湛然法師的宏揚，一直盛行不衰，到現在還有許多人在學習。

（七）賢首宗。依《華嚴經》立，也稱「華嚴宗」。它是唐代賢首大師（法藏）、清涼大師（澄觀）等所宏揚、建立的。說「四法界」、「十玄門」等教理，廣大圓融，稱為「圓教」。這一宗在唐時甚盛，以後就衰。現在研究這一宗的人也少，很可惜。希望以後能多多地有人學習。

（八）禪宗。梁武帝時由達摩大師從印度傳入。到唐五祖弘忍以後，分為南（慧能所傳）、北（神秀所傳）兩宗；南宗獨盛，以下再分許多小宗。此宗主修禪悟，不立文字，不拘常途教義，合於利根上智人去學習，中下根的人常學不好，稱為「教外別傳」。唐宋時很盛，現在有點衰敗的樣子。

（九）密宗。這一宗所依的《大日經》、《金剛頂經》等，到唐朝才傳入，所以也建立於唐朝，唐末即衰，唐時由日本僧人空海等傳入日本，依「祕密真言」立教，稱「真言宗」，世號「東密」。以後印度密教和我國密宗，傳入西藏，又發展成為「藏密」。我國內地密宗衰微時，「東密」、「藏密」轉盛。

（十）淨土宗。依《無量壽經》、《阿彌陀經》等建立。東晉慧遠法師為初祖，唐代善導法師為創立人。慧遠法師在廬山東林寺建「蓮社」，此宗又稱為「蓮宗」。它勸導衆生信奉念佛法門，發願往生西方淨土，修持的方法簡易。可以說是三根普被，無論利根上智或下根，都可以學習而得到利益的。在這末法時代，可以說是最合一般衆生根器的法門，所以自晉唐到今，久盛不衰。

以上各宗，雖闡發的內容與程度的深淺有種種的不同，但都與佛法相契合，應當流傳。後人可以就性之所近，選擇學習，都有利益。這譬如藥店裡所賣的藥，種類不同，都可治病一樣。人們可以因病選藥而服，但服此藥，不可嫌棄它藥，因為它病和他人可以服用。所以學習某宗的人，不能輕視它宗，更不能毀謗它宗。學習一宗，便毀謗它宗，不希望其流傳，這是很錯誤的偏見，應該防止。

今天我到這裏，看到貴校規模很大，諸位聽講很專心，非常歡喜！但講得簡略、粗淺，又很慚愧！如有錯誤，請各位指正、原諒。

泉州開元慈兒院講演錄

戊寅二月吳棲霞記

我到閩南，已有十年，來到貴院，也有好幾回，一回到院，都覺得有一番進步，這是使我很喜歡的。貴院各種課程，都有可觀，其最使我滿意讚歎的，就是早晚兩堂課誦。古語道：人身難得，佛法難聞。諸生倘非夙有善根，怎得來這裏讀書，又復得聞佛法哩！今這樣，真是好極了。諸生得這難得機緣，應各各起歡喜心，深自慶幸才是。

我今講本師釋迦牟尼佛在因地中為法捨身幾段故事給諸位聽，現在先引《涅槃經》一段來說。釋迦牟尼佛在無量劫前，當無佛法時代，曾作婆羅門，這位婆羅門，品格清高，與衆不同，發心訪求佛法。那時忉利天王在天宮瞧見，要試此婆羅門，有無真心，化為羅剎鬼，狀極凶惡，來與婆羅門說法，但是僅說半偈（印度古代的習慣以四句為一偈）。婆羅門聽了羅剎鬼所說的半偈很喜歡，要求羅剎再說後半偈，羅剎不肯。婆羅門力求，羅剎便向婆羅門道：「你要我說後半偈，也可以，你應把身上的血給我飲，身上的肉給我吃，才可許你。」婆羅門為求法故，即時答應道：「我甚願將我身上的血肉給你。」羅剎以婆羅門既然誠懇地允許，便把後半偈說給他聽。婆羅門得聞了後半偈，真覺心滿意足，不特自己歡喜，並且把這偈書寫在各處，徧傳到人間去。婆羅門在各處樹木山巖上書寫此四句偈後，為維持信用，便想應如何把自己肉血給羅剎吃呢？他就要跑上一棵很高很高的樹上，跳躍下來，自謂可以喪了身命，便將血肉給羅剎吃。羅剎那時，看婆羅門不惜身命求法，心中十分感動，當婆羅門在高處捨身躍下，未墜地時，羅剎便現了天王的原形把他接住，這婆羅門因得不死。羅剎原係忉利天王所化，欲試試婆羅門的，今見婆羅門求法如此誠懇，自然是十分歡喜讚歎。若在婆羅門因志求無上正法，雖棄捨身命亦何所顧惜呢！剛才所說：婆羅門如此求法，不惜身命。諸位現在不要捨身，而很容易的得聞佛法，真是大可慶幸呀！

還有一段故事，也是《涅槃經》上說。過去無量劫時候，釋迦牟尼佛，為一很窮困的人，當時有佛出世，見人皆先供養佛然後求法，己則貧窮無錢可供，他心生一計，願以身賣錢來供佛，就到大街上去賣自己的身體。當在大街上喊賣身時，恰巧遇一病人，醫生叫他每日應吃三兩人肉，那病人看見有人賣身，便十分歡喜，因向貧人說：「你每日給我三兩人肉吃，我可以給你五枚金錢。」這位窮人，聽了這話，與那病人商洽說：你先把五枚金錢拿來，我去買東西供養佛，求聞佛法，然後每日把我身上的肉割下給你吃。當時病人應允，即先付金錢。這窮人供佛聞法已畢，即天天以刀割身上的三兩肉給病人吃，吃到一個月，病才痊愈。當窮人每天割肉的時候，他常常念佛所說的偈，精神完全貫注在法的方面，竟如沒有痛苦，而且不久他的身體也就平復無恙了。這窮人因求法之故，發心做難行的苦行有如此勇猛。諸生現今在這院裏求學，早晚皆得聞佛法，不但每日無須割去若干肉，而且有衣穿，有飯吃，這豈不是很難得的好機緣嗎？

再講一段故事，出於《賢愚經》。釋迦牟尼佛在因地時候，有一次身為國王，因厭惡終其身居於國王位，沒有什麼好處，遂發心求聞佛法。當時來了一位婆羅門，對這國王說：「王要聞法，可能把身體挖一千個孔，點一千盞燈來供養佛嗎？若能如此，便可為你說法。」那國王聽婆羅門這句話，便慨然對他說：「這有何難，為要聞法，情願捨此身命，但我現有些少國事未了，容我七天，把這國事交下著落，便就實行。」到第七天，國事辦完，王便欲在身上挖千個孔，點千盞燈，那時全國人民知道此事，都來勸阻。謂大王身為全國人民所依靠，今若這樣犧牲，全國人民將何所賴呢？國王說：「現在你們依靠我，我為你們做依靠，不過是暫時，是靠不住的，我今求得佛法，將來成佛，當先度化你們，可為你們永遠的依靠，豈不更好，請大家放心，切勿勸阻。」那時國王馬上就實行起來。呼左右將身上挖了一千孔，把油盛好，燈芯安好，欣然對婆羅門說：「請先說法，然後點燈。」婆羅門答應，就為他說法。國王聽了，無限的滿足，便把身上的一千盞燈，齊點起來。那時萬衆驚駭呼號。國王乃發大誓願道：「我為求法，來捨身命，願我聞法以後，早成佛道，以大智慧光普照一切衆生。」這聲音一發，天地都震動了，燈光晃耀之下，諸天現前，即問國王：「你身體如此痛苦，你心裏也後悔嗎？」國王答：「絕不後悔。」後來國王復向空中發誓言：「我這至誠求法之心，果能永久不悔，願我此身體即刻回復原狀。」話說未已，至誠所感，果然身上千個火孔，悉皆平復，並無些少創痕。剛才所說，聞法有如此艱難，諸生現在聞法則十分容易，豈不是諸生有大幸福嗎！自今以後，應該發勇猛精進心，勤加修習才是！

以前我曾居住開元寺好幾次，即住在貴院的後面，早晚聞諸生念佛念經很如法，音聲亦甚好聽，每站在房門外聽得高興。因各種課程固好，然其他學校也是有的，獨此早晚二堂課誦，是其他學校所無，而貴院所獨有的，此皆是貴院諸職教員善於教導，和你們諸位努力，才有這十分美滿的成績。我希望貴院，今後能夠繼續精進努力不斷地進步，規模益擴大，為全國慈兒院模範，這是我最後殷勤的希望。

佛法大意

戊寅年六月十九日在漳州七寶寺講

我至貴地，可謂奇巧因緣。本擬住半月返廈。因變，住此，得與諸君相晤，甚可喜。

先略說佛法大意。

佛法以大菩提心為主。菩提心者，即是利益眾生之心。故信佛法者，須常抱積極之大悲心，發救濟一切眾生之大願，努力作利益眾生之種種慈善事業。乃不愧為佛教徒之名稱。

若專修淨土法門者，尤應先發大菩提心。否則他人謂佛法是消極的、厭世的、送死的。若發此心者，自無此誤會。

至於作慈善事業，尤要。既為佛教徒，即應努力作利益社會之種種事業。乃能令他人了解佛教是救世的、積極的。不起誤會。

或疑經中常言空義，豈不與前說相反。

今案大菩提心，實具有悲智二義。悲者如前所說。智者不執著我相，故曰空也。即是以無我之偉大精神，而做種種之利生事業。

若解此意，而知常人執著我相而利益眾生者，其能力薄、範圍小、時不久、不徹底。若欲能力強、範圍大、時間久、最徹底者，必須學習佛法，了解悲智之義，如是所作利生事業乃能十分圓滿也。故知所謂空者，即是於常人所執著之我見，打破消滅，一掃而空。然後以無我之精神，努力切實作種種之事業。亦猶世間行事，先將不良之習慣等一一推翻，然後良好建設乃得實現也。

今能了解佛法之全系統及其真精神所在，則常人謂佛教是迷信是消極者，固可因此而知其不當。即謂佛教為世界一切宗教中最高尚之宗教，或謂佛法為世界一切哲學中最玄妙之哲學者，亦未為盡理。

因佛法是真能
- 說明人生宇宙之所以然。
- 破除世間一切
  - 謬見，而與以正見。
  - 迷信，而與以正信。
  - 惡行，而與以正行。
  - 幻覺，而與以正覺。
- 包括世間各教各學之長處，而補其不足。
- 廣被一切眾生之機，而無所遺漏。

不僅中國，現今如歐美諸國人，正在熱烈地研究及提倡。出版之佛教書籍及雜誌等甚多。

故望已為佛教徒者，須徹底研究佛法之真理，而努力實行，俾不愧為佛教徒之名。其未信佛法者，亦宜虛心下氣，盡力研究，然後於佛法再加以評論。此為余所希望者。

以上略說佛法大意畢。

又當地信士，因今日為菩薩誕，欲請解釋南無觀世音菩薩之義。茲以時間無多，惟略說之。

南無者，梵語。即歸依義。

菩薩者，梵語，為菩提薩埵之省文。菩提者覺，薩埵者眾生。因菩薩以智上求佛法，以悲下化眾生，故稱為菩提薩埵。此以悲智二義解釋，與前同也。

觀世音者，為此菩薩之名。亦可以悲智二義分釋。如《楞嚴經》云：「由我觀聽十方圓明，故觀音名偏十方界。」約智言也。如《法華經》云：「苦惱眾生一心稱名，菩薩即時觀其音聲，皆得解脫，以是名觀世音。」約悲言也。

佛法十疑略釋

戊寅十月六日在晉江安海金墩宗祠講

欲挽救今日之世道人心，人皆知推崇佛法。但對於佛法而起之疑問，亦復不少。故學習佛法者，必先解釋此種疑問，然後乃能著手學習。

以下所舉十疑及解釋，大半採取近人之說而敘述之，非是講者之創論。所疑固不限此，今且舉此十端耳。

一　佛法非迷信

近來知識分子，多批評佛法謂之迷信。

我輩詳觀各地寺廟，確有特別之習慣及通俗之儀式，又將神仙鬼怪等混入佛法之內，謂是佛法正宗。既有如此奇異之現相，也難怪他人謂佛法是迷信。

但佛法本來面目則不如此，決無崇拜神仙鬼怪等事。其儀式莊嚴，規矩整齊，實超出他種宗教之上。又佛法能破除世間一切迷信而與以正信，豈有佛法即是迷信之理。

故知他人謂佛法為迷信者，實由誤會。儻能詳察，自不至有此批評。

二　佛法非宗教

或有人疑佛法為一種宗教。此說不然。

佛法與宗教不同，近人著作中常言之，茲不詳述。應知佛法實不在宗教範圍之內也。

三　佛法非哲學

或有人疑佛法為一種哲學。此說不然。

哲學之要求，在求真理，以其理智所推測而得之某種條件即謂為真理。其結果，有一元、二元、唯心、唯物種種之說。甲以為理在此，乙以為理在彼，紛紜擾攘，相非相謗。但彼等無論如何盡力推測，總不出於錯覺一途。譬如盲人摸象，其生平未曾見象之形狀，因其所摸得象之一部分，即謂是為象之全體。故或摸其尾便謂象如繩，或摸其背便謂象如牀，或摸其胸便謂象如地。雖因所摸處不同而感覺互異，總而言之，皆是迷惑顛倒之見而已。

若佛法則不然。譬如明眼人能親見全象，十分清楚，與前所謂盲人摸象者迥然不同。因佛法須親證「真如」，了無所疑，決不同哲學家之虛妄測度也。

何謂「真如」之意義？真真實實，平等一如，無妄情，無偏執，離於意想分別，即是哲學家所欲了知之宇宙萬有之真相及本體也。夫哲學家欲發明宇宙萬有之真象及本體，其志誠為可嘉。第太無方法，致枉費心力而終不能達到耳。

以上所說佛法非宗教及哲學，僅略舉其大概。若欲詳知者，有南京支那內學院出版之《佛法非宗教非哲學》一卷，可自詳研，即能洞明其奧義也。

四　佛法非違背於科學

常人以為佛法重玄想，科學重實驗，遂謂佛法違背於科學。此說不然。

近代科學家持實驗主義者，有兩種意義。

一　是根據眼前之經驗，彼如何即還彼如何，毫不加以玄想。

二　是防經驗不足恃，即用人力改進，以補通常經驗之不足。

佛家之態度亦爾，彼之「戒」、「定」、「慧」三無漏學，皆是改進通常之經驗。但科學之改進經驗重在客觀之物件，佛法之改進經驗重在主觀之心識。如人患目病，不良於視，科學只知多方移置其物以求一辨，佛法則努力醫治其眼以求復明。兩者雖同為實驗，但在治標治本上有不同耳。

關於佛法與科學之比較，若欲詳知者，乞閱上海開明書店代售之《佛法與科學之比較研究》。著者王小徐，曾留學英國，在理工專科上迭有發見，為世界學者所推重。近以其研究理工之方法，創立新理論解釋佛學，因著此書也。

五　佛法非厭世

常人見學佛法者，多居住山林之中，與世人罕有往來，遂疑佛法為消極的、厭世的。此說不然。

學佛法者，固不應迷戀塵世以貪求榮華富貴，但亦決非是冷淡之厭世者。因學佛法之人皆須發「大菩提心」，以一般人之苦樂為苦樂，抱熱心救世之弘願。不唯非消極，乃是積極中之積極者。雖居住山林中，亦非貪享山林之清福，乃是勤修「戒」、「定」、「慧」三學以預備將來出山救世之資具耳。與世俗青年學子在學校讀書為將來任事之準備者，甚相似。

由是可知謂佛法為消極厭世者，實屬誤會。

六　佛法非不宜於國家之興盛

近來愛國之青年，信仰佛法者少。彼等謂佛法傳自印度，而印度因此衰亡，遂疑佛法與愛國之行動相妨礙。此說不然。

佛法實能輔助國家，令其興盛，未嘗與愛國之行動相妨礙。印度古代有最信仰佛法之國王，如阿育王、戒日王等，以信佛故，而統一興盛其國家。其後婆羅門等舊教復興，佛法漸無勢力，而印度國家乃隨之衰亡，其明證也。

七　佛法非能滅種

常人見僧尼不婚不嫁，遂疑人人皆信佛法必致滅種。此說不然。信佛法而出家者，乃為僧尼，此實極少之數。以外大多數之在家信佛法者，仍可婚嫁如常。佛法中之僧尼，與他教之牧師相似，非是信徒皆應為牧師也。

八　佛法非廢棄慈善事業

常人見僧尼唯知弘揚佛法，而於建立大規模之學校、醫院、善堂等利益社會之事未能努力，遂疑學佛法者廢棄慈善事業。此說不然。

依佛經所載，布施有二種，一曰財施，二曰法施。出家之佛徒，以法施為主，故應多致力於弘揚佛法，而以餘力提倡他種慈善事業。若在家之佛徒，則財施與法施並重，故在家居士多努力作種種慈善事業，近年以來各地所發起建立之佛教學校、慈兒院、醫院、善堂、修橋、造涼亭乃至施米、施衣、施錢、施棺等事，皆時有所聞，但不如他教仗外國慈善家之財力所經營者規模闊大耳。

九　佛法非是分利

近今經濟學者，謂人人能生利，則人類生活發達，乃可共享幸福，因專注重於生利。遂疑信仰佛法者，唯是分利而不生利，殊有害於人類，此說亦不免誤會。

若在家人信仰佛法者，不礙於職業，士農工商皆可為之。此理易明，可毋庸議。若出家之僧尼，常人觀之，似為極端分利而不生利之寄生蟲。但僧尼亦何嘗無事業，僧尼之事業即是弘法利生。儻能教化世人，增上道德，其間接直接有真實大利益於人羣者正無量矣。

十　佛法非說空以滅人世

常人因佛經中說「五蘊皆空」、「無常苦空」等，因疑佛法只一味說空。若信佛法者多，將來人世必因之而消滅。此說不然。

大乘佛法，皆說空及不空兩方面。雖有專說空時，其實亦含有不空之義。故須兼說空與不空兩方面，其義乃為完足。

何謂空及不空。空者是無我，不空者是救世之事業。雖知無我，而能努力作救世之事業，故空而不空。雖努力作救世之事業，而決不執著有我，故不空而空。如是真實了解，乃能以無我之偉大精神，而作種種之事業無有障礙也。

又若能解此義，即知常人執著我相而作種種救世事業者，其能力薄、範圍小、時間促、不徹底。若欲能力強、範圍大、時間久、最徹底者，必須於佛法之空義十分了解，如是所作救世事業乃能圓滿成就也。

故知所謂空者，即是於常人所執著之我見打破消滅，一掃而空。然後以無我之精神，努力切實作種種之事業。亦猶世間行事，先將不良之習慣等一一推翻，然後良好之建設乃得實現。

信能如此，若云犧牲，必定真能犧牲；若云救世，必定真能救世。由是堅堅實實，勇猛精進而作去，乃可謂偉大，乃可謂徹底。

所以真正之佛法，先須向空上立腳，而再向不空上作去。豈是一味說空而消滅人世耶！

以上所說之十疑及釋義，多是採取近人之說而敘述其大意。諸君聞此，應可免除種種之誤會。

若佛法中之真義，至為繁廣，今未能詳說。惟冀諸君從此以後，發心研究佛法，請購佛書，隨時閱覽，久之自可洞明其義。是為余所厚望焉。

佛法宗派大概

戊寅十月七日在（晉江）安海金墩宗祠講

關於佛法之種種疑問，前已略加解釋。諸君既無所疑惑，思欲著手學習，必須先了解佛法之各種宗派乃可。

原來佛法之目的，是求覺悟，本無種種差別。但欲求達到覺悟之目的地以前，必有許多途徑。而在此途徑上，自不妨有種種宗派之不同也。

佛法在印度古代時，小乘有各種部執，大乘雖亦分「空」「有」二派，但未別立許多門戶。吾國自東漢以後，除將印度所傳來之佛法精神完全承受外，並加以融化光大，於中華民族文化之偉大悠遠基礎上，更開展中國佛法之許多特色。至隋唐時，便漸成就大小乘各宗分立之勢。今且舉十宗而略述之。

一　律宗又名南山宗

唐終南山道宣律師所立。依《法華》、《涅槃》經義，而釋通小乘律，立圓宗戒體。正屬出家人所學，亦明在家五戒、八戒義。

唐時盛，南宋後衰，今漸興。

二　俱舍宗

依《俱舍論》而立。分別小乘名相甚精，為小乘之相宗。欲學大乘法相宗者固應先學此論，即學他宗者亦應以此為根柢，不可以其為小乘而輕忽之也。

陳隋唐時盛弘，後衰。

三　成實宗

依《成實論》而立。為小乘之空宗，微似大乘。

六朝時盛，後衰，唐以後殆罕有學者。

以上二宗，即依二部論典而形成，並由印度傳至中土。雖號稱宗，然實不過二部論典之傳持授受而已。

以上二宗屬小乘，以下七宗皆是大乘，律宗則介於大小之間。

四　三論宗又名性宗，又名空宗

三論者，即《中論》、《百論》、《十二門論》，是三部論皆依《般若經》而造。姚秦時，龜茲國鳩摩羅什三藏法師來此土弘傳。

唐初猶盛，以後衰。

五　法相宗又名慈恩宗，又名有宗

此宗所依之經論，為《解深密經》、《瑜伽師地論》等。唐玄奘法師盛弘此宗。又糅合印度十大論師所著之《唯識三十頌》之解釋而編纂成《唯識論》十卷，為此宗著名之典籍。此宗最要，無論學何宗者皆應先學此以為根柢也。

唐中葉後衰微，近復興，學者甚盛。

以上二宗，印度古代有之，即所謂「空」「有」二派也。

六　天台宗又名法華宗

六朝時此土所立，以《法華經》為正依。至隋智者大師時極盛。其教義，較前二宗為玄妙。

隋唐時盛，至今不衰。

七　華嚴宗又名賢首宗

唐初此土所立，以《華嚴經》為依。至唐賢首國師時而盛，至清涼國師時而大備。此宗最為廣博，在一切經法中稱為教海。

宋以後衰，今殆罕有學者，至可惜也。

八　禪宗

梁武帝時，由印度達摩尊者傳至此土。斯宗雖不立文字，直明實相之理體。而有時卻假用文字上之教化方便，以弘教法。如《金剛》、《楞伽》二經，即是此宗常所依用者也。

唐宋時甚盛，今衰。

九　密宗又名真言宗

唐玄宗時，由印度善無畏三藏、金剛智三藏先後傳入此土。斯宗以《大日經》、《金剛頂經》、《蘇悉地經》三部為正所依。

元後即衰，近年再興，甚盛。

在大乘各宗中，此宗之教法最為高深，修持最為真切。常人未嘗窮研，輒輕肆毀謗，至堪痛歎。余於十數年前，唯閱《密宗儀軌》，亦嘗輕致疑議。以後閱《大日經疏》，乃知密宗教義之高深，因痛自懺悔。願諸君不可先閱《儀軌》，應先習經教，則可無諸疑惑矣。

十　淨土宗

始於晉慧遠大師，依《無量壽經》、《觀無量壽佛經》、《阿彌陀經》而立。三根普被，甚為簡易，極契末法時機。

明季時，此宗大盛。至於近世，尤為興盛，超出各宗之上。

以上略說十宗大概已竟。大半是摘取近人之說以敘述之。

就此十宗中，有小乘、大乘之別。而大乘之中，復有種種不同。吾人於此，萬不可固執成見，而妄生分別。因佛法本來平等無二，無有可說，即佛法之名稱亦不可得。於不可得之中而建立種種差別佛法者，乃是隨順世間衆生以方便建立。因衆生習染有淺深，覺悟有先後。而佛法亦依之有種種差別，以適應之。譬如世間患病者，其病症千差萬別，須有多種藥品以適應之，其價值亦低昂不等。不得僅尊其貴價者，而廢其他廉價者。所謂藥無貴賤，愈病者良。佛法亦爾，無論大小、權實、漸頓、顯密，能契機者，即是無上妙法也。故法門雖多，吾人宜各擇其與自己根機相契合者而研習之，斯為善矣。

佛法學習初步

戊寅十月八日在（晉江）安海金墩宗祠講

佛法宗派大概，前已略說。

或謂高深教義，難解難行，非利根上智不能承受。若我輩常人欲學習佛法者，未知有何法門，能使人人易解，人人易行，毫無困難，速獲實益耶？

案佛法寬廣，有淺有深。故古代諸師，皆判「教相」以區別之。依唐圭峯禪師所撰《華嚴原人論》中，判立五教：

一　人天教

二　小乘教

三　大乘法相教

四　大乘破相教

五　一乘顯性教

以此五教，分別淺深。若我輩常人易解易行者，唯有「人天教」也。其他四教，義理高深，甚難了解。即能了解，亦難實行。故欲普及社會，又可補助世法，以挽救世道人心，應以「人天教」最為合宜也。

人天教由何而立耶？

常人醉生夢死，謂富貴、貧賤、吉凶、禍福皆由命定，不解因果報應。或有解因果報應者，亦唯知今生之現報而已。若如是者，現生有惡人富而善人貧，惡人壽而善人夭，惡人多子孫而善人絕嗣，是何故歟？因是佛為此輩人說三世業報、善惡因果，即是人天教也。今就三世業報及善惡因果分為二章詳述之。

一　三世業報

三世業報者，現報、生報、後報也。

一　現報　今生作善惡，今生受報。

二　生報　今生作善惡，次一生受報。

三　後報　今生作善惡，次二三生乃至未來多生受報。

由是而觀，則惡人富、善人貧等，決不足怪。吾人唯應力行善業，即使今生不獲良好之果報，來生再來生等必能得之。萬勿因行善而反遇逆境，遂妄謂行善無有果報也。

二　善惡因果

善惡因果者，惡業、善業、不動業此三者是其因，果報有六，即六道也。

惡業善業，其數甚多，約而言之，各有十種，如下所述。不動業者，即修習上品十善，復能深修禪定也。今以三因六果列表如下：

因	品	果		
一　惡業	上品	地獄		六道
	中品	畜生		
	下品	鬼		
二　善業	下品	阿修羅		
	中品	人		
	上品	欲界天	天	
三　不動業	次品	色界天		
	上品	無色界天		

今復舉惡業、善業別述如下：

惡業有十種。

一　殺生
二　偷盜
三　邪淫
四　妄言
五　兩舌
六　惡口
七　綺語
八　慳貪
九　瞋恚
十　邪見

造惡業者，因其造業重輕，而墮地獄、畜生、鬼道之中。受報既盡，幸生人中，猶有餘報。今依《華嚴經》所載者，錄之如下。若諸「論」中，尚列外境多種，今不別錄。

一　殺生……短命　多病
二　偷盜……貧窮　其財不得自在
三　邪淫……妻不貞良　不得隨意眷屬
四　妄言……多被誹謗　為他所誑
五　兩舌……眷屬乖離　親族弊惡
六　惡口……常聞惡聲　言多諍訟
七　綺語……言無人受　語不明了
八　慳貪……心不知足　多欲無厭
九　瞋恚……常被他人求其長短　恆被於他之所惱害
十　邪見……生邪見家　其心諂曲

善業有十種。下列不殺生等，止惡即名為善。復依此而起十種行善，即救護生命等也。

一　不殺生　救護生命
二　不偷盜　給施資財
三　不邪淫　遵修梵行
四　不妄言　說誠實言
五　不兩舌　和合彼此
六　不惡口　善言安慰
七　不綺語　作利益語
八　不慳貪　常懷捨心
九　不瞋恚　恆生慈愍
十　不邪見　正信因果

造善業者，因其造業輕重而生於阿修羅、人道、欲界天中。所感之餘報，與上所列惡業之餘報相反。如不殺生則長壽無病等類推可知。

由是觀之，吾人欲得諸事順遂，身心安樂之果報者，應先力修善業，以種善因。若唯一心求好果報，而決不肯種少許善因，是為大誤。譬如農夫，欲得米穀，而不種田，人皆知其為愚也。

故吾人欲諸事順遂，身心安樂者，須努力培植善因。將來或遲或早，必得良好之果報。古人云，「禍福無不自己求之者」，即是此意也。

以上所說，乃人天教之大義。

唯修人天教者，雖較易行，然報限人天，非是出世。故古今諸大善知識，盡力提倡「淨土法門」，即前所說之《佛法宗派大概》中之「淨土宗」。令無論習何教者，皆兼學此「淨土法門」，即能獲得最大之利益。「淨土法門」雖隨宜判為「一乘圓教」，但深者見深，淺者見淺，即唯修人天教者亦可兼學，所謂「三根普被」也。

在此講說三日已竟。以此功德，惟願世界安寧，眾生歡樂，佛日增輝，法輪常轉。

佛教之簡易修持法

己卯四月十六日在永春
桃源殿講　李芳遠記

我到永春的因緣，最初發起，在三年之前。性願老法師常常勸我到此地來，又常提起普濟寺是如何如何的好。

兩年以前的春天，我在南普陀講律圓滿以後，妙慧師便到廈門請我到此地來。那時因為學律的人要隨行的太多，而普濟寺中設備未廣，不能夠收容，不得已而中止。是為第一次欲來未果。

是年的冬天，有位善興師，他持著永春諸善友一張請帖，到廈門萬石巖去，要接我來永春。那時因為已先應了泉州草庵之請，故不能來永春。是為第二次欲來未果。

去年的冬天，妙慧師再到草庵來接。本想隨請前來，不意過泉州時，又承諸善友挽留，不得已而延期至今春。是為第三次欲來未果。

直至今年半個月以前，妙慧師又到泉州勸請，是為第四次。因大眾既然有如此的盛意，故不得不來。其時在泉州各地講經，很是忙碌，因此又延擱了半個多月。今得來到貴處，和諸位善友相見，我心中非常的歡喜。自三年前就想到此地來，滿其多年的夙願，更可說是十分的歡喜了。

今天承諸位善友請我演講。我以為談玄說妙，雖然極為高尚，但於現在行持終覺了不相涉。所以今天我所講的，且就常人現在即能實行的，約略說之。

因為專尚談玄說妙，譬如那飢餓的人，來研究食譜，雖山珍海錯之名，縱橫滿紙，如何能夠充飢。倒不如現在得到幾種普通的食品，即可入口。得充一飽，才於實事有濟。

以下所講的，分為三段。

一　深信因果

因果之法，雖為佛法入門的初步，但是非常的重要，無論何人皆須深信。何謂因果，因者好比種子，下在田中，將來可以長成為果實。果者譬如果實，自種子發芽，漸漸地開花結果。

我們一生所作所為，有善有惡，將來報應不出下列：

桃李種　長成為桃李——作善報善

荊棘種　長成為荊棘——作惡報惡

所以我們要避凶得吉，消災得福，必須要厚植善因，努力改過遷善，將來才能夠獲得吉祥福德之好果。如果常作惡因，而要想免除凶禍災難，那裏能夠得到呢？

所以第一要勸大眾深信因果，了知善惡報應，一絲一毫也不會差的。

二　發菩提心

「菩提」二字是印度的梵語，翻譯為「覺」，也就是成佛的意思。發者，是發起，故發菩提心者，便是發起成佛的心。為什麼要成佛呢？為利益一切眾生。須如何修持乃能成佛呢？須廣修一切善行。以上所說的，要廣修一切善行，利益一切眾生，但須如何才能夠徹底呢？須不著我相。所以發菩提心的人，應發以下之三種心：

一　大智心　不著我相　此心雖非凡夫所能發，亦應隨分觀察。

二　大願心　廣修善行

三　大悲心　救眾生苦

又發菩提心者，須發以下所記之四弘誓願：

一　眾生無邊誓願度　菩提心以大悲為體，所以先說度生。

二　煩惱無盡誓願斷　願一切眾生，皆能斷無盡之煩惱。

三　法門無量誓願學　願一切眾生，皆能學無量之法門。

四　佛道無上誓願成　願一切眾生，皆能成無上之佛道。

或疑煩惱以下之三願，皆為我而發，如何說是願一切眾生？這裏有兩種解釋：一就淺來說，我也就是眾生中的一人，現在所說的眾生，我也在其內。再進一步言，真發菩提心的，必須徹悟法性平等，決不是我與眾生有什麼差別，如是才能夠真實和菩提心相應。所以現在發願，說願一切眾生，有何妨耶！

三　專修淨土

既然已經發了菩提心，就應該努力地修持。但是佛所說的法門很多，深淺難易，種種不同。若修持的法門與根器不相契合的，用力多而收效少。倘與根器相契合的，用力少而收效多。在這末法之時，大多數眾生的根器，和哪一種法門最相契合呢？說起來只有淨土宗。因為泛泛修其他法門的，在這五濁惡世，無佛應現之時，很是困難。若果專修淨土法門，則依佛大慈大悲之力，往生極樂世界，見佛聞法，速證菩提，比較容易得多。所以龍樹菩薩曾說，前為難行道，後為易行道，前如陸路步行，後如水道乘船。

關於淨土法門的書籍，可以首先閱覽者，《初機淨業指南》、《印光法師嘉言錄》、《印光法師文鈔》等。依此就可略知淨土法門的門徑。

近幾個月以來，我在泉州各地方講經，身體和精神都非常的疲勞。這次到貴處來，匆促演講，不及預備，所以本次說的未能詳盡，希望大眾原諒。

最後之□□

戊寅十一月十四日在南普陀寺佛教養正院同學會席上講　瑞今記

佛教養正院已辦有四年了。諸位同學初來的時候，身體很小，經過四年之久，身體皆大起來了，有的和我也差不多。啊！光陰很快。人生在世，自幼年至中年，自中年至老年，雖然經過幾十年之光景，實與一會兒差不多。就我自己而論，我的年紀將到六十了，回想從小孩子的時候起到現在，種種經過如在目前。啊！我想我以往經過的情形，只有一句話可以對諸位說，就是「不堪回首」而已。

我常自己來想，啊！我是一個禽獸嗎？好像不是，因為我還是一個人身。我的天良喪盡了嗎？好像還沒有，因為我尚有一線天良常想念自己的過失。我從小孩子起一直到現在都埋頭造惡嗎？好像也不是，因為我小孩子的時候，常行袁了凡的功過格，三十歲以後，很注意於修養，初出家時，也不是沒有道心。雖然如此，但出家以後一直到現在，便大不相同了：因為出家以後二十年之中，一天比一天墮落，身體雖然不是禽獸，而心則與禽獸差不多。天良雖然沒有完全喪盡，但是惛憒糊塗，一天比一天厲害，抑或與天良喪盡也差不多了。講到埋頭造惡的一句話，我自從出家以後，惡念一天比一天增加，善念一天比一天退失，一直到現在，可以說是醇乎其醇的一個埋頭造惡的人，這個也無須客氣也無須謙讓了。

就以上所說看起來，我從出家後已經墮落到這種地步，真可令人驚歎；其中到閩南以後十年的功夫，尤其是墮落的墮落。去年春間曾經在養正院講過一次，所講的題目，就是「南閩十年之夢影」，那一次所講的，字字之中，都可以看到我的淚痕，諸位應當還記得吧。

可是到了今年，比去年更不像樣子了。自從正月二十到泉州，這兩個月之中，弄得不知所云。不只我自己看不過去，就是我的朋友也說我以前如閒雲野鶴，獨往獨來，隨意棲止，何以近來竟大改常度，到處演講，常常見客，時時宴會，簡直變成一個「應酬的和尚」了，這是我的朋友所講的。啊！「應酬的和尚」，這五個字，我想我自己近來倒很有幾分相像。

如是在泉州住了兩個月之後，又到惠安、到廈門、到漳州，都是繼續前稿；除了利養，還是名聞，除了名聞，還是利養。日常生活，總不在名聞利養之外。雖在瑞竹巖住了兩個月，稍少閒靜，但是不久，又到祈保亭冒充善知識，受了許多的善男信女的禮拜供養，可以說是慚愧已極了。

九月又到安海，住了一個月，十分的熱鬧。近來再到泉州，雖然時常起一種恐懼厭離的心，但是仍不免向這一條名聞利養的路上前進。可是近來也有一件可慶幸的事，因為我近來得到永春十五歲小孩子的一封信。他勸我以後不可常常宴會，要養靜用功；信中又說起他近來的生活，如吟詩、賞月、看花、靜坐等，洋洋千言的一封信。啊！他是一個十五歲的小孩子，竟有如此高尚的思想，正當的見解。我看到他這一封信，真是慚愧萬分了。我自從得到他的信以後，就以十分堅決的心，謝絕宴會，雖然得罪了別人，也不管他，這個也可算是近來一件可慶幸的事了。

雖然是如此，但我的過失也太多了，可以說是從頭至足，沒有一處無過失，豈只謝絕宴會，就算了結了嗎？尤其是今年幾個月之中，極力冒充善知識，實在是太為佛門丟臉。別人或者能夠原諒我；但我對我自己，絕對不能夠原諒，斷不能如此馬馬虎虎的過去。所以我近來對人講話的時候，絕不顧惜情面，決定趕快料理沒有了結的事情，將「法師」、「老法師」、「律師」等名目，一概取消，將學人侍者等一概辭謝，孑然一身，遂我初服，這個或者亦是我一生的大結束了。

啊！再過一個多月，我的年紀要到六十了。像我出家以來，既然是無慚無愧，埋頭造惡，所以到現在所做的事，大半支離破碎不能圓滿，這個也是份所當然。只有對於養正院從此以後，能夠復興起來，有點不能忘情；我很盼望養正院諸位同學，相處四年之久，為全國模範的僧學院。可是我的年紀老了，又沒有道德學問，我以後對於養正院，也只可說「愛莫能助」了。

啊！與諸位同學談得時間也太久了，且用古人的詩來作臨別贈言。詩云：

□□□□□□□，萬事都從缺陷好。吟到夕陽山外山，古今誰免餘情遶。

普勸淨宗道侶兼持誦《地藏經》

庚辰地藏誕日在永春講　王夢惺記

予來永春，迄今一年有半。在去夏時，王夢惺居士來信，為言擬偕林子堅居士等將來普濟寺，請予講經。斯時予曾復一函，謂俟秋涼後即入城講《金剛經》大意三日。及秋七月，予以掩關習禪，乃不果往。日昨夢惺居士及諸仁者入山相訪，因雨小住寺院，今日適逢地藏菩薩聖誕，故乘此勝緣，為講淨宗道侶兼持誦《地藏經》要旨，以資紀念。

淨宗道侶修持之法，固以淨土三經為主。三經之外，似宜兼誦《地藏經》以為助行。因地藏菩薩，與此土眾生有大因緣。而《地藏本願經》，尤與吾等常人之根器深相契合。故今普勸淨宗道侶，應兼持誦《地藏菩薩本願經》。謹述旨趣於下，以備淨宗道侶採擇焉。

一　淨土之於地藏，自昔以來，因緣最深。而我八祖蓮池大師，撰《地藏本願經序》，勸讚流通。逮我九祖蕅益大師，一生奉事地藏菩薩，讚歎弘揚益力。居九華山甚久，自稱為「地藏之孤臣」。併盡形勸禮《地藏懺儀》，常持《地藏真言》，以懺除業障，求生極樂。又當代淨土宗泰斗印光法師，於《地藏本願經》尤盡力弘傳流布，刊印數萬冊，令淨業學者至心讀誦，依教行持。今者竊遵淨宗諸祖之成規，普勸同仁兼修併習。勝緣集合，蓋非偶然。

二　地藏法門以三經為主。三經者，《地藏菩薩本願經》、《地藏菩薩十輪經》、《地藏菩薩占察善惡業報經》。《本願經》中雖未顯說往生淨土之義，然其他二經則皆有之。《十輪經》云：「當生淨佛國，導師之所居。」《占察經》云：「若人欲生他方現在淨國者，應當隨彼世界佛之名字，專意誦念，一心不亂，如上觀察者，決定得生彼佛淨國。」所以我蓮宗九祖蕅益大師，禮《地藏菩薩占察懺》時，《發願文》云：「捨身他世，生在佛前，面奉彌陀，歷事諸佛，親蒙授記，迴入塵勞，普會羣迷，同歸秘藏。」由是以觀，地藏法門實與淨宗關係甚深，豈唯殊途同歸，抑亦發趣一致。

三　《觀無量壽佛經》，以修三福為淨業正因。三福之首，曰孝養父母。而《地藏本願經》中，備陳地藏菩薩宿世孝母之因緣。故古德稱《地藏經》為「佛門之孝經」，良有以也。凡我同仁，常應讀誦《地藏本願經》，以副《觀經》孝養之旨。併依教力行，特崇孝道，以報親恩，而修勝福。

四　當代印光法師教人持佛名號求生西方者，必先勸信因果報應，諸惡莫作，衆善奉行。然後乃云：「仗佛慈力，帶業往生。」而《地藏本願經》中，廣明因果報應，至為詳盡。凡我同仁，常應讀誦《地藏本願經》，依教奉行，以資淨業。倘未能深信因果報應，不在倫常道德上切實注意，則豈僅生西未能，抑亦三塗有分。今者竊本斯意，普勸修淨業者，必須深信因果，常檢點平時所作所為之事。真誠懺悔，努力改過。復進而修持五戒十善等，以為念佛之助行，而作生西之資糧。

五　吾人修淨業者，倘能於現在環境之苦樂順逆一切放下，無所罣礙。依苦境而消除身見，以逆緣而堅固淨願，則誠甚善。但如是者，千萬人中罕有一二。因吾人處於凡夫地位，雖知隨分隨力修習淨業，而於身心世界猶未能徹底看破，衣食住等不能不有所需求，水火刀兵饑饉等天災人禍亦不能不有所顧慮。倘生活困難，災患頻起，即於修行作大障礙也。今若能歸信地藏菩薩者，則無此慮。依《地藏經》中所載，能令吾人衣食豐足，疾疫不臨，家宅永安，所求遂意，壽命增加，虛耗辟除，出入神護，離諸災難等。古德云，身安而後道隆。即是之謂。此為普勸修淨業者，應歸信地藏之要旨也。

以上略述持誦《地藏經》之旨趣。義雖未能詳盡，亦可窺其梗概。惟冀淨宗道侶，廣為傳布。於《地藏經》至心持誦，共獲勝益焉。

略述印光大師之盛德

在泉州檀林福林寺
念佛期講

大師為近代之高僧，衆所欽仰。其一生之盛德，非短時間所能敘述。今先略述大師之生平，次略舉盛德四端，僅能於大師種種盛德中，粗陳其少分而已。

一　略述大師之生平

大師為陝西人。幼讀儒書，二十一歲出家，三十三歲居普陀山，歷二十年，人鮮知者。至民國元年，師五十二歲時，始有人以師文隱名登入上海《佛學叢報》者。民國六年，師五十七歲，乃有人刊其信稿一小冊。至民國七年，師五十八歲，即余出家之年，是年春，乃刊文鈔一冊，世遂稍有知師名者。以後續刊文鈔二冊，又增為四冊，於是知名者漸衆。有通信問法者，有親至普陀參禮者。民國十九年，師七十歲，移居蘇州報國寺。此後十年，為弘法最盛之時期。民國二十六年，戰事起，乃移靈巖山，遂興念佛之大道場。二十九年十一月初四日生西。生平不求名譽，他人有作文讚揚師德者，輒痛斥之。不貪蓄財物，他人供養錢財者至多。師以印佛書流通，或救濟災難等。一生不畜剃度弟子，而全國僧衆多欽服其教化。一生不任寺中住持監院等職，而全國寺院多蒙其護法，各處寺房或寺產，有受人佔奪者，師必為盡力設法以保全之。故綜觀師之一生而言，在師自己決不求名利恭敬，而於實際上，能令一切衆生皆受莫大之利益。

二　略舉盛德之四端

大師盛德至多，今且舉常人之力所能隨學者四端，略說述之。因師之種種盛德，多非吾人所可及，今所舉之四端，皆是至簡至易，無論何人，皆可依此而學也。

甲　習勞

大師一生，最喜自作勞動之事。余於民國十三年曾到普陀山，其時師年六十四歲，余見師一人獨居，事事躬自操作，別無侍者等為之幫助。直至去年，師年八十歲。每日仍自己掃地，拭几，擦油燈，洗衣服。師既如此習勞，為常人作模範，故見人有懶惰懈怠者，多誡勸之。

乙　惜福

大師一生，於惜福一事最為注意。衣食住等，皆極簡單粗劣，力斥精美。民國十三年，余至普陀山，居七日。每日自晨至夕，皆在師房內觀察師一切行為。師每日晨食，僅粥一大碗，無菜。師自云：「初至普陀時，晨食有鹹菜，因北方人吃不慣，故改為僅食白粥，已三十餘年矣。」食畢，以舌舐碗，至極淨為止。復以開水注入碗中，滌蕩其餘汁，即以之漱口，旋即嚥下，惟恐輕棄殘餘之飯粒也。至午食時，飯一碗，大衆菜一碗。師食之，飯菜皆盡。先以舌舐碗，又注入開水滌蕩以漱口，與晨食無異。師自行如是，而勸人亦極嚴厲。見有客人食後，碗內剩飯粒者，必大呵曰：「汝有多麼大的福氣？竟如此糟蹋！」此事常常有，余屢聞及人言之。又有客人以冷茶潑棄痰桶中者，師亦呵誡之。以上且舉飯食而言。其他惜福之事，亦均類此也。

丙　注重因果

大師一生最注重因果，嘗語人云：「因果之法，為救國救民之急務。必令人人皆知現在有如此因，將來即有如此果，善有善報，惡有惡報。欲挽救世道人心，必須於此入手。」大師無論見何等人，皆以此理痛切言之。

丁　專心念佛

大師雖精通種種佛法，而自行勸人，則專依念佛法門。師之在家弟子，多有曾受高等教育及留學歐美者。而師決不與彼等高談佛法之哲理，唯一一勸其專心念佛。彼弟子輩聞師言者，亦皆一一信受奉行，決不敢輕視念佛法門而妄生疑議。此蓋大師盛德感化有以致之也。

以上所述，因時間短促，未能詳盡，然即此亦可略見大師盛德之一斑。若欲詳知，有上海出版之《印光大師永思集》，泉州各寺當有存者，可以借閱。今日所講者止此。

傳記卷

樂聖比獨芬Beethoven傳

是篇據日本石原小三郎西洋音樂史所載，刪竄成之。

比獨芬，德人，千七百七十年十二月六日生於來因河上流巴府。幼穎悟，年十三，任巴府樂職，旋去職，專事著述。千七百九十二年，距毛薩脫Mozart（毛亦西洋樂聖）死僅逾稔。比來多惱，自是終身不他往。

氏性深沈，寡言笑，居恒鬱鬱，不喜與俗人接，視毛氏滑稽之趣（毛薩脫性活潑喜談諧），殆不相埒。然天性誠篤，思想精邃。每有著作，輒審訂數四兢兢，以遺誤是懍。舊著之書，時加釐纂，脫有錯誤，必力詆之。其不揜己短，有如此。終身不娶。中年病聾，迄千八百年，聾益劇，耳不能審音律。晚歲養女姪於家，有醜行，以是抑鬱愈甚，勞以致疾，憂能傷人。千八百二十七年，死於多惱，春秋五十有六。

氏生時性不喜創作。刊行之稿，泰半規模前哲，稍事損益，然心力真摯，結構完美，人以是多之。氏之著述，與時代比例之如左：

第一期　迄千八百年，著述自一至二十。

第二期　迄千八百十五年，著述自二十一至百。

第三期　所謂「末葉之比獨芬」，著述自百一至百三十五。

著述中首推洋琴曲，「朔拿大」及換手曲，殆稱絕技。又「西麻福尼」一曲，凡九闋，為世傳誦。其他合奏曲司伴樂及室內樂尤夥，不縷舉。

樂石社社友小傳

以署名先後為次

夏鑄，字丙尊，號悶菴。上虞人。

李息，字叔同，一字息翁。燕人，或曰當湖人。幼嗜金石書畫之學，長而碌碌無所就。性奇僻，不工媚人，人多惡之。生平易名字百十數，名之著者：曰文濤，曰下，曰成蹊，曰廣平，曰岸，曰哀，曰凡。字之著者：曰叔桐，曰漱筒，曰惜霜，曰桃谿，曰李廬，曰壙廬，曰息霜。又自謚曰哀公。

樓啟鴻，新登人。字秋賓，號逍遙子。為人磊落不慕榮利，善屬文。嗜金石，作印宗西泠丁黃諸子，能得其神似。

楊鳳鳴，字子岐。嘉善人。性明敏，工書法，神似真卿。印仿漢人，能不失古意。

陳兼善，字達夫。諸暨人。嗜古金石之學，天資尤聰穎。故學印僅一歲，已深入漢人堂奧。

吳薦誼，字翼漢，又號聞秀。諸暨小東大庄人。幼好古，尤嗜印學。每見古印佳石，多方購得之，摩挲品玩，幾欲具袍笏而拜焉。及入縣學，乃研究章法刀法之道。作印甚夥，旋來武林，課餘之暇，常摹仿古印，尤孳孳不倦。

周其鑣，字淦卿。杭人。儀容秀雋，性憂鬱。名其廬曰愛吾，意蓋以孤芳自憐乎。刻印上宗周秦，朱文尤佳，細緻周密，類其人也。

朱毓魁，字文叔。桐鄉人。通文學，精刻印，不加修飾，得渾厚之氣。

杜振瀛，字丹成。嵊人。別號郯道人，以地名也。善寫蘭，勁健中尤饒秀氣。間寫梅竹，亦有可觀，蓋其天資過人一等也。出其餘力刻印，以渾古稱。

徐嘯濤，名葆瑒。上虞人。知詩善畫，篆刻初師辛穀，壬子來杭，與西泠諸印人朝夕研求，知印以宗漢為正。因盡棄辛穀之學而學之。尤善白文，渾厚高古，得漢人神髓。

邱志貞，字梅白。諸暨人。性亢直，有奇癖，見書畫篆刻等，嘗戀不忍去。家中寄其用費，多以購古書畫碑帖之類。初學刻石，孤陋無師，不足以言印。歲壬子，就學武林，始與西泠諸印人相往來，又得西泠印社所藏自周秦以迄晚近諸名人印譜而卒讀之，學乃益進。書畫亦渾健，不失古法，但所作極鮮。

關仁本，字根心。杭人。性嗜美術，工刻印，旁款尤精。

戚純文，字繼棠。吳興人。性淳篤，多巧思，工書畫，尤嗜金石，遇有先人印譜，無不精心研究，故其所作之印古雅絕俗。

陳偉，錢塘人。原名家煜，字骨秋，別號骨道人。工篆刻，直追秦漢。以渾厚自持，不泥於章法。得老缶神髓。又善畫山水，蒼古老到，高出流輩。

翁鎔生，字慕陶。杭人。性溫和，酷嗜美術。刻印疎落入古。

毛自明，字伯亮，一字亮伯，號耿中。安吉人。恂恂儒雅，力學不倦。工篆刻，所作印有漢人遺意。

徐志行，字拙夫。上虞人。性聰慧，嗜金石文字。善行楷，兼工篆刻。

經亨頤，字子淵，別號石禪。上虞人。作印有家學，書宗小爨，因又號爨盦。

諸福詵，字申甫，又號屹山。會稽人。工畫，喜作印。

張金明，字礪成，號侶塵。長興人。性嗜古，收藏古書畫甚富。又喜篆刻，甲寅冬，樂石社起，遂入社治印。

費硯，字劍石，號龍丁。華亭人。精於金石書畫之學，夫人李氏，亦工詩，善篆刻。

胡宗成，字夢莊，號止安。紹興人。工文辭，喜金石之學。搜藏漢魏六朝碑版及唐人墓誌精拓甚富。好奕棋，能書八分，刻印以秦漢為宗。嘗與二三同志創立臧社，推為社長。

王世，字匊昆，號菊悃。禹杭西鄉人。僑寓武林，喜探數理，兼有金石癖。

周承德，字佚生。海寧人。工文辭，博學好古，書法宗六朝，上窺漢隸，力學不倦，以其餘暇，戲弄鐵筆，所作印章，均有秦漢六朝神韻。

柳棄疾，字亞子。吳江人。少無鄉曲之譽，而猖狂喜大言。十年結客，始願莫酬，則杜門削轍，左對孺人，右弄孺子，自謂有終焉之志矣，顧復時時作近游。四年夏，泛舟西泠，遇故人李息霜，方創樂石社。邀之，則敬謝曰，僕少嘗於藝事，金石刻劃之學，誠有所未能，可奈何。李子曰，無傷也耳。因歡然從焉。昔齊王好竽，而南郭先生不能竽，洒濫厠衆客之間，毛遂謂十九人曰，公等錄錄，所謂因人成事者也。蓋於古有之，是以謝客難矣。

張一鳴，字心蕪。桐鄉人。亢爽倜儻，有淳于東方之風，一語出，令人頤解。嘗奔走國事，從燕市酒徒游。既失意，歸為湖上寓公。益以詩酒自放，佯狂落魄，聞者悲之。初為南社社友，繼入樂石社。

姚光，字石子。金山人。年少嫺學，恂恂有儒者風。長身玉立，意態灑然也。早歲入南社，從海內諸賢豪，上下其議論，繼迺創國學商兌會於金山之留溪，聲名益盛。四年夏五，結伴遊武林，復為樂石社社友。

附

徐渭仁，字善揚。上虞人。自幼好學甚篤，以家貧中道而止。年二十，傭於武林師範學舍。執役之暇，輒手一卷，吟諷不輟。以貧故，無資購書，則拾字簏之棄本讀之。又以餘暇，為樂石社拓印款，工潔可愛。予以資，則不受。以書畫印章等貽之，則大喜稱謝。其嗜好殊俗如斯，可以傳矣，故附及之。

朽道人傳

道人姓陳，名衡恪，字師曾。義寧陳伯嚴先生長子也。風雅多能，工詩詞，善書畫、篆刻。中年以後，技益進，名滿都下。執政教育部十年，不為俗習所溺，人以是多之。子封可，亦善畫，能篆刻。

庖人陳阿林往生傳

陳阿林，名修量。瑞安下林鄉人。幼業燒瓦。後居城下寮掌齋廚。辛酉三月，余來溫城，始識阿林。面黃顴削，無福德相。入侍飲膳，常合掌致禮。食竟，撤盂皿，輒視余面，目久不瞬，如童騃。見余食少，愀爾改容，必窮其故。舊病肺喘，咳嗽不已，然操作勤苦，未嘗以是介意焉。夕飧後，恆侍僧衆誦《阿彌陀經》，持佛名號，吭聲淒緊，驚絕同侶。新歲十日輟職。越二日來寮，檢取衣被，戀戀不忍去。適有佛事，須人助治，乃暫止焉。留滯數日，未嘗言對。十六日午，捧麵一器入余室。著新絮袍，冠履襟帶，儀觀至偉，相顧而喜。且謂不復去矣。後聞人言，阿林是夕歸家，居無行，宿疾轉劇。二月初七晨，屬人瀹湯，自濯巾沐浴已，臥床念佛，泊然而化。閱世三十有一。

贊曰：阿林治庖城寮，先後二年。非勤修淨行者。然觀其生死之際，脫焉無所累。人謂阿林愚，是其所以不可及也夫。

汪居士傳

三衢北鄉蓮華寺，前臨溪流，上駕石梁五虹，名勝甲東浙。右有村落，曰蓮華。南宋之時，市廛殷湊，康衢十里，邊埵寬廣，可並馳五馬。咸同亂興，村市遂廢。比歲已來，豫皖商賈徙居者衆，設肆十數，少復繁盛。然跬步而外，便有幽致。清流澮濘，林木蕭疎。高蹈之侶，樂是遊居，遂其沖挹之性焉。庚申秋中，余來三衢，居蓮華寺，始識馮君明之。君通醫典，博學窮研，能造其極。而無聞於世，蔬食長齋，棲貧自澹，以視榮利，泊如也。有言汪居士者，隱於村肆。慕其高軌，致詞延召，適行賈高家，未由有展。明歲發春，歸臥錢塘，旋去永寧。居士書來，辭況沖美，欣若暫對。自是已往，數因行李，通致誠欵。越三年，癸亥九月，余以業緣，重來蓮華。未數日，居士與馮君明之、胡子嘉有過余精舍。容儀溫靄，不事外飾，從容讌語，雅相知得有若故交。爾後數數過談，常挈胡子。胡子名武紳，居士甥也。姿性不羣，潛心道味。余以梵典示居士，胡子輒伏案旁，慇懃尋覽。居士為之釋其義，指事曲喻，牖導周至。居士通《金剛》、《心經》，修習禪定。近見普陀光法師《文鈔》，始歸信淨土，持佛名號，以為常課。日理肆事，逮及初夜，所事既辨，便退處閒堂，陳書覽卷，四鼓乃寢。如是者二十餘年，未嘗一日輟也。於書無所不觀，經史而外，旁及漢宋之訓詁義理，三唐之文詞，下逮書畫篆刻諸術，靡不博涉而會其道。嘗與之論議，能舉其源流派別，歷歷若貫珠，不知者以為老師宿儒也。居士藏書甚富，牀角案頭，積帙千卷。家無資蓄，時獲長財，必過書肆，有舊刻善本，不惜重金求之，其好學契苦類如此。居士經賈高家，嘗過蓮華，為觀舊佐治璅曲，繁文細目，人畏其難者，居士當之，措置綽然。以是人稱居士善賈，而雅思潤才，知之者鮮矣。余與居士交久，誌其言行，述而傳焉。居士名峻坡，字澄衷，一字夢空，南皖歙縣鯨溪人。

贊曰：蓮華多隱君子，空谷幽澗，佳蕙生焉。若居士者，溷跡市肆，而無改其夷曠之致，斯又難矣。古德謂處動處靜，忌內忌外，其言茲若人之儔乎。

汪居士傳補遺

余撰《汪居士傳》，居士嘗為述其家世，及以往事，頗極詳委。於傳闕略，爰補記之。居士曰，吾家世業儒，咸同之際，寇入皖，曾王父母悉歿於難。曾王父友仁，母霞坑吳。王父協中，母鴻飛馮，父鑑堂。兄弟五人，父最幼，長理堂，清邑庠生，次霽堂、映堂、麗堂。既值變亂，家日落，父乃賈於衢。元聘滄山源吳，未嫁早世。嗣配七賢胡，生二兄，長琰，二塏，悉幼殤。塏九歲，誦四子書竟，能通其義，遽爾夭折，人皆惜之。余生於光緒九年癸未十二月一日。塏兄殤，余已五歲。翌年，侍母來衢，賃廡居焉。父日授方字十數，示其音義。八歲，始入塾，師信安陳玉其，逾年，師病，乃歸家承庭訓。十一丁父喪。明年，奉母及二妹返里，室無恒產。母為人鍼黹，操作不怠，獲少資，以給藜藿。是歲隨伯兄厚之讀，後受學於母舅胡尋甫。舅通理學，為南皖老宿。從遊二年，以貧輟學，習賈於外。自是操觚握籌，往來高家蓮華間。而婚嫁喪葬生死塵勞之事，二十年來，纏縛無已。娶於鴻飛馮，尋亡。繼娶邑城蕭，生子三，德鏗殤，德鏘，德錚。女一，負負。長妹嫁北岸吳，早寡。次嫁昌溪吳，有子曰重福。壬子九月喪母。戊午冬葬父及元聘吳於上鄭坑店清閑塢口山下。

崔母往生傳

後十三年歲次玄枵，九月二十二日，崔母沒世。子祥鴻述其遺行，乞文傳焉。母為南皖太平孫君德甫長女。適同邑崔處士注川。處士少而窮悴。同光之際，徙居蕪湖，設肆貿易，乃漸饒盛。崔母治家勤苦，一粟一縷無虛糜。處士嘗曰：吾家致富，資於內助也。為人靖默寡言笑。年踰六十，姑嫜猶訶責，恂恂承事，若不及焉。去八年，從禹王明禪師諮稟戒法。蔬食念佛，求生安養。先不識字，近學《阿彌陀經》、《心經》、《大悲咒》等，悉能依文一一讀誦。精進之力，軼於常倫。稟質未豐，而罕患惱。今歲正月，欻爾汗出不可止，神心瞢悶，殆及於危。命迎尼衆，念佛一七日，小得康損。八月，請陀羅尼被至，母為喜躍，因習《華嚴》、《法華》二偈。九月二十日，復示微疾，絕飲噉。後二日初夜，進粥小盂，衆且慶其疾寖瘉矣。頃之，命將坐牀首，目矚佛堂，凝視不眴，家人駭遽，環跽悲泣。母振手以止，又矗一掌若禮佛狀，唇脗引翕，持誦佛號，安詳平坐，奄然從化。及歷時久，全軀悉冷，頂門溫煖，往生西方，蓋無疑矣。春秋七十有九。子三，祥鳩、祥鵾、祥鴻。女一，歸江氏。孫十三人。曾孫一人。永寧晚晴院沙門論月撰。

補遺

余撰《崔母往生傳》，多所闕略，今復綴集，條析詮錄，而補遺焉。豈曰詳盡，亦率所聞，記其梗概，以彰勝緣耳。

母在世時，遲明而作，深夜方寢。資生雜物之屬，盡心護惜，毋致汙損。嘗曰：所費未妨，惟勿暴殄。屈己下物，不輕貧賤。村野信佛老女，面目黧黑，衣履垢敝，來展問者，常留與共寢。語兒孫曰：毋慢視若輩也。晚歲已來，樂為世善。令三子月奉資財數千，持以施布。不喜殺生，常行放救。仁慈之德，悉是類矣。

五年之前，受三歸五戒，梵名融量。初聞佛法，小有遲疑，祥鴻為之曲喻善釋，乃滯情渙然，一心念佛。讀誦經咒，皆由祥鴻手寫大字，便其尋識。又講說法味談因等，母聆受忘疲，常自慶幸。今年釋迦牟尼佛誕，命講說《戒殺放生》文，召集家人，共聽聞焉。既習《華嚴》、《法華》二偈已，朝夕持誦。並以二偈及《心經》、《往生咒》等，轉授侍者楊媼。往生前數日，祥鴻中夜無寐，猶聞慇懃授讀聲也。九月初旬，未有患病，卒檢服著寶飾嚴身之具，分布子女。逮往生之日，亦詢晷漏數量，殆豫知時至邪。正月二日大病，家人惶惴。母曰：獻歲方始，不令汝等有哀慟事也。旋即除痛。九月疾作，未至危篤，不以介懷。命終之夕，神志彌朗，暨扶掖端坐，又復歠水小量。倏忽之頃，目矚不眴，乃驚其狀有異矣。命終而後，迄於掩斂，面貌朗潤，無殊生前。祥鴻於七七日，誦《地藏菩薩本願經》、《佛說無常經》各四十九遍，《佛說阿彌陀經》、《金剛般若波羅蜜經》各百遍，及《妙法蓮華經》、《佛說無量壽經》、《佛說觀無量壽經》、《大方廣佛華嚴經入不思議解脫境界普賢行願品》等，並持阿彌陀佛名號、地藏菩薩名號各數萬遍。以是功德，迴向亡母。冀華開見佛，早證菩提。

崔旻飛居士誦經薦母記

崔旻飛居士之母孫太夫人，耄老之年，方茹素念佛。先不識字，近學《阿彌陀經》、《大悲咒》等，能依文朗讀，慧解之力，軼於常倫。今春已來，健康不勝。先月二十日疾作，絕水漿。二十二日初夜，乃啜粥一小盂，啜訖數數起臥，旋命掖坐牀前呼茶，家人且慶疾寖瘉矣。俄而，目矚佛堂，凝視不眴，衆驚其狀，環跪悲泣。太夫人振手止之，又以一手作禮佛式，唇吻翕動，若念佛名。家人會其意，齊聲念佛，佛聲不絕。安詳瞑目，泊然而逝。逝後歷時久，體肢悉冷，頂門猶溫。證以經論之說，往生西方，蓋無疑矣。太夫人既逝，居士於十七日，誦《地藏菩薩本願經》、《佛說無常經》各四十九卷，《佛說阿彌陀經》、《金剛般若波羅蜜經》各百卷。以是功德，迴向亡母，冀花開見佛，聞妙法音，早證無生，授菩提記，盡未來際，普利有情。余以夙幸，聞斯勝緣，隨喜讚歎，不任忭舞，為書佛名並記其往生梗概，以付居士，傳之子孫，禮敬瞻仰，毋忘遺德焉。於時後十三年歲次顓頊之虛十月十四日，為往生後第三七日。沙門曇昉記於永寧慶福寺。

崔孝子碑銘

崔母歿明年，歲次星紀，孝子以疾卒。方疾篤時，夢中常呼母。問之，曰：「見先母及金銀索。」彌留之夕，心無貪戀，默念佛名，怛爾而化。時十四年六月二十一日也。孝子名祥鴻，字旻飛，一字演默居士。皖太平人。幼通世典，中年學佛。其事母也，敷演教義，生其信解，書寫經咒，利其讀誦。臨終稱佛，助其正念，勝行瑞應。余昔撰《崔母往生傳》，具詳之矣。孝子性仁厚，克盡倫常之道。逮孝子亡，殮於阼，弔者數百，皆哭之慟。春秋三十有六。娶汪，賡娶江林。子五人。女二。銘曰：

人子於父母，服勞奉養以安之，孝也。立身行道以顯之，大孝也。勸以念佛法門，俾得生淨土，大孝之大孝也。雲棲法語，垂訓如是。若崔孝子，孝行夐止，當來成佛，普利含識。多生父母，悉得安樂，大哉孝也。我深隨喜，聊彰勝躅，以昭萬祀。

蔣妙修優婆夷往生傳

蔣氏，法名妙修。慈谿觀海衛前人。二十歲，嫁沈君。二年，夫亡，無子女，遂茹素念佛。先住藥王殿二十年，其後移居鳴鶴場金仙寺又二十年。專修淨業，始終無懈，鄉人咸敬仰之。改元後十九年歲次庚午，年七十一，春二月，病足。念佛益勤，冀早往生極樂。十一月初五日，延僧衆結七念佛，時痛苦已除，神志寧靜。云數日以來，佛常現在其前。至初九日晨九時三刻，合掌云：吾去矣。正念分明，安詳而逝。歷六小時，頂門猶溫。其時靜權法師在金仙寺講《地藏經》，余亦隨侍講席，蔣氏將謝世時，法師為開示淨土要義。逮及殮尸殯葬，法師與余洎同本寺僧衆三十餘人躬親送之。余於是年九月居金仙寺，時蔣氏病未劇，猶能坐起誦經，其後命終乃至殯葬，余悉目見，為記其事，以示後世。

了識律師傳

師名傳心，字了識，姓柳氏。晉江縣人。父母皆域外醫士，師幼亦習其術。十六年歲次丁卯，遊禾嶼，晤了智上人，願依出家。上人謙謝，乃介於定賢和尚，落髮染衣，願為同門昆季焉。而於上人猶尊以師禮，上人亦督責備至，無少寬假。師嘗欲習應俗懺儀，上人厲聲訶云，初始出家，何無志氣若此！必欲爾者，可歸俗家去。師乃懺悔謝罪。既具戒已，上人命侍興慈法主講席。師性聰慧，鋒辨天逸。從學數載，淹通教義，登座覆講，妙盡淵旨。一時僧英如林，罕與師抗者。復往觀宗，參諦閑、摩塵諸老宿。嘗輯錄《十界十如略釋表》，觀宗學社為之刊布。二十一年壬申，余居萬壽，始與師識，深相契合。逮及歲晚，病肺偃臥，覽余所述人生最後章，因興朝露溘至之感。乃屏醫藥，專誦佛名。翌年癸酉，余講律於妙釋、萬壽、開元諸剎，師力疾往聽，並別習根本說一切有部諸律。自是嚴持戒檢，過午不食。日誦義淨三藏所傳《食罷發願文》、《華嚴十迴向品》、《自誓受菩薩戒發願文》等，以為恒課。精進刻勵，無有懈倦。六月疾劇，於開元戒壇自誓受梵網菩薩戒。八月就醫禾嶼，遂遷逝焉。春秋二十有七。師嘗請余為撰《病中發願偈》，並錄傳末，聊志遺事，且示後賢焉。偈曰：

稽首釋迦尊、阿彌陀如來、觀音大勢至、地藏菩薩等。我嬰諸病苦，數月久纏綿，今發弘誓願，自利利一切。若壽命將盡，願早生西方，速證無生忍，普利諸含識。若壽命未盡，願即獲輕安。誓以此殘生，舍身護正法。弘演毗尼藏，廣宣淨土宗，普救衆生苦，勤修諸福業。所獲勝功德，悉回施含靈。惟願諸衆生，皆先成佛道。虛空界無盡，我願亦復然。仰叩三寶尊，證明垂攝受。

廈門萬壽巖瑞山禪師生西傳

師名寂精，字瑞山，姓柳氏。惠安縣人。業製黎祁，眷屬悉習蔬食。二十九歲，南安雪峯寺轉初法師蒞惠安講《阿彌陀經》，師聞法發心出家，遂依剃染。既受具戒，乃隨喜江浙禪席。三覲普陀，並禮五台九華諸勝。爾後歸臥南閩，水邊林下，高蹈息止。閑雲野鶴，未足喻其疎曠焉。師於禪宗故事，多所記誦。而惟歸心極樂。化導後進，亦以遠名利勤念佛，諄切策勵，不作玄頤之說。晚歲恆居禾山萬壽巖。時有羣寇執刃，入巖劫剽。師趺坐泰然，稱誦佛號。羣寇徧巡寺舍，不及師室，遂免於難。遜國後二十二年歲在癸酉，嘉平月首，示微疾。師先與了智上人居萬壽久，友愛厚篤。既示疾已，時相瞻視。十三日語上人云，數載道侶，復歷三日，當別離矣。上人誡其專意淨念，毋生戀著。乃大歡喜。屏絕醫藥，一心念佛，蘄嚮安養。萬壽諸上人亦資助稱念，晝夜靡懈。逮十六日晨六時，安詳捨報，氣息不屬，脣脗撣動，猶復未已。歷時既久，肢體悉冷，頂門溫煖，容采朗潤。往生極樂，信有徵矣。春秋五十有七。余於壬申十月始識師，方覿面時，師呼善來，有如舊友。同居半載，罕有言說。觀其風儀俊逸，動止閑適，有以異於常人，深致敬禮。師既遷化，從了智上人諮其遺事，略詮次第，為贊述焉。

記廈門貧兒捨資請宋藏事

二十二年夏曆六月，廈門妙釋寺募資乞請宋《磧砂藏》。既已倡布，於十五日，有貧母攜兒詣僧房中，捨資一圓，謂願以此助請宋藏。問何人施？曰小兒施。問是一圓何因而得？曰曩母常持一錢與兒，自求所須，兒不靡用，乃以聚儲。母數數與，綿歷歲時，始為一錢，暫盈一圓。久置兒懷，視若球璧。今日侍母詣寺禮佛，聞他人言募請宋藏，歡喜舞躍，歎為勝緣，遂捨所寶而隨喜焉。兒衣敝衲，赤足無屨，未及童年，名武彝也。甲戌正月沙門弘一演音撰。

心燦禪師往生傳

師名傳正，字心燦，姓葉氏。臺灣崗山郡湖內莊人。弱冠之歲，詣打鼓巖元亨寺，禮開專和尚披剃。十三年歲次甲子，至廈門南普陀寺，入景賢佛學社，親承性願法師。未久，復侍法師往泉州月臺。乙丑秋，往福州大雪峯寺禪堂，修習禪定，後任齋堂行食，苦節卓絕，衆所稱讚。庚午歲暮，返廈門，居萬壽巖。及妙釋寺復興，師往司香燈事。時余常至妙釋，隨喜念佛，因與師識。癸酉正月，創講律會，歷妙釋、萬壽、開元、南陀，師悉預焉。嘗標點《行事鈔資持記》二十巨冊，並錄科文。正襟危坐，秉筆終日。點畫端嚴，毫末不苟。歷十數月，乃獲卒業。其任事莊敬有恒，類如此也。甲戌仲夏，律會罷講，師亦臥病。余勸其屏棄醫藥，專持佛名。師踶余言，精進不懈，疾遂差除，容采煥發，勝於平日。自謂專一念佛，身心安寧，獲益甚大。乃以報緣垂盡，不久復病，纏綿未已。一日過余石室，稽首伏地，淚下如雨，云將歸臺島矣。逮及歲晚，獲其二簡，一謂病危，受恩未報，愧淚告別。一謂謝世，遺囑代訃。二簡所述，一日間事。病危為十二月十二日，謝世為十二夜也。余復乞人致言臺島，詢其詳委。續獲報書，曰師返臺島，居大崗山超峯寺。同門昆季心耀上人，侍奉周至。命終之際，為集數僧，助其念佛。由是乃正念現前，朗誦佛名，安詳而逝。春秋三十有七。師方在俗，即奉佛茹素。出家而後，異於常倫。昔講律會中，多績學聰辨之士。師處其間，沉默謙沖，不露圭角。隨衆進退，碌碌無所表建。人或以是輕之。而居心誠實，罔諳機巧，出言樸質，有似訥澀。事上以恭，不事諂諛。交友以敬，不生妒嫉。從善如流，無有疑貳。聞過則喜，未嘗瞋怨。自甘淡泊，遠離權門。嚴護威儀，莫敢放逸。高風貞節，曠世希見。人謂師愚，豈非其愚不可及耶。余與師識，未及三載。於其心迹，知之獨詳。故併記之，以垂範來葉焉。南山律苑沙門一音撰。

奇僧法空禪師傳

師諱今實，惠安陳族。十六落髮，常誦《金剛》、《法華》。脇不著席，食不逾午。嚴冬之際，屏除冠履，苦行精進，邁於恆倫。改元後七年戊午，遠適庇能，建觀音寺。庇能為英吉利屬海峽，閩粵商者習稱檳城。其地繁盛，而乏游觀之所。師以極樂寺寺前多曠土，乃發弘願營築苑囿。集諸宇內珍禽奇獸，靡資巨萬，盡其輪奐之美。師故善知物性，撫摩虎豻，若玩掌珍。海南諸粟散王乃至歐美名士遊庇能者，悉踵師門，展謁禮敬。或致簡牘，達其誠欵。以是盛譽及於萬國。聞師名者，咸生歡喜。師又工書，下逮武技幻術，靡所不諳。震域彼土，或值災祲，或築學黌，集會演技而求資者。師每佐助，復施財寶。凡所希求，皆令滿足。彼土報章，競致讚頌。中外士庶，仰之若慈父母焉。歲次辛未，師返南閩，施千金石鼓，修置雜物，而利行者。時以墨妙頒致諸山。其得之者珍逾球琳。今歲丙子三月，示疾遷化。春秋五十有九。師之奇行瑰節，輒有軼於常軌，豈余凡愚可得闚測？所及知者，巍巍德量，弘廓淵沖。高山仰止，未能忘懷耳。彼諸化蹟，頗多流傳。今所記述，不及什一。語其詳委，當俟來哲。讚曰：

一人首出，萬類歸依。化及禽獸，恩洽蠻夷。人謂菩薩，亦云力士。隨機所見，稱名致美。如天覆物，若海朝宗。化蹟昭垂，意劫攸崇。

晉水薝蔔院沙門嚴髻撰。

本妙法師往生傳

本妙，名廣演，一字白雲。南閩同安人。幼時喪母。改元後十六年，師十八歲，遊廈門萬壽巖，獲晤真常老人，因從剃染，明年受具足戒。十八年參興慈法主，深以契合，遂即依止，常侍講席。未幾，萬壽老人示寂，護法緇素請師返南閩，乃歸任萬壽住持，並重興同安梵天寺。勞瘁致疾，於二十五年二月七日謝世。先二日預知時至，付囑寺務並勗徒衆。逮及七日午後二時，端坐念佛，含笑遷化。歷四時餘，頂門猶溫煖。往生極樂，有誠正矣。春秋二十有七。師根性聰利，侍興慈法主未久，遂能精通教義。辯才無礙，有如老宿。蓋多生薰習，豈偶然耶。著《心經論解》一卷，序跋甚繁，於師行跡言之詳委，故今不復述焉。歲次玄枵木槿榮月惠安瑞集巖大華巖寺沙門勝祐。

記陳敬賢居士軼事

十六年丁卯二月，余在杭州雲居山常寂光寺，敬賢居士過談，所言皆禪理。余勸以淨土法門，未能契也。戊辰以後，余數至閩南，時敬賢方習止觀，時時詢除瞋習法。因檢賢首《梵網疏》示之，頗為首肯。爾後音問久疏，聞人言其居杭州復習秘密部。甲戌九月十九日，共存（敬賢之子）至南普陀後山石室。余問敬賢近狀，彼謂已遵印光法師教導，專修淨業矣，余為慶悅。翌歲乙亥，敬賢來書，謂十數年彷徨歧路，近始一心專修淨業，邇來工夫頗能得力。並乞結夏杭州，為彼講解菩薩律儀。余以先受惠安淨峯請，答簡謝之。後數月居焦山，復紹二友致書與余，諮詢念佛方法，其於淨業，可謂專且篤矣。敬賢既歿，林德曜居士囑為輓章，乃摭拾軼事所及知者粗述梗概焉。後二十五年歲次玄枵，月旅姑洗，晉水南山律苑沙門一音書。

陳復初居士傳

居士諱克賢。浙江天台人。世業儒。父榜山公，德學卓著，矜式鄉里。居士少讀儒書，工文辭。天性仁厚，樂為人排難解紛。嘗入市拾鉅金，訪其遺者還之。賈於仙居，受厚俸。值母許氏小疾，遂辭返，不復遠遊，其孝思純篤如此。天台質肆，昔有陋規，苦偪貧民。居士惆其弊，乃私撰狀，告於有司。規廢，人無知其為者。晚歲覽《安士全書》，歸信佛法。二十八年季夏，示疾，遺誡諸子，勗以樂食敦品，隱惡慎言。逮疾篤，安詳捨報，如入禪定，春秋六十有二。配茅氏，勤儉治家，長齋奉佛，族黨稱其賢。子四：立鰲、立超、立鼎、立鈞。女一。立鰲字海量，別字普悲。曩居南閩，從余修學。爾以書來，述居士懿德併立鈞童子生西瑞相，請為之記，俾示子孫，世知奉佛。因書其概，委如別記云。

立鈞童子生西事略

居士四子立鈞，童年信佛。在學黌，勸人念佛，從者綦衆。偶小妄言，立鰲哂之，童子大慚不自容。宿慧蓋有在也。二十九年夏，病肺亡。先自云：見觀世音菩薩，放白光，將導之往。因起坐。復曰：我乘白光去。口念佛不輟，遂爾坐化。歷時久，頂門猶溫。往生極樂，蓋可無疑。世壽十五齡。為附記居士傳末，以示來哲焉。於時三十年歲集鶉尾大慈沙門一音撰並書。

大中祥符朗月照禪師塔銘

吳嘉禾間，將軍鄭平捨宅建大中祥符禪寺，勝境標絕，為三衢諸剎之冠。綿世寖遠，盛衰之蹟，靡得詳考。清道光中葉，住持僧某，重葺梵宇，敷揚洪業。興繼之美，見述後代。百年已來，玄風墮替，金刹廢圮。其有嗣徽緒於往哲，穆道俗以歸懷。崇振頹流，闡固法道。若朗月照禪師者，誠末化之芬陀，昏途之寶炬矣。師諱能照，字朗月，一字天心。家浙江江山。族周氏。髫齔之歲，投詣祥符，出家披剃，長稟具足於錢塘長慶律寺。二十三，任副寺，作務劬勤，行業貞簡。後十五年，嗣法住持，嚴勒清規，增置寺田，繕治祖堂丈室十數楹。自奉儉約，未嘗虛靡僧物。性躭寂靜，晨燈夕香。晏坐斗室，披尋羣典，以自娛適。老儒吳子弓、汪鞠如輩，時扣禪寮。師便延召，披襟致契，談笑竟夕。宰官搢紳，數數參訪者，輒屏不納。抗行峻節，與世寡和，有古德之遺風焉。宣統二年，僧衆集會興學，延師長其事，固辭不就；而楷定章則，求覓典籍，悉力任之。上海賑濟會，募資於衢，師為倡緣；不足，自捐巨金實其數。愛人之周，皆類此也。師於徒衆，督課勤肅。再傳弟子永祚，根性聰利，師嘗器許。提獎道趣，接誘無倦。寺役龔叟，人至樸質，侍師日久，嘗教念佛，注心西極，今猶傳誦遺德，稱道不衰。夙志參學，寺務羈制，未遂其願。今歲三月，師壽五十，屏除慶祝之文，先期孑身如錢塘，將欲𧿁舟天目，以盜亂未寧，旋歸三衢。五月四日，示微疾，自知不起。詔命弟子，承嗣寺業。彌留之夕，神志清澈。遺囑修葺大殿，改建齋廚，乃吉祥臥，泊然遷化。時十二年歲在癸亥七月十八日也。師住世時，博覽內外玄籍，於大慧《禪林寶訓》，尤所心折。病臥之暇，披檢研味，常不釋卷。既而龕殮，乃舉《寶訓》，供置靈右，慰其幽魄焉。世壽五十，法臘十有二年。弟子妙玄、再傳永祚、永仁等。是歲十一月十二日，嚴霜之晨，葬於鹿鳴山登高亭下。余以宿緣，承侍窆禮。睇朝陽之頹景，悼至人之殂化。輒從眷徒，略承遺德。深心追往，寄懷毫素。乃為銘曰：

住持之道，寶訓其資。亦既末運，聖教陵遲。至人示生，紹承法位。不務榮名，不干時貴。卓哉師德，季葉之賢。渟心獨得，唯宗是編。標舉一行，以該萬德。旌彼幽光，百世昭式。

大慈沙門曇昉撰並書。

清故淵泉居士墓碣

淵泉居士姓蔡，諱宗沈，諸暨月隴村人。累世力田，勤苦自給。居士生有異稟，從塾師讀三四年，已能為帖括文。逮入邑庠，遂厭棄之。率意懷素狂草，頗得錯綜變化之妙。精篆刻，偶作小印，識者珍焉。顧性傲岸，未肯下人，薦紳咸畏憚。不獲於世，坎壈而終。維時遜國後三年，歲次甲寅，春秋六十有一。先娶斯孺人，繼配金孺人，生子冠洛。十載孺人殉，由是不再娶。破屋瓦竈，一鐙熒熒。養媳稚兒幼女，蓬髮跣足其側。居士手持《金剛般若波羅蜜經》，為之講說曰：聖道在是矣。今歲五月，冠洛書來，陳述軼事。以彼父母，悉積善業，世稱其德，久而勿衰。近將合葬濮院之原，願乞題碣，亦猶亡親得聞難聞法也。冠洛字丙因，博學能文，篤信佛乘，為余善友；重韙其意，略記遺行。附以偈曰：

金剛般若，是最上乘。圓頓極談，實相正印。居士往昔，植般若因，故於此生，獲逢妙典。願當來世，更值勝緣，得聞淨土，歸元捷徑。般若開解，淨土導行，解行相資，猶如目足。命終見佛，華敷上品，早成正覺，廣利含識。今依聖教，聊述津要，惟冀見聞，同證菩提。

歲次辛未，沙門演音書。

玉泉居士墓誌銘

居士姓吳，字建東，梵名演定，復名衍，閩浦城楊溪尾人。改元後七年，余始剃染，與程子中和住玉泉，聞居士名。逮及歲晚，乃獲展晤，深以忻喜，因共棲止。居士聞法最早，樂玩般若，於「凡所有相，皆是虛妄」句，常致三復。程子專諷《華嚴》，後出家字曰「弘傘」，與余同師門也。翌年冬，結期修淨業。十二月八日共燃臂香，依天親《菩提心論》發十大正願。居士先一夜未嘗睡眠，惟持佛號。爾後道念日進，蓋善友同集，互以策勵而致之也。余嘗披《靈峯宗論》法語示居士，覽未終卷，自謂心意澄澈，異於平時。歷數日，入市求橘，童子昂其值，居士瞋訶，遂復常度。辛酉季春，余徙永嘉，掩室城寮，蓋由居士為之紹介。嘗致書曰：凡所需求，無慮難繼，有某在耳。後五載丙寅，余歸錢塘，乃知居士先已遷謝。居士貌溫和而性剛直，守正不阿，好義忘利，年未四十，遂爾淹逝，知其人者，悉為歎惋。住玉泉久，自號玉泉居士。今歲丙子，介弟澗東夫婦，為卜葬於玉泉寺畔青石橋石虎山中，屬銘於余。因憶往事，粗述其概。繫以銘曰：

常樂出家，勤修佛法。勝業未就，薤露朝溘。冀其再來，乘願不忘。一聞千悟，普放大光。

南山道宣律祖年譜

隋文帝開皇十六年丙辰　一歲

是年四月八日，律祖生於京兆，即都城也。有云湖州長城或吳興丹徒者，為祖宗所出，非生處也。

曾祖陳朝駙馬都尉；祖陳留太守；父名士申，吏部尚書；母姚氏。

十七年丁巳　二歲

十八年戊午　三歲

十九年己未　四歲

二十年庚申　五歲

二十一年辛酉　六歲

二十二年壬戌　七歲

二十三年癸亥　八歲

二十四年甲子　九歲

煬帝大業元年乙丑　十歲

遍覽羣書。

二年丙寅　十一歲

三年丁卯　十二歲

善閑文藻。

四年戊辰　十三歲

五年己巳　十四歲

六年庚午　十五歲

昔在童稚，即有信心。年十有五，喟然歎曰：「世間榮祿，難可常保。」因往事日嚴寺慧頵和尚。寺在京師，隋煬帝造。

七年辛未　十六歲

兩旬之間，誦《法華經》一部。

八年壬申　十七歲

是年剃落。

九年癸酉　十八歲

十年甲戌　十九歲

十一年乙亥　二十歲

奉詔，依智首律師受具。頂戴寶函，繞塔行道，感舍利降函，乃進受具戒。

十二年丙子　二十一歲

於時佛法梗塞，寺門常閑，致於律教無處師尋。但在守文，持犯不識。

恭帝義寧元年丁丑　二十二歲

唐高祖武德元年戊寅　二十三歲

大唐御世，時遭儉約；乍欲投聽，志不自由。

二年己卯　二十四歲

三年庚辰　二十五歲

四年辛巳　二十六歲

是年，依首律師聽習律藏。纔得一遍，便欲歸山坐禪。和尚教曰：「戒淨定明，慧方有據；始聽未閑，持犯焉識。」又往聽律十遍，復欲坐禪。和尚曰：「更聽十遍，可遂汝心。」又往律筵，依位伏業。時首律師命令覆講，始不敢受，辭不獲已，方乃覆文。聽二十遍，時經六載。

五年壬午　二十七歲

六年癸未　二十八歲

七年甲申　二十九歲

是年高祖廢日嚴寺，僧徒散亂，律祖等七人配住崇義寺。寺在左衛長壽坊，舊為桂陽公主及駙馬居，駙馬亡後，公主捨宅為寺。以妻為夫造，恩深義重，勅名崇義。是年製《釋門集僧軌度圖經》一卷，宋時猶存，今逸。

八年乙酉　　三十歲

九年丙戌　　三十一歲

因高祖沙汰僧尼，遂隱居終南山豐德寺苧麻蘭若。

六月，創製《行事鈔》。鈔首標崇義寺者，因取本係之寺以標名焉。

太宗貞觀元年丁亥　　三十二歲

思往關表，以廣聞見。於和尚前跪陳行意，和尚流涕。逮貞觀十一年七月卒於所住。律祖撰《續高僧傳》中，《京師崇義寺釋慧頵傳》云：「不謂風樹易喧，逝川難靜，往還十載，遂隱終天，悲哉！」

是年周遊講肆。所造《鈔》三卷，未及覆治，人遂抄寫。準諸鈔疏卷尾批文，律祖造《鈔》，應是始於武德九年，成於貞觀元年。有謂九年六月為絕筆時者，良恐非是。

又出《拾毗尼義鈔》三卷，助釋《行事鈔》，草稿纔成，即流新羅，此方絕本。至宣宗大中四年，彼國附還。元有三卷，下卷已逸，後以兩卷開為四卷。

日本古目錄，屢云《律鈔料簡》一卷，道宣述。此土久逸，不詳製作年代，附記於此。

二年戊子　　三十三歲

三年己丑　　三十四歲

四年庚寅　　三十五歲

遠觀化表，北遊并晉，直達魏土。

律祖初作《事鈔》，未題製作人名。後有一本流到相州，法礪律師歎為的當，恒披看之，疑是首律師作。後律祖至相州，見礪律師，因敘問律宗之事，乃云：「近收得一本《行事鈔》，甚被時機，未審何人製作？」以示律祖。祖云：「余所作也。」礪律師驚異，遂請題名。律祖乃於三卷首，皆書「京兆崇義寺」等云云。礪律師於法題之下，名題之上，中間空處，皆註八字讚美之詞，即是「作者非無標名顯別」等也。

礪律師於貞觀九年十月卒，《戒疏》卷尾批文云：「法礪律師，當時峯岫，遠依尋讀，始得一月，遂即物故，撫心之痛，何可言之！」

律祖往依，未審何年，附記於此。

五年辛卯　　三十六歲

六年壬辰　　三十七歲

七年癸巳　　三十八歲

八年甲午　　三十九歲

吳越《景霄簡正記》云：「《事鈔》重修時處者，貞觀八年河中府隰州益詞谷，因遊靈蹟，暫道幽嚴，棲禪寂定，觀前述作，審定文詞，遂乃重修。」今解，據《戒疏》卷尾批文云：「貞觀四年，遠觀化表，北遊并晉，東達魏土，依礪律師，始得一月，遂即物故，乃返泌部山中，為擇律師又出《鈔》三卷，乃以前本，更加潤色，筋脈相通。」若據此文，重修《事鈔》乃在礪律師卒後，為貞觀九年後也。但古德傳說，皆云八年重修，故記於此。

是年出《隨機羯磨》一卷，《含註戒本》一卷，《戒本疏》三卷，《教誡新學比丘行護律儀》一卷。

九年乙未　　四十歲

九年春，因遊方次，於泌部綿上縣鸞巢村僧坊，出《隨機羯磨疏》兩卷。

是年四月，智首律師卒。律祖撰《續高僧傳》中，《京師宏福寺釋智首傳》云：「余嘗處末塵，向經十載，具觀盛化，不覺謂之生常，初未之欽遇也。乃發憤關表，具覿異徒，溢目者希。將還京輔，忽承即世，行相自崩。返望當時，有逾天岸，嗚呼可悲之深矣！」於時母氏尚存，乃返隰州，出《尼戒本》一卷。貞觀中出，未詳年代，附記於此。今亦逸矣。

十年丙申　　四十一歲

十一年丁酉　　四十二歲

是年春末，於隰州益詞谷中撰《量處輕重儀》一卷。

十二年戊戌　　四十三歲

十三年己亥　四十四歲
十四年庚子　四十五歲
十五年辛丑　四十六歲
十六年壬寅　四十七歲
是年母卒。性不狎喧，樂居山野，乃往終南。
十七年癸卯　四十八歲
十八年甲辰　四十九歲
十九年乙巳　五十歲
出《比丘尼鈔》三卷。
宋時所傳《比丘尼鈔》，疑為唐西明寺道世又名玄惲所撰。彼並出《毗尼討要》，與《尼鈔》對校，甚相符合，惟廣略異耳。若以《尼鈔》與《事鈔》較，歧異頗多。故日本古德多判為道世所撰。今所傳者，即此本也。
二十年丙午　五十一歲
是年始隱終南山豐德寺，擯影不出。
二十一年丁未　五十二歲
重修《隨機羯磨》，分為二卷。
仲冬，刪定《僧戒本》一卷。
二十二年戊申　五十三歲
重出《隨機羯磨疏》，二月二十七日讀訖，增為四卷。
二十三年己酉　五十四歲
高宗永徽元年庚戌　五十五歲
重修《教誡新學比丘行護律儀》一卷。
重修《含註戒本》並《疏》，至二年九月十九日方訖，《含註戒本》二卷，《疏》四卷。
二年辛亥　五十六歲
出刪定《尼戒本》一卷，已逸。
三年壬子　五十七歲
四年癸丑　五十八歲
五年甲寅　五十九歲
六年乙卯　六十歲
顯慶元年丙辰　六十一歲
二年丁巳　六十二歲
三年戊午　六十三歲
以貞觀二十年擯影山林，終於顯慶二年，十有二載。三年，高宗為皇太子建西明寺，詔為上座，乃居京師。
四年己未　六十四歲
製《釋門章服儀》一卷，此年重修。
製《護僧物制》一卷，宋時尚存，今逸。
製《教俗士設齋儀》一卷，已逸。
《護三寶物儀》一卷，不詳撰集年代，已逸。
又《淨心誡觀法》一卷，在隋州興唐伽藍結夏安居時撰，不詳年代。並附記於此。
五年庚申　六十五歲
龍朔元年辛酉　六十六歲
於京師西明寺，出《釋門歸敬儀》一卷。
二年壬戌　六十七歲
三年癸亥　六十八歲
麟德元年甲子　六十九歲
居終南山北，灃福二水之陰，清官鄉淨業寺。
二年乙丑　七十歲
乾封元年丙寅　七十一歲
二年丁卯　七十二歲
二月八日，創築戒壇於終南山淨業寺。四方嶽瀆沙門，尋聲遠集者，二十餘人。至於夏初，衆侶更集。重受具戒，多是遠人。為出《戒壇圖經》一卷。
二月十四日，於淨業寺結大界淨地；並出《淨廚誥》一卷，宋時尚存，今逸。
二月末，數感人天相尋，撰《律相感通傳》一卷。
季春，感靈，出《祇洹寺圖經》二卷。唐季已逸，北宋中葉自日本將至。
重修《量處輕重儀》一卷。

十月三日，設無遮大會。午時，道俗咸聞天樂異香，律祖斂容遷化。

初窆於壇谷；至三年，高宗勅問。豐德寺主具事奏聞，請依西國法荼毗。得舍利，立塔三所，一在豐德寺，一在安豐坊，一在靈感寺。

懿宗咸通四年，併安豐坊舍利入靈感寺同起一塔。咸通十五年勅諡及塔號，《僧傳》作十年也。

靈芝律師年譜

宋仁宗慶曆八年戊子　一歲

師名元照，字湛然，自號安忍子；餘杭唐氏。

皇祐元年己丑　二歲

二年庚寅　三歲

三年辛卯　四歲

四年壬辰　五歲

五年癸巳　六歲

至和元年甲午　七歲

二年乙未　八歲

嘉祐元年丙申　九歲

二年丁酉　十歲

三年戊戌　十一歲

四年己亥　十二歲

五年庚子　十三歲

六年辛丑　十四歲

七年壬寅　十五歲

八年癸卯　十六歲

英宗治平元年甲辰　十七歲

二年乙巳　十八歲

本傳云：「初依祥符寺慧鑒律師。十八通誦《妙法蓮華經》，試中得度；遂專學毗尼。」

案：考《上權府書》，謂「自齠齔出家，冠年比試獲中，洎落髮稟戒」云云。應是七八歲出家，而未落髮；十八比試獲中，乃落髮，書中所謂冠年者，應是十八，非二十也。

三年丙午　十九歲

四年丁未　二十歲

神宗熙寧元年戊申　二十一歲

案：依天台神悟法師，是此後數年中事。《淨土禮懺儀》自序云：「自下壇來，便知學律。但秉性庸薄，為行不肖。後遇天台神悟法師，苦口提誨，始知改迹。遂乃深求祖教，博究佛乘。」本傳云：「後見神悟謙公講天台教觀，遂摳衣出其門。博究羣宗，以律為本。悟曰：近世律學中微，汝當明法華以弘四分。」

二年己酉　二十二歲

三年庚戌　二十三歲

戒體章云：「熙寧三年後安居日，於南山祖師《羯磨疏》，錄出《戒體章》，顧眄前賢後進，議論遞作，得失互見；故直敘大略云。」

四年辛亥　二十四歲

五年壬子　二十五歲

六年癸丑　二十六歲

七年甲寅　二十七歲

八年乙卯　二十八歲

九年丙辰　二十九歲

十年丁巳　三十歲

案：自溫台還祥符，是此前數年中事。

《上權府運使論增戒書》云：「熙寧間，自溫台遊方還本受業院。在祥符寺之東南隅，閉戶專業，謝去人事。乘閒揮塵，讚述戒律。無何，謬為人所知。遂有遠方之朋，負笈日至而就學焉。每患正法下衰，人情鄙薄，僧綱解紐非一日矣。輒不自料，頗有意於扶持。故夫來者，必博之以禪智，約之以法律，持盂丐食以充其口腹，疏布裁衣以蔽其形苦。日加溯引，夕增勵修，出處語默，率遵於佛制。如是數年間，罔敢自怠。」

元豐元年戊午　三十一歲

本傳云：「元豐元年春三月，從廣慈慧才法師受菩薩戒於雷峯。方羯磨，觀音像放光明，初貫寶燄，漸散講堂，燈炬日光皆為映奪。淨慈法真禪師為作《戒光記》。師乃博究頓漸律儀，南山一宗蔚然大振。」

南山律師撰《集錄》云：「在昔尊道輔教之士，嘗攬諸名題，集為別錄。但搜括未詳，時代差誤，布厝紊雜，不足披檢。今以內典、《開元》等錄，及戒疏後序諸文批誌，看詳對會，重纂一本。時皇宋元豐改號之歲後安居日重錄。」

二年己未　三十二歲

《秀州普照院多寶塔記》云：「逮於元豐改元戊午仲秋，跨一十六載，役工方畢。余以經從，獲究始末。輒復命筆為之記云。」

三年庚申　三十三歲

受戒方便云：「元豐三年，為諸沙彌出。」

四年辛酉　三十四歲

《上權府運使論增戒書》云：「貧道自齠齔出家，冠年比試獲中。洎落髮稟戒，潛心於佛乘，十有六載。然將行古道，必反常情。往往同儔輩以為矯異駭衆，而窺伺短失者有矣。以致彼徒率因行事有所不同，夙懷忿惱。乃乘是增戒之勢，以致鬭訟。其意無他，直欲以無辜之人陷於縲絏之中耳。自念與時寡合，一無勢援，獨力不能加衆，厥或枉遭刑戮，固無惜於一身，但恐遏絕律風，使無聞於後世耳。」

案：增戒者，因已受之戒未能優勝，再令其重受也。律論並明其法，古德亦有行之者。時人不知，謂為詭異，因致構訟。詳見原文。

上書之年，依「落髮稟戒十有六載」之言，而推計之，約在此歲或前歲。

五年壬戌　三十五歲

六年癸亥　三十六歲

七年甲子　三十七歲

八年乙丑　三十八歲

《為義天僧統開講要義序》云：「高麗王子弘真祐世廣智僧統義天，同弟子壽良，航海求法，首登師門。元豐八年十二月二十八日，借館伴主客學士楊傑就寺請師陞座，發揚綱要；義天瞿然避席作禮，請所著書，歸遼東摹板流通。」

哲宗元祐元年丙寅　三十九歲

二年丁卯　四十歲

《台州慈德院重修大殿記》云：「元祐二年仲冬月，予以結界之命，因過是院；而仲元者，具狀本末，丐文為記，辭不獲已，試復敘云。」

三年戊辰　四十一歲

《行宗記序》云：「於是載思載覽，隨說隨鈔，彌歷歲華，遽盈卷帙；考名責實，搜古評今，俾得利鈍以兼資，冀說行而兩遂。尤慚寡薄，莫盡玄微，或所未安，以俟來裔！時元祐三年夏安居竟，在東安碧沼蘭若絕筆，因題序云。」

四年己巳　四十二歲

五年庚午　四十三歲

六年辛未　四十四歲

七年壬申　四十五歲

八年癸酉　四十六歲

紹聖元年甲戌　四十七歲

《臨安無量院彌陀像記》云：「元祐八年上元日，集衆瞻禮，淵乃述誠說偈，發大弘誓，寘像腹中。是日供五百羅漢，設會飯僧以落之。越明年四月八日，莊嚴圓備，儀相妙好，輝彩煥發。由是一方之人，得以歸向，百世之下，得以流通。……淵聞予屬意此道，累以記文為請，遂援毫直書，以塞其命。」

二年乙亥　四十八歲

三年丙子　四十九歲

《上權府朝奉論慈愍三藏集書》云：「貧道少小辭親，冠年從道，尋師務學，負笈橫經，於茲三十一臘矣。不料寡薄，謬為師首，在處養徒，晨夕講訓，上酬佛祖開悟之恩，次報王臣存護之德。頃以前任太守王公修撰持遺公符，邀命至此，俾於南寺重建戒壇。方欲糾募豪族，發首興工，無何，諸師見忌，異論鋒起，以謂《慈愍集》乃貧道自撰，假彼名字，排我宗門。曾不知此文得於古藏，編於舊錄，不省寡聞，輒懷私忿；以至訟於公府，干我長吏。」

上書之年，依「少小辭親……於茲三十一臘矣」之言，而推計之，約在此歲。

《台州順感院轉輪藏記》云：「台城順感院，石晉天福中，郡人胡都使捨宅為之，始名報國；今朝祥符初，改賜今額。師徒繼世，甲乙住持，久不得人，寥落滋甚。熙寧十年，郡吏臨華，寺僧希湛，相與募緣建轉輪經藏，洎法堂、僧堂、三門、鐘鼓臺、房廊、廚庫等，於茲僅二十年，然猶興葺未已，所費無慮一千萬錢。……故為書其始末，以告同道云。」

作記之年，依「熙寧十年，……於茲僅二十年」之語，而推計之，約在此歲。

四年丁丑　　五十歲

元符元年戊寅　　五十一歲

《建明州開元寺戒壇誓文》云：「紹聖五年二月十五日沙門元照謹誓。」

案：哲宗紹聖五年，改為元符元年。

二年己卯　　五十二歲

三年庚辰　　五十三歲

徽宗（建中靖國）辛巳　　五十四歲

崇寧元年壬午　　五十五歲

二年癸未　　五十六歲

三年甲申　　五十七歲

四年乙酉　　五十八歲

五年丙戌　　五十九歲

大觀元年丁亥　　六十歲

《越州龍泉寺彌陀寶閣記》云：「越州餘姚龍泉寺，經始於東晉咸康中，逮今大觀丁亥，凡八百五十載。……大觀改元仲秋晦記。」

二年戊子　　六十一歲

三年己丑　　六十二歲

四年庚寅　　六十三歲

政和元年辛卯　　六十四歲

《授大乘菩薩戒儀》云：「政和元年，歲在辛卯，安居中為衆僧錄出。」

二年壬辰　　六十五歲

三年癸巳　　六十六歲

四年甲午　　六十七歲

五年乙未　　六十八歲

六年丙申　　六十九歲

《大小乘論》云：「律師臨終口授，門弟子守傾執筆。」

本傳云：「政和六年秋九月一日，集衆誦《普賢行願品》，趺坐而化；湖上漁人，皆聞天樂聲。壽六十九歲，僧臘五十一夏。葬於寺之西北，謚曰大智，塔曰戒光。」

蕅益大師年譜

依大師自撰《八不道人傳》，及成時《續傳》錄寫。復檢《宗論》中諸文增改，併參考別行諸疏序跋補訂焉。己未，居錢塘，初稿。辛酉，掩室永嘉，改纂。乙亥，住溫陵月臺再治。老病纏綿，精力頹弊，未能詳密校理，殊自恧也。

年譜諸文，雖有撮略，或加潤飾，但悉有所據。若述私意，則寫雙行小字，上冠案字，以區別也。

明萬曆二十七年己亥　　一歲

是年五月三日亥時，大師生。

俗姓鍾，名際明。又名聲，字振之。先世汴梁人，始祖南渡，居古吳木瀆。父名之鳳，字岐仲。母金氏，名大蓮。以父持白衣大悲咒十年，夢大士送子而生。時父母皆年四十。

庚子　　二歲

辛丑　　三歲

壬寅　四歲
癸卯　五歲
甲辰　六歲
乙巳　七歲
始茹素。己巳，大師《禮大悲銅殿偈》，有云：「我幼持齋甚嚴肅，夢感大士曾相召。」
丙午　八歲
丁未　九歲
戊申　十歲
己酉　十一歲
庚戌　十二歲
就外傅，聞聖學，即以千古道脈為任，囂囂自得。天子不得臣，諸侯不得友，於居敬慎獨之功，致知格物之要，深究之。開葷酒，作論數十篇，闢異端，夢與孔顏晤言。
辛亥　十三歲
壬子　十四歲
癸丑　十五歲
甲寅　十六歲
乙卯　十七歲
閱《自知錄序》，及《竹窗隨筆》，乃不謗佛。取所著《闢佛論》焚之。
丙辰　十八歲
丁巳　十九歲
戊午　二十歲
詮《論語．顏淵問仁》章，竊疑「天下歸仁」語。苦參力討，廢寢忘餐者三晝夜，忽然大悟，頓見孔顏心學。冬十一月初五日喪父，享年五十九。聞《地藏本願》，發出世心。

錄者註：大師聞《地藏本願》，發心出世，故其一生盡力宏揚讚歎地藏菩薩。

庚午，大師《結壇水齋持大悲咒願文》，有云：「七歲斷肉，未知出世正因。十二學儒，乃造謗法重業。賴善根未絕，每潛轉默移。一觸念於自知之序，次旋意於寂感之譚。禮藥師妙典，知佛與神殊。聞地藏昔因，知道從孝積。既懷喪父之哀，復切延慈之想。書《慈悲懺法》，矢志尸羅，聽《大佛頂經》，決思離俗。」
己未　二十一歲
至星家問母壽，言六十二三必有節限。遂於佛前立深誓。唯願減我算，薄我功名，必冀母臻上壽。
庚申　二十二歲
專志念佛，盡焚窗稿二千餘篇。
天啟元年辛酉　二十三歲
聽《大佛頂經》，謂「世界在空，空生大覺」，遂疑何故有此大覺，致為空界張本，悶絕無措。但昏散最重，功夫不能成片。因決意出家，體究大事。七月三十日，撰《四十八願願文》。時名「大朗優婆塞」。
壬戌　二十四歲
夢禮憨山大師，哭恨緣慳，相見太晚。師云：「此是苦果，應知苦因。」語未竟，遽請曰：「弟子志求上乘，不願聞四諦法。」師云：「且喜居士有向上志，雖然不能如黃檗臨濟，但可如巖頭德山。」心又未足。擬再問，觸聲而醒。因思古人安有高下，夢想妄分別耳。
一月中，三夢憨師。師往曹谿，不能遠從。乃從雪嶺峻師剃度，命名智旭。雪師憨翁門人也。

案：大師字蕅益，又字素華，當時諸緇素撰述中，多稱素華也。將出家，先發三願，一、未證無生法忍，不收徒眾。二、不登高座。三、寧凍餓死，不誦經、禮懺及化緣，以資身口。又發三拌：拌得餓死，拌得凍死，拌得與人欺死。

將出家，與叔言別詩云：「世變不可測，此心千古然。無限他山意，丁寧不在言。」
大師出家時，母舅謂曰：「法師世諦流布，吾甥決不屑為，將必為善知識乎？」大師曰：「佛且不為，況其他也。」舅曰：「既爾，何用出家？」大師曰：「只要復我本來面目。」舅乃歎善。夏、秋作務雲棲，聞古德法師講《唯識論》，一聽了了，疑與《佛頂》宗旨矛盾，請問。師云：「性相二宗，不許和會。」甚怪之，佛法豈有二歧耶？一日，問古師云：「不怕念起，只怕覺遲，且如中陰入胎，念起受生，縱令速覺，如何得脫？」師云：「汝今入胎也未？」大師微笑。師云：「入胎了也。」大師無語。師云：「汝謂只今此身果從受胎時得來者耶？」大師流汗浹背，不能分曉。竟往徑山坐禪。始受一食法。

此時即與新伊法主相識，爾後為忘年交，幾三十年。自庚午歲始，每一聚首，輒曉夜盤桓佛法弗置。學人從大師遊者，皆令稟沙彌戒於法主。

初出家時，剃度師令作務三年，其時急要工夫成片，不曾依訓。始意工夫成片，仍可作務，後以聲譽日隆，竟無處討得務單。

癸亥　二十五歲

是春拜見幽溪尊者，時正墮禪病，未領片益。

大師坐禪徑山。至夏，逼拶功極，身心世界忽皆消殞。因知此身從無始來，當處出生，隨處滅盡，但是堅固妄想所現之影。剎那剎那，念念不住，的確非從父母生也。從此性相二宗，一齊透徹。知其本無矛盾，但是交光邪說大誤人耳。是時一切經論，一切公案無不現前。旋自覺悟，解發非為聖證，故絕不語一人。久之，則胸次空空，不復留一字腳矣。

秋，住靜天台。臘月初八日，從天台躡冰冒雪，至杭州雲棲。苦到懇古德賢法師為阿闍梨，向蓮池和尚像前，頂受四分戒本。

甲子　二十六歲

正月三日，於三寶前，燃香刺血，寄母書。勸母勿事勞心，惟努力念佛，求出輪迴。

十二月廿一日，重到雲棲，受菩薩戒。後一日，撰《受菩薩戒誓文》。

大師甫受菩薩戒，發心看律藏。闍梨古德師試曰：「汝已受大，何更習小？」對曰：「重樓四級，上級既造，下級可廢耶？」師曰：「身既到上層，目豈緣下級？」對曰：「雖升他化，佛元不離寂場。」

乙丑　二十七歲

是春，就古吳閱律藏一遍，方知舉世積訛。四旬餘，錄出《毗尼事義要略》一本，僅百餘紙。此後仍一心究宗乘。

同二三法友結夏。

寄剃度師雪嶺及闍梨古德師書。痛陳像季正法衰替，戒律不明。詞至懇切。

丙寅　二十八歲

乙丑、丙寅兩夏，為二三友人逼演《大佛頂》要義二遍。實多會心，願事闡發，以志在宗乘，未暇筆述。

母病篤。四刲肱不救。痛切肺肝。

六月初一日，母亡。享年六十七。大師賦「四念處」以寫哀。

葬事畢。焚棄筆硯，矢往深山。道友鑒空、如寧留掩關於吳江之松陵。關中大病，乃以參禪工夫，求生淨土。

丁卯　二十九歲

崇禎元年戊辰　三十歲

是春出關，朝南海，覲洛伽山，將往終南。遇道友雪航檝公，願傳律學，留住龍居。是夏，第二次閱律藏一遍，始成《毗尼事義集要》四本及《梵室偶談》。

是年，在龍居閱藏，於一夏中，僅閱千卷。夏初遇惺谷師，乃訂交焉。時惺谷師尚未剃染。仲冬，又獲交歸一師。於是二友最得交修之益，同結冬。

刺舌血書大乘經律。撰《刺血書經願文》，及《書佛名經迴向文》。

過檇李東塔，見人上堂，有感。賦偈云：「樹杪聲聲泣露哀，岸舟魚背漫相猜；宗乘頓逐東流下，觸目難禁淚滿腮。」「一滴狐涎徹體腥，當陽鴉立法王庭；却慚普眼能弘護，猶使天人掩耳聽。」「聾人聽曲啞人歌，跛躄相將共伐柯。今日已成冥暗界，不知向後又如何。」

己巳　三十一歲

正月十五日，為同學比丘雪航智檝師講《四分戒本》，並刺血書願文。

是春，同歸一籌師送惺谷至博山，依無異釐禪師薙髮。釐禪師見大師所著《毗尼事義集要》，喜之。即欲付梓，大師不許。在博山，遇璧如鎬師，詳論律學，遂與訂交。

隨無異釐禪師至金陵，盤桓百有十日。盡諳宗門近時流弊，乃決意弘律。大師律解雖精而自謂「煩惱習強，躬行多玷，故誓不為和尚」。「三業未淨，謬有知律之名，名過於實」，引為「生平之恥」。

是春，撰《持咒先白文》。願《持滅定業真言》（註）百萬，《觀音靈感》、《七佛滅罪》、《藥師灌頂》、《往生淨土真言》各十萬。次當結壇持《大悲咒》十萬。

錄者註：指持地藏菩薩滅定業真言。

母亡三周年，乞善友課持經咒。撰《為母三周求拔濟啟》，及《為母發願迴向文》。

秋，遊棲霞，始晤自觀印闍梨。贈以偈云：「舉世不知真，吾獨不愛假。羨君坦夷性，堪入毗尼社。」

是冬，同歸一籌師結制龍居。第三次閱律一遍。至除夕，第三次閱律藏畢，錄成六冊，計十八卷。

撰《禮大報恩塔偈》、《持準提咒願文》、《禮大悲銅殿偈》、《起咒文》、《除夕白三寶文》。

撰《尚友錄序》。

庚午　三十二歲

春，病滯龍居。正月初一，燃臂香，刺舌血，致書惺谷。三月盡，惺谷同如是昉公從金陵回，至龍居，請季賢師為和尚，新伊法主為羯磨闍梨，覺源法主為教授闍梨，受比丘戒。經三閱律，始知受戒如法不如法事。彼學戒法，固必無此理，但見聞諸律堂，亦並無一處如法者。

是春，歸一籌師作《毗尼事義集要跋》。

撰《閱律禮懺總別二疏》、《安居論律告文》、《為母四周願文》、《為父十二周求薦拔啟》。結夏安居，為惺谷壽、如是昉、雪航檝三友細講《毗尼事義集要》一遍。添初後二集，共成八冊。雖然盡力講究，不意或尋枝逐葉，不知綱要。或東扯西拽，絕不留心。或頗欲留心，身嬰重恙聽不及半。其餘隨緣衆，無足責者。大師大失所望。

擬註梵網，作四鬮問佛。一曰宗賢首，二曰宗天台，三曰宗慈恩，四曰自立宗。頻拈，得天台鬮。於是究心台部，而不肯為台家子孫。以近世台家與禪宗賢首慈恩，各執門庭，不能和合故也。時人以耳為目，皆云大師獨宏台宗，謬矣謬矣。

案：大師法語，示如母云：「予二十三歲，即苦志參禪，今輒自稱私淑天台者，深痛我禪門之病，非台宗不能救耳。奈何台家子孫，猶固拒我禪宗，豈智者大師本意哉！」復松溪法主書云：「私淑台宗不敢冒認法派。誠恐著述偶有出入，反招山外背宗之誚。」然置弟門外，不妨稱為功臣。收弟室中，不免為逆子。知我罪我，聽之而已。」

撰《結壇水齋持大悲咒願文》、《為父迴向文》。

辛未　三十三歲

是春，撰《毗尼事義集要序》於皋亭古永慶寺。先是真寂聞谷老人，博山無異禪師，勸將《毗尼事義集要》付梓流通。乃同璧如、歸一二友商榷參詳，備殫其致。惺谷以此書呈金臺法主，隨付梓人，至今歲於皋亭佛日寺刊成。

春，同新伊法主禮大悲懺於武林蓮居庵。

撰《楞嚴壇起咒》及迴向二偈。

八月，惺谷師示寂於佛日。師病時，大師割股救之。並賦偈云：「幻緣和合受茲身，欲剜千瘡愧未能。爪許薄皮聊奉供，用酬嚴憚切磋恩。」

九月，入孝豐。取道武林，晤璧如師，不旬日，師示寂，著惺谷、璧如二友合傳。

始入北天目靈峯山過冬，即靈巖寺之百福院也。有句云：「靈峯一片石，信可矢千秋。」時山中無藏，為作《請藏因緣》。

是冬，在靈峯講《毗尼事義集要》七卷。次夏，續完。聽者十餘人，惟徹因比丘能力行之。

是冬，有溫陵徐雨海居士，向大師說《占察妙典》。大師倩人特往雲棲請得書本。一展讀之，悲欣交集。撰《讀持迴向偈》。

壬申　三十四歲

結夏靈峯。為自觀師秉羯磨授具戒。

撰《龍居禮大悲懺文》，及《禮大悲懺願文》。

癸酉　三十五歲

是春，為靈峯請藏至，未裝。

撰《西湖寺安居疏》。結夏金庭西湖寺，細講《毗尼事義集要》一遍。聽者九人。能留心者，唯徹因、自觀及幻緣三比丘。

撰《前安居日供鬮文》。前安居日，大師自念再三翻讀律藏，深知時弊多端，不忍隨俗淆訛，共蝕如來正法。而自受具，心雖殷重，佛制未周。爰作八鬮，虔問三寶。若智旭比丘戒從心感得，十夏行持，當得作和尚鬮。若得戒前，輕犯未淨，當得禮懺作和尚鬮，先行懺法。若未得不成遮難，或已得未堪作範，當得見相好作和尚鬮，禮懺求相。若不成難而未得，當得重受鬮，如法秉受，更滿十夏。若成盜難而通懺，當得禮懺重受鬮。若已成難，當得菩薩沙彌鬮。若不許沙彌法，當得菩薩優婆塞鬮。若一切戒法悉遮，當得但三歸鬮。若得作和尚等三鬮，誓忘身命，護持正法。寧受劇苦，作真聲聞。不為利名，作假大乘。若得重受等二鬮，敦弟子職，誓不藐法。若得菩薩沙彌鬮，誓尊養比丘，護持僧寶。若得菩薩優婆塞鬮，誓以身命護正法，終不迷失菩提心。若得但三歸鬮，誓服役佛法僧間，種種方便，摧邪顯正。並燃香十炷，一夏持咒加被。至自恣日，更然頂香六炷，撰《自恣日拈鬮文》，遂拈得菩薩沙彌鬮。撰《禮淨土懺文》二首。

冬，述《占察行法》。

甲戌　三十六歲

癸酉、甲戌之際，大師匍匐苦患。徹因比丘獨盡心竭力相濟於顛沛中，毫無二心。

是冬，在吳門幻住庵，講《毗尼事義集要》一遍。聽者僅五六人，惟自觀、僧聚二比丘能力行之。

撰《禮金光明懺文》。

乙亥　三十七歲

春，阻雨祥符。始晤影渠、道山（字靈隱）二師，為莫逆交。是冬，大師遘篤疾，二師盡力調治，不啻昆季母子也。

撰《講金光明懺告文》。

夏初，住武水智月庵，講演《占察經》。是時即有作疏之願，病冗交沓，弗克如願。

述《戒消災略釋》、《持戒犍度略釋》、《盂蘭盆新疏》。

丙子　三十八歲

是春，大師自輯《淨信堂初集》。

三月，遁迹九華，禮地藏菩薩塔，求決疑網，拈得閱藏著述一鬮。於彼抱病，腐滓以為饌，糠粃以為糧，忘形骸，斷世故。續閱藏經千餘卷。

撰《九華地藏塔前願文》、《亡母十周願文》。

丁丑　三十九歲

是歲夏、秋之際，居九子別峯，述《梵網合註》。先是如是昉公，遠從閩地，携杖來尋。為其令師肖滿全公，請講此經，以資冥福。復有二三同志，歡喜樂聞。大師由是力疾敷演，不覺心華開發，義泉沸湧，急秉筆而隨記之。共成《玄義》一卷、《合註》七卷。

案：《梵網合註》初刊之板，存金陵古林庵，後康熙丙辰歲，沈書準應成時師之請，重刻板，送嘉興楞嚴寺入藏流通（見沈書準跋）。日本元祿五年所刊之板，即據此也。

撰完《梵網告文》、《讚禮地藏菩薩懺願儀》。

自觀印闍棃自武水尋大師於九子別峯，商證《梵網》、《佛頂》要旨。大師見其躬行有餘，慧解不足，設壇中十問拶之。

夢感正法衰替，痛苦而醒。寫懷二偈云：「魔軍邪幟三洲徧，孽子孤忠一線微。夢斷金河情未盡，醒來餘淚尚沾衣。」「休言三界盡生盲，珠繫貧衣性自明。肯放眼前閑活計，便堪劫外獨稱英。」

戊寅　四十歲

結夏新安，重拈《佛頂》妙義，加倍精明。

四十初度詩云：「物論悠悠理本齊，年來漸覺脫筌蹄。拳開非實掌元在，翳去惟空眼不迷。流水有心終匯海，落花無語亦成谿。剎那生處生何性，却笑威音劫外提。」

自輯《絕餘編》。

秋，踐誦帚師之約，入閩。渡洪塘，往溫陵。

十一月撰《陳罪求哀疏》。

己卯　四十一歲

住溫陵。

誦帚、昉師及一切知己，堅請疏解《大佛頂經》。大師感其意，兼理夙願。在小開元撰述《玄義》二卷、《文句》十卷。

刊《佛頂玄義》，板藏大開元寺之甘露戒壇。

為如是師示寂。助其念佛，並為撰《誦帚師往生傳》。

撰《為如是師六七禮懺疏》，輓如是師詩。

庚辰　四十二歲

住漳州。

述《金剛破空論》（在溫陵刊）、《蕅益三頌》、《齋經科註》。

辛巳　四十三歲

結冬溫陵月臺。有郭氏問易，遂舉筆述《周易禪解》，稿未及半，以應請旋置。

錄者註：今泉州大開元寺藏有大師施贈之《梵網經》兩部。卷末有大師親筆題識。文曰：「崇禎辛巳。古吳智旭，喜捨陸部。奉大開寺甘露戒壇，永遠持誦。」

壬午　四十四歲

是夏，自輯《閩遊集》。

自溫陵返湖州。

述《大乘止觀釋要》。

靈峯山中藏經裝成。

撰《鐵佛寺禮懺文》。

癸未　四十五歲

結夏靈峯。

是歲結制。簡閱藏經，僅千餘卷。

崇禎十七年　甲申　四十六歲
清順治元年

是秋，居檇李，遊鴛湖寶壽堂。撰《遊鴛湖寶壽堂記》。

返靈峯。有句云：「靈峯片石舊盟新。」

九月，述《四十二章經》、《遺教經》、《八大人覺經解》。

是歲，大師退作但三歸依人。

撰《禮慈悲道場懺法願文》、《佛菩薩上座懺願文》。

乙酉　四十七歲

自去歲退作但三歸人以來，勤禮千佛、萬佛及占察行法。於今歲元旦獲清淨輪相。

夏，撰《周易禪解》竟。

撰《大悲行法道場願文》。

是秋，住祖堂及石城北，共閱藏經二千餘卷。

是歲，紫竹林顓愚大師遣七人來學。

丙戌　四十八歲

晤妙圓尊者於石城之隈，同住濟生庵。

撰《占察行法願文》。

丁亥　四十九歲

三月，述《唯識心要》、《相宗八要直解》。九月，述《彌陀要解》、《四書蕅益解》。

去歲，顓愚大師坐脫於紫竹林。門人以陶器奉全身供於林之山陽。今年弟子請歸雲居，於是金陵緇素以所存爪髮衣鉢，就山陽建塔供養。大師為撰誌銘。

是冬，自輯《淨居堂續集》。

居祖堂幽棲寺。除夕普說。

戊子　五十歲

成時師始晤大師。大師一日顧成時師曰：「吾昔年念念思復比丘戒法，邇年念念求西方耳。」成時師大駭，謂何不力復佛世芳規耶？久之，始知師在家發大菩提願以為之本，出家一意宗乘。徑山大悟後，徹見近世禪者之病，在絕無正知見，非在多知見；在不尊重波羅提木叉，非在著戒相也。故抹倒禪之一字，力以戒教匡救，尤志求五比丘如法共住，令正法重興。後決不可得，遂一意西馳。冀乘本願輪，仗諸佛力，再來與拔。至於隨時著述，竭力講演，皆聊與有緣下圓頓種，非法界衆生一時成佛，直下相應，太平無事之初志矣。

是冬，自輯《西有寱餘》。

己丑　五十一歲

九月，從金陵歸臥靈峯。

撰《北天目十二景頌》。

臘月，力疾草《法華會義》。翌年正月告成。

庚寅　五十二歲

結夏北天目，究心毗尼，念末世欲得淨戒，捨占察輪相之法，更無別塗。

六月，述《占察疏》。

自癸酉迄今十餘年，毗尼之學無人過問者，而能力行之徹因、自觀、僧聚三比丘，又皆物故。毗尼之學，真不啻滯貨矣。是夏安居靈峯，乃有心學律者十餘人，請大師重講。大師念向所輯，雖諸長並採，猶未一一折衷。又《問辯》、《音義》二書，至今未梓。因會入集要而重治之，兼削一二繁蕪，以歸簡切。名曰《重治毗尼事義集要》。

六月二十一日，撰《重治毗尼事義集要序》。

安居竟，重拈自恣芳規，悲欣交集，真然有作。賦偈云：「秉志慵隨俗，期心企昔賢。擬將凡地覺，直補涅槃天。半世孤燈歎，多生緩戒愆。幸逢針芥合，感泣淚如泉。正法衰如許，誰將一線傳？不明念處慧，徒誦《木叉》篇。十子哀先逝，諸英喜復聯。四弘久有誓，莫替馬鳴肩。」

八月初八日，撰《重治毗尼事義集要跋》。

《與見月律主書》，談論律學，冀獲良晤。

冬，住祖堂。

辛卯　五十三歲

夏，結制長干。

九月，重登西湖寺。

是冬，歸臥靈峯。重訂《選佛圖》。

壬辰　五十四歲

結夏晟谿。

草《楞伽義疏》。八月，遷長水南郊冷香堂，乃閣筆。

秋，輯《續西有寱餘》。

是歲臘月，草自傳。先是是秋大師決志肥遯，緇素遮道不得，請述行腳。冬，憩長水營泉寺，念行腳未盡致，復述茲傳，曰《八不道人傳》。取《中論》「八不」，《梵網》「八不」之旨。又大師自云：「古者有儒有禪有教有律，道人既蹴然不敢。今亦有儒有禪有教有律，道人又艴然不屑。故名八不也。」

錄者註：大師一號「西有」，出家前曾用「金閶逸史」號。

住長水，閱藏經千卷。

癸巳　五十五歲

是春，大師過古吳。刪改自述《八不道人傳》。故從古吳傳至留都，與長水本數處不同。後成時師謂傳收著述未盡，請補，於是與古吳本又增數句矣。

夏四月，入新安。結後安居於歙浦天馬院。五月著《選佛譜》，閱《宗鏡錄》。刪正法涌、永樂、法真諸人所纂雜說，引經論之誤，及歷來寫刻之　。於三百六十餘問答，一一定大義，標其起盡。閱完，七月作校定《宗鏡錄跋》四則。又汰《袁宏道集》，存一冊，名《袁子》。

秋八月，遊黃山白嶽諸處。

冬，復結制天馬。著《起信論裂網疏》。

錄者註：是歲大師在歙浦棲雲院演說《彌陀要解》，釋義分科，間有與前不同。由性旦師錄出。甲午冬，大師病中，復口授數處令改正，名歙浦本。即今《十要》中之流通本也。

甲午　五十六歲

正月應豐南仁義院請。法施畢，出新安。二月後褒灑日，還靈峯。自輯《幻住雜編》。夏臥病。選《西齋淨土詩》，製《讚補入淨土九要》，名《淨土十要》。夏竟，病愈。七月，述《儒釋宗傳竊議》。八月，續閱大藏竟。九月，成《閱藏知津》、《法海觀瀾》二書。

九月一日，撰《閱藏畢願文》。計前後閱律三遍，大乘經兩遍，小乘經及大小論兩土撰述各一遍。

錄者註：大師《閱藏畢然香願文》有云：「竊見南北兩藏，並皆模糊失次，或半滿不辨，或經論互名，或真　不分，或巧拙無別。雖有宋朝法寶標目，明朝彙目義門，並未盡美盡善，今輒不拙，謬述《閱藏知津》、《法海觀瀾》二書，儻不背佛旨，乞得成就流通。」

又大師《佛頂玄文》後自序云：「深痛末世禪病，方一意研窮教眼，用補其偏。雖徧閱大藏，而會歸處不出《梵網》、《佛頂》二經。」

冬十月，病。復有獨坐書懷四律，中有「庶幾二三子，慰我一生思」之句。十一月十八日，有病中口號偈。臘月初三，有病間偶成一律，中有「名字位中真佛眼，未知畢竟付何人」之句。是日口授遺囑。立四誓。命以照南、等慈二子傳五戒菩薩戒。命以照南、靈晟、性旦三子代座代應請。命闍維後，磨骨和粉麵，分作二分。一分施鳥獸，一分施鱗介，普結法喜，同生西方。十三起淨社，撰《大病中啟建淨社願文》。嗣有求淨土偈六首。除夕有《艮六居銘》，有偈。

是歲多病。寄錢牧齋書云：「今夏兩番大病垂死，季秋閱藏方竟。仲冬一病更甚，七晝夜不能坐臥，不能飲食，不可療治，無術分解。唯痛哭稱佛菩薩名字，求生淨土而已。具縛凡夫損己利人，人未必利，己之受害如此。平日實唯在心性上用力，尚不得力。況僅從文字上用力者哉？出生死，成菩提，殊非易事。非丈室誰知此實語也。」

乙未　五十七歲

元旦有偈云：「爆竹聲傳幽谷春，蒼松翠竹總維新。泉從龍樹味如蜜，石鎮雄峯苔似鱗。課續三時接蓮漏，論開百部擬天親。況兼已結東林社，同志無非法藏臣。」「法藏當年願力宏，於今曠劫有同行。歲朝選佛歸圓覺，月夜傳燈顯性明。萬竹並沾新令早，千梅已露舊芳英。諸仁應信吾無隱，快與高賢繼宿盟。」

正月二十日，病復發。二十一日晨起病止。午刻，趺坐繩牀角，向西舉手而逝。世壽五十有七歲。法臘三十四。僧夏，從癸亥臘月至癸酉自恣日，又從乙酉春至乙未正月，共計夏十有九。

大師生平不曾乞緇素一字，不唯佛法難言，知己難得，亦鑒尚虛名之陋習，而身為砥也。西逝時，誡勿乞言，徒增誑誤。

大師著述，除《靈峯宗論》十卷外，其釋論則有：《阿彌陀經要解》一卷，《占察玄疏》三卷，《楞伽義疏》十卷，《盂蘭新疏》一卷，《大佛頂玄文》十二卷，《準提持法》一卷，《金剛破空論》附《觀心釋》二卷，《心經略解》一卷，《法華會義》十六卷，《妙玄節要》二卷，《法華綸貫》一卷，《齋經科註》一卷，《遺教經解》一卷，《梵網合註》八卷，後附《授戒法》、《學戒法》、《梵網懺法問辯》共一卷，《優婆塞戒經受戒品箋要》一卷，《羯磨文釋》一卷，《戒本經箋要》一卷，《毗尼集要》十七卷，《大小持戒犍度略釋》一卷，《戒消災經略釋》一卷，《五戒相經略解》一卷，《沙彌戒要》一卷，《唯識心要》十卷，《相宗八要直解》八卷，《起信論裂網疏》六卷，《大乘止觀釋要》四卷，《大悲行法辯　》一卷，附《觀想偈略釋》、《法性觀》、《懺壇軌式》三種，《四十二章經解》一卷，《八大人覺經解》一卷，《占察行法》一卷，《禮地藏儀》一卷，《教觀綱宗並釋義》二卷，《閱藏知津》四十四卷，《法海觀瀾》五卷，《旃珊錄》一卷，《選佛譜》六卷，重訂《諸經日誦》二卷，《周易禪解》十卷，《闢邪集》二卷，共四十七種。又定嗣註經目，有《行願品續疏》，《圓覺經新疏》，《無量壽如來會疏》，《觀經疏鈔錄要》，《十輪經解》，《賢護經解》，《藥師七佛經疏》，《地藏本願經疏》，《維摩補疏》，《金光明最勝王經續疏》，《同性經解》，《無字法門經疏》，《十二頭陀經疏》，《仁王續疏》，《大涅槃合論》，《四阿含節要》，《十善業道經解》，《發菩提心論解》，《摩訶止觀輔行錄要》，《僧史刪補》，《緇門寶訓》，共二十一種，俱未及成書。

錄者註：上列著述，係依成時師之《蕅益大師宗論序說》及《續傳》鈔錄。此外尚有《淨土十要》、《四書蕅益解》、《見聞錄》等輯著行世。

大師示寂，諸弟子請成時師輯《靈峯宗論》。輯成，成時師燃香一千炷，願捨身洪流，一、報師恩，助轉願輪。二、供妙法，生生值遇。三、轉劫濁，救苦衆生。四、代粉骴，滿師弘誓。五、懺重罪，決生珍池。

臘月十二日，成時師撰大師續傳。後一日撰《靈峯始日大師私謚竊議》。後二日撰《靈峯宗論序》。越一日撰《靈峯宗論序說》。

丙申

丁酉

是冬如法荼毗。髮長覆耳，面貌如生，趺坐巍然，牙齒俱不壞。因不敢從粉骴遺囑，奉骨塔於靈峯大殿右。

戊戌

己亥

是冬，《靈峯宗論》刻板成。

庚子

辛丑

康熙元年壬寅

大師入滅八年，壬寅七月，門人性旦病逝，先書囑語，面乞成時師並胞兄胡淨廣粉遺骨，代大師滿甲午臘月初三日所命。先是成時師邀淨侶禮佛說佛名經，且就壇燃頂燈，以報法乳深恩。至是復有此囑。謹就八月集衆修藥王本事七晝夜而作法焉。

雍正元年癸卯（即日本享保八年）

是年孟春，日本京都《靈峯宗論》重刊版，老苾芻光謙序云：

「（前略）昔嘗讀靈峯蕅益大師所著諸書，見其學之兼通博涉，其行之苦急嚴峻，因竊自歎雖荊谿、四明大祖師幾不及也。（中略）古人有言曰，讀孔明《出師表》而不墮淚者，其人必不忠。讀令伯《陳情表》而不墮淚者，其人必不孝。讀退之《祭十二郎文》而不墮淚者，其人必不友。余亦嘗言讀蕅益《宗論》而不墮血淚者，其人必無菩提心。（後略）」

見月律師年譜

甲戌九月，依《一夢漫言》及《別傳》摭錄，惟舉梗概，未能詳耳。《漫言》上卷自記年歲數處，可為依據。今編年譜，準此推衍。下卷謂順治七年五十歲者，或有舛誤，以彼後賢改訂焉。晉水尊勝院沙門亡言。

明萬曆三十年壬寅　　一歲

是年三月三日師生。師姓許氏，名沖霄，雲南楚雄府人。舊籍江南句容。遠祖某，於明洪武時，從軍開滇黔，以功世襲指揮，遂家焉。父醻昌，母吳氏，夢梵僧入室，寤而生師。

是年，古心律祖六十二歲。三昧律師二十三歲。顓愚大師二十四歲。蕅益大師四歲。

萬曆四十三年乙卯　　十四歲

雙親相繼棄世，二弟幼小，由伯恩育教誨。伯父年老無子，欲使師襲職為指揮，師不屑也。師善繪大士像。是年十一月，古心律祖示寂。

天啟六年丙寅　　二十五歲

性好遊覽。往金沙江，遇蕭闇初，同往浪穹。晤楊紹先，居蕭園。

天啟七年丁卯　　二十六歲

崇禎元年戊辰　　二十七歲

十二月聞伯父逝，發心出家，易道士服，更名曰真元，號還極。

除夕夜，夢為僧形，自思後必為僧。

崇禎二年己巳　　二十八歲

仍居蕭園。

崇禎三年庚午　二十九歲

正月往三營，主龍華會壇。齋僧，每日千餘人。始晤成拙，由是以為僧友。會將畢，仍返浪穹。

崇禎四年辛未　三十歲

三月移居劍川州，赤嚴書室。六月獲讀《華嚴經》，急欲披剃為僧。八月朝雞足山。九月到落馬。

崇禎五年壬申　三十一歲

十月依亮如老法師披剃，名讀體，號紹如。成拙來。

崇禎六年癸酉　三十二歲

正月往鶴慶府。四月離師，往參三昧和尚受戒，與成拙同行。十月至湖廣武岡州止水庵，過冬。

崇禎七年甲戌　三十三歲

四月往寶慶府，參顯大師，深蒙獎勵，誡勉當效大師操履。冬到南京，往山學《楞嚴咒》。

崇禎八年乙亥　三十四歲

三月到五台，始見三昧和尚，遂至塔院寺，過冬。

崇禎九年丙子　三十五歲

七月離五台，改號見月。九月到江南，住鎮江甘露寺，過冬。

崇禎十年丁丑　三十六歲

二月到海潮庵。四月依三昧和尚受戒。八月任西堂，始閱律。

崇禎十一年戊寅　三十七歲

熏教授師授紫衣。是冬，熏師示寂。

崇禎十二年己卯　三十八歲

正月侍三昧和尚返石塔庵，至龍潭，阻風三日，和尚登華山，發願重興。三月始任教授。四月和尚入華山，囑任監院。九月成拙到華山受戒。

崇禎十三年庚辰　三十九歲

四月因達照師瞋怨，下山，往無錫，旋歸華山。

崇禎十四年辛巳　四十歲

華山寺宇，方向未合，故爾常住不興，乃改向移轉。卸瓦運磚。一一莫不以身先之。

崇禎十五年壬午　四十一歲

因前殿香燈行非法事，衆皆云可恕，師下山，十月往黃山。

崇禎十六年癸未　四十二歲

三月返華山。

崇禎十七年甲申　四十三歲

弘光元年乙酉　四十四歲

在嘉興募資，欲為和尚建壽塔。六月和尚疾，和尚歸華山。閏六月四日和尚示寂，囑繼法席，立十約，大衆不悅。十月集衆告白，將遵制行法。三日後，達照師辭當家，香師他往，諸同戒皆散，舊執事等十去八九。惟百餘同志奮發協助，願共持戒。

清順治三年丙戌　四十五歲

順治四年丁亥　四十六歲

始行安居。八月清兵圍寺，盡提僧往，翌日放回。

順治五年戊子　四十七歲

順治六年己丑　四十八歲

二月達照師之徒，有一二人故侮僧規，達照縱不訓，師下山，欲上北五台，至滁州遂歸。

順治七年庚寅　四十九歲

四月覓心師爭居方丈，師下山，往寧國，七月歸山。

是夏溥益大師《重治毗尼事義集要》成，並予師書，讚歎弘律。

順治八年辛卯　五十歲

順治九年壬辰　五十一歲

順治十年癸巳　五十二歲

順治十一年甲午　五十三歲

八月行般舟三昧九旬。

順治十二年乙未　五十四歲

是秋，復修般舟三昧九旬。

康熙四年乙巳　六十四歲

是夏，《毗尼作持續釋》刊行。師所撰述，尚有《大乘玄義》、《毗尼止持會集》、《黑白布薩》、《傳戒正範》及《僧行軌則》等。

康熙十三年甲寅　七十二歲

撰《一夢漫言》。

康熙十七年戊午　七十七歲

歲晚，示微疾。

康熙十八年己未　七十八歲

正月既望，力疾起視。誡弟子曰：勿進湯藥，更七日行矣。至期端趺而化，即正月二十日也。壽七十八歲，別傳作七十九歲。臘四十八。荼毗，得五色舍利。

序跋卷

《四分律比丘戒相表記》自序

余於戊午七月，出家落髮。其年九月受比丘戒。馬一浮居士貽以靈峯《毗尼事義集要》，並寶華《傳戒正範》。披翫周環，悲欣交集。因發學戒之願焉。是冬獲觀《毗尼珍敬錄》，及《毗尼關要》。雖復悉心研味，而忘前失後，未能貫通。庚申之夏，居新城貝山。假得《弘教律藏》三帙，併求南山《戒疏》、《羯磨疏》、《行事鈔》，及靈芝記。將掩室山中，窮研律學。乃以障緣，未遂其願。明年正月，歸臥錢塘。披尋《四分律》，併覽此土諸師之作。以戒相繁雜，記誦非易。思撮其要，列表志之。輒以私意，編錄數章。頗憙其明晰，便於初學。三月來永寧，居城下寮。讀律之暇，時綴毫露。逮至六月，草本始訖。題曰《四分律比丘戒相表記》。數年已來，困學憂悴。因是遂獲一隙之明。竊自幸矣！爾後時復檢校，小有改定。惟條理錯雜，如治棼緒。舛駁之失，所未能免。幸冀後賢，亮其不逮，刊之從正焉！時後十三年歲在甲子八月，大慈後學演音敬書。

圈點《行事鈔記》跋

剃染後二年庚申，請奉東瀛古版《行事鈔記》，未遑詳研。甲子四月，供施江山。逮於庚午六月，居晚晴山房，乃檢天津新刊詳閱圈點，並鈔寫科文，改正訛誤。迄今三載，始獲首尾完竣。是三載中，所至之處，嘗以供養奉持。辛未二月居法界寺，於佛前發專學南山律誓願。是夏居五磊寺，自誓受菩薩戒，並發弘律誓願。臘月移居伏龍。壬申九月歸臥永寧。十一月至南閩，講《含註戒本》於妙釋寺，講《隨機羯磨》於萬壽巖。癸酉五月居溫陵大開元寺。越二月，乃得點錄校竟；並為述斯事始末，以示後賢。癸酉六月初五日先吏部公百二十一年冥誕，後五日初十日圓滿敬書。弘一。

《行事鈔資持記》題首

「入如來室，著如來衣，坐如來座，爾乃應為四衆廣說斯經。如來室者，一切衆生中大慈悲心是。如來衣者，柔和忍辱心是。如來座者，一切法空是。」敬錄《妙法蓮華經．法師品》三軌文。竊謂弘傳律教，亦應爾也。書冠卷端，以自勖勵。

《行事鈔資持記》校後記（三則）

歲次甲戌，自扶桑國請奉古寫本《鈔記》、《通釋》及《濟覽》。乙亥正月，居萬壽巖，與此刊本互校，以藍線一一標記。至四月二十一日乃竟。與四年前鈔錄冠科起訖之月日悉同。無意巧合，非是故造。因緣殊勝，誠不可思議也。時居淨峯敬記。演音。

第二次復與《通釋》、《濟覽》詳校，自乙亥四月二十二日至五月十日；又自八月十四日續校至九月三日乃訖。猶未能精密校正，俟後再補校也。時將去淨峯。弘一。

是歲九月二十六日，補點「黃點」竟。十月四日，去淨峯。弘一。

《四分律行事鈔資持記》題首

南山撰述中，屢引《明了論疏》。靈芝云：未見。今考高麗義天（與靈芝同時）新編《諸宗教藏總錄》載：《律二十明了論義記》五卷，真諦述。海東有本，即此疏也。日本古目錄屢云：《律鈔簡》一卷，道宣述。靈芝記中亦未說及。甲戌六月二十六日，依《律宗會元》校訖。稍有改正。至（上一之一）分卷數字，為日本會本所定，今刊本依此。於題目下，增寫「卷第一」三字，雖非古本原式，而眉目清楚，故不刪去。（下列「卷第二」等亦爾。）吾國及日本古版，皆鈔記別行。逮日本貞享丙寅歲，日本泉州神鳳寺比丘慈光瑞芳，以鈔記異部，學者對閱未便，乃會合鈔記，並冠靈芝科文於上，刊版行世。日本《續藏經》所載者，即此本也。天津刻經處刊本，依《續藏經》而復校訂。又以原本上冠科文雕版未易，遂爾删去，今以朱筆補寫焉。（以下四頁，依則安律師科文以標圈點句勒，學者應與科文對閱可耳。）弘一演音書。

《行事鈔資持記》跋

辛未正月鈔錄冠科至四月二十一日錄竟。是日適為亡母七旬冥誕，以此功德迴向，願母早證菩提！演音。

《四分律删繁補闕行事鈔》題記

「戒相多途，非唯一軼。且據樞要，略標四種。一者戒法，二者戒律，三者戒行，四者戒相。此之四條，並出道者之本依，成果者之宗極。故標於鈔表，令寄心有在。知自身心，懷佩而法。下為興道福田，上則三乘因種。自余紹隆佛種，興建法幢，功德不可思議，豈唯言論能盡。」歲次己卯八月十二日，沙門善夢敬錄《行事鈔》文。時居古桃源大蓬峯麓，年六十。

《行事鈔》卷上之一封面題記

「南山律師出於隋唐間，博研羣宗，獨推戒學。稽極聖之洪範，追法密之遺蹤。顧眄乎舊章，哀矜乎後學，由是撰述興焉。首述事鈔，統四藏，括兩乘，區別異部，搜駁衆說，實維持之宏綱，發趣之夷徑也。自是九代諸師之作，蔑如無聞。歿後數百年間，霈然莫禦。非四依大士垂示後季者，其孰能至於此哉！」己卯八月二十四日，敬錄靈芝文於十利律院。

《行事鈔》卷上之三封面題記

「薩婆多云：於非衆生上，亦得無量戒善功德。如三千世界，下盡地際，傷損如塵，皆得其罪。翻惡戒善，一一塵處，皆得戒善，乃至一草一葉一華，反罪順福，皆得戒門。故善生云：大地無邊，戒亦無邊，草木無量，戒亦無量。虛空大海，戒德高深，亦復如是。以此文證，理通法界，義須戴仰。」己卯十月九日，敬錄鈔文，時居桃源大蓬峯。

《行事鈔》卷中之一封面題記

「大集法行之言，律頒常一之教，此而不審，餘竟何言？」中秋晨敬錄《業疏序》句。

《行事鈔》卷中之二封面題記

《雜心》云：「未來捨輪王位易，現在不取一錢難。」故今臨境深思，未知何人能稟斯囑，悲夫！靈芝釋事鈔高錢寶戒中記文。己卯九月二十日六十初度，敬書。

《行事鈔》卷中之三封面題記

《戒疏》云：「依能誦戒者，以行不頓成，必待教學；不誦恐忘，將何依據？故制五夏或盡形也。」注釋云：「以道假行成，行由教立。若非教本，行成虛表，將何依據？斯言有旨。焉得為僧，棄而不顧？」己卯十月三日，聖師涅槃日錄。

《行事鈔》卷下之一封面題記

「本不了心，妄取塵境，隨境起業，業生妄受。今達本妄，體虛不實，自恥往業，交搆所造。如蠶作繭，非他所纏。深生慚愧，誓斷妄習。如斯念念，不忘境緣，無量罪垢，自然除淨。」己卯十月十二日晨，敬錄《業疏》文。

《行事鈔》卷下之二封面題記

《業疏》云：「今集法者，且列名相，依而解之，用在將來。」記云：「開明法眼，資補心靈，或委質蓮邦，或親逢三會，或為因行而化物，或作果用而利生。用在將來，所期遠矣。」歲次壽星元朝名字比丘善夢敬錄，時年六十又一。

《行事鈔》卷下之三封面題記

《律相感通傳·天人》云：「所著文翰，《續高僧傳》、《廣弘明集》等，裨助聖化，幽靈隨喜，無不讚悅。至於律部鈔錄疏儀，無足與貳。」庚辰九月六日敬書，時居梵華精舍。

《行事鈔》卷下之四封面題記

「其或卒世不聞，無非重障；其或始終無闕，須慶宿因。宜自深思，更增勇勵。」靈芝《行宗記》句。九月二十四日敬錄。時居桃源山中，掩室編輯表記。

又：「余七十暮年，腳疾摧朽。願求法者，不遠關山。今秋氣已清，客心飛舉。將事終天之別，必爽載面之期。力疾集之，用為送終之贈也。言此飲淚，窮獨可悲！」庚辰九月十日，敬錄祖訓。一音。

扶桑本《〈四分律行事鈔資持記〉通釋》序

昭和九年（遜國後二十三年）九月，自扶桑請獲是書，都十冊二十卷，珍逾拱璧。爰以暇日，略為校點。冀後賢披尋，無有壅滯，而南山律教弘傳不絕耳。晉水沙門弘一演音敬記。

是書寫本，未錄撰述人名。《佛教大辭彙》載，相傳為照遠撰。照遠律師傳，如《律苑僧寶傳》及《招提千歲傳記》所載。傳謂照遠撰《資行鈔》二十八卷，釋《事鈔記》；《警意鈔》十七卷，釋《戒疏記》；《顯緣鈔》二十卷，釋《業疏記》（在此方元季）。或疑此《通釋》二十卷非照遠撰。一以傳中未有撰《通釋》之言；一以《通釋》中，引《資行鈔》文者，則標「資行曰」，其述己意者，則標「私曰」，區別顯然，可見《通釋》撰於《資行》之後，另是一人所撰述也。扶桑律師釋《事鈔記》者，尚有英心撰《資覽決》五卷，《通釋》中亦常引用也。丙子七月記，時居古浪日光別院。

《行事鈔資持記》題記

天津刻經處刊

《四分律行事鈔資持記》　都四十二卷　輯裝二十冊

依日本《續藏經》原本抄寫　徐蔚如居士校正

今復依下記數種，校對：

日本《續藏經》原本。（此本所據者，為日本貞享三年刊鈔記會本。貞享三年，為清康熙二十五年。）

日本寬文十年刊，大谷大學藏本。（日本《大正新修大藏經》中所載。寬文十年，為清康熙九年。）

日本德川時代刊，宗教大學藏本。（德川時代，亦為清初。）

宋紹興三年癸丑五月十六日明州奉化香嚴蘭若刊《行事鈔》，及宋刊《資持記》。日本宮內省藏本。

已上兩種，依日本《大正新修大藏經》校勘異同表中所載。

《毗尼討要》。

《四分律比丘尼鈔》。上二，據日本《續藏經》中所載。

今依上數種校之。若決定是訛字者，則即改正。若彼此文雖不同而義皆可通者，則標注上端以備參考焉。尚有燉煌寫本《行事鈔》，北平圖書館藏。今猶未能檢尋對校，為憾事耳。

歲次甲戌佛涅槃日始校並記

迄於五月三日，為靈峯澫益大師聖誕，校勘都訖。敬記

扶桑本《四分律資持記》跋

歲次丁丑正月十六日，自瑞穗國請是律籍，都十二冊（內闕一冊）。為清康熙九年刊版。求諸彼邦，亦希見也。《大正新修大藏經》所載者，即據此古本也。後賢幸共寶諸。弘一。

《四分律含注戒本》序

《含注戒本》，日本古刊本，有德川時代本安永二年會本等。今對校之，擇善而從，俾便初學誦習耳。　甲戌五月六日校訖並記

燉煌石室古寫本，有二本，皆未完全。一本，至「單提十五」止，與今本不同處甚多，未能與疏記昭合，或是貞觀八年初出之本歟。一本，至「單提三十九」止，標云卷上，（永徽二年重修本都為二卷後人改為三卷）其中多據《四分大律》隨意改寫，其改寫處亦多與疏記未能昭合，反不如今本之善也。茲檢第二本，與今本略為校對，僅及「大婬戒」止，稍有採用。「大盜戒」下，改寫極多，以其與疏記未合，亦不復詳為檢尋矣。　甲戌十月廿四日依燉煌唐本校竟並記

乙亥七月八日居淨山標點竟

《行事鈔隨講別錄》釋題

《四分律刪繁補闕行事鈔資持記》，「四分律」即律題，「刪繁補闕行事鈔」即鈔題，「資持記」即記題。上十字為所解本文。下三字即能解之記。

四分律，如常釋。刪補者，示異古也。行事者，行以運造為義。事即對理彰名；然事通善惡，此唯善事，又局戒善也。鈔有二義：一採摘，二包攝也。資持者，資以助發為義。持即對犯彰名也。

《行事鈔科別錄》記

「亡軀得其死所，竭思有其所歸。其猶溺巨海而遇芳舟，墜長空乃乘靈鶴。慶躍之至，手舞何階。故感之慶之，惟聖賢之知我也。」己卯七月二十七日裝竟謹書唐清涼國師文，以志慶忭。弘一。

《戒疏科別錄》記

《疏》云：「止得勤勤白勵，一死知生何道也。記釋云：一死之語，請為思之！其有卒世不聞，無非重障；其或始終無闕，須慶宿因。宜自深思，更增勇勵！」己卯七月二十七日裝竟謹錄，時年六十，居蓬山。弘一。

《業疏科別錄》記

《事鈔》云：「應自卑下，如拭塵巾。推直於他，引曲向己。常省己過，不訟彼短。記釋云：行者反照於己如何？」己卯十月二十六日錄竟，時居十利律苑，輯錄《南山律在家備覽》。弘一。

《律鈔宗要隨講別錄》記 附略科

辛巳八月居萬林禪苑寫錄。

第一次草稿，舛誤紊雜，應未能免。俟後修正。文中鉤科尾記號、冠牒文記號（從略）。八月十二日錄訖。

《行宗記》題跋

二十二年癸酉八月十五日，初依儀規為衆誦菩薩戒本。是夕，校點行宗記竟，粗具眉目。俟後有暇，再當覆校補點可耳。時居尊勝院，弘一。

《四分律含注戒本疏行宗記》疏記

乙亥五月十日始，補點疏記。八月十三日點訖。於時居惠安淨峯寺。精力頹弊，或有漏誤，後再詳校也。演音。

《梵網經菩薩戒本》序 凡讀經文者應先讀序文

諸佛子等合掌至心聽，我今欲說諸佛大戒序。衆集默然聽。有知有罪當懺悔，懺悔即安樂。不懺悔，罪至深。無罪者默然。默然後，當知衆清淨。諸大德優婆塞、優婆夷等諦聽。佛滅度後，於像法中，當應尊敬優婆羅木叉。波羅提木叉者，即是此戒。持此戒時，如暗遇明，如貧得寶，如病得差，如囚繫出獄，如遠行者得歸。當知此則是衆等大師，若佛住世，無異此也。怖心難生，善心難發。故經云，勿輕小罪，以為無殃。水滴雖微，漸盈大器。剎那造罪，殃墜無間。一失人身，萬劫不復。壯色不停，猶如奔馬。人命無常，過于山水。今日雖存，明亦難保。衆等各各一心，勤修精進，慎勿懈怠懶惰睡眠縱意。夜即攝心存念三寶，莫以空過，徒設疲勞，後代深悔。衆等各各一心，謹依此戒如法修行，應當學。

《梵網經菩薩戒本疏》跋尾

清初時，日本所傳《梵網經戒本疏》，惟有天台、法藏、明曠、太賢四家之作；而義寂疏罕有流傳。貞亨初元，雙丘知足菴沙門洞空，嘗於洛東禪林經藏得見此疏。惜多蟲損，亦有脫落。乃請城北宏源法師為補遺文。密嚴妙辨律師詳為校正。遂於貞亨元年（清康熙二十三年）刊板傳世。日本唯此孤本；《續藏經》及《大正新修大藏經》皆據此本也。數年前居永嘉時，曾校點數過；今復再勘，仍未詳盡，俟後當更研耳。癸酉十二月二十一日演音書。

《梵網經菩薩戒本淺釋》記

依《賢首疏》等節錄。

癸酉十月二十八日始屬稿，十一月十五日訖。匆促錄就，頗多未安之處。俟後有暇，再當改纂可耳。

餘者，乞檢《賢首疏》。衰病纏綿，未能詳為輯錄。迄初四日遂爾中止，殊自傷耳！弘一。

《梵網戒本彙解》序

戊寅夏尾，圓晉居士郵書溫陵，併所輯《梵網戒本彙解》，請為校定。時余方避亂龍溪，翌年轉徙毗湖。逮及今歲夏首，有人自溫陵歸者，乃賚居士書至。閣至兩載，未嘗佚失，終獲展誦，誠勝緣也！

《彙解》宗天台雲棲、靈峯諸撰述，而條理疏治之。匪惟利導初機，亦足資益宿學。余以衰病，未及詳校。略述其概，聊志讚喜云。

歲次壽星木槿榮月沙門一音書。

《梵網經古迹記》、《宗要》跋

日本延寶三年（清康熙十四年）古刊本。《續藏經》即據此本，略有校正。《大正新修大藏經》亦依此古本也。今刊本據《續藏經》，復為勘訂之。茲檢《大正新修大藏經》校對，校竟並記。甲戌五月二十三日。弘一。

是歲十二月，依延寶八年（清康熙十九年）刊《宗要闕解》，及寶永四年（清康熙四十六年）刊《宗要資糧鈔》校對。七日校訖並記。時居禾山萬壽巖。弘一。

扶桑春日版《梵網經古迹記》序

日域籐原朝末，亙鐮倉時代（當此土宋及元初），於南都興福寺等雕刊者，曰春日版。後迄德川時代（此土清初），有摹擬春日體版式，以佳楮墨而印製者，亦因其名也。（春日版義，彼邦學者，頗有異說，如大屋德城《寧樂刊經史》所述。）此本依正安四年（此土元成宗大德六年）古刊覆刻。若以彼邦律宗戒學院所藏古刊較之，可知其書體版式悉同，唯詳審字劃小有差殊耳。版式依摺本製，每摺十行。今改印方冊，倍其數也。覆刊時代未詳，殆明初歟？此本卷端，書金山天寧常住者；考彼邦天寧寺，歷臨濟宗妙心派。在丹波國天田郡上川口村，又名紫金山，故曰金山天寧也。遜國後二十五年歲次丙子二月，善友施資五十金，向日本其中堂書林請得此本。為記緣起，冀諸後賢，共珍奉焉！是歲六月補題。弘一。

《地持論菩薩戒羯磨義記》跋

明蕅益《菩薩戒本經箋要》，惟箋其最切要處，未能詳釋。爾者金陵刻經處同人，依唐遁倫《瑜伽論記》，錄出《菩薩戒本記》一卷，別為刊行。然其文義，亦殊簡略。今檢隋慧遠《地持論義記》殘本，錄其《菩薩戒本記》文，並前後《羯磨記》文，亦悉寫出，題曰

《地持論菩薩戒羯磨義記》。科判明析，釋義詳委，初心之倫，可以啟矇。並依麗藏論文，為之鳌會，標志句讀，悉宗記文，故與金陵舊刻，頗有出入焉。歲次戊辰八月沙門曇昉書。

《四分律刪補隨機羯磨》序（依敦煌本校改）

甘肅敦煌有鳴沙山，山麓有三界寺。寺傍有石壁千餘，壁雕佛像。清光緒庚子歲，因掃積沙，於破壁處，見藏書甚多，皆唐代及五代寫本；亦有雕本，佛經尤夥。蓋西夏兵革時，保存於此也。壁書既已發現，遂多為英法日本諸國學者將去。吾國人更往搜求，精好之本已不可得矣。殘餘諸本，送存北京圖書館。昔年曾編《敦煌寫本佛經草目》一卷刊行。惟完整之本，不可多得。又寫本中，錯訛脫簡，充於篇帙，校勘刊本非易事耳。刪補《羯磨》，敦煌石室藏有唐人寫本，惟存上卷及下卷末葉。今由北京刻經處，檢津刻本與之對校，既竟，請余為酌定取捨。因汰其錯雜，擇其可依準者，錄入此冊，以備參考焉。甲戌七月十三日，剃染十六年，演音敬記。

《四分律刪補隨機羯磨》題記（是歲七月十三日，依燉煌古本對校，擇要改正）

《隨機羯磨》，今所傳者有數本。燉煌石室古寫本。（北京圖書館藏）舊宋藏。（宋崇寧三年刊日本宮內省藏）高麗藏。（宋紹興二十一年刊）宋藏。（宋嘉熙三年刊）元藏。明藏。及宋磧砂藏，清藏。並明清別刊本等。宋元諸藏訛舛極多。明藏雖稍校正，亦多妄改。唯高麗藏較為完善。天津刻經處徐蔚如居士，曾披諸本參互考訂，以麗藏為主，而參用他本之長，並據南山《業疏》及靈芝《記》以為指歸，（後跋文中具詳）歷時年餘，乃成此冊。正古本之岐誤，便初學之誦習。弘護律教，功在萬世。居士校刊諸書近二千卷，當以此冊為最精湛，而扶衰救弊之功亦最偉矣！

今復檢日本《大正新修大藏經》，詳為覆校。與舊宋藏及宋元明藏並南山疏鈔靈芝記文，精密審定。稍有修改，俾臻完璧。

學者讀此，應生難遭之想。宋元明藏本中，此書訛誤最多，舛錯脫落滿紙皆是，唯有掩卷興歎束置高閣。若無今新校訂本，決定無人能誦習者。南宋已後，南山律教漸以湮沒，殆由是耶？余以夙幸，獲讀新校訂本，歡喜抃躍，歎為希有！誓願盡未來際，捨諸身命，竭其心力，廣為弘傳。更願後之學者，奉持此冊，珍如球璧，講說流布，傳燈不絕，俾吾祖律教可以光大熾盛，常耀世間耳。

歲次甲戌五月十日沙門演音敬書

《隨機羯磨疏濟緣記》校記（三則）

甲戌六月二十一日對《續藏經》校訖，後五日對《律宗會元》校訖。弘一。

乙亥十月三日始補點黃點，十四日標竟，十六日去淨峯，居此半載矣。演音。

校點此本，始於二十一年壬申正月，迄於二十五年丙子九月二十日，時居古浪日光別院，春秋五十有七，南山律苑演音謹志。

《四分律拾毗尼義鈔》校記（三則）

《比丘尼觀願錄寫科文》。今略校正，未及詳審。或恐猶有訛誤。且俟他日，更復披尋鈔文，一一對勘，以補其闕略也。於時癸酉七月十三日，鬀染十五周年，居溫陵尊勝院。

是歲八月二日手裝並題　演音

歲次甲戌八月，對日本《續藏經》校勘一過，於時衰病纏綿，精力頹弊，多有未盡。俟後當更詳審耳。　八月廿一日校竟，並記。時居晉水蘭若。

案此科文，元照律師錄，別為一卷。今移寫冠首，以便尋覽。

扶桑本《南海寄歸傳解纜鈔》序

《寄歸傳》者，為唐義淨三藏所撰。扶桑釋者有二家，飲光《解纜鈔》四卷，及某氏《講錄》二卷也。友人施資十八金，向其中堂書林請得寫《本鈔》四卷都八冊；《科文》一卷。希世之珍，後學幸寶藏焉。歲次甲戌書於南陁石室，沙門弘一。

扶桑本《南海寄歸傳解纜鈔》跋

密宗所學說一切有部（受體隨行）要軌，此書最為精要！學有部律者，當以是為階梯也。丙子七月。弘一。

扶桑本《律相感通傳》跋

日本貞享三年（清康熙五十七年）高淳慈元師得諸本對校，成此稿本。乞龍山沙門慧淑撰序，而梓行之。《續藏經》即據此本。今刊本即依《續藏》本，並參彼校勘文而略有改正也。茲復檢日本《大正大藏經》校對，校訖並記。甲戌五月二十三日。月臂。

扶桑本《表無表章文集》序

《表無表章》，為唐窺基法師《大乘法苑義林章》中之一也。論表無表之色體，詳述大乘法相戒律。扶桑古代別講此章者，始於解脫上人。此章註疏，彼土甚多：有《栖翫記》一卷（守千）；《科文》一卷（亡名）；《文集》二卷（叡尊）；《銓要鈔》六卷（善圓）；《顯業鈔》六卷（龍空）；《筆談》二卷（同上）；《報恩記》八卷（湛慧）；《鈔》六卷（亡名）；《助講》二卷（惠隆）等。丙子九月十九日記。時居日光院。

扶桑本《表無表章銓要鈔》序

扶桑國延寶刊本《銓要鈔》六卷，雖未及木活字古本樸雅，亦足珍翫；因並請來藏奉。書中未列撰述人名。案是鈔六卷為扶桑善圓法師撰。丙子四月二十八日記。弘一。

扶桑本《表無表色章》跋

《表無表章》，為學諸律儀者之要典，後賢幸研習而弘傳焉！丙子七月。弘一。

扶桑本《表無表章報恩記》跋

此寫本不署撰述人名。今考《報恩記》八卷，為扶桑湛慧（空）法師撰。丙子四月二十八日記。弘一。

扶桑國藏古袈裟圖跋

依《三寶物具鈔》古本寫。原圖尺寸有不正確處，皆未改正，冀存古本之舊形。其中圖形，不盡與別記尺寸符合，唯可見其大略；又帕紐應安帖角中間，乃適宜也。丁丑八月十日居齊州湛山並記。

扶桑國舊藏白氎鬱多羅僧圖跋

法隆寺藏衣

彼寺傳稱，達摩大師西來，見南嶽慧思禪師，告之云：汝□生東方日本國，弘通正法，救濟羣生。因付此衣為信。後聖德太子遣使臣妹子（人名）至隋取還。即此衣也。

扶桑國舊藏鑒真律師九條衣七條衣記

鑒真，為唐揚州大明寺僧。玄宗天寶十年，渡扶桑，為彼邦律宗始祖。上二衣唐招提寺藏，老比丘寶靜寫圖，文化四年寫。

案：文化四年，為我國清嘉慶十二年（一八〇七）。

扶桑《普賢行願讚梵本私考》跋

有唐末葉，扶桑僧侶嘗入唐土習秘密教。而不空三藏所譯《普賢行願讚》及梵字元本，亦遂因是流傳彼邦。稽其請來目錄數種，可歷見也。丁丑歲首，余自扶桑其中書林請奉《普賢行願讚梵本私考》一卷。首列梵字及不空譯文，附載東晉《文殊師利發願經》並貞元《行願品別譯偈頌》資以考證。卷末有梵字校異數紙，依貞永元年寫本（此土南宋理宗紹定五年），永和五年寫本（此土明太祖洪武十二年），並高野山古本讎校同異焉。是書為扶桑高僧欽光尊者輯訂，古傳謂弟子慧日尼書。而近人一道菴主考辨此卷筆蹟，疑是尊者弟子智幢，非慧日尼所寫本也。又謂卷冊橫端書名，頗似尊者御筆。（橫端所書「日貝賛」為「普賢讚」略字，彼邦習用者。）今案以上諸說，雖未能倉卒斷定。而為扶桑古德手寫真蹟，蓋可無異議也。尊者字慈雲，真言宗正法律始祖，享保三年生（此土清聖祖康熙五十七年）。博通顯密，尤精律教。朝夕誦梵字《普賢行願讚》等以為恆課。其諸事蹟，具如《續日本高僧傳》所載云。是歲三月南山律苑沙門演音書。

《贊頌輯要》弁言

贊頌之體，原出經論，流傳東土；後世轉展，制為音韻偈贊，如現今所宣唱者，昉於魏時。陳思王曹植，因誦佛經，以為至道之宗極。乃制轉讀七聲，昇降曲折之響，世皆效之。後游魚山，聞有聲特異，清揚婉轉，遂仿其聲為梵唄。今所傳有「魚山梵」，即其遺制也。贊頌之源，可考證者如是。至若歌唱贊頌，其利益甚多：一能知佛德深遠，二體制文之次第，三令舌根清淨，四得胸藏開通，五處衆不惶，六長命無病。以是名山大剎，於休夏安居之時，定習唱贊頌為日課，舊參新侶，皆列坐其次焉。今夏吾大慈請華德老人為阿闍黎，率衆習唱。演音時適歸臥山中，得參末席。同學者演慧、阿五、阿六、長生、弘濟諸兄及溫州某師，手錄《贊頌》一冊，附以記印，習用之作，略備於斯。贊詞太繁，未及備載。習未卒業，以事來靈苑，居玉泉龕舍月餘。偶檢是冊，剪輯裝訂，顏曰《贊頌輯要》，並志其源起於簡端，以備他日誦覽云爾。己未七月，弘一近住釋演音記。

唐人寫經殘本題記

是冊為龍丁貽曼達者，曼達蹤跡不可得，為轉貽吳居士演定，以結法緣。己未大雪弘一演音記。

《佛說無常經》序

庚申之夏，余居錢塘玉泉龕舍，習《根本說一切有部律》。有誦《三啟無常經》之事數則。（《根本薩婆多部律攝》卷七云：「佛言，若苾芻來及五時者，應與利分。云何為五？一打犍椎時，二誦《三啟無常經》時，三禮制底時，四行籌時，五作白時。」其餘數則，分註下文。）又閱義淨《南海寄歸內法傳》，載誦《三啟無常經》之儀至詳。（《南海寄歸內法傳》云：「神州之地，自古相傳，但知禮佛題名，多不稱揚讚德。何者？聞名但聽其名，罔識智之高下。讚歎具陳其德，乃體德之宏深。即如西方，制底畔睇，及常途禮敬，每於晡後或曛黃時，大衆出門，繞塔三匝。香華具設，並悉蹲踞。令其能者，作哀雅聲，明徹雄朗，讚大師德，或十頌，或二十頌。次第還入寺中，至常集處。既共坐定，令一經師，昇師子座，讀誦少經。其師子座，在上座頭。量處度宜，亦不高大。所誦之經多誦《三啟》。乃是尊者馬鳴之所集置。初可十頌許，取經意而讚歎三尊。次述正經，是佛親說。讀誦既了，更陳十餘頌，論迴向發願。節段三開，故云「三啟」。經了之時，大衆皆云『蘇婆師多』。『蘇』，即是妙。『婆師多』，是語。意欲讚經是微妙語。或云『娑婆度』，義曰『善哉』。經師方下。上座先起，禮師子座。修敬既訖，次禮聖僧座。還居本處。第二上座，準前禮二處已，次禮上座，方居自位而坐。第三上座，準次同然，迄乎衆末。若其衆大，過三五人，餘皆一時望衆起禮，隨情而去。斯法乃是東方聖耽摩立底國僧徒軌式。」）因以知是經為佛世諸大弟子所習誦者；或以是為日課焉。經譯於唐，其時流傳未廣，誦者蓋罕。（日本沙門最澄《顯戒論》，開示大唐貢名出家，不欺府官明據五十一，轉有當院行者趙元及，年三十五，貫京兆府雲陽縣龍雲鄉修德里，父貞觀為戶身無籍，誦《無常經》一卷等。）宋元以來，殆無道及之者。余懼其湮沒不傳，致書善友丁居士，勸請流通。居士讚喜，屬為之敘。竊謂是經流通於世，其利最普，願略述之。

經中數說老病死三種法，不可愛，不光澤，不可念，不稱意。誦是經者，痛念無常，精進嚮道，其利一。正經文字，不逾三百，益以偈頌，僅千數十。文約義豐，便於持誦，其利二。佛許苾芻，惟誦是經，作吟詠聲。（《根本說一切有部毗柰耶雜事》卷第四云：「佛言，苾芻，不應作吟詠聲。誦諸經法，及以讚經。請教白事，皆不應作。然有二事，作吟詠聲：一謂讚大師德，二謂誦《三啟經》，餘皆不合。」）妙法稀有，梵音清遠，聞者喜樂。（《根本說一切有部毗柰耶雜事》卷第四云：「是時善和苾芻，作吟諷聲，讚誦經法。其音清亮，上徹梵天。時有無數衆生，聞其聲者，悉皆種植解脫分善根，乃至傍生禀識之類，聞彼聲者，無不攝耳，聽其妙音。後於異時，憍薩羅勝光大王，乘白蓮華象，與諸從者，於後夜時，有事出城，須詣餘處。善和苾芻，於逝多林內，高聲誦經。於時象王，聞音愛樂，屬耳而聽，不肯前行。御者即便推鉤振足，象終不動。王告御者曰：可令象行！答言：大王！盡力驅前，不肯移足。未知此象意欲何之？王曰：放隨意去！彼即縱鉤，便之給苑，於寺門外，攝耳聽聲。善和苾芻，誦經既了；便說四頌，而發願言：天阿蘇羅藥叉等，乃至隨所住處常安樂。時彼象王，聞斯頌已；知其經畢，即便搖耳，舉足而行，任彼驅馳，隨鉤而去。」）其利三。此土葬儀誦經未有成軌。佛世之制，宜誦是經，《毗柰耶藏》（《根本說一切有部毗柰耶雜事》卷第十八云：「佛言，苾芻身死，應為供養。苾芻不知云何供養？佛言，應可焚燒。具壽鄔波離請世尊曰：如佛所說，於此身中，有八萬戶蟲，如何得燒？佛言，此諸蟲類，人生隨生，若死隨死，此無有過。身有瘡者，觀察無蟲，方可燒殯。欲燒殯時，無柴可得。佛言，可棄河中。若無河者，穿地埋之。夏中地濕，多有蟲蟻。佛言，於叢薄深處，令其北首，左脇而臥，以草稕支頭。若草若葉，覆其身上。送喪苾芻，可令能者，誦《三啟無常經》；並說伽他，為其咒願。」《根本薩婆多部律攝》卷十二云：「苾芻身死，應檢其屍。若有蟲者，以火焚燒。無暇燒者，應棄水中，或埋於地。若有蟲及天雨，應共輿棄空野林中，北首而臥，竹草支頭，以葉覆身，面向西望。當於殯處，誦《無常經》。復令能者，說咒願頌。喪事既訖，宜遠本處。其捉屍者，連衣浴身。若不觸者，應洗足。」《根本說一切有部毗柰耶》卷第四十三云：「出尊者屍，香湯洗浴，置寶輿中。奏衆伎樂，幢旛滿路，香煙徧空。王及大臣，傾城士女，從佛及僧，送諸城外。至一空處，積衆香木，灌灑蘇油，以火焚之。誦《無常經》畢，取舍利羅置金瓶內。於四衢路側，建窣堵波。種種香華，及衆音樂，莊嚴供養，昔未曾有。」）本經附文，及《內法傳》（《南海寄歸內法傳》）云：「然依佛教，苾芻亡者，觀知決死，當日舁向燒處，尋即以火焚之。當燒之時，親友咸萃，在一邊坐。或結草為坐，或聚土作臺，或置磚石，以充坐物。令一能者，誦《無常經》，半紙一紙，勿令疲久。然後各念無常，還歸住處。」）皆詳言之，其利四。斬草伐木，大師所訶。築室之需，是不獲已。依律所載，宜誦是經，並說十善。不廢營作，毋傷仁慈。（《根本說一切有部毗柰耶》卷第二十七云：「佛告阿難陀，營作苾芻，所有行法，我今說之。凡授事人，為營作故，將伐樹時，於七八日前，在彼樹下，作曼荼羅，布列香華，設諸祭食，誦《三啟經》。耆宿苾芻，應作特欹拏咒願，說十善道，讚歎善業。復應告語，若於此樹，舊住天神，應向餘處，別求居止。此樹今為佛法僧寶，有所營作。過七八日已，應斬伐之。若伐樹時，有異相現者，應為讚歎施捨功德，說慳貪過。若仍現異相者，即不應伐。若無別相者，應可伐之。」又《根本薩婆多部律攝》卷第九所載者，與此略同。）其利五。是經附文，臨終方決，最為切要。修淨業者，所宜詳覽。若兼誦經，獲益彌廣。了知苦、空、無常、無我，方諸安養樂國，風鼓樂器，水注華間，所演法音，同斯微妙。其利六。生逢末法，去聖時遙。佛世芳規，末由承奉。幸有遺經，可資誦諷。每當日落黃昏，暮色蒼茫，吭聲哀吟，諷是經偈。逝多林中，窣堵波畔，流風遺俗，彷彿遇之，其利七。是經之要，略具於斯。惟願流通，普及含識。見者聞者，歡喜受持。共悟無常，同生極樂，廣度衆生，齊成佛道云爾。

是歲七月初二日，大慈弘一沙門演音，撰於新城貝多山中。時將築室掩關，鳩工伐木。先夕誦《無常經》，是日草此敘文，求消罪業。

《印光法師文鈔》題詞並序

「是阿伽陀，以療羣疚。契理契機，十方宏護。普願見聞，歡喜信受。聯華萼於西池，等無量之光壽。」庚申暮春，印光老人文鈔鐫板，建東、雲雷囑致弁詞。余於老人夙未奉承，然嘗服膺高軌，冥契淵致。老人之文，如日月歷天，普燭羣品，寧俟鄙倍，量斯匡廓。比復敦囑，未可默已。輒綴短思，隨喜歌頌。若夫翔繹之美，當復俟諸耆哲。大慈後學釋演音稽首敬記。

手書《戒本偈》後三頌題記

世尊涅槃時，興起於大悲，集諸比丘衆，與如是教誡。莫謂我涅槃，淨行者無護。我今說戒經，亦善說毗尼。我雖般涅槃，當視如世尊。此經久住世，佛法得熾盛。以是熾盛故，得入於涅槃。若不持此戒，如何應布薩。喻如日沒時，世界皆闇冥。《戒本偈》庚申九月大慈弘一演音，敬書於柯城蓮華禪院大悲閣。

圈識清《夢東徹悟禪師語錄》題記

庚申小雪，敬擇編中淺明警策，適合庸劣之機者，以朱圈識，俾便常常誦習。曇昉記。

《菩薩戒本》題記

慈氏菩薩《說出地持戒品》中，識師第二譯，靈峯先老人箋。靈峯先老人《梵網合註》云：又所誦戒法，若依此經，則先誦十重四十八輕戒；若地持中別出《菩薩戒本經》卷，正是半月誦戒之本。共列四重四十一輕戒相。其根本四重及飲酒等，自屬具戒，十戒、五戒中攝，故不重出。惟出菩薩增上律儀，實與此經互為表裏，以彼四重，即此經之後四重，故從彼四十一輕。但與此經開合次第稍殊，而開遮持犯之致更明晰。故藏中先後共有六譯，惟識師所譯最善。故今輯在後集。半月半月，似應誦此戒本。庚申九月，演音敬記於蓮華。

手裝《增壹阿含經》、《雜阿含經》、《本事經》後跋

是歲(庚申)十二月，敬寫合輯裝訂，白月褒灑陀日，摩頭行者，弘一演音並記。

《佛說十二頭陀經》經末題記

辛酉三月十日，居上海護國院，弘一沙門演音敬寫。願將以此功德，迴向四恩三有法界衆生，同離結著，集諸善本，發大乘心，往生西方，速得無上正真之道。

揚州有別刊版，久不印行，屢求請不可得，乃依麗藏本寫此，傷正法之久淹矣。

刻《十二頭陀經》跋（先老人遺著）題記

「頭陀以抖擻塵勞為義，具十二法。迦葉尊者，終身奉行。世尊謂正法住世，全賴此人。迨茲末運，妄以鬚髮當之；尚不知比丘戒為何事，矧頭陀法耶？余雖根劣，僅持一二，然一番展讀，輒一番愧感。例諸賢達，想亦當爾。重錄梓行，伏願見聞隨喜者，發增上心，多少奉持。庶重興正法，不日可望耳。」辛酉三月演音敬錄。大迦葉尊者，畢生行頭陀行。「我今所有無上正法，悉已付囑摩訶迦葉，當為汝

等作大依止。」弘一沙門演音敬錄。時初來甌上，居城下寮，習四分律部。

《讚禮地藏菩薩懺願儀》跋

改元後十年，歲次辛酉四月二十一日，為亡母王太淑人六旬冥誕，敬寫《讚禮地藏菩薩懺願儀》一卷，以此功德，迴向亡母，早消業障，往生西方。弘一釋演音謹記。

手書《根本說一切有部戒經》題記

西國持律，唯依自部，神州之士，多尚會通。前者簡要而易明，後者複雜而難辨。是因廣約而異趣，寧有是非之可云。音幸得人身，忻逢大法，願以有部以自利，兼學旁部以利他。力屏新舊之名，無取軒輊之見。冀以上報世尊之慈恩，下順衆生之根器云爾。辛酉前安居隨喜日，西湖大慈弘一沙門演音，敬錄義淨三藏《寄歸傳》二則，並以私意附識。

《佛說梵網經菩薩心地品菩薩戒犯相摘記》跋

庚申秋晚，幻住嚴陵万福蘭若。嘗取《梵網十重四十八輕戒目》，判其類別，定名標題，列為《表記》。未及研審，頗多未安。比以安居之暇，檢省舊稿，重事修治。判定犯相，專宗靈峯《合註》。然攝屬出入，亦嘗間以私意。如第三十二損害衆生戒，為殺盜等流，今以結前故養，且判殺攝。第七不往聽法戒，兼屬瞋慢，且以慢攝而畧於瞋。義實兼屬，如是應知。又若非法師門，攝有十戒。凡貪瞋邪慢之屬，涉及師道者，無不匯歸於此。非曰濫慢，亦以示師道難言。且舉二三，以袪疑滯。其他之義，蓋可例準焉。壬戌六月八日弘裔僧胤。

《淨宗問辨》序

古德撰述，每設問答。遣除惑疑，翼讚淨土，厥功偉矣。宋代而後，迄於清初，禪宗最盛，其所致疑，多原於此。今則禪宗漸衰，未勞攻破；而復別有疑義，盛傳當時，若不商榷，或致誆亂。故於萬壽講次，別述所見，冀息時疑。匪曰好辨，亦以就正有道耳。

《淨宗問辨》跋

十一年壬戌七月下旬，溫州颶風暴雨。牆屋倒壞者甚多。是夜（吳）璧華適臥牆側，默念佛號而眠。夜半，牆忽傾圮，磚礫泥土墜落遍身。家人疑已壓斃。相率奮力除去磚土，見璧華安然無恙，猶念佛號不輟。察其顏面以至肢體，未有毫髮損傷。乃大驚歎，共感佛恩。其時余居溫州慶福寺，風災翌日，璧華親至寺中向余言之。

《五戒略記初稿》弁言

是編，宗靈峯《五戒相經箋要》纂輯，旁參有部律文等而補益之。以簡要明瞭，初學適用為主。其果報一章，悉依《梵網合註》節錄。是編所載，皆有所據，似少大謬誤處。但匆促編輯，尚未詳細審定。他日有暇，再當重治，以期完璧。並擬輯《三歸八戒畧記》，合為一冊。

編輯既就，略加披尋。見其章節分判，未能允當。應增補刪定改纂處者，亦復不少。下至抄寫格式，表記排列，皆多未妥。他日重治之時，再為研審，大加修改。壬戌十二月二十五日執筆，二十八日編竟並記。

《梵網經菩薩戒相表記》初稿跋

曩依靈峯《梵網合註菩薩戒法性遮重輕門》編輯《戒相表記》，

僅成殺盜淫三戒草稿，久存篋中，恐其散失，因檢裝成冊。他年有暇，當賡續其事也。壬戌十二月二十八日僧胤記。

紹興開元寺募建殿堂疏

紹興開元寺建於梁天監中，當昔全盛之時，金刹梵宇，峻極雲表，實為爽塏棲心之所。開堂接衆，數逾千百，道風蔚盛，冠於東浙。郡邑士夫，祝釐肄禮，誦宣詔勅，亦聚於是。二千年來，興衰之迹，記載闕佚，未由詳考。今所存者，有乾隆四十五年宋明府撥田開元常住碑記，尋繹詞恉，粗可悉其概末焉。清季以來，寖以零落，殿梁摧朽。金像顛覆（羅漢堂中五百羅漢大半殘闕），池橋之勝，崩榛引塞。（普渡橋、萬工池皆為昔放生之所，今惟存基地。）歲月鶩過，芳流歇絕，不其惜乎？比者，聞願法師，卓錫是間，將集善侶，重建殿堂，乃製緣冊，倡募資財。余以夙慶，至德同時，預奉餘論，頂戴踴躍，輒述緣起，為弁冊首。建立佛塔僧坊，福德之殊勝者，冀諸善侶，銘佩仁誘，共加宏讚也。於時歲在昭陽報沙月釋曇昉書於西安蓮華寺。

《五戒持犯表記》序

壬戌歲晚，幻居永寧，研尋《毗柰耶藏》。輒以時暇，檢靈峯《五戒相經箋要》，旁參有部律文等，纂輯《五戒持犯表記》一卷。區分章節，排比表相，悉出創作，意在簡要。草稿既就，庋置箱篋。比以孟由居士，勸請弘布，乃披舊冊，略事修治；並增《三歸略義》、《八戒略義》二篇，敬貽來世。冀抱瓮燋火，倘有微益。歲在癸亥磨祛月黑分褒灑陁日學律沙門曇昉書。

元魏曇鸞《往生論注》題記

癸亥四月，居上海太平寺，依北京新刊補陀光法師校定本標寫。今復錄補陀法語三則於卷端。時在癸亥歲將暮，晚晴沙門曇昉書。

《毗尼勸持錄》自注

依南山《戒本疏》、《羯磨疏》、《行事鈔》，並靈芝《行宗記》、《濟緣記》、《資持記》節錄。甲子三月廿二日始，廿五日寫竟。沙門曇昉並記於西安三藏寺。

《比丘律藏》函題詞

論云：毗尼藏者，佛法壽命。毗尼住世，佛法方住。毗尼此譯為律。末世僧衆，罔諳律檢，佛法衰滅，有由來矣。余剃染而後，偏攻此部。雖未貫徹，微闚其指。今將掩室，念佛待死。以舊藏《比丘律藏》二函，付江山圖書館。數年心力，悉在於是。後之學者，當尊重珍敬焉。

手書《華嚴經淨行品偈》跋

上海黃涵之居士，以影印扶桑本《續藏經》，施三衢佛學會，卷帙之富，仞房盈閣。見者聞者，靡不歡喜踴躍，歎為希有。余以夙慶，叨預勸請之末，為寫《華嚴淨行品偈》一卷，併節錄《清涼疏》文，以奉居士，而報德焉。……改元後十三年歲在閼逢沙門曇昉撰。

《有部毗柰耶犯相摘記》題記

附錄《南海寄歸內法傳》數節。又記云：「案：以上所錄，悉屬有部之說，他部譯本，或與是殊。」南山諸師撰述，亦多與此歧異。須知各有所長，未可是丹非素。而南山一派，尤深契此土機宜，慎勿固執有部之說，妄生疑謗也。歲次玄枵木槿　月於西安蓮華寺。

《根本說一切有部毗柰耶自行抄》題記

歲次北陸歌栗底迦月，於永寧晚晴重治校訖。

校刻《佛說優婆塞五戒相經箋要》序

《五戒相經箋要》，今有二本。金陵新刻，校點疎略，文字句讀並多訛舛。舊刻莫審所出，較前為善，而流布者希，覓求非易。今檢《麗藏》古本，旁考大律，詳校經文，小有改訂，並分章節，指序條貫；雖於文義不無割裂，取便初學，非無益矣。別述補釋三章，錄於卷末。敢以淺學，嚮附前規。明哲倘覽，幸為研盡；備其未詳也。於時十三年歲陽閼逢沙門曇昉。

手書《佛說八種長養功德經》跋

齋經三譯，繁簡各殊，並有長所。爾後三藏法護出《長養功德經》，亦其流類；唯載受八戒文，辭理辯暢，超勝舊譯。淨行之侶，依是誦說，蓋良便矣。惜其流傳未廣，承用者罕。今別書寫，以付玄父居士，倡緣弘布，冀使後賢，共廣聞焉！於時十三年歲陽閼逢迦剌底迦月沙門曇昉。

《佛說大灌頂神咒經》跋

此經計十二卷。《灌頂梵天神策經》第十。佛在因沙崛山中，梵王請出梵結願一百偈以為神策，佛讚許之。遂說九十九掛，每掛八句，神應異常。今特錄出流通（《閱藏知津》卷十二），梵網合註。釋第三十三《邪業覺觀戒》。不得作卜筮云。開遮者，或見機益物等。又出家人欲決疑慮，自有《圓覺經》拈取標記法，《占察經》擲三輪相法及《大灌頂經梵天神策》百首，可依用之也。弘一記。

集錄三種序

披剃已來，煩惱習強。嘗取經律及以古哲言教，簡錄其要，而自尅治。淨土法語，亦併綜集。始於己未八月，越二年辛酉十月寫訖。凡為三卷，先後糅雜，不復次第。爾以暇日，甄其義類，分別編構，題名揀之。尅除習氣者，曰《晚晴集》。策修淨業者，曰《秋草集》。靈峯先師《宗論》之言，節錄一卷，曰《寒笳集》。四明天初居士，見而累歎，勸請刊布。因粗述始末，以貽來哲。太歲乙丑星紀之歲木槿榮月，大慈僧弘裔。

金陵刻《華嚴疏鈔》題記

甲子秋月，富陽丁居士群孚，頒贈金陵刻《華嚴疏鈔》二百四十九卷，供養晚晴院者，既已半載。今歲中春，開元盛法師過言，欲學《華嚴》，無力覓求。余聞其勝行，隨喜讚歎，出昔所藏付之。爾後有所檢尋，輒披《頻伽大藏》或扶桑《續藏》。斯二藏本，校點未精，反復玩索，彌損心力。比者，海鹽周居士玲孫，復以金陵刻《疏鈔》而為檀施，歡受頂戴，尋覽忘疲。余宿以多幸，數感靈文，自慶勝因，豈不忭躍。清涼云：「不入餘人之手。」《出現品》云：「此法門不入一切餘衆生手，唯除諸菩薩摩訶薩。」何幸捧而持之！積行菩薩猶迷，何幸乎探幽邃。「亡軀得其死所，竭思有其所歸。其猶溺巨海而遇芳舟，墜長空而乘靈鶴。慶躍之至，手舞何階。故感之慶之，唯聖賢之知我也。」諷斯玄言，彌益悲戀。謹以題記，奉之沒齒。太歲在乙丑十一月九日永寧晚晴院沙門曇昉敬書於華藏堂。

明年歲次析木臘八日，敬以轉施蔡丐因居士，願同受持讀誦善學，生生世世，永為同行善友。月臂。

魏譯《無量壽經》序

是經先後五譯，辭理小殊。以梵文非一，亦譯者意也。明代以來，雲棲專弘魏譯，靈峯獨尚唐寶積本，蓋是一往之論。宋譯簡約而詣達；漢吳二譯，各有其美，寧可偏廢。若夫南宋而後，迄于清季，會譯重治者，如王氏《大阿彌陀經》、彭氏《無量壽經》節本、魏氏《摩訶阿彌陀經》（舊稱「無量壽經」，後易今名），雖曰遺煩，實蕪正典。明識之衆，並致攻難，斯固無足述矣。爾者希倫居士寫魏譯經二卷，璧華居士倡緣弘布。預聞盛德，不勝歡讚。懼初心者，或執一非餘，又昧于朱紫。因其請序，聊復示之。歲次星紀晚晴院沙門曇昉撰。

撰聯讚地藏菩薩並記

「多劫荷慈恩，今居永寧，得侍十年香火；盡形修懺法，願生極樂，早成無上菩提。」辛酉二月，余來永寧，居慶福寺，親得瞻仰禮敬承事供養地藏菩薩摩訶薩，並修《占察懺儀》。明歲庚午，首涉十載，自幸餘生，獲逢聖教，豈無慶躍，碎身莫酬，攬筆成詞，輒申讚願。惟冀見聞隨喜，同證菩提。己巳十月，時年五十，弘一。

《圓覺本起章》序

今之學者，皆曰發菩提心，而知其義者蓋鮮，不知其義何由發起。余覽圭峯《圓覺大疏》釋成本起因，文前開示總有三重：初了圓覺性，次發菩提心，後修菩薩行。文義詳明，炳然區分。乃錄其文，並綴鈔記，都為一卷，題曰《圓覺本起章》。冀初心者，共廣聞焉。（唐裴相《勸發菩提心》文，併宜研覈。金陵刊版，一卷。）歲次鶉尾永寧調御院沙門勝立書。

《圓覺經如來本起清淨因地法行》題記

圭峯宗密禪師《行願品鈔》云：發菩提心者，謂菩提是所求果德，即無上菩提。心是現前能求之心。以發是求菩提之心，故名發菩提心也。或可菩提名覺，即覺察覺悟也。謂了諸煩惱過患，不起放逸，達本心源，慧光內燭也。以起是心，故名發菩提心。

圈點《南山鈔記》自跋（二則）

剃染後二年庚申，請奉東瀛古版《行事鈔記》，未遑詳研。甲子四月，供施江山。逮於庚午六月居晚晴山房，乃檢天津新刊，詳閱圈點，並抄寫科文，改正譌誤。

辛未二月居法界寺，於佛前發專學南山律誓願。

手抄釋四分律行事鈔科跋語

此科上中下各四卷，都十二卷。辛未正月抄錄。以目力昏花，僅寫二卷，悵然而已。演音敬記於蘭皐法界講寺。

手書《華嚴》集聯題記

「如來境界無有邊際，普賢身相猶如虛空。」歲在辛未三月居蘭皐，敬書晉譯《大方廣佛華嚴經》偈頌集句：世間淨眼品第一，盧舍那佛品第二。明州大誓願莊嚴院沙門亡言。

《華嚴集聯三百》序

割裂經文，集為聯句，本非所宜。今循道侶之請，勉以綴輯。其中不失經文原意者雖亦有之，而因二句集合遂致變易經意者頗復不尟。戰兢悚惕，一言三復，竭其駑力，冀以無大過耳。茲事險難，害多利少。寄語後賢，毋再賡續。偶一不慎，便成謗法之重咎矣。

《華嚴》全經有兩譯，一晉譯有六十卷三十四品，二唐譯有八十卷三十九品。若其支流一品別譯者凡三十餘部。惟唐貞元譯《普賢行願品》四十卷，傳誦最廣，蓋是晉唐譯全經中《入法界品》別譯本也。今所集者，都三百聯：自晉譯《華嚴經》偈頌中集輯百聯，（附錄四聯，原文連續，非是集綴。）自唐譯《華嚴經》偈頌中集輯百聯，（附錄集句二十五聯，為前百聯之餘；又附八聯，原文連續，非是集綴。）自唐貞元譯《華嚴經普賢行願品》偈頌中集輯百聯。（附錄二聯，原文連續，非是集綴。）

後賢書寫者，於聯句旁，或題曰「某譯華嚴經偈頌集句」，或題曰「某譯大方廣佛華嚴經偈頌集句」，或題曰「某譯大方廣佛華嚴經某品某品偈頌集句」。「集」字勿冠經名之上，昭其敬重耳。

輯錄聯文，悉依上句而為次第。唯唐貞元譯七言末四聯，補集後寫，未依經次。字音平仄，惟調句末一字，餘字不論。一聯之中，無有複字。惟晉譯八言第一，重如字。以義各異，姑附存之。

隻句片言，文義不具。但覩集聯，寧識經旨。故於卷末，別述《華嚴經讀誦研習入門次第》一卷。惟願後賢見集聯者，更復發心，讀誦研習華嚴大典。以茲集聯為因，得入毗盧淵府，是尤余所悕冀者焉。於時歲次鶉首四月二十一日大迴向院勝髻書。

《阿彌陀經疏鈔》題記

遜國後二十年，歲次辛未，六月初五日，胡勝月宅梵居士三十初度。是日又值先吏部公百十九歲冥誕。是晨適由金陵郵傳《阿彌陀經疏鈔》一部，並《緇門崇行錄》十五部達五磊。時節因緣，巧為遇合，不可思議也。謹以《疏鈔》奉居士而為紀念。一音。

《華嚴經讀誦研習入門次第》序

讀誦研習，宜並行之。今依文便，分為二章。每章之中，先略後廣。學者根器不同，好樂殊致；應自量力，各適其宜可耳。龍集辛未首夏沙門亡言述。

題永嘉慶福寺緣冊

慶福之名，志乘不載。今所傳者，嘉道間事耳。逮乎清季，寂公上人駐錫是間，整頓清規，增築精舍，勤修淨業，廣行衆善。又復建蓮池會，勸導緇素，一心念佛，求生西方。遠紹廬山之遺軌，近媲法雨之高躅，勝名流傳，遍及中國。承其勸導，臨終正念，示現瑞相往生蓮邦者，時有所聞，懿歟盛哉！上人光顯法門，闡揚佛化，功在萬世矣。余於辛酉，參學永嘉，依止上人，同住十載。爾者城垣漸廢，觀瞻不尊。寺主因弘賢首，與上人謀，將欲重建殿宇，易其方位，以協形相，為立緣冊，集募資財。凡諸善信，當必生歡喜心，隨力而助。所獲功德，無量無邊矣。釋演音書。

《華嚴經普賢行願品觀自在菩薩章》序

此《觀自在菩薩章》，依《華嚴經普賢行願品》擷錄。是品有三譯：一為晉譯，二為唐譯，皆名《入法界品》；三為唐貞元譯，即是今本，具云《入不思議解脫境界普賢行願品》。今取《善財童子參觀自在菩薩章》，別為一卷，冀與《法華經普門品》併以流通焉。是章之前，為《毗瑟底羅居士章》。居士既為善財童子廣說三昧境界已，復謙己推勝；其次，乃勸教趣入指示後文，即是本章大文第一。

案《清涼疏》科判，「戀德禮辭」已上之文，皆屬前章。而依此節錄，刪其前文，頗有未安。爾後別檢雲華《搜玄記》舊科：初明勸教趣入，二依教進入。即將前文括入此章之內，則辭義完整，極為適宜矣。故今甲、乙二科，悉宗雲華舊式。丙科已下，仍依《清涼》。

此經譯文有與梵本少異者，《清涼疏》中頗加辨正。今依疏文，改訂二處：一「離諸病怖」下，原譯文有「離懈怠怖」四字。《清涼疏》云：梵本舊經皆無此「懈怠怖」。「懈怠」何畏？若謂懈怠乃是智人，今準刪去（今印本當第三頁第二十一行）。二偈文中，「如是之人」等二句，原譯文無，今準疏增入（今印本當第六頁第四行）。

是章所說「普門示現」之義，較諸《法華》尤為廣備。故《清涼疏》云：或以布施下，即普現之義。有十一句（今印本當第三頁第十一行訖於第十六行）。初四即「四攝」，次六即「三業攝」，後一即「萬類攝」。然此十一，方法《華嚴經》三十五應，乍觀似少，義取乃多。謂三十五應，乃是此中或現色相及說法耳。五又三十者，略舉大綱。萬類殊形，豈當局定。悲門攝廣，此土緣深。未有傾心不蒙濟，願常稱念，思其法門。歲次壬申三月大華嚴寺沙門亡言敬記。

溫陵刻《圓覺了義經》跋

性願大德，勸諸禪侶，共刊《圓覺了義經》梵式大字冊。敬題偈頌，以申稱讚。

如來決定境界，十方菩薩歸依。乃至分別半偈，所有功德難思。惟願見聞歡喜，隨力讀頌宣說。現世金剛守護，當來花開極樂。歲次壬申五月大華嚴寺沙門一音並誌。

《地藏菩薩聖德大觀》序

後二十一年歲次壬申九月，余居峙山。上海李圓淨居士來書，謂將助編《九華山志》，屬為供其資料。自惟剃染已來，至心歸依地藏菩薩十又五載，受恩最厚。久欲輯錄教蹟，流傳於世，讚揚聖德，而報深恩，今其時矣。後二月，雲遊南閩，住萬壽巖。乃從事輯錄，都為一卷，題曰《地藏菩薩聖德大觀》。將付書局別以刊布，並貢諸圓淨居士備採擇焉。

近代緇素讚述菩薩化蹟等書，已有數帙。然其取材，多據《本願》一經。今則遍探《大藏》並及諸家撰述，前詳言者今略指之。如《本願》大旨及九華垂蹟等是也。前闕遺者今補集之，如餘諸文等是也。惟所憾者，余於十數年來，凡菩薩化蹟見於《大藏》及諸家撰述雖復留意，未嘗勤錄。今以疾遽屬稿，不獲遍檢，唯就其憶及者略集一卷，未免有所遺忘耳。

大分十章。第一章，譯名辨異。以諸經傳譯地藏名號，文字小有增減不同。今為列舉，示其差別。第二章，《十輪經》大旨。提挈經義，錄寫較詳。序品讚地藏菩薩功德之文，錄者尤繁。惟願見聞皆大歡喜，同生深信，至心歸依。第三章，《占察經》大旨。亦詳錄之。第四章，《本願經》大旨。唯依《閱藏知津》，錄寫綱要，並錄付囑經文二節，以示我等今日得受化度之因。第五章，《法身讚》及《儀軌》大旨，並《滅定業真言》。第六章，他經流傳。第七章，諸家章疏。第八章，諸家懺儀。第九章，諸家讚述。靈峯《讚地藏菩薩別集》，錄其原文有十之九，共涉十紙。可見蕅益大師一生，銘心瀝血，歸信讚揚之迹。惟冀後之學者，承斯遺範，精進修持，紹隆而光大焉。第十章，《問答遺疑》。唯有四問。當不止此，且從闕略也。

錄寫之時，亦以倉卒不及詳斟，故其布列形式高下未能盡善。具錄全文者低二格寫，撮錄原文大意及引文片段者皆頂格寫，微示區別。惟錄寫經文而低二格，非是尊經之道。良用悚懼，未能釋懷，而又別無善法可以變易。且俟當來，重復輯錄，假以歲月審慎斟定，或可無大過耳。

是稿成就前二日，盧世侯居士割指滴血，繪地藏菩薩聖像一尊，捧奉入山，勝緣巧值，誠不思議。謹以寫影，冠於卷首。盧居士，一字虬兒。善繪畫。隨侍老父，旅居思明。天性醇厚，事兩親以孝聞。殆亦多生已來，常受地藏菩薩教化者耶。

《〈地藏菩薩本願經〉白話解釋》序

己巳九月，余來峙山，居金仙寺。翌日，宅梵居士過談，齎彼所作五言古詩一卷。余謂其能媲美陶王，求諸當世未之有也。是歲十月，天台靜權法師蒞寺，講《地藏菩薩本願經》義。余以本願章疏，惟有科注一部，淵文奧理，未契初機。乃勸宅梵撰白話解，而為鈐鍵。逮於明年，全編成就，乞求禾中古農長者以剟正之。邇將付刊，請書序言。為述昔日斯事因緣，以示後之學者。於時後二十二年歲次癸酉二月賢首院沙門勝臂。

《人生之最後》弁言

歲次壬申十二月，廈門妙釋寺念佛會請余講演，錄寫此稿。於時了識律師臥病不起，日夜愁苦。見此講稿，悲欣交集，遂放下身心，屏棄醫藥，努力念佛。並扶病起，禮大悲懺，吭聲唱誦，長跽經時，勇猛精進，超勝常人。見者聞者，靡不為之驚喜讚歎，謂感動之力有如是劇且大耶！余因念此稿雖僅數紙，而皆撮錄古今嘉言及自所經驗，樂簡略者或有所取。乃為治定，付刊流布焉。弘一演音記。

《寒笳集》（又名《蕅益大師警訓略錄》）序

壬戌之歲，嘗依《靈峯宗論》摭寫《警訓》一卷，顏曰「寒笳集」。辛未仲秋，又為覈纂，題曰「蕅益大師警訓略錄」，今復改集，並存二名。掔錄之意，惟以自惕，故於嘉言，多有闕遺。後之賢者，幸為增訂焉。於時後二十二年歲次癸酉四月學南山律於禾山萬壽巖。晉水瓔珞院沙門善臂集。

為盧世侯所繪《地藏九華垂蹟圖題贊》附記

壬申仲冬，余來禾島，始識世侯居士，時方集錄《地藏菩薩聖德大觀》。居士割指瀝血，為繪聖像，捧持入山，余感其誠曰，請續畫九華垂蹟。爾後世侯往青陽覲禮聖蹟，復游錢塘富春，逮於四月，藻繪已訖，余為忭喜，略綴贊詞，併輯一帙，冀以光顯往蹟，式酬聖德焉耳。於時後二十二年歲次癸酉閏五月住溫陵大開元寺尊勝院結夏安居。大華嚴寺沙門弘一演音。

手裝《佛說大乘戒經》、《十善業道經》題記

庚申中秋，演音手裝拜題，時客衢州蓮華古剎。癸酉正月付旻飛居士供養，僧胤敬記。

《佛說大乘戒經》、《十善業道經》影印緒言

南皖崔居士，余故友也。遜國改元而後，余住錢塘湖上，數與居士函問往還。逮及披剃，檢所庋藏圖書珍玩貽之。居士因奉佛法，集余貽物，別陳一室，中供佛像，焚香誦經，並率族眾，依余親教大慈老人稟受三歸。後數載喪母，余為撰崔母往生傳；翼年居士亦逝，音問絕矣。歲次甲戌十月，乃獲義方禪人書，禪人居士長子也。以余昔為居士寫經一卷，嘗欲影印，而願未果。禪人今將流布，請為緒言，述其因緣。余喜故人有子，出家離俗，影印寫經成就，先願略記往事，以酬答焉。居士諱祥鴻，字旻飛，長蕪湖商業學校，性情溫和，沈默寡言，人皆愛敬，甫及壯年，遂爾淹謝，其遺行具如余所撰崔孝子墓銘，不委述也。尊勝院沙門一音書。

《唐新羅國青丘太賢法師偈》題記

勇士交陣死如歸　丈夫向道有何辭
初入恒難永無易　由難若退何劫成
丈夫欲取三界王　當揮智劍斷羣魔
吾於苦海誓無畏　莊嚴戒筏攝諸方

二十二年歲次癸酉正月二十一日，開講《四分律含註戒本》三卷、《戒相表記》一卷、《刪補隨機羯磨》二卷，迄於十月三日講竟。是日為南山道宣律祖涅槃之時。性常律師爰立別字曰「豐德」。以我律祖晚年居終南山豐德寺。重修《隨機羯磨》，刪定《僧戒本》

及重出《羯磨疏含註戒本》並《疏》等，皆在此時。律師字曰豐德，將以追隨律祖遺躅，中興律宗而紹隆光大焉耳。演音書，時年五十有四。

南山大師撰集時代略譜（附修學遺事）案語、跋記

案南山大師撰集如上列者，其中惟有《隨機羯磨》入藏流傳，刪定《僧戒本》、《感通傳》世有刊本；其他悉於南宋之季，佚失不傳。近乃得自東瀛，由天津刻經處刊板，彙為一帙，名曰「南山律要」。學者讀之，當如何歡喜踴躍而生難遭之想耶？

後二十二年，歲次癸酉，九月十九日編錄，二十日錄訖。匆遽握管，不無舛訛；俟後重修而訂正焉。大華嚴寺沙門演音書，時年春秋五十四初度。

梵行清信女講習會規則並序

南閩無比丘尼，常人謂為憾事。寧知是固非佛意耶。律謂女人出家，佛本不許。以若度者，正法減半。其後便自剃髮，阿難尊者三請。佛令依「八敬法」，乃許出家。像季以還，尼行「八敬法」者殆所罕聞，乖違佛制，摧壞大法。南閩無比丘尼，非憾事也。

南閩女眾習佛法者，恆受三皈五戒，為清信女。亦有併斷正婬者，別居精舍，有如僧寺，俗云菜堂。稱女眾曰菜姑。其貞節苦行，精勤課誦，視比丘尼殆有過之。所缺陷者，佛法大綱罕能洞解，文字智識猶有未足耳。

昔年性願老人深鑒於是。頗欲集諸女眾，施以誨導。乃助緣不具，卒未成就。癸酉歲晚，余來月臺隨喜七佛法會，復為大眾商榷斯事。承會泉、轉塵二長老歡喜讚歎，樂為倡助。並囑不慧為出規則，以資率循。爰據所見，粗陳其概，未能詳盡耳。十二月八日，沙門演音書。

一俗云菜姑，亦云貞女。菜姑之名固有未當，貞女之名亦濫俗稱。據《大智度論》，有五種五戒優婆夷，第五為斷婬優婆夷，正屬今種。然其文字猶非雅訓，號召未便。茲以私意定名曰「梵行清信女」。清信女者，優婆夷譯意也。梵行者，遠離婬欲行也。受五戒者唯斷邪婬，不名為梵。今正邪皆斷，方乃名梵行也。

一第一次講習會，期限七日。借承天寺研究社教室講習。

一每日授課四時，復講二時。（俗稱講小座。於已授者，令學者輪流復講之。）

一第一次講習者，為佛法綱要及淨土宗大義等。（宜依范古農編《佛教問答》、印光法師《嘉言錄》、黃慶瀾編《初機淨業指南》、李圓淨編《飭終津梁》等講之。）

一講授時，宜多用俗語，俾不識文字之人亦可了解。文言及佛學名詞，悉應少用。或不得已而用者，宜隨加解釋。

一此規則甫撰就時，曾就正某師。某師謂教導女眾罕有實益，易致譏謗，勸中止此事。竊嘗反覆審思。某師之言，固具正見。然若辦理如法，十分謹慎，力避嫌疑。例如教師須延老宿，聽講不須對面。（學者東西互向，教師一人面佛。）課餘不許閒談，寄宿應在寺外。此皆某師所深慮者，今能一一思患預妨格外慎重，庶幾可以免譏謗乎。謹述某師忠告，並贅拙見。以俟有道匡正焉。

《地藏菩薩本願經說要》序

余以闇愚，獲聞大法，實由《地藏本願》攝之，蕅益《宗論》導之。戰戰兢兢，垂二十載。常念慈恩，未嘗一日忘也。去歲大醒法主曾輯《蕅益大師集》，既已付刊，近復齎示《地藏菩薩本願經說要》草稿，殷勤三復，不勝慶躍，為述昔緣，以證志同道合焉。歲次甲戌三月，晉水尊勝院沙門一音。

題許宣平所獲觀音面像寫本

歲次辛酉，江戶益田王成入中華，參禮江寧棲霞山，奉請觀世音大士滿月面像供養。越二年癸亥九月一日關東地震，江戶火焚四十萬戶，四鄰悉罹火災，惟有彼宅以奉供大士故，安穩無恙。復夢大士令其奉像還山，仍供棲霞。益田寫影流布。宣平居士獲是寫本，供養已久，今重裝張，請為記其往事焉。甲戌四月沙門勝心敬書。

《一夢漫言》序

師一生接人行事，皆威勝於恩。或有疑其嚴厲太過，不近人情者。然末世善知識多無剛骨，同流合污，猶謂權巧方便，慈悲順俗，以自文飾。此書所述師之言行，正是對症良藥也。儒者云：「聞伯夷之風者，頑夫廉，懦夫有立志。」余於師亦云然。

九月五日編錄《年譜摭要》訖，復校閱《一夢漫言》，增訂標註。九月十三日寫《隨講別錄》二紙竟。臥床追憶見月老人遺事，並發願於明年往華山禮塔，淚落不止，痛法門之陵夷也。弘一拜記。

《一夢漫言》跋

曩見經目，見《一夢漫言》，意謂今人所撰導俗書也。因求得一冊，披卷尋誦，乃知為明寶華山見月律師自述行腳事也。歡喜踴躍，歎為希有。反覆環讀，殆忘飲食。悲欣交集，涕淚不已。因略科簡，附以眉註，並考輿圖，別錄行腳圖表一紙。冀後之學者，披文析義，無有壅滯耳。甲戌八月十日披誦訖，二十五日錄竟拜記，時居晉水蘭若。弘一記。

莊閑女居士手書《法華經》序

十法行中，一者書寫。考諸史傳，魏唐之際，書寫經典，每極殷誠。先修淨園，徧種楮樹，香草名華，間雜交植，灌以香水。楮生三載，香氣四達，乃造淨屋，香泥塗地，覓匠製紙，齋戒沐浴，盥漱熏香，易服出入。剝楮取皮，浸以香水，竭誠漉造，經歲始就。又築淨臺，於上起屋，乃至材瓦，悉濯香湯。堂中莊嚴，旛蓋鈴珮，周布香華，每事嚴潔。書寫之人，日受齋戒。將入經室，夾路焚香，梵唄先引，散華供養，方乃書寫。香汁合墨，沈檀充管，下筆含香，舉筆吐氣。逮及書就，盛以寶函，置諸香廚，安於淨室。有斯精誠，每致靈感。或時書寫，字字放光；或見天神，執戟警衛；或感瑞鳥，銜華供養。大衆仰瞻，咸發宏願，披函轉讀，恒燦異光。如是靈跡，史傳備載。嘗復尋覽，輒為忭躍。雖未能至，心嚮往焉。妙道女士，書《法華經》，端嚴精粹，得未曾有。邇將影印，宏傳流布。為記先範，冠於卷首，以勖來者，隨力奉行。俾獲感祐，利有情耳。後二十三年歲次甲戌晉江尊勝院沙門月幢，時年五十有五。

《見月律師年譜》摭要並跋

甲戌九月，依《一夢漫言》及別傳摭錄，唯舉梗概，未能詳耳。《漫言》上卷，自記年歲數次，可為依據。今編年譜，準此推衍。下卷謂順治七年五十歲者，或有舛誤，以待後賢改訂焉。晉水尊勝院沙門亡言。

《華山見月律師行腳圖》跋

甲戌八月二十三日，依《一夢漫言》對覓輿圖編錄，翌夕錄竟。粗線示行腳所經之地，至入丹徒海潮受戒為止。已下未畫粗線，恐致淆亂，學者自尋可耳。又隨侍三昧老人往各地開戒，諸地名等亦未列，因限於篇幅也。沙門一音，時居晉水蘭若並記。

《福州鼓山庋藏經版目錄》序

佛典雕鐫木版，昔人惟稱宋刻。近年於敦煌石室發見佛典，有唐末及五代刊者，乃知刻經始自唐末。然東國扶桑，於神護景雲四年，已刊《無垢淨光經》、《陀羅尼》四種。其古印本猶存法隆寺中。考彼時代，當吾唐國大曆五年，較敦煌發見者尤勝，遂為世界最古佛典雕版焉。爾後東國扶桑，歷宋迄清，雕版日盛，印傳之本，於今頗有存者，而珍逾球璧，殘楮一卷，值及數百，乃至千金。良由彼土學者，博聞好古，深識雕版意趣。近今且有《寧樂刊經史》等諸書傳布，為佛典雕版系統之研考。而吾國緇素，猶未聞於此少加意者，不其憾歟？昔年余游鼓山，覽彼所雕《法華》、《楞嚴》、《永嘉集》等楷字方冊，精妙絕倫。以書法言，亦足媲美唐宋，而雕工之巧，可稱神技。雖版角有少腐闕者，亦復何傷，彌益古趣耳。又復檢彼巨帙，有清初刊《華嚴經》及《華嚴疏論纂要》、《憨山夢游集》等。而《華嚴疏論纂要》為近代所稀見者。余因倡緣印布，併以十數部贈予扶桑諸寺，乃彼邦人士獲斯秘寶，歡喜忭躍，遂為攝影鏤版，載諸報章，布播遐邇。因是彼邦僉知震旦鼓山為庋藏佛典古版之寶窟。然鼓山經版雖馳盛譽於異域，而吾國猶復湮沒無聞。逮及前歲，李圓淨居士乃勸請觀本法師往住鼓山，理整經版，並輯目錄，以開流布之端緒。邇者目錄輯就，虛雲、觀木二老人，悉有敘言。圓淨復請余別書弁詞，以讚鼓山雕版殊勝，為略述之，未盡意耳。歲次甲戌十二月晉水尊勝院沙門演音。

《緇門崇行錄》選輯序

明季禪宗最盛，而多輕視德行。雲棲撰《緇門崇行錄》以匡救之，厥功偉矣。近歲僧衆盛倡學問，不尚操履。余嘗勸學院主任者，應用是錄為教本，以挽頹風。歲晚多暇，為選擇擬先講解者而標誌之。十門之中，清素、嚴正、高尚、艱苦四門，選者較多。亦以針對時風，補偏救弊耳。甲戌歲晚，居禾山萬壽巖，勝音。

《〈佛說阿彌陀經〉義疏擷錄》序

隋唐已來，釋小本《彌陀經》者數十家。而雲棲《疏鈔》、幽谿《圓中鈔》、靈峯《要解》，尤為時賢推重。但《疏鈔》繁廣幽奧，《圓中鈔》、《要解》亦復義理精微，非始學所能通貫。唯我律祖靈芝元照大師所出《義疏》，無多高論，妙協經宗，善契初機，深裨後進。惜夫南宋以降，此土佚失不傳。元明諸師，咸未獲見。逮及清季，乃自扶桑奉返，刊版金陵。三十年來，猶無講解流布者，豈不以其文約義豐，言近旨遠，未有訓釋，無由弘傳耶？甲戌歲晚，余得扶桑國古刊《義疏聞持記》會本。《聞持記》者，南宋戒度、法久二律師撰述，以釋《義疏》，詮解詳明，曲盡疏旨。時禾山萬壽巖主，方以講說《阿彌陀經》勸請。余乃披尋《義疏》，兼考記文。依彼遺軌，隨力敷講。巖主並請別輯《義疏擷錄》一卷，將鏤版弘布，以被樂簡之機。纂錄既訖，為述往緣，用示後賢焉。於時後二十四年龍集乙亥春正月，晉水沙門僧胤居禾山萬壽巖念佛堂。

《四分律含注戒本疏略科》跋

乙亥六月六日敬編錄，時居淨峯。弘一。

《四分律含注戒本科》跋

乙亥六月二十九日錄訖，時居惠安淨峯寺。弘一。

《四分律含注戒本科》記

依疏及記擷錄。乙亥六月二十九日錄訖時居惠安淨峯寺。弘一。

《菩薩戒受隨綱要表》題記

龍集乙亥十月一日於惠安淨峯寺集錄。沙門一音。

《龍袴國師傳》序

念西禪師，今之南閩高僧也。專宏淨業，著作甚富。近以所撰《龍袴國師傳》見示，披卷諷讀，歎為稀有。文筆樸拙，不假修飾，彌益古趣。豐德性常律師，擬以付刊流布，而資亡母冥福。孝思肫誠，尤足多焉。為題卷端，以誌歡讚。歲次乙亥十月惠安淨峯沙門一音。

手書《乙亥惠安弘法日記》贈曾詞源並序

乙亥四月，傳貫學弟請余入惠安弘法，始居淨山半載，又須奔走鄉村，雖未能大宏佛化，而亦隨分隨力小有成就。適將掩室日光巖，詞源居士以素帖屬書。詞源惠人，因擇錄旅惠日記付之，聊以為紀念耳。歲次玄枵、月旅姑洗南山律苑沙門一音。

《善力印稿》弁言

數載不晤慈根居士，頃以印稿寄示，知其致力於學甚勤，印法兼學諸家，而於秦漢尤所長耳。為題弁言，聊志歡忭。

丙子二月，大病初起，沙門一音書。

本妙法師《般若心經論解》序

余以宿緣，三遊南閩。始於戊辰，次己巳，逮及壬申十月，是為最後。其時乃識本妙法師，歡欣忭躍，若晤故人。師遂請住萬壽禪寺。翌年癸酉二月在寺講解《隨機羯磨》，聽衆雲集。五月應（泉州）開元請，暫往晉水。甲戌十一月歸臥萬壽，時方建念佛堂，集衆結七，余為隨喜，講演三日。明歲正月元旦，師請講說《阿彌陀經》，又復勸以講稿刊印流佈。因集《阿彌陀經義疏擷錄》一卷，師為校勘，精密周至。爾後余去晉水，繼往惠安。今歲二月始返禾嶼，聞師病肺甚劇，病中嘗輯《心經論解》，囑同門弟本願上人請題序言。余因從彼詢其始末。上人謂去歲五月疾始作。師於是時嘗發弘願，誓捨身命宏揚大法。以勝願力，病小差減。九月掩室，始輯《論解》，及十一月纂述成就，復自書寫。遂以勞瘁，再致疾耳。師所輯《心經論解》，契理契機，諸家序言既已稱揚讚歎，曲盡其旨，寧俟拙朽復為贅詞？故唯述往昔因緣，及從願上人所聞者，麤陳其概，豈足以當弁言耶？後二十五年龍集丙子二月南山律苑沙門弘一演音撰。

《佛學叢刊》序

甲丙之際，自扶桑國請奉古刻佛典萬餘卷，多明季清初刊本，求諸彼邦，見亦罕矣。邇者世界書局主纂輯《佛學叢刊》，乃檢三本，付以寫鈔鋟版。一曰《釋門自鏡錄》，唐懷信述，彼邦沙門圓仁《入唐求法請來錄》亦載是書，謂為唐惠詳集，未審何是。安永元歲壬辰八月，維清乾隆三十七年，榑桑平安慶證寺玄智校刊，併續補十七則附於卷末。一曰《釋氏要覽》，宋道誠集，寬永十歲癸酉三月，維明崇禎六年彫版。一曰《釋氏蒙求》，宋靈芝撰。元本有蠹滅者，榑桑義空校補，寬保元歲辛酉三月，維清乾隆六年模刻。《自鏡錄》及《蒙求》，《續藏經》中雖亦輯存，而校讎頗疏。今依古刻，儻差勝耶，局主纂輯叢刊，其意至善。以末世學者恒厭煩廣，而樂簡文；又復艱於資財，悕求廉值，故輯叢刊，惟選經律論譯本，及此土撰述卷帙少而易領解者；復精密校刊，廉其值價，廣以流布。闡傳佛法，利益衆生，局主宏願，蓋如是也。余以夙幸，值斯勝緣，豈無忭躍？故述所懷，爰題序云。後二十五年歲集玄枵木槿榮月，沙門髻嚴，時掩室鼓浪日光別院。

《壬丙南閩宏法略志》序

余以宿緣，三遊南閩。始於戊辰，次為己巳，逮及壬申，是最後矣。迄今丙子，首尾五載。輒不自揆，常預講筵。爾將掩室，因錄弘法略志，都為一卷。以奉契誠居士，匪曰伐德，亦志吾過，思懺悔耳。去歲弘法惠安，嘗記其事，別贈詞源賢首。彼所載者，是冊悉闕略也。歲集玄枵夏首南山律苑沙門一音。

《大乘阿毗達磨雜集論》序

日域寬永十年，慈眼大師天海，承德川將軍命，於東叡山寬永寺開雕木活字版《大藏經》。歷十九載。逮慶安四年（此土清順治八年）蕆事。為彼邦之最初藏經雕版。世稱「寬永寺本」，亦云「天海版」，又稱「倭藏」。印製無多，遂爾解版。彼邦存者，僅數藏耳。殘本斷簡傳於世者，亦甚珍秘。今獲此卷，豈無慶躍邪！是歲六月，居日光別院。弘一。

《藥師如來念誦供養私記》跋

此本為日域沙門依《一行儀軌》而增定者，以《儀軌》本較覽可知其本文也。撰者名字未詳。丙子六月記，弘一。

手書《僧伽六度經》跋

此經為敦煌寫本，今存英倫博物館。範成法師獲得攝影，將刊石置於南通狼山僧伽大聖道場。屬為書寫。余以闇短，未由辨其文字，後之賢者，幸審訂焉。丙子勝音書並誌。

重興草庵記

草庵肇建，蓋在宋代。逮及明初，輪奐盡美。有龍象巖，其地幽勝。爾時十八碩儒，讀書其間，後悉進登，位躋貴顯。殿供石佛，昔為巖壁，常現金容。因依其形，鑿造石像。余題句云：「石壁光明，相傳為文佛現影；史乘載記，於此有名賢讀書。」蓋記其事也。勝清御宇，寖以零落；昔日金刹，鞠為茂草。中華建業十二載，瑞意、廣空二上人，傷其廢圮，發意重興。綿歷歲時，營治堂宇。壬申十月，復建意空樓三楹，雖未循復舊觀，亦可粗具規範。余於癸丙之際，歲暮春首，輒居意空，淹留累月。夙緣有在，蓋非偶然。乃為述記，垂示來葉焉。於時二十五年，歲次玄枵，慧水瑞集巖大華嚴寺沙門演音撰。

周尺考記

南山律尺量皆用周尺。今考周尺一尺二寸當唐尺一尺。《事鈔》謂唐朝用尺，五種不同。必以姬周尺秤以定，官市衡量，無事不平。《資持記》釋云：五種者，舊云南吳尺（短周二寸）、姬周尺（十寸為定）、唐尺（加周二寸，尺二為尺）、山東尺（加唐二寸，尺四為尺）、潞州羅柯尺（加山東二寸，尺六為尺），國家不禁，致此多別。至於公用，還準周尺。（參看《資持記》第十冊第十九卷二十一頁及下附《古今尺略圖》並《周尺別形》。）

《古今尺略圖》記

自清吳愙齋大澂所撰《權衡度量實驗考》摹寫。是書為榑桑阿井荃盧舊藏。清季上虞羅振玉覆刊。書中專據實物考驗，與摭拾陳言者異也。丁丑二月演音並記南陛別院。

周尺別形記

此為清馮雲鵬著《金石索》中載。彼云周尺一尺，當宋三司布帛尺七寸五分弱，當今營造尺六寸四分強。

此外如日本古代學者所考據，有種種異說，今不具錄。

羯磨略例跋

以上所集略例數種，匆促屬稿，未暇詳審。又以老病纏綿，精神昏憒。其中文義，未免訛誤脫略。俟後再為精密研審而修正也。丁丑三月初九日編寫既竟並記，弘一。

結戒場及大界法略例記

此乃草稿，不免錯脫；俟後改正。丁丑二月居晉水南陔初稿，四月居青島湛山寺第一次修正。弘一。

受戒法略例記

且依《事鈔》及《羯磨》等略錄，其錯脫處俟後改正。南山晚年，別撰《戒壇圖經》，廣明受戒之法。俟後暇時，精密研審，再依彼輯錄。丁丑二月居晉水南陔初稿，四月居青島湛山寺第一次修正。弘一。

說戒安居略例記

依湛山寺齋堂形式，擬定說戒位置圖。此圖據日本淨土宗古傳說戒儀式圖摹寫，以備參考。丁丑四月二十日，第二次草稿。時居青島湛山寺。弘一。

《四分律含注戒本講錄》題記

丁丑八月十日居齊州湛山記。弘一。

《隨機羯磨講錄》題記

癸酉十二月始輯錄，甲戌於晉水草庵開講。丁丑四月居青島湛山寺。弘一。

《梵網經菩薩戒本疏》題記

剃染以來，即獲披《賢首疏》。歷十數年，並誌標記，粗具規模。邇者將以此本，傳示同學，因見舊稿，頗多參錯，乃為精密校正。始於九月下旬，訖於十一月二十三日，乃得蕆事。於盜戒第六種類輕重門，更編寫科文一卷。冀諸學者，依科讀疏，可勝如指掌耳。沙門勝髻時居晉水草庵。

溫陵刻《普賢行願品》跋

戊寅正月元旦始，講《普賢行願品》於草庵。二月一日始，復講此品於承天寺。三月一日始，講《華嚴大意》於清塵堂，並勸諸善友集合讀誦《普賢行願品》十萬部，可謂殊勝之因緣矣。於泉州先後印行《普賢行願品》共千數百冊，普施大衆隨喜讀誦。以上所有功德，悉皆迴向法界有情，惟願災難消除，身心安豫，同生極樂世界，速成無上菩提。慧水大華嚴寺沙門一音並記。

為漳州修建雲洞巖鶴鳴祠篆書寫佛號題記

戊寅歲晚，築祠雲巖，將以祀明蔡鶴峯大儒並清略庵居士。時余方覽《王遵巖集》，有《壽鶴峯布衣叙》，因得窺其所學，粹然一出於道。略庵居士好善樂施，惠及鄉里，並以學行垂諸不朽。余維闇短，未能歌讚令譽，敬書佛號，以斯功德，迴向菩提，並願見聞隨喜，同植勝因，齊成佛道云。一音。

《盜戒釋相概略問答》後跋

發心學律已來，忽忽二十一載。衰老日甚，學業未就。今擷取南山、靈芝撰述中詮釋「盜戒戒相」少分之義，輯為《盜戒釋相概略問答》一卷。義多闕略，未盡持犯之旨。後此賡續，當復何日！因錄太賢、蕅益二師遺偈，附於卷末，用自策勵焉。歲次己卯殘暑沙門一音，時年六十，居永春蓬峯。

勇士交陣死如歸，丈夫向道有何辭，初入恒難永無易，由難若退何劫成！

丈夫欲取三界王，當揮智劍斷衆魔！吾於苦海誓無畏，莊嚴戒筏攝諸方！

唐太賢法師偈

日輪挽作鏡，海水挹作盆。照我忠義膽，浴我法臣魂。
九死心不悔，塵劫願猶存。為檄虛空界，何人共此輪？

明蕅益大師偈

《前塵影事》題記

二月五日為亡母謝世三十四周年，敬書《金剛經》偈頌「一切有為法，如夢幻泡影，如露亦如電，應作如是觀」，回向菩提，時年六十歲。

《華嚴玄談會玄記》題記

吾國《會玄記》刊本，向無標點。扶桑校刊《弘教藏》時，另由彼邦僧侶率意為之。記文中有「故」字者，大半標點于「故」字下，乃是彼邦之習例，可為證也。輓近《頻伽藏》本，即依《弘教藏》翻印，而校訂多疎，故此記中標點，訛誤益繁。今歲仲春，避寇難居溫陵月臺，曾請諸師，依《頻伽藏》本，照錄標點于此刊本中，以待將來修正。近徙居桃源，老病頹唐，殊無修正之力。唯有以墨筆圈點者數處，稍正其誤。其他悉仍其舊，未及校改，姑俟當來可耳。歲次己卯夏首，沙門一音時居蓬峯。

《戒體章名相別考》記

匆促寫錄，未及詳考；或有訛誤，俟後改正。又分類編輯，亦多未妥；俟後整理重輯。第二次草稿，己卯十二月二十二日錄竟敬裝。時居蓬峯掩室習律，年六十。弘一。

福州怡山長慶寺修放生園池記

閩中自唐以來，梵宇林立，禪德輩出，故放生之風，迄今猶盛。然偶興惻隱，捨資買放，未見為難。必也棲游得所，護育得人，俾能全其生命，終彼天年，而放生本願乃始無遺憾矣。福州西郊怡山長慶寺，又名西禪寺。唐咸通間，懶安禪師開山。綿及於今，千有餘載，為閩省一大叢林。寺中舊有放生所，廢圮殊甚。十六年歲次丁卯，羅鏗端、陳士牧居士游怡山，見而感喟，乃倡議募資，重為修建。逮己巳春，漸次興修。園在大雄殿西，計兩進。先將首進牛馬豬欄，加以修整，使毋相踐觸，設槽分飼，使毋相貪爭。次修建鵝鴨房三楹，並鑿小池，以供飲浴。修池邊亭，以資乘涼。又其西二進，舊為齋工房，全部圮毀。今修建樓房三楹，右為洋樓，左為工役房，中貯草料。其對嚮處，建雞房四室。亭中圍以竹欄，為群雞飲啄之所。甲戌春，又闢西邊牆外空地。建念佛堂，上下四間。下為堂主僧寮，上供西方三聖，住數僧，每日誦經念佛，俾彼物類，恆聆梵音，漸消業障。乙亥年夏，復於寺西近後山邊，圍以巨牆，約四十丈，建立收養野犬所。至是放生園工程略備矣。放生池舊有二所，一較小者，在明遠閣前，今以專收鱔鱉之屬。其一大池，在山門內，方百丈。昔祖與農民畜魚牟利。及十七年戊辰，智水方丈捨衣砵資贖回。唯已畜池中之魚，尚待募款籌贖。時本山護法陳承裘居士女寶瑛，夢偕其女傭至一寺前池畔，見有多人網捕。或問此池魚鬻於何處？女傭答云：是皆吾家主母出資所購者。及醒，告其女傭，而女傭謂同時亦有是夢，乃共驚嘆。旋聞怡山有募款贖魚之事，適與夢境符合。因發心獨捨巨資，向農民購贖全池之魚，永禁網捕。此當時贖池購魚之事實也。池之西北，以寺前圍牆為界，其東南兩面則與民池相連。贖池購魚之次歲己巳，曾編竹為籬圍之，計長六十五丈，以禦洪流，並防偷盜。又於池邊建兩屋，右佛堂，左寮房。為僧念佛看護之所。歷時既久，竹籬破損，不堪修葺。歲己卯冬，諸善信等謀於永心方丈暨衆檀護，協力籌募，改建磚牆。而工程浩大，募資匪易。因是磚牆介於兩池，堤岸甚狹，須由池底立樁，壘石為基，乃可建築。工未及半，復以時事變亂，物價工資超於預算逾倍，幾至束手無策。幸各方善信深明此舉為挽回劫運樞機，乃共勉力施捨巨資，卒告成焉。並於池之中央，造七如來塔一座，永昭供養，利益群生。又建第一山門於池左，復沿池岸築甬道，直達舊山門，而壯觀瞻。放生池工程於斯圓滿成就矣。計園池修建，前後歷十餘年，費資萬餘金。羅鏗端、陳士牧居士始終董其務。近述修建經過事迹，請撰碑記，垂示來葉。爰依其草稿，略為潤色，並書寫刊石，以志讚喜云。華民三十一年歲集壬午夏六月，南山律苑沙門演音。

《〈佛說八大人覺經〉釋要》跋

衰老日甚，體倦神昏。勉強錄此，蕪雜無次，訛誤不免。此稿未可刊布流傳，惟由友人收存以留紀念可耳。壬午八月十三日書竟並記，弘一。

寫《楞嚴》一節贈夏丏尊跋

戊午大勢至菩薩誕辰，剃度於定慧禪寺。翌日丏尊居士來山，為書《楞嚴念佛圓通章》，願他年同生安養，聞妙法音，回施有情，共圓種智。大慈山當來沙彌演音並記。七月十四日。

為夏丏尊書《地藏本願經》跋

戊午九月，入靈隱山乞戒，受紙筆墨；時丏尊喪父，為書《地藏本願經》一節。釋演音。

手書「南無阿彌陀佛」贈李紹蓮題記

演音於戊午七月十三日剃度，九月入靈隱山乞戒，十月來秀州（嘉興），閱藏於精嚴寺。書此贈俗兄紹蓮居士，以為紀念。西湖大慈山定慧寺弘一沙門釋演音。

手書古德訓言贈楊白民題記

古人以除夕當死日。蓋一歲盡處，猶一生盡處。昔黃檗禪師云：豫先若不打徹，臘月三十日到來，管取你腳忙手亂。然則正月初一便理會除夕事不為早；初識人事時便理會死日事不為早。那堪荏荏苒苒，悠悠揚揚，不覺少而壯，壯而老，老而死；況更有不及壯且老者，豈不重可哀哉？故須將除夕無常，時時警惕，自誓自要，不可依舊蹉跎去也。

余與白民交垂二十年，今歲余出家修梵行，白民猶沈溺塵網。歲將暮，白民來杭州，訪余於玉泉寄廬，話舊至懽。為書訓言二紙貽之，余願與白民共勉之也。戊午除夕雪窗大慈演音。

手書《十善法》贈楊白民題記

戊午歲暮，為白民書《十善法》，勉旃。西湖定慧弘一釋演音，時客玉泉清漣。

手書《楞嚴》數則貽夏丏尊跋

己未中伏，丏尊來大慈，檢手寫《楞嚴》數則貽之。定慧弘一淨行近住釋演音並記。

手書《金剛三昧經》題記

庚申四月初八日手裝，大慈弘一釋演音並題。癸亥正月付旻飛居士供養。澹汙道人曇昉敬題。

手書《無常經》跋

庚申四月二十一日，亡母五十九周誕辰，敬書是經，以資冥福。大慈弘一演音並記。

手書《根本說一切有部戒經》題記

庚申五月大慈弘一沙門演音敬寫。

手書「南無阿彌陀佛」洪名題記

明蕅益大師云：念佛工夫，祇貴真實信心。第一要信，我是未成之佛，彌陀是已成之佛，其體無二。次信娑婆的是苦，安養的可歸，熾然欣厭。次信現前一舉一動，皆可回向西方；若不回向，雖上品善，亦不往生。若知回向，雖誤作惡，速斷相續心，起殷重懺悔，懺悔之力，亦能往生，況持戒修福種種勝業，豈不足以莊嚴淨土？庚申六月，將之新城貝山掩關念佛，書此以志記念。大慈定慧弘一沙門演音。

手書三歸依五學處題記

三歸依，為歸依佛、法、僧三寶，為出離因。五戒，為不殺盜邪淫妄語飲酒，能生人天善道。庚申六月演音依律摘記。

手書「珍重」贈別夏丏尊並記

予居杭九年，與夏子丏尊交最竺，今將如新城掩關，來日茫茫，未知何時再面？書是以貽，感慨系之矣。庚申夏弘一演音記。

手書《佛說梵網經菩薩心地品菩薩戒》跋尾

庚申七月，同學弘傘義兄喪母，為寫《佛說梵網經菩薩心地品菩薩戒》一卷；並誦是戒，以為日課。惟願福資亡者，得見諸佛，生人天上。演音敬記。

手書《佛說大乘戒經》跋

庚申七月十三日，大勢至菩薩聖誕，演音剃染二年，敬寫此經；惟願四恩三有，法界衆生，戒香熏修，往生極樂。

手書《十善業道經》跋

庚申七月二十九日，地藏菩薩聖誕，演音敬寫《十善業道經》，迴向法界衆生，願同修十善業道。以此淨業正因，決定往生極樂。

手書《佛三身讚頌》跋

歲次辛酉四月二十一日，亡母王太淑人六十年誕，敬寫讚頌三種，以此功德回向亡母，解脫塵緣，往生極樂。弘裔沙門僧胤。

手書《佛說無常經》、《佛說略教誡經》跋

辛酉八月初五，亡父三十七周諱日。敬寫是經，以資冥福。大慈弘一沙門演音。

《根本說一切有部毗柰耶犯相摘記》題記

辛酉八月十七日，弘一沙門演音敬錄。

手書《增壹阿含經》跋

辛酉九月，敬寫《增壹阿含四經》於永寧城下寮。弘一沙門演音並記。

手書蕅益大師等法語題記

丏尊居士發心學佛，為寫先德法語，以督勵之。辛酉嘉平演音。

手書《別譯雜阿含經》跋

辛酉十二月，敬寫《別譯雜阿含經》於永寧城下寮。弘一沙門演音並記。

手書《本事經》跋

辛酉十二月，敬寫《本事經》二段於永寧城下寮。弘一沙門演音並記。

為亡母忌日寫經題記

於時歲在玄黓二月五日，亡母棄世十七周年，敬書菩薩名號，並錄《地藏本願經》句。以此功德，惟願亡母，速消業苦，往生西方，廣及法界衆生，同圓種智。大慈弘一沙門演音記於甌嶺城寮慶福藏堂。

手書《念佛三昧詩》題記

於時歲陽玄黓，吠舍佉月第一褒洒陀前三日，寫貽丏尊居士慧覽。弘一沙門演音居甌嶺慶福。

手書蓮池大師等法語題記

壬戌夏寫付丏尊居士。弘裔沙門僧胤居温嶺。

手書蘇軾畫阿彌陀佛像題偈跋

於時遜國後十一年歲次玄黓秋孟之節，寫付丏尊居士。弘裔僧胤。

手裝《普賢行願品別行本》贈蔡冠洛題記

太歲在析木永寧晚晴院沙門曇昉敬錄，以貽丏因居士，願同生西方，早成佛道，普利含識。乙丑小寒日黃昏，曇昉敬題於華藏室。

手書「具足大悲心」題記

此古法卷紙也。藏於錢塘定慧寺者百年後，歸於余又十數年。爾

將遠行，寫華嚴經句，以付後人，共珍奉焉。晚晴院沙門論月，時年五十。

手書禪偈贈夏丏尊題記

「聾人也唱胡笳曲，好惡高低自不聞。」佛眼遠禪師句。歲次大辰十月，丏尊居士囑書，智幢。

撰聯讚地藏菩薩並記

「多劫荷慈恩，今居永寧，得侍十年香火；盡形修懺法，願生極樂，早成無上菩提。」辛酉三月，余來永寧，居慶福寺，親得瞻仰禮敬，承事供養地藏菩薩摩訶薩，並修《占察懺儀》。明歲庚午，首涉十載。自幸餘生，獲逢聖教，豈無慶躍，碎身莫酬，攬筆成詞，輒申讚願。惟冀見聞隨喜，同證菩提。己巳十月，時年五十，弘一。

撰聯贈印月法師並跋

「會心當處即是，泉水在山乃清。」印月法師歸臥虎溪，書此呈之。後學月臂，時庚午居豐州。

集《華嚴》偈句書贈劉質平題記

「獲根本智，滅除衆苦；證無上法，究竟清涼。」庚午六月，質平居士重來白馬湖晚晴山房，商榷《清涼歌》，因為撰輯第一集，都凡十首，並集《大方廣佛華嚴經》偈句，書聯貽之，以為著述之紀念。法界寺沙門亡言，時年五十又一。

圓照禪師封龕攝影題識

辛未九月十八日，虎跑定慧寺圓照禪師往生極樂。十九日，請安心頭陀封龕。說法既竟，與沙門棲蓮、弘傘、弘一、居士徐仲蓀合攝此影，以誌遺念。演音。

手書《阿彌陀經》題記

歲次壬申六月，先進士公百二十齡誕辰，敬書《阿彌陀經》，迴向先考，冀往生極樂，早証菩提，並願以是迴向功德，普施法界衆生，齊成佛道者。沙門演音，時年五十三。

夢後書《華嚴經》偈贈普潤法師自跋

歲次癸酉正月八日，移居妙釋禪寺。是夜余夢身為少年，偕儒師行。聞後有人朗誦《華嚴》偈句，審知其為《賢首品》文。音節激楚，感人甚深，未能捨去。與儒師返，見十數人席地聚坐，中有一人操理絲絃，一長髯老人即是歌者，座前置紙，大字一行，若寫《華嚴經》名。余乃知彼以歌而說法者，深敬仰之。遂欲入座，因問聽衆：可有隙地容余等否？彼謂：兩端悉是虛席。余即脫屨，方欲參座，而夢醒矣。回憶《華嚴賢首品偈》，似為發心行相五頌，因於是夜篝燈書之。願盡未來際，讀誦受持，如說修行焉。演音。

普潤法師供養，後五日並記。偈云：

菩薩發意求菩提，非是無因無有緣；於佛法僧生淨信，以是而生廣大心。

不欲五欲及王位，富饒自樂大名稱；但為永滅衆生苦，利益世間而發心。

常欲利樂諸衆生，莊嚴國土供養佛；受持正法修諸智，證菩提故而發心。

深心信解常清淨，恭敬尊重一切佛；於法及僧亦如是，至誠供養而發心。

深信於佛及佛法，亦信佛子所行道；及信無上大菩提，菩薩以是初發心。

手書「清高勤苦」題記

甲戌正月，晉江梵行清信女講習會第一期始業，書此以勗勵之。沙門一音。

手書發誓願聯跋

願盡未來普代法界一切衆生備受大苦；
誓捨身命弘護南山四分律教久住神州。

歲在癸酉（一九三三）正月二十一，為靈峯蕅益大師涅槃日。迄二月十五日，在妙釋寺講《含注戒本》及《表記》初二篇，三月九日迄五月八日，居禾山萬壽寺講《四分律刪補隨機羯磨》卷上，八月二十四日迄十月初三，為律師道宣聖師涅槃日。住晉水大開元寺尊勝院，續講《戒本表記》、《羯磨》都竟。今歲三月十八日迄四月六日，在南普陀寺補講《行事鈔》盜戒，圓滿成就，故發誓願，以要心策志，資成勝行焉耳。甲戌沙門曇昉並書。

贈僧懺上人《華嚴》集聯並跋

「當度衆生界，當淨國土界；普入三昧門，普遊解脫門。」唐譯《大方廣佛華嚴經入法界品彌勒菩薩說頌》集句。僧懺上人供養，歲次甲戌五月尊勝院沙門髫目敬書。

血書詩偈贈勝進居士題記

出家以後，所用印章，大半散失。勝進居士屬集為一冊，未之能也。於時乙亥十一月，適普潤廣洽上人，割指瀝血，請寫《戒經》，盞有殘血，為補書詩偈於後。時居溫陵過化亭。

為金咨甫書《金剛經》跋

歲次丙子三月二十一日敬書，四月初八日書訖。以此功德，迴向亡友金咨甫夢疇居士。願彼業障消除，往生極樂世界，早證無上菩提，普度一切衆生。沙門演音弘一並記。

咨甫，浙金華武義人。弱冠遊杭，學於高師藝術專科。扶桑本田氏授手工，讚其精絕，求諸彼邦，未之有也。爾後任杭州師範兼女學歌樂教師二十年。嘗語余曰：始任教師頗多佳興，近惟積倦耳。余來南閩，曠絕音問。甲戌九月，印西上人書來，謂咨甫臥病半載，艱苦備歷，已謝世矣。遺囑請余寫經，為其迴向佛道。忽忽二載，及於今夏，書寫乃訖，併誌緣起焉。龍集玄枵木槿榮月，演音，時掩室古浪日光院。

《藥師如來本願功德經》跋

歲次丙子五月，敬書是經，迴向瑞集傳貫一禪師亡母龔許柳女居士，願彼業障消除，往生極樂，早成佛道，普利衆生。溫陵資壽寺沙門月音。

手書《佛說五大施經》跋

歲次玄枵，敬書《佛說五大施經》；迴向士惟居士，願往生安養，早證菩提。晉水南山律苑沙門一音，時年五十又七。

贈萬均法師《華嚴》集聯跋

去歲，萬均法師著《先自度論》，友人堅執謂是余撰，余心異之，而未及覽其文也。今歲，法師復著《為僧教育進一言》，乃獲披見，歎為稀有，不勝忭躍。求諸當代，少有匹者；豈余暗識，所可及也。因呈拙書，以誌景仰。丁丑三月，集《華嚴》偈句，一音。聯云：「開示衆生見正道，猶如淨眼觀明珠。」

贈許宣平居士偈語題記

祇今休去便休去，
若欲了時無了時。

歲次戊寅閏七月十三日，為余剃染二十周年。是日始講《佛說阿彌陀經》於龍溪尊元經樓。宣平居士先一夕自福州歸，獲預法會。逮十九日講經圓滿，居士設齋供養三寶及諸善信，慶幸歡忭，得未曾有。居士久處塵勞，恆思厭離，乃屬題句，用自惕勵，併志近事，以為記念焉。一音錄古德句。

手書集《華嚴》經句贈了智法師題記

「速見如來無量光，具此普賢最勝願；勤修清淨波羅密，恒不忘失菩提心。」了智法師供養，歲在己卯仲春，《華嚴經普賢行願品》句，後學一音集書于月臺。

贈轉應法師聯跋

「閩南砥柱，佛法金城。」歲次庚辰十二月朔，靈應寺主延請諸師蒞寺禮懺，齋天燄口，日夜勤勞，行者疲憊。翌朝黎明，轉應老法師孑身入大殿，持誦晨課，梵音圓朗，威儀端嚴。余親見之，大為歎服！師道心堅固，任事正直，久為緇素所稱贊。朝暮二課，數十年來，精勤無間，尤為衆所難能。世衰道微，人多文弱，不具剛骨。有如師者，可謂末法芬陀利矣！謹書聯句奉慈座，以志敬仰，並勵後賢。晚學一音，時年六十又一。

手書贈新加坡居士林聯句題記

「普令衆生得法喜，猶如滿月顯高山。」晉譯《華嚴經》偈句，新加坡居士林供養。沙門一音集書。

手書蕅益大師警訓贈傳淨法師

「專求己過，不責人非。步趨先聖先賢，不隨時流上下。」傳淨法師頂禮《法華經》，書此以為供養。演音。

手書古德偈句贈陳海量跋

「即今休去便休去，若欲了時無了時。」古德偈句。辛巳四月十九日，第二次居南浦水雲，明朝將復之福林。書此以奉海量居士，晚晴老人，時年六十又二，未御目魚書。（目魚，眼鏡也。）

手書「念佛不忘救國，救國必須念佛」並跋

念佛不忘救國，
救國必須念佛。

佛者，覺也。覺了真理，乃能誓捨身命，犧牲一切，勇猛精進救護國家。是故救國必須念佛。

辛巳歲寒，大開元寺，結七念佛，敬書呈奉，晚晴老人。

勝信《龍安佛寺詩》題記

壬午之夏，晚晴老人卓錫惠安靈瑞山寺，應楊景和居士之請，撰《龍安佛寺冠頭詩》，敬錄如次。侍者勝信謹識。「龍勝空宗傳竺土，安清古譯冠中邦。佛曦徧照閻浮境，寺刹崔巍建法幢。」惠安華藏寺沙門一音。

勝聞居士屬寫遺訓題記

壬午初夏，衰老益甚，將遯世埋名，求早生極樂。勝聞居士屬寫遺訓。余行疏學淺，何敢妄談玄妙。謹錄余生平不敢忘懷《論語》一章，以酬勝屬。「曾子有疾，召門弟子曰：啟予足，啟予手。《詩》云：『戰戰兢兢，如臨深淵，如履薄冰。』而今而後，吾知免夫，小子。」是為予生平得力處，願共勉焉。晚晴。

題勝聞居士贈東華法師畫冊

「鏡花水月，當體非真。如是妙觀，可謂智人。」勝聞居士以畫冊呈贈東華法師，為說是偈，書冠卷首，亡言。

為律華法師書律偈並記

律偈曰：「名譽及利養，愚人所愛樂；能損害善法，如劍斬人頭！」明誦帚道昉禪師，晉江溜澳人。住開元寺，嘗以是偈銘諸座右。余初落髮，亦書是偈，用自惕勵。邇者，律華法師於是偈言深為愛樂，復請書寫。余嘉其志，讚喜無已。願師自今以後，熟誦靈峯所撰《誦帚師傳》。盡此形壽，奉為師範。如誦帚所行，一一追蹤而實踐之。甘淡泊，忍疲勞。精勤禪誦，唾棄名利。以冰霜之操自勵，以穹窿之量容人。親近善友，痛除習氣。勇猛精進，誓不退惰。余所期望於師者至厚，所遵仰於師者至高，故不覺其言之縷縷也。沙門一音。

《詩鐘彙編初集》序

己亥之秋，文社疊起，聞風所及，漸次繼興。義取盍簪，志收衆藝。寸金雙玉，鬥角鈎心。各擅勝場，無美弗備。鄙謬不自揣，手錄一編。莛撞管窺，矢口慚訥。佚漏之弊，知不免焉。尤望大雅宏達，綴而益之，以匡鄙之不逮云。當湖惜霜仙史識。

《二十自述詩》序

墮地苦晚，又攖塵勞。木替草榮，駒隙一瞬。俯仰之間，歲已弱冠。回思曩事，恍如昨晨。欣戚無端，抑鬱誰語？爰託豪素，取誌遺蹤。旅邸寒燈，光僅如豆。成之一夕，不事雕劖。言屬心聲，迺多哀怨。江關庾信，花鳥杜陵。為溯前賢，益增慚恧！凡屬知我，庶幾諒予。庚子正月。

《李廬詩鐘》自序

索居無俚，久不託音。短檠夜明，遂多羈緒。又值變亂，家國淪陷。山邱華屋，風聞聲咽。天地頓隘，啼笑胥乖。迺以餘閑，濫竽文社。輒取兩事，纂為儷句。空梁落燕，庭草無人。隻句珍異，有愧鄙哲。歲月既久，儲積寖繁。覆瓿摧薪，意有未忍。用付剞劂，就正通人。技類雕蟲，將毋齒冷？賜之斧削，有深企焉。庚子嘉平月。

《李廬印譜》序

繫自獸蹄鳥蹟，權輿六書。撫印一體，實祖繆篆。信縮戈戟，屈蟠龍蛇。範銅鑄金，大體斯得，初無所謂奏刀法也。趙宋而後，茲事遂盛。晁王顏姜，譜派灼著。新理纍達，眇法葩呈。韻古體超，一空凡障，道乃烈矣。清代金石諸家，蒐輯探討，突駕前賢；旁及篆刻，遂可法尚。丁黃唱始，奚蔣繼聲，異軍特起，其章草焉。蓋規橅秦漢，取益臨池，氣采為尚，形質次之。而古法畜積，顯見之於揮灑，與諭之於刻劃。殊路同歸，義固然也。不佞僻處海隅，味道懵學，結習所在，古歡遂多。爰取所藏名刻，略加排輯，復以手作，置諸後編，顏曰《李廬印譜》。太倉一粒，無裨學業，而苦心所注，不欲自薶。海內博雅，不棄窳陋，有以啟之，所深幸也。

《城南草堂筆記》跋

雲間許幻園姻譜兄，風流文采，傾動一時。庚子初夏，余寄居城南草堂，由是促膝論文，迄無虛夕。今春養疴多暇，數日間著有筆記三卷，將付剞劂。竊考古人立言，與立德立功並重。往往心有所得，輒札記簡帙，兼收並載，積日既久，遂成大觀。如宋之《鐵圍叢談》，本朝《茶餘客話》、《柳南隨筆》之類。今幻園以數日而成書三卷，其神勇尤為前人所不及。他日潤色鴻業，著作承明，日試萬言，倚馬可待，則幻園之學，豈遽限於是哉。時在辛丑元宵後，余將有豫中之行，君持初稿屬為題詞，奈行李匆匆，竟未得從容構想。爰跋數語，以志欽佩。當湖惜霜仙史李成蹊漱筒甫倚裝謹識。

《李蘋香》序

曏讀龔瑟人《京師樂籍說》，淵淵然憂，涓涓然思，曰：「樂籍禍人家國，其劇烈有如是歟？」既而披歐籍，籀新理，迺知龔子之說，頗涉影響。曷言之？樂籍之進步，與文明之發達，關係綦切。故考其文明之程度，觀於樂籍可知也。時乎文化慘澹，民智呰窳。雖有樂籍，其勢力弱，其進步遲。卑卑之倫，固匙足齒。若文明發達之國，樂籍碁布，殆遍都邑。雜裙垂髾，目窕心與。游其間者，精神豁爽，體力活潑。開思想之靈竅，闢腦絲之智府。說者疑吾言乎？曷觀歐洲之法蘭西京師巴黎，樂籍之盛為全球冠。宜其民族沉溺於茲，無復高曠之思想矣。迺何以歐洲猶有「欲鑄活腦力，當作巴黎游」之諺？茲說茲理，較然甚明，奚俟刺刺為耶！唯我支那，文化未進，樂籍之名，魁儒勿道。上海一埠，號稱繁華，以視法之小邑，猶莫逮其萬一，遑論巴黎！豈野蠻之現象固如是，抑亦提倡之者無其人歟！

友人鑠鏤十一郎，新撰一小冊子，曰《李蘋香》，郵函索敘於余。余固未見其書，無自述其內容。第諗李蘋香，為上海樂籍之卓著者。君撰是冊，亦非碌碌因人者。不揣檮昧，摭拾西哲最新之學說，為讀是書者告。夫惟大雅，倘亦韙茲說歟！甲辰春杪當湖惜霜。

《國學唱歌集》序

《樂經》云亡，詩教式微，道德淪喪，精力㬥摧。三稔以還，沈子心工，曾子志忞，紹介西樂於我學界，識者稱道毋稍衰。顧歌集甄錄，僉出近人撰著，古義微言，匪所加意。余心恫焉。商量舊學，綴集茲冊。上泝古《毛詩》，下逮崑山曲，靡不鰓理而會粹之。或譜以新聲，或仍其古調，顏曰《國學唱歌集》。區類為五：

《毛詩》三百，老唱歌集。數典忘祖，可為於邑。「揚葩」第一。

風雅不作，齊竽競嘈。高矩遺我，厥唯《楚騷》。「翼騷」第二。

五言七言，濫觴漢魏，瑰偉卓絕，正聲罔愧。「修詩」第三。

詞託比興，權輿古詩。楚雨含情，大道在茲。「摛辭」第四。

余生也晚，古樂靡聞。夫唯大雅，卓彼西崑。「登崑」第五。

《音樂小雜誌》序

閒庭春淺，疎梅半開。朝曦上衣，軟風入媚。流鶯三五，隔樹亂啼；乳燕一雙，依人學語。上下宛轉，有若互答，其音清脆，悅魄蕩心。若夫蕭辰告悴，百草不芳。寒蛩泣霜，杜鵑啼血；疎砧落葉，夜雨鳴鷄。聞者為之不歡，離人於焉隕涕。又若登高山，臨巨流，海鳥長啼，天風振袖，奔濤怒吼，更相逐搏，砰磅訇磕，谷震山鳴。懦夫喪魄而不前，壯士奮袂以興起。嗚呼！聲音之道，感人深矣。唯彼聲音，僉出天然；若夫人為，厥為音樂。天人異趣，効用靡殊。

緊夫音樂，肇自古初，史家所聞，實祖印度，埃及傳之，稍事制作；逮及希臘，迺有定名，道以著矣。自是而降，代有作者，流派灼彰，新理泉達，瓌偉卓絕，突軼前賢。迄於今茲，發達益烈。雲滃水湧，一瀉千里，歐美風靡，亞東景從。蓋琢磨道德，促社會之健全；陶冶性情，感精神之粹美。効用之力，寧有極歟。

乙巳十月，同人議創《美術雜誌》，音樂隸焉。迺規模粗具，風潮突起。同人星散，瓦解勢成。不佞留滯東京，索居寡侶，重食前說，負疚何如？爰以個人綿力，先刊《音樂小雜誌》，餉我學界，期年二冊，春秋刊行。蠡測莛撞，矢口慚訥。大雅宏達，不棄窳陋，有以啟之，所深幸也。

嗚呼！沈沈樂界，眷予情其信芳。寂寂家山，獨抑鬱而誰語？矧夫湘靈瑟渺，淒涼帝子之魂；故國天寒，嗚咽山陽之笛。春燈燕子，可憐幾樹斜陽；玉樹後庭，愁對一鈎新月。望涼風於天末，吹參差其誰思！冥想前塵，輒為悵惘。旅樓一角，長夜如年。援筆未終，燈昏欲泣。時丙午正月三日。

《李息翁臨古法書》序

居俗之日，嘗好臨寫碑帖。積久盈尺，藏於丏尊居士小梅華屋，十數年矣。爾者居士選輯一帙，將以鋟鈑示諸學者，請余為文冠之卷首。夫耽樂書術，增長放逸，佛所深誡。然研習之者能盡其美，以是書寫佛典，流傳於世，令諸衆生歡喜受持，自利利他，同趣佛道，非無益矣。冀後之覽者，咸會斯旨，乃不負居士倡布之善意耳。歲纏鶉尾，如眼書。

《白陽》誕生詞

技進于道，文以立言。悟靈感物，含思傾妍。水流無影，華落如煙。掇拾羣芳，商量一編。維癸丑之暮春，是為白陽誕生之年。

《漢長壽鈎鈎銘》題記

右漢長壽鈎「鈎銘」二字，阮元案：銘作陰款，揣其制當更有一鈎，文必陽識。古人合之以當符券也。癸丑五月十四日，丏翁同學二十八年誕辰，摹此以祝丏翁長壽。當湖老人息翁。

《沙翁墓誌》跋

《沙翁墓誌》書法古穆，相傳為沙翁自筆。文字亦奧衍，不可猝解。今譯為近代英文如左。

君亦顧諟天之明命，勿傷吾骨。

有保吾之墓者，吾必佑之；

有移吾之骨者，吾必殛之。

《朱賢英女士遺畫集》題詞

壬子春，予在城東授文學，賢英女士始受予教。其後屢以書畫，乞為判正，勤慎懇到，冠於同輩。未幾負疾，廢學家居。前年侍母朝普陀，禮觀音大士，受三歸依。自是信佛至篤，修習教典，精進靡間。去歲四月，余來滬，居城東，賢英過談半日。勉以專修持名念佛，毋旁騖他法。其時賢英至心信受，深自慶幸。乃以幻緣既盡，殤於歲晚。淨業始萌，朝露溘至，可歎嘅也。比者，同學將集其遺畫，影印輯帙，以誌哀思；遠徵題辭於予，為記其往昔因緣如是。壬戌二月大慈弘一沙門演音書於溫嶺寮藏堂。

贈夏丏尊篆刻五方題記

十數年來，久疏雕技。今老矣，離俗披剃，勤修梵行，寧復多暇耽玩於斯。頃以幻緣，假立叵名及以別字，手製數印，為志慶憙。後之學者覽茲殘礫，將毋笑其結習未忘邪？於時歲陽玄默吠合佉月白分八日。予與丏尊相交久，未嘗示其雕技。今賫以供山房清賞。弘裔沙門僧胤並記。

《晚晴賸語》題記

歲在星紀木槿榮月，將入深山，埋名遯世，檢集箋稿得十數首，始於癸亥歲晚，迄於乙丑夏首，題曰《晚晴賸語》，寫付家仲兄子聖章居士，聊記遺念。永寧晚晴院沙門曇昉。

《石禪皈佛碑》題記

歲在星紀十月十六日後夜，晨鐘既鳴，余復假寐。夢在白馬湖「春社」，晤頤淵居士。几上有白玉鏡，高二寸餘，晶瑩光潔，上右稜少圓，他悉方角。居士謂將鐫字其上，曰「石禪□□碑」，隸書直寫，體近寶子；惟中二字，闕而不具。種種擬議，訖未適當。余乃勸以「皈佛」補之。居士問其義，余為釋曰：皈與歸同，回向之義。昔學孔老，今歸佛法。（按：居士昔之學，非專崇孔老者，此據夢中之言記之。）猶面東者，轉而西向。余復轉旋其身，示彼形狀。居士見之，踴躍稱善。余夢遂醒，鐘聲猶未絕也。朝曦既上，追憶夢中形狀、語言，濡筆記之。並圖鏡形，以奉居士。夢中言狀，一切如實，未增減，冀以存其真也。

四友重攝一影題跋

余來滬上，明年歲在庚子。共寶山蔡小香、袁仲濂，江陰張小樓，雲間許幻園諸子，結為天涯五友，並於寶記像室寫影一幀。爾來二十有八年矣。重游申瀆，小居江灣緣緣堂。蔡子時已殂化，惟袁張許子猶數過談，樂說往事，乃復相偕寫影於寶記像室。是時改元後十六年，丁卯十月一日，袁子年五十四，張子五十一，許子五十，余四十八。寫影自右依齒序焉。無着道人。

旭光室額跋

余來柯城，未一謁宰官居士；惟治行前朝，過碩果巷乞吳明經書旭光室額。於時朝曦入檐，沈寒在袖。明經焚香掃地，舉筆拜手致敬禮已，而後加墨，曰「吾書未工，誠意為貴」也。明經字子弓，年七十九。目微盲，能作大字，通考據、性理之學。安德忘貧，不慕榮利。三衢多耆宿，君其首出矣。

晚晴院額跋

唐人詩云：「人間愛晚晴」，髫齓之歲喜誦之。今垂老矣，猶復未忘，亦莫自知其由致也。因顏所居曰「晚晴院」，聊以記念舊之懷耳。書者永寧陶長者文星，年九十三。陶長者，既為余書晚晴院額，張居士蔚亭，並寫此本。耄德書翰，集於一堂，彌足珍玩，不勝忭躍。沙門弘一識。

明薛文清公《〈讀書錄〉選》題記

《讀書錄》十卷，《續錄》十二卷，明名臣薛文清（瑄）公撰。其中說性理者，頗近佛法。惜模糊影響，似是而非，故無足取。但其習氣之言，皆精湛切實，可資吾人省惕。故擇錄百餘則，以備尋覽焉。己巳七月賢瓶道人書。

清三韓梁瀛侯《〈日省錄〉選》題記

余既選錄《讀書錄》一卷。今復披閱三韓梁氏《日省錄》。其中警策身心之言，頗為精切。皆多年閱歷有得，而後筆之於書者。故亦選錄一卷。奉於座右，以資修省。梁氏之書，為編集前賢嘉言而成。非一家之言也。己巳初秋賢瓶道人書。

唐學士韓偓墓道攝影題記

唐季變亂，中原士族徙閩者衆。偓以孤忠奇節，抗忤權奸，既遭貶謫，因隱南閩。蔬食修禪，冥心至道，求諸季世，亦希有矣。

勝進居士為撰偓傳，以示青年學子，俾聞其風者，勵節操，祛卑污，堪為世間完人，漸以熏修佛法，則是書流布，循循善誘，非無益矣。夫豈世俗文學典籍所可同日語耶？撰錄既竟，為題其端，爰志讚喜云。歲次鶉尾秋暮晚晴老人居福林。

《韓偓評傳》序

偓為唐季名臣，晚歲居南閩，略能熏修佛法。生平事迹，散見諸書，而知者蓋鮮。乃屬高子勝進，摭其概略，輯為一編，以示時賢。爾者紫雲詩人施千金，重葺偓墓，晉水諸耆宿賦詩美之。余復為偓寫經，迴向菩提。而高子所輯傳記，亦適於斯成就，可謂千載一時之盛矣。傳記將以鋟版，為述所懷，弁其端云。丙子八月弘一。

《韓偓全傳》序

癸酉小春，驅車晉水西郊，有碑矗路旁，題曰「唐學士韓偓墓道」。因憶兒時居南燕，嘗誦偓詩，喜彼名字，乃五十年後，七千里外，遂獲展其墦墓，因緣會遇，豈偶然耶？余於晚歲遯居南閩，偓以避地亦依閩王而終其身，俯仰古今，能無感愴。爾者高子勝進，摭偓遺事，輯為一卷，余覽而善之，略述所見，弁其端云。歲次玄枵薝蔔老人。

《小梅花屋畫本》跋

庚午五月十四日，丏尊居士四十五生辰，約石禪及余至小梅花屋共飯蔬食。石禪以酒澆愁，酒既酣，為述昔年三人同居錢塘時良辰美景，賞心樂事，今已不可復得。余乃潸然淚下，寫《仁王般若經》苦、空二偈貽之。

生老病死，輪轉無際。事與願違，憂悲為害。欲深禍重，瘡疣無外。三界皆苦，國有何賴？

有本自無，因緣成諸。盛者必衰，實者必虛。衆生蠢蠢，都如幻居。聲響皆空，國土亦如。

永寧沙門亡言，時居上虞白馬湖晚晴山房。

題過化亭跋

泉郡素稱海濱鄒魯。朱文公嘗於東北高阜，建亭種竹，講學其中，歲久傾圮。明嘉靖間，通判陳公重築斯亭，題曰「過化」，後亦毀於兵燹。爾者葉居士青眼欲復古蹟，請書亭額補焉。余昔在俗，潛心理學，獨尊程朱。今來溫陵，補題「過化」，何莫非勝緣耶？遜國後二十四年，歲在乙亥，沙門一音書，時年五十有六。

手書石屋珙《山居詩》句贈煙水庵主題記

「素壁淡描三世佛，瓦瓶香浸一枝梅。」

明石屋珙山居詩句，丁丑歲首，以奉煙水庵主慧鑒，澹汻院沙門亡言書。

《馬冬涵印集》序

曉清居士，英年好學，長於藝術，治印古雅，足以媲美缶廬諸老。夫藝術之精，極於無相。若了相，即無相，斯能藝而進於道矣。印集文云：聽有音之音者聾，即近此義，若解無音之音，乃可謂之聰也。居士慧根夙植，當能深味斯言。戊寅秋晚，二一老人，時居南州。

題《格言聯璧》

余童年恒覽是書，三十以後，稍知修養，亦奉是為圭臬。今離俗已二十一載，偶披此卷，如飲甘露，深沁心脾，百讀不厭也。或疑「齊家」、「從政」二門，與出家人不相涉；然整頓常住，訓導法眷，任職叢林，方便接引，若取資於此二門，善為變通應用，其所獲之利益，正無限也。演音。

為淡生書聯並跋

游衍書續，
唾棄利名。

淡生賢首，自撰聯句，囑書。略為潤色，並附注釋其義，以奉惠覽。游衍書續者，游衍見詩《大雅》，傳記云：「自恣之意」；續與繪通。唾棄利名者，輕賤鄙棄也。

《四上人詩鈔》序

禪宗諸師所撰詩偈，多寓玄旨，非思量卜度能了知也。或惟玩其藻，沖穆清逸，亦足淡世情而遺榮利。寄塵居士，近輯《四上人詩鈔》，以巧方便，導俗砭世，意至善也。昔初剃染，披尋雪竇語錄，於其詩偈，有能默誦者。猶憶一絕云：「六合茫茫竟不知，靈山經夏是便宜。虛堂夜靜閒無事，留得禪僧立片時。」是所謂空靈覺悟也。寄塵之輯，倘亦有感於斯。用志數言，以墨其端。沙門如眼書。

手書草庵門聯補跋

草積不除，便覺眼前生意滿；
庵門常掩，毋忘世上苦人多。

此數年前為草庵所撰寺門聯句，下七字疑似古人舊句，然亦未能定也。眼前生意滿者，生意指草而言。此上聯隱含慈悲博愛之意，宋儒周、程、朱諸子文中常有此類之言，即是觀天地生物氣象而興起仁民愛物之懷也。

補書泉州開元寺門聯題跋

此地古稱佛國，
滿街都是聖人。

寺門舊有此聯，朱文公撰，久佚，為補書之。戊寅春沙門一音書。

為張人希家藏《清代名家書畫冊》題跋

書畫風度每隨時代而變易。是為清季人作，循規蹈矩，猶存先正典型，可寶也。壬午秋，亡言，時年六十有三。

為吳魯《龍神感應記臨本》題跋

余於童年，即聞肅堂名。五十游閩，居雪峯，獲觀肅堂書大雄殿額。今復覩是冊，勝緣有在，歡忭何已。書法嚴肅端莊，能副其名，可寶也。歲次鶉火七月晚晴老人題。

弘一大師全集

趙樸初署

第八冊

文藝卷

雜著卷

書信卷

《弘一大師全集》（修訂版）編輯委員會 編

福建人民出版社
海峽出版發行集團
THE STRAITS PUBLISHING & DISTRIBUTING GROUP

初版發起人（敬稱略）

釋瑞今 釋宏船 釋廣洽 釋常凱 釋妙燈 釋廣淨
釋廣義 釋廣範 釋廣餘 釋廣安 釋傳貫 釋晴輝
釋覺定 釋優曇 釋元果 釋隆根 釋自立 釋唯慈
釋妙因 釋妙抉 釋心理 釋圓拙 釋妙蓮 釋妙湛
釋毅然 釋傳常 高文顯 陳珍珍 林子青 虞 愚
蔡吉堂 劉雪陽 豐一吟 金兆年

編輯委員會總顧問：趙樸初
編輯委員會主 任：林子青
副主任：釋圓拙 陳珍珍 沈繼生
編輯委員：釋圓拙 釋妙因 釋妙蓮 林子青
陳珍珍 高文顯 沈繼生 釋法雲 王連茂 陳泗東
陳清泉 陳祥耀 莊炳章 陳存廣 黃柏齡 楊加清
李瑞良 楊貢南 夏宗禹 許在全 余險峯 張虹劍
施榮茂 莊為玠 葉四遊 陳瑞熙 傅佩韓 陳懷曄

修訂版編輯人員（敬稱略）

編輯委員會總顧問：李木源
顧 問：釋界詮 釋道元 釋本性 釋向願 釋理任 釋常定
汪毅夫 林文斌 余險峯 黃少萍 李育才 陳清泉
潘燕燕 胡曉泉 駱良益
主 編：釋學誠 陳珍珍 陳祥耀
副主編：周焜民 王爾康 吳幼雄 林長紅
編 委：釋學誠 陳珍珍 陳祥耀 周焜民 王爾康 吳幼雄
林長紅 祝閩影 周書榮 釋振宇 釋德昇 釋真仁
張 勇 林 樺

◎一九一一年三月，李叔同於日本東京美術學校畢業時之自畫像。（日本東京藝術大學美術館藏　吉田千鶴子提供）

◎一九一一年三月，日本東京美術學校畢業紀念照。（日本 吉田千鶴子提供）

◎畢業紀念照中之李叔同（第二排左三）

◎一八九九年攝於上海

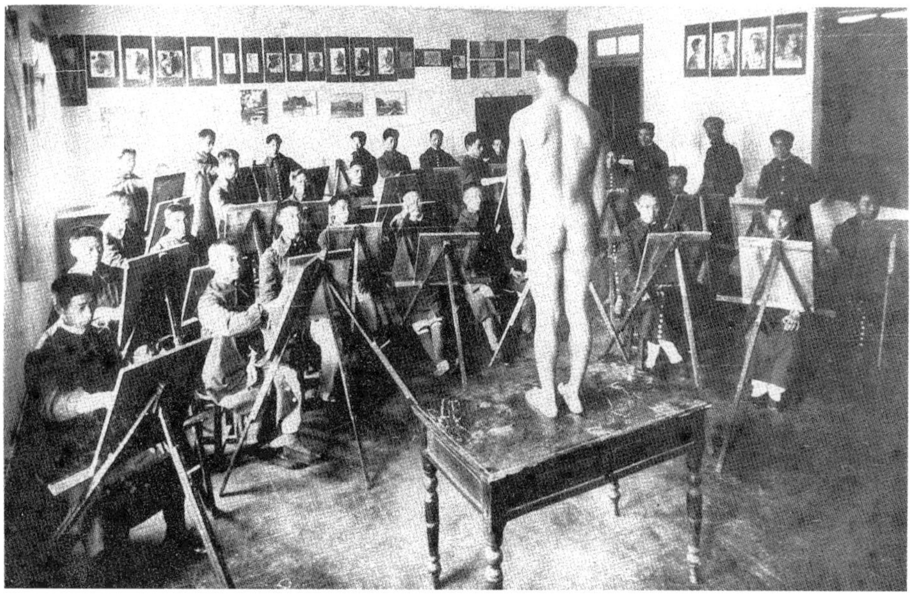

◎一九一三年，在浙江兩級師範學校教授裸體寫生時，與學生合影。（後排右二站立者為李叔同）

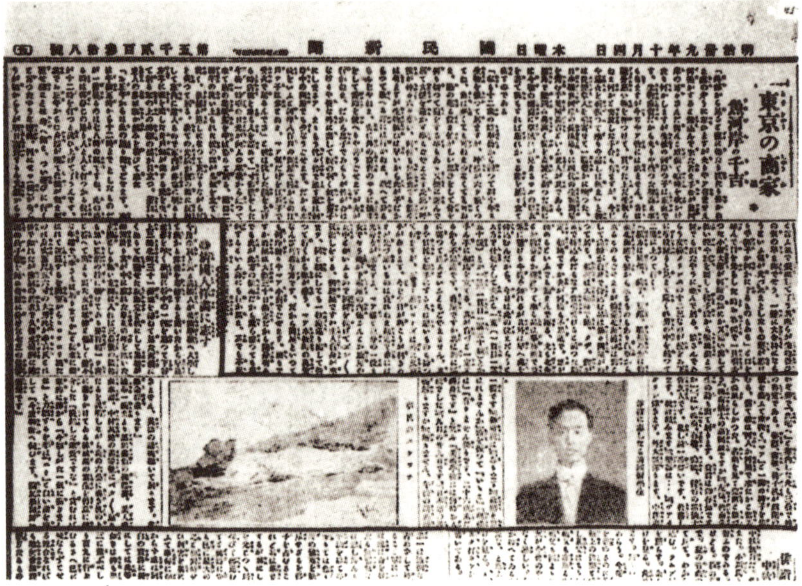

◎日本《國民新聞》記者訪李哀（叔同）記事《清國人志於洋畫》

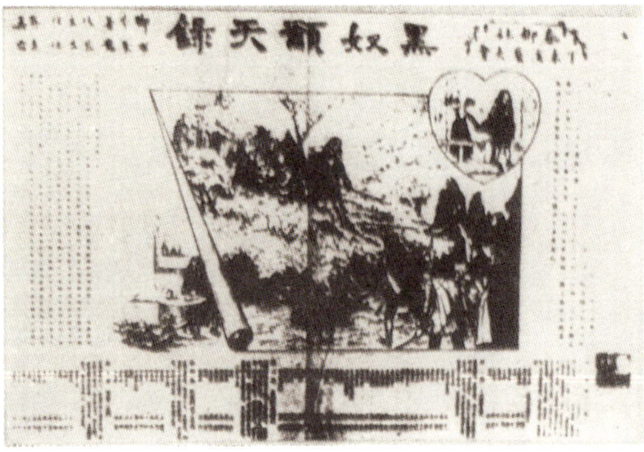

◎一九〇七年春柳社於東京演出《黑奴籲天錄》的海報

◎此照片係日本實藤惠秀博士轉請清水茂教授翻拍自京都大學圖書館所藏李叔同一九〇六年編印《音樂小雜誌》，原彩色封頁為李叔同設計繪製。

◎民國初年李叔同與夏丏尊在杭州祭孔儀式上

◎韓偓墓道碑前的晚晴老人，一九三五年冬攝於泉州。

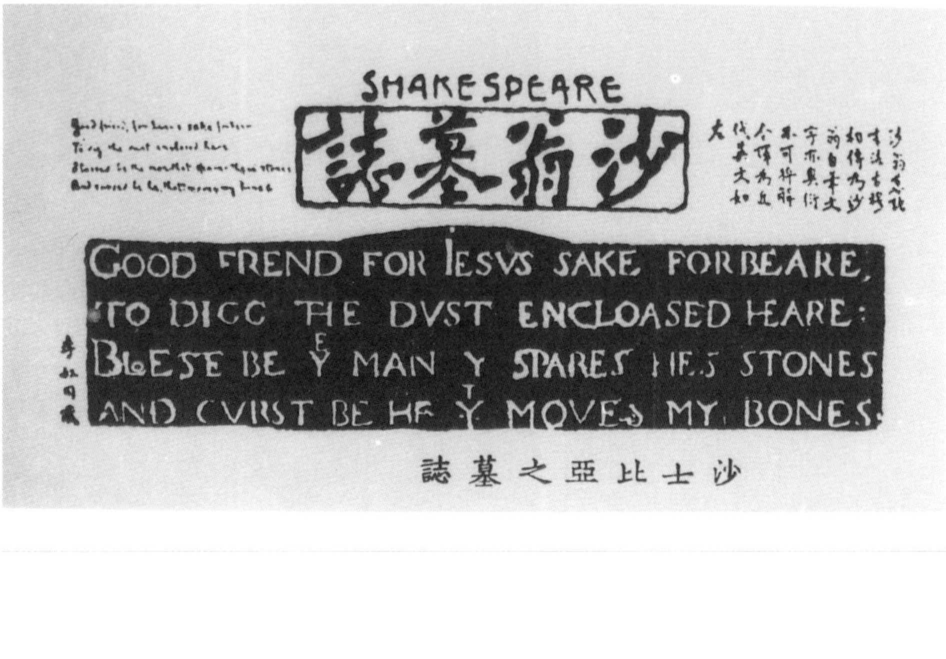

◎一九一二年，李叔同設計繪製之莎士比亞墓誌。

◎李叔同參與演出之《黑奴籲天錄》第二幕場景。左起第四人為歐陽予倩，第五人飾哲爾治者係莊雲石，第八人飾愛美柳夫人者即為李叔同（藝名息霜），第九人飾解爾培者為黃二難。

◎一九〇七年李叔同在春柳社飾演茶花女時之造型

◎李叔同在日本留學時與印度同學換裝合影

◎李叔同為《音樂小雜誌》所作之木炭畫貝多芬像（李叔同於一九〇六年一月在日本東京撰《樂聖比獨芬傳》一文）

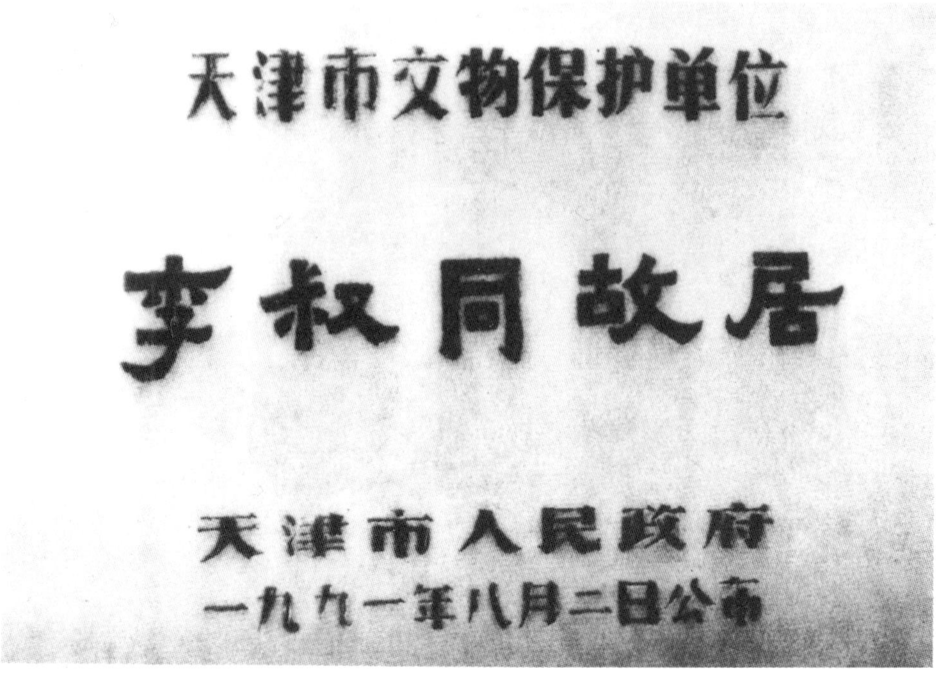

◎一九九一年天津市人民政府所立之「李叔同故居」銘牌

◎一九〇五年秋，李叔同選詞配曲之《國學唱歌集》初編書影

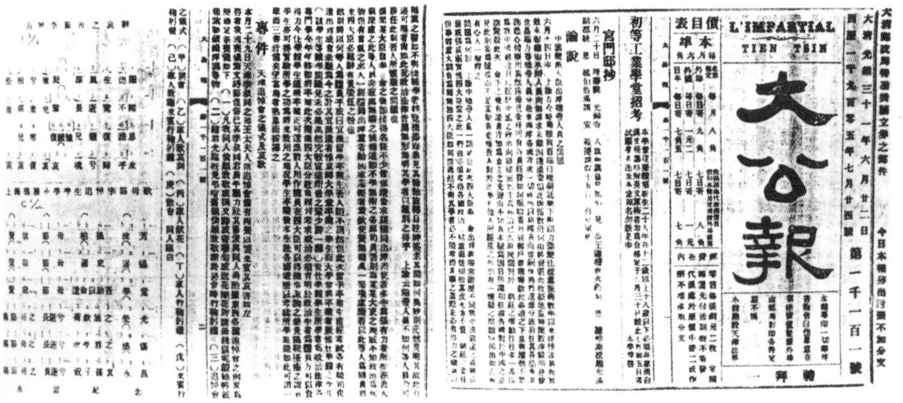
L'IMPARTIAL
TIEN TSIN
大公報

◎一九〇五年七月二十三日起《大公報》對李叔同改革喪儀之報導

◎素描畫　李叔同（右）與曾孝谷（左）

◎一八九九年，李叔同為《唐靜巖司馬真蹟》題簽，落款「當湖李成蹊署」。

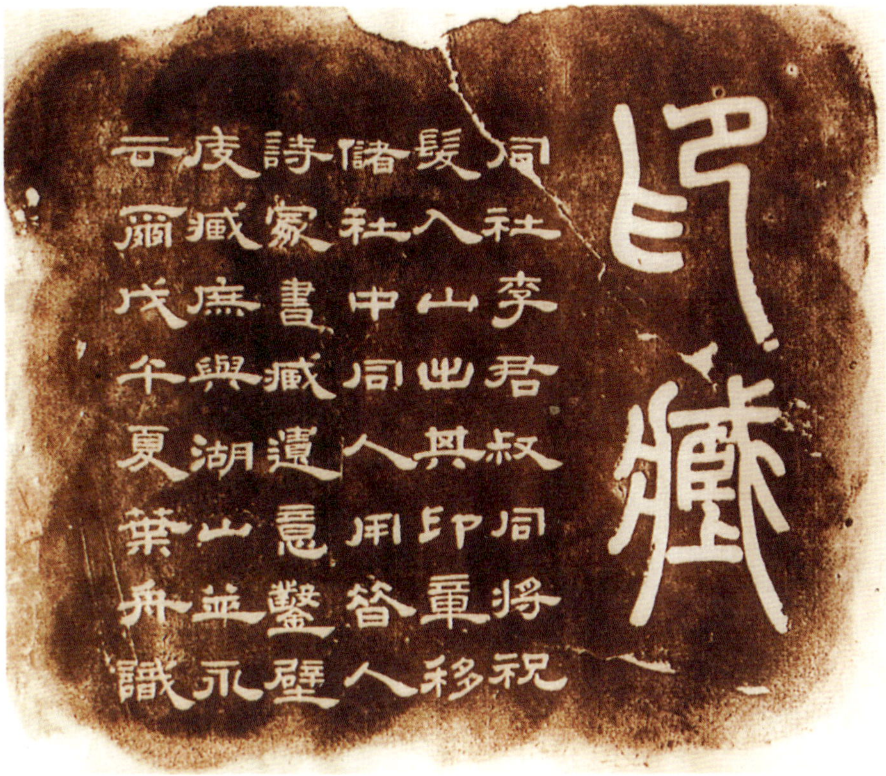

◎西泠印社「印藏」藏李叔同出家時所贈金石作品之題照

◎《樂石》第一集書影

◎《李叔同先生印存》書影

◎《龔紅軒印譜》書影

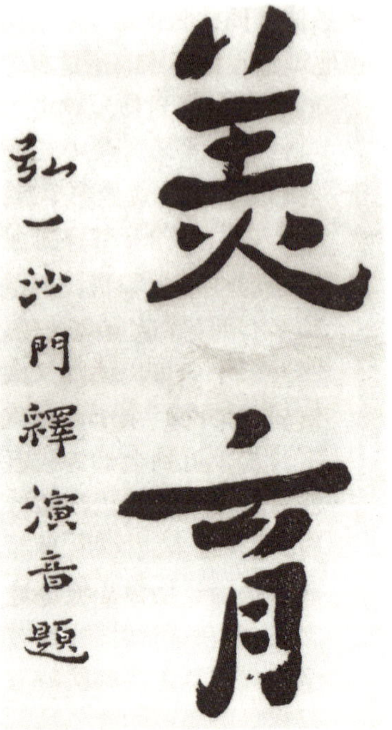

◎一九二〇年弘一大師為《美育》雜誌題字

◎一九一三年李叔同（息霜）作「春游」歌手迹

◎一九五七年豐子愷選編《李叔同歌曲集》書影

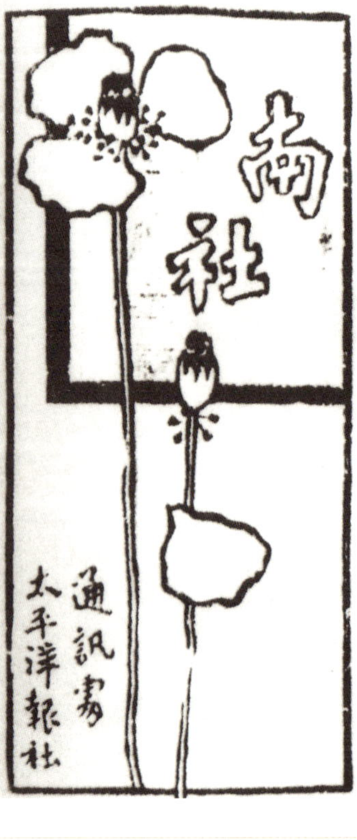

◎李叔同設計《太平洋報》之《南社》刊額

◎坐落於天津市河北區宙緯路之「李叔同書法碑林」正門

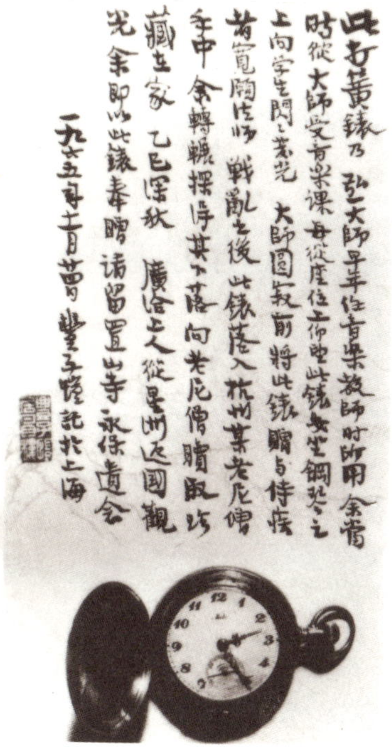

◎一九八七年六月廣洽法師贈李端弘一大師遺物金錶之照片，上有豐子愷所作之題跋。

◎一九八六年六月十三日新加坡佛教總會副主席廣洽法師瞻仰天津弘一大師故居，與法師在俗之子李端一家等合影。（前排左起：李莉娟、李端、廣洽、李端夫人；後排左起：李淑娟、龔望、李呈鈞、林子青、李汶娟）

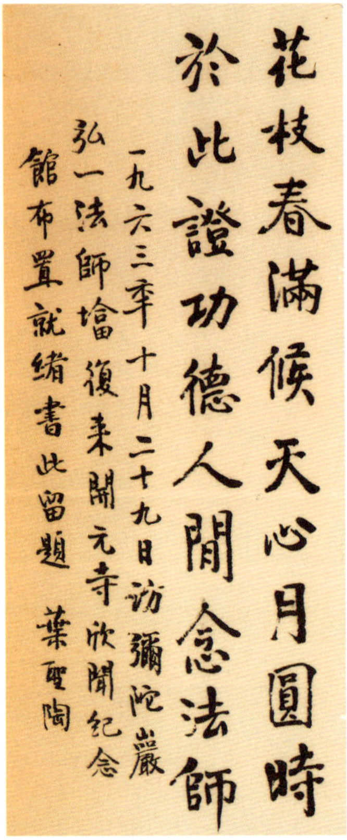

◎一九六三年著名作家、教育家葉聖陶先生留題

◎一九八二年修復對外開放之泉州開元寺弘一法師紀念館

◎一九八〇年中國佛教協會會長趙樸初登清源山拜塔

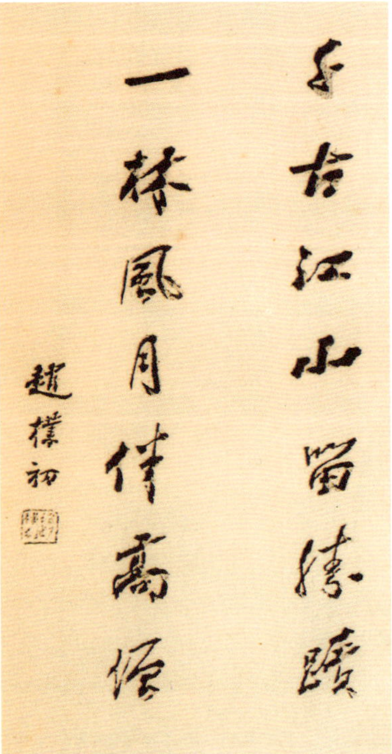

◎趙樸初會長在彌陀巖摩崖題刻

第八冊目錄

文藝卷

第一部類　論說

第二部類　詩詞

第四部類　歌曲

第六部類　繪畫

雜著卷

第二部類　雜志

第三部類　偈語

第四部類　譯作

第五部類　格言別錄

書信卷

本冊說明

一　本冊為雜著卷和書信卷的合集。（修訂版編者按，文藝卷今調入本冊。）雜著卷包括題記、（修訂版編者按，今調至序跋卷。）論說、雜志、偈語、譯作、格言別錄等部類。

二　舊版《弘一大師講演錄》中的《南閩十年之夢影》一文，實為敘事文，《人生之最後》一文，實是論說文，均收入於雜著卷。

三　偈語為佛教十二部經之一「伽陀」之意譯，亦可單稱為偈，即無韻之詩。古人常將「詩偈」連稱，四言偈語近似四言詩，但無韻而已。故本冊將偈語收錄於雜著卷。

四　雜著卷格言別錄收有大師所集並手書的《格言別錄》和大師親自寫錄的《晚晴集》，以及《寒笳集》中的格言部分。此外，《佩玉編》原係明、清人著作，大師晚年常以是編作為講演題材，可以視為經大師精選者，故亦收入本冊。

五　書信卷所收信件，共一千零三十九通，係自一九四四年《晚晴山房書簡》第一輯出版以來，收件最多、檢校最詳密者。其中七百多通據手蹟稿整理，餘者錄自已出之書，並經仔細覈校，補證不少錯漏。（修訂版編者按，今書信通數有增補。）

六　書信卷統以手蹟稿（原始材料）為準，全文照錄，儘量保持原件的風貌與格式。譬如信首對受件人之稱呼，信件內容之分段句讀，信末署名及標時之次序，句旁所加之重點記號，以及手繪附圖等，均按原樣保留。有些明信片沒有上款，亦作原樣。只作以下改動：尊稱提頭改為接排，謙稱偏側小字改為正排；小字雙行（或單行）夾注改用圓括號單行排字；缺文用尖括號標示；酌補文字用方括號標示；明顯筆誤者逕改。

七　書信卷編目次序：致俗家師友門生信件列前，出家後致道侶信件列後。受件人依首函發信年月定先後，每一受件人之書札亦依時間順序排列，以便檢索。受件人為兩人以上者，以署名在前者立目。受件人生平事蹟可考的，均作了簡要介紹。編者已對大師發信之時間與地點（主要為駐錫寺院）作了考證，標明在

八　每信之前。待考者從略。疑慮不明者，信末附加注釋。書信卷注釋文字採用隨文列點刊於信末。注釋文條目涉及人物、事件、時間、地點、名詞術語等內容。人物注釋力求規範，簡述其生卒年、籍貫、身份，以及致書人與受件人之交誼事蹟。無由查考者從略。

九　書信卷末附大師書信手蹟八十件。（修訂版編者按，今手蹟件數有增補。）入選標準，一為以行書揮灑自如者，一為就文藝、佛學、歷史事件、品評人物發表真知灼見者。

十　書信卷所收書簡尚不夠詳盡。尤以未能收錄到致印光法師、馬一浮、范古農、毛善力（修訂版編者按，今補一通。）諸居士之書札，甚為遺憾。望來日《補遺卷》能有新得。

十一　書信卷對發信時間地點之考證，以及注文釋義倘有失當之處，敬希讀者不吝賜教。

文藝卷

近世歐洲文學之概觀

中世古典派文學（Classic）瓌偉卓絕，磅礴大宇，及十八世紀初期，其勢力猶不少衰。操觚簪筆家僉據是為典則。其後承法蘭西革命影響，而熱烈直摯之詩風，乃發現為文藝界一大新思潮，即傳奇派（Romantic)是。逮至十九世紀，基於自然之進步，現實觀之發達，乃更尚精緻之描寫，及確實之詩材，而寫實主義與自然主義遂現於十九世紀後半期。及夫末葉，反動力之新理想派，乃萌芽於歐土。

以上其概略。更分述之如左：

第一章　英吉利文學

當十八世紀之末葉，冷索單調之詩文，寖既衰廢。研究古詩民謠者日益衆，故其文學富於清新之趣。至一七九八年W. Wordsworth與S. T. Coleridge合著之《抒情詩集》（*Lyrical Ballades*）乃現於世。兩氏唱詩文之革新，為真摯文學之先驅，世稱為近世詩界之祖，又謂一七九八年為英吉利文學誕生之年。W. Wordsworth(1770–1850)之作品不炫奇異，然清新高遠、熱情奔放為其特長。

S.T.Coleridge(1772–1834)學問深邃，思想幽眇，且具銳利之批評眼，其作品以格調之真摯、押韻之自由為世所歎賞，門人友戚受彼之感化者甚衆。

其後 Walter Scott(1771–1832)、George Gordon Byron（1788–1824)兩大家出。Scott有戲曲的天才，其文雄健，其詩豐麗，為歷史小說之祖。Byron之詩，久傳誦於世界大陸，近世文學頗受其感化。氏貧困又苦於家室之累，因於一八二四年去故國，投希臘獨立軍，遂死其地。

Percy Bysshe Shelley（1792–1822），亦因教權之壓抑，避居南歐，為薄命理想之詩人。其作品幽婉高妙，且示神祕之傾向。

承大革命影響之詩風，止於Shelley。其時又有以卓絕之才識開闢一新詩風者，即John Keats（1795–1821）是。氏所著之詩，凡古典之精神及絢爛之色彩，兩者兼備。故外形內容皆純潔完美，無毫髮憾。

Alfred Tennyson（1809–1892），世稱為十九世紀集大成之詩家。其名著*The Princess*（1847年出版）、*In Memoriam*（1850年出版）、*Idyls of the king*（1859年出版)為世所傳誦。

Robert Browning(1812–1889)與Tennyson齊名，以筆力之怪鬱、涉想之高峻稱於世。

此外，Dante Gabriel Rossetti(1828–1882) 及 William Morris(1834–1896)共於繪畫界受Pre-Raphaelitism派之感化。其抒情詩篇，寓中古之趣味及敬虔之信念。

Algernon Charles Swinburne(1837–1909），亦屬此派，學問深邃，以詩歌之形式美，卓絕於現代之文壇。

本世紀之小說界，Scott頗負盛名，至Victoria時代Charles Dichens (1812–1870)及William Makepeace Thackeray (1811–1863)兩大家出，前者善描寫市街之光景及下民之狀態；後者善以輕妙之語調描寫上流紳士社會之表裏，共於小說界放一異彩。

George Eliot(1816–1880)及Charles Kingsley (1819–1875）亦以思想之高遠與語調之雄渾名於時。至最近Stevenson (1850–1894）以勁健灑脫之文體，作美文小說。Meredith (1828–1909) 以高遠之思想，精微之觀察，雄飛於現代文壇。其他Charles Lamb (1775–1834) De Quincey(1785–1859)，共以獨特之散文、隨筆負盛名。

至本世紀之中葉，英吉利批評大家有Carlyle及Macaulay，其後Ruskin、Arnold、Pater、Symonds 等相繼興起，為評論界放燦爛之光彩。

Carlyle(1791–1881)，思想雄渾，筆力遒勁，著有《英雄崇拜論》(*Hero Worship*) 傳誦一時，彼始於文藝批評，其後漸進於社會批評、文明批評之方面。

Macaulay(1800–1859)，其前半生為政界之偉人，作印度帝國之基礎；後半生為批評家，執評壇之牛耳。其大作《英吉利史》為不朽之名著。

Ruskin(1819–1900)，世稱為十九世紀之豫言家，於英吉利為美術評論之先輩。其代表之大作為《近世畫家論》(*Modern Painters*)，力持自然主義，為美術界所驚嘆。此外，研究藝術之著述有《建築七燈》(*The Seven Lamps of Architecture*)等，評論精確，文章亦幽麗可誦。

Arnold(1820-1888)，思想雄大高峻，且富於雅趣，實在Ruskin上。一八六五年出版之《批評論集》(*Essays in Criticism*)為其代表之作。

以上所述之Ruskin及Arnold二氏，為十九世紀中葉以後批評壇之代表。

Pater(1839-1894)，精於修辭，其文體足冠近代。著有《文藝復興史之研究》(*Studies in the History of the Renaissance*)。關於文學美術，研究精審，頗多創解。

Symonds(1840-1893)與Pater同精於文藝復興期之研究，著有《伊大利文藝復興論》(*The Renaissance in Italy*)。氏之評論文學美術外，兼及於政治宗教之方面。

十九世紀劇壇名家，以Pinero(1855-)、Henry ArthurJohns(1851-)、Shaw(1856-)等最負盛名。

（刊於《白陽》誕生號，一九一三年五月。此文原有多章，因《白陽》只出誕生號一期，故僅刊出《英吉利文學》第一章，餘已散失。）

藝術談

（一）

科學與藝術之關係

英儒斯賓塞曰：「文學美術者，文明之花。」又曰：「理學者，手藝之侍女，美術之基礎。」可見藝術發達之國，無不根據於科學之發達。科學不發達，藝術未有能發達者也。學科中如理科圖畫，最宜注重。發展新知識、新技能、新事業，罔不根據於是。是知藝術一部，乃表現人類性靈意識之活潑，照對科學而進行者也。

美術、工藝之界說

美術、工藝，二者不可併為一談。美術者，工藝智識所變幻，妙思所結構，而能令人起一種之美感者也。工藝則注意於實科而已。然究其起點，無不注重於畫圖。既以美術學校論，以預備畫圖入手，而雕刻圖案、金工鑄造各大科中，亦仍注重此木炭、毛筆、用器等畫。惟圖畫之注意，一在應用，一在高尚。故工藝之目的，在實技；美術之志趣，在精神。

摘綿

摘綿製法，先畫一圖，不拘花草鳥獸，用色絹剪成小方塊，折之以角，層層折疊。如疊花則折長角，鳥羽或用圓角，或用長短角，花梗則用繞絨銅絲。鳥足亦如此。總之，能設色圖畫者，學習較易。用法或作橫掛、屏風、堂幅、照架等類，或堆於絹質花瓶、花籃上，突出如生，色樣鮮豔，頗有名貴氣。然非善於圖畫者不辨。女子美術學校盛行之。

堆絹

堆絹一科，日本稱為押繪。先畫簡筆花鳥於紙，將紙剪下，如式再剪厚紙，以新白棉花堆砌其上。乃用白絹糊之，施以彩色，則堆起如生。（山水人物皆可）然後，或貼於精緻木板，或裝鏡架。日本女子美術學校中，多製此類，為高品盛飾，其實乃傳自我國耳！

袋物

西國小學手工中，袋物一科，極為注重。日本職業女學，亦以此種為一大科，女子依為生計。中分洋紙製、綢布製、皮革製、蒲草編製、藤皮製、麥梗製、竹絲製。色樣不一，各適其用。我國舊時女子研究囊類，有所謂發綠袋，前榴後柿等名目，功夫非不精細，惜繪圖不精，形式謬誤，勞而寡用，故成廢棄。此亟當取法改良耳。

西洋通行各式革囊，如大小洋夾、攜囊、書包、票夾等，日本倣造，有用似革紙、或布綢類代之，妙法也，亦省錢也。法：用硬襯襯於內，用綢或布或紙糊於外而縫紉之，堅牢雖不如革，而式靡不同。日本如此改造，實因取便於女子之工作，製造既易，出品既多，所以西洋革囊，不能流入日本。我國女工，苟倣行之，亦杜漏卮之一端哉！

綿細工

此種係用鐵絲作骨，綿花為肉，包以綿紙，附以羽毛，製成鳥獸草蟲之類，小者為兒童玩物，大者如生物立體相同，為小學校教授模型之用。

厚紙細工

此種以西洋厚紙，切成單片，五洲人種、鳥獸雛形，骨格可以裝卸，施以彩色。後面印明該物之狀態、生理、性質大略以供小學博物科教授所用。

刺繡

我國刺繡之所以居於劣敗之地，其原因有三：(一)習繡者不習畫圖，故不知若者為章法之美，若者為章法之劣。昧然從事，不加審擇。此其一；(二)習繡者不知染絲、染線之法。我國染色絲線，種類不多，於是欲需何色，往往難求。乃妄以他色代之，遂覺於理不合。此其二；(三)不知普通光學。於是陰陽反側，光線不能辨別，無論圓柱、橢圓、渾圓等物，往往無向背明晦之差，陰陽淺深之別。一望平坦，無半點生活氣。此其三。今欲挽救其弊，在使習繡者必習各種圖畫。知光線最宜辨別，如法施用。若用缺色，用顏料設法自調自染，自不難達絕妙地步。至於繡工，但求像生，似不必再求過於工細。如古時繡件，作者太覺沉悶，且於生理大有妨礙，似可不必學步。觀東西洋繡法，不過留意於以上三者，已覺煥然生色矣。

穿紗

西洋穿紗，猶中國刺紗（俗名觸紗），而一變其法也。法：用白紗一方，以囊針（囊針及白紗，洋行均有之），穿色絨線，刺花於紗上，不拘何種寫圖生圖案，均可依畫穿花。如製女鞋、兒帽、牀帷、帳顏、鏡片、畫軸、臺氈等，花紋均堆起如生。

火畫

火烙畫，其法最古。法用細鐵針，握手處裝以泥團，防其傳熱。其針在爐中炙紅，畫於竹木或石上，則焦痕斑斕可觀。日本用酒精燈。鋼針連於皮管，皮管連於皮球。一面將針燒紅，一面將皮球擠出空氣。俟皮管、皮球熱後，鋼筆傳熱不退。握筆作畫，用可長久，不必屢屢更其筆也。今用竹箸式之鐵針十餘隻，裝以木柄，燒於爐中，互相更換，亦火畫簡便之法也。

木炭畫

以焦木炭一條（日本東京小川熊野屋發賣），臨畫肖像及各種標本。其法但無取大意，摹擬格式，不求精工。此畫前預備功夫不可少也。如畫一人，骨格之高低，面部之正側，及肌肉之正反，以木炭之濃淡而顯出之，於此最為注意。故近視之，則見錯亂無規，遠望之，則覺深淡得神。故美術學校之木炭畫甚為重要也。

該圖畫室係圓形，中立一人（或坐或立，各種姿勢皆可，亦不拘人物、鳥獸），學生皆環坐，畫桌用三足架，僅可安放尺幅，以便臨橅。如畫人面，各就學生一方面觀察臨寫。故一堂學生所繪人面，正反斜側，各各不同。

油畫

用彩色油漆與松節油調和，使之深淺濃淡，各得其宜。或畫於漆板，或畫於漆布，或畫於漆紙，皆可。先將白油漆作地，待其乾後，再以彩色塗之。或用幾種色者，挨次堆砌，視其深淺合宜為最佳。惟畫圖基礎，方能出色。

油畫分二種：一寫意法，一工緻法。學者當從工緻法入手，及純熟之後，然後畫寫意法。（油漆，日本小川町熊野屋發賣，每小匣洋二元，上海外國書坊亦有之，惟其價目甚貴，不易購買。）

關於圖畫之研究

小學之畫，應以鉛筆為主，毛筆作輔助而已。其理由：

(一)筆端堅固，描寫最易。
(二)一線描壞，易於從旁改正。
(三)消除失筆之便易。
(四)附屬品簡單。
(五)便於聯絡用器畫及手工之作圖。
(六)便於理化筆記及作文之關係。（東西各國，近有以畫圖作文題者。文中之意，即畫中之象也。或一題作畢後，即以題中之意畫於後也。）
(七)便於實物寫生。（東西各國之寫生畫，其課堂長方形，學生環坐四週。中置一桌，桌上置實物。各生所畫者各不同，因實物有高低左右之別也。）
(八)便於校外教授時記錄。（教師每率群生，至校外荒野之地。見植物，即使各生觀察詳細。呼口令排成扇形，各出鉛筆以摹之也。）
(九)與堊筆類似，便於摹倣。（堊筆即粉筆。）

圖畫之種類

(一)隨意畫；
(二)臨畫；
(三)寫生畫；
(四)速寫畫；
(五)記憶畫；
(六)默寫畫；
(七)圖案畫；
(八)自由畫；
(九)補筆畫；
(十)訂正畫；
(十一)透寫畫；
(十二)改作畫。

隨意畫者，初等小學第一學年所用。無論圓方形，隨己意也。
臨畫者，用畫本臨摹也。
寫生畫者，或山或水，或花木，描摹形態，有陰陽明暗之別。
速寫畫者，如偶見某物，用極單簡之速筆，摹其形也。
記憶畫者，畫以前畫過者。無論何物，隨各人記憶而畫出之。
默寫畫者，如欲畫一桃子，教師不既言明，只云有某物，葉形如何，梗形如何，果形如何，使學生默畫之。
圖案畫者，大抵係工業上所應用之花紋，最有實用，宜極力提倡之。
自由畫者，令各生自隨己意，欲畫何物而畫之也。
補筆畫者，教師畫一物，有意少畫幾筆，使學生補之。
訂正畫者，教師所畫之畫形，有意誤畫之，使學生訂正。
透寫畫者，即印範本而畫也。此法不可常用，恐養成依賴性也。
改作畫者，如畫成不分濃淡之毛筆畫，用鉛筆改正其陰陽、明暗、反正之形態也。

手工與圖案

將紙摺成一物，帖於畫圖紙旁，按而臨之。此手工與圖畫渾而為一，養成實業思想之起點，謂之手工畫。圖案則非僅以目前所見之物而摹寫之，如欲繪一花紋，不依據舊法，獨憑巧思所構。初用畫尺、鉛筆、圓規三物。翻變花樣，運用不窮，由淺及深，非研究用器畫不可。要而言之，講求工藝，此種畫最為重要。試看外國花紙樣本，五金雕刻，磁器翻新，綢絨提花等類，無一不由此入手。

中西畫法之比較

西人之畫，以照像片為藍本，專求形似。中國畫以作字為先河，但取神似，而兼言筆法。嘗見宋畫真蹟，無不精妙絕倫。置之西人美術館，亦應居上乘之列。

中畫入手既難，而成就更非易易。自元迄今，稱大家者，元則黃、王、倪、吳，明則文、沈、唐、仇、董，國朝則四王及惲、吳，共十五人耳。使中國大家而改習西畫，吾決其不三五年，必可比蹤彼國之名手。西國名手倘改習中畫，吾決其必不能遽臻絕詣。蓋凡學中畫而能佳者，皆善書之人。試觀石田作畫，筆筆皆山谷；甌香作畫，筆筆皆登善。以是類推，他可知矣。若不能書而求畫似，夫豈易得哉！是以日本習漢畫者極多，不但無一大家，即求一大名家而亦不可得，職此之故，中國畫亦分遠近。惟當其作畫之點，必刪除目前一段境界，專寫遠景耳；西畫則不同，但將目之所見者，無論遠近，一齊畫出，聊代一幅風景照片而已。故無作長卷者。余嘗戲謂，看手卷畫，猶之走馬看山。此種畫法，為吾國所獨具之長，不得以不合畫理斥之。

（二）焦畫法

焦畫器械，為現在泰西最盛行之畫具，又為最良之娛樂。故於紳士淑女間，頗歡迎之。殊不讓油繪、水彩畫與寫真術也。

此器械因藥品之作用，以火燒「ブテヂナ」之針，能在木、竹、象牙、角、革、厚和洋紙、天鵝絨等材料上作人物、花鳥、風景、模樣（即圖案）等，不論中西畫法，皆能合式，可隨意為之。但在絨類上，須別用「鏝」，套於針筆上。

器械有兩種：

第一種：揮發壇，橡皮裝送氣器、橡皮管、酒精燈、針柄、針筆。

第二種：與第一種同，但不用酒精燈。僅於揮發壇塞子上裝成燈頭，可以點火，代酒精燈用。

注意，第一種使用法：

先將揮發油入於揮發壇中，將塞子塞好。再將酒精燈點起來，以右手握針柄（針須先冠好），在酒精燈上將針尖燒紅為止。再以左手輕輕握送氣器數回（但預先必須將橡皮管安在壇上），此時針尖火力加熱放炎，酒精燈即可吹滅。但左手須握送空氣不絕，則針尖之熱炎必不至減少。又握力之強弱，與熱炎之強弱有關係，作畫時用筆有輕有重，須以握力為之也。

炭畫法

用品

炭筆　炭筆略分三號（又名畫圖鉛）：一號堅而淡，用畫輕細線；二號乃通用者；三號軟而黑，用畫深濃處。

紙卷皮卷　用灰色紙卷製成者，謂之紙卷；用鹿皮製成者，謂之皮卷。皆藉以染炭筆之煤也。其深濃處，可用紙卷以加重，輕淡處則用皮卷以擦勻。

炭畫放大法　放照欲求逼肖，須用九宮格，將乾板浸入蘇打水內，乾板即成透明（軟片及千層紙亦可）。將有藥一面劃成方格，乃為放照之主要品。

炭畫保存法　將畫成之照，取直蠟丁宜（洋菜及石花菜亦可）溶化於水，再加酒精十分之三，取其易乾，用噴水管吹入畫面，庶炭不脫落，可保久存。

注意　噴水管之製法，將細玻管兩版，一長一短，合成曲尺形，長者一端略尖，其式如圖：

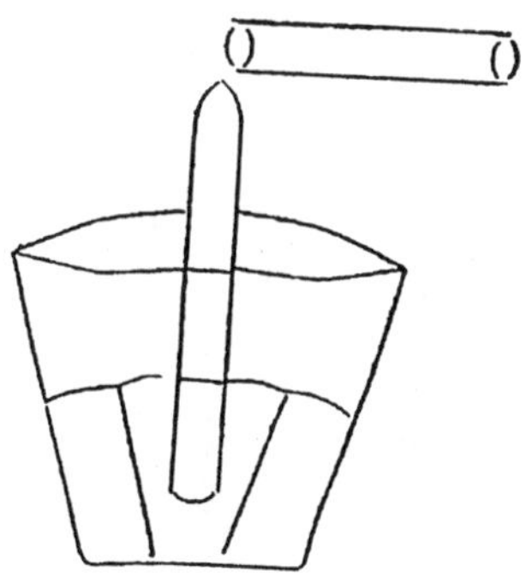

（三）普通圖畫教育

是編前半，大致據黑田氏在經緯學堂所講述者為藍本。後半則多採他家之說，或加以管見。行文力求淺顯，便初學也。初次起稿，信手揮寫，不分章節。俟他日全編脫稿後，當再加以訂正也。

圖畫為一種專門之學問，高深精微，無窮無盡。非吾輩淺學者所敢妄論，今擇其關於普通教育之淺近者，述之如下：

圖畫與教育之關係及其方法

各科學非圖畫不明，故教育家宜通圖畫。學圖畫尤當知其種種之方法。如畫人體，當知其筋骨構造之理，則解剖學不可不研究。如畫房屋與器具，當知其遠近距離之理，則遠近法不可不研究。又，圖畫與太陽有最切之關係，太陽光線有七色，圖畫之用色即從此七色而生，故光學不可不研究。此外又有美術史、風俗史、考古學等，亦宜知其大略。

圖畫之目的

(甲)隨意　凡所見之物，皆能確實繪諸紙上，故凡名山大川、珍奇寶物，人力所不能據為己有者，圖畫家則可隨意掠奪其形色，繪入寸幀。長房縮地之術，愚公移山之能，圖畫家兼擅之矣。

(乙)美感　圖畫最能感動人之性情。於不識不知間，引導人之性格入於高尚優美之境。近世教育家所謂「美的教育」，即此方法也。

西洋畫法草稿(一)

西洋畫之類別

西洋畫之類別，或依題目分之，或依技工分之，或依畫幅分之。其依題目分者，表如左：

- 題目
  - 人界
    - 歷史畫
      - 狹義歷史畫
      - 宗教畫
    - 風俗畫
      - 普通風俗畫
      - 歷史風俗畫
    - 肖像畫
  - 物界
    - 風景畫
      - 普通風景畫
      - 建築畫
      - 川海畫
    - 動物畫
      - 動物肖像畫
      - 動物風俗畫
      - 狩獵畫
    - 靜物畫
      - 動物之死者及花果器具等畫
      - 裝飾畫

依技工分者，表如左：

- 技工
  - 顏料
    - 鮮畫
    - 油畫
    - 水彩畫
    - 色粉筆畫
  - 畫材
    - 玻璃畫
    - 陶畫
    - 扇畫

依畫幅分者，分大、中、小三等。此外，又有密畫一種，為畫幅之最小者。

以上之類別，據哈德曼氏所定。譯名多從日本舊譯。亦有以己意改訂者。其定名之意義與界限，簡略述之如下，以備初學者參考。

西洋畫法講義

總論

天地萬物，皆具自然之美。凡吾人目所見者，可以自由模寫。其模寫之美惡，實與其技術之巧拙相關係。非自然物有美惡之別也。

故作畫者首重視力，辨別宜精細。

對於自然物，宜忠實，不可杜撰。學畫之人往往有中途輟業者，皆由於薄視自然。故取法自然，為學畫者第一義。

趣味人各不同。名手畫家有專寫下等社會之形狀，及污穢之物者，然其趣味自高雅。蓋繪畫之趣味雖關於天然物，亦關於作畫者之素養。記憶力亦重要。太陽之光線隨時變化，吾人所見之自然物亦因之變化。無記憶力，必不能畫瞬間之美。

初學描畫，當知準備，今述之如下：

第一　位置　位置分兩種：(一)天然之位置，如河海山林等。(二)人工之位置，如靜物畫之類，皆由人手定其位置者是。然人工之位置，須成自然之形。倘位置無法，畫筆雖巧，亦不能成為佳作。(詳細見後構圖說。)

第二　形　凡物以形為基礎。繪畫尤重形。故不能作正確之形者，必不能作畫。畫形須由大處著眼。

第三　調子　凡表明物之圓扁、遠近、軟硬等色彩濃淡之度，謂之調子。

調子之原則，凡最明處所接之陰面必最暗，凡最暗處所接之陽面必最明。

又，近處明暗共強，遠處明暗共弱。

學畫調子，必須由大處著眼。

調子分強調子、弱調子；明調子、暗調子。初學作畫，宜強宜明。

又，表明遠近調子之原則，即近景最明，中景暗，遠景較近景暗，較中景明。又如近處最暗，中景明，遠景較中景稍暗。

第四　色　色與調子不可離，當與調子同時研究。

於畫面之上，分色之善惡，有二種：

(一)畫面全體之色；

(二)畫面一部分之色。

但二者之中，以第一種為重。倘一部分之色雖佳，全體之色甚惡，決非佳作。

色彩當取法天然，多用暖色為宜。繪畫大家，或有喜多用冷色者，然初學大不相宜。

暖色　赤黃之類。

冷色　青綠之類。

此外，又分透明色、不透明色、半透明色三類。

透明色如Pink Madder等；

不透明色Vermilion等；

半透明色Cobalt等。

一般畫家每於陰面用透明色，於陽面用不透明色。但彼此混用，亦無不可。

初學作畫之色彩，宜華麗。繪畫大家有專用澀色者，初學大不相宜。

第五　畫題　畫家作畫，必先有畫題。但練習作畫時，可以不用。

第六　主客　一幅繪畫之內，必有主客。如畫人物，以人物為主，人物以外者皆為客；如描几上之果物，以果物為主，其旁所有之玻璃杯等，皆為客。作畫時，不可以客位奪主位。務使主客分明為要。

第七　構圖　以前所述之主客，為構圖第一要義。否則，看畫者之目力，不能專注於畫面之一處，其畫即失之於散漫無章。

(未完)

羽造花

日本造花店，用各種鳥毛，染以彩色；花瓣剪成圓形，葉片形式，各如其花之形態而定。聞染色之時用膠水塗之，取其鮮明而牢固。南京勸業會暨南館亦有之，但不如日本所造之佳。

丁香編物

星加坡教會女學堂中，以丁香編織各物為最妙。如花籃、花瓶、小船、鏡架等種種，以丁香穿於細銅絲，紮成細工。古雅芳香，甚為可愛。

通花剪花

繪水彩畫於大通草上，則通草經受濕處，花紋自然突起，依樣剪下，粘貼於鳥絨之上，裝於鏡架，十分美觀。曾見於直隸館中。

木嵌畫

用各種天然有色之木，依山川形色而雕刻之，亭臺木石，深深淺淺，鑲刻於白木之中，而又以彩色烘托之。思想高尚，何與倫比。日本東京藝術學會有此製品。

凍石畫

浙江溫州所製之凍石畫，其法與木嵌畫同。用各色之凍石，雕刻各種人物山水，鑲嵌於木屏中，凹凸玲瓏，真奇妙也。

鐵畫

溫州亦產鐵畫。用細鐵條，錘成梅蘭竹菊，或簡易山水，塗以光漆，用白木屏裝嵌於其上，遠望花紋突起，蒼古異常。

麥秆畫

工藝館有闕尹氏所製麥秆畫。用麥柴劈為細絲，先用膠水畫工細人物於絹上，將麥絲按圖細膩勻貼，絲毫無誤。真創見之作也。

（刊於上海城東女學校刊《女學生》第一期至第三期，一九一〇年四月至一九一一年七月）

西洋器樂種類概說

西洋器樂之分類有種種之方法，茲依最普通之分類法，分為絃樂器、管樂器、擊樂器及有鍵樂器四種。

第一章　絃樂器

絃樂器分為二種：一為用弓之絃樂器，一為彈撥之絃樂器。茲分述之如下：

第一節　用弓絃樂器

小四絃提琴Violin　於絃樂器中屬於最高音部。其音色幽豔明

小四絃提琴用弓

小四絃提琴調絃譜

小四絃提琴　正面及側面

演奏之姿勢

小四絃提琴之全音域

暢，富於表情，強弱自由，能現音度之微細，為合奏之樂器，又可獨奏，常佔樂器之王位。其起源言人人殊，然由亞東傳來，殆無疑義。然古時之製，粗略不適用。至十七世紀之末葉，製法始完備如今日之形狀。

小四絃提琴調絃之法如圖式。四絃合之，其音域可達於三個八音半。其奏法以馬尾張弓，磨擦絃上。

中四絃提琴Viola Alto 較小四絃提琴之形稍大，其製法無稍異；但其音各低五度。調絃之法如上圖。合奏時常屬於中音部。音色稍有幽鬱沈痛之感。獨奏時有一種男性的熱情。

中四絃提琴側面

大四絃提琴Cello 其形與前同，但甚大，奏時當正坐，以兩腿挾

大四絃提琴

其下體。調絃法如上圖，於合奏時屬於低音部，獨奏時亦有特別之趣味。

最大四絃提琴Double Bass 其形較前尤大，高過人頂。合奏時屬於最低音部，奏時須直立，調絃如圖式。形狀太大，故其技巧不如前三者，不能獨奏。

以上四種樂器，為絃樂中之主要，其音域至廣，如上圖。

第二節 彈撥絃樂器

豎琴Harp 普通者有四十六絃，由踏板可以變易調子。管絃合奏時，用圓底提琴Mandalin，腹面為扁平之半球形，有四絃。調絃法與小四絃提琴同。

六絃提琴Guitar 形較小四絃提琴稍肥，有六絃。調絃法如圖式。

長提琴Banjo 腹圓頸長，形較前者稍大，有四絃。

以上三種樂器，管絃合奏時，不加入。

圓底提琴

四種用弓絃樂器合計之音域

長提琴

六絃提琴

第二章　管樂器

管樂器分木製管樂器及金製管樂器兩種。木製者其音色有柔婉溫雅之特色，金製者有豪宕流暢之表情，用時雖不如絃樂能傳寫樂曲之精微，然其音色豐富洪大，為其特色。茲分述之如下：

第一節　木製管樂器

橫笛Flute　於管絃合奏時，常與小四絃提琴共佔最高音部之位置。又橫笛中又有小橫笛Piccolo　一種，其音更高。橫笛之音量不大，然清澄明快，於管樂中罕見其匹。

竪笛Oboe　與橫笛同屬於最高音部。又在同類之中，竪笛English Horn 屬於中音部。次中竪笛Bassoon屬於次中音部。大竪笛Fagotti 屬於低音部。是種皆有口簧，依其振動發音。其音色皆帶憂鬱之氣，有引人之魔力。

單簧竪笛Clarinet　與竪笛相似，但口簧僅有一個，又口形之構造亦稍異。此種樂器，可依調之如何而更變。其樂器共有A調B調C調三種，表情豐富，強弱自由，又有低音單簧竪笛Bass Clarinet其音較低。

橫笛

小橫笛

單簧竪笛

第二節　金製管樂器

高音部喇叭Trnmpet　其音勇壯活潑，但易流於粗野。

小高音部喇叭Cornet　與前者相似，其音色稍柔。

細管喇叭Trombone　有中音、次中音、低音三種。音色壯大豪宕，能奏強音，為管樂中第一。

獵角式喇叭Horn　又名French horn　為管樂器中最富於表情者。音色有優美可憐之致。

小高音部喇叭

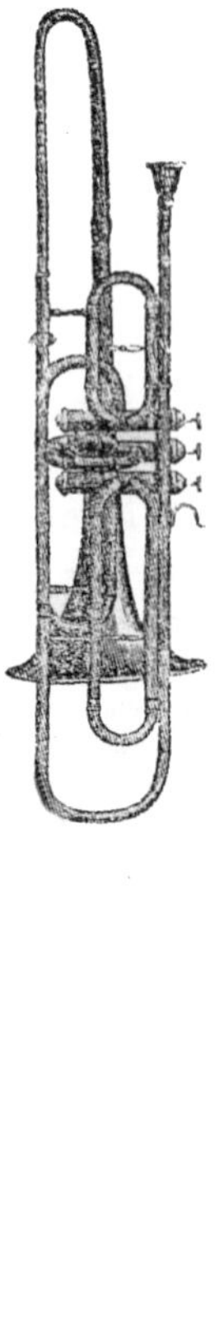

細管喇叭

新式喇叭Tuba 即Sas horn，為近世改良者，有最高音、高音、中音、次中音、低音、最低音六種。然管絃合奏時，用者甚稀。至近時用者僅有低音一種。

（刊於《白陽》誕生號，一九一三年五月）

唱歌法大意

（上缺）

第二章 聲區 Comass of Voices

人之聲質，因其發聲法之如何，而分為地聲區、上聲區、裏聲區三種。

凡唱歌時，或發高聲，或發低聲，不能用始終同一之發聲法。即發低音時用地聲，發高音時用上聲，又發最高音時用裏聲。（但男子無裏聲），此名曰「聲區適用法」。

男子地聲區，由G至B。男子上聲區，由C至G。

女子地聲區，由A至E。女子上聲區，由F至D。女子裏聲區，由E至G。

今說明各聲區之大要如左：

(甲)地聲，即胸聲Chest voice

發聲時，喉頭氣管擴張充大，發音機全體擺動，胸部及咽喉全體鳴響。發為剛強廣闊之預。男子最要之聲區，屬於此種。

(乙)上聲，即中聲Medium voice

上聲較地聲之音質稍細，呼氣之壓力及分量亦較少。僅由喉與口腔發響。女子最要之聲區，屬於此種。

(丙)裏聲即頭聲

裏聲比上首之音質更細，呼氣之壓力及分量更少，僅由後頭之內部發響。

第三章 發音法 Articulation

取德國字母之母音AGIOU五字，練習基本音，為最簡便適當之方法。其發聲之差別，由於開口之度，舌之位置，及唇之形狀，而其結果各不相似。

今說明其大要如左：

A音 口形大開，齒間約能插入二指。舌宜平，裝置於口腔之下部。

G音 口形扁平，齒間約能插入拇指。舌之中部，裝置於口腔之中。

I音 口形較G音稍狹，齒間約能插入小指。舌之前部（非舌端），裝置於口腔之上段。

O音 口形微窄圓，齒間約能插入拇指，更有餘隙。舌之後部，裝置於口腔之中段。

U音 口形較O音稍狹，齒間約能插入小指。兩唇突出舌之後部，裝置於口腔上段。

（未完，下缺）

（刊於杭州《教育週報》第一期，一九一三年四月八日）

圖畫修得法

我國圖畫，發達蓋早。黃帝時史皇作繪，圖畫之術，實肇乎是。有周聿興，司繪置專職，茲事寖盛。漢唐而還，流派灼著，道乃烈矣。顧秩序雜遝，教授鮮良法，淺學之士，靡自闚測。又其涉想所及，狃於故常，新理眇法，匪所加意，言之可為於邑。不佞航海之東，忽忽逾月，耳目所接，輒有異想。冬夜多暇，掇拾日儒柿山、松田兩先生之言，間以己意，述為是編。夫唯大雅，倘有取於斯歟？

第一章 圖畫之効力

渾渾圓球，汶汶衆生，洪荒而前，為萌為芽，吾靡得而論矣。迨夫社會發達，人類之思想寖以複雜。而達茲思想者，厥有種種符號。思想愈複雜，符號愈精密。其始也蟠屈其指，作式以代，艱苦萬狀，闕略滋繁。厥後代以語言，發為聲響，凡一己之思想感情，僉能婉轉以達之，為用便矣。然範圍至狹，時間綦促，聲響飄忽，霎不知其所極，其效用猶未為完全也。於是製文字，尚紀錄，傳諸久遠，俾以不朽。雖然社會者，經歲月而愈複雜者也，吾人之思想感情，亦複雜日進，殆鮮底止。而語言文字之功用，有時或窮。例如今有人千百，狀人人殊，必一一形容其姿態服飾，縱聲之舌，筆之書，匪涉冗長，即病疎略，殆猶不毋遺憾焉。而所以彌茲遺憾，濟語言文字之窮者，是有道焉。厥道為何？曰唯圖畫。

圖畫者，為物至簡單，為狀至明確。舉人世至複雜之思想感情，可以一覽得之。輓近以還，若書籍、若報章、若講義，非不佐以圖畫，匡文字語言之不逮。效力所及，蓋有如此。

說者曰：圖畫者娛樂的，非實用的。雖然，圖畫之範圍綦廣，匪娛樂的一端所能括也。夫圖畫之效力，與語言文字同，其性質亦復相似。脫以圖畫屬娛樂的，又何解於語言文字？倡優曼辭獨非語言，然則聞倡優曼辭，亦謂語言屬娛樂的乎？小說傳奇獨非文字，然則誦小說傳奇，亦謂文字屬娛樂的乎？三尺童子當知其不然矣。人有恆言曰：言語之發達，與社會之發達相關係，今請易其說曰：圖畫之發達，與社會之發達相關係，蔑不可也。人有恆言曰：詩為無形之畫，畫為無聲之詩。今請易其說曰：語言者無形之圖畫，圖畫者無聲之語言，蔑不可也。若以專門技能言之，圖畫者美術工藝之源本。脫疑吾言，曷鑒泰西一千八百五十一年，英國設博覽會，而英產工藝品居劣等。揆厥由來，則以竺守舊法故。爰憬然自省，定圖畫為國民教育必修科，不數稔，而英國製造品外觀優美，依然震撼全歐。又若法國自萬國大博覽會以來，不惜財力時間勞力，以謀圖畫之進步，置圖畫教育視學官，以獎勵圖畫。而法國遂為世界大美術國。其他若美若日本，僉模範法國，其美術工藝，亦日益進步。夫一葉之絹，一片之木，脫加裝飾，頓易舊觀。唯技術巧拙，各不相埒，價值高下，爰判等差。故有同質同量之物，其價值不無軒輊者，蓋有由也。匪直茲也。圖畫家將繪某物，注意其外形姑勿論，甚至構成之原理，部分之分解，縱極纖屑，靡不加意。故圖畫者可以養成綿密之注意，銳敏之觀察，確實之想像，健全之判斷，高尚之審美心。

（今嚴冷之實利主義，主張審美教育，即美其情操，啟其興味，高尚其人品之謂也。）

此圖畫之效力關係於智育者也。若夫發揚審美之情操，圖畫有最大之偉力。工圖畫者其嗜好必高尚，其品性必高潔。凡卑污陋劣之慾望，靡不掃除而淘汰之，其利用於宗教道德上為尤著，此圖畫之效力關係於德育者也。又若為戶外寫生，旅行郊野，吸新鮮之空氣，覽山水之佳境，運動肢體，疏瀹精氣，手揮目送，神為之怡，此又圖畫之效力關係於體育者也。

今舉前所述者，括其大旨，表之如左：

圖畫之效力
- 實質上
  - 普通之技能
  - 專門之技能
- 形式上
  - 智育上
  - 德育上
  - 體育上

第二章　圖畫之種類

圖畫之種類至繁綦賾，匪一言所可殫。然以性質上言之，判圖與畫為兩種，若建築圖、製作圖、裝飾圖模樣等。又不關於美術工藝上者，有地圖、海圖、見取圖（示意圖——編者）、測量圖、解剖圖等，皆謂之圖，多假器械輔助而成之。若畫者，不以器械輔助為主。今吾人所習見者，若額面（帶框的畫——編者）、若軸物、若畫帖，皆普通畫也。又以描寫方法上言之，判為自在畫與用器圖兩種。凡知覺與想像各種之象形、假目力及手指之微妙以描寫者，曰自在畫。依器械之規矩而成者，曰用器圖。之二者為近今最普通之名稱。表其分類之大略如左：

圖畫

- 自在畫
  - 日本畫　傳自支那，頗多變化。今所存者，厥有數派。
    - 土佐派
    - 狩野派
    - 南宗派
    - 岸　派
    - 圓山派
    - 四條派
    - 浮世派
    - 新　派　匯集諸派，參以西洋畫之長，謂之新派。
  - 西洋畫　明治十年後，歐美輸入者，流派頗繁，姑不具論。述其種類，大略如下：
    - 鉛筆畫
    - 擦筆畫
    - 鋼筆畫
    - 水彩畫
    - 油　畫
- 用器圖
  - 幾何圖
  - 投影圖
  - 陰影圖
  - 透視圖

第三章　自在畫概說

一、精神法　吾人見一畫，必生一種特別之感情。若者滑稽，若者激烈，若者和藹，若者高尚，若者瀟灑，若者活潑，若者沈著，凡吾人感情所由及，即畫之精神所由在。精神者千變萬幻，匪可執一以搦之者也。竹莖之硬直，柳枝之纖弱，兔之輕快，豚之魯鈍，其現象雖相反，其精神正以相反而見。殊於成心求之，僨矣。故作畫者必於物體之性質、常習、動作，研覈翔審，握管摀寫，庶幾近之。

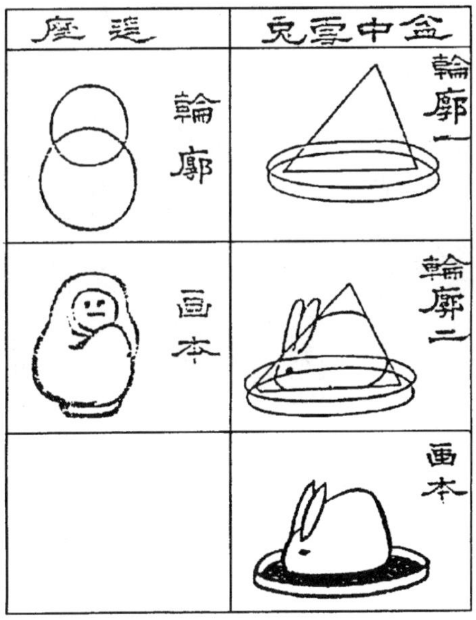

《圖畫修得法》附圖（之一）

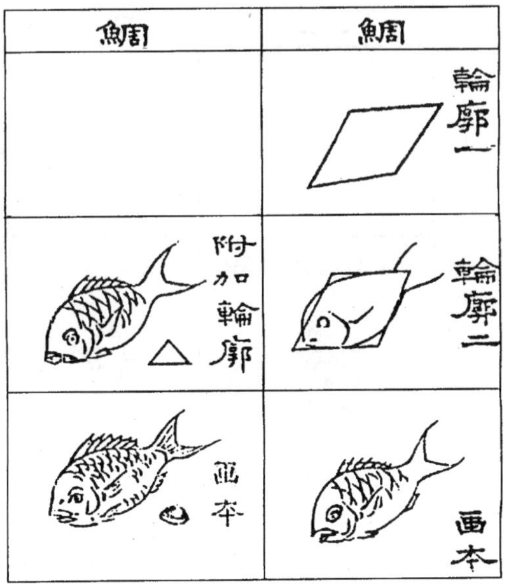

《圖畫修得法》附圖（之二）

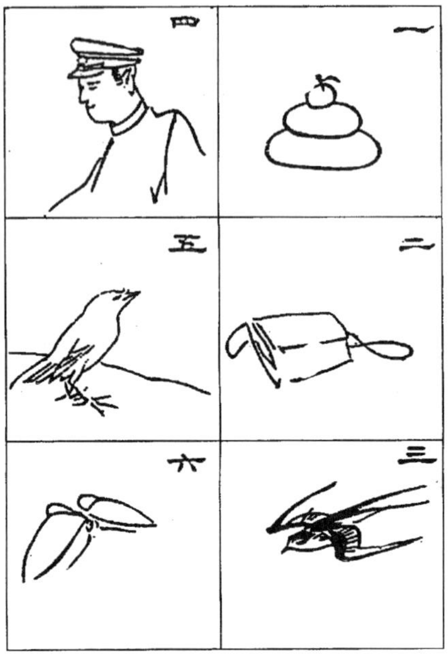

《圖畫修得法》附圖（之三）

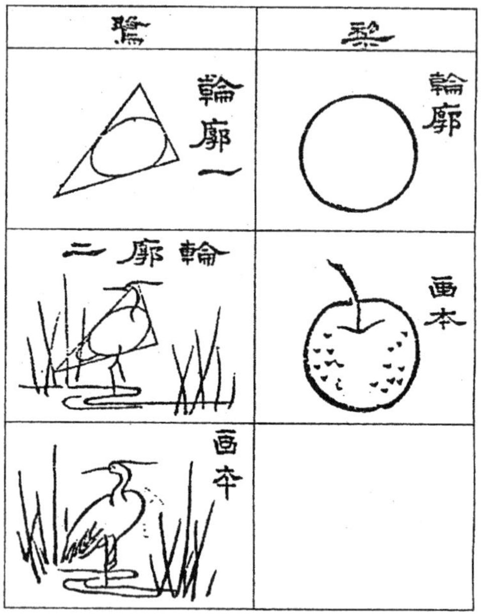

《圖畫修得法》附圖（之四）

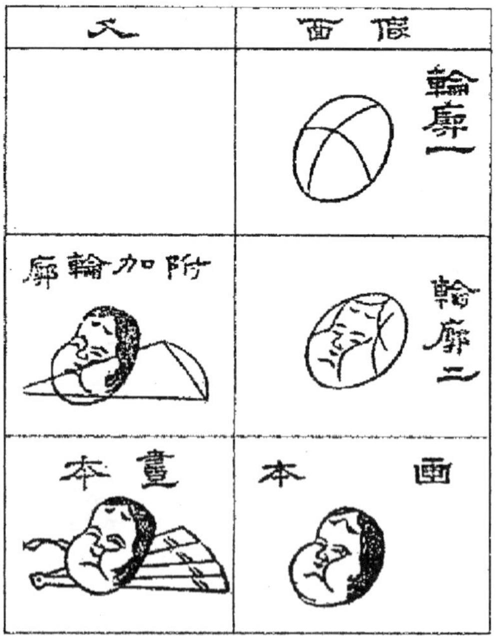

《圖畫修得法》附圖（之五）

二、位置法　論畫與畫面之關係曰位置法。普通之式，畫面上方之空白，常較下方為多。特別之式，若飛鳥、輕氣球等自然之性質偏於上方，宜於下方多留空白，與普通之式正相反。又若主位偏於一方，有一部岐出，其岐出之地之空白，宜多於主位。其他向左方之人物，左方多空白。向右方之人物，右方多空白。位置大略，如是而已。

三、輪廓法　宇宙萬類，象形各殊。然其相似之點正復不少。集合相似之點，定輪廓法凡七種。

甲　竿狀體　火箸、鞭、杖、棒、旗竿、釣竿、槍、筆、帆檣、弓、矢、笛、鍬、銃、軍刀、筏乘等之器用；竹、蘭草、女郎花等之禾本類隸焉。

乙　正方體（立方平板體、長立方體屬此類）手巾、包袱、石板、書籍、書套、算盤、皮箱、箱子、方盒、硯臺、筆袋、鏡臺、方圓章、方瓶、大盆、煙草盆、刷毛、尺、橋牀、几、方椅、方凳、馬車、汽車、汽船、軍艦、帆船、衣服折等之器用；馬、牛、鼠、鹿、貓、犬等之獸類隸焉。

丙　球（橢圓卵形屬此類）日、月、蹴球、達摩、假面、茶壺、茶碗、釜、地球儀、瓢帽、眼鏡等之器用；桃、李、橘、梨、橙、柿、栗、枇杷、西瓜、南瓜、茄子，葫蘆、水仙根、玉葱等之果實野菜類；鳩、家鴨、鶯、燕、百舌、鶴、雀、鷺等之鳥類。各種之花類；有姿勢之兔、鼠、金魚、龜、蠶等隸焉。

丁　方柱　道標、橋欄、郵筒、書箱、紀念碑、五重塔、階級、家屋等隸焉。

戊　方錐　亭、街燈、金字塔、炭斗，或家屋、建築物等隸焉。

己　圓柱　竹筒、印泥盒、飯桶、燈籠、鼓、手卷、千里鏡、筆筒等之器用類；烏瓜、絲瓜、胡瓜、白瓜、蘿蔔、藕、莢豆等之野菜類；魷、鰻、鮎等之魚類隸焉。

庚　圓錐　獨樂、喇叭、笠、傘、蠟燭、桶、洋燈、杯、壺、臼、杵、錐、錨、電燈罩等隸焉。

又有結合七種之形態，成多角體之輪廓。凡花草蟲魚鳥獸人物山水等，屬此類者甚多。

（刊於《醒獅》第三期，一九〇五年十二月）

水彩畫法說略

第一章　水彩畫材料

西洋畫凡十數種，與吾國舊畫法稍近者，唯水彩畫。爰編纂其畫法大略，凡十章。以淺近切實為的，或可為吾國自修者之一助焉。

第一節　繪具箱

繪具箱即顏料盒，鐵葉製，外塗黑色，內塗白色，中以鐵葉分劃隔開，貯各種繪具（即顏料）。繪具有兩類：（甲）乾製之繪具，與吾國之顏料相似，久藏不變色。惟用時須以筆攪之，易與他色相摻雜，不能十分純潔。然價值較廉，日本中小學校多用之。（乙）煉製之繪具，以溶解之顏料入鉛管貯之，用時擠出少許，用畢所餘之殘色，棄去不再用。故其色清潔純粹，無污染之虞。今日本水彩畫家皆用之。

水彩繪具共有七十餘種，必備者約十六色，其名如下：

	法名	英名
一	Blane de Chine	Chinese White
二	Jaune de Citron	Lemon Yellow
三	Cadmium Clair	Cadmium Yellow Pale
四	Cadmium Lonce	Cadmium Yellow Deep
五	Ochre Jaune	Yellow Ochre
六	Vermillon	Vermilion
七	Grance Lonce	Rose Madder
八	Grance Rose Dore	Pink Madder
九	Ronze de Pouzzolle	Light Red
十	Violet de Mars	Mars Violet
十一	Vert Emeraude	Veronese Green
十二	Vert Vegetal	Hookers Green
十三	Indigo	Indigo
十四	Bleu de Prusse	Prussian Blue
十五	Bleu de Cobalt	Cobalt Blue
十六	Bleu Dontremer	Fnench Ultramarine

今更說明其顏色並用法如左。

（一）Chinese White（以上皆單舉英名）　其質細而純白，即吾國之鉛粉。水彩畫家常用之，與他色混合，不損他色。大抵光綫極強之部分，與遠景之空氣，用之最為合宜。

（二）Lemon Yellow　淡黃色，混紅色能得肉色。空之部分，又草葉樹葉之柔和調子，常用之。

案調子者，色彩調和之謂，與音樂家所用之名詞「調子」，文章家所用之名詞「格調」，同一意義。

（三）（四）Cadmium Yellow Pale and Deep　亦黃色，混紅色或青色，能得華麗之色彩。（三）較淡，（四）較深。

（五）YelloW Ochre　不透明之柔黃色，與Ultramarine混和，

得綠色。

（六）Vermilion　不透明之朱色，混黃色用於明之部分，混Cobalt與Ultramarine之藍色，用於暗之部分。

（七）Rose Madder　玫瑰紅色，無論明部或暗部皆可用之。與Lemon Yellow 或Cadmium Yellow，混合得膚色。

（八）Pink Madder 亦美麗之淡紅色，繪人體或花卉必用之具。

（九）Light Red　灰紅色，與吾國所用之赭石相似，其用甚廣，與Ultramarine混合，得灰色。

（十）Violet　半透明之肉色，與他色混，能得美麗之色。

（十一）　Veronese Green　美麗之綠色，繪人體或樹木山野，不論明暗部分，皆可用之。

（十二）Hookers Green亦綠色，較前稍深，其用甚廣。

（十三）Indigo　不透明之暗藍色，與黃色混，得綠色。

（十四）Prussian Blue　透明強藍色，混黃色，得美綠色；又畫天空與水面，得清澈之趣。

（十五）Cobalt Blue　半透明之美藍色，不論明部暗部，皆可用之。混朱或紅，得紫色，少加黃色，得溫灰色。又畫天空或水面，常用之。

（十六）French Ultramarine　半透明之青色，陰影部份多用之。混黃色，得種種之綠色。

以上所言，特其大略。至配合之方法，皆在自己實地試驗，神而明之，存乎其人。故不贅述。

其繪具箱之價值，最廉者一角八分，筆二支，乾製顏色十色附（日本製），然粗劣不適用。最昂者十圓左右（英製或法製），煉製顏色十餘色附。

第二節　筆

毛筆　以貂毛為最良，此種筆專為水彩畫製，大小有十數種。擇購三四種已可敷用。其價值不甚昂，日本製者尤廉。

海棉筆　洗畫上之顏色用，大小有數種。

鉛筆　畫草稿用。H者，硬之記號，B者，柔之記號。若記號遞加者，其硬柔之度亦遞加。學者擇與自己順手者用之，不必拘泥。

第三節　紙

第一種　ow紙　此種紙為英國水彩畫協會之特製，在日本購，每張四角。

第二種　whatman紙（譯為「畫用紙」）　此種用者最多，其價亦稍廉。

此外各種紙，皆不適用。不贅述。

第四節　畫板

有大小數種，或自製亦佳。惟木料須堅而平，俾不致有凸起之虞。未畫之前，將畫紙裁好，鋪畫板上，用淨水拂拭數次。迨紙質濕透，用紙條抹漿糊，貼其四周，待乾後再著色彩。

第二章　水彩畫之臨本

歐美新教授法，初學繪畫，即由寫生入手，不用臨本。然吾國人智識幼稚，以不諳畫法者，強其寫生，如墜五里霧中，有無從著手之勢。況水彩著色，最為複雜。倘不先用臨本，知其顏料配合之大概，即從事寫生，亦有朱墨顛倒之虞。故初學水彩畫，當先用臨本。迨稍諳門徑，然後從事寫生，較為便利。

日本水彩畫臨本，無佳者。以余所見，英國倫敦出版水彩畫帖數種尚適用。臚列其名如左：

Vere Foster's water Colour books.

（1）Landscape Painting for beginners First Stage.（山水）

（2）Landscape Painting for beginners Second stage.（山水）

（3）Animal Painting for beginners.（動物）

（4）Flower Painting fOr beginners.（花卉）

（5）Simple Lessons in Flower Painting.（花卉）

（6）Simple Lessons in Marine Painting.（海景）

（7）Simple Lessons in Landscape Painting.（山水）

（8）Studies of Trees.（樹木）

（９） Advanced Studies in Flower Painting.（花卉）

（10） Advanced Studies in Marine Painting.（海景）

以上一至七，皆淺近者。八至十皆稍深者。以上各種，日本東京丸善株式會社有售者。每冊價值約在一元以外。

每冊有畫十數幅。每畫一幅，有說明論一篇。雖英文，然甚淺近。不通英文者，不妨略之。

（刊於《醒獅》第三期，一九〇五年十二月）

釋美術（來函）

茲有告者，遊藝會節目，分手工部為美術手工、教育手工、應用手工，云云。似未適當。某君評語，「手工宜注意恩物一門，勿重美術」，是亦分手工恩物與美術為二，似為不妥。西學入中國，新名詞日益繁，或襲日本所譯，或由學者所訂，其能十分適當者，蓋鮮。學子不識西字，僅即譯名之字義，據為定論者，姑無論已。或深知西字，而於原字種種之意義，及種種之界限，未能明瞭，亦難免指鹿為馬也。美術之字義，西儒解釋者衆，然多幽玄之哲理。非專門學者，恆苦不解。今姑從略。請以通俗之說，述之如下：

美，好也，善也。宇宙萬物，除醜惡污穢者外，無論天工、人工，皆可謂之美術。日月霞雲，山川花木，此天工之美術也；宮室衣服、舟車器什，此人工之美術也。天無美術，則世界渾沌；人無美術，則人類滅亡。泰古人類，穴居野處，迄於今日，文明日進。則美術思想有以致之。故凡宮室衣服，舟車器什，在今日，幾視為人生所固有，而不知是即古人美術之遺物也。古人既製美術之物，遺我後人。後人摹造之，各竭其心思智力，補其遺憾，日益精進，互以美術相爭競。美者勝，惡者敗，勝敗起伏，而文明以是進步。故曰，美術者，文明之代表也。觀英、法、德諸國，其政治、軍備、學術、美術，皆以同一之程度，進於最高之位置。彼目美術為奢華，為淫豔，為外觀之美者，是一孔之見，不足以概括美術二字也。

綜而言之，美術字義，以最淺近之言解釋之，美，好也；術，方法也。美術，要好之方法也。人不要好，則無忌憚；物不要好，則無進步。美術定義，如是而已！

以手製物，謂之手工。無術不能成。恩物亦手工中之一門，以手製造者，故恩物亦無術不能成。此固盡人皆知，非僕所強為牽合者。手工恩物既無術不能成，而獨嘵嘵以重美術為戒，夫萬物公例無中立，嗜美嗜惡，必居其一。不重美術，將以醜惡污穢為貴乎，僕知必不然也。

以上所解釋美術者，雖屬廣義，然僕敢斷定，手工恩物為應用美術之一種，此固毫無疑義者也。

美術之定義與界限，以上所言者，不過十之二三。他日有暇，當撰完全之美術論，以備足下參考。

（刊於上海城東女學校刊《女學生》第三期「雜俎」欄，一九一一年七月）

西洋畫法

序言

西洋畫純屬於技術，非實地練習不可。是編所載之畫法，雖屬理論，亦大半自實地練習得來。故研究西洋畫者，當以實地練習為主。是編僅供參考之用而已。

西洋畫教師授課時，每不授畫法，其故有二：

（一）畫法非由自己經驗得來者，斷難十分適用。教師所知之畫法，皆由十數年或數十年之實地經驗得來。學生無此長年之經驗，驟語以畫法，必不能十分了解。即能了解矣，亦必不能得心應手，揮寫自由。故教師評畫時，僅曰孰善孰惡，或曰調子不整，或曰肌膚稍硬。至其所以改正之法，教師決不道及。學生當此時，宜竭其思力，加意研究。經種種失敗，必有豁然貫通之一日。而巧妙之畫法乃發現，繪畫之技術因之增進。畫法之發現者日益多，技術亦因之日進靡已。

（二）人之性質各有特長。學繪畫者，必其性質長於繪畫，學之乃有效果。又繪畫之中，亦有各種流派，如雄壯、婉麗；強烈、溫和；

豪放、細膩之類是。長於繪畫者，萬不能兼擅各派。必即自己性之所長者習之，乃能完全發揮其固有之畫才。若必刻意摹倣他人，沒卻自己所長，其結果必致失敗。教師不能強學生盡學己之畫派；學生亦不必專模教師之畫派。因教師與學生畫才不同，程度亦異，若必強合為一致，是埋沒學生之天才矣。（又畫派非一生始終不變者。無論何人，一生每數變其畫派。但其所變者，以其性質相近者為限，非捨近求遠也。）故教師為學生評畫時，必不授以定規之畫法，且於程度稍高之學生，每不執筆添削，職是故也。

抑余更有告諸君者，即西洋畫究為何物。是入洋貨店，見其懸於壁間者，蘋果、西瓜、貓狗之印刷物，人稱之為西洋畫；參觀學堂，見其所陳列之水彩、鉛筆、楂筆、肖像畫等，亦稱之為西洋畫。但此種之畫，皆不足以代表西洋畫之性質。前者為兒童玩弄品；後者則取法卑下，似是而非。以是概論西洋畫，是誣西洋畫甚矣。西洋畫為一種專門技術，非有畫才者不能學。即學之，亦非有三五年之學力，不能窺其門徑。無畫才者學之，終身為門外漢也。（美術學校一年生之優者，其程度每在尋常卒業生之上。）

西洋畫以油畫為主。油畫始自十五世紀，今已通行全歐。因其用法便利，改竄自由，強弱適用，實在水彩畫等之上。又油畫能作大者，水彩畫則不能，故油畫實佔西洋畫中之最要部分。此外如水彩、色粉條畫等，雖非主要，亦有特長之處。至鉛筆、色鉛筆、鋼筆畫等，僅能作急就畫，或畫稿用。又黑粉條、楂筆等畫，能作光潔之肖像，適於作好，為大雅所不取。又有木炭畫，為油畫之底稿畫，又為各種繪畫入手之根本，雖非佔主要部分，然無論學何種繪畫者，皆須從此入手，故木炭畫可稱為西洋畫之基礎者。是以西洋畫研究之次序，先習木炭畫，並習鉛筆、水彩等。研究木炭畫二三年，略知寫形、寫調子之大義，然後再作油畫，乃為正格。

是編為余在某校時所編輯者，以橋本邦助氏之《洋畫一斑》為藍本，但多以己意增刪顛倒，又採取他書補入者，約十之二。余於洋畫研究日淺，未由窺其門徑。是編所載，當有謬誤。大雅君子匡其不逮，固所願也。

總論

天地萬物，皆具自然之美。凡吾人目所見者，可以自由模寫。其模寫之美惡，實與其技術之巧拙相關係，非自然物有美惡之別也。作畫者首重視力，辨別宜精細，對於自然物宜確實觀察，不可杜撰。學畫之人，往往有中途輟業者，皆由於薄視自然。故取法自然，為學畫者第一義。

趣味人各不同。名手畫家，有專寫下等社會之形狀及污穢之物者，然其趣味自高雅，蓋繪畫之趣味雖關於天然物，亦關於作畫者之素養。

記憶力亦重要。太陽之光線隨時變化，凡人所見之自然物亦因之變化，無記憶力，必不能畫瞬間之美。

初學描畫，當先知畫法之概要。今述之如下：

位置　位置分兩種：（一）天然之位置，如河海、山林等；（二）人工之位置，如靜物畫之類，皆由人手定其位置者是。然人工之位置，須成自然之形。倘位置無法，畫筆雖巧，亦不能成為佳作。（詳細見後構圖說。）

形　凡物以形為基礎，繪畫尤重形。不能作正確之形者，必不能作畫。畫形須由大處著眼。

面　形成然後求面。初學作畫，尤須著意畫面。如明暗、平立等是。

調子　凡表明物之圓扁、遠近、軟硬等，色彩濃淡之度，謂之調子。

調子之原則，凡最明處所接之陰面，必最暗；凡最暗處所接之陽面，必最明。

又，近處明暗共強，遠處明暗共弱。

學畫調子，必須由大處著眼。

調子分強調子、弱調子；明調子、暗調子。初學作畫，宜強宜明。

又，表明遠近調子之原則，即近景最明，中景暗，遠景較近景暗，較中景明。又如近處最暗，中景明，遠景較中景稍暗。

色　色與調子不可離，當與調子同時研究。於畫面之上，分色之善惡，有二種：

(一)畫面全體之色；

(二)畫面一部分之色。

但二者之中以第一種為重，倘一部分之色雖佳，全體之色甚惡，亦非佳作。

色彩當取法天然，多用暖色為宜。繪畫大家，或有喜多用冷色者，初學，大不相宜。

暖色，赤黃之類；

冷色，青綠之類；

此外，又分透明色、不透明色、半透明色三類。

透明色如Pink Madder等；

不透明色如Ultramarine等；

半透明色如Cobalt等。

一般畫家，每於陰面用透明色，於陽面用不透明色，但彼此混用，亦無不可。

初學，作畫之色彩宜華麗。繪畫大家有專用澀色者，初學大不相宜。

畫題　畫家作畫，必先有畫題。但練習作畫時，可以不用。

主客　一幅繪畫之內，必有主客。如畫人物，以人物為主。人物以外者皆為客。如描几上之果物，以果物為主，果物以外皆為客。作畫時不可以客位奪主位，務使主客分明。

構圖　以前所述之主客，為構圖第一要義。否則，繪畫者之目力，不能專注於畫面之一切。畫即失之於散漫無章。

構圖之法分為三：

(一)統一；

(二)變化；

(三)整齊。

三者俱備，乃為完全之構圖。

線　凡作鉛筆畫或木炭畫，形之周圍必用線以區別之。但此線不宜太黑，因物形之周圍，無特別之黑線也。畫線須有意味。

油畫亦有線，但不如鉛筆畫、木炭畫之顯明。

描法　入手須用大筆，大膽描繪。然須正確，不可隨意塗抹。西洋畫最重筆法，與中國人寫字同。

畫中之主，須加意描寫。

裸體研究　畫人物者必須畫裸體。又畫風景等亦須研究裸體。其他學應用美術者，亦必先研究裸體，乃能收完全之效果。因研究裸體，凡美術上最重要之線面皆備，故研究裸體後，或學正統之美術，或學應用之美術，皆可唯意所適。

模寫　初學繪畫，由寫生入手，乃為正法。若取印刷之樣本模寫，最有流弊。

西洋人有專模寫名畫者，此與中國人作假字畫者同，有複製及營業之性質。

分論　上卷

分論別為上下兩卷。上卷為木炭畫、水彩畫、油畫，皆洋畫之最要者。學洋畫者，當以此為主。下卷為鉛筆畫、色鉛筆畫、黑粉條畫、楂筆畫、色粉條畫、鋼筆畫等。雖非主要，亦有特長之處。

第一章　木炭畫

無論學何種繪畫，皆須由木炭畫入手。

木炭畫勝於鉛筆畫者有二：

(一)改竄自由；

(二)畫調子最迅速。

木炭畫第一研究形，第二研究調子，第三研究色彩。木炭畫雖屬黑色一種，然亦有色彩優劣之別。

材料：

木炭畫紙

木炭

麵包　或用煉橡皮

畫板

小刀

定止水。畫成，用銅管吹此水於畫面上，其木炭即不脫落。

方法：

第一，石膏寫生。

石膏色純白，看調子較容易，畫陰面之色不宜太黑。

描線宜著意。凡有骨處，須描有力之線。

畫調子，先分明暗為二，再畫中間之調子。看調子須從大處著眼，倘大調子不整，雖細部描寫精密，亦不足取。

入手畫形最宜審慎，取形宜由大處看，宜彼此比較，不可專注目於一方面。

石膏像上頭髮，萬不可加倍細描，總以視力所及之大致為止。

第二，人體寫生。

第一須定人體之位置，在紙之中央，可以鉛筆等細長物測之。

測量之事，須試數回，否則恐有謬誤。

又，取姿勢亦最要。頭有俯仰、正斜之別，全體亦有直曲、正側之異。

《藝用解剖學》宜通其大略，否則不能畫人物。

裸體寫生既盡悉後，乃能畫著衣人物。

畫人物時，凡見肌膚黑處，不可誤作陰面。

第二章 水彩畫

水彩畫最古，古代之壁畫皆此類。文藝復興時代之畫家Leonard do Vinci(1452–1519)最擅長（此）畫，此畫尤盛於近代英國，如Turrne(1775–1851)其最著者。

材料 學水彩畫應用之器具如左：

紙 瓦特曼紙最良，但此紙遇濕氣則生斑點，宜貯於筒內。

又，足O·W·印水彩畫紙尤佳價。此外有艮特紙，紙面過滑，設色困難。木炭紙較此稍佳，然著色每失光澤。

但練習繪畫，如艮特紙及木炭紙，皆可用。

紙類甚多，因各人之技巧，而生特別之畫趣，學者宜即自己之技巧，選擇適宜之紙。

以普通言，瓦特曼紙最良。此紙之邊，有製造之年號。最新者不適用，最舊者亦惡，二年之物為宜。

初學畫不宜太大，以一張紙裁十六幅最合宜。

紙之四周，宜以堅固紙條貼在畫板上。但未貼時，宜先將畫紙噴濕。

筆 中國筆種類甚多，皆可用，不必求諸外國。筆鋒不宜太尖。或買新筆，稍去其尖，較為適用。

顏料 鐵葉製之顏料箱，大小不等。有八色、十色、十四色、十八色，種種不同。

顏料有乾製、煉製兩種。

英國製者最佳，他國次之，日本製者粗惡不合用。

初學者至多至十二色，種類太多，卻有害。俟經驗多年後，解配色之方法，再用多種之色乃可。

顏料共有百餘種，今舉普通者十數種，說明如下：

Chinese White

白色顏料甚多，以此為最良，不變色，質密，使用亦易。盛以錫筒，或陶器。畫空氣時，與Cabalt相合用者甚多。

Lemon Yellow

為極明之淡黃色，絕無變色之憂。比他之黃色尤華美。與紅色混交，畫女子、小兒柔麗皮膚之色最宜。

Indian Yellow

半透明，光美之黃色。

Cadmium Yellow

橙黃色，畫朝夕之陽光用。

黃土色，不透明質，陰陽面皆可用。地面樹木之幹、葉、草木等，皆可用。又描遠景，亦常用此色。

Light Red

紅土色，與Cobalt Ultramarine等之青色相混，為華美之灰色。又畫地面等，亦用此色。

赭色，畫陰面用，又作暗綠色，用為不變之透明色。

Vermilion

朱色，不透明。明處與黃白合用，陰處與Cobalt或Ultramarine等混成，為最良之紫色。

赤色，描花時常用。與青色交，成強紫色，但此色常褪變。

Pink Madder

淡紅色，與Lemon Yellow混，成華麗之肉色。又畫花最宜。

Emerald Green

鮮明，不透明之淺綠色，描新綠時多用之。

Cobalt Green

柔和之綠色，畫遠景最宜，又畫水亦良。

濃綠色，畫草、木、水等，皆可用。

溶水易解之透明藍色，與黃色混，生華麗之綠色。但宜注意，此色用之，最宜生寒感。

Cobalt Blue

不變色，華麗之半透明藍色，與朱紅等混，成紫色。陰陽面皆可用，畫空氣。又遠景最宜。

Ultramarine

半透明之深藍色，畫天與水多用之，不變色。

調色板　用鐵葉製，但有顏料盒，可以不用此物。

橡皮　入手畫形時，用鉛筆描寫，倘有錯誤，可以橡皮擦去。但不宜用硬橡皮，恐傷畫紙。

又，著色後，倘有誤處，亦可以橡皮擦去，但恐污染畫面，故以不用為是。

鉛筆　用硬鉛筆則傷紙，用軟鉛筆又恐污紙。初學宜擇其軟硬適當者。

小刀　用小刀處，一削鉛筆；二裁紙；三畫成後，以小刀搔紙面，補筆法之不足。但初學宜慎。

海綿　貼畫紙時，須以海綿濕紙面。又可洗畫面之污。此外，如畫雲霧等，可用海綿為之。

布片　擦調色板用，又拭筆用。

鏡　尋常小鏡，即可用。看形與調子之誤處最宜。

見取框　以厚紙切斷中央，成長方形，畫風景前，可持此鑒定風景之位置。

水筒　郊外寫生用，以錫製。但尋常之瓶亦可代用。

畫囊　前所列之各種器具，皆裝入此畫囊，為郊外寫生必需之物。

三腳凳　郊外寫生用。但以布鋪地，坐其上亦可。

畫架　大小不等，不論室內、郊外，皆用此物。

洋傘　遮太陽用，下支以傘架。

方法：

靜物畫

初學之人，於野外寫生前，當先於室內學靜物寫生，如橘子、蘋果之類；或筆、書籍之器具等；或插花於瓶，似此類可畫者甚多。

先定位置，以鉛筆取正確之形，以後再加色彩。

畫水彩畫，先畫明處，後畫暗處為宜；畫暗處，入手亦宜先上淡色，以後漸漸塗濃。

或先將畫紙擦濕，於未乾之時著色，其結果柔美華麗。但初學宜慎。

初學不宜多改竄，恐污紙面。故未著筆前，必須詳細觀察實物，不可隨意塗抹。

作靜物畫，背景如何，又光線如何，極有關係。倘背景與光線不合，畫工雖佳，亦不足取。普通背景以深色為宜。又此背景決非主眼，須以顯出前面之靜物之主。

凡畫上之物，其大小，與眼所見之實物相似為宜。

又，畫架與實物之距離，亦須適當。其距離因物不同，普通四五尺之數。過近，則些細之處皆入眼，畫調子甚困難。過遠亦然，形與色皆難認。

一日不能畫完者，於同一光線之下，連接畫數日亦可。

花　畫花運筆最要緊。運筆自在，乃能畫出清楚可愛之狀。

如畫玫瑰花，須表明其花瓣之薄，當以一大筆輕輕描上。如用數小筆堆成，其花即成殘萎。

又，畫花宜先將花之大體畫出，然後再畫枝葉，因恐花瓣脫落也。

菊花瓣甚細，須先畫大體花形，然後漸漸加細，分開花瓣。

畫背景時，須將畫花地位留出。

果物野菜，無論何種，皆可作畫。

倘形與調子畫不完全，則圓物不圓，扁物不扁。故畫時，於形與調子，宜多注意。

畫蘋果等強光處，須用不透明色。

畫死雞及野鴨等，須先畫大體，然後再畫羽毛。

畫書籍須留意陰陽面。紙色雖白，在陰面則暗，皮紙色雖深，在陽面則明。

風景畫

學畫風景畫，宜擇其簡單者，地平線不宜高，因畫前景最不易。

初學者畫陰天較易。

初學不可回家修補，因此最易染惡習，且有背自然之研究。

初學者研究調子，可用Sepia一色畫成。

空氣與日光　西洋畫以空氣與日光為主，無空氣即無遠近。完全自然之美，決不能表出。如近草雖綠，遠草則藍，空氣有薄有厚之故也。

現日光最困難，日光映射處，不能僅以黃色了之。最近之印象派，以畫月光著名。

此外，又有反射，亦宜研究。如晴天時，人顏受木葉之反射，則呈綠色。又，雨天反射最多。

天空　畫水彩畫，寫天空最有趣味。

最初定色與調子，若有浮雲，須於畫紙未乾時注意描寫。

天空因春夏秋冬不同，一日之中亦時時不同，因太陽方向甚差。近太陽者，青味少，光強，有白黃色之輝。若與太陽遠，則青色甚濃。

又，朝夕太陽出沒時，天空現紅黃之輝。反對太陽之處，其天空現濃暗之紫色。

初學畫晴空，因其顏色純青，即用Ultramarine一色塗抹，是大謬也。乍見之似為青色，細審之，或稍含赤味，又有時含多量之黃味。不第畫天空為然，即畫綠草，畫地面，畫海，亦同此理。但色混合過甚，則失之濁，不可不注意。

第一，水彩畫之特長，不必多混合顏色，可以收良好之果，此為與他種彩畫不同處。

又，有誤解水彩畫之字義者。全體用淡彩，致調子不足，是亦大誤。水彩畫與油畫、色粉條畫之描寫自然無異，但因所用之材料不同，故畫成後，其現出之趣味不能無少異。

畫天空須取圓形，遠者遠，近者近，不可畫成平面。

雲　雲之形變化最速，故須速寫。夕雲變化更易，故宜用記憶力。

畫天空，於畫面未乾時，當區別雲之陰影，與光之部分。

畫雲宜柔，雲與空相接處，可以海綿揉合。

雲有遠近，亦宜分出。

遠景　遠景因空氣濃厚，故調子與形，皆不能十分明瞭。畫時，當於大處著眼，不可細描。

遠樹皆帶藍色，又紫色。

中景　為人之視力所注處之緊要部分。此處宜竭力描寫。但描時，宜與遠景、近景相均衡，不可忘卻調子。

近景　為畫面之下部，調子尤強，物之形尤細，此處最難描寫。故初學作畫，構圖時，近景宜低。描近景法甚難講述。但在畫面之最低處，無須描寫精密，否則鑲入鏡邊，地面之草皆似從鏡邊生出，殊不雅觀。大約豎一二尺之畫，由下方計一寸以上之處，最宜注意描寫。

草　極近之草，亦以用大筆描寫為宜。雖有十分極細之調子，亦能用大筆描出。

中景之草，較近景宜略。

綠草受天空反射之光，則生種種顏色，不可僅以綠色一種了之。

畫冬之枯草，當與天空之調子比較。有時枯草之調子，較天空為明。

樹木　畫樹木須以適當之距離。過近則枝葉錯雜，先奪眼光，研究色與調子最不易。

又，畫樹須畫出由地面生處之勢。

畫葉須見塊，不可一葉一葉描寫。

葉之間透出之天空，須著意留出，但小部分可於畫後用不透明色塗染。

葉與天空相接處，不可勁塗。

畫陽光之綠葉，多帶黃味、白味或赤味。

畫樹木之枝葉，全體須成圓形，不可失之薄。

建築　畫建築之始，以取形為最要。倘遠近法誤，即成笑柄。

畫遠景色宜淡。

畫屋瓦，以取大調子為最要。瓦與瓦之界限，擇其要者畫之，不必個個細描。

屋頂與天空之調子宜注意，必使屋頂與天空離遠，乃為佳作。有時屋頂比天空明，有時屋頂比天空暗，不可不加意判別。

地面　地面為風景畫之近景部分，初學者最困難。坡路宜斜，平地宜平。

乾地面之陰陽較易畫。濕地面之陽光最難表出。

山　畫山多屬中景與遠景，其凹凸陰陽，皆須表出，且須寫出山石堅勁之質，不可畫成棉花包。

生草木之遠山，或帶紫，或帶蒼色，□皆淡。

畫山不可薄。

畫山腰之雲，須注意山與雲與天空之調子。

其畫法，先將山畫成，俟乾後，再將有雲處洗去。

光輝之物體，無論其距離如何，皆不見青色。至暗色之物件，雖距離不遠，因中間之空氣每見純青色，故見禿山、土山雖遠，亦有紅黃之意。

水　水為透明之物，其色隨日光變化。又為始終搖動之物，比畫地面困難。

水每受天空之反射，水與天空最有關係，宜注意。畫雲及水等，尤須注意其形，不可隨己意描寫。

於自然之現象，水與天空調子之關係如左：

與天空相接之水，比天空明；則近處之水，必比近處之天空暗。

反是，與天空相接之水，比天空暗；則近處之水，必比近處之天空明。

海　海水因太陽與風力，時時變化，晴日則呈華美之藍色，陰天則呈紫灰之澀色。

又，近岸處，其藍色漸變為綠色，波浪之陰，為深綠之色。

初學畫波浪，非常困難。但波浪之形，必屢次反復，當於其反復時，繼續研究。

畫白色波浪之法，或先於紙面留出地位，或以後用白色畫出，或畫完後於小部分稍用小刀搔之，以補其勢。波浪之色非絕白，宜注意。

湖沼　湖較海為狹，映物影較多。此影與實物之調子，天空與水之明暗，必須精細審察，然後描寫。

大約論之，實物之調子較影為強。

又水有動不動之別，宜表出。

沼中多浮水草，描寫最難，不可畫成地面生草之樣，須有輕浮之趣。

河　河狹而長，常由一方流於他方，此勢頗表明。

船　畫船，先著意畫形。其形與畫建築物之困難相等。

船之陰面，有各種之反射。

畫船須寫浮於水上之趣。

海岸　海岸之色最美，且多變化。西洋人嘗謂調色之名人多生長於海岸。

黑巖之濕霧，映日光，描寫最難。

霧　有霧時空氣較濕，畫甚不易乾，故於此時寫生，當少用水。

雨　降雨時較晴天物體陰陽之度不強，空之反射最多，處處皆見白光。

畫雨天之色，最易單純，宜注意。畫天空，亦不可配出不快之色。畫雨勢，不必皆用線，以調子與色，可以十分表出。

雨後之空氣常透明，遠景非常鮮明，清楚。畫者宜注意調子之權衡。

雪　降雪不似降雨時之反射，雪後映日，有十分之強光，取調子最難。

畫雪景時，天必嚴寒，於水筒內混酒精少許，則不凍。

風　有風時空氣之變化最速。畫風，不能僅畫草木搖動，以表風勢，須寫空氣之變動。有風時之天空，色濃，帶赤味。又，雲之方向，亦有一定。

朝夕　朝夕之色最美，能確表明其為朝，為夕，乃佳。

夜景　夜景最有趣，描夜景用洋燭為宜。畫時，須將洋燭之光前面遮上，以防混亂景色之光線。

夜間辨色最難，故必於調色之法少有心得，然後畫夜景。

四季　春花之艷，秋葉之彩，夏樹蒼翠，冬林枯寂，四時景色大異。畫家須表明其感，使人一望而知其為何時。研究空氣與光，即能表明寒暖之感。

人物畫

分著衣與裸體二種。

普通之例，入手當先畫裸體。但尋常為娛樂起見，學水彩畫者可以不畫裸體。又，專門家畫水彩裸體畫者，殊不多見。因水彩畫改竄不便，不若油畫之改竄自由也。

初學畫著衣人體時，當先取大體之姿勢。以後於各部分，由頭起至腳止，加意測量。測尺寸以取形，為畫家最要之事。必須十分測準，然後動筆。

測法，先在紙上中央畫一直線，以頭之尺寸為定位，測頭以下之尺寸多少。以上就長處論。至測量寬處，亦用此法。又須長寬互相比較測量，大約亞洲人身長，有頭之六倍，或六倍半。

此形既定，乃用顏色。取明暗之調子，表出美麗之色彩，與靜物或風景無甚異。入手先畫大體之調子，與大體之色，然後再畫細微之部分。

畫著衣之人物，當表明衣中所包者，有骨有肉，皆厚而圓。不可畫薄，如以衣包木板式。

畫人物較靜物風景難處，在人物好活動，取形極不易。非練習熟悉，恐難畫完全之形。

肖像　畫肖像須與本人相似，故第一須畫正確之形。

畫肖像時，本人不可故作特別姿勢，用尋常習慣之姿勢最妙，否則恐不像。

畫肖像，以顏為重。故顏之部分須加意描寫，但不可過於纖巧、細微。總而言之，當畫出本人之性格為要。若僅於眼眉之間，求其酷似，則為下乘。

畫鬚髮眉毛，不必每根細描，須注意其大體之面。

畫鬚髮眉毛之色，亦宜注意。此種絕非純黑，或帶紫，或帶深綠色或深茶色。

畫皮膚，當知其下有肉有骨，宜分別清楚。

上眼皮為陰面，下眼皮稍明。

上眼皮遮蓋下眼皮。

眼球之白點及白眼處，畫時宜注意。明面色白，陰面則暗，不可陰陽面皆一律畫成白色。

眼球之白點與鼻尖之光，皆可畫後以小刀搔去。

鼻孔　當前方狹，後方廣。

畫鼻子宜著意畫面，鼻頭下之面不可忘卻，否則鼻子不凸。

口之上唇，大抵皆陰面，下唇為陽面。但光線由地下反射，上唇有時為陽面。

耳常帶淡紫色。

頸部　上與頭連，下與肩連，畫時最難，不可上下無關係。畫衣紋或花樣等，須由大處著眼，紐結須畫成圓形。

畫肖像之背景最有關係。以調子論，須使人物凸出；以色彩論，須與人體調和。故普通背景每用暗色。

動物畫

描寫動物較人尤難。動物解剖必須熟知。

西洋人畫動物專門畫者，每只畫一種動物。

若以動物為配景，則動物屬客位，較為易畫。

畫動物之毛須柔。

動物始終活動，須速寫乃能得神。初學研究，先畫死雞、睡貓、睡鴨等較易。

裝飾畫

以水彩之顏料，作人物、動物、風景、植物之模樣。畫書籍、皮紙，或明信片等，是有趣味，又可就此以研究色彩之調和與曲線之配置。

入手作草或花之模樣較易。先將花草寫出，然後以意匠作出種之形式。自然之美，包含於細微之部分。又，草蔓之曲勢最美，可□取以作模樣。

繪明信片

用紙印水彩畫，紙無論何種皆可。

寫實之水彩畫，或淡彩畫，或於鉛筆、木炭、鋼筆畫出，猶如彩色。或作模樣畫，但畫時宜著意章法。如寫信文於畫側，須留出適當之餘白。

第三章　油畫

歐洲近古以來之繪畫，以油畫為主腦，於各種繪畫之中，最完全適用者，亦唯油畫。

油畫發明者為Flander國VanEyk兄弟二人。

材料　學油畫應用之器具如左：

畫本　法國製者最佳，日本製者不適用。

畫布　有粗滑兩種。尋常作畫，以粗者為宜。但畫肖像，宜擇其適中者。又，畫家畫派不同，畫法各異。各人宜即自己合宜之畫布用之，最妥。

畫布須繃以木框，然後著筆。

畫板　作小畫可用畫板，價較畫布甚廉。但色易變，又運筆不自由。

畫板多用樟木、櫻木、桂木等。

畫紙　亦作小畫時用。紙眼皆粗大，與畫布相似，非尋常所用之畫紙，但亦不能作完全之畫。

筆　種類甚多，有平筆、圓筆之別。普通用平筆。

日本製作者，頗可用。吾國人亦可倣為之。

油畫用筆，大小不等，初學宜用大者，萬不可專用小筆。

每日畫完後，須洗筆，用胰子與熱水洗淨，再用手巾拭乾。或用煤油洗筆亦可。

洗筆時須前後左右搖動，但不可傷筆毛。

顏料　油畫顏料種類甚多。初學者不宜多用。擇其鮮美不變色者，十種已足，今述如左：

油畫顏料，英法國最佳。故所列名詞皆用法文與英文對照。

白色　Blane Dargen　Silver White

淡黃色　Jaune de Citron　Citron Yellow

淺橘黃色　Cadmium Clair　Cadmium Yellow Pale

朱色　Vermillon　Vermilion

淺玫瑰紫色　Grance Rose　Pink Madder

深玫瑰紫色　Grance Fonces　Rose Madder

淺綠色　Vert Veronese　Emerald Green

深綠色　Emerande de Ernld　Oxide of Chromium

寶藍色　Bleu de Dobalt　Cobalt Blue

深藍色　Bleu Donre Mere　Ultramarine

此外，可以兼用者數種如下：

黃色　Chromelir　Chrome Yellow

色較淡黃色稍深。價較廉。

深橘黃色　Cadmium Foncce　Cadmium Yellow Deep

老紫色　Laque Fine　Crimson Lake

色較深玫瑰紫色稍黑。價較廉。

此外，如黑色、褐色、赭色等，皆不可用。

此等顏料，皆盛於鉛筒之中。法國製者最佳，日本製者不能用。

油　顏料過濃滯時，可微用油以調解之，但不宜多用。此種油名為調色油。

調色油以Terebinthine油為主，初學用此一種已足。

此外，有麻油，linseed製、栗油Rappy等，皆可用。但不易乾，初學不用為是。

畫既乾後，可上亮油。普通用Varnish。然此油刷上後，此畫即不能再改。故近來畫家每用Pantel代Varnish，因Pantel刷上後，將來仍可著色添削。

此外，又有Felamand乾油，亦可代Varnish用，價較Pantel稍廉。調色油Terebinthine中，亦可加Pentel少許。

油壺　油壺中盛調色油，安放於調色板之一隅。油壺之種類，分有蓋者與無蓋者，單者與雙者。

調色板　用櫻、楓、梨、胡桃木等製。形類甚多，有長方者，有卵圓者，可隨意擇用。長方者，可製入繪具箱。卵圓者，僅能在畫室用。板上顏料之位置，有一定之次序，不可隨意紊亂。其次序如左，圖為普通之式：

白　綠　藍
黃
橘黃
朱
紫

調色板刀，為有彈力之鐵刀，形狀甚多。用此刀以削取調色板上之顏料。

以小調色板刀作油畫，亦有雅趣。

凡尋常用筆作畫時，亦有時須用調色板刀，以補用筆之不足。

繪具箱　普通繪具箱，其中盛顏料、筆、調色板、調色板刀、油壺、油罐(盛煤油，洗筆用)、布片(拭調色板與筆)sketch、畫板等。又，小繪具箱有二種，一為普通繪具箱之半，一為明信片大。

綳畫布之木框　畫布須在木框上綳緊，綳以小鐵釘。此外，畫架、傘架、三角凳等，為郊外寫生必用。

方法

初學寫生亦須由靜物畫入手，以後再畫風景與人物。初學不宜作大畫，八號畫布最適。

靜物畫

入手以木炭或鉛筆取形，與調子十分完整後，吹以定止液，然後再著顏色。

畫油畫有下塗、上塗之名目。

下塗為入手所著之顏色，即陰陽面、大調子與大致之色彩。下塗宜用大筆，大膽描寫，不必著意細部，務於大處著眼。陰陽面、大調子與大致之色彩定準後，下塗之事乃畢。故下塗非僅著一重色之意。全體雖已著色，陰陽面、大調子與大致之色彩不準，下塗之事仍未完。普通八號畫布，下塗亦須費半日以上之力。入手時以木炭或鉛筆畫草稿，重在取形。

下塗十分完整，然後上塗。

上塗即依各處部分，十分精細描寫。

作油畫，入手須畫十分之強色，表明陰陽面。

著色時，須詳細審察原物之色，不可以己意臆造。下筆前須詳審，下筆時宜大膽。

畫者不可堅守畫布，須時時立起還看，與實物相比較。比較之時，宜分開比較，先看形，後看調子，後看色彩。

風景畫

風景畫著色甚難。天空之色，初學每失之暗，宜注意。畫風景畫，於三點鐘內，能將下塗完畢為妥。否則，翌日天色不同，或有矛盾之處。

初學者，每於郊外寫生時，自覺所畫者非常之明。及歸室內，再觀覺全畫皆暗。此處最宜注意。畫風景以空氣與日光為主，須刻刻不忘。

裸體畫

第一，須通人體之解剖。

第二，須忠實，須依model之實在描寫，不可因其形不美，隨意加減更動。如畫女人之乳，須畫出圓軟之意。畫腰部亦宜。臀部，宜畫出厚肉之狀，露骨須堅勁，調子當著意，不可畫作扁形。

肖像畫

熟悉裸體畫後，乃能畫肖像。

畫法大致見前水彩畫法。

第四章　色粉條畫Postal

此法最古，自何時始，不可考。法蘭西十七世紀甚流行，近代頗盛。然規模甚小，終不能以油畫為伍。

此種畫長，所在華美，有失之於輕佻。畫兒女之顏，與花果、夕陽等最合。

用具

畫布與畫畫紙　畫布與油畫者不同，亦綳以木框。普通皆用畫布，有鼠色、赭色等各種。

顏料　法國製最佳，色數多至三百種。為長二寸餘之圓柱體，分堅練、中練、軟練三種。可擇其與己合宜者用之。軟者取色調較便。

此物忌濕氣，宜注意保存。

柔皮　調合調子用，但代以手指亦可。

方法

畫時不可擦抹太過，致損光澤。擦抹時，可用手指，Postal畫亦應畫輪廓。

又有一別法，為Postal與水彩混交。最初畫Postal，以後於畫面著薄水彩色。又可因此以固定Postal之粉末。又，願加細描寫者，可於此畫上再畫，Postal畫畢，再著水彩顏色。但此種之畫，不如純粹Postal畫之有光彩。Postal畫最忌濕氣，宜留意。

第五章　墨水筆畫

古代伊大利大家Raphoel好用強葦墨水筆，近世法國Millet好用羽翎墨水筆。此外，銅鐵玻璃製者，皆可用。

用具

畫紙以滑堅之紙為宜，艮特紙最佳。

墨汁不論何種，皆可用。又，中國墨汁亦佳。

方法

最初以鉛筆取形，然後上墨汁。畫時可以縱橫之線，自由交用。又，畫成後可著簡單之水彩色。

（下缺）

（連刊於上海《太平洋報》副刊《太平洋文藝》，一九一二年四月一日至四月二十六日）

西洋畫特別教授法

西洋畫教師授課時每不授畫法，其故有二：（一）畫法非由自己經驗得來者，斷難十分適用。教師所知之畫法，皆由十數年或數十年之實地經驗得來。學生無此長年之經驗，驟語以畫法，必不能十分了解。即能了解矣，亦必不能得心應手，揮寫自由。故教師評畫時，僅曰孰善孰惡。或曰調子不整，或曰肌膚稍硬。至其所以改正之法，教師決不道及。學生當此時，宜竭其思力，加意研究，經種種失敗，必有豁然貫通之一日，而巧妙之畫法乃發現，繪畫之技術因之增進。畫法之發現者日益多，技術亦因之日進靡已。（二）人之性質各有特長，學繪畫者必其性質長於繪畫，學之乃有效果。又繪畫之中亦有各種流派，如雄壯、婉麗、強烈、溫和、豪放、細膩之類，是長於繪畫者，萬不能兼擅各派，必即自己性之所長者習之，乃能完全發揮其固有之畫才。若必刻意摹倣他人，沒卻自己所長，其結果必致失敗。教師不能強學生畫學己之畫派，學生亦不必專模教師之畫派。因教師與學生畫才不同，程度亦異。若必強合為一致，是埋沒學生之天才矣。（又畫派非一生始終不變者，無論何人，一生每數變其畫派。但所變者以其性質相近者為限，非捨近求遠也。）故教師為學生評畫時，必不授以定規之畫法，且不執筆添削，職是故也。

（刊於杭州《教育週報》第八期，一九一三年六月六日）

嗚呼！詞章

予到東後，稍涉獵日本唱歌，其詞意襲用我古詩者，約十之九五。（日本作歌大家，大半善漢詩。）我國近世以來，士習帖括，詞章之學，僉蔑視之。輓近西學輸入，風靡一時，詞章之名辭，幾有消滅之勢。不學之徒，習為藪冒，詆諆故典，廢棄雅言。迨見日本唱歌，反嘖嘖稱其理想之奇妙。凡吾古詩之唾餘，皆認為島夷所固有。既齒冷於大雅，亦貽笑於外人矣。（日本學者，皆通《史記》、《漢書》。昔有日本人，舉史漢事蹟，置諸吾國留學生，而留學生，茫然不解所謂，且不知《史記》、《漢書》為何物，致使日本人傳為笑柄。）

（刊於《音樂小雜誌》第一期《雜纂》欄，一九〇六年二月）

昨非錄

此余懺悔作也。吾國樂界方黑闇，與余同病者，當猶有人。拉雜錄入，愿商榷焉。

寧可生，不可滑。生可以練，滑最難醫。

初學唱歌者，以琴和之，迨發音既準，則琴可用可不用也。

唱歌發音宜平，忌傾斜。

我國近出唱歌集，皆不註強弱緩急等記號。而教員復因陋就簡，信口開合，致使原曲所有之精神趣味皆失。

風琴踏板與增聲器，皆與強弱有關係，最宜注意。

十年前日本之唱歌集，或有用1234之簡譜者。今則自幼稚園唱歌起皆用五綫音譜。吾國近出之唱歌集與各學校音樂教授，大半用簡譜，似未合宜。學唱歌者，音階半通即高唱「男兒第一志氣高」之歌。學風琴者，手法未諳即手揮「566553」之曲。此為吾樂界最惡劣之事。余昔年初學音樂即受此病。且余所見同人中不受此病者殆鮮。按唱歌者，當先練習音階與音程。學琴者，當先學練習之教則本（初學風琴者，大半用風琴教則本，organ-method），此樂界之通例，必不可外者也。（今日本音樂學校唱歌科，以唱曲為主，一年之中，所唱之歌不過數首。）

彈琴手式亦最要，風琴教則本有圖，甚明瞭，願留意焉。

吾國學琴者，大半皆娛樂的思想，無音樂的思想，此固無可諱言者也。故每日練習無定時，或偶一為之，聊以解悶，如是者，實居多數。吾聞美國人學琴者，每周僅到學校授課一時間，其餘皆在家練習，每日至十時之久，吾國人聞之，當有若何之感觸。

去年，余從友人之請，編《國學唱歌集》。迄今思之，實為第一疚心之事。前已函囑友人，毋再發售，並毀板以謝吾過。

（原刊於《音樂小雜誌》第一期《雜纂》欄，一九〇六年二月）

石膏模型用法

第一章　石膏模型為學圖畫者最良之範本

自來圖畫專門之練習，每取古代製作品及其複製品為範本。但近來於普通教育圖畫之練習，亦採用此法。其範本以用石膏製之模型為主。

普通教育設圖畫科，不僅練習手法，當以練習目力為主。此說為今日一般教育家所公認。因眼所見之物體，須知覺其正確之形狀。此種知覺之能力，為一般人所不可缺。但依舊式臨畫之方法以養成此種之能力，至為困難。於是近年以來，歐美各國之普通教育，以實物寫生為圖畫之正課，即用兼習臨畫者，亦加以種種限制。因臨畫之教式，教以一定之描寫法，利用小巧手技似甚簡便；然能減殺初學者之獨創力，生依賴定式之惡習慣，且於目力之練習毫無裨益。教學圖畫者，當確信實物寫生為第一良善之方法。

實物寫生，取日常所用簡單之器具為範本，固屬有益。但初學者練習畫線，以單純之直線曲線構成之物體為宜。又練習陰影，以純白之物體為宜。石膏模型，倣實物之形狀，以美妙之直線與曲線構成，其色純白，陰影處無色彩錯亂之虞。陰陽濃淡之程度，容易判別。故學圖畫者，當確信石膏模型為實物寫生用第一完全之範本。

石膏模型分二種：

一　摹倣古今雕塑之名品傑作之複製品；

二　作者摹倣倣實物之創作品。

寫生練習用，以第一種為宜。因以藝術上之名作為範本，自能悟解線形及骨相純正之狀態，且可以養成審美之智識。

第二章　收藏法

石膏模型，質甚脆弱。最易破壞，且圖畫用之模型，以純白為適用。故須注意收藏，不可使受塵埃及油煙。其他污點斑紋亦不可有。

石膏模型當貯藏於標本室，不可陳列於圖畫講堂。因生徒常見此種標本，日久將毫無新奇之感情，故須另設收藏室，臨畫時再搬入講堂。

第三章　教室之選定及室內之設備

寫生用教室須高廣，向北一面開玻璃窗。如以尋常教室充用，當由一面取光線。倘由二面或三面光線混入，模型之陰影將紊亂，初學者甚困難。

室內之設備，當依其室內之形狀酌定，無一定之程式，模型或近壁或在室之中央。如近壁時，壁面以濃色為宜，否則亦可掛布幕以為模型之背景，俾生徒觀察物形之外線能十分明瞭。模型臺之高低，當與多數生徒之視線在同一之平位為適當。（生徒坐位前列低、後列高，最後列者每直立，故視線之高低不能統一。）

第四章 圖畫之材料

普通學校圖畫用紙，雖無一定之限制，但須擇其紙質強固，紙面不甚光滑者為宜。描寫之材料，有鉛筆、木炭及黑粉筆等。但其中以木炭為最適用。故西洋各普通學校皆專用木炭。日本之普通學校，從前專用鉛筆，近亦兼用木炭。

（刊於《醒獅》第三期，一九〇五年十二月）

斷句

人生猶似西山日，富貴終如草上霜。

（一八九四年李叔同十五歲時所作）

賦得憂國願年豐得年字五言六韻

盛世憂何有，虔心祝瑞年。為民常惕厲，願國永豐延。搔首風塵裏，銜恩雨露前。昇平應可答，廉讓易為泉。螘悃縈難釋，豳風繪可傳。重光看瑞景，簪筆鳳池邊。

（一八九八年應天津縣試時作）

戲贈蔡小香四絕

眉間愁語燭邊情，素手摻摻一握盈。艷福者般真羨煞，佳人個個喚先生。

雲髻蓬鬆粉薄施，看來西子捧心時。自從一病懨懨後，瘦了春山幾道眉。

輕減腰圍比柳姿，劉楨平視故遲遲。佯羞半吐丁香舌，一段濃芳是口脂。

願將天上長生藥，醫盡人間短命花。自是中郎精妙術，大名傳遍滬江涯。

（一八九九年秋作於上海。按，蔡小香為上海婦科名醫）

詠山茶花

瑟瑟寒風剪剪催，幾枝花放水云隈。淡妝寫出無雙品，芳信傳來第二回。春色鮮鮮勝似錦，粉痕艷艷瘦於梅。本來桃李羞同調，故向百花頭上開。

右余近作《山茶花》詩也。格效東瀛詩體，愧鮮形貌之似。近讀東瀛山根立庵先生佳作，而拙作益覺如土飯塵羹矣。先生《詠山茶花詩》云：「前身嘗住建溪濱，國色由來出素貧。凌雪知非青女匹，耐寒或與水仙親。豐腴坡老詩中相，明艷涪翁賦里人。莫被渡江梅柳妬，群芳凋日早回春。」

己亥歲暮之月　惜霜仙史成蹊。

（一八九九年作於上海）

和宋貞題城南草堂圖原韻

門外風花各自春，空中樓閣畫中身。而今得結煙霞侶，休管人生幻與真。

庚子初夏，余寄居草堂，得與幻園朝夕聚首。曩幻園於丁酉冬作《二十歲自述詩》，張蒲友孝廉為題詞云：「無真非幻，無幻非真。」可謂深知幻園者矣。李成蹊。

（一九〇〇年夏作於上海城南草堂）

夜泊塘沽

杜宇聲聲歸去好，天涯何處無芳草。春來春去奈愁何，流光一霎催人老。

新鬼故鬼鳴喧嘩，野火燐燐樹影遮。月似解人離別苦，清光減作一鈎斜。

（一九〇一年二月作於自滬赴津省親途中）

遇風愁不成寐

到津次夜，大風怒吼，金鐵皆鳴，愁不成寐。

世界魚龍混，天心何不平？豈因時事感，偏作怒號聲。燭盡難尋夢，春寒況五更。馬嘶殘月墜，笳鼓萬軍營。

（一九〇一年二月作於天津）

感　時

杜宇啼殘故國愁，虛名遑敢望千秋。男兒若論收場好，不是將軍也斷頭。

（一九〇一年作於天津）

津門清明

一杯濁酒過清明，腸斷樽前百感生。辜負江南好風景，杏花時節在邊城。

（一九〇一年作於天津）

贈津中同人

千秋功罪公評在，我本紅羊劫外身。自分聰明原有限，羞將事後論旁人。

（一九〇一年作於天津）

日夕登輪

感慨滄桑變，天邊極目時。晚帆輕似箭，落日大如箕。風捲旌旗走，野平車馬馳。河山悲故國，不禁淚雙垂。

（一九〇一年作於自津返滬途中）

舟泊燕臺

澄澄一水碧琉璃，長鳴海鳥如兒啼。晨日掩山白無色，□□□□青天低。

（一九〇一年作於自津返滬途中。按，郭長海《弘一大師詩文試讀》謂「燕」疑「煙」之誤。）

輪中枕上聞歌口占

子夜新聲碧玉環，可憐腸斷念家山。勸君莫把愁顏破，西望長安人未還。

（一九〇一年作於自津返滬途中）

和冬青館主題京伶瑤華畫扇四絕

素心一瓣證前因，惻惻靈根渺渺神。話到華年怨遲暮，美人香草哭靈均。（瑤華工繪蘭，有清古之趣。）

承平歌舞憶京華，紫陌青驄踏落花。記得春風樓畔路，琵琶彈徹雁行斜。（瑤華善彈琵琶，負重名，為長安諸伶之冠。）

鼙鼓漁陽感劫塵，鶯花無復舊時春。（自去年變起，謝絕塵網，不復彈此調矣。）瀟瀟暮雨徐娘怨，憶否江南夢裏人。（滬上女校書徐琴仙亦擅琵琶，今老矣，猶零落風塵。）

長安子弟嘆飄零，（去年亂後，大半來滬。）曾向紅羊劫裏經。莫問開元太平曲，傷心回首舊門庭。

（一九〇一年作於上海）

書贈蘋香（三首）

滄海狂瀾聒地流，新聲怕聽四弦秋。如何十里章臺路，祗有花枝不解愁。

最高樓上月初斜，慘綠愁紅掩映遮。我欲當筵拚一笑，那堪重聽《後庭花》？

殘山剩水說南朝，黃浦東風夜捲潮。《河滿》一聲驚掩面，可憐腸斷玉人簫。

（一九〇一年作於上海）

和補園居士韻又贈蘋香（四首）

漫將別恨怨離居，一幅新愁和淚書。夢醒揚州狂杜牧，風塵辜負女相如。

馬纓一樹箇儂家，窗外珠簾映碧紗。解道傷心有司馬，不將幽怨訴琵琶。

伊誰情種說神仙，恨海茫茫本孽緣。笑我風懷半消卻，年年參透斷腸禪。

閑愁檢點付新詩，歲月驚心鬢已絲。取次花叢懶回顧，休將薄倖怨微之。

（一九〇一年作於上海）

口占贈李蘋香

子女平分二十周，那堪更作狹邪游。只因第一傷心事，紅粉英雄不自由。

（一九〇一年秋作於上海）

重遊小蘭亭口占

重遊小蘭亭，風景依稀，心緒殊惡，口占二十八字題壁。時壬寅九月望前一日也。

一夜西風驀地寒，吹將黃葉上欄干。春來秋去忙如許，未到晨鐘夢已闌。

（一九〇二年作於上海）

照紅詞客介香夢詞人屬題《採菊圖》為賦二十八字

田園十畝老煙霞，水繞籬邊菊影斜。獨有閑情舊詞客，春花不惜惜秋花。

（一九〇二年作於上海）

冬夜客感

紙窗吹破夜來風，砭骨寒添漏未終。雲掩月殲光慘白，簾飄燭影燄搖紅。無心難定去留計，有淚常拋夢寐中。煩惱自尋休息怨，待將情事訴歸鴻。

（一九〇三年作於上海）

甲辰二月望日歌筵賦此疊韻

莽莽風塵窣地遮，亂頭粗服走天涯。樽前絲竹銷魂曲，眼底歡嬉薄命花。濁世半生人漸老，中原一髮日西斜。祗今多少興亡感，不獨隋堤有暮鴉。

（一九〇四年作於上海）

七月七夕在謝秋雲妝閣重有感詩以謝之

風風雨雨憶前塵，悔煞歡場色相因。十日黃花愁見影，一彎眉月懶窺人。冰蠶絲盡心先死，故國天寒夢不春。眼界大千皆淚海，為誰惆悵為誰顰？

（一九〇四年農曆七月初七日作於上海）

為滬學會撰《文野婚姻新戲冊》既竟繫之以詩

牀第之私健者恥，為氣任俠有奇女。鼠子膽裂國魂號，斷頭臺上血花紫。

東鄰有兒背佝僂，西鄰有女猶含羞。蟪蛄寧識春與秋，金蓮鞋子玉搔頭。

河南河北間桃李，點點落紅已盈咫。自由花開八千春，是真自由能不死。

誓度衆生成佛果，為現歌臺說法身。孟旃不作吾道絕，中原滚地皆胡塵。

（一九〇五年作於上海）

《滑稽傳》題詞四絕

斗酒亦醉石亦醉，到心唯作平等觀。此中消息有盈朒，春夢一覺秋風寒。　淳于髡

中原一士多奇姿，縱橫宇合卑莎維。（自注：「莎士比亞，維白新德。」）人言畢肖在鬚眉，茫茫心事疇誰知？　優孟

嬰武伺人工趣語，杜鵑望帝凄春心。太平歌舞且拋卻，向來神州愾陸沉。　優旃

南山豆苗肥復肥，北山猿鶴飛復飛。我欲蹈海乘風歸，瓊樓高處斜陽微。　東方朔

（一九〇四年作於上海）

贈語心樓主人

天末斜陽淡不紅，蝦蟆陵下幾秋風。將軍已死圓圓老，都在書生倦眼中。

道左朱門誰痛哭？庭前柯木已成圍。祇今蕉萃江南日，不似當年金縷衣。

（一九〇四年作於上海）

為老妓高翠娥作

殘山剩水可憐宵，慢把琴樽慰寂寥。頓老琵琶妥娘曲，紅樓暮雨夢南朝。

（一九〇五年作於上海）

追悼李節母哀辭

松柏兮翠蕤，涼風生德闈。母胡棄兒輩，長逝竟不歸。兒寒復誰恤？兒饑復誰思？哀哀復哀哀，魂兮歸乎來。

（一九〇五年作於上海。按，李節母為大師生母。）

秋感

一

黃沙烈烈吹南風，燕啄王孫將毋同。洛陽門前銅駝泣，會見汝在荊棘中。

二

新亭名士淚沾衣，風景不殊江河非。金狄已去冬青死，猶有寒蝶東園飛。

（一九〇五年作於日本）

東京十大名士追薦會即席賦詩

蒼茫獨立欲無言，落日昏昏虎豹蹲。賸卻窮途兩行淚，且來瀛海弔詩魂。

故國荒涼劇可哀，千年舊學半塵埃。沈沈風雨雞鳴夜，可有男兒奮袂來。

（一九〇六年作於日本）

朝遊不忍池

鳳泊鸞飄有所思，出門悵惘欲何之？曉星三五明到眼，殘月一痕纖似眉。秋草黃枯菡萏國，紫薇紅濕水仙祠。小橋獨立了無語，瞥見林梢升曙曦。

（一九〇六年作於日本）

春風

春風幾日落紅堆，明鏡明朝白髮摧。一顆頭顱一杯酒，南山猿鶴北山萊。秋娘顏色嬌欲語，小雅文章淒以哀。昨夜夢遊王母國，夕陽如血染樓臺。

（一九〇六年春作於日本）

醉時

醉時歌哭醒時迷，甚矣吾衰慨鳳兮。帝子祠前芳草綠，天津橋上杜鵑啼。空樑落月窺華髮，無主行人唱大隄。夢裏家山渺何處，沉沉風雨暮天西。

（一九〇六年作於日本）

昨夜

昨夜星辰人倚樓，中原咫尺山河浮。沉沉萬綠寂不語，梨華一枝紅小秋。

（一九〇六年作於日本）

初夢

雞犬無聲天地死，風景不殊山河非。妙蓮華開大尺五，彌勒松高腰十圍。恩仇恩仇若相忘，翠羽明珠繡裲襠。隔斷紅塵三萬里，先生自號水仙王。

（一九〇七年作於日本）

簾衣

簾衣一桁晚風輕，豔豔銀燈到眼明。薄倖吳兒心木石，紅衫孃子喚花名。秋於涼雨燕支瘦，春入離絃斷續聲。後日相思渺何許，芙蓉開老石家城。

（一九〇七年作於日本）

人病

人病墨池乾，南風六月寒。肺枯紅葉落，身瘦白衣寬。入世兒儕笑，當門景色闌。昨宵夢王母，猛憶少年歡。

（一九一二年作於上海）

詠　菊

姹紫嫣紅不耐霜，繁華一霎過韶光。生來未藉東風力，老去能添晚節香。風裏柔條頻捐綠，花中正色自含黃。莫言冷淡無知己，曾有淵明為舉觴。

（一九一二年作於上海）

題丁慕琴繪《黛玉葬花圖》二絕

收拾殘紅意自勤，攜鋤替築百花墳。玉鈎斜畔隋家塚，一樣千秋冷夕曛。

飄零何事怨春歸，九十韶光花自飛。寄語芳魂莫惆悵，美人香草好相依。

（一九一二年作於上海）

題夢仙花卉橫幅

夢仙大姊，幼學於王弢園先輩，能文章詩詞。又就靈鶼京卿學畫，宗七薌家法，而能得其神韻，時人以出藍譽之。是畫作於庚子九月，時余方奉母城南草堂。花晨月夕，母輒招大姊說詩評畫，引以為樂。大姊多病，母為治藥餌，視之如己出。壬寅荷華生日大姊逝。越三年乙巳，母亦棄養。余乃亡命海外，放浪無賴。回憶曩日，家庭之樂，唱和之雅，恍惚殆若隔世矣。今歲余幻園姻兄示此幅，索為題辭。余恫逝者之不作，悲生者之多艱。聊賦短什，以誌哀思。

人生如夢耳，哀樂到心頭。灑剩兩行淚，吟成一夕秋。慈雲渺天末，明月下南樓。（今春余過城南草堂舊址，樓臺楊柳，大半荒蕪矣。）壽世無長物，丹青片羽留。

甲寅秋七月　李息時客錢塘

（一九一四年農曆七月作於杭州）

十　載

十載無消息，相逢一展眉。江湖吾老矣，日落雁高飛。

（錄自《收藏家》二〇〇一年第九期，據云一九一五年秋作於南京，待考。）

題陳師曾荷花小幅

師曾畫荷花，昔藏余家。癸丑之秋，以貽聽泉先生同學。今再展玩，為綴小詞。時余將入山坐禪，慧業云云，以美荷花，亦以是自勗也。丙辰寒露。

一花一葉，孤芳致潔。昏波不染，成就慧業。

（一九一六年十月作於杭州）

貽王海帆先生

孤山歸寓，成小詩書扇，貽王海帆先生。

文字聯交誼，相逢有宿緣。（前年五月，南社同人雅集湖上，始識先生。）社盟稱後學，（先生長余三十二歲。）科第亦同年。（歲壬寅，余與先生同應浙江鄉試，先生及第。）撫碣傷禾黍（今歲余侍先生遊孤山，先生撫古墓碑，視皇清二字未磨滅，感喟久之。）怡情醉管弦。（孤山歸來，顧曲於湖上歌臺。）西湖風月好，不慕赤松仙。（近來余視見世為樂土，先生亦贊此說。）

（一九一七年作於杭州）

月夜遊西湖歸寢

正紅牆斜倚，天外笙歌起。更碧雲無際，眼底哀歡裏。故宮禾黍已成蹊，《清溪》、《水調》哀而厲。剩有嫦娥停機竊笑：「天上人間異。」

（一九一八年作於杭州）

淨峯種菊臨別口占

乙亥四月，余居淨峯。植菊盈畦，秋晚將歸去，猶復含蕊未吐。口占一絕，聊以誌別。

我到為植種，我行花未開。豈無佳色在，留待後人來。

（一九三五年作於惠安淨峯寺）

為紅菊華說偈

辛巳冬初，積陰凝寒。傳貫上人贈余紅菊華一枝，為說此偈。

亭亭菊一枝，高標矗晚節，云何色殷紅？殉教應流血。

（一九四一年十月初作於晉江福林寺）

清平樂

贈許幻園

城南小住，情適《閑居賦》。文采風流合傾慕，閉戶著書自足。陽春常駐山家，金樽酒進胡麻。籬畔菊花未老，嶺頭又放梅花。

（一八九九年作於上海）

蘇幕遮

贈別天涯芳草館主人

酒一杯，人千里。黃葉西風，轉瞬秋來矣。日暮魂消南浦地，淚和愁情，化作寒江水。 悲男兒，風塵裏。生離死別，輾轉情何已？同病相憐原幸事，可奈匆匆，又見離筵啟。

（一九〇〇年作於上海）

老少年曲

梧桐樹，西風黃葉飄，夕日疎林杪。花事匆匆，零落憑誰弔。朱顏鏡裏凋，白髮愁邊繞。一霎光陰，底事催人老。有千金，也難買韶華好。

（一九〇〇年冬作於上海）

南浦月

將北行矣留別海上同人

楊柳無情，絲絲化作愁千縷。惺忪如許，縈起心頭緒。 誰道銷魂，盡是無憑據。離亭外，一帆風雨，祇有人歸去。

（一九〇一年作於上海）

西江月

宿塘沽旅館

殘漏驚人夢裏，孤燈對景成雙。前塵渺渺幾思量，祇道人歸是謊。 誰說春宵苦短，算來竟比年長。海風吹起夜潮狂，怎把新愁吹漲？

（一九〇一年作於自滬返津省親途中）

醉花陰

閨怨

落盡楊花紅板路，無計留春住。獨立玉闌干，欲訴離愁，生怕籠鸚鵡。 樓頭又見斜陽暮，怎奈歸期誤。相憶夢難成，芳草天涯，極目人何處？

（一九〇一年春作於上海）

菩薩蠻
憶楊翠喜

燕支山上花如雪，燕支山下人如月。額髮翠雲鋪，眉彎淡欲無。夕陽微雨後，葉底秋痕瘦。生小怕言愁，言愁不耐羞。

曉風無力垂楊嬾，情長忘卻遊絲短。酒醒月痕低，江南杜宇啼。癡魂銷一捻，願化穿花蝶。簾外隔花陰，朝朝香夢沈。

（一九〇五年春作於天津）

金縷曲
贈歌郎金娃娃

秋老江南矣。忒匆匆。春餘夢影，樽前眉底。陶寫中年絲竹耳，走馬胭脂隊裏。怎到眼都成餘子。片玉崑山神朗朗，紫櫻桃，慢把紅情繫。愁萬斛，來收起。

泥他粉墨登場地。領略那英雄氣宇，秋娘情味。雛鳳聲清清幾許，銷盡填胸盪氣。笑我亦布衣而已。奔走天涯無一事，問何如聲色將情寄。休怒罵，且遊戲。

（一九〇四年作於上海）

金縷曲
將之日本留別祖國並呈同學諸子

披髮佯狂走。莽中原，暮鴉啼徹，幾枝衰柳。破碎河山誰收拾，零落西風依舊。便惹得離人消瘦。行矣臨流重太息，說相思，刻骨雙紅豆。愁黯黯，濃於酒。

漾情不斷淞波溜。恨年來絮飄萍泊，遮難回首。二十文章驚海內，畢竟空談何有？聽匣底蒼龍狂吼。長夜淒風眠不得，度羣生那惜心肝剖？是祖國，忍孤負！

（一九〇五年作於上海）

減字木蘭花（半闋）
題手繪山茶花

回欄欲轉，試弄雙翹紅暈淺。記得兒家，記得山茶一樹花。

乙巳冬夜，息霜寫於日京小迷樓。

（一九〇五年冬作於日本）

高陽臺
憶金娃娃

十日沈愁，一聲杜宇，相思啼上花梢。春隔天涯，劇憐別夢迢遙。前溪芳草經年綠，祇風情，辜負良宵。最難拋，門巷依依，暮雨瀟瀟。

而今未改雙眉嫵，祇江南春老，紅了櫻桃。忒煞迷離，匆匆已過花朝。遊絲苦挽行人駐，奈東風，冷到溪橋。鎮無聊。記取離愁，吹徹瓊簫。

（一九〇六年作於日本）

喝火令
哀國民之心死

故國鳴鷤鴂，垂楊有暮鴉。江山如畫日西斜。新月撩人，窺入碧窗紗。

陌上青青草，樓頭艷艷花。洛陽兒女學琵琶。不管冬青一樹屬誰家，不管冬青樹底影事一些些。

（一九〇六年八月作於自天津度假返日本時）

滿江紅
民國肇造誌感

皎皎崑崙山頂月，有人長嘯。看囊底、寶刀如雪，恩仇多少。雙手裂開鼷鼠膽，寸金鑄出民權腦。算此生，不負是男兒，頭顱好。

荊軻墓，咸陽道；聶政死，屍骸暴。盡大江東去，餘情還繞。魂魄化成精衛鳥，血花濺作紅心草。看從今，一擔好山河，英雄造。

（一九一二年作於天津）

玉連環影

為丏尊題《小梅花屋圖》

屋老。一樹梅花小。住個詩人，添個新詩料。愛清閑，愛天然。城外西湖，湖上有青山。

甲寅立春節，息翁。

（一九一四年作於杭州）

贈法輪長老聯

永日視內典；
深山多大年。

贈閩南會泉長老聯

會心當處即是；
泉水在山乃清。

泉州開元寺齋堂聯

坐享檀施豈易；
自忖己德何如。

贈轉逢和尚聯

焰口千壇，普度孤魂，同歸安養；
功德無量，迴施衆生，齊證菩提。

為廣義法師書聯

願盡未來，普代法界一切衆生，備受大苦；
誓捨身命，弘護南山四分律教，久住神州。

尊勝院南山律學苑聯

南山律教，已八百年湮沒無傳，何幸遺編猶存東土；
晉水僧園，有十餘衆承習不絕，能令正法再住世間。

轉道和尚七秩壽聯

老圃秋殘，猶有黃華標晚節；
澄潭影現，仰觀皓月鎮中天。

抗日戰爭時期在承天寺書聯

念佛不忘救國；
救國必須念佛。

草庵門聯

草積不除，便覺眼前生意滿；
庵門常掩，毋忘世上苦人多。

草庵摩尼光石佛像對聯

石壁光明，相傳為文佛現影；
史乘記載，於此有名賢讀書。

淨峯寺客堂門聯

自淨其心，有若光風霽月；
他山之石，厥惟益友明師。

淨峯寺仙祖殿門聯

是真仙靈，為佛門作大護法；
殊勝境界，集僧衆建新道場。

淨峯寺自勉聯

誓作地藏真子；
願為南山孤臣。

永春十利律院門聯

閉門思過；
依教觀心。

百原寺聯

教門千百，喻如梵網；
佛道本原，其唯戒光。

檀林福林寺聯

勝福無邊，豈唯人天福；
檀林安立，是謂功德林。

福林寺清涼園門聯

福德因緣，一一殊勝；
林園花木，欣欣向榮。

萬石巖山門聯

一句彌陀，聲傳鷺島；
千年常住，業紹廬山。

為靈應寺轉應法師書聯

閩南砥柱；
佛法金城。

題南安靈應寺聯

淨地何須掃；
空門不用關。

贈晉江杜安人醫師聯

安寧萬邦，正需良藥；
人我一相，乃謂大慈。

題晉江適南亭聯

適願往生極樂國；
南巡參禮洛迦山。

萬石蓮寺山門聯

萬中參一法；
石上悟三生。

崇武靜居堂門聯

皈依佛法僧，勤修戒定慧；
弘揚大乘理，利益諸衆生。

贈全發居士聯

三歸成就；
五戒莊嚴。

《清涼歌集》

（弘一法師作歌　劉質平等作曲）

清凉

釋弘一 作歌
俞紱棠 作曲

3.
f ten
ten
dim.
何 清 涼 清 涼 無 上 究 竟 真 常
pp
pp
mp

山色

釋弘一 作歌
譚伯英 作曲

f
如 藍 成 靛 山 色 非 變
f
mf
山 色如 故 目 力有 長 短
p
mf
dim.
自 近 漸遠 易 青 爲翠 自 遠 漸近 易 翠 爲青 時

mf
常 更 換 是
f
mf
由 緣 會 幻 相 現 前 非 唯 翠 幻 而 青 亦 幻 是
f
幻 是 幻 LH 萬 法 皆 然
pp LH
pp
ped
ped
ped

花香

韓弘一作歌
徐希一作曲

mf
香乃烈
鼻觀是一
cresc
f
mf
何以晝夜濃淡有殊別
白晝衆喧動
紛紛俗務縈
目視色耳聽聲鼻觀之力

分於耳目 喪 眞靈
cresc
dim
心 清聞 妙 香
8va
p
pp
f
用 志不 分 乃 凝 於 神 古 訓 好 參 詳
dim

世夢

釋弘一作歌
唐學詠作曲

胎 餓 出 胞胎 又入又出無 窮 已
生 不知來 死 不知去 蒙蒙然 冥冥 然 千 生萬劫不自知
rit
非眞夢 歟 枕 上片 時 春 夢中
mf legoto
rit

行 盡江 南 數 千里 今貪名利 梯山航海
豈 必枕 上 爾 莊 生夢蝴 蝶
孔 子 夢周 公 夢 時固是夢 醒來何非 夢

擴大刼來 一時一刻皆 夢 中 破 盡
a tempo
無 明 大 覺 能 仁 如是 乃 爲
夢 醒漢 如是乃名無 上 尊
ppp

觀心

釋弘一 作歌
劉質平 作曲

f
學問義理深 線索一 雖 難而似易 線
cresc
dim
f
mf
索 爲 何 現前一念心 性應尋 覓 試
dim
mf
mf
觀 心 性 在內賊 在外
p
mf

dim
無 在中間無 過去無 現在無 或
cresc
mf
未來無 長短方圓 無 赤白青黃
mp
無 覓心了不可得 便悟自性真常 是應
mf

mf
直下信入 未可錯下承 當試觀 心性
mf
p
f
內外中間過去現在未
f
dim
來長短方圓赤白青黃
dim

觀心

釋弘一 作歌
劉質平 作曲
唐學詠 和聲

覓 試 觀 心 性
覓 試 觀 心 性 出世 學問義理 深 線索.
覓 試 觀 心 性 出世 學問義理 深 線索
覓 試 觀 心 性 出世 學問義理 深 線索
在內 賊 在外 賊 在 中間賊
一 在內 賊 在外 賊 在 中間賊 pp 在 中間
一 在內 賊 在外 賊 在 中間賊 在 pp 中間
一 在內 賊 在外 賊 在 中間賊 mf 在中間
過去 賊 現在 賊 或 未來賊
賊 過去 賊 現在 賊 或 未來賊 pp 或未來
賊 過去 賊 現在 賊 或 未來賊 pp 或未來
賊 過去 賊 現在 賊 或 未來賊 mf 或未來

長 短 方 圓 殿 赤 白 青 黃 殿
殿 長 短 方 圓 殿 赤 白 青 黃 殿 覓心
殿 長 短 方 圓 殿 赤 白 青 黃 殿
殿 長 短 方 圓 殿 赤 白 青 黃 殿 覓心
覓心 了 不 可 得 便悟 自 性 眞 常 是應
覓 心 覓心 了 不 可 得 便悟 自 性 眞 常 是應
覓心 了 不 可 得 便悟 自 性 眞 常 是應
覓 心 覓心 了 不 可 得 便悟 自 性 眞 常 是應
直 下 信 入 未可 錯 下 承 當 試 觀 心
直 下 信 入 未可 錯 下 承 當 試 觀 心
直 下 信 入 未可 錯 下 承 當 試 觀 心
直 下 信 入 未可 錯 下 承 當 試 觀 心

性 內 外 中
性 出世 學問義理 深 線索 一 內 外 中
性 出世 學問義理 深 線索 一 內 外 中
性 出世 學問義理 深 線索 一 內 外 中
間 過 去 現 在 未 來 長 短 方
間 過 去 現 在 未 來 長 短 方
間 過 去 現 在 未 來 長 短 方
間 過 去 現 在 未 來 長 短 方
圓 赤 白 青 黃
圓 赤 白 青 黃
圓 赤 白 青 黃
圓 赤 白 青 黃

《李叔同歌曲集》

（豐子愷編・配圖）

大中華

李叔同作詞

Maestoso
f
萬 歲！萬 歲！萬 歲！ 赤 縣 膏 腴 神
p
明 裔. 地 大 物博，相 生 相養，建 國 五 千 餘
歲. 振 衣 崑 崙 之 巔， 濯 足 扶 桑 之
cresc.
澨. 山 川 靈 秀 所 鍾， 人 物 光 榮 永
cresc.
垂. 猗歟 哉！ 偉歟 哉！ 仁 風 翔 九
f

畿！ 猗歟哉！ 偉歟哉！ 威靈振四
夷！萬歲！萬萬歲！萬萬歲！
ff

祖國歌

李叔同作(改)詞

上下數千年，一脈延，文明莫與肩.
縱橫數萬里，膏腴地，獨享天然利.
國是世界最古國，民是亞洲大國民.
嗚乎，大國民！嗚乎，唯我大國民！
幸生珍世界．琳瑯，十倍增聲價.
我將騎獅越崑崙，駕鶴飛渡太平洋．誰與我仗
劍揮刀？嗚乎，大國民，誰與我鼓吹慶昇平？

春游

三部合唱

李叔同作曲作詞

留别

李叔同作曲
配葉清臣詞

早秋

李叔同作曲作詞

Andante
十里明湖一葉舟，城南煙月水西樓.
幾許秋容嬌欲流，隔着垂楊柳.
遠山明浄眉尖瘦，閒雲飄忽羅紋皺.
天末涼風送早秋，秋花點點頭.

憶兒時

李叔同作詞

茅屋三椽，老梅一樹，樹底迷藏捉.
高枝啼鳥，小川游魚，曾把閒情託.
兒時歡樂，斯樂不可作.
rit.
兒時歡樂，斯樂不可作.
rit.

人與自然界

三部合唱　　　　李叔同作詞

涉江

李叔同選曲
吴夢非配詞
(古詩十九首之一)

秋夜

李叔同作詞

月

李叔同作詞

Poco Allegretto
p con espress
(一) 仰 碧空 明 明， 朗 月懸太 清.
(二) 仰 碧空 明 明， 朗 月懸太 清.
瞰 下界 擾 擾， 塵 欲迷中 道.
瞰 下界 闇 闇， 世 路多愁 嘆.
惟 願靈光 普萬方， 蕩 滌垢滓 揚芬芳.
惟 願靈光 普萬方， 披 除痛苦 散清涼.
p
cresc.
mf

虛 渺無極，聖潔神 秘， 靈 光常仰 望.
虛 渺無極，聖潔神 秘， 靈 光常仰 望.
惟 願靈光 普萬方， 蕩 滌垢滓 揚芬芳.
惟 願靈光 普萬方， 披 除痛苦 散清涼.
f
p
虛 渺無極，聖潔神 秘， 靈 光常仰 望.
虛 渺無極，聖潔神 秘， 靈 光常仰 望.
p
con espress

朝陽

男聲四部合唱

李叔同作詞

春景

李叔同選曲配詞
（歐陽修阮郎歸）

落花

con allegrozza ad lib

李叔同作詞

rall
寂寂寂寂寂 寂寂寂，何春光長逝 不歸兮，
p a tempo
永絶 消息！憶東風之日暄，
colla vace.
pp
芳 菲菲以爭 妍．既 垂榮以發 秀，
倏 節易而時 遷，春殘！
mf

riten.
覽落紅之辭枝兮，傷花事其闌珊．已
colla voce
colla voce
a tempo
矣！春秋其代序以遞嬗兮，俛念遲暮．
a tempo
sempre
pp
榮枯不須臾，盛衰有常數．人生之浮年
若朝露兮，泉壤興衰．朱華易消歇，

青春不再來.
ad lib
8va
pp

幽居

李叔同作詞

Moderato
(一)唯 空谷寂 寂，有 幽人抱貞獨．
(二)唯 清溪沈 沈，有 幽人懷靈芬．
rit.
時 逍遙 以徜徉，在 山之麓． 撫 磐石
時 逍遙 以徜徉，在 水之濵． 揚 素波
pocostrug
以為床，翳 長林 以為屋． 眇 萬物 而達觀，
以濯足，臨 清流 以低吟． 瞰 天宇 之廓寥，

rit.
可　以養　足.
可　以養　真.
rit.
ff

天風

李叔同作詞

Allegretto
8va
8va
(一)雲 滃滃,雲 滃滃, 擁高峯. 氣 葱葱,氣 葱葱, 極 龍 從. 蒼 聳聳,蒼 聳聳, 凌絶頂. 側 足 縹 緲 乘 天 風. 咳 唾 生明珠,
(二)漭 洋洋,漭 洋洋, 浮巨溟. 紛 矇矇,紛 矇矇, 接 蒼 穹. 浪 洶洶,浪 洶洶, 攢鋩鋒. 揚 泄 汗 漫 乘 天 風. 散 髮 粲雲霞,

p cresc.
吐 氣 噓 長 虹. 俯 視 培 塿 之 壘 壘,煙 斑 黛 影 半
長 嘯 驚 蛟 龍. 俯 視 積 流 之 茫 茫,百 川 四 瀆 齊
p cresc.
rit.
昏 蒙.仰 觀 寥 廓 之 明 明,天 風 廻 碧 空.
朝 宗.仰 觀 寥 廓 之 明 明,天 風 廻 碧 空.
天 風 盪 吾 心 魄 兮, 絶 於 塵 埃 之 外,遊 神 太 虛.

天風振吾衣袂兮, 超乎萬物之表與世長遺.
8va
D.S.

送出師西征

李叔同選曲配詞(岑參詩)

冬

李叔同作詞

Moderato
一簾月影 黃昏後，疏林掩映 梅花瘦．
牆角嫣紅 點點肥，山茶開幾 枝．
小閣明窻 好伴侶，水仙凌波 淡無語．
嶺頭不改 青葱葱，猶有後凋 松．

秋夕

李叔同選曲配詞
(杜牧詩)

豐年

二部合唱

李叔同作詞

多黍．穀 我婦子，娛 我黃耇，歡
豐給．萬 寶告成，萬 物生茂，躋
騰熙洽歌大有．年豐國昌，
堂稱觴介眉壽．年豐國昌，

惟天降德垂 嘉 祥.
穰穰穰穰 穰穰,
惟天降德垂 嘉 祥.
穰穰穰穰 穰穰,
惟天降德垂 嘉 祥.
穰穰穰穰 穰穰,
惟天降德垂 嘉 祥.
穰穰穰穰 穰穰,

歲 復歲兮 富康.
歲 復歲兮 富康.
歲 復歲兮 富康.
歲 復歲兮 富康.

長逝

李叔同作詞

Andante
看 今朝樹色青 青，奈 明 朝落葉凋 零. 看
今 朝花 開灼 灼，奈 明 朝落紅飄 泊. 惟
春 與秋 其代 序兮 感 歲 月之 不 居. 老
冉 冉以 將 至， 傷青 春其長 逝.

夜歸鹿門歌

二部輪唱

李叔同選曲配詞
(孟浩然詩)

(一)山寺鳴鐘 晝已昏， 漁梁渡頭 爭渡喧.
(二)鹿門月照 開煙樹， 忽到龐公 棲隱處.

人隨沙岸 向江村， 余亦乘舟 歸鹿門.
巖扉松徑 長寂寥， 唯有幽人 自來去.

清平調

李叔同選曲配詞(李白詩)

送别

李叔同作詞

盡餘歡，今宵别夢寒．長亭外，古道邊，
芳草碧連天．晚風拂柳笛聲残，
夕陽山外山．

利州南渡

李叔同選曲配詞
（温庭筠詩）

鶯

李叔同作詞

喜 春來 日暖風和，園林花放 新鶯啼.
喜 春來 日暖風和 園林花放 新鶯啼.
聽 花間 清音百囀，嚦 嚦嚦 嚦.
聽 花間 清音百囀，嚦 嚦嚦 嚦.
嚦， 嚦嚦 嚦嚦 嚦嚦， 嚦 嚦嚦.

歸燕

四部合唱

李叔同作詞

樹 杪斜陽 没欲眠，天涯芳草 離亭晚.
不 如歸去 歸故山，故 山隱 約 蒼漫漫.
呢喃，呢喃，呢喃，呢喃，
呢 喃，呢 喃，
不 如歸 去 歸故山.
呢喃，呢喃，呢喃，呢喃，
呢 喃，呢 喃，

西湖

三部合唱

李叔同作詞

Larghetto gracioso

alto solo
看青山四圍，高峯南北齊. 山
色自空濛，有竹木媚幽姿. 探
古洞煙霞，翠撲鬢眉. 雲
dolce
暮雨，又鐘聲林外起.

tenor solo
看明湖一碧，六橋鎖煙水.
塔影參差，有畫船自來去.
垂柳兩行，綠染長堤.
颺晴風又笛韻悠揚起.

chorus
大好湖山如此，獨擅天然美．明湖
大好湖山如此，獨擅天然美．明湖碧無
大好湖山如此，獨擅天然美．明湖
dolce
碧又青山綠作堆．漾晴光瀲灧，
際，又青山綠作堆．漾晴光瀲灧，
碧無際，又青山綠作堆．漾晴光瀲灧，
dim.
dolce

帶雨色幽奇.
靚妝比西子,
儘濃淡總相
帶雨色幽奇.
靚妝比西子,
儘濃淡總相
帶雨色幽奇.
靚妝比西子,
儘濃淡總相

宜.
宜.
宜.

採蓮

三部合唱

李叔同作詞

夢

李叔同作詞

Moderato
(一)哀 游子茕茕 其無依兮，在 天 之 涯.
(二)哀 游子愴愴 而自憐兮，弔 形 影 悲.
惟 長夜漫漫 而獨寐兮，時 恍惚以魂 馳.
惟 長夜漫漫 而獨寐兮，時 恍惚以魂 馳.
夢 偃卧搖籃 以啼笑兮，似 嬰 兒 時.
夢 揮泪出門 辭父母兮，嘆 生 別 離.

母 食我甘酪與粉餌兮，父衣我以綵衣.
父 語我眠食宜珍重兮，母語我以早歸.
月落烏啼，夢影依稀，往事知不知？
汩 半生哀樂之長逝兮，感親之恩其永垂.

悲秋

李叔同作詞

Moderato andante con foco

有 千金，縱 有 千金，千 金 難買 年 少.

晚鐘

三部合唱

李叔同作詞

飄風起天杪，搖曳鐘聲出塵表．緜緜
靈響徹心絃，
dim.
接soloⅠ
接coda.
1.
2.
徹心絃，眑眑幽思凝冥杳．杳．
徹心絃，
dim.
solo Ⅰ
solo Ⅱ
眾生病苦誰扶持？塵網顛倒泥塗汙．惟神憫恤敷大

solo III
德，拯吾 罪過成 正 覺．誓心 稽首永皈 依，瞑瞑
入定陳虔 祈．倏忽 光明燭太 虛，雲端 彷彿天門 破．
浴靈 光
莊嚴 七寶迷氤 氳，瑤華 翠羽垂繽 紛．浴靈 光兮朝聖 真，拜手
迷氤 氳，瑤華 垂 繽 紛．
8va

承神恩仰天衢兮瞻慈雲，若現忽若隱隱．
8va
coda
鐘聲沉暮天，
f
鐘聲沉暮天，神恩永存在．神之
神恩永存在．
恩大無外！
8va
pp

廢墟

李叔同選曲
吴夢非作詞

李叔同——弘一法師歌曲集（輯錄）

校園夕歌

民間樂曲
李叔同詞

葛藟

（《國學唱歌集》"揚葩"之什）

《詩·王風》
李叔同配曲

繁　霜

(《國學唱歌集》"揚葩"之什)

《詩·小雅》
李叔同選曲配詩

1. 正月繁霜，我心憂傷。民之訛言，亦孔之將。念
2. 憂心惸惸，念我無祿。民之無辜，并其臣僕。哀
3. 瞻彼中林，侯薪侯蒸。民今方殆，視天夢夢。既

我獨兮，憂心京京。哀我小心，癙憂以癢。
我人斯，於何從祿。瞻烏爰止，於誰之屋？
克有定，靡人弗勝。有皇上帝，伊誰云憎？

黃　鳥

(《國學唱歌集》"揚葩"之什)

《詩·小雅》
李叔同配曲

Andantino

1. 黃鳥黃鳥，無集於穀，無啄我粟。此邦
2. 黃鳥黃鳥，無集於桑，無啄我粱。此邦
3. 黃鳥黃鳥，無集於栩，無啄我黍。此邦

之人，不我肯穀。言旋言歸，復我邦族。
之人，不可與明。言旋言歸，復我諸兄。
之人，不可與處。言旋言歸，復我諸父。

無　衣

(《國學唱歌集》"揚葩"之什)

《詩·秦風》
李叔同配曲

Moderato

1. 豈曰無衣？與子同袍，王於
2. 豈曰無衣？與子同澤，王於
3. 豈曰無衣？與子同裳，王於

興師，修我戈矛，與子同仇。
興師，修我矛戟，與子偕作。
興師，修我甲兵，與子偕行。

離　騷

(《國學唱歌集》"翼騷"之什)

《楚辭·離騷》
李叔同配曲

Moderato

山　鬼

(《國學唱歌集》"翼騷"之什)

《楚辭·九歌·山鬼》
李　叔　同配曲

Moderato

行　路　難

(《國學唱歌集》“修詩”之什)

李　　　　　　　　　白詩
美國藝人歌曲《羅薩·李》的曲調
李　　　叔　　　同配曲

隋宫

（《國學唱歌集》“修詩”之什）

李商隱詩
李叔同配曲

揚　鞭

(《國學唱歌集》"修詩"之什)

Moderato con moto

李叔同配曲

秋　感

(《國學唱歌集》"修詩"之什)

古　歌
李叔同配曲

Moderato quasi andantino

菩 薩 蠻

（《國學唱歌集》“撝詞”之什）

辛 棄 疾詞
李叔同配曲

蝶 戀 花

（《國學唱歌集》“撝詞”之什）

納蘭性德等詞
李叔同配曲

喝火令(半闋)

(《國學唱歌集》"攈詞"之什)

李叔同作詞配曲

柳葉兒

(《國學唱歌集》"登崑"之什)

《長生殿·酒樓》
李叔同選曲

武　陵　花

（《國學唱歌集》"登崑"之什）

《長生殿·聞鈴》
李　叔　同選曲

哀　祖　國

李　叔　同作詞
法國民歌《月光》的曲調

愛

李　叔　同作詞
威廉·B·布拉德布里作曲

化　身

（四部合唱）

李　叔　同作詞
洛厄爾·梅森作曲

男　兒

（曲調同《化身》）

李叔同作詞

男兒自有千古，莫等閒覷。孔、佛、耶、回精誼，道毋陂岐。

發大願作教皇，我當爐冶群賢。功被星球十方，讚無數年。

出　軍　歌

黄遵憲　作詞

李叔同　選曲

婚　姻　祝　辭

李叔同作詞

我的國

Andante maestoso
息 霜作詞
mf
1. 東 海 東, 波 濤 萬 丈 紅。
2. 崑 崙 峰, 縹 緲 千 尋 聳。
朝 日 麗 天, 雲 霞 齊 捧,
明 月 天 心, 衆 星 環 拱,
五 洲 惟 我 中 央 中。
f
二 十 世 紀 誰 稱 雄? 請 看赫 赫 神 明 種。 我 的國,
rit.
我 的國, 我 的 國 萬 歲, 萬 歲萬 萬 歲!

春 郊 賽 跑

Munter
息 霜 作詞
卡爾·G·赫林作曲
f
mp
跑 跑 跑, 看是誰先 到。 楊 柳 青 青, 桃 花 帶 笑.
萬 物 皆 春, 男 兒 年 少, 跑 跑 跑 跑 跑, 錦 標 奪 得 了。

隋堤柳

息　霜作詞
哈里·達克雷作曲

滿 江 紅

(四部合唱)

李叔同作詞
傳統曲調
楊蔭瀏和聲

直隸省立第一師範附屬小學校歌

李叔同词曲

（宋廷璋先生供稿）

憶　兒　時

（女聲三部合唱）

李　叔　同作詞
威廉・S・海斯作曲
山　田　耕　筰編曲

10
15
mf
p
f
家居嬉戲，光景宛如昨。
家居嬉戲，光景宛如昨。
茅屋三椽，老梅一樹，樹底迷藏捉。
茅屋三椽，老梅一樹，樹底迷藏捉。
高枝啼鳥，小川游魚，
高枝啼鳥，小川游魚，

20
mf
曾 把 閒 情 托。
兒 時 歡 樂，
mp
pp
兒 時 歡 樂，斯 樂 不 可 作。
p
25
molto ritenedim.
Ped.

月夜

李叔同作詞

p
3
定，萬里空明人意靜。呀！是何處，
pp
3
p
敲徹玉磬，一聲聲清越渡幽嶺，呀！是何處，
f
pp
rit.
a tempo.
3
聲相酬應，是孤雁寒砧并。想此時此際幽人應
pp
獨醒，倚欄風冷。

幽　人

（四部合唱）

李叔同作詞

春　夜

（齊唱與二部合唱）

李　　叔　　同作詞
弗朗索瓦·A·布瓦爾迪約作曲

梢。月圓花好，如此良宵，莫把這似水光陰空過
Chorus
金谷園中，黄昏人靜，一輪明月，恰上花
了！金谷園中，黄昏人靜，一輪明月，恰上花
梢。月圓花好，如此良宵，莫把這似水光陰空過
梢。月圓花好，如此良宵，莫把這似水光陰空過
f

了！ 英雄安在，荒塚蕭蕭。
了！你試看他青史功名， 你試看他朱門錦
繁華如夢，滿目蓬蒿！天地逆旅，光陰過客， 無聊， 到不
繡，
如 聞非聞是盡去 拋 逍遥， 倒不 如 花前月下且遊
fp
fp
pp
ff
p
ff

秋　夜

李　叔　同作詞
愛爾蘭民歌曲調

羅 雲 隱 去, 萬 種 情懷, 安 排何 處? 却
螢 火 飛 流, 夜 涼 如水, 月 掛簾 鈎。 愛
妝 出嫦 娥,玉 宇 瓊 樓 緩 步, 天 高 氣 清,滿 庭 風 露。 問
星 河 皎 潔,今 宵 雨 斂 雲 收, 蟲 吟 侑 酒,掃 盡 悶 愁。 聽
耿 耿 銀 河, 有 誰 人 引 渡, 四 壁 涼 蛩,如 來 相 語。 盡
一 聲 長 笛, 有 誰 人 倚 樓, 天 涯 萬 里,情 思 悠 悠。 好
遣 了 悶 愁,聊 共 月 華 小 住, 如 此 良 宵,人 生 難 遇。
安 排 枕 簟,獨 尋 睡 鄉 優 遊, 金 風 颯 颯,底 事 悲 秋。
l. h.

浙江省立第一師範學校校歌

夏丏尊作詞
李叔同作曲

南京高等師範學校校歌

江易園　作詞
李叔同　作曲

金 城 之 中, 天 開 教 澤 兮, 吾 道
無 窮; 吾 願 無 窮 兮, 如 日 方 暾。

三 寶 歌

釋太虛作詞
釋弘一作曲

廈門第一屆運動會歌

釋弘一改詞 作曲

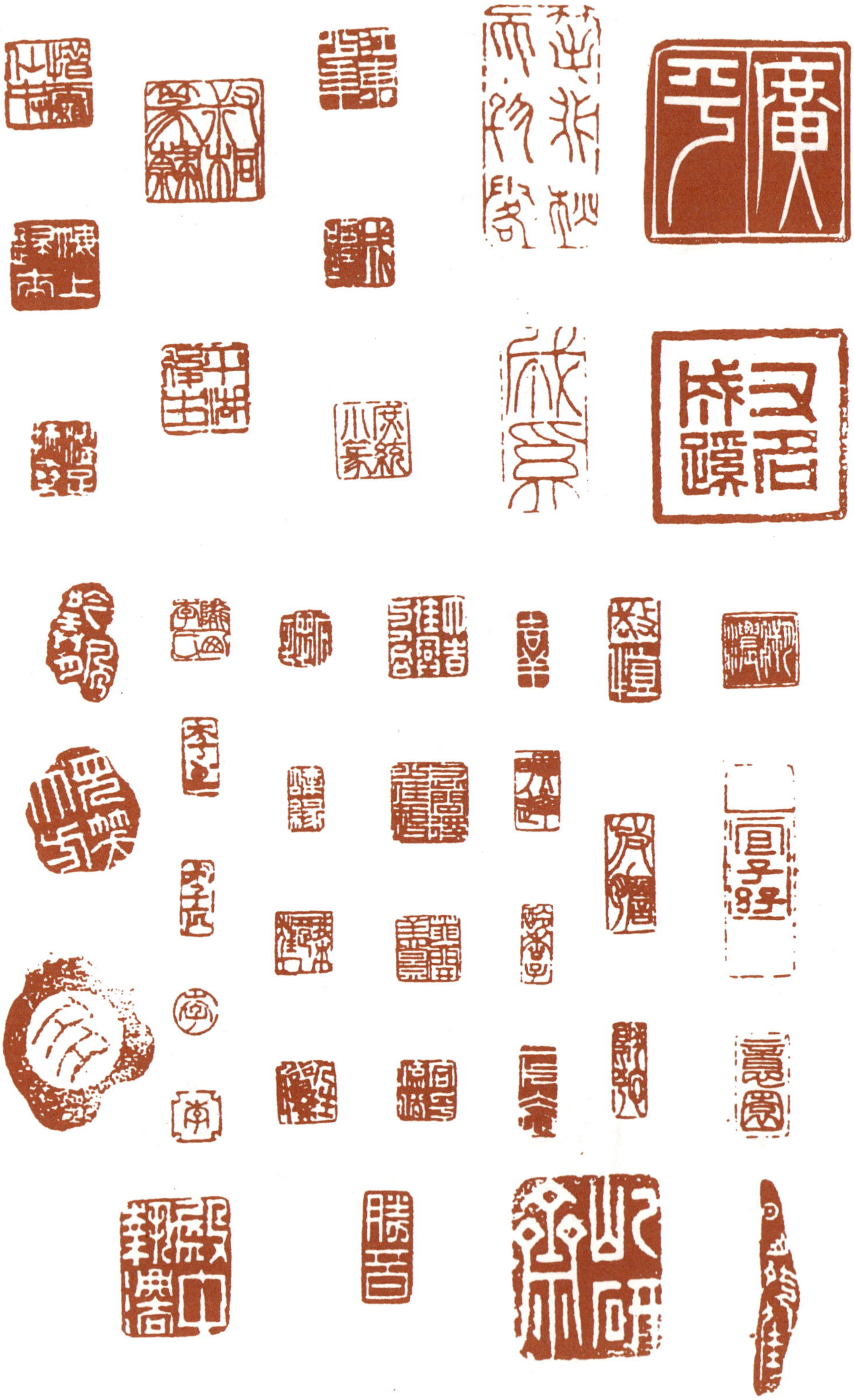

早年治印（三二）（據天津人民美術出版社《李叔同印存》選輯）

早年治印（四）

（據天津人民美術出版社《李叔同印存》選輯）

李叔同常用印

西泠印社所藏李叔同印章

文濤長壽　李息（叔同）刻

李息　李息刻

李苦李　刻

夏丏尊　刻

朽道人　刻

陳師曾　刻

經子淵　刻

弘一大師常用印（一）

弘一大師常用印（二）

弘一大師常用印（三）

示夏丏尊五方印章

十數年來久疏雕技今老矣離俗披剃勤修梵行寧復多暇耽玩於斯頃以幻緣假立名及以別字手製數印為志慶喜後之學者覽茲殘礫將毋笑其結習未忘耶　於時歲陽玄默吠舍佉月白分八日

余與丏尊相交久未嘗示其雕技今齋以供山房清賞　弘裔沙門僧胤並記

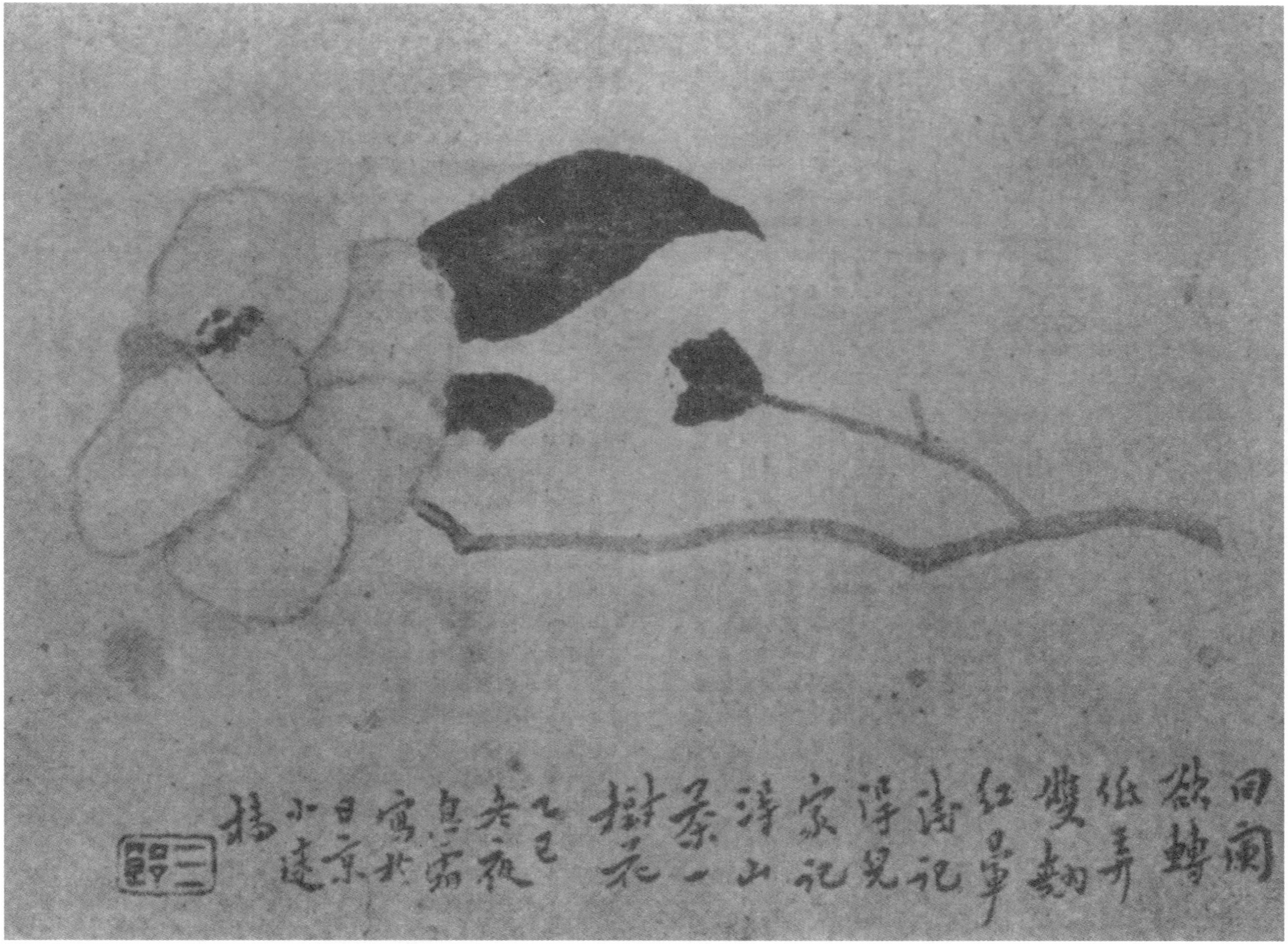

山茶花（水彩畫）

（一九〇五年作於日本東京）

沼津風景（明信片水彩畫）

（一九〇五年作於日本沼津）

少女像（炭筆畫）（一九〇六年作於日本東京）

浴女（油畫）（一九〇六年作於日本東京）

朝（油畫）（一九一〇年作於日本東京）

朝（油畫）（留日期間所作）

敬畫佛像（一九一八年出家以後作）

刊物封面扉頁設計圖

◎《音樂小雜誌》第一期封面圖（一九〇六年作於日本東京）

◎《樂石社社友小傳》扉頁（一九一五年作於杭州）

◎《白陽》誕生號封面圖（一九一三年作於杭州）

刊頭畫（一九一二年作於上海）

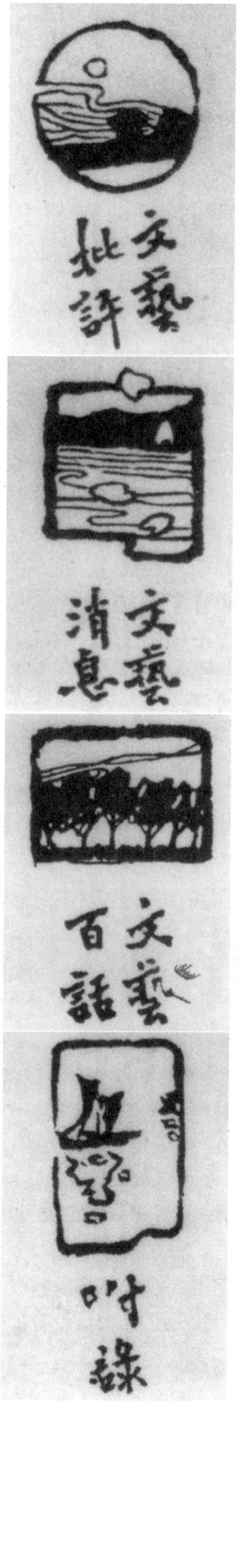

刊物插圖（一九一三年作於杭州）

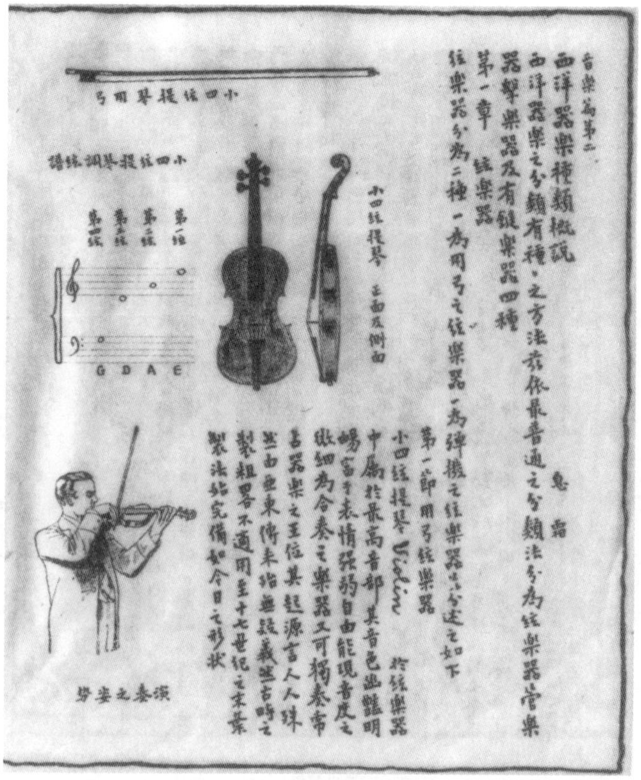

音樂篇第二

西洋器樂種類概說

西洋器樂之分類有種種之方法茲依最普通之分類法分為絃樂器管樂器擊樂器及有鍵樂器四種　息霜

第一章　絃樂器

絃樂器分為二種一為用弓之絃樂器一為彈撥之絃樂器茲分述之如下

第一節　用弓絃樂器

小四絃提琴 Violin　於絃樂器中屬於最高音部其音色幽艷明暢富于表情強弱自由能現音度之微細為合奏之樂器又可獨奏常為器樂之王位其起源言人人殊然由西東傳來殆無疑義然古時之製粗略不適用至十七世紀之末葉製法始完備如今日之形狀

小四絃提琴弓

小四絃提琴調絃譜

第一絃　第二絃　第三絃　第四絃

G D A E

小四絃提琴　正面及側面

演奏之姿勢

單簧豎笛 Bass clarinet 其音較低

第二節　金製管樂器

高音部喇叭 Trumpet　其音勇壯活潑但易流于粗野

小高音部喇叭 Cornet　與前者相似其音色稍柔

細管喇叭 Trombone　有中音次中音低音三種音色壯之宏能奏強音為管樂中第一

獵角式喇叭 Horn 或 French horn 為管樂器中最富于表情者音色有優美可講之致

新式喇叭 Tuba 即 Sax horn 為近世改良者有最高音高音中音次中音低音最低音六種然管弦合奏時用者甚稀至近時用者僅有低音一種

未完

小高音部喇叭

細管喇叭

音樂大家像一

Beethoven

近代獨國第一大音樂家生于一千七百七十年歿于一千八百二十七年

鴻梁

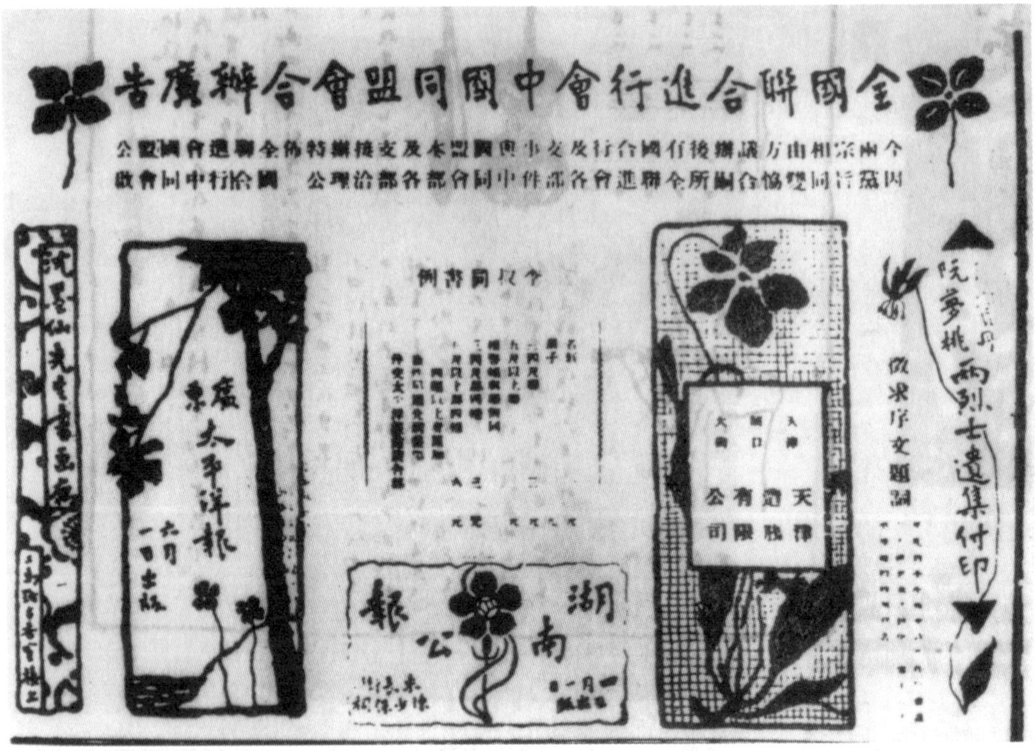

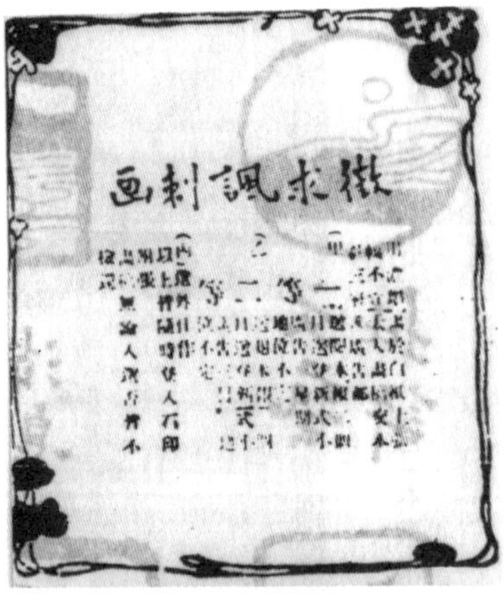

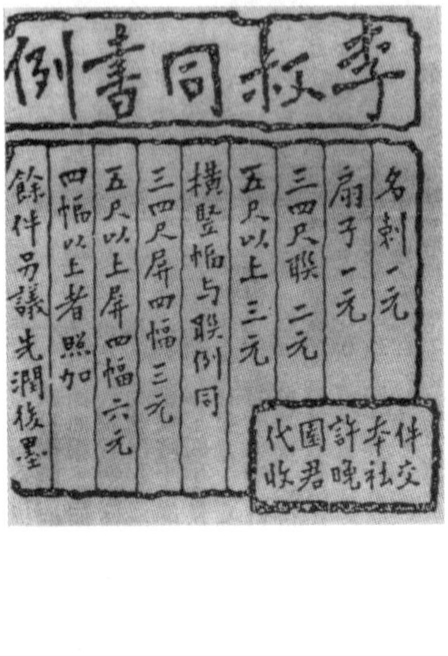

廣告畫（一九一二年作於上海）

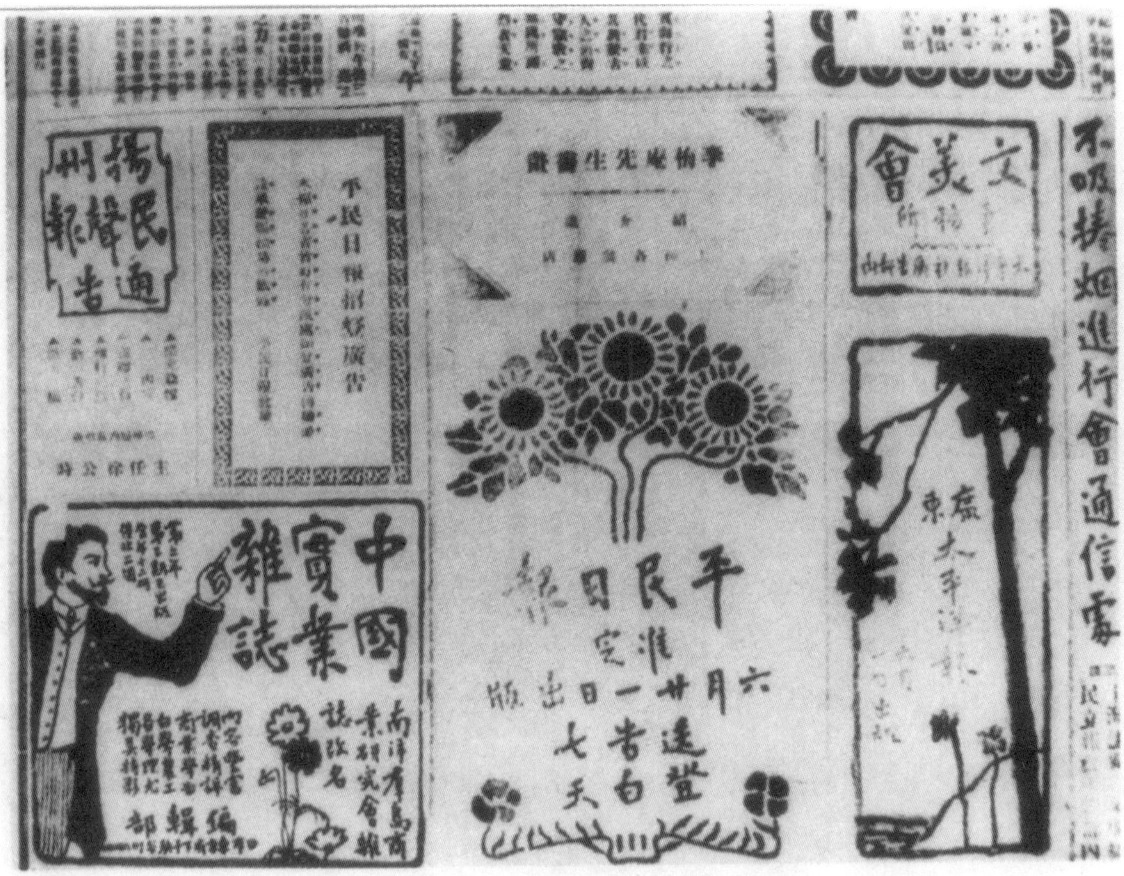

報刊版面設計圖（一九一二年作於上海）

刊頭題花及文章書寫

◎一九一三年作於上海

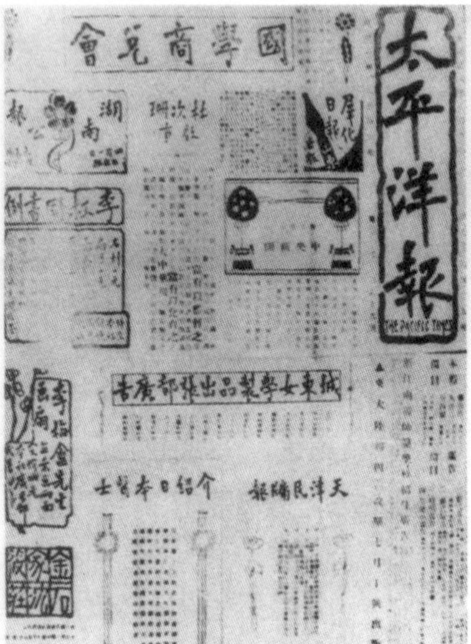

◎一九一二年作於杭州

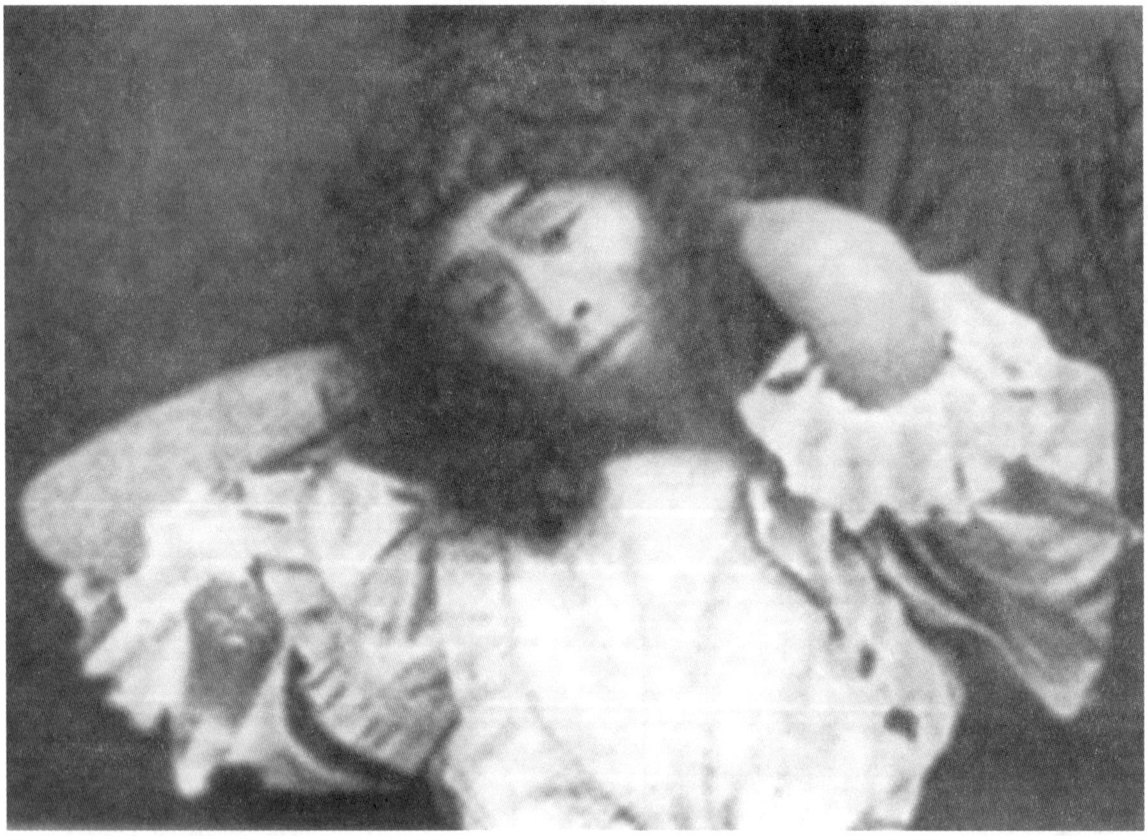

話劇《茶花女》劇照（一九〇七年在日本東京）

話劇《黑奴籲天錄》劇照（一九〇七年在日本東京，扮愛美柳夫人，扮男主角為曾孝谷。）

京劇《八蜡廟》劇照（一九〇一年在上海客串，扮褚彪。）

京劇《黃天霸》劇照（一九〇一年在上海客串）

雜著卷

致知在格物論

昔宋孝宗即位，詔中外臣庶，陳時政闕失。朱子「封事」，首言帝王之學，必先格物致知。是知格物致知之學，為帝王所不廢也。然世之欲致其知者，往往輕視夫格物之理，抑何謬也。夫格物之理，大之天下國家，小之民生日用，而輕視之者，每以臾區之星占，商高之算術，為格物之源，謏天元之玉冊，嶽瀆之真經，為格物之本。要之，井鼃蟲之見，徒遺笑鯤鵬。欲致其知，必先審夫格物之理。惟能審夫格物之理，其極處乃可無不到也。所以太山之高，非一石所能積；琅邪之東，渤澥稽天，非一水之鍾。格物之理，微奧紛繁，非片端之能盡。此則人之欲致夫知者所不可不辨也。不然，僅盡此區區小道，即謂為格物全功，且謂由此行之，將見衆物之表裏精粗無不到，吾心之全體大用無不明，可謂為知之致也，豈理也耶。語云：「通天地人謂之儒。」又云：「一物不知，儒者之恥。」其此之謂歟。

非靜無以成學論

從來主靜之學，大人以之治躬，學者以之成學，要惟恃此心而已。《言行錄》云：「周茂叔志趣高遠，博學力行，而學以主靜為主。曰：『主靜立極。』非其證歟。」然靜苟謂為高談清靜之意，則非也。蓋靜者，安也。如「莫不靜好」、「靜言思之」之類。是靜如水之止，而停蓄彌深；靜如玉之藏，而溫潤自歛。《嘉言篇》云：「非靜無以成學。」其即此歟。成學者何？蓋以氣躁則學不精，氣浮則學不利，克念深而罔念不作，人心去則道心自存，能靜則學可成矣。而或者曰：平旦夜氣，常人亦有此幾希，豈知是必待處靜之時而始能靜，又安能成學乎。若靜之云者，不於靜之時見為靜，即非靜之時亦見為靜，且非靜時之靜，無異於靜時之靜，更不求靜而自靜。夫乃後此心定矣，其心專矣，則學而不成者，未之有也。不然，游移而無真見，泛騖而多馳思，則雖朝誦讀而夕謳吟，主宰必不克一也。又安望其成哉？

論廢八股興學論（殘）

嗟乎，處今日而談治道，亦難言矣。侵陵時見，人心惶惶。當其軍之興也，額籍出兵，老羸應募，裹創待敵，子弟從戎。竊思我中國以仁厚之朝，何竟若是之委靡不振乎。而不知其故實由於時文取士一事。……考之時文者，八股是也。八股之興，始於宋王安石，至元尚書，則八股廢。至明復興，至我朝益盛。世宗憲皇帝時，曾經諭旨改試策論（考官批改：「改試策論，在康熙初年。」）。未久遂復舊制。至今時則八股之作，愈變愈失其本來。昔時八股之興，以其闡發聖賢之義理，可以使人共明孝弟之大原。至今時則以詞藻為先，以聲調為尚，於聖賢之義理毫無關係。胸無名理，出而治兵所以無一謀。是此革舊章，變新制，國家又烏能振乎？雖然新制者何？亦在於通達時務而已。時務莫要於策論。策論者何？亦策論夫天文地理機汽算學而已。……允若茲，則策論興而八股廢，將文教於以修，則武教亦於以備。今伏讀聖論，改試策論，寰宇悉服，率土咸親。能識時務之儒，皆各抒所見，豈僅鋪張盛事，揚厲鴻庥而已哉。

行己有恥使於四方不辱使命論

間嘗審時度勢，竊歎我中國以仁厚之朝，而出洋之臣，何竟獨無一人，能體君心而善達君意者乎？推其故實由於行己不知恥也。《記》曰：「哀莫大於心死」。心死者，詬之而不聞，曳之而不動，唾之而不怒，役之而不慚，刲之而不痛，糜之而不覺，則不知恥者，大抵皆心死者也。其行不甚卑乎！

然而我中國之大臣，其少也不讀一書，不知一物，出穿窬之技，以作搭題，甘囚虜之容，以受搜撿。抱八股八韻，謂極宇宙之文。守高頭講章，謂窮天人之奧。是其在家時之行己，已忝然無恥也。即其仕也，不學軍旅，而敢於掌兵。不諳會計，而敢於理財。不習法律，而敢於司李。瞽聾跛疾，老而不死，年逾耋頤，猶戀棧豆。接見西官，栗栗變色。聽言若聞雷，覩顏若談虎。其下焉者，飽食無事，趨衙聽鼓，旅進旅退，濡濡若驅群豕，曾不為恥。

是其行己如是。故一旦銜君命，遊四方，由中國而至於東洋焉。見有數火山，晝夜吐燄不息，則訝之。聞夫語言文字，則奇之。將曰：此邦之族，其性與人殊，遂去之不顧焉。其實彼未嘗熟悉夫東洋之地利政治也，而反以此言相飾，不幾為東洋人所竊笑乎？此所以辱君命者一也。

且由東洋而及於西洋焉，見有開礦產者，有習格致者，有圖製作者，彼將曰，區區小道，吾儒不屑為也。其實彼則不識時務者也，而彼反以此言為得計。苟西人知之，不幾視我中國君臣之底蘊乎？此所以辱君命者二也。

由茲二者推之，雖行徧四方，不反責諸己，徒輕視夫人，而猶曰，廷之獻者，皆家之所修者也。吾不知家之所修者，即所以辱君命之事乎？是所令人深思焉，而莫解者矣，必也。臣當行己之際，必有所。然則所恥者何？亦恥己之所不能者耳。己之所不能者，莫如各國之時務。首考其地理，次問其風俗，繼稽夫人心。又必詳察夫天文，觀其分野而知其地輿。今日者，人臣苟能於其所不能而恥者，而以為恥，則凡所恥者，將其理由是明，而其道由是知矣。苟使於四方，又何至遺強鄰之訕笑，而辱於君命乎？

吾嘗考之，漢蘇武使匈奴，匈奴欲降之，武不從，置窖中六日，武嚙雪得不死。又遷之北海，卒不屈。是其不辱使命，非其行止有恥故乎！《語》曰，四郊多壘，大夫之恥也。又曰，一物不知，儒者之恥。其斯之謂歟。要之，處可以為通儒，出即可以為良佐，辱命為辱君之漸，辱君即辱己之由。由是觀之，則恥之所關亦甚大矣！雖羞惡之心，人皆有之。而何以今天下安於城下之辱，陵寢之蹂躪，宗社之震怒，邊民之塗炭，而不思一雪，乃反託虎穴以自庇。求為小朝廷，以乞旦夕之命，非明明無恥乎？朝睹烽燧，則蒼黃瑟縮；夕聞和議，則歌舞太平。其人猶謂為有恥不得也。按行己猶言治己，有恥未可專指其志有所不為言，如孟子云，人不可以無恥之類是也。所以當日子貢問士，而夫子告之以此。其亦此意也夫。

乾始能以美利利天下論

《易》：「乾始能以美利利天下。」吾蓋三復其詞，而歎天之生材，有利於天下者，固不乏也，況美利乎！而今天下之美利，莫外於礦產；而中國之礦產，尤盛於他國。今山東之礦，已為他人所籠，山西之礦，亦為西商所覬。若東三省之金，湖南、四川、雲南，以及川滇邊界，夷地番地之五金煤炭，最為豐饒，他省亦復不少。於以見造化生生之理，有不可測議者矣。

然而乾始既能利天下以美利，有礦之處，宜由紳商公議，立一礦學會。籌集斧資，公舉數人出洋，赴礦學堂學習數年，學成回華，再議開採。察礦之性，而後採礦。能不用西師固善，即仍用西師，我亦可辨是非而不為所欺。如是則得尺得寸，不等於象罔求珠矣。使非有以治之，雖能利天下以美利，而天下又烏能利乎？況中國近年來，部庫空虛，司農幾乎束手，而實偪處此，又不能不勉強支持。以故款愈絀而事愈多，事愈多而費愈重。除軍營之餉需、文武之廉俸、各局廠委員司事之薪水、工食諸正款概不計算外，他若修鐵也、立學堂也、定造兵輪、購辦槍砲以及子彈火藥也，種種要需，均屬萬不得已。論者莫不謂利天下之無術矣，而抑知不然也。雖中國昔時乾始利天下以美利者，不乏瑤琨篠簜齒革羽毛諸物，而論之於當世，則以礦產為先，試為指而示之。

若金銀，若銅錫，若鐵煤一切，生於天，蘊於地，源源不絕，非供國家之取用者乎？謂之以美利利天下，誰曰不宜？或者曰，同治初，元通商伊始，當事建議開礦，糾集公司。然良莠不齊，未久即相率閉匿，致商民百萬資本，盡付東流。今日偶及開礦一端，已幾幾乎望影驚心，談虎變色矣，又何得謂為利天下乎？必也考之於古，則增設丱人，參之於今，則官督商辦，仿鹽法之制，量地設官，庶不負乾始利天下以美利之至意云耳。扼要之圖，厥有四事：

一曰習礦師。開礦之法，識苗為先。當日所延礦師，半係外洋無賴，夸張詭詐，愚弄華人，婪薪俸數萬金，事後則飄然竟去。滇南延諸日本，受弊亦同。必須令洋學生專門學習，參以西法，精心考驗，明試以功，斯則艸人之選也。此美利可以利天下者一也。

二曰集商本。近日集股之事，聞者咸有戒心。必須妥議章程，由戶部商部，主持其事。苟有虧蝕，查究著償。股票由商部印行，務使精美，不能作偽，乃能取信於民也。此美利可以利天下者二也。

三曰弭事端。衆逾千人，派兵彈壓，並礦丁團練，以防未然。秩之崇卑，視礦之大小，督撫兼轄。礦政如鹽政之例，以一事權。礦中危險頗多，仍參仿西國章程辦理。此美利可以利天下者三也。

四曰徵稅課。礦稅不能定額，情形時有變遷，宜略仿泰西廿分抽一，信賞必罰，酌盈劑虛，因時制宜，隨地立法。事之濟否，首在得人矣。此美利可以利天下者四也。

之四者，皆盡美盡善，利國利民。將見一元肇運，秉乾剛以作覩，雅觀上登理之書而四德推行，即守乾惕以雷陽，薰琴譜阜財之曲，縱山川之鍾毓，正自無窮，而乾始則獨於此見其厚焉。所以古之人仰法天，俯察地，觀象於天，取材於地，五金之產，三品之珍，天地之精英，所以濟萬民之日用也。故自首山採銅而後，開礦之政，歷唐虞三代，以迄宋元，有以舉之，未敢廢也。而我國家苟能奉此以行之，將見國於以富，兵於以強，則有利於天下者豈鮮淺哉！或故曰：今天下之美利，莫外於礦產，而中國之礦產尤盛於他國。

蓋以士為四民之首，人之所以待士者重，則士之所以自待者益不可輕。士習端而後鄉黨視為儀型，風俗由之表率。務令以孝弟為本，材能為末，器識為先，文藝為後。

中國語言齊一說

我國各地交通不便，語言因以參差。今汽車、汽船既未徧通，有何良策能使語言齊一歟？

語言之變遷，其與進化相關係歟！荒裔野人，匪諳言詞。蟠屈其指，作式以代。蠻野之狀，吾不論矣。獨夫弱劣之族，呰窳寡識。國語歧異。每不相埒。又其甚者，鄰毗之間，家各異言。室人告語，他人聞之，輒為瞠目。既靡合群之力，無復愛國之想。澌滅之原，實基於是。黑奴紅種，其彰彰者。惟我祖國，語言雜遝；外人著述，頗有以是相譏訕者。晚近以還，踸踔之士，僉稔語言歧異之為我國大謬也，於是有改良語言之議。雖然，謀之不臧，獲效靡自，餘心恫焉。不揣檮昧，為撰《中國語言齊一說》。

語言豈歷久而不變者歟？究語言之學，考世界國語所肇祖，奚不出自一幹。迺遞嬗遞變，迄於今茲，其種類蓋三千有奇矣。雖然，古昔之時，交通隔絕，其日趨於異也固宜。今則舟車交馳，千里俄頃。交通之利，邃古所無。鄙之由同而異者，今且有由異而同之勢焉。特由異而同，其為變蓋漸，匪吾人所及窮詰。然吾敢言，京垓年歲後，世界言語必有大同之一日也。（我國國語，凡涉及新學術、新製造、新動植物，多假他國字音以為名，此亦一證。）以一國言之，其變遷之蹟，尤為鑿鑿可據。日本九州大阪，語言鄙與東京不相埒。迺自交通頻繁，不十餘稔，駸駸有划一之風。變遷之迅，蓋有如此。若以我國言之，進步之迅，遠不逮日本。然其蹟亦有可按者。自遂古迄近世，黃河流域，若豫，若魯，若燕，若晉，若秦，僉為帝都，舉中原衣冠之士湊集焉。故其語言多相若。厥後，隋煬濬運河，南北統一，而南方之語言一變。金陵為帝都垂四百年，長江之交通日緐，而南方之語言又一變。迄今長江流域與黃河流域之語言，相似者多，職是故也。自茲而外，若滇，若黔，若粵西，其民族土著蓋尠，來自他鄉者居泰半，故語言變遷最著，無撐犁孤塗之病。若夫吳越南境，閩南粵東兩省，晚近交通始盛，語言之變遷，猶未顯著，故與他省較然不相似。以上所言，蓋其大略。晰而言之，彼黃河、長江流域之語言，雖曰略同，豈無歧異者在？矧夫以全國計之，語言之歧異者，實居其多數也。語言歧異，為國之羞。齊一之法，夫何可緩！汽船、汽車，既未徧通，聽諸天然，近效莫得。無已，其假諸人力乎！

假諸人力，必自教育始矣。教育之道有二：（甲）設官話學堂；（乙）學堂設官話學科。準茲二者，則乙為優。設官話學科於中學、小學，不若設於蒙學。年愈稚，習語言愈易，其利一；教育普及，其利二；習此可以兼通文法大綱，（官話教科書中，單字依文法大綱排列。）其利三；蒙學畢業入小學，即一例用官話，凡尋常應對，課堂授受，無須再用土白，其利四；此其學制也。若夫教授之法，近人論者蓋尠。然以華人授外人土白之例行之，則未可也。今擬教授之法數端如左：

一、設官話師範講習所。擇通達國文而能操純官音者，（官音以北京官音為準，非指各地官音；言亦非指北京土音言。其間區別，通北京語言者，自能辨之。）入堂講習，授以教授之方法。蓋精於語言者，未必長於教授。故師範講習所必不可闕。

二、官話教科書當因地制宜。各省土音互異者無論矣。即一縣之內，鄉鎮與城市，土音亦有微異者。宜專訂教科書，無稍假借。蓋教授官話，必用土音為之比較也。

三、教科書編輯法。大綱凡二：（甲）區別。區別為三類：一曰異音，即字同而音異者。如「黃」字，滬音作Wong，官音作Whong之類是；二曰異字，分兩種。意同而用字異者，如滬稱「曉得」，官話作「知道」之類是；用字反背者，如有人持柬速駕，滬語則應之曰「就來」，官話則應之曰「就去」。「來」與「去」為反背詞。此種異字雖少，然亦不可不知。三曰異文法，即句法微異者。如滬語「儂阿曾曉得」？官話作「你知道嗎」？「阿曾」即「嗎」字，皆有疑問口吻，唯一則列於中間，一則列於語尾之不同是。（乙）次序。每課次序，如英文法程式，最便初學。首列單字，括有異音、異字兩類。其排列秩序，宜依通行文法為之分類。例如，第一課單字，皆列名詞；第二課皆列形容詞。與英文法程單字排列法相同。唯排列既依文法例，則異音、異字兩類，不妨摻雜，可以助學者強記之力。單字下列異文法。唯此種無多，不必每課皆列入。次列官話十數句，即用從前已讀之字拼成者。教授時，教員口誦，由學者譯成文理默出，如近日學堂課程中譯俗之例。（約翰書院中文課程有「譯俗」一門，其法，由教員用土白誦文一首，學者譯成文理默出。今則易土白為官話，是其稍異處。）又次，列土白十數句，即用從前已讀之字拼成者。教授時，教員口誦土白，由學者口譯為官音。

四、練習法。習官話半年，尋常應對，即可通用官話。偶有訛誤，無須苛責。練習既久，自能純一。期年小成，二年大成。苟教授得法，雖中材以下，亦能臻此程度。（按：蒙學堂學期泰半四年，官話學科宜編入第三年蒙學課程內，每星期佔二時。）

烏乎，英墟印度，俄吞波蘭，僉以滅絕國語為首務。然則國語顧不重哉！文明之進步繫於是，國家之安危亦繫於是。改良齊一，未可緩也。我國數稔以還，負牀之孫，乳臭未脫，輒能牙牙學西語。趨承彼族，伺其顰笑，極奴顏婢膝之醜態。及聞本國語言，反多瞠目不解者。沈沈支那，哀哀同胞，其將蹈印度之覆轍邪，抑將步波蘭之後塵耶？烏乎，吾國民其何擇！

學堂用經傳議

學堂用經傳，宜以何時誦讀，何法教授。始能獲益？

吾國舊學，經傳尚矣。獨夫秦漢以還，門戶攸分，入主出奴，波濔末已。逮及末流，或以箋注相炫，或以背誦為事。鶩其形式，捨其精神。而矯其弊者，則又鄙經傳若芻狗，因噎廢食，必欲鏟除之以為快。要其所見，皆偏於一，非通論也。迺者學堂定章，特立十三經一科。蹟其方法，竺舊已甚，迂闊難行，有斷然者。不佞沈研茲道有年矣，姑較所見，以箸於篇。知言君子，或有取於是焉。

(甲)區時。我國舊俗，乳臭小兒，入塾不半稔，即授以《學》、《庸》。夫《大學》之道，至於平天下，《中庸》之道極於無聲臭，豈弱齡之子所及闚測！不知其不解而授之，是大愚也。知其不解而強授之，是欺人也。今別其次序，區時為三：一蒙養，授十三經大意。此書尚無編定本，宜由通人撮取經傳綱領總義，編輯成書。文詞尚簡淺，全編約三十課。每課不逾五十字，俾適合於蒙養之程度。凡蒙學堂末一年用之，每星期授一課，一年可讀畢三十課，示學者以經傳之門徑。二小學，授《孝經》、《論語》、《爾雅》。《孝經》為古倫理學，雖於倫理學全體未完備，然其程度適合小學。《論語》為古修身教科書，於私德一義，言之綦翔。莊子稱「孔子內聖之道在《論語》」，極有見。《爾雅》為古辭典，為小學必讀之書。讀此再讀古籍，自有左右逢源之樂。三中學，授《詩》、《孟子》、《書》、《春秋》三《傳》、三《禮》、《易》、《中庸》。《詩經》為古之文集（章誠齋《詩教篇》翔言之）。有言情、達志、敷陳、諷諭、抑揚、涵泳諸趣意，宜用之為中學唱歌集。其曲譜取歐美舊制，多合用者。（余曾取《一剪梅》、《喝火令》、《如夢令》諸詞，填入法蘭西曲譜，亦能合拍。可見樂歌一門，非有中西古今之別。）如略有參差，則稍加點竄，亦無不可。歐美曲譜，原有隨時編訂之例，毋待膠柱以求也。《孟子》於政治、哲學僉有發明。近人有言曰：「舉中國之百億萬群書，莫如《孟子》」，持論至當。《書經》為本國史，《春秋》三《傳》為外交史，皆古之歷史也。劉子元判史體為六家，而以《尚書》、《春秋》、《左傳》列焉，可云卓識。三《禮》皆古制度書，言掌故者所必讀。晰而言之，《周禮》屬於國，《儀禮》屬於家，《禮記》條理繁富，不拘一格，為古學堂之普通讀本。此其異也。若夫《易經》、《中庸》，同為吾國古哲學書。漢儒治《易》喜言數，宋儒治《易》喜言理。然其立言，皆不無偏宕，學者宜會通觀之。《中庸》自《漢書·藝文志》裁篇別出，後世刊行者皆單行本。其理想精邃，決非小學所能領悟，中學程度授之以此，庶幾近之。

(乙)竄訂。竺舊小儒，其斥人輒曰「離經叛道」，是謬說也。經者，世界上之公言，而非一人之私言。聖人不以經私諸己，聖人之徒不以其經私諸師。茲理至明，靡有疑義。後世儒者，以尊聖故，並尊其書。匪特尊其書，並其書之附出者亦尊之，故十三經之名以立。而揚雄作《法言》，人譏其擬《論語》；作《太玄》，人譏其擬《易》。王通作《六籍》，人譏其擬聖經。他若毛奇齡作《四書改錯》，人亦譏其非聖無法。以為聖賢之言，亙萬古，袤九垓，斷無出其右者，且非後人可以擬議之者。雖然，前人尊其義，因重其文；後儒重其文，轉舍其義。箋注紛出，門戶互爭。《大學》「明德」二字，漢儒據《爾雅》，宋儒襲佛典，其考據動數千言。秦延君說《堯典》篇目，兩字之說十萬言。說「曰若稽古」四字三萬言。甚至一助詞、一接續詞之微，亦反覆辯論，不下千言。一若前人所用一助詞、一接續詞，其間精義，已不可枚舉。亦知聖賢之微言大義，斷不在此區區文字間乎！矧夫晚近以還，新學新理，日出靡已，所當研究者何限，其理想超軼我經傳上者又何限！而經傳所以不忍遽廢者，亦以國粹所在耳？一孔之儒，喜言高遠，猶且故作偉論，強人以難。夫強人以難，中人以下之資，其教育斷難普及，是救其亡，適以促其亡也。與其故作高論促其亡，曷若變通其法蘄其存！變通其法，捨刪竄外無他術。刪其冗複，存其精義；竄其文詞，易以淺語，此刪竄之法也。若夫經傳授受之源流，古今經師之家法，諸儒箋注之異同，必一一研究，最足害學者之腦力，是求益適以招損。今編訂經傳釋義，皆以通行之注釋為準，凡異同之辨，概付闕如，免淆學者之耳目。此訂正之法也。

《孝經》、《論語》，皆小學教科書，刪其冗複，存者約得十之六七。易其章節體為問答體（如近編之《地理問答》、《歷史問答》之格式是），眉目清晰，條理井然，學者讀之，自較章節體為易領會。唯近人編輯問答教科書，其問題每多影響之處，答詞不能適如其的，不解名學故也。脫以精通名學者，任編輯事，自無此病。

《爾雅》前四篇，尟可刪者，其餘凡有冷僻名詞不經見者，宜酌為刪去。原文簡明，甚便初學，毋俟潤色。《爾雅圖》，可以助記憶之力，宜擇其要者補入焉。

《詩經》作唱歌用，體裁適合，無事刪潤。

《孟子》亦宜改為問答體，刪潤其原文，以簡明為的。近人《孟子微》，頗有新意，可以參證。

《尚書》原文，最為奧衍。宜用問答體，演成淺近文字。

《春秋》三《傳》，唯《左傳》紀事最為翔實。劉子元《申左篇》嘗言之矣。今當統其事實之本末，編為問答體（或即用《左傳紀事本末》為藍本，而刪潤其文），以為課本。其《公》《穀》二《傳》，用紀事本末體，略加編輯，作為參考書。

近人孫詒讓撰《周禮政要》，取捨綦當，比附亦精，頗可用為教科書。（近今學堂用者最多。）唯論詞太繁。宜總括大義，加以潤色。每節論詞，不可逾百字。

《儀禮》宜刪者十之八，僅通大綱已足。《禮記》宜刪者十之六。以上兩種，皆用問答體。

我國言《易》、《中庸》，多涉理障。宜以最淺近文理，用問答體為之。日儒著《支那文明史》、《支那哲學史》，言《易》理頗有精義，可以參證。

問答體教科書，歐日小學堂有用之者。我國今日既革背誦之舊法，而驗其解悟與否，必用問答以發明。唯經傳意義艱深，條理紊雜，以原本授學者，行問答之法，匪特學者不能提要鈎元，為適合之答詞，即教者亦難統括大意，為適合之問題。（今約翰書院讀《書經》、《禮記》、《孟子》、《論語》等，僉用原本教授，而行問答之法。教者、學者兩受其窘。）吾謂，編輯經傳教科書，泰半宜用問答體，職是故也。

烏乎，處今日之中國，吾不敢言毀聖經，吾尤不忍言尊聖經。曷言之？過渡時代，青黃莫接。鄙之聖經，脫驟棄之若敝屣，橫流之禍，吾用深懼。然使千百稔後，聖經在吾國猶如故，而社會之崇拜聖經者亦如故。是尤吾所恫心者也。不觀英儒頡德之言乎：「物不進化，是唯母死。死也者，進化之母。其始則優者勝，劣者死，厥後最優者出。鄙所謂優者，亦寖相形而劣而死。其來毋始，其去毋終。遞嬗靡已，文化以進。」我族開化早於他國，二千稔來，進步蓋尟。何莫非聖經不死有以致之歟！一孔之士，顧猶尊之若鬼神，寶之若骨董，譬諸日月經天，江河行地。是亦未審天演之公例也。前途茫茫，我憂孔多。撰《學堂用經傳議》既竟，附書臆見如此。願與大雅宏達共商榷焉。

廣告叢談

小序

英國大文豪馬可累之言曰：「廣告之於商業，猶蒸氣力之於機械，有偉大之推進力。」美國大商家奧古登之言曰：「商業之要件有三：（一）商品；（二）事務；（三）廣告。廣告尤為三者之原動力」云。

蓋商家研究廣告，猶軍士研究戰略。商業為平和之戰爭，廣告即平和戰爭之戰略。值茲優勝劣敗之時代，猶墨守數十年前之戰略，鮮有不失敗者。故吾社特倡最新式廣告，屬不佞承其乏，每日擬稿數通，就正有道。公餘多暇，更擬輯錄《廣告叢談》，隨時記入報尾。研究日淺，苦不能為精當之言，大雅宏達，幸不暇棄，有以匡其不逮焉。

一

廣告之意義，分狹義與廣義兩種。狹義之廣告，凡商品賣出，及銀行會社之決算、報告等，有廣告於公衆之目的者，皆屬於此類。即吾人普通所謂之廣告是。至廣義之廣告，其界限殆難確定。凡社會上之現象，殆皆備廣告之要素。如妙齡女子，雅善修飾，遊行於市衢，直可確認為廣告。

關於廣義廣告之論述，於英人維廉思地德所著之《廣告術》中有論文一首，譯之如下：

當社會未進步時，其廣告之方法頗極粗雜，但不得謂為非廣告。如美利堅印度人之酋長，以羽毛飾身，正示其部下，廣告其身為酋長之意。迨社會既進步，廣告方面亦因之發達。由其職業與地位，其廣告之方法特異。故無論何人，皆有相應之廣告。社會之進步，蓋有如是。

上至神聖不可犯之女皇陛下，下迄徘徊市衢扻靴之賤夫，無人無廣告者。女皇之廣告，行於國內。凡《宮廷錄事》，記錄女皇之一舉一動，殆詳盡無遺。又皇室之紋章，女皇之雕像，皆傳諸萬世，成為不朽之廣告。

用廣告於貨幣，非一私人所能為，僅女皇能之。無論金貨、銀貨、銅貨，皆刻有女皇之肖像。天下最宏大、適切之廣告，殆無有逾於是者。

次於貨幣為郵票，是立女皇之廣告。蓋郵票皆揭女皇肖像。郵票通行世界，女皇肖像，亦遂為世界各人種所熟視。是蓋與普通商人署己之名於明信片、印己之肖像於廣告函者。無以異。

此外，征諸政治界，凡政治家之演說，及其他政治上之行動，亦可確認為有效之廣告。此種廣告，始現於口舌，繼揭諸報紙。故政治家每審慎周詳，甄其謀之臧否，殆與業工商者，究心其廣告之方法無稍異。政治家將勝其政敵，不得不假力於廣告，工商業將勝其競爭者，亦不得不張大其廣告。廣告之用大矣哉！

以上為英人維廉思地德之說，雖言近奇矯，然廣義廣告寬大之範圍，於此可窺一斑矣！

二

廣告為科學歟？技術歟？其有研究之價值歟？廣告學之存在，

尚未經人道及，故難斷言廣告為科學。然其支配之原理、原則，確鑿可證。又未可斥為單純之技術。廣告發達，實在晚近，只供工商家實用而已。學者評究，殆所罕聞。譬猶經濟學，逮至今日，靡不認為科學之一。然於百四十年前，殆無人識其為科學者。為萌為芽，行將結良實，綴佳果。「廣告科學」必有宣言於世界之一日，是固可為假定者也。

謂廣告非單純之技術，可以「簿記」喻之。簿記或謂為學，或謂為術。學子主張，各據一理。逮至近世，主張「簿記學」者，殆居多數。廣告性質，與簿記酷似，謂簿記為學，寧可卑廣告為單純之技術邪？

民法關於廣告有定則，於法學上可據精妙之理，詳切論定。更以商品買賣論之，凡商業經濟學中，論貨物之交換，或交通，廣告實佔重要之部分。又商業經營學中，論商店整理，廣告亦唯一之要素。此外，如希望廣告，紹介廣告，有無相通，為人生所必需。蓋廣告實為經濟之機紐，絕非單純之技術所可限定者也。

三

廣告分類，由種種方面別之，為類至繁。重用繪畫者，謂之繪畫廣告；重用文字者，謂之文字廣告；或直接達其目的者，謂之直接廣告；間接達其目的者（藥房登錄來函，醫士署同人公啟者，屬此類），謂之間接廣告。又，用於商業者，謂之營業廣告；否則，可謂之非營業廣告。此外，如大廣告、小廣告；長期廣告、短期廣告等。此種之分類，皆由於廣告之目的，或廣告之方法，然不得謂為適切之分類也。

適切之分類，可即其性質上別之為二：一為移動廣告，一為定置廣告。跡其發達之歷史，兩者劃然各異其淵源。分類之良法，殆無有適於是者。

移動廣告，如新聞廣告之類是。新聞印刷既竟，必經送遞，乃可收廣告之效果。故此類廣告，當視其移動之遲速，判其效力之多寡。屬於此類者，有傳單廣告、信片廣告、樣本廣告等。

定置廣告，與前正相反，有不能移動之性質，如廣告板之類是。廣告板矗立市衢，炫其華采，往來行人，遊睇相屬，廣告之效力乃顯。屬於此類者，有招牌廣告、舞臺圍幕廣告、公園椅子廣告、電車廣告等。

移動廣告為自動的，定置廣告為他動的。此外，又有兼自動、他動二性者，謂之中性廣告。例如，月份牌廣告，贈送之際，屬於移動廣告；及懸諸梁壁，為座右之裝飾，則又屬於定置廣告。屬於此類者，有扇子廣告、酒杯廣告、手巾廣告等。

又，以上三種之界限，亦有相混合者。如尋常遞送之新聞，為移動廣告；存貯於公衆閱報處之新聞，為中性廣告；新聞社前所張掛之新聞，為定置廣告之類是也。

四

廣告為招徠顧客之良法。往往有同一商品，同一賣價。善用廣告者昌，不善用廣告者亡，是固事實之不可掩者。雖廉其價，美其物，匪假力於廣告，必不可獲迅速之效果。反是，以廣告為主位，雖無特別之廉價，珍異之物品，然能誇大言於報紙，植繪板於通衢，晝則金鼓喧闐，夜則電光炫耀。及夫顧客偕來，叮嚀酬應，始啜以佳茗，繼贈以彩券。選擇不厭，退換不拒，其商業未有不繁昌者。

廣告之重要有如此。然廣告之方法，以何者為最適切歟？今大別之為三：曰貨幣廣告；曰郵票廣告；曰新聞雜誌廣告。

一、貨幣廣告

貨幣為一般人所通用。無論貴賤、男女、老幼，不用貨幣者，殆無其人。故貨幣之效力，可以普及全國，流通不歇，佔廣告中第一位。今以一萬枚貨幣，與一萬張新聞紙比較，其效力如下：

貨幣之流通，以每一日移入一人手計之，有一萬枚貨幣，十日間可通過十萬人手，百日間可通過百萬人手。由是類推，遠逮數十百年，貨幣之流通，正無窮期。廣告之效力，亦日益擴大。新聞紙則不然。依西洋學者計算，每一張新聞紙，平均閱者八人，有一萬張新聞紙，計閱者八萬人。然新聞之流通，僅在當日，逮及翌朝，閱者殆稀。故謂，新聞紙一萬張，閱者僅八萬人，蔑不可也。較諸貨幣之流通，由一萬而十萬，而百萬，其效力之多寡，何可以道里計！又，貨幣為人所寶貴，故遺失損壞者較少。若新聞紙，則一覽無餘，棄若敝屣。其壽命之延促，相去為何如邪？

昔有英國商人，於法國小銀貨上鐫印己名，散佈各處，頗獲良好之效果。然用廣告於貨幣，每為政府所禁，今無行之者。

二、郵票廣告

郵票流通之效力，雖遜於貨幣，然貨幣僅能流通於內國，郵票則凡萬國郵便聯合國界內，皆可流通、自由。貨幣廣告為內國的，郵票廣告為世界的。故業外國貿易者，用郵票廣告，效力尤著。但私人無製造郵票權，此不第吾國然也，世界各國靡不如是。

三、新聞雜誌廣告

新聞雜誌廣告，其效力雖劣於前二者，然簡便易於實行。其利有三：

甲、流通最廣　看板廣告，限於一定之位置。電車廣告，限於鐵道之範圍。手巾廣告，不入貴顯之堂。信札廣告，不入家族之目。若新聞雜誌，則無論貴族平民、老幼男女，不限於階級，不界於遠近，靡不購讀傳觀。故新聞雜誌之廣告，確為實用廣告之上乘。

乙、費用最廉　無論如何精妙之廣告，倘費用太昂，必虧及本利。若新聞雜誌廣告，較他種為廉。例如，發明信片廣告十萬張，需資千元，此外，尚有印刷費、發送費等。若新聞廣告，以半版計，上海普通價值，約二十元以內，其費用相差有如是。

丙、製造最速　手巾廣告、板畫廣告等，製造需時甚久。今日商業世界，每競爭於分秒間。此種廣告，殆不適於活用。若新聞廣告，能於數小時內登出，故傳遞消息最捷。雜誌廣告，所以次於新聞廣告者亦在此。

以上所述廣告之方法，理論上首貨幣，郵票次之；以實行言，當推新聞雜誌。又新聞廣告，尤為第一良法云。

五

廣告之分類，於第三章已舉其略。茲更綜其要者，別為二十。詳論如下：

一、新聞雜誌；
二、傳單；
三、書籍目錄；
四、書籍附張；
五、營業招徠；
六、定價表；
七、畫、明信片、信封等；
八、時憲書、月份牌、日記簿、星期表等；
九、火車；
十、電車；
十一、廣告傘；
十二、廣告塔；
十三、板畫；
十四、音樂隊；
十五、舞臺圍幕；
十六、山林；
十七、公園椅子；
十八、電杆；
十九、扇子、酒杯、食箸、火柴等；
二十、衣帽、手巾、包袱等。

一、新聞雜誌廣告

新聞雜誌，種類綦繁，性質各殊，讀者亦異。故登廣告者，當審其新聞雜誌之性質，與己所廣告者適合與否，乃可收良好之效果。以上海報界論之，如《新聞報》之於商界，《民立報》之於學界，《婦女時報》之於女界，《教育雜誌》之於教育界，僉有密切之關係。又徵諸日本報界，如《時事新報》讀者多商人，《日日新聞》讀者多官吏，《讀賣新聞》讀者多文學家，《萬朝報》讀者多中學生，《都新聞》讀者多優人、藝伎。人類不同，需用之物品亦各異其趣。登紙煙廣告於兒童雜誌，鮮有不失敗者。

二、傳單廣告

傳單廣告之效力，雖遜於新聞雜誌，然獨適用於內地商店。蓋內地與都市迴殊，營業規模至為狹隘。倘登廣告於新聞雜誌，雖名達都市，當地識者殆稀。若傳單廣告，最為適用。印費既廉，送遞亦易。

良善之法，當無有逾於是者。

三、書籍目錄廣告

書店廣告，當以是為主位。故發行所或發賣所皆印有書籍目錄，以備購者索取。普通書籍目錄，年刊一次，或月刊一次，或用單張紙幅，或另裝訂成冊。（下缺）

《太平洋報》出版祝詞

天禍我民於甲乙之間，使我國民之生命財產，以逮種種自由之權，有受非我族類之宰割。載筆之士偶鳴不平，禁錮戮首不旋踵而至。甚且株連逮於妻子，繫縲及於親朋。攬二百六十餘年歷史之陳跡，固滴滴皆吾民血也。人怨鬼怒，集於辛亥。民軍起漢水，拔幟樹幟，圜國左袒。未逾百旬，遂奠大業。惟師武臣力，赫然邁於前古；而紀事必信，擇言必昌，使我國民人人有虐我則仇之感，而堅其同袍同澤之志者，伊誰為之，而至於是歟！不可謂非報界記者之功矣。曰若壬子，夏聲昌昌。作於太平洋之沿岸，而又鼓蕩鴻蒙，東行西行，又南北行，繞五大洋而一週。一時，圓其顱，方其趾，識文字，能語言之民，欣欣然如撥雲霧而睹蒼蒼之天，如聞暮夜之鼓，破曉之鐘，遽然醒其迷夢。則且人人願捲太平洋之水，浣濯洗滌其忮忿偏狹之心胸，歡然交臂，以食共和之賜，而享其祐。則此大報所以造福於世界者，尤與海水等深而同量已！

《太平洋報》破天荒最新式之廣告

上海報界四十餘年所未見

中國開闢以來四千餘年所未見

我《太平洋報》之廣告部，特延精通歐美廣告術大家主持其事，代撰最新式之廣告文，並研究最新式排列之方法。

我最新式廣告之特長有四：

一、上海舊式廣告，皆另外專排一版。但看報者，以看新聞為主，於廣告一版每不留意，故其效力甚薄。本報最新式之廣告，皆夾入新聞之中，或排列新聞之上下兩端，殆合新聞與廣告為一體，使看新聞者，有不得不看廣告之勢。

二、上海舊式廣告，皆字數太多，排列緊密，以致不能醒目。即幸為看報者所見，亦每以字數太多，不能卒讀。本報最新式之廣告，文字務求簡要，排列務求疏朗，使看報者一目了然，於半秒鐘內，能貫通全部廣告之大意。

三、上海舊式廣告，大半以直寫事實為主。新奇花樣，殊不多見。本報最新式之廣告，專研究新奇花樣，或排成種種之花紋，或添入醒眼之圖畫。此外，有小說式廣告，新聞式廣告，電報式廣告，雜誌式廣告。種類甚多，不勝枚舉，專以引人入勝為主。

四、上海舊式廣告，每以一種廣告文，連登數月或數年，致使閱報者習見不鮮，無絲毫之效力。本報最新式之廣告，可以隨時代撰種種新奇之樣式，隔數日更換一次。如有願訂特別約章，每日更換者，亦可應命。

《太平洋報》之廣告，具此四種特長，故《太平洋報》之廣告，承我中華民國社會上公認為破天荒最新式之廣告。

本埠廣告價目（下略）。

慈說

歲在娵訾，余來三衢，居大中祥符，始識江山毛居士。後歸蓮花，時復損書諮問佛法，並乞梵名。命名曰慈，字曰慈根。爾將入山，居士哀戀，請釋名字之義。經論言慈者數矣，支舉一途，示其大趣。《梵網經》云：「若自殺，教人殺，乃至一切有命者，不得故殺。是菩薩應起常住慈悲心、孝順心，方便救護一切衆生。」《觀無量壽佛經》云：「上品上生者，有三種衆生，當得往生。一者，慈心不殺。」夫如來制戒，不殺第一。上品上生，亦是為首，應知修慈先在戒殺。勖哉居士，善弘其事，於此勤勤自勵，並以告誡他人。守茲一行，戴荷終身，斯謂無負其名矣。並示偈曰：慈者德之本，慈者福之基。云何修慈心，應先戒殘殺。若人聞是說，至誠心隨喜。離苦受諸樂，往生安養國。永寧晚晴院沙門論月撰。

人生之最後

歲次壬申十二月，廈門妙釋寺念佛會請余講演，錄寫此稿。於時了識律師臥病不起，日夜愁苦。見此講稿，悲欣交集，遂放下身心，屏棄醫藥，努力念佛。並扶病起，禮大悲懺，吭聲唱誦，長跽經時，勇猛精進，超勝常人。見者聞者，靡不為之驚喜贊歎，謂感動之力有如是劇且大耶。余因念此稿雖僅數紙，而皆撮錄古今嘉言及自所經驗，樂簡略者或有所取。乃為治定，付刊流布焉。弘一演音記。

第一章　緒言

古詩云：「我見他人死，我心熱如火，不是熱他人，看看輪到我。」人生最後一段大事豈可須臾忘耶。今為講述，次分六章，如下所列。

第二章　病重時

當病重時，應將一切家事及自己身體悉皆放下。專意念佛，一心希冀往生西方。能如是者，如壽已盡，決定往生。如壽未盡，雖求往生而病反能速愈。因心至專誠，故能滅除宿世惡業也。倘不如是放下一切專意念佛者，如壽已盡，決定不能往生，因自己專求病愈不求往生，無由往生故。如壽未盡，因其一心希望病愈，妄生憂怖，不惟不能速愈，反更增加病苦耳。

病未重時，亦可服藥，但仍須精進念佛，勿作服藥愈病之想。病既重時，可以不服藥也。余昔臥病石室，有勸延醫服藥者，說偈謝云：「阿彌陀佛，無上醫王，捨此不求，是謂癡狂。一句彌陀，阿伽陀藥，捨此不服，是謂大錯。」因平日既信淨土法門，諄諄為人講說。今自患病何反捨此而求醫藥，可不謂為癡狂大錯耶！若病重時痛苦甚劇者，切勿驚惶。因此病苦，乃宿世業障。或亦是轉未來三途惡道之苦，於今生輕受，以速了償也。

自己所有衣服諸物，宜於病重之時，即施他人。若依《地藏菩薩本願經・如來讚歎品》所言供養經像等，則彌善矣。

若病重時，神識猶清，應請善知識為之說法，盡力安慰。舉病者今生所修善業，一一詳言而讚歎之，令病者心生歡喜，無有疑慮。自知命終之後。承斯善業，決定生西。

第三章　臨終時

臨終之際，切勿詢問遺囑，亦勿閑談雜話。恐彼牽動愛情，貪戀世間，有礙往生耳。若欲留遺囑者，應於康健時書寫，付人保藏。

倘自言欲沐浴更衣者，則可順其所欲而試為之。若言不欲，或噤口不能言者，皆不須強為。因常人命終之前，身體不免痛苦。倘強為移動沐浴更衣，則痛苦將更加劇。世有發願生西之人，臨終為眷屬等移動擾亂，破壞其正念，遂致不能往生者，甚多甚多。又有臨終可生善道，乃為他人誤觸，遂起瞋心，而牽入惡道者。如經所載阿耆達王死墮蛇身，豈不可畏。

臨終時，或坐或臥，皆隨其意，未宜勉強。若自覺氣力衰弱者，盡可臥牀，勿求好看勉力坐起。臥時，本應面西右脅側臥。若因身體痛苦，改為仰臥，或面東左脅側臥者，亦任其自然，不可強制。

大眾助念佛時，應請阿彌陀佛接引像，供於病人臥室，令彼矚視。

助念之人，多少不拘。人多者，宜輪班念，相續不斷。或念六字，或念四字，或快或慢，皆須預問病人，隨其平日習慣及好樂者念之，病人乃能相隨默念。今見助念者皆隨己意，不問病人，既已違其平日習慣及好樂，何能相隨默念。余願自今以後，凡任助念者，於此一事切宜留意。

又尋常助念者，皆用引磬小木魚。以余經驗言之，神經衰弱者，病時甚畏引磬及小木魚聲，因其聲尖銳，刺激神經，反令心神不寧。若依余意，應免除引磬小木魚，僅用音聲助念，最為妥當；或改為大鐘大磬大木魚，其聲宏壯，聞者能起肅敬之念，實勝於引磬小木魚也。但人之所好，各有不同。此事必須預先向病人詳細問明，隨其所好而試行之。或有未宜，儘可隨時改變，萬勿固執。

第四章　命終後一日

既已命終，最切要者，不可急忙移動。雖身染便穢，亦勿即為洗滌。必須經過八小時後，乃能浴身更衣。常人皆不注意此事，而最要緊。惟望廣勸同人，依此謹慎行之。

命終前後。家人萬不可哭。哭有何益？能盡力幫助念佛乃於亡者有實益耳。若必欲哭者，須俟命終八小時後。

頂門溫暖之說，雖有所據，然亦不可固執。但能平日信願真切，臨終正念分明者，即可證其往生。

命終之後。念佛已畢，即鎖房門。深防他人入內誤觸亡者。必須經過八小時後，乃能浴身更衣。（前文已言，今再諄囑，切記切記。）因八小時內若移動者，亡人雖不能言，亦覺痛苦。

八小時後著衣，若手足關節硬，不能轉動者，應以熱水淋洗。用布攬熱水，圍於臂肘膝彎。不久即可活動，有如生人。

殮衣宜用舊物，不用新者。其新衣應布施他人，能令亡者獲福。不宜用好棺木，亦不宜做大墳。此等奢侈事，皆不利於亡人。

第五章　薦亡等事

七七日內，欲延僧眾薦亡，以念佛為主。若誦經、拜懺、焰口、水陸等事，雖有不可思議功德，然現今僧眾視為具文，敷衍了事，不能如法，罕有實益。《印光法師文鈔》中屢斥誡之，謂其惟屬場面，徒作虛套。若專念佛，則人人能念，最為切實，能獲莫大之利矣。

如請僧眾念佛時。家族亦應隨念。但女眾宜在自室或布帳之內，免生譏議。

凡念佛等一切功德，皆宜迴向普及法界眾生，則其功德乃能廣大。而亡者所獲利益，亦更因之增長。

開弔時宜用素齋，萬勿用葷，致殺害生命。大不利於亡人。出喪儀文，切勿鋪張。毋圖生者好看，應為亡者惜福也。

七七以後，亦應常行追薦，以盡孝思。蓮池大師謂年中常須追薦先亡。不得謂已得解脫，遂不舉行耳。

第六章　勸請發起臨終助念會

此事最為切要。應於城鄉各地，多多設立。《飭終津梁》中有詳細章程，宜檢閱之。

第七章　結語

殘年將盡，不久即是臘月三十日，為一年最後。若未將錢財預備穩妥，則債主紛來，如何抵擋。吾人臨命終時，乃是一生之臘月三十日，為人生最後。若未將往生資糧預備穩妥，必致手忙腳亂，呼爺叫娘，多生惡業一齊現前，如何擺脫。臨終雖恃他助念，諸事如法。但自己亦須平日修持，乃可臨終自在。奉勸諸仁者，總要及早預備纔好。

悲智頌（贈閩南佛學院同學訓語）

有悲無智，是曰凡夫。悲智具足，乃名菩薩。我觀仁等，悲心深切。當更精進，勤求智慧。智慧之基，曰戒曰定。如是三學，次第應修。先持淨戒，並習禪定，乃得真實，甚深智慧。依此智慧，方能利生。猶如蓮華，不著於水。斷諸分別，捨諸執著。如實觀察，一切諸法。心意柔軟，言音淨妙。以無礙眼，等視眾生。具修一切，難行苦行。是為成就，菩薩之道。我與仁等，多生同行。今得集會，生大歡喜。不揆膚受，輒述所見。倘契幽懷，願垂玄察。大華嚴寺沙門慧幢撰。

為性常法師掩關筆示法則

古人掩關皆為專修禪定或念佛，若研究三藏則不限定掩關也。仁者此次掩關，實為難得之機會。應於每日時間，以三分之二專念佛誦經，（或默閱，但不可生分別心。）以三分之一時間溫習戒本羯磨及習世間文字。因機會難可再得，不於此時專心念佛，以後恐無此勝緣。至於研究等事，在掩關時雖無甚成績，將來出關後，儘可緩緩研究也。念佛一事，萬不可看得容易，平日學教之人，若令息心念佛，實第一困難之事，但亦不得不勉強而行也。此事至要至要，萬不可輕忽。誦經之事可以如常。又每日須拜佛若干拜，既有功德，亦可運動身體也。念佛時亦宜數數經行，因關中運動太少，食物宜消化，故宜禮拜經行也，念佛之事，一人甚難行，宜與義俊法師協定課程，二人同時行之，可以互相策勵，不致懈怠中止也。

課程大致如下：

早粥前念佛，出聲或默念隨意。

早粥後稍休息。禮佛誦經。九時至十一時研究。午飯後休息。二時至四時研究。（研究時間，每日以四小時為限，不可多。）四時半起禮佛誦經。黃昏後專念佛。晚間可以不點燈，唯佛前供琉璃燈可耳。

三年之中，可與義俊法師講戒本及表記羯磨六遍。每半年講一遍。自己既能溫習，亦能令他人得益。昔南山律祖，尚聽律十二遍未嘗厭倦，何況吾等鈍根之人耶？戒本羯磨能十分明了，且記憶不忘，將來出關之後，再舉行事鈔等非難事矣。世俗文字略學四書及歷史等。學生字典宜學全部。但若鮮暇，不妨缺略，因此等事，出關之後仍可學習也。若念佛等，出關之後，恐難繼續，唯在關中，能專心也。又在閉關時宜注意者如下：

不可閑談，不晤客人，不通信。（有十分要事，寫一紙條交與護關者。）

凡一切事，儘可俟出關後再料理也，時機難得，光陰可貴，念之！念之！

余既無道德，又乏學問。今見仁者以誠懇之意，諄諄請求，故略據拙見拉雜書此，以備採擇。

性常關主慧察

乙亥四月一日　演音書　印

持非時食戒者應注意日中之時

比丘戒中有非時食戒，八關齋戒中亦有之。日中以後即不可食。又依《僧祇律》日正中時，名曰時非時，若食亦得輕罪，故知進食必在日中以前也。

日中之時，俗稱日正、午正。人每用日晷儀置於日光之下，俟日晷儀標影恰至正午，即謂是為日中之時，因即校正鐘錶，以此時為十二點鐘也。然以此方法常常核對，則發見可懷疑者二事：一者，雖自置極精良正確之鐘錶，常盡力與日晷儀核對，其正午之時，每與日晷儀參差少許，不能符合。二者，各都市城邑之標準時鐘，如上海江海關大自鳴鐘等，其正午之時，亦每見其或遲或早，茫無一定也。今說明其理如下：

依近代天文學者言，普通紀日之法，皆用太陽。而地球軌道原非平圓，故日之視行有盈縮，而太陽日之長短亦因是參差不齊。泰西曆家以其不便於用，爰假設一太陽，即用真太陽之平均視行為視行，稱之曰平太陽。平太陽中天時謂之平午；校對鐘錶者，即以此時為十二點鐘。若真太陽中天時，則謂之視午。就平午與視午相合或相差者，大約言之，每年之中，惟有四天，平午與視午大致相合，餘均有差。相差最多者，平午比視午，或早十五分、或遲十六分。其每日相差之詳細分秒，皆載在吾國教育部中央觀象臺所頒發之曆書中。

若能了解以上之義，於昔所懷疑者自能祛釋。因鐘錶每日有固定同一之遲速，決不許其參差。而真太陽日之長短則參差不齊；故不能以真太陽之視午而校正鐘錶，恆定為十二點鐘也。其各都市城邑之標準時鐘皆據平午。以教育部曆書核對，即可了然。

吾人持非時食戒者，當依真太陽之視午，而定日中食時之標準，決不可誤據平午而過時也。至於如何校正鐘錶，可各任自意。或依平午者，宜購求教育部曆書核對，即可知每日視午之時；若如是者，倘自置精良正確之鐘錶，則可不必常常校正撥動。否則仍依舊法，以日晷儀之正午而校正鐘錶，恆定是為十二點鐘，此亦無妨；但須常常核對日晷儀，常常撥動鐘錶時針，因如前所說真太陽日之長短參差不齊，未能如鐘錶每日有固定同一之遲速也。又近代天文學者，以種種之理由而斥日晷儀所測得者，未能十分正確。此說固是，但其差舛甚微，無足計也。

關於女性異說討論致竺摩法師書

（上略）茲綜合律文，及南山、靈芝鈔、疏記義，列表如下：

犯相——與女說法，過五六語——波逸提。

五六語，且舉陰入。靈芝謂：亦可說餘法也。此戒制意，如《南山戒疏》云：「凡說法生善，事須應時，不請而說，理無強授。本無敬信，情懷奢慢，脫因斯次，致有過非，不免譏謗，清白難拔。」靈芝釋云：「敘制意有二：一乖說法之儀，二是生譏之本。」

開緣——在有智男子前，過五六語說——不犯。

有智男子者，解知粗惡不粗惡事，即檢小兒癡狂等。

不在有智男子前，若女請問者，應答廣說——不犯。

靈芝云：「若請說，若問義，隨多少者，以虛心求請，義非強說，故不限多少。」

真諦三藏之三種解釋中，第三解謂：「女性暗弱，是故律云云。」此與律文不同。是戒緣起，因與女耳語說法，發生嫌疑而制；決末云「暗弱」二字也。

說法貴觀機，不可拘泥。為女衆說法時，可以不用第三解。於前二解中，擇其契機者用之可耳。

大小乘佛典中，雖有似輕女性之說，此乃佛指其時印度之女性而言，現代之女衆不應於此介懷。

又佛之所以出此等語者，實於大慈悲心，以誡誨勖勵，冀其改過遷善，決無絲毫輕賤之心也。

大小乘佛典中，記述女人之勝行聖跡甚多，如證初二三四果、發無上道心，乃至《法華》龍女成佛、《華嚴》善財所參善知識中，亦有示現女身者。惟冀仁者暇時，遍採大藏經中此等事跡，彙輯一編，以被當代上流女衆之機；則閱者必生大歡喜心，欣欣向榮，寧復輕生疑謗乎？

佛典中常有互相歧異之處，人每疑其佛意，何以自相矛盾，寧知此乃各被一機，不須合會，無足疑也。

辛丑北征淚墨

游子無家，朔南馳逐。值茲離亂，彌多感哀。城郭人民，慨愴今昔。耳目所接，輒志簡篇，零句斷章，積焉成帙。重加釐削，定為一卷，不書時日，酬應雜務，百無二三。顏曰「北征淚墨」，以示不從日記例也。辛丑初夏，惜霜識於海上李廬。

光緒二十七年春正月，擬赴豫省仲兄，將啟行矣。填《南浦月》一闋《海上留別》詞云：「楊柳無情，絲絲化作愁千縷。惺忪如許，縈起心頭緒。　誰道銷魂，盡是無憑據。離亭外，一帆風雨，只有人歸去。」

越數日啟行，風平浪靜，欣慰殊甚。落日照海，白浪翻銀，精采眩目。群鳥翻翼，迴翔水面。附海諸島，若隱若現。是夜夢至家，見老母室人作對泣狀，似不勝離別之感者。余亦潸然涕下。比醒時，淚痕已濕枕矣。

途經大沽口，沿岸殘壘敗竈，不堪極目。《夜泊塘沽》詩云：「杜宇聲聲歸去好，天涯何處無芳草。春來春去奈愁何，流光一霎催人老。新鬼故鬼鳴喧嘩，野火燐燐樹影遮。月似解人離別苦，清光減作一鉤斜。」

晨起登岸，行李冗贅，至則第一次火車已開往矣。欲尋客邸暫駐行蹤，而兵燹之後，舊時旅館率皆頹壞。有新築草舍三間，無門窗牀几，人皆席地坐。杯茶盂饌，都嘆闕如。強忍饑渴，兀坐長喟。至日暮始乘火車赴天津。路途所經，廬舍大半燒毀。抵津城，而城牆已拆去，十無二三矣。僑寄城東姚氏廬，逢舊日諸友人，晉接之餘，忽忽然如隔世。唐句云：「乍見翻疑夢，相悲各問年。」其此境乎？到津次夜，大風怒吼，金鐵皆鳴，愁不成寐。詩云：「世界魚龍混，天心何不平？豈因時事感，偏作怒號聲。燭盡難尋夢，春寒況五更。馬嘶殘月墜，笳鼓萬軍營。」

居津數日，擬赴豫中。聞土寇蜂起，虎踞海隅，屢傷洋兵，行人惴惴。余自是無赴豫之志矣。小住二旬，仍歸棹海上。

天津北城舊地，拆毀甫畢，塵積數寸，風沙漫天，而曠闊逾恆，行道者便之。

晤日本上岡君，名巖太，字白電，別號九十九洋生。赤十字社中人，今在病院。筆談竟夕，極為契合。蒙勉以盡忠報國等語，感愧殊甚。因成七絕一章，以當詩云：「杜宇啼殘故國愁，虛名遑敢望千秋。男兒若論收場好，不是將軍也斷頭。」越日又偕趙幼梅師、大野捨吉君、王君曜忱及上岡君，合拍一照於育嬰堂。蓋趙師近日執事於其間也。

居津時，日過育嬰堂，訪趙幼梅師，談日本人求趙師書者甚多。見予略解分布，亦爭以縑素囑寫，頗有應接不暇之勢。追憶其姓名可記者：曰神鶴吉、曰大野捨吉、曰大橋富藏、曰並上信夫、曰上岡巖太、曰塚崎飯五郎、曰稻垣幾松。就中大橋君有書名，予乞得數幅，又丐趙師轉求千郁治書一聯，以千葉君尤負盛名也。海外墨緣於斯為盛。

北方當仲春天氣，猶凝陰積寒，撫事感時，增人煩惱。旅館無俚，讀李後主《浪淘沙》詞「簾外雨潺潺，春意闌珊，羅衾不耐五更寒」句，為之悵然久之。既而，風雪交加，嚴寒砭骨，身著重裘，猶起栗也。

《津門清明》詩云：「一杯濁酒過清明，腸斷樽前百感生。辜負江南好風景，杏花時節在邊城。」

世人每好作感時詩文，余雅不喜此事，曾有詩以示津中同人。詩云：「千秋功罪公評在，我本紅羊劫外身。自分聰明原有限，羞從事後論旁人。」

北地多狂風，今歲益甚。某日夕，有黃雲自西北來，忽焉狂風怒號，飛沙迷目。彼蒼蒼者其亦有所感乎！

二月杪，整裝南下。第一夜宿塘沽旅館，長夜漫漫，孤燈如豆。填《西江月》一闋，詞云：「殘漏驚人夢裏，孤燈對景成雙。前塵渺渺幾思量，衹道人歸是謊。 誰說春宵苦短，算來竟比年長。海風吹起夜潮狂，怎把新愁吹漲？」

越日，日夕登輪，詩云：「感慨滄桑變，天邊極目時。晚帆輕似箭，落日大如箕。風捲旌旗走，野平車馬馳。河山悲故國，不禁淚雙垂。」

開輪後，入夜管弦嘈雜，突驚幽夢，倚枕靜聽，音節斐靡，渢渢動人。昔人詩云：「我已三更鴛夢醒，猶聞簾外有笙歌。」不圖於今日得之。

舟泊燕臺，山勢環拱，帆檣雲集，海水瑩然，作深碧色，往來漁舟，清可見底。登高眺遠，幽懷頓開。詩云：「澄澄一水碧琉璃，長鳴海鳥如兒啼。晨日掩山白無色，□□□青天低。」午後偕友登燕臺岸小憩，歸來已日暮□□開輪。午餐後，同人又各奏樂器，笙琴笛管，無美不□，迭奏未已，繼以清歌。愁人當此，雖可差解寂寥，然河滿一聲，奈何空喚，適足增我迴腸蕩氣耳。枕上口占一絕云：「子夜新聲碧玉環，可憐腸斷念家山。勸君莫把愁顏破，西望長安人未還。」

西湖夜游記

壬子七月，予重來杭州，客師範學舍。殘暑未歇，庭樹肇秋，高樓當風，竟夕寂坐。越六日，偕姜、夏二先生游西湖。於時晚暉落紅，暮山被紫，游衆星散，流螢出林。湖岸風來，輕裾致爽。乃入湖上某亭，命治茗具。又有菱芰，陳粲盈几。短童侍坐，狂客披襟，申眉高談，樂說舊事。莊諧雜作，繼以長嘯，林鳥驚飛，殘燈不華。起視明湖，瑩然一碧！遠峯蒼蒼，若現若隱，頗涉遐想，因憶舊游。曩歲來杭，故舊交集，文子耀齋，田子毅侯，時相過從，輒飲湖上。歲月如流，倏逾九稔。生者流離，逝者不作，墜歡莫拾，酒痕在衣。劉孝標云：「魂魄一去，將同秋草。」吾生渺茫，可唏然感矣。漏下三箭，秉燭言歸。星辰在天，萬籟俱寂，野火暗暗，疑似青燐；垂楊沈沈，有如酣睡。歸來篝燈，斗室無寐，秋聲如雨，我勞如何？目暝意倦，濡筆記之。

樂石社記

粵若稽古先聖，繼天有作。創造六書，以給世用。後賢踵事，附庸藝林。金石刻劃，實祖繆篆。上起秦漢，下逮珠申。彬彬郁郁，垂二千年，可謂盛已。世衰道微，士不悅學。一技之末，假手嵎夷。獸蹄鳥跡，觸以纍纍。破觚為圓，用夷變夏。典型淪喪，殆無譏焉。不佞無似，少耽痂癖。結習所存，古歡未墜。囊以人事，羈躓武林，濫竽師校。同學邱子，年少英發，既耽染翰，尤嗜印文。校秦量漢，篤志愛古。遂約同人，集為茲社。樹之風聲，顏以樂石。切磋商兌，初限校友。繼迺張皇，他山取益。志道既合，聲氣遂孚。自冬徂春，規模寖備。復假彼故宮，為我社址。而西泠印社諸子，餓餓先進，勿棄葑菲。左提右挈，樂觀厥成，滋可感也。不佞昧道懵學。文質靡底。前無老馬，尸位經年。伏念雕蟲篆刻，壯夫不為。而雅廢夷侵，賢者所恥。值猖狂頹靡之秋，結枯槁寂寞之侶。足音空谷，幽草寒蛩。縱未敢自附於國粹之林，倘亦賢乎博奕云爾。爰陳梗概，備觀覽焉。乙卯六月，李息翁記。

斷食日志

此為弘一大師於出家前兩年在杭州大慈山虎跑寺試驗斷食時所記之經過。自入山至出山，首尾共二十天。對於起居身心，詳載靡遺。據大師年譜所載，時為民國五年，大師三十七歲。原稿曾由大師交堵申甫居士保存。文多斷續，字跡模糊，其封面蓋有李息翁章，並有日文數字。茲特向堵居士借繕，並與其詳加校對，冀為刊播流通，藉供衆覽。想亦為景仰大師者所喜聞，且得為後來預備斷食者之參考也。後學陳鶴卿謹識。

丙辰新嘉平一日始。斷食後，易名欣，字俶同，黄昏老人，李息。

十一月二十二日，決定斷食。禱諸大神之前，神詔斷食，故決定之。

擇錄村井氏說：妻之經驗。最初四日間，豫備半斷食。六月五日、六日，粥、梅乾。七日、八日，重湯、梅乾。九日始本斷食，安靜。飲用水一日五合，一回一合，程分五六回服用。第二日，饑餓胸燒，舌生白苔。第三、四日，肩腕痛。第四日，腹部全體凝固，體倦就牀，晨輕晚重。第五日，同，稍輕減，坐起一度散步。第六日，輕減，氣分爽快，白苔消失，胸燒愈。第七日，最平穩。斷食期至此止。後一日，攝重湯，輕二碗三回，梅乾無味。後二日，同。後三日，粥、梅乾、胡瓜，實入吸物。後四日，粥，吸物，少量刺身。後五日。粥、野菜、輕魚。後六日，普通食，起牀，此兩三日，首足浮腫。

斷食期內，或體痛不能眠，或下痢，或嚏。便時以不下牀為宜。預備斷食或一週間，粥三日，重湯四日。斷食後或需一週間，重湯三日，粥四日，個半月體量恢復。半斷食時服リチネ。

到虎跑攜帶品：被褥、帳枕、米、梅乾、楊子、齒磨、手巾、手帕、便器、漉水布、衣、リチネ，日記紙筆書、番茶、鏡。

預定期間：一日下午赴虎跑。上午聞玉去預備。中食飯，晚食粥、梅乾。二日、三日、四日，粥、梅乾。五日、六日、七日，重湯、梅乾。八日至十七日斷食。十八日、十九日、廿日，重湯、梅乾。廿一日、廿二日、廿三日、廿四日，粥、梅乾、輕菜食。廿五日返校，常食。廿八日返滬。

卅日晨，命聞玉攜蚊帳、米、紙、糊、用具到虎跑。室宜清閑，無人跡，無人聲，面南（日光），遮北，以樓為宜。是晚食飯，拂拭大小便器、桌椅。

午後四時半入山，晚餐素菜六簋（音癸，盛食物的圓形器具），極鮮美。食飯二盂，尚未饜，因明日始即預備斷食，強止之。榻於客堂樓下，室面南，設榻於西隅，可以迎朝陽。聞玉設榻於後一小室，僅隔一板壁，故呼應便捷。晚燃菜油燈，作楷八十四字。自數日前病感冒，傷風微嗽，今日仍未愈。口乾鼻塞，喉緊聲啞，但精神如常。八時眠。夜間因樓上僧人足聲時作，未能安眠。

（《覺有情》編者按：據前節所記預定期間，十二月一日下午赴虎跑。而此節所記，三十日午後四時半即已入山，當係臨時改定。）

十二月一日，晴，微風，五十度。斷食前期第一日。疾稍愈，七時半起牀。是日午十一時食粥二盂，紫蘇葉二片，豆腐三小方。晚五時食粥二盂、紫蘇葉二片、梅一枚。飲冷水三杯，有時混杏仁露，食小橘五枚。午後到寺外運動。

余平日之常課，為晨起冷水擦身，日光浴。眠前熱水洗足。自今日起冷水擦身暫停，日光浴時間減短，洗足之熱水改為溫水，因欲使精神聚定，力避冷熱極端之激刺也。對於後人斷食者，應注意者如下：

（一）未斷食時練習多食冷開水。斷食初期改食冷生水，漸次加多。因斷食時日飲五杯冷水殊不易，且恐腹瀉也。

（二）斷食初期時之粥或米湯，於微溫時食之，不可太熱，因與冷水混合，恐致腹痛。

余每晨起後，必通大便一次。今晨如常，但十時後屢放屁不止。二時後又打格兒甚多，此為平日所無。是日書楷字百六十八，篆字百零八。夜觀焰口，至九時始眠。夜微嗽，多惡夢，未能安眠。

二日，晴和，五十度。斷食前期第二日。七時半起牀，晨起無大便。是日午前十一時食粥一盂、梅一枚、紫蘇葉二片。午後五時同。飲冷水三杯，食橘子三枚，因運動歸來體倦故。是日舌苔白，口內粘滯，上牙裏脫皮。精神如常，但過勞則疲。此外，運動微覺疲倦，頭目眩暈。自明日始即不運動。

晚侍和尚念佛，靜坐一小時。是日鼻塞。寫字百三十二，摹大同造像一幅，原拓本自和尚假來，尚有三幅，明後續摹。八時半眠，夜夢為升高跳越運動。其處如器具拍賣場，陳設箱櫃几椅並玩具裝飾品等。余跳越於上，或騰空飛行於其間，足不履地，靈捷異常，獲優勝之名譽。旁觀有德國工程師二人，皆能操北京語。一人謂有如此之技能，可以任遠東大運動會之某種運動，必獲優勝，余遜謝之。一人謂練習身體，斷食最有效，吾二人已二日不食。余即告余現在虎跑斷食，亦已預備二日矣。其旁又有一中國人，持一表，旁寫題目，中並列長短之直紅線數十條，如計算增減高低之表式，是記余跳越高低之順序者。是人持以示余，謂某處由低而高而低之處，最不易跳越，贊余有超人之絕技。後余出門下土坡，屢遇西洋婦人，皆與余為禮，賀余運動之成功，余笑謝之。夢至此醒。余生平未嘗為一次運動，亦未嘗夢中運動，頭腦中久無此思想，忽得此夢，至為可異，殆因胃內虛空有以致之歟？

三日，晴和，五十二度。斷食前第三日。七時半起牀。是晨覺饑餓。胸中攪亂，苦悶異常，口乾飲冷水。勉坐起披衣，頭昏心亂，發虛汗作嘔，力不能支，仍和衣臥少時。飲梅茶二杯，乃起牀，精神疲憊，四肢無力。九時後精神稍復元，食橘子二枚。是晨無大便。飲藥油一劑，十時半軟便一次，甚暢快。十一時水瀉一次，精神頗佳，與平常無大異。十一時二十分食粥半盂、梅一個、紫蘇一枚。摹普泰造像、天監造像二頁。飲水、食物，喉痛，或因泉水性太烈，使喉內脫皮之故。午後四時，飲水後打格篤，食小梨一個。五時食粥半盂。是日感冒傷風已愈，但有時微嗽。是日午後及晚，侍和尚念佛，靜坐一小時。八時半眠。入山預斷以來，即不能為長時之安眠，旋睡旋醒，輾轉反側。

四日，晴和，五十三度。斷食前第四日。七時半起牀。是晨氣悶，心跳、口渴，但較昨晨則輕減多矣，飲冷水稍愈。起牀後頭微暈，四肢乏力。食小橘一枚，香蕉半個。八時後精神如常，上樓訪弘聲上人，借佛經三部。午後散步至山門，歸來已覺微疲。是日打格兒甚多，口時作渴。共飲冷水四大杯。摹大明造像一頁。寫楷字八十四，篆字五十四。無大便。四時後頭昏，精神稍減，食小橘二枚。是日十一時飲米湯二盂，食米粒二十餘。五時飲米湯一盂，食米粒二十餘。八時就牀，就牀前食香蕉半個。自預備斷食，每夜三時後腿痛，手足麻木。（余前每逢嚴冬有此舊疾，但不甚劇。）

五日，晴和，五十三度。斷食前第五日。七時半起牀。是夜前半頗覺身體舒泰，後半夜仍腿痛，手足麻木。三時醒，口乾，心微跳，較昨減輕。食香蕉半個，飲冷水稍眠。六時醒，氣體甚好。起牀後不似前二日之頭暈乏力，精神如常，心胸愉快。到菜園採花供鐵瓶。食梨半個，吐渣。自昨日始，多寫字，覺左腰痛。食小橘二個。是日腹中屢屢作響，時流鼻涕，喉中腫爛尚未愈。午後侍和尚念佛，靜坐一小時，微覺腰痛，不如前日之穩靜。三時食梨半個，吐渣。食香蕉半個。午、晚飲米湯一盂。寫字百六十二。傍晚精神稍差，惡寒口渴。本定於後日起斷食。改至明日起斷食，奉神詔也。

斷食期內。每日飲梨汁一個之分量，飲橘汁三小個之分量，飲畢嗽口。又因信仰上每晨餐神供生白米一粒，將眠，食香蕉半個。是日無大便，七時就牀。是夜神經過敏甚劇，加以鼠聲人鼾聲，終夜未安眠。口甚乾，後半夜腿痛稍輕，微覺肩痛。

六日，晴暖，晚半陰，五十六度。斷食正期第一日。八時起牀。

三時醒，心跳胸悶，飲冷水橘汁及梅茶一杯。八時起牀，手足乏力。頭微暈，執筆作字殊乏力，精神不如昨日。八時半飲梅茶一杯。腦力漸衰，眼手不靈。寫日記時有誤字，多遺忘。九時半後精神稍可。十時後精神甚佳，口渴已愈。數日來之喉中腫爛亦愈。今日到大殿去二次，計上下廿四級石階四次，已覺足乏力，為以前所無。是日共飲梨汁一個，橘汁二個。傍晚精神不衰，較勝昨日，但足乏力耳。仍時流鼻涕。晚間精神尤佳。是日不覺如何饑餓。晚有便意，僅放屁數個，仍無便。是夜能安眠，前半夜尤穩安舒泰。眠前以棉花塞耳，並誦神人合一之旨。夜間腿痛已愈，但左肩微痛。七時就牀，夢變為豐顏之少年，自謂係斷食之效。

七日，陰復晴，夜大風，五十四度。斷食正期第二日。六時半起牀。四時醒，心跳微作即愈，較前二日減輕。飲冷水甚多。六時半即起牀，因是日頭暈已減輕，精神較昨日為佳，且天甚暖故早起牀也。起牀後飲橘汁一枚。晨覽《釋迦如來應化事蹟圖》。八時後精神不振，打呼欠，□寒，流鼻涕，但起立行動如常。午後身體寒益甚，擁被稍息。想出食物數種，他日試為之。炒餅、餅湯、蝦仁豆腐、蝦子麵片、十錦絲、鹹□瓜。三時起牀，冷已愈，稍運動，足力較昨日稍健。是日無大便，飲冷水較多。前半夜肩稍痛，須左右屢屢互易，後半夜已愈。

八日，陰，大風，寒，午後時露日光，五十度。斷食正期第三日。十時起牀。五時醒，氣體至佳，如前數日之心跳頭暈等皆無。因天寒大風，故起牀較遲。起牀後精神甚佳，手足有力，到院內散步。四時半就牀。午後益寒，因早就牀。是日食慾稍動，有時覺饑，並默想各種食物之種類及其滋味。是夜安眠，足關節稍痛。

九日，晴，寒，風，午後陰，四十八度。斷食正期第四日。八時半起牀。四時醒，氣體極佳。與常日無異。起牀後精神如常，手足有力。朝日照人，心目豁爽。小便後尿管微痛，因飲水太多之故，自今日始不飲梨橘汁。改飲鹽梅茶二杯。午後因飲水過多，胸中苦悶。是日午前精神最佳，寫字八十四，到菜圃散步。午後寒，一時擁被稍息。三時起牀，室內運動。是日不感饑餓。因天寒，五時半就牀。

十日，陰，寒，四十七度。斷食正期第五日。十時半起牀。四時半醒，氣體精神與昨同。起牀後精神至佳，是日因寒故起牀較遲。今日加飲鹽湯一小杯。十一時楊、劉二君來譚，至懽。因寒四時就牀。是日寫字半頁。近日神經過敏已稍愈，故夜間較能安眠。但因昨日飲水過多傷胃，胃時苦悶，今日飲水較少。

十一日，陰寒，夕晴，四十七度。斷食正期第六日。九時半起牀。四時半醒，氣體與昨同。夜間右足微痛，又胃部終不舒暢。是日口乾，因寒起牀稍遲。飲鹽湯半杯，飲梨汁。夕晴，心目豁爽。寫字百三十八。坐檐下曝日，四時就牀，因寒早就牀。是晚感謝神恩，誓必皈依。致福基書。

十二日，晨陰，大霧，寒，午後晴，四十八度。斷食正期第七日。十一時起牀。四時半醒，氣體與昨同，足痛已愈，胃部已舒暢。口乾，因寒不敢起牀。十一時福基遣人送棉衣來，乃披衣起。飲梨汁及鹽湯、橘汁。午後精神甚佳，耳目聰明，頭腦爽快，勝於前數日。到菜圃散步。寫字五十四。自昨日始，腹部有變動，微有便意。又有時稍感饑餓。是日飲水甚少。晚晴甚佳，四時半就牀。

十三日，晨半晴陰，後晴和，夕風，五十四度。斷食後期第一日。八時半起牀。氣體與昨同。晨飲淡米湯二盂，不知其味。屢有便意，口乾，後愈。飲梨汁橘汁。十一時飲濃米湯一盂，食梅乾一個，不知其味。十時服瀉油少許，十一時半大便一次甚多。便色紅，便時腹微痛，便後漸覺身體疲弱，手足無力，午後勉強到菜圃一次。是日不飲冷水。午前寫字五十四。是日身體疲倦甚劇，斷食正期未嘗如是。胃口未開，不感饑餓。尤不願飲米湯，是夕勉強飲一盂，不能再多飲。四時就牀。

十四日，晴，午前風，五十度。斷食後期第二日。七時半起牀。氣體與昨同，夜間較能安眠。五時飲米湯一盂，口乾，起牀後精神較昨佳。大便輕瀉一次。又飲米湯一盂，飲橘汁，食蘋果半枚。是日因米湯、梅乾與胃口不合，於十時飲薄藕粉一盂、炒米糕二片，極覺美味，精神亦驟加。精神復元，是日極愉快滿足。一時飲薄藕粉一盂、米糕一片。寫字三百八十四。腰腕稍痛，暗記誦《神樂歌序章》。晚四時食稀粥一盂、鹹蛋半個、梅乾一個。是日不感十分饑餓。如是已甚滿足。五時半就牀。

十五日，晴，四十九度。斷食後期第三日。七時起牀。夜間漸能眠，氣體無異平時。擁衾飲茶一杯，食米糕三片。早食藕粉、米糕，午前到佛堂、菜圃散步，寫字八十四。午食粥二盂，青菜、鹹蛋少許。夕食芋四個，極鮮美。食梨一個、橘二個。敬抄《御神樂歌》二葉，暗記誦一、二、三下目。晚食粥二盂、青菜、鹹蛋少許，梅乾。晚食粥後，又食米糕，飲茶，未能調和，胃不合，終夜屢打格兒，腹鳴。是日無大便。七時就牀。

十六日，晴，四十九度。斷食後期第四日。七時半起牀。晨飲紅茶一杯，食藕粉、芋。午食薄粥三盂，青菜、芋大半碗，極美，有生以來不知菜芋之味如是也。食橘、蘋果，晚食與午同。是日午後出山門散步，誦《神樂歌》，甚愉快。入山以來，此為愉快之第一日矣。敬抄《神樂歌》七葉，暗記誦四、五下目。晚食後食煙一服。七時半就牀，夜眠較遲。胃甚安，是日無大便。

十七日，晴暖，五十二度。斷食後期第五日。七時起牀。夜間仍不能多眠，晨飲瀉油極少量。晨餐濃粥一盂，芋五個，仍不足，再食米糕三，藕粉一盂。九時半，大便一次，極暢快。到菜圃，誦《御神樂歌》。中膳米飯一盂、粥二盂、油炸豆腐一碗。本寺例初一、十五始食豆腐，今日特因僧人某死，葬資有餘者，故以之購食豆腐。午前後到山門外散步二次。擬定出山後薙鬚。聞玉採蘿蔔來，食之至甘。晚膳粥三盂、豆腐青菜一盂，極美。今日抄《御神樂歌》五枚，暗記誦六下目。作書寄普慈。是日大便後愉快，晚膳後尤愉快。坐檐下久。擬定今後更名欣，字俶同。七時半就牀。

十八日，陰，微雨，四十九度。斷食後期最後一日。五時半起牀。夜間酣眠八小時，甚暢快，入山以來未之有也。是晨早起，因欲食寺中早粥。起牀後大便一次甚暢。六時半食濃粥三盂、豆腐青菜一盂，胃甚漲。坐菜圃小屋誦《神樂歌》，今日暗記誦七下目，敬抄《神樂歌》八枚。午食飯二盂、豆腐青菜一盂，胃漲大，食煙一服。午後到山中散步，足力極健。採乾花草數枝、松子數個。晚食濃粥二盂、青菜半盂，僅食此不敢再多，恐胃漲也。餐後胸中極感愉快。燈下寫字五十四，輯訂斷食中字課。七時半就牀。

十九日，陰，微雨，四時半起牀。午後一時出山歸校。囑託聞玉事件：晚飯菜，橘子，做衣服附袖頭，廿二要，轎子油布，轎夫選擇，新蚊帳，夜壺。自己事件：寫真，付飯錢，致普慈信。

日語名詞注釋：

梅乾即鹹梅（醃過的梅子）。重湯即米湯。胡瓜即黃瓜。吸物即湯或清湯。刺身即生魚片。番茶，日本粗茶。リチネ（Richine），西藥名。寫真為照相。楊子即牙刷。齒磨即牙粉。「食煙一服」，即抽煙一支，「一服」為日本名詞，即一支煙、一杯茶之意。

我在西湖出家的經過

弘一法師述　高勝進筆記

杭州這個地方，實堪稱為佛地，因為那邊寺廟之多，約有兩千餘所，可想見杭州佛法之盛了。

最近「越風社」要出關於《西湖增刊》，由黃居士來函，要我做一篇《西湖與佛教之因緣》。我覺得這個題目的範圍太廣泛了，而且又無參考書在手，短期間內是不能做成的。所以現在就將我從前在西湖居住時，把那些值得追味的幾件零碎的事情來說一說，也算是紀念我出家的經過。

我第一次到杭州，是光緒二十八年七月。（本篇所記年月，皆依舊曆。）在杭州住了約莫一個月光景，但是並沒有到寺院裏去過。只記得有一次到湧金門外去吃過一回茶而已，同時也就把西湖的風景，稍微看了一下子。

第二次到杭州時，那是民國元年的七月裏。這回到杭州倒住得很久，一直住了近十年，可以說是很久的了。

我的住處在錢塘門內，離西湖很近，只兩里路光景。在錢塘門外，靠西湖邊有一所小茶館，名景春園。我常常一個人出門，獨自到景春園的樓上去吃茶。當民國初年的時候，西湖那邊的情形，完全與現在兩樣。那時候還有城牆及很多柳樹，都是很好看的。除了春秋兩季的香會之外，西湖邊的人總是很少，而錢塘門外，更是冷靜了。在景春園的樓下，有許多的茶客，都是那些搖船抬轎的勞動者居多。而在樓上吃茶的就只有我一個人了。所以我常常一個人在上面吃茶，同時還憑欄看看西湖的風景。

在茶館的附近，就是那有名的大寺院——昭慶寺了。我吃茶之後，也常常順便地到那裏去看一看。

當民國二年夏天的時候，我曾在西湖的廣化寺裏面住了好幾天，但是住的地方，卻不是出家人的範圍之內，那是在該寺的旁邊，有一所叫做痘神祠的樓上。痘神祠是廣化寺專門為著要給那些在家的客人住的。當時我住在裏面的時候，有時也曾到出家人所住的地方去看看，心裏卻感覺得很有意思呢！

記得那時我亦常常坐船到湖心亭去吃茶。

曾有一次，學校裏有一位名人來演講。那時，我和夏丏尊居士兩人，卻出門躲避而到湖心亭上去吃茶了。當時夏丏尊曾對我說：「像我們這種人，出家做和尚倒是很好的。」那時候我聽到這句話，就覺得很有意思，這可以說是我後來出家的一個遠因了。

到了民國五年的夏天，我因為看到日本雜誌中，有說及關於斷食方法的，謂斷食可以治療各種疾病。當時我就起了一種好奇心，想來斷食一下。因為我那個時候患有神經衰弱症，若實行斷食後，或者可以痊愈亦未可知。要行斷食時，須於寒冷的季候方宜，所以我便預定十一月來作斷食的時間。

至於斷食的地點呢？總須先想一想，考慮一下，似覺總要有個很幽靜的地方才好。當時我就和西泠印社的葉品三君來商量，結果他說在西湖附近的地方，有一所虎跑寺，可作為斷食的地點。那麼，我就問他，既要到虎跑寺去，總要有人來介紹才對，究竟要請誰呢？他說有一位丁輔之，是虎跑寺的大護法，可以請他去說一說。於是他便寫信請丁輔之代為介紹了。因為從前那個時候的虎跑，不是像現在這樣熱鬧的，而是游客很少，且是個十分冷靜的地方啊。若用來作為我斷食的地點，可以說是最相宜的了。

到了十一月的時候，我還不曾親自到過，於是我便託人到虎跑寺那邊去走一趟，看看在那一間房裏住好。看的人回來說，在方丈樓下的地方，倒很幽靜，因為那邊的房子很多，且平常的時候都是關起來，游客是不能走進去的。而在方丈樓上，則只有一位出家人住著而已。此外並沒有甚麼人居住。等到十一月底，我到了虎跑寺，就住在方丈樓下的那間屋子裏了。

我住進去以後，常常看見一位出家人在我的窗前經過，即是住在樓上的那一位，我看到他卻十分歡喜呢！因此就時常和他來談話，同時他也拿佛經來給我看。

我以前雖然從五歲時，即時常和出家人見面，時常看見出家人到我的家裏念經及拜懺。而於十二三歲時，也曾學了放焰口，可是並沒有和有道的出家人住在一起，同時也不知道寺院中的內容是怎樣，以及出家人的生活又是如何。這回到虎跑寺去住，看到他們那種生活，卻很歡喜，而且羡慕起來了。

我雖然在那邊只住了半個多月，但心裏頭卻十分愉快，而且對於他們所吃的菜蔬，更是歡喜吃。及回到了學校以後，我就請傭人依照他們那種樣的菜煮來吃。

這一次，我之到虎跑寺去斷食，可以說是我出家的近因了。及到民國六年的下半年，我就發心吃素了。

在冬天的時候，我即請了許多經，如《普賢行願品》、《楞嚴經》、《大乘起信論》等很多的佛經，而於自己的房裏，也供起佛像來，如地藏菩薩、觀世音菩薩等等的像，於是亦天天燒香了。

到了這一年放年假的時候，我並沒有回家去，而是到虎跑寺裏面去過年了。我仍舊住在方丈樓下。那個時候，則更感覺得有興味了。於是就發心出家，同時就想拜那位住在方丈樓上的出家人做師父。他的名字是弘祥師，可是他不肯我去拜他，而介紹我拜他的師父。他的師父是在松木場護國寺裏面居住的。於是他就請他的師父回到虎跑寺來。而我也就於民國七年正月十五日受三皈依了。

我打算於此年的暑假來入山。而預先在寺裏面住了一年後，然後再實行出家的。當這個時候，我就做了一件海青，及學習兩堂功課。在二月初五日那天，是我的母親的忌日，於是我就先於兩天以前到虎跑去，在那邊誦了三天的《地藏經》，為我的母親迴向。到了五月底的時候，我就提前先考試，而於考試之後，即到虎跑寺入山了。

到了寺中一日以後，即穿出家人的衣裳，而預備轉年再剃度的。及至七月初的時候，夏丏尊居士來，他看到我穿出家人的衣裳但還未出家，他就對我說：「既住在寺裏面，並且穿了出家人的衣裳，而不即出家，那是沒有什麼意思的，所以還是趕緊剃度好。」

我本來是想轉年再出家的，但是承他的勸，於是就趕緊出家了。便於七月十三日那一天，相傳是大勢至菩薩的聖誕，所以就在那天落髮。

落髮以後，仍須受戒的。於是由林同莊君的介紹，而到靈隱寺去受戒了。

靈隱寺是杭州規模最大的寺院，我一向對著它是很歡喜的。我出家以後，曾到各處的大寺院去看過，但是總沒有像靈隱寺那麼的好。八月底，我就到靈隱寺去。寺中的方丈和尚卻很客氣，叫我住在客堂後面蕓香閣的樓上。

當時是由慧明法師做大師父的。有一天我在客堂裏遇到這位法師了，他看到我時，就說起既是來受戒的，為什麼不進戒堂呢？雖然你在家的時候是讀書人，但是讀書人就能這樣地隨便嗎？就是在家時是一個皇帝，我也是一樣看待的。那時方丈和尚仍是要我住在客堂樓上，而於戒堂裏面有了緊要的佛事時，方命我去參加一兩回的。

那時候我雖然不能和慧明法師時常見面，但是看到他忠厚篤實的容色，卻是令我佩服不已的。

受戒以後，我仍回到虎跑寺居住。到了十二月底，即搬到玉泉寺去住。此後即常常到別處去，沒有久住在西湖了。

曾記得在民國十二年夏天的時候，我曾到杭州去過一回。那時正是慧明法師在靈隱寺講《楞嚴經》的時候。開講的那一天，我去聽他說法。因為好幾年沒有看到他，覺得他已蒼老了不少，頭髮且已斑白，牙齒也大半脫落。我當時大為感動，於拜他的時候，不由淚落不止。聽說以後沒有經過幾年工夫，慧明法師就圓寂了。

關於慧明法師一生的事跡，出家人中曉得的很多，現在我且舉幾樣事情，來說一說。

慧明法師是福建汀州人。他穿的衣服毫不考究，看起來很不像大寺院法師的樣子，但他待人是很平等的。無論你是大好姥或是苦惱子，他都是一樣地看待。所以凡是出家在家的上中下各色各樣的人物，對於慧明法師是沒有一個不佩服的。他老人家一生所做的事固然很多，但是最奇特的，就是能教化「馬溜子」（馬溜子是出家流氓的稱呼）了。寺院裏是不準這班馬溜子居住的。他們總是住在涼亭裏的時候為多，聽到各處的寺院有人打齋的時候，他們就會集了趕齋去（吃白飯）。在杭州這一帶地方，馬溜子是特別來得多。但一般人總不把他們當人看待，而他們亦自暴自棄，無所不為的。但是慧明法師卻能夠教化馬溜子呢。那些馬溜子常到靈隱寺去看慧明法師，而他老人家卻待他們很客氣，並且布施他們種種好飯食、好衣服等。他們要甚麼就給甚麼。而慧明法師有時也對他們說幾句佛法，以資感化。

慧明法師的腿是有毛病的。出來入去的時候，總是坐轎子居多。有一次他從外面坐轎回靈隱時，下了轎後，旁人看到慧明法師是沒有穿褲子的，他們都覺得很奇怪，於是就問他道：「法師為什麼不穿褲子呢？」他說他在外面碰到了馬溜子，因為向他要褲子，所以他連忙把褲子脫給他了。關於慧明法師教化馬溜子的事，外邊的傳說很多很多，我不過略舉了這幾樣而已。不單那些馬溜子對於慧明法師有很深的欽佩和信仰，即其他一般出家人，亦無不佩服的。

因為多年沒有到杭州去了。西湖邊上的馬路洋房也漸漸修築得很多，而汽車也一天比一天地增加。回想到我以前在西湖邊上居住時，那種閑靜幽雅的生活，真是如同隔世，現在只能託之於夢想了。

白馬湖放生記

白馬湖在越東驛亭鄉，舊名漁浦。放生之事，前年間也。己巳秋晚，徐居士仲蓀適談，欲買魚介放生馬湖，余為讚喜，並乞劉居士質平助之。放生既訖，質平記其梗概，余書寫二紙，一贈仲蓀，一與質平，以示來覽焉。

時分　十八年九月廿三日五更，自驛亭步行十數里到魚市，東方未明。

捨資者　徐仲蓀

佐助者　劉質平

肩荷者　徐全茂　已上三人偕往
魚市　在百官鎮
品類　蝦魚等
值資　八元七毫八分
放生所　白馬湖
盛魚具　向百官麵肆假用，肆主始不許，因告為放生，故彼乃欣然。
放生同行者　釋弘一、夏丏尊、徐仲蓀、劉質平、徐全茂及夏家老僕丁錦標同乘一舟，別一舟載魚蝦等。
放生時　晨九時一刻
隨喜者　放生之時，岸上簇立而觀者甚衆，皆大歡喜，歎未曾有。是歲嘉平無縛書。

行腳散記

癸酉十一月十一日居草庵。十五日訖二十日講《梵網經戒本》，迴向故瑞意法師。（二月二日復念佛迴向。）除夕夜講蕅益大師「普說」一則。甲戌元旦訖十四日講《四分律羯磨》初、二篇。十九日、二十日講《羯磨》。二十一日為蕅益大師涅槃日，設供並請大師遺作《祭顯愚大師文》、《德林座右銘》二首。二十二日夜與大衆行蒙山施食，迴向鬼衆及草庵已故諸蜜蜂等。二月三日之廈門南普陀寺，開講《四分律行事鈔資持記》。為書弘律願誓句，並記二月餘行事，贈芳遠居士，以為遺念焉。沙門演音，時年五十又五。

惠安弘法日記

後二十四年乙亥四月十一日夕，自泉州南門外，乘古帆船航海。
十二日晨，到崇武，改乘小舟，風逆浪大，午前十時抵淨峯寺。
十六日，往崇武，居普蓮堂。
十七日十八日十九日，講《三皈五戒》、《觀音菩薩靈感》及《淨土法門》等。
十九日下午，返淨山。
二十一日為亡母冥誕，開講《華嚴經普賢行願品》，五月一日講竟。
初三日為靈峯蕅益大師聖誕，午後講大師事蹟。
六月七日。始講《四分律戒本疏行宗記》。（二十一日，第二冊講竟。）
七月三十日，為地藏菩薩聖誕，午後講《九華山示蹟大意》。
八月五日為亡父諱日，開講《普賢行願品偈頌》，七日講竟。聽者甚衆，大半為耶教徒也。
二十三日，性願老法師到淨峯，二十五日，請講《佛法大要》。
二十七日，請師往崇武晴霞寺，代余講《法華經普門品》。
二十九日講訖。每日聽衆百人左右。
十月將去淨峯留題云：「乙亥四月，余居淨峯，植菊盈畦，秋晚將歸去，猶復含蕊未吐，口占一絕，聊以□別：我到為植種，我行花未開。豈無佳色在？留待後人來！」
二十二日，去淨峯，到惠安城，遇諸居士留宿。
二十日上午，到科峯寺講演，並為五人證受皈依。下午到泉州。
十一月十九日，復到惠安城，寓黃善人宅。
二十日，到科峯寺講演，並為十人證受皈依。
二十一日上午，為一人證受皈依。下午乘馬，行二十里，到許山頭東堡，寓許連木童子宅。
二十二日，在瑞集巖講演。
二十三日二十四日，在許童子宅講演，並為二十人證受皈依及五戒。
二十五日上午，到後尾，寓劉清輝居士菜堂，下午講演。
二十六日上午，到胡鄉，寓胡碧蓮居士菜堂，下午開講《阿彌陀經》。
二十八日講經竟，為十七人證受皈依及五戒。
二十九日上午，到謝貝，寓黃成德居士菜堂。三十日講演。
十二月初一日上午，到惠安城，寓李氏別墅，今為某小學校。

初二日，到如是堂講演，聽衆近百人。
初三日，到泉州，臥病草庵。

壬丙南閩弘法略誌

壬申十月，在廈門妙釋寺，念佛會期講《淨土法門大意》。
十二月，同上，講《人生之最後》。
癸酉正月十二日，同上，講余之《改過實驗談》。
正月二十一日始，在妙釋寺，開講《四分律含注戒本》及《戒相表記》。至二十五日，初、二篇講訖。
三月九日，在萬壽巖，講《隨機羯磨》，至五月八日，上卷講訖。
四月七日，在萬壽巖，講《地藏菩薩靈感》。
八日，講《授三歸依大意》。
五月十五日，在泉州大開元寺，講《放生與殺生之果報》。
閏五月五日，同上，講《敬三寶》。
六日，同上，講《佩玉編》共數次。
七月十一日，在承天寺，講《常隨佛學》。
同日，在大開元寺，講《讀誦華嚴經文之靈感》。
七月下旬，同上，講《梵網戒本》。七日訖。
八月十一日，同上，講《普賢行願品大意》。三日訖。
八月二十四日，同上，續講《四分律含注戒本》及《隨機羯磨》。十月初三日訖。
十一月十五日，在草庵，講《梵網戒本》。三日訖。
十二月一日，講《藥師經》。三日訖。為故瑞意法師迴向菩提。
除夕夜，同上，講《蕅益蕅大師普說二則》。
甲戌元旦，在草庵，開講《隨機羯磨》初、二篇。十四日講訖。
十九日、二十日，補講。
二十一日為蕅益大師涅槃日，講大師遺作二首。
三月十八日，在南普陀寺，講《行事鈔大盜戒》。四月六日講訖。
七月，講《一夢漫言》。半月餘講訖。
十一月，萬壽巖開創念佛堂，講說三日。
除夕夜，在萬壽巖念佛堂講說。
乙亥元旦，在萬壽巖，開講《阿彌陀經》。七日訖。
二月，在泉州溫陵養老院講說。
二月，在開元慈兒院講說。
二月，在大開元寺念佛會講說。
三月，在大開元寺，講《一夢漫言》。半月訖。
十月，在承天寺戒壇，講《律學要略》三日。
十一月，同上，講參學。
除夕，在草庵病榻講說。
閏三月一日，在南普陀寺，開講《四分律含注戒本》初、二篇。半月講訖。
五月，在鼓浪日光巖，講《淨土法門大意》。
十四日，在溫陵男養老院，講《勞動與念佛》。
十六日，在崇福寺，講《三歸五戒淺義》。復在救濟院，勸念觀世音菩薩名號。為院衆近百人授三歸依。
十七日始至二十日止，在大開元寺，講《心經大意》。
二十三日，在朵蓮寺，講《藥師如來本願功德經大意》。
二十六日，在昭昧國學專校，講《佛教之源流及宗派》。復有他校二處請演講，未能往。
三月初一日始至初三日止，在清塵堂，講《華嚴大意》。
初五日，往惠安。
初八日，值念佛會，為講《修淨土宗者應注意之數事》。
初九日，講《十宗略義》。
初十日，講《華嚴五教大意》。學校請演講，未往。
十一日，歸泉州。
二十一日，往廈門，應鼓浪嶼了閒社法會請，演講三日。復往福州弘法。

南閩十年之夢影

丁丑二月十六日在南普陀寺佛教養正院講

我一到南普陀寺，就想來養正院和諸位法師講談講談。原定的題目是「余之懺悔」，說來話長，非十幾小時不能講完。近來因為講律，須得把講稿寫好，總抽不出一個時間來，心裏又怕負了自己的初願，只好抽出很短的時間，來和諸位談談，談我在南閩十年中的幾件事情！

我第一回到南閩，在民國十七年的十一月，是從上海來的。起初還是在溫州，我在溫州住得很久，差不多有十年光景。

由溫州到上海，是為著編輯《護生畫集》的事，和朋友商量一切；到十一月底，才把《護生畫集》編好。

那時我聽人說：尤惜陰居士也在上海。他是我舊時很要好的朋友，我就想去看一看他。一天下午，我去看尤居士，居士說要到暹羅國去，第二天一早就要動身的。我聽了覺得很喜歡，於是也想和他一道去。

我就在十幾小時中，急急地預備著。第二天早晨，天還沒大亮，就趕到輪船碼頭，和尤居士一起動身到暹羅國去了。從上海到暹羅，是要經過廈門的，料不到這就成了我來廈門的因緣。十二月初，到了廈門，承陳敬賢居士的招待，也在他們的樓上吃過午飯，後來陳居士就介紹我到南普陀寺來。那時的南普陀，和現在不同，馬路還沒有建築，我是坐著轎子到寺裏來的。

到了南普陀寺，就在方丈樓上住了幾天。時常來談天的，有性願老法師、芝峯法師等。芝峯法師和我同在溫州，雖不曾見過面，卻是很相契的。現在突然在南普陀寺晤見了，真是說不出的高興。

我本來是要到暹羅去的，因著諸位法師的挽留，就留滯在廈門，不想到暹羅國去了。

在廈門住了幾天，又到小雪峯那邊去過年。一直到正月半以後才回到廈門，住在閩南佛學院的小樓上，約莫住了三個月工夫。看到院裏面的學僧雖然只有二十幾位，他們的態度都很文雅，而且很有禮貌，和教職員的感情也很不差，我當時很贊美他們。

這時芝峯法師就談起佛學院裏的課程來。他說：「門類分得很多，時間的分配卻很少，這樣下去，怕沒有甚麼成績吧？」因此，我表示了一點意見，大約是說：「把英文和算術等刪掉，佛學卻不可減少，而且還得增加，就把騰出來的時間教佛學吧？」他們都很贊成。聽說從此以後，學生們的成績，確比以前好得多了！

我在佛學院的小樓上，一直住到四月間，怕將來的天氣更會熱起來，於是又回到溫州去。

第二回到南閩，是在民國十八年十月。起初在南普陀寺住了幾天，以後因為寺裏要做水陸，又搬到太平巖去住。等到水陸圓滿，又回到寺裏，在前面的老功德樓住著。

當時閩南佛學院的學生，忽然增加了兩倍多，約有六十多位，管理方面不免感到困難。雖然竭力的整頓，終不能恢復以前的樣子。

不久，我又到小雪峯去過年，正月半纔到承天寺來。

那時性願老法師也在承天寺，在起草章程，說是想辦什麼研究社。

不久，研究社成立了，景象很好，真所謂「人才濟濟」，很有一種難以形容的盛況。現在妙釋寺的善契師，南山寺的傳證師，以及已故南普陀寺的廣究師，等等，都是那時候的學僧哩！

研究社初辦的幾個月間，常住的經懺很少，每天有工夫上課，所以成績卓著，為別處所少有。

當時我也在那邊教了兩回寫字的方法，遇有閑空，又拿寺裏那些古版的藏經來整理整理，後來還編成目錄，至今留在那邊。這樣在寺裏約莫住了三個月。到四月，怕天氣要熱起來，又回到溫州去。

民國二十年九月，廣洽法師寫信來，說很盼望我到廈門去。當時我就從溫州動身到上海，預備再到廈門；但許多朋友都說：時局不大安定，遠行頗不相宜，於是我只好仍回溫州。直到轉年（即民國二十一年）十月，到了廈門，計算起來，已是第三回了。

到廈門之後，由性願老法師介紹，到山邊巖去住。但其間妙釋寺也去住了幾天。

那時我雖然沒有到南普陀來住，但佛學院的學僧和教職員，卻是常常來妙釋寺談天的。

民國二十二年正月廿一日，我開始在妙釋寺講律。這年五月，又移到開元寺去。當時許多學律的僧衆，都能勇猛精進，一天到晚的用功，從沒有空過的工夫；就是秩序方面也很好，大家都嘖嘖地稱贊著。

有一天，已是黃昏時候了，我在學僧們宿舍前面的大樹下立著，各房燈火發出很亮的光；誦經之聲，又復朗朗入耳，一時心中覺得有無限的歡慰！可是這種良好的景象，不能長久的繼續下去，恍如曇花一現，不久就消失了。但是當時的景象，卻很深的印在我的腦中，現在回想起來，還如在大樹底下目睹一般。這是永遠不會消滅，永遠不會忘記的啊！

十一月，我搬到草庵來過年。

民國二十三年二月，又回到南普陀。當時舊友大半散了；佛學院中的教職員和學僧，也沒有一位認識的！我這一回到南普陀寺來，是準了常惺法師的約，來整頓僧教育的。後來我觀察情形，覺得因緣還沒有成熟，要想整頓，一時也無從著手，所以就作罷了。此後並沒有到閩南佛學院去。

講到這裏，我順便將我個人對於僧教育的意見，說明一下：

我平時對於佛教是不願意去分別那一宗、那一派的，因為我覺得各宗各派，都各有各的長處。但是有一點，我以為無論那一宗那一派的學僧，卻非深信不可，那就是佛教的基本原則，就是深信善惡因果報應的道理——善有善報，惡有惡報；同時還須深信佛菩薩的靈感！這不僅初級的學僧應該這樣，就是升到佛教大學也要這樣！善惡因果報應和佛菩薩的靈感道理，雖然很容易懂，可是能徹底相信的卻不多。這所謂信，不是口頭說說的信，是要內心切切實實去信的呀！咳！這很容易明白的道理，若要切切實實地去信，卻不容易啊！我以為無論如何，必須深信善惡因果報應和諸佛菩薩靈感的道理，才有做佛教徒的資格！須知善有善報，惡有惡報，這種因果報應，是絲毫不爽的！又須知我們一個人所有的行為，一舉一動，以至起心動念，諸佛菩薩都看得清清楚楚！一個人若能這樣十分決定地信著，他的品行道德，自然會一天比一天地高起來！要曉得我們出家人，就所謂「僧寶」，在俗家人之上，地位是很高的。所以品行道德，也要在俗家人之上才行。

倘品行道德僅能和俗家人相等，那已經難為情了。何況不如？又何況十分的不如呢？……咳！……這樣他們看出家人就要十分的輕慢，十分的鄙視，種種譏笑的話，也接連的來了。……

記得我將要出家的時候，有一位住在北京的老朋友寫信來勸告我，你知道他勸告的是甚麼，他說：「聽到你要不做人，要做僧去。……」咳！……我們聽到了這話，該是怎樣的痛心啊！他以為做僧的，都不是人，簡直把僧不當人看了！你想，這句話多麼厲害呀！出家人何以不是人？為甚麼被人輕慢到這地步？我們都得自己反省一下！我想：這原因都由於我們出家人做人太隨便的緣故，種種太隨便了，就鬧出這樣的話柄來了。至於為甚麼會隨便呢，那就是由於不能深信善惡因果報應和諸佛菩薩靈感的道理的緣故。倘若我們能夠真正生信，十分決定的信，我想就是把你的腦袋斫掉，也不肯隨便的了。

以上所說，並不是單單養正院的學僧應該牢記，就是佛教大學的學僧也應該牢記，相信善惡因果報應和諸佛菩薩靈感不爽的道理。

就我個人而論，已經是將近六十的人了，出家已有二十年，但我依舊喜歡看這類的書——記載善惡因果報應和佛菩薩靈感的書。

我近來省察自己，覺得自己越弄越不像了，所以我要常常研究這一類的書。希望我的品行道德，一天高尚一天。希望能夠改過遷善，做一個好人。又因為我想做一個好人，同時我也希望諸位都做好人。

這一段話，雖然是我勉勵我自己的，但我很希望諸位也能照樣去實行。

關於善惡因果報應和佛菩薩靈感的書，印光老法師在蘇州所辦的弘化社那邊印得很多，定價也很低廉，諸位若要看的話，可託廣洽法師寫信去購請，或者他們會贈送也未可知。

以上是我個人對於僧教育的一點意見。下面我再來說幾樣事情：

我於民國二十四年到惠安淨峯寺去住。到十一月，忽然生了一場大病，所以我就搬到草庵來養病。這一回的大病，可以說是我一生的大紀念！我於民國二十五年的正月，扶病到南普陀寺來。在病牀上有一隻鐘，比其他的鐘總要慢兩刻，別人看到了，總是說這個鐘不準。

我說：「這是草庵鐘。」別人聽了「草庵鐘」三字還是不懂，難道天下的鐘也有許多不同的麼？現在就讓我詳詳細細地來說個明白。

我那一回大病，在草庵住了一個多月。擺在病牀上的鐘，是以草庵的鐘為標準的。而草庵的鐘，總比一般的鐘要慢半點。我以後雖然移到南普陀，但我的鐘還是那個樣子，比平常的鐘慢兩刻，所以「草庵鐘」就成了一個名詞了。這件事由別人看來，也許以為是很好笑的吧！但我覺得很有意思。因為我看到這個鐘，就想到我在草庵生大病的情形了，往往使我發大慚愧，慚愧我德薄業重。我要自己時時發大慚愧，我總是故意地把鐘改慢兩刻，照草庵那鐘的樣子，不止當時如此，到現在還是如此，而且願盡形壽，常常如此。

以後在南普陀住了幾個月，於五月間，纔到鼓浪嶼日光巖去。十二月仍回南普陀。到今年民國二十六年，我在閩南居住，算起來，首尾已是十年了。回想我在這十年之中，在閩南所做的事情，成功的卻是很少很少，殘缺破碎的居其大半，所以我常常自己反省。覺得自己的德行，實在十分欠缺。因此近來我自己起了一個名字，叫「二一老人」。甚麼叫「二一老人」呢？這有我自己的根據。

記得古人有句詩：「一事無成人漸老。」清初吳梅村（偉業）臨終的絕命詞有：「一錢不值何消說。」這兩句詩的開頭都是「一」字，所以我用來做自己的名字，叫做「二一老人」。

因此我十年來在閩南所做的事，雖然不完滿，而我也不怎樣地去求他完滿了。

諸位要曉得，我的性情是很特別的，我只希望我的事情失敗，因為事情失敗、不完滿，這纔使我常常發大慚愧，能夠曉得自己的德行欠缺，自己的修善不足，那我纔可努力用功，努力改過遷善。一個人如果事情做完滿了，那麼這個人就會心滿意足，洋洋得意，反而增長他貢高我慢的念頭，生出種種的過失來。所以還是不去希望完滿的好。不論甚麼事，總希望他失敗，失敗才會發大慚愧，倘若因成功而得意，那就不得了啦！

我近來，每每想到「二一老人」這個名字，覺得很有意味。這「二一老人」的名字，也可以算是我在閩南居住了十年的一個最好的紀念。

瑞竹巖記

瑞竹巖名，非古也。昔唐楚熙禪師結茆萬松山巔，曰德雲庵。宋大覺璉禪師興建梵宇，仍其舊稱。逮及明季，皇子蒞山，見枯竹擢萌，謂為瑞相，因題庵巖曰瑞竹。而德雲庵名，自是不顯於世。其時，宰官陳天定暨住持絕塵禪師發願重建佛殿，移其基址，趣落下方，盤石屏衛，林木蓊鬱，視昔為勝矣。又復相傳有林國老者，未第時，讀書山中，及躋貴顯，乃建介石雲窠於佛殿右，今唯存其殘址，俗謂為八角樓也。清宣宗時，智宣禪師駐錫瑞竹，禪師為邑望族，梵行高潔，工詩善書，亦能紹隆光顯前業，為世所稱。厥後道風日微，寖以衰廢。洎今歲首，檀越迎請智峯法師入山，興復舊蹟。法師學行敻邁，乘願再來，夙夜精勤，誓隆先德。復禮大悲懺儀為日課。嘗語余曰：為寺主者應自行持，勤修三學，軌範大衆，豈惟躬佩勞務已耶。余深服其所見高卓，可謂今之法門龍象矣。余於曩月，弘法漳東，鷺嶼變起，道路閡絕。因居瑞竹，獲覲勝跡。夙緣有在，蓋非偶然。歲次戊寅五月，弘一。

祇園記

笑棠居士，性高尚，不治生產；唯於舍旁拓地數弓，雜植花木，以為游息弦誦之所，顏曰「祇園」，意謂是外無長物也。又亦假用梵典之名，而音釋悉異，藉以志其景仰所歸也。戊寅仲秋，余弘法龍溪，居士請題園額，為述其義如是，因並記之。溫陵沙門一音。

泉州弘法記

（戊寅）十月下旬，在清塵堂，講《藥師如來法門》一次。此講稿已印行兩次。

十一月初旬，在承天寺，講《金剛經大意》一次。法院曾院長請講。

十一月下旬，在承天寺，講《最後之□□》一次。已印行為養正院學僧講。

十二月一日始至正月廿四日，閉關謝客。

因閱省府令將使僧衆服兵役事，於正月廿五日在寺演講一次，安慰僧衆，倘此事實行時，願為力爭，並絕食以要求，令大衆毋懼。雖往永春，亦仍負責。

（己卯）正月元旦始，在月臺別院，即關房內，講《藥師經》共十日。

二月五日始，在月臺別院，講《裴相發菩提心文》共三日。

二月十日始，在承天寺，講《藥師經》共七日。

二月十九日，在朵蓮寺，講《讀誦華嚴經之靈感事跡》一次。

二月二十日，在光明寺，即世齋堂，講《持誦藥師咒之方法》一次。不久可以印行。

二月二十一日，在同蓮寺，講《淨土法門之殊勝》一次。

二月二十二日，在溫陵養老院，講《地藏菩薩之靈感事跡》一次。

戊寅，（已下悉同）舊曆正月元旦始至初十日止，在草庵，講《華嚴普賢行願品》。

二十日，到泉州，住承天寺月臺別院。

二十六日，在大開元寺，講《念佛能免災難》。

二月初一日始至初十日止，在承天寺，講《華嚴普賢行願品》。

十二日，在開元慈兒院，講《釋迦牟尼佛在因地中為法捨身事》。

十三日，在婦人養老院，講《淨土法門》。

美術界雜俎

世界名優亨利阿文格氏

氏英人，今年十月十四日以急病死，英王美大統領僉致詞弔唁。氏生時，於學靡不閱，肄業達柏林、康布利幾兩大學，授文學博士號。又，格辣斯大學，授法律博士號。以故盛名傳遐邇。日本名優遊英者，無不以得親顏色為幸。氏性高尚，善雄辯。登場獻技，喜為悲劇之音，與日本團十郎相彷彿。英國劇界改良，氏之力為多。今賫志以沒，識者僉謂英國喪一大光明云。

日本洋畫大家三宅克己氏

氏阿波國德島人。幼時酷嗜繪畫，殆廢寢食。十七歲，遊於大野幸彥氏之門，專修洋畫。明治二十四年，氏看英人今勃利氏水彩畫展覽會，忽發感觸，遂決定專門研究水彩畫。顧日本工此者鮮，靡自取法。後往歐美，與彼都名士遊，究心探討，其技以是大成。歸國後畫名益著，推為水彩畫之山斗。氏著作甚富，余所及見者數種，附志於左。世有同好，願先覩焉。

書名	價目	發行所	
水彩畫手引		東京小石川久堅町	日本葉書會
墨畫講義	五十五錢	東京神田區小川町	中西屋
水彩畫集（一、二）	六十錢（每組）	東京日本橋通リ一丁目十九	大倉商店
彩畫帖	八十錢	東京神田區小川町	中西屋
彩畫臨本（一、二、三）	（三）二十八錢	東京京橋區南傳馬町一ノ十二	弘文館
水彩畫帖	四十五錢	東京神田連雀町十八番	畫報社
水彩十二ケ月繪葉書	五十錢	東京小石川久堅町	日本葉書會

其他各種洗畫雜誌（名目見後）皆有三宅氏繪畫。

日本洋畫雜誌一斑

日本畫派有兩種：日本畫、洋畫。日本畫發達最早，已出版之雜誌，不下數十種。洋畫近年始發達，進步甚迅，雜誌出版者，亦有十餘種。右所記載，不無掛漏，然亦可窺見一斑矣。

名目	價目（每冊）	發行所	
光風（隔月一回）	三十五錢	東京本鄉元町一ノ十六	光風會發行
洋畫講義錄（月刊）	三十五錢	東京麻布飯倉町四	日本繪畫講習會
平旦（月刊）	十五錢	東京神田表神保町	東京堂
東京パック（月刊）	十二錢		同上
LS（月刊）	二十五錢	東京芝新櫻田町十九番	LS會
スケッチ（月刊）	二十錢	東京本鄉元町一ノ十六	スケッチ會
ミッヱ（月刊）	二十錢	東京小石川關口駒井町	春鳥會
美術畫報（每月二回）	二十五錢	東京神田連雀町十八	畫報社
美術新報（每月二回）	五錢		同上
ハガキ文學（月刊）	八錢	東京小石川久堅町	日本葉書會

日本近日美術會彙記

日本美術協會由第三十八回展覽會，在上野同會列品館，由十月十一日至十一月三十日止。

日月會展覽會，由八月十五日至九月二十八日止，在上野第五號開會。出品之種類：繪畫、雕塑、圖案、新古參考品等。新作中最著者，有根本雪逢氏之花鳥屏風一雙，小川榮達氏之美國貴賓入京、兩國川開等。

白馬會展覽會由九月二十一日開會，在上野。新作品有和田英氏之《衣通媛》、岡田三郎助氏之《神話》、中澤弘光氏之《風景》、小林千古氏之《寺院之裝飾》、《巴里之色》、《日本之色》等。

二葉會例會八月十二日開，在本鄉麟祥院。出品之畫，受賞者，一等，高橋廣湖；二等，那須豐慶；三等，中倉玉翠。

日本繪葉書展覽會由九月十八日開會。每日入場觀覽者，有五百餘人，可云極盛。（繪葉書即郵政片加以繪畫者。）

東京音樂學校音樂會十月二十八日開會。

（一）管弦合奏Ouverture“Ikhigenia in Aulio”。

（二）合唱

（甲）光由東方；

（乙）墓前之母；

（丙）菊之盃。

（三）（甲）管弦合奏Menuett；

（乙）弦樂合奏Serenade。

（四）獨唱Oria。唱者，研究科女學生小室千笑。

（五）洋琴管弦合奏Concerts。

（六）管弦合奏

（甲）Marche funebre；

（乙）Sohengrin。

（七）唱歌、管弦合奏，鞭聲肅肅。

超度小黃犬日記

七月初八日，風定，晴。午後小黃犬病不起，請弘祥、弘濟及高僧共七人與余，為小黃犬念佛。弘祥師先說開示，念《香讚》、《彌陀經》、《往生咒》，繞念佛名後，立念。小黃犬（猶）不去。由弘祥師再開示，大泉念佛名。小黃犬放溺，呼吸短促而腹不動，為焚化。了悟老和尚、弘祥兄及余所書經佛像……小黃犬深呼吸一次乃去。察其形色，似無所苦，觀者感歎，時為申初刻。旋與弘祥、弘濟及三高僧送葬青龍山麓。

慶福寺閉關為約三章

余初始出家，未有所解，急宜息諸緣務，先辦己躬下事。為約三章，敬告同人：

一、凡有舊友新識來訪問者，暫緩接見。

一、凡以寫字作文等事相屬者，暫緩動筆。

一、凡以介紹請託及諸事相屬者，暫緩承應。

惟冀同人共相體察。失禮之罪，希鑒亮焉！釋弘一謹白。

晉江助念生西會簡章

一、本會以集合道侶，互助臨終正念，往生西方極樂世界為宗旨。

一、本會分三部。一僧衆部，二男居士部，三女居士部。

一、推舉會長二人總理會務，書記一人掌理文牘。

一、各部各推舉部長一人、副部長四人。任召集會員、率領赴會、指揮諸事。

一、凡信仰佛法發願生西之人，皆可入會為會員。

一、若會員病重或急病，自知不起者，可命其親屬通知部長。即由部長邀各會員，往彼助念。助念時，飲食所需及往返舟車費等，悉由臨時酌定。

一、本會既有三部，應各分界限。或有彼此互往亦可不生譏議者，隨時由部長與會長熟商。經會長允許，可以變行之。

一、凡有會員生西後，應酌定適宜之處，聚集全體會員，念佛迴向一日以上。

一、上列簡章，未能譯盡。應檢閱《飭終津梁》第一篇所載各章程，詳研之。

一、會員倘往他方，或因他故，欲退會者。應隨時通告書記。

念佛會糾察部簡章

一、念佛會期，多衆聚集，秩序未整。故立糾察部以匡正之。

一、推請男糾察員二人、女糾察員六人。（或有不足，隨時增請。）於念佛時及演講時，盡力維持公共秩序，不許隨意行走或談話等。

一、倘有不從勸告者，應由糾察員令其退出室外。（小兒啼哭者亦爾。）

一、其他諸事，悉由糾察員隨時與本寺住持監院協商行之。

《性常學律心得》批語

一、《衣藥受淨篇制聽本意》，批云：「明白暢達」。二、《諸說戒法篇之鵠義》，批云：「敘事清楚，起訖尤佳。」三、《諸衆安居篇注出本意》，批云：「明顯通達」。四、《諸衆自恣法篇之要義》，批云：「若網在綱，有條不紊。」五、《諸分衣法篇存亡捨施義》，批云，「秩序井然，善能用心。」六、《懺六聚法篇之悔露義》，批云：「羅羅清疏」（開朗放誕貌，見《世說新語・賞譽》）。七、《染法住持篇之概要》，批云：「珠聯璧合，如數家珍。」八、《隨機羯磨法緣成篇大意》，批云：「清楚明瞭，有如指掌，足徵用心。若依此法，繼續研究他篇，則彌善矣。」九、《諸界結解篇之肇緣與方法》，批云：「依文敘述，層次井然，宜與諸同學閱之。」十、《諸戒受法篇之略義》，批云：「依此敘述，有條不紊，結交寄慨遙深。」

越年五月，大師總結批語云：「統觀以前所作諸篇，有美畢臻，精義悉具，實有學律之天才。今後倘能專心繼續研習，深入律海。三年小成，十年大成。弘宣毗尼，紹隆僧種，能令正法，再住世間，匪異人任也。勉之！」甲戌五月十九日，演音批。

《祭顯愚大師爪髮衣鉢塔文》略注

「枉尋直尺」，孟子云：「枉尺而直尋，宜若可為也。」枉尺直尋者，言小屈而大伸也。尋，八尺也。今則反之，故曰「枉尋直尺」。詭隨，遇合不以正道也。

荏，柔也。迳，音癡，走貌。砥狂瀾。砥音底，砥柱，山名，在黃河中。今稱人獨立不撓者，曰「中流砥柱」。穹窿，音窮隆，天之形也，中央高而四周下。古書云：「天穹窿而周乎下」。磋，磨也。

甲戌正月廿一日為靈峯蕅益大師涅槃日，敬講《祭顯愚大師爪髮衣鉢塔文》及《德林座右銘》二首。先一夕，錄此以示學友，沙門演音並記，時居草庵，以奉普潤法師慧覽。

《擬定佛教養正院教科用書表》附記

甲戌七月二十日於晉水蘭若出，以奉勝進居士。

（大意如下）：

學者程度：初識文字，不限年齡。

卒業年限：三年。

教育宗旨：深信佛菩薩靈感之事，深信善惡報應不爽，深知為何出家與出家後應作何事等等。

卒業成績：品行端方，知見純正，精勤耐苦，樸實無華。

第一年、第二年、第三年用講本（略）

訓話：《教師應參考書》。

〔訓話為極重要之事，每日應二小時以上。各年級僧合併，共坐聽之。〕

釋迦牟尼佛略傳　佛學撮要

發心學佛因緣　觀音靈感錄

淨土聖賢錄　高僧傳初、二、三集等

國文不須別立一科，以所講佛書即是國文也。

僧伽尺牘亦不須學，以其無關緊要也。

習字但求工整，不須求精。

國語課本，由教師依佛法編之，不可用書局國語書，以其唯談世俗事也。

以上計有五件（訓話、讀書、講書、國語、習字），應更加習勞一科。院中不用使役，凡挑水、挑飯、掃地等，一切事務皆由學僧任之。

此外如僧中威儀，行坐進退，言語飲食禮拜，乃至課誦犍椎等，皆由教師於訓話時隨宜授之。

以上匆匆編定，唯就己意隨筆寫錄，恐未允當。謹以呈奉有道，聊備採擇可耳。

為廣洽法師訂日課附語

沙門勝義

昔我靈峯老人，三十三歲始入靈峯，即有偈云：「靈峯一片石，信可矢千秋。」又云：「聊當化城，畢茲餘喘。自非樂土，終弗與易矣。」余今年已五十有六，老病纏綿，衰頹日甚。久擬入山，謝絕人事。因緣不具，卒未如願。今歲來淨峯，見其峯巒蒼古，頗適幽居，遂於四月十二日入山，將老於是矣。廣洽法侶與余數載聚首，相契最深。送余入山居三日，將歸禾嶼。屬訂修持日課，為略書如下。

午前讀《法華》一卷，閱《華嚴》一卷。

午後溫習《戒本羯磨》，讀《行願品》一卷。

餘時默持佛菩薩聖號。

布薩日讀《梵網戒本》一卷。

附記者：余昔向他處借藏經數十冊，別記如下。謝世之後，希為檢點分還，俾免散失。

《頻伽大藏經》三十冊（每十冊為一帙，共三帙，乞送還承天寺。

《續藏經》四十九冊，乞寄還溫州大南門外慶福寺。（交郵局掛號寄去。每七冊為一包，共計七包。）　歲次乙亥，弘一演音書。

乙亥草庵遺囑

余終前，請在帳外，助念佛號。但亦不必常常念。命終後，勿動身體，鎖門歷八小時。八小時後，萬不可擦身體及洗面，即以隨身所著之衣，外裹破夾被，捲好，送往樓後之山凹中。歷三日。有虎食，則善。否則三日後，即就地焚化。焚化後再通知他位，萬不可早通知。余之命終前後，諸事極為簡單，必須依行。否則是逆子也。演音啟。

苦樂對覽表

宋慈雲懺主說二十修行難易十種，今以苦樂對之，列表如下：

娑婆世界	極樂世界
一、有不常值佛苦	一、受花開見佛常得親近之樂
二、有不聞說法苦	二、受水鳥樹林皆宣妙法之樂
三、有惡友牽纏苦	三、受諸上善人俱會一處之樂
四、有群魔惱亂苦	四、受諸佛護念遠離魔事之樂
五、有輪迴不息苦	五、受橫截生死永脫輪迴之樂
六、有難免三塗苦	六、受遠離惡道名且不聞之樂
七、有塵緣障道苦	七、受受用自在不俱經營之樂
八、有壽命短促苦	八、受與佛同壽更無限量之樂
九、有修行退失苦	九、受入正定聚永無退轉之樂
十、有佛道難成苦	十、受一生行滿所作成辦之樂

《阿彌陀經》云：「無有衆苦，但受諸樂。」衆苦者。謂三苦、八苦、無量諸苦。三苦統論三界，八苦唯約人間。今以八苦與極樂世界之樂對之，列表如下：

娑婆世界	極樂世界
一、生苦，居於胎獄之中	一、受蓮花化生之樂
二、老苦，現其衰朽之像	二、受相好俱足之樂
三、病苦，諸根痛患	三、受安寧自在之樂
四、死苦，四大分散	四、受壽命無量之樂
五、愛別離苦，欲合偏離	五、受海會相聚之樂
六、冤憎會苦，欲避偏逢	六、受上善俱會之樂
七、求不得苦，欲得偏失	七、受所欲如意之樂
八、五蘊熾盛苦，煩惱之火晝夜熾燃	八、受觀照蘊空之樂

華民二十七年歲次戊寅閏七月十三日，余剃染出家二十周年。是日諸善友集聚尊元經樓，為余誦經懺罪。余於是日始講《阿彌陀經》一卷，迴向衆生，同證菩提，並書《苦樂對覽表》二紙，呈奉經樓，以為紀念焉。沙門一音。

「曇昕」釋義

曇昕，梵漢合立。晉魏六朝時高僧，頗有此類之名，閱《高僧傳》可知。曇者，梵語。具云「曇無」，亦云「達摩」，法也。昕者，漢語，朝也，日將出也。清初史學大家錢大昕，亦用此昕字為名，號曰曉徵。曇昕者，示法日將升，普照衆生之義也。戊寅十二月初一日沙門一音識。

為曇昕法師書經文、法語

我應如日，普照一切，不求恩報。衆生有惡，悉能容受。（華嚴經）守護如來所制清戒，乃至微細罪生大怖畏故。（仝上）寧可一日，百數歸俗。不應破戒，受人信施。（大寶積經）佛袈裟下失人身，重得人生有幾人。萬行不如修白業，一心何苦戀紅塵。（西齋禪師）悲哉衆生，欲念未除，道根日壞。佛之視汝，將何以堪。（彭二林）欲得佛法實益，須向恭敬中求。有一分恭敬，則消一分罪業，增一分福慧。（印光法師）須常存敬畏。必須視佛像，一如活佛。視佛經祖語，一如佛祖對己說法一樣。（仝上）大丈夫出家，不拌二三生埋頭徹底，輙希十年二十年後弘教揚宗。修天爵以邀人爵，終必亡而已矣。（蕅益大師）莫作趨時學問。萬勿妄想出頭。不必曲媚權貴。（仝上）不見己短，愚也。見而護，愚之愚也。（仝上）嗚呼。善友罕逢，惡緣偏盛。非咬釘嚼鐵刻骨鏤心，何以自拔哉。（仝上）日輪挽作鏡，海水挹作盆。照我忠義膽，浴我法臣魂。九死心不悔，塵劫願猶存。為轍虛空界，何人共此輪。（仝上。輪應作輪。）

曇昕法師屬書，隨筆寫錄，無次第也。戊寅殘年，一音。

飼鼠免鼠患之經驗談

普賢謂以飼貓之飯飼鼠，則可無鼠患。常人聞者罕能注意，而不知其言之確實有據也。余近獨居桃源山中甚久，山鼠擾害，晝夜不寧。毀壞衣服等無論矣。甚至嚙佛像手足，並於像上落糞。因閱舊籍，載飼鼠之法，姑試為之，鼠遂漸能循馴，不復毀壞衣物，亦不隨處落糞。自是以後，即得彼此相安。現有鼠六七頭，所飼之飯不多，備供一貓之食量，彼六七鼠即可滿足矣。或謂鼠類生殖太繁，未來可慮。今就余年餘之經驗，雖見屢產小鼠甚多，然大半殤亡，存者無幾，不足慮也。余每日飼鼠兩次，飼時，並為發願迴向，冀彼等早得人身，乃至速證菩提云云。

記梁淡生居士入佛因緣

辛巳仲冬，淡生居士獲見「觀世音菩薩寶相」，發起信心。自十二月一日始，蔬食茹素。二日，余來溫陵，居百原禪苑。五日，與余相遇於承天寺大雄寶殿前。八日，歸依三寶，余為證明，立名曰「勝聞」。爾後。日必至百原數次。助余料理瑣事。嘗自撰聯句，屬余書寫。今將歸臥茀林，掩室習靜。為附記其往事，聊志遺念云。亡言時年六十又二。

「瀞華精舍」釋義

瀞華精舍

綿松賢首善盡孝道，化導節母，歸信三寶。昔為立名，母曰勝瀞，子曰勝華。爾復致問其義，請題堂額，因為署曰「瀞華精舍」，併釋其義云：瀞者，今文作淨。勝淨者，圓悟自性本淨也，謂知一切衆生，皆如來藏，無別八識生滅之種煩惱生死，即是菩提涅槃徹於法界。唯見清淨不復更有染法也。勝華者，既悟自性本淨，應即稱性圓修，芳敷萬行，故喻如華也。然性與修，二而不二。全性起修，全修在性，由是契合淨華。名其精舍，藉示性修不二旨焉。辛巳歲暮，晚晴老人。

「律華」詳釋

大師為愴痕法師標名「律華」，自謂義有三解。

一奉持律教，如華開敷，當來能結聖果。（今開華，後結果。）二敬護律儀，戒香熏修。則淨域蓮華，漸以敷榮。（受持戒律功德，能生極樂淨土；見《觀經》。）《往生論》云：「初發心，極樂寶池，已萌蓮種。若精進不退，日益生長，華漸開敷；其或懈怠，日見憔悴；若能自新，華復鮮麗；其或不然，芽焦種敗。」（自新，即改過自新。）三行依律，教啟華嚴。（如律行持之時，復依《華嚴經》，發廣大宏願。）

釋弘一啟事

余此次至南普陀，獲親近承事諸位長老，至用歡幸。近因舊疾復作，精神衰弱，頹唐不支。擬即移居他寺，習靜養病。若有緇素過訪，恕不晤談；或有信件，亦未能裁答。失禮之罪，諸希原諒，至禱。

付囑蓮師五事

（一）在已停止說話及呼吸短促、或神志昏迷之時，即須預備助念應須之物。（二）當助念之時，須先附耳通知云：「我來助念」，然後助念。如未吉祥臥者，待改正吉祥臥後，再行助念。助念時，誦《普賢行願品偈》，起經即誦：「大方廣佛華嚴經不思議解脫境界普賢行願品讚」，乃至「所有十方世界中」等正文。末後再念「南無阿彌陀佛」十聲（不搗木魚，大聲緩念），再唱迴向偈：「願生西方淨土中」，乃至「普利一切諸含識」。當在此誦經之際，若見余眼中流淚，此乃悲欣交集所感，非是他故，不可誤會。（三）察窗門自有未關妥者，關妥鎖起。（四）入龕時，如天氣熱者，待半日後，即裝龕。涼則可待二三日裝。不必穿好衣服，只穿舊短褲，以遮下根即已。龕用養老院的，要送承天寺焚化。（五）待七日後再封龕門，然後焚化。舍利分為兩罈，一送承天寺普同塔，一送開元寺普同塔。另在未裝龕以前，不須移動，仍隨舊安臥牀上。如已裝入龕，即須移居承天寺。去時將常用之小碗四個帶去，填龕四腳，盛滿以水，以免螞蟻嗅味走上，致焚化時，損害螞蟻生命。應須謹慎！再則，既送化身窑後，汝須逐日將填龕腳小碗之水加滿，為恐水乾去，又引起螞蟻嗅味上來故。

付溫陵養老院遺囑

初三日上午，囑由蓮師手寫交與院中

（一）請董事會修臺（即指過化亭一部份破損應即修葺者）。（二）請董事會對老人開示淨土法門。（三）請董事會議定：住院老人至八十歲，應舉為名譽董事，不負責任。（四）請董事會審定湘籍老人，因已衰老，自己雖樂為助理治圃責任，應改為庶務，以減輕其負擔。

浙衢祥符寺《華嚴經》文碑刻題詞

十大願王，導歸極樂。華嚴一經，是為關鑰。大士寫經，良工刻石。起窣堵波，教法光辟。勝行稀有，功德難思。迴共衆生，歸命阿彌。

演音敬題於祥符寺。

竹園居士幼年書法題偈

文字之相，本不可得。以分別心，云何測度。

若風畫空，無有能所。如是了知，乃為智者。

竹園居士，善解般若。余謂書法亦然。今以幼年所作見示，歎為玄妙。即依是義，而說二偈。質諸當代，精鑒賞者。癸酉正月，無礙。

馬冬涵居士《三異圖》題偈

非三而說三，了三即是一。亦未可云同，那復分別異。

冬涵居士畫《三異圖》，為題此偈，亡言。

靈巖山印光真達二老像題詞

靈巖中興，厥惟二老。纘述有人，紹隆永保。披圖尋覽，若覿高賢。願茲繪卷，奕葉綿傳。

丁丑夏五月，沙門一音時居齊州。

題鄭翹松《臥雲樓詩存》

一言一字，莫非實相。周遍法界，光明無量。似鏡現像，若風畫空。如斯妙喻，乃契詩宗。

題王夢惺居士《萊園文稿》

文以載道，豈唯辭華。內蘊真實，卓然名家。居士孝母，騰譽鄉里。文章藝術，是其餘技。士應文藝以人傳，不應人以文藝傳。

至哉斯言，居士有焉。庚辰仲秋，晚晴老人。

題永春勝聞居士《淡齋畫冊》

鏡花水月，當體非真。如是妙觀，可謂智人。

勝聞居士以畫冊呈贈東華法師為說是偈書冠卷首。亡言。

《地藏菩薩九華垂蹟圖》讚

前言

壬申仲冬，余來禾島，始識世侯居士。時方集錄《地藏菩薩聖德大觀》。居士割指瀝血，為繪聖像，捧持入山。余感其誠，因請續畫「九華垂蹟」。爾後世侯往青陽觀禮聖蹟，復游錢塘富春。逮於四月，藻繪已訖，余為忭喜，略綴讚詞，並輯一帙。冀以光顯往蹟，式酬聖德焉耳。於時後二十二年歲次癸酉閏五月，住溫陵大開元寺尊勝院結夏安居。大華嚴寺沙門弘一演音。

一　示生王家

佛滅度後千五百年，地藏菩薩降蹟新羅王家。姓金，名喬覺。軀體雄偉，頂聳奇骨。嘗自誨曰：「六籍寰中，三清術內，唯第一義與方寸合耳。」贊曰：

天心一目，普印千江。菩薩度生，遍現十方。
此土垂蹟，蓋惟唐代。示生新羅，王家華裔。
幼而穎悟，力敵十夫。披弘誓鎧，戴智慧珠。

二　航海入唐

唐高宗永徽四年，菩薩二十四歲，（今列紀年，依神僧傳。較宋高僧傳先六十餘年，良由傳聞有異，紀載乃殊耳。）落髮航海，入大唐國。贊曰：

示現出家，而得解脫。乃眷唐土，涉海西發。
一帆破浪，萬里乘風。大哉無畏，為世之雄。

三　振錫九華

菩薩至江南池州東青陽縣九華山，而好樂之，逕造其峯，覓得石洞，遂居焉。贊曰：

江南山青，九華殊勝。乃陵絕頂，披榛闢徑。
有谷中地，可以棲遲。在山之陽，在水之湄。

四　閔公施地

閣老閔讓和，青陽人，九華山主也。菩薩向乞一袈裟地，公許之。衣張，遍覆九華，遂盡喜捨。公子求出家，名曰道明。今聖像左右侍者，道明及閔公也。贊曰：

大士神用，不可思議。遍覆九華，一袈裟地。
檀那功德，奕葉垂芳。常侍大士，莊嚴道場。

五　山神湧泉

菩薩嘗為毒螫，俄有婦人作禮饋藥云：「小兒無知，願出泉資用，以贖其過。」婦，山神也。贊曰：

九華山中，有泉甘冽。匪以人力，而為浚渫。
翳昔山靈，點石神工。清流潺潺，縈帶高峯。

六　諸葛建寺

村父諸葛節，率群老自麓登高，見菩薩獨居石室，有鼎折足，以白土和少米烹食之。相驚歎曰：「和尚如斯苦行，我等山下列居咎耳。」遂共建寺。不累載，成大伽藍。贊曰：

空山無人，雲日綺靡。村老尋相，採幽戾止。
乃構禪宇，龍角寶梁。勝境巍巍，普放大光。

七　東僧雲集

新羅國僧衆聞之，相率渡海請法。其徒且多，食有未足。菩薩乃發石得土，色青白，不磣如麵，聊供衆食。贊曰：

化協神州，風衍東國。緇伍雲集，稟道毓德。
有法資神，無食資身。號枯槁衆，為世所尊。

八　現入涅槃

玄宗開元二十六年（《宋高僧傳》作德宗貞元十九年），七月三十夜，召衆告別，加趺示寂。時山鳴石隕，扣鐘嘶嗄，群鳥哀啼。春秋九十九。贊曰：

法身常住，言相悉絕。隨衆生心，示現生滅。
化事既息，應盡原還。靈場終古，永鎮名山。

九　造立浮圖

肅宗至德二年，示寂後二十歲，建塔南臺。塔成，發光如火，因名嶺曰神光。贊曰：

樹窣渚波，供養舍利。法化常存，真丹聖地。
神光嶺表，青陽江頭。靈輝仰瞻，萬祀千秋。

十　信士朝山

菩薩垂蹟九華，迄今千載。信心緇素，入山頂禮者，接踵而至，歲無虛日焉。贊曰：

慈風長春。慧日永曜。此土緣深，常被遺教。

若川趣海，若星拱辰。萬流稽首，四方歸仁。

我抒顯毫，式揚聖業。以報慈恩，而昭來葉。

一切功德，迴施含靈。同生安養，共利有情。

西泠華嚴塔寫經題偈

十大願王，導歸極樂。華嚴一經，是為關鬮。

大士寫經，良工刻石。起窣堵坡，教法光辟。

深心隨喜，功德難思。迴共衆生。歸命阿彌。

《護生畫集》題贊

李（圖淨）、豐（子愷）二居士，發願流布《護生畫集》，蓋以藝術作方便，人道主義為宗趣。每畫一葉，附白話詩，選錄古德者十七首，餘皆賢瓶道人補題。並書二偈，而為迴向。

我依畫意，為白話詩。意在導俗，不尚文詞。

普願衆生，承斯功德。同發菩提，往生樂國。

《護生畫集》題詞

一　衆生

是亦衆生，與我體同。應起悲心，憐彼昏蒙。普勸世人，放生戒殺。不食其肉，乃謂愛物。

二　生的扶持

一蟹失足，二蟹持扶。物知慈悲，人何不如！

三　今日與明朝

日暖春風和，策杖游郊園。雙鴨泛清波，群魚戲碧川。為念世途險，歡樂何足言。明朝落網罟，繫頸陳市廛。思彼刀砧苦，不覺悲淚潸。

四　母之羽

雛兒依殘羽，殷殷戀慈母。母亡兒不知，猶復相環守。念此親愛情，能勿凄心否？

《感應類鈔》云：「眉州鮮于氏，因合藥碾一蝙蝠為末。及和劑時，有數小蝙蝠，圍聚其上，面目未開，蓋識母氣而來也。一家為之灑淚。」今略擬其意，作母之羽圖。

五　親與子

今日爾喫他，將來他喫爾。循環作主人，同是親與子。

參用宋黃庭堅詩句。榑桑風俗有以鷄肉與卵，置於飯上而食之者，名親子井。親謂父母，子謂兒女。井者，彼邦俗解，謂是陶製大碗也。鷄為親，卵為子，以此二物，共置碗中，故曰親子井。

六　仁獸

麟為仁獸，靈秀所鍾。不踐生草，不履生蟲。緊吾人類，應知其義。舉足下足，常須留意。既勿故殺，亦勿誤傷。長我慈心，存我天良。

兒時讀《毛詩・麟趾章》，注云：麟為仁獸，不踐生草，不履生蟲。余諷其文，深為感歎。四十年來，未嘗忘懷。今撰護生詩歌，引述其義，後之覽者，幸共知所警惕焉。

七　兒戲

教訓子女，宜在幼時。先入為主，終身不移。長養慈心，勿傷物命。充此一念，可為仁聖。

八　沈溺

莫謂蟲命微，沈溺而不援。應知惻隱心，是為仁之端。

九　暗殺

若謂青蠅污，揮扇可驅除。豈必矜殘殺，傷生而自娛。

十　訣別之音

落花辭枝，夕陽欲沉。裂帛一聲，凄入秋心。

十一　生離歟？死別歟？

生離嘗惻惻，臨行復回首。此去不再還，念兒兒知否。

十二　倘使羊識字

倘使羊識字，淚珠落如雨。口雖不能言，心中暗叫苦！

十三　乞命

吾不忍其觳觫，無罪而就死地。普勸諸仁者，同發慈悲意。

十四　農夫與乳母

憶昔襁褓時，嘗啜老牛乳。年長食稻粱，賴爾耕作苦。念此養育恩，何忍相忘汝！　西方之學者，倡人道主義，不啗老牛肉，淡泊樂蔬食。卓哉此美風，可以昭百世！

十五　示衆

景象太悽慘，傷心不忍覩。夫復有何言，掩卷淚如雨。

十六　喜慶的代價

喜氣溢門楣，如何慘殺戮。唯欲家人歡，那管畜生哭！

十七　殘廢的美

好花經摧折，曾無幾日香。憔悴賸殘姿，明朝棄道旁。

十八　生機

小草出牆腰，亦復饒佳致。我為勤灌溉，欣欣有生意。

十九　囚徒之歌

人在牢獄，終日愁欷。鳥在樊籠，終日悲啼。聆此哀音，凄入心脾。何如放捨，任彼高飛。

二十　投宿

夕日落江渚，炊煙起村墅。小鳥亦歸家，殷殷戀舊主。

二十一　雀巢可俯而窺

人不害物，物不驚擾。猶如明月，衆星圍遶。

二十二　誘殺

水邊垂釣，閒情逸致。是以物命，而為兒戲。刺骨穿腸，於心何忍。願發仁慈，常起悲愍。

二十三　倒懸

始而倒懸，終以誅戮。彼有何辜，受此荼毒。人命則貴，物命則微。汝自問心，判其是非。

二十四　屍林

見其生不忍見其死，聞其聲不忍食其肉。應起悲心，勿貪口腹。

二十五　開棺

惡臭陳穢，何云美味。掩鼻傷心，為之墮淚。智者善思，能毋悲媿。

二十六　蠶的刑具

殘殺百千命，完成一襲衣。唯知求適體，豈毋傷仁慈。

布葛可以代綺羅。冬畏寒者，宜衣駝絨以代絲綿。

二十七　昨晚的成績

是謂惡業，何謂成績。宜速懺悔，痛自呵責。發起善心，勤修慈德。

二十八　惠而不費

勿謂善小，不樂為之。惠而不費，亦曰仁慈。

二十九　醉人與醉蟹

肉食者鄙，不為仁人；況復飲酒，能令智昏。誓於今日，改過自新；長養悲心，成就慧身。

三十　懺悔

人非聖賢，其孰無過。猶如素衣，偶著塵涴。改過自新，若衣拭塵。一念慈心，天下歸仁。

三十一　冬日的同樂

盛世樂太平，民康而物阜。萬類咸喁喁，同浴仁恩厚。昔日互殘殺，而今共愛親。何分物與我，大地一家春。

三十二　老鴨造象

罪惡第一為殺，天地大德曰生。老鴨札札，延頸哀鳴，我為贖歸，畜於靈囿。功德迴施群生，願悉無病長壽。

戊辰十一月，余乘番船，見有老鴨囚於樊，將齎送他鄉，以餉病者，謂食其肉，可起沈痾。余愍鴨老，而將受戮，乃乞船主，為之哀請，以三金贖老鴨，歸屬子愷圖其形，補入畫集，聊志遺念。

三十三　楊枝淨水

楊枝淨水，一滴清涼。遠離衆苦。歸命覺王。

放生儀軌，若放生時，應以楊枝淨水，為物灌頂，令其消除業障，增長善根。

《續護生畫集》題偈

一　盥漱避蟲蟻

盥漱避蟲蟻，亦是護生命。充此仁愛心，可以為賢聖。

二　燕子飛來枕上

燕子飛來枕上，不復見人畏避。只緣無惱害心，到處春風和氣。

三　關關雎鳩男女有別

雎鳩在河洲，雙雙不越軌。美哉造化工，禽心亦知禮。

四　敝衣不棄為埋豬也

敝帷埋馬，敝蓋埋狗。敝衣埋豬，於彼南畝。

五　解放

至誠所感，金石為開。至仁所感，貓鼠相愛。

六　采藥

携兒謁長老，路遇靈山腳。老蟒有好意，贈我長生藥。

（按，所錄六首，皆署名學童。參看本書《致豐子愷書》二四。）

甲戌初夏大病有欲延醫者說偈謝之

阿彌陀佛，無上醫王。捨此不求，是謂癡狂。

一句彌陀，阿伽陀藥。捨此不服，是謂大錯。

虞愚居士問書法妙義為說二偈

文字之相，本不可得。以分別心，云何度測。

若風畫空，無有能所。如是了知，斯為智者。

為漳州印友題偈

金石無今古，藝事隨時新。
如如實相印，法法顯其真。

今晨焚香禮佛已，慧康童子持呈一函，乃薌江居士徵余文。居士精篆刻，余不語藝術及世間文字，未能為一詞之贊，爰拈此偈，以志忻喜。溫陵清心潔己堂沙門曇昕於二月後一日。

李卓吾先生像贊

由儒入釋，悟徹禪機。清源毓秀，千古崔巍。

辭世二偈

君子之交，其淡如水。執象而求，咫尺千里。
問余何適？廓爾亡言。華枝春滿，天心月圓。

法學門徑書

日本　玉川次致著
中國　李廣平　譯

總目

第一章　養成法律全體之概念

學界紛繁，研究有序。曰原則。曰定義。曰用語。欲研究何種學科，宜先理解者也。由是而通其綱領，綱領既通，乃可進而研究各部。譬夫研究醫學者，先習普通衛生生理學，以養成大體之觀念，進而習解剖學、組織學、病理學等，此研究醫學之方法也。法律學亦然，研究伊始，當依法學通論，凡有關於法律全體之概念者，玩索有得，以植其基礎。由是而及於憲法、刑法、刑事訴訟法、民法、民事訴訟法、商法各部，匪難事矣。蓋法學通論，為法律學之定義，亦法律學界之光燄也。否則研究伊始，如先習民法與刑法，其有關於法律全體思想者，概付闕如。為問其所習之民法，凡私法中有如何位置，為規定如何事項。所習之刑法，凡公法上有如何位置，為規定如何事項，彼其知之否，今姑捨是而言他。刑法與民法，皆法律也。而一屬公法，一屬私法。倘以公法私法有如何關係之說置之彼，吾知彼亦茫然罔覺也。故其研究也，積日雖久，勞苦備至。及其結果止於想像，無裨實益。迹其原因，則由於誤用研究方法之故。吾願後之學者，其注意於此，毋覆轍相尋也。

法律者因如何之機關而生，用何方法以公布於世，有如何情形以廢止變更，其解釋依何者為原則。又何者為權利義務，何者為權利義務之種類。又法律之效力及其程度若何，法律之裁制若何，法律與命令效力之差異及其區別若何，此數者皆屬於法學通論。由是而入門，可以知法律全體之實際矣。

第二章　國民有知法律之義務

法律學者，匪惟法律專門家之必要。凡國民生存此社會上者，依法律以生活，即有遵奉法律之義務。故法律者，雖謂為國民義務之一部，蔑不可也。吾國民安全生存此社會上，凡身體名譽財產住居等，苟有危害，法律即為吾人保護之具。是故有侵奪吾人財產者，法律有竊盜之刑罰。有害吾人住居平和者，法律有家宅侵入之刑罰。有毀損吾人名譽者，法律有誹毀之刑罰。又有依不法行為損害吾人財產者，可以依法律而責其人賠償之。其他如借住吾人之家屋，家主與借家人之間，生賃貸借契約之關係。為日用品之賣買，為金錢之貸借，為婚姻，又生子生親子之關係，為養子，為隱居，為廢家，為遺產之相續，為家督之相續（如讓受親之財產是），其一舉手一投足間，無不蒙法律之保護也。然吾人既蒙法律之保護，吾人即有負擔兵役納稅，及其他各種公法上之義務。又有選舉權與被選舉權等（如既有參政權又有為國家官吏之權利是）。推而言之，國民之身體名譽財產於此可以安全，且可以保持國家安寧之秩序。法律保護國民之具，亦即國家之存在所不可闕者也。是以法律為國家存在之一條件，無法律則無國家，國民之道義亦於以泯滅。吾國民之生活，依此法律之範圍，如魚得水，不可須臾離。使不依法律之保護，則生活困難。凡吾人之生命名譽財產，不論何時，安保無危害歟。蓋法律者，保護國民之財產，而吾人之安全因之實為吾人之生命，保護吾人無形之神也。法律形容之具體，右手持劍，左手持權衡，目光合垂，如希臘之歐司其女神。神持權衡以秤量是非，劍以主張曲直。使無權衡而有劍，即以暴力為權力，無劍而有權衡，即無權力以保全公平。劍與權衡相待，此完全之法律乃行。是故法律者，欲其公平也。若有人破其公平，侵害他人之權利，法律得加以裁制。吾人支配此無形神之下，乃能保此身體名譽財產之安全也。

由是觀之，法律者，為吾國民之生活一舉手一投足間所不可闕者也。故國民闕法律思想，不得制勝於社會之生存競爭。矧如吾國（日本）立憲之國民，顧可謂法律者，存於法典中，行於法庭上，國民無應知之義務也。嗚呼，此大謬矣。法律學非法律家專有之物，凡屬國民即有知法律之義務。近世歐美各國，於普通教育學課中，有法律制度之課目，其明證也。

第三章　研究法律當依實際研究法

從來學者之私見，謂法律學為關於人事之學問，動植物學、物理學、化學等，為關於外界之學問，其性質迥別，彼所區別之理由，以外界之現象，有一定之法則。人事之現象，無一定之法則。又外界之現象，無意思之動，而人事則有自由意思。此自由意思，因其動也無一定之法則，故非一定之法則所能支配。且外界之現象，實驗之可知。而人之自由意思，無自實驗，此法律學所以與物理諸學科異，而不能用實驗之研究法也。故當時社會學問，縱極發達，而學者抱此私見者，正復不少。其結果也，遂至法律學與他學科若皂白之不相似，迹其學說之根據，僉謂關於人事之學問，發於人之自由意思。關於外界之學問，依於自然而動也。是以自由意思之說，影響達於全歐。凡文明諸國之學會，靡不瓣香而崇奉。其勢力可謂雄矣。故於倫理學，則曰，人之意思自由，乃能就善去惡。此依自由意思，以說明人之道德也。於法律學，則曰，所有權，乃人之自由意思及於物者，契約之成立，則由二人以上之自由意思以合致者也。於政治學，則曰，保護人民之自由也。於經濟學，則曰，自由之貿易也。似此之類，不勝枚舉。此人事之自由意思，皆發於人之自由，而無一定之秩序。故人事之學問無道理，因之法律學亦不得存在矣。

雖然，自近世諸學科日益進步，乃有發明此理之非者。嚮昔自由意思之舊說，其支配於學會者，一旦破壞，其發明此理最著名者，為生理學大家達爾文氏與赫胥黎氏。二氏之說曰：人類與他動物非種類有別，實階級之異耳。故人類與他動物皆動於自由意思，唯異其程度而已。人之意思始動依乎神經而動者也。由一有形物而生力以為心之動。是生理之基礎也。故人心之動，亦必有一定原因結果之法則。人事之現象，與外界之現象，祇有複雜簡單之區別，發見一定之法則，第較為困難耳。然雖困難不可謂其全無一定之法則也。故關於人事之學問，與他學科其根據無所異。惟研究之法稍有難易之別，然亦非如嚮昔學者所唱道變本加厲之說也。夫關於人事之法律學，雖不若物理各學科用機械藥品等為實驗之具，然如歷史統計，各國制度之比較，與夫裁判醫學等，皆可依此法則而達其目的。要之，法律學者，雖自為一學科，然不依他種學科實際研究法，以研究法律而欲窺法律之堂奧，達研究之目的，吾知其難矣。

第四章　法律學研究法

前章既述研究法律學者，當依他種學科實際研究法，然研究之法果何如邪？

通行研究法，約判四種，茲述之如下：

（一）分析研究法

（二）歷史研究法

（三）比較研究法

（四）哲理研究法

今即以上四種研究法解說其理由於後。

（一）分析研究法　分析研究法之關於法律者，解剖分析其觀念，明其組織成分之法也。如契約者，分析其觀念，有意思之合致與債務二要素。若更分析其意思之合致，則又須分析其申達承諾二要素，乃可明契約之性質也。又犯罪者，分析其觀念，必分析其犯人之意思與犯人之所為之二要素，乃可明犯罪之性質也。

此種研究法，自古有之。惟於自然法盛行時代，取各國法律之現象，而分析之，輒斥其研究之法為卑近。晚近以來，依此法研究法律學者，如英之明若模氏、奧斯汀氏，研究法律學，每取一種法律之現象，明其組織成分，故研究法理。依此分析法者，始於英美，遂成一學派。而二氏者，實為分析法學派之鼻祖云。

（二）歷史研究法　歷史研究法，徵歷史之事實，以明法律之變遷興敗之理者也。今即財產之沿革論之，如古代之制，凡村落為共有之財產，迨中古以還，家族制度盛行，遂認為一家之財產；至近世個人之主義行，又認為一人之財產是也。

（三）比較研究法　比較研究法者，對照古今各國之法律制度，以明其原理者也。如以印度法與羅馬法比較，羅馬法為今日歐洲文明諸國之母法，逐漸發達者也。若印度法，數千年來，依然同一狀態，無發達者也。蓋印度法者，生於宗教，與宗教共消長，不出宗教範圍之外。若羅馬法者，有可以通行世界之性質，故為歐洲文明諸國之母法。此其發達所以互異，所當研究其原因也。

此研究之法，始於希臘阿利士脫氏。有德之喇布泥制氏實行之於一學科，而世人乃注意焉。嗣有法之孟德斯鳩氏，著《萬法精理》。以二十四年研究之結果，而成是書。比較對照各國法律之制度，或辨其異同，或詳論其利害得失，為法律學界研究之一大進步。如氏者可為比較法學家之鼻祖也。

（四）哲理研究法　哲理研究法者，據哲學以論法律，明法律之最高原理者也。此研究之法，始於希臘之古代，及於近世，乃大成於德之哲學家坎脫氏。故後世法律學家，咸樂稱道其人也。

第五章　法學之智識與普通之智識

今有人焉，於日本現行之法，凡憲法刑法民法商法之類，一一記憶於胸臆，其人即可謂為法律學者乎？未也。蓋其人所記憶者，皆現行法，僅知某法第幾條有如何之規定，如《日本法令大全》之印板文字相似，不過明其個個獨立之事實而已。蓋法學之智識與普通之智識，難易不同，成效亦異。普通之智識，全恃單獨孤立之智識。幾歷歲月，幾勞心力，及其結果，猶不得謂為法律學者。若我輩研究法學則反是，惟即人類之現象，知其原則定義，以理解法律之現象。較諸全恃單獨孤立之智識者，事半功倍。此法學之智識與普通之智識所以異也。我輩治法律學者，得法學上之智識，以治法律。譬猶得倉庫之鍵，既得此鍵，物之貯於府庫者，皆可出納自由。與我輩得法學上之原則，其理同也。他日執是以解釋憲法，及其他種之國法，舉一反三，其適用之易，有愈反掌矣。

第六章　學法律學有必要之學科

將欲研究何種學科，皆當基於普通學之素養，此通例也。而欲研究法律學，其必要之學科凡五：一、外國語學。二、名學。三、生計學。四、歷史學。五、哲學。

（一）外國語學　研究日本之法律，以外國語學為要。蓋日本之法律，大半模範歐洲文明諸國，復參酌以本國之風俗、人情、習慣等。然後法律乃立。倘有法律之疑問，必考證其母法。則外國法律，學者所當研究者也。然欲研究外國法律，當先研究外國語學，如有外國人與日本婦人聯姻，或為外國人之養子緣組，或外國人在日本傷損財產與死亡等，皆國際私法所生之關係。日本法律家不明外國人之本國法律，何以處之？故欲研究外國法律，不諳外國語學，不能盡其用也。不寧唯是，國際法研究之資料，不外國際間之慣例、條約、與外交上之文書等。然非諳外國語學者，不足以語此也。矧國際法早發達歐洲諸國，為法律學之一學科，我輩顧可捨外國語學而言法律邪？且日本自改正條約以還，外人來日本者，皆受其法律之支配，服從其裁判權。其用外國語者，如裁判官之裁判，訟師之受事件之依賴等。或與外國交涉談判，無一不需於是。故外國語學之研究，我輩從事法律學者之必要也。

（二）名學　法律學者，為關於理論之學問。故學者當先研究名學。養成論理之思想，法律上有疑問，我輩借名學以審察其幾。譬猶物理諸學科，用機械藥品等以試驗其理。故法律判斷其當否，一以論理為主。欲解釋適用之法律，非依名學之解釋不可也。又裁判官於法律之規定，雖於情形為不明不備，不得拒其法律之適用，然使法律有前後矛盾文字，彼裁判官將徒泥法文乎？故用名學解釋之法，能適用於法律之結局也。法者，死物也。其解釋適用因人而活動之。故如前者之情形，以名學解釋其法律，乃可補充其不明不備之處。否則，終於死文徒法，不得謂為吾法律家之天職也。

要之，名學者，解適釋用之法律，且可定法律之疑問。推而言之，其應用之範圍至廣，然從事法律學者，當依名學以養成論理之思想為急務也。

（三）生計學　商法者，於商業上各般之關係，明瞭確固，為商人職業之紀律，及信用之條規也。商法與日本生計社會，關係綦切，夫人而知之矣。若其商法規定之當否，往往於重大商業上有密着之關係。而欲判斷立法政策之當否，不得不借生計學之力也。是以商法之規定，其根據於生計學之原則甚多。欲知其立法之理由，當溯生計學之原則。其他解釋關稅法、營業稅法、所得稅法、印紙稅法等，必知財政學之原則，乃可窺法律之精神。故此種學術，我輩研究法律學者，所不可忽者也。

（四）歷史學　研究法律，有歷史研究一法，前章言之詳矣。故研究何國法律，當知其國之法律制度，如何發達。如羅馬法，何故為歐洲文明諸國之母法，羅馬法如何入於歐洲諸國，至今日存在之情態如何。又羅馬法如何為歐洲文明諸國之固有法，並其影況如何。又羅馬何故可為後世之模範，研究法律時代，其進步居於何等。如欲研究此等問題，不得不徵諸羅馬之歷史也。又日本經如何變遷，乃有今日之法律。日本固有法，當支那文明輸入時，蒙如何之影況，又有如何程度，乃繼受支那法律。又日本輸入歐洲之文明，結果日本法律，蒙如何之影況。又日本人民於明治三十二年七月十五日以後，有民法法典，其以前民法存在於日本否，欲研究之，不得不徵諸外國之歷史也。歷史與法律之發達，其關係密切有如此，學者研究歷史顧可緩乎哉。德國殺還泥氏謂，法律者發達物，非製作物。此一言也，實證明法律與歷史關係之理。竊願後世研究法律者，其三復斯旨也。

（五）哲學　將研究法律最高之原理，不可不依法律哲學。然法律哲學如何者也，存於法律現象中，普通之元素頗多，必通其現象，乃知其學問。故於通常之法律學，其程度之差異，不過異其廣狹也。

哲學者，分一般哲學與特別哲學二種。而法律哲學屬於特別哲學。因法律哲學之材料，止於法律之材料也。然法律現象者，為社會現象之一部，法律哲學者，亦社會哲學之一部。欲研究法律學者，凡一般哲學中之社會哲學原理，亦未可忽略。蓋一般哲學與特別哲學本相牽涉，學者所當注意者也。

以上學科，皆直接法律學研究之資料，亦有間接法律學者，茲不贅述。然如以上所舉各學科，學者苟潛心玩索，而有得焉。近而研究法律之學，匪難事矣。

國際私法

日本 太田政弘
加籐正雄
石井謹吾 講義
譯者 李廣平

總目

緒論

第一章　國際私法之意義

國際法者，國與國相交通之法也。分為二類：一國家對他國家有當盡之義務，有應得之權利。此國人對他國人有當盡之義務，有應得之權利。通商航海之條約，郵便電信之同盟，其權利義務關於全國交涉者也。婚姻之條件，契約之成立，其權利義務，在於個人交涉者也。二者均屬國際法。而甲之關係直接於國家，則為公法。乙之關係間接於國家，則為私法。二者之別，如是而已。

國際私法，約有三例：（一）一國與他國人民之關係。如甲國人歸化於乙國是。（二）異國人民之關係。如甲國人與乙國人結契約聯婚姻是。（三）同國人民之關係。如甲國人與甲國人結契約聯婚姻於乙國是。其中彼國人與此國人結契約聯婚姻，彼此契約之憑信，婚姻之禮節，用何國法？彼此結婚所生之子女，或非結婚而私生之子女，屬何國籍？或彼國人歸化此國，如何處置？凡此等限於私人相互之關係，似與國內私法無異，然以各國之主權作用不同，欲斷其用何國法，亦不能無所區別，此其所以別於國內私法也。故國際私法之定義，不外因各國私法之不一，而使個人與各國及各國人之關係，有以免於法律之牴牾而已。

第二章　國際私法研究之必要

國際私法，其起於文明既闢之後乎？太古蒙昧，不知合群之利者無論矣。迨既有國家之後，民智未開，不以交通為利，視外人為夷狄，斯時國際私法固未興也。其後交通頻繁，人民往來貿易於異國，必有一定之權利義務，而國際私法乃漸起而握其要。

各國人民既交通矣，使其法大同，則國際私法為何物，人亦不之知也。無如各國主權異則法律亦異，古今之常理也。自然法學者之言曰：法之源一而流百。派司客曰：律度有三度之差，非人定法所能範。蓋法律者，發達物非製作物，應氣候地勢人情風俗而生者也。然於是謂各國之法毫無同者，則又不然。人類各具道德之心，而道德之心，實為法律之基礎。故法律之理，與其大經大法無不同。而其條目則或有差別，如商法利在互相信任，雖大抵吻合。至親族法，則因於人情風教，甚多鑿枘，其明證也。

法既不能無異，苟有獨立之國，其人民在他國，不欲受其法律，而他國必欲以國法強束之，於是法律上之衝突生矣。欲平其衝突，不可不因法律之性質種類目的範圍而立一原則，以定其適用之界限。此即國際私法之主眼，而吾人所當研究者也。

研究之項非一端，一當明某國人權利身分能力，及親族所生之權利，適宜於何等法律。一當明動產不動產，及異國人民相贈遺之物，歸何管轄。一當明契約之結，或從結契約地方之法律，或從行此契約地方之法律。其他法律關係之解釋，或從當事者之意思，或從地方之習慣。又欲保一國之安全，有可以專用其國法與否，此皆研究國際私法之要領也。

第三章　待外人之法

古無通商之局，則待遇外人之問題不生。迨夫交易頻繁，風俗一變，而後互許其應得之權利，所謂相互主義者也。蓋社會進化，學說宗教各殊於古。革命之風潮湧，人類平等之主義行，國民與外人斯享有同一之權利矣。其稍示區別者，公權私權之分耳。試繼是而概論之。

第一節　公權

公權之義，人對國家有一定之權利也。分為二類：關於吾人之生存，有國家不可奪之權利者，謂之人權。國家之行政，有直接間接干涉之權利者，謂之政權。

第一　人權　人權者，屬自由權之類。其重者身體生命之自由，往來住居之自由，信仰言論著作集會結社教育營業之自由等。身體生命之自由，各國所公認也。且但外人不能無限制，得罪於我國，我得追放之。得罪於本國，我得交還之。前者歐洲之通例，後者各國之條約慣例，是亦限制外人之一端也。

外人無服兵之義務。此雖所以優待外人亦即限制之一法也。

往來住居之自由，有生所不可缺，而對外人則有別。往來必有旅券，以便保護。居住必有記錄，以檢時地，皆限制之術也。

唯信仰言論著作集會結社教育營業等自由，則內外一致。而守國法亦內外一致。國家欲保其安全，不得不使人奉法，外人欲受此國之保護，而享應得之權利，亦不得不奉此國之法。故歐洲各國，外國人有納稅之義務，或軍事徵發，亦可令外人擔其責任也。（按此說近尚聚訟未定）

第二　政權　政權者，干預國政之權利也。如為國會議員及其選舉，任自治團體之職及其選舉，為官吏，充軍帥，皆是也。古來無以此等權利與外國人者，然或以職務之種類，於官職私職公職之別，有未易決之處，今條舉之以備考證。

一、律師　法國許外國人為律師，比利時亦然，但無選舉裁判官之資格。然律師之職，於重罪關係，間有受裁判所之命，而純然立公職之地位者。故各國普通之例，外國人無為律師之資格。

二、宗教上之職務　如日本不設國教，外人之來布教者，無害於國，即無限禁。

三、學校長學監教員　官立公立私立之學校，凡關於學校行政上，不以外人參預。（按日本學校不乏聘外人授以方言及專門之學，蓋學術上有不得不借助於外人，非此說之範圍也。）外人在我國設立學校，必經政府之認可。（按日本今日凡外人設立之學校，關於普通教育者必經文部省認可。）蓋一國之教育方針，不能不畫一，斷不容背我方針者，操教育之權也。

四、受爵位記號　國民特權，不與外人。固也。但如勳章年金，或因外人有功於國家，或以外交上之關係，亦有與外人之例。

五、公職之立會人證人鑒定人　此國民與彼國民交涉，公正證書之立會人，置產之立會人，破產之管財人等。以其為公職，而不許外人為之。至於證人鑒定人，非熟悉其事理之曲折者不能為，故亦不得以外人而限之。

六、商業所之議員　商業會議所之議員，乃國家經濟上必要之機關，不可以外國人充之。唯日本無此禁，然不可為訓也。（銀行之重役有用外人者，必其於國家經濟上無密切之關係，設有關於國家經濟，如日本勸業正金等特種之銀行，則亦不用外人。）

七、船長　船長者，平時司警察，戰時治公務，以不用外人為是。觀今各國中，唯日本曾用外人，然亦希矣。

八、後見人監督人親族會議之會員　外人雖得有此等權利，然如由裁判所所命之後見人，則以辦理公事不用外人為是。

第二節　私權

自平等主義行，而個人相互，無內外人之區別，皆得享有私權矣。日本民法第二條，外國人除法令條約所禁止外，皆得享有私權。數年前第十一次議會，有謂此條界說不明，而欲修正之者。其意謂外國人本無權利，國家既已許為有權利矣。而但云以法令禁止之，其力何在？且此語有混同法令與條約之嫌，法令條約，既不明著所禁止之處，其權利有何界限也，云云。然以日本臣民之權利，尚有得以命令限制之者，此憲法所規定也。若以命令限制外人之權利，安得非難之。條約雖與法令不同，然以條約拘束國民已成習慣。至於未結優等條例之國（我國條約中相待最優之國云云是），其條約中嘗有禁止之明文，又法令中如外國人土地所有權抵當權質權（明治五年百二十四號布告同六年十八號達）之限制。銀行株主取引所之會員，株主仲買人之禁令。（明治九年一百六號布告國立銀行條例同，十五年三十號布告日本銀行條例同，二十年敕令二十九號橫濱正金銀行條例及同二十六年法律第五號。）其他採礦訴訟保證（民事訴訟法第八十八條及第九十二條），航海造船之類（如明治二十九年法律十五號航海獎勵法十六號造船獎勵法），皆有限制法。今何嘗不明著之，且其謂外人本無權利，此尤反世界之通例者也。今特揭私權各部關於大體者論之。

第一親族權　親族之關係。人生所不可一日無之權利也。日本自明治六年之布告，許內外人通婚，而國人之養子婿養子，皆得入籍。但不得為戶主。（日本家族制度獨嚴於戶主，戶主者，猶中國之宗子也。）至其他夫婦親子之關係，則雖外國人皆享有同等之權利。

第二財產權　外國人之有物權無俟言。但其中如土地所有權質權抵當權，凡文明之國，殆無有許外人者。其在動產，如船舶法與開礦權，則有許者，有不許者。

債權者，交際上不可須臾離者也。故外人得而有之。但殖民會社及前述銀行之情形，則出乎常例之外也。

文學技術知能所關之財產權。著作者及技術家之權利也。日本版權法寫真版權條例、腳本樂譜條例等，保護方法，至詳且備。晚近各國，皆以此權利授外人，千八百八十六年倍倫條約以來，設萬國版權保護同盟會，而智巧技能之士，乃食報於無窮矣。（此事亦因國而異，如俄國則行文各國不願入此同盟云。）

商工業中之權利。其為特許法意匠法商標條例等所保護者。亦萬國同盟之意也。

第三節　有治外法權之外國人

凡外國君主外交官及其家族從者，與普通外國人異，而有治外法權。一不得侵犯其身體名譽。二不得侵其住居。三無納稅之義務。四不服裁判權。然其人於關係所在國安全之法律，則亦有遵奉之義務。（領事官亦與外交官同，但各國多於條約上明定其特權之界者。）

日本往日歐美諸國之領事，有裁判交涉訴訟之特權，今已廢之。前者惟政府及人民所傭之外國人，得住居留地以外之地，今則一切外人皆許之矣。

或有訂特別之約，某國人民較他國人有多少之特權者，近世不數覯也。

第四節　外國法人

法人之資格，因國而各異其主義，或免許主義，或準則主義，或自由主義。至於法人在外國，其權利義務得與在己國同否？論者多謂法人之資格，合於一國之公益，甲國之公益，不必與乙國之公益同。故一國之法人，在他國未必仍有法人之資格也。如日本所謂法人，執免許主義而成立者也。然亦當分別言之。

第一，各國行政界之區別，不以政體而異，故政治上之法人，萬國一致也。

第二，商事會社，各國皆認有法人之資格，不然，則商務不得興，而遭非常之危險。日本維新以來，通商惠工，與歐美合轍。（新商法第二編第六章）故商事上之法人，歐亞大同也。

定法人之國籍，有種種辨論，要視其成立之地，及所在之地，因其國之法律而斷之。

第三，宗教學術技藝，與其他公益之財團社團，有由法律或條約而認可者，如赤十字社其一也。

日本新民法第三十六條第二項，外國人於不應享之權利，及由法律及條約所限制者外，外國法人與本國法人，得享有同等之私權。可見日本之遇外國法人，認其得享有所在地之權利者也。此雖與國際法原則之屬人主義相反，然亦以日本國法待遇法人，本不與自然人同故耳。

外國法人，享有一切私權，與外國自然人同。於所在國公益之規則，不可不從，不待言也。觀於日本民法第四十九條，外國人設支店於日本，其守登記之規則，與日本同。但與其本國規則，有所更變，必俟其本店商定之。書達於支店，而後以此國規則繩之，此其稍異者也。

本論

第一章　折衷主義

國際私法之本領，在介於各國私法律牴牾之會而決定之。各國法律之多矛盾，及如何法律可以通用，皆治斯學者所當研究者也。試從論其原則。

此問題者，古來論者所聚訟而未已者也。統治權之作用，法律主權之根據，果存於何處耶？抑國家法治權之體有二：一領土主權。一臣民主權。主權不能分而為二，而始以受此主權者，強為區別。自國際交通頻繁，國之臣民不始終在一國之內，臣民主權之作用，在使在外臣民服從我主權，封疆之界，用以域民。領土主權之作用，在使外國人在我地者，服從我主權。是故甲國之人，在於乙國，在甲國執臣民主權，可以治之。在乙國執領土主權，可以治之。然因二個主權之衝突，即生法律牴牾之問題，議論紛紛，莫衷一是。今即沿革與學說，並其實際之大要，述之於後。

第一屬地法主義　最古封建之制，視人民為土地之附從物。其主旨曰：國家苟不拋棄主權，其領土內一切之主權，不可不行。居住者勿論，即來往者亦不得不受統治，故主權離領土，即無絲毫之力，國民一出國門，全失主權作用矣。

此之主義，果能終守不變，則國際私法，何自而生，無如其行之未便也。譬如於甲國成年者，至乙國為未成年。於丙國既可婚者，在丁國不當婚。民至外國，其權利或全失或紛更，國際不能交通，於是十三世紀以來，調和此說之議論出焉矣。

第二區別主義　此主義者，其初始於各州法之異同，而終乃適用於國際。其要領分對人法、對物法兩宗。對人法者，此國人民，雖在彼國領土之內，仍歸此國管轄（屬人主義）。對物法者，不問其物產自何地，而唯以所在領土之國法為斷（屬地主義）。兩者雖似平等，而其性質實偏重屬地主義。而於屬人主義，則皆以國際不便，例外為之，其力甚微。故區分法主義，對根據確實之屬地主義，雖云調和，而未能副其願也。且對人對物兩法，區分之界，學說紛歧，未能畫一。要之區別法者，尚不免以人民為領土之附從物，而其根據又不在法理。此二者皆區別法之缺點也。

此學說者，盛於法荷等國。入德國，而經薛缶爾尉西德爾等之研究，乃大進步，至塞皮尼，盡脫舊套，作屬人法之根據。彼謂法律之理，即在乎受法律者之性質，苟適合乎性質，不問為何國之法，徑用之可也。然彼於實際適用之說，仍不脫區別法之範圍。

第三屬人法主義　屬人法主義者，十九世紀之半，伊大利門契尼所唱。歐洲各國，除英吉利之外，皆採用之，其大要謂：法律之關於私益者，其目的在乎利人法律之範圍。在人而非在地，苟利於人，地於何有。故宜使人各受其本國習慣適用之法，最利之道也。而但有不然者三：

一、關於國際公安，不得不犧牲個人之利益。

二、因所居之地而生限制，不專用本國法。

三、因當事者之意見而設施之，不必定用何國法。

一國之主權，行於人民及土地。人民主也，土地從也。有土地而無人民，則無國家。國家以人民成立，人民未必老死於國內，故領土主權者，人民主權之從物。國家法律，當以人為注意，不必存土地境域之見。不然，強外國人以從我法，是害外國人民之主權也。蓋一國之法律，從一國之人情風俗氣候習慣而定，最適用於一國之人。苟非確有公益，亦奚必奪人之利乎？

言屬人法主義者，又有一種與前異，則言從住所地法者是也。其說曰：人之生涯，實佔法律之大部分。而生涯之所在，即居身之所在也。又人之氣質習慣資格，皆定於住所之地。故住所地法，最於人有益。是說也，不足為屬人法之根據也。何則？人生職業，遷徙靡定，使盡從住所地之法，則於利益安全必有大害。是豈屬人法謀個人利益之目的耶？且古之時，一國分為數州，州異其法，此即住所地法之根據。而現今處屬國之主義，亦此類也。

以上所述，屬人法主義，為最得當。或無國籍及二國籍以上，則不得不依住所地法。日本法例第二十七條第一項，有二國籍以上，則從最後國籍之法。第二項，無國籍者，以住所地法為本國法。第三項，一國之地，各異其法，則從所居之法。如此之類，論其實際，皆為住所地法主義之所範圍。財產之管轄尤多從住所地法，此非本於區別法對人對物之異，實以公安所關而例外為之也。前所述，有不能執屬人法主義者三事，今條論之於下。

一、關於國際公安，不得不犧牲個人之利益。屬人法主義。外國法為內國外人之適用，或有侵害內國自主自存之權。蓋關於國內之公安，與彼國法律，或不相容，則彼國人民，不得不棄其私利，以謀兩國之公安。然國際公安與國內公安異，國內公安自個人與國家之關係來，國際公安自個人與外國國家之關係來。範圍有廣狹，而所以謀公安則一也。謀公安者，有使個人讓其私利之義，國際公安之法律，所以不可廢也。

然如何種類之法律，關於國際公安，今按憲法行政法裁判所構成法等，關於一國公權者不論矣，其他帶刑罰性質之法規亦然。如日本法例第三條，不以外國法妨公秩序善風俗。第十條，動產不動產，從物之所在地法。以及禁止害於社會生存之事，皆關於國際公安之法律也。然不立如何標準，惟付裁判官臨時定之。誠以公安者，因時而異，因事而異，懸定細則，動生窒礙，不得不付之裁判官也。

二、因所居之地而生限制，不專用本國法。所居之地，其習慣法律，有一二端與本國大異者，須量為限制。此說生於區別法說之時代，以為國際私法之原則者也。例如婚姻及不動產之處分，甲國如此，乙國如彼，其形式上固不必泥於本國之法也。

法律行為者，吾人生存上所不可缺者也。其事為一人一國之所為，則可以從其國之法律而定。亦有在他國，而所需不能完備者，至於公證人公正證書之製作等，其事為兩人兩國以上之所為，則必又有其道。蓋數國之人民情事，各用其本國之法，必至散而無緒。是以近來各國條約，多有加意於此者。法律一定，人民無所爭執，政府得以按法律而保護之。而旅居無或失所矣。不然，強人從我，強我從人，或兩不相下，而一事用數國之法，求其公安，豈可得哉！

或有此國之人，畏本國之法嚴繁，遇婚冠之事，故往外國，其意詐偽，於理本不宜視為尋常旅居外國之人。然推原定此法則之意，不過避國際上之難問，令人民有所遵守，使必干涉人秘密之意。誅其詐偽之心，不許其行條約上所規定之法則，則後此將何所遵守，其不能干涉者勢也。故法律無明文者，亦法律所不禁也。

三、因當事者之意見而設施之，不必定用何國法。在外國必從本國法，屬人法主義之原則當然也。至於契約遺贈等事，則概任主之者之意，不必定從何國之法。蓋有完全之自由權者也。但於屬人法之主義，則為例外。

以上屬人法主義及其例外，論述既終。試繼是而論國家法律與私人關係牴牾之情形。

第二章　關於人事法律之牴牾

國際私法者，生於各國私法間有所牴牾，國際私法起而決定之。其範圍浩瀚，今姑措而勿論。而於特別之法令中，與私權牴牾者三大部：曰關於人事者。曰關於財產者。曰關於訴訟者。此章則關於人事者也。

第一節　關於個人之牴牾

個人者，關於一人之自身也。就法律上分為國籍、住所、身分、失踪、無能力五種。

第一款國籍　屬人法主義。人各從其國法。故考究國籍者，國際私法之要點也。

國籍者，或云憲法之所重。今學者普通之說曰：衆私人結為國家，以國籍為契約。然古來以人民為國土之從物，其說久為世詬。蓋人民具選擇國籍之自由權者，今日之通則也。惟人當初生之時，未有選擇之能力，則姑從生來之國籍。茲於生來之國籍，與國籍之變更，分別言之。

一、**生來之國籍**　生來之國籍，有三主義。一系統主義。傳自希臘羅馬之古代。生兒以綿系統，不問出生何地，而總從父母之國籍。二出生地主義。胚胎於封建時代。以人屬地，不問父母何國，苟生領土之內，莫非王臣。第一主義，通行者多。第二主義之行者，惟南美倍納裁拉而已。然生長外國，言語風俗人情習慣皆同於外國人，則便於用第二主義。雖然，今有外國人經過國中，暫止便去，偶而生子，便入國籍，則亦於理未便。於是有第三折衷主義出焉。以系統主義為原則，以出生地主義輔其不及。（又有以出生地主義為原則，以系統主義輔其不及之學說，不行於世。）千七百八十年，於阿克士缶特國際法高等學會決議，從此主義。日本新國籍法亦然。然國籍主義，如此互異，而其牴牾法律者，果何所折衷歟？夫國籍者，雖所以表其人之有國，不當有二國籍以上。然實際則有無國籍者，又有重國籍者。為無國籍者用法律易，為重國籍者用法律難。今分其情形為二：第一、國籍之法與外國法牴牾。例如日本人在倍納裁拉地方生子，日本用系統主義，倍納裁拉用出生地主義，於此情形，宜從日本法。蓋關於國籍之法律者，非國際公安之所關也。第二、為二個以上之外國法相牴牾。而斷於此國，例如德國用系統主義，而其人或又與用出生地主義之國有關，而住於日本，則日本裁判所，可以德國之法斷之。以德國與日本同法故也。凡為裁判官者，必以自國之法為真理。有兩外國法律相牴牾者，於兩國法中，擇其與自國法相同或相似者而用之，無不可也。日本國籍法，如前所述，皆用系統主義。其出生地主義，不過輔所不及。其法之大體，約言之，子從父國籍，不能則從母。此系統主義也。設生於日本，而不知父母，及無國籍，則以出生地主義，收入日本國籍。（國籍法第百三十四條）

二、**國籍之變更**　國籍之變更有三：國籍之取得、喪失、回復是也。今試取日本國籍法，述其大概。

日本特重家族之制，又避國籍之衝突。（消極之衝突，無國籍之情形也。積極之衝突，一人有二以上之國籍也。）故日本國籍法，許外人入籍之例。有異於他國者，（一）日本人之妻，（二）日本人之贅婿，（三）日本人與外國人之私生子，而父母認之者，（四）養子，（五）歸化。（國籍法第五條）

（一）（二）（四）之情形，家族制之本旨，而當然之結果也。

（三）之情形，一須未成年者。（此從國籍自由之原則來，蓋苟成年則彼自能選擇國籍，不必由父母認之也。）二須未許外國人為妻者。（因妻從夫籍，故也。）三父母之中先認得者為日本人。（他國人先認得，則不必入日本籍。）四父母同時認得。而其父母為日本人，乃可定籍。（國籍第六條）

（五）之情形，日本持之最力。蓋因本國人口充斥，不得不爾也。至於所定歸化之條件，一住日本須五年以上。二須年二十以上，能守本國法者。三須品行端正。四本人能營獨立之生計，有資產技能。五須無國籍，或既入日本籍，即須棄去本籍。此五條件備，又必須經內務大臣許可，然後可以入籍。（國籍法第七條）

此等又以父母曾與日本人婚配，故有生於日本十年以上，於日本有居所，及歸化人之子，其歸化較易。（國籍法第九條第十條）

此外特別歸化之法，有功於日本之外國人，經內務大臣敕裁，許其歸化，不必依前述之例。（國籍法第十一條）

又妻得偕其夫而歸化，未成年者得偕其父母而歸化。但與其本國法反對者，不在此例。（國籍法第十三條第十五條）

歸化人，於歸化後十年間，不得為重要官吏，其後亦須經內務大臣之敕裁，而後與此權。（國籍法第十六條第十七條）

以上國籍之取得。

國籍喪失之情形者。一日本之女嫁於外國者。二因婚姻或養子之故，而為日本人，其後離婚棄子，復入外國籍者。三自願入籍他國者。四入外籍者之妻子。（已離婚棄子者不在此例）五日本人所認之私生子，已有外國籍者（其子已為日本人。妻若贅婿若養子者。不在此例。）是也。然男子年十七歲以上，現服陸海軍職役及他官吏者，

雖有以上等情形，亦不失其國籍。（國籍法第十八條至第二十四條）

以上國籍之喪失。

日本人嫁於外國人，而後離婚者，歸國後可回復國籍。已歸化外國，而其妻子尚有住所於日本者，得內務大臣之許可，亦可回復。但歸化日本者，其後或以他故失日本國籍，而復欲回復之。則仍須依歸化之例。（國籍法第二十五條至第二十七條）

以上國籍之回復。

國籍之變更，有特別之情形者。國土割讓，而國籍變更是也。國土之割讓者，戰爭之結果，又政治上之理由也。近世割讓之目的，匪直土地而已，將並人口而在其內也。故此地之民，即以割讓為國籍得喪之原因。或者因國籍自由主義，定一期限，期限之內，表反對之意者，則仍為舊國之籍。

此問題古來有許多學說之異，或謂主於割讓地者，盡為新籍。或謂須有住所於割讓地者。或謂二者必兼而後可。或謂二者得一，即可改籍。今各國之例，則以有住所為斷，或當割讓之時，明定章程以示去取。

第二款住所　住所者，吾人業務利益之中心，生存之本據，新民法之所規定也，住所關係於裁判籍，商業上之登記，破產之管轄，婚姻之儀式，法律上不可不究。而國際私法尤其要也。故雜採各國之法之關於住所者於後。

一、英美各國，於法律有相齟齬，則旅居外國者，從住所地之法。

二、無國籍之人，從住所地法。（日本法亦然）

三、一國之法律不同，則從住所地法。

四、歸化入籍，須住居此國有五年以上。

五、因國際而破產，則於住所地裁判所宣告。此各國皆認之法也。

以上諸件，皆以住所為必要。若住居於本國者，即用本國之法律，住所之問題不生。有數住所者，則以其所居之地而斷。

身命有自由之權，故人各有選擇住所之能力，茲別為三種。

一出生住所　出生之際，無選擇能力，故以父母之住所為住所。

二法律住所　未成年者之與父母之或後見人。（託孤寄命之人）妻之與夫，皆同住所。

三自由住所　任自己選擇，而有住所。

法人者非生物。故以其目的業務之中心為住所。（日本民法法人以事務所所在地為住所。）然茲所注意者，在法人住所之外無居所且國籍一致者也。其或分支所於各地，則以法律而認其支所為住所。

各國國法之定住所，皆以生活之本據事實之認定為斷。故一任裁判官之判定。然住所變更，吾人原有自由之權，其證據由個人自定之。其或無確實之證據，則不能不以昔日之住所為住所。

第三款身分　身分者，身分能力，關於法冊者也。大抵由本國法而定，故於實際上殆不生法律之牴牾。

人生之身分，雖常變更，而大半為出生、婚姻、死亡三事。故國家於外國人之身分，每注之於冊，互相交換。今述其要者如下：

一注外國人之身分於冊　其法有三：一所在之地方官注冊。歐洲各國之通例也。其法冊之程式，則從所在國之法。二公使領事。例如婚姻之際，雖不可不從所在國之法，然以宗教及民事上之方式，外人或有不便，故使公使領事，亦有干預其國民之事，而因為身分之注冊。其注冊之程式，亦從本國之法。三軍人所駐地之外國人之注冊。所屬軍隊掌之，此法者，昔拿破侖一世唱軍旗所在即法國之遺也。邇來軍中凡有此事，即以為例。

二注冊後互相交換　臣民在國，各有應得之權利義務。故臣民在外，而本國要當知其身分地位何如。然在外臣民之身分，不必皆注於公使領事之冊。故各國締結互換其戶籍之條約，或定一時期，經外職大臣之公牘而交換。今唯日本尚無此等辦法也。

第四款失踪　失踪者，不知所之也。各國制度處之者各異。日本新民法仿德國法，分二時期。第一期，其人去之日，其住所之財產，未置人管理，或雖置有管理之人，而期限已滿，由利害關係人及撿事之請而處分之。第二期，即真失踪。而不知其生死，已及七年，裁判所於是因前者之請，而宣告失踪與死亡者等。其財產可以歸之所應得之人，配偶許其再婚，或有特別事情，則仿奧國法，縮其期為三年。

失踪之法，各國互異。設此國之人，在彼國有事，一旦失踪，當用何國之法？以屬人法主義觀之，當用其本國之法。然使此人於彼國置有不動產，失踪後歸本國管轄，則有害於國安。故苟有此事，當從彼國之法，設管理財產之人。日本法例第六條，外國人在日本失踪，其在日本之財產，有可附於日本法律者，則裁判所得以日本法為失踪之宣告。

第五款無能力　無能力者，一切公益私益權利義務莫得而有也。或由於自然，國家設法保護之。年齡未長，或精神喪失等是也。或限於法律，女人破產者有罪者是也。

第一未成年者　區別成年與未成年之時期，各國互異，羅馬法及西班牙、葡萄牙、墨西哥、丹麥、挪威限以二十五歲。奧大利、匈牙利限以二十四歲。特蘭限以二十三歲。南美亞爾善丁限以二十二歲。法蘭西、意大利、德意志、英吉利、美利堅、俄羅斯限以二十一歲。日本（新民法）、瑞士限以二十歲。此等時期，大抵以本國法定之。

法國制，未成年者二親苟失其一，則必有後見人管理。日本國法，必父母俱沒，而後有之。英美之法，未成年者，財產從所在地方之國法。他國則以屬人法主義，財產從其本國之法。法制之不同有如此。然使其財產有關係於所在地方之公益，或後見人未設立，則所在之國亦得而處分之。

後見人與本人國籍異，則當從本人之國法。設立後見人，以保護本人之利益為目的。故不可不從其本國法也。（法例第二十三條）

未成年者，達成年以前，竟謂全無能力，而束縛其自由。或有甚窒礙者，德國、日本國法，未成年者，苟有能力而謀業務，政府不阻撓之。各國於此則互異其主義。他如後見人之何時何地設立，權限何如，監督人及親族會議何如，皆不能無異，姑待臨事以本國法裁決可耳。

第二精神不完全者　精神喪失者，雖達成年之後，而心神不完全，不能管理財產，則國家必設法保護其利益。各國於此，其程度區別，辦理各異。日本則有禁治產者及準禁治產二種區別。禁治產者，精神失常之狀。準禁治產者，不過精神弱及聾啞等而已。

外國人在我國，而準禁治產之限，使其原因為我國公益所關，則臨機禁之而無疑。若進而視為無能力者，以為禁治產之宣告，則大抵從其本國之法。法例第四條，外國人在日本，有產業住所者，一旦精神喪失，於其本國在禁治產之格。日本裁判所，得就其人而為禁治產之宣告。但其原因，或於日本法所不禁，則亦任之而已。

第三刑罰之結果無能力者　刑罰者，一國之公益。無論內外人皆受治也。是以受剝奪公權之附加刑而為無能力者，亦內外人同之。然其人得罪於外國，即由外國裁判官為無能力之宣告。特由此國公益之關係定之。及其離此國赴彼國，而能力可以回復。若於其自國受無能力之宣告，則雖至何國，不能回復之。此亦屬人主義之關係也。

西班牙、俄羅斯等國，人民無政治宗教之能力，其本國之國法然也。至於國際交接，則以國際之公益為衡，無害於公益，奚必加之罪而去其能力耶？

第二節　關於親族者

各國親族法律，牴牾甚多。而國際私法上之問題，亦綦繁賾，研究匪易。今決定婚姻親子與其他親族上之法於下。

第一款婚姻　婚姻者，親族權之根原，組織一國人民之基礎。其制度之得失關於國家之公益者多，而現今各國互相牴牾，此最未便者也。茲舉其三者述之。

一、婚姻之要件　日本新民法第七百六十五條以下，定婚姻之要件：年齡，重婚之禁，前婚解銷迄再婚之期間，相姦者之禁婚，血族婚之禁，父母之承諾，是也。此等法律多與他國牴牾。故各國人民，以從其本國之法為原則。然關於國際公益者甚多，往往不得不以行為地之法而決。今略依民法之序而條辨之。

婚姻之年齡，各國互異其期。然年齡須因其風俗及他事情而定，故以本國法為是。

重婚之禁，各國皆有，不俟贅言。

女子離婚後，非有若干時日，不得再嫁。此例如廢，恐屢釀家庭之紛擾，而有害於公益，其適用於外人亦為相宜者也。

禁相姦之婚，禁近親之婚，關於公益德義，外人亦當守之。

以必待父母之承諾為婚姻之要件，僅行於日本、西班牙等親權最強之國。他國不以此為要。即不能強外人盡從是法也。

有數國者，分宗教之異同，人種之階級，而禁通婚者，然此等法制，非普通例也。

上所述關於外國人之婚姻而已。至於內外人間及異國籍人間之婚姻者亦多，其原則從各國法。亦有以關於公益而從所行地法者。

然觀此等條件之有效無效，而司婚姻之形式者，戶籍吏也。戶籍吏不知外國之法，故其有效與否，不能判定。日本戶籍法之發布為日尚淺，關於此等之條件尚未定。然當事者不可不有以證明之，或求本國領事公使之證明，或藉公正證書及正經書契之證據。如瑞士國當日會節錄外國法，以便戶籍吏之檢考云。

二、婚姻之方式　各國有四種：一宗教上之方式。如俄國、比利時者是。二民事上之方式。即於戶籍吏之前為婚姻，或由屆出者。（由婚姻之二人及成年以上之證人二人以口說或署名之書聲明於戶籍吏曰屆出）法、德、伊等多數之國，婚法如此。日本民法七十五條，婚姻者，必屆出於戶籍吏而後認之。三宗教上民事上之方式並用。或有一而足者，奧匈兩國，皆執並用主義。英國則有一而足。四無方式。如美國與蘇格蘭是。

然此等方式之異，將何所適從乎？夫婚姻之原則，得就所居之地而為方式，此原則既含任意之旨，其從本國法而行之者，其有效蓋不待言。日本民法第七百七十七條，日本人與外國結婚方式，由屆出於其國公使領事，而後有效。其屆出之規則，與屆出於戶籍吏同。又法例第十三條，婚姻之方式，從婚姻舉行地法。與第七百七十七條並行不悖也。

然異國籍之外國人間，及內外國人間之婚姻，則非一國之公使領事，所能管轄。故必從舉行地之法而後可也。

三、婚姻之效力　因婚姻而妻為無能力者，雖各國法制所通認，然其程度，亦有不同，其原則用夫之本國法。以妻因婚姻而入夫之國籍也。其能力止能及於一人一家之利益，與社會無涉，不必強其從所在地之法也。

夫婦間之義務多從本國法而定。但美國夫可以監禁其妻，法國夫可以暴力制其妻，此皆與公益反對，而日本則無之也。

夫婦間之財產，婚姻之際，必有合意之契約。或合或分，或嫁資之方法，與其用處，一從兩人所好。然其契約從何法律，則古來之說不定，或謂契約地者，即婚姻舉行地也。故推測兩人之意，當從舉行地之法律。或謂兩人之意，契約當求其有效，則當從婚姻後夫婦住居之地之法律。或謂當從夫之本國法，此說議者多許其可。蓋婚姻後，妻從夫籍，而契約有效，夫婦同一國籍，契約即可永久維持，故此說最叶兩人之意思者也。

至於財產之不為契約者，從何法律，或謂當從契約地之財產制。或謂從婚姻後夫婦住居地之法。或謂當從結婚時夫所住地之法。然婚姻後夫婦同從一國法，則結婚時之財產，當從夫本國之法為是。日本法例第十五條，夫婦財產制，從婚姻時夫之本國法，可謂至當不易者矣。

四、婚姻之無效（夫婦別居及離婚）　如前所述，婚姻者，必具要件與方式而後有效。故兩者缺一則為無效。然其要件方式，因國而異，外國人於內國結婚，其有效無效之判定，凡關於婚姻之條件無效者，則從其本國法。關於方式無效者，則從婚姻舉行地之行法以判斷。

在他國有夫婦別居之制。日本無之。此制於德義有害，法國亦於十數年前改正之。故外國人在日本，而為夫妻別居之請，則可以本國法斥其不可。

婚姻者，以偕老之契而永續之。雖公益上德義上之利法，然亦有不得已而絕其夫婦之關係，轉為此兩人或社會之利益者，則不必強使之合。乃法律上之變格也。而離婚者，關於身分之變遷，故以從其本國法為原則。凡其離婚之原因，為本國法所認可，而亦為所在國法認可者，許之為宜。日本法例第十六條，揭其原因，雖認可於本國法，而非日本法所認可者，裁判所不得為離婚之宣告。要之，外國人離婚之訴訟甚難斷定，各國多不受理之。

第二款親子及其他親族關係　親子與親族之關係者，人生所不能無者也。故法律之定，於此加意焉。

生子嫡庶之別，從本國法而定。日本法例第十七條，從子初生之時，母之夫所屬之國法而定，若其夫於子生前死亡，則從夫死時所屬國法而定。

私生子與父母同一國籍，則從何法律之問題不生。若與父母國籍異，則從父或母或子之本國法，不可不定。日本法例，認私生兒之要件，父及母之認子者，則從父及母當時所屬之國法，其子認父母者，則從子所屬之國法。而認知之效力，則又從父及母之本國法。（法例第十八條）故父日本人，子外國人，則父從日本國法，子從外國法。認知之要件，不可不具，不然者，則不得而認也。

認養子之制，外國均有。而實際行之者少。英國之制，養子之親族關係，止於父母，其他不及也。日本家族制度極重，其於養子，不重在財產相續，而重在家督相續，故視養子與真血族無異。然各國之法不同。日本法例第十九條，養子認否，各從其本國法。至於既認後之有效力與否，則從其父母之本國法。蓋在日本，養子入室，便為其家族。故從父母之本國法，而定其離合，為最宜也。

親子間之關係，關於親權。或從父母之本國法。或從子之本國法。學者之議論多岐，然日本親權素強，故子必從父之本國法。法例第二十條，親子間之關係，從父之本國法。無父則從母之本國法。使父母為外國人，而子為日本人，則此法律無所適用，然親權所關，影響及於公益上者不少，則以公益之故，而仍得以日本法治之。

親族扶養之義務，基於道德者也。以日本法例，扶養之義務，從本國法。

其他親族之權利義務，皆當從本國法。但反於所在國之公益者，則從所在地法。

第三章　關於財產法律之牴牾

財產之意義極浩瀚，大別之為物權債權，論之於下。

第一節　物權

多數之學者，所說物權之目的，動產與不動產有別。不動產從所在地法，而動產則從所有者之本國法。其理由曰，不動產者，一國中領土之一部，主權所當及。至於動產，遷徙靡定，則從本人之國法。然此見區別法說之適用於實際，而不貫徹其主旨。蓋不動產有時可用本人國法，動產有時可用所在地國法故也。區別法說，起於古代重土地輕財產之習見。然時勢既異，不能墨守。當今之世，視不動產與動產之貴重，程度相同。顧可以古代低昂之見，強為區別耶？故無論動產不動產，皆以屬人主義，從所有者之本國法為當。但關於所在地之公益者，則間出成例之外，從所在地之法，然亦寡矣。

屬人法主義，誠貫徹原則者，然以實際核之，則一國之財產，如關於物權之制度，其影響於國之公益甚大。而所規定，用其所在地法者為多。故例外者幾有原則之觀。如日本法例第十條，關於動產及不動產之物權，及其他當登記之權利，由其目的物之所在地而定。於是乎論者謂有侵沒屬人法主義之弊，其實不然。屬人法主義者，法律全部之主義，其中有關於公益之部分，則於例外，以所在地法濟之。今因物權小範圍中，偶然關於公益者多，而遂謂侵沒法律全部主義，是真捨本而論末者也。

日本之法例，雖僅於物權及其他賃借售買等。當登記之得喪轉移，從所在地之法。然至於法律行為，及行為者之能力，於法律有特別規定者，自不能不從耳。

第二節　債權

債權者，其原因甚多，大別之為契約及契約以外之原因。鈔幣債權，有一種特別之沿革與理論，故亦述之。

第一款契約　契約之債權，可從契約者之本國法。（日本法例第三條）各國所一致也。又契約之方式，從所行地之法，亦今日之通則也。法例第八條，以法律行為之方式，定其行為之效力。故契約者能力及方式，各從其法。而法律之牴牾蓋鮮矣。

凡契約苟非背反一國之公益，則從何國法，可以個人自由之意思而定。而從該契約有無效力，亦從此國法而定。然使立契約者未明定其從何國法，而於契約中，有可以測其意思之據，為合於何國之法律，而從何國法可也。

然使契約中，無可以推測其用意之處，則用何國法乎？若立契約者皆同國籍，則從本國法無待言者。設有異國之人，則須採擇諸家學說，以便折衷其區別主義如左。

一、契約為不動產，則用所在地法。為動產，則用所有者之本國法。此說未妥，使物在外國，則當事者得以反對之。

二、用債務者本國法。此說便於債務者而已。（債務者即欠債者）然使其互為債務，而為雙務之契約，則一契約從兩法律可乎。（雙務契約者即契約有兩事）

三、用契約履行地之法。立契約者，未必通履行地之法，且契約之效力，不能以履行為限。

四、雙務契約，用締結地法。片務契約，（止一事者）則從債務者之本國法。此說也，第二說之辯護說也。雖片務專保護債務者，亦無謂也。

五、無償之片務契約。本債務者之本國法，有償之片務契約，從契約締結地之法。此說不免上述之非難。

現今一般之學說及其法則，廣為各國所採用者。凡異國契約，要以從契約締結地之法，為最合立約者之意。日本法例第七條，法律行為之成立及效力，從當事者之意思，用何國法。其意不分明，則從行為地之法。

隔地者締結契約，則此原則不得適用契約之立也。必有一人起意，一人承諾。契約締結之地，即契約成立之地，究在何國耶。蓋契約之成立，有受信主義，了知主義，發信主義。三主義之前二者，從起意者受承諾者之通知，或了知之，始為契約成立。則契約之締結地，即起意者之住所地也。發信主義者，由承諾者通知承諾之意，則契約成立。是契約締結地，即承諾者之住所地也。前二主義，以起意者之本國法定契約之效力。後一主義，承諾者以本國法判定效力。其利害得失，立法上之問題也，不必深究。日本民法第五百二十六條，認發信主義。法例第九條第二項，執受信主義。頗為矛盾。要之，國際私法，於異國籍人，而為隔地之契約，自以用受信主義為當。

對此從契約締結地法之原則，有不得不在例外者如左。

一、行為地無法律。如在大洋或在無所屬之地方訂約，則從履行地之法是也。

二、於行為地法契約有效，從履行地法則違反公益。如富籤（彩票之類）之契約。於馬尼拉有效，履行於日本，則為法律所禁是也。

三、契約之效力，從履行地而生者，則亦從履行地之法是也。

第二款契約以外之原因　契約以外債權之原因者，事務管理，不當利得，不法行為等是也。日本法例十一條，因此等所生之債權，從其原因發生地之法律。與契約從行為地之法者，稍變而已。各國之法例同一。但於外國生不法行為者，於日本之法律，無不法之情形，則日本不加罪也。（法例第十一條第二項）又於日本雖認為不法行為，而於法律不認賠償及其他之處分，則被害者不能請求。（同第三項）而要以法定地之裁判處為主。

於海上船舶救助事務，管理之一情形，雖無契約，可以用契約之意也。故船舶同國籍，即用本國法處分。異國籍，則以領海所屬之國法為斷。然於公海救助，國籍各異，則用何法？一說謂救助後最初到之港，便從其國法。蓋救助之事實，必待入港之後，始可謂完全救助之責任也。一說謂用救者之國法，蓋船舶者，一國領土所延長者也。被救助船乃救者之附屬物，既係附屬，即用國法。（按日本法例尚未決定此法）

船舶之衝突者，不法行為之一也。於一國領海內及同國籍衝突斷定用何國法，與救助同。設有異法籍船舶，於公海衝突，其責任問題，日本亦無決定。（日本法例船舶法、海難法皆無所決定）今述一千八百八十八年羅程國際法協會及同年白勒塞爾商法列國會議之決議如下。

一、責任及賠償之額，從負責任之船舶所屬國法。但以請求者所屬國法限制之。賠償則不許以債權者之國法請求，而但許以債務者之國法請求。

二、管轄裁判所，原被告國法所許何國為善，即在何國。

三、出訴期限，亦於原被告所屬，及事後最初到之三國法中，擇其一而從之。

第三款鈔幣　鈔幣者，流通之具也。發行於一國，非終始於國內流轉，必自甲國移轉於乙丙丁等國。故鈔票之能力，行為之要件，其行為於法律上之效果，及鈔幣之權利行使，及保全行為之方式等，皆國際私法上所必研究者也。

一、**鈔幣能力**　鈔幣之能力者，從發行之本國法而定。（法例第三條）然有在本國之鈔幣無能力而齎之外國有能力者，蓋外國信用此鈔幣。發行鈔幣者，對於持鈔幣者，有負擔之義務。而持鈔幣者，對於發行鈔幣者，有索債之權力。以持鈔幣者，不能推知此鈔幣出於其本國有無能力也。譬之外國人居住日本，而所用之鈔幣，但可支付金銀，固可認其能力矣。

二、鈔幣行為之要件　鈔幣行為之要件者，方式是也。方式從其行為地之法律。國際私法之原則也。（商法施行法第一百二十五條）故一切鈔幣之行為，如振出裏書引受等，其方式皆法其行為地之法律，各國之通例也。而有不在此例者二事：一外國之鈔幣，其形式從其國法而定。設欲行於他國，則須具備他國法律之要件，而即於他國有效。如法荷等國鈔幣，必有所謂原因文句指圖（指揮之意）。文句者，然試用之日本，則但須加日本法律所定之方式於上，即可有效。蓋務使流通圓滑，且日本人亦不能盡知外國法律之方式也。二日本人於外國作鈔幣，其方式不適於外國而適於日本，則僅可通行於日本，至於外國交易，皆不能用。

三、於外國為鈔幣行為之效力　於外國為鈔幣行為之效力者，自其行為之國法而定，（法例第七條第二項）乃有效力。蓋鈔幣每紙獨立，一鈔幣之有效力，與他鈔幣之效力，不相連綴，且欲行鈔幣於外國，須周知其國法律，從其法律作鈔幣負債務，而後效力生矣。

四、鈔幣上之權利之行使及其保全行為之方式　此亦當從行為地之法律。（商法施行法百二十六條）如請求支付拒絕支付等，皆當從支付地之法律。

第三節　著作權及商工業者之權利

日本自入著作同盟會之後，於外國之著作物，皆循例保護，但此事如有法律之牴牾，則以著作物最初得權利之國法而定。今日著作權之保護，頗偏重於著作物，即以其發行地為著作物之本國法。著作者死後三十年間相續者尚得保其權利，皆國際間之通例也。

商工業之權利，日本亦曾與各國立保護同盟會。其權利之重者，特許法意匠法商標法是也。法律牴牾之際，亦從其最初得權利之本國法而定。但關於國際公益者，則用所在地法。

第四節　相續及遺言

相續及遺言之事，國家間之法律牴牾者，則可就日本法例二十五條及二十六條，示其決定之例。

第一相續　關於相續者，古來有四主義：一住所地法主義。二不動產所在地法主義。三財產所在地法主義。四從本國法主義。四者唯本國法主義，為現今之通說。日本舊法例第四條第二項，新法例第二十五條，相續者從其所續之人之國法。由是觀之，相續之事，不能用所在地法。除關於國際公益者，不在此例外。凡相續者託始之原因，與相續人之資格權利義務，皆關於所續之人之事項，故必以從本國法為當。

第二遺言　遺言之實質成立及效力，可從遺言者之本國法。問其身分能力，則各從受此遺言者之本國法。而此遺言中之物權得失轉移，則從所在地法。

遺言之方式，從遺言者當時之意向，而以合於行為地法為當。但此遺言，不關於處分物權之法律，凡無害於公益者，則遺言者任意設立，或用其本國法亦無不可。

遺言之改廢，當與遺言用同一之方法。故於其改廢時，亦準遺言者之本國法而定。

第四章　關於訴訟法律之牴牾

訴訟之法律，分裁判之管轄，訴訟之手續，及判決之效力三宗。

第一節　裁判管轄

第一內國人對外國人訴訟之裁判籍　民事訴訟上，有專屬之裁判籍者。就一國之公益而定，不便變更。故對外國人而為不動產婚姻養子禁治產等之訴訟，不可不從所在國法。

普通裁判籍者，從其住所而定。住所地之裁判所，對於其人有一切管轄權。故外國人住於內國，於專屬裁判所管轄之外，其住所地之裁判所，亦得管轄訴訟之權。外國人無住所於內國，而有住所於外國者，則於內國生權利關係之限，即可訴於現在地之裁判所。又不知其現在地，或在外國，則於其在內國最後住所地之普通裁判所訴之。外國人於內國及外國皆無確實之住所，則亦於現在地或最後住所地之普通裁判所管轄。（民事訴訟法第十條第十三條）其他有特權之外國人，不能起訴訟之例，已於緒論述之，茲不復贅。

第二外國人在我國者訴訟之裁判籍　管轄外國人之訴訟，或有議其非者，謂裁判所為國民而設。以國民之特權而受申理，若判外國人之訴訟，則必多費時日，而延滯內國人之訴訟。且內國裁判官，不知外國法，而當事者亦以其本國之裁判所為便益，此說非也。一國於外國人間起權利問題之訟，則於一國之公益，必有密合之關係，不受理訴訟，如內國何至因受理而延滯內國人之訴訟，此事實問題於公益及法理上不必論之。裁判官難知外國法，亦出當管與否之範圍。至謂外國人之便益，以歸本國為當然，使有必要至急之權利關係，亦必待其本國之裁判所，能無窒礙乎？由是觀之，外國人訴訟，自以歸內國裁判所管轄為宜。日本自改正條約後，一掃從前領事裁判制度，外人之訴訟，皆管轄於裁判所。民法第二章，外國人與內國人享同樣之私權。私權既一，訴權必一。內外平等，誠良法也。

第三外國人與內國人訴訟之裁判籍　外國人與內國人訴訟，歸內國裁判所訊斷，此定則也。但內國人私訴之人，即外國公訴之被告人，則訊理此事，當附於公訴之內，而非內國裁判所所能管轄。又民事訴訟法，外國人與內國人結訟，須立訴訟費用之保證，實反於近日自由訴訟之原則。近來外國人與內國人立平等地位，而此條亦廢。

第二節　訴訟手續

訴訟之手續，有純然訴訟手續，與關於直接判決效力之訴訟手續。前者關於形式，以訴訟地之公益為斷，故從裁判所所屬國法。後者關於實體，從訴訟者之本國法。純然訴訟手續者，若關於召集呼喚之手續，若關於出庭之期限，訴訟代理證據搜集之手續，若關於宣誓方式判決書式供詞方法，及訴訟之休止或取下之手續，若上訴期間及上訴之手續，若判決發生之時期及執行之手續皆是也。

審理外國人之訴訟，往往需外國裁判所之相助，故各國囑託其駐在外國之領事等，為種種之稽查。然此事非由條約所定，則不為義務也。

第三節　判決之效力

判決之效力，先生既判力，又有由判決之種類，不但生既判力，且生執行力者。因外國裁判所所判決，於內國仍生同樣之既判力，各國所公認也。至執行力者，或當以權力強制為之佐，外國裁判所所判，於內國有執行力，則內國之主權，將為外國所侵，故此執行力，內國多不承認。然訴訟之性質，非執行力不能完其事，則不認執行力，於訴訟之旨戾，兩造糾結無已時，此甚不便者也。列國有鑒於此，或公立條約，或另立國內法，認其執行。或由內國裁判所，與以執行之文，而此訴訟執行力乃固。

此執行文者，內外國之裁判官所公定，於兩國均有執行力者也。其條件凡三：一國際條約及國內法，認外國裁判所所裁判為有效力。二外國之裁判所之判決，證佐明確，並無偏袒者。三內國之法律，許其執行，其他則不害於內國之公益而已。

國際私法終

格言別錄

依格言聯璧錄寫

學問類

凜閒居以體獨，卜動念以知幾，謹威儀以定命，敦大倫以凝道，備百行以考德，遷善改過以作聖。劉忠介人譜六條

觀天地生物氣象，學聖賢克己工夫。

存養類

宜靜默，宜從容，宜謹嚴，宜儉約。

謙退是保身第一法，安詳是處事第一法，涵容是待人第一法，恬淡是養心第一法。

劉念臺云，涵養全得一緩字，凡言語動作皆是。

應事接物，常覺得心中有從容閒暇時，纔見涵養。

劉念臺云，易喜易怒，輕言輕動，只是一種浮氣用事，此病根最不小。

呂新吾云，心平氣和四字，非有涵養者不能做，工夫只在箇定火。

陳榕门云：定火工夫，不外以理制欲。理勝，則氣自平矣。

以和氣迎人則乖沴滅，以正氣接物則妖氣消，以浩氣臨事則疑畏釋，以靜氣養身則夢寐恬。

輕當矯之以重，浮當矯之以實，褊當矯之以寬，躁急當矯之以和緩，剛暴當矯之以溫柔，淺露當矯之以沉潛，谿刻當矯之以渾厚。

尹和靖云：莫大之禍，皆起於須臾之不能忍，不可不謹。

逆境順境，看襟度；臨喜臨怒，看涵養。

持躬類

聰明睿知，守之以愚；道德隆重，守之以謙。

富貴，怨之府也；才能，身之災也；聲名，謗之媒也；歡樂，悲之漸也。

只是常有懼心，退一步做，見益而思損，持滿而思溢，則免於禍。

而思溢，則免於禍。

人生最不幸處，是偶一失言而禍不及，偶一失謀而事倖行，偶一恣行而獲小利，後乃視為故常，而恬不為意，則莫大之患，由此生矣。

學一分退讓，討一分便宜；增一分享用，減一分福澤。

不自重者取辱，不自畏者招禍。

蓋世功勞，當不得一個矜字；彌天罪惡，當不得一個悔字。

事當快意處，須轉；言到快意時，須住。

殃咎之來，未有不始於快心者，故君子得意而憂，逢喜而懼。

物忌全勝，事忌全美，人忌全盛。

安莫安於知足，危莫危於多言。

行己恭，責躬厚，接眾和，立心正，進道勇，擇友以求益，改過以全身。

心不妄念，身不妄動，口不妄言，君子所以存誠。內不欺己，外不欺人，上不欺天，君子所以慎獨。心術以光明篤實為第一，容貌以正大老成為第一，言語以簡重真切為第一。

平生無一事可瞞人，此是大快樂。

以情恕人，以理律己。

以恕己之心恕人，則全交；以責人之心責己，則寡過。

唐荊川云：須要刻刻檢點自家病痛。蓋所惡於人許多病痛處，若真知反己，則色色有之也。

緩字可以免悔，退字可以免禍。

敦品類

處事類

處難處之事，愈宜寬；處難處之人，愈宜厚；處至急之事，愈宜緩。

接物類

持己當從無過中求有過，非獨進德，亦且免患。

待人當於有過中求無過，非但存厚，亦且解怨。

何以息謗？曰無辯。何以止怨？曰不爭。

人之謗我也，与其能辯，不如能容。人之侮我也，与其能防，不如能化。

張夢復云：受得小氣，則不至於受大氣；喫得小虧，則不至於喫大虧。

又云：凡事最不可想佔便宜。便宜者，天下人之所共爭也，我一人據之，則怨萃於我矣；我失便宜，則眾怨消矣。故終身失便宜，乃終身得便宜也。此余數十年閱歷有得之言，其遵守之，毋忽。

余生平未嘗多受小人之侮，只有一善策，能轉彎早耳。

忍与讓，足以消無窮之災悔。古人有言：終身讓路，不失尺寸。

任難任之事，要有力而無氣；處難處之人，要有

知而無言

窮寇，不可追也；遁辭，不可攻也。

恩怕先益後損，威怕先鬆後緊。

先益後損，則恩反為讎，前功盡棄；先鬆後緊，則管束不下，反招怨怒。

善用威者不輕怒，善用恩者不妄施。

輕信輕發，聽言之大戒也；愈激愈厲，責善之大戒也。

呂新吾云：“愧之則小人可使為君子，激之則君子可使為小人。”

激之而不怒者，非有大量，必有深機。

處事須留餘地，責善切戒盡言。

曲木惡繩，頑石惡攻，責善之言，不可不慎也。

呂新吾云：“責善，要看其人何如，又當盡長善救失之道。無指摘其所忌，無盡數其所失，無對人，無峭直，無長言，無累言。犯此六戒，雖忠告，非善道矣。

又云：倫人須帶三分渾厚，非直遠禍，亦以留人掩蓋之路，觸人悔悟之機，養人體面之餘，猶天地含蓄之氣也。

使人敢怒而不敢言者，便是損陰騭。

凡勸人，不可遽指其過，必須先美其長，蓋人喜則言易入，怒則言難入也。善化人者，心誠色溫，氣和詞婉，容其所不及，而諒其所不能，恕其所不知，而體其所不欲，隨事講說，隨時開導。彼樂接引之誠，而喜於所好，感督責之寬，而愧其不材。人非木石，未有不長進者。我若嫉惡如讎，彼亦趨死如鶩，雖欲自新，而不可得，哀哉。

先哲云：覺人之詐，不形於言；受人之侮，不動於色。此中有無窮意味，亦有無限受用。

論人之非，當原其心，不可徒泥其迹；取人之善，當據其迹，不必深究其心。

呂新吾云：論人情，只向薄處求；說人心，只從惡邊想。此是私而刻底念頭，非長厚之道也。

修己以清心為要，涉世以慎言為先。

惡莫大於縱己之欲，禍莫大於言人之非。施之君子，則喪吾德；施之小人，則殺吾身。案此指言人之非者

人褊急，我受之以寬宏；人險仄，我待之以坦蕩。

律己宜帶秋氣，處世須帶春風。

盛喜中，勿許人物；盛怒中，勿答人書。

喜時之言，多失信；怒時之言，多失體。

靜坐常思己過，閒談莫論人非。

面諛之詞，有識者未必悅心；背後之議，受憾者常若刻骨。

臨事須替別人想，論人先將自己想。

患不在大，在乎當厄；怨不在多，在乎傷心。

毋以小嫌疏至戚，毋以新怨忘舊恩。

劉直齋云：好合不如好散，此言極有理。蓋合者始也，散者終也。至於好散，則善其終矣。凡處一事，交一人，無不皆然。

齊家類

從政類

惠吉類

群居守口，獨坐防心。

造物所忌，曰刻曰巧。萬類相感，以誠以忠。

謙卦六爻皆吉，恕字終身可行。

悖凶類

盛者衰之始，福者禍之基。

格言續錄

依格言聯壁錄寫

學問類

為善最樂。讀書便佳。

茅鹿門云：人生在世，多行救濟事，則彼之感我，中懷傾倒，浸入肝脾。何幸而得人心如此哉。

諸君到此何為，豈徒學問文章，擅一藝微長，便算讀書種子。在我所求亦恕，不過子臣弟友，盡五倫本分，共成名教中人。廣州香山書院楹聯

何謂至行，曰庸行。何謂大人，曰小心。

存養類

自家有好處，要掩藏幾分，這是涵育以養深；別人不好處，要掩藏幾分，這是渾厚以養大。

以虛養心，以德養身，以仁養天下萬物，以道養天下萬世。

一動於欲，欲迷則昏；一任乎氣，氣偏則戾。

劉直齋云。存心養性、須要耐煩耐苦耐驚耐怕、方得純熟。

寡欲故靜。有主則虛。

不為外物所動之謂靜。不為外物所實之謂虛。

敬守此心則心定。斂抑其氣則氣平。

青天白日的節義、自暗室屋漏中培來。旋乾轉坤的經綸、自臨深履薄處得力。

氣忌盛。心忌滿。才忌露。

意粗性躁、一事無成。心平氣和、千祥駢集。

衝繁地、頑鈍人、拂逆時、紛雜事。此中最好養火。若決烈憤激、不但無益。而事卒以僨、人卒以怨、我卒以無成、是謂至愚。耐得過時、便有無限受用處。

人性褊急則氣盛、氣盛則心粗、心粗則神昏。乖舛謬戾、可勝言哉。

自處超然、處人藹然。無事澄然、有事斬然。得意淡然、失意泰然。

持躬類

大著肚皮容物，立定脚跟做人。

儘前行者地步窄，向後看者眼界寬。

花繁柳密處撥得開，方見手段；風狂雨驟時立得定，纔是脚跟。

人當變故之來，只宜靜守，不宜躁動，即使萬無解救，而志正守確，雖事不可為，而心終可白；否則必致身敗而名亦不保，非所以處變之道。

步步占先者，必有人以擠之；事事爭勝者，必有人以挫之。

度量如海涵春育，持身如玉潔冰清，襟抱如光風霽月，氣概如喬嶽泰山。

心志要苦，意趣要樂，氣度要宏，言動要謹。

書有未曾經我讀，事無不可對人言。

心思要縝密，不可瑣屑；操守要嚴明，不可激烈。

聰明者戒太察，剛強者戒太暴。

以澹字交友，以聾字止謗，以刻字責己，以弱字禦侮。

居安慮危。處治思亂。

事事難上難、舉足常虞失墜。件件想一想、渾身都是過差。

怒宜實力消融。過要細心檢點。

事不可做盡。言不可道盡。

胡文定公云。人家最不要事事足意、常有些不足處方好。纔事事足意、便有不好事出來。歷試歷驗。

邵康節詩云。好花看到半開時。最為親切有味。

精細者、無苛察之心。光明者、無淺露之病。

識不足則多慮。威不足則多怒。信不足則多言。

足恭偽態、禮之賊也。苛察歧疑、智之賊也。

敦品類

敦詩書。尚氣節、慎取與、謹威儀、此惜名也。競標榜、邀權貴、務矯激、習模棱、此市名也。惜名者靜而休。市名者躁而拙。

辱身喪名、莫不由此。求名適所以壞名。名豈可市哉。

處事類

必有容、德乃大。必有忍、事乃濟。

呂新吾云。做天下好事。既度德量力、又審勢擇人。專欲難成。眾怒難犯。此八字不獨妄動邪為者宜慎。雖以正公無私之心、行正大光明之事、亦須調劑人情、發明事理、俾大家信從。然後動有成、事可久。蓋群情多闇於遠識、小人不便於私己、群起而壞之、雖有良法胡成胡久。

強不知以為知、此乃大惡。本無事而生事、是謂薄福。

白香山詩云。我有一言君記取、世間自取苦人多。

無事時、戒一偷字。有事時、戒一亂字。

劉念臺云。学者遇事不能应、總是此心受病處。只有鍊心法、更無鍊事法。鍊心之法、大要只是胸中無一事而已。無一事、乃能事事。此是主靜工夫得力處。

處事大忌急躁。急躁則先自處不暇、何暇治事。

論人當節取其長、曲諒其短。做事必先審其害、後計其利。

無心者公。無我者明。

接物類

嚴著此心以拒外誘、須如一團烈火、遇物即燒。寬著此心以待同群、須如一片春陽、無人不暖。

凡一事而關人終身、縱確見實聞、不可著口。凡一語而傷我長厚、雖閒談戲謔、慎勿形言。

結怨讎、招禍害、傷陰隲、皆由於此。

遇事只一味鎮定從容、雖紛若亂絲、終當就緒。待人無半毫矯偽欺詐、縱狡如山鬼、亦自獻誠。

公生明。誠生明。從容生明。

公生明者、不蔽於私也。誠生明者、不雜以偽也。從容生明者、不淆於惑也。

窮天下之辯者、不在辯而在訥。伏天下之勇者、不在勇力而在悟。

以作義存心。以忍讓接物。

林退齋臨終。子孫環跪請訓。曰、無他言、爾等。只。要。学。喫。虧。

寬厚者、毋使人有所恃。精明者、不使人無所容。使人敢怒而不敢言者、便是損陰隲霧。

喜聞人過、不若喜聞己過。樂道己善、何如樂道人善。

持身不可太皎潔、一切污辱垢穢要茹納得。處世不可太分明、一切賢愚好醜要包容得。

精明、須藏在渾厚裏作用。古人得禍、精明人十居其九。未有渾厚而得禍者。

德盛者、其心和平、見人皆可取、故口中所許可者多。德薄者、其心刻傲、見人皆可憎、故目中所鄙棄者眾。

呂新吾云。世人喜言無好人、此孟浪語也。推原其病，皆從不思不恕所致。自家便是箇不好人，更何暇責備他人乎。

攻人之惡毋太嚴，要思其堪受；教人以善毋過高，當使其可從。

事有急之不白者，緩之或自明，毋急躁以速其戾；人有操之不從者，縱之或自化，毋苛刻以益其頑。

己性不可任，當用逆法制之，其道在一忍字；人性不可拂，當用順法調之，其道在一恕字。

欲論人者先自論，欲知人者先自知。

凡為外所勝者，皆內不足；凡為邪所奪者，皆正不足。

今人見人敖慢，輒生喜惱心，皆外重者也。此迷不破，胸中冰炭一生。

小人樂聞君子之過，君子恥聞小人之惡。此存心厚薄之分，故人品因之而別。

惠吉類

知足常足，終身不辱；知止常止，終身不恥。

明鏡止水以澄心。泰山喬嶽以立身。青天白日以應事。霽月光風以待人。

附　見彝郭類

錢志鵰、君子懷刑題文、聞諺云。自怨之人、皆日蹈於刑而不知憂、日幸免於刑而不知愧。　又收東二小比云。人方有欲自肆、莫疑朝夕補救之近、而孰知惟此制心之方保。人至無地自容、始悟名教從容之樂、而豈若先乎慮患之為安。　學問有得之語、當從戰兢惕勵中來。真有功世道之文也。

佩玉編

明薛文清公《讀書錄》選

二十年治一怒字，尚未消磨的盡。以是知克己最難。

余每夜就枕，必思一日所行之事。所行合理，則恬然安寢。或有不合，即展轉不能寐。思有以更其失，又慮始勤終怠也，因筆錄自警。

深以刻薄為戒，每事當從忠厚。

寧人負我，毋我負人。此言當留心。

惟寬可以容人，惟厚可以載物。

導友善不納，則當止。宜體此言。

不能感人，皆誠之未至。

學以靜為本。

口念書而心他馳，難乎有得矣。

余於坐立方向器用安頓之類，稍有不正，即不樂。必正而後已，非作意為之，亦其性然。

一語妄發即有悔，可不慎哉！

不力行，只是學人說話。

程子作字甚敬，曰：「只此是學。」

凡取人，當捨其舊而圖其新。自賢人以下，皆不能無過。或早年有過，中年能改。或中年有過，晚年能改。當不追其往，而圖其新可也。若追究其往日之過，並棄其後來之善，將使人無遷善之門，而世無可用之材也。以是處心，刻亦甚矣！

大抵常人之情，責人太詳，而自責太略。是所謂以聖人望人，以衆人自待也。惑之甚矣！

作詩作文寫字，疲弊精神，荒耗志氣，而無得於己。惟從事於心學，則氣完體胖，有休休自得之趣。惟親歷者知其味，殆難以語人也。

開卷即有與聖賢不相似處。可不勉乎？

欲以虛假之善，蓋真實之惡。人其可欺，天其可欺乎？

人有負才能而見於辭貌者，其小也可知矣。

覺人詐，而不形於言，最有味。

戒太察，太察則無含弘之氣象。

行有不得，皆反求諸己。

少陵詩曰：「水流心不競，雲在意俱遲。」從容自在，可以形容有道者之氣象。

有於一事心或不快，遂於別事處置失宜，此不敬之過也。

往時怒，覺心動。近覺隨怒隨休，而心不為之動矣。

輕當矯之以重，急當矯之以緩。褊當矯之以寬，躁當矯之以靜。暴當矯之以和，粗當矯之以細。察其偏者而悉矯之，久則氣質變矣。

陶淵明曰：「此亦人子也，可善遇之。」（案此指奴婢而言。）

處事大宜心平氣和。

行七八分，言二三分。

處事不可使人知恩。

舊習最害事。吾欲進，彼則止吾之進。吾欲新，彼則汩吾之新。甚可惡，當刮絕之。

為學時時處處是做工夫處。雖至卑至陋處，皆當存謹畏之心，而不可忽。且如就枕時，手足不敢妄動，心不敢亂想，這便是睡時做工夫，以至無時無事不然。

英氣甚害事。渾涵不露圭角最好。

第一要有渾厚包涵從容廣大之氣象。

促迫、褊窄、淺率、浮躁，非有德之氣象。

只觀人氣象，便知其涵養之淺深。

余覺前二十年之功，不如近時切實而有味。

寡欲，省多少勞擾。

只寡欲，便無事。無事，心便澄然矣。

密汝言，和汝氣。

余少時學詩學字，錯用工夫多。早移向此，庶幾萬一。

省察之功，不可一時而或怠。《詩》曰：「夙夜匪懈。」其斯之謂歟?!

「敬」字一字，無「欲」字，乃學者至要至要。

余近日甚覺敬與無欲之力。

觀人之法，只觀含蓄，則淺深可見。

方為一事，即欲人知，淺之尤者。

時然後言，惟有德者能之。

古人衣冠偉博，皆所以莊其外而肅其內。後人服一切簡便短窄之衣，起居動靜惟務安適。外無所嚴，內無所肅。鮮不習而為輕佻浮薄者。

守約者，心自定。

待人當寬而有節。

處己接物，事上使下，皆當以敬為主。

聖人言人過處，皆優柔不迫，含蓄不露。此可以觀聖人之氣象。

曾子曰：「戰戰兢兢，如臨深淵，如履薄冰。」君子之守其身，可不慎乎？

必使一言不妄發，則庶幾寡過矣。

珠藏澤自媚，玉蘊山含輝。此涵養之至要。

慎言謹行，是修己第一事。

氣質極難變，十分用力，猶有變不盡者。然亦不可以為難變，而遂懈於用力也。

小人不可與盡言。

導人以善，不可則止。其知幾乎！

言要緩，行要徐，手要恭，立要端。以至作事有節，皆不暴其氣之事。

輕諾則寡信。

為學第一在變化氣質。不然，只是講說耳。

人譽之，使無可譽之實，不可為之加喜。人毀之，使無可毀之實，不可為之加戚。惟篤於自信而已。

輕言則人厭，故謹言為自修之要。

識量大，則毀譽欣戚不足以動其中。

人不知而不慍，最為難事。今人少被人侮慢，即有不平之意，是誠德之未至也。無深遠之慮，樂淺近之事者，恆人也。

劉立之謂從明道年久，未嘗見其有暴厲之容，宜觀明道之氣象。

聖人教人，只是文行忠信，未嘗極論高遠。

教人言理太高，使人無可依據。

人猶知論人之是非，而己之是非則不知也。

心無所主，即動靜皆失其中。

犯而不校，最省事。

只可潛修默進，不可求人知。

「中人以上，可以語上也。中人以下，不可以語上也。」須謹守此訓，斯無失言之過。

放下一切外物，覺得心閑省事。

交人而人不敬信者，只當反求諸己。

凡事皆當推功讓能與人，不可有一毫自德自能之意。

人不能受言者，不可妄與一言。

「中人以上，可以語上。中人以下，不可與語上。」教人者當謹守此言。與人談論，亦當謹守此言。

待人當宏而有節。

大抵少能省己之失，惟欲尋人之失。是所謂不攻己之惡，而攻人之惡，大異乎聖人之教矣。

人不謀諸己，而強為之謀，彼即不從，是謂失言。日用間此等甚多，人以為細事而不謹，殊不知失言之責，無小大也。謹之！

日用間纖毫事，皆當省察謹慎。

元城劉忠定力行「不妄語」三字，至於七年而後成。力行之難如此，而亦不可不勉也。

句句着落不脫空，方是謹言。

溫公謂：「誠自不妄語始。」信哉斯言也。

信口亂談者，無操存省察之功也。

讀正書，明正理，親正人，存正心，行正事，斯無不正矣。

宴安之私，最難克。

宴安鴆毒，此言當深省。

名節至大，不可妄交非類以壞名節。

簡默凝重以持己。

一言不可妄發，一事不可妄動。

日間時時刻刻，緊緊於自己身心上存察用力，不可一毫懈怠。

細思，處事最難。

信而後諫，未信則以為謗己也。君臣朋友皆然，可不慎哉！

聞外議，只當自修自省。

程子曰：「省躬克己不可無，亦不可常留在心作悔。」蓋常留在心作悔，則心體為所累，而不能舒泰也。

潛修不求人知，理當如此。

汲汲自修不及，何暇責人。不自修而責人，捨其田而耘人之田也。

張子曰：「學至於不責人，其學進矣。」此言當身體而力行之。愚屢言及此而不厭其煩者，亦欲深省而實踐之也。

正己者乃能正人。未有枉己而能正人者也。

既往之非不可追，將來之非不可作。此吾之自省也。

衛武公、蘧伯玉皆以高年而篤於進修，誠可為後世法。

常存不如人之心則有進。

衛武公年九十五，猶作懿戒以自警。

孔子曰：「焉用殺！」《論語》二十篇，無以殺字論為政者。聖人之仁心大矣。

《論語》一書，未有言人之惡者。熟讀之，可見聖賢之氣象。

人之威儀，須臾不可不嚴整，蓋有物有則也。

心每有妄發，即以經書聖賢之言制之。

孔子言有恆者難見。驗之人，信然。

不能動人，惟責己之誠有未至。

不怨天，不尤人，理當如是。

顏子終日不違如愚。喋喋多言，而能存者寡矣。

恕字用之不盡。

不遷怒工夫甚難。惟嘗用力者知之，然亦不可不勉。

欲寡其過而未能之意，時時不可忘。此實修己之要也。

清三韓梁瀛侯《日省錄》選

唐堯戒云：「戰戰栗栗，日謹之一日。人莫躓於山，而躓於垤。」

武王書《履》云：「行必履正，無懷僥幸。」又書《鋒》云：「忍之須臾，乃全汝軀。」又《衣銘》云：「桑蠶苦，女工難，得新絹，故後必寒。」

《金人銘》云：「古之慎言人也，戒之哉！戒之哉！無多言，多言多敗。無多事，多事多患。安樂必戒，無行所悔。勿謂何傷，其禍將長。勿謂何害，其禍將大。勿謂不聞，神將伺人。焰焰不滅，炎炎若何？涓涓不壅，終為江河。綿綿不絕，或成網羅。毫末不札，將尋斧柯。誠能慎之，福之根也。口是何傷，禍之門也。強梁者不得其死，好勝者必遇其敵。盜憎主人，民怨其上。君子知天下之不可上也，故下之。知衆人之不可先也，故後之。溫恭慎德，使人慕之。執雌持下，人莫逾之。人皆趨彼，我獨守此。人皆惑之，我獨不徙。內藏我智，不示人技。我雖尊高，人莫我害。江海雖左，長於百川，以其下也。天道無親，常與善人。戒之哉！」

勿謂善小而不為，勿謂惡小而為之。

人生一日，或聞一善言，見一善行，行一善事，此日方不虛生。

有一言而傷天地之和，一事而折終身之福者。切須檢點。

耳中常聞逆耳之言，心中常有拂心之事，纔是進德修業的砥石。若言言悅耳，事事快心，便把此身埋在鴆毒中矣。

薛文清曰：「心如鏡，敬如磨鏡。鏡纔磨，則塵垢去而光彩發。心纔敬，則人欲清而天理明。識得破，忍不過。說得硬，守不定。笑前轍，忘後跌。輕千乘，豆羹競。諱疾忌醫，掩耳偷鈴。論人甚明，視己甚昧。得時誇能，不遇妒世。此人情之通患也。」

無事，便思有閑雜妄想否。有事，便思有粗浮意氣否。得意，便思有驕矜辭色否。失意，便思有怨望情懷否。

天薄我以福，吾厚吾德以迓之。天勞我以形，吾逸吾心以補之。天阨我以遇，吾亨吾道以通之。天且奈我何哉！

變化氣質，居常無所見。惟當利害，經變故，遭屈辱，平時憤怒者，到此能不憤怒，憂惶失措者，到此能不憂惶失措。始有得力處，亦便是用力處。

英氣甚害事，渾涵不露圭角最好。

人雖至愚，責人則明。雖有聰明，恕己則昏。常以責人之心責己，恕己之心恕人，不患不到聖賢地位。

語人之短不曰直，言人之惡不曰義。

人人賦性，豈容一例苛求。事事憑天，未許預先打算。

毋以小嫌疏至親，毋以新怨忘舊恩。

馬援《戒子書》曰：「吾欲汝曹聞人過失，如聞父母之名，耳可得聞，口不可得言也。」

林退齋官至尚書，臨終，子孫跽請曰：「大人何以訓子孫？」公曰：「若等只要學我吃虧。」

人家最不要事事足意，常有些不足處便好。人家纔事事足意，便有不好事出來，亦消長之理然也。

君子於人，當於有過中求無過，不可於無過中求有過。

忠厚君子，刻薄小人，分途只在一心。

水至清則無魚，人至察則無徒。

盛喜中勿許人物，盛怒中勿答人簡。

禦寒莫若重裘，止謗莫若自修。

一切順逆得喪毀譽愛憎，要知宇宙古今聖賢凡民都有的，不必輒自驚異。

莫大之禍，起於須臾之不忍，不可不謹。

少陵詩云：「忍過事堪喜。」

婁師德戒其弟曰：「吾甚憂汝與人相競。」弟曰：「人唾面，亦自拭之。」師德曰：「凡人唾汝，是其人怒，汝拭之，是逆其心，何不待其自乾。」

伊川見人論前輩之短，曰：「汝且取他長處。」

晚晴集

若失本心，即當懺悔。懺悔之法，是為清涼。金剛三昧經

菩薩若能隨順眾生，則為隨順供養諸佛。若於眾生尊重承事，則為尊重承事如來。若令眾生生歡喜者，則令一切如來歡喜。華嚴經普賢行願品

我若多瞋及怨結者，十方現在諸佛世尊皆應見我，當作是念：云何此人欲求菩提，而生瞋恚及以怨結？此愚癡人，以瞋恨故，於自諸苦不能解脫，何由能救一切眾生？華嚴經修慈分

迦葉白佛：我等從今，當於一切眾生生世尊想，若生輕心，則為自傷。佛言：善哉快論！首楞嚴三昧經依寶王論節文。

應代一切眾生受加毀辱，惡事向自己，好事與他人。梵網經

離貪嫉者，能淨心中貪欲雲翳，猶如夜月，眾星圍繞。理趣六波羅蜜多經

生死不斷絕，貪欲嗜味故。養怨入丘塚，虛受諸辛苦！大寶積經富樓那會

是身如掣電，類乾闥婆城。云何於他人，數生於喜怒？諸法集要經

瞋恚之害，則破諸善法，壞好名聞，今世後世，人不喜見。佛遺教經

行少欲者，心則坦然，無所憂畏，觸事有餘，常無不足。佛遺教經

身、語、意業不造惡，不惱世間諸有情。正念觀知欲境空，無益之苦當遠離。有部律周利槃陀伽尊者，三月不能誦得，即此伽陀也。

名譽及利養，愚人所愛樂，能損害善法，如劍斬人頭。有部律

世間色聲香味觸，常能誑惑一切凡夫，令生愛著。智者大師

瞋，是失佛法之根本，墜惡道之因緣，法樂之冤家，善心之大賊；種種惡口之府藏。智者大師

凡夫學道法，唯可心自知，造次向他道，他即反生誹。諦觀少言說，人重德能成，遠眾近靜處，端坐正思惟。但自觀身行，口勿說他短，結舌少論量，默然心柔軟。無知若聾盲，內智懷實貨，頭陀樂閑靜，對修離懈惰。道宣律師

處眾處獨，宜韜宜晦。若啞若聾，如癡如醉。埋光埋名，養智養慧。隨動隨靜，忘內忘外。翠巖禪師

我且問你，忽然臨命終時，你將何抵敵生死？須是閑時辦得下，忙時得用，多少省力。休待臨渴掘井，做手腳不迭。前路茫茫，胡鑽

亂撞。苦哉，苦哉！黃檗禪師

鼻有墨點，對鏡惡墨，但揩於鏡，其可得耶？好惡是非，對之前境，不了自心，但尤於境，其可得耶？洗分別之鼻墨，則一鏡圓淨矣！萬境咸真矣！執石成寶矣！衆生即佛矣！飛錫法師

修行人大忌說人長短是非，乃至一切世事非干己者，口不可說，心不可思。但口說心思，便是昧了自己。若專鍊心，常搜己過，那得工夫管他家屋裏事？粉骨碎身，唯心莫動。收拾自心，如一尊木雕聖像，坐在堂中，終日無人亦如此！旛蓋簇擁香花供養亦如此！讚歎亦如此！毀謗亦如此！修行人常常心上無事，時時刻刻體究自己本命元辰端的處。盤山禪師

元無我人，為誰貪瞋。圭峯法師

報緣虛幻，不可強為。浮世幾何，隨家豐儉。苦樂逆順，道在其中。動靜寒溫，自愧自悔。佛眼禪師

學道人逐日但將檢點他人底工夫，常自檢點，道業無有不辦。或喜或怒，或靜或鬧，皆是檢點時節。大慧禪師

化人問幻士，谷響答泉聲，欲達吾宗旨，泥牛水上行。永明禪師

千峯頂上一茅屋，老僧半間雲半間，昨夜雲隨風雨去，到頭不似老僧閑。歸宗芝菴禪師

過去事已過去了，未來不必預思量，只今便道即今句，梅子熟時梔子香。石屋禪師

即今休去便休去，若覓了時無了時。雲峯禪師

瑣瑣含生，營營來去者，等彼器中蚊蚋，紛紛狂鬧耳！一化而生，再化而死，化海漂蕩，竟何所之？夢中復夢，長夜冥冥，執虛為實，曾無覺日！不有出世之大覺大聖，其孰與而覺之歟？仁潮禪師

縱宿業深厚，不能頓斷；當方便制抑，自勸自心。妙叶禪師

放開懷抱，看破世間，宛如一場戲劇，何有真實？蓮池大師

達宿緣之自致，了萬境之如空，而成敗利鈍，興味蕭然矣！蓮池大師

伊庵權禪師用功甚銳。至晚，必流涕曰：今日又只恁麼空過！未知來日工夫如何？師在衆，不與人交一言。蓮池大師

畏寒時欲夏，苦熱復思冬，妄想能消滅，安身處處同。草食勝空腹，茅堂過露居，人生解知足，煩惱一時除。蓮池大師

人之過惡深重者，亦有效驗。或心神昏塞轉頭即忘；或無事而常煩惱；或見君子而赧然消沮；或聞正論而不樂；或施惠而人反怨；或夜夢顛倒；甚則妄言失志，皆作孽之相也。苟一類此，即須奮發，捨舊圖新，幸勿自誤！袁了凡

只「強順人情，勉就世故」八個字，誤卻你一生大事。道業未成，無常至速！急宜斂迹韜光，一心向道，不得再誤！西方確指

深潛不露，是名持戒，若浮於外，未久必敗。有口若啞，有耳若聾，絕羣離俗，其道乃崇。西方確指

種種惡逆境界，盡情看作真實受益之處。名利、聲色、飲食、衣服、讚譽、供養，種種順情境界，盡情看作毒藥毒箭。蕅益大師

將身心世界全體放下，作一超方特達之觀。蕅益大師

善友罕逢，惡緣偏盛，非咬釘嚼鐵，刻骨鏤心，何以自拔哉？蕅益大師

何不趁早放下幻夢塵勞，勤修戒定智慧？蕅益大師

勿貪世間文字詩詞，而礙正法！勿逐慳、貪、嫉妒、我慢、鄙覆習氣，而自毀傷！蕅益大師

內不見有我，則我無能；外不見有人，則人無過；一味癡呆，深自慚愧！劣智慢心，痛自改革！蕅益大師

籬菊數莖隨上下，無心整理任他黃，後先不與時花競，自吐霜中一段香。誦帚禪師

從今以後，願遯世不見知而不悔，作一齋公齋婆，向廚房竈下安隱過日。今生不敢復作度人妄想。彭二林

幸賴善緣，得聞法要，此千生萬劫轉凡成聖之時。尚復徘徊岐路，乍前乍卻，則更歷千生萬劫，亦如是而止耳！況輾轉淪陷，更有不可知者哉？彭二林

輪轉生死中，無須臾少息，猶復熙熙如登春臺？曾不知佛與菩薩，為之痛心而慘目也！彭二林

汝信心頗深，但好張羅，及好游，好結交，實為修行一大障。祈沈潛杜默，則其益無量。戒之！印光法師

汝是何等根機，而欲法法咸通耶？其急切紛擾，久則或致失心！印光法師

當主敬，存誠，於二六時中，不使有一念虛浮怠忽之相。及與世人酬酢，唯以忠恕為懷。則一切時，一切處，惡念自無從而起。印光法師

直須將一個「死」字，原註云：「此字好得很。」掛到額顱上。印光法師

若善男子，善女人，聞說淨土法門，心生悲喜，身毛為豎，如拔出者。當知此人，此過去宿命已作佛道來也。無量清淨平等覺經，依迦才淨土論引文。

汝今亦可自厭生死老病痛苦，惡露不淨，無可樂者！無量壽經

無憂惱處，我當往生。不樂閻浮提濁惡世也。觀無量壽佛經

纔有病患，莫論輕重，便念無常，一心待死。善導大師

我未曾見聞，慈悲而行惱，互共相瞋恚，願生阿彌陀。若人如恆河，惡口加刀杖，如是皆能忍，則生清淨土。諸法無行經

生宏律範，死歸安養，平生所得，唯二法門。靈芝元照律師

凡聞惡聲，則念阿彌陀佛以消禳之，願一切人不為惡行；凡見善事，則念阿彌陀佛以贊助之，願一切人皆為善行；無事則默念阿彌陀佛，常在目前，便念念不忘；能如此者，其於淨土決定往生。王龍舒

人生能有幾時？電光眨眼便過！趁未老，未病，抖身心，撥世事；得一日光景，念一日佛名；得一時工夫，修一時淨業；由他命終，我之盤纏預辦，前程穩當了也。若不如此，後悔難追！天如禪師

如就刑戮；若在狴牢；怨賊所追；水火所逼；一心求救，願脫苦輪。天如禪師

於此土聲色諸境，作地獄想，苦海想，火宅想。諸寶物，作苦具想。飲食，衣服，如膿血鐵皮想。妙叶禪師

此界釋迦已滅，彌勒未生，賢聖隱伏。衆生奔波苦海，猶失父之兒。若不以極樂願王為歸，誰為救護？妙叶禪師

聞教便行，奚待更勸？妙叶禪師

惟名聞利養；甜愛輭賊；及瞋心瞋火；雖有佛力，不能救焉！行者當深加精進，以攘卻之！妙叶禪師

又復當護人心，勿使謗嫌，動用自若；息世雜善；不貪名利；將過歸己；捐棄伎能；惟求往生。妙叶禪師

娑婆有一愛之不輕，則臨終為此愛所牽；矧多愛乎？極樂有一念之不一，則臨終為此念所轉；矧多念乎？幽溪法師

若生恩愛時，當念淨土眷屬無有情愛，何當得生淨土？遠離此愛。若生瞋恚時，當念淨土眷屬無有觸惱，何當往生淨土？得離此瞋。若受苦時，當念淨土無有衆苦，但受諸樂。若受樂時，當念淨土之樂無央無待。凡歷緣境，皆以此意而推廣之，則一切時處，無非淨土之助行也。幽溪法師

如何說得娑婆苦？苦事紛紛等蝟毛！西齋禪師

當屏人獨處，自辦道業，以設像為師，經論為侶。袁宏道

五濁惡世寒熱苦惱，穢相熏炙，不容一刻居住。袁宏道

問：人不信淨土，恐只是本來福薄？答：此言甚是！蓮池大師

余下劣凡夫，安分守愚，平生所務，惟是「南無阿彌陀佛」六字。今老矣！倘有問者，必以此答。蓮池大師

當生大歡喜，切勿懷憂惱，萬緣俱放下，但一心念佛。　往生極樂國，上品蓮華生，見佛悟無生，還來度一切。蓮池大師

世情淡一分，佛法自有一分得力。娑婆活計輕一分，生西方便有一分穩當。蕅益大師

彈指歸安養，閻浮不可留。蕅益大師

歸命大慈父，早出娑婆關。蕅益大師

世之最可珍重者，莫過精神；世之最可愛惜者，莫過光陰。一念淨即佛界緣起，一念染即九界生因，凡動一念即十界種子，可不珍重乎？是日已過，命亦隨減，一寸時光即一寸命光，可不愛惜乎？苟知精神之可珍重，則不浪用，則念念執持佛名。光陰不虛度，則刻刻熏修淨業。徹悟禪師

悲哉衆生！欲念未除，道根日壞。佛之視汝，將何以堪？彭二林

子等歸向極樂，全須打得一副全鐵心腸，外不為六塵所染；內不為七情所錮；汙泥中便有蓮華出現也。彭二林

蓮華種子，榮悴由人。時不相待，珍重！珍重！彭二林

上品見佛速，下品見佛遲，雖有遲速異，終無退轉時。參禪病著相，念佛貴斷疑，實實有淨土，實實有蓮池。張守約

念阿彌陀佛，正覺圓滿之名；觀極樂世界，清淨莊嚴之相。如此滯著，只怕未能切實；果能切實，則世間種種幻化妄緣，自當遠離。悟開禪師

隨忙隨閑，不離彌陀名號。順境逆境，不忘往生西方。印光禪師，以下悉同。

誠與恭敬，實為超凡入聖、了生脫死之極妙秘訣。

業障重，貪瞋盛，體弱，心怯，但能一心念佛，久之自可諸疾咸愈。

佛固不見棄於罪人，當承茲行以往生耳。

須信娑婆實實是苦，極樂實實是樂，深信佛言，了無疑惑。

應發切實誓願，願離娑婆苦，願得極樂樂。其願之切，當如墮廁坑之急求出離；又如繫牢獄之切念家鄉；己力不能自出，必求有大勢力者提拔令出。

業識未消，三昧未成，縱談理性，終成畫餅。

入理深談，且緩數年！

一句南無阿彌陀佛，只要念得熟，成佛尚有餘裕！不學他法，又有何憾？

汝雖於淨土法門，頗生信心；然猶有好高騖勝之念頭，未能放下，而未肯以愚夫愚婦自命！

其有平日自命通宗通教，視淨土若穢物，恐其汙己者；臨終多是手忙腳亂，呼爹叫娘。

汝妄想之心遍天遍地，不知息心念佛；所謂向外馳求，不知返照回光。

今見好心出家在家四衆，多是好高騖遠，不肯認真專修淨業；總由宿世善根淺薄，今生未遇通人。

當今之時，其世道局勢，有如安臥積薪之上，其下已發烈火；尚猶悠忽度日，不專志求救於一句佛號。其知見之淺近甚矣！

心跳惡夢，乃宿世惡業所現之兆；然現境雖有善惡，轉變在乎自己；惡業現而專心念佛，則惡因緣為善因緣。

當恪守淨宗列祖成規，持齋念佛，改惡修善，知因識果，植福培德；以企現生消除業障，臨終正念往生；庶不虛此一生，及親為如來弟子耳。

但當志心念佛，以消舊業；斷不可起煩躁心，怨天尤人。

具縛凡夫，若無貧窮疾病等苦，終日奔馳於聲色名利之場而莫之能已！誰肯於得意烜赫之時，回首作未來沈溺之想乎？

欲得佛法實益，須向恭敬中求；有一分恭敬，則消一分罪業，增一分福慧。

念佛，要時常作將死、將墮地獄想；則不懇切亦自懇切，不相應亦自相應；以怖苦心念佛，即是出苦第一妙法；亦是隨緣消業第一妙法。

末世衆生，無論有善根，無善根，皆當決定專修淨土；善根有，固宜努力！無，尤當篤培！

汝須自知好歹，修行要各盡其分，潛修默契方可！急急改過攝心念佛！

寒笳集（又名《蕅益大師警訓略錄》）·法語

（上略）應以猛切心治姑待心，常念時不待人，一蹉便成百蹉。以殷重心治輕忽心，一言有益於己，便應著眼銘心。以深廣心治將就心，期待誓同先哲，舉措莫類時流。三若缺一，學道難矣。

流俗知見不可入道，我慢習氣不可求道，未會先會不可語道，宴安怠惰不可學道，顧是惜非不可謀道，自信己意不可問道，捨動求靜不可養道，棄教參禪不可得道，依文解義不可會道，欲速喜近不可悟道，隔小於大不可見道，執穢為淨不可知道，厭常喜新不可趨道，樂簡畏繁不可明道，將就苟且不可修道，得少為足不可證道。惟超羣拔俗，謙己，虛心，忍苦，捍勞，親近知識，觸處體會，以教印心，廣大悠久，事理雙備，棲神淨域，履蹈典型，博通古今，特達勇銳，深心無極，誓窮法海源底。（以上二行之文，與前段對之，其義相反，可知。）乃真實男子，出世丈夫。

夫比丘者，體預僧寶之尊，職紹佛法之種。須超羣拔俗，迴脫流俗知見，方無愧厥名。儻故轍不改，則一舉一動罪案如山。一旦業風吹去，袈裟下失卻人身，苦中之苦。人間五十年，四王天一晝夜，有何實法可戀？若不急尋出要，寧唯一錯百錯，塵沙劫數未有了期。血性漢子能勿悚然在念乎？

有出格見地方有千古品格，有千古品格方有超方學問，有超方學問方有蓋世文章。今文章學問不從立品格始，品格不從開見地始，是之楚而北其轅也。嗚呼！習俗移人，賢智不免。狃一時耳目，忘曠劫因緣。非以理奪情，以性違習，安能洞開見地，使文章事業一以貫之也哉！

習氣不除，無出生死分。然習氣熏染非一朝一夕之故，不痛加錐搒何由頓革。須猛念身世無常，幻緣虛假。人道難生，佛乘難遇。失此不求度脫，千生萬劫何期。便將是非人我體面界牆，身見慢幢，愛染情性，全體放下不復躊躇。將如來出世要法徹底承當，愛樂受持，精勤趨向。自然福慧增長，日造深微。（下略）

（上略）今時釋子只圖作宗法律師。設無出頭一著，雖頓超佛地者亦不顧矣。本發心，原非為菩提大道，曠劫遠猷。故一受戒，兢兢鉢杖表相。一聽講，孜孜消文為事。一參禪，念念機鋒是務。至應期禁足閉關等，皆百年活計，人世公案，本分事千萬重矣。彼於微妙佛道，僅從經本上依稀聞解，未嘗親知灼見，終屬半信半疑。於眼前活計，未嘗諦觀三界空苦無常，終覺放他不下。雖學成語陵駕佛祖，實一時高興。或初生牛犢不畏虎，或童豎戲劇自稱天王，未嘗以佛祖自期也。間有發勝志者，不能到底唯為菩提一事，或被名利改節。雖云漸變初心，仍是因中夾帶。不可不慎思而痛勵也。

（上略）儻名關未破，利鎖未開。藉言弘法利生，止是眼前活計。一點偷心，萬劫纏繞。縱透盡千七百公案，講盡三乘十二分教，興崇梵剎如給孤獨園，廣收徒衆如無相好佛。無明業識不斷，俱為自誑自欺。（下略）

悲智相應，名菩提心。發此心已，方得無作戒。又須二六時常自省察，念念相應，即念念成佛。稍不合，便於菩薩戒得失意罪。在慎思而力行之。

有三障，能敗戒德，使信心退沒。一瞋恚，橫於自他而生惱害。二我慢，於諸僧寶而生輕忽。三懈怠，於諸妙法不肯學習。三法有一，牽入惡道，忘失信心。

（上略）若的確求出生死，證菩提。先將近時禪講流弊，盡情識破。自己從來杜撰主義，盡情放捨軟煖習氣，盡情打掃乾淨。夢幻身命，盡情拌得抛得。種種惡逆境界，盡情看作真實受益之處。名利聲色飲食衣服讚譽供養種種順情境界，盡情看作毒藥毒箭。（中略）又身見重者，宜苦行消之。貪愛強者，宜苦境鍊之。人我山高者，逆緣挫之。體面心重者，忍辱治之。（下略）

討究佛法，第一要務。諸佛所師，所謂法也。況弟子乎？雖勝義法性，貴在親證。儻非黃卷赤牘作標目，指示真實修行出要，何由得證勝義？試觀外道亦出家求出生死，不知正法，求昇反墜。故不留心教典，饒勇猛精進，定成魔外。脅尊八十出家，晝觀三藏，夜習禪思，乃有濟。有謬云：年少力強宜習教典，年衰力弱只堪念佛。豈年少不必念佛，年老不可習教。將謂如來教法，僅同舉子業，博名利於半生者乎！一歷耳根永為道種，大士所以捨全身求半偈也。今佛法流布，賴迦葉阿難二祖徹底悲心。人皆視作等閒。殊不知恆沙世界，無量劫中，妙法名字不可得而聞也。

示閱藏四則：一、須體如來說法本意，要人超生脫死，非為口耳活計。句句消歸自心，如說修行，方不受說食數寶之誚。一、學問之道貴下學上達，所以如來施教必有次第。今人空腹高心，但圖圓頓之名，無力飲河，詎能吞海？必先閱律藏，稔知佛世芳規，深鍊為僧要務。次閱四阿含，了正因緣境，為圓妙三觀之本。次留心台教，深知如來說法所以然之妙，及四悉檀巧被之致。然後將此法界匙鑰遍開不思議經論之鎖，勢如破竹矣。一、閱律，首四分，次僧祇，次十誦，次根本，次五分，次及善見毗尼母等。諸家傳受不同，各有源委線索，須細尋之。無執一非餘，亦無猶豫兩楹，在得意善用。大意如問辯所明。散見於《毗尼事義集要》全部中莫謂此小乘法不足久久留心，當捨之別參上乘。是末世癡人邪慢惡見，牽人墮惡道深坑。不可信也。一、大小經律論雖字字明珠，言言見諦。然各就習氣所重對治所宜，或隨時弊不同救拯有異，不妨摘出要語，期自利利他。如雪山無非藥，採者期於對病。寶山無非寶，取之先擇摩尼。只此成錄，足驗手眼。

萬法本融，由迷情執而成礙。如一指能蔽山岳，認漚必遺大海。不惟埋沒己靈，亦寃屈六塵境界。詎思六塵非能惑人，人自妄惑。根根幻馳，識識紛動。仔細推求，塵既不居其咎，根亦豈職其愆，識寧獨當其罪。三科分析既無真主，縱令共合那有實法。而於此虛妄法中，著我著人分取分捨。猶如捏目，亂華發生，更欲分別華相妍醜大小，不益惑乎！惟將身心世界全體放下，作一超方特達之觀。譬如為天下者不顧家。則智眼昭明，一切境界無非真實受用處矣。

夫幻境侵奪，不惟順流俗而俱化也，即厭流俗而切思遠離亦名侵奪。以一切境界全是無明變現，無明變現之性全即法性，由不達故橫生欣厭。趣無上菩提者，不得隨順幻境，亦不得厭離幻境。但了幻境即法性，悲長夜之在迷。以悲迷故起無作二誓欲拔性德之苦，以了性故起無作二誓欲與性德之樂。發此心已，則一切不如法境界觸目警心，無非助發菩薩資糧。《起信論》云：菩薩見法欲滅護正法故發菩提心，有見衆生苦而發菩提心，正謂此也。

奮發之心人皆有之，不能不藉於外緣。羞惡之心人皆有之，不能不汨於惡習。嗚呼！善友罕逢，惡緣偏盛。非咬釘嚼鐵，刻骨鏤心，何以自拔哉。

世法惟恐不濃，出世法惟恐不淡。（中略）欲深入淡字法門，須將無始虛妄濃厚習氣盡情放下。放至無可放處，淡性自得現前。淡性既現，三界津津有味境界如嚼蠟矣。僧夢虎，驚寤喜曰，匪夢幾被虎食。既悔曰，知是夢，何不做一人情。噫！可醒三界之戀幻質不知淡性者矣。

世事虛幻，人命無常。當擴其眼界，勁其神慮。苦其身毋墮宴安鴆毒坑，策其志毋循將就苟且塗轍。汰奢窒欲，積行存誠，惜福延壽以期於大成。爾誠靜坐默思，只此現前一念見聞之性，本非內外方隅，亦非有無情量。云何被此虛妄形質所局。虛妄形質，生必有滅。千般保愛，不能令其不朽。而所作幻業，如影隨形，從劫至劫不肯相離。豪傑之士，先須觀空身形非我，不過假借四大所成。心亦無相，不過因於情塵妄見生滅。便頓捨情塵，專心辦道，兼律兼教助顯心源。但得悟心，萬法何有。萬法俱息，萬法俱備矣。

出世丈夫以佛祖自期，以四弘為券，以六度萬行為家常茶飯，以自利利他為的。發一言不足自利利他，勿言也。舉一步作一念不足自利利他，勿舉也勿念也。事苟益身心，裨法化，必黽勉為之，雖劬勞困苦，勿恤也。否雖有浮名幻利，弗屑也。（下略）

人能痛念生死事大，覷破一切世情若順若逆，總虛妄不實，過眼便是空花。獨一念持戒禮懺篤信三寶之心，生與同生，死與同死。而又專求己過，不責人非，步趨先聖先賢，不隨時流上下。庶幾信心日固，智慧日開，而生死可永脫耳。

聽法須觀心，書寫須解義。然解義正不必強加穿鑿，亦不徒循章摘句。但至誠讀誦，展卷如對活佛，收卷如在目前。千遍萬遍，淪骨浹髓，寤寐不忘。緣因既深，一十二千七百無不一串穿卻也。得此消息，便知吾言不誣。

世人談及生死，鮮不悚慮。往往不能真為生死者，眼前活計放不下耳。然所以放不下者，祇不曾徹見生死之苦，以從來為俗為僧皆向順境中捱過，故畏三界心自然發得不真切。儻以遠大慧眼曠觀無始輪迴，痛念此生果從何來，死後當至何趣，前際茫茫，後際墨墨，饒鐵石心腸必為驚怖。然後依正教，開圓解，起圓行，敢保十人有五雙到家。最懼因地不真，道眼昏暗，或為世味所牽，或為邪師偽法所誤，袈裟下失卻人身。此予所以俯仰時流而寤寐永歎也。

具參方志，尤須具參方眼。具參方眼，還須不忘參方志。參方志者，不為虛名，圖體面，博一知半見。發無上大菩提心，遍學一切法門無厭無足。參方眼者，末世師匠，邪正難分。今自卓立，不論宗教，但與出生死相應名利不相應，大菩提相應眼前活計不相應者，則為正。反此，則為邪。正則依。邪則捨。具眼不忘參方志者，本求無上菩提。雖邪正分明，不妄生憎愛。善吾師，不善吾資。但隨緣觸境，增長道心智眼而已。此本分中最要緊事。其餘叢林粥飯習氣，萬萬不宜沾染，亦不必厭惡也。

超生脫死法門，不可以聰明湊泊，不可以意氣承當，不可以情見夾雜，不可以麤疎領會。先須專求己過，無責人非，見賢思齊，見惡內省，法法消歸自心，時時警策自心。將定盤星認得清楚明白，然後看經可，坐禪可，營福可。如眼目未明，存心未篤，則看經必墮口耳活計，坐禪必墮暗證深坑，營福必成魔家伴侶。縱福慧雙修，教觀並進，而我心未忘，能所日熾，其為修羅眷屬無疑。所宜慎思而密察也。

履三寶地，具出世儀，皆多劫善種。況聞正法乎！寧國一老者，種福五十餘年，求來世作燒火僧不可得。而聽經白鴿轉身為戒環禪師，聞法功德超勝如此。人生幾何，少壯忽老，老忽烏有，且盛年夭橫者無數。一息纔斷，孤魂無侶，生平惡業無不隨身。何不趁早放下幻夢塵勞，勤修戒定智慧。息心達本源，乃號為沙門。不然，堂堂僧相，多劫勤修而得之，一旦藐視而失之，能無懔哉。

（上略）每見人冗中偷閒，吟詩習字，作種種清課。豈不能偷閒玩大乘，息心學定慧耶。彼於詩字得少幻味，未嘗於大乘定慧得真法味也。然縱不得味，亦為無上菩提而作種子。且幼時詩字亦向不得味中來，安知佛法漸熏習不於現身得受用耶。嗟嗟！人之精神用之詩字，吾見右軍李杜不出生死。用之佛法，吾見散亂艷喜愚癡特迦大事已辦。

發心應學二事，一智慧，二慈悲方便。欲學智慧，莫若讀誦大乘方等經典，深解義趣，隨文入觀。不墮嚼木之譏，不招數寶之誚。又數近明師良友討究決擇，不可師心自是。欲學慈悲方便，須深信一切衆生皆有佛性，定當作佛。見僧俗造惡者，勿生輕慢，須憐憫愛念種種善巧而迴護接引之。儻恃己修，見不修行便生忽慢；自持戒，慢破戒者；自讀誦大乘，慢無聞者；自解義，慢愚魯者；自觀心，慢口說者；人我山高，勝負情重。畢生勤苦，止成修羅法界，去菩薩道遠矣。

三界之中，無非牢獄。暫時快樂，終歸無常。衆生燕雀處堂，罕思出離。惟逆境當前，庶幾生遠離之心。故佛稱八苦為八師，非虛語也。（下略）

佛法之衰也，名利熏心，簧鼓為事。求一真操實履者，殆不可得。有能持戒精進讀誦大乘不馳世務，縱道眼未開，亦三世諸佛所歎許也。況了必藉緣，非持戒讀誦，何處得有道眼。今講家多忽律行，禪門並廢教典。門庭愈高，邪見益甚。（下略）

學不難有才，難有志。不難有志，難有品。不難有品，難有眼。惟具超方眼目，不被時流籠罩者，堪立千古品格。品立則志成，志成才得其所用矣。末世競逐枝葉，罕達本源。誰知朝華易落，松柏難雕。才志之士，奈何甘捨大從小哉！莫大於現前一念，誠能直下觀察，知其無性。則決不妄認四大為自身相，六塵緣影為自心相。身心二妄既消，不真何待。然後以此真解，歷一切法。俾盡淨虛融，無塵影垢習可得。還淳復素，道風豎窮橫遍矣。但一念未瞥，使百年活計縈懷，眼下虛名惑志。吾恐天真日漓，負美才好志不淺也。

極聰明人，反被聰明誤，所以不能念佛求生西方。而愚人女子，反肯心厭娑婆苦，深求出離。當知彼是真愚癡，此乃大智慧。好惡易分，莫自昧也。（中略）吾勸汝咬釘嚼鐵，信得西方及切切發願，持戒修福以資助之。無禪有淨土，萬修萬人去。但得見彌陀，何愁不開悟。此千古定案，汝不須疑。（下略）

尅佛知佛見無他，衆生現前一念心性而已。現前一念心性，本不在內外中間，非三世所攝，非四句可得。只不肯諦審諦觀，妄認六塵緣影為自心相，便成衆生知見。若仔細觀此衆生知見，仍不在內外中間諸處，不屬三世，不墮四句，則衆生知見當體元即佛知佛見矣。儻不能直下信入，亦不必別起疑情，更不必錯下承當。只深心持戒念佛。果持得清淨，念得親切，自然驀地信去。所謂更以異方便，助顯第一義也。（中略）偈曰：衆生知見佛知見，如水結冰冰還泮。戒力春風佛日暉，黃河坼聲震兩岸。切莫癡狂向外求，悟徹依然擔板漢。

尅除習氣，莫若三業行慈。三業行慈，則無十過。十過既除，十善斯在，而五乘之本立矣。然後以實相印之，法法皆歸佛道。古有行之，常不輕菩薩是也。初隨喜品便淨六根，何俟誦說方名深觀。果能以慈修業，自能善入佛慧。不然，學問愈多，我慢愈熾，習氣愈長，去道愈遠。惟益多聞，增長我見，可懼也。

學道不難伶俐，難於慎重。發心不難勇銳，難於堅久。涉世不難矯俗，難於自持。作事不難敏達，難於深忍。研義不難領解，難於精確。（下略）

世情淡一分，佛法自有一分得力。娑婆活計輕一分，生西方便有一分穩當。此事祇問心，不必問知識也。知識亦勸淡世情，輕活計，專修出要耳。天平一頭低，一頭必昂。雖巧識強捻，不得腰纏十萬貫，騎鶴上揚州。漢武秦皇，不能扭作一句。況下者乎？

世出世事，莫不成於慈忍，敗於忿躁。故君子以慈育德，以忍養情。德育，天地萬物皆歸我春風和氣之中。情養，乖戾妖孽皆消於光天化日之下。然後以之自成，則為淨滿自尊。以之成物，則為慈力悲仰。儻一念瞋起，百萬障生。小不能忍，大謀斯亂。況今刀兵劫濁，不過積恚所招。世局土崩，皆無遠慮所致。士生斯世，宜何如努力以障狂瀾也。

學道與學好不同。學好祇得世間虛名，學道貴得出世實益。學好只顧眼前局面，學道須明塵劫遠猷。塵劫遠猷不離眼前，而戀卻眼前頓昧塵劫。惟達士直觀眼前一剎那性，非生滅，無去來，了不可得，安有身世自他可拘可戀。然後觀同體積迷，興無緣弘誓。苟不足自利利他者，舉世趨之弗屑為。果能自利利他，世共非之弗敢怨。是謂學道，亦真學好者矣。

學道之人，骨宜剛，氣宜柔。志宜大，膽宜小。心宜虛，言宜實。慧宜增，福宜惜。慮宜遠，思宜近。事上宜虔，接下宜謙，處同輩宜退讓。得意勿恣意奢侈，失意勿抑鬱失措。作福莫如惜福，悔過莫如寡過。應念身世苦空，切莫隨流逐隊。衣取蔽形莫貪齊整，食取克餒莫嗜美味。嘗省此世前生作何功行，可坐享檀施。十二時恆簡點身口意業，善多耶？惡多耶？無記多耶？堪消四事耶？不堪耶？如此慚愧覺悟修省。自然習氣漸消，智光漸露。祖意佛意，顯於一念清淨心中矣。

（上略）嗟嗟！不與菩提大心相應，云代佛揚化，吾不信也。不與為生死心相應，云大菩提心，尤不信也。勝負情見不忘，僅成阿修羅法界。名利眷屬意念不忘，僅成三塗魔羅種子。隨其所見所聞而起法執，不能捨棄名言習氣，不達如來說法旨趣，不知種種四悉因緣，僅成凡外戲論窠窟。學問益多，害心益甚。學人益盛，正法益衰。吾所以每一念及，未嘗不夢寐痛哭者也。

學道貴有品格，有識量，而文字記問不與焉。有品格無識量，不足曠超千古，猶無品格也。有識量無品格，不足砥柱中流，猶無識量也。品格識量既具，則不被眼前活計所局，時流習氣所遷。縱鈍若般陀，而拂塵除垢四字義熟，便堪證沙門果，發無礙辯。況本解文義者哉！嗚呼，法門之衰，至今日不忍言矣。剝必復，否必泰。若要梅花香撲鼻，還他徹骨一番寒。豪傑之士，宜何如動心忍性以無負己靈也。

法門之衰，已非一日。而致衰之故，由因地不真。今人發心參學，罔不以扶持法門為志，及察其所謂扶持者。不過曰，開叢林，建梵剎，攢指五千一萬。災梨殺青無虛日。嗣子皆才華名世，美丰神。座下戒子，鉢杖圍繞數十匝。薙度徒衆，環里市而處，如錯星。乃至紫綬金魚，乘高車肥馬，往來山林間，絡繹不絕而已。故下手時，便從世諦流布中著眼，便向門庭施設處安排。而佛祖真命脈，遂為此等人埋沒殆盡。五霸者三王之罪人，諒哉！（下略）

壽者福之本也。福者慧之基也。念念思警策者，慧之萌，而福與壽之源也。故曰，常想病時則塵心漸滅，常想死時則道念自生。夫病死正現前時，有何我相可恃，五欲可貪？有何名可戀、古董之可攜去？不恃我相，我見伏矣。不貪五欲，煩惱降矣。不戀虛名，體面可放下矣。知古董之不可攜去，則不越分以求之，縱先有者亦可捨之以作福矣。苟能離我我所見執煩惱，則視緇素靈蠢無一非未來佛。既所見無非未來佛，則凡可以供養恭敬未來佛者無弗為也，凡可以損惱忤觸未來佛者無弗止也。如此而福不增，壽不永，某舌當墮落。儻不能一切時念未來佛，則不能一切時積集福慧。福慧不積，雖僥倖活至百年，亦終與草木同腐而已。

（上略）勿貪世間文字詩詞，而礙正法。勿逐慳貪嫉妒我慢鄙覆習氣，而自毀傷。（下略）

（上略）內不見有我，則我無能。外不見有人，則人無過。一味癡呆，深自慚愧。劣智慢心，痛自改革。（下略）

書信卷

致徐耀廷〔一〕

一

（一八九六年舊四月，天津）

揖別鴻儀，瞬經數月。暮雲春樹，每切懷思。遙維耀廷我哥大人旅祺安善，福履綏和，為頌為慰。弟津門株守，碌碌如常。所幸頑體粗和，堪以告慰。綺注魚鴻，得便尚希惠我好音，以匡不逮。是所〔至〕禱。專此敬請

升安！餘惟朗照不宣。

愚小弟濤頓

再，王靜波兄令堂已於前月逝世。趙虎臣令堂又於本月逝世。順立紙局王杏林兄病勢甚即重，恐難全愈。令親陳蔭棠兄令正亦於本月逝世。津店屋北邀同人一位姓戴名柏菴，係精濟社戴禹令侄。此人腹內甚通，亦善寫字。別無可報。又及。

〔一〕徐耀廷（一八五七——一九四六），名恩煜，耀廷其字，又字藥庭、月亭，祖籍河北鹽山，世居天津。他是李叔同家開辦的桐達錢鋪的帳房先生，比李叔同年長二十三歲，故叔同以兄長事之。耀廷胞兄徐子明為天津名畫家，家學淵源，耀廷亦能書畫篆刻，叔同時以書信見詢藝事，視同啟蒙師長。所輯入十九封藏于天津市博物館。

二

（一八九六年舊五月上旬，天津）

耀廷五哥大人閣下：

前隨津字第一號寄上信一函，諒已收到。五月初二日乃王靜波兄令堂發引之期，已代閣下送呢幛一軸，奠儀壹吊文。四月廿六日，趙虎臣令堂發引之期，桐興茂同人公送錁子式舊掛，內閣下攤錢壹百廿四文。再今有信將各書院獎賞銀，皆減去七成，歸於洋務書院。照此形情，文章雖好，亦不足以制勝也。昨朱蓮溪兄來舍，言有切時事，作詩一首云：

天子重紅毛，洋文教爾曹。

萬般皆上品，惟有讀書糟！

此四句詩，可發一笑。弟擬過五月節以後，邀張墨林兄內姪楊兄，教弟念算學，學洋文。別無可報。專此達知，敬請

旅安！不一。

愚小弟濤頓

三

（一八九六年舊五月十五日，天津）

耀廷五哥大人閣下：

前隨信寄上要件一函，內言種種，諒必早登台閱。昨順立紙局王杏林兄，經顧正壘治，用洋藥，每日必須吸五六錢，至今已痊愈。煙猶日日必吸。唐靜岩兄，日昨遣轎夫與弟送冊頁來。敬覽之餘，實可喜也。十二日乃關帝會，弟往柴少文處看會。經柴少文送弟鷄心紅圖章一個，有此樣大小（此是圖章樣子），刻「飲虹樓」三字。惜是灰地，而亦屬不錯。

弟昨又刻圖章數塊，外紙一片上印着，謹呈台閱，祈指正是盼。再有弟近日寫得篆書隸書仿二篇，並呈台閱，亦祈指正是盼。

五月初二日，弟又添姪女一個，甚為可喜可賀也。按時下津門天氣不正，涼熱不時，得時症者甚多，得瘟症者亦不少。別無可報。以後如再有時事，定必達知。吾兄無庸掛念。專此敬請

旅安！不一。

愚小弟濤頓

外仿二張，圖章紙一張並呈。

丙申五月十五日泐

四

（一八九六年舊六月初旬，天津）

前隨津號信寄上信一件，內並有煩畫宣冊二片，諒必早登台閱矣。謹將近日新聞開列於左，以供閣下閱覽。並請

耀廷五哥大人旅安！不另。

如小弟濤頓　六月初四日泐

六月十一日乃沈楚香兄發引之期，預於初十日開弔。馮作舟令正前曾得瘟病，今此經已痊愈。昨杏田兄因偶受風寒回家，即成癔疾甚重，已發十數場，至今並未痊愈。昨將德聚誠折帳鏡子找出來，擬衆同人每位出錢肆元，分廿彩。衆人搖彩，趙新言得頭彩，康竹林得二彩，鄭彤勛得三彩。皆得大鏡子數個，餘者得小鏡子二個，現在廳房漫地。按津門連日陰雨，時氣不正。弟昨另鐫圖章數枚，印一紙上，謹呈台閱，並希指謬。別無可報，此上。

六月初六日燈下

再，前言順立紙局王杏林兄病勢已好，奈何於本月初八日，因氣吐血數口，已於未時逝世，實可惜也。初九接到信一件，已經捧讀，敬悉一切。茲聞馮作舟兄令正病勢已好，奈何馮作舟兄數日前偶得瘟疾，至今甚重，特此達知。

叔桐又及　六月初九日

五

（一八九六年舊六月十五日，天津）

耀廷五仁哥大人閣下：

前隨信寄上信一件，並有耳封內有等事，諒必早登台閱矣。茲將近日新聞開列於左，敬呈台覽。

本月十二日晚九點鐘，津門地動，甚屬可怕。十一日晚八點鐘，弟舍甥女趙欽省令正逝世。又十三日晚徐潤泉兄偶染時症至十一點鐘，亦經逝世。按今年死人過多，甚屬可慘，亦屬可畏。十二日午後大雨一陣。十三日午後又大雨，至本日早方住。按十三日夜間下雨時，又加以大風，甚是寒涼，至本日午晴天後又甚炎熱，若此忽涼忽熱，人實在受病不淺。弟未知東口地方時氣如何，亦祈示知為要。專此達知。敬請

旅安！餘惟朗照不宣。

弟濤頓　六月十五日泐

再，令三嫂朗齋兄令正，於前日偶染吐瀉，至今日已早經痊愈。按此信諸同仁大約不敢與閣下去〔信〕，恐閣下掛念。弟因至今已好，與閣下去信亦無妨。又及。

張杏田兄已於本月十七日午後到。疾風濕已痊愈也。祈無容掛念。

六

（一八九六年舊六月十八日，天津）

不奉清談，瞬經數月。望風懷想，能不依依。逢維

耀廷我仁哥大人旅祺！宏集榮業維新，定如鄙祝。敬啟者，昨隨津號信寄上信一函，內有篆隸仿一張，圖章條一張。並有箋墨仿致函，諒必早登台閱矣。謹將近日新聞開列於左，謹登玉覽。

現在六月十八日，水梯子同事會，弟擬出燈謎煩津店中新邀同事戴柏菴兄抄寫。今年五月間，天氣甚勤，每日必下雨，一日大小不等，河裏長水不少已平漕，弟昨又刻圖〔章〕數〔枚〕，外有紙條一張呈閱，祈指謬，是幸。外並有箋墨仿致函一件，並呈清覽。別無可報。閣下在外如有何事，亦祈賜回音，為禱。專此敬詢

大安！餘惟弘照不備。

如小弟濤頓

七

（一八九六年七月初二日，天津）

前隨津字第十一號信寄上信一件，並有耳封，諒必早登台閱矣。謹將近日新聞開列於左。

七月初一日日食為虧，午初三刻復圓。未正初刻十三分，鄙聞日本海嘯，傷民數百萬衆，以詳見《直報》。按近日津地亦無多新聞。並有弟所鐫石章數塊，呈上祈哂正，幸幸。此頌

耀哥旅安！不另。

弟李叔桐頓　七月初二日泐

外有箋墨仿致函，並呈台閱。

八

（一八九六年舊七月初旬，天津）

揖別芝顏，瞬經數月，望風懷想，能不傷悲。試思數月前，同在櫃房內相聚，至今日金風玉露，甚是淒涼耳。遙維耀廷我如哥仁大人

起居納福，旅祉安善，為慰。啟者，弟於七月初五午後一點鐘，接到華函，捧讀之下，敬悉種種。謹將近日新聞開列於左，敬呈台覽。

按津門由前月水勢雖見長，仍未出漕。至本月初一日，下雨之後，居然出漕。初二日大雨，初三日微晴，初四日大雨，初五日小雨。至今日大口水，至三聖菴門口。東浮橋水至乾泰昌門口，兩邊皆有跳板。按天氣至今日猶未晴明，水勢有增無減。小鹽店，掛甲寺，梁家嘴子，錦衣衛橋堤，此四處皆洞口也。弟家母浮厝材之處，其地較他地皆高丈餘，至刻下已將墳頭飄去，水有四尺多，連忙打樁釘上，尚屬無礙。弟之老塋地，亦見水五六尺。此水勢也。

另有新聞一段開列於左〈下缺〉（一）

（一）此件發信時間當在七月初五日稍後。

九

（一八九六年舊七月十二日，天津）

前寄上六號信一函，諒必早登台閱。再前鹽道使候選鹽大使雷熙前往外店押服楊伯忱，奈雷熙在外店住至前月廿一日，而楊伯忱言行惡猶如是也。是以於廿一日回津，又經鹽道使候選鹽大使王瓚前往，至今王瓚猶患煙痢甚重，是以未得赴外店，至今外店無人，恐楊伯忱趁此必益加行惡也。再河水見消，天氣已晴明數日。此次之信因甚忙亂，是以不能多敘。並有要緊之事，俟下次再得達知。此請

旅安！不另。

弟濤頓　七月十二日泐

再，鄭鶴田令堂於本月初一日逝世，擇於今天辦宿。又及。

一〇

（一八九六年舊七月十五日，天津）

閣下在東口，有圖章即買數十塊。如無有，俟回津時路過京都，祈買來亦可。愈多愈好。並祈在京都買鐵筆數枝。並有好篆隸帖，亦祈捎來數十部。價昂無礙，千萬別忘！別無可報。敬候

佳祺！餘惟玉照不既。

如小弟濤頓　七月十五日泐

並有弟所鐫章數△並呈。

一一

（一八九六年舊七月廿一日，天津）

啟者，前寄上第十號信一函，諒必早登台閱矣。謹將近日新聞開列於左呈覽。

津門水勢至今因連日晴明，是以平漕日見其落。張杏田前患瘧疾，至今已愈月餘。至昨日又因心中不暢，煩家兄看脈，云係暑熱。從此回家，至今日未知好否，並未曾上鋪。

弟昨又刻圖章數塊，奉上祈哂政，為幸。再並有貓部（一）賀節信一函。王含墨令侄曾孫訃帖信一函，均祈收下為禱。別無可報。即請

耀廷大五哥旅祺（二）並賀節禧，不另。

愚如弟濤頓（三）

再前託買圖章並鐵筆二事，千萬別忘。又及。

（一）是時李叔同居津門家中，喜養貓。故信封下署「天津貓部緘」。

（二）此信封上書「寄至張垣」，由此可知是時徐耀廷旅次張垣。

（三）由後一信獲知此信發於七月廿一日。

附呈：**賀節禧**

耀翁五先生大人台下：

久暌芝顏，時深縈念。際此金風滌暑，玉露橫秋，想必旅祺安善，福祉吉祥。為慰。鄙等碌碌如常，魚魚自守。肅箋敬賀節禧，祗

請

鈞安！不一。

名正肅

一二

（一八九六年舊七月廿八日，天津）

前廿一日寄上第拾壹號信一函，並有貓部賀節，王含墨訃帖信二件，諒必早登台閱矣。謹將近日新聞列左。

張杏田病勢已愈，於昨日已經上鋪。祈無容掛念，為要。王含墨令侄曾孫之訃帖，想已收到，祈無容送禮，弟已代閣下送上呢幛壹

軸，紋銀四兩。伊將呢幃收下，將紋銀璧回，並有謝帖壹紙奉上，祈查收為要。再昨弟又刻圖章數塊，印在紙上，祈哂正，是幸。別無可報。此致耀照，並詢
大安！不另。

弟濤頓　七月廿八

一三

（一八九六年舊八月初五日，天津）

本月初四，接到第五號手示，均以捧讀矣。謹將近日新聞列左。

前初三午後一點鐘，大雷大雨間，又加以核桃大冰雹，甚屬利害。至三點，雹雨俱止，而雷聲猶然盈耳。至晚八點鐘，雷聲初息，而頃刻大雨傾盆。至今日早六點鐘方止，居然雲開霧散矣。按李鴻章兄至九月初間，可以來津。王文韶兄降三級留任。其間原故，不得其詳。再弟聞閣下不日來津。如來時，路過都門，千萬與弟捎鐵筆數枝、古帖數部、圖章數塊。要緊要緊，別忘別忘，非此不可。弟昨又鐫圖章數塊，印在紙上，呈覽，祈哂政為要。別無可報。此請
升安！餘惟朗照不備。

如小弟濤頓　八月初五日泐

再，祈捎鼠牙刀一枝。又及。

一四

（一八九六年舊八月十八日，天津）

耀廷我五仁哥大人如見：

別來屈指已度中秋，遙憶芝輝，曷勝盼想。前寄上第拾叁號信一函，諒必早登台閱。謹將近日新〔聞〕〔列〕左，以供賜覽。

中秋色減

本月十四日晚，忽雲光黯合，雷聲隱隱。頃刻大雨如注，至十五日早寅刻方止。一切賣瓜果者，未免減色矣。至巳刻雲開霧散，紅日東升，雖天氣晴明乎而已，道路泥濘矣。

寒暖不均

津門自前月初旬甚熱，至中下旬甚涼，至本月初旬又微暖，至今十四日雨後又甚涼。我輩皆宜穿夾襖夾坎肩之類，夜間皆用綿被兩牀方可，不然則恐瀉腹矣。

持螯美趣

津門自月之初旬以來，螃蟹甚肥，至今日如鐘口大者，製津蚨二文，價可謂廉之極矣。持螯酌酒，何樂如之，可謂美趣矣。

隨緣雜記

弟茲又鐫圖章數塊，奉上。祈嘉仲諸友用哂正為要。並有王含墨致函祈自檢收。別無可報。專此敬候
昇祺！餘維惠照不一。

弟濤頓　八月十八日泐

一五

（一八九六年舊八月下旬，天津）

〈正文缺〉

再，本月廿二日乃王含墨壽誕，弟謹代閣下送去肉麵酒燭點心，摹本壽幛。伊將點心幛子璧回，收下四色。外有謝帖、酬客帖並呈台覽。外有錢帖弍十文，並祈查收。〔一〕

〔一〕此信原件信封上書「徐五老爺玉披」。標列為「第拾五號」。按列「第拾肆號」信發信時間為舊八月十八日，故發信時間當為舊八月廿二日稍後。

一六

（一八九六年，天津）

久未晤面，甚想。前聞閣下患腿疾，理宜到府問候；奈因事務匆匆，是以未克如願。茲送上鮮貨數色，區區微意，望祈察收。此請
耀廷我哥大人安

弟李下頓首

一七

（一八九六年，天津）

耀廷五哥大人足下：

梅雨翁雖身體健壯，奈年已七十餘矣。梅小巖令正至今猶未出

殯，俟梅雨翁回津，再行發引。噫，外店之事，豈一旦夕之功所可成哉！梅雨翁之回津，幾無日矣，可勝歎哉！

茲有弟近日所刻圖章數塊，祈哂政為盼。此請

旅安！不另。

如小弟李文濤頓首

一八

（一八九九年秋，上海）

耀廷五哥仁大人足下：

久違雅教，抱歉無地。近諗履祉安燕，闔第吉羊。定符鄙祝。呈去靜岩先生冊頁五冊，望哂收。想吾哥博雅好古，諒不至以之覆瓿也。今冬仍擬出《瓦研題辭》一書，印成當再奉鑒。印譜之事，工程繁瑣，今年想又不能湊成矣。然至遲約在明春，當定出書。至於蓋印圖章一事，尤須寄津求執事代辦。緣滬地實無其人。至其詳細，俟斟酌妥善，當再奉聞。此頌

升祺

小弟惜霜拜白

此上兩印皆弟近日新刻者。又啟。

一九

（一九〇五年舊十一月，日本沼津）

沼津，日本東海道之名勝地，郊外多松柏，因名其地曰千本松原。有山聳於前，曰愛鷹。山崗中黃綠色為稻田之將熟者。田與山之間有白光一線，即海之一部份也。乙巳十一月用西洋水彩畫法寫生。奉月亭老哥大畫伯一笑！

弟哀　時客日本

致許幻園[一]

一

（一九〇一年，上海）

雲間譜兄大人經席：

奉上素紙三疊，望察收。是序明正作好不遲，付印須二月時也。命書之件，略遲報命。前見示佳著，盥誦再四，哀艷之思，溢於毫素，佩甚佩甚！暇當掇拾數什，奉和大雅；但珠玉在前，而瓦礫恐瞠乎其後耳。雨雪霽時，知己倘有餘晷，請到敝寓一敘。臨穎依依，曷勝眷眷。即請

大安

如小弟成蹊頓狀

[一] 許幻園（一八七八——一九二八），名鎔，江蘇松江人，居上海南市城南草堂，極花木之勝。李叔同初到滬時，名成蹊，參加文會，屢獲嘉獎。幻園慕其才學，闢草堂一隅與李叔同一家居住，自書「李廬」贈之。其間李成蹊、蔡小香、袁希濂、張小樓、許幻園五人，結為「天涯五友」（即結拜兄弟）。松江古稱雲間，故此信上款稱幻園為「雲間譜兄」，下款自署「如小弟成蹊頓狀」。

二

（一九〇三年秋，上海）

幻園老哥同譜大人左右：

別來將半載矣，比維起居萬福，餐衛佳勝為頌。弟於前日由汴返滬[二]，側聞足下有返里之意，未識是否？秋風蓴鱸，故鄉之感，烏能已已；料理歸裝，計甚得也。小樓兄[三]在南京甚得意，應三江師範學堂日文教習之選，束金頗豐，今秋亦應南闈鄉試，聞二場甚佳，當可高攀巍科也。××兄已不在方言館，終日花叢徵逐，致迷不返，將來結局，正自可慮。專此，祇頌

行安！不盡欲言。

姻小弟廣平頓　初二日

[二] 此札作於一九〇三年秋。廣平，是李叔同年輕時在南洋公學讀書及赴鄉試時所用的學名。作此札時，他甫自開封返滬。據其侄李聖章說，是年其三叔曾赴開封應鄉試未中。信中所謂「由汴返滬」，當指此事。

[三] 小樓兄，即張小樓（一八七七——？），江蘇江陰人。為李叔同初到滬時的「天涯五友」之一。

三

（一九〇六年舊八月三十日，日本東京）

幻園吾哥：

手書敬悉。教員束脩，前囑家史匯申，不意至今尚未到著；今已致函催促，不日必可寄到。至零用一節，弟已函達子英君，請君與渠商酌可也。弟自入美術學校後，每日匆忙萬狀，久未通訊，祈亮之。前《國民新聞》〔一〕（大隈伯主持）將弟之肖影並畫稿登出，茲奉呈一紙，請哂納，匆匆上。

姻如小弟哀頓　八月三十

附呈致施君一函，祈轉交。以後惠書請寫交「日本東京下谷區茶屋町一番地中村方李〇〇」，因弟即日遷居也。

〔一〕此札作於一九〇六年舊八月三十日，即陽曆十月十七日，李哀（李叔同喪母後初到日本時之名）考入東京美術學校不久。信中提到日本《國民新聞》曾將李哀的肖影和畫稿登出，時間是一九〇六年十月四日。

四

（一九一三年七月十六日，杭州）

幻園兄：

今日又嘔血，誦范肯堂〔一〕《落照》（絕命詩）云：「落照原能媲旭輝，車聲人迹盡稀微。可憐步步為深黑，始信蒼茫有不歸！」通人亦作乞憐語可哂也。家國困窮，百無聊賴，速了此殘喘，亦大佳事；但祝神讖去冬已為兄言，不吾欺也。社中近有何變動？乞示其詳。適包君發行部來寓，弟氣促聲嘶，不暇細談。代售雜誌價洋已交來，當時弟未細算；頃始檢查，似缺二圓二角有零。晤時便乞一詢。

譜弟李息頓　七月十六日

〔一〕范肯堂（一八五四——一九〇四），名當世，別號伯子，江蘇南通人。近代著名詩家，為同時名流所推重，有詩文集若干卷行世。歿於上海。

五

（一九一三年，杭州）

幻園譜兄：

承惠金至感。寫件本當報命，奈弟近來大窘困，凡有寫件，擬一律取潤，乞轉前途為幸。木印共十二顆，初六日刻好送下，至禱。

弟息頓首

六

（一九一八年舊十一月十四日，嘉興精嚴寺）

幻園居士文席：

在禾〔一〕晤譚為慰。馬一浮〔二〕大師於是間講《起信論》，演音亦侍末席，暫不他適。頃為仁者作小聯，久不學書，腕弱無力，不值方家一哂也。演音擬請倉石〔三〕、梅盦〔四〕各書一幅，以補草庵之壁，大小横直不限，能二幅配合相等尤善。仁者有暇，幸訪二老人，為述貧衲之意。文句另寫奉，能依是書，尤所深願。今後惠書，寄杭州城內下珠寶巷鹺務學校周佚生居士〔五〕轉致。不一。

釋演音　十一月十四日

〔一〕禾，具稱嘉禾，即今浙江嘉興之古稱。弘一法師初出家後，曾於嘉興精嚴寺藏經閣小住。

〔二〕馬一浮（一八八三——一九六七），別號蠲叟，又號湛翁，自稱蠲戲老人，浙江紹興人。精通儒學和佛學，為弘一法師摯友。生前曾任浙江文史研究館館長、中央文史研究館副館長、全國政協委員。

〔三〕吳昌碩（一八四四——一九二七），原名俊卿，號缶廬、苦鐵，浙江安吉人，寓居蘇州、上海。為清末民初「海上畫派」著名畫家。清光緒三十年（一九〇四）篆刻家丁輔之等發起成立「西泠印社」，公推吳昌碩為社長。李叔同於一九一五年加入西泠印社。社址設在西湖孤山，旁臨西泠橋，故名。社內有彌陀經塔，經幢是弘一法師所書。李叔同出家後，將平生所有篆刻，贈與西泠印社，藏於社內鴻雪徑「印藏」中。

〔四〕梅盦，即李梅庵（一八六七——一九二〇），別號清道人，江西臨川人。近代名書法家。

〔五〕周佚生居士（生卒年不詳），名書家，時任杭州鹺務學校校長。

致楊白民〔一〕

一

（一九〇五年十月七日，日本東京）

白民先生：

兩奉手畢，並承惠箋紙，感謝感謝！足下如願到天津調查學務，弟即當作書紹介。彼邑學界程度，實在上海之上。去年設專門音樂研究所，生徒已逾二百，盛矣。

附呈一函，乞便交少屏朱先生〔二〕。祇叩

學安

弟哀頓首　十月七日

〔一〕楊白民（一八七四——一九二四），初名士照，字白民，後以字行，上海人。早年留學日本，專攻女子教育。歸國後，創辦城東女學於上海南市，成績斐然。黃炎培、蕭退闇、呂秋逸等，皆曾執教該校。

〔二〕朱少屏（一八八一——一九四二），廣東人，與李叔同、蘇曼殊俱為摯友。一九一二年曾任上海《太平洋報》經理。

二

（一九〇六年閏四月十五日，日本東京）

白民先生：

囑著之件，久不復命，至歉至歉！弟自正月負（？）神致衰弱症，不耐苦思。執是之故，未暇走筆為文。他日少瘥，當必有以報命也。亮之為幸。附寄上造象三幅：一贈君，其二乞轉交朱少屏與葉頌蕃兩公。匆匆不盡欲言。祇叩

大安

弟哀頓首　閏月十五

三

（一九〇六年十二月五日，日本東京）

白民先生：

前奉惠書，祇悉一一。學課匆忙，久未裁答，甚罪！尊恙如何？至念至念！茲附上紹介書一紙〔一〕，足下如到天津，可持此書往謁。渠〔二〕與僕金石交，必能為足下竭力周旋也。匆匆祇叩

年安

弟哀頓首　陽曆十二月五

〔一〕見本書「致周嘯麟」。

〔二〕渠，指天津初等工業學堂校長周嘯麟。

四

（一九〇六年十二月十日，日本東京）

昨日歸京，即日遷居他處。以後惠書，乞署日本東京下谷區清水町一番地越島方〔一〕李某。餘事五日內詳復。匆匆。

弟哀頓首　十二月十日

〔一〕越島為日本房東之姓。方為先生之意。意指「越島先生轉交」也。

五

（一九〇七年舊二月十日，日本東京）

謹啟：

屢承惠學報，課暇披誦，至為忻慰，敬謝敬謝！囑寫之件，月內當寄奉左右。匆匆。

白民先生

弟哀頓首　中二月十日

六

（一九〇七年八月廿六日，日本東京）

白民先生足下：

東都重逢，歡聚浹旬。行李匆匆，倏忽言別，良用惘然！別來近狀何似，學制粗具規模否？金工教師，如準延用，當為代謀。東金之數，以五十金為限否？請即示復。

附呈致輯雯一書，乞轉交。許子稚梅、黃子楚南，晤時乞為致相思。祇頌

起居曼弗

近日東都酷熱，溫度在八十以上。

哀再拜　八月廿六

七

（一九一六年舊十二月底，杭州）

日前出山，曾復一函，計達覽否？

頃又奉到十六號寄來之手書，屢承關注，感謝無似。前寄來琴書預約券、《理學小傳》等，皆收到。因入山故，未能答復，為罪。

樸菴先生〔一〕乞為致謝。此復，即叩

白民老哥大安

弟嬰頓

〔一〕胡樸菴（一八七八——一九四六），即胡樸安，安徽涇縣人。與李叔同同為南社社員，編有《南社叢選》。早年與李叔同共事於上海《太平洋報》。

八

（一九一八年舊五月廿二日，杭州）

白民老哥：

贈兄之阿彌陀佛直幅，乞收入。

又一小條，乞交質平——孝先款。其餘四包，乞依包面所寫者與送之。

費神，至好，不言謝也。

弟嬰頓首　五月廿二日

又，《類腋》及《楹聯叢話》各一冊，係前送上之書籍內所缺者，故補奉之。附致質平函，乞轉交。弟定明晨入山〔一〕。

〔一〕一九一八年陽曆七月一日入杭州大慈山定慧寺（俗名虎跑寺）。

九

（一九一八年陽曆十二月廿五日，杭州）

聞微軍老和尚近在杭州，因天雨尚未走謁也。

杭州　弘一寄

一〇

（一九一八年舊十二月廿六日，杭州虎跑寺）

頃由玉泉轉來尊片，敬悉一一。貴恙已大痊否？為念！前後各經，皆已收到，謝謝！音擬在城內庵中度歲，明正廿左右返玉泉。率復，即頌

白民居士痊安

演音　十二月廿六日

一一

（一九一九年春，杭州玉泉寺）

前奉片及《生西日課》等，甚感。君有暇便至有正〔一〕代請：

《梵網經菩薩戒疏》二本，金陵板

《阿彌陀經義疏》　一本，仝

《彌陀經通贊》　一本，仝〔二〕

共費七角餘。計大洋八角〇六厘。

近日霜濃，蔬菜甘美。諸師甚盼君來玉泉小住也。

演音

城東舊學生龔志振（嘉興人），嫁張煥白君。夫婦信佛甚篤。頃在陶社結念佛，長期四十九日。有二子，亦已入學校，隨侍念佛。程居士〔三〕亦與斯會，附聞。

〔一〕有正，指有正書局。

〔二〕所請經書上端標有價碼符號，詳見本卷圖版。

〔三〕程居士，即程中和居士。後出家，法名演義，字弘傘。

一二

（一九一九年舊四月十五日，杭州玉泉寺）

楊白民轉蕭蛻公：

前獲尊片，欣慰無已。尤惜陰居士〔一〕施送止咳丸，謂其效卓著。竊謂咳嗽之疾有多種，似未可執定一方。以此方雖善，或亦有時未能適用。聞蕭蛻公居士精於醫理，茲附寄原方，乞為轉呈蛻公，乞

彼詳為斟定：何種咳嗽，服此最宜；何種咳嗽，服此亦可；何種咳嗽，服此不宜。請彼詳細寫錄，即逕寄上海蘭路七二七號尤惜陰居士手收。余為慎重人命起見，故敢代為陳請，想蛻公當甚願惠教也。若此方配合之藥品分量有須變易者，亦乞寫示。率陳不具。

四月十五日　演音疏

附二紙並此函，乞同寄蛻公居士，至感。

〔一〕尤惜陰居士（一八七二——一九五七），名雪行，又名秉彜，江蘇無錫人。精堪輿宅運之學，是李叔同舊交。一九二八年冬與弘一法師結伴離滬南行，弘一法師留廈。尤遂游暹羅學佛，後出家，法名演本，法號弘如。居南洋檳城。

一三

（一九一九年夏，杭州虎跑寺）

頃已移居城內萬安橋下銀洞巷四號接引庵內，以後通訊，請寄是處。草草。

演音

居此暫不他往。月初不再返井亭庵〔一〕矣。

〔一〕井亭庵，在杭州艮山門外。弘一法師初出家時，曾一度居此。

一四

（一九一九年夏，杭州虎跑寺）

頃誦惠書，懽慰無似。范大師〔一〕定於舊曆正月初旬來杭講經。（日期未定，俟定後再通知，大約在初二、三、四，約勾留　日左右。）仁者能於是時來杭最好，既可聞法，又可與故人晤談也。如新年無暇，或年前亦可。演音寓城內銀洞橋銀洞巷四號接引庵內，是庵舊稱虎跑下院，現由了悟大師〔二〕住持。演音暫寓是間，至明春元宵後，或移居玉泉〔三〕。近來日課甚忙，每日禮佛、念佛、拜經、閱經、誦經、誦咒等，綜計餘暇，每日不足一小時。出家人生死事大，未敢放逸安居也。敬祝

道福

白民居士文席　　演音合十

乞告夢非〔四〕，油畫像如是辦法，甚佳。

〔一〕范大師，即范古農（一八八一——一九五一），別號寄東，浙江嘉興人。精研佛學，以弘法為己任。著有《幻庵文集》。

〔二〕了悟大師，即弘一法師之剃度恩師。

〔三〕玉泉，即玉泉清漣寺，為杭州西湖名勝。

〔四〕夢非，即吳夢非，為弘一法師任教浙江一師時學生。

一五

（一九一九年夏，杭州虎跑寺）

前奉手書，敬悉一一。（屢次瑣瀆，至為不安。）有便再乞到有正書局，代請《靈峯宗論》兩部（每部約一元餘，揚州版），請妥交夢非帶至嘉興；託周佚生君再帶至杭州，送銀洞巷接引庵參龍老和尚，轉交虎跑弘濟上人收。演音刻在虎跑居月餘，因料理弘濟、弘淨二師弟到寧波入學事〔一〕。匆匆，不具。

演音

〔一〕入學事，寧波觀宗寺一九一七年由葉恭綽、蒯若木資助請諦閑法師創辦觀宗弘化社，培養僧侶。

一六

（一九一九年舊七月廿四日，杭州玉泉寺）

片悉。不慧於中旬返玉泉寺，暫不他適。南通事〔一〕，前有友人代詢詳細情形，未有復音。鄙意擬俟前途再有肫誠之敦請，再酌去就，現在無須提及也。知念附聞。乍涼，惟珍攝，不具。

演音　七月廿四日

〔一〕南通事，指一九一九年間，南通張季直於狼山建一座觀音庵，欲延高僧居住，託時任南通伶校音樂教員劉質平介紹弘一法師前往之事。

一七

（一九二〇年二月，杭州虎跑寺）

手箋誦悉，甚為歡慰。弟約於十八後因事須往玉泉（初二、三返庵）（老和尚葬儀），仁者能於本月十五日以前，或在三月初旬來最

善。此時音必在井亭庵也。艮山車站至庵二里，石板大路，問人皆知庵之所在。若坐人力車，費在一角上下。若能預示一函，訂準來杭日時，音屆時可至艮山站，藉以散步也。率復不具。

演音〔一〕

君在此養息數日，若送香金，恐庵中不收；不如送學生成績畫，裱好者一幅，與庵中住持，當甚喜悅也。上款寫清塵大和尚。

〔一〕明信片郵戳「上海九年二月十三日」。

一八

（一九二〇年春，杭州玉泉寺）

前昨奉二片，敬悉一一。種種費神，心感靡已。前日曾上一函，內附致子堅君書，計已達覽。藕初君〔一〕處，已致書達意。擬以寫經，答其索書之諄意。音亦可藉茲種植善根，是自他俱利之道也。將來道場安定，息心用工，日定一小時為寫經功課，以了此願。

〔一〕藕初君，即穆藕初（一八七六——一九四三），上海浦東人，以興辦紗廠知名。早年曾與李叔同創設「滬學會」，提倡改良風俗。曾施資助印《四分律比丘戒相表記》。

一九

（一九二〇年舊四月十八日，杭州玉泉寺）

昨奉尊片，敬悉一是。居此甚安，已於昨日始方便掩關，養痾習靜。凡來訪問者，暫不接見。婺源之行，或俟諸他年耳。舊友如有詢余近狀者，希以此意答之。弘傘師住持招賢，整理規畫，極為完善。西湖諸寺，當以是間首屈一指矣。率以奉達，不具一一。

四月十八日　演音

二〇

（一九二〇年舊四月，杭州玉泉寺）

在滬歡聚，為慰。音不久將入新城山〔一〕掩關，一心念佛。屬承仁者及諸舊友竭力維持，辦道所需，已可足用。自今以後，若非精進修持，不惟上負佛恩，亦負君等之厚德。故擬謝絕人事，一意求生西方，當來迴入娑婆，示現塵勞，方便利生，不廢俗事。今非其時，願仁者晤舊友時，希為善達此意也。

演音

〔一〕新城，舊稱新登，為浙江省舊縣名，在富陽西南。山，指貝山，又稱貝多山、官山，距富陽三十公里。一九二〇年夏，弘一法師到新城貝山閉關，專研律部。

二一

（一九二〇年舊六月十三日，杭州玉泉寺）

音定於十八日入城，寓接引庵；廿晨之新城掩關。同行者有程居士，亦同時掩關，謝絕人事。他年啟關有期，再當致函相告，請仁者入山晤談也。謹致短簡，以志訣別，幸珍重為道自愛。不具。

白民居士文席

演音　六月十三日

惜陰居士於廿後返滬，帶上大條幅，敬贈仁者。又一小條幅，乞交一亭〔一〕。又經數葉，乞交子堅為禱。

〔一〕一亭，即王一亭（一八六六——一九三八），浙江吳興人。上海名書畫家。

二二

（一九二一年舊二月廿七日，杭州虎跑寺）

前上一片，計達青覽。音定於下月初十左右，同程、吳二居士〔一〕及某上人至滬，搭輪赴溫。至溫後同覓合宜之寺院，出貲承接。未赴滬以前，即寓接引庵內，不再他徙。以後通訊，逕寄是處可也。良晤匪遙，容面詳談。草草不具。

白民居士文席

演音　二月廿七日

〔一〕程、吳二居士，程即程中和，後之弘傘法師；吳即吳璧華（一八七七——一九二六），浙江瑞安人。當時著名人物。對佛教事業極為熱心。曾請湖南唐大圓居士到溫州一帶說法。

二三

（一九二一年三月初五日，杭州虎跑寺）

白民居士文席：

頃與程居士面商，大約音處籌資三百，即可足數。新之君[一]已交來百元，再有二百即可無慮。子堅君頃來函，即作書答之，忘其住址，附奉，乞君轉交為感。費神容晤申謝。草此奉聞，即頌

近佳

演音白　三月初五日

[一]新之君，即施省之，為當時上海名居士。

二四

（一九二一年三月初十日，杭州虎跑寺）

頃奉手示，敬悉一一。前與程居士晤談，音處有金三百，大約即可足用。屢承仁者鼎力籌畫，其數已可足用。（前夢非來函，謂渠與質平合贈百元。）此事全仗仁者愛念維持。他日道業成就，則皆仁者護法之力也，感謝無既。現在程、吳二居士，因事他往。俟二居士返杭，即訂期赴溫州，期前再以函通告仁者。良晤不遠，容晤申謝。即頌

白民居士近佳

演音敬復　三月初十日

二五

（一九二一年舊七月十五日，溫州慶福寺）

頃由衢州轉到尊函，誦悉一一。蘇民居士謝世，至可悲嘆。朽人於初夏返溫州，諸凡安適。孟由[一]常常晤談。率復，不盡一一。

白民老居士丈室

七月十五日　曇昉疏答

[一]孟由，即周孟由，印光法師弟子，為溫州名居士。

二六

（一九二一年舊八月廿八日，溫州慶福寺）

江干之別，有如昨日。掩室永寧[一]，忽忽數月，一切安適，足慰遠念。如無障緣，期以二載，圓滿其業。（至後年春初止）

仁者邇來精進何似？念佛法門，最為切要。幸以是自利利他。《印光法師文鈔》，宜熟覽玩味，自知其下手處也。（書札一類可先閱）不具。

白民居士

演音　八月廿八日

寓溫州南門外城下寮

[一]永寧，為溫州之別稱。

二七

（一九二二年二月初二日，溫州慶福寺）

兩奉手片，具悉一一。扶桑之遊，至可歡讚。賢英女士畫冊[一]，為題字數行，附寫面字，一併郵奉。前託請經典，便中為之，稍遲未妨也。不具。

白民居士慧覽

演音　二月初二日

寓溫州大南門外城下寮

[一]賢英女士，姓朱，一九一二年肄業上海城東女學，為李叔同學生，早逝，有《朱賢英女士遺畫集》行世。弘一法師曾為題記。

二八

（一九二二年舊二月五日，溫州慶福寺）

承寄經典二冊收到。敬謝！

二月五日　演音

二九

（一九二二年舊三月三日，溫州慶福寺）

賢英遺集四冊，頃披覽為慰！

三月三日　演音答

三〇

（一九二二年閏五月廿三日，溫州慶福寺）

省書，歡慰無已。予居是間至安，足慰遠念。尤惜陰近印拙書小品三種，如未達覽，悕致函索覓。此未宣悉。

白民居士丈室

閏五月廿三日　僧胤[一]疏答

[一]李叔同出家後，正式名為演音，號弘一。別署很多，常見的有一音、弘裔、曇昉、論月、月臂、僧胤、慧幢、亡言、善夢等。晚年自號晚晴老人、二一老人等。

三一

（一九二三年三月卅日，上海太平寺）

比來滬。寓新閘陳家浜太平寺（玉佛寺北間壁）。有暇希過談，他人乞勿道及，以未能一一接見也。

白民老居士

三月卅日　演音

三二

（一九二三年四月初八日，杭州招賢寺）

在滬諸承推愛護念，感謝無盡。比擬養痾招賢寺，暫緩他適。率達，不具。

四月初八日　演音

三三

（一九二三年夏，杭州虎跑寺）

藕初之函，前已復答矣。

弟近多忙，尚須遲二月返滬，臨時再奉達。

演音

三四

（一九二三年九月初三日，杭州招賢寺）

前日德淵師往滬，曾託彼走訪尊右，嗣以事冗，未及訪問，至歉！朽人於夏季移居虎跑，恩師及弘詳師皆安隱如常。又本寺住持一席，於六月底請弘傘師兼任（每月來數次），並請恩師為都監，德淵師為知衆[一]兼知客。其餘當家等諸執事，一律更換，較從前整肅多矣。仁者及尊眷如來杭時，希便中過談。如到寺中，乞詢問德淵師或弘詳師，即可由彼等陪至朽人處。請勿專詢朽人之名也。率達，不具。

九月初三日　演音

[一]知衆，為主管僧衆之職務。杭州一帶寺院如靈隱寺等，皆稱監院為「知衆」。

致毛子堅[一]

一

（一九〇五年，日本東京）

子堅弟先生：

前由聽龕[二]處，獲悉惠書，欣慰無似。茲奉贈《醒獅》[三]一冊，內有拙作數首[四]，請教正。匆匆，不盡縷述。

叔同再拜

[一]毛子堅（一八八二——一九六〇），上海人。經歷不詳。青年時代與李叔同為摯友。時有書信往來。

[二]聽龕，為徐仲軒別號。

[三]《醒獅》為清末光緒間中國留日學生所辦刊物之一。

[四]《醒獅》第二期，載有署名「惜霜」的《為滬學會撰〈文野婚姻新戲冊〉既竟繫之以詩》四首及《金縷曲·留別祖國並呈同學諸子》一闋。

二

（一九二一年三月初五日，杭州虎跑寺）

子堅居士文席：

頃獲手書，欣慰無似。音以杭地多故舊酬酢，將偕道侶程、吳二居士之溫，覓清淨蘭若，息心辦道。經營伊始，須資至夥。程、吳二居士家非豐厚，音不願使其獨任是難。故託白民君代為籌謀，須資約計三百，以助其不足。至音尋常日用之資，為數至纖，不足為慮。仁者賣字之說，固是一法，然今非其時；俟他年大事已了，游戲世間俗事，則一切無礙矣。上海有正書局，寄售《印光法師文鈔》正、續篇，極明顯切實，希仁者請奉披誦。新聞坤範女學校自初八日始，每晚請范古農大士講經，希仁者往聽。一染識田，永為道種。人身難得，佛法難聞，能親承范大士之圓音，尤非多生深植善根，不易值也。范大士解行皆美，具真知見，為宏法之善知識。音數年以來，親近是公，獲益匪淺。音於當代緇素之中，最崇服者，於僧則印光法師，於俗則范大士。仁者如未能於晚間聞法，或於暇時訪范大士一談亦可。音與仁者多生有緣，故敢以是勸請。今後仁者善根重發，皈心佛法，倘有所諮詢，音當竭誠以答。或願閱誦經論，音當寫其名目，記其扼要，以奉青覽，今後通函，寄杭州城內萬安橋下銀洞巷四號。廿日左右，當再來滬，臨時必可一晤也。率復，不具。

演音　三月初五日

東山、建藩諸居士，希為致念。

三

（一九二一年十一月十八日，溫州慶福寺）

子堅居士：

末由省展，霜寒，比自何如？普陀印光長老及諸上善人勸送《安士全書》，匡益世道，袪發昏矇，猥辱累囑，為之紹於知識。銘茲典誨，伏深讚慶。謹致文告，希垂省察。倘值有緣，幸為勸勉，隨喜功德。江山遼敻，豈復委宣。

演音　十一月十八日

會稽黃道尹[一]處，希為致書勸告。春間晤白民，謂邑廟湖心亭放生池有未如法事，曾屬白民代達仁者，未識已改善否？極念。

[一]黃道尹，即黃慶瀾（涵之）居士。

致周嘯麟[一]

（一九〇六年十二月五日，日本東京）

嘯麟老哥左右：

茲有上海城東女學校長楊白民先生，到天津參觀學務，乞足下為紹介一切（凡學堂、工場、陳列所，以及他種有關於教育者）。如足下有暇，能陪渠一往尤佳。渠人地生疎，且語言不通，良多未便。務乞足下推愛照拂，感同身受。此請

大安

弟哀頓首　十二月五日

[一]周嘯麟，時為天津初等工業學堂校長。

致陸丹林[一]

（一九一三年，杭州）

丹林道兄左右：

昨午雨霽，與同學數人泛舟湖上。山色如娥，花光如頰，溫風如酒，波紋如綾。才一舉首，不覺目酣神醉。山容水態，何異當年袁石公游湖風味？惜從者棲遲嶺海，未能共挹西湖清芬為悵耳。薄暮歸寓，乘興奏刀，連治七印，古樸渾厚，自審尚有是處。從者屬作兩鈕，寄請法政。或可在紅樹室中與端州舊硯、曼生泥壺，結為清供良伴乎？著述之餘，盼復數行，藉慰遐思！春寒，惟為道自愛，不宜。

岸白

[一]陸丹林（一八九六——一九七二），字自在，筆名長老，廣東三水人，南社社員。歷任各文史雜誌編輯。多所著述。此信寫於一九一三年，時叔同尚未出家，故署名岸，即留學日本時之俗名李岸。

致葉為銘[一]

一

（一九一五年舊九月三日，杭州）

葉舟社長足下：

昨到杭，俗事冗忙，不獲走謁為悵。呈上社友小傳及第七集[二]，乞正。第八集[三]十日內可以竣事，必寄奉。第九集始由子淵社長主

持，附聞。祇頌
大安

弟息頓　九月三日

〔一〕葉為銘（一八六六——一九四八），葉舟為其號，字品三，又號盤新，別署鐵華庵，祖籍安徽歙縣，居杭州。書畫篆刻名家，西泠印社創建者之一。與李叔同交誼甚深。九封原件杭州市歷史博物館收藏，洪麗婭供稿。

〔二〕社友小傳及第七集，指《樂石社社友小傳》及《樂石第七集》。前者「乙卯六月編印」；後者「乙卯三月龍丁檢」。

〔三〕第八集指《樂石第八集》，「乙卯四月承德題」。

二

（一九一五年，杭州）

品三先生足下：

日前走謁，不晤，至悵。師校學生近組織樂石社，研究印學，刻已有十六人。聞西泠印社開金石書畫展覽會，擬偕往觀覽，以擴眼界。苦無力購券，未識先生能特別許可入場否？（擬於今日下午來觀。）事屬風雅，故敢瀆求。祇叩
道安！鵠候回示，不莊。

弟李息頓

樂石社章附呈，乞政。

哀公傳

當湖王布衣，舊姓李，入世三十四年。凡易其名字四十餘，其最著者，曰叔同、曰息霜、曰壙廬老人。富于雅趣，工書，嗜篆刻。少為紈袴子，中年喪母，病狂，居恒鬱鬱有所思。生謚哀公。

三

（一九一五年，杭州）

品三先生道席：

昨承招待，同人獲飽覽珍品，感謝千萬。承允賜《印人傳》及《印學叢書》樣本，頃已代達同人，尤為銘感。希每種先惠賜二十部，交來役帶下。印社展覽會特別捐，弟曾任金一元，茲附呈上，乞詧入。祇叩
教安

弟李息頓

四

（一九一八年，杭州）

送上弟舊藏之書畫數軸，請贈西泠印社，以供補壁。近日弟多忙，稍遲當走謁，同訪高僧。

品三先生

弟嬰頓

五

（一九一八年，杭州）

前承紹介澹雲和尚，獲聆法語，感謝無量。茲奉扇頭一，又瓫廬印紙百張，便乞交龍丁。此外有日本疇村印人手鐫丁未朱白曆，濱虹所藏印稿，日本濱村藏六手製刻印刀，皆贈社中。弟定於後日入虎跑寺，通訊乞寄：閘口大街裕豐南貨號轉交虎跑寺李〇〇收。即頌
葉舟社長大安

李嬰頓

小影一葉呈奉足下。

六

（一九一八年舊七月，杭州定慧寺）

不慧已於十三日卯刻依了悟大師剃度，命名演音，字弘一。皈依仁者紹介之勞，乃獲今日之解脫。飲水思源，感德靡窮。敬書南無阿彌陀佛六字奉諸座右，願他年同生極樂，聆妙法音。回施有情，共圓種智。

當來沙門演音頂禮

葉舟大居士座下

七

（一九二〇年舊六月二十五日，新城）

曩承過談，貽以笋芥，謝謝。來新居樓處士宅。將於廿七日入山，七月十三日掩關。憶音剃染大慈，實賢首紹介之德。今入山辦道，謝絕人事，後此不復相見，亦未可知也。惟願同植淨因，同生極樂，同度衆生，同成佛道，盡未來際，不相捨離。書不盡言，惟努力自愛，不具。

葉舟居士文席

演音合掌　六月廿五日

八

（一九二三年舊七月六日）

《阿彌陀經》寫竟奉覽。格線宜照刻，刀法宜圓渾，不可有鋒棱。又是本為宿墨所寫者，付裝池時希告匠人，宜注意拂拭紙面；否則或致污染也。經後題記附寫一紙，計三行，為刻於石幢上者，一並奉上。又第六條末空一行，可由他人寫某某拜觀，何如？殘暑惟珍衛，殊未委悉。

葉舟老居士丈室

曇昉疏　七夕前一日

九

（一九二三年十月初四日　衢州蓮華寺）

上月流浪嚴衢，暫止蓮華。鄙寫《阿彌陀經》若已鐫竟，希惠拓本若干份，廣結善緣。附告白文乞為刊尊紙數日，感謝無盡，此未委悉。

十月初四日　曇昉　寓衢州蓮花村蓮花禪寺

葉舟老居士丈室

告白文刊出之日，乞檢尊紙一份，郵送張醫士處，至感。

致劉質平〔一〕

一

（一九一五年九月三日，杭州）

質平仁弟足下：

頃奉手書，敬悉。《和聲學》亦收到。尊狀近若何，至以為念！人生多艱，不如意事常八九，吾人於此，當鎮定精神，勉於苦中尋樂；若處處拘泥，徒勞腦力，無濟於事，適自苦耳。吾弟臥病多暇，可取古人修養格言（如《論語》之類）讀之，胸中必另有一番境界。下半年仍來杭校，甚善。不佞固甚願與吾弟常相聚首也。祗訊

近佳

息〔二〕上　九月三日

不佞於本學年，兼任杭、寧二校課程〔三〕，汽車〔四〕往來千二百里，亦一大苦事也。游日本，未及到東京，故章程尚未覓到。詳情容後復。

〔一〕劉質平（一八九四——一九七八），原名毅，字季武，浙江海寧人。與豐子愷並稱為弘一法師二大弟子。質平於浙江一師畢業後，留日專攻音樂。最後一年，學費不繼，弘一法師曾資助之，故劉氏終身不忘師恩。

〔二〕李叔同任教杭州時，用名李息。

〔三〕兼任杭、寧二校課程，指一九一五年李叔同兼任杭州浙江第一師範及南京高等師範二校功課。

〔四〕汽車，即火車，當時一度習用的日本稱呼。

二

（一九一五年九月十六日，杭州）

質平仁弟足下：

頃接手書，誦悉。吾弟病勢未減，似宜另擇一靜僻之地療養為佳。家庭瑣事，萬勿介意。張拱璧已到海寧，曾晤面否？鄙人後日往南京，又須二星期乃可返杭。匆復，祗訊

痊安

吾弟如稍愈，到杭療養何如？

李息上　九月十六日

三

（一九一七年八月十九日，杭州）

質平仁弟：

來函，誦悉。日本留學生向來如是。雖亦有成績佳良者，然大半為日人作殿軍，或並殿軍之資格而無之。故日人說起留學生輒作滑稽訕笑之態。不佞居東八年，固習見不鮮矣。君之志氣甚佳，將來必可為吾國人吐一口氣。但現在宜注意者如下：

（一）宜重衛生，俾免中途輟學。（習音樂者，非身體健壯之人，不易進步。專運動五指及腦，他處不運動，則易致疾。故每日宜為適當之休息，及應有之娛樂，適度之運動。又宜早眠早起。食後宜休息一小時，不可即彈琴。）

（二）宜慎出場演奏，免受人之忌妒。（能不演奏最妥，抱璞而藏，君子之行也。）

（三）宜慎交游，免生無謂之是非。（留學界品類尤雜，最宜謹慎。）

（四）勿躐等急進。（吾人求學，須從常軌，循序漸進，欲速則不達矣。）

（五）勿心浮氣躁。（學稍有得，即深自矜誇；或學而不進，［此種境界他日有之］即生厭煩心；或抱悲觀，皆不可。必須心氣平定，不急進，不間斷。日久自有適當之成績。）

（六）宜信仰宗教，求精神上之安樂。（據余一人之所見，確係如此，未知君以為何如？）

附錄格言數則呈閱。

不佞近來頗有志於修養，但言易行難，能持久不變尤難，如何如何！今秋因經先生[一]堅留，情不可卻，南京之兼職似可脫離。君暇時乞代購マンドリン[二]弦E二根、A二根、D三根、G二根，封入信內寄下。六七日內擬匯款五圓存尊處，尚有他物乞代購也。君如須在滬杭購物，不佞可以代辦，望勿客氣，隨時函達可也。君在校師何人？望示知。聽音樂會之演奏，有何感動？此不佞所願聞者也。此復，即頌

旅吉

李嬰[三]　八月十九日

門先生[四]乞為致意，他日稍暇，當作書奉候。並謂現在不佞求學不得，如行夜路，視門先生若在天上矣。

日夜痛自檢點且不暇，豈有工夫點檢他人。責人密自治疏矣。

不虛心便如以水沃石，一毫進入不得。

自己有好處要掩藏幾分，這是涵育以養深。

別人不好處要掩藏幾分，這是渾厚以養大。

涵養全得一緩字，凡語言動作皆是。

宜靜默，宜從容，宜謹嚴，宜儉約，四者切己良箴。

謙退第一保身法，安詳第一處事法，涵容第一待人法，灑脫第一養心法。

物忌全勝，事忌全美，人忌全盛。

世人喜言無好人，此孟浪語也。推原其病皆從不忠不恕所致。自家便是箇不好人，更何暇責備他人乎？

面諛之詞有識者未必悅心，背後之議受憾者常至刻骨。

質平書來屬書格言，謹奉余近日所最愛誦者數則，書以報之，願與質平共奮勉也。

丁巳初秋　李嬰時在杭州

（鈐「李息」「哀公」兩章）

〔一〕經先生，即經亨頤，當時浙江第一師範校長。
〔二〕マンドリン，日本外來語，為mandoline之譯音。我國譯為曼多林，係用撥子彈奏的樂器。
〔三〕李嬰，李叔同在虎跑寺試驗斷食後，又改名李嬰。
〔四〕門先生，為李叔同留學時之友人。

四

（一九一七年一月十八日，杭州）

手書，誦悉。清單等皆收到。愈學愈難，是君之進步，何反以是為憂！B氏〔一〕曲君習之，似躐等，中止甚是。試驗時宜應試，取與不取，聽之可也。不佞與君交誼至厚，何至因此區區云對不起？但如君現在憂慮過度，自尋苦惱，或因是致疾，中途輟學，是真對不起鄙人矣。從前鄙人與君函內解勸君之言語，萬萬不可忘記，宜時時取出閱看。能時時閱看，依此實行，必可免除一切煩惱。從前牛山充〔二〕入學試驗落第四次，中山晉平〔三〕落第二次，彼何嘗因是灰心？總之，君志氣太高，好名太甚。**務實循序**四字，可為君之藥石也。

中學畢業免試科學，是指畢業於日本中學者；君能否依此例，須詳詢之。證明書容代為商量。五日後返滬，補匯四元廿錢。前君投稿於《教育週報》，得獎銀十六元。此款擬匯至日本可否？望示知！此復，即頌

近佳

李嬰上　一月十八日

〔一〕B氏，即貝多芬（一七七〇——一八二七），德國大作曲家。
〔二〕牛山充，日本音樂學者。
〔三〕中山晉平，日本近代著名作曲家，創作了許多具有日本特色的民謠。

五

（一九一七年一月，杭州）

鄙人擬於數年之內，入山為佛弟子。（或在近一二年亦未可知，時機遠近，非人力所能定也。）現已絡續結束一切。君春秋尚盛，似不宜即入此道。但如現在之遇事憂慮，自尋苦惱，恐不久將神經混雜，得不治之疾，鄙人可以斷言。鄙意以為，君此時宜詳審堅決。如能痛改此習，耐心向學，最為中正之道。倘自己仍無把握，不能痛改此習，將來必至學而無成，反致惡果；不如即拋卻世事，入山為佛弟子，較為安定也。叨在至好，故盡情言之。閱後付丙。

六

（一九一七年三月，杭州）

質平仁弟：

來書誦悉。借假無覆音，想無可希望矣。（某君昔年留學，曾受不佞補助。今某君任某官立銀行副經理，故以借款商量，雖非冒昧，然不佞實自志為寠人矣，於人何尤！）不佞自知世壽不永（僅有十年左右），又從無始以來，罪業至深，故不得不趕緊發心修行。自去臘受馬一浮大士之薰陶，漸有所悟。世味日淡，職務多荒。（近來請假，逾課時之半。）就令勉強再延時日，必外貽曠職之譏，（人皆謂余有神經病。）內受疚心之苦。君能體量不佞之意，良所歡喜讚歎！不佞即擬宣布辭職，暑假後不再任事矣。所藏音樂書，擬以贈君，望君早返國收領（能在五月內最妙），並可為最後之暢聚。不佞所藏之書物，近日皆分贈各處，五月以前必可清楚。秋初即入山習靜，不再輕易晤人。剃度之期，或在明年。前寄來之木箱，已收到。豐仁〔一〕君習木炭畫極勤。即頌

旅祉

李嬰

附匯日金二十円，望收入。

前曾與經先生談及，君今年如返國，可否在一師校任事？經先生謂君在東，曾誹謗母校師長，已造成惡感。倘來任事，必無良果，云云。附以直達，望以後發言，宜謹慎也。

不佞擬再託君購佛學書數種，俟後函達。

〔一〕豐仁，即豐子愷，是他就學浙江一師時的學名。

七

（一九一七年，杭州）

質平仁弟足下：

來書誦悉。《菜根譚》〔一〕及M弦，前已收到，曾致復片，計已查收。官費事可由君訪察他人補官費之經過情形，由君作函寄來。上款寫經、夏二先生〔二〕及不佞三人，函內詳述他省補費之辦法。此函寄至不佞處，由不佞與經、夏二先生商酌可也。君在東言行謹慎，甚佳。交友不可勉強，寧無友，不可交尋常之友。尋常之友雖無損於我（或不盡然），亦徒往來酬酢，作無謂之譚話，周旋消費力學之時間耳。門先生忠厚長者，可以為君之友人。此外不再交友，亦無妨礙。始親終疎，反致怨尤。故不如於始不親之為佳也。不佞前致君函有應注意者數條，宜常閱之。又格言數則，亦不可忘。不佞無他高見，惟望君按步就班用功，不求近效。進太銳者恐難持久。不可心太高，心高是灰心之根源也。心尚忐忑不定，可以習靜坐法。入手雖難，然行之有恆，自可入門。（君有崇信之宗教信仰之尤善，佛、神〔三〕、耶皆可。）音樂書前日已掛號寄奉。附一函乞轉交門先生。此復，即頌

近佳

李嬰

〔一〕《菜根譚》二卷，明洪應明著。此書摘錄儒道釋三教關於道德修養之語。

〔二〕經、夏二先生，即經亨頤與夏丏尊。

〔三〕神，即神教。此當指伊斯蘭教。它是公元七世紀初由穆罕默德於阿拉伯半島創立的神教。

八

（一九一七年，杭州）

質平仁弟：

前日寄一函，計達覽。昨晤經先生，將尊函及門先生函呈去。（本擬約夏先生同往，據夏先生云：前得君函時，已與經先生談過，故此次不願再去。）經先生將尊函閱一過，門先生之函並未詳閱。據云：此函無意思，因會長〔一〕不能管此事也。（此說不必與他人道。）總之，經先生對於此事頗冷淡。先云：「須由君自己呈請，余不能言」；後鄙人再四懇求，始允往詢。但因新廳長初到任甚忙，現在不便去，何日去難預定也。

鄙人謂浙江女生補費之事，可否援以為例？經先生云：「不能。」後經先生遂痛論請補官費之難，逆料必不成功。又有「薦一科長與廳長尚易，請補一官費生殊難」之說。鄙人不待其辭畢，即別去，不歡而散，殊出人意外也。但平心思之，經先生事務多忙，本校畢業生甚多，經先生倘一一為之籌畫，殊做不到。故以此事責備經先生，大非恕道。經先生人甚直爽，故能隨意暢譚。若深沈之士，則當面以極圓滑之言敷衍恭維，其結果則一也。故經先生尚不失為直士。若夏先生向來不喜管閑事，其天性如是。總之官費事，以後鄙人不願再向經先生詢問。鄙人於數年之內，決不自己辭職。如無他變，前定之約，必實踐也。望安心求學，毋再以是為念！此信閱畢，望焚去。言人是非，君子不為。今述其詳，願君知此事之始末。

嬰上

〔一〕會長，似指當時浙江省教育會會長。

九

（一九一七年，杭州）

質平仁弟：

昨上一函一片，計達覽。請補官費之事，不佞再四斟酌，恐難如願。不佞與夏先生素不與官廳相識，祇可推此事於經先生。經先生多忙，能否專為此事往返奔走，亦未可知。即能任勞力謀，成否亦在未可知之數。（總而言之，求人甚難。）此中困難情形，可以意料及之也。君之家庭助君學費，大約可至何時？如君學費斷絕，困難之時，不佞可以量力助君。但不佞窶人也，必須無意外之變，乃可如願。因學校薪水領不到時，即無可設法。今將詳細之情形述之於下：

不佞現每月入薪水百〇五元

出款：

上海家用四十元　年節另加

天津家用廿五元　年節另加

自己食物十元
自己零用五元
自己應酬費買物添衣費五元

如依是正確計算，嚴守此數，不再多費，每月可餘廿元。此廿元即可以作君學費用。中國留學生往往學費甚多，但日本學生每月有廿元已可敷用。不買書、買物、交際游覽，可以省錢許多。

將來不佞之薪水，大約有減無增。但再減去五元，仍無大妨礙，（自己用之款內，可以再加節省。）如再多減，則覺困難矣。又不佞家無恆產，專恃薪水養家。如患大病，不能任職，或由學校解職，或因時局不能發薪水；倘有此種變故，即無法可設也。以上所述，為不佞個人之情形。

倘以後由不佞助君學費，有下列數條，必須由君承認實行乃可。

一、此款係以我輩之交誼，贈君用之，並非借貸與君。因不佞向不喜與人通借貸也。故此款君受之，將來不必償還。

一、贈款事只有吾二人知，不可與第三人談及。君之家族、門先生等皆不可談及。家族如追問，可云有人如此而已，萬不可提出姓名。

一、贈款期限，以君之家族不給學費時起，至畢業時止。但如有前述之變故，則不能贈款。（如減薪水太多，則贈款亦須減少。）

一、君須聽從不佞之意見，不可違背。不佞並無他意，但願君按步就班用功，無太過不及。注重衛生，俾可學成有獲，不致半途中止也。君之心高氣浮是第一障礙物，（自殺之事不可再想。）必須痛除。

以上所說之情形，望君詳細思索，寫回信復我。助學費事，不佞不敢向他人言，因他人以誠意待人者少也。即有裝面子暫時敷衍者，亦將久而生厭，焉能持久？君之家族，尚不能盡力助君，何況外人乎？若不佞近來頗明天理，願依天理行事，望君勿以常人之情推測不佞可也。此頌

近佳　　李嬰

此函閱後焚去。

一〇

（一九一八年三月初九日，杭州）

兩次託上海家人匯上之款，計已收入。致日本人信已改就，望督收。去年由運送店寄來之物，尚未收到，便乞催詢。

不佞近耽空寂，厭棄人事。早在今夏，遲在明年，將入山剃度為沙彌[一]。刻已漸漸準備一切，（所有之物皆贈人。）音樂書籍及洋服，擬贈足下。甚盼足下暑假時能返國一晤也。

質平仁弟　　李嬰　三月初九日

正月十五日，已皈依三寶，法名演音，字弘一。

〔一〕沙彌，為佛弟子七衆之一，原為梵語音譯，義為「息慈」（即息惡行慈之意），是比丘的候補者，衹受十戒。弘一法師以受比丘戒不如法，故以沙彌自居。

一一

（一九一八年舊三月廿五日，杭州）

書悉。君所需至畢業為止之學費，約日金千餘圓。頃已設法借華金千元，以供此費。余雖修道念切，然決不忍置君事於度外。此款倘可借到，余再入山；如不能借到，余仍就職至君畢業時止。君以後可以安心求學，勿再過慮。至要至要！即頌

近佳　　演音　三月廿五日

一二

（一九二〇年[一]舊四月十八日，杭州招賢寺）

六日歸臥西湖，養痾招賢，謝絕訪問，屏除緣務。題字率寫奉覽，它人不得援是為例。有屬書者，幸為婉辭致謝。囊尤居士賫佛書數種於尊右，有暇幸披尋，並以轉貽友人。此未委悉。

質平居士丈室

潘、姚二居士，悕為致意。

曇昉疏　四月十八日

（一）一說寫于一九二六年。

一三

（一九二〇年十一月初二日，衢州蓮華寺）

久未通訊，時以為念。朽人今歲多病，九月間來衢州。不久將返溫州養疴；惟乏行旅之貲及零用等費。倘承布施，希寄衢州蓮花村蓮花寺內朽人手收，至感。率上，不具。

弘一　十一月初二日

一四

（一九二一年（一）舊三月十九日，溫州慶福寺）

質平居士慧鑑：

茲奉託，購二物，惠施。於便中，託人帶下。

一、綠色鐵絲紗，（此名不知其詳。即係鐵絲編成之紗網。——，夏天用以罩於窗上，俾免蚊蠅飛入。）今擬購一尺。用以自做佛前之燈罩。

一、乞向舊式銅器店，定做小荷葉二只，即係書箱門上所用。

另有樣子奉上，乞照此樣子大小，定做兩只。

亦用薄銅做。並釘子八只，一併交下。（原樣仍乞帶還）費神，至感。

丁居士，不久或奉訪仁者。彼若來時，倘詢問贈余之物。乞仁者阻止，勸其不必購買，因彼家境清寒也。

三月十九日　演音疏

（一）一說寫于一九三四年，廈門。

一五

（一九二一年舊三月廿八日，杭州）

居滬五日，濫膺恭敬供養。慚悳慚悳！新城工匠近皆耕植迫忙，寺舍能修理速就與否，未能決定。城內濕熱多蚊，擬於初一日暫移居玉泉。今後通訊，即寄是處。（希便中代告孟由、白民二居士。）遠行定期後，再當奉聞。書端題字，附寫奉上。不具。

演音　三月廿八日

舊同學諸子均覽

一六

（一九二一年舊六月初一日，溫州寶嚴寺）

前月底始來溫州，（因衢州諸友人婉留，故續居數月。）染患濕疾，今漸痊愈。頃有道侶，約往茶山寶嚴寺居住。其地風景殊勝，舊有寮舍三椽，須稍加修改。需費約二十元以內。尊處倘可設法，希以布施。（以此二十元修理房舍，倘有餘剩，擬以充零用。）屢次瑣求，叨在至好，諒不見異。惠示仍寄「溫州大南門外慶福寺轉交弘一手收」，因彼處亦慶福之屬寺也。

弘一疏　舊六月初一日

質平居士丈室

一七

（一九二一年舊六月十四日，溫州慶福寺）

頃獲尊函，併承惠施廿金，感謝無盡。朽人居甌飯食之資，悉承周羣錚居士布施，其他雜用等，每月約一二元，多至三元。出家人費用無多。其善能儉約者，每年所用不過二元。若朽人者，比較猶為奢侈者也。今後惠書，仍寄大南門外慶福寺，因擬在此掩關，預定五年，暫不他往也。此復

弘一疏答　舊六月十四日

質平居士

一八

（一九二一年舊七月九日。溫州慶福寺）

前復一函，計達慧覽。承施修理房舍之資，當以奉本寺主；彼謙讓不受。今斟酌變通，以是中十金奉呈寺主，充佛像裝金之需（今年本寺全佛像裝金），即以此功德為仁者消除災障，增長善根。其餘十金，以為朽人請經及其他之用。謹此詳覆，並致謝念。

七月九日　弘一疏

質平居士丈室

一九

（一九二一年十二月初五日，溫州慶福寺）

別久時以馳念。朽人居甌，頗能安適。仁者近仍居南通不？歲晚天寒，想當歸里。為致短簡，略述近狀，以慰遠想。附郵手寫三經影印本一冊，悕詧覽。江山遼敻，此未委悉。

演音

質平居士　居溫州南門外城下寮　嘉平初五日

子顗、增庸，仍居日本不？

二〇

（一九二三年舊十一月十九日，衢州蓮華寺）

比獲尊書，並承施三十金，感謝無已。此數已可足用。它日萬一有所需時，再當致函奉聞。我輩至好，決不客氣也。明春或赴溫州，臨時再奉達。前月來衢，曾寫佛號，廣結善緣。茲檢奉四幅，一付仁者，一贈海粟居士[一]，其二則贈前來太平寺二同學。（與仁者同來者。）率復，不具。

十一月十九日　弘一疏答

質平居士慧覽

[一] 海粟居士，即劉海粟（一八九六——一九九四），原名槃，學名季芳，自號海粟，江蘇武進人。近代著名畫家、美術教育家。時任上海美術專科學校校長。

二一

（一九二六年四月初九日，杭州招賢寺）

曩承過談，歡慰無盡。來杭月餘，舊友大半已晤談。自十三日始，謝客習靜。以後有訪問者，皆暫緩晤面。弘傘師諄留居此間，一時恐未能他適。仁者如須佛號贈人，希以時告知，即可寫奉，不具。

四月初九日　曇昉疏

質平居士丈室

二二

（一九二七年五月中旬，杭州常寂光寺）

惠書，誦悉。承寄衣件，已收到，至感。餘後詳復。不具。

音上

二三

（一九二七年舊六月十五日，杭州本來寺）

前函及《心經》，想悉收到。即擬入山避暑[一]，以後乞暫勿來信。俟秋涼入城，再奉聞。附小聯，乞受收。

演音白　六月十五日[二]

[一] 按是夏弘一法師曾避暑於靈隱後山之本來寺，弘傘法師陪李石曾往訪，為題手書《佛說梵網經》。

[二] 一說寫于一九三三年泉州開元寺。

二四

（一九二八年十二月十二日，廈門南普陀寺）

質平居士：

今晨天氣驟寒，已結冰。適奉到惠施衣褲二件，至感。白布包附寄還，乞收入。不具。

音啟　十二月十二日

二五

（一九二九年舊十月廿五日，廈門太平巖）

質平居士慧鑑：

有數事奉陳如下：

△作歌之事，已詳細思惟。最難者，為取材。將來或僅能作五十首。倘歌材可以多得者，或可至百八首。現在不能預定也。

△現已擬定十首（尚未撰就）。但皆是高中、專科所用者。恐將來全集之中，多屬於此類。其普通用及小學用者，或僅有一二首，或竟無有也。因選擇此類歌材，甚為困難故。

△仁者意中如有歌材，乞寫示，以備參考。

△將來此書編就後，能否適用，不可知。但余必欲完成此事。（至少亦有五十首。）

△他人舊作歌句之佳者，及歌曲形式之多變化者（如數部輪唱等類），乞抄示，以備參考。

△《白馬湖放生記》，稍遲再作。作就後，別寫一紙贈與仁者。

△前存網籃內，有包好之書籍兩包（包紙上標寫寄至泉州等字樣），如尚未寄出者，乞暫存尊處。俟他日需用時，再通信，託仁者寄來。

△以後通訊，乞寄「廈門南普陀閩南佛學院轉交弘一」。（以掛號為妥。）（泉州寺中駐兵，故即居住廈門。）

舊十月廿五日　演音上

二六

（一九二九年舊十一月廿五日，廈門太平巖）

質平居士：

兩奉惠書，具悉一一。寄存之物，承為照護，至用感謝。其他諸事，別答如下。

一、歌集應如尊囑成百八首。擬分作十編，絡續出版。（第十編有十八首。其餘每編十首。）先不拘定深淺之次序，隨作隨出版。俟全書百八首完成之後，再編次序重印。

二、就現在擬定之材料中，尚不滿十首。（尚有數首材料，不甚佳，擬緩用。故合計尚不滿十首。）今僅先作十首，於明年可以先印第一編出版。惟此編之作，意義多深。然頗有興味。（此以余意所想而然，不知他人之意如何。）

三、以後倘有材料，即可續作。若無材料，不妨重緩。以是之故，將來九編之歌集，或每年出一冊，或一年出兩冊兩年出一冊，皆不能預定。總期首首有精采，決不敷衍了事。所謂寧緩勿濫也。

四、尊處所寄之歌曲成範，至今未收到。故一時不能動筆。大約至遲至明年夏間，總可將此十首作好，下半年即可出版也。

五、旋律宜將歌意曲折一一表出，此點甚為不易。以後隨作一歌，擬將拙見作曲之大概奉告，以備仁者參考。

六、此間參考書籍無多。且諸事未便，心緒不整。或須至明年春暖，返浙之後，再動筆，亦未可知。余所以緩緩者，欲慎重從事，非是懈怠延遲也。

七、前存尊處各物，皆乞代為收存。俟明春暖後，再斟酌辦法奉聞。

八、以後擬即暫不通信。倘歌詞能先作一二首者，即先掛號郵寄。否則須俟明夏再動筆耳。

舊十一月廿五日　演音

二七

（一九二九年舊十一月十日，廈門太平巖）

質平居士：

前寄上一函一片，想已收到。仁者所寄至泉州周君轉交之書，僅收到一包。如僅寄出一包者，則甚善。倘寄出兩包者，乞速向郵局查問至禱。余現居太平巖，地甚荒僻。所有信件，由南普陀託專人轉送，殊為不便。（往返二十里，又有山路。）且不免遺失。故擬將各處通信之事，暫作一結束。其有未了者，俟明年至滬再晤談可也。尊處之件，如尚未寄出，乞即早為寄下。（雙掛號為妥。）前存貯各物，仍乞暫存尊處。統俟明年晤時，酌定一切。不宣。

舊十一月十日　演音

二八

（一九三〇年舊三月廿一日，溫州慶福寺）

前郵《放生記》至滬，誤寫為「中華藝術」，郵局退還。茲復奉上，乞收入。昨夕返溫州。以後為《清涼歌集》事，須常常與仁者通信。若皆掛號，似為未便。擬改寄至尊友滬寓中，由彼轉交，何如？應寄何處？乞仁者酌示為盼。

惠函寄溫州大南門外慶福寺弘一收。不宣。

質平居士慧覽

三月廿一日　演音疏

二九

（一九三〇年舊四月，上虞白馬湖）

質平居士：

《集聯》，已書寫。但只能書一種體。因目力昏花，久視則痛疼，故不能書他體也。茲奉上樣子四紙，（格式甚好看）乞收入。（此是寫廢者，乞隨意贈人。）大約至舊曆四月底，必可寫齊也。

《讚佛偈》，稍有更動增減，如下所記。

說戒迴向偈（共三首）

過去諸菩薩，已於是中學。未來者當學，現在者今學。

此是佛行處，聖主所稱歎。我已隨順說，福德無量聚。

迴以施眾生，共向一切智。願聞是法者，疾得成佛道。

迴向偈

天阿修羅夜叉等，來聽法者應至心，云云。

此文，載於《無常經》中。乞仁者到佛學書局，請購《佛說無常經》一冊，價六分。乞檢經後，即有此文。共數首。每七言四句一首。此書，並乞仁者於將來到法界寺時帶來。因余處無有此書也。

凡迴向偈、發願偈，皆於佛事完了之時而結束用者。其讚佛偈、說戒偈、佛三身讚、讚諸菩薩偈等，皆於佛事開端時用之。其開端（即開始）時用者，拍子宜緩慢。結束時用者，拍子宜稍快。且意境亦各不同。

三〇

（一九三〇年夏，上虞白馬湖）

質平居士：

前復信片，想已收到。夏衣已有，乞勿添製。歌集，於去冬居廈門時，曾竭思力，卒不能成一首。今春在泉州受兵士之擾亂，腦神經已負重傷。歸途又與軍隊同舟。故返至溫州時，身心疲勞已極。反復思維，仁者屬撰歌集之事，及夏居士屬寫銅模字型之事，恐現在難以著手。夏居士處已致函謝罪，請其原諒。今對於仁者，亦殊為抱歉。余年老力衰，屢為食言之事，問心實慚愧萬分也。近為仁者書寫佛經及字幅多種，附掛號寄上，聊以解仁者之憂悶。余爾來手顫，左臂痛，不易高舉。以後寫字，當甚困難。茲所寫者，可為最後之紀念耳。所寫之《華嚴經行願品讚》，共五十一頁。另寄書一冊，其次序乞依此書排之，不可紊亂。此書余已讀誦十數年。甚盼仁者自今以後，亦能受持讀誦也。（或讀全冊。或僅讀讚語，即余所寫者。）仁者收到之後，乞復一明信片。余不久或雲游他方。臨行之時，再當通知可也。不具。

演音疏

三一

（一九三〇年夏，上虞白馬湖）

質平居士：

惠書，誦悉。佳兒殤逝，至可悲感。數月前，聞仁者云：依星命者說，今歲暑假期內，令堂或有意外之變故。今母存而子殤，或是因仁者之孝思，感格神明，致有此報歟？若母亡則不可再得，子殤猶可再誕佳兒。務乞仁者退一步想，自可不生憂戚；而反因萱堂康健，更生慶慰之心矣。務乞仁者自今以後，多多積德，上祝萱堂延年益壽，下願再誕佳兒，繼續家業。如是乃可於事有濟。若徒悲戚，未為得也。務望仁者放開懷抱，廣積善德，至禱至禱！

音啟

三二

（一九三〇年新八月廿一日，上虞白馬湖）

至於書寫之時。須再遲一月以後，病體復元，乃絡續書寫。寫時，尚須由仁者磨墨並幫忙，因一人力有不支也。（對聯，須幫忙。

小立軸，可以一人緩緩寫之。）法界寺可以住宿。米飯甚好。菜蔬大約可食。否則或由仁者自帶罐頭，亦可。居此數日，想可以安適也。晚晴山房正中方桌抽屜內，有開罐頭之鐵器。仁者他日來時，可以順便攜來。此復，不具。

新八月廿一日　音復

三三

（一九三〇年舊閏六月十日，上虞白馬湖）

質平居士：

惠書，誦悉。余甚願為書寫。惟前寄之紙，不甚合宜。乞於他日往滬時，購奏本紙，照此大小裁好寄下。共計一百八十餘張。除前寄上若干張外，尚缺多少，乞照裁之。並乞示知其數目。尊宅戒殺，甚善甚善。此紙為開明新印者，名曰「護生信箋」。不宣。

閏月十日　音上

如無奏本紙，乞購夾貢宣紙（俗稱），又名玉版宣（上海稱），又名煮硾夾宣（杭州稱）。購四尺者，照裁為宜。（此紙海寧亦有）

來函謂於陽曆八月十一、二號，即往上海。開學何太早耶？

他日仁者來寧時，乞購科學糊精（即是洋式漿糊）一盒，惠施帶下，至感。

三四

（一九三〇年舊九月廿四日，慈谿金仙寺）

質平居士：

前承遠送，至為感謝。至紹興後，又患傷風。近乃痊愈。前日至金仙寺。聞將講經，擬即在此暫住聽經。以後惠函，乞寄「寧波慈北鳴鶴場金仙寺弘一收」。但第四中學諸教員，及其他諸出家人處，乞暫勿通知。倘有詢問者，乞僅云：「近在寧紹各地。」無須告知地名及寺名也。此達，不具。

九月廿四日　演音

再乞仁者暇時，往「北火車站寶山路口佛學書局」，購請下記之書，以惠施朽人，至為感謝。

（一）《一切經音義》一部，一元二角六分。

（二）地藏菩薩像，大張一張，四分，不著色彩的。

（三）北京版《梵網經菩薩戒本》《半月誦戒儀式》，同本一冊，三角二分。

（四）又目錄三冊。

以上各書，乞付郵寄下。

又《海潮音》第十一卷第三期內，《法海叢談門》，第五頁以下，有《法味》長文一篇。內載余前年至廈門時之瑣事。仁者如願閱覽，亦可向佛學書局購買一冊。

《清涼歌》註釋，已託芝峯法師撰。

近日每日服「百齡機」三丸，甚好。附白。

三五

（一九三〇年舊十一月一日，慈谿金仙寺）

質平居士文席：

承寄蚊帳，已收到，感謝無盡。附寄上拙書一包，計八十六件，今年寄上之總數，乞便中核計示知。大約尚有月餘，乃他往也。謹復，不具。

十一月一日　音啟

三六

（一九三〇年舊十一月十四日，慈谿金仙寺）

質平居士：

上月下旬（大約二十天以前）至金仙寺後，曾寫一函，寄至寧波，未知收到否？余現在此間，聽靜權法師[一]講經。將來或在此間過年，或返法界寺過年，未能定也。恐前函遺失，致勞遠念。再以奉聞。以後通訊，寄「寧波轉慈北鳴鶴場金仙寺弘一收」，不宣。

十一月十四日　演音

[一] 靜權法師（一八八六——一九六〇），俗姓王，名壽安，浙江仙居人。近代天台宗高僧。一九三〇年在慈谿金仙寺宣講《地藏經》時，適弘一法師駐錫該寺，曾參席聽經，聞其從經義演繹到孝思時，弘師深受感動，潸然淚下。

三七

（一九三一年正月初三日，溫州慶福寺）

質平居士：

前寄甬函，想已收到。《清涼歌》屏幅已寫就，付郵掛號寄上，乞收入。朽人近來精力衰頽，遠不如前。不久即擬往遠方閉關，息心用功，不問世事。前云《清涼歌》冊頁，未暇書寫，祇可作罷。又前屬書聯對，尚有未寫者。今僅以已寫好之六對奉上。其餘亦擬不奉上。紙張，即請仁者贈與朽人，亦未能奉還也。諸乞原宥為禱。贈與然慶老法師〔一〕之聯，想已帶至白馬湖夏宅矣。此達，不宣。

朽人不久即離溫州。

舊正月三日　音上

〔一〕然慶老法師，為浙江上虞橫塘鎮法界寺住持，弘一法師時掛搭於法界寺。

三八

（一九三一年舊二月，上虞法界寺）

質平居士：

前奉惠書，具悉一一。《華嚴集聯》，在商務出版，已決定否？其辦法如何？籤條未書寫，是否即排仿宋體字，便中乞示知。

十日以來患病，近已漸愈。有暇乞到藥房，購「安加里丸」（多福大藥廠）一瓶，「第威德潤腸丸」兩瓶。「安加里丸」，如藥房無售者，乞向先施、永安等化裝部購之，付郵寄下，為禱。

音啟

三九

（一九三一年四月，上虞法界寺）

質平居士再覽：

《華嚴集聯》，若排版，因格式複雜，排列不易。擬改由余自己書寫行書字。照像石印二千冊。

便中乞到棋盤街（四馬路附近）藝學社，購奏本紙三十張，價約二圓左右。（樣紙附貼呈）交二馬路書錦里附近，民局，福潤信局。寄至「甬紹鐵路驛亭站橫塘廟鎮壽春堂藥店轉交法界寺弘一收」為感。以後如寄物件，皆交民局。若信函，或交郵局，或交民局，皆可。（交民局，乞寫驛亭站。交郵局，乞寫百官。）仁等若寄補品，以桂圓肉為宜。（不可多）他種皆不用。上海廣東藥店售者，甚佳。價廉。

四〇

（一九三一年舊四月初一日，上虞法界寺）

將來屬寫歌詞大幅屏，仍以夾貢紙（即夾宣紙煮硾者）為宜。因單宣紙不甚好寫，且大幅尤為不宜也。

後園開門之事，余曾再四詳思，仍以不開為宜。因有客人來時，余可以繞至當家師房內而出也。其餘一切，皆做好。後面庭園大加修飾，甚為美觀。

舊四月初一日　音白

四一

（一九三一年四月初八日，上虞法界寺）

惠書，誦悉。畫箱式，甚好。箱門題款，附寫奉。施資十圓，甚感。余今年恐不能返浙，此款即作零用也。

《世夢曲》，乞先付油印（珍筆版）。（曲，及伴奏。中文歌詞，及法文歌詞。務乞詳校無訛。）印就，以數十份寄下。俾廣贈諸學者。

又以前之三首，亦乞譯為法文歌詞，再付油印（並印伴奏），亦寄下數十份。先以此油印者流通。俟《花香曲》撰就，再總付印，製鋅版可也。謹復，不具。

余在此講律，甚忙。半月後，仍繼續講。身體甚健也。

質平居士丈室

四月初八日　演音啟

此信，仁者收到後，乞示復。

四二

（一九三一年舊五月廿四日，上虞法界寺）

質平居士慧鑑：

前上一函，後即奉到尊書。今午又得二十一日所發之書，悉知一切。讚偈，未能增減，乞仍依前所定，斟酌作曲為感。

尤玄父居士，人甚忠厚。於去冬，曾寄《募資緣起》至法界寺。至今春正月返寺時，乃披誦，因允其請。其時佛學書局印拙書佛經之事，尚未發起也。今佛學書局既已願印，似應即託其經手，為宜。至尤玄父居士所募之資，亦交書局附印。將來出書，仍交尤居士。但此後募資之事，似可截止。因此經頁數無多，（至多不過十頁）（中國頁）需資大約僅數百元耳。（夾貢紙石印摺本）今余已據此意，寫信與尤居士。附奉。乞轉寄程品生君，交尤居士，為感。集聯，已寫就三分之二。後附之文，尚未撰好。大約遲至舊四月底，（新六月十五日）必可完成。全體格式尚佳。但學校作為習字範本，則未甚宜耳。（因字體不通俗）奉復，不具。

音白　五月廿四日

尤居士既託仁者募資，仁者宜代為募百餘元，已足。因尤居士在台州，不易集資。且彼家境不豐，難以資助。以余懸擬，尤居士募集之資，能得三百元左右，或可附印千冊耳。

四三

（一九三一年新六月二日，慈谿金仙寺）

質平居士：

前復函，想已收到。《華嚴集聯・例言》及後附之《入門次第》，今日已作好。再有三天，即可全部書寫竣事矣。下次仁者至寺時，余擬將應書寫之件（如歌詞等）一切寫畢。因有事未了，心中常懸念也。磨墨，須俟仁者來時，再磨。若由上海磨好帶來，已隔一二日，即不適用。下次來寺時，乞帶餅乾數包。（泰豐公司出品名曰素餅乾。即無牛乳者。因余近來恆不願食牛乳之制品。）又乞購薄牛皮紙二三十張，惠施，為感。

新六月二日　音疏

四四

（一九三一年六月，慈谿五磊寺）

質平居士：

葉家行李已領到，感謝無盡。

「大音希聲」等四首之題目，擬用《學道四箴並序》。共六個字。屏條寫就，附奉上。其蓋印之地位，已忘記。茲另紙印一方。裝裱之時，託匠人剪出貼上可也。以後寄信，乞寫「寧波慈谿鳴鶴場五磊寺」〔一〕，即可寄到。

音白

收到後，即惠復。

「大音希聲」等四首，其重要之處，在「不音之音，名曰至音」（主要者）等八句之頌文。以前一段之駢體文，不過先敘說其大意耳。（附屬者）四首皆然。作曲時，乞注意於此。

〔一〕弘一法師原有意於五磊寺創辦律學院，後以故停止。

四五

（一九三一年七月廿六日，上虞法界寺）

質平居士：

頃由夏居士帶來藥及食品，已收到。參不須服，靜養可漸愈耳。前寄新華一函，想早收到。此事乞斟酌詳示，為盼。

七月廿六日　音上

四六

（一九三一年舊六月廿五日，上虞法界寺）

質平居士：

前寄明信，想已收到。昨獲惠寄黃線及白紙，甚感。擬以此白紙百張，皆書「清涼」二字（後記年月名字），以為歌集出版之紀念。略復，不具。

音疏

居法界寺甚安，氣候不甚熱。至高之日，不過八十九度，亦僅二三日耳。

舊六月廿五夕

四七

（一九三一年舊六月廿九日，上虞法界寺）

質平居士：

惠書，誦悉。茲掛號寄上拙書一包。「清涼」先奉上五葉，其餘俟晤時交上。又聯三對，併呈。此次所寫者，欲裱裝時，皆須注意。八字之小幅，為用宿墨書寫者，最易污散，宜多注意。

線球甚佳，敬謝。

下半年兼任寧滬等三處功課，似宜於滬校功課託人代授。仁者僅每半月往滬一次，視察一切，兼以宣傳著作。若每週往滬，則太辛勞矣。諸乞酌之。

奏本紙樣子附奉上。三年前，曾在上海四馬路棋盤街藝學社，（其名大約如此，係文具店。在四馬路五馬路之間，面東。）購買九十餘張，價僅五元。今或增價矣。

他日仁者至滬時，乞向北京路舊貨店，購熱水瓶用木塞數個。其式樣大小附奉。因此塞較大，內地無處求覓也。此復，不具。

舊六月廿九日　一音

以後來信，乞寫「杭州轉百官橫塘鎮」，較為迅速，否則將由寧波轉也。

四八

（一九三一年九月廿九日，上虞法界寺）

質平居士：

廿五日自甬寄來之函，誦悉。近日身體已如常。終日勞動，亦不甚疲倦。乞釋遠念。書件已寫畢。（惟除大聯二十八對，未寫。）如此功德圓滿，可為慶慰。俟仁者來寺之後小住，或朽人與仁者同暫時出外，雲游紹、嘉、杭、滬、甬諸處。約一二月，再歸法界寺。統俟晤面時，再約定也。不宣。

九月廿九日夕　音疏

乞購大塊之墨一方帶下。

附寫四聯句：

今日方知心是佛
前身安見我非僧

事業文章俱草草
神仙富貴兩茫茫

凡事須求恰好處
此心常懷自欺時

事能知足心常愜
人到無求品自高

四九

（一九三一年舊十一月十一日，慈谿金仙寺）

質平居士：

五磊寺講律事，已由金仙寺亦幻法師代為解勸，完全取消前議，脫離關係。余昨日已移居金仙寺。即擬在此過冬。棉衣褲尺寸，俟後開寫奉上。余在此居住甚安，精神愉快，諸乞釋念為禱。

腐乳一罐，乞交民局（即舊式信局福潤局或全盛局皆可）寄下。照例，須附寫信一封，交民局同寄。（無信則不能寄）交民局寄者，乞寫——餘姚北鄉鳴鶴場金仙寺。交郵局寄者，乞寫——慈谿北鄉鳴鶴場金仙寺。因地屬慈谿，而水路由餘姚故也。（不往溫州矣）

十一月十一日　音啟

五〇

（一九三一年舊十一月底，慈谿金仙寺）

質平居士：

承寄腐乳，及尊函，今晨已收到。前懇轉寄廈門及紹興之《華嚴經集聯》，乞早付郵掛號寄出，為禱。

張辰伯尊翁、葉居士，屬書之件，附掛號寄上，乞轉交。又佛書數冊，亦贈與張辰伯之尊翁者，併付郵寄上。

照像如印出，乞各寄下一張。

律學院事〔一〕，因內部意見不一，決定停辦。現已料理清楚。余自此以後，可以身心安寧。居金仙寺，閉關謝客靜養。謹達，不宣。

音啟

乞在寧波購小瓶「痰敵」一瓶，付郵寄下。因近患痰嗽，久而不止。尺寸單，附奉上。

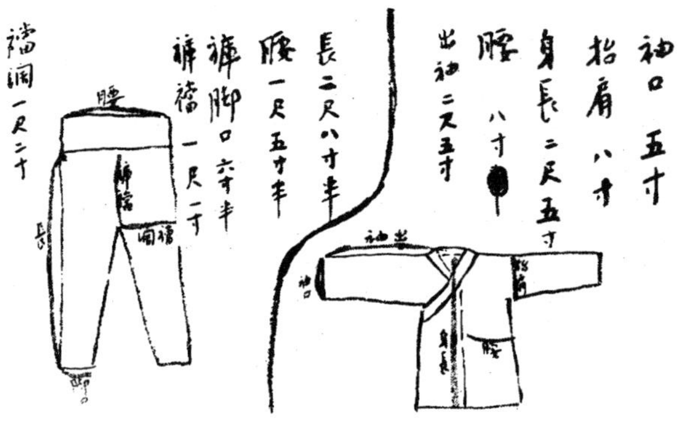

〔一〕律學院事，弘一法師本擬在五磊寺辦律學院，以該寺住持借此化緣，遂未實現。

五一

（一九三一年舊十二月十三日，鎮海伏龍寺）

質平居士慧鑒：

惠書，誦悉。別答如下：

是間氣候不寒，無須添製衣服。

余現住伏龍寺。明春仍在此否，未定。俟明春仁者欲來游時，再以路徑寫奉。

以後余仍可常常寫字，以結善緣。

曾研習之佛書加以圈點註釋者，擬檢數種，於明年便中奉上，而志紀念。

造像若送他處，亦可。

仁者至寧波後，乞示知。先此略復。

舊十二月十三日　音啟

五二

（一九三二年春，鎮海伏龍寺）

余於病後，神衰腰痛。乞仁者向大藥房，購「兜安氏保腎丸」一二瓶。惠施，至感。其他補品，皆乞勿購。

五三

（一九三二年春，慈谿金仙寺）

質平居士：

前復書及寄包袱二件，想已收到。今因事，須外出一行。何時返金仙寺，尚未能定。俟返寺時，再以奉聞。前承惠施駝絨衣件，著以禦寒，至為適宜。感謝無盡。謹達，不宣。

音啟

五四

（一九三二年舊二月六日，慈谿金仙寺）

質平居士慧鑒：

惠書，誦悉。尊恙已痊，至慰。陳嘉庚公司已寄到經書三箱。《清涼歌曲》已成就否？為念。往龍山〔二〕事，現未能定也。謹復，不宣。

〔一〕龍山，即浙江鎮海龍山伏龍寺。

五五

（一九三二年三月，慈谿金仙寺）

質平居士：

前云做衣之布尚有餘者，如仍存貯寧波尊寓，乞託工人做小衫二件。（若無布料，不妨從緩。）（尺寸另紙寫。）余於新曆二十三日後，天晴時，即往伏龍寺。仁者如願來游，乞於新曆三月二十七日至四月十日之間，惠臨甚宜。如有屬書之件，乞隨帶來。四月十日以後，余或即返金仙寺也。（舊端陽節前，仍往伏龍寺避暑。）

演音啟　舊二月六日

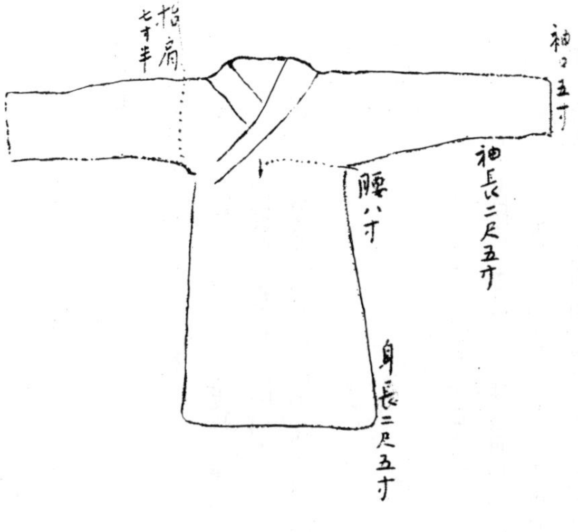

五六

（一九三二年舊三月十六日，鎮海伏龍寺）

往伏龍寺之路程

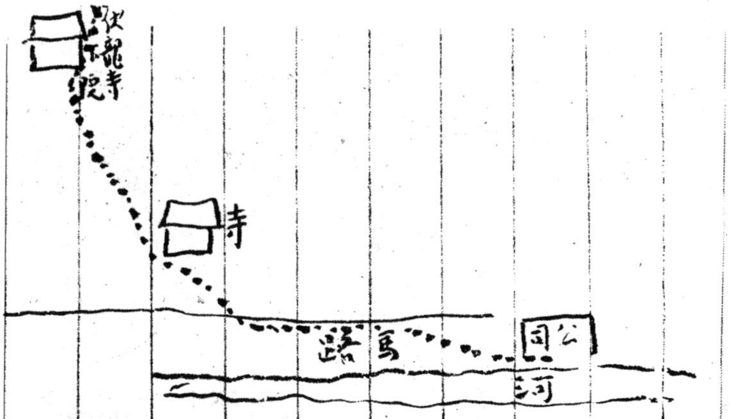

清晨，在江北岸，乘「鎮北」輪船。

或云八時開，或云六時開，乞預早數日詢問寧波三北公司可也。其碼頭，似在永川附近。

至龍山，統艙六角。甚舒適。

到龍山海邊，約十二時前。即乘火車，（僅二里，無票）至龍山三北公司門首。由此步行上山五里，即至伏龍寺。

山嶺甚高，如步行者，宜著布底鞋或草鞋。

由公司門首上山之路，略繪如上方。

……之記號，即是行路之線。

近山頂有涼亭，可以休息。

公司門首有轎否？不知其詳。即有者，亦是元寶籃耳。

如攜帶物件，乞存在伏龍寺下院。俟翌日囑工人往取。

公司至下院，甚近。不足半里。

至下院時，乞交老媪收至妥。下院中，僅彼一人看守。謹達，不具。

下山坡後，即至伏龍寺。由後門入。門首無字。

音啟　三月十六日

五七

（一九三二年四月，慈谿金仙寺）

佚生居士來箋，並壽居士啟文，附奉覽。壽居士曾任杭州法政學校教師十年，今任杭州中國銀行職務。附白。

以後惠書，暫寄「寧波鎮海北鄉龍山西門外周大有號轉交伏龍寺」，郵局民局皆通。

五八

（一九三二年四月三十日，慈谿金仙寺）

惠書，誦悉。前帶各物，悉收到。桂圓餅乾皆存貯甚多，數月內無須再購。丁居士所交來各物，乞暫存寧波，（筍乾宜貯於洋鐵箱內，不然則潮而失味。丁居士前函所言也。）俟秋涼往溫州時攜以轉贈寺中也。佛經宜熟讀，自能漸漸了解。昔周軼生居士學經論時，即依此法也。

質平居士

演音疏　四月三十日

五九

（一九三二年六月下旬，上虞白馬湖）

第四中學教員

劉質平居士：

安心頭陀[一]匆匆來此，諄約余同往西安一行[二]。義不容辭。余準於星期六（即二日）十一時半到寧波。一切之事，當與仁者面談。

弘一上

[一]安心頭陀，浙江鄞縣人。時任寧波白衣寺住持兼孤兒院院長。

[二]是年，寧波白衣寺住持安心頭陀以籌濟陝災，至白馬湖請弘一法師同往西安。弘一法師不欲拂其意，許之。已上船，劉質平以師病後，不勝長途跋涉，負之返岸，遂未果行。

六〇

（一九三二年六月下旬，上虞白馬湖[一]）

遺囑

劉質平居士披閱：

余命終後，凡追悼會，建塔，及其他紀念之事，皆不可做。因此種事，與余無益，反失福也。

倘欲做一事業與余為紀念者。乞將《四分律比丘戒相表記》，印二千冊。

以一千冊，交佛學書局（閘北新民路國慶路口（即居士林旁））流通。每冊經手流通費五分，此資即贈與書局。請書局於《半月刊》中，登廣告。

以五百冊，贈與上海北四川路底內山書店存貯，以後隨意，贈與日本諸居士。

以五百冊分贈同人。

此書印資，請質平居士募集。並作跋語，附印書後。仍由中華書局石印。（乞與印刷主任徐曜堃居士接洽。一切照前式，惟裝訂改良。）

此書原稿，存在穆藕初居士處。乞託徐曜堃往借。

此書可為余出家以後最大之著作。故宜流通，以為記念也。

弘一書

[一]《遺囑》寫作時間地點說法不一。

六一

（一九三二年七月，上虞法界寺）

質平居士：

前過談，為慰。近來老體仍衰弱。稍勞動，即甚感疲倦。再遲十數日，夏居士必返白馬湖。當與彼商量，預備後事，並交付遺囑。可作此生一結束矣。

此次為新華（一）同學諸君書寫字幅，本為往生西方臨別之紀念。深媿精力不足，未能滿足諸君之願。但亦可稍留紀念，字之工拙大小多少可以不計也。余因未能滿諸君之願，甚為抱歉。此意乞向新華諸君言之。請多多原諒，為禱。

書法佳者，不必紙大而字多。故小幅之字，或較大幅為佳。因年老多病，精力不足，寫大幅時，常敷衍了事也。但以前交來之大直幅，決定書寫，但留紀念，不計工拙也。

承惠寄藥品，收到。敬謝。

演音疏

下次仁者來時，乞購商務印書館精製大楷純羊毫（湖南筆）二枝帶下。（注意，筆名勿錯。）

（一）新華，即上海新華藝術專科學校。

六二

（一九三二年新七月二十一日，鎮海伏龍寺）

半月前，曾寄函至海寧，久未得復，想仁者尚未返里。新曆七月六日，海印法師來余處，歷述以前對仁者失言之事，甚用抱歉，囑為轉達。案此事，實由余不德，致諸位各有不歡之意。余亦應向仁等告罪也。諸乞亮宥，為禱。

質平居士

新七月二十一日　演音啟

寄慈居士（一）刻印，已就。余囑其交陳倫孝居士，俟開學時轉奉仁者。附白。

（一）寄慈居士，姓黃，浙江蕭山人。李叔同任教浙江一師時的學生，善書法篆刻。

六三

（一九三二年舊七月四日，鎮海伏龍寺）

承惠寄宣紙，已收到，敬謝。前託為崇德法師畫像書聯，成就時，乞寄伏龍由余轉交。（能於半個月內寄下，尤感。再遲，余或他往矣。）因彼已不在金仙寺矣。謹達。

質平居士

演音　七月四日夕

六四

（一九三二年舊七月二十日，鎮海伏龍寺）

惠書，誦悉。尊疾想已全愈，為念。

前託為崇德法師書畫件。乞請人加墨，即由上海付郵局掛號寄去為感。（附奉上地址一紙，乞貼於包皮上。）因余以後雲游各方，居處無定。若為轉寄，反多未便也。

雲游大約在中秋後，以後惠書仍寄伏龍寺。俟移居時，再奉達。

崇德法師之書畫件，能早寄去尤感。

又以後倘有人詢問余之住處者，乞概置勿答，至禱。

質平居士

舊七月二十日　演音啟

六五

（一九三二年秋，鎮海伏龍寺）

質平居士：

惠書，具悉。腰痛本是閃傷，屬於外科。故前服清補腰部之藥，無效。近用止痛藥水擦之，（外科用）頗有效力。想不久即可痊愈也。服「百齡機」已數日，甚為合宜，以後擬繼續服之。茲奉上洋四元，乞代購：

「兜安氏止痛藥水」，二瓶。買時，乞細看包紙上「兜安氏」三字，及「止痛藥水」字樣。

牛奶餅乾，一大盒。牛奶本是素物，可以供佛。但余近年來，不甚願食。今因病後虛弱太甚，不得不食是以滋補也。

費神，至感。不宣。

演音疏

六六

（一九三二年秋，鎮海伏龍寺）

前復函，想已收到。茲有數事奉達：

△大約中秋節後，往金仙寺。不久，即往溫州。

△金仙寺中，猶有經物行李數件。此次擬於到金仙寺後，即檢出交鳴鶴場航船（又名快船）帶至餘姚站，託站長運至寧波。

△乞仁者訪陳倫孝居士，託彼寫信兩封與餘姚站長。此兩封信，皆乞（掛號）寄至余處。俟至金仙寺，將寄物時，先發一信，預為通知。另有一函，即交船夫帶去。此信必須兩封。若僅一封交於船夫，恐彼遺失，則無憑據矣。此兩函之大意，附寫出，乞交與陳居士閱之。（附一紙。）

△金仙寺之行李，即由餘姚站長運至寧波交陳倫孝居士家中，最妥。因永川輪船之陳君，與寄慈同居，住在倫孝居士附近。將來轉送至陳君處，甚便也。

△以前由仁者第一次帶至寧波之網籃兩只，及此次由金仙寺運去之行李數件。皆乞仁者於收到後，即託永川陳君運往溫州。（乞附交彼搬運費一元或二元。）

仁者第二次帶往寧波之經書等，一網籃一蔴袋，仍乞暫為存貯寧波。俟以後余到廈門時，再斟酌情形，或託仁者轉交上海陳嘉庚公司轉運至廈門。或仍存貯尊處。皆未可預定也。

△仁者便中，乞訪永川輪船陳君一談。有二事奉詢：一為永川輪船，今秋何時修理？（每年秋季修理，停航月餘。）二者，船期是否仍為星期二到星期四開。以上兩事，詢問後，乞示知。

△余所居之處，鼠害為患。擬請仁者到上海先施公司，購西式捕鼠器一件。（但必須不傷害鼠命者乃購之，否則不購。）如無者，乞於便中至上海城隍廟，購鐵絲編成長方形之捕鼠器亦可。（此物決不傷鼠命，但不甚靈驗耳。）此捕鼠器，俟余至寧波時面交。

又前存陳倫孝居士處，有寄慈刻印五方。亦乞取來，俟余至寧波時交下。

△餅乾尚存甚多，桂圓（不甚合宜）擬不再食。此二物乞勿購買，為禱。

△仁者如於新曆九月十五日寄信至伏龍寺，仍可收到。以後乞勿寄。

演音啟

行李數件。乞永川輪船稽查員陳居士，帶至溫州。送交大南門外東城下飛霞洞前面（即是以前居住之處）慶福寺內，住持因宏法師收。費神，至感。

弘一敬託

六七

（一九三二年九月十八日，慈谿金仙寺）

質平居士慧鑒：

九日尊函已收到。音於十六日至金仙寺。以後惠函，乞寄餘姚北鄉鳴鶴場金仙寺弘一收為禱。往溫州之輪船，尚有二三隻。乞為詢問彼等，每星期幾到甬，每星期幾開。倘仁者無處可詢，乞託陳倫孝居士代詢亦可。詢明後，乞即示知。謹達，不具。

九月十八日　演音啟

六八

（一九三二年九月，慈谿金仙寺）

昨復一片，想已收到。今晨由民局送來絨袍一件，至用感謝。其包一件，今晚託送至民局，帶往寧波。恐須遲緩。仁者離甬之時，如尚未收到，乞囑門房代收可也。年假之時，仁者通訊之處，便乞示知。

音啟

六九

（一九三二年十月四日，上虞法界寺）

前惠書，誦悉。擬於新曆十月十三日（即星期四）到寧波。約於下午三點零五分鐘抵寧波車站。即登平陽輪船。（此船星期四到，星期六開。賣票員及茶房皆素相識。）以前存尊處之行李，惟有兩件帶往溫州。俟與仁者晤面後，再詳談可也。

質平居士慧鑒

演音疏　十月四日

七〇

（一九三二年十月四日，上虞法界寺）

新曆十月十三日（星期四），下午三點零五分鐘，到寧波車站。另有函，寄四中校，詳言之。餘俟晤商。不宣。

質平居士

演音啟　十月四日

七一

（一九三二年十月八日，上虞法界寺）

六日惠書，頃已披閱。永川開行，甚善。余擬於新曆十九日（即星期三）下午三時零五分，到寧波。先此奉達。數日後，再致函詳陳，掛號寄至寧校（一）。乞仁者於十九日晨到校時，即向門役索閱掛號信可也。

質平居士

演音疏　十月八日

（一）寧校，指寧波四中，時劉質平在該校教音樂課。

七二

（一九三二年十月十四日，上虞法界寺）

前寄至上海一函，想已收到。

余決定於十九日（星期三）下午三時，到寧波車站。（風雨勿阻。但若小船因風大或其他特別事故，不能開行，則須改至再下星期三，即廿六日。）乞仁者預早與林君商定船室。最好仍住買辦房中（即上次所住者）。因行李甚多，此房極大，可以存置也。

行李本擬不多帶。今因仍搭永川輪船，故改為多帶數件。計如下所記：

△仁者第一次由伏龍寺帶去之網籃兩只。

△一月前，由陳倫孝居士託餘姚站帶上行李三件。（計書箱二只，鋪蓋一件。）

以上共五件，乞仁者預早搬入船內。俟余到甬後，即可逕上船也。

此外，尚有仁者第二次帶甬之書籍等（一網籃、一麻袋），則乞仍存仁者之處，無須移動也。

種種費神，感謝無盡。

質平居士丈室

演音啟　十月十四日

七三

（一九三二年十一月六日，上虞法界寺）

前書，想已收到。茲有懇者：仁者第二次由伏龍寺帶至寧波書籍之中，乞將下記兩種檢出寄下。

△《華嚴集聯》，兩冊。

△石印拙書《梵網經》，一冊。

（前帶去書籍，大致大小相似。惟有上二種特別。一為闊大之形，一為長狹之形。乞觀其包裹之形式，即可知之。）

以上三冊，乞付郵掛號寄至溫州南門外慶福寺弘一收。費神，至感。

質平居士

十一月六日　演音啟

七四

（一九三二年新十一月廿二日，寧波）

函寄《集聯》及經，已收到，感謝無已。四日後，即往廈門。船已定好。（由局長招待甚優，諸事穩妥，乞勿念。）俟到廈門後，再以住址奉達。

新十一月廿二日　演音啟

七五

（一九三二年十二月，廈門萬壽巖）

質平居士慧鑒：

前奉明信，想已收到。昔存尊處書物等，乞分裝為兩大木箱。（即粗製之木箱，運送書籍儀器者；網籃搬運不便。）交上海陳嘉庚公司，運至廈門，為感。乞於前數日，先付郵寄一函（即信面寫陳嘉庚公司者），令公司預知一切。遲數日後，仁者再攜帶木箱，持另一封信（信面寫陳○○者），面交與彼，即可接洽一切。陳嘉庚令弟陳敬賢居士〔一〕，為余之友人。以後凡有寄與廈門余收之物件，皆可交上海公司陳篤廣碧岩二君轉送（此二人之姓名，乞抄出備查），至便利也。謹達，不宣。

演音疏

〔一〕陳敬賢居士（一八八九——一九三六），即愛國華僑領袖陳嘉庚之胞弟，福建廈門人。係一虔誠佛教徒。

七六

（一九三三年六月十二日，泉州開元寺）

質平居士：

惠書承悉。仁者克盡孝道，為慰。開弔之日，宜用素齋，萬不可殺生，致為亡人增其罪戾也。乞與令兄商之。《心經》及簽，寫就附郵奉，不宣。

六月十二日　演音啟

七七

（一九三四年舊四月十三日，廈門南普陀寺）

質平居士道席：

久不通訊，甚念。不久將閉關用功，謝絕諸事。茲寄上拙書一包，以為紀念。《清涼歌集》能出版否？開明，世界（現蔡丏因任編輯事），及佛學書局，皆可印行，不須助印費，仁者僅任編訂校對之事，即可成就也。前謄寫版所印《清涼歌集》五首如有存者，乞先寄與下記二處：

廈門南普陀寺高文顯居士　三份

廈門轉泉州大開元寺慈兒院葉宗擇居士　三份

閉關以後，未能常通信。草草書此奉聞，不具。

舊四月十三日　演音啟

七八

（一九三四年八月，廈門南普陀寺）

質平居士道鑒：

惠書，誦悉。承施十金及《心經》像葉，感謝無盡。近來無有病苦，希釋懷可耳。

《心經》，友人請求者甚多，乞再寄下二三包。

音樂書面，十日內可以寫好郵奉。

歌集，能於今年出版為宜，諸友屢屢詢問也。出版時，乞往佛學書局（膠州路七號），與沈彬翰居士接洽一切。印法形式，皆可由仁者主之，並隨時檢校樣本。（此最要緊。）仁者認為十分滿意後，乃以付印。佛學書局有分局數處，流通甚廣，較開明為適宜也。印刷諸費，亦可由佛學書局負任。諸乞與沈居士商酌可也。

近託彼處印《地藏菩薩九華示蹟圖》一部。（盧居士畫十二頁，用十三色珂羅版印。余題字十二頁，用一色珂羅版印。）中華書局印刷。每部實費五元，為吾國罕見之彩色印本。其印費，悉由沈居士籌備。樣本已印就，不久即可出版也。

以後惠書，乞寄廈門南普陀寺。不宣。

音啟

七九

（一九三四年九月，廈門南普陀寺）

承郵惠諸書，悉收到，甚感。書櫥字，稍遲書寫奉也。

音啟〔一〕

〔一〕廈門郵戳為「廿三年九月九日十六（時）」。

八〇

（一九三四年冬，廈門）

前郵函及寫件，想已收到。昨奉惠書，具悉一一。書面字，附寫呈。（書面字隨意寫之，俟製鋅版時可以斟酌縮小。）前年由仁者代寄伏龍寺書籍等，交陳嘉庚公司時，尚餘有稿紙諸物存在新華。內有《華嚴經觀自在章》寫本（昔年曾由仁者抄寫一卷），乞檢出寄下。（內夾紙片，亦乞寄下。）因仁者抄寫者，前送他處，彼已遺失，不能付印。故請將余之寫本寄下，以資讀誦，或付印也。

質平居士道鑒

演音啟

八一

（一九三四年十一月，廈門萬壽巖）

前年由伏龍寺運送書物至廈門時，有未及裝箱者諸稿件等，存貯新華校中。今擬請將此稿件諸物檢出，送交寧波，轉寄廈門，應需用也。乞煩尊校國文教師，檢尋晚唐詩人韓偓傳，抄寫寄下，為禱。

寧波江夏街捷美行（輪船經理處）
辜士輝先生轉送廈門吳厝巷四號
葉天銘居士轉交　弘一・・收

仁者仍任寧波四中教務否，並乞示知。

質平居士道席

演音疏

八二

（一九三五年舊四月五日，泉州溫陵養老院）

質平居士文席：

兩次惠書，於昨午始收到。對聯已受雨濕，可知牛皮紙無用，舊式油紙或較佳也。對聯增加上款，則筆跡不符，格式參差，故不寫款。另書小堂幅小聯，分贈四居士，舊聯（單款）亦可附贈耳。又拙書若干紙，附郵奉，乞隨宜結緣。寫小楷用之水筆，乞購數支寄下。因閩製之筆不適用也。（余所需者為水筆，非羊毫，亦非兼毫，乞勿誤會。）以後通信，乞寄泉州大開元寺轉交。舊存廢稿若干紙，並奉上。油紙，乞寄回。謹復，不宣。

農曆四月五日　音啟

八三

（一九三六年五月，鼓浪嶼日光巖）

前復明信，想已收到。歌集出版，乞惠施十冊。（寄南普陀廣洽法師轉。）歌集中，乞仁者作序或跋一篇，詳述此事發起及經過之情形。余近居鼓浪嶼閉關，其地為外國租界，至為安穩。但通信，仍寄前寫之處轉交也。屬寫小聯紙，尚未收到。俟秋涼時，用心書寫。並擬寫多葉結緣物也。以後與仁者通信，寄至寧波四中，妥否，乞示知。附奉上拙書一葉，為今年舊元旦晨朝起床，坐床邊所寫。其時大病稍有起色，正九死一生之時。其時共寫四葉，今以一葉贈與仁者，可為紀念也。此次大病，為生平所未經歷，亦所罕聞。自去年舊十一月底，發大熱，兼外症，一時併作。十二月中旬，熱漸止，外症不愈。延至正月初十，乃扶杖勉強下床步行。（以前不能下床。）中旬，到廈門就醫。醫者為留日醫學博士黃丙丁君。（泉州人，人甚誠實。）彼久聞余名，頗思晤談。今請彼醫，至為歡悅，十分盡心。至舊四月底（舊曆有閏三月），共百餘日，外症乃漸痊愈。據通例，須醫藥電療注射（每日往電療一次）等費約五六百金。彼分文不收，深可感也。謹陳

質平居士道席

演音疏

八四

（一九三六年五月三十日，鼓浪嶼日光巖）

仁者歸後，前人未嘗一至余處。想是已有悔過之意。乞仁者恕其既往，毋復介懷，為禱。知勞遠念，謹以奉達。

現需用宣紙數種，如下記者。乞便中寄下，為感。

△四尺，對裁開，如舊式對聯形者，三對。
△新式狹長聯形者，五對。（闊與長不拘。）
質平居士玄鑒
演音啟　五月三十日

八五

（一九三六年八月二十七日，鼓浪嶼日光巖）

寫件約於半月後託人付郵寄奉。以後通信，改寄「廈門鼓浪嶼日光巖弘一收」。

八月二十七日　演音上

八六

（一九三六[一]年舊十月十一日，鼓浪嶼日光巖）

質平居士文席：

前函及寫件，想已收到。余不久往山寺居住（山中四季有蚊），需精密之蚊帳一件，乞便中向上海三友實業社購已製成之蚊帳。（夏季用，宜甚透風，紗質宜堅固。又紗孔宜小，恐小蚊入內。）即託三友社代為交郵局（依包裹例，乞仁者付與寄費），寄至廈門鼓浪嶼日光巖弘一收，至妥。因余尚須在日光巖居住月餘，可以收到此物也。此陳，不宣。

舊十月十一晨燈下　演音啟

[一]一說寫于一九二九年。

八七

（一九三六年舊十一月，鼓浪嶼日光巖）

惠書，誦悉。暫不往山中。不久移居南普陀。以後惠書，乞寄廈門南普陀寺養正院廣洽法師轉交弘一收。謹復。

演音啟

八八

（一九三七年二月，廈門南普陀寺）

惠書，誦悉。承施資，至感。蚊帳合宜，無須重做。又余住處無定，牀量亦大小不一，無有固定之標準也。以後惠書，仍寄南普陀寺養正院廣洽法師轉交。

演音啟

八九

（一九三七年四月，廈門中巖）

質平居士：

惠書，誦悉。慈念慇厚，感謝無盡。南閩冬暖夏涼，頗適老病之軀，故未能返浙也。稍遲有便，或往南洋（夏亦不甚熱）。承施資，擬以充往南洋船費。謹復，並致謝忱。附奉小聯，乞受收。

演音啟

九〇

（一九三七年五月五日，廈門萬石巖）

因事須往青島一行。（後日動身。）以後惠函乞寄「青島湛山寺」。約於重陽後返廈門也。不宣。

五月五日　演音白

九一

（一九三七年五月二十日，青島湛山寺）

今晨安抵青島，諸事順適，乞勿念。以後五個月內通訊，乞寄「青島湛山寺弘一收」。便中乞寄下「四尺煮硾單宣紙」若干張，命紙店工人對裁開（如下圖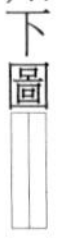）捲好，惠施與朽人為感。不宣。

五月二十日　演音啟

託世界書局寄上余所編輯《佛學叢刊》，乞收入。

九二

（一九三七年六月廿五日，青島湛山寺）

惠書，誦悉。甚慰。教材已收到。謹復，不具。

齊州　演音啟　六月廿五日

九三

（一九三七年七月，青島湛山寺）

質平居士文席：

兩奉惠書，具悉一一。承施資財，至感。此次到青島後，如入歐美鄉村，其建築風景為國內所未見也。前有友人勸余編輯兒童唱歌一卷，約初小程度，略含佛教淺理而無宗教之色彩，以備佛教信者及他教信徒用之。未知仁者有暇任此事否？《清涼歌集》出版後現像如何？仁者於下半年仍居寧波否？便乞示及。謹復，不宣。

演音啟

九四

（一九三七年九月，青島湛山寺）

承施宣紙，已收到，敬謝。不具。

青島　演音白

九五

（一九三七年十月十八日，廈門萬石巖）

前晨安抵廈門，途中十分平安。以後通信，乞寄「廈門中山公園妙釋寺轉交萬石巖弘一收」。謹達，不宣。

廣洽師將往新加坡，附聞。

十月十八日　演音啟

九六

（一九三七年舊九月，廈門萬石巖）

質平居士道席：

惠書，誦悉。承施資，甚感。宣紙已收到。茲寄上七言聯若干副，結緣件十五份。又前為韓偓寫《藥師經》一卷，亦以奉贈。俟余六十歲時，或與同人集資印此經，以為紀念也。仁者如以後常讀《藥師經》，尤善。附寄上註解一冊，可以參考也。此註解中之經為後代流通本，余所寫者依古藏原本，故稍有不同處也。謹復。不宣。

演音啟

九七

（一九三七年舊九月晦日，廈門萬石巖）

質平居士文席：

前函及寫件，想已收到。不久或移居鄉間，通訊未便，故復續寫若干件寄上。以後乞暫勿來信。如有要事，乞寄「廈門南普陀寺養正院內廣洽法師轉交弘一收」，或須遲至兩三個月，乃依便人帶到，亦未可知也。

今年寫者最多，約四五百件矣。謹陳，不具。

舊九月晦日　演音啟

九八

（一九三七年十一月，廈門萬石巖）

廈門近日情形，仁等當已知之。他方有勸余遷居避難者，皆已辭謝，決定居住廈門，為諸寺院護法，共其存亡。必俟廈門平靜，乃能往他處也。知勞遠念，謹以奉聞。不宣。

演音啟

九九

（一九三八年舊二月廿三日，廈門南普陀寺）

前郵明信及寫件，想已收到。近為事忙，尚未能往永春。以後惠函，仍寄廈門南普陀寺。謹達，不具。

舊二月廿三晨燈下　演音啟

一〇〇

（一九三八年四月，廈門南普陀寺）

質平居士文席：

惠書，誦悉。《阿彌陀經》，擬俟余往生西方時再印，以為紀念。（用袋裝置甚善。）

寫件寄上二包，請收入。室小几小，又無人幫助，故七、八、十言聯皆不易書寫。但寫小幅，以分送同人，為紀念也。

此次寄上者甚多，想可敷用。今年即不再寫奉，且俟明年有暇再書寫也。

宣紙，在此購買甚便，以後乞勿寄下。

《地名山名及寺名院名表》，改訂奉上。（夾在寫件包中。）又略考五紙，可以附編入文內。謹復，不宣。

演音啟

郵票，須用漿糊或膠水貼牢固，否則易致脫落。前來函之郵票，已落去。

一〇一

（一九三八年四月，廈門南普陀寺）

惠書，誦悉。承施資，至感。謹復，不宣。

演音啟

一〇二

（一九三八年舊五月廿五日，漳州瑞竹巖）

惠書，誦悉，至慰遠念。事事皆退一步想，當可無憂惱也。又仁者及眷屬，皆應常念觀世音菩薩名號，必可轉危為安，逢凶化吉。茲先寄上七言二聯。此外擬絡續寫二尺小堂幅一二百葉，須俟秋後冬初，余入城時，乃可寄奉。今居高山之上〔一〕，距城約四十里，託人轉送，殊未妥也。承施資，至感謝。略復，不宣。

質平居士文席

農曆五月廿五日　音啟

〔一〕高山，此處係指漳州城東江東橋附近半山之瑞竹巖。五代時，僧楚熙居此，以竹筧引泉，筧生枝，因名瑞竹。

一〇三

（一九三八年新八月一日，漳州瑞竹巖）

質平居士澄覽：

前復書，想早收到。茲奉上拙書數紙，其中大佛字為新考案之格式，甚為美觀。以後暇時，擬書若干紙，俟時局平靖，再以郵奉也。謹陳，不備。

音啟　新八月一日

一〇四

（一九三九年舊二月十六日，泉州承天寺）

寄上拙書一包，乞收入。以後惠書，乞改寄「廈門轉永春蓬壺新市場華記轉交普濟寺弘一收」。

舊二月十六日　演音啟

一〇五

（一九三九年舊四月十四日，永春普濟寺）

質平居士文席：

變亂以來，時為懸念。去年曾致信片於海寧，由郵局退還。近奉惠書，至用忻慰！朽人近二年來，諸事順遂，未經災難。一月餘前，移居永春山中。以後惠函，乞寄福建永春縣蓬壺鄉弘一收，即可達到。是間僅有郵局代辦所，寄物未便。朽人近無所需，希勿遠念。近兩年來，寫字極多。將來暇時，擬寫若干紙，寄與仁者廣結法緣（今年世壽六十），但郵局寄遞非易，或須俟時局稍定乃能寄上耳。不宣。

音啟　農曆四月十四日

一〇六

（一九三九年舊四月二十一日，永春普濟寺）

質平居士澄覽：

惠書，誦悉，歡慰無量。承施資，至用感謝。拙書一幅又廢稿四紙，並附奉上。謹復，不宣。

音啟　農曆四月二十一日

一〇七

（一九三九年〔一〕秋，永春普濟寺）

質平居士：

尊函今日始收到。因郵間傳遞頗遲滯，或延至一星期乃至十日也。余前患傷寒及痢，甚重。今已痊愈。惟身體甚弱，尚須調養，乃能復原耳。余以殘燼之年，又多疾病。甚願為諸同學多寫字蹟，留為記念。

茲改定辦法如下。是否合宜，乞酌之。

因余書寫長聯，字數尚少。書寫之時，若有人在旁幫助，尚不十分吃力。若小立軸，則字數較多，頗費時間矣。

惟應寫魏碑體，或帖體（《護生畫集》字體）。可以於紙上一一標明（隨各人意）。又欲寫上款，亦須標明。

又小立軸之佛號，有三式。亦由屬書者指定一式。

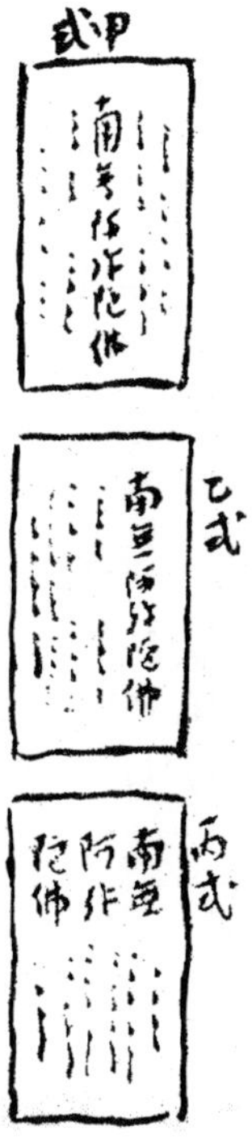

〔一〕一說寫于一九三二年上虞法界寺。

一〇八

（一九三九年舊九月二十九日，永春普濟寺）

質平居士文席：

惠書，於二十二日收到。承施資，擬俟明年正月初旬在本寺供麵結緣，與在朽人誕辰，無以異也。奉上拙書七葉，其先後次序，以紙首之二字標寫如左，依此即可知其先後也。謹復，並謝。不宣。

釋門、敬本、所以、於是、文中、睡癡、不禮。

農曆九月二十九日　善夢啟　六旬初度後九日

一〇九

（一九四〇年舊九月三十日，永春普濟寺）

質平居士文席：

前致書並聯字，想悉收到。朽人世壽周甲已過。擬自下月中旬始，至明年除夕止，謝絕俗務，專心修持。須俟農曆壬午元旦，乃可與仁等通信也。謹達，不宣。

音啟　九月三十日

農曆辛巳十一月，乞仁者寫通信地址，寄與夏居士，或李圓晉居士，轉交與朽人。李居士寓上海靜安寺路底蝶來新邨二十五號。

一一〇

（一九四一年正月十九日，南安靈應寺）

質平居士智覽：

惠書，誦悉，至用忻慰。承施資，領受，敬謝。茲奉達數事如下：

寄上寫件一包，乞收入。以後再絡續郵奉。

包裹用之牛皮紙及細蔴繩，皆缺乏。此次寄上者，乞仍寄還。尊處如存有舊牛皮紙及繩，亦乞一併寄下，以備需用。乞檢無用之書籍寄下，即以此牛皮紙多層包裹，再以許多之蔴繩縛之，即可妥寄。

朽人之寫件，四邊所留賸之空白紙，於裝裱時，乞囑裱工，萬萬不可裁去。因此四邊空白，皆有意義，甚為美觀。若隨意裁去，則大違朽人之用心計劃矣。

對聯之句，皆重複。但不可亂配，因筆畫字體各有不同。茲由朽人於每聯，用紙貼合之。各對別貼，乞細心輕輕檢查。

《清涼歌集》已絕版。將來時局平靖，乞仁者託上海慕爾鳴路一百十一弄六號大法輪書局陳海量居士經理，重印流通。以攝影製版為宜。其印資，請彼向菲利濱性願法師商酌，決無困難。

《華嚴集聯》亦可重印，託陳海量居士最妥。字宜縮小，上下之空白紙宜多，乃美觀也。《華嚴集聯》書冊之形式，宜改為長形，與《四分律戒相表記》相同，上下多留空白，至要。補記。餘俟後陳。不宣。

正月十九日　音啟

一一一

（一九四一年舊七月十三日，晉江福林寺）

質平居士澄覽：

　　前函及聯對，想已收到。茲寄上拙書一包。（郵局能寄否未能定，或須遲寄亦未可知。）乞勿急於贈送，暫為存貯可也。朽人近兩年來，身體雖健，精神日衰。不久當往生極樂國。以後能再續寄拙書否，未可定也。又小字文稿二紙（又鈔序二紙），併奉上，以為紀念。謹陳，不備。

農曆七月十三日　音啟

一一二

（一九四一年九月八日，晉江福林寺）

質平居士澄覽：

　　惠書，誦悉。承施資，至用感謝。閩南自去秋以來，物價昂貴。近封鎖海口，滬港貨物不能運入，故價益昂。米價已漲至每石百二十元。（去春僅五元餘。）小而薄之毛巾，現價一元。（昔僅值洋數分。）宣紙價，前曾聞友人云：每張四元。故現在未能在此購買宣紙。仁者所寄五元，乞以施與朽人雜用。俟時局平靖，由朽人自備宣紙，書聯寄奉可也。茲附郵奉八言長聯，（去年元旦寫，今秋題款。）乞收入。（此聯紙重，茲先寄上一紙，其下聯俟下次寄。）尚存（舊寫）五言聯一對，亦宣紙者，俟後隨信寄上。前寄上大佛字之紙，為閩特產，若裝裱後，甚為美觀。謹復，不具。

九月八日　音啟

一一三

（一九四一年，泉州）

　　昨奉一函，及書物一包，想已收到。所示棉襖之尺寸，其身長再增加一尺。（本作小棉襖之尺寸，今改為中棉襖。）其他處之尺寸，皆無有變動，仍照原單可也。此達。

音啟

一一四

（一九四一年，泉州）

質平、希一居士同鑒：

　　友人林葆宜居士，欲請人函授圖畫、音樂二科。乞為斟酌妥當辦法，介紹一切為感。林居士篤信佛法，品行端正，為當代希有之青年。乞善為護念，至禱。謹陳，不宣。質平所寄墨已收到矣。

演音啟[一]

[一] 此札未署年月日，一九八六年九月始由上海彭長青君抄寄。據云原係李芳遠生前託弘一法師所書尚未寄出者，後以轉贈彭君。

一一五

（一九四二年舊九月，泉州溫陵養老院）

質平居士文席：

　　朽人已於（九）月（初四）日謝世。曾賦二偈，附錄於後：

　　君子之交，其淡如水。執象而求，咫尺千里。

　　問余何適，廓爾亡言。華枝春滿，天心月圓。

　　前所記月日，係依農曆也。謹達，不宣。

音啟

致王仁安[一]

一

（一九一七年初春，杭州）

王仁安先生：敬賀年禧！

　　屢惠大著，謝謝。友人頗有願讀者，能多惠一二份否？

李嬰再拜

　　新曆正月卅日，入西湖虎跑寺習靜。二月底返校。公暇能來寺一譚否？

[一] 王仁安（一八六四——一九三七），名守恂，又字訒庵，天津人。清光緒廿四年進士，天津知名詩人。時任浙江錢塘道道尹。有《王仁安文集》、《天津政俗沿革記》行世。

二

（一九一八年舊二月，杭州）

門人戚子製印呈清賞。

演音

訒庵仁者

二月初五日為先慈十三周年忌日，先期入大慈山誦經，初七出山，十一天晴，擬謁左右。附白。

致夏丏尊[一]

一

（一九一八年六月十八日，杭州虎跑寺）

賜箋，敬悉。居士戒除葷酒，至善至善。父病日劇，宜為說念佛往生之法。臨終一念，最為緊要。（臨終時，多生多劫以來善惡之業，一齊現前，可畏也。）但能正念分明，念佛不輟，即往生可必。（釋迦牟尼佛所說，十方諸佛所普讚，豈有虛語！）自力不足，居士能助念之，尤善。勸親生西方，脫離生死輪迴，世間大孝，寧有逾於是者。（臨終時，萬不可使家人環繞，妨其正念。氣絕一小時，乃許家人入室舉哀，至要至要。）《淨土經論集說》，昭慶經房皆備，可以請閱。聞范居士將來杭，在佚生校內講《起信論》。父病少間，居士可以往聽。《紫柏老人集》（如未送還）希託佚生轉奉范居士。不慧入山[二]後，氣體殊適，可毋念。

丏尊大士坐下

演音稽首　六月十八日

[一]夏丏尊（一八八六——一九四六），浙江上虞人。早年留學日本，歸國後，曾任杭州浙江省立第一師範舍監。其後歷任白馬湖春暉中學、上海立達學園、暨南大學教授等。晚年任上海開明書店總編輯。自浙江一師與李叔同共事後，成為他的摯友，生死不渝。著有《平屋雜文》，譯有《愛的教育》等。

[二]入山，即入杭州大慈山虎跑寺，時雖未落髮，已皈依佛，故用法名演音。

二

（一九一八年中秋前二日，杭州虎跑寺）

丏尊居士：

頃有暇，寫小聯額貽仁者。前屬樓子啟鴻刻印，希為詢問。如已就，望即送來。衲暫不他適。暇時幸過談。不具。

釋演音　中秋前二日[一]

[一]此札由上海彭長青先生錄示，謂錄自一九八一年《西湖》雜誌第二期盛鍾健所作《佛學思想對柔石的影響》一文中。（柔石原名趙平復，左聯五烈士之一，為魯迅先生之友。）後有趙平復自志云：「余幼鄙，不知叔同李先生之為人。然一睹其字，實憾師之不及者。共和七紀（一九一八），余學武林師校，適先生棄世為僧，故又不及見其人而得其片幅。先生知交夏先生丏尊嘉余誠，以此作贈。余樂而藏之。此非余之好奇，實余之癖性也。趙子平復自志。」信中之樓啟鴻為樂石社社友，字秋賓。此札當作於一九一八年弘一法師出家後未受具戒之間。

三

（一九一八年舊九月，杭州虎跑寺）

示悉。師傅有他事不克依尊命，已由演音代請本寺宏祥師及永志師二位，於初十晨八時前至尊府，念普佛一日，至晚八時止（不放燄口）。二師道行崇高，為演音所深知，故敢紹諸仁者。是日二師來時，不帶香燈師，由尊處命茶房一人，布置伺候一切。布置大略圖說附奉。[二]務請於事前布置完善，俾免臨時匆促。牌位二分附呈。佛位已寫好。靈位

生于………
顯考……………………靈位
歿………男………奉祀

請仁者自填，並須做位架二具，張列牌位。靈位供靈前，又靈前亦須上茶上供及香燭。二師嚫儀由演音酌定，共送拾圓。因宏祥師極不易請到，永志師亦非常僧，故宜從豐以結善緣也。今日料理一切極忙，

草草奉復。明晨第二次車準赴嘉興。

丏尊居士　　演音

宏祥師送經券及演音送經券附奉。請於初十日供靈前，是晚隨牌位焚化。

〔一〕詳見本卷圖版。

四

（一九一八年十月，嘉興精嚴寺）

銀錢、古研敬受。「判教」〔一〕宜先看「五教」〔二〕，再閱「四教」〔三〕，「選佛譜」〔四〕宜每日擲數次。名位繁瑣，非如是不易記憶也。率復

丏尊居士

小額附奉。　　演音

〔一〕「判教」亦稱「教判」，即教相判釋。謂將釋迦一代所說教法，就說法次第與義理淺深，加以判別之意。

〔二〕「五教」，謂賢首宗的判教。即小、始、終、頓、圓五教。

〔三〕「四教」，謂天台宗的判教，即化儀四教與化法四教。

〔四〕「選佛譜」，亦稱「選佛圖」，是從前僧侶間的一種游戲。

五

（一九一九年三月十一日，杭州玉泉寺）

前日葉子來談，藉悉起居勝常為慰。南京版《四書□參》〔一〕、《中庸直指》，仁者如已請來，希假一誦。（否則乞詢佚生或有之）（俟他日有人來帶下，不急需也。）《歸元鏡》（昭慶版）頗有可觀，（鄙以其為戲曲，甚輕視之。今偶檢閱，詞旨警切，感人甚深。）願仁者請閱，並傳示同人。近作一偈，附寫奉覽。不具。

丏尊居士

釋演音　三月十一日

〔一〕《晚晴山房書簡（第一輯）》作「《四書小參》」。

六

（一九二〇年舊六月廿五日，新城）

曩承遠送，深感厚誼。來新〔一〕居樓居士家數日，將於二日後入山〔二〕。七月十三日掩關，以是日為音剃染二周年也。吳建東居士前屬撰《揚溪尾惠濟橋記》，音以掩關期近，未暇搆思，願賢首〔三〕代我為之。某氏所撰草稿附奉，以備參考。撰就希交吳居士收。相見無日，幸各努力，勿放逸。不一。

丏尊居士文席　　演音　六月廿五日

〔一〕新，即新城，舊稱新登，屬浙江省。

〔二〕入山，即入新城之貝山。

〔三〕賢首，本為比丘之尊稱，猶言賢者、尊者。唐義淨所譯新律中，多用此稱。佛典常作為第二人稱，即「您」之意。

七

（一九二一年八月廿七日，溫州慶福寺）

江干之別，有如昨日。吳子書來，知仁〔一〕歸臥湖上，脫屣塵勞，甚善甚善。余以是歲春殘，始來永寧，掩室謝客，一心念佛，將以二載，圓成其願。仁者邇來精進何似?衰老寖至，幸宜早自努力。義海淵微，未易窮討，念佛一法，最契時機。印老文鈔，宜熟覽玩味，自知其下手處也。（可先閱其書札一類。）仁或來甌〔二〕，希於半月前先以書達，當可晉接。秋涼，惟珍重，不具。

丏尊居士　　演音　八月廿七夕

寓溫州南門外城下寮。（便中代求松煙墨二錠寄下。）

〔一〕仁或仁者，佛典常作第二人稱，有「您」之意。「仁等」為複數。

〔二〕甌，為溫州之略稱。

八

（一九二九年陽曆五月六日，溫州慶福寺）

惠書，誦悉。承詢所需，至用感謝。此次由閩至溫，旅費甚省。故尚有餘資。宿疾本因路途辛勞所致，今已愈十之九。銅模字即可書寫。擬先寫千餘字寄上。俟動工鐫刻後，再繼續書寫其餘者。今細檢商務鉛字樣本，至為紊雜。有應用之字而不列入者。有《康熙字典》所未載之僻字及俗體字，而反列入者。若依此書寫，殊不適用。今擬改依《中華新字典》所載者書寫，而略增加。總以適用於排印佛書及古書等為主。倘有欠缺，他時尚可隨時補寫也。墓志造像不列目錄，甚善。《佛教大辭典》〔一〕，是否仍存在尊處？因嘉興前來書謂未曾收到。如未送去，仍以存尊處為宜。陽曆四月十九日寄掛號信與上海美專劉質平居士。至今半月餘，無有復音。乞為探詢，質平是否仍在美專，或在他處？便中示知，為感。

演音

陽曆五月六日

〔一〕《佛教大辭典》，係日本佛教學者織田得能所著日本最早的佛教大辭典。

九

（一九二九年舊三月晦日，溫州慶福寺）

丏尊居士：

到溫後，即奉上明信，想已收到。銅模字已試寫二頁，奉上。乞與開明主人〔一〕酌核。余近來精神衰頹，目力昏花。若寫此體，或稍有把握，前後可以大致一律。若改寫他體，恐難一律。故先以此樣子奉呈。倘可用者，余即續寫。否則擬即作罷。（他體不能書寫。）所存之格紙，擬寫「小經」〔二〕一卷，以奉開明主人，為紀念可耳。此次旅途甚受辛苦。至今喉痛及稍發熱，咳嗽、頭昏等症，相繼而作。近來余深感娑婆之苦，願早命終往生西方耳。謹陳，並候回玉。

舊三月晦日　演音

〔一〕開明主人，即開明書店發行人章錫琛，字雪村。

〔二〕「小經」，為《阿彌陀經》之俗稱。

一〇

（一九二九年陽曆五月，溫州慶福寺）

昨復一片，想已收到。此次寫銅模字，悉據商務《新字典》（前片云《中華大字典》者，非也。）所載之字。去其鈣、腺、呎等新造之字，而將拾遺門之字擇要增入。並再參考《康熙字典》，增加其適用之字（如丏等）。先依此寫成一部。以後倘有缺少者，可以隨時增入也。擬先寫卅紙奉上，計一千〇五十字。俟動工鐫刻後，乞即示知，再當續寫。前寄樣紙兩張，作廢，今擬重新書寫也。大約十天後，即可寫就奉上。書寫模字最應注意者，為全部之字，須筆畫粗細及結構相同。必能如是，將來拆開排列之時，其字乃能勻稱。又寫時，於紙下襯一格紙。每字中畫一直線。依此直線書寫，則氣乃連貫。將來拆開排列時，氣亦連貫矣。今夏，或遲至秋中，余決定來白馬湖正式嚴格閉關。詳情後達。先此略白。山房存米甚多。乞令他人先取食之。俟余至山房，再買新米。

演音

一一

（一九二九年舊四月十二日，溫州慶福寺）

丏尊居士：

前奉上二片，想已收到。銅模已試寫三十頁。費盡心力，務求其大小勻稱。但其結果，仍未能滿意。現由余詳細思維，此事只可中止。其原因如下：

一、此事向無有創辦者，想必有困難之處。今余試之，果然困難。因字之大小與筆畫之粗細及結體之或長或方或扁，皆難一律。今余書寫之字，依整張之紙看之，似甚齊整。但若拆開，以異部之字數紙（如口卩亻匚儿等），拼集作為一行觀之，則弱點畢露，甚為難看。余曾屢次試驗，極為掃興，故擬中止。

二、去年應允此事之時，未經詳細考慮。今既書寫之時，乃知其中有種種之字，為出家人書寫甚不合宜者。如刀部中殘酷凶惡之字甚多。又女部中更不堪言。尸部中更有極穢之字。余殊不願執筆書寫。此為第二之原因。（此原因甚為重要。）

三、余近來眼有病。戴眼鏡久，則眼痛。將來或患增劇，即不得不停止寫字。則此事亦終不能完畢。與其將來功虧一簣，不如現在即停止。此為第三之原因。

余素重然諾，決不願食言。今此事實有不得已之種種苦衷。務乞仁者向開明主人之前，代為求其寬恕諒解，至為感禱。所餘之紙，擬書寫短篇之佛經三種（如《心經》之類是），以塞其責。聊贖余罪。

前寄來之碑帖等，余已贈與泉州某師。又《新字典》及鉛字樣本並未書寫之紅方格紙，亦乞悉贈與余。至為感謝。

余近來精神衰頹，遠不如去秋晤談時之形狀。質平前屬撰之《歌集》，亦屢次構思，竟不能成一章。止可食言而中止耳。

余年老矣，屢為食言之事。日夜自思，殊為抱愧，然亦無可如何耳。務乞多多原諒。至感至感。已寫之三十張奉上，乞收入。

舊四月十二日　演音上

一二

（一九二九年舊八月廿九日，上虞白馬湖）

丏尊居士：

惠書，誦悉。至白馬湖[一]後，諸事安適。至用忻慰。廁所及廚竈已動工構造。廚房用具等，擬於明後日，請惟淨法師偕工人至百官[二]購買。彼有多年理事之經驗，諸事內行，必能措置妥善也。山房可以自炊，不用侍者。今日擬向章君處領洋十五元，購廚房用具及食用油鹽米豆等物。其將來按月領款辦法，俟與仁者晤面時詳酌。立會經理此款資，甚善。擬即請發起人為董事。其名目乞仁等酌定。以後每月領取之食用費，作為此會布施之義而領受之。（每月數目不能一定。因有時住二人，或有時僅一人，或三人。此事俟晤面時詳酌。）以後自炊之時，尊園菜蔬，由尊處斟酌隨時布施。（此事乞於便中寫家書時提及，由便人送來，不須每日送。）一切菜蔬皆可食，無須選擇也。草草復此，餘俟面談。聯輝居士竭誠招待一切，至可感謝。不宣。

舊八月廿九日　演音上

外五紙乞交子愷居士。

［一］白馬湖，在浙江上虞縣東十五公里處，春暉中學所在地。晚晴山房即建於此。

［二］百官，曹娥江畔小鎮。

一三

（一九二九年十月三日，上虞白馬湖）

丏尊
子愷居士仝覽：

前日寄奉一函，想已收到。至白馬湖後，承夏宅及諸居士輔助一切，甚為感謝。前者仁等來函，曾云山房若住三人，其經費亦可足用云云。朽人因思，現在即迎請弘祥師[一]來此同住。以後朽人每年在外恆句留數月，則山房之中居住者有時三人，有時二人，其經費當可十分足用也。

仁等於舊曆九月月望以後（即陽曆十月十七八日以後）來白馬湖時，擬請由上海繞道杭州，代朽人迎請弘祥師，偕同由紹興來白馬湖。弘祥師之行李，乞仁等代為照料。至用感謝。

迎請弘祥師時，其應注意者，如下數則：

（一）仁等往杭州時，宜乘上午火車至閘口，即至閘口虎跑寺，訪弘祥師。仁等即可居住虎跑寺一宿。次晨，偕同過江，往紹興。所以欲仁等正午到杭州者，因可令弘祥師於下午收拾行李，俾次晨即可動身。

（二）仁等晤弘祥師時，乞云：「今代表弘一師，迎請弘祥師往他處閉關用功。其地甚為幽靜，諸事無慮，護法之人甚多；但不是寺院，亦不能供養多人。僅能請弘祥師一人，往彼處居住。倘有他位法師欲偕往者，一概謝絕。即請弘祥師收拾行李。所有物件皆可帶去。明晨，即一同動身。云云。」

（三）弘祥師倘問，其地在何處?仁等可答云：「現在無須問，明日到時便知。」其餘，凡有所問，皆不必明答。朽人之意，不欲向他僧衆傳揚此事。因恐他僧衆倘有來白馬湖訪問者，招待對付之事甚為困難。故不欲發表住處之地址也。

（四）並乞仁等告知弘祥師云：「此次動身他往，不必告知弘傘師。」恐弘傘師挽留，反多周折也。

（五）朽人自昔以來，凡信佛法、出家、拜師傳等，皆弘祥師為之指導一切。受恩甚深，無以為報。今由仁等發起建此山房。故欲迎養，聊報恩德於萬一也。弘祥師所有錢財無多。其由閘口至白馬湖總總費用，皆乞仁等惠施，感同身受。

（六）朽人有謝客啟，附奉上一紙，託弘祥師代送虎跑庫房令衆傳觀。

以上所陳諸瑣碎事，皆乞鑒察。種種費神，感謝無盡。

再者，朽人於今春，已與蘇居士〔二〕約定，於秋晚冬初之時，往福建一行。故擬於陰曆九月底即往上海或小住數日，或即乘船而行。並乞仁等便中代為詢問。太古公司往廈門及往福州之輪船，其開行之時間，是否有一定之規例。（如寧波船決定五時開，長江船決定半夜開之例。此所詢問者為時間，非是日期，因日期可閱報紙也。）瑣陳，草草不宣。

十月三日　演音上

〔一〕弘祥師，即原住杭州虎跑寺的僧人，弘一法師的師兄。

〔二〕蘇慧純（？——一九七八），福建泉州人。早年經商南洋。返國後，深信佛教，曾親近弘一、轉逢諸大德。抗戰期間，在滬開辦大法輪書局，出版《覺有情》雜誌，對佛教文化事業頗多貢獻。

一四

（一九二九年九月初五日，上虞白馬湖）

丏尊居士

惠書，誦悉。仁者有疾，行旅未便，本月可以不來白馬湖。朽人於下旬即往上海，當可晤談也。子愷校課與譯務皆甚忙，亦可不來。杭州之事，可以稍緩無妨也。幸勿拘執俗禮。至禱。

九月初五日　演音上

一五

（一九二九年重陽，上虞白馬湖）

丏尊居士：

惠書，忻悉一一。攝影甚美，可喜。山房建築，於美觀上甚能注意，聞多出於石禪之計劃也。石禪新居，由山房望之，不啻一幅畫圖。（後方之松樹配置甚妙。）彼云：曾費心力，慘淡經營。良由以也。現在余雖未能久住山房，但因寺院充公之說，時有所聞。未雨綢繆，早建此新居，貯蓄道糧，他年寺制或有重大之變化，亦可毫無憂慮，仍能安居度日。故余對於山房建築落成，深為慶慰。甚感仁等護法之厚意也。（秋後往閩閉關之事，是為宿願，未能中止。他年仍可來居山房，終以此處為久居之地也。）以上之意，如仁者與發起諸居士及施資諸居士晤面之時，乞為代達。因恐他人以新居初成，即往他方或致疑訝者。故乞仁者善為之解釋，俾令大衆同生歡喜之心也。數日以來，承尊宅饋贈食品，助理雜務，一切順適，至用感謝。順達，不具。

重陽朝　演音答

一六

（一九二九年舊十月，廈門太平巖）

丏尊居士：

來廈門後，居太平巖。擬暫不往泉州，因開元寺有軍隊多人駐紮也。序文〔一〕寫就，附以奉覽。此書出版之後，余不欲受領版稅（即分取售得之資）。因身為沙門〔二〕，若受此財，於心不安。倘書店願有以酬報者，乞於每版印刷時，贈余印本若干冊，當為之分贈結緣，是固余所歡喜仰望者也。將來字模製就，印佛書時，亦乞依此法，每次贈余原書若干冊，此意便中乞與章居士談之，並乞代為致候。字模之字，決定用時路之體。（不固執己見。）其形大致如下。（將來再加練習，可較此為佳。）

字與字之間，皆有適宜之空白。將來排版之時，可以不必另加鉛條隔之。惟雙行小註，仍宜加鉛條間隔耳。（或以四小字占一大字之地位，圈點免去。此事俟將來再詳酌。）是間氣候甚暖。日間僅著布小衫一件，早晚則著兩件。老病之體，甚為安適。附一紙及匯票，乞交子愷。

演音上

[一]序文，指《臨古法書序文》。

[二]沙門，古稱桑門，為印度梵語，即出家僧人之通稱。

一七

（一九二九年陽曆十二月，廈門太平巖）

夏丏尊
豐子愷居士：

昨由南普陀送來尊函，及格紙一包，白紙一包，悉已收到。所云字典等一包，想不久亦可寄到。《有部毗柰耶》，請李居士轉交四川徐耀遠居士。承夏居士轉到孫居士一函一片，悉已收到（此事於前函中似已提及）。護生信箋，乞即選定並示知其格式，即為書寫。以前屬寫各件，除銅模字須明年乃可奉上，其餘各件，不久即可寫好郵呈。所有書物等，均乞暫存尊處，俟明年再斟酌辦法。

演音

一八

（一九三〇年陽曆一月十六日，廈門）

承轉寄天津之函，已收到，甚感。今秋到滬時，今由仁者託同居之張居士，帶往嘉興之《佛教大辭典》一冊，至今彼處未曾收到，乞為查詢。如已煩人帶往，乞速送至第二中學蔡丏因居士處。如尚未帶去者，即仍存上海尊寓，俟將來再酌定辦法可耳。

十二月十七日　演音上

子愷居士託開明寄來大冊畫集兩包，已收到。

一九

（一九三〇年正月初七日，南安雪峯寺）

爾來患神經衰弱甚劇。今年擬即在此靜養，不再他往。晚晴山房若無人居住，恐致朽壞。如惟淨師能來住，甚善。否則或請弘祥師，或他人，入內住之。此事乞仁者斟酌，為禱。

信箋附掛號寄上，乞收入。銅模之字俟病愈後再執筆。歲晚移居泉州山中，以後惠函，乞寄「福建泉州洪瀨[一]雪峯寺弘一收」。

正月初七日　演音

子愷居士乞致候。

[一]洪瀨，為泉州有名集鎮，屬南安縣轄。

二〇

（一九三〇年陽曆二月十一日，泉州承天寺）

前郵信片，想已收到。拙書集出版之時，乞檢三十冊寄「福建泉州承天寺性願法師收」。再檢三十冊寄「溫州大南門外慶福寺因弘法師收」。並乞掛號，至為感謝。模字，擬於二三日後，即動手書寫。先寫七百字寄上。俟命工鐫刻時，再繼續書寫他字。附聞。

演音　二月十一日

二一

（一九三〇年正月晦日，泉州承天寺）

惠書，昨晚誦悉。是間近來大兵雲集，各大寺院皆住滿。以前所云在此靜修之事，恐難成就。且俟下月再酌定可也。弘祥師之事，今由余詳思，似須余親往商量，決定可否，乃為穩妥。倘余於春暖之時返浙者，即擬親往杭州一行也。旅費已不足，擬請仁等為集資十五元，匯下存貯。倘於春暖返浙，即以此費充之。萬一仍居閩地者，當存貯此費，以備他日旅行用也。惠復乞寄福建泉州城內承天寺轉交弘一收。匯款之時，亦依此址書寫。以後乞勿再寄洪瀨。因彼處不穩妥，或致遺失也。不具。

正月晦日　演音

子愷居士乞代致候。

二二

（一九三〇年舊二月望日，泉州承天寺）

惠書並施金，悉收到，感謝無盡。擬於舊三月初旬動身，先至溫州。（由福州往，不過上海。）俟下半年，再至白馬湖。因質平屬撰歌詞，須在溫州撰著。彼寺中經書齊備，可資檢閱也。以後惠書，乞寄溫州慶福寺弘一收。謹復。

演音　舊二月望日

一二三

（一九三〇年舊四月廿八日，溫州慶福寺）

丏尊居士：

頃誦尊函，並金二十圓，感謝無盡。余近來衰病之由，未曾詳告仁者。今略記之如下：

去秋往廈門後，身體甚健。今年正月（舊曆，以下同），在承天寺居住之時，寺中駐兵五百餘人。距余居室數丈之處，練習放槍並學吹喇叭，及其他體操唱歌等。有種種之聲音，驚恐擾亂，晝夜不寧。而余則竭力忍耐。至三月中旬，乃動身歸來。輪舟之中，又與兵士二百餘人同乘（由彼等封船）。種種逼迫（輪船甚小），種種污穢，殆非言語可以形容。共同乘二晝夜，乃至福州。余雖強自支持，但腦神經已受重傷。故至溫州，身心已疲勞萬分。遂即致疾，至今猶未十分痊愈。

慶福寺中，在余歸來之前數日，亦駐有兵士，至今未退。樓窗前二丈之外，亦駐有多數之兵。雖亦有放槍喧嘩等事，但較在福建時則勝多多矣。所謂「秋荼之甘，或云如薺」也。余自念此種逆惱之境，為生平所未經歷者。定是宿世惡業所感，有此苦報。故余雖身心備受諸苦，而道念頗有增進。佛說八苦為八師，洵精確之定論也。余自經種種摧折，於世間諸事絕少興味。不久即正式閉關，不再與世人往來矣。（以上之事，乞與子愷一談。他人之處，無須提及，為要。）

以後通信，唯有仁者及子愷、質平等。其他如廈門、杭州等處，皆致函訣別，盡此形壽不再晤面及通信等。以後他人如向仁者或子愷詢問余之蹤跡者，乞以「雖存如歿」四字答之，並告以萬勿訪問及通信等。

質平處，余亦為彼寫經等以塞其責，並致書謝罪。

現在諸事皆已結束。惟有徐蔚如編校《華嚴疏鈔》，屬余參訂，須隨時通信。

返山房之事，尚須斟酌。俟後奉達。（臨動身時當通知。）山房之中，乞勿添製紗窗。因余向來不喜此物。山房地較高，蚊不多也。

余現在無大病。惟身心衰弱。又手顫、眼花、神昏、臂痛不易舉，凡此皆衰老之相耳。甚願早生西方。

謹復，不具一一。

舊四月廿八日　演音

馬居士石圖章一包，前存子愷處。乞託彼便中交去。並向馬居士致訣別之意。今後不再通信及晤面矣。

一二四

（一九三〇年新曆五月廿九日，溫州慶福寺）

丏尊居士：

前寄寫經，續寄一函，想悉收到。余擬於新曆六月五日（星期四）到寧波（三日自溫動身）。在北門白衣寺暫住二三日。乞仁者於六日（星期五）或七日（星期六）自上海搭輪船來為盼。仁者到寧波時，乞坐人力車，至北門白衣寺（車力約二角餘）。到白衣寺，乞問慧性師。倘云不知，乞問念佛堂內出塵老和尚，由彼二人可以引導與余晤談也。有應商酌之事，統俟面談。乞仁者先去信，託尊府人到山房灑掃。又如有寄與弘一之信，乞代收，云云。《臨古法書》出版後，乞更改寄處如下（前紙作廢）：福建泉州承天寺性願法師三十冊，廈門南普陀大醒法師二十冊，溫州大南門慶福寺因弘法師二十冊，天津河東山西會館南李晉章居士二十冊，白馬湖弘一十冊。共百冊。種種費神，至為感謝。附一紙，乞交豐居士。

新曆五月廿九日　演音

一二五

（一九三〇年六月，上虞白馬湖）

返山房後，諸承照料，感謝無盡。子淵及尊府送來燒餅甚多，乞仁者勿再買餅乾，亦勿買罐頭。閉門用功之廣告，擬即日貼於門外（不俟七月六日）。但此是對外方人。若仁等則非此限也。白衣寺安心頭陀，今日來山房。聲淚俱下，約余往甬。泥水工人，昨日已做工一日。因天氣陰雨無定，囑彼暫止。以後如有出家人在家人等，向尊處或子愷處，詢問余之消息。乞告以不晤客、不通信等。

音上

《佛教大辭典》太笨重，現在亦不披閱，乞仍存滬上。倘他日子愷往嘉興時，乞彼於便中，帶交「第二中學蔡丏因收」。但不必急急也。又白。

二六

（一九三〇年舊六月初，上虞法界寺）

丏尊居士：

移居之事，諸承護念，感謝無盡。居此已數日，至為安適。氣候與普陀相似。蚊蠅等甚稀，用功最為相宜。居此山中，與閉關無以異也。以後出家在家諸師友，有詢問余之蹤跡者，乞告以雲游他方，謝客用功，未能通訊及晤談，云云。附一紙，便中乞交豐居士。不具。

演音

本寺有工人一名，每日至余處送飯、送開水及其他雜事。甚為精勤。每月似應以資酬謝，與贈送寺中伙食費同時交去。每月應付寺中之伙食費及工人費，擬請由山房存款利息內支付。因余居彼居此無以異也。

前存泉州行李三件，擬託彼覓便人帶至上海，送存江南銀行。乞仁者為寫一憑信，寄至余處，轉為寄去。信函寫：外，行李三件，送交寧波路（乞寫極詳細之地址）江南銀行某人收，云云。信內，乞寫託其收下覓便帶至白馬湖夏寓。寧波路之地址，能繪一圖尤善。因外鄉之人，不易尋覓也。附白。

二七

（一九三〇年舊六月中旬，上虞法界寺）

丏尊居士：

兩奉惠書，具悉一一。諸承慈念，感謝無既。茲奉上鈔票洋十八元，乞便中託人到郵局，以十七元五角匯往南京。匯票上寫法，匯款人：上海兆豐路口開明書店夏丏尊。收款人：南京延齡巷馬路金陵刻經處。所餘之五角，作為匯費及掛號信費等可也。附信一件，未封口，乞託人將匯票裝入代為封口寄去，為禱。種種費神，感激無盡。不具。

演音疏

二八

（一九三〇年閏六月十日，上虞法界寺）

丏尊居士：

南京經書已寄到，乞勿念。居法界月餘，甚安。與閉關無以異也。以後倘有出家在家之人，向仁者詢問余之近狀者，乞告以隱遁用功，不再晤面及通信（現住之處勿告彼），云云。他日仁者返白馬湖時，乞惠臨一談，為禱。

音上　閏月十日

二九

（一九三〇年舊七月八日，上虞白馬湖）

丏尊居士：

惠書，前已誦悉。又由尊宅送到書籍及惠施諸物，至用感謝。宿疾已漸愈。質平前日來此，二宿而去。佩弦居士(一)及尊眷，屬書之幅，已寫就。俟後面呈。《臨古字蹟》，承為代寄，甚感。謹復，不具。

舊七月八日　演音

廈門南普陀諸師，及溫州之印西師，與其他出家人等，倘有向尊處詢問余之蹤跡者，乞答以遯居他方，未能見客及通信。現住之地及寺名，乞勿告知。

(一)佩弦居士，即著名文學家朱自清（一八九八——一九四八）之字。江蘇揚州人，原籍浙江紹興。時於浙江上虞白馬湖春暉中學任教，結識駐錫於白馬湖晚晴山房之弘一法師。

三〇

（一九三〇年舊九月十二日，上虞白馬湖）

夏丏尊
豐子愷 居士：

前復函，想已收到。前存開明發行所之《五戒相經》及《有部毗柰耶》，並存尊處之吳夢非居士由南京請來佛經等，皆乞託人於陰曆九月二十日以前帶至白馬湖，為禱。

九月十二日　演音上

三一

（一九三〇年十二月二日，慈谿金仙寺）

丙尊居士：

今晨奉惠書，具悉一一。重陽前後，朽人曾寄信片至開明。（通告九月未能返馬湖。）想已遺失。致勞遠念，深為歉然。

日報所載，有傳聞失實處。此書板，舊藏福州鼓山。久無人知。朽人前年，無意中見之。乃勸蘇居士印廿五部。（以十二部贈與日邦。）案吾國江浙舊經板，經洪楊之亂，皆成灰燼。最古者，惟有北京龍藏板。大約雍正時刻。今此《華嚴經疏論纂要》，為康熙時板。或為吾國現存之最古之經板，亦未可知也。（此意便中乞告內山居士[一]。）此外，彼處尚有古板數種。甚盼將來有人印刷流布。

附一紙，乞呈西田大士。並希致候。不宣。

音復　十二月二日

承詢所需，深為感謝。現無需用，俟後奉達。

返白馬湖期，俟講經圓滿再訂。現在每日聽靜權法師講《地藏菩薩本願經》。白衣寺孤兒院事，甚為棘手，擬暫緩往。

子愷居士處久未通訊，甚為思念。乞代致候。

三年前，往內山居士處時，見其屋隅（即陳列佛書之處），有黃皮厚冊之《華嚴……》（忘其名，為《華嚴概論》之類）。現朽人甚思得此書。他日如仁者見內山居士時，乞為一詢。如無，亦未妨也。此書倘承惠寄，乞交二馬路全盛信局，即可寄至慈北鳴鶴場。或交郵局亦可。附白。

[一]內山居士，即上海日本內山書店主人內山完造（一八八五——一九五九）。

三二

（一九三〇年十二月十四日，慈谿金仙寺）

丙尊居士慧鑒：

前日奉手書，忻慰一一。承寄之書籍，昨日已收到。茲寄上拙書二紙，一贈天香大士，一贈內山居士（附別掛號奉上）。附呈致小樓居士一紙，乞轉交。

又致內山居士三紙[一]，乞轉交。並乞為說明其意，因彼不甚解漢文也。

又請經目錄一紙。乞於晚晴護法會支洋三十元。託人持此目錄，往北火車站東首寶山路口佛學書局，購請。並託佛學書局代寄。即將郵資及掛號資，付清。所餘之零資，乞購郵票，於他日便中寄下。種種費神，感謝無盡。

又致豐居士一紙，亦乞於便中轉交。

又附奉上拙書六紙。乞隨意轉贈他人，結緣。（此六紙別掛號寄上。）

十二月十四日　演音疏

[一]弘一法師常以書法贈與內山完造，轉贈日人，魯迅先生向內山完造所乞的弘一法師書法一紙，大概即其中之一。（見《魯迅日記》一九三一年三月一日所記。）

三三

（一九三〇年陽曆十二月廿六日，慈谿金仙寺）

承託佛學書局所寄之書，已收到。感謝無盡。講經即將圓滿。拙人因天氣太寒，骨節凝痛，困苦殊甚。不得已，擬於五六天後，即往溫州，在彼過年。春暖之後，再當返法界寺。知承遠念，謹聞，不宣。

十二月廿六日　音上

以後通訊，乞寄溫州大南門慶福寺。

三四

（一九三〇年立春後一日，溫州慶福寺）

丙尊居士慧覽：

前上書，想已收到。舊曆明年正月元宵後，即擬覓便返法界寺。極遲或延至正月底，必可到法界也。其時當先到尊寓午餐，然後乘船而往。再者，前至寧波時，偶一不慎，將衣袋中之鈔票一包，完全遺落。幸得友人資助，得以動身至溫州。將來由溫返白馬湖時，所需路費及買物等費，仍乞護法會(一)有以施助，至為感荷。以前在閩南過冬兩年，無有所苦。今歲驟值奇寒，老體已不能支持。明冬如仍在世，祇可再往閩南過冬矣。謹達，不具。

音上　立春後一日(二)

(一)護法會，即「晚晴山房護法會」，是弘一法師的友人夏丏尊等集資，為支持弘一法師所需請經等費用而組織的一個團體。

(二)一九三〇年雙春，此時指年尾立春（舊十二月十八日）。

三五

（一九三一年正月初九日，溫州慶福寺）

昨誦惠書，承施資，至感。已甚足用。山房潮氣全除，至用欣慰。唯此次余返驛亭時，僅攜帶薄棉被一件。其他蚊帳被褥等，皆存在法界寺中，以是之故，未能在山房止宿。且俟秋涼時，再當來山房也。動身之時未定。早者二十左右，至遲者在月底。謹復，不具。

音上　正月初九日

三六

（一九三一年中秋節，慈谿金仙寺）

丏尊居士慧覽：

紹興諸居士等，盼望朽人往彼一游，甚切。擬二三日即動身往紹。將來或順便至杭滬，亦未可定也。俟返法界寺時，再致函奉達。前得黃寄慈居士函，謂彼校頗欲以拙書臨古印本為習字用，惜其價太昂，云云。可否乞仁者轉商諸章居士，另印江南連史紙，粗率裝訂者，發行。則定價可在六七角也。不宣。

中秋節　演音上

三七

（一九三二年八月十九日，上虞法界寺）

丏尊居士：

昔承過談，至為感慰。朽人於八月十一日，患傷寒，發熱甚劇，殆不省人事。入夜，兼痢疾。延至十四日乃稍愈。至昨日（十八日）已獲全愈，飲食如常，惟力疲耳。此次患病頗重。倘療養不能如法，可以纏綿數月。幸朽人稍知醫理，自己覓舊存之藥服之。並斷食一日，減食數日。遂能早痊。（此病照例須半月或兩旬。）實出意料之外耳。未曾延醫市藥，故費用無多，僅半元餘耳。（買綠豆、冬瓜、蘿蔔等。）

前存之痧藥等，大半用罄，惟餘藥水半瓶。乞仁者便中託人代購下記之藥以惠施，他日覓便帶下。因山居若遇急病，難覓醫藥。（即非急病，亦甚困難。）故不得不稍有儲蓄耳。（藥名另寫一紙。）

如此之重病，朽人已多年未患。今以五十之年而患此病，又深感病中起立做事之困難（無有看病之人），故於此娑婆世界，已不再生貪戀之想，惟冀早生西方耳。陽曆九月十日以後，仁者或可返里。其時天氣已漸涼爽（已過白露節）。乞惠臨法界寺，與住持預商臨終助念及身後之事，至為感企。此次病劇之時，深悔未曾預備遺囑。（助念等事。）故猶未能一意求生西方，惟希病愈，良用自慚耳。今病已愈，乞仁者萬勿掛念。豐居士並此致候。不具。

八月十九晨　演音

三八

（一九三二年臘月廿日(一)，廈門妙釋寺）

久未通訊，甚念。廈門天氣甚暖。石榴花、桂花、晚香玉、白蘭花、玫瑰花等，皆仍開放。又有熱帶之奇花異草甚多。幾不知世間尚有嚴冬風雪之苦矣。近由李圓淨居士，交至尊處之天津寄款二十圓，乞便中託人送至「愚園路膠州路七號佛學書局交沈彬翰居士」，收入第七六六號弘一存款戶頭中，以備將來請經之用。至為感謝。擬於舊曆正月二十一日，即蕅益大師涅槃之日，在此講《四分律戒本》及《表記》。

演音疏

三九

（一九三三年舊三月，廈門南普陀寺）

前寄上書面字〔一〕，想已收到。昨承轉寄超伊師函，已達。至感。開明書店出版之《護生畫集》，乞惠施二十冊上下（護法會貲），俾便轉贈同人，為禱。

演音疏

《辭通》出版後，乞惠施一冊。

〔一〕指為《辭通》題寫書名。

四〇

（一九三三年陽曆五月，廈門）

惠書，誦悉，至用感謝。畫集即可收到。講律尚須繼續，今年或不能北上也。不宣。

演音啟

兩旬之後，擬往百里外山中避暑，乞暫勿來信。將來住處定後，再以奉聞。附白。

四一

（一九三三年閏五月十五日，泉州開元寺）

前函初發出，即奉到開明所寄書籍一包。乞便中代達子愷居士。諸承費神，感謝無盡。

閏五月十五日　演音啟

四二

（一九三三年舊六月初，泉州開元寺）

因事留滯泉州，秋晚乃可入山也（今年未能北上）。前承尊戚施眼鏡，甚為適用。但攜帶未能輕便。仁者前用之眼鏡，如已不合用（聞人云，近十年即須換），乞以惠施。因余猶可適用此光也。且備有兩具，萬一有破碎亦可資急需。至鏡邊金質，可用他物塗之，無有礙也。惟付郵寄下，頗非易事，或致途中損破。乞託眼鏡公司代寄，當妥善也。惠書，仍寄廈門轉泉州大開元寺。（兩月後乃移居。）

丏尊居士道鑒

演音啟

四三

（一九三三年八月廿二日，泉州開元寺）

丏尊居士道席：

惠書，具悉。承施目魚（此名馬居士定），感謝無盡。印西師盛意，至用銘感。近年來雖無大病，但衰老日甚，殊畏寒暑。閩南氣候調和，適於療養，故暫未能北上，至用歉然。稍緩，即擬移居山中。

希施資貳拾元，付郵匯下，以備雜用，甚感。謹復，不宣。

八月廿二日　演音疏

四四

（一九三三年冬，晉江草庵）

丏尊居士：

前明信，想已收到。居此甚安，乞釋慈念。茲有懇者，乞匯洋拾圓，致「南京延齡巷馬路金陵刻經處」。云係弘一購經之款，請彼存貯，云云。費神，至感。

通訊處，尚無有定。信面寫開元寺，但音仍住草庵也。距泉州三十里鄉間。

演音疏

四五

（一九三四年舊二月十七日，廈門南普陀寺）

丏尊居士道席：

惠書，誦悉。近見仁者所撰《辭通序》，古雅淵懿，至為歡讚。並悉作者為老儒〔一〕，因寫字一葉贈之，乞託宋居士轉交。不宣。

二月十七日　演音啟

〔一〕《辭通》作者為朱起鳳。

四六

（一九三四年舊二月，廈門南普陀寺）

丏尊居士道鑒：

惠書，誦悉。至用感慰。近來老態日增，足力未健，不勝舟車之勞，恐一時未能北上，至用悵然耳。近因研習編輯，請經甚多。乞再匯二十元至金陵刻經處，為禱。附箋，乞並寄去。以後惠書，乞寄廈門南普陀寺轉交弘一收。謹復，不具。

演音啟

四七

（一九三五年舊五月初，惠安淨峯寺）

丏尊居士道鑒：

久未致訊，至念。上月徙居山中，距郵政代辦所八里，投信未便，故諸友處悉無音問也。茲擬向佛學書局請經，附一箋乞轉送，並洋三十元附遞（乞由晚晴會施）。費神，至感。山鄉風俗淳古，男業木土石工，女任耕田、挑擔。男四十歲以上多有辮髮者。女子裝束更古，豈惟清初，或是千數百年來之遺風耳。余居此間，有如世外桃源，深自慶喜。開明出版拙書《華嚴集聯》及《李息翁法書》，乞各寄下三冊，以結善緣，感謝無盡。惠書，乞寄廈門轉惠安縣東門外黃坑鋪港仔街回春號藥店劉清輝居士轉交淨峯寺弘一收。

演音疏

四八

（一九三五年舊五月，惠安淨峯寺）

開明書店編譯所

夏丏尊居士道鑒：

茲託陳无我居士經手介紹石印《戒相表記》二千冊並裝箱運送等所需之資，乞交下為感。

弘一啟

再者，既用第一次所印者為底稿。乞託陳无我居士，將前寄去之一冊，詳細檢察一遍。倘有缺頁，或有破孔及不清楚之處，乞以他冊之頁數，補足。前年曾交沈彬翰居士，贈與居士林圖書館二冊。倘需用補足者，乞陳居士向居士林借用為禱！又將來印刷之本，既恐難於十分美善。所用紙張，亦乞改用「改良連史（又名江南連史）」較諸舊法所製之連史，價甚廉也。諸承費神，感謝無盡。陳居士處，乞為致感謝之意。匆匆附白。

四九

（一九三五年舊五月中旬，惠安淨峯寺）

丏尊居士道鑑：

前函想達慧覽。茲擬將《四分律比丘戒相表記》，再版石印二千冊流傳。所需多金，前年曾屬豐居士商諸仁者，由護法會捐助，已荷歡讚。今託上海世界新聞社陳无我居士（太平洋報社舊友）經手辦理一切。需資之時，逕向仁處領取。即依彼說之數目，交付為感。謹陳，不宣。

演音疏

五〇

（一九三五年舊五月廿八日，惠安淨峯寺）

丏尊居士道鑑：

惠書，具悉。吉子[一]臨終，安詳無苦，是助念佛名力也。余自昨夕始，為誦《華嚴行願品》。又有友人（不須酬資）亦為誦《行願品》及《金剛經》。附奉上誦經證，請於靈前焚化可也。淨峯寺在惠安縣東三十里半島之小山上，三面臨海（與陸地連處僅十分之一），夏季甚為涼爽，冬季北風為山所障，亦不寒也。小山之石，玲瓏重疊，如書齋几上所供之珍品，惜在此荒僻之所無人玩賞耳。附奉《表記附錄》一章，擬附於再版《表記》[二]之後。（用小號仿宋字排印）倘陳无我居士來時，乞面交與。若已來者，乞掛號寄至世界新聞社。（大約在慕爾鳴路，乞探詢之。）費神，至感。不宣。

演音覆疏　舊五月廿八日

開明出版《子愷漫畫》，其卷首有仁者序文述余往事者，已忘其書名，乞寄贈四冊以結善緣，至用感謝。

〔一〕吉子，為夏丏尊先生之長女。

〔二〕《表記》，即《四分律比丘戒相表記》，是弘一法師的律學名著。

五一

（一九三五年新曆十一月四日，泉州承天寺）

丏尊居士慧鑑：

惠書於今日始收到（因無便人帶來）。《表記》樣本甚為清楚。余初意以為依小字攝影恐致模糊，今乃得良好之結果，至用歡慰。此事始終承仁者盡心輔助，感謝無量。

淨峯寺寺主去職，余亦隨之他往。（大約居住草庵。）以後半月內通訊，乞寄泉州城內百源村百源庵（又名銅佛寺）覺徹法師轉交。半月後通訊，乞寄廈門南普陀寺養正院〔一〕廣洽法師轉交至妥。謹復，不宣。

新曆十一月四日　演音啟

〔一〕養正院，即佛教養正院，為弘一法師所發起，設於廈門南普陀寺內。

五二

（一九三五年舊十一月一日，泉州承天寺）

半月前曾復函，想已收到。前日由廈門轉到惠書，具悉一一。《表記》製版印刷皆佳。承仁者護念一切，感謝無盡。以後通訊，乞仍寄廈門南普陀寺廣洽法師轉交。謹復，不宣。

演音啟　舊十一月一日

五三

（一九三六年陽曆二月，廈門）

數日前曾上一函，想已收到。十二月十八日尊函，昨始披讀。此次印《表記》，諸承費神，精密周到，至用感謝。寄至廈門四百冊，久已收到。其時代收者或因在泉州，忘寫回信，乞諒之。扶病坐起，書此略復。不宣。

演音啟

五四

（一九三六年正月初八日，晉江草庵）

丏尊居士道席：

一月半前，因往鄉間講經，居於黑暗室中，感受污濁之空氣。遂發大熱，神志昏迷，後起皮膚外症極重。此次大病，為生平所未經過。雖極痛苦，幸以佛法自慰，精神上尚能安也。其中有數日病勢凶險，已瀕於危。有諸善友為之誦經懺悔，乃轉危為安。近十日來，飲食如常，熱已退盡。惟外症不能速愈，故至今仍臥床上，不能履地。大約再經一二月乃能全愈也。

前年承護法會施資請購日本古書（其書店，為名古屋市中區門前町其中堂），獲益甚大。今擬繼續購請。乞再施日金六百元，託內山書店交銀行匯去，「購書單」〔一〕一紙附奉上，亦乞託內山轉寄為感。

此次大病，居鄉間寺內，承寺中種種優待。一切費用皆寺中出，其數甚巨，又能熱心看病，誠可感也。乞另匯下四十元，交南普陀寺廣洽法師轉交弘一收。（但信面乞寫廣洽法師之名，可以由彼代拆信代領款也。）此四十元，以二十元贈與寺中（以他種名義），其餘二十元自用。屢荷厚施，感謝無盡。

演音啟　舊正月初八日

以後通信，乞寄「廈門南普陀寺養正院廣洽法師轉交」。余約於病愈春暖後，移居廈門。又白。

〔一〕此「購書單」寄至上海時，為王伯祥先生所見，喜而另抄副本寄去，保留原件。後來葉紹鈞先生為題《弘一上人買書帖》，夏丏尊先生加跋。

五五

（一九三六年舊一月下旬，廈門南普陀寺）

丏尊居士：

惠書，誦悉。承施多資，至用感謝。前擬贈與草庵二十元，彼不肯受。今擬以物件等（價約近十元）贈奉。其餘十餘元，即由音自受用也。

宿疾已漸愈。以後通訊，乞寄廈門南普陀寺養正院廣洽法師轉交弘一收，至為穩妥。雖偶雲游他處，彼亦可轉送也。前奉託諸事，諸承費神，感激無盡。謹復，不宣。

演音疏

五六

（一九三六年舊二月中旬，廈門南普陀寺）

惠書，誦悉。宿病已由日本醫學博士黃丙丁君（泉州人，外科專門）診治，十分穩妥，不久即可痊愈，希釋懷念。其中堂信已直接寄去。江翼時居士所寄之書，已收到。種種費神，至用感謝。不宣。

演音啟

往黃博士處診治，乃由友人介紹，已去十餘次，用電療及注射等需費甚多。將來或唯收實費，或完全贈送，尚未知悉。俟後由友人探詢清楚，再以奉聞。附白。

五七

（一九三六年三月，廈門南普陀寺）

前復明信，想已收到。近獲扶桑古書多冊，至用歡忭。彼書中常云鎌倉、南北朝、藤原，乃至德川等時代[一]（此外甚多）。於每時代中，又分為初期、末期等。閱之，不解其所指何時。日本書中，如有說明種種時代年限之表，乞代購一冊，惠施。又日本古書屢云泉州[二]，是否即在大阪附近，今為何地。便中乞詢內山居士，為感。

演音上

[一]鎌倉時代，為公元一一九二——一三三三年。南北朝為吉野朝之舊稱，指公元一三三三——一三九二年。藤原時代指平安朝（七九四——一一九二）初期弘仁以後的二百七十年間。德川時代也稱江戶時代，指公元一六〇三——一八六七年。

[二]泉州，日本五畿（州）之一的和泉國，舊稱泉州，在今大阪之南。

五八

（一九三六年四月三日，廈門）

惠書，誦悉。諸承費神，甚感。

四月三日　演音啟

五九

（一九三六年舊三月廿八日，廈門南普陀寺）

丏尊居士道席：

前復明信，想已收到。宿疾約再遲一月，可以痊愈。此次請黃博士治療[一]，彼本不欲收費。惟電火藥物等實費，統計約近百金。若不稍為補助，似有未可。擬贈以廈門日本藥房禮券五十圓一紙，及拙書等。此款乞便中於護法會資支寄惠施，至用感謝。此次大病（內外症並發），為生平所未經過，歷時近半載，九死一生。雖肉體頗受痛苦，但於佛法頗能實地經驗受大利益，亦昔所未有者也。謹陳，不宣。

三月廿八日　演音疏

以後通訊，乞寫「廈門南普陀寺養正院轉交」。後天起，在此講律。約一月餘講畢，移居鼓浪嶼。通信處仍舊。

（由養正院轉）

[一]弘一法師患臂瘡，到廈就醫，經蔡吉堂居士介紹，請黃丙丁醫學博士為之電療。歷時數月。黃博士敬其為人，分文不收，衹求法師賜以書法。法師乃書寫大小各體書法十餘幅以贈，惜今已蕩然無存。

六〇

（一九三六年四月二十二日，廈門）

承寄《越風》一冊，已收到。謹復，不宣。

演音啟

六一

（一九三六年陽曆六月十四日，廈門南普陀寺）

惠書，誦悉。承施資請《辭彙》，至感。拙書附寄上，乞收入。晚晴修理甚善，江居士經手修理至為妥也。謹復，不宣。

前寄下洋五十元，曾兩次託人送與黃博士，彼堅不受。後乃商酌，即以此資做《大藏經》等木箱數個，箱外鐫刻「黃博士施助」字樣云云。附陳。

演音啟

以後惠書，乞寫寄「廈門南普陀寺養正院廣洽法師轉交弘一」。

六二

（一九三六年陽曆六月十六日，廈門南普陀寺）

前日復片，及寫件一包，想已收到。昨日乃獲披誦《辭彙》，悉功德人名。前寄寫件不足，數日後再補寫郵奉。先此預陳，不宣。

演音啟

六三

（一九三六年陽曆八月，鼓浪嶼日光巖）

前質平來函，謂《歌集》[一]不久即可出版，至用感慰。承寄五十冊，乞分寄下記之二處：十冊寄廈門轉泉州大開元寺內慈兒院葉宗澤定二居士收。四十冊，寄廈門鼓浪嶼日光巖弘一收。以後通訊處，即改為鼓浪嶼日光巖，勿再寄至南普陀也。

音啟

[一]《歌集》，即《清涼歌集》，是弘一法師作歌詞，劉質平及其學生譜曲的歌集。

六四

（一九三六年重陽節前，鼓浪嶼日光巖）

丏尊居士道席：

惠書，誦悉。拙書附郵奉。又《寒笳集》四冊，以供法喜。惠施諸書，悉收到。《其中堂目錄》，已寄來。擬以前款大多數請購戒律，餘者請他種佛書，並購俗典近十圓。謹以附聞。不宣。

舊重陽前　演音疏

六五

（一九三六年立春前一日，廈門南普陀寺）

丏尊居士道席：

近因友人之約，已移居南普陀寺暫住。

附寄《韓偓》草稿一包，為余請高君編者。其原委，乞閱此稿《後記》中，即可知之。是事甚有趣味。想仁者必甚歡讚，樂為出版流布也。（此書乍觀之，似為文學書。但其中提倡氣節，屏斥淫靡，亦且倡導佛法，實為益世之佳作。）其原稿，曾由余刪改。今所寄奉者，為第二次抄寫之本，多由幼童書寫，頗有訛字。又高君於著作罕有經驗，雖引證繁博，但恐有訛舛處，其標點記號誤脫處尤多。乞仁者先託人為詳校二次。（第一次校正其文字。第二次改正標點記號。）至用感謝。以後惠書，乞寄「廈門南普陀寺養正院廣洽法師轉交弘一收」。

立春前一日[一]　演音啟

開明版《護生畫集》，因印刷太多，拙書之字已肥粗不清楚。又杜甫詩，脫落一個字。擬再書寫瘦體之字重製鋅版印行。倘承讚喜，即書寫奉上也。又及。

[一]一九三六年雙春，此時指年尾立春（舊十二月二十三日）。

六六

（一九三七年正月四日，廈門南普陀寺）

丏尊居士道鑒：

惠書，誦悉。至為歡慰。偓沒後千載，無有人為之表彰者。今仁者以此稿出版廣為流布，偓若有知當深感謝。俟出版後，並希以若干冊贈與朽人，以分致諸道侶也。

《護生畫集》另製版，甚善。所示辦法，甚為讚喜。茲先書奉《金剛偈》一葉，餘俟後郵上。

余於近六年來研習《南山律羯磨》，曾講三次，講稿亦改編數回，竭其心力願為弘闡。今歲明年更擬重為整理編輯並自書寫，與前印之《戒相表記》相似，於二十八年老齡六十歲時出版流布以為紀念。擬即用護法會資製版印刷，所闕亦無多也。

前承諸友人為請購日本《佛教大辭彙》[一]六冊，至用感忭。彼於末次寄來時，內附廣告，謂又增編續卷一冊，內有全書索引、年表等，不久即可出版。乞託內山居士，俟出版時，仍乞購以惠施，價約五六圓也。

《韓偓》書端，乞請仁者及葉居士〔二〕撰序冠之，尤善。高君自幼蔬食，其母及姊亦爾。全家信仰佛法，高君與姊不婚不嫁，故其家庭與寺院無異。近編此書甚費心力，余亦為之校改數次。今獲出版，歡慶無盡。謹復，不宣。

正月四日　演音疏

〔一〕《佛教大辭彙》，為日本京都龍谷大學出版。

〔二〕葉居士，即葉聖陶（一八九四——一九八八），原名紹鈞，江蘇蘇州人。著名的文學家、出版家、教育家。當時弘一法師囑在家弟子高文顯為晚唐愛國詩人韓偓編撰傳記已脫稿，將交由上海開明書店出版，為此特轉請葉聖陶賜序。

六七

（一九三七年八月二十日，青島湛山寺）

丏尊居士道席：

到青島後，曾上明信，想已收到。此次至青島，預定住至中秋節為止（決不能早動身）。其時輪船未必有。倘火車尚可通者，則乘火車到杭州。（轉濟南，換坐京浦車。）惟北方三等車，較滬杭寧大異，不能安坐。故不得不乘二等車。預算車資及其他雜用，所需甚多。擬請於護法會資中寄下八十圓。若有火車開行，於中秋節後必可動身也。謹陳，不宣。

八月二十日　舊七月十五日　演音啟

六八

（一九三七年舊八月三日，青島湛山寺）

丏尊居士道席：

惠書，誦悉。厚意殷勤，感謝無盡。青島平安如常。書店等久已閉門休業。須俟他日開門，再往商酌領取可也。朽人於中秋節後動身否，暫不決定。倘動身者，所缺路資，亦可向同居某師借貸，俟將來時局平定時再償還，乞仁者勿以是為慮也。湛山寺居僧近百人，毫無恆產，每月食物至少須三百元。現在住持者不生憂慮，因依佛法自有靈感，不至絕糧也。謹復，不宣。

舊八月三日　演音疏

六九

（一九三七年舊八月初八日，青島湛山寺）

丏尊居士道席：

前復函，想已收到。青島市面已漸恢復。曾向中華書局（即墨路）領款，彼云，未曾接上海開明之信及電話，現不能領、取，云云。其他之某堂書店之款，已經領到。將來若乘火車南下，頗費周折，費昂而多勞。擬改為乘船，或直往廈門，或先到上海。北地冬春嚴寒，非衰老之軀所能堪也。謹復，不宣。

若往上海，擬暫寓廣東泰安棧。（新北門外，馬路旁，面南，其地屬法租界之邊也。某銀樓對門，與新北門舊址斜對門，在其西也。）即以電話通知仁者，當獲晤談也。

舊八月初八日　演音啟

七〇

（一九三七年中秋，青島湛山寺）

兩處之款，皆已領到。值此時局不寧，彼等能如此損已利人，情殊可感。數日後，即乘船返廈門。因有往香港之大輪船，或停廈門。故不能往上海矣。謹復，不宣。

中秋夕　演音啟

七一

（一九三七年十月十八日，廈門萬石巖）

在滬歡晤，為慰。前晨安抵廈門，途中毫無障礙。以後通信，寄「廈門中山公園妙釋寺轉交萬石巖弘一收」。謹達，不宣。

錫琛居士乞代致候。

十月十八日　演音上

《金剛經》一冊，別郵奉，乞收入。若能常常讀誦，自然身心安寧，無諸煩惱也。附白。

七二

（一九三七年十一月一日，廈門萬石巖）

丏尊、丏因居士同鑒（一）：

廈門近日情形，仁等當已知之。他方有諄勸余遷居避難者，皆已辭謝，決定居住廈門，為諸寺院護法，共其存亡。必俟廈門平靜，乃能往他處也。知勞遠念，謹以奉聞。不宜。

演音啟　十一月一日

前到廈門時，即寄明信（二），想已收到。

（一）此信由蔡丏因收藏。

（二）此信之前，弘一法師已於十月十八日發出一明信片云：「在滬歡晤，為慰，前晨安抵廈門。」可知法師於十月十六日回至廈門。

七三

（一九三八年陽曆二月，泉州承天寺）

到廈門後，諸事安適，足慰遠念。近到泉州講經，法緣甚盛。擬講惠寄《清涼歌集》五十冊，分贈諸友。其資，乞由護法會內支付，為感。以後通訊，乞寄「廈門轉泉州城內承天寺弘一收」。

章居士，乞為致候。

演音啟

七四

（一九三八年舊三月初，惠安科山寺）

丏尊居士道鑒：

前復書，想已收到。近在惠安弘法，擬以《華嚴集聯》十冊施送。乞以護法會資請購此書十冊，寄福建惠安縣城內霞梧街集泉茶莊王頌平居士收。再乞以洋二十元寄與上海佛學書局，附一紙亦乞一併交去。至用感謝。不宜。

演音啟

七五

（一九三八年舊五月一日，漳州瑞竹巖）

今年在閩南各地弘法至忙。於廈門變亂前四天，已至漳州弘法。今居東鄉瑞竹巖靜養。通訊，乞寄漳州南門南山寺轉交。子愷想仍在長沙。便中乞代致意。不宜。

演音啟　舊五月一日

七六

（一九三八年小暑後一日，漳州瑞竹巖）

惠書，誦悉。現居鄉間高山之上，雖值變亂亦無妨也。乞勿念。將來汽車通時，擬往泉州或惠安，屆時再奉聞也。不宜。

小暑後一日　演音上

七七

（一九三八年閏七月六日，漳州祈保亭）

近得子愷函，悉仁者殤孫，境緣惡逆。深為歎息。若依佛法言，於一切境，皆應視如幻夢。乞仁者常閱佛書，並誦經念佛。自能身心安寧，無諸煩惱。則惡因緣反成好因緣也。朽人近來在漳州城區弘揚佛法，十分順利。當此國難之時，人多發心歸信佛法也。陳无我居士，寓上海慕爾鳴路一百十一弄六號。仁者若能常常訪談，自必胸懷開脫，獲極大之利益也。謹陳，不宜。

演音啟　閏月六日

七八

（一九三八年中秋節，漳州祈保亭）

丏尊居士文席：

前上書，想悉收到。閩南時局倘無變化，朽人擬再遲月餘返泉州。小住，再往惠安。車路已毀損，由漳至泉州三百里，須乘肩輿，需費甚多。擬請仁者匯資二十圓，乞交上海農民銀行匯漳最妥，因朽人與漳州分行行長相識也。（乞勿交郵局匯，領取時甚困難。）謹陳，不宜。

中秋節　演音啟

七九

（一九三八年十一月，漳州）

兩奉惠書，具悉一一。承施資已收到，至用感謝。倘時局無變化，不久即可動身。通訊處俟後達。

演音上

八〇

（一九三八年舊九月，漳州瑞竹巖）

丙尊居士道席：

前上信片想已收到。茲擬向佛學書局購請佛書，附一函乞託人送去。並乞護法會惠施十五元，一併送去，至用感謝。朽人在漳，諸事安適，一時尚未能返泉州也。謹達，不宣。

演音啟

八一

（一九三八年舊十月廿九日，泉州承天寺）

近已返泉州，居承天寺。擬在此過冬。謹達，不宣。

舊十月廿九日　演音啟

八二

（一九三八年舊十一月二十日，泉州承天寺）

丙尊居士文席：

惠書，誦悉。厚情慇慇，至用感謝。

朽人擬於舊十二月一日始（新正月二十日），在承天寺〔一〕暫時閉關（短期）用功，不定期限，可以於數月後移往他處也。（時局不寧，交通阻礙，明年能往江浙否，尚未能定。）閉關後，通信者，惟有仁者一處。子愷或有要事，可以書箋附於仁者函中寄來，亦可入覽也。

再者，前與陳无我、李圓淨二居士商酌，擬重寫《護生畫集》，重製鋅銅之版。此事尚未了結。以後彼二居士，關於畫集之事，欲與朽人通訊者，亦送至尊處，由仁者便中附入寄來。朽人有必須復彼二居士之信，亦寄至仁者之處，乞為轉交也。畫集之事，不久即可了結，非是數數通訊也。以後惟有信面寫仁者姓名，仍可送入關內。其他信件，皆由他人代拆代閱，暫為存貯，決不送至關內也。

承詢資用之事。前資，餘者甚多。且閉關後，更少需用。乞勿匯寄。俟將來移居他處時，或有所需，當隨時奉達。

附致子愷一紙，乞檢閱，並乞便中加封寄去。遲遲無妨。將來有寫件寄與子愷者，擬寄至尊處。暫為保管，因桂林近況至不安也。

演音啟　十一月二十日

〔一〕承天寺，一稱月臺，為泉州市三大叢林之一。弘一法師屢住於此。

八三

（一九三八年立春前一日，泉州承天寺）

丙尊居士文席：

兩奉惠書，具悉一一。拙師信已轉交。承示懷舊文，厚意慇懃，至用感謝。聞浙中交通多阻，明年恐不能來山房也。前浙一師學生石有紀居士，近任安溪縣長，曾來談一次。彼謂若往山房，須由江山繞道。老體頹唐，不勝此長途汽車之勞也。不宣。

立春〔一〕前一日　演音啟

〔一〕一九三八年雙春，此時指年尾立春（舊十二月十七日）。

八四

（一九三九年舊元旦，泉州承天寺）

丙尊居士文席：

今日已六十矣。今歲擬多寫字結緣，便中乞惠施廿金，以備購宣紙及其他需用。拙書一紙，附奉慧覽，不宣。

己卯元旦晨　演音啟

近來身體較前強健，齒力、目力皆佳，足力更健，無異少年。但精神頗呈老態耳。知念附聞。

八五

（一九三九年正月二十九日，泉州承天寺）

丏尊居士文席：

惠書，誦悉。承施資至感。茲奉上拙書十二紙，乞受收。下月尚須在泉州講經，往永春之期未定。謹復，不備。

正月二十九日　音啟

八六

（一九三九年舊二月廿七日，永春桃源殿）

惠片，誦悉。前日已移居永春，距泉州百數十里，為閩南最安穩之地。山奧幽僻，古稱桃源。明日即往鄉間居住。以後通訊，乞寄：福建永春縣蓬壺新市場華記寶號轉普濟寺弘一收。

舊二月廿七日　音啟

八七

（一九三九年舊四月十四日，永春普濟寺）

丏尊居士文席：

惠書，誦悉。《護生畫集》擬先依舊本影印，僅題字重寫，已由佛學書局承印。子愷居士所述之意，擬俟時事安靖再進行可耳。拙書若干紙，稍緩，俟友人入城時寄奉。朽人於前月餘，寄居永春山中。以後惠函，乞寄福建永春縣蓬壺鄉弘一收，即可達到。謹復，不宣。

四月十四日　音啟

八八

（一九三九年舊四月廿二日，永春普濟寺）

丏尊居士淵鑒：

前復書，想已收到。拙書已就。計五言聯八對，七言聯二對，讀律室額一紙，橫幅二紙，斗方一紙，小堂幅（長二尺）二十紙，大堂幅（長二尺餘）二十二紙（內有一紙仲鹽款），共計一包。俟有妥便，送至郵局掛號奉上，或須稍遲也。以後暇時，再為續寫奉上。茲有懇者，便中託人至功德林佛經流通處（以前在北泥城橋堍，未知今遷移否），請購《四分律行事鈔資持記》一部（計二十冊），價約十圓左右，乞護法會施資。即託功德林用皮紙包裹兩層（恐路遠破損），付郵掛號寄下。倘功德林無有，再向佛學書局詢問，以功德林所存者為善也。以後通訊，寄福建永春縣蓬壺鄉華記藥店轉普濟寺。

音啟　四月廿二日

八九

（一九三九年舊五月十二日，永春普濟寺）

丏尊居士道鑒：

惠書，誦悉。《問答》一冊，已收到。承詢所需，至用感謝。朽人近居普濟寺中，所有用款，皆由寺中支付。寺中住持〔一〕，兼任南洋寺務，故常寄款資來，以助寺用。畫集緣資五百元，亦其所募集也。故尊處施資，現不需用，乞勿寄下。謹謝，並復。不宣。

五月十二日　音啟

〔一〕普濟寺當時住持為性願法師。彼於一九三七年冬應請赴菲律賓馬尼拉，建立大乘信願寺，對普濟寺時有匯款接濟。

九〇

（一九三九年舊六月十九日，永春普濟寺）

丏尊居士澄覽：

惠書兩通，於今午同時收到。信箋稿，寫奉。刻木板時，乞勿移動其地位（印章亦勿移動）。因字形配合，及筆氣連貫處，皆未能變易也。《護生畫集》流布，承代謀畫，甚感。朽人居深山中，諸事如常。永春及泉漳等處居民，多朝散暮歸，唯營夜市，以避機彈，至可愍也。信箋稿之字句，皆出於《華嚴經》。乞代達无我居士，並希致候。不宣。

音啟　六月十九日

九一

（一九三九年中秋後二日，永春普濟寺）

丏尊居士澄覽：

惠書，誦悉，至用歡慰。書件，附掛號郵奉。以後暇時，擬多寫結緣之書幅，俟時局平靖即可郵寄也。承詢所需，甚感。現無所需。居深山高峯麓。有如世外桃源，永春亦別名桃源也。謹復，不備。

農曆中秋後二日　音啟

附一箋，及經名三紙，乞費神轉交蔡丏因居士。彼昔居法界環龍路三十號，近未通信，未審住所，乞轉詢之。附白

九二

（一九三九年舊十一月廿四日，永春普濟寺）

丏尊居士文席：

數月前，曾將退回信件之籤條數十紙，交與郵局代辦所，代為張貼退回信件。但仁者之信件則在例外。故以前惠書，悉皆收到。此次則為代辦所執事者誤貼，故未收到，至用歉然。畫集事，具寫致李居士書中，乞披覽。以後惠書，乞於函面，寫「善夢」之名，俾代辦所人可以不致再誤會也。不宣。

善夢啟　十一月廿四日

福建永春縣蓬壺鄉華記藥號轉交普濟寺善夢・・收。

九三

（一九四〇年舊元旦，永春普濟寺）

丏尊居士澄覽：

惠書，於前數日收到。《行事鈔》亦於今晨由寺送至，甚為歡慰。畫稿久已轉郵寺中。附奉上拙書一紙。謹復，不宣。

庚辰元旦晨　音啟

九四

（一九四〇年二月廿五日，永春普濟寺）

丏尊居士文席：

惠書，忻悉一一。畫集題句，前曾託豐居士轉請浙大同學分撰。俟稿寄到，朽人即可書寫也。（朽人精神衰頹，不能構思，故請他人撰句。）蔡居士處之稿，宜俟紙價低廉時印，非急需也。附奉上致李居士箋，乞仁者閱畢，便中轉交。又向佛學書局請購經書單一紙，乞由護法會施資二十元，併此單，託人送去。種種費神，感謝無盡。謹復，不宣。

二月廿五日晨　善夢啟

九五

（一九四〇年舊三月十八日，永春普濟寺）

丏尊居士淵鑒：

惠書，誦悉。附奉上致豐居士一箋，及佛字二紙，乞於便中附寄去。又致李居士一箋，乞閱畢，便中轉交，遲遲無妨也。近問郵局，滬閩之間仍不能寄大包印刷品。前承寄《行事鈔資持記》，於元旦晨收到，實為慶幸事也。謹復，不備。

農曆三月十八日　音啟

九六

（一九四〇年舊九月十二日，永春普濟寺）

丏尊居士文席：

前復函及寫件，想已收到。茲寄上致子愷居士一箋及寫件一紙，乞便中轉寄。又與李圓淨居士一箋，乞便中託陳无我居士轉交，遲遲無妨也。謹懇，不宣。

九月十二日　音啟

九七

（一九四一年舊六月六日，晉江福林寺）

丏尊、圓晉居士仝覽：

養疴山中，久疎音問。近以友人請住檀林鄉中，結夏安居。故得與仁者特殊通信，發起一重要之事。以《護生畫集》正、續編流布之後，頗能契合俗機。豐居士有續繪三、四、五、六編之弘願。而朽人老病日增，未能久待。擬提前早速編輯成就，以此稿本存藏上海法寶館〔一〕中。俟諸他年絡續付印可也。茲擬定辦法大略如下。乞仁者廣

徵諸居士意見，妥為核定，迅速進行，至用感禱。

一、前年豐居士來信，謂作畫非難，所難者在於覓求畫材。故今第一步為徵求三、四、五、六集之畫材。於《佛學半月刊》及《覺有情》半月刊中，登載廣告，廣徵畫材，其贈品以朽人所寫屏幅、中堂、對聯及初版印《金剛經》（珂羅版印，較再版為優。今猶存十餘冊）等為獎酬。

一、此事擬請仁者及范古農、沈彬翰、陳无我、朱穌典六居士，負責專任其事。仍請圓晉居士任總編輯。

一、預定三集畫七十張，四集八十張，五集九十張，六集一百張。每畫一張，附題句一段。

一、已刊布之初、二集畫風既有不同，以下三、四、五、六集亦應各異。俾全書六集各具特色，不相雷同。據鄙意，以下四集中，或有一集用連環畫體裁，或有一集純用語體新文學題句，其畫風亦力求新穎，或有一集純用歐美事蹟。此為朽人隨意懸擬，不足為據。仍乞六居士妥為商定，務期深契時機，至為切要。

一、每集畫旁之題句，字數宜少。或僅數字，至多不可超過四五十字。因字數多者，書寫既困難，縮印亦未便。

一、徵求畫材之廣告文，乞六居士酌定。徵求既畢，應審核優劣，分別等第，亦乞六居士酌定。至其畫材能適於作畫否，乞穌典居士詳核之。

一、以上且據登廣告徵求畫材而言。依朽人懸揣，應徵之人未必多，寄來之稿亦恐罕能適用。則登廣告徵求畫材一事，將無結果，殊為可慮。不如專請四位負責，每位各編一集之畫材，如是或較為穩妥也。乞六居士詳審之。

以後關於此事之通信，乞寄與性常法師轉交朽人至感。

農曆六月六日　音啟

〔一〕法寶館，抗戰前由葉恭綽居士等發起設立，地址在上海覺圓淨業社內，收藏佛教文物。

九八

（一九四一年閏六月廿七日，晉江福林寺）

丏尊居士文席：

頃奉惠書，忻悉此事已承仁者盡力規畫，助理一切，至用感慰。徵求期限，似宜再展緩兩月，因遠方郵便遲滯，恆須一二月乃可達也。陳无我居士因修習密宗法，無暇任事，曾來函辭謝。乞仁者再斟酌延請一位，助理此事，為禱。

致穌典居士一紙，乞便中交去。

時事不靖，南閩物價昂至數倍乃至廿餘倍。朽人幸託庇佛門，諸事安適，至用慚惶。

舊存寫小字筆已將用罄。乞仁者以護法會資代購「小楷水筆」數枝，封入信內寄下為感。

《護生畫》續編事，關係甚大。務乞仁者垂念朽人殷誠之願力，而盡力輔助，必期其能圓滿成就，感激無量。

又有致圓淨居士一紙，乞便中交去，遲遲無妨也。

贈品以拙書為宜，由泉郵遞，可作信件例寄。惟宣紙已無購處，僅能用閩產之紙耳。率復，不宣。

閏六月廿七日　音啟

倘他日因畫材不足未能成就四編者，亦可先輯一二編，其餘俟後絡續成之。附白。

九九

（一九四一年舊十月一日，泉州開元寺）

丏尊居士慧覽：

惠書，誦悉一一。子愷處已久不通信。聞友人云，彼之通訊處，為重慶沙坪壩國立藝術專校。（據彼八月廿五日之信云云。）閩中平靜如常。仁者能入閩任職，則生活可無慮矣。泉州物價之昂，自昔以來，冠於全閩。但米價每石亦僅一百七十元左右。其他閩中產米之區，如漳州及閩東等處，則僅五十元左右。泉州街市無乞丐。（另設乞丐收容所。）物價亦不甚昂。華僑家族生活亦大致可維持，因努力種植，生產量甚富也。統觀全閩氣象，與承平時代相差無幾。朽人於十四年前，無意中，居住閩南。（本擬往暹羅，至廈門而中止。）至今衣食豐足，諸事順遂，可謂徼幸，至用慚愧。唯從前發願編輯律宗諸書，大半未成就。擬於雙十節後，即閉關著書，辭謝通信及晤談等事。以後於尊處亦未能通信。

仁者欲知朽人之近狀者，乞常訪問陳无我居士（上海慕爾鳴路一百十一弄六號大法輪書局）及彼處同住之陳海量居士。因泉州諸僧，常與海量通信，彼深知朽人之近狀也。朽人近作，屢載《覺有情》半月刊中。（无我所辦）乞仁者定此月刊一份（自今年正月始尤善，每年一元餘），即可常閱覽朽人之近作也。蘇慧純居士，亦為海量之舊友。仁者能常與海量晤談，當獲益匪淺也。（指導生活，安慰心靈。）不宣。

十月一日　音啟

附呈相一紙，為去秋九月所攝。佛名二紙，乞結緣。

一〇〇

（一九四一年舊九月三十日，晉江福林寺）

丏尊居士文席：

朽人世壽周甲已過。擬自下月中旬始，至農曆明年辛巳除夕止，掩室靜修。須俟壬午元旦，乃可與仁等通信也。仁者通信之處倘有變動，乞於辛巳十一月寫交李圓淨居士轉送。謹陳，不宣。

九月三十日　音啟

一〇一

（一九四一年舊十一月七日，泉州開元寺）

丏尊居士道鑒：

戰事紛起，滬上尚平安否？為念。畫材數則附奉上，以備採擇。以後倘有他處贈與朽人資財者，乞代辭謝，因現不需用也。穌典居士乞代致候。不宣。

十一月七日　音啟

近作附錄，南閩道耆宿[一]七秩壽聯：「老圃秋殘，猶有黃花標晚節；澄潭影現，仰觀皓月鎮中天。」

[一] 道耆宿，即轉道和尚（一八七二——一九四三），為閩南佛教耆宿，居新加坡兼任泉州開元寺住持，多所建樹。一九四一年為其七十初度。

一〇二

（一九四二年舊四月七日，泉州溫陵養老院）

丏尊居士文席：

去冬滬變[一]時，曾致明片，未審收到否？畫集資料，想尚未輯就，無足介意也。因現在諸物昂貴，亦甚難出版。泉州米價將至三百，火柴每一小盒二圓，其他可知。貧民苦矣。朽人幸託庇佛門，食用無慮，諸事豐足，慚愧慚愧。拙書二紙，乞隨意結緣。略陳，不宣。

四月七日　音啟

[一] 去冬滬變，指一九四一年十二月八日日本發動太平洋戰爭，占領上海租界之事。

一〇三

（一九四二年舊九月，泉州溫陵養老院）

丏尊居士文席：

朽人已於（九）月（初四）日遷化。曾賦二偈，附錄於後：

君子之交，其淡如水。執象而求，咫尺千里。

問余何適，廓爾亡言。華枝春滿，天心月圓。

謹達，不宣。

音啟

前所記月日，係依農曆。　又白。

致堵申甫[一]

一

（一九一八年舊九月廿八日，杭州虎跑寺）

屹山大士左右：

頃承惠書，忻慰無似。不慧將於下月初七日（舊曆）之嘉禾[二]，寓精嚴寺藏經閣，究心毗尼[三]。仁者近日嘗瀏覽教典否？出家在家，原無二致；行持不退，當來皆可成佛。萬望仁者精進努力，依教起修，將來有緣，必可晤面。不一。

致訊寄嘉興北門外月河商業學校范古農居士轉送最妥。

釋演音和南　九月廿八日

〔一〕堵申甫（一八八四——一九六一），原名福詵，申甫其字，號屹山，別號冷庵，浙江紹興人。早年與李叔同共事於杭州浙江兩級師範（後改名浙江省立第一師範學校）。樂石社成員。李叔同出家後，堵為護法。

〔二〕嘉禾，浙江省嘉興市的古稱。

〔三〕毗尼，梵語，一作毗奈耶，意譯為律，即戒律。

二

（一九二三年舊九月一日，衢州蓮華寺）

來談，歡慰。尊名併佛號寫致慧覽，「過去云云」與仁者，「畏寒者」與更三〔一〕，「大寶積者」與敬廬〔二〕。既晤仁者，翌朝入城，見開元寺主〔三〕於浙一館。朽人三月未入城，三年未至浙一館，今適相值，亦勝緣也。請撰募捐疏〔四〕，已慨諾之矣。拙書爾來意在晉唐，無復六朝習氣，一浮甚讚許。此未委悉。

冷庵居士丈室

曇昉疏　九月一日

〔一〕王更三（？——一九三八），即李叔同任教浙江一師時之教務長。

〔二〕敬廬，即藝術家姜丹書之號。曾與李叔同同事於浙江第一師範。

〔三〕開元寺主，即紹興開元寺主，名聞願。

〔四〕募捐疏，即《紹興開元寺募建殿堂疏》。

三

（一九二四年五月廿日，杭州）

申甫居士慧鑒：

前奉一片，計達記室。朽人擬於秋間返溫州，惟舟車之資猶未籌措，未審仁者能有資助否？惠函乞寄杭州城內延定巷六號馬一浮居士轉交朽人，至妥。此頌

檀福

勝髻疏　五月廿日

四

（一九二四年六月一日，杭州）

申父居士丈室：

馬居士來，賫授尊簡，並惠施三十金，敬受，感謝無盡。擬以是中十金供瑣細之需，其餘二十金存貯以為行旅舟車等用。佛號當絡續寄上，本月中旬約可先寄奉二十葉內外。謹復，順頌

檀德〔一〕

勝臂疏　六月一日

〔一〕檀德，檀即「檀那」之略，意為布施。檀德即布施功德之意。

五

（一九二四年十一月廿日，溫州慶福寺）

惠書，欣悉一一。馬居士久無消息。今書佛號二葉，小橫幅十八葉，並佛書二冊，別掛號郵奉，乞受收。天寒手僵，草草不工，聊為紀念可耳。不久將雲游遠方，乞暫勿惠覆。明歲或至杭州，再當晤談。承詢所需，至用感謝。現在旅資已具，可以無慮。謹答，不悉宣。

申父居士

演音疏　十一月廿日

數年前將出家時，曾以陰隲文圖二冊（其書名已忘記，係費小樓書，刻板甚精），奉贈仁者。倘此書現在仍存尊處，乞暫假一冊，寄上海狄思威路永興里底第一號李圓淨居士收，能掛號尤妥。因上海諸居士願石印此書，廣為流布也。附白。

六

（一九二六年舊二月五日，杭州招賢寺）

昨承枉談，至用忻慰！裝訂《華嚴經》事，今詳細思維，如不重切者，則裝訂之時亦甚困難。因此經共二十七冊，原來刀切偏斜者，以前數冊為甚。以後漸漸端正。至後數冊，大致不差。故裝訂時，裁剪書面（即書皮子）及襯紙（每冊前後之白紙），須逐冊比量，甚為

費事。又此書原來刀切偏斜之處，朽人曾詳細審視，非是直線，乃是曲線。下方向上而曲，上方亦向上而曲。此等之處，如裝訂時，欲使書面及前後之襯紙一一與原書之形吻合，非用剪刀剪之不可。若以刀裁，即成直線，與原書之形未能合也。以是之故，此書若不重切，則裝訂之時，極為困難，且不易得美滿之結果。今思有二種辦法。其一，為冒險重切。其二，則不重切。即將原書舊有之書皮翻轉，裱貼黃紙一層。俟乾時，用剪刀依舊書皮之大小剪之（其曲線處仍其舊式），即以此裝訂。（但冊數之先後次序，不可紊亂。例如第一冊之書皮，仍訂入第一冊等。因此書全部前後樣式稍參差也。）至於前後襯入之白紙，則只可省去。因此白紙，若一一剪成曲線之形，極為不易，必致參差不齊也。（若依第一種辦法，冒險重切者，則仍每冊前後襯白紙四頁。）若冒險重切者，訂書處如不能切，或向昭慶經房[一]，請彼處切之如何（原書即係昭慶經房自切者）。諸乞仁者酌之。再者，昨云籤條黑邊外留白紙約二分者，指另印夾宣紙之籤條而言。若橘黃色之籤，因外襯白紙，固不須太闊也。叨在舊友，又以裝訂經典為勝上之功德，故瑣縷陳諸仁者，不厭繁細。諸希鑒諒至幸。新昌牓字，宜以佛經句為宜，乞商之。此未宣具。

申父居士丈室

二月五日　勝臂疏

[一]昭慶經房，為從前杭州昭慶寺所辦之經房，係專門流通佛書的書店。

七

（一九二六年舊三月廿三日，杭州招賢寺）

惠書，敬悉。近日勞倦，尚未加墨。仁者暇時，希枉談。

申父居士丈室

三月廿三日　勝髻疏

八

（一九二六年舊四月十日，杭州招賢寺）

昨晤馬居士，說及墓志銘事，欣然許諾，不勝忭躍。仁者近日有暇，希先至馬居士宅陳述謝忱。事略能早日集錄，一併帶去尤善。

申甫居士丈室

四月十日　曇昉白

九

（一九二七年正月望日，杭州常寂光寺）

久別深念。朽人現居常寂光寺，方便掩室，不出外，不見客。唯須請一人為之護法。每月來此一二次，代為購辦諸物，料理瑣事。尊寓距此匪遙，來往殊便，擬請仁者負任此事，未審可否？至於朽人平日所用之錢物，已有他人資助，可以足用，希仁者勿念。上記之事，乞斟酌先示復（寄常寂光寺）。稍遲數日，再致函定期延請惠臨，此未委具。

申父居士丈室

月臂疏　正月望日

一〇

（一九二七年正月廿四日，杭州常寂光寺）

惠書，敬悉。有暇希枉談，不拘日時。若來寺中，告以朽人函請來談之意，即可導入禪室也。[一]先一二日乞訪延定巷馬居士。別寫二紙，請轉交。有佛書信札等，悉乞帶來。常寂光在城隍山背腳四宜亭旁，由清波門上山之通衢也。遲面盡，不宣。

申父居士丈室

正月廿四日　勝髻答白

[一]作此札時，弘一法師正在常寂光寺方便掩關。

一一

（一九三一年正月廿七日，上虞法界寺）

前日返法界寺。承惠桂圓，受收，敬謝。謹復，不具。

舊正月廿七日　弘一上

一二

（一九三一年舊二月，上虞法界寺）

申甫居士：

曩承惠桂圓，新春返法界寺，乃獲收領，深感深感。曾復明信至尊寓，想已達到。胡子宅梵品學兼優，余所佩仰。今欲在鄉辦慈善事，余亦為讚成人。乞仁者向邑紳為之介紹，請其輔助，俾期有成，至用感荷。順頌

檀德

演音疏

一三

（一九三一年舊十一月，慈谿金仙寺）

申甫居士：

惠書，忻悉一一。小碑擬俟明年春暖時動筆，先勿寄下，俟明春居住處定後再以奉聞也。拙輯書《華嚴經集聯》，已由開明書店出版。倘仁者未獲披閱，乞致函丐尊居士，即可寄奉也。謹復，不宣。

音啟

一四

（一九三二年舊五月，溫州慶福寺）

申甫居士慧鑒：

尊邑救國會，前寄捐冊一本，已存在伏龍寺書架中。今彼會來函謂急欲結束，此捐冊一時不能取回。乞仁者擔保，即作為遺失。俟將來往伏龍寺時，即將此空捐冊焚化可也。又於彼會，擬認捐大洋壹圓，聊表微意。此款亦乞仁者代出惠施，即交彼會為感。謹懇，不宣。

弘一啟

一五

（一九三二年舊九月，慈谿金仙寺）

申父居士：

曩承枉臨金仙，未獲晤談，至憾。毛居士昨夕已來，今午歸去。彼鄉道之念甚切，至用忻慰。謹復，順頌

道福

音啟

致黃善登

（一九一九年七月七日，杭州虎跑寺）

示悉。骨秋之件，二月前已交佚生先生。（印費、搨紙、石印、文詩稿。）應如何辦理，乞君於來杭時訪佚生一談，或致函亦可。溽暑不多述。即頌

近佳

演音和南　七月七日

致郭奇遠[一]

一

（一九一九年中秋前二日，杭州玉泉寺）

公子[二]來，貽手書，披誦忻慰。衲於去秋七月，披剃於虎跑定慧禪寺，今居玉泉寺。（通函寄杭州西湖岳墳玉泉寺。）暫不它適。仁者近何事事？願學佛以修淨土最為穩當。是宗普被三根，未可嗤為愚夫愚婦之所為也。

一浮[三]、同莊[四]不時晤談。率復不具。

奇遠居士

演音　中秋前二日

附奉小聯，希收入。

[一]郭奇遠（一八七五——一九四一），原名弼，號奇遠，一作奇元（見宋恕《壬寅日記》），浙江瑞安人。就讀上海南洋公學特科班時，與李叔同同窗。此八封信徐正綸供稿。

[二]公子，指郭奇遠之子郭鵬飛。

[三]一浮，指馬一浮（一八八三——一九六七），別號蠲叟、湛翁，浙江紹興人。

[四]同莊，指林同莊（一八八〇——一九三六），浙江瑞安人。與李叔同在上海南洋公學特科班同窗，後留學日本，回國歷任浙江鐵路公司工程師、浙江水利委員會主任、技正等職。

二

（一九二二年一月，溫州慶福寺）

昨誦來旨，具悉一一。余以道業未成，精力日衰，今後數年之內，仍不與朋侶接談；先辦己躬下事，為第一要著耳。移居大羅[一]不？未能決定；或暫參學他方，亦未可知也。五年前寫影，附奉一葉，聊慰遠念。去臘印《謝告文》[二]，並致覽。不盡欲言。

奇老居士丈室

僧胤疏答

牙章至遲於二月初寄上。又白。

[一]大羅，山名，又稱泉山，在浙江永嘉和瑞安兩縣交界處。山上有伏虎庵，弘一法師曾在一九二八年閏二月前往駐錫。

[二]《謝告文》，即弘一法師到溫州閉關所寫的《慶福寺閉關為約三章》，簡稱《謝客啟》。

三

（一九二二年舊六月初二日，溫州慶福寺）

幻居永寧，忽忽歲餘。為念仁者，輒興舊雨之感。掩室城寮，明歲仲春圓滿，行將移居。尊邑大羅有草庵數椽，亦城寮主人[一]兼領。聞其地殊幽勝。當來仁者可杖策來游也。鴻飛前過訪，以掩室謝客，未能晤言，殊歉。附齎佛典及拙書數種，悕轉付。比來各地佛法昌盛，永寧諸君士弘法甚力。尊邑人文之盛，馳譽遐邇，宏揚佛化之事，未可延緩。仁等其有志於斯耶！溽暑惟珍攝。此未委悉。

奇遠老居士丈室

僧胤疏　六月初二日

[一]城寮主人，指溫州慶福寺（俗稱城下寮）住持寂山和尚。

四

（一九二三年舊六月十二日，杭州）

省書，歡慰無已。《五大施》三經寄奉七冊，是經為去春所書，拙劣無足觀。石印之時，攝影勒石，凡字畫脫略者，皆由匠人執筆添補，故與原稿頗多岐異。今秋約可寫經十數種，當超勝於此。明春付印之後，郵奉法覽。《五大施》三經，石印局未存版。永嘉劉居士[一]以石印本翻刻木板，不日當可鋟竟，但神味散失，必更甚於石印本也。

《十大礙行》等三種，如尊邑有願多得者，現在仍可附印。（每份三種，每百份三元，郵資在內。請託上海西門外長樂里一號周孟由[二]居士轉託尤惜陰居士代辦。其資可請孟由代付。將來尊處之資，帶至永嘉交周羣錚（孟由之弟）劃還。）附寄《戒殺放生》廣告七紙（悕放要處張貼）；《戒殺放生文》、《印造經像文》（余與尤居士合纂述者）各三冊；《心經口義》、《阿彌陀經》各一冊；《安士全書》一部（近數月來，上海尤居士勸募印造《安士全書》已得近四萬元，可印五萬餘部，實曠古希有之盛業也）。皆羣錚居士贈奉賢首者。商務印書館發行《印光法師文鈔》，甚佳。（價五角五分，各分館皆寄售，其卷首有余及沈培老[三]之題辭。又《安士全書》第二冊後幅，有余擬定讀《文鈔》次序之目錄，依此讀誦，自易入門。悕勸同人，廣為流通。）率復不悉。

奇遠居士慧覽

僧胤疏答　六月十二夕

附齎舊寫佛號一紙，以結淨緣。

[一]劉居士，指劉景晨（一八八〇——一九六〇），字貞晦，溫州永嘉人。畢業京師大學堂，民國後曾任縉雲縣知事、國會衆議院議員。奉佛能詩書。

[二]周孟由（一八八七——一九五八），溫州永嘉人，自號寒香，畢業杭州高等師範學校。曾留學日本，回國後創辦明倫學校。民國初年皈依印光法師，法名師導。在溫州參與創辦菩提學會、鹿城佛學會及佛慈義務診所。

[三]沈培老，指沈子培（一八五〇——一九二二），名曾植，號寐叟，浙江嘉興人，光緒進士，曾任安徽布政使、代理巡撫等職。辛亥革命後定居上海。奉佛。

五

（一九二三年舊六月廿七日　杭州）

曩復書及經典等，當早達。尊邑務本書局于元年石印之《經像靈應錄》，比有友願重刊流通。敬悕仁者代為覓求一冊寄下，以作稿本。

奇遠居士慧覽

李漱梅[一]居士處，或存此書。

僧胤　六月廿七日

[一]李漱梅，名炳光，浙江瑞安人。光緒二十八年舉人，善書畫，信奉佛教。

六

（一九二三年舊七月七日　溫州慶福寺）

尋繹來旨，良用怡慰。尊篆古茂淵雅，豈啻繼軌陽冰[一]，亦且嗣響周秦，感服何已！印及印泥，皆未精美，寧不可惜？杭州學子能雕印者，頗不乏人，可屬鴻飛往為覓求。附寫紹簡，依便齎致。（印石溫地價廉，宜在此購妥帶杭。）拙書佛號，它日當寄奉覽。比以寫經多忙，（二三年來，發願未寫者有十數種，已有人任印。）未暇致力其它。《啖口疏文》，浮薄俚俗，決非東坡之作。難句未能了解，檢《佩文韻府》，亦不可得，當為代詢通人。附致《歸元鏡》一冊，謹以贈奉。又《印光法師文鈔》二冊、《宗派詳註》一冊，覽竟仍希郵返。《文鈔》題辭中，寐叟者，沈子培師；湛翁者，馬一浮居士，寫作皆工。

仁誦《文鈔》，宜檢卷前目錄題下標記其三圈者先誦，二者次之，一者又次之，無圈者最後誦。曩聞黃漱蘭老居士體芳[二]，頗究心佛學，與仁嘗晤談不？此未委諳。

奇遠居士　　僧胤　疏答

（附「紹簡」）

介紹舊友之子郭鴻飛君訪問左右，悕託人為刻印數方，至感。

七月七日　僧胤

第一師範

黃寄慈居士慧覽

[一]陽冰，指唐代著名篆字書法家李陽冰。

[二]黃漱蘭老居士體芳（一八三二——一八九九），體芳其名，字淳穎，號漱蘭，浙江瑞安人。同治進士，授編修，官至兵部左侍郎。晚年主講金陵文正學院，曾列名上海強學會。

七

（一九二三年中秋前　溫州慶福寺）

省書，承悉一一。（佛書三冊收到。）健庵聯當於小暇寫貽，紙毋寄。爾來有屬書者皆謝絕。今春寫佛號結緣，為發心贈送者，非應屬也。吳璧華[一]約於中秋後來尊邑演講通俗佛學。彼深慕仁者，屬為致念，來章安[二]即趨謁聆教。近是間聘請湖南唐大圓[三]住溫教授佛學，彼宗說兼通，解行雙美，當來必來尊邑講授經論，仁可與之晤談也。

僧胤

[一]吳璧華（一八七七——一九二六），溫州永嘉人。曾留學日本，歸國後任四川、浙江等地軍政要職。奉佛。

[二]章安，浙江瑞安的古稱。

[三]唐大圓（一八八三——一九四三），湖南武岡人。精通佛學，曾任武昌佛學院、東南大學等校教授。

八

（一九二三年舊十一月十三日　衢州蓮華寺）

前復片計早達覽。茲寄上佛號一葉，淨行品句一葉，敬贈仁者。又佛號三葉，乞檢一葉贈楊陶民。（並請告：勿寄聯紙來，因余今後將暫棄筆墨也。彼歸信佛法，至可忻讚。但余初始出家，所學未豐，彼曾來書問法，不能詳答；請彼致函唐大圓居士，當可解了一切也。函寄溫州厝庫司前吳璧華轉交大圓。）其二葉乞分贈他人。又前喬育之屬書之紙，為寫佛號，一並奉上，乞為轉交。（內有一幅，因「南無」二字不佳，故裁去。）以後仁者如與友人晤談時，悕代達今後暫不寫字之意；或有寄紙來者，亦以原物寄還，恕不加墨。又凡有詢問佛法者，請致函大圓最善，因彼精通宗教，研求已久，超勝于余十數倍也。孟由前有復函，附呈覽；得此函後，余又致函，請其轉為諄託璧華。諺云：「謀事在人，成事在天。」事之成否不可知，但余必盡力諄託以答仁者厚誼也。附奉名筆二枝，為友人贈余者，余今無所用，謹贈仁者，希受納。（又《金剛經解義》一冊附奉。）《本草》二冊奉還。率陳不具。

奇遠老居士慧覽

僧胤　十一月十三日

前獲尊函，悉將於明春以新茶見貺，至為感謝。但余近年已來，病神經衰弱，飲茶之後輒不能眠，故已屏絕此品。我輩至好，無須效世人投贈之事，請勿客氣，至禱。

致吳夢非

（一九二〇年陽曆四月十二日，杭州接引庵）

頃已移居城內萬安橋下銀洞巷四號接引庵內。以後通訊即寄是處，白民先生處乞為轉達。劉、郭、豐諸君乞為致念。草草，不具。

演音

致丁福保〔一〕

一

（一九二〇年五月初十日，杭州玉泉寺）

福保居士禮席：

頃獲手書，並尊刻《佛學初階》，披帙諷誦，歡喜讚歎。廣述因果報應而歸結於淨土，是為導俗最善之法。又藏中《經律異相》、《法苑珠林》、《諸經要集》三種（皆「纂集部」），皆可擇其合於時機者輯集刊行。（古昆法師有《經律異相》節本，惜太略。杭州慧空經房刻本。）又《南海寄歸內法傳》（傳記部），亦可印單行本流通於世，俾後之學者由是獲見西竺之芳規。又《佛說無常經》（後附送亡儀，小乘經「宿」帙），為佛在世時諸大弟子吟諷第一之要典。（吾輩修淨土者亦可奉是經為晚課，既可依循佛世芳規，又能警悟無常，堅其求生西方之願，未可以為小乘而忽之也。世之謗小乘者，宜請其誦《地藏菩薩十輪經》，當可猛省。）徵諸律部及《內法傳》，歷歷可據。（音曾手抄數則，皆律部中及他籍所載者。尊處若須，當寫奉。若刊刻時可以附入。）後附送亡儀，尤精要適用。如斯寶典，流入此土垂千數百年，殆無人道及之者。經文附錄共計不逾十葉，賢首願為刊行流通否？音將於下月廿日如新城北山掩關念佛，附以奉聞。漸熱，唯清涼自在。

五月初十日　釋演音

前呈奠儀，為玉泉常住所奉。

附白：

吾國慣習，無論若律若禪若教，皆重祖輕佛，不獨禪宗為然也。竊謂欲重見正法住世，當自專崇佛說始，賢首以經釋經，不為無見，佩甚佩甚。

尊刻《觀經》附圖，謂為宋朝人所繪，未識何所據而云然耶？

〔一〕丁福保（一八七四——一九五二），字仲祜，江蘇無錫人。本為數學家兼醫學家；中年學佛，著作等身，名著有《佛學大辭典》等。

二

（一九二〇年舊五月十五日，新城）

福保居士箸席：

昨承手書，誦悉一一。尊刻多種，亦一一收存。音居新掩關，媿持佛名，未遑著述。發足之前，瑣事至忙，恐少構思之暇。《內法傳》、《無常經》之序文廣告，或可於如新前呈奉。尊刻各籍，或可覓暇與友人共讀數種，陳其所見，恐未能整心一志遍讀一一也。《法苑珠林》之節本，未暇手輯。嘉禾范古農居士，深通性相，音所佩仰。賢首如願乞其輯編，音當為致書將意。承施禪衣之資，至可感謝。但音今無所須，佛制不可貪蓄。謹附寄返，並謝厚意。不宣。

五月十五日　釋演音

三

（一九二〇年七月初九日，新城）

福保居士禪席：

六月二十日來新城，居樓居士宅。廿七日入貝多山。（又名官山，亦名北山。）山高二千餘尺，涼爽如深秋。聞諸居山者云，是間八月至四月皆嚴寒，積雪盈尺，久不融解。野獸有山牛、山羊、毒蛇、豹、狐之屬。掩關之期約在八月。《無常經序》草就呈覽。偈讚所云三四二五七八等，范居士謂指三十七道品言。（四念處、四正勤、四如意足、五根、五力、七覺支、八正道。）頻伽精舍所印藏經中《無常經》，「如是應正等覺不出於世」云云，「是」字應改「來」字（依日本弘教本校正），經後附文，仍依原式低一格寫，附文內有「四角燃燈」之句。（宋、元本作「燈」，麗本作「證」，應改作「燈」為是。）將來出版後請贈二十冊，並乞付郵分寄為感。（上海尚文門外黃家闕路專科師範學校內吳夢非君十冊，上海蘭路穆公正花行尤惜陰君五冊，杭州西湖玉泉寺吳建東君三冊，浙江新登縣大街袁廣生號轉交松溪鎮袁乾生號，轉交官山村樓福喜君，再轉交官山頂靈濟寺內弘傘禪師二冊。弘傘為音護關，代閱信件。）相見無日，願珍重，努力自愛。不宣。

七月初九日　演音

四

（一九二一年六月廿日，溫州慶福寺）

仲祐居士：

暮春來永寧，杜門索居，研治毗尼，迴向安養。承書，悉《佛學大辭典》出版，至為慶喜！十數年前東邦輯刊《佛教大辭典》，經營之際，頗極困悴。歷歲數稔，傾產殫力，乃獲成就。矧在吾國，茲事繁重。董理之難，逾彼倍蓰。比聞卒業，歡欣讚歎。勝德宏編，共垂不朽矣！

六月廿日　演音

希郵寶溫城下寮，感謝。

附掩關謝客簡（印刷品）

敬啟者：不慧痛念生死事大，無常迅速。自今以後，掩關念佛，謝絕人事。謹致短簡，以展訣別。他年道業有成，或可啟關相見。凡我師友，幸垂鑒焉！

演音謹白

嚴守掩關之規例，今後不再晤面及通信等。掩關之年限無定。他年啟關有期，再以函告。掩關期內請勿枉駕，闕禮之罪，惟乞鑒原！

致尤墨君[一]

一

（一九二一年春，溫州慶福寺）

〈前略〉若錄舊作傳布者，詩詞悉可刪，以詩非佳作，詞多綺語。贈王海帆詩不記有此事。以前送致社之稿皆友人代為者，未經朽人斟酌，故甚淆亂。《白陽誕生辭》亦可刪。……鄙意以為傳布著作，寧少勿濫，又綺語尤宜屏斥，以非善業也。〈後略〉[二]

[一] 尤墨君（一八九五——一九七六），名翔，字玄父，墨君其號，江蘇吳江人。與李叔同同為南社社員。歷任衢州、台州等地中學教員。

[二] 此信錄自尤墨君手稿《追憶弘一法師》。

二

（一九二四年，溫州慶福寺）

頃奉尊翰並法書五大施經，歡忭無盡。依是寫百葉，為先入乞冥福，至善！閱佛書者，若欲窮研教海，須分泛覽與專攻二種課程。泛覽者，可隨己意，選擇典籍；其專攻之書，以《八識》、《規矩頌》、《起信論》為第一級，至速一年畢業。《唯識》為第二級，《楞嚴》為第三級。以上二種，約四五年乃可畢業。杭州友人等所經驗者，以此法最為妥當。因以上四種精通之後，再閱他種佛書，大致皆可了然也。以上就窮研教海者而言，若僅欲略通佛法大綱，而專修淨土，期於早證不退者，即可專閱淨宗諸書，自能了其修持之門徑，不必竭其心力，窮研博覽，強學通家。此為最捷最穩之法。當代印老法師專主此說，朽人亦然。乞檢閱《印光法師文鈔》，當可委悉。閱《文鈔》之次序，乞檢閱排印本《安士全書》第二冊後幅附印朽人所擬之次序表。燈下忽促，先以奉覆。小遲若面，當為詳言。[一]

[一] 此信錄自尤玄父輯《毗柰耶室文牘》。

致王心湛〔一〕

一

（一九二一年十一月初六日，溫州慶福寺）

真如居士丈室：

書悉。讚詞別寫奉慧覽。曩既諄請湛翁潤色，若置而不用，於義有所未可。又原作固佳，改本尤精善也，故依改本書寫。朽人於《華嚴》，唯略習《清涼疏鈔》，未嘗卒業。尊說希就正湛翁何如？唐宋諸師皆先習論後習經（又受具足戒後必窮研小乘律），卓見極是。或習《俱舍》、《唯識》、《十二門》、《起信》亦可。又楊仁山居士所定先習《起信》、《唯識》、《楞嚴》之法，亦甚允當。近時學者多宗此法。但已上諸法，唯上根乃可用之。若中人之質，須先窮研《起信》一部（此亦楊居士說）。其次者唯習《佛教初學課本》等可耳。朽人現居慶福，掩關念佛。仁者獲此書後，乞勿復。天寒手僵，殊未宣悉。

十一月初六日　曇昉疏答

彭二林〔二〕《華嚴念佛三昧論》僅十五頁，義理極精。仁者已研尋否？習華嚴者，應先熟讀此論。

〔一〕王心湛（一八八二——一九五〇），即王心三，學佛後自號真如，浙江紹興人。章炳麟撰有《王心三二三事》，介紹他於清末追隨徐錫麟從事革命事跡。晚年學佛。時在上海壽聖庵講學。與馬一浮居士、弘一法師時有書信往來。

〔二〕彭二林（一七四〇——一七九六），名紹升，字允初，號尺木，又號二林居士，江蘇長洲人。受菩薩戒時，法名際清。清乾隆三十四年進士及第。學佛後，著有《居士傳》、《善女人傳》、《二林居集》、《測海集》等。

二

（一九二二年正月廿一日，溫州慶福寺）

真如居士丈室：

比承來旨，欣悉一一。普陀光法師為當代第一善知識，專修淨土之說，允宜信受奉行，萬勿游疑。光法師文鈔，揚州有新刻本，較前增百十數首。近商務又重編排印，又增七十餘首，希覓求悉心讀之。《淨土十要》、《徹悟禪師語錄》（與《梵室偶談》合本，《偶談》亦乞研尋）、《秘藏指南》等，亦宜詳閱。附奉舊寫佛號一葉，率以裁復，無復委悉。

正月廿一日　曇昉疏

三

（一九二四年舊二月四日，溫州慶福寺）

心湛居士道席：

損書，承悉一一。小印倉卒鐫就，附郵奉慧覽。刻具久已拋棄，假鐵錐為之。石質柔脆，若佩帶者，宜以棉圍襯，否則印文不久將磨滅矣。朽人於當代善知識中，最服膺者，惟印光法師。前年曾致書陳情，願廁弟子之列。法師未許。去歲阿彌陀佛誕，於佛前燃臂香，乞三寶慈力加被。復上書陳請。師又遜謝。逮及歲晚，乃再竭誠哀懇。方承慈悲攝受。歡喜慶幸，得未曾有矣。法師之本，吾人寧可測度。且約迹論。永嘉周孟由嘗云：法雨老人稟善導專修之旨，闡永明料簡之微。中正似蓮池，善巧如雲谷。憲章靈峯（明蕅益大師），步武資福（清徹悟禪師），弘揚淨土，密護諸宗。明昌佛法，潛挽世風。折攝皆具慈悲，語默無非教化。二百年來，一人而已。誠不刊之定論也。孟由又屬朽人當來探詢法師生平事蹟，撰述傳文，以示後世。亦已承諾。他年參禮普陀時，必期成就此願也。率以裁復。未能悉宣。

二月四日　曇昉疏答

閱《淨土十要》，宜先閱《念佛直指》、《淨土法語》、《淨土或問》、《淨土十疑論》。復閱《西方合論》，又閱《十無生論》，參觀《親聞記》。最後閱《彌陀要解》，參觀《便蒙鈔》。

四

（一九二四年舊三月十二日，衢州蓮華寺）

真如居士丈室：

損書，並惠道影，欣若良觀。《釋名》率寫以奉慧覽。某君之說，似少牽強。近以衰疾，將易地療養，希暫勿復答。此未委宣。

三月十二日　曇昉疏

附：《釋名》

名依相立，離言說相，離名字相，離心緣相，則名相雙遣。此大乘勝義，唯一真心，無有差別。言真如者，依義立名，是言說之極，因言遣言。真謂真實，顯非虛妄。如謂如常，表無變易。理之至名之極也。故佛法雖廣，總攝其義，要在斷除爾炎而契真如。解行俱兼，吾愧未能，以名遣名，所以自證，因自名真如，字曰心三者，以心佛衆生，三無差別也。

真如居士，昔以是文，就正於法雨光法師。師頗讚許，謂其文義允愜。又謂文字性空，循名行義，旨甚正確。比者居士請寫是文，以志記念，並錄光法師語，附其後焉。歲陽閼逢〔一〕三月。

曇昉書於信安〔二〕

〔一〕閼逢，太歲在甲曰閼逢，即甲子年（一九二四年）。

〔二〕信安，即今浙江衢縣。末端加蓋「名字性空」圖章。

五

（一九三五年舊十二月十四日，晉江草庵）

惠書，欣悉一一。近返泉州居鄉間。《心湛銘》甚善。略復不宣。

十二月十四日　演音疏

致譚組雲〔一〕

（一九二二年正月二十九日，溫州慶福寺）

組雲居士禪座：

省書，歡慰無已。去春幻游溫嶺，掩室城寮，謝絕人事，久疏筆墨。雅意誠篤，未可固辭，願試為之，以結善緣。舊友韓亮侯居士〔二〕仍家居不？晤時幸為致念。此不委悉。

正月二十九日　演音疏答

〔一〕譚組雲，江蘇泰縣人，現代書法金石家。弘一法師曾為他的亡妻丁氏書墓志銘，署名李息。見一九二二年五月上海華商書局出版的《李叔同書丁孺人墓志銘》，沈寐叟題簽。

〔二〕韓亮侯（？——一九三六），江蘇泰縣人。早年留學日本，為李叔同友人。曾任南京道尹公署視察。

致周敬庵

（一九二二年四月十二日，溫州慶福寺）

敬庵居士：

墓志銘寫就奉覽。比歲以來，不輕為人作書，志銘未開其例。今不署出家名字，職是故也。尊書底稿，字體甚佳（其微妙處予不能及，用硃圈記，希審覽），但唯宜雅，俗士見之，必大笑也。予亦喜學是體，今即以是書志銘。組雲邃於金石之學，當必首肯。餘紙一方，不復寄還。率陳，不悉。

四月十二日　演音

今後如有人屬書者，統希代為辭謝。數年之後，再當應命。

致李聖章〔一〕

一

（一九二二年四月初六日，溫州慶福寺）

聖章居士慧覽：

二十年來，音問疏絕。昨獲長簡，環誦數四，歡慰何如。任杭教職六年，兼任南京高師顧問者二年，及門數千，遍及江浙。英才蔚出，足以承紹家業者，指不勝屈，私心大慰。弘揚文藝之事，至此已可作一結束。戊午二月，發願入山剃染，修習佛法，普利含識。以四閱月力料理公私諸事：凡油畫、美術圖籍，寄贈北京美術學校（爾欲閱者，可往探詢之），音樂書贈劉子質平，一切雜書零物贈豐子子愷（二子皆在上海專科師範，是校為吾門人輩創立）。佈置既畢，乃於五月下旬入大慈山（學校夏季考試，提前為之），七月十三日剃髮出家，九月在靈隱受戒，始終安順，未值障緣，誠佛菩薩之慈力加被也。出家既竟，學行未充，不能利物；因發願掩關辦道，暫謝俗緣。

（由戊午十二月至庚申六月，住玉泉清漣寺時較多。）庚申七月，至新城貝山（距富陽六十里）居月餘，值障緣，乃決意他適。於是流浪於衢、嚴二州者半載。辛酉正月，返杭居清漣。三月如溫州，忽忽年餘，諸事安適；倘無意外之阻障，將不他往。當來道業有成，或來北地與家人相聚也。音拙於辯才，說法之事，非其所長，行將以著述之業終其身耳。比年以來，此土佛法昌盛，有一日千里之勢。各省相較，當以浙省為第一。附寫初學閱覽之佛書數種，可向臥佛寺佛經流通處請來，以備閱覽。拉雜寫復，不盡欲言。

爾父處亦有復函，歸家時可索閱之。〔二〕

釋演音疏答　四月初六日

〔一〕李聖章（一八八九——一九七五），名麟玉，為弘一法師俗家仲兄之長子。早年留學法國，專攻化學。歷任北京大學教授、中法大學校長等職。後任全國政協委員。

〔二〕此札歷敘出家前後情況，至為詳盡，為研究弘一法師重要史料之一。

二

（一九二四年三月十一日，衢州三藏寺）

聖章居士丈室：

惠書，誦悉，感慰無已。今猶有餘資，他日須者，當以奉聞。比移居三藏寺暫住，今後來信，希郵致衢州東鄉全旺鎮懋泰南貨號，轉交三藏寺內朽人手收。率復，不盡一一。

曇昉疏　三月十一日

三

（一九二四年舊四月十七日，衢州蓮華寺）

聖章居士慧覽：

居衢已來，忽忽半載。溫州諸人士屢來函，敦促朽人返彼繼續掩室，情誼殷摯，未可固辭。不久即擬啟程，行旅之費，已向蓮華寺住持借用三十圓。尊處如便，希為代償，由郵局匯兌此數，以匯券裝入函內，雙掛號寄交衢州蓮花村蓮花寺德淵大和尚手收為禱。溫州通訊之處為大南門外慶福寺，是舊游之地也。此次赴溫〔一〕，由衢經松陽、青田，較繞道杭滬稍近，約七日可達。率復，不具。

曇昉疏　四月十七日

〔一〕弘一法師此次由衢州赴溫州，取道松陽、青田一路，為向所未聞。此信寫於一九二四年舊四月，為史實研究重要資料。

四

（一九二四年舊六月廿一日，溫州慶福寺）

聖章居士丈室：

昨承來旨，委悉一一。荷施資致返蓮華，感謝無盡。四月初，衢州建普利道場，朽人入城隨喜。以居室不潔，感受潮穢之氣，因發寒熱（非是瘧疾），纏綿未已；延至五月初七八日乃愈。又其時並患咳嗽痰滯，迄今已將三月，雖頗輕減，仍未止息，想已轉成慢性痾疾。然決無大礙，希為釋懷。朽人於四月十九日自衢州起行，廿五日達溫。比擬繼續掩室，一以從事休養，一以假此謝客養痾。朽人近年已來，神經衰弱至劇，肺胃心臟，並有微恙，故須節其勞瘁，息心靜養也。居此費用，周居士仍繼續布施（前居溫二年亦受其施），情不可卻。前承仁者允施者，今可不須；俟他日有別種須用時，再以奉聞。謹致謝意，不盡欲言。

曇昉疏答　六月廿一日

掩室已後，仁者及其他至友數處，仍可通信，惟希仁者勿向他人道及。以此次返溫，知之者希，欲免其酬應之勞也。

五

（一九二四年十月廿一日，溫州慶福寺）

聖章居士：

省書，承悉一一。浙地信佛法者衆，此次變亂，故能轉危為安，至可慶忭。宿疾當不為患。邇來編校，頗勞心力，為困憊耳。撰述律學四種，明歲刊印訖，當以奉覽。印石並呈，此不宜具。

曇昉答白　十月廿一日

六

（一九二四年舊九月二十六日，溫州慶福寺）

聖章居士：

歲在顓頊之虛，九月二十六日，製印以付〔一〕。

未審仁者仍在京寓不？故先奉詢，希復，即以郵奉。

曇昉

〔一〕僅刻一字陰文。

七

（一九二四年十一月十二日，溫州慶福寺）

聖章居士慧覽：

頃誦三日所發手書，具悉一一。小印前已掛號付郵寄上，如未收到者，希以示知，再為鐫刻寄奉也。掛號證已遺失，不能稽查。時事未寧，郵物往往不達。前月匯金至南京請經，金與函悉遺落，未可追究，無如之何也。率復。

曇昉答　十一月十二日

八

（一九二四年十一月廿一日，溫州慶福寺）

聖章居士丈室：

爰逮五日來啟，用慰馳結。去冬十一月十七日（阿彌陀佛誕）寫佛號四十八葉，分付是間道侶，今檢一葉，別奉仁者。附齎《印光法師文鈔》一部（是為第四次新版，卷首有余題詞，附載《印造經像文》〔一〕亦余所撰述），《了凡四訓》四冊，希於清暇，披尋其趣，願珍德還白。不次。

論月疏　十一月廿一日〔二〕

〔一〕《印造經像文》，以前傳為尤惜陰居士所撰，今得此信，始知出自法師手筆。

〔二〕此信未加蓋印章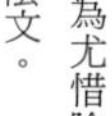，係陰文。

九

（一九二四年舊十二月十六日，溫州慶福寺）

聖章居士：

省書，所論甚是，斯事未果行。今歲初夏大病已來，血虧之症，較前彌劇（寒暑在五十度以下，即寒不可耐，幸是間氣候殊燠）。神經衰弱症，始自弱冠之歲，比年亦復增劇。俟此次撰述事訖（明正可了），即一意念佛，不復為勞心之業矣。承愛念，率復，不次。

曇昉白答　嘉平十六夕

比年所撰文字十數首〔一〕，小暇當寫以奉覽，聊志遺念。爾後將捐棄筆墨，無再浪費精神矣。

〔一〕弘一法師寫贈李聖章之《晚晴賸語》十餘首。

一〇

（一九二五年正月廿五日，溫州慶福寺）

李聖章居士：

近將遷徙他所，俟決定後，即以奉聞。今後乞暫勿來函，匆卒不具。

曇昉　正月廿五日

一一

（一九二五年正月廿八日，溫州慶福寺）

聖章居士：

昨郵一片，計達慧覽。近以遷徙事，預計頗有所須，希仁者斟酌資助為感。來書乞寄溫州南門內謝池里周孟由居士收下，轉交朽人手收。匯款由郵局為善。填寫匯票單時，其第五項（兌付局名或其支局）之一項，乞填寫「溫州南門內鐵井欄支局」十字。率以奉陳，殊未宣悉。

曇昉疏　正月廿八日

一二

（一九二五年舊二月十五日，溫州慶福寺）

聖章居士：

頃誦惠書，並承施金三十圓，感謝無盡。是中擬以八圓為添換衣被等費，以二十二圓為行旅之資及旅中所需也。此數已可敷用，他日萬一尚有他種需要，再當奉聞。附近作《崔母往生傳》致慧覽，率以答白，不具一一。

曇昉疏　二月十五日

一三

（一九二五年舊三月廿二日，溫州慶福寺）

李聖章居士：

本意他適，慶福寺主諄留住彼附屬山中蘭若試住。擬於下月二日徙居，如可安隱，則久居彼處，否則仍他適也。今後通函，由慶福寺轉交。

曇昉略白　三月廿二日

一四

（一九二五年五月七日，溫州慶福寺）

李聖章居士：

爾有友人約偕往普陀，附掛號寄寫稿並書籍一包，希收入。今後居所確定後，再以奉聞。

五月七日　曇昉白

一五

（一九二五年十月廿三日，溫州慶福寺）

五月往普陀，參禮印光法師，六月返溫。八月將如錢塘，抵海門，乃知變亂復作，因留滯上虞、紹興者月餘。本月初旬歸臥永寧，仍止慶福。居上虞、紹興時，與同學舊侶晤談者甚衆，為寫佛號六百餘葉，普結善緣，亦希有之勝行也。老友丐尊，曾撰《序子愷漫畫集》文，刊入《文學週報》，略記朽人近狀，附郵以奉慧覽。又佛號數葉，亦併郵呈，此未委具。

聖章居士丈室

十月廿三日　曇昉疏

一六

（一九二六年十一月初五日，杭州虎跑寺）

聖章居士：

夏間寄至溫州之函，因輾轉郵遞，已過時日，故未奉復。自巴黎發來之函，前日披誦，欣悉一一。朽人於今年三月至杭州，六月往江西牯嶺，本月初旬乃返杭州。現居虎跑過冬。明年往何處尚未定。仁者於明年到上海時，乞向江灣立達學園豐子愷君處詢問朽人之居址至妥。倘朽人其時謝客，亦可在他處約談。當於明春陽曆三月寫一信預存豐君處。仁者至彼處，即可索閱也。倘豐君不在校，乞問其他職員亦可。以後通信，乞寄杭州延定巷五號馬一浮居士轉交至妥。天寒手僵，草草書此。

演音[一]

[一] 此信為明信片，係一九二六年冬自杭州寄往法國巴黎者。明信片正面自署「弘一自杭州寄，十一月初五日，舊大雪節後一日」。

一七

（一九二七年舊三月廿八日，杭州常寂光寺）

聖章居士：

前獲來書，具悉一一。朽人現住杭州清波門內四宜亭常寂光寺。如乘火車抵杭州，天尚未黃昏者，乞喚人力車至清波門內四宜亭（車價至多小洋三角）；如抵杭州已黃昏者，乞在旅館一宿，明日喚車來此。將來到杭州時，以住常寂光寺為宜：一者費用少，二者清潔寂靜，可以安眠也。餘面談。

弘一　舊三月廿八日

致沈繇

（一九二三年正月初九日，溫州慶福寺）

繇居士：

辱書省悉。近誦佛典，頗有入處，甚為歡慰。初學善本，略記數種如下，暇時可瀏覽焉。

上海靜安寺三九醫學書局：

《佛學撮要》一冊

《南無阿彌陀佛解》一冊

上海有正書局（蘇州瑪瑙經房或有之）：

金陵版　《竹窗三筆》三冊

仝　《龍舒淨土文》一冊

北京版　《徑中徑又徑徵義》一冊

仝　《彌陀疏鈔擷要》一冊

各埠商務書館：

《印光法師文鈔》（先閱書札類較易瞭解）。

新年偶寫佛號數幅，以結善緣。今檢一幅寄仁者，筆墨久荒，書不求工，聊可為紀念耳，不次。

演音　正月初九日

今居溫州南門外慶福寺，非虎跑下院也，附以奉聞。

致則民[一]

（一九二三年十一月十三日，杭州）

上海商務書館近印《續藏經》，勸人預閱。永嘉約可請五六部。尊邑人文之盛，馳譽海內，應請此經供衆披覽。悕仁者與邑紳商酌行之。（陽曆十二月底，截止預約。去今不足一月，遲將不及。）如閱樣本，請致函上海商務書館《續藏經》預約部，並附郵券一角，彼當寄奉，或可託滬友往索也。（預約之價，每部連史紙六百二十元，毛邊紙五百四十元，共計七百五十一厚冊。）

前復片，計已達覽。今齎奉佛號二葉，一贈仁者，一悕轉送他人。又《國學叢選》一冊，通訊錄第七葉載余復姚石子書。（是為初學佛法，人事紛繁，未能專力修習，僅以餘暇，略學佛法概要者而說。若專力修習佛法者，自應隨分隨力，兼學經論律等，不以此書所述者為限也。）幸檢尋之，初學者依此入門，最為穩善，可以是勸告同人也。（閱畢便中寄還。尊邑如有專力修習者，可致函唐大圓居士[二]，問難析疑，最為穩善。彼精通宗教，遠勝於余，無愧為當世善知識也。致函大圓時，可託碧華轉交。翌晨附記。）

余不久將入山從事著作，凡有屬書，暫不應命，若寄紙來，亦以寄返。倘晤同人，幸為轉告。率陳，不委悉。

則民居士慧覽

僧胤　十一月十三日

[一]則民，姓陳，浙江嘉興人。

[二]唐大圓（一八八三—一九四三），湖南武岡人。精國學及佛學，於相宗造詣尤深。學佛皈依太虛大師。曾任武昌佛學院及各大學教授。一九二三年，曾應吳璧華居士之請到溫州弘法。

致劉肅平

（一九二三年春，溫州慶福寺）

肅平居士道席：

曩過萬歲里巷[一]，獲誦「震川文派」一聯，雅思淵才，歎為希有。亦既衰世，斯文淪替。知昌谷、震川[二]名者蓋鮮，矧復摭其遺事，綴為駢辭，有如賢首，則是人中芬陀利[三]矣。書法亦復嫻雅，神似隂符。未由展覿，聊致款曲，併齎奉梵典四部，希以清暇，研味其趣。朔風多哀，為道珍攝。不宣。

演音

葉震昌小客棧在溫州北門內，門聯云：

震川文派朋樽盛，

昌谷詩題旅壁多。

[一]萬歲里巷，在浙江溫州。

[二]昌谷，指唐李賀，七歲能詩。所著曰《昌谷集》。震川，指明歸有光，學者稱震川先生。

[三]芬陀利，梵語，即芬陀利華，譯為白蓮花。蓮花有青、黃、赤、白四種，以白蓮花為最高貴。

致蔡丏因[一]

一

（一九二三年冬至，溫州慶福寺）

書悉。讀《淨土十要》竟，專研《華嚴疏鈔》甚善。彭二林《華嚴念佛三昧論》，應先熟讀。論僅十數紙，詮義甚精。（金陵版一冊價六分。）並齎影印《八大人覺經》一摺，希受收。此未具宣。

丙因居士丈室

曇昉疏　冬至朝

〔一〕蔡丙因（一八九〇——一九五五），名冠洛，浙江嘉興人。早年畢業浙江兩級師範，雖未直接受李叔同之教，然自紹興相識後，則終身服膺。歷任紹興、麗水、嘉興各地中學教員，後任上海世界書局總編輯。

二

（一九二四年舊二月二日，溫州慶福寺）

丙因居士：

前奉手書，具悉一一。孫居士〔一〕精進修習，歡讚無量。承寄《淨土十要》等五冊，今日已受收，晤時乞為致意。別郵《崔母傳讚錄》一冊，敬贈仁者。（僅存此一冊，未能遍贈道俗為憾。）常惺法師之文〔二〕甚精，乞詳覽。

曇昉　二月二日〔三〕

朽人於夏秋之際，或往他方。《華嚴疏鈔》乞暫存尊齋，勿即寄還。俟將來住所安定後，再以奉聞。

〔一〕孫居士，即孫選青居士。

〔二〕常惺法師之文，係指當時常惺所撰《大乘起信論料簡駁議》一文。按一九二三年武昌出版有《大乘起信論研論》一書，內收釋太虛、王恩洋、章太炎、梁啟超、非心、歐陽漸、陳維東、唐大圓、釋常惺諸氏論文共九篇。常惺之《大乘起信論料簡駁議》即其一。常惺（一八九六——一九三八），名寂祥，法派名優祥。俗姓朱，江蘇如皋人。早年從月霞研究華嚴，後從諦閑研究天台，造詣皆極精深。歷任常熟、安慶、廈門、北平各地佛學院主講，一九三七年任中國佛教會秘書長。

〔三〕明信片郵戳「溫州十三年三月十日」。

三

（一九二四年八月廿五日，杭州虎跑寺）

頃誦惠書，忻悉一一。拙述《四分律比丘戒相表記》，今已石印流布。是書都百餘大頁，費五年之力編輯，並自書寫細楷。是屬出家比丘之戒律，在家人不宜閱覽。但亦擬贈仁者及李居士各一冊，以志紀念。開卷之時，不須研味其文義，唯賞玩其書法，則無過矣。又拙書《地藏菩薩本願經見聞利益品》，書法較《迴向品》為遜，今亦付石印以結善緣。尊宗禹澤居士，未審今居杭何處？希示知。擬以《四分律表記》二冊及《華嚴疏鈔》四冊，送存彼處，俾便他日面奉仁者。（《表記》冊太大，不便郵寄。若《地藏經》早日印就，亦並交去，否則他日另寄。）尊印《迴向品》共若干冊，並乞示知。《四分律表記》共印千冊。（由穆居士以七百金左右獨力印成。）以五百冊存上海功德林佛經流通處，以三百二十冊存天津佛經流通處，皆係贈送。如有僧眾願研求比丘律者，若居士等願將此以為紀念者，皆可託人向上海功德林就近領取。《地藏經》共印多少，如何分法，今尚未悉。朽人不久將往他方，今移居杭州城內銀洞巷六號虎跑下院暫住，料理未了諸事。惠復乞寄上海江灣鎮立達學園豐子愷居士轉交，恐朽人不久或去杭也。承詢所需，俟後有需，當以奉聞。敬謝厚意。此未宣具。

丙因居士丈室

八月廿五日　勝臂疏答

四

（一九二四年十二月六日，溫州慶福寺）

書悉。《華嚴疏鈔》，唯有仁者能讀誦，故以奉贈。來書謙抑太甚，未可也。《疏鈔》第十《迴向章》及《十地品》初地前半共一冊，乞寄下。《疏鈔》中近須檢閱者凡五冊：一、《淨行品》（一冊），二、《十行品》（二冊），三、《十迴向品初迴向章》（一冊），四、《十迴向章》（一冊），此五冊遲數月後再郵奉尊齋。以外諸冊，不久悉可寄上。《懸談》在杭州，《疏鈔》存上海，不久可以寄來。明後二年，謝客養靜，未能通問。《迴向初章》印就時，乞惠寄朽人五冊，仍交丁居士家。並乞寄天津東南城角清修院清池大和尚三冊，至為感謝。（《迴向》初章中聽字寫從壬，大誤。後匆匆不及改寫。切字從十者，依唐人《一切經音義》之說，以十表無盡也。）

丙因居士

月臂　十二月六日

五

（一九二四年十二月十一日，溫州慶福寺）

曩乞李居士奉上一書，想達慧覽。仁者禮誦《華嚴》，於明年二月十五日即釋迦牟尼佛涅槃日始課，最為適宜。此前有暇，可以檢查文字之音讀。自是日始課者，紹隆佛種，擔荷大法義也。仁者勉旃。

茲郵奉《禮誦日課》一葉，並《懸談》八冊，希受收。日課中說明甚簡，茲補記如下。

禮敬之前，應先於佛前焚香供養，能供花尤善。偈讚所書者，為舉其一例。所誦之偈讚，可以隨時變易，以己意選擇。《華嚴經》中偈文，悉可用也。誦《華嚴經》，用疏鈔本誦亦可。若欲別請正本，以杭州昭慶慧空經房之本最善。（句讀稍有舛誤脫落，但訛字甚少。毛太紙本價四元八角，新連史本七元八角。若大字摺本，即俗稱梵本者，價十八元。此本核對尤精。）三歸依亦應延聲唱誦。依此課程行持，約須一小時三十分。初行之時，未能熟悉者，至多亦不逾二小時。每日讀《華嚴》一卷之外，並可以己意別選數品，深契己機者，作為常課。常常讀誦。（或日日誦，或分數日誦。）朽人讀《華嚴》日課一卷以外，又奉《行願品別行》一卷為日課，依此發願，又別寫錄《淨行品》、《十行品》、《十迴向品》（初迴向及第十迴向章）作為常課，每三四日或四五日輪誦一遍。附記其法，以備參考。尊處或無適宜之佛像，今附郵奉日本名畫《華嚴圖》三葉，又古畫《阿彌陀像》三葉，以各一葉奉與仁者供養。如李、孫二居士亦發心供養者，乞以其餘轉施與二居士。惟舉置而不供養，則有所未可耳。

丙因居士丈室

月臂疏　十二月十一日

六

（一九二四年舊十一月廿一日，溫州慶福寺）

還書，省悉。《華嚴懸談》八冊，並《疏鈔》七冊，分別掛號奉上，乞檢收。《念佛直指》，原本商務書館有影印者，昔在補陀嘗略披尋。又《淨土或問》、《西齋詩》等，原本亦由商務影印，收入淨土叢書中。（共十種，已忘其名，似有「蓮花」二字。）《彌陀要解》，原本亦已由北京刻經處刊行。率復，不具一一。

曇昉白　十一月廿一日

七

（一九二四年十二月初三日，溫州慶福寺）

頃誦書，並承惠施毫筆四管，謝謝。《華嚴經疏》科文十卷，未有刻本。日本《續藏經》第八套第一冊、二冊，有此科文。他日希仁者至戒珠寺檢閱。疏、鈔、科三者，如鼎足不可闕一。楊居士刻經疏，每不刻科文，厭其繁瑣，蓋未嘗詳細研審也。（鈔中雖略舉科目，然或存或略，意謂讀疏者必對閱科文，故不一一具出也。）今屏去科文而讀疏鈔，必至茫無頭緒。北京徐居士刻經，悉依楊居士之成規，亦不刻科。所刻《南山律宗》三大部，為近百冊之巨著，亦悉刪其科文。朽人嘗致書苦勸，彼竟固執舊見，未肯變易，可痛慨也。

丙因居士丈室

十二月初三日　曇昉白

《華嚴經疏鈔》為光緒十年妙空大師於江北刻經處刊刻。妙空為楊居士之師，故楊居士所刻之經疏，亦多刪其科文，依彼舊例。

八

（一九二四年冬至後二日，溫州慶福寺）

前託李居士齎呈一箋，計達丈室。爾有友人惠施《華嚴疏鈔》一部。如仁者暫不請購，可先與朽人輪換共閱此一部。因朽人所閱者僅數冊，餘悉束置高閣。若與仁者共閱，俾令施主功德彌勝。希以酌復。若願閱者，當先郵奉十數冊。此未詳具。

曇昉疏白　冬至後兩日

九

（一九二五年正月十四日，溫州慶福寺）

兩書誦悉。《懸談》八冊，昨夕亦齎至。今郵奉《疏鈔》十一冊，又《往生論注》一冊，亦併假與仁者研尋。楊仁山居士謂修淨業者須窮研三經一論，論即《往生論》也。鸞法師注至為精妙。楊居士謂：「支那蓮宗著述，以是為巨擘矣。」附奉上《行願品》一冊，敬贈與仁者讀誦，並希檢受。《華嚴懸談》，文字古拙，頗有未易了解處，宜參閱宋鮮演《華嚴談玄決擇》（共六卷，初卷佚失，今存五卷，收入《續藏經》中），及元普瑞《華嚴懸談會玄記》（四十卷，常州刻經處刊行，共十冊）。反覆研味，乃能明瞭。仁者若欲窮研《華嚴》，於《清涼疏鈔》外，復應讀唐智儼《搜玄記》（共五卷，每卷分本末，第四卷之中已佚失，此殘本，今收入《續藏經》中），及賢首《探玄記》（二十卷，金陵刻經處刊行，共三十冊。徐蔚如釐會）。《清涼疏鈔》多宗賢首遺軌，賢首復承智儼之學脈，師質綿續，先後一揆。三師撰述，並傳世間，各有所長，寧可偏廢。乃或故為軒輊，謂其青出於藍，尋繹斯言，蓋非通論。前賢創作者難，後賢依據成章，發揮光大，亦惟是纘其遺緒耳，豈果有踰於前賢者耶？至若慧苑《刊定記》（共十五卷，第六第七佚失，此殘本今收入《續藏經》中），反戾師承，別闢徑路，賢宗諸德並致攻難，然亦未妨虛懷翫索，異議互陳，並資顯發，豈必深惡而痛絕耶。春寒甚厲，手僵墨凝，言不盡意。

丙因居士丈室

曇昉疏答　正月十四日

今後郵寄書籍，乞包以堅固之紙數層，外以堅固之麻繩束縛穩牢。因由紹至溫，須數易舟車，包紙易致破碎，麻繩亦易磨斷。附白。

一〇

（一九二五年十一月初五日，杭州虎跑寺）

丙因大居士道席：

惠書，誦悉。朽人今歲雲游南北，身心疲勞殊甚。於數日前歸臥虎跑，謝客養靜。仁者年前來杭，恐未能晤談，至為悵然。以後惠書，乞寄杭州延定巷五號馬一浮居士轉交。因虎跑在深山中，不通郵便也。李居士乞代達。天寒手僵，草草書此。

月臂　十一月初五日

一一

（一九二五年舊十一月十一日，杭州虎跑寺）

前郵明信，想達慧覽。今後通問，請寄杭州延定巷五號丁居士代收。存交朽人，至善。乞勿寫馬居士名，彼埋名循世，不欲人知。前存尊處之《華嚴經疏鈔》擬以奉贈仁者供養讀誦。其前半部及《玄談》，少遲即可並奉。朽人爾來謝客養靜，每一二月入廛一次。便道過延定巷息足，並領取信物，以是復函，每致遲遲耳。諸希亮之。明春或往溫州，為長期之掩室，冀早生安養。

月臂疏　十一月十一日

一二

（一九二六年正月九日，溫州慶福寺）

贈仁者之佛書，存裏西湖招賢寺吳彬如居士處。乞於本月內，託人至彼處領取。至盼。

月臂　正月九日

一三

（一九二六年舊二月八日，溫州慶福寺）

仁者惠書，並寫經石印與孫居士函，悉於初五日受收。爾來氣體小未調適，稍遲再奉答。孫居士處，乞代告。知勞遠念，先以略復，不宣。

曇昉　二月八日

一四

（一九二六年舊二月十九日，溫州慶福寺）

書悉。古寫經題就，刻郵上，並附《疏鈔》十三冊（中缺十冊，下次補奉），希檢受。復孫居士書，乞代交。佛像印小遲奉上。

丙因居士丈室

二月十九日　曇昉

一五

（一九二六年舊二月廿六日，溫州慶福寺）

前復函並《經疏》，計達慧覽。朽人數日內，因事須往杭一行。所住之處，俟後奉聞。草草。

曇昉　二月廿六日

一六

（一九二六年三月初九日，杭州招賢寺）

初四日至杭州。不久將他往。佛像印一方，並《華嚴疏鈔》，皆存招賢住持弘傘師處。乞託寓杭友人，便中至裏西湖（新新旅館隔壁）招賢寺內，向弘傘師領取。又能於二三日前預致函，約定往訪之日期時間尤妥。仁者收到後，乞復一信片，仍託弘傘師轉交。遲早當可達朽人處。動身前兩日，獲惠函，誦悉一一。《往生論》未收到。或其後數日，乃郵至溫州。草草奉達。未能委宣。

曇昉　三月初九日

一七

（一九二六年舊三月廿二日，杭州招賢寺）

初六日來杭，寓招賢寺。數日以來，與諸師友有時晤談。自廿五日（立夏日）始，方便掩室，不見賓客。《疏鈔》二十九冊，印一方，乞收入。《開示錄》三冊，乞仁者受一冊，其二轉贈孫、李二居士。《疏鈔》已閱竟者，便中託妥實之友人（由紹來杭之人甚多，故可不須付郵）帶至杭州，送呈招賢寺（裏西湖新新旅館旁）住持弘傘法師（或弘傘法師出外者，乞交副寺師代收，須掣取收條乃妥）轉交。朽人《往生論註》尚未由溫州轉到。謹達，不具一一。

丙因居士

孫居士乞代致意，附一箋乞交李居士。

曇昉疏　三月廿二日

一八

（一九二六年舊三月廿八日，杭州招賢寺）

前寄上一片，想達慧覽。迄今未有人至弘傘師處領取，至用懸念。朽人以招賢老和尚諄諄挽留，不得不在此暫時居住。自廿五日始，不晤賓客，息心養痾。將來往何處，尚未決定。所有存弘傘師處之石章及《疏鈔》，乞便中託妥實可靠之人，向弘傘師領取，至禱。能二三日前先寫一信片，通知來領之日時，俾弘傘師可以在寺候守，尤善。草此略達。餘詳以前書中（包入石章之紙包中）。

曇昉白　三月廿八日

一九

（一九二六年四月初七日，杭州招賢寺）

兩獲手書，歡喜無盡。二月下旬在溫州時，患感冒咳嗽，至今未能復元。前日乞周子敘居士診視。彼云感冒已久，因濕滯不解（常常發熱）。又以咳久傷肺損脾云云。今擬暫居招賢調養。弘傘師照護一切，甚為周到。不久當可痊愈。希釋懷念。草略奉復，不具一一。

丙因居士丈室

四月初七日　曇昉

《疏鈔》全部可以暫存仁處，無須急於寄還。因朽人所到之處，皆有《續藏》等可以披閱。先窮研《清涼疏鈔》一部，然後再瀏覽諸籍，其法甚善。刻本鈔科多刪節。（《十迴向品》已由余補錄，乞檢閱。）乞與續藏本對閱。

上月廿五日始，本已謝客，旋因有舊友自滬上專誠訪謁者。弘傘師不忍謝絕，特為商酌，晤談一次。其後有人聞風訪謁者，亦悉接見。近頗苦於繁瑣，擬不日仍申舊例，一概不見。昔在溫時，固如是也。尊處如有人欲來杭訪問者，乞為婉辭致意。若有要事，可以通信，與面談無以異也。附白。

二〇

（一九二六年五月十九日，杭州招賢寺）

書悉。近與傘法師發願重釐會、修補、校點《華嚴疏鈔》。（今之《會本》，為明嘉靖時妙明法師所會。彼時清涼排定之科文久佚，妙師臆為分配，故有未當處。妙明《會本》，後有人刪節，甚至上下文義不相銜接。《龍藏》仍其誤。今流通本又仍《龍藏》之誤。已上據徐蔚如居士考訂之說。）傘法師願任外護並排版流布之事。（傘法師謂排版為定，可留紙版，傳之永久。）朽人一身任釐會、修補、校點諸務。期以二十年卒業。先科文十卷，次懸談，次疏鈔正文。朽人老矣，當來恐須乞仁者賡續其業，乃可完成也。此事須於秋暮自廬山返後，再與傘師詳酌。若決定編印，尚須約仁者來杭面談一切。前存尊齋《疏鈔》等，乞暫勿送返。是間有《續藏》可閱。傘師又將覓木版流通本以為編寫之稿本。（改正科會及增補原文之處，皆翦貼，即以此本排印，不須另寫。）近常與湛翁晤談。彼詩興甚佳。他日來杭，可往訪也。

丙因居士丈室

五月十九日　論月疏

二一

（一九二六年七月晦日，廬山大林寺）

別久為念。留滯匡山，忽忽二月。溽暑之候，有如深秋，誠清涼之勝境也。爾來頗思讀《華嚴大疏》。仁者若已誦訖者，希以郵下。（寄九江牯嶺大林寺轉交弘一。）仁者精進何如？孫居士學《起信論》，能得途境不？時以為念。不具一一。

丙因居士丈室

七月晦日　月臂疏

二二

（一九二六年舊八月十日，廬山青蓮寺）

省書，歡慰。五月間寄至招賢者，亦誦悉。重釐《疏鈔》事，俟寇退返杭，與傘師酌量，然後著手。印經薦亡，甚善。擬寫《華嚴十迴向品初迴向章》。（自「佛子云何為」下，訖於「一切諸佛皆稱歎」。）每行二十字，計共二百行。每紙寫十六行。共成十三紙。未審可否。若欲字大者，每行字數減少；又行數減少，則紙頁增多。諸希仁等酌之。佳宣紙是間不可得。乞在紹興購求四尺夾貢郵寄下。（每張裁開為八紙，乞斟酌字之大小，以計算共若干頁，依其數寄下，並多餘四五頁。）廬山九月即須圍爐。希早寄來，當即為書寫。復函乞請寄牯嶺青蓮寺。昨日移居於此。《疏鈔》廿五本，《往生論注》一本，並收到。李居士書，昨亦收到。乞代致候。

月臂　八月十日

二三

（一九二六年舊八月廿五日，廬山青蓮寺）

書悉。宣紙亦收到。下山之期，遲早未定。俟後再達。

月臂　八月廿五日

二四

（一九二六年十月初一日，廬山青蓮寺）

經〔一〕已寫就。乞即復一片，即可寄上。因現不知仁者在紹否。故先詢問也。朽人於月半後，或下月初下山。餘後達。

月臂　十月初一日

二五

（一九二六年舊十月十四日，廬山青蓮寺）

明信誦悉。寫經並佛號三葉，附掛號郵奉，乞收入。其餘之紙，已為汪居士（鳳池）寫《地藏經見聞利益品》。又佛號二葉，贈與扶桑竹內居士，廣結善緣。此經如石印時，乞諄囑石印局員萬不可將原稿污損，須格外留意。其籤條乞仁者書寫，式略如下：《大方廣佛華嚴經十迴向品初迴向章弘一大師手寫□□□題端》。□□□之處，乞仁者署姓名。朽人約於十七八日下山返杭。以後惠書，乞寄招賢寺交朽人收。

十月十四日　月臂白

〔一〕經，指《華嚴經十迴向品初迴向章》。

二六

（一九二六年）

惠書，誦悉，至用感謝。不久即可送到也。附寄奉經像一包，為今歲余所編定校印者。乞以一份轉交鴻粱居士，為禱。

演音

二七

（一九二七年三月，杭州常寂光寺）

今日午前，丁居士來，惠函二通，攜至，誦悉一一。（一為二月五日發，一為十五日發。）至用忻慰。以後惠書，希寄杭州雲居山六號常寂光寺內。

勝髻

二八

（一九二七年六月十一日，杭州本來寺）

承無錫理工社寄到《華嚴迴向品》五十冊，頃已受收。敬謝。

勝臂　六月十一日

二九

（一九二七年舊七月，杭州本來寺）

初三日赴滬，即往天津一行〔一〕。不久擬再返溫州。《華嚴疏鈔》四冊，及《四分律表記》四冊（其一贈李居士）。存置馬一浮居士家中。乞託禹澤居士往取，或他日仁者自往取亦可。草草不具。

《初迴向章》印就後，乞暫緩寄。俟後奉達通訊之所。

勝臂疏

〔一〕弘一法師赴滬後，本欲往津。時因津浦路發生戰事，未果行。

三〇

（一九二七年八月五日，杭州本來寺）

前月承惠施《華嚴迴向品》印本五十冊，曾復明信，想達慧覽。茲郵奉《阿彌陀經解》三冊，《地藏菩薩靈感錄》十冊，又《法味》四冊。轉施道侶，共植善因。不悉。

演音疏　八月五日

三一

（一九二八年三月十二日，溫州慶福寺）

省書，忻慰。附郵寫影，謹以奉贈，希受收。承惠《華嚴》印本，深感厚意。乞以十冊分寄下記諸處。

上海江灣鎮立達學園豐子愷五冊。

九江牯嶺大林沖七十七號汪奉持一冊。

台州天台縣梅乾記轉東鄉榧樹村謝國樑居士交極樂寺寬願法師三冊。

杭州裏西湖招賢寺弘傘法師一冊。

甚餘四十部，乞轉存尊處。因朽人不久將出外雲游。俟他日返溫，再以奉聞。並乞惠寄也。

勝臂　三月十二日

三二

（一九二八年閏二月二十一日，溫州慶福寺）

昔奉惠書，忻悉一一。今乞孫居士賫拙書石印本數種，希受。爾將移居大羅山〔一〕。明歲若往嘉、杭，當與仁者晤談。不具一一。

丙因居士丈室

閏二月二十一日　演音疏

〔一〕大羅山，在溫州，別名泉山。山有寶嚴寺，為慶福寺下院。

三三

（一九二八年八月十六日，溫州慶福寺）

前郵明片，想達慧覽。今歲仍居城寮，明春雲游。當來嘉興晤談一切。此未委悉。承轉寄《華嚴》，甚感。

勝臂疏　八月十六日

三四

（一九二八年十月廿六日，溫州慶福寺）

惠書，忻慰。承施紙筆，感謝無盡。近有事往滬、杭。明歲若過嘉興，當預奉聞。天寒手僵。略答不具。

演音　十月廿六日

丙因居士

三五

（一九二八年舊十一月卅日，上海清涼寺）

茲有李圓淨居士，欲重印《華嚴十迴向初章》。擬匯資乞仁者在尊地覓人攝影，將玻璃交下，未知可否。敬為介紹。朽人於明晨將游南洋。草草書此。他日此書欲印時，當由李居士以此紙寄奉也。

演音　戊辰十一月卅日

丙因居士

三六

（一九二八年除夕，南安雪峯寺）

惠書並《疏鈔》一冊，前日收到。晤談宜俟五十來紹之時，今未能破例也。一浮居士當代陳說。仁者往訪時，於名刺上自寫弘一介紹數字可耳。《疏鈔》近二十冊。（內有數冊，俟後續寄。）又他種佛書二十餘冊，於正月初十日前送存友人處，以待仁者託人來領。（其寄存之處俟後奉達，今猶未決定也。）

除夕　月臂疏

丙因居士

三七

（一九二九年三月二十三日，廈門南普陀寺）

鄉郵明信，想達慧覽。行期延緩，或須遲至明春耳。寫經珂羅本印就，仍希郵至溫州。前年曾奉上賢首國師墨蹟影本，近檢《續藏經》，亦載此文，後更附數行。委書齎往疏記等名目。仁者有暇，宜至嘉興佛學會中檢尋之。（《續藏經》第一輯第二編第八套第五冊第四百二十二頁。）附奉上拙書菩薩名號一葉。此未宣悉。

善攝疏　三月二十三日

丙因居士丈室

三八

（一九二九年舊三月廿三日，溫州慶福寺）

去冬至滬，游南北閩諸勝境。前日乃返溫州。仍居城下寮。秋涼即遷入白馬湖新居。

演音疏　三月廿三日

三九

（一九二九年端陽前一日，溫州慶福寺）

頃奉惠書，並《華嚴》二冊。敬謝。影印裝璜悉精美。他日全書運至，再乞檢二冊，寄上海北四川路橫濱橋魏盛里內山書店內山完造居士，至感。

勝臂　端陽前一日

四〇

（一九二九年舊八月廿九日，上虞白馬湖）

前夕來白馬湖。秋暮或游他方。舊藏華嚴部等章疏甚多，仁者若有清暇研玩，當以寄存尊齋，聊供慧覽。便中裁復不宣。

舊八月廿九日　演音疏

丙因居士

《護生畫集》再版，已由開明書店印行，較為精美。前僅寄到四冊，在溫即分罄。此書由他人主持發行，未便再索。仁者如欲一閱，便中向開明一覓之。附白。

四一

（一九二九年舊九月七日，溫州慶福寺）

丙因居士慧鑒：

惠書，具悉。寄存之書，共十三包。其中大部之書，有晉、唐譯《華嚴經》，賢首《探玄記》（此書極精要），大本《起信論疏解彙集》等。（有木夾板二副，晉譯《華嚴》用。）是等諸書，朽人他日倘有用時，當斟酌取返數種。若命終者，即以此書盡贈與仁者，以志遺念。此外有奉贈結緣之書及零紙等五包（每包上有紙籤寫贈送二字），乞隨意自受，並以轉施他人，共裝入兩大網籃（約重七八十斤）。擬託春暉中學楊君（數年前在紹興同游若耶溪者）暫為收貯。將來覓便，齎奉仁者，未審可否？乞裁酌之。若可行者，希即致函楊君來此領取。朽人十日後即往閩中〔一〕。衰老日甚，相見無期。惟望仁者自今以後，漸脫塵勞，專心向道。解行雙融，深入玄門。別奉上尊書簡札數紙，以贈銘紹諸子（附包入零紙中）。此未宣悉。

演音疏　九月七日

〔一〕弘一法師一九二九年十月重至廈門，歲暮至南安雪峯寺。一九三〇年舊元旦後一日在雪峯寺致蔡丏因明信片云：「除夕，移居雪峯，甚安。」

四二

（一九二九年十月十六日，廈門太平巖）

丏因居士：

月首抵思明，居太平巖。擬在是間度歲。曩存尊齋網籃內，有《華嚴疏鈔》六十冊（《玄談》無），希付郵寄下，以備誦習。曾託上海張同生君，覓便帶奉日本版《佛教大辭典》一巨冊，想已收到。不宣。

演音疏　十月十六日

惠復乞寄廈門南普陀閩南佛學院轉交弘一收（太平巖郵便不通）。

四三

（一九二九年舊九月廿六日，廈門太平巖）

《佛教大辭典》一冊，託張居士轉，乞人便中帶奉，仁者暫為存貯。並希閱覽。此書甚精，較丁福保譯本為優。一二日即往泉州。不宣。

演音　九月廿六日

四四

（一九二九年十二月十七日，廈門南普陀寺）

來書問訊，甚感。是間氣候溫和。惟游衆甚多，未適於靜修耳。春暖之時，或往他方。張居士不返禾，《辭典》當託人查訊。草復不具。

演音疏　十二月十七日

四五

（一九三〇年舊元旦後一日，南安雪峯寺）

前郵明信，想達慧覽。除夕，移居雪峯，甚安。以後惠書，乞寄福建泉州洪瀨街吳協發寶號轉交雪峯寺弘一收。但須展轉傳遞，乃達山中，或不免遺失耳。

演音　元旦後一日在郵局書

四六

（一九三〇年十月初八日，慈谿金仙寺）

丏因居士慧鑒：

昨惠書，並《華嚴疏鈔》，歡慰無盡。是書為亡友嘉興陸无病醫士舊藏者。士精通義解，勤修淨業，命終之時，正念現前，念佛而逝。前年嗣子以是惠施於余。卷頭標寫品名卷數，是其遺墨，彌可珍貴。謹復，並致謝意。

十月初八日　演音疏

四七

（一九三一年春，溫州慶福寺）

惠書，具悉一一。碣字書就，付掛號郵奉。近患病，書不能工，聊可為紀念耳。

音啟

四八

（一九三一年正月晦日，溫州慶福寺）

丙因居士：

惠書並紹童子書，披誦，至為忻喜。賢首墨寶亦收到。（此書久已絕版。可惜。）附奉上《華嚴集聯》草稿數束（唐譯八十卷附注數字是指其卷數）。本欲焚化。今擬先奉尊覽。故附呈。全書已集編竣事，今秋可以印行。計晉譯《華嚴百聯》，附數聯。唐譯《華嚴百聯》，附三十餘聯。唐貞元譯《華嚴行願品百聯》。謹復，不宣。

演音　舊曆正月晦日

四九

（一九三一年六月，慈谿金仙寺）

前存尊齋《蕅益大師年譜》（余手編錄）稿本一冊，暇時乞檢出寄下。此書係日本抄寫本，中國式裝訂，印黃色線紋之封面，無籤，薄約分餘，大小如金陵刻經本，紙張係日本皮紙（印藍格），非洋紙也。惠復乞寄寧波慈谿鳴鶴場金仙寺轉交弘一收，至感。

音白

如檢查不得，亦無妨。或此書未寄存仁者處，亦未可知也。

五〇

（一九三一年舊四月六日，上虞法界寺）

丙因居士慧鑒：

惠書，誦悉。感謝無盡。傳言失實，非劫持也。今居法界尚安。近歲疾病，精神大衰，畏寒尤甚。秋涼仍往閩南耳。爾來法緣殊勝。上海佛學書局發願印拙書佛經及屏聯近二十種廣為流通。《華嚴集聯》已將寫就，由劉居士影印。近又發心編輯南山律三大部綱要、表記，約六七載乃可圓滿。順達，不宣。

音疏　舊四月六日

五一

（一九三一年舊四月八日，上虞法界寺）

丙因居士慧覽：

前復書，計已先達。頃誦二十一日尊函，厚意誠摯，感謝無已。往禾之緣未熟，宜俟當來。重勞慈念，深用歉然耳。爾來目力大衰。近書《華嚴集聯》，體兼行楷，未能工整。昔為仁者所書《華嚴初迴向章》，應是此生最精工之作，其後無能為矣。小遲有書物一籃，奉諸仁者。擬乞楊居士便中齎往。（遲遲無妨。）希仁者先為陳述其意。謹復，不具。為亡蜂念佛，最善。今之僧衆禮懺者，未能如法，若念佛，則得實益矣。

音疏答　舊四月八日

五二

（一九三一年六月二日，慈谿金仙寺）

惠書，誦悉。稍遲奉上。謹復，不宣。

音白　六月二日

五三

（一九三一年六月，慈谿金仙寺）

近數月來，心力交瘁。擬即在此為短期閉關，藉以修養。以後暫未能通信。大約數月之後，乃可致函奉聞一切也。不宣。

演音啟

五四

（一九三一年七月，慈谿五磊寺）

丙因居士慧鑒：

惠書並《靈峯年譜》[一]，悉收到。尊翁墓碣[二]願為書寫，希示其文句並尺寸。以後惠書，乞直寄慈谿鳴鶴場五磊寺弘一收。五磊住持者，承觀宗寺諦公法派，道風甚隆。同居者九人，而過午不食者有四人。悉修淨業。並達，不宣。

音疏答

[一]《靈峯年譜》，即蕅益大師年譜。
[二]尊翁墓碣，即《清故淵泉居士墓碣》。

五五

（一九三一年九月十六日，慈谿金仙寺）

丙因居士慧覽：

惠書，承悉一一。厚意殷懃，感媿無已。閩中之行，為是夙約，未可中止。當來返浙，必來秀水[一]小住，或久居以答仁者屬望之切也。不宣。

演音疏　九月十六日

附奉拙書一束，希仁者自受並以轉施他人（數日後乃付郵）。又白。

[一]秀水，為浙江嘉興之古名。

五六

（一九三一年十月十二日，慈谿五磊寺）

丙因居士：

近有韓老居士屬書石佛寺聯，擬請仁者代筆。（一下款寫亡言，一下款寫論月。）茲將原信並紙奉上。寫就乞即交韓老居士為感。五磊寺主等發起南山律學院。余已允任課三年。（每年七個月，舊曆二月十五日至九月十五日，餘時他往。）明春始業。經費等皆已就緒。自今以後預備功課，甚為忙碌。半月之後（新曆二十五左右動身），即往溫州過冬。住址未定，俟後奉聞。李居士處，亦乞代告此意。謹達，不宣。

音啟　十月十二日

五七

（一九三一年舊十二月十九日，鎮海伏龍寺）

歲暮。想仁者已返里。下記諸書物，乞便中檢出，交福闓信局（或全盛信局），寄寧波鎮海北鄉龍山西門外周大有號轉交伏龍寺弘一受收。

《圓覺經大疏》一部，《梵網經》一冊，袈裟兩件，附一箋，乞交李居士。不宣。

丙因居士丈室

音啟　十二月十九日

五八

（一九三二年正月十一日，鎮海伏龍寺）

丙因居士智鑒：

惠書，誦悉。至用歡慰。朽人近年已來，兩游閩南各地，並吾浙甬、紹、溫諸邑，法緣甚盛，堪慰慈念。惟以居處無定，故久未致書問訊耳。去歲夏間，曾立遺囑，願於當來命終之後，所有書籍，悉以奉贈於仁者。（若他人有欲得一二種以為紀念者，再向仁者處領取。）是遺囑當來由夏居士等受收耳。數日後，即返法界寺。秋涼仍往閩南。以後惠書，希寄紹興轉百官（若交民局寄者，乞將「百官」二字改為「驛亭站」；若交郵局寄者，宜用「百官」二字）橫塘廟鎮壽春堂藥店轉交法界寺弘一收。附郵奉拙書一束，內有五言聯及佛力小額，奉贈仁者，此外乞隨意轉施。謹復，不宣。

舊正月十一日　演音疏

前存仁處《賢首國師墨蹟》一冊，近欲請回供養，乞附郵寄下為感。又《圓覺大疏》一部，前在閩時，以數月之力圈點，並節錄原文，乞仁者檢出，覓暇讀之，當法喜充滿也。附白。

五九

（一九三三年舊元旦，廈門妙釋寺）

丙因居士道席：

前復二明信，想悉收到。昨今二日，書寫十件，附郵奉上。自今日始，為僧衆講律，約至舊四月八日圓滿。其餘諸紙，擬俟講畢再加墨也。是間氣候和暖，桃榴桂菊等一時並開，幾不知其為何時序矣。謹陳，不具。

舊元旦夕　演音啟

此函將發，獲奉手書，誦悉一一。承施景印墓碣，甚感。南山律苑學侶約十五人，乞再寄下十五冊。別所需者，由治法師函達。附白。

舊正月三日

六〇

（一九三三年正月初七日，廈門萬壽巖）

丙因居士：

惠書，誦悉。聖解庵額，稍遲寫奉。余於半月後在此講律。身體尚健。謹復，不備。

演音啟　正月初七日

六一

（一九三三年三月一日，廈門妙釋寺）

丙因居士慧覽：

惠書，誦悉。厚意慇懃，感謝無盡。拙輯《地藏菩薩聖德大觀》，不久由上海寄奉仁者與李居士，共一包，希轉分贈為禱。音在此講比丘律學，法緣甚勝。數日後仍續講，或即在南閩過夏也。學校用教授法書，乞擇其簡要易解者惠施一部，以備研習教授方法，為講律之用也。盧居士藏東西洋版佛像畫甚多，有日本人編《蓮座》一部，共三冊，專述佛菩薩像之蓮座種種形式，甚為美備。仁等未能來此觀覽，至為憾事耳。不宣。

演音疏　三月一日

六二

（一九三三年春，廈門妙釋寺）

惠書，敬悉。《教學法》已收到，甚感。目錄小遲寫奉。謹復，不宣。

演音疏

六三

（一九三三年春，廈門妙釋寺）

茲託楊居士帶奉《佛典》、鉢物等一籃，又仁者及銘紹致余之書，以贈銘紹童子，傳諸子孫。謹陳，不宣。

丙因居士丈室

又奉上《續藏經》四十冊，共一大包。乞交嘉興金明寺衖（大約四號或五號門牌內）豐子愷居士轉送還上海江灣立達學園收。費神，至感。

音疏

又白

《摩訶止觀輔行傳弘訣》（一部共二包）

朱印《梵網經疏》等十數種（共二包。《梵網經疏》，為余五十壽時，李居士鋟版。今已印出，乞閱疏末識言。尚餘數冊，若有人請求，可以奉上。）

《賢首國師墨跡》一冊（首頁中，余錄全文，以備參考。）

明朝鐵華軒製沙鉢（鐫《心經》可以供養。）

新鉢帶套（為余初出家受戒時所用。）

破香爐（為余在家時所用。已十餘年。乞釘補完好，仍可用之。以為紀念。）

介等零物一包。

六四

（一九三三年六月，泉州開元寺）

惠書，忻悉一一。講律尚須繼續，今歲未能北上也。（楊少渾、伍敏行、夏龍文、徐嘯濤諸居士皆乞代為致候。）便中乞託人向上海棋盤街藝學社，或他處購水彩畫用鉛瓶裝硃紅顏料兩打。（計二十四瓶。原名Vermilion，德國Schoenfeld公司製，或他處亦可，以價廉者為宜。顏料係硃紅色，與他種紅有別也。若託能繪水彩畫者購之尤妥。）此物分贈與學律諸師圈點律書及余自用。乞以惠施。俟購妥後，付郵寄下（依包裹例）為感。

演音疏

丙因居士丈室

六五

（一九三三年七月，泉州開元寺）

惠書，誦悉。承慈念，甚感。講律未竟，不能返浙。又南閩冬暖夏涼，頗適老病之軀也。朱紅遲到無妨，非急需也。年假時，仁者若歸秀州，乞檢《大智度論》全部付郵寄下至感。謹復，不宜。

丏因居士丈室

演音疏

六六

（一九三三年十月，泉州開元寺）

丏因居士道鑒：

前復書，想已達到。唐韓偓墓在泉州城外。近託高文顯居士編《韓偓評傳》一卷刊行。《韓外翰別集》或《韓翰林學士》等，上海古書店（三馬路望平街附近），如有存者，乞購一部惠施（乞寄廈門南普陀寺養正院高文顯居士收）。此書編輯之旨，一辨明《香奩集》非彼所作。（《辭源》中《香奩集》一條，已考據辨正。）一記偓晚年到閩後諸事。其他僅略記梗概耳。余不久仍往惠安講經。後返草庵度歲。以後通訊，仍寄廈門南普陀寺養正院廣洽法師轉交。

演音啟

六七

（一九三三年十一月，泉州開元寺）

前片想已收到。余於明晨往草庵。彼地偏僻，未能通訊。承寄《大智度論》，乞寄廈門中山公園內妙釋寺廣洽法師轉交，至為穩妥。

演音啟

六八

（一九三四年正月七日，晉江草庵）

丏因居士：

唐詩人韓偓墓，在泉州城外里許。偓晚年居閩不仕，為唐末完人。擬刻其詩稿。乞仁者託人代為抄寫《韓內翰別集》（每半葉十行，每行廿四字），及《韓偓傳》（擬刊於卷首），以備付印。倘有舊刊本可得，則不須抄寫矣。又晚晴山房所存《瑜伽師地論》及《論記》（唐遁倫撰）共二部，乞於返校時檢出寄下。以後惠書，暫寄泉州承天寺性願法師轉交。音仍居草庵，稍遲或返大開元寺。謹達，不具。

今歲元旦始已講律。願以殘燼餘年，專致力於此也。

舊正月七日　演音啟

六九

（一九三四年正月廿二日，晉江草庵）

明信，誦悉。爾來老態日增，精神大衰。致記憶有誤耳。此書似存甬鄉某寺也。少渾已來廈門。余不久亦擬往廈門。以後惠書，乞寄廈門南普陀寺轉交弘一收。仁者若與鴻梁通訊時，乞代達移居事。謹復，不宜。

演音啟

余所居鄉間草庵，養蜂四匣。昨日因誤食山中毒花，一匣中死者百數十。今夕余與諸師行施食法，超度此亡蜜蜂等。附白。

舊正月廿二日

七〇

（一九三四年舊二月十七日，廈門南普陀寺）

丏因居士道席：

惠書，誦悉。承寄《智論》、《地論》並記，悉已收到。晚晴種樹，甚好。余為講律多忙，一時未能返浙。仁等能常居晚晴，為宜。因空室閉鎖，易朽壞也。少渾已往漳州，未能一晤，附奉近書一葉，希受收。（普潤為依余學律者，即是廣洽法師也。）謹復，不備。

近得印度Sultanmohammed公司所製名香，折短為四小枝，附奉上。

二月十七日　演音疏

七一

（一九三四年舊三月十三日，廈門南普陀寺）

已前惠寄數書，茲檢付郵還奉。希以傳之子孫永寶焉。不宜。

丙因居士丈室

曩者《養正院親聞記》發起刊印時，承養正院前教導釋普潤法師、高勝進居士，學僧釋盛求、瑞伽、賢範、賢悟、靜淵、廣慎、善琛、妙廉、妙皆、傳聲、心鏡、瑞耀、如意、離塵、智淨、廣餘、廣根、傳深、傳揚、道香諸法師，及護法王正邦、陳宗泮、施烏格、曾珠娟諸居士，各施資財。茲以此款無有需用，且俟將來附印他種佛書。唯記功德人名於《親聞記》卷末，以留紀念焉。

音啟　舊三月十三日

七二

（一九三四年九月十九日，廈門南普陀寺）

丙因居士清鑒：

惠書，誦悉。居南閩二載，無有大病。其地寒暑調和，老體頗適宜耳（暑時不逾四十度）。今歲稻麥豐稔，商業依然凋零也。曾晤楊居士，為題其寓名曰「寒拾草堂」，因彼喜讀寒山拾得詩也。謹復，不宣。

演音疏　九月十九日

七三

（一九三五年二月，泉州開元寺）

惠書，誦悉。尊恙想已大痊，為念。製曲甚善。至感。茲有三事奉詢。乞託人檢考寫示，為禱。

（一）周尺　乞畫其大小之形，每尺分十寸否。

（二）唐尺　同上二義。

（三）衛武公年九十五作懿戒以自警，乞示懿戒全文。

演音啟

移居，擬延期。惠復仍寄泉州大開元寺。

七四

（一九三五年舊四月上旬，泉州開元寺）

數日後移居山中靜養。謹達，不宣。

演音白

七五

（一九三五年舊四月十九日，泉州開元寺）

天氣炎熱，即擬往百里外山中避暑。乞暫勿來信。謹達。

演音啟　四月十九日

七六

（一九三五年舊十月廿五日，泉州承天寺）

居惠安海濱半載。前日返泉州，乃獲披誦惠書。承考據精詳，至用感謝。先此略復，餘俟後詳。不宣。

演音疏　十月廿五日

七七

（一九三六年二月，廈門南普陀寺）

惠書已於十日前披誦。所寄宣紙一卷，至今未收到。俟收到後，書寫郵奉。以後通訊，仍寄廈門南普陀寺養正院廣洽法師轉交。謹復，不具。

演音啟

七八

（一九三六年四月十三日，廈門南普陀寺）

書悉。《靈峯宗論》圈點本，昔已贈與他人。仁者讀《宗論》，宜先讀「法語」、「普說」、「偶錄」、「書」四門。其他不妨緩。宿疾已愈。

曇昉　四月十三日

七九

（一九三六年四月廿三日，廈門南普陀寺）

丙因居士道席：

惠書，誦悉。將來共出幾輯[一]，似未可預定。若無有銷路，主事者厭倦，即出二輯為止。否則可以續出。每輯之形式不同，未可分類標寫部名。（如經論等。此事前曾再四躊躇，以不標為妥，恐以後發生困難。）如第一輯所選者，以短、易解、切要、有興味、有銷路為標準，但如此類之佛書實不可多得。故第二輯以下須另編輯。且擬每輯變換面目，以引起讀者之興味也。第二輯擬專收音所編輯者三十種。（或舊編者如《寒笳集》等，此外新編，由一人負責。）第三輯擬專收佛教藝術。（舊輯《華嚴集聯》可編入。余可以編輯數種，此外由同人分任，共三十種。）所預定者大致如是。第一輯所收者經論雜集之部類略備，第二輯多為警策身心剋除習氣之作，第三輯為佛教藝術。以後若續出者，每次變換面目。每兩年出一輯。或全輯總售，或又零冊分售。前定名曰「佛學叢書」，似範圍太廣大。今擬酌定曰「佛籍（典）小叢刊（刻）」，未知可否？乞裁酌之。定名之後，乞以示知，再書寫籤條及序言奉上也。近自榑桑國請到佛像書數十冊。（及古版佛書近千冊，多為希有之珍本。）略為研求，乃知是為專門之學，未可率爾選擇評論。第一輯、第二輯擬不用佛像。將來倘第三輯佛教藝術出版，可以多列諸像，附以說明也。裴相《發菩提心文序》第十五行「非速行」也，應作「非迷行」也。末頁第七行「普願大衆」以下應提行另起。又第十三行「啟發」以下之文宜與上行連續，不可提行。年譜在世之時不可發表。幼年諸事，擬與高文顯君言之。（廈門大學心理系學生，與廣洽師至契。）去歲仲冬大病，內外症並發，為生平所未經歷。（臥牀近兩月，俗謂九死一生。）內症至季冬已愈，外症延至本月乃痊。此次大病，自己甚得利益，稍暇擬記寫之。以後惠書，乞寫廈門南普陀寺養正院廣洽法師轉交弘一。不久擬移居古浪嶼，但信件仍由廣洽法師轉送來。其尋常信件，由彼代復，或退還也。謹復，不宣。《法華》卷已收到，感謝。

四月廿三日　演音疏

[一]指《佛學叢刊》。

八〇

（一九三六年四月，廈門南普陀寺）

前晤楊居士，承悉仁者近況，至慰。前存可園書物中，似有日本印古經一卷（殘本手卷形）。外有厚紙圓盒，內寫：

> 法華義疏第一
> 大委上宮王私集非
> 海彼本等

乃聖德太子寫本。近年影印者也。但或未存於可園亦未可知；現已忘記矣。倘在可園，乞便中檢出寄下，為感。下月或掩室日光院。謹陳，不具。

演音啟

八一

（一九三六年四月，廈門南普陀寺）

惠書，誦悉。承誦菩薩宏名，深感。宿疾已愈，希釋慈念。

音啟

八二

（一九三六年五月一日，廈門中巖）

丙因居士文席：

惠書，誦悉。沈居士厚意殷勤，至用歡讚。小暇當以拙書多紙郵奉，而結法緣也。第二、三輯，擬續編輯。其方法俟後詳審，再以奉達。近居中巖靜養（為明鄭成功讀書處）。惠函仍由廣洽法師轉送。不宣。

下記四處，乞各郵奉《叢刊》一部。餘俟後達。

曾孝谷　四川成都少城小通巷五號。道林紙印本。
丁葆青　寧波念條橋羣畢社。報紙印本。
郁智朗　奉化大橋樓恆昌號。仝上。
周孟由　溫州南門內謝池巷。仝上。

演音疏　五月一日

八三

（一九三六年五月，廈門南普陀寺）

丙因居士道席：

惠書，誦悉，至用忻慰。沈居士處乞為致謝意。書名甚善。其形式及印刷若干冊，乞仁者與沈居士酌定。廈門諸緇素前出資者，欲列名於書後以為紀念。茲擬寫一紙附呈奉，乞為商酌。若能附印於卷尾，則彌善矣。前廣洽法師寄上四十六圓，若不需者，乞託人送至佛學書局。附寫一紙，乞加封轉交。至感。不宣。

演音疏

《佛學叢刊》第一輯如再版時，乞預示知。因有須改正處也。前存仁者處《佛學叢刊》，乞寄普通紙印者一部，與天津法界鹽業銀行李紹蓮居士。費神，至感。附白。

八四

（一九三六年閏三月廿八日，廈門南普陀寺）

丙因居士道席：

惠書，誦悉。至用忻慰。茲擬定三十種題目，《佛學叢書》第一輯。

《華嚴淨行品》（北京版別行本，與北京版《華嚴綱要》對校。）

《華嚴十迴向品初章》（前寫本刪去科文，近有法師專講此章者。故應廣為流通。）

《華嚴行願品》（金陵版）

《法華普門品》（金陵版）

《金剛經》（仝上大字梵本）}仝冊

《心經》（仝上）}

《彌陀經》（仝上）

《藥師經》（仝上）

《地藏經》（仝上）

《八大人覺經》（仝上）}仝冊

《四十二章經》（仝上）}

《遺教經》（仝上）

《法海觀瀾》（揚州版）

《華嚴原人論》（金陵版）

《裴相勸發菩提心文》（仝上）

《華嚴念佛三昧論》（仝上）

《淨土晨鐘》（揚州版。此書僅二冊，定價一元餘。故宜另印，廉價流通。）

《印光法師嘉言錄》（佛學書局。目錄中所指後面正文頁數之數目字，與後不相符，宜重編。）

《佛法導論》（仝上）

《佛教初學課本》（金陵版）

《選佛譜》（附圖，仝上。其圖名曰「選佛圖」，另售。）

> 《選佛譜》卷二第十四頁，銀輪王下小註「謨佛辟支佛」，應改為「謨佛大梵天」。

《釋氏要覽》

《釋門自鏡錄》

《釋氏蒙術》

> 日本古版，附寄上。乞先託人抄寫底稿一份。原書乞寄還。再就所抄之底稿，詳加核校，重為編輯整理，然後付刊。

《緇門崇行錄》（金陵版）

《一夢漫言》

> 此書極佳。世罕知者。余在閩已講二次。余有校本及《別錄年譜音釋》一卷，現存紹興偏門外小雲棲寺印西法師處。尊局欲刊行者，乞速致函借取。遲恐印西他往。此書余有序文，已列入《佛學半月刊》內。

《竹窗三筆》（金陵版）

《菜根譚》（揚州版）

《寒山拾得詩》（金陵版）

《陽復齋詩偈集》（佛學書局）

《金剛經》及《藥師經》皆用普通流通本，因《金剛經》唐本及《藥師經》玄奘譯本之原本，若印行者，則常人不願誦讀，或謗為錯誤。

《金剛經》唐本，上海西摩路慈惠里六號省心蓮社贈送。若寄郵費去，即可寄來。

《藥師經》原本，乞檢北京版青丘法集中。

《藥師經古跡記》所載之經文即是。但

〔卷上〕第二頁第七行，夜叉應改為藥叉。此寫訛也。

第五頁第三行，彼世尊應改為彼佛世尊。

第十二頁第八行邏剎應改為羅剎。

第十二頁第二行兩個蒭字應改為芻。

第十二頁第四行齋戒經應改為齋戒或經。

〔卷下〕第二頁第十行及十一行所圈句讀有誤。應如下

（朱筆）增減：懸險。惡象。師子虎狼。即是險字下增一讀，象與狼字下兩圈皆刪去也。

第二頁第十六行兩個蒭改為芻。

第五頁第一行袒一肩改為袒右肩。

第六頁第十六行蒭改為芻。

以上不同之字，皆據高麗古藏經本改正。與宋元明藏經本稍異。近代流通本之《藥師經》，有兩處增大。其一依東晉譯本，增八菩薩名。其一依義淨譯本，增咒文及其他文一大段也。故流通本與玄奘原本不同。

以上諸書，惟有三種（有—記號者）向上海佛學書局請購。其他金陵、北京、揚州等版，皆乞向上海貴州路一七五號功德林流通處請購。因彼處木版經書完備也。

通訊寄廈門南普寺養正院。

演音疏　閏三月廿八日

八五

（一九三六年六月十九日，鼓浪嶼日光巖）

丙因居士道席：

惠書，誦悉。前函未收到，以後若有要事以掛號為妥。簽題及序文奉上。前月所擬第二、三輯編訂法，乃一時之理想。近為詳思，殊難實行。（且將來有種種困難。）將來編第二輯時，仍擬與第一次大致相似，先列短篇之經律論（律論或缺）譯本，後列此土撰述，凡拙作及藝術等文酌選數種附於其後。第三輯以後，亦爾。如此變通辦法，未知可否？乞與書局主事商之。便中示復為禱。所寄日本書三部，已收到。謹復，不備。

演音疏　六月十九日

八六

（一九三六年六月，鼓浪嶼日光巖）

前奉書，想已收到。《佛學叢刊》道林紙印本一部，乞寄交上海龍華龍華寺東菩提學會高觀如居士收。費神，至感。

演音上

八七

（一九三六年中秋後一日，鼓浪嶼日光巖）

前由治師交來一箋，及九月十八日所發之函，久已收到。目錄寫本，至今未到。乞向郵局查問。謹復，不具。

演音啟　中秋後一日

八八

（一九三六年舊八月廿七日，鼓浪嶼日光巖）

十日惠書，誦悉。以後通訊或寄書，乞改寄廈門鼓浪嶼日光巖弘一收。《叢刊》出版後，乞先惠寄兩部至弘一處。後若續請，再奉聞也。謹達，不宣。

演音啟　八月廿七日

八九

（一九三七年五月五日，廈門萬石巖）

前函想已收到。青島湛山寺有人來，諄諄約往彼講律。擬於後天動身。匆匆過滬，不及晤談。俟重陽節後，仍返廈門。其時過滬，當可晤談也。以後惠書，乞寄青島湛山寺弘一收。《佛學叢刊》，乞寄十部至青島。（道林及報紙各五冊。）至為感謝。

演音啟　五月五日

九〇

（一九三七年六月五日，青島湛山寺）

丙因居士道鑒：

惠書，誦悉。承施硬箋、羊毫，已收到。敬謝。《叢刊》續輯，擬俟秋涼返廈門時編定，因是間無書籍可檢尋也。拙書聯幅等，約於旬日後遞奉。其中有上款者數種，其餘乞仁者與沈知方居士分受，轉贈善友可耳。旬日後郵奉聯幅等時，附講稿二種。（《青年佛徒應注意的四項》及《南閩十年之夢影》。）皆在養正院所講者。（去年正月及今年二月。）養正院創辦於三年前，朽人所發起者。（教育青年僧衆。）今夏或將與他院合併。養正之名，難可復存。此二講稿可為養正院紀念之作品，為朽人居閩南十年紀念之作也。唯筆記未甚完美，擬請仁者暇時為之潤色。（多多刪改無妨，因所記錄者亦不盡與演詞同也。）並改正其訛字、文法及標點。題目亦乞再為斟酌。（「青年佛徒」等。）更乞仁者為立一總名。即以此二篇講稿合為一部書。雖非深文奧義，為大雅所不取，或亦可令青年學子瀏覽，不無微益也。此講稿擬別刊行。世界書局或欲受刊者，廣洽法師處存有數十元，願以附印也。又擬請仁者撰序及題簽，以為居南閩十年之紀念耳。謹陳，不宣。

六月五日　演音疏

九一

（一九三七年舊七月中旬，青島湛山寺）

惠書，誦悉。厚情至為感謝。朽人前已決定中秋節乃他往。今若因難離去，將受極大之譏嫌。故雖青島有大戰爭，亦不願退避也。諸乞諒之。不宣。

音啟

九二

（一九三七年舊七月廿一日，青島湛山寺）

丙因居士道席：

惠書，誦悉。青島或可無戰事，惟商民甚困苦耳。朽人此次居湛山，前已約定至中秋節止。（中秋已前不能食言他往，人將譏為畏葸。）節後如有輪船往滬者甚善。否則須乘火車至浦口，轉滬杭。若有戰事，火車不通，惟有仍居青島耳。承詢所需，至用感謝。俟他日若有需用者，當以奉聞。謹復，不備。

七月廿一日　演音啟

九三

（一九三七年中秋前五日，青島湛山寺）

丙因居士道鑒：

惠書，誦悉。青島平安如常。朽人擬於中秋節後，依前議往廈門。若無船者，先至上海。仁處電話號數想已變更。乞預告知夏丏尊居士（現寓福州路開明書店）電話號數。朽人到滬，大約暫住泰安棧（新北門外馬路旁，在法界之邊）。先晤夏居士，即可以電話通知仁者也。北地嚴寒，非衰老之軀所能堪，故必須南旋。若有船直往廈門，即不轉滬矣。謹復，不具。

演音疏　中秋前五日

九四

（一九三七年中秋，青島湛山寺）

前復函，想已收到。此間不久有輪船往廈門，故不復往滬矣。謹達。

中秋夕　演音啟

九五

（一九三七年舊九月上旬，青島湛山寺）

惠書，誦悉。數日內即可返閩。俟住處定後，再以奉聞。略復，不宣。

演音啟

九六

（一九三七年十月十八日，廈門萬石巖）

在滬歡晤，為慰。前晨安抵廈門。途中毫無障礙。以後通訊，乞寄廈門中山公園妙釋寺轉交萬石巖弘一收。謹達，不宣。友綏居士乞代致候。

演音上　十月十八日

九七

（一九三七年，廈門）

承寄玉楮，昨已收到。謹復。

音啟

九八

（一九三七年，廈門）

朱色顏料已收到。感謝無盡。謹復。

演音

《肇論略注》，乞楊居士詳讀之，當甚契機。

九九

（一九三七年，廈門）

惠書及佛經、衣悉收到，深感。謹復，不宣。

音啟

一〇〇

（一九三七年除夕前二日，晉江草庵）

惠書，誦悉，感謝無盡。前存銀仍乞仁者收貯，因此限於印書用。俟他日印他種拙稿時，可以並付也。數日前，移居草庵。元旦始在此講《行願品》。惠函仍寄妙釋寺轉交。雖遲緩，然甚穩妥也。

演音上　除夕前二日

一〇一

（一九三八年正月十九日，晉江草庵）

丙因居士慧鑒：

惠書，誦悉。爾來身心疲勞，擬於明日始，在此掩室數月靜養。屬題「塔經」，俟後興致佳時寫奉。近有講稿一篇，擬列於前二篇後，共三篇，題曰《養正院親聞記》。能於舊曆己卯明年付印為宜。明年朽人世壽六十，諸友人共印此書，亦可藉為紀念也。前寄上之印資數十元，為養正院師生等所施者，亦乞加入，並將姓名載於卷末。又奉化丁居士亦願施資，附寫介紹箋一紙，將來由仁者致函通知可也。印刷之格式，如去秋晤面時所談。

正月十九日　演音啟

養正院師生等施資者姓名（此人名務乞列入卷末，因經手募資人可有交代也），佛教養正院前教導釋廣洽、高勝進，學僧釋盛求、瑞伽、賢範、賢悟、傳深、傳揚、廣根、道香、妙廉、妙皆、廣慎、善琛、傳聲、心鏡、瑞耀、如意、靜淵、離塵、智靜、廣餘，及護法王正邦、陳宗泮、施烏格、曾珠娟。共助印資□十元。（此數目已忘記，乞填入。）以後通信，乞交與夏丏尊居士便中附寄。因掩關期內，僅收夏居士之信札也。

一〇二

（一九三八年正月廿四日，泉州承天寺）

舊曆元旦始，在草庵講《行願品》。近至泉州。定於舊二月一日始，仍講《行願品》，並預定以後再於某處講《華嚴》大意。又於多處演講，法緣殊勝。昔所未有也。以後惠書，乞寄廈門轉泉州承天寺弘一收。

地方安寧，身體康健，乞勿念。

演音啟　舊正月廿四日

前存世界書局之《佛學叢刊》，未知尚有若干部？乞先寄五部至泉州。另一部乞寄天津法租界鹽業銀行李紹蓮居士收。至感。

一〇三

（一九三八年舊二月十一日，泉州承天寺）

丙因居士道席：

惠書，誦悉。題字附奉，乞收入。承寄下《叢刊》五部，至感。下月初旬，尚須往惠安縣講經。惠書，仍寄泉州承天寺轉交。不宣。

演音啟　舊二月十一日

在承天寺講《行願品》，至昨日圓滿。聽衆甚多，黨部青年乃至基督教徒皆甚歡讚。自明日始，在各處演講五日。後在開元寺講《心經》三日。又數日後在善堂講《華嚴》大意三日。附白。

一〇四

（一九三八年四月，廈門南普陀寺）

冠洛居士文席：

惠書，誦悉。時事未平靖前，仍居廈門。倘值變亂，願以身殉。古人詩云：「莫嫌老圃秋容淡，猶有黃花晚節香。」謹復，不具。

演音疏

一〇五

（一九三八年舊四月十八日，漳州南山寺）

於廈門難事前四天，已到漳州弘法。故能幸免於難。現擬居山中度夏。俟將來返泉州時，乃可通訊也。尊寓如移動，乞以明信示之。存交泉州承天寺，至妥。不宣。

夏居士處乞代達。

演音啟　舊四月十八日

一〇六

（一九三八年舊四月，漳州南山寺）

丙因居士文席：

是間近無變化，稍遲或往鄉間，屆時再以奉聞也。茲有懇者，今夏朽人曾以所藏《行願品》梵文寫本，託佛學書局影印流布。於滬變前，由廣洽法師先後匯上二百元為附印之資。（託高觀如轉交。）朽人在青島時，曾得高居士（已返北平）書，謂不久即可出版云云。迄今尚無消息，頗為懸念。一月餘前，致函（掛號寄去）佛學書局（局址在愚園路一五四號膠州路附近）沈彬翰居士詢問此事，謂前匯款二百元可以留存書局，惟此書原稿甚為珍貴，請其寄還。至今已一月餘，無有復音。乞仁者為致電話，詢沈居士。倘書局已歇業，原稿遺失，則可作罷論；倘原稿仍在者，乞彼送至仁者處，乞仁者暫為收藏。（勿寄廈門。）費神至感。

演音啟

一〇七

（一九三八年閏七月六日，漳州祈保亭）

近在漳州城區弘揚佛化，甚為順利。不久擬講經數種，並復興念佛會。每周念佛一次。茲有懇者，乞仁者施資，向上海佛學書局請購小張五彩印刷地藏菩薩像三十張，楷書毛邊紙石印《地藏菩薩本願經》（係蘇州弘化社所印，倘無此種，即購佛學書局自印者）五十冊。共計需資約十圓以內。並乞付郵寄下。感謝無盡。

演音啟　閏月六日

一〇八

（一九三八年閏七月二十八日，漳州祁保亭）

丙因居士慧覽：

承施地藏菩薩經像，昨夕已收到，感謝無盡。後日適值菩薩聖誕，先三日寄到，因緣巧合，誠為漳城佛法復興之象也。近已請本鄉保長講此經，聽者甚衆。仁者法施功德，曷有極耶？謹復。並謝。不宣。

閏七月二十八日　演音啟

一〇九

（一九三八年舊十月十五日，晉江安海水心亭）

是間弘法事將圓滿。倘無障緣，不久即可返泉州。以後乞暫勿來信。俟住處定後，再以奉聞。不宣。

演音啟　十月十五日

尊處住址倘有遷移，乞寫信片寄泉州承天寺存貯面交弘一收，至妥。

一一〇

（一九三八年舊十月廿九日，泉州承天寺）

近已返泉州，居承天寺，擬在此過冬。《佛學叢刊》，乞再寄下三部。一部寄漳州東門新行街八十六號施慈航居士收。一部寄泉州安海鎮許書亮居士收。一部寄泉州承天寺弘一收。感謝無盡。

演音上　舊十月廿九日

致李紹蓮[一]

（一九二三年，溫州慶福寺）

歲云暮矣，積陰凝寒。言念仁者，渺在天末。靡由省展，惆悵何如？歲月不居，衰老寖至。兒時知交，大半零落。墓門青草，巷口斜陽。人事無常，愴焉興悲！惟有仁者，時相訓問。輒深舊雨之想，尋懷朝露之懍。余與仁交，垂三十年。相知以心，親逾骨肉。入山以來，時且馳想。為憶仁者，滯情塵網。匪假如來慈力，寧脫忍域苦輪。念佛一門，誠為津要矣。曩郵《印光法師文鈔》，當達丈室。幸以清暇，研味其趣。或有未達，毋遺下問。願窮凡智，以酬來旨。附齎佛典一函，希垂省覽，以自督勵。流光邁馳，晌息來世。幸宜及時努力，毋致當來憂悔。略寫誠款，豈復委宣。

〔一〕李紹蓮（一八七八——？），原名迺勳，天津人，與李叔同為同宗，曾結拜為兄弟，交情極篤。此信見《海潮音》月刊第五卷（一九二四年）第五期所載，截去上下款及年月。

致陳伯衡[一]

一

（一九二四年正月廿日，衢州蓮華寺）

曩承過談，歡忭靡已。蓮華寺主淵法師奉謁左右，乞仁書聯[二]。莊嚴梵室。句為朽人舊撰者，未審可用不？別紙委寫，以奉慧覽。略致誠款，無復覼縷。

伯衡居士丈室

正月廿日　曇昉疏[三]

〔一〕陳伯衡，名錫鈞，江蘇淮陰人。著名書法家。晚年僑寓杭州，與弘一法師為友。

〔二〕按聯句為：「淨域蓮花粲千葉，中天佛日耀三衢。」

〔三〕此札原稿曾刊於一九三六年杭州《越風》半月刊的封面。

二

（一九二四年四月九日，衢州祥符寺）

前夕入城，披誦惠旨，忻慰無量。佛經並碑箴，小遲寫奉慧覽。承惠印存，玩味忘疲。二仲之技，視十年前大進矣。是間，近建佛浴普利大會，朽人擬隨意末座。先此略復，並致謝意。餘後委宣。

伯衡居士丈室

曇昉疏　四月九日

致徐蔚如[一]

（一九二四年三月廿五日，衢州祥符寺）

徐蔚如居士[二]：

敬介紹俗家仲兄子李聖章，參謁法座，希垂慈愍，時賜教誨，至為感謝。

弘一沙門演音謹具[三]

〔一〕徐蔚如（一八七八——一九三七），名文蔚，浙江海寧人。精研佛學，於《華嚴》

造詣尤深。晚年創立天津刻經處，精刻經律千餘卷。弘一法師時與通信，甚重其為人。在《隨機羯磨疏跋》一文中，稱他「弘護律教，功在萬世」。

〔二〕信上開列有受件人徐蔚如居士之住址：北京宣武門外老牆根十七號。

〔三〕此信末無標時。轉抄件得自持信人李聖章之手。李聖章於抄件上標有「十三、三、廿五」字樣，故知書此介紹信當為一九二四年三月廿五日。

致楊雪玖〔一〕

一

（一九二四年八月十七日，溫州慶福寺）

頃奉來書，且謂為尊翁手筆，乃披閱首端，歷述家父病狀。昔知白民無父久矣，何緣說此？頗致驚詫。後續閱第二紙，突見署名者為賢女，乃悉尊翁病歿矣。繞屋長吁，悲痛不已。二十年來老友，當以尊翁最為親厚。今晨覽雁蕩山圖，喜其雄奇崒拔，頗擬寫其形勢，郵奉尊翁，約往同游。不意是夕，竟獲哀耗，痛哉！

余於七日病濕熱並胃疾，幾瀕於危。中秋後乃漸愈。自明日始，當力疾為尊翁誦經念佛；惟冀老友宿障消滅，往生人道天中，發菩提心，修持淨行。當來往生極樂，早證菩提。尊翁故後，校事如何？甚以為念。

雪玖賢女哀覽

演音疏答　八月十七日

〔一〕楊雪玖（一九〇二——一九九〇），為楊白民之三女。國畫家。一九八六年聘為上海市文史館館員。

二

（一九二四年八月，溫州慶福寺）

尊翁既逝，賢女宜日誦《地藏菩薩本願經》（有正書局、功德林皆有，價三角餘）及《阿彌陀經》，並持阿彌陀佛名號，以報深恩。早晚誦發願文三遍。其文擬定如下：

以此誦經持名功德，迴向亡父楊白民居士。惟願亡父業障消除，生人天上。覺心普發，淨業勤修，往生西方，早成佛道。

此文與前文義同，而文稍異，希參觀之。

（鈐「弘一」章）

致孫選青〔一〕

一

（一九二五年二月十九日，溫州慶福寺）

省書，承仁精進修習，歡讚無盡。由解而信始為真信之說，實與通途教義脗合。決非偏見。普陀光法師，承善導專修之旨，勸人一心念佛。然亦云，以研究大乘經論開圓頓解為先導。良由衆生根器不同，非可固執一法。應自量力，適宜而從可耳。研究經論者，先學《起信論》最為妥善。楊仁山居士力倡此說。爾後學者多依其法，悉獲莫大之利益。但欲窮研此論，至少須一年之力。萬勿粗心浮氣，期於速就。第一步，須先熟讀論文，至背誦十分通利為止。既已背誦十分通利，乃可研習文義。若能請人講解，尤為穩妥。仁者與蔡居士友善，可以乞彼荷任是事。（隨分隨力講解，未可固執謙遜。）應先講科會指要表解，後講《賢首義記》（應用書籍出版處及價目，別寫紙尾）。每次宜講少許。講畢，須細心詳閱。已前所講者，亦須時時溫習。（此論義理精奧。前半尤難解。）疏文雖不必背誦，然亦須記其大意。至於科文，最為切要，能背誦為善。（宜自己將論科別錄一表，如家譜式直寫。懸之座右，時時閱覽，能助記憶之力。）已上所述者，為近來各地諸居士及朽人等一一親身經驗，認為最妥善最便捷之法。希仁者依而行之，必可開發慧解。因此法為衆多之人所屢試屢驗者，萬無一失也。（背誦經論，獲益甚大。不可視為兒童之業。朽人能背誦者，已有十餘種。）又讀誦論文，思惟義理，亦非僅限於伏案時。凡行、住、坐、臥，偶有寸暇，即可攝念為之。雖手未披卷，而文義了了，常在目前。猶如切事繫心，即在造次，不妨密憶前事。若如是者，豈惟論義疾得了解，而無益之妄念亦可減少，誠修持之妙法也。

又研習佛書，應分專攻與泛閱二類。上記者，屬於專攻。若泛閱之書，如《佛教初學課本》（金陵版，一角六分，此書甚賅備。積學之士，亦應常閱。非限於初學也）、《竹窗三筆》（金陵版，五角四分）、《法海觀瀾》（揚州版，四角一分，可向上海功德林請）、《選佛譜》（金陵版，三角八分），及淨土諸書等，最為合宜。可隨己意，選擇閱覽也。略述梗概，未能委備。

選青居士丈室

曇昉自答　二月十九日

一、《大乘起信論科會》（徐文霨編，一冊，商務印書館，二角五分。讀誦論文，應依此本。）

二、《大乘起信論科會指要表解合刊》（一冊，上海海寧路錫金公所內居士林，三角五分。）

三、《大乘起信論義記講義》（四冊，商務印書館，一元五角。）

四、《起信論疏記會閱》（十冊，杭州昭慶經房，一元五角六分。書中圈、鉤、線，皆有脫落。宜補填。義記文義簡奧，多有未易了解處。講授者應參考此書。此會本未盡善。於記文頗多刪節，又復以私意改易。且釐會亦間有訛誤。能檢閱《頻伽藏》中「筆削記」原本，彌善。）

（一）孫選青（一八九五——一九七二），浙江紹興人。浙江第一師範學生，曾受教於李叔同。時任紹興第五中學教員。

二

（一九二五年四月十二日，溫州慶福寺）

城垣拆毀，改建公園，是間將益喧擾。不久移居鄉村，遠避囂塵。舊存零雜之物至多，今無所用，亦不忍棄去，謹檢出以貽仁者。並希分貽蔡、李諸居士，聊志遺念可耳。共四大包，又佛書一包。乞為分贈，以結善緣。（內有《五戒相經》一種，其「箋要」為明蕅益大師著。其後諸篇為拙述。籤條未具，標寫印工疏略耳。）不宣。

選青居士丈室

四月十二日　論月疏

三

（一九二五年五月六日，溫州慶福寺）

昨承枉臨，惠施食品多種，敬謝。前返慶福時，草草寫奉一簡，想達慧覽。慶福及鄉寺皆可居住。若公園未能十分進展，仍居慶福，殊為妥善。曩荷為謀別建寺院，盛意至可感。但自維德薄，不足當此。（此非謙詞，懼損福也。）希從緩圖為宜。不悉。

選青居士

五月六日　演音疏

四

（一九二五年冬至，溫州慶福寺）

曩居會稽，屢承過談，至為歡慰。返溫已來，掩室慶福。少卿嘗來訪問，未能接晤，至歉然也。附奉影印《八大人覺經》一摺，希受收。不復，委悉。

選青居士丈室

曇昉疏　冬至朝

五

（一九二七年十二月初二日，溫州慶福寺）

前承過訪，以掩關謝客，故未能晤談，至歉。後年朽人世壽五十，擬雲游各地。仁者及蔡、李二居士[一]，於其時所在之地，朽人當往小作勾留，藉可歡聚。悕於陰曆己巳年正月底來函，通告其所在之地，再商定一切也。承詢所需，至用感謝。現今無有所需，後若有時，當以奉聞。朽人至溫州後，各地師友，悉未通訊。蔡、李二居士，並乞代為致意。草草不具。

選青居士

論月疏　十二月初二日

（一）蔡、李二居士，蔡即蔡丐因，李即李鴻梁。時均任職紹興第五中學。

六

（一九二八年閏二月二十一日，溫州伏虎庵）

前奉函，計達慧覽。茲送上拙書二十葉及石印拙書三份（乞以其二份分贈蔡、李二居士），並佛書多種，希受。（佛書中有日文《佛教心理研究》，乞贈蔡居士。《楞嚴經科會》，乞贈李居士。）又石印拙書《地藏菩薩本願經見聞利益品》三十冊，乞分贈友人。（聞有上海專科師範畢業者數人在尊校授藝術科，乞各贈一冊。）今日下午，移居大羅山伏虎庵。以後惠函，仍寄慶福寺寂山老和尚轉交。草草書此。

選青居士丈室

演音疏　閏月二十一日

七

（一九二八年三月朔，溫州慶福寺）

惠書，誦悉。承施罐食，敬謝。居山數日，宿疾漸愈，今已返慶福寺。附奉拙書影印者二葉，乞收入。此紙所存無多，故未能廣贈諸友耳。

選青居士丈室

三月朔　演音疏

八

（一九二八年新六月六日，溫州慶福寺）

前日，承荷惠臨。今晨乃由寺中人告知。因朽人不晤賓客，彼等見有來訪問者，皆依例謝絕也。承仁者關念一切，至感。移居之事，尚未決定。次星期日（新曆六月十日）如仁者有暇，乞於上午八時三刻至九時半之間，到東山書院（在東山之下小學校之後面）樓上，與朽人晤談。（因在寺中未能破謝客之例。故改在他處晤談。風雨勿阻。）

選青居士丈室

演音疏　新六月六日

九

（一九二八年九月二十四日，溫州慶福寺）

慶福近多經懺，不適於閉關用功。茲由道侶介紹，往江心寺。房舍甚好，頗宜閉關。擬即謝絕諸緣，專心辦道（二十七日遷居）。昔承仁者屢詢所需，深用感謝。爾來如有餘資，希惠施十圓，以充移居後諸費。他日移居江心寺後，仍不晤賓客。倘承枉臨江心寺，乞與唯德法師接洽為禱。前夏居士發起築室之事，朽人已諄囑請於辛未年再籌辦。明年後年暫維持現狀。隨意居處他所可也。知承注念，附以奉聞。不宣。

選青居士

九月二十四日　演音上

一〇

（一九二八年十月廿二日，溫州慶福寺）

寄上拙書及《有部律》、《五戒相經》各一冊。《有部律》為出家人所用者。今以贈仁者，聊為記念耳。此書為余所編輯。《五戒相經箋要》正文為明蕅益大師撰。其後所附補釋等，亦余所編輯。廿六日即往上海。將來往福建否，尚未決定。草草奉陳。

選青居士

弘一上　十月廿二日

一一

（一九二九年二月十四日，溫州慶福寺）

屢承枉臨，並餽珍食，感謝無似。近有新印書二種，不久由滬寄來，再當託人齎奉尊齋。荷勞遠念，先此慰報。蔡居士有書來，稍遲當作覆，復函與書籍，並託仁者轉致，此未宣悉。

選青居士丈室

論月疏　二月十四日

一二

（一九二九年三月十四日，溫州慶福寺）

別來甚念。嘗往南北閩，遍游諸勝境。今與友人來溫，暫住慶福寺。仁者有暇，希過談。（先訪因弘師，由彼引導入室。）

選青居士

勝臂琉　三月十四日

一三

（一九二九年五月初三日，溫州慶福寺）

東山歡聚，至慰。留滯鄉寺一旬，今晨仍返慶福。以後惠書，寄大南門城下寮。謹達，不宣。

選青居士丈室

演音疏　五月初三日

一四

（一九二九年八月廿四日，紹興開元寺）

屢荷厚貽，至用感媿。閱佛書法原稿，成於六年之前，今再檢閱，多未適當。擬再重編，尚未得標準，須俟他年緩緩為之也。

今春居閩南時，曾編錄《圓覺本起章》一卷（乞閱序文，即知大意），謹以奉贈。倘可流傳，則至善矣。（今人多不知「發菩提心」之意，此文最為詳明美備。）再版《護生畫集》一冊，並奉慧覽。惠函今午收到，承代詢問，至感。瀕行匆促，不及晤談，草草不宣。

選青居士

勝臂疏　八月廿四日

一五

（一九二九年十月十六日，溫州慶福寺）

曩承枉談，至用感慰。前金桂蓀居士來，想已與仁者晤談築室之事。朽人自慚德薄，本擬緩圖，乃夏居士已將山地購妥，用資亦籌備。依此情形，已有不能中止之勢。故朽人隨順其意，遂允諾矣。知荷懷念，謹以奉聞。不宣。

選青居士

演音疏　十月十六日

一六

（一九三〇年五月十一日，溫州慶福寺）

昨誦惠書，忻悉一一。印行《閱覽佛書入門法》，甚善。秋涼之時，當覓暇修改校正。其原稿尚須參閱。便中乞寄下。謹復，不具。

選青居士慧覽

五月十一日　論月疏

一七

（一九三〇年舊五月十七日，上虞白馬湖）

選青、丏因二居士慧鑒：

頃楊居士過談，悉仁等皆住嘉禾為慰。余於前日返山房，擬在此過夏，秋涼之時，或往禾中。聞丏因居士近請得《元藏經》多帙供養，至用歡忭。來禾時，當可披讀也。不宣。

舊五月十七日　演音疏

一八

（一九三〇年八月十六日，溫州慶福寺）

昨承枉臨，並惠食飲諸品，感謝無盡。曩病痢，今漸痊愈，惟精神未復元耳。希釋遠念。不具。

選青居士

勝臂疏　八月十六日

一九

（一九三〇年舊七月六日，溫州景德寺）

因事往上河鄉景德寺，暫居一月。約於舊曆八月初旬返慶福寺。俟返寺時，再致函奉約晤談。不一。

選青居士

演音疏　七月六日

二〇

（一九三〇年舊七月十四日，溫州景德寺）

聞季材居士云：鴻梁未能來溫。甚以為念。

前書想達慧覽。朽人擬於舊曆八月初一日（新曆九月十四日）返慶福寺。初三日（新曆九月十六日星期日）如仁者有暇，希過談。不久將往他方。故近有舊友來訪者，皆可晤談。乞先晤因弘師接洽為妥。不具。

選青居士

七月十四日　論月上

三

（一九三〇年舊八月二十九日，溫州慶福寺）

曩奉函，想達慧覽。自明日始結長期修習懺儀，至十二月除夕暫止，共百二十日。屬修改讀佛經法，俟明年再覓暇執筆，未敢草率從事也。宿疾已愈，悕釋遠念。不具。

選青居士

勝臂疏　八月二十九日

致鄧寒香（一）

一

（一九二五年閏四月廿二日，溫州慶福寺）

前承詢已得菩薩戒之人，轉變餘生，忘失本念而破重戒者，為失戒否？今檢《羯磨》文釋云：無作戒體，一發之後（無作釋義，見《梵網經玄義》第三十五、六頁），永為佛種。縱令轉生忘失，然既無退心犯重二緣，當知戒體仍在。文準此義而推之，應失戒也。（或退菩提心，或犯重，有一即失戒。）宋已前律宗諸宗諸師之著述，未有隻字言及持咒者，後世律學衰滅，而《毗尼日用》之書乃出。時人不察，竟以是為律學之綱維，何異執瓦礫為珠玉也！逮及我靈峯大師，窮研律學，深諳時弊，力斥用偈咒者為非律學，並謂正法漸衰，末運不振，實基於此。其說甚當。無如當時學者，皆昧於律學，固守舊見，仍復以訛傳訛。迄於今日，此風不息，是至可為痛心者也！靈峯之文，前曾呈奉仁者，乞為因弘略言其義。今值講授《毗尼日用》之時，再檢奉覽。希與因弘詳言之，俾他日不至隨波逐流，為世俗知見所淆惑也。又沙彌戒法中一則，亦同此義，並以奉覽。

乙丑閏四月廿二日　演音（二）

（一）鄧寒香，一說周孟由居士之化名。

（二）此信載於一九四八年上海《覺有情》雜誌第九卷第七期，未寫上款，僅記年月日。下二札均未查見年月日。

二

前日獲手書，迴環披誦，至為欣慰。承詢我執之義，略述如下：

二執
- 我執
- 法執
  - 界內（分段生死）
    - 見惑——藏初果・通見地・別初住・圓初信
    - 思惑——藏四果・通已辦・別七住・圓七信
    - 斷盡
  - 界外（變易生死）
    - 塵沙
    - 無明
    - 已下略

所謂我執者，即《圓覺》所云「妄認四大為自身相，六塵緣影為自心相」是也。《識論》卷一，言之甚詳。請披尋《唯識心要》卷一第十七頁至廿八頁止。廿八頁中靈峯述辭，至為精確，幸詳味之。又依《大乘止觀》中所云：「若斷我執，須分別性中，止行成就。」請檢《大乘止觀釋要》卷五第五六七頁閱之。而《占察義疏》卷六第十七、十八頁靈峯疏文，即依《大乘止觀》會合。希彼此互參研尋，最易了解。此外，如《靈峯宗論》第二冊中，亦常常言之。並望披覽。

竊謂吾人辦道，能伏我執，已甚不易，何況斷除。故蓮池大師云：「當今之世，未有能證初果者。」夫初果，僅能斷見惑，已不可得，遑論其他。徹悟禪師云：「但斷見惑，如斷四十里流，況思惑乎？」故豎出三界，甚難甚難。若持名念佛，橫出三界，校之豎出者，不亦省力乎？蕅益大師亦云：「無始妄認有己，何嘗實有己哉。或未頓悟，亦不必作意求悟。但專持淨戒，求生淨土，功深力到，現前當來，必悟無己之體。悟無己，即見佛，即成佛矣。」又云：「倘不能真心信入，亦不必別起疑情。更不必錯了承當。只深信持戒念佛，自然驀地信去。」由是觀之，吾人專修淨業者，不必如彼禪教中人，專恃己力，作意求破我執。若一心念佛，獲證三昧，我執自爾消除。較彼禪教中人專恃己力豎出三界者，其難易，奚啻天淵耶！（若現身三昧未成，生品不高，當來見佛聞法時，見惑即斷。但得見彌陀，何愁不開悟。《無量壽經》四十八願中有云：「設我得佛，國中天人，若起想念貪計身者，不取正覺。」誠言如此，所宜深信。）但衆生根器不一，有宜一門深入者，有應兼修他行者，所宜各自量度，未可妄效他人。隨分隨力，因病下藥，庶乎其不差耳。余比來久疏教典，未暇一一檢尋詳委奉答。姑即所見，略述如是。

三

數日前得本月初五日書，即復一片，郵寄西門，想不得達。頃乃獲誦六月杪書，欣悉一一。所論甚是，至可感佩。大乘之人，須發菩提心。（心、佛、衆生三無差別。）依是自利利他，直至成佛，圓滿菩提，乃可謂大乘人。至發心之後，處衆處獨，皆無不可。《天目中峯和尚語錄》中，曾詳言之。錄其文如下：

或問古人得旨之後，或孤峯獨宿，或垂手入廛，或兼擅化權，或單提正令，或子籌盈室，或不遇一人，或泯絕無聞，或聲喧宇宙，或親嬰世難，或身染沈疴，雖同少室之門，而各蹈世間之路者，何也？幻（一）曰：言乎同者，同悟達磨，直指之真實自心也。言乎異者，異於各稟三世之幻緣業也。以報觀之，非樂寂而孤峯獨宿也，非愛鬧而入廛垂手也。擅化權而非涉異也，提正令而非專門也。雖弟子滿門，非苟合也。雖形影相弔，非絕物也。其畢世無聞，非尚隱也。其聲喧宇宙，非搆顯也。至若榮枯禍福，一本乎報緣。以金剛正眼視之，特不翅飛埃過目耳，安能動其愛憎取捨之念哉？所以龍門謂報緣虛幻，豈可強為？演祖謂「萬般存此道，一味信前緣」，苟不有至理鑒之，則不能無惑於世相之浮沈也。

《華嚴普賢行願品》卷二十二善財童子，參德生童子，有德童女，問菩薩云何學菩薩行，修菩薩道？童子童女乃廣讚親近善知識之利益。善財童子又問，云何能於諸善知識法之中，速得圓滿，速得清淨，得不退失？答，須持菩薩戒及別解脫戒。若圓滿頭陀功德，能使二戒悉得清淨，不失善法。繼乃廣讚十二頭陀之行。其圓滿阿蘭若一段，請仁者檢閱之。「夫位近等覺，尚須樂於獨處，住阿蘭若。何可謂山居辦道者，為小乘人？近來屢聞世人有此謬論，可痛慨也。至語小乘之人，決不說法利他者，亦非通論。小乘律本關（揀別之說）法有十條（揀別如法不如法）。又佛稱弟子聲聞衆中，能教化有情令得聖果者，推迦留陀夷第一。律中具載彼度生之事有十三事。此外關於說法度生之事，小乘律中，屢屢見之。（比丘每日須入城市乞食。施者如請說法，隨緣教化。）茲不具引。小乘所以異於大乘者，在發心趣偏真之涅槃耳，豈有他哉！永嘉禪師謂上乘之人，行上而修中下，二乘何咎而欲不修？寧知見愛尚存去上乘而甚遠。三受之狀固然，稱位乃儔菩薩。大乘之所不修，而復譏於小學。」（以上摘錄原文。在《永嘉集》第七章。又《萬善同歸集》，亦引此文。）吾人既歸信佛法，皆應發大乘心，而隨分隨力，專學大乘。或兼學三乘，皆無不可。不必執定己之所修為是，而強人必從。以根器各異，緣業不同，萬難強令一致也。

（一）中峯和尚，元代高僧，法名明本。所居曰幻住庵，故自稱「幻」。

致汪夢空（一）

（一九二五年五月初七日，杭州虎跑寺）

書悉。在招賢見客之事，甚不願破其例。擬於後天即初九日午前九點鐘，在西泠印社（潛泉附近）晤談。如初九日臨時大雨，乞改初十日（亦九點鐘，若小雨不改）。此次晤談事，乞勿告他人，至要。

五月初七晨　曇昉白

（一）汪夢空（一八八三——？），名峻坡，字澄衷，一字夢空，安徽歙縣人。其父賈於衢，夢空於衢結識弘一法師。詳見弘一法師撰《汪居士傳》、《汪居士傳補遺》。

致崔海翔（一）

一

（一九二五年舊六月二十九日，溫州慶福寺）

海翔居士：

昨夕誦來書，驚悉昱飛居士謝世，不勝悲歎。臨命終時，雖無顯明生西之相，然神志清明，默念佛號，並夢見亡母及金銀索，或已為極樂世界人矣。朽人於昨晚延請本寺僧眾念阿彌陀佛普佛〔二〕一堂。昨適為一七日，因緣遇合之巧，誠不可思議。明午齋僧〔三〕。朽人自今日始誦《梵網經·菩薩戒本》四十九日（日誦一卷），並於秋涼後，寫小幅阿彌陀名號四十八葉，郵致尊邑，分贈道侶。以是功德迴向亡友昱飛，若未生西方者願早往生，若已生者，願增高位，聊以答復臨終垂念之深情耳。令弟於彌留時，諄勸仁者學佛，實為最要之語。彼與仁者相處三十餘年，親愛之情，逾於尋常骨肉，故彌留時，諄諄以斯言相勖勵，以作最後警策，真不啻一字一血。唯願仁者痛念死別之贈，永久服膺而弗失。自今以後，篤信佛法，精進修持。（雖商業多忙，亦可覓暇念佛，每日應有定課。）將來娑婆緣盡，往生西方，與母弟永為蓮邦之淨侶，何幸如之。仁者應於每日覓暇，為彼念佛，多少皆可。又須命彼妻子及諸眷每日盡力念佛，則亡者必獲莫大之利益，如此即是真盡孝友之道。備述拙見，並奉慧覽，殊未宣悉。

六月二十九日　曇昉疏答

〔一〕崔海翔，名祥鵾，安徽蕪湖人，經營商業。其弟祥鴻，字旻飛，為弘一法師在俗至友，曾長蕪湖商業學校。弘一法師給他的書信已全部遺失，僅存致其兄二函。

〔二〕普佛，即動員全寺僧眾在佛殿參加念佛的一種儀式。

〔三〕齋僧，即喪主等為亡者，就寺中設齋供養僧眾，以表謝意，謂之齋僧。

二

海翔居士慧鑒：

（一九二五年舊八月九日，溫州慶福寺）

初六日獲誦來書，俱悉一一。於昨日敬延本寺僧眾念佛一日，並乞老和尚〔一〕主法，隨眾念佛。（老和尚為中興本寺者，久不隨眾念佛，今特慈悲，允為主法，至可感激。）朽人亦列末座，並鳴洪鐘及齋僧眾。（其願文為朽人手撰，別錄奉覽。）先迴向法界眾生者，因緣廣大普遍之願，則亡者所獲之利益大矣。仁者治喪，一切辦法極善。朽人前本擬撰法銘，今欲改撰志銘傳文，題曰崔孝子傳。並列佛經及蓮池大師法語為證。（法語別錄一則奉覽。）至其他事跡，悉皆刪略，專舉其孝行一端，以為後世之模範。俟脫稿後，當寫一幅，以備刻石，豎於紀念室中。佛號四十八頁已寫竟。（附掛號，付郵奉上，希保存，有暇時，乞閱。）並寄上《印光法師文鈔》一部，希於暇時披覽。於目錄中，以硃圈記之。凡應先閱者，作套圈◎，以事務多忙之人為合宜。其次閱者作單〇，其深文奧義或可以後閱者，則不記。乞披尋第一冊中卷首之目錄，即可一目瞭然。又《佛學撮要》、《淨業指南》、《了凡四訓》各一冊，並乞檢收。略復不具。

八月九日　曇昉疏答

附：願文一則、法語一則：

中華民國安徽省蕪湖縣弟子崔祥鵾，虔誠稽首十方三世三寶之前。今以亡弟祥鴻法名演默字昱飛，逝世將及七七之辰。敬捨資財，延請浙江省永嘉縣慶福禪寺僧眾，念佛誦阿彌陀佛名號一日，並鳴鐘及齋僧眾。以此功德，迴向法界一切眾生，惟願眾生悉離苦趣，厚植善根，普發覺心，勤修淨業，早生極樂，同證菩提。並願亡弟祥鴻若未生西者，早生西方；若已生西方者，增高品位，速成佛道，廣度眾生。又願弟子祥鵾業障消除，道念增長，現世永離眾苦，臨終決定生西，普與含靈，齊成正覺。恭維三寶，證盟攝受。

明蓮池大師《竹窗隨筆》中載出世間大孝三則。茲先錄一則奉覽：

人子於父母，服勞奉養以安之，孝也；立身行道以顯之，大孝也；勸以念佛法門，俾得生淨土，大孝之大孝也。予生也晚，甫聞佛法，而風木之悲已至，痛極終天，雖欲追之，末由也已。奉告諸人，父母在堂，早勸念佛，父母亡日，課佛三年，孝子欲報劬勞之恩，不可不知此。

〔一〕老和尚，名寂山，溫州慶福寺住持，為弘一法師依止阿闍黎（師）。

致朱穌典[一]

一

（一九二六年二月廿日，溫州慶福寺）

書悉。寫件已於陽曆一月十六日寄與周天初居士，託彼轉交。不意至今尚未收到。其時因尚有他物寄與天初，故以附入掛號寄去。彼收到後，亦復一函。其後即未通消息，未知彼或有障緣，或往他方，乞仁者託杭州友人代為訪問，何如？彼家住杭州旗夏平遠里十八號。倘訪問晤面時，彼云已遺失者，乞即示知，當再補寫奉上。再者，朽人不久或往杭州，亦未可知。惠復乞寫二明信片，一寄溫州，一寄杭州裏西湖招賢寺弘傘法師轉交。如是至為穩妥也。率復不具。

二月廿日　曇昉

經子淵居士現在何處，乞示其通訊之所。

〔一〕朱穌典（？——一九四八），名寶銑，以字行，浙江紹興人。為李叔同任教浙江第一師範時的學生。擅油畫。後任中華書局藝術科編輯主任兼上海美術專科學校教授。

二

（一九三〇年十月十四日，溫州慶福寺）

曩者，游方會稽，荷承遠送，感謝。寇亂未寧，錢塘之行不果。仍附番舶，歸臥永寧，掩室慶福。小暇當寫佛名，及以警語。遲至歲晚，必可郵達二橋西河尊齋。此不委悉。

穌典居士丈室

曇昉疏　十月十四日

三

（一九三九年舊九月十八日，永春普濟寺）

穌典居士文席：

惠書，忻悉一一。承施紙筆，皆已受領，感謝無盡。《護生畫集》今承仁者等為之盡力負責，如能獲圓滿成就，如斯殊勝功德，諸佛菩薩出廣長舌讚莫能窮，一切世間天人等衆皆大歡喜。誠為近今世界戰雲沈闇中，第一可欣可慶之事也。畫集之資料，佛學書局出版之《物猶如是》（此四字即書名），頗可參考。仁者倘以前未定閱《佛學半月刊》者，即乞定閱。有二種：一佛學書局出版者；二慕爾鳴路一百十一弄六號大法輪書局出版者，名曰《覺有情》，皆半月刊也。能將數年以來出版者，悉皆補購尤善。其中時有戒殺放生之文字，又能常常閱是刊物，藉以重修佛法，亦殊勝之因緣也。畫集之題句，能於編輯時即一一標出尤感。則將來可無須再託人撰題句也。新編畫集共四冊，畫幅甚多。倘豐居士未能速即繪就，擬稍變通。第六集畫百幅者，請豐居士獨力任之。此外三集、四集、五集之畫幅，則乞仁者及轉託諸善友合力作之。如是則延至明年歲暮或可圓滿繪就也。謹復，不宣。

農曆九月十八日　音疏答

四

（一九四一年閏六月廿七日，永春普濟寺）

穌典居士文席：

續輯畫集事，承仁者盡力輔助，至用忻感。斯事之功德利益甚大。務乞仁者主持其事，督促諸居士努力進行，並廣託諸善友分認其事，以期早得圓滿成就，感禱無量。朽人數年已來，體力如常，腰背足部胃口皆無異於少年。閩中產米缺乏，代以雜糧。以小麥大麥磨作粗粒，加入乾蕃薯少許，做成麥羹，其味極佳，且適於衛生。又鮮蕃薯及乾者，為南閩自昔以來常食之品，其價較米為廉也。率陳，不宣。

閏六月廿七日　音啟

致豐子愷[一]

一

（一九二六年三月，杭州招賢寺）

〈前略〉近從溫州來杭，承招賢老人殷勤相留，年內或不復他

適。〈後略〉〔二〕

〔一〕豐子愷（一八九八——一九七五），原名仁，字子愷，又作子顗，浙江崇德人。十七歲就讀於杭州浙江省立第一師範學校，時李叔同任該校音樂、美術教師，豐氏甚得李師器重。一九一八年李叔同披剃出家，將其畫具、畫箱等用品分贈高年級習畫學生，豐氏所得最多。一九二七年九月豐氏生日，在上海江灣永義里立達學園宿舍，正式舉行儀式從弘一法師皈依佛門，法名嬰行。一九二八年為祝弘一法師五十壽，豐氏繪成護生畫五十幅，由弘一法師題字五十頁，顏曰《護生畫集》，後交由開明書店印行。

〔二〕此信錄自豐子愷《法味》一文。

二

（一九二六年五月，杭州招賢寺）

〈前略〉音出月擬赴江西廬山金光明會參與道場，願手寫經文三百葉分送各施主。經文須用朱書，舊有朱色不敷應用，願仁者集道侶數人，合贈英國製水彩顏料Vermilion數瓶。〈中略〉欲數人合贈者，俾多人得布施之福德也。〈後略〉〔一〕

〔一〕此信錄自豐子愷《法味》一文。

三

（一九二八年四月十九日，溫州慶福寺）

前復一函，計達慧覽。城垣拆毀過半，又復中止。（因有人反對。）故寓樓之前，尚未有喧擾之虞。惟將來如何，未可預料耳。鄙承仁者及夏居士為謀建築庵舍，似非所急。（因太費事喫力。）朽意且俟他年緣緣堂建成，當依附而居。今後如無大變化，可不移居。若有變化擬暫寄居他處，以待勝緣成就，諸希仁等酌之。

質平宿疾已愈否？甚念。溫州產有一種土草藥，名曰人字草，治勞傷吐血極靈。丁福保、俞鳳賓二醫士曾作文讚譽。（今春聶氏家言曾載此事。）便中乞詢問質平，如彼決定信仰此藥，願服用者，希示知，當以郵奉。

李居士乞代致候。前答彼一信片，想已收到。《戒殺》畫文字甚願書寫。又李居士所著《楞嚴經科解》（上次所寄信片中曾託以一冊寄與鴻梁。彼近讀《楞嚴》，極有興味），請再惠賜一冊，寄至溫州。（鄰居羽士數人，根器甚利，喜閱《禪宗語錄》及《楞嚴經》等，今擬以此贈彼。）甚感，不宣。

子顗居士

四月十九日　演音疏

四

（一九二八年舊八月十四日，溫州慶福寺）

初三日惠書，誦悉。茲條復如下：

△周居士動身已延期。網籃恐須稍遲，乃可帶上。

△《佛教史蹟》已收到。如立達僅存此一份，他日仍擬送還。

△《護生畫》，擬請李居士（因李居士所見應與朽人同）等選擇。俟一切決定後，再寄來由朽人書寫文字。

△不錄《楞伽》等經文。李居士所見，與朽人同。

△畫集雖應用中國紙印。但表紙仍不妨用西洋風之圖案畫，以二色或三色印之。至於用線穿訂，擬用日本式。即是此種之式，係用線索結紐者。與中國佛經之穿訂法不同。朽人之意，以為此書須多注重於未信佛法之新學家一方面，推廣贈送。故表紙與裝訂，須極新穎警目。俾閱者一見表紙，即知其為新式之藝術品，非是陳舊式之勸善圖畫。倘表紙與尋常佛書相似，則彼等僅見《護生畫集》之籤條，或作尋常之佛書同視，而不再披閱其內容矣。故表紙與裝訂，倘能至極新穎美觀奪目，則為此書之內容增光不小，可以引起閱者滿足歡喜之興味。內容用中國紙印，則鄉間亦可照樣翻刻。似與李居士之意，亦不相違。此事再乞商之。

△李居士屬書籤條，附寫奉上。

△「不請友」三字之意，即是如《華嚴經》云「非是衆生請我發心，我自為衆生作不請之友」之意。因尋常為他人幫忙者，應待他人請求，乃可為之。今發菩提心者，則不然。不待他人請求，自己發心，情願為衆生幫忙，代衆生受苦等。友者，友人也。指自己願為衆生之友人。

△周孟由居士等，諄諄留朽人於今年仍居慶福寺。謂過一天，是

一天，得過且過，云云。故朽人於今年下半年，擬不他往。俟明年至上海諸處時，再與仁者及丏翁等，商量築室之事。現在似可緩議也。

△近病痢數日，已愈十之七八。惟胃腸衰弱，尚須緩緩調理，仍終日臥床耳。然不久必愈，乞勿懸念。承詢需用，現在朽人零用之費，擬乞惠寄十圓。又慶福寺貼補之費（今年五個月），約二十圓。（此款再遲兩個月寄來亦不妨。）此款請舊友分任之。至於明年如何，俟後再酌。

△承李居士寄來《梵網經》、萬鈞氏書札，皆收到。謝謝。

病起無力，草草復此。其餘，俟後再陳。

八月十四日　演音上

子愷居士

五

（一九二八年舊八月，溫州慶福寺）

前疊上二函一片，想悉收到。昨今又續成白話詩四首。

《夫婦》：人倫有夫婦，家禽有牝牡。雙棲共和鳴，春風拂高柳。

盛世樂太平，民康而物阜。萬類咸喁喁，同浴仁恩厚。

按此詩雖不佳，而得溫柔敦厚之旨。以之冠首，頗為合宜。

《暗殺一》：若謂青蠅污，揮扇可驅除。豈必矜殘殺，傷生而自娛。

《蠶的刑具》：殘殺百千命，完成一襲衣。唯知求適體，豈毋傷仁慈。

《懺悔》：人非聖賢，其孰無過。猶如素衣，偶著塵涴。改過自新，若衣拭塵。一念慈心，天下歸仁。

按此詩雖無佛教色彩，而實能包括佛法一切之教義。仁者當能知之。

此外，唯有《母之羽》及《平和之歌》二首，尚未作。擬俟仁者畫稿寄來，再觀察畫之形狀，然後著筆，較為親切也。

朽人已十數年，未嘗作詩。至於白話詩，向不能作。今勉強為之。初作時，稍覺喫力。以後即妙思泉湧，信手揮寫，即可成就。其中頗有可觀之作。是誠佛菩薩慈力冥加，匪可思議者矣。但念生死事大，無常迅速。俟此冊畫畫集寫畢，即不再作文作詩及書寫等。唯偶寫佛菩薩名號及書籤，以結善緣耳。

此畫集中，題詩並書寫，實為今生最後之紀念。而得與仁者之畫及李居士之戒殺白話文合冊刊行。亦可謂殊勝之因緣矣。（但朽人作此白話詩事，乞勿與他人談及。）

六

（一九二八年舊八月廿二日，溫州慶福寺）

今日午前掛號寄上一函及畫稿一包，想已收到。頃又做成白話詩數首，寫錄於左。

（一）《倘使羊識字》（因前配之古詩，不貼切。故今改做。）

倘使羊識字，淚珠落如雨。

口雖不能言，心中暗叫苦！

（二）《殘廢的美》

好花經摧折，曾無幾日香。

憔悴剩殘姿，明朝棄道旁。

（三）《喜慶的代價》（原配一詩，專指慶壽而言。此則指喜事而言。故擬與原詩並存。共二首。或者僅用此一首，而將舊選者刪去。因舊選者其意雖佳，而詩筆殊拙笨也。）

喜氣溢門楣，如何慘殺戮。

唯欲家人歡，那管畜生哭！

（四）原題為《懸樑》

日暖春風和，策杖游郊園。

雙鴨泛清波，羣魚戲碧川。

為念世途險，歡樂何足言。

明朝落網罟，繫頸陳市廛。

思彼刀砧苦，不覺悲淚潸。

案此原畫，意味太簡單，擬乞重畫一幅。題名曰《今日與明朝》。將詩中雙鴨泛清波，羣魚戲碧川之景，補入。與繫頸陳市廛，相對照，共為一幅。則今日歡樂與明朝悲慘相對照，似較有意味。此雖是陳腐之老套頭，今亦不妨採用也。俟畫就時，乞與其他之畫稿同時寄下。

再者，畫稿中《母之羽》一幅，雖有意味。但畫法似未能完全表明其意，終覺美中不足。倘仁者能再畫一幅，較此為優者，則更善矣。如未能者，仍用此幅亦可。

前所編之畫集次序，猶多未安之處。俟將來暇時，仍擬略為更動，俾臻完善。

子愷居士慧覽

演音上　八月廿二日

此函寫就將發，又得李居士書。彼謂畫集出版後，擬贈送日本各處。朽意以為若贈送日本各處者，則此畫集更須大加整頓。非再需半年以上之力，不能編纂完美。否則恐貽笑鄰邦，殊未可也。但李居士急欲出版，有迫不及待之勢。朽意以為如僅贈送國內之人閱覽，則現在所編輯者，可以用得。若欲贈送日本各處，非再畫十數葉，從新編輯不可。此事乞與李居士酌之。

再者，前畫之《修羅》一幅。（即已經刪去者。）現在朽人思維，此畫甚佳，不忍割愛，擬仍舊選入。與前畫之《肉》一幅，接連編入。其標題，則謂為《修羅一》、《修羅二》。（即以《肉》為《修羅一》，以原題《修羅》者為《修羅二》。）再將《失足》一幅刪去。全集仍舊共計二十四幅。

附呈兩紙，乞仁者閱覽後，於便中面交李居士。稍遲亦無妨也。

廿三晨

七

（一九二八年舊八月廿四日，溫州慶福寺）

新作者四首，寫錄奉覽。

淒音

小鳥在樊籠，悲鳴音慘淒。
惻惻斷腸語，哀哀乞命詞。
向人說困苦，可憐人不知。
猶謂是歡嬉，娛情盡日啼。

農夫與乳母

憶昔襁褓時，嘗啜老牛乳。
年長食稻粱，賴爾耕作苦。
念此養育恩，何忍相忘汝！
西方之學者，倡人道主義。
不啖老牛肉，淡泊樂蔬食。
卓哉此美風，可以昭百世！

!!!

麟為仁獸，靈秀所鍾，不踐生草，不履生蟲。緊吾人類，應知其義，舉足下足，常須留意，既勿故殺，亦勿誤傷。長我慈心，存我天良。

〔附註〕：兒時讀《毛詩・麟趾章》，注云：「麟為仁獸，不踐生草，不履生虫。」余諷其文，深為感歎。四十年來，未嘗忘懷。今撰護生詩歌，引述其義。後之覽者，幸共知所警惕焉。

我的腿（舊配之詩，移入《修羅二》）

我的腿，善行走。
將來不免入汝手，
鹽漬油烹佐春酒。
我欲乞哀憐，
不能作人言。
願汝體恤豬命苦，
毋再殺戮與熬煎！

畫集中《倒懸》一幅，擬乞改畫。依原配之詩上二句，而作景物畫一幅。（即是「秋來霜露……芥有孫」之二句。）畫題亦須改易。因原畫之趣味，已數見不鮮，未能出色，不如改作為景物畫，較優美有意味也。

再者，《刑場》與《平等》二幅，或可刪，亦可留。乞仁等酌之。

八月廿四日　論月

八

（一九二八年舊八月廿六日，溫州慶福寺）

將來排列之次序，大約是：

（一）《夫婦》，（二）《蘆菔生兒芥有孫》之畫（案蘆菔俗稱蘿蔔），（三）《沈溺》，（四）《淒音》等。中間數幅，較前所定者，稍有變動。至《農夫與乳母》以下，悉仍舊也。

再者，《蘆菔生兒芥有孫》之畫，乞僅依「秋來霜露滿東園，蘆菔生兒芥有孫」二句之意畫之。至末句中雞豚，乞勿畫入。

以前數次寄與仁者之信函，乞作畫或改題者，茲再彙記如下：

△增畫者《懺悔》、《平和之歌》，共二幅。

△改畫者《蘆菔生兒芥有孫》之畫（舊題為《倒懸》，今乞改題）、《今日與明朝》（舊題為《懸樑》）、《母之羽》，共三幅。

△修改畫題者《沈溺》（原作《溺》）、《淒音》（原作《囚徒之歌》）、《誘惑》（原作《誘殺》）、《修羅一》（原作《肉》）、《修羅二》（原作《修羅》），共五處。

以上所寫，倘有未明瞭處，乞檢閱前數函即知。

子愷居士慧覽

八月廿六日　演音上

今年夏間，由嘉興蔡居士寄玻璃版印《華嚴經》二冊至尊處（江灣），想早已收到（當時仁者在鄉里），前函未提及，故再奉詢。

九

（一九二八年九月初四日，溫州慶福寺）

子愷居士：

前復信片，想達慧覽。尚有白話詩二首，亦已作就。附寫如下：

《母之羽》：雛兒依殘羽，殷殷戀慈母。母亡兒不知，猶復相環守。念此親愛情，能勿淒心否？

（此下有小註，即述蝙蝠之事云云。俟後參考原文，再編述。）

《平和之歌》：昔日互殘殺，今朝共舞歌。一家慶安樂，大地頌平和。

附短跋云：李、豐二居士，發願流布《護生畫集》。蓋以藝術作方便，人道主義為宗趣。雖曰導俗，亦有可觀者焉。每畫一葉，附白話詩，選錄古德者□首，餘皆賢瓶道人補題。纂修既成，請余為之書寫，並略記其梗概。

新作之詩共十六首，皆已完成。但所作之詩，就藝術上而論，頗有遺憾。一以說明畫中之意，言之太盡。無有含蓄，不留耐人尋味之餘地。一以其文義淺薄鄙俗，無高尚玄妙之致。就此二種而論，實為缺點。但為導俗，令人易解，則亦不得不爾。然終不能登大雅之堂也。

畫稿之中，其畫幅大小，須相稱合。如《!!!》一幅，似太大。《母之羽》一幅，似稍小。仁者能再改畫，為宜。雖將來攝影之時，可以隨意縮小放大。但終不如現在即配合適宜，俾免將來費事。且於朽人配寫文字時，亦甚蒙其便利也。

附二紙，為致李居士者。乞仁者先閱覽一過。便中面交與李居士，稍遲未妨也。

九月初四日　演音上

一〇

（一九二八年舊九月十二日，溫州慶福寺）

昨晚獲誦惠書，忻悉一一。茲復如下：

△續畫之畫稿，擬乞至明年舊曆三月底為止。（因溫州春寒殊甚，未能執筆書寫。須俟四月天暖之後，乃能動筆。）由此時至明春三月，乞仁者隨意作畫多少不拘。朽人深知此事不能限期求速就（寫字作文等亦然），若興到落筆乃有佳作。所謂「妙手偶得之」也。至三月底即截止，由朽人用心書寫。大約五月間，可以竣事。

仁者新作之畫，乞隨時絡續寄下。（又以前已選入之畫稿及未選入者，並乞附入，便中寄下。）即由朽人選擇。其選入者並即補題詩句。

△白居易詩，「香餌」云云二句，係以魚喻彼自己，或諷世人，非是護生之意。其義寄託遙深，非淺學所能解。乞勿用此詩作畫。

△研究《起信論》，譯佛教與科學之事，暫停無妨。禮拜念佛功課未嘗間斷，戒酒已一年，至堪歡喜讚歎。近來仁者諸事順遂，實為仁者專誠禮拜念佛所致。念佛一聲，能消無量罪，能獲無量福。惟在於用心之誠懇恭敬與否，不專在於形式上之多少也。

△網籃遲至年假時帶去，無妨。

△珂羅版《華嚴經》，乞贈李圓淨居士一冊。

△以後作畫，無須忙迫。至畫幅之多少，亦不必預計。如是乃有佳作。

△倘他日集中畫幅再增多之時，則已刪去之書，如《倒懸》、《眾生》（又名《上法場》）等，或仍可配合選入。俟他日再詳酌。

△許居士如願出家，當為設法。

△明年大約仍可居住慶福寺。因公園以籌款不足，停止進行。故尚安靜可住。承諸友人贈送之資，至為感謝。此次寄來之廿元，擬留充明年自己之零用。至於明年，尚需貼補寺中全年食費約六十元。又於地藏殿裝玻璃門，及《續藏經》書櫥之木架等費，朽人擬贈與寺中三十元。共計九十元。倘他日有友人送款資至仁者之處，乞為存積。俟今年陰曆年底，朽人再斟酌情形。倘需用此款者，當致函奉聞，請仁者於明年春間便中匯下。此事須今年年底酌定，故所有款資，擬先存仁者之處，乞勿匯下。

△明年朽人能於秋間至上海否，難以預定。或不能來，亦未可知。因近來擬息心用功，專修淨業。恐出外雲游，心中浮動，有礙用功也。統俟明年再為酌定。

△明年與後年，兩年之中，擬暫維持現狀。至於夏居士所云建造房舍之事，俟辛未年再行斟酌。

草草奉復。不具。

子愷居士　　演音上　九月十二日

再者，以後惠函，信面之上，乞勿寫和尚二字。因俗例，須本寺住持，乃稱和尚。朽人今居客位，以稱大師或法師為宜。

再者，愚夫愚婦及舊派之士農工商，所歡喜閱覽者，為此派之畫。

夫婦反目　闍黎解勸

餘杭謝公橋。農民汪某。昨日夫婦反目。正在互相扭毆之際。適附近白雲寺某僧過而見之。即入內解勸。汪遂遷怒於僧。飽以老拳。僧坐地吵鬧。堅欲汪某陪禮。嗣經旁人勸出。始怏怏而去。（阿雲）

但此派之畫，須另請人畫之。仁者及朽人，皆於此道外行。今所編之《護生畫集》，專為新派有高等小學以上畢業程度之人閱覽為主。彼愚夫等，雖閱之，亦僅能得極少分之利益，斷不能讚美也。故關於愚夫等之顧慮，可以撇開。若必欲令愚夫等大得利益，只可再另編畫集一部，專為此種人閱覽，乃合宜也。

今此畫集編輯之宗旨，前已與李居士陳說。第一，專為新派智識階級之人（即高小畢業以上之程度）閱覽。至他種人，只能隨分獲其少益。第二，專為不信佛法，不喜閱佛書之人閱覽。（現在戒殺放生之書出版者甚多。彼有善根者，久已能閱其書，而奉行惟謹。不必需此畫集也。）近來戒殺之書雖多，但適於以上二種人之閱覽者，則殊為希有。故此畫集，不得不編印行世。能使閱者愛慕其畫法嶄新，研玩不釋手，自然能於戒殺放生之事，種植善根也。鄙意如此，未審當否？乞仁等酌之。又白。

一一

（一九二九年舊八月廿九日，上虞白馬湖）

子愷居士：

前日已至白馬湖。承張居士代表招待一切，至用感慰。

茲有四事，奉託如下。

（一）乞畫澄照律祖[二]像一幅。別奉樣式一紙，乞檢閱。此像在《續藏經》中。今依彼原稿，略為縮小。如別紙中，硃筆所畫輪廓為限。如以原稿太繁密者，乞仁者依己意稍為簡略。但仍以工筆細線畫之為宜。畫紙乞用拷碑紙，因將刻木板也。此畫像，能於舊曆九月中旬隨夏居士返家之便帶下，為感。

（二）前存尊處之馬一浮居士圖章一包。乞於便中託人帶至杭州，交還馬居士。但此事遲早不妨，雖遲至數月之後亦可。馬居士寓杭州聯橋及弼教坊之間，延定巷舊第五號（或第四第六號）門牌內。

（三）福建蘇居士，今春在鼓山，定印《華嚴疏論纂要》多部。（此書係康熙古板。外間罕有流傳。每部大約六十冊，實費二十元。）擬以十二部分贈與日本各宗教大學及圖書館等，託內山書店代為分配及轉寄。又以二部贈與上海功德林流通。附寫信二紙，乞於便中轉交內山書店及功德林佛經流通處為感。

（四）有人，以五元，託仁者向功德林代請購下記之書：

△《華嚴處會感應緣起傳》一冊。

△其餘之資，皆請購（功德林藏版）《地藏菩薩本願經》若干冊及其郵費。此書代為郵寄「溫州大南門外慶福寺因弘法師收」。無須掛號。此款乞暫為填付，俟他日託夏居士帶奉。種種費神，感謝無盡。

惟淨法師偕來，諸事甚為妥善。秋後，朽人或雲游他方。仍擬請惟淨法師在晚晴山房居住，管理物件，及照料一切。彼亦有願久住山房之意。

聞仁者近就開明編輯之事，想甚冗忙。如少閒暇，九月中旬可以不來白馬湖。俟他時朽人至上海，仍可晤談也。俗禮幸勿拘泥，為禱。不具。

舊八月廿九日　演音疏

外三紙[2]。

（一）澄照律祖，即道宣。唐懿宗咸通十年（八六九年）敕謚道宣為澄照律師。

（二）外三紙，指樣式一紙，信二紙。

一二

（一九二九年舊十月四日，廈門太平巖）

別後，安抵廈門，寓太平巖，暫不往泉州。以後通訊，乞寄廈門南普陀閩南佛學院轉交弘一收。小冊之《護生畫集》，再乞向李居士請施八十餘冊。（再多更善。）寄至佛學院，交余手收。因將以是分贈院中諸學僧及教職員等也。質平處之住址，已記不清楚。乞仁者費神，將余通訊之處告彼。並乞彼將其通訊之處告知余也。夏居士、章居士、陶居士等，乞便中代為致候。並謝余在滬時，承招待之厚情。

演音上　舊十月四日

一三

（一九三〇年六月，上虞白馬湖）

承寄佛書二冊，頃已收到，至感。余本擬在白馬湖過夏。因是間近來兵士忽至。昨午曾到山房擾亂。又聞夏宅即擬移居上海。今後一人居此，諸事困難，現已決定往金仙寺亦幻法師處或他處。二三日內即擬動身也。夏居士如在上海，乞為致候。所有前託帶來各件，皆乞從緩。不宣。

子愷居士丈室

演音疏

一四

（一九三〇年六月十日，溫州慶福寺）

書悉。自慚涼德，本無可傳。擬自記舊事數則，或足以資他人改過遷善之一助爾。稍遲當寫奉。不宣。

六月十日　演音

一五

（一九三八年四月十八日，泉州承天寺）

子愷居士文席：

惠書誦悉，至用歡慰。朽人於去夏初，往青島講律，秋末返廈門。途經上海，曾與夏、章諸居士晤談。居廈門數月。至舊年暮，到草庵度歲。戊寅元旦始，在庵講《行願品》十日。二月初一日始，在泉州承天寺復講。此外於泉州各地及惠安，演講甚忙。寫字極多，居泉不滿兩月，已逾千件。幸身體康健，不畏其勞也。數日後，須往廈門法會演講三日。下月初旬，復往福州城內演講。講畢，或即返泉州。以後惠書，乞寄承天寺（泉州城內）轉交最妥。朽人出家已來，恆自韜晦，罕預講務。乃今歲正月至泉州後，法緣殊勝，昔所未有，幾如江流奔騰不可歇止。朽人亦發願為法捨身。雖所居之處，飛機日至數次（大炮疊鳴，玻璃窗震動），又與軍隊同住（軍人住寺內），朽人亦安樂如恆，蓋已成為習慣矣。幸在各地演講，聽者甚衆，皆悉歡喜。於兵戈擾攘時，朽人願盡綿力，以安慰受諸痛苦驚惶憂惱諸衆生等，當為仁者所讚喜。惟自慚道德學問皆無成就，冒充善知識，虛受信施，濫膺恭敬，至為痛心，時以赧顏。但常慎重審慮，戰戰兢兢，如臨深淵，如履薄冰，不敢任性率情，庶幾無大過歟。

泉州鄭健魂居士，為立達學園畢業生，時憶念仁者。甚盼仁者攜眷居住泉州鄉間，彼願盡力輔助一切，可以決無危險之虞也（城市危而鄉村甚安）。朽人近在泉州弘法，鄭居士熱心助理，情殊可感。率復，不宣。

廣洽師已往南洋，養正院星散，南普陀駐兵。

四月十八日　演音啟

一六

（一九三八年舊五月十一日，漳州瑞竹巖）

子愷居士道席：

前復一函及信片，寄至長沙，想已轉送。今由泉州寄至四月二十一日惠書，具悉一一。宣紙未收到，茲先寫小幅二葉，俟時局安定再別寫大者奉上也。廈門變難前四日，朽人已至漳州講經。爾來車路毀壞，一時未能返泉州，故在漳州東鄉瑞竹巖暫住，即在此度夏也。朽人居此，人地生疎。時有所需，未便向他人請求。由漢口至漳州倘能郵匯者，乞仁者有以資助，至感。不宣。

五月十一日　演音疏

通信處，由「祈保亭」轉交。其地址，如信面所寫。

廈門亂後，漳州物價昂貴，有增至九倍者。惟漳州為閩中產米最多之處，雖久困居於此，必不致絕糧也。乞勿念。

近閱明蕅益大師集，有詩一首云：

赤日攬作鏡[一]，海水挹作盆。照我忠義膽，浴我法臣魂。九死心不悔，塵劫願猶存。為檄虛空界，何人共此輪。

又讀古人詩云：「莫嫌老圃秋容淡，猶有黃花晚節香。」朽人近恆發願，願捨身護法（為壯烈之犧牲），不願苟且偷安獨善其身也。仁者與馬居士通信時，乞代致候。附白。

[一]「赤日攬作鏡」，乃「日輪挽作鏡」之誤。應以「致高文顯」（三〇）中引《靈峯宗論》詩句為正。此信件中因憑記憶引文，故有誤。

一七

（一九三八年九月十二日，漳州祈保亭）

子愷居士文席：

前復函及寄上寫件，想早收到。《十喻讚》已寫就，奉覽。畫集續編，或可不限定詩句，古今人文句皆可用也，乞酌之。朽人居山掩室，以後惠書，乞託夏居士轉交。若直寄者，未能收到。謹達，不宣。

九月十二日　音啟

一八

（一九三八年閏七月廿四日，漳州祈保亭）

子愷居士文席：

前復函及寫件，想已收到。朽人近在此弘法甚忙，亦頗有良好之效果，可慶忭也。仁者暇時，乞繪釋迦佛像一紙。約二尺高之直幅。（四尺宣紙一張裁開為四幅。）像上，乞寫「南無本師釋迦牟尼佛」九字。下方紙邊，乞寫「笑棠居士[一]供養、仁者敬繪」（並蓋印）之小字，如常式。至用感謝。通訊處，仍寄漳州東門外浦頭祈保亭。謹懇，不宣。

閏七月廿四日　演音啟

倘仁者多暇，乞再繪如上式之佛像數葉，但不寫上款，一並寄下，尤感。　附白。

[一]笑棠居士，即嚴笑棠，福建漳州人，在漳州經營九龍飯店。一九三八年日寇侵廈，戰機緊迫，由他陪弘一法師赴漳。

一九

（一九三八年九月三十日，漳州瑞竹巖）

子愷居士文席：

惠書，誦悉，至用感慰。屏聯，俟後寫奉。朽人居閩南已十年，緇素諸善友等護法甚力。朽人年來老態日增，不久即往生極樂。故於今春在泉州及惠安盡力弘揚佛化，近在漳州亦爾。誠自慚智識不及，亦藉是以報答諸善友之厚誼耳。猶如夕陽，殷紅絢彩，隨即西沈。吾生亦爾，世壽將盡，聊作最後之記念耳。漳州弘法諸事尚未能了，不克他往。桂林諸居士若有屬書者，乞隨時示知。朽人甚願以書蹟廣結善緣，與在桂林居住無以異也。謹謝厚誼，並復。不宣。

九月三十日　演音啟

二〇

（一九三八年舊十一月十八日，泉州承天寺）

子愷居士文席：

前承寄畫象，分贈諸友人，歡感無盡。朽人擬在泉州暫時閉關用功（不定期限，大約數月）。以後仁者若通訊時，乞寄與夏居士，附彼函中寄下。因閉關以後，與寺中人約，唯有夏居士函之乃可送入關中也。

前屬寫各件，俟寫就，擬寄與夏居士，暫存滬上。桂林近甚不安，想仁者未能久居彼土。據鄙見，以返滬為最穩妥也。不宣。

十一月十八日　演音啟

二一

（一九三九年舊三月廿四日，泉州承天寺）

子愷居士澄覽：

前託夏居士郵奉復書及寫件，想已收到。前日復獲夏居士轉送兩書，誦悉。曼達師所寄二函，於昨日下午始獲披閱。別寫復箋一紙，乞代填入今名（昔名曼達，未知今出家後何名？乞仁者代為填寫），便中轉寄為禱。朽人近年來，身體雖可勉強支持，但舊病未除，新疾時增。故自去秋閉門靜養，謝絕見客及普通信訊。惟有關係於《護生畫集》等諸要事，乃親自通訊耳。所復曼達師書，甚簡略。因精神恍惚，未能多陳。乞仁者致意於師，請其亮宥。（並乞告云：朽人於外間罕通信訊，今致師之復箋，乞勿轉示他人云。）謹復，不具。

音啟　農曆三月廿四日

二二

（一九三九年七月三日，永春普濟寺）

子愷居士文席：

惠書，誦悉。拙書一紙，附奉上。《護生畫集》，擬分為兩部。舊輯者，余已再寫題詩（一切如舊本），其畫及序文依英文本影印製版，與原稿無異，近已由佛學書局印行。此外再擬編輯一部，仁者搜集諸詩寄下，即可書寫也。九月二十日前出版，恐未能。於是日，由仁者撰序一首（書名亦乞仁者酌定），弁於新編之首，以為六十紀念可耳。紙張筆墨，余處甚多，乞勿寄下。圓淨居士已返申，將來新編付印時，倘彼仍在申，可負責助理一切。彼眷屬牽纏，恐難出家，一時或未能離申也。謹復，不宣。

音啟　七月三日

通信處如信面所寫。

二三

（一九三九年十二月十二日，永春普濟寺）

前承寄承天寺三函二明信及畫稿，已於今晨收到（由夏居士轉寄一牋亦收到），歡感無盡。

朽人近來身體尚健，精神大衰，未能構思。畫集題句，擬請仁者代懇浙大校同人分撰。撰就，乞彙寄與夏居士轉交朽人，即可書寫也。

茲將應題句之畫名列下：《中秋同樂會》、《蝴蝶來儀》、《遠書》、《襁負其子》、《被棄的小貓》、《推食》、《運糧》、《遇救》、《漏網》、《盥漱避蟲蟻》、《老牛亦是知音者》（此畫背面未貼詩句）、《蝶之墓》、《風雨之夜的候門者》、《好鳥枝頭亦朋友》、《牛的星期日》、《螞蟻搬家》、《呦呦鹿鳴得食相呼》、《關關雎鳩男女有別》、《塞雁聯行號弟兄》、《綢繆牖戶》、《方長不折》、《重生》、《敝衣不棄為埋豬也》、《鷸蚌相親》、《歸故山》、《解放》、《羣魚》、《羣鷗》、《歸市》、《采藥》、《游山》、《麟在郊野》、《鳳在列樹》，共計三十三幅。題句，凡文、詩、詞（不必全首，僅片段即佳）及新體詩、語體文皆善，以字句簡少為宜。因字數多，須寫小字，製鋅版未能明晰也。撰者姓名，乞一一註出。

擬刪者八頁：《雨後》、《待鶴歸》、《春夜的鼓手》、《春江水暖》、《香餌見來》、《橫行不到人間》、《蟲聲新透》、《青山不識》。（此畫及詩甚佳。因格式與他畫不一律，故刪。）如是未知妥否，便乞示知。

編次擬依甲乙等，以《同樂會》及《來儀》冠首。

今年朽人世壽六十，承繪畫集，至用感謝。但人命無常，世壽有限。朽人或不久謝世，亦未可知。仍望將來繼續繪此畫集（每十年繪輯一編，至朽人百齡為止），至第六編為止。朽人若在世，可云祝壽紀念。若去世，可云冥壽紀念（此名隨俗稱之甚未典雅）。或另立其他名目。總之，能再續出四編，共為六編，流通世間，其功德利益至為普徧廣大也。

仁者如與馬居士通信時，乞代致候，並述謝忱。

附致酈居士一箋及聯對小幅，又張居士一幅，乞轉交。

先此略達，餘俟後陳。以後惠書，乞寄與夏居士轉交為禱。

九月二十日所發之尊函，甚可留為記念。擬以此附印於畫集之後，可否，乞示知。

子愷居士文席

音啟

二四

（一九四〇年舊五月廿五日，永春普濟寺）

子愷居士文席：

惠書及畫集文詞，皆收到，至用歡忭。文詞甚佳。朽人暇時，擬隨力稍為潤色。《盥漱避蟲蟻》之畫，作時人裝束，與《人譜》原文似未合。擬由朽人另擬撰一偈，下署學童之名。其刪去之四幅，為《塞雁》、《縱麑》、《歸故山》、《管仲師老馬》。友人欲請奉仁者所繪佛像及護生畫者甚多。擬請以後通信時，隨附寄數紙，絡續寄下。若大包，恐郵局未能寄也。又信箋信封，乞勿用水印朱色者。宜用無朱色者，或油印朱色無妨。因舊式水印朱色之箋封，稍受潮濕，即污染也。附奉上拙書大佛字二紙。謹復，不宣。

農曆五月廿五日　音啟

致毛善力〔一〕

（一九二六年五月廿八日，杭州招賢寺）

省書，忻悉一一，為湛翁刻印，歲暮可以刻竟，當以拓文奉上。與前者合裝一幀，佛號四葉，併奉慧覽。初三日往廬山，秋晚仍可歸錢塘，此未宣悉。

五月廿八日　月臂疏

慈根居士丈室

〔一〕毛善力（一九〇二——一九七七），原名世根，字善力，浙江江山人。任職於衢州省立第八師範學校。一九二三年弘一法師第二次至衢，結識於祥符寺，並指導其書法篆刻，為其命名曰「慈」，字「慈根」，作《慈說》；一九三六年為其印稿題簽並作《弁言》。弘一法師與其通信多達一百三十餘通，半數以上為研討書法篆刻，惜燬於日寇侵佔江山焚燒正堂，僅存此函夾置於協屋木櫃佛經中，殊為珍貴。

致黃慶瀾〔一〕

（一九二六年五月，杭州招賢寺）

涵翁老居士慧鑒：

去溫之時，曾奉一書，計達尊覽。三月初旬至杭州，暫居招賢寺。前承屬書《行願品偈》，今已寫就，附郵奉上，乞檢受。筆墨久荒，書寫工楷，氣既不貫，字體大小，亦未能一律。幾經修飾描改，益復損其自然之致，如何如何！去年陳伯衡居士，石印拙書《八大人覺經》，曾呈法雨老人〔二〕閱覽。老人以為折本太長（與今寫者相同），未便放置，以後再印宜改短云云。故今所寫《行願品偈》，未寫冠首之科文，及後附之釋經名題。如是僅存大字經文，再將上下空白紙處縮短，則可與金陵折本行願品，長短相似。藏置書架之上，應無折損之虞矣。又前年書寫之《淨行品偈》，亦可將已寫冠首之科文及後附之釋經名題刪去，則卷尾之跋語行式太長，未能合宜。今別寫一葉奉上，乞以補入。以上所陳拙見，未審當否？希裁酌之。

附奉陳者，前承惠施《續藏經》，暫存上海立達學園。此次返杭之後，立達主任夏、豐二居士即來杭晤談，諄諄懇請；以此《續藏經》永存立達學園，並謂已訂製書架，注意保藏，且有同學多人發心閱覽云云。音察其情意誠摯，不忍違拂，已允其請；並由彼致函與衢州汪居士，說明此意。請汪居士歡讚其事。照此情形，是經存置立達，似頗穩妥。既能注意保存，且有多人閱覽，較諸轉送衢州，似合宜也。仁者聞之，想定歡喜讚許。今後學園諸子披閱經文，獲植善根，或開慧解，悉出仁者之賜。檀施功德，寧有涯涘。附陳梗概，並鳴謝忱。音不久擬赴廬山，約在秋後乃可返杭。以後惠函，乞寄杭州裏西湖招賢寺存交音手收，至妥。敬頌檀那〔三〕，功德無量！

演音疏

〔一〕黃慶瀾（一八七五——一九六一），字涵之，上海人。民初先後曾任甌海及會稽道尹，為一熱心佛教徒，著有《阿彌陀經白話解》。

〔二〕法雨老人，即印光法師，當時住浙江普陀山法雨寺，故尊稱他為法雨老人。

〔三〕檀那，梵語，即布施之意。

致呂伯攸

（一九二六年十二月十一日，杭州常寂光寺）

前誦來書，歡悅無盡。茲寫佛名三葉，以一葉奉與仁者，其一悕轉施胡居士寄塵，其他可隨意贈與善友也。別奉舊寫殘紙數種，並乞受收。若自受，若轉施他人。朽人爾來禮誦《華嚴》，謝絕賓客，並暫不通訊問。仁者受收是書後，乞暫勿答覆。此未委宜。

伯攸居士丈室

十二月十一日　月臂疏答

又佛學文字數種附上。商務印書館印行之《印光法師文鈔》，乞請閱覽。

《聽鐘念佛法》，為朽人所撰述者。此數張中，惟改正訛字一張，其他乞仁者改寫。朽人近年書寫經典，付印者大半已送罄，惟吳幼潛處珂羅版印《阿彌陀經》或尚有餘，乞仁者向上海寧波路渭水坊西泠印社吳君詢問。又近為蔡丐因居士書寫《華嚴初迴向章》，明春可以印就。乞預致函與蔡君約定，彼為浙江兩級師範畢業生，今任紹興中學教員。

致蔡元培、經亨頤、馬敘倫等

（一九二七年舊三月十七日，杭州常寂光寺）

舊師孑民、舊友子淵、彝初、少卿、鍾華諸居士〔一〕同鑒：

昨有友人來，謂仁等已至杭州，建設一切，至為歡慰。又聞子師等在青年會演說，對於出家僧眾，有未能滿意之處。鄙意以為現代出家僧眾，誠屬良莠不齊。但仁等於出家人中之情形，恐有隔膜。將來整頓之時，或未能一一允當。鄙意擬請仁等另請僧眾二人為委員，專任整頓僧眾之事。凡一切規畫，皆與仁等商酌而行，似較妥善。此委員二人，據鄙意，願推薦太虛法師及弘傘法師任之。此二人，皆英年有為，膽識過人，前年曾往日本考察一切〔二〕，富於新思想，久負改革僧制之弘願。故任彼二人為委員，最為適當也。至將來如何辦法，統乞仁等與彼協商。對於服務社會之一派，應如何盡力提倡。（此是新派。）對於山林辦道之一派，應如何盡力保護。（此是舊派，但此派必不可廢。）對於既不能服務社會，又不能辦道山林之一流僧眾，應如何處置。對於應赴一派（即專作經懺者），應如何嚴加取締。對於子孫之寺院（即出家剃髮之處），應如何處置。對於受戒之時，應如何嚴加限制。如是等種種問題，皆乞仁等仔細斟酌，妥為辦理。俾佛門興盛，佛法昌明，則幸甚矣。此事先由浙江一省辦起，然後徧及全國。弘傘法師現住裏西湖新新旅館隔壁招賢寺內。太虛法師現住上海。（其住址問弘傘法師便知。）謹陳拙見，諸乞垂察。不具。

弘一　三月十七日〔三〕

昨聞友人述及仁者五人現任委員。此外尚有數人，或係舊友，亦未可知。並乞代為致候。

〔一〕蔡元培（一八六八——一九四〇），號孑民，浙江紹興人。著名的民主革命家、教育家、科學家。清末任教上海南洋公學，為李叔同之師。時任國民黨浙江省政治分會委員。

經亨頤（一八七二——一九三八），號子淵，別號石禪，浙江上虞人。一九一二年秋，李叔同執教浙江省第一師範時，經氏任該校校長。他是一位富有藝術修養的文士，詩、書、畫俱佳，又善治印，是西泠印社（吳昌碩為社主）、樂石印社（李叔同為社主）的社友。後在浙江上虞白馬湖創辦春暉中學。

馬敘倫（一八八四——一九七〇），字彝初（一作夷初），浙江餘杭人。早年參加同盟會，曾任清華大學、北京大學教授，國民黨政府教育部次長。

少卿，姓周，時任浙江省教育廳長。

鍾華，即宜中華，時主浙江宣傳。

〔二〕太虛、弘傘二法師，一九二五年曾赴日本出席東亞佛教大會並考察日本佛教。太虛著有《整理僧伽制度論》。

〔三〕此信作於一九二七年舊曆三月，時弘一法師正閉關杭州雲居山常寂光寺。

致李圓淨〔一〕

一

（一九二八年六月十九日，溫州慶福寺）

書悉。題名為《護生畫集》，甚善。但其下宜增三小字，即「附文字」三字。其式如下：

護生畫集附文字

如是，則凡對照文字及尊著《護生痛言》，皆可包括在內。未識尊見如何？

此封面，請子愷畫好，由朽人題此書名。至若題辭，乞湛翁〔二〕為之，詩文皆可。但付印須在年內，湛翁能題就否？不可得而知也。

去年晤湛翁，彼甚讚歎仁者青年好學。故仁者若向彼請求，或可允諾。附寫一箋，往訪時可持此紙。

去年仁者之函，湛翁未覆，並無他意。彼之性情如是，即於舊友亦然。決非疎遠之意也。

所以不乞湛翁題封面集名者。因湛翁喜題深奧之名字，為常人所不解。於流布頗有妨礙。故改為由朽人書寫也。

仁者往訪湛翁，乞將畫稿等帶去，說明其格式。

彼寓延定巷舊第六號門牌內。如喚人力車，乞云：城內彌教坊銀錠巷。因延定二字，常人不知也。

往訪之時間，宜在上午七時至七時半之間。遲恐彼他出。

將來《護生痛言》排板之時，其字之大小，排列之格式，皆乞與子愷商酌。初校之時，亦令彼一閱其格式合否。

《嘉言錄》〔三〕中，有大號之黑點●，殊損美觀。如必須用，可用再小一號者●。或用三角空形△，尤善。

此書雖流通甚廣，雅俗共賞。但實偏重於學者一流之機。因子愷之畫，朽人與湛翁之字，皆非俗人所能賞識。故應於全體美觀上，十分注意也。裝訂以洋裝為宜。如《到光明之路》之式，最善。

尊撰《護生痛言》，聞已脫稿，至為歡慰。

謹復，不具一一。

六月十九日　演音上

圓淨居士慧覽

湛翁向不輕為人撰文寫字。朽人數年前，曾代人託彼撰寫，至今未就。此書題詞，如至九、十月間，仍未交來者，則改為由朽人撰寫。但衰病不能構思，僅能勉題數語耳。

〔一〕李圓淨（一九〇〇——一九五〇），一作圓晉，名榮祥，廣東三水人。中年學佛，著有《佛法導論》等，深受弘一法師稱許。又與豐子愷合編《護生畫集》。

〔二〕湛翁，為馬一浮之號。

〔三〕《嘉言錄》，即《印光法師嘉言錄》。

二

（一九二八年八月初三日，溫州慶福寺）

圓淨居士慧覽：

茲有數事奉託，條記如下：

△（一）由周居士送上網籃一只，上層有書三包（包皮寫明交與仁者字樣），乞檢出，將此書暫存尊處。其餘之物及網籃，皆交子愷收。

△（二）《五戒相經》，不久印出再版之精裝本二百冊。（連史紙印，磁青紙面子。）及《有部毗柰耶》之精裝本二百冊。俟印就後，即由中華書局送至尊處。如收到後，乞檢出各一百五十冊，送至內山書店，託彼轉贈日本諸處。其餘各五十冊，乞尊處代為收藏。俟朽人他日需用時，領取。

△（三）又《有部毗柰耶》之普通紙印本一千冊（賽宋紙印），亦由中華書局同時送至尊處。如收到後，乞檢出五十冊，一併送與內山書店，託彼贈送。此外，又乞仁者斟酌，如有適宜之寺院及僧衆等，亦可贈送。（此書係比丘律，在家人處可以不送。）然亦無須多送。其餘之書，乞暫存貯尊處。以待他日覓得適宜之處，再絡續贈送。現在各地僧學校，逐漸興辦。將來此書，應可有適宜贈送之處也。又老輩之中，如印光法師諸處，皆可不送。

△（四）贈與內山書店書籍之事，乞無須與他人談及。（並乞轉告子愷。）因現在常人，對於日本國人甚有惡感，盡力排斥。今聞此舉，恐生譏評。故以不宣布為宜也。

△（五）以上各書，皆可無須寄至朽人處。又《戒殺畫集》出版之後，亦乞勿寄下。俟明年至滬時，再披閱可也。

△（六）《戒殺畫集》出版之後，凡老輩舊派之人，皆可不送或少送為宜。因彼等未具新美術之知識，必嫌此畫法不工，眉目未具，不成人形。又對於朽人之書法，亦斥其草率，不合殿試策之體格。（此書贈與新學家，最為逗機。如青年學生，猶為合宜。至尋常之寺院，及守舊之僧俗，皆宜斟酌送之。）

△（七）前存尊處之初版《五戒相經》（普通紙印），乞檢出五十冊。送至北京路通易信託公司內周守良居士收下，轉交溫州周孟由居士收。

△（八）《調查錄》，已硃標記號數處（其改正之詞，另載說明書中），交尤居士。乞仁者便中索閱。又說明書一紙，亦已交尤居士。（按此書等已寄去，乞索閱。）

△（九）《寒山拾得詩》中，有戒殺詩數首。昔人著作中，似未編入。今或可選出，錄入《護生畫集》中。乞酌之。（此詩金陵有單行本，名曰《寒山詩》。）

△（十）七月初二日信片，已收到。又承寄《地藏菩薩錄》一包，亦收到。敬謝。

已上奉託諸事，種種費神，感謝無盡。

八月初三日　演音上

三

（一九二八年九月廿四日，溫州慶福寺）

圓淨 子愷 居士仝鑒：

朽人現擬移居。以後寄信件等，乞寫「溫州蔴行門外江心寺弘一收」，為宜。希勿再用「論月」二字，因名字岐異，郵局時生疑議。以專用弘一之名為妥也。

江心寺，交通不便。凡有信件，皆寄存城內某店。俟有人入城買物時帶來。（由岸至江心寺，須乘船過江，甚為不便。）其寄出之信件，亦須俟有便人，乃可付郵。以是之故，如由上海寄來之信，大約須遲至一個月左右，乃能得回信。甚為遲緩。且因展轉傳遞，或亦不免遺失也。此事諸乞亮察為禱。

子愷新作之畫稿，並舊畫稿全分。乞合併聚集為一包，統於明年舊曆三月底寄下，為要。不須絡續而寄。又寄時，必須雙掛號。至於朽人將白話詩題就，並書寫完畢，即連馬序及《護生痛言》，共為一包，大約於舊曆五月，可以寄上。當由朽人親身攜往郵政總局，掛雙號寄上，決不致有錯誤。

依上所陳者，為尊處寄新舊畫稿來時，亦僅一次。又朽人寄出者，亦僅一次。如是較為清楚。

又朽人在江心寺，係方便閉關。一概僧俗諸師友，皆不晤談。又各地常時通信之處，亦已大半寫明信片，通告一切：謂以後兩年三個月之內，若有來信，未能答覆。又寫字、作文等事，皆未能應命，云云。自是以後，無十分重大之要事，決不出門。惟明夏寄上畫稿時，擬出外一次耳。草草書此，不具一一。

九月廿四日　演音上

以後各種寫件，皆擬暫停。（如封面等皆不書寫。）因郵寄太費周折。又恐遺失，反令他人懸念。故不如一律不寫之為愈也。

再者，由他處寄至江心寺之函件，須存放某豆腐店，須待工人等買豆腐時領取。豆腐店中人等，及工人等，皆知識簡單，少分別心。雖有雙掛號之函件，彼等亦漠然視之，不加注意。以是之故，雖雙掛號，或亦不免遺失。因郵局之責任，僅送至豆腐店為止，以後即不管也。朽人之意，以為舊上海藝術師範畢業生，有二三人，在第十中學任教務。擬請子愷居士於明春二月間，詢問是否確實。（問吳夢非便知。）倘果有其人者，先致函詢彼。擬將畫稿寄至第十中學，交彼手收，令彼親身送至江心寺，可否？彼如允許。再將畫稿雙掛號寄去。總之，此事甚須注意，乞仁等詳酌之。（周孟由居士，體弱多病。惟在家念佛，不常出外。性情弛緩，諸事不願與聞。此事萬萬不可託彼轉交。恐反致遺誤延緩也。）

四

（一九二八年舊八月廿一日，溫州慶福寺）

圓淨、子愷二居士仝覽：

惠書及另寄之畫稿、宣紙等，皆收到。

披閱畫集，至為歡喜讚歎。但稍有美中不足之處。率以拙意，條述如下。乞仁等逐條詳細閱之，至禱。

△案此畫集為通俗之藝術品，應以優美柔和之情調，令閱者生起淒涼悲愍之感想，乃可不失藝術之價值。若紙上充滿殘酷之氣，而標題更用「開棺」、「懸樑」、「示衆」等粗暴之文字，則令閱者起厭惡不快之感，似有未可。更就感動人心而論，則優美之作品，似較殘酷之作品感人較深。因殘酷之作品，僅能令人受一時猛烈之刺激。若優美之作品，則能耐人尋味，如食橄欖然。（此且就曾受新教育者言之。若常人，或專喜殘酷之作品。但非是編所被之機。故今不論。）

△依以上所述之意見，朽人將此畫集重為編訂，共存二十二張。（尚須添畫兩張，共計二十四張。添畫之事，下條詳說。）殘酷之作品，雖亦選入三四幅。然為數不多，雜入中間，亦無大礙。就全體觀之，似較舊編者稍近優美。至排列之次序，李居士舊訂者固善。今朽人所排列者，稍有不同。然亦煞費苦心。盡三日之力，排列乃定。於種種方面，皆欲照顧周到。但因畫稿不多，難於選定。故排列之次序，猶不無遺憾耳。

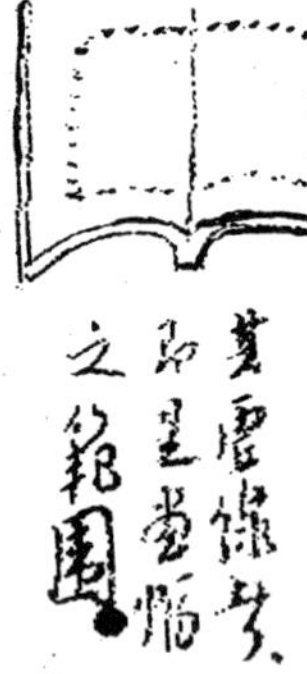

△此畫稿尚須添畫二張。其一，題曰《懺悔》。畫一半身之人，（或正面，或偏面，乞詳酌之。）合掌恭敬，作懺悔狀。其衣服宜以簡略二三筆畫之，不必表明其為僧為俗。

其一，題曰《平和之歌》。較以前之畫幅，加倍大。（即以兩頁合拼為一幅。如下記之圖形。）（其虛線者，即是畫幅之範圍。）其上方及兩旁，畫舞臺帷幕之形。其中間，畫許多之人物，皆作攜手跳舞唱歌歡笑之形狀。凡此畫集中，所有之男女人類及禽獸蟲魚等，皆順照其本來之像貌，一一以略筆畫出。（其禽獸之已死者，亦令其復活。花已折殘者，仍令其生長地上，復其美麗之姿。但所有人物之像貌衣飾，皆須與以前所畫者畢肖。俾令閱者可以一一回想指出，增加歡喜之興趣。）朽人所以欲增加此二幅者因此。書名曰《護生畫集》，而集中所收者，大多數為殺生傷生之畫，皆屬反面之作品。頗有未安。今依朽人排定之次序。其第一頁《夫婦》，為正面之作品。以下十九張（惟《農夫與乳母》一幅，不在此類），皆是反面之作品，悉為殺生傷生之畫。由微而至顯，復由顯而至微。以後之三張，即是《平等》及新增加之《懺悔》、《平和之歌》，乃是由反面而歸於正面之作品。以《平和之歌》一張作為結束，可謂圓滿護生之願矣。

△集中所配之對照文字，固多吻合。但亦有勉強者，則減損繪畫

之興味不少。今擇其最適宜者用之。此外由朽人為作白話詩，補足之。但此種白話詩，多非出家人之口氣。故託名某某道人所撰。並乞仁等於他人之處，亦勿發表此事。（勿謂此詩為余所作。）昔蕅益大師著《闢邪集》，曾別署緇俗之名，雜入集中。今援此例而為之。

△《夫婦》所配之詩，雖甚合宜。但朽人之意，以為開卷第一幅，須用優美柔和之詩。至殘殺等文義，應悉避去。故此詩擬由朽人另作。

△畫題有須改寫者，記之如下。乞子愷為之改寫。

《溺》改為《沉溺》。（第二張）

《囚徒之歌》改為《凄音》。原名甚佳，因與末幅《平和之歌》重複，故改之。（第三張）

《誘殺》改為《誘惑》。（第四張）

《肉》改為《修羅》。（第十一張）

《懸樑》能改題他名，為善。乞酌為之。（第十三張）

又《刑場》之名，能改題，更善。否則仍舊亦可。（第十二張）

△朽人新作之白話詩，已成者數首。貼於畫旁，乞閱之。（凡未署名者皆是。）

△對照之詩，所占之地位，應較畫所占之地位較小。乃能美觀。（至大，僅能與畫相等。）萬不能較畫為大。若畫小字大，則有喧賓奪主之失，甚不好看。故將來書寫詩句之時，皆須依一一之畫幅，一一配合適宜。至以後攝影之時，即令書與畫同一時、同一距離，攝之。俾令朽人所配合大小之格式，無有變動。

△最後之一張畫，即《平和之歌》，是以兩頁合拼為一幅。將來此幅對照之詩，其字數較多，亦是以兩頁合拼為一幅。詩後並附短跋數語，故此幅之字數較多也。

△畫集，附掛號寄上。乞增補改正後，再掛號寄下。並畫好之封面，同時寄下。

△將來印刷之時，其書與畫之配置高低，及封面紙之顏色與結紐線之顏色，能與封面畫之顏色相調和否？皆須乞子愷處處注意。又繪畫之後，有排板之長篇戒殺文字，亦須排列適宜。其圈點之大小，與黑色之輕重，皆須一一審定。因吾國排字工人之知識，甚為幼稚，又甚粗心。決不解美觀二字也。此事至要，慎勿輕忽。

△此畫集如是編定，大致妥善。將來再版之時，似無須增加變動。

△所有刪去之十數張，將來擇其佳者可以編入二集。茲將刪去之畫，略評如下：

《誘殺》（二），此畫本可用。但以此種殺法，至為奇妙，他人罕有知者。今若刊布，恐不善之人，以好奇心，學此法殺生。故刪去。

《屍林》、《示衆》、《上法場》、《開棺》，皆佳。但因此類殘酷之作，一卷之內不宜多收，故刪去。將來編二集時，或可編入。但畫題有宜更改者。

《修羅》，此畫甚佳。但因與《肉》重複，故刪去。今於《肉》改題為《修羅》，則此幅《修羅》應改為他名。俟編二集時，可以編入。

《炮烙》，亦可用。今因集中，有一花瓶一玻璃瓶，與此洋燈罩之形相似。若編入者，稍嫌重複，故刪去。

《採花感想》，此畫章法未穩。他日改畫後，可以選入二集。

《生的扶持》，亦可用。因與《夫婦》略似，故刪去。

《義務警察》，今人食犬肉者罕聞。此畫似可不用。

《楊枝淨水》，此畫可用。將來編二集時，可以此畫置在最後之一幅。

△將來編二集時，擬多用優美柔和之作，及合於護生正面之意者。至殘酷之作，依此次之刪遺者，酌選三四幅已足，無須再多畫也。

△此次畫集所選入者，以《母之羽》、《倘使羊識字》、《我的腿》、《農夫與乳母》、《殘廢的美》，為最有意味。《肉》，甚有精彩。

△此上所述之拙見，皆乞仁等詳細閱之。畫稿增改後，望早日寄下，為盼。

△子愷所畫之格子，現在雖未能用。但由朽人保存，以備將來書

寫他種文字用之，俾不辜負畫一番之心血。至此次書寫詩句時，應用之格子，擬由朽人自畫。因須斟酌變通，他人不能解也。

△宿疾已愈。惟精神身體，皆未復元。草草書此，諸希鑒察，為禱。

八月廿一日　演音上

此函發出之時，同時已另寫一明信片，寄與（狄思威路）李居士，請彼即親至江灣索閱此函。故仁者收到此函後，無須轉寄與李居士。恐途中遺失也。如李居士已往他處，一時不能返滬，而欲急閱此函者，乞掛號寄去為宜。

五

（一九二八年舊八月廿三日，溫州慶福寺）

圓淨居士慧覽：

昨奉惠書，誦悉一一。承寄藏經目，甚感。畫集裝訂之事，於前函及致子愷之函內，已詳言之。即是：

（一）用日本連史紙印。不用洋紙印。

（二）用美麗之封面紙。（不拘中西）

（三）用美麗之線，結紐釘之。不用舊式書籍穿釘之式。亦不用洋裝。

若僅贈送國內之人，即依此法裝訂印刷。（排印時，無論圖畫與文字，及附錄之長篇白話文，皆不用邊。與子愷之《漫畫集》相同。但所不同者，彼用洋紙，此則用連史紙耳。）若欲贈送日本各處者，則更須添印二三百部，純用中國舊式之紙料（內容之紙及封面之紙皆然）精工印刷。至裝訂，仍不妨用色線結紐。若如是者，乃合日本人之嗜好。倘用洋紙印刷及洋裝等，則彼等視之，殊無意味。此事子愷當深知之。

至於用中國舊式之紙料印刷，以用上等舊式之連史紙為宜。如嫌其價昂，可改用上等舊式之毛邊紙，或用溫州所出之舊式「七刀紙」，皆能合日本人之嗜好。此種紙張，顏色雖不潔白，然亦頗古雅不俗也。總之，若欲投日本人之嗜好，須用中國舊式極雅緻之紙料印之。若欲投吾國新學家智識階級之嗜好，須用日本連史或洋紙印之。拙見如是，未審然否？

畫稿俟子愷改正寄來後，朽人當為補題詩句及書寫。大約須費一月左右之力。（從畫稿寄到後計算。）倘無疾病，即可以做到。吾人作事，固應迅捷。然亦不可心忙，過於草率。俟全部題寫已畢，再一併寄上，由仁者斟酌募資。吾人為弘法利生，募款印書，固應熱心從事。然亦不能過於勉強。倘因緣未能成熟，止可從緩暫待。穆居士處，久未通訊。朽人近年以來，心灰意懶，殊不願與人交際。即作文寫字等事，至此畫集完成後，亦即截止。以後作文詩之事，決定停止（因神經衰弱）。至寫字之事，惟寫小幅簡單之佛菩薩名號或偶寫一書籤耳。諸乞鑒諒為幸。

八月廿三日　演音上

尤居士寄來牛詩，已收到。惜不甚貼切。今擬重做。

六

（一九二八年舊八月廿八日，溫州慶福寺）

頃奉到掛號尊函及明信一，並《藏經》樣本一包，敬謝。

以前凡得誦尊函及獲子愷函後，皆隨時作覆。但有時未另函覆與仁者，僅於復子愷函內，附提及，託彼轉達。前得子愷函，謂須寫封面二張，隨即書寫，寄與子愷（大約在八月十六日以前發出）。故未寄與仁者。（因仁者之函在後到。仁者函來時，此封面已寄出矣。）此次諸事，所以仁者未能接洽者。或因郵局罷工，信件遲到。或因子愷已返故鄉，朽人凡寄與子愷之函至江灣者，彼皆未能披閱，轉達仁者。故遲遲耳。尚有二原因。其一，為滬溫之間，每周僅開輪船二次。（或有時僅一次。）凡尊處與朽人來往之信件，或碰巧者，則二三日即到。若遲者，或至七八日，故往返之間須時半月。又朽人在溫，不能常常出門。凡有信件，皆託人送到郵局。彼人或即送出，或遲數日送出，或逕遺失，朽人則不之知也。因此種種緣故，致令仁者時以懸念，至用歉然。

近日寄與子愷之函，記之於下：

八月廿二日，掛號函一件，掛號畫稿等一包。（同時寄與仁者一信片，請仁者至江灣索閱彼函。）

廿三日，函一件。　皆寫新作之詩。

廿四日，信片一張。

廿六日，函一件。

關於畫集之事，乞仁者披閱上記之函片，即可詳悉。朽人重作之詩，除有二首須俟畫集新稿於他日寄到時乃能依畫著筆外，其餘之詩皆已作好。現在專俟子愷將改訂增加之畫稿寄來（連同全部畫稿寄來），朽人即可補作詩二首，並書寫全文。（大約須一個月竣事。）此次關於畫集之事，朽人頗煞費苦心。總期編輯完美，俾無負仁者期望之熱誠耳。不具。

圓淨居士慧照

演音上　八月廿八日

將來畫集出版後，除贈送外，或可酌定微價，在各處寄售流通。因贈送之書斷難普及。有時他人願得者，因已送罄，無處覓求，至為遺憾。

七

（一九二八年九月初四日，溫州慶福寺）

圓淨居士慧覽：

昨奉到尊片。又雙掛號寄到稿本一冊，同時收到。

書寫對照文字，須俟畫稿寄到，乃能書寫。因每頁須參酌畫幅之形式而定其文字所占之地位。（或大或小或長或方或扁，頁頁不同。皆須與畫相稱。）又每寫一頁時，須參觀全部之繪畫及文字之形式，務期前後統一調和。（不能寫一頁，只照管一頁。）故將字與畫分兩回寄上之事，亦勢有所未能。諸乞亮之為幸。

朽意以為此事無須太速。總期假以時日，朽人願竭其心力為之編纂書寫。俾此集可以大體完善，庶不負仁者期望之熱忱耳。

《護生痛言》，至為感佩。擬留此詳讀。俟對照文字寫就，於他日一齊掛號奉上。

《調查錄》中所載之各團體，大半有名無實。故凡有贈送之書，宜先贈一冊。並附一明信片告彼等，如願多得者，可再函索，並附寄郵費，云云。如此辦法，最為合宜也。且就朽人所知者而論。各團體多是若有若無。其能聚集數十人而開念佛會者，其中之人，亦大半不識文字。或有少數之人，曾在私塾讀書數年者，文理亦不能通。故各處贈送之書等寄來者，以五彩石印洋紙西方三聖像，為彼等大半所歡迎請求。其次，則為《彌陀經》白文。至於《彌陀經白話解》，亦有少數之人能閱覽。至其他諸書，則能閱者殊希。

前月北京萬居士之流通處，代人分送《陀羅尼》二種。依《調查錄》所載之各機關，各贈送二十冊。此種悲心，固甚可欽佩。但恐閱者不多。其寄至慶福寺者，直無處可以轉送。即朽人亦不願披閱，只可束之高閣而已。

再者，凡贈送之書，必分出若干部，以極廉之價，於各處寄售。因分送之書，不久即罄。他日有人願得者，無處可以覓求，每興向隅之歎也。

以上兩事，（一為不可多贈。一為須分出若干部寄售。朽人之意，非是阻止法寶流通。實願法寶不致虛棄，俾不負施者之意耳。）實為朽人多年經驗，所常常眼見者。擬請仁者編輯《新調查錄》時，附以贈送佛書時應注意之事數則，刊入。（除上記之二事外，乞仁者與尤居士酌增。）俾他日有人依《調查錄》贈送佛書時，可以得良善之辦法也。

關於畫集印刷排列格式之事，俟後再詳陳。仁等對於此事，具有十分之熱忱，至用欽佩。

《上法場》一畫，擬不編入。

此次未編入之畫稿，雖可希望他年能再出二集。但此事難以預定。且朽人精力衰頹，急欲辦道。此次畫集竣事之後，即謝絕一切，不能再任囑託之事。朽意以為未編入之畫稿，或可附入他種戒殺書中出版。（如居士林之洋裝本，最為合宜。）此事將來有便，再乞仁等酌之。

新作之詩，皆已作就，共十六首。務期將全集之調子，調和整齊。但終未能十分滿意耳。不具。

九月初四日　演音上

畫集出版之後，若直接寄贈與各學校圖書館，似未十分穩妥。應由校中教員轉交，乃為適宜也。現在即可託人調查介紹。如浙江兩級師範圖畫手工專修科，及第一師範畢業生，現在某校任藝術教員者。又如上海美術學校及專科師範畢業生，現在某校任藝術教員者，皆可託子愷及吳夢非等設法調查。其南京兩江師範圖畫手工專修科，可託姜敬廬居士調查。俟畫集出版之後，每校共贈二冊。一贈與此藝術教員，一乞彼轉贈與彼校圖書館。朽意以為不僅限於贈送藝術學校。其他之中等以上之學校，皆可贈送。乞酌之。

或恐此畫集，須遲至明春乃可出版。則延至明春調查亦可。因各校教員，至年底或須更動也。

八

（一九三二年，鎮海伏龍寺）

李圓淨居士[一]：

介紹劉質平居士奉訪。

尊處以後如有新贈送之書，乞每種寄一份，交「寧波火車站車掌室王松泉居士收」，為感。

弘一上

[一]信上開列有受件人李圓淨居士之住址：狄思威路口寶安路永興里底，並有套紅附路線圖。

九

（一九三五年舊十月，惠安淨峯寺）

圓淨居士道鑒：

前函想已收到。近因淨峯住持易人，余擬移居鄉間草庵。其地通信地址未定，以後乞暫勿來信。仁者與豐居士通信時，亦乞代達此意為感。不宣。

演音啟

一〇

（一九三八年閏七月五日，漳州祈保亭）

承寄《戒本彙解》，已收到。近詳閱仁者前寄來之徐居士遺札，內有痛斥清朝經手刻藏經者之言，實為誤會。朽人前已考證清楚，俟將來到泉州時，檢閱諸書，詳陳一切。朽人今年於閩南各地講經演說甚忙，為昔所無。舊曆三月底，在廈門講經。四月八日到漳州講經，本擬住半月即返廈門泉州，不意三天後廈門難起，遂至今不能歸去。但亦藉此機會，在漳州城鄉屢次演說講經及重興念佛會等。近講事多忙，不及詳復為歉。尊撰《佛法導論》，最為精湛。余常勸人讀誦此書。便中乞惠施若干冊，付郵寄下。如有他種之淺近佛書，亦乞附寄下。至感。

舊閏七月五日　演音上

一一

（一九三八年舊八月初八日，漳州瑞竹巖）

圓淨居士道席：

閏月十八日惠書，昨始收到。又前寄之科文校稿一紙，亦已收到。朽人處，舊存有道光年間所刻《華嚴疏鈔玄談》一部（已下疏鈔正文亦有，余未藏），為依明末刊本照樣雕刻。（原文之功德人名等皆照刻，決無變動，似以原印紙頁貼於木板上而刻者。）此中文字，曾與金陵流通本對校，完全相同。故知刪節之事，似在明末，而非清代刻藏者所為也。又朽人昔曾檢《弘教藏》中疏鈔別行原本，與今流通會本對校，而補寫其闕略處，已將《玄談》校寫畢。乃詳細披覽，《玄談》原本前數卷之鈔文中所列之科文尚能齊全。《玄談》後數卷中科文則多缺略，或竟全無。由此可知清涼[二]所撰之鈔文原本中，於科文亦未完全列出。因有別行科文可以對閱，故不須一一列出也。後人或有鑒於此，因將清涼鈔中前後所存列之科文亦遂隨意妄加刪削，以減少字數，而省刻板之費用。此舉雖是冒昧不當，但當時或尚有別行科文存在，似無大妨礙也。又彼等刪節科文時，復變本加厲，順便將鈔文刪去甚多。雖所刪者多無關重要，但亦非所應為也。至清代刻藏時，別行科文似久已不傳，刻藏者於此刪節本不加詳察，遂即依此照刻。以上所言，就朽人所憶記者隨意測度。是否，未敢必也。道光年刊《玄談》，存在泉州，不及檢閱。或有忘誤，且俟將來返泉州後，再詳細檢閱奉復也。爾來精神頹唐，惛憒日甚。匆匆復此。倘有文義訛誤處，乞諒之，為幸。不宣。

舊八月初八日　演音啟

〔一〕清涼，為清涼國師之略。國師名澄觀，字大休，為華嚴宗第四祖，以居清涼山（五臺山）大華嚴寺著《華嚴疏鈔》知名。寂後被謚為清涼國師。

一二

（一九三八年冬，泉州溫陵養老院）

惠書，誦悉。今年在各地（泉、漳、廈、惠）講經，法緣殊勝，昔所未有。律部參考書，皆存廈門。所擬編之書，完成者二三種，尚須刪訂者二三種。此外多編輯粗成，尚未錄寫。近來身體如常，精神甚衰。倘天假之年，精神康健，能返廈門時，乃可著手編錄也。略復不宣。

音啟

一三

（一九三九年端陽後二日，永春普濟寺）

圓晉居士澄覽：

前復函，想已收到。茲寄上《彙解序》一紙，表二紙，為數年前仁者所託寫者。豐居士書一紙，九月二十日發。又一紙，陽曆十一月九日發，共五紙。豐居士之前書，即作為畫集續編之序文。此外再乞仁者及夏居士各撰序一首。豐居士之後書，可為仁者撰序時參考之用。以上豐居士之書，共兩通（前一紙，後者五紙），已由朽人允許贈與性常法師。茲先寄至尊處。俟畫集編輯既竟，豐居士之書兩通不需用時，乞逕寄交性常法師收受可也。又朽人之意，皆於豐居士後書中附註。乞裁酌之。《護生畫集》初集及二集，皆由仁者主編。乞皆收入《瑩庵叢書》中，以為永久之紀念。又豐居士發心畫至六集為止。（每十年一集。）三集之畫七十幅，四集八十幅，五集九十幅，六集百幅。朽人不久即往生西方，此畫集亦不中止。並乞仁者隨時督促之。又豐居士於今年三月十六日寄來之信，亦述及此事，附以奉覽。此信即存尊處，乞勿寄還也。謹陳，不宣。

端陽後二日　音啟

附奉上《華嚴集聯跋》二紙。

一四

（一九三九年舊九月三十日，永春普濟寺）

圓晉居士文席：

朽人世壽周甲已過。擬自下月中旬始，至農曆明年辛巳除夕止，掩室靜修。須俟壬午元旦，乃可與仁等通信也。仁者之地址倘有變動，乞於辛巳十二月初旬寫交性常法師，於壬午元旦清晨由彼面交朽人可也。謹陳，不宣。

九月三十日　音啟

《護生畫》初集題句，附寄上。子愷寄畫至尊處，乞勿轉寄。其頁數之字，乞託人代寫。寫之格式，附紙說明。致夏、豐二居士立幅各一紙，乞便中轉交。又與豐居士立幅一紙。

一五

（一九三九年舊十一月廿四日，永春普濟寺）

圓淨居士文席：

畫稿不久可由承天寺轉寄到。朽人近來身體衰弱，天氣亦寒，約須數日，乃可寫就。仁等籌募之事，即可著手。此事決定進行，不能中止。以前所印畫集初編，仍舊出版。佛學書局出版之英譯畫集，係依原稿所攝影製版者，極為清晰，與原稿無異。將來再製版時，畫幅即可依此英文版翻製，與依原稿無異。原稿雖焚毀，不足憂也。初編中朽人題字，擬俟明年暇時，再寫一組寄上，以備新製版時改換；但文句仍舊不動，以保存舊跡。並為永久之記念也。豐子愷居士處，乞代為致書道謝，恕不另函。

夏曆十一月廿四日　音啟

一六

（一九三九年冬，永春普濟寺）

圓淨居士慧覽：

朽人今歲世壽六十，即擬掩室習靜。（暫未能通信。）關於畫集事（第二集），乞與夏居士接洽一切。現在紙張人工皆漲價，稍遲出版無妨。但此續集將來必須出版，未可中止。朽人在世，可任書寫。倘生西者，乞託豐居士書寫可也。（乞夏居士作序，無須再請馬居士作。）

音啟

一七

（一九三九年，永春普濟寺）

圓淨居士道席：

去秋，曾與開明書店夏居士商酌，欲重寫《護生畫集》題詞，重製鋅版之意。夏居士甚為歡讚。後以戰事擾亂，未能進行。今擬請仁者與陳居士、夏居士商酌辦法。鄙意略述如下。

一、畫幅仍舊，無須重畫。前夏居士有請豐居士重畫之意。余以為豐居士現居廣西鄉間，通信往返甚為遲緩。擬即用前存於上海居士林圖書館原稿本之畫幅，而重新攝影製鋅版。所有舊版，一概廢棄不用。

一、題詞擬變改詞句，及重書寫。原本之詞句有用者存之，否則改之。乞仁等先將古今人所作戒殺放生之詩句，廣為蒐羅寄下，由余斟酌選用。題句既定，即可著手書寫。（此詩句乞託人用楷字書寫，俾易辨識，不至訛誤。）

一、馬居士之序，亦乞重攝影製鋅版。封面之字，亦擬重寫重製版。

一、此畫集原有紙版數套，一概廢棄不用。新製紙版，擬分為大小兩種。大者如開明書店所印，小者如佛學書局所印。以前佛學書局所印者，以大版印小冊，甚不美觀。余意以為若印小冊者，應另製縮小之版而印之，庶可與紙幅相稱合也。

一、泉州交通行長劉居士，欲得新製版一套，存在福州。因福州紙價廉而運費省也。劉居士謂鋅版易於模糊損壞，欲得銅版一套（在上海製就運至福州）。即是以銅而代鋅，全同鋅版之製法。其價較鋅版加倍。劉居士所欲得新版全套，括有封面、序、畫、題詞，及後附之戒殺文。其戒殺文應用銅版或他種，乞仁者酌之。餘俟後陳。

演音啟

一八

（一九四〇年春分，永春普濟寺）

圓淨居士澄覽：

惠書，欣悉一一。茲奉上《盜戒問答》稿一冊，乞先付印。《南山律在家備覽》，一時未易著手編輯。茲擬先輯《南山律在家備覽略編》一部，共三冊。擬分三次出版。第一冊《宗體篇》，第二冊《持犯篇》，第三冊《懺悔篇》、《雜行篇》及附錄。第一及第二冊皆可單行。現已著手先編第一冊《宗體篇》，約於農曆四月五月間可以編就奉上。此略編雖不及廣本完備，然已規模粗具，足供學者之研習矣。《宗體篇》所述者，為如何受戒、得戒；《持犯篇》所述者，為如何持戒。故此二冊，皆可各別流通。朽人近年來，精神大不如前，且時有小疾，《在家備覽》廣本，恐難成就，故先輯此略編，又恐不能完成，故令前二冊皆可單獨流通，即使僅輯成第一冊，或僅輯成第二冊，而命終生西，亦無妨也。戰事於今年當可停止。其時朽人倘尚康健者，擬往廈門整理殘稿。但校訂抄寫皆由朽人自任之，故難以速成也。舊藏榑桑古版律宗典籍甚多，其孤本之佳者有十數部，亦須校訂抄寫乃可寄上也（現皆在鼓浪嶼及廈門）。《比丘戒相表記》，前年由開明書店製鋅版，極為精美，戰事起時已毀失。如有因緣，能再製一套，存佛學書局尤善。前開明製版時，即用第一次石印本為底稿，而製鋅板，但須十分精細注意，乃能得良好之結果。第一次石印本，在上海當可覓求而得也。印刷品似可郵寄。農曆舊年底，夏居士寄來《行事鈔記》二大包，已於元旦日收到。尊函所云印經事，宜早期圓成。但朽人因未能返廈，又無助理者，故難速就。今且隨分隨力編就一二；其未了者，俟當來迴入娑婆時，必可賡續，圓滿其業也。謹復，不宣。

農曆春分晨　音啟

一九

（一九四〇年舊三月十八日，永春普濟寺）

圓晉居士瑩鑑：

惠書，誦悉。諸承關念，至用感慰。朽人近年已來，精力衰頹，時有小疾。編輯之事，僅可量力漸次為之。若欲圓滿成就其業，必須早生極樂，見佛證果，迴入娑婆，乃能為也。古德云：「去去就來」，迴入娑婆，指顧間事耳。《南山律在家備覽略編》第一冊《宗體篇》，至今晨已將第二次正稿寫竟。尚須整理增刪，然後再寫第三次正稿。以前預計，四五月間可以將第一冊稿本寄奉。近以目力不佳，精神恍惚，恐須延期至五月以後乃成就也。《南山年譜》[一]，於數年前已編就，今存鼓浪嶼，僅有數紙。以後擬再編《靈芝年譜》[二]，材料甚少，亦僅三四紙。將來即附於《在家備覽》第三冊後也。《羯磨講錄》久已編就。（共二冊，或四冊。）將來尚擬再為整理，乃能出版。《戒本講錄》，亦久編就。（共二冊，或四冊。）後半尚可用，前半須重編。以上兩種，皆須俟編輯《在家備覽》畢乃能著手。吾人修淨土宗者，以往生極樂為第一標的。其現在所有講經撰述等種種弘法之事，皆在其次。時節到來，撒手便行。決不以弘法事業未畢，而生絲毫貪戀顧惜之心。朽人以上所云編輯諸事，不過姑作此想。經云：「人命在呼吸間」，固不能逆料未來之事也。余與仁者友誼甚厚，故敢盡情言之。乞勿以此信示他人，他人見者或為驚詫也。聶雲臺居士病狀如何？以後來信時乞便中示及。謹復，不宣。

舊三月十八日　音啟

[一]《南山年譜》，即唐終南山道宣律師年譜。

[二]《靈芝年譜》，即宋杭州靈芝寺元照律師年譜。

二〇

（一九四〇年舊五月十二日，永春普濟寺）

圓晉居士再覽：

仁者致常師[一]書，誦悉一一。承詢之事，其一冊，為《行事鈔》中一部分之科表，唯錄舊科而已。其一冊，為《行事鈔持犯方軌表解》之初稿，若欲出版，尚須精校重為編訂。朽人近來對於自己之著作，不願輕易出版者，一、因以凡夫情見僭為編述者，恐未能契理契機。必須先生西方，迴入娑婆，乃可負荷弘法之重任。二、因律學專門之撰述，出版之後，無人能讀，難於流通。昔蔚如居士刻《南山律書》[二]近百餘卷，除贈送之外，罕聞有人出資請購者。即贈送與人，讀者亦希，僅藏置高閣耳。且如朽人近編之《南山律在家備覽略編》，因普被在家人故，將來出版之後，慕名而請購者，或尚有一二百人，若真能披讀而研習了解其義者，或亦僅有仁者及古農、幼希數居士耳。近來目疾增劇，抄錄《備覽》僅及一半，約五十餘頁。尚有一半，未抄錄。謹復，不具。

音啟　五月十二日

附一紙，乞於便中交夏居士為感。此次書寫《備覽》稿，頗為用心。每寫一頁，須一小時以上乃至兩小時。附呈廢稿十善法一紙。

[一]常師，即性常法師。

[二]唐道宣在終南山弘揚律宗，所著書稱《南山律書》。

二一

（一九四〇年六月初五日，永春普濟寺）

圓晉居士澄覽：

惠書，誦悉。《宗體篇》已於前日寫竟。自今日起，寫畫集題句。俟寫畢，即將畫集依信札例郵奉。題句，決定改為加邊（與畫之邊相同），並題頁數（外國頁數）之數目字。則印刷裝訂時，可以整齊也。《宗體篇》共計九十一頁（中國頁數），俟秋涼久晴時郵奉。謹復，不宣。

六月初五日　音啟

二二

（一九四〇年舊六月十日，永春普濟寺）

圓晉居士瑩鑒：

茲寄上畫六十張，封面二張，扉頁一張，字六十一張，馬序一張（初集）。字與邊，皆照原樣製版。倘因字之筆畫太細，不能製鋅版者，乞先影印若干冊，後再依此影印者製版可也。（因影印者，筆畫皆自然加粗故。）每頁下端之數目字，皆連製鋅版。（其計數至一百，下為百一、百二等，不用百〇一字樣。）共計一百廿一頁。（外國頁數。）畫幅上，偶有木炭起草稿之影子。攝影製版時，乞除去。其分甲、乙、丙等，悉依豐居士所標寫者。（見每畫幅後，上端，鉛筆所寫者。）有四幅以朱筆標寫者，係後寄來之畫，由朽人隨宜標寫。（畫幅後面，上端，朱筆所標之一、二、三等，係畫幅之次序，今已無用。）其補題詩偈者，除學童之名以外，大約係豐居士所作，隨宜署多名耳。

六月十日　音啟

二三

（一九四一年舊五月，晉江福林寺）

圓淨居士文席：

近以友人請住檀林鄉中，結夏安居。故得與仁者特殊通信，發起一重要之事。以《護生畫集》正、續編流布之後，頗能契合俗機。豐居士有續繪三、四、五、六編之弘願。而朽人老病日增，未能久待，擬提前早速編輯成就，以此稿本存於上海，俟諸他年絡續付印可也。不宣一一。

音啟

二四

《地藏菩薩本蹟靈感錄》已達五版，至用歡慰。《地藏十輪經》序品一卷，載讚歎感應之文甚多，乞仁者暇時披閱此經。（金陵版《大集地藏十輪經》，最善。序品以後，亦乞詳閱之，當獲益甚大。又《占察善惡業報經》，金陵版經並疏，亦地藏菩薩所說。惟此經說修唯識真如觀法，不能通俗耳。連《本願經》，共三種，世稱為「地藏三經」。又《金剛三昧經》最後一品，金陵版，亦地藏菩薩所說。）擇其通俗易解者，演為淺顯之文及表記，則彌善矣。他經多稱為地藏菩薩，唯有《大乘本生心地觀經》，稱為地藏王菩薩。以上諸經之外，他經中載地藏菩薩之名者，如《華嚴入法界品》四種譯本。（晉譯六十卷內，唐譯八十卷內。西秦別譯，此品名《佛說羅摩伽經》。唐貞元別譯，此品名《普賢行願品》，皆載地藏菩薩之名。但西秦譯曰「持地藏菩薩」，晉譯曰「大地藏菩薩」。）貞元別譯《華嚴十地經》，及《佛說八大菩薩經》等，皆有地藏菩薩之名。此外，又有《百千頌大集經地藏菩薩請問法身讚》一卷。又秘密部亦有載地藏菩薩者，茲不具錄。朽人受菩薩慈恩甚深，故據所知，拉雜寫出，以奉慧覽。蕅益大師〔一〕《靈峯宗論》中，屢有關於地藏菩薩之著作，亦乞仁者披閱之。《續藏經》中，有《地藏菩薩發心因緣十王經》，此是偽經，不宜流布。問：地藏菩薩經中，亦有往生淨土之言否？答：有。今略舉之。秘密部《地藏菩薩儀軌》云：「地藏菩薩說咒已，復說成就法。若念滅罪生善，生身後生極樂，以草護摩〔二〕三萬遍。」《地藏十輪經》云：「當生淨佛國，導師之所居，乘於無上乘，速得最勝智。」又云：「當生淨佛土，遠離諸過惡，住彼證菩提，令離諸瞋忿。」又云：「如是菩薩福德智慧速疾圓滿，不久住清淨佛國。證得無上正等菩提。」又云：「速住淨佛國，證得大菩提。」《占察善惡業報經》云：「地藏菩薩言，若人欲生他方現在淨國者，應當隨彼世界佛之名字，專意誦念，一心不亂。」如是觀察者，決定得生彼佛淨國。善根增長，速獲不退。故蕅益大師依《占察經》立懺法，謂欲隨意往生淨佛國土者，應受持修行此懺悔法。懺法中發願文云：「捨生他世，生在佛前。面奉彌陀，歷侍諸佛。親蒙授記，迴入塵勞。普會羣迷，同歸秘藏。」又懺法有四部：

一、《占察懺儀》。（本名《占察行法》，附義疏後，亦有單行本，武昌印一冊。）

二、《梵本地藏懺願儀》（揚州版一冊）。此二種為蕅益大師作，最善。

三、《地藏懺儀》（杭州版一冊），簡單可用。

四、《梵本地藏懺》（揚州版三冊），太繁雜。

演音白

〔一〕蕅益大師（一五九九——一六五五），名智旭，一名素華，明末四高僧之一。著有《閱藏知津》、《靈峯宗論》等。

〔二〕護摩，印度梵語，義為焚燒，即燒火投物其中的火祭，是密宗常行的修法之一。

致姚石子〔一〕

（一九二八年，上海）

省書，承仁歸信佛法，至可讚憙。輒依鄙見，擇定應用經書若干種，錄之如下：

《印光法師文鈔》　法師今居普陀，昔為名儒。出家已二十餘年，為當世第一高僧。品格高潔嚴厲，為余所最服膺者。《文鈔》之首，有余題辭。又新版排印《安士全書》（為上海佛學推行社所印送。仁者如無此書，請致函索取），第二本末頁，附錄余撰定閱《印光文鈔》次序表。依此次序閱覽（但表中所記一圈者及無圈者，可暫緩閱），自無扞格不通之虞。請先閱《文鈔》第一冊《論》第十六頁《佛教以孝為本論》。又第二冊《書一》第三十四後頁以下《與衛錦洲居士書》，及《覆泰順林介生居士書》三首。因此三首，與仁者近處之境，關係最切。

《靈峯宗論》　為明靈峯蕅益大師文集。近古高僧中知見最正者。先閱此種，自不致為他派之邪說所淆惑。集中文字，深淺互見。凡淨宗、禪宗及天台、賢首、慈恩、密宗等，皆具說之。非專談一法也。可先閱法語及書信二類。但初學亦不能盡解，當於閱時，自擇其所解者先閱，其難解者不妨暫緩。集中文字，篇幅不長，各為起止，不妨跳躍閱覽。初閱佛書者，必不能一一盡解。但漸漸修習，其不解者亦可通曉。萬不可急求速效。又集中卷四之二第四頁《孝聞說》，卷六之一第十一頁《廣孝序》，卷七之四第三頁《建盂蘭盆會疏》，可先檢閱之。

《釋門真孝錄》　專輯佛祖經書中論孝親事者。

《竹窗三筆》、《山房雜錄》、《雲栖遺稿》　皆筆記之類，可以隨時擇閱數則。

《選佛譜》、《選佛圖》　如世間陞官圖之式。常常習擲，自能通達佛法門徑。譜為說明者。此作利益甚大，且饒興味。婦孺尤宜勸其常常擲之，以種善根。

《佛教初學課本》、《釋教三字經》　皆記佛法之大綱，甚為簡要。

《釋迦如來應化事蹟》　為釋迦之歷史，附有圖甚精。

《安士全書》　揚州舊有木版二套。近由上海佛學推行社勸募印送，已得四萬餘部。是書宜雅宜俗，人謂救世寶典，良不虛也。

《佛學撮要》、《佛學初階》、《佛學起信編》、《佛學指南》、《六道輪迴錄》、《學佛實驗談》　皆丁福保編。極淺近，且有興味。凡有不信佛法者，可勸其先閱此類。

《南無阿彌陀佛解》等三種　為學佛者最切近之書，內有余之字蹟數幅。

《佛學問答》　略示佛法之大要。

《新版淨土四經》　可備讀誦。

《彌陀經疏鈔擷》　為解釋《阿彌陀經》最淺近之書。

《觀經圖頌》　為觀無量壽佛圖。

《龍舒淨土文》、《淨土晨鐘》、《徑中徑又徑徵義》　此三種皆勸人修淨業之作，最詳明切要。

《歸元鏡》　依淨宗三祖之傳記，撰成戲曲之本，最有興味。

《往生集》　淨宗往生者之傳記。

以上八種為淨宗入門之書。淨宗者為佛教諸宗之一，即念佛求生西方之法門也。此宗現在最盛，以其廣大普遍，並利三根。印光法師現在專弘此宗。余亦歸信是宗。甚盼仁者亦以此自利利他也。他如禪宗及天台、賢首、慈恩諸宗，皆不甚逗現今之時機。禪宗尤為不宜。以禪宗專被上上利根，當世殊無此種根器。其所謂學禪宗者，大率誤入岐途，可痛慨也。

《極樂莊嚴圖》、《西方接引圖》　皆阿彌陀佛等像。

《釋迦佛坐像》。

《地藏菩薩像》。

此四種皆佛菩薩像，宜懸掛供養。但阿彌陀佛像二種中，擇掛一種。

《地藏菩薩本願經》　可備讀誦。

以上所記之經目，為初學佛法，人事紛繁，未能專力修習者，所應用之書。一以其冊數無多，一以其篇章多不前後承續，可以暇時隨意閱一二葉，不必從頭至尾用意研味也。若再進一步修習，下記數種，可以請閱：

《諸經要集》　分類輯錄諸經中之要義。但多屬事相，不難了解。

《念佛警策》　擇錄淨宗諸家之語錄，甚精要。

《徹悟語錄》與《梵室偶談》合刊。《偶談》即《靈峯宗論》中之一種，大半勸修淨業之語，事理圓明。

《淨土十要》　印光法師盛讚此書，但多未宜於初學。若初學者，可先閱是中《十疑論》、《淨土或問》、《念佛直指》三種。此外則隨分隨力斟酌閱之。

《無量壽經義疏》、《觀經四帖疏》、《阿彌陀經義疏》、《行願品疏節錄》　皆前列淨土四經之註疏。可先閱《四帖疏·上品上生章》之疏文，續閱《阿彌陀經義疏》，然後再閱其他。

《佛說無常經》　為印度僧衆常諷誦者。卷首余有序文。

《在家律要》　既修淨業，宜兼持戒律，可先閱此書，較易了解。

《閱藏知津》　為藏經目錄提要。

《佛學大辭典》　搜輯甚富，可備隨時檢查。

《因是子靜坐法》續篇　常州蔣維喬著。前年著正篇，多依道教。今著續篇，純依佛教，補救前愆。若有願習靜坐者，可閱此書。但專念佛者，不習靜坐無妨。又有蒙同善社之誘惑誤入岐路者，宜速勸其閱此書以糾正之。

佛法廣大，如天普覆，無有世出世間一法能出其外者。故儒、道、回、耶諸法，亦可云屬佛法毫髮之少分，但不如佛法之究竟耳。是以比年以來，吾國佛法昌盛，有一日千里之勢。士夫學者，究心於斯者尤衆。隨其根器之上下，各隨分獲其利益。譬猶一雨之潤，萬卉並育。噫，偉矣哉！仁者為親誦經，謹為擬定日課如下：誦《阿彌陀佛經》一遍，往生咒三遍，念南無阿彌陀佛最少一百八句，後誦迴向文三遍。迴向文代擬如下：「願以此功德，迴向亡母高太恭人。（若為亡父或他人者隨改。）惟願亡母業障速滅，早生西方極樂世界，見佛授記，普度衆生，盡未來際。並願法界有情，同圓種智。」此課約在四十分鐘以內。若念佛多者，則時間亦增多，可隨力為之。又《地藏菩薩本願經》，亦宜諷誦。若人事紛繁，每日可僅誦一品，約三十分鐘以內。若稍暇，每日可誦一卷，合數日誦完一部。每日誦畢，亦誦迴向文三遍，文同上。若更願誦他種經者，如淨土四經中之他三種，皆可誦，繼誦迴向文亦然。如不能常茹素，每晨粥時可茹素一餐，名曰吃早素。仁者可以是廣勸他人。此事甚不為難，常人皆可行之，亦可以此種善因也。又不宜買活物在家中殺戮，若需食者，可買市上已殺之物。如是雖食葷腥，亦可減輕許多罪過。若發心茹素者，可先每月二天，即十五日及三十日（或月小則二十九日）。若再增加，每月四天，則增加初八及二十三之兩天。若再增加，每月六天，即增加十四及二十九（或月小則二十八日）之兩天。於每月六齋日茹素，功德最大，具如佛經廣明。附寄舊書《佛三身讚》等三種一冊，敬以奉贈。如願付印，卷尾空白之處，可自加題跋。又書佛號一幅，願以此功德，迴向令亡母。又舊書菩薩名號一幅，署款奉呈。又寄蓮池《戒殺放生文》一冊，《印造經像文》五冊（余定其綱要，屬尤惜陰撰述者），戒殺放生招貼三紙，統希收入。又石印拙書數種，請轉贈吹萬居士[二]。余於二三年來，發願未寫之經典，尚有十數種。秋涼之後，將繼續書寫。仁者如需用，俟寫就當以奉贈。率復不具。

僧胤疏答

石子居士禮席

〔一〕姚石子（一八九一——一九四五），名光，號復廬，江蘇金山人。曾繼柳亞子之後為南社主持人，與弘一法師為南社舊侶。晚年學佛，藏書甚富。後其子悉以捐獻上海市文物保管會，撰有《復廬聚書獻書記》。

〔二〕高吹萬（一八七九——一九六六），名爕，江蘇金山人，為姚石子之舅，南社耆宿。所著《武林新游草》，息翁李叔同曾為之題簽。

致費範九(一)

（一九二九年四月廿三日，溫州慶福寺）

範九居士：

去冬往閩中，留滯四月。尊書昨始由上海展轉賚至，披誦具悉一一。所詢唐代僧伽化緣詳委，載在唐蔣穎叔著《泗洲顯化傳》。此書已佚失，未能考尋。茲據他書所載者，錄列其卷第。希依次檢閱，是中以《宋高僧傳》較詳。餘皆簡略，且義多重複，茲具寫錄，以備參考。

書名	冊數卷數	頁數及行數
《頻迦大藏經》《宋高僧傳》	致五第十八	四十四頁前起
《續藏經》《佛祖統紀》	第一輯第二編乙第四套第三冊卷四十一	二百五十二頁前上列第四行 又第十五行
仝	卷四十二	二百五十八頁後上列第十三行
仝	卷四十三	二百六十九頁後上列第五行
仝	卷四十四	二百七十八頁後上列第九行
仝	卷四十五	二百八十五頁後下列第九行
仝	第四冊卷四十七	二百九十八頁後上列第七行夏四月等 又下列第十五行揚州等
仝	仝	三百一頁後上列第十四行 又下列第十三行
《釋氏通鑒》	仝第五冊卷八	四百五十九頁前下列第一行
仝	仝	四百六十二頁前下列第十二行 又後上列第五行
仝	仝	四百六十四頁前上列第一行 又下列第十四行
《釋氏資鑒》	仝第五套第一冊卷六	六十頁前上列第九行至下列第十四行止
《佛祖歷代通載》	仝第三冊卷十五	二百四十三頁後下列第十三行
《釋氏稽古略》	仝第六套第一冊卷三	六頁後上列第十四行
《新修科分六學僧傳》	仝第五冊卷三十	四百八十六頁前上列第一行

近患目疾，未遑詳檢。上所記者，或有遺漏，或有誤寫，諸乞亮之。謹復，不具。

四月廿三日　演音疏答
溫州慶福寺

〔一〕費範九（一八八七——一九六七），又名師洪，字慧茂，江蘇南通人。時任上海商務印書館編輯。著有《傭餘雜墨》、《淡遠樓詩》等。

致胡宅梵(一)

一

（一九二九年除夕，上虞法界寺）

勝月居士慧覽：

惠書，誦悉。承施教觀釋義記，敬謝。是間天氣不甚寒，恆在四十五度以上，惟寫字仍未宜耳。小聯等俟稍暖寫奉。

誦經見光明，是徵仁者夙根甚深甚深。又能以不喜不懼對之，可謂千妥萬當。至為忻慰。《印光法師文鈔》，乞從首至尾詳讀一過，擇其要者圈出。依此修持最為穩妥。決不至有著魔等事。又《徹悟禪師語錄》亦甚佳，仁者如尚未閲覽，乞託滬友向功德林請覓，乞云每部二冊者，因此書有數種版。其每部一冊者，為略本；其每部二冊者為完全本。此書甚佳。乞詳閲之。後附《華嚴要旨》，至為精要。乞詳研，當可知《華嚴》八十卷之大意。

《格言》擬請仁者抄寫。附掛號寄奉，乞收入。案此書，應定名稱為《明薛文清公讀書錄選》。附《清三韓梁瀛侯日省錄選》。以前為主，以後為附也。其具名，於書中，仍用賢瓶道人。倘仁者等之意欲標出弘一之名，令讀者生鄭重敬仰之心者。則請仁者撰一序文，冠于卷首，將弘一之名序入可也。

正月廿左右，即動身往甬。或稍可勾留。大約在正月底，二月初旬，或中旬，即可到法界寺也。俟到寺時，再以函聞。惟其地其幽僻。信函須展轉傳送，經多日，乃可達耳。草草奉復，不宣。

《格言》抄寫畢，乞將原本付郵掛號，寄法界寺為感。

除夕　音疏答

新年天氣較暖。為仁者書寫佛名及小聯，附寄奉。又寄地藏菩薩像一軸，敬贈道靜居士。

正月初二日　又白

〔一〕胡宅梵（一九〇二——一九八〇），名維銓，又名惟謙，浙江慈谿人。弘一法師駐錫慈谿金仙寺時，親近法師多年，聞因宅近梵宇，法師為起名曰宅梵。皈依賜法名勝月。一九三〇年，胡氏秉筆為記《弘一大師之童年》。一九三一年撰《弘一大師精選讀書錄日省錄序》。

二

（一九三〇年舊二月六日，泉州承天寺）

兩奉惠書，忻悉一一。《蓮花詞》，極佳。鶉火等為地支之別稱，古人用以紀歲也。余昔已抄出，今遺忘矣。大約《史記·律志》，乞檢之。

舊二月六日　演音啟

三

（一九三〇年冬，溫州慶福寺）

惠書，誦悉。兼閲禪書，亦可。仍乞常閲《淨土十要》及《印光法師嘉言錄》，以了解禪淨之區別也。

勝月居士　　演音啟

四

（一九三〇年十二月初十日，溫州慶福寺）

宅梵居士慧覽：

昨誦惠書，忻悉一一。

《表記》覓得一冊，附掛號郵奉，並奉上《蓮宗正傳》、《念佛十大利益》各數份，乞轉施道侶。

是間自昨日天氣驟寒，故手僵不能作書。照像須俟春暖（李居士來函所云），可以印就。在甬晤洪居士，有詩錄二紙。今以一紙奉贈仁者（為李居士手寫）。其硃筆改寫者為彼第二次稿所自改正。來書所云修持方法，甚善，是徵宿根深厚也。

月名別紙記寫。天寒草草。復此不宣。

音答　十二月初十日

附寄了義法師款小聯，便中乞送至金仙寺面交了義法師手收。又一箋，乞交慧律和尚為感。又《華嚴經疏論纂要》照片，為上海日本報紙《每日新聞》於新曆一月十六日夕刊所登載。謹贈仁者。並乞轉呈慧律和尚一閲。日本人對於此書如此鄭重讚歎，彌見此書可珍貴矣。

五

（一九三〇年舊十二月廿二日，溫州慶福寺）

宅梵居士鑒：

前上函片，想悉收到。明春約於正月下旬，即往法界寺，整理書物，及料理一切未了之事。以後惠書，乞暫寄「百官橫塘廟壽春堂藥店轉法界寺弘一收」。（法界寺距橫塘甚遠，信件須經多人之手，展轉傳遞。故雖掛號，亦不免遺失。至印刷品之小包等，乞勿寄來，因送遞甚不便也。）因不久或即他往也。順頌

法喜

溫州氣候多在四十餘度。但寫字仍未合宜。屬寫之小幅，俟和暖時再寫奉。緩緩另覓妥便寄上。

音啟白　十二月廿二日

六

（一九三一年正月十九日，溫州慶福寺）

勝月居士慧覽：

元旦惠書，誦悉。茲條答如下。

余不久將遁跡遠方。唯仁者之處，可以通信。其他友人處，若無十分要事，即無音問矣。

《本願經白話解》，余願負責鑒定，力助流通。《讚佛譜》，當緩緩隨緣編輯。所定功課，大致妥善。出家前後之作品，皆分散，不足流布。佛像圖章，多為他人所鐫，暇時蓋印奉覽。上海佛學書局有贈書會（見目錄之道，其章程甚善），每年會費一元，可得贈書多種。若一次納費十元，即可永為會友矣。尊邑人士有願發心入會者，乞為介紹。（其匯款可以由民局匯去。）照像，俟李居士寄到，即掛號郵奉。

余近年來，目力昏花，已不能作工細小楷。茲覓得十年前舊書《十大礙行》一葉，以贈仁者。（舊藏周居士家中，今商請轉施與仁者。）他年如有善緣，可以付印流布。（九年前，已付石印一次，久已送完。）並製鋅版存佛學書局，永久印刷流通，但遲遲未妨也。

今年四月，為余之亡母七十冥誕。擬印地藏菩薩像贈送，並流通，以為紀念。仁者前云之印刷格言歌譜等，皆可緩緩為之。惟印地藏菩薩像事，擬以奉託仁者。即以前贈與道靜居士之像為底本，將道靜之上款刪去。用紙覆之，以付石印。（石印不能留版，鋅版可以永存。）並縮小製鋅版大小數種，大者約一尺長。小者如明片形，存貯佛學書局，永久印刷流通。竊謂尋常流通地藏菩薩像，旁有二侍者，似未合宜。今由余刪去，僅有菩薩像一尊，甚為莊嚴，故願此像永久流通也。

附奉硃書小橫幅一張，乞收入。明晨即擬動身往甬，今匆促書此，不具一一。

正月十九日　音疏

七

（一九三一年舊二月六日，上虞法界寺）

勝月居士：

前寄諸寫件，及《四分律表記》、菩薩像等，想早收到。余擬居此度夏。秋涼之時，往廈門禾山。以後決定常與仁者通信。乞寬懷，勿憂慮也。《蕅益大師警訓》，擬於舊曆七月後選編，奉上。現在抄錄編寫他種經律也。此間遞信，甚費周折。倘有要事，以掛號為宜。或可免遺失也。此達，不宣。

舊曆二月六日寄自法界寺

八

（一九三一年舊二月中旬，寧波白衣寺）

勝月居士：

前寄函件，想悉收到。仁者所編《澹宗》稿本，及序文等，乞付郵寄下一閱，為盼。仁者以前編輯時，係混合古今人無有次第。今擬改為舊式。將每人之詩，聚攏一處，而依時代之先後編。未知可否？乞示知。並乞仁者寫著者人名先後次序一紙寄下。

演音啟

九

（一九三一年舊二月廿三日，上虞法界寺）

宅梵居士慧鑒：

惠書及《格言》冊均收到。《廿八大利益》，寫奉。《地藏菩薩本願經白話解》，無須太忙迫。俾寄塵居士可以詳細校改。又余雖往閩南，仍可常常與仁者通信，商量此書之事也。

再者，余自今後，擬減少通信處。唯有仁者等數處，常常通信。

此外則皆暫止。如金仙寺亦幻法師處，亦暫不通信。倘以後彼與仁者晤面時，詢問仁者常通信否，仁者可置之不答，僅云弘一意欲遯世埋名，難於勸阻，止可任其自然，云云。此外皆不必多談。亦不須說妄語也。

舊友堵申甫居士福銑，五年前曾為尊邑縣令，僅數月即免職。近由尊邑紳衆上書敦請堵申甫居士重為縣令。可見政聲甚好也。仁者如至城內，可以訪彼一談。彼與余交誼甚厚，品學兼優，可與之為友，不須由余紹介，僅由仁者於名片上自寫弘一友人字樣。謹復，不宣。居士仁者等稱呼，是泛泛通稱。乞勿介意。

二月廿三日　音上

一〇

（一九三一年四月十三日，上虞法界寺）

勝月居士：

近閱玉山陶覺所編《箴言類鈔》。以彼自己所作之格言，夾入古人著作之中，混雜紊亂，閱之令人不快。余意以為彼自己所作者，即使果足以媲美古人，亦應附錄于後，以示謙德，可也。此種混亂編輯之法，斷不可摹仿。若如是者，將貽譏於世耳。

四月十三日　音白

一一

（一九三一年舊二月廿九日，上虞法界寺）

勝月居士：

惠書，誦悉。題名籤，先寫奉。《滄宗》題詞，來書未說明其意。是否屬余為之書寫。乞再詳示，當加墨也。（此詞是否為仁者所撰，亦應記入。）像之下方無名，不妨。前函附寄《二十八利益》，副署拙名。可志記念也。

《二十八利益》，排於像下之距離格式地位及大小，乞託商務編譯所中精通美術者審酌排列為宜。仁者以後印刷諸品，宜常與上海李圓淨居士言之。彼或附印贈送也（託黃幼希居士介紹）。像印就後，乞各寄十葉。又他書印就，亦希隨時寄示。不宣。

舊二月廿九日　音復

一二

（一九三一年舊三月一日，上虞法界寺）

勝月居士慧鑒：

惠書，誦悉。大字寫就附奉上。稍遲，由上海寄上《地藏菩薩聖德大觀》一包，乞贈毛、葉諸居士可也。仁等欲多得此書，乞向上海狄思威路口寶安路永興里底李圓淨居士處迅速請求，彼即可寄上也。

念佛偈，甚佳。仁者所撰此類詩偈，宜彙編一卷，由佛學書局出版流通也。

返金仙尚無定期，因此間講律之事猶未了也。永明會款想已就緒。普悲師行蹤無人知者，天台僧衆亦不知，甚可疑慮也，不宣。

三月一日　演音

一三

（一九三一年舊三月上旬，上虞法界寺）

前掛號函，想已收到。余存金仙寺書架中，有千手千眼觀世音菩薩像一大張（未裱）。五尺宣紙。折疊置于書上。乞仁者檢出，以皮紙多包數層，貼郵票一角五分，掛號寄下，至為感謝。謹懇，不宣。

演音啟

一四

（一九三一年三月初九日，上虞法界寺）

宅梵居士慧覽：

惠書，誦悉。條答如下。

《滄宗》題詞，僅寫八字。因余衰病，不能構思。乞諒之。

《華嚴經旨歸》，亦說《華嚴大意》。惟文義深耳。

《妄盡還元觀》，甚佳。乞詳讀。其餘一種。亦佳。但太深奧。

此三種，皆賢首國師之作。極有盛名。

仁者欲決定創辦此善舉，須將余之名列入為贊成人。（余向未列善舉之名。今以仁者誠意，故言之。）俾堵居士及尊邑信佛法諸居士皆生忻樂心耳。茲寫致堵居士一函，乞於訪問時面交。余處即不另寄。堵居士任職學界二十餘年。向惡作官。第一次至尊邑，亦因蔡孑民推薦甚力。乃僅二三月即返杭，仍在大學任事。此次係由尊邑紳士之請求，非彼有意欲為吏也。彼為人甚清高。仁者與之談，當可相契。

論學小記，能否選編，不能定。後再酌之。仁者與道靜居士信時，乞代為致謝贈書。道靜居士所示排印之式甚好。

上海佛學書局近發心欲將余之寫經等多種付印流通。前存尊處之《十大礙行》，乞交胡寄塵居士轉送佛學書局。用畢仍寄還存尊處。不宣。

演音復　三月初九日

我輩至好，代閱信亦無妨，乞勿介意。照相二紙，附奉。

十二日　附白

一五

（一九三一年舊三月中旬，上虞法界寺）

前存金仙寺書架內，有日本板洋裝紙盒盛裝書籍二冊。一《寧樂刊經史》，一《四分律藏》，乞共為一包付郵掛號寄下。郵資一角五分，掛號共二角三分。費神，至感。

勝月居士道席

演音啟

一六

（一九三一年舊三月廿三日，上虞法界寺）

勝月居士：

惠書，誦悉。註經圓滿後，即往申商訂一切，甚善。地藏像，如佛學書局願別印，存局流通者，則將此鋅版存佛學書局為宜。俟仁者至申時，與書局主任沈彬翰居士面談可也。范古農居士專管編輯。至印刷發行等事，則沈居士主之。余於十數年來，所寫之佛經，及聯幅等近二十種，今由佛學書局絡續影印。半年內約可印畢，即由書局定價流通。亦可謂勝緣矣。

余於去秋大病一次，未能復元。本月初旬又患病，近已愈。精神氣力遠不如二年之前。應是已入老境矣。《地藏經》，由寄塵居士修改後，再託彼轉請印光老法師修改鑒定。然後再由余略為校閱。因余精力衰頹已極。稍用心思，即難以支持。故須請印光老法師為之負責鑒定，余惟附名而已。

書稿第一頁列名處，先不必寫。俟請印光老法師改正後再寫。其式如下：

印光大師　鑒定
弘一法師
涇縣胡□□寄塵校訂
餘姚胡宅梵勝月演述

草草擬定此式，未知可用否。乞再與胡寄塵面商之。

書中解釋「地藏」二字之義，仍依科注等書為宜。以符述而不作之義。略復，不宣。

舊三月廿三日　音白

託印光老法師修改時，乞請范古農居士寫信介紹懇求。老法師現居蘇州某寺，古農知之。余處則多年不通信矣。

一七

（一九三一年舊四月一日，上虞法界寺）

勝月居士：

前函想已收到。余前存金仙寺書架內諸書之中，如有《有部毗柰耶犯相摘記》、《有部毗柰耶自行鈔》，係中國裝之小本。乞如數檢出，付郵寄下。費神至感。《勝月吟賸》亦乞寄下二冊。《梵籟》，宜早由佛學書局出版。近人喜讀此詩者必甚多也。謹達，不宣。

四月一日　演音啟

一八

（一九三一年舊四月十三日，上虞法界寺）

勝月居士慧鑒：

廿七日惠書，誦悉。木刻經籤，亦收到。《地藏菩薩本願經白話解》，撰述功德圓滿，歡讚無盡。聖像同日寄到，是實不可思議之感應也。朝九華事，朽人甚願隨喜。

堵居士來函，對於尊鄉善舉，甚為贊成。

來書所云，研白齋同人願刻朽人所著經文云云。未知指何種而言。或是佛經之注解，或是與佛法有關係之文字。便乞詳示。

《本願經白話解》，由寄塵居士改削之後，擬先乞寄與余略閱一過。然後再託范古農居士作介紹信寄與蘇州印光老法師鑒定改正。俟其鑒定改正後，再寄與余為最後之鑒定，為宜。再者，如寄與余閱覽時，乞將《演孝疏》同時寄下，因余處無此書也。

近閱陶覺所編《箴言類鈔》。以彼自己之作，夾入古人之中。混雜紊亂，閱之令人不快。余意以為自作者，果足以媲美古人，亦應附錄古人之後，以示謙德可也。附達，不宣。

昔曆四月十三日　音疏

一九

（一九三一年舊四月廿一日，上虞法界寺）

勝月居士：

前復函，想已收到。余於月底或下月初，擬到金仙寺或在五磊寺過夏。良晤不遠，統俟面談。不具。

舊四月廿一日　音上

二〇

（一九三一年舊四月廿四日，上虞法界寺）

勝月居士慧覽：

惠書，忻悉一一。余近在法界寺，心未安寧。頗思他往（此或是佛菩薩感應）。於本月廿一日（即亡母冥誕日）書寫數籤拈之。即拈得往五磊寺之籤。其時余決不知棲蓮法師往彼之事也，故即寫信片，通知仁者。至次日，即二十二日，乃有友人來此，即託彼付郵。而此片付郵之日，即是仁者寫信與余告知棲蓮法師住持五磊之日（仁者之信尾寫二十二日）。因緣巧值，誠不可思議也。余始頗以為與五磊寺老和尚無有深交，若往彼居住，或有未便。今得尊函，乃為釋然。可見世事皆有一定因緣，非凡夫之心所能預擬妄測也。

《讀書錄》樣本，菩薩尊像，皆收到。印工甚佳。

《靈峯警訓》，即著手選定。俟下月初，倘自己無暇抄寫，當攜至金仙寺乞仁者代抄也。

身體近已康健，乞勿念。

印章、書籤，不久即可寫奉。余現在，候上海劉質平居士來法界寺，接談出版之事。大約月底月初，劉居士即可來此。若早來者，余擬於二十八日至金仙寺，至二十九日可以送棲蓮法師進院。若遲者，或至端陽節後，亦未可知也。先此略復，餘俟面談。

四月二十四日　音白

二一

（一九三一年舊四月三十日，慈谿金仙寺）

勝月居士：

前函想已收到。上海劉居士約於舊曆五月初五日到法界寺。大約初八日一同動身（或初九日）。惟行李甚多，天陰雨則未便。必須天晴乃可動身。倘陰者，則更須順延期日也。（將入黃梅時節，陰雨必多。）蕅益大師《警訓略錄》，已編好。並於昨日抄好。共六頁。俟面交。余擬先到金仙寺，後再移住五磊寺。此達。

四月三十日　音上

二二

（一九三一年舊六月十八日，上虞法界寺）

今夕由佛學書局寄到名香一大包，寫明代寂月寄者。或是毛居士[一]所惠施。乞於便中通信時，代為致謝。明日適逢觀世音菩薩聖辰，因緣可謂奇巧。僅以一束送至本寺，於今晚及明日供養菩薩。可令施主得福甚多也。謹達，不具。

舊六月十八晚　演音上

（一）毛居士，即毛契農。

二三

（一九三一年舊七月上旬，慈谿五磊寺）

勝月居士：

余於近二月來，因律學院事牽掣逼迫，神經已十分錯亂不寧。披閱書籍，往往不能了解其義。（昔已解者，今亦不解。）幾同廢人。現擬靜養治療，未知能復元否。前屬校閱之稿本，一時殊難用心披覽。擬請仁者先託古農居士轉乞印光老法師詳細校閱。以後再由余大略草閱一次可耳。《集聯》一冊附奉覽。

《雲棲警訓略錄》及《靈峯警訓略錄》二種，研白齋似一時不及印行。擬請仁者先將草稿寄與古農居士。倘佛學書局願印行者，先由彼處印之為宜。諸乞酌之，不宣。

音啟（二）

（二）胡宅梵抄本上批：「此書不宜發表，恐淺識者誤會，罪過不少。—量記。」本卷第一版已載，照舊保全之。

二四

（一九三一年舊七月中旬，慈谿五磊寺）

勝月居士：

惠書，誦悉。承施藥，甚感。《讀書錄》等二種，別作單行本為宜。交佛學書局廣印，由彼流通，則可廣布也。其雲棲、靈峯等，乞仁者合編四大師警訓，另作一種流通。因釋與儒合為一書，究不相宜。故應分為二部，別行之。余於舊曆八月，或先至金仙寺作結束，然後南游。或由此逕往南洋，亦未可知。謹以預聞。

演書疏

二五

（一九三一年舊八月上旬，慈谿金仙寺）

惠書，誦悉。放生池已開工，甚善（像讚乞照書）。懺法以《占察義疏》後附之《占察懺》為最好。余自出家以來，常禮此懺也。如以為諸佛拜數太多，可以總禮。承惠寄書一包，甚感。《地藏大觀》，如仁者尚欲多得者，乞逕告陳无我、李圓淨居士，必可寄奉也。謹復，不宣。

演音啟

二六

（一九三一年十月十六日，奉化）

仁者有暇，乞惠臨武嶺學校（在溪口）一談。

勝月居士丈室

音啟　十月十六日

二七

（一九三一年舊十一月上旬，慈谿五磊寺）

勝月居士：

頃幻法師來，承悉尊候調適甚慰。余之宿疾，近亦漸愈矣。五磊寺道風日益勝進。過午不食者已有八人。（內有十三歲之在家童子。）十九日大衆於大殿，同發願一次。皆燃臂香。近來由大衆自動的，每日增加念佛二次。（早飯後，午飯後。）此種情形，實為全國所希有。仁者將來暇時，仍希來寺小住。因與善友同居，則道念自然增進。所謂近朱者赤也。謹復，不宣。

音啟

二八

（一九三一年舊十一月中旬，慈谿五磊寺）

勝月居士：

惠書，誦悉。書一捲亦收到。印刷事，如道靜居士所述者甚善，乞照復可也。以前所寄各書，皆乞作為贈與余。因將來寄還，甚不便也。（道靜前寄之書，亦乞贈余。）余近發願編輯律部書。他友之處，多不通訊。惟仁者處仍可照常通函。但以兩個月一次為宜耳，謹達，不宣。

音上

二九

（一九三一年舊十一月下旬，慈谿五磊寺）

承寄書、像，收到敬謝。《白話解》出版後，乞以多部惠施。能至五六包尤感也。

三〇

（一九三一年舊十二月，鎮海伏龍寺）

承寄洋書二冊收到，敬謝。顯真師前寄所錄一冊，已閱畢，附掛號寄上，乞便中轉交。並乞告彼云。此書甚好。以後暇時，可以專錄自己所撰者別為一冊，凡古人成句，或即古人文義而廣演成章者，皆不錄。再由余刪定修飾，頗可流通也。謹陳，不宣。

演音啟

三一

（一九三一年舊十二月，鎮海伏龍寺）

惠書及施筆，已收到，感謝無盡。聖像亦已收到矣。前上函，想達慧覽。不宣。

演音啟

三二

（一九三二年正月八日，鎮海伏龍寺）

尊處所藏地藏菩薩像（小幅者），乞寄下一葉。近來精神較好。仁者所撰《本願經白話解》，將來當可詳為校閱也。毛居士乞便中致候。不宣。

正月八日燈下　音啟龍山

三三

（一九三二年春，鎮海伏龍寺）

兩奉惠書，誦悉。未來無定。暇時希來山一游，本寺誠一法師〔一〕亦常憶念仁者。貝葉尚有數葉，存在金仙寺臥床旁之衣櫥中上層（經書之後面），乞仁者自己檢出。此物余無所用，統乞仁者攜去。但此葉受潮氣即生斑痕，乞慎之。已有黑污處，乞以乾毛巾拂之。謹復，不具。

演音啟

〔一〕誠一法師，為鎮海龍山伏龍寺住持。

三四

（一九三二年春，慈谿金仙寺）

惠書及像等均收到，致謝。佛像翻印者，形式甚佳。較原稿為勝。甚佩葉居士辦事周到也。

顯真師未得念佛三昧，尚是專念初步之工夫。然已難能希有。非多生已來厚植善根及今生勇猛精進者，未能臻此境也。謹復。

演音啟

三五

（一九三二年三月十四日，慈谿金仙寺）

勝月居士慧鑒：

惠書，忻悉一一。仁者所云，身毛聳豎，悲忻交集，及厭棄塵勞專樂佛法等，皆是宿世善根發現，的確無疑。仁者自歸信佛法已來，種種經過情形，可驗仁者多生已來，所植善根，甚深甚深。於道侶中，殊所罕聞。惟願自今以後，腳踏實地，不求玄妙，不求速效，穩穩妥妥，如愚夫愚婦用功之形式做去。越是利根人，越須用笨拙之工夫。如是則千穩萬妥。臨終決生西方，成就菩提大願。《印光法師嘉言錄》，宜常常閱覽。依此而行，決無錯誤。至囑，至囑。

毛、葉二居士〔二〕，宜於佛前自誓受三歸依（誓文別紙寫），法名即酌用前者。

所云去義切要之說，甚是。

以後《佛學半月刊》中，如有登載拙書出版者，乞隨時示知。

范居士寓嘉興月河，但未知近來是否遷移。

放生事甚善。余一時未能至金仙。

寫件俟覓便奉上。謹復，不宣。

三月十四日　演音啟

附錄別紙寫誓文

我弟子姓本名法名□□，從今時，發淨信心。乃至坐菩提場，成等正覺，誓歸依佛，二足勝尊。誓歸依法，離欲勝尊。誓歸依僧，調伏勝尊。如是三寶，是所歸趣，三說。

（宜在佛前供香燭，及其他等供養物。）

〔一〕毛，即毛契農，法名寂月；葉，即葉惟德，法名靜月。

三六

（一九三二年三月十七日，慈谿金仙寺）

宅梵居士：

前復函，想已收到。爾來精神不佳。勝鬘偈草草寫奉，聊為記念可耳。佛像二葉奉上。其題篆文者一葉，由仁者受收。其未題者，乞轉寄與李鴻梁居士。因彼近來搜集古像，故以此贈之也。李居士通訊處為「紹興第五中學」。乞由民局寄下署仁者之名，贈與。謹達，不宣。

三月十七日　演音啟

三七

（一九三二年舊九月，慈谿金仙寺）

勝月居士道鑒：

惠書，誦悉。聖像再版付印，至用忻慰。為胡居士書佛號一葉，乞轉致。謹復，不具。

演音啟

三八

（一九三二年舊十月廿五日，寧波）

宅梵居士慧覽

兩日後，即往廈門。以後通信，暫寄廈門中山公園內東首妙釋寺善契法師轉交弘一收。

普悲師已離天台，未知現在何處。便中乞向顯真師詢之。

仁者詩稿刊本，乞寄一冊，交溫州南門慶福寺當家大師轉交陳智仁居士收，至感。倘有續刊之詩稿，亦乞一併寄去。不宣。

舊十月廿五日　演音啟

三九

（一九三二年舊十一月十七日，廈門萬壽巖）

宅梵居士慧鑒：

今晨誦來書，忻悉一一。簽條三張附寫奉。貴州來函等，久已收到，至感。《讀書錄》，乞多寄若干冊，又小地藏菩薩像，亦乞附寄數張。余來廈以後，弘法之事甚忙。此書及像，擬以分送諸善信也。附有致顯真師等一紙，及彼等寄來之願文三大張，皆乞面交顯真師收，為禱。近來身體康健，乞勿念。不宣。

十一月十七日　演音啟

以後寄書通信，皆寄「廈門中山公園東門內妙釋寺轉交」為妥。

四〇

（一九三二年舊十一月，廈門萬壽巖）

小幅地藏菩薩像，用名片紙印者，甚為精善。近有友人欲得十數幅。倘尊處無有存者，乞設法製版重印若干張，為禱。若有存者，乞寄廈門中山公園妙釋寺轉交。又仁者所印之大幅地藏像，如有存者，亦乞寄下數張。

演音啟

四一

（一九三二年舊十二月五日，廈門妙釋寺）

惠書，誦悉。承寄《四分表記》三包已收到，至用感謝。《讀書錄》，能多寄下若干冊，尤感。其數目，乞仁者酌定。顯真師、蘇居士，仍以居住金仙寺，最為穩妥。余前致函蘇居士，有勸彼等來閩南之意。後詳細思維，多有未妥。故仍住金仙為善。夏季酷熱之時，可由仁者代為設法也。尊恙想已大愈，為念。

舊十二月五日　演音疏

四二

（一九三二年舊十二月十七日，廈門妙釋寺）

惠書，誦悉。大士像及《四分律》，皆已收到，感謝無盡。《讀書錄》，遲遲未妨也。近來身體甚好。謹復，不宣。

舊十二月十七日　演音啟

四三

（一九三二年舊十二月，廈門妙釋寺）

前託亦幻法師奉上一紙，想已收到。

前存金仙寺丈室書架內（大約在下層用破紙包者），有《四分律比丘戒相表記》數包。乞為檢出，另包新紙，付郵掛號寄下。大約每包七冊，重量約在三斤五兩之內。所需郵票，乞仁者惠施，為感。以後通訊處，為「廈門中山公園東門內妙釋寺轉交」。聞小明因又有變故，靜老和尚將退位。顯真師想不能往，仍安居金仙寺否，為念。余稍遲，或再選《靈峯警訓略錄》一卷，別以刊行。但仁者所輯明四大師之作，乞依舊進行。蓋仁者見仁，智者見智。仁者可以依據己意，另選靈峯之文別為一卷也。附白。

演音啟

四四

（一九三二年舊十二月，廈門妙釋寺）

惠書，誦悉。手卷寫竟。余近來寫字，絕不注意，信手揮寫耳。不久擬雲游他方。乞暫勿通訊。附寄近撰《人生之最後》一包，乞收入。

演音啟

宅梵居士道鑒

四五

（一九三二年舊十二月，廈門妙釋寺）

惠書，誦悉。承施聖像，至感。友人欲請是像者甚多。乞再費神託胡居士，將小幅者續寄二三十幀，為禱。因友人皆喜瞻樸耳。北上無期，因校對律書未了。謹復，不宣。

胡居士（即道靜）處乞代致謝。

演音啟

四六

（一九三三年正月十三日，廈門萬壽巖）

勝月居士慧鑒：

是間氣候甚和，天晴出外著夏布大衫，執傘，與重陽前後相似也。近作二偈，又鄭智仁居士詩二首附寫奉覽。《讀書錄》略錄本，雖尚未裝訂，乞檢一份寄與鄭居士溫州謝池巷三十二號鄭伯焜（皈依芝峯法師，法名智仁）。

顯真師及蘇居士想甚安寧。乞為致候。

正月十三日　演音啟

虞愚居士問書法妙義，為說二偈：

文字之相，本不可得。以分別心，云何測度。

若風畫空，無有能所。如是了知，斯謂智者。

智仁居士詩（智仁年三十，自幼習賈，不學而能詩，是宿慧也。初披讀《離騷》，若舊已習誦者，能一一了知也）。

題勝月吟賸

莽莽神州裏，斯文孰起衰。滄江明月夜，何幸讀君詩。

題羅陽選勝錄

慣攜蠟屐踏煙潭，絕妙詩情畫裏參。濁世誰知山水樂，況添高詠繼環庵。

四七

（一九三三年正月，廈門萬壽巖）

惠書，誦悉。前復信片，想已收到。拙書，俟後寄上。舊元旦始，在萬壽巖講《彌陀經》。並編《表記》刊行。以後惠書，仍寄妙釋寺轉交。謹復，不具。

音啟

四八

（一九三三年舊二月十八日，廈門萬壽巖）

勝月居士慧鑒：

前明信，想已收到。《本願經白話解序》已撰就寄交沈居士矣。將來出版後，音願得多部，以分贈同人也。略達，不宣。

演音啟　舊二月十八日

四九

（一九三三年舊四月，廈門萬壽巖）

惠書，誦悉。所言甚是，至用忻慰。余因泉州寺內駐兵，一時未能動身。以後通訊，仍寄廈門妙釋寺轉交。謹復，不宣。

音啟

五〇

（一九三三年舊五月初旬，泉州開元寺）

勝月居士：

惠書，誦悉。序文久已寄去。題籤之事，書局無有信來通告，今為寫一紙奉上，乞轉交。前聞友人云，佛學書局出版之書，錯字太多。此次《白話解》排印時，乞託何居士〔一〕特別精密校對，至要。謹復，不宣。

演音啟

〔一〕何居士，即上海佛學書局編輯何子培。

五一

（一九三三年舊五月中旬，泉州開元寺）

廣洽法師曾勸二居士出資六十元，附印《本願經白話解》。久已寄往上海矣。彼尚欲乞仁者，將《勝月吟賸》，再寄下四冊。因歡喜之人甚多也。附懇者。余前存金仙寺書架中，有《華嚴經校勘表》。乞檢一份，寄至寧波轉章村文昌宮內丁葆青居士收。以後仁者與廣洽法師及余通訊。乞寄「廈門轉泉州府大開元寺內」。

演音啟

五二

（一九三三年舊五月廿三日，泉州開元寺）

宅梵居士：

來開元已半月。《寒笳集》稿，前已寄交沈居士，不久可以印出。仁等需若干冊，乞即函告何居士直寄也。前存金仙寺書架內，有《蕅益大師年譜》草稿一冊，係日本製棉紙本，面畫黃線，中國式裝訂。便中乞檢出寄下。又地藏菩薩像，亦乞再寄下數紙。附箋乞交毛居士。不宣。

五月廿三日　演音啟

惠書寄廈門轉泉州府城大開元寺。

五三

（一九三三年閏五月上旬，泉州開元寺）

續承佛學書局寄《白話解》三包，已收到，敬謝。顯真師來信，已閱悉。便中乞為致意。余不久即移居山中，以後乞暫勿來信。謹達，不具。

演音啟

五四

（一九三三年閏五月中旬，泉州開元寺）

承託佛學書局轉寄惠各書，至用感謝。余近來衰老日甚，前日又咯血，故擬不久往山中靜養。未能來浙江也。倘有友人向仁者詢問余之近狀，乞以是告之。至於通信及寫字等，暫須停止，俾便靜養耳。謹陳，不宣。

演音啟

五五

（一九三三年舊六月，泉州開元寺）

誦尊書，承慈念一切，至用感謝。病甚輕，久已痊愈。惠《澹宗》，甚感。書中稍有錯字，再版時再詳校可耳。謹達。

演音啟

五六

（一九三三年舊七月，泉州開元寺）

由廣洽法師轉交之函，昨日始帶至泉州。披誦，至用歡慰。所云甚是，足徵善根深植，可慶可喜。他人研習讀誦《華嚴》二十年者，亦罕能有此妙論。仁者是有宿慧也。以後暇時，乞閱《華嚴懸談》一遍，當更有得也。又《普賢行願品別行疏鈔》共五冊，極精湛，亦乞請來詳閱。

余以本寺挽留，須稍遲乃能動身。

《地藏經白話解》及《澹宗》，出版時，乞寄開元寺為感。又《佩玉篇》、《讀書錄》選本等，今仁者之處已存無多，而他人頗有欲得者。擬請仁者與何居士商酌，代為募印若干部。並可請佛學書局附印，以流通也。謹復。

音啟　泉州大開元寺

五七

（一九三三年八月晦日，泉州開元寺）

惠書，具悉。尊恙想已痊愈，為念。《地藏經白話解》，今承寄下者已足。無須再匯款續寄。因廈門居士附印者甚多也。余於此間諸事漸作結束，稍遲即移居山中靜養。謹復，不宣。

八月晦日　演音上

五八

（一九三三年舊十一月，泉州開元寺）

惠書，誦悉。別號，甚好，可用。《清涼歌》，由他人主管，余不便催促也。顯真法師信，已收到，晤時乞代告。自來閩後，未知蘇居士消息，仍在金仙用功精進否？謹復，不宣。

演音啟

五九

（一九三五年舊四月，泉州溫陵養老院）

拙輯《彌陀義疏擷要》，及《人生之最後》，共一包，附寄奉，乞收入。不久即往惠安縣山中習靜，並編輯律書，暫未能通信也。不宣。

演音啟

六〇

（一九三五年舊十月，泉州開元寺）

惠書，誦悉。前月底至泉州。下月或他往，往鄉間亦未可知也。以後通訊，暫寄「泉州城內大開元寺」。仁者近撰《大阿彌陀經白話解》，甚善。謹復，不宣。

演音啟

六一

（一九三五年舊十一月一日，泉州承天寺）

勝月居士慧鑒：

居惠安海濱半載。前日到泉州（因寺主辭職，乃隨之移居草庵。以後通訊，仍寄廈門南普陀寺廣洽法師轉交）晤廣洽上人，乃獲披誦來書，忻悉一一。

《晨鐘集》編輯甚善。又以前余編之《佩玉篇》即《讀書錄》等選本，及鋅版阿彌陀佛直幅，兩旁有仁者詩句，乞託何居士與沈居士商量，為之付印，在佛學書局流通可否。直幅仍用海月箋印為宜。謹達，不宣。

舊十一月一日　演音啟

六二

（一九三五年舊十一月，泉州承天寺）

惠書，誦悉。序文及原稿，掛號附寄，乞收入。前承惠寄諸書，悉收到。謹謝。近將移居。新曆十二月初十日（舊曆十一月四日）以後通訊，乞寄廈門轉泉州城內百源村百源庵。

演音啟

六三

（一九三六年正月九日，晉江草庵）

葭月廿八所發之信，昨始披讀。因余自舊十一月底抱病，至今已有起色，但尚未離床耳。前余存於金仙寺書架中有《華嚴玄談》八冊，日本古版《梵本普門品》多冊，《華嚴搜玄記》一部。以上三種，乞檢出包好付郵局掛號，寄至「廈門南普陀寺養正院廣洽法師轉交余收」，至用感謝。余俟病愈，即移居廈門也。《日省錄》及佛號直幅，承代料理流通，至感。

舊正月九日　演音啟

六四

（一九三七年六月十三日，青島湛山寺）

宅梵居士道席：

惠書，誦悉，至用忻慰。書端字寫奉，乞收入。朽人近來朽衰日甚，約於中秋返廈門掩室念佛，求早生西方。來示所云，愈老實愈穩妥之言，誠然誠然。謹復，不宣。

六月十三日　演音疏

六五

（一九三八年正月初四日，晉江草庵）

惠書，始於今日轉到。余現居鄉間草庵，距泉州三十里。數月後大約可返開元寺。俟臨時再奉達也。泉城無有損失，諸事平安，乞勿念。尤化三，為惜陰居士之子也。

正月初四日　演音復

六六

（一九三八年舊四月十九日，廈門南普陀寺）

天氣炎熱。半月左右，即擬將編輯之稿，寄至佛學書局。校對之事，乞仁者諄託何居士擔任為感。半月之後，即往百里外山中避暑。其地幽僻，未能通信。俟返廈門時，再奉告也。

四月十九日　演音啟

六七

（一九三八年舊四月，廈門南普陀寺）

不久擬移居山中避暑。俟通訊住址定後，再以奉聞。

演音啟

致林贊華〔一〕

一

（一九三〇年舊四月一日，泉州承天寺）

贊華居士：

舟中晤談，快慰無已，竊恨相見之晚也。不日將如皖中，附齎舊藏《四十二章三經解》一冊，《華嚴三品》一冊，《往生論註》二冊，以結善緣。陳青等三子，希為致念。江山敻絕，豈復委宣。

曇昉疏　四月一日

〔一〕林贊華，浙江溫州人，法號智明。曾在南京教育界工作，參與過中國佛學會研究活動。

二

（一九三一年正月十一日，溫州慶福寺）

贊華居士慧鑒：

前寄拙書一包，想已收到。前月曾由閩南佛學院蘇居士〔二〕寄贈與支那內學院〔三〕《華嚴經疏論纂要》一部，計四十八冊。此書僅印二十五部，不敷分配。日本各大寺院圖書館索取者甚多。朽人現擬力為設法，總期使彼邦學者滿其所願。至吾國各處應分配者，或稍從緩，且俟將來續印時再寄贈可也。所寄贈與支那內學院之一部，想早由歐陽居士收到。擬請仁者向歐陽居士商酌，可否將此一部轉施與日本，滿其所願。內學院專習相宗，對於《華嚴疏論纂要》之書似非重要，僅供高閣之陳列耳。倘荷慈愍，以此轉施日本，則至用感謝矣。若蒙歐陽居士許可者，則乞仁者將此書取回，分為數包，用牛皮紙包好，付郵局掛號寄至上海北四川路底內山書店內內山完造居士收。並乞惠復，寄寧波轉百官橫塘廟鎮壽春堂藥店轉交法界寺弘一收。因朽人於三四日後即動身往法界寺也。種種費神，感謝無盡。不宣。

舊正月十一日　演音疏

〔一〕蘇居士，即蘇慧純居士。

〔二〕支那內學院，係一九二二年成立于南京的研究法相宗的佛教學術團體，院長為佛學專家歐陽竟無居士。

三

（一九三一年三月二十日，溫州慶福寺）

智明居士慧覽：

惠書，欣悉一一。尊社已建立成就，至用歡慰。附掛號寄上拙書佛號一葉，供養社中，以志讚喜。又舊寫《四十二章經》二種，合裝一冊，亦奉贈仁者，以志紀念。並奉上印本佛書數冊，統乞收入。乞仁者檢是中《五戒相經》一冊轉送與雲雷居士。上海狄思威路口寶安路永興里底一號李榮祥居士處，有石印拙書數種，贈送仁者。如願得者，乞致函索請。近來極忙，與昔年居永嘉時大不同矣，一時未能返甌也。略復不備。

三月二十日　演音啟

附錄語及跋文：

是故精勤持淨戒，不著塵垢如蓮華。

《大方廣佛華嚴經入不思議解脫境界普賢行願品》偈頌句。永寧於時庚午十二月，贊華居士住新都，讀誦般若。集書以奉。永寧大華嚴寺智炬院沙門勝髻。

致李晉章〔一〕

一

（一九三一年舊五月八日，慈谿金仙寺）

晉章居士：

寄上寫經一包，乞收入。其中《梵網經》多二冊，乞轉贈幼樵、品侯二居士為禱。今年六月初五日為令祖百二十歲冥誕，仁者應寫經迴向，如何。謹達，不具。

五月八日　演音啟

〔一〕李晉章（一八九五——一九四五），名麟璽，後改名矯，字雄河，為弘一法師俗家仲兄次子。生前曾服務于天津農工銀行，精篆刻。李叔同出家後所用印章，多出其手。此信寫於一九三一年舊五月八日。是年法師手書大字《阿彌陀經》十六幅，題云：「歲次壬申六月，先進士公百二十齡誕辰，敬書《阿彌陀經》，迴向先考……」

二

（一九三二年舊正月三日，鎮海伏龍寺）

晉章居士慧覽：

久未通信為念。前月託開明書店寄上之書已收到否？惠復寄「寧波轉鎮海西門外龍山伏龍寺弘一收」。

舊正月三日　音啟

三

（一九三二年舊十一月十日，廈門萬壽巖）

晉章居士慧鑒：

到廈門已旬日。前屬為姚仲矩居士哲嗣書佛號，乞示其名字。附一紙乞交徐居士。廈門榴花盛開，結實甚大，余猶著單衣。以後惠書，寄廈門中山公園東門內妙釋寺轉交為宜。

舊十一月十日　演音疏

四

（一九三二年舊十一月廿八日，廈門妙釋寺）

晉章居士：

惠書，誦悉。屬寫各件，俟稍遲書就，一併寄奉。數年前上海報已載余圓寂之事，今為第二次。記載失實，報中常常有之，無足異也。廈門天氣甚暖，余唯著一件布小衫，一件夏布大衫，出門須執傘，與津地八月底天氣相似。榴花、桂花、白蘭花、菊花、山茶花、水仙花，同時盛開。星命家言，余之壽命與尊公相似，亦在六十歲或六十一歲之數。壽命修短，本不足道，姑妄言之可耳。「洗心人讀經室」額紙後方，擬留空白尺餘，由仁者自跋一段，說明此事之因緣。

舊十一月廿八日　演音啟

五

（一九三四年冬，廈門萬壽巖）

晉章居士：

前奉明片，想已收到。茲有奉託者二事：

一、乞仁者為余刻印二三方，寄下以為紀念。大小大約如□或□（略大）或◯或☽皆可。其文字，乞於下列數名中隨意選之：「亡言、無得、吉目、勝音、無畏、大慈、大方廣、音、弘一」。

二、四十年前，津人習白摺小楷，恆用《昨非錄》，係翰林分寫小楷石印精本，共二冊。其文字皆嘉言懿行，頗可流傳。乞向舊書鋪或親友處覓求一部，惠施寄下至感。

寄圖章時，甚費周折，乞向郵局詢問為要。

演音啟

六

（一九三五年舊二月八日，廈門萬壽巖）

惠書，誦悉。印石亦收到，篆刻甚佳。所屬各事，稍暇製就郵奉，先此奉答。

雄河居士

演音啟　舊二月八日

七

（一九三五年舊三月十日，泉州溫陵養老院）

惠書，誦悉。承施佛像、《昨非錄》，至用感謝。在此講律將畢，即擬往百里外山中度夏。郵政不通，以後乞暫勿通訊。俟秋涼時，返廈門再奉告也。

雄河居士

演音疏　三月十日

致趙柏廎（一）

（一九三二年舊十月十八日，鎮海伏龍寺）

前復露片，想已收到。寫經已就，附掛號郵奉。五六年來，未曾以小楷寫經，故筆墨十分生疎。字體亦有俗者未能校正，未能工整，乞亮之。前次尊函，即可以仿宋小號鉛字排印，附於經文之後，更加題目壹行。前函文義甚佳，僅「受具足戒」四字，乞改為「受持五戒」。前函附奉，併乞收入。此經宜用攝影石印為宜。因將來他處可以翻印，廣為流傳（珂羅版不能翻石印）。佛學書局以前所印拙書八種，皆用夾宣紙，摺本，布面。資本既巨，而印摺未精，反損美觀。今寫之經，擬以連史紙石印。中國舊式連史甚佳。倘價太昂，可改為江南連史。中國紙簿面，線訂本。與佛學書局所另印之拙書《地藏經見聞利益品》，大致相同。價廉品精，最為相宜。此經如是印好，再以石印本交佛學書局翻印，依彼之所好印之可也。上海石印書局，倘仁者有素識者，固善，否則乞與李圓淨居士商之，彼必能盡力輔助也。李居士寓上海狄思威路口寶安路永興里底，乘公園靶子場電車，可到狄思威路口，或先與函商亦可，云由余介紹可也。寫經每葉中縫，有之上丅記號，以便印好摺疊時，便利齊整。乞即照樣印之。余約於數日後，即往廈門。以後暫勿來信。俟往廈門後，再以地址奉聞。質平居士處，亦乞代告此意。

柏廎居士慧覽

〔一〕趙柏廎，字願佳，浙江溫州人。

舊十月十八日　演音疏

致黃寄慈〔一〕

（一九三二年，溫州慶福寺）

寄慈質平居士慧鑒〔二〕：

在甬諸承愛護，感謝無已。屬寫之件，俟少暇為之。因不欲潦草塞責也。朽人近年以來，各地書札甚多，苦於無暇答復。今居鄉間，付郵尤為不便。故自今以後，擬減少通信之處。唯有仁等及其他數處，仍繼續通信。此外，皆暫不通信及晤面耳。印西師處，亦不再通信及晤面。以後仁等如與印西師晤面時，或通信時，談及朽人者。乞告彼云：「朽人決定遯世埋名，居住無定所，不願告人，以後請彼毋再通信及晤面云云。」謹達，不具。

陶居士，乞為致候。

音上

〔一〕黃寄慈居士，浙江蕭山人。李叔同執教浙江一師時的學生。善書法篆刻。時任教於浙江奉化溪口武嶺學校。

〔二〕此信由劉質平收藏。

致楊雨農〔一〕

（一九三三年六月二十三日，廈門萬壽巖）

雨農居士禮席：

惠書，誦悉。《往生讚》撰奉。數日後，再郵奉（掛號）一包。內計：

李正元居士屬寫橫披一張。

仁者寄來之餘紙寫小幅三張。（乞隨意贈人。）

《地藏菩薩像》及小聯，共十六份。

仁者、因弘師、李正元居士、鄭伯洛居士（謝池巷三號）各四份。

《地藏菩薩聖德大觀》二冊。

仁者、李正元居士，各一冊。

《授三歸依大意》一份。贈與仁者。

再遲一月左右，又有《寒笳集》八冊寄上。（仁者、因弘師、李正元居士、鄭伯洛居士，各二冊。）

以上各書，皆音所編輯也。

謹復，不宣。

演音疏　舊閏五月一日

〔一〕楊雨農（一八八〇——一九五一），名振炘，字雨農，號巽園，永嘉城區（今溫州市鹿城區）人。業商，慈善家。曾任永嘉商會會長。此信由其孫楊瑞津先生提供彩照手迹稿，金庸收藏。

〔二〕鄭伯洛即鄭伯琅。「洛」「琅」溫州方言同音。

致高文顯〔一〕

一

（一九三三年重陽後二日，泉州開元寺）

勝進居士慧覽：

惠書，具悉。仁者入心理系甚善。余遲月餘，當返廈門也。謹復。

弘一啟　重陽後二日

〔一〕高文顯（一九一三——一九九一），福建南安市埕邊人。畢業廈門大學，親近弘一法師多年。賜號勝進。法師講演，多由他記錄或譯為閩南話。抗戰期間南渡，執教菲律賓。後赴英留學，得博士學位。

二

（一九三五年正月元宵，廈門萬壽巖）

惠書，誦悉。承仁者鄉居安樂，至用忻慰。余於歲首在萬壽〔二〕講小本《彌陀經》七日，並輯講錄一卷。諸緣順遂，堪豫遠念耳。爾後行止未定，猶如落葉，一任業風飄去，寧知方所耶？想仁者不久將返鷺嶼〔三〕，略述所懷，不及郵奉，謹託洽師傳呈。不宣。

勝進居士道席

正月元宵夜　演音白

〔一〕萬壽，即萬壽巖，俗稱山邊巖，在廈門西郊文竈社。

〔二〕鷺嶼，為廈門別名，又稱鷺島、鷺江、鷺門等。

三

（一九三五年九月六日，惠安淨峯寺）

勝進居士道鑒：

承施鼓山刊《梵網》及《王摩詰》，歡感無已。淨峯生活甚安適。近以寺主他往，余亦隨其移居草庵。謹復，不具。

九月六日　演音啟

淨峯居半島之中（與陸地連者僅十之一二），山石玲瓏重疊，世所罕見。民風古樸，猶存千年來之裝飾，有如世外桃源。種植者以地瓜、花生、大麥為主。附白。

四

（一九三五年舊十一月十三日，鼓浪嶼日光巖）

勝進居士道鑒：

近往韓偓墓道碑前，攝影一葉。仁者暇時，宜編輯《韓偓評傳》一卷（或僅題名曰《韓偓》〔一〕，或用他名，乞酌之），偓居南安久，墓亦在此，是為尊邑最勝之古蹟，想仁者必樂為提倡也。

最要者，為辨明《香奩集》決非偓作。（《辭源》中《香奩集》〔在香字部〕一條，已為考據辨正。乞檢閱之。）卷首即須標明此事，以後再詳論之。（書中須前後二處辨正此事。所以再說，不嫌重複者，恐閱者於此事不注意也。）近代《香奩集》流通甚廣，以此污偓，實為恨事。偓乃剛正之人，豈是作香奩詩者？

編輯之法，大致如下：

卷頭，列攝影一幅。後面，乞記此因緣。大略云：「二十二年歲次癸酉十月，講律於泉州大開元寺既竟。下旬，與廣洽諸上人等偕往西門外淨覺寺，於中途獲見此墓道碑，為之驚喜。二十四年乙亥二月，復往墓道碑後山麓，尋覓墓地，卒不可得。是年十一月九日偕廣洽上人往彼攝影，攝者藝軒陳祝信也。」

參考諸書：

《新唐書·韓偓傳》　別紙錄寫，四紙。為黃寄慈手寫者。

《辭源》　別紙錄寫。另有《香奩集》一條，未錄。乞檢尋之。

《歷代名人字典》　別紙錄寫。

《泉州府志》　余錄寫，三紙。

《韓內翰別集》　或名韓翰林學士等。已託蔡丏因尋覓寄奉。倘不可得，乞向唐詩叢刻中（此類之書甚多，余忘其名）尋覓。又廈大藏書甚富，當易覓求。並乞向廈大國學教師（詞章家）詢問，請彼指示一切應參考之書，尤善。

《內庭集》、《金鑾密記遺稿》等。恐不可得。亦乞向他學者詢之。

余久荒文事，不能詳舉參考諸書。乞向廈大教師詢問，及自於圖書館中目錄內尋求，當尚有甚多可資參考者。

書僅一卷，頁數不宜多。所主要者，即是辨正《香奩集》，與偓在南安時諸遺事耳。《新唐書》中所載諸事，唯擇其有興味者略記一二，其他皆僅舉大綱。

仁者於他日編就時，乞託洽上人帶下，由余介紹於書局出版也。

謹陳，不具。

十一月十三日　演音啟

冊頁一函，附奉上。

〔一〕高文顯遵弘一法師指導，撰成《韓偓》一書，抗戰前本擬由上海開明書店出版，後毀於戰火。至一九八四年，始由臺北新文豐出版公司出版。

五

（一九三五年舊十一月，泉州承天寺）

「十歲裁詩走馬成，冷灰殘燭動離情。桐花萬里丹山路，雛鳳清於老鳳聲。」余於八九歲時已讀此詩。今雖記憶，而忘其題及作者人名，似與韓偓有關係。乞詢諸他人，當可知之。附白。

墓道碑字，舊塗朱色，久已脫落。仁者於寒假返里時，能以洋漆（朱色）再塗治之，尤善。（其地在泉州西門外一里餘，大路旁，近村市。）

又余前往山麓覓偓墓不得。仁者倘於附近各地詳為尋覓，或能發見亦未可知也。

余不久仍往惠安講經，後返草庵度歲。

六

（一九三六年正月初九日，晉江草庵）

勝進居士道席：

惠書，誦悉。承施食物，至感。此次病勢幾危，幸賴諸善友代為誦讀懺悔，乃轉為安也。病愈，即來廈。餘面談。不宣。

舊正月初九日　演音啟

杭世駿[一]為清初最有名之學者，其說甚可靠。余在俗時，頗喜讀誦其文字也。

乞考查周尺之量。

乞畫營造尺樣子。

[一]杭世駿，字大宗，號菴海，浙江杭州人。清初著名學者。著有《道古堂文集》等。

七

（一九三六年舊五月廿三日，鼓浪嶼日光巖）

勝進居士：

以前常疑居鼓浪者皆貴族生活，豪華奢侈。今居半月餘，見其民風實較廈門樸素。由廈門移居鼓浪，有如自城市而往鄉間之感。前送來攝影八葉，甚善。持傘背身傍電杆者最佳，《大藏經》及船中者第二。以上三葉，若值攝影展覽會時，可以陳列也。美的等諸照相館殊草率不工，仁者所作實較彼等為勝也。謹達，不宣。

舊五月廿三日　演音啟

八

（一九三六年舊五月，鼓浪嶼日光巖）

《瀛奎律髓》，其中堂目錄中（一二六頁）載之。

又其中堂目錄中（一九三頁），有《楞嚴經》小萬柳堂版本。此書為吳摯甫[一]之女吳芝瑛（已故）所書，甚佳。

《韓偓》原稿（第一次），乞交下對閱，俟明春奉還。

勝進居士鑒

演音　未御目魚[二]書

[一]吳汝綸（一八四〇——一九〇三），字摯甫，安徽桐城人。清同治四年進士，與天津李筱樓（李叔同之父）同科。光緒間，任京師大學堂總教習。為清末著名桐城派文學家。對晚唐詩人韓偓頗有研究，著有《韓翰林集評註》。

[二]目魚，即眼鏡。此名為馬一浮居士所定。

九

（一九三六年舊五月，鼓浪嶼日光巖）

勝進居士慧鑒：

《大藏經》第四十卷，奉還。倘可續借者，擬再借第四十五卷一冊。否則俟下半年開學時再借可也。乞酌之。不宣。

演音啟

一〇

（一九三六年舊六月廿三日，鼓浪嶼日光巖）

勝進居士慧覽：

惠書，誦悉，至用忻慰。余近來健康殊勝，每日學業繁忙，未嘗以為勞耳。前奉上《曾文正公嘉言鈔》，乞先閱梁序及後附傳文。然後研味一一嘉言，當獲無窮利益。王維詩，於暇時偶讀一二首，可見隱逸之樂趣。二書皆余手裝，足可以為記念也。謹復，不具。

演音疏　舊六月廿三日

一一

（一九三六年八月，鼓浪嶼日光巖）

草庵山門聯

此聯下十餘字，或是古人舊句，亦未可知也。

草蘼不除，便覺眼前生意滿。
庵門常掩，毋忘世上苦人多。

呈

會泉老法師

會心當處即是，泉水在山乃清。

一音

溫州北城陋巷，有葉震昌小旅館，房宇卑穢，與九竹相似，門張此聯。余嘗過其地，為之驚嘆。聯為寓此某君撰，固懷才不遇潦倒終身者也。

震川文句〔一〕棚樽盛，
昌谷詩題旅壁多。

勝進居士慧覽　　一音

〔一〕「震川文句」，乃「震川文派」之誤。應以一九二三年於溫州致劉肅平函中引文為準。此信件因憑記憶引文，故有誤。

一二

（一九三六年九月一日，鼓浪嶼日光巖）

勝進居士文席：

惠書，誦悉。南普陀功德樓〔一〕中，余存貯書物甚多，仁者可以移居彼處。以為余守護書物之名義，託廣洽法師向庫房執事者言之，當可允許也。

前交來之稿，已改就。（諸篇皆佳。此書令諸青年讀之，頗可於佛法種植勝因。近年以來，諸青年讀《香奩集》者甚多。此書名《韓偓》（彼等必爭先購買也）。俟他日託洽師帶上。稿紙印格之色，與墨水色相似，故——等記號不易辨認。以後在稿紙反面書寫為宜。（印格大致可見。與正面無異。）夏丏尊諸居士亦常在稿紙反面寫字也。謹復，不備。

九月一日　演音疏

〔一〕功德樓，即廈門南普陀寺天王殿東之樓名。弘一法師曾一度居於此。

一三

（一九三六年九月十九日，鼓浪嶼日光巖）

勝進居士道席：

惠書，誦悉。病中宜熟讀《清涼歌集達恉》。此文依法性宗，說理十分透徹。若明乎此，可知佛法之主旨矣。《清涼歌》，須依音調唱之（後三首最勝，前二平平），其意味乃顯。（此五首曲，以數人之力經五年乃成，又實地試演二年，共七年也。）

仁者病愈時，乞訪忠儒居士，請彼歌唱。（能彈伴奏尤善。）仁者閱之，當悲欣交集矣。仁聲歌集，不知何人所編，余昔未聞其書名也。謹達，不具。

演音啟　九月十九日

一四

（一九三六年秋，鼓浪嶼日光巖）

勝進居士轉念佛會：

余近居日光巖方便掩關。諸緇素屬為演講。竊念余於佛法中最深信者，惟淨土法門。於當代善知識中最佩仰者，惟印光老法師。今舉《嘉言錄》中數則，略為講釋之。

願離娑婆云云　　三九頁
既有真信云云　　四二頁
一切行門云云　　四九頁

諸君暇時，乞常閱《嘉言錄》。每次僅閱一二段，不必多。宜反覆研味其義，不可草草也。

吉目

一五

（一九三六年舊十月三日，鼓浪嶼日光巖）

勝進居士道鑒：

惠書，厚意誠摯，至用感謝。曾於佛前占示，居住廈門不宜。將來隨緣所住，現在且不計劃也。居日光別院半載，自己甚獲利益，於古浪弘化事亦稍有裨益，甚可慶慰。至於不久居者，乃是宿業，非人力所能致也。此紙乞呈洽師一閱。不宣。

南山律祖涅槃日　演音疏

一六

（一九三六年，鼓浪嶼日光巖）

送上印刷品掛號五件。

普通信三件。

明信片六葉。

乞費神轉送，至感。

勝進居士

音啟

一七

（一九三七年正月十二日，廈門南普陀寺）

邇來心緒不佳，諸事繁忙，養正院訓育課擬請仁者代授。四月初旬，講律事即可結束。將往他方，埋名遯世，以終其天年。實不願久墮此名聞利養窟中，以辜負出家之本志也。不宣。

勝進居士道席

音啟

《韓偓》原稿，附奉還。

一八

（一九三七年正月廿二日，廈門南普陀寺）

勝進居士：

惠書，誦悉。此事乞為辭謝。余近來諸事謹慎，冀無大過。詩云：戰戰兢兢，如臨深淵，如履薄冰。常服膺此言矣。三年前曾擬訂幼年僧學課用書一紙，存仁者處，乞抄底稿（全文）交下，李君名相勗〔一〕否?乞示知，將寫字幅贈送也。不宣。

正月廿二日　演音啟

〔一〕李相勗，為當時廈門大學教師。曾託勝進居士請大師到廈大開示佛法，師辭不往。

一九

（一九三七年舊正月廿九日，廈門南普陀寺）

昨日出外，見聞者三事：

一、余買價值一元餘之橡皮鞋一雙，店員僅索價七角。

二、在馬路中聞有人吹口琴，其曲為日本國歌。

三、歸途淒風寒雨。

勝進居士慧覽

正月廿九日　演音

二〇

（一九三七年舊二月十日，廈門南普陀寺）

勝進居士道鑑：

惠書，誦悉。承轉寄諸信，至用感謝。不慧以後擬謝絕諸事，專心撰述。若有外間寄來之信件，皆乞送存廣洽法師處，未能披閱。其他如寫字諸事，亦悉辭謝也。謹復，不宣。

二月十日　演音啟

二一

（一九三七年舊二月，廈門南普陀寺）

一斗夜來陪漢史，

千春朝起展萊衣。

此廈門某氏宅門聯也。未知是古詩句，或其自撰。幽秀沈著，洵為佳句。書法亦神似東坡（應是高士手筆）。其地址如下記。仁者暇時，可往一閱。能詢其撰書者為何人，則至善矣。門內下首邊房亦有聯，余未見，仁者能入門一閱否?

勝進居士

一音啟

余至南閩八年，罕見有如是佳聯。足與南普陀山門「分派洛伽」〔二〕一聯，相媲美也。

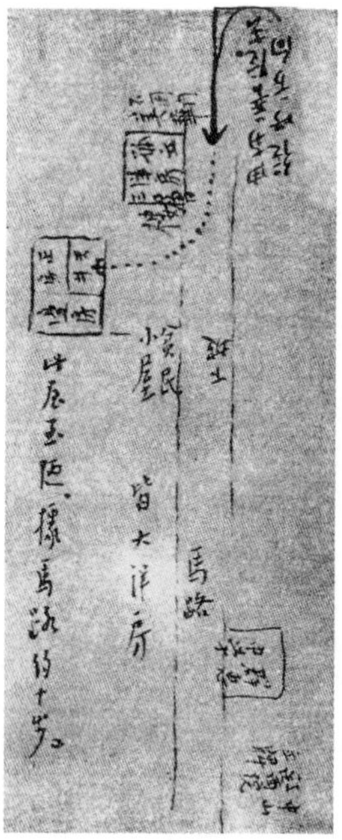

（一）「分派洛伽」一聯，為福州陳衍石遺所撰書。句云：「分派洛伽開法宇，隔江太武拱山門。」

二二

（一九三七年春，廈門南普陀寺）

勝進居士

送上書三包，信二件。唯有沈彬翰書一包係單掛號。此懇

音啟

二三

（一九三七年四月十日，廈門南普陀寺）

勝進居士文席

《越風》（一）稿，定於五日截止。今天已是十日，宜速寄去。余需用《英語分類會話》（宜簡單，初步）一冊，仁者如有，乞以惠施，否則乞為購之，以小冊者為宜也。五十八歲復溫習英語，亦一趣聞也。

音啟

（一）《越風》，為抗戰前杭州出版之文史半月刊，曾約弘一法師寫《我在西湖出家的經過》一文，由高勝進筆記，刊於《越風》（一九三七年）增刊號《西湖特輯》。

二四

（一九三八年舊三月，惠安科山寺）

勝進居士文席：

前函所云工作忙迫等。案用功之人，每日應有數小時運動及休息，又星期日一天亦應休息，如是則身體精神乃能康健。偓傳，俟年假時再繼續撰述，遲緩無妨。大學課業多忙，若以餘暇致力於此，恐身心將受大傷也。前交下之稿，俟稍暇為之修改奉上。先此陳達，不宣。

演音疏

松洋洞（在松洋山）唐韓偓（載《螺陽文獻》）

微茫煙水碧雲間，掛杖南來渡遠山。
冠履莫教親紫閣，衲衣且上傍禪關。
青邱有地榛苓茂，故國無階麥黍繁。
午夜鐘聲聞北闕，六龍繞殿幾時攀？

戊寅春殘，與勝進居士游慧水，獲此詩為書之。亡言

二五

（一九三八年十二月十四日，晉江安海水心亭）

勝進居士慧鑑：

寫前箋後，僅四小時餘，江南信局人來，帶到惠書及施十金，感謝無盡。不久（明日上午動身，約在泉州住數日）即往永春普濟寺。屬書者名字，乞寫示。（分為小聯、小中堂、小橫額三種，乞注明。若是女士亦乞注明。）寫畢，擬託人帶至泉州百源庵。請覺徹法師設法帶至菲島。

近聞永春鄉間某寺，有韓偓所寫對聯等之石刻。俟到永春後，當託人以墨拓之，可以縮印於評傳中也。

朽人此次在安海演講三日，聽衆多至近七百人。在雙靈寺講一次。居安海水心亭一月，寫字三百餘件。前在漳州時，寫字近千件。今歲法緣甚盛，但自慚德薄能鮮，實不能勝弘法之任。故將歸隱山中，退而修德耳。

今年所以特往閩南各地，隨分隨力弘揚佛法者，因余在閩南居住，今已十年，深蒙閩南諸緇素善友愛護。邇來老態漸增，不久即往生極樂。故於此數月之內，勉力弘法，以報答閩南諸善友之厚恩耳。

以後惠書，乞託性老法師轉寄永春普濟寺妙慧師轉交與余，至妥。謹復，不宣。

十二月十四日　演音上

託人以墨拓偓寫石刻事，請性老人以函督促。

此紙，乞呈與性老人一閱。

二六

（一九三九年舊二月廿三日，泉州溫陵養老院）

勝進居士文席：

惠書，誦悉。承施金，已收到，感謝無盡。《安海法音錄》已出版，曾託百源庵寄上多冊，想已收到。舊曆十月下旬到泉州後，迄於近日狀況，略述如下：

十月下旬，在清塵堂，講《藥師如來法門》一次。此講稿已印行兩次。

十一月初旬，在承天寺，講《金剛經大意》一次。法院曾院長請講。

十一月下旬，在承天寺，講《最後之□□》一次。已印行，為養正院學僧講。

十二月一日始，至正月廿四日，閉關謝客。

因聞省府令，將使僧衆服兵役事，於正月廿五日在寺演講一次，安慰僧衆。（倘此事實行時，願為力爭，並絕食以要求。令大衆毋懼。雖往永春，亦仍負責。）

正月元旦始，在月臺別院（即關房內），講《藥師經》，共十日。

二月五日始，在月臺別院，講《裴相發菩提心文》，共三日。

二月十日始，在承天寺，講《藥師經》，共七日。

二月十九日，在朵蓮寺，講《讀誦華嚴經之靈感事蹟》一次。

二月二十日，在光明寺（即世齊堂），講《持誦藥師咒之方法》一次。不久可以印行。

二月二十一日，在同蓮寺，講《淨土法門之殊勝》一次。

二月二十二日，在溫陵養老院，講《地藏菩薩之靈感事蹟》一次。

此次至泉州，居住約四閱月。名聞利養較前益勝。自慚涼德，名實不符，時用慚恧耳。此四月中，寫字約千件上下。後天擬往永春。略述不具。

二月廿三日　演

戊寅，舊曆（已下悉同）正月元旦始至初十日止，在草庵，講《華嚴普賢行願品》。

二十日，到泉州，住承天寺月臺別院。

二十六日，在大開元寺，講《念佛能免災難》。

二月初一日始至初十日止，在承天寺，講《華嚴普賢行願品》。

十二日，在開元慈兒院，講《釋迦牟尼佛在因地時為法捨身事》。

十三日，在婦人養老院，講《淨土法門》。

十四日，在溫陵男養老院，講《勞動與念佛》。

十六日，在崇福寺，講《三歸五戒淺義》。復在救濟院，勸念觀世音菩薩名號。（為院衆近百人授三歸依。）

十七日始至二十日止，在大開元寺，講《心經》。

二十三日，在朵蓮寺，講《藥師如來本願功德經大意》。

二十六日，在昭昧國學專校，講《佛教之源流及宗派》。復有他校二處請演講，未能往。

三月初一日始至初三日止，在清塵堂，講《華嚴大意》。

初五日，往惠安。

初八日，值念佛會，為講《修淨土宗者應注意之數事》。

初九日，講《十宗略義》。

初十日，講《華嚴五教大意》。學校請演講，未往。

十一日，歸泉州。

二十一日，往廈門，應鼓浪嶼了閒社法會請，演講三日。復往福州[一]弘法。

[一] 後以赴漳，福州未果行。

二七

（一九三九年舊二月三十日，永春普濟寺）

乞附寄菲律賓大乘信願寺轉交高文顯居士收

前奉二箋，想已收到。農曆二月二十四日，至水門龍溪寺，講建興藥師寺之利益。

二十五日，至永春城，居桃源殿。

二十七日，講《佛教之修持簡易方法》。不久可出版。

二十八日，至蓬壺普濟寺。

近二月來，講經、見客、寫字等，身心疲勞已極。擬在此靜養數月，或即在此往生安樂國耳。

性公老法師前，乞代問安。

農曆二月三十日　音啟

二八

（一九三九年舊四月廿二日，永春普濟寺）

勝進居士文席：

惠書，忻悉一一。忠儒居士施資二十金，已收到，乞代致謝。居桃林兩月，雨不可止，悶熱時無涼風，與海濱氣候大異也。謹復，不宣。

性老法師惠書，已拜誦，乞代問安。

農曆四月廿二日　音啟

二九

（一九三九年舊九月二十八日，永春普濟寺）

勝進居士文席：

關於韓偓事，錄陳於下：

永春陳山巖之「一簇人煙入畫圖」之楹聯石刻，《永春縣志》誤作朱晦翁題。前李芳遠童子親至陳山巖尋覓，見石刻署款之處，原有「玉山樵人」之名，竟為他人塗去，復改刻晦翁之名。童子歸而檢閱《人名大辭典》，乃知「玉山樵人」即偓之別字也。此聯，朽人屢託人拓摹，皆未成就。只可俟仁者返國時再拓。陳山巖距普濟寺約三十餘里。新編之《永春縣志》，為永春名儒鄭翹松（別號臥雲老人）孝廉所撰，久已付刊。此外尚有補遺之文而未刊者。此中有《流寓傳補遺·韓偓》之文。今擇錄於下，以備仁者採取。

傳云：（前略）事具《新唐書》及省志，文繁不錄。錄其入閩以後事，而剌取偓詩集中年月可徵者，以明本末，而補前志之闕。（中略）轉徙湖南、江西間。未幾，挈家來閩，時天祐二年丙寅秋也。（中略）住福州者三年。己巳春正月，自沙縣抵邵武，將為撫信之行。到纔一夕，而閩相急使請還。於是返沙縣寓焉。明年，自劍適泉，經桃林場（永春舊為桃林場治地），留兩年，賦詠不輟。今《翰林集·此翁》已下數十篇，及《香奩集》中《多情篇》是也。（中略）來而復去，去而復來。卒依審邽父子於泉，而不復履省垣。豈逆料審知不能抗節討逆以伸大義於天下，故欲遠涉吳晉，以冀得一當歟？（中略）其復也，不遽抵泉，而委蛇於鵬山之陽、桃溪之濱者至歷兩年之久。（中略）明之季世，王愧兩（忠孝，晉江人）、徐闇公（孚遠，松江人）嘗避地舟山，見偓斷碑，謂偓實終浙島，非瘞閩地。雖無確徵，亦可以博異聞。（中略）偓詩贍麗，亦類商隱。香奩纖艷，規橅「無題」，而興趣深遠不逮。（中略）獨《感事》一篇，指事類情，精深律切。較商隱寄哀甘露之變者，駸駸有度越驊騮之概。（中略）惟末章有一二語，似與前後不甚相應。疑非偓原本，而為妄庸子所誤竄者。（下略）

以上十行皆擇錄《永春縣志·流寓傳補遺·韓偓》之文，其應注意者，以朱筆點之。

附陳：

偓終舟山事。舟山見偓斷碑，為王忠孝所發見，載在徐闇公《釣璜堂集》。此書共二十卷，民國初年新刊。卷首年譜及七絕句中，頗可徵信，云云。此為鄭君所述。感事詩三十四韻中，後六韻，即濺血等十二句，頗可刪去。此為鄭君與余面談。

鄭君居永春縣城。仁者返國後，乞至永春縣城，暫住桃源殿。住持，妙用師。乞託妙用師介紹，往鄭君家中晤談一切。鄭君博聞強記，尤長於史學，當代之名儒也。

《永春縣志・流寓傳補遺・韓偓傳》全文，朽人已託人錄出。因文繁紙重，未能寄上。今檢交性常法師，代為收貯。俟仁者返國時，向彼領取可也。

朽人不久移居靈應寺。以後通信，乞寄南安縣洪瀨樹德寺轉交靈應寺弘一收。

舊九月二十八日　音啟

三〇

（一九三九年十二月四日，永春普濟寺）

勝進居士文席：

近閱《華嚴疏鈔》，有引「枕上片時春夢中，行盡江南數千里」之句。考《會玄記》（釋疏鈔者）云：此為唐岑參《春夢》詩也。上二句云：「洞房昨夜春風起，遙憶美人湘江水。」又近日閱《靈峯宗論》（明蕅益大師撰）有詩云：

日輪挽作鏡，海水挹作盆。照我忠義膽，浴我法臣魂。九死心不悔，塵劫願猶存。為檄虛空界，何人共此輪。

第三句與第一句相應，第四句與第二句相應。激昂雄健，為高僧詩中所罕見者。附以奉玄賞。謹陳，不宣。

十二月四日　演音疏

三一

（一九四〇年四月二十八日，永春普濟寺）

勝進居士澄覽：

近聞仁等集資印經多部，至用歡讚。朽人自去秋始，閉門養痾。老態日增，精神恍惚（日未落即臥牀）。故於諸善友所，音訊疏闊。近仍居普濟頂寺，不復作出山想矣。泉州等處米價奇昂，每元僅易米一斤，貧民苦矣。臨穎不勝悲歎。略陳，不宣。

四月二十八日　善夢啟

三二

（一九四〇年六月廿六日，永春普濟寺）

勝進居士文席：

惠書，忻悉一一。承施資，擬以印《九華垂蹟圖》。泉州諸友發起印千部，聞將圓滿成就矣。朽人爾來衰老益甚，於此娑婆世界未能久住。當來往生安養，必與仁者歡聚耳。乞仁者勤修淨業，發願力行，是所厚望焉。附奉上范居士法語一紙，希時以省覽，當獲深益。謹復，不宣。

六月廿六日　音啟

三三

（一九四一年二月，南安靈應寺）

奉上《韓翰林集評注》一冊，為北方新刊本，吳摯甫評注。吳氏為晚清文學大家，其所評注頗為精湛。後跋署闓生者，其子也。謂《香奩集》為假物寓興而作非是實事，此亦舊說。乃至今人作香奩詩者何嘗不以是自文其過也。

吳摯甫氏與先父為進士同年，時先父年踰五旬，吳氏僅二十餘歲。彼晚年頗留意新學，嘗往日本考察學制，撰《東游日記》。其他撰述甚多。

勝進居士慧覽

演音啟

三四

（一九四一年七月一日，晉江福林寺）

勝進居士文席：

前獲性老人書，悉尊輯偓傳草稿已就，至用歡喜讚歎。泉地時局未靖，飛機之聲常聞，或恐不免兵火之災，故尊稿以緩寄下為妥。俟時事稍定，再奉聞也。朽人近來體力尚健，腰背足步胃口等皆如少年。惟精神衰減耳。謹陳，不宣。

通信處，泉州南門外石獅檀林街福林寺。

七月一日　音啟

三五

（一九四一年舊八月二日，晉江福林寺）

勝進居士道席：

偓傳稿，披誦數四，歡慰無已。考據精詳，論斷正確。雖曰表彰忠節，實亦闡揚佛法。功在萬世，利及羣生，豈唯偓一人受其賜耶？昨今已略為刪改，未審當否，還乞仁者裁酌之。書中尚有數事，乞仁者暇時自加補校。

標志記號有脫落處。

『「記號有不統一處。〰〰〰等

人名上有未寫時代者。

與佛法之關係一章，乞暇時先起草撰述交下。余願先為校訂此章，因此章甚重要也。不宣。

八月二日　演音啟

致崔澍萍〔一〕

一

（一九三四年正月十六日，晉江草庵）

德振居士慧鑒：

前復明信，諒已收到。仁者欲學戒，宜常讀誦《梵網經戒本》，並詳研《賢首疏》。雖受五戒，亦應依疏中戒相而研習也。此二書有流通天津版大字《梵網經菩薩戒本》（不是揚州衆香庵版），金陵版《梵網經菩薩戒本疏》。（即是《賢首疏內記》，撰者法藏是。）余居鄉間，不能通信。俟下半年移居城內，或再致書奉聞。不宣。

甲戌舊正月十六日　演音啟

《華嚴經普賢行願品淨行品初迴向章》（余有書寫者，佛學書局流通），應常常讀誦，以長養大菩提心。附白。

〔一〕崔澍萍，號德振，江蘇南通人。曾主持南通唐閘佛教居士林。

二

（一九三四年正月二十六日，晉江草庵）

德振居士慧鑒：

惠書，誦悉。茲別答如下：佛制無有遙授歸依之法。今仁者發心在唐閘宣文秉受，乃是自誓受戒也。自誓受時，宜注意者，先說三歸之時正得戒體，此時最為要緊。後說五戒名者，乃是略宣戒相，非於此時而得戒也。來書所言，各節皆是，至用忻慰。明晨，即擬遠行。略復，不宣。

舊正月二十六日　演音啟

致聶雲臺〔一〕

（一九三五年四月十四日，惠安淨峯寺）

雲臺居士道鑒：

惠書，誦悉。「彎彎新月」讚偈，余于十年前聞之，已知其非。嘗勸改用《普門品》中五言偈句。但以人微言輕，又因積習難改，故未能實行。近聞廈門南普陀寺於數年前已改用《燄口》〔二〕書中所載普陀七言四句偈，則勝「彎彎新月」多多矣。（此偈附寫紙尾。）余意讚偈應選用經中所載者為宜，似較別撰者優也。但今世諸僧衆，若令其改唱經偈，恐咿啞不能上口。未若改《燄口》中四句，是為彼等放燄口時所常唱者，必能易於改變也。爐香讚（此是供養讚，非讚佛也），始見於蓮池大師〔三〕所訂課誦中。故知此讚最古。其他皆後世俗僧或腐儒之作，罕有可取者。余自慚德薄，雖久有訂正之意，然無人信受，唯可付之長歎耳。

再者，近來念佛時常用之「願生西方淨土中」四句，其末句為「不退菩薩為伴侶」，語氣殊未完足（似尚有下文者）。且此四句僅言生西，而無利生之願，亦有未合。余於五六年前曾勸人將第四句改為「普利一切諸含識」（用《普賢行願品》成句），則語氣既能完足，且具利生之願。但至今猶無人承用者，可見習慣難改。而僧衆多奔走營務，亦罕有注意於此者，可長歎耳。謹復，不宣。

演音啟

讚觀世音菩薩偈：「普陀洛伽常入定，隨緣赴感靡不周，尋聲救苦度羣迷，故號名為觀自在。」（載於天寧版《燄口》第三十七頁）〔四〕

〔一〕聶雲臺（一八八〇——一九五三），名其傑，湖南衡山人。其母曾國藩季女。曾任上海總商會會長。初信基督教，中年因病改信佛教，法名慧傑，於佛教造詣頗深。

〔二〕《燄口》，書名，即《救拔燄口餓鬼陀羅尼經》。按燄口，原為餓鬼名。「放燄口」的佛事活動，是為餓鬼施食的一種儀式。

〔三〕蓮池大師（一五三五——一六一五），名袾宏，浙江杭州人。明末四高僧之一。以居杭州雲棲寺，亦稱他為雲棲大師。

〔四〕此件發表於《晚晴山房書簡》時，信末無標時。但發表於《覺有情》卻標時為「一九三五年四月十四日」。本文題下標時從《覺有情》。

致嘯川

（一九三六年正月，晉江草庵）

嘯川居士玄覽：

草積不除，便覺眼前生意滿。

庵門常掩，毋忘世上苦人多。

此數年前為草庵所撰寺門聯句。下七字，疑是古人舊句，然亦未能定也。眼前生意滿者，生意指草而言。此上聯隱含慈悲博愛之意。宋儒周、程、朱諸子文中，常有此類之言。即是觀天地生物氣象，而興起仁民愛物之懷也。

亡言

致繆滌源

（一九三六年閏三月二日，廈門南普陀寺）

滌源居士道席：

惠書，今日始轉遞到。（淨峯住持於去年九月辭職。余隨彼往泉州鄉間度歲。今春到廈門。）戒法不能遙授。乞仁者於佛前自誓受為宜。應先受不邪淫、不飲酒二戒，其餘緩受。盜戒極微細難持（常人不知），應格外鄭重。至要，至要。出家之事，且看將來因緣如何，不可固執。拙書一葉附奉上。通訊乞寄廈門南普陀寺養正院轉交弘一收。謹復，不宣。

演音啟　舊閏三月二日

致葉宗擇〔一〕

一

（一九三六年閏三月廿六日，廈門南普陀寺）

宗擇居士慧鑒：

久別為念。爾來精力衰頹，反不如正月間，恐未能往泉州，至用歉然。拙書小聯及講稿，附奉上，乞收入。尊翁及令弟〔二〕歸國時，乞為致候。不宣。

閏三月廿六日　弘一啟

〔一〕葉宗擇，原名禽擇。印光法師為其起法號曰宗擇。係葉青眼居士長子。時任泉州開元慈兒院教務主任。

〔二〕令弟，即葉宗定，原名四遊。印光法師為其起法號曰宗定。係宗擇之弟。時就學於廈門大學附中。一九三八年曾隨父葉青眼赴南洋一行。

二

（一九三八年五月二十日，漳州瑞竹巖）

宗擇、宗定居士同鑒：

惠書，誦悉。仁等精進嚮道，至用忻慰。朽人暫住瑞竹巖，俟車路通時，乃能返泉也。巖中多宋明古物，如銅鐘、錫盒、木香爐及榜聯等。聯語皆佳，錄二如下。

風靜潮初滿，山空月正中。　明天啟　陳天受

夙根有慧皆森發，上善無聲自廣長。　九皋居士

尊翁惠書及明信悉收誦，乞代致候。郵券已收，敬謝。謹復，不宣。

五月二十日　演音疏

三

（一九三八年六月二日，漳州瑞竹巖）

宗擇
宗定 居士清鑒：

前復書想已收到。世變日亟，未審何時乃能歸清源？奉上近作一首，乞寫示鄭健魂、高文顯（在水頭或已避難他方）諸居士，或是此生最後之作，亦未可知也。竹巖丈室有題壁詩二首。詩有逸致。書法極佳，似東坡。惜為灰粉塗抹，未能觀其真蹟耳。

我本雲水一野僧，無名無利□□□。
峯巒疊□顏蒼聳，江□添波勢涌騰。
靜裏方知人事險，年來已覺佛門陵。
漫□世外生憂慮，□□□□悲念增。

又一首：

雨笠煙簑平生夢，□□□□任去留。
惟有星光夜萬點，關心一繫慈航舟。
後署　歲在辛未荔月，雲水野僧書

此函請智林法師帶呈法師。由漳至泉步行三百里，亦當代所希有也（附注：未果行）。不宣。

演音疏　六月二日

四

（一九三八年六月望日，漳州瑞竹巖）

宗擇居士：

頃南山寺工人持尊函來，具悉一一。工人即須返寺，略達如下。當來朽人若能至泉州者，擬住養老院。仁等盡力誦經，至用歡慰。草復，不宣。

尊翁前，乞為致候。

六月望日　演音啟

致曾詞源〔一〕

一

（一九三六年春，廈門南普陀寺）

詞源居士道席：

惠書，誦悉。書簽寫奉，乞收入。宿疾已愈〔二〕十之有八，再遲一月，或可痊愈，因係慢性症，不可求速效也。仁者晤蔡居士，乞為詢病愈後，如何酬謝黃博士，便中示知，不宣。

演音啟

〔一〕曾詞源（一九〇六——一九六七），福建惠安人。在廈門辦理教育多年。能詩。極尊敬弘一法師。

〔二〕弘一法師在泉州時，患臂瘡甚劇，經蔡吉堂居士介紹廈門黃丙丁醫學博士為主治療，數月後痊愈。

二

（一九三八年十二月十四日，晉江草庵）

詞源居士慧覽：

在安海居住一月。前日至草庵，因故，已辭謝惠安崑山之事。現暫住草庵，稍遲或往他方也。通訊仍由泉州承天寺轉交。謹達，不宣。

十二月十四日　演音啟

致李芳遠〔一〕

一

（一九三六年五月，鼓浪嶼日光巖）

初學篆字，宜先習《說文解字》建首。每日寫四字，每字寫數十次。寫時宜提筆懸肘。如是，積日漸進，萬不可以求急速。

音啟

〔一〕李芳遠（一九二四——一九八一），福建永春人，家居廈門鼓浪嶼。時弘一法師卓錫鼓浪嶼日光巖，偶與李氏邂逅，奇其幼慧，常相往來，故稱他為芳遠童子。法師寂後，李氏集其遺文，編成《弘一大師文鈔》一冊。

二

（一九三七年舊五月，青島湛山寺）

芳遠童子慧覽：

惠書，誦悉，至用忻慰。此間風光清勝，可以忘憂。湛山寺住衆百餘人，殿閣莊嚴，誠一大叢林焉。朽人講務之餘，頗閑適。約當中秋節後，即可返廈門也。諸承關念，感謝萬千。謹復，不宣。

音啟

三

（一九三七年十二月二十三日，廈門萬石巖）

芳遠童子澄覽：

惠教，誦悉，至用感謝。朽人已於九月廿七日歸廈門。近日廈市雖風聲稍緊，但朽人為護法故，不避炮彈，誓與廈市共存亡。古詩云：「莫嫌老圃秋容淡，猶有黄花晚節香。」乃斯意也。吾人一生之中，晚節為最要。願與仁等共勉之。

弘一上　十二月二十三日

四

（一九三七年冬，廈門萬石巖）

承施梅花、食品，均經妥受。感甚，愧甚。近頗閑適，倘逢假日，乞渡海一游，以便授寫字之法也。

弘一上

五

（一九三七年舊十二月四日，廈門萬石巖）

芳遠居士文席：

惠書，誦悉，至用歡慰。傳貫師已返惠安，不久即來廈門。清智法師書，已託人送去。

仁者發大菩提心，歸信佛法，至堪慶喜。茲附掛號寄上書一包。

《菩提心戒釋義》一冊。（此書說十善之義，為學佛法之初步。）

《皆大歡喜》一冊。（說近時靈感之事。）

《釋迦如來一代記》一冊。（說佛之歷史。文筆淺顯，甚有興味，易於閱覽。）

《人死問題》一冊。（文義稍深，亦可略閱。）

《佛教公論》及半月刊，各一冊。

《地藏菩薩本願經》一冊 } 乞以《說要》對閱經文，

仝　《說要》一束 } 自可易於了解。

拙書直幅二紙。

拙書大聯拓本一對。（此聯存鼓山。）

朽人不久或往泉州鄉間，亦未可知。臨時再奉告可也。

仁者暇時，乞往普照寺[一]一游。在彼居者，皆余之友人。前月彼等曾約朽人往寺居住，因泉州之約已定，故未能往也。附寫介紹箋一紙[二]，乞收入。謹復，不宣。

演音啟　舊十二月四日

[一] 普照寺，即廈門南普陀寺古稱。

[二] 見本書「致妙慧法師」（一）。

六

（一九三七年舊十二月二十日，晉江草庵）

芳遠童子智鑒：

前復書及附寄佛典，想已收到。朽人於前夕到草庵，暫不他往。以後惠書，乞寄：泉州南門外石獅下檀林街靈鷲寺轉交草庵。傳貫師仍居廈療病，約於年底返草庵。彼經此意外之災難（為盜放槍彈，貫穿手腕），十分歡喜，深自慶幸。謂可以成就代衆生受苦之夙願也。將來仁者返廈門時，乞便中到草庵小住數日，至盼。路圖附繪奉，乞詧覽。不宣。

演音疏　舊十二月二十日

在佘店站（近青陽站）下車，即至草庵。在車站，即可望見草庵之石樓也。此站舊名福浦，今改稱佘店也。

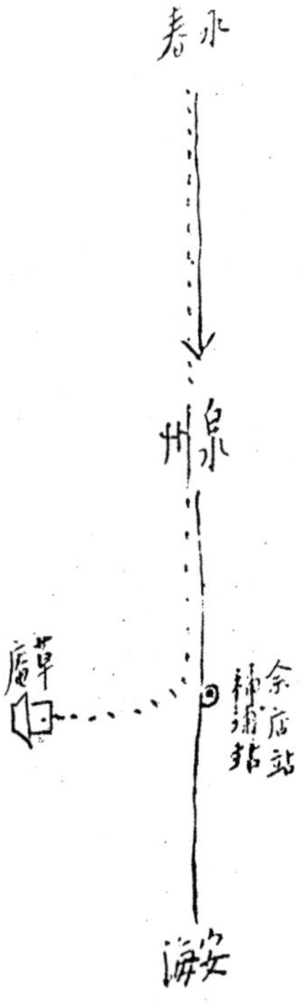

七

（一九三七年除夕前二日，晉江草庵）

惠書，誦悉。傳貫師，昨已返草庵，與朽人同居（腕傷已漸愈）。仁者返鼓浪時，乞來草庵小住，為盼。

除夕前二日　演音上

八

（一九三八年正月初九日，晉江草庵）

前寄信片，想已收到。擬於舊曆二十日左右，同往泉州，住承天寺。定於二月初一日起，在彼講經數日。仁者若到泉州時，乞至承天寺晤談，為盼。以後通信，亦寄：泉州城內承天寺□□收。謹達，不具。

舊正月初九日　弘一　傳貫　同上

九

（一九三八年正月初十日，晉江草庵）

前寄上信片二紙，想已收到。余約於二十左右，往泉州承天寺。自二月初一日起，講經數日。以後尚須往洪瀨街小雪峯寺。謹復。

舊正月初十日　音啟

一〇

（一九三八年舊二月，泉州承天寺）

惠書，誦悉，至為歡忭。自舊二月初一日起，在此講經。大約十天講畢。仁者能於講期內，到泉州，聽經，甚善。謹復。

泉州承天寺內弘一上

一一

（一九三八年舊二月十一日，泉州承天寺）

惠書，誦悉。照相未有存者，俟後寄上。下月初旬，擬往惠安講經。承惠磁物，甚感。以後通訊，仍寄承天寺轉交。磁物，亦可存彼處也。

舊二月十一日　演音啟

一二

（一九三八年舊二月二十四日，泉州承天寺）

芳遠居士朗鑒：

惠書，誦悉。適有去秋到上海時所攝之影，由友人寄來，即以奉贈仁者而為紀念。近來講務甚忙，下月初旬到惠安，月底或往廈門，但尚未決定也。俟後奉達。謹復，不宣。

傳貫法師附致候。

舊二月二十四日　演音疏

一三

（一九三八年舊三月，泉州開元寺）

芳遠童子慧鑒：

惠片，誦悉。往惠安僅住數日，即返泉州。廿一日往廈門。下月初旬即往漳州靜養。（俟秋涼後乃在漳州講經。）承惠磁物，乞帶鼓浪，交清智老和尚[一]轉送與朽人，最妥。漳州通信處，為南山寺轉交。傳貫師因須居泉侍奉老父，不能往廈。仁者與彼通信，仍寄泉州承天寺可也。不宣。

演音疏

[一] 清智老和尚（一八七八——一九五一），福建南安人。時為鼓浪嶼日光巖住持。

一四

（一九三八年舊三月十三日，泉州開元寺）

明信，誦悉。余於二十一日或二十二日往廈門（二十日由廈門有人來接迎）。大約自廿六日起，講三天。下月初，往漳州。由南山寺介紹，住鄉間某寺〔一〕過夏。近來多忙，而身體甚健。此次住泉州不滿兩月，寫字近千件，每日可寫四十件上下。廈門通訊處，由妙釋寺轉交可也。

演音白　古曆三月十三日

〔一〕鄉間某寺，指漳州東門外江東橋附近之瑞竹巖。

一五

（一九三八年舊三月十九日，泉州開元寺）

芳遠童子慧鑒：

古浪了閒別墅〔一〕，已有正式請帖寄到。明日，嚴笑棠居士〔二〕到泉陪接。遲二三日，即偕往廈門。下月初四五日，往福州城內功德林佛化社諸處演講（但尚未確定）。不久仍返泉州。以後通訊，仍寄泉州承天寺。近在承天寺攝影一葉，又在惠安科峯頂攝影一葉，並附奉贈。不宣。

承天寺攝影人名

戊寅三月十六日攝

覺圓法師承天寺知客
廣義法師前養正院教員
傳貫法師
高文顯廈大教育學士
袁延年黨總部幹事
轉塵老和尚承天寺方丈
朽人
鄭健魂黨部幹事
某君泉州日報社經理
瑞今法師承天寺監院

三月十九日　演音白

〔一〕了閒別墅，即了閒社，又稱鄉間別墅，為鼓浪嶼一居士研究佛學團體。

〔二〕嚴笑棠居士，福建漳州人，經營九龍飯店。

一六

（一九三八年舊四月十八日，漳州南山寺）

於廈門難事前四天，已到漳州弘法，故能倖免於難。現擬往山中休夏。秋涼後，或可返泉州也。尊寓住址如變動，乞以信片存交泉州承天寺，最妥。傳貫師或在惠安，或已返泉州。

四月十八日　演音啟

一七

（一九三八年舊五月十二日，漳州瑞竹巖）

惠書，誦悉。鼓浪嶼不甚安寧。仁者仍住永春為宜。朽人現居東鄉瑞竹巖，擬在此度夏，秋涼後倘車路可通，即返泉州也。傳貫師已往惠安，彼之通訊處，為：惠安北門外輞川同善堂潘肅清居士轉。余之通訊處，為：漳州東門浦頭祈保亭轉交。瑞竹巖距城甚遠（二十五里），每月僅有人來此一二次也。朽人自明日始，為仁者誦《藥師瑠璃光如來本願功德經》十部。願仁者消除災難，身心安寧，早成佛道，普利衆生。

五月十二日　演音

再者，朽人既為仁者誦經，仁者自己，亦應常常（行住坐臥）念誦「南無藥師瑠璃光如來」名號，乃有感應。至要，至要。附白。

一八

（一九三八年舊六月十一日，漳州瑞竹巖）

惠書，誦悉。仁者專心念佛名，必獲大益。至用欣慰。此復。

六月十一日　演音啟

一九

（一九三八年七月初四日，漳州瑞竹巖）

明信，誦悉。所云詩集，未見。（現在郵局亦不能寄印刷品。）傳貫師築室事，已中止，不久擬返草庵。以後仁者致函與傳貫師，乞寄：泉州轉青陽寺全順寶號交小沿塘西天寺轉送草庵。仁者此次避難永春，所見所聞諸事，乞撰述「筆記」數卷，可以為永久之紀念。

演音上　七月四日

仁者將來可以到泉州昭昧國學講習所（不久即改名專科學校）專研國學，最善。較中學為佳也。彼處大半為余之友人。今春曾在彼處演講一次。仁者若欲即往者，乞託承天寺瑞今法師介紹。

二〇

（一九三八年十月，漳州瑞竹巖）

前上信片，久未得復，想是學課多忙。傳貫師昨來信，已移居崑山寺。通信處：惠安北門外大前黃鄉合隆寶號轉崑山寺傳貫法師。

演音上

二一

（一九三八年十月十四日，漳州瑞竹巖）

明片，誦悉。余不久即往他處，行蹤難定，以後乞勿來信。至禱。

十月十四日　音上

二二

（一九三八年舊十月十四日，晉江安海水心亭）

惠書，誦悉。不久即擬往草庵靜養，謝絕一切諸事。仁者如返古浪，乞寫示通訊之處。

舊十月十四日　音上

今年所以往閩南各地弘法者。因余居住閩南十年，受當地人士種種優遇。今余年老力衰，不久即可謝世。故於今年往各地弘法，以報答閩南人士之護法厚恩耳。現在弘法已畢，即擬休養，故往草庵。明年將往惠安，閉門謝客，以終其天年耳。

二三

（一九三八年舊十一月十四日，泉州承天寺）

惠書，誦悉。至用慚惶。自明日起，即當遵命，閉門靜修，屏棄一切。仁者天真靈性，舉世莫匹。而不欲沈淪繁華，至堪敬佩。深望今後，活潑莊嚴，為當代第一人耳。歲除之後，或往他處。謹復，不宣。

弘一和南　舊曆十一月十四日

二四

（一九三九年正月十四日，泉州承天寺）

惠書，皆誦悉。朽人現居泉州承天寺。數日後即閉關靜養。約數月後，乃可再通信也。略復，不宣。

正月十四日　演音

二五

（一九三九年二月初六日，泉州清源山）

惠書，誦悉。仁者應先修淨土宗，詳細閱覽《嘉言錄》為要。朽人不久或往永春。餘俟晤談。不宣。

二月初六日　音上

二六

（一九三九年舊四月十日，永春普濟寺）

芳遠童子慧覽：

惠書，誦悉。八日講稿(一)，已由數居士編錄。印資已有五十餘圓。不久性常師即可入城接洽付印之事。前存《修持法》(二)三千冊，俟時局稍平定，分送與泉州、安海、漳州諸處。現暫存桃源殿可耳。朽人近來閉門思過，謝絕一切人事周旋。附奉上血書佛號一葉，希受收。不宣。

八日佛誕會，到者近二百人，並攝影，誠盛會也。

四月十日　音啟

〔一〕講稿，指《藥師如來法門一斑》（王世英記錄）。
〔二〕《修持法》，指《佛教之簡易修持法》（李芳遠記錄）。

二七

（一九三九年六月初七日，永春普濟寺）

兩奉惠書，具悉。承施箋紙，甚感。尊恙漸痊，為慰。倘仁者來普濟寺，乞於古曆六月十九日前惠臨。因自二十日始，即謝客，養靜，未能晤談也。

六月初七日　音啟

二八

（一九三九年舊六月十六日，永春普濟寺）

芳遠童子澄覽：

惠書，忻悉一一。《憶江南》詞等，深有意致。仁者神經衰弱，未可修治高中繁難諸課程，應專修國學為宜。蜀院固勝，宜俟時事平靖乃可往。現宜暫往滬校肄業。錢居士素未相識。附奉介紹與馬居士簡，可通訊也。郁居士〔一〕詩稿，無有存者。印稿，俟往泉州後蓋之。因是間所存無多也。舊藏《觀音寶相》二巨冊（目錄附奉覽），擬以奉贈仁者，習覽臨摹。乞託便人來普濟寺，向性常法師領取。拙書小聯亦並奉上。來領時，乞攜帶大布包袱二件，油紙一張，以備包裹。至要。朽人衰病益甚。昨日始，晤客三日。後仍謝客習靜。略復，不宣。

六月十六日　音啟

〔一〕郁居士，即郁達夫（一八九六——一九四五），名文，浙江富陽人。「五四」時期著名作家。一九三六年二月應福建省主席陳儀之邀，任福建省政府參議、公報室主任。一九三七年一月，登鼓浪嶼日光巖拜訪弘一法師，歸福州，寫了一首七律回贈弘一上人。一九三八年十二月，應新加坡星洲日報社之邀，主編《晨星》副刊，積極宣傳抗日。一九四五年九月被日軍殺害於蘇門答臘。

二九

（一九三九年舊六月廿一日，永春普濟寺）

芳遠童子慧覽：

曩郵奉明信至太平港〔一〕，想已收到。尊作篆書，甚佳。開芳居士遺作，誠見道之言也。山中頗涼爽，午後僅至八十六七度，入夜須覆重衾也。謹復，不備。

農曆六月廿一日　音啟

「信殼書」，此郵票恐為他人竊去，故蓋印後，再加封寄之。

〔一〕永春縣太平鄉太平村，近桃溪旁故稱。

三〇

（一九三九年舊六月，永春普濟寺）

芳遠童子慧覽

病中先寫就數種，草草不工，聊可為遺念耳。

音啟

三一

（一九四〇年舊七月二十二日，永春普濟寺）

惠書，誦悉。朽人近擬埋光埋名，遯世終老。所云之事，乞緩行之。寫件，俟往泉州後加墨。此復，不備。

七月二十二日　音啟

三二

（一九三九年，永春普濟寺）

兩奉惠書，具悉。所訊諸事，俟晤談。謹復。

音啟

三三

（一九三九年，永春普濟寺）

芳遠居士：

惠書，誦悉。至用感謝。退隱之事，鄭健魂居士亦極提倡贊助，現已著手籌備也。以後未能通信，乞亮之。

音啟

三四

（一九四〇年春，永春普濟寺）

芳遠童子慧鑒

自明日起，每日送粥兩次，希為轉知廚房。早晨送來時間，再延遲一點鐘（一小時）送來。因余近來老病日甚，晨起手足無力，精神頹唐，不能早起適，故須再延遲一點鐘也。午粥送來時間，仍舊十一點鐘，不可遲。病態日甚，僅能食粥或地瓜。若乾飯、菜飯、麵，皆不能食，不可送來。

音上

三五

（一九四〇年夏，永春普濟寺）

惠書，誦悉。尊稿乞寄下。韓偓詩及彼居永春之事蹟，亦乞寫示。

演音上

三六

（一九四一年十月八日，泉州開元寺）

芳遠居士慧鑒：

惠書，敬悉一一。自當遵命閉關，力思往非。仁者慧根深厚，舉世無匹。深望自此用功，勇猛精進。朽人近來病態日甚，不久當即往生極樂。猶如西山落日，殷紅絢彩，瞬即西沉。故未圓滿之事，深盼仁者繼成之。則吾雖凋，復奚憾哉。

國慶前二日　弘一和南

三七

（一九四一年冬，泉州開元寺）

惠書，誦悉。至用欣慰。朽人不久即往苐林，閉門養靜。附奉與沫若居士（一）書，乞為轉達，並代致虔仰之意，至禱。附題偈一紙，序文可乞竹莊居士為之。不宣。

月臂

（一）沫若居士，即郭沫若（一八九二——一九七八），四川樂山人。我國現代著名的詩人、歷史學家、社會活動家。一九一四年留學日本，原學醫，回國後從事文藝運動，與郁達夫同為創造社主要成員。

三八

（一九四一年舊十一月四日，永春普濟寺）

芳遠居士澄覽：

昨誦惠書，至用忻慰。近兩年來，老病頹唐。於諸友處，罕通音問。《覺音》刊（二），未見。承示詩詞，以春城、煙雨二句最勝。近將方便掩室，誦經持名。約至明歲夏初，乃可通訊。囑撰詩序，亦俟明夏試擬。知勞遠念，先此奉聞。不宣。

農曆十一月四日　音啟

（二）指一九四一年二月二十日，澳門佛教刊物《覺音》月刊出版第二十、二十一期合刊《弘一法師六十紀念專刊》。

三九

（一九四一年舊十二月二十一日，泉州開元寺）

惠書，忻悉。朽人此次居泉兩旬，日墮於名聞利養陷阱中，至用慚惶。明午即歸臥苐林，閉門靜修。特刊一冊，附掛號郵奉。又復竹莊居士函，及與陸、嚴二居士寫件，俟後，託傳貫師寄上。先此略復，不宣。

十二月二十一日　音啟

四〇

（一九四二年舊正月初一，晉江福林寺）

芳遠童子慧覽：

前復明信，想已郵奉。茲寄上「紅樹室」額，並復蔣居士書及橫披一葉。前者屬撰詩詞序，即以此書代序何如？今後將靜養，暫未能通信。謹復，不宣。

壬午元日　音啟

漳州頂田下劉綿松居士，英年好學，識見邁俗。仁者可常與之通訊，當獲深益。彼之母子，皆依朽人而歸信三寶也。　附白。

四一

（一九四二年元宵，泉州百源寺）

芳遠居士智覽：

惠書，誦悉。諸承關念，並示箴規，感謝無盡。此次朽人至泉城，雖不免名聞利養之嫌，但較三四年前則稍輕減。此次至泉，未演講，未赴齋會。僅有請便飯者三處，往之。惟以見客、寫字，至為繁忙耳。夫見客、寫字，雖是弘揚佛法。但在朽人，則道德學問皆無所成就，殊覺惶慚不安。自今以後，擬退而修德，謝絕諸務。以後於尊處，亦未能通信。倘有惠函，亦不披閱。諸乞原諒，為禱。前為嚴居士寫就一紙，並奉上。仁者囑寫各體書，朽人出家以後即有未能，乞諒之。仁者囑蓋印事，此冊前存性常法師處，將來託便人囑彼寄還，因朽人前已蓋奉，不須再蓋，（種種失禮之處，乞格外原諒，至禱至禱。）且佳印無多，不足觀也。朽人現在結束一切諸事，未能應命，乞愍其老朽而曲諒之。謹復，不宣。

壬午元宵日　音啟

以後，倘有他人詢問朽人近狀者，乞以「閉門思過，念佛待死」八字答之，可耳。

此次至泉州，朽人自己未受一文錢。他人有供養錢財者，皆轉贈寺中或買紙用。往返之旅費，由傳貫師任之。　附白。

四二

（一九四二年，泉州）

書悉。仁者能於文藝有表樹，至用欣慰。朽人早歲留滯東京，亦嘗一度悴心於此。今年老矣，又入佛門，當不復措意。且綺語之類，佛所深誡，尤非沙彌之所宜言矣。竹老[一]之言，感佩萬分。附書《靈峯遺語》一紙，可印卷首。世出世事，非一番苦心經營，其成就必不驚人。若欲超脫塵障，更須一番風霜磨礪，故遲遲出版無妨也。

演音疏

[一] 竹老，即蔣竹莊（維喬）居士。

四三

（一九四二年，泉州）

芳遠童子澄覽：

惠書，誦悉，至用欣慰。見來書有唐人詩「西樓望月幾回圓」句，知近境大進。音嬰年亦喜此詩，今老矣，尚復如是。所恨蹉跎歲月，無所成就，愧見故人耳。仁者春秋正富，而又聰明過人，望自此起，多種善根。精勤修持，當來為人類導師，圓成朽人遺願，謹稽首祝禱焉。

演音啟

致徐海北

（一九三六年，廈門）

海北居士慧覽：

惠書，誦悉。屬寫各件，草草加墨，未能工也。在俗時曾習油繪，久已荒棄，他非所能，諸希鑒諒。謹復，不宣。

音啟

致黃萍蓀[一]

（一九三七年春，廈門南普陀寺）

萍蓀居士文席：

惠書，誦悉。老病頹唐，未能執筆撰文。惟回憶昔年瑣事為高居士言之。請彼筆記，呈奉左右，聊以塞責可耳。謹復，不宣。

演音疏

[一] 黃萍蓀（一九〇八——一九九三），浙江紹興人。抗戰前在杭州主編《越風》文史半月刊，頗風行一時。弘一法師曾應約以《我在西湖出家的經過》一文投之，刊於一九三七年《越風》增刊《西湖特輯》。

致劉光華

一

（一九三七年十一月一日，廈門萬石巖）

光華居士道席：

仁者見此信後，應生悲痛，因尊翁克定上人[一]已於前日因病謝世矣。尊翁在家時，為余之再傳弟子。（尊翁入南京高師時，余已出家，由舊生周玲蓀任課。）出家後，於去年一月到廈門，依余學習戒律。今年五月余到青島弘法，尊翁仍居廈門。十月中旬余返廈門，尊翁即來同居。數日後患瀉疾，後漸沈重（瀉止體弱，不肯服藥），至上月三十日下午二時餘謝世。病重時，由同學諸師照料如法。三十日上午即輪流念佛，助其生西，余亦屢加策勵。命終時無有痛苦，捨報安詳。次日入龕時，四肢柔軟如生，似有生西之象。因時事不寧，未能久停，已於三十一日下午三時焚化。廈門近狀，想仁者於報紙中可知其概。余誓不移動，願為廈門諸寺院護法，共其存亡。

尊翁生平事蹟，乞仁者暇時寫其概略寄下，余願為之作傳。通訊乞寄廈門中山公園妙釋寺轉交弘一收。謹此奉達，不宣。

十一月一日　釋弘一啟

尊翁遺物，已分贈諸僧衆。其中有仁者來書二通，附奉上以為紀念。

[一]克定上人（？——一九三七），俗姓劉名儒，字紹成，江蘇揚州人。畢業南京高等師範，為李叔同再傳弟子。蔣維喬任江蘇教育廳長時，曾任該廳視學；後隨蔣氏至上海任商務印書館編輯，有著作多種。其學佛因緣及何時何地出家，已無可考。只知他一九三六年曾住福州鼓山從慈舟法師學律；後至廈門從弘一法師學律，持戒精進。不久示寂於廈門南普陀寺。

二

（一九四一年除夕前二日，晉江福林寺）

惠書，誦悉。朽人近已移居鄉間。尊翁骨灰，如必欲迎請，俟時局安靖後，再籌鄭重之辦法。若郵寄，甚為未妥，且不恭敬也。謹復，不宣。通訊處，仍如舊。

除夕前二日　弘一上

致陳海量[一]

一

（一九三八年正月十六日，晉江草庵）

海量居士道鑒：

不晤近十載，至為懸念。朽人爾來未與外間通信，茲因有極重要事，故破例致書與仁者，略陳其概。傳如師[二]近管理水雲洞[三]，體弱多病，數年前修習世間文章，於佛法罕有所知。近惟終日招待香客，督理農務，幾忘卻出家之本務，至為可愍。朽人未能與彼常晤談，即偶談時，亦未能盡言，未能直言。朽人反覆思維，惟有乞仁者速來南閩，與傳如師同住，時時規勸，盡力扶持。俾傳如師能得精進向道，而仁者居此鄉間閒靜之寺中，亦可安心用功，勝於滬上多多矣。務乞垂憐故人傳如師近況，深加悲愍，速命駕來閩，至為感禱。不宣。

正月十六日　音啟

[一]陳海量（一九一〇——一九八二），浙江天台人。早年在閩，曾親近弘一法師。後至上海，佐陳无我居士編輯《覺有情》雜誌，弘揚佛法，頗多盡力。

[二]傳如，為一青年僧人法名。

[三]水雲洞，即福建南安雪峯寺下院。

二

（一九四一年正月十三日，南安靈應寺）

海量居士澄覽：

茲寄慧圜[一]勝通款二紙，乞轉交厲居士。其余三紙，乞便中附寄與高居士。遲遲無妨也。去歲靈巖寺主[二]囑撰大師[三]略傳，至今猶未動筆，至用歉然。因撰此傳甚為不易，若稍讚譽則違遺訓；若太平淡則不契時機，故遲遲有待。前云之軼事一篇，不久即可撰奉。謹陳，不宣。

正月十三日　音啟

〔一〕慧園，姓厲，皈依弘一法師，號勝通。法師寂後，編有《弘一大師年刊》。
〔二〕靈巖寺主，即蘇州靈巖山住持妙真法師。
〔三〕大師，即印光法師。

三

（一九四一年，晉江福林寺）

海量居士澄鑒：

　　覺圓法師〔一〕近擬輯《藥師聖典》，欲至上海居士林徧檢各種《大藏經》，抄寫資料，應在上海居住多時。乞仁者為之介紹住處，（能住居士林內尤善。）並為之護衛一切，以成就彼之弘願。至用感謝。謹陳，不宣。

音啟

〔一〕覺圓法師，係當時泉州承天寺監院。

致郁智朗〔一〕

一

（一九三八年四月，廈門南普陀寺）

智朗居士道席：

　　惠書，誦悉。承施金，感謝。當來廈門戰事平靜後，擬移居鄉間。現在仍須居廈門，未能他往也。近閱《靈峯宗論》，有詩一首。附錄於後：「日輪挽作鏡，海水挹作盆。照我忠義膽，浴我法臣魂。九死心不悔，塵劫願猶存。為檄虛空界，何人共此輪。」謹復，不宣。

演音疏

〔一〕郁智朗，浙江寧波人。發心欲從弘一法師出家，法師以生平不收剃徒謝之。但為他多方籌劃，介紹明師。後以因緣不具，未果。

二

（一九三八年中秋節，漳州祈保亭）

智朗居士道席：

　　前上明信，想已收到。近獲惠書，具悉一一。為令兄書一紙，附奉上。是間天氣猶炎熱，近九十度。遲月餘或返泉州，再為仁者書寫一二紙也。如閩南時局變化，則未能往。漳州至泉州三百里車路已壞損，惟可步行或乘肩輿耳。以前朽人懸揣仁者為老儒，今誦來書，乃知仁者大兄年僅四旬，未知仁者年齡若何？具此學識，何以任事於醬園？又仁者與九齡居士為同族否？朽人約於月餘返泉，仁者仍可通信至漳州一次，以後改寄泉州承天寺轉交。劉質平居士如在寧波中學，亦乞代達此意。不宣。

中秋節　演音啟

三

（一九三九年三月二日，泉州承天寺）

智朗居士慧覽：

　　前復函，想已收到。頃轉至二月三日尊函，欣悉一一。拙書一葉，附奉上。令姪書中未曾提及法名，今遽書寫，似有未可。擬請仁者寄與海量居士，託彼先為陳說勸導，後再以拙書付彼可耳。朽人近雲游諸方，住址無定。仁者獲此書後，乞勿覆。謹達，不宣。

三月二日　音啟

四

（一九三九年四月廿七日，永春普濟寺）

智朗居士澄覽：

　　惠書，誦悉。仁者發心出家，至用歡讚。但剃度之師，以靈巖山（監院代理住持）妙真法師最為適宜。將來即可久居靈巖，由師為之護助一切也。朽人自初出家後，屢在佛前發誓願，願盡此形壽，決不收剃度徒眾，不任寺中監院或住持。二十餘年以來，未嘗有違此誓願。希仁者鑒此苦衷，而曲亮之。近年小疾頻發，精神頹唐。以前學律諸師，久已分散。不久或即往生西方。當來在彼世界，可與仁者常相歡聚耳。拙書一紙，附奉上。謹復，不宣。

音啟　四月廿七日

五

（一九三九年四月，永春普濟寺）

智朗居士文席：

惠書，誦悉。辟穀〔一〕似可不須。出家事亦勿執著。惟自懺悔業障，厚植勝因可耳。蓮池大師云：「求之既不可得，卻之亦不可免。」乞仁者深味此言，素位而行，以待因緣成熟也。拙書一紙，附奉上。不久即他往，以後乞勿來信。當來通訊處，俟後奉聞。

演音啟

〔一〕辟穀，為我國古時氣功之一法。指不食五穀，可以長生。係道家之說。

六

（一九三九年六月十日，永春普濟寺）

智朗居士道席：

惠書，誦悉，至用欣佩。朽人於出家後，曾發誓不蓄剃度弟子，友人多知之。凡有來乞剃度者，一概辭謝，未能承命。今重違仁者厚意，十分抱歉。希格外原諒，為禱。偈句附奉上。不宣。

六月十日　音啟

七

（一九三九年舊九月十二日，永春普濟寺）

智朗居士文席：

前復書，想已收到。本月二十日為朽人六旬初度，即以仁者前施之八金，在寺供養緇素諸衆，廣結善緣。併擬自是日始，掩關習靜，暫未能通信。他處寄來之信，亦付郵寄還。俟將來他往時，再以奉聞。謹達，不宣。

音啟　九月十二日

八

（一九四〇年六月十七日，永春普濟寺）

智朗居士清鑒：

前奉書，想已收到。仁者發心出家，志願誠懇。朽人以宿誓故，未能違越，深負盛意，迄今時用歉憾。竊思閩南頗有高僧。如泉州鄉間某寺轉法老法師，高年隆德，為是間衆所欽仰。（通達教義，專修淨宗，行為高潔，一生曾任大寺之方丈、監院等。）朽人已託人預為商請，未審尊意何如？但仁者來閩之時，須俟秋涼後（或冬初），其時朽人大約可返泉州相晤談也（約在中秋後離永春）。謹詢，不宣。

六月十七日　音啟

朽人自閉門養病後，與外間罕通音問。朽人致與仁者之信函，乞勿轉示他人。至要。

九

（一九四〇年舊七月十五日，永春普濟寺）

智朗居士慧鑒：

惠書，誦悉。朽人已託性常法師致書與轉法老和尚商懇。能荷慈允，固善。否則亦請性常法師代覓請他位良師。（閩南各縣。）性常法師為在朽人處學律資格最久者，今居普濟下寺，為朽人護法照料一切。（朽人所居者為頂寺，一人獨居，距下寺約半里。）彼於仁者出家之事可以負責介紹，即朽人不久往生西方，彼亦可負責繼續進行也。仁者於下次來信時，乞附寫一箋與性常法師致謝一切。

海道被封，若由陸路來閩至為困難，證書亦不易請求。但時局不久即可平靖，乞仁者俟時局平靖，海道開通，然後再來，乃為穩妥也。剃度師請妥，來閩之期延遲無妨。宜俟時節因緣，未可勉強急迫也。

前函承關念一切，至用感謝。永春距海口有兩日路程，且深山幽僻，戰事無礙。常人惟懼鄰縣土匪，然亦不須介意也。

朽人於八月間他往否，未能定。須待時局稍靖，又須身體康健也。以後惠書，仍寄永春。朽人倘他往者，亦可轉送。又朽人自本月二十九日始，閉關圓滿，可以照常通信見客。以後惠書，乞直寫普濟寺內弘一收即可達到，無須託人轉交也。

來書所謂潛行出走，朽人竊以為未可。若如是者，將來恐不免糾葛。倘仁者之妻來閩尋覓，謂仁者言：若不偕歸者，即決定於仁者面前自殺。當此之時，仁者若任其自殺，則有傷仁慈。否則只可偕歸矣。依朽人拙見，擬定一辦法如下，以備採擇。仁者宜向店中請假七日，返家。於七日中，專心持念觀世音菩薩聖號。涕泣哀懇，乞菩薩垂慈，令妻室發心出家，令長兄、岳母於仁者夫婦出家之事，歡喜讚歎，不加阻障，云云。七日圓滿，即發信與長兄、岳母陳明此事。併於妻室前，宣布此決定之辦法。如是先令妻室出家為尼，並經長兄、岳母歡喜許諾，乃為穩妥也。朽人出家以前，亦先向眷屬宣布。其他友人有潛行出走而出家者，多無好結果。與其出家後而返俗貽人譏笑，不如不出家之為善也。拙見如是，希垂察焉。

閩南百物昂貴。（海船不能運貨來，土產甚少。）仁者來時，宜攜帶在家之布衣。俟出家後，改為出家衣形。棉被亦宜帶來。（去年朽人製薄棉被一件價近三十元。）閩南氣候較暖（米價每擔百元上下），冬季著小棉襖一件已足。其他夾衣、單衣宜帶來。夏布衣宜多帶，閩南夏季甚長也。

出家之人，應學朝暮課誦，並宜熟背誦之。此文載在《禪門日誦》中，乞仁者預先學習。書中何者宜讀，何者不須讀，乞詢寧波出家人，即可知之。

此紙於今晨匆促書寫，言不盡意。其中或有訛字，乞亮之。謹復，不具。

七月十五晨　音啟

一〇

（一九四〇年八月初四日，永春普濟寺）

智朗居士澄覽：

前復信片，想已收到。今晨，始獲轉法老和尚復函，猶謙讓未遑。但將來若再面求，大約可得慈諾也。此事，係託性常法師代為介紹。將來仁者來閩時，可由性常法師陪送仁者往老和尚處。萬一老和尚猶不允，可請性常法師再介紹他位良師。朽人或不久生西，亦由性常法師負責介紹，必不中止。乞仁者安心靜候，為禱。性常法師與朽人同住。仁者宜先致函，陳謝一切耳。仁者來閩之期，似宜延緩。水路不通，旱路不便。且是間物價十分昂貴，仁者現在若即來此出家，於事實上殊多困難。又前仁者來函所云託代領旅外證，是教人妄語，有所未可。且領證亦非易事。故擬請仁者安心靜候，以待時局稍定，再與性常法師斟酌妥善進行之辦法。請剃度師之事，既由性常法師負責。乞仁者無須顧慮，仍暫就職業，以待時節因緣可也。前來書所謂潛行出走，朽人竊以為不可。若如是者，將來必不免糾葛。宜先向家族諸人陳明，至要至要。朽人出家以前，亦先向眷屬宣布。其他友人有潛行出走者，多無好結果。若妻來寺尋覓，以於當面自殺而迫喝之。將任其自殺歟，抑偕妻歸家歟。此事不可不預慮及，慎之慎之。障人出家有大罪。今錄《出家功德經》文如下。（此依《南山行事鈔》中引文寫錄。）經云：「若為出家者作留礙抑置，此人斷佛種。諸惡集身，猶如大海。現得癩病。死入黑暗地獄，無有出期。」（以上經文）乞仁者以此經文為家族諸人詳釋之，或可消滅阻止之意也。朽人不久或移居他處。以後惠函仍寄永春，即可轉送。時局近多變化，暫未能返泉州也。仁者在家之布衣及棉被，將來或須攜之來閩。此間布價極昂，棉花尤昂。在家布衣可以染色而改製也。以後惠書，乞仍寫弘一之名。謹復，不宣。

八月初四日　音啟

一一

（一九四〇年舊九月十五日，永春普濟寺）

智朗居士慧鑒：

惠書，誦悉。仁者出家之心急切，可見道念堅固，至用歡讚。但或因緣未具，亦不宜操之過急，致更引起種種障礙也。蓮池大師云：「達宿緣之自致，了萬劫之如空，而成敗利鈍，興致蕭然矣。」乞仁者熟誦之。承詢毛織物可用否？案此類品物，或是不殺獸命而僅翦取其毛者。南山律祖云：「翦毛存命，誠用顯仁，故開服著。」一是以現今僧眾多用之，但亦有人不欲著用者。仁者舊貯之毛絨衫及毯子，即可贈與家族。乞在寧波定製僧用之小棉襖一件帶閩可耳。（閩南冬季無雪，僅此已可過冬。）製此物時，宜託善製僧服之裁縫工人。（寧波甚多。）用墨色（即深灰色）老布作面及裏，形式闊大，宜依老年僧眾著用者之形，萬不可用青年僧眾之美觀時式。不可對胸，至要。

此外再做僧用之小衫及袴各一件，或各二件，亦要墨色老布製。因閩南布價極昂。以上數件，乞在寧波做好帶來為宜。仁者隨攜來閩之白布小衫袴兩套（在家形），亦乞在寧波將此物染成墨色。（仁者自己如不能染，乞託裁縫工人染之。）小棉被一條，能染成墨色尤善。被面及裏皆然，俾免到閩後再費周折也。仁者擬匯洋五十圓來閩（不宜多），可備零用。至於衣被等物，如上記攜來者數件外，皆可請剃度師交設法募集他人之舊物用之，暫緩新做也。閩南物價極昂。近一月餘，海口被封，滬港等處物品皆不能運入，故物價益巨。米價已漲至每石百二十圓。（去春僅五圓餘。）去冬朽人製薄棉被一件，價近三十圓，現今益昂。故仁者來閩後，暫不宜製辦衣物也。仁者此次來閩，著俗人之服裝而攜帶僧服，恐受兵警之盤詰。故朽人另寫一箋，內述仁者欲來閩出家之意。乞以此紙示彼軍警人士可也。又仁者來泉州時，先住開元寺，亦即用此箋作為介紹書。乞仁者到寺後，以此箋示寺僧，即可優待一切也。仁者到寺後，即寫信掛號寄與朽人，即可託性常法師到泉州接洽一切。性常法師現住泉州。尊書，俟彼返時面交。匆匆略復，不具。

九月十五日　音啟

致李鴻梁（一）

一

（一九三八年二月，泉州承天寺）

爾來諸事安適。以後通訊寄廈門轉泉州承天寺弘一收。莊垂倫君（集美舊生）亦在泉州，現任小學校長。

演音啟

（一）李鴻梁（一八九五——一九七二），浙江紹興人。弘一法師任教浙江一師時的學生，畢業後曾受老師之命，前往南京高等師範代課。一九二二年八月——一九二三年八月任教廈門集美學校。善繪畫、音樂。

二

（一九三八年舊五月二十三日，漳州瑞竹巖）

於廈門變亂前四天，朽人已到漳州弘法，倖免於難。今在鄉間暫住。俟車路通時，乃能返泉州，其時再致書奉聞也。

舊五月二十三日　演音上

三

（一九三九年舊九月十二日，永春普濟寺）

六旬初度，災難未寧，老病頻增。擬在永春山中，掩關習靜。以後，暫未能通信。俟將來往他方時，再以奉聞。謹達，不宜。

九月十二日　音啟

致葉青眼（一）

一

（一九三八年舊五月一日，漳州瑞竹巖）

葉青眼居士：

久不晤，為念。前到廈門講經畢，即往漳州，僅四天，而廈門遂難作矣。在漳州曾演講一次。現住東鄉瑞竹巖靜養。通訊，由漳州南山寺轉交。性常法師仍居住開元否？乞代致候。略達，不宜。

五月一日演音上

（一）葉青眼（一八七五——一九六六），福建泉州人。曾參加辛亥革命。晚年學佛，任泉州開元慈兒院院長多年。

二

（一九四二年三月初十日，惠安靈瑞山寺）

青眼居士慧鑒：

頃奉諸居士公函，厚愛誠摯，感謝無盡。擬於舊曆二十五日後動身。此次至泉，依去年與仁者所約定者，暫住溫陵養老院。同行已請定覺圓法師及陳天發童子，與朽人同住院中。由彼照料一切，至為妥善。謹此預達，不宜。諸居士乞代致候，並達謝忱。恕不另函。

三

葉青眼居士：

介紹吳立人、夏索非居士奉訪。以後擬常借閱佛書，並乞指示一切。先借閱《印光法師文鈔》。

三月初十日　音啟

弘一上

致許宣平

（一九三八年舊四月十日，漳州南山寺）

宣平居士玄鑒：

前居廈門時，諸承護念，至用感謝。楊居士囑書小幅，附奉上，乞為轉交，並代致候。泉州交通行長劉居士，名號已忘記，便乞寫示。近在漳，居南山寺，身心安寧。不久擬在念佛社講法數次。謹陳，不備。

舊四月十日　演音疏

致施慈航

一

（一九三八年舊九月十二日，漳州瑞竹巖）

慈航居士文席：

居漳半載，諸荷護念，至用感謝。擬於明日啟行，未敢勞諸善友相送。將來有緣，仍可再來漳也。尊翁及尊元諸善友，均乞代為致候。謹陳，不宣。

九月十二日　演音啟

以後如有屬書者，乞寫其名款寄下，並注明小聯或小中堂字樣，即可寫奉。無須寄紙來。倘寄紙來者，亦未能書寫也。若是出家人或女居士，亦乞注明。

二

（一九三八年舊九月二十六日，晉江安海）

慈航居士慧覽：

前上明信，想已達。二十日抵安海，居水心亭。約下月望後，乃他往。前在閩漳，與仁等時相過從，至為歡忻。今離羣索居，悵惘何已。上海陳无我居士處，已致函託彼，常常寄諸佛書至尊寓，廣結善緣。他日倘收佛書後，乞隨時通信致謝。彼居上海慕爾鳴路第一百十一弄第六號世界新聞社內。謹陳，不宣。

舊九月二十六日　演音啟

三

（一九三八年舊九月三十日，晉江安海）

慈航居士慧鑒：

惠書，誦悉。朽人居安海已近一月，講法數次，聽衆甚多，近七百人。不久，擬返泉州鄉間草庵。附奉三聯，一贈與楊遂厂，一贈與林春元（字仲山，麗華齋印泥店），一贈與王文象（即前余動身時送余乘船至石美者），均乞轉交為感。弘化社寄來之書，乞隨意分贈，並乞贈二冊與郵局林植人居士，至禱。以後隨時有他處寄贈諸書，皆乞仁者隨意分配贈送，無須來函詢問也。謹陳，不宣。

弘一疏　九月三十日

四

（一九三八年舊十月十五日，泉州承天寺）

慈航居士禮席：

近奉惠書，悉尊慈謝世。承仁德誦經念佛之功德，當可往生善道，或生蓮邦，無復疑慮耳。朽人居安海一月，近返泉州居承天寺。令兄伯初居士居香港久，當已歸信佛法，乞以《人生指津》與彼閱覽，應深生歡喜心也。以後各處寄佛書至尊處者，乞隨宜贈送。附寄《人生之最後》等一包，乞詧收。

演音啟　十月十五日

五

（一九三八年舊十一月廿四日，泉州承天寺）

慈航居士禮席：

十七日所發惠書，誦悉。仁者善根深厚，發心歸信三寶，至可慶慰。擬定法名為勝慈二字。至於歸依儀式，俟將來晤面時乃可行之。附奉拙書一紙，即可證明仁者歸依之心已成就也。謹復，不宣。

演音啟　戊寅十一月廿四日

自十二月一日暫閉關用功，俟數月後乃可通信。附白。

六

（一九三八年舊十二月十五日，泉州承天寺）

慈航居士禮席：

本擬掩關習靜數月，乃人事紛忙，竟未如願。到泉州後，已寫字五百件左右，近復編錄安海講稿，明正即可付印。二月擬往永春，因久已約定，不得不往也。劉綿松居士青年好學，篤信佛法，以後擬常常訪謁仁者，乞延接晤談為禱。謹達，不宣。

舊十二月十五日　演音啟

七

（一九三九年舊正月十四日，泉州承天寺）

勝慈居士禮席：

惠書，誦悉。屬書之件，俟舊曆二月十日後，嚴笑棠之友人到泉州時，帶上。尚有《華嚴經疏科》一巨冊，為李圓淨居士贈與公閱處。又《安海法音錄》若干冊，乞由流通處分送可也。以上各件，共為一包，託嚴居士轉奉。朽人不久或往永春，暫未能通信。謹復，不宣。

舊正月十四日　演音啟

《安海法音錄》，為在安海所演講之本，共印數萬冊，約在二月初出版。先奉上若干冊。以後倘再需者，乞致信與承天寺性常法師請取。附白。

八

（一九三九年正月廿八日，泉州承天寺）

勝慈居士慧鑒：

去歲十一月廿七日惠書，昨始披覽。竹禪居士〔一〕書，亦於昨日披閱，欣悉一一。仁者如晤竹禪居士時，乞代致意。朽人前擬掩室靜養，以事務冗忙，卒未如願。自前日始，已如常晤客通信矣。下月擬在本寺講經。往永春之行，尚未能定。茲託友人之便，帶上一大包。（內計《華嚴經疏科表》一大冊，贈與佛經公閱處。崇經堂額、公閱處牌二紙，呈與仁者。橫額一紙，乞轉交笑棠居士。直幅二張，乞轉交府口街三十六號洛陽樓沈伯蓀居士。）《安海講錄》尚未印出，大約印四千冊，前函云數萬冊誤算也。俟以後覓便帶上若干冊。種種費神，感謝無盡。不宣。

音啟　正月廿八日

〔一〕竹禪居士，即蔡竹禪（一八九六——一九六六），又名大勛，福建漳州人。時任漳龍汽車公司董事長。其父蔡潮初，清末拔元，後放棄仕途業醫，為一代儒醫，行醫積善，遠近聞名。弘一法師曾為其撰像讚，書於漳州東郊雲洞巖之鶴鳴祠中。

九

（一九三九年舊二月十四日，泉州承天寺）

勝慈居士慧鑒：

前託東門某商主帶上寫件等，想已收到。朽人擬於舊曆本月下旬往永春，性常師同往。（因養正院不能開學。）擬贈奉《安海法音錄》二百冊，現交與承天寺庫房覺圓、廣義二法師管理。乞仁者與笑棠居士商酌，倘有便友到泉州者，乞來領取。前云之《護生畫集》，俟他日出版後，由覺圓、廣義二法師即將朽人預寫之明信片寄上，通知仁者，再覓便領取可也。謹達，不宣。

二月十四日　音上

致楊立人〔一〕

（一九三八年十月二十二日，漳州瑞竹巖）

立人居士道席：

惠書，敬悉，至用欣慰。朽人居漳將半載，隨分隨力，敷揚大法，稍遲或可返惠安也。屬書件，附奉上。謹復，不宣。

演音啟　十月二十二日

〔一〕楊立，字立人，福建福州人。早年從事軍政工作。生前為福建省政協委員。

致許晦廬〔一〕

（一九三八年秋，泉州溫陵養老院）

晦廬居士文席：

惠書，誦悉。諸荷護念，感謝無已。朽人鬀染已來二十餘年，於文藝不復措意。世典亦云：「士先器識而後文藝」，況乎出家離俗之侶？朽人昔嘗誡人云：「應使文藝以人傳，不可人以文藝傳」，即此義也。承刊三印，古穆可喜，至用感謝。篆額二紙，率爾寫奉。十四五歲時常學篆書。弱冠以後，茲事遂廢。今老矣，隨意信手揮寫，不復有相可得，寧計其工拙耶。數日後掩室習靜，謝絕訪問，數月之後，乃可與諸友通問訊。其敏居士〔二〕乞代致候。不宣。

音啟

〔一〕許晦廬，名霏，福建晉江人。金石美術家。

〔二〕其敏居士，即史其敏，福建泉州人。時於晉江安海開辦白燕木刻藝術社、春光攝影藝術社。

致王拯邦〔一〕

一

（一九三八年舊十月廿八日，泉州承天寺）

正邦居士道席：

惠書，誦悉。前由漳州到安海，住一月。近已返泉州，居承天寺。今年在各地弘法甚忙，法緣殊盛。（在安海演講，聽衆近七百人。近返泉州，軍官來談者甚多。）但自慚道德學問皆無成就，勉力支持。至用汗顏耳。前廣洽法師所印拙書《金剛經》，所存無幾。此書接引新青年至為逗機。（軍官等閱此皆生善心，功德尤大。）乞勸廣洽師發心募印再版。（能印數千冊廣贈尤善。）仍託上海費範九居士經手印刷，最善也。（通訊處仍是威海衛路影印宋藏經會，乞先通信接洽。）不宣。

演音啟　十月廿八日

〔一〕王拯邦（一八八一——一九四七），一名正邦，福建南安人。早年參加同盟會，後業醫，行醫於泉州、廈門，頗負盛名。

二

（一九三九年春，泉州承天寺）

拯邦居士道鑒：

屢荷惠施枇杷膏，感謝無盡。今正元旦始，已講律典。老體尚健，獲服良藥，當益康勝耳。謹復，不宣。

演音啟

致馬冬涵〔一〕

（一九三八年舊十月二十九日，泉州承天寺）

冬涵居士文席：

惠書，誦悉。承示印稿，至佳。刀尾扁尖而平齊，若椎狀者，為

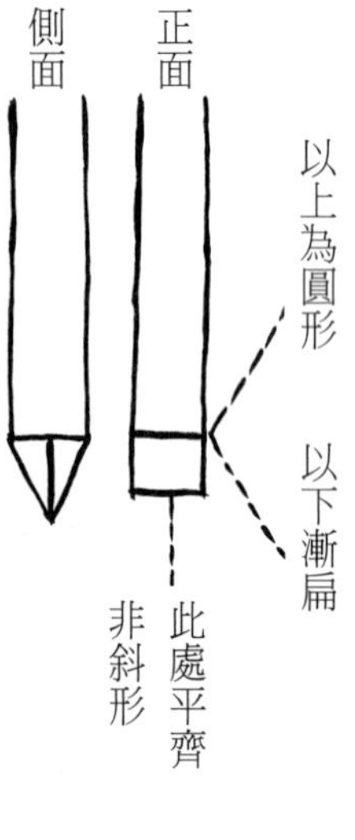

朽人自意所創。（可隨意製之。尋常之椎亦可用。）椎形之刀，僅能刻白文，如以鐵筆寫字也。扁尖形之刀，可刻朱文，終不免雕琢之痕。不若以椎刻白文，能得自然之天趣也。此為朽人之創論，未審有當否耶？屬寫聯及橫幅，並李、鄭二君之單條，附掛號郵奉，乞收入。以後屬書之件，乞勿寄紙，朽人處存者至多也。仁者暇時，乞為刻長形印數方。因常需用此形之印，以調和補救所寫之字幅也。朽人於寫字時，皆依西洋畫圖按之原則，竭力配置調和全紙面之形狀。於常人所注意之字畫、筆法、筆力、結構、神韻，乃至某碑、某帖之派，皆一致屏除，決不用心揣摩。故朽人所寫之字，應作一張圖按畫觀之斯可矣。不唯寫字，刻印亦然。仁者若能於圖按法研究明了。所刻之印必大有進步。因印文之章法布置能十分合宜也。又無論寫字刻印等，皆足以表示作者之性格。（此乃自然流露，非是故意表示。）朽人之字所示者。平淡、恬靜、沖逸之致也。乞刻印文，別紙寫奉。謹復，不宣。

舊十月二十九日　演音疏

〔一〕馬冬涵（一九一四——一九七五），又名曉清，福建漳州人。精篆刻，為弘一法師所賞識。此信一度被誤作致許晦廬居士之書。後發現真蹟，始知為致馬冬涵者。

二

（一九三九年正月十六日，泉州承天寺）

曉清居士澄覽：

惠書，誦悉。所刻各印，甚佳。佛像尤勝。仁者將來，可以刻佛像印百方，輯為《百佛印譜》十卷（每十印及邊款共數十葉為一卷），流傳世間。亦可以藝術而弘傳佛法利益衆生。想仁者當甚歡讚也。西泠印社或未遷移，乞先寫明信片詢問，然後再匯資購書為妥。尊字擬定如下：

若涵字作水釋，字曰寒渟。（渟，古義為澄清安靜之意。唐溈山祐禪師語錄云，譬如秋水澄渟，清淨無為，澹渟無礙。寒字，以冬而言。）

若涵字作化育釋，字曰慈昱。（昱者，日光也。因冬涵，有冬日可愛之義。冬者歲寒，正是世界黑闇衆生愁苦之時。能發大慈心，救護一切衆生，猶如杲日當空徧照一切，普令衆生皆得安樂也。前字幽秀，此字偉大。）

謹復，不宣。

農曆正月十六日

演音疏答　時年六十

（此小印，為安海許晦廬居士刻。）

此印，為李鴻梁所刻，久為友人請去。乞依此形像，再刻一方。（一切皆如原樣。像之下為蓮花座。）

此三印乞刻白文。

印石大小，乞依此形，因欲以此配合字體也。原石若大者，乞磨治如此形。（勿用佳石，因出家人不宜用佳石之印也。）

其文如：
一、六十後作，
二、名字性空，
三、不拘文字，
四、龍臂，（臂字可以略作辟。）
五、無相，等。（乞擇用之。）

三

（一九三九年正月十九日，泉州承天寺）

冬涵居士文席：

惠書，誦悉。承刊印，大佳，數日間已印用數十次矣。以後仁者暇時，再乞為刊四印，乞刊白文，印石不須佳也。葉二游（近或改名）居士（晉江人，青眼居士之子），現肄業長泰高中校，舊曆年前可返晉江。仁者刊就時，或交彼帶下，或俟他日之便皆可。朽人自明日始，為短期掩關數月，以資靜養。謹陳，不宣。

正月十九日　演音啟

致劉綿松〔一〕

一

（一九三八年舊十一月廿六日，泉州承天寺）

綿松居士文席：

前函所述各事，別答如下。

一、編輯文稿之事，由朽人自編。或用或刪，排列，定名，皆由朽人自己裁酌。數年前，已略擬定辦法。名目，決定不用「文鈔」之名。因朽人舊作，可取者甚少，僅能編成兩小冊而已。

一、《晚晴窺語》。內容、序、傳等約二十餘篇。平庸之作，皆力刪之。

二、講稿數篇。名尚未定。其平庸之講稿，皆不編之。

此外，如手札詩偈等，罕有可取，決定不編入。編輯之主旨，在於精不在於多。應編入之材料，數年前，居廈門時，已收集，現存廈門萬石巖篋中。將來時局平靖，朽人自往廈門，整理編輯。倘有缺少者，由朽人自己覓求甚易，無須徵集。仁者所編計劃書，至為精密。但意在廣輯巨帙，洋洋大觀。此與朽意未合，乞亮之。

朽人在家，曾有時見昔賢所撰之文或詩或詞等數首，歎為精絕。亟欲覽其全集，以廣眼界。及至求得其全集，亙數十卷或百卷，而披閱之，乃大為失望。因其一生之作，所謂精湛者，僅此數首而已。其他皆平庸敷衍，毫無可取。昔賢之全集，大半如此。朽人在家之時，屢於是而興失望之歎矣。唐韓偓詩僅一卷，皆精美，豈必以多為貴哉？

朽人出家之宗旨，決不願為文字之法師。今所擬自編之兩小冊，亦是未能免俗，聊復爾爾。豈期以此而傳諸久遠、流芳萬古耶？故關於編輯文稿之事，乞勿視為重大。俟朽人能往廈門時，隨意編定目錄，再由仁者為之抄寫而集輯之。今且置之度外可耳。

一、尊母法名，上一字誤寫。因朽人神昏，不及詳察。但亦可用。母子之名，上一字相同，無妨。昔有歸依印光法師者，命名亦恆如是，與俗例異也。

一、仁者所編《藥師如來法門講述錄》，甚善。將來再版時，尚有數處宜變動。

目次，應移至內封面後，序文前。朽人近影，宜刪去。因與佛像並列，不恭敬。

正文第一頁第一行，即「藥師如來法門講述錄」之大字一行，宜刪去。將第三行「藥師如來法門略錄」八字，改為大字，列入第一行之地位。如是，乃與下二種標名之格式相同。

第一種《法門略錄》之標點，有脫略者，宜校正之。

第二、第三種，皆由他人具名記之。應列其名於文後。第三種，列於第十三頁第四行之地位。第二種，列於第十九頁第七行之地位。補云，某某記錄。

附奉上拙書兩紙，乞隨意贈送。天寒手僵，率復不備。

農曆十一月廿六日　音啟

此信及前次之信，皆乞無須示人。

〔一〕劉綿松（一九一九——一九八三），福建漳州人。一九三八年弘一法師為取法名勝華。

二

（一九二八年舊十二月廿五日，泉州承天寺）

綿松居士慧覽：

昨夕奉惠書，披誦，至用歡喜。仁者善根厚植，歸信佛法，甚可讚歎。擬於元旦日書寫三寶名寄上，以證明仁者發心歸依三寶之意。仁者之母亦宜歸依三寶，擬寫佛號一紙奉上。仁者之母，法名惠靜。仁者法名，曰勝華。擬於元旦日書小堂幅二紙，即寫法名，以為歸依記念。又有舊寫就之小聯二對，亦題款一併寄上。又附上佛書數種，併為一包，於元旦日付郵寄奉。朽人亦五歲喪父，依慈母撫養成人。余與仁者，同是節母之子，必當盡其誠意，以佛法教導仁者。惟明年上半年恐不能到漳州，因已與永春約定，春暖時即須往永春也。余與仁者道義之交，雖隔千里，猶如一堂晤對。希勿以形骸阻隔，而介意也。朽人昔居漳時，恆與施慈航居士晤談，近來亦常常通信，所有贈送之佛書亦寄彼處。仁者暇時，可以常至彼家晤談，必能獲益甚大也。

仁者以後，應常常與老母講說佛法。以後朽人寄去之書，應與老母共學之。宜常念阿彌陀佛及觀世音菩薩名號，並隨己意讀經數種。以此功德，迴向衆生，同生西方，齊成佛道。先此略復，餘俟後陳。不宣。

附奉上攝影一紙。

舊十二月廿五日　演音啟

附二箋乞為轉交：施慈航寓東門新行街八十六號

嚴笑棠寓九龍飯店

三

（一九三九年舊元旦　泉州承天寺）

綿松居士文席：

前復函，想已收到。茲寄上各件如下。

△拙書四種。又石印《心經》一紙。又《金剛經》一冊。拙輯《地藏菩薩靈感錄》一冊（助友人輯）。《寒笳集》一冊。（此為警策身心之書，宜常常閱覽。）《人生之最後》一冊。《清涼歌集》一冊。

演講稿數種。

按拙輯之書，及拙字，付印者甚多，今就現存者檢奉如上。

△此外，有師友所輯之書數種，並奉上。

《到光明之路》一冊，《旅行者言》二冊，皆是誘導新青年學子之作。

《皆大歡喜》二冊，《亂世靠山》一冊，皆是說因果報應之書

《法會法語》一冊，《淨業指南》一冊，《學佛淺說》一冊，皆是淨土法門之書，極切要。仁者及老母宜依此行持。

《淨土法會課儀》二冊，《普賢行願品》一冊，仁者及老母應讀誦之經典。

《地藏菩薩聖德問答》一冊，說菩薩之事蹟。

希受收。朽人未能來漳，仁者勿生憂惱。仁者母子，今皆為朽人之弟子。自今以後，仁者等能依朽人所教，深信佛法，念佛誦經，求生西方，則雖千里，有如一堂。否則雖終日聚首，心意扞格，如隔萬叢山矣。去冬在安海講稿，不久即付印，後再續寄。施居士，乞代致候。不宣。

己卯元旦　演音疏

四

（一九三九年正月十四日，泉州承天寺）

綿松居士文席：

兩奉惠書，具悉一一。承施龍眼乾，感謝無盡。前函所云二事，其一乞閱《佛教概論》、《中國佛教史》，皆上海商務書館出版，閩南未必有也。其二甚是，初學研究佛書，必不能盡解，可以隨檢《佛學辭典》，於不解者可勿措意，久之自能貫通耳。

屬書之件，俟舊曆二月十日後，託嚴笑棠居士之友人帶上。朽人不久或往永春，暫未能通信。謹復，不宣。

舊正月十四日　演音啟

頂田下一四六號。

五

（一九三九年舊五月十七日，永春普濟寺）

惠書，誦悉。朽人近居深山，掩室習靜。友人處罕通音問。身體尚健，唯精神不如昔耳。略復，不宣。

五月十七日　音啟

六

（一九三九年舊十月十日，永春普濟寺）

勝華居士慧覽：

惠書，誦悉。至用忻慰。下月時事平靖，擬即往鼓浪，轉渡菲島。否則或稍延緩也。所輯講述錄，至善。所云生平及其他者，須俟朽人生西後乃可流布。至要至要。（若余在世之時即出版者，將招他

人之嫉忌，於弘法前途大有妨礙。）拙書二葉，附奉上。友人高勝進居士撰《韓偓評傳》，前年在上海開明書店排就未印，即毀於兵燹，近復重編寫就。朽人再為撰序，附錄奉覽。

唐季變亂，中原士族徙閩者衆。偓以孤忠奇節，抗忤權奸。既遭貶謫，因隱南閩。蔬食修禪，冥心至道。求諸季世，亦希有矣。勝進居士為撰偓傳，以示青年學子。俾聞其風者，勵節操，祛卑污，堪為世間完人，漸次重修佛法。則是書流布，循循善誘，非無益矣。夫豈世俗文學典籍，所可同日語耶。撰錄既竟，為題其端，爰志讚喜云。歲集鶉尾秋暮晚晴老人。

農曆十月十日　音啟

七

（一九四二年正月十六日，晉江福林寺）

勝華居士澄覽：

前日復書，託笑棠居士轉致，想已收到。頃奉惠書，具悉一一。此乃小事，不須介意。茲復奉上一葉。又子愷來信，及馬曉清居士印稿，並以奉贈仁者收藏。馬居士住漳新行街，現任職於長泰羅山中心小學，其印稿中加圈者五印皆為朽人刻者。謹復，不備。

農曆正月十六日　演音疏

八

（一九四二年八月十四日，泉州開元寺）

勝華居士智覽：

惠書，誦悉。《觀經釋論》已收到，甚感。前託昕師寄上公函，想已督閱。朽人近來，精神更憊昏不支。不久仍方便掩關，辭謝一切緣務。諸希鑒諒，為禱。不宣。

八月十四日　音啟

附詢之事，朽人不知其詳。

九

（一九四二年八月廿二日，泉州溫陵養老院）

勝華居士慧覽：

惠書，誦悉。九月三日始，即掩室著書，謝絕一切。以後雖住址遷移無定，掩室仍應繼續。所有外來之信件等，皆由他人代收閱，或逕退回，朽人未能披覽也。豐居士處，已近兩載未通信，可見朽人之疏懶頽唐矣。附奉上寫幅，以為紀念。此外皆未能書寫，以後亦即停止通信，諸希鑒諒為禱。謹復，不宣。

八月廿二日　音啟

致黃幼希〔一〕

（一九三八年除夕前二日，泉州承天寺）

幼希居士道席：

不晤倏已十載。近聞仁者校定《華嚴疏鈔》，至用歡讚。朽人亦久有此志，但衰老日甚，無能為力耳。前所校點《玄談》，亦僅自備披覽，中多訛闕，且未及與《大正藏》本對校，簡陋殊無足觀，故不寄奉。茲述鄙意數則，以備參考。

一、《玄談》古會本（徐居士疑出自唐代），其文與《明藏》（即是《弘教藏》之本）中疏鈔別行本之文，不同者甚多。

一、考《會玄記》之牒疏鈔文處，可以見《會玄記》所依之本與《明藏》本不同者甚多，亦可考證《明藏》本之訛字。

一、金陵新刊本《玄談》之圈點句讀，唯依文意之大致。若參考《會玄記》，其句讀應改正者不少。

一、《懸談》第四卷以下鈔文中，略去疏科者甚多，此非後人所刪。

一、《會玄記》常州新版，訛誤甚多。《弘教藏》本較善。此記瑕瑜不一，亦有文義幼穉處，亦多精義。想其精義，或是摘錄前人之作耳。

《行願品別行疏鈔》，似未經楊居士校訂，即付刻，故其訛誤甚多。今略附錄於後，以備參考。有應作小注，而刊作大字者，有應另行起而與上文連續者（第五冊甚多）。訛字及句讀誤處頗多。按此書原係《別行疏》一卷，《圭峯義記》六卷，及科文一冊。自緇雲移疏注經及削成略抄，而古疏科記傳者尠矣。（以上據宋行霆重刊古本之跋文，載於日本寧樂刊經史中。傳說此疏一卷併義記六卷，有日本明德二年此土明洪武二十四年之翻刻宋古刊本，今存日本東大寺中。）精神頹唐，未能詳陳，僅略書此，以供參考。

明春即擬往永春等處，住址未定。仁者收到此函後，暫勿覆。蔣竹莊居士，乞代致候。十年前，曾在清涼寺同聽《華嚴經》，想尚憶記否？謹陳，不宣。

再者，《華嚴疏鈔》中之鈔文，亦有前後不符，又與別行科文不同處。（所謂科文，即是《玄談》古會本之前所列者，非是今新刊之全科）。（如金陵刊本《懸談》卷二十一第十四頁第十行「第二『雙會謂』會通『四法』大小不同」云云。（上面有「　」者為依《明藏》補入之字）案此「第二」二字，與別行科文合。但依前鈔文應作第三。此鈔文金陵本刪去，應在金陵本卷二十一第二頁第九行下續之。乞檢《明藏》可知。

除夕前二日　演音啟

〔一〕黃幼希（一八八四——一九五八），名士復，福建永泰人。早年留學日本，精通英文。曾任上海商務印書館編輯。編有英文字典多種。學佛後，精研佛學，於《華嚴》尤有心得。著有《佛教概論》（萬有文庫本）。晚年主持上海普慧大藏經會多年。

致陳无我〔一〕

一

（一九三九年一月，泉州承天寺）

无我居士道席：

前復書，想已收到。泉州友人近擬盡力提倡流通《護生畫集》，以消災劫。朽人以前亦有重書寫、重製鋅版之意。附致李居士一紙，乞仁者詳閱，便中乞為轉交，並希仁者與李居士共同商酌進行妥善之辦法。李居士不久將隱遯。此事將來圓滿成就，惟有依賴仁者之力也。尊處所立戒殺會章程，再乞寄下數十紙。又《皆大歡喜》等諸書，亦乞惠寄，至感。（泉州善友近發心歸信佛法者甚多，以此諸書贈送，最為契機。）

演音啟

再者，前承寄下《梵咒音義錄》，末頁所示羅馬字發音法，其濁音改讀為清音者，是否凡遇ǧ皆讀如k，ď皆讀如t，b̌皆讀如p，乞示知為感。

〔一〕陳无我（？——一九七〇），浙江杭州人。法香是他皈依密宗的法號。早年於上海《太平洋報》與李叔同共事，後任世界新聞社社長。晚年信佛，在上海主編《覺有情》雜誌多年，為佛教界知名人士。

二

（一九四一年舊十一月十八日，泉州百源寺）

无我
圓淨居士仝鑒：

近獲圓淨居士書，具悉一一。《華嚴經疏科文表解》出版時，乞寄二部，至泉州承天寺，交弘一收，至感。朽人前補校《玄談》本，其中有闕略未寫者，亦未及再校。因用以自習，非是預備作印行之稿本。故此書補校殊未精審，不復寄奉。朽人在泉州居住，來客訪問者至多。擬自舊十二月初一日始，在此為短期之閉關。大約數月之後，或往他處也。閉關以後，通訊者，惟有夏丏尊居士一處。前與仁者等商酌畫集事，尚未完成。以後仁者等關於畫集事，有與朽人通訊者，乞交與夏居士轉寄為禱。夏居士，寓上海福州路開明書店。謹陳，不宣。

舊十一月十八日　演音啟

致陳士牧〔一〕

（一九三九年舊二月五日，泉州承天寺）

兩奉惠書，具悉一一。承仁者及諸居士關念一切，至用感謝。未受比丘戒者，閱比丘律書可否，有數說不同。據宋元照律師說，無妨；惟僧中正式作羯磨〔二〕時，不可聽耳。

囑書橫匾，紙未寄到。朽人近來衰頹日甚，亦無力能寫大字。茲寫奉小匾一紙，聊作紀念可也。朽人不久擬住（久已約定）永春山中，以後暫不能通信。仁者初始出家，亦宜息心念佛，不宜與各方通信，以擾亂其意志也。

郵券餘者附還。

二月五日　音啟

〔一〕陳士牧（一八九〇——一九八〇），福建福州人，為陳寶琛族人，清末民初鐵路工程師。一九四二年夏，請求弘一法師增上授三皈，法師為起法號曰勝牧。後於福州林陽寺出家，法名瑞照。

〔二〕羯磨，印度梵語，意譯為業（即行為）；在戒律上多用音譯，義為作法（即儀式），如受羯磨、懺悔羯磨等。

致王夢惺〔一〕

一

（一九三九年舊四月十一日，永春普濟寺）

夢醒居士慧覽：

惠書，忻悉一一。尊撰序文，甚善。鄭老居士前寄示律詩〔二〕，至用忻佩。下次印講錄時，擬以弁首。並希代為致意。入夏，雨不可止，山路崎嶇，未敢遠勞仁等枉臨。俟秋涼後，朽人當入城，在桃源講《金剛經大意》三日，以廣結法緣也。謹復，不宣。

林居士乞為致候。

農曆四月十一日　音啟

〔一〕王夢惺（一九〇六——一九七八），名錦機，字進忠，原號夢醒，弘一法師為之易號曰夢惺，福建永春人。為永春名儒鄭翹松門生，能詩善文，好書法篆刻。一九三九年時任永春縣立圖書館館長。著有《萊園文稿》，弘一法師曾為文稿題偈。

〔二〕律詩，即《壽弘一法師》。詩云：海岳仙人杖錫來，祥風一掃瘴雲開。神醫果有伽陀藥，天匠能容瓠落才。率土山川瞻瑞相，諸天日月傍蓮臺。遠公倘許東林住，準凝淵明真醉回。

二

（一九三九年舊七月十三日，永春普濟寺）

夢醒居士文席：

前獲誦佳章，至用忻慰。已寫於講錄卷端，俟時事稍寧，可即付印。朽人自今日始，暫掩室習禪。奉上舊藏明代瓷盤一具，以志遺念。謹達，不具。

農曆七月十三日　音啟

三

（一九三九年八月六日，永春普濟寺）

惠書，誦悉。宜至誠專念觀世音菩薩聖號，為禱。仁者閱《格言聯璧》，宜先略去「學問」一門，於「存養」、「持躬」、「接物」諸門，每日擇閱一條，不拘次第可也。

八月六日　音啟

四

（一九三九年八月二十六日，永春普濟寺）

夢惺居士澄覽：

惠書，忻悉一一。尊名擬用一「幾」字。承詢「萊園」字義。竊謂文字無有定義，隨機因時，所見不同。萊衣是其一義，或可更作他解也。所錄講稿，甚善。附郵奉。標點句讀時，乞參閱底稿。臥雲老人所撰偓傳，至用歡感。明季王、徐二君，謂偓實終舟山事，未知出於何書，（書名、撰者名，載在第幾卷），乞便中示知，俾轉告高居士。此事頗為近實。前年重修偓墓時，啟視舊穴，空無所有，人頗疑之。僧傳乞向臥雲樓借閱《頻伽藏經》致字帙傳記部，內有《高僧傳》、《續高僧傳》三部。宋《高僧傳》、《初傳》出於一人手筆，文字淵懿可誦。後二種是集合編輯而成，頗不一律，尤多冗辭俗句也。世典中如《高士傳》、《續高士傳》，亦希仁者時以披閱。朽人兒時曾見之，在某叢書中，已忘其名矣。略復，不具。

八月二十六日　音啟

五

（一九四二年舊三月廿八日，泉州百源寺）

夢惺居士文席：

居惠安一月，昨夕返泉，惠書，忻悉。仁者精進向道，甚慰。八關齋戒可緩。乞先素食一年。朽人爾來衰老益甚，何時能入桃源，未可預定，至用歉然。齋額寫奉，空白處，乞鄭老居士題跋，並希代為致候。謹復，不宣。

農曆三月廿八日　音啟

六

（一九四二年舊七月廿六日，泉州溫陵養老院）

夢惺居士文席：

惠書，誦悉。朽人老態日增，精神恍惚，未能往尊邑弘法，至用歉然。菩薩尊號，附奉上。

屬書警語，以精力不支，僅能書寫數葉，（餘紙寄返，可以託人題跋，附於冊中。）俟他日暇時書就，託人奉上。不久仍閉門靜養，謝絕緣務，誦經念佛，冀早生極樂耳。承寄旅資，已無所需，附以寄返，乞改作他用。並乞代向諸居士致謝，諸希鑒諒，為禱。謹復，不宣。

七月廿六日　音啟

仁者收到匯券後，乞復函掛號（由開元寺轉交）寄下，俾免朽人懸殊。　附白。

致濮一乘〔一〕

（一九三九年舊十月初十日，永春普濟寺）

一乘居士慧覽：

正月二十七日所發尊函，數日前始遞到。性願法師往菲律濱已數載，故前函遺失。朽人不久亦往菲島。仁者禮佛誦經，精進無懈，至用歡慰。附奉上拙書二紙，希受收。不宣。

農曆十月十日　音啟

〔一〕濮一乘，江蘇溧陽人。早年學佛，精研教義。曾應狄平子居士之聘，於上海主編《佛學叢報》。

致鄭健魂〔一〕

（一九三九年舊十月二十五日，永春普濟寺）

健魂居士文席：

惠書，忻悉一一。諸荷護念，感謝無盡。曩因傳貫師勸，往菲延期，遂免於難。否則囚居古浪矣。但對付敵難，捨身殉教，朽人於四年前已有決心，曾與傳貫師等言及。古詩云：「莫嫌老圃秋容淡，猶有黃花晚節香。」吾人一生之中，晚節最為要緊，願與仁等共勉之也。屬書三紙，已就，附奉上。小字一幅，俟天晴時寫。將來若能與豐居士通信時，當達尊意。謹復，不宣。

農曆十月二十五日　音啟

此小字《心經》一紙，為特別寫件。乞暫秘藏，勿示他人。恐他人援例請求也。又附奉上單款寫件四紙，乞隨意贈送。此次所用上海宣紙，為友人所贈，殊不易得也。　附白。

〔一〕鄭健魂，福建泉州人。畢業於上海立達學園，係豐子愷之門生。時任泉州日報社社長。

致穆犍蓮

（一九三九年舊十月底，永春普濟寺）

犍蓮居士文席：

惠書，忻悉一一。諸荷護念，感謝無盡。曩因傳貫師勸，往菲延期，遂免於難。否則囚居古浪矣。但對付敵難，捨身殉教，朽人於四年前已有決心。曾與傳貫師等言及。古詩云：「莫嫌老圃秋容淡，猶有黃花晚節香。」吾人一生之中，晚節最為要緊，願與仁等共勉之也。亭亭菊一枝，高標矗勁節。云何色殷紅？殉教應流血！

音啟〔一〕

〔一〕此札與致鄭健魂信之內容，前大部分相同，信中無月日，而致鄭函署「十月二十五日」，可知為同時所作。

致楊勝南〔一〕

（一九三九年舊十月五日，永春普濟寺）

勝南居士慧覽：

惠書，誦悉。忻慰無已。前數年朽人曾編輯《佛學叢刊》一部（計四冊），在上海世界書局出版。仁者依此書研習，最善。次序如下：

總目之次序	研習時先後之次序
一至十二此皆經文。乞隨己意選擇讀誦。	勝南注〔二〕按即《華嚴經淨行品》、《十迴向品》、《普賢行願品》、《法華經普門品》、《金剛經》、《心經》、《阿彌陀經》、《藥師經》、《地藏經》、《佛遺教經》、《四十二章經》、《八大人覺經》。
十三　依經律論等挈錄。宜後閱。	按即《法海觀瀾》。
十四　解釋人生問題，由淺至深。雖未能盡解，亦應先閱。	七按即《原人論》。
十五　略說學佛法者應發之心，宜後閱。	按即裴相《勸發菩提心文》。
十六　義理深奧。宜最後閱。	按即《華嚴念佛三昧論》。
十七　以下二種，皆說淨土法門。	六按即《淨土晨鐘》。
十八　先閱第六章，以後再從初閱起。	五按即《印光法師嘉言錄》。
十九　入門最佳之書。	一按即李圓淨編《佛法導論》。
二十　雖未能盡解，亦應先閱。	二按即楊仁山著《佛教初學課本》。
廿一　以輪擲之，極有興味，如世俗之陞官圖。	八按即《選佛譜》。
廿二　古辭典。以下三種，隨時閱之。	按即《釋氏要覽》。
廿三　記善惡報應等事。	按即《釋門自鏡錄》。
廿四　古高僧事跡。	按即《釋門蒙求》。
廿五　文簡淨，易閱。	三按即《緇門崇行傳》。
廿六《見月律師自傳》。讀之最有興味。	四按即《一夢漫言》。
廿七　筆記。以下三種，皆有興味，乞隨時閱之。	按即《竹窗隨筆》。
廿八　格言。	按即《菜根譚》。
廿九　詩偈。	按即《寒山拾得詩》。
三十　詩偈。	按即《陽復齋詩偈》。

此書朽人處無有存者。福州諸善友處或有之。倘覓求此書不可得，下記數種，乞先閱覽。閱時宜緩緩研味，反覆尋覽，不可急速。

《佛法導論》。

《印光法師文鈔》及《嘉言錄》。

《佛教初學課本》。

《竹窗隨筆》及《二筆》、《三筆》。

菲律賓諸善友來函，約朽人往彼弘法。不久啟程。匆匆略復，不宜。拙書一紙，附奉上。

農曆十月五日　音啟

〔一〕楊勝南（一九〇九——一九九九），原名士琛，字貢南，福建福州人。皈依弘一法師，法號勝南。歷任福州永安等地中學教員。福建省及福州市佛教協會顧問。

〔二〕此信於一九四四年收入《晚晴山房書簡》第一輯時，由受件人楊勝南附加註。

致林奉若〔一〕

（一九三九年十二月廿七日，永春普濟寺）

奉若居士澄覽：

關於食物之事，略陳拙見如下，乞為轉陳執務者，為感。

依律，食物亦名曰藥。以其能調和四大，令獲康健，俾能精進辦道。但貪嗜甘美之物，律所深呵。常食昂價之品，尤為失福。故以價廉而適於衛生之物，最為合宜也。

豆類，含有蛋白質，為最重要之滋養品。但亦不能多食，多食則不消化。（與常人食補藥者同，須以少量而每日食之。但不可一次多量，若過量者，反致增疾。）

蔬菜之類，且就本寺現有者言之，菠稜菜，為菜中之王，含有鐵質及四種維他命，為滋補最良之品。

白蘿蔔（俗稱菜頭），亦甚能滋補。紅蘿蔔亦然。

白菜，亦甚佳（或白色或綠色皆佳）。若芥菜，雪裏紅，則性稍燥，不可常食。

花生，含有油質，食之有益。（但不可多食。）

且以拙見言之，菜食一盂之中，約以蔬菜占五分之四，豆類及花生等占五分之一，乃為適宜也。

近來本寺送與朽人之菜食，其中豆類太多，蔬菜太少，未能調和。故陳拙見，以備採擇。

再者，前朽人云，不願食菜心及冬笋者，因其價昂而不食，非因齒力不足也。菜心與白菜相似，而價昂數倍。冬笋價極昂，西醫謂其未含有何種之滋養質也。

又香菰亦不宜為常食品，明蓮池大師曾力誡之。

煮豆類花生及蔬菜之湯，亦不可棄，其中含有多份之滋養料。倘棄其湯，而唯食其質，猶如服中國藥者，棄其藥湯而唯食其藥渣也。

朽人齒力尚健，以刀切蔬菜時，不妨切大塊，咀嚼甚易也。

以上種種拙見，乞為執務者講解其義，令彼了知，至用感謝。謹陳，不宜。

十二月廿七日　善夢啟

〔一〕林奉若（一八七八——一九四三），又名思涎，字亮澤。福建永春人，清末歲貢生。中國天文學會會員。晚年隱居蓬壺普濟寺頂寺（寺分頂寺、下寺），就廢址營建精舍數間，以自居止。弘一法師至普濟寺時，林氏即以自築精舍奉其居住。每日飲食，由下寺專送，供養甚至。

致春發

（一九四〇年舊元旦，永春普濟寺）

春發居士朗鑒：

前屬書中幅，今已寫就。乞仁者來寺，向性常法師領取，為盼。謹達，不宣。

庚辰元旦晨　弘一啟

致鄭翹松〔一〕

一

（一九四〇年八月二十日，永春普濟寺）

臥雲、師覺、夢醒居士澄覽：

惠書，誦悉。厚意殷誠，感謝無量。南安之行，猶未確定，當來諸事，難可預擬，猶如落葉，一任業風飄泊可耳。謹復，不宣。

八月二十日　音啟

附白

夢惺居士前云，欲新立名字，竊謂以夢惺為佳。惺，悟也，不昧也。似較夢生、夢醒為勝。希裁酌之。

〔一〕鄭翹松（一八七六——一九五五），號臥雲，福建永春人。清末舉人。曾任永春中學校長。著有《永春縣志》。其《臥雲樓詩稿》，弘一法師曾為題詞。

二

（一九四二年舊三月，泉州溫陵養老院）

諸位護法居士仝慧鑒〔一〕：

頃奉惠書，承慈念慇誠，感激無量。朽人衰老益甚，擬仍暫住是間養痾，未能返永，至用歉然。有負厚意，諸希原諒。謹復，不宣。

音敬啟

〔一〕此札封面原署「致鄭臥雲、林師覺、林奉若、王夢惺、林漢忠諸居士書」。

致宏智等

（一九四一年四月十四日，晉江福林寺）

宏智老女居士　仝覽：
腰女居士

屢承護法，厚施一切，至用感謝。茲有陳者，覺圓法師即擬隨余往閩東，專心用功，暫未能返泉。彼有老母，現住惠安，未能放心。務乞仁者代為照拂一切。倘有病苦，或命終時，更乞輔助一切，並念佛資其往生極樂世界。感謝無盡。謹此代懇，諸希慈察。不宣。

弘一啟　四月十四日

致丁葆青

（一九四〇年）

葆青居士道席：

〈前略〔一〕〉再有奉達者一事。尋常所寄之信札，皆須貼郵票五分，明信片則二分半。若信封剪口者，僅能內裝印刷品，外貼郵票一分。若如仁者上次所寄之信，信封剪口，內裝信箋，僅貼郵票三分，則與郵章不合。如是則受信之人，應被罰大洋四分。以後與他處通信，必須貼五分，若用明信片亦善，則僅二分半也。若少貼郵票而寄信者，且與盜戒有違。叨在至好，故敢奉告，以後幸注意為要。

又鄉間郵務代辦處之執事者，多不諳郵章，所言事不可輕信。

又依郵章，可以自己蓋印於郵票上（防他人駁去），其例如下：

須用陽文圖章，用紅印色印之。所印之地位，必不能超過郵票全體二分之一。此例見於郵章書內（計一厚冊）。彼並畫一圖，其一式下：此事余曾親向溫州城內郵局員詢問，彼言亦爾。但以蓋用至四分之一之地位為宜，萬不可多蓋，恐此郵票無效也。（余今用此信封，即自蓋印，乞閱之。）以後交他人寄信時，多謹慎可也。郵票宜自貼，用糊十分黏固，俾他人不致竊去。稍遲擬撰文一首，登入半月刊，詳言郵章及應防範流弊之法，因同人知者甚少也。

〔一〕此信發表於一九四七年三月上海《覺有情》雜誌第八卷十三、十四期合刊，原函已截頭去尾。編者曾加副標題：《寄信貼郵票者注意》；並加按語稱：「大師對於郵票之黏貼，鄭重叮嚀如此，蓋以有關盜戒故，其利人之心至矣！」所云「半月刊」，係指《佛學半月刊》。

致勝如

（一九四一年十月一日，泉州百源寺）

勝如居士慧覽：

惠書，誦悉。屬寫之件，大約兩個月內可以寫就，即託妙蓮法師親送至尊處。馬岱君之件，可以依所屬書寫。附奉上新聞一則，乞登入尊報為感。謹復，不宣。

十月一日　音啟

致施至偉〔一〕

一

（一九四一年十月一日，泉州百源寺）

至偉居士：

惠書，誦悉。至用欣慰。朽人於雙十節後即閉關著書。以後住址雖常遷移，而閉關仍繼續，見客通信皆辭謝。諸希鑒諒。不宣。

十月一日　音啟

〔一〕施至偉（一九〇一——一九七六），福建泉州人。時為石獅東亞照相館經理。大師到福林寺時，由施氏接待。

二

（一九四二年二月廿九日，惠安靈瑞山寺）

至偉
燕懷〔二〕賢首同覽：

前至石獅，荷承招待一切，感謝無盡。近已適惠安。茲寄奉拙書五葉，乞受收。謹達，不宣。

（一）燕懷，為施至偉夫人。

二月廿九日　音啟

致勝順

（一九四一年十二月初八日，晋江福林寺）

勝順居士鑒：

送上拾元，歸併救濟貧人款內，乞收入。再者，前商會送來之寫件，內有款字不明了者，附貼奉，乞轉詢，示知為盼。

十二月初八日　弘一上

此次送上拾元，內計菲島高文顯五元 漳州施慈航五元

致蔣維喬（一）

（一九四二年舊元旦，晋江福林寺）

竹莊居士文室：

惠書，忻悉一一。辱承獎譽，惶慚何已。芳遠童子，十三歲時，即與朽人相識。爾後，常致訊問。頗於朽人有所規導。今歲年十九矣。工詩詞，善刻印。識見尤超卓絕俗。生於富貴之家，而不沈溺晏安。猶如蓮華，不著水矣。爾將親近講座，希有以詔而教之。當來所造，寧可量耶？拙書一葉，附奉瑩覽。謹復，不宣。

壬午元旦　音啟

（一）蔣維喬（一八七三——一九五八），號竹莊，江蘇常州人。早年在滬與蔡元培、章太炎等從事教育。曾任南京東南大學校長。學佛皈依諦閑法師，著有《中國佛教史》、《因是子靜坐法》等。

致黃福海（一）

（一九四二年夏四月，泉州溫陵養老院）

茀海居士：

遺余素楮多紙，屬作草稿時用之，當來集輯以遺返居士而為紀念。近將遠行，無有草稿可書，乃節錄印光法師嘉言十數則，以塞其責。書法極潦草，惡劣不堪，與尋常作草稿時，無以異也。居士曩所遺余素楮，似不止此。或存檀林書篋中，現在未能檢尋，擬請居士以此餘楮，惠施與余，不再償還。衰老頹唐，希居士愍察，勿責備焉。

於時歲次鶉火夏四月。

晚晴老人時年六十又三
居溫陵小山書院

附：印光法師法語

人生事事皆可偽為，獨臨死之時不可偽為。況其無愛戀之情，有悅豫之色，安坐而逝。若非淨業成熟，曷克臻此。禮誦持念種種修持，皆當以誠敬為主。經中所說功德，縱不能圓得，而其所得亦已難思議。若無誠敬，則與唱戲相同，苦樂悲歡皆屬假裝，不由中出。縱有功德，亦不過人天癡福而已。而此癡福，必倚之以造惡業，其將來之苦何有了期。　此法語，錄自《印光法師嘉言錄》。

（一）黃福海（一九一〇——一九九五），即茀海，原名泰北，別號黃柏，江蘇揚州人，客寓泉州。時常親近弘一法師，習寫字方法。

致龔勝信

（一九四二年舊五月一日，泉州溫陵養老院）

勝信居士：

與朽人同住一載，今將別離，屬寫警策之訓。竊謂居士曾受不邪淫、不飲酒二戒，今後當盡力護持。若犯此戒，非余之弟子也。余將西歸矣。書此以為最後之訓。

壬午五月一日　晚晴

致羅鏗端[一]、陳士牧

（一九四二年舊八月十二日，泉州承天寺）

鏗端、士牧居士同鑒：

惠書，誦悉。茲寄上《放生園池記》四額及舊書小聯二對，內題法名。（倘從前已依師受歸依者，即用前法名，萬不可改易。今名即作為別號可耳。）《放生園池記》倘加格線者，僅能加長行直格，不可用方格。因所寫之字，約直則成行，約橫則因字形長短不一，恆互相借假地位，則不能齊整也。所謂豎成行而橫不能成行也。茲對舉其格形如下：

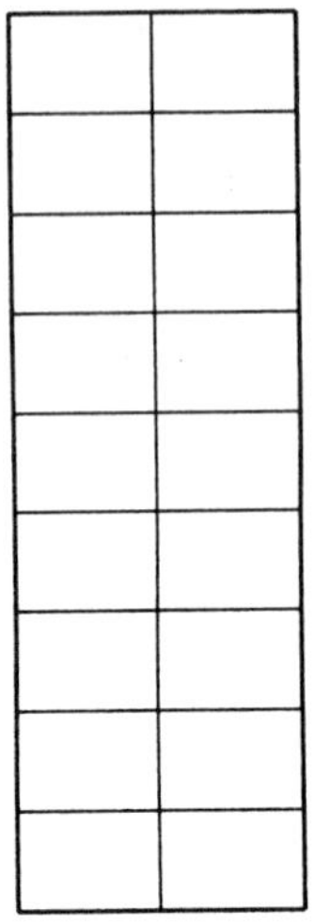

方格不可用，內有許多字不可寫在方格正中。

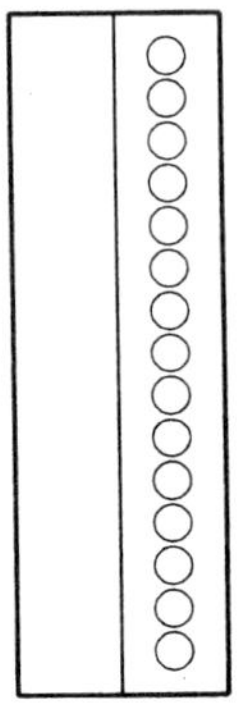

應用長行直格

朽人衰老益甚，擬於下月初三日起，仍方便掩關，凡晤客通信等事，一概辭謝。仁者收到此信及寫件時，希勿惠復，恐不及披閱。諸惟鑒諒是幸，不宣。

音啟　八月十二日

〔一〕羅鏗端（一八九二——一九六八），福建福州人。著名西醫，熱心佛教文化事業。曾以私人財力，資助慈舟法師於福州創辦法界學院，專習華嚴一宗。《放生園池記》，即《福州怡山長慶寺修建放生園池記》，是弘一法師就原稿稍加潤色並書寫的。記末署「中華民國三十一年歲集壬午夏六月南山律苑沙門演音」。

致沈彬翰[一]

（一九四二年舊九月，泉州溫陵養老院）

彬翰居士文席：

前奉惠書，忻悉一一。朽人已於農曆〔九〕月〔四〕日謝世。前所發願編輯之《南山律在家備覽》，未能成就，至為歉然。惟曾別輯《盜戒釋相概略問答》一卷，雖簡略無足觀，然亦可為最後之紀念也。附郵奉上，希受收。謹陳，不宣。

音啟[二]

〔一〕沈彬翰，江蘇蘇州人。時為上海佛學書局經理。

〔二〕按此函預先寫就，著人後填月日寄發。

致扶唐

扶唐居士道席：

惠書，誦悉。余近患肺病，閉門靜養，非可速愈。研文已酌改，乞別託人書寫為禱。諸乞亮之。不宣。

演音疏

致印心、寶善和尚[一]

（一九二一年六月初八日，溫州慶福寺）

印心
寶善二大和尚座下：

拜別慈顏，忽忽三月。音等來此，習靜念佛，謝絕人事，四大亦粗調適。今歲寒暑不時，比忽暴熱。遙憶法座，輒致書問訊，起居安隱。不具。

清月大和尚，乞為問安。

靈峯圓湛大和尚，便中乞為問安。

後學演音 義稽首　六月初八日

〔一〕印心、寶善二和尚，為浙江杭州玉泉寺監院。弘一法師初出家時常居玉泉寺。

致寂山和尚〔一〕

一

（一九二二年正月廿七日，溫州慶福寺）

恩師大人慈座：

前命寫之字帖，今已寫就，奉上，乞收入。前數日得天津俗家兄函，謂在家之妻室已於正月初旬謝世，屬弟子返津一次。但現在變亂未寧，弟子擬緩數月，再定行期，一時未能動身也。再者，吳璧華居士不久即返溫，弟子抉請彼授與神咒一種，或往生咒或他種之咒，便中乞恩師與彼言之。弟子現在雖禁語之時，不能多言；但為傳授佛法之事，亦擬變通與吳居士晤談一次，俾便面授也。順叩

慈安

正月廿七日　弟子演音頂禮

〔一〕寂山和尚（一八七五——一九六一），浙江溫州人。溫州慶福寺住持。弘一法師居慶福寺時，稱他為依止阿闍黎，以師禮事之。

二

（一九二四年四月初九日，溫州慶福寺）

師父大人慈座：

頃奉法諭，敬悉一一。尊恙已大痊否？為念。弟子近因感受潮濕，背間生癬疥，幸用西藥擦抹，今已漸減退矣。寶嚴〔二〕辦道果相宜否？現在頗難決斷，且候將來再詳為斟酌也。（或不久須遷移他處，亦未可知也。）弟子到此以來，承唯善師兄諸事照拂，慈悲攝護，感激無既。以後恩師與唯善師兄晤面時，乞常常隨時為之諄託一切，至為深感。又弟子在家時，實是一個書獃子，未嘗用意於世，故人情世故一言一動與常人大異，此事亦乞恩師婉告唯善師兄，請其格外體諒而曲為之原宥也。弟子以師禮事慈座已將三載，何可忽爾變易？伏乞慈悲攝受，允列門牆，至用感禱。承命因弘與弟子同居，護侍一切，銘感尤深。此復，祗叩

慈安

弟子演音稽首　四月初九日

〔二〕寶嚴，即溫州茶山寶嚴寺，為慶福寺下院。

三

（一九二八年九月下旬，溫州江心寺）

恩師大人座下：

承介紹在江心寺避暑，甚為安適，感荷無盡。前者弟子與因弘同至樂古齋託刻經板五塊，彼云至初八、九日即可寫好。廿左右即可刻就。乃至今原稿尚未寫好。乞恩師便中枉駕與樂古齋主人一談。乞彼先將原稿寫好，並弟子所寫之草稿一齊交下。由弟子校對一過，然後再付刻。將來鐫刻之時，務乞從速。遲至本月底必須刻好。種種費神，感謝之至。順叩

慈安

弟子演音頂禮

致東嚴法師

一

（一九二五年舊三月十七日，溫州慶福寺）

前獲手書，即復函寄至尊剎。因住址遺失，僅寫寺名，想未曾投到也。十三日來書，具悉一一，皆可照辦，但尊處住址不明。就以前所勉強記憶者，如前面所寫，但能否投到，則未可知也。朽人於下月入山，即與外間不通信札，謝絕一切。尊件當於月內寄上也。率復不具。

曇昉白　三月十七日

此片收到後，乞將地址詳細寫示，速寄下。至要至要。〔一〕

〔一〕此書係明信片，正面寫「鎮海東門外獅象橋（旁註：此住址或有誤，乞查詢。）」書中所謂「下月入山，即與外間不通信札」之語。同年舊三月廿二日，弘一法師致北京俗侄李聖章明信片，有「本意他適，慶福寺主諄留往彼附屬山中蘭若試住。擬於下月二日徙居……」之語，可參看。

二

（一九二五年十一月九日，溫州慶福寺）

東嚴禪人慧覽：

前獲來書，歡慰無已。承仁者精進嚮道，篤修淨業，至用感佩。《淨心誡觀法》一書，為南山道宣律祖所撰。書中具說初出家者修持之事，至為切要。他日可託人向上海北泥城橋功德林佛經流通處請購。書僅一冊，須資約二角左右也。前年周羣錚居士曾請此書數十冊施送，得者靡不歡喜讚歎。希仁者於是書詳細尋覽，當獲益無盡也。此復，順頌

法喜

論月疏答　十一月九日

令師公〔一〕及令師之前乞為稱名問安，恕不另柬。

〔一〕東嚴之師公名誠一，為鎮海伏龍寺住持，其師名不詳。

致因弘白傘法師〔一〕

一

（一九二八年六月十日，溫州江心寺）

白傘學弟：

別來殊念。蘇居士宿疾，當不為患。附奉二箋，乞呈寂老人並周居士。他日仁者過談，悕檢閩香數包（舊存西方三聖後龕內），攜至此。未委悉。

六月十日　勝臂疏

樂古齋寫稿送來校對時，必須將余所寫之草稿一齊帶來，乃能校對。

〔一〕因弘白傘法師，即因弘，俗姓高，名文彬。浙江溫州人。弘一法師在溫州慶福寺閉關時寺主命其護關，後要求出家，弘一法師為之介紹禮弘傘為師，取名「因弘白傘」，即因弘一而拜師弘傘之意。

二

（一九三〇年閏六月廿八日，上虞白馬湖）

因弘賢弟：

惠書，誦悉。書二包並收到，謝謝。緣簿之緣起，寫好奉上，乞收入。（倘加大者、可令裱畫店鑲裱。）余近患傷寒及痢，較甲子年尤重。今已漸愈，惟身體疲弱已極，即擬預備後事，念佛待往生矣。以後暫不通信。俟生西後，當託人奉達也。不具。

師公前乞為問安。

音疏　舊閏月廿八日

三

（一九三〇年十月廿五日，慈谿金仙寺）

因弘賢弟慧覽：

前年存在江心寺唯田法師處律學書甚多。唯田法師無有研究律學之意，不能閱覽。今擬將此書取回。附奉致唯田法師一紙。乞仁者往江心寺，交彼閱之，即將此律學書帶來。包好，交郵局，掛號寄下為禱。倘唯田法師不在江心寺，則僅將《四分律表記》帶數冊來。其餘不必取來。且俟將來與唯田法師晤面時，再商酌可也。附奉郵票五角，乞收入。前奉贈與仁者《傳戒正範》三冊。余現在正需用此書。乞仁者以此轉惠施與余，至為感謝。並乞一同寄下。順候

法喜

音疏　十月廿五日

致性願法師〔一〕

一

（一九二九年舊三月廿一日，溫州慶福寺）

性願法師慈鑒：

在泉之時，諸荷照拂，瀕行又荷遠送，感謝無盡。十五午開輪，十六午前到馬尾，昨夕達溫州。一路風浪平靜，未遇險厄。營副饒君待遇音等甚為親切，至可感激。現擬在溫度夏，秋涼或須至衢州一行，但尚未決定也。命寫各件，不久即可加墨。擬俟座下雲游歸後，再奉上，俾可不至遺失。謹致謝忱，順頌

慈安

後學演音和南　三月廿一日

和尚及廣心法師〔二〕並諸師前，均乞代為問安！

〔一〕性願法師（一八八九——一九六二），名古志，號棲蓮，福建南安人。早歲出家，遍參江浙叢林。回閩後，歷任漳、泉、廈諸寺監院住持等職。一九二八年弘一法師至廈，和他一見如故。前後十餘年，法師在閩南安居，多受其照拂。和他通信特多。性願於一九三七年赴菲弘法，首任信願寺住持，為華僧在菲弘法之先驅。

〔二〕和尚及廣心法師，和尚指當時承天寺住持轉塵和尚，廣心係當時監院。

二

（一九二九年七月八日，溫州慶福寺）

性公老法師慈座：

前寄廈門一包，又信兩封，未承惠復。想是法駕尚在泉州，未經收到也。末學即擬下山，雲游各地。乞以後暫勿通信。前託友人為法座刻印，印稿附奉覽。若冬初之時，末學能往閩者，即親自帶上。倘未能來者，即付郵局寄奉也。謹達，順請

法安

末學演音稽首　七月八日

三

（一九二九年七月十四日，溫州慶福寺）

性公老法師慈座：

數日前寄上一函，想達慈覽。昨午披誦惠書，敬悉一一。諸承費神，感謝無盡。末學擬於八月雲游諸方後，往溫州小住，即由溫州動身往廈（不經過上海），大約在舊曆十月前後之時矣。俟到溫州時，再奉函以聞。築室之事，實不敢當。因末學近來既畏寒又畏暑。夏季或返溫州，亦未可知也。謹復，順請

禪安

末學演音稽首　七月十四日

四

（一九二九年舊七月廿八日，上虞白馬湖）

願公法師慈鑒：

前日夏居士來時，匆促致書，想已收到。其時因夏居士即欲歸家，故匆匆略陳，不及詳述。茲更補記如下：據夏居士云，臨古書冊，初版僅印千冊，後學應分得百冊。現已超過應得之數。（後學之意，欲開明書店再加送若干冊，故彼云云。）若再贈人者，應出資購買。云云。彼即為寫名片一紙，持此往購，可以七折記算也。明年或能再版印刷。（但不能定）俟印就時，後學當於分得之書中，再以三十冊奉贈法座，廣結善緣。

再者，承寄下行李，已於前日由夏居士帶到。荷法座為之包裝完善，毫無污損。深感垂愛之厚意也。謹此鳴謝，順叩

慈安

後學音和南　舊七月廿八日

五

（一九二九年舊九月廿四日，溫州慶福寺）

性公老法師慈座：

敬啟者，末學於昨午已到溫州，不久即可往閩。擬先到南普陀暫住（因不知路途），然後再往山邊巖。所有書籍，因攜帶不便，擬先交郵局寄閩。但未知山邊巖及南普陀近來仍一切如常否？若寄書籍至南普陀，是否交廣洽法師代收？乞費神示知。俟尊函到後，再覓船便動身（每月僅開二次，故須久候之）。廣洽法師諸處，亦乞便中代為致意，至用感謝。

惠復乞寄「溫州大南門外慶福寺弘一收」，至感。順頌

法安

末學演音稽首　九月廿四日

六

（一九三〇年閏六月十六日，上虞白馬湖）

願法師慈鑒：

惠書，敬悉一一。茲寄上《四分律表記》一冊（此書僅存二冊，不能多寄）。《五戒相〔經〕箋要》（補釋以下為拙輯）、拙輯《有部抄》等各一冊（此二書存者尚多，如需者可以續寄）。拙書數幅，乞隨意贈送。用宿墨寫者，裱時須十分注意（最易抹污）。《安心頭陀像讚》，乞贈與同學中喜樂者。李某臨古墨蹟印本，已印好，不久即可寄上三十冊，乞贈尊社教職員、同學師各一冊外，所餘者乞贈：

開元寺副寺師一冊。

蘇、周、葉、黃居士各一冊。

圖書館一冊。

覺斌、廣治二師各一冊。

此次考試平均成績最優者，及品行最優者三人之名。乞於便中示知。上海李圓淨居士近編印《飭終津梁》（臨終助念等事），甚為切要，已囑彼於出版後寄奉座下及周居士若干冊，想不久即可寄上（樣稿已印出）。率復，不具一一。順頌

法安

後學音和南　閏月十六日

和尚及廣法師並同學諸師　乞為致候。

因即有工人出外，託彼帶此信，故潦草書之，乞鑒諒。

前借用座下之夾襖一件，乞即惠賜後學，恕不奉還。未知可否？

七

（一九三〇年舊十一月廿六日，慈谿金仙寺）

性老法師慈鑒：

頃誦惠書，忻悉一一。所云八月寄至法界寺之函，未經披誦（明春夏間擬返法界寺，其時當可披誦尊函），因中秋後，末學已出外雲遊矣。在金仙寺聽經月餘，近已圓滿，擬於明日往溫州度歲。承示法座駐錫雲頂〔一〕，至用歡忭。明歲當來廈親近座下，以慰渴念。馮、蔡二居士〔二〕屬書之件，俟至溫州後書寫，付郵掛號寄奉。謹復，順頌

慈安

末學演音稽首　十一月廿六日

覺斌諸法師前，均乞代為問安。

以後惠書，乞寄「溫州大南門外慶福寺」為感。

〔一〕雲頂，即雲頂巖，為廈門八景之一。

〔二〕馮、蔡二居士，馮即馮重熙，時任廈門佛教會秘書，蔡即蔡吉堂，時為廈門佛教會理事。

八

（一九三一年八月初二日，慈谿金仙寺）

性公老法師慈鑒：

前月承惠寄至法界寺一函，數日前乃轉到。近又獲誦七月廿一日所發之尊簡，敬悉一一。

法體近想已大愈。後學數月以來，時有小疾。倘將來身體康健，當趨侍座下，以聆教益也。寺中諸師諸居士等，均乞代為致候。

五月移居時，曾奉上一明信片，奉告地址。想金鷄亭〔一〕遺失矣。

拙輯並書寫《華嚴集聯三百》，（共有百頁上下）已由開明書店印刷。（樣本兩張附奉呈）後學大約可得百冊。俟出版時，敬以十數冊呈奉慈座，以便轉贈緇素諸道侶。上海佛學書局，近印拙書對聯，又經數種。（一個月後可印出五種）因贈與後學者僅一二份或數份，不能廣贈道侶。（若有欲得者，於一個月後，向佛學書局請購。）乞諒之。順叩

法安

後學演音稽首　八月初二日

〔一〕金鷄亭，在廈門禾山雲頂巖下，為廈門八景之一。一九三一年性願法師曾任雲頂巖住持。其時，雲頂巖書信多由金鷄亭轉寄。

九

（一九三一年九月初八日，杭州虎跑寺）

性公老法師慈鑒：

惠書，敬悉一一。戒牒字草草寫奉。《同戒錄》〔一〕題字，準於十月內奉上。後學近來屢屢傷風，身體衰弱，即擬往溫州過冬，（住處尚未定。俟後奉達。）恐未能往閩南矣。謹復，順頌

法安

後學音稽首　九月初八日

〔一〕《同戒錄》，即一九三一年冬泉州開元寺為轉道和尚六秩傳戒的《同戒錄》。

一〇

（一九三一年十月廿一日，慈谿金仙寺）

性公老法師：

前復函及寫件，想已早達丈室。近又由寧波劉居士轉寄上《華嚴集聯》十冊，計已收到。音今歲疾病頻作，至今仍未復元。擬即在金仙寺過冬，俟明年覓得伴侶，再當偕來閩南親近法座也。秋間有僧衆發起律學院，欲令音任教務。音自顧殊難勝任，而彼等亦意見不定，未能一致，故已決定停辦矣。以後惠書，乞暫寄寧波慈谿鳴鶴場金仙寺轉交為妥。謹達，順頌

法安

後學音和南　十月廿一日

附奉上致南普陀廣洽大師一箋，乞於便中加封寄去為感。

一一

（一九三一年舊十二月十三日，鎮海伏龍寺）

性公老法師慈座：

惠書，敬悉一一。法會隆盛，至用歡慰。徐居士〔一〕寓「天津英界十七號路寶華里一號」。上海夏居士處，附寫一箋奉上，併乞再將詳細情形（去信日期，彼處來信之日期，及信之要義。）另寫一紙一併掛號寄去。寄至「上海百老匯路開明書店編譯所夏丏尊居士收」至妥。宿疾漸愈。承慈念，深感。順頌

法安

後學演音稽首　舊十二月十三日

以後惠書，乞寄「寧波鎮海北鄉龍山西門外周大有號轉伏龍寺弘一收」。

〔一〕徐居士，即徐蔚如居士。

一二

（一九三二年舊四月三十日，鎮海伏龍寺）

性老法師慈鑒：

近日屢擬上書奉候，今晨得接誦手諭兩通，至用歡慰。《同戒錄》亦收到。法會隆盛，甚深讚喜。茲答陳各事如下：

△《圓覺經》籤條跋語，數日後寫好逕寄（掛號）至南京。

△傅、蔣二居士聯件，紫雲寺佛號及結緣之橫直小幅等，半月後寄至廈門，託廣洽法師轉呈。

△附掛號寄上一包，內有木夾板《梵網經》及其他《華嚴》、《八大人覺》等五冊，敬贈法座。又有布面《梵網經》一冊，乞轉奉廣洽法師。又有日本書二冊及信片畫三套，乞轉奉芝峯法師。此次佛學書局所印各種拙書，印工未精，裝摺亦參差不齊。又因資本不足，未曾另贈與末學，故未能分送諸友人耳。

△以前末學與各處關係各事，悉已料理清楚。秋涼時，擬來閩〔一〕親近法座也。謹復，順頌

禪安

末學演音稽首　舊四月三十日

依郵章，印刷品宜與信函分寄，未可合併。　附白。

〔一〕秋涼來閩，指是年十月弘一法師自溫州至廈門。是為第三次至閩。

一三

（一九三二年舊五月廿四日，上虞白馬湖）

性公老法師慈鑒：

惠書，敬悉一一。承施十金，卻之不恭，謹以受收。惟來函所

云，備作郵箋之需云云。後學現不需用郵箋，擬以移作他用，想為慈意所許諾也。

秋涼之後（舊曆九月或十月間），倘時局無大變動，擬來閩親侍法座。所云接迎之事，萬不敢當，因臨時或由滬或由溫動身，未能一定也。

後學近來衰老益甚，擬來閩後，在不駐軍隊之寺居住，以資靜養，乞法座預為酌定之，至感。順請

禪安

後學演音頂禮　舊五月廿四日

一四

（一九三二年舊十月十四日，溫州慶福寺）

性公老法師慈座：

頃奉惠函，敬悉一一。諸承慈示，感謝無盡。末學擬於十天後搭乘新鎰利輪船往廈，但此船無有定期，或延遲亦未可知也。廣洽法師處，已另有函達。謹此奉復，順頌

法安

末學演音稽首　十月十四日

前寄至泉州佛經一包，又寄至南普陀拙書一包，想悉收到。金陵之函件，已於端午日掛號寄出矣。又啟。

一五

（一九三二年舊十月十八日，溫州度福寺）

性公老法師慈鑒：

前復函，想達慧覽。昨午續奉惠書，並承施十圓。卻之不恭，敬謹領受。末學自十四夜間，患痢疾，至今未愈。倘近日痊愈，即搭次班輪船往廈。倘一時未能痊愈復元者，則更須延期也。（廣洽法師處亦已通知。）知勞慈念，謹以奉達。並陳謝意。順頌

法安

末學演音稽首　舊十月十八日

一六

（一九三二年舊十一月十六日，廈門山邊巖）

性公老法師慈鑒：

前法駕蒞廈，諸承慈護，惠施種種，至用感謝。承命書匾額之字，係用硃色。乃寫時匆促，未能憶及，遂用墨書。至半夜睡醒之時，始想起應用硃書之事。至為抱歉。謹此陳謝，諸希慈諒。

茲有懇者。末學前存在友人處，經書兩大箱，擬即運廈。乞座下暇時，到開元，訪陳敬賢居士。乞為致候。並請彼寫介紹書，託上海陳嘉庚公司代為運廈。附陳者有三事：

一、介紹書請寫兩封。一封，於送書箱時隨交。又一封，在送書之前數日寄去，預告此事。俾免臨時唐突冒昧。此兩封信，皆乞寄交末學轉付。

一、上海陳嘉庚公司之詳細住址，乞寫明。俾便友人訪覓。

一、上海之友人，為劉質平君。乞向公司主任，代為介紹。以後劉君或再有物件託帶廈者，亦乞慈悲許諾。至為感激。謹懇，順叩

法安

末學演音稽首　舊十一月十六日

以後惠函，乞寄妙釋寺轉交至妥。因末學每數日必往一次也。（無須寄至山邊巖，若恐遺失也。）

一七

（一九三三年舊三月十三日，廈門萬壽巖）

性公老法師慈鑒：

惠書，誦悉。佛名書就，附奉上。將來放大之字，乞另留底稿一份，或他處亦需用也。此次講《羯磨》，約至四月八日圓滿。與末學偕來寄居寺中者共十一人，皆一例過午不食，甚可讚歎。妙慧、廣義諸師亦在內也。謹復，順頌

法安

末學演音稽首　三月十三日

周伯遒居士屬寫絹對，俟四月中旬寫奉，乞先代為致意。

一八

（一九三三年舊三月廿八日，廈門萬壽巖）

性公老法師慈座：

兩奉惠書，敬悉一一。講律事決定延續，俟酷熱時再稍休息可耳。

屬書各件，下月奉上。謹此，奉復。順頌

慈安

後學演音稽首　三月廿八日

一九

（一九三三年舊四月十一日，廈門萬壽巖）

性公老法師慈鑒：

昨奉惠書，敬悉一一。承介紹往草庵息暑，至用感謝。但學律諸師之意，謂有五六人（或不止此）隨往者。草庵牀具、齋糧或未能具備。諸師意欲往雪峯[一]。但未知轉解和尚[二]之意如何？擬請座下先為函詢，俟得回信後乃能動身。倘雪峯不能容多衆者，仍乞座下慈愍，代為設法介紹他處。因廈門氣候較熱，暑季三四月內不能講律，虛度光陰。現欲覓山中涼爽之處，居住四個月以上，結「後安居[三]」，繼續講律也。

惠示，乞寄妙釋寺轉交最為妥迅。勿由文灶社轉（甚遲緩，且易遺失也）。謹怨，順請

法安

末學演音稽首　四月十一日

末學近輯《靈峯警訓略錄》一卷，名曰《寒笳集》。僅三十頁。可以作佛學校國文教科書用也。不久即送至佛學書局印行。　附白。

〔一〕雪峯，即福建南安雪峯寺，俗稱小雪峯。

〔二〕轉解和尚，時為雪峯寺住持。

〔三〕「後安居」，安居為古印度僧衆在雨季九十日間，禁止外出，集中一處修學的制度。四月十六日至七月十五日，名「前安居」；五月十六日到八月十五日，名「後安居」。

二〇

（一九三三年夏，泉州開元寺）

性公老法師慈座：

曩承惠賜夏布海青[一]，感謝無盡。前日法駕枉臨，遂忘致謝，至用歉然。塔記[二]寫奉，末一行因空白，故寫撰書人名。倘欲寫捐資功德人名者，此行可刪去也。順頌

法安

末學演音稽首

〔一〕海青，古時吳中稱衣之廣袖者為海青。今僧人之方袖大衣亦稱海青，或稱方袍。

〔二〕塔記，指是年南安靈應寺所建的唐神僧靈應大師現化記。此記署「古志（性願之名）撰、月音書」。

二一

（一九三三年冬，晉江草庵）

性公老法師慈鑑：

曩承介紹居住草庵。以勝緣未能成熟，屢欲往彼，輒為阻障。至本月初旬乃獲如願。移居以來，身心安寧，深感昔日介紹之慈恩也。林居士尊箸甚善，佩仰無已。附以奉還，乞為轉交。謹陳。順頌

法安

後學演音稽首

二二

（一九三四年舊二月十八日，廈門南普陀寺）

性公老法師慈鑒：

昨常法師[一]來談，謂欲敦請尤居士[二]來南普陀，觀察地理。但後學未知彼之住址。今已致函與彼長子，轉交一函，能達到否，尚未可知。擬請慈座再致書敦促。後學亦寫一箋，乞為附入寄去至禱。順頌

法安

法學演音稽首　二月十八日

〔一〕常法師，即常惺法師（一八九六——一九三六），江蘇如皋人。時任廈門南普陀寺住持兼閩南佛學院院長。

〔二〕尤居士，即尤惜陰，江蘇無錫人。精堪輿宅運之學。

二三

（一九三四年舊二月廿五日，廈門南普陀寺）

性公老法師慈鑑：

惠書，敬悉。林居士撰稿，已收到。拙意，別紙寫之。乞轉交居士。原稿附呈還。常法師於三月初七日即返如皋，約月餘乃再來南閩。尤居士如行期定時，擬請慈座來廈門招待一切。謹達。順頌

法安

後學演音稽首　二月廿五日

二四

（一九三四年舊三月廿八日，廈門南普陀寺）

性公老法師慈鑒：

曩承枉駕，至用感慰。後學擬居南普陀半載，以答諸公屬望之盛意。學律諸師於舊七月三十日習普通律學已竟（由去年正月始），即可圓滿畢業也。後學近半月來，學行一食法，身體較前康健，未嘗瘦弱。知勞慈念，附以奉聞。別一紙，寫諸律書名，乞便中往（南門）李宏成居士〔一〕宅（樓上木箱內）檢出，至感謝，順頌

法安

後學演音稽首　三月廿八日

〔一〕李宏成居士，福建泉州人，為承天寺護法，對弘一法師尤為敬重。

二五

（一九三四年五月七日，廈門南普陀寺）

性公老法師慈鑒：

近由漢口寄到名筆，茲奉上六枝，乞試用之。大綠穎，後學已用甚久，能寫小楷乃至三寸大字。價廉物美，且堅牢耐久，誠佳製也。月臺〔一〕諸學僧如需用者，可以通信購買。價五元以內，可免關稅。溫州老名士謝君〔二〕，近為音刻印二方。附奉印稿，希清覽。謹陳，順頌

法安

後學演音稽首　五月七日

〔一〕月臺，為泉州承天寺別名。

〔二〕謝君，即謝磊明，精印刻。弘一法師常用之「演音」、「沙門月臂」二印，即彼所刻。

二六

（一九三四年舊六月二日，廈門南普陀寺）

性公老法師慈鑑：

曩承惠談，至用歡慰。今日本妙師來，諄約後學等於八月往萬壽巖，襄助念佛堂事，情意懇懃，不可以卻。故後學已允諾矣。謹以奉達（約在八月初五日以後移居）。天津新刻《行願品別行疏》甚為精工，附呈一冊，順頌

慈安

後學演音稽首　六月二日

二七

（一九三四年舊六月十二日，廈門南普陀寺）

性公老法師慈鑒：

前託人帶上《行願品疏》及拙札，想達道覽。頃奉惠書，敬悉一一。諸公厚意，感謝無盡。惟半月前本妙師〔一〕諄諄約後學等於八月移住萬壽巖，義不可卻，後學已允許矣。辜負開元諸公厚意，至用歉然。諸乞諒宥為禱。順頌

法安

後學演音稽首　六月十二日

〔一〕本妙師（一九一〇年——一九三六），福建同安人。為當時廈門萬壽巖（俗稱山邊巖）監院，精天台之學，善治事。盛年早逝，識者惜之。弘一法師撰有《本妙法師傳》。

二八

（一九三四年八月十三日，廈門南普陀寺）

性老法師慈座：

前承詢問學社幼年僧衆教育方法。謹陳拙見如下，以備採擇。應分三級：

丙級（年不滿二十歲者）　以學勸善及闡明因果報應之書為主，兼淨土宗大意。大約二年學畢）

乙級（二十歲以上）　學律為主。兼學淺近易解之經論。（大約三年學畢）

甲級　學經論為主。（精微之教義）（大約三年學畢）

今且就丙級，詳記辦法如下：

每日五課：

（一）背讀經。（二）講《安士全書》（全部）。（三）選讀四書及講解。（四）國語。所用材料，如《法味》、《談因》、《彌陀經白話解》等。即依此練習語言，兼獲法益。（五）習字。又隨時於課外演講因果事蹟及格言等。並選《印光法師嘉言錄》，隨時講之。）

讀經背誦經，所用之經，可以隨意酌定。如《地藏經》、《普門品》、《行願品》等。

《安士全書》，印老法師盡力提倡，未可以其前有《陰隲文》而輕視之也。

四書中，《論語》全讀，先讀。其餘依次選讀之。

蘇州弘化社目錄中，所應用之書，以硃圈記之。（此社為印老法師所辦

以上之辦法，與印老法師之主張多相合。二年之中，如此教授，可以養成世間君子之資格。既有此根基，然後再廣學出世之法，則有次第可循矣。

以上所陳拙見，敬乞教正。惟乞勿傳示寺外之人。因上所陳者，不敢自謂為盡善，不過姑作此說耳。

匾聯已寫就，先以奉上。順頌

法安

末學演音稽首　八月十三日午後

石印用之蜡紙，他日如交下時，乞於紙之正面，寫一記號。俾免誤書於背面，致不能付印也。附白。

二九

（一九三四年，廈門南普陀寺）

古公老人慈座

惠書，敬悉。此係後學出名，依照原式無有妨礙。且石印紙不易改寫（已逾多日，亦恐不能付印）。原稿久已贈送他處，若再重寫，亦力有未及（近來多病多忙）。諸乞亮宥為禱。

尊恙已痊，為慰。諸希珍攝，不宣。

後學演音頂禮

三〇

（一九三四年，廈門南普陀寺）

性公老法師慈鑑：

前上二函，計悉收到。茲有懇者：前存李居士處佛書兩箱，據廣洽師云：所剩已不甚多，乞請座下便中檢出，託人絡續帶廈，存妙釋寺，至用感謝。附奉上拙書《心經》印本三冊，乞收入。順請

法安

後學演音稽首

三一

（一九三四年舊十二月三十日，廈門萬壽巖）

性公老法師慈座：

惠書，敬悉。末學自慚涼德，空負虛名，若言若行，多諸過失。清夜捫心，悚懼萬分。乃承慈念殷勤，猶如慈母偏憐病子。感泣何盡。末學在萬壽巖講《彌陀經》畢，即擬遯世埋名，閉門思過。所往之處，且俟臨時隨緣而定耳。承荷遠念，先以奉聞。順頌

年安

末學演音頂禮　臘月三十日

三二

（一九三五年舊四月十二日，惠安淨峯寺）

性公老法師慈鑒：

前承遠送，並惠多珍，慈愛殷渥，感謝何已。後學居淨山[一]甚安，廣洽師亦讚同[二]也。前借承天《頻伽大藏經》三帙，已帶至淨山，臨行匆促，未及奉陳，乞亮之。冬季戒期能下山否未定，屆時當預陳也。（若老體頹唐，未能步行長途者，當書六尺大聯二對為紀念。六尺宣紙近有人贈來。淨業寺碑俟畫格後，亦可託人帶碑石至淨峯書寫也。）淨業寺碑文，不久潤色奉上，得便必為書寫。附書小聯十對，若承天學僧有欲得者（又「戒香」五葉），乞隨意贈之。謹陳，順頌

慈安

塵老和尚、壽山法師暨諸法師前，乞代問安。

後學演音稽首

[一] 淨山，亦稱淨峯，在福建惠安一半島上。

[二] 指廣洽師是年舊四月十二日送弘一法師到淨峯事。

三三

（一九三五年舊四月十六日，惠安淨峯寺）

性公老法師慈鑒：

前由洽師呈上一函，想達慈覽。後學居淨山後，身心安寧，足慰遠念。（土匪則另是一事，未須介意也。）淨覺碑文已擬就，附奉教正。若欲屬寫者，乞託人將碑石送至淨山，即可寫奉也。謹陳。順頌

法安

後學演音稽首　四月十六日

三四

（一九三五年舊六月十八日，惠安淨峯寺）

性公老人慈座：

惠書，敬悉。《宋藏》函字寫奉，餘紙恕不寄還也。後學居此甚安，蚊蟻皆少，涼風時來。傳貫師甚能精進用功，進步日益，彼父亦同居此寺也。順頌

法安

後學演音稽首　六月十八日

三五

（一九三五年舊七月十一日，惠安淨峯寺）

性公老法師慈鑒：

惠書，敬悉。災難叠起，至用驚嘆。惠邑無水災，惟連日大風，番薯（又名地瓜）稍有損失耳。茲以傳貫師之父往泉州便，攜奉近時影印拙書經二冊，乞受收。是皆後學初出家時所寫者。今由義方師[一]經手付印。義方即崔母之孫也（前十年曾印《崔母往生傳》贈）。謹復，順頌

法安

後學演音稽首　七月十一日

[一] 義方師（？——一九五九），俗姓崔，弘一法師友人崔旻飛之子，安徽無湖人。出家後居九華山，辦理佛教會事。後在北京法源寺中國佛學院任教，曾任中國佛協副秘書長。

三六

（一九三五年舊八月四日，惠安淨峯寺）

性公老法師慈鑒：

惠書，敬悉。承賜佳茗，至感。月臺額聯撰寫之事，甚願為之。但開戒時講律[一]之事，恐未能應命。因近來老衰日甚，精神不振，敬乞代為婉言辭謝。

傳貫師父子二人亦未能來承天佐助。因其時寺中執事者三人，皆

往承天受戒，全寺空虛，無人管理故也。

前存尊處《九華垂蹟圖讚》（由廣洽師帶至泉州者）二冊，如有適宜之處，乞為轉贈結緣。謹復，順頌

法安

後學演音稽首　八月四日

〔一〕開戒講律，指一九三五年冬泉州承天寺開戒，擬請弘一法師講律之事。

三七

（一九三五年舊九月十八日，惠安淨峯寺）

性公老法師慈鑒：

去秋法座以《淨覺寺事略》見示，囑為代撰碑文並書寫，近擬起稿呈政。俟冬初或到泉一游，並書寫上石也。未知碑石已預備否？謹陳，順頌

慈安

後學演音稽首　九月十八日

三八

（一九三五年秋，惠安淨峯寺）

性公老法師慈鑒：

此次承駕臨惠安，弘法因緣，圓滿成就，至用歡慰。尚有數處，欲乞老人垂臨講經，俟明歲暇時，再乞慈酌。此次老人惠施法雨，能令多人發起弘法之願，此乃惠安空前未有之盛事也，忭躍何已。後學約於十一月十三、四日參訪月臺，隨喜法會。謹達，順頌

慈安

後學演音稽首

三九

（一九三五年舊十月，泉州承天寺）

性公老法師慈鑒：

瀕行承厚贈，深感。到泉後，因塵老和尚〔一〕諄命，故暫居承天寺。諸幼年學僧招待甚周，頗為安適，足慰慈念。餘俟面時商陳。謹達，順頌

法安

後學演音稽首

〔一〕塵老和尚，即轉塵和尚（一八七六——一九六〇），福建南安人。時為泉州承天寺住持。

四〇

（一九三五年舊十月十五日，惠安淨峯寺）

性公老人
廣洽法師仝慈鑒〔一〕：

本擬於初四日動身往草庵。乃於初一日，傳貫師忽患極重之熱病，神志昏迷，已預備往生西方。後五六天，病勢乃減輕。至今雖漸痊愈，但尚未能出房門，恐再受風也。後學須俟彼全愈，乃能同往泉州，參謁法座。附奉上擬編表圖一紙（擬在承天戒期〔二〕講用），敬乞誨正。倘須付印者，併乞費神代為核對。後學到泉後，似以居百原庵為宜，乞預為詳酌至感。（同往者，為傳貫師，又菜友一人，共三人。）知勞慈念，謹預奉達。順頌

法安

後學演音稽首　十月十五日

〔一〕此信由廣洽法師收藏。

〔二〕承天戒期，舉行於一九三五年冬。

四一

（一九三五年舊十二月九日，晉江草庵）

性公老法師慈鑒：

規則略擬三種，呈政。承惠施紫菜、蠶豆，今晨始知，敬謝厚意。《飭終津梁》，瑞衛師有一冊，乞檢閱。順頌

法安

後學演音稽首

助念生西會，宜分設各地，不限泉城一處也。

今歲元旦，居萬壽巖時，悉免往來拜年。明正亦爾。乞代達傳

證、瑞衛、妙慧諸師，不須來拜年也。附白。

性常師已來草庵。

十二月九日

十二日付郵，附白。

四二

（一九三六年正月六日，晉江草庵）

性公老人慈鑑：

惠書，敬悉。後學至今尚未起牀，未能蒞會，至歉。飲食已如常，惟內部未清，外症須漸漸而愈，故牽延時日。但近日以來，日有起色，想不久可痊耳。附奉上致廣洽師要信一件，乞為封口，速交郵局以快信之例寄去。（大約郵票二角一分，乞惠施代貼。）至用感謝。順頌

法安

後學演音稽首　正月六日

四三

（一九三六年舊二月三日，廈門南普陀寺）

性公老人慈鑒：

去臘惠函，數日前乃由傳貫師交下，敬悉一一。資壽寺事，後學當隨力贊助，但恐力弱，於事無補耳。後學於十六日到廈門就醫。適醫士往福州，延至廿八日乃返廈。廿九日始往診察，日往一次。據云：此病已成慢性，不能速愈，須緩緩調治云云。照此情形，後學何時往泉，尚難預定也。順頌

法安

後學演音稽首　二月三日

葉青眼居士處。乞代陳此意。前所擬定日期，恐難如願。總之，俟病愈後，即往。後學心甚著急，盼速愈而早往也。附白。

四四

（一九三六年舊三月七日，廈門南普陀寺）

性公老法師慈鑒：

前託傳貫師呈上一函，想已收到。近獲誦惠書兩通，敬悉一一。興復資壽，諸緣順遂，至可慶慰。外症不能速愈，醫師謂此乃慢性病，未能著急也。謹復，順頌

法安

後學演音稽首　三月七日

擬於二十後在養正院講戒本，如晤傳貫師時，乞為代告，陳宗泮居士寄來菓糖塊一盒，乞託傳貫師帶下，為感。

四五

（一九三六年舊三月十三日，廈門南普陀寺）

性公老法師慈鑒：

頃誦慈座與洽師書，及傳貫師來書，敬悉一是。後學今於慈座等盛意，深為感動。決定將閉關之事延期，俟病愈後來泉州。但日光巖關房〔一〕已建就，緇素諸衆皆知不久閉關，今忽延期，恐他人致疑。乞於便中將此事原委詳告善契師〔二〕為禱。謹復，順頌

法安

後學演音稽首　三月十三日

傳貫師處不另函。乞代告云：大鏡子（中寫佛菩薩聖號）於十五日送至東石菜堂，希囑廣空師速往領取。

又晴霞寺信一件，乞交傳貫師。

〔一〕日光巖關房，在廈門鼓浪嶼，弘一法師曾閉關於此。

〔二〕善契師，時為日光巖監院。

四六

（一九三六年舊四月三日，廈門南普陀寺）

性公老人慈鑑：

舊疾猶未痊愈。醫士云：此慢性病，不宜速愈。上肢未收口，足猶腫痛，須緩緩乃愈。但因病故，不得即到泉，參叩座下，至用歉然。葉居士處，亦乞代達此意。謹達，順頌

法安

後學演音稽首

四七

（一九三六年舊六月十日，鼓浪嶼日光巖）

性公老人慈鑒：

前承惠談，至用感慰。傳貫師現已移至周子秀居士〔一〕房暫住。將來或清智和尚仍令傳貫師回至原住之小房。但此小房僅有一木窗，風時雨時關閉，則室中黑暗不能看經。擬請慈座致函清智和尚，（倘清智和尚另準備他處適宜之寮房與傳貫師住者，則此窗可以無須改變。）預早將小房窗子改為玻璃窗。俾子秀居士返廈時，傳貫師即可回至此小房也。順頌

法安

後學演音稽首　六月十日

〔一〕周子秀居士（一八九三——一九五五），字壽堂，自號出塵道人，福建泉州人。善撫琴，為泉州名古琴家周振音之哲嗣。能醫精易。時任泉州開元慈兒院董事。

四八

（一九三七年二月十九日，廈門南普陀寺）

古志老人慈鑑：

春雨連綿，後學近又負小疾，恐動身之期，須稍延緩。廣東如光師，現住上客堂，恐未能安。乞轉託客堂師送彼至客房暫住，至為感禱。拙書十二紙及致無相賢首書，附奉上，希收入。順頌

午安

二月十九日　後學演音稽首

四九

（一九三七年舊八月廿五日，青島湛山寺）

性公老人慈鑒：

自違道範，時切瞻依。比奉惠書，忻悉一一。尤居士信已披閱，厚意甚感。但南游之事，今非其時。須俟時局平定，然後再斟酌也。後學於月內擬返閩，住處或泉或廈（聞南普陀已住兵數千）尚未能定。座下到菲島後，法緣想甚昌盛。如晤陳宗泮、鄭廣德〔一〕諸居士，乞為致候。謹陳，順頌

法安

後學演音稽首　舊八月廿五日

〔一〕陳宗泮、鄭廣德，為旅菲華僑中的佛教徒。信願寺即彼等所募建。

五〇

（一九三七年舊十月初二日，廈門萬石巖）

性公老法師慈鑒：

前在青島，曾復書，託廣空法師轉呈，想達慈座。後學於半月前已返廈門，暫住萬石巖。因時局不安，未能移居他方。前承慈念，欲令後學居永春，且俟閩南亂事平靖再酌定也。智普師〔一〕誓捨身命守護南普陀寺。寺中現猶住二十餘人，二時課誦外，並於晚間禮大悲懺。昨日又有三機至廈，恐一時未能平定也。謹陳，順頌

法安

後學演音稽首　舊十月初二日

〔一〕智普師，福建惠安人。為廈門南普陀寺勤舊，任副寺多年。

五一

（一九三七年舊十一月二十二日，廈門萬石巖）

性公老人慈座：

前奉惠書，敬悉。迄今已近一月，永春未有消息，想是因緣尚未成熟。故不能往。茲因草庵廣空、廣謙二老人，諄勸後學到彼過年，明春再移居彼等所兼管之某寺。想慈座當讚許也。永春之行，恐須延緩，諸乞慈亮為禱。謹達。順頌

法安

後學演音稽首　十一月二十二日

以後惠函，乞寄廣空師轉致後學。

寫此信後，僅十五分鐘，即有永春所託之善興師到萬石巖，接洽往永之事。可謂奇巧。但往草庵之事先已決定，未可變動。且俟將來

有便，再來永春可耳。附白。

五二

（一九三七年舊十二月二十日，晉江草庵）

性公老人慈鑒：

惠書，敬悉。末學已於前夕至草庵。傳貫師前往廈門時，途中逢盜，放槍彈傷貫手腕。今仍居廈療治。傳貫師經此番災難，深自慶幸。謂可以成就代衆生受苦之夙願。大菩提心，益復增長。彼近數月來，常誦《華嚴經》，甚為精進。謹復。順頌

法安

末學演音稽首　十二月二十日

五三

（一九三八年正月十日，晉江草庵）

性公老法師慈鑒：

惠書，敬悉。厚愛殷勤，感激無盡。後學往永春之期，現尚未定。且俟將來因緣成熟時，即通知妙慧師也。前託覺徹師寄奉拙書聯屏等共二次，又奉上安溪茶數盒，想悉受收，謹復。順頌

法安

後學演音稽首　正月十日

五四

（一九三八年閏七月十九日，漳州祈保亭）

性公老法師慈鑒：

久未通訊，甚念。後學居漳已數月，身體尚健，精神大衰，惟冀早生極樂耳。如晤王正邦、鄭廣德、高文顯諸居士，乞代致候。謹陳。順頌

法安

閏七月十九日　後學演音稽首

五五

（一九三八年舊九月五日，泉州溫陵養老院）

性公老人慈鑒：

貫師轉齎惠書，忻悉一一。二碑皆超逸絕俗，可以臨寫也。《自誓受戒文》，已付影印，至用歡讚。惟他人僅見此文，不知其義，或致疑迷。今後學復撰《析疑》一篇，別寫奉上，乞併付影印，隨受戒文贈送。則閱者即可了解「隨分自誓受」義，又可知填寫空白處之法也。謹陳，順頌

法安

後學音稽首　九月五日

蓮星居士乞代致候。

此箋，於半月前已寫就，未能寄出。

前五月二十日寄下之《韓偓傳》，於數日前已收到。近日已為之校改。乞於便中代達高居士為感。

五六

（一九三八年舊十一月，泉州承天寺）

性公老人
勝進居士 同鑒(一)：

前上書，想已收到。本擬與妙慧師同往永春。乃到泉城後，承諸緇素諄諄挽留在泉城過冬，並由葉居士負責於明年春暖時陪伴後學同往永春。近獲永春十五齡童子李芳遠書。謂韓偓昔時曾到永春，居陳山岩。於山上建一小亭，每逢月夜，獨攜七弦琴往此彈，又在此亭邊楊柳樹中與月相見，題詩多首。現亭已廢，其蹟尚在。偓在彼數月，即返南安九日山。偓在陳山巖所作之詩，多已佚失。今只剩陳山岩殿前石刻一聯，為偓所題。句云：「千尋瀑布如飛練，一簇人煙似畫圖。」聞又有詩一首，存寺後。（大約石刻。）又聞於雪山寺，亦存詩二首。（大約石刻。）以上皆是童子所述。偓能彈琴，昔無記載。偓之筆跡他處絕無，今聞陳山岩有聯及詩，雪山寺亦有詩，可謂希有，至用歡忭。擬請性公老人託永春誠實可靠之善友，偕一拓字之工人，攜帶紙墨及拓字用具，親往陳山岩及雪山寺，拓摹各數份。後學願得兩份。此為希有難得之寶。以此拓本張諸座右，不啻與偓相晤談也。順頌

法安

後學音稽首

以後通訊，仍由草庵轉交。

（一）此信由高文顯收藏。

五七

（一九三八年舊十一月，泉州承天寺）

性公老法師慈鑒：

前由洽師奉上一箋，想達法座。貫師來泉之便，擬請慈悲代向佛學書局購請佛書。前陳宗泮居士自菲帶來十二圓，擬請佛書以贈送惠安諸學者。其書名及寄郵之處，別紙寫列，敬乞費神代辦一切，至用感謝。順頌

法安

末學演音稽首

五八

（一九三八年舊十二月十四日，晉江草庵）

性公老人
文顯居士同鑒（一）：

久未致書問候為念。後學在漳居半年，在安海居一月。近（前夕）至草庵暫住。自慚涼德，將退隱靜修，冀早生極樂耳。惠安崑山已辭謝不往。謹陳，順頌

法安

後學演音稽首　十二月十四日

寫此箋後，僅一小時餘，妙慧師即到草庵，定於明晨動身往永春。附白。

此箋寫後，僅四小時餘，即奉到性老人之惠書，及施十金，感謝無盡。屬書各件，俟將來與高居士屬書各件，合並交與覺徹法師，設法帶往菲島。須俟與高居士往返通信，詢問款名，故寄奉之期應延遲耳。慈座若尚有善友，屬後學書寫各件者，亦乞寫示名款，若是出家人或是女士，乞注明，將來可以一同交與覺徹法師也。以後通訊，乞寄與妙慧師轉交。高居士之信，亦交妙慧師轉可也。（是日增寫二次。）

（一）此信由高文顯收藏。

五九

（一九三八年舊十二月二十日，晉江草庵）

性公老人
勝進居士仝鑒（一）：

惠書，誦悉。屬書各件，已漸次書就。擬於元旦日送至百原禪苑。（因預寫己卯，時年六十，故必須至己卯元旦，乃能交上也。）呈奉老人者八捲，與居士者四捲。原寄來之名單二紙，附奉上，乞檢核。又前在泉州講稿兩種，各數冊，併奉。謹復，順頌

春禧

末學演音稽首　十二月二十日

（一）此信由高文顯收藏。

六〇

（一九四〇年四月二十八日，永春普濟寺）

性公老人慈鑒：

惠書，敬悉一一。承集資印經等，至用歡讚。後學年來已入老境，精神頹唐，時有小疾。惟淨宗勝願，頗能日益增進，此則堪告慰於慈座者也。普濟寺不久興建法堂等。將來能聚集多數道心堅固之僧衆。隨其好樂，分修禪淨教律等，為閩南普放大光。謹稽首祝禱焉。敬復。順叩

法安

後學音稽首　四月二十八日

六一

（一九四〇年九月二十八日，永春普濟寺）

性公老人慈座：

居永春普濟年餘，承諸緇素慈護一切，感謝無盡。近以業緣所

牽，擬移居靈應暫住養痾。當來有緣，或可再來桃源也。誦慈座致常師書，忻悉興復古剎，將推舉後學任名譽主席。但前聞常師面談時，則云名譽首座〔一〕。竊謂主席字義，常人將誤解為住持。乞仍依前常師所云，用名譽首座之名乃妥。雖後學之道德學問，皆無首座之資望。亦當承此虛名，以副慈座及諸緇素之厚囑也。附奉上致高文顯居士二紙，乞便中轉寄。因彼之通信地址已遺失，故瀆請也。順頌

法安

後學演音稽首　九月二十八日

〔一〕首座。亦稱第一座或班首，其地位僅次於叢林的住持。但不負實際寺務責任。

六二

（一九四〇年十月二日，永春普濟寺）

性公老法師慈鑒：

傳貫師往泉，兩次出口證已領到。但彼等之意，欲令後學從緩動身。只可延期。俟將來能動身往鼓浪嶼時，再致函奉聞。荷勞慈念，謹先慰達。附奉上致佛教會一箋，又與吳居士歸依文一紙，乞費神轉交，至感。順頌

法安

後學音稽首　十月二日

六三

（一九四〇年舊十二月十二日，南安靈應寺）

性公老人慈座：

久未奉候，惟道履貞吉，為祝。後學於初冬移居靈應寺後，辭謝見客通信等事，習靜養痾，已近三月矣。茲因有關係法門重大之事，必須奉陳座下。故特破例通信，詳述由致，諸希慈督為禱。

近聞人云，慈座擬辭卻信願寺職務，俟有妥人繼位時即可辭職返國云云。後學久違慈範，時以縈懷。今聞慈座返國之消息，不勝慶忭。又望仙、普濟諸剎，皆待慈座蒞臨興建整頓。時節因緣，蓋非偶然。但信願寺後任住持之人選，後學不揣冒昧，擬以推薦性常師負此重任。乞慈座與諸護法董事商之。性常師與後學相交多年，道念堅固，任事精勤。以前學律諸師之中，應推常師為第一。近為興復望仙寺事，諸方奔走，任勞任怨，尤為人所難能。慈座能返國興建望仙，請常師在菲島遙為護法，輔助一切，尤為適宜。但常師於任職之事，非其所願。必須請慈座與諸董事商酌，宜以最隆重之典禮，至誠聘請，彼或可破格允諾。應具聘書，命僧衆一二位專誠返國，殷勤勸駕，並陪伴常師偕往菲島。至於護照等事，宜早為準備也。拙見如是，是否有當，希裁酌之。順頌

法安！不宣。

十二月十二日　後學演音稽首

六四

（一九四一年六月十七日，晉江福林寺）

性公老人慈鑒：

前獲慈諭，敬悉一一。厚意殷渥，感謝無盡。紙筆、眼鏡等物，近始由水雲取還。遲遲奉復，敬乞亮之。永春佛教會及桃源殿普濟寺等，皆乏有力負責者。後學等深盼慈座返國，整理振興。而望仙寺事，尤為重要。性常師雖努力盡責，收復寺產。必須慈座速急返國，主持大局，建築工事乃可進行。（李居士謂，建築甚是易事。必須有人發心住持。）至於將來居住之僧衆，擬將南山律苑附入望仙寺內。由後學介紹道行高卓、能耐清苦之僧衆，近十人，久住寺中，息心辦道。後學雖未能久居，每年亦可於夏秋之際居住數月也。慈座若於菲島寺務，未能脫離，亦可兼任。時常往來於菲島、永春二地，並承慈光普照，則至善矣。前承惠施百金，已囑送存妙慧師處。以待他年後學往望仙時，充作旅費。謹此，奉復。順頌

法安

後學演音稽首　六月十七日

六五

（一九四一年舊六月廿九日，晉江福林寺）

性公老人慈座：

前奉慈諭，適以筆墨、眼鏡等，存貯水雲〔一〕，未及取還。遲覆至罪。受戒文寫就，附郵奉。先付影印，後由慈座以朱筆填寫名字及所受戒名。影印時圈點之地位仍舊不可移動。無須另加朱色格線，一切皆照原樣可耳。後學爾來衰老益甚，諸事怠惰。前承施資，敬受，感謝無既。已交與妙慧師存貯。俟他年或有往永春之因緣，即以此充旅費也。謹復，順頌

法安

後學演音稽首　六月廿九日

〔一〕水雲，即水雲洞，為南安雪峯寺下院。

六六

（一九四一年七月初一日，晉江福林寺）

性公老人慈座：

前承妙慧師枉臨。以因緣未成熟故，不克偕往永春。至用歉然。後學近發起續輯《護生畫》三、四、五、六集。約期以二載成就。雖或未能速急圓滿，亦可隨分隨力有所成就也。附致高居士一紙，乞於便中附寄，遲遲無妨也。謹達，順頌

法安

後學音稽首　七月初一日

通信處：泉州南門外石獅檀林街福林寺。

六七

（一九四一年十一月初十日，泉州承天寺）

性公老人慈鑒：

頃獲十月廿八日所發惠書，敬悉一一。承施念金，敬領謝謝。後學前本擬居草庵過冬，乃因故未能如願。永春普濟亦阻滯未能往。故現在仍住承天寺。每日寫字接客。自慚。毫無修養之功，勉力撐持弘法之事，時用汗顏耳。前由草庵附寄二紙，想均達慈覽。屬書各件，俟寫就交百原轉奉。謹復，並謝。順頌

慈安

後學演音稽首　十一月初十日

六八

（一九四二年舊四月十三日，泉州溫陵養老院）

性公老法師慈鑒：

去秋方擬啟程，變亂忽起。致負旅菲緇素諸公厚望，至用歉然。茲有陳者，覺圓法師近來道心堅固，擬放下一切，追隨後學專心用功。百源主持一席，已交與其弟子妙興師暫為代理，並託諸護法為照顧指導一切。覺圓法師於數日後，即隨後學往閩東居住，暫不返泉。百源寺務，俟時局稍定，泉、菲之間能通信時，即請諸居士代寄此信，呈奉慈座。以後寺務如何規定，敬乞慈座核酌。即賜復音，仍交與諸居士依教奉行。後學前曾聞李秉傳居士談及，慈座有將百源完全改為居士林之意。後學等甚為讚成。諸居士亦極歡忭。並謂若改作居士林時，則經費決無困難云云。今據大衆公意，附陳慈照。敬乞覆示，俾便遵循。至於妙興師，本是暫時代理。若改為居士林後，彼即退位，專心用功。因後學亦曾勸妙興師不可任職，應放下一切，專心用功云。以後慈座惠書，乞寄泉城諸居士先為披閱，暫存居士處。因後學所居荒僻之地，未便通信也。謹陳，順叩

慈安

後學音稽首　舊曆壬午四月十三日

六九

遺書〔一〕

性公老人慈座：

後學居南閩十數載，與慈座友誼最篤。今將西逝，須俟迴入娑婆，再為晤談。甚望今後普濟道風日隆，律義宏闡。後學迴入後，仍可來普濟居住，與諸緇素道侶相聚首也。謹達，順頌

法安！不宣。

後學演音稽首

〔一〕此遺書不署年月，似係一九四〇年在永春普濟寺所寫，留給性願法師的。

致寄塵法師[一]

（一九二九年舊六月十六日，溫州慶福寺）

塵法師：

惠書，誦悉，歡慰無盡。明歲倘有勝緣，或能來九華親近法座也。蘇居士偕返溫州[二]，秋涼後將與居士往鼓山，印刷經典，或在鼓山過冬。座下天性仁厚，待人和平，與古德雲棲蓮池大師最為相近。竊謂今後能於《雲棲法彙》[三]常常披閱，則學識當更有進。集中《緇門崇行錄》、《僧訓日記》、《禪關策進》三種，尤為切要。不慧披剃以來，奉此以為圭臬。濫廁僧倫，尚能鮮大過者，悉得力於此書也。願與仁者共勉之。前月曾乞蘇居士以《緇門崇行錄》五十部，贈與閩南佛學院諸同學等，已託芝法師為之分致矣。《雲棲法彙》金陵版較杭為善，上海功德林亦有流通者。敬復，不盡欲言。順頌

法利

演音和南　舊六月十六日

[一]寄塵法師（？——一九五〇），安徽合肥人。出家合肥明教寺。曾學於武昌佛學院。歷任閩南佛學院、九華佛學院教員。此札係就其所撰《法味》中錄出（見《海潮音》第十一卷第三期）。

[二]一九二九年蘇慧純居士曾侍弘一法師自泉州赴溫州。途經福州時游鼓山，發現清初刊本《華嚴疏論纂要》。

[三]《雲棲法彙》，是明末杭州雲棲寺蓮池大師全集之別稱。

致弘傘法師[一]

（一九三一年四月廿八日，上虞法界寺）

傘師慈鑒：

惠書，敬悉。去冬本有撰述歌譜之願，乃今春以來，老病纏綿，身心衰弱，手顫眼花，臂痛不易舉，日恆思眠，有如八九十老翁，故此事只可從緩。承惠日書三冊，其中《讚歌》二冊敬受，且俟他年恢復康健時，當試為之。《薄伽梵歌》，無有需用，謹寄返。又新刻《華嚴經傳記》一冊，校勘表四分，並奉上，乞收入。重編《華嚴疏鈔》已由徐蔚如著手，計科文十卷，先刊經疏百二十卷。（疏鈔別行。）鈔九十卷，經科數卷，（專由疏中摘出判經之科。）《別行疏》二卷（即《行願》末卷去鈔存疏。）新編之書，以清涼一人之撰述為限。刊資久已集就，此事決定可以實行。仁者聞之，當甚讚喜。音近來備受痛苦，而道念亦因之增進。佛稱八苦為八師，誠確論也。不久，擬閉關用功，謝絕一切緣務。以後如有緇素諸友詢問音之近況者，乞以「雖存若歿」四字答之，不再通信及晤面矣。音近數年來頗致力於《華嚴疏鈔》，此書法法具足，如一部佛學大辭典。若能精研此書，於各宗奧義皆能通達。（凡小乘論、律、三論、法相、天台、禪、淨土等，無不具足。）仁者暇時，幸悉心而玩索焉。謹復，順頌

法安

音和南　四月廿八日

徐居士說讀《華嚴經》法，讀唐譯至五十九卷《離世間品》畢，應接讀貞元譯《行願品》四十卷，共九十九卷。應日誦者為《淨行品》、《問明品》、《賢首品》、《初發心功德品》、《如來出現品》，及《行願品》末卷。又《十行品十迴向》初十之二章。又及。

[一]弘傘法師（一八八六——一九七五），名演義，俗名程中和，安徽安慶人。早年曾任軍職，出家後為弘一法師之師弟。歷任杭州招賢、虎跑諸寺住持。晚年從事賑濟工作。

致芝峯法師[一]

一

（一九三一年九月四日，慈溪金仙寺）

芝峯法師慈鑒：

久別，甚念。音今春以來，疾病纏綿，至今猶未復元。故掩室之事，不得不暫從緩。前日到金仙寺訪幻法師，藉聞座下近況，至用欣慰。音因劉質平居士諄諄勸請，為撰《清涼歌集》第一輯。歌詞五

首，附錄奉上，乞教正。歌詞文義深奧，非常人所能了解。須撰淺顯之註釋，詳解其義。音多病，精神衰頹，萬難執筆構思，且白話文字，亦非音之所長。擬懇座下慈愍，為音代撰歌詞註釋，至用感禱！茲略陳拙意如下，未審當否？謹錄之，以備參考。此歌為初中二年以上乃至專科學生所用。彼等罕有素信佛法者，乞準此程度，用白話文撰極淺顯之註釋，併令此等學生閱之，可以一目了然。註釋中或有不得已而用佛學專門名詞者，亦乞再以小註解之。註釋之法，以拙意懸擬，每首擬先釋題目，後釋歌詞。釋題目中，先述題目之大意，後釋題目之字義。釋歌詞中，先述全首歌詞之大意，次略為分科，後乃解歌詞之字義也。虛大師所撰之《三歸依歌》〔二〕，亦乞撰註釋，並曲譜寄下，以便宣佈。至為感謝。謹此懇請，順叩

法安

演音和南　九月四日

〔一〕芝峯法師（一九〇一——一九七一），名象賢，浙江溫州人。早年出家，受教於寧波觀宗寺諦閑法師、武昌佛學院太虛法師，造詣頗深。後任閩南佛學院教授、《海潮音》月刊編輯等。其學識為弘一法師所稱許。

〔二〕《三歸依歌》，後改稱《三寶歌》。

二

（一九三一年九月廿五日，慈谿金仙寺）

惠書，敬悉。承諾代撰釋文，感謝無盡。居金仙已兩旬餘。承亦幻和尚優遇甚至。自惟德薄能鮮，時用慚悚耳。授華雲師習字已半月。頗有進步。亦嘗與密唵師晤談。彼近閱禪宗語錄，鄙意勸彼應先於法相三論痛下一番功夫，然後再閱禪宗之書，乃為穩妥。未審尊見以為何如？末學近擬讀《大般若經》。曩承虛大師諄諄慈訓，深為感荷。他日通訊之時，乞代為問安。又侍者陳人蓮居士處，亦希致候。

謹復，順頌

慈安

音和南　九月廿五日

三

（一九三一年，慈谿金仙寺）

芝法師座下：

頃奉惠書並大著，歡喜無量。大著深契鄙意，佩仰萬分。將來流布之後，必可令多數學子同植菩提之因，仁者法施功德，寧有既耶？前日聞仁者與醒法師有往蘇州之意，鄙見以為未妥。倘仁者不欲居廈門，則乞移錫金仙。又靜公〔一〕近擬接受杭州招賢寺，倘能成就，則仁者住居招賢，甚為適宜。末學與仁者神交以來，垂十年矣。竊念當今之世，如仁者英年績學者，誠為希有。若再深入教海，旁及世俗之學識，如是致力十數年，所造必可在虛大師之上。當仁不讓，願仁者努力為之。日本學者著作雖條理可觀，然於佛學所造甚為淺薄。仁者將來學業成就，所有著作，必能令日人五體投地，萬分佩仰。且可譯為西方文字，傳播歐美，可為世界第一大導師，則將來受仁者法施之惠者，豈僅中華已耶！末學敬勸仁者，今後無論居住何處，總宜專力於學問及撰述之業。至若作方丈和尚等之職務，願仁者立誓，終身決不為之。因現代出家人中，能任方丈和尚等職務者，甚多甚多。而優於學問，能繼續虛大師，弘宣大法，以著述傳布日本乃至歐美者，以末學所知所最信仰者，當以仁者為第一人矣。末學於仁者欽佩既深，故敢掬誠奉勸。雜陳無辭，幸垂省覽。

音啟

〔一〕靜公，即靜安法師（一八八七——一九四七），浙江溫嶺人。為亦幻嗣法之師，曾任寧波延慶寺住持。

四

（一九三三年三月三日，廈門萬壽巖）

芝峯法師座下：

惠書，敬悉。此次講律〔一〕，聽衆甚盛。寄住寺中者六七人，皆自己發心過午不食。內有二人，患肺病甚劇。又有一人正在嘔血不止，臥牀不起之時，而立刻停止晚餐，不顧身命，尤令人感佩。現已講《羯磨》，若欲深造，非有三五年之功夫專心研習不可。聽衆中有

二三人誓願甚堅固，或可發心專修也。近來終日忙碌，凡寫字作文等事，皆悉從緩。草此奉復，順頌

禪安

演音和南　三月三日

〔一〕此次講律，指在廈門萬壽巖講《隨機羯磨》。

五

（一九三三年八月五日，泉州開元寺）

芝峯
慧律法師仝鑒：

惠書，欣悉一一。甚願即往金仙與仁等晤談。但衰老之軀，頗畏舟車之苦。（近來手足無力，恐有風症之象。且手足時常痲木，故不敢行。）又不久天氣即寒，更非老軀所能堪忍。故仍擬暫居泉州，稍遲即移居山中靜養也。當來若返浙時，必趨候法座，但一時恐未能如願，至用悵然。來函所云邇來遭遇等，似出傳聞之訛。因近來諸事平靜，無有變動。前月開元火災，亦未受擾亂也。大醒、寄塵諸法師，已往汕頭〔一〕。順頌

法安

演音和南　八月五日

〔一〕汕頭，為潮州之誤。一九三三年四、五月間，大醒、寄塵二法師，曾於潮州開元寺開辦嶺東佛學院。

致廣洽法師〔一〕

一

（一九三一年九月，上海）

廣洽大師慈鑒：

前上明信，想達慈覽。本擬即往廈門，茲因上海友人勸阻（因時局不寧），暫緩動身。以後有他處寄與弘一之信函及書籍等送至尊處者，乞暫為收貯。俟明年春夏之際（或遲至下半年）至寧波時，再當奉復，覓便轉寄可也。種種費神，感謝無盡。性願老法師處，乞代致意。順頌

法安

演音和南

〔一〕廣洽法師（一九〇一——一九九五），俗姓黃，名照潤，弘一法師為改名普潤，福建南安人。弱冠於廈門南普陀寺出家，受戒後參學江浙，後回南普陀任副寺。一九二八年弘一法師入閩，親侍請益，特受器重。後任佛教養正院監學三年。抗戰時南渡新加坡，辦學弘法。任新加坡龍山禪寺方丈、彌陀學校校長、新加坡佛教總會會長等職。

二

（一九三一年十月廿一日，慈谿金仙寺）

廣洽法師：

前呈信片，想達慧覽。今歲擬即在金仙寺過冬，俟明年覓得同伴，當偕來閩南。因行李繁重，一人乘搭輪船，上下殊困難也。前有僧衆發起律學院，欲令音任講解。音自顧難以勝任；而彼內部亦有意見，故已決定停辦矣。前託性願法師轉奉上《華嚴經集聯》一冊，想已收到。謹達，順頌

法安

音和南　十月廿一日

三

（一九三一年舊十一月十三日，慈谿金仙寺）

廣洽大師慈鑒：

昨奉惠書，及轉寄信件等，感謝無盡。前月欲往廈門，雖值阻緣，但其後即返五磊寺。遂由友人幫助，言說調停，即將律學院事完全取消。以後音之身體，可以自由無礙，誠幸事也。爾後往廈之期，尚未能定。俟有因緣，即當與人偕往，親近法座也。謹復，順頌

法安

演音和南　舊十一月十三日

四

（一九三二年三月十四日，慈谿金仙寺）

廣洽法師慈鑒：

惠書，欣慰無已。承詢所需，至用感謝。將來如需用時，當以奉聞。音本擬在此過夏，乃昨夕忽有友人來此，諄諄約往遠方一游。義不容辭，擬於明晨動身。大約至遲於中秋前返法界寺。料理一切。然後再動身往廈門，親近法座也。

上海佛學書局（在北火車站寶山路口），已印音所書寫之《地藏經見聞利益品》一冊，《地藏經》（地神護法品、囑累人天品）橫披二張（已出版）。尚有已付印（尚未出版）音所書寫之佛經數種，及將付印之數種並對聯等，大約兩三個月內可以印齊。書局於每種僅贈音十份，不敷分贈諸友人。倘仁者及他緇素諸德，願得拙書石印各種佛經對聯（內有一種係珂羅版），乞直接向佛學書局請購可也。彼處非謀利，故定價甚廉。附以奉聞。瀕行匆忙，草草復此。順叩

法安

三月十四日　演音頂禮

如晤性願老法師時，亦乞代達此意。覺斌諸大師前，均乞代為問安。

五

（一九三二年舊十月十八日，溫州慶福寺）

廣洽法師慈鑒：

前寄函，想已收到。音自十四日夜間，患痢疾，至今未愈。倘近日可以痊愈，即搭次班新鎰利輪船往廈。倘一時未能痊愈復元者，則更須延期也。所帶行李不多，乞座下勿至碼頭迎接。因病猶未痊，動身之日難確定也。知勞遠念，謹以奉聞。順頌

法安

演音和南　舊十月十八日

當家大師，均此致候。

六

（一九三三年二月，廈門萬壽巖）

普潤法師慈鑒：

前音在妙釋寺居住之房內几上，尚存有佛書，及牀頂上種種書物等，乞皆檢出，俟仁者移居時，一齊帶下。几上有大本宣紙精印《地藏經》一冊，敬贈仁者。鎖門用小洋鎖一把，亦乞帶下。費神，至感。順頌

法安

演音疏

外包經用紙一束，附呈。

七

（一九三三年六月二十日，泉州開元寺）

普潤法師道鑒：

承惠施夏衣、食物、郵券、名香等，悉收到，敬謝。茲寄上《華嚴二地章》二包，乞檢受。聞仁等在廈募請《宋藏經》，諸事順利，至用欣慰。謹復，順頌

法喜

演音和南

瑞金法師[一]乞代致候。

前存萬壽巖書架中《華嚴經綱要》四套（外有紙包），乞於尊駕來泉時帶下，為感。

六月二十日

[一] 瑞金法師，即瑞今法師。

八

（一九三三年，泉州）

廣洽法師道鑒：

《續藏經》三包，乞為寄還溫州。每包貼郵票二角三分，係單掛號。重量已秤，每包七冊，能符郵章。

寂山老和尚
因弘法師　同收。

溫州地址：溫州大南門外慶福寺

又余所藏圖章，前年已允許贈與鎮海印西法師。彼倘索取，酌以分贈可也。附陳。

演音寄

九

（一九三三年底，晉江草庵）

廣洽法師道鑒：

年終二十七日，曾交工人信一件，付安海郵局。本擬掛號，彼不允許，故僅貼郵票五分，未知已收到否？信內所述者，懇為惠施三物：

一、綠豆一大口袋（做稀飯用）。

二、石炭酸一瓶。

三、血清藥水（係內服者）一打，計十二瓶。

因此次生外瘡，血已污濁不清。故今全身常癢，又生小瘡甚多。故必須多服血清藥水，令血清潔，自然諸病自愈矣。但不知血清藥水（內服者）以何種為最好？乞為請問陳天恩。

演音

一〇

（一九三五年正月六日，廈門萬壽巖）

廣洽法師道鑒：

飲食如常，精神日旺，但外症等須漸漸而愈，未可著忙也。醫士或其他有名之西醫，精為選擇。乞先購十二瓶帶下至感。是瘡甚輕，現已漸愈，乞勿念。

惠安講經之信，至今未收到。未知尊處已寄與福埔站否？近已託人到惠安詢問。倘必欲講（《地藏經》）者，惟有懇求瑞今法師代往。俟消息確定後，即託傳貫師之父親廣謙師到廈門，迎陪瑞今法師同往，乞先為致意。若不講者，即不來也。順頌

法安

演音啟　正月六日

一一

（一九三五年正月初八日，廈門萬壽巖）

廣洽法師道鑒：

瑞今、曦二法師來，攜到文物，已收到，感謝無盡。仁者不甚康健，可以緩來（不久即立春）。以後有藥水等，託他人帶來可也。近向日本請經甚多，共計七八百冊，寄至南普陀寺弘一收。乞仁者費神代領。但書太多，恐海關留難，乞託郵局黃居士為之設法何如？又上海不久匯洋四十元至尊處，轉交余收，亦乞代領。圖章一方，託瑞今法師面交，以備領書領款時用。以後有他處寄與之信件，皆乞仁者一一拆閱（恐內有匯票，又恐有他要事也）。謹陳，不宣。

演音啟　正月初八日

附一函致夏居士，乞為掛號寄去，至感。

一二

（一九三五年正月，廈門萬壽巖）

廣洽法師：

仁者下次來時，乞將南普陀功德樓上之大油布帶下（即是曬在樓上者）。此達。

演音上

一三

（一九三五年春，泉州開元寺）

廣洽法師道鑒：

前存南普陀後山[一]書架有《聖德大觀》、《寒笳集》，乞檢出若干冊，交便人先帶至泉州為感。附二紙，乞交本妙法師。不宣。

演音疏　初四夕

[一]南普陀後山，有精舍數處。其中一處名「阿蘭若」，一九三四年弘一法師曾居於此。

一四

（一九三五年春，泉州開元寺）

普潤法師道鑒：

前函，想已收到，所存妙釋寺樓上諸箱籃及紙包等，於仁等來泉州時，皆乞檢出帶下。（竹箱上寫「未定」二字者，亦乞帶下。能與性法師同時動身尤善。因人多，可以照顧行李也。）費神至感。

仁者如晤李汝晉居士時，乞告云：前囑寫之件，俟仁者將行李帶來（李博用居士之件亦然），乃能書寫。因圖章印色，皆在其中也。謹達，不宣。

演音啟

鼓山及武昌兩處，余皆辭謝不往。以後所居之處，俟與性老法師晤面時，再商酌也。附白。

一五

（一九三五年舊二月十四日，泉州開元寺）

普潤法師道鑒：

前奉上函片，想悉收到。茲有日本書中所夾藏古信箋一紙（為清初時亮邃律師所寫，二百數十年之古物也），其意甚為切要。但係草字，字跡模糊，辨認不清。茲付郵掛號寄上，乞託廈門日本友人代為謄寫一紙（漢字用楷書、日本字用片假名），掛號寄還，至用感謝。

附致了智法師一箋，乞轉交。萬壽巖所印之單張《淨宗問辨》，乞代請數十張，便中託人帶下。又有一事，附寫於下，乞與性願老人談之。

東石車站[一]附近，僅有菜堂一處，男僧常往食宿，殊多不便。擬請性願老人於講經座上，勸僧衆發心於東石車站附近，興建寺院一處，以便來往男僧食宿，並勸諸居士熱心襄助一切，云云。

二月十四日，演音啟

《彌陀經講錄》，下記之二處，如已寄去則善；如未寄者，乞補寄各一包為感。

溫州大南門外慶福寺因弘法師收。

杭州轉崇德縣（石門）財政局徐志昌居士收。

[一]東石車站，在福建晉江縣。

一六

（一九三五年四月十八日，惠安淨峯寺）

前寄信片，想已收到。乞將存老功德樓[一]樓上之《淨宗苾寶庫》二冊，付郵掛號寄下，為感。此書，存在上首靠臥室門之下層大木箱內。箱上大約寫榑桑古刊諸經等云云。（已記不清楚）此書共二小冊。為鉛字排版新印之本，中國式裝訂，淡綠色之面紙。謹陳。不宣。

四月十八日　演音啟

[一]參閱致高文顯之一二函註。

一七

（一九三五年舊五月十日，惠安淨峯寺）

普潤法師道鑒：

惠書，誦悉。《靈感錄》題字已寄去。《九華示跡圖》，大約可以寄二十冊來。乞以十冊存仁者處，隨意贈人。所餘十冊之中，其五冊，依前寫之人名送去。尚有五冊，乞檢出一冊，贈與轉法老和尚（由瑞澄師轉交）。其餘四冊之中，乞先付郵局寄下二冊。餘有二冊仍存尊處，俟他時帶來可也。付郵寄地址：本省惠安縣東門外黃坑鋪港仔街回春號藥店劉清輝居士轉交淨峯寺弘一收。劉居士為菜友，甚可靠也。但距寺八里餘，須俟香客帶來耳。

近來身體康健，乞勿念。

演音啟　舊五月十日

一八

（一九三五年七月十一日，惠安淨峯寺）

近來惠邑多風，地瓜稍有損失。無有水災也。夏季山中不熱，蚊蟻亦少。余居淨峯，每日標點研習《南山律》，約六七小時。精神尚好，無有疾病。足慰慈念。謹上

普潤法師

承寄《九華垂蹟圖》，不久即可收到。預以奉覆。附白。

演音啟

一九

（一九三五年七月十一日，惠安淨峯寺）

普潤法師道鑒：

惠書，誦悉。講稿奉上，乞贈陳丹初居士〔一〕。

瑞今法師，乞為致候，不一。

七月十一　音疏

〔一〕陳丹初，名桂琛，廈門詩人。曾任毓德女學校長。

二〇

（一九三五年舊七月十三日，惠安淨峯寺）

廣洽法師道鑑：

前上信片，想已收到。今午奉惠書，具悉一一。

居淨峯，眠食甚安。

八月底〔一〕仁者來惠安時，乞將南普陀後山大書架中，所藏《行事鈔》六冊（書旁標題紅字者）、《羯磨疏》六冊、《含注戒本疏》六冊（共計十八冊）帶下。

附奉上明信片一紙，乞為轉寄。將來徐居士寄《南山律要》全部來時〔二〕，乞為存置後山書架中，無須帶來也。

近研習律學甚忙，未能書寫《地藏經》。（衰老日甚，未能往滬。）自明年正月元旦始，編輯《南山律在家備覽》（有廣略二種）約一年編竟。（以上之意，便中乞告沈、李二居士。）順頌

法安

音啟　七月十三剃度日

〔一〕八月底，指廣洽於是年九月重至淨峯探視。

〔二〕天津徐蔚如校刊有《南山律要》一部。

二一

（一九三五年舊七月，惠安淨峯寺）

普潤法師慧鑑：

惠函及經二冊，悉收到。附一紙，乞轉交王正邦居士，並乞彼為講解《觀經》發起因緣。（並說明求生西方者，非只一人求快樂，應發願，願一切衆生悉皆離苦得樂，往生西方，云云。）名師韋者，即師法韋提希〔一〕求生西方之迫切也。韋提希當日，亦因家庭多故，生厭離心，而求往生。與今正同也。

仁者值橫難而無大損傷，是因平日戒行堅固，常有善神護衛，故能轉危為安，至用欣佩！

淨峯寺道風日隆。住出家人五人，皆持不非時食戒。午後，廚竈不再舉火。（炊飯之事，亦出家人自任之。）余自前日始，講《戒本疏行宗記》。身體甚健（左臂已漸痊愈），乞勿念。不宣。

一音啟

〔一〕韋提希，即韋提希夫人。《觀無量壽經》中所說之女主角。她是古印度王舍城頻婆娑羅王的夫人。

二二

（一九三五年舊九月廿五日，惠安淨峯寺）

普潤法師道鑒：

前函想已收到。余約於十月初十日以前到草庵，乞仁者於初十後惠臨。前所託攜帶羅甸紙及《金剛經》（南普陀後山大書架中上層所藏之梵本）乞帶至草庵。余於今冬擬書寫此經，以贈與仁者為紀念也。應依敦煌本寫，或依普通流通本寫，乞仁者詳酌之。謹達，順頌

法安

演音謹啟　九月廿五日

二三

（一九三五年，惠安淨峯寺）

廣洽法師道鑒：

送上信一封，書一包，皆乞掛號寄去。費神，至感。

演音啟

二四

（一九三五年，惠安淨峯寺）

廣洽法師：

《佛教大辭匯》六冊、《佛教大辭典》一冊，乞於暇時送下。請往他處之信，勿送來；有請託不合宜之事者，勿送來。

演音上

二五

（一九三五年舊十一月廿九日，晉江草庵）

普潤法師道鑒：

居草庵，甚安。已講《梵網經》一卷。自明日始，講《藥師經》。

前存萬壽巖書架中，各種書籍、紙件（大張宣紙二包）、信函、香等，皆乞檢出包好，託人帶至泉州。其外，如鉢、硯、鑪諸器具，皆仍存萬壽巖可也。王、高諸居士，皆乞代為致候。謹陳。

順頌

法安

演音　十一月廿九日

二六

（一九三五年舊十二月四日，晉江草庵）

廣洽法師道鑒：

此次往惠安弘法，諸事順利，圓滿成就。昨日到草庵。大約於本月十五日以前，惠安科山寺有掛號信寄與仁者轉交朽人。務乞仁者俟收到此信後，再來草庵。因此信甚要緊也。（內述明年正月講經大會之日期。但余體弱，不能作長期之講演，擬請性老人代往。）

餘俟面談，謹達，不宣。

十二月四日　演音啟

二七

（一九三六年春，廈門南普陀寺）

普潤法師道席：

存百源庵：有蓋大篾箱一個（存樓上）。

大紙包香一包（存大殿）。

存性老法師處：龍眼一包。

以上三件，乞託人帶至廈門。

關房宜密防鼠入。

到廈門住功德樓上。

印西師信片上，乞寫地址。

牛皮紙二十張，乞早帶下。

圓淨居士信及書一冊，乞代寄。

關房圓洞門宜稍大，以便在關內講律，聽衆在關外，列席而聽也。

再者，下記各書，現在需用，乞用堅固之紙，包好付郵掛號寄下。每包重至三斤五兩為止，貼郵票二十三分。

△《靈峯宗論》，日本版。（在上首靠門下層之大箱內。即是前函所說之箱內。）

△天津新刻《南山三大部記》（《資持記》、《行宗記》、《濟緣記》），為余圈點之本。在下首當中下層之大箱內。箱裏寫「新刊」南山、靈芝撰述等。《芝苑遺篇》（二冊），亦在此箱內。

△《鈔記通釋及濟覽》（此為日本古寫本）。在下首靠裏上層之小箱內。箱面寫扶桑古寫本《鈔記通釋濟覽》等等。共兩部。

△《地藏菩薩聖德大觀》二冊（在外廳經板大書架上層）。

△《占察義疏》。（南京刻板，每部二冊，亦在經板書架上層，與他經同一大包。）費神，至用感謝。附白。

二八

（一九三六年舊四月，廈門南普陀寺）

普潤法師：

乙亥（一九三五）歲晚，病皮膚百斯篤[一]，承黃丙丁博士殷勤療治，乃獲除愈。因貯藏其落痂，以為紀念焉。

沙門弘一

（一）百斯篤，一種皮膚病。

二九

（一九三六年舊五月，鼓浪嶼日光巖）

廣洽法師道鑒：

惠書，誦悉。諸承費神，感謝無盡。

日本來信及書籍等寄到時，乞為轉送泉州。其他各地寄來之信函及書等，皆存貯仁者之處，乞勿送下。因以後擬不披閱信件，亦不寫回信也。並乞告佛學院及妙釋寺云：凡有他處寄與弘一之掛號信及書，皆乞勿收，原件退回。

附奉上致大醒法師掛號信一件，乞為付郵掛號寄去。（倘須增加郵票五分，乞為代貼）。謹陳，順頌

法喜

演音啟

附一紙，乞交勝進居士。

三〇

（一九三六年夏，鼓浪嶼日光巖）

廣洽法師道鑒：

曩承枉談，諸荷慈念，感謝無盡。近詳細思維，擬先偕仁者同往泉州一次，到彼觀察情形，現在且勿決定也。倘仁者病愈，乞於下午到日光巖，一宿次晨即可偕往也。不宣。

音啟

三一

（一九三六年七月十八日，鼓浪嶼日光巖）

普潤法師：

前函想已收到。茲寄上致李圓淨居士一紙，致李鴻梁居士二紙（彼寓紹興省立第五中學），致鼓山一片，乞仁者閱畢，代為寄出。鼓山所託抄寫《梵網．賢首疏》圈點及封面後之題字，又《盜戒科表》等，乞仁者費神代為設法，由仁者及諸友人任之。他日抄畢，並乞寄去為感。（不久彼處將《賢首疏》二冊寄至尊處。）謹懇，不宣。

七月十八日　演音啟

三二

（一九三六年舊九月一日，鼓浪嶼日光巖）

廣洽法師道鑒：

尊恙想已痊愈，甚念。高文顯居士現在編輯書籍，宜居幽靜之處。鄙意擬請彼移住功德樓上（韋馱殿旁），既可用功，亦可為余守護書物。乞仁者向南普陀執事者言之，以為余守護存彼書物之名義，請文顯移居功德樓上，當可獲允許也。乞酌之。謹陳，不宣。

九月一日為靈芝律師（一）涅槃日。

演音啟

附一紙，乞交高居士。又郁居士託代訂《佛教公論》一份，乞仁者代付大洋一元交訂，住址附呈。定單乞直接寄與郁居士。此費，俟他日晤時奉還也。

（一）靈芝律師（一〇四八——一一一六），名元照，北宋律宗高僧。

（二）郁居士，即知名作家郁達夫。

三三

（一九三六年舊九月七日，鼓浪嶼日光巖）

普潤法師道鑒：

前承過談，至用歡慰。茲有二事奉懇：

一、乞向廈門大紙店，購羅甸紙（福建產）三十張，於他日便中帶下。

二、乞將新印《大悲咒》三包，分寄下記之三處：

以一包，寄與惠安縣東門外黃坑鋪港仔街回春號藥店劉清輝居士，轉交劉礪若居士收。以一包，寄與同上地址，轉交錢山淨峯寺當家大師收。以一包，寄與惠安縣崇武鎮三官尾珍裕寶號轉交龍溪晴霞寺收。費神至感。敬懇，順頌

法喜

寧波印西師，如有回信來，謂仍居住寧波者，乞將其地址抄出，俟他日便中帶下，為禱。

演音啟　九月七日

三四

（一九三六年九月望日，鼓浪嶼日光巖）

廣洽法師
勝進居士 同覽：

《清涼歌集》已寄到。茲奉上三十冊，乞收入。此書內容甚好。芝峯法師《達恉》，契理契機，可稱傑作。曲調亦甚適於當代青年之嗜好，當可風行一時也。此三十冊中，乞分十五冊，交與忠儒居士，轉贈閩南諸中學音樂教師，雖不解文學者亦可贈之。彼唯見此曲譜，則如飲甘露矣。所餘十五冊，乞分贈閩南諸青年學生。（外江，可以不送，彼等可見故；出家人處，亦可不送。若不解音樂而甚喜此書者，亦可贈之。）

葉慧觀處，乞贈二冊：一冊贈彼，一冊託彼轉送彼校之音樂教師也。中山公園內藝術學校，亦可由勝進居士便中送與一冊。《韓偓》稿已改就。俟洽師來時帶上。《總目錄》甚善。謹陳，不宣。

九月望日　演音啟

三五

（一九三六年舊十一月，鼓浪嶼日光巖）

廣洽法師道席：

爾來諸事尚未結束。至十二月初旬〔一〕，能往南普陀否，尚難決定。昨日承攜去之水仙花，乞以分贈諸友人可也。因余處尚有四棵存貯。謹達，不宣。

演音啟

〔一〕一九三六年五月，弘一法師安居鼓浪嶼日光巖，十二月初六日移居南普陀寺。

三六

（一九三七年舊二月底，廈門南普陀寺）

二十六年歲次丁丑，二月六日，初落一齒，十日復落一齒，並奉廣洽法師藏之，以為紀念。

弘一

三七

（一九三七年舊四月，廈門南普陀寺）

廣洽法師道鑒：

惠書，誦悉。承施資，甚感。朽人現未能出洋，仍擬居住國內也。謹復，並謝。不宣。

演音上

三八

（一九三七年舊四月，廈門萬石巖）

廣洽法師道席：

前承談及住中巖〔一〕之事。余曾先後在佛前占察三次，皆示不宜，想是因緣尚未成熟也。乞仁者往晤會泉老法師〔二〕，代陳此意，並致歉忱。倘仁者因病未能往，即託高居士代往亦可。費神，至感。不宣。

演音啟

〔一〕中巖，廈門小廟之一，位於萬石巖與太平巖之間，故曰中巖。

〔二〕會泉老法師（一八七四——一九四三），別號印月，福建同安人。曾任廈門南普陀寺方丈，時為萬石巖住持兼管中巖。

三九

（一九三七年夏至日，青島湛山寺）

廣洽法師道席：

來齊州已一月餘，身體精神日益強健（傳貫師等亦然，甚肥胖）。寺中同住者近九十人，皆廢止晚食，而大半體胖力大。或由多餐麵食有以致之歟？昔本擬託人代講，到湛山寺後，因學者多有程度，無人願任代講之事。故由朽人一人擔任〔一〕，已近一月。終日忙碌，亦不覺疲勞，稍前大不同也。茲將每周課作略寫如下：每日課作時間，約七八小時：

星期日，預備功課。星期一，上午講律，以後寫字或編講義。
星期二，預備功課。星期三，同星期一。
星期四，預備功課。星期五，同星期一。
星期六，寫字或編講義。每星期共講三次。

夏至日　演音疏

〔一〕此札係一九三七年仲夏，弘一法師應青島湛山寺之請，在寺講律報道。

四〇

（一九三七年六月廿四日，青島湛山寺）

廣洽法師道席：

惠書，誦悉。承寄抄寫受戒式一冊，已收到。乞以前存仁者處之《佛學叢刊》一部，贈與抄寫者，以酬謝其勞也。四川成都，乞再掛號寄（珂羅版）《金剛經》二冊。封面上寫：

四川成都少城小通巷五號曾孝谷居士〔一〕收。

王居士囑寫之件，稍緩寫就寄上。並有印老法師像一幅，贈與王居士。又寫稿一卷，交與高文顯居士。共為一包。大約半月後可以寄上也。講律事，已託人代講。近來天氣悶熱，較閩南尤甚。略復，不宣。

六月廿四日　演音啟

〔一〕曾孝谷，名延年，別號存吳。弘一法師留學東京美術學校時同學，共同創立中國最初話劇團體——「春柳社」之一人。

四一

（一九三七年舊七月，青島湛山寺）

前到滬時，居士林朱居士（石僧），曾諄約朽人於秋涼後到滬講經，擬辭謝不往。又天津居士林嚴居士，前專誠到青島約朽人往天津，亦已辭謝矣。以後仍暫居青島，俟八月中秋節後如時事無大變化，有輪船開往上海者，擬往滬轉至杭州小住。中秋節前，決定不他往也。附白。

音啟

王正邦居士乞代致候。

四二

（一九三七年舊九月十九日，廈門萬石巖）

豐子愷居士舊刻佛像二面，印一方，以奉

廣洽法師

附奉上一包，乞付郵掛號寄去。

丁丑九月十九日　演音

四三

（一九三七年舊九月，廈門萬石巖）

前到滬時，晤費範九居士〔一〕，彼亦稱讚仁者書法精妙，與朽人所見正同。性願法師處存有《三希堂法帖》（會泉法師處亦有），乞仁者借其中蘇軾、黃庭堅兩家之帖十數種，於暇時隨意翻閱，自能得其神髓，不必臨摹也。

蘇字東坡，黃字山谷，皆宋名臣。工文章詩詞，並精書法。仁者所寫之字，與彼等暗合，且有能得其神髓者。此是天才，非學力也。

演音附白

〔一〕費範九居士，時為上海商務印書館編輯。

四四

（一九三八年二月，泉州開元寺）

在草庵過年。近到泉州，緇素來晤談者甚多。已託善契法師將仁者所存彼寺之《金剛經》，僅留兩包，其餘皆帶至泉州，由朽人分贈諸善信。此事未能先與仁者商量，至用歉然。想仁者必甚歡喜贊成也。稍遲或往惠安講經。以後惠書，乞寄泉州承天寺覺圓法師轉交，至妥。不宣。

音啟

《普賢行願品梵文考》久已印就，（尚未裝訂，工事停頓）稍遲再裝訂寄下。其原本，存上海蔡丏因居士處。乞勿念。

四五

（一九三九年舊三月二十三日，永春普濟寺）

普潤法師澄覽：

惠書，誦悉。承施資，感謝無盡。朽人已移居永春近一月，居普濟寺。文顯仍居菲島信願寺，近來身體衰弱。

朽人近一年餘，在各地弘法事跡，前已陸續寫與文顯。乞仁者便中託彼抄寫一份交與仁者，為紀念可也。子愷在廣西宜山浙江大學，久未通信。附致郁居士箋〔一〕乞轉奉。謹復，不宣。

音啟　三月二十三日

〔一〕當時郁達夫在新加坡主編《星洲日報》副刊。

四六

（一九三九年舊五月三日，永春普濟寺）

廣洽法師道席：

數奉惠書，具悉一一。尤居士書已收閱。乞代復尊師瑞等上人〔一〕一函，述明不能往星洲之意（以後亦不能往，因老病故），並代致謝忱。

尤居士處，乞代託性老法師於致函時，附筆致謝。前在養正院講稿，已交世界書局修改付印。尊處所存附印之資，乞匯交蔡丐因居士。朽人居此甚安。高（勝進）居士前寄照相，已收到，乞為致候。謹復，不宣。

五月三日　演音疏

〔一〕瑞等上人（一八八六——一九四二），福建龍海人。為廣洽的剃度師，時任星洲龍山寺住持。

四七

（一九三九年舊七月廿四日，永春普濟寺）

廣洽法師道席：

惠書，誦悉。承施十金，至用感謝。朽人現住山頂寺中，方便閉關。性常法師等，皆住山下普濟寺中。前函及圖，皆收到。文顯寓大乘信願寺。畫集尚未著手。郁居士函已收到，至用感謝，乞代為致候。不宣。

農曆七月廿四日　音啟

四八

（一九三九年舊九月十二日，永春普濟寺）

朽人今年世壽六十，老病日增。即擬方便掩關習靜，以後暫未能通信。（他處寄來之信件，即付郵退還，未能收受。）謹達，不具。

九月十二日　音啟

四九

（一九四〇年二月初十日，永春普濟寺）

廣洽法師道鑒：

別來三載，至用懸念。頃奉惠書，悉仁者欲返祖國，至用歡忭。五十金已受收，感謝無盡。略復。餘俟晤談。不宣。

二月初十日　音啟

性常法師現往泉州，附白。

五〇

（一九四〇年，永春普濟寺）

廣洽法師道席：

所談之事，由余思維。《金剛經》序文，請費範九居士撰並書寫。彼之文字書法皆佳。其序文之意，即依仁者所寫示者告彼，由彼斟酌變通可也。籤條，擬請子愷居士寫。經名為正行，下方或寫「弘一書寫」字樣。因余之名字，若冠於經名之上，似不恭敬也。其式如下：

金剛般若波羅密經

……書寫……

此籤條可以題字大寫，印時再隨宜縮小也。

演音疏

五一

（一九四二年舊三月卅日，泉州溫陵養老院）

廣洽法師慧覽：

變亂後，久不通訊，甚念。拙書《藥師經》，前七年曾以贈與仁者，存貯日光巖木箱中，去年曾聞已借與聶居士〔一〕影印。近因覺圓師擬建大藥師寺，擬請仁者以此經轉施與大藥師寺，至為適宜。謹陳，不宣。

壬午三月卅日　音啟

〔一〕聶居士，即聶雲臺。時居上海。

致崇德法師

一

（一九三二年二月廿三日，鎮海伏龍寺）

崇德法師慧鑒：

惠書，誦悉。仁者發心勇猛堅固，至用欣佩。音須俟數月後，行蹤乃定。乞仁者暫勿來此。乞先熟讀十三僧殘（與小註）並以下之正文（全部）。以後倘有續講之因緣固善，否則必寫編極淺近之講義奉上。仁者閱之，與面授無以異也。

總之，仁者既發如是之宏願，音必盡力輔助。但同居之事，一時恐未能耳。謹達。順頌

法喜

演音敬啟　二月廿三日

二

（一九三二年三月，慈谿金仙寺）

崇德賢首慧鑒：

來書誦悉。以前本因仁者來函，謂欲函授律學及國文等。余因事忙神衰，不能函授，遂有請仁者來伏龍寺面談之議。今仁者來書，述及為難等情形，余已了解。余於一切事，悉任運隨緣，決不固執己見也。余每日功課紛忙，又神衰力疲，殊無寫信之餘暇。故現在案底積存來信甚多，皆尚無暇答復。以是之故，以後於尊處常常通信之事，恐不能也。此事亦乞仁者諒解。又以無論學律不學律，余與仁等數人之友誼無有損傷，乞安心為要。謹復，不宣。

演音上

此信乞呈尊師亦幻法師一閱。並乞代致候。

附呈致顯真法師信，乞轉交。前存臥室衣櫥內有大字《梵網經》多冊，乞檢五冊，交全盛信局寄下，費神至感。

三

（一九三二年四月十二日，鎮海伏龍寺）

崇德賢首慧鑒：

兩奉惠書及寫表，悉收到。

所云「入道表」，登入《海潮音》，可爾。

余近來多忙，講義恐今年不能編出。茲奉上《淨心誡觀法略》圈點本一冊（分段處應有誤者，俟將來依允堪律師科文改正）。乞仁者與華雲師依此本圈點抄錄。此書甚佳，宜熟讀也。又附奉上二冊。其中一冊，乞代為抄錄圈點寄下，將以贈與他人。其另一冊，乞交與顯真師，亦囑彼抄錄圈點而熟讀之。讀時宜先讀第二十章（即最後一章），然後再由第一章讀起。此書為南山大師教誡弟子慈忍而作，我輩誦此，終身行之，有不能盡者矣。（余僅檢每章略圖少許。此外應圈者甚多，乞仁者自己隨意圈之。）

此信乞轉交與顯真師、華雲師同閱之。余甚盼仁等熟讀《四分律含注戒本》、《刪補羯磨》及此《淨心誡觀法略》。謹復，不宣。

四月十二日，演音敬啟

圖章字，附紙寫奉。

原圈點本一冊，及仁者代為抄錄圈點者一冊，共二冊，乞交全盛局寄下。

四

（一九三二年五月廿一日，鎮海伏龍寺）

崇德智者鑒：

惠書，誦悉一一。

仁者所云，實由誤會。余與仁等無有脫離之心也。

仁者既道念堅固。精進不退，乞先熟讀《含注戒本》及《羯磨》，以待將來。余便中至金仙寺為仁等講此二書，（通信教授之事，因余神衰未能撰述講義，故止可面授也。）以作結束。（余往金仙寺時，或在今年中秋，或在明年，未能預定。總之，必欲講完此三冊，以作一結束也。）此二書雖僅三冊，實括律學之大綱。倘能精通熟誦此二書，已不愧為出家比丘之資格，並可任普通律學之講席也。前屬寫二種，俟中秋到金仙寺時面奉。倘今年萬一因病等故不來者，即另寄奉也。前託劉居士之件，彼因豐居士編輯極忙，未便請求，故另託他人寫畫。稍遲即直接付郵掛號寄至尊處。

仁者自今以後，仍須振起精神，萬勿掃興。至要至要。此復，不宜。

五月廿一日　演音上

《梵網經》已收到。

此外諸師（如華雲師等）願學律者，亦請彼等先熟讀此二書。若不願學者（如顯真師等）則任其自然可耳。前函所云：「無論學律不學律，余與仁等數人之友誼無損」，即是此意也。萬勿誤解。

致亦幻法師[一]

（一九三三年二月十七日，廈門妙釋寺）

亦幻法師道鑒：

惠書，具悉一一，至用欣慰。現已在此講《南山律》。何時能止，尚未能定。倘至外江時，必來金仙奉訪座下也。芝峯法師已往武昌，舊友雲散，今唯有寄塵法師一人在南普陀耳。音近多忙，不似前居金仙時之清閑。草此，奉復，順頌

法安

演音和南　二月十七日

[一] 亦幻法師（一九〇三——一九七八），號慧律，浙江黃巖人。早年出家。就學武昌佛學院，與大醒、芝峯諸師同學。曾任閩南佛學院教師。後任浙江慈谿金仙寺住持，弘一法師曾受其供養。

致善契法師[一]

一

（一九三三年舊五月，泉州開元寺）

善契法師道鑒：

茲送上菲島副信等，乞費神向文記行領取四元，即以此資在尊寺供衆。為禱。順頌

法安

演音敬上

[一] 善契法師（一九〇二——一九七四），福建南安人。

二

（一九三八年一月中旬，晉江草庵）

瀕行，承費神照料一切，至用感謝。

克定師骨灰，前存紫雲巖，倘仁者與靜通法師晤面時，乞告云：「此骨灰請妥為收藏。因克定師之子，將來欲領取此骨灰，返里埋葬也。」

再者。稍遲，倘上海佛學書局寄書若干包來，乞檢一包託人便中帶至泉州開元寺性常師收轉交弘一，其餘乞存尊寺，請仁者妥為收藏，至感。明春，或往泉州一行也。順頌

法安

弘一謹上

三

（一九三八年舊正月三十日，泉州承天寺）

善契法師慧鑒：

到泉州後，諸事安適。不久在承天諸寺講經。茲有懇者。前廣洽師存在尊寺，有珂羅版印本《金剛經》（弘一書寫印本）若干包。乞為檢點，共有若干包。乞存兩包。其餘，皆交汽車公司運至泉州交承天寺弘一收。其運費，俟運至泉州付給（乞勿在廈門付運費）。諸承費神，感謝不盡。謹陳，不宣。

舊正月三十日　弘一敬上

廣洽師處，另由弘一寫信通知此事。乞勿念。

四

（一九三八年三月，泉州開元寺）

承寄《金剛經》，已收到，感謝無盡。吳居士處，乞代致謝。不宣。

演音上

五

（一九三八年舊六月十三日，漳州瑞竹巖）

善契法師：

承轉寄信，已收到，感謝無盡。尊師上人〔一〕乞代問安。不宣。

六月十三日　音啟

〔一〕尊師上人，即清智法師。時任鼓浪嶼日光巖住持，為善契之師。

六

（一九三八年閏七月初五日，漳州祈保亭）

善契法師：

久別為念。朽人前存妙釋寺念佛堂寮房內牀上，有灰布包一個，內有佛經紙張印色等等。乞為費神取出，存在日光巖，並覓便人帶至漳。因此灰布包內之書物，現在急需用也。由廈門取至鼓浪嶼，乞託蔡吉堂居士介紹一切最妥。彼寓大同路新合美五金行內。順頌

法安

弘一上　閏月初五日

惠復乞寄「漳州東門浦頭祈保亭弘一收」。

七

（一九三八年閏七月，漳州祈保亭）

性常師已到漳。余即擬講經，並重興念佛會。法緣甚盛，殊為可喜。便中，乞代達馬居士，至禱。

弘一

八

（一九三九年舊九月十五日，永春普濟寺）

善契法師朗鑒：

久未晤談，為念。朽人近來時患疾病，衰老日甚，故自舊曆七月十三日始，在山中方便閉關靜養，謝絕見客及通信。近日由性常師交來了閒社信一封，及銀行匯款通知書等。此信朽人未閱，仍存性常師處。以朽人揣測，想是約往彼處講經等事。但現在閉關養病，萬難動身。故對於了閒社諸居士之盛情美意，十分抱歉。乞仁者便中，往了閒社，代為陳說此意，並代致歉忱，請其原諒。其匯款通知書等，亦交郵局掛號，寄回永春中國銀行分行矣。此事承仁者代為陳達，種種費神，感謝無盡。謹述，不宣。

九月十五日　演音敬啟

尊師〔一〕座下乞代問安。

如承覆信，乞寄普濟寺性常師收。因寫朽人名字之信，皆退回也。又及。

〔一〕尊師，指清智老和尚。

致顯真法師、覺人居士〔一〕

（一九三三年舊十一月十七日，泉州開元寺）

顯真法師
覺人居士同鑒：

今日為阿彌陀佛聖誕。適獲仁者來函。披讀，至為歡喜。所發之願，皆契合佛意。余近來弘法之事甚忙，心極散亂。但大菩提心，有

若決江河沛然莫之能禦之勢。誓捨身命，弘護三世一切佛法，救度法界一切衆生耳。謹復，不具。

十一月十七日　演音啟

仁等能在金仙寺久住固善，否則乞偕來。廈門，亦可覓辦道之所。但早晚功課必須隨衆耳。

〔一〕顯真法師，四川人。中年出家，頗有學識。曾在浙江慈谿金仙寺及五磊寺親近弘一法師學律。覺人居士，事跡不詳。

致瑞今法師〔一〕

一

（一九三四年舊七月十四日，廈門南普陀寺）

弘一提倡辦小學之意，決非為養成法師之人材。例如天資聰穎，辯才無礙，文理精通，書法工秀等。如是等決非弘一所希望於小學學僧者。（或謂小學辦法：第一須求文理通順，並注重讀誦等。此仍是養成法師之意，與弘一之意不同。）

弘一提倡之本意，在令學者深信佛菩薩之靈感，深信善惡報應因果之理，深知如何出家及出家以後應作何事，以造成品行端方，知見純正之學僧。至於文理等在其次也。儒家云：「士先器識而後文藝」，亦此意也。謹書拙見，以備採擇。

七月十四日晨　弘一

〔一〕瑞今法師（一九〇五——二〇〇五），福建晉江人。幼年出家，畢業安徽及閩南佛學院。一九三四年，弘一法師在廈門南普陀寺，提倡於閩南佛學院之外，另辦佛教養正院，培養幼年學僧，請瑞今法師為主任。

二

（一九三四年，廈門南普陀寺）

瑞今法師道鑑：

書局所編之書，未能適於出家人用。宜更廣採，如書局諸書，由教者自編講義，於每次講期前十日編就，令學者預先輪流抄寫。編輯之法，凡滅蠅蚊、游戲、花柳病等，皆可略去。但花柳病及手淫等害宜講解之，令知恐懼。略復，不宣。

演音啟

致性常法師〔一〕

一

（一九三五年正月廿五日，廈門萬壽巖）

性常律師道鑒：

惠書，頃已收到。此次有發心學律者數人，皆至誠諄切，將來成績必大有可觀。朽人約於二月到泉州。俟瑣事料理既畢，即可返廈講律也。餘容晤談。不宣。

舊正月廿五日　演音疏

〔一〕性常法師（一九一二——一九四三），弘一法師贈別號豐德，福建晉江人。早年曾從會泉法師問學。為親近弘一法師學者中較久之一人，頗受器重，惜盛年早逝。

二

（一九三五年舊二月七日，廈門萬壽巖）

性常法師：

惠書，誦悉。今夏余未能往鼓山，乞代辭謝。法空禪師〔一〕希為致候。不宣。

演音啟　二月七日

〔一〕法空禪師（一八七八——一九三六），福建惠安人。精書法。壯歲雲游南洋，於檳城建觀音寺，並於極樂寺前建動物園。工書法及武技幻術，善知物性，譽聞各方，晚年回閩南，居廈門中巖。後圓寂，弘一法師為撰《法空禪師傳》。

三

（一九三五年舊二月上旬，泉州承天寺）

性常傳貫法師仝覽：

到泉州後，暫居承天寺。三月中，擬在開元寺講《一夢漫言》〔一〕。開元近來規矩甚好，將來大有希望也。謹達，不宣。

演音啟

梯已出家，名廣培。

〔一〕《一夢漫言》，是清初見月律師自述重興南京寶華山律宗道場的記事。

四

（一九三五年舊二月十日，泉州開元寺）

性常法師道鑒：

前復明信，想已收到。法空上人來泉，已晤談二次。今夏未能往鼓山，乞向法空上人代為婉言辭謝。余於三月，在開元講《一夢漫言》。以後諸事，皆未定也。謹陳，不宣。（附件，乞交廣洽法師。《彌陀擷要》印就時，乞向萬壽巖請數十冊，交與法空上人，帶往鼓山。）

二月十日　演音啟

五

（一九三五年十月，泉州承天寺）

性常法師

送上舊筆十枝，雖無鋒穎，尚堪隨宜抄寫用之。乞仁者與諸學者分受可也。

音啟

六

（一九三五年，泉州）

性常法師鑒：

昨已覓得他種紙，可以用。乞勿再購紙。僅購水粉十塊，稍遲無妨也。

音上

七

（一九三六年正月十五日，廈門南普陀寺）

性常法師：

惠書，誦悉。承誦經迴向，至感。謹復，不宣。

正月十五日　演音啟

八

（一九三六年二月，廈門南普陀寺）

性常法師：

惠書，誦悉。將來講律，在日光巖關房中。聞慈舟老人〔一〕已往山東閉關。學侶大半散去。所餘之少數，現由克定法師〔二〕暫為管理。彼曾來函請余往鼓山，任學苑事，余未允也。仁者若致函與彼等，宜寫明由克定法師轉交。因恐彼等已離鼓山也。介紹可以不須，僅可云旁聽，一切費用自備。率復。不具。

演音啟

〔一〕慈舟老人，指慈舟法師（一八七七——一九五七），湖北隨縣人。三十四歲依漢陽歸元寺大綸律師受具戒。一九一四年就學於上海華嚴大學，一九二九年任蘇州靈巖寺住持，一九三一年應虛雲禪師之請，在福州鼓山湧泉寺講學，後以故離鼓山赴山東青島湛山寺閉關。

〔二〕克定法師，詳見致劉光華函。

九

（一九三六年閏三月廿一日，廈門南普陀寺）

豐德勝士道席：

明信，誦悉。近來精力漸減者，實因正月間內症已愈，胃口大開，故精力驟增。近則胃口漸漸如常，故精力亦衰。性願老法師嘗謂，此次大病，約需二年乃可復元也。下月即擬掩關靜養。外症初破時，傷口一約明信片一個半大，一約近一個明信片，皆血肉狼藉無有皮膚。近則後者已愈。前者僅餘寸許，大約至多再遲半月即可收口。醫士（黃博士泉州人，計需實費近百金。彼決不肯收費分文。其人品至高。）謂：此次醫治雖歷時三個月，實甚順遂。因已好者未曾復爛，是為幸事。實由仁者等為之誦經懺悔，乃獲安穩痊愈、起死回生也。仁者俗兄陳居士前曾來晤談。猶憶去年歸依時，致送資幣。其數幾圓，余已忘記。擬以此資，當來印經。仁者如尚記憶，乞便中示知。（並法各一。）義俊法師（一）乞代致候。（《念西集》一冊附奉上。）前來函已收到。乞代告云：郵局定例，凡印刷品，可以用開口信封，以鐵絲束口，貼郵票一分。若信件，須郵票五分。倘內裝信箋，作印刷品寄者，收信之人應罰大洋四角五分。（數年前，余曾被罰一次，實無辜而被罰。）寫信之人，若已受戒而得戒者，亦犯偷稅之罪也。（已滿五，應結重。）謹陳，不宣。

演音疏　閏月廿一日

附奉上永春佛手種茶二瓶，乞受收。

（一）義俊法師，即念西法師。

一〇

（一九三六年閏三月廿九日，廈門南普陀寺）

性常法師：

惠書，誦悉。勝林居士前交來四金，擬改作經箱用，（樟木製，箱面上刻施者姓名。）不再印經矣。此意，乞於便中代達。不宣。

演音啟　閏三月廿九日

近由性願老法師轉交來五圓，為泉州戒淨老和尚（一）所惠施者。亦擬以此資作經箱，而廣施福。如有人往海印寺者，乞託代致謝忱，並告此意。附白。

（一）戒淨老和尚，為福建泉州海印寺住持。

一一

（一九三六年五月，廈門南普陀寺）

性常法師：

宿疾已漸愈。惟精神氣力反不如前（不如正二月），尚須靜養多時乃能復元也。（性老法師謂，須兩年乃復元。）近在此講《戒本》，甚為費力。將來到日光巖閉關後，恐不能繼續講律。他人有問余近狀者，乞以此告之。謹陳，不宣。

演音啟

一二

（一九三六年舊四月十六日，廈門南普陀寺）

性常法師：

惠書，誦悉。本擬於四月八日掩關，因性願老法師諄囑延期，故延至五月，現仍居南普陀也。宿疾於四月八日已痊愈。所寫《金剛經》一部及《華嚴經》名百紙，亦於四月八日圓滿迴向也。茲託瑞衛師覓便轉託人帶上《南山律要》一部，及日本古版律書數種，共計兩包。謹復，不具。

四月十六日　演音啟

一三

（一九三六年舊十二月十九日，廈門南普陀寺）

豐德法師道席：

惠書，誦悉。居日光別院（一）半載，罕通音問。近至南普陀，閉門思過，辭謝訪問。爾者仁開法師等發起屬講律儀，擬於明正講《羯磨》一部。仁者前寄來之稿，即可於其時校閱也。來書所云自利利他，且約一往而言。若委論之，獨居誦經念佛，以此功德迴向衆生，豈非利他？若出外弘法，而自獲福德，豈非自利耶？謹復，不宣。

十二月十九日　演音啟

（一）弘一法師因於一九三六年舊五月至鼓浪嶼日光巖方便閉關，自稱日光別院。十二月初六日移居南普陀。是日（陽曆一九三七年一月十八日）高文顯編《弘一法師特刊》，郁達夫題字，刊於廈門《星光日報》。

一四

（一九三七年正月廿一日，廈門南普陀寺）

豐德律師慧鑒：

前函想已收到。聞鼓山有人乞仁者介紹來廈學律。案現在已有數人真實發心學習，故朽人擬於閉關後，（二月因事擬來泉小住，閉關或稍延期。）每星期二、四、六講《含注戒本》（擇要講）及《羯磨》，星期日講《菩薩戒本宗要》。但日光巖不能住，凡學律者皆住廈門，隨時渡海往聽可耳。（上半年講否未定。若不講者，應先自預備，亦甚忙也。）舊病已漸愈，乞勿念。不宣。

義俊法師乞代致候。

演音啟　正月廿一日

一五

（一九三七年舊二月廿四日，廈門南普陀寺）

豐德律師道席：

送上《毗尼作持》一部，又奉贈《華嚴音義》二冊，新版《四分表記》二冊（鋅版印，後有目錄），《律學要略》四冊（錯字甚多），《青年注意》四冊（二月在養正院講）。乞與念西法師分受之，並乞代為致候。近由日本請購古版書籍甚多。《行宗記會本》、《濟緣記會本》皆請到。此為余十數年來求覓不可得者。今者因緣巧合，三大部會本悉已齊備，不勝慶忭。鼓山已來二位（克定師及某師），住妙釋寺。謹陳，不宣。

演音啟　舊二月廿四日

一六

（一九三七年，廈門）

性常法師：

惠書及稿，收到。近精神大衰，不能用心。原稿暫存傳貫師處。俟將來康健有暇時，再披閱也。謹復，不具。

演音

一七

（一九三七年四月，廈門南普陀寺）

性常法師：

惠書，誦悉。朽人先已允萬石、中巖之約。然後乃得青島電報，故未能變動也。前已有信，復湛山寺〔一〕，慈公〔二〕處，乞仁者代復之。為禱。

演音啟

〔一〕湛山寺，為近代倓虛法師在青島所建巨剎。

〔二〕慈公，即慈舟法師，時先在湛山寺講律。

一八

（一九三七年舊三月，廈門萬石巖）

性常法師：

本擬不往青島。近因夢參〔一〕自青島來迎接，誠意慇懃，未能辭謝。已允數日後，同往。但九十月間，決定仍返廈門，居住中巖也。慈公處，余已有函，依此意奉復矣。謹達，不宣。

演音啟

〔一〕夢參，遼寧人，時任青島湛山寺書記。一九三七年舊三月廿三日攜湛山寺住持倓虛之函，請弘一法師前往青島結夏安居講律。

一九

（一九三七年舊曆四月十一日，青島湛山寺）

性常法師：

惠書，誦悉。今晨安抵湛山寺〔一〕，諸事順適。青島夏季甚涼爽。學院與寧波觀宗寺相似，學僧約七八十人。重陽後約仍返廈門，居中巖也。謹復，不宣。

演音啟

〔一〕弘一法師於一九三七年舊曆四月十一日到達青島湛山寺。

二〇

（一九三七年七月初四日，青島湛山寺）

性常法師道席：

惠書，誦悉。承誦經迴向，至用感謝！朽人近年來，身體精神日益衰頹。兩臂常常痲木，手足各部常痛，是因血脈不周所致。此間氣候陰寒，潮氣太重，亦是一原因也。中秋節後，如有輪船開行者，即往上海小住，再返廈門。青島濕寒，人多有病。傳貫師現在身著單布衣四件，亦稍患傷風。謹復，不宣。

演音啟　七月初四日

二一

（一九三七年舊十月十五日，廈門萬石巖）

性常法師
勝進居士仝鑒：

惠書，誦悉，至用忻慰。近日廈門甚為危險，但朽人未能他往。因出家以來，素抱捨身殉教之願。今值時緣，應居廈門，為寺院護法，共其存亡。古人詩云：「莫嫌老圃秋容淡，猶有黃華晚節香。」仁等誦此詩句，應為朽人慶幸，何須為之憂慮耶？明年正二月，倘時事安靖，朽人或往他處。大約今年即在廈門過冬也。克定師已圓寂。傳貫師前返安海省親，朽人勸其決定於明年再來廈門。因朽人現寓萬石巖，由小和尚照應一切甚為周到，學律諸師亦為輔助，諸事無慮。乞仁等安心，俟明春再酌定一切。倘能早為壯烈之犧牲，則更不須顧慮及此矣。不宣。《梵網》不入難處，乃是常途。別有開緣，未可一致論也。

十月十五日　演音啟

此函乞交與高文顯閱之。高居士前居承天寺，未知今在何處？乞轉詢。

二二

（一九三七年十一月十七日，廈門萬石巖）

性常法師：

前復明信，想已收到。茲承會老法師[一]諄諄挽留，令久居萬石巖。故朽人一時尚不能到泉州。知勞遠念，謹以奉聞。並乞代告高文顯居士。

十一月十七日　演音啟

[一]會老法師，即會泉老法師，時廈門萬石巖住持。

二三

（一九三七年十一月下旬，廈門南普陀寺）

性常法師：

兩奉惠書，至用感謝。廈門現已平定，可以無慮。朽人稍遲，或可來泉州，與仁者晤談。前朽人曾與廈門人士約定，俟戰事平靖之後，乃可離廈門也。謹復，不宣。

演音啟

二四

（一九三八年舊三月，泉州開元寺）

今晨仁者云鼓浪嶼匯款之事。以余揣度，大約是請余到彼處講經。若如是者，此款即不應受。且俟將來，看彼處來信所言何事，再為斟酌。今晨交奉之匯款單三紙，及小印章一方，暫存仁者之處可也。

性常法師鑒

音上

二五

（一九三八年舊五月十四日，漳州瑞竹巖）

性常法師道鑒：

前獲手書，即復一信片，想尚未收到。朽人現住漳州東鄉瑞竹巖，距城二十五里，擬在此過夏。倘仁者願來此者，乞先到漳州東門浦頭祈保亭嚴持法師處，託彼陪來。或逕至南門南山寺，託人陪來，皆可。謹達，不具。

五月十四日　演音啟

二六

（一九三八年七月初四日，漳州瑞竹巖）

性常法師慧覽：

傳貫師來信，已收到。彼將返草庵，故託仁者轉達。余現住漳州鄉間，助理弘揚佛法，創辦念佛會（自本月十五日始）。俟車路或水路通時，性常師來接，余即可他往也。漳州產米甚多，現因車路毀壞，不能運往他處，故居此決無絕糧之憂也。《戒相表記》存在妙釋寺，故須緩寄。以上乞轉達。為禱。

七月初四日　演音上

二七

（一九三九年，泉州）

余存太平巖[一]書架中律書數包，已逾數載。恐外包之紙已去，不能辨知為何人之物（外包紙上，或有余之名，已記不清楚）。乞託龍溪寺[二]寫證明信一封，證明瑞曦師[三]之書，的確存在龍溪寺。否則恐他人疑余存太平巖之律書，為瑞曦師之遺物，將來不能領取也。乞性常法師商之。

[一]太平巖，在廈門西山之麓，弘一法師第二次到廈時曾居於此。
[二]龍溪寺，在福建惠安。
[三]瑞曦師（?——一九三九），福建惠安人。為太平巖住持轉岸之徒，曾親近弘一法師學律，惜盛年早逝。

二八

（一九三九年舊九月中旬，永春普濟寺）

前寧波匯來洋八圓。乞於本月二十日，午食以大麵供衆，並分䞋[一]。二十日上午九點鐘（普濟寺鐘），請四位法師來談。著大衫。佛字七紙，又小幅一紙，乞收入。四月初旬，仁者在泉州時，劉質平居士曾寄匯洋十圓。已存庫房。乞以此款，附印《九華垂蹟圖》。

性常法師

夢啟

[一]分䞋，即僧衆於齋時除受飲食供養外，再分得若干金錢，謂之「䞋錢」。

二九

（一九三九年十二月十二日，永春普濟寺）

性常法師道鑒：

茲有致性老法師書，乞檢閱，掛號付郵寄去至禱。倘仁者別有意見，不妨書寫另箋附入寄去可也。

朽人發起此事，實於各方面皆有利益。仁者往菲島後，仍可為朽人護法。雖遠隔重洋，實與晤言一室無以異也。乞仁者須痛念法門衰落，發弘誓願負此重責，萬勿推卻，至要至要。

朽人年老多病，不堪任事。仁者為學律諸師中之巨擘，自應代朽人出而弘法利生，俾不辜負朽人多年以來弘律之勝願也。若惟退居林下，不願出而任事，殊為未可。乞念法門衆生，奮袂興起。則法門幸甚，衆生幸甚。

十二月十二日　音啟

此紙，亦可附寄呈與性老法師一閱。閱畢，仍可再寄還仁者，留為紀念也。　附白。

三〇

（一九三九年十二月十三日，永春普濟寺）

朽人致性願老法師一紙，及昨日與仁者一紙，併此紙，共計三紙，皆乞寄往菲島。此事關係海外弘法，至為要緊。朽人身受佛恩，不得不盡力勸請。望仁者不可再固執。此三紙決定寄去。當來結果如何，任緣可也。為佛門護法，與好事不同。乞勿誤解。此紙，乞呈性老法師慈閱。外兩紙，共三紙。

三一

（一九四〇年二月，永春普濟寺）

寫字之事，現酌定平等統一之辦法。凡本年十二月廿六日以前交來登記者，現在皆書寫。凡十二月廿七日以後交來登記者，皆須俟明年夏季放香[一]時再寫。無論親疏，一律平等，無有厚薄先後。以後他人如有詢問者，即以此意答復。

性常法師道鑒

夢上

[一]放香，禪林僧衆整日坐禪，每次以一炷香為度，謂之「坐香」，休息時謂之「放香」。

三二

（一九四〇年正月廿八日，永春普濟寺）

性常法師道鑒：

曩承慈護，照料布置一切，至用感謝。塵老和尚復來寺，彼意諄諄，約朽人到泉州講經。但朽人痔疾甚劇，難受舟車之勞，故一時不能往泉州。乞仁者於晤彼時，代為致意。並述抱歉甚深，請其原諒，為禱。再者，乞仁者便中訪覺圓師，乞代述朽人意云，彼前託編輯《藥師聖典彙集》。但編輯時需參考書，俟往鼓浪嶼後乃可著手，故一時未能編輯。覺圓師弘揚藥師法門，朽人甚為讚喜，頗願有以輔助。適值今年四月，為亡母八旬冥誕。朽人擬編輯《藥師經註解》一部，以為迴向。書名尚未定。但朽人處，無有參考書。乞向覺圓師借用《藥師經旁解》，及其他各種註解。又朽人前存覺圓師處，有古刊《藥師經註解》兩部。以上諸書皆乞彙齊，合為一包，託妥人帶來，或交郵局掛號寄來。朽人即可著手編輯也。倘寄來時，於封面寫明「內係《藥師經註解》」字樣，又寫「仁者寄」之字樣，即可由本寺執事者轉送至朽人處也。並乞告覺圓師云，前年在承天寺講《藥師經》時，有某師曾為記錄，但其稿未交朽人閱覽改正。因朽人講時未曾用心詳研，故其記錄稿無須流布，應即廢棄。俟朽人新編之註解成就時，再刊印流通可也。此信乞交與覺圓師閱覽，並乞仁者代為詳釋其義，至感。不宣。

音啟　正月廿八日

三三

（一九四〇年春，永春普濟寺）

余近來身體精神，日益衰弱。肺病亦頗有進步。想不久即可生西。但現在病勢尚未沈重，不能斷絕食物。故每日仍請妙抉師(一)送飯兩次。惟病人之起居飲食，與健康人不同。此事頗令本常住及妙抉師等，諸多不便。還請彼等格外原諒，是幸。且俟病勢稍重，即可斷絕食物也。以上之意，乞為妙抉師講解之。自今日始，每日送午飯時，增送滾水（即開水）一次。

性常法師鑒

音上

(一)妙抉師（一九一七——一九九〇），福建福清人，一作泉州人。早年於廈門萬石巖從會泉法師問學。曾侍弘一法師於永春普濟寺。

三四

（一九四〇年夏，永春普濟寺）

有現在不用之衣服數種，須常常曝曬。老病之軀，甚憚其勞。擬暫寄存仁者之處。乞常常取出，於日光中曬之，涼透乃收入包中。種種費神，感謝無盡。

性常法師澄覽

夢啟

三五

（一九四〇年夏，永春普濟寺）

《金剛經》出版後，應贈費居士三十冊，以酬其勞。此事如何分配，乞與性老法師商之。上次印時亦曾贈送。以後仁者與他人晤談或通信時，提及朽人近況。乞告云：近來謝絕通信及見客，養病習靜。無須云編書用功等。送上畫集題句寫廢者，乞隨宜分贈。又《普門品》，乞贈送願讀誦者。

性常法師

夢啟

三六

（一九四〇年夏，永春普濟寺）

奉上新寫之《梵網戒表》二紙。（前余所寫之表，不甚清楚。今略增改，抄寫工整。應以此稿為準，前稿作廢。）乞仁者照樣抄寫。宜以薄紙蒙於原稿上，精工注意抄寫之。抄畢，再以仁者所抄之紙，交圓拙(二)、妙抉諸師抄寫可也。仁者抄畢，乞將原稿託妙抉師帶下。李圓淨居士通信處，（為靜安寺路何處？）乞示知。此上

性常法師道鑒

〔一〕圓拙（一九〇九——一九九七），俗名賀道生，福建連江人。一九三七年弘一法師應請赴青島湛山寺講律時，他曾隨侍前往。曾任中國佛教協會副會長、福建省佛協名譽會長。

三七

（一九四〇舊七月，永春普濟寺）

十三日為朽人出家〔一〕之紀念日。請寺中諸師，於上午九時（普濟寺鐘），惠臨敘談。

夢上

性常法師道鑒

〔一〕弘一法師之出家紀念日，為陰曆七月十三日大勢至菩薩誕辰。

三八

（一九四〇年十月，永春普濟寺）

性常法師道鑒：

仁者致書與性願老法師時，乞云：本寺之化身窰〔一〕及普同塔〔二〕宜早建築。化身窰宜先築，普同塔或稍遲無妨。再者，焚化屍身，須於命終後，經過七日乃可焚之。萬萬不可早焚。此意，傳貫師尚未了解。乞仁者詳細為彼言之。此事關係甚大，請傳貫師切宜留意也。此達，不宣。

夢啟

〔一〕化身窰，為寺廟僧人焚化屍身處。

〔二〕普同塔，係寺院一般僧人靈骨收藏處。

三九

（一九四〇年，永春普濟寺）

性常法師道席：

拙書《普門品》，若付印時，僅能加紅色直格，不能加方格。〔一〕方格不可用之理由：因字體有長形有扁形，寫時高低不等，互相借用地位。若加以平均相等之方格，則字形與格線彼此參差。故萬不可用方格也。〔二〕若僅直格，則無妨。因每行首尾二字皆齊整，中間數字則互相參差也。倘託費居士經手印者，此紙乞寄與費居士。（請彼閱畢，仍寄還仁者。）

音啟

〔一〕〔二〕圖略。

四〇

（一九四〇年，永春普濟寺）

今晨承枉談，厚意盛情，至堪感謝。現在有病，故每日一餐甚宜。將來痊愈時，再改為兩餐可耳。此上

性常法師朗鑒

夢啟

四一

（一九四〇年，永春普濟寺）

性常法師鑒：

前購來連城出產之連史紙，甚佳。惜帶來時，稍沾水，致有痕跡。茲乞再代購連城出產之連史紙（上等，厚的），大洋五圓。並購油紙數張。即託紙店用油紙包好，外包報紙。帶來之時，乞注意勿沾水濕。再者，乞仁者向郵局詢問，現在寄往上海之大包印刷品，可否？僅加汽車費大洋八角否？又現在寄往鼓浪嶼之大包印刷品，可否？費神，至感。

夢啟

再乞代購普通毛邊紙，大洋二圓。亦用油紙一併包好，勿沾水濕，帶下為禱。

四二

（一九四〇年，永春普濟寺）

香蕉乞掛於高空之處。一則可免鼠嚙，二則可以久存不腐。自明日起，早晨送飯時間，改為七點半鐘。余之小圖章一方，現在需用，乞交妙抉師帶下。前在永春所印諸講錄，如存者尚多，乞分贈培元高

中部諸學生。
性常法師
夢上

四三

（一九四一年十一月初七日二首江福林寺）

性常法師道鑒：

惠書，誦悉。以後如有他人與仁者通信時，內附有致朽人之信，託仁者轉交者，乞即復一明信片。其文句如下：「惠書，誦悉。屬交弘公之信，已為轉交。但弘公近來老病纏綿，頹唐殊甚。一切之事皆宜從緩，以待將來。失禮之處，乞仁者格外原諒，至禱。」倘有來信欲受皈戒者。乞答云：僅能命法名，寫小中堂一紙。以後暫未能通信，未能請求特別寫件，香金亦不受，云云。山東宋居士處，乞據前之文意，即復一明信片，至感。（乞附告云：「護生畫材，已轉寄夏居士。」）宋居士通訊處：山東鄆城潘溪渡宋慈波居士收。

十一月初七日　音啟

四四

（一九四二年三月九日，泉州溫陵養老院）

性常法師：

惠書，誦悉。分答如下：第二云：「我食檀越及僧常食」。第三云：「我昔受戒時，未能如法，故無夏[一]」。第四云：「我今三衣鉢具並受持。（下一句略去。）有未能如法者，後當如法作。」第五云：「我不別衆食[二]」。近向日本請小字舊《藏經》一部，昨已寄到，共四百十九冊。謹復，不宣。

演音啟　三月九日

[一]無夏，指律制：比丘於雨季三個月間，應結夏居住，修習佛法，期滿解夏，方得僧臘一歲。

[二]別衆食，僧衆應集體共食，不能離衆飲食，謂之「別衆食」。

致大醒法師[一]

（一九三五年五月一日，泉州承天寺）

大醒法師座下：

惠書，誦悉。近擬謝絕一切緣務（若不如此，必不能編成），專編律書（因年來精神大衰，故不得不謝絕諸緣）。故諸師友處，皆未能通信。今座下欲撰《靈峯評傳》，擬以舊集年譜草稿，及拙見數則，奉獻座下，以備採取。須俟一個月後，乃能寄上。以後即未能再通信也。諸乞亮之，為幸。

演音啟　五月一日

[一]大醒法師（一八九九——一九五二），俗姓袁，別號隨緣，江蘇東臺人。精書法篆刻。出家後就學武昌佛學院，為太虛法師高足。歷任閩南佛學院教務主任及《現代僧伽》、《海潮音》編輯等職。與弘一法師時常通信，今僅存此一札。

致了智法師[一]

（一九三五年舊八月十日，泉州承天寺）

了智法師慈鑒：

今日誦座下惠書，悉了識師已歸西。音擬自明日始，在此講《華嚴行願品大意》。更擬於十一月十九日，為生西百日記念，在妙釋寺講《梵網經大意》（大約七八日講完）。皆以迴向了識師，增高品位，早證佛果。並於年底，擬編《人生之最後》一卷，附述了識師發心念佛生西之事，由佛學書局出版以為記念。音與了識師友誼甚厚，以上所述種種，略以表示微忱耳。謹復。順頌

法安

後學演音和南　八月十日

[一]了智法師（一八八九——一九五八），福建南安人。早歲出家，歷參名宿。常往來泉、廈諸寺任職。在廈門萬壽巖時，弘一法師曾與同住，為刻「看松月到衣」一印贈之（「萬壽松聲」為廈門八景之一）。

致傳貫法師〔一〕

一

（一九三五年舊十二月，晉江草庵）

命終前，請在布帳外助念佛號。但亦不必常常念。命終後，勿動身體。鎖門歷八小時。八小時後，萬不可擦身體及洗面。即以隨身所著之衣，外裹破夾被，捲好，送往樓後之山凹中。歷三日，有虎食則善，否則三日後即就地焚化。（焚化後再通知他位，萬不可早通知。）余之命終前後，諸事極為簡單，必須依行。否則是逆子也。

傳貫法師

演音啟〔二〕

〔一〕傳貫法師，福建惠安人。曾為弘一法師侍者。一九三八年在淨峯籌建淨室數間，供弘一法師居住。一九五八年，南渡菲律賓弘法。

〔二〕此未署年月，似屬遺書性質。

二

（一九三八年舊五月廿日，漳州瑞竹巖）

傳貫法師道鑒：

惠書，誦悉。籌備順適，至用忻慰。朽人須俟車路開通，乃能至惠安也。前在鼓浪嶼講經，聽衆極多。四月初八日到漳州，於十五日演講一次，雖變亂已起，人多遷徙，而聽衆尚近百人。後至東鄉，居瑞竹巖（轉道老和尚舊辦道之處），鄉長、保長等皆歡喜護法，諸事順適。性常師或不久可來漳州。南普陀寺中，惟落一炸彈於佛學院，此外皆安。芳遠甚盼望仁者去信，彼居永春太平鄉坑尾厝。新建之房，以二室一院為宜，可以方便閉關也。謹復，不宣。

五月廿日　演音啟

善契師等居日光巖。現在可以寄信至鼓浪嶼也。

三

（一九三八年舊十二月八日，泉州承天寺）

傳貫法師道鑒：

此次承遠來問候，慈念一切，至用感謝。一食為對治惡習，禁語為減少雜事。至於求早生西方，乃是宿願，未敢忘懷也。往福林寺，尚須延緩。因緣尚未成熟也。笨女居士所施十金，乞存仁者之處。俟當來往福林時，可以此作旅費。

謙〔一〕

空二老人前，皆乞代為問安致謝。謹陳，不宣。

臘八日　音啟

仁者為謙老人禮《華嚴經》，已開始否？惟有此事能報親恩。乞精勤禮敬，至禱。

〔一〕廣謙，為傳貫之父。廣空，係草庵監院。

四

（一九三九年春，泉州承天寺）

傳貫法師道鑒：

前上二片，想俱收到。在此講經，不久可畢，以後住處未定。世變日亟，惟求早生極樂耳。附一紙，乞託令師轉寄菲島（呈性願老法師）。不宣。

演音啟

五

（一九四〇年立夏，永春普濟寺）

傳貫法師慧鑒：

久未晤談，為念。

謙老人法體康健否？乞為問安。

空上人前惠賜茶葉，久已收到，便中乞代問安並致謝。朽人近來身體尚可支持，惟時有小疾耳。茲有懇者。前年廣治師曾贈與仁者石印小冊《法華經》一部。近朽人擬讀此經。請仁者以此經轉施與朽人，至用感謝。郵費大約三角五分半（單掛號，汽車費在內）。乞寄至永春蓬壺鄉普濟寺內善夢收（近已改名曰善夢）。謹陳，不宣。

善夢啟　立夏日

六

（一九四二年三月廿八日，泉州溫陵養老院）

傳貫法師慧覽：

居惠安一月，諸事圓滿。昨夕已返泉州，住養老院中。

謙老人前，乞代問安。

諸居士等，乞為致候。附二紙，乞轉交杜居士。謹陳，不宣。

三月廿八日　音啟

七

（一九四二年舊三月，泉州百源寺）

傳貫法師道鑒：

仁者及謙、空二老人處，倘有不需用之舊小衫袴，乞贈與妙齋師數件。又他人倘有舊夏布海青（雖破無妨），亦乞代妙齋募化一件，俾炎暑之時可以著此拜《華嚴經》也。費神，至感。

音啟

八

（一九四二年舊三月，泉州百源寺）

傳貫法師道鑒

仁者與本寺當家法師談話時，便中勸彼云：以後每日宜讀《藥師經》一卷，可以消災延壽。昔覺圓師體弱多病。自發心每日讀《藥師經》後，至今身體甚為康健，云云。再者，近日仁者倘精神甚好，乞將朽人處之小鐘修理之。倘精神不佳者，遲遲無妨也。

音啟

九

（一九四二年八月十二日，泉州溫陵養老院）

傳貫法師道席：

惠書，誦悉。至用歡慰。世間之事，每於無意中而遇得之。可見人力謀畫，不足恃也。詞源居士現在衛生院救護會任職，彼甚關念仁者。便中，乞訪談。崑山紫巖，勝於乾山、科山等處多多矣。朽人之意，亦可名為大華嚴寺。乞與諸善友商之。附一紙，便中乞託尊師轉附寄菲島交高文顯，為感。不宣。

八月十二日　演音啟

致念西〔一〕、豐德律師

（一九三六年二月，晉江草庵）

念西
豐德律師仝鑒：

惠書，敬悉。承誦《華嚴法典》，感謝無盡。此次大病，實由宿業所致。初起時，內外症併發。內發大熱。外發極速之疔毒。僅一日許，下臂已潰壞十之五六，盡是膿血（如承天寺山門前，乞丐之手足無異）。然又發展至上臂，漸次潰壞，勢殆不可止。不數日，腳面上又生極大之衝天疔。足腿盡腫，勢更凶惡。觀者皆為寒心。因此二症，若有一種，即可喪失性命。何況併發，又何況兼發大熱，神志昏迷。故其中數日已有危險之狀。朽人亦放下一切，專意求生西方。乃於是時忽有友人等發心為朽人誦經懺悔，至誠禮誦，晝夜精勤。並勸請他處友人，亦為朽人誦經。如是以極誠懇之心，誦經數日，遂得大大之靈感。竟能起死回生，化險為夷。臂上已不發展。腳上瘡口不破，由旁邊足指縫流膿水一大碗餘。至今飲食如常，臂上雖未痊愈，腳瘡僅有少許腫處，可以勉強步行。實為大幸。二三日後擬往廈門請外科醫療治臂患，令其速愈。愈後，擬到泉州小住數日（或往惠安住數日）。再返廈門，即在日光巖閉關。今日因葉居士來，匆匆寫此奉聞。餘俟面談。此信中恐有錯誤之字（因匆忙故），乞諒之，順頌

道安

演音敬啟

〔一〕念西律師，名義俊，福建漳州人。出家石室巖，專修淨土法門，故號念西。後又從弘一法師學律。著有《念西集》及《龍袴國師傳》。

致仁開法師[一]

（一九三六年七月，鼓浪嶼日光巖）

仁開法師道鑒：

前承過談，惠施多品，感謝無盡。荷施十金，擬以請購日本古版佛書，而為永久紀念也。承示諸事，朽人已詳細思審，至為慚惶。朽人初出家時，常讀靈峯諸書[二]，於「不可輕舉妄動，貽羞法門」、「人之患在好為人師」（此語出《孟子》，《宗論》引用。）等語，服膺不忘。豈料此次到南閩後，遂爾失足。妄踞師位，自命知律。輕評時弊，專說人非。大言不慚，罔知自省。去冬大病，實為良藥。但病後精力乍盛，又復妄想冒充善知識。卒以障緣重重，遂即中止。至古浪後，境緣愈困，煩惱愈增。因以種種方便，努力對治。幸承三寶慈力加被，終獲安穩。但經此風霜磨鍊，遂得天良發現，生大慚愧。追念往非，噬臍無及。決定先將「老法師」、「法師」、「大師」、「律師」等諸尊號，一概取銷。以後誓不敢作冒牌交易。且退而修德，閉門思過。並擬將「南山三大部」[三]重標點一次，誓以駑力隨分研習。倘天假之年，成就此願。數載之後，或以一得之愚，卑陬下座，與仁等共相商榷也。前承仁等所示諸事，今非其時，願俟異日。諸希亮察為幸。謹陳，不宣。

演音

此書本擬請傳貫師賫奉。適今日有便人，託其帶奉。朽人當來居處，無有定所。猶如落葉，一任業風飄泊可耳。

〔一〕仁開法師，江蘇興化人，原為閩南佛學院學僧，後隨弘一法師赴青島湛山寺學律，造詣頗深。

〔二〕靈峯諸書，指明末蕅益大師智旭的著作。靈峯即北天目山之靈峯寺，在浙江安吉縣，因蕅益大師住靈峯寺，故謂靈峯諸書。

〔三〕「南山三大部」，即《四分律行事鈔》、《四分律羯磨疏》、《四分律戒本疏》，為唐道宣律師所著。道宣居終南山，故立宗稱南山律宗，三大部稱「南山三大部」。

致廣義法師[一]

一

（一九三六年閏三月廿八日，鼓浪嶼日光巖）

關房一切設備，俟稍遲，或音自往，或請友人代檢閱。掩關日期未能預定，不須集送。掩關前於日光巖講說（約在念佛會日）一次。謹復，不宣。

廣義法師道席

演音啟　閏月廿八日

〔一〕廣義法師（一九一四——一九九五），弘一法師為改號曇昕（見後附贈號說明），福建南安人。早歲出家，曾於泉州承天寺及廈門萬石巖，從性願、會泉二法師受教。抗戰時任泉州開元寺監院及代理方丈，深受弘一法師器重。

附：贈廣義法師「曇昕」別號說明

曇昕，梵漢合立。晉魏六朝時高僧，頗有此類之名。閱《高僧傳》可知。曇者，梵語，具云「曇無」，亦云「達摩」，法也。昕者，漢語，朝也，日將出也。清初史學大家錢大昕，亦用此昕字為名，號曰曉徵。曇昕者，示法日將升，普照衆生之義也。

戊寅十二月初一日　沙門一音識

二

（一九三八年舊二月，泉州承天寺）

廣義法師道鑒：

此次朽人往菲，傳貫師本擬同往。朽人因其父年老多病，乃改令其弟名天法者代往。此實朽人之意。其他緇素諸公皆不請其同往，唯有天法最適宜。（彼曾侍朽人半載，深知種種之習慣。又彼又有往菲之意。）恐他人於此事致疑，故奉達鄙意，為之證明（決非由傳貫師推薦）。謹陳，不宣。

音啟

三

（一九三八年舊二月二十九日，鼓浪嶼日光巖）

曇昕法師道鑒：

前荷招待一切，感謝無盡。此次朽人至惠安，當地緇素靡費金錢至巨，不得不居住數日，以答其厚情。前存百源庵之行李三件，乞便中託人送下至感。謹陳，不宣。

二月二十九日　音啟

四

（一九三九年夏，永春普濟寺）

曇昕法師道鑒：

惠書，誦悉。承寄各件，悉收到，感謝無盡。書幅附奉上。行證擬從緩。不久時事或可平定也。仁者近來行持如何？時以為念。常閱《高僧傳》否？誦經念佛日益精進否？仁者係出名門，幼受教育，應常自尊自重，冀為佛門龍象，以挽回衰頹之法運，扶持顛覆之僧幢。蕅益大師寄徹因比丘書云：「吾望公甚高，勿自卑」等。又云：「所有不絕如線之一脈，僅寄足下，萬萬珍重愛護，養德充學，以克荷之。」余於仁者，亦云然矣。（《寒笳集》甚能警策身心，乞常閱之。）不宣。

音啟

五

（一九三九年八月六日，永春普濟寺）

惠書，誦悉。宜至誠專念觀世音菩薩聖號，為禱。仁者閱《格言聯璧》，宜先略去「學問」一門，於「存養」、「持躬」、「接物」諸門，每日擇閱一條，不拘次第可也。

八月六日　音啟

六

（一九四〇年六月十三日，永春普濟寺）

惠書，誦悉。承施郵票，感謝。所示修持之法，甚善，毋須改易也。謹復，不宣。

六月十三日　音啟

七

（一九四一年四月七日，南安靈應寺）

曇昕法師智覽：

茲送上大包快信二件，乞代以糊封口，交郵局為禱。倘局員不收，乞懇求局長特別通融。信包內皆寫件，為宏揚佛法，非求名利，乞局長諒察。種種費神，感謝無盡。又普通信一件，亦乞代為付郵。不宣。

四月七日　音啟

八

（一九四一年夏，晉江福林寺）

廣義法師鑒：

朽人近來身心衰弱，又兼天氣炎熱，明日萬難至開元踐約（非是故意，實不得已）。乞代向汪居士為致歉意，至感。又朽人以後擬暫養靜，尊客來訪者亦敬辭謝。謹上。

附寫件二件，一中堂，一聯對，乞交汪居士。

音啟

九

（一九四一年夏，晉江福林寺）

曇昕法師智鑒：

以後有人託寫字者，乞陳達其辦法如下：

二尺以內小中堂，寫三行。（或佛或菩薩名號）
二尺以內小聯對。
｝余處有已寫好者，可以贈送。臨時題上款，至為迅速。

二尺以內之件，若送紙來者。須延緩，有便乃能寫。若指定寫較小之字者，更遲。或須託人代寫。

二尺以外之件，則遙遙無期。能不送下，最善。否則或礙於情面，託他人代寫。（原因）精力衰頹，編輯書籍多忙。

音啟

一〇

（一九四一年夏，晉江福林寺）

△向郵局取金華之寄款。即存尊處，以備將來郵費等用。

交郵局：掛號信二封，普通信一封，信片一張。

又交郵局：寄金華掛號信一封，掛號印刷品一包。此二件，未貼郵票。

△交蔣居士一函。

△慧田法師：屏條，係贈送。他人不得援例。

△黃福海居士：未能寫屏，請原諒。詳述老病多忙之事。草稿，以後絡續寫。

△辭謝寫件：以後凡有送名字求書者，皆婉言辭謝，須待將來至泉州時再寫，現在不收。倘彼有十分誠意，欲求單款之字幅者，可將已寫好者贈送，但無上款。已寫好者，唯有二尺小中堂、小聯對、一小橫幅三種。

音奉託

曇昕法師慧覽

△漳州劉綿松發起，欲編輯《□□法師文鈔》。此事萬萬不可行。余已去信阻止。擬編小冊兩種，由余自編。

一、晚晴寱語　雜文若干首。

二、名未定　演講稿數篇。

△將來欲印余之新撰述。皆自有寫本，影印。
- 《南山律在家備覽》。共三冊。（第一冊已寫好，贈與上海法寶館。）
- 《藥師經析疑》。一冊。
- 《晚晴集》。一冊。

△將來欲印余之舊撰述——重編，自寫本，《寒笳集》。一冊。
- 《華嚴集聯》。一冊。
- 《清涼歌集》。一冊。

此二，已託劉質平，俟時局平定，請陳海量經手影印流通。

鈐「晚晴老人」印

一一

（一九四一年舊七月十三日，晉江福林寺）

惠書，忻悉一一。農曆七月二十九日始可以晤談。謹復，不宣。

七月十三日　音啟

一二

（一九四一年舊十一月十九日，晉江福林寺）

曇昕法師澄覽：

前承枉談，至用歡慰。茲奉懇數事如下：

一、購紙。

二、購筆。　此二事另紙詳陳。乞覓暇購妥，交龔天發帶下。

三、交轉塵老和尚、郭清德君函一件。

四、交覺圓法師書一包。

五、交壽山法師一函。

六、交葉青眼居士一函。

寫件，未可示人。又以後勿以紅紙條，貼於紙背。若稍沾濕，紅色即散污。乞改用白紙為宜。

七、交曾院長寫件一捲。（並乞附告云：此次及上次所寫者，皆）

八、交徐海北居士寫件一捲。

以上三至八，遲遲無妨，乞於便中交去可也。

附奉上屏條四紙，敬贈仁者。此為特別寫件，乞勿示人。又直幅單款者二紙，乞轉贈。

道公壽慶（一），朽人未能趨禮。茲託龔天發代表，隨喜盛會。《護生畫集》，乞交彼帶下。種種費神，感謝無盡。

農曆十一月十九日　音啟

〔一〕道公壽慶，指轉道和尚七十壽慶，於一九四一年在泉州開元寺舉行。

一三

（一九四一年，晉江福林寺）

傳貫師借

《護生畫集》一冊　乞向某師借

《續護生畫集》一冊　乞向傳如師借

本月十七日以前，倘有人來福林寺者，乞帶下。否則暫存，候傳貫師領取。

借用期限，以半年為限。由傳貫師負任保管。

一四

（一九四一年除夕，晉江福林寺）

曇昕法師慧鑒：

茲送上寫件六包，乞於便費神轉交。至感。

傳如法師一包（餘者俟後寫）。

周伯遒居士一包。

蔣文澤居士一包。

永通行一包。

雪儂居士等一包。

廣慰法師等一包。

辛巳除夕　音啟

一五

（一九四二年正月，晉江福林寺）

曇昕法師慧鑒：

農曆正月二十日後，乞來茀林，領取諸寫件。

以後——
- 有送紙來者，不收。
- 有由郵局寄名款來者，不寫。
- 必須託專人，送名款至茀林，守候領取者，乃可書寫。
- 倘有特別之件，必須用宣紙寫者，由余贈送。（有送來者決定不收）

借日晷儀（明年正月底奉還）。

講稿帶來。

一六

（一九四二年七月下旬，泉州溫陵養老院）

曇昕法師智鑒：

乞代覆永春王夢惺居士云。朽人往永春之緣，現在尚未成熟，須待將來。

音啟

致果清法師

（一九三七年三月廿八日，廈門南普陀寺）

果清法師：

惠書，誦悉。謹答如下。

唐南山律祖《行事鈔》引《五百問》云：應先白僧（因亡後諸物屬僧，若用時應先白故），以亡泥洹僧（裙也。西僧不著褲，下著此裙），僧衹支（掩腋衣也，披於左肩，以襯袈裟），覆屍而送。

案此：即是以亡人舊有之掩腋衣及裙，覆於屍上而焚化也。吾國僧眾不用掩腋衣及裙，可以小衫及褲代之，著而焚化可也。

宋靈芝律師釋上文曰：世云須披五衣者非（因當時有人誤解，謂披五衣而焚化，靈芝以為不可），以制物令賞看病故。（亡人所遺留之三衣、鉢、坐具、針筒——或云漉水袋，此六物應賞與看病之人故。既應賞與看病之人，豈可與亡人披之而焚化？）準以上南山、靈芝之說，就現今習慣斟酌變通，應僅以小衫及褲著而焚化為宜。倘有所不忍者，或可披以破舊之海青而焚化，亦無大違於律制也。萬不可披七條五條衣，因此應賞與看病之人，酬其勞故。僧眾如此，俗人可知。

再者，俗人生時，僅可披縵衣，不能披五衣，因大僧乃能披五衣故。

後學弘一頂禮　廿六年三月廿八日〔一〕

〔一〕此札係以蠅頭小楷，書於一明信片，寄與南京果清法師者。曾發表於一九三七年廈門《佛教公論》。

致妙慧法師〔一〕

一

（一九三七年舊十二月四日，廈門萬石巖）

妙慧法師
林奉若居士　同鑒：

茲介紹李芳遠童子奉訪。

弘一上

〔一〕妙慧法師，俗姓陳，名紫，福建永春人。時為永春普濟寺監院。

二

（一九四一年四月，南安靈應寺）

妙慧法師鑒：

茲擬倣大漉水囊〔一〕一件。茲送上竹圈一個，即以白布縫於此上。此竹圈，係林居士物，乞代告知，即以此贈與余，為感。送上洋一圓，乞代購白布。以能漉水，而小蟲不得出者為宜。費神，至感。

音啟

〔一〕漉水囊，為比丘六物之一。六物即三衣、鉢、具及漉水囊，為比丘必備之物。佛制：比丘為不殺飲水中之幼蟲及除塵芥，故用漉水囊。

三

（一九四一年五月，晉江福林寺）

妙慧法師道鑒：

茲介紹妙蓮師至尊寺居住。彼為圓瑛老法師之徒孫。道念堅固，悲心深切，為余所最景仰欽敬者。彼到尊寺後，乞仁者格外愛護，照拂一切。凡寺中早晚課誦等，皆乞仁者囑彼無須隨衆。可以閉方便關，一心用功。諸承費神，感謝無盡。順頌

法喜

音啟

林居士乞代致候。

再者，又介紹壽山師同來。乞仁者愛護照拂一切，至感。

音又白

四

（一九四二年舊一月十五日，晉江福林寺）

諸法師
諸居士仝慧鑒〔一〕：

頃奉惠書，敬悉一一。荷承慈護愛念，感激無量。朽人近來體力衰頹，瘦弱益甚，未能即來永春。屢承命召，猝未如願，至用慚惶。失禮之罪，惟希格外亮宥，至用感禱。謹復，順頌

法綏！不備。

弘一敬啟

一月十五日

承施資五百圓，仍託帶返，以待將來赴永行李之需。又及。

〔一〕此札封面原署「致妙慧、妙用諸法師、鄭臥雲、林師覺、林錦章、李堯南、王夢惺諸居士書」。

致妙蓮法師〔一〕

一

（一九三八年二月初五日，泉州承天寺）

惠書，誦悉。仁者所說甚是，與西藏僧衆之說暗合，小乘律中亦許著革履也。但不用亦無妨。《楞嚴經》中有禁用之文。若為牛念佛迴向，彼亦可得功德，固不限定著用也。

妙蓮法師玄鑒

音上〔二〕

〔一〕妙蓮法師（一九一三——一九九九），上海市人。中年出家，曾居蘇州靈巖山多

年。入閩後，親近弘一法師學律，同居晉江福林寺，深受器重。法師將圓寂時，茶毗諸事，悉以委之。妙蓮後曾任泉州開元寺住持。

〔二〕此札及第四札之年月日，係妙蓮法師提供。

二

（一九三九年十月五日，永春普濟寺）

妙蓮法師慧鑒：

傳貫師來，談及仁者將移居他處，彼等至用慚惶。竊念仁者居承天、福林諸寺，一切緇素皆受仁者之感化，愛念仰望如慈父母。南門外，寺院林立，尤希望仁者與彼等僧衆時時接近，隨緣教化，則閩南他日僧英濟濟，法化昌明，悉出仁者之厚賜也。千乞仍住福林寺，不可他往。傳貫師與朽人相交多年，忠厚誠實，堪稱善友也。謹陳，不宣。

十月五日　音啟

朽人數日後，即掩室。辭謝晤談及通信。草草奉陳，言不盡意。

三

（一九四一年冬至，泉州承天寺）

妙蓮法師慧覽：

惠書，誦悉。仁者住處，可以隨宜變動。買紙之事，乞停止。前交與仁者之款，乞暫存尊處可也。謹復，不宣。

冬至晨　音啟

四

（一九四二年正月十五日，晉江福林寺）

妙蓮法師智覽：

茲奉上謝居士《受歸戒文》一紙，又直幅聯對，並乞轉寄與海量居士。附告云：請謝居士先誦此文，自誓受。將來朽人至滬時，再正式受可耳。受前，宜先懺悔，誦「我昔所造」等一偈三遍。朽人不久即往惠安。近日事繁神昏。乞仁者俟將來朽人自惠安返泉州時，精神安定，再惠臨研討戒義，為宜。謹達，不宣。

音啟

五

（一九四二年正月廿一日，泉州百源寺）

妙蓮
傳貫法師同鑒：

茲囑妙齋師到福林寺，親近仁等。務乞推愛，照拂一切。並乞時加箴誨，盡力扶持，俾彼可以道心增長，勇猛精進。當來可為佛門棟梁，作閩南砥柱。悉出仁等之厚賜也。務乞盡情教導，直言勸誡，萬勿客氣，至用感禱。謹此拜懇，不宣。

正月廿一日　音啟

致廣空〔一〕、性常法師

（一九三八年舊五月十一日，漳州瑞竹巖）

廣空老法師
性常法師　仝覽：

久別，為念。四月八日已往漳州，講演一次，後往鄉間。俟車路通時，或水路通時，請性常法師來漳州小住，再偕返泉州可也。以後通訊乞寄漳州東門浦頭祈保亭嚴持法師轉交。性常法師到漳州時，亦先到祈保亭詢問。謹陳，順頌

法安

弘一上　五月十一日

性常法師來信，已收到。

〔一〕廣空法師，福建南安人。時為晉江草庵住持。

致覺徹法師〔一〕

一

（一九三八年舊五月十一日，漳州瑞竹巖）

久未晤談，甚念。弟於廈門變亂前四天，已到漳州講經，故幸免於難。覺圓法師乞為致候。前寄至妙釋寺之信已轉到。性常法師現住草庵。彼寄來之信亦收到，乞便中代達。弟現住鄉間。通訊乞寄漳州東門浦頭祈保亭轉交。順頌

法安

弟弘一頂禮　五月十一日

〔一〕覺徹法師（一八八〇——一九四〇），俗姓黃，名欠水，福建惠安人。在泉州百源銅佛寺出家。時任百源寺住持。弘一法師屢掛搭於此。此三函均為明信片，收件人署於正面。

二

（一九三八年九月五日，漳州祈保亭）

在漳弘法，諸事已漸完畢。倘時局平靖，不久即返泉州。擬先到尊寺，暫住數日。性常師與余偕往也。謹達，順請

法安

弟弘一和南　九月五日

三

（一九三八年舊九月廿三日，晉江安海水心亭）

於二十日，已到安海。因弟之瑣事甚多，性常師又患眼病，故一時未能返泉。倘惠安傳貫師有信寄至尊寺者，乞費神轉寄至安海水心亭弘一收，至感。順頌

法安

弟弘一和南　九月廿三日

致覺圓法師〔一〕

一

（一九三八年舊十月，晉江安海水心亭）

承轉寄佛學書局兩函，已收到，感謝無盡。據書局來函，謂有梵文《普賢行願品》十包，寄至尊寺。如寄到時，乞代收藏存貯，不可轉寄。因余稍緩或返泉州。候此處弘法之事略有根基，即可酌定他往之期也。謹復，不宣。

演音啟

覺徹法師乞代致候。

〔一〕覺圓法師（一九〇〇——一九八〇），法號東華，俗姓許，名亞才，福建惠安人。時任泉州承天寺監院。

二

（一九三九年舊四月十九日，永春普濟寺）

三奉惠書，具悉一一。諸承費神，至用感謝。前存之草包箱、竹籠、經包、紙包、棉被等物有雨水沖入，乞一一打開檢看，並在日光中曝曬，為禱。《藥師》講稿，想現在不能付印，故擬緩緩奉上。前由性常師代復一函，想已收到。謹達，不宣。

四月十九日　音啟

三

（一九三九年舊五月廿五日，永春普濟寺）

惠書，誦悉。諸承費神，感謝無盡。講稿，擬於下月十五日以前交郵局掛號寄上。余近來身體尚健。余之物件，乞送至百源庵，託覺徹法師收存，並乞代為問安。

五月廿五日　音啟

此講稿，擬多印。至少兩千冊，能至四五千冊尤善。講稿頁數，與前所印者大致相同。乞預籌備印費。稿中所載者，為藥師如來法門之供養、禮敬、誦經、持名、持咒等方法，最為切要，須廣為流通也。　附白。

四

（一九三九年六月初十日，永春普濟寺）

覺圓法師慧鑒：

茲寄上講稿，乞收入。其中<記號，即是空一字。校對之時，乞

十分注意。己字與已字不同。又圈點，亦乞詳校之。此書與《安海法音錄》大致相同，乞帶與彼閱之。仁者於七月十五日後往何處？其通訊地址乞預示知。余之箱物，乞存於百源庵。仁者離承天寺時，乞囑託可靠之人，代余收信件，至禱。不宣。

六月初十日　音啟

五

（一九三九年舊六月廿二日，永春普濟寺）

覺圓法師道席：

惠書，誦悉。《講錄》封面，即寫藥師法會可也。茲有二事，奉託如下：

（一）余之特別通行證，已滿期。乞向師部換取新者。乞訪蔣百齊參議室主任，或張參謀長，皆可。又有郁達夫居士致錢東亮師長之介紹書〔一〕，亦乞交去。

（二）前送寄百源庵之大柳條箱（俗稱為草包）中，有《清涼歌集》一小包。乞檢出四冊，交郵局掛號寄下。特別通行證如可換得，亦乞一併寄下。否則先將《清涼歌集》寄下，為感。曾順居士仍在泉州否？仁者晤時，乞為致候。

六月廿二日　音啟

〔一〕郁達夫時任福建省政府參議。

六

（一九三九年春，永春普濟寺）

覺圓法師慧鑒：

茲擬借閱《藥師經》晉譯、隋譯、唐義淨譯三種。《藥師經》各種註解（唯《纂解》不借，此外皆乞交下）。朽人已著手編輯《藥師經析疑》，年內可以編就，明春抄寫。

弘一敬上

七

（一九四〇年正月廿五日，永春普濟寺）

覺圓
廣義法師仝鑒：

以後泉州諸公屬寫字者，皆暫辭謝，未能收受。乞云：俟將來居住泉州弘法之時（非閉關用功之時），決定一概收受書寫。現在往他處弘法或用功，故於泉州之寫件須暫辭謝。並乞云：種種失禮之處，請格外原諒，為禱。

音上　正月廿五日

八

（一九四〇年舊二月十六日，永春普濟寺）

覺圓法師道鑒

敬借閱《智燈疏》一冊，《疏鈔擇要》一冊，《直解》一冊，《古疏》一冊，《講記》一冊，《旁解》一冊，共六冊。其餘十九冊奉還。朽人舊藏古版《纂解》及《義疏》兩部已受收。種種費神，感謝無盡。

音啟　二月十六日

九

（一九四〇年十月八日，永春普濟寺）

東華法師道席：

承惠寄石章，已收到，感謝無盡。拙書一紙附奉上。謹復，不宣。

十月八日　音啟

今編《藥師經析疑》一厚冊。前年在承天寺講《藥師經》時，他人所記之稿，余未閱過，不可登入報中。

一〇

（一九四〇年舊十一月廿八日，南安靈應寺）

東華法師慧鑒：

惠書，誦悉。每日誦經數卷。餘暇則持名或持咒，能勿間斷，為善。執務、陪客、行路等時，亦應持念。明年何時來泉，未能預定。

須視身體精神如何。屆時，由傳貫師預以函達。略復，不宣。

十一月廿八日　音啟

二

（一九四一年舊十二月二十二日，晉江福林寺）

東華法師慧鑒：

頌請《藥師經析疑》寫稿，不預定日期，俟後通告。以後有送紙來者，不收。有由郵局寄名款來者，不寫。必須託專人，送名款至苐林，守候領取者，乃可書寫。倘有特別之件，必須用宣紙寫者，由余贈送。有送來者決定不收。

辛巳十二月二十二日　弘一

致如影法師（一）

一

（一九四〇年冬，南安靈應寺）

如影法師慧鑒：

擬請仁者每日讀誦《普賢行願品》，以此功德，迴向衆生，同消業障，齊成佛道，即是仁者出家之日。每日必須發願生西，了生脫死，常住快樂。又云上求佛道，下化衆生，是日持誦《普賢行願品》三卷，盡一周年，當為仁者書寫《普賢行願品》偈頌一卷，以為紀念守持。

庚辰年　晚晴老人弘一敬述

（一）如影法師，永春普濟寺僧。出家後苦行精進，嘗淡食刺血，供弘一法師書寫佛經佛號。

二

（一九四〇年冬，南安靈應寺）

如影淡食智鑒：

仁者發心食淡多年。刺血寫經，勝願隆德，至為希有。不惜身命，為法捨身，將來必成人天所尊也。此請仁者仍繼續持誦《普賢行願品》，可以消災除難。又食淡之事，亦可如常而持，不得違背，道業可能精進勿退也。此請

德安

沙門演音敬上

三

（一九四一年冬，泉州百源寺）

如影
妙抉二法師仝鑒：

茲有妙蓮師，擬往普濟寺。苦於不識路程。乞二位法師中，有一位枉駕至泉州，陪伴妙蓮師同往普濟寺，至用感禱。再者，朽人擬託仁等代購紙張，帶至泉州。另紙詳陳，乞慧詧。種種費神，感激無盡。妙慧法師、奉若居士、本寺（二）諸法師，均乞代為致候。

弘一啟

妙蓮法師在泉州或住開元或住承天，乞向百原庵詢問。

（二）本寺，指如影、妙抉二法師所駐錫的永春普濟寺。

致律華法師（一）

一

（一九四一年夏，晉江福林寺）

先念「南無阿彌陀佛」十句，手持供水及米粒，至出生臺前。念云：以此供水及米粒，施與一切神鬼等衆。惟願是諸神鬼等衆，早得人身，消除業障，往生極樂世界，速證無上菩提。並願以此施食功德，普施有情，齊成佛道。又念「四生登於寶地」（二）等四句，又念「南無阿彌陀佛」十句。畢。仁者施食，可依此行也。

音啟

妙齋法師鑒

（一）律華法師，福建泉州人，原名妙齋，幼年學僧。

（二）「四生登於寶地」四句是《讚佛偈》。即「四生登於寶地，三有託化蓮池。河沙餓鬼證三賢，萬類有情登十地」。

二

（一九四一年冬，晉江福林寺）

律華法師澄覽[一]：

朽人與仁者多生有緣，故能長久同住，彼此均獲利益。朽人對仁者之善根道念，十分欽佩。朽人撫心自問，實萬分不及其一。故朽人與仁者，長久同住，能自獲甚大之利益也。妙蓮法師行持精勤，悲願深切，為當代僧衆所罕見者。且如朽人心中敬彼，如奉師長。但朽人在世之時，畏他人嫉妒疑議，不敢明言。今朽人已西歸矣，心中尚有懸念者，以仁者年齡太幼，若非親近老成有德之善知識，恐致退惰。故敢竭其愚誠，殷勤勸請於仁者。乞自今已後，與妙蓮法師同住，且發盡形承侍之誓，奉之如師，自稱弟子。並乞彼時施教誨。雖受惡辣之鉗錘，亦應如飲甘露，萬勿捨棄。至囑，至囑。

演音　弘一敬白

[一] 此信係以遺書形式交與律華者，足見弘一法師教導後學之苦心。

致竺摩法師[一]

（一九四一年冬，晉江福林寺）

竺摩法師慧鑒：

（前略）茲綜合律文，及南山、靈芝鈔、疏記義，列表如下：

犯相——與女說法，過五六語——波逸提。

五六語，且舉陰入。靈芝謂：亦可說餘法也。此戒制意，如《南山戒疏》云：「凡說法生善，事須應時。不請而說，理無強授。本無敬信，情懷奢慢。脫因斯次。致有過非，不免譏謗，清白難拔。」靈芝釋云：「敘制意有二：一乖說法之儀，二是生識之本。」

開緣——在有智男子前，過五六語說——不犯。

有智男子者，解知粗惡，不粗惡事。即檢小兒癡狂等。

不在有智男子前，若女請問者。應答廣說——不犯。

靈芝云：「若請說，若問義，隨多少者，以虛心求請，義非強說，故不限多少。」

真諦三藏之三種解釋中，第三解謂：「女性暗弱，是故律云云。」此與律文不同。是戒緣起，因與女耳語說法，發生嫌疑而制，決未云「暗弱」二字也。

說法貴觀機，不可拘泥。為女衆說法時，可以不用第三解。於前二解中，擇其契機者用之可耳。

大小乘佛典中，雖有似輕女性之說。此乃佛指其時印度之女性而言。現代之女衆不應於此介懷。

又佛之所以出此等語者，實於大慈悲心，以誡誨勖勵，冀其改過遷善，決無絲毫輕賤之心也。

大小乘佛典中，記述女人之勝行聖跡甚多，如證初二三四果、發無上道心，乃至《法華》龍女成佛、《華嚴》善財所參善知識中，亦有示現女身者。惟冀仁者暇時，遍採《大藏經》中此等事跡，彙輯一編，以被當代上流女衆之機，則閱者必生大歡喜心，欣欣向榮，寧復輕生疑謗乎？

佛典中常有互相歧異之處，人每疑其佛意，何以自相矛盾？寧知此乃各被一機，不須合會，無足疑也。

演音啟

[一] 竺摩法師，名守志，浙江黃巖人。畢業閩南佛學院。抗戰時居澳門，從高劍父學畫，頗受賞識。前後主編《覺音》、《無盡燈》雜誌，弘揚佛法。晚年居馬來西亞檳榔嶼，曾任馬來西亞佛教總會會長。

致廣心法師[一]等

（一九四二年舊七月廿四日，泉州溫陵養老院）

廣心法師
勝良
勝慈居士　仝鑒：
勝華

屢奉惠書，敬悉一一。盛意殷誠，感謝無盡。自昨日始見客。稍遲，擬移居近處，仍閉門謝客靜養。年來衰老益甚，精神恍惚，未能勝長途舟車之勞。往漳之約，只可延緩。失禮之罪，諸乞鑒諒，為禱。順請

法安

演音敬上　七月廿四日

〔一〕廣心法師（一九〇一——一九六七），名照正，福建惠安人。出家於南安小雪峯。受承天寺雲果和尚記別。歷任南普陀寺知客、泉州承天寺監院。晚年任漳州南山寺及廈門南普陀寺住持。一九四九年後被選為廈門市人大代表及省政協委員。

致咸茂寶號諸位先生

（一九二一年，溫州慶福寺）

咸茂寶號

諸位先生同鑒：

前寄一信，想已收到。茲託友人奉訪。前存之大網籃經書，乞交下為感。順頌

財安

僧弘一具

用功謝客簡

（一九二八年舊四月，溫州慶福寺）

竊念生死事大，無常迅速。自今以後，專安分守己，一心用功，諸事不問。謹定規則三條如下。

一、凡有來客，未能接見。

二、凡有來信，未能答覆。

三、所託各事，無論大小，皆未能報命。

失禮之處，敬乞鑒諒。

戊辰四月　弘一謹白

致影印宋版藏經會

（一九三三年正月五日，廈門萬壽巖）

影印宋版藏經會：

惠書，誦悉。爾來講律多忙，未能作序。為述「廈門貧兒捨資請宋藏事」〔一〕，以奉慧覽。謹復，不宣。

夏曆正月五日弘一白

〔一〕文見《磧砂藏》首冊。

致習律諸法師

（一九三三年舊三月，廈門萬壽巖）

習律諸法師同鑒：

前在妙釋寺，今在本寺講律二次。由音自己發心。至四月初八日圓滿。以後倘諸法師願繼續學習者，請由諸法師公同發起，求覓適宜之地址。音願為繼續講焉。辦法如下：

地址：應在深山之中，罕有游客、香客；夏季涼爽，寮舍適用。

講律時間：每週僅三天。因音精力衰頹，故不能多講。（天極熱之日，應臨時停講數日。）

以上之辦法，能於四月初八日以前完全籌備妥當。音於初八日後，即在此恭候，與諸法師偕往。倘未籌備妥當者，音於初八日後，即自由往他方雲游耳。謹此預達，不宣。

演音啟

致北平佛學研究社諸居士

（一九三五年正月，廈門萬壽巖）

北平佛學研究社諸居士〔一〕：

〈前略〉以拙見擬定如下：

（一）《緇門崇行錄》。

（二）《一夢漫言》（華山版，為見月律師自述行腳，甚佳）。

（三）《沙彌律儀要略增注》。

（四）《教誡新學比丘行護律儀》。

（五）《淨心誡觀法》（略參考發真鈔）。

（六）《含註戒本》。

（七）《毗尼事義集要》。

（八）《毗尼止持》。

（以上三種對閱，但《集要》後半部與《羯磨》對閱，《含註戒本》應熟讀。）

（九）《隨機羯磨》。

（十）《毗尼作持》續集。

（此二種對閱，《隨機羯磨》應熟讀，《律學發微》亦可考閱。）

如是最易入門。自己研究二年，可以略知律學途徑。若有知律之人，為之講解，善於誘導，則可速成。以半年餘之光陰，可以講《含註戒本》《隨機羯磨》兩部，即可知律學途徑。再講《行事鈔資持記》，約一年餘，即可通達南山教義。其他諸書皆自己披尋，亦可瞭解八九矣。

演音啟

〔一〕此信錄自一九三五年《北平佛教會月刊》第一年第六期《關於研究戒律的一封信》。

致佛教養正院諸師

（一九三六年舊一月，晉江草庵）

養正院諸師均鑒：

惠書，誦悉。誠意慇懃，歡感無已。此次抱病極重，內外症併發，為生平所未經歷者。其中有數日已呈極危險之現象，幸承諸善友協力讀經懺悔，乃轉危為安。現內症已愈，外症尚須時日，猶未起牀也。謹復，不宣。

弘一扶病啟

致開元慈兒院董事會諸居士

（一九三六年舊四月三日，廈門南普陀寺）

董事會諸居士仝鑒：

惠書，敬悉一一。本擬於舊二月中來泉，隨喜盛會。因宿疾纏綿未愈，迄今不果，至用歉然。俟他日痊愈後，再為酌定。或性願老法師來廈時，晤談一切，何如。謹復，順頌

檀德

弘一敬啟　四月三日

致上海佛學書局

（一九四〇年舊七月，永春普濟寺）

上海佛學書局公鑒：

前承惠書，謂今年藥師如來聖誕，擬別刊行專號，屬撰文以為提倡。近多忙碌，未暇撰文。謹述拙見如下，以備參考焉。

余自信佛法以來，專宗彌陀淨土法門，但亦嘗講《藥師如來本願功德經》。講此經時，所最注意者三事：一、若犯戒者，得聞藥師名已，還得清淨。二、若求生西方極樂世界而未定者，臨命終時，有八大菩薩示其道路，即生極樂衆寶華中。三、現生種種厄難，悉得消除。故亦勸諸緇素，應誦《藥師功德經》，並執持藥師名號。而於求生東方淨琉璃世界之文，未及詳釋，謂為別被一機也。

今者佛學書局諸賢，欲弘揚藥師聖典，提倡求生於東方，勝願大心，甚可欽佩，但依拙見，惟可普勸衆生誦經、持名。至於求生何處，宜任其自然，則昔日求生極樂或求生兜率者，亦可發心誦《藥師經》並持名號，而於本願無違。因經中謂求生極樂者，命終有八大菩薩示路；又東晉譯本云：若欲得生兜率天上見彌勒者，亦當禮敬藥師琉璃光佛。如是則範圍甚廣，可以羣機並育矣。略陳拙見，敬乞有以教

之，幸甚。

致泉州開元寺諸師

演音

（一九四一年舊十二月，晉江福林寺）

開元諸位法師仝覽：

後學近欲往閩東，承諸法師、諸居士誠意挽留，至用感謝。又承開元諸位法師屢次勸命後學居住開元。後學擬於此時移居開元暫住，但有預為聲明者二事，先以函陳，敬乞垂察。

廣謙老人近示寂於福林寺。廣空法師等堅持己見，強迫速入鐵龕，速急焚化等事。後學聞之，甚為不安。後學將來命終之時及命終之後，若由旁人堅持己見，違背後學之遺囑，唯依世情不遵佛法，致令後學一生之修持，不得圓滿之結果，最後一著，完全破壞。

人誰無過，過而能改，善莫大為。從上皆稱，改過為賢，不以無過為美。故人之行事，多有過差，上智下愚，俱所不免。唯智者能改過遷善，而愚者多蔽過飾非。遷善，則其德日行足稱。君子飾過，則其惡彌著，斯謂小人。

圓悟勤禪師與文主簿書。

致日本國東京美術學校圖書館

一

（一九一五年三月三十日，杭州）

拜啟：

恭賀母校興盛。《樂石集》四冊別封發送。謹寄贈貴館。今後還可陸續寄贈，查收為盼。如能成為同學諸君的幾份參考，幸甚之至。愚生目下就職於浙江省杭州第一師範學校。校務之餘暇，組織樂石社，從事印章的研究。

李岸　頓首

三月三十日（一）

（一）此函原刊於《東京美術學校校友會月報》第十四卷第一號，一九一五年四月三十日。

二

（一九一八年六月二十五日，杭州）

校友會諸君博鑒：

敬啟者。仲夏綠蔭，惟校友諸君動靜安豫為頌。不慧近有所感，定於七月一日入杭州大慈山定慧寺（俗名虎跑寺）為沙彌。寺為臨濟宗，但不慧所修者淨土。以末法衆生障重，非專一念佛，恐難有所成就也。寺在深山之中，郵便不通。今係通信處在杭州第一師範學校內李增榮方。

草草

六月二十五日

李岸　法名演音　號弘一

（一）此函原刊於《東京美術學校校友會月報》第十七卷第一號，一九一八年七月七日。

（日）吉田千鶴子著《東京美術學校的外國學生》（天馬出版有限公司二〇〇四年十二月初版·香港）第四十八頁輯入此函。

致日本名古屋其中堂書店（一）

（一九三六年春，廈門南普陀寺）

其中堂書店公鑒：

拜啟：新歲貴店昌榮，謹以奉賀。茲寄銀行支票金六百元，請受納。希郵寄下列書籍為盼。

舊年某月之內，似有些許餘款。

書名	目錄頁數	冊數
《日本國寶全集》	五三	十八
《康熙字典》中本	五六	四十

《梵網經古跡記頭書》	一六四	四
仝《資講鈔》(通玄)	仝	五
《六物圖考略付》(惠淑)	仝	四
《淨心誡觀發真鈔》(允堪)	一六五	二
《律宗新學名句》	仝	三
四分律三大記	仝	四十八
《古跡記資講鈔引據》	仝	一
《含註戒本》	仝	一
《古跡記》春日版	仝	一
《衣鉢名義章》	仝	一
《釋門章服儀》	仝	一
《十八物圖》	仝	一
《三衣辨惑篇贊釋》	仝	一
《大方廣佛華嚴經》(八十華嚴)	一六六	四
《行願品宗通略疏》(東嶺)	仝	二
《起信論義記》	一六七	三
《起信論講義》(村上)活	仝	二
《原人論發微錄》	一六八	五
仝《解助覽》	仝	六
《大華嚴略策》	仝	
《華嚴經淨行品二玄記》	仝	一
《迦才淨土論》	一八七	三
《地藏本願經手鑒》	一九五	四
仝《頭書》	仝	二
仝《冠註》	仝	二
仝《鼓吹》	仝	六
《藥師經纂解》	一九六	四
《占察經義疏行法》	仝	四
弘教書院版《縮刷一切藏經》	一九八	四百十九
宋版《大般若經》零本	二〇〇	一
《法華經卷物》(函)	仝	八
《金光明經》黃檗版(四方金經十來紙)	仝	十
《藥師本願經》山家本	二〇一	一
《重刊普賢行願品》(月潭)	仝	一
《淨土三部經》高田版(金襴裝)	仝	四
《釋迦御一代記圖會》(北二齋)	仝	六
《地藏靈驗報道編》	二〇〇	一
《釋氏要覽》	二〇五	三
《佛學三書》	仝	四
《釋門自鏡錄》	二〇七	二
《釋氏蒙求》	仝	二
《佛像圖滙》	二〇八	四
《佛像圖鑒》	仝	四
《佛像新集》	仝	二
《在唐記》(慈覺)	二一五	一
《法寶留影》	二一六	一

以上(完)

廈門南普陀寺釋弘一(律師)

佛經書目,敬請惠賜一冊。又及。

〔一〕其中堂書店,在日本名古屋市。

此買書帖為文學家王伯祥所藏,裝成一手卷。前有葉紹鈞(聖陶)題字:《弘一上人買書帖》。後有夏丏尊題記。其文云:「弘一上人書,伯祥夙寶愛之,顧所得止佛號及小聯,無成幅者。今歲春初,上人自閩南貽書,託向日本購經籍。伯祥見此横單大喜。因囑人別鈔寄日本,而留此付裝池焉。丙子閏月夏丏尊記。」(「丙子閏月」)為一九三六年舊曆閏三月。)

此信於一九四二年冬曾製版刊於上海《覺有情》雜誌《弘一大師紀念號》。該刊編者按語云:「大師平日,常搜佛學典籍,以助研究,於律部尤然。曾向日本採請古本多次。此為其第二次請經之書啟及書目。」

據大師《佛學叢刊序》說:「甲丙之際(一九三四—一九三六),自扶桑國請奉古刻佛典萬餘卷,多明季清初刊本,求諸彼邦,見亦罕矣。」又《東瀛四分律行事鈔資持記通釋序》云:「二十三年(一九三四)九月,自扶桑請獲是書,都十冊二十卷,珍如拱璧。爰以暇日,略為校點,冀後賢披尋,無有壅滯,而南山聖教弘傳不絕耳。晉水沙門弘一演音敬記。」

致友人〔一〕

（一九一八年舊四月十八日，杭州）

頃奉，惠箋及宏箸，盥諷數四，懽喜合掌，贊歎靡已。宏箸曩於程中和居士（寓西湖玉泉寺）處曾瀏覽一過。竊謂是為志佛學者入手最平易之坦路。頃承頒賜，當即傳觀同人，弘揚盛德，印資規例，必力為流通。不慧近擬入定慧寺為小沙彌，執燒火掃地之役，行有餘力，將從事義學，仁者何以教之？安忍師不日入關，未克執筆作書，屬代致謝意，草草不具。

演音和南　四月十八日

五月初十前，惠書，仍寄第一師范。以後寄杭州閘口大街裕豐南貨號轉致虎跑寺李叔同收。

〔一〕此件收信人，待考。小莽蒼蒼齋主收藏，陳烈供稿。

附說

現根據《夏丏尊舊藏弘一法師墨蹟》郵戳分明者以及編者收集的其他原件，對所收明信片時間訂正補充者，說明如下：

致楊白民

信九，此明信片始發郵戳「七年十二月廿五，杭州府」，到達郵戳「七年十二月廿六，上海」。

信一五至二〇為明信片，正面寫收信人，背面末署名或日期下端均有（信一七除外）一「（楊）」字。

信二八，此明信片始發郵戳「十一年三月九日，溫州」。

信二九，此明信片始發郵戳「十一年四月　日，溫州」。

致劉質平

信二二，此明信片到達郵戳「上海，十六年五月廿一」，係寄上海新華藝專者。

信六八，此明信片背面郵戳「××年十一月二十，余姚」。

致王仁安

信二，此為賀年明信片，正面左書收信名址「本城道尹署王仁安先生」，右書賀年等語，始發郵戳「七年一月五日，杭州」。

致夏丏尊

信八，此明信片正面寫日期及收信人，署「演音」下有一「（夏）」字。

信一〇，此明信片正面書「新五月十日」。

信一四，此明信片背面書「丏尊居士」，正面有收信人名址。

信一七，此明信片正面寫收信人名址，始發郵戳「十八年十二月十日，廈門」，背面第一行下有「（夏豐）」二字。

信一八，此明信片始發郵戳「十九年一月十六，廈門」，背面書丹，圈點及正面書墨。

信一九，此明信片始發郵戳「30.2.6洪瀨」，背面下有一「（夏）」字。

信二〇，此明信片始發郵戳「十九年二月十一，泉州」，可知係指陽曆。

信二一，此明信片始發郵戳「十九年二月廿七，泉州」，到達郵戳「30.3.4，上海」。

信二二，此明信片到達郵戳「30.3.18，上海」。

信三〇，此明信片始發郵戳「百官」。

信三三，此明信片始發郵戳「十二月廿七日，白鶴場」。

信三五，此明信片從溫州發出。

信三六，此明信片始發郵戳「廿年十月十一」。

信三八，此明信片正面書「臘月卅日」，上有「一月廿三」，始發郵戳「思明（廈門），廿二年一月廿七」，背面第一行下有一「（夏）」字，「766」書丹。

信三九，此明信片始發郵戳「廿二年　月　日，晉江（泉州）」。

信四五，此明信片始發郵戳「思明（廈門），廿二年五月日」。

信四六，此明信片始發郵戳「廿二年五月　日，思明（廈門）」。

信五二，此明信片始發郵戳「福建，廿四年十一月廿六，晉江（泉州）」，到達郵戳「上海，十二月二日」。

信五三，此明信片始發郵戳「思明（廈門），36.2.5」。

信五六，此明信片始發郵戳「思明（廈門），36.3.4」，背面「附白」下有一「（夏）」字。

信五七，此明信片始發郵戳「思明（廈門），36.3.16」，到達郵戳「上海，廿五年三月二十」，背面第一行下有一「（夏）」字。

信五八，此明信片始發郵戳「思明（廈門），36.4.3」，到達郵戳「上海，廿五年四月九日」。

信六〇，此明信片始發郵戳「思明（廈門），36.4.22」。

信六一，此明信片始發郵戳「思明（廈門），廿五年六月十五」。

信六二，此明信片始發郵戳「思明（廈門），廿五年六月十六」。

信六三，此明信片始發郵戳「思明（廈門），36.8.27」，到達郵戳「上海，廿五年八月卅一」。

信七〇，此明信片始發郵戳「青島，廿六年，九月，二十」。

信七一，此明信片始發郵戳「廈門，37.10.20。」

信七三，此明信片始發郵戳「福建，廿七年二月廿四，晉江」，到達郵戳「上海，廿七年二月廿八」，背面「演音啟」旁有一「（夏）」字。

信七五，此明信片始發郵戳「龍溪（漳州）」，中轉郵戳「閩侯」。

信七六，此明信片始發郵戳「福建，廿七年七月五日，龍溪（漳州）」。

信七七，此明信片始發郵戳「福建，廿七年　月　日，龍溪（漳州）」，正面書「謹陳，不宣。閏月六日演音啟」。

信七九，此明信片始發郵戳「福建，廿七年　月　日，龍溪（漳州）」，到達郵戳「上海，廿七年十一月十一」。

信八一，此明信片始發郵戳「福建，廿七年十二月廿一，晉江（泉州）」。

信八六，此明信片始發郵戳「福建，廿八年四月十六，永春」。

致吳夢非

此明信片致吳夢非、李鴻梁君，始發郵戳日期清晰，片存楊白民後人處。

致豐子愷

信一二，此明信片始發郵戳「十八年十一月七日，廈門」，正面寫日期和收信人名址，背面「演音上」下有一「（豐）」字。

信一三，此明信片始發郵戳「十九年六月二十，百官」，背面「演音疏」下有一「（夏）」字。

信一四，此明信片始發郵戳「溫州」，年月日不清晰。

致李芳遠

信七，此明信片始發郵戳「福建，廿七年一月廿九，晉江（泉州）」。

信一一，此明信片始發郵戳「福建，廿七年三月十日，晉江」，到達郵戳「廿七年三月十四，永春」。

信一四，此明信片到達郵戳「38.4.10，永春」。

信一六，此明信片到達郵戳「廿七年五月廿七，永春」。

信一七，此明信片始發郵戳「福建，廿七年六月十日，龍溪（漳州）」，到達郵戳「福建，廿七年六月十五，永春」。

信一八，此明信片到達郵戳「福建，廿七年七月十四，永春」。

信二七，此明信片始發郵戳「福建，廿九年八月廿六，蓬壺」。

致劉綿松

信五，此明信片到達郵戳「福建，廿八年七月六日，永春」。

致廣洽法師

信一六，此明信片正面書「廈門南普陀寺養正院廣洽法師」。

信一八，此明信片正面書「弘一寄，七月十一日」，無始發郵戳及到達郵戳。

信四四，此明信片正面書「新加坡小坡里士高律龍山寺廣洽法師」，始發郵戳「十一月一日」。

信四八，此明信片正面書「南洋新嘉坡四排埔尾監光峇汝沐列律二十六號佛教居士林廣洽法師」，始發郵戳「福建，廿八年十月廿七，蓬壺」，經永春（縣城）、龍巖，十一月出「福建，峯市」，有新加坡到達郵戳，戳記完整。

致善契法師

信二，此明信片始發郵戳「晉江（泉州），廿七年一月二十」。

信四，此明信片始發郵戳「晉江（泉州），廿七年三月十四」。

信五，此明信片中轉郵戳「福建，廿九年七月卅一，永春」。

信七，此明信片到達郵戳「廈門，38.9.10」。

印光法師致弘一法師書

一

弘一大師鑒：

昨接手書並新舊頌本，無訛，勿念。書中所說用心過度之境況，光早已料及於此，故有止寫一本之說。以汝太過細，每有不須認真，猶不肯不認真處，故致受傷也。觀汝色力，似宜息心專一念佛，其他教典，與現時所傳布之書，一概勿看，免致分心，有損無益。應時之人，須知時事。爾我不能應事，且身居局外，固當置之不問，一心念佛，以期自他同得實益，為惟一無二之章程也。《高僧傳》昨方校完，尚須數日方能寄去。以未過錄我本完，又須略斟酌於所記之疑文處，此事一了，即斟酌山志。山志斟酌好，彼願在山排印，此將就小排法子。每排幾十張，印出再拆散，又排又印耳。待後來再行刻板。書此，順候

禪安

蓮友印光謹復　七月廿六日

上海不去，後三本祈寄普陀。

〔一〕第一通係一九二〇年寄與弘一法師之信，《印光法師文鈔》未載。以下四通見《文鈔》，上下款年月俱被刪去。

二

接手書，知發大菩提心，誓證念佛三昧，刻期掩關，以祈遂此大願。光閱之不勝歡喜。所謂最後訓言，光何敢當！然可不盡我之愚誠以奉之乎？雖固知座下用此種絡索不著，而朋友往還，貧富各盡其分，則智愚何獨不然？但盡愚誠即已，不計人之用得著與否耳。竊謂座下此心，實屬不可思議。然於關中用功，當以專精不二為主。心果得一，自有不可思議感通。於未一之前，切不可以躁妄之心先求感通。一心之後，定有感通，感通則心更精一。所謂明鏡當臺，遇形斯映，紜紜自彼，與我何涉？心未一而切求感通，即此求感通之心，便是修道第一大障。況以躁妄格外企望，或致起諸魔事，破壞淨心。大勢至謂都攝六根，淨念相繼，得三摩地，斯為第一。敢為座下陳之。

三

講《起信論》，雖不必定宗《裂網疏》，然決不可謂《裂網》為非。此決定不易之法也。靈峯著述，千古少有。彼等正眼未開，不知其要，故輒吠影，以惑初學。果真具正知見者聞之，則彼之心腹，徹底了知矣。靈峯老人乃末法絕無而僅有者。其言句理事具足，利益叵測。隨人分量，各受其益。

四

座下勇猛精進，為人所難能。又欲刺血寫經，可謂重法輕身，必得大遂所願矣。雖然，光願座下先專志修念佛三昧，待其有得，然後行此法事。倘最初即行此行，或恐血虧神弱，難為進趣耳。入道多門，唯人志趣，了無一定之法。其一定者，曰誠，曰恭敬。此二事雖盡未來際諸佛出世，皆不能易也。而吾人以博地凡夫，欲頓消業累，速證無生，不致力於此，譬如木無根而欲茂，鳥無翼而欲飛，其可得乎？

今將辦法之利弊，並前人證驗，略開一二，庶可隨意作法矣。刺血寫經，有專用血寫者，有合金合硃合墨者。合金一事，非吾人力所能為：憨山大師寫經，係皇太后供給紙與金耳。金書之紙，須用藍色方顯，白紙則不顯。即藍紙金字，亦不如白紙墨字，及硃字之明瞭。光曾已見過矣。若合金硃墨等，則血但少許，以表其志誠心。如憨山於五臺妙德庵，刺舌血研金，寫《華嚴經》。妙峯日刺舌血為二分，一分研硃書《華嚴經》，一分著《蒙山施食》中，施鬼神。高麗南湖奇禪師，見蕅益《彌陀要解》，欲廣流通，刺舌血研墨寫《要解》，用作刻板底樣刻之。冀此書徧法界，盡來際，以流通耳。其寫一字，禮三拜，繞三匝，稱十二聲佛名。可謂識見超拔，修持專摯者也。此三老之刺舌血，當不須另行作法。刺出則研金硃墨而寫之便了，決非純用血，當仍用水參合之。若專用血寫，刺時先須接於小碗中，用長針盡力周匝攪之，以去其筋，則血不糊筆，方可隨意書寫。若不抽筋，則筆被血筋縛住，不能寫矣。

古有刺血寫《華嚴》，以血筋日堆，塑成佛像，有一寸餘之高者。又血性清淡，著紙即散，了無筆畫，成一血團。其紙必須先用白礬礬過，方可用。礬過之紙不滲，最省血。大紙店中有賣的，不須自製。此係備畫工筆者之用也。其礬過之紙，格外厚重，又復經久。如黃紙已染者便堅實。未染之紙頭即磽脆。古人刺血，或舌或指，或臂或胸前，亦不一定。若身則自心以下，斷不可用；若用則獲罪不淺。不知座下擬書何經？若小部頭，則舌血或可供用。若大部，及專用血書，則舌血恐難足用。須用指及臂血，方可告圓。以舌為心苗，取血過多，恐心力受傷，難於進修耳。

光近見刺血寫經者，直是造業，以了無恭敬。刺血則一時刺許多。春秋時，過二三日即臭，夏日半天即臭，猶用以寫。又有將血曬乾，每寫時，用水研乾血以寫之者。又所寫潦草，毫不恭敬，直是兒戲！不是用血以表志誠，乃用刺血寫經，以博自己真心修行之名耳。竊謂指血舌血，刺則不至太多。若臂則一刺或可接半碗血。與其久則臭而仍用，及曬乾研而方用，似不若最初即用血合硃作錠，曬乾聽用，為不虛耗血，又不以臭血污經，為兩適其宜矣。然此錠既無膠，恐久則硃落。研時宜用白芨再研，庶不至落。又將欲刺血，先幾日即須減食鹽，及大料調和等。若不失戒食此等，則其血腥臊；若先戒食此等，則血便無濁氣。

又寫經不同寫字屏，取其神趣，不必工整。若寫經，宜如進士寫策，一筆不容苟簡。其體必須依正式體。若座下書札體格，斷不可用。古今人多有以行草體寫經者，光絕不贊成。所以寬慧師發心在揚州寫《華嚴經》。已寫六十餘卷，其筆法潦草，知好歹者，便不肯觀。光極力呵斥，令其一筆一畫，必恭必敬。又令作訟過記以訟己過，告誡閱者。彼請光代作，故蕪鈔中錄之。方欲以此斷煩惑，了生死，度衆生，成佛道，豈可以游戲為之乎？當今之世，談玄說妙者，不乏其人，若在此處檢點，則便寥寥矣。

尤君來書，語頗謙恭。光復之，已又致謝函，可謂篤信之士。然仍是社會之知見，於佛法中仍不能息心實求其益。何以見之？今有行路之人，不知前途。欲問於人，當作揖合掌。而尤君兩次來函，署名之下，只云合十。是以了生死法，等行路耳。且書札尚不見屈，其肯自屈以禮僧乎？光與座下心交，與尤君亦心交，非責其見慢，實企其獲益耳。

五

接手書，見其字體工整，可依此寫經。夫書經乃欲以凡夫心識，轉為如來智慧。比新進士下殿試場，尚須嚴恭寅畏，無稍怠忽。能如是者，必能即業識心，成如來藏。於選佛場中，可得狀元。今人書經，任意潦草。非為書經，特藉此以習字，兼欲留其筆跡於後世耳。

如此書經，非全無益。亦不過為未來得度之因。而其褻慢之罪，亦非淺鮮。座下與尤居士書，彼數日前亦來信。意謂光之為人，唯欲人恭敬。故於開首即稱師尊，而印光法師四字亦不用。光已詳示所以。座下信首，亦當仍用印光二字，不得過為謙虛，反成俗套。至於古人於同輩有一言之啟迪者，皆以作禮伸謝。此常儀也，無間僧俗。今禮教陵替，故多多皆習成我慢自大之派頭。學一才一藝，不肯下人，尚不能得，況學無上菩提之道乎？此光盡他山石之愚誠也。刺血寫經一事，且作緩圖。當先以一心念佛為要。恐血耗神衰，反為障礙矣。身安而後道隆。在凡夫地，不得以法身大士之苦行，是則是效。但得一心，法法圓備矣。

馬一浮致李叔同書

一

壁上琴弊。曩者足下欲取而彈之，因命工修理，久之始就。曾告徐君，便欲遣童賫往；未辱其答，恐左右或如金陵。比還杭州，願以暇日，枉過草庵，安絃審律，或猶可備君子之御耳。

叔同先生足下

浮頓首　閏月十七日〔一〕

〔一〕一九一七年舊曆閏二月，此函當作於是年。

二

昨游殊有勝緣。今晨入大慈山，入晚始歸，獲餐所饋上饌，微妙香潔，不啻淨土之供也。長水大師《起信論筆削記》，善申賢首之義，謹以奉覽。故人彭君遜之，耽玩易義有年，今初發心修習禪觀。已為請於法輪長老，蒙假閑寮，將以明日移入。他日得與仁者並成法侶，亦一段因緣爾。

俶同先生足下

馬浮和南　廿八日

法輪長老屬為道念。

三

昨復過地藏庵，與楚禪師語甚久。其人深於天台教義，綽有玄風，不易得也。幻和尚因衆啟請，將以佛成道日往主海潮寺，遂於今夕解七。明日之約，蓋可罷已。海潮梵宇宏廣，幻和尚主之，可因以建立道場，亦其本願之力，故感得是緣。月法師聞於今日荼毗，惜未偕仁者往觀耳。

叔同居士足下

浮和南　初六日

四

別遂經歲，俗中擾擾不可言。伏維道體安隱，少病少惱。前累蒙惠寄法書，時出展對，如仰身云，暫可慰念。去月李榮祥居士見寄尊撰《五戒相經箋要》卌部，已分贈所知，並感垂誘之切，敬謝無量。曩時奉對，曾謂欲得《清涼疏鈔》一部。今嘉興陸序茲願以其父無病居士遺書奉贈，謹託同莊為致之。至時希命侍者賜答。有人言，師近入大羅山，誅茆宴坐，未審然否？何時復還錫杭州，兼望未及。不具。

論月大師坐下

馬浮和南　戊辰五月十日

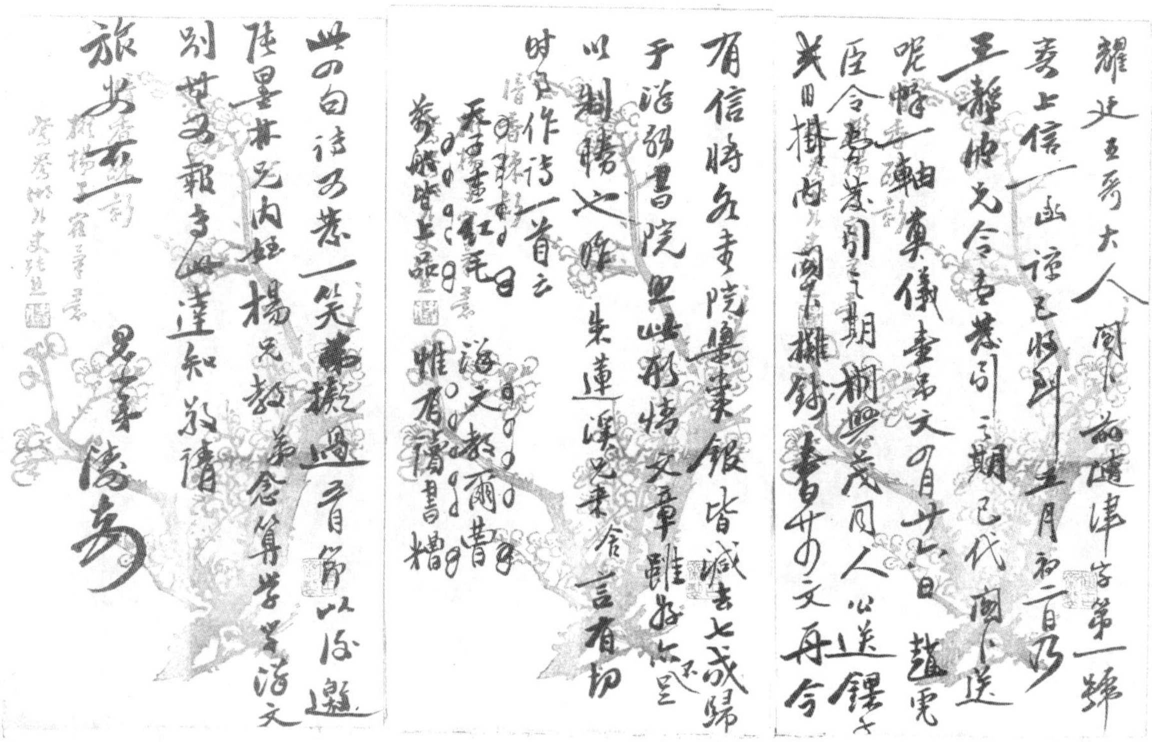

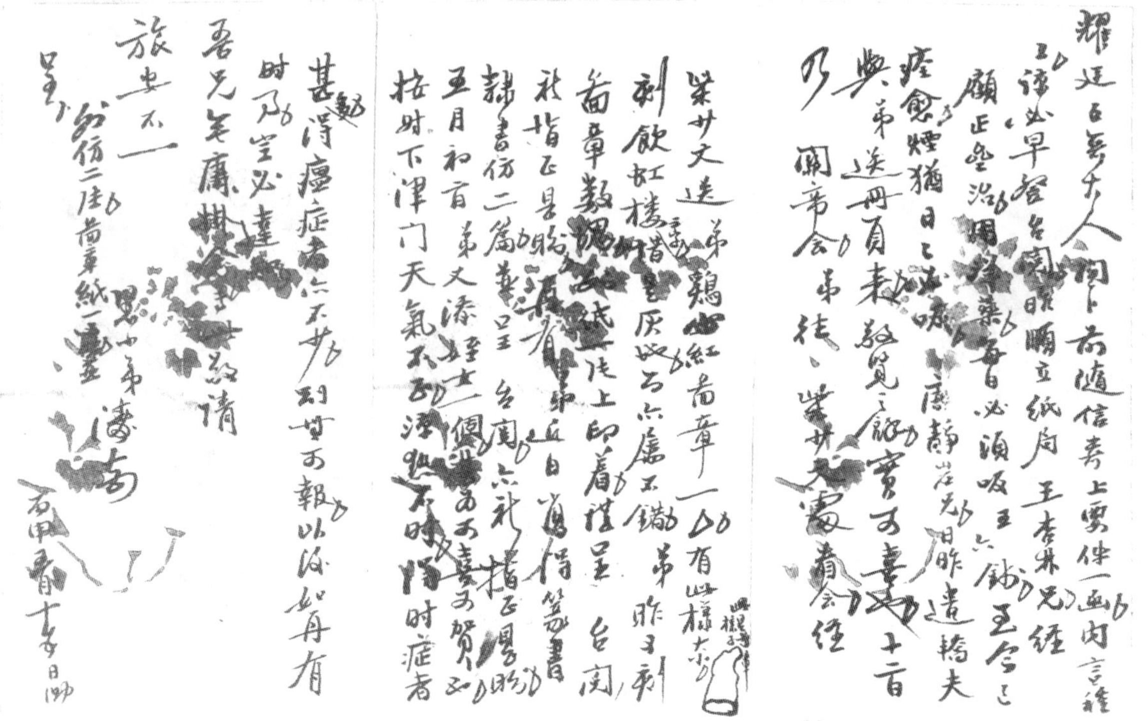

閣下來年口有番賞數十塊，如來有條

回津時路過京都，祇買素宣紙，煩留

鈔存，並在京都買錢東數枝並

有將篆隸帖各種精素對聯價四千

賜顧千萬別忘為禱，專此報知

佳祉，統惟

照照不既。如口口口口

並有弟於鶴年數了並 口口

十月十四日

耀廷五哥仁大人足下：久違
雅教，想歆無地。近諗
履祉安和，
閣府吉羊，千字待郵，諒呈去靜若先生畫兩冊，西收祖著
並請雅拓古碑，不甚清楚，露凝既乞，今次仍擬出瓦研題辭，書印成當
再奉
鑑訂。蓮之事，四工程數瑣，今年想亦不能清減，亦詳再陳。
鐲至明春，當並出。其於荔邨國年一事，尤須突函律示。
執事代擬編隨地資告此人，西此證仙洪對語，王共甚當再奉聞。
升祺
弟惜霜拜白
此上兆川暨畫叢晉
秋刻名啟

沸麟老哥左右：前有上海城东女学校长杨白民先生到天津参观学务，乞兄为介绍一切（凡学堂工场陈列所以及地方有关于教育者），均乞兄介绍，陪渠一往尤佳。渠人地生疏，且语言不通，良多未便，务乞兄不弃，爱照拂，感同身受。此请大安。

弟哀顿首 十二月四日

天津户部街
初等工业学堂
周啸麟先生
烦白民先生持交
李叔同拜托

李城
道尹署
王仁安先生

敬贺
年禧
李婴再拜

屡患大病谢谢
友人颇有数误书
能多恕之仍否

新历正月卅日入西湖虎跑寺
旧节二月底出坑 此函船未寄
一律告

白石先生吾丈：奉惠书，敬悉一一。尝谋每张先来
岁终甚跟，尊意如何？至念。吾门下铭
合其一纸，兰亭如到天津——，可将此书转渠
为僕金石交出钱及，兰亭不竭力周旋也。为
祝了——
年安 弟[illegible] 篱厂 十二月五

謹啓
臺北真学報謹賜披誦至矣
忻然致謝、、稿寫之件
月内當寄奉左右不宣
白民先生　弟宸拜具
十二月十日

上海南市竹行弄
城東女学
楊白民様
東京下谷李鍾聲
李宸

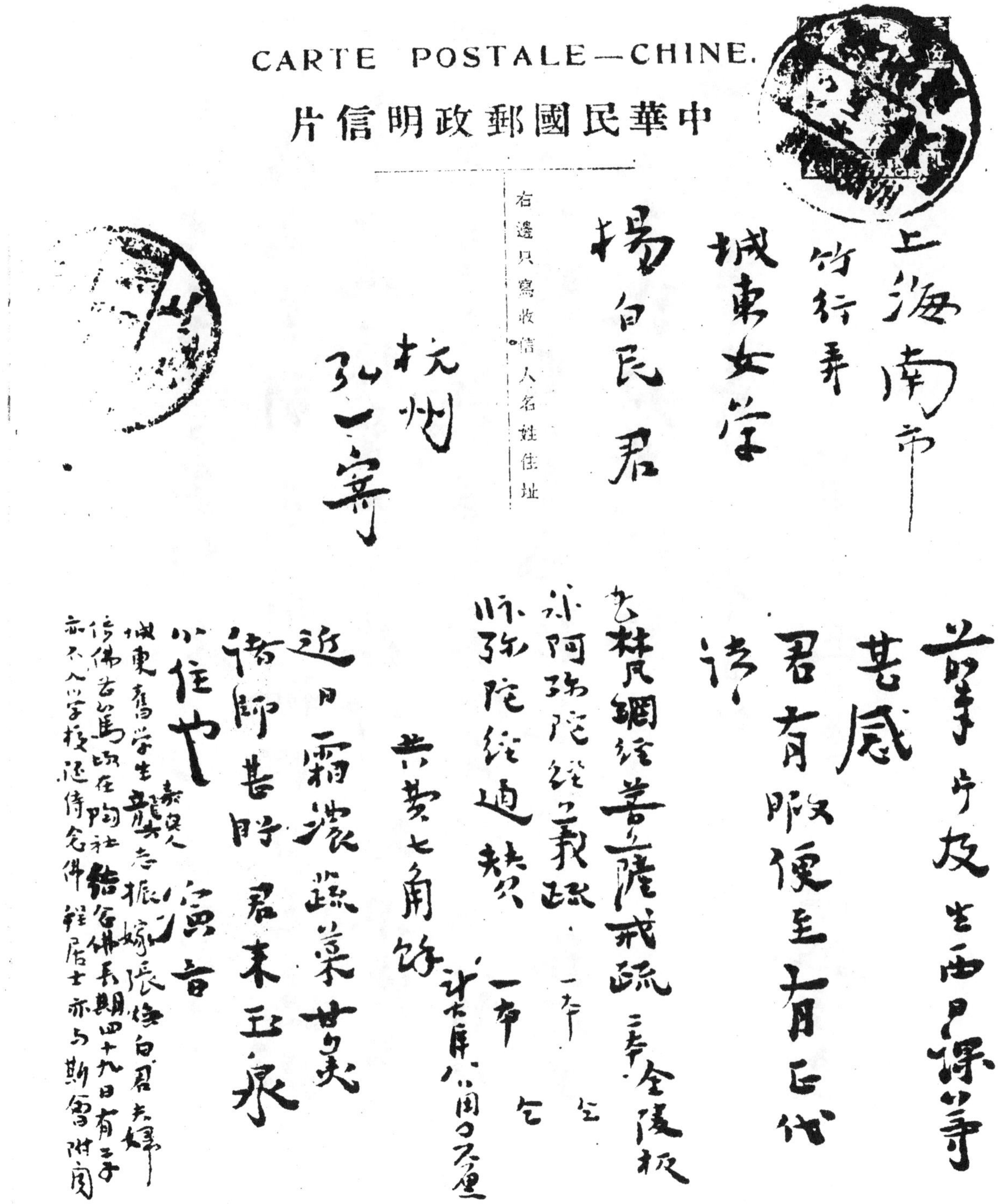

CARTE POSTALE—CHINE.

中華民國郵政明信片

右邊只寫收信人名姓住址

上海南市
竹行弄
城東女学
楊白民 君

杭州
弘一寄

前寄友生西尸課等
甚感
君有暇便至有正代
請
梵網經菩薩戒疏 二本 金陵板
阿彌陀經義疏 一本 仝
阿彌陀經通贊 一本 仝
共費七角餘 計六年八周[illegible]
近日霜濃露寒甚矣
諸師甚好 君來玉泉
小住也 演音

城東舊學生龔志振（新良人）之嫁張蓮白君夫婦
信佛甚篤，現在陶社館合佛長期四十九日，有二子
亦入以字校，送侍念佛，程居士亦与斯會，附聞

白民先生足下：東都會逢，暢聚談為幸。李及及，臨歧言別！民用惘然。別來近狀何似？學習桐君規模，略全工整師——欲擬延用齋為代謀更全之數，以五七十金為限否？請即示覆。附呈致揖庵一書，乞轉交許子穎征黃于楚南。時時念及，致相思。祝祺。起居晏暑萃

衆 再拜

八月廿六 近日東都酷熱，溫度在八十以上

日前出山曾寄一函，计达览否？

顷承寄到十六号寄来手书，屡承

关注，盛谊无似。前寄来照片，

弥务劳，处理学会侍奉诸务那。

回下山后来信答复为累。

樸庵先生已另诗谢。此复，即

白民兄 三月廿四 西安勇

頃誦惠書，悟悉一切。范太師寓於青蓮庵，
月初曾來杭講經（日期未定，俟定後再函知）（大約在初二三四約內，當日左右）
仁者能於是時來杭，最好。既可聞法，又可與故人
晤談也。如新年無暇，或年前亦可。演音寓
城內銀洞橋銀洞巷四號樓引勝庵內，是庵
舊日指定晚下院，現由了悟大師住持。寶積
寺豈向至嘉興善光當家，或移居於 近來日
課已忙，每日禮佛、念佛、拜經、閱經、誦經、誦咒等，
餘時計所餘每日不過一小時。出家人生死事大，未敢放
逸如居也。務祈 道祉 演音合十
以上各言，非作客氣，如是如是，務請信去
白民居士 文席

在滬歡聚為慰。音不久將入新城山掩關，一心念佛。歸承仁者及諸舊友竭力維持，辦道所需，已可足用。自今以後，若非精進修持，不惟上負佛恩，亦負君等之厚德。故今後擯謝絕人事，一意求生西方，當來迴入娑婆，示現塵勞，方便利生，不廢俗事。今非其時，願仁者晤舊友時，希為善達此意也。

演音（楊）

頃由玉泉轉來　尊片[illegible]
貴恙已大痊否？為念。[illegible]各經皆
已收到，謝謝。　音擬在城[illegible]庵中度歲，
明正廿六日返玉泉寺後即覆。
白民居士　座右
演音　十二月廿六日
（協）

頃奉 手示 敬悉一一 前與程居士晤談 音處有金三百 大約即可

足用 屢承

仁者竭力籌畫甚數（前夢非來函謂渠與熊君合倡百元）已可足用 此事全仗

仁者愛念維持 他日道業成就 皆

仁者護法之力也 感謝無既 現在程吳二居士因事他往 俟二居士返

杭 即行期赴溫州 期前再以函通告 仁者 良晤不遠 容晤申謝

即頌

白民居士 近佳 演音敬復 二月初十日

回奉手片具悉一一扶桑之遊至可歡讚
賢冀女士画冊為題字數行附寫面字
一併郵奉前託請經典便中為之
稍遲亦妨也 不具
演音
二月初二日
白民居士 慧覽
寓温州大南门外城下寮

江干之别有如昨日掩室永寧忽忽數月
一切安適足慰
遠念如無障緣期以二載圓滿其業
至後年
春初止
仁者邇來精進何似念佛法門最為切要
幸以是自利利他印光法師文鈔宜熟覽
玩味自知其下手處也 書札一類
可先閱 不具 演音
白民居士
八月廿八日 廬温州南門外城下寮

音近於十八日入城，庽橋引庵。廿晨之
新城掩關，同行者有程居士，亦同時
掩關謝絕人事，俟年啟關，有期再
當致函相告。諸
仁者入山晤談也。謹致短簡以誌別。幸
珍重為道自愛。不具。　演音　六月十二日

白民居士文席

惜陰居士於廿後返滬，帶上大條幅敬贈
仁者，又小條幅乞交一亭，又經數葉乞交
子璧為禱。

白民居士文席：頃與程居士面商，大约音處籌資三百即可足數。新之君已交來百元，再有二百即可無慮。子堅君頃來函，作書答之，忘其住址，附奉，乞君特交為感。費神，容晤申謝。匆此奉聞，即頌近佳。

演音白 二月初五日

顷奉

来书，且误为 尊翁手笔，乃披阅首端，历述 家父病状，昔知白居士之父矣，何缘说此，颇致惊讶。从后续阅第二纸，乃见署名者为 贤女，乃悉 尊翁病殁，实達忝长吁悲痛不已。二十年来老友，当以 尊翁最为亲厚。今晨览雁荡山图，喜其雄奇萃拔，虚拟写其形势，邮奉 尊翁，约往同游，不意是夕竟获哀耗，痛哉。余于七日病溼热并胃疾，几濒于危，中秋后乃渐愈。自昨日始，当力疾为 尊翁诵经念佛，惟冀 老友宿障消灭，往生人道天上，发菩提心，修持净行，当来往生极乐，早证菩提。尊翁故后，校事如何，甚以为念。

雪玫贤女 哀览

演音疏答 八月十七日

前日秉子来，藉悉起居胜常为慰。南京版四书□参、中庸直指，谅於日前人来带下，不急需也。仁者如已读，来希仍一诵。否则乞询性生或有之。归元镜（昭庆版）颇有可观，昔以其为戏曲，去稍轻视之。今偶检阅，词旨恳切，感人至深。愿仁者读阅，并传示同人。近作一偈，附写奉览。不具。

西崖居士

释演音

三月十一日

戊午七月十三日定慧寺释演音书。

演音

尊意　師傳有他為不克依慈命
已由演音代請本寺宏祥師及永志師
二位於初十晨八時前至寺念
普佛一日（不放磬）至晚八時止二師道行
崇高為演音所深知敬信諸
仁者是日二師來時不帶魚燈師
由至寓家命茶房一人布置四五個僕切
布置太累贅附寺務請於前布
置完善供奉佛的每位　牌位二
紅附是佛位已寫好　靈位 [illegible]
請仁者自填並須做位架二具張列
牌位。靈位供靈前　又需靈前亦須

上款上供乃系嘱 二師瞻儀由演音
剛完共送拾圓。因宏傘師極不易請到，
永春師亦非常僧，故宜從之以結善緣
也。今日料理一切極忙，草草奉復。
明晨第二次車準趨十三號。此上
西方居士　　　　演音
宏傘師送經費力，乃廣方送往。
費方附奉，請於初吉晚隨脚位楚他
洪霽前呈

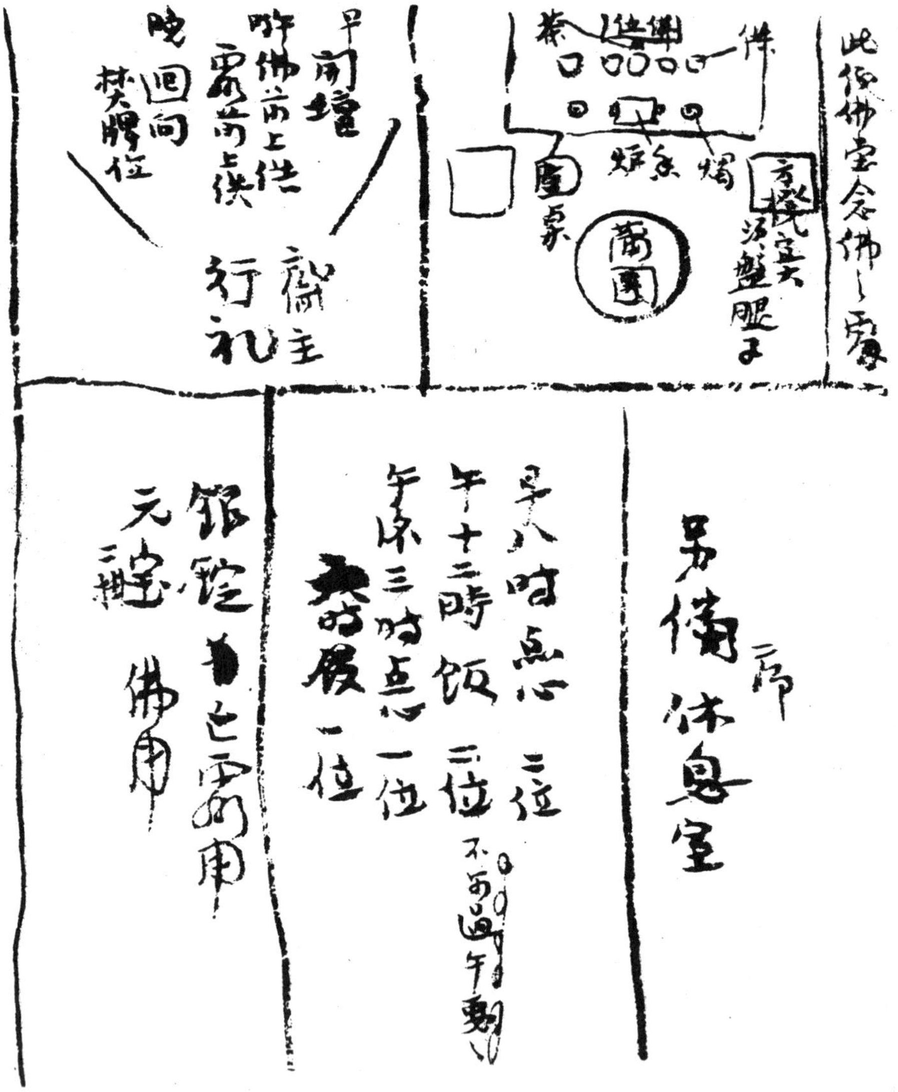

宏祥 虎跑寺住持

永志 天台山宝積庵住持

丏尊居士：來廈門後，居太平岩。擬暫不往泉州，因開元寺有軍隊多人駐紮也。序文寫就，附以奉覽。此書出版之後，余不欲受領（即書版售得之資）版稅。因自身為比丘，若受此財，於心不安。倘書店頗有以酬報者，乞於每版印刷時，贈余印本若干冊，當為之分贈諸緣。是固余所歡喜讚歎者也。將來字模製就，印佛書時，亦乞依此法，每次贈余原書若干冊。此意便中乞與章居士談之，並乞代為致候。字模之字，決定用時賢之作。（不固執己見）其形大致如下。（將來再加練習，可較此為佳）

世
間
如
夢
非
實（此字太大不佳）

字與字之間，皆有適宜之空白。將來排版之時，可以不必另加鉛條隔之。惟雙行小注，仍宜加鉛條間隔耳。（或以四小字占一大字之地位，圈點免去。此事俟將來再詳酌。）是間氣候甚暖。日間僅著布小衫一件，早晚則兼兩件。老病已除，甚為安適。附一帋及匯票，乞交子愷。

演音上

丏尊居士：移居之事，諸承護念，感謝無盡。居此已數日，甚為安適。氣候與普陀相似。惟塊茅甚稀，用功最為相宜。居此山中，與閉關無以異也。以後出家在家諸師友，有詢問余之蹤跡者，乞告以雲游他方，謝客用功，未能通訊及晤談云云。附函一，便中乞交豐居士。不具。

演音

大寺有工人一名，每日至余寓處送飯送開水及其他雜事。甚為精勤。每月似應以洋六元酬謝。又須送寺中伙食費，同時交去。

每月應付寺中之伙食費及工人費，擬請由山房存款利息內支付。因余居彼居此，無以異也。

前存泉州行李三件，擬託覓便人帶至上海，送存江南銀行。乞仁者為寫一信（寄至余處，轉為寄去）信至泉州，外行李五件送交寧波路（乞寫極詳細之地址）江南銀行某人收去。信內乞寫託他收下，以免便帶至白馬湖夏家。

寧波路之地址，請繪一圖，大善。因外鄉之人不易尋覓也。附白

银钱已收敬覆 判教宜先看五教

再阅四教选佛谱宜安白柳教次名

位繁琐非如是不易记忆也 [illegible]

丏尊居士 演音

小额附奉

戊午七月十三日定慧寺释演音书赠

江干之別有如昨日吳子書來知
仁歸臥湖上脫屣塵勞甚善〻余以
是歲春殘始來永寍掩室謝客一心
念佛將以二載圓成其願
仁者遂來精進何似衰老屢至幸
宜早自努力義海淵微未易窮討念

佛一法最契時機印老文鈔宜熟覽
翫味自知其下手處也
（可先閱其書札一類）
仁者來甌悕於半月前先以書達當
可晉接秋涼惟珍重不具　演音
丏尊居士　八月廿七夕
寄温州南门外城下寮
（便中代求松烟墨二錠寄下）

丏尊居士：

惠書誦悉。一一攝影甚美，可喜。山房建築於美觀上甚能注意，聞多出於石禪之計畫也。石禪新居，由山房望去，不啻一幅畫圖（後方之松樹配置亦佳）。石禪云：曾費心力，慘淡經營，良由以也。現在余雖未能久住山房，但因寺院充公之說，時有所聞，未雨綢繆，早建此新居，貯蓄道糧。他年寺制或有重大之變化，亦可毫無憂慮，仍能安居度日。故余對於山房建築落成，深為慶慰，甚感仁等護法之厚意也。（秋後往閩南閉關之事，是為宿願，未能中止。他年仍可來居山房，終以此處為久居之地也。）以上之意，如仁者與葉起法居士及施資諸居士晤面之時，乞為代達。因恐他人以新居初成，即往他方，或致疑訝，故乞仁者以善言為之解釋，俾令大眾同生歡喜之心也。數日以來，承普宅饋贈食品，助理雜務，一切順適，至用感謝。順達，不具。

重陽朝　演音答

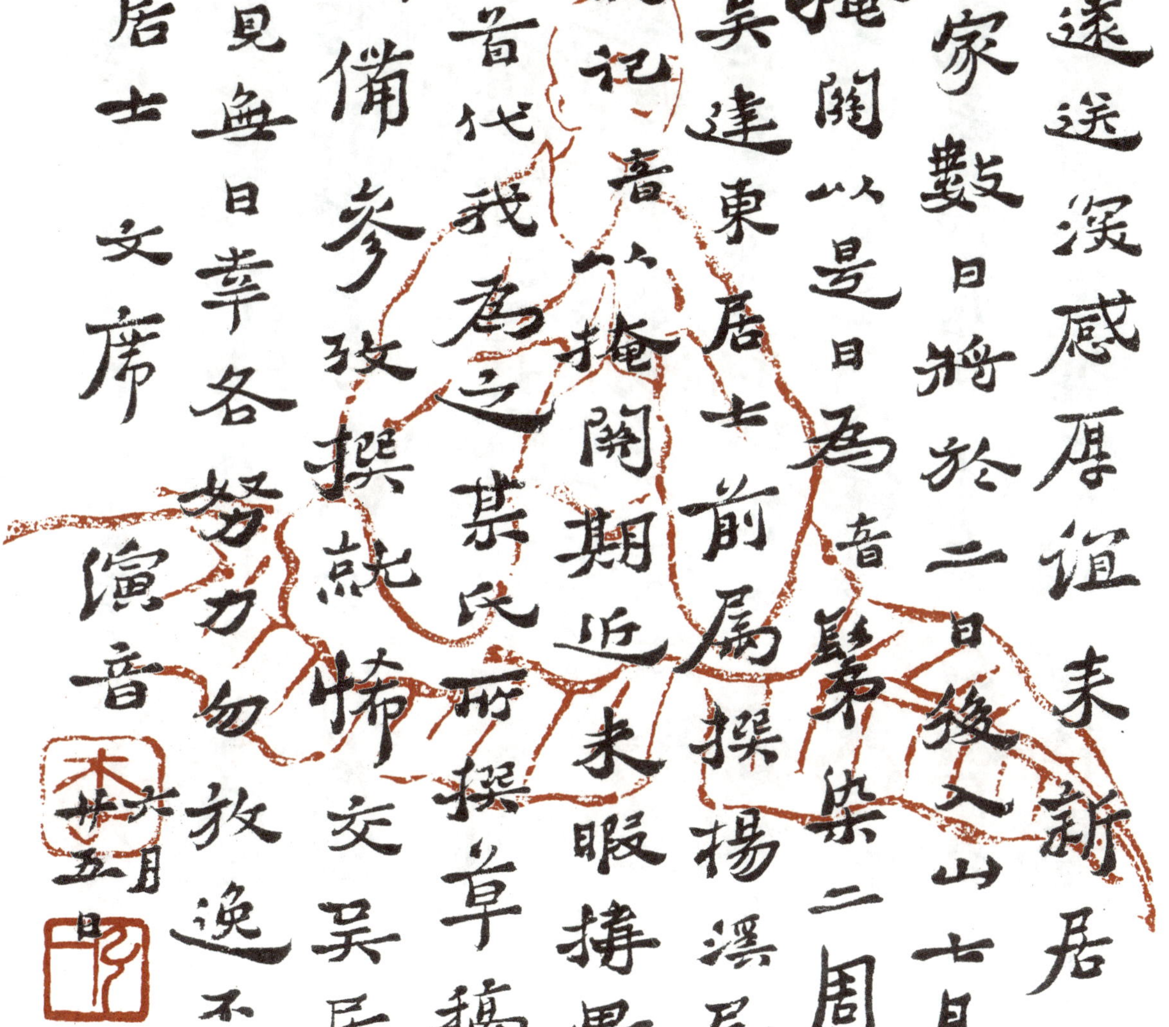

曩承遠送溪感厚誼來新居
樓居士家數日將於二日後入山七月
十三日掩關以是日為音髮染二周
年也吳建東居士前屬撰揚溪尾
惠濟橋記音以掩關期近未暇搆思
頗賢首代我為之其所撰草稿
附奉以備參攷撰就希交吳居
士收相見無日幸各努力勿放逸不一
丙尊居士 文席 演音
六月廿五日

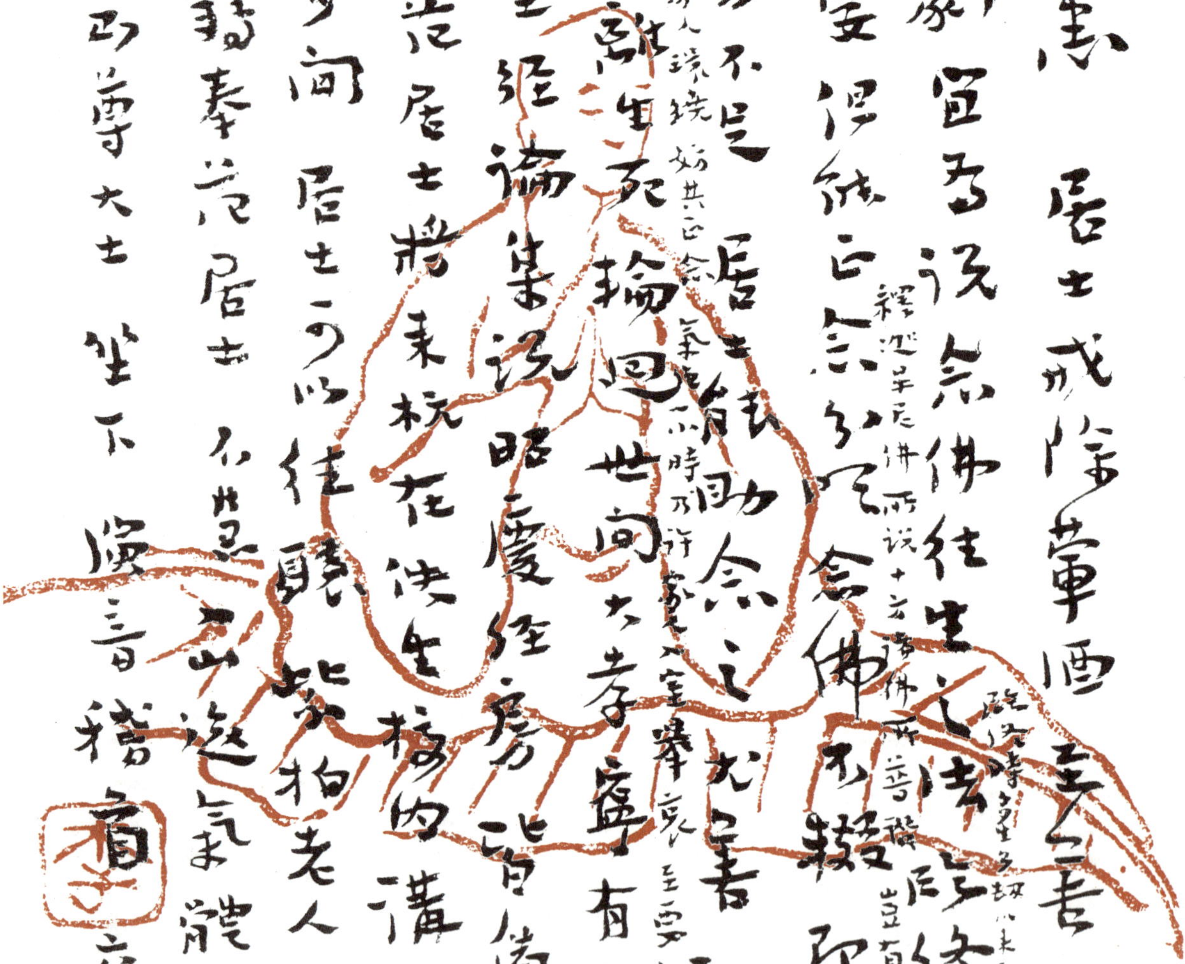

錫箴蘇忠 居士：戒除葷酒，至善至善。

父病日劇，宜爲說念佛往生之法。臨終一念（臨終時多劫以來善惡之業一齊現前，亦畏也），最爲緊要。但能正念分明，念佛不輟，即往生（經說是乃佛所說，十方諸佛所共證，豈有虛語）。可知自力不足，居士能助念之，尤善（臨終時萬不可使家人環繞，務共正念。氣斷一小時乃許家人入室舉哀，至要）。勸親生西方，脫離生死輪迴，世間大孝，寧有逾於是者？淨土經論，集說昭慶經房皆備，可以請閱。閱竟，居士將來杭，在佚生橋內講起信論。父病少間，居士可以往聽。紫柏老人集（如未送送）希於佚生橋奉花居士（仍是弘一）遊。氣體殊適，可毋念。

正尊大士 坐下

演音稽首

六月十八日

可了居士道鑒：久未致訊，至念。上月從居山中，距郵政代辦所八里，投信未便，故於諸友處悉未寄音問也。前擬向佛學書局請經，附一紙乞轉送，（已由晚晴會施）并洋三十元，附遞。費神，至感。山鄉風俗淳古，男業木土石工，女任耕田挑擔。男四十歲以上多有蓄辮髮者，女子裝束更古，豈惟清初，或是千數百年來之遺風耳。余居此間，有如世外桃源，深自慶喜。開明出版㩁書《華嚴集聯》及李息翁臨古法書，乞各寄下三冊，以結善緣，感謝無盡。惠書乞寄廈門轉惠安縣東門外黃坑鋪港仔街回春號藥店劉清輝居士轉交淨峰寺弘一收。

演音疏

西嵩居士 道席 近因友人之约已移居
南普陀寺暂住」附寄「韩偓」草稿一包
为余请高君编者 共一册乞阅 此稿「后记」
中即可知之 是事甚有趣味 想
仁者必甚欢赞乐为出版流布也 此书乍观之似为文学
书但其中提倡气节屏斥淫靡 亦
且倡导佛法寔为益世之佳作 其原稿曾由余
删改 今所寄者为第二次抄写之本 多由
幼童书写 颇有讹字 又高君於著作界负

經驗、雖引征繁博、但恐有訛舛處、其標點記號誤脫處尤多。今仁者先託人爲詳校二次（第一次校正其文字、第二次改正標點記號），乃用鉛字排印以後

惠書乞寄

廈門南普陀寺養正院
廣洽法師轉交弘一收

立春前一日 音啓

開明版護生畫集、因印刷太多、拙書之字已肥粗不清楚。又杜甫詩脫落一個字。擬再書寫瘦体之字、重製鋅版印行。倘承 贊喜、即書寫奉上也。 又及

丏尊居士道鉴：惠书具悉。吉子临终安详无苦，是助念佛名力也。余自昨夕始，为诵华严行愿品。又有友人（不须酬资）亦为诵行愿品及金刚经。附奉上诵经证，请于灵前焚化可也。净峰寺在惠安县东三十里半岛之小山上，三面临海，（与陆地连处仅十分之一）夏季甚为凉爽，冬季北风为山所障，亦不寒也。小山之石，玲珑重叠，如书斋几上所供之珍品，惜在此荒僻之所，无人玩赏耳。附奉表记（附录）自跋一章，拟附于再版表记之后。（用小号仿宋字排印）倘陈无我居士来时，乞面交与。若已来者，乞挂号寄至世界新闻社。（不须在慕尔鸣路）乞往询之。费神至感。不宣。

演音 西溪 疏

旧五月廿八日

闻明出版子恺漫画，只卷首有仁者序文，述余往事，并已忘其书名。乞寄赠四册，以结善缘。至用感谢。

丙子居士慧覽：惠書、謹悉一一。子愷處已久不通信。聞友人云，彼之通訊處，為重慶沙坪壩國立藝術專校。據彼八月廿五日之信云，閩中平靜如常。仁者能入閩任職，則生活可無慮矣。泉州物價之昂，自昔以來冠於全閩。但米價每石亦僅一百七十元左右。其他閩中產米之區，如漳州及閩東等處，則僅五十元左右。泉州街市無乞丐。另設乞丐收容所物價亦不甚昂。華僑家族生活亦大致可維持，因努力種植，生產量甚富也。統觀全閩氣象，與承平時代相差無幾。朽人於十四年前、無意中、居住閩南。本擬往暹羅至廈門而中止至今衣食謹悉，諸事順遂，所謂徼倖，至用慚愧。其從前發願編輯律宗諸書，大半未成就。擱於雙十節後，即閉關著書，辭謝通信及晤談等事。以後於寺處亦未能通信。

附呈相一紙，乃去秋所攝。佛名二紙，乞結緣。

仁者欲知朽人之近狀者，乞常訪問陳无我居士（上海慕尔鳴路一百十一弄六號大法輪書局）及彼寓（書局）同住之陳海量居士。因泉州諸僧常與海量通信，彼深知朽人之近狀也。朽人近作，多載於覺有情半月刊中（无我所辦）。乞仁者定閱此月刊一份（自今年正月始尤善），每年一元餘，即可常閱覽朽人之近作也。又蘇慧純居士，亦乃海量之舊友。仁者能常與海量晤談，當獲益匪淺也（指道學生活，安慰心靈）。不宣。

十月一日 音啓

丏尊居士文席　朽人已於九月初四日
遷化　曾賦二偈　附錄於後
君子之交　其淡如水　執象而求　咫尺千里
問余何適　廓爾亡言　華枝春滿　天心月圓
謹達　不宣　音啓
前所記月日係依農曆　又白

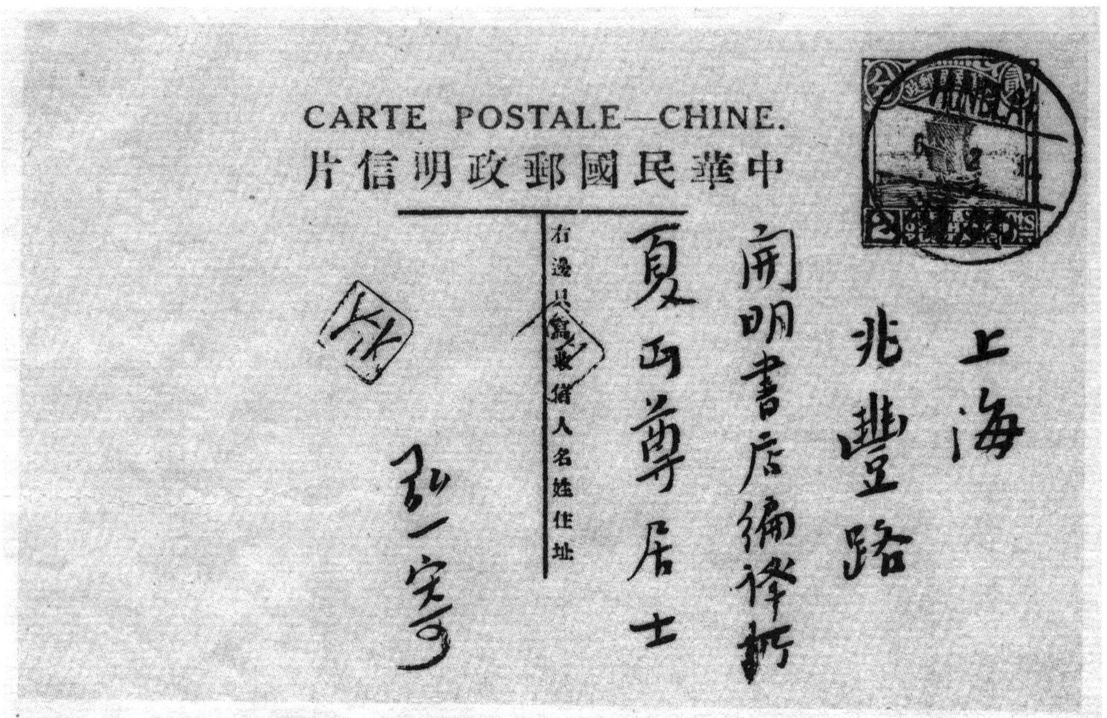

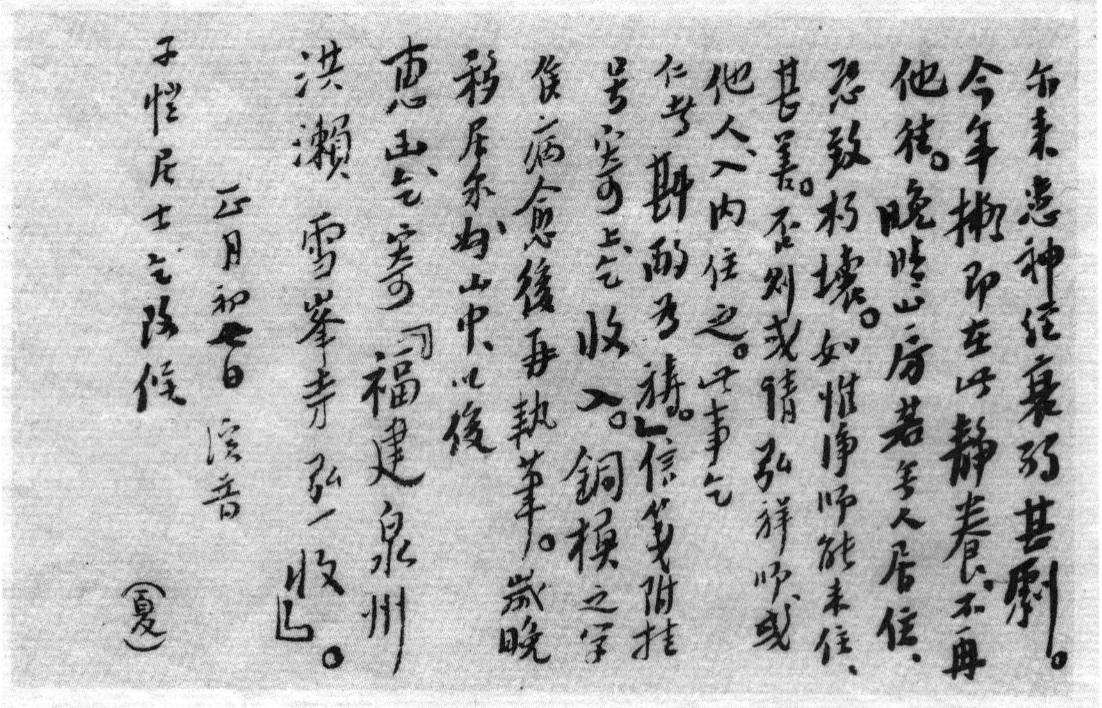

邇來意神經衰弱甚劇。今年擬即在此靜養，不再他往。晚晴山房若無人居住，恐致朽壞。如惟淨師能來住，甚善。否則或請弘祥師或他人入內住之。（此事乞仁者斟酌為禱。）信箋附挂號寄上，乞收入。銅模之字俟病愈後再執筆。歲晚移居永春山中，以後惠函乞寄「福建泉州洪瀨雪峰寺弘一收」。

正月初七日 演音

子愷居士乞閱後

（夏）

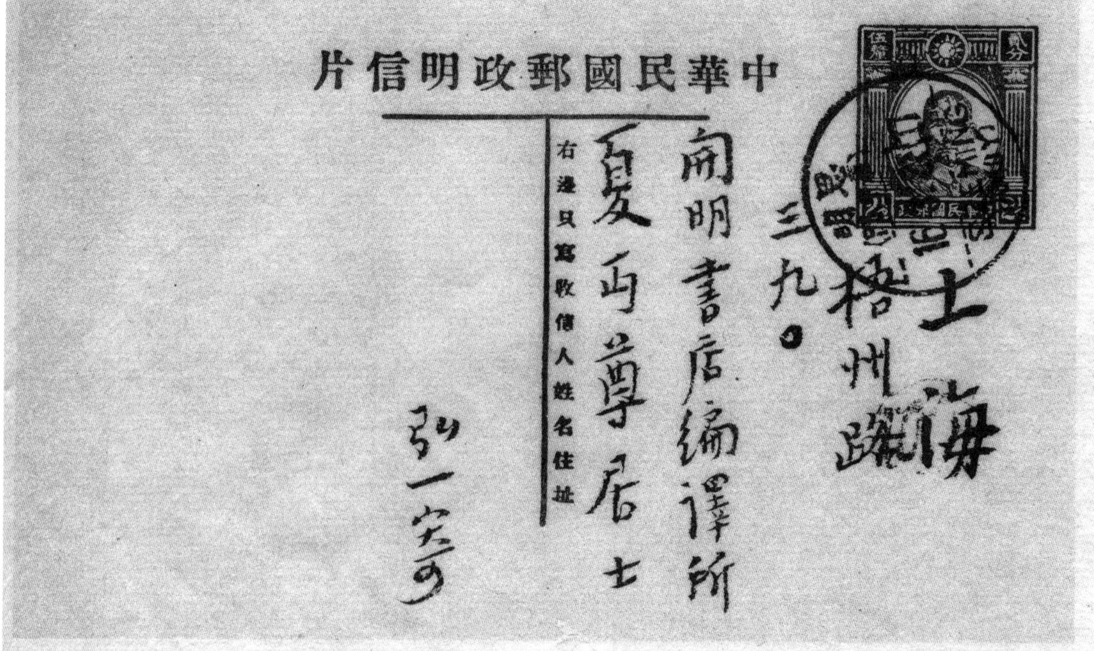

中華民國郵政明信片

上海福州路三九。

開明書店編譯所

夏丏尊居士

右邊只寫收信人姓名住址

弘一寄

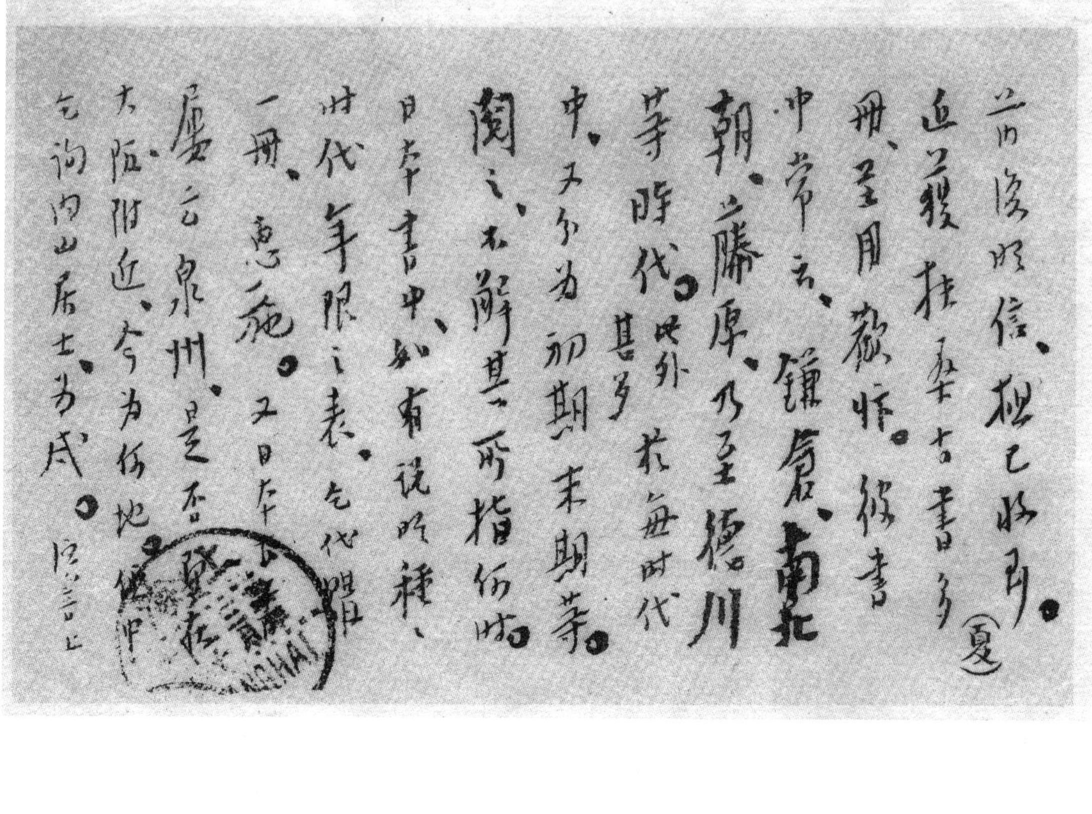

前得明信，想已收到。（夏）
近獲扶桑古書多冊，至用歡忭。彼書中常云，鐮倉、南北朝、藤原、乃至德川等時代甚多。此外於每時代中，又分為初期末期等。閱之，不解其所指何時。日本書中，如有說明此種時代年限之表，乞代購一冊，惠施。又日本書屢云泉州，是否大阪附近，今為何地？乞詢內山居士為感。

演音上

上海商務書館近印續藏經，勸人預閱。永嘉約可售五六部。吾邑人文之盛，馳譽海內，應請此經，供眾披覽。悕仁者與邑紳商酌行之。如同樣者，請致函上海商務書館續藏經預約部，並附郵券一角，彼當寄奉。或可託隱友往索也。

陽歷十二月底截止預約。去今不足一月，遲將不及。

預約之價：每部連史紙六百二十元，毛邊紙五百四十元。共計七百五十一冊。

前復片計已達覽。今寄奉佛號二葉，一贈仁者，一悕轉送他人。又國學叢選一冊，通訊錄第七葉載余復姚石子書，幸檢尋之。初學者依此文行，最為穩善，可以是勸告同人也。余不久將入山從事著作，凡有屬書者，暫不應命。若寄紙來，亦只寄返。倘蒙同人，幸為轉告。率陳不盡。

則民居士慧覽

十一月十三日　僧胤

以餘暇略學佛法概要者而說，若專力修習佛法者，自應隨分隨力兼學經論律等，不以此為限也。

書所述者乃為初學佛法人了解，繁未能專力修習僅……

閱畢便中，當邑如有專力修習者，可致函唐大圓居士，向請辨疑，最為穩……

寄最勝於余，余愧為當世善知識也。致函太圓，明可託碧華轉致。

附記：從轉通宗教，速……

拔吉承惠一小印，倉卒鐫就，附郵奉上

惠覽。刻具久已拋棄，假鐵錐為之，石質柔脆，

若佩帶者，宜以棉圍襯，否則印文不久將磨滅

矣。竊以於當代善知識中，最服膺者惟　光法師。

前年嘗致書陳悟，願厠弟子之列，法師未許。去

歲阿彌陀佛誕，於佛前然臂香，乞三寶慈力加

被，復上書陳請，師又遜謝。逮及歲晚，乃再竭誠

哀懇，方承慈悲攝受，欽甚慶幸，得未曾有矣。

法師之本垂人蓋不測度，且約迹論，永嘉周孟由

嘗云：法雨老人稟善導專修之旨，聞亦略料簡

之微，中西似蓮池，善巧如雲谷，憲章靈峯，以為大師，

出武資福，清微法師，弘揚淨土，密護洪宗，明昌佛法，

潛挽世風，折攝皆具，慈悲語默，無非教化，二百年

來一人而已，誠不刊之定論也。孟由又屬於人當未

採詢法師生平事蹟，撰述傳文，以示後世，亦已承

諾，他年參禮普陀時，必期成就此願也。卒以哉

復，未能悉宣。

二月四日　[illegible]答

[illegible]

質平仁弟足下：來書誦悉。蒙於譯友〻經前已收到。

寄致夏片諒已查收。官費事可由君訪察他人補官費之經過情形，由君作函專寄，上欵寫經夏二先生及不佞三人，函內詳述他人補費之辦法。此函寄下，不佞處由不佞與經夏二先生商酌可也。君在東言行謹慎，去住之友不可不慎。寧無友，不可交惡友。尋常之友誼，或不講學，攝於我，亦徒往來酬酢，作無謂之評語，周旋之，消費力學之時間耳。─門先生忠厚長者，可以為君之友人。此外不再交友，亦無妨礙。婚親族酬應，致賀大故，不如於始不親之為佳也。不佞前致君函，有應注意者數條，宜常閱之。又格言數則，亦不可忘。不佞年來見性急。君按步就班用功，不求近效。進銳者恐難持久。不可心太高，心高是灰心之根原也。倘心志不定，可以習靜坐法入手。君有信仰宗教之心否？信仰之，佛耶皆可。行之有恒，自可入門。靜坐書前日已排寄奉。

附一函乞轉交─門先生。此復即頌

近佳

李息

重西忘死争笋出一收引　愈学愈退是君之进步　行及以见

为美见衣曲君认之似识等中止者自言试验时宜应试取与不取

能之可也　不任与[redacted]君交谊之原何在　因此适之亡对不起　但如君现

在最受适度自寻苦恼　或因是致疾　中途辍学　是真对不起邦人

矣　从前邦人与君之内解劝　君之言语万之不可忘记　宜时之取

出阅看　能时之阅看　依此实行　必可免除一切烦恼　从前牛山充

入学试验落第四次　中山晋平落第二次　修何害　因是灰心绝之

君志气太高　好名太甚　稍加赛術郎　四字可为君之药石也

中学毕业免试　科学是指毕业于日本中学者　君能否依此例陈请询之

证明书容代为留意　五日后返后补还　四元廿钱　前君托稿于

教育通报　得赏银十六元　此款拟还之日本可否　请示知　此复

即行

近佳

李婴上　一月十八日

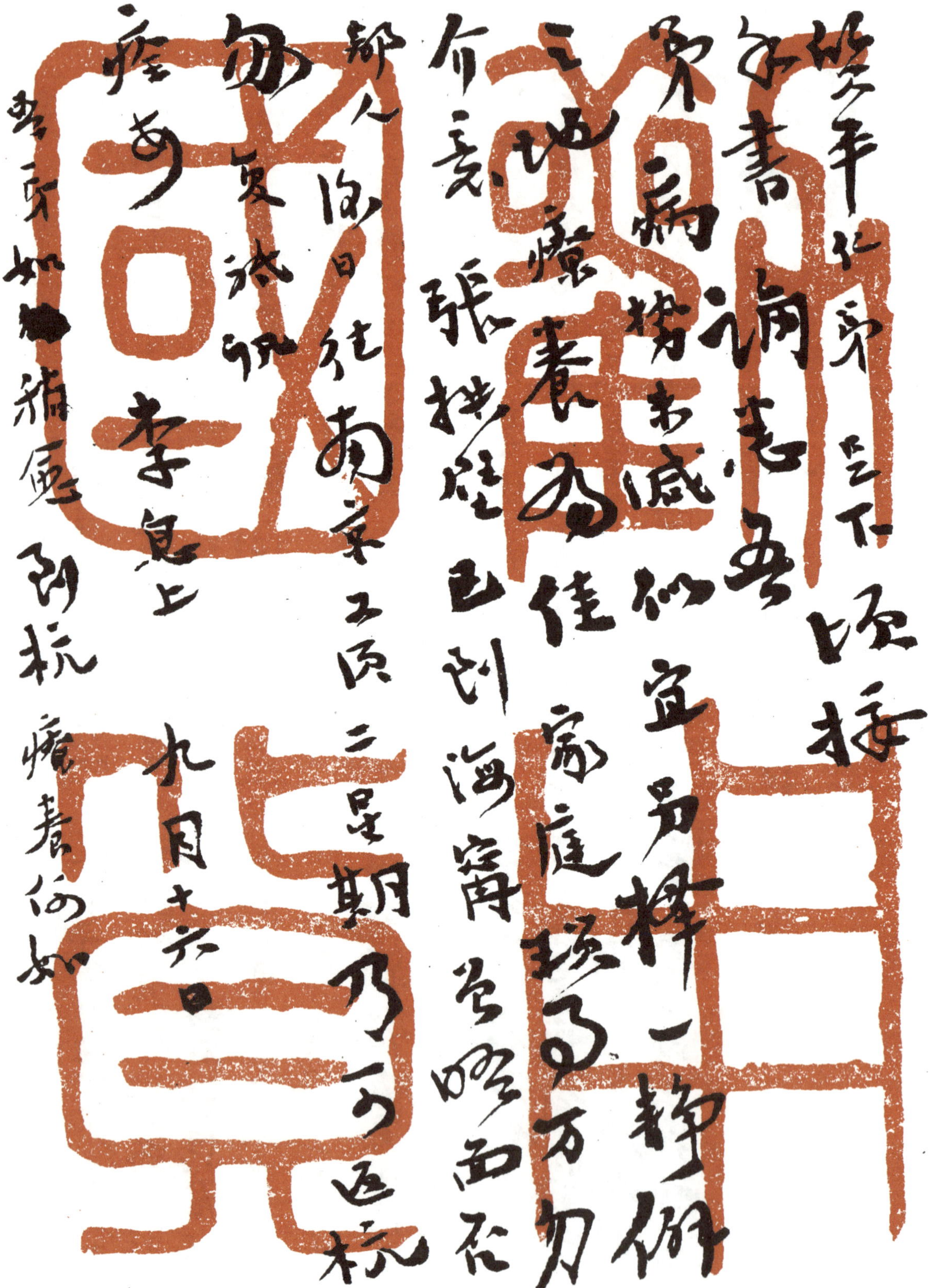

前昨奉二片，敬悉一一。雅、贵神心感

廉已。前日曾上一函，内附致子坚君

青针已达览。前初君爰已致青达

意。拟以写经答其索书之谆意

音，亦可藉兹种植善根，是自他俱

利之道也。

将来道场安定，息心用工，日定一小

时为写经功课，以了此愿。

別久時以馳念 杉人
居頤頗能安適
仁者近仍居南通不歲晚天寒想當
歸里為致短簡略述近狀以慰
遠想附郵手寫三經影印本一冊怖
登覽江山遣憂此來憂患 演音
居溫州南門外城下寮
賢平居士
子顓增庸仍居日本不
嘉平初五日

前月底始來溫州（因衢州諸友人挽留故復居數月）染患溼疾今漸痊愈頃有道侶約往茶山寶嚴寺居住其地風景殊勝舊有寮舍三椽須稍加修改需費約二十元以內當處倘可設法希以布施（以上二十元倘理元房金倘有修剩擬以充零用）屢次瀆求叨在至好諒不見異惠示仍寄溫州大南門外慶福寺轉交弘一手收因彼處亦慶福之屬寺也

賢首居士 文室

弘一疏 舊六月初二日

元源義製

曩承
過談歡慰無盡來杭月餘舊友大
半已晤談自十三日始謝客習靜以
後有訪問者皆請緩晤面弘一法師
諄留居此間一時總未能他適
仁者如須佛像贈人希以時告知即可
寫奉不具
四月初九日　曇昉疏
質平居士丈室

六日歸臥西湖養痾招賢謝絕訪問屏除緣務題字寫奉覽它人不得援是為例有屬者並為婉辭致謝曩尤居士齎佛書數種於尊右有暇幸披尋許以轉貽友人此未委悉

質平居士文室

曇昉疏

四月十六日

潘姚二居士悕為致意

質平仁弟足下：頃奉

手書，藉悉以聲學無從入門（不佞於本年重任杭寧二校課程，汽車往來千二百里，亦一大苦事也），為此近來何以為念。人生多艱，不如意事常八九，吾人於此當鎮定精神，勉於苦中尋樂，若處處拘泥，徒勞腦力，無濟於事，適自苦耳。至足下病中時，可取古人修養格言（如論語之類）讀之，胸中必另有一番境界。下半年仍來杭校否？甚念。不佞固已辭，与吾兄常相聚首也。祝頌

近佳

息上

九月三日

昨日奉赤存到東京故事花尚未覽到 詳情容後覆

兩次託上海家人匯上之款，計已收入。昨日奉人信已收就。望察收。奉（由董送居）寄來之物，尚未收到，便乞探詢。不佞近耽空寂，厭棄人事，早在今夏，遲在明年，將正式剃度為沙彌。刻已徹（所有之物皆贈人）準備一切。音樂書籍及洋服擬贈足下。昔時足下暑假時能返國一晤也。

質平仁弟

李息
三月初九日

正月十五日已皈依三寶，法名演音，字弘一。

胜平居士慧鉴：惠书诵悉。前恙已痊，至慰。陈嘉庚公司已寄到佛书三箱。清源歌曲已成就否，为念。往龙山事，现未能定也。谨复，不宣。

演音启

旧二月六日

遺囑

劉質平居士披閱

余命終後，凡追悼會、建塔及其他紀念之事，皆不可做。因此種事與余無益，反失福也。倘欲做一事業與余為紀念者，

將四分律比丘戒相表記印二千冊。以一千冊交佛學書局流通（南北新民路國慶路口，即居士林旁），每冊經手流通費五分，此資即贈與書局。請書局於半月刊中登廣告。以五百冊贈與上海北四川路底內山書店存貯，以後隨意贈與日本諸居士。以五百冊分贈同人。

此書印資請質平居士募集，並作跋語附印書後。仍由中華書局石印，宜與印刷主任徐曜庭居士接洽。一切照前式，惟裝訂改良。

此書原稿存在穆藕初居士處，乞託徐曜庭往借。此書可為余出家以後最大之著作，故宜流通，以為紀念也。

弘一書

質平居士：前復信片，想已收到。夏衣已有，乞勿添製。款集，擬去冬居廈門時，曾竭思力，卒不能成一首。今春在泉州受兵士之擾亂，腦神經已受重傷。歸途又與軍隊同舟，故返至溫州時，身心疲勞已極。遂廢思維，作書寫款集之事。及夏居士屬寫銅模字型之事，現在難以著手。夏居士處已致函謝罪，請其原諒。今對於仁者，亦強為推辭。余年老力衰，屢有食言之事，向心實慚愧萬分也。近為仁者寫佛經及字幅多種，附掛號寄上，聊以解仁者之憂悶。余亦未受額，左臂痛不易高舉，以後寫字當甚困難。前所寫者，亦為最後之紀念耳。所寫之華嚴經行願品讚，共五十一頁，另定可書一冊，廿裝訂之後，乞檢之，不可紊亂。此書人多已讀誦十數年。甚盼仁者自今以後亦能受持讀誦也。或讀全冊。或僅讀讚語，即余所寫者。仁者收到之後，乞復一明信片。余不久或當往他方。臨行之時，再當通知一切也。不具。

演音疏

質平居士文席：朽人已於九月初四日遷化，曾賦二偈，附錄於後：

君子之交，其淡如水。執象而求，咫尺千里。

問余何適，廓爾亡言。華枝春滿，天心月圓。

前所記月日，係依農曆也。謹達，不宣。

音啓

子愷居士文席：惠書誦悉。標書一冊，附奉上。護生畫集題字為兩部。舊輯者，余已再寫（一切如舊本）題詩，並畫及二序文，張英文本影印裝版，與原稿無異。近已由佛學書局印行。此外再擬編輯一部。仁者撰集諸詩寄下，即可書寫也。九月二十前出版，恐未能。於是日由仁者撰序一首（書名亦由仁者酌定），并於新編之首，以為六十紀念子目。紙張、筆墨之費甚多，乞勿寄下。圓淨居士已返申。將來新編付印時，倘彼仍在申，擬乞負責助理一切。彼眷屬牽纏，恐難出家，一時或未能離申也。謹復，不宣。

通信處，如信面所寫

音啟 七月三日

上月承寄永春寺三函、二明信（由夏居士轉寄之一通亦收到）及畫稿，已於今晨收到，歡感無盡。朽人近來身體尚健，精神大衰，未能構思。畫集題句，擬請仁者代懇浙大校同人分撰。撰就，乞寄與夏居士轉交朽人，即可書寫也。所擬應題句之畫名列下：

中秋同樂會。蝴蝶來儀。遠書。襁負其子。被三筆的小貓。推食。運糧。遇救。漏網。盥漱避蚍蟻。老牛亦是知音者（此畫背面未貼詩句）。蝶之墓。風雨之夜的候門者。好鳥枝頭亦朋友。牛的星期日。螞蟻搬家。呦呦鹿鳴，以食相呼。關關雎鳩，男女有別。塞雁暇行識弟兄。綢繆牖戶。方長不折。重生。敝衣不棄為埋狗也。鷸蚌相覷。歸故山。解放。群魚。群鷗。歸市。采藥。游山。麟在郊野。鳳在列樹。共計三十三幅。

題句，凡文、詩、詞及新體詩、語體文皆善，不必全首，僅片段即佳。以字句簡少為宜，因字數多，須寫小字，製鋅版未能明晰也。撰者姓名，乞一一注出。

擬刪去八頁：雨後。儕鶴歸。春夜的鼓手。春江水暖。香餌見來。橫行不到人間（此幅已另有選）。青山不識（此畫及詩甚佳，因格式與他畫不一律，故刪）。如是未知妥否，便乞示知。

編次擬依甲乙等，以同樂會及來儀冠首。

今年朽人世壽六十，承繪畫集（每十年續輯一編，至朽人百齡為止），至用感謝。但人命無常，世壽有限，朽人或不久謝世，亦未可知。仍望將來繼續繪護生畫集至第六編為止。朽人若在世，可云祝壽紀念；若去世，可云冥壽紀念（此名隨俗稱之，甚未典雅，或易立其他名目）。總之，能再續出四編，共為六編，流通世間，其功德利益至為普遍廣大也。

仁者如與馬居士通信時，乞代致候，並述謝忱。

附致酈居士一牋及聯對小幅，又張居士一幅，乞轉交。

若此畏遠，將候後除。以後惠書，乞以寄與夏居士轉交為穩。

九月二十日所發之[illegible]函，甚可留為紀念，擬以此附印於畫集之後，可否？乞示知。

子愷居士文席

十二月十二日 音啓

子愷居士文席：前復函及寫件，想已收到。朽人近在此弘法甚忙，亦頗有良好之效果，可慶慰也。仁者暇時，乞繪釋迦佛像一幅。約二尺高之直幅條（四尺宣紙一張，裁開為四幅）上，乞寫南無釋迦牟尼佛九字。下方紙邊，乞寫笑棠居士供養 仁者敬繪之小字（并蓋印），如常式。至用感謝。通訊處，仍寄漳州東門外浦頭祈保亭。謹懇不宣。

閏七月廿四日　演音啟

倘仁者多暇，乞再繪如上式之佛像數葉，但不寫上款，一併寄下，至感。附白子恺居士文席：惠书及画集、文同，皆收到，至用欢忭。文同甚佳，朽人暇时，拟随力补为润色。盥漱避虫蚁之画，作时人装束（与人谱原文似未合），拟由朽人另拟撰一偈，下署学童之名。其删去之四幅，为寒雁、纵麑、归故山、管仲师老马。友人欲请奉仁者所绘佛像及护生画者甚多，拟请以后通信时，随附寄数页，结缘寄下。若太多，恐邮局未能寄也。又信笺信封，乞勿用水印朱色者，宜用无朱色者，或油印朱色者为好。因水印（旧式）朱色之笺封，稍受潮湿，即污染也。附奉上拙书大佛字二纸。谨复，不宣。

旧历五月廿五日　音启

子愷居士文席。惠書誦悉。承用歡歷。朽人於去夏初、往青
島講律、秋末返廈門。途經上海、曾與夏丏尊居士晤
談。居廈門數月。承舊年暮、到艸庵度歲。戊寅元
旦始、在庵講行願品十日。二月初一日始、在泉州承天寺復
講。此外於泉州各地及惠安、演講甚忙。寫字極多、居泉
不滿兩月、已寫千件。幸身體康健、不畏其勞也。數日
後、須往廈門特會演講三日。下月初旬、復往福州城內
演講。講畢、或即返泉州。以後

惠書乞寄承天寺（泉州城內）轉交最妥。朽人出家已來，恆自韜晦，罕預講務。乃今歲正月至泉以後，法緣殊勝，昔所未有，幾如江流奔騰，不可歇止。朽人亦發願爲法捨身。雖所居之處，飛機日至數次（大砲急且鳴，玻璃窗震動），又與軍隊同住（軍人住寺內），朽人亦安樂如恆，蓋已成爲習慣矣。幸在各地演講，聽者甚眾，皆甚歡喜。於兵戈擾攘時，朽人願盡綿力，以安慰受諸痛苦驚惶憂惱諸眾生等。當爲仁等所贊喜。惟自慚道德學問皆無成就，冒充善知識，虛至信施濫用，恭敬亦為痛心，時以報顧。但時常慎重審慮，戰戰兢兢，如臨深淵，如履薄冰，不敢任性率情，庶幾無大過歟。泉郡之鄭健魂居士，為立達學園畢業生，

時憶念

仁者。甚盼仁者攜眷居住泉郡鄉間，彼願盡力輔助一切，亦以決無危險之虞也。城市危而鄉村甚安。朽人近在泉郡弘法，鄭居士熱心助理，情殊可感。率復，不宣。

廣洽師已往南洋。養正院星散，南普陀駐兵。

四月十八日

演音啟

子愷居士文席：惠書誦悉，至用感慰。屏聯，俟後以寄奉。朽人居閩南已十年，緇素諸善友等護法甚力。朽人年來老態日增，不久即往生極樂。故於今春在泉州及惠安盡力弘揚佛化，近在漳州亦尔。誠自慚智識不及，亦藉是以報答諸善友之厚誼耳。猶如夕陽，殷紅絢彩，隨即西沈。吾生亦尔，世壽將盡，聊作最後之記念耳。漳州弘法事尚未能了，不克他往。桂林諸居士若有屬書者，乞隨時示知。朽人甚願以書法廣結善緣，與在桂林居住者以異也。謹謝厚誼，并復。不宣。

九月三十日

演音

子愷居士道席：前復一函及信片，寄至長沙，想已轉達。今由泉州寄至四月二十一日惠書，具悉一一。宣紙未收到，前先寫小幅二葉，俟時局安定，再別寫大幅奉上也。廈門變亂前月四日，朽人已至漳州講經。爾來車路毀壞，一時未能返泉州，故在漳州東鄉瑞竹巖暫住，或即在此度夏也。朽人居此，人地生疏。時有所需，未便向他人請求。由陸口至漳州倘能郵滙寄，乞仁者有以資助，至感。不宣。

五月十一日　演音疏

廈門亂後，漳州物價日昂貴，有增至九倍者。惟漳州為閩中產米最多之處，雖久困居於此，必不致絕糧也。乞勿念。

通信處，由「祈保亭」轉交。其地址，如信面所寫。

子愷居士澄覽：前托夏居士郵奉復書及寫件，想已收到。前日復獲夏居士轉送兩書，誦悉。曇諦師所寄二函，於昨日下午始獲披閱。別寫復箋一紙，乞代填入今名（昔名曇諦，未知今出家後何名？乞仁者代為填寫），便中轉寄為禱。朽人近年來身體雖可勉強支持，但舊病未除，新疾時增，故自去秋閉門靜養，謝絕見客及普通信訊，惟有關係於護生畫集等諸要事，乃親自通訊耳。所復曇諦師書，甚簡略，因精神恍惚，未能多陳也。仁者致意於師，請其亮宥。謹復，不具。

并乞告之，朽人於外間罕通信訊，今致師之復箋，乞勿轉示他人云云。

音啟

舊曆三月廿四日

騰進居士文席：

道閱《華嚴疏鈔》，有引「枕上片时春夢中，行盡江南數千里」之句。攷《會玄記》（釋疏鈔者）云，此為唐岑參《春夢》詩也。上二句云：「洞房昨夜春風起，遥憶美人湘江水。」

又道日閱《靈峯宗論》（明蕅益大師撰），有詩云：

日輪挽作鏡，海水挹作盆。照我忠義膽，浴我諸臣魂。九死心不悔，塵劫願猶存。為撒虛空界，何人共此輪。

（此第三句与此第一句相應，第四句与第二句相應。）

激昂雄健，为高僧詩中所罕見者。附此奉 玄覽。

謹陳，不宣。

十二月四日 演音疏

滕达居士道鉴：近往韩偓墓道碑前，摄影一叶。仁者暇时，宜编辑韩偓评传一卷。（或径题名曰韩偓，或用他名，乞酌之。）偓居南安久，韩墓亦在此，是为当邑最胜之古迹，想仁者必乐为提倡也。且最要者为：辨明香奁集决非偓作。（辨伪中，香奁集（在香字部）一条，已有考据辨正，乞检阅之。）卷首即须标明此事，以后再详论之。（书中须前后一贯辨正此事。所以再说，不嫌重复者，恐阅者于此事不注意也。）近代系香奁集流传甚广，以此污偓，每为恨事。偓乃刚正之人，岂是作香奁诗者。编辑之法，大致如下。

卷頭、列攝影一幅。後面、乞記其因緣。大畧云。二十二年歲次癸酉十月、講律於泉州開元寺既竟。下旬、與廣洽諸上人等偕往西門外淨覺寺、於中途獲見此墓道碑、為之驚喜。二十四年乙亥二月、復往墓道碑後山林底。尋覓墓地、竟不可得。是年十一月九日偕廣洽上人往彼攝影。攝者藝軒陳祝信也。

參攷諸書

新唐書韓偓傳　別紙鈔寫四紙。為黃寄慈居士寫者。

辭源　別紙鈔寫。另有全唐集一條、未錄。乞摘錄之。

歷代名人字典　別紙錄寫。

泉州府志　余錄寫、三紙。

韓內翰別集　或名韓翰林學士集。已託蔡丏因尋覓、未寄來。倘不可得、乞向鹿諸叢刻中此類之書甚多、尋覓一覓。又一處大藏余忘其名書甚富，當易一覽也。並乞向廈大國學研究院教師詢問，請彼指示一切應參攷之書尤善。

內庭集、金鑾密記、遺稿等，若不可得，亦乞向他學者詢之。

余久荒文事，不能詳舉參攷諸書，乞向廈大教師詢問，及覓於圖書館中目錄內尋求，當尚有甚多可資參攷者。

書僅一卷，每頁數不宜多。所主要者，即是辨正香奩集、與偓在南安時遺事耳。新唐書中所載諸事，惟擇其有興味者略記一二，其他皆僅舉大綱。

仁者於他日編就時，乞託洽上人帶下，由余介紹於書局出版也。謹陳，不具。

冊頁一函，附奉上。

十一月十三日　演音啓

勝進居士道席：

惠書、誦悉。病中宜熟讀清涼歌集達恉。其文依法性宗，說理極透徹。若能平時，可知佛法之主旨矣。清涼歌須依音調唱之，其意味乃顯。（後三首最勝，前二首之。）（此五首曲、以數人之力經五年乃成、又審定閱試二年、共七年也。）仁者病愈時，乞訪忠儒居士、請彼歌唱。能彈伴奏尤善。仁者聞之，當悲欣交集矣。仁所說歌集，不知何人所編、余昔未聞其書名也。謹覆、不具。

演音啟　九月十九日

胜进居士：以前常闻居鼓浪者，皆已贵族生活、豪华奢侈。今居半月余、见其民风实较厦门朴素。由厦门移居鼓浪、有如自城市而往乡间之感。前所寄来摄影八叶甚美。持伞背身倚电柱者最佳、大殿檐及船中者第二。以上三叶，不值摄影展览会时、可以陈列也。美的书店照相馆殊草率不工、仁者所作实较彼华为胜也。谨达不宣。

廿四年五月廿三日

演音疏

奉上《韩翰林集评注》一册，为北方新刊本，吴挚甫评注。吴氏为晚清文学大家。其所评注颇为精湛。后跋署闿生者，其子也。谓《香奁集》为假物寓兴而作，非是实事，此亦旧说。乃至今人作《香奁》诗者，何尝不以是自文其过也。吴挚甫氏与　先父为进士同年，时先父年逾五旬，吴氏仅二十余岁。彼晚年颇留意新学，尝往日本考察学制，撰《东游日记》。其他撰述甚多。

胜进居士慧览

信吾　启

十歲裁詩走馬成，冷灰殘燭動離情，桐花万里丹
山路，雛鳳清於老鳳聲。 余於八九歲時已讀此詩，
今雖記憶，而忘其題及作者人名，似与韓偓有關係。它
詢諸他人，當可知之。 附白

墓道碑字，舊塗朱色，久已脫落。 仁者於寒假返里時，
能以洋漆（朱色）再塗描之，尤善。 其地在泉州西門外一里許，大路旁，近村市。——又余前往山林底
覓偓墓不得，仁者倘遊歷於附近各地，詳為尋覓，或能尋見，
亦未可知也。 余不久仍往惠安講經，後返草庵度歲。

近閲蕅益大師集有詩一首云。

廿日攬作鏡，海水挹作盆。照我忠義膽，浴我法臣魂。九死心不悔，塵劫願猶存。為檄虚空界，何人共此論。

又讀古人詩云：莫嫌老圃秋容淡，猶有黄花晚節香。

朽人近恒發願，願捨身護法（為壯烈之犧牲），不願苟且偷安，獨善其身也。

附白

仁者與馬居士通信時乞代致候。

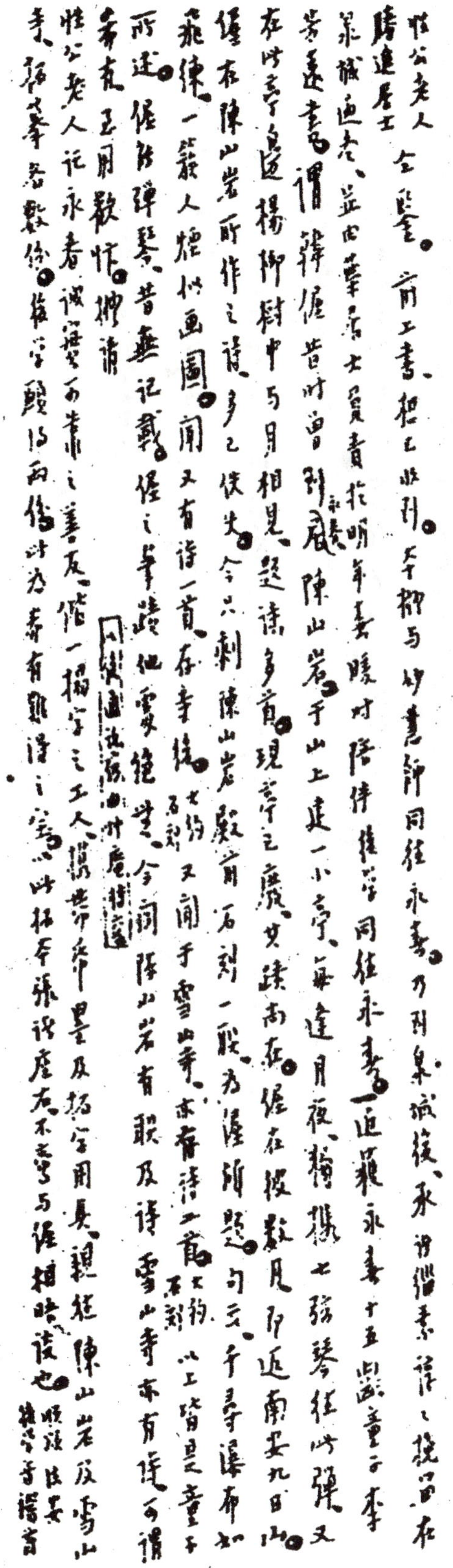

性公老人
勝進居士 仝鑒。前上書，想已收到。本擬與妙慧師同往永春，乃到泉城後，承諸緇素諄諄挽留，在泉城過冬，並由葉青眼居士負責，於明年春暖時，陪侍余同往永春。近藏永春十五歲童子李芳遠書，謂：韓偓昔時曾到永春，藏陳山岩，於山上建一小亭，每逢月夜，獨携七弦琴往彼彈，又在此亭旁遊楊柳樹中與月相見，題詩多首。現亭已廢，其蹟尚在。偓在彼數月，即返南安九日山。偓在陳山岩所作之詩，多已佚失。今只剩陳山岩殿前石刻一段，為偓所題句云：千尋瀑布如飛練，一簇人煙似畫圖。聞又有詩一首，存李侯（石刻亡佚）。又聞于雪山寺亦有詩二首（石刻亡佚）。以上皆是童子所述。偓能彈琴，昔無記載。偓之筆蹟，但要絕世。今聞陳山岩有聯及詩，雪山寺亦有偓可謂希有，至用歡懌。伸請[illegible]性公老人往永春，誠邀能書寫之善友，偕一搨字之工人，携帶紙墨及拓字用具，親往陳山岩及雪山寺，拓其摹各數份。後學願得兩份，以為永春有難得之寶。此係本張諸居士不知與偓相晤談也。順頌法安。後學[illegible]謹言

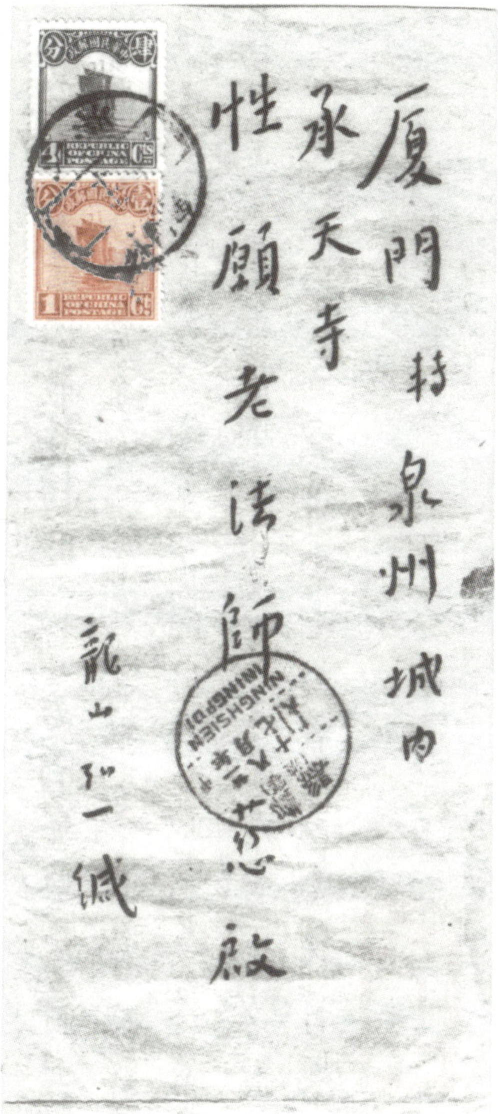

性公老人慈座：久未奉候，惟 道履貞吉為祝。後學於初冬移居靈應寺後，
辭謝見客通信等事，習靜養病，已近三月矣。前因有關俗家門內重大之事，必須奉陳
座下，故特破例通信，詳述由致。諸希 慈鑒，為禱。
近聞人云，慈座擬辭却信願寺職務，俟有要人繼位時，即可辭職返國云云。欽 久違
慈範，時以縈懷。今聞 慈座返國之消息，不勝慶忭。又望仙、普濟諸剎皆待
慈座往臨興建整頓，此即因緣，蓋非偶然。但信願寺後任住持之人選，後學不揣
冒昧，擬以推薦 性常師負此重任，乞 慈座與諸護法董事商之。 性常師
與後學相交多年，道念堅固，任事精勤。以前學律諸師之中，應推 常師為第一。
近為興復望仙寺事，諸方奔走，任勞任怨，尤為人所難能。 慈座能返國興建
望仙，請 常師在菲島遙為護法輔助一切，尤為適宜。但常師於任職之事，非其
所願，必須請 慈座與諸董事商酌，宜以最隆重之典禮至誠聘請，彼或可破
格允諾。應具聘書，命僧眾一二位專誠返國，殷勤勸駕，並陪伴常師偕往菲
島。至於護照等事，宜早為準備也。拙見如是，是否有當，希 裁酌之。順頌
法安。不宣。

十二月十二日 後學演音稽首

第　頁第　號

了智法師慈鑒：今日誦
座下惠書，悉了識師已歸西。音擬自明日始，在寺
誦華嚴行願品大意。更擬於十一月十九日（為生西百日紀念）
至妙釋寺誦（大約七八日誦完）梵網經大意。皆以迴向了識師，增高品位，早證
佛果。並於年底，擬編《了識師生之最後》一卷，附述了識師發心念佛
生西之事，由佛學書局出版，以為紀念。音與了識師友誼甚厚。
以上所述種種，略以表示微忱耳。謹復。順頌
法安

後學演音和南　八月十日

中華民國　年　月　日
廈門洛陽社製

冬涵居士文席：惠书、论志。承示印稿、至佳。刀尾、扁尖而平之齐。

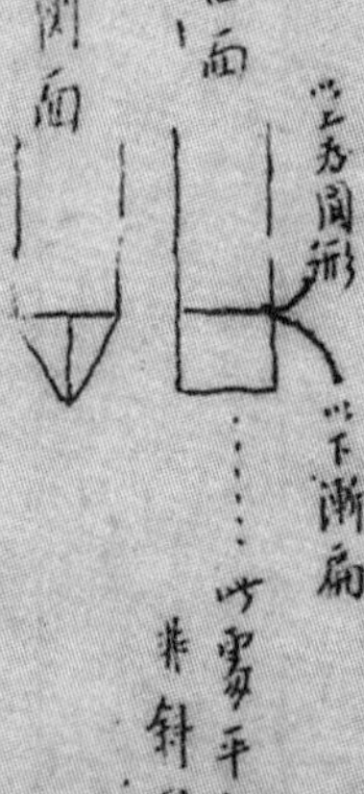

若椎状者、乃拙人自意所创。（可随意刻大小字之椎亦）

（丁君）椎形之刀、仅能刻白文、如以铁笔写字也。扁尖形之刀、可刻朱文

终不免雕琢之痕。不若以椎刻白文能得自然之天趣也。此乃拙人

之创论、未审有当否耶。寄呈联及横幅、并李、郑二君之单

条、油挂镜、邮寄、乞收入。以后寄来之件、乞勿写台衔。拙人处存

者亦多也。

作者暇时、乞为刻长形印数方、因常需用此形之印

以调和补救所写之字幅也。拙人于写字时、皆依西洋画面接

之原則，竭力配置調和全紙面之形狀。於常人所注意之字畫、筆法、筆力、結構、神韻，乃至某碑某帖之派，皆一致屏除，決不用心揣摩。故朽人所寫之字，應作一張圖案畫觀之，斯可矣。不唯寫字，刻印亦然。仁等若能於圖案法研究明了，所刻之印必大有進步。因印文之章法布置，能十分合宜也。又無論寫字刻印等，皆足以表示作者之性格（此乃自然流露，非是故意表示）。朽人之字所示者，平淡恬靜沖逸之致也。乞刻印文，別紙寫奉，謹復不宣。

舊十月二十九日　演音疏

晓晴居士 隆觉 惠书诵悉。一所刻各印甚佳。

佛像尤胜。仁者将来可以刻佛像印百方，辑为百佛印谱十卷（每十印及边款共数十叶为一卷），流传世间，亦可以艺术而弘传佛法，利益众生。想仁者当甚欢赞也。西泠印社或未迁移，今先写明信片询问，然后再汇资购书为妥。

今字拟定如下：

廿五 涵字作水释，字曰 寒渟。

渟，古义为澄清安静之意。唐沩山祐禅师语录云：尘如秋水澄渟，清净无为，澹泞无碍。

寒字以冬而言。

廿五 涵字作化育释，字曰 廿慈 昰。

昰，夏日光也。因冬涵有冬日可爱之义。冬当严寒，正是世界黑暗，众生悲苦之时，能发大悲心，救护一切众生，犹如杲日当空，遍照一切，普令众生皆得安乐也。

前字幽秀，此字伟大。

谨复不宣

四月 历五月十六日

演音疏答 时年六十

此小印为安海许晦庐居士刻

此印為李鴻梁所刻，又為友人請去。乞依此形像一並刻一方（一切皆如原樣），像之下為蓮花座。

此三印乞刻白文

印石大小乞依此形，因欲以此配合字體也。原石若大者乞磨治如此形。

勿用佳石，因出家人不宜用佳石之印也。

其文如下：

一 六十後作

二 名字性空

三 不拘文字

四 龍臂（臂字可以畧作辟）

五 无相

弟乞擇用之

冬涵居士文席　惠書，誦悉。承
刊印，大佳，數日間已印用數十次矣。以後
仁者暇時，再乞為刊四印，乞刊白文，印石不
須佳也。　葉世游（近或改名）居士 晉江人 青眼居士之子 現肄業長泰
高中校，舊曆年前乃返晉江。
仁者刊就時，或交彼帶下，或俟他日之便，皆
可。朽人自昨日始，當短期掩關數月，以資靜養。
謹陳，不宣。

五月十九日　　演音啟

繩初居士文席：

前函所述各事，別答如下。

一、編輯文稿之事，由朽人自編，或用或刪，排列定名，皆由朽人自己裁酌。數年前已略擬定辦法，名目決定不用文鈔之名，因朽人舊作可取者甚少，僅能編成兩小冊而已。

一、晚晴窗襍語。內容：序、傳記等約二十餘篇。平庸之作，皆力刪之。

二、講稿數篇，名尚未定。其平庸之講稿，皆不編入。

此外，如手札、詩偈等，似乎有可取，決定不編入。編輯之主旨，在於精，不在於多。應編入之材料，數年前居廈門時已收集，現存廈門萬石岩藏中。將來時局平靖，朽人自往廈門整理編輯，倘有缺少者，由朽人自己覓求甚易，無須徵集。

仁者所編計劃書，至為精密，但意在廣輯巨帙，洋洋大觀，此與朽意未合，乞亮之。

朽人在家時，曾有時見昔賢所撰之文或詩或詞等數首，歎為精絕，亟欲覓其全集，以廣眼界。及至求得其全集，亘數十卷或百卷，而循閱之，乃大為失望。因其一生之作，所謂精湛者，僅此數首而已，其他皆平庸敷衍，毫無可取。昔賢之全集，大半如此。朽人在家之時，屢於是而興失望之歎矣。（唐韓偓詩僅一卷，皆精美，豈必以多為貴哉。）

朽人出家之宗旨，決不願為文字之法師。今所擬自編之兩小冊，亦是未能免俗，聊復爾爾，豈期以此而傳諸久遠，流芳萬古耶。故關於編輯文稿之事，乞勿視為重大。俟朽人能往廈門時，隨意編定目錄一冊，由仁者為之抄寫而集輯之。今且置之度外可耳。

一 子母法名上一字誤寫。因朽人神昏，不及詳察，但亦可用。母子之名上一字相同，無妨。昔有歸依印光法師者，命名亦恒如是，與俗例異也。

一 朽人所編藥師如來法門講述錄甚善。將來再版時，尚有數處宜變動。
目次，應移至內封面後，序文之前。 朽人近影宜刪去。因與佛像並列，不恭敬。
正文第一頁第一行即藥師如來法門講述錄之大字一行，宜刪去。將第三行藥師如來法門略錄八字改為大字，列入第一行之地位。如是，乃與下二種標名之格式相同。
第一種法門略錄之標點，有脫略者，宜校正之。
第二、第三種，皆由他人具名記之，應列其名於文後。第二種，列於第十三頁第四行之地位。第三種，列於第十九頁第七行之地位。 補云，某某記錄。

附奉上拙書兩幅，乞隨意贈送。天寒手僵，率復不備。

農曆十一月廿六日 音啟

此信及前次之信，皆乞無須示人。

御松居士文席：前後函想已收到。前寄上各件如下。

△拙書四種。又石印心經一本。又金剛經一冊。

拙輯地藏菩薩靈感錄一冊（助友人輯）。寒笳集一冊。此為藝業身心之書，宜常常閱覽。人生之最後一冊。

清涼歌集一冊。讀誦稿數種。

拙輯之書及拙字付印者甚多，今就現存者檢奉如上。

△此外，有師友所輯之書數種，併奉上。

到光明之路一冊。旅行者言二冊。皆是指導新青年學子之作。

當大觀若二冊。亂世書非山一冊。皆是說因果報應之書。

清會曹居讀一冊。淨業指南一冊。學佛淺說一冊。皆是淨土法門之書，極切要。仁者及老母宜依此行持。

淨土法會課儀二冊。普賢行願品一冊。仁者及老母應讀誦之經典。

地藏菩薩聖德問答一冊。說菩薩之事蹟。

希查收。朽人未能來漳，仁者勿生憂惱。

仁者母子，今皆為 朽人之弟子。自今以後，
仁者等能依 朽人所教，深信佛法，念佛誦經，求生西方，則雖千里，有
如一堂。否則雖終日聚首，心意扞格，如隔萬山矣。去冬在安海
講稿，不久即付印，後再奉寄。

施居士，乞代致候不宣。

己卯元旦 演音疏

勝勝居士慧覽：惠書誦悉，至用悵然。下月時事平靖，擬即往鼓浪嶼，轉渡菲島。否則或稍延緩也。所輯講述錄，至善。所云生平及其他事，須俟朽人生西後（蓋余在世之時即出版者，將招他人之嫉忌，於弘法之前途大有妨礙）乃可流布。至要至要。拙書二葉附奉上。友人高勝進居士撰韓偓評傳，二前年在上海開明書店排就未印，即擱於兵燹。近復重編寫就，朽人再為撰序，附錄奉覽。

唐季喪亂，中原士族從閩者眾。偓以孤忠奇節，抗忤權奸。既遭貶謫，因隱南閩。蔬食修禪，冥心至道。求諸季世，亦希有矣。勝進居士為撰偓傳，以示青年學子。俾聞其風者，勵節操，祛卑污，堪為世間完人，漸次重修佛法，則是書流布，循循善誘，非無益矣。夫豈世俗文學典籍所可同日語耶。撰錄既竟，為題其端，爰志讚喜云。歲集鶉尾秋暮，晚晴老人。

庚辰曆十月十日

音啓

錦松居士　慧覺昨夕奉

惠書，披誦再用欣喜。

仁者善根厚植，歸信佛法，甚可贊歎。　朽人於元旦日書

寫三寶名號上，以証明

仁者發心歸依三寶之意。

仁者之母亦宜歸依三寶，朽寫佛號一紙奉上。

仁者之母，法名慧瀞。

仁者法名曰勝華。　朽人於元旦日書小堂幅二紙，即

寫法名，以为歸依記念。又有舊寫就之小聯二對，亦題
款一併寄上。又附上佛書數種，併为一包，於元旦日付
郵寄奉。　朽人亦五歲喪父，依慈母撫養成人。余与
仁者同是節母之子，必當盡其誠意，以佛法教導
仁者。惟明年上半年恐不能到漳州，因已与永春約定，
春暖时即須往永春也。余与
仁者道義之交，雖隔千里，猶如一堂晤對。希勿以形
骸阻隔而介意也。　朽人昔居漳时，恒与施慈航居士

晤談。近來亦常常通信。所有煩送之佛書，亦寄彼處。

仁者暇時，可以常至彼家晤談，必能獲益甚大也。

仁者以後，應常常與老母講說佛法。以後朽人寄去之書，應與老母共學之。宜常念阿彌陀佛及觀世音菩薩名號，並隨己意讀經數種，以此功德迴向眾生，同生西方，共成佛道。先此奉復，餘俟後陳，不宣。

附奉上攝影一葉

舊十二月廿五日

演音 啟

附二箋乞力轉交

施慈航居 東門新行街八十六號

嚴笑棠居 九龍飯店

勝進居士澄覽：前日復書，託笑棠居士轉致，想已收到。頃奉惠書，具悉一一。此乃小事，不須介意。前復奉上一葉，又子愷來信，及馬曉清居士印稿，并以奉贈仁者收藏。馬居士住漳浦新行街，現任職於長泰羅山中心小學。其印稿中加圈者五印，皆為杭人刻者。謹復不備。

庚辰正月十六日　演音疏

滕華居士慧覽

惠書誦悉。九月三日始，即掩室著書，謝絕一切。以後雖住址遷移無定，掩室仍應繼續。所有外來之信件等，皆由他人代收閱，或送退回，朽人未能披覽也。豐居士處，已近兩載未通信，可見朽人之疏懶頹唐矣。附奉上寫幅，以為紀念。此外皆未能書寫，以後亦即停止通信，諸希鑒諒為禱。謹復，不宣。

八月廿二日　音啓

芳遠居士智覽：惠書誦悉。諸承關念，并示箴規，感謝無盡。

此次朽人至泉城，頗不免名聞利養之纏，但較三四年前則稍輕減。此次至泉未受請，未赴齋會，僅有請便飯者三處往之。惟以見客寫字爲繁忙耳。夫見客寫字，雖是弘揚佛法，但在朽人則道德學問皆無所成就，殊覺惶恐不安。自今以後，擬退而修德，謝絕諸緣。以後於寓處亦未能通信，倘有惠函，亦不拆閱，諸乞原諒爲禱。前由廣居士寄錢一紙，並函轉上。仁者屬寫存件書，朽人出家以後即有未詳之，係之。仁者屬蓋印事，此間前存性常法師處，將來託便人攜歸寄遠。因朽人前已蓋事，不須再蓋，且佳印無多，不足觀也。（種種失禮之處，唯希原諒至禱。）朽人現在結束一切諸事，未能應命，乞懇其老朽而曲諒之。謹復不宣。

以後倘有他人詢問朽人近狀者，乞以「閉門思過，念佛待死」八字答之可耳。

壬午元宵日 音啓

此次至泉州，朽人自己未受一文錢。他人有供養錢財者，皆捐贈寺中或買常用。往返之旅費，由傳貫師任之。附白

此詩句宜用楷字書寫，俾易辨識，不至代誤。注一

回淨居士之通啟，去秋，曾與開明書店夏居士商酌，欲重寫《護生畫集》題詞，重製鋅版之意。夏居士甚為歡讚。後以戰事擾亂，未能進行。今擬請 仁者與 陳居士、夏居士商酌一切法。鄙意略述如下。

一、畫幅仍舊，無須重畫。（而夏居士有請豐居士重畫之意。余以為豐居士現居廣西鄉間，通信往返甚為遲緩，擬即用前存於上海居士林圖書館原稿本之畫幅。）而重新攝影製鋅版。所有舊版，一概廢棄不用。

一、題詞擬變改詞句，及重書寫。（原本之詞句，有可用者存之，否則改之。宜 仁者先將古今人所作戒殺放生之詩句，廣加蒐羅，寄下，由余斟酌選用。題須通俗，而兼和雅為妙。）

一、馬居士之序，亦宜重撰，新製鋅版。封面之字，亦擬重寫，重製版。

一、此畫集原有鋅版數套，一概廢棄不用。新製鋅版，擬分為如下兩種：大本如開明書店所印，小本如佛學書局所印。前佛學書局所印者，以大版印小冊，甚不美觀。余意以為若印小冊本，應加製縮小之版而印之，庶於與畫幅相稱合也。

一、泉州交通行長劉居士，欲得新製版一套，存在福州。因福州印刷價廉，而運費省也。劉居士謂鋅版易於模糊損壞，欲得銅版一套（在上海製就，運至福州印，是以銅而代鋅，全同鋅版之製法，其價較鋅版加倍）。劉居士所欲得新版全套，括有封面、序、畫、題詞，及後附之戒殺文（其戒殺文應用銅版或他種，宜 仁者酌之）。餘俟後陳。

演音啟

宗修
宗定 居士合鑒：惠書誦悉。

仁等精進為道，至用忻慰。朽人暫住瑞竹巖，俟車路通時乃能返泉也。巖中多宋明古物，如銅鐘、錫盒、木香爐及牓聯等。聯語皆佳，錄二如下。

風靜潮初滿　山空月正中　明天啟　陳天定

風根有慧皆森茂　上善無聲自廣長　九日山居士

又前惠書及照片悉收誦，乞代致候。郵寄已收，敬謝，謹復，不宣。

五月二十日　演音

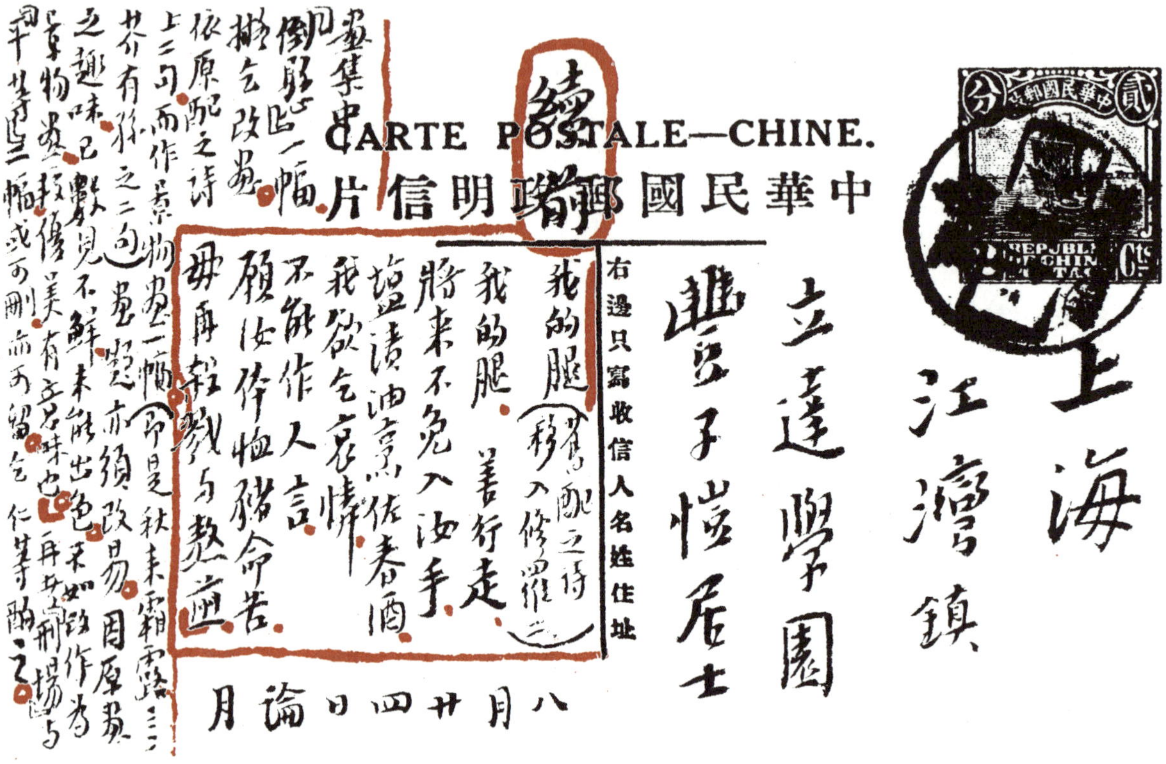
CARTE POSTALE—CHINE.
中華民國郵政明信片
右邊只寫收信人名姓住址
上海
江灣鎮
立達學園
豐子愷居士

廣心法師
勝良
勝慧居士
勝華

公鑒：屢奉惠書，敬悉一一。盛意殷誠，感謝無盡。自昨日始見客。稍遲擬移居近處，仍閉門謝客靜養。年來衰老益甚，精神恍惚，未能勝長途舟車之勞。往漳之約，只可延緩。失禮之罪，諸乞鑒諒為禱。順請

法安

演音敬上

七月廿四日

丙農居士禮席：惠書誦悉。往生讚撰集，數日後再郵奉（以掛號）一包。內計：

李正元居士屬寫橫披一張。

仁開寄來之紙，寫小幅三張。（令隨意贈人）

地藏菩薩像及小聯，共十七件。（仁開、因弘師、李正元居士、鄭伯潛居士、謝池老三子，各四件）

地藏菩薩聖德大觀二冊。（仁開、李正元居士，各一冊）

授三歸依大意一件。（贈與仁開）

再過一月左右，尚有寒笳集小冊寄上。（仁開、因弘師、李正元居士、鄭伯潛居士，各二冊）

以上各書，皆音所編輯也。

謹復，不宣。

演音疏

五月一日

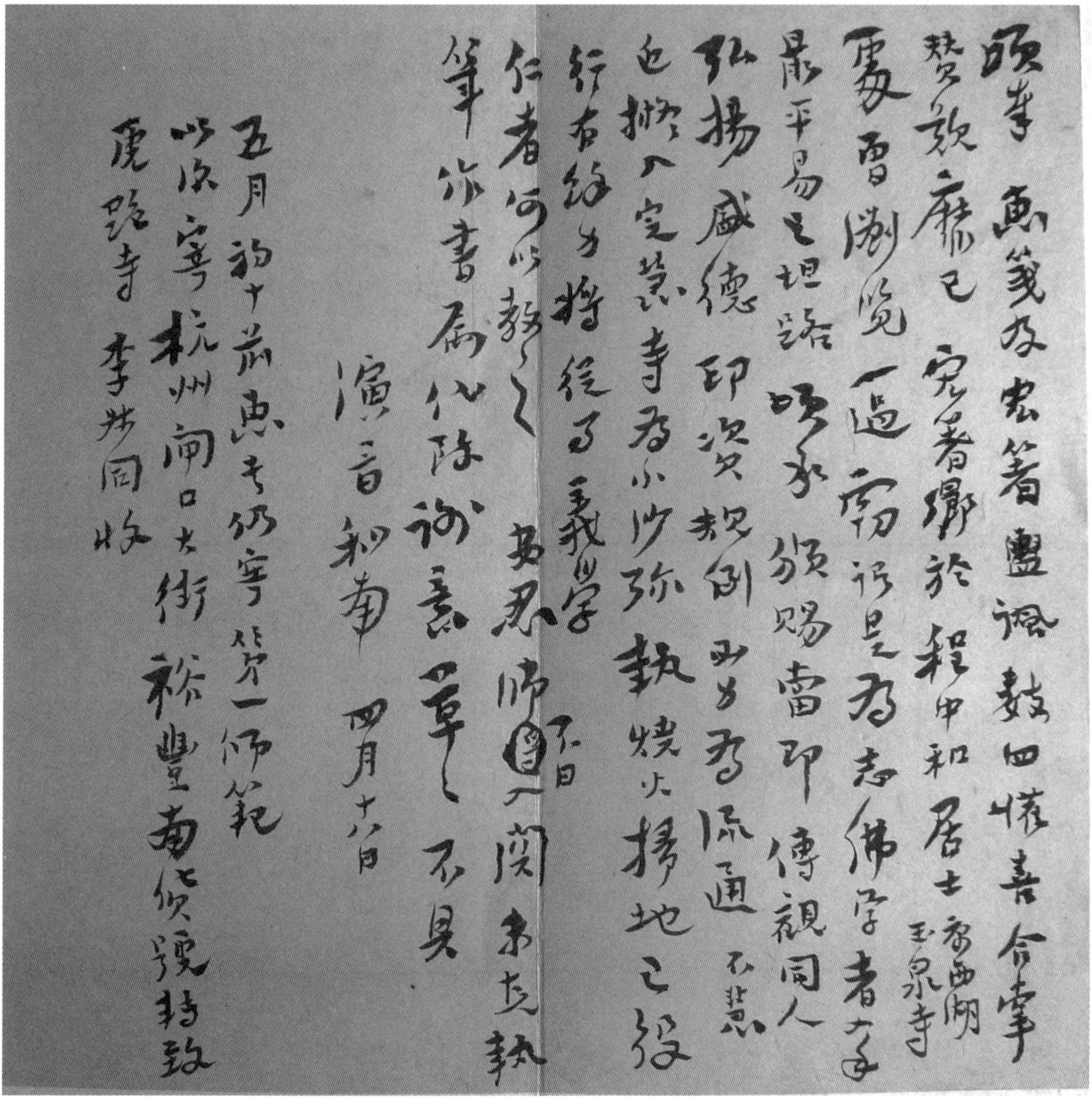

頌年惠箋及大著盡諷數四忻喜俞摯
贊歎靡已究看鄉於程中和居士（今西湖玉泉寺）
處曾瀏覽一過竊謂是為志佛學者之
最平易之坦路頃承 頒賜當印傳觀同人
弘揚盛德印資款例由某為流通 不慧
已撥入定慧寺為小沙彌執燒火掃地之役
行有餘力將從事義學
仁者何以教之 安忍師（不日）一閱來支執
筆作書為代陳謝意草草不具
演音和南 四月十八日
五月初十前惠書仍寄（於第一師範）
以後寄杭州閘口大街裕豐南貨號轉致
虎跑寺 李叔同收

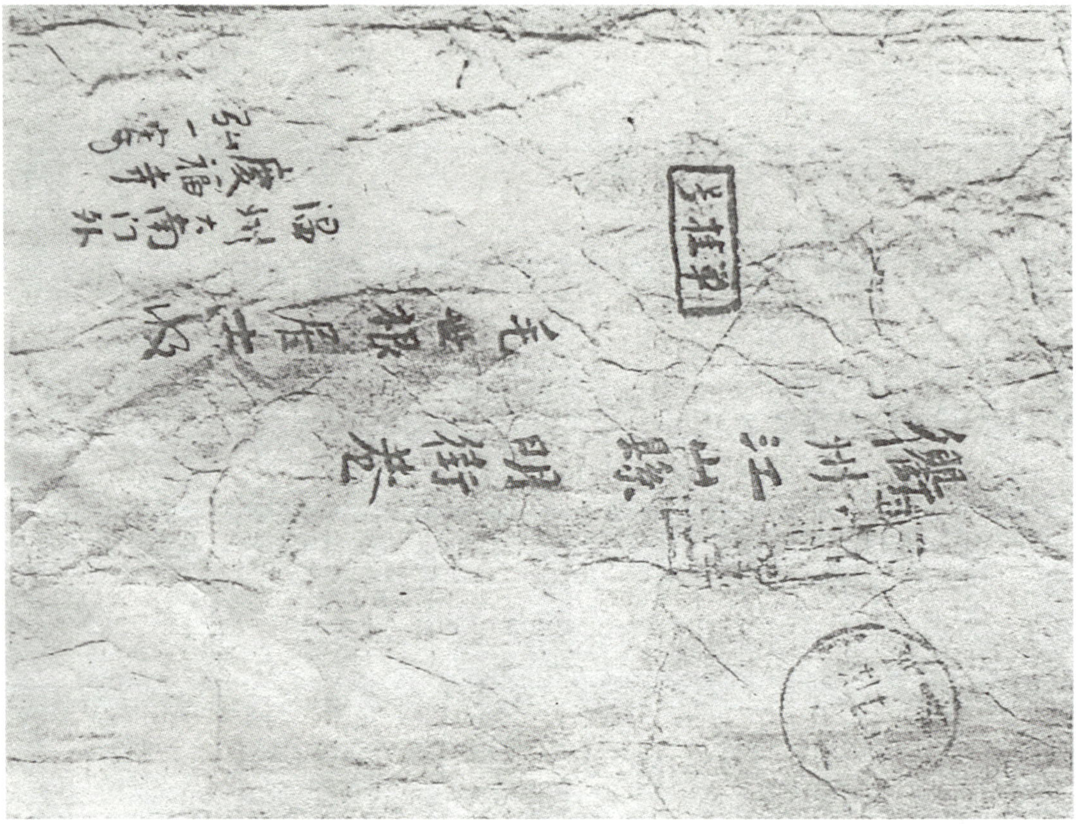

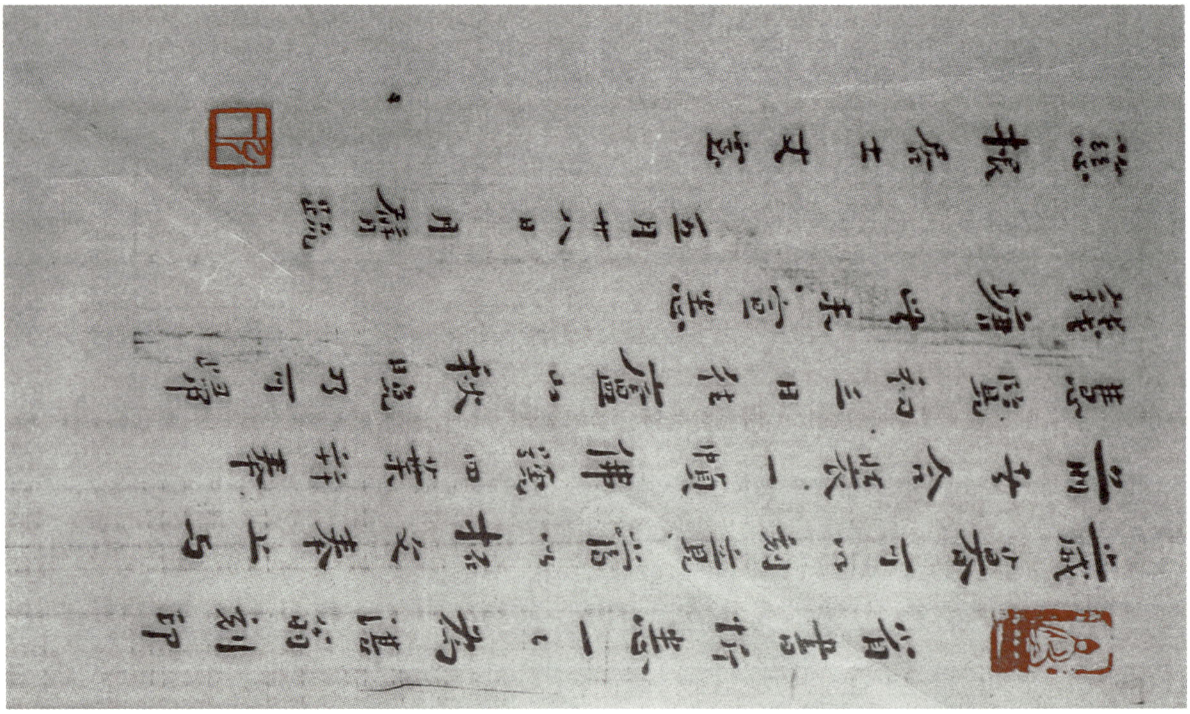

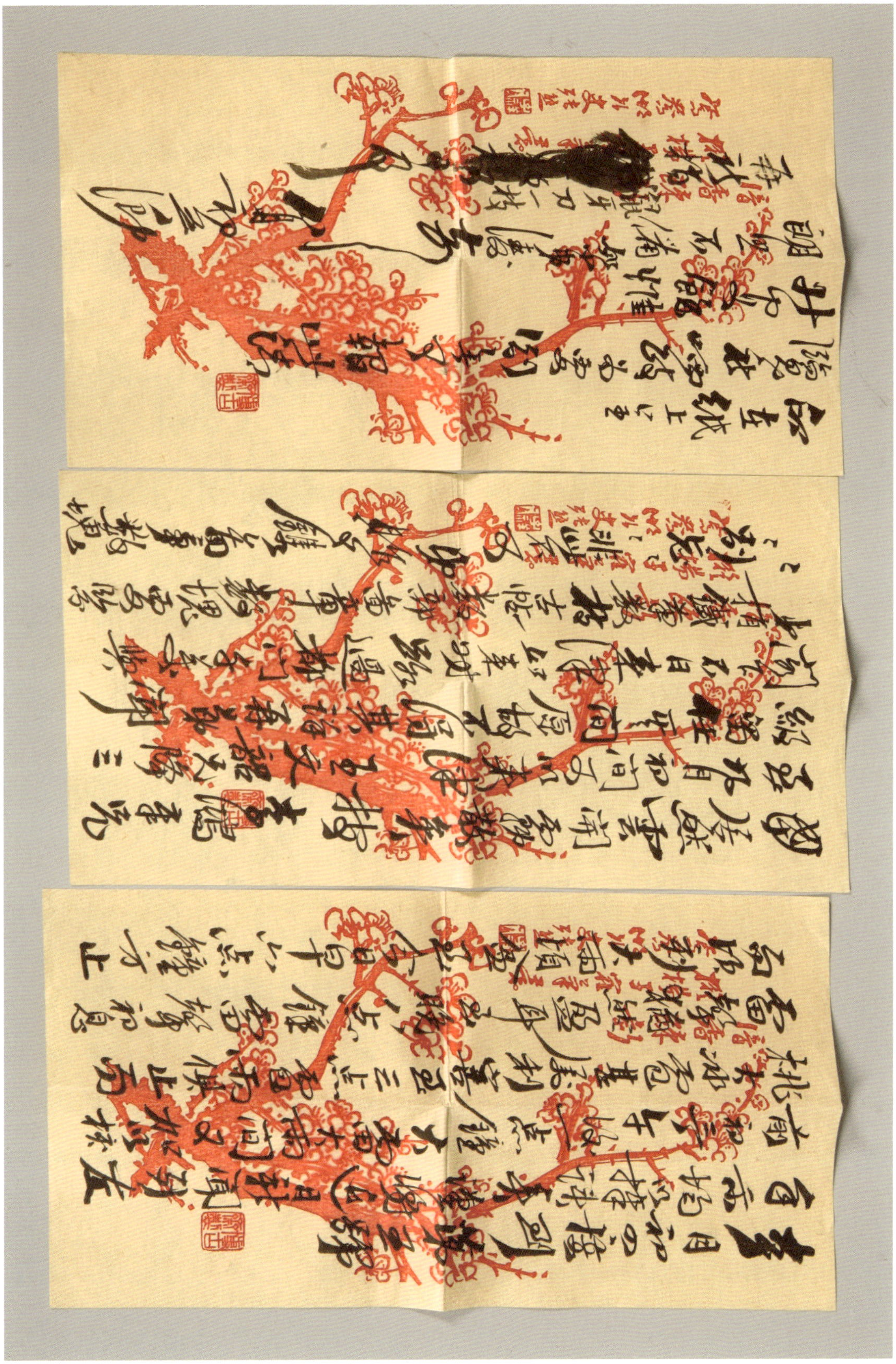

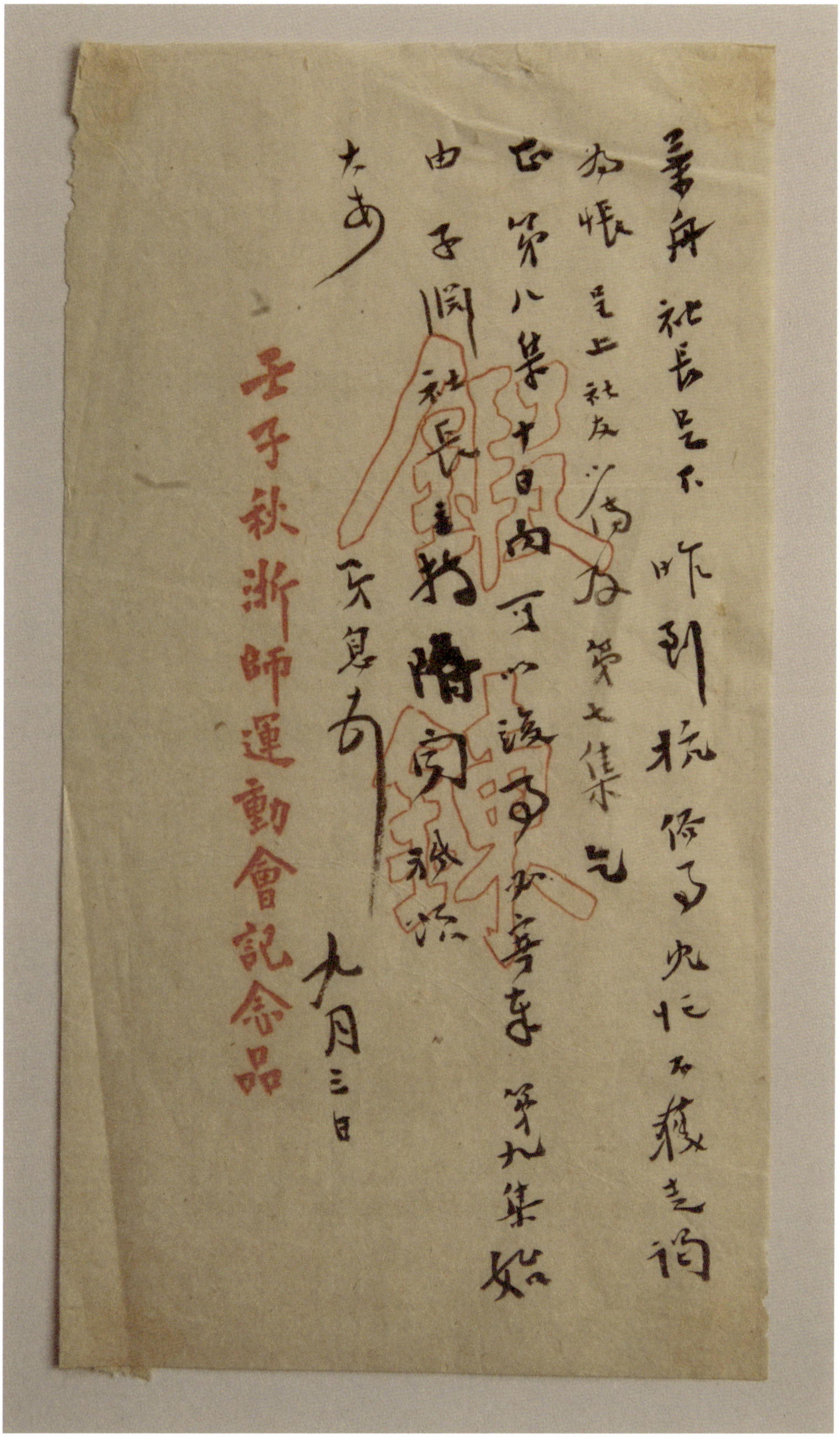

蕙舟社長足下：昨到杭，係爲兄忙，不獲走詢爲悵。呈上社友以備存第七集，乞正。第八集十日內可以讓印寄奉。第九集始由子聞社長主持，將隨同接洽。

大安

天息奇

九月三日

壬子秋浙師運動會記念品

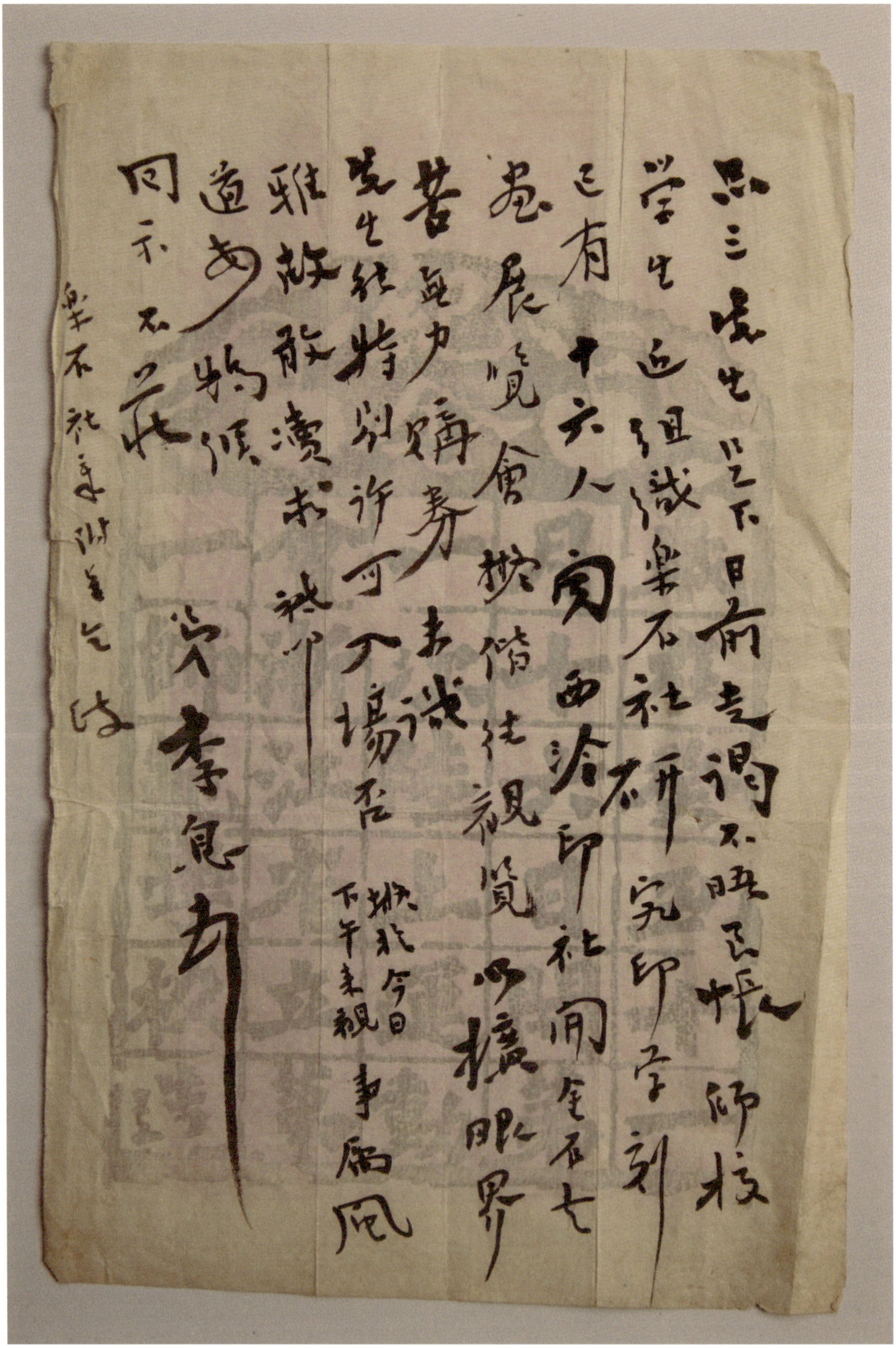
思三先生閣下：日前走謁不晤，悵悵。師校學生近組織樂石社，研究印學，刻已有十六人。西泠印社開金石書畫展覽會，擬偕往視覽，以擴眼界。甚望力囑務，未識先生能特別許可入場否？擬於今日下午來觀。專函風雅故，敢瀆求祺

道安。物候同示不莊

弟李息霜

樂石社章附呈，乞詧

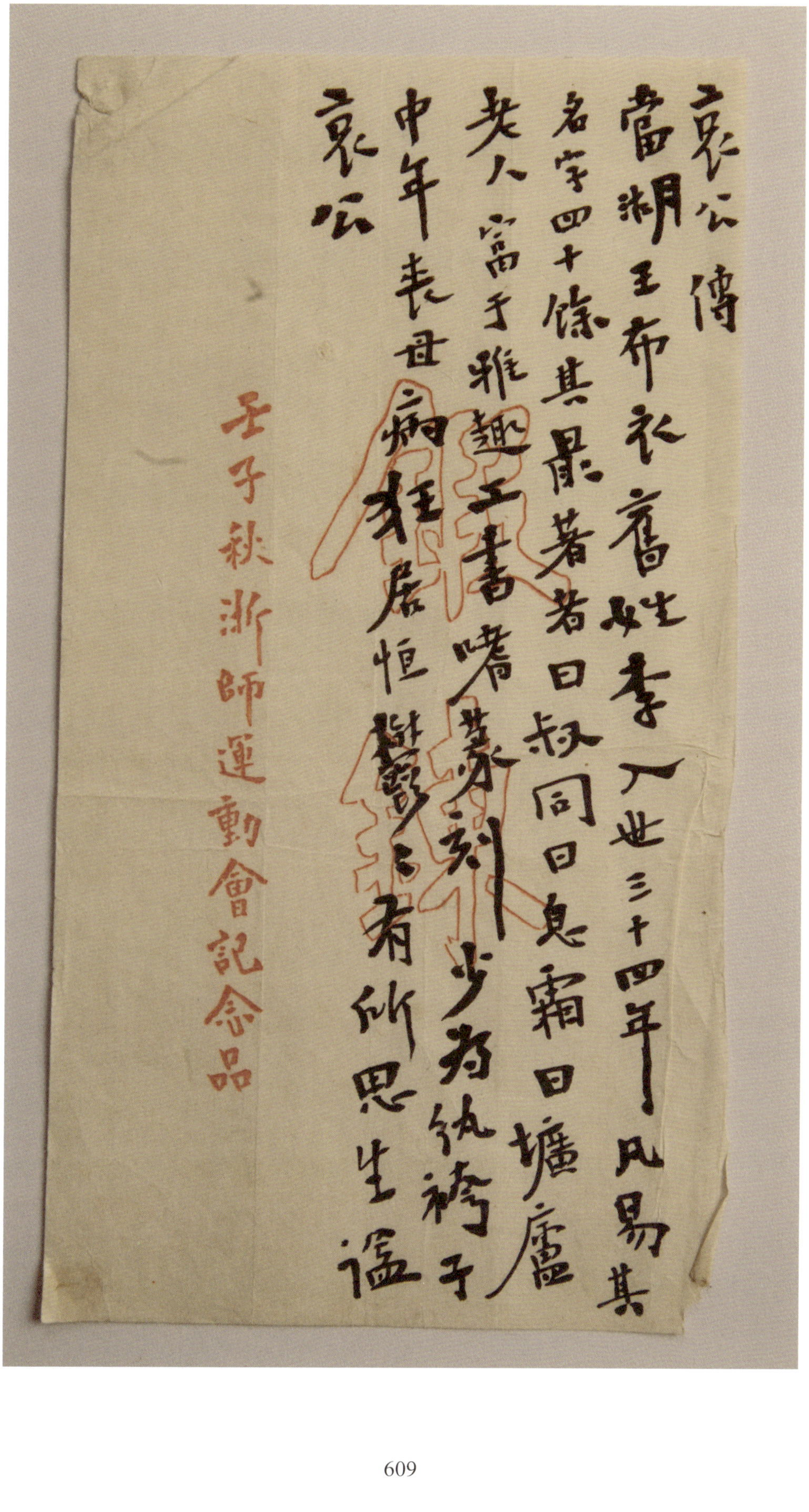
哀公傳
當湖王布衣舊姓李入世三十四年凡易其
名字四十餘其最著者曰叔同曰息霜曰壙廬
老人富于雅趣工書嗜篆刻少為紈袴子
中年喪母病狂居恒鬱鬱有所思生謚
哀公

壬子秋浙師運動會記念品

思三先生道席：昨承招待
同人，藏饱览珍品，感谢千万。承
允赐《印人传》及《印学丛书》样本，
顷已代达同人，尤为铭感。希为每种
先惠赐二十部，交来使带下。
印社展览会特别捐，弟曾任金
一元，兹附呈上，乞鉴入。祝
教安 弟李息启

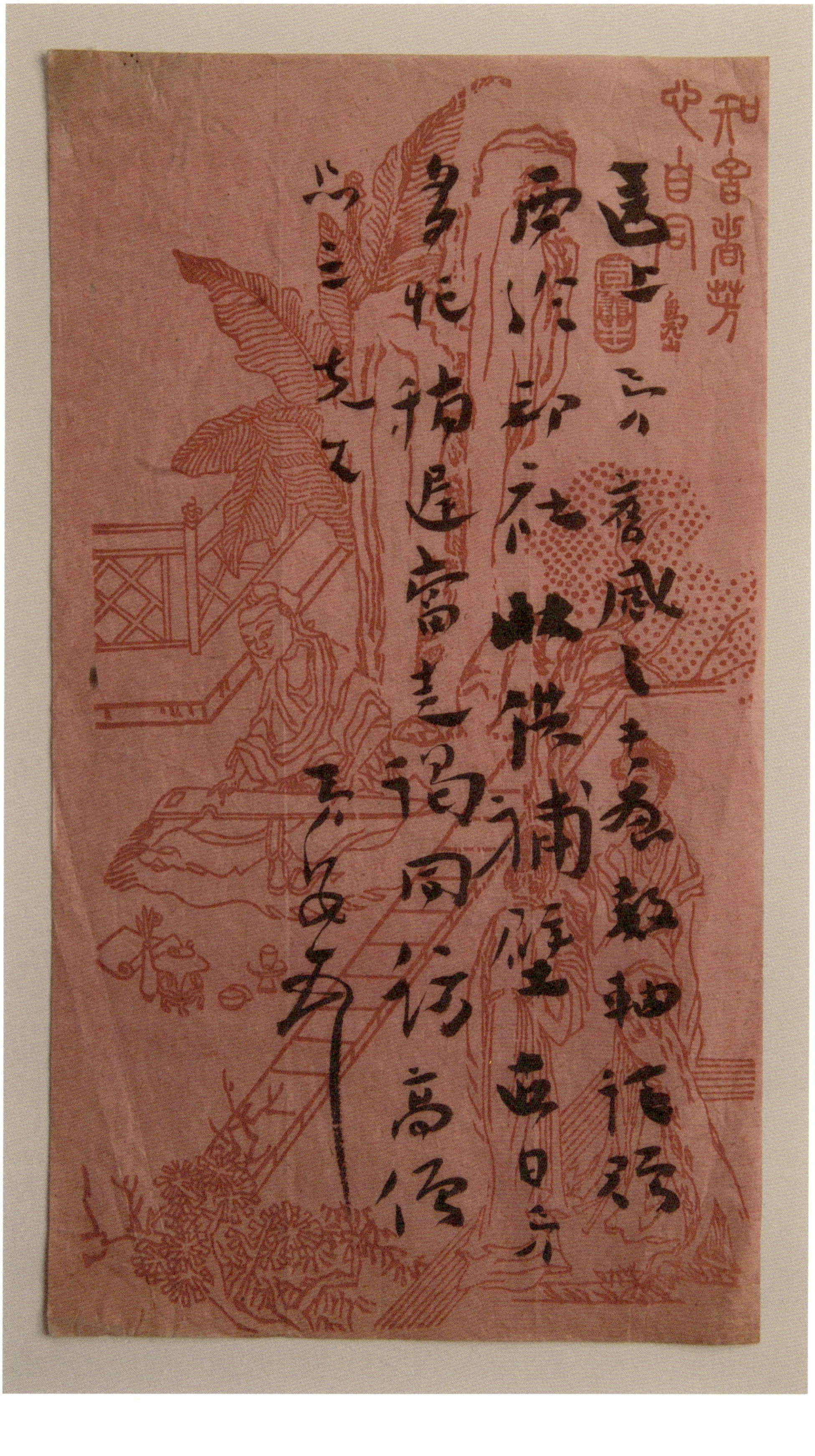

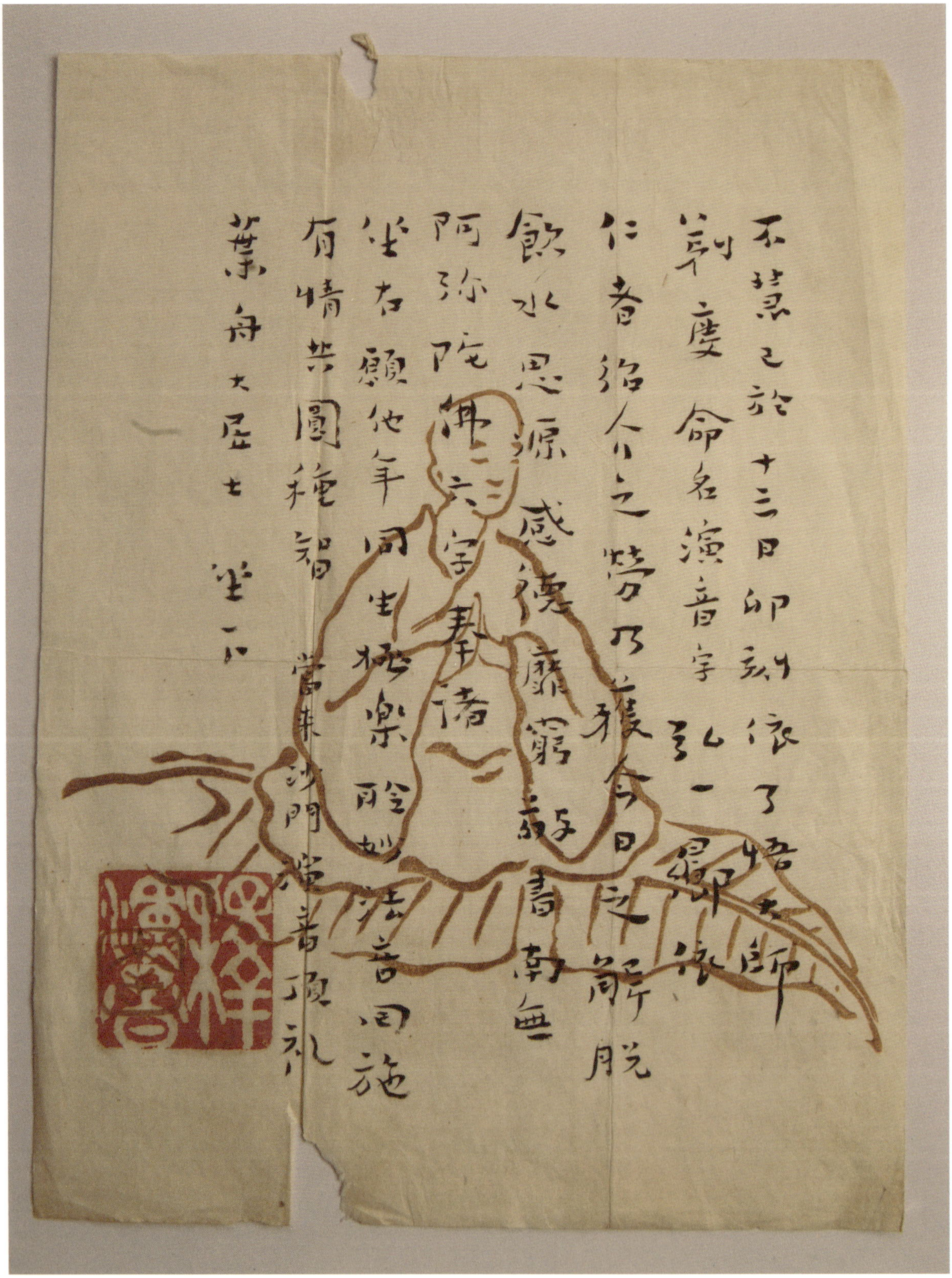
不慧已於十三日卯刻依了悟大師
剃度命名演音字弘一屢承
仁者紹介之勞乃獲今日之解脫
飲水思源感德靡窮謹書南無
阿彌陀佛六字奉請
坐右願他年同生極樂陪聆妙法音回施
有情共圓種智　當來沙門演音頂禮
葉舟大居士　坐下

弘一大師全集

趙樸初署

第九冊
書法卷

《弘一大師全集》（修訂版）編輯委員會　編

海峽出版發行集團
THE STRAITS PUBLISHING & DISTRIBUTING GROUP
福建人民出版社

初版發起人（敬稱略）

釋瑞今　釋宏船　釋廣洽　釋常凱　釋妙燈　釋廣淨
釋廣義　釋廣範　釋廣餘　釋廣安　釋傳貫　釋晴輝
釋覺定　釋優曇　釋元果　釋隆根　釋白立　釋唯慈
釋妙因　釋妙抉　釋心理　釋圓拙　釋妙蓮　釋妙湛
釋毅然　釋傳常　高文顯　陳珍珍　林了青　虞　愚
蔡吉堂　劉雪陽　豐一吟　金兆年

編輯委員會總顧問：趙樸初
編輯委員會主　任：林子青
副主任：釋圓拙　陳珍珍　沈繼生
編輯委員：釋圓拙　釋妙因　釋妙蓮　林子青
陳珍珍　高文顯　沈繼生　釋法雲　王連茂　陳泗東
陳清泉　陳祥耀　莊炳章　陳存廣　黃柏齡　楊加清
李瑞良　楊貢南　夏宗禹　許在全　余險峯　張虹劍
施榮茂　莊為玠　葉四遊　陳瑞熙　傅佩韓　陳懷暐

修訂版編輯人員（敬稱略）

編輯委員會總顧問：李木源
顧　問：釋界詮　釋道元　釋本性　釋向願　釋理任　釋常定
汪毅夫　林文斌　余險峯　黃少萍　李育才　陳清泉
潘燕燕　胡曉泉　駱良益
主　編：釋學誠　陳珍珍　陳祥耀
副主編：周焜民　王爾康　吳幼雄　林長紅
編　委：釋學誠　陳珍珍　陳祥耀　周焜民　王爾康　吳幼雄
林長紅　祝閩影　周書榮　釋振宇　釋德昇　釋真仁
張　勇　林　樺

◎一八九九年攝於上海

◎一九〇二年攝於上海，時年二十三

◎一九〇五年攝於日本東京

◎一九一五年攝於杭州

◎入大慈山斷食後留影　一九一六年攝於杭州

◎與虞愚（左）、蔡吉堂（右）　一九三六年攝於廈門

◎與廣洽法師、高文顯居士　一九三三年攝於泉州

◎一九五二年建舍利塔在泉州清源山彌陀巖

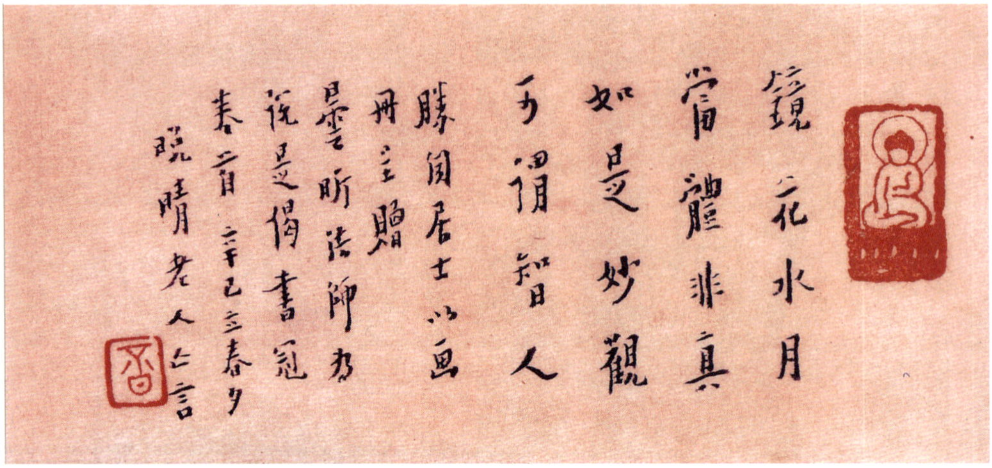

◎弘一大師書格言小品

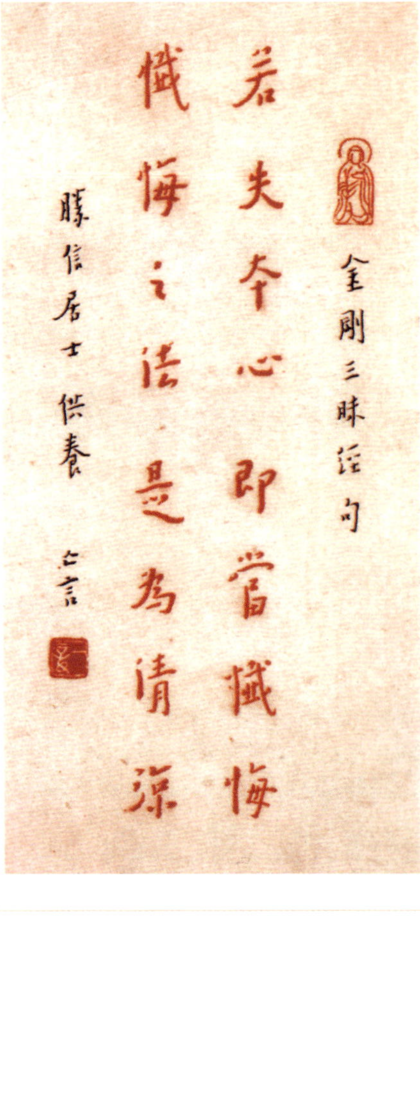

◎弘一大師血書《金剛三昧經》句

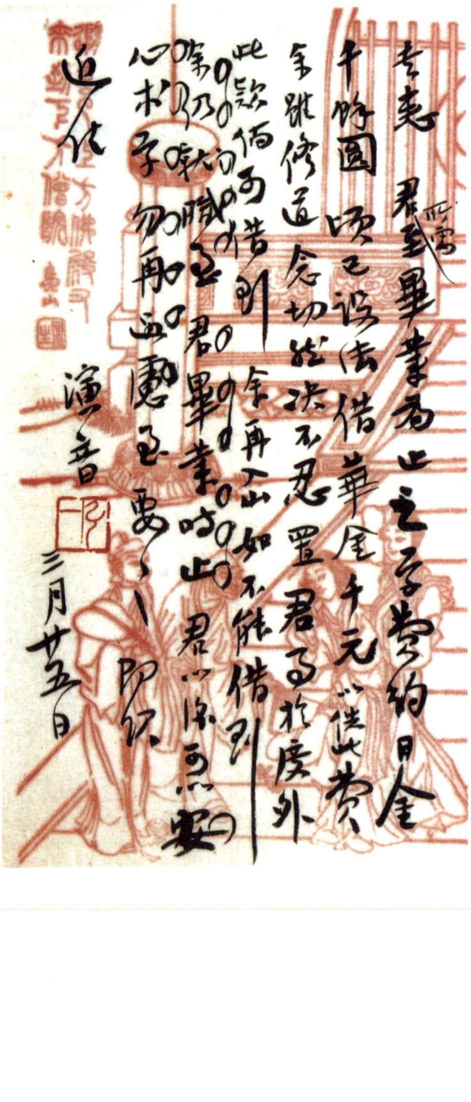

◎弘一大師與劉質平書（浙江平湖弘一大師紀念館藏）

第九冊目錄

本冊說明

一　弘一大師遺墨為數甚多，本冊收錄係其在俗及出家後兩個時期所書寫的臨古法書、文詞、詩歌、贊佛偈、聯語、格言、經文等各類精選的書法藝術作品四百餘件，具有代表性、典型性。

二　為了便於瞭解大師一生從事書法藝術創作的光輝成就，本冊按照大師書寫時間，大體劃分為前（在俗）、後（出家）兩個階段，依次編排。從童年臨摹的「甄微靡（隸書）」起，直至大師臨終絕筆的「悲欣交集」止，計五十餘年之作品。使讀者得窺其藝術全貌。

三　為了真實反映大師書法藝術風貌，本冊在版面安排上縱向以時間順序為準，橫向按對聯、匾額、立軸、屏條、臨帖、題扇、書本題簽等不同形式分類排列；至於篆、隸、楷、行、草等不同書體未便歸類集中編排，衹好分散穿插，可收到活躍版面之效果。另外，為方便讀者進行揣摩比較，對某一時期的書件，作了個別必要的調整，不盡依時序排列。

四　本冊所收錄的部分作品未有落款，或未寫明年月時間，從年譜及其他資料又無法查考者，根據字形相近，分別劃歸不同的時期。又本冊所選精品，徵集時各有出處。如橫額「戒定慧」為魯迅先生所收藏（現收存於魯迅博物館）。草書「無住齋」為葉聖陶先生所收藏。一九三〇年所書條幅為朱自清先生所收藏等等是也。其他徵得的書件數量不少，因未能一一附加說明出處，特向諸收藏家致歉意。

五　大師手寫經文係其書法藝術的重要組成部分，此類作品從前已印刷出版者計有二十七種，數量多，篇幅大。本冊僅選《佛說大乘戒經》、《佛說八種長養功德經》、《大方廣佛華嚴經十迴向品》、《佛說五大施經》、《佛說阿彌陀經》、《般若波羅密多心經》、《金剛般若波羅蜜經》、《大方廣佛華嚴經入不思議解脫境界普賢行願品偈》八種。（修訂版編者按，今增一種。）按照書寫時間先後次序，集中編排於後。

六　此次徵得大師書信手蹟為數不少，就書法藝術角度觀之，此類書件，最能表現大師在「行書」方面的藝術風采，本應收錄於書法卷。但依全集編纂體例，書信手蹟之代表作，已見刊於書信卷。為避免重複，本冊不再收錄。

七　本冊係書法藝術專卷。大師手書文詞，簡短者全文收錄，較長者衹選摘若干段落，如《福州怡山長慶寺修建放生園池記》、《南通費生傳》等。

八　本冊收錄的木刻、石刻對聯、匾額、碑記手蹟，均係泉州開元寺、弘一法師紀念館、晉江草庵、龍山寺、五里橋現存原件，較為珍貴。

九　已往《弘一大師遺墨》諸出版物，收集大師所作《華嚴集聯三百》之書件，佔有一定數量，幾成慣例。本冊對來自《華嚴集聯三百》之書件，予以省略。因《華嚴集聯三百》之全文手蹟，已見刊於文藝卷。（修訂版編者按，今移刊於佛學卷。）為避免重複，本冊不再收錄。

十　（修訂版編者按，「兒態令親」、「工轂徒要」兩幅印章，存疑待考。）

書法卷

前期墨蹟

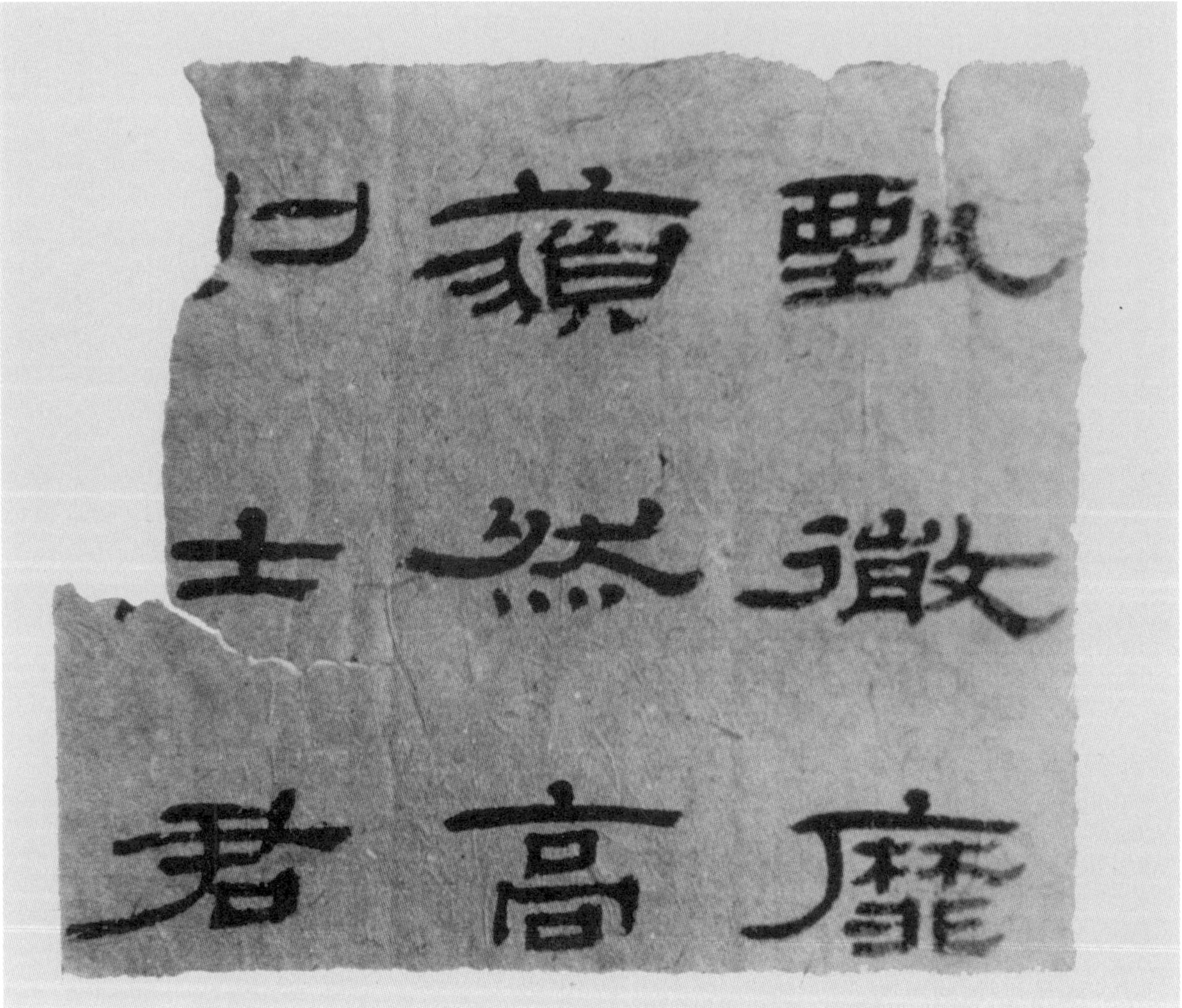

李息翁臨古法書　髯叟題

居俗之日嘗好臨寫碑帖積久盈尺藏於丏尊居士小楳華屋十數年矣今者居士選輯一帙將以鋟版示諸學者請余為文冠之卷首夫耽樂書術增長放逸佛所深誡然研習之者能盡

其義以是書寫佛典流傳於世
令諸眾生歡喜受持自利利他
同趣佛道非無益矣冀後之覽
者咸會斯旨乃不負居士倡布
之善意耳　歲譠鶴居如眼書

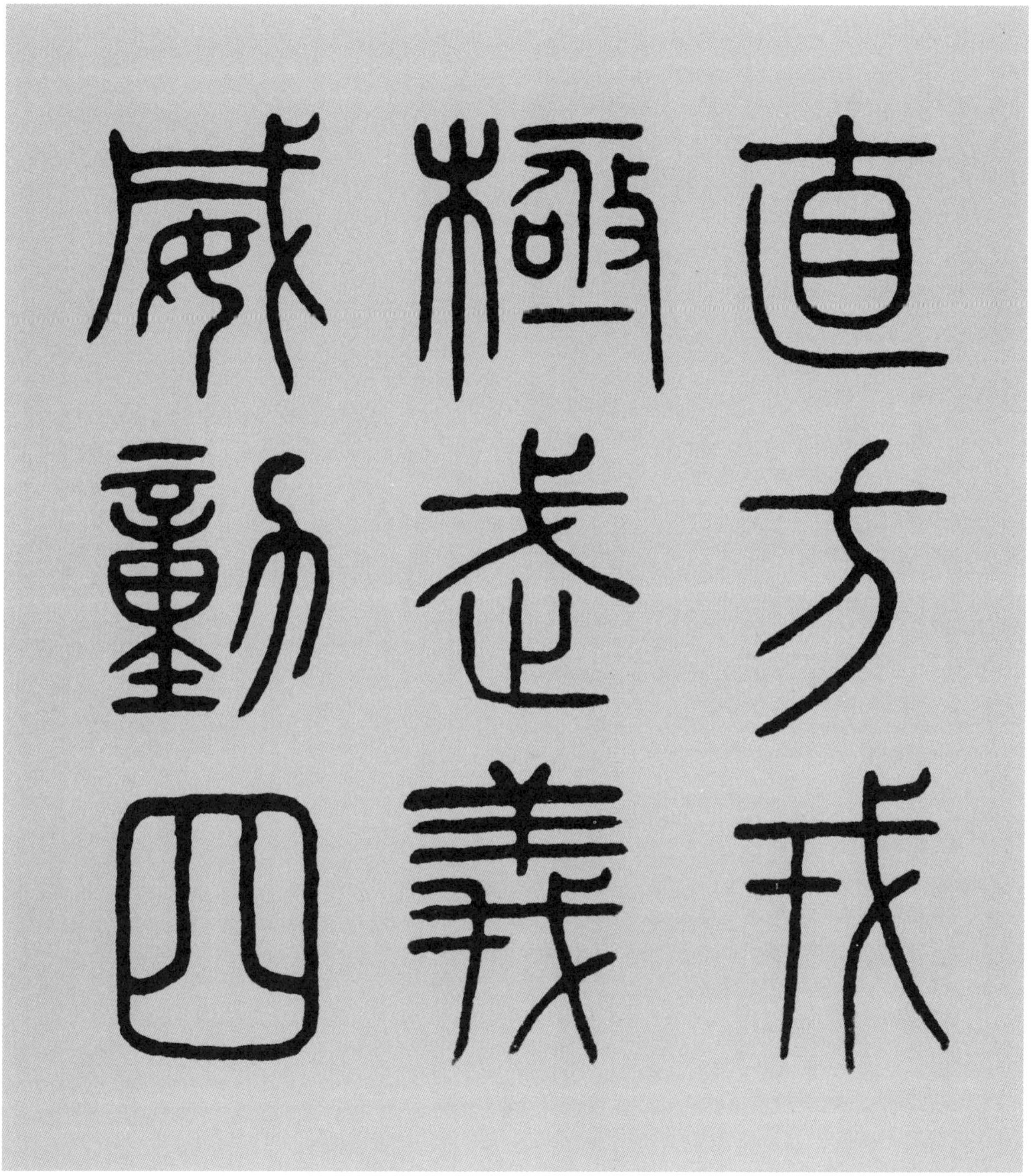

久
大
經時不
臣奉詔

清恪發自天然冰
挺高邈之操通曠
少禀瓌偉之質長
建寧同樂人也君
君諱寶子字寶子

帛集於閨庭抽簪
九皋唱於名嚮東
粹之德我晉歸仁
翠蕳靜道行草淳

不永一遺始倡如
岳不騫不崩亨年
道隆黃裳當保南
居本邦志鄰方熙
敞教位十之緒遂

騶周邊絆馬島能
庚民子來熱維同
鸞縈閭濯纓滄浪
猿胥將賓乎王鳴

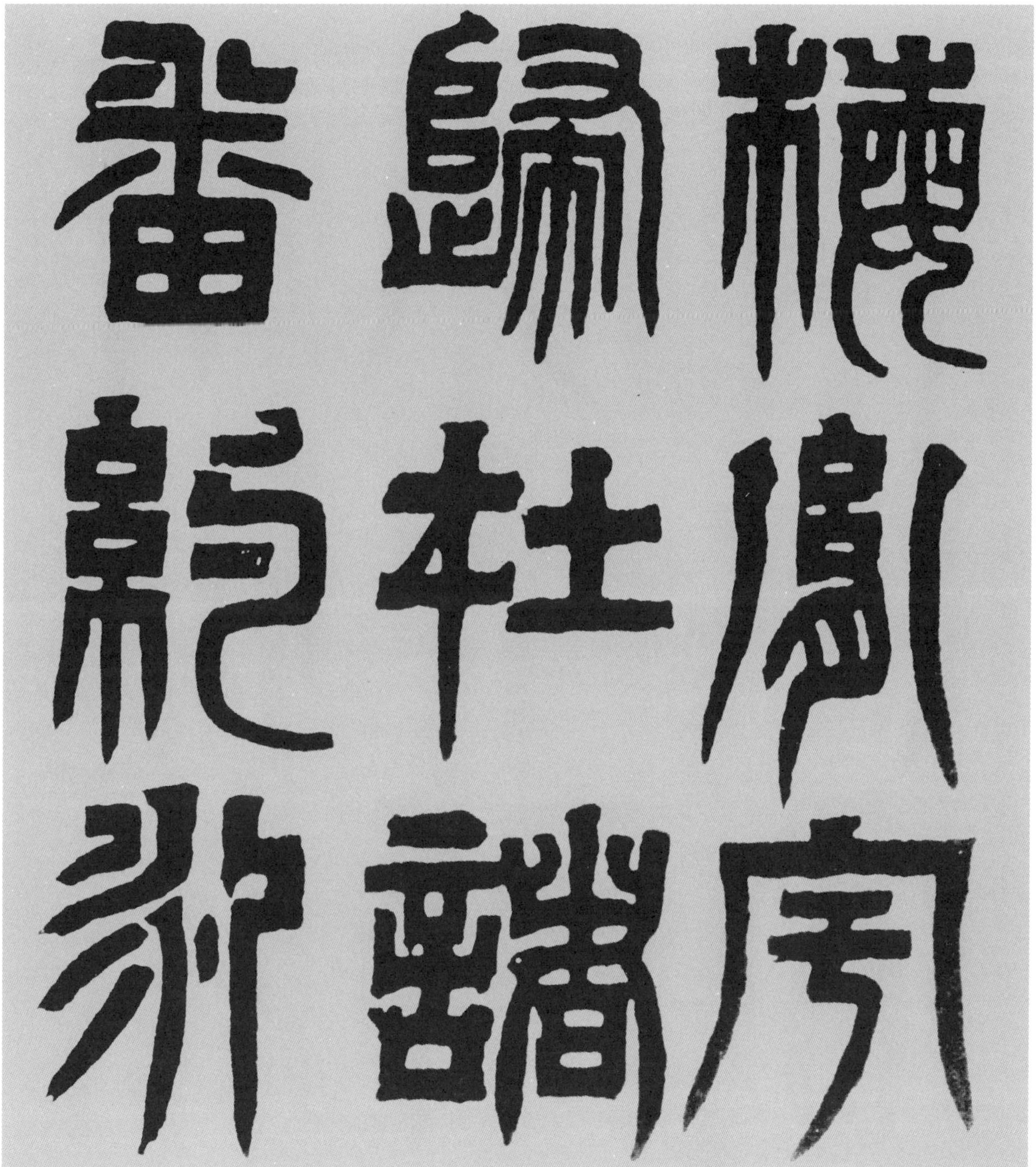

勳齊往縱帝

興名暴豹產

翼佐風移俗

民當永黃苟

靖燕出撫黎

蹈丹墀夙夜

德與雲騰入

闕九族睦廱

玄通積行閨

鑠府君稟性

續其詞曰於

作頌以顯行

君痛乃立碑

君子莫不嗟

浮沉秦

王張耳

初趙景

世後也終終跨漢之間

早弟此孝遂然紳外慕

孟陽省尉明廣武府郡

懃年世
不辭之
負致養

偷魂七
斂不入
毋艱句

晉大夫
與是賴
絹姬中

聲續漢秋嘉其張先春

及泉禽知變思讓無石

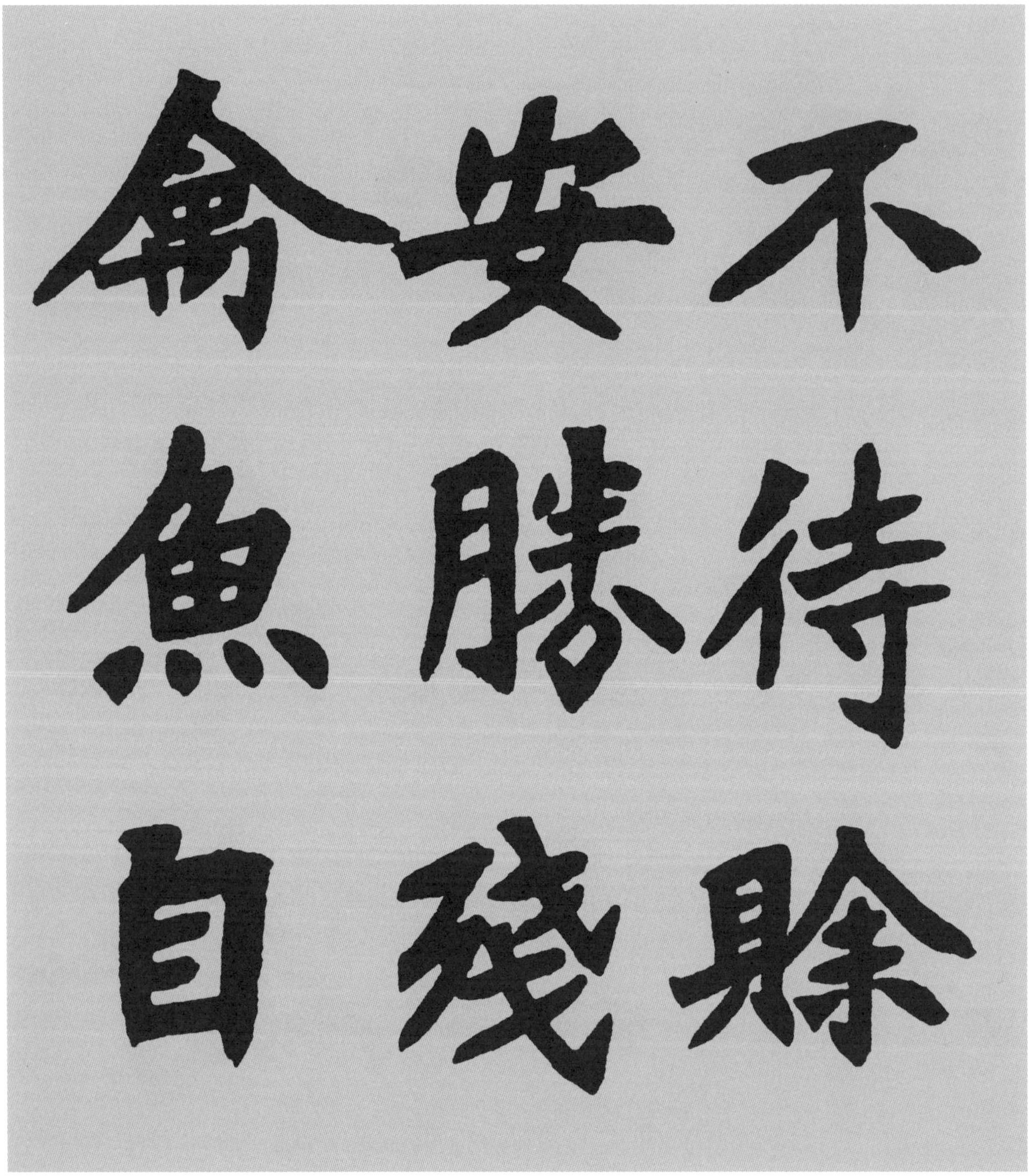
不待賒
安勝殘
禽魚自

能弥亭嗣矣自是蘭後

敦紀鄭
君磐歸
清邊嵎

僧化張永德全
佐憂萬秋曹掾
曹掾董業祚祖
祖曹佐任文達
貴神暉顏恭茂

夏文檮祖曹掾
夏騶騎兵曹佐
曹佐苗桃苻祖
曹掾夏眹祖兵

廣由王道林張
張神伲張僧坦
王寄生頹暈蘭
騎之蓑生頹乞
席張兆脆伯仁

聰明高壘貴張
暈高堆成惠柏
閔鄧天祐于景
奇生任道懷張

業貉白文雅孔
援戍捐之顏騶
族程餞陳林執
荷田忘烏魯縣
孫程、陽縣雋伯

佐星桃椅异縣
掾孫靈朱西曹
孔景進道集曹
李猖丘景祥集
法曹掾明仁法

損閣廣四
扶機元德
詔遣遣左

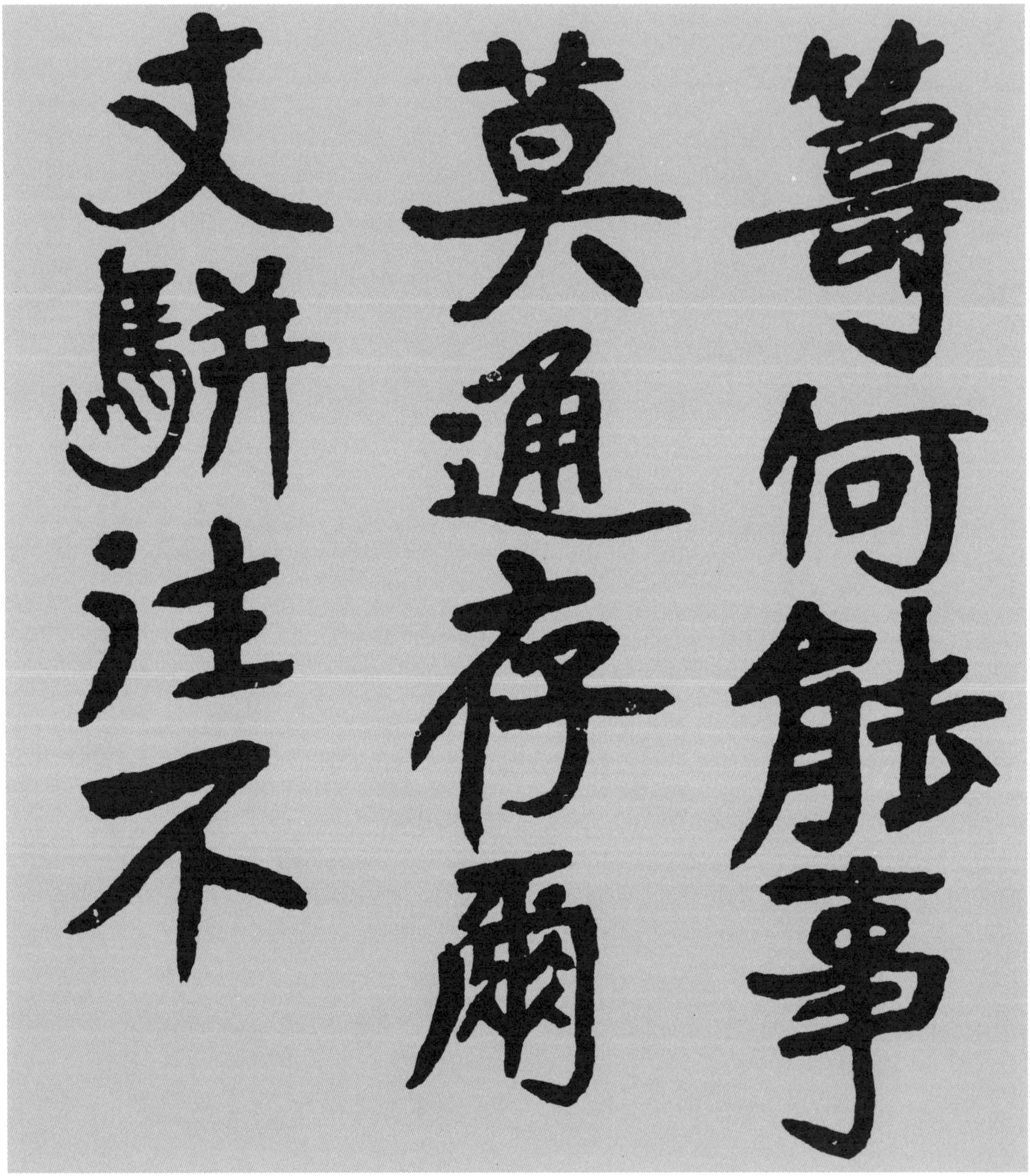
壽何能事
莫通存爾
文駢注不

見存眷屬亡生淨
奉衆聖過去尊卑
吳諱方合掌則歷
之銘伏以府君性
宋故濮陽郡府君

苦六蒙勝福壹切
地三途楚毒俱辟
家慶隆澤澤治邊
来龍華巔昇初昌
鄉現現獲妙果當

虛理境色相以表光
尋聲教陳妙軌虛理
境色相以表光尋聲
教陳妙軌將以依室
髣髴神功者持節替

涇州諸軍事伈壹刺
史齊郡王祐體蔭宸
儀天縱淵茂達成實
之通途識真假之高
韻精善惡二門明生

滅之一理資福有由
歸道無礙於是依雲
山之逸狀即林水之
仙區戲神像於青山
鏤禪形於玄石締慶

締想於幽津結嘉應
於冥運乃作銘曰芒
玄極眇幽宗靈風潛
被神化冥通舟輿為
本廣濟為功德由世

夫玄沖範崇虛於境

若不圖色相以表光

儀尋聲教妙軌將依

髣髴神功持節督諸

軍事征虜刺史郡王

祐體蔭宸儀天縱淵
茂達成實途識真假
善惡滅之理資福有
由歸道無礙於是依
逕狀禪玄石締慶想

繩彈勝誰息心歲

劈髮鬀祇吼鐘鳴

戀慕類奢夙誓沙

合丈於鷲寫鹿希

張法壽造象之像

魏張法壽造象魏
像一區處造釋迦
忧為亡父母敬造
高密郡主薄田景

始乎公像一區夫靈
蹤蔵則攀宗靡尋容
像不陳則崇之必是
以真類於上遺形數
于下暨于大代茲功
廓作比丘慧自影灌

玄流逢昌運率渴誠
心為國造石窟系沓
望恩有資来業父使
持莭大夫洛州剌史
始平公奄烏薨放仰
類以摧躳匪在遂亡

父造石像一區願亡
父神飛三周十地玄
則万斯震慧嚮則大
千斯三槪獨秀九[illegible]
雲敷五群生咸元世
師父母眷屬鳳道場

鸞騰若悟洛人同斯
顏太和年九月十四
曰訖朱義章書孟達
文顏洛照鸞感騰震
師父母爲區望恩影
望必崇茲功庥于誠

巴主仇池楊大眼為

夫靈光弗曜大千懷

永夜之遘葉靡導之

識是以如來應群緣

以顯迹像著降及後

王茲功廉作輔國將
軍直閤梁中安戎縣
開國子仇池揚大眼
誕承資遠之徹於弱
年捷超群始冠其仁

唯那程道起孫龍保
伯夵孫祖德衛辰劉
韓買賈念趙高雙高

唯那夏侯文德孫洪
王洪括孫洪保夏侯
度王洛州張龍鳳董

聞揮光也百摧万於
掌震英勇則九存侍
朝必附彭王衢紛掃
雲鰤於路南織既澄
震俆歸關次行逕石

是因緣願樂欲聞
大身皆應供養以
经以無爲法是名
法尚應捨佛説是
爲是塔何況其沙

窟覽先皇之明蹤覩
盛之靈迹矚回霄流
感遂為孝文皇帝造
石像凡及衆形罔備
列記功示之云尒武

世界即非微塵即
歡實無往来是名
如来皆大歡權喜
不受受福德即為

石像一聖神飈六通智
周三達曠世所生元身
眷屬捨百鄣則鵰彝龍
花悟無生則鳳昇道樹
五道群生咸同斯慶陸
渾縣功曹麴靈藏

都綰闕口遊激校尉司馬解伯
達造彌勒像一軀願皇道赫寧
九荒沾潤父母康延智登十地
仕達日遷眷屬道場聲求響和
斯福必就六趣群生咸同此願
太和年造

事荷踊出以此勝
塞世界業盛飛行
閻浮香氣氤氳充
巧神光照爛遍滿
鎸金鏤石優填慙

難彈指則遍恃十
邀遊慧體長超八
遙天服乖出六塵
淨境獨步虛空逍
因追資亡略直登

魏代楊州長史南梁郡太
守宜陽子司馬景和妻墓
誌銘夫人姓孟字敬訓清
河人也蓋中散大夫之幼
女陳郡府君之季妹夫人
資含章之淑氣稟懷敏之

奇風芬芳持出英華秀生
婉問河洲鼓鍾千里年十
有七而作嬪於司馬氏自
笄髮從人撿無違度四德
孔脩婦宜純備奉舅姑以
恭孝興名接娣姒以謙慈

君諱戩列位輝物又何言哉存稟陰陽寒暑以五行兼濟四代虧盈宴谷崇陵

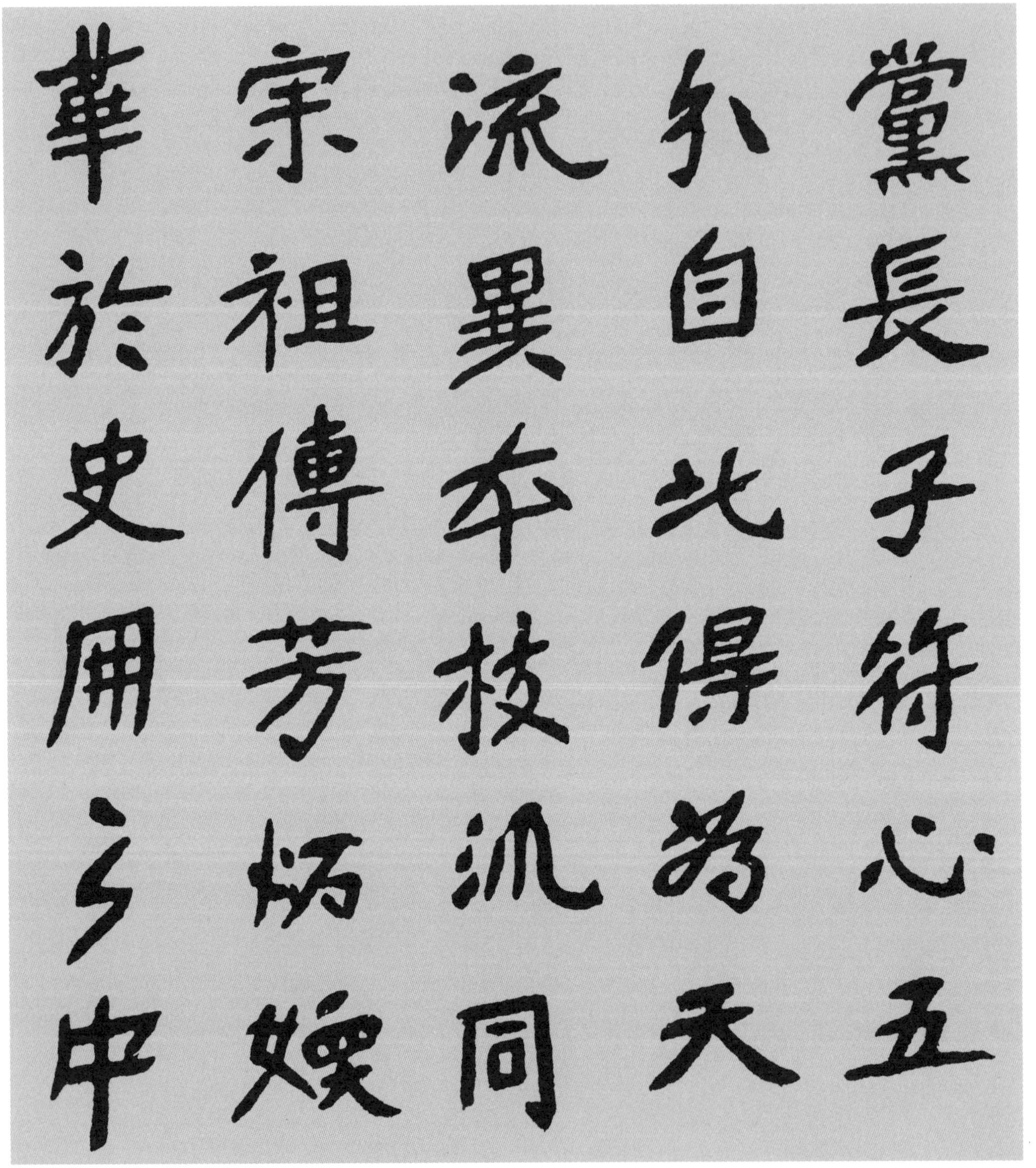
黨長子符心五
外自北得為天
流異本枝派同
宗祖傳芳炳煥
華於史冊之中

景明三年八月
十八日廣川王祖
母太妃侯為亡
夫造弥勒像
源流異本枝派同紐自此得
為天黨長子人也府君二

美符心五常之性領原有
譽聲名方冠於閭棣萼
無敢進退允從於孝悌奈
以浮生有藝艱難逃世之
識豈塵囂之路於元祐四
年十一月廿六日卒於正室

養王二象主翟
文男通理供婦
女阿劉供魏禮
苐澄供王玄照
施毋樂九十供
養魏齡浩靜方

施主趙君郁施
樹仁暉歡雙樂
子王碩買郭和
郎那貴蔡阿樂
和達維那程相
主邊阿世和侓

夫人氏毋儀夙著範馳芳芙英出
水之秋蟾輝盈浦之夜班姬之善
閨庭習曹氏之儀豈為石火須臾
焰随風燭享年六十五
夫靈真玄廓妙絶難測非言莫能
宣其旨非像無以表其狀言宣二
六之教像跡四八之璡豈不淵玄
冲漠巍巍惟撫者哉

左相袞主前郡主薄酒榮
息道楞興樹左相菩薩主
右惠大天宮主酒達妻呂
息思礼思琉思義當陽大
像主大都袞主酒磨德妻
呂息子差起像主焦州錄
事乘軍呂磨儁主酒羽妻
呂息主買

吴越國
王錢弘俶
敬造八万
四千寶
塔乙卯
歲記 保

大魏天平四年正月
廿八日比丘惠暉衆
敬釋加石像一二菩
薩顛為國主師僧父
毋及善知識六道衆
生拔苦回生生值聖
聞法悟玄速成正覺

平西大將軍兗州
刺史帝皇之德星
明帝波將軍平陽
郡守三年以青州
刺史神龜二年京
兆五春方長大夫

大魏天平四年
二月朔敬造偉
佗菩薩石像李
李祥張始貴支
貞王户趙嘉王
在宝鄧平

大齊天保五秊正
月廿五日張氏郝
敬造玉像一區上
為皇帝又為師僧
父母眷屬法界有
形一時成佛息子
忠侍佛息子慎侍
佛息子訡侍佛

李與爲父母造弥

真[illegible]沙門惠詮弟

湛要尋光儀以曉

靈暉西漫至覺沖

敬造石像壹軀夫

纂為亡息息允略
朔八日丁亥官姜
歲乙酉九月庚辰
大齊天統元年太

松風閣依山築閣見平

川夜闌
箕斗插
屋椽我

来名之意意適然老松

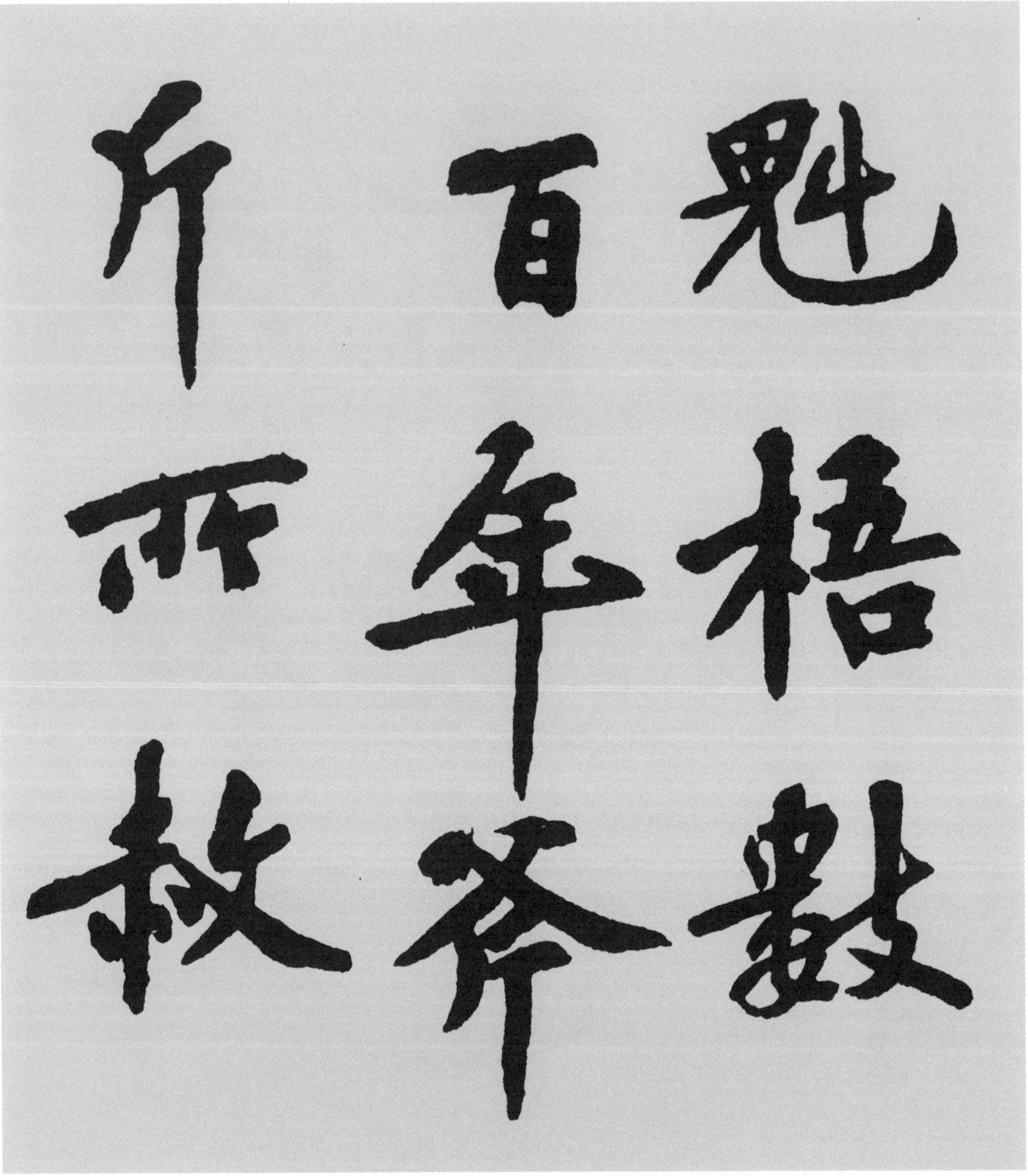
魁梧數
百年斧
斤所赦

今乃至荆州尔
日處〻阻雨雪
動静遂六十許
疾患不得附承
庭堅再拜道塗

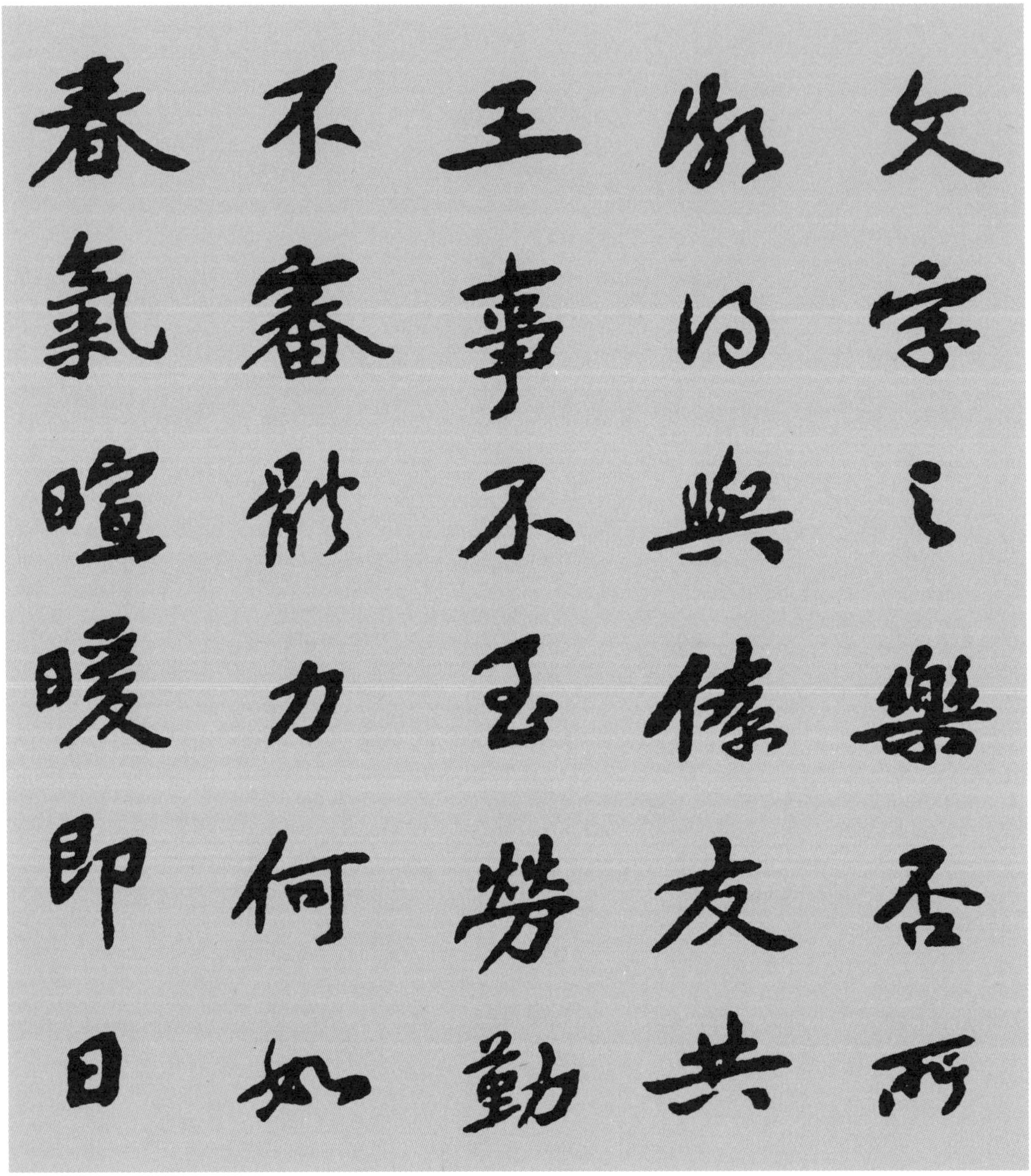
文字之樂吾所
欲以與儔友共
王事不至勞勤
不審形力何如
春氣暄暖即日

右為弘一和尚出家前橅古習作和
尚當湖人俗姓李名与字皆屢更其
最為世所知者名曰息字曰叔同才
華蓋代文学演劇音樂書画靡不精
而書名尤藉甚胎息六朝別具一格
雖片紙人亦視如瓌寶居常雞鳴而
起執筆臨池碑版過眼便能神似所
窺涉者甚廣尤致力於天發神讖張
猛龍及魏齊諸造像摹寫皆不下百

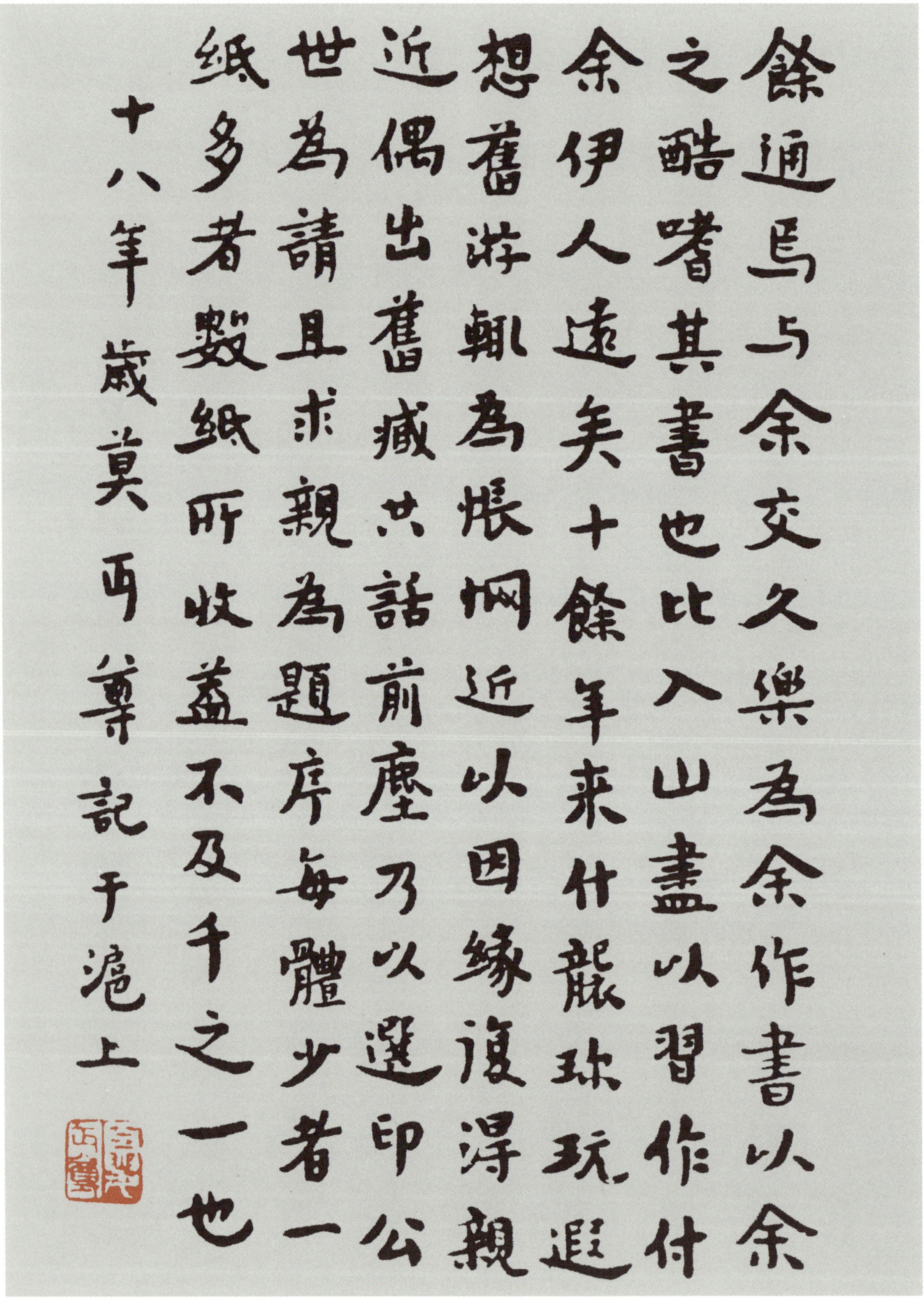
餘通馬与余交久樂為余作書以余
之酷嗜其書也比入山盡以習作付
余伊人遠矣十餘年来什襲珍玩遐
想舊游輒為悵惘近以因緣復得觀
近偶出舊藏共話前塵乃以選印公
世為請且求親為題序每體少者一
紙多者數紙所收蓋不及千之一也
十八年歲莫丙尊記于滬上

天姿醇嘏齊聖
達道綰熙之業
旣就而閨閫之
行允恭德音孔

君少履天姿自
然之正帥禮不
爽好惡不衍孝
衷度衷脩身踐

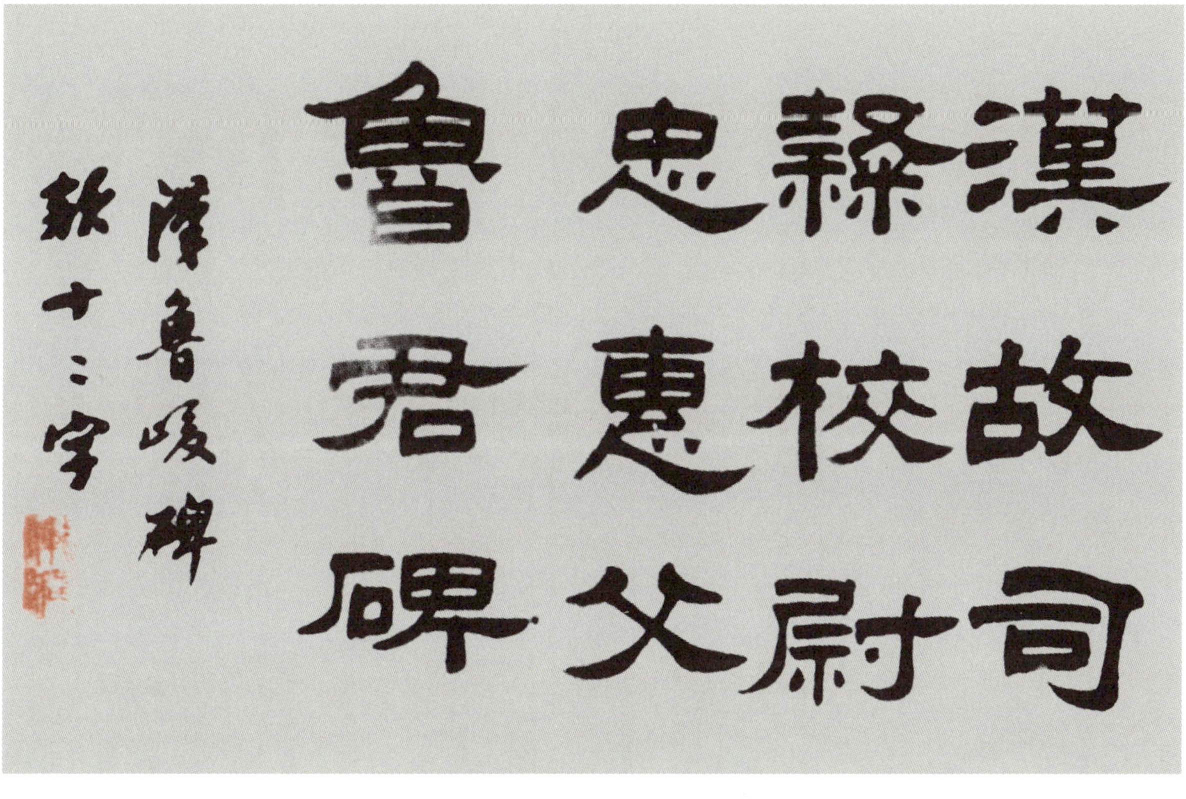
漢故司隸校尉忠惠父魯君碑
漢魯峻碑

不矜廉隅不
飾小行溫然
而恭慨然而
義善與人交

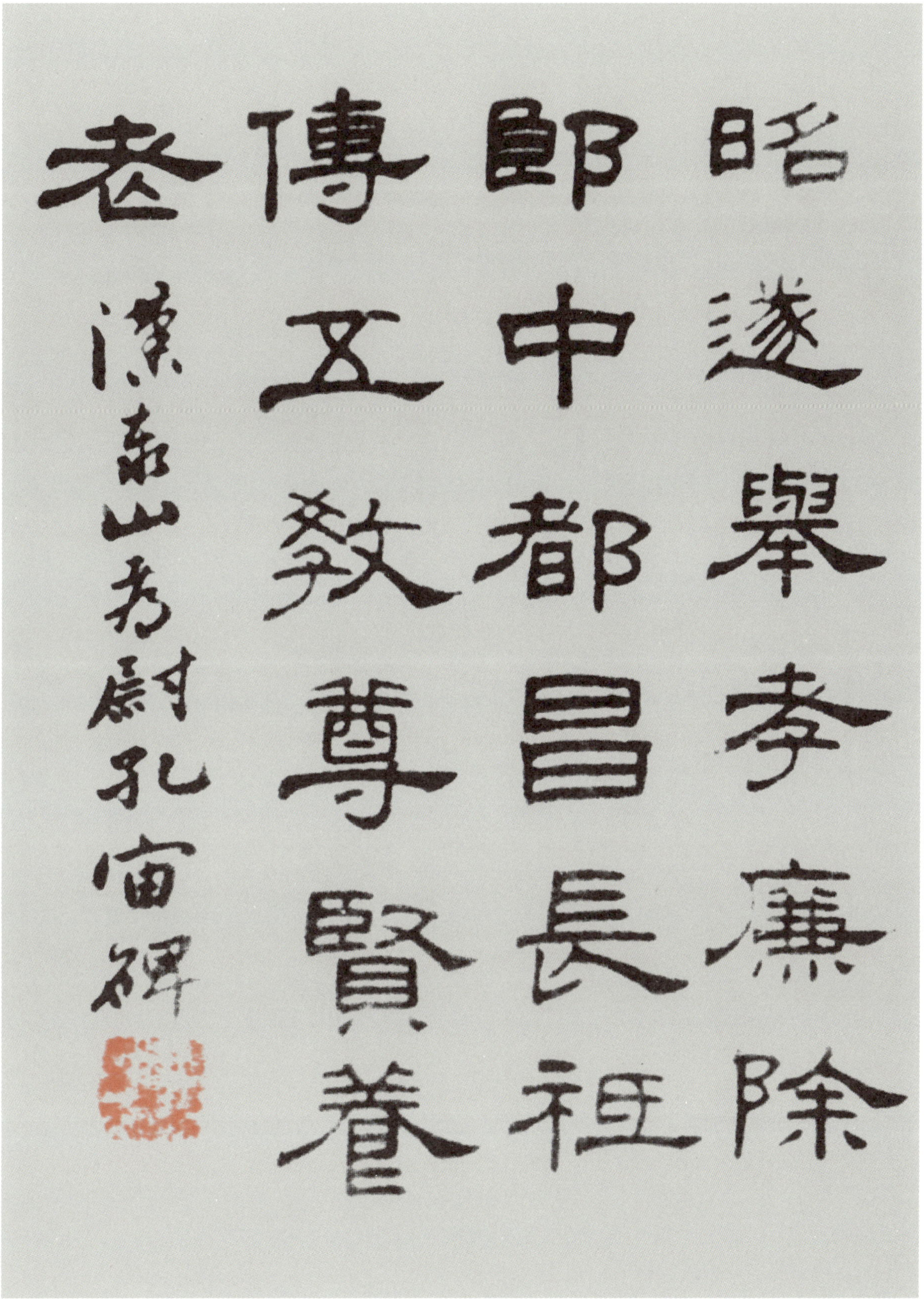
昭遂舉孝廉除
郎中都昌長祗
傳五教尊賢養
老
漢泰山都尉孔宙碑

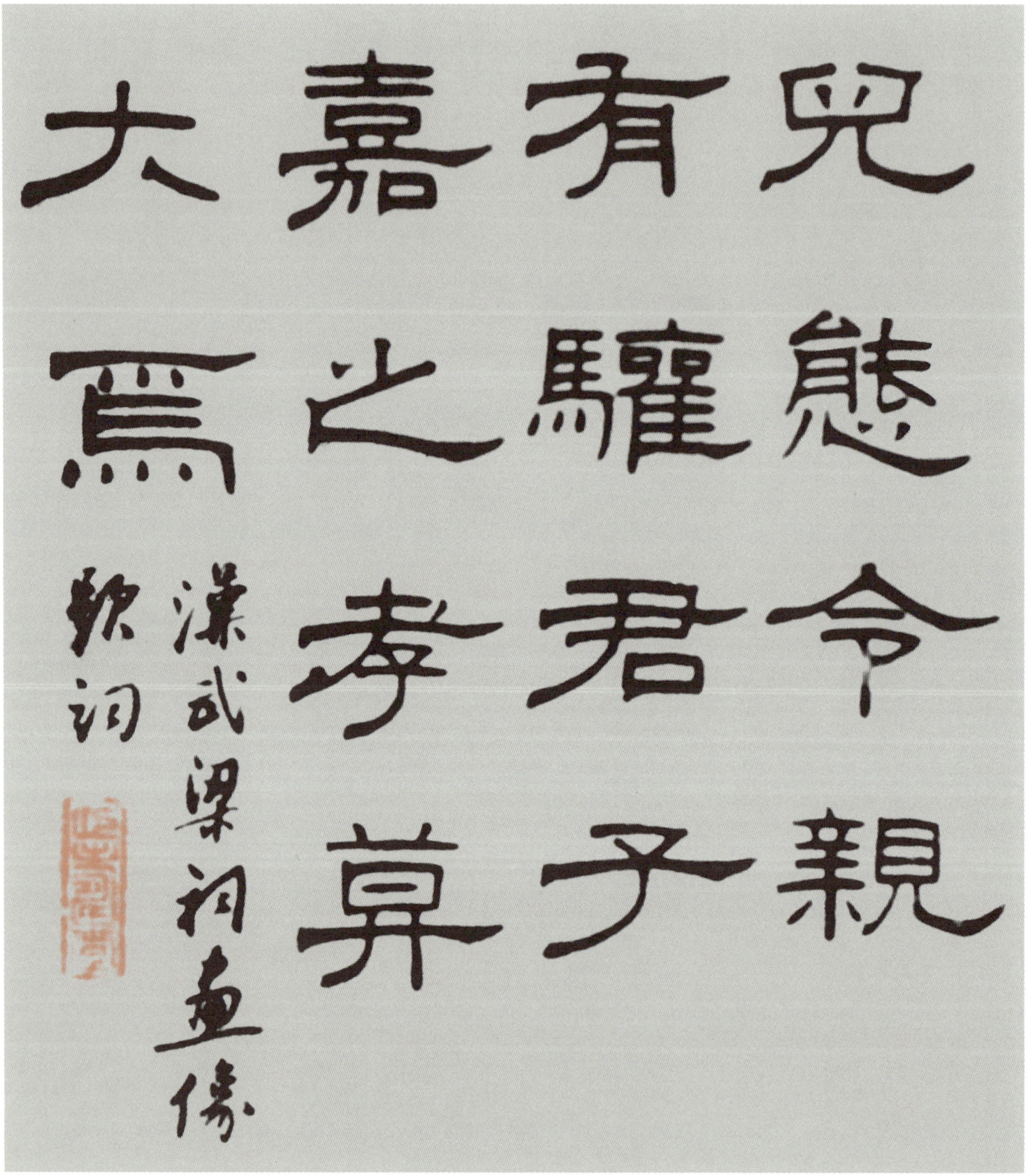
兒態令親有驩君子嘉之孝莫大焉
漢武梁祠畫像題詞

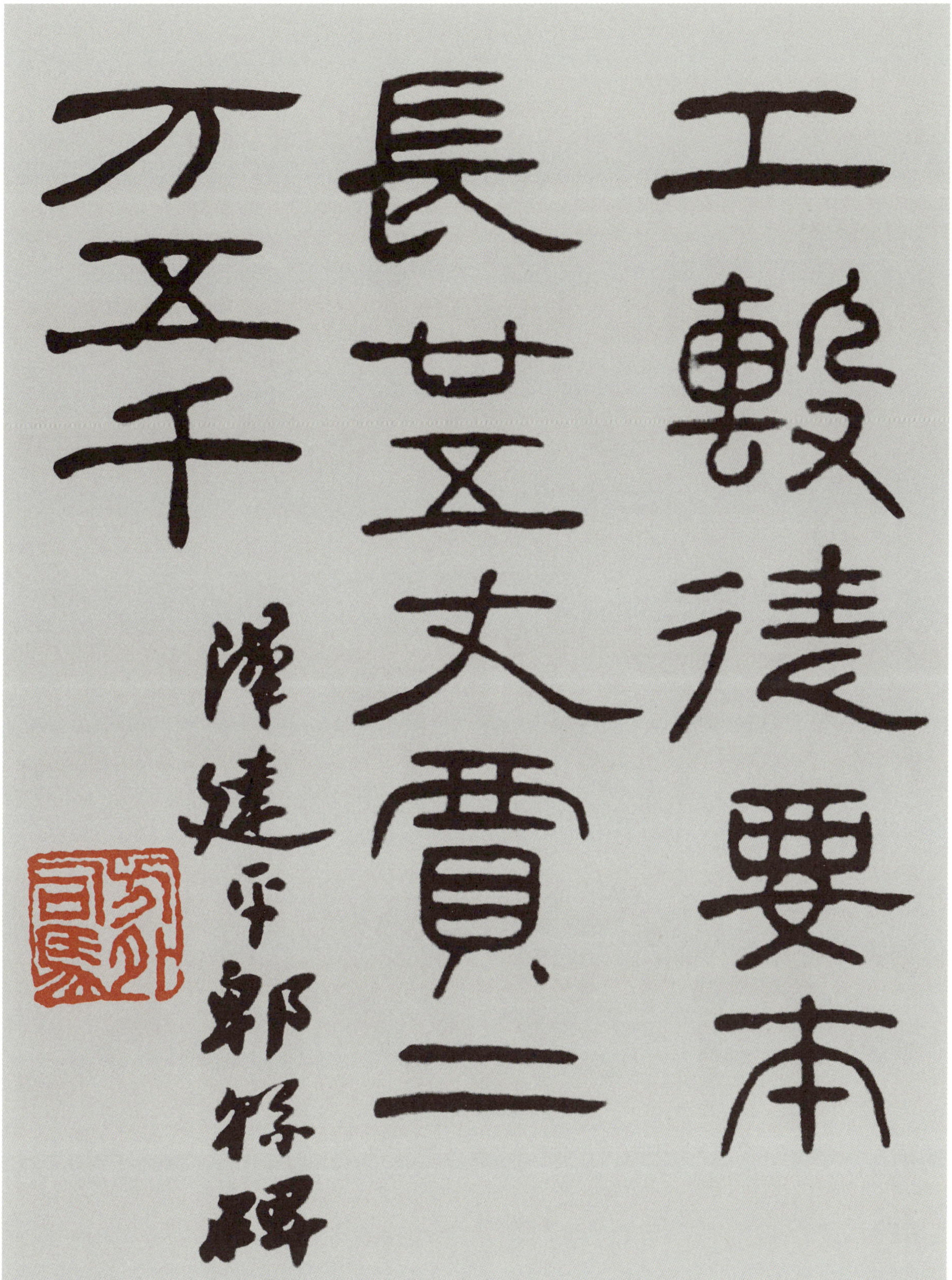
工數徒要本
長廿五丈賈二
万五千

芭五秋

風所動

穹精有

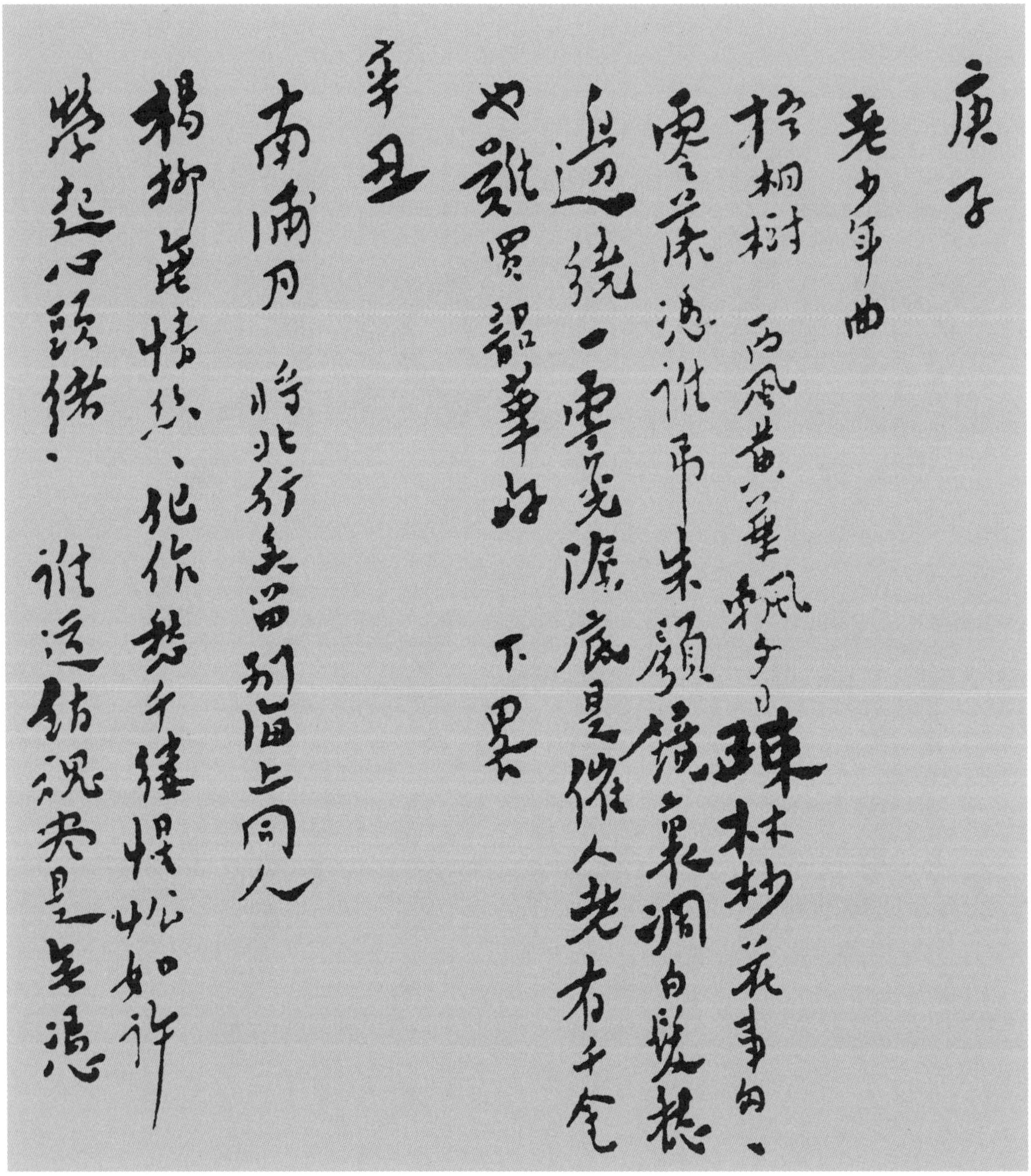
庚子
老少年曲
梧桐樹 西風黃葉飄 夕日疏林杪 花事匆匆
零落憑誰弔 朱顏鏡裏凋 白髮愁
邊繞 一霎光陰底是催人老 有千金
也難買韶華好 下畧
辛丑
南浦月 將北行矣留別海上同人
楊柳無情 絲絲化作愁千縷 惺忪如許
縈起心頭緒 誰道銷魂盡是無憑

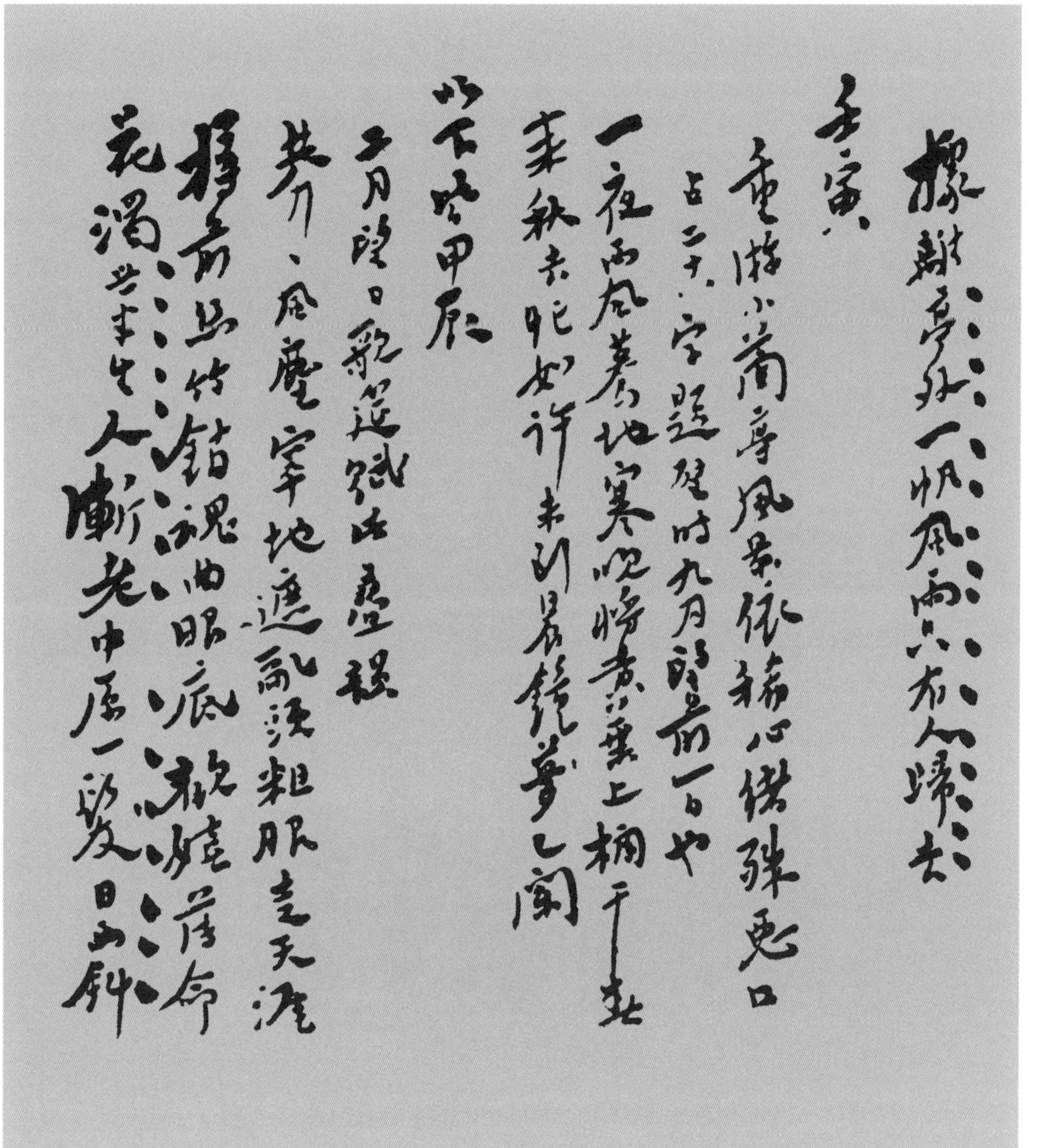
蟂矶亭矶、、一、、帆风、、雨、、布人归、、去
壬寅、
重游小南亭风景依稀心绪殊恶口
占二十、字题壁时九月朔前一日也
一夜西风蓦地寒吹将黄叶上栏干趁
来秋去忙如许未到晨钟梦已阑
以下作甲辰
五月朔日舣舟延陵作此虚题
共刀、风尘穿地遮乱浪粗服走天涯
想前与竹错魂、、曲眼底、、枕、、边、、落命
花溜、、共半生、、人断老中原一头发日西钟

祇今多少興亡感不獨隋堤有暮鴉

七月七夕在謝秋雲北閣重有感詩以詠之

風風雨雨憶前塵悔煞歡場色相因十日黃花愁見影一彎新月懶窺人冰弦悵怨君心先死故國天寒夢不春眼界大千皆淚海為誰惆悵為誰顰

金縷曲　贈歌郎金娃娃

秋老江南矣忽匆匆春餘夢影樽前眉底陶寫中年絲竹耳走馬胭脂隊裏怎訓

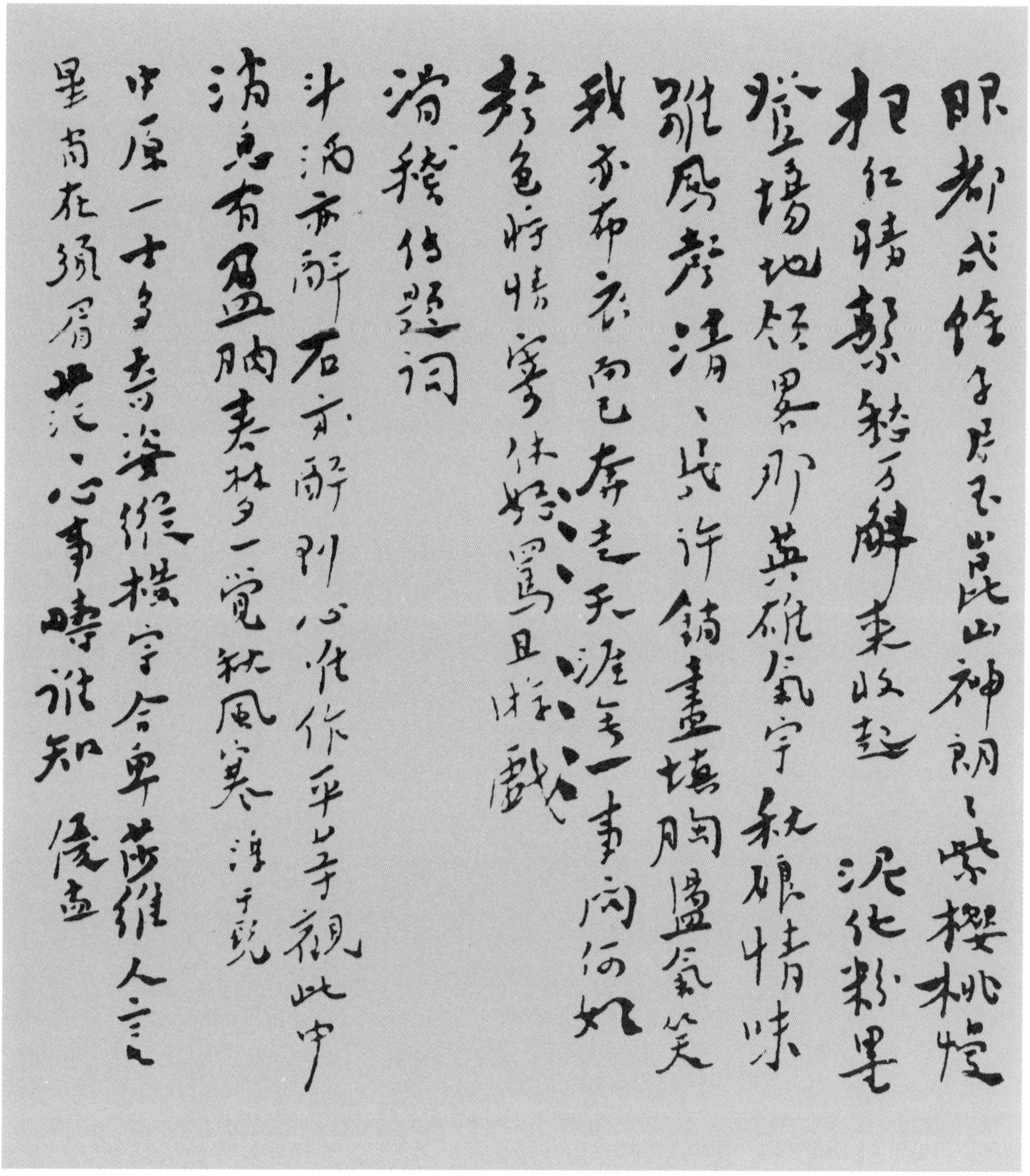

眼都成饿子居天岂比山神朗朗紫樱桃靛
把红睛系紧了解来收起　泥化彩墨
登场地领略那英雄气宇秋娘情味
雕风声清清，只许铸画填胸尽气笑
我亦布衣而已奔走天涯无一事问何如
粉色好情写休嬉笑怒骂且游戏
滑稽传题词
斗酒亦醉石亦醉别心作作平山手观此中
消息有盈胸春梦一觉秋风寒　泽于记
中原一士多奇姿纵横字合卑莎维人言
墨尚在须眉艾艾心事时谁知　仅尽

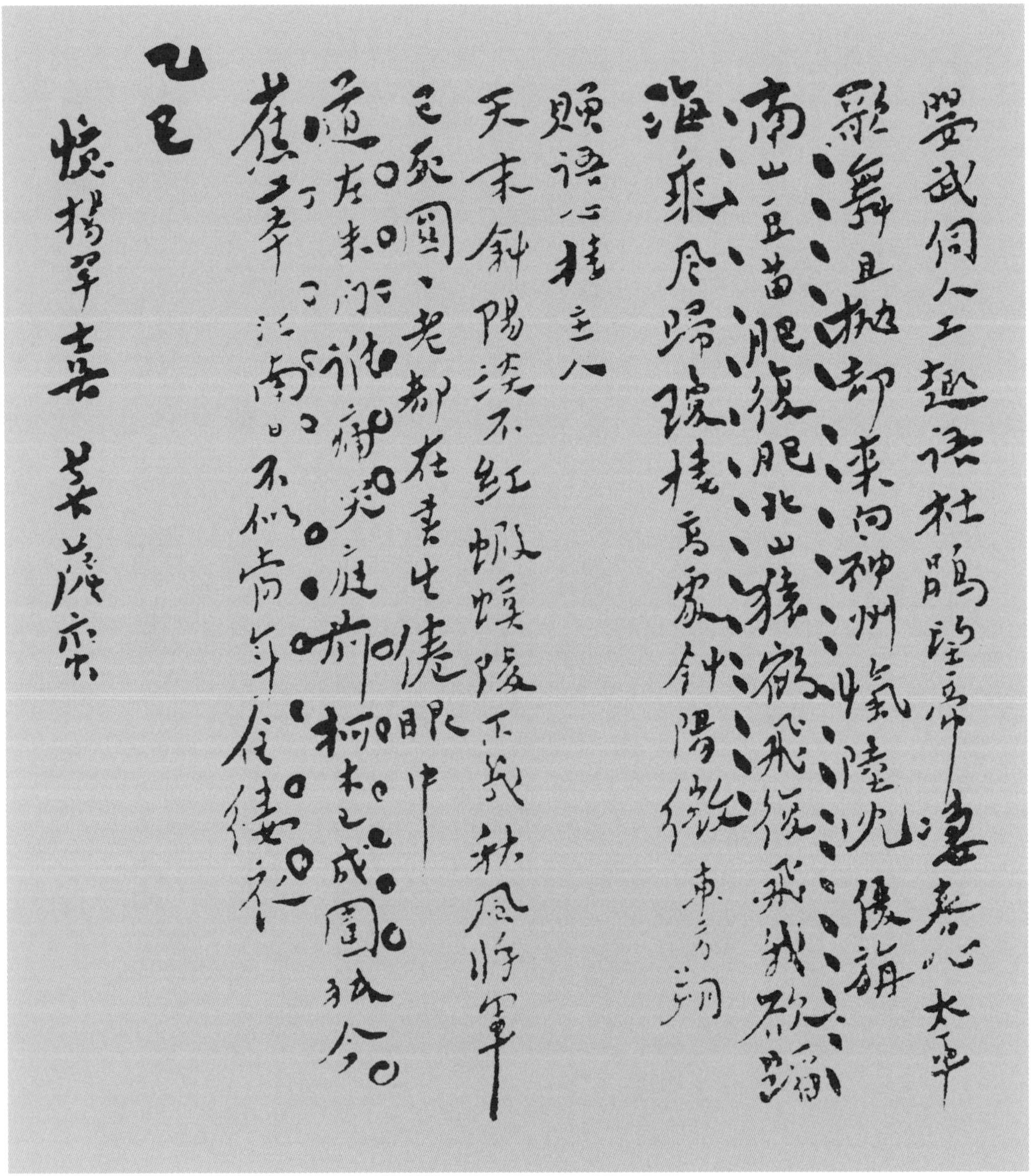
歌舞且拋卻來向神州慨氣陸沉
南山豆苗肥復肥北山猿
天末斜陽淡不紅蝦蟆陵下幾秋風
老都在書生倦眼中
東方朔
乙巳

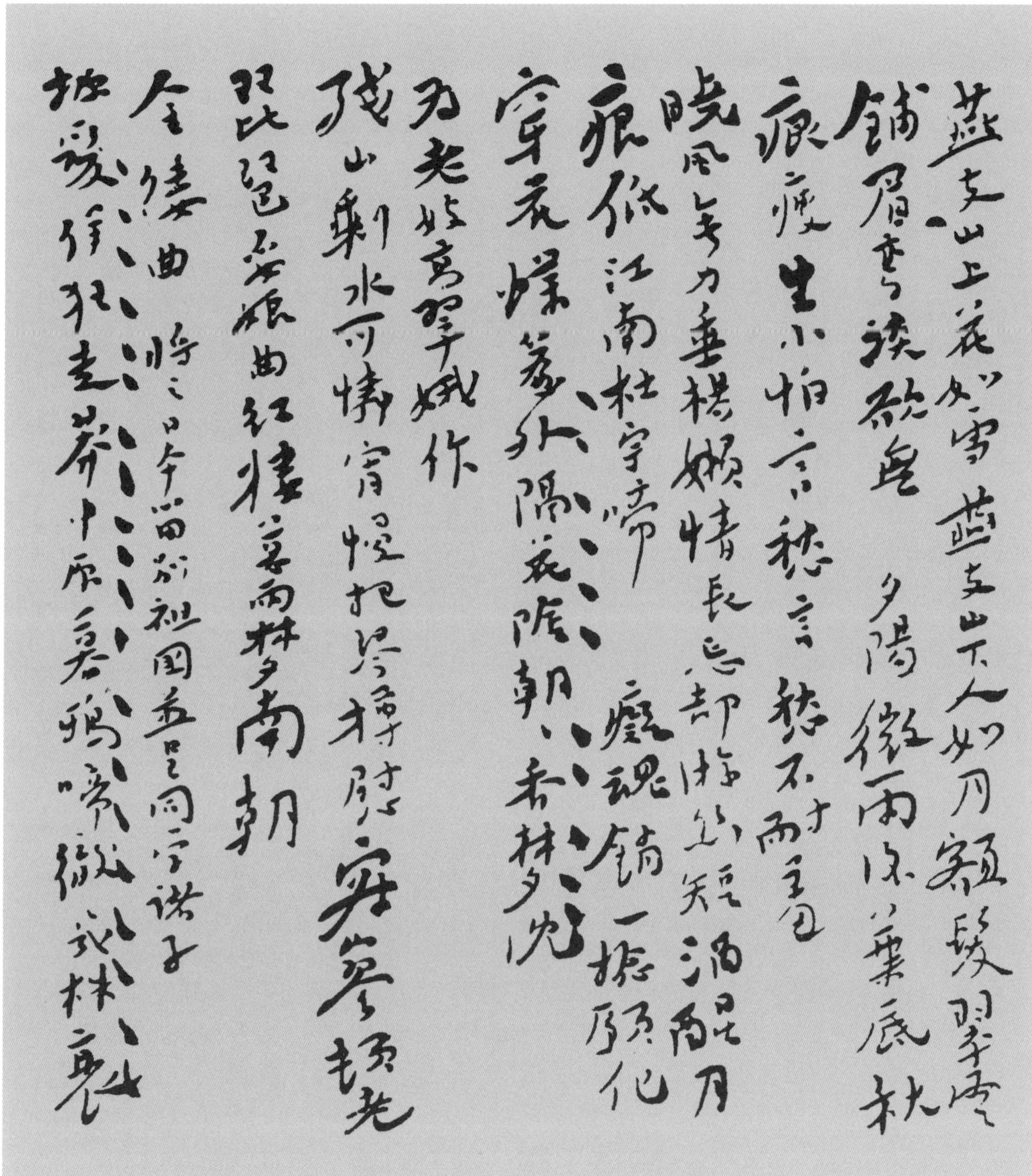
燕支山上花如雪燕支山下人如月額髮翠
鋪眉彎淡欲無夕陽微雨後葉底秋
痕瘦生小怕言言愁言愁不耐羞
曉風無力垂楊嬾情長忘卻游絲短酒醒月
痕低江南杜宇啼癡魂銷一捻願化
穿花蝶簾外隔花陰朝朝香夢沉
另老妓高翠娥作

柳。破碎河山谁收拾？零落西风依旧，便惹
得离人消瘦。行矣临流重太息，说相思刻
骨双红豆。愁黯黯，浓于酒。漾情不断
淞波溜。恨年来絮飘萍泊，遮难回首。二十
文章惊海内，毕竟空谈何有！听匣底
苍龙狂吼。长夜凄风眠不得，度群生那惜
心肝剖。是祖国，忍孤负。

丙午

喝火令

故国鸣鹎鴂，垂杨有暮鸦。江山如画日西斜。
新月撩人透入碧窗纱。陌上青青草，
楼头艳艳花。洛阳儿女学琵琶，不管冬

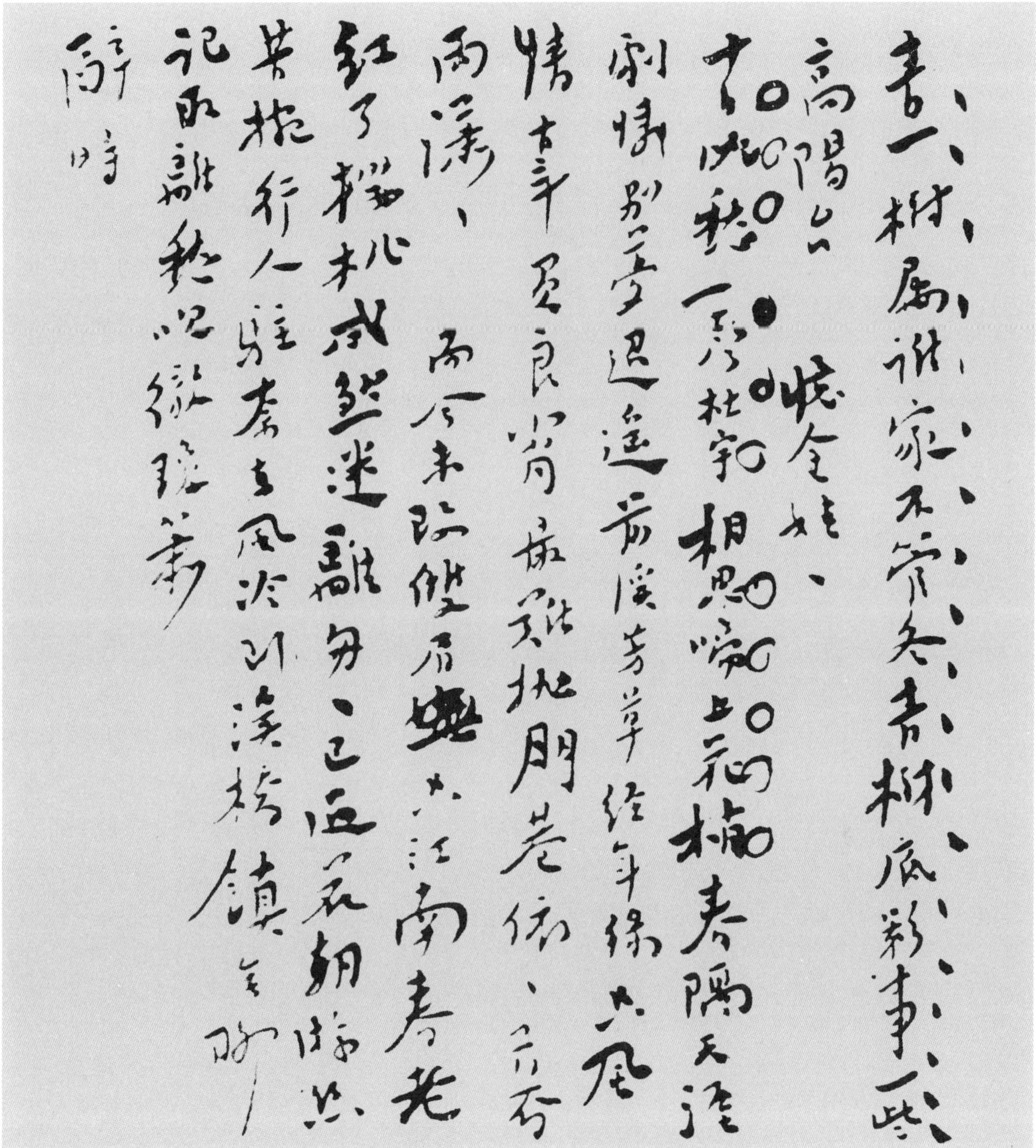

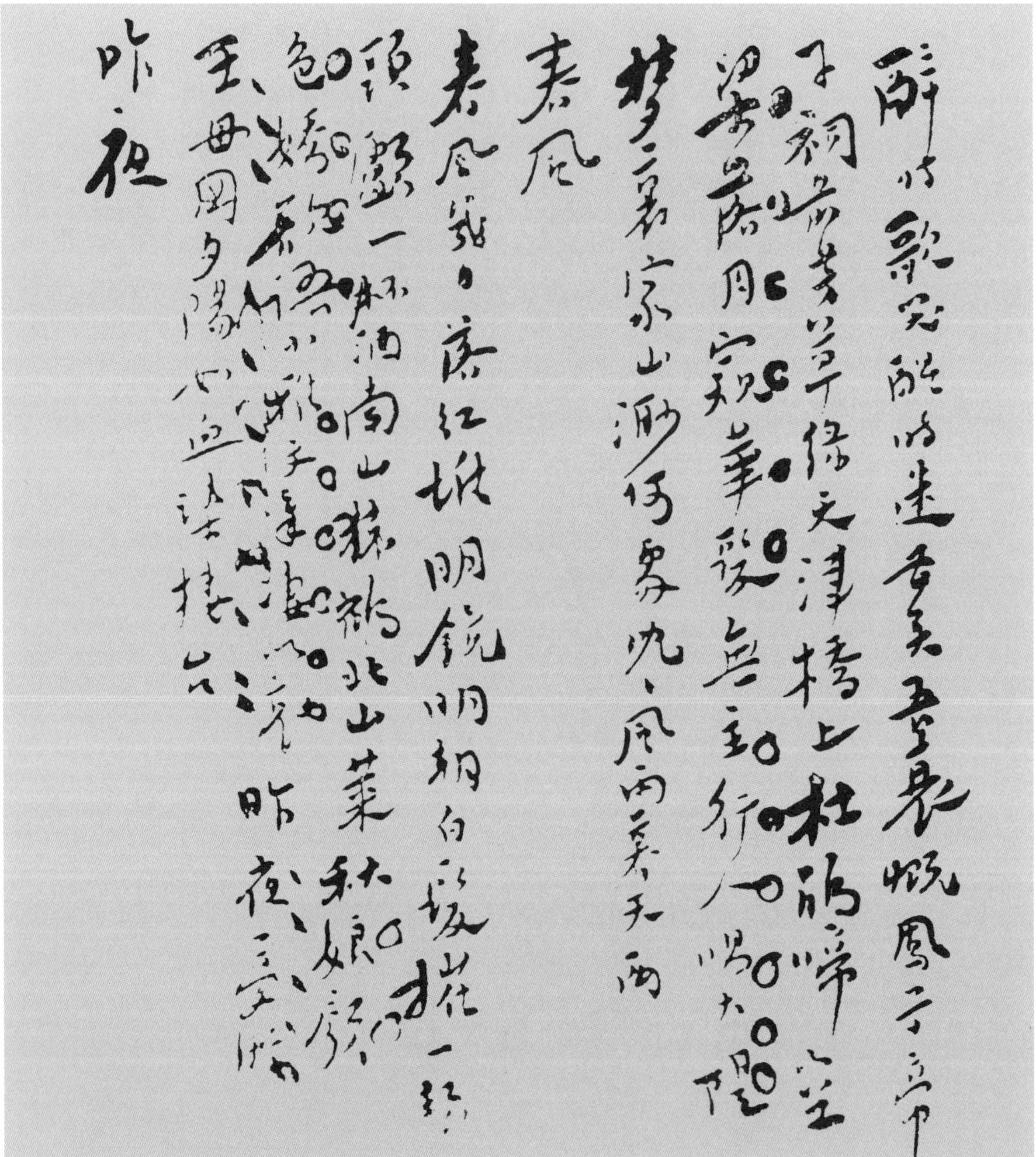

昨夜星辰人倚楼中原迭入山河学沈方孙
寒不侵裂头叶一枝红小秋

丁未

初梦

熟知年发天地死风景不殊山河非妙逢草
闻大天五弥勒松肩膝十围
恩仇若相忘翠羽明珠缘祸福隔断
红尘三千里先生自号水仙王

蓑衣

蓑衣一领晚风轻蟹屈镫门眼明明诗
倚笑见心木石红彩嬛子樊花名秋千
演武燕子烟春入眼信訴讀書許除日
相思欲何许莫茫向老不家城

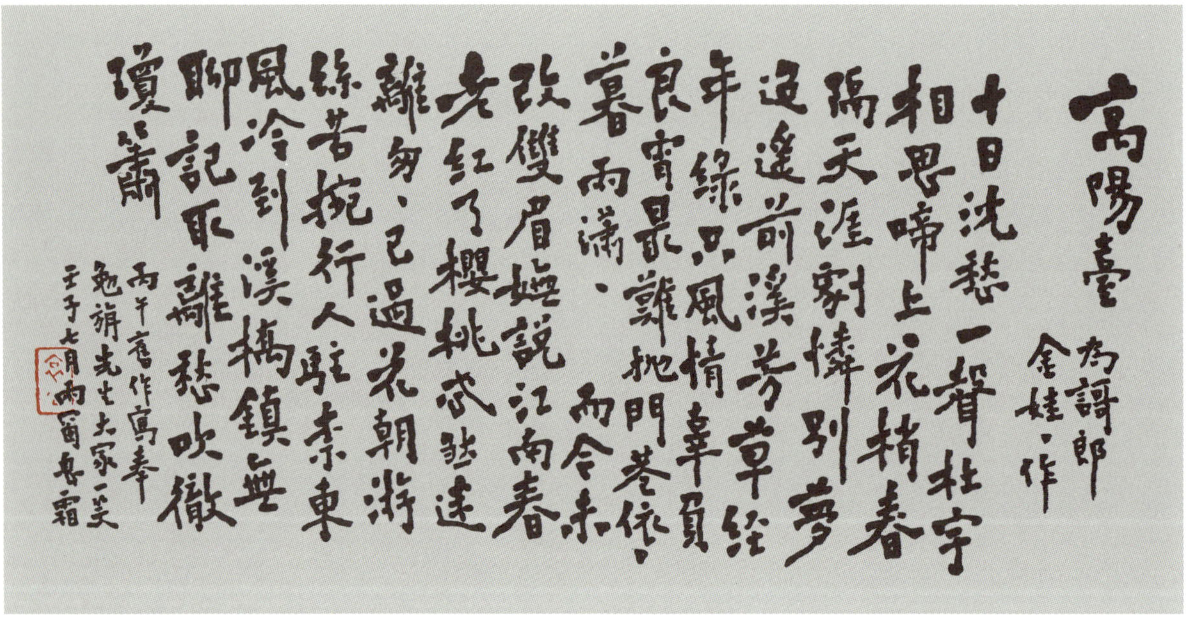
高陽臺 為詞郎 金娃作
十日沉愁一聲杜宇相思啼上花梢春隔天涯剗憐別夢迢迢前溪芳草經年綠只風情辜負良宵最難拋門巷依依暮雨瀟瀟 而今未改雙眉嫵說江南春老紅了櫻桃忒煞迷離匆匆已過花朝遊絲苦挽行人駐奈東風冷到溪橋鎮無聊記取離愁吹徹瓊簫
丙午舊作寫奉
勉旃先生大家一笑
壬子七月雨窗

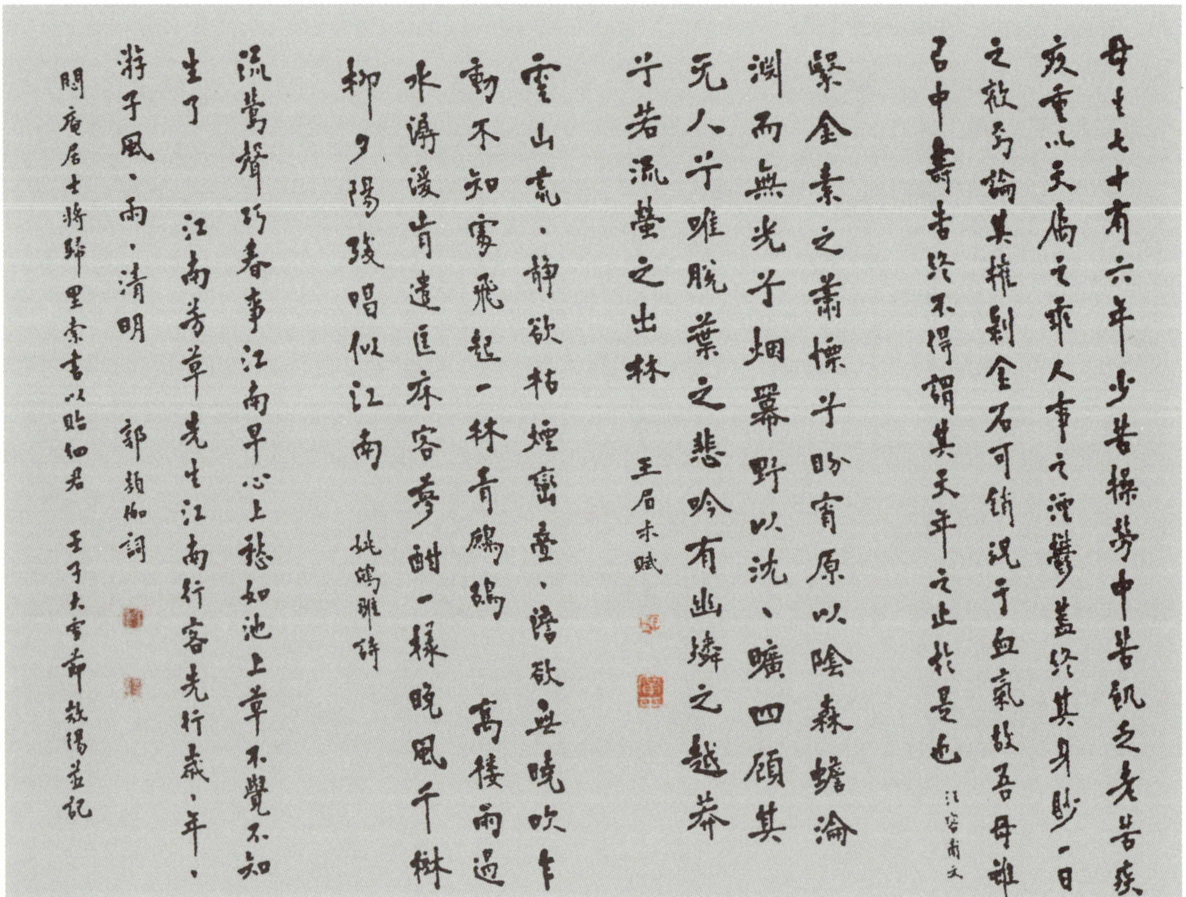
母生七十有六年少苦操勞中苦飢乏老苦疾
疾重以天偽之乖人事之湮鬱蓋終其身
之救予論其雅則金石可銷況乎血氣故吾母雖
召中壽者終不得謂其天年之止於是也
汪容甫文
緊金素之蕭慄兮眄宵原以陰森
淵而無光兮烟冪野以沈曠四顧其
无人兮唯脫葉之悲吟有幽燐之越莽
兮若流螢之出林
王石禾賦
雲山亮靜欲枯煙靄疊浮欲無曉吹乍
動不知家飛起一林青鶻鴣 高樓雨過
水淨溪肯遠匡床客夢酣一樣晚風千樹
柳夕陽殘唱似江南
姚鵷雛詩
流鶯聲巧春事江南早心上愁如池上草不覺不知
生了 江南芳草先生江南行客先行歲歲年年
遊子風風雨雨清明
郭頻伽詞
問庵居士將歸里索書以貽細君 壬子大雪節

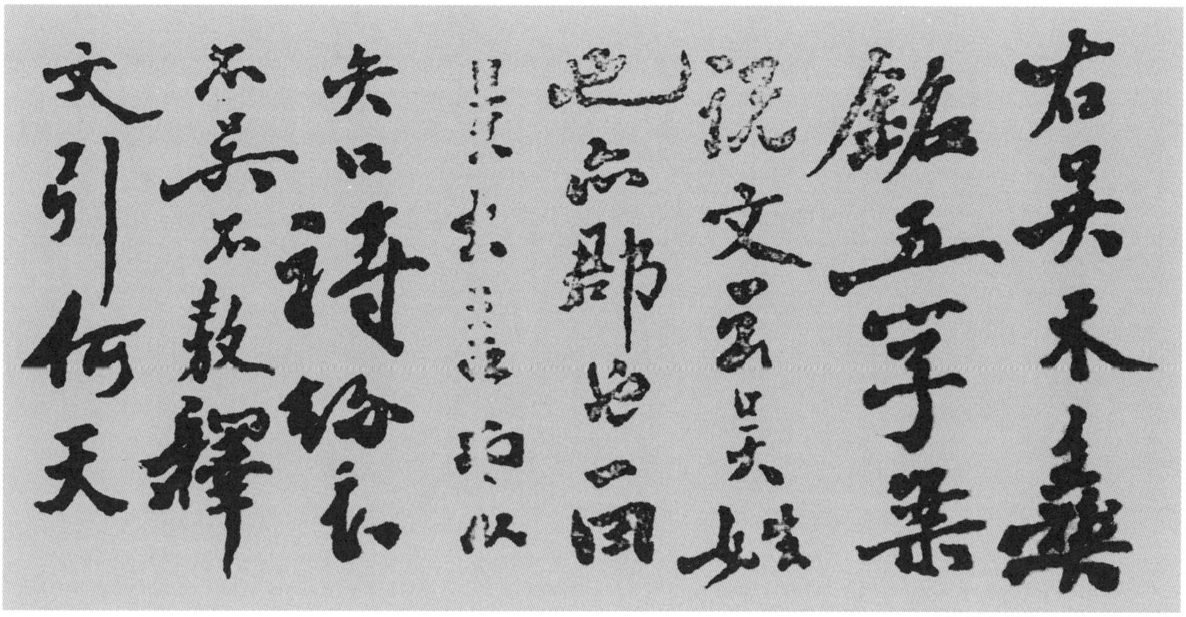

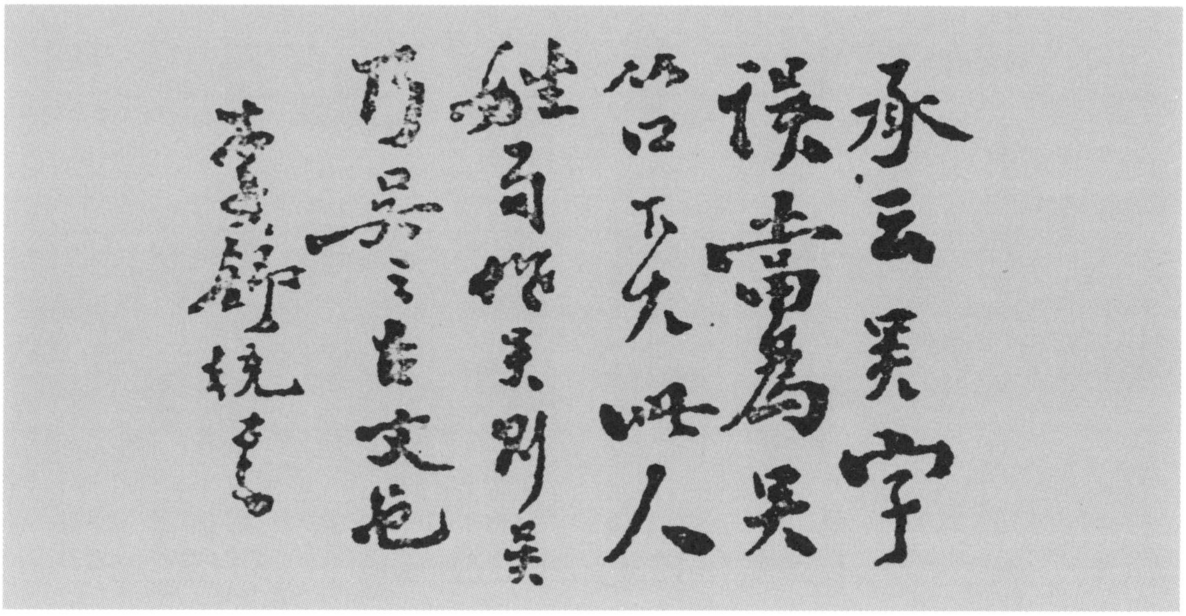

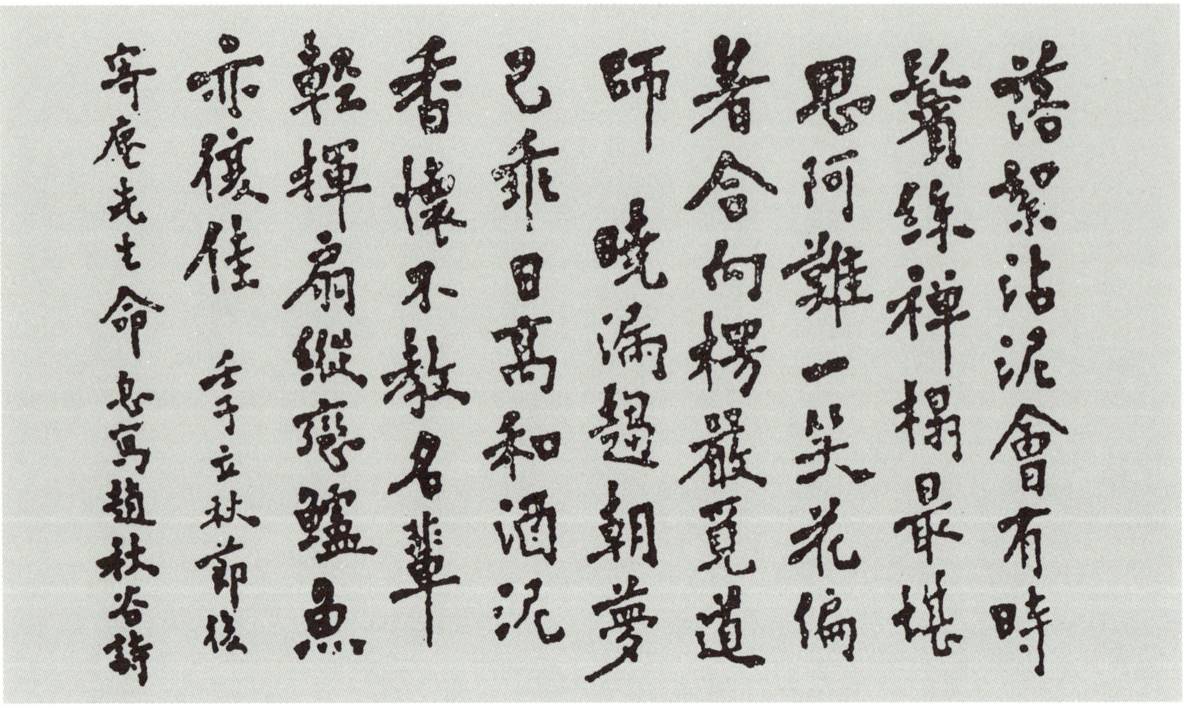
諸絮沾泥會有時
鬢絲禪榻最堪
思阿難一笑花偏
著合向楞嚴覓道
師 曉漏趨朝夢
已乖日高和酒泥
香懷不教名輩
輕揮扇縱戀鹽魚
亦復佳 壬子立秋節後
寄庵先生命 忠寫趙秋谷詩

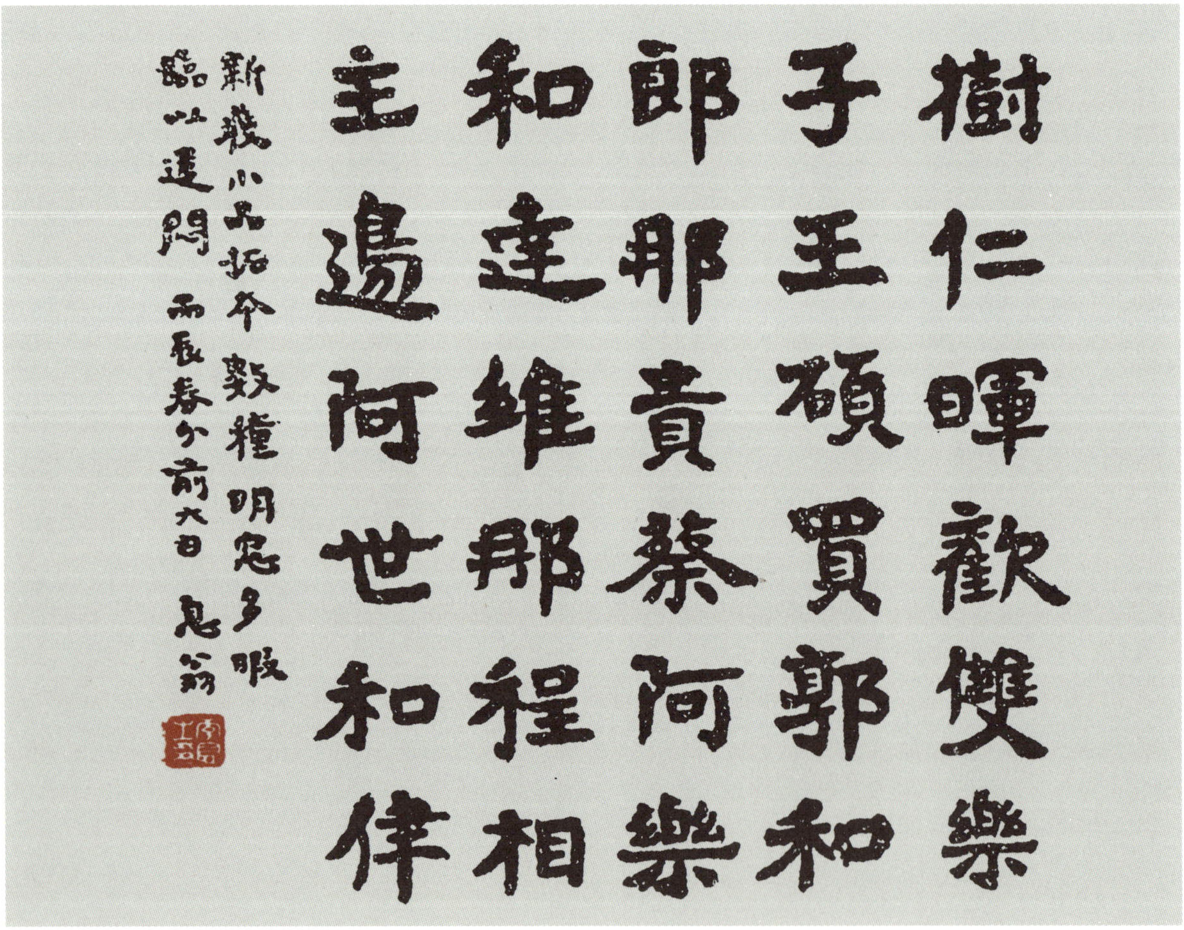
樹仁暉歡雙樂
子王頎買郭和
郎那責蔡阿樂
和逵維邦程相
主邊阿世和伴
新發小品拓本數種 明志多暇
臨以遣悶 丙辰春分前六日 忠翁

海陵譚組雲妻丁孺人墓誌銘

清拔貢生南滙縣學正同里陸炳堤譔

清　布衣章武李思書

乙卯夏譚君組雲喪其偶以行略來乞誄於予適予長女歸云曾與一日居蓋性情禮法中人也惜乎不永予樂於推善以五古長章報之今秋組雲來請曰得公誄詞先荆之行以章惟誌墓之文籍慰幽靈公肯終其惠否察其色故劍之悲久而彌摯有難以不文辭者謹按孺人姓丁氏九歲失母父爵林長者也愛其專壹教之以算書自垂髫時九華八法之用皆了然於心手問由是而女紅而烹飪年甫笄而襄內政矣迨乎歸組雲上事翁姑旁接姒娣不以賢能自異而老人獨恃以為安其婉順可想也組雲性嗜古鈺玉遺蹟漢唐碑版視為性命以此書法卓然名家每搦墨紛煩館課之未竟者皆孺人代之所生子女並恂恂謹飭門廷雍肅庶

事姑然組云得以浮以於空內助力為家乃遣家多卧剪殺後姑
亦以病其九瘁者乙未之歲姑與夫皆大病日夕供藥餌重以母
于是相發而病轉滯篤人周旋兩室婉告母曰子漸愈矣能進餐
彰矣告組雲亦然久之而皆愈凡衣不解帶者五十餘日而侍病
吉病已深年來時近藥爐病不少減值其尊人謝世勞與哀并形
神日瘁移新居數月而遂不起殁之日自姑以下哭之慟乃至內
而僕俾外而鄰媪皆會哭寢門其感人至此嗟于一婦人身生則
上安下全殁則鞠躬盡瘁請爲性情禮法中人豈不免哉凡得年
三十六子二名志仁志蓮女一字周氏以某年月日葬於某鄉之
先塋銘曰
惟陰教之不脩于箕帚滋其詬誶毀行誼於夫子兮鍾英氣於童
胡何斯人之貞惠兮獨亭亭以表異傷彼幽蘭之受霜于終秀萱
之不朽借彤管以揚芬兮吾欲以之風世

夏序忽來獨居
已覺絺衣屢更
雜以風雨晝長宵

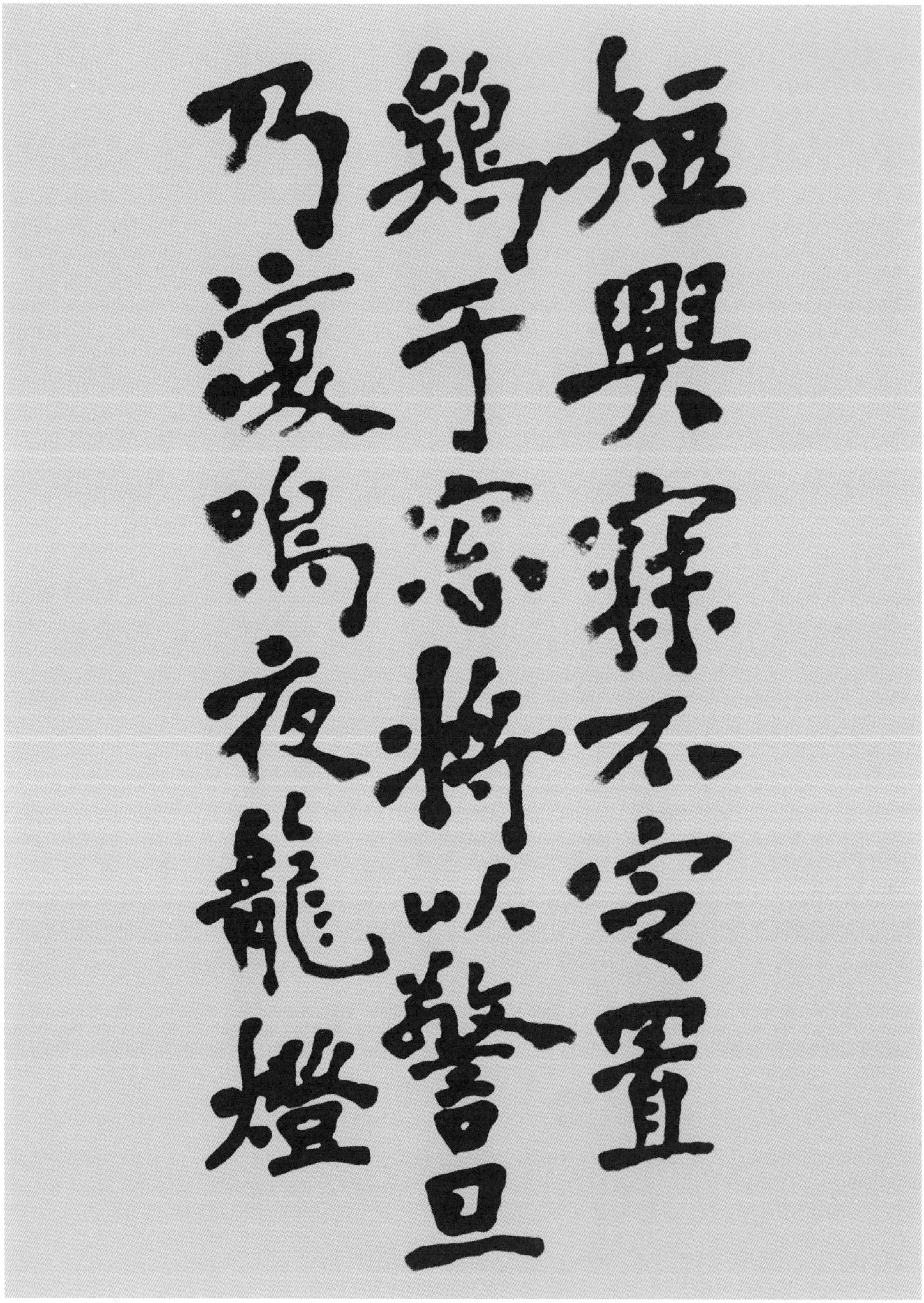
短興寐不安置
雞于窗將以警旦
乃復鳴夜龍燈

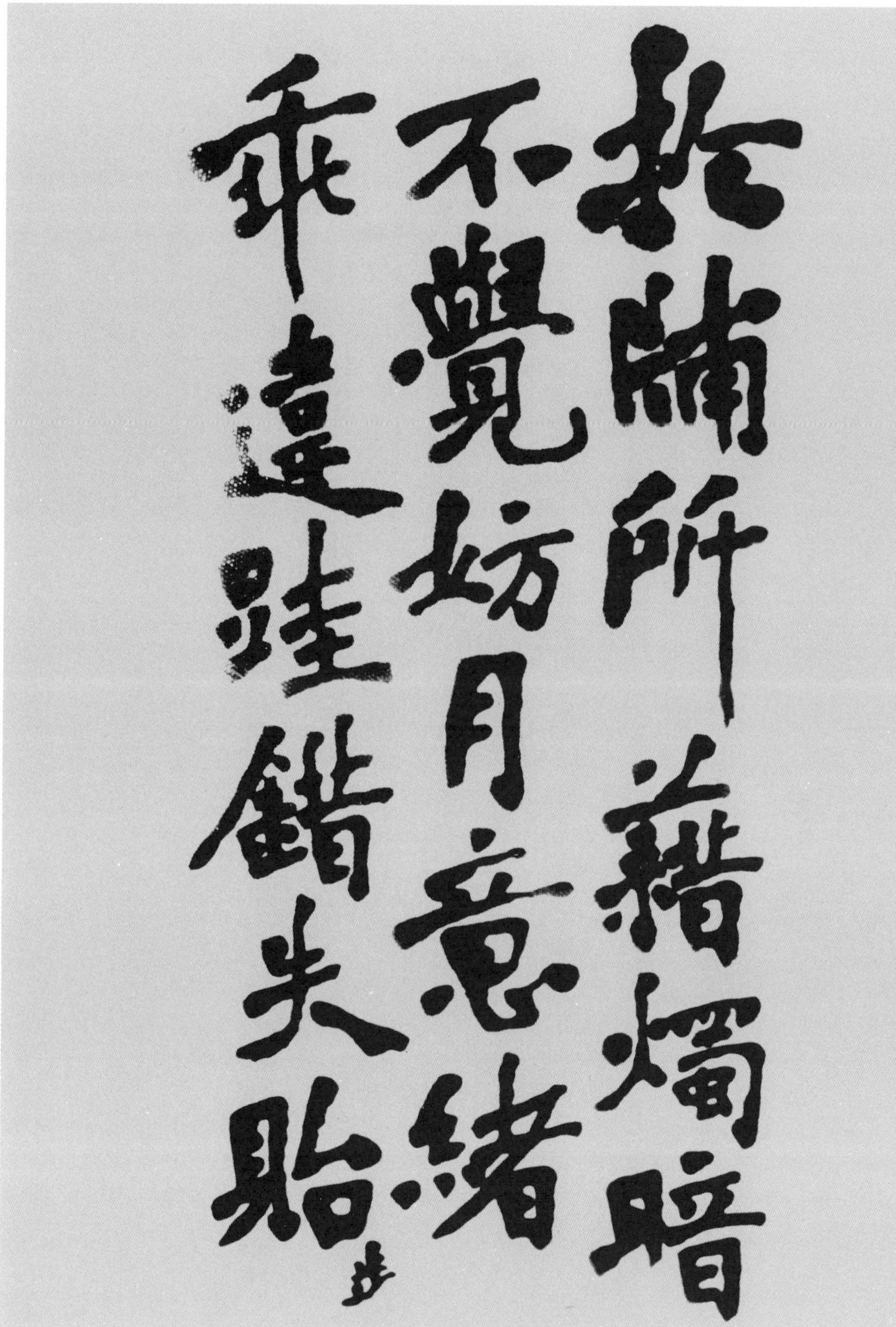
於牖所藉燭暗
不覺坊月意緒
乘違跬錯失貽

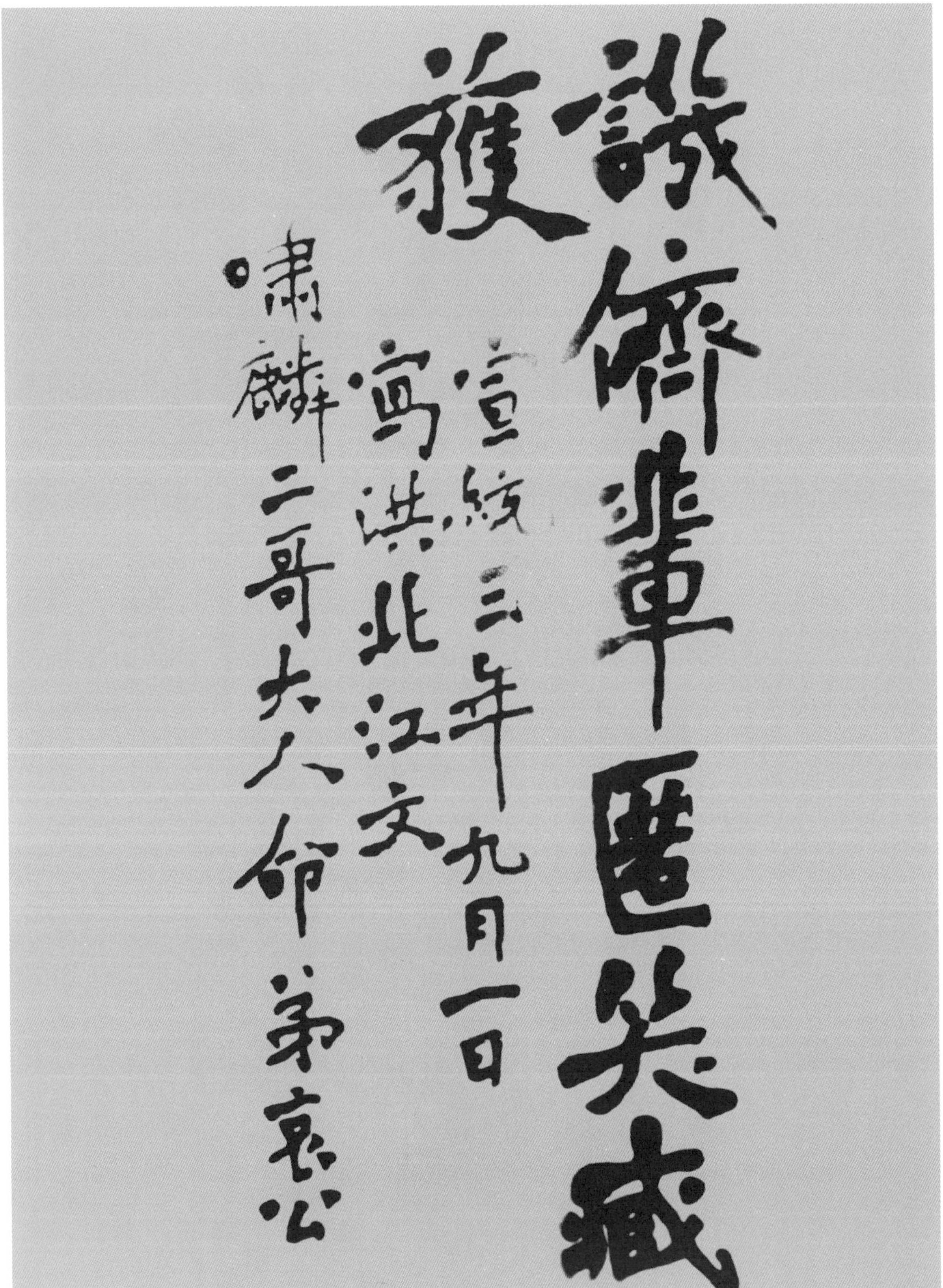
宣統三年九月一日
寫洪北江文
嘯麟二哥大人命

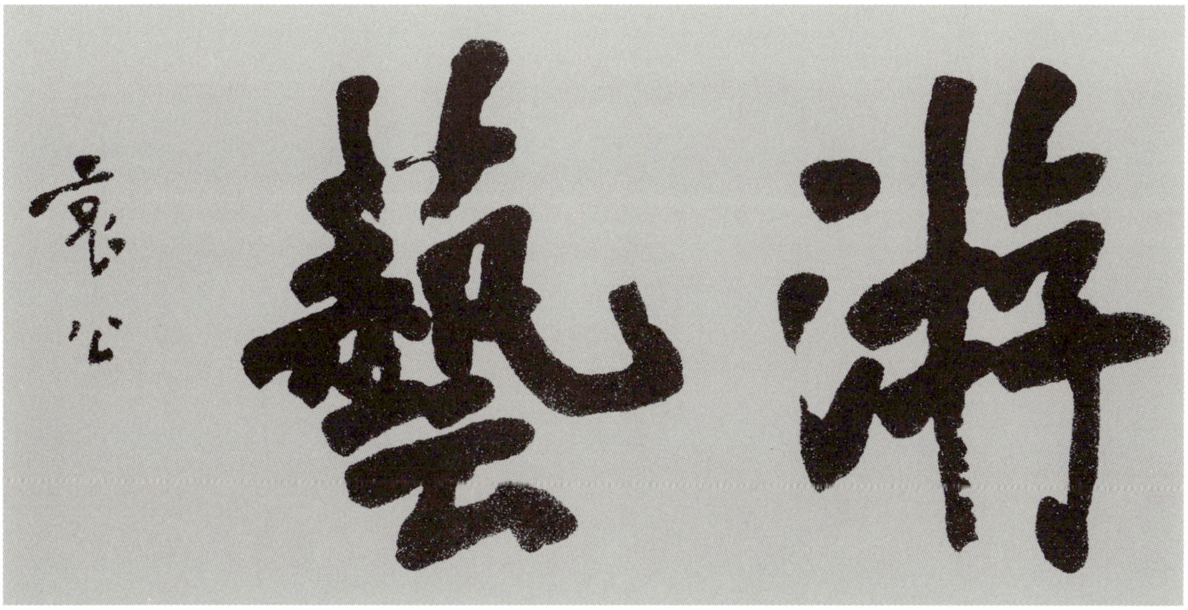
游藝
哀公

演壇
李息

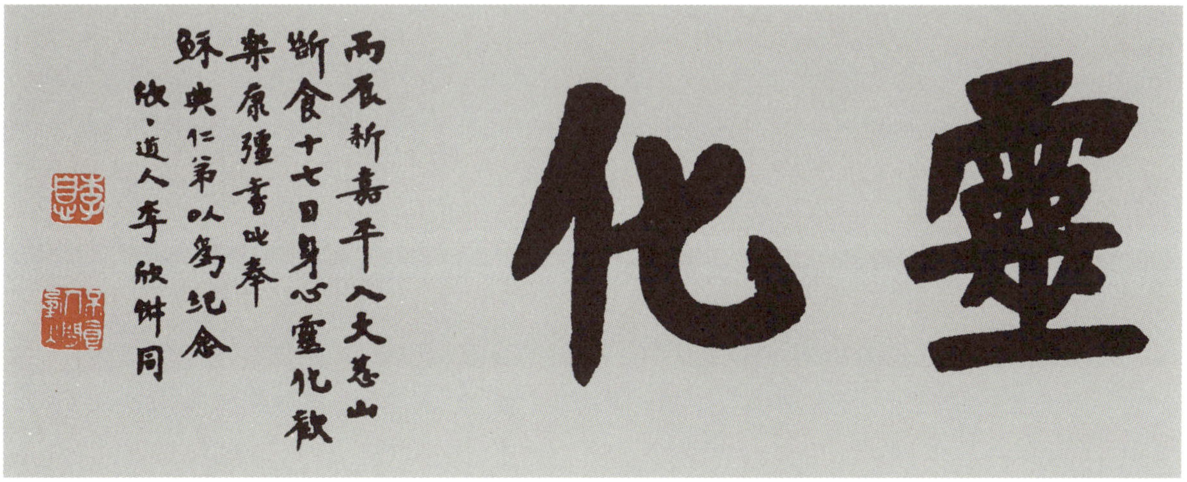
靈化
丙辰新嘉平入大慈山
斷食十七日身心靈化歡
樂康彊書此奉
穌典仁弟以為紀念
欣欣道人李欣并同

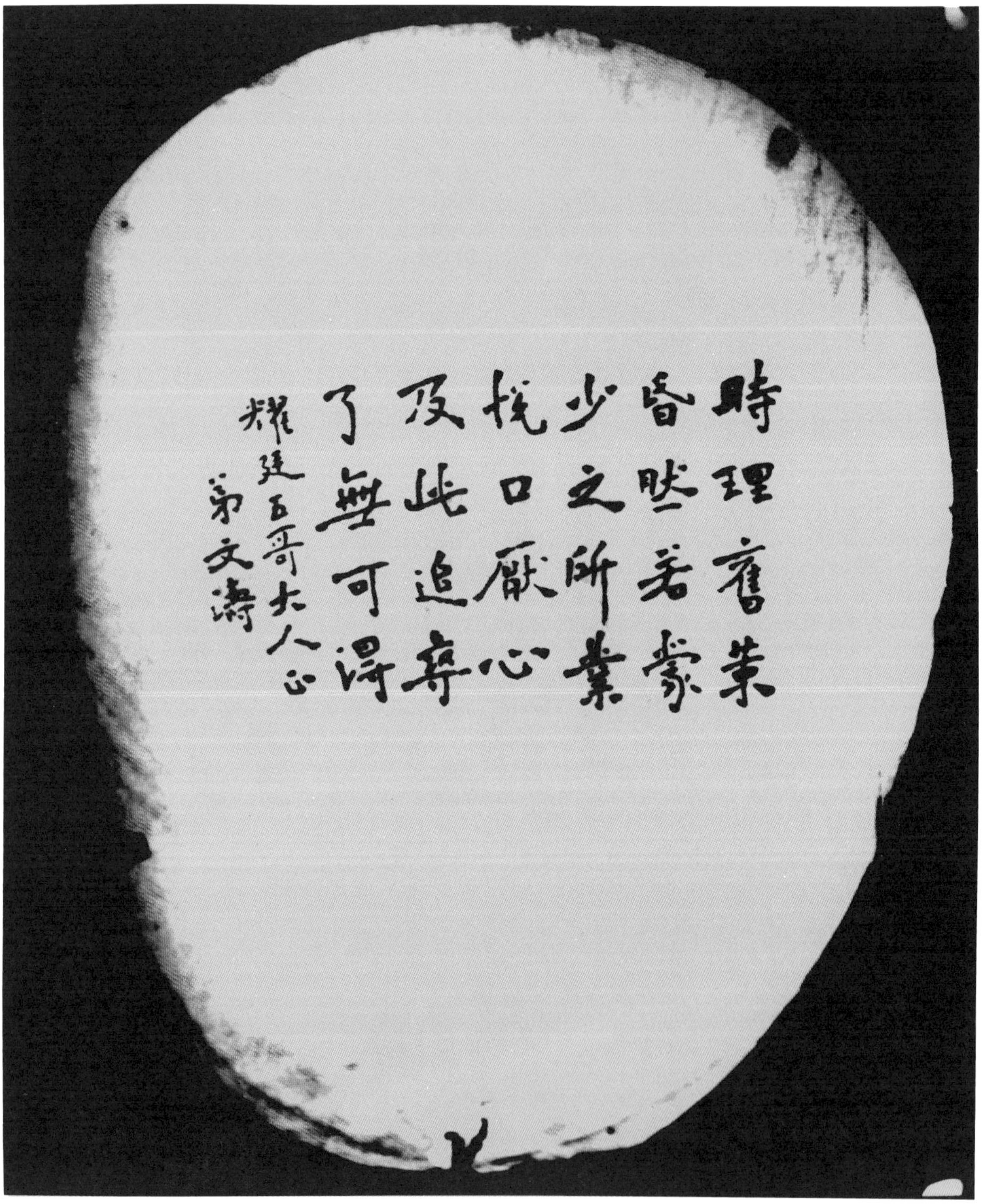
時理舊業
昏然若蒙
少之所業
恍口厭心
及此追尋
了無可得
耀廷五哥大人心
弟文濤

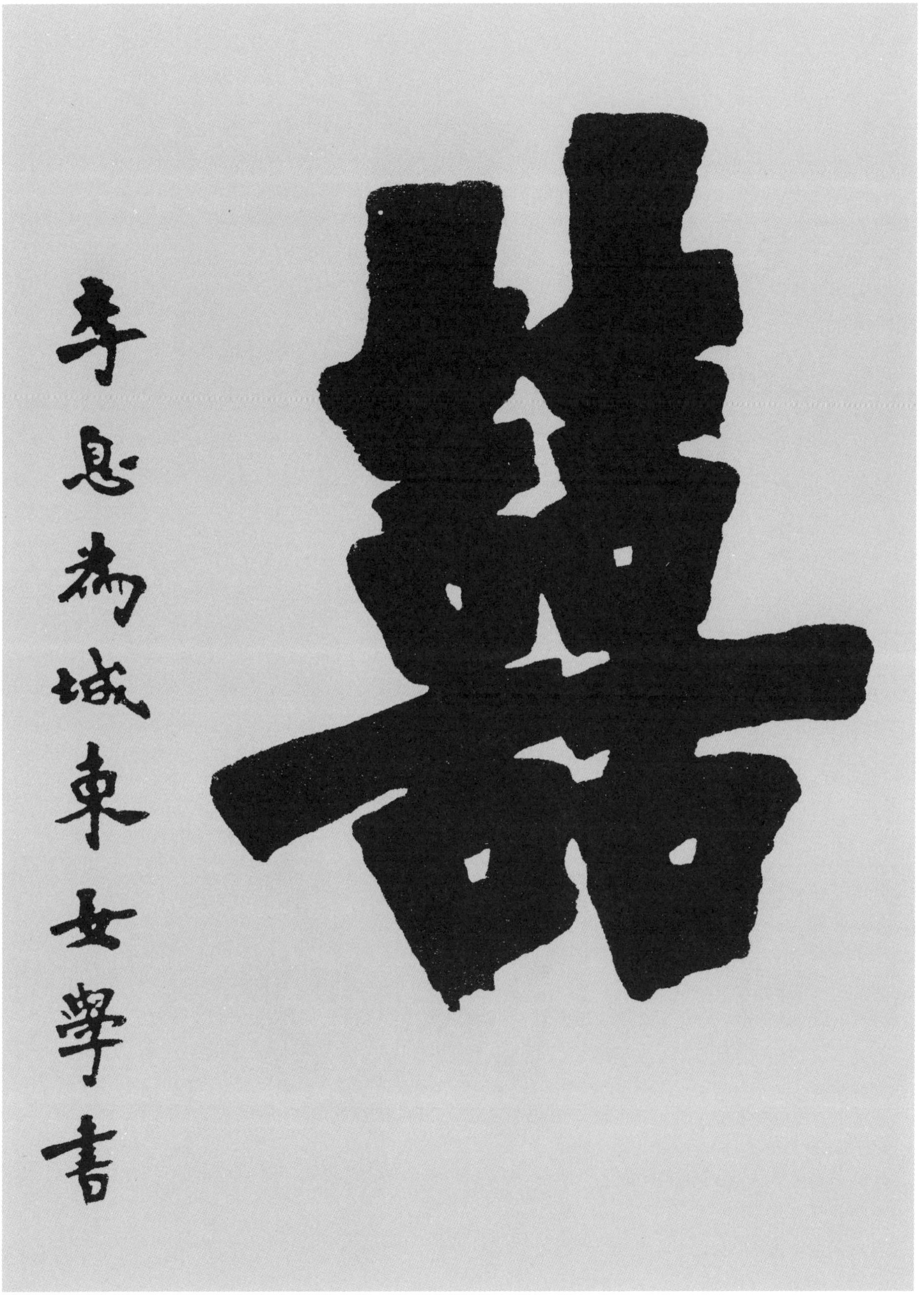
李息為城東女學書

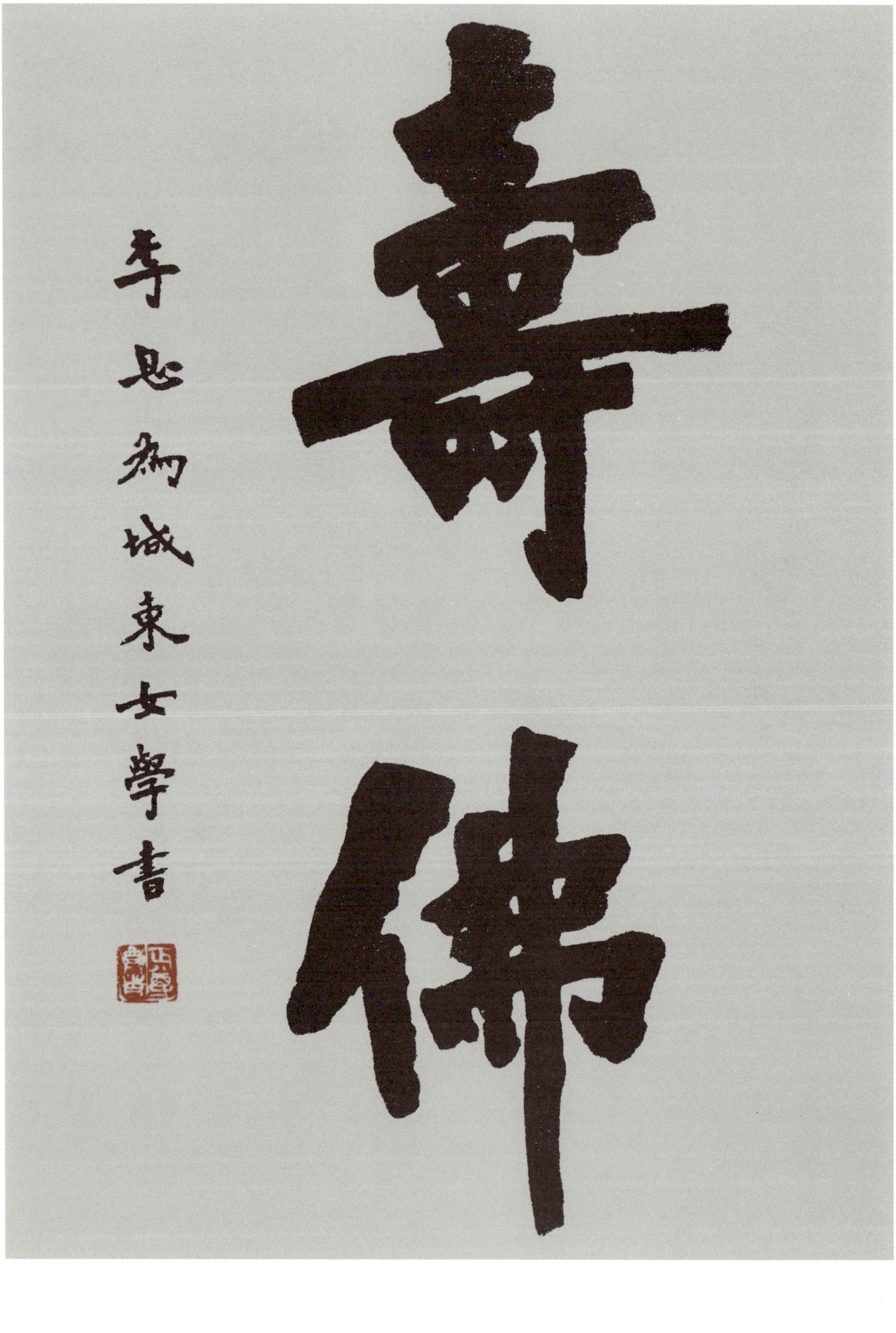
壽佛
李忠爲城東女學書

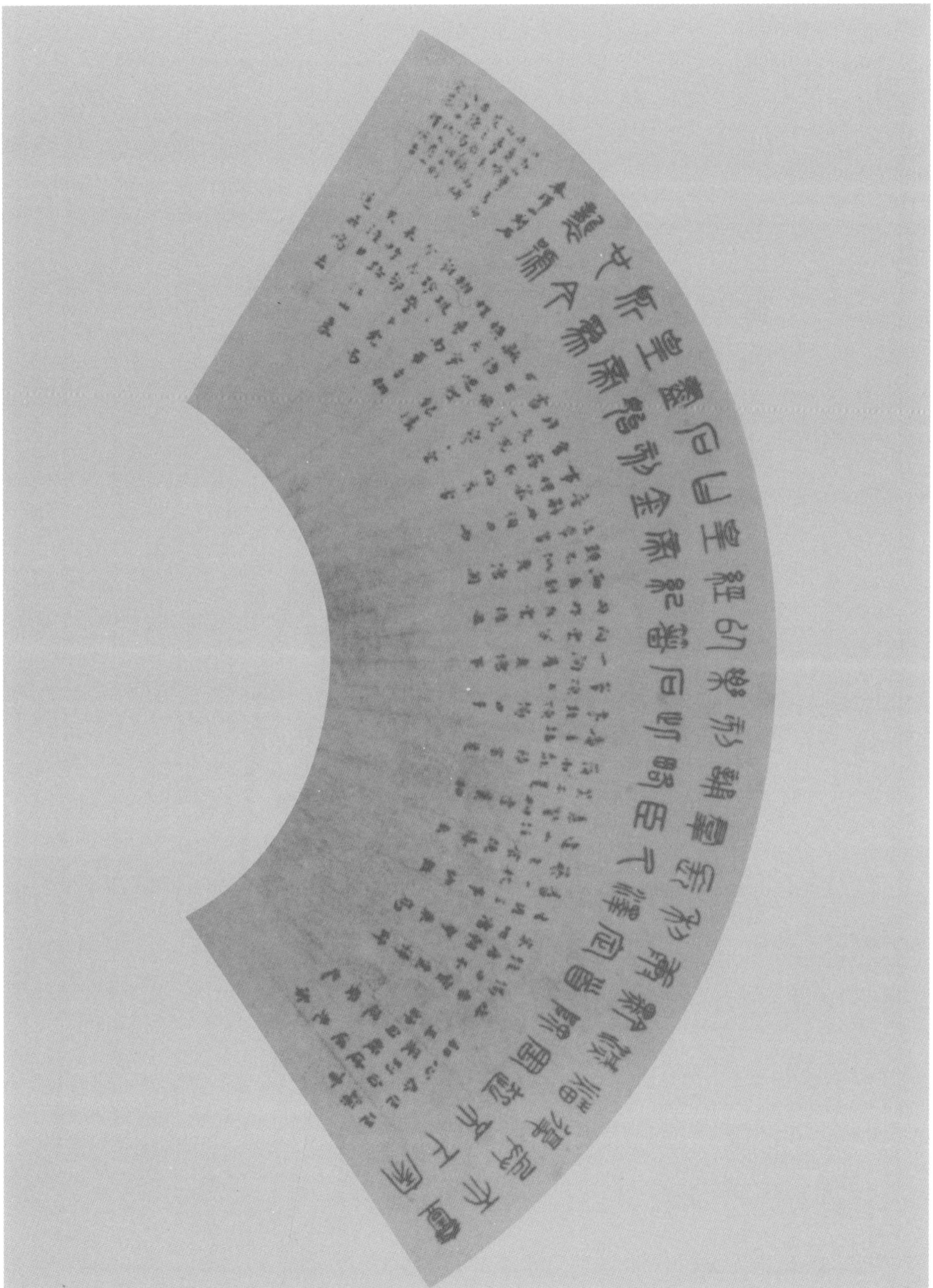

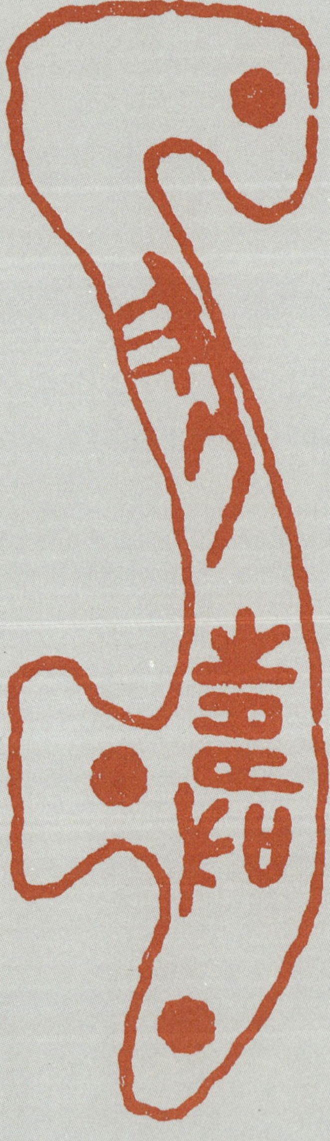

右漢長壽鉤、銘二字阮元案銘作陰款摛其制
嘗見有一鉤文亦陽識古人合之以當符券也
癸丑五月十四丏翁同學二十八年誕辰摹此以祝
丏翁長壽
當湖老人息翁

夢仙大姊幼學於王弢園先輩，能文章詩詞，又就畫鷗京卿學畫，宗七薌家法，而能得其神韻，時人以出藍譽之。是畫作於庚子九月，時余方奉母居城南草堂，花晨月夕，母輒招大姊説詩評畫，引以為樂。大姊多病，母為治藥餌，視之如己出。壬寅荷華生日，大姊逝，越三年乙巳，母亦棄養，余乃亡命海外，放浪無賴。回憶曩日家庭之樂、唱和之雅，恍惚殆若隔世矣。今歲幻園姻兄示此幅，索為題辭。余悼逝者之不作，悲生人之多艱，聊賦短什，以志哀思。

人生如夢耳，哀樂到心頭。灑剩兩行淚，吟成一夕秋。慈雲渺天末，明月下南樓。

今春余過城南草堂舊址，樓台楊柳大半荒蕪矣。

壽世無長物，丹青片羽留。

甲寅秋七月 李息時客錢塘

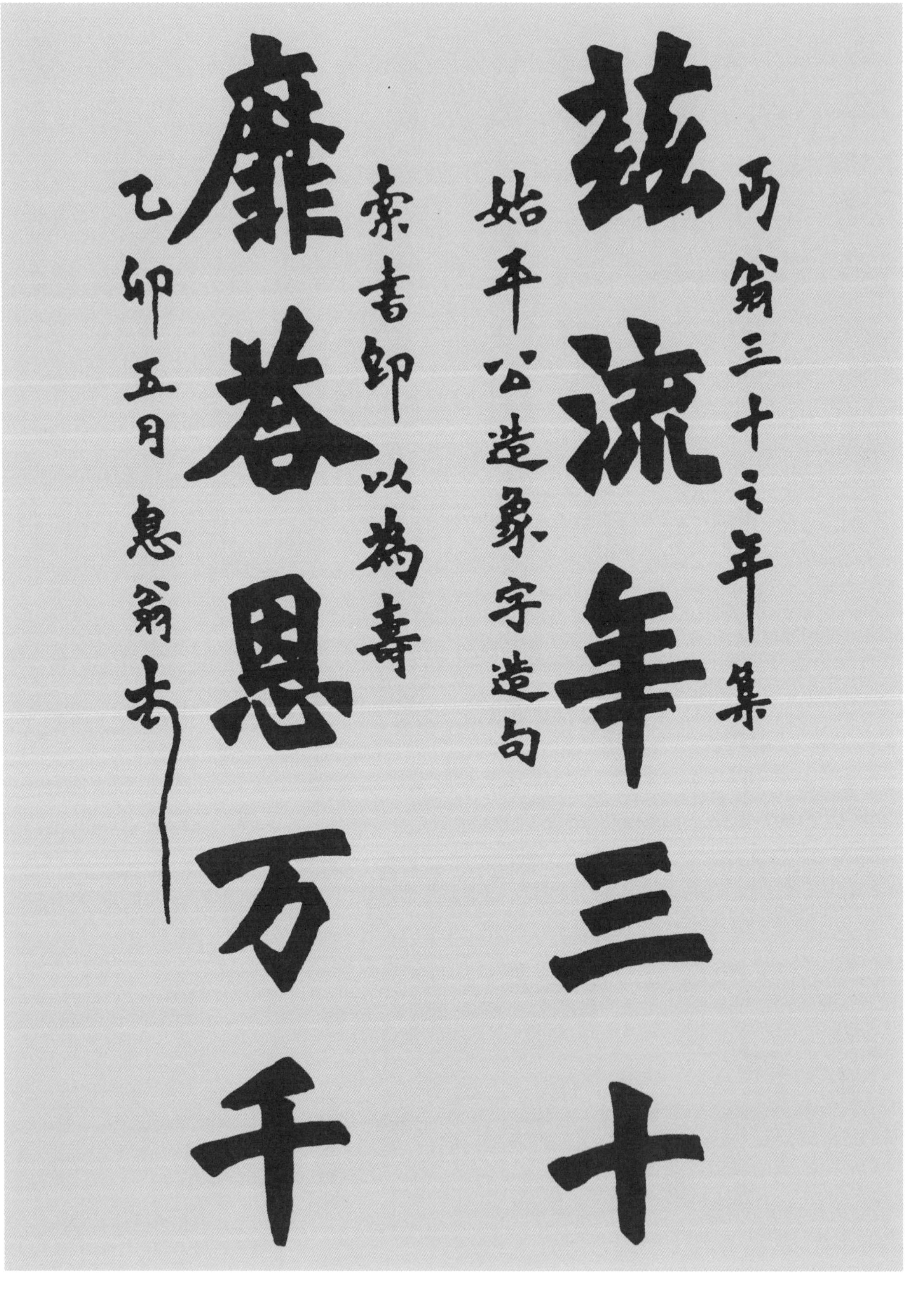
丙翁三十之年集
茲流年三十
始平公造象字造句
索書即以為壽
靡巷思万千
乙卯五月息翁書

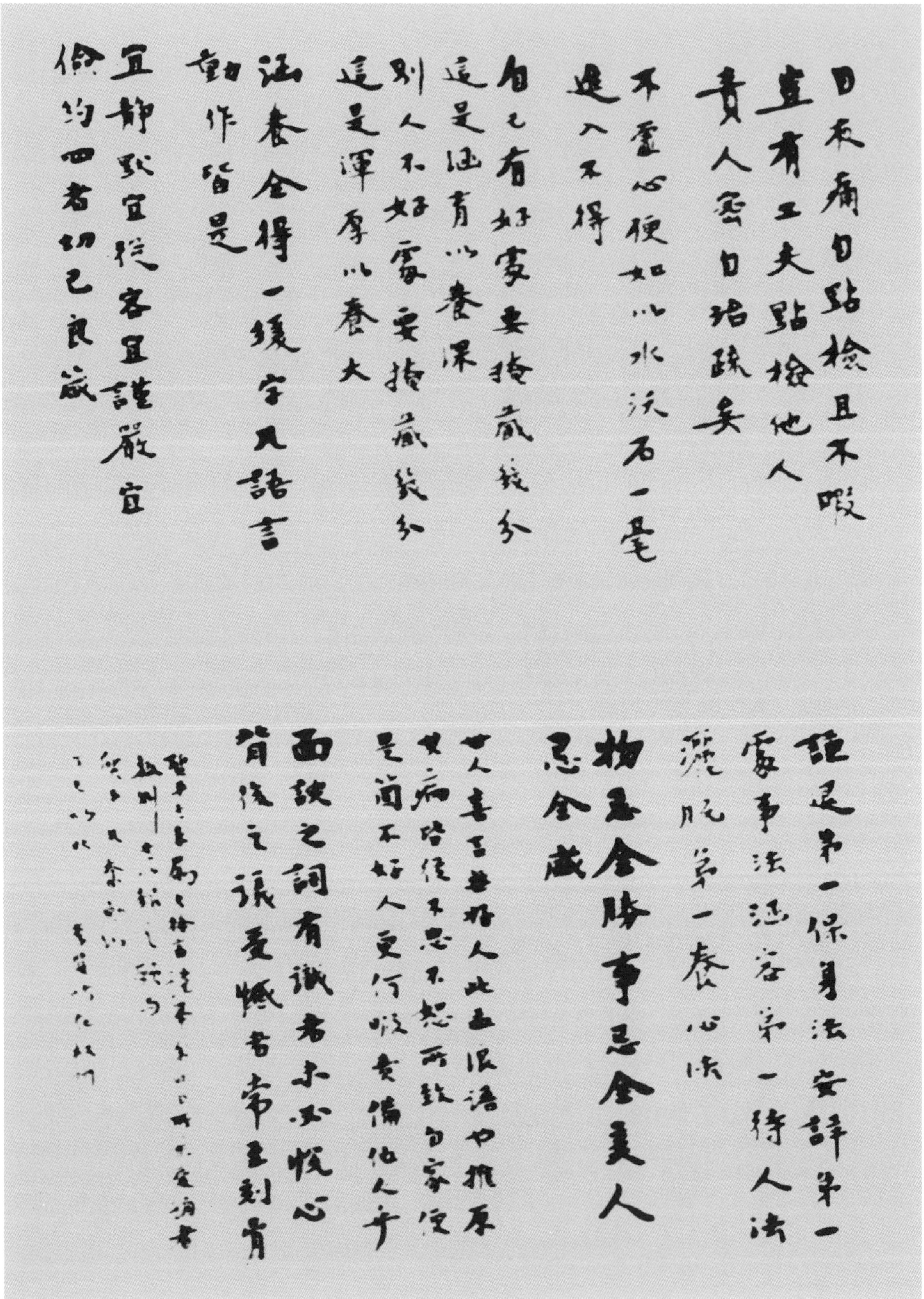
日夜痛自點檢且不暇
豈有工夫點檢他人
責人密自治疏矣
不靈心便如以水沃石一毫
進入不得
自己有好處要掩藏幾分
這是涵育以養深
別人不好處要掩藏幾分
這是渾厚以養大
涵養全得一緩字凡語言
動作皆是
宜靜默宜從容宜謹嚴宜
儉約四者切己良箴
謙退第一保身法 安詳第一
處事法 涵容第一待人法
灑脫第一養心法
物忌全勝事忌全美人
忌全盛
世人喜言無好人此孟浪語也推原
其病皆從不忠不恕所致自家便
是個不好人更何暇責備他人乎
面談之詞有識者未必悅心
背後之議受憾者常至刻骨

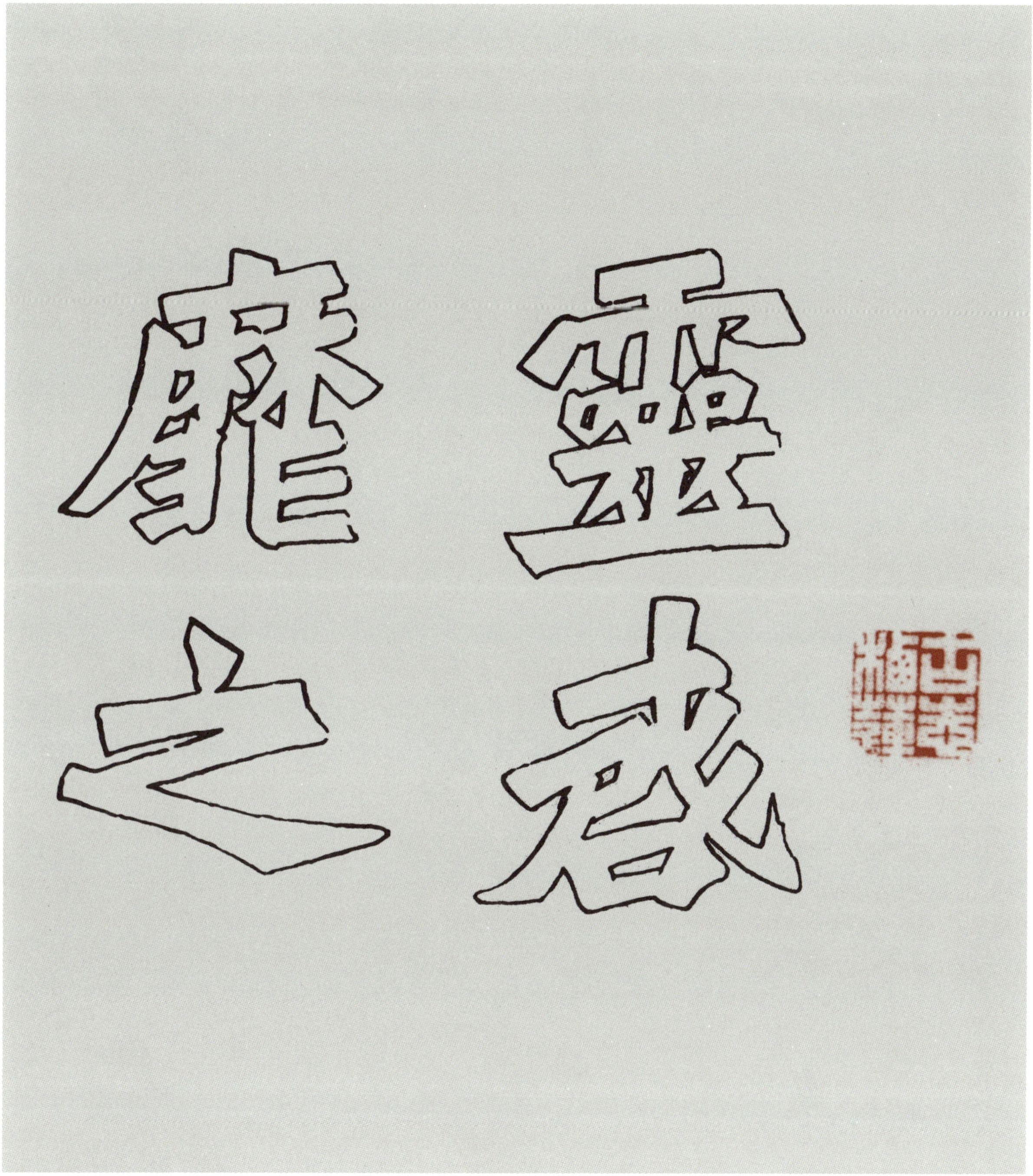

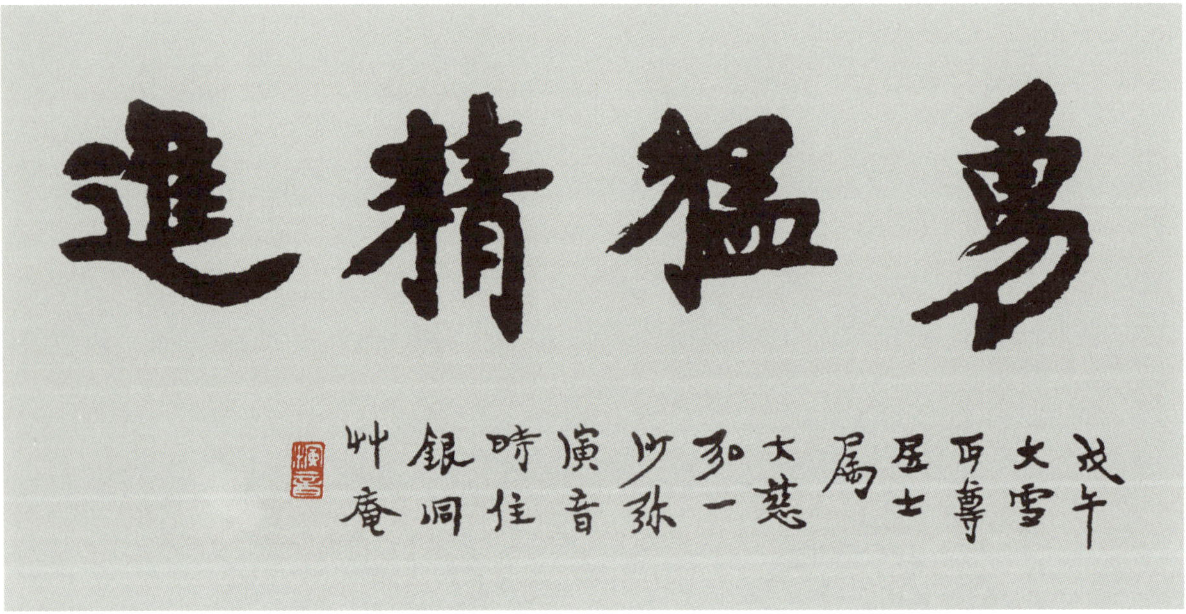
勇猛精進
戊午大雪丙尊居士屬
大慈弘一沙弥演音時住銀洞艸庵

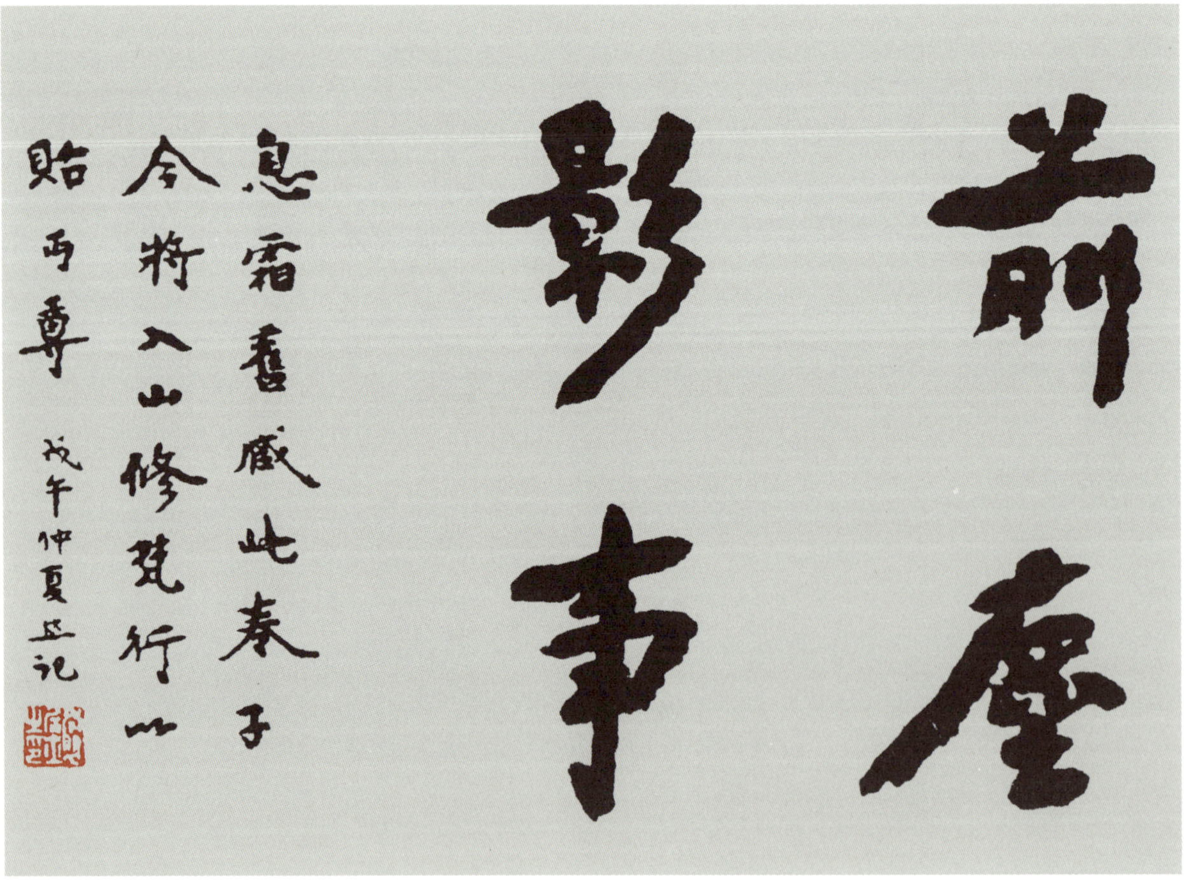
前塵影事
息霜舊感此春子今將入山修梵行以貽丙尊
戊午仲夏並記

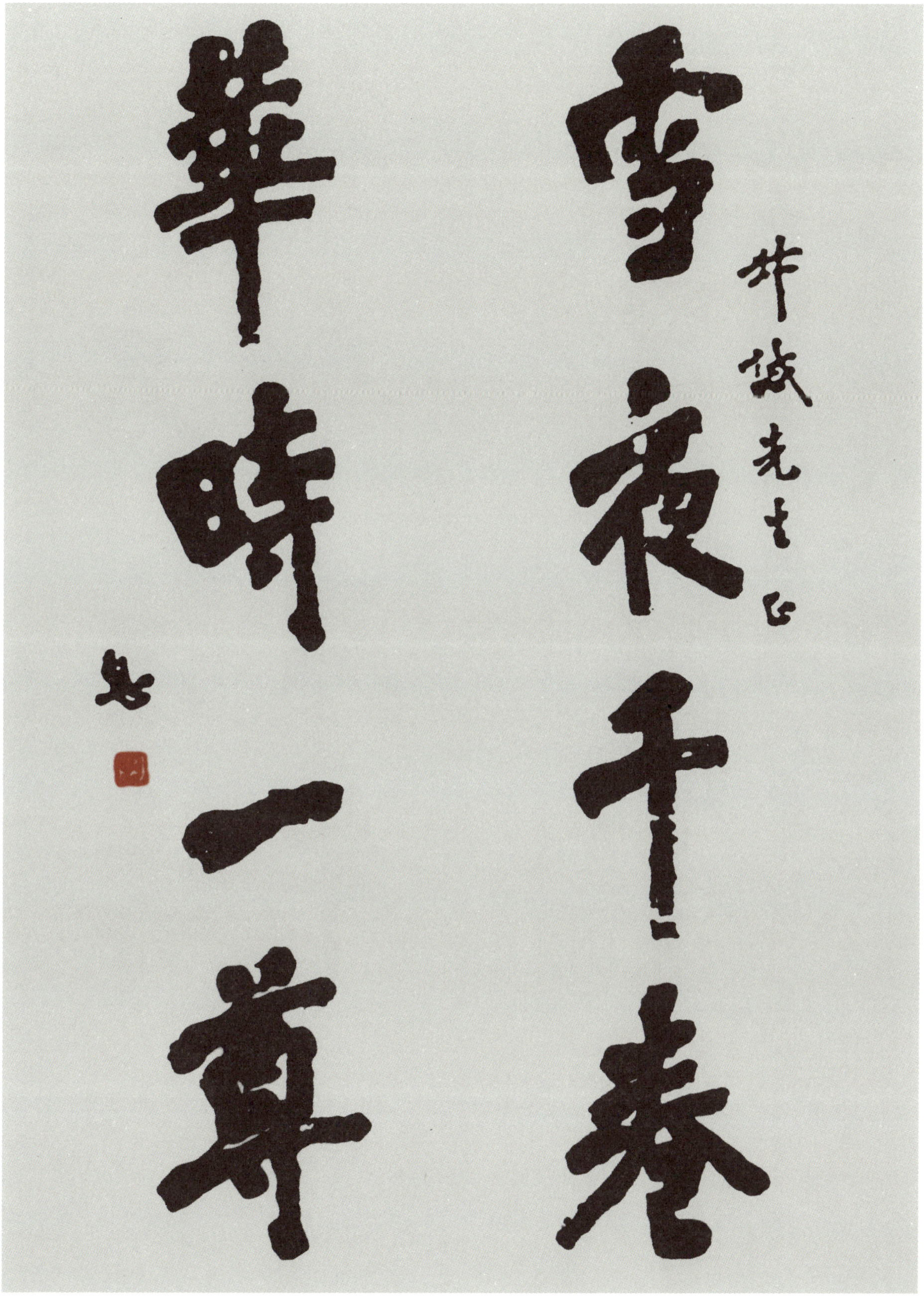
雪夜千卷
華時一尊

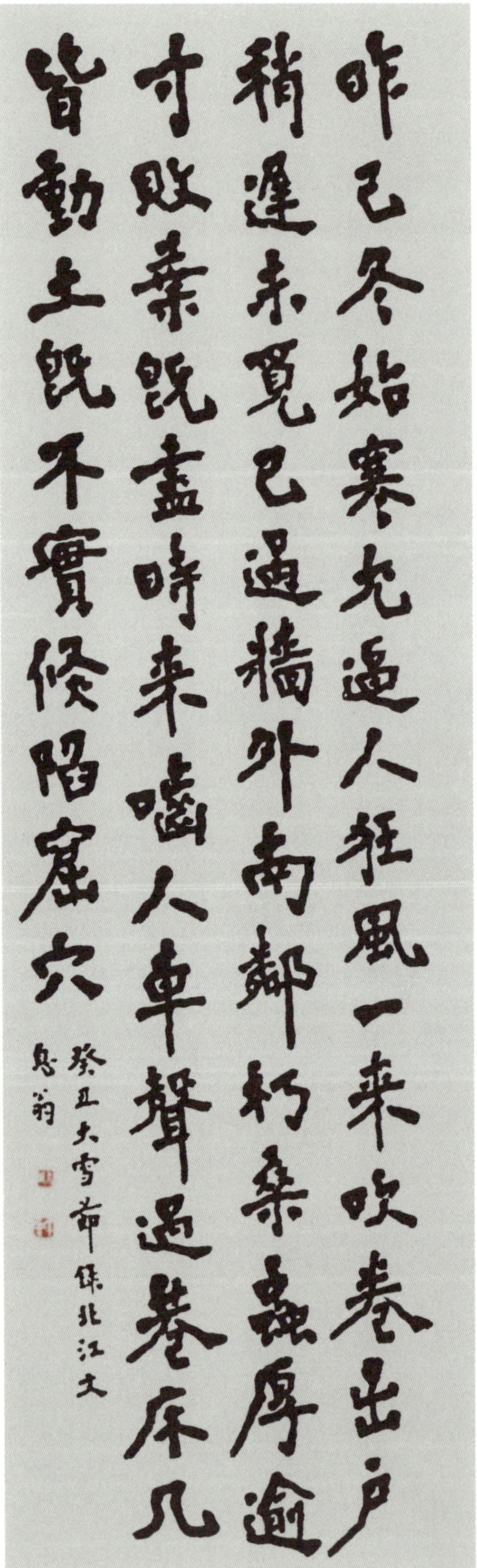
昨已冬始寒尤逼人狂風一來吹卷出户
稍遲未覓已過牆外南鄰朽桑蠹厚逾
寸敗桑既盡時來囓人卑聲過巷床几
皆動土既不實倏陷窟穴
癸丑大雪節録北江文
息翁

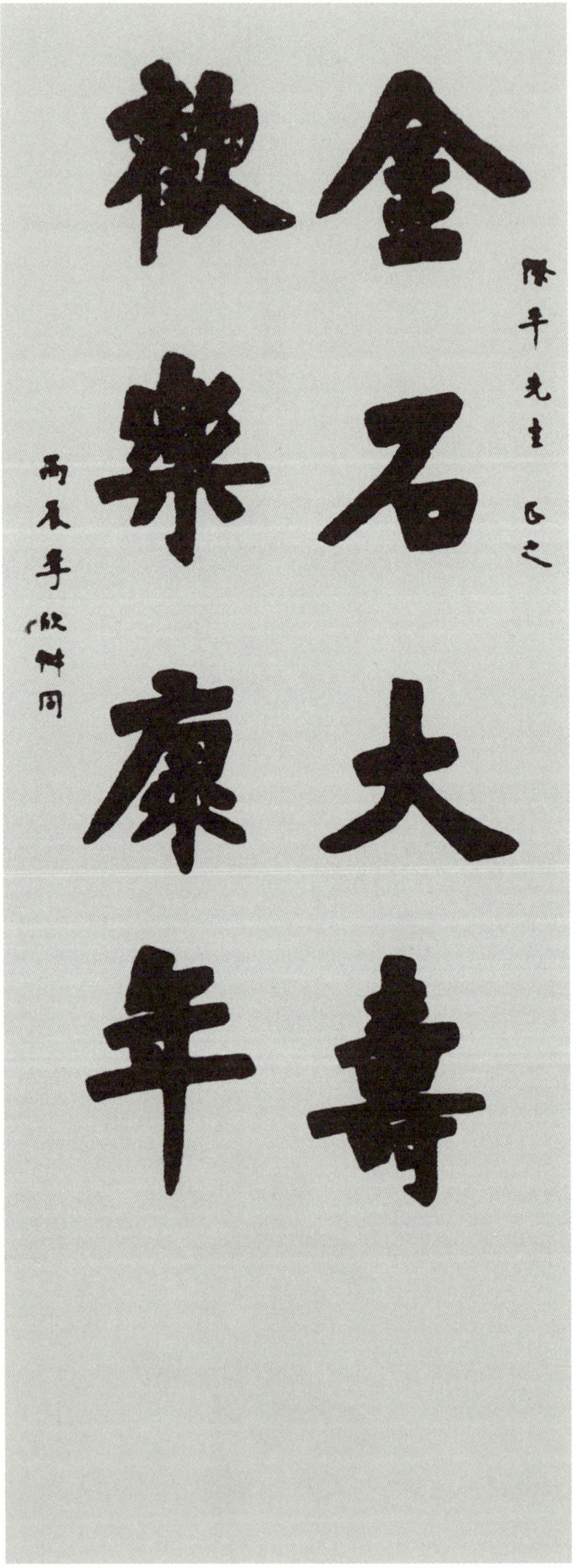
金石大壽
歡樂康年
隆平先生正之
丙辰年

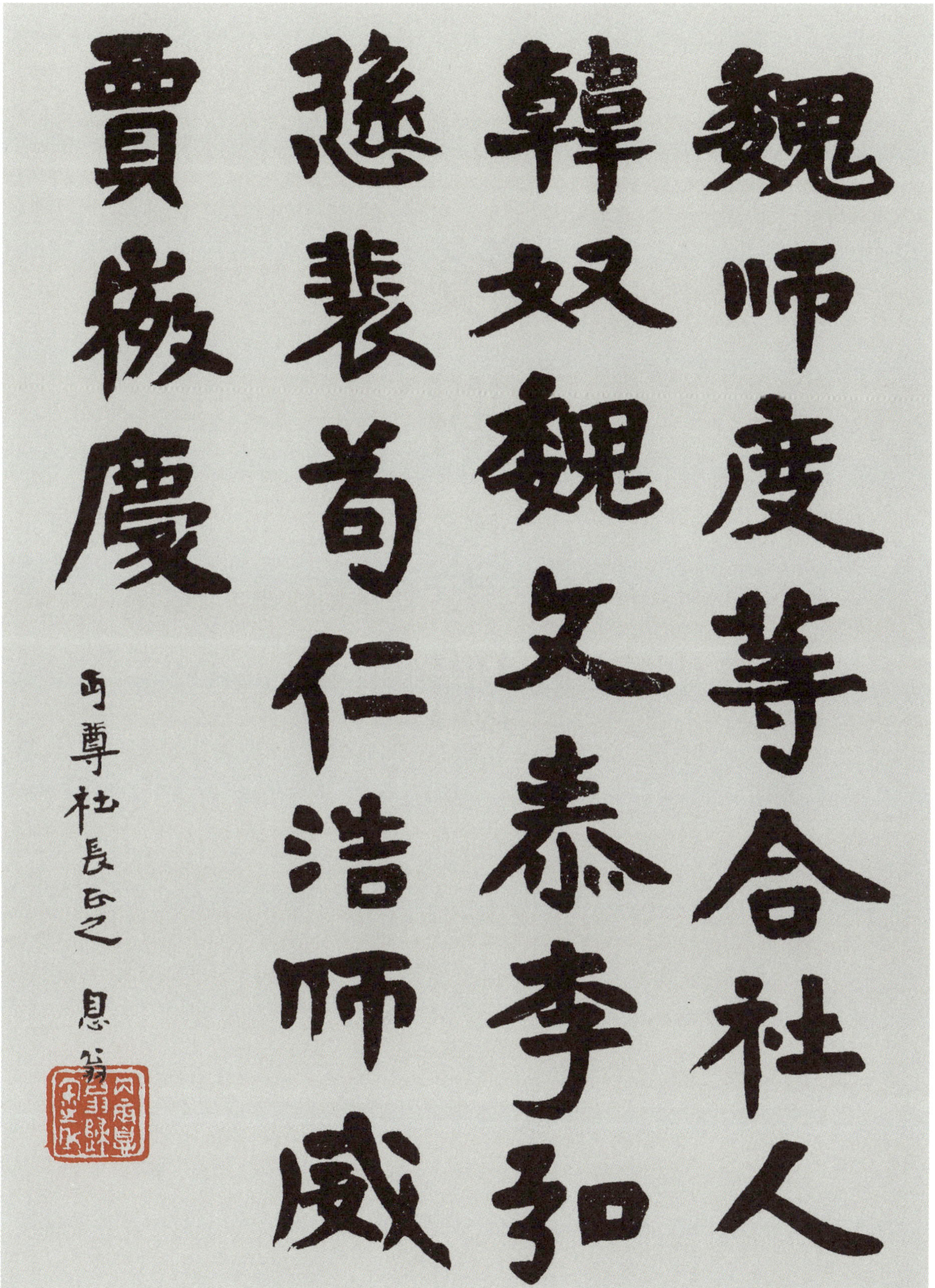
魏师度等合社人
韓奴魏文泰李弘
孫裴荀仁浩师威
賈椒慶
丙尊社長正之
息翁

後期墨蹟

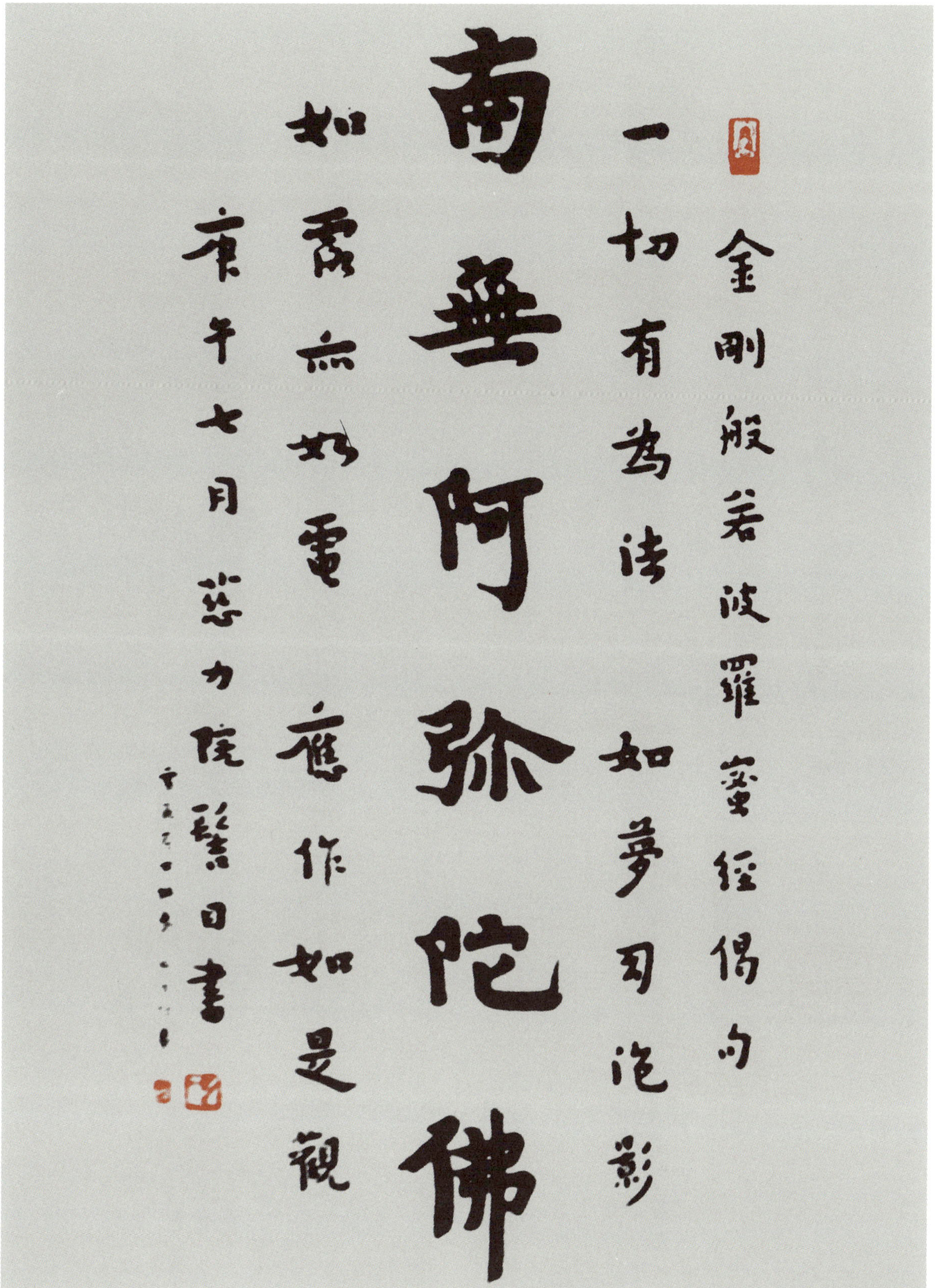
金剛般若波羅蜜經偈句
南無阿弥陀佛
一切有為法 如夢幻泡影
如露亦如電 應作如是觀
庚午七月 慈力院 慧日書

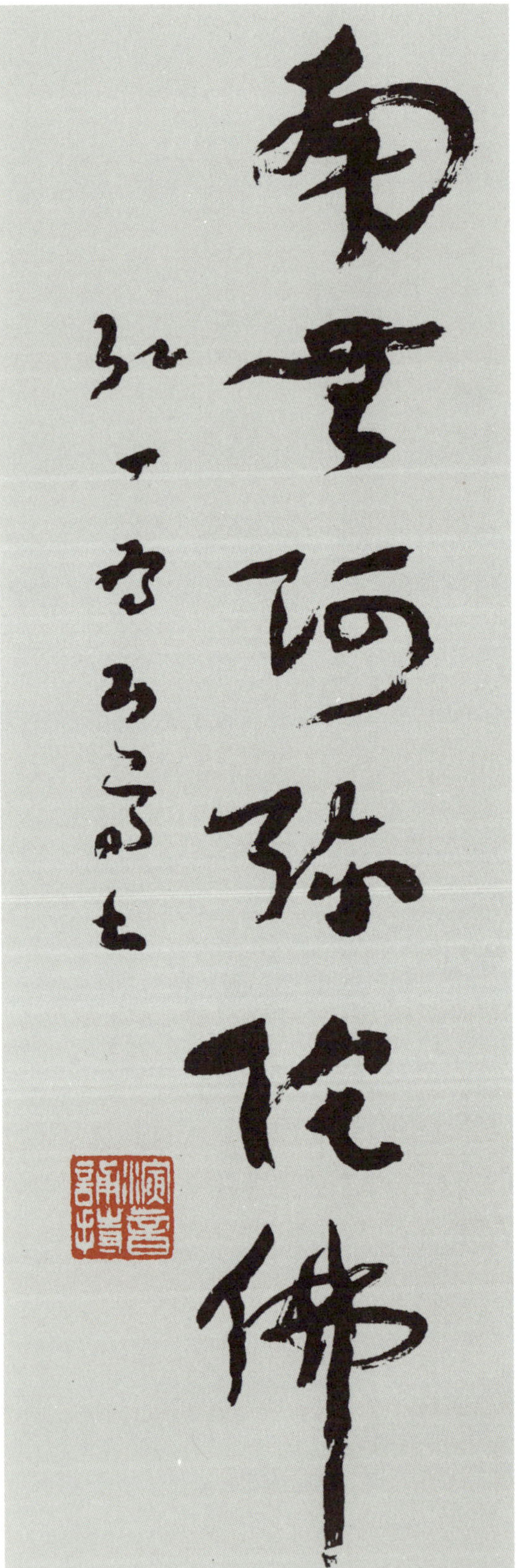
南無阿彌陀佛

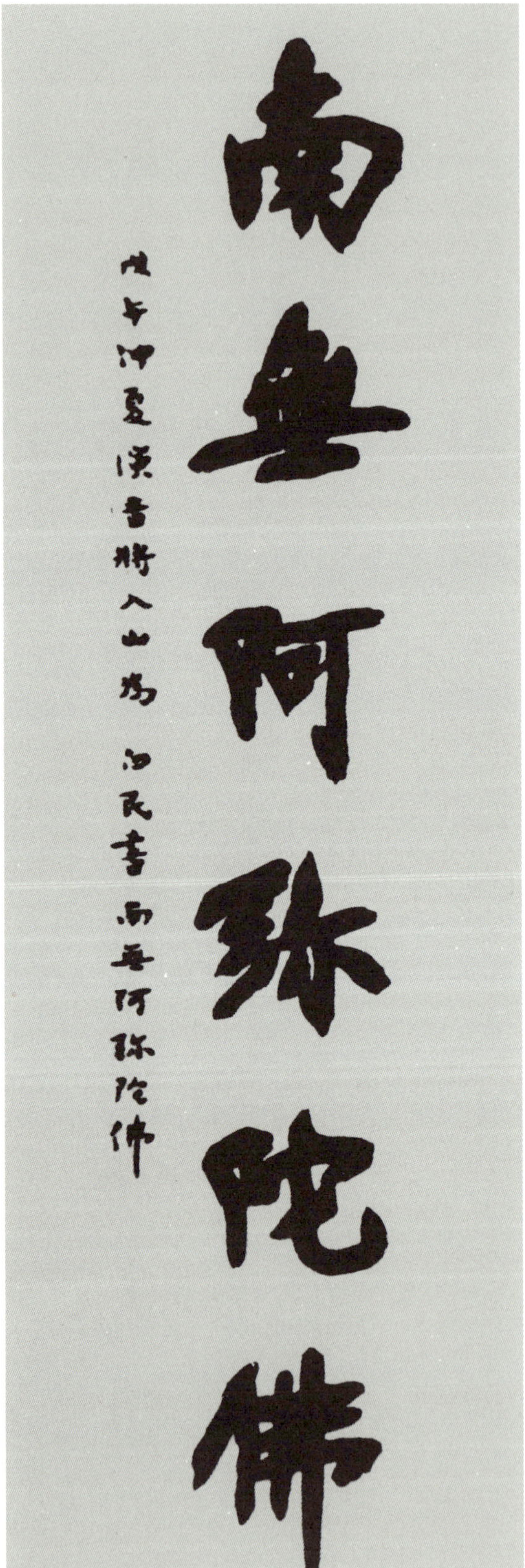
南無阿彌陀佛

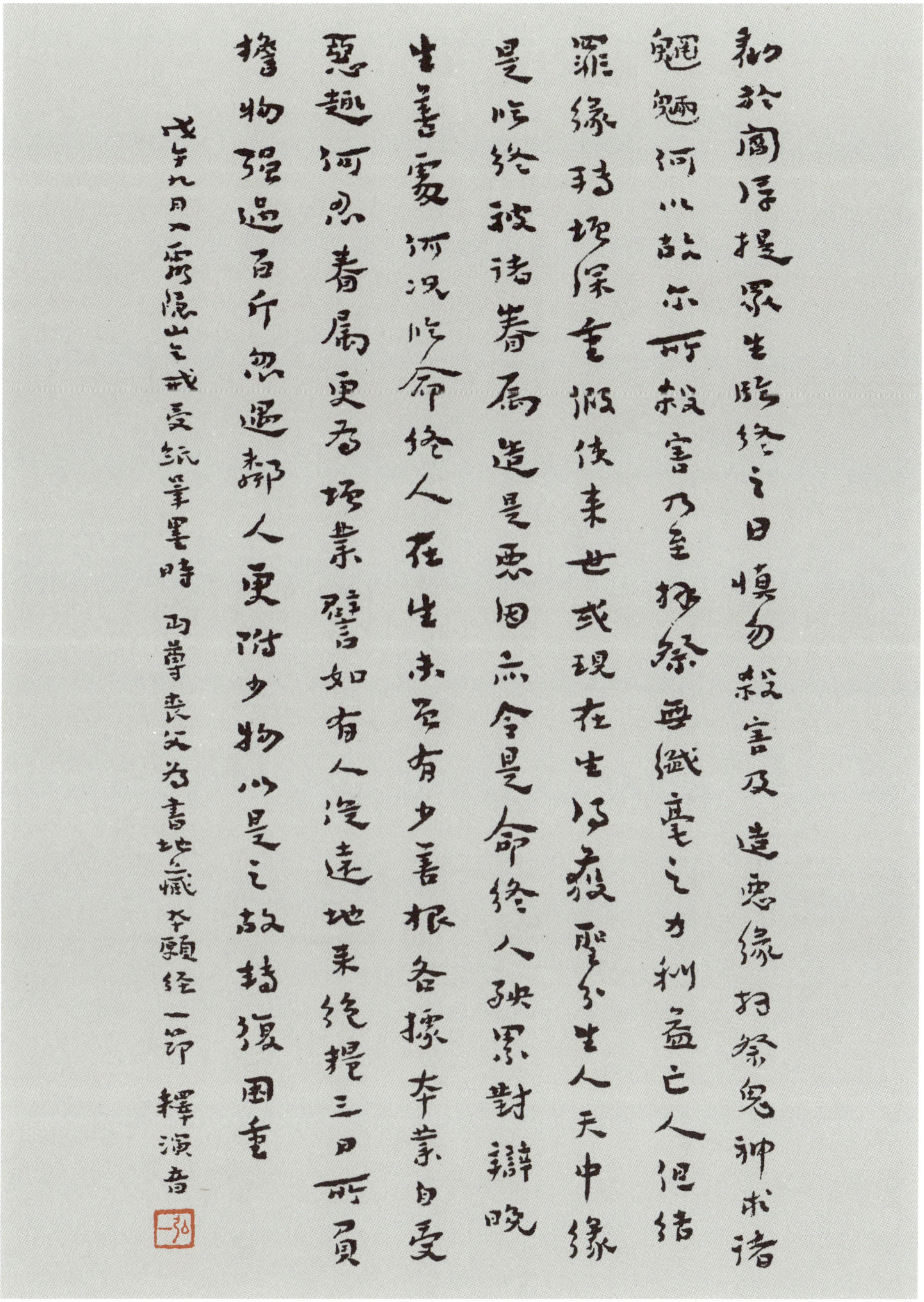
勸於閻浮提眾生臨終之日慎勿殺害及造惡緣拜祭鬼神求諸
魍魎何以故爾所殺害乃至拜祭無纖毫之力利益亡人但結
罪緣轉增深重假使來世或現在生得獲聖分生人天中緣
是臨終被諸眷屬造是惡因亦令是命終人殃累對辯晚
生善處何況臨命終人在生未曾有少善根各據本業自受
惡趣何忍眷屬更為增業譬如有人從遠地來絕糧三日所負
擔物強過百斤忽遇鄰人更附少物以是之故轉復困重
戊午九月入靈隱山受戒受紙筆墨時 丏尊袁父為書地藏本願經一節 釋演音
弘一

譬如有人一專為憶一人專忘如是二人若逢不逢
或見非見二人相憶二憶念深如是乃至從生至生
同於形影不相乖異十方如來憐念眾生如母憶
子若子逃逝雖憶何為子若憶母如母憶時母子歷
生不相違遠若眾生心憶佛念佛現前當來必定見
佛去佛不遠不假方便自得心開如染香人身有香氣
此則名曰香光莊嚴

戊午大勢至菩薩誕剃度於定慧禪寺翌日
為尊聞居士來山寫書楞嚴念佛圓通章願它年
同生安養聞妙法音回施有情共圓種智
大慈山當來沙彌演音並記 七月十四日

演音

知止
己未八月 書貽丏尊居士
大慈定慧 弘一釋演音

珍重
予居杭九年與
夏子丏尊交最篤
今將如新城掩關
來日茫、未知何時
再面書是以貽感
慨系之矣庚申夏
弘一演音記

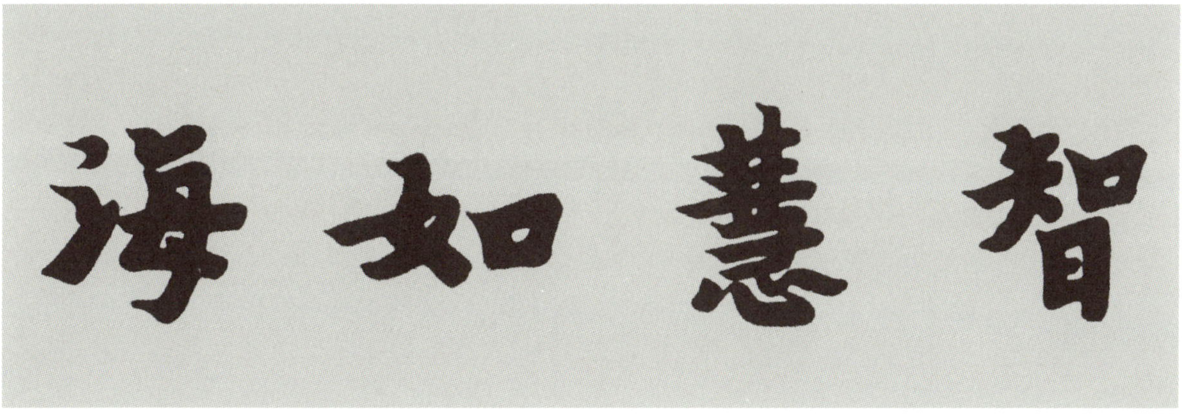
智慧如海

視人之善猶己之善視己之善猶人之善合、同觀
亙古無向法界偕遊四德城方滿最初宏誓願 慈
視人之惡猶己之惡視己之惡猶人之惡猶當力除
無令愧怍使界眾生三毒除從我同歸無上覺 悲
視人之樂猶己之樂視己之樂猶人之樂所欲與共
嫉妒永卻法界同欣法喜充不向偏空尋寂樂 喜
善惡性具善惡性空何喜何怒如空御風默持悲感
妙應無窮大圓鏡智照不疲豈似權乘作意過 捨

慈悲喜捨四無量心銘　乙未初秋演音敬錄 於

視人之善猶己之善視己之善猶人之善
念念同觀亙古無間法界偕遊四德城方
滿最初宏誓願　慈　法藏日院沙门玄會

視人之惡猶己之惡視己之惡猶人之惡
猛省力除無今愧作法界衆生三毒除彼
我同歸無上覺　悲　大誓莊嚴院沙门智眼

視人之樂猶己之樂視己之樂猶人之樂
所欲與共嫉妒永卻法界同欣法喜充不
向偏空尋畧行　喜　辯音院沙門滕胥

善惡性具善惡性空何喜何怒如空御風
默持機感妙應無窮大圓鏡智照不疲豈
似權乘作意通　捨　大迴向院沙门無住

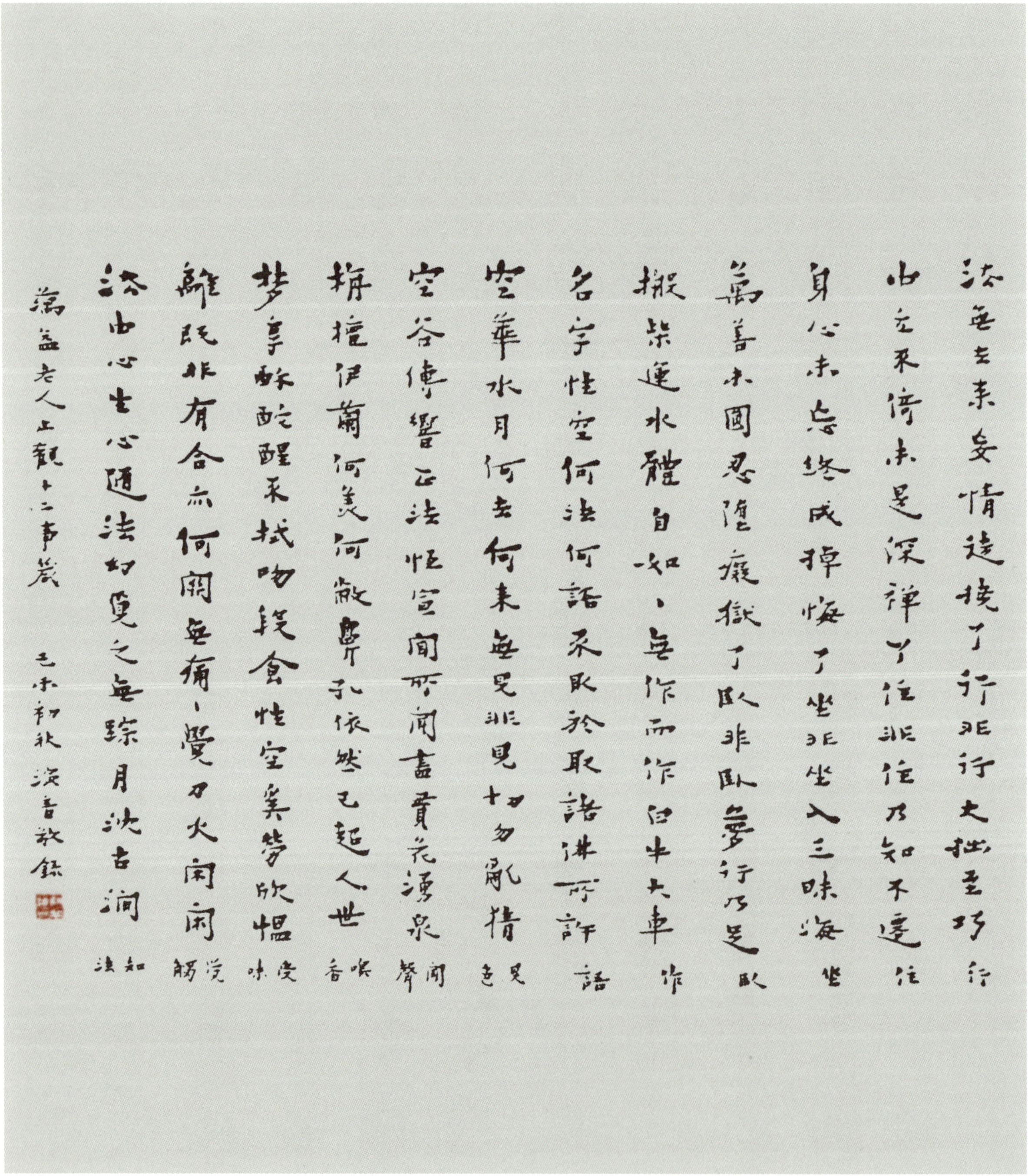
法無去來妄情造挽了行非行大拙至巧 行
由己不倚未足深禪了住非住乃知不遷 住
身心未忘終成掉悔了坐非坐入三昧海 坐
萬善未圓忍墮癡獄了臥非臥夢行乃足 臥
搬柴運水體自如如無作而作白牛大車 作
名字性空何法何語不取於取語佛所許 語
空華水月何去何來無見非見十分亂猜 見色
空谷傳響正法悟宣聞所聞書貫花湧泉 聞聲
栴檀伊蘭何美何穢鼻孔依然已超人世 嗅香
步步酥酡醒不拭吻錢貪性空莫勞欣惱 受味
離既非有合亦何關無痛痛覺刀火閑閑 覺觸
法由心生心隨法好覓之無蹤月沈古澗 知法
為益老人止觀十二事箴
乙未初秋 演音敬錄

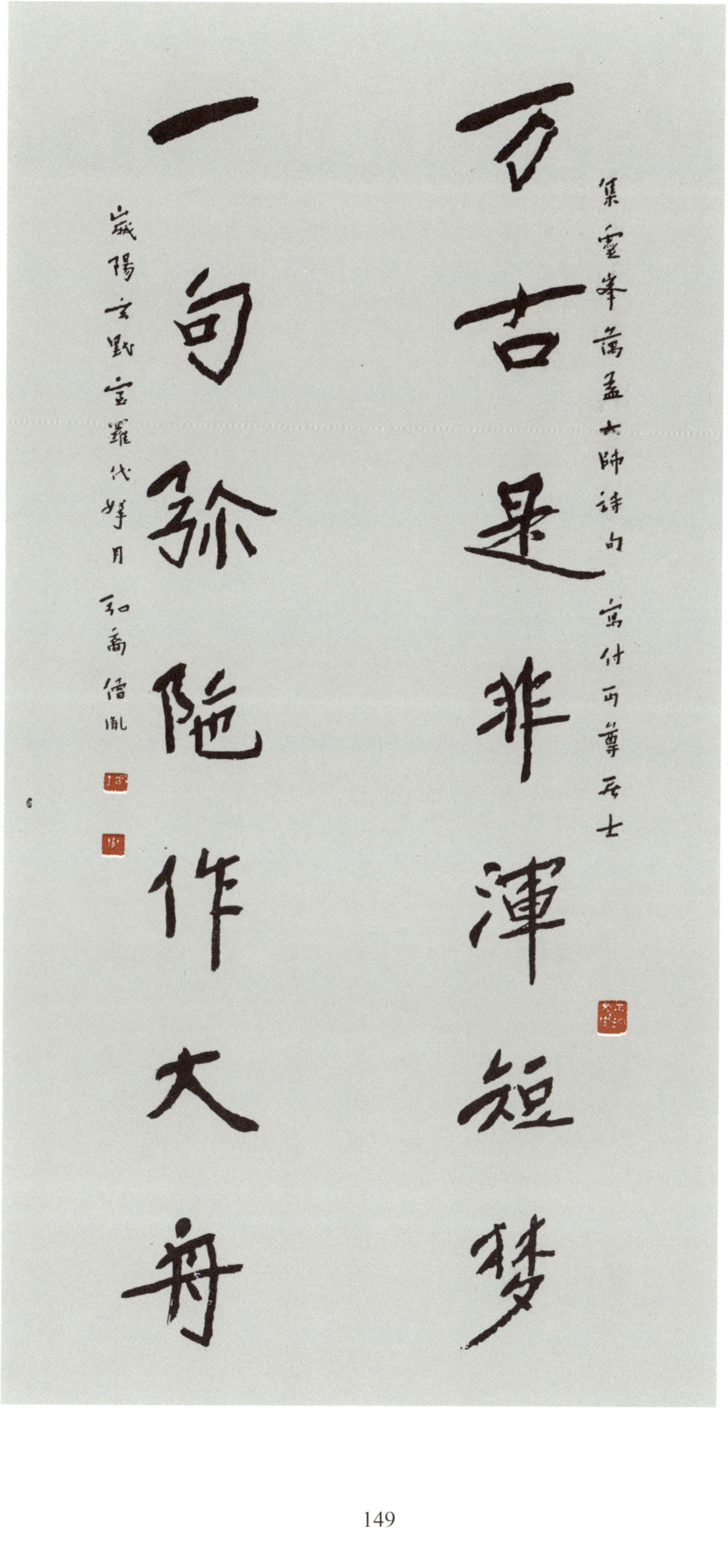
萬古是非渾短夢
集靈峯蕅益大師詩句
一句彌陀作大舟

觀音十句淨業普
佛號一聲超驪黄

老實念佛

畫阿彌陀佛像偈 并序 東坡居士蘇軾

錢塘元照律師普勸道俗歸誠西方極樂世界眉山蘇軾敬捨亡母蜀郡太君程氏簪珥遺物命匠胡錫畫阿弥陀佛像追薦冥福以偈頌曰

佛以大圓覺充滿十方界我以顛倒想出沒生死中云何以一念得往生淨土我造無始業一念便有餘既從一念生還從一念滅生滅，盡處則我與佛同如投水海中如風中鼓槖雖有大聖智亦不能分別願我先父母及一切衆生在處為西方所遇皆極樂人人無量壽無去亦無來

於時遜國後十一年歲次玄默秋孟之節寫付正尊居士 弘裔僧胤

輪轉生死中無須臾少息猶復熙熙，如登春臺曾不知
佛與菩薩為之痛心而慘目也　幸賴善緣得聞法
要此千生萬劫轉凡成聖之時尚復徘徊歧路乍前乍
卻則更歷千生萬劫亦如是而止耳況輾轉淪陷更
有不可知者哉　二林居士　趁未老未病抖擻身心撥棄世事得一
日光景念一日佛名得一時工夫修一時淨業由他命
終我之盤纏預辦前程穩當了也若不如此後悔難
追　天如禪師　特無累而修行何如藉修行而脫累且塵勞逼
迫正可警悟苦空磨礪情性　世情淡一分佛法自有
一分得力娑婆活計輕一分生西方便有一分穩當
蕅益大師
丏尊居士發心念佛為寫先德法語以贊勵之　辛酉嘉平演音

世事千般連環不斷心則念念不住身則在在無休役我形沈障我本性歷劫至今曾未休息

妙叶

如見眷屬當作西方法眷想以淨土法門而開導之眷生愛時當念淨土眷屬無有情愛何當得生淨土遠離此愛眷生嗔恚時當念淨土眷屬無有觸惱何當往生淨土得離此嗔眷受苦時當念淨土無有衆苦但受諸樂眷受樂時當念淨土之樂無央無待凡歷緣境皆以此意而推廣之則一切時處無非淨土之助行也

幽溪

問人不信淨土恐只是本來福薄答此言甚是

蓮池

壬戌夏寫付丏尊居士

弘裔沙門僧胤居溫嶺

念佛三昧詩

出廬山集

晉瑯琊王齊之作

妙用在幽　涉有覽無　神由昧徹　識以照粗
積微自引　因功本虛　泯彼三觀　忘此毫餘
寂寞何始　履玄適數　融然忘適　乃朗靈暉
心遊緬域　得不踐機　用之以沖　會之以希
神姿天凝　圓映朝雲　與化而感　與物斯群
應不以方　受者自分　眗爾闋鏡　金水塵紛
慨自一生　風之薰識　託崇淵人　庶籍冥力
思轉毫功　在深不測　至超之念　注心西極

于時歲陽玄黓吠舍佉月第一褒灑陀前三日寫貽
丏尊居士慧覽　知一沙門演音居踐嶺廣福

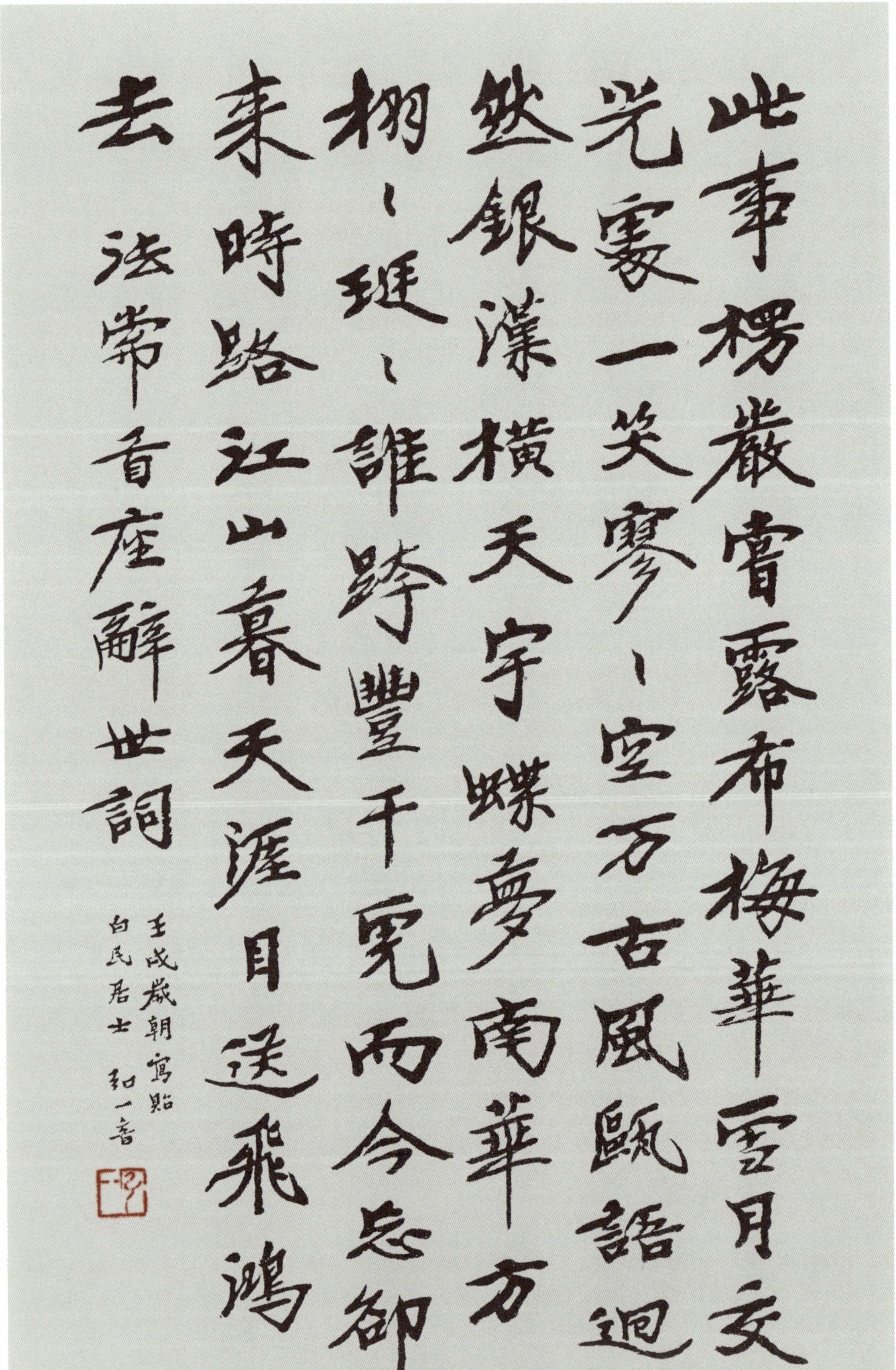
此事楞嚴嘗露布梅華雪月交
光處一笑寥〻空万古風甌語迴
然銀漢橫天宇蝶夢南華方
栩〻斑〻誰跨豐干虎而今忽卻
來時路江山暮天涯目送飛鴻
去 法常首座辭世詞
壬戌歲朝寫貽
白民居士 弘一音

諦了是身者
於中無所著
於身善觀察
一切皆明見
知法皆虛妄
不起心分別
壽命因誰起
復因誰退滅
猶如旋火輪
初後不可知
智者能觀察
一切有無常

分別觀内身 此中誰是我

若能如是解 彼達我有無

此身假安立 住處無方所

諸法空無我 永離一切相

大方廣佛華嚴经財首頌讚

歲次鷄大四月 大迴内院智炬

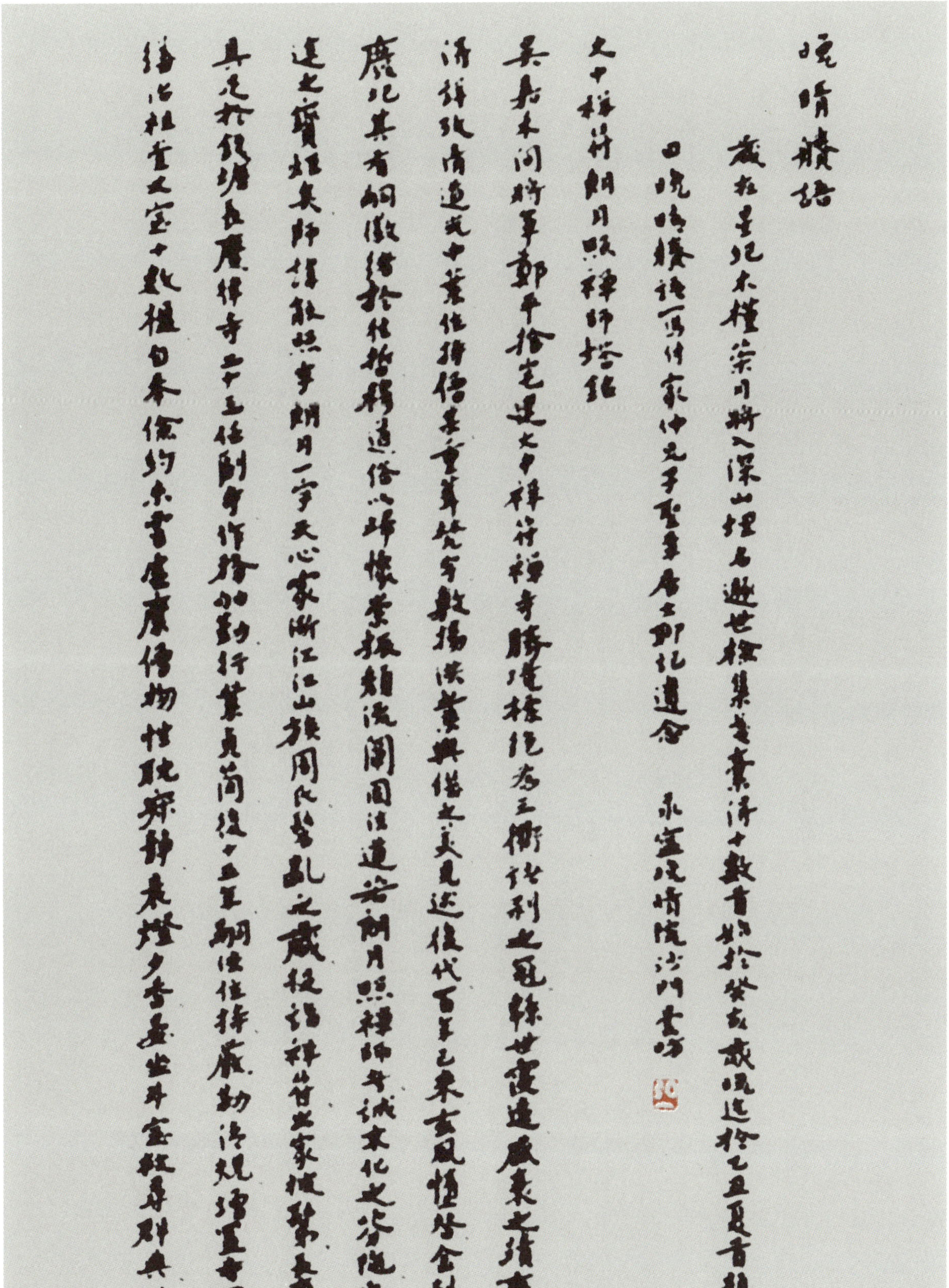
晓晴赘语
藏於曼陀木楼宗门将入深山埋名遯世积集丛书十数本於箧中藏晓逢於乙丑夏香题
四晓晴据楼一偶得家中先子墨本唐之野记遗念　永定晓晴院沙门书
大中祥符朗月照禅师塔铭
吴嘉禾间将军郑平舍宅建大中祥符禅寺胜境梵刹为王衙护利之冠综世复造厥哀之续庶
清雍正间清道光中叶住持僧嘉重葺梵宇敷扬法业兴僧之美见述後代百年已来玄风慎替金刹
庶几其有嗣徽继於禅者精进僧心归怀众振颓风阐扬法道者朗月照禅师生识文化之发随安
述之实姓吴师讳朗照事朗月一字天心家浙江江山县周氏丧乱之岁投福禅寺出家披剃永业
具足於钱塘戒历律寺二十五任侧身作务加勤行业贞简後十五年翊佐住持广劝净规弘宣寺四
缮治祖堂丈室十数楹日本僧约东寄虔康修物性耽寂静来灯夕香晏坐丹室枚身群众以

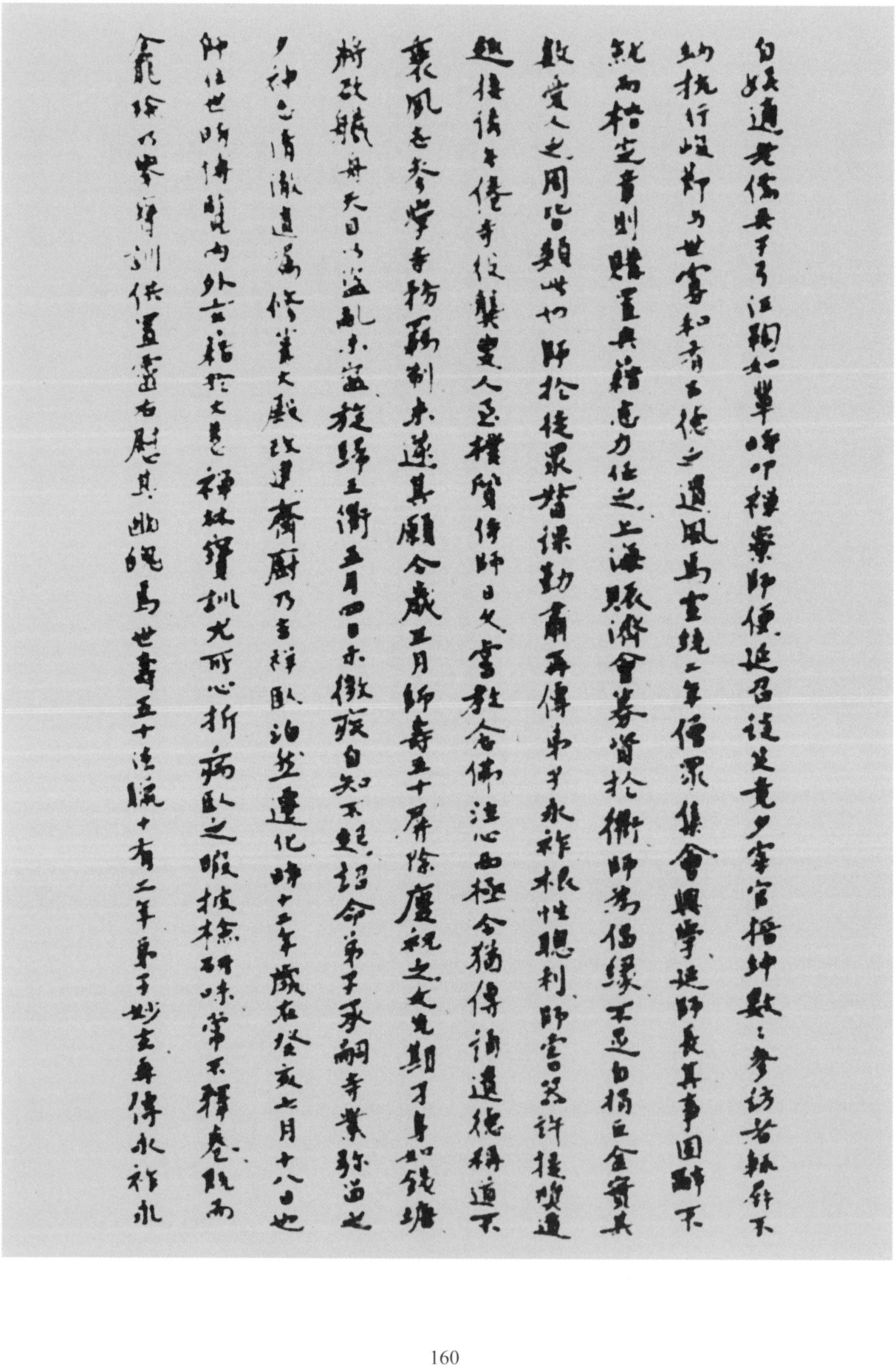
自娛適其儒無予乃江湖如草呼吁擾纏師便延召請是竟夕宴官悟妙數數參訪者輒屏不
納執行峻節乃世宦知者不偕之遊風焉宣統二年僧眾集會興學延師長其事固辭不
就而桔芝青則賭置其籍意力任之上海賑濟會募資於衛師為偕緣不足自捐白金資其
數愛人之周皆類此也師於徒眾皆課勤甫再傳弟子永祚根性聰利師尤器許提攜遺
趣接請弟子僧寺役襲受人憂禮賢傳師日文富於今佛法心為極念猶傳諸遺德稱道不
衰風吾參學寺務痛制未遂其願今歲五月師壽五十屏除慶祝之文見期才身如錢塘
構改服舟天目以避亂未竟旋歸五衛五月四日示微疾自知不起詔命弟子承嗣寺業彌留之
夕神志清澈遺屬修葺大殿改建齋廚乃吉祥臥泊然遷化時十二年歲在癸亥七月十八日也
師住世時博覽內外古籍於大慧禪林寶訓尤所心折病臥之暇披繙研味常不釋卷既而
龕除以眾禪訓供置靈右慰其幽魄焉世壽五十法臘廿有二年弟子妙玄再傳永祚永

化壽逾載十一月十二日嚴霜之表葬於鹿鳴山登高亭下余以夙緣承侍室礼歸朝陽之額某悼無人之殂化輒從春後暇承遺德深心追往寄懷毫素乃為銘曰

住持之道寶訓其資亦院事逢聖教隆盛吾人承先紹承法位不務榮名不干時貴卑哉師德季葉之賢淨心獨得惟宗是端標舉一行以該萬德旌被幽光百世昭式

江居士傳

玉衛北鄉蓮華寺前臨溪流上跨石梁玉虹名勝甲東浙右有村落曰蓮華南宋之時市廛殷湊康衛十里逶迤寬廣可並馳五馬咸同亂興村市遂廢比歲已來緣皖商賈徙居者眾從肆十數少圖復舊盛然距市外便有幽路清流澄泞林木蔚跡高蹈之侶樂是游居逐其沖抱之性焉庚申秋中余來玉衛居蓮華寺始識馮君昭之君通醫與佛學窮研能造其極而年聞於世蔬食長齋楊實自澄以視榮利泊如也有吉江居士者隱於村

拜奉其高軌殷詞延之適行宵高家東西有長明藏菴春時臥錢塘旋去永盈居士書
來辭況汁美欣若弊對白麁乙往數回行舍通殷誠款趣壬年癸亥九月余以業緣重
來蓮華未數日居士與溫易明之胡子嘉有過余精舍容儀溫雅不事外飾從容燕語雅
相知請有若斯交不復數數過從常與胡子胡子名武坤居士姑也姿性不群潛心道味余以梵典
示居士胡子輒伏案考覈懇導覽居士為之釋其義指事曲喻循循導周至居士通金剛心經
修習禪定近見普陀光法師文鈔始歸信淨土持佛名號以為常課日理肆事遂及初度所
事院辦使退處閒堂陳書暇覽四鼓乃寢如是者二十餘年未嘗一日輟也於世事所不
觀但文而外旁及漢宋之訓詁義理三唐之文詞下逮書畫篆刻諸術靡不博涉而會其
通嘗與之論議能舉其源流派別歷歷若貫珠不如于以為老師宿儒也居士藏書甚
富比內秦頊積帙千卷家居皆營時復長時出過書肆有舊刻善本不惜重金求之

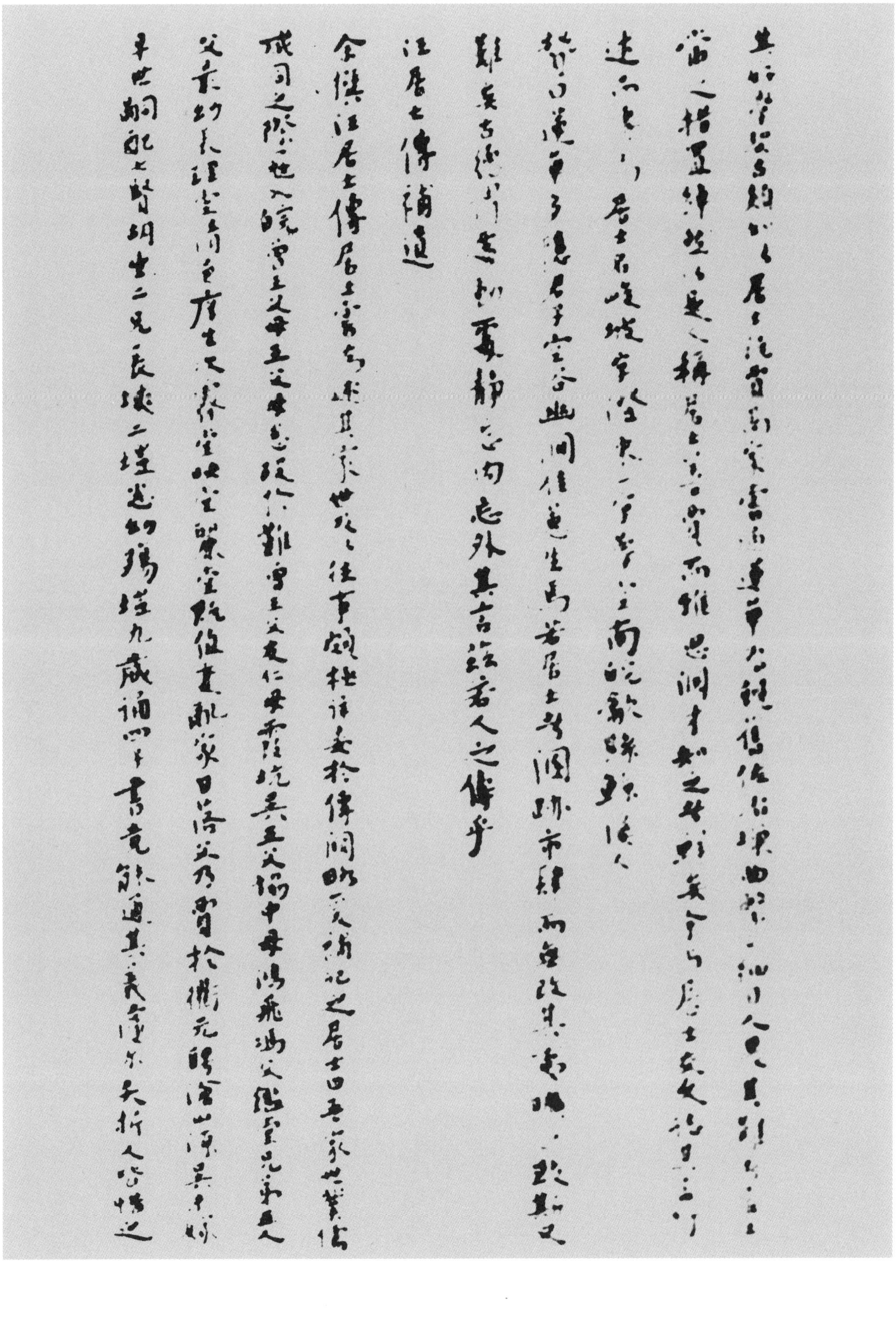

[illegible]

汪居士传补遗

余撰汪居士传，居士尝为述其家世及往事，颇较详，爰於传间略为补记之。居士曰：吾家世业[illegible]

[illegible]

余生於光緒九年癸未十二月一日，[illegible][illegible]陽。余已五歲，翌年侍母來衢，賃廡居焉。父日授方字十數，示其音義。八歲始入塾，師仍安陳玉其。逾年師病，乃歸家承庭訓。十一丁父喪。明年奉母及二妹返里。室空，惟生母為人儉嗇，操作不怠，獲少資以給饔飧。是歲隨伯兄厚之讀，從父學於母舅劉舒甫舅，通理學，為向時老宿。從游二年，以貧輟學，習賈於外，自是操觚握算往來高家、建章間，而婚嫁喪葬生死應酬之事，二十年來纏縛無已。娶於湯飛鴻女，〻繼娶邱氏，生子五：德鐵、錫、德銳、德鐸。女一，員〻。長妹嫁北岸吳某子定，〻次嫁高漢吳，有子曰重楷。壬子九月兵火，母使于冬葬父及兄，將其於上鄭坑居清澗塢田山下。

崔母往生傳

後十三年歲次戊寅九月二十二日，崔母沒世于祥陽，述其遺行，乞我傳焉。母為南昭大禾程君德有長女，適同邑崔義士注川處士，少而窮困。同光之際，徙居漳州，設肆以為乃劇結成崔女治

家務治一秉一經無虛靡母年甫五十家政由子媳於此也乃人請歎母言笑年過六十始持齋

惘惘承事益虔及馬年八年從鼓山明神師論要戒法說食念佛求生安養先不識字遂學阿彌陀

經心經大悲心呪等悉能成誦一一清誦精進之力軼於常儕重聽未幾以耳中患惱八歲五月欲示微

示可止神心普聞詔及於危命延尼眾念佛一七日以資願援八月請陀羅尼經五母為意滿圓留

畢。承法華二偈九月二十日復示微疾絕飲啖後二日初夜進粥小盃眾且度其夜寢愈矣頃之命將

坐牀前日瞻佛像面視不晌家人驚遽環跽皆泣母揮手以止又逾一宵若札佛狀辰月瞑引翁拜

誦佛號安詳而逝奄然從化及應時父全軀盡冷頂門温煖往生西方益無疑矣春秋七十有九子

三孫媳孫婦孫女一婿江氏孫十三人曾孫一人

莊母往生傳補遺

余撰莊母往生傳多所闕略今復綴集傳聞詮錄而補遺焉並曰詳盡亦率所聞記其梗

談此影緣耳

母在世時逢明而作深夜方息資生什物之屬盡心護惜無致汙損嘗曰所貴未妨惟勿

暴殄　屈已下物不輕棄貧賤村野信佛老女面日初著黑衣緞拓敝來展問其常當為其復語

兒孫曰母性視若等也　晚歲已來與為世善今五下月奉資財數千積以施布不意殺

生常行放救仁慈之德志甚顯矣　五年之前受三皈五戒梵名默量初聞佛法小有進益

祥鴻為之曲喻善譬以淨情決然一心念佛　讀誦經咒皆由祥鴻手寫大字使其易識文

義復法味後因華年聆之忘疲常自虔奉今年釋迦牟尼佛誕命講說戒殺放生文召集家人

共聽訓勗　既習華嚴法華二偈已朗朗持誦並以二偈及心經往生咒等轉授侄女孫媳

往生前數日祥鴻白夜安眠猶聞隱約誦讀聲也　九月初旬未嘗病患亦檢服著寶飾衣

自之來分布子女還往生之日亦詢問甚詳云云知將逝耶　正月二日大病家人惶怖母乃默念

方於本今七年有奇勤事也旅即除六年九月夜作未正廣寫下以一張命終送至神志於所登
枕復端坐不復歡水心靈無想之頃目瞑不動乃頹其狀有異矣　命終而後追於擔敬西
親朋同去殊去前　祈願於七七日誦地藏菩薩本願經佛說無常經各四十九遍佛說阿彌陀
經金剛般若波羅蜜經各百遍及妙法蓮華經佛說無量壽經佛說觀無量壽佛經大方
廣佛華嚴經入不思議解脫境界普賢行願品並稱阿彌陀佛名號地藏菩薩名號
各數萬遍以此功德迴向亡母冀華開見佛早證菩提

四分律比丘戒相表記序

余於戊午七月出家落髮其年九月受比丘戒馬一浮居士貽以靈峰毗尼事義集要並寶華傳
戒正範披翫周環悲欣交集因發學戒之願焉是冬獲觀毗尼珍敬錄及毗尼關要雖復悉心
研味未能貫通庚申之夏居新城貝山假得弘教律藏三帙並求南山戒疏羯磨疏行

事鈔及靈芝三記，將掩室山中，窮研律學，乃以障緣，未遂其願。明年正月，歸臥錢塘，披尋四分律，併覽唐土諸師之作，以戒相繁雜，記誦非易，思撮其要，列表志之，輒以私意編錄數章，頗憙其明晰，便於初學。三月來永嘉，居城下寮，誦律之暇，時綴毫露，逮至六月，草本始竟，題曰四分律比丘戒相表記。數年已來，因學最悴，固是遠揚一隙之明，竊自幸矣。爾後時復檢校，小有改竄。惟條理錯雜，如治棼絲，紕繆之失，所未能免。幸冀後賢，亮其不逮，刊之從正焉。

五戒相經箋要序　題上應冠校刻二字

五戒相經箋要，今有二本：金陵新刻，校點疏略，文字句讀，並多訛舛；舊刻莫審所出，較前為善，而流布甚希，覓求非易。今據所藏古本，旁考大律，詳校經文，小有訂正，並分章節，指序條貫，雖於文義尚不無割裂取捨，初學非無益矣。別述補釋三章，錄於卷末，於以淺學響附前規，明皆俯覽甚易，研審備其未詳也。

集錄三種序

從歲己未來，煩惱習強，嘗取經律及以古德言教，簡錄其要，而自勉治。淨土法語亦併蒐集，始於己未八月，越二年辛酉十月寫訖，凡為三卷。先後錄雜，不復次第，爾以暇日，甄其義類，分判編輯，題名標之。刪除習氣者曰秋草集，策修淨業者曰晚晴集，別錄靈峰警勵生死之言曰寒笳集。天初居士見而累歎，勸請刊布，因粗述始末，以貽來哲。

大方廣佛華嚴經淨行品跋　世國上應冠書寫正下 鹿增偶字

上海黃涵之居士以影印秋桑本續藏經施之衛佛學會，埶快之富，伊房盈閱，見者聞者靡不歡喜踊躍，歎為希有。余以風慶叨預勸請之末，為寫華嚴淨行品偈一卷，併節錄清涼疏文以奉居士，而報德焉。於時病熱逾月，纏綿未已，努力振毫，每致愈懈。始於五月四日寫二十三願，五日寫二十四願，六日同，七日熱劇，寫十六願，遂輟。日日熱益進，終夜惛惚。八日寫八願，九日小瘥，寫二十四願，十日寫二十二頌經文，都說宿痾亦霍焉若失，是誠佛慈其加匪可思議者矣。聊記時事存之來塵，以示來賢焉。

書八種長養功德經跋

齋經三譯，繁簡各殊，并有長所。爾後法護出長養功德經，亦其流類，唯載受八戒文辭，理雖暢，超勝舊譯，淨行之侶依是誦說，益良便矣。惜其流傳未廣，承用者罕。今別書真，以付玄公居士倡緣刻布，冀使後賢共廣聞焉。

旭光室跋

余來衍城東一隅，寓宦居士惟治行前，朝遺碩果叁先其明經題旭光室額，於時朔曦入牖深寒。在東明經焚香揖北，擧筆拜手致敬，禮已而復加墨，曰：吾書未工，誠意為貴也。明經今年七十九，目能作大字，並攻性理之學，安德恬淡，不求於利，又術多藝，猶其貴出矣。

晚晴院跋一

唐人詩云人間愛晚晴髫齔之歲喜誦之今垂老矣猶復未忘亦莫自知其由致也因顏所居曰晚晴院聊以記懷舊之懷耳書者永寧陶長者文星年九十三

晚晴院跋二

陶長者既命余書晚晴院額張居士蔚亭并寫此本意總者翰集於一堂彌足珍玩不勝忭躍

慈院

歲在娵訾余來三衢居大中祥符始識江山毛居士往歸蓮華時復損書諮問佛法并乞梵名命名曰慈箋曰慈根不斷入山居士來懇請釋名字之義經論言慈者數矣支舉一二示其大趣梵網經云若自殺教人殺乃至一切有命者不得故殺是菩薩應起常住慈悲心孝順心方便救護一切眾生觀無量壽佛經云上品上生者有三種眾生當得往生一者慈心不殺夫如來制戒不殺第一上品

上生六道為首，應知修慈先在戒殺。勸戒居士喜弘其事，於此勤勤自勵，並以書誡他人，守茲一行，戴行終身，斯謂無負其名矣。並示偈曰：慈為德之本，慈為福之基，云何修慈心，應先戒殘殺。若人聞是說，至誠心隨喜，離苦受諸樂，往生安養國。

比丘律藏函題詞

論曰：毗尼藏者，佛法壽命。毗尼住世，佛法方住。毗尼此譯為律。末世僧眾罔諳律檢，佛法衰微，有由來矣。余剃染已來，偏攻此部，雖未貫徹，微闡其指。今將掩室念佛待死，以舊藏比丘律藏二函付江山圖書館。數年心力，悉在於是。後之學者，當尊重珍敬焉。

西泠華嚴塔寫經題偈

海寧周承德書華嚴經普賢行願品，仁和葉舟監刻

十大願王，導歸極樂。華嚴一經，是為關闢。大士書經，良工刻石。起窣堵波，教法光輝。深心隨喜功德難思，迴共眾生，歸命阿彌。

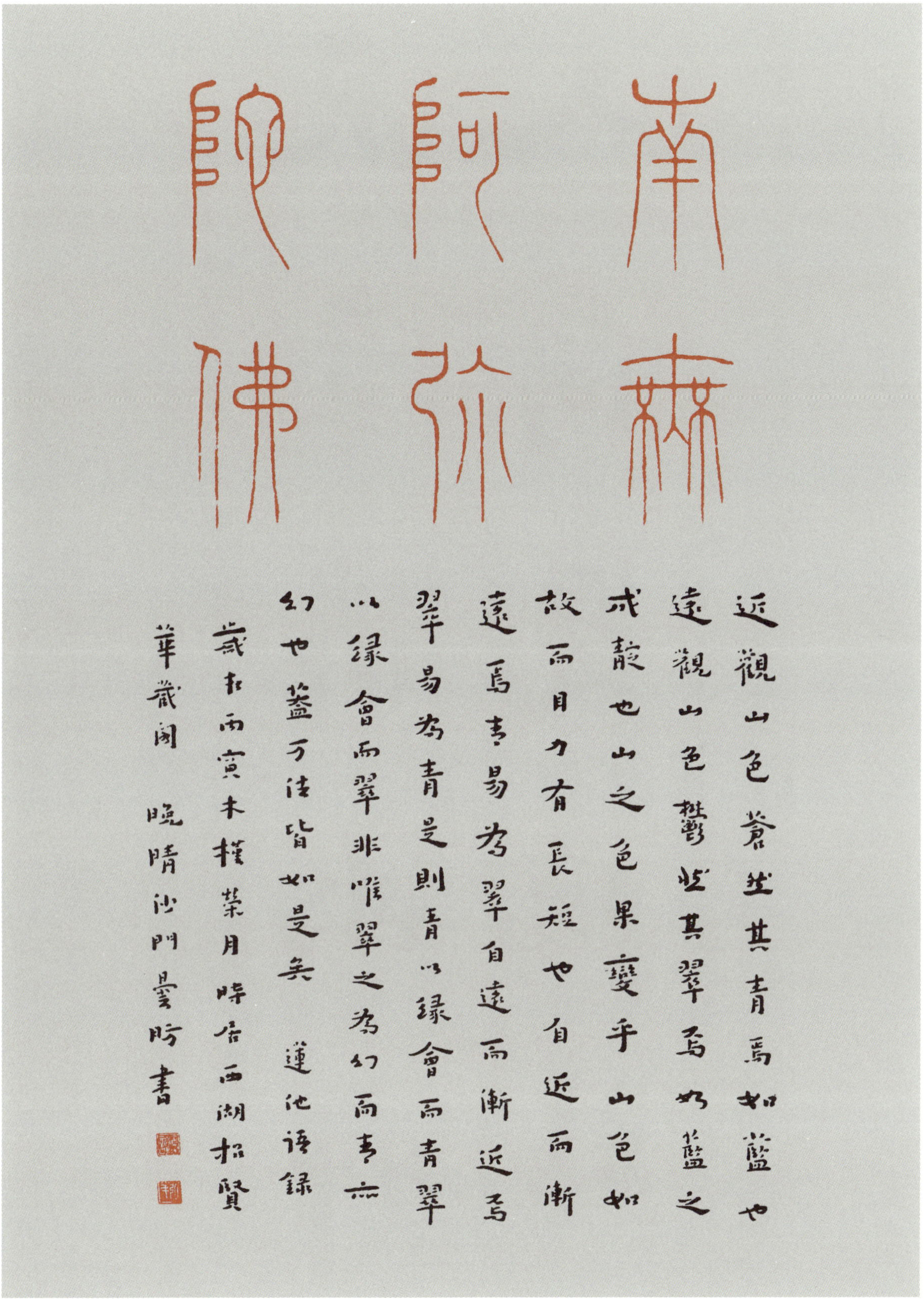
南無阿彌陀佛
近觀山色蒼然其青焉如藍也
遠觀山色鬱然其翠焉如藍之
成靛也山之色果變乎山色如
故而目力有長短也自近而漸
遠焉青易為翠自遠而漸近焉
翠易為青是則青以緣會而青翠
以緣會而翠非唯翠之為幻而青亦
幻也蓋万法皆如是矣 蓮池語錄
歲在丙寅木槿榮月時居西湖相賢
華嚴閣 晚晴沙門曇昉書

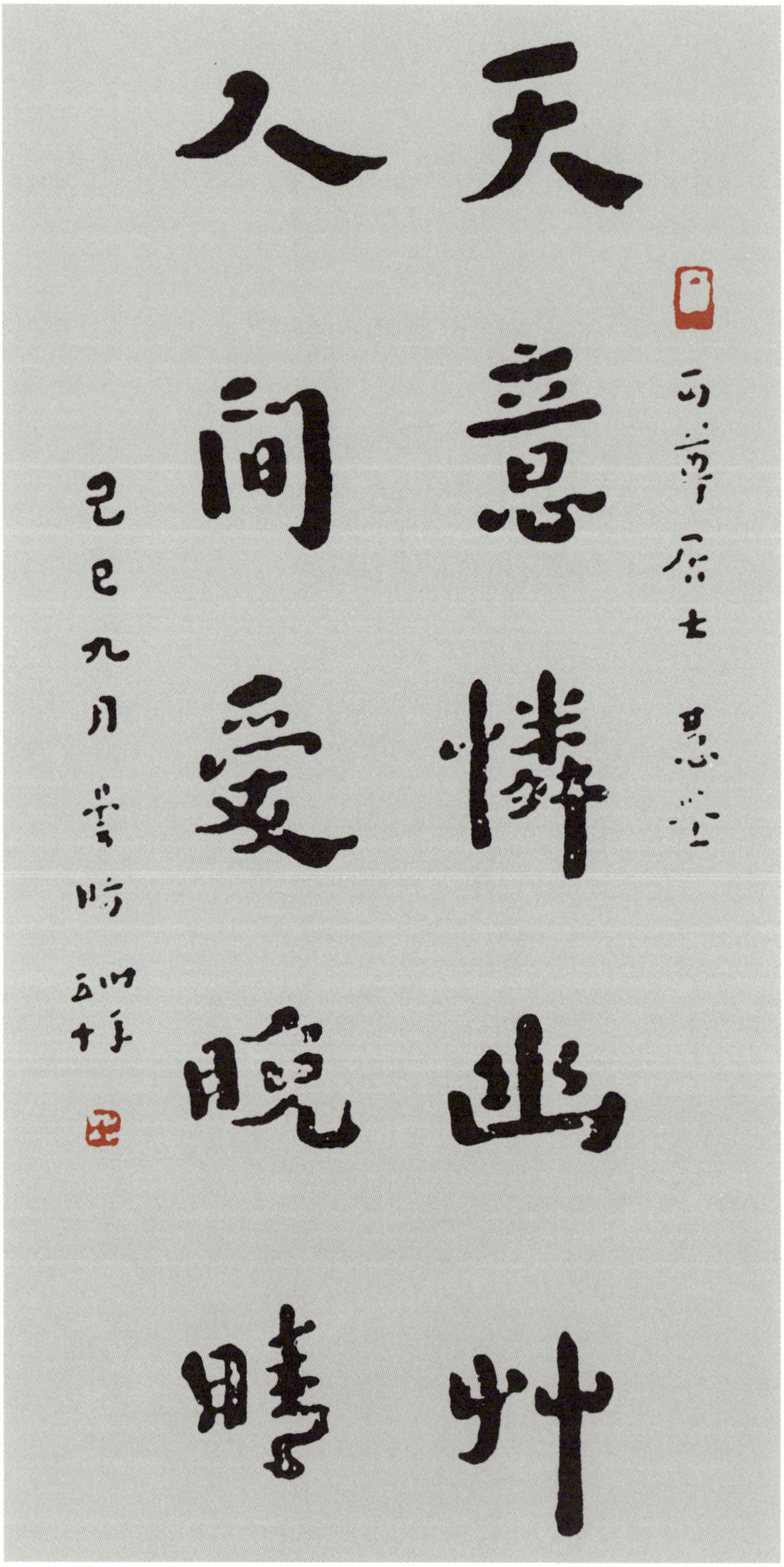
天意憐幽艸
人間愛晚晴
己巳九月

臨行贈汝無多子
妙慧賢首智鑒
一句弥陀作大舟
靈峯偈語
慧燈

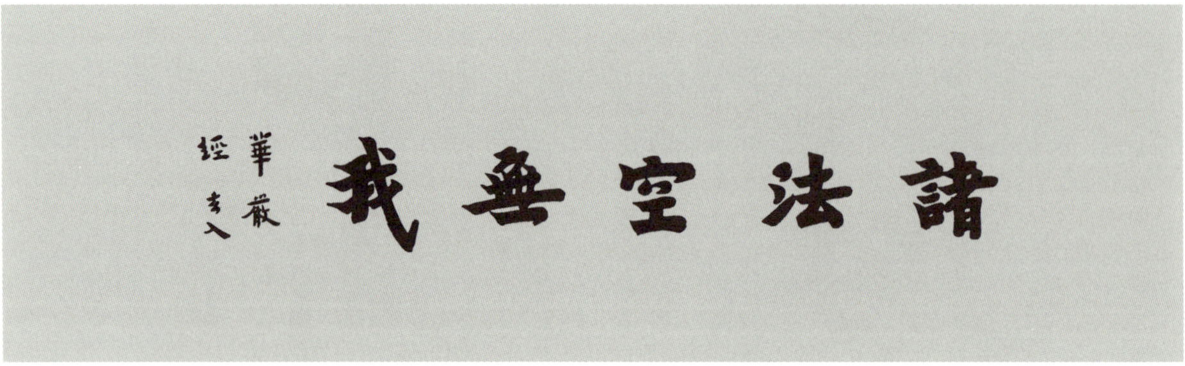
諸法空無我

具足大悲心

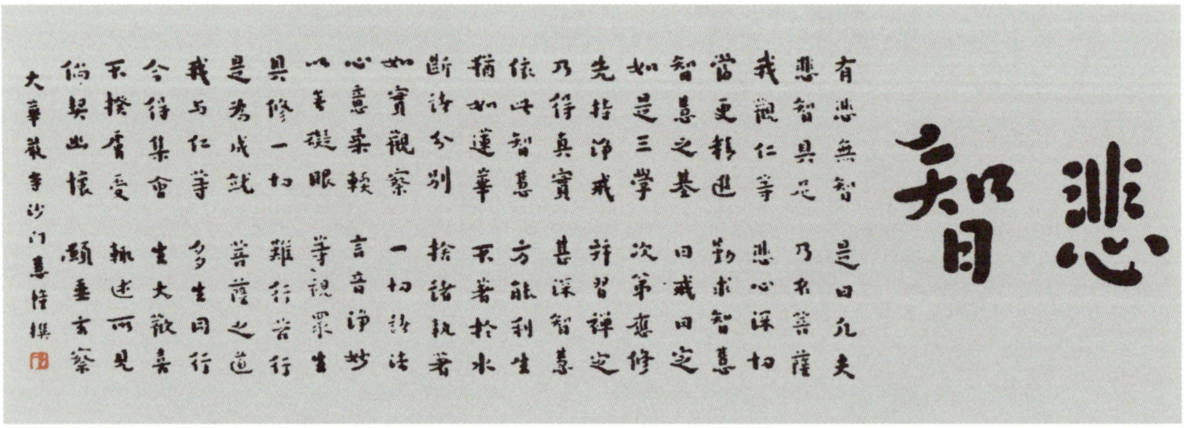
悲智

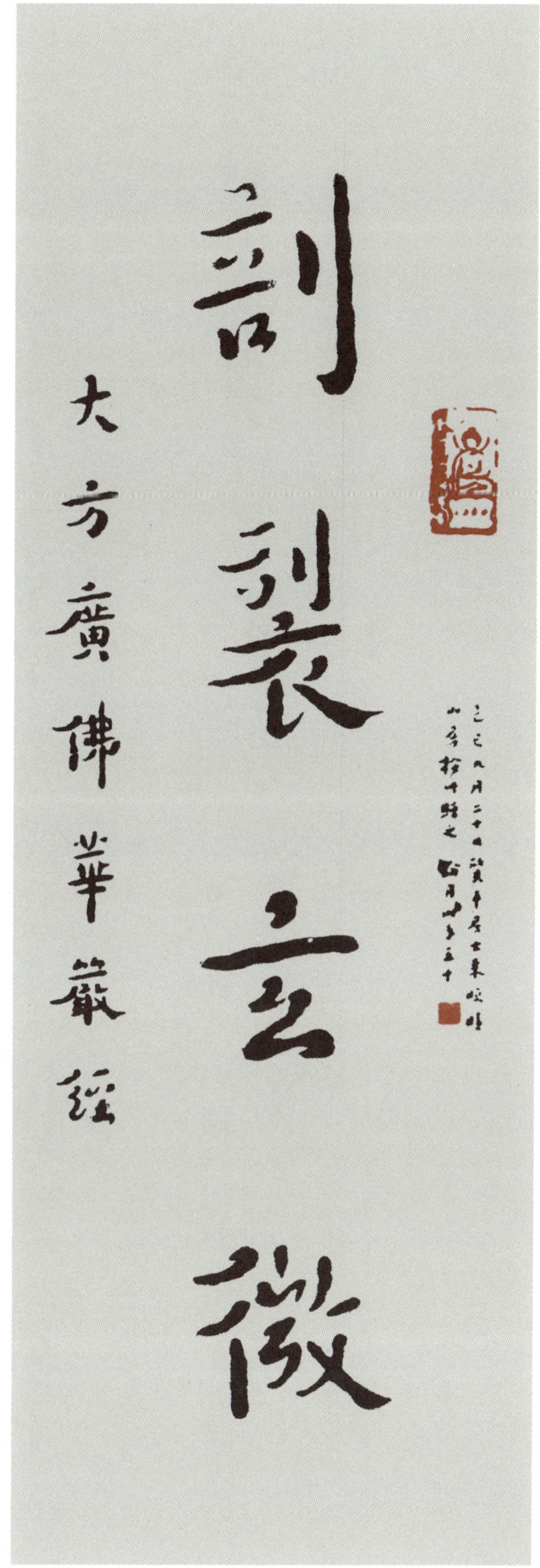
剖裂玄微
大方廣佛華嚴經

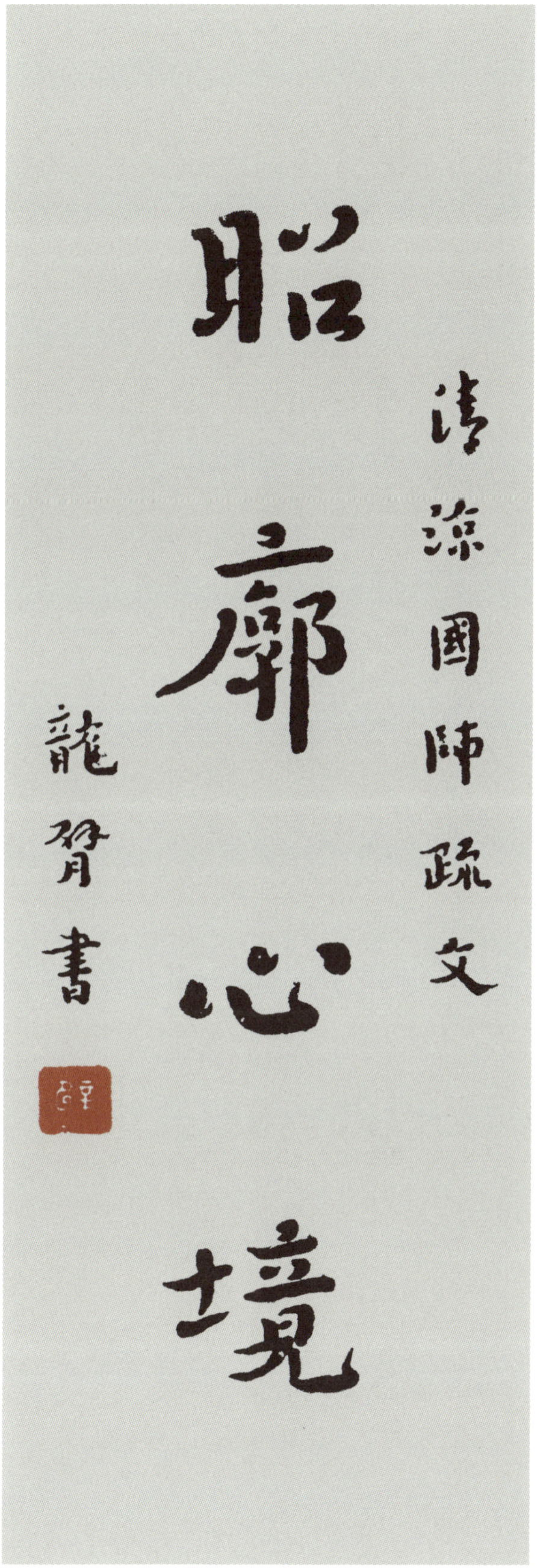
昭廓心境
清涼國師疏文

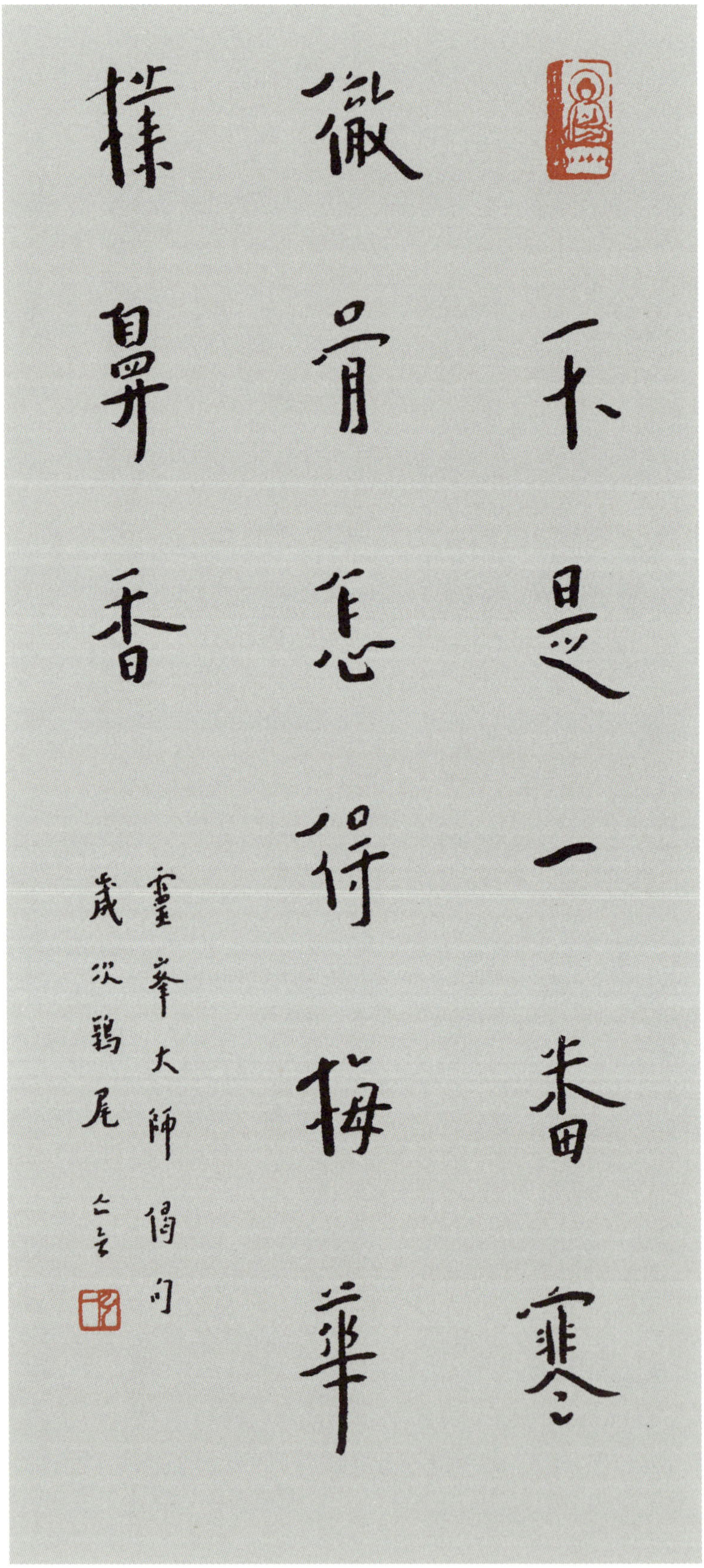
不是一番寒
徹骨怎得梅華
撲鼻香
靈峯大師偈句
歲次鷄尾

具足大悲心
華嚴經句
入玄

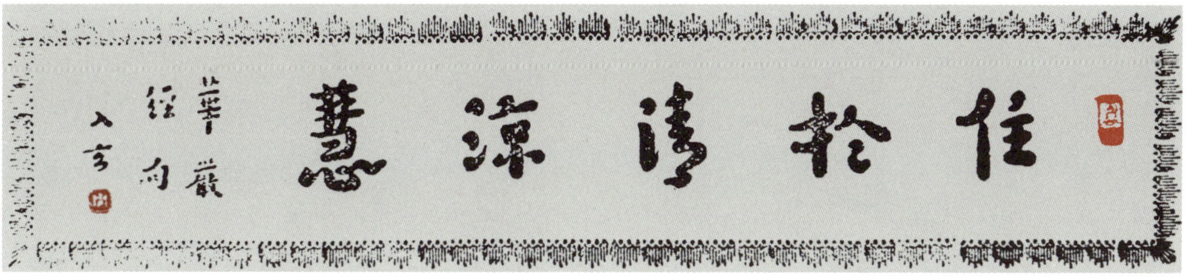
住於清涼慧
華嚴經句
入玄

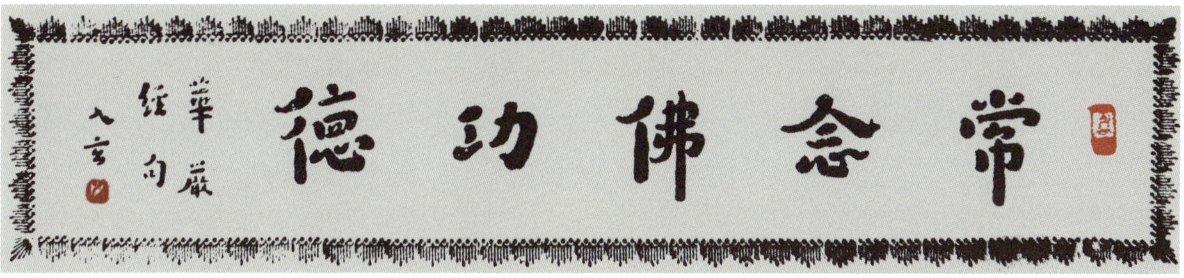
常念佛功德
華嚴經句
入玄

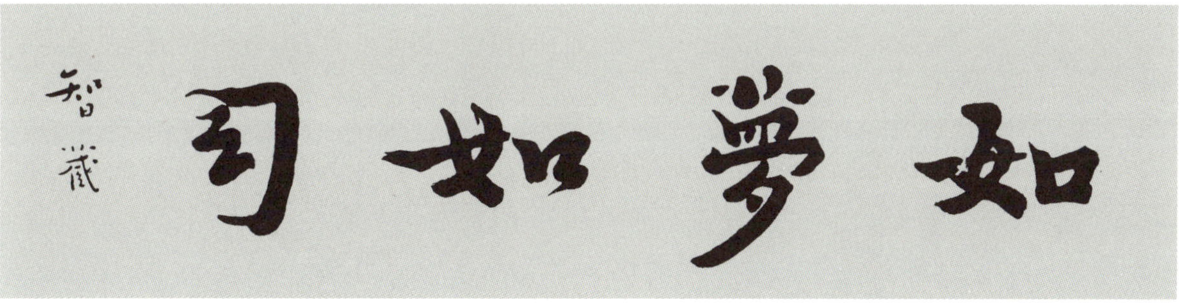
如夢如幻
智藏

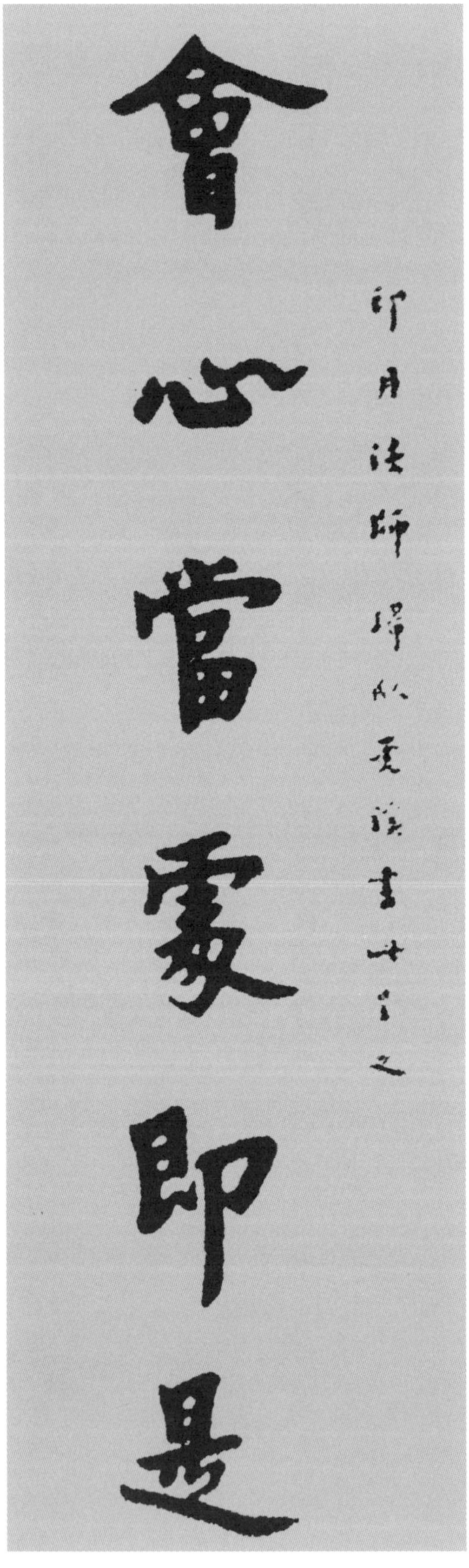
會心當處即是

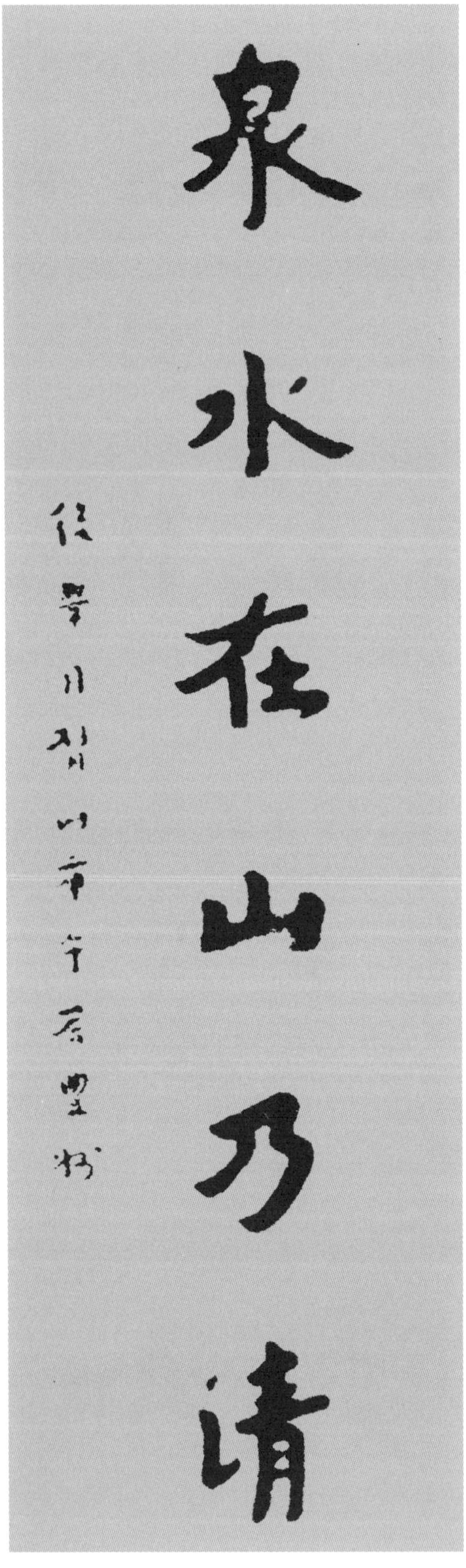
泉水在山乃清

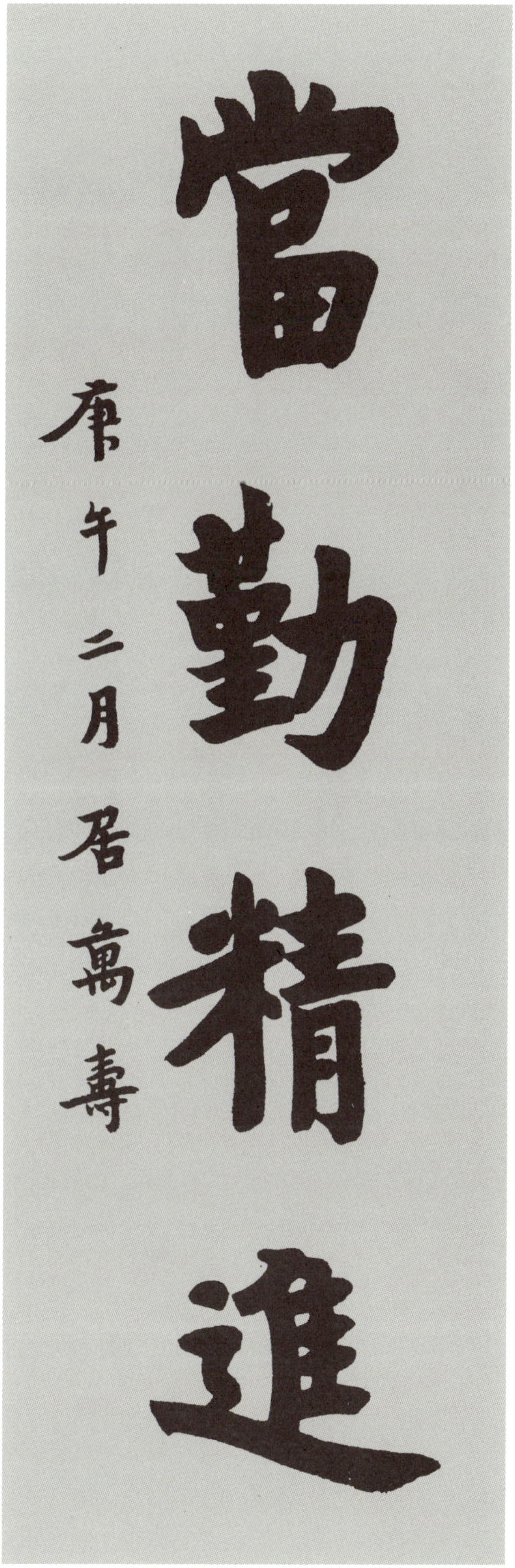
當勤精進
庚午二月居萬壽

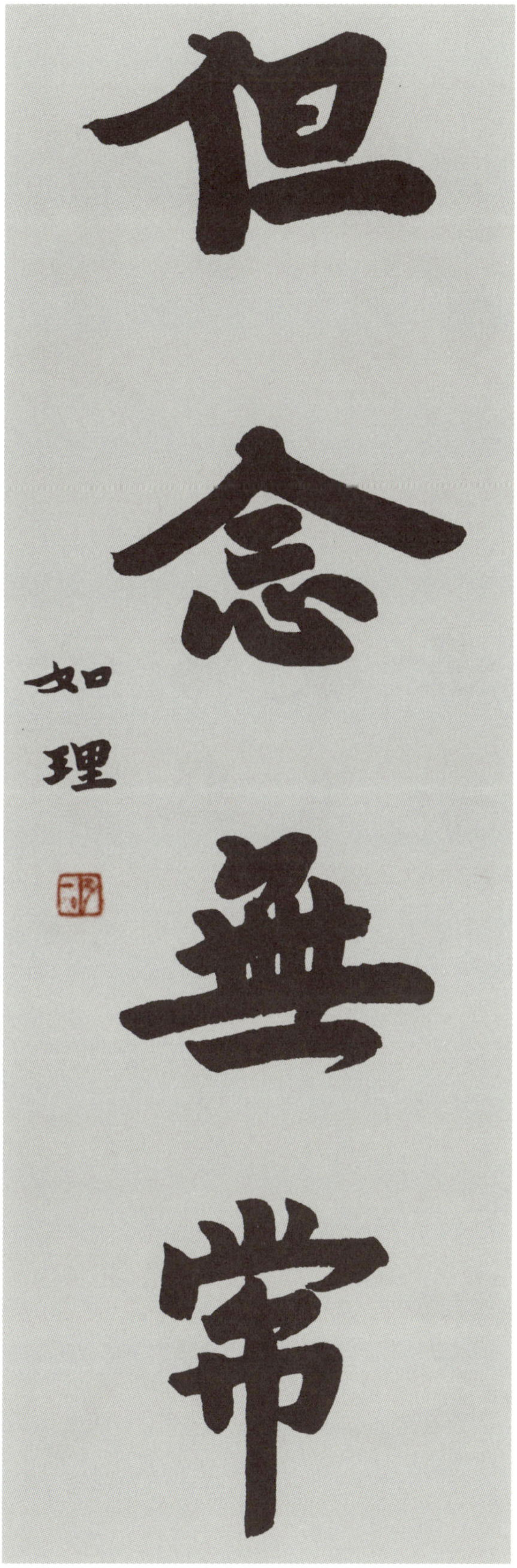
但念無常
如理

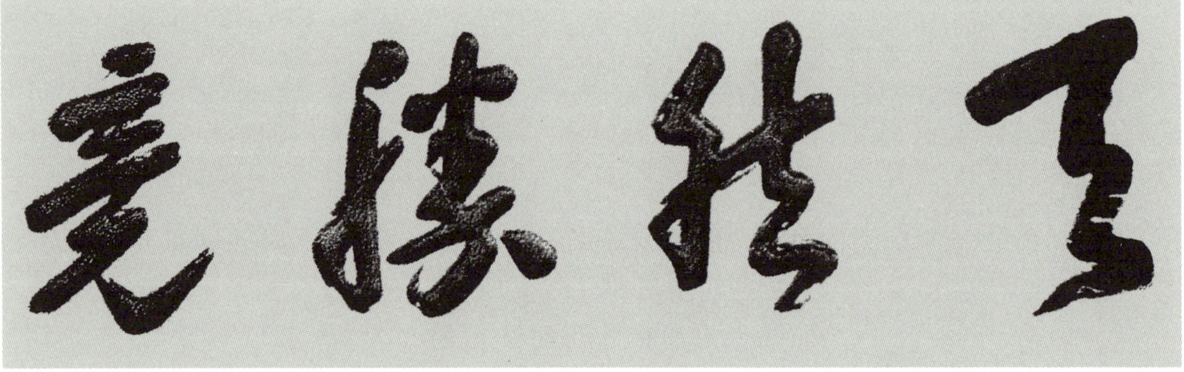

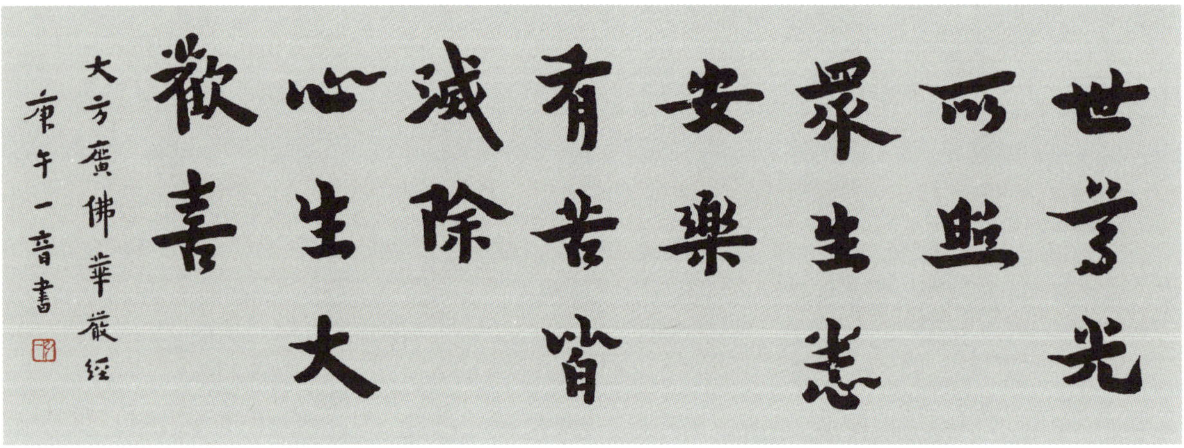
世尊光所照
衆生悉安樂
有苦皆滅除
心生大歡喜
大方廣佛華嚴经
庚午一音書

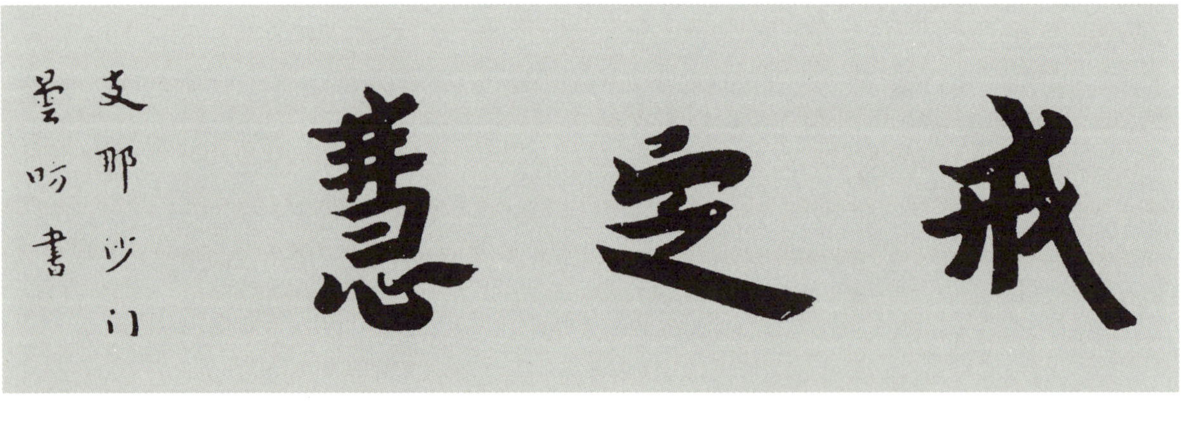
戒定慧
支那沙门
曇昉書

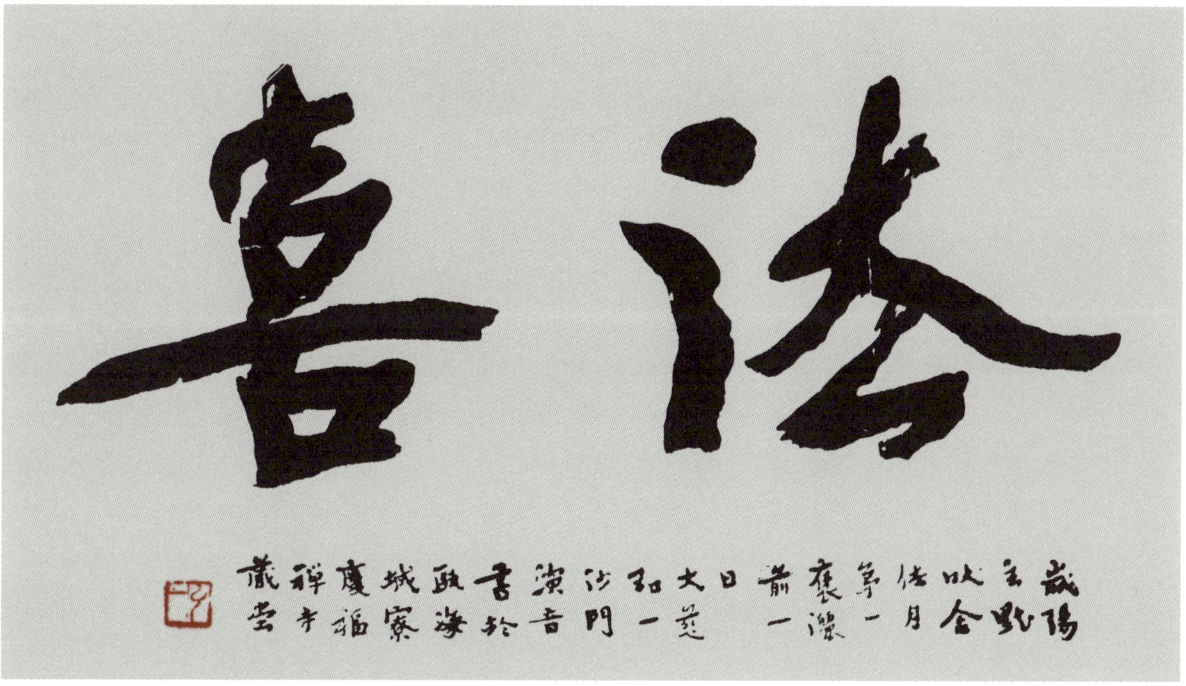
法喜

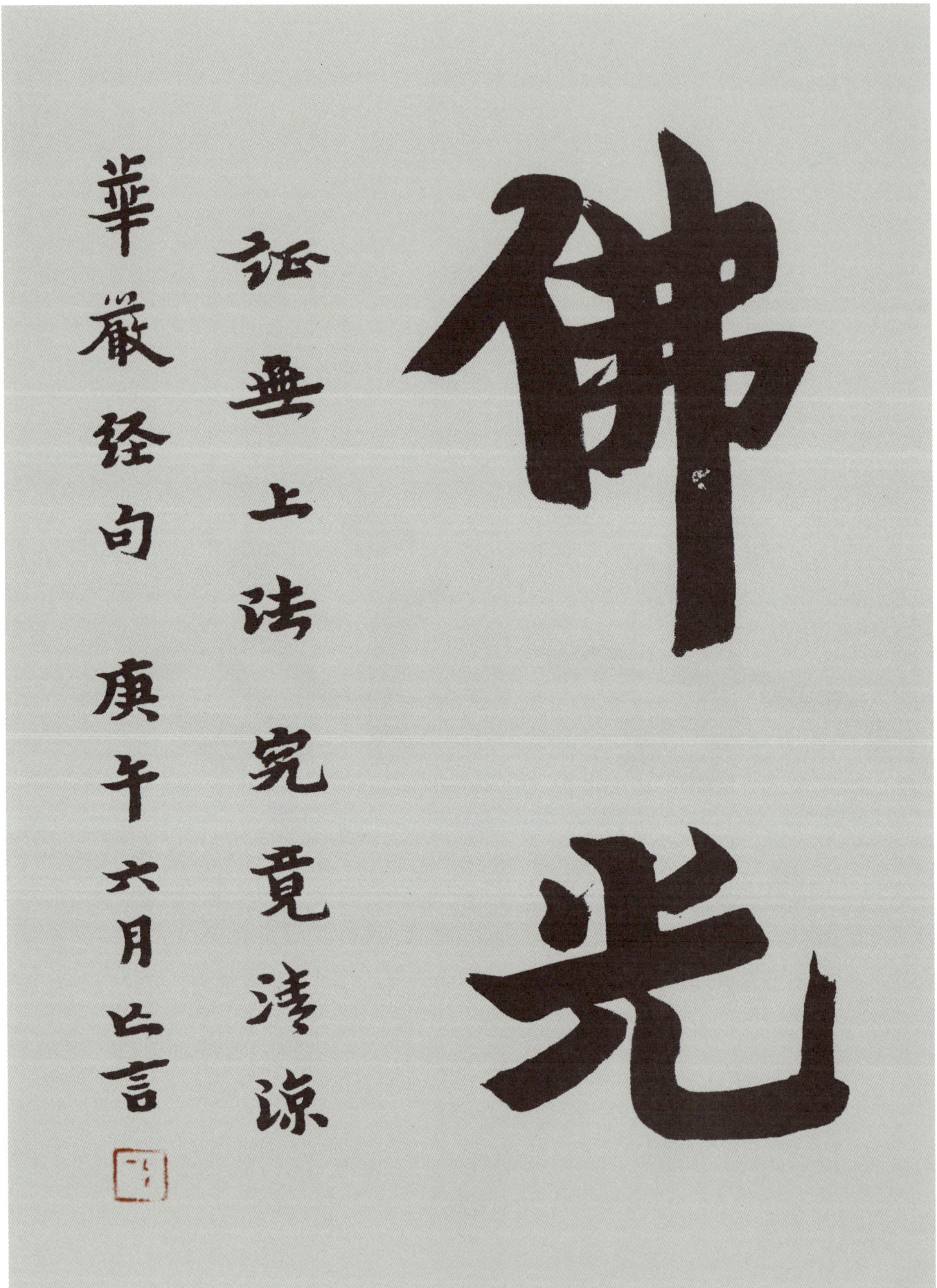
佛光
証無上法究竟清涼
華嚴经句 庚午六月亡言

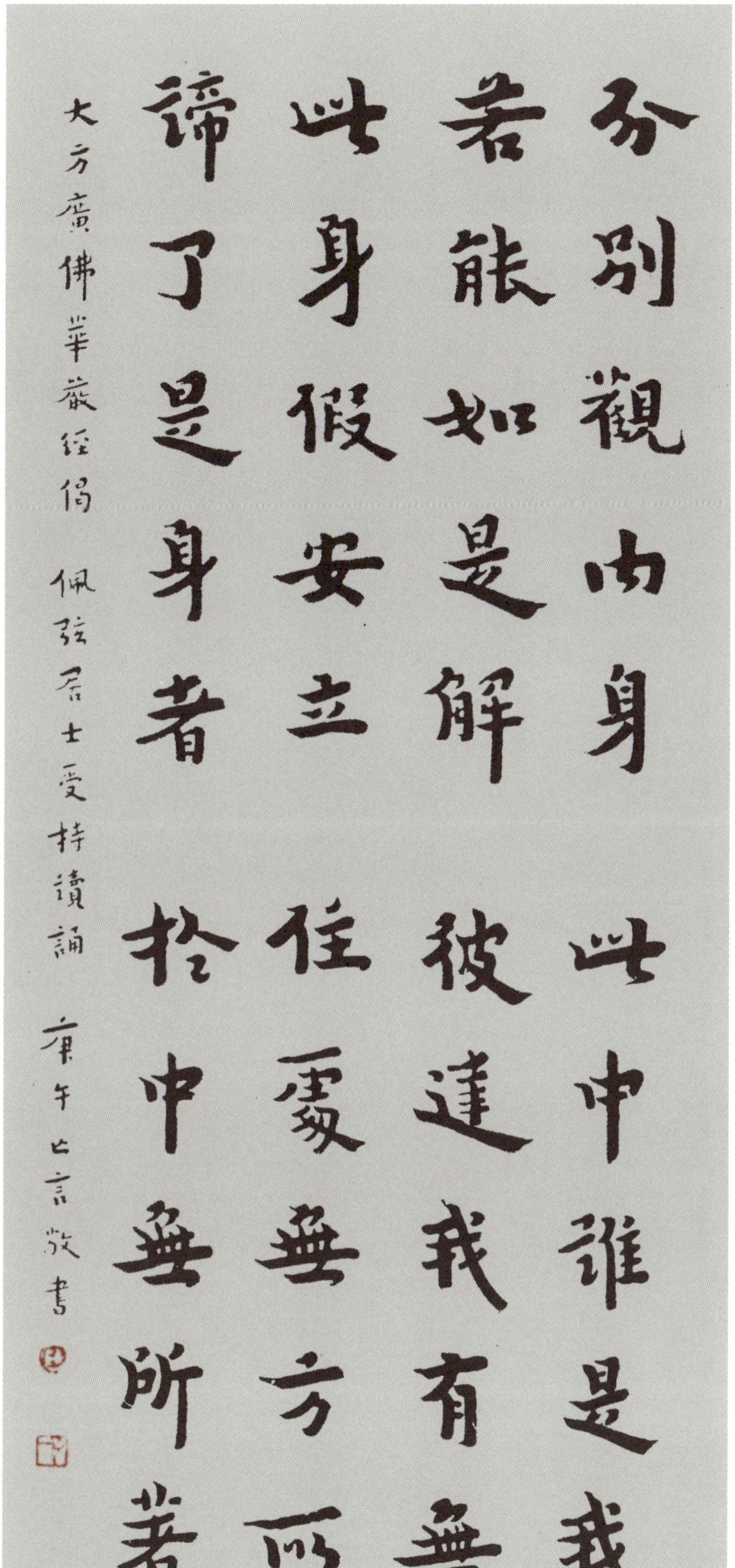
分别观内身
此中谁是我
若能如是解
彼达我有无
此身假安立
住处无方所
谛了是身者
于中无所著
大方广佛华严经偈
佩弦居士受持读诵
庚午七言敬书

清涼月月到天心光明殊皎潔今唱清
涼歌心地光明一笑呵清涼風涼風解
慍暑氣已無蹤今唱清涼歌熱惱消除
萬物和清涼水清水一渠滌蕩諸污穢
今唱清涼歌身心無垢樂如何清涼清
涼無上究竟真常

清涼

近觀山色蒼然青其色如藍遠觀山色
鬱然翠如藍成靛山色非變山色如故
目力有長短自近漸遠易青為翠自遠
漸近易翠為青時常更換是由緣會幻
相現前非惟翠幻而青亦幻是幻是幻
万法皆然

山色

依明蓮池大師竹窗隨
筆中山色文 徽錄

庭中百合花開晝有香々淡如入夜来香乃烈鼻觀是一何以晝夜濃淡有殊別白晝眾喧動紛々俗務縈目視色耳聽聲鼻觀之力分於耳目喪其靈心清閒妙香用志不分乃凝於神古訓好參詳

花香

依明蓮池大師竹窗隨筆中花香文綴錄

卻来觀世间猶如夢中事人生自
少而壯自壯而老自老而死俄入
胞胎俄出胞胎又入又出無窮已

生不知来死不知去蒙蒙然冥冥
然千生万劫不自知非真夢欤枕
上片時春夢中行盡江南數千里

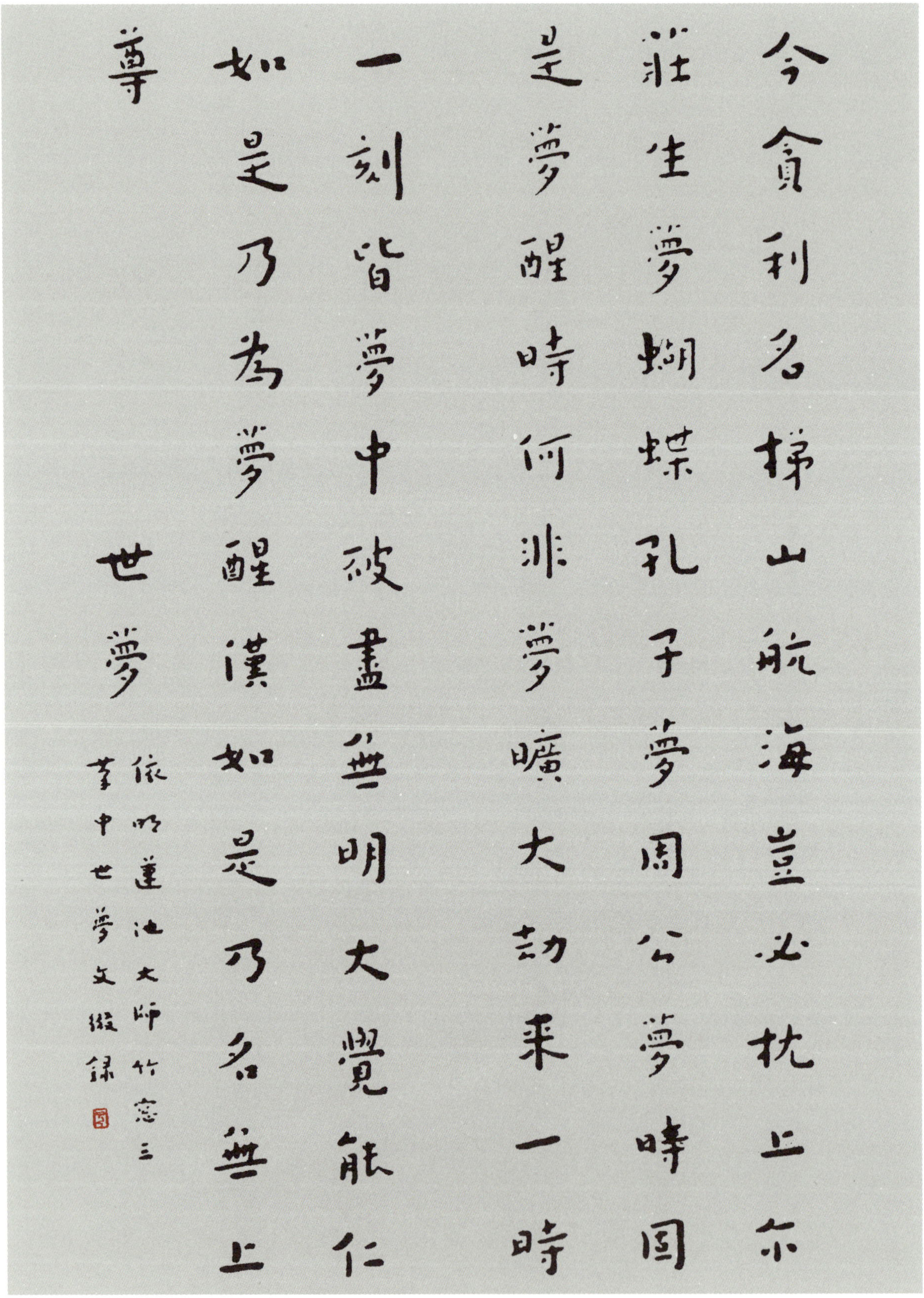
今貪利名梯山航海豈必枕上尒
莊生夢蝴蝶孔子夢周公夢時固
是夢醒時何非夢曠大劫來一時
一刻皆夢中破盡無明大覺能仁
如是乃為夢醒漢如是乃名無上
尊
世夢
依明蓮池大師竹窗三
筆中世夢文敬錄

世间學问義理浅頭绪多似
易而反難出世學问義理深
線索一雖難而似易線索為
何現前一念心性應尋覓試
觀心性在内欤在外欤在中
间欤過去欤現在欤或未来

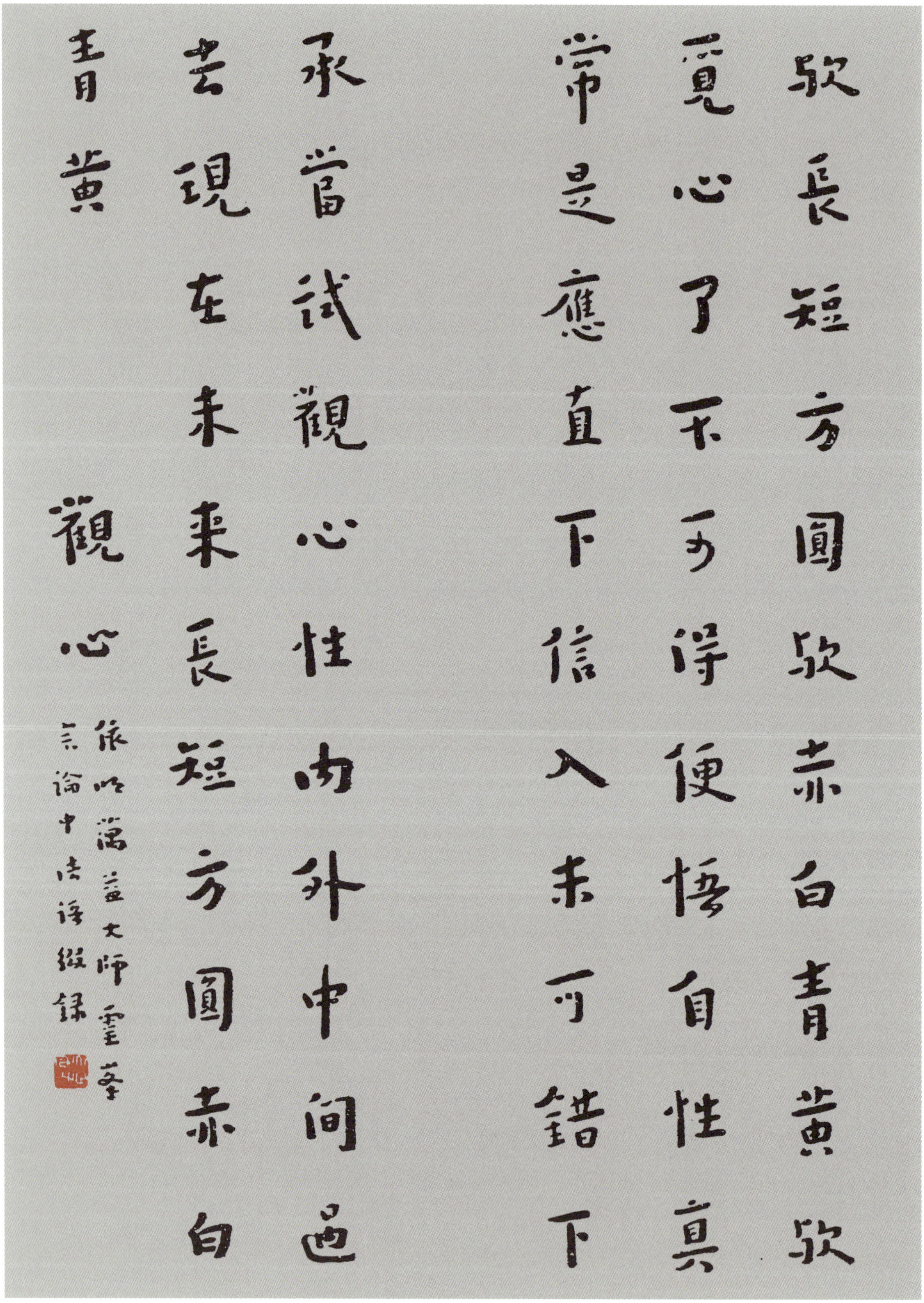
欲長短方圓欲赤白青黃欲
覓心了不可得便悟自性真
常是應直下信入未可錯下
承當試觀心性內外中間過
去現在未來長短方圓赤白
青黃
觀心
依明蕅益大師靈峯
宗論中法語綴錄

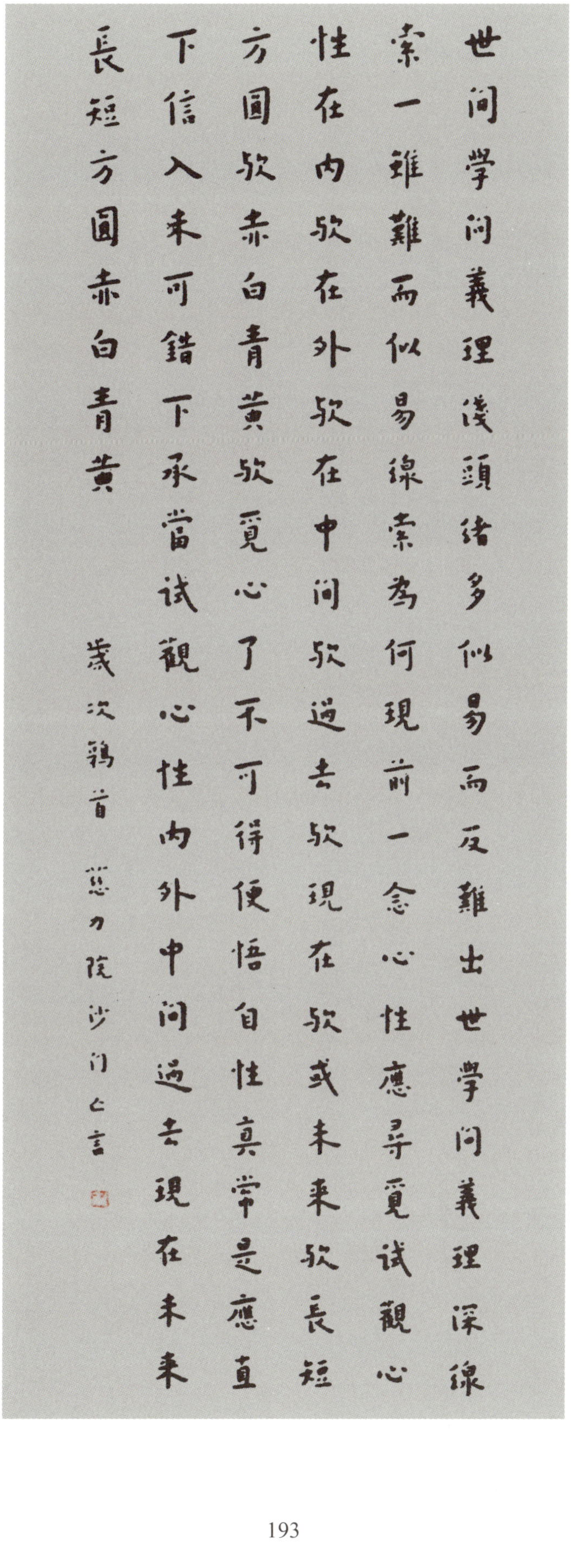
世间学问義理淺頭绪多似易而反難出世學问義理深緣
索一雜難而似易緣索為何現前一念心性應尋覓試觀心
性在内欤在外欤在中间欤過去欤現在欤或未来欤長短
方圓欤赤白青黄欤覓心了不可得便悟自性真常是應直
下信入未可錯下承當試觀心性内外中间過去現在未来
長短方圓赤白青黄
歲次鶉首
慈力院沙门亡言

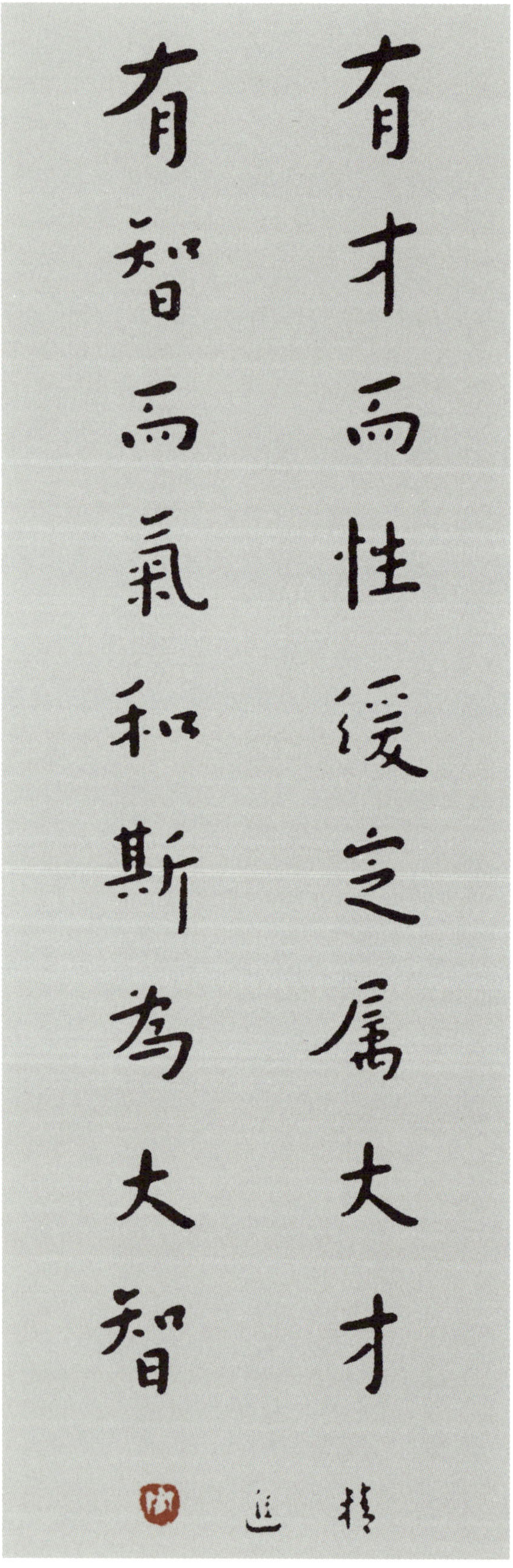
有才而性緩定屬大才
有智而氣和斯為大智

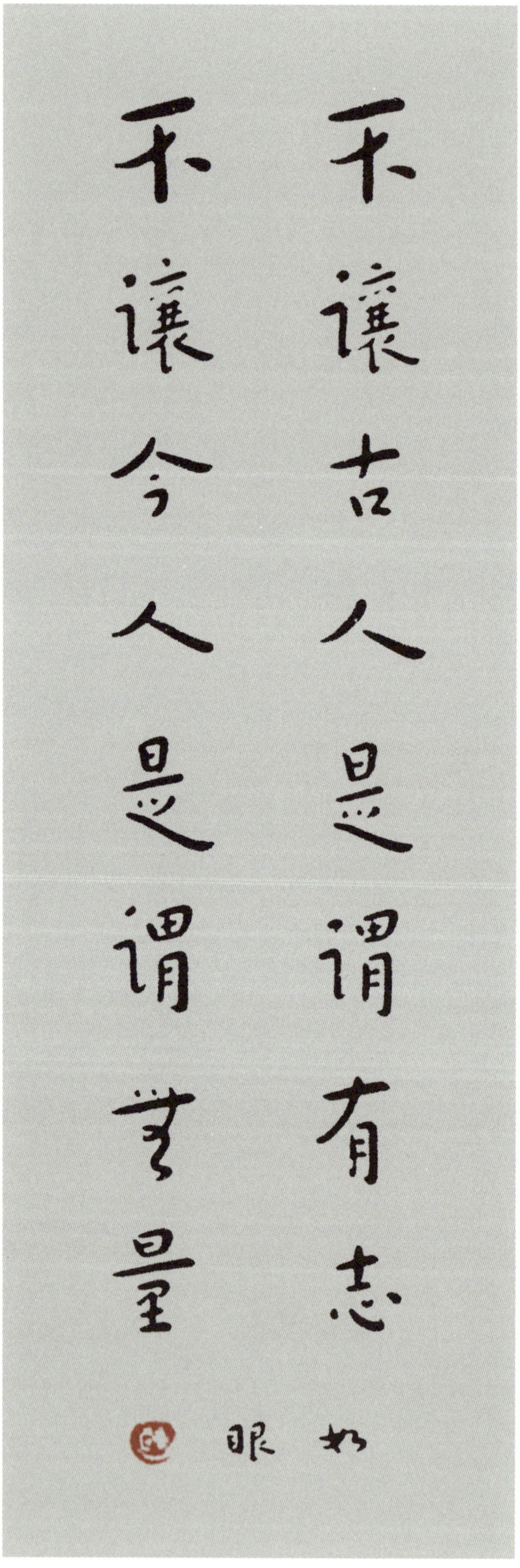
不讓古人是謂有志
不讓今人是謂有量

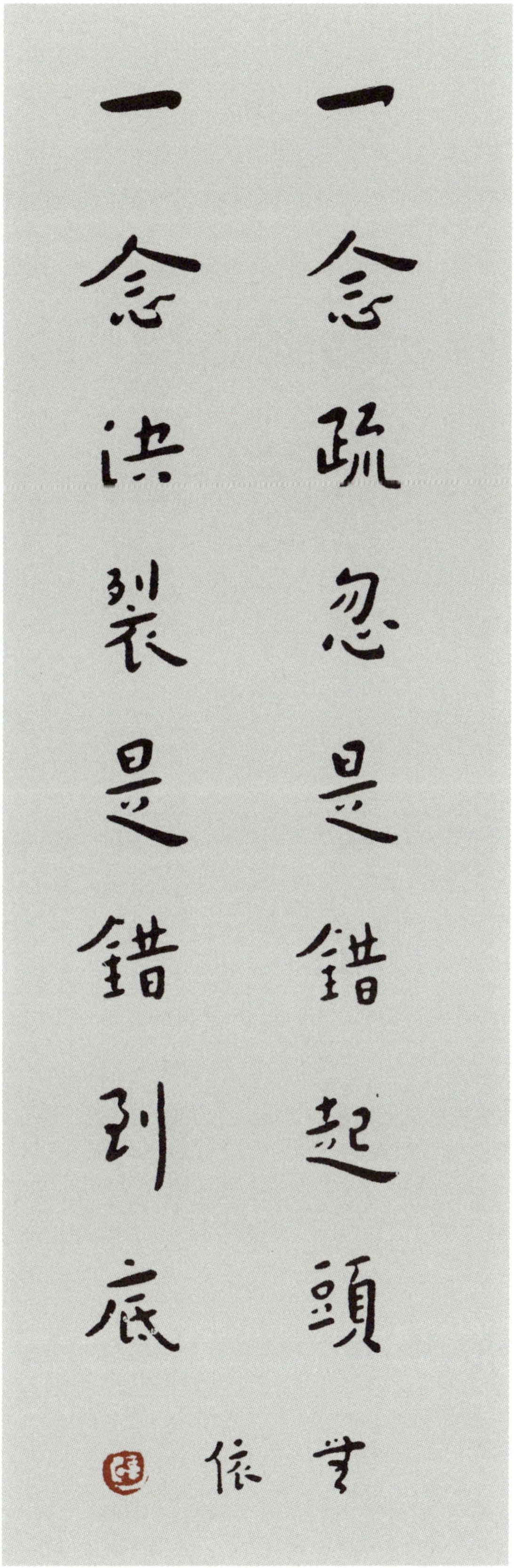
一念疏忽是錯起頭
一念決裂是錯到底

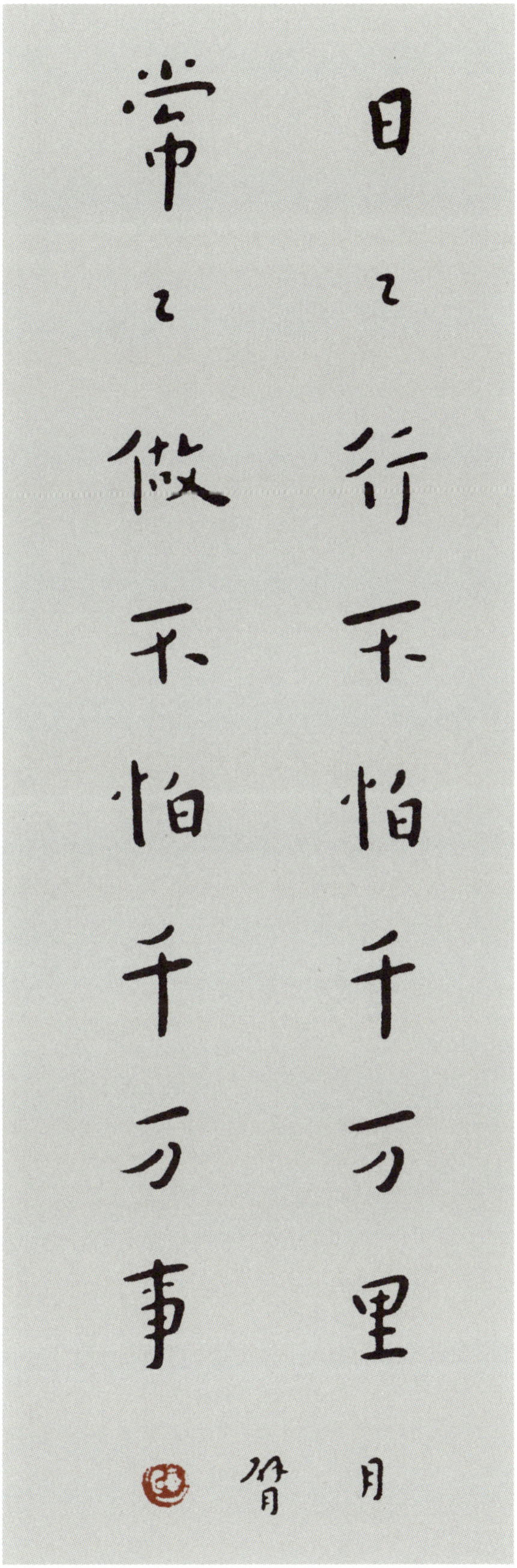
日日行不怕千万里
常常做不怕千万事

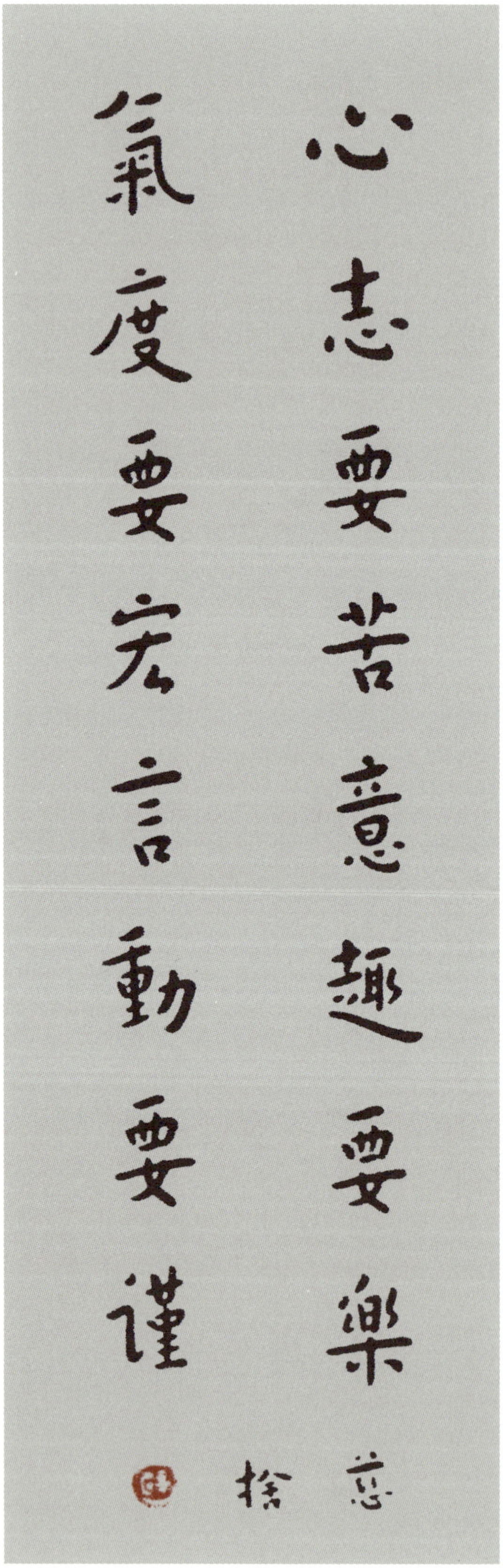
心志要苦意趣要樂
氣度要宏言動要謹

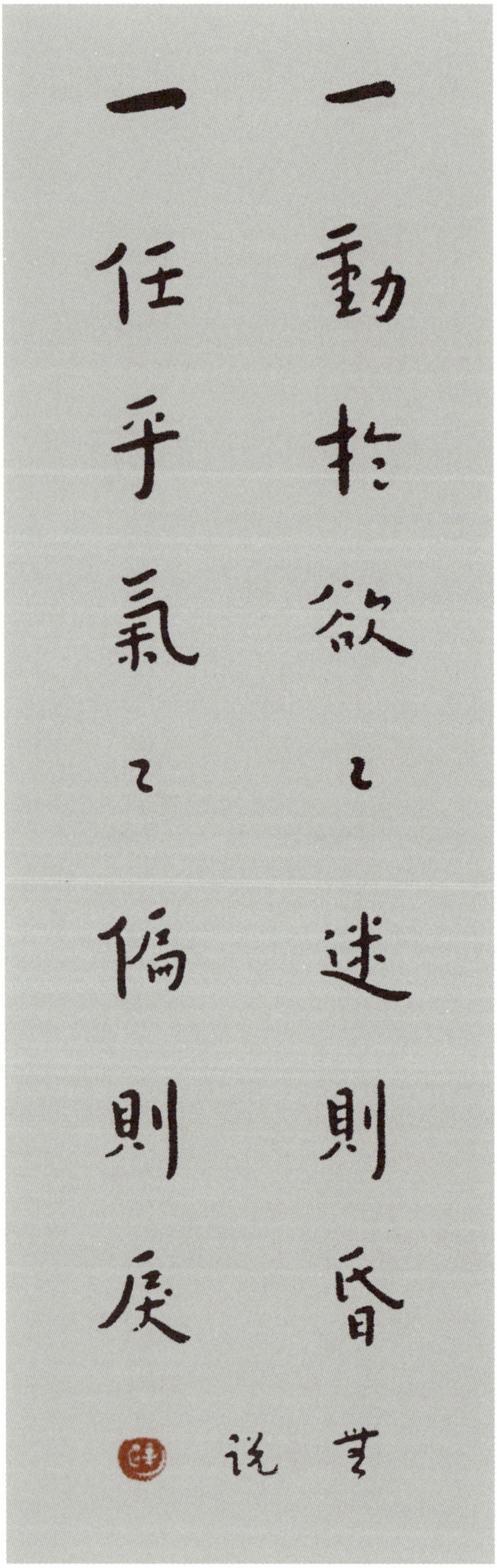
一動於欲〻迷則昏
一任乎氣〻偏則戾

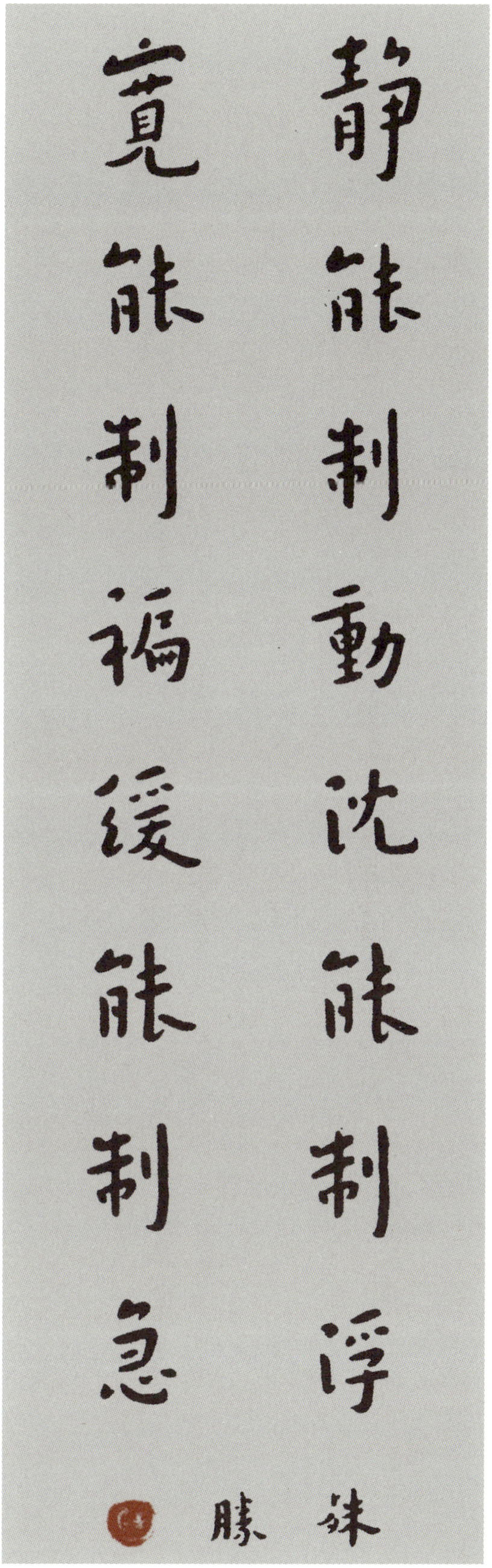
静能制動沉能制浮
寬能制褊緩能制急
銖 勝

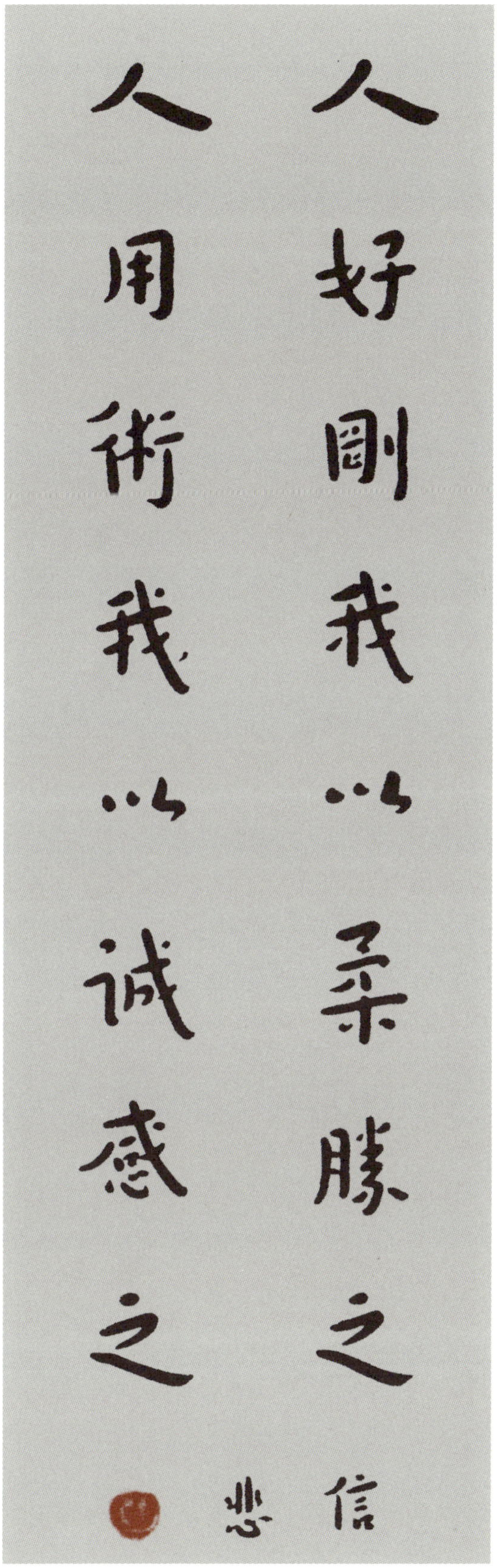
人好剛我以柔勝之
人用術我以诚感之
信 悲

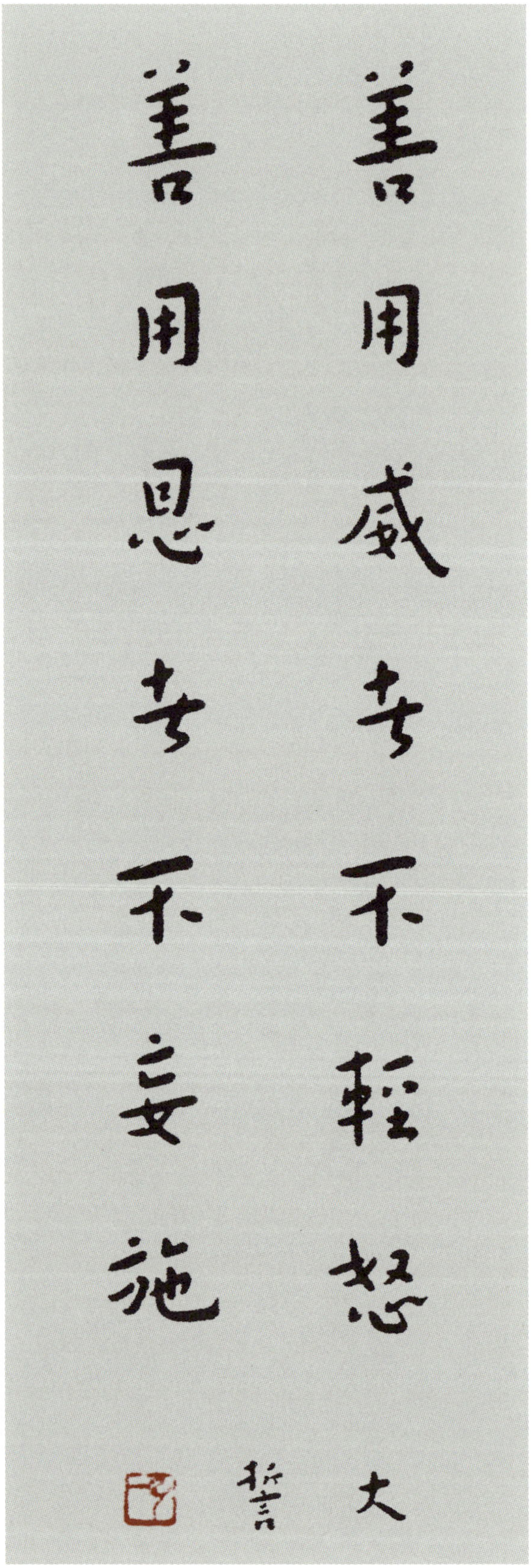
善用威無不輕怒
善用恩無不妄施
大誓
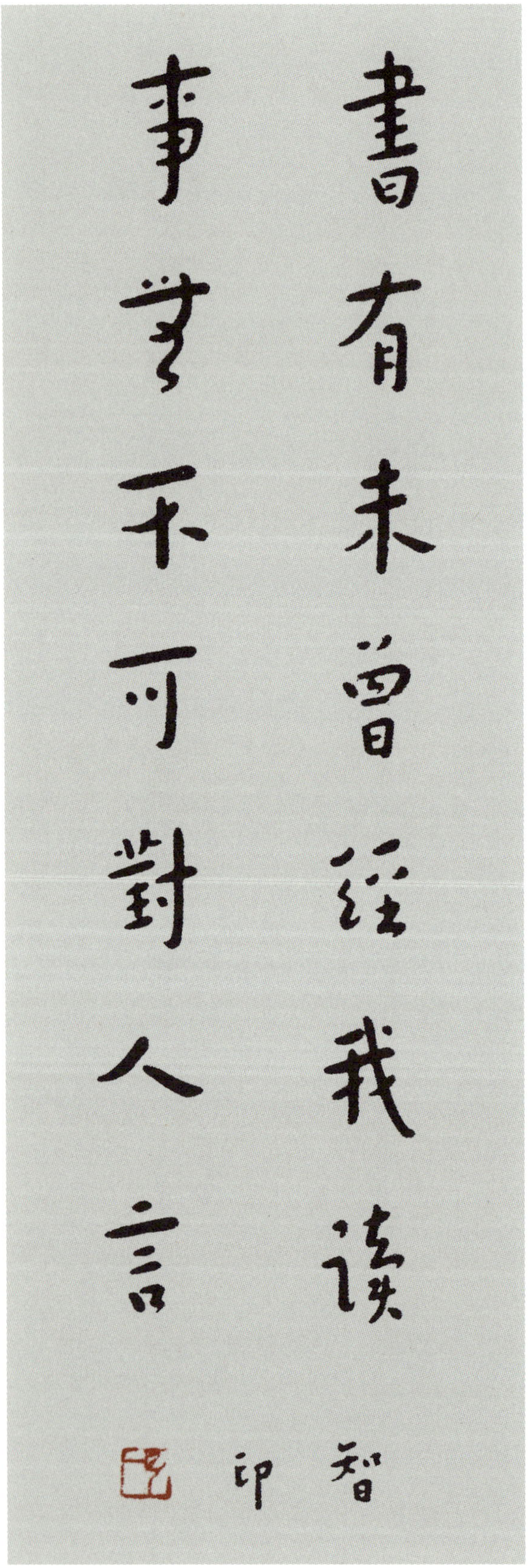
書有未曾經我讀
事無不可對人言
智印

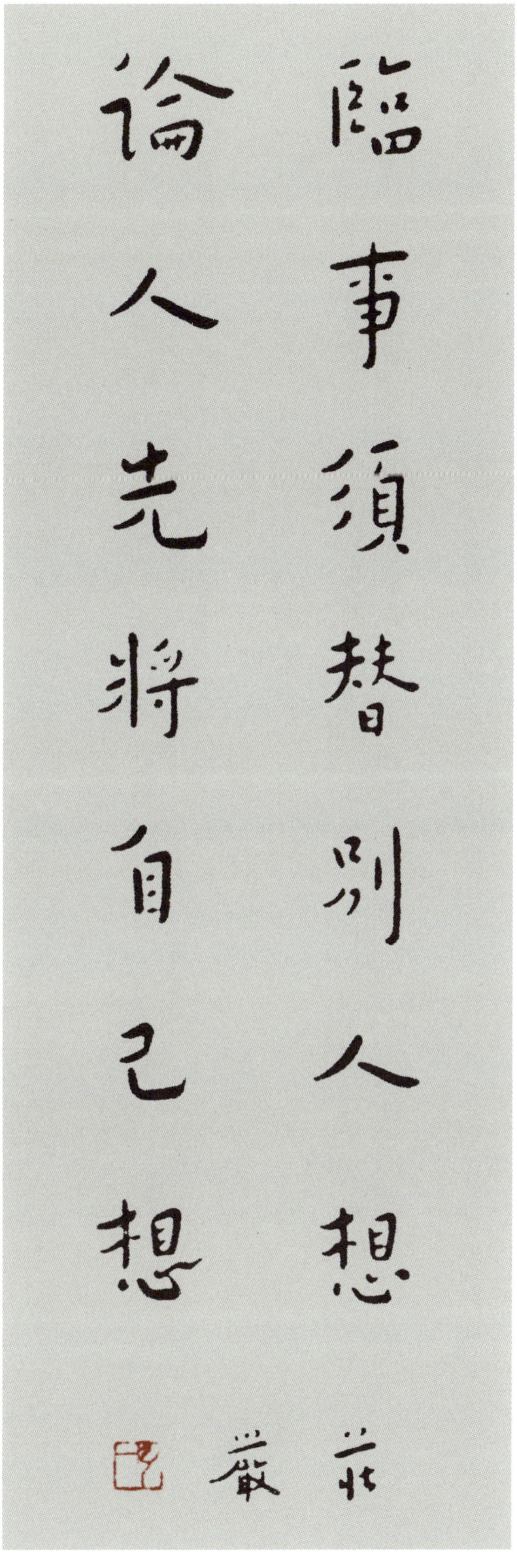
臨事須替別人想
論人先將自己想
莊嚴

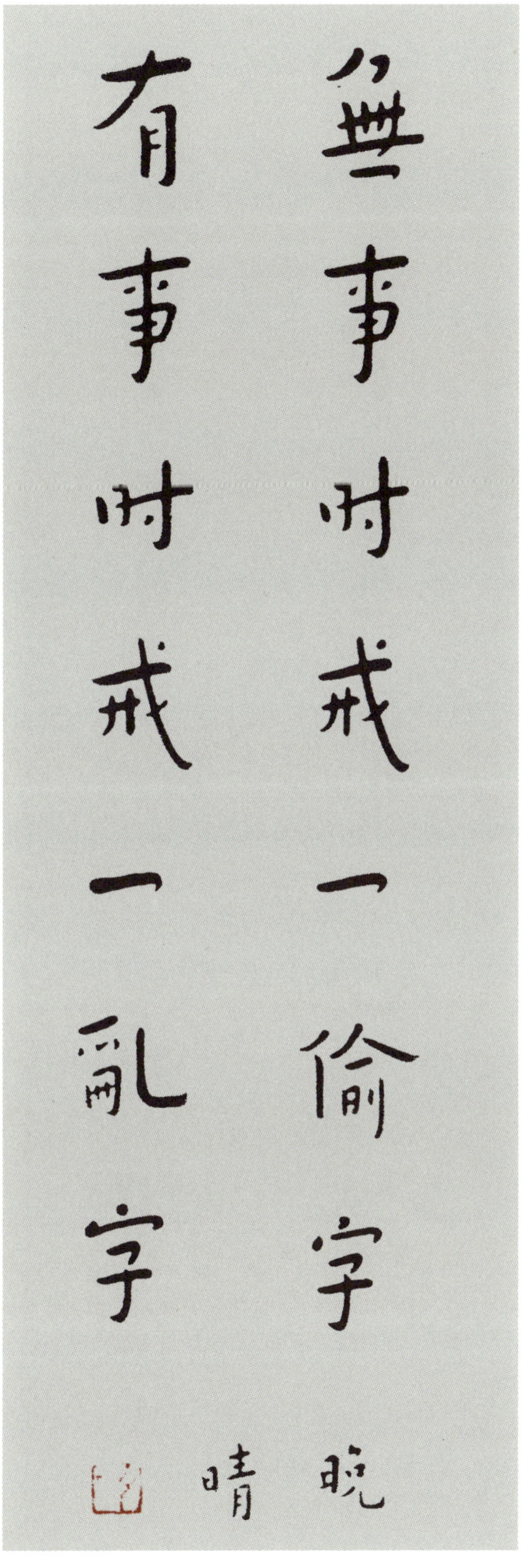
無事时戒一偷字
有事时戒一亂字
晚晴

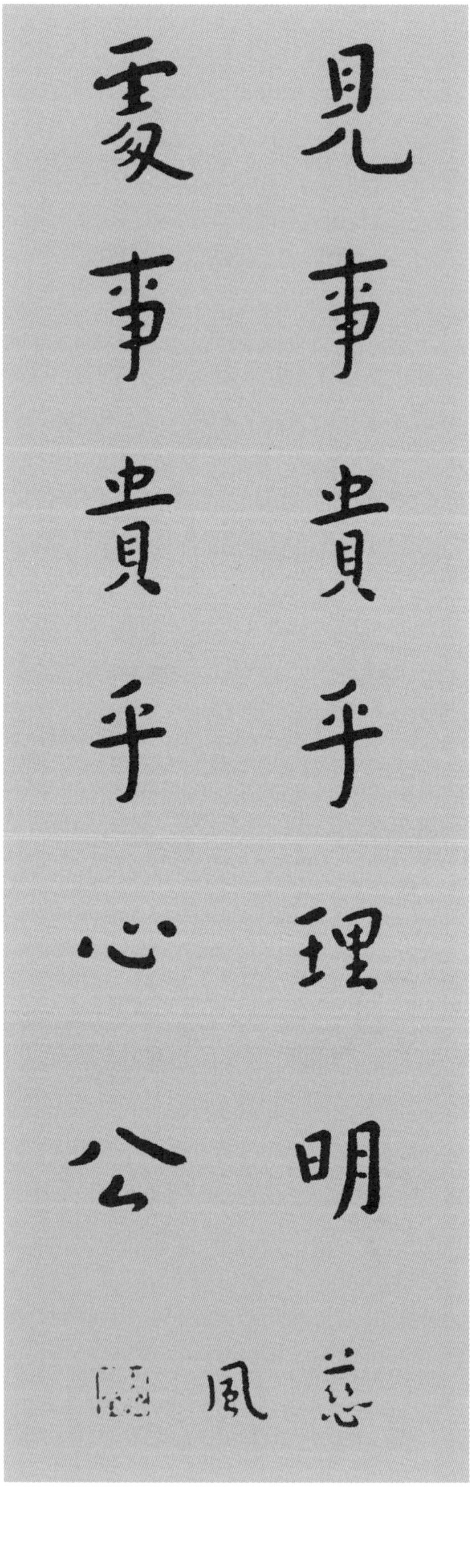
見事貴乎理明
處事貴乎心公
慈風

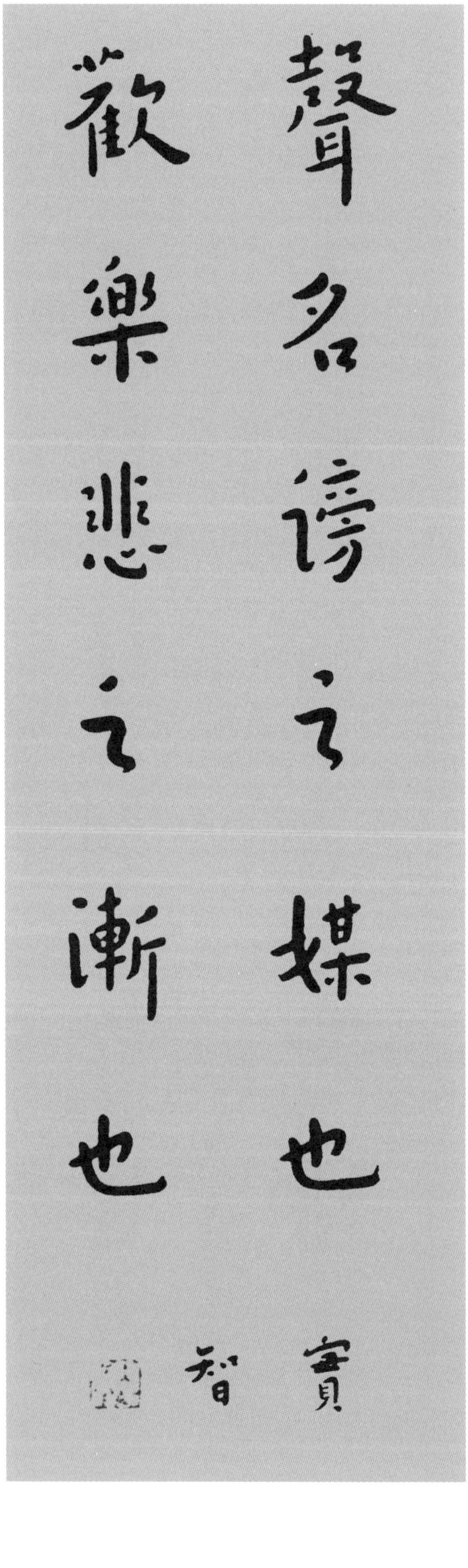
聲名謗之媒也
歡樂悲之漸也
實智

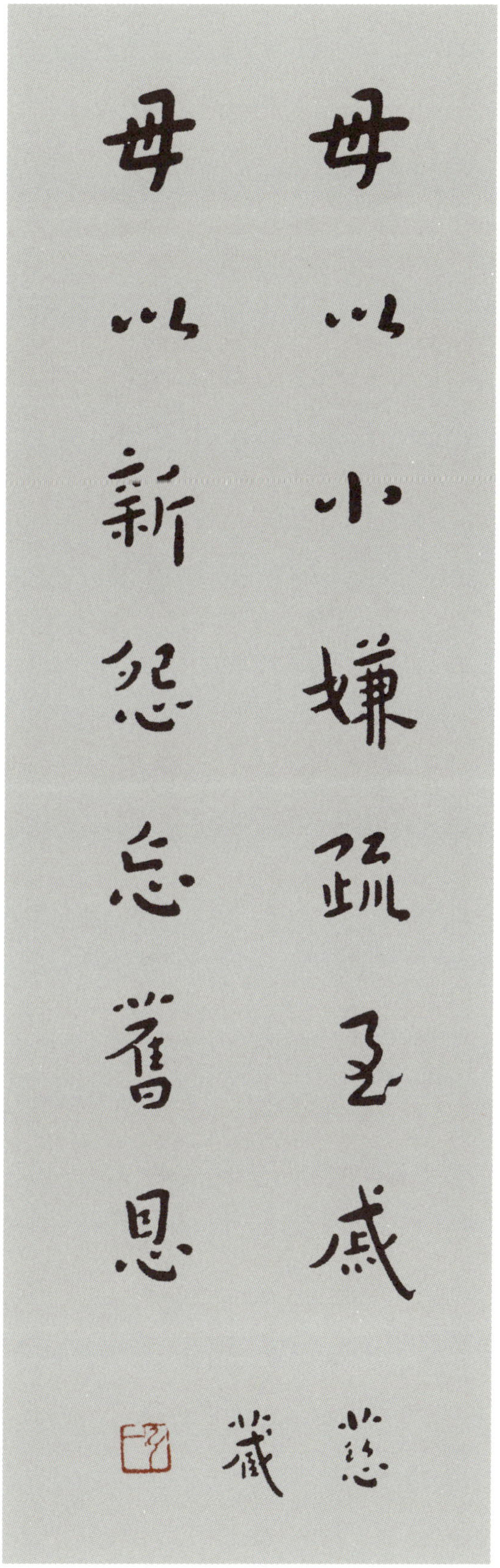
毋以小嫌疏至戚
毋以新怨忘舊恩
慈藏
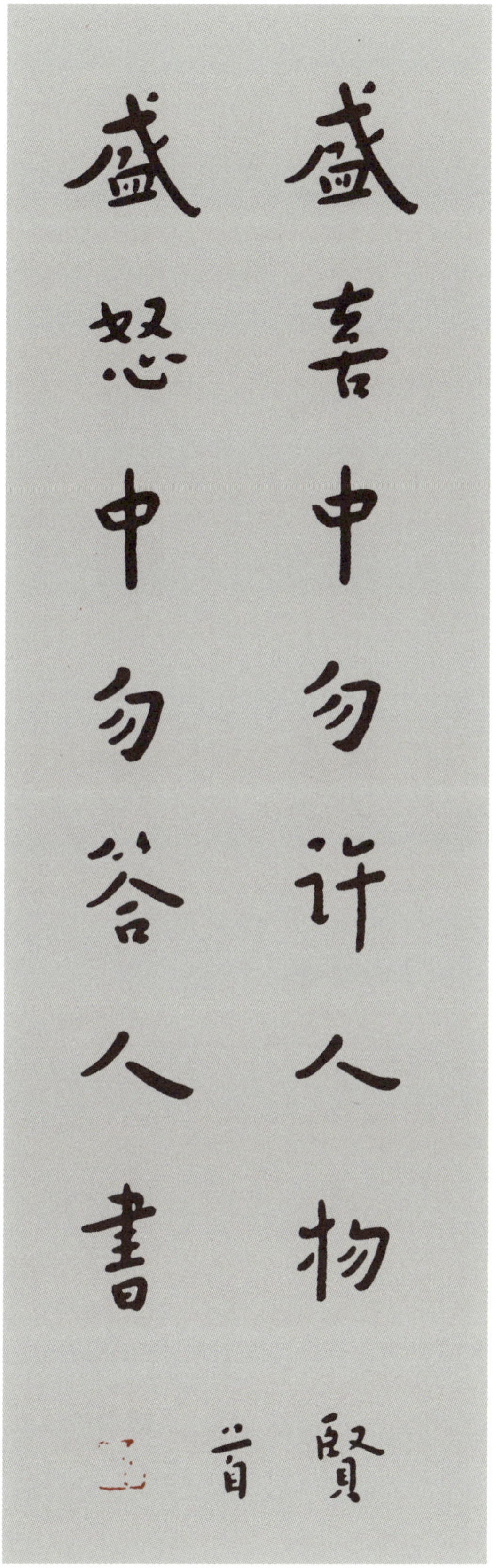
盛喜中勿許人物
盛怒中勿答人書
賢首

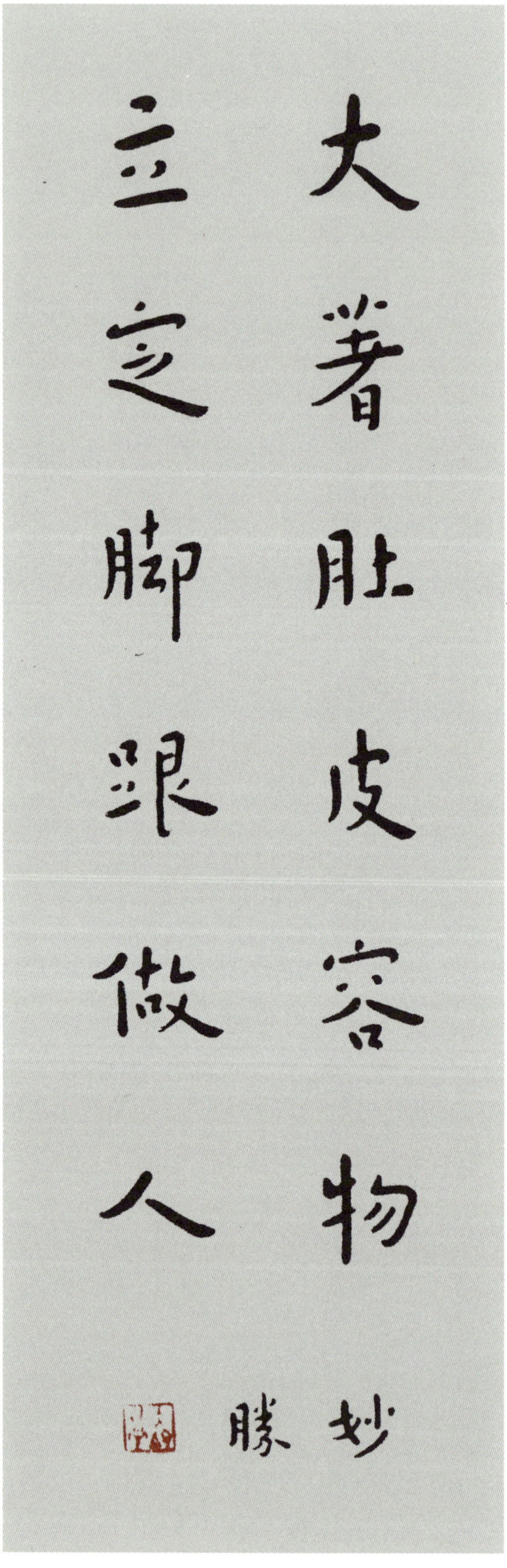
大著肚皮容物
立定腳跟做人
妙勝

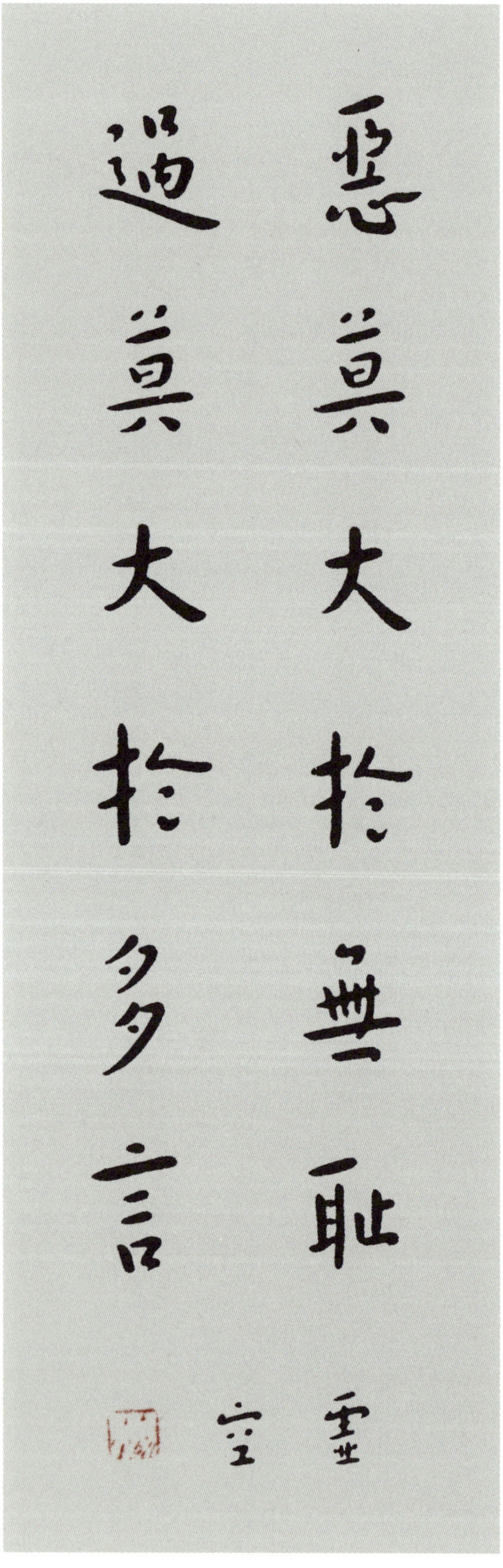
惡莫大於無恥
過莫大於多言

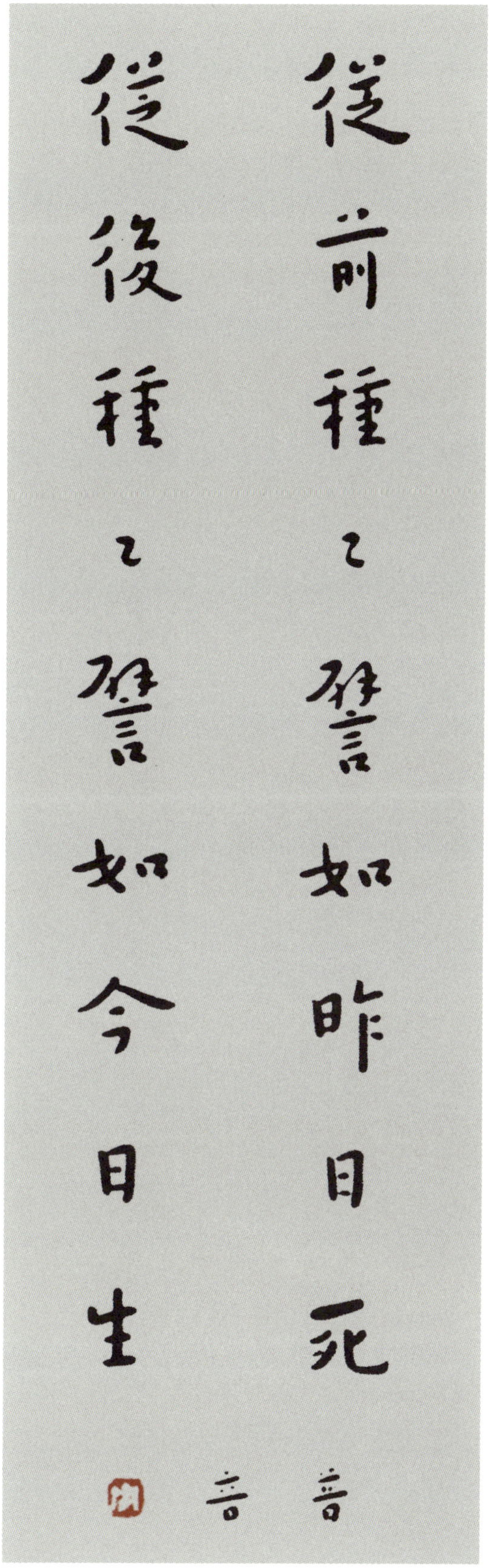
從前種種譬如昨日死
從後種種譬如今日生

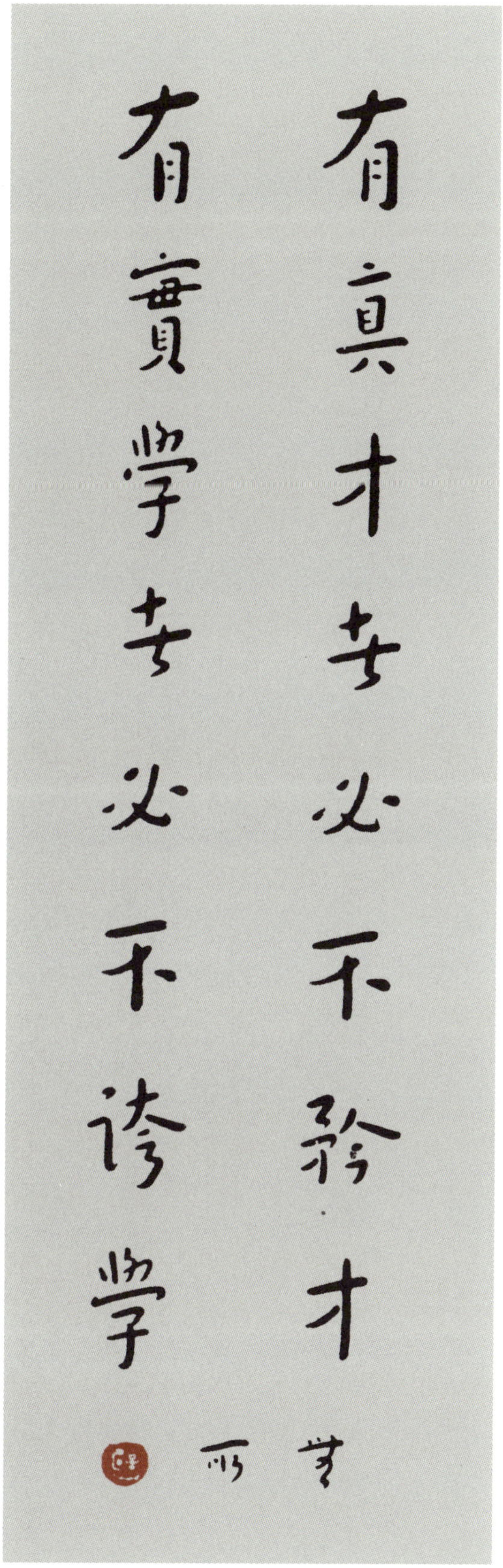
有真才必不矜才
有實學必不誇學

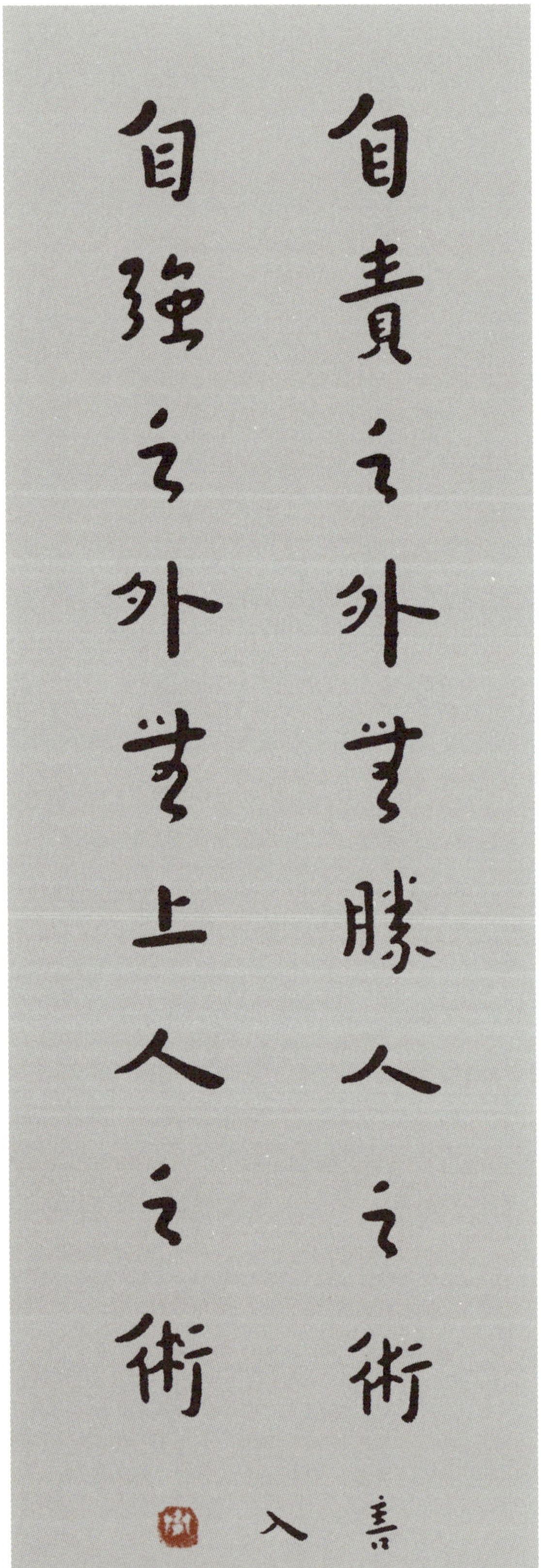
自責之外無勝人之術
自強之外無上人之術
壽入

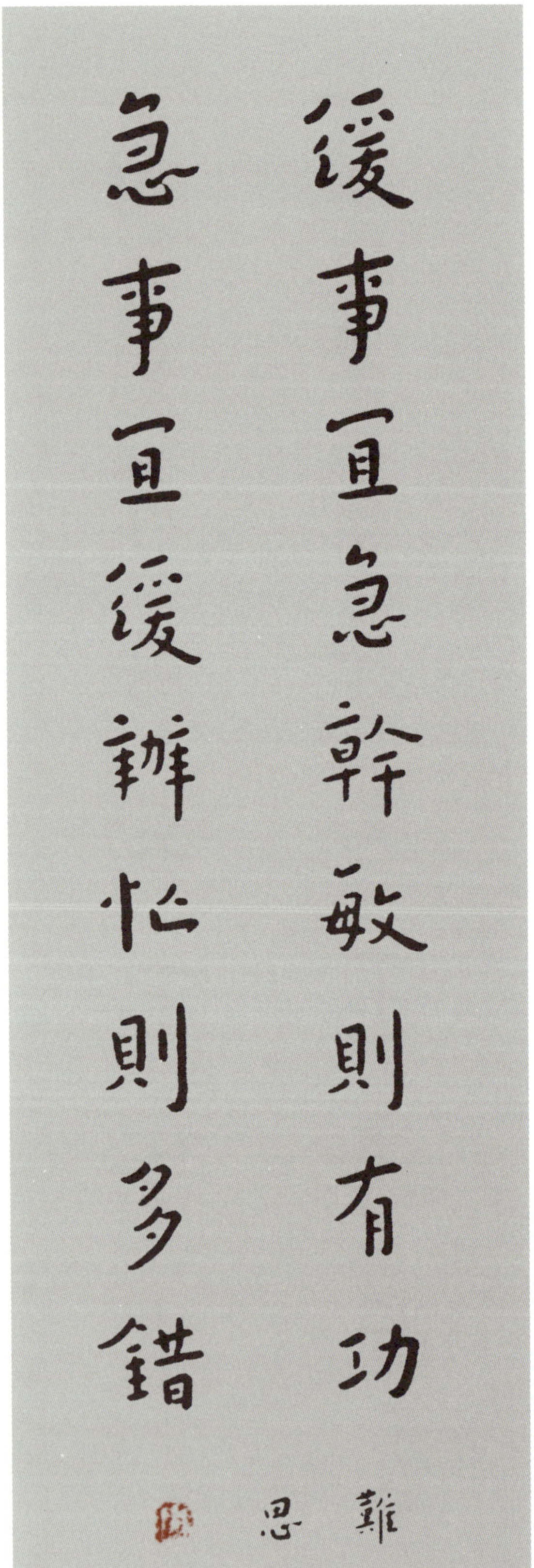
緩事宜急幹敏則有功
急事宜緩辦忙則多錯
難思

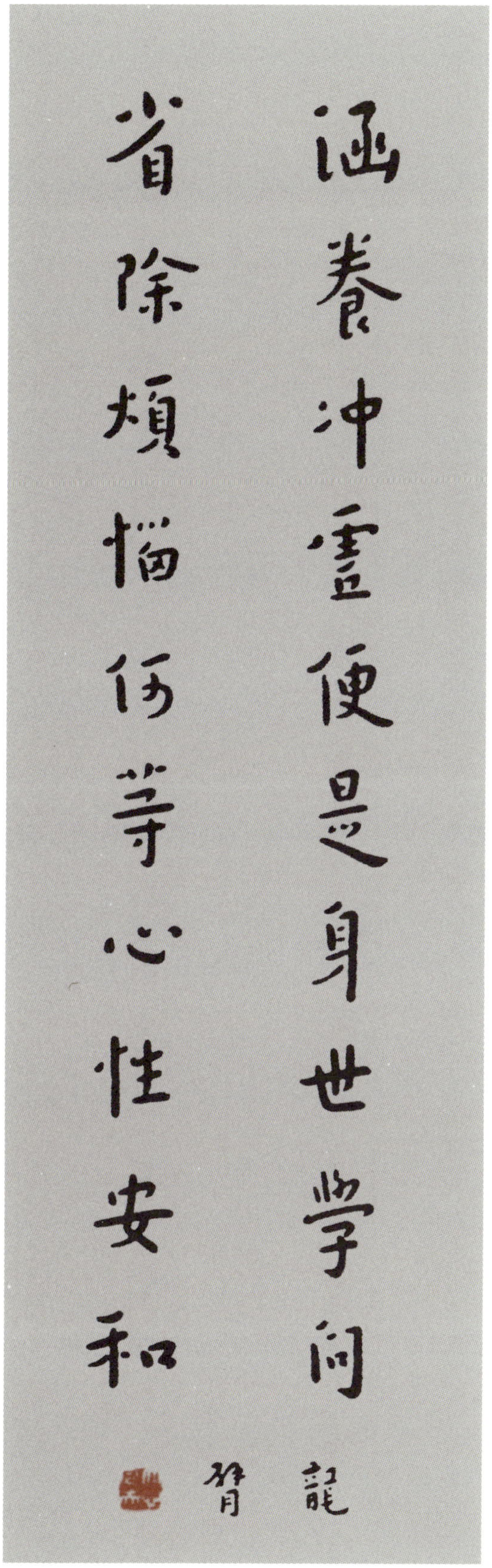
涵養沖虛便是身世學問
省除煩惱何等心性安和
龍臂

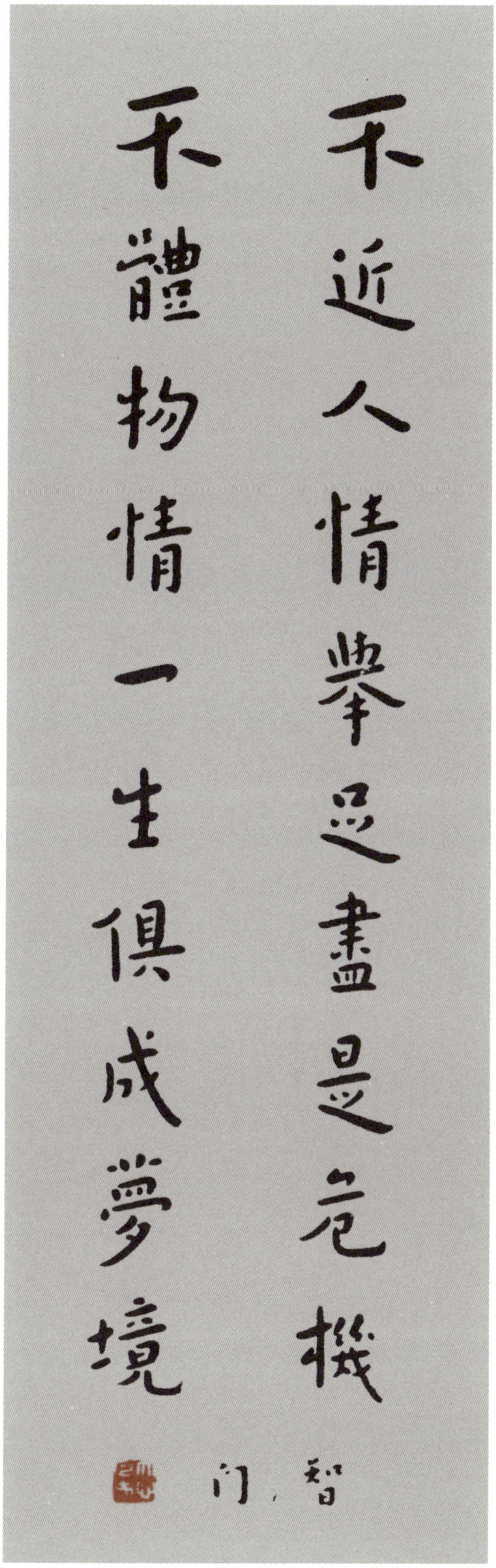
不近人情舉足盡是危機
不體物情一生俱成夢境
智门

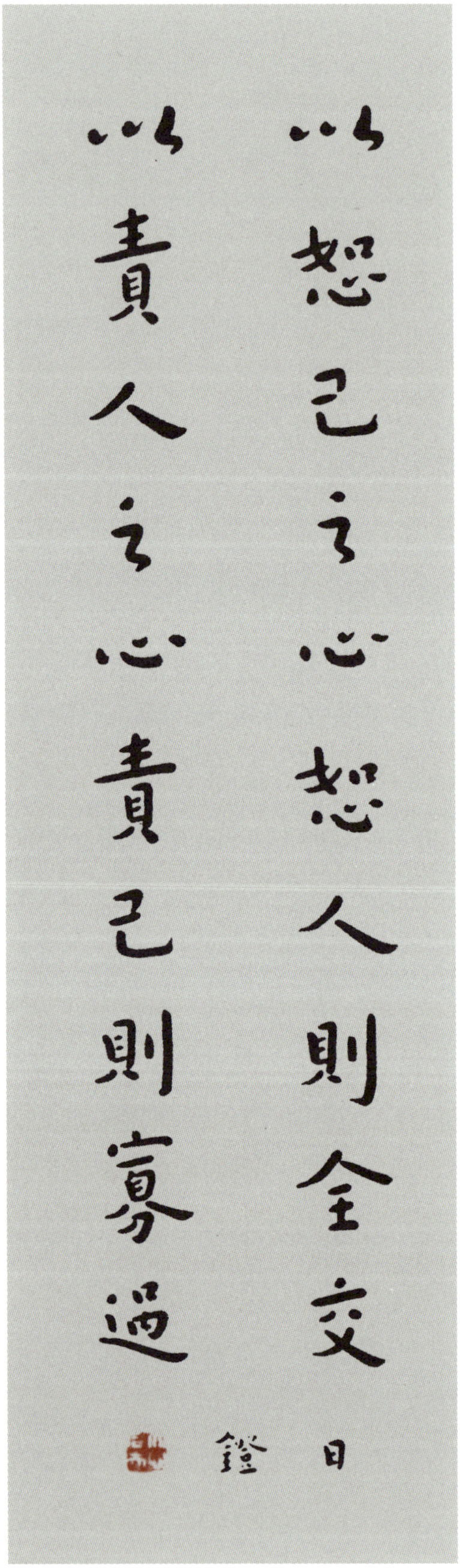
以恕己之心恕人則全交
以責人之心責己則寡過
日
鐙

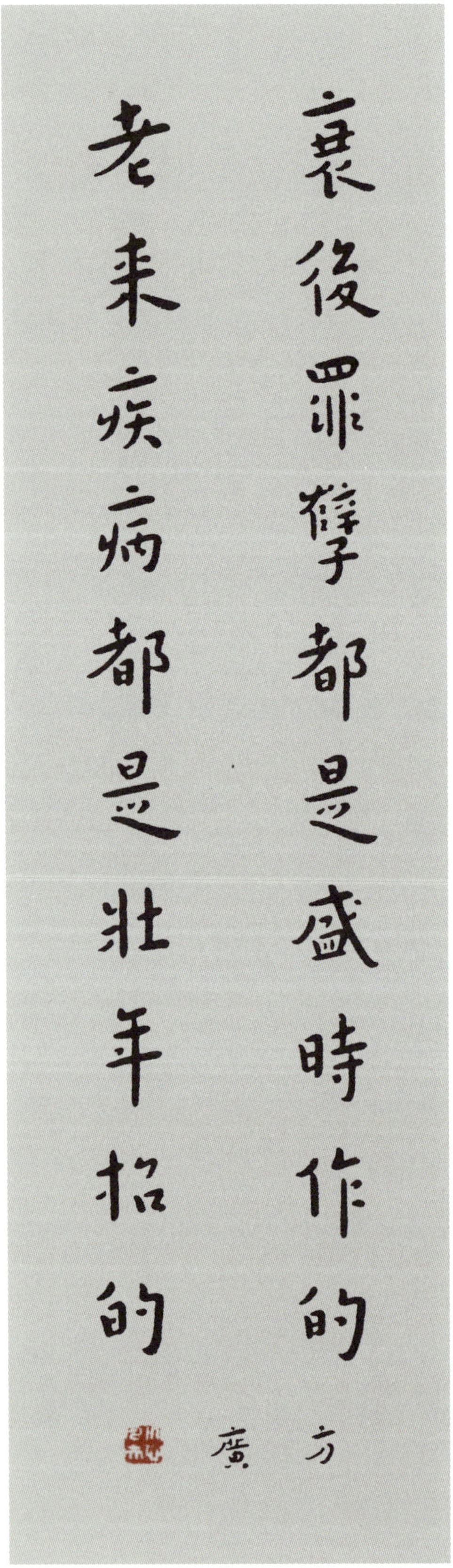
衰後罪孽都是盛時作的
老来疾病都是壯年招的
方
廣

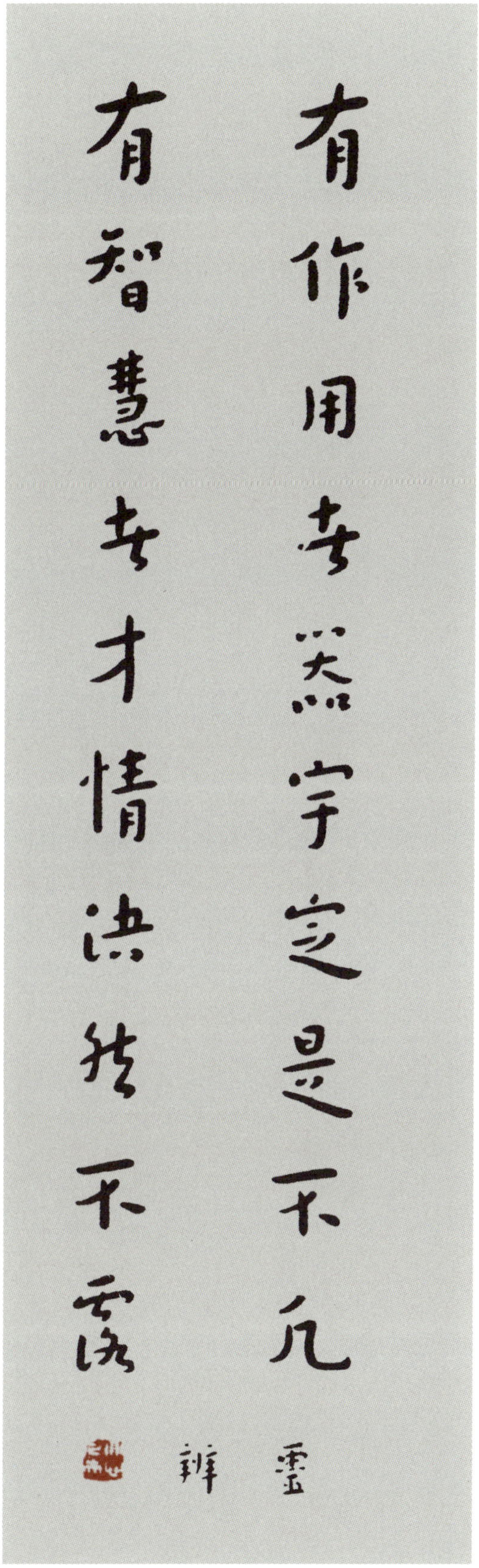
有作用者器宇定是不凡
有智慧者才情決然不露
辯

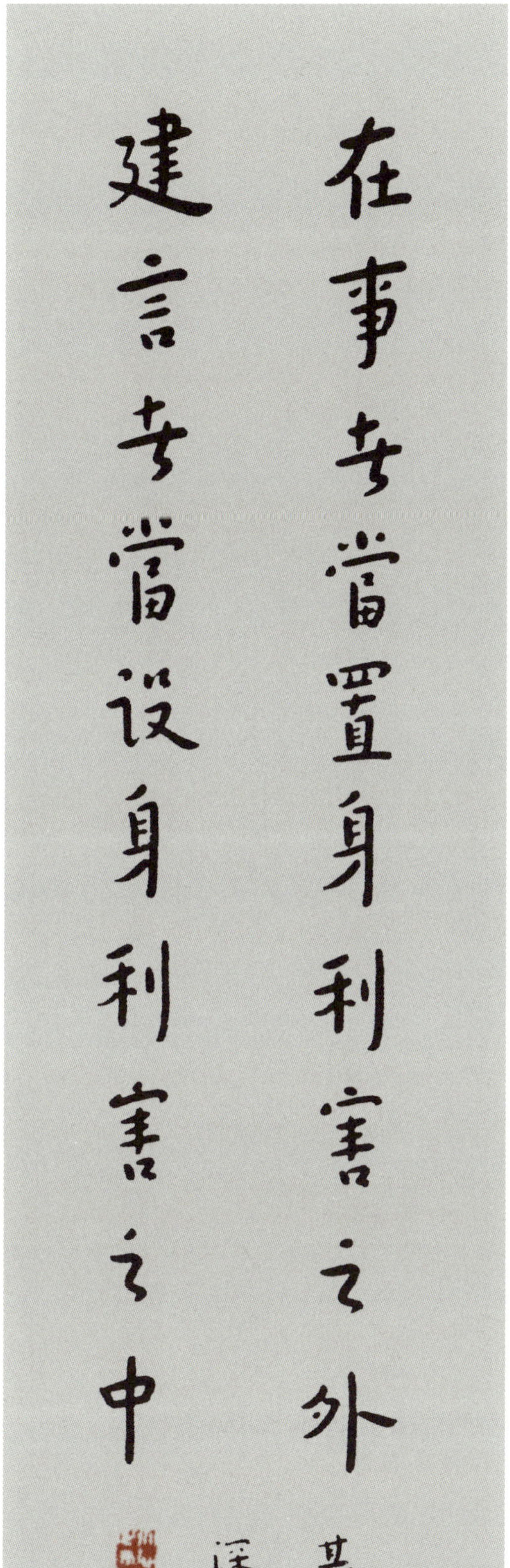
在事者當置身利害之外
建言者當設身利害之中
甚深

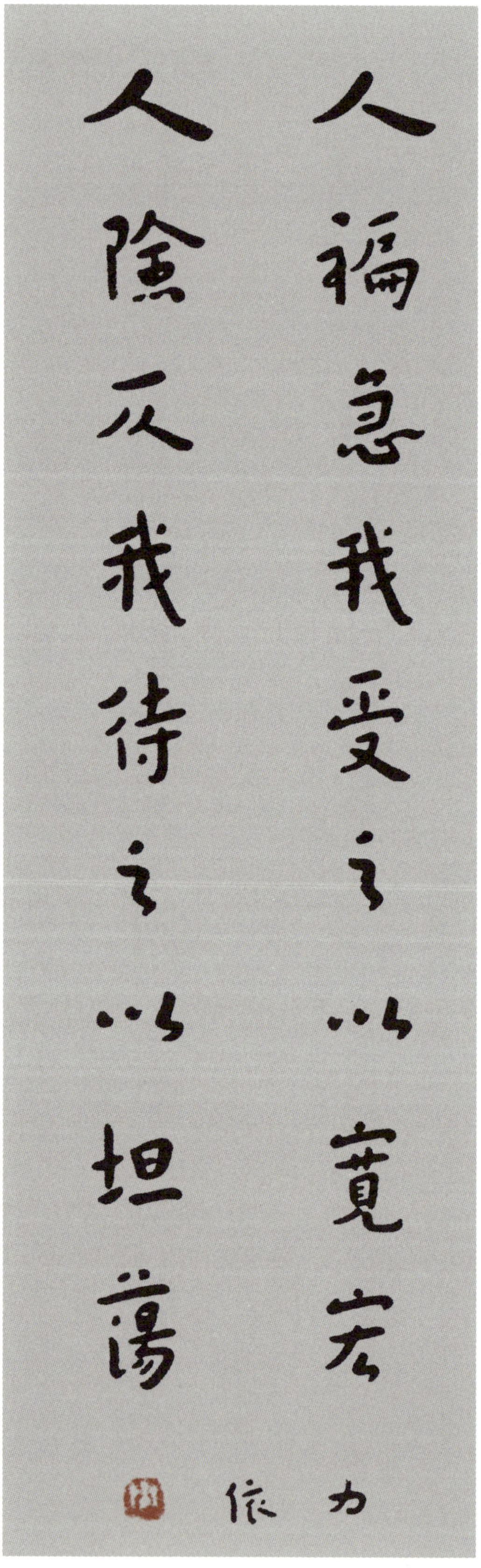
人褊急我受之以寬宏
人險仄我待之以坦蕩
力依

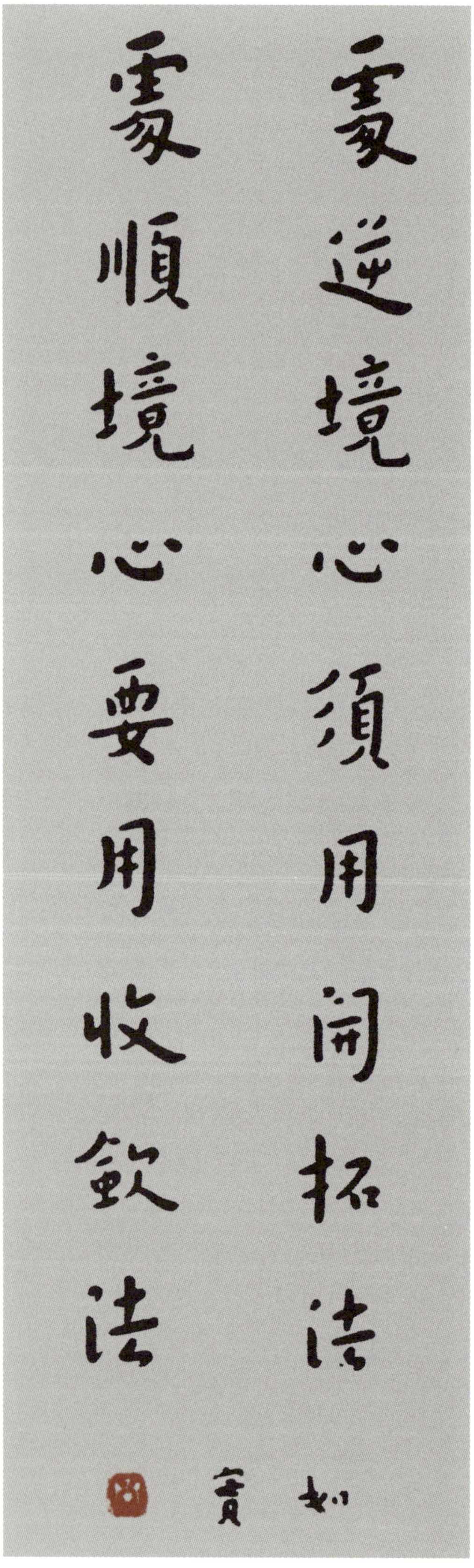
處逆境心須用開拓法
處順境心要用收斂法
如賓

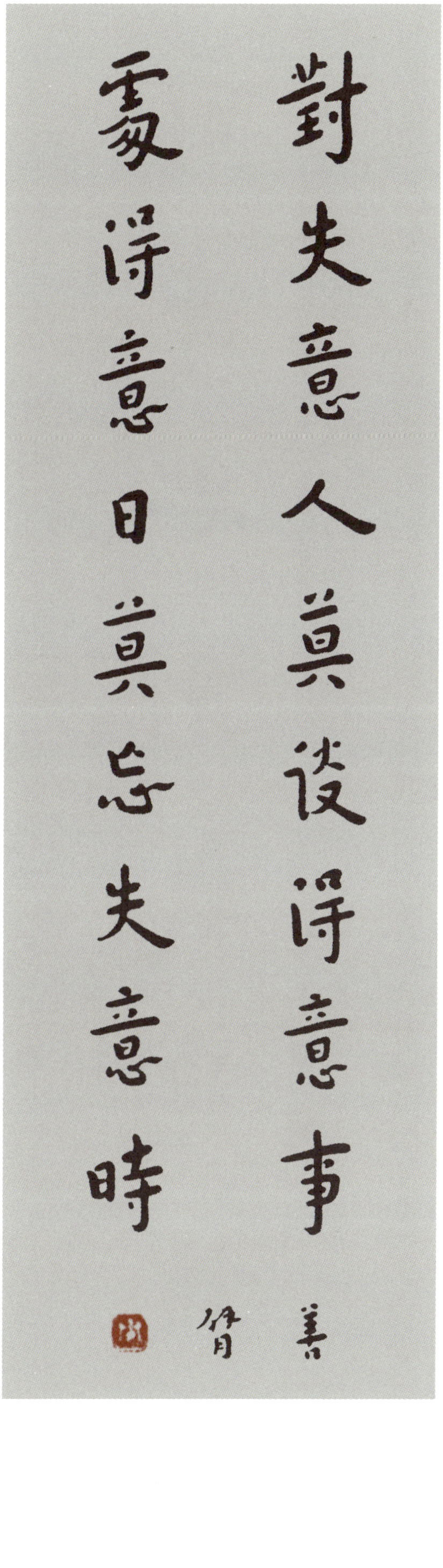
對失意人莫談得意事
處得意日莫忘失意時

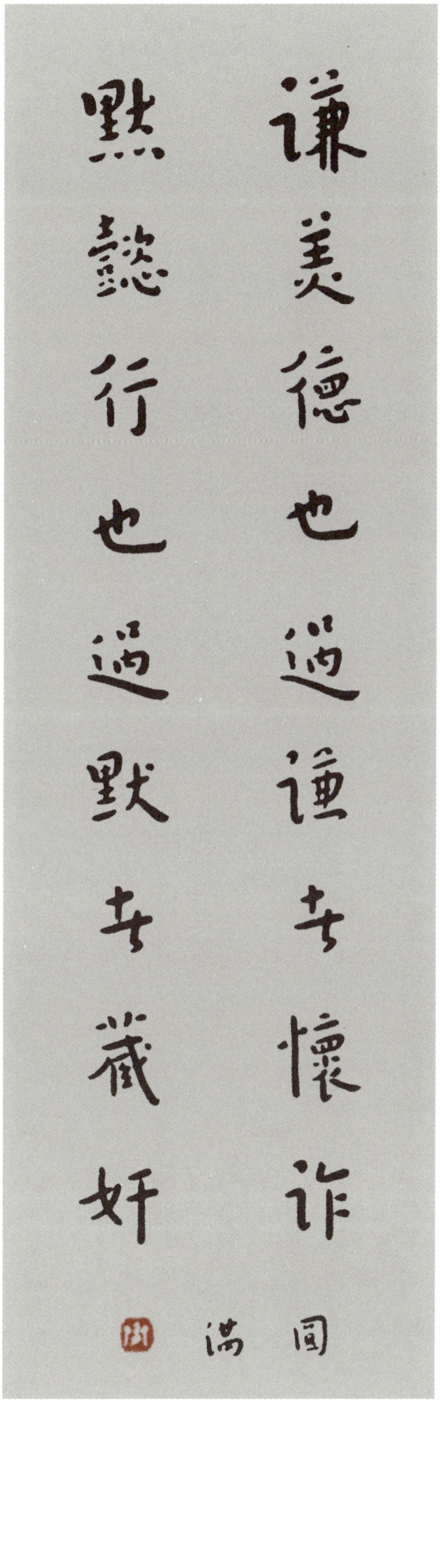
謙美德也過謙者懷詐
默懿行也過默者藏奸
圓滿

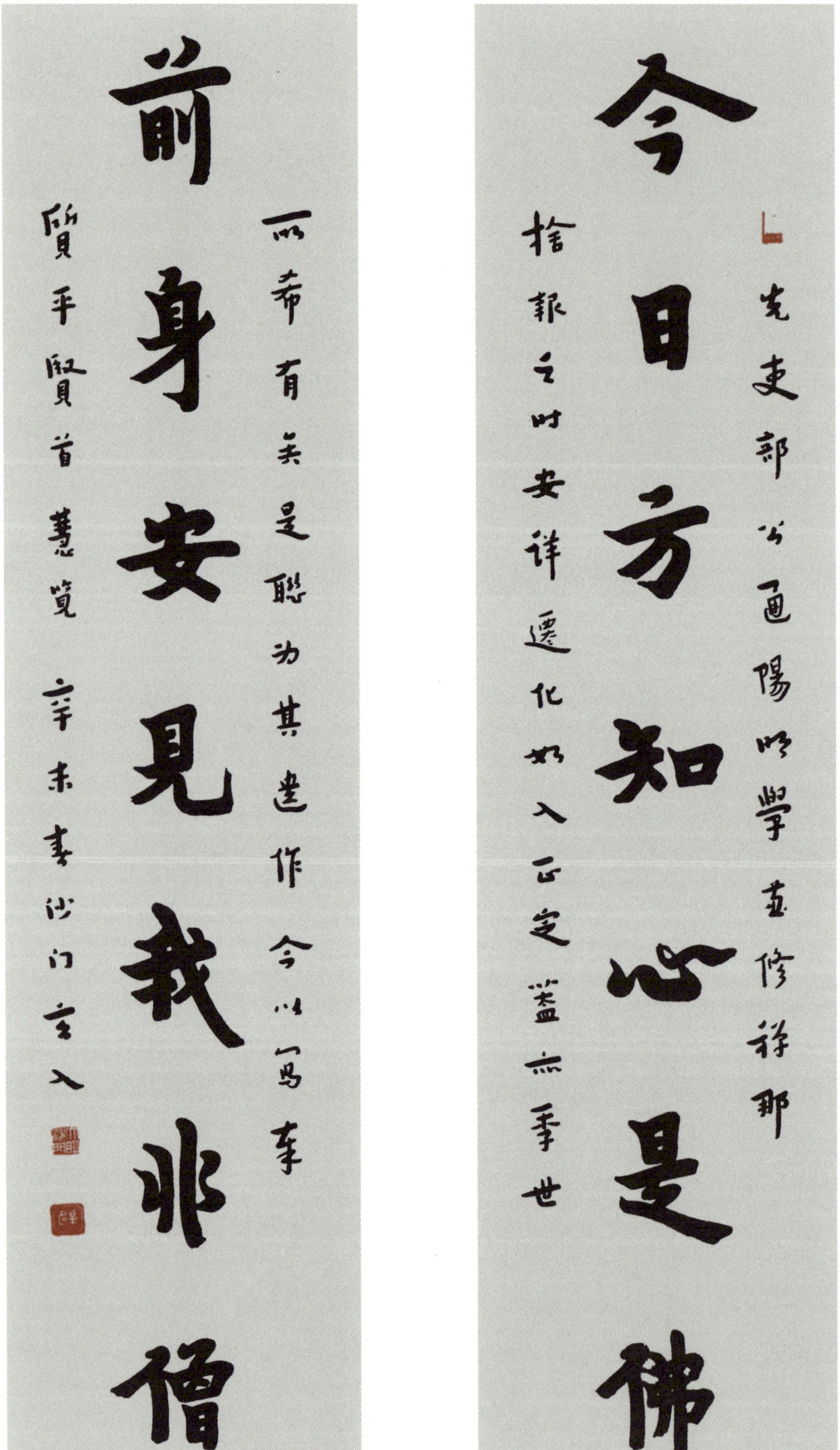
今日方知心是佛
前身安見我非僧

幻惑愚目
流眄無已
長勤世間
父〻子〻
我實非我
妄想而起
若了如幻
此心自止

如幻喻讚

水月不真
唯有虛影
人亦如是
終莫之領
為之驅〻
背此真淨
若能悟之
超然獨醒

如水中月喻讚
大智度論十喻〻空
僧叡法師有讚今
錄其二首 日賢

我名演音。仰乞
十方一切如來、已入大地
諸菩薩眾。我今欲於
十方世界佛菩薩所、誓受一切
菩薩學處、誓受一切菩薩淨戒。
謂律儀戒、攝善法戒、饒益有情戒。
如是學處、如是淨戒、過去一切
菩薩已具、未來一切菩薩當具、
普於十方現在一切菩薩今具。
於是學處、於是淨戒、過去一切
菩薩已學、未來一切菩薩當學、
普於十方現在一切菩薩今學。

辛未七月十三日自誓受菩薩戒
敬錄羯磨文以備受時讀白

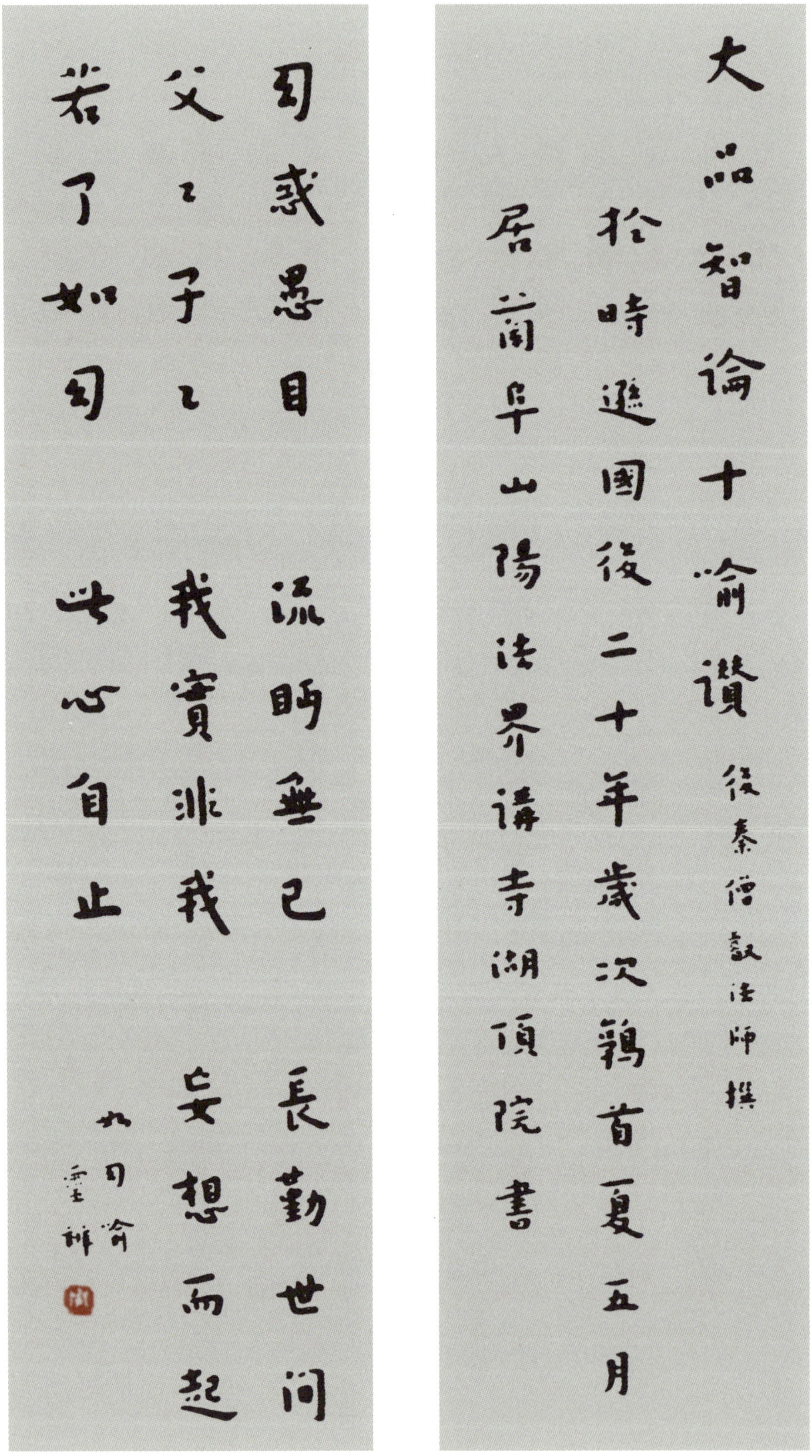
大品智論十喻讚
後秦僧叡法師撰
於時遜國後二十年歲次鷄首夏五月
居蘭阜山陽法界講寺湖頂院書
幻惑愚目 流眄無已 長勤世间
父父子子 我實非我 妄想而起
若了如幻 世心自止
九幻喻

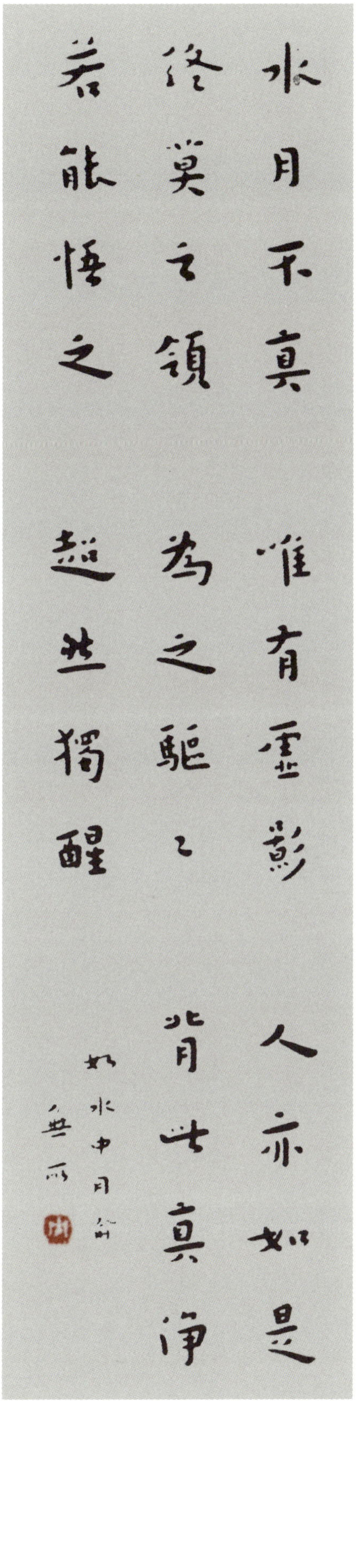
水月不真
唯有虛影
人亦如是
終莫之領
為之驅之
背此真淨
若能悟之
超然獨醒
如水中月喻

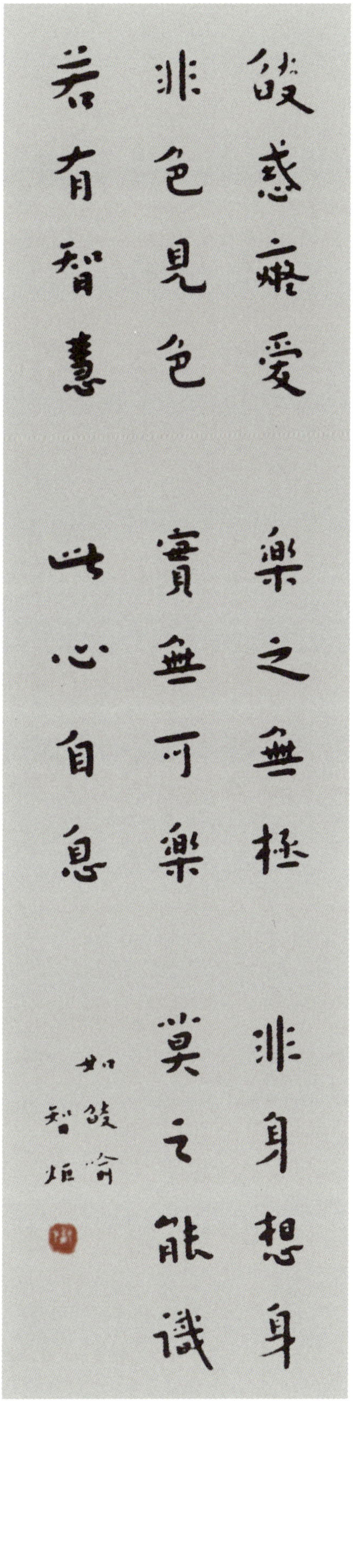
破惑離愛
樂之無極
非身想身
非色見色
實無可樂
莫之能識
若有智慧
此心自息
如破喻
智炬

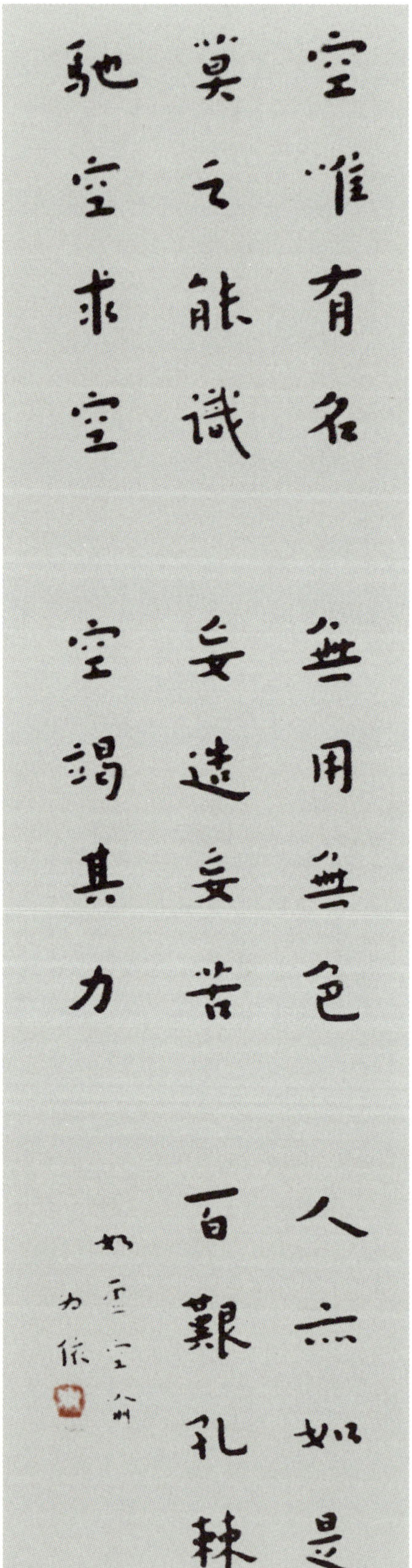
空惟有名
莫之能識
馳空求空
無用無色
妄遠妄苦
空竭其力
人亦如是
百艱孔棘

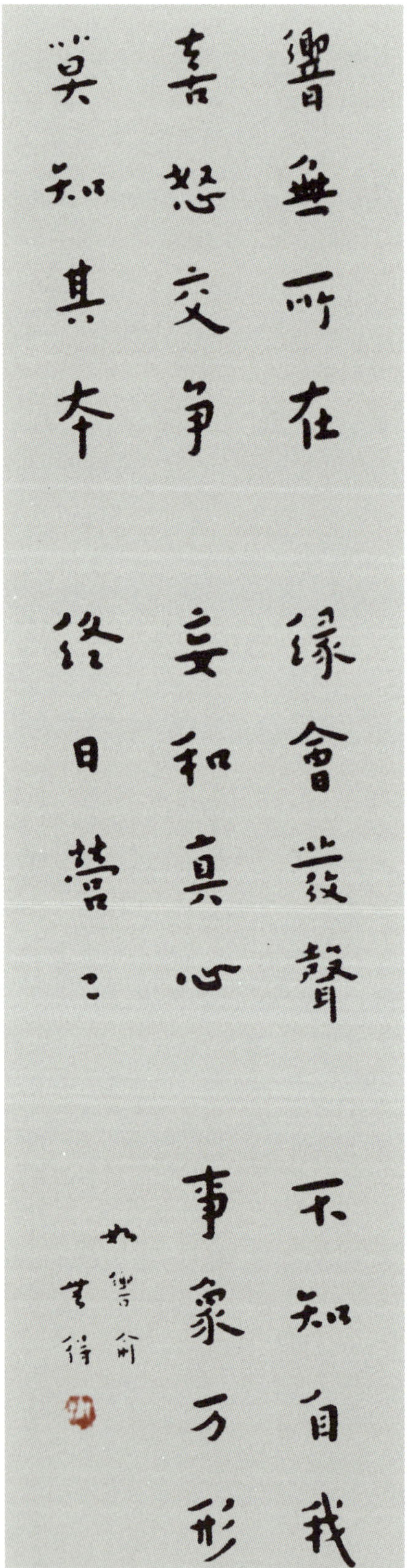
響無所在
喜怒交爭
莫知其本
緣會發聲
妄和真心
終日營營
不知自我
事象万形

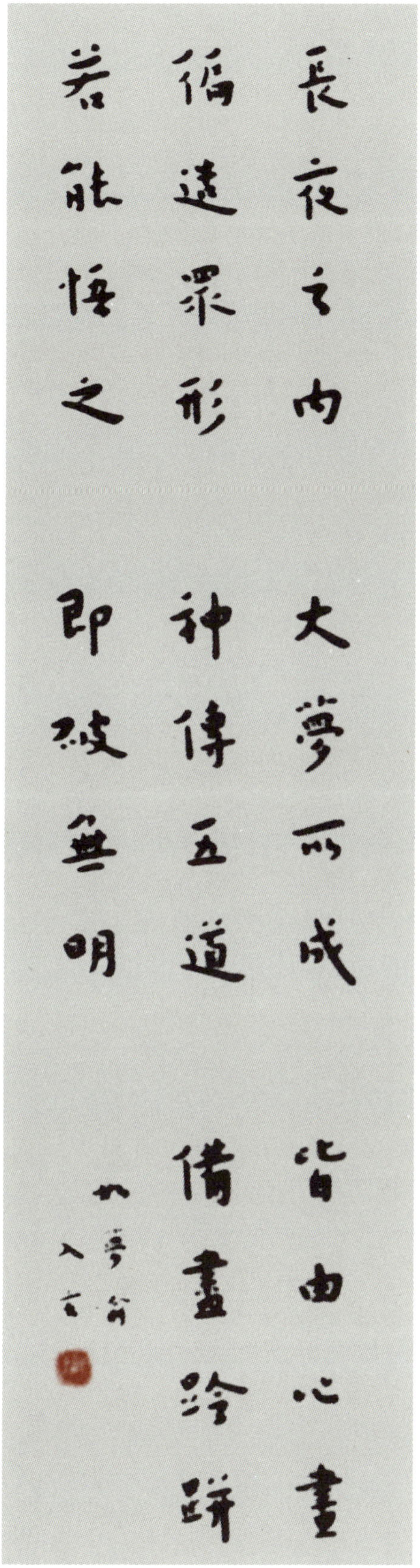
長夜之內大夢所成皆由心畫
倫遠眾形神傳五道備盡蹤跡
若能悟之即破無明

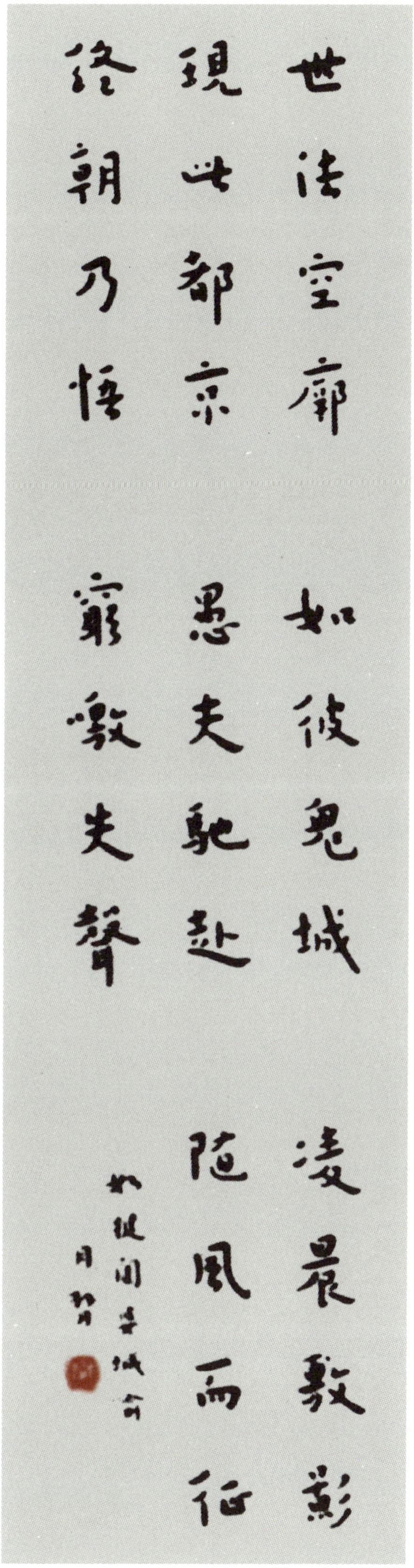
世法空廓如彼鬼城凌晨斅影
現世都京愚夫馳赴隨風而徂
終朝乃悟竆斅失聲

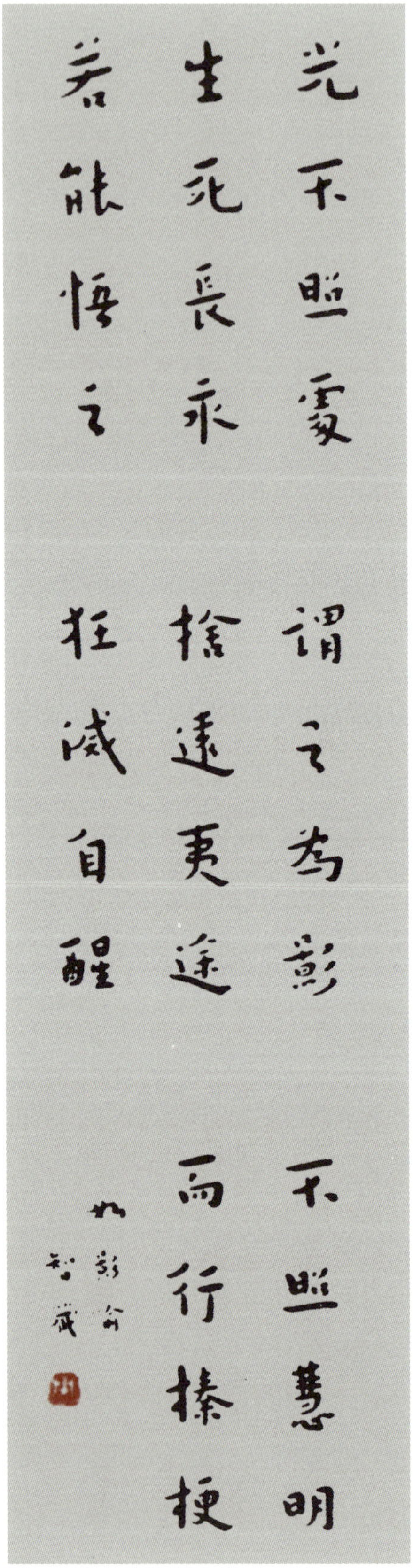
光不照處謂之為影不照慧明
生死長乘捨遠更遂而行榛梗
若能悟之狂識自醒
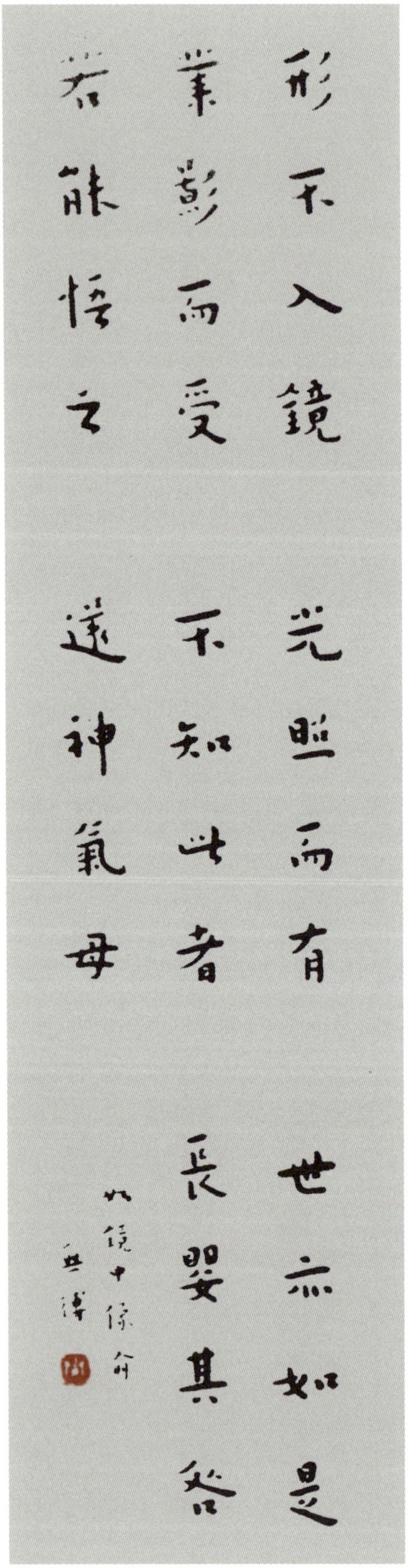
形不入鏡光照而有世亦如是
業影而受不知此者長嬰其咎
若能悟之遂神氣母

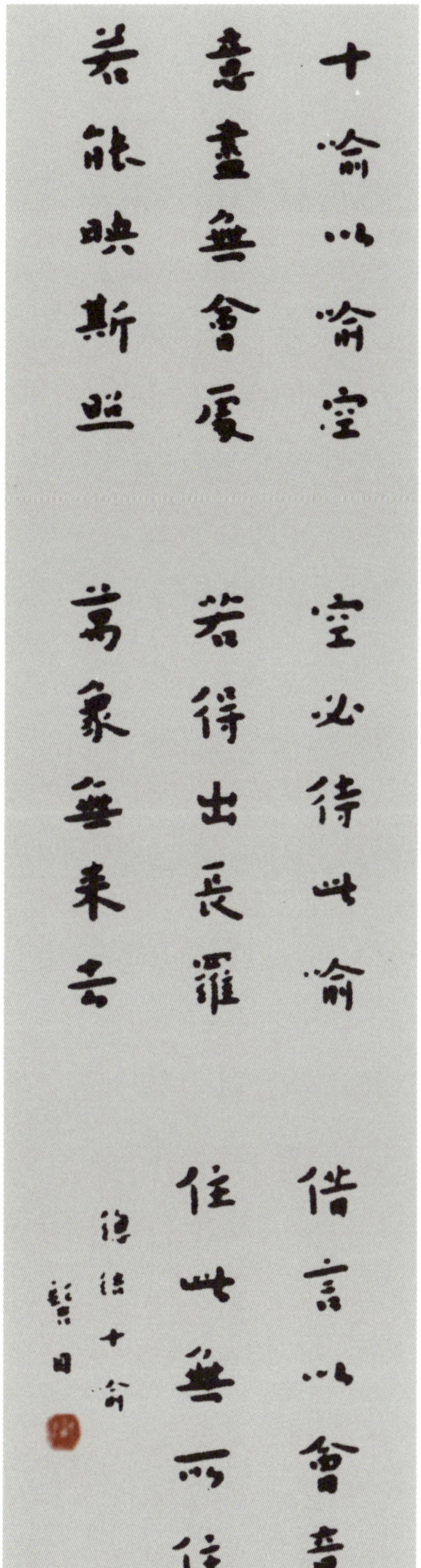
十喻以喻空
空必待此喻
借言以會意
意盡無會處
若得出長羅
住此無所住
若能映斯照
萬象無來去
十喻

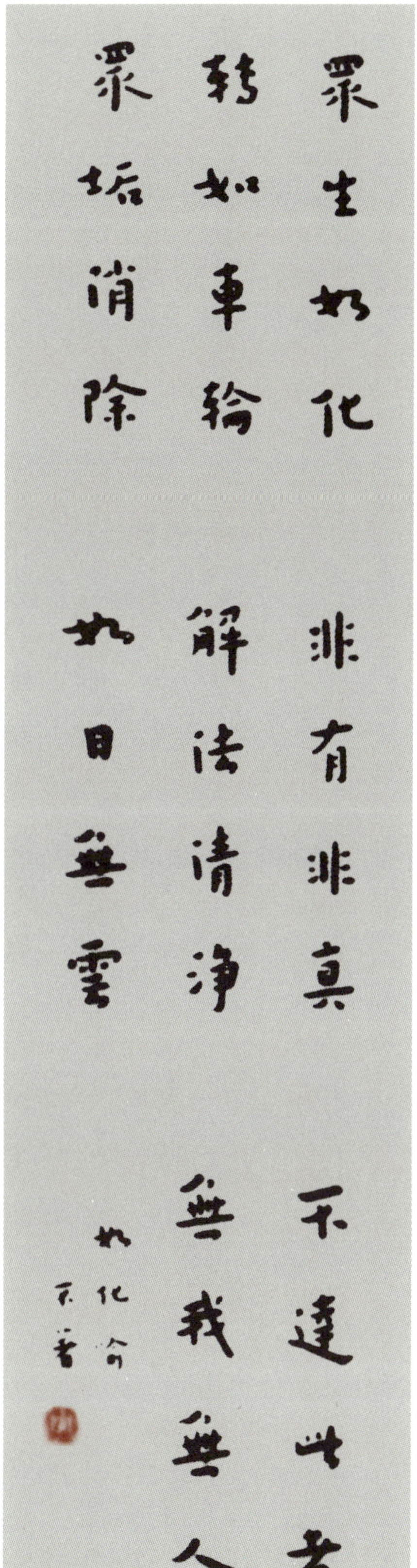
眾生如化
非有非真
不達此者
轉如車輪
解法清淨
無我無人
眾垢消除
如日無雲
如化喻

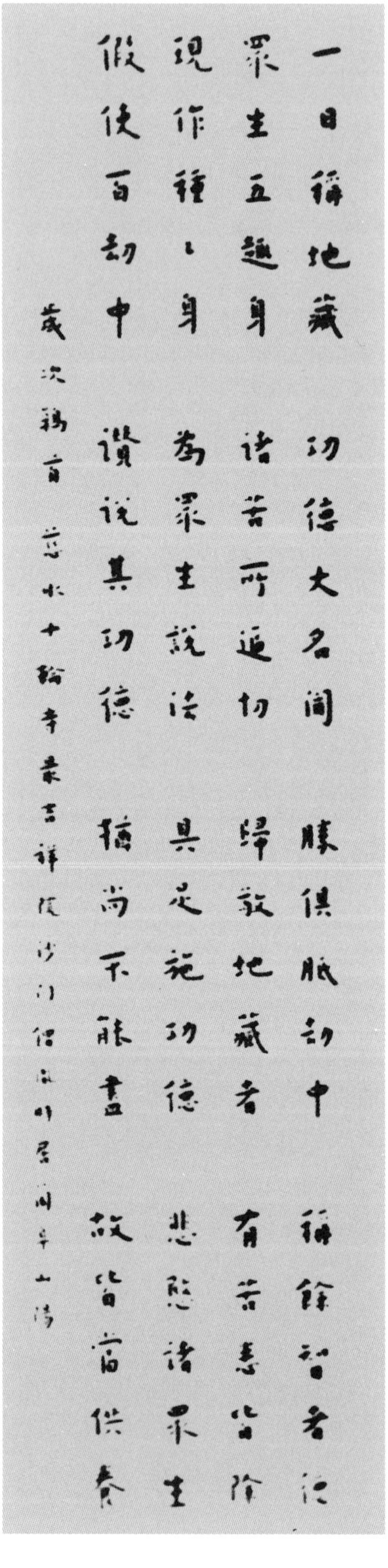
一日稱地藏 功德大名聞 勝俱胝劫中 稱餘智者德
眾生五趣身 諸苦所逼切 歸敬地藏者 有苦悉皆除
現作種種身 為眾生說法 具足施功德 悲愍諸眾生
假使百劫中 讚說其功德 猶尚不能盡 故皆當供養
歲次鶉首 慈水十輪寺录吉祥偈 沙门

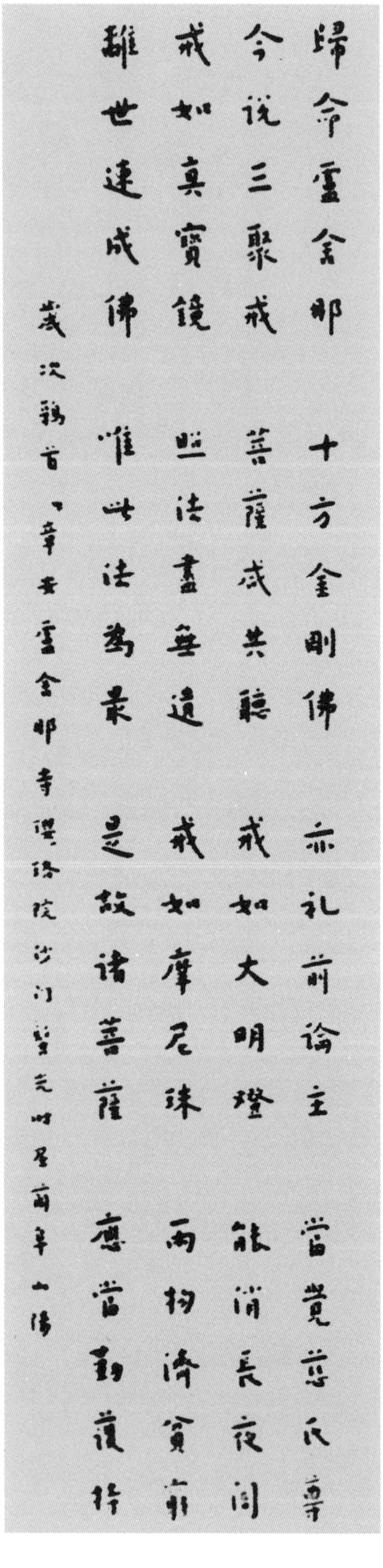
歸命盧舍那 十方金剛佛 亦禮前論主 當覺慈氏尊
今說三聚戒 菩薩咸共聽 戒如大明燈 能消長夜闇
戒如真寶鏡 照法盡無遺 戒如摩尼珠 雨物濟貧窮
離世速成佛 唯此法為最 是故諸菩薩 應當勤護持
歲次鶉首 章安盧舍那寺瓔珞院沙门

具足神通力　廣修智方便　十方諸國土　無剎不現身
種種諸惡趣　地獄鬼畜生　生老病死苦　以漸悉令滅
真觀清淨觀　廣大智慧觀　悲觀及慈觀　常願常瞻仰
無垢清淨光　慧日破諸闇　能伏災風火　普明照世間
悲體戒雷震　慈意妙大雲　澍甘露法雨　滅除煩惱焰
具一切功德　慈眼視眾生　福聚海無量　是故應頂禮

戊戌鵝首　三衢蓮華寺妙音勝院沙門悲憧時居甬阜山陽

佛慧明淨日　除世痴闇冥　梵聲語深遠　微妙聞十方
正覺阿彌陀　法王善住持　如來淨華眾　正覺華化生
愛樂佛法味　禪三昧為食　永離身心惱　受樂常無間
眾生所願樂　一切能滿足　故我願往生　阿彌陀佛國

戊戌鵝首　錢塘蓮華寺慈風院沙門無言時居甬阜山陽

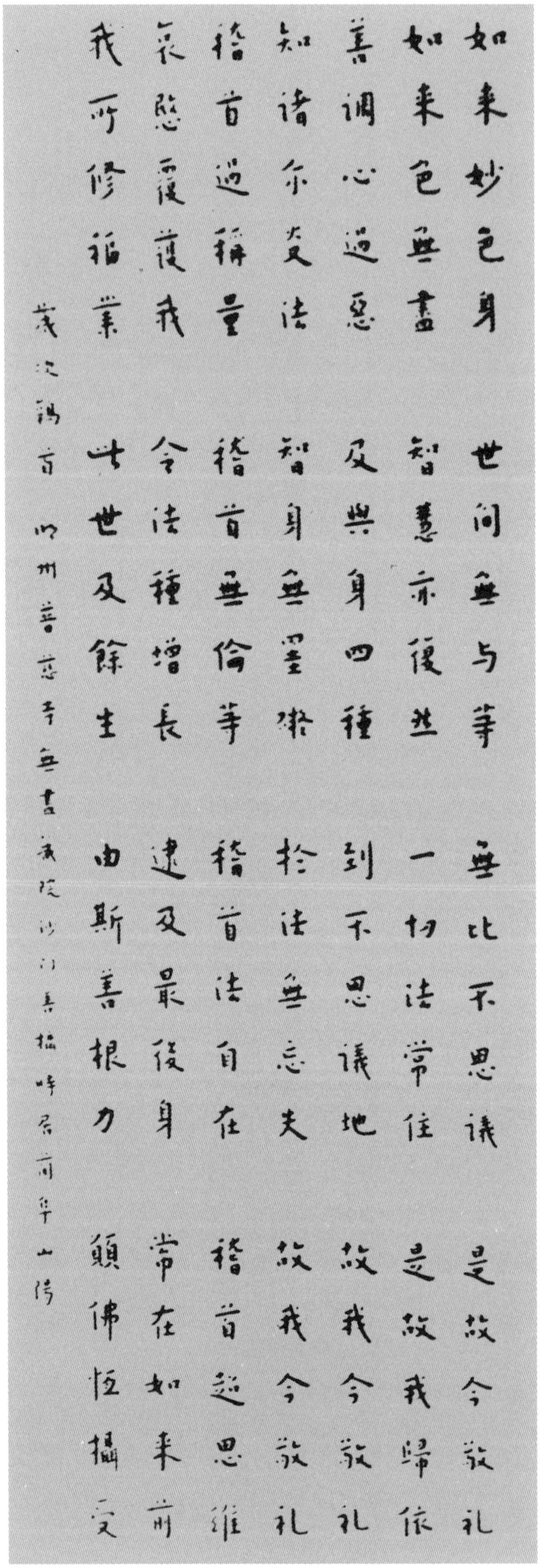
如来妙色身世间无与等无比不思议是故今敬礼
如来色无尽智慧亦复然一切法常住是故我归依
善调心过恶及与身四种到不思议地故我今敬礼
知诸尔炎法智身无罣碍於法无忘失故我今敬礼
稽首过称量稽首无伦等稽首法自在稽首超思维
哀愍覆护我令法种增长逮及最后身常在如来前
我所修福业此世及余生由斯善根力愿佛恒摄受
岁次鸡首 四明普慈寺无尽戒坛沙门善福时居南华山侍

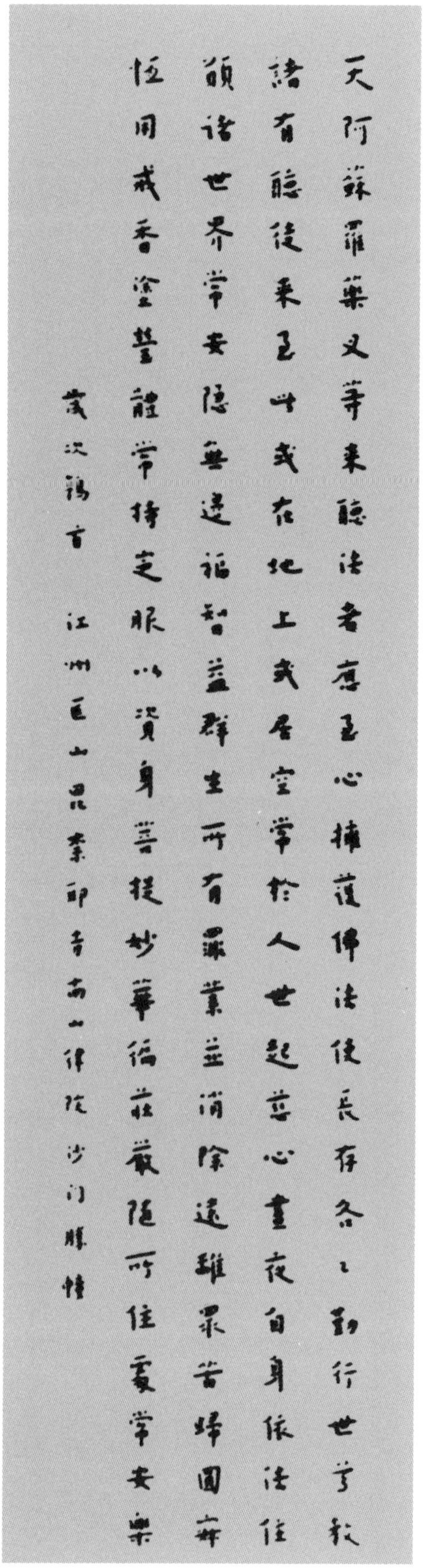
天阿蘇羅藥叉等來聽法者應至心擁護佛法使長存各各勤行世尊教
諸有聽徒來至此或在地上或居空常於人世起慈心晝夜自身依法住
願諸世界常安隱無邊福智益群生所有罪業並消除遠離衆苦歸圓寂
恆用戒香塗瑩體常持定服以資身菩提妙華徧莊嚴隨所住處常安樂
歲次鶉首 江州匡山崑棠印寺南山律院沙門勝幢

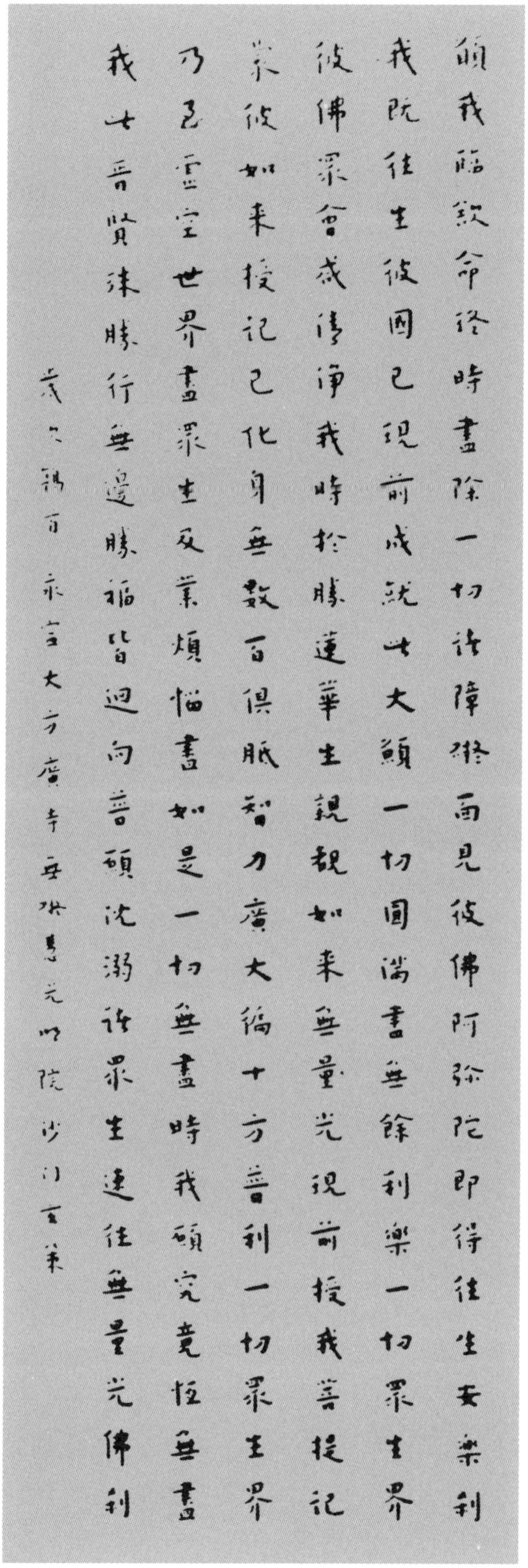
願我臨欲命終時盡除一切諸障礙面見彼佛阿彌陀即得往生安樂剎
我既往生彼國已現前成就此大願一切圓滿盡無餘利樂一切衆生界
彼佛衆會咸清淨我時於勝蓮華生親覩如來無量光現前授我菩提記
蒙彼如來授記已化身無數百俱胝智力廣大徧十方普利一切衆生界
乃至虛空世界盡衆生及業煩惱盡如是一切無盡時我願究竟恆無盡
我此普賢殊勝行無邊勝福皆迴向普願沈溺諸衆生速往無量光佛剎
歲次鶉首 永嘉大方廣寺安禪慧光明院沙門玄策

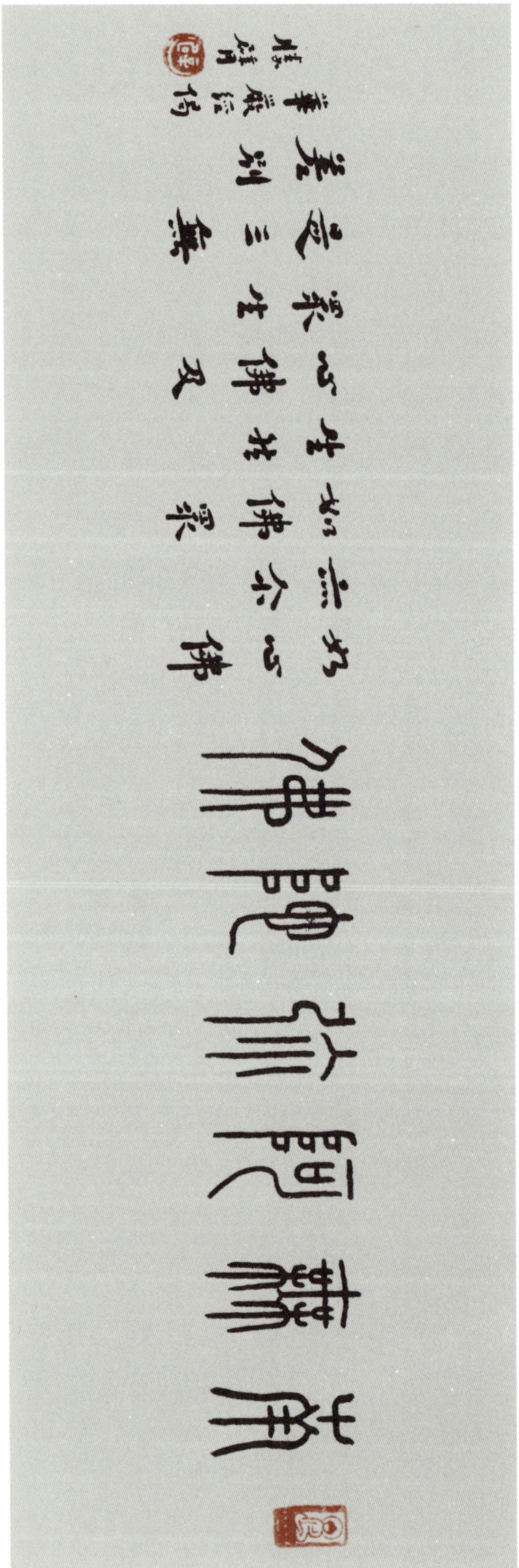
南無阿彌陀佛

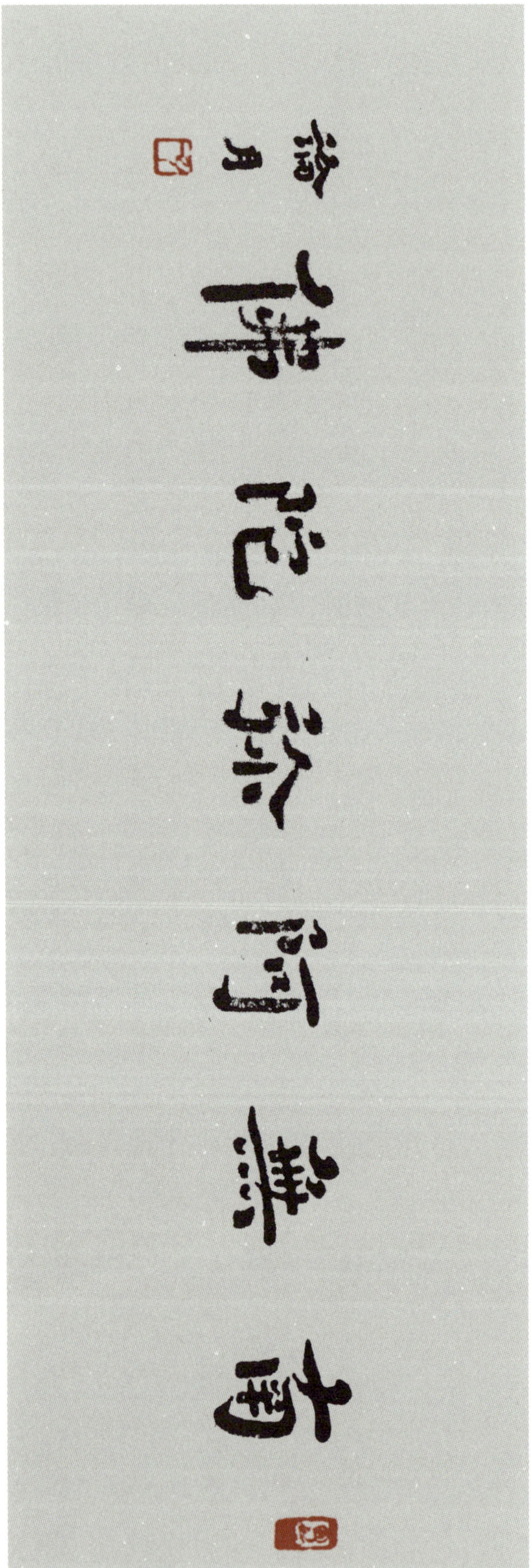
南無阿彌陀佛
詒月

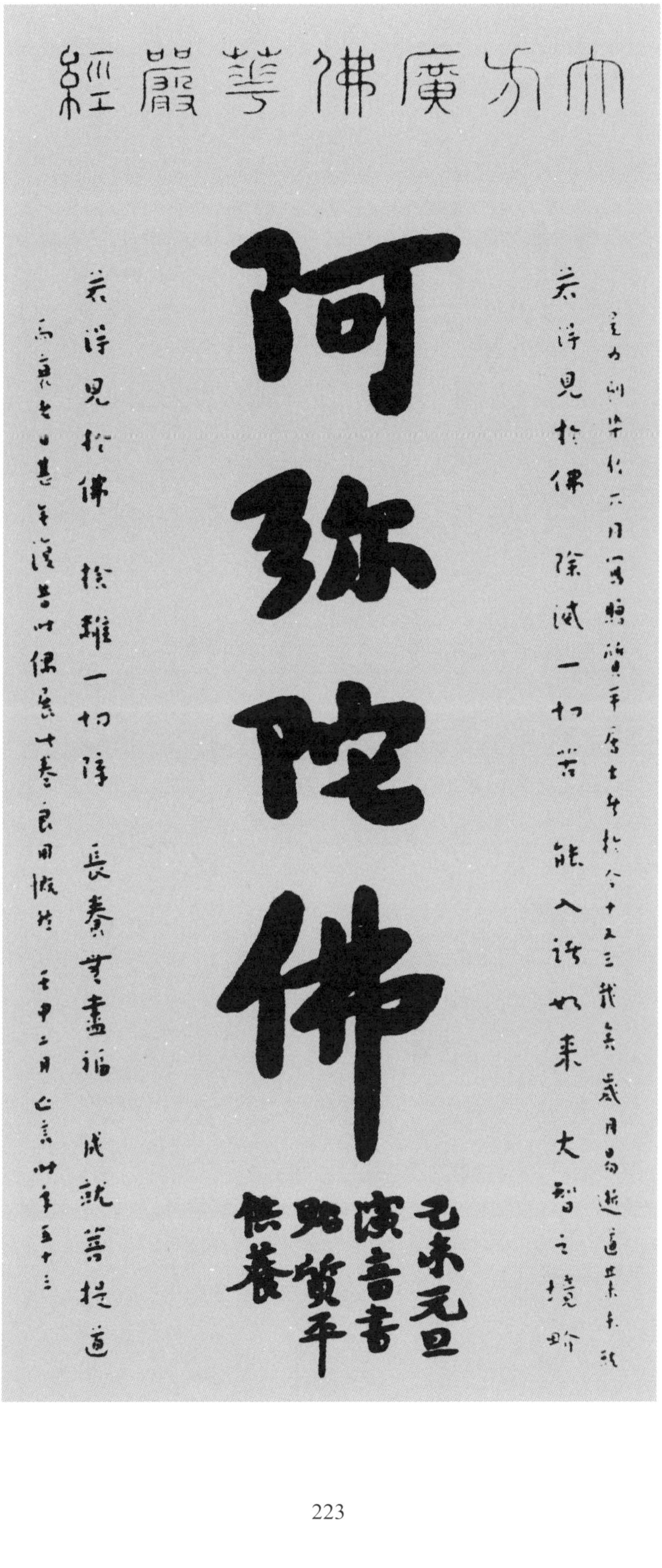
大方廣佛華嚴經
若得見於佛 除滅一切苦 能入諸如來 大智之境界
阿弥陀佛
乙未元旦
演音書
若得見於佛 捨離一切障 長養無盡福 成就菩提道

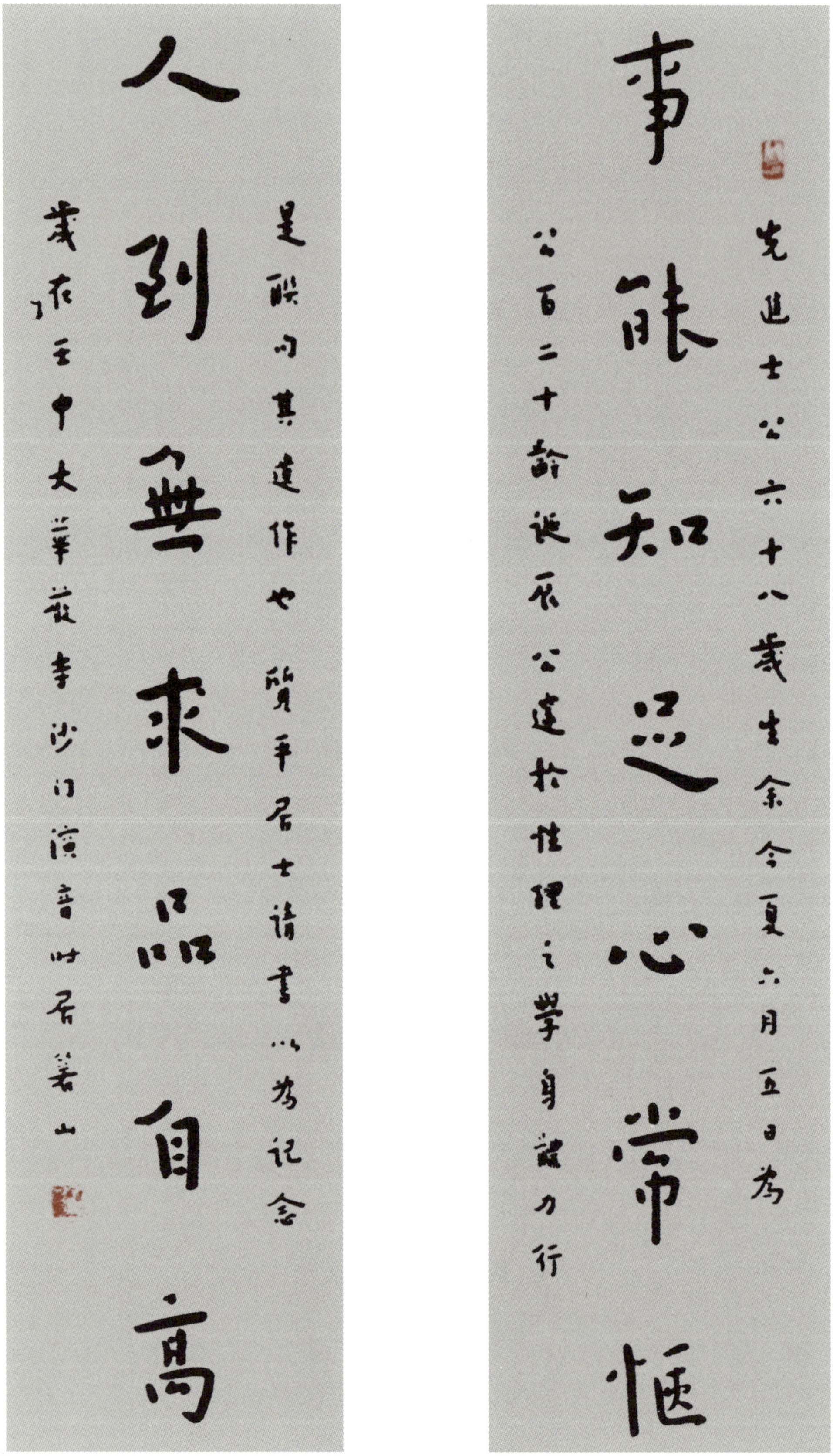
事能知足心常惬
先进士公六十八岁书余今夏六月五日为
公百二十龄诞辰公达于性理之学身体力行
人到无求品自高
是联乃其遗作也质平居士请书以为纪念
岁次壬申大华严寺沙门演音时居善山

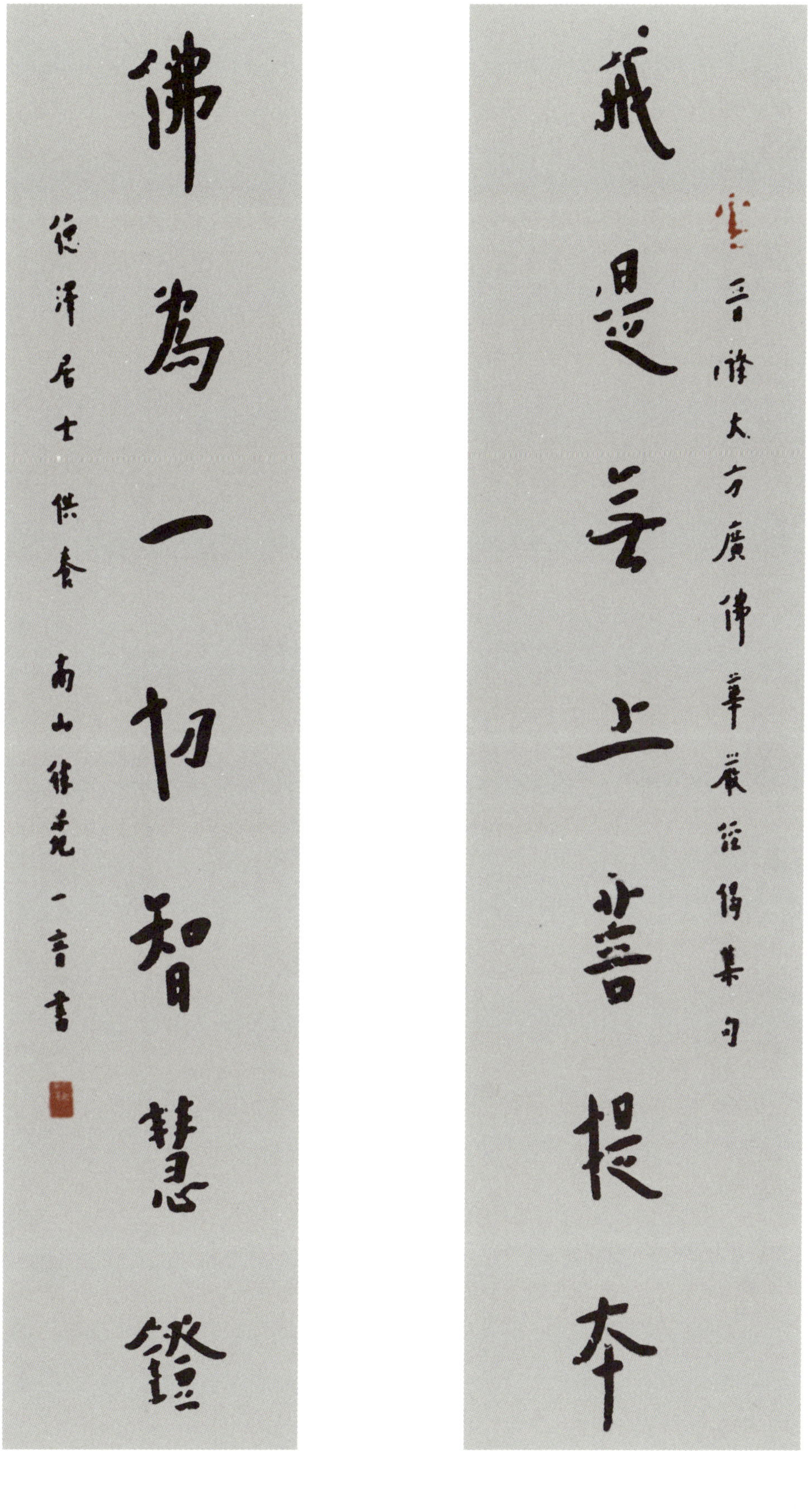
戒是無上菩提本
晉譯大方廣佛華嚴經偈集句
佛為一切智慧鐙
德洋居士供養
南山律苑一音書

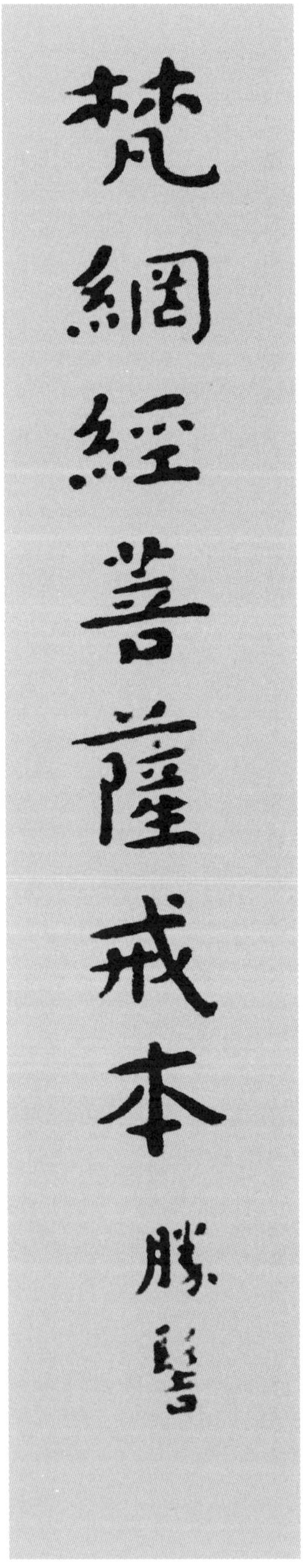
梵網經菩薩戒本

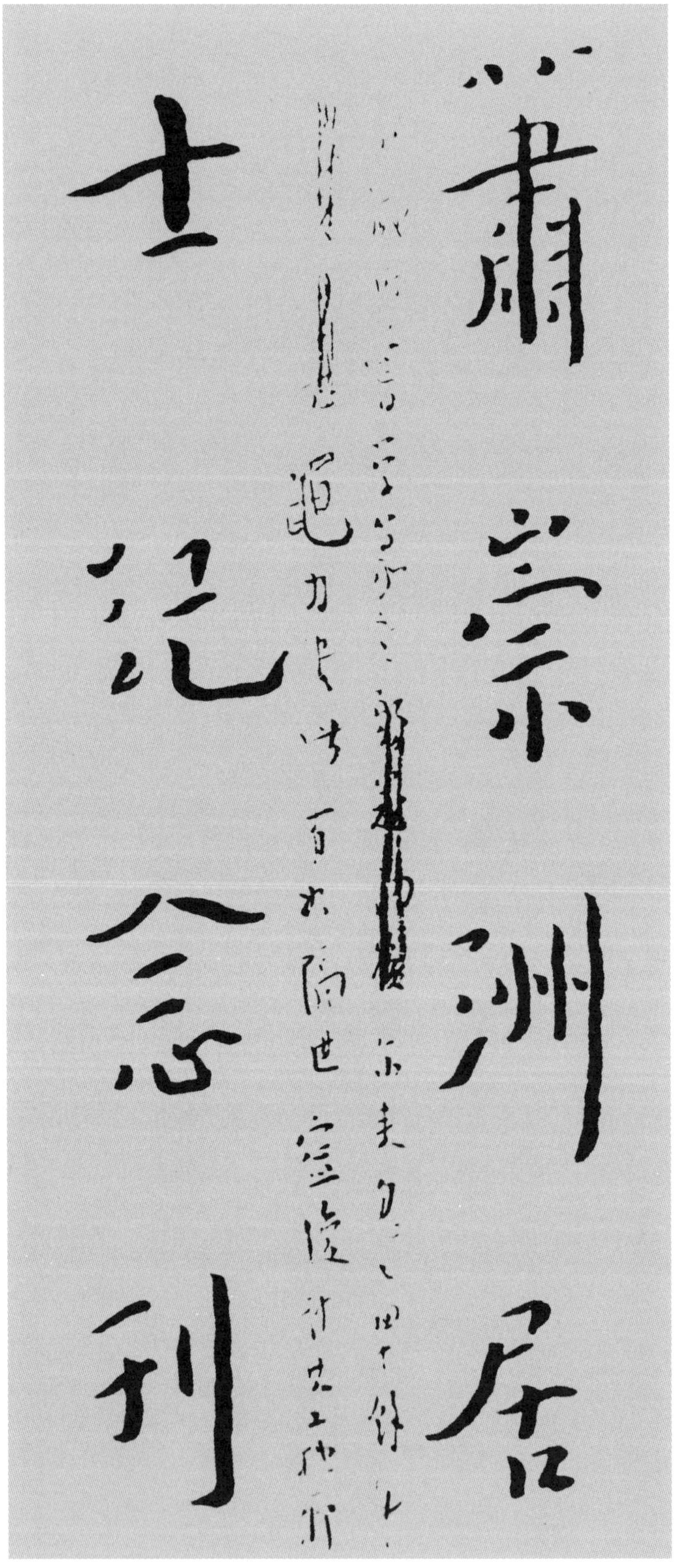
蕭宗洲居士紀念刊

極樂莊嚴

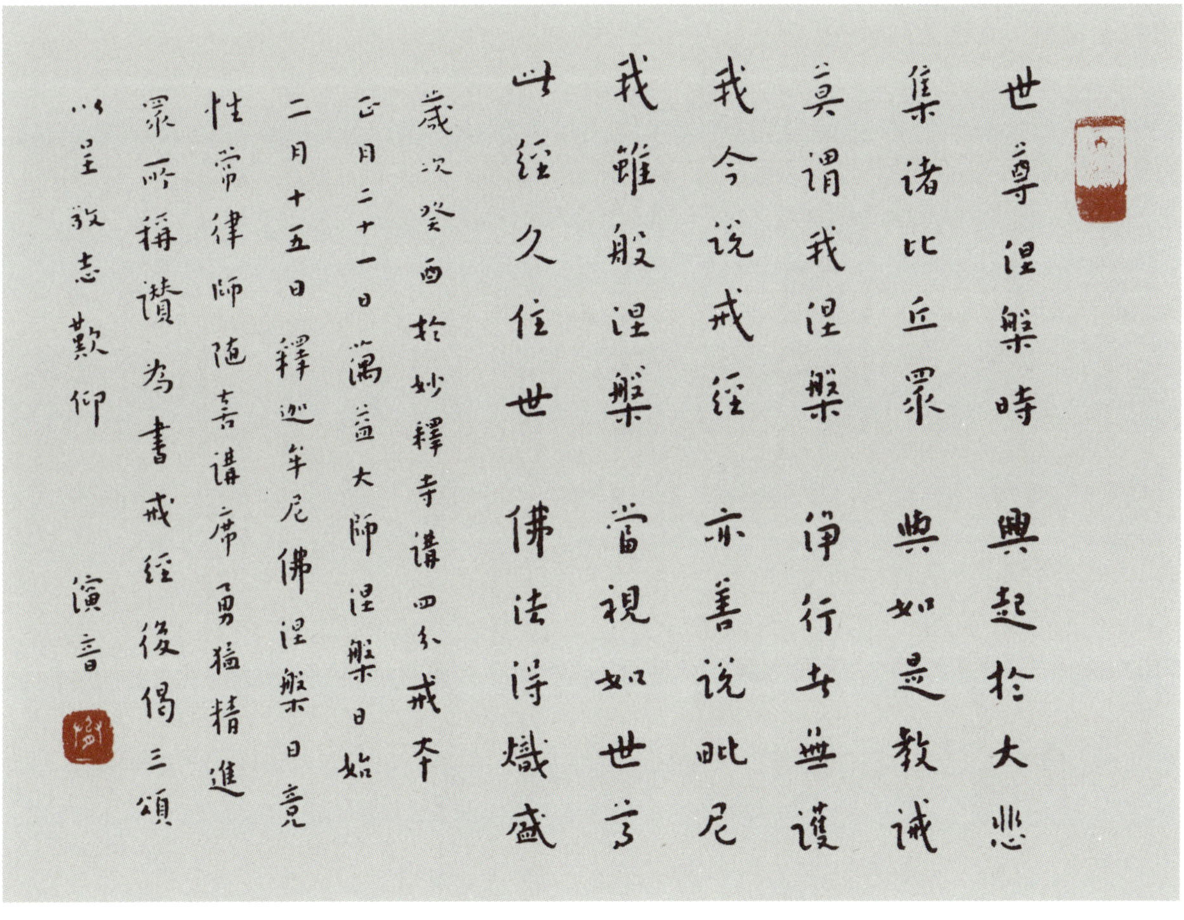
世尊涅槃時 興起於大悲
集諸比丘眾 與如是教誡
莫謂我涅槃 淨行者無護
我今說戒經 亦善說毗尼
我雖般涅槃 當視如世尊
此經久住世 佛法得熾盛
歲次癸酉於妙釋寺講四分戒本
正月二十一日蕅益大師涅槃日始
二月十五日釋迦牟尼佛涅槃日竟
性常律師隨喜講席勇猛精進
眾所稱讚為書戒經後偈三頌
以呈致志歎仰 演音

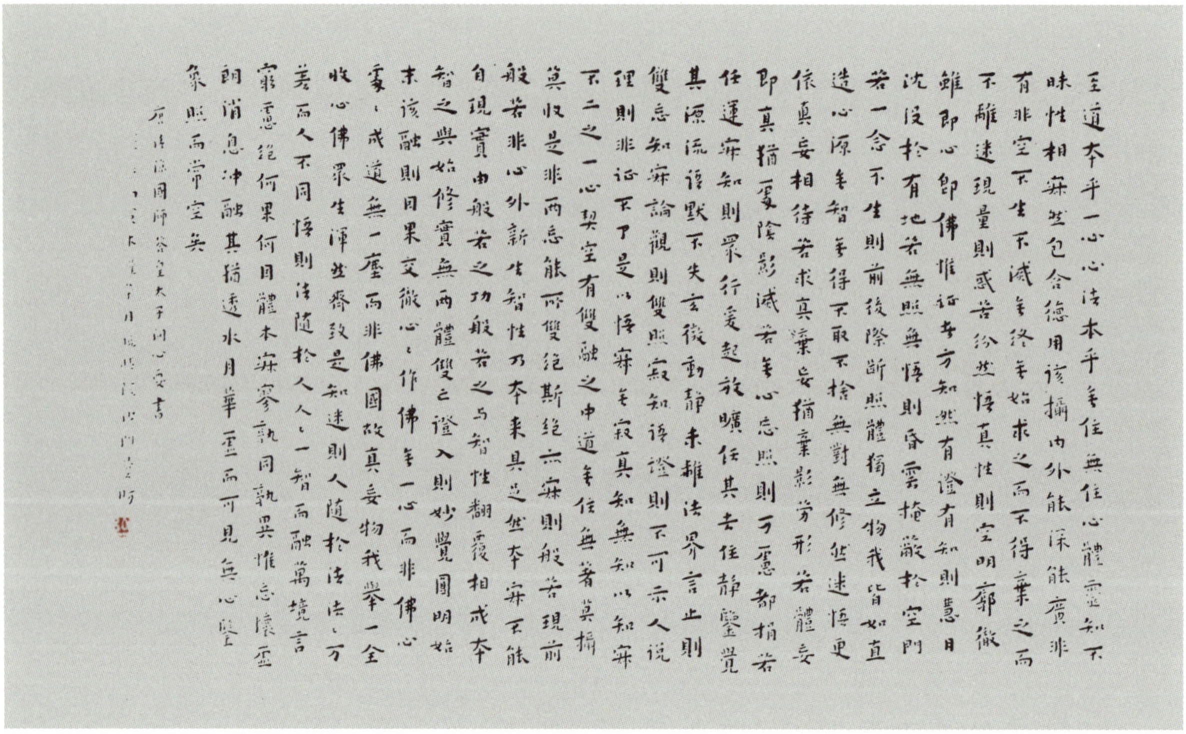
至道本乎一心心法本乎無住無住心體靈知不
昧性相寂然包含德用該攝內外能深能廣非
有非空不生不滅無終無始求之而不得棄之而
不離迷現量則惑苦紛然悟真性則空明廓徹
雖即心即佛唯證者方知然有證有知則慧日
沈沒於有地若無照無悟則昏雲掩蔽於空門
若一念不生則前後際斷照體獨立物我皆如直
造心源無智無得不取不捨無對無修然迷悟更
依真妄相待若求真去妄猶棄影勞形若體妄
即真猶處陰影滅若無心忘照則萬慮都捐若
任運寂知則眾行爰起放曠任其去住靜鑒覺
其源流語默不失玄微動靜未離法界言止則
雙忘知寂論觀則雙照寂知語證則不可示人說
理則非證不了是以悟寂無寂真知無知以知寂
不二之一心契空有雙融之中道無住無著莫攝
莫收是非兩忘能所雙絕斯絕亦寂則般若現前
般若非心外新生智性乃本來具足然本寂不能
自現實由般若之功般若之與智性翻覆相成本
智之與始修實無兩體雙亡正入則妙覺圓明始
末該融則因果交徹心心作佛無一心而非佛心
處處成道無一塵而非佛國故真妄物我舉一全
收心佛眾生渾然齊致是知迷則人隨於法法法萬
差而人不同悟則法隨於人人人一智而融萬境言
窮慮絕何果何因體本寂寥孰同孰異唯忘懷虛
朗消息沖融其猶透水月華虛而可見無心鑒
象照而常空矣
唐清涼國師答皇太子問心要書

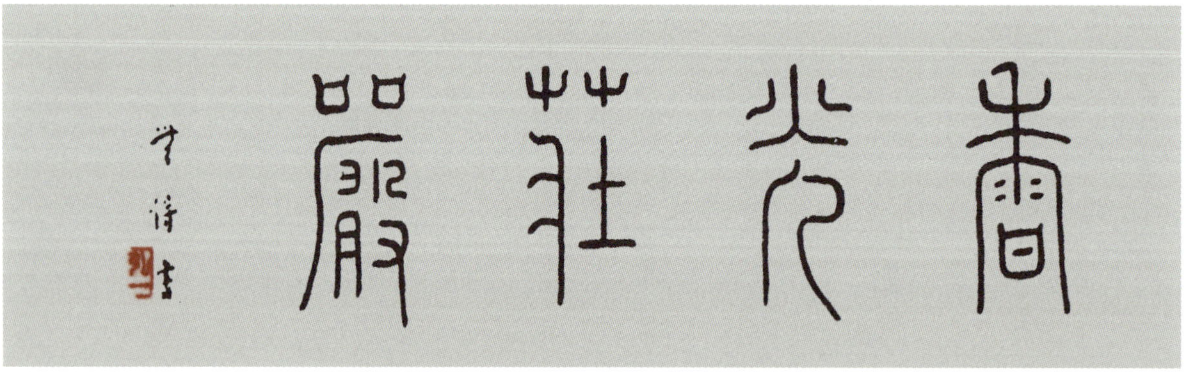

唐新羅國青丘太賢法師偈

勇士交陣死如歸　丈夫向道有何辭
初入恆難永無易　由難若退何劫成
丈夫欲取三界王　當揮智劍斷眾魔
吾於苦海誓無畏　莊嚴戒筏攝諸方

二十二年歲次癸酉正月二十一日開講四分律含注戒本三卷、戒相表記一卷、刪補隨機羯磨二卷。迄于十月三日講竟。是日為南山道宣律祖涅槃之時。性常律師爰立別字曰豐德。以我律祖晚年居終南山豐德寺。重修隨機羯磨、刪定僧戒本及重出羯磨疏、含注戒本并疏等，皆在此時。律師字曰豐德，將以追隨律祖遺躅，中興律宗。而紹隆光大焉耳。

演音書　時年五十有四

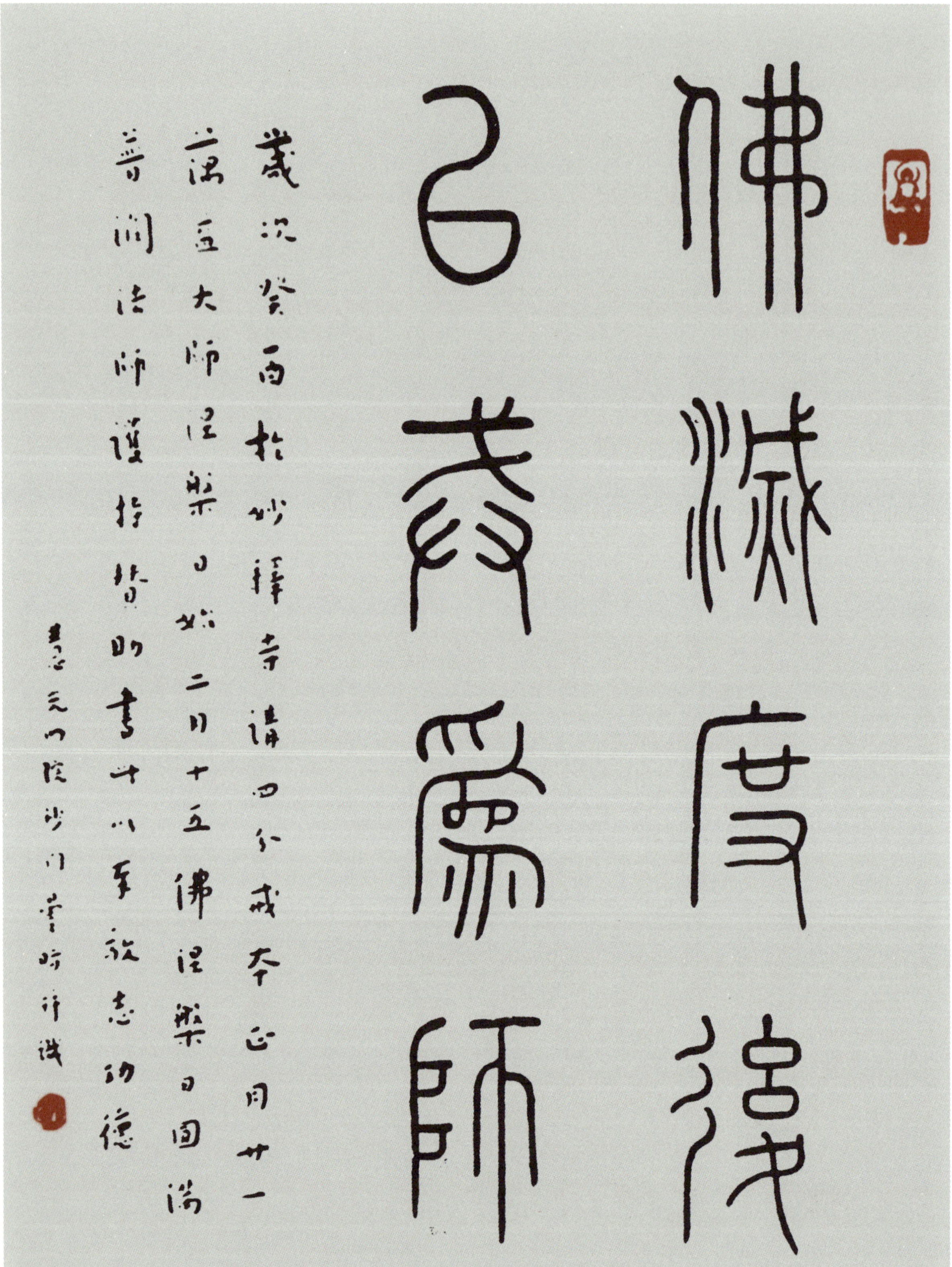
佛滅度後
以戒爲師

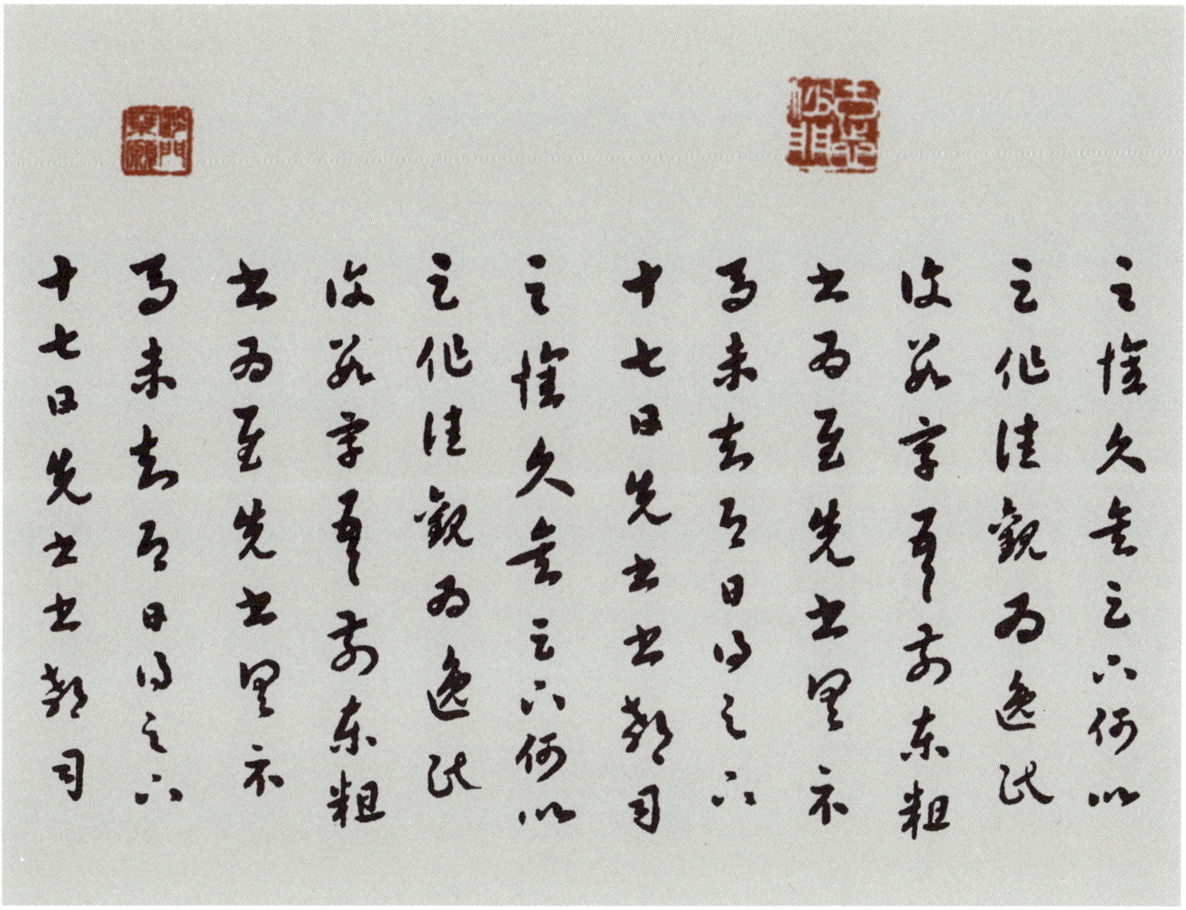

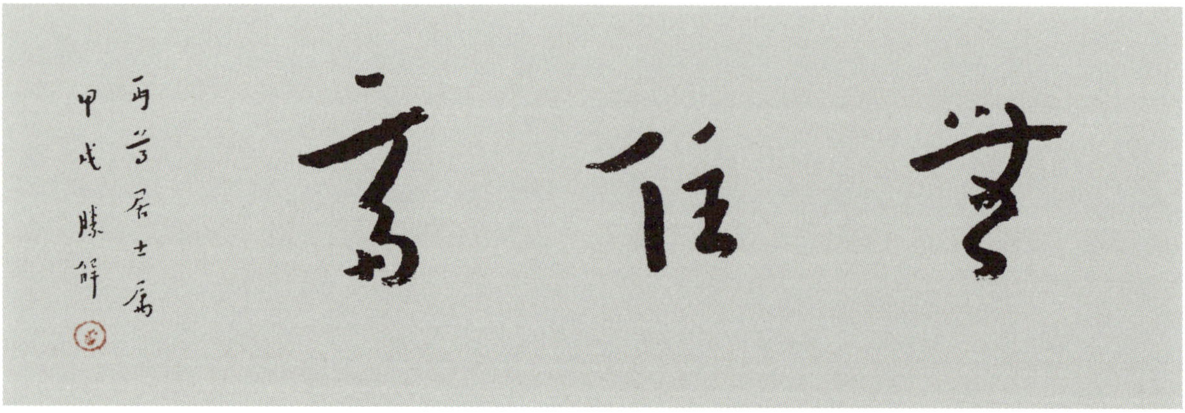
無住齋

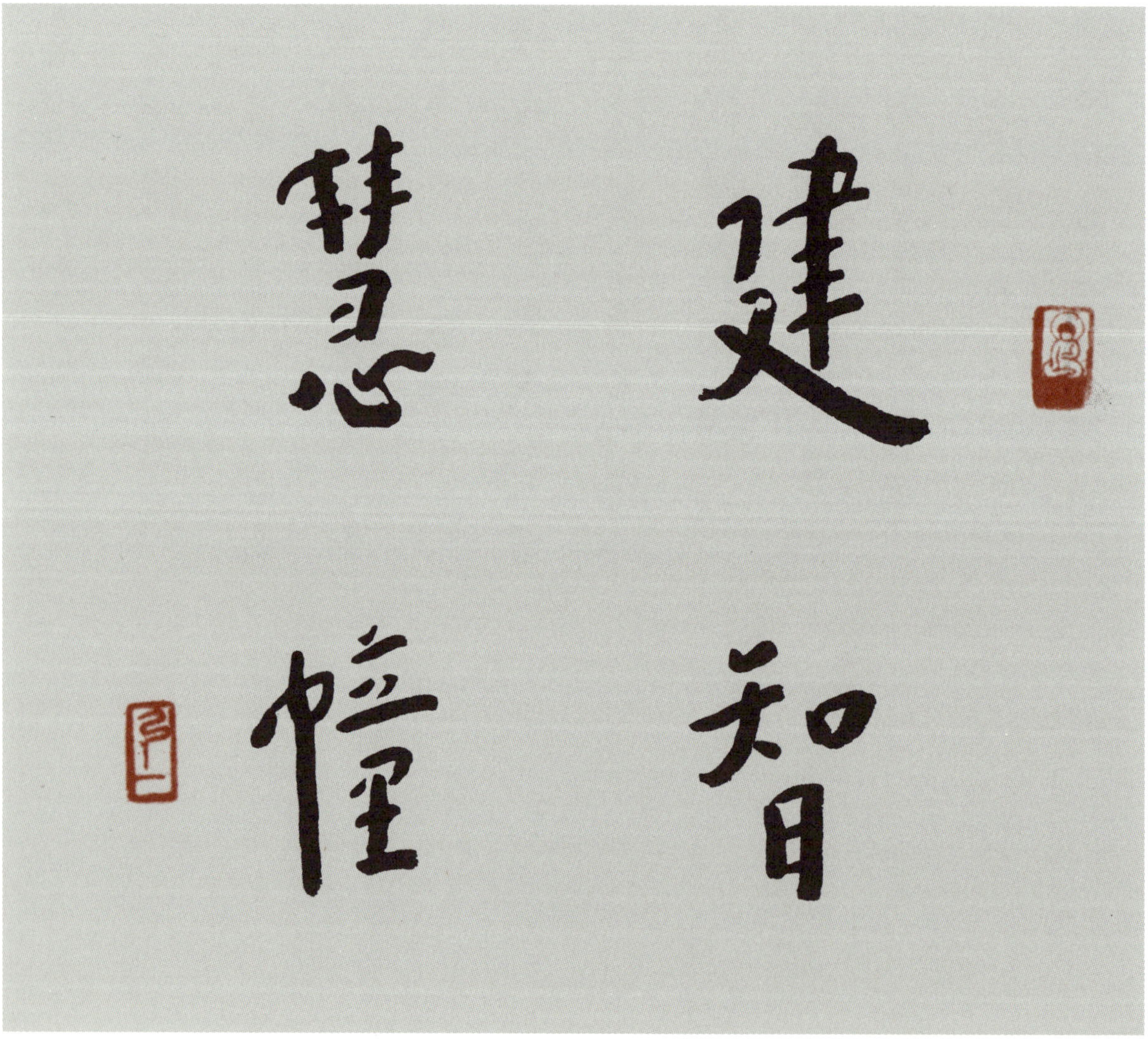
建智慧幢

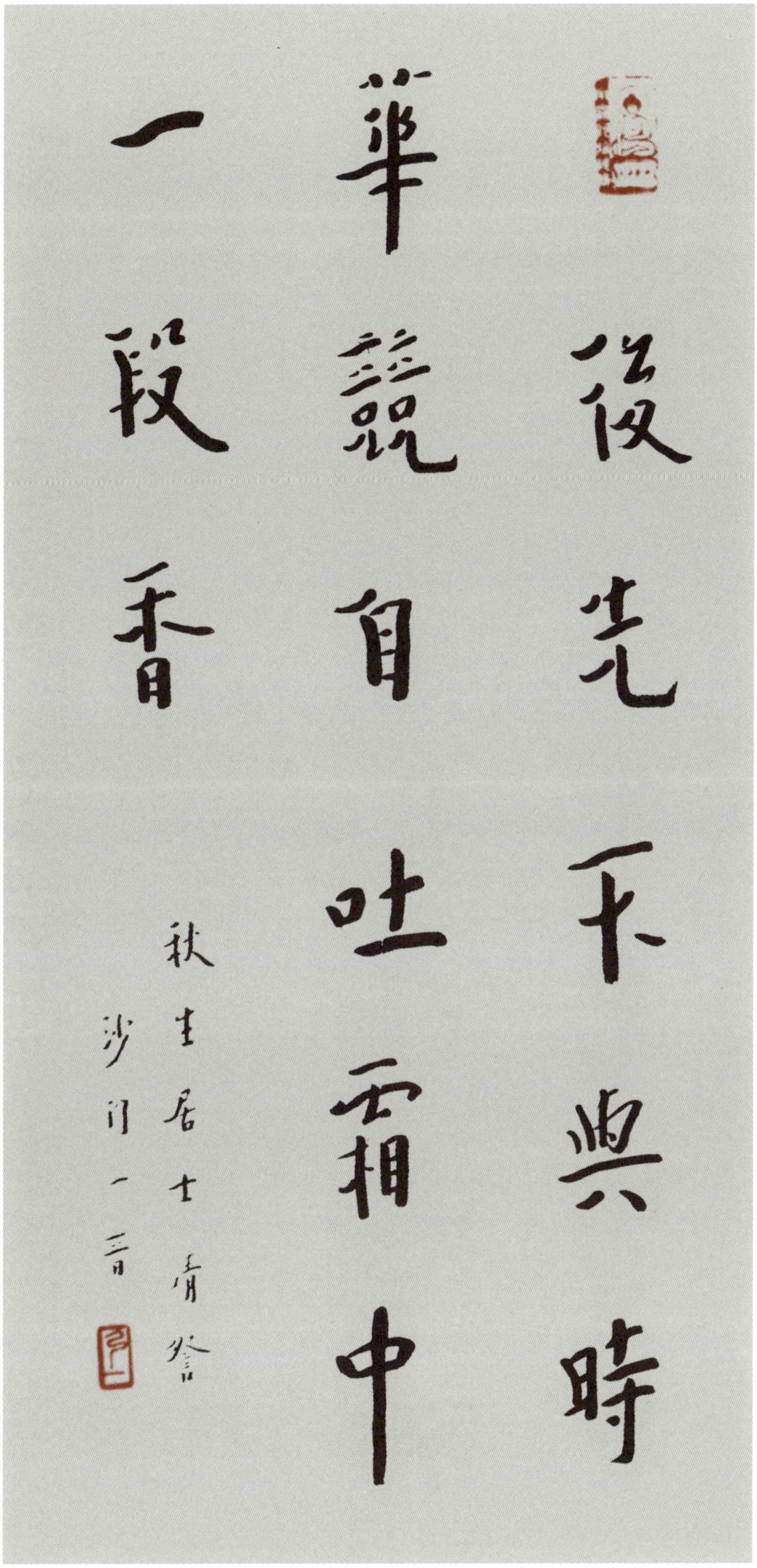
後先不與時
華競自吐霜中
一段香
秋生居士清賞
沙門一音

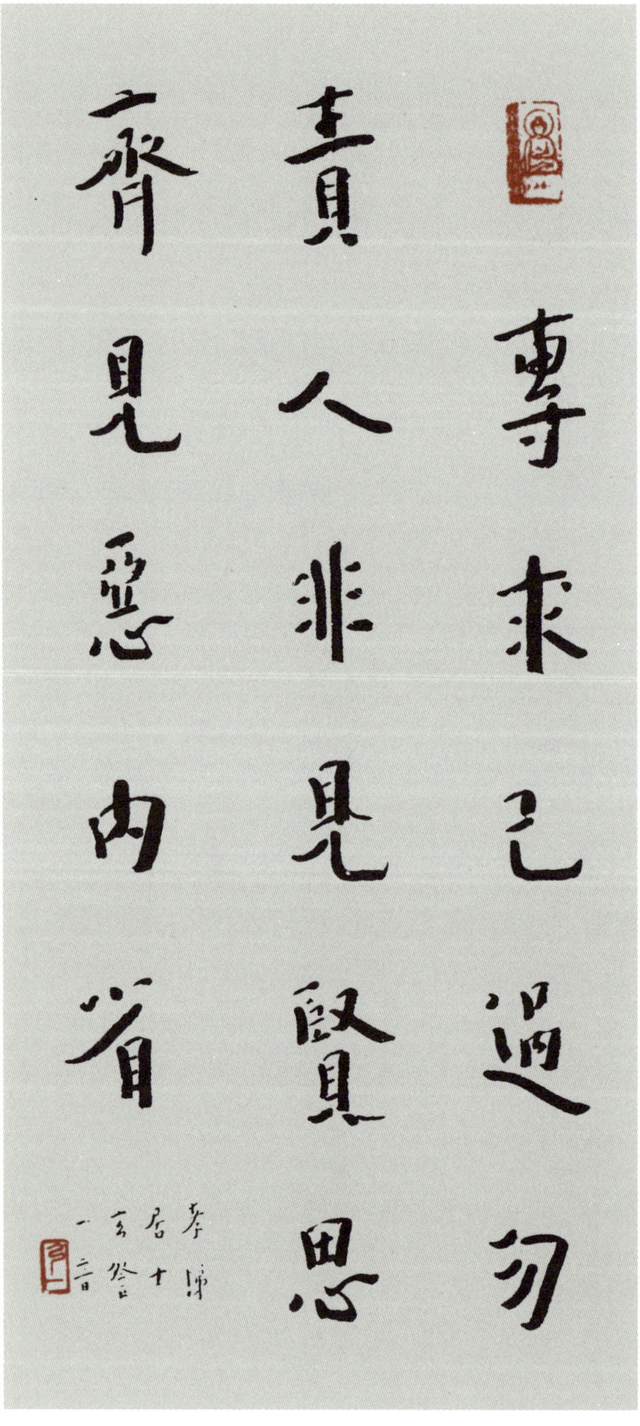
專求己過勿責人非
是賢思齊見惡內省
居士
一音

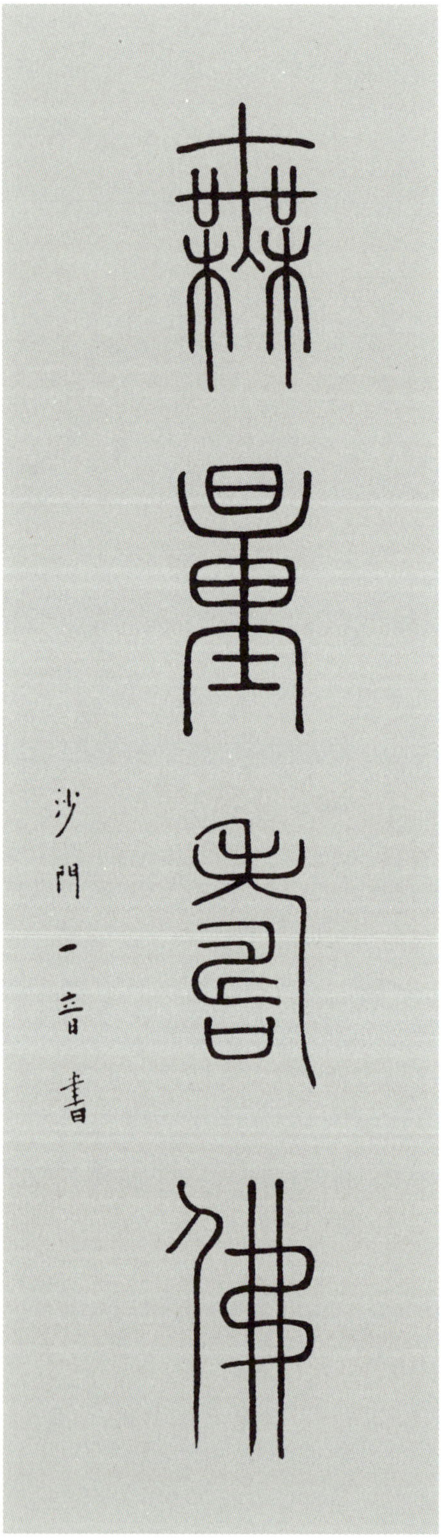
無量壽佛
沙門一音書

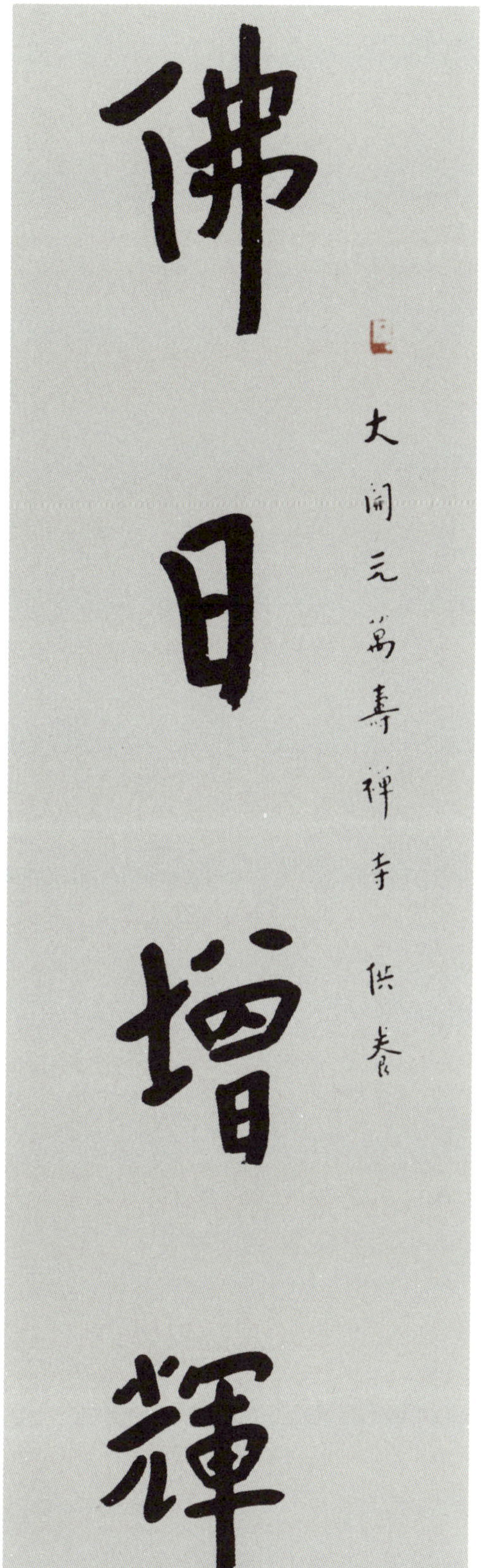
佛日增輝
大開元萬壽禪寺供養

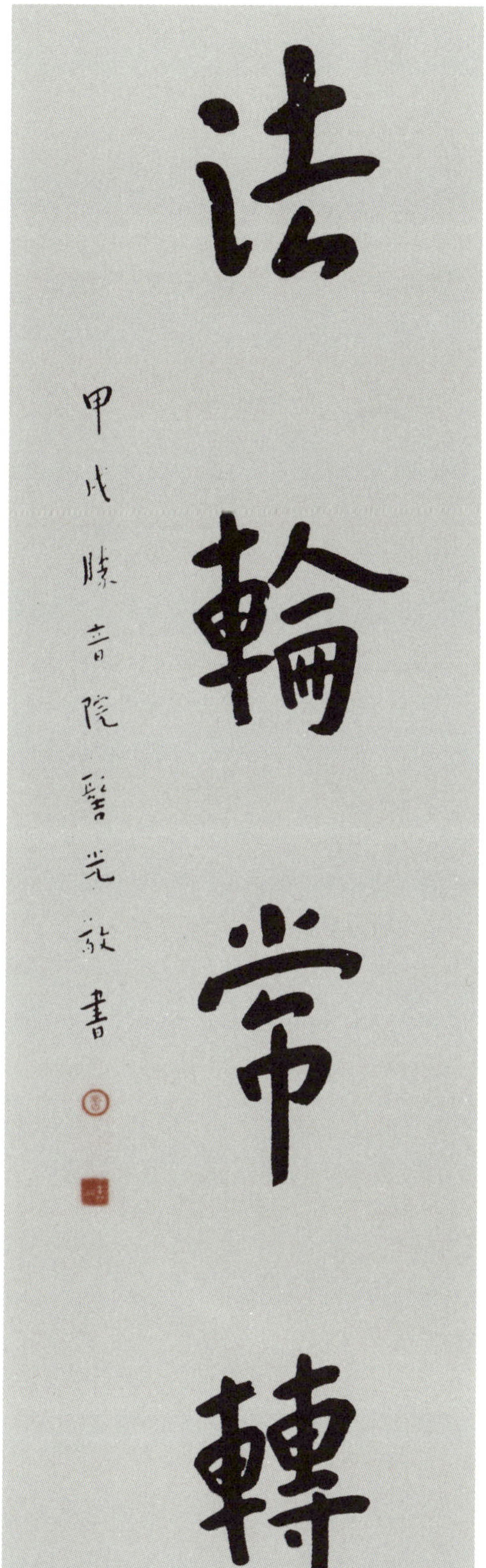
法輪常轉
甲戌勝音院暨光敬書

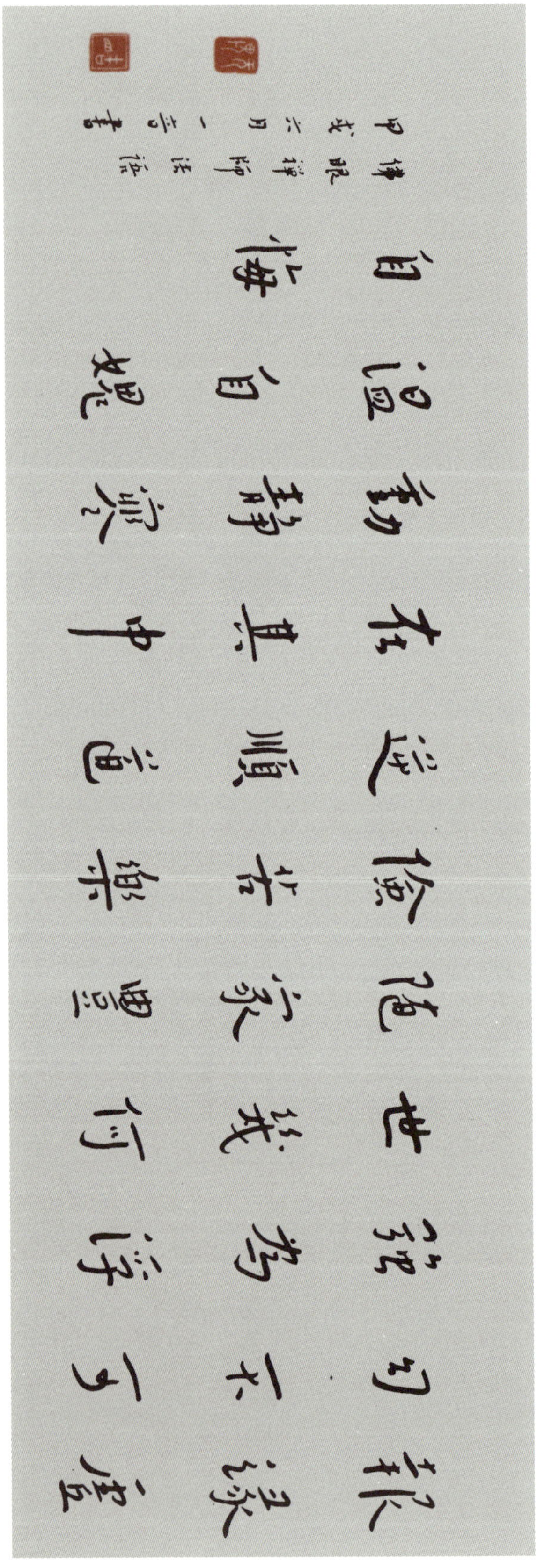
報緣虛
幻不可
強為浮
世幾何
隨家豐
儉苦樂
逆順道
在其中
動靜寒
溫自媿
自悔
佛眼禪師法語
甲戌六月 一音書

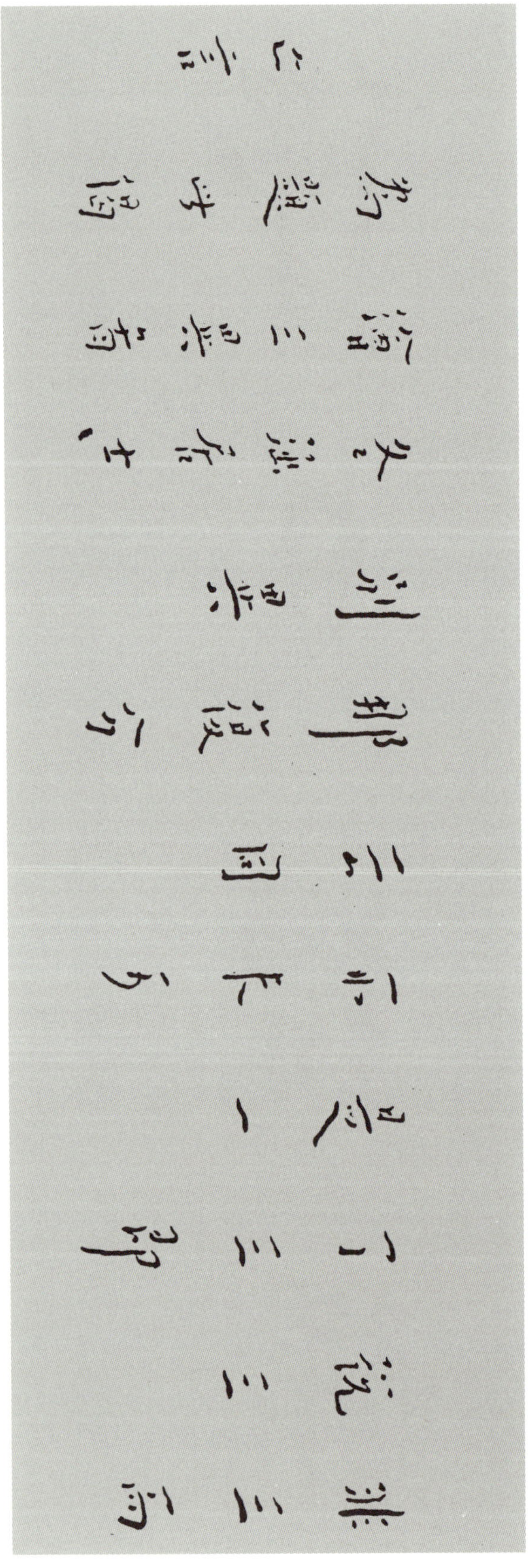
非三而
說三
了三即
是一
亦不可
云同
那復分
別異
冬涵居士
繪三異畫
爲題此偈
亡言

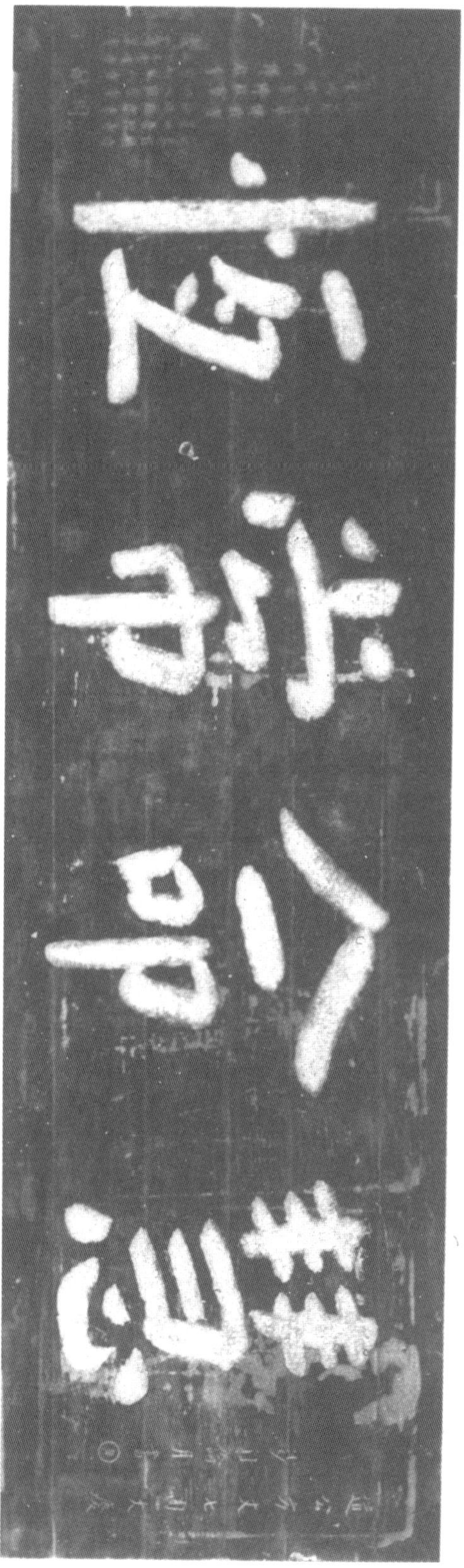

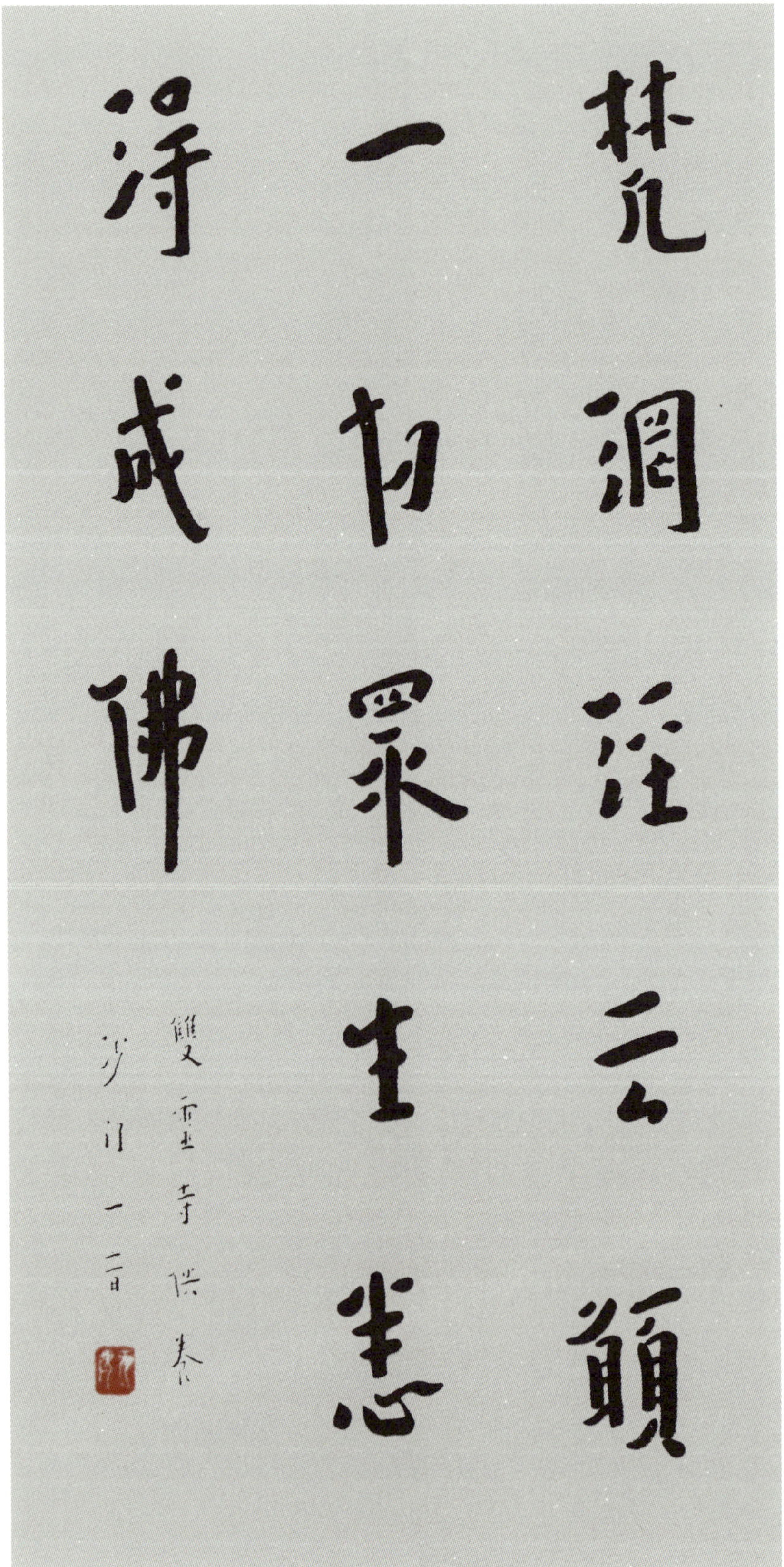
梵網經云頌
一切眾生悉
得成佛
雙靈寺供養
沙門一音

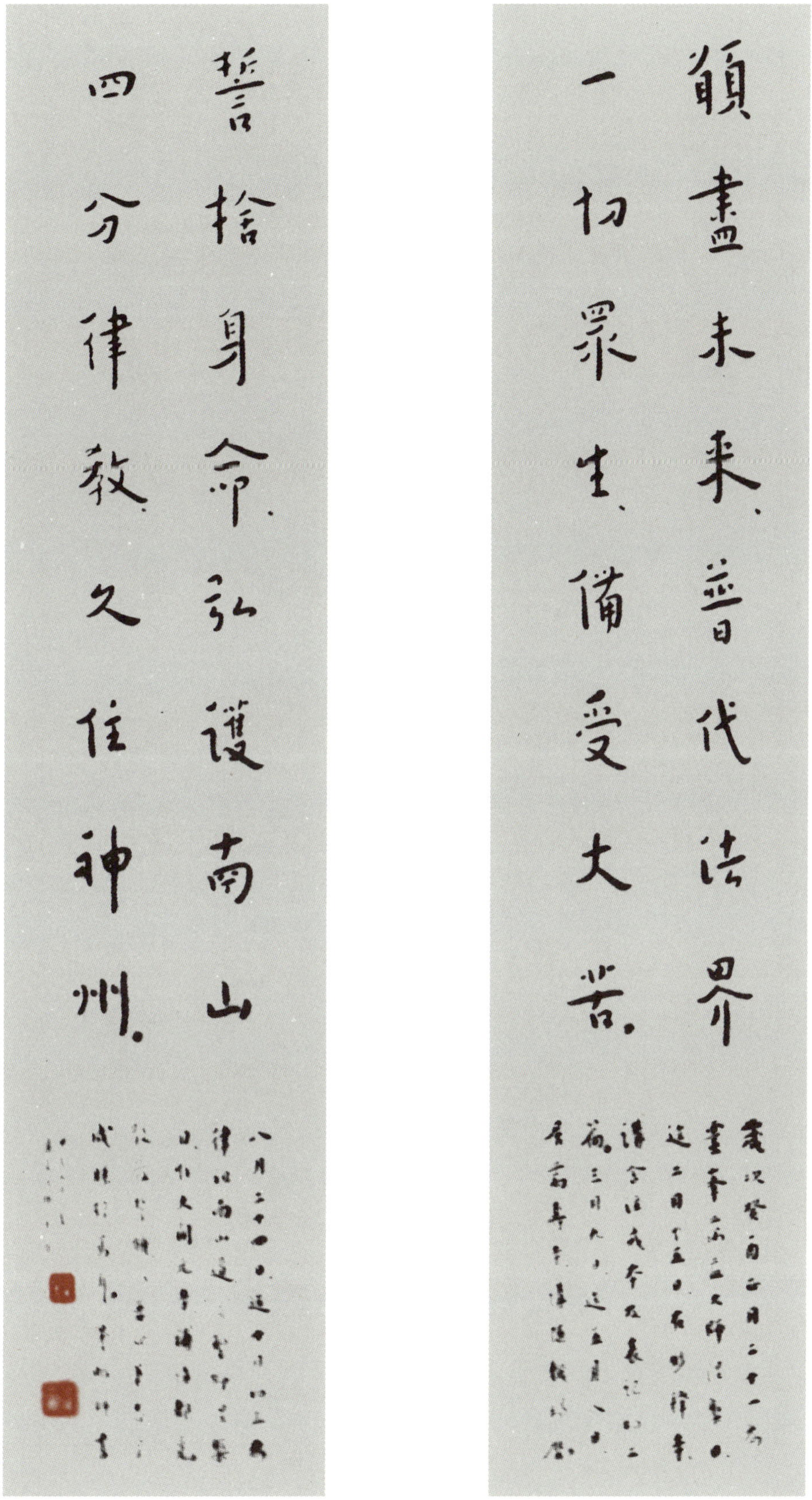

願盡未來、普代法界
一切衆生、備受大苦。
誓捨身命、弘護南山
四分律教、久住神州。

真為生死發菩提心學道通途
以深信願持佛名號淨土正宗
以折伏現行煩惱為修心要務
以堅持四重戒法為入道根本

廣究法師屬書徹悟老人法語 無依

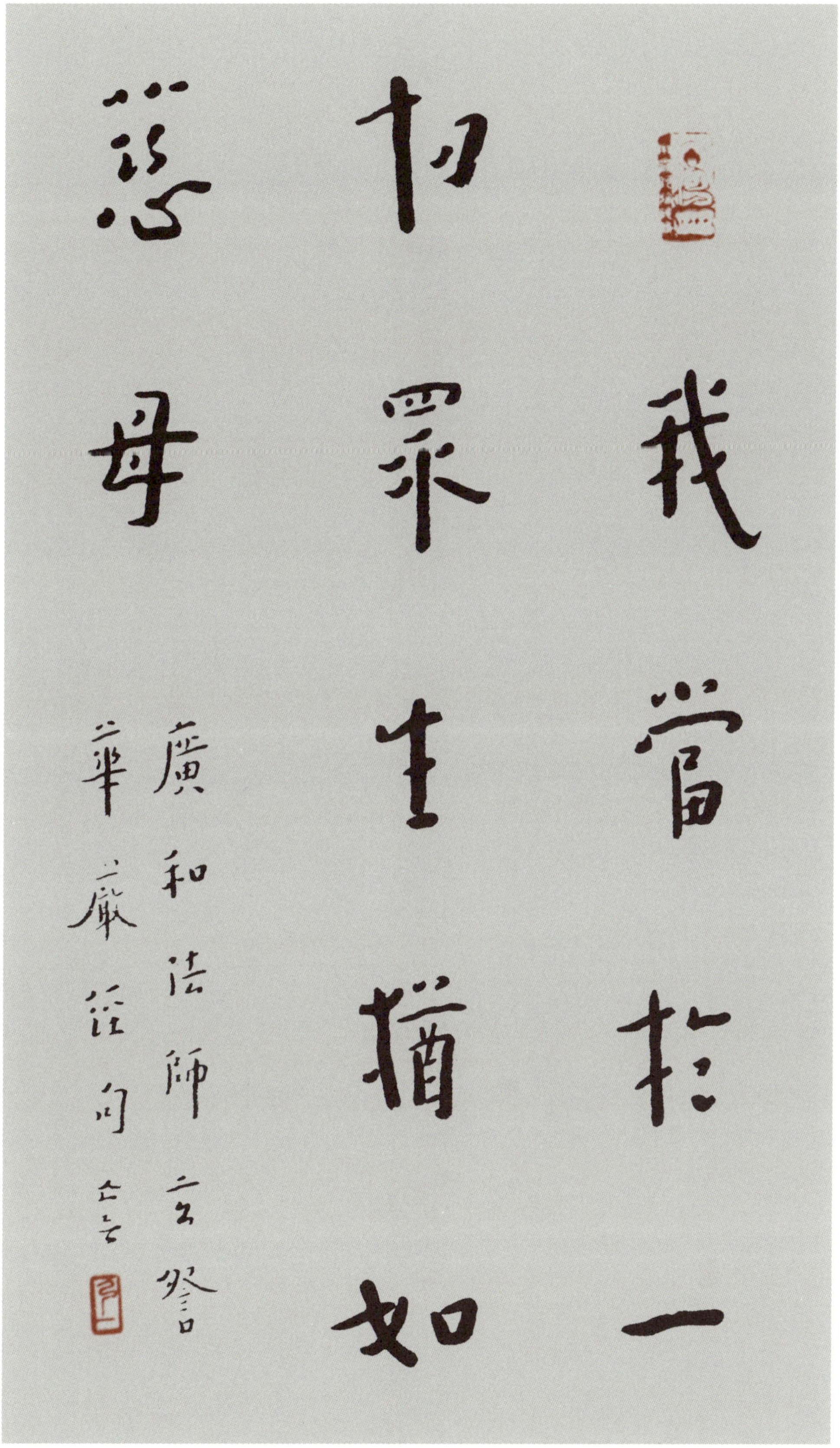
我當於一
切眾生猶如
慈母
廣和法師云譽
華嚴經句 亡言

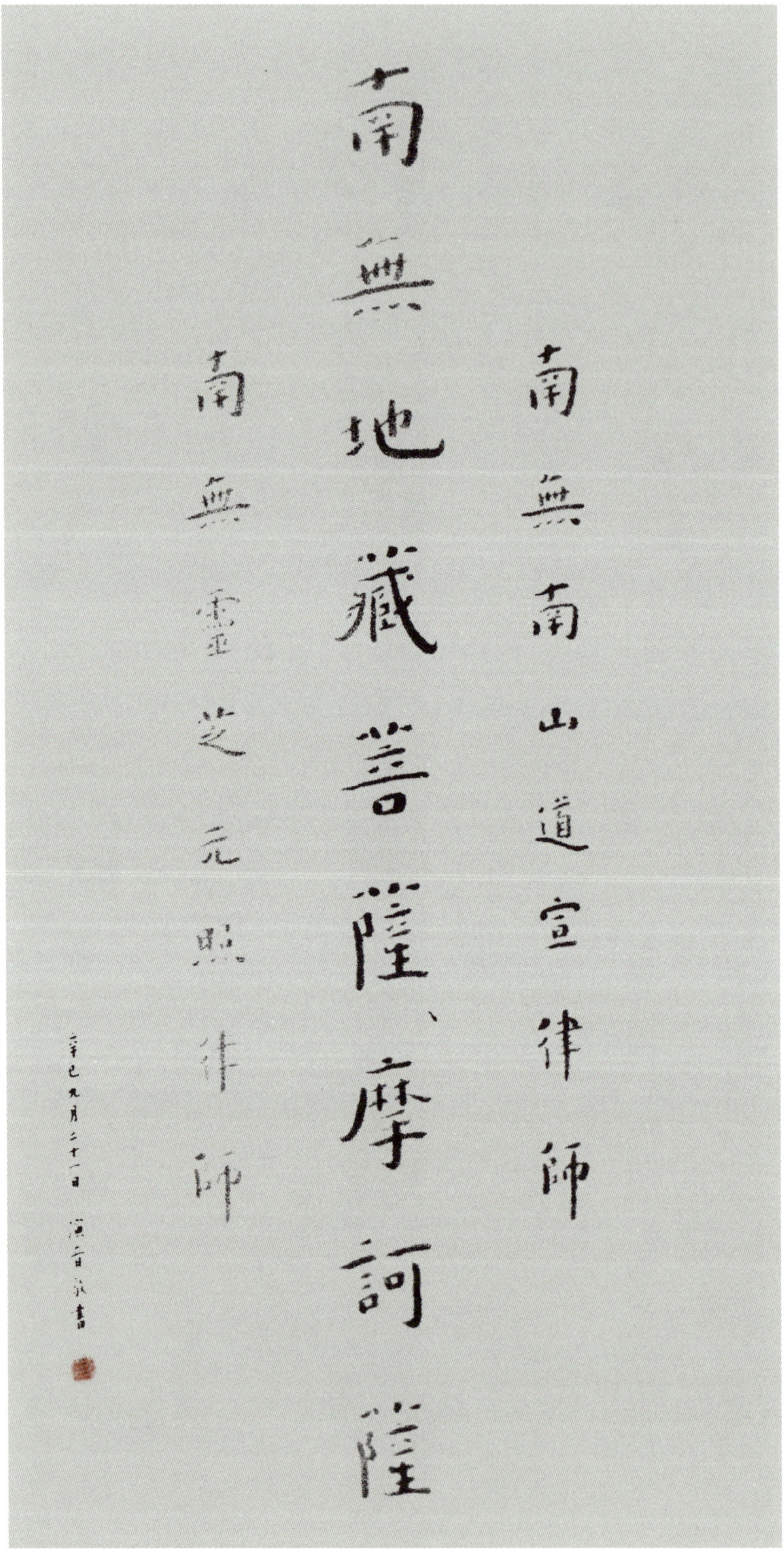
南無南山道宣律師
南無地藏菩薩、摩訶薩
南無靈芝元照律師
辛巳九月二十一日
演音敬書

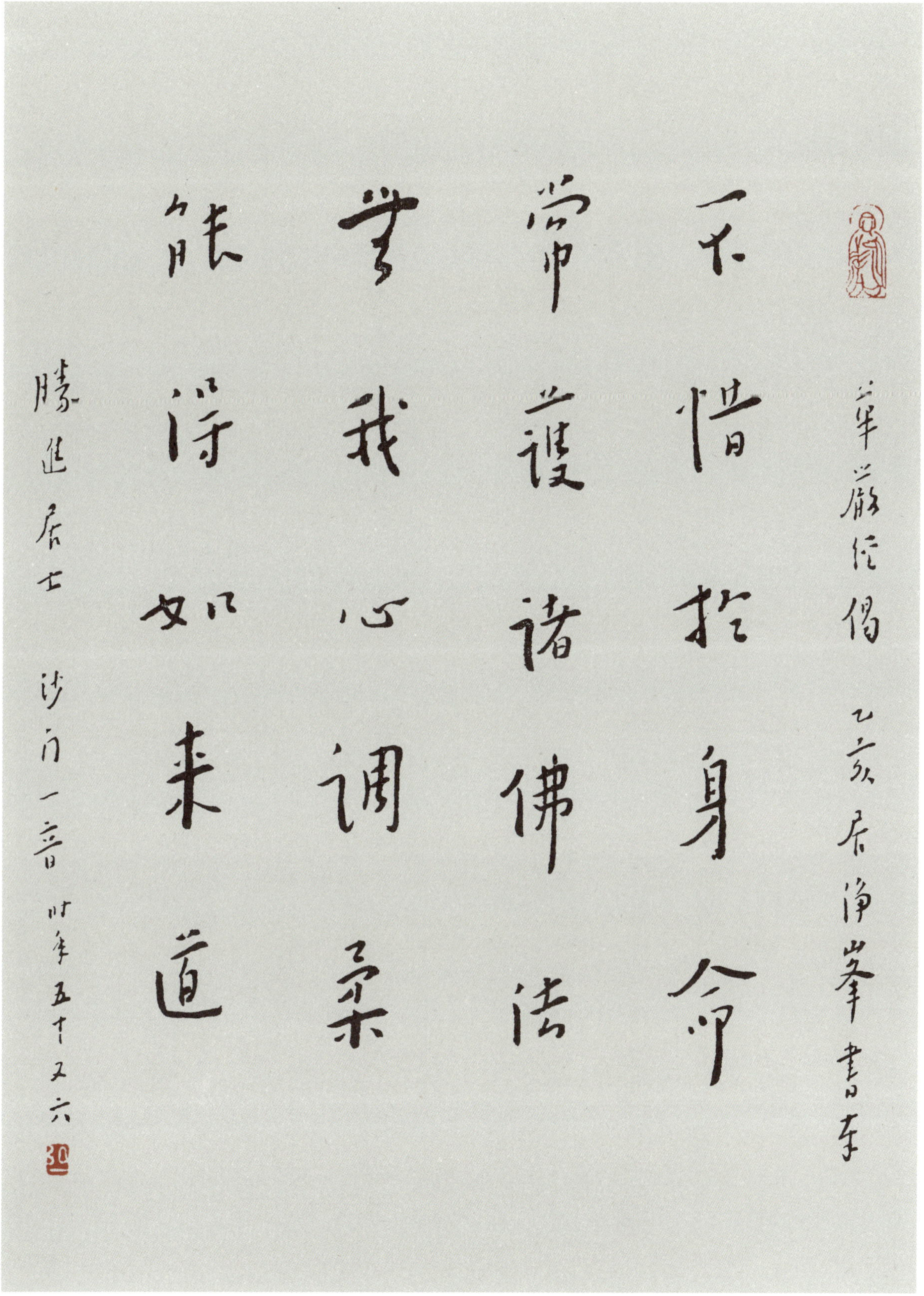
華嚴經偈 乙亥居淨峰書奉
不惜於身命
常護諸佛法
無我心調柔
能得如來道
勝進居士 沙門一音 時年五十又六

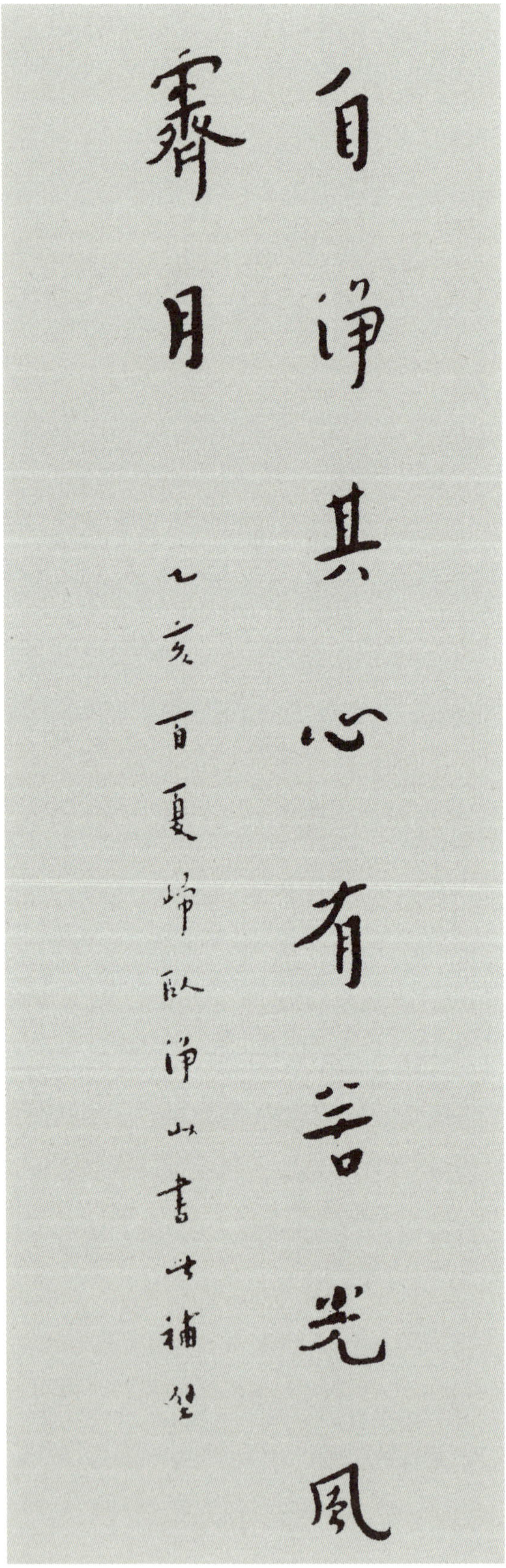
自淨其心有若光風
霽月
乙亥首夏歸臥淨山書此補壁

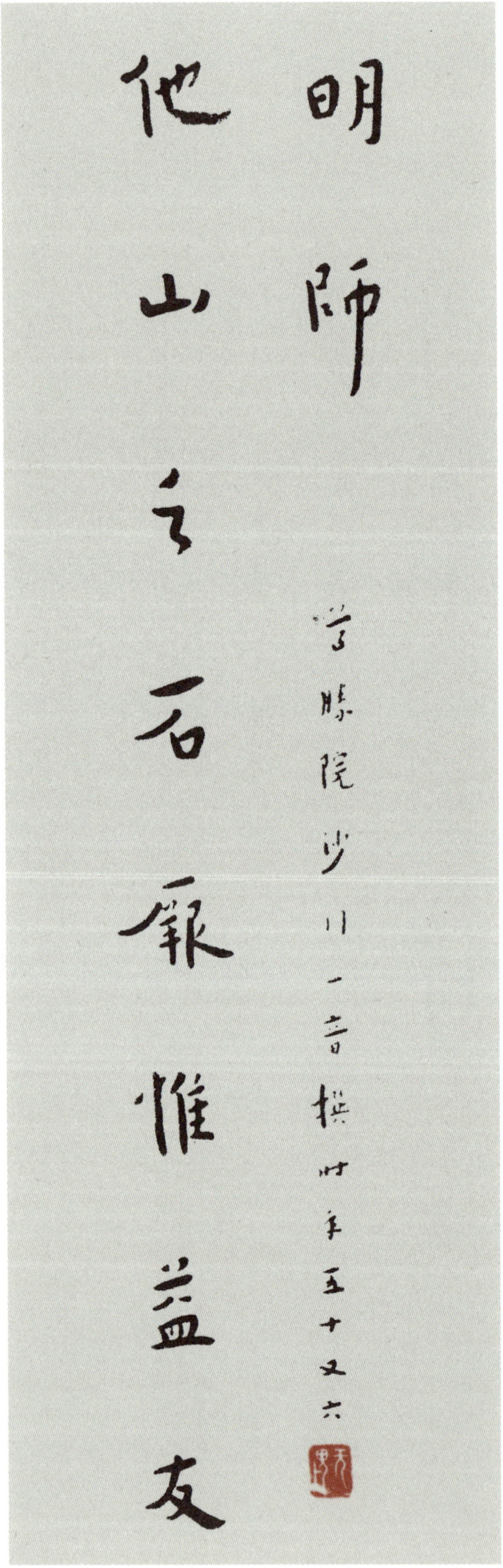
明師
他山之石賴惟益友
勝院沙門一音撰時年五十又六

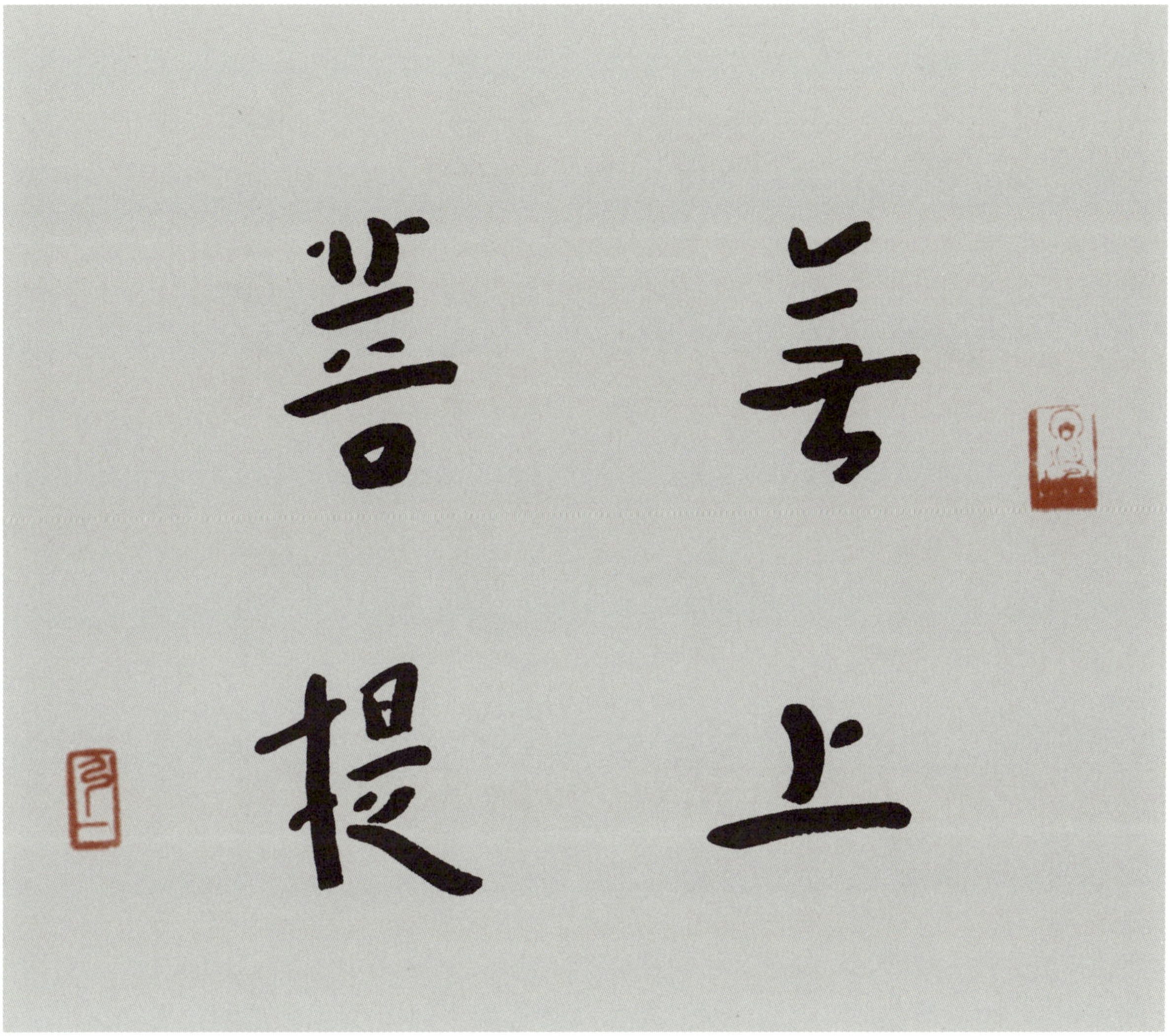
無上
菩提

律淨關

乙亥首夏来净峯植菊盈畦秋晚将归犹含蕾未吐口占一绝藉以志别

手多為栽種，我行花未開。
豈無佳色在，留待後人來。

弘一老人

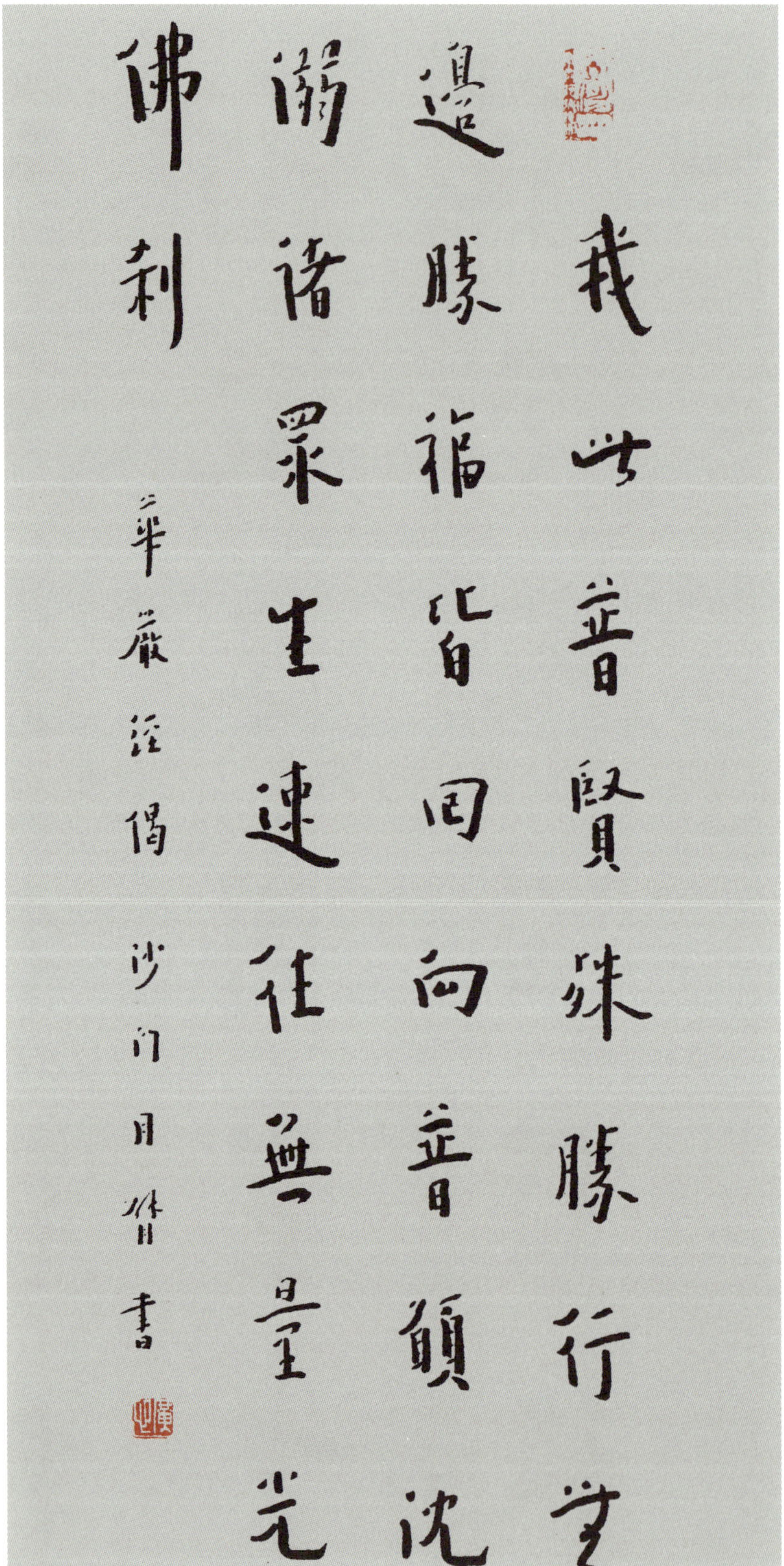
我此普賢殊勝行無
邊勝福皆回向普願沈
溺諸眾生速往無量光
佛剎
華嚴經偈 沙门日修書

若菩萨不住相
布施其福德不
可思量

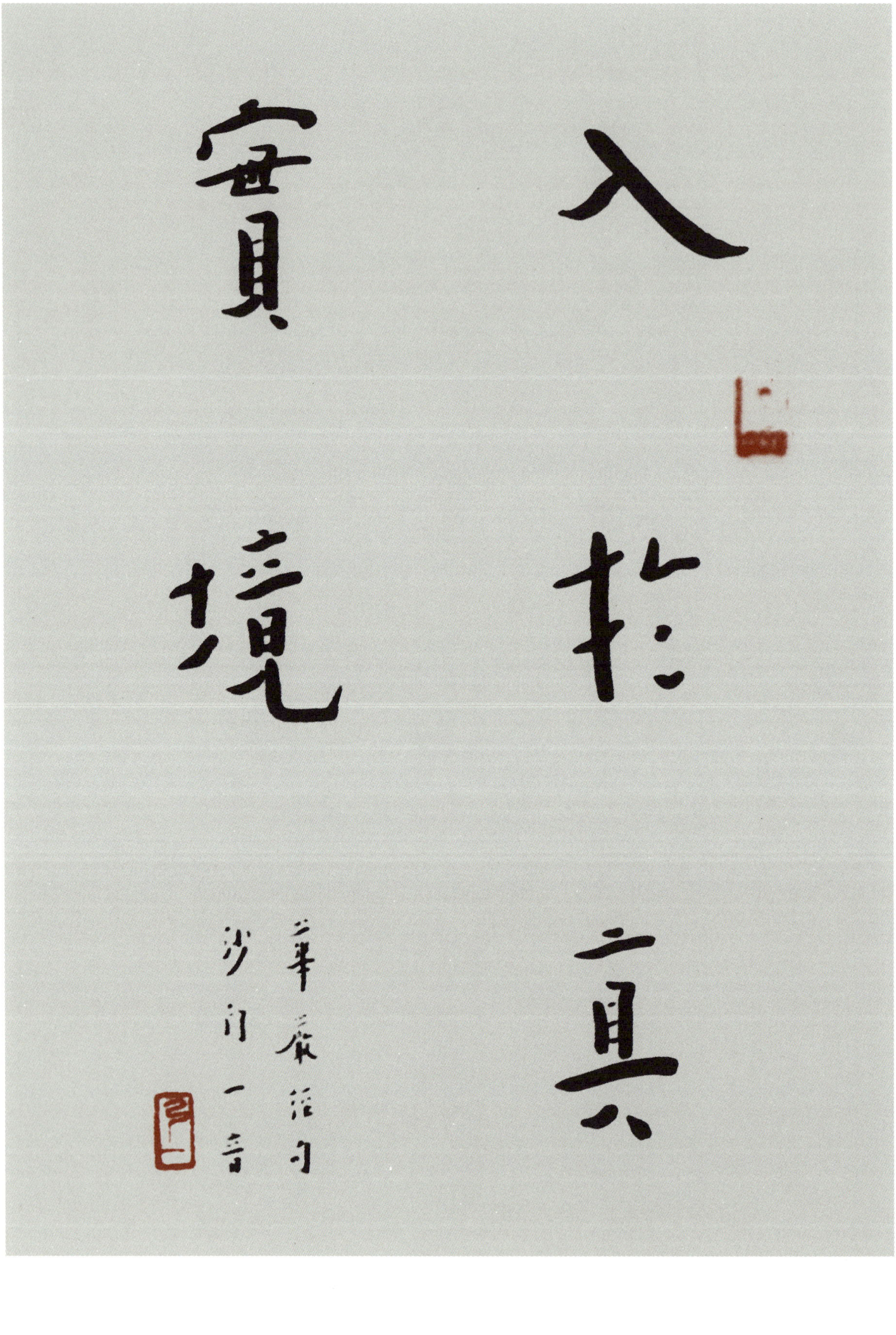
入於真
實境
華嚴經句
沙門一音

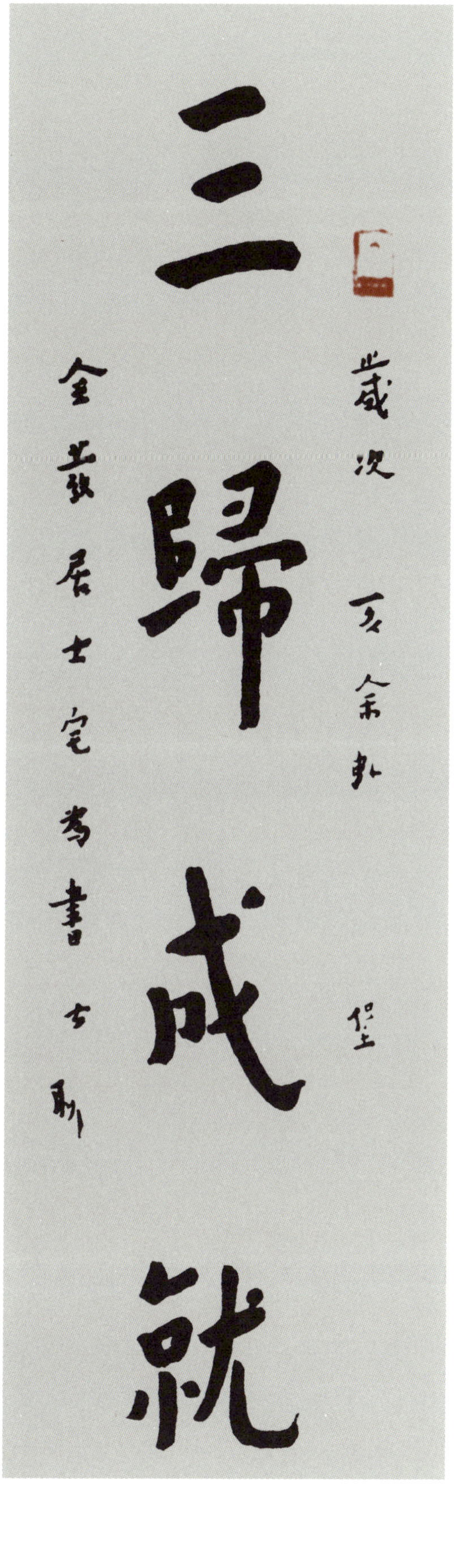
三歸成就

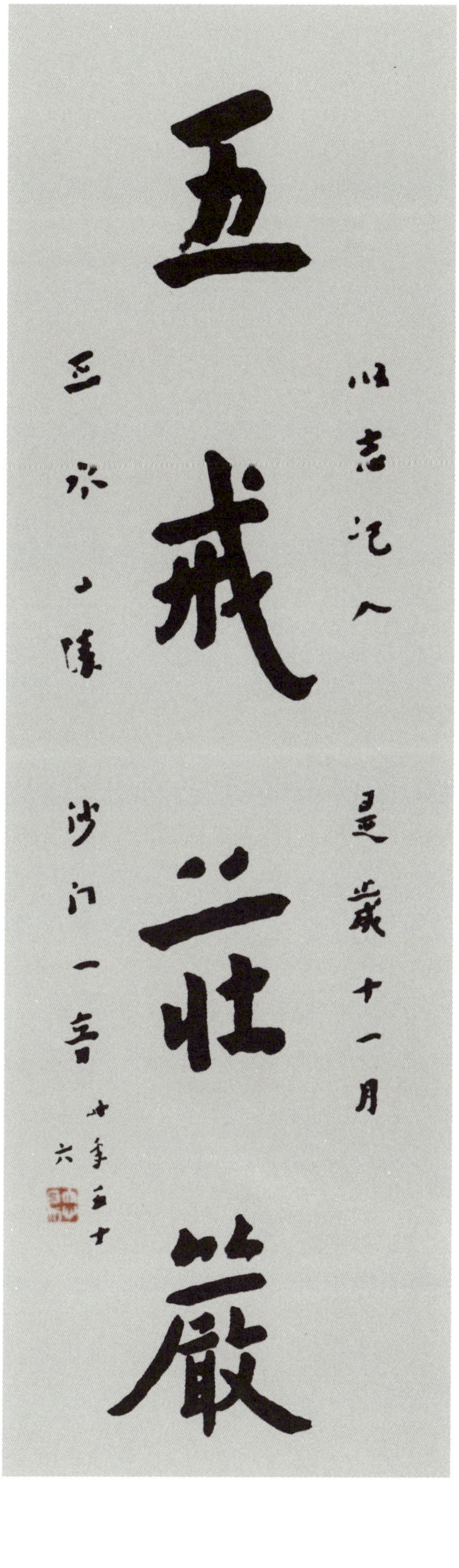
五戒莊嚴

五戒相

不殺生

不偷盜

不婬欲

不妄語

不飲酒

悟理法師供養

沙门一音敬書

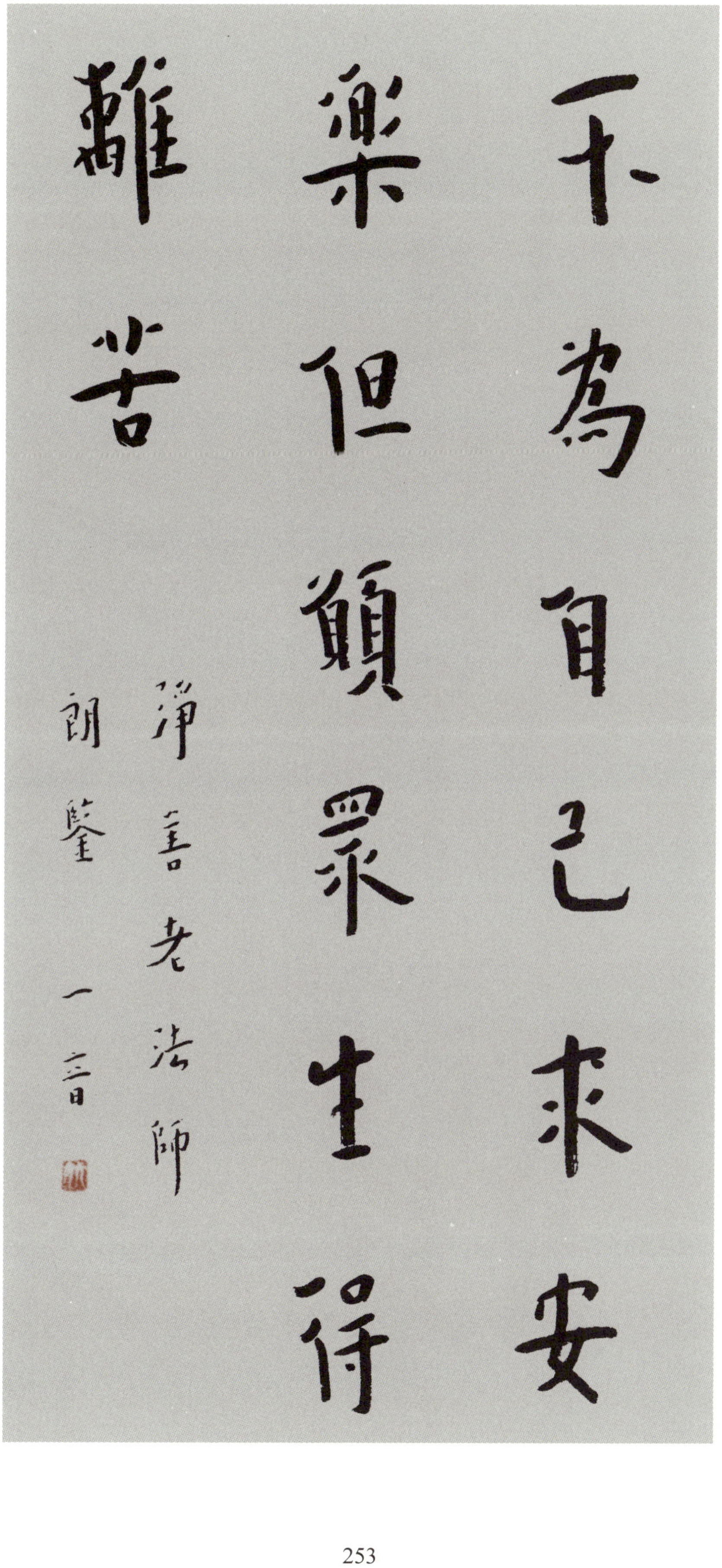
不為自己求安樂
但願眾生得離苦
彌善老法師
朗鑒
一音

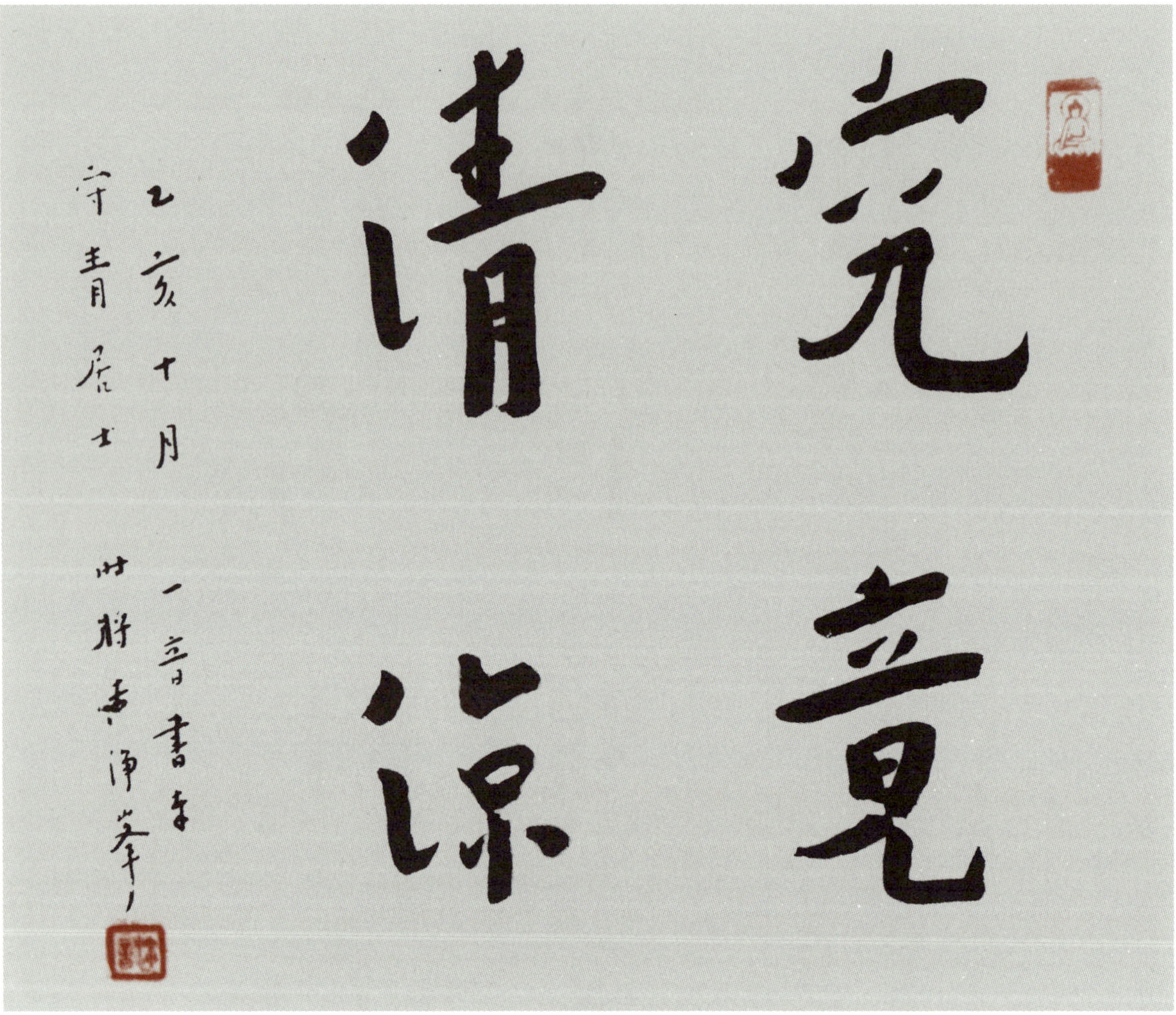
究竟清凉

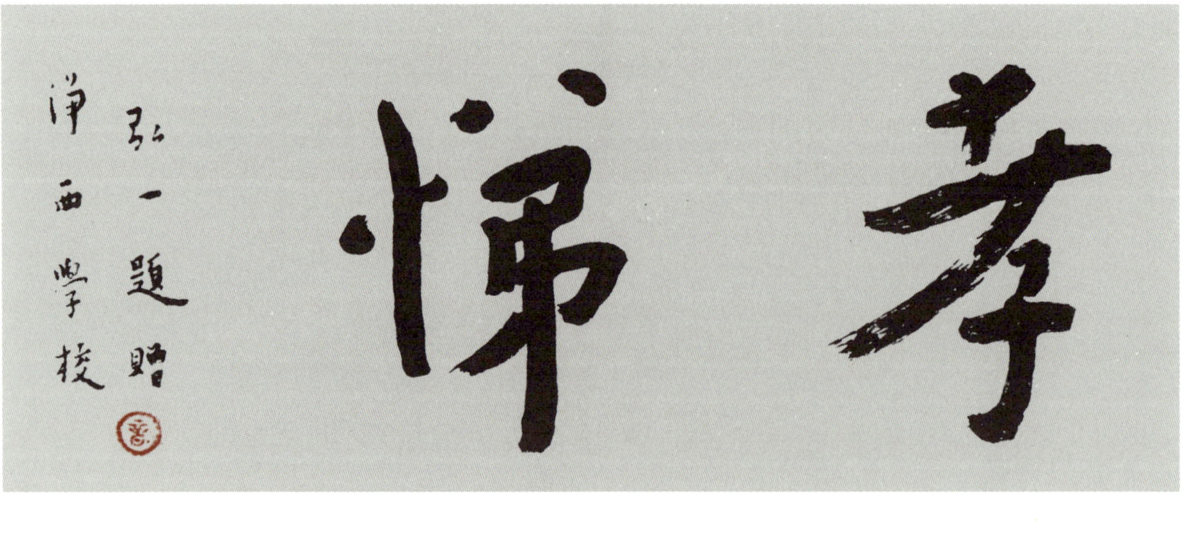
孝悌

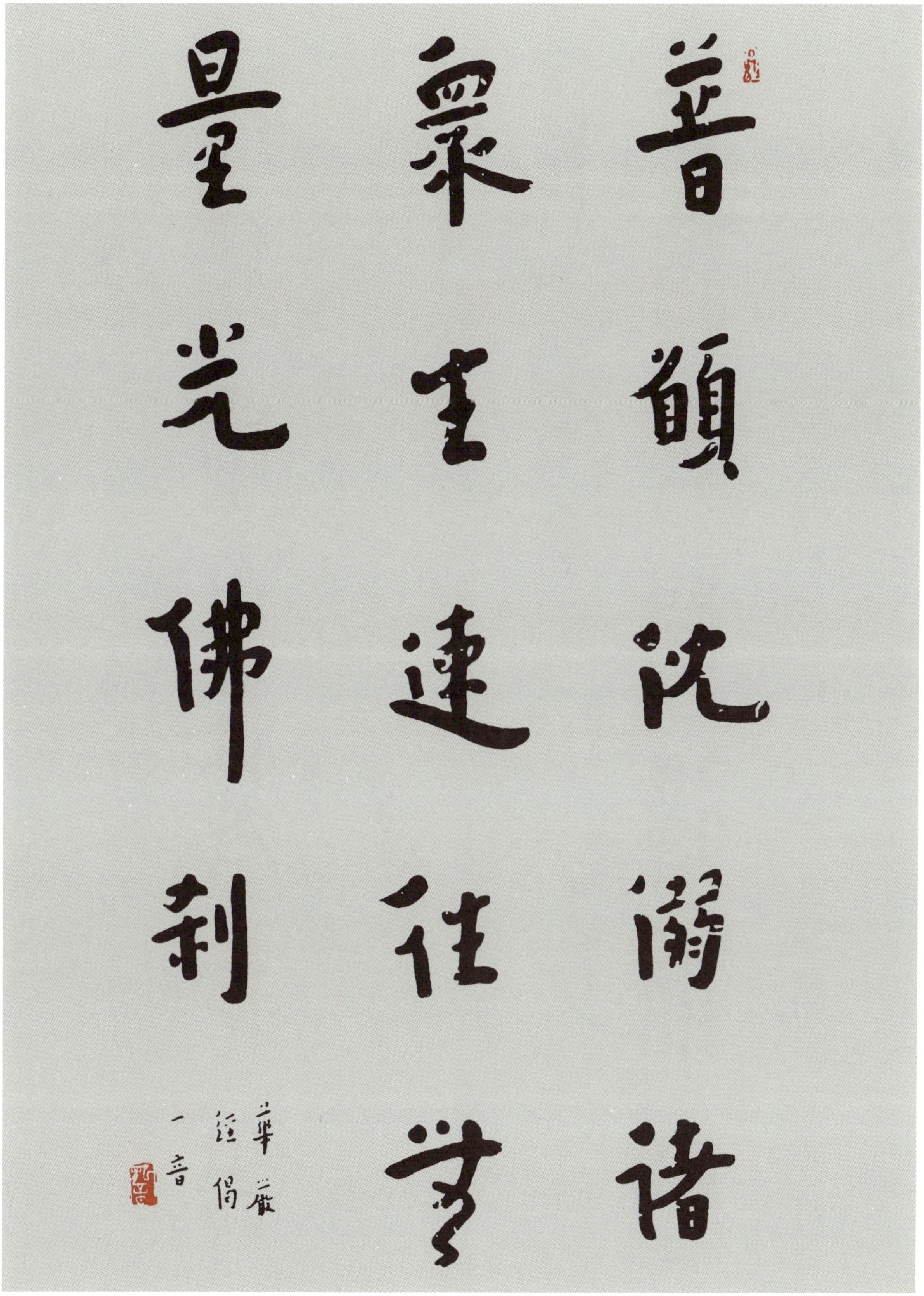
普願沉溺諸
衆生速往無
量光佛刹
華嚴經偈
一音

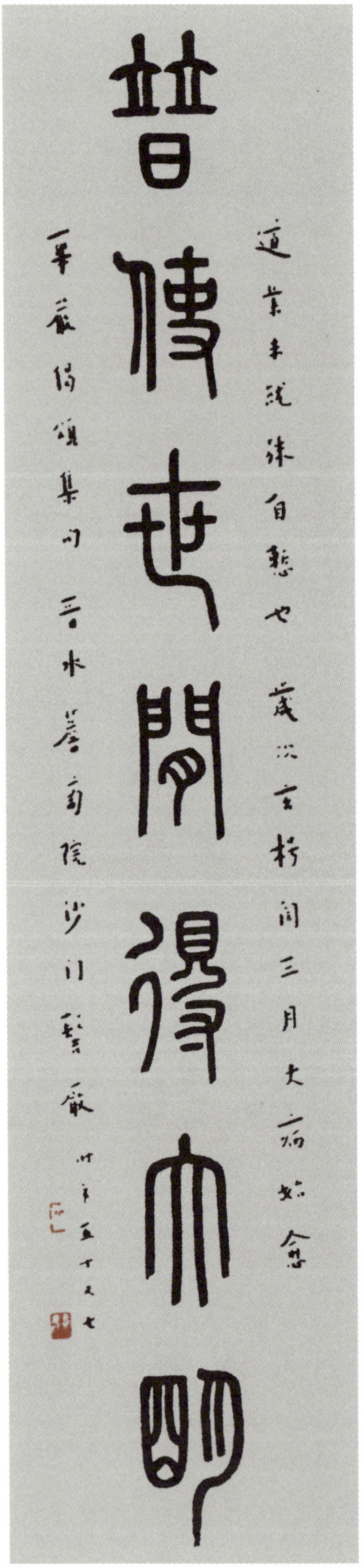

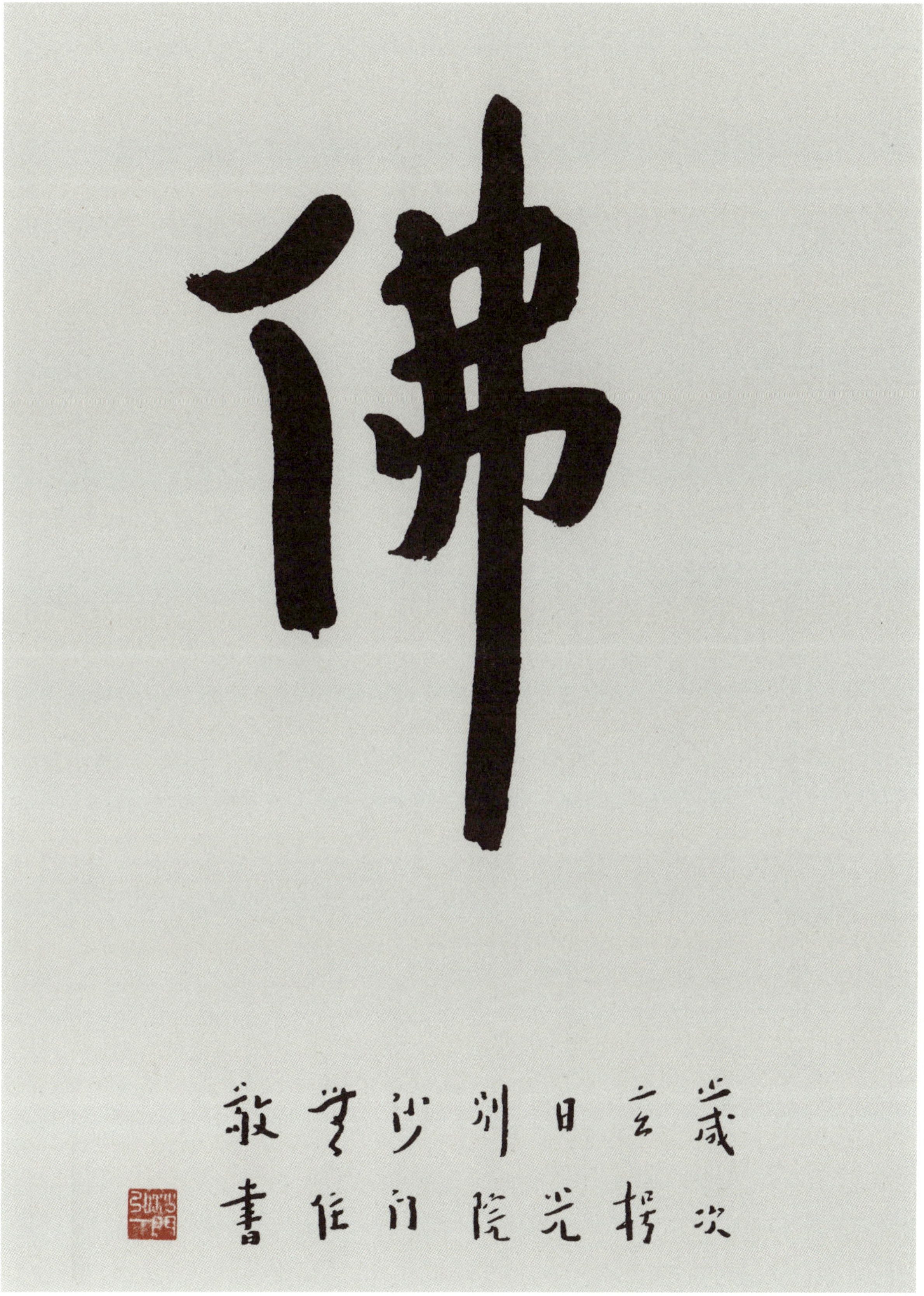
佛
歲次玄枵日光別院沙門普仁敬書

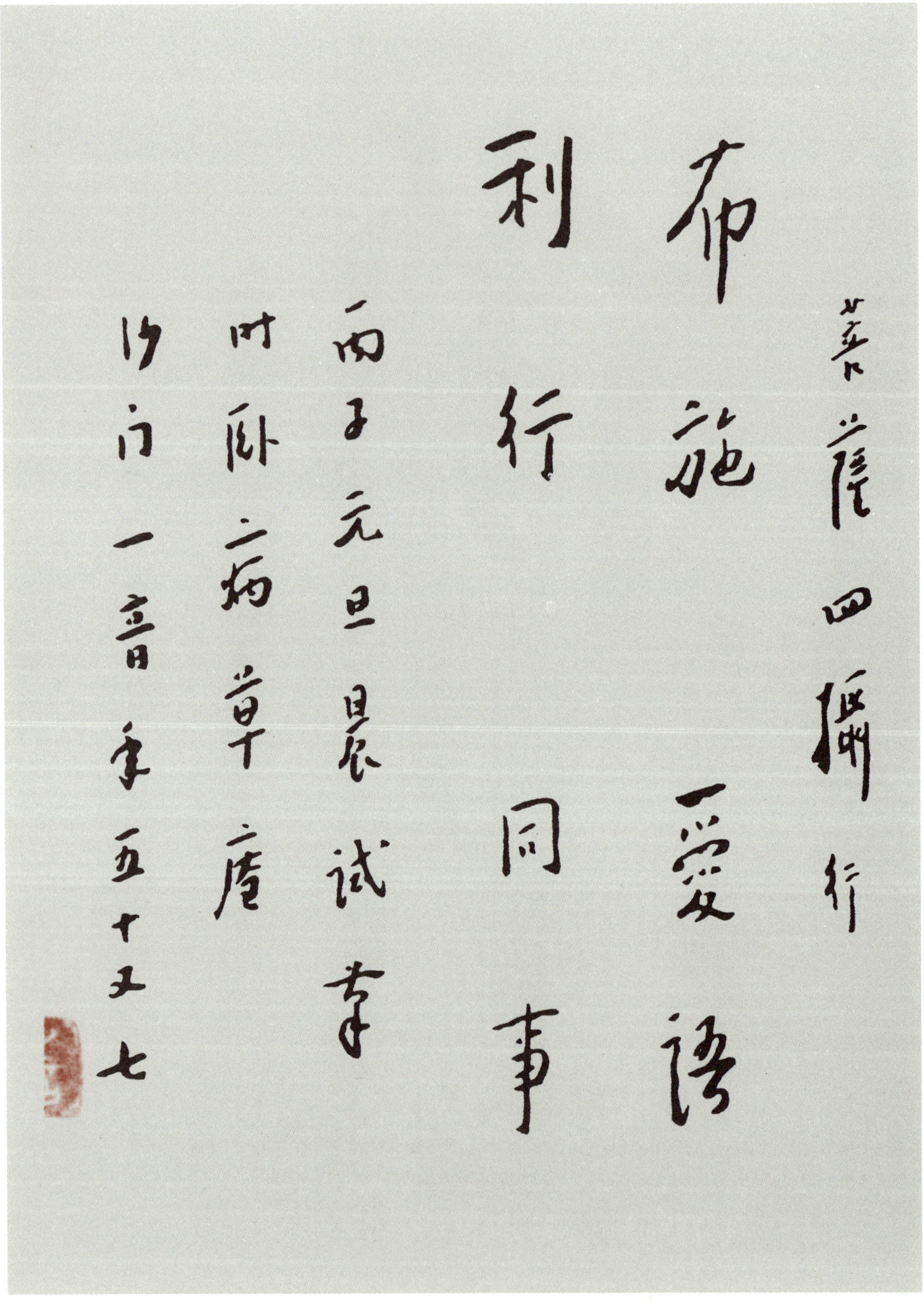
菩薩四攝行
布施 愛語
利行 同事
丙子元旦晨試筆
時臥病草庵
沙門一音年五十又七

老圃秋殘猶有黃華標晚節
澄潭影現仰觀皓月鎮中天

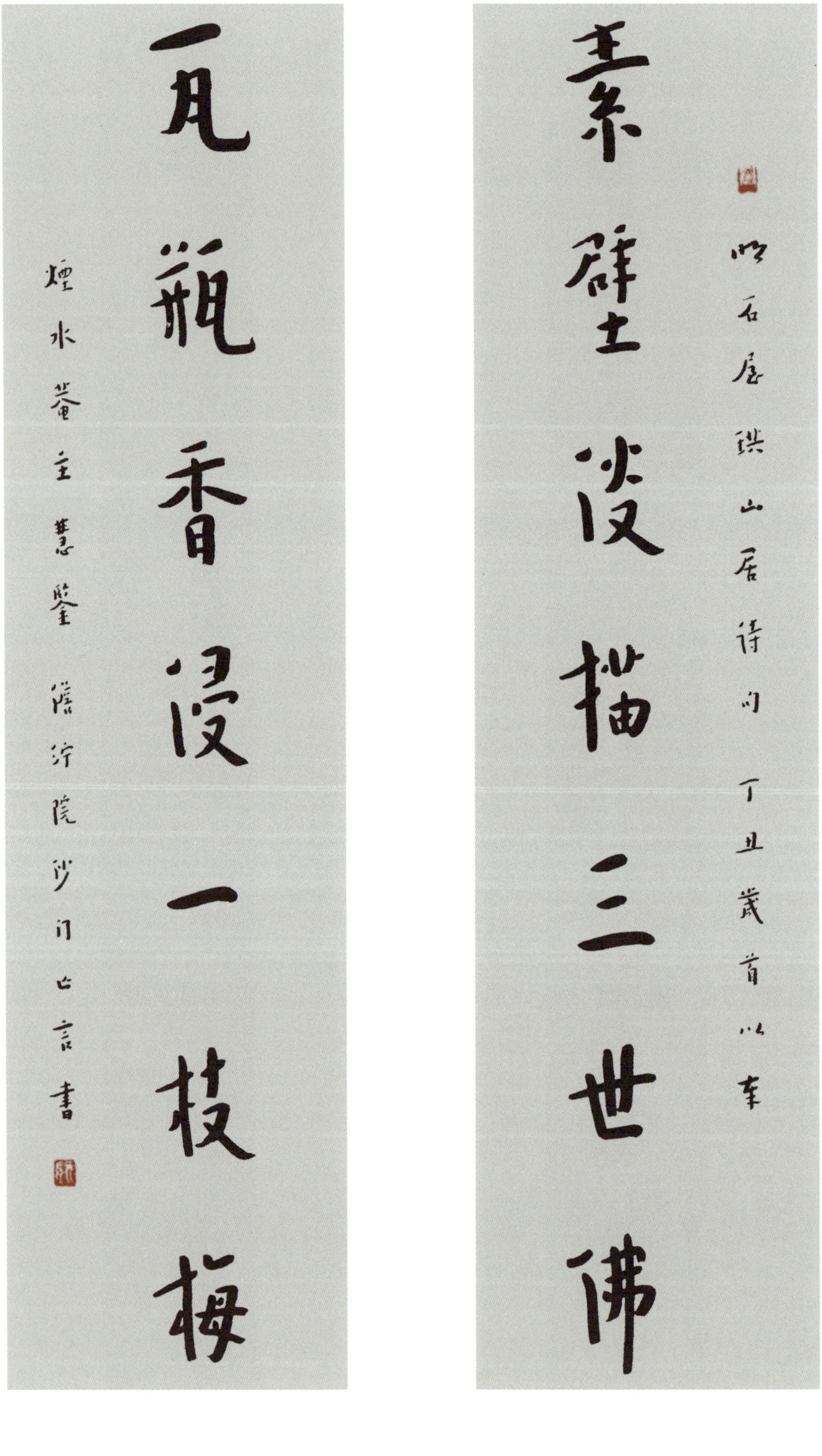

素壁淡描三世佛
瓦瓶香浸一枝梅
煙水菴主慧鑒

聞示眾生是正道
昔歲上而約法師著克自度論友人堅執謂是余撰余心異之
而未及覽其文也今歲法師復著為僧教育進一言乃獲披見
猶如淨眼觀明珠
歎為希有不勝悚惶求諸當代未有匹者豈余闇識所可及耶
因呈拙書以志崇仰　丁丑三月集華嚴偈句　沙門演音

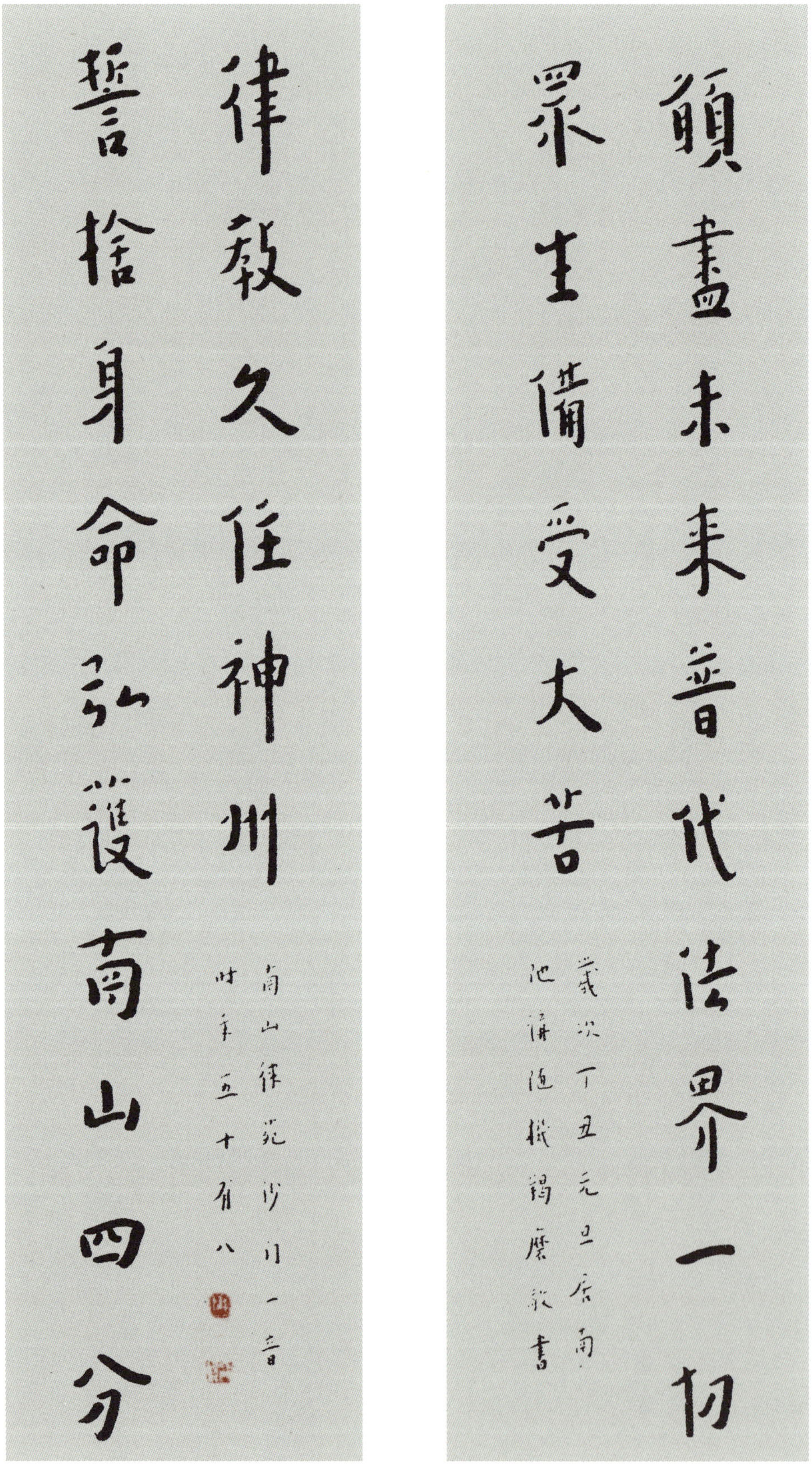

願盡未來普代法界一切
眾生備受大苦
歲次丁丑元旦居南
誓捨身命弘護南山四分
律教久住神州
南山律苑沙門一音
時年五十有八

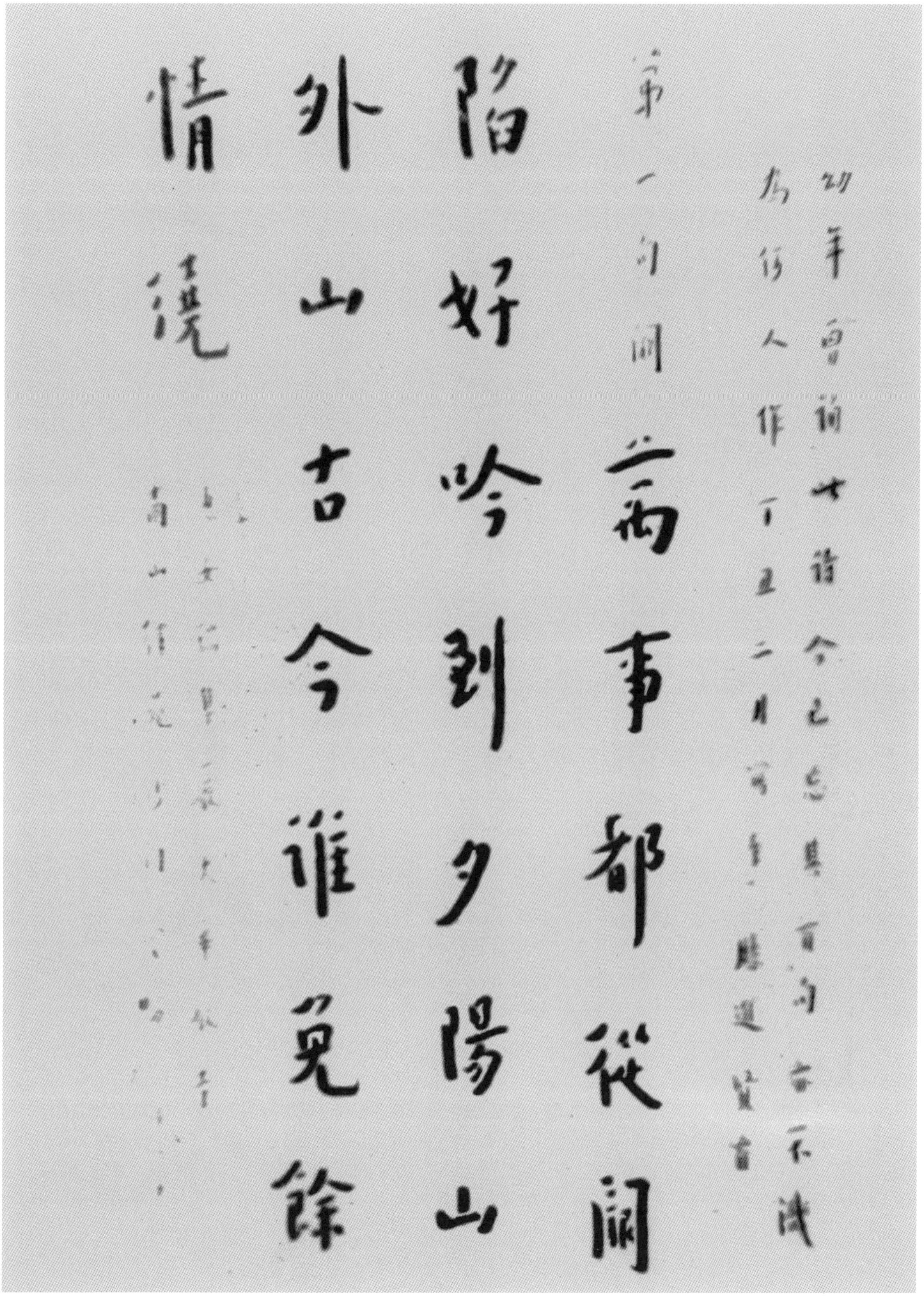

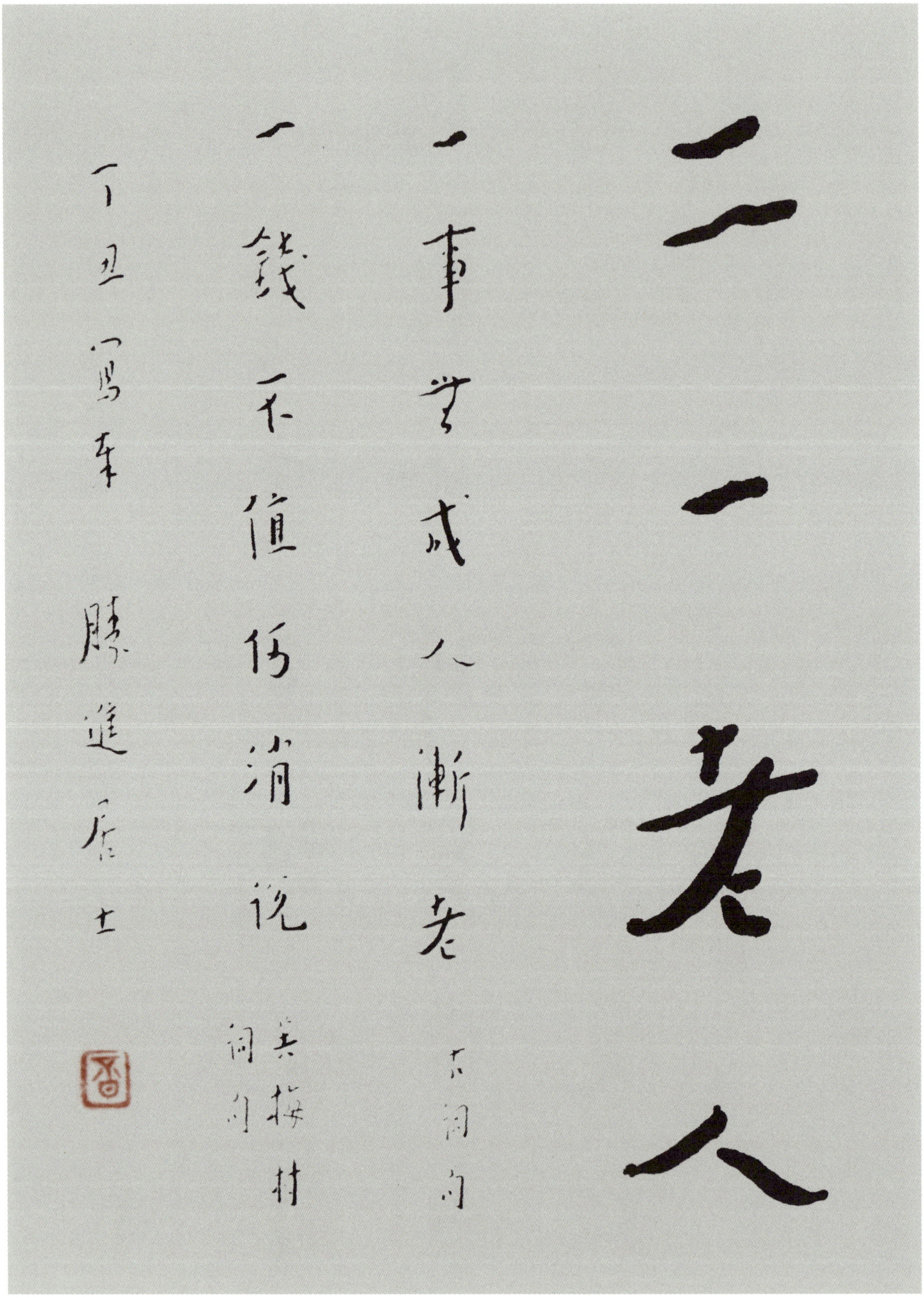
二一老人
一事無成人漸老
古詩句
一錢不值何消說
吳梅村詩句
丁丑寫奉滕進居士

境為妙假觀為空
境觀雙忘即是中忘
照何曾有先後一心
圓絕了無蹤

靈峰偈頌
丁丑七言

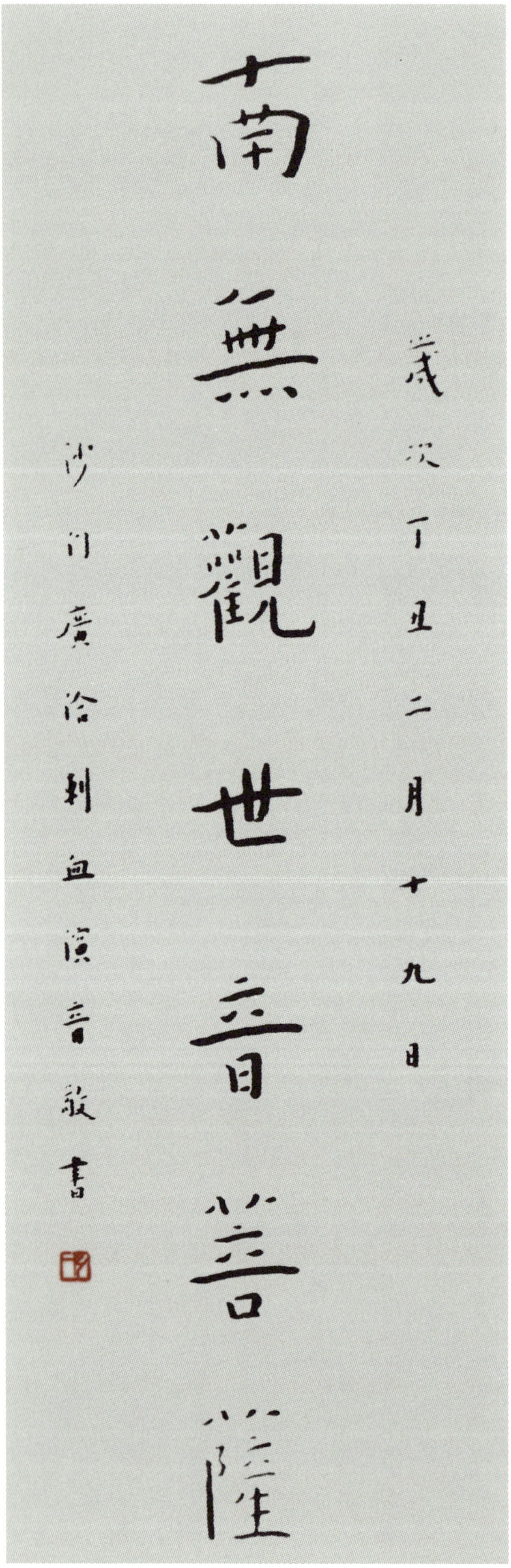
南無觀世音菩薩
歲次丁丑二月十九日
沙門廣洽刺血演音敬書

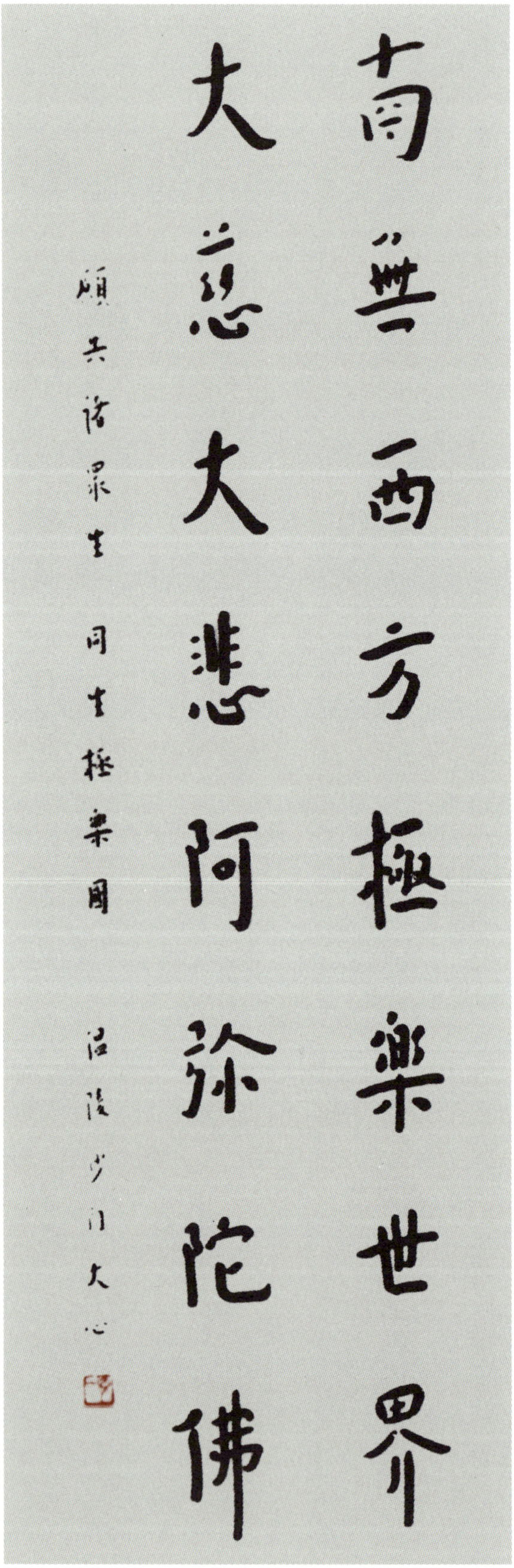
南無西方極樂世界
大慈大悲阿彌陀佛
願共諸眾生 同生極樂國
晉陵沙門大心

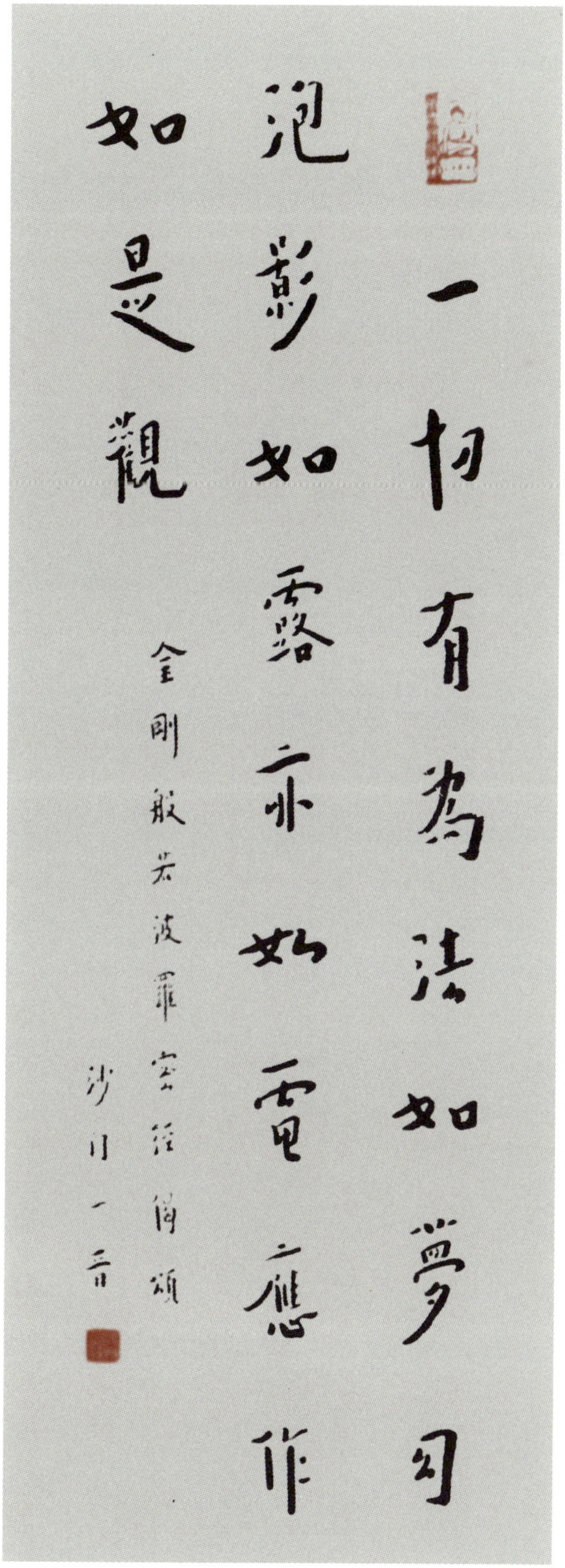
一切有為法如夢幻
泡影如露亦如電應作
如是觀
金剛般若波羅蜜經偈頌
沙門一音

歷朝名畫觀音寶相精印流通序

釋印光撰

觀世音菩薩于無量劫前久成佛道號
正法明安住寂光淨土恒享真常法樂
但以悲心無盡慈誓莫窮救苦情殷度
生念切故復不離寂光垂形九界于十
方微塵佛剎普現色身尋聲救苦而于
娑婆世界慈念更深其有善根未種未
熟未脫者令其即種即熟即脫應以何
身得度者即現何身而為說法所現之

身所說之法各隨機宜了無一定其現
前得離衆苦將來常享真樂則一也近
多年來世道人心愈趨愈下爭地爭城
互相殘殺人禍既烈天災又臨水旱蟲
疫同時降作此種災禍皆由大家宿世
現生種種惡業之所感召然心能造業
心能轉業當此天災人禍併臨之時若
能發至誠心念南無觀世音菩薩聖號
誓願從今以後敦倫盡分閑邪存誠諸
惡莫作衆善奉行決定即蒙慈佑逢凶

化吉于諸難中不受危險乃以現前念
菩薩聖號之別業轉宿世親生所作之
共業故得常獲吉祥也諸佛菩薩視一
切六道衆生猶如親生兒女常欲令其
離苦得樂無奈衆生迷昧不生信向以
致徒費慈心不能獲益譬如杲日當空
普照萬方戴盆者從立其下亦不蒙照
道在戴盆非日咎也近來殺劫滋漫人
民死亡流離苦不堪言南通費慧茂居
士久欲設法挽救故特搜求唐宋元明

清五朝名筆所画觀世音聖像以最上宣紙印一千部期見聞者同生正信同念聖號同消宿現之惡業同種菩提之善根須知菩薩無心以眾生之心為心菩薩無境以眾生之境為境故得有感即通不謀而應良由眾生心之本體與菩薩之心息息相通由眾生背覺合塵遂成通而不通之象若眾生一念生信虔持聖號背塵合覺返迷歸悟又成不通而通之象以故凡遇極大險難舉念

即獲感應又菩薩現身不專現有情身即山河樹木橋梁船筏樓臺房舍牆壁村落亦隨機現必使到絕地者復登通衢無躲避處得大遮蔽種種救護難盡宣說當看觀音本迹頌觀音靈感錄觀音慈林集可以知其大略。當此天災人禍相繼降作之時若不以改惡修善常念觀音聖號以為恃怙則欲得安樂難之難矣即絕無災難亦當常念庶可生膺五福優入聖賢之域及登九品徹證大覺之心能如是者方可慰菩薩拔苦之心以菩薩普施無畏故以圓滿菩提方息施無畏之大慈悲心也法華經云若有眾生多于淫欲瞋恚愚癡常念恭敬觀世音菩薩便得離欲離瞋離癡願見聞者同常念焉

中華民國二十七年戊寅重陽日

是歲將暮晉水月臺沙門一音書

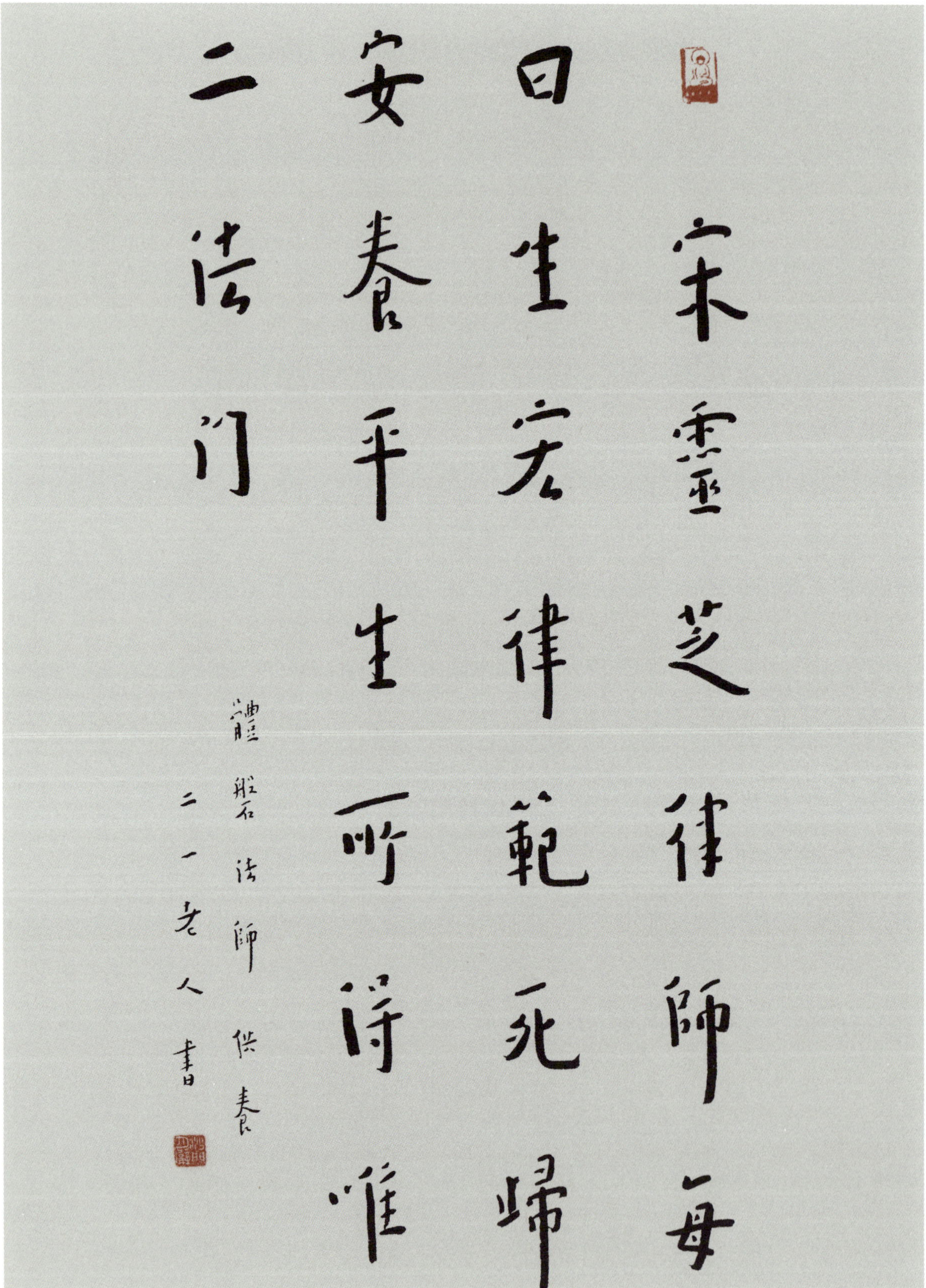
宋靈芝律師每
日生宏律範死歸
安養平生所得唯
二法門
體般若法師供養
二一老人書

以戒為師
敬贈晉江月臺佛學社庚午冬季攷試
品行最優者惠存以為紀念 一音

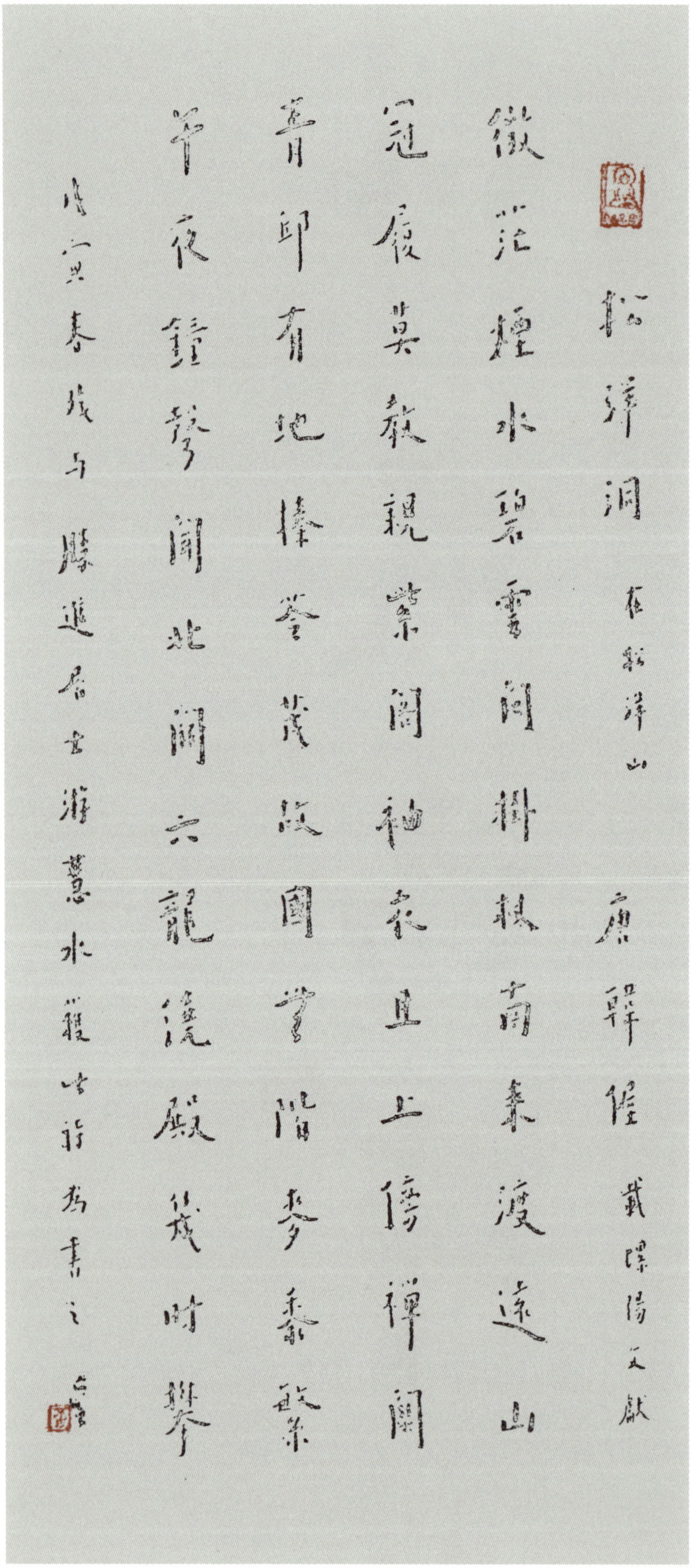
松洋洞 在松洋山
微茫烟水碧云间
挂杖南来渡远山
冠履莫教亲紫阁
袖衣且上傍禅关

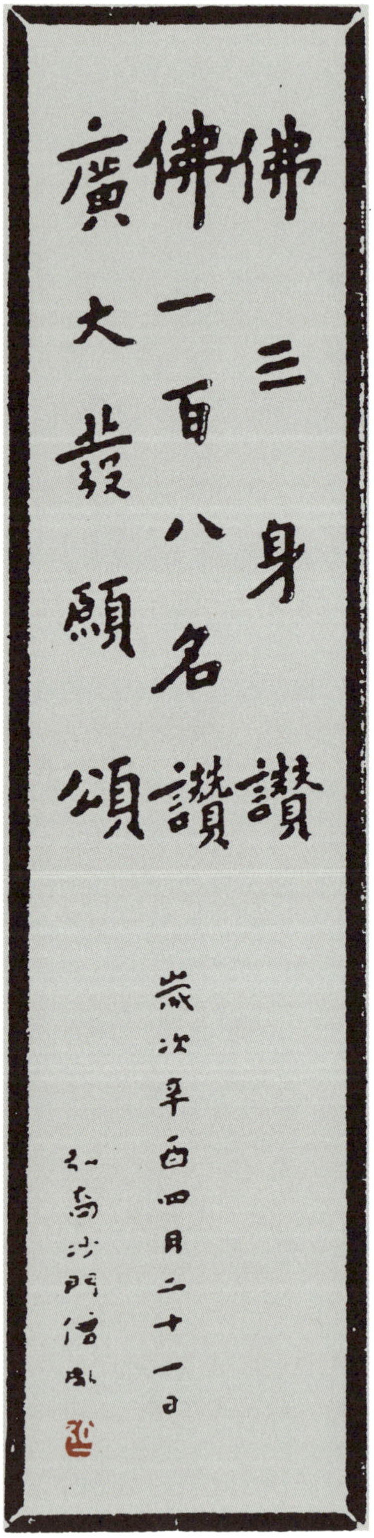
佛三身赞
佛一百八名赞
广大发愿颂
岁次辛酉四月二十一日

此地古稱佛國
滿街都是聖人

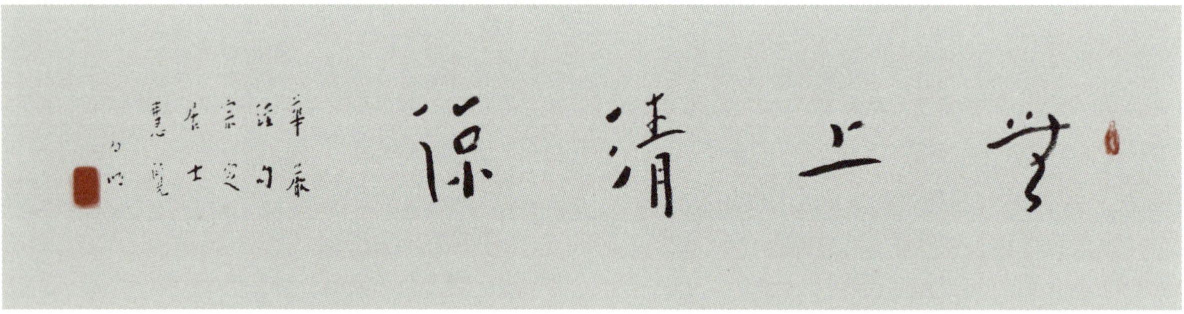
世上清涼

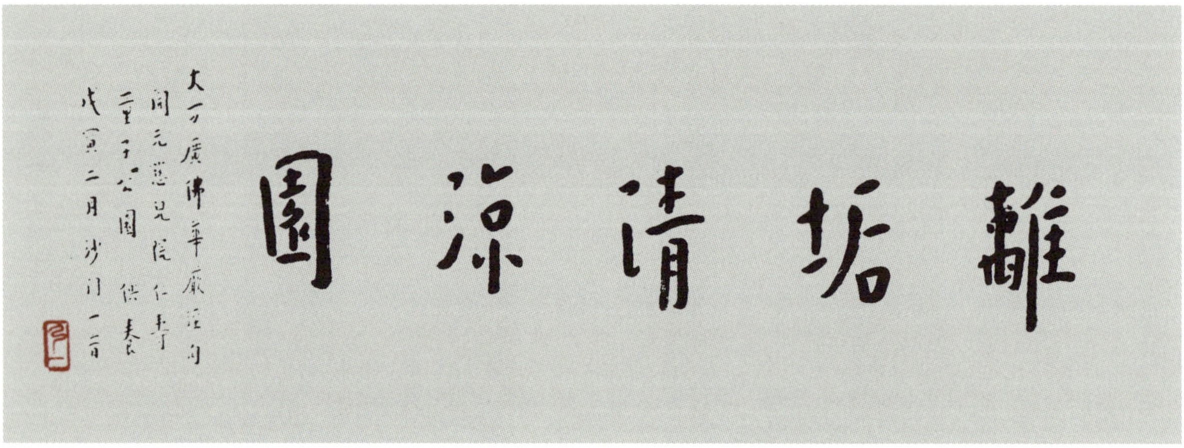
離垢清涼園
大方廣佛華嚴經句
戊寅二月

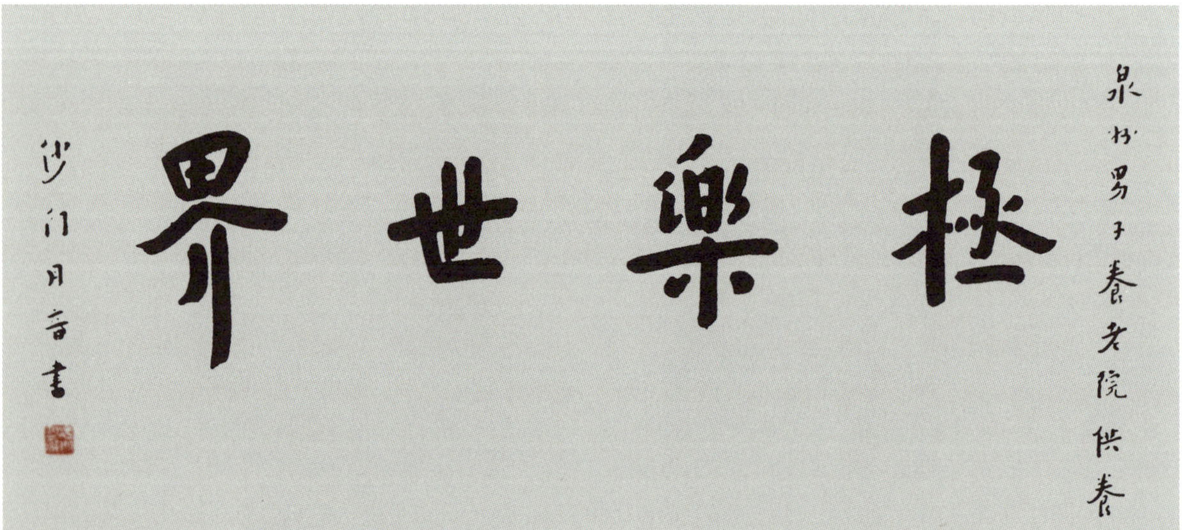
極樂世界
泉州男子養老院供養
沙門一音書

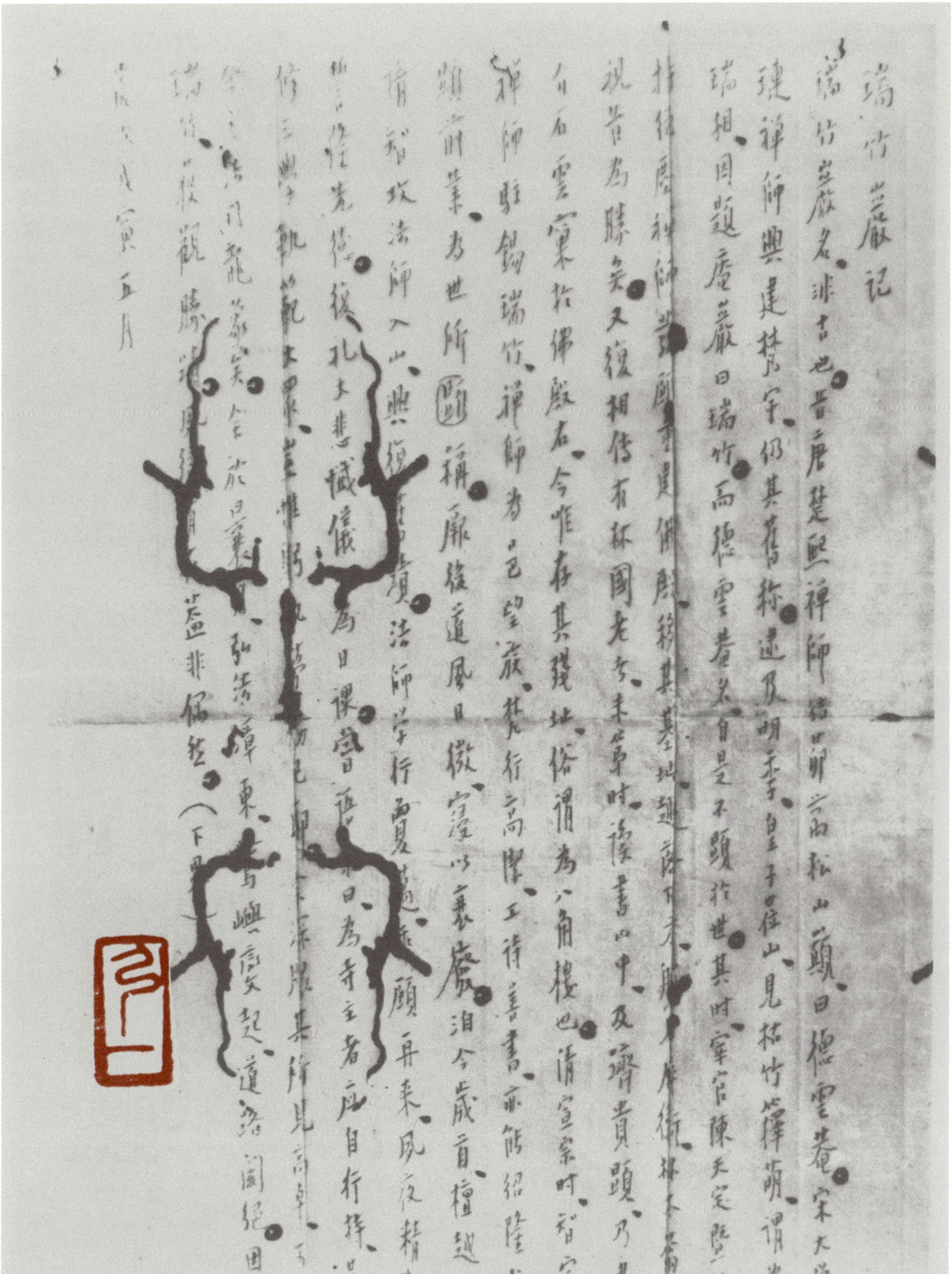

瑞竹岩記

瑞竹岩名，非古也。昔唐楚熙禅師結廬於南松山巔，曰德雲菴。宋大覺
璉禅師興建梵宇，仍其舊稱。逮及明季，皇子[illegible]住山，見松竹繁茂，謂為
瑞相，因題庵巖曰瑞竹，而德雲菴名自是不顯於世。其時宰官陳天定[illegible]住
持，[illegible]神師岩[illegible]建佛殿，移其基址，題[illegible][illegible]衛，[illegible][illegible][illegible]
視昔為勝矣。又復相傳有林國老者，未第時讀書山中，及齊貴顯，乃建
有石雲窟於佛殿右，今惟存其殘址，俗謂為八角樓也。清宣宗時，智宣
禅師駐錫瑞竹，禅師為邑望族，梵行高潔，工詩善書，亦能紹隆先
緒，前業為世所[illegible]稱，廟後道風日微，寮舍以衰廢。洎今歲首，檀越延
請智[illegible]法師入山，興復[illegible][illegible]績，法師學行兩具，[illegible][illegible]顧再來，夙夜精勤，
[illegible][illegible]佐先德，恢弘大悲懺儀，為日課，嘗[illegible][illegible]日為寺主者，應自行拜，勤
修三[illegible]，執範大眾，豈惟將[illegible][illegible][illegible][illegible][illegible]己[illegible][illegible]其所見高卓，[illegible]
今之[illegible]門龍象矣。余於是喜[illegible]，弘法[illegible]東，[illegible]與[illegible]起，道路[illegible]絕，因[illegible]
瑞竹山[illegible]觀勝[illegible][illegible]，蓋非偶然。（下略）
[illegible]戊寅五月

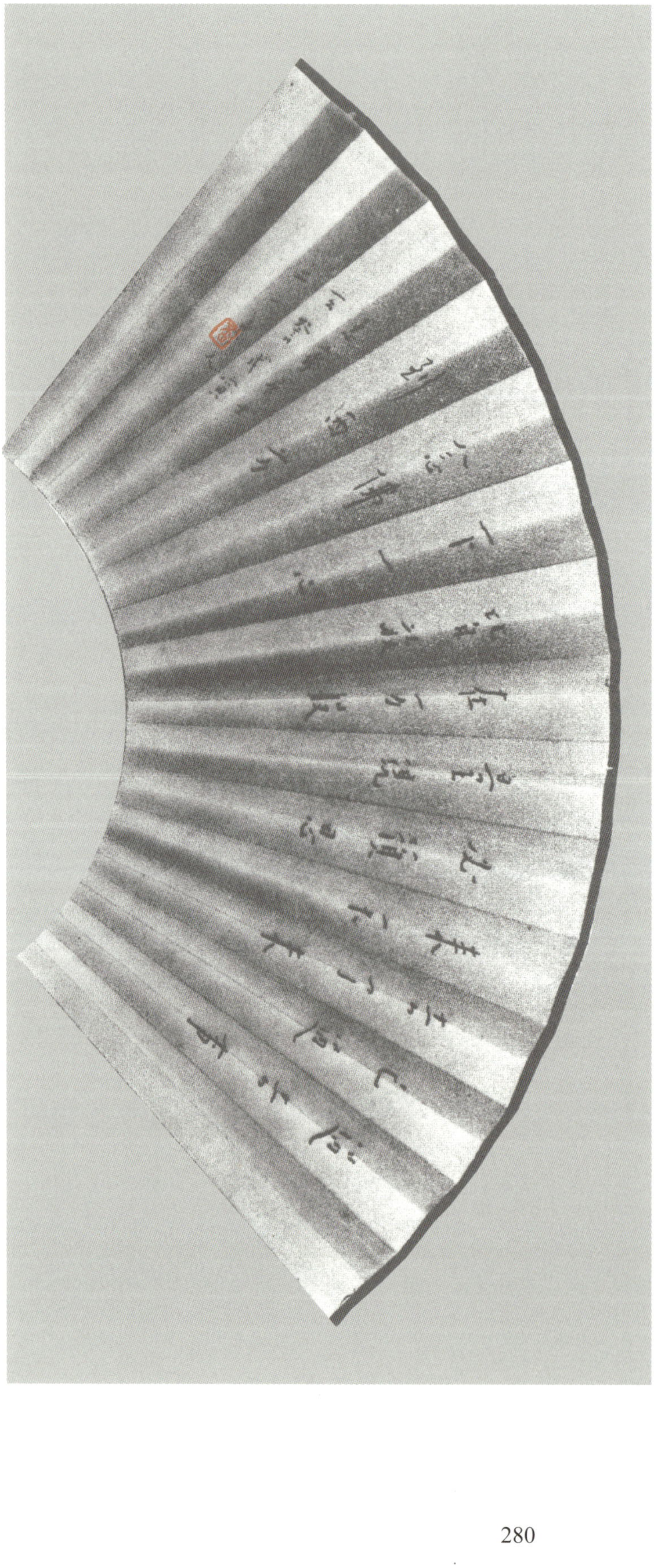

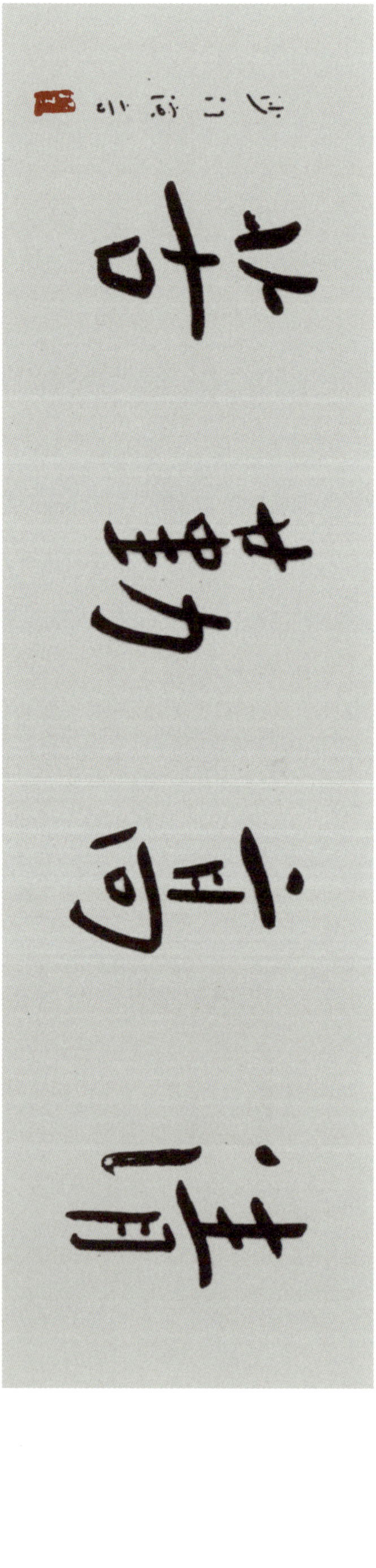

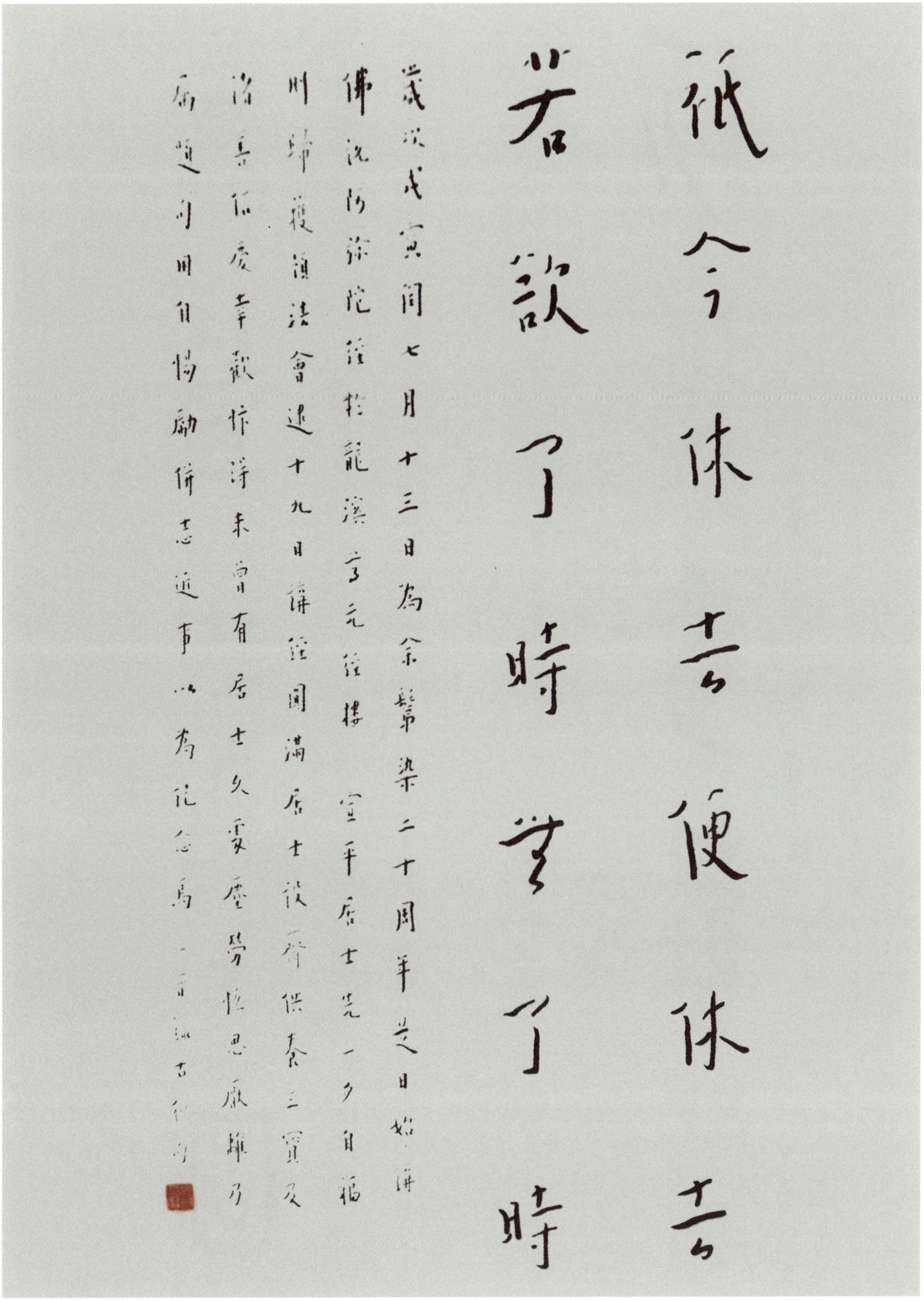
祇今休去便休去
若欲了時無了時
歲次戊寅閏七月十三日為余繫染二十周年是日始講
佛說阿彌陀經於龍溪了元經樓宣平居士先一夕自福
州歸獲預法會迨十九日講經圓滿居士設齋供養三寶及
諸善信慶幸歡忭得未曾有居士久處塵勞頗思厭離乃
為道自用自勵併志近事以為紀念焉
一音

無上慧堅固
大方廣佛華嚴經偈集句
功德悉莊嚴
戊寅歲寒沙門一音

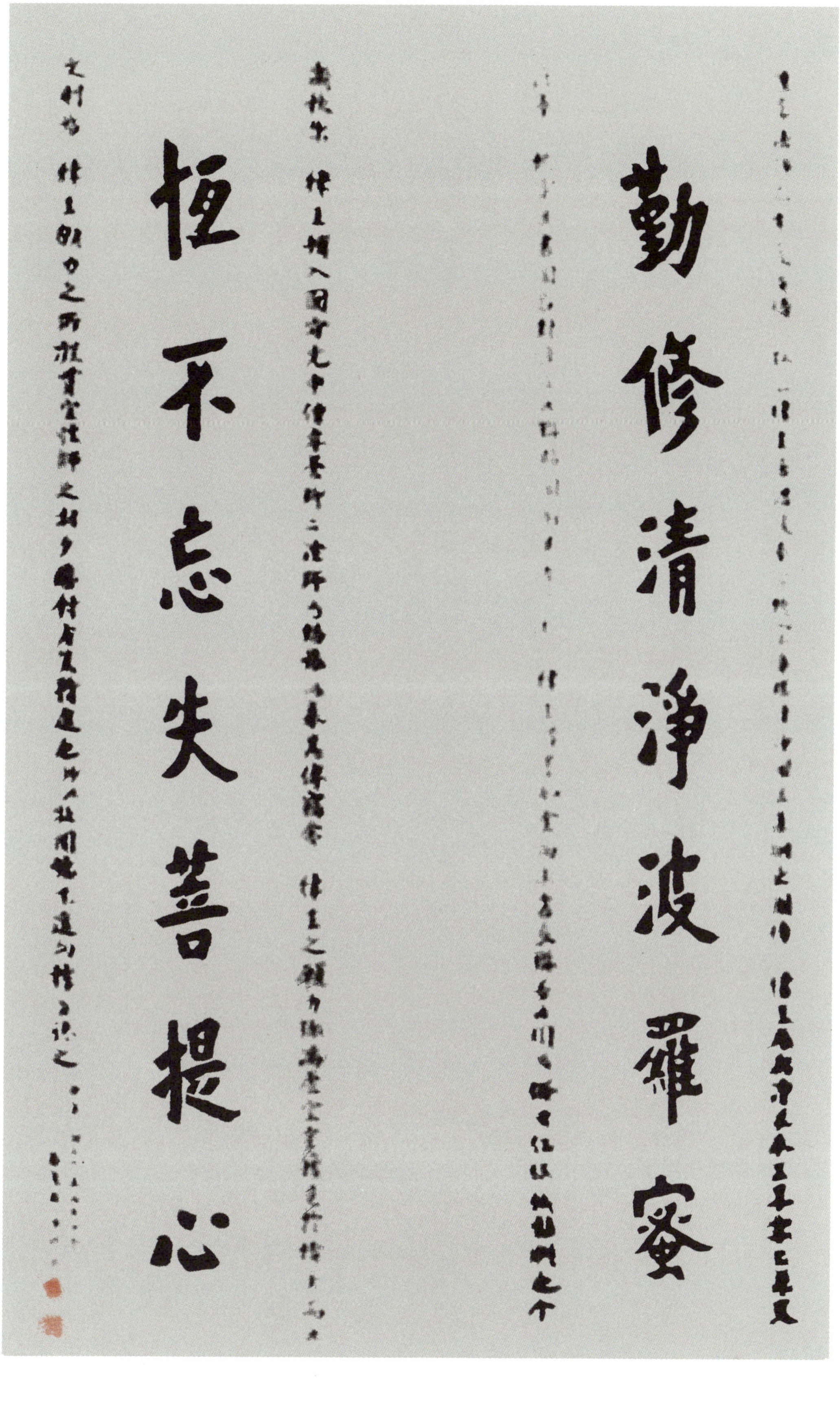
勤修清淨波羅蜜
恒不忘失菩提心

連城之璧隱須石而藏輝照乘之珠孕深淵而秘彩若夫
象以齒而焚身翠因毛而殞命衒其智者小智而已矣故
曹溪妙契五祖而執勞負舂以韜光慈明親見汾陽而含
垢忍恥以匿迹大智如愚非世之謂乎頌曰
不智之智名曰真智蠢然其容靈輝內熾用察為明古人
所忌學道之士晦以混世　大智如愚　澄淨院裕月

騏驥負千里之能而延鹽駑駘梅檀值大千之價而形同
枯木若夫振螳臂於齊輪呈驢技於黔電售其巧者小巧
而已矣故馬師具大機大用而初守鈍於磨磚香嚴能答
十答百而終甘心乎學國大巧若拙非世之謂乎頌曰
不巧之巧名曰極巧一事無能萬法俱了露才揚己古人
所少學道之士朴以自保　大巧若拙　靈芝院警昭

空谷幽然也一呼而響應十方雷霆霹然也一鼓而震驚百里若夫春禽晝啼秋蟲夜鳴繁其聲者小音而已矣故世尊默然良久而外道謂開我迷雲空生宴坐不言而帝釋云善說般若大音希聲非此之謂乎頌曰

不音之音名曰至音沈之寂之吼動乾坤無叩而鳴古人所箴學道之士默以養真

大音希聲

慈藏院如理

梗梓在山千歲而巨材成室干將鑄冶九載而神光燭天若夫槿花早發而萎不終朝蜉蝣易生而壽不逾夕速其成者小器而已矣故長慶七破蒲團而捲簾大悟趙州八旬行腳而傑出叢林大器晚成非此之謂乎頌曰

不器之器名曰上器積厚養深一出名世欲速不達古人所刺學道之士靜以俟勢

大器晚成

龍音院如炬

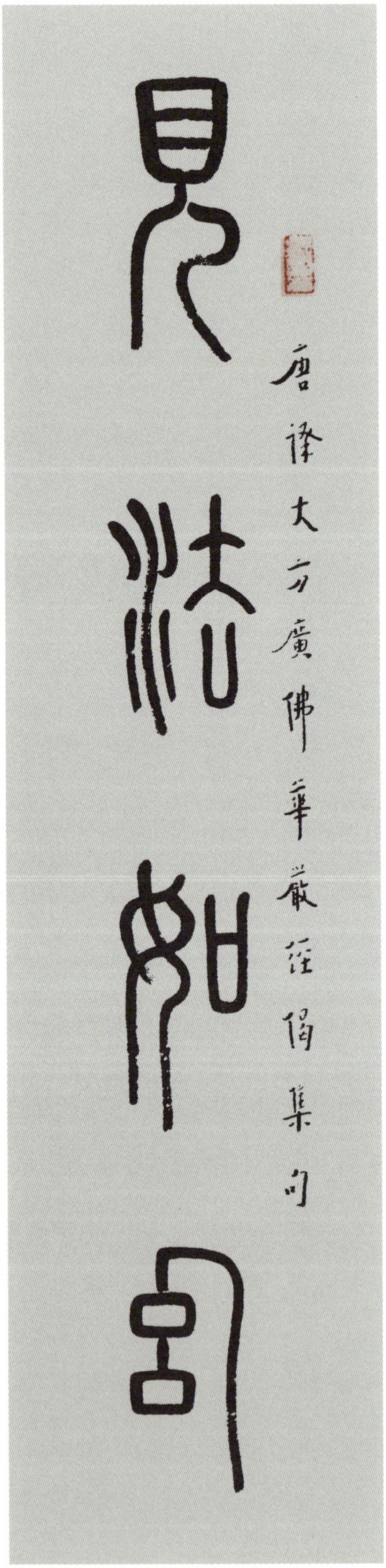
唐譯大方廣佛華嚴經偈集句
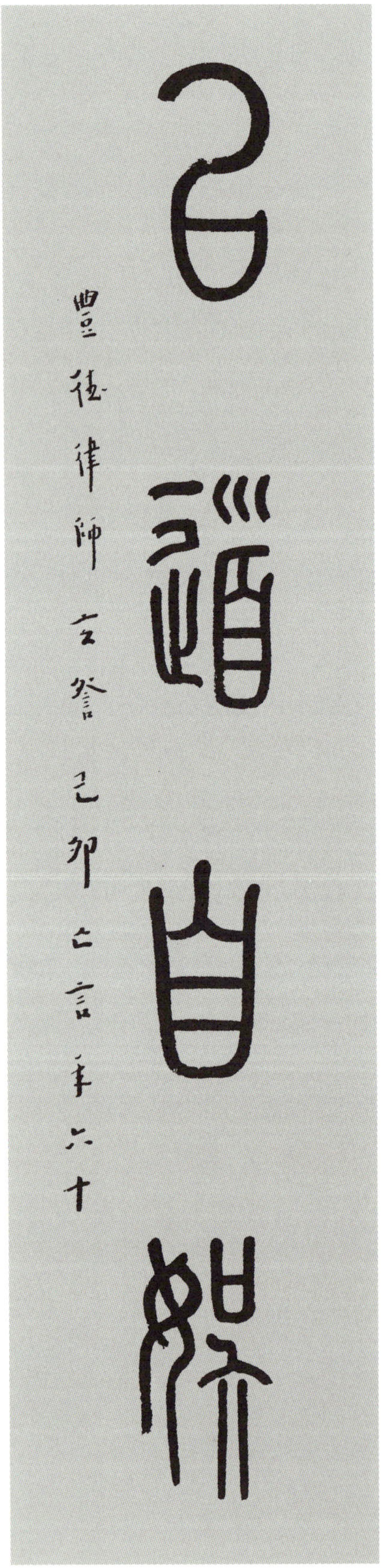

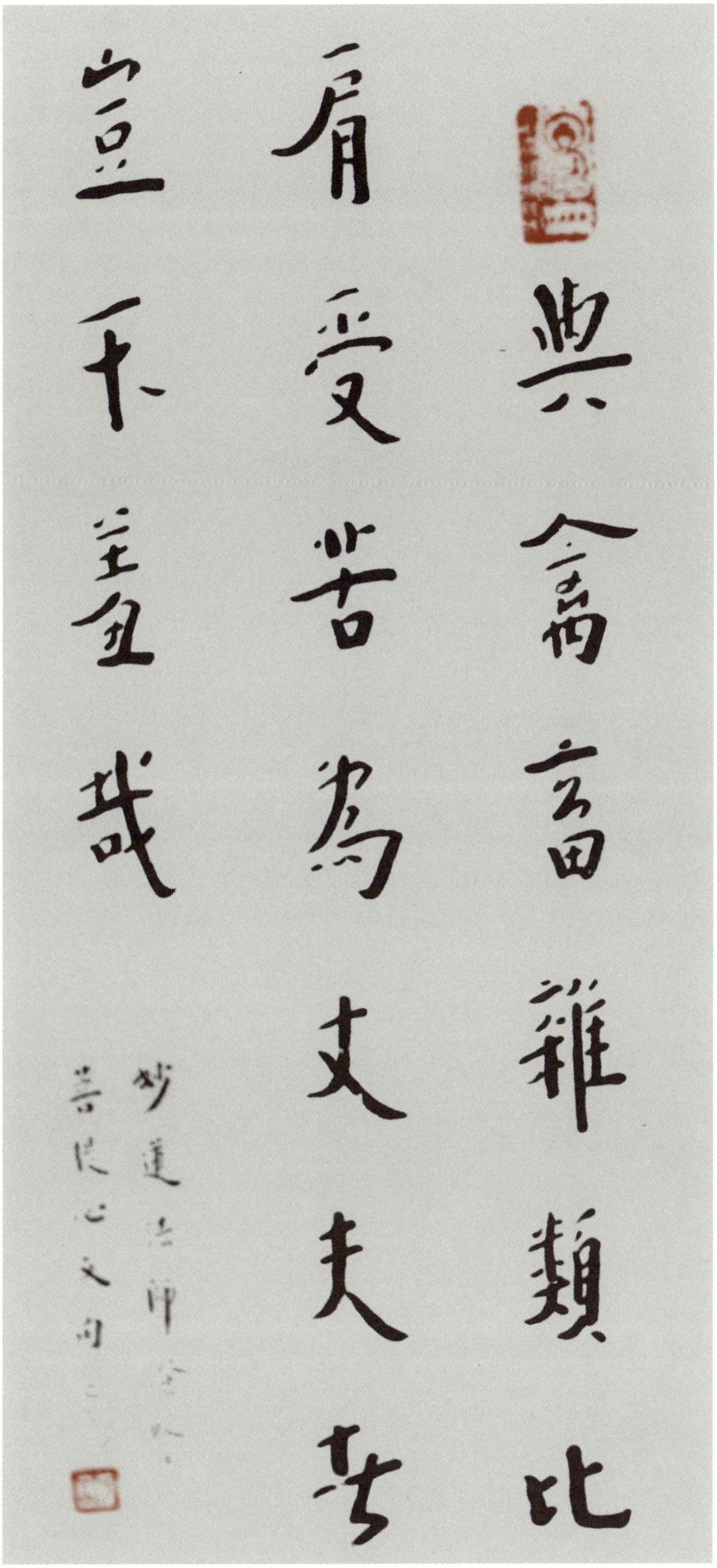
與禽畜雜類比
肯受苦為丈夫志
豈不善哉

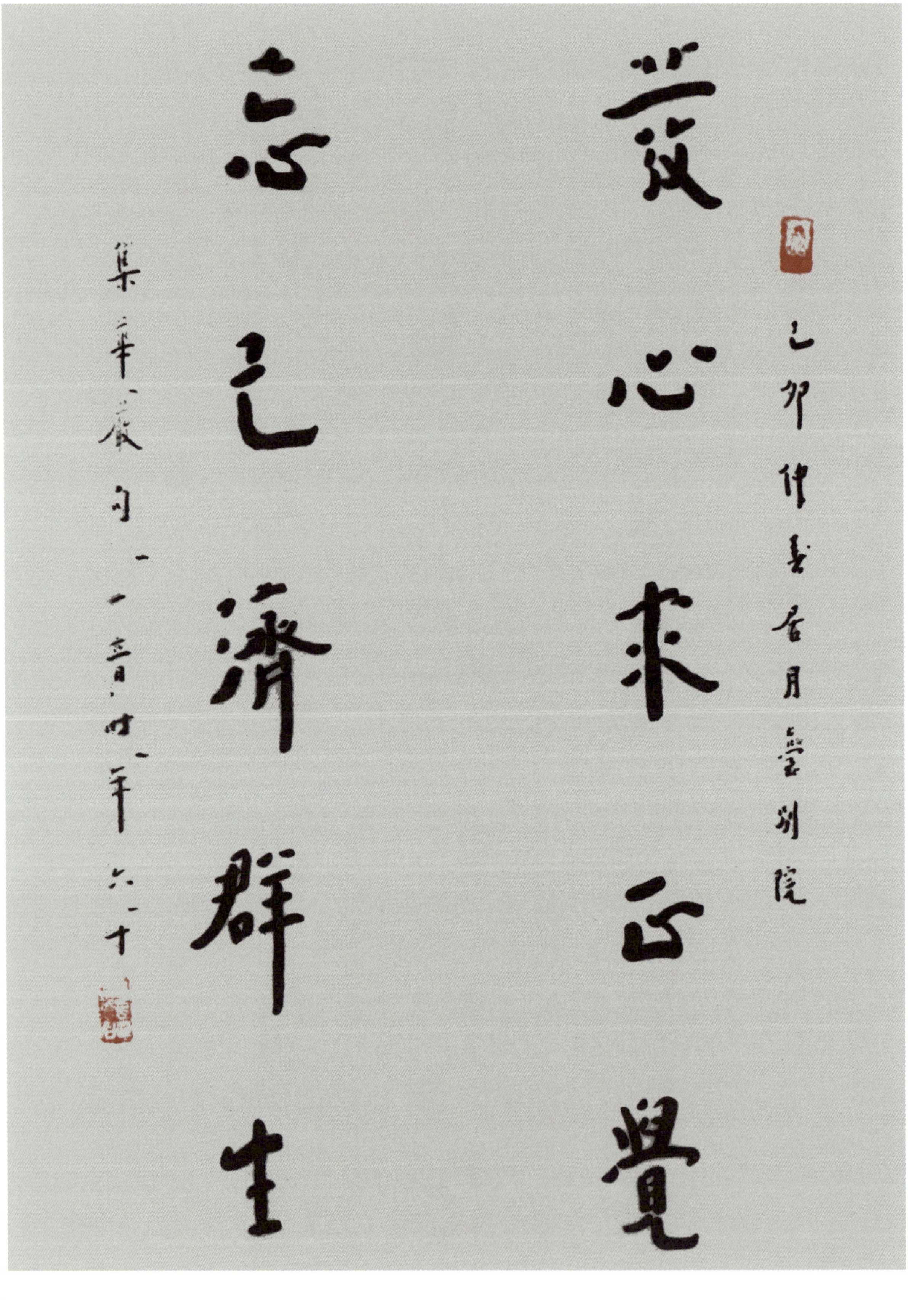
發心求正覺
乙卯律書香月臺別院
忘己濟群生
集華嚴句 一音 時年六十

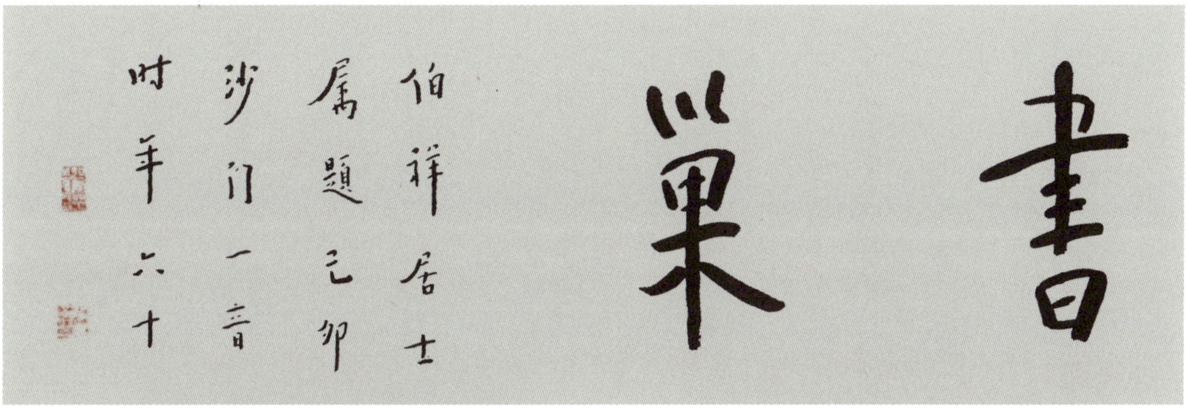
書巢
伯祥居士属题
己卯
沙门一音
时年六十

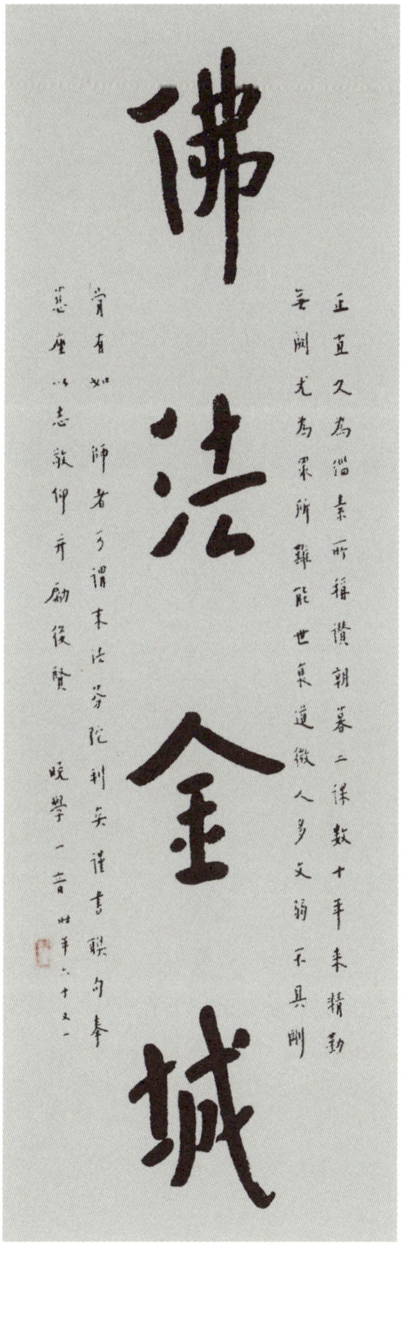
佛法金城

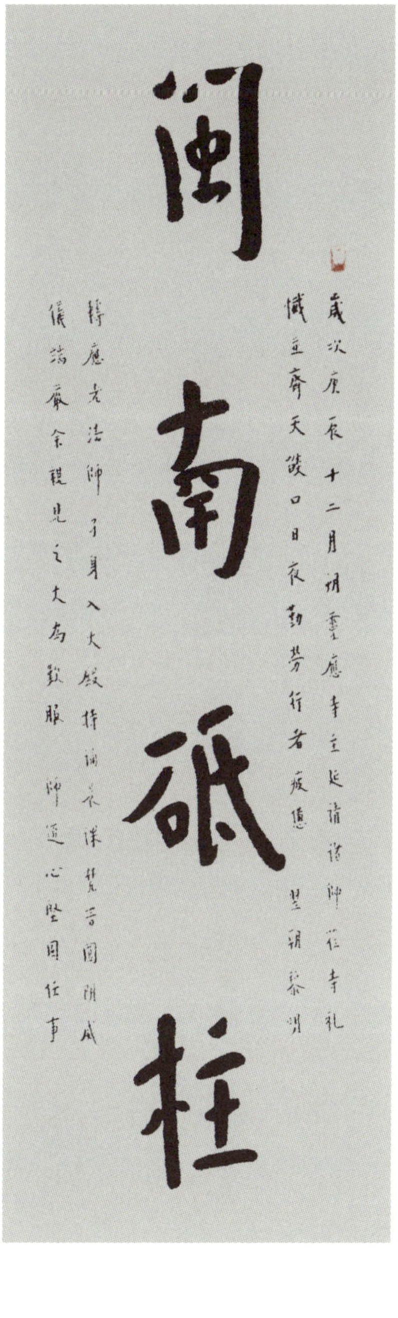
闽南砥柱

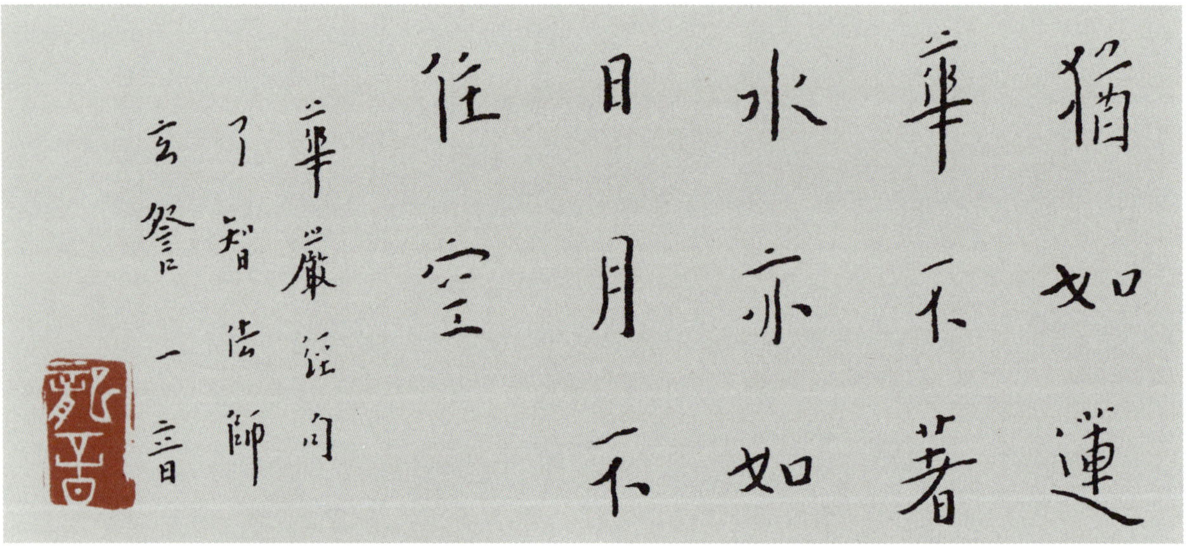
猶如蓮
華不著
水亦如
日月不
住空
華嚴經句
了智法師
玄鑒 一音

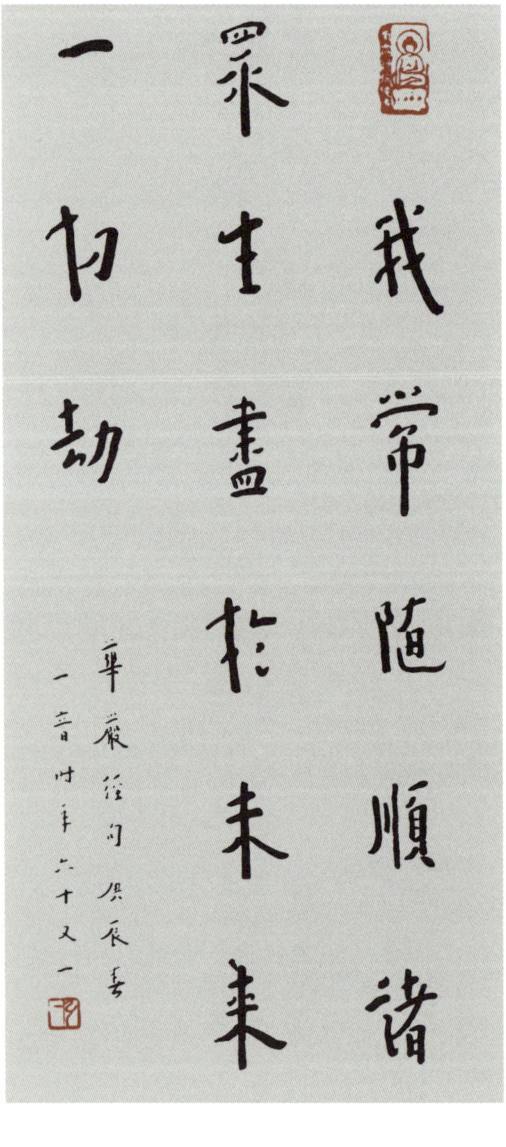
我常隨順諸
眾生盡於未來
一切劫
華嚴經句 庚辰春
一音時年六十又一

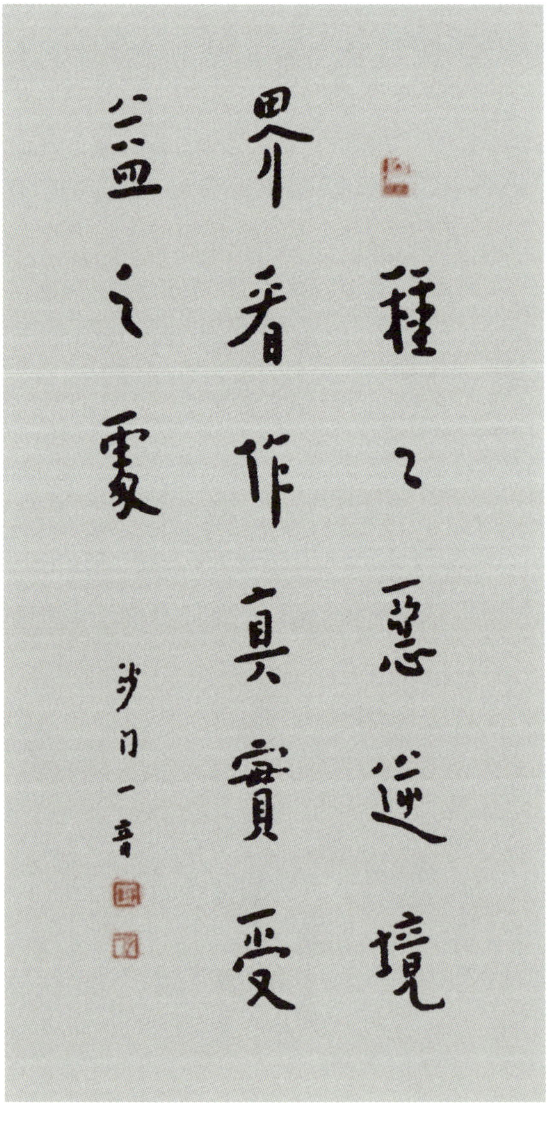
種〻惡逆境
界看作真實受
益之處
沙門一音

應自卑下
如拭塵巾
推直於他
引曲向己
常省己過
不訟彼短

南山行事鈔警訓書奉圓拙法師供養庚辰夏一音時年六十有一

亭亭寒影照寒泉
一月千潭普現

文物居士澗登

辛巳沙門一音

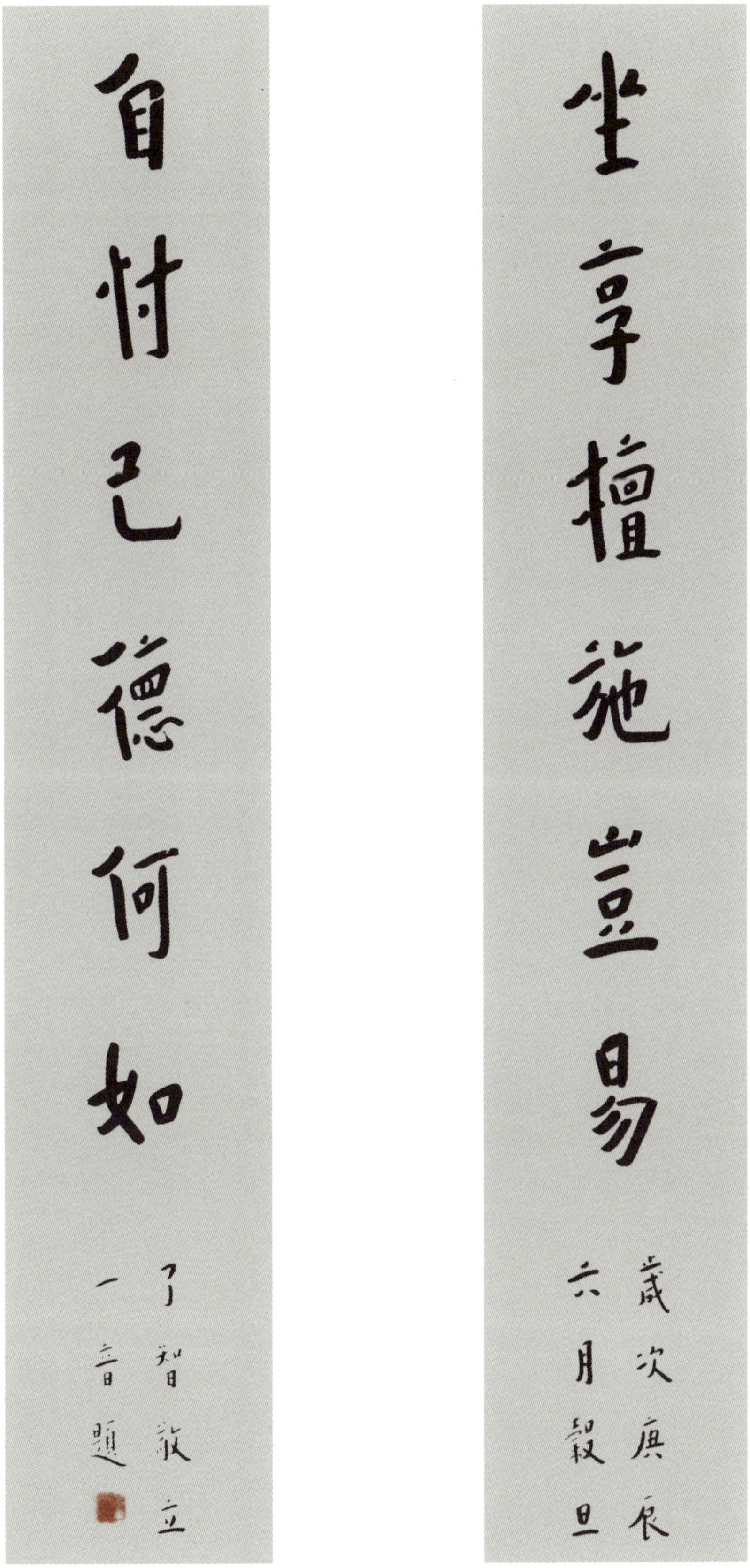
坐享檀施豈易
歲次庚辰
六月穀旦
自忖己德何如
了智敬立
一音題

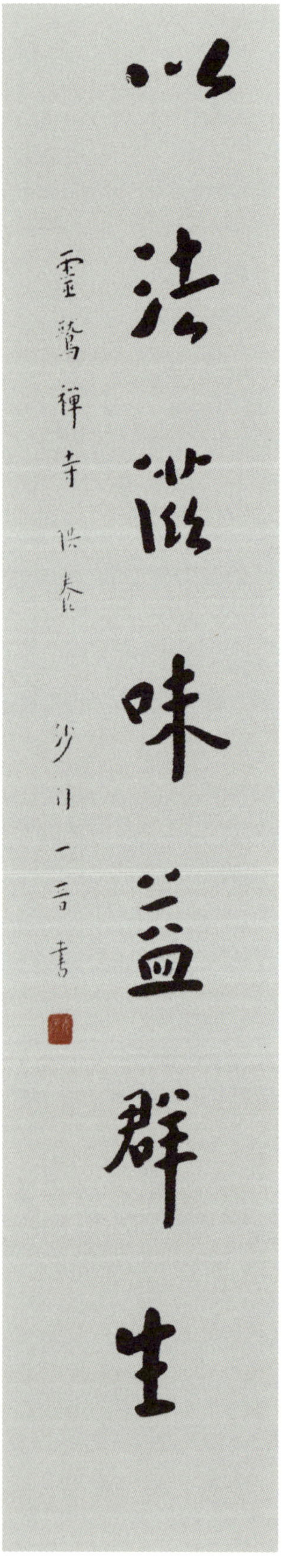
以法味益群生
灵鹫禅寺供养
沙门一音书

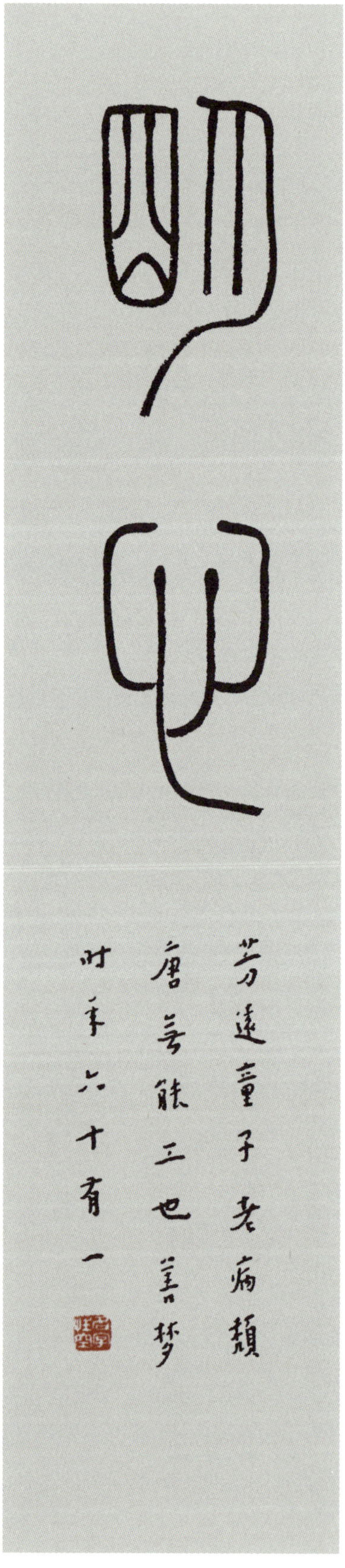
明心
芳远童子老病颓唐无能三也善梦
时年六十有一

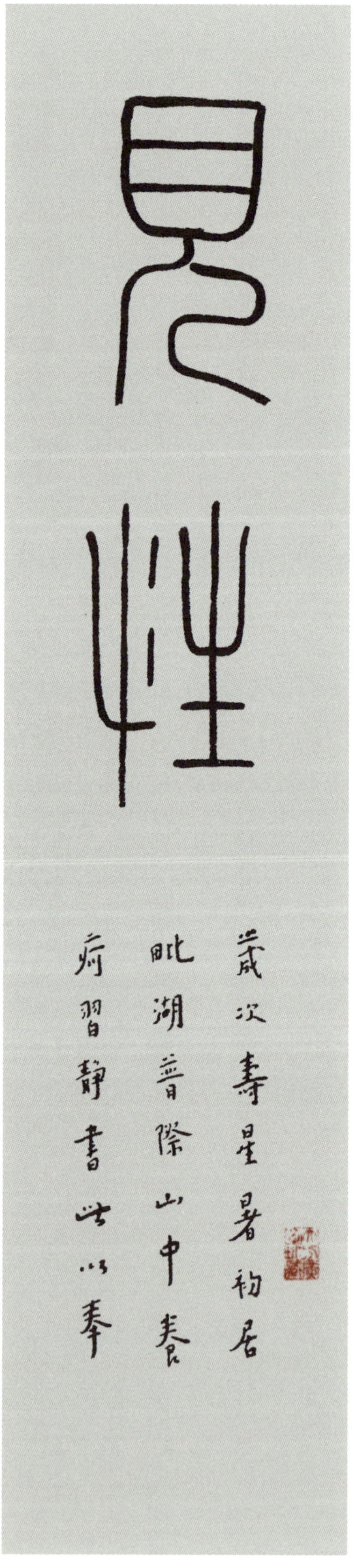
見性
岁次寿星暑初居
毗湖普除山中养
痾习静书此以奉

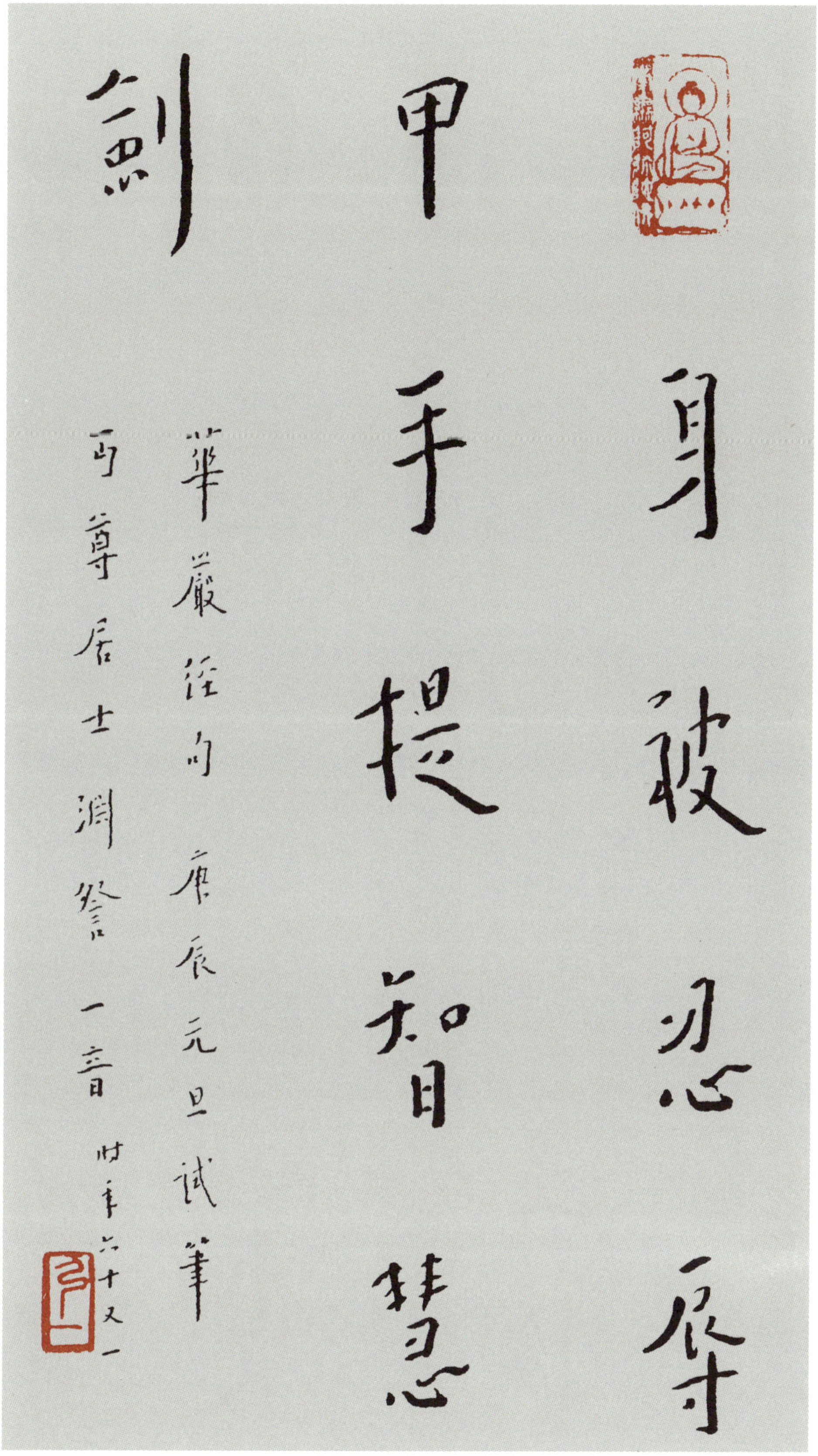
身披忍辱甲
手提智慧劍
華嚴經句 庚辰元旦試筆
丏尊居士
一音 時年六十又一

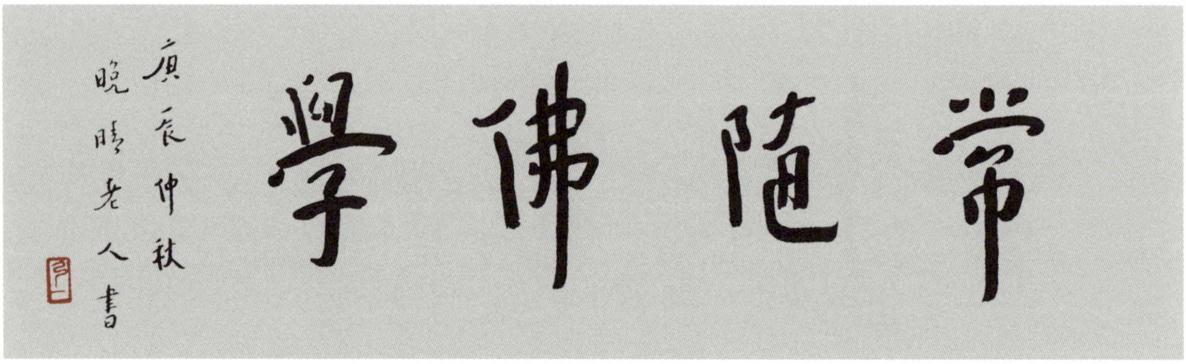
常隨佛學
庚辰仲秋
晚晴老人書

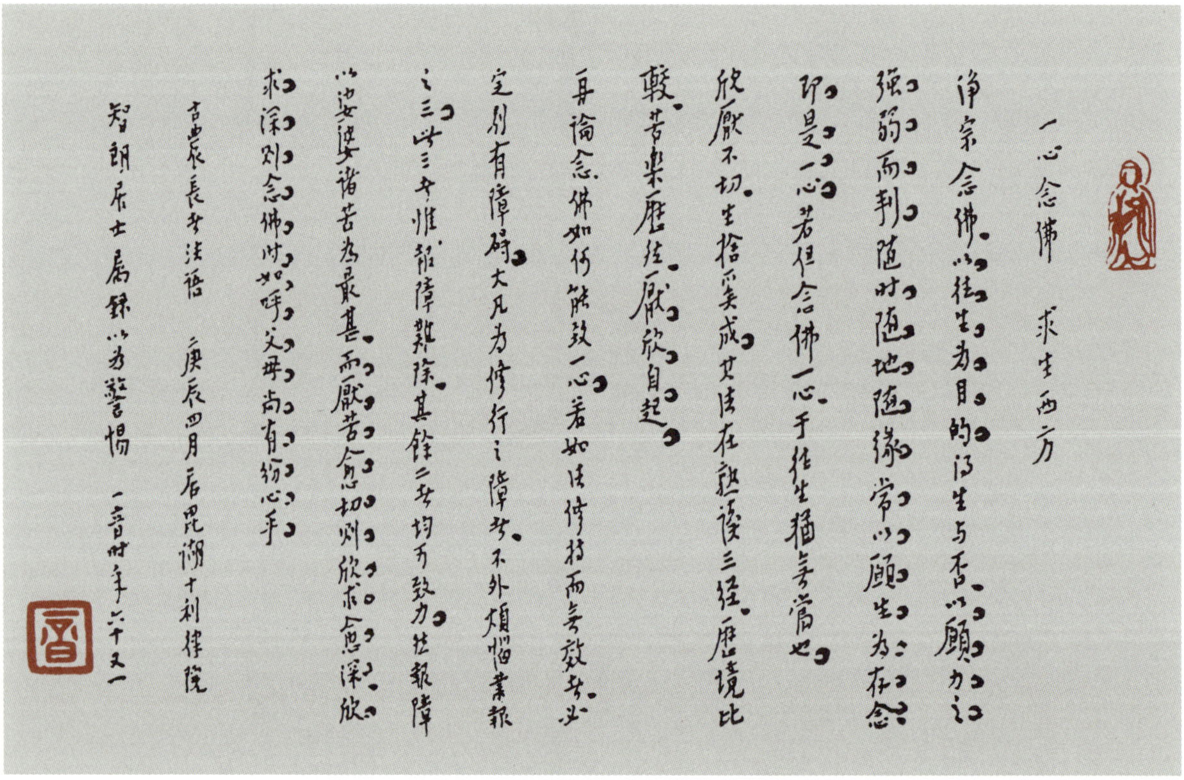
一心念佛 求生西方
淨宗念佛，以往生為目的；往生與否，以願力之
強弱而判，隨時隨地隨緣，常以願生為存念，
即是一心。若但念佛一心，于往生猶無當也。
欣厭不切，生信奚成？其法在熟讀三經，歷境比
較，苦樂歷然，厭欣自起。
再論念佛如何能致一心？若如法修持而無效者，必
定別有障礙。大凡為修行之障者，不外煩惱業報
之三。此三者惟報障難除，其餘二者均可致力。於報障
之中，以娑婆諸苦為最甚。而厭苦愈切，則欣求愈深；欣
求深，則念佛時，如呼父母，尚有不一心乎？
古農長者法語 庚辰四月居毘湖十利律院
智朗居士屬錄以為警惕 一音時年六十又一

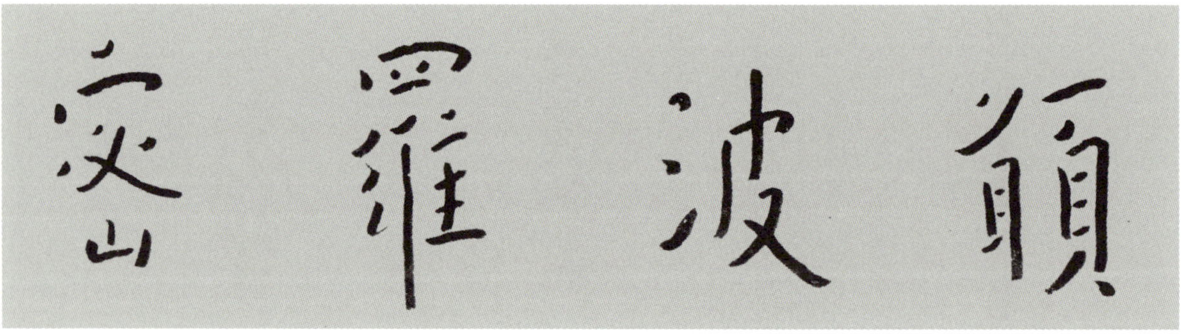
頻波羅

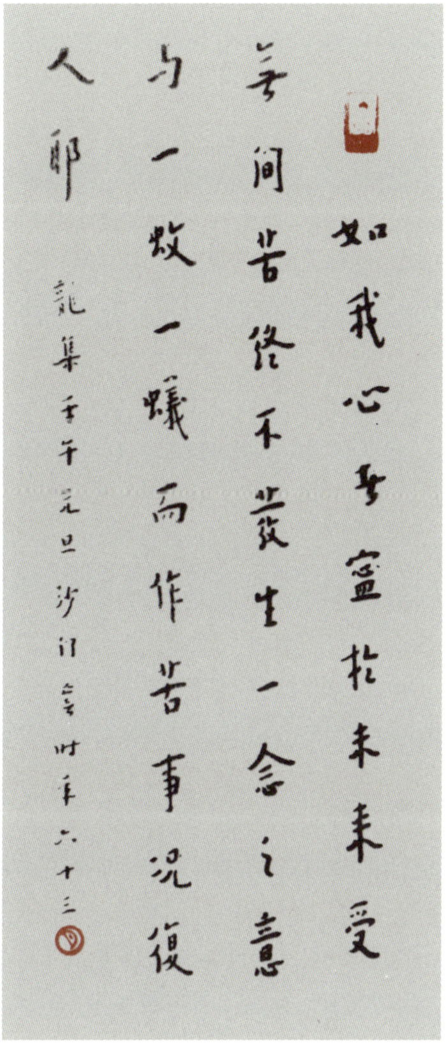

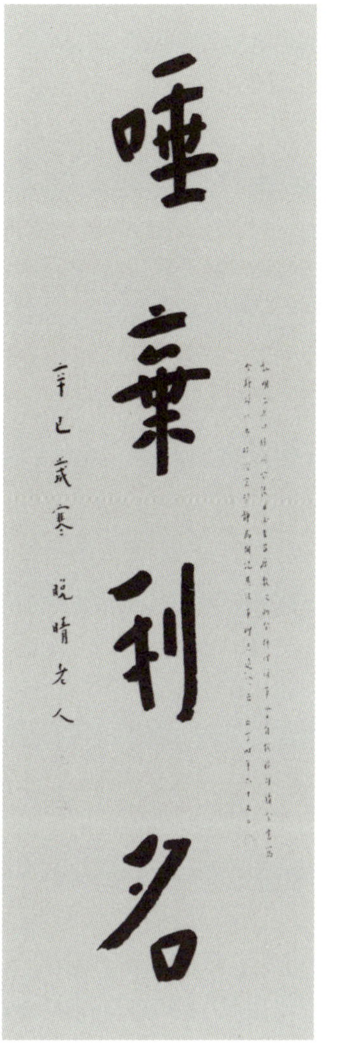
唾棄利名
辛巳歲寒 晚晴老人

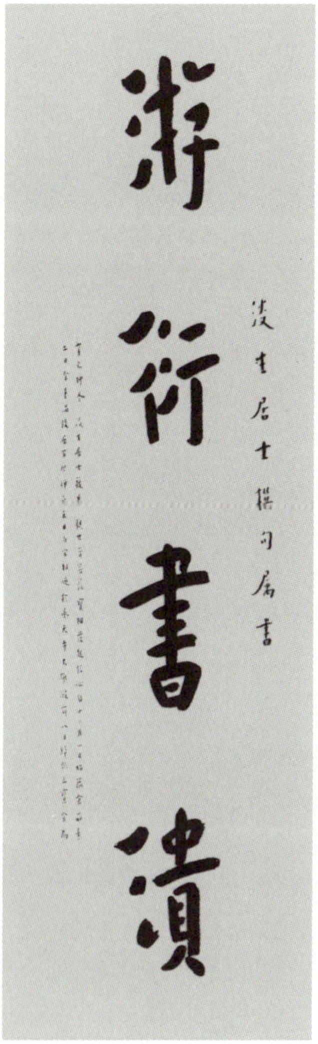

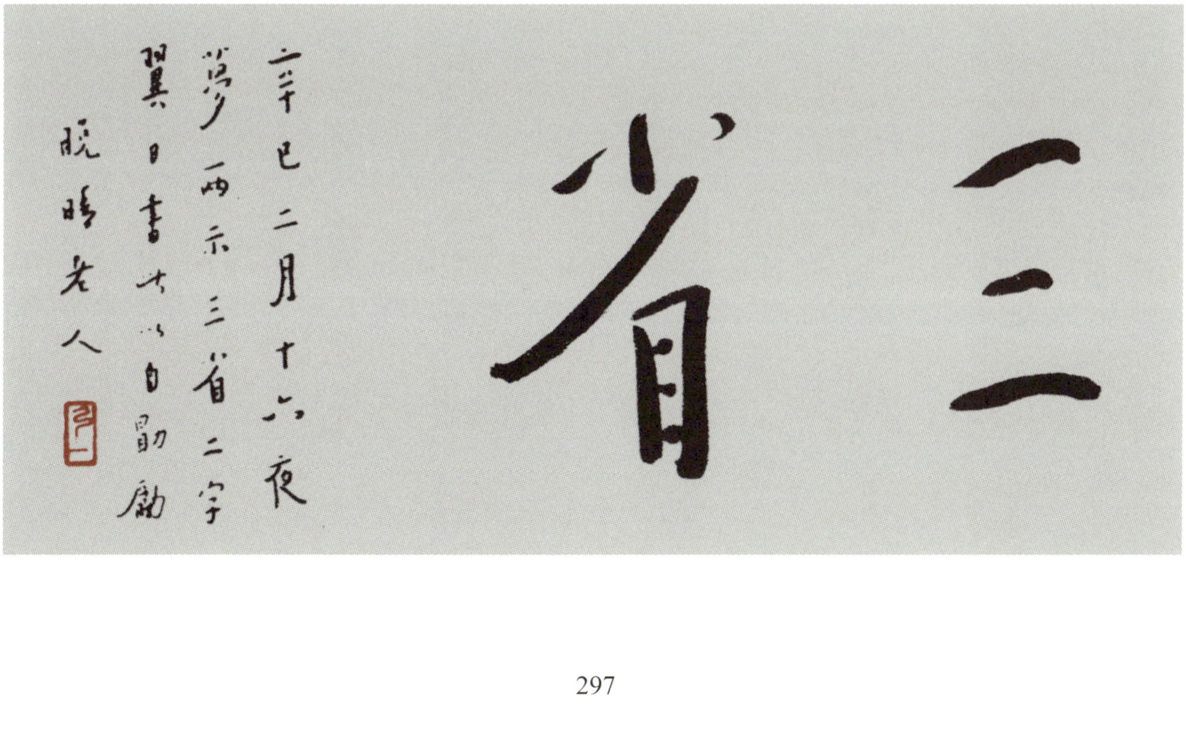
三省
辛巳二月十六夜
夢而示三省二字
翼日書此以自勵
晚晴老人

明靈峯警訓云師正法不師像法學古人
不學時人倘名聞未破利鎖未開藉言弘法利生
止是眼前活計縱透盡千七百公案講盡三乘十
二分教興崇梵刹如給孤獨園廣收徒衆如無相

好佛無明業識不斷俱為自誑自欺欲學慈悲
方便須深信一切衆生皆有佛性定當作佛見
僧俗造惡者勿生輕慢須憐憫愛念種種善巧而
迴護接引之若人我山高勝負情重止成修羅

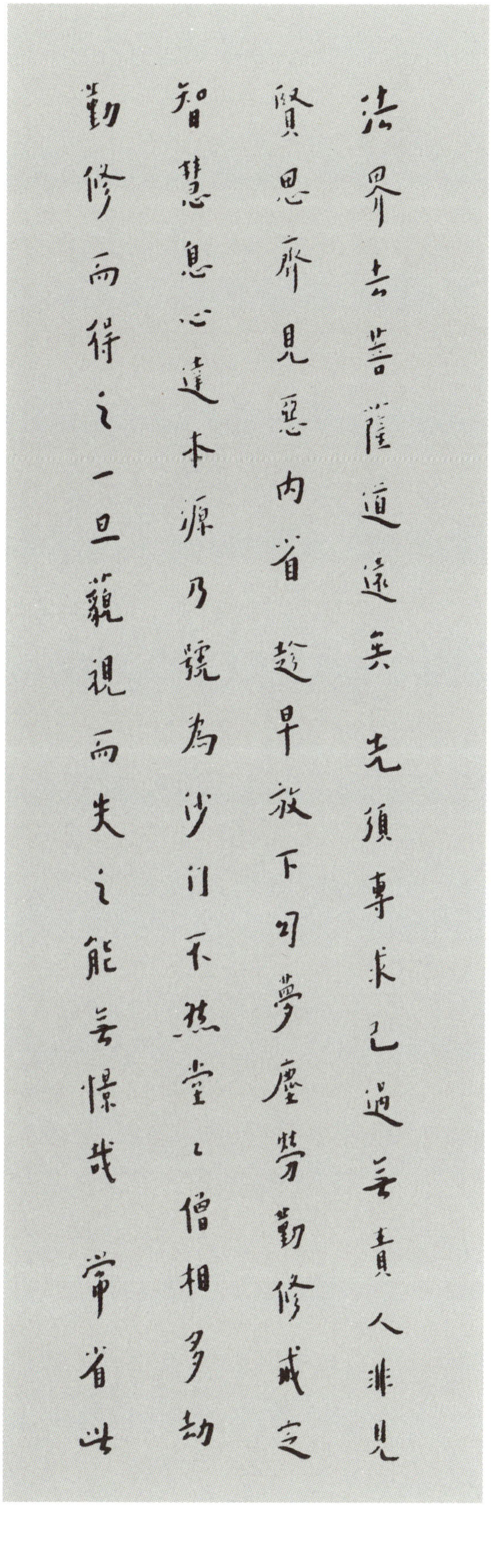
法界無菩薩道遠矣 先須專求己過無責人非見
賢思齊見惡內省 趁早放下幻夢塵勞勤修戒定
智慧息心達本源乃號為沙门不然堂堂僧相多劫
勤修而得之一旦藐視而失之能無慄哉 常省此

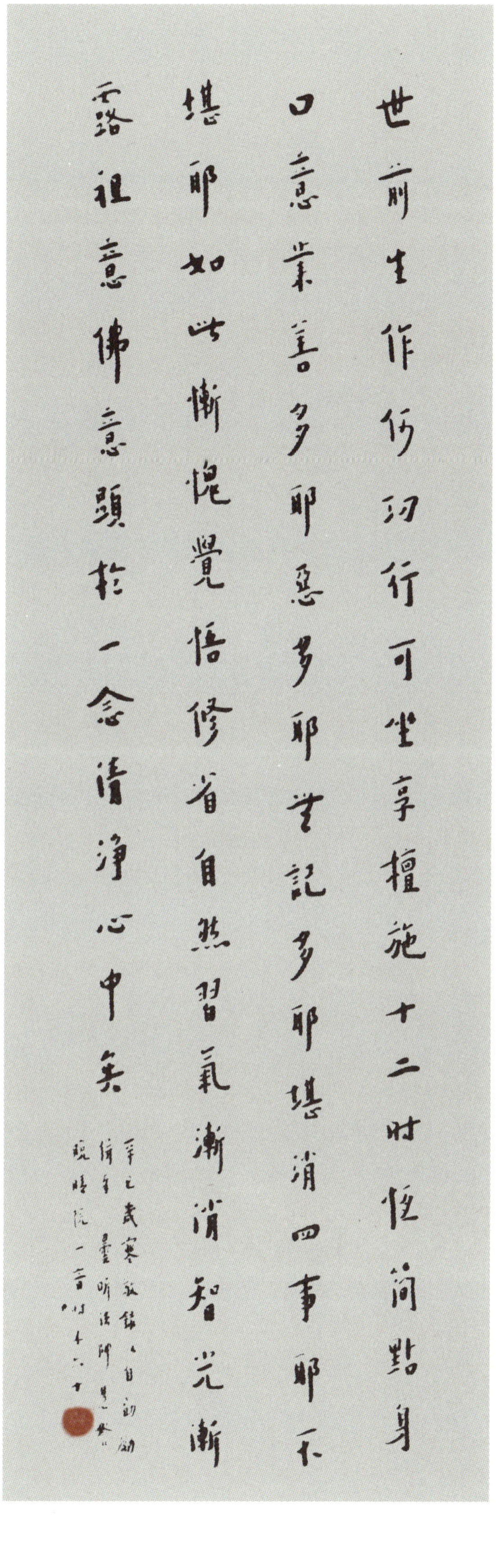
世前生作何功行可坐享檀施十二時怪簡點身
口意業善多耶惡多耶業記多耶堪消四事耶不
堪耶如此慚愧覺悟修省自然習氣漸消智光漸
露祖意佛意頭頭於一念清淨心中矣
辛巳歲寒敬錄以自勉勵
併奉 曇昕法師 慧鑒
晚晴院一音時年六十

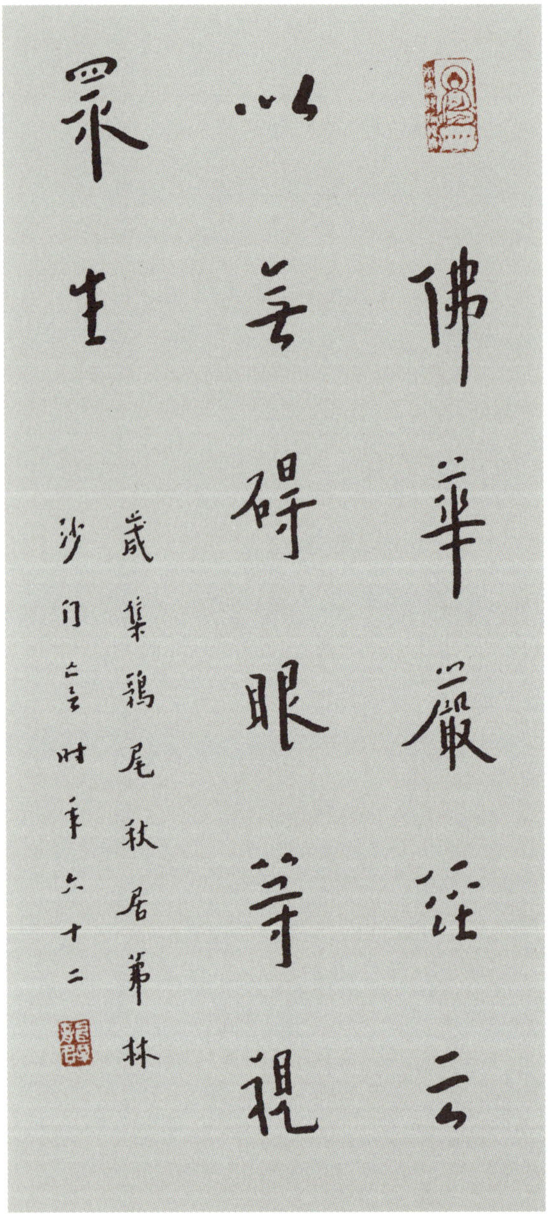
佛華嚴經云
以無礙眼等視
眾生
歲集鶉尾秋居華林
沙門一音時年六十二

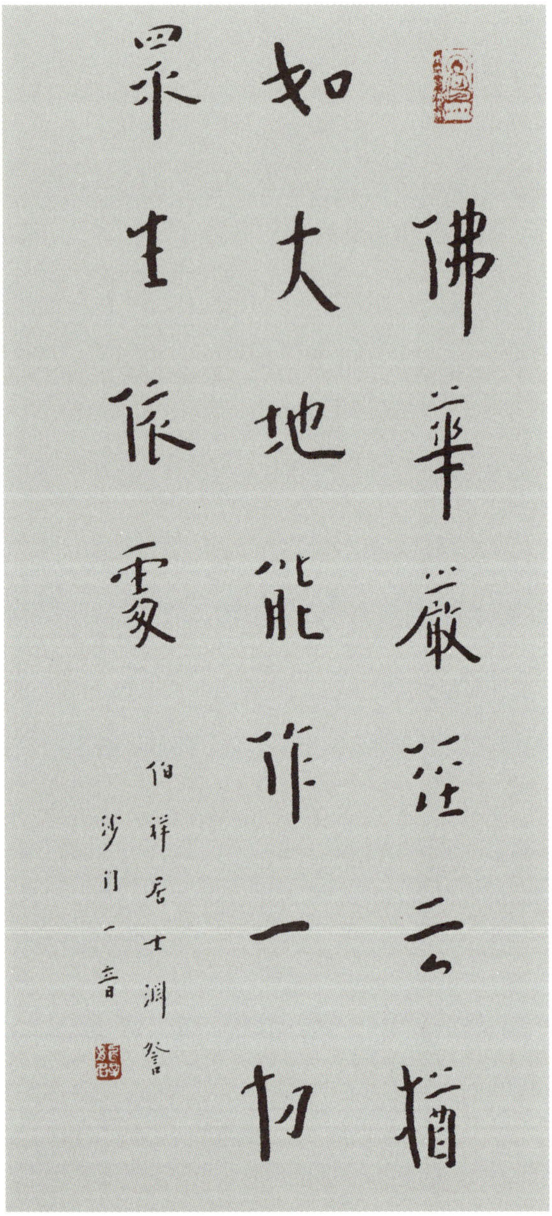
佛華嚴經云猶
如大地能作一切
眾生依處
伯祥居士潤詧
沙門一音

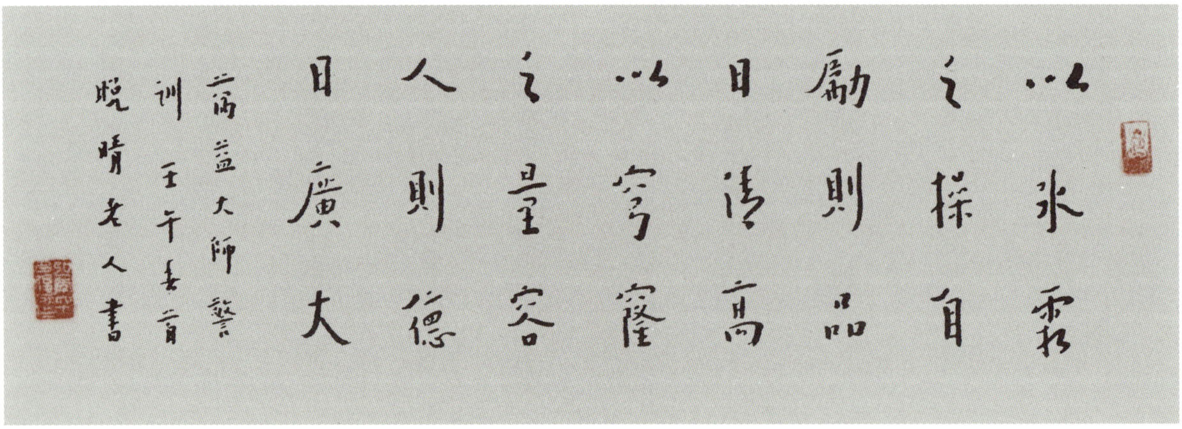
以冰霜之操自勵則品日清高
以穹窿之量容人則德日廣大
蕅益大師警訓
壬午春日
晚晴老人書

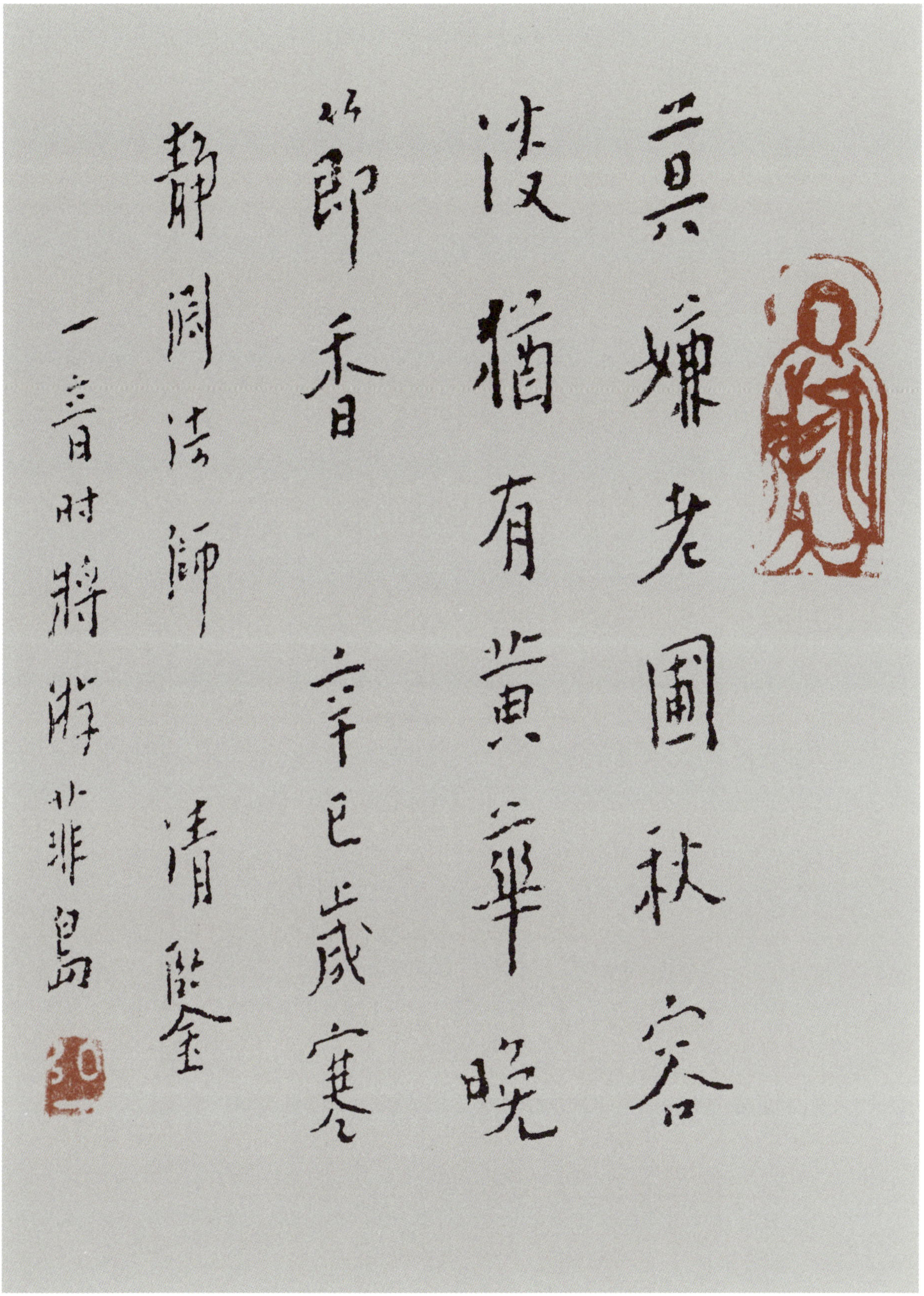
莫嫌老圃秋容
淡猶有黃華晚
節香
辛巳歲寒
靜涵法師
清鑒
一音時將游菲島

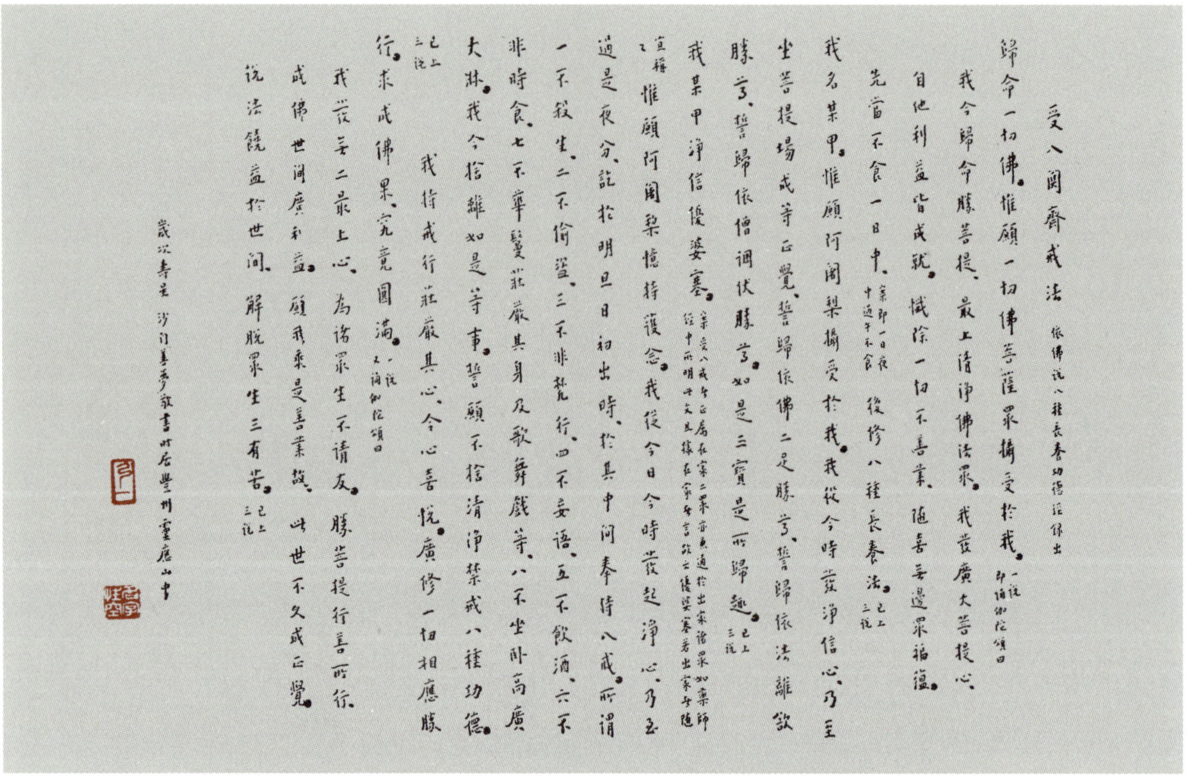
受八関齋戒法 依佛說八種長養功德經錄出
歸命一切佛。惟願一切佛菩薩衆攝受於我。一說 即誦伽陀頌曰
我今歸命勝菩提、最上清淨佛法衆。我發廣大菩提心、
自他利益皆成就。懺除一切不善業、隨喜無邊衆福蘊。
先當不食一日中。案即一日夜中過午不食 後修八種長養法。已上三說
我名某甲。惟願阿闍梨攝受於我。我從今時發淨信心、乃至
坐菩提場成等正覺、誓歸依佛二足勝尊、誓歸依法離欲
勝尊、誓歸依僧調伏勝尊。如是三寶是所歸趣。已上三說
我某甲淨信優婆塞。
惟願阿闍梨憶持護念。我從今日今時發起淨心、乃至
過是夜分、訖於明旦日初出時、於其中間奉持八戒。所謂
一不殺生、二不偷盜、三不非梵行、四不妄語、五不飲酒、六不
非時食、七不華鬘莊嚴其身及歌舞戲等、八不坐臥高廣
大牀。我今捨離如是等事。誓願不捨清淨禁戒八種功德。
已上三說
我持戒行莊嚴其心、令心喜悅。廣修一切相應勝
行。求成佛果、究竟圓滿。一說 又誦伽陀頌曰
我發無二最上心、為諸衆生不請友。勝菩提行善所行、
成佛世間廣利益。願我乘是善業故、此世不久成正覺
說法饒益於世間、解脫衆生三有苦。已上三說
歲次壽星 沙门善夢敬書时居豐州靈應山中

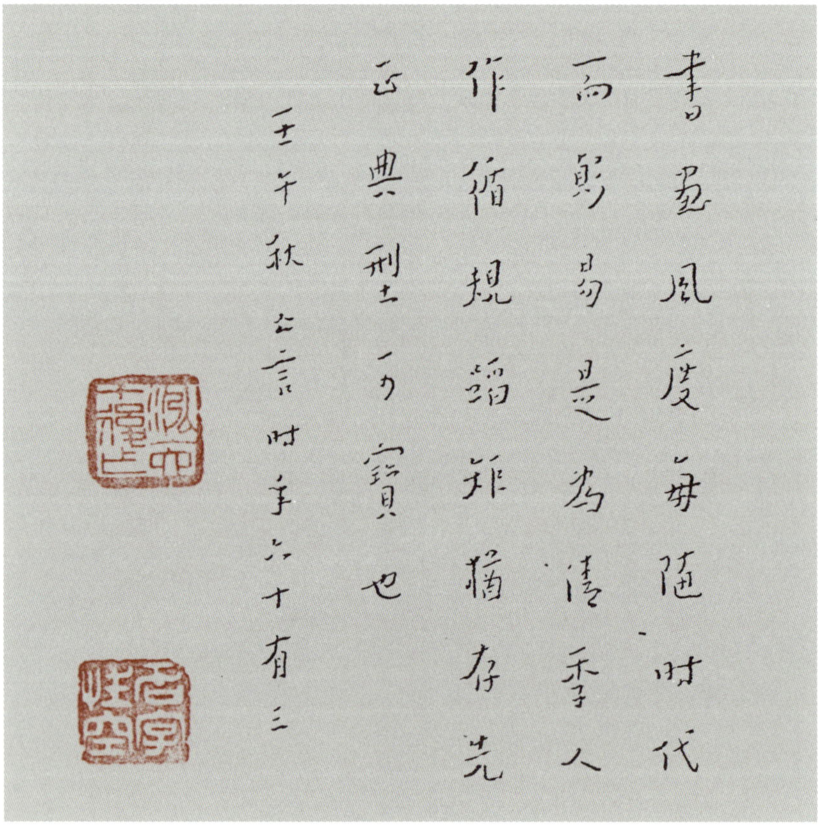
書畫風度每隨时代
而彰易是為清季人
作循規蹈矩猶存先
正典刑一方寶也
壬午秋公言时年六十有三

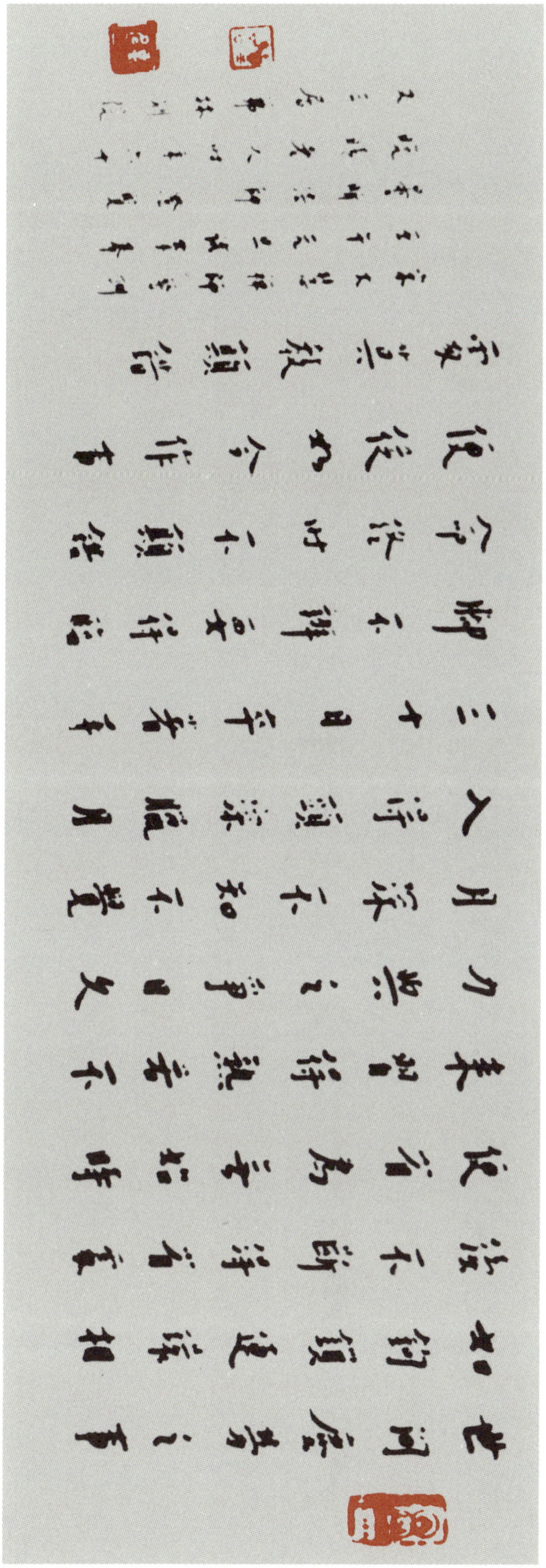

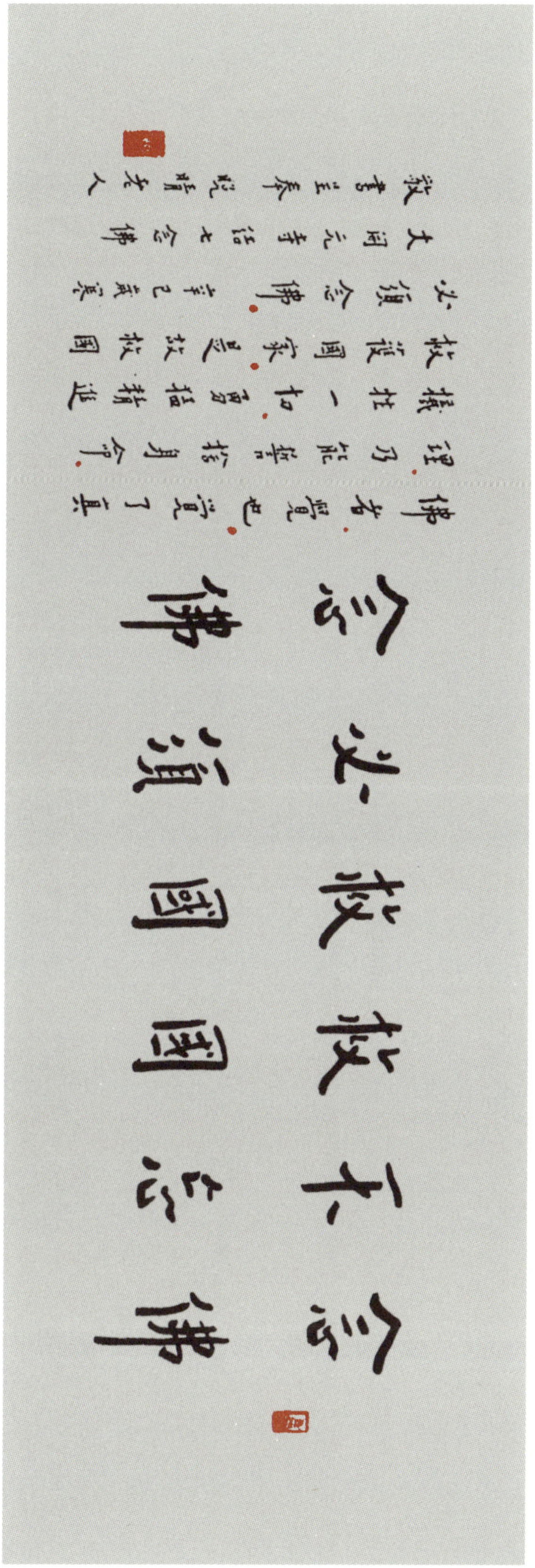
念佛不忘救國
救國必須念佛

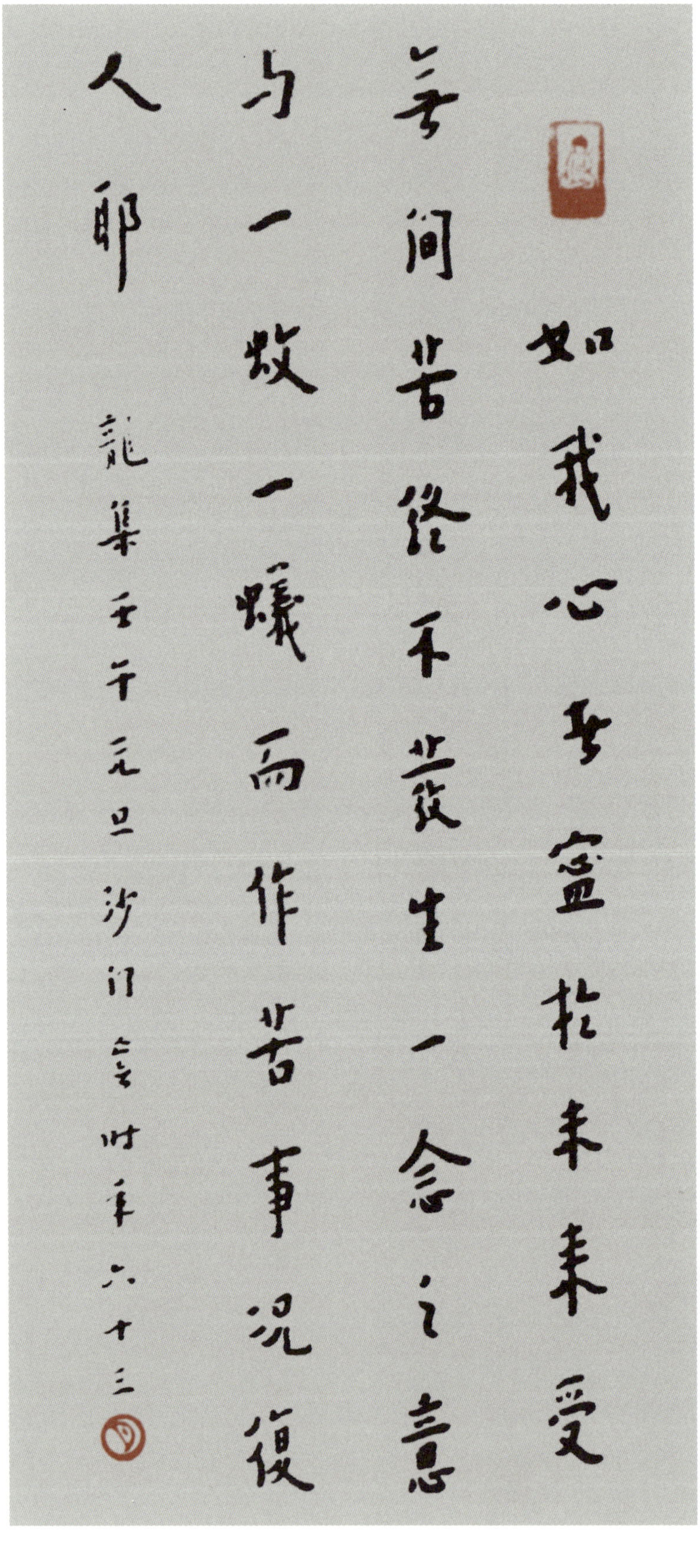
如我心無盡於未來受
無間苦終不發生一念之意
與一蚊一蟻而作苦事況復
人耶
龍集壬午元旦沙門曇時年六十三

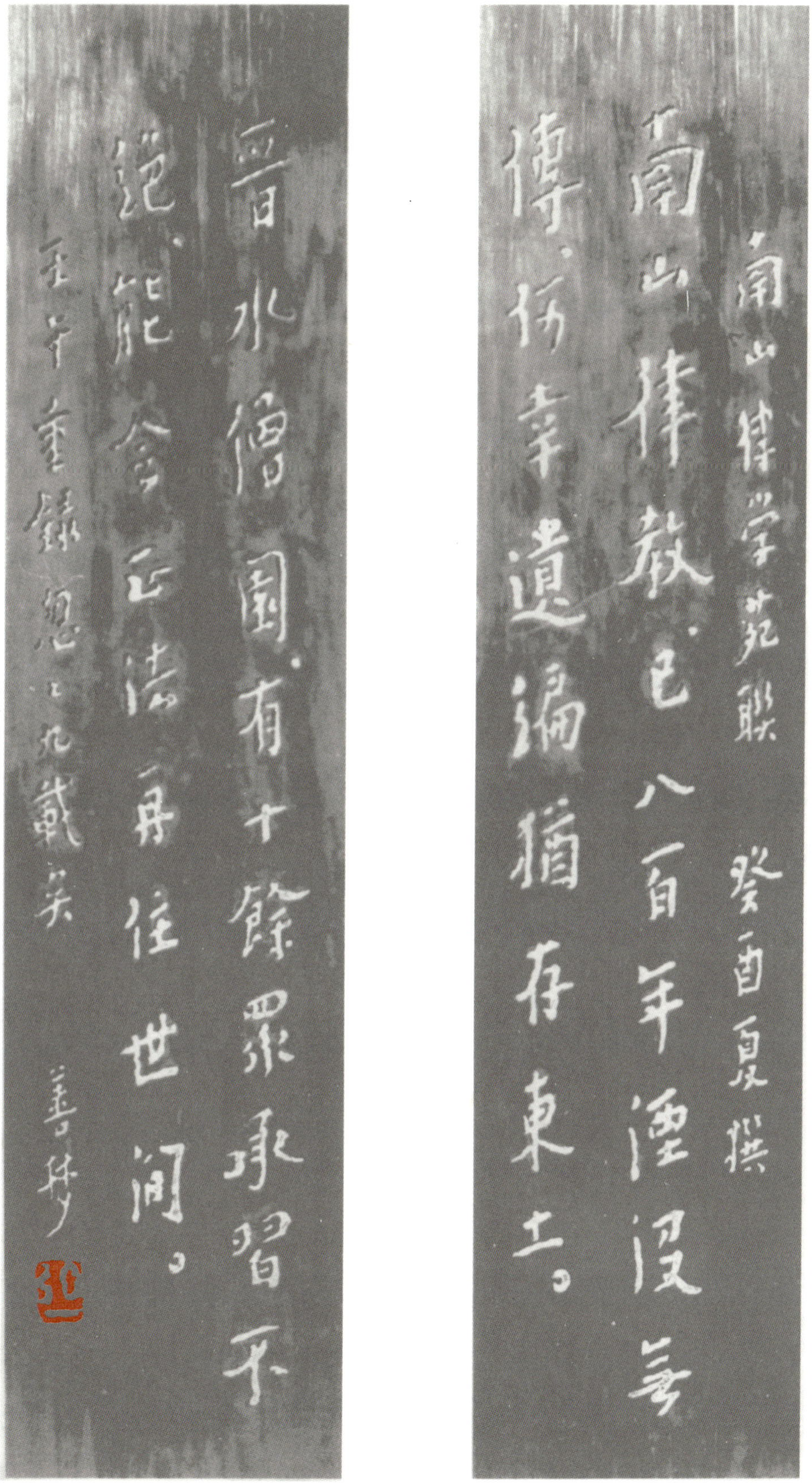
南山律学苑联 癸酉夏撰
南山律教，已八百年湮没无传，何幸遗编犹存东土。
晋水僧园，有十余众承习不绝，能令正法再住世间。
壬午重录 忽忽九载矣
善梦

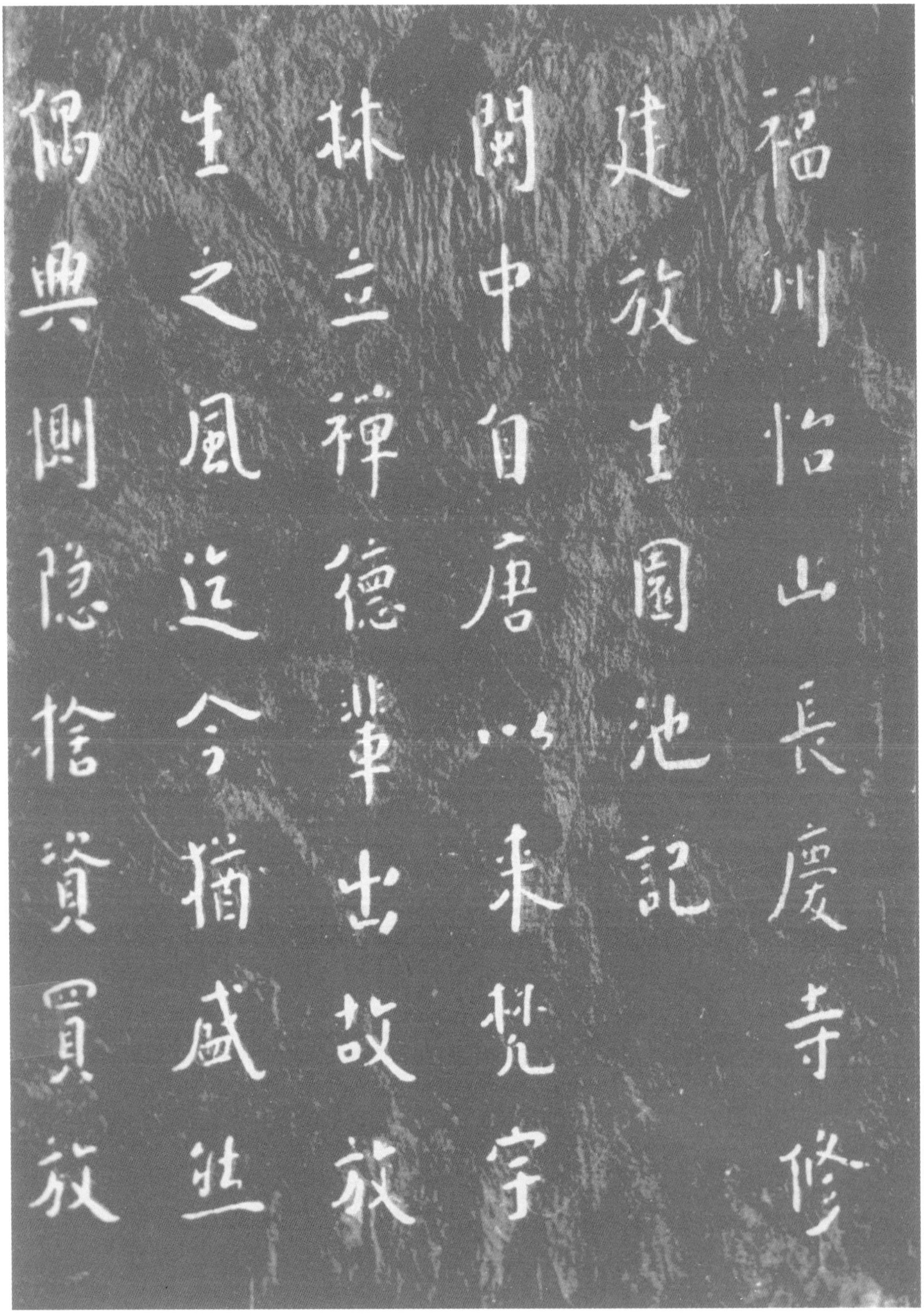
福州怡山長慶寺修
建放生園池記
閩中自唐以來梵宇
林立禪德輩出故放
生之風迄今猶盛然
偶興則隱捨貸買放

未足為難必也棲游
得所護育得人俾能
全其生命終彼天年
而放生本願乃始無
遺憾矣　福州西郊
怡山長慶寺又名西

吾人日夜行住坐卧
皆須至誠恭敬

中華民國三十一年仲夏
時節大病中書寄
福海賢首　晚晴老人

悲欣
交集
見觀經

手寫經文

佛說大乘戒經

中印土施護譯

如是我聞一時佛在舍衛國祇樹給孤獨園爾時世尊告苾芻言有破壞戒行壽命者有斷滅善根者出家難值發精進心堅固守護若諸苾芻等於佛法中求解脫者遠離一切諸惡苦惱如佛所說寧捨身命

而趣無常不得縱心犯其戒律若人捨命只壞一生若復破戒令百萬生沈淪惡道若人持戒當得見佛戒為最上莊嚴戒為最上妙香戒為歡喜勝因戒體清淨如清冷水能除熱惱戒法最大世間呪法龍蛇之毒而不能侵持戒得名聞持戒獲安樂如是命終時復得生天上佛言苾芻若犯

律儀譬如盲人不見衆色亦如無足不能
行道遠離涅槃不到彼岸若持戒人成就
一切法寶譬如賢瓶圓滿堅固能盛一切
珍寶如是破損珍寶散失若破律儀則捨
一切善法先曾犯戒而後心欲求涅槃如
去眼耳對鏡照面何所堪能佛言苾芻女

人無信不可親近王恩難勝不可恃怙水沫無實不可攝摩富貴無常不可久住色相如花須臾變異壽如熟果不可久停如急流渡船如朽屋暫住寧食毒藥不得飲酒寧入大火不得嗜欲佛說是經已時彼苾蒭及諸菩薩皆大歡喜信受奉行

佛說大乘戒經

楞嚴

佛興慈悲哀憫阿難及諸大眾發海潮音徧告同會諸善男子我嘗說言色心諸緣及心所使諸所緣法唯心所現汝身汝心皆是妙明真精妙心中所現物云何汝等遺失本妙圓妙明心寶明妙性認悟中迷晦昧為空空晦暗中結暗為色色雜妄想想相為身聚緣內搖趣外奔逸昏擾擾相以為心性一迷為心決定惑為色身之內不知色身外洎山河虛空大地咸是妙明真心中物譬如澄清百千大海棄之惟認一浮漚體目為全潮窮盡瀛渤汝等即是迷中倍人

如我垂手等無差別如來說為可憐愍者
一切眾生從無始來迷己為物失於本心為物
所轉故於是中觀大觀小若能轉物則同如來
身心圓明不動道場於一毛端遍能含受十方
國土
阿難汝猶未明一切浮塵諸幻化相當處出生
隨處滅盡幻妄稱相其性真為妙覺明體如是
乃至五陰六入從十二處至十八界因緣和合
虛妄有生因緣別離虛妄名滅殊不能知生滅
去來本如來藏常住妙明不動周圓妙真如性
性真常中求於去來迷悟生死了無所得

爾時阿難及諸大眾。蒙佛如來微妙開示。身心

蕩然。得無罣礙。是諸大眾各各自知心徧十方。

見十方空。如觀手中所持葉物。一切世間諸所

有物。皆即菩提妙明元心。心精徧圓。含裹十方。

反觀父母所生之身。猶彼十方虛空之中。吹一

微塵。若存若亡。如湛巨海。流一浮漚。起滅無從。

了然自知。獲本妙心。常住不滅。

己未中伏爲尊者大慈檢手寫楞嚴數則貽之　定慧弘一淨行近住釋演音并記

佛說八種長養功德經

宋西天三藏法護等譯

歸命一切佛惟願一切佛菩薩
眾攝受於我我即說伽陀頌曰

我今歸命勝菩提
最上清淨佛法眾

我發廣大菩提心
自他利益皆成就
懺除一切不善業
隨喜無邊衆福蘊
先當不食一日中
後修八種長養法

當知八種長養法者所謂八戒
弟子應於阿闍梨前二三重復
說是伽陀己次復當稱己之名
字我名某甲惟願阿闍梨攝受
於我我從今時發淨信心乃至
上菩提場成等正覺誓歸依佛

二足勝尊誓歸依法離欲勝尊
誓歸依僧調伏勝尊如是三寶
是所歸趣我某甲淨信優婆塞
惟願阿闍梨憶持護念我從今
日今時發起淨心乃至過是夜
分訖於明旦日初出時於其中

聞奉持八戒所謂一不殺生二
不偷盜三不非梵行四不妄語
五不飲酒六不非時食七不華
鬘莊嚴其身及歌舞戲等八不
坐臥高廣大牀我今捨離如是
等事誓願不捨清淨禁戒八種

功德二三重復作如是說又言
我持戒行莊嚴其心令心喜悅
廣修一切相應勝行求成佛果
究竟圓滿又說伽陀曰
我發無二最上心
為諸眾生不請友

勝菩提行善所行
成佛世間廣利益
願我乘是善業故
此世不久成正覺
說法饒益於世間
解脫眾生三有苦

佛說八種長養功德經

齋經三譯繁簡各殊并有長所爾後三藏法護出長養功德經亦其流類唯載受八戒文辭理辯暢超勝舊譯淨行之侶依是誦說蓋良便矣惜其流傳未廣承用者罕今别書寫以付玄父居士倡緣弘布冀使後賢共廣聞焉於時十三年歲陽閼逢迦刺底迦月沙門曇昉

三歸八戒之義初心者或有未委輒述所聞略明其概三歸者歸依三寶三寶者佛法僧歸依三寶者翻無始邪心歸三寶正覺應示三寶境界但創入道門未諳法義且

多論云若受五戒必盡形受若受八戒必一日一夜若有力能受一日過已次第更受

受三歸八戒者應於出家五眾邊受（出家五眾者苾芻苾芻尼式叉摩那沙彌沙彌尼）然以從大僧受者（大僧者苾芻苾芻尼）為通途常例必無其人乃依他眾（依戒實論及大智度論皆開自受靈芝律師云戒智二論並開自受文約無師義兼緣礙）

經云二三重復說者義應三說首云歸命一切佛乃至攝受於我三說次誦伽陀三說次云我名某甲乃至八種功德三說又言我持戒行乃至究竟圓滿三說後誦伽陀三說經文小略恐或疑滯許為委出

歸戒之義具如優婆塞受三歸五戒法優婆塞五戒相經箋要（已上見在家律要後者將校訂別刊）齋經科註中廣明須者尋之

除

非時食者有二種一謂過中已去（中者正午）二謂明相未出已來應自齋日正午已後乃至翌日黎明不可進食藥物小食亦悉屏絕

華鬘者西土飾身之具此方所無但屬香豔華侈之品悉宜屏去

歌舞戲者不自作亦不故往觀聽

八戒或開為九以不非時食名齋餘八名戒（華鬘歌舞分判為二故具八數）

八戒者於月六齋日及年三長齋月受月六齋日者初八日十四日十五日二十三日二十九日三十日（若月小者取二十八日足之）年三長齋月者正月五月九月

宗住持三寶今寄心有所住持三寶者雕塑靈儀是佛寶琅函玉軸是法寶剃染稟戒為僧寶應當志誠歸向從今已後盡此形命誓依佛為師誓學法藏誓敬僧衆

八戒中初殺生者殺人犯重殺非人畜獸者輕

偷盜者盜滿五磨灑（五磨灑舊譯作五錢頗易誤會唐慧琳一切經音義云磨灑者梵語是西方市金寶之名也五磨灑可直此方銅錢四百）犯重不滿者輕

非梵行者即是婬欲受五戒者邪婬犯重正婬（己之妻妾）無犯受八戒者正婬亦犯重

妄語者若未證果妄言已證未悟道妄言已悟等名大妄語犯重小妄語者輕

已上四戒犯者結重屬不可悔罪以永棄佛海邊外名為邊罪不得更受五戒八戒等已下四戒犯者輕罪聽許悔

大方廣佛華嚴經

唐于闐國三藏實叉難陀譯

十迴向品 初迴向章 科註科文

(甲)救護一切衆生離衆生相迴向文分為二。初長行，二偈頌。(乙)初長行，有三。初標名徵起，二依徵廣釋，三依釋結名。(丙)今初。佛子。云何為菩薩摩訶薩救護一切衆生離衆生相迴向。

(丙)二依徵廣釋，有二。初明所迴善根，二正明迴向。(丁)今初。

佛子。此菩薩摩訶薩，行檀波羅蜜。淨尸波羅蜜。修羼提波羅蜜。起精進波羅蜜。入禪波羅蜜。住般若波羅蜜。

大慈大悲。大喜大捨。修如是等無量善根。

（丁）二正明迴向，有二。初明隨相迴向。即迴向眾生及與菩提。釋救護眾生。二明離相迴向。即迴向實際。釋離眾生相。（戊）初明隨相迴向，又二。初總明，二別顯。（己）今初。

修善根時。作是念言。願此善根。普能饒益一切眾生。皆使清淨。至於究竟。永離地獄餓鬼畜生閻羅王等無量苦惱。

（己）二別顯，有四。初利樂救護，二受惱救護，三代苦救護，四迴拔救護。（庚）初利樂救護，又三。初總標，二別顯，三總結。（辛）今初。

菩薩摩訶薩。種善根時。以己善根。如是迴向。（壬）二別顯

我當為一切眾生作舍。令免一切諸苦事故。為一切眾生作護。悉令解脫諸煩惱

故。爲一切衆生作歸，皆令得離諸怖畏故。爲一切衆生作趣，令得至於一切智故。爲一切衆生作安，令得究竟安隱處故。爲一切衆生作明，令得智光滅癡暗故。爲一切衆生作炬，破彼一切無明闇故。爲一切衆生作燈，令住究竟清淨處故。爲一切衆生作導師，引其令入眞實法故。爲一切衆生作大導師，與其無礙大智慧故。（量）三總結。佛子。菩薩摩訶薩，以諸善根如是迴向，平等饒益一切眾生究竟皆令得一切智。

(庚)二受惱於護有二。初明受惱之相，二明迴向之相。(辛)初明受惱之相又二。初法，二喻。(壬)今初。

佛子。菩薩摩訶薩於非親友守護迴向與其親友等無差別。何以故。菩薩摩訶薩入一切法平等性故。不於眾生而起一念非親友想。設有眾生於菩薩所起怨害心。菩薩亦以慈眼視之終無恚怒。普為眾生作善知識。演說正法。令其修習。

(壬)二喻有二。初大海不變喻。喻逆惡緣不變本心。二日輪普照喻。喻逆惡緣不息利益。(癸)今初。

譬如大海一切眾毒不能變壞。菩薩

亦爾。一切愚蒙無有智慧。不知恩德。瞋很頑毒。憍慢自大。其心盲聾。不識善法。如是等類諸惡眾生。種種逼惱。無能動亂。（癸二日輪普照喻。有三。初舉喻。二合法。三徵釋。子今初。）譬如日天子。出現世間。不以生盲不見故。隱而不現。又復不以乾闥婆城。阿修羅手。閻浮提樹。崇巖邃谷。塵霧煙雲。如是等物之所覆障故。隱而不現。亦復不以時節變改故。隱而不現。（子二合法。有二。初合具德之義。二合非隱不隱。丑今初。）菩薩摩訶薩。亦復如是。有大福德。其心深廣。正念觀察。無有退屈。爲欲究竟功德智慧．於上勝法．心生志欲。法光普照。見一切義。於諸法門．智慧自在。常爲利益一切衆生．而修善法。曾不誤起捨衆生心。二(回)

（合非緣天阻，）不以衆生其性弊惡．邪見瞋濁．難可調伏．便卽棄捨．不修迴向。但以菩薩大願甲冑而自莊嚴．救護衆生．恒無退轉。不以衆生不知報恩．退菩薩行．捨菩提道。不以凡愚共同一處．捨離一切如實善根。不以衆生數起過惡，難可忍受，而於彼所生疲厭心。（子）三徵釋，有二。初徵，二釋。（丑）今初。何以故。（丑）二釋，有二。初喻，二合。（寅）今初。譬如日天子，不但爲一事故，出現世間。（寅）二合，有二。初總合，二別合。（卯）今初。菩薩摩訶薩，亦復如是。（卯）二別合，有二。初以大悲合日，二以智合日。（辰）今初。不但爲一衆生故，修諸善根，迴向阿耨多羅三藐三菩提。普爲救護一切衆生故，而修善根，迴向阿耨多羅三藐三菩提。（辰）二以智合日。如是不但爲淨一佛剎故，不但爲信一佛故，不但爲見一佛故，不但爲了一法故、起大智願、迴向阿耨多羅三藐三菩提。爲普淨一切佛刹故、普信一切諸佛故、普承事供養一切諸佛故、普解一切佛法故、發起大願、修諸善根迴向阿耨多羅三藐三菩提。(辛)二明迴向之相、有二。初辨迴向之心、二明迴向之願。(壬)初辨迴向之心、又二。初緣境廣大上等佛心、二悲成利樂下救物心。(癸)今初。

佛子。菩薩摩訶薩、以諸佛法而爲所緣。起廣大心、不退轉心。無量劫中、修習希有難得心寶。與一切諸佛悉皆平等。(癸)二悲成利樂下救物心。

菩薩如是觀諸善根、信心清淨、

大悲堅固。以甚深心、歡喜心、清淨心、最勝心、柔輭心、慈悲心、憐愍心、攝護心、利益心、安樂心、普爲衆生眞實迴向。非但口言。（壬）二明迴向之願、有二。初願衆生令成法器、二令得法圓滿。（癸）令初。

佛子。菩薩摩訶薩、以諸善根迴向之時、作是念言。以我善根願一切趣生、一切衆生、皆得清淨功德圓滿。不可沮壞、無有窮盡。常得尊重、正念不忘。獲決定慧、具無量智。身口意業、一切功德圓滿莊嚴。（癸）二令得法圓滿、有四。初總舉遇緣行法、二成自分德、三勝進德圓、四明得果滿。（壬）令初。

又

作是念。以此善根、令一切眾生承事供養一切諸佛、無空過者。（子二成自分德）於諸佛所、淨信不壞。聽聞正法、斷諸疑惑、憶持不忘、如說修行。於如來所、起恭敬心。身業清淨。安住無量廣大善根。永離貧窮、七財滿足。（子三勝進德圓。）於諸佛所、常隨修學。成就無量勝妙善根。平等悟解、住一切智。以無礙眼、等視眾生。眾相嚴身、無有玷缺。言音淨妙、功德圓滿。諸根調伏、十力成就。善心滿足、無所依住。

（子）四明得果滿。令一切衆生，普得佛樂。得無量住，住佛所住。

（庚）三代苦救護，有三。初總明代苦迴向，二別明代苦迴向之心，三總結成益。（辛）初總明代苦迴向，有二。初明先救重苦，二念偏救諸苦。（壬）初明先救重苦，又二。初見苦興悲心堅不退。二徵以釋成。（癸）今初。

佛子。菩薩摩訶薩，見諸衆生，造作惡業，受諸重苦。以是障故，不見佛，不聞法，不識僧。便作是念。我當於彼諸惡道中，代諸衆生，受種種苦。令其解脫。菩薩如是受苦毒時，轉更精勤。不捨不避，不驚不怖，不退不怯，無有疲厭。（癸）二徵以釋成。何以故。

如其所願。決欲荷負一切衆生，令解脫故。(壬)二念偏救諸苦，有二。初救八苦八難等苦，二救逆四諦苦。(癸)今初。菩薩爾時，作是念言。一切衆生，在生老病死諸苦難處，隨業流轉。邪見無智，喪諸善法。我應救之，令得出離。(癸)二救逆四諦苦，有二。初念苦境，二正興悲救。(子)今初。又諸衆生，愛網所纏，癡蓋所覆，染著諸有，隨逐不捨，入苦籠檻，作魔業行。福智都盡，常懷疑惑，不見安隱處，不知出離道。在於生死，輪轉不息。諸苦淤泥，恒所沒溺。(子)二正興悲救，菩薩見已，起大悲心，大饒益心。以一切善根迴向。以廣大心迴向。如三世菩薩所修迴向。如大迴向經所說迴向。願諸衆生。普得清淨。究竟成就一切種智。(辛)二別明代苦迴向之心。有二。初三明代苦之心。二後二明迴向之心。(壬)初三明代苦之心。又三。初明一向普救無自為心。二衆苦備受無懈怠心。三決志保護無虛妄心。(癸)今初。復作是念。我所修行。欲令衆生。皆悉得成無上智王。不為自身而求解脫。但為救濟一切衆生。令其咸得一切智心。度生死流。解脫衆苦。(癸)二衆苦備受無懈怠心。有二。初正明。二徵釋。(子)今初。復作是念。我當普為一切眾生、備受眾苦。令其得出無量生死眾苦大聚。我當普為一切眾生、於一切世界、一切惡趣中、盡未來劫、受一切苦。然常為眾生、勤修善根。(子)二徵釋

何以故。我寧獨受如是眾苦、不令眾生墮於地獄。我當於彼地獄畜生閻羅王等險難之處、以身為質。救贖一切惡道眾生、令得解脫。(癸)三決志保護無虛妄心、有二。初正明、二徵釋。(子)今初。

復作是念。我願保護一切眾生、終不棄捨。所言誠實、無有虛妄。(子)二徵釋、有二。初徵、二釋。(丑)今初。

何

以故。（丑二釋，有二。初異小乘，二異凡夫。寅今初。）我為救度一切眾生．發
菩提心。不為自身．求無上道。（寅二異凡夫，有三。初正明不求，二徵釋所以，
三結成前義。卯今初。）亦不為求五欲境界．及三有中種
種樂故．修菩提行。（卯二徵釋所以。）何以故。世間之樂．
無非是苦。眾魔境界．愚人所貪．諸佛所訶。
一切苦患．因之而起。地獄餓鬼及以畜生
閻羅王處．忿恚鬭訟．更相毀辱．如是諸惡．
皆因貪著五欲所致。耽著五欲．遠離諸佛．
障礙生天。何況得於阿耨多羅三藐三菩

提。（卯）三結成前義。菩薩如是觀諸世間，貪少欲味，受無量苦。終不爲彼五欲樂故，求無上菩提，修菩薩行。但爲安樂一切衆生，發心修習，成滿大願。斷截衆生諸苦羂索，令得解脫。

（壬）後二明迴向之心，有二。初念令彼得樂，二念自為保護。（癸）今初。

佛子。菩薩摩訶薩，復作是念。我當以善根如是迴向。令一切衆生得究竟樂，利益樂，不受樂，寂靜樂，無依樂，無動樂，無量樂，不捨不退樂，不滅樂，一切智樂。

（癸）二念自為保護。

復作是念。我當與一切衆生作

調御師，作主兵臣。執大智炬，示安隱道，令離險難。以善方便，俾知實義。又於生死海，作一切智善巧船師。度諸眾生，使到彼岸。

（三）三迴結成。

佛子。菩薩摩訶薩以諸善根，如是迴向。所謂隨宜救護一切眾生，令出生死。承事供養一切諸佛，得無障礙一切智智。捨離眾魔，遠惡知識，親近一切菩薩善友。滅諸過罪，成就淨業。具足菩薩廣大行願，無量善根。

（庚）四日喻救護．有二。初喻．二合。（辛）今初。

佛子．菩薩摩訶薩．以諸善根．正迴向已。作如是念。不以四天下眾生多故．多日出現。但一日出．悉能普照一切眾生。又諸眾生．不以自身光明故．知有晝夜．遊行觀察．興造諸業。皆由日天子出．成辦斯事。然彼日輪．但一無二。

（辛）二合．有二。初先合獨照．二合前成益。（壬）今初。

菩薩摩訶薩．亦復如是。修集善根迴向之時．作是念言。彼諸眾生．不能自救．何能救他。唯我一人．志獨無侶。

（壬）二合前成益。

修集善根．如是迴

向。所謂爲欲廣度一切眾生故。普照一切眾生故。示導一切眾生故。開悟一切眾生故。顧復一切眾生故。攝受一切眾生故。成就一切眾生故。令一切眾生歡喜故。令一切眾生悅樂故。令一切眾生斷疑故。

㊀戊二明離相迴向，有二。初辯忘機之智二明大智離相。㊀己初辯忘機之智，又二。、初正明無私，二顯成廣大。㊀庚今初。

佛子。菩薩摩訶薩復作是念。我應如日，普照一切，不求恩報。眾生有惡。悉能容受。終不以此而捨誓願。不以一眾生惡故，捨一切眾生。

但勤修習善根迴向。普令眾生皆得安樂。

（庚）二頌成廣大。善根雖少，普攝眾生，以歡喜心，廣大迴向。若有善根，不欲饒益一切眾生，不名迴向。隨一善根，普以眾生而為所緣，乃名迴向。（己）二明大智離相，有二。初正明離相，二總結成益。（庚）初正明離相中，義雖總通，且取文便，略分為二。初會前迴向眾生明入實際，二會前迴向菩提明入實際。（辛）初會前迴向眾生明入實際，有二。初廣明離善根迴向之相，二雙結二相。（壬）初廣明離善根迴向之相，又四。初離所取相，二離能取相，三離能詮名言，四顯如如理。（癸）今初。

安置眾生，於無所著法性迴向。見眾生自性不動不轉迴向。於迴向無所依無所取迴向。不取善根相迴向。不分別業報體性迴向。不著五蘊相迴向。不壞五蘊相迴向。不取業迴向。不求報迴向。不染著因緣迴向。不分別因緣所起迴向。不著名稱迴向。不著處所迴向。不著虛妄法迴向。（二離能取相。）不著衆生相、世界相、心意相迴向。不起心顛倒、想顛倒、見顛倒迴向。（三離能詮名言。）不著語言道迴向。（四顯如如理。）觀一切法眞實性迴向。觀一切衆生平等相迴向。以法界印、印諸善根迴向。觀諸法離貪欲迴向。

二七

雙結二相。解一切法無。種植善根亦如是。觀諸法無二。無生無滅。迴向亦如是。疏二會前迴向菩提明入實際有三。初結前生後。二法喻釋成。三結成迴向。疏今初。以如是等善根迴向。修行清淨對治之法。所有善根。皆悉隨順出世間法。不作二相。疏二法喻釋成。非即業修習一切智。非離業迴向一切智。一切智非即是業。然不離業得一切智。以業如光影清淨故。報亦如光影清淨。報如光影清淨故。一切智智亦如光影清淨。疏三結成迴向。離我我所。一切動亂思惟分別。如是了知，以諸善根方便迴向。（庚二總結成益。）菩薩如是迴向之時。度脫眾生，常無休息。不住法相。雖知諸法無業無報，善能出生一切業報而無違諍。如是方便善修迴向。菩薩摩訶薩如是迴向時，離一切過，諸佛所讚。

（丙三依釋結名。）佛子。是為菩薩摩訶薩第一救護一切眾生離眾生相迴向。

（乙二偈頌，有二。初略敘依意，二正陳偈辭。丙今初。）爾時金剛幢菩薩，觀察十方一切眾會、暨於法界。入深句義。以無量心、修習勝行。大悲普覆一切眾生。不斷三世諸如來種。入一切佛功德法藏。出生一切諸佛法身。善能分別諸眾生心、知其所種善根成熟。住於法身、而爲示現清淨色身。承佛神力、即說頌言。

（丙）二正陳偈辭、有二。初頌所迴善根、二頌迴向之行。（丁）初頌所迴善根、又二。初六偈頌四事、二二偈半頌六度。（戊）今初。

不思議劫修行道　精進堅固心無礙

爲欲饒益羣生類　常求諸佛功德法

調御世間無等人　修治其意甚明潔
發心普救諸含識　彼能善入迴向藏
勇猛精進力具足　智慧聰達意清淨
普救一切諸羣生　其心堪忍不傾動
心善安住無與等　意常清淨大歡悅
如是爲物勤修行　譬如大地普容受

不爲自身求快樂　但欲救護諸眾生
如是發起大悲心　疾得入於無礙地
十方一切諸世界　所有眾生皆攝受

爲救彼故善住心．如是修學諸迴向

（庚）二二偈半頌六度。

修行布施大欣悅　護持淨戒無所犯

勇猛精進心不動　迴向如來一切智

其心廣大無邊際　忍力安住不傾動

禪定甚深恆照了　智慧微妙難思議

十方一切世界中　具足修治清淨行

（丙）二頌迴向之行，有二。（丁）初頌隨相，二頌離相。（戊）初頌隨相之二。初頌利樂迴向，二頌代苦迴向。（己）今初。

如是功德皆迴向　爲欲安樂諸含識

大士勤修諸善業　無量無邊不可數
如是悉以益眾生　令住難思無上智

(乙)二頌代苦迴向。

普為一切眾生故　不思議劫處地獄
如是曾無厭退心　勇猛決定常迴向
不求色聲香與味　亦不希求諸妙觸
但為救度諸羣生　常求無上最勝智
智慧清淨如虛空　修習無邊大士行
如佛所行諸行法　彼人如是常修學

大士遊行諸世界　悉能安隱諸羣生
普使一切皆歡喜　修菩薩行無厭足
除滅一切諸心毒　思惟修習最上智

不為自己求安樂　但願眾生得離苦
此人迴向得究竟　心常清淨離眾毒
三世如來所付囑　住於無上大法城

（疏）二頌離相，有二。初正明離相，二頌前成益。（已）今初。

未曾染著於諸色　受想行識亦如是
其心永出於三有　所有功德盡迴向

佛所知見諸眾生　盡皆攝取無有餘
誓願皆令得解脫　爲彼修行大歡喜
其心念念恆安住　智慧廣大無與等
離癡正念常寂然　一切諸業皆清淨
彼諸菩薩處於世　不著內外一切法
如風無礙行於空　大士用心亦復然
所有身業皆清淨　一切語言無過失
心常歸向於如來　能令諸佛悉歡喜

(己)二頌
丙戌並。

十方無量諸國土　所有佛處皆往詣
於中覲見大悲尊　靡不恭敬而瞻奉
心常清淨離諸失　普入世間無所畏
已住如來無上道　復爲三有大法池
精勤觀察一切法　隨順思惟有非有
如是趣於眞實理　得入甚深無諍處
以此修成堅固道　一切衆生莫能壞
善能了達諸法性　普於三世無所著
如是迴向到彼岸　普使羣生離衆垢

永離一切諸所依
得入究竟無依處
一切眾生語言道
隨其種類各差別
菩薩悉能分別說
而心無著無所礙
菩薩如是修迴向
功德方便不可說
能令十方世界中
一切諸佛皆稱歎

大方廣佛華嚴經

佛说五大施经

宋施护等译

佛世尊一时在舍衛國祇樹给孤獨園與苾芻衆俱佛告诸苾芻言有五種大施今為汝说何等為五所谓一不殺生是為大施二不偷盗三不邪染四不妄语五不飲酒是為大施以何義故持不

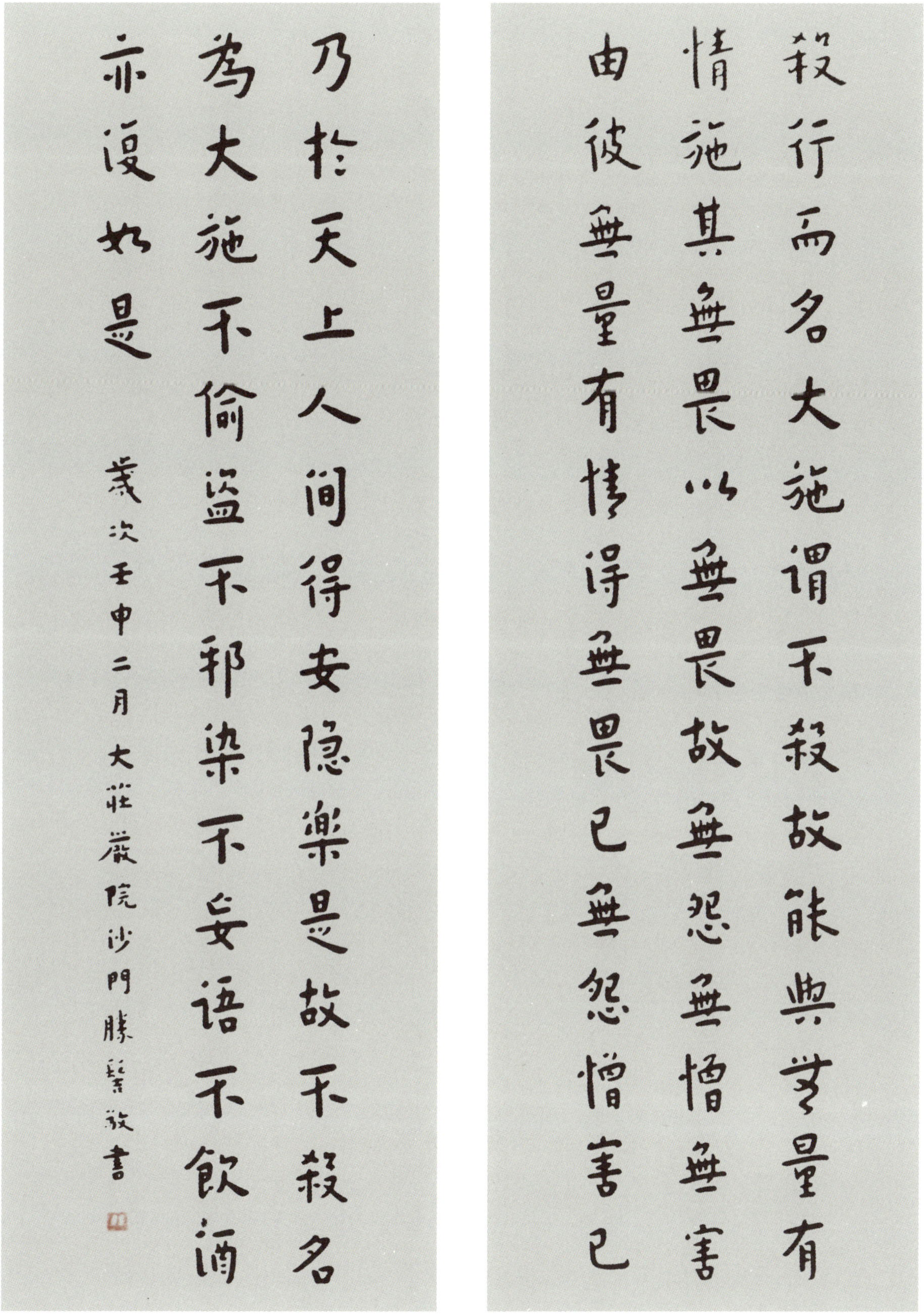
殺行而名大施謂不殺故能與無量有
情施其無畏以無畏故無怨無憎無害
由彼無量有情得無畏已無怨憎害已
乃於天上人間得安隱樂是故不殺名
為大施不偷盜不邪染不妄語不飲酒
亦復如是
歲次壬申二月 大莊嚴院沙門勝髻敬書

佛說阿彌陀经　姚秦三藏鳩摩羅什譯

如是我聞一時佛在舍衛國祇樹給孤獨園与大比丘僧千二百五十人俱皆是大阿羅漢眾所知識長老舍利弗摩訶目揵連摩訶迦葉摩訶迦旃延摩訶俱絺羅離婆多周利槃陀伽難陀阿難陀羅睺羅憍梵波提賓頭盧頗羅墮迦留陀夷摩訶劫賓那薄拘羅阿㝹樓馱如是等諸大弟子并诸菩薩摩訶薩文殊師利法王子阿逸多菩薩乾陀訶提菩薩常精進菩薩与如是等諸大菩薩及釋提桓因等無量诸天大眾俱爾時佛告長老舍利弗從是西方過十萬億佛土有世界名曰極樂其土有佛號阿彌陀今現在說法舍利弗彼土何故名為極樂其國眾生無有眾

苦但受诸樂故名極樂又舍利弗極樂國土七重欄楯七重羅網七重行樹皆是四寶周帀圍繞是故彼國名為極樂又舍利弗極樂國土有七寶池八功德水充滿其中池底纯以金沙布地四邊階道金銀琉璃玻瓈合成上有樓閣亦以金銀琉璃玻瓈硨磲赤珠瑪瑙而嚴飾之池中蓮華大如車輪青色青光黃色黃光赤色赤光白色白光微妙香潔舍利弗極樂國土成就如是功德莊嚴又舍利弗彼佛國土常作天樂黃金為地晝夜六時雨天曼陀羅華其土眾生常以清旦各以衣裓盛眾妙華供養他方十萬億佛即以食時還到本國飯食經行舍利弗極樂國土成就如是功德莊嚴復次舍利弗彼國常有種種奇妙

雜色之鳥白鶴孔雀鸚鵡舍利迦陵頻伽共命之鳥是諸衆鳥晝夜六時出和雅音其音演暢五根五力七菩提分八聖道分如是等法其土衆生聞是音已皆悉念佛念法念僧舍利弗汝勿謂此鳥實是罪報所生所以者何彼佛國土無三惡道舍利弗其佛國土尚無惡道之名何況有實是諸衆鳥皆是阿彌陀佛欲令法音宣流變化所作舍利弗彼佛國土微風吹動諸寶行樹及寶羅網出微妙音譬如百千種樂同時俱作聞是音者自然皆生念佛念法念僧之心舍利弗其佛國土成就如是功德莊嚴舍利弗於汝意云何彼佛何故號阿彌陀舍利弗彼佛光明無量照十方國無所障礙是故號為阿彌陀又舍利弗彼

佛壽命及其人民無量無邊阿僧祇劫故名阿彌陀
舍利弗阿彌陀佛成佛以来於今十劫又舍利弗彼
佛有無量無邊聲聞弟子皆阿羅漢非是算數之所
能知諸菩薩眾亦復如是舍利弗彼佛國土成就如
是功德莊嚴又舍利弗極樂國土眾生生者皆是阿
鞞跋致其中多有一生補處其數甚多非是算數所
能知之但可以無量無邊阿僧祇說舍利弗眾生聞
者應當發願願生彼國所以者何得与如是诸上善
人俱會一處舍利弗不可以少善根福德因緣得生
彼國舍利弗若有善男子善女人聞說阿彌陀佛執
持名號若一日若二日若三日若四日若五日若六
日若七日一心不亂其人臨命终時阿彌陀佛与诸

聖眾現在其前是人終時心不顛倒即得往生阿弥陀佛極樂國土舍利弗我見是利故说此言若有眾生闻是说者應當發願生彼国土舍利弗如我今者讚歎阿弥陀佛不可思議功德之利東方亦有阿閦鞞佛須弥相佛大須弥佛須弥光佛妙音佛如是等恆河沙數诸佛各於其國出廣長舌相遍覆三千大千世界说誠實言汝等眾生當信是稱讚不可思議功德一切诸佛所護念经舍利弗南方世界有日月燈佛名闻光佛大焰肩佛須弥燈佛無量精進佛如是等恆河沙數诸佛各於其国出廣長舌相遍覆三千大千世界说诚實言汝等眾生當信是稱讚不可思議功德一切诸佛所護念经舍利弗西方世界有

無量壽佛無量相佛無量幢佛大光佛大明佛寶相
佛淨光佛如是等恒河沙數诸佛各於其国出廣長
舌相徧覆三千大千世界说诚實言汝等衆生當信
是稱讚不可思議功德一切诸佛所護念經舍利弗
北方世界有燄肩佛最勝音佛難沮佛日生佛網明
佛如是等恒河沙數诸佛各於其国出廣長舌相徧
覆三千大千世界说诚實言汝等衆生當信是稱讚
不可思議功德一切诸佛所護念經舍利弗下方世
界有師子佛名聞佛名光佛達摩佛法幢佛持法佛
如是等恒河沙數诸佛各於其国出廣長舌相徧覆
三千大千世界說誠實言汝等衆生當信是稱讚不
可思議功德一切诸佛所護念經舍利弗上方世界

有梵音佛宿王佛香上佛香光佛大燄肩佛雜色寶
華嚴身佛娑羅樹王佛寶華德佛見一切義佛如須
彌山佛如是等恒河沙數諸佛各於其國出廣長舌
相徧覆三千大千世界說誠實言汝等眾生當信是
稱讚不可思議功德一切諸佛所護念經舍利弗於
汝意云何何故名為一切諸佛所護念經舍利弗若
有善男子善女人聞是經受持者及聞諸佛名者是
諸善男子善女人皆為一切諸佛之所護念皆得不
退轉於阿耨多羅三藐三菩提是故舍利弗汝等皆
當信受我語及諸佛所說舍利弗若有人已發願今
發願當發願欲生阿彌陀佛國者是諸人等皆得不
退轉於阿耨多羅三藐三菩提於彼國土若已生若

今生若當生是故舍利弗諸善男子善女人若有信
者應當發願生彼國土舍利弗如我今者稱讚諸佛
不可思議功德彼諸佛等亦稱讚我不可思議功德
而作是言釋迦牟尼佛能為甚難希有之事能於娑
婆國土五濁惡世劫濁見濁煩惱濁眾生濁命濁中
得阿耨多羅三藐三菩提為諸眾生說是一切世間
難信之法舍利弗當知我於五濁惡世行此難事得
阿耨多羅三藐三菩提為一切世間說此難信之法
是為甚難佛說此經已舍利弗及諸比丘一切世間
天人阿修羅等聞佛所說歡喜信受作禮而去

歲次壬申六月 先進士公百二十齡誕辰敬書阿彌陀經迴向先考冀往生極樂早證
菩提并願以是迴向功德普施法界眾生齊成佛道者 沙門演音時年五十三

般若波羅蜜多心經

唐三藏法師玄奘奉詔譯

觀自在菩薩行深般若波羅蜜多時照見五蘊皆空度一切苦厄舍利子色不異空空不異色色即是空空即是色受想行識亦復如是舍利子是諸法空相不生不滅不垢不淨不增不減是故空中無色無受想行識無眼耳鼻舌身意無色聲香味觸法無眼界乃至無意識界無無明亦無無明盡乃至無老死亦無老死盡無苦集滅道無智亦無得以無所得故菩提薩埵依般若波羅蜜多故心無罣礙無罣礙故無有恐怖遠離顛倒夢想究竟涅槃三世諸佛依般若波羅蜜多故得阿耨多羅三藐三菩提故知般若波羅蜜多是大神咒是大明咒是無上咒是無等等咒能除一切苦真實不虛故說般若波羅蜜多咒即說咒曰揭諦揭諦波羅揭諦波羅僧揭諦菩提薩婆訶

二十六年歲次丁丑四月書奉 伯蔣居士供奉 晉水南山律苑沙門一音

金剛般若波羅蜜經

姚秦三藏法師鳩摩羅什譯

如是我聞。一時佛在舍衛國祇樹給孤獨園。與大比丘眾千二百五十人俱。尒時世尊食時。著衣持鉢。入舍衛大城乞食。於其城中次第乞已。還至本處。飯食訖。收衣鉢。

洗足已。敷座而坐。時長老須菩提在大眾中即從座起。偏袒右肩。右膝著地。合掌恭敬。而白佛言。希有。世尊。如來善護念諸菩薩。善付囑諸菩薩。世尊。善男子、善女人、發阿耨多羅三藐三菩提心、云何應住。云

何降伏其心。佛言。善
哉善哉。須菩提。如汝
所說。如來善護念諸
菩薩。善付囑諸菩薩。
汝今諦聽。當為汝說。
善男子善女人發阿
耨多羅三藐三菩提
心應如是住。如是降
伏其心。唯然世尊。願
樂欲聞。

佛告須菩提。諸菩薩
摩訶薩。應如是降伏
其心。所有一切眾生
之類。若卵生。若胎生。
若溼生。若化生。若有
色。若無色。若有想。若
無想。若非有想非無
想。我皆令入無餘涅
槃而滅度之。如是滅
度無量無數無邊眾

生、實無眾生得滅度者。何以故。須菩提，若菩薩有我相人相眾生相壽者相、即非菩薩。

復次。須菩提。菩薩於法、應無所住、行於布施。所謂不住色布施。不住聲香味觸法布施。須菩提。菩薩應如

是布施不住於相。何以故。若菩薩不住相布施、其福德不可思量。須菩提。於意云何、東方虛空。可思量不。不也。世尊。須菩提。南西北方四維上下虛空。可思量不。不也。世尊。須菩提。菩薩無住相布施、福德亦復如

是不可思量。須菩提。菩薩但應如所教住。須菩提。扵意云何。可以身相見如来不。不也。世尊。不可以身相得見如来。何以故。如来所說身相即非身相。佛告須菩提。凡所有相。皆是虗妄。若見諸相非相。即見如来。

須菩提白佛言。世尊。頗有眾生。得聞如是言說章句。生實信不。佛告須菩提。莫作是說。如来滅後。後五百歲。有持戒修福者。扵此章句。能生信心。以此為實。當知是人。不於一佛二佛三四五佛而種善根。已扵無

量千萬佛所種諸善
根。聞是章句、乃至一
念生淨信者。須菩提。
如來悉知悉見是諸
眾生得如是無量福
德。何以故。是諸眾生
無復我相人相眾生
相壽者相。無法相、亦
無非法相。何以故。是
諸眾生、若心取相、則

為著我人眾生壽者。
若取法相、即著我人
眾生壽者。何以故。若
取非法相、即著我人
眾生壽者。是故不應
取法、不應取非法。以
是義故、如來常說汝
等比丘知我說法如
筏喻者。法尚應捨、何
況非法。

須菩提。於意云何。如來得阿耨多羅三藐三菩提耶。如來有所說法耶。須菩提言。如我解佛所說義。無有定法名阿耨多羅三藐三菩提。亦無有定法如來可說。何以故。如來所說法皆不可取。不可說。非法非非法。所以者何。一切賢聖。皆以無為法而有差別。

須菩提。於意云何。若人滿三千大千世界七寶。以用布施。是人所得福德。寧為多不。須菩提言。甚多。世尊。何以故。是福德。即非福德性。是故如來說福德多。若復有人、於此經中、受持乃至四句偈等、為他人說。其福勝彼。何以故。須菩提。一切諸佛、及諸佛阿耨多羅三藐三菩提法、皆從此經出。須菩提。所謂佛法者即非佛法。

須菩提。於意云何。須陀洹能作是念、我得須陀洹果不。須菩提言。不也。世尊。何以故。須陀洹名為入流。而無所入。不入色聲香味觸法。是名須陀洹。須菩提。於意云何。斯陀含能作是念、我得斯陀含果不。須菩提言。不也。世尊。何以故。

斯陀含名一往来。而
實無往来。是名斯陀
含。須菩提。於意云何。
阿那含能作是念、我
得阿那含果不。須菩
提言。不也。世尊。何以
故。阿那含名為不来。
而實無不来。是故名
阿那含。須菩提。於意
云何。阿羅漢能作是

念我得阿羅漢道不。
須菩提言。不也。世尊。
何以故。實無有法。名
阿羅漢。世尊。若阿羅
漢作是念、我得阿羅
漢道。即為著我人衆
生壽者。世尊。佛說我
得無諍三昧。人中最
為第一。是第一離欲
阿羅漢。世尊。我不作

是念我是離欲阿羅漢世尊我若作是念我得阿羅漢道世尊則不說須菩提是樂阿蘭那行者以須菩提實無所行而名須菩提是樂阿蘭那行佛告須菩提於意云何如来昔在然燈佛所於法有所得不不

也世尊如来在然燈佛所於法實無所得須菩提於意云何菩薩莊嚴佛土不不也世尊何以故莊嚴佛土者即非莊嚴是名莊嚴是故須菩提諸菩薩摩訶薩應如是生清淨心不應住色生心不應住聲香味

觸法生心。應無所住而生其心。須菩提。譬如有人身如須彌山王。於意云何。是身為大不。須菩提言。甚大。世尊。何以故。佛說非身。是名大身。須菩提。如恒河中所有沙數如是沙等恒河。於意云何。是諸恒

河沙。寧為多不。須菩提言。甚多。世尊。但諸恒河尚多無數。何況其沙。須菩提。我今實言告汝。若有善男子善女人。以七寶滿爾所恒河沙數三千大千世界。以用布施。得福多不。須菩提言。甚多。世尊。佛告須菩提。

若善男子、善女人、於
此經中、乃至受持四
句偈等、為他人說。而
此福德、勝前福德。
復次。須菩提。隨說是
經、乃至四句偈等。當
知此處、一切世間天
人阿修羅、皆應供養、
如佛塔廟。何況有人
盡能受持讀誦。須菩

提。當知是人、成就最
上第一希有之法。若
是經典所在之處、即
為有佛、若尊重弟子。
尒時須菩提白佛言。
世尊。當何名此經。我
等云何奉持。佛告須
菩提。是經名為金剛
般若波羅蜜。以是名
字、汝當奉持。所以者

何。須菩提。佛說般若波羅蜜、即非般若波羅蜜、是名般若波羅蜜。須菩提。於意云何。如来有所說法不。須菩提白佛言。世尊。如来無所說。須菩提。於意云何。三千大千世界所有微塵、是為多不。須菩提言。甚多。世

尊。須菩提。諸微塵、如来說非微塵。是名微塵。如来說世界非世界、是名世界。須菩提。於意云何。可以三十二相見如来不。不也。世尊。不可以三十二相得見如来。何以故。如来說三十二相即是非相、是名三十二

相。須菩提。若有善男子善女人以恆河沙等身命布施。若復有人於此經中乃至受持四句偈等為他人說。其福甚多。尒時須菩提聞說是經。深解義趣。涕淚悲泣。而白佛言。希有。世尊。佛說如是甚深經

典我從昔來所得慧眼未曾得聞如是之經。世尊。若復有人得聞是經。信心清淨。則生實相。當知是人。成就第一希有功德。世尊。是實相者即是非相。是故如來說名實相。世尊。我今得聞如是經典。信解受持。不

足為難。若當來世、後五百歲。其有衆生、得聞是經、信解受持。是人則為第一希有。何以故。此人無我相無人相無衆生相無壽者相。所以者何。我相即是非相。人相衆生相壽者相、即是非相。何以故。離一切諸相。

即名諸佛。佛告須菩提。如是如是。若復有人、得聞是經。不驚不怖不畏。當知是人、甚為希有。何以故。須菩提。如來說第一波羅蜜、即非第一波羅蜜是名第一波羅蜜。須菩提。忍辱波羅蜜、如來說非忍辱波羅蜜、是名忍辱波羅蜜。何以故。須菩提。如我昔為歌利王割截身體。我於尒時、無我相無人相無衆生相無壽者相。何以故。我於往昔節節支解時。若有我相人相衆生相壽者相、應生瞋恨。須菩提。又念過去、於五百

世作忍辱仙人。於尒所世、無我相無人相無衆生相無壽者相。是故須菩提。菩薩應離一切相、發阿耨多羅三藐三菩提心。不應住色生心。不應住聲香味觸法生心。應生無所住心。若心有住、即為非住。是故佛

說菩薩心不應住色布施。須菩提。菩薩為利益一切眾生故、應如是布施。如来說一切諸相、即是非相。又說一切眾生、即非眾生。須菩提。如来是真語者、實語者、如語者、不誑語者、不異語者。須菩提。如来所得法、

此法無實無虛。須菩提。若菩薩心住於法而行布施。如人入暗則無所見。若菩薩心不住法而行布施。如人有目、日光明照、見種種色。須菩提。當来之世。若有善男子、善女人、能於此经受持讀誦。則為如来以佛

智慧、悉知是人、悉見
是人、皆得成就無量
無邊功德。
須菩提。若有善男子、
善女人、初日分以恒
河沙等身布施、中日
分復以恒河沙等身
布施。後日分亦以恒
河沙等身布施。如是
無量百千萬億劫以

身布施。若復有人、聞
此經典、信心不逆。其
福勝彼。何況書寫受
持讀誦、為人解說。須
菩提。以要言之。是经
有不可思議、不可稱
量、無邊功德。如来為
發大乘者說、為發最
上乘者說。若有人能
受持讀誦、廣為人說。

如来悉知是人、悉見是人、皆得成就不可量、不可稱、無有邊、不可思議功德。如是人等、則為荷擔如来阿耨多羅三藐三菩提。何以故。須菩提。若樂小法者、著我見人見衆生見壽者見。則於此經、不能聽受讀誦、

為人解說。須菩提。在在處處、若有此經。一切世間天人阿修羅、所應供養。當知此處、則為是塔。皆應恭敬、作禮圍繞、以諸華香而散其處。

復次。須菩提。善男子、善女人、受持讀誦此經、若為人輕賤。是人

先世罪業、應墮惡道。以今世人輕賤、故先世罪業則為消滅。當得阿耨多羅三藐三菩提。須菩提。我念過去無量阿僧祇劫、於然燈佛前、得值八百四千萬億那由他諸佛、悉皆供養承事、無空過者。若復有人、於

後末世能受持讀誦此經。所得功德於我所供養諸佛功德百分不及一。千萬億分乃至算數譬喻所不能及。須菩提。若善男子、善女人、於後末世、有受持讀誦此經、所得功德。我若具說者、或有人聞、心即狂亂。

狐疑不信。須菩提。當知是經義不可思議。果報亦不可思議。尒時須菩提白佛言。世尊。善男子善女人。發阿耨多羅三藐三菩提心。云何應住。云何降伏其心。佛告須菩提。善男子善女人。發阿耨多羅三藐三

菩提心。當生如是心。我應滅度一切眾生。滅度一切眾生已。而無有一眾生實滅度者。何以故。須菩提。若菩薩有我相人相眾生相壽者相。則非菩薩。所以者何。須菩提。實無有法發阿耨多羅三藐三菩提心

者。須菩提。於意云何。如来於然燈佛所有法得阿耨多羅三藐三菩提不。不也。世尊。如我解佛所說義。佛於然燈佛所無有法得阿耨多羅三藐三菩提。佛言。如是如是。須菩提。實無有法如来得阿耨多羅三藐

三菩提。須菩提。若有法如来得阿耨多羅三藐三菩提者。然燈佛則不與我授記。汝於来世。當得作佛。號釋迦牟尼。以實無有法得阿耨多羅三藐三菩提。是故然燈佛與我授記。作是言。汝於来世。當得作佛號

釋迦牟尼。何以故。如来者、即諸法如義。若有人言。如来得阿耨多羅三藐三菩提。須菩提。實無有法、佛得阿耨多羅三藐三菩提。須菩提。如来所得阿耨多羅三藐三菩提、於是中無實無虛。是故如来說一切法

皆是佛法。須菩提。所言一切法者、即非一切法、是故名一切法。須菩提。譬如人身長大。須菩提言。世尊。如来說人身長大、即為非大身、是名大身。須菩提。菩薩亦如是。若作是言。我當滅度無量眾生。則不名菩薩。

何以故。須菩提。實無有法名為菩薩。是故佛說一切法無我無人無眾生無壽者。須菩提。若菩薩作是言。我當莊嚴佛土。是不名菩薩。何以故。如来說莊嚴佛土者。即非莊嚴。是名莊嚴。須菩提。若菩薩通達無我法者。如来說名。真是菩薩。

須菩提。於意云何。如来有肉眼不。如是。世尊。如来有肉眼。須菩提。於意云何。如来有天眼不。如是。世尊。如来有天眼。須菩提。於意云何。如来有慧眼不。如是。世尊。如来有慧眼。須菩提。於意云何。如来有法眼不。如是。世尊。如来有法眼。須菩提。於意云何。如来有佛眼不。如是。世尊。如来有佛眼。須菩提。於意云何。如恒河中所有沙。佛說是沙不。如是。世尊。如来說是沙。須菩提。於意云

何。如一恒河中所有沙。有如是沙等恒河、是諸恒河所有沙數、佛世界如是。寧為多不。甚多。世尊。佛告須菩提。尒所國土中、所有衆生、若干種心。如来悉知。何以故。如来說諸心、皆為非心、是名為心。所以者何。須

善提。過去心不可淂現在心不可得。未来心不可得。須善提。於意云何。若有人滿三千大千世界七寶、以用布施。是人以是因緣、淂福多不。如是。世尊。此人以是因緣、淂福甚多。須善提。若福德有實、如

来不説淂福德多。以福德無故、如来説淂福德多。須善提。於意云何。佛可以具足色身見不。不也。世尊。如来不應以具足色身見。何以故。如来説具足色身、即非具足色身、是名具足色身。須善提。於

意云何。如来可以具足諸相見不、不也。世尊。如来不應以具足諸相見。何以故。如来説諸相具足、即非具足。是名諸相具足。須菩提。汝勿謂如来作是念、我當有所説法。莫作是念。何以故。若人言如来有所説

法、即為謗佛。不能解我所説故、須菩提。説法者、無法可説、是名説法。尒時慧命須菩提白佛言。世尊。頗有衆生、於未来世、聞説是法、生信心不、佛言、須菩提。彼非衆生、非不衆生。何以故。須菩提。衆生衆生者、如来

說非眾生是名眾生。須菩提白佛言。世尊。佛得阿耨多羅三藐三菩提為無所得耶。佛言。如是如是。須菩提。我於阿耨多羅三藐三菩提乃至無有少法可得、是名阿耨多羅三藐三菩提。復次。須菩提。是法平

等。無有高下。是名阿耨多羅三藐三菩提。以無我無人無眾生無壽者、修一切善法、即得阿耨多羅三藐三菩提。須菩提。所言善法者、如來說即非善法、是名善法。須菩提。若三千大千世界中所有諸須彌

山王如是等七寶聚
有人持用布施。若人
以此般若波羅蜜经、
乃至四句偈等。受持
讀誦為他人説。於前
福德、百分不及一。百
千萬億分、乃至算數
譬喻所不能及。
須菩提。於意云何。汝
等勿謂如来作是念、

我當度衆生。須菩提。
莫作是念。何以故。實
無有衆生如来度者。
若有衆生如来度者、
如来即有我人衆生
壽者。須菩提。如来説
有我者、即非有我。而
凡夫之人、以為有我。
須菩提。凡夫者、如来
説即非凡夫、是名凡

夫須菩提。於意云何。可以三十二相觀如來不。須菩提言。如是如是以三十二相觀如來。佛言。須菩提若以三十二相觀如來者、轉輪聖王即是如來。須菩提白佛言。世尊。如我解佛所說義。不應以三十二相觀如來。尒時世尊而說偈言。

若以色見我
以音聲求我
是人行邪道
不能見如來

須菩提。汝若作是念如來不以具足相故得阿耨多羅三藐三

菩提。須菩提。莫作是
念、如来不以具足相
故、得阿耨多羅三藐
三菩提。須菩提。汝若
作是念、發阿耨多羅
三藐三菩提心者、說
諸法斷滅。莫作是念。
何以故。發阿耨多羅
三藐三菩提心者、於
法不說斷滅相。

須菩提。若菩薩以滿
恒河沙等世界七寶、
持用布施。若復有人
知一切法無我、得成
於忍。此菩薩勝前菩
薩所得功德。何以故。
須菩提。以諸菩薩不
受福德故。須菩提白
佛言。世尊。云何菩薩
不受福德。須菩提。菩

薩所作福德、不應貪
著。是故說不受福德。
須菩提。若有人言、如
来若来若去若坐若
卧。是人不解我所說
義。何以故。如来者無
所從来、亦無所去、故
名如来。
須菩提。若善男子、善
女人、以三千大千世

界碎為微塵。於意云
何。是微塵眾、寧為多
不。須菩提言。甚多。世
尊。何以故。若是微塵
眾實有者、佛即不說
是微塵眾。所以者何。
佛說微塵眾、即非微
塵眾、是名微塵眾。世
尊。如来所說三千大
千世界、即非世界、是

名世界。何以故。若世界實有者、即是一合相。如来說一合相、即非一合相、是名一合相。須菩提。一合相者、即是不可說。但凡夫之人、貪著其事。須菩提。若人言、佛說我見人見衆生見壽者見。須菩提。於意云

何。是人解我所說義不。不也。世尊。是人不解如来所說義。何以故、世尊說我見人見衆生見壽者見、即非我見人見衆生見壽者見、是名我見人見衆生見壽者見。須菩提。發阿耨多羅三藐三菩提心者、於一切

法應如是知、如是見、
如是信解、不生法相。
須菩提。所言法相者、
如來說即非法相、是
名法相。
須菩提。若有人以滿
無量阿僧祇世界七
寶持用布施。若有善
男子善女人發菩提
心者。持於此經乃至

四句偈等受持讀誦
為人演說。其福勝彼。
云何為人演說。不取
於相、如如不動。何以
故。
一切有為法
如夢幻泡影
如露亦如電
應作如是觀
佛說是經已。長老須

善提及諸比丘比丘
尼、優婆塞優婆夷、一
切世間天人阿修羅。
聞佛所說、皆大歡喜。
信受奉行。
金剛般若波羅蜜經

歲次丙子三月二十一日敬書四月初
八日書訖以此功德迴向亡友
金咨甫夢曉居士願彼業障消除往
生極樂世界早証無上菩提普度一
切眾生 沙门演音弘一并記

咨甫浙金華武義人弱冠游
杭學于高師藝術專科撙桑
李田氏授手工讚其精絕未
諸彼邦未之有也尔後任杭
州師范兼女學歌樂教師二
十年嘗語余曰始任教師願
多往興近唯頹佛耳余來南
閩曠絕音問甲戌九月印西
上人書來謂咨甫臥病半載
艱苦備歷已謝世矣遺囑請
余寫經為其迴向佛道忽忽
二載及于今夏書寫乃訖併
志緣起焉龍集玄枵木槿榮
月演音时掩室古浪日光院

大方廣佛華嚴經入不思議解脫境界
普賢行願品偈

唐罽賓國三藏般若譯

所有十方世界中　三世一切人師子
我以清淨身語意　一切徧禮盡無餘
普賢行願威神力　普現一切如來前
一身復現剎塵身　一一徧禮剎塵佛
於一塵中塵數佛　各處菩薩眾會中
無盡法界塵亦然　深信諸佛皆充滿
各以一切音聲海　普出無盡妙言辭

盡於未來一切劫　讚佛甚深功德海
以諸最勝妙華鬘　伎樂塗香及傘蓋
如是最勝莊嚴具　我以供養諸如來
最勝衣服最勝香　末香燒香與燈燭
一一皆如妙高聚　我悉供養諸如來

我以廣大勝解心　深信一切三世佛
悉以普賢行願力　普徧供養諸如來
我昔所造諸惡業　皆由無始貪瞋癡
從身語意之所生　一切我今皆懺悔
十方一切諸衆生　二乘有學及無學

一切如來與菩薩　所有功德皆隨喜
十方所有世間燈　最初成就菩提者
我今一切皆勸請　轉於無上妙法輪
諸佛若欲示涅槃　我悉至誠而勸請
唯願久住刹塵劫　利樂一切諸衆生

所有禮讚供養福　請佛住世轉法輪
隨喜懺悔諸善根　迴向衆生及佛道
我隨一切如來學　修習普賢圓滿行
供養過去諸如來　及與現在十方佛
未來一切天人師　一切意樂皆圓滿

我願普隨三世學　速得成就大菩提
所有十方一切刹　廣大清淨妙莊嚴
衆會圍遶諸如來　悉在菩提樹王下
十方所有諸衆生　願離憂患常安樂
獲得甚深正法利　滅除煩惱盡無餘

我為菩提修行時　一切趣中成宿命
常得出家修淨戒　無垢無破無穿漏
天龍夜叉鳩槃茶　乃至人與非人等
所有一切衆生語　悉以諸音而說法
勤修清淨波羅蜜　恒不忘失菩提心

滅除障垢無有餘　一切妙行皆成就
於諸惑業及魔境　世間道中得解脫
猶如蓮華不著水　亦如日月不住空
悉除一切惡道苦　等與一切羣生樂
如是經於剎塵劫　十方利益恆無盡

我常隨順諸眾生　盡於未來一切劫
恆修普賢廣大行　圓滿無上大菩提
所有與我同行者　於一切處同集會
身口意業皆同等　一切行願同修學
所有益我善知識　為我顯示普賢行

常願與我同集會　於我常生歡喜心
願常面見諸如來　及諸佛子眾圍遶
於彼皆興廣大供　盡未來劫無疲厭
願持諸佛微妙法　光顯一切菩提行
究竟清淨普賢道　盡未來劫常修習

我於一切諸有中　所修福智恆無盡
定慧方便及解脫　獲諸無盡功德藏
一塵中有塵數剎　一一剎有難思佛
一一佛處眾會中　我見恆演菩提行
普盡十方諸剎海　一一毛端三世海

佛海及與國土海　我徧修行經劫海
一切如來語清淨　一言具眾音聲海
隨諸眾生意樂音　一一流佛辯才海
三世一切諸如來　於彼無盡語言海
恆轉理趣妙法輪　我深智力普能入

我能深入於未來　盡一切劫為一念
三世所有一切劫　為一念際我皆入
我於一念見三世　所有一切人師子
亦常入佛境界中　如幻解脫及威力
於一毛端極微中　出現三世莊嚴剎

十方塵剎諸毛端　我皆深入而嚴淨
所有未來照世燈　成道轉法悟群有
究竟佛事示涅槃　我皆往詣而親近
速疾周徧神通力　普門徧入大乘力
智行普修功德力　威神普覆大慈力

徧淨莊嚴勝福力　無著無依智慧力
定慧方便威神力　普能積集菩提力
清淨一切善業力　摧滅一切煩惱力
降伏一切諸魔力　圓滿普賢諸行力
普能嚴淨諸剎海　解脫一切眾生海

善能分別諸法海　能甚深入智慧海
普能清淨諸行海　圓滿一切諸願海
親近供養諸佛海　修行無倦經劫海
三世一切諸如來　最勝菩提諸行願
我皆供養圓滿修　以普賢行悟菩提

一切如來有長子　彼名號曰普賢尊
我今迴向諸善根　願諸智行悉同彼
願身口意恆清淨　諸行剎土亦復然
如是智慧號普賢　願我與彼皆同等
我為徧淨普賢行　文殊師利諸大願

滿彼事業盡無餘　未來際劫恆無倦
我所修行無有量　獲得無量諸功德
安住無量諸行中　了達一切神通力
文殊師利勇猛智　普賢慧行亦復然
我今迴向諸善根　隨彼一切常修學
三世諸佛所稱歎　如是最勝諸大願
我今迴向諸善根　為得普賢殊勝行
願我臨欲命終時　盡除一切諸障礙
面見彼佛阿彌陀　即得往生安樂剎
我既往生彼國已　現前成就此大願

一切圓滿盡無餘　利樂一切眾生界
彼佛眾會咸清淨　我時於勝蓮華生
親覩如來無量光　現前授我菩提記
蒙彼如來授記已　化身無數百俱胝
智力廣大徧十方　普利一切眾生界
乃至虛空世界盡　眾生及業煩惱盡
如是一切無盡時　我願究竟恆無盡
十方所有無邊刹　莊嚴眾寶供如來
最勝安樂施天人　經一切刹微塵劫
若人於此勝願王　一經於耳能生信

求勝菩提心渴仰
獲勝功德過於彼
即常遠離惡知識
永離一切諸惡道
速見如來無量光
具此普賢最勝願
此人善得勝壽命
此人善來人中生
此人不久當成就
如彼普賢菩薩行

往昔由無智慧力
所造極惡五無間
誦此普賢大願王
一念速疾皆消滅
族姓種類及容色
相好智慧咸圓滿
諸魔外道不能摧
堪為三界所應供
速詣菩提大樹王
坐已降伏諸魔眾

若人於此普賢願　讀誦受持及演說
果報唯佛能證知　決定獲勝菩提道
若人誦此普賢願　我說少分之善根
一念一切悉皆圓　成就眾生清淨願
我此普賢殊勝行　無邊勝福皆迴向
普願沈溺諸眾生　速往無量光佛剎

大方廣佛華嚴經入不思議解脫境界
普賢行願品偈

歲在析木五月永寍晚晴院論月敬書

弘一大師全集

趙樸初署

第十冊

附錄卷

《弘一大師全集》（修訂版）編輯委員會 編

海峽出版發行集團
THE STRAITS PUBLISHING & DISTRIBUTING GROUP
福建人民出版社

初版發起人（敬稱略）

釋瑞今　釋宏船　釋廣洽　釋常凱　釋妙燈　釋廣淨
釋廣義　釋廣範　釋廣餘　釋廣安　釋傳貫　釋晴輝
釋覺定　釋優曇　釋元果　釋隆根　釋自立　釋唯慈
釋妙因　釋妙抉　釋心理　釋圓拙　釋妙蓮　釋妙湛
釋毅然　釋傳常　高文顯　陳珍珍　林子青　虞　愚
蔡吉堂　劉雪陽　豐一吟　金兆年

編輯委員會總顧問：趙樸初
編輯委員會主　任：林子青
副主任：釋圓拙　陳珍珍　沈繼生
編輯委員：釋圓拙　釋妙因　釋妙蓮　林子青

陳珍珍　高文顯　沈繼生　釋法雲　干連茂　陳泗東
陳清泉　陳祥耀　莊炳章　陳存廣　黃柏齡　楊加清
李瑞良　楊貢南　夏宗禹　許在全　余險峯　張虹劍
施榮茂　莊為玠　葉四遊　陳瑞熙　傅佩韓　陳懷曄

修訂版編輯人員（敬稱略）

編輯委員會總顧問：李木源
顧　問：釋界詮　釋道元　釋本性　釋向願　釋理任　釋常定
汪毅夫　林文斌　余險峯　黃少萍　李育才　陳清泉
潘燕燕　胡曉泉　駱良益
主　編：釋學誠　陳珍珍　陳祥耀
副主編：周焜民　王爾康　吳幼雄　林長紅
編　委：釋學誠　陳珍珍　陳祥耀　周焜民　王爾康　吳幼雄
林長紅　祝閩影　周書榮　釋振宇　釋德昇　釋真仁
張　勇　林　樺

◎ 弘一大師造象　豐子愷繪

◎弘一上人像　黄永玉繪

◎弘一大師木刻像　朱鳴岡刻（一九四五年作於永安）

◎天津市河北區糧店後街六十號李叔同故居之一角

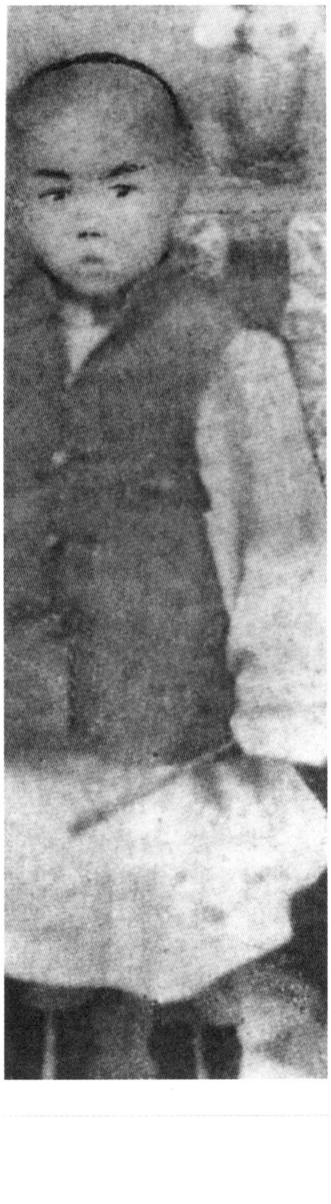

◎李叔同四歲（一八八三年）時留影

◎ 一九〇〇年攝於天津

◎ 一八九八年攝於天津

◎ 李叔同天津故居（今天津市糧店後街六十號）

◎ 與家兄李桐岡（右座）下圍棋
一九〇五年攝於天津

◎李叔同一家，攝於一九一六年

左起第一排：李孟娟（聖章之女）、黃寶琪（伯巽之子）、黃寶松（伯巽之女）；

第二排：李端（叔同次子）、盧氏（桐岡側室）、金氏（晉章夫人）、鄒氏（聖章夫人）、李坤（桐岡之女）、李準（叔同長子）；

第三排：李謙（桐岡之女）、俞氏（叔同夫人）、郭氏（世珍側室）、李桐岡堂姊、李伯巽（桐岡之女）；

第四排：李晉章（桐岡之子）、李桐岡（叔同之兄）、李聖章（桐岡之子）。

◎李晉章夫人金氏偕子（右）、李叔同夫人俞氏偕子（左）合影

◎一八九六年攝於天津

◎李叔同夫人俞氏攝於天津

◎留學日本時，一九〇九年度以學業成績優異，得瓷花瓶獎品一件。

◎一九一〇年裝扮日本軍官留影

◎與文友毛子堅（右立者）一八九九年攝於上海城南草堂

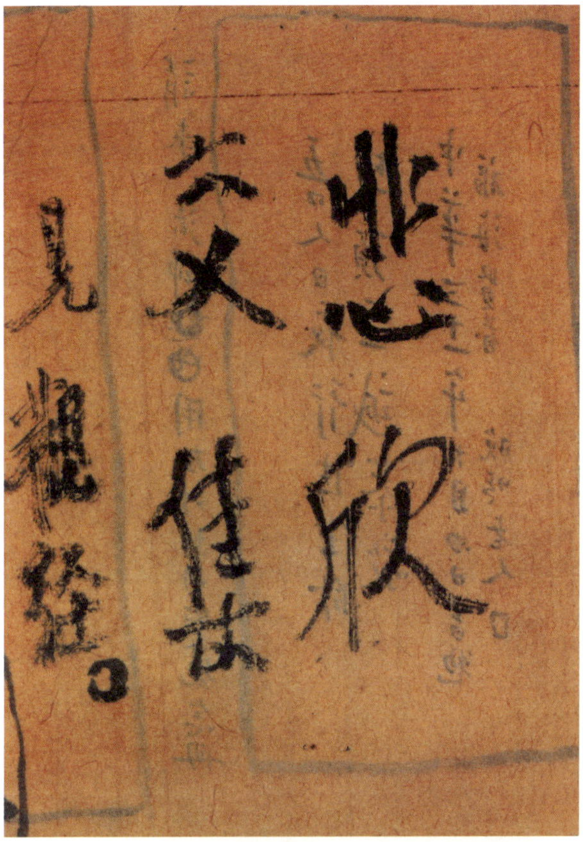

◎一九四二年農曆九月初一日，弘一大師書「悲欣交集」，為最後之絕筆。

◎一九四二年農曆九月初四日（即陽曆十月十三日），弘一大師在泉州不二祠溫陵養老院晚晴室安詳圓寂之遺址。

◎泉州承天寺內的「弘一大師化身處」遺址

◎泉州清源山彌陀巖綠樹修篁掩映下的弘一大師舍利塔

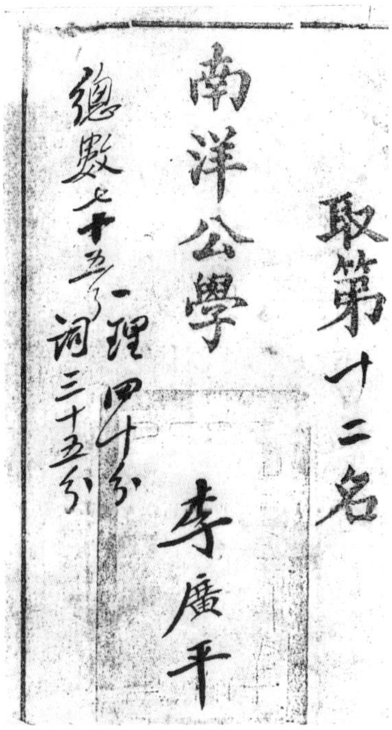

◎一九〇一年入上海南洋公學試卷，受業於蔡元培門下。

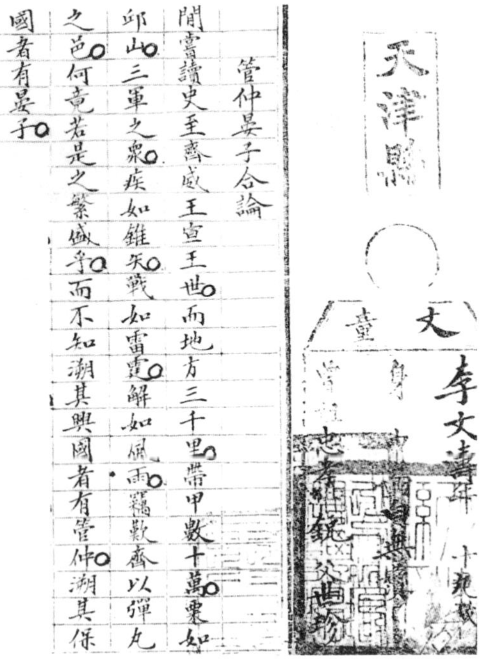

◎一八九八年入天津縣學課試論文手迹

◎在南洋公學作文手迹

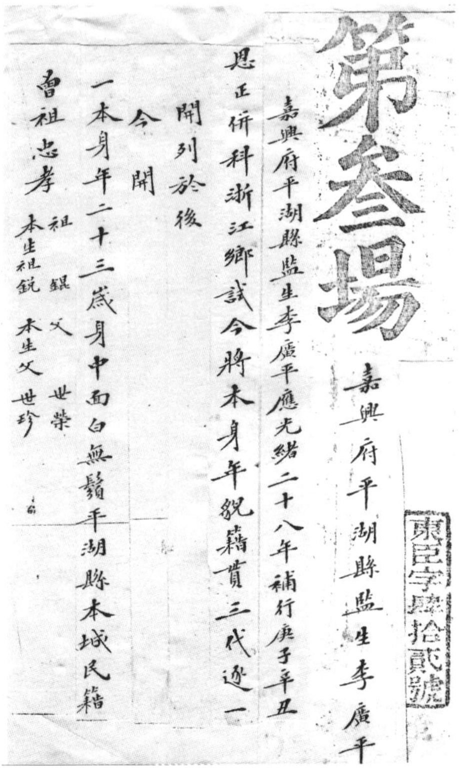

◎應浙江鄉試考卷手迹

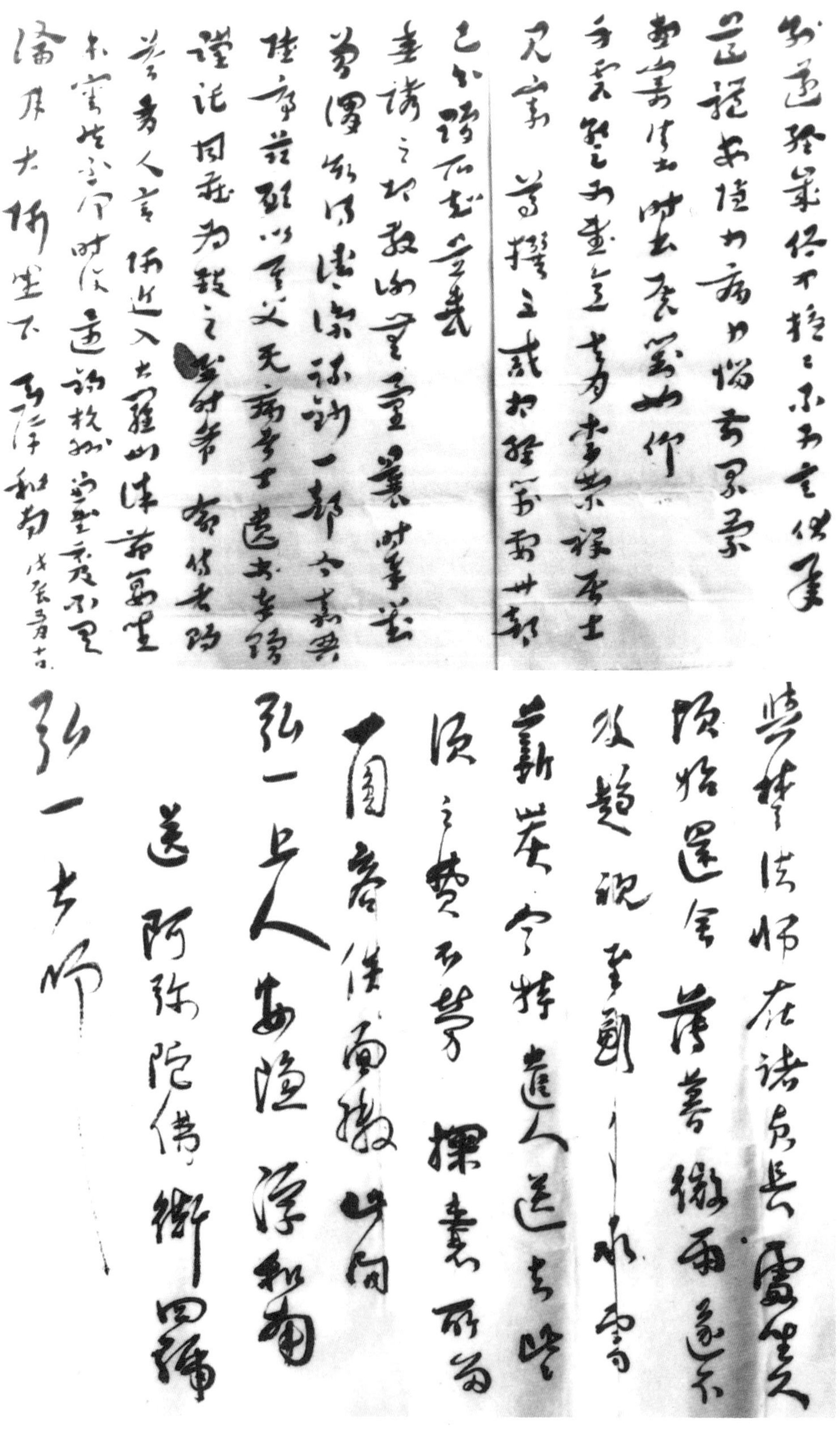

◎ 馬一浮致弘一大師信件手迹

第十冊目錄

第三輯

第四輯

第五輯

第六輯

第七輯

初版編後記

本冊說明

一　本冊係搜集佛學界、文化界人士，以及大師親友門生所撰寫的研究性、紀念性文字，作為全集附錄卷，旨在提供閱讀輔助和研究資料。

二　附錄卷分為九輯：一、傳記和年表；二、一九四七年至一九四八年間姜丹書等人所撰《弘一大師全集序》（修訂版編者按，今補收釋虛雲文）；三、一九四二年弘一大師逝世以前各界人士撰寫的有關文字；四、五、弘一大師逝世以後紀念文字選刊；六、序跋；七、詩詞、聯語；八、研究資料目錄索引；九、弘一大師駐錫寺院簡介。

三　第一輯《弘一大師傳》和《弘一大師年表》原載《弘一法師》（文物出版社一九八四年版），收入本卷時經作者林子青先生作了若干增補。（修訂版編者按，今《年表》改收原作者所著《弘一大師新譜》，見第一冊《修訂版說明》。）

四　第三、四、五、六、七等輯所收文稿大多選自《弘一法師生西紀念刊》、《弘一大師永懷錄》、《永恆的追思》等書。因限於篇幅，未能全部刊用。取捨原則，一是代表性，二是權威性。各篇文章，原則上保留原貌，僅對有關史實進行了校訂，極個別枝蔓過多者略作刪節，原文無標題者酌加標題，明顯的錯別字徑改。篇後注明出處或收藏者。

五　所選文章大體依撰寫（或發表）時間先後編排。

六　因編者水平有限，聞見不廣，選錄研究資料難免有遺珠掩玉之憾。為彌補此缺陷，特闢「研究資料目錄索引」（收錄時間下限為一九八九年），為讀者提供檢尋綫索。索引按撰寫（或發表）時間先後次第排列，個別項目無考者暫付闕如。（修訂版編者按，今補收王爾康輯《近年所見研究李叔同——弘一法師資料目錄》。）

七　大師門生劉質平先生哲嗣劉君雪陽提供劉家所收藏之大師手作《地名山名及寺名院名略考》。受到這篇遺稿的啟示，本卷特闢「弘一法師駐錫寺院簡介」。遵照大師遺教，「作旁人之口氣」，組織材料，依地名山名開條設目，寫成駐錫寺院六十一處簡介。每篇內容包括兩方面：一為寺史簡述，一為大師在該寺行蹟，並附寺院照片一張。（其中，杭州常寂光寺、新登靈濟寺、衢州蓮華寺、三藏寺、廬山青蓮寺、慈谿伏龍寺等六處，今寺址已廢，照片缺。）在組織材料及徵集照片的過程中，得到有關地區地方志編纂委員會，市、縣政協文史資料研究委員會，市、縣政府宗教事務處（科），各地佛教協會，市、縣圖書館等單位的協助，特此致謝。至於杭州接引庵、井亭庵、溫州伏虎庵、景德寺、衢州南湖寺、天台極樂寺、南安慧泉寺、樹德寺等八處或因寺址已廢，或因寺史已無可述，或因僅過境止宿，無有行蹟可述，祇好付諸闕如。

八　大師為天津縣學文童，杭州鄉試，上海南洋公學作文試卷三件，馬一浮致大師函手蹟二件，大師與高勝進居士函手蹟一件，大師所作《地名山名及寺名院名略考》手稿一件，均為珍貴文物，特影印製版刊出，收入本冊，以饗讀者。

九　為編錄本冊資料，編委會曾向各地發出徵求意見書近千封，獲得各方支持，特致謝忱。

附錄卷

第一輯

釋演音傳

——才子・藝術教育家・高僧

姜丹書

弘一上人，俗姓李，初名廣侯，繼名岸，字息霜，號叔同。喪母後改名哀，字哀公；既又易名息，字息翁。試驗斷食後，改名欣，字俶同；旋又易名嬰。釋名演音，號弘一，別署甚多，將欲與法數一百八十尊羅漢同其目云。故浙江平湖人，以祖業鹽，遷居天津。（光緒廿八年壬寅科，上人以監生赴浙與鄉試。又未出家前為人書聯，下款尚署「當湖李息」，足證其並未脫浙籍。）其父筱樓公為名進士，官部曹，晚年耽禪悅；清光緒六年，歲次庚辰，生上人於篋室，時父年已六十有八，而母年纔二十餘，生四歲即失怙。上人生時，有異徵，雀銜松枝降其庭，庭發異香，上人自言，此松枝至今猶保存云[一]。

上人幼時，天資穎悟，性情外倜儻而內恬醇。家頗富有，嫡長兄好散財，父故後，家情漸變，至難相安。上人年近弱冠，奉母氏王太夫人南下，寓滬濱，入南洋公學肄業，固已文采斐然。時光緒二十六七年間，滬上初興學堂，有許幻園者，居上海城南，顏所居曰「城南草堂」。家富厚，而人慷慨，儼然一新學界領袖也；設學社曰「滬學會」，常懸獎徵文，上人投稿，名冠其曹者三次，許君奇之，恨相見晚，特闢「城南草堂」之一部，俾上人奉其母居焉，從此相交至篤，情同管鮑。居無何，母故，上人脫無掛礙，乃東渡留學，曾填《金縷曲》一闋留別祖國，並呈同學諸子，此光緒三十一年事也 其詞曰：

披髮佯狂走。莽中原，暮鴉啼徹，幾株衰柳。破碎河山誰收拾？零落西風依舊。便惹得離人消瘦。行矣臨流重太息，說相思，刻骨雙紅豆。愁黯黯，濃于酒。 漾情不斷淞波溜。恨年年絮飄萍泊，遮難回首。二十文章驚海內，畢竟空談何有？聽匣底蒼龍狂吼。長夜悽風眠不得！度羣生那惜心肝剖？是祖國，忍孤負！

讀其詞，見其志，其抱負固不凡而愛國之思亦溢于言表矣。既東渡，肄業於東京國立美術學院，習繪畫；同時從諸專家習音樂；學理與技巧並進，造詣皆甚深。其時我國游學東西洋者甚少，而學新藝術者尤如鳳毛麟角，上人蓋第一人也。先是，上人年少翩翩，浪跡燕市，抱屈宋之才華，生叔季之時會。一腔牢騷憂憤，盡寄託於風情瀟灑間。亦曾走馬章臺，廝磨金粉，與坤伶楊翠喜、歌郎金娃娃、名妓謝秋雲輩以藝事相往還。抑蓮為君子之花，皭然泥而不滓；蓋高山流水，志在賞音而已，醉翁之意，未必在酒也。茲錄其贈詞一首如左：

金縷曲 贈歌郎金娃娃

秋老江南矣。忒匆匆，喜餘夢影，樽前眉底。陶寫中年絲竹耳，走馬胭脂隊裏。怎到眼都成餘子？片玉崑山神朗朗，紫櫻桃，漫把紅情繫。愁萬斛，來收起。 泥他粉墨登場地。領略那英雄器宇，秋娘情味。雛鳳聲清清幾許？銷盡填胸盪氣。笑我亦布衣而已！奔走天涯無一事，問何如聲色將情寄？休怒罵，且游戲！

此光緒三十年作也。上人留學後，既精描寫，復擅歌詠，更感於異國情調，遂聯合留東同學曾延年、李道衡、吳我尊輩，創組「春柳劇社」於東京，而自為領班，飾旦角，表演《茶花女》、《黑奴籲天錄》等新劇，名噪一時。蓋上人為天生藝人，美丰姿，善表情，其獻身劇場，不但以風流自賞，且欲以美術淑世也。我國新劇，實導源于此。有清末葉，上人學成歸國，社亦移滬，惟此後別有主之者。上人則執教鞭於天津工業專門學校。辛亥革命之際，赴滬為「太平洋報社」主筆。以上可謂才子時代。

太平洋日報，在當時為報界後起之秀，以上人主筆政故，形式嶄新，尤重文藝，而上人書法之妙，亦赫然昭示於天下。民國元年，革命初定，上人歡欣鼓舞，曾填《滿江紅》一首，其詞曰：

皎皎崑崙，山頂月，有人長嘯。看囊底，寶刀如雪，恩仇多少？雙手裂開鼷鼠膽，寸金鑄出民權腦。算此生，不負是男兒，頭顱好。 荊軻墓，咸陽道。聶政死，屍骸暴。儘大江東去，餘情還繞。魂魄化成精衛鳥，血花濺作紅心草。看從今，一擔好山河，英雄造！

其一股英氣勃勃之慨，寫成文章，誠可謂擲地作金石聲。然自是年秋，移席浙江兩級師範學校後，上人即由才子時代而轉入藝術教育家時代矣。

余與上人，初為文字交，先即以報章文藝相往還，繼為南社同文。直至是時，始同事於杭州浙江兩級師範學校，以至改組浙江省立第一師範學校六七年間，志同道合，聲應氣求，相交益契。方清之季，國內藝術師資甚希，多延日本學者任教。余先民國一年受聘入是校，而省內外各校缺乏藝師也如故；於是校長經子淵氏，特開高師圖畫手工專修科，延聘上人主授是科圖畫及全校音樂。上人言教之餘，益以身教，莘莘學子，翕然風從；同時亦曾一度兼任南京高等師範學校導師；是以藝林狂狷，裁成衆多，典型長垂，鐸音未替，流風餘韻，山高水長，凡我同道多能言之。蓋此時之上人。已為恂恂儒雅之布衣君子，非復風流倜儻之濁世佳公子矣；岂所謂絢爛之極、歸於平淡者耶？上人自為人師以後，刻意於本身之修養，聞「斷食」可使身心更新，乃於民國五年，乘寒假餘閒，往西湖虎跑大慈寺，身親驗之，兼旬而回。為余言：「第一週間，漸減食量，並漸薄其質，由兩碗而一碗，而半碗，而斷粒，由飯而粥，而湯，而水；第二週間，全飲泉水；第三週間，一反第一週之序而行之，以至復原，經過良好。」余視之，面目黧瘦，而神采奕奕。余問：「當第二週間完全絕食時有何異感？」答曰：「心地非常清，感覺非常靈，能聽人所不能聽，悟人所不能悟。」定能生慧，理固然也。上人以一名士而為斯奇舉，寺僧自必異而近之，況住居日久，環境移人，載俱宿根，乃染佛化；返校之後，室內供佛，朝夕膜拜，卒至皈依；乃於民國七年夏，實行剃度於大慈寺矣；時正三十九歲。自是又由藝術教育家一變而為高僧矣。上人雅擅書法，世所共知，然歷年以來，面貌屢變，丐者愈衆，作之愈勤，所作漢魏六朝分隸真書居多；金石書畫賞鑑之精，亦異尋常。及入山時，將藝術書物舉贈北京國立美術專門學校；印章，舉贈西泠印社；（後庋入石壁內，鐫題其穴曰「印藏」）。筆硯碑帖，舉贈書家周承德；其餘零縑殘素，分歸友好夏丐尊、堵申甫及賢弟子吳夢非、金咨甫、李鴻梁、豐子愷、劉質平、李增庸等為紀念品；而余先母強太夫人墓誌銘，則為其在家時絕筆，書成之翌朝，即悄然入山，故已預署其款曰「大慈演音」矣。上人故有妻，居天津，有二子，聞曾欲求一面而不得。留日歸國時，攜日姬，居滬，出家時，託友貲遣，初固絕未使之聞也。日姬欲求一面亦不得，慟哭而東返！

上人之將為僧也，余曾問之：「何所為？」曰：「無所為。」曰：「君固多情者，忍拋骨肉耶？」則答曰：「譬患虎疫死焉，將如何？」余因知其非厭世，更非欺世，蓋由於參透人生，飄然出世，世所謂返樸歸真者是也。其於佛門宗派，則為律宗兼淨土；於修持，則為苦行；於期望，則仍在救世。上人嘗慨僧界之所以往往為世詬病者，咸以不守戒律故，故入山後，精研律學，除在閩曾設律學講座外，已成最重要之著作，曰《四分律比丘戒相表記》。此書釐訂原有戒律，製為表解，化賾為晰，條理分明，所加按語，無不精邃，俾讀者易於領會。聞上人於魚磬之餘，專攻六七年始成，稿為親筆精書，當由穆藕初氏慨捐七百金，委中華書局縮本影印千部，分贈叢林，以淑僧界；原稿即付穆氏庋藏，並附預立遺囑，大旨謂：本衲身後，無庸建塔及設其他功德，衹乞募資重印此書，以廣流布，於願已得。其次，曰《清涼歌集》：擬撰三集，已成第一集，歌為上人作，皆喚醒迷欲之詞，譜為劉質平及再傳弟子唐學詠、徐希一配製，由開明書店印行。又其次，曰《華嚴集聯三百》，專就華嚴經文句選集而成，四言、五言、七言、八言俱備，皆感悟語，亦由開明書店照手蹟印行，稿藏質平處。又其次，曰《格言略選》，自四言起至十言止，共百二十餘條。上人喜多題別號，每條嵌一別號字義，稿藏質平處，待印行。此外墨蹟甚豐，或流傳人間，或秘藏名山，不具述。上人入山後，律己至嚴，治學至勤，操行至苦，雲遊四方，恆跣足芒鞋，孑然一擔。民國十四五年間，曾過甬市，掛褡七塔寺，雜遊方僧隊伍中，其摯友夏丐尊請至上虞白馬湖暫住，初固辭，強而後可；時丐尊任教於春暉中學，傍湖而居，見其啟擔，一敝席，草已稀疏零落，欲為易之，不可；一敝巾·質白而已變緇，欲為易之，亦不可；且曰：「其色雖不白而無害於潔，尚可用幾許年月焉！」說罷，便至湖邊洗冷水面，夏君心焉恤之而無如何也。供張素食，略用香菰，却之；用豆腐，亦却之，依其意，祇許白水煑青菜，用鹽不用油耳；夏君心欲厚之而無如何也。作客猶然，其平日之茹苦，可想而知矣！住數日，飄然去。此事夏君嘗為文以紀之，余讀其文，不知涕之何從焉。夏君及經子淵等，又曾發起就舊友醵貲，為築常住之所，才通啟，識與不識不期而集者數千金，遂興土木於白馬湖畔，顏曰「晚晴山房」。顧上人亦謂無需乎此，居未久仍他去。厥後余遇上人于滬市，謂將北上為兄壽六秩唪經，然以道阻未果。民國十六年春，杭州政局初變，青年用事，銳氣甚盛，已倡「滅佛」之議，欲毀其像，收其宇，勒令僧尼相配。是時上人適卓錫於吳山常寂光寺，倩堵申甫轉邀青年主政之激烈者若干人，往寺會談，一言微中，默化潛移；先是上人預書佛號若干紙，備贈應約而來之人，乃來人未足預約之數；而紙數適符，若有前知者。其最激烈之某君，出而言曰：「時方嚴寒，何來浹背之汗耶？」因此「滅佛」之議遂寢。其人格感化力如此。茲錄上人致當局函於左：

舊師孑民、舊友子淵、夷初、少卿、中華諸居士同鑒：

昨有友人來，謂仁等已至杭州建設一切，至為歡慰！又聞孑師在青年會演說，對於出家僧衆，有未能滿意之處。但仁等於出家人中之情形，恐有隔膜。將來整頓之時，或未能一一允當。凡一切鄙擬請仁等另請僧衆二人為委員，專仟整頓僧衆之事。此委員二人，據鄙意，願推薦太虛法師及弘傘法師任之。此二人皆英年有為，胆識過人，前年曾往日本考察一切，富於新思想，久負改革僧制之弘願。故任彼二人為委員，最為適當，至將來如何辦法，統乞仁等與彼協商。對於服務社會之一派，應如何盡力提倡。（此是新派。）對於山林辦道之一派，應如何盡力保護。（此是舊派，但此派必不可廢。）對於既不能服務社會，又不能辦道山林之一流僧衆，應如何處置。對於應赴一派（即專作經懺者），應如何處置。對於受戒之時，應如何嚴加限制。如是等種種問題，皆乞仁等仔細斟酌，妥為辦埋。俾佛門興盛，佛法昌明，則幸甚矣。此事先由浙江一省辦起，然後遍及全國。謹陳拙見，諸乞垂察，不具。

弘一　三月十七日

嘗聞豐子愷言，民十七八年間，上人暫居其滬寓，偶話舊，忽欲尋訪城南草堂，子愷隨行，至則故居猶存，而主人已易，草堂改為精舍；入則大動今昔之悲，頓向佛座五體投地，叩頭如搗蒜，誦經不絕口，肅穆之容，萬籟為寂，淒涼之氣，四壁浸寒，我佛有靈，當亦同下傷心之淚矣！既知屋已易人，乃求故主何在？心誠求之，其人斯得。嗟夫蒼天！疇昔慷慨好義之文壇盟主許幻園者，頭已白，耳已聾，憔悴之狀不忍目，而猶伏處陋室，為人傭書，藉易升斗，以維生活，相接之下，又復大愴。久之，始破涕為笑，追敘前塵，恍如癡人說夢，此情此景，陪坐之子愷，亦不禁涕之沾巾也！民十八年，歲次己巳，上人五十誕辰，紹興徐仲蓀氏曾為放生於白馬湖，洋洋焉魚蝦得所，上人亦輕舟漾波，與物同樂，觀者興感。既而至甬上，有某僧，以籌濟陝災請至長安。上人不欲拂其意，許隨行，已上船，且將解纜矣；弟子劉質平恐上人不勝西北長途，突入艙，負之返岸，衆視錯愕，上人亦笑任之；師弟之情，恬適之懷，一時傳為美談。今上人年五十有七，而入山愈深，韜居閩廈鶩谷一草庵，不欲再出云。於戲！白雲深處，藏幽人之孤蹤；明月前身，喻藝禪之風度；渺渺予懷，薰沐紀述；瞻彼南山。曷其有極，載清挹徽，未盡萬一；若云高僧續傳，則當俟君子於他日。民國二十五年歲次丙子仲春穀旦謹譔於西湖鳳起橋邊之丹楓紅葉畫室。俗友姜丹書敬盧甫再拜。

此文於廿五年丙子春為杭州《越風》雜誌社長黃萍蓀君要約而作。《越風》宗旨，倡導正氣，頗為世重。初徵文于我，我何人斯？那敢率爾操觚：既而萍蓀曰：「如此高人，汝同輩知音，而弗為之傳，將忍聽其湮沒不彰，抑將使後人徒憑耳食而傳之非其真耶？」余聆斯言，乃竟引為己任，不辭譾陋而草之，先刊諸《越風》，頗多錯字。旋為東京《日華佛教》雜誌譯載，更多誤譯之處，余曾校勘函彼更正。後又為上海《佛教日報》轉載，魯魚亥豕，錯字更多，他尚無關出入，明眼人自能辨之，唯將上人函中處置之「置」字誤作「罪」字，則此一字之差，不啻千里之謬。且雖明眼人亦難辨矣，故當於此鄭重聲明之。噫！自丁丑國難以來，天翻地覆，鬼哭人號，巢既無之，卵于何有？身外之物，原無足多，第所有數十年文稿畫本，皆為心血所寄，蕩焉無存，未免可惜。幸舊友朱穌典君尚藏載有此文之《越風》一本，亟為鈔錄，藉資保存，並曾在上海美術專科學校及新華藝術專科學校印作講義，以廣流傳。近日，又於夏君丏尊處，閱及崇德難民豐子愷氏自桂林來函，述及上人近狀一頁，感慨系之；據述近得上人自閩去函云：「朽人年來老態日增，不久即往生極樂，故于今春在泉州及惠安盡力宏法，近在漳州亦爾。猶如夕陽，殷紅絢彩；隨即西沉，吾生亦爾，世壽將盡，聊作最後之紀念耳。……緣是不克他往，謹謝厚誼，不宣。」—此蓋謝却子愷邀其入桂避亂之議也。廿七年十二月廿一日杭州難民姜赤石翁跋于海上屋籠人鳥居之嚻嚻軒。

續傳

丁丑冬，火牛厄，蝦夷跳，狼烽急，上人適滯青島，船雖可通，但以囊空裹足，待得夏居士由滬匯貲始克行，匆匆過滬，信宿而赴閩。屢易卓錫所，到處宏法。最後居泉州大開元寺，仍勤于律學著作不倦，民國三十一年歲次壬午十月十三日即陰曆九月初四日午後八時圓寂，距生于清光緒六年九月二十日，享壽六十有三歲，僧臘二十四年。身後諸事，預囑妙蓮法師依指料理，遺物遺著，亦悉付妙蓮保存，而遺物中，有其與生俱來終身護持之松枝在焉。及十一月初，上海夏居士，接其永訣函曰：

丏尊居士文席：朽人已於九月初四日遷化。曾賦二偈，附錄於後：

君子之交，其淡如水。執象而求，咫尺千里。

問余何適，廓爾亡言。華枝春滿，天心月圓。

謹達不宣　　　　音啟

前所記月日係農曆　　又白

（當時余讀此函，據夏言：函固預具，至示寂後由他僧人于月日上填入數字代寄云。）

上人荼毗後，得舍利子千數百顆，超絕尋常。上海高僧暨諸居士，為設紀念會于玉佛寺。彙編《弘一大師永懷錄》，付上海開明書店刊行於世。余為此傳，特詳上人入閩以前事，閩僧睿亦為一傳，特詳上人入閩以後事，又有署名嘯月者為一傳，具詳其生平言行，三傳俱載《永懷錄》。

贊曰：

天生異人，必有自來。代天行化，一木支頹。少為才子，藝文雙魁。長為良師，桃李廣栽。終皈三寶，妙法宏恢。以如此始，以如此終。其花絢爛，其果圓通。萬象為幻，四大皆空。哀彼貪者，觸物眼紅。哀彼嗔者，若雞爭蟲。哀彼癡者，畢生夢夢。不有正覺，孰振聵聾。嗚呼休矣，蛻然西歸。西方添設，蓮座巍巍。華枝春滿，香莊嚴兮。天心月圓，光莊嚴兮。如此境界，極樂奚疑。

（刊於一九四三年《弘一法師生西紀念刊》；《弘一大師永懷錄》編入為《傳一》，略有删節。本卷編入，據姜書凱先生提供稿件及《答綿松先生關於〈釋演音傳〉前後所刊質疑表》訂正。）

編者按：

〔一〕林子青《弘一大師新譜·自序》：「據李家後人說，絕未聞有此異事。」

弘一大師傳

林子青

一

弘一大師是我國近代新文化運動早期的活動家，中年出家後成為佛教律宗有名的高僧。他雖然逝世近四十年了，但他的聲名仍為國內外人士所仰慕。

大師的前半生以李叔同（別名很多）馳名於藝術教育界，是我國最初出國學習西洋繪畫、音樂、話劇，並把這些藝術傳到國內來的先驅者之一。一八八〇年舊曆九月二十日生於天津一個富裕的家庭。俗姓李，幼名成蹊，學名文濤，字叔同，名號屢改，一般以李叔同為世所知。他原籍浙江平湖，父名世珍，字筱樓，清同治四年（一八六五）會試中進士，曾官吏部。後來在天津改營鹽業，家境頗為富有。

李叔同五歲時，他的父親就去世了。他有異母兄弟三人，長兄早年夭折〔一〕，次兄名文熙，又名桐岡，字敬甫，是天津一個有名的中醫。他行第三，小字三郎。

李叔同的幼年也和一般當時的文人一樣，攻讀《四書》、《孝經》、《毛詩》、《左傳》、《爾雅》、《文選》等，對於書法、金石尤為愛好。他十三四歲時，篆字已經寫得很好，十六七歲時曾從天津名士趙幼梅（元禮）學填詞，又從唐靜巖（育厚）學書法。這個時期和他交游的有孟定生、姚品侯、王吟笙、曹幼占、周嘯麟，同時友戚同輩有嚴範孫（修）、王仁安（守恂）、陳筱莊（寶泉）、李紹蓮等。還有一點以前傳記未曾提到的，是他在遷居上海以前，曾以「文童」進過天津縣學，受過八股文（當時稱為時文）的嚴格訓練。

二

李叔同，年十八，在母親作主之下與俞氏結婚。越年戊戌政變，他就奉母遷居上海。這時袁希濂、許幻園（鎔）等在城南草堂組織一個「城南文社」，每月會課一次，課卷由張蒲友孝廉評閱，定其甲乙。這一年，李叔同十九歲，初入文社寫作俱佳。許幻園愛其才華，便請他移居其城南草堂，並特闢一室，親題「李廬」二字贈他。李叔同的《李廬印譜》、《李廬詩鐘》、《二十自述詩》等就是在這裏作的。這些著作已經失傳，只留下幾篇敘文而已。這時他與江灣蔡小香、江陰張小樓、寶山袁希濂、華亭許幻園五人結拜金蘭，號稱「天涯五友」。許幻園夫人宋夢仙（貞）有《題天涯五友圖》詩五首，描寫五人不同的性格。其中有一首云：「李也文名大似斗，等身著作膾人口。酒酣詩思涌如泉，直把杜陵呼小友！」就是咏他。這個時期，李叔同又與常熟烏目山僧（宗仰）、德清湯伯遲、上海任伯年〔二〕、朱夢廬、高邕之等書畫名家，組織「上海書畫公會」，每星期出版書畫報一紙，由中外日報社隨報發行。這是上海書畫界最初出版的報紙。李叔同（署名李漱筒）曾於該報刊登鬻書和篆刻潤例。

庚子之役以後，他自上海回津，擬赴豫探視其兄，臨行填「南浦月」一闋留別海上。詞云：

楊柳無情，絲絲化作愁千縷。惺忪如許，縈起心頭緒。　誰道銷魂，盡是無憑據。離亭外，一帆風雨，只有人歸去。

時因道路阻塞，未獲晤見其兄，在天津住了半月，仍回上海。他將途中見聞，寫成《辛丑北征淚墨》出版。他回上海以後，正好南洋公學開設特班，招考能作古文的學生二十餘人，預定拔優保送經濟特科。他改名李廣平應考，被公學錄取。南洋公學特班聘請蔡元培為教授，上課時由學生自由讀書，寫日記，送教授批改，每月課文一次；蔡氏又教學生讀日本文法，令自譯日文書籍，暗中鼓吹民權思想。一九〇三年之上海開明書店發行的《法學門徑書》和《國際私法》，就是李廣平在南洋公學讀書時期所譯的。當時同學為蔡元培賞識的有邵聞泰（力子）、洪允祥（樵舲）、王莪孫、胡仁源、殷祖伊、謝沈（無量）、李廣平（叔同）、黃炎培、項驤、貝壽同等，都是一時之秀，後來成為各方面的有名人物。一九〇二年秋，各省補行庚子辛丑恩正並科鄉試，李廣平也以嘉興府平湖縣監生資格，報名應試，考了三場未中，仍回南洋公學就讀。

一九〇三年冬，南洋公學發生罷課風潮，全體學生相繼退學。李叔同退學後，感於當時風俗頹廢，民氣不振，即與許幻園、黃炎培等在「租界」外創設「滬學會」，開辦補習科，舉行演說會，提倡移風易俗。當時流行國內的《祖國歌》就是他為「滬學會補習科」撰寫的〔三〕。此外他又為「滬學會」編寫《文野婚姻新戲劇本》，宣傳男女婚姻自主的思想。

一九〇五年四月，母氏王太夫人逝世，改名李哀，後又名岸。他以幸福時期已過，決心東渡日本留學。臨行填了一闋「金縷曲」，留別祖國並呈同學諸子。詞曰：

披髮佯狂走。莽中原、暮鴉啼徹，幾枝衰柳。破碎河山誰收拾，零落西風依舊。便惹得、離人消瘦。行矣臨流重太息，說相思、刻骨雙紅豆。愁黯黯，濃於酒。　漾情不斷淞波溜。恨年來、絮飄萍泊，遮難回首。二十文章驚海內，畢竟空談何有。聽匣底、蒼龍狂吼。長夜淒風眠不得，度群生、那惜心肝剖！是祖國，忍孤負！

讀來真是激昂慷慨，蕩氣回腸。「二十文章驚海內」，看他當時何等自負，但他感到空談畢竟是沒有用的。

三

李哀於一九〇五年秋東渡日本，首先在學校補習日文，同時獨力編輯《音樂小雜誌》，在日本印刷後，寄回國內發行，促進了祖國新音樂的發展。又編有《國學唱歌集》一冊，在國內發行，這些在中國新音樂史上都起到了啟蒙的作用。這時他和日本漢詩界名人槐南（森大來）、石埭（永阪周）、鳴鶴（日下部東作）、種竹（本田幸）等名士時有往來，很得到他們的賞識。一九〇六年九月，考入東京美術學校，從留學法國的名畫家黑田清輝學習西洋油畫。這個學校是當時日本美術的最高學府，分別用英語和日語授課。李岸初入學時，是聽英語講授的。當他考入東京美術學校不久，大概由於那時清國人（當時日本人對中國人的稱呼）學油畫的少，所以東京《國民新聞》的記者特別前往採訪。其訪問記題為《清國人志於洋畫》，發表於明治卅九年（一九〇六）十月四日的《國民新聞》，並登有他的西裝照片和速寫插圖。

據程淯《丙午日本游記》同年十月十三日訪問東京美術學校時記載，該校「學科分為西洋畫、日本畫、塑像、鑄造調漆、蒔繪（即泥金）木雕刻、牙雕刻、石雕刻、圖案等。西洋畫科之木炭畫室，中有吾國學生二人，一名李岸，一名曾延年。所畫以人面模型遙列几上，諸生環繞分畫其各面」。現存李叔同的木炭畫少女像的照片，據豐子愷的題記，是李叔同最初學西洋畫時的作品，看來也許就是那時按照這個「人面模型」所畫的。

李叔同除在東京美術學校學習油畫外，又在音樂學校學習鋼琴和作曲理論；同時又從戲劇家川上音二郎和藤澤淺二郎研究新劇的演技，遂與同學曾延年等組織了第一個話劇團體「春柳社」。一九〇七年春節期間，為了賑濟淮北的水災，春柳社首次在賑災游藝會公演法國小仲馬的名劇《巴黎茶花女遺事》，李叔同（藝名息霜）飾演茶花女，引起許多人們的興趣，這是中國人演話劇最初的一次。歐陽予倩受了這次公演的刺激，也託人介紹加入了春柳社。

第二次的公演是一九〇七年的六月，稱為「春柳社演藝大會」，演的是《黑奴籲天錄》。春柳社在《開丁未演藝大會的趣意》上說：

「演藝之事，關係於文明至巨。故本社創辦伊始，特設專部研究新舊戲曲，冀為吾國藝界改良之先導。春間曾於青年會扮演助善，頗辱同人喝彩；嗣後承海內外士夫交相贊助，本社值此事機，不敢放棄。茲訂於六月初一初二日，借本鄉座舉行『丁未演藝大會』，準於每日午後一時開演《黑奴籲天錄》五幕。所有內容概論及各幕扮裝人名，特列左方。大雅君子，幸垂教焉。」

春柳社第二次演出《黑奴籲天錄》，李息霜扮演美國貴婦愛美柳夫人，曾得到日本戲劇家土肥春曙和伊原青青園的好評（見日本明治四十年（一九〇七）《早稻田文學》七月號《清國人之學生劇》）。

四

李叔同在日本留學六年，一九一一年畢業回國。先應老友天津高等工業學堂校長周嘯麟之聘，在該校擔任圖案教員。辛亥革命以後，他填了「滿江紅」一闋，表達了他的懷抱。詞曰：

皎皎崑崙，山頂月、有人長嘯。看囊底、寶刀如雪，恩仇多少。雙手裂開鼷鼠膽，寸金鑄出民權腦。算此生、不負是男兒，頭顱好。 荊軻墓，咸陽道。聶政死，尸骸暴。盡大江東去，餘情還繞。魂魄化成精衛鳥，血花濺作紅心草。看從今一擔好山河，英雄造。

一九一二年春，上海《太平洋報》創刊，李叔同被聘為編輯，主編副刊畫報，曼殊的著名小說《斷鴻零雁記》就是在他主編的《太平洋畫報》發表的。這一年三月，他初次加入南社，並為南社的《第六次雅集通訊錄》設計圖案並題簽。同時在老友楊白民的城東女學，教授文學和音樂。這時他又與《太平洋報》同事柳亞子、胡樸安等創立「文美會」，主編《文美雜誌》。這年秋天《太平洋報》以負債停辦。李叔同遂應老友經亨頤之聘，到杭州浙江第一師範學校擔任圖畫和音樂教員，改名李息，號息翁。一九一五年，應南京高等師範校長江謙之聘，兼任該校圖畫音樂教員，假日組織「寧社」，借佛寺陳列古書字畫金石，提倡藝術，不遺餘力。

他在浙江第一師範初任教時寫過《近世歐洲文學之概觀》、《西洋器樂種類概說》、《石膏模型用法》等發表於「浙師校友會」一九一三年發行的《白陽》雜誌誕生號，並且手自書寫，介紹西洋文學藝術各方面的知識。他教的圖畫，採用過石膏像和人體寫生，在國內藝術教育上是一個創舉。音樂方面，他利用西洋名曲作了許多名歌，同時又自己作歌作曲，對學生灌輸了新音樂的思想。學生中有圖畫音樂天才的，他特別加以鼓勵和培養。如後來成名的豐子愷的漫畫、劉質平的音樂，就是李叔同一手培養起來的。此校設有手工圖畫專修科，課餘還組織校友會，分運動、文藝兩部，文藝部並發行雜誌。一九一四年五月著名教育家黃炎培到杭州師範參觀時，曾加以介紹說：「其專修科的成績殆視前兩江師範專修科為尤高。主其事者為吾友美術專家李君叔同（哀）也。」（見一九一四年商務出版《黃炎培考察教育日記》第一集）。

這個時期，李叔同除從事西洋藝術教育，成立洋畫研究會推動外，對於祖國傳統的書法金石也是極力提倡的。他在學校裏組織金石篆刻研究會，名為「樂石社」，提倡金石篆刻，被推為社長，撰有《樂石社簡章》、《樂石社社友小傳》，南社著名詩人姚鵷雛撰有《樂石社記》介紹此社的宗旨及李息霜的藝術成就。這時浙江一師的師生中會篆刻的人很多，校長經亨頤（別號石禪）、教員夏丏尊都是篆刻好手。同時他和西泠印社社長金石大家吳昌碩、葉舟等又是好友，因而和夏丏尊等加入西泠印社為社友。後來，他將出家，因而把生平收藏的印章都贈送給了西泠印社，該社社長葉舟為他在社中石壁上鑿了一個「印藏」收藏並加題記，以留紀念。近年從這個「印藏」取出拓印，共成四幅，其中多是陳師曾、經亨頤、夏丏尊等知名人士和他的許多學生所刻的。他自己刻的也有幾方在內。

李叔同在杭州期間，交往比較密切的，浙江第一師範的同事有夏丏尊、姜丹書、堵申甫，校外常往來的有馬一浮、林同莊、周佚生等。馬一浮早已研究佛學，是一位有名的居士，對他的影響特別大。但他這時只看一些理學書和道家的書類，佛學尚談不到。有一次，夏丏尊看到一本日文雜誌上有篇關於斷食的文章，說斷食是身心「更新」的修養方法，自古宗教上的偉人如釋迦、耶穌，都曾斷過食。說斷食能生出偉大的精神力量，並且列舉實行的方法。李叔同聽後決心實踐一下，便利用一九一六年寒假，到西湖虎跑定慧寺去實行。經過十七天的斷食體驗，經過良好。他取老子「能嬰兒乎」之意，改名李嬰，同時對於寺院的清靜生活也有了一定的好感，這可說是他出家的近因。他斷食後寫「靈化」二字贈其學生朱穌典，將斷食的日記贈堵申甫，又將斷食期間所臨的各種碑刻贈與夏丏尊 。從此以後，他雖仍在學校授課，但已茹素讀經，且供佛像了。過了新年，即一九一七年，他就時常到虎跑定慧寺習靜聽法。是年九月，他寫了「永日視內典，深山多大年」一聯，呈法輪禪師，自稱「嬰居士息翁」，就是這時的紀念。越年舊曆正月初八日，馬一浮的朋友彭遜之忽然發心在虎跑寺出家，恰好李叔同正在那裏，他目擊當時的一切，大受感動，也就皈依三寶，拜虎跑退居了悟老和尚為皈依師。演音的名，弘一的號，就是那時取定的。從此馬一浮常借佛書給他閱覽，前後借給長水大師《起信論筆削記》、《靈峯毗尼事義集要》、《寶華傳戒正範》等。他也常到虎跑寺去請問佛法。

五

一九一八年舊曆七月十三日，李叔同結束了學校的教務，決心至虎跑定慧寺從皈依師了悟老和尚披剃出家，正式名為演音，號弘一。出家後，別署很多，常見的有一音、弘裔、曇昉、論月、月臂、僧胤、慧幢、亡言、善夢等，晚年自號晚晴老人、二一老人等。他出家以前，將生平所作油畫，贈與北京美專學校，筆硯碑帖贈與書家周承德，書畫臨摹法書贈與夏丏尊和堵申甫，衣服書籍等贈與豐子愷、劉質平等，玩好小品贈給了陳師曾，當時陳還為他這次割愛畫了一張畫。

同年九月，他到杭州靈隱寺受具足戒，從此成為一個「比丘」。他受戒以後，看了馬一浮居士送他的《靈峯毗尼事義集要》和《寶華傳戒正範》，覺得按照戒律規定實不得戒。他是事事認真的人，因此發願研習戒律，這是他後來發願宏揚律學的因緣。

弘一大師受戒之後，先到嘉興精嚴寺訪問了范古農居士，在精嚴寺閱藏數月，又到西湖玉泉寺安居，專研律部。他因杭州師友故舊酬酢太多，而且慕名的人又不斷來訪。一九二〇年夏，假得弘教律藏三帙，決定到浙江新城貝山閉關，埋頭研習。這時在玉泉寺同住的程中和居士即出家名弘傘，和他同到貝山護關。因為貝山環境不能安居，越年正月重返杭州玉泉寺，披閱《四分律》和唐代道宣、宋代元照的律學著述。

一九二一年三月，由於吳璧華、周孟由二居士的介紹，到溫州慶福寺閉關安居，從事《四分律比丘戒相表記》的著作，並親自以工楷書寫，歷時四載，始告完成。出版後部分寄贈日本，很受日本佛教學者的重視。此後幾年間，他出游各地，曾到普陀參禮印光法師，又到過衢州蓮華寺寫經，為參加金光明法會一度到過廬山大林寺；不久又回杭州，在招賢寺整理《華嚴疏鈔》，繼在常寂光寺閉關。後來為了商量《護生畫集》的出版，也到過上海江灣豐子愷先生的緣緣堂。這時葉聖陶（紹鈞）先生寫了一篇《兩法師》（介紹弘一與印光）散文，發表於《民鐸》雜誌，後來收入葉氏《未厭居習作》，由上海開明書店出版，並作為活葉文選，為中學生所愛讀，於是名聞全國。

一九二八年冬，弘一大師為了《護生畫集》的事又到了上海。偶然遇到舊友尤惜陰與謝國樑（後來尤氏出家名演本，謝氏出家名寂雲）二居士將赴暹羅（今泰國）弘法，在滬候輪，大師一時高興，便參加了他們的南行弘法團。船到廈門，受到陳嘉庚胞弟陳敬賢居士的接待，介紹他們到南普陀寺去住。他在這裏認識了性願、芝峯、大醒、寄塵諸法師，被懇切地挽留，後來尤謝兩居士乘船繼續南行，而弘一大師就獨自留在廈門了。這是他初次和閩南結下的因緣。不久，由於性願法師的介紹，他就到泉州南安小雪峰寺去過年。這一年冬天，夏丏尊、經亨頤、劉質平、豐子愷等，募款為他在浙江上虞白馬湖蓋了一座精舍，命名「晚晴山房」。後來又成立一個「晚晴護法會」，在經濟上支持他請經和研究的費用。他後來從日本請來古版佛經一萬餘卷，就是這個晚晴護法會施助的。一九二九年春，他由蘇慧純居士陪同，自泉州經福州至溫州。在福州候船時，他和蘇居士游了鼓山湧泉寺，在寺裏發現了一部未入大藏的《華嚴疏論纂要》，嘆為希有，因發願印刷二十五部，後來並以十二部贈與日本佛教各大學和寺院。在他晚年的十四年間（一九二八——一九四二），最初幾年雖然常到江浙的上海、溫州、紹興、杭州、慈谿、鎮海各地雲游；但自一九三七年以後，除了一度應倓虛法師請到青島湛山寺講律，小住數月之外，整個晚年都是在閩南度過的。他常往來於泉廈之間，隨緣居住。在廈門他先後住過南普陀、太平巖、妙釋寺、萬壽巖、日光巖、萬石巖和中巖等處。抗戰初期，一度到漳州，住過南山寺、瑞竹巖和七寶寺。他與泉州特別有緣，曾住過承天寺、開元寺、百原庵、草庵、福林寺，南安小雪峰、慧泉、靈應寺，惠安淨峰寺、靈瑞山、安海澄渟院，永春蓬壺普濟寺等處。前後親近他學律的有性常、義俊、瑞今、廣洽、廣究、曇昕、傳貫、圓拙、仁開、克定、善契、妙蓮等十餘人。一九四二年秋病革，書二偈與諸友告別，偈云：

君子之交，其淡如水。執象而求，咫尺千里。

問余何適？廓爾亡言。華枝春滿，天心月圓。

同年十月十三日（舊曆九月初四日）圓寂於泉州不二祠溫陵養老院晚晴室，享年六十三歲。彌留之際，還寫了「悲欣交集」四字，一面欣慶自己的解脫，一面悲愍眾生的苦惱。這末後一句，真有說不盡的「香光莊嚴」。滅後遺骨分葬於泉州清源山彌陀巖和杭州虎跑定慧寺，這兩處都分別為他建了靈塔。

六

由一個濁世公子，而留學生、而藝術教育家、最後成為律宗高僧的弘一大師，早年才華橫溢，在藝術各方面都得到了充分的發展。其為人可謂「絢爛之極，歸於平淡」的典型了。他雖避世絕俗，而無處不近人情。值得我們尊敬和學習的，是他的多才多藝和認真的精神。他一生做人確是凡事認真而嚴肅的。他要學一樣就要像一樣，要做什麼就要像什麼。古人有話說：「出家乃大丈夫事，非將相之所能為」。他既出家做了和尚，就要像個和尚。在佛教許多宗派中，律宗是最重修持的一宗，所謂三千威儀，八萬細行，他不但深入研究，而且實踐躬行。馬一浮有詩輓他說：「苦行頭陀重，遺風藝苑思。自知心是佛，常以戒為師」，讀此可謂如見其人了。

弘一大師的佛學思想體系，是以華嚴為境，四分律為行，導歸淨土為果的。也就是說，他研究的是華嚴，修持弘揚的是律行，崇信的是淨土法門。他對晉唐諸譯的《華嚴經》都有精深的研究，曾著有《華嚴集聯三百》一書，可以窺見其用心之一斑。

我國佛教的律學，古譯有四大律，即《十誦律》、《四分律》、《摩訶僧祇律》、《五分律》，到了唐代義淨留學印度回國，又譯出《根本說一切有部律》許多部，後人稱之為「新律」。他初出家時學的是「新律」，即《有部律》。這是唐代義淨所譯的戒律，通行於當時的印度。弘一大師稱贊義淨博學強記，貫通律學精微，實空前絕後的中國大律師。他初學《有部律》時，寫過《根本說一切有部毗柰耶犯相摘記》、《自行鈔》和《學根本說一切有部律入門次第》，對《有部律》是深深用過苦功的。

後來他因友人之勸，改學《四分律》。因為現存的四大律之中，《十誦》、《僧祇》、《五分》三律，後來研究者少，其注釋至今已無一存，而《四分律》獨盛，注疏也多存在。唐道宣所著有《四分律行事鈔》、《戒本疏》、《羯磨疏》，稱為南山三大部。宋杭州靈芝元照，著三部記解釋道宣的三大部疏，即《行事鈔資持記》、《戒本疏行宗記》、《羯磨疏濟緣記》，稱為「三疏」、「三記」。南宋禪宗大盛，律學無人過問，這些唐宋諸家的律學撰述，悉皆散失。到了清初，惟存《南山隨機羯磨》一卷。明末蕅益大師不見古代疏記，只能寫出《毗尼事義集要》而已。到了清末，這些唐宋律學著述，才自日本再傳回中國。所以他窮研《四分律》，看了唐宋律學著作之後，化了四年時間，著成《四分律比丘戒相表記》。此書和他晚年所撰的《南山律在家備覽略篇》，是他精心撰述的兩大名著。

弘一大師認為正法能否久住，在於《四分律》能否實踐。一九三一年二月，他在上虞法界寺佛前，發專學南山律誓願。一九三三年曾集合學者十餘人於泉州開元寺尊勝院研究律學，稱為南山律學苑；根據日本請回古版律書，圈點南山三大部並講律修持。試讀這時他為南山律學苑撰的一聯，可以概見他晚年的志願。聯云：「南山律學，已八百年湮沒無傳，何幸遺編猶存東土；晉水僧園，有十餘眾承習不絕，能令正法再住世間。」

（刊於一九八四年《弘一法師》，文物出版社）

編者按：

〔一〕天津《今晚報》二〇〇五年七月二十八日載繆志明《李叔同研究資料的新發現》一文，據《李節孝婦王宜人殉姑事略》（津人趙以敬撰、趙元禮書），長兄名文葆，文葆子繩武，字竹孫，『貤封奉政大夫』，娶王振綱之女，婚後翌年歿。

〔二〕一說任伯年未加入「上海書畫公會」。

〔三〕一說《祖國歌》係他人所撰。

弘一大師新譜

自序

林子青

拙著《弘一大師年譜》，自一九四四年在上海出版至今，歷時已經近半個世紀了。當時烽火彌天，交通梗阻，徵集資料，至為困難。我竭年餘之力，從搜集到的有關弘一大師各種資料，摘錄整理，考證抉剔，約得十四五萬字。限於當時客觀條件，內容簡陋，許多時期的事跡都是空白，插圖版面亦多欠明晰，實在是很不成熟的作品。

我寫年譜的動機和目的，在初版的前序後記已經有所說明。因為大師於一九四二年在福建泉州圓寂以後，各地佛教報刊雜誌的紀念文章很多，一般都是從個人的角度敘述一些回憶的印象，都不免偏於一時一地的記載，想憑這些互有出入的記載去了解大師的一生是不夠的。於是寫作一部線索分明的年譜，讓讀者可以看出大師一生所走過的道路——這個念頭就在我的腦裡萌生起來了。這可說是我最初的動機。

出版以後，有位讀者寫了一篇《讀弘一大師年譜》的文章，發表於上海《大公報》（一九四八年九月廿二日），他是很能理解我作年譜的苦心的。他的文章說：「年譜是實生活的紀錄，固貴詳盡無遺，尤尚語皆有本，真實無訛。這本年譜確能做到這地步。」又說：「弘一大師在世六十三年，從留學生活到教學生活，再到出家生活，其間思想的變遷，生活形態的改變，就好像是一齣的戲劇，毫無遺漏地引證敘述，實在不很容易。」這些話自然是過獎，但也表達一個讀者對於此書的評價和看法。

回憶最初搜集資料時，我首先找到了著名作家夏丏尊先生。他是弘一大師在杭州浙江省立第一師範學校多年的同事和出家後交誼最深的摯友，請他指示寫作的方法和提供他所收藏的資料。夏老那時有病，不能多談，只表示歡喜讚歎。說着就打開書箱，把他多年所收藏的大師手跡和有關資料，供我任意挑選抄錄。

不久我又寫信請教和大師誼在師友之間，曾任上海世界書局總編輯的蔡丏因（冠洛）先生，請他指示寫作大師年譜應注意哪些方面。他很快回我一封長信說：「子青先生左右：省書有《弘一大師年譜》之撰，甚盛甚盛。大師由儒入佛，又善詩詞，其西洋畫與音樂，久為藝壇所重。披剃以後，將平日一切輾轉熏染之習氣，洗滌淨盡，獨為人書寫經偈。蓋不僅以書重，嚴淨澹遠，如見其人，尤足重也。然大師以弘法為急，人因其書以重法方為不負。年譜之要，在釐其思想變遷之跡，判其學術異同之故。涉筆所及，貴實證尤貴識力。實證猶可於函牘中求之，師友見聞中詢之；而別異同、審得失，則非有識力不可。」

他最後說：「憶十九年秋（一九三〇年），余寓紹興。大師將去閩南，由杭過紹，居戒珠寺。余以師應化事跡，彰彰在人耳目，年遠代湮，或不免傳聞失實。宜及身勘定年譜，以示後人。師言無過人之行，思之徒滋慚愧。惟自幼即有無常苦空之感，乳母每教誡之，以為非童丱所宜。其後虎跑出家，內心迫切，若非即時披剃不可者，自亦不能明其故也。……律學一欲復南山之舊，頗以宋明以來趨於簡惰為非。常以一念不專，一行不篤，貽羞法門為懼。迹其所言，與靈巖老人實有不同，明代靈峯大師庶幾近之。」（靈巖老人，即蘇州靈巖山印光法師；靈峯大師，即浙江北天目山靈峯寺蕅益大師。）

從蔡丏因的信看來，他是曾請大師於生前自定年譜的。但大師盛德謙光，豈肯自我標榜？終以「平生無過人之行」謝之。

我編的年譜出版後，蔡丏因在上海《覺有情》雜誌，先後發表《弘一大師年譜廣證》和《弘一大師經籍題記彙編》，並在我送他的《年譜》上寫得密密麻麻的有關資料託人轉送給我。《廣證》和《彙編》雖然只是他個人收藏的部分資料，但這些資料對我增訂年譜的工作卻有很大的幫助。

《年譜》初版時，大師出家前寫的《斷食日志》和一九三七年口述、高勝進筆記的《我在西湖出家的經過》，我尚未見過。許多情況是從蔡丏因的《年譜廣證》看到的。

一九四七年，在《覺有情》雜誌上看到胡宅梵寫的《弘一大師勝緣紀略》文中追記的事迹，足補一九二九年至一九三一年年譜的空白。《紀略》大意說：「我是一九二九年秋，在白湖金仙寺由亦幻法師介紹認識大師的。見師氣度靜穆，慈藹被人，一見興感，曾寫《見了弘一法師》一文，刊於《現代僧伽》，並和大師在金仙寺同聽天台靜權法師講《地藏經》。（聽經應該是一九三〇年的事。——著者。）復允余皈依為弟子，並取法名為『勝月』。後來我寫了一部《地藏經白話解》，大師曾為我題簽和作序。

「一九三一年，棲蓮和尚為五磊山住持，請師駐錫，我隨師上山。天未明，師已起上大殿，親擊鐘磬，導眾念佛。其間並與亦幻、文濤、顯真、棲蓮、慧純居士等十人，發起求生西方普賢願，親製願文。是年孟冬，師創律學院不成，下山居金仙寺。時有鎮海龍山伏龍寺住持誠一法師，請去供養，師命余隨往。至則居關房內，我小住即歸。龍山風景，兼山海之勝，師從未出關欣賞。值新晴，請師賞領；師不允，蓋不耽逸樂也。」

在增訂年譜過程中，給我最大幫助的是大師俗姪李聖章（麟玉）先生。一九五六年，我到北京以後，早想前去拜訪他，了解一下李家的變遷情況。聽說他是全國政協委員，我就寫了一信請政協代轉。一九六四年四月十九日，約好在他家裡見面時，談了很多話。他說他的祖父名世珍（此名我初次聽到），字筱樓，和桐城吳摯甫（汝綸）是同治四年（一八六五）的進士同年。告辭的時候，聖章先生捧出一大堆有關大師在俗的寶貴資料說：「我看過您寫的《弘一大師年譜》，很費一番苦心！這些資料對您將來增訂年譜時，可能是有用的，請留下作個紀念吧。」

我回家打開一看，完全是我多年想看而找不到的資料，想不到竟會在北京發現！其中最難得的是日本明治三十九年（一九〇六）十月四日東京《國民新聞》記者採訪李哀的《清國人志於洋畫》的剪報（此文我已譯出，載於《弘一法師》紀念集）。

其次是大師致李聖章的十七通手札真迹和工楷書寫的《晚晴臏語》七紙，對大師出家的經過和志願及雲遊踪跡，以及精心撰述的散文傳記等，都是極為寶貴的資料。此外還有大師十八九歲時入天津縣學所作的「課藝」（時文）原稿十餘篇，足以窺見大師青年時代的學力和思想。

出版的小冊有：《唐靜巖司馬真蹟》、《辛丑北征淚墨》（大師早年所作的許多詩詞就在此書發見的）、《詩鐘彙編初集》、《漢甘林瓦硯題辭》、《法學門徑書》（翻譯）、《國際私法》（翻譯），以及許幻園的《城南草堂筆記》、宋貞（幻園夫人夢仙女士）的《天籟閣四種》等。還有蔡元培手批的「南洋公學作文」一篇。光緒二十八年補行「庚子、辛丑恩正併科浙江鄉試第叁場考卷」封面一紙（內署嘉興府平湖縣監生李廣平）。這些作品都是大師留日之前極重要的資料。

關於大師留學日本的記載資料，最初我只看到《上海通志館期刊》胡懷琛撰的《上海學藝概要》和歐陽予倩的《自我演戲以來》，略知他在東京美術學校學習油畫和音樂，並與同學曾延年（孝谷）等共同創立「春柳社」演劇團體，演出過《茶花女遺事》和《黑奴籲天錄》而已。其他都是空白。

一九五六年我到北京後，偶於友人處看到一本程淯著的《丙午日本遊記》（程淯字白葭，江蘇常州人。清末從事新聞工作於山西。一九〇六年奉派赴日考察工藝醫學，著有《丙午日本遊記》），適有參觀「東京美術學校」記事頗詳。才知道大師考入東京美術學校的大概情況。同時看到《國民新聞》的《清國人志於洋畫》的報導，對於大師考入美校的時間和學習情況就更清楚了。

近年由於殊勝的因緣，得與日本作家吉田登志子女士通信，涉及大師早年詩作的解釋和春柳社的演出問題。我曾介紹戰前上海舉行的「中國劇運先驅者懷舊座談會」的雜誌紀錄給她。而她回報我的是一些登載李叔同參加日本漢詩壇活動的《隨鷗集》（日本明治時代著名漢詩人森槐南、大久保湘南等所組織的「隨鷗吟社」機關刊物），中村忠行的《春柳社逸史稿》，濱 一衛的《關於春柳社的黑奴籲天錄》，一九〇七年《早稻田文學》七月號所載伊原青青園的《清國人的學生劇》，及一九五七年歐陽予倩給中村忠行的信——《歐陽予倩先生的書簡》等。這些文章對於大師日本留學時代的演劇活動都是非常重要的資料。

從日本學者研究的資料看來，著名漢學家吉川幸次郎博士早就看過拙著的《弘一大師年譜》和收藏它的。濱 一衛寫的《關於春柳社的黑奴籲天錄》一文，基本上就是從吉川博士那裏借到的《年譜》寫成。據濱氏的文章說：「曾孝谷在明治四十四年（一九一一）美術學校畢業（同學會名簿）為止和李岸是同班同學，即自一九〇六年九月至一九一一年三月在學的。據當時當這油畫科班長直到畢業的山口亮一氏說：這個班裏有留學生三人，曾李之外有一印度人拉奧氏。」這和程淯的《丙午日本遊記》記載相符。《遊記》說：「西洋畫科之木炭畫室，中有吾國學生二人：一名李岸，一名曾延年。」同時濱氏還根據美校的「五年制」與一九一一年的畢業紀念照片，訂正拙著《年譜》的「一九一〇年畢業歸國」為一九一一年畢業之誤。

一九五六年中村忠行寫的《春柳社逸史稿》，對李岸留學時期的文化活動有更詳細的介紹。他說：「春柳社的創立是一九〇六年，其中心人物是曾延年與李岸，已經是衆所周知的事。兩人都是當時東京美術學校在籍的學生。就李岸說，以年僅二十七歲，早已主編《音樂小雜誌》那樣早熟的文學青年，留學日本後，似乎不久就努力和日本文化人有所接觸。一九〇六年六月，早已加入漢詩人森 槐南、大久保湘南所領導的『隨鷗吟社』。七月一日即列席於偕樂園舉行的『副島蒼海以下十名士的追荐筵』，賦詩見志。當時的李叔同最注意的，除專門的繪畫與音樂的學習，似乎就是作詩。這時以後，他便常常參與『隨鷗吟社』的詩會或聽森槐南的李義山詩的講解，或投詩稿於《隨鷗集》，深得主編大久保湘南的稱許。同時日本一流的漢詩人們也歡喜和這年輕的中國詩人結交。可見大師留學初期在日本多方面的文化活動。」

最後發現的資料，是一九八八年四月二十日《天津日報》登載的《李叔同史料的新發現》，繼由天津圖書館高成鳶撰寫發表於《天津史志》（一九九〇年第三期）的《李叔同革新喪禮的事迹》。這兩種資料出於同一來源，都是根據一九〇五年天津《大公報》七八月間報導的關於李叔同革新喪禮的記事。

高成鳶的文章說：「一九〇五年初夏，李叔同的母親病逝於上海。他挈眷扶柩，歸津葬母。」此次居津的活動，是他傳記中的一段空白。高成鳶從當年天津《大公報》上發現了一組珍貴的史料，記載了李叔同革新喪禮安葬亡母的詳情，填補了這一段空白。他說：「在李叔同為他母親舉行喪禮的前六天，《大公報》就在『本埠新聞』欄中以『文明喪禮』為題預報說：『河東（天津河東區）李叔同君廣平，新世界之傑士也。其母王太夫人月前病故。李君特定於本（七）月二十九日開追悼會，盡除一切繁文縟節，別定新儀。』次日《大公報》又公布了新儀的具體內容。除稱『備有西餐，以饗來賓』外，並附有《哀啟》說：『我國喪儀，繁文縟節，俚俗已甚。李叔同君廣平，願力祛其舊。爰與同人商酌，據東西各國追悼會之例，略為變通，定新喪儀……』」（詳情請參閱本年譜一九〇五年條）

由于近年「弘一研究熱」的興起，國內外許多小說、散文、隨筆的記事，為了迎合群眾的某種趣味，便寫出了許多虛構的奇談怪論，甚至把他神化起來，使讀者把他當做怪人、超人看待。

例如有人說，大師誕生時，有喜鵲銜松枝降其室，父母視為吉兆，垂髫之年，即將松枝贈作紀念。但據李家後人說，絕未聞有此異事。又一般作者常把「滬學會」與「強學會」相混淆（以上二則均見丁福保《弘一大師文鈔序》），其實「強學會」是康有為早年組織的政治性團體，成立于一八九五年（《康南海自編年譜》）；而「滬學會」是個社會教育團體，成立于一九〇四年，性質完全不同（《民國人物傳》第一卷《穆藕初傳》）。有的小說還說大師在留學時期曾加入過「中國同盟會」，見過孫中山，而且填寫了「盟書」，向天宣誓，以為非如此不足以表現大師革命的思想。其實這些虛構的傳說是對大師歷史的歪曲。

還有一位作家說：「李叔同曾娶過一位日本夫人。有一天岳母來看女兒，談了半天，天忽然下起雨來。岳母要借一把傘回去，叔同無論如何不答應。」此事在徐半梅的《話劇初期回憶錄》也曾提到，說明其脾氣之怪。但大師的老同學黃炎培在《我也來談談李叔同先生》一文中却說：「他的風度一貫很溫和很靜穆——我看到『不肯把雨傘借給丈母娘』的記載，有些驚訝。」

大師最怕被人捏造神話，以資宣傳。一九三八年初夏，他從廈門避難到漳州，居城東瑞竹巖。志載瑞竹巖的得名，本有一段神話：謂五代時高僧楚熙，結茆于此，刳竹引泉，後竹生笋，因名「瑞竹」。師居瑞竹巖時，聞有枯竹萌芽，好事者為文載于報端，謂係大師蒞臨瑞應。師聞之急令人闢謠，住數月即離巖而去云。

弘一大師音公圓寂已近五十年了。隨着時光的流逝，和他同代已故的高僧大德已逐漸為人們所淡忘；但大師逝世以後，人們對他的懷念景仰却是與日俱增的。因為大師生前以美術書法馳譽當世，修養高深，行解相應，所謂「明昌佛法，潛挽世風」，是中國道俗公認的律宗高僧。

弘一大師的出家，一般人都不很理解。各人有各人的看法，大多數知識分子對他好像都抱一種惋惜的心情。因為他多才多藝，於藝術領域幾乎無所不精。有位作家說：「就藝術論藝術，弘一法師是一個難得的全才。從藝術應有的作用來說，由於他世界觀的極度消極，其才華並沒有很好的發揮。因此他的後半生和他的整個藝術生命都是個不幸的悲劇。」這是世俗較有代表性的說法；然而這也是片面的。著名美學家朱光潛說：「弘一法師……是以出世的精神做入世事業的。入世事業在分工制下可以有多種，他是從文化思想這個根本上着眼。他持律那樣謹嚴，一生清風亮節，會永遠頑廉立懦，為精神文化樹立了豐碑。」

弘一大師非常重視人的品格修養。他常誡人說：「應使文藝以人傳，不可人以文藝傳。」作為一個虔誠的佛教徒，他忠實於自己的信仰。凡事身體力行，言行一致，這種精神對任何人都是有啟迪的。有人說他出家前後所從事的事業和追求的理想大不一樣。我以為這正是他由藝術昇華到宗教的表現。大師的高足豐子愷說得好，「藝術的最高點和宗教相接近」，他認為大師的出家是當然的。他用三層樓打比喻說：人的生活可以分為三層：一是物質生活，二是精神生活，三是靈魂生活。物質生活就是衣食，精神生活就是學術文藝，靈魂生活就是宗教。大師對他出家前後所從事的事業和追求的理想的那種精神，却是始終如一的。這就是認真的、虔誠的、獻身的精神。

本年譜增訂版之得以問世，是在過去四十多年搜集資料的過程中，和國內外大德師友的督促幫助分不開的。特別是曾親近過大師的亦幻、圓拙、廣義諸法師不斷地慫恿和鼓勵，希望我能利用掌握的資料，寫出比較詳盡可信的大師年譜，以貢獻於當代及後世景仰大師的讀者。後來陸續得到杭州張慕槎、天津王慰曾、上海彭長青、溫嶺陳曼聲諸先生熱情地為我複印有關資料和剪寄報章，使我不顧衰老，得以耄耋之年來完成這項艱鉅的工作。對於這些大德友人無私的協助，謹致衷心的感謝。

一九八八年秋，我以參加編輯《弘一大師全集》的因緣，客居泉州開元寺，臺灣故廣欽長老的高足傳顗法師適以修建欽公紀念塔蒞寺。他聽說我正從事《弘一大師年譜》的增訂工作，非常歡喜讚歎。回臺以後，轉告《弘一大師傳》的作者陳慧劍居士。陳居士對於大師的學問道德及其風範，早有虔誠的敬仰和深刻的研究，志同道合，聞之亦隨喜不置，來信表示願意介紹給臺灣東大圖書公司出版，這是本書在臺出版的因緣。在此之前，一九五九年香港弘化苑用四號字重印的是上海出版的初印本，由于付印匆促，許多錯字都未及校正，過了約二十年的一九七八年，臺北天華出版公司又改用五號字把它重新翻印，許多錯字仍未改正，內容也未變動。回憶本書初版時，著者體力尚健，而今已屆耄耋之年，視力衰退，思路遲鈍，書中資料安排失當，錯誤重複之處，定所難免。尚希十方大德，不吝賜教。

一九九二年一月八日林子青識於北京

凡例

一、本年譜之目的，在於搜輯有關弘一大師之研究資料，試圖將他的生平事蹟，勾出一個比較符合事實的輪廓，提供給景仰大師的讀者。

二、本年譜初版至今，已近半個世紀。其間新資料之發現需要增補，初版年譜之記事與錯字及繫年之有誤者需要訂正，故稱為《弘一大師新譜》。

三、本年譜之體裁，大體以初版之內容結構為基礎。追加資料約較初版增加兩三倍，多是不易得到的資料。

四、本年譜於每年開始，作一提要概述，簡明扼要。樂簡易者，閱覽提要，即可知其一年事蹟。每年所繫各事，順序逐條編入。其重要者或引全文，文繁者只加摘錄，必明出處。凡獨立記載之材料，皆用數字號碼❶❷❸❹等標出，以便對號檢讀原文。凡同一記事而材料各別者，則列於主要記事之次，而以「又」字冠其首。

五、本年譜記事所用年月，根據譜主所作序跋題記，及書札所署年月，以陰曆為主；但紀念文字用陽曆者則仍其舊。各刊物之文字記載，多憑記憶寫作，年月有出入者，則以所知比較推算而訂正之。

六、本年譜所引用之文字記載，皆於每篇之首標明作者及其題目；譜主自作則但標題名以資識別。

七、近代學者著書或寫論文，引用文字之處，每憚繁瑣，常以「見某書某章某頁」略之，而不引用原文。本年譜所引譜主撰述，無論長短，皆盡量引用，以省讀者檢索之勞，而得直接欣賞大師文字風格。

八、本年譜除譜主稱大師或單稱師外，其餘引用文字作者姓名，概略敬稱。

目次

大師姓名、別號及其家世概略

大師俗姓李，祖籍浙江平湖，世居天津，遂為津人。幼名成蹊，一名廣侯，字叔同，亦作漱筒、瘦桐、舒統、俶同、庶同、俗同，別號惜霜。入天津縣學時，名文濤。弱冠奉母至滬，入南洋公學及赴浙江鄉試，改名廣平。鬻書時，稱醿紈閣主。廿六歲喪母後，改名哀，字哀公。留學日本東京美術學校時，初名哀，繼名岸。創立話劇團體「春柳社」時，藝名息霜，報刊署名作惜霜。歸國後，任上海《太平洋報畫刊》編輯，正稱李叔同，後加入柳亞子領導的文學革命團體「南社」，又名凡。任教杭州浙江省立第一師範學校時，名息，字息翁。民國五年試驗斷食後，改名欣，號欣欣道人；旋又名嬰，字微陽，號黃昏老人。出家後，法名演音，號弘一，別署甚多。常用而可考見者如下：

曇昉　僧胤　弘裔　論月　月臂　一音　一相　一月
一味　入玄　大心　大山　大明　大慈　大誓　大舟
大捨　大安　不著　不轉　不動　不息　亡言　方廣
月音　月鐙　玄入　玄會　玄明　玄門　玄策　玄榮
如月　如眼　如說　如實　如智　如空　如理　自在
安立　安住　光網　妙勝　妙著　妙嚴　念慧　念智
成就　成智　成實　法城　法日　法幢　智身　智幢
智炬　智入　智門　智鐙　智眼　智藏　智境　智音
智住　智理　慈目　慈力　慈風　慈捨　慈月　慈現
慈鐙　慈藏　無有　無盡　無得　無說　無厭　無等
無所　無縛　無依　無住　無作　為勝　為依　為明
為首　為導　為炬　為趣　為護　為歸　為舍　善月
善知　善思　善惟　善解　善愍　善夢　善現　善攝
善入　善量　善臂　勝力　勝月　勝音　勝行　勝幢
勝髻　勝臂　勝鐙　勝願　勝解　勝祐　勝慧　慧幢
慧樹　慧鐙　慧牙　實語　實慧　實智　實義　真月
真義　瑞立　晚晴　龍音　龍臂　悲幢　悲願　堅固
堅鐙　德幢　德藏　調順　調柔　調伏　離垢　離著
離忍　離相　髻嚴　髻光　嚴正　嚴髻

【按】劉質平《弘一大師史略》，將大師「筆名」包括演音、弘一名號在內，共列為二百。茲僅取一百五十。餘不常見從略。

常署別號有：

李廬主人　醾紈閣主　黃昏老人　大心凡夫　摩頤行者
晚晴老人　薝蔔老人　南社舊侶　澹泞道人　晨暉老人
善夢老人　尊勝老人　二一老人　無著道人　婆心庵主
賢瓶道人等。

大師在家與出家之名號雖多，要之在家以李叔同之名，出家以弘一之法號為世所通稱。

【按】《樂石社社友小傳》：「李息，字叔同，一字息翁，燕人或曰當湖人。幼嗜金石書畫之學。……生平易名字百十數。名之著者曰文濤、曰下、曰成蹊、曰廣平、曰岸、曰哀、曰凡。字之著者曰叔桐、曰漱筒、曰惜霜、曰桃溪、曰李廬、曰壙廬、曰息霜；又自謚曰哀公。」

（此條似為一九一四年李息所自記。「李下」一名與「成蹊」合義，取「桃李不言，下自成蹊」之意，署名曾見於致徐耀廷書札。「桃溪」、「壙廬」二號，則殊罕見。——著者）

大師在俗世系，其遠祖已難詳考。原籍為浙江平湖，一說原籍山西。一九六四年余在京曾親問其姪李聖章麟玉，亦云有此一說，但未知確為何處。又謂大師廿三歲在滬時，為應浙江鄉試，便於報考，乃預納監生為浙江嘉興府平湖縣籍。然浙江平湖，古名當湖，大師十七歲時，其師唐育厚為他所作書法範本《唐靜巖司馬真蹟》題簽時，他已自署「當湖李成蹊」，故似稱「原籍浙江平湖」為妥。

據光緒二十八年（一九〇二）補行庚子、辛丑恩正併科浙江鄉試第三場考卷所開「籍貫三代」記錄，李廣平是年二十三歲，自署為「嘉興府平湖縣監生李廣平」，其所開三代為：

曾祖　忠孝　　祖　錕　　父　世榮
　　　　　　本生祖銳　　本生父世珍

李家先世因經營鹽業於天津，遂寄籍焉。父諱世珍，號筱樓，一作曉樓。清同治四年（一八六五）會試，與桐城吳汝綸（摯甫）同年，傳出瑞安孫渠田學士門下。

筱樓先生通籍後，曾官吏部主事。（「前清進士受職後，恆分各部觀政，名曰主事。」見林紓《畏廬瑣記》。——著者）

【按】李聖章之女李孟娟《弘一法師的俗家》：「我是弘一法師俗家的後代。我的曾祖父李筱樓，諱世珍（一八一三——一八八四），因曾創辦了『桐達』等幾家錢舖，故人稱我家為『桐達李家』。曾祖父筱樓公……是清同治四年（一八六五）乙丑科這一年內先考取了舉人（員生）和進士的。中進士後，曾任吏部主事，數年後辭官經商。」

「在北京『第一歷史檔案館』的藏書中，有一冊手抄本的《乙丑科會試題名錄》，內載中試各省貢士二百五十二名的名次、姓名、籍貫等。我曾祖父名下這樣寫着：第七十名　李世珍、直隸天津府天津縣『附生』。」

「又大師致勝進居士高文顯書：『奉上《韓翰林集評註》一冊，為北方新刊本，吳摯甫評註。……吳摯甫與先父為進士同年。時先父年踰五旬，吳氏僅二十餘歲。』」

筱樓先生生平邃於性理之學，晚年好內典，尤耽禪悅，樂善好施，設立義塾，與李嗣香、嚴仁波（嚴範孫之父）等友好，創辦「備濟社」，專事撫恤貧寒孤寡，施捨衣食棺木，津人稱之為李善人。又因曾創辦過「桐達」等幾家錢舖，故被稱為「桐達李家」。先生有一妻二妾，有子三人。長子名文錦，係嫡出，因彼長師五十歲，初誤傳為夭折，實曾結婚有子，在有子（即師之長姪）後死去，其子又夭折，繼世無人。故胡宅梵《大師童年行述》云：「時有王孝廉（舉人）者，至普陀出家，返居天津之無量庵。師之大姪婦早寡，常從王孝廉學大悲咒、往生咒等。」此大姪婦，即文錦之夫人。

次子文熙，字桐岡，號敬甫（一九二九年去世，年六十二），長師十二歲。因他幼年羸弱，恐其不壽，故又納王氏為側室而生大師。大師生時，其父已六十八歲，母年纔十九。

大師行三，幼名成蹊，取「桃李不言，下自成蹊」之意。學名文濤，字叔同，嘗自署三郎。世傳大師生時，有鵲銜松枝降其室，以為生有異徵，常隨身攜帶以為紀念。後人更輾轉相傳，謂此松枝至大師入滅時，仍掛於臥室壁上。此為好事者故弄玄虛，其實大師未嘗自言，親近弟子亦未曾聞，故斷無此事。

大師生五歲而失怙，賴王太夫人撫育成人。自幼聰穎過人。童年從天津趙幼梅、唐敬嚴、嚴範孫、王仁安、王吟笙、孟定生、王綸閣、王雪民、周嘯麟、李紹蓮、姚品侯、姚兆臣、馮玉夫、曹幼占、陳寶泉等，學習詩文書畫篆刻，切磋學問，為同輩所稱。十七八歲時，以文童入天津縣學，學習時文（八股文）制藝。其文字修養，實基於是。

戊戌政變時，大師年方十九。京津之士，有傳其為康梁同黨者，遂奉母氏王太夫人及眷屬，南下上海。僦居於前法租界卜鄰里。因加入城南文社，得識松江名士許幻園。庚子之夏，應幻園之邀，移居於其城南草堂，並與江灣蔡小香、江陰張小樓、寶山袁希濂、松江許幻園，結為同譜兄弟，號稱「天涯五友」。在城南草堂時，其正廳題為「醾紈閣」，幻園為書「李廬」二字贈之，因自稱李廬主人。其《李廬印譜》、《李廬詩鐘》、《二十自述詩》，即作於是時。

一九〇一年辛丑，大師改名李廣平，考入上海南洋公學為特班生，從蔡元培先生受業，與邵力子、謝無量、洪允祥、黃炎培、王莪孫、胡仁源、殷祖伊、項驤、貝壽同等，同為蔡氏所賞識。蔡氏主授國文，兼教諸生讀和文之法，使自譯和文之書。大師之識日文自此始。其間曾譯《法學門徑書》及《國際私法》，越數年，由當時上海開明書店出版。

一九〇二年壬寅，各省補行庚子、辛丑恩正併科鄉試，大師納監為浙江嘉興府平湖縣籍監生。八月，赴浙江應試，連考三場未中。報罷後，仍回南洋公學就讀。是年南洋公學學生因反對教員之專制，發生罷課風潮。冬月，各班相率退學者二百餘人。

大師自南洋公學散學以後，傳一度擔任聖約翰大學國文教員。一九〇四至〇五年間，聯合思想進步友朋，擇地租界以外之南市，創設「滬學會」，經常召開講演，利用演劇以宣傳改良婚姻，移風易俗。他的《為滬學會撰〈文野婚姻新戲冊〉既竟，繫之以詩》，即此時作品。滬學會又開辦補習學校，教育社會青年，是為國內補習學校之嚆矢。大師自撰詞作曲之《祖國歌》，即為此「滬學會補習科」而作，為當時一般學校青年男女所愛唱。

一九〇五年（農曆）二月初五日，慈母王太夫人在滬病故。大師扶柩還津，定期舉行追悼會，提倡改革喪禮。喪事完畢，即東渡日本留學。

大師在俗原配俞氏，在滬生二子：長名準，次名端。有姪二人：長名麟玉，字聖章，留學法國，曾任中法大學校長；次名麟璽，字晉章，精篆刻，服務銀行界。

茲將天津桐達李家五代世系列表如次：

天津桐達李家五代世系略表

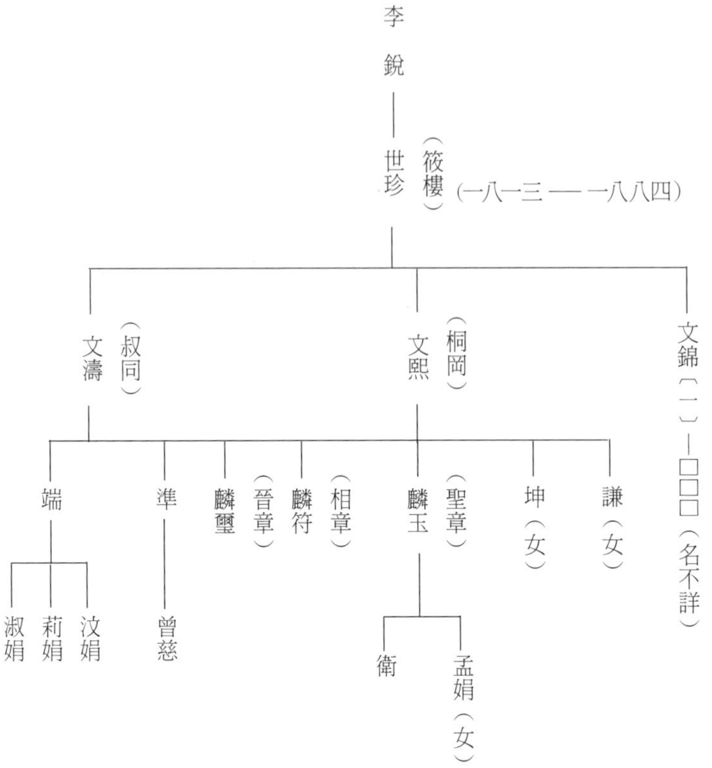

編者按：
（一）一作文葆，子繩武。

譜文

一八八〇年（光緒六年庚辰）一歲

是年陰曆九月二十日，大師出生於天津河東地藏庵前陸家胡同老宅。父進士筱樓先生已六十八歲❶，母王太夫人年始十九，屬簉室。時師之長兄文錦，長師近五十歲，婚後得嗣，後又早逝，其名遂不傳於世。次兄文熙，字桐岡，號敬甫，長師十二歲。不久，筱樓先生購進一新屋於河東（區）山西會館南路西大門，李家遂遷居於此，即今糧店後街六十二號是也。

該處計有前後兩進住宅，兩個跨院，四個院落呈田字形，當中有一個小花園，名為「意園」（亦稱洋書房），結構精雅。全宅共有四十餘間房舍。（見李端《追憶先父李叔同事蹟片斷》）

傳說大師生時，有鵲銜松枝降其室，認為大師生有異徵，其實並無此事❷。

注釋

❶姜丹書《弘一律師小傳》：「其父某公為名進士，……清光緒六年，生上人於簉室。時父年已六十有八，而母年纔二十餘。」

❷「雀銜松枝」之說，始見於一九二六年九月十七日《小說世界》發表的呂伯攸《記李叔同先生》：「據他（大師）說，這（松枝）便是他當年呱呱墮地的時候，由一隻喜鵲銜着飛進來，落在產婦床前的。」後來姜丹書《弘一律師小傳》踏襲此說，說「上人自言，至年長時，此松枝猶保存云」。最荒唐的是《覺有情》雜誌當時所引的《晉江通信》說：「法師圓寂時，此木仍端掛於禪榻旁之壁上，今存泉州開元寺。」關於此事，圓拙法師曾問過大師圓寂時為其料理後事的妙蓮法師。他說掛在禪房壁上的樹枝是泉州的龍眼樹枝，大師平時用以懸掛笠子帽子之類者。文人好事，故神其說以惑世人，可謂厚誣大師。

【按】姜丹書（一八八四—一九六二），字敬廬，江蘇溧陽人，南京兩江優級師範學校畢業。與大師在杭州浙江省立第一師範學校同事七年，交至相得。一九四九年後任浙江美協副主席，一九六二年八月六日逝於杭州，年七十八。（見一九六二年《美術》第四號）遺著《姜丹書藝術教育雜著》，一九九一年浙江教育出版社出版。

一八八四年（光緒十年甲申）五歲

是年陰曆八月初五日，父筱樓先生病故，享年七十二歲。他生前為李家起名「存樸堂」，並親自書寫匾額，懸於大客廳正中，當時津人稱之為「存樸堂李筱樓家」或「桐達李家」。

是年四月，李鴻章在天津與法國議和，八月拜大學士（宰相），適李筱樓逝世（聞筱樓與鴻章為鄉試同年，交情頗篤），出殯之日，當時視為殊榮❶。

筱樓公因患痢疾，自知不起，將臨終前，痢疾忽癒。公乃延請高僧多人，朗誦《金剛經》，靜聆其音，而不許一人入內。師時方五齡，亦解掀幃窺探。當公臨歿，安詳而逝。師時見僧之舉動，皆可愛敬。以後即屢偕其姪輩效「燄口」施食之戲❷❸。

注　釋

❶李端《家事瑣記》：「我的祖父是一八八四年七十二歲時故去的。……祖父生前給我家起的堂名叫『存樸堂』，並親筆寫了一塊堂額，高懸在前院大客廳的正中。當時有人稱我們家為『存樸堂李筱樓家』，或『桐達李家』。據老家人張順講，我祖父故去時出了大殯，由李鴻章『點主』，馬三元（清朝武官）『報門』，當時是有些氣派的。」

❷胡宅梵《記弘一大師之童年》：「（筱樓）公年至七十二，因患痢疾，自知不起，將臨終前痢忽癒。乃屬人延請高僧，於臥室朗誦《金剛經》，靜聆其音，而不許一人入內，以擾其心。師時方五齡，亦解掀幃探問。公臨歿，毫無痛苦，安詳而逝，如入禪定。靈柩留家凡七日，每日延僧一班，或三班，誦經不絕。時師見僧之舉動，均可愛敬，天真啟發，以後即屢偕其姪輩，效『燄口』施食之戲，而自據上座，為大和尚焉。」

❸李孟娟《弘一法師的俗家》：「李叔同是我的叔祖父，……比我父親李麟玉年長九歲，他們叔侄幼時是同玩的小伙伴。據我父親說：他和他的三叔一起常學和尚念經玩，三叔裝『大帽』和尚在那裏念念有詞，他在下首當小和尚，聽從調遣。兩個人都用夾被或床單當袈裟，在屋裏或坑上念佛玩。我父親還說上家塾時也由三叔教過英文。」

【按】「燄口」是佛教密宗的一種施食儀法，多舉行於夜間。源出於唐不空譯《救拔燄口陀羅尼經》。燄口為鬼王之名，實叉難陀譯為「面然」，稱為「面然大士」。自宋以後，燄口施食儀法盛行。一般信徒如舉行佛事一日或三日，其最後夜間必舉行施食法，謂之「放燄口」，通稱為「瑜伽燄口」。其儀式中據上座者，頭戴毘盧帽，據《瑜伽燄口》唱以梵腔，默作觀想，有時手振銅鈴以示起訖。雙手十指時作種種形式（手印），標示諸佛內證之德。其下兩側為四人或六人，外加司報鐘鼓一人，謂之「一台燄口」。今所行者，多為明天機禪師所定施食科儀之「天機燄口」與「華山燄口」兩種。

【按】胡宅梵，名維銓，浙江紹興人，於慈谿白湖金仙寺皈依大師，法名勝月。其所撰《一師童年行述》，曾經大師過目，所記似較可信。

一八八六年（光緒十二年丙戌）七歲

是年，從仲兄文熙受啟蒙教育。日課《玉歷鈔傳》、《百孝圖》、《返性篇》、《格言聯璧》等❶。又攻《文選》，琅琅成誦，人多異之❷。

注　釋

❶胡宅梵《記弘一大師之童年》：「師至六七歲，其兄教督甚嚴，不得少越禮貌；並時以《玉歷鈔傳》、《百孝圖》、《返性篇》、《格言聯璧》等囑師瀏覽。」

❷皈僧《弘一大師傳略》：「世之傳弘一大師者，不傳其文，即傳其藝。然以大師之大智慧，豈在多能鄙事？乃率以稗官之筆出之，甚非恭敬之道也。皈僧不文，從大師遊，蓋十五年於茲矣。雖高深難測，而瞻仰匪遙。熏沐陳詞，聊解世人之惑。大師俗姓李，名息，字叔同。又名嬰，一字息霜。浙江平湖人，僑寓天津，生而穎悟。七歲攻《文選》，琅琅成誦，人多異之。」（見一九二七年七月上海《世界佛教居士林林刊》第十八期）

【按】「皈僧」即尤惜陰居士筆名。居士名秉彝，字雪行；別號惜陰，又號無相道人，江蘇無錫人。一九〇六年，大師在日創刊《音樂小雜誌》時，他即任其上海經手人。民國元年，又在上海《太平洋報》同事。大師出家後，彼此往來尤為密切。曾任《世界佛教居士林林刊》編輯。一九二八年冬，與大師及謝國樑（即後出家之寂雲上人）居士同往泰國弘法。（大師至廈，為道俗所留，未行。）晚年在新加坡出家，禮北京法源寺德玉和尚為師，法號演本。一九五七年七月廿四日圓寂於馬來西亞金馬崙三寶寺。他與閩南長老性願、轉逢，俱有深交。著有《譚因》、《法味》等書。平生除研究佛學外，並精宅運堪輿之學。近年出版者，有竺摩法師編的《演本法師追思錄》，及楊大省居士編，由馬來西亞金馬崙三寶萬佛寺印行的《演本法師文集》及《續集》。

一八八八年（光緒十四年戊子）九歲

是時天津有王孝廉者（舉人）者，至普陀山出家，回天津後，居無量庵。師之大姪婦從之學誦《大悲咒》、《往生咒》，師時從旁聽，旋亦能成誦❶。又從乳母劉氏，習誦《名賢集》，頗解其義❷。其時並就常雲莊某先生受業，讀《孝經》、《毛詩》諸類❸。

注釋

❶胡宅梵《記弘一大師之童年》：「時有王孝廉者，至普陀出家，返居天津之無量庵。師之大姪婦早寡，常從王孝廉學《大悲咒》、《往生咒》等，並學袁了凡記功德格。時師年約八九歲，見而甚喜，常從旁聽之，旋亦能背誦。」

❷胡宅梵《記弘一大師之童年》：「師有乳母劉氏，能背誦《名賢集》（集為格言詩，四、五、七言遞加），時教師背誦其詞。如『高頭白馬萬兩金，不是親來強求親。一朝馬死黃金盡，親者如同陌路人。』……師雖在八九歲間，亦頗能解其義。」

❸李芳遠《弘一大師年譜》原稿八九歲條：「從常雲莊某先生受業，讀《孝經》、《毛詩》、唐詩、《千家詩》諸類。」

一八八九年（光緒十五年己丑）十歲

是年始讀《四書》、《古文觀止》（據李芳遠《弘一大師年譜》原稿）。

一八九二年（光緒十八年壬辰）十三歲

此兩年間，略習訓詁之學。讀《爾雅》，並學《說文解字》，開始臨摹篆帖。

十三歲學篆❶，同時也曾學放「燄口」❷。

注釋

❶篆書《華嚴經》集聯（「能於衆生施無畏，普使世間得大明」）題記：「十三歲學篆，弱冠以後，遂即棄捨，忽忽垂四十載矣。爾者勉力作書，握管生疏，無復兒時故態。衰老寖至，道業未就，殊自慚也。歲次玄枵閏三月，大病始癒。華嚴偈頌集句，晉水薝蔔院沙門髻嚴，時年五十又七。」

❷《我在西湖出家的經過》：「我以前雖然從五歲時，即時常和出家人見面，時常看見出家人到我的家裏念經及拜懺，而於十二三歲時，也曾學了放燄口。……」

一八九四年（光緒二十年甲午）十五歲

是時師漸成年，於其兄之所為，頗不謂然。遂憤世嫉俗，養成反抗思想❶。喜畜貓，至東京留學時，仍未改其箇性❷。是年仍致力篆書❸，兼讀《史漢精華錄》及《左傳》等。（據李芳遠所作年譜十五歲條）

注釋

❶胡宅梵《記弘一大師之童年》：「至十餘歲，嘗見乃兄待人接物，其禮貌輒隨人之貴賤而異，心殊不平，遂反其兄之道而行之，遇貧賤者敬之，富貴者輕之。性喜蓄貓，而不平之心，時亦更趨偏激。往往敬貓如敬人。迨聞康有為戊戌之變政，似有合乎懷抱，於焉救世之心，亦日甚一日。師於閑居，必習小楷，摹劉世安（清山東諸城人，名世安，字崇如，號石菴，乾隆十六年進士，官至體仁閣大學士，謚文清。擅長書法，其小真書被列為妙品。——著者）所臨文徵明《心經》甚久，兼事吟咏。」

❷姜丹書《追憶大師》：「上人少時，甚喜貓，故畜之頗多。在東京留學時，曾發一家電，問貓安否？」

❸致晦廬書：「朽人剃染以來二十餘年，於文藝不復措意。……篆額二紙，率爾寫奉。十四五歲嘗學篆書，弱冠以後，茲事遂廢。今老矣，隨意信手揮寫，不復有相可得，寧計其工拙耶？」

一八九六年（光緒二十二年丙申）十七歲

是年從天津名士趙幼梅學詞，又從唐敬嚴（一作靜岩）學篆隸及刻石，所學皆駸駸日進❶。唐敬嚴為書鐘鼎篆隸各體書一小冊示之。師為刊行《唐靜巖司馬真蹟》，並親自題簽，署名「當湖李成蹊署」❷。其間喜讀唐五代詩詞，尤愛王維詩，並習八股，文理清秀，人咸奇之❸。

是年四月，天津有減各書院獎賞銀歸洋務書院之議，師以「照此情形，文章雖好，亦不足制勝」；又聞友人談及時事，有重洋文之勢，遂決心請人教算術及洋文。師之攻讀英文當自此始。據其姪李聖章對我說：他認識英文第一個字母A字就是他三叔教的❹。

師在青年時期，雖知致力新學，開始學習英文，然因其父為清末進士，欲繼承光大其門楣，仍甚熱中於科舉功名。他於山西渾源縣「恒麓書院」教諭（思齊）對諸生《臨別贈言》傳本，手自抄寫，奉為讀書圭臬，以為終身言行之準則❺。

注釋

❶李晉章致林子青書：「子青先生尊鑒：行中歸來，接奉大札，拜讀之下，欣悉一一。嚴範翁（名修）係舊交，趙幼梅為先叔學詞講師，不能不記。先叔刻石，就學於唐敬嚴師，官諱寷記不清楚。學篆亦是唐師領導，此在十六七歲時事。藉知於金石之學，不足二十歲，即已深入，非凡人所能及。李犄，甲申正月十四日。」

❷唐育厚《唐靜巖司馬真蹟後記》：「李子叔同，好古主也，尤偏愛拙書。因出素冊念四幀，囑書鐘鼎篆隸八分等，以作規模。情意殷殷，堅不容辭。余年來老病頻增，精神漸減；加以酬應無暇，以致筆墨久荒。重以台命，遂偷閒為臨一二幀，積日既久，始獲蕆事。塗鴉之誚，不免貽笑方家耳。時丙申（一八九六）夏月，湖陵山樵唐育厚撫於頤壽堂。」

❸李芳遠《弘一大師年譜》原稿十七歲條：「喜讀唐五代詩詞，尤愛王摩詰詩。略讀詞賦，兼習八股。文理清秀，人咸奇之。」

❹致徐耀廷書：

耀廷五哥大人閣下：前隨津字第一號寄上信一函，諒已收到。五月初二日，乃王靜波兄令堂發引之期，已代閣下送呢幛一軸，奠儀一吊文。……再今有信（消息）將各書院獎賞銀皆減去七成，歸於洋務書院。照此情形，文章雖好，亦不足以制勝也。昨朱蓮溪兄來舍，言有切時事，作詩一首云：

天子重紅毛，洋文教爾曹。
萬般皆上品，惟有讀書糟。

此四句詩，可發一笑。弟擬過五月節以後，邀張墨林兄內姪楊君，教弟念算學，學洋文。別無可報，專此達知，敬請旅安，不一。

愚小弟　濤　頓首

【按】此書未署年月，據前後事蹟推算，當係作於一八九六年。師時年十七。

❺《恒麓書院臨別贈言》：「此壬辰（一八九二）館渾源時，與恒麓書院諸生臨別之言。渾源文風最樸陋，故所言皆為中人說法。門人孫鑑堂上舍秉衡，遂用此連掇巍科。近聞渾源士人，羣奉此數條，錄置案頭，以為圭臬；而垂念鄙人猶未置也。平生斯文之契，於此最深。頃自舊簏檢得此稿，陳知己一閱，並盼邃密商量，匡其不逮，幸甚。思齊註。

「讀書之士，立品為先。養品之法，惟終身手不釋卷。……誦詩讀書，論世尚友，是士人絕大要著。持躬涉世，必於古人中擇其性質相近者師事一人，瓣香奉之，以為終身言行之準。……古文則須於唐宋八家中師事一家，而輔之以歷代作者；時文則須於國初諸老中師事一家，輔之以名選名稿。小楷則須於唐賢中師事一家，而縱橫於晉隋之間。……天分絕倫者無書不讀，過目不忘。此才誠曠代難逢。至於中人之資，縱不能博覽兼收，而四部之中，亦有萬不可不講者。……制藝之道，方望溪以『清真雅正』為主，此說誠不可易。……自來主司取士，無人不執中異不中同之說，習舉業者，不可不知。……應試之文，必有二三石破天驚處，以醒閱者之目，又須無懈可擊，以免主司之吹求。……小楷是讀書人末技，然世之有識者，往往因人之書法卜其終身。其秀挺者，必為英發之才。其腴潤者，必為富厚之器。至於乾枯潦草，必終老無成。大福澤既不可期，小成就亦終無望。況善書之士，大之可以掇詞科，小之可以奪優拔，要皆仕進之階。有志者誠不可以忽也。」（後學李成蹊摹）

一八九七年（光緒二十三年丁酉）十八歲

是年在俗，與俞氏結婚❶。同年以童生（文童）資格應天津縣儒學考試，學名李文濤。「初覆」考題有「致知在格物論」❷、「非靜無以成學論」❸。「二覆」考題有「策問」：「論廢八股興學論」等❹。

注釋

❶李晉章致林子青書：「三亡嬸俞氏（俞族津中四散，早不知居於何處矣），業茶（先住芥園大街）。有二子，長子名準，無字，次名端。一屬鼠，即庚子年所生。一屬龍，今年四十矣。至先叔結婚年紀，津人無記得者。大約庚子前四五年，候詢七旬以上老親戚，得悉再達。……李矯，癸未十二月廿七日。」

❷《致知在格物論》（摘錄）：「昔宋孝宗即位，詔中外臣庶，陳時政闕失。朱子『封事』（即為保密，將奏章封入於皂囊中，以供天子一人御覽者。漢應劭撰《漢官儀》：「密奏以皂囊封之，不使人知，故曰封事。」——著者），首言帝王之學，必先格物致知。是知格物致知之學，為帝王所不廢。然世之欲致其知者，往往輕視夫格物之理，抑何謬也。……所以泰山之高，非一石所能積。琅玡之東，渤澥稽天，非一水之鍾。格物之理，微奧紛繁，非片端之能盡。此則人之欲致，夫知者所不可不辯也。……語云：『通天地人謂之儒』。又云：『一物不知，儒者之恥』，其此之謂歟？」

❸《非靜無以成學論》（大意）：「從來主靜之學，大人以之治躬，學者以之成學，要惟恃此心而已。《言行錄》云：『周茂叔志趣高遠，博學力行，而學以主靜為主。』……蓋靜者安也。如莫不靜、好靜言思之類。是靜如水之止而停畜彌深，靜如玉之藏而溫潤自斂。《嘉言篇》云：『非靜無以成學』，其即此歟？成學者何？蓋以氣躁則學不精，氣浮則學不利，……能靜則學可成矣。不然游移而無真見，泛騖而多馳思，則雖朝誦讀而夕謳吟，主宰必不克一也，又安望其成哉？」

【按】以上二卷俱附草稿。卷面上部各印有「天津縣」三字，其左蓋「初覆」、「二覆」印章，下僅署「李文濤」三字，蓋上「天津府印」漢滿兩文大印。

❹策問：《論廢八股興學論》（大意）：「嗟乎，處今日而談治道，亦難言矣。侵陵時見，人心惶惶。當其軍之興也，籍出兵，老羸應募，裹創待敵，子弟從戎。竊思我中國以仁厚之朝，何竟若是之委靡不振乎。而不知其故，實由於時文取士一事。……考之時文者，八股是也。八股之興，始於宋王安石，至元尚畫，則八股廢。至明復興，至我朝益盛。世宗憲皇帝時，曾經諭旨改試策論（考官批改：「改試策論，在康熙初年。」）。未久遂復舊制。至今時則八股之作，愈變愈失其本來。昔時八股之興，以其闡發聖賢之義理，可以使人共明孝弟之大原。至今時則以詞藻為先，以聲調為尚，於聖賢之義理毫無關係。胸無名理，出而治兵，所以無一謀。是此革舊章，變新制，國家又烏能振乎？雖然，新制者何？亦在於通達時務而已。時務莫要於策論。策論者何？亦策論夫天文、地理、機汽、算學而已。……允若茲，則策論興而八股廢，將文教於以修，則武教亦於以備。今伏讀聖諭，改試策論，寰宇悉服，率土咸親。能識時務之儒，皆各抒所見，豈僅鋪張盛事，揚厲鴻麻而已哉。」

【按】以上時文，策問之論點是否正確，姑置勿論。以一年僅十八之「文童」，而有此政治歷史之學識與文學修養，實非易事。試舉其主考官在一「時文與試帖」賦得「六經讀罷方拈筆」的考卷上評語云：「熟而不俗，清而能腴。純用本地風光，尚不離題之分位，筆致亦極秀潤。」透過這些文字，亦可看出清末政治的腐敗與青年愛國之熱情。

一八九八年（光緒二十四年戊戌）十九歲

是年春，仍入天津縣學應考。其課藝考卷正面填寫「文童❶，李文濤，年十九歲，身中、面白、無鬚。曾祖忠孝、祖銳、父世珍」。課卷寫時文兩篇。其一為《行己有恥使於四方不辱君命論》❷。其二為《乾始能以美利利天下論》❸。前者慨嘆國家之無人才，揭露清末外交界之黑幕，及外交官之不學無術與無恥。後者主張中國欲富強應開礦產，謂今天下之美利，莫外於礦產。而中國之礦產，尤盛於他國。並主張設立礦學會，公舉數人出洋赴礦學堂，學習數年，學成回國，再議開採。最後提出士以「器識為先，文藝為後」之觀點。大師晚年常教人以「士應使文藝以人傳，不可人以文藝傳」之思想，在其弱冠前早已形成。

是年清光緒帝採納康梁維新主張，下詔定國是。大師亦以老大中華非變法無以自存，贊同康梁主張。傳曾自刻一印曰：「南海康君是吾師」。八月，戊戌政變宣告失敗後，康梁亡命國外。京津之士，有傳其為康梁同黨者，遂携眷奉母，避禍卜海。初賃居於法租界卜鄰里❹。時袁希濂、許幻園等假許氏城南草堂，組織城南文社，每月會課一次。由張蒲友孝廉評閱，定其甲乙。一月，大師本「以文會友」之義，初次入社，詩賦小課《擬宋玉小言賦》，寫作俱佳，名列第一，自是才華初露❺。

注　釋

❶許地山《清代文考制度》：「凡未入學之學生，稱童生，考入學後為其進身之始。凡童生皆當於本縣考試。報名時應填明籍貫、年貌、三代，其事由州縣社房辦理。學生報名，有司查明身家籍貫無違礙後，方為儒童。其考試為童生試，分正考、覆考，二次考試。童生則填寫文童。」（見許地山《國粹與國學》）

❷《行己有恥使於四方不辱君命論》：「間嘗審時度勢，竊歎我中國以仁厚之朝，而出洋之臣，何竟獨無一人，能體君心而善達君意者乎？推其故實由於行己不知恥也。《記》曰：「哀莫大於心死」。心死者，詬之而不聞，曳之而不動，唾之而不怒，役之而不慚，封之而不痛，縻之而不覺，則不知恥者，大抵皆心死者也。其行不甚卑乎！

「然而我中國之大臣，其少也不讀一書，不知一物，出穿窬之技，以作搭題，甘囚虜之容，以受搜撿。抱八股八韻，謂極宇宙之文。守高頭講章，謂窮天人之奧。是其在家時之行己，已忝然無恥也。即其仕也，不學軍旅，而敢於掌兵。不諳會計，而敢於理財。不習法律，而敢於司李。瞽聾跛疾，老而不死，年逾耋頤，猶戀棧豆。接見西官，栗栗變色。聽言若聞雷，覩顏若談虎。其下焉者，飽食無事，趨衙聽鼓，旅進旅退，濡濡若驅群豕，曾不為恥。

「是其行己如是。故一旦銜君命，遊四方……見有開礦產者，有習格致者，有圖製作者，彼將曰，區區小道，吾儒不屑為也。其實彼則不識時務者也。……此所以辱君命者……然則所恥者何？亦恥己之所不能者耳。己之所不能者，莫如各國之時務。首考其地理，次問其風俗，繼稽夫人心。又必詳察夫天文，觀其分野而知其地輿。今日者，人臣茍能於其所不能而恥者，……茍使於四方，又何至遺強鄰之訕笑，而辱於君命乎？

「吾嘗考之：漢蘇武使匈奴，匈奴欲降之，武不從，置窖中六日，武嚙雪得不死。又遷之北海，卒不屈。是其不辱君命，非其行己有恥故乎！……雖羞惡之心，人皆有之。而何以今天下安於城下之辱，陵寢之蹂躪，宗社之震恐，邊民之塗炭，而不思一雪，乃反託虎穴以自庇。求為小朝廷，以乞旦夕之命，非明明無恥乎？朝睹烽燧，則蒼黃瑟縮；夕聞和議，則歌舞太平。其人猶謂為有恥不得也。……」

❸《乾始能以美利利天下論》：「《易》云：『乾始能以美利利天下。』吾蓋三復其詞，而歎天之生材，有利於天下者，固不乏也，況美利乎！而今天下之美利，莫外於礦產；而中國之礦產，尤盛於他國。今山東之礦，已為他人所籠，山西之礦，亦為

西商所覬。若東三省之金，湖南、四川、雲南以及川滇邊界夷地番地之五金煤炭，最為豐饒。他省亦復不少。於以見造化生生之理，有不可測議者矣。然而始既能利工以美利，有礦之處，宜由紳商公議，立一礦學會。籌集斧資，公舉數人出洋，赴礦學堂學習數年，學成回華，再議開採。察礦之質性，而後採礦。能不用西師固善，即仍用西師，我亦可辨其是非而不為所欺。……中國近年來，部庫空虛，司農幾乎束手，而實偪處此，又不能不勉強支持。以故款愈絀而事愈多，事愈多而費愈重。除軍營之餉需、文武之廉俸、各局廠委員司事之薪水、工食諸正款概不計算外，他若修鐵路也、立學堂也、定造兵輪、購辦槍砲以及子彈火藥也，種種要需，均屬萬不得已。……

「扼要之圖，厥有四事：

「一曰習礦師。開礦之法，識苗為先。當日公司所延礦師，半係外洋無賴，夸張詭詐，愚弄華人，婪薪俸數萬金，事後則飄然竟去。滇南延諸日本，受弊亦同。必須令洋學生專門學習，參以西法，精心考驗，明試以功，斯則丱人之選也。此美利可以利天下者一也。

「二曰集商本。近日集股之事，聞者咸有戒心。必須妥議章程，由戶部商部，主持其事。苟有虧蝕，查究著償。股票由商部印行，務使精美，不能作偽，乃能取信於民也。此美利可以利天下者二也。

「三曰弭事端。衆逾千人，派兵彈壓，並礦丁團練，以防未然。秩之崇卑，視礦之大小，督撫兼轄。礦政如鹽政之例，以一事權。礦中危險頗多，仍參仿西國章程辦理。此美利可以利天下者三也。

「四曰徵稅課。礦稅不能定額，情形時有變遷，宜略仿泰西廿分抽一，信賞必罰，酌盈劑虛，因時制宜，隨地立法。事之濟否，首在得人矣。此美利可以利天下者四也。

「蓋以士為四民之首，人之所以待士者重，則士之所以自待者益不可輕。士習端而後鄉黨視為儀型，風俗由之表率。務令以孝弟為本，材能為末。器識為先，文藝為後。」

❹僧睿《弘一大師傳略》：「師生而穎異，讀書過目成誦。戊戌志學之年，即知愛國。謂中華老大帝國，非變法無以圖存。戊戌政變，與其眷屬奉母南下。」

❺袁希濂《余與大師之關係》：「遜清光緒丁酉，秋闈報罷。余集合同志，假許幻園上舍（監生）城南草堂，組織城南文社。每月會課一次，以資切磋。課卷由張蒲友孝廉評閱，定其甲乙。孝廉精研宋儒性理之學，旁及詩賦。戊戌十月，文社課題為『朱子之學出於延平，主靜之旨與延平異又與濂溪異，試評其說』，當日交卷。另設詩賦小課，散卷帶歸，三日交卷。試題『擬宋玉小言賦』，以題為韻。是時弘一大師年十九歲，初來入社，小課《擬小言賦》，寫作俱佳，名列第一。此為余與師相識之始也。」

一八九九年（光緒二十五年己亥）二十歲

是年仍時參加城南文社集會，以詩文俱佳，許幻園奇其才，特闢城南草堂一部，並奉其母而居之❶。師於詩文詞賦外，極好書畫。與江灣蔡小香、寶山袁希濂、江陰張小樓、華亭許幻園尤為莫逆，五人遂結金蘭之誼，稱天涯五友❷。時慨國事蜩螗，偶遊北里，以詩贈名妓雁影女史朱慧百，朱畫箑為贈，並和其原作❸。

是年得清紀曉嵐所藏「漢甘林瓦硯」（紀撰有硯銘）❹，極為珍視，偏徵海內名士題辭，印成《漢甘林瓦硯題辭》二卷，分贈友人。扉頁署「己亥十月，李廬校印」，內署「釀紈閣主李成蹊編輯」，卷末有紀曉嵐《硯銘》。題辭作者三十餘人，其中有王春瀛寅皆《紀文達甘林瓦硯歌》❺、金爐寶篆詞人《漢甘林瓦硯歌為釀紈閣主人作》❻、承蜩館主《題甘林瓦硯舊藏紀河間家》❼等。

注釋

❶姜丹書《弘一律師小傳》：「有許幻園者，居上海城南，顏所居曰『城南草堂』，亦富厚，而為人甚慷慨，儼如一新學界領袖也。設文社曰『城南文社』。常懸獎徵文，上人每投稿，輒名冠其曹者連三次。許君認為奇才，遂相見恨晚，特闢城南草堂

之一部，並奉其母而居之。從此相交至篤，情同管鮑。」

❷袁希濂《余與大師之關係》：「戊戌政變後，……乃奉母南還。初賃居於法租界卜鄰里。翌年己亥（應為庚子。——著者），乃遷於青龍橋之城南草堂，與許幻園同居。師於詩文詞賦之外，極好書畫。與江灣蔡小香、江陰張小樓、華亭許幻園及余（按：袁氏為寶山人），尤為莫逆。吾等五人，遂結金蘭之誼。」

❸水輭潮平樹色柔，新秋景物此清幽。
小齋雅得吟哦樂，一任江河萬古流。

斯人不出世囂譁，誰慰蒼生夙願奢。
遮莫東山高養望，怡情泉石度年華。

如君青眼幾曾經，欲和佳章久未成。
回首兒家身世感，不堪樽酒話平生！

漱筒先生，當湖名士，過談累日，知其抱負非常，感事憤時，溢於言表。蒙貽佳什，並索畫箑，勉以原韻，率成三截，以答瓊琚。素馨吟館主雁影女史朱慧百，設色於春申旅舍，時己亥十月小雪後並識。

❹紀曉嵐《甘林瓦硯銘》：「余與石菴皆好蓄硯，每互相贈遺，亦互相攘奪。雖至愛不能分割，然彼此均恬不為意也。太平卿相，不以聲色貨利相矜尚，惟以此事為笑樂，殆亦後來之佳話與？嘉慶甲子五月十日曉嵐記，時年八十有一。」

❺王春瀛寅皆《紀文達甘林瓦硯歌》：「趙子之徒李叔同，海上遺來雙秋鴻。甘林古瓦孰手拓？繭紙瑩白垂露工。石雲尚書老好事，細刻銘字如雕蟲。……」（按：紀昀，字曉嵐，晚號石雲，謚文達。趙子即天津趙元禮，字幼梅。——著者）

❻丹徒金爐寶篆詞人《漢甘林瓦硯歌為醾紈閣主人作》：「醾紈閣主人性風雅，鑒別金石明雙瞳。甘林片瓦篆文古，用之作硯堅如銅（漢武以銅為瓦）。有謂此瓦本漢製，相傳來自長安宮。甘泉舊殿秦時建，武帝營造重鳩工。……」

❼承蜩館主《題甘林瓦硯舊藏紀河間家》：「李子嗜學能文章，獲古自憙猶珍藏。自云此係漢時物，土花拂拭松煤香。甘泉上林在何許，惟餘瓦礫明斜陽。河間尚書有奇癖，趣工雕琢安虛堂。並時諸城亦同好，餽貽攘奪相諮商。……古今瞬息二千載，一物爻爻關興亡。……」

一九〇〇年（光緒二十六年庚子）二十一歲

正月，作《二十自述詩》，自為序❶。是春，應許幻園之邀，舉家移居城南草堂。幻園為書「李廬」二字贈之，因自稱李廬主人❷。三月，與上海書畫名家組織海上書畫公會，每週出《書畫公會報》一紙❸。又出版《李廬印譜》，自為序❹。初夏，許幻園夫人宋貞（夢仙）作「城南草堂圖」，自題一詩，徵求和作。師（時名李成蹊）為和韻並自注❺，許幻園為作《城南草堂圖記》❻。是秋，出版《詩鐘彙編初集》（內題「庚子莫秋李廬校印」、「當湖惜霜仙史編輯」），又自為序❼。冬月，撰《李廬詩鐘自序》❽。是年長子準生❾。作《老少年曲》一闋以自勉❿。

注釋

❶《二十自述詩・序》：「墮地苦晚，又攖塵勞。木替花榮，駒隙一瞬。俯仰之間，歲已弱冠。回思曩事，恍如昨晨。欣戚無端，抑鬱誰語？爰託毫素，取誌遺蹤。旅邸寒燈，光僅如豆。成之一夕，不事雕劖。言屬心聲，乃多哀怨。江關庾信，花鳥杜陵。為溯前賢，益增慚恧。凡屬知我，庶幾諒予。庚子正月。」

❷許幻園《城南草堂筆記》卷上：「庚子春，漱筒姻譜仲，遷居來南，與余同寓草堂，因見正中客廳新懸某名士書之一額曰『醾紈閣』，而右旁書室，尚缺匾額。余乘興書『李廬』二字以贈之。蓋仿雪琴尚書之『彭菴』，慰農觀察之『薛廬』，曲園師之『俞樓』意耳。」

❸袁希濂《余與大師之關係》：「庚子三月，在上海福州路楊柳樓臺舊址組織海上書畫公會，為同人品茶讀畫之所。每星期

出《書畫報》一紙。常熟烏目山僧宗仰上人，及德清湯伯遲，上海名畫家任伯年、朱夢廬、書家高邕之等，俱來入會。」

【按】《書畫公會報》創刊於光緒二十六年（一九〇〇）四月，每星期（三、日）二紙。第一、二期交《中外日報》附送。第三期起自行發售。第二期四月二十五日禮拜三發行。第三期四月二十九日禮拜日發行。每張大錢十文。第三期第六幅（每張上下共分六幅）載有「釀紈閣李漱筒潤例」（書例，篆刻例）。

❹《李廬印譜序》：「緊自獸蹄鳥迹，權輿六書。撫印一體，實祖繆篆。信縮戈戟，屈蟠龍虵。範銅鑄金，大體斯得，初無所謂奏刀法也。趙宋而後，茲事遂盛。晁王顏姜，譜派灼著。新理蠡達，眇法葩呈。韻古體超，一空凡障，道乃烈矣。清代金石諸家，蒐輯探討，突駕前賢；旁及篆刻，遂可法尚。丁黃唱始，奚蔣繼聲，異軍特起，其章章焉。蓋規秦橅漢，取益臨池，氣采為尚，形質次之。而古法畜積，顯見之於揮灑，與譣之於刻劃。殊路同歸，義固然也。不佞僻處海隅，昧道憎學，結習所在，古歡遂多。爰取所藏名刻，略加排輯，復以手作，置諸後編，顏曰『李廬印譜』。太倉一粒，無裨學業，而苦心所注，不欲自薶。海內博雅，不棄窳陋，有以啟之，所深幸也。」

❺《酬宋貞城南草堂圖詩原作韻》：「門外風花各自春，空中樓閣畫中身。而今得結烟霞侶，休管人生幻與真。」（自注：庚子初夏，余寄居草堂，得與幻園朝夕聚首。曩幻園於丁酉冬作《二十歲自述詩》，張蒲友孝廉為題詞云：「無真非幻，無幻非真」，可謂深知幻園者矣。）

附宋貞原作：

花落花開春復春，城南小築寄閒身。
研前寫畫心猶壯，莫為繁華失本真。（集幻園句）

❻許幻園《城南草堂圖記》：「滬濱繁華，雞犬桑麻，又是一番世界。人家多臨水居，男婦皆樸重，蓋猶有古風存焉。余性耽靜僻，厭棄喧嘩。於丁酉之春，築草堂於此。庭植雜花，當盛開時，幽香滿室，頗得佳趣。北臨青龍橋，岸旁徧栽楊柳：東望黃浦，來往帆檣，歷歷在目。庚子孟秋，內子夢仙，為畫草堂圖，蒙海內大雅題句甚夥，因付剞劂，以誌墨緣，並附此圖於集中，為記其緣起如此。雲間幻園居士。」（見《城南草堂圖倡和集》）

❼《詩鐘彙編初集．序》：「己亥之秋，文社疊起，聞風所及，漸次繼興。義取盍簪，誌收衆藝。寸金雙玉，鬪角鈎心。各擅勝場，無美不備。鄙謬不自揣，手錄一編。莛撞管窺，矢口輒訥，佚漏之弊，知不免焉。尤望大雅宏達，綴而益之，以匡鄙之不逮云。當湖惜霜仙史識。」（內書庚子莫秋李廬校印）

❽《李廬詩鐘．自序》：「索居無俚，久不託音。短檠夜明，遂多羈緒。又值變亂，家國淪陷。山邱華屋，風聞聲咽。天地頓隘，啼笑胥乖。迺以餘閒，濫竽文社。輒取兩事，纂為儷句。空梁落燕，庭草無人。隻句珍異，有媿鄒哲。歲月既久，儲積寖繁，覆瓿摧薪，意有未忍。用付剞劂，就正通人。技類雕蟲，將毋齒冷？賜之斧削，有深企焉。庚子嘉平月。」

❾李晉章致林子青書：「……先叔有二子，長名準，無字；次名端。一屬鼠，即庚子年所生。……」

❿《老少年曲》：「梧桐樹，西風黃葉飄，夕日疎林杪。花事匆匆，零落憑誰弔。朱顏鏡裏凋，白髮愁邊繞。一霎光陰底是催人老。有千金也難買，韶華好。」（見一九二六年，《小說世界》「李叔同未出家時手寫詩詞手卷」庚子條）

一九〇一年（光緒二十七年辛丑）二十二歲

自去年庚子之役，京津騷然。仲兄文熙一家，逃難至河南內黃，師擬前往探視。臨行填《南浦月》一闋，留別海上❶，至天津後，以交通阻塞，未至內黃。居津半月，仍回上海。此行往返，將途中見聞及與親友交往，以日記體寫成《辛丑北征淚墨》，於是年五月在滬出版。其中有詩詞十餘首，多為前所未見❷。赴津之前，曾為許幻園所撰《城南草堂筆記》題跋❸。三月，書唐詩及回津近作於箑，贈世交華伯銓❹。是年盛宣懷奏辦之南洋公學，開設特班，招考能作古文者二十餘人（黃炎培回憶作四十二人），預定畢業後拔優保送經濟特科。大師改名李廣平應考入學，從蔡元培（孑民）先生受業❺，與黃炎培❻❼、邵力子❽等同學。秋，上海有名詩妓李蘋香，以詩書箑請正❾。

注釋

❶《辛丑北征淚墨》首有辛丑四月藏齋（即趙幼梅）題詞，有：

與子期年長別離，亂後握手心神怡。
又從郵筒寄此詞，是淚是墨何淋漓。

——之句，可以想見喪亂之際師友之心情。

《自序》云：「游子無家，朔南馳逐，值茲亂離，彌多哀感。城郭人民，慨愴今昔。耳目所接，輒志簡篇。零句斷章，積焉成帙。重加釐削，定為一卷。不書時日，酬應雜務，百無二三，顏曰『北征淚墨』，以示不從日記例也。辛丑初夏，惜霜識于海上李廬。」又《記》云：「居津數日，擬赴豫中，聞土寇蠢起，虎踞海隅，屢傷洋兵，行人惴惴，余自是無赴豫之志矣。小住二旬，仍逓棹海上。」

其第一條云：「光緒二十七年春正月，擬赴豫省仲兄。將啟行矣，填《南浦月》一闋，海上留別。」詞云：

楊柳無情，絲絲化作愁千縷。惺忪如許，縈起心頭緒。
誰道銷魂，盡是無憑據。離亭外，一帆風雨，只有人歸去。

❷《辛丑北征淚墨》所載詩詞有《南浦月——將北行矣，留別海上同人》、《夜泊塘沽》、《到津次夜，大風，愁不成寐》、《感時》、《津門清明》、《贈津中同人》、《西江月——宿塘沽旅館》、《登輪感賦》、《輪中枕上聞歌口占》。（見《弘一法師詩詞》）

❸《城南草堂筆記．跋》：「雲間許幻園姻譜兄，風流文采，傾動一時。庚子初夏，余寄居城南草堂，由是促膝論文，迄無虛夕。今春養疴多暇，數日間著有《筆記》三卷，將付剞劂。竊考古人立言，與立德立功並重。往往心有所得，輒札記簡帙，兼收並載。積日既久，遂成大觀。如宋之《鐵圍山叢談》，本朝《茶餘客話》、《柳南隨筆》之類。今幻園以數日而成書三卷，其神勇尤為前人所不及。他日潤色鴻業，著作承明，日試萬言，倚馬可待，則幻園之學，豈遽限於是哉。時在辛丑元宵後，余將有豫中之行，君持初稿屬為題詞，奈行色匆匆，竟未得從容構想。爰跋數語，以志欽佩。當湖惜霜仙史李成蹊漱筒甫倚裝謹識。」

【按】《鐵圍山叢談》，六卷，宋蔡絛撰，記述自乾德至建炎二百餘年間的軼事瑣聞，共有二百四十餘條。《柳南隨筆》，六卷，清王應奎撰，隨錄經子詩文。

❹李晉章致林子青書：「尚有一扇，為世交華伯銓所書兩面。璽於數年前於冷肆以一元購得者，合抄錄於下：

「一面篆書：『故國三千里，深宮二十年。一聲河滿子，雙淚落君前。』辛丑寒食，伯銓先生大雅屬，成蹊。

「一面仿陶濬宣魏碑體：『世界魚龍混，天心何不平。豈因時事感，偏作怒號聲。燭燼難尋夢，春寒況五更。馬嘶殘月墜，金鼓萬軍營。』」（此詩詩題即「到津次夜，大風，愁不成寐」。）

【按】此詩於初版年譜之第六句「春寒」，誤印為「書寒」，出版後未及更正。其後港版與臺版年譜，均誤作「書寒」，特此更正。

❺黃世暉《蔡孑民先生傳略》（蔡孑民先生口述，黃世暉記）：「是年（辛丑），南洋公學開特班，招生二十餘人，皆能為古文辭者，擬授以經世之學，而拔其尤，保送經濟特科。以江西趙從蕃君為管理，而孑民為教授。由學生自由讀書，寫日記，送教授批改，每月課文一次，由教授批改。孑民又教諸生以讀和文之法，使自譯和文書，亦為之改定云。是時，孑民于日記及課文評語中，多提倡民權之說。學生中最為孑民所賞識者，邵聞泰（力子）、洪允祥（樵舲）、王莪孫、胡仁源、殷祖伊諸君，其次則謝沈（無量）、李廣平（叔同）、黃炎培、項驤、貝壽同諸君。」（見《蔡柳二先生壽辰紀念集》）

【按】經濟特科為清末科舉考試之一種。光緒二十七年，由內外大臣保荐通曉時務者，以策論試時事，稱為經濟特科。

❻黃炎培《我也來談談李叔同先生》：「我和叔同是一九〇一、一九〇二年上海南洋公學——後來被先後改名南洋大學、交通大學——特班同學。叔同名廣平，原籍浙江平湖，出生於天津鹽商的富有家庭。同學時他剛二十一、二。書、畫、篆刻、詩歌、音樂都有過人的天資和素養。南洋特班宿舍有一人一室的，有兩人一室的。他獨居一室，四壁都是書畫，同學們很樂意和他親近。特班同學很多不能說普通話，大家喜愛叔同，因他生長北方，成立小組請他教普通話，我是其中的一人。他的風度一貫地很溫和、很靜穆。……」（見一九五七年三月七日上海《文匯報》）

❼黃炎培《吾師蔡元培先生哀悼辭》：「烏乎，吾師逝矣。……當民國紀元前十二年，我甫從舊式教育界，襆被出走，投上海南洋公學考取特班生肄業。……（蔡孑民）師之教吾輩，日常課程，為半日讀書，半日習英文及算學，間以體操。其讀書也，吾師手寫修學門類，及每一門類應讀之書，與其讀書先後次序。……每日令寫札記呈繳，手自批改。——隔一二日發下，批語則書於本節之眉。佳者則於本節左下角加一圈，尤佳者雙圈。每月命題作文一篇，亦手自批改。……全班四十二人，計每生隔十來日得聆訓話一次。吾輩之悅服吾師，尤在正課以外，令吾輩依志願習日本文，吾師自教之。師之言曰：今後學人須具有世界知識。世界日在進化，事物日在發明，學說日新月異。讀歐文書價貴，非一般人之力所克勝。日本迻譯西書至富，而書價賤，能讀日文則無異於能徧讀世界新書。至日語，將來如赴日留學，就習未晚。令我輩隨習隨試譯。」（見《蔡元培先生紀念集》五三頁）

❽邵力子《我所追念的蔡先生》：「我從蔡先生受業是在南洋公學特班，為時僅只一年。……他以名翰林，受盛宣懷氏禮聘來做我們的國文總教習，他當然不能明白的鼓吹革命，但早洗盡一切官僚教育的習氣。他教我們閱讀有益的新舊書籍，他教我們留意時事，他教我們和文漢讀，他教我們以種種研究學術的方法。他不僅以言教，並且以身教，他自己孜孜兀兀，終日致力於學問。他痛心於清政的腐敗，國勢之阽危，憂國的心情不時流露於詞色。他具有溫良恭儉的美德，從不以疾言厲色待人。……」（見《蔡元培先生紀念集》六三頁）

【按】以上黃炎培、邵力子介紹蔡元培先生的教育方法，可以知道南洋公學的學風。大師一生的言行，在南洋公學特班求學時，所受蔡元培先生的影響是很大的。邵力子先生的感受，可以說也是大師的感受。

❾潮落江村客棹稀，紅桃吹滿釣魚磯。不知青帝心何忍，任爾飄零到處飛。

風送殘紅浸碧溪，呢喃燕語畫梁西。流鶯也惜春歸早，深坐濃陰不住啼！

春歸花落渺難尋，萬樹濃陰對月吟。堪嘆浮生如一夢，典衣沽酒臥深林。

滿庭疑雨又疑煙，柳暗鶯嬌蝶欲眠。一枕黑甜鷄唱午，養花時節困人天！

繡絲竟與畫圖爭，轉訝天生畫不成。何奈背人春又去，停針無語悄含情。

凌波微步綠揚堤，淺碧沙明路欲迷。吟徧美人芳草句，歸來採取伴香閨。

辛丑秋日，為

惜霜先生大人　兩政。蘋香錄舊作於天韻閣南窗下。

一九〇二年（光緒二十八年壬寅）二十三歲

春，仍就讀南洋公學特班，受教於蔡元培先生。六月二十三日義姊宋夢仙夫人，以瘵疾卒，時年二十六。清道人為撰小傳，傷其早逝❶。七月七夕，過名妓謝秋雲妝閣有感，詩以謝之❷。

是秋，各省補行庚子、辛丑恩正併科鄉試。據其俗姪李聖章對著者說：「師為重振家聲，是秋曾赴河南納監應鄉試，未中式」，然此事未見文字記載。惟於是年九月見其《致許幻園書》有「弟於昨日自汴返滬」之語，知不無關係❸。即赴浙江鄉試亦未酬，仍回南洋公學❹。是年與王海帆同往應試，後十餘年，師曾書扇贈之，並自記其因緣❺。

是冬，南洋公學學生因不滿學校當局之壓制，發生罷課風潮，結果鬧成全體退學，特班生亦相率離去，先後僅讀二年❻，但退學時間，馮自由的《革命逸史》，繫於一九〇四年，蓋誤❼。

注　釋

❶清道人《宋夢仙夫人小傳》：「夫人諱貞，姓宋氏。方誕時，其母夢旛蓋徧滿空中，有女子衣雲錦裳，暉麗彪炳，金光四照，手奉玉簡，來降於庭。自言曰：余董雙成也，因以玉簡授母，寤而生夫人，故字曰夢仙。幼挺秀容奇發，弱齡七歲，入小學過目成誦。雖在童孺，神情峻徹，精進劬勤，業冠儕輩。……年十八（一八九四），嫁上海許鏉，鏉亦才士，時號雙璧。長洲王韜、元和江標，皆負時望，因與夫鏉並詣門下。執贄請業，至此名譽日茂。王、江既歿，夫人為文祭之，敘至精洽。辭旨哀惻，甚重於時。夫人善書畫，工篆刻。光緒庚子，『拳匪』擾攘，天下震動。西北人民，相率避亂，老弱蒲伏，顛踣於道。夫人曰，裙布荊釵，更無可脫，遂貿書畫以為賑濟。豪家貴族，競相乞請，歎未曾有。壬寅（一九〇二）六月二十三日，以瘵疾卒，時年二十六。……」（見《清道人遺集》）

【按】許鏉，字幻園，江蘇松江人，卜居上海城南草堂，為大師在俗之譜兄弟，著有《城南草堂筆記》三卷。清道人，姓李，名瑞清，字梅庵，江西臨川人。光緒二十年進士，曾官江寧提學，後任兩江師範學堂監督。辛亥革命後鬻書上海，號清道人。王韜，江蘇長洲人，字紫詮，號仲弢，晚號天南遯叟。官粵省，以祖護太平軍去職。遊西洋，同治間回國，講學上海格致書院。工詩文，著有《弢園文集》等。江標，江蘇元和人，字建霞，號靈鶼，清末進士。曾任湖南學使。宋夢仙夫人所作《恭祝王弢園師七旬壽序》、《祭江靈鶼師文》，見《天籟閣四種．繡餘草》。

❷李叔同未出家時所寫詩詞手卷之三：

七月七夕，在謝秋雲妝閣，重有感，詩以謝之。

風風雨雨憶前塵，悔煞歡場色相因。
十日黃花愁見影，一彎眉月懶窺人。
冰蠶絲盡心先死，故國天寒夢不春。
眼界大千皆淚海，為誰惆悵為誰顰。

❸致許幻園書：「幻園老哥同譜大人左右：別來將半載矣。比維起居萬福，餐衛佳勝為頌。弟於前日自汴返滬，側聞足下有返里之意，未識是否？秋風蓴鱸，故鄉之感，烏能已已，料理歸裝，計甚得也。小樓兄在南京甚得意，應三江師範學堂日文教習之選，束金頗豐；今秋亦應南闈鄉試。聞二場甚佳，當可高攀巍科也。……專此祗頌　行安，不盡欲言。姻小弟　廣平頓　初二日。」

【按】從此書看來，大師入南洋公學後，似已遷離城南草堂。他無故絕不會赴汴（河南開封），蓋因鄉試未中，心緒灰懶，故「自汴返滬」，略提行踪而已。而言及其譜兄張小樓，謂「今秋亦應南闈鄉試」，亦可略見其意。

❹袁希濂《余與大師之關係》：「壬寅年，各省補行庚子辛丑恩正併科鄉試，師亦納監入場。報罷後，仍回南洋公學。」

【按】是年大師應浙江鄉試，署名為「嘉興府平湖縣監生李廣平」，考至第三場未酬。

據郭沫若《關于范蔆充軍伊犁的經過》說：「清朝的監生是可以捐納的，可以滿天飛，四處應鄉試。」（見北京《光明日報》一九六一年八月七日）

❺孤山歸寓成小詩書扇貽王海帆先生：「文字聯交誼，相逢有宿緣（前年五月，南社同人雅集湖上始識先生）。社盟稱後學（先生長余三十二歲），科第亦同年（歲壬寅，余與先生同應浙江鄉試，先生及第）。撫碣傷禾黍（今歲余侍先生遊孤山，先生撫古墓碑。視『皇清』二字未磨滅，感喟久之），怡情醉管絃（孤山歸來，顧曲于湖上歌臺）。西湖風月好，不慕赤松仙（近來余視見世為樂土，先生亦贊此說）。」

【按】此詩作于民國六年，載《南社叢刻》第二十二集詩錄。署名天津李凡、息霜。鄭逸梅《南社社友事略》：「南社社友中，齒德俱尊的老人……餘杭王海帆，年事高出儕輩。生於一八四五年二月二日，名毓岱，一字少舫，別號舟枕老人。南社雅集西湖西泠印社……海帆亦參

與其盛。一九一七年逝世。」（見鄭逸梅《南社叢談》）

❻《蔡孑民先生傳略》又云：「南洋公學自開辦以來，有一部分之教員及管理員，不為學生所喜。吳稚暉君任公學教員時，為組織『衛學會』，已引起衝突，學生被開除者十餘人。吳君亦以是辭職，赴日本。而不孚人望之教員則留校如故。是年，有中院第五班生，以誤置墨水瓶於講桌上，為教員所責。同學不平，要求總理去教員，總理不允，欲懲戒學生。於是激而為全體退學之舉。特班生亦犧牲其保舉經濟特科之資格，而相率退學。……」但此文所記學生發生退學風潮時間不明。

蔣慎吾《興中會時代上海革命黨人的活動·三·愛國學社和教育會》：「到一九○二年，上海先有中國教育會的創辦，發起人為章炳麟、蔡元培、黃宗仰等。……蔡孑民被舉為會長。……至十一月十六日（陰曆十月十七日），在上海的國立南洋公學發生罷課風潮，所有特班、政治班頭班、二班、三班、四班、五班、六班學員二百餘人，紛紛退學。……該會會長蔡氏，本係南洋公學特班教習，事先曾從中調停，不得要領，乃毅然和退學學員脫離該校。……其退學的原因，係由於該校當局壓迫言論自由，不許高談革命，甚至保皇派所主持的《新民叢報》也禁止閱讀。」（見《蔡柳二先生壽辰紀念集·論文》二一七—二一八頁）

❼馮自由《章太炎事略》：「癸卯（一九○三年），蘇人劉師培、粵人鄧實等創設《國粹學報》於上海。……是年夏，上海南洋公學學生因反抗教員之專制，相率退學，向章炳麟及蔡元培、黃宗仰（烏目山僧）、黃炎培諸人求助。」馮氏所記南洋公學學生退學時間，顯係推遲一年。可見近人記近事，其歷史亦常有出入。（見馮自由《革命逸史》初集五五頁）

【按】過了近六十年，當時退學的學員平海瀾、伍特公等曾於上海政協（一九六○年）座談過「南洋公學的一九○二年罷課風潮和愛國學社」。據其紀錄，出席者有平海瀾、伍特公、舒新城。為了明了當時的情況，摘錄一二發言如下：

平海瀾：當時南洋公學初開，總辦（即校長）是何梅笙。他是常州人，盛宣懷的表兄弟。盛宣懷奏明光緒皇帝辦兩個學堂，一個北洋，一個南洋。後來何梅笙故世了，接手的就是張元濟（菊生）先生。張先生勵精圖治真好……我們一班到六班，叫中院。還有一個叫特班……特班裡的學生是秀才、舉人居多，住在上院。……當時黃炎培、邵力子，還有以後曾經做過北大校長的胡仁源，都在特班裡。當時我的腦筋以為學生都是秀才舉人，那怎麼搞呢？秀才舉人是不是還學國學，請誰來教呢？後來就請了個蔡元培，他是翰林。那麼舉人也不要緊了，可以壓倒了。所以翰林當國文先生。

當時公學裡還有兩個很好的人。一個是伍光建，一個是李一琴（應作李廣平）。

伍特公：就是那個做和尚後來成了高僧的。

舒新城：這個人不錯，是豐子愷的老師——李叔同，弘一法師。這個人到過德國（應作日本），當時是有一些影響的，在西洋美術、西洋音樂方面有些影響的。

一九○三年（光緒二十九年癸卯）二十四歲

是年，與尤惜陰居士同任上海聖約翰大學國文教授，旋又離去❶。三月，譯日本玉川次致著《法學門徑書》一小冊。書分六章，約五六千字，所論頗簡明扼要❷，卷首有讀者識，謂法學紛錯；譯成之書，以十數計。是書雖寥寥無多，……吾於是多譯者之卓識云❸。五月，又譯太田政弘、加籐政雄、石井謹吾合著《國際私法》講義。二書俱署名李廣平譯，上海開明書局發行。《國際私法》為「譯書彙報社」出版《政法叢書》第六編。全書分緒論、本論兩部，卷首有耐軒序❹。以上二書為吾國近代法律學最初介紹國際法公權與私權之譯著。

注釋

❶伯圓《演本法師文鈔續集·序》：「演本老法師是個儒林學者，兼精周易，從儒入佛。……原籍江蘇無錫，俗姓尤，名雪行（按：原名秉彝，字雪行。——著者），別號惜陰，又號無相道人。一九○三年曾與弘一法師（即李叔同先生）同任上海聖約翰大學國文教授。離開大學後，即辦平民學校於滬瀆，甚得時人敬重。」

【按】此事曩年故李芳遠居士曾摘引當時報章記載，略記其事，未及發表，今已遺失。前年在滬，聞同濟大學陳從周教授言：前聖約翰大學內，舊有顏惠慶之父紀念堂一座，其額即李叔同所書，或與大師在此任教有關，惜無由證實。姑記之以待他日印證。

❷《法學門徑書》內容：「第一章，養成法律全體之概念。第二章，國民有知法律之義務。第三章，研究法律當依實際研究法。第四章，法律學研究法（分分析、歷史、比較、哲理研究法四種）。第五章，法律之智識與普通之智識。第六章，學法律學有必要之學科。（必要之學科凡五：一、外國語學。二、名學。三、生計學。四、歷史學。五、哲學。）」

❸讀者《法學門徑書．序》：「建章之宮，千門萬戶，入焉者目眩神駭，躊躇惝恍，莫知所措，迄未窺見真相。有大匠焉，圖之界之，孰堂孰庭，廊廡奧牖，可指而數矣。法學之紛錯，亦建章之門戶也。譯成之書，以十數計，或憲法、或民法、或國際法，本末未具，先後不辨。以之導人，不猶強盲人以入建章歟？為危孰甚！玉川君是書雖寥寥無多語，然真圖之界之者也。吾於是多譯者之卓識云。癸卯三月讀者識。」

❹耐軒《國際私法．序》：

排外非理，媚外亦非理。文明國之待外人也，與以私權而靳其公權。公權者關於國家組織之權利也，唯國民斯有之。私權者關於個人相互之權利也，即外人亦同之。

吾國之待外人也果何如乎？夫外人得享治外法權於與國公例也；外人而有領事裁判權於與國（治外法權指國家君主、外交官、軍艦、軍隊等所享有之特權，謂外於駐在國法規之外也；領事裁判權，指領事裁判己國人民之權也。）非公例也。今天下之有他國領事裁判權之國，舍土耳其、朝鮮、暹羅及吾國而外，不多聞也。日本昔亦嘗有之矣。自條約改正，而此權遂撤。

中國之言變法也，先於日本，而其收效也，則遠不及日本，無乃不揣其本而齊其末，枝枝節節而為之，不肯從事於政治改革歟？不然，彼居於歐美之外人，非猶居於吾國然乎？居於日本之外人，非猶居於吾國者乎？何居於人國則奉公守法也如彼，居於吾國則蔑理背道也有若此歟？雖然外人之於吾國，固非合於公理矣。吾國之於外人，其固合公理否乎？惡則排之，畏則媚之，於國際法所謂公權私權者，固未之知也。

李君廣平之譯此書也，蓋慨乎吾國上下之無國際思想，致外人之跋扈飛揚而無以為救也。故特揭私人與私人之關係，內國與外國之界限，而詳哉言之。苟國人讀此書而恍然於國際之原則，得回挽補救於萬一，且進而求政治之發達，以為改正條約之預備，則中國前途之幸也。

癸卯初夏．耐軒識於日本之東京

【按】「辛丑（一九〇一年）七月，清政府下詔廢止八股文，改試『策論』，並選派學生出洋。……留學界之有志者嘗發刊一種雜誌，曰《譯書彙編》，庚子下半年出版。……此報專以編譯歐美法政名著為宗旨。如盧騷之《民約論》、孟德斯鳩之《方法情理》、約翰穆勒之《自由原論》、斯賓塞之《代議政體》，皆逐期登載。……吾國青年思想之進步，收效至巨，不得不謂《譯書彙編》實為之倡也。」（見馮自由著，《革命逸史》初集九九頁）

一九〇四年（光緒三十年甲辰）二十五歲

庚子以後，國事日非。八國聯軍佔領北京，越年簽訂辱國條約，賠款講和。大師一腔熱血，無處發洩，乃寄託於風情瀟灑間，以詩酒聲色自娛。曾填《金縷曲》贈歌郎金娃娃以見志❶。二月，於歌筵賦一律以寄慨❷，又作二絕句贈語心樓主人❸。是年與思想先進分子擇地租界以外，創設「滬學會」，經常召開演說會，辦補習學校，提高社會青年知識與覺悟❹。一腹牢騷，以詩《書憤》書箑寄姪麟璽❺㊖，又作《滑稽傳題詞》四絕❻。是年十一月初三日，次子端生❼㊖。

注釋

❶姜丹書《弘一律師小傳》：「先是上人年少翩翩，浪跡燕市，喜抱屈宋之才華，恨生叔季之時會。一腔牢騷憂憤，盡寄託於風情瀟灑間；亦曾走馬章臺，廝磨金粉，與坤伶楊翠喜、歌郎金娃娃、名妓謝秋雲輩，以藝事相往還。抑蓮為君子之花，皭然

泥而不滓。蓋高山流水，志在賞音而已。其贈歌郎金娃娃《金縷曲》云：

「秋老江南矣。忒匆匆，春餘夢影，樽前眉底。陶寫中年絲竹耳，走馬胭脂隊裏。怎到眼都成餘子。片玉崑山神朗朗，紫櫻桃，慢把紅情繫。愁萬斛，來收起。　泥他粉墨登場地。領略那英雄氣宇，秋娘情味。雛鳳聲清清幾許。銷盡填胸盪氣，笑我亦布衣而已。奔走天涯無一事，問何如聲色將情寄。休怒罵，且游戲。」

❷二月歌筵，賦此疊韻：

莽莽風塵窣地遮，亂頭粗服走天涯。
樽前絲竹銷魂曲，眼底歡娛薄命花。
濁世半生人漸老，中原一髮日西斜。
祗今多少興亡感，不獨隋堤有暮鴉。

❸《贈語心樓主人》：

天末斜陽淡不紅，蝦蟆陵下幾秋風。
將軍已死圓圓老，都在書生倦眼中。
道左朱門誰痛哭，庭前柯木已成圍。
祗今蕉萃江南日，不似當年金縷衣！

❹黃炎培《我也來談談李叔同先生》：「叔同呢，從南洋公學散學以後，經過一個時期，在上海集合一般思想先進分子，擇地租界以外——那時是一九〇四、一九〇五年——創設一個『滬學會』，經常召開演說會，辦補習學校——也許是全國第一個補習學校。……我至今還保存着叔同親筆寫他自撰詞、自作曲的《祖國歌》，當時曾被一般男女青年傳誦。」

【按】朱信泉《穆藕初傳》：「一九〇〇年，穆考入上海江海關任辦事員。一九〇四年他和馬相伯等組織『滬學會』，練習槍操，提倡尚武精神；還參預辦義學，創音樂會，演文明新劇等資產階級改良主義的活動。」（見《民國人物傳》第一卷二七〇頁）朱傳說的「滬學會」，與李叔同等所創設之「滬學會」似為一事。

又熊尚厚《李叔同傳》：「一九〇四年，李叔同畢業（南洋公學）後，與穆恕齋等在上海南市組織『滬學會』，宣傳講究衛生和移風易俗，廣開風氣等，並提倡辦學堂，培養人才，想以此使國家獨立富強。」（見《民國人物傳》第三卷三一八頁）

❺《書憤》——為姪麟璽書箑：

文采風流四座傾，眼中豎子遂成名。
某山某水留奇跡，一草一花是愛根。
休矣著書俟赤鳥，悄然揮扇避青蠅。
眾生何事干霄哭，隱隱朝廷有笑聲。

㊀李晉章（璽）致林子青書云：「『文采風流四座傾』句詩，乃甲辰年（一九〇四）為璽所書。此箑不知落於何方？前者為芳遠兄所鈔，本璽昔年背誦記住未忘。一時想起，故急鈔之以奉。其當時胸中牢騷口吻，已露于紙墨間。」

【按】梁啟超《飲冰室詩話》一一四則載：「《新民叢報》社校對房一敝箑，忽有題七律五章於其上者。塗抹狼藉，不能全認識，更不知誰氏所作，中殊有佳語。」……第二章末聯云：「衆生何事干霄哭，隱隱朝廷有笑聲」……《新民叢報》發表「飲冰室詩話」時，李叔同正在日本留學。只因當時不甚出名，故其詩被擱置於校對房而未刊載。

（此詩末句「衆生何事干霄哭」，係用杜甫「哭聲一路干雲霄」之意。滬《譜》誤作「干宵」，港《譜》、臺《譜》又誤作「盱宵」均誤，應予更正。）

❻《滑稽傳題詞》四絕：

斗酒亦醉石亦醉，到心惟作平等觀。此中消息有盈朒，春夢一覺秋風寒。　淳于髡

中原一士多奇姿，縱橫宇合卑莎維。人言畢肖在鬚眉，茫茫心事疇誰知。　優孟

嬰武伺人工趣語，杜鵑望帝淒春心。太平歌舞且拋卻，來向神州慨陸沉。　優旃

南山豆苗肥復肥，北山猿鶴飛復飛。我欲蹈海乘風歸，瓊樓高處斜陽微。　東方朔

（見民國十五年，《小說世界》第十五卷第九十期）

❼朱經畬《李叔同年譜》：「一九〇四年……二十五歲。是年

十二月九日（十一月初三）次子李端生。」

[文]李端《家事瑣記》：「我是李叔同的次子，一九〇四年生於上海，現已年過八十，退休多年了。……近幾年來，國內報刊在紀念先父百歲誕辰和逝世四十周年忌時，曾有一些專文評述他老人家的一生，閱後很獲教益。」

（以上兩條均見一九八八年天津古籍出版社出版的《李叔同——弘一法師》）

一九〇五年（光緒三十一年乙巳）二十六歲

是年，師見曾志忞所編《教育唱歌集》與沈心工所編《學校唱歌初集》，分別由東京和上海出版後，在當時新興學堂中風行一時❶。他稱道曾、沈二子「紹介西樂與我學界」，但對其歌詞，謂「僉出近人撰著，古義微言，匪所加意，余心恫焉」。於是親從《詩經》、《楚辭》與古詩詞選出十三篇，分為五類，一一配以西洋及日本曲調，連同兩段崑曲譯譜，合為一集，顏曰「國學唱歌集」，出版於是年。故師留日以前，於音樂已有一定造詣。但其後他對此書深覺不滿。他說：「去年余從友人之請，編《國學唱歌集》。迄今思之，實為第一疚心之事。前已函囑友人，毋再發售，並燬板以謝吾過」❷。（見《音樂小雜誌．昨非錄》）

是年春，填《菩薩蠻》二首，懷楊翠喜❸；又寫一絕，《為老妓高翠娥作》❹。時為「滬學會」撰《文野婚姻新戲冊》竟，有詩四絕紀其事❺。

二月初五日，母氏王太夫人逝世。師挈眷扶柩乘輪回津，首倡喪禮改革。以開追悼會，盡除繁文縟節，提倡行鞠躬禮以移風易俗。當時天津《大公報》稱「李叔同君廣平，為新世界之傑士」，連日報導，影響極大❻。

李叔同運靈回津，按禮儀開弔出殯。舉行正式喪禮時，採用西式。他自彈鋼琴，唱悼歌，喪禮轟動一時，因此親朋中認為「李三爺辦了一件奇事」❼[文]。

喪禮完畢，即於八月東渡日本留學。臨行填《金縷曲》一闋，留別祖國❽。他到滬後，讀書奉母，自謂「二十歲至二十六歲之間的五六年，是平生最幸福的時候」。其學生豐子愷對此時期有簡要的記載❾。

師到日後，即為留日學生高天梅主編的《醒獅》雜誌撰寫《圖畫修得法》❿與《水彩畫法說略》⓫，介紹圖畫之作用與水彩畫之繪法，以輸入新知。不久，又與同人議創《美術雜誌》，音樂隸焉。後以發生風潮，同人星散，乃以個人之力，先刊《音樂小雜誌》，在日本出版，寄回國內發行⓬[文]。

是冬，師在東京，曾作水彩畫「山茶花」一幅，自題一詞，此為現存水彩畫遺作之一⓭。近年天津又發現其留日時致徐月亭（耀廷）明信片上所作水彩風景畫一件，現藏天津市藝術博物館⓮。

注釋

❶錢仁康《息霜三歌小考》：「李叔同先生非常重視民族文化遺產的保存和發揚，這是他的愛國思想的一個重要組成部分。一九〇四年，我國最早的兩本學校歌曲集——曾志忞編的《教育唱歌集》和沈心工編的《學校唱歌初集》，分別於日本東京和上海出版後，在新興學堂中風行一時，也受到了當時在『滬學會』補習科教唱歌的李叔同先生的注意。他稱道曾、沈二子『紹介西樂於我學界』，但又感到這兩本歌集中的歌詞『僉出近人撰著，古義微言，匪所加意，余心恫焉！』（《國學唱歌集．序言》）因此他就親自動手，從《詩經》、《楚辭》和古詩詞中選出十三篇，一一配以西洋和日本曲調，連同兩段崑曲的譯譜合為一集，顏曰『國學唱歌集』，出版於一九〇五年。「不久，他東渡日本，看到日本唱歌集中『詞意襲用我古詩者，約十之九五』，而我國不學之徒，習為藪冒，詆諆故典，廢棄雅言。迨見日本唱歌，反嘖嘖稱其理想之奇妙。凡吾古詩之唾餘，皆認為島夷所固有。既齒冷於大雅，亦貽笑於外人矣。」（《嗚呼！詞章！》，見上海《音樂藝術》一九八四年第四期）

❷《國學唱歌集．序》：

「樂經云亡，詩教式微，道德淪喪，精力爂（音漂，火飛也）摧。三稔以還，沈子心工，曾子志忞，紹介西樂於我學界，識者稱道毋稍衰。顧歌集甄錄，僉出近人撰著，古義微言，匪所加意，余心恫焉。商量舊學，綴集茲冊，上泝古《毛詩》，下逮《崑山曲》，靡不勰理而會粹之。或譜以新聲，或仍其古調，顏曰「國學唱歌集」，區類為五：

毛詩三百，老唱歌集。數典忘祖，可為於邑。「揚葩」第一。

風雅不作，齊竽競嘈。高矩遺我，厥唯楚騷。「翼騷」第二。

五言七言，濫觴漢魏。瑰偉卓絕，正聲罔愧。「修詩」第三。

詞托比興，權輿古詩。楚雨含情，大道在茲。「摛詞」第四。

余生也晚，古樂靡聞。夫唯大雅，卓彼西崑。「登崑」第五。」

❸《菩薩蠻》——憶楊翠喜：

燕支山上花如雪，燕支山下人如月。額髮翠雲鋪，眉彎淡欲無。夕陽微雨後，葉底秋痕瘦。生小怕言愁，言愁不耐羞。

曉風無力垂楊嬾，情長忘却游絲短。酒醒月痕低，江南杜宇啼。癡魂銷一捻，願化穿花蝶。簾外隔花陰，朝朝香夢沉。

❹《為老妓高翠娥作》：

殘山剩水可憐宵，慢把琴樽慰寂寥。頓老琵琶妥娘曲，紅樓暮雨夢南朝。（以上詩詞均見《小說世界》李叔同未出家時所寫詩詞手卷「乙巳」條）

❺《為滬學會撰〈文野婚姻新戲冊〉既竟，系之以詩》：

床第之私健者恥，為氣任俠有奇女。鼠子膽裂國魂號，斷頭臺上血花紫。

東鄰有兒背佝僂，西鄰有女猶含羞。蟪蛄寧識春與秋，金蓮鞋子玉搔頭。

河南河北間桃李，點點落紅已盈咫。自由花開八千春，是真自由能不死。

誓度衆生成佛果，為現歌臺說法身。孟旃不作吾道絕，中原滾地皆胡塵。

【按】以上四首發表於一九〇五年留日學生所編之《醒獅》雜誌第二期，是大師留學前的作品，署名為惜霜。後在東京的《茶花女遺事演後感賦》中所載的，是重錄其中的二、四兩首。

❻天津《大公報》記事（一九〇五年七月廿三日）：

《大公報》以「文明喪禮」為題，預告云：「河東李叔同君廣平，新世界之傑士也。其母王太夫人月前病故。李君特定於本（七）月二十九日開追悼會，盡除去一切繁文縟節，別定新儀。」

次日（七月廿四日），該報又以「天津追悼會之儀式及哀歌」為題，公布新儀式內容。除稱「備有西餐，以饗來賓」外，並附「哀啟」曰：

啟者：我國喪儀，繁文縟節，俚俗已甚。李叔同君廣平，願力袪其舊。爰與同人商酌，據東西各國追悼會之例，略為變通，定新喪儀如下：

一、凡我同人，倘願致敬，或撰文詩，或書聯句，或送花圈花牌，請毋饋以呢緞軸幛、紙箱紮彩、銀錢洋圓等物。

二、諸君光臨，概免弔唁舊儀，倘願致敬，請於開會時行鞠躬禮。

三、追悼會之儀式：甲、開會。乙、家人致哀辭。丙、家人獻花。丁、家人行鞠躬禮。戊、來賓行鞠躬禮。己、家人致謝來賓行鞠躬禮。庚、散會。同人謹白。

❼李孟娟《弘一法師的俗家》：「叔祖父事其母至孝。一九〇五年王氏曾祖母在上海故去，叔祖父一家運靈回津，……按禮儀開弔出殯。喪儀為西式。有人致悼詞（不是孝子跪地讀祭文）。叔祖父彈鋼琴，唱悼歌，待客是吃中西餐兩種。全家穿黑色衣裳送葬（未穿白色孝袍）。這件事情在親朋中轟動，說是『李三爺辦了一件奇事』。」

【按】李孟娟為大師俗姪李聖章之女。

㊜一九八八年四月二十日《天津日報》的「文藝副刊」，金圖、塞科兩先生以「李叔同史料的新發現」為題，作了詳細的報導與分析。該報說：

《哀啟》雖署「同人謹白」，但證以前日的「李君特定於七月二十九日開追悼會，別定新儀」等語，可大致推定乃是出於叔同手筆。

李母之喪還在清末，戊戌變法失敗，封建勢力反撲，以二十六歲的青年，能在較上海遠為守舊的天津倡導喪禮改革，的確表現了很大的膽識。那時他尚未留學，並非出於洋教育的灌輸。可見他的思想何等開通。

又，喪禮後數日，八月三、四日的報上又連續刊載了《西國喪服制考》，顯然是李叔同改革的餘波。十來天中共刊有關材料五篇，顯見叔同此舉造成的社會影響之深廣了。

五篇材料中的又一篇，是八月二日的《記追悼會》，除記述追悼會實況外，更可貴的是從李叔同在津的社會關係等方面提供了難得的資料。報導說在「到者四百餘人」中，「有奧工部官阿君（當時李家在奧國租界。——著者）、醫官克君、高等工業學堂顧問官藤井君、松長君，單味仁司馬、學務處總辦嚴範孫君、高等工業學堂監督趙幼梅君」，又「各學堂校長教員等大半皆與斯會，可云盛矣」。一個中國平民家庭的喪儀，竟有外賓多人參加，又，叔同剛從上海來津，就能號召起整個教育界，可見他的交游之廣，名氣之大。出席名流中，趙元禮（幼梅）固為叔同老師，至於嚴範孫與李的交誼，則鮮為人知。

【按】嚴範孫名修，原籍慈谿，先世移居天津，遂家焉。清癸未（一八八三）進士，歷官翰林院編修、貴州學政，著有《蟬香館使黔日記》九冊。晚年創辦天津南開大學，一九二九年三月去世，年七十。他與李家為世交。同光之交，李嗣香、李筱樓及嚴仁波（嚴修之父）等曾合辦「備濟社」（救濟團體）。（見《嚴範孫先生古近體詩存稿》卷二《李嗣香前輩七十壽詩》注。——著者）

報導又說：「所收輓聯哀詞二百餘首，聞將付印，以廣流傳」，不知後來是否實現，這也為我們提供了搜集線索。

又，七月廿四日《大公報》在《哀啟》之後附有歌片兩首，都用簡譜記調。詞中有「母胡棄兒輩」、「痛節母之長逝兮，祝子孫其永昌」等語，令人想到這兩首歌也可能出自李叔同之手。至於是為成曲填詞抑或曲亦叔同所譜？是否此即我國近代最早哀歌？只有等待專家考證了。

附哀歌二首辭

《追悼李節母之哀辭》：

松柏兮翠蕤，涼風生德闈。母胡棄兒輩，長逝竟不歸！

兒寒復誰恤，兒饑復誰思？哀哀復哀哀，魂兮歸乎來！

《上海義務小學學生追悼李節母歌》：

賢哉節母，柏操流芳。賢哉節母，國史褒揚。賢哉節母，遺命以助吾學堂。痛節母之長逝兮，荷欽旌之榮光。痛節母之長逝兮，增學界之感傷！痛節母之長逝兮，祝子孫其永昌！

❽《金縷曲》——留別祖國，並呈同學諸子：「披髮佯狂走。莽中原，暮鴉啼徹，幾枝衰柳。破碎河山誰收拾，零落西風依舊，便惹得離人消瘦。行矣臨流重太息，說相思，刻骨雙紅豆。愁黯黯，濃於酒。漾情不斷淞波溜。恨年來絮飄萍泊，遮難回首。二十文章驚海內，畢竟空談何有。聽匣底蒼龍狂吼。長夜淒風眠不得，度群生那惜心肝剖。是祖國，忍孤負。」

【按】此詞轉載多處，誤字頗多。茲據《小說世界》所刊「李叔同未出家時所寫詩詞手卷」改正。

❾豐子愷《法味》：「他父親生他時，年紀已經六十八歲，五歲上，父親就死了。家主新故，門戶又複雜，家庭中大概不安。故他關於母親，曾一皺眉，搖着頭說：『我的母親——生母很苦！』他非常愛慕他母親。二十歲時陪了母親南遷上海，住在大南門金洞橋畔一所許宅的房子——即所謂『城南草堂』，肄業於南洋公學，讀書奉母。他母親在他二十六歲的時候就死在這屋裏。他自己說：『我自二十歲至二十六歲之間的五六年，是平生最幸福的時候。此後就是不斷的悲哀與憂愁，一直到出家。』……他講起他母親死的情形，似乎現在還有餘哀。他說：『我母親不在的時候，我正在買棺木，沒有親送。我回來，已經不在了。還只有四十幾歲！』……喪母後的他，自然像游絲飛絮，飄蕩無根，於家庭故鄉還有甚麼牽掛呢？他就到日本去。」

❿《圖畫修得法》（小序）：「我國圖畫，發達蓋早。黃帝

時史皇作繪，圖畫之術，實肇乎是。有周聿興，司繪置專職，茲事寖盛。漢唐而還，流派灼著，道乃烈矣。顧秩序雜遝，教授鮮良法，淺學之士，靡自闚測。又其涉想所及，狃於故常，新理眇法，匪所加意，言之可為於邑。不佞航海之東，忽忽逾月，耳目所接，輒有異想。冬夜多暇，掇拾日儒柿山、松田兩先生之言，間以己意，述為是編。夫唯大雅，倘有取於斯歟？」

【按】此文為一九〇五年未入東京美術學校以前之作。全文僅三章，似未寫完，而《醒獅》已停刊。

⓫《水彩畫法說略》：「西洋畫凡十數種，與吾國舊畫法稍近者，唯水彩畫。爰編纂其畫法大略，凡十章。以淺近切實為的，或可為吾國自修者之一助焉。」

【按】本文共有十章，今只見二章，其餘八章，未見發表，至為可惜。（以上二文均見《弘一法師》紀念集）

⓬《音樂小雜誌．序》：「……乙巳（一九〇五）十月，同人議創《美術雜誌》，音樂隸焉。迺規模粗具，風潮疊起。同人星散，瓦解勢成。不佞留滯東京，索居寡侶。重食前說，負疚何如？爰以個人綿力，先刊《音樂小雜誌》，餉我學界。期年二冊，春秋刊行。蠡測莛撞，矢口慚訥。大雅宏達，不棄窳陋。有以啟之，所深幸也。……時丙午正月三日。」

【按】《音樂小雜誌》之出版在一九〇六年正月，已見各家記載。但實物早已不見，僅見其《序》文，內容無由懸測。最早記載的是一九三三年《上海通志館期刊》第四期《上海學藝概要》，胡懷琛寫的《西洋畫西洋音樂及西洋戲劇之輸入》提到的關於李叔同的水彩畫和《音樂小雜誌》。我在一九四三年所撰的《弘一大師年譜》初版時已經提到，但迄未見實物的形狀。上海音樂學院的陳聆先生在《音樂愛好者》一九八〇年第二期發表題為「我國最早的音樂刊物」，便是指此。近年經豐子愷的後人豐一吟和劉質平的後人劉雪陽二人多方採尋，始從日本京都大學圖書館獲得《音樂小雜誌》第一期的複印件。（詳情請看豐劉合寫的《我國最早音樂雜誌在日本找到》，見上海《音樂藝術》一九八四年第四期。）《音樂小雜誌》的目次共列十九項內容，其中九項都署名「息霜」（大師在俗別署）。其中「雜纂」一欄，收有《昨非錄》與《嗚呼！詞章》二文。前者力倡樂歌應用五線譜，唱歌者當先練習音階與音程，學琴者當先練習基礎教程。後者則深慨吾國留學生之不重視漢學，謂「日本作歌大家皆善漢詩」，「學者皆通《史記》、《漢書》」。且說「昔有日本人舉《史》、《漢》事蹟，質諸吾國留學生，而留學生茫然不解所謂，且不知《史記》、《漢書》為何物，致使日本人傳為笑柄。」（見《音樂小雜誌．嗚呼！詞章！》）

㊆《音樂小雜誌》第一期出版後，原擬續出第二期，且登出編輯部徵稿啟事——「文壇公鑒」於第一期之末頁。略謂：「本社創辦伊始，資本微弱，撰述乏人。故第一期材料簡單，趣味闕乏，至為負疚。自第二期起，當竭力擴充，並廣徵文藝，匡我不逮。凡論說、雜著與新撰唱歌、詩詞、謠曲等，倘蒙賜教，至為欣幸。（惟已登入報章或刊入書籍者，毋再寄來。）他日登出後，當以李叔同氏水彩畫、油畫或美術音樂書籍等奉酬（寄稿限五月底為止）。編輯部謹白。」同時又登出「徵求沈叔逵氏肖像」啟事：「沈氏為吾國樂界開幕第一人，久為海內所欽仰。今擬將沈氏肖像登入本雜誌，如諸君有收藏此肖像者，請郵寄下。他日登出者，贈水彩畫一張、第二期雜誌一冊、《日本唱歌》一冊。……」可見其推重先達之意。

【按】沈心工（一八七〇—一九四七）名慶鴻，字叔逵，江蘇上海人。青年時曾考中秀才。一八九六年考入南洋公學師範班。後又於一九〇二年四月東渡日本，就讀東京弘文學院。同年十一月，發起在東京留學生會館開辦音樂講習會，請日本音樂教育家鈴木米次郎（一八六八—一九四〇）講授樂歌。沈氏自己創作樂歌，也從這時開始。著名的《男兒第一志氣高》（一名「兵操」）一歌，就是他在日本寫的。一九〇三年初，他從日本回國，在南洋公學附屬小學任教唱歌，以授學生。我國學校中有「唱歌」一課，就是從這時開始的。後來沈氏把自製的樂歌編成《學校唱歌集》三集，出版於一九〇四—一九〇七年，是我國最早的唱歌教本。（見錢仁康《啟蒙音樂教育家沈心工先生》）

⓭《水彩山茶花題詞及附記》：「回闌欲轉，低弄雙翹紅暈

淺。記得兒家，記得山茶一樹花。乙巳冬夜，息霜寫於日京小迷樓。」「三郎」（印）

⓮寄徐月亭明信片附水彩畫題記：「沼津，日本東海道之名勝地。郊外多松柏，因名其地曰『千本松原』。有山聳於前，曰愛鷹。山崗中黃綠色為稻田之將熟者，田與山之間有白光一線，即海之一部分也。乙巳（一九〇五）十一月，用西洋水彩畫法寫生，奉月亭老哥大畫伯一笑。弟哀，時客日本。」（明信片原件今藏天津藝術博物館）

【按】沼津（NUMAZU）位於日本靜岡縣駿河灣東北岸近郊一帶之地，氣候溫和，為避暑避寒勝地，附近的「千本松原」為風光明媚的海岸，今為沼津公園，近處為著名的海水浴場。

一九〇六年（光緒三十二年丙午）二十七歲

是年專心補習日語。時屬明治末葉，日本漢詩頗為流行。其作歌大家，皆善漢詩，故詩社先後崛起。其尤著者為「隨鷗吟社」，參加者多當時日本朝野名士。其主要人物有森 槐南、大久保湘南、永阪石埭、日下部鳴鶴、本田種竹等。該社出版有月刊《隨鷗集》❶。是年七月一日該社於東京偕樂園舉行「追薦物故副島蒼海等十名士」宴會，師首次以李哀之名，參與盛會，賦詩二首，深得與會名士贊賞❷。自是至翌年，常參與「隨鷗吟社」集會，聯吟賦詩❸，並以舊作新詠，如《春風》、《前塵》、《鳳兮》、《朝遊不忍池》諸詩，發表於《隨鷗集》，署名息霜、李哀等，深受該集主編大久保湘南之好評❹。

是年，自日回津一次，頗有感慨。填《喝火令》一闋以見志❺。

陽曆九月二十九日，考入東京美術學校油畫科。初名李哀，繼名李岸。當時留日學生學美術者極少。不久，東京《國民新聞》（德富蘇峰所辦）記者特往採訪。其訪問記題為「清國人志於洋畫」，發表於一九〇六年十月四日《國民新聞》，並登有李哀西裝全身照片與速寫畫稿一幅❻。

【按】日本明治維新（一八六八年）後，自明治五年（一八七二年）採用太陽曆，以陰曆十二月三日為明治六年一月一日。

這時東京美術學校油畫科，中國留學生只有二人，另一人為曾延年字孝谷❼，一般以師為留學東京美術學校之第一人❽。一說嶺南畫家高劍父為第一人，但似與事實略有出入❾。師在東京美術學校，除從黑田清輝學油畫外，又在校外從上真行勇學音樂戲劇❿。他在留學期間，生活頗習江戶趣味⓫。

【按】東京美術學校為日本明治維新以後，仿照西洋美術學校方式所創立的學校。它創立於一八八八年，初任校長為岡倉覺心，後由正木直彥繼任。一八九三年著名油畫家黑田清輝自法國留學回日，一八九五年該校始設洋畫科，以黑田氏為主任。教授有中村源次郎、長原孝太郎等。吾國之留學該校者，前後知名的有李岸（叔同）、曾延年（孝谷）、黃二難（輔周）、陳了雲（之駟）、高劍父、蘇曼殊、陳抱一等。當時詳情，見程清《丙午日本游記》，該校戰後已改名為東京藝術大學。

是年冬，與同學友人創立春柳社演藝部，發表《春柳社演藝部專章》，闡明演戲之重要。謂：「吾國倡改良戲曲之說有年矣。……其成效卒莫由覩。走輩不揣檮昧，創立演藝部，以研究學理，練習技能為的。……願吾同人共矢茲志也。」

專章規定：應辦之事，約分二類：一、演藝會，每年春秋開大會二次。二、出版部，每年春秋刊行雜誌二冊。春柳社事務所暫設於東京下谷區鐘聲館。信件寄本社編輯員李岸收受不誤⓬。是年八月三十日（陽曆十月十七日），師自考入東京美術學校後，《國民新聞》曾派記者往訪，並將其肖影及畫稿登出。師特致書許幻園並寄該報一紙，以為紀念⓭。

注釋

❶《隨鷗吟社社規》：

第一、本社研鑽詩道，且期振作之。

第二、本社為達所期目的，實行如左諸項：

1.每月開例會一次，每年開大會一次。

2.每月發行《隨鷗集》一回，採錄社中之詩。

3.每月例會之講義，筆記之，發表於《隨鷗集》。

第三、對贊成本社之目的，每月寄金二圓以上者，特待之為協贊員。（餘從略）

❷《隨鷗集》第二十二編記事（一九〇六年七月一日）偕樂園追薦，追薦副島重臣等十名士，為希覯盛會。與會六十餘人，各有賦詩。師以李哀之名，初次與會，作詩二絕云：

蒼茫獨立欲無言，落日昏昏虎豹蹲。
賸却窮途兩行淚，且來瀛海弔詩魂。

＊

故國荒涼劇可哀，千年舊學半塵埃。
沉沉風雨鷄鳴夜，可有男兒奮袂來。

❸《隨鷗集》第二十三編：

「隨鷗第二十一集」七月八日依例開於上野公園之三宜亭。槐南先生所講的李義山詩，為「送千牛李將軍赴闕五十韻」（五排）一篇。阪井、南洋、河野、溪南、猪谷、赤城、李息霜諸賢，新來會合。聯句三十二句，起句「星河昨夜碧沄沄」為大久保湘南所作，結句「故鄉欵段思榆枌」為森槐南所作。其中第五句「仙家樓閣雲氣氳」為李哀所作。又同編《星舫小醼》略記云：

玉池先生，一日招飲清國李君息霜於「星舫」（酒家），夢香、藏六二君同席。先生偶書濱寺舊製以示。闔座即和其韻。息霜君之作云：「昨夜星辰人倚樓，中原咫尺山河浮。沈沈萬綠寂不語，梨花一枝紅小秋。」玉池先生又疊韻題息霜即席所畫的水彩畫云：「古柳斜陽野寺樓，采菱人去一船浮。將軍畫法終三變，水彩工夫繪晚秋。」

❹大久保（湘南）評《春風》一詩云：「李長吉體，出以律詩，頑艷淒麗，異常出色。而其中寄託自存。」又評《前塵》一詩云：「湘南曰：奇艷之至，其繡腸錦心，令人發妬。李君自謂『此數年前舊作，格調卑弱，音節曼靡，殊自恧也』，夫然豈其然乎？」又評《朝遊不忍池》云：「湘南曰：如怨如慕，如泣如訴，真是血性所發，故沉痛若此！」又評《鳳兮》（此詩後發表於上海《小說世界》，題為「醉時」）云：「湘南曰：所見無非愁景，所觸無非愁緒，侘傺悲鬱，此無可奈何之辭。」

❺《喝火令》：

故國鳴鷓鴣，垂楊有暮鴉。江山如畫日西斜。新月撩人透入碧窗紗。陌上青青柳，樓頭艷艷花，洛陽兒女學琵琶。不管冬青一樹屬誰家，不管冬青樹底影事一些些。——《喝火令》哀國民之心死也，今年在津門作，李息。

【按】此詞為光緒丙午年自日返津時作。《冬青樹》為清代戲曲，蔣士銓作，主要描寫文天祥與謝枋得之忠節，演南宋滅亡之事。

❻《清國人志於洋畫》記事：（譯自一九〇六年十月四日《國民新聞》）

「最近因為聽說有一位叫李哀的清國人考入美術學校，而且專學洋畫，所以趕快冒著秋雨，走上谷中小道，訪問了下谷上三崎北町三十一番地。……經過一聲招呼之後，從裏屋出來一個女人，看來像是女傭似的一個矮小的半老的婦人。『李先生在家嗎？』聽到記者一問，從鄰室飄然漫步出來一位身材有五尺六寸的魁梧大漢，後來知道這位就是李哀先生。他是個圓肩膀兒的青年，在久留米的紺絣的和服外衣上，繫上一條黑縐紗的黑腰帶，頭上留著漂亮的三七分的髮型，用泰然的聲音說：『請裏邊坐！』把我引了進去，……是他的書齋。……那麼，我這個來客是誰，幹甚麼來的？在他看來好像不大自在的樣子。看了我的名片後才莞然地點頭說：『是槐南詩人的新聞社嗎？』『是的，槐南先生的詩也常刊登，您認識他嗎？』『是的，槐南、石埭、鳴鶴、種竹諸詩人，都是我的朋友，我最喜歡詩，一定投稿，請賜批評。』『樂器怎麼樣？』『正學拉小提琴，以外大概都搞一下，其中最喜歡的是油畫。』『您的雙親都在嗎？』『都在。』……『太太呢？』『沒有，是一個人，二十六歲還是獨身。』……『甚麼時候進了美術學校？』『九月二十九日。』『日本語的講課聽得懂嗎？』『聽不懂。下午的功課我不聽。我聽英語的講課。英語我比較可以對付。』……」（案：此一報導，部分紀錄可能有誤。）

❼程淯《丙午日本游記》（一九〇六）：

十月十三日午前，往觀上野之東京美術學校，由某職員導觀。據云校生共三百四十五名，中有吾國學生四名。入校須有中學卒業之程度，由校中考取入本科。吾國之留學者，無中學程度，入校則先實習。雖能聽講，終苦扞格耳。實習五年卒業。其預科乃專為日人所設。學科為西洋畫、日本畫、塑像、鑄造、調漆、蒔繪、木雕刻、牙雕刻、石雕刻、圖案等。

西洋畫科之木炭畫室，中有吾國學生二人，一名李岸，一名曾延年。而畫亦以人面模型遙列几上，諸生環繞。塑造教室中，有吾國學生一人，名談誼孫。室中各生分據一高几，以白堊各塑同一人面半身形，眼鼻口耳類皆一致，無毫髮異……。

遂出，至校旁食所，見有西洋女子一人。異詢之，知去年尚有西洋女子三人，已卒業去。蓋日本美術，以此校為最，西人亦傾倒之也。

【按】程淯字白葭，江蘇常州人，善詩文篆刻，清末在山西從事新聞事業。一九〇六年奉山西省派赴日本，考察工藝醫學，著有《丙午日本游記》等。

❽袁希濂《余與大師之關係》：

甲辰（一九〇四）余東渡，留學東京法政大學；師亦於翌年（乙巳）東渡，入上野美術專門學校。中國留學生之得入日本美術學校者，以師為第一人。

❾簡又文《高劍父畫師苦學成名記》：

抵東未久……幾經艱苦挫磨，始得加入白馬會、太平洋畫會及水彩研究會等，潛心研究東洋西洋畫學。……又二年，先生再行東渡，考入東京美術院，作高級研究。此院為日本藝術之最高學府，吾國留學生之得考入者，先生實為第一人。

【按】此文載於一九三六年五月《逸經》（半月刊）第六期，文中未記明確年月。所謂「美術院」，當為「美術學校」之誤。吾國觀念，以為既稱最高學府，當稱為院，而不稱學校。簡君之文，亦想當然也。高劍父與李岸之入東京美術學校，可能為先後同學，然他絕非第一人。

❿吳夢非《弘一法師和浙江的藝術教育》：

他在日本留學時，名李岸。一面進東京美術學校從黑田清輝專攻西洋畫，一面又在校外另從上真行兼習音樂，平時又喜研究戲劇。在東京曾扮演「茶花女」主角，傾動一時。（見一九三六年十一月《浙江青年》三卷一期）

⓫內山完造《弘一律師》：

據說弘一律師，……曾留學東京，學洋畫於上野之美術學校，又在音樂學校學洋琴。在留學時生活曾大改變，早浴、和服、長火鉢，諸如此類的江戶趣味，也曾道道地地嘗過呢！據說……直至今日為止，油畫的造詣，尚無出他之右者。（夏丏尊譯自《上海霖雨》）

⓬《春柳社演藝部專章》（光緒三十二年〔一九〇六〕）：

報章朝刊一言，夕成輿論，左右社會，為效迅矣。……第演說之事跡，有聲無形：圖畫之事跡，有彩無聲；兼茲二者，聲應形成，社會靡然而嚮風，其惟演戲歟？輓近號文明者，曰歐美，曰日本。歐美優伶，靡不博洽多聞，大儒愧不及；日本新派優伶，泰半學者，早稻田大學文藝協會有演劇部。教師生徒，皆獻技焉。……吾國倡改良戲曲之說有年矣。……其成效卒莫由覩。……走輩不揣檮昧，創立演藝部，以研究學理，練習技能為的。……息霜詩曰：「誓渡衆生成佛果，為現歌臺說法身」，願吾同人共矢茲志也。專章若干則如下：

一、本社以研究各種文藝為的，創辦伊始，驟難完備。茲先成立演藝部，改良戲曲，為轉移風俗之一助。

二、演藝之大別有二：曰新派演藝（以言語動作感人為主，即今歐美所流行者），曰舊派演藝。本社以研究新派為主，以舊派為附屬科……

三、應辦之事，約分二類：

1.演藝會　每年春秋開大會二次，此外或開特別會，臨時決議……

2.出版部　每年春秋刊行雜誌二冊（或每季一冊），又隨時刊行小說、劇本、繪畫明信片……

四、春柳社事務所，暫設於東京下谷區池之端七軒町廿八番地鐘聲館，若有寄信件者，請真達鐘聲館，由本社編輯員李岸收受不誤。（見《晚清文學叢鈔》，阿英編，《戲曲研究卷》，一九六〇年三月《補遺》）

【按】此《春柳社演藝部專章》之敘言與條款，撰於一九〇六年，似係李岸手筆。觀其通信由春柳社事務所編輯員李岸收受，及敘文中所引「息霜詩曰：『誓渡衆生成佛果，為現歌臺說法身。』」（係李息霜為滬學會撰《文野婚姻新戲冊》題詩第四首之首二句）可信。

⓭致許幻園書：

幻園吾哥：手書敬悉。……弟自入美術學校後，每日匆忙萬狀，久未通訊，祈亮之。前《國民新聞》（大隈伯主持）將弟之肖影並畫稿登出，茲奉呈一紙，請哂納，匆匆上。如姻小弟哀頓八月三十。

以後惠書請寫交「日本東京下谷區茶屋町一番地中村方　李□□」因弟即日遷居也。

【按】《國民新聞》為一九〇六年十月四日。是年閏四月。八月三十日即十月十七日。

一九〇七年（光緒三十三年丁未）二十八歲

一月十三日（陰曆一九〇六年十一月廿九日），日本「隨鷗吟社」舉行（第二十六集）盛會，師以李息霜之名與留日同學陸玉田參加❶。二月，祖國徐淮告災，春柳社首演巴黎「茶花女遺事」，集資賑之，日人驚為創舉，嘖嘖稱道，新聞紙亦多諛詞❷，我國戲劇家洪深譽之為「中國戲劇革命先鋒隊」❸，日人濱　一衞對於春柳社第一次公演「茶花女」頗有好評❹，後來中村忠行對於李息霜留學時期參加「隨鷗吟社」及編輯《音樂小雜誌》等種種活動，更有詳細的介紹❺。四月六日，出席「隨鷗吟社」第三次大會（年會）。是日參加者有來自日本各地漢詩人達八十人，其中有中國留學生李息霜、陸玉田、何士果三人。詩人石埭特設茗筵招待與會詩人。宴罷，依例輪作「柏梁體」聯句，共八十二句。李息霜輪吟第五十句為「余髮種種眉髟髟」（種種，髮短貌；髟音標，髮垂長也。）❻。六月，春柳社開丁未演藝大會，上演「黑奴籲天錄」，發表大會趣意❼，歐陽予倩記春柳社的開場與參加春柳社的經過，兼論李叔同的為人❽。是年八月，東都酷熱。舊友楊白民旅遊日本，歡聚浹旬❾。

注　釋

❶隨鷗二十六集：

丁未一月十三日，依例開於上野公園之三宜亭。出席此次集會的有森　槐南等共四十六人，成為每月例會未曾有之盛會，是日兼開新年賀宴。師以李息霜之名與留日同學陸玉田與會。由森　槐南開講李義山《贈別蔚州契苾使君》、《灞岸》諸詩。餘興又行「抽簽」，須發書籍、文房用具及盆梅等。聯句得「春風吹夢送斜陽」（李息霜）。（《隨鷗集》第二十八、九合編，一九〇七年二月五日）

❷《春柳劇場開幕宣言》：

溯自乙巳丙午（一九〇五—一九〇六）間，曾存吳、李叔同、謝抗白、李濤痕等，留學扶桑，慨祖國文藝之墮落，亟思有以振之。顧數人之精力有限，而文藝之類別綦繁，兼營並失，不如一志而冀有功。於是「春柳社」遂出現於日本之東京，是為我國人研究新戲之始，前此未嘗有也。未幾，徐淮告災，消息傳至海外，同人演巴黎「茶花女遺事」，集資賑之。日人驚為創舉，嘖嘖稱道，新聞紙亦多諛詞。是年夏，休業多暇，推李叔同、曾存吳（孝谷）主社事，得歐陽予倩等為社員。……（《上海市通志館期刊》第二年第三期）

❸佚名《春柳社——「戲劇革命」的先鋒隊》：

春柳社，是我國最早的新劇團體，創立於光緒三十二年（一九〇六），在日本東京作首次公演。它在我國戲劇史上的地位當然是非常重要的。

洪深在他的《從中國的新戲說到話劇》一文中，竟稱它為中國「戲劇革命」的先鋒隊，這的確沒有過譽。……所以春柳社也可以說是我國現代劇的開山鼻祖。

春柳社的興起，至少和當時的社會環境和時代很有密切關係。在這時候，正值日本明治維新之後，日本戲劇界為了反抗歌舞伎劇，與起了新劇運動，以愛國為目標的志士戲所謂「浪人芝居」（日語「芝居」即戲劇）大大地流行。

《從中國的新戲說到話劇》一文中說：「他們最初看了川上音二郎與他的夫人川上貞奴所演的『浪人戲』。他們從事戲劇的欲望，已經有力地從內心威逼出來。」這不是很明白地說明春柳社的產生和日本新派戲的關係了嗎？後來這幾個熱心於戲劇的留學生，認識了東京俳優學校校長藤澤淺二郎和日本戲劇革命家市川左團次，得到了他們的幫助和指導，這春柳社從此就誕生了。

春柳社第一次的處女公演，名義是賑災的慈善游藝會，地點在日本東京留學生會館，劇目是法國小仲馬「茶花女」，共計兩幕。表演的演員有唐肯（政治留學生）的亞猛，亞猛的父親是美術學校西洋畫科的曾孝谷。……至於那位茶花女呢，是不久以前圓寂的名僧弘一大師。大師姓李名岸，又名哀，號叔同，小字息霜，天津人。那時在日本學西洋美術。……指導是市川左團次和藤澤淺二郎。觀衆大多是在日本的中國留學生，如女俠秋瑾也是當時座上客之一。（上海《新申報》）

❹濱 一衛《關於春柳社的第一次公演》：

這次「茶花女」公演的規模稱為第一次公演並不相稱，它是賑災游藝會的餘興之一。據歐陽予倩說，它是放在節目的最後的，所以最受期待。「茶花女」上演的情況，除歐陽氏的記載之外，並無詳細的報導。據他說，上演的是亞猛之父去訪馬克的一場兩幕。演亞猛父親的是曾孝谷，配唐是孫某，茶花女是李息霜，曾孝谷曾博得了好評；反之，茶花女是粉紅色的西裝，扮相並不好，他的聲音也不甚美，表情動作也難免生硬些。然而松居松翁却絕讚說：「中國的俳優，使我佩服的，便是李叔同君。當他在日本時，雖僅僅是一位留學生，但他所組織的春柳社劇團，在樂座上演「椿姬」（日人稱茶花女為「椿姬」Tsubaki Hime）一劇，實在非常好。不，與其說這個劇團好，不如說這位飾茶花女的李君演得非常好。這個腳本的翻譯非常純粹。化裝雖然簡單一些，却完全是根據西洋風俗的。當然和普通的改成日本式的有些不同。會話的中國語，又和法語有相像的地方。因此，愈使人感到痛快。尤其是李君的優美婉麗，絕非日本的俳優所能比擬。」（參見孟憶菊：《東洋人士對李叔同的印象》，一九二七年一月《小說世界》第二一二期）

❺中村忠行《關於春柳社與李叔同》：

關於在中國話劇史上留下光輝足跡的春柳社，已有春柳舊主的《春柳社之過去譚》、歐陽予倩的《自我演戲以來》，以及徐慕雲的《中國戲劇史》、張庚的《中國話劇運動史初稿》、辛島驍博士的《中國之新劇》等，很詳細的記事，在某種程度上已經明了。然而歐陽氏之成為春柳社的同人，是在第一次「茶花女」上演取得成功以後的事。而其《追憶記》却是在十年乃至二十年之後執筆的。因此這些資料雖可說是研究春柳社的基本資料，但基於記憶的錯誤而有事實的相違和不全面也是難免的。至於其他諸著，似乎多是踏襲這些追憶記，而怠於檢討之勞，往往照樣踏襲前者的錯誤。筆者擬就近日接觸到的若干資料，略正舊來之說。（按：全文共數萬字，今略譯其要。——著者）說起春柳社，誰都相信是在中國留日學生之間所組織的中國最初的新劇團。……春柳社的結成，是光緒三十二年即一九〇六年，其中心人物是曾延年與李岸，已為衆所周知。這二人都是當時東京美術學校的學生。李叔同在這前後，還入音樂學校攻讀，他們都愛好詩文，是罕見的戲迷。……今稍加說明：李叔同當時是個年齡只有二十七歲，早已主編過《音樂小雜誌》那樣早熟的文學青年。到日本留學後不久，似乎就努力和日本文化人有所接觸。其留學始於何時雖不清楚，但在光緒三十一年（一九〇五）的春秋之間是確定的。在翌年三十二年（一九〇六）正月二十日，他已在東京編輯出版《音樂小雜誌》。同年六月，早已加入森 槐南、大久保湘南領導的「隨鷗吟社」；七月一日，即參加在神田八町堀偕樂園舉行的「副島蒼海以下十名士」的追薦筵，留下七絕二首（詩見《隨鷗集》廿二編），這確是一位燃着青雲之志來日留學的當代中國青年的作品。總之，當時的李叔同最注意的，除專門的繪畫與音樂的學習，似乎便是漢詩的寫作了。從這時以後，他於隨鷗吟社的詩會和槐南的「李義山詩講座」也時常參加，或與同人共作聯句，或投寄詩稿於《隨鷗集》。他的詩風在妖艷裡彷彿呈現沈鬱悲壯的面影。（一九五六年十二月《天理大學學報》二十二號，《春柳社逸史稿》，作者天理大學教授）

❻小青居士《隨鷗大會》（記事）：「丁未四月六日。設席於墨水枕橋之八百松樓，召開我隨鷗吟社第三次大會。乃推石埭先生及裳川、禾原、櫻東、龍峰、蓄堂（共二十七人）諸君為幹事，賴其援助，得完終始。余忝為主幹，先應感謝者也。……是日至下午三時，來會諸賢達八十人。如下總之高塚楫浦，上總之奈良耕硯（千葉縣），新潟之長澤松南，尾張（名古屋）之近藤井田，函館（北海道）之小橋愛山，小樽之添田靜淵，根室之前田螺山，皆遠方之朋，訂新盟、溫舊交，豈不樂哉。休息之間，一立齋文慶子講《義士傳》數座為餘興，衆賓益樂。繼余請槐南先生作一席講話，即以『詩學——三大寶典』為題，講話約歷一時半，闔座無不傾聽。其間另設茗筵一席，係石埭先生所奉獻。據蓄堂醉俠所作《茶會記》，其會場概要如下：正面壁龕（即日本客廳擺裝飾品之處）掛清人瞿子冶水墨老松圖豎幅，花瓶插白牡丹二朵，壁龕左側古黑漆矮几上排列：石（靈壁之重叠峯巒）、冊（清胡松泉細楷）、文鎮（古玉浮雕雙喜文字），壁龕右側，陳列賴山陽先生扇面、硯、墨、墨臺（端溪紫石長方形，刻螭龍）、筆、筆架（白古玉鈎）、印譜、天然木（刻御製詩）……人字屏、香、席、茶等，無一非石埭先生愛玩之物。衆賓離坐，就席啜茗，皆驚嘆先生之風流好事。宴已開，酒三行後，令本名昇堂子朗誦本編所錄大會唱和之什，各人一篇，其聲琅琅，響徹樓宇。酒酣之後，以抽籤方式，頒書畫各數十幀，石印數枚，皆竹亭貴爵、鳴鶴先生、石埭先生、柳城畫伯、聽松畫伯、藏六印家之所寄贈，足為本會紀念。其事完畢，依例行『柏梁體』聯句，以盡清歡。散會時，正是夜二更也。」（「柏梁體聯句」略）

【按】「柏梁體」通說前漢武帝元封三年，柏梁臺成，帝會群臣，令席上聯句，各作七言一句，每句押韻。後世倣此體者，稱「柏梁體」。（一九〇七年四月《隨鷗集》三十一編）

❼《春柳社開丁未演藝大會之趣意》：

演藝之事，關係於文明至巨。故本社創辦伊始，特設專部，研究新舊戲曲，冀為吾國藝界改良之先導。春間曾於青年會扮演助善，頗辱同人喝采，嗣復承海內外士夫交相贊助。本社值此事機，不敢放棄。茲定於六月初一日初二日，借本鄉座舉行「丁未演藝大會」，準於每日午後一時，開演「黑奴籲天錄」五幕。所有內容之梗概及各幕扮裝人名，特列左方，大雅君子，幸垂教焉。（演員名單略）〔腳本著作主任存吳、佈景意匠主任息霜〕

❽歐陽予倩《春柳社的開場．兼論李叔同的為人》：

有一天聽說青年會開什麼賑災游藝會，我和幾個同學去玩，末了一個節目是「茶花女」，共兩幕。那演亞猛的是學政治的唐肯君（常州人），演亞猛父親的是美術學校西洋畫科的曾延年君（曾君字孝谷，號存吳，成都人），飾配唐的姪孫，北平人，是個很漂亮而英文說得很流利的小伙子。至於那飾茶花女的，是早年在西湖師範學校教授美術和音樂的先生，以後在C寺出家的弘一大師。大師天津人，姓李名岸，又名哀，號叔同，小字息霜。他和曾君是好朋友，又是同學。關於他的事且按下不表。只就茶花女而言，他的扮相並不好。……他本來留着鬍子的，那天還有王正廷君因為他犧牲了鬍子，特意在臺上報告給大衆知道。我還記得他那天穿的是一件粉紅色的西裝。……

這一回的表演，可說是中國人演話劇最初的一次。我當時所受的刺激最深。……於是我很想接近那班演戲的人。我向人打聽，才知道他們有個社，名叫「春柳」。……我有一個四川同學和曾孝谷最接近，我便因他得識曾君，只見一次面，我便入了春柳社。……春柳社第二次又要公演了。第一次的試演頗引起許多人的興趣，社員也一天一天的多起來——日本學生、印度學生，有好幾個加入的。其餘還有些，現在都不記得了。中堅分子當然首推曾、李。重要的演員有李文權、莊雲石、黃二難諸君。……這是新派劇第二次的表演，是我頭一次的登臺。歡喜、高興自不用說。……

「黑奴籲天錄」當然含着很深的民族意義。戲本是曾孝谷編的，共分五幕呢，其中舞會一幕客人最多，日本那樣寬闊的舞臺都坐滿了。……

曾孝谷的黑奴妻分別一場，評判最好。息霜除愛美柳夫人之外，另飾一個男角，都說不錯。可是他專喜歡演女角，他為愛美柳夫人作了百餘元的女西裝。那時我們的朋友裡頭惟有他最闊。他家裡頭是做鹽生意的；他名下有三十萬元以上的財產。以後天津鹽商大失敗的那一次，他哥哥完全破產，他的一份也完了。可是他的確是愛好藝術的人，對於這些事不甚在意。他破了產也從來沒有和朋友們談及過。……

老實說，那時候對於藝術有見解的，只有息霜。他於中國詞章很有根柢，會畫，會彈鋼琴，字也寫得好。他非常用功，除了他約定的時間以外，絕不會客。在外面和朋友交際的事，從來沒有。黑田清輝是他的先生，也很稱讚他的畫。他對於戲劇很熱心，但對於文學却沒有什麼研究。他往往在畫裡找材料，很注重動作的姿勢。他有好些頭套和衣服，一個人在房裡打扮起來照鏡子，自己當模特兒供自己的研究。得了結果，就根據着這結果，設法到臺上去演。自從他演過「茶花女」以後，有許多人以為他是個很風流蘊藉有趣的人，誰知他的脾氣，却是異常的孤僻。有一次他約我早晨八點鐘去看他——我住在牛込區，他住在上野不忍池畔，相隔很遠，總不免趕電車有些個耽誤，及至我到了他那裡，名片遞進去，不多時，他開開樓窗，對我說：「我和你約的是八點鐘，可是你已經過了五分鐘，我現在沒有功夫了，我們改天再約罷。」說完他便一點頭，關起窗門進去了，我知道他的脾氣，只好回頭就走。……

像息霜這種人，雖然性情孤僻些，他律己很嚴，責備人也嚴，我倒和他交得來。我們雖好久不見面，常常總不會忘記。他出家的時候，寫了一付對聯送我，以後我便只在玉泉寺見過他一次。……（歐陽予倩《自我演戲以來》）

❾致楊白民書：

白民先生足下：東都重逢，歡聚浹旬。行李匆匆，倏忽言別，良用悵然！別來近狀何似，學制粗具規模否？金工教師如準延用，當為代謀。東金之數，以五七十金為限否？請即示復。……哀再拜，八月廿六。

近日東都酷熱，溫度在八十以上。

一九〇八年（光緒三十四年戊申）二十九歲

是年仍在東京美術學校西洋畫科與音樂學校肄業。關於戲劇方面，自去冬在常磐館上演一次（戲名已無人記憶），沒有得到好評，加以春柳社內人數頓增，意見未能一致，師遂宣布退出劇社，專心致力繪畫和音樂❶❷。

注釋

❶歐陽予倩《自我演戲以來·春柳社的開場》：「春柳自從演過『黑奴籲天錄』以後，許多社員有的畢業，有的歸國，有的恐妨學業不來了。只有孝谷、息霜、濤痕、我尊、抗白，我們這幾個人，始終還是幹着。在演『籲天錄』那年的冬天，又借常磐館演過一次，什麼戲名我忘記了，只記得息霜參考西洋古畫，製了一個連蜷而長的頭套，一套白緞子衣裙。他扮女兒，孝谷扮父親，還有個會拉梵娥玲的廣東同學扮情人。誰知臺下看不懂，——息霜本來瘦，就有人評量他的扮相，說了些應肥、應什麼的話，他便很不高興。……」

❷中村忠行《春柳社逸史稿》：「因此……遂使他失去對演劇的熱情。畢竟李叔同是春柳社的發起人，且為其中心人物，由於他的退出，因而引起近於解散的混亂。」（見一九五六年《天理大學學報》）

一九〇九年（宣統元年己酉）三十歲

是年仍在東京美術學校西洋畫科肄業。感懷家國，作《初夢》、《簾衣》各二絕❶。

注釋

❶《初夢》、《簾衣》二絕：

初夢

鷄犬無聲天地死，風景不殊山河非。
妙蓮華開大尺五，彌勒松高腰十圍。

*

恩仇恩仇若相忘，翠羽明珠繡裲襠。
隔斷紅塵三萬里，先生自號水仙王。

簾衣

簾衣一桁晚風輕，艷艷銀鐙到眼明。
簿倖吳兒心木石，紅衫孃子喚花名。

*

秋于涼雨燕支瘦，春入離絃斷續聲。
後日相思渺何許，芙蓉開老石家城。

（錄自《小說世界》第十五卷第十二期，手迹「丁未」）

一九一〇年（宣統二年庚戌）三十一歲

是年仍在東京美術學校西洋畫科與音樂學校肄業。大暑，書范伯子詩贈楊白民❶。

注釋

❶書贈楊白民聯句題記：「獨念海之大，願隨天與行。」宣統二年大暑，寫范伯子詩，上白民先生，哀公。陽文印「漱筒長壽」，陰文印「臣本布衣」。

【按】此聯早年原藏楊白民女公子國畫家楊雪玖女士處，今不知尚存否?范伯子，名當世，字肯堂，江蘇通州人，清末著名詩人。一九〇四年卒於上海，年五十一，著有《伯子詩集》十九卷。

一九一一年（宣統三年辛亥）三十二歲

是年三月，畢業東京美術學校。歸國至天津，任直隸模範工業學堂圖畫教員。家資數十萬為票號所倒，幾瀕破產❶。書聯贈楊白民，署宣統三年，似初回津時所書❷。據胡懷琛《西洋畫之輸入》所記：「李叔同是清光緒末年的日本留學生，畢業於東京美術學校。」（日本明治四十三年、宣統二年——一九一〇）（見《上海市通志館期刊》第四期《上海學藝概要》）然據日本濱 一衛考證，其畢業當係一九一一年，實相隔一年❸㉆。

注釋

❶袁希濂《余與大師之關係》：「辛亥年余就事天津，旋任法曹。師為直隸模範工業學堂圖畫教員，星期常得聚首。其家在天津某國租界，夏屋渠渠，門首有進士第匾額。余曾數次飯於其家。師之兄為天津名醫，兄弟極相得。且富有資產，一倒於義善源票號五十餘萬元，再倒於源豐潤票號亦數十萬元，幾破產，而百萬家資蕩然無存矣。」

❷書聯贈楊白民：「白雲停陰岡，丹葩耀陽林。」宣統三年，白民先生正，哀公。「李哀」（印）。此聯曾藏楊雪玖女士處。

❸濱 一衛《關於春柳社「黑奴籲天錄」的演出·李岸條》：「《（弘一大師）年譜》雖記一九一〇年畢業歸國，但實際是一九一一年三月畢業。因為美校是五年制，故有此誤吧。這一年還有畢業紀念照相。」（見一九五三年《日本中國學會報》第五號）

㉆濱氏同文記載：「曾延年於明治四十四年（一九一一）美術學校畢業（同窗會名簿），與李岸同班，其在學期間，即自明治三十九年九月至四十四年三月為止。據當時擔任油畫科班長真到畢業的山口亮一氏的話說：這個班有留學生三人，曾、李之外，有印度留學生拉奧（D.Y.Rāo）一人，此人讀了二年退學。」

【按】據一九〇六年程淯《丙午日本游記》：十月十三日，參觀東京美術學校所記：「西洋畫科之木炭畫室，中有吾國學生二人：一名李岸，一名曾延年。」與濱氏所記相符。

一九一二年（民國元年壬子）三十三歲

是年春，自津至滬。初任教城東女學❶㉆，三月十三日，「南社」社友在滬愚園集會，師始參與，並為《南社通信錄》設計圖案及題簽❷。這時陳英士創辦太平洋報社於上海，師被聘為該報文藝編輯，主編《太平洋報畫報》。曼殊著名小說《斷鴻零雁記》，即師任編輯時刊登於《太平洋報畫報》者。他曾以隸書筆意寫英文《莎士比亞墓誌》，與曼殊為葉楚傖所作「汾隄弔墓圖」，同時印入《太平洋報畫報》，稱雙絕❸，同時又與柳亞子等創辦「文美會」，主編《文美雜誌》❹(又)。六月，以各體字戲寫陶詩一首，贈義兄許幻園❺。時以隸書筆意寫《莎士比亞墓誌》，刊干《太平洋報》❻。七月間，於《太平洋報》登「李叔同書例」鬻書❼，其間曾於《太平洋報》發表《南南曲》贈黃二南❽，及《詠菊》❾與《題丁慕琴繪黛玉葬花圖》二首❿。

秋間，太平洋報社以負債停辦，師應舊友經亨頤之聘赴杭，任浙江兩級師範學校（越年後改為省立第一師範學校）圖畫音樂教員⓫。其間與同事姜丹書、夏丏尊游西湖，作《西湖夜游記》⓬。辛亥革命成功，民國肇造，師填《滿江紅》一闋誌感⓭。是年大雪節，同事悶庵居士（夏丏尊）將歸里，索書以貽細君，為書汪容甫、王眉叔、姚鵷雛、郭頻伽四人文賦詩詞四幅以贈⓮。第二次到杭州，時常獨自到景春園品茗，並偶遊昭慶寺⓯。師在浙江，師的教學方法，頗受學生歡迎⓰。

注　釋

❶《題朱賢英女士遺畫集》：「壬子春，余在城東授文學，賢英女士始受余教。其後屢以書畫乞為判正，勤慎懇到，冠於同輩。……」

(又)胡懷琛《上海學藝概要》：「李叔同除研究繪畫外，他在日本對於音樂也很有成績。……他歸國後，任（上海）城東女學音樂教習。」（《上海市通誌館期刊》第四期）

❷勁草《南社影事・四・南社中葉時期》：「當時南社社友，散居東南各省，而大部分仍在上海。此時社友猶不過二百餘人，而留滬者已有四五十人，可稱少數中之多數。民國成立後第一次聚餐，實為第六次雅集。……民元三月十三日，仍在愚園舉行，到者四十人。計柳亞子、朱少屏、黃賓虹、胡樸安、雷鐵崖、葉楚傖、黃季剛、馬小進、陳枉尊、曾孝谷、李息霜（即弘一大師）等。愚園茶會、民影攝影、杏花樓聚餐。這一次雅集，與高采烈，盡歡而散。五月《通信錄》出版，粉紅色封面，李息霜設計圖案畫並題簽，古色古香，彌覺悅目。……」（上海《雜誌》第十二卷第五期）

❸胡懷琛《上海學藝概要》：「民國元年，他（李叔同）在《太平洋報》館擔任編輯。當時《太平洋報》附刊的『畫報』，就是他主編的。（叔同兼工書法，嘗以隸書筆意寫英文《莎士比亞墓誌》，與蘇曼殊為葉楚傖所作「汾隄弔墓圖」，同時印入《太平洋畫報》，稱雙絕。蘇曼殊說部《斷鴻零雁記》最初亦在《太平洋畫報》發表。）同時他又創辦『文美會』，主編《文美雜誌》，會址附設在太平洋報社中。」

❹胡懷琛《上海學藝團體・文美會》：「文美會為李叔同等所發起，一九一二年（民國元年）李氏方主編《太平洋畫報・副刊》，故『文美會』中人多太平洋報社中人，『文美會』所即附設在太平洋報社內。李氏曾編《文美雜誌》一冊，內容係會友所作書畫及印章搨本，皆為手稿。紙張大小一律，極為精美。開會時會員彼此傳觀，並未印行。該會創辦未及一年，即無形解散。」

【按】陳无我《話舊》：「民元春夏間，陳英士先生等辦《太平洋報》，主筆葉楚傖，總理朱少屏。我也濫竽在編輯部內。那《太平洋報》特闢文藝一門，用連史紙石印單張，隨報附送。那主編文藝的，原來就是李叔同先生。」（一九四二年十二月，上海《覺有情》第四卷六—八期）又據鄭逸梅《南社叢談》一四三頁《余天遂傳》：「辛亥軍興，……君（余天遂）參姚雨平戎幕，馳驅徐宿間。……和議既成，姚君創《太平洋報》於上海，延君佐筆政。」

(又)柳亞子《贈弘一大師偈跋》：「弘一大師為余三十年前舊交，即以『茶花女』現身說法之李惜霜也。南社、文美會都有因緣。嗣聞君披薙大慈山，遂絕音耗。頃復稔其閉關閩海，爰書此勗之。中華民國三十年二月亞子・九龍。」（見澳門《覺音月刊》）

❺《戲寫各體字贈義兄許幻園》：

萬族各有託，孤雲獨無依。曖曖虛中滅，何時見餘暉。朝霞開宿霧，衆鳥相與飛。

遲遲出林翮，未夕復來歸。量力守故轍，豈不寒與飢？知音苟不存，已矣何所悲！

壬子六月，戲寫各體字奉

幻園譜兄一笑　息

【按】此詩為陶淵明《詠貧士》七首之一。

❻胡寄塵《記斷鴻零雁》：「適陳英士在上海辦《太平洋日報》，曼殊遂以《斷鴻零雁記》稿付印於該報，從頭刊起，然原稿仍未完也。是為民國元年夏間事。及民國元年秋，《太平洋報》以負債停辦，同人星散。……為時極匆促，余之行李竟未及攜出，被鎖閉於該社中；而獨攜出曼殊墨跡二：一為其手寫《斷鴻零雁記》稿本，一則曼殊為楚傖所繪「汾隄弔墓圖」也（圖見《曼殊全集》卷四，一四四頁）。然尚有一物未及攜出，至今引以為恨事，即李叔同手書《莎士比亞墓誌》原文是也。」（《曼殊全集》卷四，七〇頁。）

【按】《莎士比亞墓誌》（即《莎翁墓誌》）原文，後被發現，刊於上海《小說世界》，拙著初版《弘一大師年譜》（三六頁），曾複印製版刊出。

❼《太平洋報．李叔同書例》：

名刺一元，扇子一元，

三、四尺聯二元，五尺以上三元。件交本社許鴻園君代收。

四幅以上者照加。

餘件另議，先潤後墨。

件交太平洋報館廣告部。

（見中華民國元年七月五日《太平洋報》第九十六號）

❽贈黃二南君《南南曲》：

在昔佛菩薩，趺坐赴蓮池。始則拈花笑，繼則南南而有詞。南南梵唄不可辨，分身應化天人師。或現比丘，或現沙彌，或現優婆塞，或現優婆夷，或現丈夫女子宰官諸像為說法，一一隨意隨化皆天機。以之度衆生，非結貪瞋癡。色相聲音空不染，法語南南盡皈依。春江花月媚，舞臺裝演奇。偶遇南南君，南南是耶非？聽南南，南南詠雲霓；見南南，舞柘枝，南南不知之，我佛行深般若波羅蜜多時。

【按】此曲乃李叔同贈東京美術學校同學，曾參加春柳社公演「黑奴籲天錄」之黃二難，原名輔周，回國後改名二南，又號「喃喃」。抗戰時在重慶後方，以舌畫知名。晚年任北京文史館館員。此曲乃為余親誦者，因時隔多年，疑有誤字。

❾《詠菊》：

姹紫嫣紅不耐霜，繁華一霎過韶光。生來未藉東風力，老去能添晚節香。

風裏柔條頻損綠，花中正色自含黃。莫言冷淡無知己，曾有淵明為舉觴。

❿《題丁慕琴繪黛玉葬花圖》二絕：

收拾殘紅意自勤，攜鋤替築百花墳。玉鈎斜畔隋家塚，一樣千秋冷夕曛。

飄零何事怨春歸，九十韶光花自飛。寄語芳魂莫惆悵，美人香草好相依。

【按】以上二詩，係早年上海《覺訊》月刊轉載《太平洋報畫報》者。

⓫姜丹書《弘一律師小傳》：「方清之季，國內藝術師資甚稀，多延日本學者任教。余先民國一年受聘入是校（浙江兩級師範），而省內外各校缺乏藝師也如故。於是校長經子淵氏因事制宜，特開高師圖畫手工專修科，延聘上人主授是科圖畫及全校音樂。上人言教之餘，益以身教，莘莘學子，翕然從風。」

⓬《西湖夜游記》：「壬子七月，余重來杭州，客師範學舍。殘暑未歇，庭樹肇秋，高樓當風，竟夕寂坐。越六日，偕姜夏（姜丹書、夏丏尊）二先生游西湖。於時晚暉落紅，暮山被紫，游衆星散，流螢出林。湖岸風來，輕裾致爽。乃入湖上某亭，命治茗具。又有蔆芰，陳粲盈几。短童侍坐，狂客披襟，申眉高談，樂說舊事。莊諧雜作，繼以長嘯，林鳥驚飛，殘燈不華。起視明湖，瑩然一碧；遠峰蒼蒼，若現若隱，頗涉遐想。因憶舊游，曩歲來杭，故舊交集，文子耀齋，田子毅侯，時相過從，輒

飲湖上。歲月如流，倏逾九稔。生者流離，逝者不作，墜歡莫拾，酒痕在衣。劉孝標云：『魂魄一去，將同秋草。』吾生渺茫，可俤然感矣。漏下三箭，秉燭言歸。星辰在天，萬籟俱寂，野火閣閣，疑似青燐；垂楊沈沈，有如酣睡。歸來篝燈，斗室無寐，秋聲如雨，我勞如何？目瞑意倦，濡筆記之。」

⑬《滿江紅》：民國肇造，填《滿江紅》誌感：「皎皎崑崙，山頂月，有人長嘯。看囊底，寶刀如雪，恩仇多少。雙手裂開鼷鼠膽，寸金鑄出民權腦。算此生不負是男兒，頭顱好。　荊軻墓，咸陽道，聶政死，屍骸暴。盡大江東去，餘情還繞。魂魄化成精衛鳥，血花濺作紅心草。看從今，一擔好山河，英雄造。」

⑭手書詩詞贈同事悶庵居士：「悶庵居士將歸里，索書以貽細君。壬子大雪節，黻陽並記。」（見《弘一法師》圖版一三）

⑮《我在西湖出家的經過》：「第二次到杭州時，那是民國元年的七月裏。這回到杭州倒住得很久，一直住了近十年。……我的住處在錢塘門內，離西湖很近，只兩里路光景。在錢塘門外靠西湖邊，有一所小茶館名景春園。我常常一個人出門獨自到景春園的樓上去吃茶。當民國初年的時候，西湖那邊的情形，完全與現在兩樣。那時候還有城牆及很多柳樹，都是很好看的。……在景春園的樓下有許多茶客，都是那些搖船、擔擔的勞動者居多，而且樓上吃茶的就只有我一個人了。所以我常常一個人在上面吃茶，同時還憑欄看看西湖的風景。在茶館的附近就是那有名的大寺院——昭慶寺了。我吃茶之後，也常常順便地到那裏去看一看。」

⑯吳夢非《弘一法師和浙江教育藝術》：「弘一法師的誨人，少說話，是行不言之教。凡受過他的教誨的人，大概都可以感到。雖平時十分頑皮的一見了他老，一入了他的教室，便自然而然地會嚴肅恭敬起來。但他對待學生並不嚴厲，却是非常和藹地，這真可說是人格感化了。……我想在民國初年，我國其他各省一般學校的藝術教法，大致也如四川的情形，不過使學生臨臨黑板畫而已。但是弘一法師在浙江兩級師範教導專修科的學生時，計劃十分周詳，設備更力求充足。凡學生用的石膏模形，重要的，無不購備。人體寫生也曾雇用模特兒。一切教法完全仿照外國的專門學校。」

一九一三年（民國二年癸丑）三十四歲

是年，浙江兩級師範學校，改稱為浙江省立第一師範學校（簡稱為「浙江一師」，時間或云在一九一二年）。師仍任教圖畫音樂。同事有姜丹書❶、夏丏尊❷、錢均夫（顯念居士）❸、馬敘倫❹等。夏間，集師生諸作，編為《白陽》，全部中英文，俱由師書寫石印，浙江一師校友會出版。其封面亦由師設計圖案畫，至為美觀。刊名「白陽」二字，黑底白字，其右書「誕生號癸丑五月」，是為中國雜誌封面圖案畫的濫觴。其所作《春游曲》三部合唱及所撰《近世歐洲文學之概觀》與《西洋器樂種類概說》等，即刊載於《白陽》❺。其間曾與同學遊西湖，歸寓乘興治印七方，以二方寄贈廣州陸丹林並作書致意❻。有一次，學校裏請一位名人來演講，師與夏丏尊卻躲到湖心亭吃茶。當時夏丏尊對他說：「像我們這種人出家做和尚倒是很好的！」他聽到這句話覺得很有意思。他說這是他後來出家的一個遠因❼。

五月十四日同事夏丏尊二十八歲初度，師摹「漢長壽鈎銘」，並加題記以祝❽。

注釋

❶姜丹書《弘一律師小傳》：「余與上人，初為文字交，先即以報章文藝相往還，繼為『南社』同文。至民國紀元，始同事於『浙江兩級師範學校』，以至改組為『浙江省立第一師範學校』。五六年間，志同道合，聲應氣求，相交益契。」

❷夏丏尊《弘一法師之出家》：「我和弘一法師相識……是在杭州浙江兩級師範學校（後改名浙江第一師範學校）任教的時候。這個學校有一個特別的地方，不輕易更換教職員。我前後擔任了十三年，他擔任了七年。在這七年中我們晨夕一堂，相處得很好。」

❸顯念居士（即錢均夫，名家治）《悼弘一法師》：「余之初

識師也，距今三十四五年前，在東瀛留學，有時邂逅於集會場所，然尚未及訂交也。民元師應聘來杭，任浙江一師教職，時余亦在一師任課，彼此上下教室相值，或遇開教務會議時相與研討，始知師之沉默寡言，和藹可親。而其立品之高超，學識之淵博，又為余所銘刻於心而未嘗或忘者。」

【按】錢家治，字均夫，杭州人，留學東京高等師範史地科卒業。晚年皈依諦閑法師學佛，法名顯念。其子為著名科學家錢學森。

❹馬敘倫《悼弘一師》：「四十年前，有諸暨馮先生，館於余同居之倪氏。……常喜談柳巷花街故事，語及天津李叔同豪華俊映，不可一世。時上海有《中外日報》者最風行，先生因指報額曰：此即叔同所書也。既而又貽余小冊，則皆臨摹周秦兩漢金石文字，無不精似。余知叔同自此始。後十年，余歸自廣州，任教於杭州，與叔同同事於師範學校。……」

❺手寫《春游曲》歌譜：三部合唱，署名：息霜作歌，息霜作曲；發表於一九一三年五月《白陽》誕生號。

《春游曲》：「春風吹面薄於紗，春人妝束淡於畫。游春人在畫中行，萬花飛舞春人下。梨花淡白菜花黃，柳花委地芥花香。鶯啼陌上人歸去，花外疏鐘送夕陽。」

《近世歐洲文學之概觀》與《西洋器樂種類概說》，見《弘一法師》，第七六——八一頁。

❻寄陸丹林廣州書：「丹林道兄左右：昨午雨霽，與同學數人泛舟湖上。山色如娥，花光如頰，溫風如酒，波紋如綾。才一舉首，不覺目酣神醉。山容水意，何異當年袁石公游湖風味？惜從者棲遲嶺海，未能共挹聖湖清芬為悵耳。薄暮歸寓，乘興奏刀，連治七印，古樸渾厚，自審尚有是處。從者屬作兩鈕，寄請法政。或可在紅樹室中與端州舊硯，曼生泥壺，結為清供良伴乎？著述之餘，盼復數行，藉慰遐思。春寒，惟為道自愛，不宣。岸白。」

【按】此書係李芳遠所提供，未記年月，僅署「岸白」。李岸乃師留學東京美術學校時學名，歸國後似未曾用，姑置於一九一三年條。據鄭逸梅《南社叢談．南社社友事略．陸丹林傳》所載：陸氏廣東三水人，生於一八九六年，卒於一九七二年，享年七十六。他初到上海，賃居寰球學生會宿舍，認識學生會主幹朱少屏，介入南社。南社第六次雅集，是民元三月十三日，在上海愚園舉行，到者計柳亞子、朱少屏、黃賓虹、胡樸安、黃季剛、馬小進、李息霜等四十人。這時，陸丹林只有十七歲，他認識大師（李息霜）大概在這一年。

❼《我在西湖出家的經過》：「當民國二年夏天的時候，我曾在西湖的廣化寺裏面住了好幾天。但是住的地方，却不在出家人的範圍之內。那是在該寺的旁邊，有一所叫做痘神祠樓上的，……有時也到出家人所住的樓上去看看。心裏却感覺到很有意思。記得那時，我亦常常坐船到湖心亭去吃茶。曾有一次，學校裏有一位名人來演講，那時我和丏尊居士却出門躲避而到湖心亭上去吃茶。當時夏丏尊曾對我說：『像我們這种人出家做和尚倒是很好的。』那時候我聽到這句話就覺得很有意思。這可以說是我後來出家的一個遠因了。」

❽《漢長壽鉤鉤銘題記》——「長壽」：

右漢長壽鉤鉤銘二字，阮元案：銘作陰款，揣其制，當更有一鉤，文必陽識。古人合之以當符券也。癸丑五月十四日。丏尊同學二十八年誕辰，摹此以祝丏翁長壽。當湖老人息翁。

一九一四年（民國三年甲寅）三十五歲

是年仍在杭州第一師範學校任教。同事夏丏尊築「小梅花屋」於杭州城內彎井巷，因窗前有一株梅樹，陳師曾（衡恪）為畫「小梅花屋圖」，一時朋輩多有題詠。師為題《玉連環影》一闋於畫圖❶。此圖曾疑遺失，近年讀夏滿子《〈小梅花屋圖〉及其他》一文，知尚存人世❷。課餘集合友生組織「樂石社」，從事金石研究。其友人南社詩人姚鵷雛為撰《樂石社記》記其事❸。七月為許幻園夫人宋夢仙遺畫題詞，賦五律一首，以志哀思❹。冬月，第一師範舉行第二次運動會，師與經亨頤、夏丏尊等分別擔任司令部、審判部、賞品部等職務❺。

注　釋

❶《玉連環影》：「屋老，一樹梅花小。住個詩人，添個新詩料。愛清閒，愛天然。城外西湖，湖上有青山。」

夏丏尊《自記》：「民初，余僦居杭城，庭有梅樹一株，因名之曰『小梅花屋』。陳師曾君為作圖，一時朋好多有題詠。圖經變亂已遺失。此小詞猶能記誦，亟為錄存於此。丏尊記。」（見一九四〇年十二月上海《覺有情》半月刊第四卷六—八號）

【按】據一九七九年九月，夏丏尊居士之女夏滿子發表於《人民日報》的《戰地》增刊六期《「小梅花屋圖」及其他》（附有該畫及友朋題詠插圖）一文看來，此圖雖經變亂，並未遺失。

❷夏滿子《「小梅花屋圖」及其他》：「小梅花屋圖，是陳師曾先生給我父親畫的。落款『朽道人衡為夏蓋山民製』，蓋兩方陰文印章，一方是『師曾』，一方是『陳衡恪印』。圖上的題辭有章嶔先生的兩首七絕，李叔同先生的詞《玉連環影》，陳夔先生的詞《疏影》。我父親自己題了一首《金縷曲》，題記下蓋一方小印章，是陰文『丏尊』兩字，看來是李叔同先生刻的。『夏蓋山民』是我父親年輕時候的別號，等於說『上虞崧廈人姓夏的』。聽老人們說，故鄉上虞崧廈有一座鑊蓋山，我們那裏叫覆盆式的鍋蓋為『鑊蓋』。『鑊』『夏』兩字，上虞人念起來聲音很相近，也許父親故意把『鑊』字改成『夏』字。」

「陳師曾先生的款不記年月。李叔同先生和我父親的詞都記明『甲寅』年作，甲寅年是一九一四年。那時候父親在杭州浙江兩級師範教書，住在城里彎井巷，租人家的幾間舊房子。窗前有一棵梅樹，父親就取了個『小梅花屋』的室名，請陳先生畫了這幅『小梅花屋圖』。陳先生在北京教書，不曾來過我家，當然無法寫實，只好寫意，這個辦法本來是中國畫的舊傳統。畫面不到兩尺見方，分三個層次：近處是緩坡竹林和三間瓦房，屋前一棵梅樹，矮而拳曲，像是盆景的梅樁；遠處是濃淡不同的幾座山峰；中間是一帶城墻，城外的西湖自然看不見了。層次之間不著筆墨，留有空隙，好像烟雲彌漫，使畫面顯得很深很遠。城墻著淡赭色，其餘用淡墨色和灰藍色隨意渲染，只在梅樹上有幾點鮮紅的花。全幅色調有點兒冷，有點兒荒涼意。」

「陳師曾先生和李叔同先生都是我父親留學日本時候的好朋友。我沒見過陳先生，可能他回國後常在北京，沒有來過浙江。李先生是看我長大的，當時跟我父親同在兩級師範任教，後來在虎跑寺出了家，大家稱呼他弘一法師。題詞落款『息翁』，是他出家以前的別號，下面一顆圓形小圖章，刻著『叔同』兩個字。他題的《玉連環影》只寥寥幾句：『屋老，一樹梅花小。住個詩人，添個新詩料。愛清閒，愛天然。城外西湖，湖上有青山。』這首『小令』倒是寫實，記下了我家當時居住情況，也記下了父親的興致和愛好。」

「最引起我懷念的是我父親自己題的《金縷曲》，現在抄在下面：『已倦吹簫矣。走江湖，饑來驅我，嗒傷吳市。租屋三間如艇小，安頓妻孥而已。笑落魄萍踪如寄。竹屋紙窗清欲絕，有梅花慰我荒涼意。自領略，枯寒味。　此生但得三弓地。築蝸居，梅花不種，也堪貧死。湖上青山青到眼，搖蕩烟光眉際。只不是家鄉山水。百事輸人華髮改，快商量別作收場計。何鬱鬱，久居此！』」

「父親填這首詞的時候才二十八歲。照現在說，二十八歲還是青年，為什麼在這首詞裏，他表現得這樣意氣消沉呢？是不是學了填詞，染上了這種頹唐的調調兒呢？聽父親的學生說，父親教書非常認真，對學生極其誠懇，不是個把擔任教員當作混吃的人。前清末年，魯迅先生也在兩級師範教書，發動過一次反封建的『木瓜之役』，父親是積極參加的一個，取得勝利之後還留下了一張很可紀念的照片。辛亥革命後，兩級師範改為第一師範，出現了一批勇於抨擊封建勢力的學生。因此，社會上把父親和陳望道先生、劉大白先生、李次九先生四位教員稱作『四大金剛』，說教育當局甚至要把他們撤職查辦，可見父親當時在教員中也算是個革新派。這些往事，跟李先生的題詞，跟我父親自己的題詞，多麼不一致啊！恐怕正好說明，人的思想感情本來就是很複雜的，尤其在那個時代。」

「離開了家鄉，住房不是自己的，工作不隨心，抱負不能舒展，是這首《金縷曲》的基調。在我生下來之後不久，父親和幾個好朋友都到上虞白馬湖春暉中學去教書了。那個學校是私立的，比較公立的第一師範自由得多。白馬湖四面環山，風景極好，比西湖更幽靜。我父親在湖邊造了幾間瓦房，把家搬了去，窗前也種了一棵紅梅。『蝸居』也『築』了，『梅花』也『種』了，可是父親為了生活，後來還是帶著『妻孥』搬到上海住弄堂房子，只偶爾回白馬湖休憩些日子，最後還是『貧死』在上海，那是一九四六年四月二十三日，父親還沒過六十歲生日。」

「父親喜歡書畫，遺物中較多是弘一法師的字和陳師曾先生的畫。有一本陳先生畫的冊頁，一共十二幅，大多是山水，見到的人都說是精品。冊頁的題簽『杇道人畫冊』五個大字，下面寫『壬子石禪』，都是隸書。『壬子』是一九一二年，『石禪』是經子淵（亨頤）先生的別號。扉頁也是李叔同先生題的，寫『杇道人畫冊』五個篆字，下面寫『丙尊藏息霜篆額』，蓋一個很大的『息』字印章，格式頗別致。這兩行字的風格，跟他出家以後的字迥然不同。『息霜』也是李先生早年的別號。」（見一九七九年九月《戰地》增刊第六期）

❸姚鵷雛《樂石社記》：「樂石社者，李子息霜，集其友朋弟子治金石之學者，相與探討觀摩，窮極淵微而以存古之作也。余憯於考故，未有所贊於李子；顧於李子懷文抱質，會心獨往，神合千祀之旨，則不能無述焉。始余橐筆來滬瀆，獲交李子。李子博學多藝，能詩能書、能繪事、能為魏晉六朝之文、能篆刻。顧平居接人，沖然夷然，若舉所不屑。氣宇簡穆，稠人廣坐之間，若不能一言；而一室蕭然，圖書環列，往往沉酣咀啜，致忘旦暮。余以是嘆古之君子，擅絕學而垂來今者，其必有收視反聽、凝神專精之度，所以用志不紛，而融古若冶，蓋斯事大抵然也。茲來虎林，出其所學，以餉多士。復能於課餘之暇，進以風雅，雍雍矩度，講貫一堂，毡墨鼎彝，與山色湖光相掩映。方今之世，而有嗜古好事若李子者，不令千載下聞風興起哉！社友龍丁，吾鄉人也，造門告以斯社之旨，並以作記為請。余視龍丁，博學多藝如李子，氣宇簡穆如李子，而同客武林，私念亦嘗友李子否？及袖出緘札，赫然李子書也，信夫氣類之合有必然者矣。將以閒日，詣六橋三竺間，過李子龍丁，盡觀其所藏名書精印，痛飲十日，以畢我懸遲之私。李子龍丁，亦能坐我玉笋班中，使謝覽芬芳竟體耶，因書此為息壤。」（見《南社叢刻》第十八集）

【按】本文辭彙略釋

橐筆，文士筆墨生涯。古代書史小吏，手持囊橐，插筆於頭頸，侍立帝王大臣左右，以備隨時記事，稱持橐簪筆，簡稱橐筆。　收視反聽謂無視無聞。陸機《文賦》注：收視反聽，言不視不聽也。　虎林一稱武林，即杭州別稱。　講貫即講習。　懸遲久仰也。玉笋班，唐宋朝士風貌秀異，有才華者，人稱玉笋，得與其列者稱玉笋班。　謝覽，梁時人，字景滌。年二十餘，為太子舍人。武帝建業，覽詣之，長揖而已。意氣閒雅，視瞻聰明。帝目送良久，曰：「此生芳蘭竟體。想謝莊政當如此。」天監初，歷任中書侍郎、吏部尚書，出為吳興太守，以廉潔稱。　息壤原為地名，以曾為諸侯盟約之地，轉為信誓盟約之意。

❹題許幻園夫人宋夢仙遺畫：

夢仙大姊，幼學於王弢園先輩，能文章詩詞，又就靈鶼京卿學畫宗七薌家法，而能得其神韻，時人以出藍譽之。是畫作於庚子（一九〇〇）九月，時余方奉母居城南草堂。花晨月夕，母輒招大姊說詩評畫，引以為樂。大姊多病，母為治藥餌，視之如己出。壬寅（一九〇二）荷華生日，大姊逝。越三年乙巳，母亦棄養。余乃亡命海外，放浪無賴。迴憶曩日家庭之樂，唱和之雅，恍惚殆若隔世矣。今歲，幻園姻兄示此幅，索為題辭。余恫逝者之不作，悲生人之多艱。聊賦短什，以志哀思。

「人生如夢耳，哀樂到心頭。灑剩兩行淚，吟成一夕秋。慈雲渺天末，明月下南樓。（今春余過城南草堂舊址，樓臺楊柳大半荒蕪矣。）壽世無長物，丹青片羽留。」

甲寅秋七月　李息時客錢塘

❺浙江第一師範第二次運動會記事：

第二次運動會記事：民國三年十一月十二日運動會盛況、優勝者名單、並各教職員擔任運動會職員的名單——

㈠司令部經子淵等十四人

㈡審判部（即後來之裁判）李叔同等九人

㈢賞品部夏丏尊、堵申甫等六人

㈣裝置部姜敬廬（丹書）等十一人

還有紀錄部、衛生部、糾察部、販賣部、庶務部各若干人。

（見《浙江第一師範學校校友會志》——民國三年下半年，第九號）

一九一五年（民國四年乙卯）三十六歲

是年仍任教浙江省立第一師範學校。春間曾返北京訪友❶，旋應南京高等師範學校校長江謙（易園）之聘，兼任該校圖畫音樂教師❷。五月，在杭州西泠印社參加南社臨時雅集❸，與柳亞子、林秋葉、周佚生、費龍丁等二十餘人，憑弔孤山馮小青之墓。為書同遊諸子題名，立石於其墓側❹。六月，撰《樂石社社友小傳》並作《樂石社記》。自述發起因緣。小傳共記二十五人之姓名、籍貫及專長。其中多當時杭州知名人士❺。七月致書劉質平，告以本年兼任杭寧二校課程及赴日本避暑經過❻，歸時囑學生李鴻梁前往南京代授高師圖畫音樂功課❼(又)，遇天津舊友陳寶泉於西湖烟霞洞。陳氏時任北京高等師範校長，約他至北京高師任教，師初許之，旋致書謝絕，似已萌出家之念❽。

是年在杭所作詩詞頗多，如《早秋》、《悲秋》、《送別》、《憶兒時》、《月夜》、《秋夜》等，似均作於此年❾。

注釋

❶四十年前著者在滬時，曾晤北京道禪和尚。據云：「民國四年春，他因友人之介，曾晤李叔同先生於北京鐵獅子胡同余宅，余氏為李先生友人，時任職交通部云。」據此，是年大師或曾到北京一次。

❷江謙《壽弘一大師六十週甲》詩：

鷄鳴山下讀書堂，廿載金陵夢未忘。「寧社」恣嘗蔬筍味，當年已接佛陀光。

乙卯年，謙承辦南京高等師範時，聘師任教座。師於假日倡「寧社」，借佛寺陳列古書字畫金石，蔬食講演，實導儒歸佛方便門也。

❸南社臨時雅集攝影說明：「中華民國四年五月十六日，南社舉行臨時雅集於杭州西湖孤山之西泠印社。社友先後戾止者為：林好修、鄭佩宜、姚石子、高吹萬、李息霜、柳亞子、王海帆等共二十七人。」（《南社》第十五集，民國五年一月出版）

❹手書柳亞子「明女士廣陵馮小青墓」題記及同游諸子題名：

馮郎春航，能歌小青影事者。頃來湖上，泛棹孤山，撫冢低回，題名而去。既與余邂逅，屬為點染，以貽後人；用綴數言，勒諸墓側。世之覽者，儻亦有感於斯？民國四年夏五，吳江柳亞子題。

是日同游者：林秋葉、王湫巖、沈半峰、程弢堂、陳慮尊、陳越流、李息翁、朱屏子、丁白丁、丁不識、丁展藩、周佚生、費龍丁、陳穉蘭、高吹萬、姚石子、林憇南、樓辛壺、陸鄂不、龍小雲等。

【按】以上分書二碑，原立於孤山放鶴亭下馮小青墓側。字作北魏筆法，雖未署名，一見可知。一九四四年六月十二日，余遊西湖，登陸憑弔，曾為錄存。後聞該墓已被拆去，碑亦無存。

【按】馮小青，揚州人，受封建婚姻迫害，看了湯顯祖的《牡丹亭》（杜麗娘與柳夢梅愛情故事）後，聯繫自己悲慘的身世，寫了一絕句云：「冷月幽窗不可聽，挑燈閒看《牡丹亭》。人間亦有癡於我，豈獨傷心是小青！」

❺《樂石社社友小傳》附《樂石社記》：

粵若稽古先聖，繼天有作，創造六書，以給世用，後賢踵事，附庸藝林。金石刻劃，實祖繆篆。上起秦漢，下逮珠申，彬彬郁郁，垂二千年，可謂盛已。世衰道微，士不悅學。一技之末，假手嵎夷，獸蹏鳥跡，觸目纍纍。破觚為圜，用夷變夏。典型淪喪，殆無識焉。

不佞無似，少耽痂癖，結習所存，古歡未墜。曩以人事，羈跡武林，濫竽師校。同學邱子，年少英發。既耽染翰，尤耆印文，校秦量漢，篤志愛古，遂約同人，集為茲社，樹之風聲，顏以樂石。切磋商兑，初限校友，繼迺張皇。他山取益，志道既合，聲氣遂孚。自冬徂春，規模寖備。復假彼故宮為我社址，西泠印社諸子，骫骫先進，勿棄葑菲。左提右挈，樂觀厥成，滋可感也。

不佞昧道懵學，文質靡底。前魚老馬，尸位經年。伏念雕蟲篆刻，壯夫不為，而雅廢夷侵，賢者所恥。值猖狂頹靡之秋，結枯槁寂寞之侶。足音空谷，幽草寒瓊，縱未敢自附於國粹之林，倘亦賢乎博弈云爾。爰陳梗概，備觀覽焉。乙卯六月李息翁記。

【按】邱子即邱志貞，字梅白，浙江諸暨人。壬子就學武林，始與西泠諸印人相往來。

「樂石社」重要社友如下：

1. 夏鑄，字丏尊，號悶菴，上虞人。
2. 李息，字叔同，一字息翁，燕人或曰當湖人。
3. 樓啟鴻，字秋賓，號逍遙子，新登人。
4. 楊鳳鳴，字子岐，嘉善人。
5. 陳兼善，字達夫，諸暨人。
6. 吳薦誼，字翼漢，又號聞秀，諸暨人。
7. 周其鑣，字淦卿，杭人。
8. 朱毓魁，字文叔，桐鄉人。
9. 杜振瀛，字丹成，嵊人。
10. 經亨頤，字子淵，別號石禪，上虞人。
11. 堵福詵，字申甫，又號屹山，會稽人。
12. 費硯，字劍石，號龍丁，華亭人。
13. 周承德，字佚生，海寧人。
14. 柳棄疾，字亞子，吳江人。
15. 姚光，字石子，金山人。
16. 徐渭仁，字善揚，上虞人。

小傳共廿五人，茲錄十六人，餘略。

李叔同條，自稱：「燕人或曰當湖人。幼嗜金石書畫之學，長而碌碌無所就。性奇僻，不工媚人，人多惡之。生平易名字百十數。名之著者曰文濤、曰下、曰成蹊、曰廣平、曰岸、曰哀、曰凡，字之著者曰叔同、曰漱筒、曰惜霜、曰桃谿、曰李廬、曰壙廬、曰息霜，又自謚曰哀公。」

樂石社職員表 自甲寅十一月至乙卯六月

主任	李叔同	杭城第一師範學校
會計	楊子岐	同
書記	邱梅白	同
庶務	杜丹成	同
同	戚繼棠	同
同	陳達夫	同
同	翁慕匋	同

❻致劉質平信：「不佞於本學年，兼任杭、寧二校課程，汽車（日本名詞，即火車。——著者）往來千二百里，亦大苦事也。〔今夏〕遊日本，未及到東京，故章程尚未覓到，詳情容後復。」（一九一五年九月三日）

❼李鴻梁《我的老師弘一法師李叔同》：「我們是在一九一五年（民國四年）畢業的。法師就在這一年暑假到日本去洗溫泉浴。……他是九月間回國的。回國前打了個電報叫我到南京高等師範（即東南大學前身），去代法師的課。因為我那時對於教學毫無經驗，年齡又這樣輕，驟然去教同等程度的學校，心裏頗有點忐忑不定。但是見到法師，他馬上拿出本學期的教學進度給我看，並且告訴我那邊學校裏的一切情形。……」（見一九八三年《浙江文史資料選輯》第二十六輯）

㊅崔旻飛《鴻翔日記》：「一九一五年七月七日，李叔同來一明片，言已東渡，須九月底回國。」

❽陳寶泉《憶舊》：「李叔同君，筱樓先生之季子，與予為世交。少年倜儻，精文翰，擅書法，所謂翩翩濁世佳公子也。民國四年及冠游學日本，習美術、書畫、音樂，並臻絕詣。民國四年（一九一五），予與遇於湖上之烟霞洞，乃一變昔日矜持之態，

謙恭而和易。予力約其北來任高等師範教授，但笑應之。及予北歸，旋得復書謝絕。未幾，聞已入空門矣。……在湖上曾寫小詞示予，頗可窺其志趣。茲錄於左，以為紀念云：

故國鳴鷓鴣，垂楊有暮鴉。江山如畫日西斜。新月撩人窺入碧窗紗。陌上青青草，樓頭艷艷花。洛陽兒女學琵琶。不管冬青一樹屬誰家，不管冬青樹底影事一些些。——調名《喝火令》。」（見《退思齋文存．敘記類》）

【按】陳寶泉，字筱莊，天津人。早年留學日本。民初曾任北京國立高等師範校長，著有《退思齋文存》。

❾是年在杭所作詩詞：

早秋

十里明湖一葉舟，城南烟月水西樓。幾許秋容嬌欲流，隔著垂楊柳。遠山明淨眉尖瘦，閒雲飄忽羅紋縐。天末涼風送早秋，秋花點點頭。

悲秋

西風乍起黃葉飄，日夕疏林杪。花事匆匆，夢影迢迢，零落憑誰弔。鏡裏朱顏，愁邊白髮，光陰暗催人老。縱有千金，縱有千金，千金難買年少。

送別（此曲曾為著名電影《城南舊事》採為主題歌）

長亭外，古道邊，芳草碧連天。晚風拂柳笛聲殘，夕陽山外山。天之涯，地之角，知交半零落；一瓢濁酒盡餘歡，今宵別夢寒。長亭外，古道邊，芳草碧連天。晚風拂柳笛聲殘，夕陽山外山。

憶兒時

春去秋來，歲月如流，游子傷漂泊。回憶兒時，家居嬉戲，光景宛如昨。茅屋三椽，老梅一樹，樹底迷藏捉。高枝啼鳥，小川游魚，曾把閒情託。兒時歡樂，斯樂不可作。兒時歡樂，斯樂不可作。

【按】豐子愷《法味》：「——他（大師）後來教音樂時，曾取首淒惋嗚咽的西洋有名歌曲："My dear old sunny home"來改作一曲《憶兒時》，中有『高枝啼鳥，小川游魚，曾把閒情託』之句，恐怕就是那時居城南草堂的自己描寫了。」

月夜

纖雲四捲銀河淨，梧葉蕭疏搖月影。剪徑涼風陣陣緊，暮鴉棲止未定。萬里空明人意靜。呀！是何處，敲徹玉磬。一聲聲清越度幽嶺。呀！是何處，聲相酬應。是孤雁寒砧並。想此時此際幽人應獨醒，倚欄風冷。

秋夜

日落西山，一片羅雲隱去。萬種情懷，安排何處？卻妝出嫦娥，玉宇瓊樓緩步。天高氣清，滿庭風露。問耿耿銀河，有誰引渡。四壁涼蛩，如來相語。盡遣了閒愁，聊共月華小住。如此良宵，人生難遇。

寒蟬吟罷，驀然螢火飛流。夜涼如水，月掛簾鉤。愛星河皎潔，今宵雨斂雲收。蟲吟侑酒，掃盡閒愁。聽一枝長笛，有誰人倚樓。天涯萬里，情思悠悠。好安排枕簟，獨尋睡鄉優游。金風颯颯，底事悲秋。

（以上幾首，未記寫作年月，姑予歸入本年）

一九一六年（民國五年丙辰）三十七歲

是年仍在杭州浙江第一師範任教，同時兼任南京高等師範圖畫音樂功課❶。師受聘在浙江一師兼課的故事，為同學津津樂道者，可於馮藹然《憶畫家潘天壽》一文中見之（又）。秋間將入山坐禪，題舊藏陳師曾所畫荷花小幅，以贈聽泉居士❷。夏丏尊偶見日本雜誌有關斷食的文章，說斷食為身心更新之修養方法，介紹他閱讀❸。師遂決心試驗斷食，經丁輔之居士介紹，選定虎跑大慈山定慧寺（通稱虎跑寺）為斷食地點❹。斷食二十餘日，手書「靈化」二字，加跋贈學生朱穌典❺。師在斷食期間，仍以寫字為常課。所寫有魏碑、篆文、隸書等，筆力毫未減弱。所臨各種碑帖，皆注明月日所書，並作題記，後存夏丏尊處。夏丏尊對他斷食經過有極概括的敘述❻。大師自信無壽徵，是年刻一印章曰：「丙辰息翁歸寂之年」❼。斷食期間臨摹各碑題記❽。《斷食日志》全文如注❾。

注釋

❶豐子愷《話舊》：「我在十七歲（一九一四）的暑假時，畢業於石灣的崇德縣立第三高小學校。母親決定我投考杭州第一師範。……三年級以後……我們的圖畫科改由向來教音樂而常常請假的李叔同先生教授了。李先生的教法在我覺得甚為新奇。……有一晚，我為了別的事體去見李先生。告退之後，先生特別呼我轉來，鄭重地對我說：『你的畫進步很快，我在所教的學生中，從來沒有見過這樣快速的進步。』李先生當時兼授南京高等師範及我們的浙江第一師範兩校的圖畫。他又是我們所最敬佩的先生的一人。我聽他這兩句話，猶如暮春的柳絮受了一陣急烈的東風要大變方向而突進了。……二十年四月三十日作。」（見《中學生》）

文馮譎然《憶畫家潘天壽》：「潘天壽，浙江寧海人，字大頤。……一九一六年，始來杭進浙江省立第一師範學校，即以擅長書法，見重全校。……當時老師中擅長書法者，如李叔同、經亨頤、夏丏尊輩，或天資過人，或功夫到家，早已蜚聲一時，與校外名流馬一浮、丁輔之、余紹宋、張宗祥輩齊名。因此潘的造詣，受諸前輩之益者不少。……

「這裏要講一講當時一師注重美術、音樂教育的一些舊事：一師校長經亨頤辦學，要求德、智、體、美、社交，五育並臻，致力培養健全人格，同時注意個性發展，教學相長，能者為師。……這時的潘君，方參加師生共同的課外研究組織，學習詩詞、篆刻，均有成就。……圖畫課既全由李叔同老師安排，占學時不能太多，而所有石膏素描、速寫、水彩、油畫等，全屬西畫系統。……

「李叔同老師本兼南京高師、杭州兩級師範兩校美術、音樂，又是詩詞、篆刻等課外研究組織的臺柱，南社、西泠印社的健將。晚年德行，為全校師生所同欽。

「校長經亨頤請他來杭兼課的故事，更為同學所津津樂道。經校長以留日同學情誼，懇李來兼任美術、音樂，他提出設備條件，是每個學生有一架風琴，繪畫室石膏頭像、畫架等不能有缺。校長以為在學校缺錢、市上缺貨的情況下，風琴每人一架的要求，實嫌過高。李叔同先生的答復是同學出去要教唱歌，不會彈琴不行，教授時間有限，練習全在課外，『你難辦到，我怕遵命』。經校長想盡辦法，弄到大小風琴二百架（夠要求的半數），排滿在禮堂四周、自修室、走廊上，再請他來看過。從此就每星期三天南京、三天杭州，僕僕道路，兩頭兼課，直到在杭州出家為止。像李這樣的負責老師是不能有意見的。從效果看，他擔任的美術、音樂課程，就培養出不少適合大、中學校教師以及對小學圖畫、唱歌的確是普遍能夠勝任之才。」（見《浙江文史資料選輯》第二十一輯）

❷《題陳師曾畫「荷花小幅」》：「師曾畫荷花，昔藏余家。癸丑之秋，以貽聽泉先生同學。今再展玩，為綴小詞。時余將入山坐禪，慧業云云，以美荷花，亦以是自劭也。丙辰寒露。『一花一葉，孤芳致絜。昏波不染，成就慧業。』」（見《南社叢刊》第二十二集，民國十二年）

❸夏丏尊《弘一法師之出家》：「有一次，我從一本日本的雜誌上見列一篇關於斷食的文章，說斷食是身心『更新』的修養方法，自古宗教上的偉人，如釋迦，如耶穌，都曾斷過食。斷食能使人除舊換新，改去惡德，生出偉大的精神力量。並且還列舉實行的方法及應注意的事項，又介紹了一本專講斷食的參考書。我對於這篇文章很有興味，便和他談及，他就好奇地向我要了雜誌去看。以後我們也常談到這事，彼此都有『有機會最好斷食來試試』的話，可是並沒有作過具體的決定。至少在我自己是說過就算了。

約莫經過了一年，他竟獨自去實行斷食了，這是他出家前一年陽曆年假的事。他有家眷在上海，平日每月回上海二次，年假暑假當然都回上海的。陽曆年假只十天，放假以後，我也就回家去了，總以為他仍照例回到上海了的。假滿返校，不見到他，過了兩星期他才回來。據說假期中沒有回上海，在虎跑寺斷食。我問他：『為甚麼不告訴我？』他笑說：『你是能說不能行的，並且這事預先教別人知道也不好，旁人大驚小怪起來，容易發生波折。』」

❹《我在西湖出家的經過》：「到了民國五年的夏天，我因為看到日本雜誌中有說及關於斷食方法的，謂斷食可以治療各種疾病。當時我就起了一種好奇心，想來斷食一下。因為我那個時候患有神經衰落（弱）症，若實行斷食後，或者可以痊癒亦未可知。要行斷食時，須於寒冷的季候方宜。所以，我便預定十一月來作斷食的時間。至於斷食的地點呢？總須先想一想，總要有個很安靜的地方才好。當時我就和西泠印社的葉品三來商量。他說，西湖附近的地方，有所虎跑寺可作斷食的地點，丁輔之是虎跑的大護法，可以請他去說一說。於是便請丁輔之代為介紹。到了十一月的時候，我還不曾親自到過。於是我便託人到虎跑寺那邊去走一趟，看看在那一間房裏住好。回來後他說在方丈樓下的地方倒很幽靜的。因為那邊房子很多，平常時候都是關起來的。在方丈樓上只有一位出家人住着。等到十一月底我到了虎跑寺，就住在方丈樓下的那間屋子裏。

「我常常看見一位出家人在我的窗前經過，就是住在樓上的那一位。我看到他十分的歡喜。因此時常和他談話，同時他也拿佛經來給我看。……看到他們那種生活我很歡喜，而且羨慕起來了。我在那邊雖然只住了半個多月，但心裏却十分地愉快，而且對於他們所吃的菜蔬更歡喜吃。回到學校裏，我就請佣人照他們那種樣的菜煮來吃。這一次，我到虎跑寺去斷食，可以說是我出家的近因了。」

❺斷食後，自書「靈化」題記：「丙辰新嘉平，入大慈山，斷食十七日，身心靈化，歡樂康彊。書此奉穌典仁弟，以為紀念。欣欣道人李欣叔同。」下嵌二印：一為「李息」，一為「不食人間煙火」。

❻夏丏尊《弘一法師之出家》：「他的斷食共三星期，第一星期逐漸減食至盡，第二星期除水以外完全不食，第三星期起，由粥湯逐漸增加至常量。據說經過很順利，不但並無痛苦，而且身心反覺輕快，有飄飄欲仙之象。他平日是每日早晨寫字的，在斷食期間，仍以寫字為常課。三星期所寫的字，有魏碑，有篆文，有隸書，筆力比平日並不減弱。他說斷食時，心比平時靈敏，頗有文思，恐出毛病，終於不敢作文。他斷食以後，食量大增，且能吃整塊的肉，（平日雖不茹素，不多食肥膩肉類。）自己覺得脫胎換骨過了，用老子『能嬰兒乎』之意，改名李嬰，依然教課，依然替人寫字，並沒有甚麼和前不同情形。據我知道，這時他只看些宋元人的理學書和道家的書類，佛學尚未談到。」

❼夏丏尊《續護生畫集敘》：「和尚在俗時，體素弱，自信無壽徵。日者謂丙辰有大厄，因刻一印章，曰『丙辰息翁歸寂之年』。是歲為人作書常用之。余所藏有一紙，即蓋此印章。」

❽斷食期間臨摹各碑題記：「丙辰十一月三十日至十二月十八日，斷食大慈山定慧寺所書。」（白文印「不食人間煙火」，又一印文為「一息尚存」，早年存夏丏尊處，今歸其女夏滿子保存。）

❾《斷食日志》：

丙辰新嘉平一日始。斷食後，易名欣，字俶同，黄昏老人，李息。

十一月廿二日，決定斷食，禱諸大神之前，神詔斷食，故決定之。

擇錄村井氏說：「妻之經驗，最初四日，預備半斷食。六月五日、六日，粥、梅乾。七日、八日，重湯、梅乾。九日始本斷食，安靜。飲用水一日五合，一回一合，分五六回服用。第二日，饑餓胸燒，舌生白苔。第三、四日，肩腕痛。第四日，腹部全體凝固，體倦就床，晨輕晚重。第五日，同，稍輕減，坐起一度散步。第六日，輕減，氣分爽快，白苔消失。胸燒愈。第七日，晨平穩，斷食期至此止。

「後一日，攝重湯，輕二碗三回，梅乾無味。後二日，同。後三日，粥、梅乾、胡瓜，實入吸物。後四日，粥，吸物，少量刺身。後五日，粥、野菜、輕魚。後六日，普通食，起床。此兩三日，手足浮腫。

「斷食期內，或體痛不能眠，或下痢，或嚏。便時以不下床為宜。預備斷食或一週間，粥三日，重湯四日。斷食後或須一週間，重湯三日，粥四日，個半月體量恢復。半斷食時服リチネ。」

*

到虎跑攜帶品：被褥帳枕、米、梅乾、楊子、齒磨、手巾、手帕、便器、衣、漉水布、リチネ、日記紙筆書、番茶、鏡。

預定期間：一日下午赴虎跑。上午聞玉去預備。中食飯，晚食粥、梅乾。二日、三日、四日，粥、梅乾。五日、六日、七日，重湯、梅乾。八日至十七日斷食。十八日、十九日、二十日，重湯、梅乾。廿一日、廿二日、廿三日、廿四日，粥、梅乾、輕菜食。廿五日返校，常食。廿八日返滬。

三十日晨，命聞玉攜蚊帳、米、紙、糊、用具到虎跑。室宜清閒，無人迹、無人聲，面南，日光遮北，以樓為宜。是晚食飯，拂拭大小便器桌椅。

午後四時半入山，晚餐素菜六簋（音癸，盛食物的圓形器具。——著者），極鮮美。食飯二盂，尚未饜。因明日始即預備斷食，強止之，榻於客堂樓下，室面南，設榻於西隅，可以迎朝陽。聞玉設榻於後一小室，僅隔一板壁，故呼應便捷。晚燃菜油燈，作楷八十四字。自數日前病感冒，傷風微嗽，今日仍未愈。口乾鼻塞，喉緊聲啞，但精神如常。八時眠，夜間因樓上僧人足聲時作，未能安眠。（《覺有情》雜誌編者按：「據前節所記預定期間十二月一日下午赴虎跑。而此節所記，三十日午後四時半即已入山，當係臨時改定。」）

十二月一日，晴，微風，五十度。斷食前期第一日。疾稍愈，七時半起床。是日午十一時食粥二盂，紫蘇葉二片，豆腐三小方。晚五時食粥二盂，紫蘇葉二片，梅乾一枚。飲冷水三杯，有時混杏仁露，食小橘五枚。午後到寺外運動。

余平日之常課，為晨起冷水擦身，日光浴。眠前熱水洗足。自今日起冷水擦身暫停，日光浴時間減短，洗足之熱水改為溫水，因欲使精神聚定，力避冷熱極端之刺激也。對於後人斷食者，應注意如下：

一、未斷食時練習多飲冷開水。斷食初期改飲冷生水，漸次加多。因斷食時日飲五杯冷水殊不易，且恐腹瀉也。

二、斷食初期時之粥或米湯，於微溫時食之，不可太熱，因與冷水混合，恐致腹痛。

余每晨起後，必通大便一次。今晨如常，但十時後屢放屁不止。二時後又打格兒甚多，此為平日所無。是日書楷字百六十八，篆字百〇八。夜觀焰口，至九時始眠。夜微嗽多惡夢，未能入眠。

二日，晴和，五十度。斷食前期第二日。七時半起床，晨起無大便。是日午前十一時食粥一盂、梅一枚、紫蘇葉二片。午後五時同。飲冷水三杯，食桔子三枚，因運動歸來體倦故。是日舌苔白，口內粘滯，上牙裏皮脫。精神如常，但過則疲□□（二字不明），運動微覺疲倦，頭目眩暈。自明日始即不運動。

晚侍和尚念佛，靜坐一小時。寫字百三十二，是日鼻塞。摹大同造像一幅，原拓本自和尚假來，尚有三幅，明後續□□（摹寫）。八時半眠，夜夢為升高跳越運動。其處為器具拍賣場，陳設箱櫃几椅並玩具裝飾品等。余跳越於上，或騰空飛行於其間，足不履地，靈捷異常，獲優勝之名譽。旁觀有德國工程師二人，皆能操北京語。一人謂有如此之技能，可以任遠東大運動會之某種運動，必獲優勝，余遜謝之。一人謂練習身體，斷食最有效，吾二人已二日不食。余即告余現在虎跑斷食，亦已預備二日矣。其旁又有一中國人，持一表，旁寫題目，中並列長短之直紅線數十條，如計算增減高低之表式，是記余跳越高低之順序者。是人持以示余，謂某處由低而高而低之處，最不易跳越，贊余有超人之絕技。後余出門下土坡，屢遇西洋婦人，皆與余為禮，賀余運動之成功，余笑謝之。夢至此遂醒。余生平未嘗為一次運動，亦未嘗夢中運動，頭腦中久無此思想。忽得此夢，至為可異，殆因胃內虛空有以致之歟？

三日，晴和，五十二度。斷食前第三日。七時半起床。是晨覺饑餓，胸中擾亂，苦悶異常，口乾飲冷水。勉坐起披衣，頭昏心亂，發虛汗作嘔，力不能支，仍和衣臥少時。飲梅茶二杯，乃起床，精神疲憊，四肢無力。九時後精神稍復元，食桔子二枚。是晨無大便，飲藥油一劑，十時半軟便一次，甚暢快。十一時水瀉一次，精神頗佳，與平常無大異。十一時二十分食粥半盂，梅一個，紫蘇一枚。摹普泰造像、天監造像二頁。飲水、食物，喉痛，或因泉水性太烈，使喉內脫皮之故。午後四時，飲水後打格篤，食小梨一個，五時食粥半盂。是日感冒傷風已愈，但有時微嗽。是日午後及晚，侍和尚念佛，靜坐一小時。八時半眠。入山預斷以來，即不能為長時之安眠，旋睡旋醒，輾轉反側。

四日，晴和，五十三度。斷食前第四日。七時半起床。是晨氣悶，心跳、口渴，但較昨晨則輕減多矣，飲冷水稍愈。起床後頭微暈，四肢乏力。食小桔一枚，香蕉半個。八時半精神如常，上樓訪弘聲上人，借佛經三部。午後散步至山門，歸來已覺微疲。是日打格兒甚多，口時作渴，共飲冷水四大杯。摹大明造像一頁。寫楷字八十四，篆字五十四。無大便。四時後頭昏，精神稍減。食小桔二枚。是日十一時飲米湯二盂，食米粒二十餘。八時就床，就床前食香蕉半個。自預備斷食，每夜三時後腿痛，手足麻木。（余前每逢嚴冬有此舊疾，但不甚劇。）

五日，晴和，五十三度。斷食前第五日。七時半起床。是夜前半頗覺身體舒泰，後半夜仍腿痛，手足麻木。三時醒，口乾，心微跳，較昨減輕。食香蕉半個，飲冷水稍眠。六時醒，氣體甚好。起床後不似前二日之頭暈乏力。精神如常，心胸愉快。到菜園採花供鐵瓶。食梨半個，吐渣。自昨日起，多寫字，覺左腰痛。是日腹中屢屢作響，時流鼻涕，喉中腫爛尚未愈。午後侍和尚念佛，靜坐一小時，微覺腰痛，不如前日之穩靜。三時食梨半個，吐渣。食香蕉半個。午、晚飲米湯一盂。寫字百六十二。傍晚精神稍差，惡寒口渴。本定於後日起斷食，改自明日起斷食，奉神詔也。

斷食期內，每日飲梨汁一個之分量，飲桔汁三小個之分量，飲畢嗽口。又因信仰上每晨餐供神生白米一粒，將眠，食香蕉半個。是日無大便，七時起床。是夜神經過敏甚劇，加以鼠聲人鼾聲，終夜未安眠。口甚乾，後半夜腿痛稍輕，微覺肩痛。

六日，晴暖，晚半陰，五十六度。斷食正期第一日。八時起床。三時醒，心跳胸悶，飲冷水桔汁及梅茶一杯。八時起床，手足乏力，頭微暈，執筆作字殊乏力，精神不如昨日。八時半飲梅茶一杯。腦力漸衰，眼手不靈，寫日記時有誤字，多遺忘。九時半後精神稍可。十時後精神甚佳，口渴已愈。數日來喉中腫爛亦愈。今日到大殿去二次，計上下廿四級石階四次，已覺足乏力，較為以前所無。是日共飲梨汁一個，桔汁二個。傍晚精神不衰，較勝昨日，但足乏力耳。仍時流鼻涕，晚間精神尤佳。是日不覺如何饑餓。晚有便意，僅放屁數個，仍無便。是夜能安眠，前半夜尤穩安舒泰。眠前以棉花塞耳，並誦神人合一之旨。夜間腿痛已愈，但左肩微痛。七時就床，夢變為豐顏之少年，自謂係斷食之效。

七日，陰復晴，夜大風，五十四度。斷食正期第二日。六時半起床。四時醒，心跳微作即愈，較前二日減輕。飲冷水甚多。六時半即起床，因是日頭暈已減輕，精神較昨日為佳，且天氣甚暖故早起床也。起床後飲桔汁一枚。晨覽《釋迦如來應化事跡圖》。八時後精神不振，打呼欠，微寒，口塞，流鼻涕，但起立行動如常。午後身體寒益甚，擁被稍息。想出食物數種，他日試為之。炒餅、餅湯、蝦仁豆腐、蝦子麵片、十錦絲、鹹胡瓜。三時起床，冷已愈，足力比昨日稍健。是日無大便，飲冷水較多。前半夜肩稍痛，須左右屢屢互易，後半夜已愈。

八日，陰，大風，寒，午後時露日光，五十度。斷食正期第三日。十時起床。五時醒，氣體至佳，如前數日之心跳頭暈等皆無。因天寒大風，故起床較遲。起床後精神甚佳，手足有力，到院內散步。四時半就床，午後益寒，因早就床。是日食慾稍動，有時覺餓，並默想各種食物之種類及其滋味。是夜安眠，足關節稍痛。

九日，晴，寒，風，午後陰，四十八度。斷食正期第四日。八時半起床。四時醒，氣體極佳，與常日無異。起床後精神如常，手足有力。朝日照入，心目豁爽。小便後尿管微痛，因飲水太多之故。自今日始不飲梨桔汁，改飲鹽梅茶二杯。午後因飲水過多，胸中苦悶。是日午前精神最佳，寫字八十四，到菜圃散步。午後寒，一時擁被稍息。二時起床，室內運動。是日不感饑餓。因天寒，五時半就床。

十日，陰，寒，四十七度。斷食正期第五日。十時半起床。四時半醒，氣體精神與昨同。起床後精神至佳。是日因寒故起床較遲。今日加飲鹽湯一小杯。十一時楊、劉二君來談至歡。因寒四時就床。是日寫字半頁。近日神經過敏已稍愈，故夜間較能安眠，但因昨日飲水過多傷胃，胃時苦悶，今日飲水較少。

十一日，陰寒，夕晴，四十七度。斷食正期第六日。九時半起床。四時半醒，氣體與昨同。夜間右足微痛，又胃部終不舒暢。是日口乾，因寒起床稍遲，飲鹽湯半杯，飲梨汁。夕晴，心目豁爽。寫字百三十八。坐簷下曝日，四時就床，因寒早就床。是晚感謝神恩，誓必皈依，致福基書。

十二日，晨陰，大霧，寒，午後晴，四十八度。斷食正期第七日。十一時起床。四時半醒，氣體與昨同，足痛已愈，胃部已舒暢，口乾，因寒不敢起床。十一時福基遣人送棉衣來，乃披衣起。飲梨汁及鹽湯、桔汁。午後精神甚佳，耳目聰明，頭腦爽快，勝於前數日。到菜圃散步，寫字五十四。自昨日始，腹部有變動，微有便意，又有時稍感饑餓。是日飲水甚少。晚晴甚佳，四時半就床。

十三日，晨半晴陰，後晴和，夕風，五十四度。斷食後期第一日，八時半起床。氣體與昨同，晨飲淡米湯二盂，不知其味，屢有便意，口乾後愈，飲梨汁桔汁。十一時飲濃米湯一盂，食梅乾一個，不知其味。十時服瀉油少許，十一時半大便一次甚多，便色紅，便時腹微痛，便後漸覺身體疲弱，手足無力。午後勉強到菜圃一次。是日不飲冷水。午前寫字五十四。是日身體疲倦甚劇，斷食正期未嘗如是。胃口未開，不感饑餓，尤不願飲米湯，是夕勉飲一盂，不能再多飲。

十四日，晴，午前風，五十度。斷食後期第二日。七時半起床。氣體與昨同，夜間較能安眠。五時飲米湯一盂，口乾，起床後精神較昨佳。大便輕瀉一次，又飲米湯一盂，飲桔汁，食蘋果半枚。是日因米湯梅乾與胃口不合，於十時飲薄藕粉一盂，炒米糕二片，極覺美味，精神亦驟加。精神復元，是日極愉快滿足。一時飲薄藕粉一盂，米糕一片。寫字三百八十四。腰腕稍痛，暗記誦《神樂歌序章》。四時食稀粥一盂，鹹蛋半個，梅乾一個，是日不感十分饑餓，如是已甚滿足。五時半就床。

十五日，晴，四十九度。斷食後期第三日。七時起床。夜間漸能眠，氣體無異平時。擁衾飲茶一杯，食米糕三片。早食藕粉米糕，午前到佛堂、菜圃散步，寫字八十四。午食粥二盂，食梨一個，桔二個。敬抄《御神樂歌》二葉，暗記誦一、二、三下目。晚飲粥二盂，青菜鹹蛋，少許梅乾。晚食粥後，又食米糕飲茶，未能調和，胃不合，終夜屢打格兒，腹鳴。是日無大便，七時就床。

十六日，晴，四十九度。斷食後期第四日。七時半起床。晨飲紅茶一杯，食藕粉、芋。午食薄粥三盂，青菜、芋大半碗，極美，有生以來不知菜芋之味如是也。食桔、蘋果，晚食與午同。是日午後出山門散步，誦《神樂歌》，甚愉快。入山以來，此為愉快之第一日矣。敬抄《神樂歌》七葉，暗記誦四、五下目。晚食後食煙一服。七時半就床，夜眠較遲，胃甚安，是日無大便。

十七日，晴暖，五十二度。斷食後期第五日。七時起床。夜間仍不能多眠，晨飲瀉油極少量。晨餐濃粥一盂，芋五個，仍不足，再食米糕三片，藕粉一盂。九時半大便一次，極暢快。到菜圃誦《御神樂歌》。中膳，米飯一盂，粥二盂，油炸豆腐一碗。本寺例初一、十五始食豆腐，今日特因僧人某死，葬資有餘，故以之購食豆腐。午前後到山門外散步二次。擬定出山後剃鬚。聞玉採蘿蔔來，食之至甘。晚膳粥三盂，豆腐青菜一盂，極美。今日抄《御神樂歌》五葉，暗記誦六下目。作書寄普慈。是日大便後愉快，晚膳後尤愉快，坐簷下久。擬定今後更名欣，字俶同。七時半就床。

十八日，陰，微雨，四十九度。斷食後期最後一日。五時半起床。夜間酣眠八小時，甚暢快，入山以來未之有也。是晨早起，因欲食寺中早粥。起床後大便一次甚暢。六時半食濃粥三盂、豆腐青菜一盂，胃甚漲。坐菜圃小屋誦《神樂歌》，今日暗記誦七下目，敬抄《神樂歌》八葉。午，食飯二盂，豆腐青菜一盂，胃漲大，食煙一服。午後到山中散步，足力極健。採乾花草數枝，松子數個。晚食濃粥二盂，青菜半盂，僅食此不敢再多，恐胃漲也。餐後胸中極感愉快。燈下寫字五十四，輯訂斷食中字課，七時半就床。

十九日，陰，微雨，四時半起床。午後一時出山歸校。囑託聞玉事件：晚飯菜、桔子、做衣服附袖頭，廿二要：轎子油布，轎夫選擇，新蚊帳，夜壺。自己事件：寫真，付飯錢，致普慈信。

【按】大師《斷食日志》寫於一九一六年冬，原稿最初交與同事堵申甫居士保存，封面蓋有「李息翁章」。經三十餘年，至一九四七年，始由陳鶴卿居士謄清，發表於上海《覺有情》雜誌第七卷十一、十二期。本文全文轉錄自《覺有情》。（現在《覺有情》也不易見了，所以不嫌冗長，錄其全文。）

從《日志》中在斷食前的「禱諸大神之前，神詔斷食，故決定之」，「敬抄《御神樂歌》二葉」，「誦《神樂歌》甚愉快」等看來，大師在入佛之前，曾一度信過日本天理教，似係受其日籍夫人之影響，此為以前所未知。據日本學者濱 一衛考證，她歸日後成為一天理教信徒云。（見一九五三年三月《日本中國學會報》第五期，一二〇頁。濱 一衛《關於春柳社〈黑奴籲天錄〉的演出．李岸條》。）

【按】天理教為日本宗教神道（今稱新興宗教）之一派。其教祖稱中山美伎（一七九八—一八八七）。她原是大和國（今奈良縣）山邊郡朝和村三昧田的前川半七的長女，嫁與壯屋敷村的中山善兵衛，因名中山美伎。一八三八年十月廿三日，為其患病長子祈禱時，自稱「真神」降臨，要她傳達神意，解救世人，後來天理教即定此日為創教紀念日。中山美伎藉咒術神符為人治病助產，並與家人一起傳播「天理王命」，遂稱天理教。

「天理王命」是天理教信仰中心十個神的總稱，也稱父母神。其教義認為世界和人類是父母神所創造的。人必須認識神的恩惠，愉快地從事日常的神聖勞動，彼此合作，相互親愛，消除前生惡業，實現康樂世界。

天理教的主要經典是《御神樂歌》（修行活動時的唱詞）、《御筆先》（記「神示」的一七一一首和歌）和《御指圖》（中山美伎等的言論集）。天理教以繼承教祖血統的「真柱」為最高領導人，其教會本部設於中山美伎故里奈良天理市，盛行說教及文書宣傳。總部發行《天理時報》等五種報刊。教育文化設施，設有從幼兒園、男女中學及天理大學等一系列教育機構以及圖書館、博物館、醫院、出版社、研究所和培養教會人員的專門學校。

天理教的信徒以農民、商人、職員、家庭婦女等社會中下層群衆為多，最近信徒約達二百萬人云。

《斷食日志》中日語名詞略釋：

梅乾即鹹梅（醃過的梅子）。重湯即米湯。胡瓜即黃瓜。吸物即湯或清湯。刺身即生魚片。番茶，日本粗茶。リチネ（Richine），西藥名。寫真為照相。楊子即牙刷。齒磨即牙粉。「食烟一服」，即抽烟一支，「一服」為日本名詞，即一支烟，一杯茶之意。

聞玉為浙江一師專門照顧大師之工友。

【附記】近年國內外出版大師傳記，提到他在俗的日籍夫人的名字，或稱雪子，或稱誠子，或稱葉子，似乎都是猜測之詞。在斷食「十一日——斷食正期第六日」日志中，有「是晚感謝神恩，誓必皈依，致福基書」。又十二日斷食日志有「因寒不敢起床。十一時福基遣人送棉衣來，乃披衣起」。「福基」也許是日籍夫人的真名，時間過了七八十年，可惜無從證實了。

一九一七年（民國六年丁巳）三十八歲

大師自去冬在虎跑試驗斷食後，已決心出家。故寒假後雖仍回校任教，但今年起已開始茹素，看佛經並供佛像了❶。二月間，馬一浮修理古琴，擬供大師一彈，曾致書以聞❷。大師擬宣佈辭職，暑假後不再任事。並欲以音樂書贈劉質平，且託他在日本請購佛書。其他書物則分贈各處❸。九月，至虎跑，聞法輪禪師說法，頗有所悟，歸後書一聯呈奉❹。冬月，馬一浮居士致書，告以月霞法師於初六日茶毗，惜未與師往觀❺。是年歲暮，他並未回家，而到虎跑去過年❻。

注釋

❶夏丏尊《弘一法師之出家》：「假期滿後，仍回到學校裏來。從此以後，他茹素了，有念珠了，看佛經，室中供佛像了。」

❷馬一浮致李叔同書：「壁上琴弊。曏者足下欲取而彈之，因命工修理，久之始就。曾告徐君，便欲遣童齎往，未辱其答，恐左右或如金陵。比還杭州，願以暇日枉過草庵，安絃審律，或猶可備君子之御耳。浮頓首　叔同先生足下，閏月十七日。」

【按】此書原繫於一九一六年，因日期為「閏月十七日」而是年無閏月，越年始有閏二月，故改移於一九一七年，似較合適。

❸致劉質平書：「……不佞自知世壽不永（僅有十年左右），又從無始以來，罪業至深，故不得不趕緊發心修行。自去臘受馬一浮大士之薰陶，漸有所悟。世味日淡，職務多荒。近來請假，逾課時之半，就令勉強再延時日，必外貽曠職之譏（人皆謂余有神經病），內受疚心之苦。……

「不佞即擬宣佈辭職，暑假後不再任事矣。所藏音樂書，擬以贈君，望君早返國收領（能在五月內最妙），並可為最後之暢聚。不佞所藏之書物，近日皆分贈各處，五月以前必可清楚。秋初即入山習靜，不再輕易晤人。剃度之期，或在明年。……李嬰。……

不佞擬再託君購佛學書數種，俟後函達。」

❹書聯贈法輪長老題記：「永日視內典，深山多大年。」（聯句）

題記：「余於觀音誕後一日，生於章武李善人家，丁巳卅八。是日入大慈山，謁法輪禪師，說法竟夕，頗有所悟。歸來書此，呈奉座右。嬰居士息翁。」

【按】章武即漢之天津縣名。此聯余於一九五三年三月間，遊杭州虎跑寺時，猶見懸於寺壁；後聞為杭州博物館籌備會借去，今不知流落何方。同年師又以《天發神讖碑》體書同一聯贈人。上款書：「孔爽仁弟屬，集吳天璽碑」，下款署「丁巳嬰居士息翁」。

❺馬一浮致李叔同居士書：「昨復過地藏庵，與楚禪師語甚久。其人深於天台教義，綽有玄風，不易得也。幻和尚因衆啟請，將以佛成道日往主海潮寺，遂於今夕解七。明日之約，蓋可罷已。海潮梵宇宏廣，幻和尚主之，可因以建立道場，亦其本願之力，故感得是緣。月法師聞於今日荼毗，惜未偕仁者往觀耳。浮和南　叔同居士足下，初六日。」

【按】地藏庵在杭州裏西湖。楚禪師即楚泉禪師，天台宗匠，諦閑法師弟子。月法師即月霞法師，華嚴宗尊宿。他於民國六年十一月三十日，圓寂於杭州玉泉寺，故此信應作於十二月初六日。

❻《我在西湖出家的經過》：「及到民國六年的下半年，我就發心吃素了。在冬天的時候即請了許多的經，如《普賢行願品》、《楞嚴經》及《大乘起信論》等很多的佛典，而於自己的房裏也供起佛像來，如地藏菩薩、觀世音菩薩……的像，於是亦天天燒香了。到了這一年放年假的時候，我並沒有回家去，而到虎跑寺裏去過年。」

一九一八年（民國七年戊午）三十九歲

是年新歲，師以居士身至虎跑寺習靜。馬一浮居士介紹其友人彭遜之往居虎跑，就法輪長老修習禪觀。正月初八日，彭君即於虎跑出家。師目擊當時情形，頗為感動，但還不想出家，僅皈依虎跑退居老和尚了悟為在家弟子，取名演音，號弘一❶。

【按】以上記事，年譜初版誤繫於一九一七年。根據史實，應移於一九一八年，特為改正。

是年在虎跑，曾約天津舊友王仁安（時任杭州道尹）晤談，王氏有詩記其事❷。夏間以所藏印章贈與西泠印社，該社社長葉舟為鑿龕庋藏，題曰「印藏」，以為紀念❸。同時將少時朱慧百、李蘋香二妓所贈詩畫扇頁各一，裝成卷軸，貽夏丏尊，自題其端曰「前塵影事」❹，並以舊藏贈金娃娃《高陽臺》詞橫幅加跋贈夏丏尊(文)。仲夏又書「南無阿彌陀佛」直幅贈楊白民（見《弘一法師》圖版十四），並以書法分贈劉質平等❺。披剃前，檢所藏圖書珍玩，貽舊友崔旻飛居士，居士因奉佛法，率族皈依大慈老人❻。七月十三日，披剃於杭州虎跑寺，即依皈依師了悟上人為師，仍用皈依時的法名演音，號弘一。剃度之翌日，夏丏尊走訪於虎跑，師寫《楞嚴經》一節贈之，以為紀念❼。中秋以扇臨《秦嶧山刻石》，補書古德偈語三首贈夏丏尊❽。九月至靈隱寺受戒，馬一浮貽以《靈峯毘尼事義集要》並《寶華傳戒正範》，披覽後因發心學戒❾。靈隱受戒因緣，師有《我在西湖出家之經過》講話，自述甚詳❿。是月夏丏尊喪父，師具戒後以緣者所施之筆墨與紙，為書《地藏本願經》一節，以為迴向⓫。並致書夏丏尊，介紹宏祥、永志二僧為其亡父「念普佛」，以資超薦⓬。十月至嘉興精嚴寺閱藏，首以筆墨接人。—一月應馬一浮之招至杭州海潮寺打七⓭。在嘉興時，手書佛號並親寫剃度、乞戒時日，寄贈在俗譜兄李紹蓮居士⓮。歲暮，舊友楊白民訪師於玉泉寺，為寫訓言二則並加題記貽之⓯。他的學生、作家曹聚仁對師的為人與晚年出家心理有很精闢的見解⓰。

注釋

❶夏丏尊《弘一法師之出家》：「據說，他自虎跑寺斷食回來，曾去訪過馬一浮先生，說虎跑寺如何清靜，僧人招待如何殷勤。陰曆新年，馬先生有一個朋友彭先生，求馬先生介紹一個幽靜的寓處。馬先生憶起弘一法師前幾天曾提起虎跑寺，就把這位彭先生陪送到虎跑寺去住。恰好弘一法師正在那裏，經馬先生之介紹，就認識了這位彭先生。同住了不多幾天，到正月初八日，彭先生忽然發心出家了，由虎跑寺當家法輪長老為他剃度。弘一法師目擊當時的一切，大大感動。可是還不就想出家。僅皈依三寶，拜了悟老和尚為皈依師。演音的名，弘一的號，就是那時取定的。」

【按】據夏先生云：虎跑寺有大房二房之分，彭遜之出家剃度師父法輪長老，為二房主持；大師之剃度師了悟和尚。為大房之退居老和尚。

❷王仁安《虎跑寺赴李叔同約往返得詩二首》：

步步彎環步步奇，常愁路有不通時。
却憐疊嶂青巒處，一曲羊腸到始知！
興來尋友坐深山，竹院逢僧半日閒。
歸到清波門外路，又將塵夢落人間。

（見《王仁安集·仁安詩稿·卷十七·戊午上》）

❸葉舟西泠印社「印藏」題記：「同社李君叔同，將祝髮入山，出其印章移儲社中。同人用昔人『詩冢』、『書藏』遺意，鑿壁庋藏，庶與湖山並永云爾。戊午夏葉舟識。」

❹「前塵影事」等題記：「息霜舊藏此卷子，今將入山修梵行，以貽丏尊。戊午仲夏並記。」（見光緒己亥及辛丑年條附錄）

(又)又以所藏贈金娃娃詞橫幅贈夏丏尊，自跋其尾曰：「戊午仲夏將入山，檢奉丏尊藏之，演音。」

❺致楊白民書：「贈兄之阿彌陀佛直幅，乞收之。又一小條，乞交質平。（孝先款）其餘四包，乞依包面所寫者分送之。費神，至好，不言謝也。白民老哥　弟嬰頓首　五月廿二日。

又：《類腋》及《楹聯叢話》各一冊，係前送上之書籍內所缺者，故補奉之，附致質平函，乞轉交。弟定明晨入山。」（陽曆七月一日）

【按】此札為民國七年仲夏自杭州寄滬者，信箋為自畫造像，坐於芭蕉葉上，前存蘇州蕭退闇處。楊白民為大師在俗至友，時任上海城東女學校長。

❻《大乘戒經、十善業道經·跋》：「南皖崔居士，余故友也。遜國改元而後，余住錢塘湖上，數與居士函問往還。逮及披剃，檢所庋藏圖書珍玩貽之。居士因奉佛法，集余貽物，別陳一室，中供佛像，焚香誦經。並率族衆，依余親教大慈老人稟受三歸。」

❼贈夏丏尊手書《楞嚴經》跋：「戊午大勢至菩薩誕辰，剃度於定慧禪寺。翌日丏尊居士來山，為書《楞嚴念佛圓通章》，願他年同生安養，聞妙法音，回施有情，共圓種智。大慈山當來沙彌演音並記。七月十四日。」

❽贈夏丏尊手書《秦嶧山刻石》題記：「中秋書扇，補書古德偈語三首，贈夏丏尊。」（見一九八二年上海《書法》第四期）

❾《四分律比丘戒相表記・自序》：「余於戊午七月，出家落髮。其年九月受比丘戒。馬一浮居士貽以《靈峯毘尼事義集要》，並《寶華傳戒正範》，披翫周環，悲欣交集，因發學戒之願焉。」

❿《我在西湖出家的經過》：「於是就發心出家，同時就想拜那位住在方丈樓上的出家人為師父，他的名字是弘祥師。可是他不肯，介紹我去拜他的師父。他的師父在松木場護國寺裏，他就請他的師父回到虎跑來，我也就於民國七年正月十五日受三皈依了。我打算這年的暑假入山，在寺裏住上一年後再出家。這時我就做了一件海青，學習了兩堂功課。二月初五是我母親的忌日，先兩天我就到虎跑寺去，誦了三天的《地藏經》，為我母親迴向。到五月底我就提前考試。考試一了，就到虎跑寺去。到了寺就穿出家人的衣裳，預備轉年再剃度。及至七月初，夏丏尊居士，他看我穿了出家人的衣裳，而却不出家，是沒有甚麼意義的。承他的勸，本來想轉年出家的我，就決定趕緊出家了，於七月十三那一天落了髮。落髮以後，由林同莊君的介紹，到靈隱寺去受戒。……八月底我就到靈隱寺去。方丈和尚很客氣，叫我住在客堂後面芸香閣樓上，當時是由慧明法師做大師父的。有一天在客堂裏遇著了，說起是來受戒的。他說為什麼不進戒堂呢？雖然你是讀書人，但讀書人就可這樣隨便嗎？就是皇帝，我也一樣看待。但那方丈和尚仍舊要我住在客堂樓上，只戒堂裏面有緊要佛事時去參加一兩回。受戒以後，就住在虎跑寺。到十二月搬到玉泉寺去。此後又常常到別處去，不常在西湖了。」

⓫為夏丏尊書《地藏本願經》跋：「戊午九月，入靈隱山乞戒。受紙筆墨；時丏尊喪父，為書《地藏本願經》一節，釋演音。」

⓬致夏丏尊書：

示悉。師傅有他事，不克依尊命，已由演音代請本寺（虎跑寺）宏祥師及永志師二位。於初十晨八時前，至尊府念普佛一日。（不放餤口）至晚八時止。二師道行崇高，為演音所深知，故敢紹諸仁者。是日二師來時，不帶香燈師，由尊處命茶房一人布置伺候一切。布置大略圖說附奉，務請於事前布置完善，俾免臨時匆促。牌位二分附呈，佛位已寫好。靈位請仁

生于…………
顯考…………靈位
歿于……男……奉祀

者自填，並須做位架二具，張列牌位，靈位供靈前。又靈前亦須上茶上供及香燭。

二師嚫儀，由演音酌定，共送拾圓。因宏祥師極不易請到，永志師亦非常僧，故宜從豐，以結善緣也。今日料理一切極忙，草草奉復。明晨第二次車準赴嘉興。丏尊居士　演音

宏祥師送經劵及演音送經劵附奉。請於初十日供靈前，是晚隨牌位焚化。（見《中國書法》一九八六年第四期十三頁圖版）

【按】此遺札向所未見，以往《書簡》、《書信》，均未收入。茲特編入年譜。

⓭范古農《述懷》：「民國七年，師將出家，大捨其在俗所有書籍筆硯，以及書畫印章樂器等於友生。道出嘉興，持杭友介紹書見訪，垂詢出家後方針。余與約如不習住寺，可來此間佛學會住，有藏經可以閱覽。故師出家後，即於九、十月間來嘉興佛學會。會中佛書每部為之標簽，以便檢閱。會在精嚴寺藏經閣，閣有清藏全部，亦曾為之檢理。住時雖短，會中得益良多。時頗有知其俗名而求墨寶者，師與余商：『已棄舊業，甯再作乎？』余曰：『若能以佛語書寫，令人喜見，以種淨因，亦佛事也，庸何傷？』師乃命購大筆瓦硯長墨各一，先寫一對贈寺，余及余友求者皆應焉。師出家後以筆墨接人者，殆自此始。居會約兩月，杭州海潮寺請法一禪師主七，馬一浮先生招之往，遂行。」（海潮寺在杭州閘口，與靈隱、淨慈、昭慶，同為四大叢林之一。法一禪師為當時揚州高旻寺首座，以禪法知名。）

⓮手書「南無阿彌陀佛」贈李紹蓮題記：「演音於戊午七月十三日剃度，九月入靈隱山乞戒，十月來秀州（嘉興），閱藏於精嚴寺。書此贈俗兄紹蓮居士，以為紀念。西湖大慈山定慧寺弘一沙門釋演音。」

⑮手書古德訓言贈楊白民題記：「古人以除夕當死日。蓋一歲盡處，猶一生盡處。昔黃檗禪師云：豫先若不打徹，臘月三十日到來，管取你腳忙手亂。然則正月初一便理會除夕事不為早；初識人事時便理會死日事不為早。那堪荏荏苒苒，悠悠揚揚，不覺少而壯，壯而老，老而死；況更有不及壯且老者，豈不重可哀哉？故須將除夕無常，時時警惕，自誓自要，不可依舊蹉跎去也。

余與白民交垂二十年，今歲余出家修梵行，白民猶沈溺塵網。歲將暮，白民來杭州，訪余於玉泉寄廬，話舊至懽。為書訓言二紙貽之，余願與白民共勉之也。戊午除夕雪窗大慈演音。」

【按】另一紙係書《十善法》，其題記云：「戊午歲暮，為白民書《十善法》，勉旃。西湖定慧弘一釋演音，時客玉泉清漣。」楊白民先生已於一九二四年謝世，此物曾由其女公子楊雪玖女士保存，不知尚在人間否？

⑯曹聚仁著《李叔同先生》：「在我們教師中，李叔同先生最不會使我們忘記。他從來沒有怒容，總是輕輕地像母親一般吩咐我們。……他給每個人以深刻的影響。伺候他的茶房，先意承志，如奉慈親。……

「『我們的李先生』（同學間的稱呼），能繪畫，能彈琴作曲，字也寫得很好，舊體詩詞造詣極深，在東京時曾在春柳社演過茶花女；這樣藝術全才，人總以為是個風流蘊藉的人，誰知他性情孤僻，律己極嚴，在外和朋友交際的事，從來沒有，狷介得和白鶴一樣。……民國五年，他忽然到西湖某寺去靜修，斷食十四天，神色依然溫潤。七年七月，他乃削髮入山，與俗世遠隔了。我們偶而在玉泉寺遇到他，合十以外，亦無他語。有時走過西泠印社，看見崖上的『印藏』，指以相告，曰：『這是我們李先生的』。……李先生之於人，不以辯解，微笑之中，每蘊至理；我乃求之於其靈魂所寄託的歌曲。在我們熟習的歌曲中，《落花》、《月》、《晚鐘》三歌正代表他心靈的三個境界。《落花》代表第一境界：

「紛，紛，紛，紛，紛，紛，……
惟落花委地無言兮，化作泥塵；
寂，寂，寂，寂，寂，寂，……
何春光長逝不歸兮，永絕消息。
憶春風之日暄，芳菲菲以爭妍；
既乘榮以發秀，倏節易而時遷，春殘。
覽落紅之辭枝兮，傷花事其闌珊；
已矣！春秋其代序以遞嬗兮，俛念遲暮，
榮枯不須臾，盛衰有常數！
人生之浮華若朝露兮，泉壤興衰；
朱華易消歇，青春不再來。

「這是他中年後對於生命無常的感觸，那時期他是非常苦悶的，藝術雖是心靈寄託的深谷，而他還覺得沒有著落似的。不久，他靜悟到另一境界，那便是《月》所代表的境界：

「仰碧空明明，朗月懸太清；
瞰下界擾擾，塵欲迷中道！
惟願靈光普萬方，盪滌垢滓揚芬芳！
虛渺無極，聖潔神秘，靈光常仰望！
惟願靈光普萬方，盪滌垢滓揚芬芳！
虛渺無極，聖潔神秘，靈光常仰望！

「他既作此超現實的想望，把心靈寄託於彼岸。順理成章，必然地走到《晚鐘》的境界：

「大地沉沉落日眠，平墟漠漠晚煙殘；
幽鳥不鳴暮色起，萬籟俱寂叢林寒。
浩蕩飄風起天杪，搖曳鐘聲出塵表；
緜緜靈響徹心弦，瞑瞑幽思凝冥杳。
眾生病苦誰持扶？塵網顛倒泥塗污。
惟神愍恤敷大德，拯吾罪過成正覺；
誓心稽首永皈依，瞑瞑入定陳虔祈。
倏忽光明燭太虛，雲端髣髴天門破；
莊嚴七寶迷氤氳，瑤華翠羽垂繽紛。
浴靈光兮朝聖真，拜手承神恩！

仰天衢兮瞻慈雲，忽現忽若隱。
鐘聲沈暮天，神恩永存在，
神之恩，大無外！」（《人世間》月刊第九期）

一九一九年（民國八年己未）四十歲

是年春，居杭州玉泉寺。舊友袁希濂往訪，大師但勸其念佛，並閱《安士全書》❶。初夏，自玉泉寺致書上海楊白民轉請蕭蛻公，託其研究止咳丸製法，以施十方❷。是夏居虎跑大慈寺結夏，夏丏尊往訪，檢手書《楞嚴經》數則貽之❸，時了悟上人請華德老人在寺教習唱念，師隨衆學習；旋以事至玉泉，手錄《贊頌》一冊，顏曰《贊頌輯要》，並作《弁言》，記其因緣❹。是時虎跑有一小黃犬臥病，繼以不起，師悲憫及於旁生，與諸道侶為念佛，依法超度❺。秋，至靈隱寺掛搭，南社舊侶與《太平洋報》老同事胡樸安訪之，賦詩以贈❻。

是年南通張季直（謇）為祈嗣得應，在南通狼山修觀音院❼，想請一高僧弘一或太虛為住持，致書江易園，託他代為聯繫❽，又託歐陽予倩邀請大師，但他沒有答應❾，師為此事曾致書楊白民云：「南通事（即住持觀音院事）……俟前途有肫誠敦請，再酌去就，現在無須提及」❿。冬，在玉泉寺與程中和（即後之弘傘法師）結期修淨業，共燃臂香，依天親菩薩《菩提心論》發十大正願⓫。又為舊友費龍丁題唐人寫經殘本貽曼達，後又轉貽吳居士演定⓬。

注釋

❶袁希濂《余與大師之關係》：「民國七年戊午，余再調杭州，而師已出家。余因公務大繁，不克尋訪。翌年己未，余調任武昌，知師在玉泉寺，乃往走別。師謂余前生亦係和尚，勸令朝夕念佛；並謂有《安士全書》，必須閱讀，不可忘卻等語，鄭重而別。」

【按】周夢顏，又名思仁，字安士，清崑山人。博通經藏，虔信淨土法門，著有《安士全書》。

❷致楊白民轉蕭蛻公書：「前獲尊片，欣慰無已。尤惜陰居士施送止咳丸，謂其效卓著。竊謂咳嗽之疾有多種，似未可執定一方。以此方雖善，或亦有時未能適用。聞蕭蛻公居士精於醫理，茲附寄原方，乞為轉呈蛻公。乞彼詳為斟定：何種咳嗽服此最宜，何種咳嗽服此亦可，何種咳嗽服此不宜。請彼詳細寫錄，即逕寄上海蘭路七二七號尤惜陰居士手收。余為慎重人命起見，故敢代為陳請，想蛻公當甚願惠教也。若此方配合之藥品分量有須變易者，亦乞寫示。率陳不具。　四月十五日　演音疏。附二紙並此函，乞同寄蛻公居士，至感。」

【按】此函作於民國八年，時師在杭州玉泉寺。蕭蛻庵（一八七五—一九五八）字中孚，初名敬則，後以退闇聞世。別署退庵、蛻公、本無居士，江蘇常熟人。博通經文，善詩文，精小學。參加「南社」，與李叔同、余天遂、葉玉森、沈尹默、馬敘倫等，同為南社著名書家。祖上三代業醫，故醫術極好。李叔同出家前，一次偶染疾，幾次易醫均無效，後經先生診治，數副湯藥後，即告痊癒。因之對先生極為敬佩。（沙曼翁《蕭蛻庵先生》，上海《書法》一九八九年第四號）

❸書《楞嚴》數則貽夏丏尊跋：「己未中伏，丏尊來大慈，檢手寫《楞嚴》數則貽之。定慧弘一淨行近住釋演音並記。」

❹《贊頌輯要弁言》：「贊頌之體，原出經論，流傳東土；後世轉展，制為音韻偈贊，如現今所宣唱者，昉於魏時。陳思王曹植，因誦佛經，以為至道之宗極。乃制轉讀七聲，昇降曲折之響，世皆效之。後游魚山，聞有聲特異，清揚婉轉，遂仿其聲為梵唄。今所傳有『魚山梵』，即其遺制也。贊頌之源，可考證者如是。至若歌唱贊頌，其利益甚多：一能知佛德深遠，二體制文次第，三令舌根清淨，四得胸藏開通，五處衆不惶，六長命無病。以是名山大刹，於休夏安居之時，定習唱贊頌為日課，舊參新侶，皆列坐其次焉。今夏吾大慈（即了悟禪師）請華德老人為阿闍梨，率衆習唱。演音時適歸臥山中，得參末席。同學者演慧、阿五、阿六、長生、弘濟諸兄及溫州某師，手錄《贊頌》一冊，附以記印。習用之作，略備於斯。贊詞太繁，未及備載。習未卒業，以事來靈苑，居玉泉龕舍月餘。偶檢是冊，剪輯裝訂，

顏曰『贊頌輯要』，並志其源起於簡端，以備他日誦覽云爾。己未七月，弘一近住釋演音記。」

❺超度小黃犬日記：「七月初八日，風定，晴。午後小黃犬病不起，請弘祥、弘濟及高僧共七人與余，為小黃犬念佛。弘祥師先說開示，念《香讚》、《彌陀經》、《往生咒》，繞念佛名後，立念。小黃犬（猶）不去。由弘祥師再開示，大衆念佛名。小黃犬放溺，呼吸短促而腹不動，為焚化。了悟老和尚、弘祥兄及余所書經佛像……小黃犬深呼吸一次乃去。察其形色，似無所苦，觀者感歎，時為申初刻。旋與弘祥、弘濟及三高僧送葬青龍山麓。」

❻胡樸安《我與弘一大師》：「民國元年與大師同事於太平洋報。……朝夕共處，常覺其言論有飄飄出塵之致。後在杭州出家。剃髮於虎跑，受戒於靈隱，寄寓於玉泉。樸安每到杭，必謁大師，大師非佛書不書，非佛語不語。樸安謁大師於靈隱寺，贈詩云：『我從湖上來，入山意更適，日澹雲峯白，霜青楓林赤。殿角出樹杪，鐘聲雲外寂。清溪穿小橋，枯藤走絕壁，奇峯天飛來，幽洞窈百尺，中有不死僧，端坐破愁寂。層樓聳青冥，列窗挹朝夕。古佛金為身，老樹柯成石。雲氣藏棟梁，風聲動松柏。弘一精佛理，禪房欣良覿。豈知菩提身，本是文章伯。靜中忽然悟，逃世入幽僻。為我說禪宗，天花落几席。坐久松風寒，樓外山沈碧。』

「大師書『慈悲喜捨』一橫幅答之。語樸安曰：『學佛不僅精佛理而已。又我非禪宗，並未為君說禪宗，君詩不應誑語。』樸安囿於文人之習慣，不知犯佛教誑語之戒，於是深敬大師持律之精嚴也。」

❼張謇（季直）《狼山觀音院後記》：「昔者謇兄弟少時，嘗因母病，誦《菩薩觀世音經》。先母晚年，晨必禮菩薩。先室則為余祈嗣於院而應。既先後寫經、造像、修院以致讚歎，驩喜恭敬尊重之意。……復於院右擴地周垣，濬溪渲流，依巖栽樹，特築精廬，以待善知識之長老居士，以維院於久久不壞。……」（見一九三一年《海潮音文庫．佛教傳記》）

❽張謇致江易園書：「狼山觀音院可臻精潔勝處，而和尚太惡俗，欲求勤樸誠淨之僧或居士主之。狼山亦擬仿焦山例，為改一叢林作模範。但如何措手未定，故尚不宣示意見，須計定再說。若弘一、太虛能為之，亦大好事也。試與弘一、太虛言之。」（見聖嚴著，《歸程》第四章五七—五八頁）

【按】江謙字易園，號陽復子，安徽婺源人，近代知名居士。他為南通張季直學生，曾任南京高師校長，與當代大德弘一、太虛等皆有交遊。大師未出家前曾任南京高師圖畫音樂教員，即由他聘請。

❾徐半梅（卓呆）《話劇創始期回憶錄．八．李息霜》：「歐陽予倩在南通辦伶工學校時，張季直在狼山重修一廟宇（觀音院），打算請一位高僧去做住持，曾託予倩去邀他。但他沒有答應。李叔同有兩位高足，一位是畫家豐子愷，一位是音樂家劉質平。劉君曾在南通伶工學校當過音樂教師。」（可能也託他請過）

❿致楊白民書：「片悉。不慧於中旬返玉泉寺，暫不他適。南通事，前有友人代詢詳細情形，未有復音。鄙意擬俟前途再有肫誠之敦請，再酌去就，現在無須提及也。知念附聞。乍涼惟珍攝，不具。演音 七月廿四日。」

⓫《玉泉居士墓誌銘》：「改元後七年，余始剃染，與程子中和住玉泉。……翌年冬結期修淨業，十二月八日，共燃臂香，依天親《菩提心論》發十大正願。」

⓬唐人寫經殘本題記：「是冊為龍丁貽曼達者，曼達蹤迹不可得，為轉貽吳居士演定，以結法緣。己未大雪．弘一演音記。」

【按】一九四四年六月十二日遊西湖招賢寺，晤圓一法師。承示唐人寫經殘本，有此題記，因急錄之。據云是時（己未冬）大師居西湖玉泉寺。

一九二〇年（民國九年庚申）四十一歲

是年春，仍居杭州玉泉寺。《印光法師文鈔》出版，師為題詞讚歎❶。三月欲赴新城（富陽鄰縣）閉關，以貝山寺舍因農忙尚未修理，故赴上海新華藝專小住五日，受門人劉質平等供養，旋又回杭州玉泉寺❷。四月初八日，手書《金剛三昧經》一卷，後以付崔旻飛居士供養❸。四月二十一日，亡母王太夫人五十九周冥誕，手書《無常經》以資冥福❹。五月，手書《根本說一切有部戒經》一卷❺。六月，將之新城貝山掩關，敬書佛號六字並摘錄藕益大師警訓及《三皈依》、《五學處》（即五戒）等，以付石印，廣結善緣❻。臨行，杭州諸善友於銀洞橋虎跑下院接引庵為師送行，治麵設齋，並攝影以留紀念。馬一浮居士為題「旭光室」一額，並賦詩以贈❼，范古農居士與杭州佛學會會友亦來參加送行。程中和居士即於此時在接引庵剃髮出家，法名演義，字弘傘，隨往護關❽。臨別手書「珍重」二字橫幅，加跋以贈夏丏尊居士❾。師到新城，居樓居士家數日，將於二日後入山❿。在貝山時，以假得《弘教律藏》三帙，將掩室山中，專研戒律；後以障緣，未遂其願⓫。七月初二日，誦《無常經》並撰長序，多達二千餘言，詳述此經在印度之流行，以引起我國僧俗之重視，寄上海勸丁福保居士付印流通⓬。七月弘傘法師喪母，為書《梵網經》，以資冥福⓭。七月十三日，剃染二年，手書《佛說大乘戒經》回向法界衆生，並自題記⓮。又書《十善業道經》，並自題記⓯。大師住貝山僅月餘，以事緣未具，不能久居；中秋節後，即移居衢州蓮華寺，手裝《佛說大乘戒經》及《十善業道經》，並自題記⓰。是時因寫經過多，用心過度，印光法師曾致書誡之⓱。居蓮華寺，始識馮君明之，聞汪居士名，致詞延召，為撰《汪居士傳》⓲。其間又書《戒本偈》後三頌於蓮華寺⓳。初冬，閱《夢東徹悟禪師語錄》，擇其淺明警策，以朱圈識，俾便誦習⓴。九月，在蓮華寺校定《菩薩戒本》，並為題記[21]。臘月，手裝《增壹阿含經》、《雜阿含經》、《本事經》，並自題跋[22]。此行赴衢州，攜有玉佛一尊贈蓮華寺[23]。

注　釋

❶《〈印光法師文鈔〉題辭並序》：「是阿伽陀，以療羣疚。契理契機，十方宏護。普願見聞，歡喜信受。聯華蕚於西池，等無量之光壽。庚申暮春，印光老人文鈔鐫板，建東、雲雷囑致弁詞。余於老人夙未奉承，然嘗服膺高軌，冥契淵致。老人之文，如日月歷天，普燭羣品，寧俟鄙倍，量斯匡廓。比復敦促，未可默已。輒綴短思，隨喜歌頌。若夫翔繹之美，當復俟諸耆哲。大慈後學弘一釋演音稽首敬記。」

【按】阿伽陀：梵語Agada，藥名音譯，譯有多義——一為「普去」（除去衆病），二為「無價」（無比貴藥），三為「無病」（服之則無病）。

❷《與劉質平書》：「居滬五日，濫膺恭敬供養，慚恧慚恧。新城工匠近皆耕植迫忙，寺舍能修理速就與否，未能決定。城內濕熱多蚊，擬於初一日暫移居玉泉。今後通訊，即寄是處。遠行定期後，再當奉聞。……演音，三月廿八日。舊同學諸子均覽。」

【按】是時吳夢非、劉質平等均執教上海新華藝專。

❸手書《金剛三昧經》題記：「庚申四月初八日手裝，大慈弘一釋演音並題。癸亥正月付旻飛居士供養。澹泞道人曇昉敬題。」

❹手書《無常經》跋：「庚申四月二十一日，亡母五十九週誕辰，敬書是經，以資冥福。大慈弘一演音並記。」

❺手書《根本說一切有部戒經》題記：「庚申五月大慈弘一沙門演音敬寫。」

❻手書「南無阿彌陀佛」洪名題記：「明藕益大師云：念佛工夫，祇貴真實信心。第一要信：我是未成之佛，彌陀是已成之佛，其體無二。次信娑婆的是苦，安養的可歸，熾然欣厭。次信現前一舉一動，皆可回向西方；若不回向，雖上品善，亦不往生。若知回向，雖誤作惡行，速斷相續心，起殷重懺悔，懺悔之力，亦能往生，況持戒修福種種勝業，豈不足以莊嚴淨土？庚申六月，將之新城貝山，掩關念佛，書此以志紀念。大慈定慧弘一沙門演音。」（見《南無阿彌陀佛解、三皈依、五學處解》合刊，上海醫學書局出版）

❼蔡冠洛《大師將赴新城攝影題記》：「即將赴新城貝山掩關，舊友會於接引庵，為治麵辦齋，並攝影以留紀念。時馬一浮

居士為題『旭光室』一額，並賦詩以贈。」

❽范古農《述懷》：「此（出家）後嘗住杭玉泉清漣寺，居士程中和常親近焉。時余每年春首暑假，必赴杭佛學會講經。九年春，講《十二門論》畢，與會友遊清漣寺，衆請師開示念佛。師以擷《普賢行願品疏鈔》相託。余返甲擷之於課餘，至暑假即赴杭會講演。翌年，師將赴新登山上閉關，程居士即出家名弘傘，約伴往護關。余與會友往送，攝影而別。」

❾手書「珍重」，贈別夏丏尊並記：「予居杭九年，與夏子丏尊交最竺。今將如新城掩關，來日茫茫，未知何時再面？書是以貽，感慨系之矣。庚申夏，弘一演音記。」

❿致夏丏尊書：「曩承遠送，深感厚誼。來新居樓居士家數日，將於二日後入山。七月十三日掩關，以是日為音剃染二週年也。吳建東居士前屬撰《楊溪尾惠濟橋記》，音以掩關期近，未暇構思，願賢首代我為之。某氏所撰草稿附奉，以備參考。撰就希交吳居士收。相見無日，幸各努力，勿放逸，不一。丏尊居士文席，演音，六月廿五日。」

⓫《四分律比丘戒相表記．自序》：「庚申之夏，居新城貝山，假得《弘教律藏》三帙，並求南山《戒疏》、《羯磨疏》、《行事鈔》及《靈芝記》。將掩室山中，窮研律學，乃以障緣，未遂其願。」

⓬《佛說無常經．序》：

庚申之夏，余居錢塘玉泉龕舍，習《根本說一切有部律》。有誦《三啟無常經》之事數則。《根本薩婆多部律攝》卷七云：「佛言：若苾芻來及五時者，應與利分。云何為五？一打犍椎時，二誦《三啟無常經》時，三禮制底（一作支提，有舍利曰塔，無舍利曰制底）時，四行籌時，五作白時。」其餘數則，分注下文。又閱義淨《南海寄歸內法傳》，載誦《三啟無常經》之儀至詳。（《南海寄歸內法傳》云：「神州之地，自古相傳，但知禮佛題名，多不稱揚讚德。何者？聞名但聽其名，罔識智之高下，讚歎具陳其德，乃體德之宏深。即如西方，制底畔睇（頂禮佛塔），及常途禮敬，每於晡後或曛黃時，大衆出門，繞塔三匝，香華具設，並悉蹲踞。令其能者，作哀雅聲，明徹雄朗，讚大師德，或十頌，或二十頌。次第還入寺中，至常集處。既共坐定，令一經師，昇師子座，讀誦少經。其師子座，在上座頭。量處度宜，亦不高大。所誦之經多誦《三啟》。乃是尊者馬鳴之所集置。初可十頌許，取經意而讚歎三尊。次述正經，是佛親說。讀誦既了，更陳十餘頌，論回向發願。節段三開，故云『三啟』。經了之時，大衆皆云『蘇婆師多』。蘇，即是妙。『婆師多』，是語。意欲讚經是微妙語。或云『娑婆度』。義曰『善哉』！經師方下。上座先起，禮師子座。修敬既訖，次禮聖僧座，還居本處。第二上座，準前禮二處已，次禮上座，方居自位而坐。第三上座，準次同然，迄乎衆末。若其衆大，過三五人，餘皆一時望衆起禮，隨情而去。斯法乃是東方聖耽摩立底國僧徒軌式。」）因以知是經為佛世諸大弟子所習誦者。或以是為日課焉。經譯於唐，其時流傳未廣，誦者蓋罕。（日本沙門最澄《顯戒論》，開示大唐貢名出家，不欺府官明據五十一，轉有當院行者趙元及，年三十五，貫京兆府雲陽縣龍雲鄉修德里，父貞觀為戶身無籍，誦《無常經》一卷等。）宋元以來，殆無道及之者。余懼其湮沒不傳，致書善友丁居士，勸請流通。居士讚喜，屬為之敘。竊謂是經流通於世，其利最普，願略述之：

經中數說老病死三種法，不可愛，不光澤，不可念，不稱意。誦是經者，痛念無常，精進嚮道，其利一。正經文字，不逾三百，益以偈頌，僅千數十。文約義豐，便於持誦，其利二。佛許苾芻，惟誦是經，作吟詠聲。（《根本說一切有部毗柰耶雜事》卷第四云：「佛言：苾芻不應作吟詠聲，誦諸經法，及以讀經。請教白事，皆不應作。然有二事，作吟詠聲：一謂讚大師德，二謂誦《三啟經》。餘皆不合。」）妙法稀有，梵音清遠，聞者喜樂。（《根本說一切有部毗柰耶雜事》卷第四云：「是時善和苾芻，作吟諷聲，讚誦經法。其音清亮，上徹梵天。時有無數衆生，聞其聲者，悉皆種植解脫分善根，乃至傍生禀識之類，聞彼聲者，無不攝耳，聽其妙音。後於異時，憍薩羅勝光大王，乘白蓮華象，與諸從者，於後夜時，有事出城，須詣餘處。善和苾芻，於逝多林內，高聲誦經。於時象王，聞音愛樂，屬耳而聽，不肯前行。御者即便推鉤振足，象終不動。王告御者曰：『可令象行。』答言：『大王，盡力驅前，不肯移足。未知此象意欲何之？』王曰：『放隨意去。』彼即縱鉤，便之給苑。於寺門外，攝耳聽聲。善和苾芻，誦經既了，便說四頌，而發願言：『天阿蘇羅藥叉等，乃至隨所住處常安樂。』時彼象王，聞斯頌已，知其經畢，即便搖耳，舉足而行，任彼驅馳，隨鉤而去。」）其利三。」此土葬儀誦經，未有成軌。佛世之制，宜誦是經。《毗柰耶藏》（《根本說一切有部毗柰耶雜事》卷第十八云：「佛言：『苾芻身死，應為供養。』苾芻不知云何供養？佛言：『應可焚燒。』具壽鄔波離請世尊曰：『如佛所說，於此身中，有八萬戶蟲，如何得燒？』佛言：『此諸蟲類，人生隨生，若死隨死，此無有過。身有瘡者，觀察無蟲，方可燒殯。』『欲燒殯時，無柴可得。』佛言：『可棄河中。若無河者，穿地埋之。』『夏中地濕，多有蟲蟻。』佛言：『於叢薄深處，令其北首，左脇而臥，以草稕支頭，若草若葉，覆其身上。送喪苾芻，可令能者，誦《三啟無常經》，並說伽他，為其呪願。』」「《根本薩婆多部律攝》卷十二云：「苾芻身死，應檢其屍，若無蟲者，以火焚燒。無暇燒者，應棄水中，或埋於地。若有蟲及天雨，應共輿棄空野林中，北首而臥，竹草支頭，以葉覆身，面向西望。當於殯處，誦《無常經》。復令能者，說呪願頌。喪事既訖，宜還本處。其捉屍者，連衣浴身。若不觸者，應洗手足。」「《根本說一切有部毗柰耶》卷第四十三云：「出尊者屍，香湯洗浴，置寶輿中。奏衆伎樂，幢幡滿路，香煙遍空。王及大臣，傾城士女，從佛及僧，送諸城外。至一空處，積衆香木，灌灑蘇油，以火焚之。誦《無常經》畢，取舍利羅置金瓶內。於四衢路側，建窣堵波。種種香華，及衆音樂，莊嚴供養，昔未曾有。」）本經附文，《內法傳》（《南海寄歸內法傳》云：「然依佛教，苾芻亡者，觀知決死，當日舁向燒處，尋即以火焚之。當燒之時，親友咸萃，在一邊坐。或結草為坐，或聚土作臺，或置甎石，以充坐物。令一能者，誦《無常經》，半紙一紙，勿令疲久。然後各念無常，還歸住處。」）皆詳言之。其利四。斬草伐木，大師所訶。築室之需，是不獲已。依律所載，宜誦是經，並說十善。不廢營作，毋傷仁慈。（《根本說一切有部毗柰耶》卷第二十七云：「佛告阿難陀，營作苾芻，所有行法，我今說之。凡授事人，為營作故，將伐樹時，於七八日前，在彼樹下，作曼荼羅，布列香華，設諸祭食，誦《三啟經》。耆宿苾芻，應作特欹拏呪願，說十善道，讚歎善業。復應告語，若於此樹，舊住天神，應向餘處，別求居止。此樹今為佛法僧寶，有所營作。過七八日已，應斬伐之。若伐樹時，有異相現者，應為讚歎施捨功德，說慳貪過。若仍現異相者，即不應伐。若無別相者，應可伐之。」）又《根本薩婆多部律攝》卷第九所載者，與此略同。其利五。是經附文，臨終方決，最為切要。修淨業者，所宜詳覽。若兼誦經，獲益彌廣。了知苦、空、無常、無我，方諸安養樂國，風鼓樂器，水注華間，所演法音，同斯微妙。其利六。生逢末法，去聖時遙。佛世芳規，末由承奉。幸有遺經，可資誦諷。每當日落黃昏，暮色蒼茫，吭聲哀吟，諷是經偈。逝多林中，窣堵波畔，流風遺俗，彷佛遇之，其利七。是經之要，略具於斯。惟願流通，普及含識。見者聞者，歡喜受持。共悟無常，同生極樂，廣度衆生，齊成佛道云爾。

是歲七月初二日，大慈弘一沙門演音，撰於新城貝多山中，時將築室掩關，鳩工伐木，先夕誦《無常經》，是日草此敘文，求消罪業。

【按】《根本說一切有部》，為小乘二十部之一，亦音譯為「薩婆多部」，以主張我空法有，立三世實有，法性恒有之義，被簡稱「有部」，在二十部中最有勢力。苾芻即比丘之新譯，義為乞士。男子出家依乞食生活之僧人，即上乞法以資慧命；下乞食以養色身。制底譯為塔，行籌即投票。毘柰耶，梵語舊譯毘尼，義為律。具壽，為佛弟子比丘通稱，即具有法壽的長老大德。舍利羅，略云舍利，即骨灰。草稕，稕音肫，束稈也。

⓭手書《佛說梵網經》跋：「庚申七月，同學弘傘義兄喪母，為寫《佛說梵網經菩薩心地品菩薩戒》一卷，並誦是戒，以為日課。惟願福資亡者，得見諸佛，生人天上。演音敬記。」

⓮手書《佛說大乘戒經》跋：「庚申七月十三日，大勢至菩薩聖誕，演音剃染二年，敬寫此經，惟願四恩三有，法界衆生，戒香熏修，往生極樂。」

⑮手書《十善業道經》跋：「庚申七月二十九日，地藏菩薩聖誕，演音敬寫《十善業道經》，迴向法界衆生，願同修十善業道，以此淨業正因，決定往生極樂。」

⑯手裝《大乘戒經》、《十善業道經》題記：「庚申中秋，演音手裝並題，時客衢州蓮華古刹。」

⑰印光致弘一法師書：「弘一大師鑑：昨接手書並新舊頌本，無訛，勿念。書中所說用心過度之境況，光早已料及於此，故有止寫一本之說。以汝太過細，每有不須認真，猶不肯不認真處，故致受傷也。觀汝色力，似宜息心專一念佛，其他教典與現時所傳布之書，一概勿看，免致分心，有損無益。應時之人，須知時事。爾我不能應事，且身居局外，固當置之不問，一心念佛，以期自他同得實益，為惟一無二之章程也。……書此順候禪安。蓮友印光謹復。九年七月廿六日。」（見一九三七年廈門《佛教公論》第八號。）

【按】此書係漳州念西（義俊）法師所珍藏者，似為《印光法師文鈔》所未收入。

⑱《汪居士傳》：「庚申秋中，余來三衢，居蓮華寺，始識馮君明之。……有言汪居士者，隱於村肆。慕其高軌，致詞延召，適行賈高家，末由省展。」

【按】蓮華寺在浙江衢縣北門外三十里處蓮華村。高家為鎮名。

⑲手書《戒本偈》後三頌題記：「世尊涅槃時，興起於大悲，集諸比丘衆，與如是教誡。莫謂我涅槃，淨行者無護。我今說戒經，亦善說毘尼。我雖般涅槃，當視如世尊。此經久住世，佛法得熾盛。以是熾盛故，得入於涅槃。若不持此戒，如何應布薩。喻如日沒時，世界皆闇冥。《戒本偈》庚申九月大慈弘一演音，敬書於柯城蓮華禪院大悲閣。」

【按】柯城為衢州別稱，因爛柯山而得名。相傳為樵子遇仙處。柯，斧柄也。

⑳圈識清《夢東徹悟禪師語錄》題記：「庚申小雪，敬擇編中淺明警策，適合庸劣之機者，以朱圈識，俾便常常誦習。曇昉記。」

㉑《菩薩戒本》題記：「慈氏菩薩《說出地持戒品》中，識師第二譯，靈峯先老人箋。靈峯先老人《梵網合註》云：又所誦戒法，若依此經，則先誦十重四十八輕戒；若地持中別出《菩薩戒本經》卷，正是半月誦戒之本。共列四重四十一輕戒相。其根本四重及飲酒等，自屬具戒，十戒、五戒中攝，故不重出。惟出菩薩增上律儀，實與此經互為表裏，以彼四重，即此經之後四重，故從彼四十一輕。但與此經開合次第稍殊，而開遮持犯之致更明晰。故藏中先後共有六譯，惟識師所譯最善。故今輯在後集。半月半月，似應誦此戒本。庚申九月，演音敬記於蓮華。」

㉒手裝《增壹阿含經》、《雜阿含經》、《本事經》後跋：「是歲（庚申）十二月，敬寫合輯裝訂，白月褒灑陀日，摩頤行者，弘一演音並記。」

㉓王月娥《弘一法師在衢州》：「一九二〇年，弘一法師受蓮華寺主持僧德淵法師邀請來衢州蒞壇說法，並攜來一尊緬甸玉佛。……這一尊妙相莊嚴的趺坐玉佛，高五十六公分，重四〇公斤。」（見《中國文物報》一九九〇年十二月二十日）

【按】大師此次往衢州，係自杭州乘船前往。李鴻梁《我的老師弘一法師李叔同》：「一九二〇年夏，法師要到新登貝山去掩關。前一天，是弘傘法師在銀洞橋接引庵剃度，同往貝山護關。……第二天我們送到錢江輪船上，直到解纜而別。」

一九二一年（民國十年辛酉）四十二歲

是年正月，將自衢州回溫州，手書《大乘戒經》並錄舊作七篇，寫成手卷，以贈南社舊侶尤墨君❶。尤氏擬編師在俗所作詩詞為《霜影錄》，徵求同意。師以三十以前所作詩詞多綺語，謝之。且主張「傳布著作，寧少勿濫」❷。返杭後，披尋《四分律》，始覽此土諸師之作❸。在杭小住閘口鳳生寺，弟子豐子愷將赴日本留學，聞師歸杭，特往話別❹。三月五日，舊友陶秉珍、朱章卿至杭州玉泉相訪，因同攝影留念❺。時將赴溫州，至滬候船，手書《佛說五大施經》等三經，付穆藕初居士影印流通，舊友尤秉彝（惜陰）居士為其題記❻。此三經現歸蘇州靈巖山收藏，有一九六四年弟子豐子愷題跋

(又)。在滬時，居護國院手書《佛說十二頭陀經》一卷，並自題記❼。三月，因玉泉居士吳建東之介紹，自杭州至溫州，居慶福寺，俗稱城下寮❽，一說係同學瑞安林同莊介紹，由溫州吳璧華、周孟由二居士延請，至慶福寺安居❾。師入寺未久，擬即掩關，從事律學著述，與寺中約法三章，謝絕諸緣❿，初習四分律部，其間曾撰《刻十二頭陀經跋》，讚歎迦葉尊者，冀正法之重興⓫。四月因事至滬，居城東女學，為女弟子朱賢英開示念佛法門⓬。安居前，手書《根本說一切有部戒經》，並自題記。自謂學律，「願依有部以自利，兼學旁部以利他。力屏新舊之名，無取軒輊之見」⓭。四月二十一日，為亡母王太淑人六十冥誕，先後敬寫《讚禮地藏菩薩懺願儀》及《佛三身讚頌》三種，以為迴向⓮(又)。六月，《戒相表記》初稿始訖⓯。是夏暴熱，致書西湖玉泉寺印心、寶善二長老，問訊起居⓰。八月初五日為亡父三十七周諱日，敬寫《佛說無常經》、《佛說略教誡經》，以資冥福⓱。八月二十七日，輯《根本說一切有部毗柰耶犯相摘記》⓲。九月復寫《增壹阿含》四經於城下寮⓳。十一月，夏丏尊居士發心學佛，為寫蕅益大師等法語，以督勵之⓴。十二月，敬寫別譯《雜阿含經》於永寧城下寮㉑。同月，又寫《本事經》二段於永寧城下寮㉒。十二月，其徒因弘始謁師於慶福寺，師勗以出家，並介紹本寺惟靜大師為其剃度，師為二師父，寺主寂山老和尚為其師祖㉓。

注　釋

❶尤墨君《追憶弘一法師》：「一九二一年春暮，弘一法師將離衢州時，先後曾贈我一本他寫好的《大乘戒經》和他手寫的一幅小小手卷。前者是法師披剃二年紀念所寫，後者是錄他的近作七篇，用硃筆點句，句逗分明。他出家以後所寫的文章，沖淡淵穆，好像一泓止水，和他出家以前的寫作專尚穠麗風華者不同。」

❷尤墨君《追憶弘一法師》：「我因想搜集他的舊作印成小冊，取名『霜影錄』，因法師披剃前別署『息霜』。這，他並不反對。因他曾和我通信聯繫，有『三十歲以前所作詩詞多涉綺語，格調亦卑，無足觀也』。但他又囑我把《霜影錄》刊出後，寄一冊給他住在北京的姪兒李聖章。並又云：『聖章為朽人（法師自稱）仲兄之子，為俗家後輩之賢者。以此付彼，聊表紀念也。』目錄已定，寄他審閱。他來信這樣說：『若錄舊作傳布者，詩詞悉可刪，以詩非佳作，詞多綺語。贈王海帆詩不記有此事。以前送致南社之稿，皆友人代為者，未經朽人斟酌，故甚淆亂。《白陽》誕生詞亦可刪。……鄙意以為傳布著作，寧少勿濫，又綺語尤宜屏斥，以其非善業也。』這信讀了，不禁使我爽然若失。因若照他說法，幾無可刊之稿。為尊重他的意志，故刊印事，只好擱而不談。」

【按】《白陽誕生詞》云：「技進於道，文以立言。悟靈感物，含思傾妍。水流無影，花落如煙。掇拾群芳，商量一編。惟癸丑之暮春，是為《白陽》誕生之年。」

❸《四分律比丘戒相表記．自序》：「庚申之夏，居新城貝山，……明年正月，歸臥錢塘，披尋《四分律》，併覽此土諸師之作。」

❹豐子愷《法味》：「我於六年前將赴日本的前幾天的一夜，曾在閘口鳳生寺向他（弘一法師）告別。……六年前的告別時的情景，……霎時都浮出在眼前。我就決定到杭州去訪問。……一九二八年八月四日，記於石門。」

【按】豐子愷赴日留學，為一九二一年的早春。所謂六年前當係民國十年無疑。其《我的苦學經驗》云：「一九二一年的早春，向我的姊丈周印池君借了四百塊錢，就拋棄了家庭，獨自冒險地到東京去了。」（見《中學生》，民國二十年新年號）

❺與陶、朱二友攝影題記：「辛酉三月初五日，弘一演音偕陶子秉珍、朱子章卿寫於玉泉。」

❻尤秉彝（即尤惜陰）為師寫經題記：「辛酉春暮，弘一大師欲赴溫州辦道，來滬待船，贈穆藕初居士以手寫三經一帙：一為《佛說五大施經》，一為《佛說戒香經》，一為《佛說木槵子經》。每經繫以贊揚勸修語，並附行人常識數則，簡約明顯，妙契時機。穆居士特付石印，用廣流通，以慰大師弘揚佛法之深心，並盡朋友見聞隨喜之至意。謹附片言，以表是經出世因緣。

末學尤秉彝稽首敬志。」

㊇豐子愷，弘一大師寫經三種題跋：

一、佛說戒香經　辛酉二月弘一沙門演音書

二、佛說五大施經　辛酉二月弘一沙門演音書

三、佛說木槵子經　辛酉三月弘一沙門演音書

先師弘一上人在家時，精通音樂、演劇、詩文字畫，而於書法造詣尤深。出家後屏棄諸藝，獨不忘情於書法。常寫經文佛號，廣結勝緣。此三經乃初出家時為穆藕初居士所書者。筆力遒勁，與後年所書輕描淡寫，落墨不多者迥異其趣。在佛法上與藝術上，此皆可稱為至寶。藕初居士乃當年滬上鉅賈，皈依大師，熱心弘法。白馬湖晚晴山房之建築及《護生畫初集》之刊行，此人曾慨捐不淨之財，亦難得也。蘇州靈巖山妙真老法師，創辦文物館，得此墨寶，屬為題字，率書所知如上。時甲辰歲首，豐子愷於海上日月樓。

【按】「木槵子」可為念珠。佛經云：「當貫木槵子一百八個，常自隨身。」

❼手書《佛說十二頭陀經》經末題記：「辛酉三月十日，居上海護國院，弘一沙門演音敬寫。願將以此功德，回向四恩三有，法界衆生，同離結著，集諸善本，發大乘心，往生西方，速得無上正真之道。……」

【按】此經乃一九五九年北京西山建佛牙塔時，溫州某僧寄來裝藏者，今存北京中國佛教協會。護國院即上海南市老關帝廟雅稱。主僧與西湖玉泉寺住持真空（河南人）同一系統，師與玉泉因緣特深，故到滬常居於此。此次赴滬係取道赴溫。

❽《玉泉居士墓誌銘》：「辛酉季春，余徙永嘉，掩室城寮，蓋由居士為之紹介。」

❾因弘《弘一音公駐錫永嘉行略》：「溯吾師自民國七年出家杭州虎跑，受具靈隱，九年研教新城貝山，因舊同學瑞安林同莊君言，永嘉山水清華，氣候溫適，師聞之欣然。又因吳壁華、周孟由二居士延請，遂於十年三月料理行裝，擁錫來永，掛褡城南慶福寺。」

❿丁鴻圖《慶福戒香記》：「慶福寺，位溫州之東城下，俗名城下寮。僧伽篤守清規，專修淨業，蔚為一郡名藍。……弘一上人以周孟由、吳壁華二居士之介，駐錫於此，喜其幽寂，遂居之，且興終焉之願。……師於民國十年三月初蒞寺，居數日即閉關，編《四分律比丘戒相表記》。曾為約三章如下：

余初始出家，未有所解，急宜息諸緣務，先辦己躬下事。為約三章，敬告同人。

一、凡有舊友新識來訪問者，暫緩接見。

一、凡以寫字作文等事相屬者，暫緩動筆。

一、凡以介紹請託及諸事相屬者，暫緩承應。

惟冀同人共相體察。失禮之罪，希鑒亮焉！釋弘一謹白。」

⓫《刻十二頭陀經跋》——先老人遺著：

頭陀以抖擻塵勞為義，具十二法。迦葉尊者，終身奉行。世尊謂正法住世，全賴此人。迨茲末運，妄以鬚髮當之；尚不知比丘戒為何事，矧頭陀法耶？余雖根劣，僅持一二，然一番展讀，輒一番愧感。例諸賢達，想亦當爾。重錄梓行，伏願見聞隨喜者，發增上心，多少奉持。庶重興正法，不日可望耳。辛酉三月演音敬錄。　大迦葉尊者，畢生行頭陀行，「我今所有無上正法，悉已付囑摩訶迦葉，當為汝等作大依止」。弘一沙門演音敬錄。時初來甌上，居城下寮，習四分律部。

⓬《題朱賢英女士遺畫集》：「去歲四月，余來滬，居城東（女學），賢英過談半日，勉以專修持名念佛，毋旁鶩他法。……壬戌二月大慈弘一沙門演音書於溫嶺城寮。」

⓭手書《根本說一切有部戒經》題記：「西國持律，唯依自部，神州之士，多尚會通。前者簡要而易明，後者複雜而難辨。是因廣約而異趣，寧有是非之可云。音幸得人身，忻逢大法，願以有部以自利，兼學旁部以利他。力屏新舊之名，無取軒輕之見。冀以上報世尊之慈恩，下順衆生之根器云爾。辛酉前安居隨喜日，西湖大慈弘一沙門演音，敬錄義淨三藏《寄歸傳》二則，並以私意附識。」

【按】此書原藏浙江嘉興濮院鎮蔡丏因居士之可園。居士按云：「安居舊

譯，分前中後三期，前安居始於四月十六日，後安居始於五月十六日，在其中間者為中安居，新譯止分前後。」

⑭《讚禮地藏菩薩懺願儀跋》：「改元後十年，歲次辛酉四月二十一日，為亡母王太淑人六旬冥誕，敬寫《讚禮地藏菩薩懺願儀》一卷，以此功德，迴向亡母，早消業障，往生西方。弘一釋演音敬記。」

(又)手書《佛三身讚頌》跋：「歲次辛酉四月二十一日，亡母王太淑人六十年誕，敬寫讚頌三種，以此功德迴向亡母，解脫塵緣，往生極樂。弘裔沙門僧胤。」

⑮《四分律比丘戒相表記．自序》：「庚申之夏，居新城貝山，……明年正月，歸臥錢塘，披尋《四分律》，並覽此土諸師之作。以戒相繁雜，記誦非易，思撮其要，列表志之。輒以私意，編錄數章。頗憙其明晰，便於初學。　三月來永寧（溫州），居城下寮，讀律之暇，時綴毫露。逮至六月，草本始訖，題曰『四分律比丘戒相表記』。」

⑯致杭州玉泉寺印心、寶善二和尚書：

印心
寶善二大和尚座下：拜別慈顏，忽忽三月。音等來此，習靜念佛，謝絕人事，四大亦粗調適。今歲寒暑不時，比忽暴熱。遙憶法座，輒致書問訊，起居安隱。不具。

後學　演音
　　　演義　稽首　六月初八日

清月大和尚，乞為問安。

靈峯圓湛大和尚，便中乞為問安。

⑰手書《佛說無常經》、《佛說略教誡經》跋：「辛酉八月初五，亡父三十七周諱日，敬寫是經，以資冥福。大慈弘一沙門演音。」

⑱《根本說一切有部毗柰耶犯相摘記》題記：「辛酉八月十七日，弘一沙門演音敬錄。」

⑲手書《增壹阿含經》跋：「辛酉九月，敬寫《增壹阿含四經》於永寧城下寮。弘一沙門演音並記。」

⑳手書蕅益大師等法語題記：「丏尊居士發心學佛，為寫先德法語，以督勵之。辛酉嘉平演音。」

㉑手書《別譯雜阿含經》跋：「辛酉十二月，敬寫《別譯雜阿含經》於永寧城下寮。弘一沙門演音並記。」

㉒手書《本事經》跋：「辛酉十二月，敬寫《本事經》二段於永寧城下寮。弘一沙門演音並記。」

㉓因弘《恩師弘一音公駐錫永嘉行略》：「因弘始聞吾師道譽，與同邑李君巖新偕至慶福寺禮謁。吾師一見，頗承讚善，為示念佛法門及淨土要旨，並以出家相勗，因弘敬謹遵諭。即蒙介紹，就本寺求上惟下靜大師剃落，依師為二師父，賜今名，字白傘，時古曆三月廿四日。寺主吾師祖寂山老和尚，專弘淨土，緇白皈敬。」

一九二二年（民國十一年壬戌）四十三歲

是年歲朝，書法常首座《辭世詞》贈楊白民居士①。仍居永嘉城下寮，以依律須奉寺主為依止師，遂尊寂山長老為依止阿闍梨②。寂公遜謝，師仍懇請，遂終身以師禮事寂公③。正月，得其俗兄自天津來函，謂其在家之妻室已謝世，屬師返津一行。師曾上書寂山長老，乞代請吳璧華居士授其神咒④(又)。二月為在俗女弟子朱賢英女士題遺畫集⑤。二月五日為亡母王太淑人逝世之期，手書「地藏菩薩名號」立軸，分贈道友⑥。二月八日，刻印五方，寄贈上海夏丏尊，並為題記⑦。又依《靈峯宗論》摭寫警訓一卷，顏曰「寒笳集」⑧。四月，復俗姪李聖章長函，歷述出家前後事迹、今後志願及當時浙省佛教發展情形⑨。秋初，溫州颶風過境，拔木發屋。吳璧華居士默念佛號而眠，雖墻傾圮，磚泥墜落徧身，竟得安然無恙。翌日至慶福寺與師言之，深感佛恩之廣大⑩。師患痢疾，疑或不起，囑命終將其纏裹送投江心，結水族緣，不久幸即霍然，其解脫有如此⑪。是年春夏秋三季，師在溫州，各寫古德詩文一紙，以奉夏丏尊居士，並自題記⑫⑬⑭。又為庖人陳阿林撰《陳阿林往生傳》⑮。

注　釋

①手書法常首座《辭世詞》贈楊白民：

此事楞嚴嘗露布，梅華雪月交光處。一笑寥寥空萬古。風甌語，迴然銀漢橫天宇。蝶夢南華方栩栩。斑斑誰誇豐干虎。而今忘却來時路。江山暮，天涯目送飛鴻去。

法常首座辭世詞　壬戌歲朝寫貽　白民居士　弘一．音。

❷因弘《恩師弘一音公駐錫永嘉行略》：「十一年春……師以依律須奉寺主為依止阿闍梨。一日詣寂老室，正暢談間，袖出啟事，示拜師之意。寂老愕然曰：余德尠薄，何敢為仁者師？再三辭讓。師曰：吾以永嘉為第二故鄉，慶福作第二常住，俾可安心辦道，幸勿終棄，並邀壁華、孟由二居士懇勸始允。翌日，行拜師禮，並登報聲明。……」

【按】吳璧華，浙江溫州人，早年畢業日本士官學校。歷任軍政要職，深信佛法。一九二二年在溫創辦「蓮池海會」，以闡揚佛法。曾請湖南唐大圓居士至溫州宏法。（見唐大圓《溫州宏法記》——《海潮音文庫．筆記》下）周孟由，深信淨土法門，皈依印光法師，為溫州知名居士。

❸丁鴻圖《慶福戒香記》：「寂公（寂山）為慶福寺主持，以師為富家子弟而兼學者，出家竟能嚴持戒律，刻苦精進，欽敬供奉，視同佛菩薩。嘗因師持過午不食，特將全寺午飯時間提早為十時。……師感寂公之慈悲護念，於民國十一年，曾攜氈至寂公室，以氈敷座，懇寂公坐其上受拜為依止師。公遜讓不敢，師禮空座，尊公為依止阿闍梨。故函札來往，均稱寂公為師父大人，自稱弟子。公殊不安，曾函告以後勿用師弟稱呼。師即覆云：『弟子以師禮事慈座，已將三載，何可忽爾變易？伏乞慈悲攝受，允列門牆。』仍終身以師禮事寂公。……」

❹上寂山和尚書：「恩師大人慈座：前命寫之字帖，今已寫就奉上，乞收入。前數日得天津俗家兄函，謂在家之妻室已於正月初旬謝世，屬弟子返津一次；但現在變亂未寧，弟子擬緩數月再定行期，一時未能動身也。再者，吳璧華居士不久即返溫，弟子擬請彼授予神咒一種，或往生咒，或他種之咒。便中乞恩師與彼言之。弟子現在雖禁語之時，不能多言，但為傳授佛法之事，亦擬變通與吳居士晤談一次，俾便面授也。順叩慈安。正月廿七日，弟子演音頂禮。」

【按】是年張作霖與吳佩孚交戰於長辛店，稱「奉直戰爭」，故曰「變亂未寧」。

又李晉章致林子青書：「俞氏三孀（即大師在俗德配）故於十一年正月初三日（故於天津本宅），紀念物所存甚多，一時難寄照片。……」

❺《題朱賢英女士遺畫集》：「壬子春，予在城東授文學，賢英女士始受予教。其後屢以書畫，乞為判正，勤慎懇到，冠於同輩。未幾負疾，廢學家居。前年侍母朝普陀，禮觀音大士，受三皈依。自是信佛至篤，修習教典，精進靡間。去歲四月，余來滬，居城東，賢英過談半日，勉以專修持名念佛，毋旁騖他法。其時賢英至心信受，深自慶幸；乃以幻緣既盡，殤於歲晚。淨業始萌，朝露溘至，可嘆慨也！比者，同學將集其遺畫，影印輯帙，以誌哀思，遠徵題詞於予，為記其往昔因緣如是。壬戌二月大慈弘一沙門演音，書於溫嶺城寮藏堂。」

❻為亡母忌日寫經題記：「於時歲在玄黓二月五日，亡母棄世十七周年，敬書菩薩名號，並錄《地藏本願經》句。以此功德，惟願亡母，速消業苦，往生西方，廣及法界衆生，同圓種智。大慈弘一沙門演音記於甌嶺城寮慶福藏堂。」（據蔡丏因「廣證」增補）。

❼贈夏丏尊篆刻五方題記：「十數年來，久疏雕技。今老矣，離俗披剃，勤修梵行，寧復多暇耽玩於斯。頃以幻緣，假立𦣞名及以別字，手製數印，為志慶喜。後之學者覽茲殘礫，將毋笑其結習未忘耶？於時歲陽玄黓吠舍佉月白分八日。予與丏尊相交久，未嘗示其雕技。今齎以供山房清賞。弘裔沙門僧胤並記。」

【按】所刻五印皆白文，為「大慈、弘裔、勝月、大心凡夫、僧胤。」題記中「假立𦣞名」之「𦣞」字，夏丏尊介紹原作「亞」字，即「亞名」，初版《年譜》因之。近年引起葉聖陶、俞平伯、張人希諸先生之注意。葉老對此「𦣞」字說不識，俞老認為是「宧」字的省文，說「宧」字出自《爾雅》，室東北隅謂之「宧」，後人經常用為書齋命名。但我提出異議，因為文中提到的五方印，無一是書齋印而全是別名。後來張人希先生經過種種篆刻的研究，認為這個「匠」字是「私」字。「假立匠名」就是「假立私名」。俞老也表示同意了。認為「自漢以來，篆刻文字相同，則為『私』字無疑」。「私名別字」，文理通順。並說「葉老知之，亦必欣然」。（見上海《書法》一九七九年第六期、張人希的《弘一法師的篆刻藝術》及一九八二年第一期《對於弘一法師「匠」字的析疑》）。「歲陽玄黓」，「歲陽」即天干，「玄黓」（黓音亦）屬「壬年」，為壬戌年，即一九二二年。「吠舍佉月」為印度曆二月，「白分」。（亦稱「白月」為上半月。《大唐西域記》卷二：「月盈至滿，謂之白分；月虧至晦，謂之黑分。……黑前白後，謂之一月。」）

❽《寒笳集·序》：「壬戌之歲，嘗依《靈峯宗論》摭寫《警訓》一卷，顏曰『寒笳集』。」

❾復俗姪李聖章（麟玉）書：「聖章居士慧覽：二十年來，兼音問疏絕。昨獲長簡，環誦數四，歡慰何如！任杭教職六年，兼任南京高師顧問者二年，及門數千，徧及江浙。英才蔚出，足以承紹家業者，指不勝屈，私心大慰。弘揚文藝之事，至此已可作一結束。戊午二月，發願入山剃染，修習佛法，普利含識。以四閱月力料理公私諸事：凡油畫、美術圖籍，寄贈北京美術學校（爾欲閱者，可往探詢之），音樂書贈劉子質平，一切雜書零物贈豐子子凱（二子皆在上海專科師範，是校為吾門人輩創立）。佈置既畢，乃於五月下旬入大慈山（學校夏季考試，提前為之），七月十三日剃染出家，九月在靈隱受戒，始終安順，未值障緣，誠佛菩薩之慈力加被也。出家既竟，學行未充，不能利物；因發願掩關辦道，暫謝俗緣（由戊午十二月至庚申六月，住玉泉清漣寺時較多）。庚申七月，至新城貝山（距富陽六十里），居月餘，值障緣，乃決意他適。於是流浪於衢、嚴二州者半載。辛酉正月，返杭居清漣。三月如溫州，忽忽年餘，諸事安適，倘無意外之阻障，將不他往。當來道業有成，或來北地與家人相聚也。音拙於辯才，說法之事，非其所長；行將以著述之業終其身耳。比年以來，此土佛法昌盛，有一日千里之勢。各省相較，當以浙省為第一。附寫初學閱覽之佛書數種，可向臥佛寺佛經流通處請來，以備閱覽。拉雜寫復，不盡欲言。釋演音疏答，四月初六日。爾父處亦有復函，歸家時可索閱之。」

❿《淨宗問辨記》：「溫州颶風災害中，吳璧華念佛免難奇跡。十一年壬戌七月下旬，溫州颶風暴雨。牆屋倒壞者甚多。是夜（吳）璧華適臥牆側，默念佛號而眠。夜半，牆忽傾圮，磚礫泥土墜落徧身。家人疑已壓斃，相率奮力除去磚土，見璧華安然無恙，猶念佛號不輟。察其顏面以至肢體，未有毫髮損傷，乃大驚歎，共感佛恩。其時余居溫州慶福寺，風災翌日，璧華親至寺中向余言之。」（《弘法月刊》第二十九期）

⓫因弘《恩師弘一音公駐錫永嘉行略》：「是（民國十一）年，師患痢疾，寂老存問；師曰：小病從醫，大病從死。今是大病，從他死好。惟求師尊，俟吾臨終時，將房門扃鎖，請數師助念佛號，氣斷逾六時後，即以所臥被褥纏裹，送投江心，結水族緣。聞者涕下，幸即霍然。……」

⓬手書《念佛三昧詩》題記：「於時歲陽玄黓，吠舍佉月第一褒灑陀前三日，寫貽丏尊居士慧覽，弘一沙門演音居甌嶺慶福。」

【按】「第一褒灑陀前三日」。「褒灑陀」為「布薩」之新譯，乃梵語Posadha之音譯。有共住、長養、淨住多義，義譯甚難，故義淨三藏音譯為「褒灑陀」。印度古時寺院每半月集衆僧誦《戒經》一次。于半月間若有犯戒者，令懺悔之，以長善除惡的儀式，稱為「布薩」。我國叢林行事，稱為「誦戒」。「吠舍佉月第一褒灑陀日」，即二月十五日，「第一」指上半月誦戒。

⓭手書蓮池大師等法語題記：「壬戌夏寫付丏尊居士　弘裔沙門僧胤居溫嶺。」

⓮手書蘇軾畫阿彌陀佛像題偈跋：「於時遜國後十一年歲次玄黓秋孟之節，寫付丏尊居士。弘裔僧胤。」

⓯《庖人陳阿林往生傳》：「陳阿林，名修量，瑞安下林鄉人。幼業燒瓦。後居城下寮掌齋廚。辛酉三月，余來溫城，始識

阿林，面黃顴削，無福德相。入侍飲膳，常合掌致禮。食竟，撤盂皿，輒視余面，目久不瞬，如童騃。見余食少，愀爾改容，必窮其故。舊病肺喘，咳嗽不已，然操作勤苦，未嘗以是介意焉。夕飧後，恆侍僧衆誦《阿彌陀經》，持佛名號，吭聲淒緊，驚絕同侶。新歲十日輟職。越二日來寮，檢取衣被，戀戀不忍去。適有佛事，須人助治，乃暫止焉。留滯數日，未嘗言對。十六日午，捧麪一器入余室，著新絮袍，冠履襟帶，儀觀至偉。相顧而喜。且謂不復去矣。後聞人言，阿林是夕歸家，居無行，宿疾轉劇。二月初七晨，屬人瀹湯，自濯巾沐浴已，臥床念佛，泊然而化，閱世三十有一。

「贊曰：阿林治庖城寮，先後二年。非勤修淨行者。然觀其生死之際，脫焉無所累。人謂阿林愚，是其所以不可及也夫。」

【按】城下寮本名慶福寺，在溫州永嘉縣大南門外。（錄自《微妙聲》月刊）

一九二三年（民國十二年癸亥）四十四歲

是年二月，自溫州至上海，臨別與其徒和寺主攝影留念❶。在滬與尤惜陰居士合撰《印造佛像之功德》一文，由師示綱，尤惜陰演繹，舉十大利益普勸羣生（見《印光法師文鈔》卷四附錄）。然據師致俗姪李聖章書，則此文為師自撰，而託名與尤居士合撰者❷。師持戒精嚴，凡屬常住公物，雖一毫不敢佔用。是年自溫至杭，曾借慶福寺碗筷一副。抵杭後，即託林贊華居士帶還慶福寺常住❸。四月，居上海太平寺親近印光法師。題元魏曇鸞《往生論註》，並錄補陀印光法語於卷端❹。時遇江謙（易園）居士於滬上，勸其讀《靈峯宗論》，江氏自云受益無窮❺。六月，為杭州西泠印社書《阿彌陀經》一卷，該社為刻於石幢，以為紀念❻。夏至靈隱寺，聽慧明法師（受戒時大師父）講《楞嚴經》，見他髮白齒落，為之淚落不止❼。九月，重至衢州，仍居蓮華寺。因馮明之居士之介，識隱士汪澄衷，為撰《汪居士傳》❽。十月，撰《紹興開元寺募建殿堂疏》❾。臘月，作《大中祥符朗月照禪師塔銘》❿。

是年師與印光法師通信頗多，其原函雖不得見，但自印光法師之復書觀之，師此時所致力之功夫，仍以掩關並刺血寫經為主。而印光法師則勸其先專志修念佛三昧，然後再事寫經。大師發願刻期掩關，誓證念佛三昧，並請印光法師作「最後訓言」。印光法師遜謝，略謂「朋友往還，貧富各盡其分」。勸他關中用功，當以專精不二為主。切不可以躁妄之心先求感通。心未一而切求感通，乃是修道第一大障⓫。他第二次衢州之行，留下許多墨迹，並以《續藏經》等贈與衢州祥符寺，又石刻一詩贈汪夢松⓬。

注釋

❶因弘《送別恩師攝影題記》：「歲次癸亥二月廿四日，恩師弘一比丘將赴滬上，因弘名字沙彌剃髮出家，謹請寺主寂山老和尚，合攝此影於南城外慶福禪寺以留紀念。」

❷致俗姪李聖章書：「……附齎《印光法師文鈔》一部。（是為第四次新版，卷首有余題詞，附載《印造經像文》亦余所撰述。）……論月疏。」

❸丁鴻圖《慶福戒香記》：「師持齋嚴淨，不用公共碗筷。民國十二年赴杭州，借慶福寺碗筷一副；抵杭後，即託交林贊華居士帶還慶福常住。（碗筷雖云微物，既屬常住，一芥不容侵損，師持戒之精微類此。）」

❹題元魏曇鸞《往生論註》：「癸亥四月，居上海太平寺，依北京新刊補陀光法師校定本標寫，今復錄補陀法語三節於卷端。時在癸亥歲將暮，晚晴沙門曇昉書。」

【按】補陀即普陀山略稱。印光法師居普陀，故稱其法語為《補陀法語》。

❺江謙《壽弘一大師六十周甲》詩：

細讀靈峯宗論教，別來旦夕未能忘。

千年儒佛相攻案，至是鏗鏘會一堂。

癸亥遇師滬上，教讀《靈峯宗論》，受益無窮。

❻西泠印社彌陀經塔題記：「佛曆二千九百五十年，歲次癸亥六月，西泠印社請弘一音師寫，山陰吳熊捨資造，仁和葉為銘監造，俞庭輔、吳福生、王宗濂、趙永泉鐫刻。」（此經塔現存杭州西泠印社。——著者）

❼《我在西湖出家的經過》：「……曾記得在民國十二年的夏天，我到過杭州。那時慧明法師，正在靈隱講《楞嚴經》。開講的一天，我去聽法。因為好幾年沒有看見他了，覺得他已老了不少。頭髮已經斑白，牙齒也大半脫落。我當時大為感愴。於拜他的時候為之淚落不止。聽說沒有幾年功夫，慧明法師就圓寂了。」

【按】慧明法師，名圓照，汀州溫氏子。早歲出家。年十九，於天台國清寺受具，其後歷參金山、寶華、九華、天童諸山宗匠，精研教理，熟習瑜伽梵唄水陸儀軌，諸方推為老參飽學。中年置一寮於迴龍真寂寺，屢應請出外講經及充戒期教授等職。晚年應請主杭州靈隱法席，興修殿宇不遺餘力。靈隱自洪楊刼後，至師始有中興之象。一九三〇年二月廿三日寂於靈隱丈室，享年七十一歲。寂後太虛法師為撰行述，稱師「志行純備，宗說兼通，不愧為一代高德」。（見太虛《靈隱慧明照和尚行述》）

❽《汪居士傳》：「……越三年癸亥九月，余以業緣，重來蓮華。未數日，居士與馮君明之、胡子嘉有過余精舍。」

【按】《汪居士傳》，曾載於一九二四年《海潮音》第五卷第五期。其手迹編入《晚晴賸語》，見《弘一法師》（紀念集）圖版第二十。

❾《紹興開元寺募建殿堂疏》：「紹興開元寺建於梁天監中，當昔全盛之時，金剎梵宇，峻極雲表，實為爽塏棲心之所。開堂接衆，數逾千百，道風蔚盛，冠於東浙。郡邑士夫，祝釐肆禮，誦宣詔勅，亦聚於是。二千年來，興衰之迹，記載闕佚，末由詳考。今所存者，有乾隆四十五年宋明府撥田開元常住碑記，尋繹詞恉，粗可悉其概末焉。清季以來，寖以零落，殿梁摧朽。金像顛覆（羅漢堂中五百羅漢大半殘闕），池橋之勝，崩榛引塞。（普渡橋、萬工池皆為昔放生之所，今惟存基地。）歲月鶩過，芳流歇絕，不其惜乎？比者，聞願法師，卓錫是間，將集善侶，重建殿堂，乃製緣冊，倡募資財。余以夙慶，至德同時，預奉餘論，頂戴踊躍，輒述緣起，為弁冊首。建立佛塔僧坊，福德之殊勝者，冀諸善侶，銘佩仁誘，共加宏讚也。於時歲在昭陽報沙月釋曇昉書於西安蓮華寺。」

【按】太歲在癸曰「昭陽」，此為癸亥；「報沙月」為印度古曆十月之稱。西安，衢州古名。

❿《大中祥符朗月照禪師塔銘》：「吳嘉禾間，將軍鄭平捨宅建大中祥符禪寺，勝境標絕，為三衢諸剎之冠。綿世寖遠，盛衰之蹟，靡得詳考。清道光中葉，住持僧某，重葺梵宇，敷揚洪業。興繼之美，見述後代。百年已來，玄風墮替，金剎廢圮。其有嗣徽緒於往哲，穆道俗以歸懷。崇振頹流，闡固法道。若朗月照禪師者，誠末化之芬陀，昏途之寶炬矣。師諱能照，字朗月，一字天心。家浙江江山，族周氏。髫齔之歲，投詣祥符，出家披剃，長稟具足於錢塘長慶律寺。二十三，任副寺，作務劬勤，行業貞簡。後十五年，嗣法住持，嚴勒清規。增置寺田，繕治祖堂丈室十數楹。自奉儉約，未嘗虛糜僧物。性耽寂靜，晨燈夕香，晏坐斗室，披尋群典，以自娛適。老儒吳子弓、汪鞠如輩，時扣禪寮。師便延召，披襟致契，談笑竟夕。宰官縉紳，數數參訪者，輒屏不納。抗行峻節，與世寡和，有古德之遺風焉。宣統二年，僧衆集會興學，延師長其事，固辭不就；而楷定章則，求覓典籍，悉力任之。上海賑濟會，募資於衢，師為倡緣；不足，自捐巨金實其數。愛人之周，皆類此也。師於徒衆，督課勤肅。再傳弟子永祚，根性聰利，侍師日久，嘗教念佛，注心西極，今猶傳誦遺龔叟，人至樸質，師嘗器許。提獎道趣，接誘無倦。寺役德，稱道不衰。夙志參學，寺務羈制，未遂其願。今歲三月，師壽五十，屏除慶祝之文，先期孑身如錢塘，將欲艤舟天目，以盜亂未寧，旋歸三衢。五月四日，示微疾，自知不起。詔命弟子，承嗣寺業。彌留之夕，神志清澈。遺囑修葺大殿，改建齋廚。乃吉祥臥，泊然遷化。時十二年歲在癸亥七月十八日也。師住世時，博覽內外玄籍，於大慧《禪林寶訓》，尤所心折。病臥之暇，披檢研味，常不釋卷。既而龕殮，乃舉《寶訓》，供置靈右，慰其幽魄焉。世壽五十，法臘十有二年。弟子妙玄，再傳永祚、永仁等。是歲十一月十二日，嚴霜之晨，葬於鹿鳴山登高亭下。余以宿緣，承侍窆禮。睇朝陽之頹景，悼至人之殂化。輒從眷徒，略承遺德。深心追往，寄懷毫素。乃為銘曰：『住持之

道，《寶訓》其資。爾既末運，聖教陵遲。至人示生，繼承法位。不務榮名，不干時貴。卓哉師德，季葉之賢。渟心獨得，唯宗是篇。標舉一行，以該萬德。旌彼幽光，百世昭式。』大慈沙門曇昉撰並書。」

【按】朗月照禪師塔，在衢縣祥符寺，大師曾掛錫於此。三衢，山名，即浙江衢州，傳昔有洪水暴漲，派此山為三道，故稱三衢。芬陀，梵語，具稱芬陀利，譯為白蓮華，或人中好華等。在蓮華青黃赤白四種之中，最為高尚。《觀無量壽經》稱譽念佛者為人中芬陀利華。

⓫印光復大師書之一：「座下勇猛精進，為人所難能。又欲刺血寫經，可謂重法輕身，必得大遂所願矣。雖然，光願座下先專志修念佛三昧，待其有得，然後行此法事。倘最初即行此行，或恐血虧神弱，難為進趨耳。入道多門，惟人志趣，了無一定之法。其一定者，曰誠，曰恭敬。此二事雖盡未來際諸佛出世，皆不能易也。而吾人以博地凡夫，欲頓消業累，速證無生，不致力於此，譬如木無根而欲茂，鳥無翼而欲飛，其可得乎？（中示刺血寫經之利弊方法及前人經驗，且略。——著者）又寫經不同寫字屏，取其神趣，不必工整。若寫經，宜如進士寫策，一筆不容苟簡，其體必須依正式體。若座下書札體格，斷不可用。……」

【按】博地一作薄地。薄者逼也，為諸苦所逼之地位，謂凡夫境界。《淨土戒觀》下曰：「薄地凡夫，臭身鄙陋，果報卑劣。」（《摩訶止觀》作博地。）一說為通數十地之第五地——薄地。凡夫，聖者之對，謂智慧淺薄愚鈍的衆生。

其二：「接手書，見其字體工整，可依此寫經。夫書經乃欲以凡夫心識，轉為如來智慧。比新進士下殿試場，尚須嚴恭寅畏，無稍怠忽。能如是者，必能即業識心，成如來藏。於選佛場中，可得狀元。今人書經，任意潦草。非為書經，特藉此以習字，兼欲留其筆迹於後世耳。如此書經，非全無益。亦不過為未來得度之因。……刺血寫經一事，且作緩圖。當先以一心念佛為要。恐血耗神衰，反為障礙矣。……」

【按】迷界的真如名「如來藏」，謂衆生藏有如來性德，故名「如來藏」。

其三：「接手書，知發大菩薩心，誓證念佛三昧，刻期掩關，以祈遂此大願。光閱之不勝歡喜。所謂最後訓言，光何敢當？然可不盡我之愚誠以奉之乎？雖固知座下用此種絡索不著，而朋友往還，貧富各盡其分，則智愚何獨不然？但盡愚誠即已，不計人之用得著與否耳。竊謂座下此心，實屬不可思議。然於關中用功，當以專精不二為主。心果得一，自有不可思議感通。於未一之前，切不可以躁妄之心先求感通。一心之後，定有感通，感通則心更精一。所謂明鏡當臺，遇形斯映，紜紜自彼，與我何涉？心未一而切求感通，即此求感通之心，便是修道第一大障。況以躁妄格外企望，或致起諸魔事，破壞淨心。……敢為座下陳之。」

其四：「講《起信論》，雖不必定宗《裂網疏》，然決不可謂《裂網》為非，此決定不易之法也。靈峯著述，千古少有。彼等正眼未開，不知其要，故輒吠影，以惑初學。果真具正知見者聞之，則彼之心腹，徹底了知矣。靈峯老人乃末法絕無而僅有者。其言句理多具足，利益叵測。隨人分量，各受其益。」

⓬王月娥《弘一法師在衢州》：「一九二三年八月至一九二四年四月，弘一法師先居蓮華寺治律，後又居衢州城東四十里的三藏寺及城裏的祥符寺等。他還將誦習的諸經及全部藏經和《續藏經》捐贈給祥符寺看經會，以廣流傳。……

「弘一法師在衢州活動期間，曾留下許多珍貴實物，尤其是墨迹。但歷經幾次運動，損失很多。幸存下來的，民間發現有『南無阿彌陀佛』。（主軸，題為「歲在昭陽小雪後，曇昉居西安蓮華」。）另有被衢州市博物館收藏的幾件：《大佛頂如來密因修證了義諸菩薩萬行首楞嚴經合轍》十卷，為明代二楞庵僧人通潤所撰，明天啟元年木刻本，有通潤自序一篇。經書第一冊封面上有弘一法師一九二三年親筆題字及朱印：『舊藏銀洞接引庵。癸亥九月，恩師以付演音。是歲十月記於蓮華。』石頭一塊，是一九二三年冬弘一法師贈送給夢松的。上有弘一法師親筆題詩一首：『千峯頂上一間屋，老僧半間雲半間。昨夜雲隨風雨去，到頭不似老僧閒。』……」

一九二四年（民國十三年甲子）四十五歲

是年春，居衢州蓮華寺。因前年南京內學院王恩洋居士撰《大乘起信論料簡》，謂《起信論》之作，出于梁陳小兒，無知徧計，引起國內佛教學者爭論。常惺法師撰《大乘起信論料簡駁議》駁之。大師深為激賞。致書蔡丏因，稱其文甚精，並乞詳覽❶。二月致書王心湛居士，盛讚印光法師之盛德，謂於當代善知識中，最服膺者惟光法師。稱他「折攝皆具慈悲，語默無非教化，二百年來一人而已」。及再三懇求列為弟子經過❷。三月，移居三藏寺❸。於三藏寺輯《毗尼勸持錄》❹。四月以東瀛古版《行事鈔》，供施江山圖書館❺。又書《華嚴淨行品偈》一卷，以答謝之❻。

【按】是年春夏之交，初版《年譜》誤記大師駐錫永嘉。其後發現大師與俗姪李聖章幾通書信，始知他春間尚在衢州，有「居衢以來，忽忽半載」之語。且確知其離衢赴溫之時日，故本年若干記事，須移後改寫。

四月，向衢州蓮華寺主借得旅費三十元❼。十九日自衢州起行，取道松陽、青田。廿五日回至溫州，繼續掩室。旅費則請俗姪李聖章償還❽。五月，手書《佛說八大人覺經》，以贈陳伯衡居士，居士為影印流通❾。同月前往普陀山，參禮印光法師於後寺（法雨寺）。居七日，觀察印光法師一切生活情況，至為景仰❿又。時遇王大同居士亦同戾止，賦詩為贈⓫。五月，撰《有部毗柰耶犯相摘記》⓬。在衢州時，晤南社舊侶吳江尤墨君玄父居士。回溫州後，即錄近作五篇，寫成手卷奉贈。尤氏為編《論月集》，後陸續發表於杭州《越風》半月刊第十七、十九、廿一期⓭。八月手書《四分律比丘戒相表記》脫稿。穆藕初居士為施資影印⓮。是時並立「遺囑」：謂本衲身後，無庸建塔，祇乞募資，重印此書，以廣流傳。《遺囑》由弟子劉質平保存⓯。回溫州後，續撰《根本說一切有部毗柰耶自行鈔》⓰，更輯《學根本說一切有部律入門次第記》⓱。《四分律比丘戒相表記》石印後，寄贈蔡丏因與李圓淨二居士各一冊，並致書蔡丏因云：「出家比丘之戒律，在家人不宜閱覽，……開卷之時，不須研味其文義，唯賞玩其書法，則無過矣」⓲。八月，欲往杭州，抵海門，聞杭州發生變亂（是秋江蘇齊燮元與浙江盧永祥開戰，所謂「齊盧之戰」。——著者），因往紹興訪諸門人。此事因據蔡冠洛《廓爾亡言的弘一大師》一文所記，初版年譜誤繫於民國十二年（一九二三）條⓳。今據李鴻梁文，改正為十三年⓴。九月，為友人崔鴻祥撰《崔母往生傳》㉑。冬至後，友人惠施《華嚴疏鈔》，師以卷帙繁多，致書蔡冠洛，願與輪流共閱，俾施主功德彌勝㉒。仲冬，手書《梵網經》成，馬一浮居士為題一詩㉓。十二月，以楊仁山居士刻經，多不刻科文；徐蔚如刻經，亦復如是，致書蔡冠洛述其利害，深為慨然㉔。是年撰《校刻佛說優婆塞五戒相經箋要序》，於歸戒功德，受戒應於出家五衆邊受，及今人乞師證明受歸依者，輒稱歸依某師，俗例相承，頗有未安。因於《例言》，詳為闡述，反復啟導，至於千言㉕，最後又為此經補釋三章㉖。

注　釋

❶致蔡丏因書：「丏因居士：前奉手書，具悉一一。孫居士精進修習，歡讚無量。承寄《淨土十要》等五冊，今日已受收，晤時乞為致意。別郵《崔母傳讚錄》一冊，敬贈仁者。（僅存此一冊，未能遍贈道俗為憾。）常惺法師之文（《大乘起信論料簡駁議》）甚精，乞詳覽。曇昉 二月二日。」

❷致王心湛書：「心湛居士道席：損書，承悉一一。小印倉卒鐫就，附郵奉慧覽。刻具久已拋棄，假鐵錐為之。石質柔脆，若佩帶者，宜以棉圍襯，否則印文不久將磨滅矣。朽人於當代善知識中，最服膺者惟光法師。前年嘗致書陳情，願厠弟子之列，法師未許；去歲阿彌陀佛誕，於佛前燃臂香，乞三寶慈力加被，復上書陳請，師又遜謝。逮及歲晚，乃再竭誠哀懇，方承慈悲攝受，歡喜慶幸，得未曾有矣。法師之本，吾人寧可測度？且約迹論，永嘉周孟由嘗云：法雨老人，稟善導專修之旨，闡永明料簡之微。中正似蓮池，善巧如雲谷，憲章靈峯（明蕅益大師），步武資福（清徹悟禪師），宏揚淨土，密護諸宗。明昌佛法，潛挽世風，折攝皆具慈悲，語默無非教化，二百年來一人而已，誠不刊之定論也。孟由又屬朽人當來探詢法師生平事跡，撰述傳文，

以示後世，亦已承諾。他年參禮普陀時，必期成就此願也。率以裁復，未能悉宣。二月四日，曇昉疏答。」

❸致李聖章書：「聖章居士丈室：惠書誦悉，感慰無已。今猶有餘資，他日須者，當以奉聞。比移居三藏寺暫住，今後來信，希郵致衢州東鄉全旺鎮懋泰南貨號轉交三藏寺內朽人手收。率復，不盡一一。曇昉疏，三月十一日。」（一九二四年）

❹《毗尼勸持錄．自註》：「依南山《戒本疏》、《羯磨疏》、《行事鈔》，並靈芝《行宗記》、《濟緣記》、《資持記》節錄。甲子三月廿二日始，廿五日寫竟。沙門曇昉並記於西安三藏寺。」

【按】西安古為縣名，晉稱信安，唐改曰西安，明清皆為衢州府治。民國廢府，改西安曰衢縣。一般習稱為衢州。三藏寺在衢州東鄉巖頭村。

❺《比丘律藏》函題詞：「論云：毗尼藏者，佛法壽命。毗尼住世，佛法方住。毗尼此譯為律。末世僧衆，罔諳律檢，佛法衰滅，有由來矣。余剃染而後，偏攻此部。雖未貫徹，微闚其指。今將掩室，念佛待死。以舊藏《比丘律藏》二函，付江山圖書館。數年心力，悉在於是。後之學者，當尊重珍敬焉。」

【按】大師圈點《南山鈔記跋》：「剃染後二年庚申，請奉東瀛古版《行事鈔記》，未遑詳研；甲子四月，供施江山。」所記，當與《比丘律藏》之贈送為一事。

❻《書〈華嚴經淨行品〉偈跋》：「上海黃涵之居士，以影印扶桑本《續藏經》，施三衢佛學會，卷帙之富，仞房盈閣。見者聞者，靡不歡喜踴躍，歎為希有。余以夙慶，叨預勸請之末，為寫《華嚴淨行品偈》一卷，併節錄《清涼疏》文，以奉居士，而報德焉。……改元後十三年歲在閼逢沙門曇昉撰。」

又據大師致黃涵之居士書云：「附奉陳者，前承惠施《續藏經》，暫存上海立達學園。此次返杭之後，立達主任夏、豐二居士，即來杭晤談。諄諄懇請，以此《續藏經》，永存立達學園。……音察其情意誠摯，不忍違拂，已允其請，並由彼致函與衢州汪居士，說明此意。請汪居士歡讚其事。照此情形，是經存置立達，似頗穩妥。……附陳梗概，並鳴謝忱。」

【按】此藏經其後下落如何，今無由悉。此信載於一九二六年四月，上海《淨業月刊》。

❼致李聖章書：「居衢以來，忽忽半載。溫州諸人士屢來函，敦促朽人返彼繼續掩室，情誼殷摯，未可固辭；不久即擬啟程。行旅之費，已向蓮華寺住持借用三十圓。尊處如便，希為代償。……此次赴溫，由衢經松陽、青田，較繞道杭滬稍近，約七日可達。率達不具。曇昉答　四月十七日。」

❽致李聖章書：「聖章居士丈室：昨承來旨，委悉一一。荷施資致返蓮華，感謝無盡。四月初，衢州建普利道場，朽人入城隨喜。以居室不潔，感受潮穢之氣，因發寒熱（非是瘧疾），纏綿未已，……然決無大礙，希為釋懷。朽人於四月十九日自衢州起行，廿五日達溫。比擬繼續掩室，一以從事修養，一以假此謝客養痾。……曇昉疏答　六月廿一日。」

❾手書《佛說八大人覺經》題記：「十三年歲在甲子五月，沙門曇昉寫。」陳伯衡（錫鈞）跋云：「民國紀元第一甲子夏五月，弘裔（曇昉）禪師寫經寄我，因付影印，以廣流傳；並願以此微因，迴向先父先母往生佛國，早證菩提。淮陰陳錫鈞敬題。」

❿致李聖章書：「聖章居士丈室：五月往普陀，參禮印光法師。六月返溫，八月將如錢塘；抵海門，乃知變亂復作。因留滯上虞、紹興者月餘。本月初旬，歸臥永寧，仍止慶福。居上虞、紹興時，與同學舊侶晤談者甚衆，為寫佛號六百餘葉，普結善緣，亦希有之勝行也。

「老友丏尊，曾撰《序子愷漫畫集》文，刊入《文學週報》，略記朽人近狀，附郵以奉慧覽。又佛號數葉，亦併郵呈。此未委具。十月廿三日　曇昉疏。」

㊀《略述印光大師之盛德》：「大師一生，於惜福一事最為注意。衣食住等，皆極簡單麤劣，力斥精美。民國十三年，余至普陀山，居七日。每日自晨至夕，皆在師房內觀察師一切行為。師每日晨食，僅粥一大碗，無菜。師自云：『初至普陀時，晨食有鹹菜，因北方人吃不慣，故改為僅食白粥，已三十餘年

矣。』」

⓫王大同《輓弘一上人》：「十餘年前，余與徐偉居士游南海普陀，頂禮於後寺印光老法師。適弘一上人亦由甌江行錫至山，晤談兩日，暢聆法言。更蒙上人惠贈精書佛語一幅，至今留存行篋，作時時展誦也。『儒門逃出學參禪，面壁功夫勝十年。記得印公有一語，上人行德邁前賢。』」

⓬《有部毗柰耶犯相摘記》題記：「附錄《南海寄歸內法傳》數節。又記云：『案：以上所錄，悉屬有部之說，他部譯本，或與是殊。』南山諸師撰述，亦多與此歧異。須知各有所長，未可是丹非素。而南山一派，尤深契此土機宜，慎勿固執有部之說，妄生疑謗也。歲次玄枵木槿榮月於西安蓮華寺。」

【按】玄枵為子年，即甲子年（一九二四），「木槿榮月」即五月。木槿花名，五月始開，《逸周月令》云：「仲夏之月，木槿榮是也。」

⓭尤墨君《論月集》題記：「歲在甲子，講學三衢，會弘一法師亦蒞斯土，相與晤對，如平生歡，蓋法師與不材同隸南社也。尋法師返甌，以近作錄成手卷見贈，都文五。茲先錄寄萍蓀先生，以實《越風》，並以示世之愛讀法師文字者。尚有簡札跋語，當再續寄。『論月』者，法師號也。丙子夏，東吳尤墨君謹識。

「手卷通體作小行楷，古媚之氣，盎然紙上，蓋法師書法原從張猛龍碑陰出。卷末附以短跋，字小如蠅頭，淒婉可誦。跋云：『歲陽閼逢，冉冉春暮，將退隱林邱，埋名長遯。手寫近作，以付玄父居士。』按：太歲在甲曰閼逢，是年甲子為建國十三年。玄父即為不材別篆。猶憶今春晤陳伯衡先生於古越，以所藏法師各種手迹示之，先生歎為至寶。題《佛說八種長養功德經跋》，稱法師書法，可俯視隋唐，洵非過譽。手卷亦正在倩先生加題中。法師尚有致俗宗兄紹蓮居士書，擬附《論月集》後。又有《晚晴寱語》及題跋簡札，當陸續鈔付《越風》發刊，以饗讀者。二十五年歲陽柔兆孟秋之月，東吳尤墨君再識。」（以上《越風》第十九期）

【按】《越風》為戰前之《杭州文史半月刊》，社長兼主編黃萍蓀，撰稿者多一時名流，如夏丏尊、經亨頤、姜丹書、郁達夫、弘一、馬一浮、尤墨君等。

⓮《四分律比丘戒相表記．自序》：「余於戊午七月出家落髮，其年九月受比丘戒。……是冬獲觀《毗尼珍敬錄》……未能貫通。庚申之夏，居新城貝山，假得《弘教律藏》三帙，……將掩室山中，窮研律學，乃以障緣，未遂其願。明年正月，歸臥錢塘，披尋《四分律》，併覽此土諸師之作。以戒相繁雜，記誦非易，思撮其要，列表志之。輒以私意，編錄數章，頗喜其明晰，便於初學。三月來永寧，居城下寮。讀律之暇，時綴毫露。逮至六月，草本始訖。題曰『四分律比丘戒相表記』。……爾後時復檢校，小有改定。惟條理錯雜，如治棼緒。舛駁之失，所未能免。幸冀後賢，亮其不逮，刊之從正焉。時後十三年歲在甲子八月，大慈後學演音敬書。」

⓯致劉質平《遺囑》：「余命終後，凡追悼會、建塔，及其他紀念之事，皆不可做。因此種事，與余無益，反失福也。倘欲做一事業與余為紀念者，乞將《四分律比丘戒相表記》，印二千冊。（以一千冊交佛學書局流通……以五百冊贈與上海北四川路底內山書店存貯，以後隨意贈與日本諸居士……以五百冊分贈同人。）……此書可為余出家以後最大之著作，故宜流通，以為紀念也。弘一書。」（見《弘一法師》圖版六一號墨迹）

⓰《根本說一切有部毗柰耶自行抄》題記：「歲次北陸歌栗底迦月，於永寧晚晴重治校訖。」

【按】說一切有部，小乘二十部之一，又稱「根本說一切有部」，略稱「有部」。此部主張「我空法有」，在小乘二十部中最有勢力。《大毘婆娑論》、《六足論》、《發智論》等，為此部所奉教義。「北陸」為子年，即甲子年（一九二四）。「歌栗底迦月」為印度曆八月。永寧，縣名，漢晉隋改為永嘉，即今浙江溫州。

⓱《學根本說一切有部律入門次第記》云：「昔義淨三藏法師，學於西域二十五年，該通三藏，而偏精律部。翻出有部律文十九部，百九十八卷。又別撰《內法傳》等四部七卷。譯綴之暇，曲授學徒。凡所行事，皆尚急護。漉囊滌穢，特異常倫。學

侶傳行，徧於京洛。泥洹而後，斯宗遂衰，妙典無傳，琅函久錮，不其惜歟？余以夙幸，嘗預鑽仰。憂其失墜，矢願弘布。既集《犯相摘記》一卷，《自行抄》一卷，並述斯文，錄於卷本。冀初心者，始涉有津。敢以闇短，光顯法門；振其絕緒，當復俟諸後賢矣。」

⑱致蔡冠洛書：「拙述《四分律比丘戒相表記》，今已石印流布。是書都百餘大頁，費五年之力編輯，並自書寫細楷。是屬出家比丘之戒律，在家人不宜閱覽，但亦擬贈仁者及李居士各一冊，以志紀念。開卷之時，不須研味其文義，唯賞玩其書法，則無過矣。」

⑲蔡冠洛《廓爾亡言的弘一大師》：「我和弘一法師見面，是在他將赴新登貝山掩關的一年（民國九年）。……大約是第三年吧（應是民國十三年），我在紹興第五師範教書。弘一法師從白馬湖到紹興來，同事李鴻梁、孫選青是他在杭州第一師範的學生，邀我一道到船埠去接他。船到了，一一見了面。……他這回到紹興，在城南的一角田野裏叫做草子田頭的普慶庵住了半個月。每於假日，與師泛若耶、游雲門顯聖寺，及禹陵那些名勝地，他很覺快樂。……臨別，寫佛號千紙分贈善友，下題：『願共諸衆生，往生極樂國』，因署其室曰『千佛名室』。並貽孫選青、蔡冠洛以手書篆字佛號，並錄靈峯、蓮池、印光諸師法語，隨機開導，因病與藥。下題：『歲在星紀初霜，游方會稽』，晤丙因居士，為書此紙，以志遺念。晚晴沙門論月。』」

⑳李鴻梁《我的老師弘一法師李叔同》「三次紹興之行」：「弘一法師蒞紹興，先後共計三次。第一次是在一九二四年秋天。按林子青編《弘一大師年譜》中引蔡冠洛的《廓爾亡言的弘一大師》中說：『我和弘一法師見面是在他將赴新登貝山掩關的一年（民國九年），大約是在第三年吧（民國十二年），我在紹興第五師範教書……』，這是不對的。因為十二年春我還在廈門集美學校教書，在那年秋季，才應紹興五中、五師之聘。翌年秋，才兼長縣女師職。所以法師第一次蒞紹是在民國十三年（一九二四），這是不會錯的。並且我還記得，師在若耶溪上讚美過紅葉，所以是在秋天無疑。」

【按】本文作於一九六二年八月，發表於一九八三年十一月的《浙江文史資料選輯》第二十六輯。一九八八年天津古籍出版社出版的《李叔同——弘一法師》轉載。

㉑《崔母往生傳》：「後十三年歲次玄枵，九月二十二日，崔母沒世。子祥鴻述其遺行，乞文傳焉。母為南皖太平孫君德甫長女，適同邑崔處士注川。處士少而窮悴，同光之際，徙居蕪湖，設肆貿易，乃漸饒盛。崔母治家勤苦，一粟一縷無虛靡。處士嘗曰：吾家致富，資於內助也。……去八年，從禹王明禪師諮稟戒法，蔬食念佛，……精進之力，軼於常倫。……今歲正月，神心瞢悶，殆及於危。命迎尼衆，念佛一七日，小得康損。……九月二十日，復示微疾，……持誦佛號，安詳平坐，奄然從化。……春秋七十有九。子三，祥鳩、祥鷗、祥鴻。……永寧晚晴院沙門論月撰。」

㉒致蔡冠洛書：「爾有友人惠施《華嚴疏鈔》一部，如仁者暫不請購，可先與朽人輪換共閱此一部。因朽人所閱者僅數冊，餘悉束置高閣。若與仁者共閱，俾令施主功德彌勝。……曇昉疏白，冬至後二日。」蔡冠洛按：「師由是常分部寄來，閱竣寄還；又寄其餘部分。其意實緣疏鈔繁重，多則生怠倦心，故分部寄閱，輪換研究。善巧誘掖，於此可見。」

㉓馬一浮題大師手書《梵網經》詩：「要識如來種，應觀孝順心。撥爐知有火，廢井乃無禽。教陵惟扶律，情亡在飲鍼。毫端留舍利，萬本示叢林。弘繖大士出音上人寫《梵網經》屬題，率綴短句，甲子仲冬，湛翁。」

㉔致蔡丙因書：「丙因居士丈室：……《華嚴經疏科文》十卷，未有刻本。日本《續藏經》第八套第一冊、二冊，有此科文。他日希仁者至戒珠寺檢閱。疏、鈔、科三者如鼎足，不可闕一。楊（仁山）居士刻經疏，每不刻科文，厭其繁瑣，蓋未嘗詳細研審也。……今屏去科文而讀疏鈔，必至茫無頭緒。北京徐（蔚如）居士刻經，悉依楊居士之成規，亦不刻科。所刻南山律宗三大部，為近百冊之巨著，亦悉刪其科文。朽人嘗致書苦

勸，彼竟固執舊見，未肯變易，可痛慨也。十二月初三日，曇昉白。」

㉕《校刻佛說優婆塞五戒相經箋要序》：「《五戒相經箋要》，今有二本。金陵新刻，校點疎略，文字句讀，並多訛舛。舊刻莫審所出，較前為善，而流布者希，覓求非易。今檢《麗藏》古本，旁考大律，詳校經文，小有改訂，並分章節，指序條貫。雖於文義不無割裂，取便初學，非無益矣。別述補釋三章，錄於卷末。敢以淺學，嚮附前規。明哲倘覽，幸為研盡，備其未詳也。於時十三年歲陽閼逢沙門曇昉。」

附：《例言》

一、五戒八戒，當分屬於小乘。然欲秉受戒品，應發大菩提心，未可獨善一身，偏趣寂滅。雖開遮持犯，不異聲聞，而發心起行，宜同大士。菩提心義，委如附錄靈峯文中廣明。

二、歸戒功德，經論廣讚。汎言果報，局在人天。故須勤修淨行，期生彌陀淨土。宋靈芝元照律師所云：一者入道須有始，二者期心必有終。言有始者，即須受戒，耑志奉持。今於一切時中，對諸塵境，常憶受體。著衣吃飯，行住坐臥，語默動靜，不可暫忘也。言其終者，謂歸心淨土，決誓往生也。以五濁惡世，末法之時，惑業深纏，慣習難斷，自無道力，何由修證？故釋迦出世五十餘年，說無量法，應可度者，皆悉已度。其未度者，亦皆已作得度因緣。因緣雖多，難為造入，唯淨土法門，是修行徑路。故諸經論，偏贊淨土。佛法滅盡，唯《無量壽佛經》百年在世，十方勸贊，信不徒然。

三、受歸戒者，應於出家五眾邊受。（出家五眾者，苾芻、苾芻尼、式叉摩那、沙彌、沙彌尼）。然以從大僧受者（大僧者：苾芻、苾芻尼）為通途常例。必無其人，乃依他眾。若佛前自誓受戒者，惟菩薩戒。《梵網》、《地持》具有明文。三歸五戒，應依師受。《梵網經》云：「於佛菩薩形像前自誓受戒，當以七日佛前懺悔，得見好相便得戒。若不得好相，雖佛像前受戒，不名得戒。」《瑜伽師地論．羯磨文》云：若不會遇，具足功德，補特伽羅，爾時應對如來像前自受菩薩淨戒律儀。

四、受歸戒者，若依律制，應於師前，一一別受。其有多衆併合一時，受者蓋為難緣，非是通途之制。《有部毘柰耶雜事》云：如來大師將入涅槃，五百壯士，願受歸戒。時阿難陀——學處文，準斯明文，若無難緣，未可承用。小註：

（依《成實論》及《大智度論》，皆開自受八戒。靈芝《濟緣記》云：成智二論，並開自受。文約無師，義兼緣礙。）

五、《優婆塞戒經》云：準斯而論，今人欲受戒者，當自量度。必謂力弱心怯，不堪致遠，未妨先受一分乃至四分。若不爾者，應具受持，乃可名為戒學。豈宜畏難，失其勝益也。

六、今人乞師證明受歸依者，輒稱歸依某師。俗例相承，沿效莫返，循名覈實，頗有未安。以所歸依者為僧伽，非唯歸依某師一人故。靈峯云：歸依僧者——可云歸依僧也與哉？故已受歸依者，於一切僧衆，若賢若愚，皆當尊禮為師，自稱弟子，未可驕慢，妄事分別。

七、今人受五戒已，輒爾披五條衣，手持坐具，壞濫制儀，獲罪叵測。依佛律制，必出家落髮已，乃授縵條衣。若五條衣，唯有大僧方許披服。今以白衣濫同大僧，深為未可。（《方等陀羅尼經》云：在家二衆入壇行道，着無縫三衣。無縫，即是縵條，非五衣也。又《成實論》云：聽畜一禮懺衣，名曰鉢吒，即縵條也。）若坐具者，梵言尼師但那，舊譯作泥師壇，此云坐具，亦云臥具。唯大僧用，以襯氈席，防其污穢。此土敷以禮拜，蓋出訛傳。大僧持之，猶乖聖教，況在俗衆，誖亂甚矣。（義淨三藏云：尼——餘用．敷地——罪。又云牀上禮拜——安可？）

八、既受戒已，若犯上品重罪，即不可悔。若犯中品下品輕罪，悉屬可悔。宜依律制，向僧衆前，發露說罪，罪乃可滅。豈可妄談實相，輕視作法。靈峯云：說——乘道（文）。今於篇末，依有部律，酌定說罪之文。若承用時，未可鋪綴儀章，增減字句，是為聖制，不須僭易。

九、是編宗《五戒相經箋要》纂輯。（《五戒相經箋要》一卷，明靈峯藕益大師述）學者宜先披尋《箋要》，精研其義。後取是編，對閱詳審，乃可識其源流，貫其條理。（《五戒相經箋要》，收入在家律要中，南京蘇州皆有刻本。）根本有部律文，（具云根本說一切有部，唐義淨三藏法師留學印度二十餘年，專攻此部。歸國已來，譯傳此部律文，凡廿部，二百一卷。）精確詳明，世稱「新律」。故今旁參以補訂之。全其全律，大僧乃可肄習。在家二眾，毋宜輒覽。

一〇、是編以辨明持犯戒相為主。故於異熟果報，不及裒入。欲廣覽者，宜別披尋大小乘經律論，委悉其因果報應之差別。若樂簡者，可檢《梵網合註》殺等戒法中第六異熟果報門，所引《華嚴》、《十善業道》、《大乘理趣六波羅密》諸經之文，亦可識其概略。

一一、近世以來，受歸戒者，多宗華山《三歸五戒正範》，曲逗時機，是彼所長；惜其儀文，頗傷繁縟。今於篇末，依有部律錄其受法，簡捷明了，不逾數行。西土相傳，並依此法，匪曰泥古，且示一例。可用與否？願任後賢。

一二、此土自唐以後，門戶之見，日益深固。是此非彼，賢者未免。且如靈芝照律師承南山家業，昌明律學，功在萬世。惟宗《四分》、《成實》，而於《有部》、《俱舍》，詆毀屏斥，不遺餘力，竊惜其言之過失。如來在昔，常預記曰——解脫。又《文殊師利問經》，佛告文殊師利，未來我弟子。——未來起，明弘贊律師釋云如斯——勝益（文）。是編纂輯，多宗有部，世有習聞靈芝之說而滯情未融者，或致疑惑。故綴述聖典，以標證焉。

【按】《五戒相經箋要序》及《例言》十二條，係據李編《弘一大師文鈔》錄出，中多誤字，或斷句失當，無他書可校，僅能明其大意，讀者亮之。

㉖《補釋》三章：

一、引律釋文。二、立表辨相。三、別錄旁義。初引律者，凡經文脫略，譯言未融，支舉其要，引大律文以為補釋，使昭然易喻，尋覽無惑。二、立表者，犯相境想開緣，經文箋要，併有闕略。後學遲疑，莫知所擬，故綴集增補，別為圖表。初心之侶，儻有微益。三、別錄者，或引前識，或率私臆，略補其遺，趣使易了，豈曰能盡。持犯之概，差可見耳。又撰《新集三皈五戒八戒法式》，自訂凡例十條，悉承有部糾俗之譌，同為一集。次年十月，夏鑑均施資印行。

一九二五年（民國十四年乙丑）四十六歲

正月，擬移居山中（茶山寶嚴寺——慶福寺下院）。以須修葺始能居住，致書俗姪李聖章，請斟酌資助。聖章施金三十元，師奉函致謝❶。春間自溫至甬，掛搭七塔寺，舊友夏丏尊訪之，延至上虞白馬湖「春社」暫住，姜丹書於《小傳》曾略記其為人與清苦生活❷。夏丏尊亦於《子愷漫畫序》記他們最近小聚因緣，發表於鄭振鐸主編之《文學週報》，青年們始知弘一法師其人❸。時溫州鄧寒香老居士先後致書，詢大小乘修持及斷除我執、得戒、失戒諸問題，師作書答之，引《中峯和尚語錄》及諸經論詳為開示❹❺❻。此三封信最能代表大師生平的佛教思想與見解。四月，欲前往茶山，因感潮濕，背生癬疥，未能決定。上書寂山和尚，自謂「弟子在家時，實是一個書獃子，未曾用意於世故人情，故一言一動與常人大異，請格外體諒」。又因寂公有「勿用師弟稱呼」之諭，乃婉轉陳情，懇求慈悲攝受，允列門牆❼。

【按】此信初版年譜，原繫於一九二四年，以信中有「弟子以師禮事慈座已將三載，何可忽爾變易？」之語，故應改為一九二五年方合。

五月以手書《晚晴賸語》十餘篇，寄贈俗姪李聖章，並自題記以為紀念❽附。

【按】此《晚晴賸語》經四十年後，由李聖章贈予著者，已製版刊於《弘一法師》紀念集中。

師閉關城下寮時，甌海道尹林鵾翔、張宗祥，前後慕名來訪，師均稱病，未予接見❾。十月間，夜夢在白馬湖春社晤頤淵居士，見几上有白玉鏡，將鐫字其上，曰「石禪□□碑」，惟中二字，闕而不具，師以「皈佛」二字補之。醒後作《石禪皈佛碑》贈之❿。十一月至杭州，小住虎跑，謝客靜養⓫。時虎跑交通不便，通信均由杭州市內延定巷五號丁居士代收。以當時馬一浮埋名遯世，不欲人知，故致函蔡冠洛致意⓬。是年為希倫居士撰《魏譯無量壽經序》，闡述前後五譯之特色⑬。冬月，歸溫州，仍居慶福寺，手裝《普賢行願品別行本》贈蔡冠洛，並附題記⑭。

注　釋

❶致李聖章書：「近以遷徙事，預計頗有所須，希仁者斟酌資助為感。……曇昉，正月廿八日。」

❷姜丹書《弘一律師小傳》：「上人入山後，律己至嚴，治學至勤，操行至苦。雲遊四方，恒跣足芒鞋，孑然一擔。民國十四五年間，曾過甬市，掛褡七塔寺，雜遊方僧隊伍。其摯友夏丏尊請至上虞白馬湖暫住。初固辭，強而後行。時丏尊任教於『春暉中學』，傍湖而居，見其啟擔，一敝席，草已稀疏零落，欲為易之，不可；一敝巾，本白而已變灰，欲為易之，亦不可。且曰：其色雖不白，而無害於潔也，尚可用幾許年月焉。說罷，便至湖邊洗冷水面。夏君心焉恤之而無如何也。供張素食，略用香菰，却之。用豆腐，亦且却之。依其意，祇許白水煮青菜，用鹽不用油耳。夏君心欲厚之而無如何也。作客猶然，其平日之茹苦，可想而知矣！」

❸夏丏尊《子愷漫畫序》：「新近因了某種因緣，和方外友弘一和尚聚居了好幾日。和尚未出家時，曾是國內藝術界的先輩。披剃以後，專心念佛，見人也但勸念佛……他這次從溫州來寧波，原預備到了南京，再往安徽九華山去的。因為江浙開戰，交通有阻，就在寧波暫止，掛褡於七塔寺。我得知就去望他。雲水堂中住着四五十個遊方僧。鋪有兩層，是統艙式的。他住在下層，見了我笑容招呼，和我在板凳上坐了說：『到寧波三日了，前兩日是住在某某旅館（小旅館）裡的。』『那家旅館不十分清爽罷？』我說。『很好！臭蟲也不多，不過兩三隻。主人待我非常客氣呢！』……我惘然了。繼而邀他明日同往白馬湖去小住幾日，他初說再看機會。及我堅請，他也就忻然答應了。行李很是簡單，鋪蓋竟是用粉破的席子包的。到了白馬湖後，在『春社』裡替他打掃了房間，他就自己打開鋪蓋，先把那粉破的席子丁寧珍重地鋪在牀上，攤開了被，再把衣服捲了幾件作枕。拿出黑而且破得不堪的毛巾走到湖邊洗面去。……他是過午不食了的，第二日未到午，我送飯和兩碗素菜去（他堅說只要一碗的，我勉強再加了一碗），在旁坐了陪他。……我家和他寄寓的『春社』相隔有一段路。第三日，他說飯不必送去，可以自己來吃，且笑說乞食是出家人的本分的話。……一九二五年十月二十八日夜，夏丏尊在奉化江畔曙鐘聲中。」

❹復鄧寒香書(一)：「數日前得本月初五日書，即復一片，郵寄西門，想不得達。頃乃獲誦六月杪書，欣悉一一。所論甚是，至可感佩。大乘之人，須發菩提心。（心佛衆生，三無差別。）依是自利利他，直至成佛，圓滿菩提，乃可謂大乘人。至發心之後，處衆處獨，皆無不可。《天目中峯和尚語錄》中，曾詳言之。錄其文如下：『或問古人得旨之後，或孤峯獨宿，或垂手入廛，或兼擅化權，或單提正令，或子籌盈室，或不遇一人，或泯絕無聞，或聲喧宇宙，或親嬰世難，或身染沈疴，雖同少室之門，而各蹈世間之路者，何也？幻曰（中峯和尚，名明本，元代高僧，以曾住湖州幻住庵，自稱幻住道人。「幻曰」，即幻住所言。——著者）：言乎同者，同悟達磨直指之真實自心也。言乎異者，異於各稟三世之幻緣業也。以報觀之，非樂寂而孤峯獨宿也，非愛鬧而入廛垂手也。擅化權而非涉異也，提正令而非專門也。雖弟子滿門，非苟合也；雖形影相弔，非絕物也。其畢世無聞，非尚隱也。其聲喧宇宙，非搆顯也。至若榮枯禍福，一本乎報緣。以金剛正眼視之，特不翅飛埃過目耳，安能動其愛憎取捨之念哉？所以龍門謂報緣虛幻，豈可強為？演祖謂：「萬般存此道，一味信前緣。」苟不有至理鑒之，則不能無惑於世相之浮沉也。』《華嚴普賢行願品》卷二十二載，善財童子參德生童子，有德童女問，菩薩云何學菩薩行，修菩薩道？童子童女乃廣讚親近善知識之利益。善財童子又問：云何能於諸善知識法之中，速得圓滿，速得清淨，得不退失？答：須持菩薩戒及別解脫戒。若圓滿頭陀功德，能使二戒悉得清淨，不失善法。繼乃廣讚十二頭陀之行。其圓滿阿蘭若一段，請仁者檢閱之。夫位近等覺，尚須樂於獨處，住阿蘭若。何可謂山居辦道者為小乘人？近來屢聞世人有此謬

論，可痛慨也。至語小乘之人，決不說法利他者，亦非通論。小乘律本關（揀別之說）法有十條（揀別如法不如法）。又佛稱弟子聲聞衆中，能教化有情令得聖果者，推迦留陀夷第一。律中具載彼度生之事有十三事。此外關於說法度生之事，小乘律中，屢屢見之。（比丘每日須入城市乞食。施者如請說法，隨緣教化。）茲不具引。小乘所以異於大乘者，在發心趣偏真之涅槃耳，豈有他哉！永嘉禪師謂上乘之人，行上而修中下。二乘何咎而欲不修？寧知見愛尚存，去上乘而甚遠。三受之狀固然，稱位乃儔菩薩。大乘之所不修，而復譏於小學。』以上摘錄原文。在《永嘉集》第七章。又《萬善同歸集》，亦引此文。吾人既歸信佛法，皆應發大乘心，而隨分隨力專學大乘，或兼學三乘，皆無不可。不必執定己之所修為是，而強人必從。以根器各異，緣業不同，萬難強令一致也。」

❺復鄧寒香書(二)：「前日獲手書，迴環披誦，至為欣慰。承詢我執之義，略述如下：

- 二執
  - 我執
    - 界內
      - 見惑
      - 思惑
      - 分段生死
      - 斷盡：藏初果、通見地、別初住、圓初信；藏四果、通已辦、別七住、圓七信
  - 法執
    - 界外
      - 塵沙
      - 無明
      - 變易生死
      - 已下略

所謂我執者，即《圓覺》所云「妄認四大為有自身相，六塵緣影為自心相」是也。《識論》卷一，言之甚詳。請披尋《唯識心要》卷一第十七頁至廿八頁止。廿八頁中靈峯述辭，至為精確，幸詳味之。又依《大乘止觀》中所云：『若斷我執，須分別性中，止行成就。』請檢《大乘止觀釋要》卷五第五、六、七頁閱之。而《占察義疏》卷六第十七、十八頁靈峯疏文，即依《大乘止觀》會合。希彼此互參研尋，最易了解。此外如《靈峯宗論》第二冊中，亦常常言之。並望披覽。竊謂吾人辦道，能伏我執，已甚不易，何況斷除。故蓮池大師云：『當今之世，未有能證初果者。夫初果，僅能斷見惑，已不可得，遑論其他。』徹悟禪師云：『但斷見惑，如斷四十里流，況思惑乎。故豎出三界，甚難甚難。若持名念佛，橫出三界，校之豎出者，不亦省力乎。』蕅益大師亦云：『無始妄認有己，何嘗實有己哉。或未頓悟，亦不必作意求悟。但專持淨戒，求生淨土，功深力到，現前當來，必悟無己之體。悟無己，即見佛，即成佛矣。』又云：『倘不能真心信入，亦不必別起疑情。更不必錯了承當。只深信持戒念佛，自然驀地信去。』由是觀之，吾人專修淨業者，不必如彼禪教中人，專恃己力，作意求破我執。若一心念佛，獲證三昧，我執自爾消除。較彼禪教中人專恃己力豎出三界者，其難易奚啻天淵耶？若現身三昧未成，生品不高，當來見佛聞法時，見惑即斷。但得見彌陀，何愁不開悟。《無量壽經》四十八願中有云：『設我得佛，國中天人，若起想念貪計身者，不取正覺。』誠言如此，所宜深信。但衆生根器不一，有宜一門深入者，有應兼修他行者，所宜各自量度，未可妄效他人。隨分隨力，因病下藥，庶乎其不差耳。余比來久疏教典，未暇一一檢尋詳委奉答，姑即所見，略述如是。」

❻致鄧寒香書(三)：「前承詢已得菩薩戒之人，轉變餘生，忘失本念而破重戒者，為失戒否？今檢《羯磨文》釋云：無作戒體，一發之後（無作釋義，見《梵網經釋義》，第三十五、六頁），永為佛種。縱令轉生忘失，然既無退心犯重二緣，當知戒體仍在。文準此義而推之，應失戒也。（或退菩提心，或犯重，有一即失戒。）宋已前律宗諸師之著述，未有隻字言及持咒者，後世律學衰滅，而《毘尼日用》之書乃出。時人不察，竟以是為律學之綱維，何異執瓦礫為珠玉也？逮及我靈峯大師，窮研律學，深諳時弊，力斥用偈咒者為非律學，並謂正法漸衰，末運不振，實基於此。其說甚當。無如當時學者，皆昧於律學，固守舊見，仍復以訛傳訛。迄於今日，此風不息，是至可為痛心者也。靈峯之文，前曾呈奉仁者，乞為因弘略言其義。今值講授《毘尼日用》之時，再檢奉覽。希與因弘詳言之，俾他日不至隨波逐流，為世俗知見所淆惑也。又沙彌戒法中一則，亦同此義，並以奉覽。乙丑閏四月廿二日　演音」

【按】 以上三信，為大師生平論學之代表作品。鄧寒香，一說即溫州周孟由居士化名。

❼上寂山和尚書：「師父大人慈座：頃奉　法諭，敬悉一一。尊恙已大痊否？為念。弟子近因感受潮濕，背間生癬疥，幸用西藥擦抹，今已漸減退矣。寶嚴辦道果相宜否？現在頗難決斷，且候將來再詳為斟酌也。（或不久須遷移他處，亦未可知也。）弟子到此以來，承唯善師兄諸事照拂，慈悲攝護，感激無既。以後恩師與唯善師兄晤面時，乞常常隨時為之諄託一切，至為深感。又弟子在家時，實是一個書獃子，未曾用意於世故人情，故一言一動與常人大異。此事亦乞恩師婉告唯善師兄，請其格外體諒而曲為之原宥也。弟子以師禮事慈座，已將三載，何可忽爾變易？伏乞慈悲攝受，允列門墻，至用感禱。承命因弘與弟子同居，護侍一切，銘感尤深。此復，祈叩慈安。弟子演音稽首，四月初九日。」

❽致李聖章書：「爾有友人約偕往普院，附寄（掛號）寫稿（《晚晴賸語》）並書籍一包，希收入。……曇昉白，五月七日。」

【附】《晚晴賸語》題記：「歲在星紀（丑年，即一九二五年）木槿榮月（即五月）將入深山，埋名遯世，檢集殘稿得十數首，始於癸亥歲晚，迄於乙丑夏首，題曰《晚晴賸語》，寫付家仲兄子聖章居士，聊記遺念。永寧晚晴院沙門曇昉。」

❾丁鴻圖《慶福戒香記》：「師閉關（城下寮）時，溫州道尹林鶤翔來謁三四次，均以病辭不見。後溫州道尹張宗祥隻身來謁，寂公以地方長官，不敢遽辭，乃持張名片至師關房一語以故，及張某來謁。師聞言，兩頰泛赤，如有慍色，繼忽合掌連聲念『阿彌陀佛』（如覺悟在師父前不應現慍色，故合掌念佛懺悔。）垂淚曰：師父慈悲，師父慈悲，弟子出家，非謀衣食，純為了生死大事，妻子亦均拋棄，況朋友乎？乞婉言告以抱病不見客可也。張終未獲一面而去。師居慶福寺，凡家書來，輒託人於信封後批：『該本人業已他往』，均原封退還。詢以何不一為拆閱，即不回信也無妨，何苦均行退還？師答云：既經出家，便應作已死想；倘為拆閱，見家中有吉慶事，恐萌愛心；有不祥事，易引掛懷，不若退還為得也。……」

❿《石禪皈佛碑》題記：「歲在星紀（即一九二五年）十月十六日後夜，晨鐘既鳴，余復假寐。夢在白馬湖『春社』，晤頤淵居士。几上有白玉鏡，高二寸餘，晶瑩光潔，上右稜少圓，他悉方角。居士謂將鐫字其上，曰『石禪□□碑』，隸書直寫，體近寶子（即《爨寶子碑》，近代雲南出土晉碑。——著者）；惟中二字，闕而不具。種種擬議，訖未適當。余乃勸以『皈佛』補之。居士問其義，余為釋曰：皈與歸同，回向之義。昔學孔老，今歸佛法。（按：居士昔之學，非專崇孔老者，此據夢中之言記之。）猶面東者，轉而西向。余復轉旋其身，示彼形狀。居士見之，踴躍稱善。余夢遂醒，鐘聲猶未絕也。朝曦既上，追憶夢中形狀、語言，濡筆記之。並圖鏡形，以奉居士。夢中言狀，一切如實，未增減，冀以存其真也。」

【按】此文作者未署名。石禪為經亨頤別號，一九三八年秋逝世。

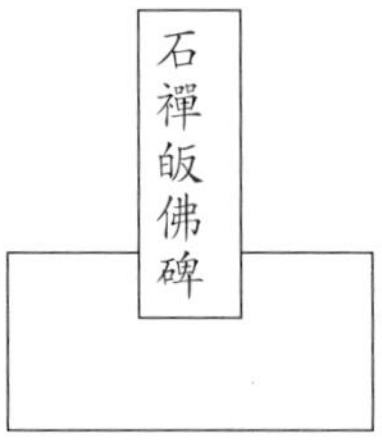

⓫與蔡冠洛書：「惠書誦悉。朽人今歲雲游南北，身心疲勞殊甚。於數日前歸臥虎跑，謝客靜養。仁者年前來杭，未能晤談，至為悵然。以後惠書，寄杭州延定巷五號馬一浮居士轉交，因虎跑在深山中，不通郵便也。李居士乞代達。天寒手僵，草草書此。月臂　十一月初五日。」

⓬致蔡冠洛書：「前郵明信，想達慧覽。今後通問，希寄杭州延定巷五號丁居士代收，存交朽人至善。乞勿寫馬居士名，彼埋名遯世，不欲人知。……朽人爾來謝客靜養，每一二月入城一次，便道過延定巷息足，並領取信物，以是復函每致遲遲耳，諸希諒之。明春或返溫州，為長期之掩室，冀早生安養。月臂疏十一月十一日。」

⓭《魏譯無量壽經序》：「是經先後五譯，辭理小殊。以梵

文非一，亦譯者意也。明代以來，雲棲專弘魏譯，靈峯獨尚唐寶積本，蓋是一往之論。宋譯簡約而詣達；漢吳二譯，各有其美，寧可偏廢。若夫南宋而後，迄于清季，會譯重治者，如王氏《大阿彌陀經》、彭氏《無量壽經》節本、魏氏《摩訶阿彌陀經》（舊稱「無量壽經」，後易今名），雖曰遣煩，實蕪正典。明識之衆，並致攻難，斯固無足述矣。爾者希倫居士寫魏譯經二卷，璧華居士倡緣弘布。預聞盛德，不勝歡讚。懼初心者，或執一非餘，又昧于朱紫。因其請序，聊復示之。歲次星紀晚晴院沙門曇昉撰。」

⓮手裝《普賢行願品別行本》贈蔡冠洛。蔡氏介紹題記：「前後副葉細楷，節錄《清涼疏》、《蓮池記》、《蕅益偈》、《印光序》。題云：『太歲在析木永寧晚晴院沙門曇昉——敬錄，以貽丙因居士，願同生西方，早成佛道，普利含識。』書面題：乙丑小寒日黃昏，曇昉敬題於華藏室。」

一九二六年（民國十五年丙寅）四十七歲

三月初六日自溫至杭，寓招賢寺，與諸師友時有晤談❶又。以五月將赴廬山，參加金光明法會，願朱書經文結緣，函請豐子愷集道侶數人，合贈英國製水彩顏料數瓶，俾多人得布施之福德❷。時弘傘法師發願，重釐會、修補與校點《華嚴疏鈔》，由師一身任三務，期以二十年卒業。師謂：「朽人老矣，當來恐須乞仁者賡續其業，乃可完成」❸。師自二月在溫，即患感冒咳嗽，經醫診視，謂感冒已久，濕滯不解。故至杭後，暫居招賢寺調養。但滬上舊友聞風訪謁者多，師頗感難於應付之苦❹。五月，手書佛號贈夏丏尊❺。夏與弘傘法師至江西廬山，參加金光明法會。道出滬上，與豐子愷同訪舊居城南草堂，並參觀江灣立達學園❻，應請至閘北世界佛教居士林，開示《在家律要》，由尤惜陰居士筆記❼。至廬山，初居牯嶺大林寺。八月移居五老峯後之青蓮寺❽。九月寫《華嚴經十迴向品．初迴向章》寄上海蔡丏因居士，屬其付印流通。自許此經是他此生最精工之作❾。時又手書佛號贈日本竹內居士，並為題記❿⓫。十月中旬自廬山回杭⓬。十一月大雪節後，致書巴黎俗姪李麟玉，報告今年行踪，並約他明年回國時，到杭晤談⓭。臘月，寫贈蔡冠洛《華嚴經》禮誦日課一幅，教他禮誦華嚴方法，定為日課，至為親切丁寧，並勸他於明年二月十五日佛涅槃日作為始課，冀其紹隆佛種，擔荷大法，具見師之悲心深切⓮。

注釋

❶致蔡冠洛書：「初六日來杭，寓招賢寺。數日以來，與諸師友時有晤談。自廿五日（立夏日）始，方便掩室，不見賓客。〔華嚴〕疏鈔二十九冊、印一方，乞收入。……曇昉疏，三月廿二日。」

又致汪夢空明片：「書悉。在招賢見客之事，甚不願破其例。擬於後天即初九日午前九點鐘，在西泠印社（潛泉附近）晤談。如初九日臨時大雨，乞改初十日（亦九點鐘，若小雨不改）。此次晤談事，乞勿告他人至要。五月初七晨，曇昉白。」（見一九九〇年八月十二日《黃山日報．汪仁齋．弘一法師的兩幀墨迹》）

【按】師到杭小住虎跑寺係一九二五年冬月。五月未見有到杭記載。有之係一九二六年春夏之間，且居裡湖招賢寺，故有「在招賢見客」之語。此明片暫附于此。

❷豐子愷《法味》：「暮春的一天，弘一師從杭州招賢寺寄來了一張郵片說：『近從溫州來杭，承招賢老人殷懃相留，年內或不復他適。』……過了幾天，弘一師又從杭州來信，大略說：『音出月擬赴江西廬山金光明會參與道場，願手寫經文三百葉分送各施主。經文須用朱書，舊有朱色不敷應用，願仁者集道侶數人，合贈英國製水彩顏料Vermilion數瓶。』末又云：『欲數人合贈者，俾多人得布施之福德也。』」

❸致蔡冠洛書：「……近與傘法師發願重釐會、修補、校點《華嚴疏鈔》（妙明會本後有人刪節，甚至上下文義不相銜接。《龍藏》仍其誤，今流通本又仍《龍藏》之誤。已上據徐蔚如居士考訂之說。）。傘法師願任外護，並排版流布之事。朽人一身任『釐會』、『修補』、『校點』諸務，期以二十年卒業。先科文

十卷，次懸談，次疏鈔正文。朽人老矣，當來恐須乞仁者賡續其業，乃可完成也。此事須秋暮自廬山返杭後，再與傘師詳酌；若決定編印，尚須約仁者來杭面談一切。」

❹致蔡冠洛書：「兩獲手書，歡慰無盡。二月下旬在溫州時，患感冒咳嗽，至今未能復元。前日乞周子敘居士診視，彼云感冒已久，因濕滯不解（常常發熱）。又以咳久傷肺損脾云云。今擬暫居招賢調養。弘傘師照護一切，甚為周到。不久當可痊癒，希釋懷念。草略奉復，不具。四月初七日，曇昉。」

又云：「上月廿五日始，本已謝客，旋因有舊友自滬上專誠訪謁者，弘傘師不忍謝絕，特為商酌，晤談一次。其後有人聞風訪謁者，亦悉接見。近頗苦於繁瑣，擬不日仍申舊例，一概不見。昔在溫州時，因如是也。尊處如有人欲來杭訪問者，乞為婉辭致意。若有要事，可以通信，與面談無以異也。（附白）」

❺書贈夏丏尊佛號題記：「歲在丙寅木槿榮月，時居西湖招賢華嚴閣，晚晴沙門曇昉書。」

❻豐子愷《法味》：「有一天早晨，……忽然一個住在隔壁的學生張皇地上樓來，說『門外有兩個和尚在尋問豐先生，其一個樣子好像是照相上見過的李叔同先生。』我下樓一看，果然是弘一、弘傘兩法師立在門口。……就延他們上樓。……問得他們是前天到上海的，現寓大南門靈山寺，要等江西來信，然後決定動身赴廬山的日期。……這一次他（弘一法師）來上海，因為江西的信沒有到，客居無事；靈山寺地點又在小南門，離金洞橋很近；還有，他曉得大南門有一處講經念佛的地方叫做超塵精舍，也想去看看，就於來訪我的前一天步行到大南門一帶去尋訪。跑了許久，總找不到超塵精舍。他只得改道訪城南草堂去。那裏曉得，城南草堂的門外，就掛著超塵精舍的匾額，而所謂超塵精舍，正設在城南草堂裏面！而進內一看，裝修一如舊時。……從前他母親所居的房間，現在已供著佛像，有僧人在那裏做課了。……弘一師講到這時候，好像興奮得很，說：『真是奇緣，那時候我真有無窮的感觸啊！』……

「這下午談到四點鐘，我們引他們去參觀（立達）學園，又看了他所贈的《續藏經》。五點鐘送他們上車返靈山寺，又約定明晨由我們去訪，同去看城南草堂。

「翌晨九點鐘模樣，我偕W君、C君同到靈山寺見弘一師。……他就換上草鞋，一手挾了照例一個灰色的小手巾包，一手挈了一頂兩隻角已經脫落的蝙蝠傘，陪我們看城南草堂去。走到了那地方，他一一指示我們。那裏是濱，那裏是橋、樹，那裏是他當時進出慣走的路。……這一天我看了城南草堂，感到人生的無常的悲哀與緣法的不可思議。」

❼《在家律要》：「凡初發心人，既受三皈依，應續受五戒。倘自審一時不能全受者，即先受四戒三戒，乃至僅受一二戒，都可。在家居士，既聞法有素，知自行檢點，嚴自約束，不蹈非禮，不敢輕率妄行，則殺生、邪婬、大妄語、飲酒之四戒，或不可犯。惟有在社會上辦事之人，欲不破盜戒，為最不容易事。例如與人合買地皮房產，與人合做生意，報稅納捐時，未免有以多數報少數之事。因數人合夥，欲實報，則人以為愚，或為股東所反對者有之。又不知而犯，與明知違背法律而故犯之事，如信中夾附鈔票，與手寫函件取巧掩藏，當印刷物寄，均犯盜稅之罪。凡非與而取，及法律所不許，而取巧不納，皆有盜取之心迹，及盜取之行為，皆結盜罪。非但銀錢出入上，當嚴淨其心，即微而至於一草一木，寸紙尺線，必須先向物主明白請求，得彼允許，而後可以使用。不待許可而取用，不曾問明而擅動，皆有『不與而取』之心迹，皆犯盜取盜用之行為，皆結盜罪。」（龐契誠居士啟請，無相速記。）（文載一九二七年四月出版之《世界佛教居士林林刊》第十七期）

【按】尤惜陰居士，時號「無相學人」。

❽致蔡冠洛書：「……復函乞寄牯嶺青蓮寺，昨日移居於此。月臂，八月十日。」

❾蔡冠洛《廓爾亡言的弘一大師》：「法師書法極有工力，上規秦漢篆隸，而天發神讖、張猛龍、龍門二十品諸碑，更是法乳所在。但出家以後，漸漸脫去模擬形迹，也不寫別的文字，只寫佛經、佛號、法語。晚年把《華嚴經》的偈句，集成楹聯

三百。有人請他寫字，總是寫著這些聯語和偈句的。用筆更來得自然，於南派為近。但以前學北碑的功夫，終不可掩，因之愈增其美了。據他自己說：生平寫經寫得最精工的，要算十五年在廬山牯嶺青蓮寺所寫的《華嚴經十迴向品．初迴向章》，含宏敦厚，饒有道氣，比之黃庭。太虛法師也推為近數十年來僧人寫經之冠。法師寄來時也極珍重，信上說：『此經如石印時，乞敦囑石印局萬不可將原稿污損，須格外留意，其籤條乞仁者書寫。』後來《華嚴集聯三百》印成，來信又說：——『邇來目力大衰，近書《華嚴集聯》，體兼行楷，未能工整。昔為仁者所書《華嚴．初迴向章》，應是此生最精工之作，其後無能為矣。』」

❿手書《地藏經見聞利益品》跋：「歲次析木江州匡山寺沙門月臂書。」

⓫手書佛號贈日本竹內居士題記（訖兩紙）：「歲在析木寒露後八日微雪，修葺華嚴堂成，研朱書佛名並寫經偈，江州匡山寺沙門月臂。又一紙題曰：『丙寅九月二十日，書《大方廣佛華嚴經十迴向品．初迴向章》竟，寒夜篝燈，並寫此紙。』」

⓬致蔡丏因函中有「十七、八日下山返杭」之語——十月十四日。

⓭致巴黎俗姪李麟玉書（明信片）：「自巴黎發來之函，前日披誦，欣悉一一。夏間寄至溫州之函，因輾轉郵遞，已過時日，故未奉復。朽人於今年三月至杭州，六月往江西牯嶺，本月初旬乃返杭州，現居虎跑過冬。明年往何處尚未定。仁者於明年到上海時，乞向江灣立達學園豐子愷君處，詢問朽人之居址至妥。倘朽人其時謝客，亦可在他處約談。當於明春陽曆三月寫一信預存豐君處。仁者至彼處，即可索閱也。倘豐君不在校，乞問其他職員亦可。以後通信，乞寄杭州延定巷五號馬一浮居士轉交至妥。天寒手僵，草草書此。十一月初五日，舊大雪節後一日，演音。」

【按】李麟玉為李聖章之名。原信寄至法國巴黎，後轉至里昂中法研究院。

⓮致蔡丏因書：「示悉。《華嚴經》禮誦日課一幅，寄蔡冠洛。中硃書篆字兩行『大方廣佛華嚴經，華嚴海會佛菩薩』十四字。兩旁小楷為香讚、三皈依、讚佛偈誦，別行普賢行願品、誦經文及隨州遂法師禮誦迴向偈。又函云：每日讀《華嚴》一卷之外，並可以己意別選數品深契己機者，作為常課，常常讀誦。朽人讀《華嚴》日課一卷以外，又奉《行願品別行》一卷為日課，依此發願，又別寫錄《淨行品》、《十行品》、《十迴向品》初迴向及第十迴向章，作為常課。每三四日或五六日，輪誦一遍，附記其法，以備參考。又云：仁者禮誦《華嚴》，於明年二月十五日，即釋迦牟尼佛涅槃日始課，最為適宜。……自是日始課者，紹隆佛種，擔荷大法義也。仁者勉旃！月臂疏，十二月十一日。」

一九二七年（民國十六年丁卯）四十八歲

是年春，閉關杭州雲居山常寂光寺（寺為近代禪宗老宿微軍和尚所創建。微軍，潮州人，曾任揚州高旻寺首座）。二月，陳嘉庚胞弟陳敬賢居士過談，請求開示，所言皆禪理❶。時北伐初成，政局未定，青年用事，唱滅佛之議，且有驅僧之說。師乃函告友人堵申甫居士，謂：「余為護持三寶，定明日出關。」囑為照所附致之名單，先為約定往寺會談。其名中所列者，即為當日主政之最劇烈者若干人。師先備墨妙若干紙，人贈一紙。各自默視其所交之字條，靜默不言，中有甚至慚汗溢於面部者，師亦終席不發一言，因此滅佛之議遂寢❷。三月十七日，致書浙省當局舊師蔡子民（元培）、舊友經子淵（亨頤）、馬夷初（敘倫）、朱少卿（兆莘，時任浙江教育廳長），貢獻整頓佛教意見，並推薦太虛、弘傘二法師為委員，參加整頓佛教。此書可代表他對當時佛教新舊二派之主張❸。春間在常寂光寺編錄《梵網經古迹記科表》❹。是年師在俗所作歌曲十餘種，由裘夢痕、豐子愷編入《中文名歌五十曲》。計有朝陽、憶兒時、月、送別、落花、幽居、天風、早秋、春遊、西湖、夢、悲秋、晚鐘等，由上海開明書店出版，豐子愷作序❺。三月，俗姪李聖章（麟玉）自法回國，擬赴杭奉訪，師致書詳告到常寂光寺交通住宿事項，至為親切❻。四月，李聖章謁師於常寂光寺，住九日，於西泠印社小龍泓洞合影而別❼。同月下旬，致書弘傘法師，以今春以來，老病纏綿，身心衰弱，日恒思眠，有如八九十老翁。論讀《華嚴》方法，謂《華嚴疏鈔》法法具足，如一部「佛學大辭典」，若能精研此書，於各宗奧義皆能通達❽。七月，移居靈隱寺後之本來寺，李石曾（煜瀛）往訪，為跋其手書《梵網經》：謂「余不曾學佛，然於其教理則敬慕久矣」❾。秋八月，仲兄李文熙桐岡六十華甲之慶，師欲返津祝壽；至滬後，因津浦鐵路發生戰事，未果行❿。八月二十日，其仲兄桐岡致書，殷勤勸師回津一行，與親友相聚，並滙金百元以為旅費⓫。返津未成，暫居江灣學生豐子愷家。豐氏因與夏丏尊、內山完造（日本書商）、葉紹鈞（聖陶）、周予同、李石岑等，宴請大師於功德林素食館。飯後並隨師同訪印光法師於太平寺。後來葉紹鈞寫了一篇《兩法師》，就是描述這一次宴請弘一法師及同訪印光法師的情況⓬。十月一日，早年天涯四友重聚於滬上，因重寫影留念，由師親自題記⓭。同月書佛眼遠禪師偈贈夏丏尊⓮。是年屬李鴻梁繪普賢、文殊二菩薩像，並屬姜丹書布彩，自題菩薩名號，由上海佛學書局影印流通。蔡丏因附記⓯。

注釋

❶《記陳敬賢居士軼事》：「十六年丁卯二月，余在杭州雲居山（一稱吳山）常寂光寺，敬賢居士過談，所言皆禪理。余勗以淨土法門，未能契也。」

❷姜丹書《弘一律師小傳》：「民國十六年春，杭州政局初變，青年用事，銳氣甚盛，已唱滅佛之議，欲毀其像，收其宇，勒令僧尼相配。是時，上人適卓錫於吳山常寂光寺，倩居士堵申甫轉邀青年主政之劇烈者若干人，往寺會談。談言微中，默化潛移；先備勸誡墨妙若干紙，人贈一紙，來人未足豫約之數，而紙數適符，若有前知者。此數子中，固有舊日門生，其最劇烈某君，出寺門而嘆曰：今方重襲禦寒，何來浹背之汗耶？因此，滅佛之議遂寢。」

❸致浙省當局蔡子民等函：「舊師子民、舊友子淵、彝初、少卿、鍾華諸居士同鑒：昨有友人來，謂仁等已至杭州建設一切，至為歡慰。又聞子師在青年會演說，對於出家僧眾，有未能滿意之處。……但仁等於出家人中之情形，恐有隔膜。將來整頓之時，或未能一一允當。鄙意擬請仁等另請僧眾二人為委員，專任整頓僧眾之事。凡一切規劃，皆與仁等商酌而行，似較妥善。此委員二人，據鄙意願推薦太虛法師及弘傘法師任之。此二人皆英年有為，膽識過人，前年曾往日本考察一切，富於新思想，久有改革僧制之弘願，故任彼二人為委員，最為適當也。至將來如何辦法，統乞仁等與彼協商。對於服務社會之一派，應如何盡力提倡（此是新派）；對於山林辦道之一派，應如何盡力保護（此是舊派，但此派必不可廢）；對於既不能服務社會，又不能辦道山林之一流僧眾，應如何處置；對於應赴一派（即專作經懺者），應嚴加取締；對於子孫之寺院（即出家剃髮之處），應如何處置；對於受戒之時，應如何嚴加限制。如是等種種問題，皆乞仁等仔細斟酌，妥為辦理。俾佛門興盛，佛法昌明，則幸甚矣。此事先由浙江一省辦起，然後徧及全國。弘傘法師現住裏西湖新新旅館隔壁招賢寺內。太虛法師現住上海（其住址問弘傘法師便知）。謹陳拙見，諸乞垂察。不具。弘一，三月十七日。」

❹《梵網經古迹記科表》題記：「十六年丁卯春，住杭州雲居山常寂光寺編錄。二十二年癸酉九月手裝，時住晉水尊勝禪院，甲戌九月補題，弘一。」

❺豐子愷《中文名歌五十曲．序》：「我們把我們平時所諷詠而憧憬的歌曲纂集起來，成這冊子。這冊子裏所收的曲，大半是西洋的Most Popular的名曲。曲上的歌，主要的是李叔同先生——即現在杭州大慈山僧弘一法師——所作或配的。我們選歌曲的標準，對於曲要求其旋律的正大與美麗；對於歌要求詩歌與音樂的融合，西洋名曲之傳誦於全世界者，都有那樣好的旋律。李先生有深大的心靈，又兼備文才與樂才。據我們所知，中國作曲作歌的只有李先生一人。……一九二七年綠陰時節，夢痕、子愷合識於立達學園。」

❻與俗姪李聖章書：「聖章居士：前獲來書，具悉一一。杇人現住杭州清波門內四宜亭常寂光寺。如乘火車抵杭州，天尚未黃昏者，乞喚人力車至清波門內四宜亭（車價至多小洋三角）。

如抵杭州已黃昏者，乞在旅館一宿，明日喚車來此。將來到杭州時，以住常寂光寺為宜。一者費用少，二者清潔寂靜，可以安眠也。餘面談。弘一，舊三月廿八日。」

❼與聖章居士合影題詞：「歲在人辰四月，仲兄子聖章居士來錢塘，同攝此影。沙門勝臂記。」

❽與弘傘法師論華嚴書：「傘師慈鑒：惠書敬悉。去冬本有撰述歌譜之願，乃今春以來，老病纏綿，身心衰弱，手顫眼花，臂痛不易舉，日恆思眠，有如八九十老翁，故此事只可從緩。承惠日書三冊，其中《讚歌》二冊敬受，且俟他年恢復康健時，當試為之。《薄伽梵歌》，無有需用，謹寄返。又新刻《華嚴經傳記》一冊，「校勘表」四分，並奉上，乞收入。重編《華嚴疏鈔》，已由徐蔚如著手，計科文十卷，先刊經疏百二十卷。（疏鈔別行鈔）九十卷，經科數卷（專由疏中摘出判經之科），《別行疏》二卷（即行願末卷去鈔存疏）。新編之書，以清涼一人之撰述為限，刊資久已集就。此事決定可以實行。仁者聞之，當甚讚喜。音近來備受痛苦，而道念亦因之增進。佛稱八苦為八師，誠確論也。不久擬閉關用功，謝絕一切緣務。以後如有緇素諸友詢問音之近況者，乞以『雖存若歿』四字答之，不再通信及晤面矣。音近數年來頗致力於《華嚴疏鈔》，此書法法具足，如一部佛學大辭典。若能精研此書，於各宗奧義皆能通達，（凡小乘論、律、三論、法相、天台、禪、淨土等，無不具足。）仁者暇時，幸悉心而翫索焉。謹復，順頌法安。音和南，四月廿八日。

「徐（蔚如）居士說讀《華嚴經》法，讀唐譯至五十九卷《離世間品》畢，應接讀貞元譯《行願品》四十卷，共九十九卷。

「應日誦者為《淨行品》、《問明品》、《賢首品》、《初發心功德品》、《如來出現品》及《行願品》末卷。又《十行品》、《十迴向》初十之二章。又及。」

❾李石曾弘一法師手書《梵網經》題記：「弘一法師，別來十餘年。數訪於玉泉、招賢兩寺不遇。本月九日得弘傘法師陪往見於本來寺暢談，並得兩師贈以佛學書多種。余不曾學佛，然於其教理則敬慕久矣。……今承弘傘上人出此囑題，敬誌數語如此。民國十六年七月十一日石曾李煜瀛。」

❿致蔡冠洛書：「初三日赴滬，即往天津一行，不久擬再返溫州。……勝臂疏，八月三十日。」（按：俗兄桐岡，長師十二歲，故是年為華甲。憶姜丹書曾撰文發表於《覺有情》，回憶是年之事，謂師至滬後，友人曾宴請於上海壽聖庵，後以津浦路發生戰事，未果行。——著者）

⓫天津仲兄李桐岡家書：「三弟如晤：獲讀手書，得悉弟有意返津，欣慰之至。茲特郵滙去大洋壹佰元，望查收後，趁此天氣平和，交通無阻，即刻起身回家，不必游移，是為至要。至居住日期及衣服，謝絕親友等項事，悉聽弟便。再赴津船名，起身前務必先來信為要。專此即問近好。兄桐岡手肅，八月二十日。

「再彼時收弟信時，適麟璽（即李晉章）兒、叔謙女在座。余云：『汝叔有意回家，事極可快，惜需款甚鉅，余一時手頭拮据，奈何奈何！家中經準姪喜事，已借貸千餘元尚未彌補，一時無款。』麟璽一聞而雀躍曰：『兒願籌此款！』四姑（即叔謙）亦贊成，擬湊百元。惟未知由杭至津二人旅費足用否？遂與麟玉兒去信，回信云二人旅費，由杭至津七十元已足用，百元尚有餘。伊亦願加入拼湊等語。此等小事，本不必令弟知之。但兒女輩體親之心，盼叔返津相見之切，聊表孝心，亦可愛也。錄之以博一粲。萬望俯念其誠，勿負其意是盼，又及。」

【按】此信係夾在寄存於蔡丏因嘉興濮院可園的經籍中。發信地點為「天津河東山西會館南李緘」，收信人為「杭州招賢寺弘傘大師轉交」，據蔡丏因手稿錄出，原函未見。

李筱樓有三子，長子早逝。桐岡排行第二，大師為第三，故信中稱「三弟」。準姪即李準，為大師在俗長子。麟璽即李晉章，為桐岡之次子。四姑名叔謙，桐岡之女。麟玉即李聖章，桐岡長子。

⓬葉紹鈞《兩法師》：「在到功德林去會見弘一法師的路上，懷著似乎從來不曾有過的潔淨的心情；也可以說帶著渴望，不過與希冀看一齣著名的電影劇等的渴望並不一樣。……走上功德林的扶梯……丏尊先生給我介紹之後，教我坐在弘一法師側

邊。……晴秋的午前的時光在恬然的靜默中經過，覺得有難言之美。……

「飯後，他說約定了去見印光法師，誰願意去可同去。印光法師這名字知道得很久了。並且見過他的文鈔，是現代淨土宗的大師，自然也想見一見。同去者七八人。……到新閘路太平寺……弘一法師從包袱裏取出一件大袖的僧衣來，恭而敬之地穿上身，眉宇間異常地靜穆。……弘一法師頭一個跨進去時，便對這（印光）和尚屈膝拜伏，動作嚴謹且安詳。……於是弘一法師又屈膝拜伏，辭別。……弘一法師就要回到江灣子愷先生的家裏，石岑先生、予同先生和我便向他告別。……一九二七年十月八日作畢。」（原載李石岑主編之《民鐸》雜誌，曹聚仁編入《散文甲選》，一九三五年葉氏編入《未厭居習作》，並選入開明書店《活葉文選》。）

⓭《天涯四友寫影題記》：「余來滬上，明年歲在庚子。共寶山蔡小香、袁仲濂、江陰張小樓、雲間許幻園諸子，結為天涯五友，並於寶記像室寫影一幀。爾來二十有八年矣。重游申瀆，小居江灣緣緣堂。蔡子時已殂化，惟袁、張、許子猶數過談，樂說往事。乃復相偕寫影於寶記像室。是時改元後十六年丁卯十月一日。

「袁子年五十四，張子年五十一，許子五十，余四十八。寫影自右，依齒序焉。無著道人。」

【按】此寫影，袁仲濂曾宣佈為交際博士黃警頑借去遺失（見初版年譜一九二八年條）。一九四八年，余因大師舊友毛子堅居士之介紹，於上海南市救火會張國樑先生處見之，因急將題記錄存。該寫影今則不知仍在人間否耶？

⓮手書禪偈贈夏丏尊題記：「聾人也唱胡茄曲，好惡高低自不聞。佛眼遠禪師句。歲次大辰十月，丏尊居士囑書，智幢。」

【按】佛眼禪師為宋五祖法演門下三佛（佛果克勤、佛鑑惠勤、佛眼清遠）之一，亦稱龍門清遠。

⓯蔡丏因附記：「是年囑李鴻梁繪普賢、文殊二菩薩像，並囑姜丹書布彩，師自題菩薩名號，由上海佛學書局影印流通。」

一九二八年（民國十七年戊辰）四十九歲

正月在溫州，致書蔡丏因論《往生論註》及《華嚴疏鈔》，引楊仁山居士謂修淨業者須窮研「三經一論」，論即《往生論》也。鸞法師注至為精妙。又謂「若欲窮研華嚴，於《清涼疏鈔》外，復應讀唐智儼《搜玄記》及賢首《探玄記》」❶。閏二月，復致書蔡丏因，謂「爾將移居大羅山，明歲若往嘉杭，當與仁者晤談」❷。五月於大羅山，誅茆宴坐，馬一浮居士致書道念，託林同莊奉贈嘉興無病居士遺書——《清涼疏鈔》一部，並問其何時復還錫杭州❸。秋自溫至滬，與豐子愷、李圓淨商《護生畫集》編輯工作❹。九月居江灣豐子愷家，二十日為師壽辰，豐君請說皈依，遂於樓下披霞娜（Piano）旁皈依佛法，取法名嬰行❺。聞黃幼希居士校定《華嚴疏鈔》，致書讚歎，自謂亦久有此志，但衰老日甚，無能為力耳❻。在滬時曾與蔣竹莊（維喬）居士同聽應慈法師講《華嚴經》於清涼寺❼。冬月，舊友尤惜陰與謝國樑（寂雲）二居士發願相約赴暹羅（泰國）弘法。大師訪於客寓，忽動遠遊之念，因同船南行❽。船到廈門，受到陳敬賢居士招待，並介紹他到南普陀寺去住，認識了性願老法師及芝峯、大醒法師等，留他小住，尤謝二居士旋乘原船赴暹，師即至南安小雪峯寺度歲❾。是冬劉質平、夏丏尊、經亨頤、豐子愷諸友生，以是時政府有毀寺之議，乃醵資為築常住之所於上虞白馬湖，顏曰：「晚晴山房」❿。師在南安雪峯寺時，雖在客中，亦不忘律儀之整肅。曾書「座右銘」四句以自勗⓫。

注釋

❶致蔡丏因書：「丏因居士丈室：兩書誦悉。《懸談》八冊，昨夕亦齎至。今郵奉《疏鈔》十一冊，又《往生論註》一冊，亦併假與仁者研尋。楊仁山居士謂修淨業者須窮研三經一論，論即《往生論》也。鸞法師注至為精妙。楊居士謂：『支那蓮宗著述，以是為巨擘矣。』附奉上《行願品》一冊，敬贈與仁者讀誦，並希檢受。《華嚴懸談》，文字古拙，頗有未易了解處，宜參閱宋鮮演《華嚴玄談決擇》，（共六卷，初卷佚失，今

存五卷，收入《續藏經》中。）及元普瑞《華嚴懸談會玄記》。（四十卷，常州刻經處刊行，共十冊。）反覆研味，乃能明了。仁者若欲窮研《華嚴》，於《清涼疏鈔》外，復應讀唐智儼《搜玄記》（共五卷，每卷分本末，第四卷之中已佚失，此殘本，今收入《續藏經》中。）及賢首《探玄記》，（二十卷，金陵刻經處刊行，共三十冊。徐蔚如釐會。）《清涼疏鈔》多宗賢首遺軌，賢首復承智儼之學脈，師資綿續，先後一揆。三師撰述，並傳世間，各有所長，寧可偏廢。乃或故為軒輊，謂其青出於藍。尋繹斯言，蓋非通論。前賢創作者難，後賢依據成章，發揮光大，亦惟是纘其遺緒耳，豈果有踰於前賢者耶？至若《慧苑刊定記》，（共十五卷，第六第七佚失，此殘本今收入《續藏經》中。）反戾師承，別闢徑路，賢宗諸德並致攻難。然亦未妨虛懷翫索，異義互陳，並資顯發，豈必深惡而痛絕耶？春寒甚厲，手僵墨凝，言豈盡意？曇昉疏答。正月十四日。今後郵寄書籍，乞包以堅固之紙數層，外以堅固之麻繩束縛穩牢。因由紹至溫，須數易舟車，包紙易致破碎，麻繩亦易磨斷。附白。」

❷致蔡丏因書：「丏因居士丈室：昔奉惠書，忻悉一一。今乞孫居士齎拙書石印本數種，希受。爾將移居大羅山。明歲若往嘉杭，當與仁者晤談。不具一一。閏二月二十一日，演音疏。」

【按】師同日致書孫選青云：「今日下午，移居大羅山伏虎庵。以後惠函，仍寄慶福寺……演音疏，閏月二十一日。」

❸馬一浮致弘一法師書：「別遂經歲，俗中擾擾不可言。伏維道體安隱，少病少惱。前累蒙惠寄法書，時出展對，如仰身雲，蹔可慰念。去月李榮祥居士見寄 尊撰《五戒相經箋要》三十部，已分贈所知，並感垂誘之切，敬謝無量。曩時奉對，曾謂欲得《清涼疏鈔》一部，今嘉興陸序茲願以其父無病居士遺書奉贈，謹託同莊為致之，至時希命侍者賜答。有人言：師近入大羅山，誅茆宴坐，未審然否？何時復還錫杭州，兼望示及，不具。論月大師座下，馬一浮和南，戊辰五月十日。」

【按】大羅山在溫州東南，一名泉山，有庵曰伏虎庵。其一支脈曰茶山，有寺曰寶嚴寺。

❹馬一浮《護生畫集．序》：「月臂大師與豐君子愷、李君圓淨，並深解藝術，知畫是心，因有《護生畫集》之製。子愷製畫，圓淨撰集，而月臂為之書。三人者蓋夙同誓願，假善巧以寄其惻怛：將憑茲慈力，消彼獷心，可謂緣起無礙，以畫說法者矣。……月臂書來，屬綴一言，遂不辭葛藤而為之識。戊辰秋七月蠲叟書。」

❺豐子愷致弘一法師書：「弘一法師座下：今日為法師六十壽辰，弟子敬繪《續護生畫集》一冊，計六十幅，於今日起草完竣。……憶十餘年前在江灣寓樓，得侍左右，欣逢法師壽辰，越六日為弟子生日，於樓下披霞娜（Piano）旁皈依佛法，多蒙開示，情景憬然在目。……民國廿八年古曆九月二十日。弟子豐嬰行頂禮。」

❻致黃幼希書：「不晤倏已十載。近聞仁者校定《華嚴疏鈔》，至用歡讚。朽人亦久有此志，但衰老日甚，無能為力耳。前所校點《玄談》，亦僅自備披覽，中多譌闕，且未及與《大正藏》本對校，簡陋殊無足觀，故不寄奉。……蔣竹莊居士，乞代致候。十年前，曾在清涼寺同聽《華嚴經》，想尚憶記否？謹陳不宣。……廿七年除夕前二日弘一。」

❼蔣竹莊《晚晴老人遺牘集序》：「弘一法師，以名士出家，鑽研律部，間有著述，發揮南山奧義，精博絕倫，海內宗之。……回憶戊辰己巳間，上海清涼寺請應慈老法師宣講《華嚴經》，余恒往列席。某日有一山僧翩然戾止，體貌清癯，風神朗逸，余心異之；但在法筵，未便通話。歸而默念，其非弘一法師乎？既而會中有認識法師者，告我曰是也。余擬於散會時邀之談話，而法師已飄然長往矣。……」

❽陳海量《記寂雲禪師兼懷晚晴老人》：「寂雲禪師，俗姓謝，名國樑，號仁齋。早歲留學日本，習法政，返國後，服官東三省。……一日，遇異僧於途。僧告之曰：我與爾前生是道友，特來度爾。……師大駭，即日茹素，從弘一大師學。……雪行居士號惜陰，無錫人。著有《談因》、《法味》等書。……居士與寂雲師殊投契。同願赴暹，在滬候輪。適弘一大師行腳經滬，晤

於客寓。大師曰：『兩居士收拾行李到何處去？』二人謹答：『弟子等到暹羅教化去，明天動身。』大師欣然曰：『好得很，明天我也同你們去。』翌日，遂下輪，結伴南行。同行者尚有一居士，時民國十七年戊辰冬日也。」

【按】寂雲為浙江天台謝國樑居士出家後法名，號瑞幢，一九三〇年在廈禮轉逢和尚為師。一九三一年求戒南京寶華山，與巨贊、奧僧照空同戒。抗戰前結茅終南山，抗日軍興，乃攜鉢入川。居樂山，改名了心，號農禪，農園自給。時與馬一浮、楊樵谷為友。著有《農禪詩鈔》。一九五六年致書巨贊法師，欲往北京參學未果。

尤惜陰，名秉彝，字雪行，別號皈僧，或作無相道人，江蘇無錫人。早歲與師同事於上海《太平洋報》，中年至杭州虎跑寺皈依三寶，法名演本，號弘如。晚年至南洋從德玉上人披剃。弘法馬來西亞，卓錫金馬崙三寶寺，一九五七年示寂，壽八十五。

❾《南閩十年之夢影》：「我第一回到閩南來，是在民國十七年十一月的時候，起初我是從溫州來上海的。因為我以前一鄉在溫州，在那邊也住得很久，差不多也有十年的光景。這一回由溫州到上海，是為著甚麼事情呢？因為關於編輯《護生畫集》的事，所以到上海來商量一切。到了十一月底，《護生畫集》已編輯好了。那時我有一位舊時很要好的朋友，名尤惜陰居士，聽說他也在上海，於是我很想去看他一看。有一天的下午，我去看尤惜陰居士了。居士說起他要到暹羅國去，於第二天的早晨即要動身的。我聽到之後，登時覺得很歡喜，於是也想和他一同去。……要到暹羅國去，中間是須經過廈門的。所以我們的到廈門來，是無意中來的。於十二月初，即到廈門了。那時我們得着陳敬賢居士的招待，也曾在他們的樓上吃過午飯。

「以後陳敬賢居士就介紹我們到南普陀寺來。……到了南普陀寺後，即在方丈樓上住了幾天。那時常來談談的有性願老法師、芝峯法師，及大醒法師等。……住了幾天之後，我即到小雪峯那邊去過年。」（一九三七年《佛教公論》九月號）

❿劉質平等《為弘一法師築居募款啟》：

弘一法師，以世家門第，絕世才華，發心出家，已十餘年。披剃以來，刻意苦修，不就安養；雲水行腳，迄無定居；卓志淨行，緇素歎仰。同人等於師素有師友之雅，常以俗眼，愍其辛勞。屢思共集資材，築室迎養；終以未得師之允諾而止。師今年五十矣，近以因緣，樂應前請。爰擬遵循師意，就浙江上虞白馬湖覓地數弓，結廬三椽，為師棲息淨修之所，並供養其終身。事關福緣，法應廣施。裘賴腋集，端資衆擎。世不乏善男信女，及與師有緣之人。如蒙喜捨淨財，共成斯善，功德無量。

劉質平　經亨頤　周承德　夏丏尊　穆藕初　朱穌典　豐子愷同啟

中華民國十七年歲次戊辰十一月。

⓫手書「座右銘」：「正衣冠　尊瞻視　寡言辭　慎行動。　戊辰十二月居泉州雪峯寺敬書。曇昉。」

一九二九年（民國十八年己巳）五十歲

是年正月自南安小雪峯返廈門南普陀寺，居閩南佛學院約三個月❶。去冬在廈購得晉索靖書《出師頌》，今春將回溫州，題記留念❷。三月將離廈赴溫州，致書蔡丏因，謂擬於秋涼遷入白馬湖新居❸。四月，由蘇慧純居士陪同，離廈取道泉州赴溫州❹(又)。道經福州，遊鼓山湧泉寺，於藏經樓覽彼所雕《法華》、《楞嚴》方冊，歎精妙絕倫；又發見清初道霈禪師所著《華嚴經疏論纂要》刻本，歎為近代所希見❺。因倡緣印布二十五部，並以十數部贈予扶桑諸古寺及佛教各大學❻。五月至溫。六月至白馬湖，致書九華山佛學院寄塵法師，謂秋涼後將與蘇居士偕往鼓山印經，並介紹他披閱《雲棲法彙》。謂其中《緇門崇行錄》、《僧訓日記》、《禪關策進》三種，尤為切要❼。時印西上座以所藏師之影像，請馬一浮居士題偈❽。七月，選錄明薛文清《讀書錄》有關戒除習氣者百餘則，以備尋覽❾。同月，又錄清三韓梁瀛侯《日省錄》，有關警策身心之言為一卷，並為題記❿。九月二十日，為大師五十誕辰，在上虞白馬湖，小住晚晴山房。書唐李義山「天意憐幽草，人間愛晚晴」一聯，贈夏丏尊居士。自題：「己巳九月曇昉，時年五十。」又書「具足大悲心」篆書五字，並自題記⓫。同月廿三日，與紹興徐仲蓀、劉質平居士等至白馬湖放生。撰有《白馬湖放生記》⓬。是年，夏丏尊以所藏大師在俗所臨各種碑帖出版，名《李息翁臨古法書》，由上海開明書店發行，師自為序⑬。旋返溫州城下寮，撰聯讚歎地藏菩薩，並自題記⑭。九月，將赴閩中，欲以晚晴山房所藏晉唐譯《華嚴經賢首探玄記》、大本《起信論疏解彙集》等共十三包，寄存蔡冠洛嘉興濮院可園，函詢蔡氏是否同意⑮。旋又移居江心寺，方便閉關，謝絕師友訪問與通信。江心寺為溫州名剎，宋代被列為「五山十剎」之一。著名禪僧真歇清了曾居於此。師在江心寺與李圓淨、豐子愷計劃編輯《護生畫集》，本擬居住兩年，以交通通信不便（由岸至江心寺，須乘船過江），遂改變計劃⑯。十月，重至廈門南普陀，以寺中有水陸法事，暫時移居太平巖（明末鄭成功讀書處）⑰。是月，為閩南佛學院同學撰「悲智」訓語，並手書以贈⑱。同時為太虛大師所撰《三寶歌》作曲⑲。十二月，太虛大師於閩院講《瑜伽真實義品》，由學僧默如筆記，師逐日親臨聽講⑳。臘月，李慧勳等以師五旬初度欲為祝壽，師以校刻《梵網經菩薩戒疏》為囑㉑。除夕移居雪峯寺㉒。太虛大師亦同蒞寺度歲，作偈贈之㉓。是年，在俗仲兄李文熙桐岡逝世，年六十二。

注釋

❶《南閩十年之夢影》：「在廈門住了幾天，又到小雪峯那邊去過年。一直到（十八年）正月半以後才回到廈門，住在閩南佛學院的小樓上，約莫住了三個月工夫。……一直住到四月間，怕將來的天氣更會熱起來，於是又回到溫州去。」

❷晉索靖書《出師頌》影本題記：「戊辰十二月來思明，購得此冊。爾後留滯南安雪峯者月餘。近將歸臥永寧，重展斯冊，聊為題記。明年己巳正月廿三日，月臂。」

❸致蔡冠洛書：「去冬至滬，遊南北閩諸勝境。前日乃返溫州，仍居城下寮。秋涼即遷入白馬湖新居。演音疏，三月廿三日。」

❹《南閩十年之夢影》：「……正月半以後才回到廈門……一直住到四月間……於是又回到溫州去。」

文與寄塵法師書：「塵法師：惠書誦悉，歡慰無盡。……蘇居士偕返溫州，秋涼後將與居士往鼓山，印刷經典，或在鼓山過冬。……演音和南，舊六月十六日。」

【按】蘇慧純居士，福建泉州晉江人，早年信佛。曾經商南洋，親近轉道和尚。回國後，又親近太虛、弘一諸大師。戰時曾侍轉逢和尚漫遊雲南、印度。晚年在滬經營大法輪書店，出版《覺有情》雜誌，宣揚佛法，不遺餘力。

❺《福州鼓山庋藏經板目錄序》：「昔年余游鼓山，覽彼所雕《法華》、《楞嚴》、《永嘉集》等楷字方冊，精妙絕倫。……又復檢彼鉅帙，有清初刊《華嚴經》及《華嚴疏論纂要》、憨山《夢游集》等，而《華嚴疏論纂要》為近代所稀見者。余因倡緣印布，併以十數部贈予扶桑諸寺。」

【按】《華嚴經疏論纂要》為清初鼓山道霈禪師所纂。禪師號為霖，為永覺元賢法嗣，同被稱為清初鼓山二高僧。道霈德學兼備，著作等身。其尤著者為《禪海十珍》一卷、《佛祖三經指南》三卷、《餐香錄》二卷、《秉拂錄》二卷、《還山錄》四卷、《旅泊庵稿》四卷等。

❻內山完造《弘一律師》：「這時律師說：『還有一種叫《華嚴經疏論纂要》的書，正在印刷中。這書只印二十五部，想把十二部送給日本方面。將來出書以後，也送到尊處。……』據說，律師曾在福建鼓山發見這古刻的板子。這板子在現存的經典中，是很古的東西。日本的《大正大藏經》裏也沒有收入的。由此可見這經典的珍貴了。」

❼與寄塵法師書：「……座下天性仁厚，待人和平，與古德雲棲蓮池大師氣象最為相近。竊謂今後能於《雲棲法彙》，常常披閱，則學識當更有進。集中《緇門崇行錄》、《僧訓日記》、《禪關策進》三種，尤為切要，不慧披剃以來，奉此以為圭臬。濫厠僧倫，尚能鮮大過者，悉得力於此書也。願與仁者共勉之。……演音和南，舊六月十六日。」

【按】寄塵法師，安徽合肥人，出家合肥明教寺。早年畢業於武昌佛學院，與大醒、芝峯、亦幻等同學。歷任閩南佛學院、九華佛學院、嶺東佛學院等教師。曾撰《法味》一文，介紹弘一大師初到廈門的情形。（見一九三〇年《海潮音》第十一卷、第三期）又大師致劉質平

信第二七通，亦曾提及此文。（見《弘一法師書信》一〇一頁）

❽馬一浮題大師影像偈：「看取眉毛拖地，何妨鼻孔撩天。一任諸方撒（？）邈，還他法爾依然。如來叵見色相，普賢徧出身雲。若問觀音正面，更無一物呈君。」

❾明．薛文清公《讀書錄選》題記：「《讀書錄》十卷、《續錄》十二卷，明名臣薛文清（瑄）公撰。其中說性理者，頗近佛法。惜模糊影響，似是而非，故無足取。但其習氣之言，皆精湛切實，可資吾人省惕，故擇錄百餘則，以備尋覽焉。己巳七月賢瓶道人書。」

❿清．三韓梁瀛侯《日省錄選》題記：「余既選錄《讀書錄》一卷，今復披閱三韓梁氏《日省錄》。其中警策身心之言，頗為精切。皆多年閱歷有得而後筆之於書者，故亦選錄一卷，奉於座右，以資修省。梁氏之書，為編集前賢嘉言而成，非一家之言也。」

【按】賢瓶亦稱善瓶、功德瓶等，為梵語本那伽吒之意譯。賢者善之義，以瓶中能出心所欲求之物，引喻能生善福，故曰「賢瓶」。

⓫手書「具足大悲心」題記：「此古法卷紙也。藏於錢塘定慧者百年後，歸於余又十數年。爾將遠行，寫華嚴經句，以付後人，共珍奉焉。晚晴院沙門論月時年五十。是年九月贈質平居士，時同往白馬湖上。」

⓬《白馬湖放生記》：「白馬湖在越東驛亭鄉，舊名漁浦。放生之事，前年無聞也。己巳秋晚，徐居士仲蓀過談，欲買魚介放生馬湖，余為讚喜，並乞劉居士質平助之。放生既訖，質平記其梗概，余書寫二紙，一贈仲蓀，一與質平，以示來覽焉。時分：十八年九月廿三日五更，自驛亭步行十數里到魚市（在百官鎮），東方未明。……放生之時，岸上簇立而觀者甚衆，皆大歡喜，歎未曾有。是歲嘉平無縛書。時居晉江南補陀禪林，讀誦《華嚴經清涼疏鈔》。」

⓭《李息翁臨古法書．序》：「居俗之日，嘗好臨寫碑帖。積久盈尺，藏於丏尊居士小梅華屋，十數年矣。爾者居士選輯一帙，將以鋟鈑示諸學者，請余為文冠之卷首。夫耽樂書術，增長放逸，佛所深誡。然研習之者能盡其美，以是書寫佛典，流傳於世，令諸衆生歡喜受持，自利利他，同趨佛道，非無益矣。冀後之覽者，咸會斯旨，乃不負居士倡布之善意耳。歲躔鶉尾，如眼書。」（按：鶉尾為巳年，即一九二九年。——著者）

⓮撰聯讚地藏菩薩並記：「多劫荷慈恩，今居永寧，得侍十年香火；盡形修懺法，願生極樂，早成無上菩提。辛酉三月，余來永寧，居慶福寺，親得瞻仰禮敬承事供養地藏菩薩摩訶薩，並修《占察懺儀》。明歲庚午，首涉十載。自幸餘生，獲逢聖教，豈無慶躍，碎身莫酬；攬筆成詞，輒申讚願。惟冀見聞隨喜，同證菩提。己巳十月，時年五十，弘一。」——（因弘《恩師弘一音公駐錫永嘉行略》）

⓯致蔡冠洛書：「寄存之書，共十三包。其中大部之書，有晉唐譯《華嚴經》、賢首《探玄記》（此書極精要）、大本《起信論疏解彙集》等。……是等諸書，朽人他日倘有用時，當斟酌取返數種；若命終者，則以此書盡贈與仁者，以志遺念。……擬託春暉中學楊君……暫為收貯。將來覓便，齎奉仁者，未審可否？乞裁酌之。若可行者，希即致函楊君來此領取。朽人十日後即往閩中，衰老日甚，相見無期。……演音疏，九月七日。」

⓰致李圓淨、豐子愷書：「朽人現擬移居，以後寄信件等，乞寫『溫州蘇行門外江心寺弘一收』為宜。……又朽人在江心寺，係方便閉關。一概僧俗諸師友，皆不晤談。又各地常時通信之處，亦已大半寫明信片，通告一切：『謂以後兩年三個月之內，若有來信，未能答復。又寫字、作文等事，皆未能應命云云。』……再者，由他處寄至江心寺之函件，須存放某豆腐店，須待工人等買豆腐時領取。豆腐店中人等，及工人等，皆知識簡單，少分別心。雖有雙掛號之函件，彼等亦漠然視之，不加注意。以是之故，雖雙掛號，或亦不免遺失。因郵局之責任，僅送至豆腐店為止，以後即不管也。……九月廿四日，演音上。」

⓱《南閩十年之夢影》：「第二回到閩南，是民國十八年十月。起初先到南普陀寺住了幾天，以後因為寺裏要做『水陸』，所以搬到太平巖去住。等到水陸圓滿，又回到南普陀，而在前面

的老功德樓上住著。……不久我又到小雪峯去過年。」

⓲贈閩南佛學院同學「悲智」訓語：「己巳十月，重游思明，書奉閩南佛學院同學諸仁者『悲智』：『有悲無智，是曰凡夫。悲智具足，乃名菩薩。我觀仁等，悲心深切。當更精進，勤求智慧。智慧之基，曰戒曰定。如是三學，次第應修。先持淨戒，並習禪定。乃得真實，甚深智慧。依此智慧，方能利生。猶如蓮華，不著於水。斷諸分別，捨諸執著。如實觀察，一切諸法。心意柔輭，言音淨妙。以無礙眼，等視衆生。具修一切，難行苦行。是為成就，菩薩之道。我與仁等，多生同行。今得集會，生大歡喜。不揆膚受，輒述所見。儻契幽懷，願垂玄察。大華嚴寺沙門慧幢撰。』」

【按】據當時閩院教務主任芝峯法師言：「太虛法師作歌，弘一法師作曲之《三寶歌》曲譜，即在是時所作。」

⓳印順著《太虛大師年譜》一九二九年十二月一日條：「（太虛）大師作三寶歌，時弘一住南寺，為之作譜，其歌曲頗為流行。」

⓴默如《七十自述》：「……他如（太虛）大師（一九二九年十二月在閩院）講《瑜伽真實義品》時，弘一大師逐日無間，親臨聽講，余亦記集成冊。」（見一九七五年香港《內明》雜誌第四十一期）

㉑李慧動《梵網經．跋》：「右唐法銑撰《梵網經菩薩戒疏》原本兩卷，中土久佚。比年得自東瀛，仍缺下卷；然唐人疏文，一字一句，皆堪寶貴。此疏雖缺下卷，亦足以資探究。弘一法師精究律藏，尤究心於一切有部。歲在己巳，為師五旬初度，同人欲為師壽。師馳書力辭，而以校刻是疏為囑。爰為付之剞劂，以副師『扶律談常』之願。異時倘獲下卷續刻，以成完書，則尤法門幸事矣。己巳臘月優婆塞李慧動附識。」

【按】「扶律談常」，即「扶持戒律，談佛性常住之理」的教法。天台宗指《涅槃經》的教說。釋尊因末世有惡比丘，破戒律，不信如來常住之理，因而產生邪見，故為誡之而說此經。

㉒致蔡冠洛書：「交郵明信，想達慧覽。除夕移居雪峯，甚安。……元旦後一日，在郵局書，演音。」

㉓太虛法師贈偈並跋：「聖教照心，佛律嚴身。內外清淨，菩提之因。十九年在泉州小雪峯度歲，曾拈此偈贈弘一律師；今值六旬誕辰，書以為祝。太虛，廿九，十一，十二。」

【按】據芝峯法師言：十八年冬，他與蘇慧純居士，隨太虛法師入泉弘法，除夕同至南安小雪峯寺度歲。時寺主轉逢和尚年屆五十，與弘一法師同年。故太虛法師有「今夕可為二老合做百歲壽」之語云。

一九三〇年（民國十九年庚午）五十一歲

是年正月，自南安雪峯寺至泉州承天寺。適性願法師創辦月臺佛學研究社，師隨喜讚歎，曾為青年學僧演講寫字方法二次，並為承天寺整理所藏古版藏經，編成目錄❶。又書「以戒為師」一小幅，贈與月臺佛學社庚午冬考試品行最優者❷。學律高足性常，是年方識師於承天寺❸。是時印月長老將歸廈門虎溪巖，師以其法號「會泉」二字，撰冠頭聯並手書贈之❹。四月初離閩，至上虞白馬湖晚晴山房。是月十四日，夏丏尊四十五生辰，約經亨頤與師共飯蔬食。經氏作畫以祝。師寫《仁王般若經偈》貽之❺。五月至寧波白衣寺，夏丏尊與顯念居士（錢均夫）訪之，師聞顯念已歸依三寶，甚為歡喜。勸他應到觀宗寺聽諦閑法師講經和天寧寺參謁虛雲老法師❻。白衣寺主安心頭陀以虛雲、弘一二老聚會，勝緣難遇，就寺設齋供養並歡迎攝影，以留紀念❼。六月居晚晴山房，據東瀛古版《行事鈔》校閱天津新刊，改正　誤❽。時劉質平重到晚晴山房，商榷《清涼歌》，因集華嚴偈句書聯貽之❾。秋自白馬湖法界寺至白湖金仙寺訪亦幻法師。十月十五日在寺聽靜權法師講《地藏經》及《彌陀要解》。即於經期中，為幻師等五人偏房講自著《五戒相經箋要》。諷誦之餘，致力《華嚴》之研究，並綴成《華嚴集聯三百》。次年由上海開明書店出版❿。十一月下旬，經期圓滿，即離白湖金仙寺至溫州城下寮度歲。時性願法師駐錫廈門雲頂巖，師致書賀之⓫。

注　釋

❶《南閩十年之夢影》：「第二回到閩南，是民國十八年十

月。起初先到南普陀寺住了幾天，……不久又到小雪峯去過年。到了（十九年）正月半才到承天寺來。那時性願老法師亦在承天寺，他正在寫著章程想要辦什麼研究社。不久，研究社成立之後，氣象可以說是十分好的。……當時我也在那邊教了兩回關於寫字的方法。此外在有閒空的時候，曾把寺裏那些古版的藏經整理過一番，後來還編成目錄，至今還留在那邊。我在承天寺約住了三個月，到四月的時候，恐怕天氣要熱了，於是又回到溫州去。」

❷曇昕《音公本師見聞瑣記》：「十九年我在月臺佛學社考試後，法師給我一張『以戒為師』四個字的字幅，傍註『敬贈晉江月臺佛學社庚午冬季考試品行最優者惠存，以為紀念。一音』。」

❸性常《親近弘一大師之回憶》：「民國庚午年，余始拜識大師於承天月臺佛學社。時承大師親予《李息翁臨古法書》一冊，並墨寶數種為紀念。」

❹撰聯贈印月法師並跋：「『會心當處即是，泉水在山乃清。』印月法師歸臥虎溪，書此呈之。後學月臂，時庚午居豐州。」

【按】印月名明性，字會泉，以字行，印月為其別號，是廈門南普陀寺第一任十方選賢叢林住持，時已退居。虎溪，即廈門虎溪巖。豐州即泉州南安縣古稱。

❺《題經亭頤贈夏丏尊畫記》：「庚午五月十四日，丏尊居士四十五生辰，約石禪及余至小梅花屋共飯蔬食，石禪以酒澆愁。酒既酣，為述昔年三人同居錢塘時，良辰美景，賞心樂事，今已不可復得。余乃潸然淚下，寫《仁王般若經》苦空二偈貽之：

生老病死，輪轉無際。事與願違，憂悲為害。
欲深禍重，瘡疣無外。三界皆苦，國有何賴？
有本自無，因緣成諸。盛者必衰，實者必虛。
衆生蠢蠢，都如幻居。聲響皆空，國土亦如。
永寧沙門亡言，時居上虞白馬湖晚晴山房。」

【按】經亨頤，字子淵，亦稱頤淵，別號石禪，浙江上虞人。少時留學日本，畢業東京高等師範。歸國後入教育界，先後任杭州浙江第一師範及上虞白馬湖春暉中學校長。其題畫云：「『清風長壽，淡泊神仙』，十九年六月，丏尊老兄四十五生辰，頤淵寫此為祝。」

❻顯念居士《悼弘一師》：「余於民國十九年春間於役甬江，遇友人夏丏尊於甬江旅舍。丏尊告以汝常念師，今游蹤所至，適駐錫城內白衣寺，如欲參謁者，可於翌晨同往晉見。次日偕往，則見闊別將近二十年之老友，已非昔日風度翩翩之李叔同，而儼為人天師矣。斯時春寒未消，余尚服薄棉，師則衣短裰，赤足納草履。一見即向余謂：『聞君已皈依三寶，走入光明之路，很好很好。今在甬埠，有兩事必須做到：一、諦老法師適在觀宗寺講經，應抽暇至少須往參聽一座，以結善緣。二、應到天寧寺參謁由滇省來遊之虛雲老法師。此老法師入定可到二十一日之久，為目前海內所不易遇見者。』」

【按】錢均夫，名家治，「顯念」為他皈依諦閑法師的法名。據錢學敏《日月璧合．風雨同舟》（記錢學森夫婦）說：「錢學森的父親錢均夫，是吳越錢武肅王（八九三）的後代。浙江杭州人，博學多才。早年東渡日本學習教育、歷史、地理，回國後，就職於當時北京的教育部。由於他的教育思想比較進步，文筆超凡逸俗，尤喜古典文學、詩書、字畫，因而頗得魯迅的賞識，彼此視為知己。至今在魯迅的日記中，仍可見當時他倆友好交往的多次記載。」（見一九九二年四月二日《人民日報．海外版》；錢學森於一九九一年十月被授予「國家傑出貢獻科學家」的榮譽稱號。）

錢均夫後來任教浙江第一師範時，與師同事。這條記事，作者原寫明「民國十九年春（一九三〇）於役甬江」與夏丏尊同謁大師；但說「斯時春寒未全消，余尚服薄棉，師則衣短裰，赤足納草履」。當係回憶之誤。

我以師此次至甬已在仲夏，故疑為二十年（一九三一）之誤，初版年譜改置於二十年條。後見一九三一年《海潮音》月刊十二卷十二期圖版「寧波白衣寺歡迎虛雲、弘一二大師」合影，有「時在庚午仲夏」年月記載，加以師有勸顯念居士「應到天寧寺參謁由滇省來遊之虛雲老法師」之語，故應還原於十九年（一九三〇）條。

❼虛雲、弘一二法師攝影題記：「寧波白衣寺歡迎虛雲老和尚暨弘一法師攝影，以誌紀念，時在庚午仲夏。」合影者有虛雲、弘一、文質（天童寺退居）、安心頭陀（白衣寺主）、黃寄慈（大師學生）等。（見一九三一年《海潮音》十二卷十二期圖版）

❽《圈點〈南山鈔記〉自跋》：「剃染後二年庚申，請奉東瀛古版《行事鈔記》，未遑詳研。甲子四月，供施江山。逮於庚午六月居晚晴山房，乃檢天津新刊，詳閱圈點，並抄寫科文，改正譌誤。」

❾集華嚴偈句書贈劉質平題記：「獲根本智，滅除衆苦；證無上法，究竟清涼。庚午六月，質平居士重來白馬湖晚晴山房，商榷《清涼歌》，因為撰輯第一集，都凡十首，並集《大方廣佛華嚴經》偈句，書聯貽之，以為著述之紀念。法界寺沙門亡言，時年五十又一。」

❿亦幻《弘一法師在白湖》：「弘一法師在白湖前後共住四次，時隔十載，正確的日期我一時已記不起來。大概第一次是在十九年的孟秋，以後的來去，亦多在春秋佳節。……是年十月十五日，天台靜權法師來金仙寺宣講《地藏經》和《彌陀要解》。弘一法師參加聽法，兩個月沒有缺過一座。權法師從經義演繹到孝思在中國倫理學上之重要的時候，一師恒當著大衆哽咽，涕泣如雨，全體聽衆無不愕然驚懼，座上講師亦弄得目瞪口呆，不敢講下去。……因他確實感動極了。當時自己就寫了一張座右銘：『內不見有我，則我無能。外不見有人，則人無過。一味癡呆，深自慚愧；劣智慢心，痛自改革。』附上的按語是：『庚午十月居金仙，侍權法師講席，聽《地藏菩薩本願經》，深自悲痛慚愧，誓改過自新。敬書靈峯法訓，以銘座右。』……弘一法師在白湖講過兩次律學。初次就在十九年經期中，所講三皈與五戒，課本是用他自著之《五戒相經箋要》，講座就設在我讓給他住的丈室。他曾給它起名為『華藏』，書寫篆文橫額。下面附著按語：『庚午秋晚，玄入晏坐此室，讀誦《華嚴經》，題此以誌遺念。』因為偏房說法的緣故，只有桂芳、華雲、顯真、惠知、和我（亦幻）五人聽講。靜權法師很懇切地要求參加，被他拒絕了。我現在畢竟記不清楚了，《清涼歌》與《華嚴集聯三百》，是哪一本先在白湖脫稿的？……弘一法師此時（十九年秋）其餘的工作，我記得好像是為天津佛經流通處校勘一部《華嚴注疏》，一部靈芝《羯磨疏濟緣記》。同時他在白湖所研究的佛學，是華嚴宗諸疏。每日飯後，必朗誦《普賢行願品》數卷，回向四恩三有，作為助生淨土的資糧。法師是敬仰靈芝、蓮池、蕅益諸大師的，我揣想他的佛學體系是以華嚴為境，四分戒律為行，導歸淨土為果的。……

「靜權法師經筵於十一月二十日解散，時已雨雪霏霏，朔風刺骨地生寒。弘一法師體質素弱，只好離開白湖，仍歸永嘉的城下寮去。我送他坐上烏篷船過姚江，師情道義，有不禁黯然的感傷。」

⓫致性願法師書：「性老法師慈鑒：……在金仙寺聽經月餘，近已圓滿。擬於明日往溫州度歲。承示法座駐錫雲頂，至用歡忭。明歲當來廈親近座下，以慰渴念。……末學演音稽首（一九三〇）十一月廿六日。」

【按】性願老法師為師入閩以後摯友。他早年出家，飽參飽學，故師尊為前輩。在閩住處，多由他介紹。雲頂即雲頂巖，為廈門八景之一——所謂「雲頂觀日」是也。

太虛法師有《遊雲頂巖登廈島最高峯》詩云：「損腰未倦登山興，得得扶笻造極來。路畔澄潭明鏡映，岩前叢樹翠屏開。寒生六月留雲洞，高越群峯觀日臺。一覽廈門全境盡，海天空濶此蓬萊。」（《海潮音》第十一卷第三期）

是年，上海佛學書局出版《大般若經知津》，師編錄《大般若經易檢表》共六版，附刊於《大般若經知津》之後。此事係由美國妙因法師函告，特此致謝。惜該表至今未見。越年九月，師自金仙寺致芝峯法師書云：「末學近擬讀《大般若經》。曩承虛大師諄諄慈訓，深為感荷。他日通信之時，乞代為問安。……音和南，九月廿五日。」

一九三一年（民國二十年辛未）五十二歲

是年春，在溫患瘧甚劇，虔誦《行願品偈讚》，遂覺清涼❶。師致芝峯之書亦云：「今春以來，疾病纏綿，至今猶未復元」❷。時將赴上虞法界寺，函告蔡冠洛居士，願以自圈點之《圓覺經大疏》並節錄鈔文贈之❸。二月，居法界寺，於佛前發專學南山律誓願❹。三月為法界寺書《華嚴集聯》，以為紀念❺。四月，立「遺囑」一紙，謂謝世後凡存法界寺之佛典及佛像，皆贈予徐安夫居士❻。是時傳師為某僧劫持入陝，在甬已上船，為學生劉質平奪回。師云傳言失實，並非「劫持」❼。旋離白馬湖至慈谿鳴鶴場金仙寺。擬著《靈峯大師年譜》未果，因擷取《靈峯宗論》中的名言，成《寒笳集》❽。又撰《華嚴經讀誦研習入門次第》❾，並手書《華嚴集聯三百》在滬付印，師自為序❿，弟子劉質平加跋⓫。其後數年名家經亨頤⓬、馬一浮先後為之跋，至為推重⓭。五月，白湖金仙寺主亦幻法師發起創辦「南山律學院」，請師主持弘律，遂於五月移居五磊寺。師允任課三年。後因與寺主意見未洽，飄然離去⓮。師居五磊寺時，撰《南山律苑雜錄·徵辨學律義》八則，對近代傳戒不如法情況，以問答體裁，辨明傳戒本義，並引蕅益大師之言，寄慨遙深⓯。六月初五日，勝月居士（胡宅梵）三十初度，適金陵刻經處寄到《阿彌陀經疏鈔》，即以此書贈之而為紀念⓰。九月，在白湖金仙寺撰《清涼歌集》，因歌詞之義深奧，非常人所能了解，因函請閩南佛學院芝峯法師代撰歌詞注釋（《清涼歌集達恉》）⓱。同月得復書允代撰釋文，師致書申謝。學僧密唵近閱禪宗語錄，師勸彼應先於「法相」、「三論」痛下一番功夫，然後再閱禪宗之書，乃為穩妥⓲。是時廈門廣洽法師函邀赴閩，即自溫州動身前往。至滬後因時局不寧，經友人勸阻未果行⓳。九月中旬到杭州，小住虎跑寺，適圓照禪師往生，請安心頭陀封龕說法。荼毘時，師與道俗助念佛號，並合影留念⓴。十月，由杭州渡江至紹興，卓錫戒珠講寺，蔡冠洛與鴻道人（李鴻梁）為之寫像，並以纂述年譜請。師以為無過人行，遜謝未遑。但所談極關重要，於其生平事蹟及出家後修持境界，可得髣髴㉑。住數日，遊覽若耶溪、顯聖寺紹興諸名勝，復回寧波。因棲蓮和尚之懇求，重至五磊寺，與該寺約法十章，旋又他去㉒。臘月，至鎮北龍山伏龍寺度歲㉓。是年為蔡冠洛撰其父《淵泉居士墓碣》㉔。又撰《永嘉慶福寺緣冊題詞》㉕。並發明「聽鐘念佛法」，撰稿刊布，而不署名㉖。

注　釋

❶蔡冠洛《戒珠講苑一夕談》：「（師言）予今春病瘧，熱如火焚，虔誦《行願品偈讚》，略無間斷，遂覺清涼。一心生西，境界廓然，正不知有山河大地，有物我也。」

【按】蔡氏《一夕談》作於一九三一年十一月，時師卓錫紹興戒珠講苑，將去苑之前夕。

❷致芝峯法師書：「音今春以來，疾病纏綿，至今猶未復元，故掩室之事，不得不暫從緩。前日到金仙寺訪幻法師，藉聞座下近況，至為欣慰！……演音和南，九月四日。」（見澳門《覺音月刊·弘一大師六十大壽紀念號》）

❸致蔡冠洛書：「朽人近年已來，兩游閩南各地，並吾浙甬、紹、溫諸邑，法緣甚盛，堪慰慈念。惟以居處無定，故久未致書問訊耳。去年夏間，曾立『遺囑』，願於當來命終之後，所有書籍悉以奉贈於仁者。……是遺囑當來由夏居士等受收耳。數日後即返法界寺，秋涼仍往閩南。以後惠書，希寄『紹興轉百官……橫塘廟鎮壽春堂藥房轉交法界寺弘一收』。……又《圓覺大疏》一部，前在閩時以數月之力圈點，並節錄鈔文，乞仁者檢出（按：此書原寄存嘉興可園蔡冠洛處），覓暇讀之，當法喜充滿也。附白。舊正月十一日，演音疏。」

❹《圈點南山鈔記·自跋》：「辛未二月居法界寺，於佛前發專學南山律誓願。」

❺手書華嚴集聯題記：「如來境界無有邊際，普賢身相猶如虛空。歲在辛未三月居蘭皋，敬書晉譯《大方廣佛華嚴經》偈頌集句：世間淨眼品第一，盧舍那佛品第二。明州大誓願莊嚴院沙門亡言。」

【按】蘭皋即上虞法界寺山名。

❻《遺囑》之一：「弘一謝世後，凡寄存法界寺之佛典及佛

像，皆贈予徐安夫居士；其餘之物皆交法界寺庫房。辛未四月，弘一書。」

❼致蔡冠洛書：「惠書誦悉，感謝無盡，傳言失實，非劫持也。（傳大師為某法師強迫入陝，已在鄞下船矣，為劉質平所奪回。余以書訊之，師回示謂「傳言失實」。冠洛注。）今居法界尚安。近歲疾病，精神大衰，畏寒尤甚，秋涼仍往閩南耳。爾來法緣殊勝，上海佛學書局發願印拙書佛經及屏聯近二十種，廣為流通。《華嚴集聯》已將寫就，由劉居士影印。近又發心編輯南山律三大部綱要、表記，約六七載，乃可圓滿，順達不宣。音疏，舊四月六日。」

【按】姜丹書《弘一律師小傳》：「謂師至甬上，有某僧以籌濟陝災請至長安，上人不欲拂其意，許隨行。已上船，劉質平突入艙，負之返岸」云云。此事原繫於一九二九年，應改移本年為是。

❽亦幻《弘一法師在白湖》：「此別至明年（二十年）春光明媚的三月，他始由甌江返抵白馬湖的法界寺中和晚晴山房兩處小住。旋來白湖，贈我紹興中學舊門人李鴻梁他們替他攝的照片與小影多幀。那時他的著作是《靈峯大師年譜》。後來他在《現代僧伽》雜誌上看到閩院學生燈霞，發表一篇《現代僧青年的模範大師》，就是捧出一位藕益大師的道德學問，足為現代青年僧的模範。他對此文認為滿意，因此那篇《年譜》便未寫完。後來編撰藕益大師的嘉言成一冊《寒笳集》，或許就是這工作的變相了。」

❾《華嚴經讀誦研習入門次第》：「讀誦研習，宜並行之。今依文便，分為二章。每章之中，先略後廣。學者根器不同，好樂殊致，應自量力，各適其宜可耳。龍集辛未首夏沙門亡言述。」

❿《華嚴集聯三百．序》：「割裂經文，集為聯句，本非所宜。今循道侶之請，勉以綴輯。其中不失經文原意者雖亦有之，而因二句集合遂致變易經意者頗復不尠。戰兢悚惕，一言三復。竭其駑力，冀以無大過耳。茲事險難，害多利少。寄語後賢，毋再賡續。偶一不慎，便成謗法之重咎矣。

「《華嚴》全經有兩譯：一晉譯有六十卷三十四品，二唐譯有八十卷三十九品。若其支流一品別譯者凡三十餘部，惟唐貞元譯《普賢行願品》四十卷傳誦最廣，蓋是晉唐譯全經中《入法界品》別譯本也。今所集者，都三百聯。自晉譯《華嚴經》偈頌中集輯百聯（附錄四聯，原文連續，非是集綴），自唐譯《華嚴經》偈頌中集輯百聯（附錄集句二十五聯，為前百聯之餘，又附八聯，原文連續，非是集綴），自唐貞元譯《華嚴經普賢行願品》偈頌中集輯百聯（附錄二聯，原文連續，非是集綴）。

後賢書寫者，於聯句旁，或題曰『某譯華嚴經偈頌集句』，或題曰『某譯大方廣佛華嚴經偈頌集句』，或題曰『某譯大方廣佛華嚴經某品某品偈頌集句』。『集』字勿冠經名之上，昭其敬重耳。

輯錄聯文，悉依上句而為次第。唯唐貞元譯七言末四聯，補集後寫，未依經次。字音平仄，惟調句末一字。餘字不論。一聯之中，無有複字。惟晉譯八言第一，重如字。以義各異，姑附存之。

「隻句片言，文義不具。但覩集聯，寗識經旨。故於卷末，更別述《華嚴經讀誦研習入門次第》一卷。惟願後賢見集聯者，更復發心，讀誦研習華嚴大典。以茲集聯為因，得入毗盧淵府，是尤余所悕冀者焉。於時歲次鶉首四月二十一日大迴向院勝髻書。」

【按】鶉首為辛未年，即民國二十年，核以《華嚴經讀誦研習入門次第》敘末所記「辛未首夏」恰符。四月二十一日為大師亡母之誕辰，師常寫經以資回向。

⓫劉質平《華嚴集聯三百．跋》：「吾師叔同李先生，生有夙根，虓奇服異，弱年馳騁詞場，雅負三絕之譽。……歲之四月，為太師母七十冥辰，我師緬懷罔極，追念所生，發弘誓願，從事律學撰述，並以餘力集華嚴偈，綴為聯語，手錄成冊。冀以善巧方便，導俗利生。質平偶因請業，獲覩宏裁，鴻朗莊嚴，歎為稀有。亟請於師付諸影印，庶幾廣般若之宣流，永孝思於不匱。世界有情，共頂禮之。庚午年二月望日弟子劉質平敬跋。」

⑫經亨頤《華嚴集聯三百．跋》：「弘一上人俗姓李，名息，字叔同，別號息霜，本天津望族。余曩任浙師範於民國元年，聘上人掌音樂圖畫，教有特契。藝術之交，亦性理之交也。劉子質平，習於斯凡五年，音樂具夙睿，上人盡授之。今以斯立於世，上人之賜也。上人性本澹泊，却他處厚聘，樂居杭。『一半勾留是此湖』；而其出家之想，亦一半是此湖也。迨七年秋，毅然入山剃度，身外物盡俾各友，余亦得畫一幀，永為紀念。旋余亦離杭，自此與上人相見遂不易。計自出家，忽忽已十四載。其間二次晤於白馬湖。上人以此處堪長在，愛上人者為築『晚晴山房』於山之麓。余亦居於長松下，顏曰『長松山房』，上人曾納齋於其中。余適以《爨碑古詩集聯》遣興，上人見而稱可。今上人於誦經之餘，亦集聯成巨冊，質平寶之，囑題以永藏弆，並志余與上人質平三人之緣如此。二十一年九月頤淵居士識於滬濱。」

⑬馬一浮《華嚴集聯三百．跋》：「丁丑冬十一月，避寇桐廬北郊，因豐子愷得遇劉質平居士。出弘一大師手書真蹟屬題，患難中一段奇事也。大師未出家時，教授浙中，豐、劉皆出其門，於藝術並有深造，子愷尤好佛法，質平得大師片紙隻字，皆珍若拱璧。積冊至多，裝褙精絕。余為題曰：『音公雜寶』。此為《華嚴集聯》，亦大師欲以文字因緣方便說法之一。非質平善根深厚，何以獨見付囑鄭重如是耶？

「大師書法，得力於『張猛龍碑』。晚歲離塵，刊落鋒穎，乃一味恬靜，在書家當為逸品。嘗謂華亭（董其昌）於書頗得禪悅，如讀王右丞詩。今觀大師書，精嚴淨妙，乃似宣律師文字。蓋大師深究律學，於南山、靈芝撰述，皆有闡明。內熏之力自然流露，非具眼者，未足以知之也。肇公云：『三災彌綸，而行業湛然』。道人墨寶所在，宜足以消除兵劫矣。蠲戲老人識。」

⑭致蔡冠洛書：「五磊寺主等發起南山律學院，余已允任課三年（每年七個月，舊曆二月十五日至九月十五日，餘時他往）。明春始業，經費等皆已就緒。自今以後，預備功課，甚為忙碌。半月之後……即往溫州過冬。住址未定，俟後奉聞。……音啟。十月十二日。」

⑮《徵辨學律義》附錄問答：

問：「百丈清規，頗與戒律相似，今學律者，亦宜參閱否？」

答：「百丈於唐時編纂此書，其後屢經他人增刪，至元朝改變尤多，本來面目，殆不可見。故蓮池、蕅益諸大師力詆斥之。蓮池大師之說，今未及檢錄，唯錄蕅益大師之說如下文云：『正法滅壞，全由律學不明。百丈清規久失原作本意，並是元朝流俗僧官住持，杜撰增飾，文理不通。今人有奉行者，皆因未諳律學故也。』」

問：「今世傳戒，皆聚集數百人，並以一月為期，是佛制否？」

答：「佛世，凡受戒者，由剃髮和尚為請九僧，即可授之，是一人別授也。此土唐代雖有多人共受者，亦止一二十人耳。至於近代，唯欲熱鬧門庭，遂乃聚集多衆。故蕅益大師嘗斥之云：『隨時皆可入道，何須臘八及四月八？難緣方許三人，豈容多衆至百千衆也。』至於受戒之時，不足半日即可授了，何須多日。且近代一月聚集多衆者，祇亦令受戒者，助作水陸經懺及其他佛事等，終日忙迫，罕有餘暇。受戒之事，了無關係，斯更不忍言矣。故受戒不須多日，所最要者，和尚於受前受後應負教導之責耳。……」

【按】《南山律苑雜錄》，已編入《弘一大師律學著作三十三篇》。

⑯《阿彌陀經疏鈔．題記》：「遜國後二十年，歲次辛未，六月初五日，胡勝月宅梵居士三十初度。是日又值先吏部公百十九歲冥誕。是晨適由金陵郵傳《阿彌陀經疏鈔》一部並《緇門崇行錄》十五部達五磊。時節因緣，巧為偶合，不可思議也。謹以《疏鈔》奉居士而為紀念。一音。」

⑰致芝峯法師書㈠：「音因劉質平居士諄諄勸請，為撰《清涼歌集》第一輯。歌詞五首，附錄奉上，乞教正。歌詞文義深奧，非常人所能了解，須撰淺顯之注釋，詳解其義。音多病，精神衰頹，萬難執筆構思，且白話文字，亦非音之所長。擬奉懇座

下慈愍，為音代撰歌詞注釋，至用感禱！……演音和南，九月四日。」

⑱致芝峯法師書(二)：「惠書敬悉。承諾代撰釋文，感謝無盡。居金仙已兩旬餘，承亦幻和尚優遇甚至。自惟德薄能鮮，時用慚悚耳。授華雲師習字已半月，頗有進步。亦嘗與密唵師晤談，彼近閱禪宗語錄。鄙意勸彼應先於『法相』、『三論』痛下一番功夫，然後再閱禪宗之書，乃為穩妥。未審尊見以為何如？末學近擬讀《大般若經》，曩承虛大師諄諄慈訓，深為感荷。他日通訊之時，乞代為問安。……音和南，九月廿五日。」（見澳門《覺音月刊．弘一大師六十大壽紀念號》）

⑲《南閩十年之夢影》：「到了民國二十年九月的時候，廣洽法師寫信來，他說很盼望我到廈門。當時我即從溫州動身到上海，預備再到廈門來；但因為一班朋友的勸阻，以為時事不大安定，不要遠離好，於是就仍回到溫州去。」

⑳虎跑圓照禪師圓寂攝影題記：「辛未九月十八日，虎跑定慧寺圓照禪師往生極樂。十九日請安心頭陀封龕。說法既竟，與沙門棲蓮、弘傘、弘一，居士徐仲蓀合攝此影，以誌遺念。演音。」

㉑蔡冠洛《閩行前一夕談》：「十月五日弘一法師赴閩未果，由杭渡江至紹興，卓錫戒珠講苑。四日將行，余與鴻道人既為之寫像，復以纂述年譜請。謂：『法師當代龍象，應化事迹，極為顯著，宜於生前自定年譜，以示後人。』法師答云：『平生無過人行，甚慚愧。有所記憶，他日當為仁等言之。』至二十歲前，陳元芳居士已得其略。年七八歲，即有無常、苦、空之感，乳母每教誡之，以為非童年所宜。庚子二月，初居滬瀆小南門城南草堂，乙巳東渡。母歿（母歿在前，東渡在後。—著者），益覺四大非我，身為苦本。其後出家虎跑，仝仗宿因，時若非即披剃不可，亦不知其所以然也。一切無他顧慮，惟以妻子不許為憂，竟亦一嘆置之，安然離俗。學律求反南山之初宗，與今金山、常州（天寧寺）異科。念佛虔誦《華嚴經》，而《普賢行願品》一卷，尤為一經之關鍵，深文奧義，簡明易誦。古德謂：『《普賢行願讚》為略《華嚴經》，《華嚴經》為廣《普賢行願讚》，洵不虛也。是品可讚可傳，可行可寶，實修行之機樞。今春病瘧，熱如火焚，連誦《普賢行願品偈讚》，略無間斷，一心生西，境界廓然。正不知有山河大地，有物我也。與靈巖老人亦稍有不同。……』言已，以《寒笳集》貽余，鼓山《金剛經》貽鴻道人（鴻道人即李鴻梁），時印西、普行二上人並在座云。」

【按】靈巖老人指印光法師。以老人晚年居蘇州靈巖山，故尊稱之。鴻道人即李鴻梁。

㉒岫盧《南山律學院曇花一現記》：

棲蓮和尚見事情弄糟，情急智生，又往寧波白衣寺懇求法師。果然……欲到廈門去過冬的法師，在上海住了一星期，又隻身回五磊寺來了。他大概是想到：既不能從心辦學，不免對不起良心和素志，徒然拘束，不如走回來與棲蓮和尚作徹底的解決。這意思我們不難於他們所定的十項契約中看出。茲並附錄在後面：

(一)於五磊寺團結僧伽，恭請弘一法師演講毘尼，不立律學院名目。

(二)造出僧材之後，任彼等分方說法，建立道場，以弘法為宗旨。

(三)暫結律團，在法師講律期內，無有院長、院董名稱。

(四)大約幾年可以造出講律僧材，隨法師自為斟酌。

(五)倘法師告假出外者，任法師自由。

(六)一旦造出講律僧材之後，任法師遠往他方，隨處自在，並與律學院一切事務脫離關係，不聞不問。

(七)凡在學期內大小一切事務，總任法師設法布置，聽師指揮，無不承順。

(八)凡在學期內，倘有與法師不如意之處，任法師隨時自由辭職，絕不挽留。

(九)以上所定各條件，完全出於棲蓮本意，絕無法師意見；儻以後於以上條件有一件不能遵守時，任法師自由辭職，絕不挽留。

㈩聘請律師二人，擔保以上各條件，各不負約。

民國二十年十一月十九日五磊寺住持棲蓮

見證人亦幻、永睿

原作者按：「此契約之發生，係由法師提出口頭問話後，棲蓮和尚根據自己之答復草成。法師說：『我從出家以來，對於佛教向來沒有做過甚麼事情。這回使我能有弘律的因緣，心頭委實是很歡喜的。不料第一次便受了這樣的打擊。一月未睡，精神上受了很大的不安，看經念佛，都是不能。照這情形看來，恐非靜養一二年不可。雖然，從今以後，我的一切都可以放下，而對於講律之事，當復益精進，盡形壽不退。』」（見二十一年四月十日廈門《現代佛教》第五卷第四期）

㉓亦幻《弘一法師在白湖》：「弘一法師移住龍山，這時係屬第二次，他與龍山伏龍寺的監院誠一師認識，為我所介紹。初次去時，記由胡宅梵居士送去的。……弘一法師在白湖講過兩次律學，初次就在十九年經期中，……第二次是在廿一年的春天，他突然從鎮北的龍山回到白湖，說要發心教人南山律。」

㉔清故淵泉居士墓碣文：「淵泉居士姓蔡，諱宗沈，諸暨月隴村人。累世力田，勤苦自給。居士生有異稟，從塾師讀三四年，已能為帖括文。逮入邑庠，遂厭棄之。率意懷素狂草，頗得錯綜變化之妙。精篆刻，偶作小印，識者珍焉。顧性傲岸，未肯下人，薦紳咸畏憚，不獲於世，坎壈而終。維時遜國後三年，歲次甲寅，春秋六十有八。先娶斯孺人，繼配金孺人，生子冠洛。十載孺人殉，由是不再娶。破屋瓦灶，一燈熒熒。養媳稚兒幼女，蓬髮跣足其側。居士手持《金剛般若波羅蜜多經》為之講說曰：聖道在是矣。今歲五月，冠洛書來陳述軼事。以彼父母，悉積善業，世稱其德，久而勿衰。近將合葬濮院之原，願乞題碣，亦猶亡親得聞難聞法也。冠洛字丙因，博學能文，篤信佛乘，為余善友，重違其意，略記遺行。附以偈曰：『金剛般若，是最上乘，圓頓極談，實相正印。居士往昔，植般若因，故於今生，獲逢妙典。願當來世，更值勝緣，得聞淨土，歸元捷徑。般若開解，淨土導行。解行相資，猶如目足。命終見佛，華敷上品，早成正覺，廣利含識。今依聖教，聊述津要。惟冀見聞，同證菩提。歲次辛未，沙門演音書。』」

㉕《題永嘉慶福寺緣冊》：「慶福之名，志乘不載。今所傳者，嘉道間事耳。逮乎清季，寂公上人駐錫是間，整頓清規，增築精舍。勤修淨業，廣行淨善。又復建蓮池會，勸導緇素，一心念佛，求生西方。遠紹廬山之遺軌，近媲法雨之高躅。勝名留傳，遍及中國。承其勸導，臨終正念，示現瑞相往生蓮邦者，時有所聞。懿歟盛哉！上人光顯法門，闡揚佛化，功在萬世矣。余於辛酉，參學永嘉，依止上人，同住十載。爾者城垣漸廢，觀瞻不尊。寺主因弘賢首與上人謀，將欲重建殿宇，易其方位，以協形相。為立緣冊，集募資財。凡諸善信，當必生歡喜心，隨力而助。所獲功德，無量無邊矣。釋演音書。」

㉖《聽鐘念佛法》：

以時鐘行動時，作丁當丁當之響。即以丁當丁當四音，假作「阿彌陀佛」四字，或每一音作二字。欲念六字佛者，或以先二音各作一字，後二音各作二字。或以先二音假作二字，後二音各作一字，如下表：

普通念法：	四字佛	丁—阿	當—彌	丁—陀	當—佛	
	六字佛	丁—南無	當—阿彌	丁—陀	當—佛	
遲緩念法：	四字佛·阿 彌 陀 佛	阿{丁當	彌{丁當	陀{丁當	佛{丁當	
	六字佛·南無阿彌陀佛	丁—南	當—無	丁—阿	當—彌	陀{丁當 佛{丁當

初學念佛，若不持念珠記數，最易懈怠間斷。若以時鐘時常隨身，倘有間斷，一聞鐘響，即可警覺也。又在家念佛者，居室附近，不免喧鬧，攝心念佛，殊為不易。今以時鐘置於身旁，用耳專聽鐘響，其它喧鬧之聲，自可不擾其耳也。又聽鐘工夫純熟，則丁當丁當之響，即是阿彌陀佛之聲，無二無別。常響則佛聲常現矣。

【按】此《聽鐘念佛法》，係蔡丙因居士所抄示，特此誌謝。

一九三二年（民國二十一年壬申）五十三歲

是年正月，住鎮北龍山伏龍寺❶。二月在寺書《佛說五大施經》四幅❷。聞劉質平始學《大悲陀羅尼》、《般若心經》，即書《華嚴行願品偈句》一卷，以志隨喜❸。旋自龍山赴白湖金仙寺，自動發心要講南山律。後以因緣，未遂其願，又返龍山❹。五月赴永嘉，居城下寮結夏。應趙伯廎居士之請，為其大母蘇氏書《華嚴經．十地品．離垢地》，以為迴向❺。不久又還龍山。六月五日為其先父百二十齡誕辰，在龍山敬書《佛說阿彌陀經》十八大幅，以為迴向❻。劉質平親自磨墨牽紙，觀其書寫。又書其父遺作一聯贈劉質平❼。時夏丏尊哲嗣龍文來書，云將築室楊谿，埋名遯世，書古德法語勗之❽。八月至上虞法界寺，患傷寒病頗重，幸獲舊存之藥，臥床一週，斷食一日即早痊。曾致書夏丏尊乞至法界寺與住持預商後事❾。一說是時舊生印西自西湖步行至法界寺，侍奉湯藥，經二月餘，疾苦始間❿。秋至紹興，居戒珠寺一週，大寫佛號結緣⓫。九月居峙山，因李圓淨有編《九華山志》之意，師為輯錄《地藏菩薩聖德大觀》一卷，以供參考⓬。同月致書蔡冠洛、李鴻梁，謂將雲游，囑暫勿通信⓭。十月，雲游南閩，至廈門由性願法師介紹至山邊巖（萬壽巖）安居，並時到妙釋寺小住⓮。時滬報誤傳師已圓寂消息，特致書俗姪李晉章闢謠⓯。陽曆十二月二日，在南普陀寺參加太虛法師主持的常惺法師受請住持典禮歡迎會，並同攝影留念⓰。臘月在妙釋寺念佛會講《人生之最後》。撮錄古德嘉言，普勸念佛⓱。時學律道侶性常，瑞今、廣洽時來請益，遂於妙釋寺度歲⓲。師居萬壽巖時，曾為同住了智上人刻李義山詩句「看松月到衣」印章。以為紀念⓳。越年廣義（即曇昕）撰《「看松月到衣」印章題記》，記此事之因緣⓴。

注　釋

❶致李晉章書：「久未通信為念。前月託開明書店寄上之書，已收到否？惠復寄『寧波轉鎮海西門外龍山伏龍寺弘一收』，舊正月三日，音啟。」

❷手書《佛說五大施經》題記：「歲次壬申二月，大莊嚴院沙門勝髻敬書。」

❸贈劉質平手書《普賢行願品偈句》題記：「壬申二月，質平居士始學《大悲陀羅尼》及《般若心經》，書此以奉，敬志隨喜，沙門被甲，時年五十三。」

❹亦幻《弘一法師在白湖》：「第二次到白湖是在二十一年的春天，他突然從鎮北的龍山回到白湖，說要發心教人學南山律，問我還有人肯發心嗎？我欣悅得手舞足蹈，就以機會難得，規勸雪亮、良定、華雲、惠知、崇德、紀源、顯真諸師都去參預學習；我自己想做個負責行政的旁聽生，好好地來辦一次律學教育。有一天上午，弘一法師邀集諸人到他的房內，我們散坐在各把椅子上，他坐在自己睡的牀沿上，用談話方式演講一會『律學傳至中國的盛衰派支狀況，及其本人之學律經過』。後來就提出三個問題來考核我們學律的志願：（一）誰願學舊律（南山律），（二）誰願學新律（一切有部律），（三）誰願學新舊融貫通律（此為虛大師提出，我告訴他的）。要我們填表答覆。我與良定填寫第三項，雪亮、惠知，填寫第二項，都被列入旁聽。只有其他三人，因填寫第一項，他認為根性可學南山律，滿意地錄取為正式學生了。……我因主持白湖未久，百務須自經心，沒登樓恭聞。聽說只講到四波羅夷，十三僧伽婆尸沙，二不定，就中輟了。時間計共十五日。……這講座亦曾訂過章程，但經弘師半月之內，三改四削，竟至變到函授性質，分設於龍山白湖兩地。……崇德、華雲二生，奉命移住龍山半月返白湖，云是復有別種原因，弘一法師要走了。」

❺手書《華嚴經．十地品．離垢地》跋：「永嘉趙伯廎居士大母蘇氏歿十年，請為寫經迴向菩提。於時歲次壬申，沙門演音並記。」

【按】 據芝峯法師言，是年夏師返永嘉城下寮，因趙伯廎懇請，為其先祖母書《華嚴經》一卷，以資迴向。

❻手書《阿彌陀經》題記：「歲次壬申六月，先進士公百二十齡誕辰，敬書《阿彌陀經》，迴向先考，冀往生極樂，早證菩提，並願以是迴向功德，普施法界衆生，齊成佛道者。沙門

演音，時年五十三。」

【按】據劉質平說明：「《佛說阿彌陀經》，屏條式，五尺整張大小，共十六幅。每幅六行，每行二十字，分十六天寫成，為先師生平最重要墨寶。余親自磨墨牽紙，觀其書寫……先師所寫字幅，每幅行數，每行字數，由余預先編排。布局特別留意，上下左右，留空甚多。師常對余言：字之工拙，佔十分之四，而布局卻佔十分之六。寫時關門，除余外，不許他人在旁，恐亂神也。大幅先寫每行五字，從左至右，如寫外國文。余執紙，口報字，師則聚精會神，落筆遲遲，一點一劃，均以全力赴之。五尺整幅，須二小時左右方成。」

❼贈劉質平書聯題記：「事能知足心常愜，人到無求品自高。先進士公六十八歲生余。今夏六月五日為公百二十齡誕辰。公邃於性理之學，身體力行，是聯句其遺作也。質平居士請書以為紀念。歲在壬申大華嚴寺沙門演音，時居篢山。」

【按】篢山即伏龍山。《讀史方輿紀要》卷九十二：「伏龍山，在（定海）縣西北八十里，狀如臥龍，屹立水際，為番舶必由之道，一名篢山。」

❽書古德法語贈夏龍文題記：「歲次壬申早秋，安居伏龍講苑。龍文居士書來，云將築室楊谿，埋名遯世，寫此付之，月臂。」

❾致夏丏尊書：「朽人於八月十一日患傷寒，發熱甚劇，殆不省人事。入夜，兼痢疾。延至十四日乃稍癒。至昨日（十八日）已獲痊癒，飲食如常，惟力疲耳。此次患病頗重，倘療養不能如法，可以纏綿數月。幸朽人稍知醫理，自己覓舊存之藥服之，並斷食一日，減食數日，遂能早痊，實出意料之外耳。……如此之重病，朽人已多年未患。今以五十之年，而患此病，又深感病中起立做事之困難（無有看病之人）。……陽曆九月十日以後，仁者或可返里，其時天氣已漸涼爽，……乞惠臨法界寺，與住持預商臨終助念及身後之事，至為感企。……八月十九晨，演音。」

❿印西《弘一法師》：「壬申初秋，師大病，臥越東白馬湖之法界寺，漿水不進，彌旬臥床，常呼印西不止。時夏丏尊居士，方亦憇湖上，遽以電告。西自西湖北山靈峯寺，忍炎暑，步行至師前，侍奉湯藥，經二月餘，疾苦始間。」（見《弘一大師永懷錄》一〇八頁）

【按】關於這一年師在法界寺大病一事，我有些疑問，故初版《年譜》未載此事。因師致夏丏尊函，向不記年，至多僅寫月日。函中有「如此之重病，朽人已多年未患，今以五十之年而患此病」云云。此信寫於「八月十九日」，而《永懷錄》中印西所作《弘一法師》一文，謂「壬申初秋，師大病，臥越東白馬湖之法界寺，……時夏丏尊居士方亦憇湖上，遽以電告。西自西湖北山靈峯寺，忍炎暑，步行至師前，侍奉湯藥，經二月餘，疾苦始間。」但師此次大病，據他致夏丏尊書云：「八月十一日患傷寒」，「十八日已獲痊癒，飲食如常」，前後不過一週；而印西謂「經二月餘，疾苦始間」，似言過其實。且師致夏函夾註，有「無有看病之人」之語，故印西所記，似可存疑。

⓫李鴻梁《我的老師弘一法師李叔同》：「師蒞紹興，先後共計三次。第一次是在一九二四年秋天。……第二次是在民國二十年（一九三一）秋。……第三次，大約是在民國廿一年（一九三二）上半年。那年我雖住在女師，但在五師（第五師範）還留有臥室，室在龍山南麓。……尚可住得，故法師初到即住於此。學校離我家不遠，飯食由我家送去的。……後來附小學生在下面鬧得厲害，所以住了沒幾天就搬到城東草子田頭普慶庵裏去了。……師在此住了半個多月，寫了三百張佛號，一百張存蔡丏因處，二百張分存孫選青處與我處，囑分贈有緣者。曾名其室為『千佛名室』。」（見一九八三年十一月《浙江文史資料選輯》）

李鴻梁致蔡丏因書：「二十一年秋，重至紹興，居戒珠寺一週，為其先母題像。又與蔡（丏因）黃（寄慈）三人合攝一影為說法圖。」

⓬《地藏菩薩聖德大觀·序》：「後二十一年歲次壬申九月，余居岵山，上海李圓淨居士來書，謂將助編《九華山志》，屬為供其資料。自惟剃染以來，至心歸依地藏菩薩十有五載，受

恩最厚。久欲輯錄教迹，流傳於世，讚揚聖德，而報深恩，今其時矣。後二月，雲游南閩，住萬壽巖。乃從事輯錄，都為一卷，題曰『地藏菩薩聖德大觀』。將付書局別以刊布，並貢諸圓淨居士備採擇焉。」

【按】峙山即慈谿鳴鶴場白湖金仙寺後之山名。

⓭致蔡冠洛、李鴻梁書：「惠書誦悉，即擬雲游。以後通信處，俟他日奉聞，不宣。演音啟，九月十日。」

⓮《南閩十年之夢影》：「於轉年（即民國廿一年）十月，我才又到廈門來，那是我第三回來閩南的時候了。於十月初抵廈門，那時由性願老法師的介紹，住到山邊巖去，但同時亦時常到妙釋寺小住。」

⓯致李晉章書：「惠書誦悉。……數年前上海報紙已載余圓寂之事，今為第二次。記載失實，報中常常有之，無足異也。……星命家言，余之壽命與尊公相似，亦在六十或六十一之數。壽命修短，本不足道，姑妄言之可耳。……舊十一月廿八日，演音啟。」

⓰常惺法師任南普陀寺住持受請典禮：「太虛大師致歡迎詞：『今天（一九三二年十二月二日）是南普陀、閩南佛學院，開會歡迎常惺法師和弘一法師的一天。因太虛此次任本寺本院職務第二屆將滿，……依照民十三年所定的選舉法，選舉新住持。當時承大衆再三留任，但太虛絕不能再留任，故後來大家一致選常惺法師為本寺新住持。常惺法師從前在此住有很久之時期，大概亦為多數人所知。……他對於佛教教育之提倡，其歷史有非常之久遠，其為法為人的廣大心於現在僧伽中實難多得。……這是今天歡迎常惺法師的意義。」

「可是恰巧弘一律師亦到此間。弘一律師在中國僧伽中可說是持戒第一。其道德與品格為全國無論識者和不識者一致欽仰，為現代中國僧伽之模範者，這是我們表示不勝歡迎的。』攝影見《海潮音》第十四卷第五號。」（文見一九三三年四月廈門《現代佛教》第五卷第八期，勝濟記錄）

⓱《人生之最後．弁言》：「歲次壬申十二月，廈門妙釋寺念佛會請余講演，錄寫此稿。於時了識律師臥病不起，日夜愁苦。見此講稿，悲欣交集，遂放下身心，屏棄醫藥，努力念佛。並扶病起禮大悲懺，吭聲唱誦，長跽經時，勇猛精進，超勝常人。見者聞者，靡不為之驚喜讚歎，謂感動之力有如是劇且大耶？余因念此稿雖僅數紙，而皆撮錄古今嘉言及自所經驗，樂簡略者或有所取。乃為治定，付刊流布焉。弘一演音記。」

【按】《人生之最後》共分七章：一緒言，二病重時，三臨終時，四命終後一日，五薦亡等事，六勸請發起臨終助念會，七結語。

⓲性常《親近弘一大師之回憶》：「逮民國壬申年十一月自溫蒞廈。時余居中山公園妙釋寺。適大師獨乘人力車到寺，不勝忭踊。遂對寺主建議，將余臥室讓大師安宿。大師甚喜，立即手書晉譯《華嚴經》的『戒是無上菩提本，佛為一切智慧燈』一長聯予余。越數日，寺主善契法師對余倡議，懇留大師在寺度歲。余偕契師進大師前拜陳此意，承師喜諾。斯時瑞今法師同廣洽法師住在太平巖。洽師與大師早有密切關係，屢屢偕今師前來拜謁。今洽二師於晤談次，屢勸請大師傳授律學。」

⓳曇昕《音公本師見聞瑣記》：「他自削髮以來，對於當年雅稱三絕之一的雕刻，很少製作。聽說他在萬壽巖時，曾為了智上人刻一顆『看松月到衣』五個隸字，刀法蒼古，極為難得云。」

⓴廣義《「看松月到衣」印章題記》：「此印為民國廿一年壬申春二月，晚晴老人居鷺江禾山萬壽巖，刻贈與同住本寺之了智大師者。此中蓋有一段因緣在焉。智師聞老人善畫，欲請畫一彌陀佛像供養。老人謂曰：余自出家未曾事畫，已近廿載。屢請畫未應，不得已刻此印以為紀念，此印亦云希有。」

【按】此印五字，係唐李義山詩句，其中「月」字，前誤為「日」字。蓋萬壽巖原有古松數株，故「萬壽松聲」，列為廈門八景之一。智師禪房近古松，故晚晴老人刻李義山此句贈之。了智上人，泉州南安人，為近代閩南尊宿定賢長老之高足。一九一二年曾於廈門南普陀旃檀林從轉初法師受業，繼參虎溪巖會泉法師。其後參學江浙及南洋各地，曾任職南普陀多年，閩南僧衆推為老參。晚年歸隱南安湧蓮寺而寂。

一九三三年（民國二十二年癸酉）五十四歲

正月初八日，自萬壽巖移居中山公園妙釋寺。就寺為念佛會講《改過實驗談》❶。是夜夢身為少年，偕儒師行，聞有人誦《華嚴經》，並見十餘長髯老人，結席團坐談法。師謂為乃在閩弘法之預兆❷。醒後乃將夢中所聞《華嚴經》偈句，追憶書贈普潤（廣洽）法師，並加題跋，敘其因緣❸。正月半後，自編《四分律含註戒本講義》，準備在妙釋寺講律❹。開講時，自述弘律之本願與失敗經過，足以窺見大師在閩弘律之因緣❺。是月，竹園居士虞愚以幼年書法呈閱，師為題二偈，並加題記贈之❻。二月一日致書蔡冠洛，謂在此講比丘律，法緣甚勝，或即在閩南過夏。請他惠施簡要易解的學校用教授法書一部，以備研習教授律學之用❼。同月，為胡宅梵居士作《地藏菩薩本願經白話解釋序》❽。二月八日，重返萬壽巖，開講《隨機羯磨》，並自編講義，至五月八日圓滿❾。時聽衆甚盛，且皆志願堅固，皆自己發心過午不食。師曾致書芝峯法師，道及此事，深致讚歎❿。四月居萬壽巖，重編蕅益大師警訓為《寒笳集》⓫。五月初三日為蕅益大師聖誕，師親為諸學者撰《學律發願文》，同發四弘誓願，並別發四願⓬。五月初十日，大師應泉州開元寺主轉物和尚之請，率學者十餘人自廈赴泉，安居於開元寺尊勝院（今為弘一法師紀念館），專工圈點《南山鈔記》，圈畢自記十餘年研究《行事鈔》始末甚詳⓭。時又為「南山律苑」撰《南山律苑住衆學律發願文》，署名者除大師外，學律弟子共十一人：性常、廣洽、了識、心燦、本妙、瑞今、瑞曦、瑞澄、妙慧、瑞衛、廣信⓮。是時致書蔡冠洛，謂講律尚須繼續，託他代購水彩畫用鉛瓶裝硃紅顏料，以分贈學律諸師圈點律書⓯。是年五月，大師居尊勝院講律時，常定期出題；令學律諸師各寫心得，親為閱卷並加批改。其中以性常所作諸篇，最受大師賞識。現存性常法師遺作十餘篇，均有大師批語⓰。閏五月為盧世侯居士，題《地藏菩薩九華垂蹟圖讚》⓱。七月十一日在承天寺為幼年學僧講《常隨佛學》之義，廣引經律，善巧開導⓲。七月底，大師依《瑜伽師地論》錄出《自誓受菩薩戒文》，命學律同學隨意自於佛前受之⓳。八月一日始，續編《戒本羯磨隨講別錄》，廿四日始續講。於講期中，並編《南山道宣律祖略譜》(又)。八月性願法師主辦月臺佛學社，培養幼年僧衆，請師代擬教育方法。師致書提了一些具體意見，以備採擇，足見其對幼年僧衆的教育思想⑳。十月三日，為南山律祖涅槃日。是日大師追憶宣祖晚年手撰《羯磨疏》自終南豐德寺出，爰以「豐德」作為性常別號，使其不忘宣祖之聖躅，具見其攝化之深心㉑(又)。是秋，弟子廣洽為大師攝製肖像，請豐子愷題偈，分贈諸友㉒。五月間，師初至泉，即撰一長聯，擬懸之尊勝堂前，後因故未果。十月初以此聯稿書贈普潤法師㉓。小春十月，偶出泉州西門外，在潘山路旁，發見「唐學士韓偓墓道」，登臨展謁，至為驚喜。師極佩詩人韓偓的忠烈。因韓偓於唐末避地來閩依王審知。被館於招賢院，史家稱他為唐宋完人。遂囑高文顯居士編著《韓偓評傳》，自撰《香奩集辨偽》一章，可見其文學意趣仍未喪失㉔。（自師展韓偓墓後，泉州老進士吳增（桂生），即勸華僑黃仲訓施資修復。）十月下旬，師撰《梵網經菩薩戒本淺釋》脫稿。十一月十五日，屬瑞今法師往廈妙釋寺代座宣講，性常亦隨今師前往聽習㉕。同日，大師應石獅草庵庵主之請，由傳貫法師陪同蒞庵過冬，性常在廈聽經後，亦詣庵侍大師度歲㉖。為託高文顯編《韓偓評傳》，致書上海蔡冠洛代購《韓內翰別集》，以供參考。並謂不久仍往惠安講經㉗。歲晚至月臺隨喜七佛法會，受請擬泉州《梵行清信女講習會規則並序》，謂：「南閩無比丘尼，常人謂為憾事。」「律謂女人出家，佛本不許。以若度者，正法減半。……阿難尊者三請，佛令依『八敬法』，乃許出家。像季以還，尼行八敬法者，殆所罕聞。乖違律制，摧壞大法。南閩無比丘尼，非憾事也。」師為女衆定名為「梵行清信女」，並出規則，以資率循㉘。師至草庵，為撰「草庵」冠頭聯一副；又撰摩尼石像聯一副，以為紀念㉙。時蔡冠洛邀師返浙，師以「閩南冬暖夏涼，頗適老病之軀」謝之㉚。是年除夕之夜，大師於意空樓（庵內樓名），登座佛前為傳貫與性常二師，選講靈峯大師《祭顓愚大師爪髮衣鉢塔文》，寄慨遙深㉛。

注釋

❶《改過實驗談》：「余於講說之前，有須預陳者，即是以下所引諸書，雖多出於儒書，而實合於佛法。因談玄說妙修證次第，自以佛書最為詳盡。而我等初學人，持躬敦品，處事接物等法，雖佛書中亦有說者，但儒書所說，尤為明白詳盡，適於初學，故今多引之。」

【按】改過次第，分為「總論」與「別示」二門。總論分「學」、「省」、「改」。別示舉出十條：一、虛心，二、慎獨，三、寬厚，四、吃虧，五、寡言，六、不說人過，七、不文己過，八、不覆己過，九、聞謗不辨，十、不瞋。略引古代聖賢名言，以說明自己五十年來之改過實驗。（見《晚晴老人講演集》）

❷性常《親近弘一大師之回憶》：「大師於未應請（傳授律學）前，曾於夜中得一奇夢。夢十餘長髯老人結席團坐談法，大師親求加入席間，坐誦《華嚴經》偈一長篇。醒已尚憶，乃篝燈寫出，贈洽師以留念。大師是朝謂余云：『余於夜闌，得是奇夢，係居閩宏律之預兆。』乃開始編《四分律含註戒本講義》。」

❸《醒後書〈華嚴經偈〉贈普潤法師題記》：「歲次癸酉正月八日，移居妙釋禪寺。是夜余夢身為少年，偕儒師行。聞後有人朗誦華嚴偈句，審知其為《賢首品》文。音節激楚，感人甚深，未能捨去。與儒師返，見十數人席地聚坐，中有一人操理絲絃，一長髯老人即是歌者。座前置紙，人字一行，若寫《華嚴經》名。余乃知彼以歌而說法者，深敬仰之，遂欲入座。因問聽衆：可有隙地容余等否？彼謂：兩端悉是虛席。余即脫屨，方欲參座，而夢醒矣。回憶《華嚴賢首品》偈，似為『發心行相五頌』。因於是夜篝燈書之。願盡未來際，讀誦受持，如說修行焉。演音。普潤法師供養，後五日並記。偈云：

菩薩發意求菩提，非是無因無有緣。
於佛法僧生淨信，以是而生廣大心。
不欲五欲及王位，富饒自樂大名稱。
但為永滅衆生苦，利益世間而發心。
常欲利樂諸衆生，莊嚴國土供養佛。
受持正法修諸智，證菩提故而發心。
深心信解常清淨，恭敬尊重一切佛。
於法及僧亦如是，至誠供養而發心。
深信於佛及佛法，亦信佛子所行道。
及信無上大菩提，菩薩以是初發心。」

❹《南閩十年之夢影》：「民國二十二年正月二十一日，我開始在妙釋寺講律。」

❺性常《親近弘一大師之回憶》：「擇癸酉正月十六日始講，至二月七日圓滿。大師初開講（《含註戒本》）時，曾述此次講律與未來之希望云：——『余於出家受戒之時，未能如法。準以律儀，實未得戒。本不能弘揚比丘戒律，但因昔時既虛承受戒之名，其後又隨力修學，粗知大意，欲以一隙之明，與諸師互相研習，甚願得有精通律義之比丘五人出現，能令正法住於世間，則余之弘律責任即竟。故余於講律時，不欲聚集多衆，但欲得數人發弘律之大願，肩荷南山之道統，以此為畢生之事業者，余將盡其綿力，誓捨身命，而啟導之。余於前二年（民二十年）既發弘律願後，五月居某寺（按：慈谿五磊寺），即由寺主發起辦律學院，惟與余意見稍有未同。其後寺主亦即退居，此事遂罷。以後有他寺數處，皆約余辦律學院，因據以前之經驗，知其困難，故未承諾。以後即決定弘律辦法，不立名目，不收經費，不集多衆，不固定地址等。此次在本寺（廈門妙釋寺）講律，實可謂余弘律第一步也。余業重福輕，斷不敢再希望大規模之事業。惟冀諸師奮力興起，肩荷南山一宗，廣傳世間，高樹律幢，此則余所祝禱者矣。』」

❻《題竹園居士幼年書法》：「文字之相，本不可得。以分別心，云何測度？　若風畫空，無有能所。如是了知，乃為智者。」

「竹園居士，善解般若。余謂書法亦然。今以幼年所作見示，歎為玄妙。即依是義，而說二偈。質諸當代，精鑒賞者。癸酉正月，無礙。」

❼致蔡冠洛書：「……音在此講比丘律學，法緣甚勝。數日後

仍續講，或即在南閩過夏也。學校用教授法書，乞擇其簡要易解者，惠施一部，以備研習教授方法，以備講律之用也。盧居士藏東西洋版佛像書甚多，有日本人編《蓮座》一部共三冊，專述佛菩薩像之蓮座種種形式，甚為美備。仁者未能來此觀覽，至為憾事耳。不宣。演音疏，三月一日。」

❽《地藏菩薩本願經白話解釋序》：「己巳（按：己巳當為庚午之誤，因己巳年師尚未至金仙寺，或因追記致誤也。）九月，余來峙山，居金仙寺。翌日，宅梵居士過談，齎彼所作五言古詩一卷。余謂其能媲美陶、王，求諸當世未之有也。是歲十月，天台靜權法師蒞寺，講《地藏菩薩本願經》義。余以本願章疏，惟有科注一部，淵文奧理，未契初機。乃勸宅梵撰白話解，而為鈐鍵。逮於明年，全編成就，乞求禾中古農長者以刕正之。適將付刊，請書敘言。為述昔日斯事因緣，以示後之學者。於時後二十二年歲次癸酉二月賢首院沙門勝臂。」

❾性常《親近弘一大師之回憶》：「二月八日後，諸同學陪大師移住萬壽巖。大師開始編《隨機羯磨講義》。三月九日始講《羯磨》，至五月八日圓滿。」

❿致芝峯法師書：「此次講律，聽衆甚盛。寄住寺中者六七人，皆自己發心過午不食。內有二人，患肺病甚劇，中有一人正在嘔血不止。臥床不起之時，而立刻停止晚餐，不顧身命，尤令人感佩！現已講《羯磨》。若欲深造，非有三五年之工夫專心研習不可。聽衆中有二三人誓願甚堅固，或可發心專修也。……演音和南，三月三日。」

⓫《蕅益大師警訓略錄序》：「壬戌之歲，嘗依《靈峯宗論》摭寫《警訓》一卷，顏曰『寒笳集』。辛未仲秋，又為覈纂，題曰『蕅益大師警訓略錄』。今復改集，並存二名，挈錄之意，惟以自惕，故於嘉言，多有闕遺。後之賢者，幸為增訂焉。於時後二十二年歲次癸酉四月，學南山律於禾山萬壽巖。晉水瓔珞院沙門善臂集。」

⓬性常《親近弘一大師之回憶》：「五月初三日，恭值靈峯蕅益大師聖誕。大師是日親為諸學者撰《學律發願文》云：『學律弟子等，敬於諸佛菩薩祖師之前，同發四弘誓願已。並別發四願：一願學律弟子等，生生世世，永為善友，互相提攜，常不捨離，同學毗尼，同宣大法，紹隆僧種，普利衆生。一願弟子等，學律及以弘律之時，身心安寧，無諸魔障，境緣順遂，資生充足。一願弟子等，學律及以弘律之時，能得清淨寺舍，安心久住，大衆和合，助緣殊勝。一願當來建立南山律院，普集多衆，廣為弘傳，不為名聞，不求利養。願發大菩提心，護持佛法，誓盡心力，宣揚七百餘年湮沒不傳之南山律教，流布世間；冀正法再興，佛日重耀。並願以此發弘誓願，及以別發四願功德，乃至當來學律一切功德，悉以迴向法界衆生。惟願諸衆生等，共發大心，速消業障，往生極樂，早證菩提。』」

⓭《圈點南山鈔記題記》：「剃染後二年庚申，請奉東瀛古版《行事鈔記》，未遑詳研。甲子四月，供施江山；逮於庚午六月居晚晴山房，乃檢天津新刊詳閱圈點，並鈔寫科文改正訛誤。迄今三載，始獲首尾完竣。是三載中，所至之處，嘗供養奉持。辛未二月居法界寺，於佛前發專學南山律誓願。是夏居五磊寺，自誓受菩薩戒，並發弘律誓願。臘月移居伏龍。壬申九月歸臥永寧（溫州）。十一月至南閩，講《含註戒本》於妙釋寺，講《隨機羯磨》於萬壽巖。癸酉五月居溫陵大開元寺。越二月，乃得點錄校竟，並為述斯事始末，以示後賢。……」

⓮手書《南山律苑住衆學律發願文》：

中華民國二十二年，歲次癸酉五月二十六日，即舊曆五月初三日，恭值靈峯蕅益大師聖誕，學律弟子等敬於諸佛菩薩祖師之前，同發四弘誓願。（別發四願，見本年第⓬條）……

敬祈

南山道宣律師

靈芝元照律師

靈峯蕅益大師，慈念哀愍，證明攝受。

學律弟子：弘一演音　性常宗凝　照融廣洽

傳淨了識　傳正心燦　廣演本妙

寂聲誰真　寂明瑞曦　寂德瑞澄

騰觀妙慧　寂護瑞衛　廣信平願

【按】性常為學律衆中上首，音公深為器重。惜大師寂後一年，彼亦示寂，年僅三十二歲，識者惜其早逝。了識、心燦、本妙三師亦早入寂，大師均為作傳（見《弘一法師．疏銘傳記》）。誰真即瑞今（諧音），即今菲律賓大乘信願寺住持。廣洽，一號普潤，即今新加坡龍山寺住持，今年已九十一歲。

⑮致蔡冠洛書：「惠書，欣悉一　。講律尚須繼續，今歲未能北上，便中乞託人向上海棋盤街藝術社或他處購水彩畫用鉛瓶裝硃紅顏料兩打。原名Virmilion，德國Schoenfeld公司製。……此物分贈與學律諸師圈點律書及余自用，乞以惠施。俟購後付郵寄下為感。演音疏。」

⑯《性常學律心得》批語：「一、《衣藥受淨篇制聽本意》，批云：『明白暢達』。二、《諸說戒法篇之鵠義》，批云：『敘事清楚，起訖尤佳。』三、《諸衆安居篇注出本意》，批云：『明顯通達』。四、《諸衆自恣法篇之要義》，批云：『若網在綱，有條不紊。』五、《諸分衣法篇存亡捨施義》，批云：『秩序井然，善能用心』。六、《懺六聚法篇之悔露義》，批云：『羅羅清疏』（開朗放誕貌，見《世說新語．賞譽》）。七、《染法住持篇之概要》，批云：『珠聯璧合，如數家珍。』八、《隨機羯磨法緣成篇大意》，批云：『清楚明了，有如指掌，足徵用心。若依此法，繼續研究他篇，則彌善矣。』九、《諸界結解篇之肇緣與方法》，批云：『依文敘述，層次井然，宜與諸同學閱之。』十、《諸戒受法篇之略義》，批云：『依此敘述，有條不紊，結文寄慨遙深。』」

「越年五月，大師總結批語云：『統觀以前所作諸篇，有美畢臻，精義悉具，實有學律之天才。今後倘能專心繼續研習，深入律海。三年小成，十年大成。弘宣毘尼，紹隆僧種，能令正法，再住世間，匪異人任也。勉之！』

甲戌五月十九日，演音批。」

⑰《地藏菩薩九華垂蹟圖讚》題記：「壬申仲冬，余來禾島，始識世俟居士，時方集錄《地藏菩薩聖德大觀》。居士割指瀝血，為繪聖像，捧持入山。余感其誠，因請續畫『九華垂蹟』。爾後世俟往青陽觀禮聖蹟，復游錢塘、富春。逮於四月，藻繪已訖，余為忭喜，略綴讚詞，併輯一帙。冀以光顯往蹟，式酬聖德焉耳。於時後二十二年歲次癸酉閏五月，住溫陵大開元寺尊勝院結夏安居。大華嚴寺沙門弘一演音。」

⑱《常隨佛學》：「《華嚴經行願品》末卷所列十種廣大行願中第八曰『常隨佛學』。若依《華嚴經》文所載種種神通妙用，決非凡夫所能隨學。但其他經律等，載佛所行事，有為我等凡夫作模範，無論何人皆可隨學者，亦屢見之。今且舉七事：「一、佛自掃地。二、佛自舁弟子及自汲水。三、佛自修房。四、佛自洗病比丘及自看病。五、佛為弟子裁衣。六、佛自為老比丘穿針。七、佛自乞僧舉過。」（詳見《弘一大師講演續錄》）

⑲性常《親近弘一大師之回憶》：「七月三十日，大師依《瑜伽師地論》錄出《自誓受菩薩戒文》，命余等諸同學隨意自於佛前受之。」

(文)八月一日始，大師續編《戒本羯磨隨講別錄》。廿四日始續講。於講期內，並編《南山道宣律祖略譜》。十月三日，為南山律祖涅槃日，《戒本羯磨》，初次講解都訖。時居溫陵尊勝院。

⑳致性願法師書：

性老法師慈座：前承詢問學社幼年僧衆教育方法，謹陳拙見如下，以備採擇。應分三級：

丙級（年不滿二十歲者），以學勸善及闡明因果報應之書為主，兼淨土宗大意。大約二年學畢。

乙級（二十歲以上），學律為主，兼學淺近易解之經論。大約三年學畢。

甲級，學經論為主（精微之教義）。大約三年學畢。

今且就丙級詳記辦法如下：

每日五課：㈠讀、背經；㈡講《安士全書》全部；㈢選讀四書及講解；㈣國語（所用材料如《法味》、《談因》、《彌陀經白話解》等，即依此練習語言，兼獲法益）；㈤習字；又隨時於課外演講因果事蹟及格言等。並選《印光法師嘉言錄》隨時講之。讀經背誦經，所用之經，可以隨意酌定。如《地藏經》、《普門品》、《行願品》等。《安士全書》，印光法師盡力提倡，未可以其前有陰隲文而輕視之也。

四書中，《論語》全讀、先讀，其餘依次選讀之。……

以上之辦法，與印老法師之主張多相合。二年之中，如此教授，可以養成世間君子之資格。既有此根基，然後再廣學出世之法，則有次第可循矣。

以上所陳拙見，敬乞教正，惟乞勿傳示寺外之人。因上所陳者，不敢自謂為盡善。不過姑作此說耳。匾聯已寫就，先以奉上。

順頌

法安

末學演音稽首　八月十三日午後

【按】此書可能寫於一九三三年，時師居泉州開元寺，而性願法師則在承天寺辦「月臺佛學社」也。承天寺為泉州三大叢林之一，月臺為承天寺別名。

㉑性常《親近弘一大師之回憶》：「十月三日，為南山律祖涅槃日，戒本羯磨，初次講解都訖。大師是日追憶宣祖晚年手撰《羯磨疏》，自終南豐德寺出。爰以『豐德』命予別號，使余不忘宣祖之聖躅。」

又《唐新羅國青丘太賢法師偈》題記：

勇士交陣死如歸　丈夫向道有何辭
初入恒難永無易　由難若退何劫成
丈夫欲取三界王　當揮智劍斷羣魔
吾於苦海誓無畏　莊嚴戒筏攝諸方

二十二年歲次癸酉正月二十一日，開講《四分律含註戒本》三卷、《戒相表記》一卷、《删補隨機羯磨》二卷，迄於十月三日講竟。是日為

南山道宣律祖涅槃之時。性常律師爰立別字曰「豐德」。將以我律祖晚年居終南山豐德寺，重修《隨機羯磨》，删定《僧戒本》及重出《羯磨疏含注戒本》並《疏》等，皆在此時。律師字曰「豐德」，將以追隨律祖遺躅，中興律宗而紹隆光大焉耳。　演音書，時年五十有四。

㉒豐子愷題弘一法師肖像：「廣大智慧無量德，寄此一軀肉與血。安得千古不壞身，永住世間刹塵劫。廣洽法師屬題弘一法師肖像。一九三三年秋，豐子愷。」

㉓《尊勝堂楹聯並題記》：「南山律教，已七百年湮沒無聞，所幸遺編猶存海外；晉水僧園，有十餘衆弘傳不絕，能令正法再住世間。

「此聯，於今年五月撰就，本擬書寫，懸諸尊勝堂前。後因故不果行。爰以此稿，奉諸普潤法師，聊為紀念耳。

是歲十月二日為講律圓滿前一日　演音」

【按】過了九年，師自將上下聯各改了幾個字。上聯的「七百年」改為「八百年」，「無聞」改為「無傳」，「所幸」改為「何幸」，「海外」改為「東土」。下聯的「弘傳」改為「承習」。意義更為明確。上聯題「南山律學苑聯，癸酉夏撰」，下聯題「壬午重錄，忽忽九載矣。善夢」。大師即於是年入滅，可見他對南山律教如何的關懷了。

㉔高文顯《弘一大師的生平》：

當癸酉小春的時候，他曾坐車經過西門外，在那潘山的路旁，矗立著晚唐詩人韓偓的墓道，給他看到了。他驚喜欲狂，對著這位忠烈的愛國詩人，使十分注意起來。

他與韓偓很有緣，而且很佩服詩人的忠烈。因為韓偓於唐末避地來閩依王審知，被館於招賢院中，以終其身。那種遭着亡國的慘痛，耿耿孤忠，可與日月爭光。所以唐史稱他為唐宋完人。我們的法師，更想要替他立傳，以旌其忠烈了。

經過一年後，他搜集了許多的參考資料給我，囑我為詩人編一部傳記。我於是經過二三年的搜集，便於去年（廿六年）把傳

記完成。不幸於上海戰事起時，開明總廠被焚，而正在排印的稿件也燬於火了。

法師說，也許因為對于韓偓讚美太過了，所以遭着不幸哩！因為他在韓偓的傳中曾有一章《香奩集辨偽》，用十二分的考古癖，把《香奩集》證明是偽作，而說韓偓絕不是作香奩詩的人。因此把韓偓在文學史上做着唯美派的總代表的地位推翻了。

（《覺音月刊．弘一法師六十大壽紀念號》）

【按】高文顯所著《韓偓》一書，一九八四年已由臺北市新文豐公司出版。

㉕性常《親近弘一大師之回憶》：「十月二十八日，大師撰《梵網經菩薩戒本淺釋》，至十一月十五日，稿本撰就，屬瑞今法師往廈妙釋寺代座宣講。余隨今師前往聽習。」

㉖性常《親近弘一大師之回憶》：「十一月十五後，大師應草庵寺主請，由傳貫法師陪大師蒞庵過冬。余在廈聽經畢，遂詣庵伴大師度歲。」

㉗致蔡冠洛書：「前復書，想已達到。唐韓偓墓在泉州城外，近託高文顯居士編《韓偓評傳》一卷刊行。《韓內翰別集》或《韓翰林學士》等，上海古書店……如有存者，乞購一部惠施。……此書編輯之旨，在辨明《香奩集》：一非彼所作；一記偓晚年到閩後諸事。其他僅略記梗概耳。余不久仍往惠安講經，後返草庵度歲。……演音啟。」

㉘《梵行清信女講習會規則並序》：

南閩無比丘尼，常人謂為憾事。寧知是固非佛意耶。律謂女人出家，佛本不許。以若度者，正法減半。其後便自剃髮，阿難尊者三請。佛令依「八敬法」，乃許出家。像季以還，尼行「八敬法」者，殆所罕聞。乖違律制，摧壞大法。南閩無比丘尼，非憾事也。

南閩女衆習佛法者，恆受三歸五戒，為清信女。亦有併斷正婬者，別居精舍，有如僧寺，俗云菜堂，稱女衆曰菜姑。其貞節苦行，精勤課誦，視比丘尼殆有過之。所缺陷者，佛法大綱罕能洞解，文字智識猶有未足耳。

昔年性願老人深鑒於是，頗欲集諸女衆，施以誨導。乃助緣不具，卒未成就。癸酉（一九三三）歲晚，余來月臺隨喜七佛法會，復為大衆商榷斯事。承會泉、轉塵二長老歡喜讚歎，樂為倡助。並屬不慧為出規則，以資率循。爰據所見，粗陳其概。未能詳盡耳。十二月八日，沙門演音書。

一、俗云菜姑，亦云貞女。菜姑之名固有未當，貞女之名亦濫俗稱。據《大智度論》，有五種五戒優婆夷，第五為斷婬優婆夷，正屬今稱。然其文字猶非雅馴，號召未便。茲以私意定名曰梵行清信女。清信女者，優婆夷譯意也。梵行者，遠離婬欲行也。受五戒者唯斷邪婬，不名為梵。今正邪皆斷，方乃名梵行也。

一、第一次講習會，期限七日。借承天寺研究社教室講習。

一、每日授課四時，復講二時。（俗稱講小座。於已授者，令學者輪流復講也。）

一、第一次講習者，為佛法綱要及淨土宗大義等。（宜依范古農編《佛教問答》，印光法師《嘉言錄》，黃慶瀾《初機淨業指南》，李圓淨編《飭終津梁》等，講之。）

一、講授時，宜多用俗語，俾不識文字之人亦可了解。文言及佛學名詞，悉應少用。或不得已而用者，宜隨加解釋。

一、此規則甫撰就時，曾就正某師。某師謂教導女衆罕有實益，易致譏謗，勸中止此事。竊嘗反覆審思。某師之言，固具正見。然若辦理如法，十分謹慎，力避嫌疑。例如教師須延老宿，聽講不須對面（學者東西互向，教師一人面佛），課餘不許閒談，寄宿應在寺外。此皆某師所深慮者，今能一一思患預防，格外慎重，庶幾可以免譏謗乎？謹述某師忠告，並贅拙見。以俟有道匡正焉。

㉙草庵冠頭聯：「草積不除，便覺眼前生意滿；庵門常掩，毋忘世上苦人多。」

摩尼石像聯：「石壁光明，相傳為文佛現影；史乘載記，於此有名賢讀書。」

㉚致蔡冠洛書：「惠書誦悉，承護念甚感。講律未竟，不能返浙。又閩南冬暖夏涼，頗適老病之軀也。……演音疏。」

㉛《祭顓愚大師爪髮衣缽塔文》：「嗚呼！人不難相愛，難於相知，翁真知我者哉。世縱有一二愛且知者，而志操相攜（離也）。某雖不敢擬翁泰山之德，幸三事略無違焉。尚質樸，絀虛文，不肯苟合時宜。注經論，讚戒律，不肯懸羊頭而賣狗脂。甘淡薄，受枯寂，不肯受叢席桎梏而掣其羈縻。嗚呼！以法門耆宿如翁，而旭遇蒙知愛，又志操相合如此，其能已於懷也。翁所證深淺，非某能擬，而生平最傾心處，請略紀之：當今知識，罕不以名相牽，利相餌，聲勢權位相依倚；如翁古道自愛者有幾？當今知識，罕不以掠虛伎倆，籠罩淺識，令生驚詫，如翁平實穩當者有幾？當今知識，罕不侈服飾，據華堂，恣情適意，如翁破衫草履、茅茨土階者有幾？當今知識，罕不精選侍從，前列後隨，如翁躬自作役，不圖安享者有幾？當今知識，罕不同流合污，自謂善權方便，慈悲調順，如翁不肯苟殉諸方，甘受擔板（具稱擔板漢，喻人之負板者只見前方，不見後方與左右，謂見聞狹窄也。——著者）之誚者有幾？故凡聞翁之風者，頑夫廉而不濫，懦夫立而不傾。伯夷之隘，所以為聖之清也。豈似枉尋直尺詭遇一朝者，身雖存名已先淪也哉。某每悲如來正法，一壞於道聽塗說、入耳出口之夫。再壞於色厲內荏羊質虎皮之徒。其父報仇，其子必且行劫。尤而效之，何所不逞。翁之爪髮衣缽幸存，則翁之道風未滅，必有聞而興起者，庶共砥狂瀾於末葉乎？……」

大師是夕開示此文，寄慨時弊遙深，幾於流涕。講開示畢，賜余一橫幅，書「紹隆僧種」；右題「歲次癸酉與豐德法師同住草庵度歲，書此以為遺念。演音，時年五十又四。」

【按】顓愚大師名觀衡，霸州趙氏子。十四歲遇五台惠仁老宿得度。參達觀、雪浪、雲棲諸大師，咸深器重。入曹溪，禮憨山老人。老人曰：此予三十年目所罕見者。師在南岳遇毒，下邵陵就醫。復覲老人於衡陽湖東寺，老人贈以法語千言，遂嗣其法。師在邵陵，結庵雙清磯後，顏曰「五台」，不忘本也。丁丑（一六三七）至江西雲居，見山水豐厚，峯巒環拱，曰此天下第一大道場也，遂應請，居七年。振揚宗風，頓成淨土。旋領青原，繼至石城（南京），卓錫城北，顏曰「紫竹林」，道譽聞於吳楚。丙戌（一七〇六）示寂，弟子方融迎龕，塔於雲居。師一生領悟在《楞嚴》，時號「圓通宗」，清苦茹淡，身親畚插，不事外緣，咸稱古佛。常坐禪大傘下，自署傘居和尚。生平言句行狀，詳見《紫竹林年譜》及塔銘等。（摘錄自《雲居山志》卷三「住持」）

【按】一九三四年二月，弘一法師：《題虞愚佛家心理學》：竹園居士著佛家心理學，為題二偈，以志贊喜：「白香山詩，老嫗能解，斯文亦爾，善導蒙騃。　南歐北韓，盛譽馳傳，復有竹園，若鼎足三。」（甲戌二月瓔珞院沙門勝幢書）

一九三四年（民國二十三年甲戌）五十五歲

是年元旦，在泉州草庵，講《含註戒本》❶。正月晉江梵行清信女講習會第一期始業，師為題「清高勤苦」以勗勵之❷。同月廈門妙釋寺募資請《宋藏》。有一貧兒捨資一圓隨喜，師感其事，為撰《記廈門貧兒捨資請宋藏事》以表彰之❸。正月廿一日為蕅益大師忌日，師在草庵為學友性常、傳貫等講《祭顓愚大師爪髮衣缽塔文》及《德林座右銘》。先一夕，師恐塔文中文義不易理解，特略注數處以示學友，並另錄一紙以寄廈門普潤（廣洽）法師，可見其垂教學人的殷勤❹。（見致廣洽法師書附注）

二月，應南普陀住持常惺、退居會泉二法師之請，至廈整頓閩南佛學院僧教育。師至廈後，觀察因緣尚未成熟，整頓不易着手，並未到閩院去❺。同月僧普潤割指瀝血，師為書《大方廣佛華嚴經》經題多紙，分施有緣❻。三月受請在南普陀為寺衆講「大盜戒」一座❼。是月，蔡丐因居士居上虞白馬湖晚晴山房，師自廈致書，告以講律多忙，一時未能返浙，勸彼常居晚晴為宜❽。同月，為大醒法主撰《地藏菩薩本願經說要序》❾。五月，居南普陀後山兜率陀院，撰《隨機羯磨疏跋》，盛讚天津徐蔚如居士校刊律典之功德，以為「正古本之歧誤，便初學之誦習。弘護律教，功在萬世」❿。是月，書《華嚴集聯》偈句，贈武昌僧懺上人⓫。七月，為佛教養正院擬定《教科用書表》。其所擬教育方法，除授課外，重在教師平時「訓話」；對於服勞及僧中威儀等，尤三致意⓬。同月，據敦煌寫本《隨機羯磨》與天津刊本對校，撰《四分律刪補隨機羯磨題記》⓭。八月，披覽見月律師《一夢漫言》，並為眉注及考輿圖為繪「行腳圖表」，別錄《行腳略圖表》，撰《一夢漫言跋》⓮文。是年，應上海佛學書局沈彬翰居士之請，為其母撰《莊閑女士手書法華經序》，全篇四言構成，文字至為優雅⓯。同月，據《續藏》校勘《拾毘尼義鈔》並為題記⓰。九月，撰《見月律師年譜摭要並跋》⓱，又撰《一夢漫言序》，並寫《隨講別錄》一紙竟，臥床追憶見月老人遺事，淚落不止痛法門之陵夷⓲。同月，陳敬賢居士之子共存訪師於兜率陀院，師詢敬賢近狀，共存告以已遵印光法師教導，專修淨業，師為慶悅⓳，時弟子廣洽以大師五十五歲造像，寄贈文學家葉紹鈞（聖陶）居士，葉氏為文記其事⓴。同月自撰弘律長聯加跋贈曇昕（廣義）法師，自述近年講律情況㉑；冬月應請至萬壽巖參加念佛堂開堂典禮，為衆開示三日。謂近十數年來，閩南佛法日益隆盛，但念佛堂尚未建立，盛讚巖主本妙發願創建，開閩南風氣之先㉒。十二月，應上海李圓淨居士之請，為撰《福州鼓山庋藏經板目錄序》㉓，又致函天津俗姪李晉章，請刻其常用之「亡言」、「吉目」、「勝音」、「無畏」、「大慈」、「音」、「弘一」等印章數方，並索寄四十年前天津名士所書之《昨非錄》㉔。歲晚居萬壽巖，以近歲僧衆盛倡學問，不尚操履，特選蓮池大師《緇門崇行錄》四門，以供佛學院作為課本講解，並撰《緇門崇行錄選錄序》，以見其志㉕。是年書前後二月餘行事為《行腳散記》，以贈芳遠居士㉖。

注　釋

❶僧睿《弘一大師傳略》：「甲戌元旦，在草庵講《含註戒本》。」

【按】草庵在今福建石獅市蘇內鄉，創於宋代，為現存世界摩尼教唯一遺蹟。大師初至草庵，即為所居「意空樓」篆書樓額，上題「歲在甲戌二月」，下署「沙門一音題 性願贈」。庵內前面石柱，師為撰「草庵」二字冠頭聯云：「草積不除，便覺眼前生意滿；庵門常掩，毋忘世上苦人多。」庵內正中，有石造全身放光的「摩尼佛」像。兩旁木聯，師題句云：「石壁光明，相傳為文佛現影；史乘載記，於此有名賢讀書。」近年草庵已被福建省人民政府立碑，定為省級文物保護單位。一九八九年十一月二十六日，余與圓拙法師、陳珍珍、葉四遊、王寒風諸居士等同遊，草庵及意空樓已由大師生前學律弟子今居菲島之傳貫大德於一九八六年施資重修，煥然一新；並於庵前新建一大殿名「大華嚴寺」。四周柱聯多刻弘一大師手迹。

❷「清高勤苦」題記：「甲戌正月，晉江梵行清信女講習會第一期始業，書此以勗勵之。沙門一音。」

❸《記廈門貧兒捨資請宋藏事》：「二十二年夏曆六月，廈門妙釋寺募資乞請宋《磧砂藏》，既已倡布。於十五日，有貧母攜兒詣僧房中，捨資一圓，謂願以此助請宋藏。問何人施，曰小兒施。問是一圓何因而得？曰曩母常持一錢與兒，自求所須，兒不靡用，乃以聚貯。母數數與，綿歷歲時，始為一錢，暫盈一圓。久置兒懷，視若球璧。今日侍母詣寺禮佛。聞他人言募請宋藏，歡忻舞躍，歎為勝緣，遂捨所寶，而隨喜焉。兒衣敝衲，赤足無屨，未及童年，名武彝也。甲戌正月沙門弘一演音撰。」（見《影印宋磧砂藏經》首冊記事）

❹《祭顓愚大師爪髮衣鉢塔文》略注：「『枉尋直尺』，孟子云：『枉尺而直尋，宜若可為也。』枉尺直尋者言小屈而大伸也。尋，八尺也。今則反之，故曰『枉尋直尺』。詭隨，遇合不以正道也。

「荏，柔也。逐，音癡，走貌。砥狂瀾。砥音底，砥柱，山名，在黃河中。今稱人獨立不撓者，曰『中流砥柱』。穹窿，音窮隆，天之形也，中央高而四周下。古書云：『天穹窿而周乎下』。磋，磨也。甲戌正月廿一日為靈峯蕅益大師涅槃日，敬講《祭顓愚大師爪髮衣鉢塔文》及《德林座右銘》二首。先一夕，錄此以示學友，沙門演音並記，時居草庵，以奉普潤法師慧覽。」

❺《南閩十年之夢影》：「民國二十三年二月，又到南普陀寺來。……我這一回的到南普陀寺來，是因為常惺法師約我來整頓僧教育的；但是我觀察到佛學院的情形，覺得因緣還沒有成熟，要想整頓，一時也無從着手。所以此後並未到閩南佛學院去。」

❻二月，「僧普潤割指瀝血，師為書《大方廣佛華嚴經》經題七字多紙，分施有緣」。（見蔡丏因居士《年譜廣證》）

❼僧睿《弘一大師傳略》：「春末，受常惺、會泉二法師請，赴南普院講『大盜戒』；囑瑞今法師創辦佛教養正院。栽培青年佛徒。並訓示青年應注意四項，即『惜福、習勞、持戒、自尊』。請扶桑藏經，校對南山三大部。四月至七月結夏安居，日食一餐。」

❽致白馬湖蔡丏因居士書：「……晚晴（山房）種樹甚好。余為講律多忙，一時未能返浙。仁等能常居晚晴為宜。因空室閉鎖易朽壞也。……近得印度Sultan mò hamed公司所製名香，折短為四小枝，附奉上。二月十七日，演音疏。」

❾《地藏菩薩本願經說要序》：「余以闇愚，獲聞大法，實由地藏本願攝之，蕅益《宗論》導之。戰戰兢兢，垂二十載。常念慈恩，未嘗一日忘也。去歲大醒法主曾輯《蕅益大師集》，既已付刊，近復齎示《地藏菩薩本願經說要》草稿，殷勤三復，不勝慶躍，為述昔緣，以證志同道合焉。歲次甲戌三月，晉水尊勝院沙門一音。」

❿《隨機羯磨疏跋》：「《隨機羯磨》，今所傳者有數本：敦煌石室古寫本（北京圖書館藏）、舊宋藏（宋崇寧三年刊，日本宮內省藏）、高麗藏（宋紹興二十一年刊）、宋藏（宋嘉熙三年刊）、元藏、明藏及宋磧砂藏、清藏，並明清別刊本等。宋元諸藏，譌舛極多。明藏雖稍校正，亦多妄改。唯高麗藏較為完善。天津刻經處徐蔚如居士，曾披諸本參互考訂，以麗藏為主，而參用他本之長；並據南山《業疏》及靈芝《記》以為指歸（後跋文中具詳），歷時年餘，乃成此冊。正古本之歧誤，便初學之誦習。弘護律教，功在萬世。居士校刊諸書近二千卷，當以此冊為最精湛，而扶衰救弊之功亦最偉矣。今復檢日本《大正新修大藏經》，詳為覆校，與舊宋藏及宋元明藏並南山疏鈔、靈芝記文，精密審定，稍有修改，俾臻完璧。學者讀此，應生難遇之想。宋元明藏本中，此書譌誤最多，舛錯脫落，滿紙皆是，唯有掩卷興歎，束置高閣。若無今新校訂本，決定無人能誦習者。南宋已後，南山律教漸以湮沒，殆由是耶？余以夙幸，獲讀新校訂本，歡喜忭躍，歎為希有。誓願盡未來際，捨諸身命，竭其心力，廣為弘傳；更願後之學者，奉持此冊，珍如球璧，講說流布，傳燈不絕。俾吾祖律教可以光大熾盛，常耀世間耳。歲次甲戌五月十日，沙門演音敬書。」

⓫贈僧懺上人《華嚴集聯》並跋：「當度衆生界，當淨國土界；普入三昧門，普游解脫門。唐譯《大方廣佛華嚴經入法界品彌勒菩薩說頌集句》。僧懺上人供養，歲次甲戌五月尊勝院沙門髻目敬書。」

【按】僧懺為大醒法師別號，曾任閩南佛學院教務主任，與弘一大師交誼頗深。時在武昌任《海潮音》月刊編輯。

⓬《擬定佛教養正院教科用書表》附記：甲戌七月二十日於晉水蘭若出，以奉勝進居士。

（大意如下）：

學者程度：初識文字，不限年齡。

卒業年限：三年。

教育宗旨：深信佛菩薩靈感之事，深信善惡報應不爽，深知為何出家與出家後應作何事等等。

卒業成績：品行端方，知見純正，精勤耐苦，樸實無華。

第一年、第二年、第三年用講本（略）

訓話：（教師應參考書）

（訓話為極重要之事，每日應二小時以上。各年級僧合併，共坐聽之。）

釋迦牟尼佛略傳　佛學撮要

發心學佛因緣　觀音靈感錄

淨土聖賢錄　高僧傳初、二、三集等

國文不須別立一科，以所講佛書即是國文也。

僧伽尺牘亦不須學，以其無關緊要也。

習字但求工整，不須求精。

國語課本，由教師依佛法編之，不可用書局國語書，以其唯談世俗事也。

以上計有五件（訓話、讀書、講書、國語、習字），應更加習勞一科。院中不用使役。凡挑水、挑飯、掃地等，一切事務皆由學僧任之。

此外如僧中威儀，行坐進退，言語飲食禮拜，乃至課誦揵椎等，皆由教師於訓話時隨宜授之。

以上匆匆編定，唯就己意隨筆寫錄，恐未允當。謹以呈奉有道，聊備採擇可耳。

沙門勝義

（第一年至第三年所用講本詳目，見《弘一法師紀念集》圖版四〇）

【按】大師鑒於閩南沙彌失學，乃商諸南普陀寺住持常惺法師。自是年聘請瑞今法師為佛教養正院主任，廣洽法師為監學，廣義、高文顯等為教員，並定秋季招生開學。師主張僧教育應自「蒙以養正」，故稱「佛教養正院」。

⑬《四分律刪補隨機羯磨．題記》：「甘肅敦煌有鳴沙山，山麓有三界寺。寺傍有石壁千餘，壁雕佛像。清光緒庚子年（一九〇〇），因掃積沙，於壁破處，見藏書甚多，皆唐人及五代人寫本，亦有雕本，佛經尤夥。蓋西夏兵革時，保存於此也。壁書既已發現，遂多為英法日本諸國學者將去。吾國人更往搜求，精好之本已不可得矣。殘餘諸本，送存北京圖書館。昔年曾編《敦煌寫本佛經草目》一卷刊行，惟完整之本，不可多得。又寫本中，錯訛脫簡，充於篇帙，校勘刊布非易事耳。刪補羯磨，敦煌石室藏有唐人寫本，惟存上卷及下卷末葉。今由北京刻經處及天津刊本與之對校，既竟，請余為酌定取捨。因汰其錯雜，擇其可依準者，錄入此冊，以備參考焉。甲戌七月十三日剃染十六年，演音謹記。」

⑭《一夢漫言．跋》：「曩見經目，見《一夢漫言》，意謂今人所撰導俗書也。因求得一冊，披卷尋誦，乃知為明寶華山見月律師自述行腳事也。歡喜踴躍，歎為希有。反覆環讀，殆忘寢食。悲欣交集，涕淚不已。因略科簡，附以眉注，並考輿圖，別錄《行腳圖表》一紙。冀後之學者，披文析義，無有壅滯耳。甲戌八月十日披誦訖，二十五日錄竟拜記，時居晉水蘭若，弘一記。」

又《見月律師行腳圖．跋》：「甲戌（一九三四）八月二十三日，依《一夢漫言》對覓輿圖編錄，翌夕錄竟。粗線示行腳所經之地，至入丹徒海潮受戒為止。以下未畫粗線，恐致淆亂，學者自尋可耳。又隨侍三昧老人往各地開戒，諸地名等亦未列，因限於篇幅也。沙門一音，時居晉水蘭若並記。」

⑮《莊閑女士手書法華經．序》：「十法行中，一者書寫。考諸史傳，魏唐之際，書寫經典，每極殷誠。先修淨園，徧種楮樹，香草名華，間雜交植，灌以香水。楮生三載，香氣四達。乃造淨屋，香泥塗地，覓匠製紙，齋戒沐浴，盥漱熏香，易服出入。剝楮取皮，浸以香水。竭誠漉造，經歲始就。又築淨臺，於上起屋，乃至材瓦，悉濯香湯。堂中莊嚴，旛蓋鈴珮，周布香華，每事嚴潔。書寫之人，日受齋戒。將入經室，夾路焚香，梵唄先引，散華供養，方乃書寫。香汁合墨，沈檀充管，下筆含香，舉筆吐氣。逮及書就，盛以寶函，置諸香厨，安於淨室。有斯精誠，每致靈感。或時書寫，字字放光，或見天神，執戟警衛；或感瑞鳥，銜華供養。大衆仰瞻，咸發弘願，披函轉讀，恒燦異光。如是靈跡，史傳備載。嘗復尋覽，輒為忭躍。雖未能至，心嚮往焉。妙道女士，書法華經，端嚴精粹，得未曾有。遹將影印，宏傳流布，為記先範，冠於卷首，以勗來者，隨力奉行，俾獲感祐，利有情耳。後二十三年歲次甲戌晉江尊勝院沙門月幢，時年五十有五。」

⑯《校勘拾毘尼義鈔跋》：「比丘尼觀願錄寫科文，今略校正，未及詳審。或恐猶有訛誤，且俟他日，更復披尋鈔文，一一對勘，以補其闕略也。於時癸酉七月十三日，剃染十五周年，居溫陵尊勝院，是歲八月二日，手裝並題，演音。

「歲次甲戌八月，對日本《續藏經》校勘一過。於時衰病纏綿，精力頹弊，多有未盡，俟後當更詳審耳。八月二十一日校竟並記，時居晉水蘭若。」

⑰《見月律師年譜摭要並跋》：「甲戌九月，依《一夢漫

言》及別傳摭錄，唯舉梗概，未能詳耳。《漫言》上卷，自記年歲數次，可為依據。今編年譜，準此推衍。下卷謂順治七年五十歲者，或有舛誤，以待後賢改訂焉。晋水尊勝院沙門亡言。」

⑱《一夢漫言·序》：「師一生接人行事，皆威勝於恩。或有疑其嚴厲太過，不近人情者。然末世善知識多無剛骨，同流合污，猶謂權巧方便，慈悲順俗，以自文飾。此書所述師之言行，正是對症良藥也。儒者云：『聞伯夷之風者，頑夫廉，懦夫有立志。』余於師亦云然。九月五日編錄《年譜摭要》訖，復檢閱《一夢漫言》，增訂標注。九月十三日寫《隨講別錄》二紙竟。臥床追憶見月老人遺事，並發願於明年往華山禮塔。淚落不止，痛法門之陵夷也。弘一拜記。」

⑲《記陳敬賢居士軼事》：「甲戌九月十九日，共存至南普陀後山石室。余問敬賢近狀，彼謂已遵印光法師教導，專修淨業矣，余為慶悅。」（全文見本譜一九二七年條）

【按】共存，為新加坡僑領、厦門大學創辦人、陳嘉庚胞弟陳敬賢之子。

⑳葉紹鈞《幾種贈品》：「兩個月前，接到厦門寄來一封信，拆開來看，是不相識的廣洽和尚寫的，附帶贈我一張弘一法師的相片。……相片是六寸頭，並非『藝術照片』。布局也平常，跟身旁放着茶几，茶几上供着花盆茶盅的那些相片差不多。……依弘一法師的藝術眼光看來，也許會嫌得太呆板了。然而他對不論什麼都歡喜滿足。人家給他這樣布置了，請他坐下來的時候，他大概連連地說『好的，好的』吧。」

「他坐在半桌的左邊，披着袈裟，摺痕很明顯；右手露出在袖外拈着佛珠，腳上還是穿着行腳僧那種布縷紐成的鞋。他現在不留鬍鬚了，嘴略微右歪，眼睛細小，兩條眉毛距離得很遠，比較前幾年，他顯得老了，可是他的微笑裏透露出更多的慈祥了。相片上題着十個字『甲戌九月居晋水蘭若造』，是他的親筆。……」（見葉紹鈞《未厭居習作》三九頁）

㉑曇昕《弘公本師見聞瑣記》：「曾撰一聯：『願盡未來，普代法界一切衆生，備受大苦；誓捨身命，弘護南山四分律教，久住神州。』。跋云：『歲次癸酉正月二十一日為靈峯蕅益大師涅槃日，迄二月十五日，講《含註戒本》及《表記》初、二編。三月初九日迄四月初八日居萬壽巖，講《隨機羯磨》。八月二十四日迄十月初三日為律祖南山道宣聖師涅槃日，住大開元寺補講都竟，敬發誓願，以安心策志，資成勝行焉耳。曇昉並書，甲戌九月以奉廣義法師慧鑑。』」

㉒《壬丙南閩弘法略志》：「甲戌（一九三四）十一月，萬壽巖開創念佛堂，講說三日。」

《萬壽巖念佛堂開堂演詞》：「今日萬壽禪寺念佛堂開堂，余得參末席，深為榮幸。近十數年來，閩南佛法日益隆盛，但念佛堂尚未建立，悉皆引為憾事。今由本寺住持本妙法師發願創建，開閩南風氣之先。大衆歡喜，歎為希有。本妙法師英年好學，親近興慈法主講席，已歷多年，於天台教義及淨土法門悉能貫通。故今本其所學，建念佛堂，弘揚淨土，可謂法門之龍象，僧中之芬陀矣。今念佛堂既已成立，而欲如法進行，維持永久，胥賴護法諸居士有以匡輔而助理之。……」

㉓《福州鼓山度藏經板目錄序》：「佛典雕鐫木版，昔人惟稱宋刻。近年於敦煌石室發見佛典，有唐末及五代刊者，乃知刻經始自唐末。然東國扶桑，於神護景雲四年（七七〇），已刊《無垢淨光經》、《陀羅尼》四種。其古印本猶存法隆寺中。考彼時代，當吾唐國大曆五年，較敦煌發見者猶勝，遂為世界最古佛典雕版焉。爾後東國扶桑，歷宋迄清，雕版日盛，印傳之本，於今猶有存者，而珍逾球壁。殘楮一卷，值及數百，乃至千金。良由彼土學者，博聞好古，深識雕版意趣。近今且有《甯樂刊經史》（甯樂為日本古都奈良別稱。——著者）等諸書傳布，為佛典雕版系統之研考。而吾國緇素，猶未聞於此少加意者，不其憾歟？昔年（按：一九二九年）余游鼓山，覽彼所雕《法華》、《楞嚴》、《永嘉集》等楷字方冊，精妙絕倫。以書法言，亦足媲美唐宋，而雕工之巧，可稱神技。雖版角有少腐闕者，亦復何傷，彌益古趣耳。又復檢彼鉅帙，有清初刊《華嚴經》及《華嚴疏論纂要》，憨山《夢遊集》等。而《華嚴疏論纂要》為近代所稀見者。余因倡緣印布，並以十數部贈予扶桑諸寺。乃彼邦人士獲斯

秘寶，歡喜忭躍，遂為攝影鏤版，載諸報章，布播遐邇。因是彼邦僉知震旦鼓山為庋藏佛典古版之寶窟。然鼓山經版雖馳盛譽於異域，而吾國猶復湮沒無聞。逮及前歲，李圓淨居士乃勸請觀本法師往住鼓山，理整經版，並輯目錄，以開流布之端緒。適者目錄輯就，虛雲、觀本二老人，悉有敘言。圓淨復請余別書弁詞，以讚鼓山雕版之殊勝。為略述之，未盡意耳。歲次甲戌十二月晉水尊勝院沙門演音。」

㉔致俗姪李晉章書：「前奉明片，想已收到。茲有奉託者二事：

一、乞仁者為余刻印二三方，寄下以為紀念。大小大約如□或□（略大）、或○或☽皆可。其文字乞於下列數名中隨意選之。亡言、無得、吉目、勝音、無畏、大慈、大方廣、音、弘一。

二、四十年前，津人習白摺小楷，恆用《昨非錄》，係翰林分寫小楷，石印精本，共二冊。其文字皆嘉言懿行，頗可流傳。乞向舊書舖或親友處覓求一部，惠施寄下，至感。演音啟。寄圖章時，甚費周折，乞向郵局詢問為要。」

㉕《緇門崇行錄選輯序》：「明季禪宗最盛，而多輕視德行。雲棲撰《緇門崇行錄》以匡救之厥功偉矣。近歲僧眾盛倡學問，不尚操履。余嘗勸學院主任者，應用是錄為教本，以挽頹風。歲晚多暇，為選擇擬先講解者而標誌之。十門之中，清素、嚴正、高尚、艱苦四門，選者較多，亦以針對時風，補偏救弊耳。甲戌歲晚，居禾山萬壽巖。勝音。」

【按】《緇門崇行錄》所羅十門，次第為「清素、嚴正、尊師、孝親、忠君、慈物、高尚、遲重、艱苦、感應」。每門各錄古德善行十四五條。

㉖《行腳散記》：「癸酉十一月十一日，居草庵。十五日訖二十日，講《梵網經戒本》。十二月一日訖三日，講《藥師經》，回向故瑞意法師。（二月二日，復念佛回向。）除夕夜，講蕅益大師『普說』二則。甲戌元旦訖十四日，講《四分律羯磨》初、二篇。十九日、二十日講羯磨。二十一日為蕅益大師涅槃日，設供並講大師遺作《祭顓愚大師文》、《德林座右銘》二首。二十二日夜與大眾行蒙山施食，迴向鬼眾及草庵已故諸蜜蜂等。二月三日之廈門南普陀寺，開講《四分律行事鈔資持記》。為書弘律誓願句，並記二月餘行事，贈芳遠居士，以為遺念焉。沙門演音，時年五十又五。」

㉗「《寄歸傳》為唐義淨三藏所撰。榑桑釋者有二家，飲光解覽鈔四卷及某氏講錄二卷也。友人施資十八金，向其中書林請得寫本鈔四卷都八冊，併科文一卷。希世之珍，後賢幸寶藏焉。歲次甲戌，居南陁石室。弘一。」（一九九五年十月三日林子青補記）

一九三五年（民國二十四年乙亥）五十六歲

是年正月，居廈門禾山萬壽巖，校讀清末自日本請回之靈芝元照律師所著《阿彌陀經義疏》。巖主本妙請為眾宣講，因撰《義疏擷錄》，並撰序述其因緣❶。開講期間，又撰《淨宗問辨》一文，於淨土法門，設置問答，剖析至詳，可以見師皈心淨土之宏願❷。二月，俗姪雄河居士李晉章所作篆刻寄至，師至欣喜，特函致謝❸。同月為李汝晉居士書寫《大悲咒》一卷，並書跋語❹。三月，至泉州開元寺，為眾講見月律師所述行腳求師時事的《一夢漫言》❺。講畢，移居溫陵養老院——即宋朱熹講學之「小山叢竹」（後稱小山書院）故址。平居常為養老院老人開示日常勞動諸事❻。時院中朱子祠過化亭缺額，師應葉青眼居士之請，為補書並題記❼。四月，將赴惠安錢山（即淨峯寺）。臨行院長葉青眼居士謂此次州人士多來求字，少求法為可惜。師答云：「余字即是法」，可以見其自信❽。同月，師託俗姪李晉章在津訪購之《昨非錄》寄至，特函致謝，並告以將往百里外山中度夏，請暫勿通信❾。赴惠安淨峯寺時，弟子廣洽、傳貫二師隨行。洽師携有大師為李汝晉所書《大悲咒》一卷，擬為出版。高文顯居士作序，略述師至淨峯寺情況❿。

師至惠安淨峯之殊勝因緣，及惠安山川風物，人情習俗，可於以下事蹟見之。初至淨峯，見清末莊貽華《詠淨峯寺》詩，極為欣賞，即手書其詩懸於壁上，今猶保存於紀念室⓫，又為淨峯李仙祠⓬及客堂各題一聯，皆極雅馴[13]。師在淨峯研習南山三大部及靈芝三記。自撰一聯，以自策勵[14]。又為廣洽法侶代定修持日課，並記藕益大師入靈峯（浙江北天目山靈峯寺）因緣，可以見其修持思想之一斑[15]。其間曾數次致書夏丏尊，盛道淨峯環境之幽美，有如世外桃源[16]。六月間，編錄《含注戒本疏略科》[17]及撰《含注戒本科跋》，並自為記[18]。九月間，以淨峯寺主他往，致書高文顯謂將移居草庵。（附白）：盛讚淨峯山石玲瓏，民風古樸，有如世外桃源[19]。秋晚將離淨峯，詠菊誌別[20]。十月一日，集錄《菩薩戒受隨綱要表》成，自為題記[21]，同月為念西法師撰《龍袴國師傳序》[22]。十一月間，應泉州承天寺傳戒法會禮請，于戒期中講《律學要略》三天[23]。闡述戒律傳入此土之因緣，與弘揚南山律宗之由來，及三皈、五戒、八戒，乃至菩薩戒之意義。要言不煩，全面而概括地介紹戒律的歷史和內容。語重心長，新戒皆感得未曾有[24]。戒期後，移居溫陵養老院。廣洽法師割指瀝血，師為書寫《戒經》，並以餘血補書詩偈[25]。

十一月十九日，應請往惠安科山寺講演，並為五人證受皈依。至十二月初三日始回泉州，旋即臥病草庵[26]。病中書「遺囑」一紙付侍者傳貫，吩咐身後諸事[27]。

注釋

❶《阿彌陀經義疏擷錄序》：「隋唐已來，釋小本《彌陀經》者數十家，而雲棲《疏鈔》、幽溪《圓中鈔》、靈峯《要解》，尤為時賢推重。但《疏鈔》繁廣幽奥，《圓中鈔》、《要解》亦復義理精微，非始學所能通貫。唯我律祖靈芝元照大師所出《義疏》，無多高論，妙協經宗，善契初機，深裨後進。惜夫南宋以降，此土佚失不傳。元明諸師，咸未獲見。逮及清季，乃自扶桑奉返，刊版金陵。三十年來，猶無講解流布者，豈不以其文約義豐，言近旨遠，未有訓釋，無由弘傳耶？甲戌歲晚，余得扶桑國古刊《義疏聞持記會本》。《聞持記》者，南宋戒度、法久二律師撰述，以釋《義疏》，詮解詳明，曲盡疏旨。時禾山萬壽巖主（本妙），方以講說《阿彌陀經》勸請。余乃披尋《義疏》，兼考記文。依彼遺軌，隨力敷講。巖主並請別輯《義疏擷錄》一卷，將鏤版弘布，以被樂簡之機。纂錄既訖，為述往緣，用示後賢焉。於時後二十四年龍集乙亥春正月，晉水沙門僧胤居禾山萬壽巖念佛堂。」

❷《淨宗問辨》：

古德撰述，每設問答，遣除惑疑，翼贊淨土，厥功偉矣。宋代而後，迄於清初，禪宗最盛，其所致疑，多原於此。今則禪宗漸衰，未勞攻破，而復別有疑義，盛傳當時。若不商榷，或致註亂。故於萬壽講次，別述所見，冀息時疑。匪曰好辨，亦以就正有道耳。問：當代弘揚淨土宗者，恒謂專持一句彌陀，不須復學經律論等，如是排斥教理，偏讚持名，豈非主張太過耶？

答：上根之人，雖有終身專持一句聖號者，而決不應排斥教理。若在常人，持名之外，須於經律論等隨力兼學，豈可廢棄？且如靈芝疏主，雖撰義疏，盛讚持名。然其自行亦復深研律藏，旁通天台、法相等，其明證矣。

【按】此文於淨宗反覆問難，至詳且精。問答全文頗長，茲且從略。

❸致李晉章書：「雄河居士：惠書誦悉。印石亦收到，篆刻甚佳。所屬各事，稍暇製就郵奉。先此奉答。演音啟，舊二月八日。」

❹手書《千手千眼無礙大悲心陀羅尼》跋：「龍集乙亥二月，敬書以奉汝晉居士供養，尊勝院智幢。」

❺僧睿《弘一大師傳略》：「乙亥春，蒞泉州開元寺，講《一夢漫言》。」

❻葉青眼《紀弘一大師於溫陵養老院勝緣》：「弘一法師移錫閩南，到溫陵養老院凡三次。第一次為乙亥年，住華珍室一二號房。吩咐晨午二餐，蔬菜不得逾兩味。客來相訪，為先通知，期間一十五天。他對老人開示：祗取日常瑣事，如汲水、破柴、烹茶、燒湯、掃地、洗衣、拂拭几案、澆水種花等操作。謂自己出家以來，皆躬自為之……」

❼《過化亭題記》：「泉郡素稱海濱鄒魯。朱文公嘗於東北高阜，建亭種竹，講學其中，歲久傾圮。明嘉靖間，通判陳公（陳堯）重築斯亭，題曰『過化』，後亦毀於兵燹。爾者葉居士

青眼欲復古蹟，請書亭額補焉。余昔在俗，潛心理學，獨尊程朱。今來溫陵，補題『過化』，何莫非勝緣耶？遜國後二十四年，歲在乙亥，沙門一音書，時年五十有六。」

❽葉青眼《紀弘一大師於溫陵養老院勝緣》：「於時……又為余書『南無阿彌陀佛』中堂，及華嚴經句曰『持戒到彼岸，說法度衆生』聯文各一。餘應各方來求者頗多。公將離院赴惠安錢山，余送之。將上車，余謂此次州人士多來求公字，少來求法，不無可惜。公笑謂余曰：『余字即是法，居士不必過為分別。』」

❾致李晉章書：「惠書誦悉。承惠施佛像、《昨非錄》，至用感謝。在此講律將畢，即擬往百里外山中度夏。郵政不通，以後乞暫勿通信，俟秋涼時，返廈門再奉告也。雄河居士　演音疏，三月十日。」

【按】據惠安當地民間傳說：「淨峯是李鐵枴成仙處。說李是惠安小岞後內人。某年冬天，李替母親燒飯，柴燒完了，一時心急，舉足入灶。恰被雲游至此的呂洞賓所瞥見，知道他具至性，遂度他仙去。李腳跛，所用鐵枴，就是火枴……淨峯又名錢山。據說鐵枴仙置一大錢在淨峯古井中，它每天生出幾個小錢，李仙的老母上山去取來做生活費用。後來被一齋公瞥見，連母錢帶子錢一併偷去，從此錢山就不再生錢了。」（見旅美華僑王福民《淨峯．李鐵枴．弘一及其他》——《弘一法師在惠安》）

❿高文顯《影印弘一法師手寫〈大悲咒〉序》：「弘一法師來閩數載，居常運用其藝術手腕，書寫經文佛號，贈諸緇素，以廣結勝緣。邇者法師已棲隱淨峯，將編著大部律書，無暇再作文字上之應酬矣。廣洽法師送其入山後，携帶其所寫經文聯句多種，中有為李汝晉居士書寫之《大悲咒》，字迹高古清秀，不著人間烟火之氣。洽師謂余曰：『音公此行，恐將長久棲息于斯矣。蓋其地雖苦，然山水秀美，僻靜幽清，相傳為李枴仙所居之地，實隱者之所也。』」

⓫手書清末莊貽華《詠淨峯寺》詩並題記：「淨峯峯高高更曲，半天雲氣芙蓉削。曇貝重重覆翠微，眼中滄海盈一掬。怪石蒼松別有天，嘯傲烟霞看未足。傳燈此地幾何年，淨土依然古天竺。我來恰值海國秋，躡履梯雲騁游矚。蓮華座上禮空王，一炷爐香薰寶籙。最愛夕陽山更幽，酣臥林巒無拘束。人生即此見蓬萊，安得烏巾占叢竹。戊申秋日漆園後人貽華氏題。乙亥夏首，尊勝老人居淨峯重錄。」

⓬淨峯李仙祠題聯：「是真仙靈，為佛門作大護法；殊勝境界，集僧衆建新道場。」

⓭淨峯寺客堂題聯：「自淨其心，有若光風霽月（乙亥首夏，歸臥淨山，書此補壁）；他山之石，厥惟益友明師。（尊勝院沙門一音撰，時年五十有六。）」

⓮淨峯寺書聯自勗題記：「誓作地藏真子；（龍集乙亥五十六歲誕日，敬書以自策勵，銘諸座右，沙門演音。）願為南山孤臣。（時居惠安淨峯寺研習《事鈔》並《戒》〔本〕《業》〔羯磨〕二疏及《靈芝記》文。）弘裔。」

⓯《為廣洽法侶定修持日課，附記蕅益大師入靈峯因緣》：「昔我靈峯老人，三十三歲始入靈峯，即有偈云：『靈峯一片石，信可矢千秋。』又云：『聊當化城，畢茲餘喘。自非樂土，終弗與易矣。』余今年已五十又六，老病纏綿，衰頹日甚。久擬入山，謝絕人事，因緣不具，卒未如願。今歲來淨峯，見其峯巒蒼古，頗適幽居，遂於四月十二日入山，將終老於是矣。廣洽法侶與余數載聚首，相契頗深。送余入山，居三日，將歸禾嶼，屬訂修持日課，為略書如下：午前，讀《法華》一卷，閱《華嚴》一卷。午後，溫習《戒本》、《羯磨》，讀《行願品》一卷。餘時默持佛菩薩聖號。布薩日，讀《梵網戒本》一卷。附記者：余向他處借藏經數十冊，別記如下。謝世之後，希為檢點分還，俾免散失。《頻伽大藏經》三十冊，（每十冊為一帙），乞送還承天寺。《續藏經》四十九冊（乞寄還溫州大南門外慶福寺）。歲次乙亥弘一演音書。」

⓰致夏丏尊書㈠：「丏尊居士道鑒：久未致訊至念。上月徙居山中，距郵政代辦所八里，投信未便，故諸友處悉無音問也。……山鄉風俗淳古，男業木、土、石工，女任耕田、挑擔。

男四十歲以上多有辮髮者，女子裝束更古，豈惟清初，或是千數百年來之遺風耳。余居此間，有如世外桃源，深自慶幸。……演音疏。」

致夏丏尊書㈡：「丏尊居士道鑑：惠書，具悉。……淨峯寺在惠安縣東三十里半島之小山上，三面臨海（與陸地連處僅十分之一），夏季甚為涼爽，冬季北風為山所障，亦不寒也。小山之石，玲瓏重疊，如書齋几上所供之珍品，惜在此荒僻之所，無人玩賞耳。……演音覆疏，舊五月廿八日。」

⑰《含注戒本疏略科跋》：「乙亥六月六日敬編錄，時居淨峯。弘一。」

⑱《含注戒本科跋》：「乙亥六月二十九日錄訖。時居惠安淨峯寺。弘一。」

⑲致高文顯書及「附白」：「勝進居士道鑒：承施鼓山刊《梵網》及《王摩詰》，歡感無已。淨峯生活甚安適。近以寺主他往，余亦隨其移居草庵。謹復，不具。九月六日，演音啟。

「附白：淨峯居半島之中（與陸地連者僅十之一二），山石玲瓏重疊，世所罕見。民風古樸，猶存千年來之裝飾，有如世外桃源。種植者以地瓜、花生、大麥為主。」

⑳《將離淨峯詠菊誌別》：「乙亥首夏來淨峯，植菊盈畦，秋晚將歸，猶含蕾未吐。口占一絕以誌別：『我到為植種，我行花未開。豈無佳色在？留待後人來。』弘一老人。」。

㉑《菩薩戒受隨綱要表》題記：「龍集乙亥十月一日於惠安淨峯寺集錄。沙門一音。」

㉒《龍袴國師傳．序》：「念西禪師，今之南閩高僧也。專宏淨業，著作甚富。近以所撰《龍袴國師傳》見示。披卷諷誦，歎為稀有。文筆樸拙，不假修飾，彌益古趣。豐德性常律師，擬以付刊流布，而資亡母冥福。孝思肫誠，尤足多焉。為題卷端，以志歡讚。歲次乙亥十月惠安淨峯沙門一音。」

㉓萬泉《參禮弘一律師以後》：「這是民國二十四年冬的事情。……因參加承天寺的戒期勝會，給與我屢次拜見吾教偉人弘一律師的機會。一天清晨，我親手寫了請弘一律師講《律學要略》的牌後，……客堂同人要我充當弘一律師講律的臨時記錄。……因這段因緣，得以常和他老人家談話。《律學要略》三天講畢，弘一律師即欲離承天寺……並留一地址給我，要我二日後再到他所暫住的溫陵養老院去。過了一天，廣洽法師送來一冊弘一律師自讀自書的《四分律比丘戒相表記》，說是弘一律師送給我的。十二月七日（陽曆），壽居約我同訪弘一律師，二人步行到養老院，拜見了弘一老人。……從這次參禮了弘一律師之後，不二日，他老人家即應惠安居士們之請，同專員黃元秀到惠安講經去了。據說弘一律師由惠安回來，得重病於草庵，……廣洽法師往泉探視弘一律師病況，回來對我說：『弘一老人現在雖得重病，但他仍視若無事，工作如故。』並對廣洽法師說：『你不要問我病好沒有，你要問我有念佛沒有念佛？這是南山律師的警策，向後當拒絕一切，閉戶編述南山律書，以至成功。』」

㉔《律學要略》：「我出家以來，在江浙一帶並不敢隨便講經或講律，更不敢赴什麼傳戒的道場。其緣故，是因為個人感覺着學力不足。三年來在閩南，雖曾講過一些東西，自心總覺非常慚愧的。這次本寺（承天寺）諸位長者，再三地喚我來參加戒期勝會，情不可却，故今天來與諸位談談。但因時間匆促，未能預備，參考書又缺少，兼以個人精神衰弱，擬在此共講三天。今天先專為求授比丘戒者，講些律宗歷史，他人旁聽，雖不能解，亦是種植善根之事。」（以下關於三皈、五戒、八戒、沙彌沙彌尼戒、式叉摩那戒、比丘比丘尼戒、菩薩戒等之闡述，文長從略。全文見《晚晴老人講演錄》）

㉕《血書詩偈贈勝進居士題記》：「出家以後，所用印章，大半散失。勝進居士屬集為一冊，未之能也。於時乙亥十一月，適普潤廣洽上人，割指瀝血，請寫《戒經》，盞有殘血，為補書詩偈於後。時居溫陵過化亭。」

㉖《乙亥惠安弘法日記》（略）：「十一月十九日，復到惠安城，寓黃善人宅。二十日，到科峯寺講演，並為十人證受皈依。……二十二日，到瑞集巖講演。十二月初一日午後到惠安城，寓李氏別墅。……初三日，到泉州，臥病草庵。」

㉗傳貫《隨侍弘公日記》：「師當大病中，曾付遺囑一紙予貫云：『命終前，請在布帳外助念佛號。但亦不必常常念。命終後，勿動身體，鎖門歷八小時。八小時後，萬不可擦身體及洗面。即以隨身所著之衣，外裹破夾被，捲好，送往樓後之山凹中。歷三日，有虎食則善。否則三日後即就地焚化。（焚化後再通知他位，萬不可早通知。）余之命終前後，諸事極為簡單，必須依行，否則是逆子也。演音啟。』至翌年春，蒙 龍天加被，道體漸康。」

一九三六年（民國二十五年丙子）五十七歲

是年元旦，臥病草庵，晨起試筆，書「菩薩四攝行」八大字，並自記年月❶。時草庵養蜂四匣，誤食山中毒花，死者百數十，師與諸師行施食法，超度亡蜂，其慈心及於昆蟲❷。在草庵時，患臂瘡甚劇，旋扶病至廈門就醫❸。師自云此次大病，為生平所未經歷。對於病因、病情發展與險惡及醫療經過，於致夏丏尊❹、念西、豐德❺、劉質平書❻❼❽及蔡吉堂、吳丹明之《弘一法師在廈門》等有詳細記述❾❿。

正月，佛教養正院開學。師為講《青年佛徒應注意的四項》，現身說法，聽者無不感動⓫。三月，手書《乙亥惠安弘法日記》贈曾詞源，並為題記⓬。四月，又書《壬丙南閩弘法略志》贈蔡契誠（吉堂）並為題記⓭。同月弟子劉質平假「上海新華藝專」開「弘一上人書法展覽會」⓮。五月，移居鼓浪嶼日光巖⓯，同月為侍者傳貫亡母許柳女居士寫《藥師經》一卷，以資回向⓰。又為友生金咨甫居士寫《金剛經》，回向佛道，並加題跋⓱。是時卜海世界書局將輯《佛學叢刊》，請師編輯。師適自日本請奉古刊佛典萬餘卷，多明季清初刊本，因檢三冊——《釋門自鏡錄》、《釋氏要覽》、《釋氏蒙求》，以供校刊參考，並為該書題簽及撰《佛學叢刊・序》⓲。在此之前，師曾致書該局編輯蔡冠洛，計劃編輯第二輯、第三輯，惜皆未見實現⓳。閩南佛學院仁開法師訪師于日光巖，請師發心弘揚律學。師覆書謂：「初出家時，嘗讀靈峯諸書，於『不可輕舉妄動，貽羞法門』、『人之患在好為人師』……，服膺不忘。豈料此次到南閩後，遂爾失足，……追念往非，決定先將『老法師、法師、大師、律師』等諸尊號一概取消，以後誓不敢作冒牌交易。」書意懇摯，令人尊敬⓴。秋日，日光巖念佛會請師開示，師節錄《印光法師嘉言錄》數則，致書囑會眾反覆研味其義。並謂「於佛法中最深信者，惟淨土法門；於當代善知識中最佩仰者，惟印光老法師」㉑。八月，師所作《清涼歌》，由弟子劉質平及其門人譜曲，行將出版，夏丏尊為撰《清涼歌集序》，略述其在俗致力音樂之精勤與教授音樂之成就，及為《清涼歌集》譜曲之師生㉒。是年在佛教養正院講《十善業道經概要》，並教寫字方法㉓。為士惟居士寫《佛說五大施經》，願早證菩提㉔。是年道侶吳建東居士卜葬杭州玉泉寺山中，師念昔日曾與同修念佛，且移居永嘉城下寮，實居士為之介紹。故撰《玉泉居士墓碣銘》以紀念之㉕。泉州草庵為摩尼教遺蹟，向由僧侶董理。師愛其幽寂，晚年屢居其地。為撰《重興草庵記》嵌於庵壁，以留紀念㉖。葉恭綽居士從子公超，於英倫博物院見敦煌寫本《僧伽六度經》，為攝影持歸。葉氏請師書寫，並為題記㉗。奇僧法空禪師，善書法，精國術。早歲駐錫檳城，經營動物園，熱心公益事業，譽滿南洋。晚年歸國，居廈門中巖，常以書法與人結緣。是年遷化，師撰《奇僧法空禪師傳》彰之㉘。冬月，文學家郁達夫遊廈偕廣洽法師、趙家欣等訪師於日光巖，歸福州後，賦七律一詩奉贈㉙。師居日光巖半載，將移居南普陀，手書《佛說無量壽經》一卷。贈巖主清智上人，以為紀念㉚。師於舊十二月初六日（一九三七年一月十八日），移居南普陀。是日勝進居士為編「弘一法師紀念特刊」，載於廈門《星光日報》㉛。臘月初八日，（高文顯）為編《韓偓傳記》成。師寫韓偓牌位一紙，並命準備供齋，集衆上供㉜。此次為韓偓舉行上供儀式，高文顯有文記其事㉝。臘月下半月，在佛學院講《隨機羯磨》，又為閩院學僧明鋆，開示「淨土宗入門初步」。謂淨土宗有二種：一是專修，一是兼修。師自謂所修者，以《普賢行願品》為主，可說教淨雙修。除夕，為傳貫學人講裴休《發菩提心文》，並發起印行《梵唐兩文普賢行願品偈》㉞。

注釋

❶手書「菩薩四攝行」：「布施、愛語、利行、同事。——丙子元旦晨試筆。時臥病草庵，沙門一音，年五十又七。」

❷致蔡冠洛書：「余所居鄉間草庵，養蜂四匣。昨日因誤食山中毒花，一匣中死者百數十。今日余與諸師行施食法，超度此亡蜂等。附白。〔演音〕，舊正月廿二。」

❸《南閩十年之夢影》：「到了十一月的時候生了大病，以後即到草庵來養病。這一回的大病，可以說是我一生的大紀念。民國二十五年的正月，扶病到南普陀寺來。……」

❹致夏丏尊書：「丏尊居士道席：一月半前，因往鄉間講經，居於黑暗室中，感受污濁之空氣。遂發大熱，神智昏迷，復起皮膚外症極重。此次大病，為生平所未經過。雖極痛苦，幸以佛法自慰，精神上尚能安也。其中有數日病勢凶險，已瀕於危。有諸善友為之誦經懺悔，乃轉危為安。近十日來，飲食如常，熱已退盡。惟外症不能速愈，故至今仍臥床上，不能履地。大約再經一二月乃能全愈也。……演音啟，舊正月初八日。」

❺致念西、豐德書：「惠書，敬悉。承誦《華嚴法典》，感謝無盡。此次大病，實由宿業所致。初起時，內外症併發。內發大熱，外發極速之疔毒。僅一日許，下臂已潰壞十之五六，盡是膿血。然又發展至上臂，漸次潰壞，勢殆不可止。不數日，腳面上又生極大之衝天疔。足腿盡腫，勢更凶惡。觀者皆為寒心。因此二症，若有一種，即可喪失性命，何況併發，又何況兼發大熱，神智昏迷，故其中數日已有危險之狀。朽人亦放下一切，專意求生西方。乃於是時忽有友人等發心為朽人誦經懺悔，至誠禮誦，晝夜精勤。……以極誠懇之心，誦經數日，遂得大大之靈感。竟能起死回生，化險為夷。臂上已不發展。腳上瘡口不破，由旁邊腳趾縫流膿水一大碗餘。至今飲食如常，臂上雖未痊愈，腳瘡僅有少許腫處，可以勉強步行，實為大幸。　二三日後，擬往廈門請外科醫〔生〕療治臂患，令其速愈。……演音敬啟。」

❻致夏丏尊書：「惠書誦悉。宿病已由日本醫學博士黃丙丁君診治（泉州人，外科專門），十分穩妥，不久即可痊愈，希釋懷念。……往黃博士處診治，乃由友人介紹，已去十餘次，用電療及注射等需費甚多。將來或唯收實費，或完全贈送，尚未知悉。俟後由友人探詢清楚，再以奉聞。附白。」

❼與劉質平書：「此次大病，為生平所未經歷，亦所罕聞。自去年舊十一月底，發大熱兼外症，一時併作。十二月中旬，熱漸止，外症不愈。延至正月初十，乃扶杖勉強下床步行（以前不能下床）。中旬，到廈門就醫。醫者為留日醫學博士黃丙丁君（泉州人，人甚誠實）。彼久聞余名，頗思晤談。余請彼醫，至為歡悅，十分盡心；至舊四月底（舊曆有閏三月），共百餘日，外症乃漸痊愈。據通例，須醫藥電療注射（每日往電療一次）等費約五六百金。彼分文不收，深可感也。謹陳。演音疏。」

❽致夏丏尊書：「宿疾約再遲一月，可以全愈。此次請黃博士治療，彼本不欲收費。惟電療藥物等實費，統計約近百金。若不稍為補助，似有未可。擬贈以廈門日本藥房禮劵五十圓一紙及拙書等。此欵乞便中於護法會資支寄惠施，至用感謝。……三月廿八日，演音疏。」

❾蔡吉堂、吳丹明《弘一法師在廈門》：「一九三五年四月至一九三六年，弘一法師曾二度赴惠安大弘佛法。斯時，惠安鄉村環境衛生較差，法師左手臂皮膚生濕疹甚劇，返廈居南普陀寺。經我介紹黃丙丁博士為之治療，見效甚快。他曾函曾詞源居士稱：『宿疾已愈十之八，再遲一月，或可痊愈，因係慢性症，不可求速效也。仁者如晤蔡吉堂居士時，乞為詢病愈後，如何酬謝黃博士，便中示知，不宣。』後來黃丙丁博士婉謝了弘一法師的酬謝。法師即做《大藏經》等木箱，外鐫『黃博士施助』字樣，並手書《心經》和墨寶數件贈黃博士。……」

❿致夏丏尊書：「前寄下洋五十元，曾兩次託人送與黃博士，彼堅不受。後乃商酌，即以此資做《大藏經》等木箱數個，箱外鐫刻『黃博士施助』字樣云云。附陳。……」

【按】是年春夏之交，余適在廈門南普陀，與弘一大師有短期同住之緣。每日見廣治法師陪伴大師赴黃丙丁博士診所電療。黃丙丁（曾留學日本得醫學博士學位，為廈門名醫）知大師為當代高僧，甚為尊敬。當時皮膚病電療為創新醫學技術，費用甚昂。黃氏為求速效，每日施與電療，達數月之久。愈後，大師欲以金錢或藥品酬之，黃氏堅不肯受，謂願求大師墨寶作為紀念。於是大師以各體書法手書對聯、立幅、橫披多件以贈。裱褙時，余曾於廈門局口街某裱畫店見之，為之驚奇不置。

⑪《青年佛徒應注意的四項》：「養正院從開辦到現在，已是一年多了。外面的名譽很好。這因為由瑞今法師主辦，又得各位法師熱心愛護，所以能有這樣的成績。我這次到廈門，得來這裏參觀，心裏非常歡喜。……我在泉州草庵大病的時候，承諸位寫一封信來——各人都簽了名，慰問我的病狀；並且又承諸位念佛七天，代我懺悔，……都使我感激萬分。……今天所要和諸位談的，共有四項：一是惜福，二是習勞，三是持戒，四是自尊。都是青年佛徒應該注意的。……」（全文見《晚晴老人講演錄》）

⑫手書《乙亥惠安弘法日記》贈曾詞源並序：「乙亥四月，傳貫學弟請余入惠安弘法，始居淨山半載，又須奔走鄉村，雖未能大宏佛化，而亦隨分隨力小有成就。適將掩室日光巖，詞源居士以素帖屬書。詞源惠人，因擇錄旅惠日記付之，聊以為紀念耳。歲次玄枵、月旅姑洗南山律苑沙門一音。」

【按】「玄枵」為子年，即丙子年（一九三六）。「姑洗」為十二律之一，《禮．月令》「季春之月、律中姑洗」。旅，次也。即月在姑洗，謂三月也。師寫後另記「丙子」閏三月十三日書於南普陀。

⑬手書《壬丙南閩弘法略志》贈蔡契誠（吉堂）並為題記：「余以宿緣，三遊南閩。始於戊辰，次為己巳，逮及壬申，是最後矣。迄今丙子，首尾五載，輒不自揆，常預講筵。爾將掩室，因錄弘法略志，都為一卷，以奉契誠居士。匪曰伐德，亦志吾過，思懺悔耳。去歲弘法惠安，嘗記其事，別贈詞源賢首。彼所載者，是冊悉闕略也。歲集玄枵夏首，南山律苑沙門一音。」

⑭知岩《弘一上人書法展覽會》：「（據該文記載）展出有立軸、屏條、小冊、手簡四類。其中尤以《阿彌陀經》十六大幅為墨林瑰寶。字作晉楷，一筆不苟。」（見上海《佛學半月刊》一二六期。據一九三六年四月下旬、上海《時事新報》報導摘記。）

⑮《南閩十年之夢影》：「……民國二十五年的正月，扶病到南普陀寺來住了幾個月，……於五月即到鼓浪嶼日光巖去。」

⑯手書《藥師如來本願功德經》跋：「歲次丙子五月，敬書是經，迴向瑞集傳貫法師亡母龔許柳女居士。願彼業障消除，往生極樂，早成佛道，普利衆生。溫陵資壽寺沙門月音。」

⑰手書《金剛經》題記：「歲次丙子三月二十一日敬書，四月初八日書訖。以此功德，回向亡友金咨甫夢疇居士。願彼業障消除，往生極樂世界，早證無上菩提，普度一切衆生。沙門演音弘一並記。咨甫，浙金華武義人。弱冠游杭，學於高師藝術專科。榑桑本田氏授手工，讚其精絕，求諸彼邦，未之有也。爾後任杭州師範兼女學歌樂教師二十年。嘗語余曰：始任教師頗多佳興，近惟頹倦耳。余來南閩，曠絕音問。甲戌九月，印西上人書來，謂咨甫臥病半載，艱苦備歷，已謝世矣。遺囑請余寫經，為其回向佛道。忽忽二載，及於今夏，書寫乃訖，並誌緣起焉。龍集玄枵木槿榮月，演音，時掩室鼓浪日光院。」

⑱《佛學叢刊．序》：「甲丙之際，自榑桑國請奉古刻佛典萬餘卷，多明季清初刊本，求諸彼邦，見亦罕矣。邇者世界書局主纂輯《佛學叢刊》，乃檢三本，付以寫鈔鋟版。一曰《釋門自鏡錄》，唐懷信述。彼邦沙門圓仁《入唐求法請來錄》亦載是書，謂為唐惠詳集，未審何是？安永元歲壬辰八月，維清乾隆三十七年，榑桑平安慶證寺玄智校刊，並續補十七則附於卷末。一曰《釋氏要覽》，宋道誠集。寬永十歲癸酉三月，維明崇禎六年彫版。一曰《釋氏蒙求》，宋靈操撰。元本有蠹滅者，榑桑義空校補，寬保元歲辛酉三月，維清乾隆六年模刻。《自鏡錄》及《蒙求》，《續藏經》中雖亦輯存，而校讐頗疏；今依古刻儻差勝耶？局主纂輯叢刊，其意至善。以末世學者恒厭煩廣，而樂簡文；又復艱於資財，睎求廉值。故輯叢刊，惟選經律論譯本，及此土撰述卷帙少而易領解者；復精密校刊，廉其值價，廣以流布。闡傳佛法，利益衆生，局主宏願，蓋如是也。余以夙幸，值斯勝緣，豈無忭躍？故述所懷，爰題序云。後二十五年歲集玄枵木槿榮月，沙門髻嚴，時掩室鼓浪日光別院。」

⑲致蔡冠洛書：「惠書誦悉。將來共出幾輯，似未可預定。若無有銷路，主事者厭倦，即出二輯為止，否則可以續出。……如第一輯所選者，以短、易解、切要有興味、有銷路為標準。但如此類之佛書，實不可多得。故第二輯以下，須另編輯。……第一輯所收者，經律、雜集之部類略備。第二輯多為警策身心、剋除習氣之作。第三輯為佛教藝術。……四月廿三日，演音疏。」

⑳致仁開法師書：「仁開法師道鑒：前承過談，惠施多品，感謝無盡。荷施十金，擬以請購日本古版佛書，而為永久紀念也。承示諸事，朽人已詳細思審，至為慚惶。朽人初出家時，嘗讀靈峯諸書，於『不可輕舉妄動，貽羞法門』、『人之患在好為人師』（此語出《孟子》，《宗論》引用），服膺不忘。豈料此次到南閩後，遂爾失足，妄踞師位，自命知律，輕評時弊，專說人非，大言不慚，罔知自省。去冬大病，實為良藥。但病後精力乍盛，又復妄想冒充善知識。卒以障緣重重，遂即中止。至古浪後，境緣愈困，煩惱愈增。因以種種方便，努力對治。幸承三寶慈力加被，終獲安穩。但經此風霜磨煉，遂得天良發現，生大慚愧。追念往非，噬臍無及。決定先將『老法師、法師、大師、律師』等諸尊號一概取消，以後誓不敢作冒牌交易。且退而修德，閉門思過。並擬將南山三大部重標點一次，誓以駑力隨分研習。倘天假之年，成就此願，數載之後，或以一得之愚，卑陬下座，與仁者等共相商榷也。前承仁等所示諸事，今非其時，願俟異日，諸希亮察為幸。謹陳不宣。演音。此書本擬請傳貫師齎奉，適今日有便人，託其帶上。朽人當來居處，無有定所，猶如落葉，一任業風飄泊可耳。」

㉑覆鼓浪嶼念佛會書：「余近居日光巖方便掩關，諸緇素囑為講演。竊念余於佛法中最深信者，惟淨土法門，於當代善知識中最佩仰者，惟印光老法師。今舉《嘉言錄》中數則略釋之。『願離娑婆』云云（三九頁），『既有真信』云云（四二頁），『一切行門』云云（四九頁）。諸君暇時，乞常閱《嘉言錄》，每次僅閱一二段，不必多。宜反覆研味其義，不可草草也。演音，丙子秋日。」

【按】此書與《晚晴山房書簡》致高勝進居士第一通內容相同。只多「略為講釋之」五字，似為同時另作一書致勝進居士，請代為「講釋」者。

㉒夏丏尊《清涼歌集．序》：「弘一和尚未出家時，於藝事無所不精，自書法、繪畫、音樂、文藝乃至演劇、篆刻，皆卓然有獨到處。嘗為余言，平生於音樂用力最苦，蓋樂律與演奏，皆非長期煉修無由適度，不若他種藝事之可憑藉天才也。和尚先後在杭州、南京以樂施教者凡十年，迄今全國為音樂教師者，十九皆其薪傳。所製一曲一歌，風行海內，推為名作。入山以後，從前種種胥成夢影。一日，劉生質平偕余往訪和尚於山寺，飯罷清談，偶及當世樂教。質平歎息於作歌者之難得，一任靡靡俗曲流行閭閻，深惜和尚入山之太蚤。和尚亦為憮然，允再作歌若干首付之，余與質平皆驚喜。此七年前事也。七年以來，質平及其學友根據和尚所作歌詞，分別譜曲，反覆推敲，必得和尚印可而後定。復經上海新華藝術專科學校、浙江寧波中學等處實地演奏，始攜稿詣余，謀為刊行。作曲者五人：質平為和尚之弟子，學詠、希一、伯英為質平之弟子，紱棠為質平之再傳弟子，皆音樂教育界之錚錚者。歌曲僅五首，乃經音樂界師弟累葉之合作，費七年光陰之試練，亦中國音樂史上之佳話矣。歌名『清涼』，和尚之所命也。和尚俗姓李，名息，字叔同，又字惜霜，浙之平湖人。二十五年八月，夏丏尊。」

㉓曇昕《音公本師見聞瑣記》：「是年（廿五年）在佛教養正院，講《十善業道經概要》。又教寫字方法，須由篆字下手，每日至少要寫五百字，再學隸入楷，楷成學草。寫字最要緊是章法。章法七分，書法三分，合成十分，然後可名學書。吳昌碩的字並不好，不過有幾分章法而已。經云：『是法非思量卜度之所能解』，書法亦爾。」

㉔手書《佛說五大施經》跋：「歲次玄枵，敬書《佛說五大施經》，回向士惟居士，願往生安養，早證菩提。晉水南山律苑沙門一音，時年五十又七。」

㉕《玉泉居士墓碣銘》：「居士姓吳，名建東，梵名演定，復名衍，閩浦城楊溪尾人。改元後七年，余始剃染，與程子中和

住玉泉，聞居士名。逮及歲晚，乃獲展晤，深以忻憙，因共棲止。居士聞法最早，樂翫般若，於『凡所有相，皆是虛妄』句，常致三復。程子專諷《華嚴》，後出家字曰『弘傘』，與余同師門也。翌年冬，結期修淨業。十二月八日共燃臂香，依天親《菩提心論》發十大正願。居士先一夜未嘗睡眠，惟持佛號。爾後道念日進，蓋善友同集，互以策勵而致之也。余嘗披《靈峯宗論》法語示居士，覽未終卷，自謂心意澄澈，異于平時。歷數日，入市求橘，童子昂其直，居士瞋訶，遂復常度。辛酉（一九二一）季春，余徙永嘉，掩室城寮，蓋由居士為之容介。嘗致書曰：『凡所需求，無慮難繼，有某在耳。』後五載丙寅，余歸錢塘，乃知居士先已遷謝。居士貌溫和而性剛真，守正不阿，好義忘利。年未四十，遂爾淹逝。知其人者，悉為嘆惋。住玉泉久，自號玉泉居士。今歲丙子，介弟澗東夫婦，為卜葬於玉泉寺畔青石橋石虎山中，屬銘於余；因憶往事，粗述其概。繫以銘曰：『常樂出家，勤修佛法。勝業未就，薤露朝溘。冀其再來，乘願不忘。一聞千悟，普放大光。』」

【按】薤，音械，似葱的草本植物。《薤露》，古送葬時挽歌。比人命無常如薤上之露而歌者。——著者。

㉖《重興草庵記》：「草庵肇建，蓋在宋代。建及明初，輪奐盡美。有龍象巖，其地幽勝。爾時十八碩儒，讀書其間，後悉進登，位躋貴顯。殿供石佛，昔為巖壁，常現金容。因依其形，鑿造石像。余題句云：『石壁光明，相傳為文佛現影；史乘載記，於此有名賢讀書。』蓋記其事也。勝清御宇，寖以零落：昔日金剎，鞠為茂草。中華建業十二載，瑞意、廣空二上人，傷其廢圮，發意重興。緜歷歲時，營治堂宇。壬申十月，復建意空樓三楹，雖未循復舊觀，亦可粗具規範。余於癸丙之際，歲暮春首，輒居意空，淹留累月。夙緣有在，蓋非偶然。乃為述記，垂示來葉焉。於時二十五年，歲次玄枵，慧水瑞集巖大華嚴寺沙門演音撰。」

㉗葉恭綽《僧伽六度經》題記：「民國乙亥，從子公超自英倫博物院攝影，弘一律學大師依以寫布，遐庵葉恭綽題。

「大師自為記云：『此經為敦煌寫本，今存英倫博物館。範成法師獲得攝影，將刊石置於南通州狼山僧伽大聖道場，屬為書寫。余以闇短，未由辨其文字，後之賢者，幸審訂焉。丙子勝音書並誌。』」

㉘《奇僧法空禪師傳》：「師諱今實，惠安陳族。十六落髮，常誦《金剛》、《法華》，脅不著席，食不逾午。嚴冬之際，屏除冠履，苦行精進，邁於恒倫。改元後七年戊午，遠適庇能，建觀音寺。庇能為英吉利屬海峽，閩粵商者習稱檳城。其地繁盛，而乏遊觀之所。師以極樂寺寺前多曠土，乃發宏願，營築苑囿，集諸宇內珍禽奇獸，靡資鉅萬，盡其輪奐之美。師故善知物性，撫摩虎犴，若翫掌珍。海南諸粟散王，乃至歐美名士，遊庇能者，悉踵師門，展謁禮敬。或致簡牘，達其誠欵，以是盛譽及於萬國。聞師名者，咸生歡喜。師又工書，下逮武技幻術，靡所不諳。震域彼土，或值災祲，或築學黌，集會演技而求資者，師每佐助，復施財寶。凡所希求，皆令滿足。彼土報章，競致讚頌。中外士庶，仰之若慈父母焉。歲次辛未，師返南閩，施千金石鼓（鼓山），修置雜物，而利行者。時以墨妙，頒致諸山。其得之者，珍如球琳。今歲丙子三月，示疾遷化，春秋五十又九。師之奇行瑰節，輒有軼於常軌，豈余凡愚可得闚測？所及知者：巍巍德量，弘廓淵沖，高山仰止，未能忘懷耳。彼諸化蹟，頗多流傳。今所記述，不及什一。語其詳委，當俟來哲。晉水薝蔔院沙門嚴髻撰。」（一九三六年十月廈門《佛教公論》第三期）

【按】李芳遠編《弘一大師文鈔》，該文于末段「未能忘懷耳——」下接：「讚曰：『一人首出，萬類皈依。化及禽獸，恩洽蠻夷。人謂菩薩，亦云力士。隨機所見，稱名致美。如天覆物，若海朝宗。化跡昭垂，億劫攸崇。』」但缺最後六句及署名。

㉙郁達夫贈詩，並序：「丁丑春日，偕廣洽法師等訪高僧弘一於日光巖下，蒙贈以《佛法導論》諸書。歸福州後，續成長句却寄：『不似西泠遇駱丞，南來有意訪高僧。遠公說法無多語，六祖傳真只一燈。學士清平彈別調（弘一法師著有《清涼歌集》），道宗宏議薄飛升。中年亦具逃禪意，兩事何周割未

能。』」（弘一法師亦著有《臨終講義》諸書）

【按】郁氏所記「丁丑春日」係陽曆，舊曆尚在丙子年冬，故此詩繫於丙子年條。又是時同訪者，尚有文學家趙家欣。趙氏《風雨故人情》書中，《記弘一法師》云：「一九三六年底，郁達夫到廈門，廣洽和我陪同達夫到鼓浪嶼日光巖探訪弘一法師。」詩末句典故出《南史·周顒傳》：「文惠太子問顒，卿精進何如何胤？顒曰：三途八難，共所未免，然各有累。太子曰：累伊何？對曰：周妻何肉？」

㉚李芳遠《記音公移居南普陀事》：「日光巖為鼓島甲剎，香火甚盛。雖所居在偏僻，亦時為爆竹所驚，乃移居南普陀後山石室。……回憶移居之日，芳遠所贈水仙花，猶含蕊未吐，音公去時乃將水仙花頭起出帶去。所用器皿，如數檢交清智長老。並以手書《佛說無量壽經》裝訂成冊，載以木匣，刻以手書經名，藍青加金，奉贈寺主清智上人，以為紀念，藉答半載供養之厚恩。」

㉛傳貫《隨侍弘公日記》：「丙子十二月初六日上午，由鼓浪嶼日光巖至南普院，見勝進居士為師出特刊於《星光報》（陽曆一九三七年一月十八日）。是夕謂貫曰：『勝追等雖運斯好意，實是誹謗於余也。古人云：聲名謗之媒也。余此後閩南恐難容身矣。』又曰：『若被人謗，切不可分白。余每見有人被謗，欲與分白解釋，多受其虧。不與分解，一謗便罷，更無餘患。』」

㉜傳貫《隨侍弘公日記》：「初八日，勝進居士為編《韓偓傳記》畢，呈師。師寫韓偓牌位一紙，設備供以祀。見桌有未正，欲更正之，謂貫曰：『我兒童時，桌不正欲就食，母輙止曰：孔子云：食不正不坐，即將桌改移令正，然後許食。自後則一切所有安置，須觀端正而後已。』」

㉝高文顯《弘一大師逸聞》：「癸酉小春，（大師）驅車晉水西郊，忽見唐學士韓偓墓道，因命余撰偓傳，並辨《香奩集》韓作之非。書成呈上，大師時居廈門南普院，遂集養正院同學在其所居小樓中，設一牌位上供。學僧分兩排對立，他當維那，如世俗之追荐儀式。又命余中立虔拜，恍如與偓有關之家屬。『功德』做完後，大師笑謂余曰：『千年後尚有人為其追荐，可謂奇聞。』不久《韓偓》一書即寄滬上開明書店夏丏尊先生，大師為撰序文。……後因上海八·一三事變勃發，開明總廠被燬，該書遂告焚如。」

【按】高文顯所著《韓偓》一書，內容分六章：「韓偓的生平」、「韓偓與王審知」、「香奩集辨偽」、「韓偓詩的藝術」、「南安寓止」、「韓偓的佛教思想」，末附韓冬郎年譜。已於一九八四年十月由臺北市新文豐出版公司出版。

㉞傳貫《隨侍弘公日記》：「廿五日，在佛學院學生明鋆師，請問淨土宗入門初步。師曰，淨土宗有二種，一是專修，一是兼修。專修者，如印光老法師所教，誦《彌陀經》外，惟念一句阿彌陀佛，念至一心不亂，乃至開悟得通，此專修法門也。余亦非常讚喜。兼修者，如前諸祖師，皆是提倡禪淨，或密淨，或教淨等雙修，俱無不可。此是隨衆生根機，不能局定在一處也。至於學法相宗者，亦可回向往生西方，見彌勒菩薩。如《普賢行願品》云：『唯此願王，不相捨離，於一切時，引導其前，一剎那中，即得往生極樂世界，到已即見阿彌陀佛、文殊師利菩薩、普賢菩薩、觀自在菩薩、彌勒菩薩等』是也。但余所修者，以《普賢行願品》為主，以此功德回向往生西方，可說教淨雙修。蓋經律論三藏，皆余歡喜研讀也。

「除夕夜，為貫一人講裴休居士《發菩提心文》，並發起印梵唐兩文《普賢行願品偈》。」

一九三七年（民國二十六年丁丑）五十八歲

是年元旦開始，在南普陀舊功德樓為衆講《隨機羯磨》，至十二日，講完《羯磨集法緣戒篇》、《諸界結解篇》❶。應煙水庵主之請，為書明石屋珙《山居詩》一聯以贈之❷(又)。時因心緒不佳，諸事繁忙，佛教養正院訓育課，函請高勝進居士代授❸。二十二日，續講《羯磨諸戒受法篇》。是日，廈門大學教師李相勗，託勝進居士請師到廈大開示佛法，師辭不往❹。二十三日，克定師自鼓山來聽律，與師共談。師曰：「現在有志僧青年，多趨求文字，學習外典，盡棄己業，佛門前途，深可悲也。」❺

正月廿九日，出門見聞有感三事，書示勝進居士❻。二月十六日，在佛教養正院講《南閩十年之夢影》，由高文顯筆記，經師修正，刊于《佛教公論》第九期，後收入《晚晴老人講演集》。此文詳述師與閩南十年之法緣，為研究大師晚年之重要史料。是時自號「二一老人」，並引古德詩句以釋立名之意❼。三月，讀《佛教公論》萬均（巨贊）法師先後所作《先自度論》與《為僧教育進一言》，深為讚賞，即書《華嚴》集聯，並加題記奉贈❽。三月十一日，移居萬石巖❾。先是師本應會泉法師之請，要在中巖安居，但房屋尚須修葺，故請師暫在萬石巖小住❿。同月，南京果清法師致書，請問亡僧「披衣荼毘」有無違反律制。師引南山、靈芝著作，為之一一解釋。謂應僅以小衫及褲而焚化為宜。倘有所不忍者，或可披以破舊之海青而焚化，亦無大違於律制⓫。是時欲往南洋弘法，重圖溫習英語，以從者多，遂未果行⓬。將移居萬石巖時，于《佛教公論》五月號登一啟事，謝絕訪問與通信⓭。是年陽曆五月，廈門市籌開第一屆運動大會，議決函請大師編製大會會歌⓮。是時杭州《越風》文史半月刊，欲出「西湖增刊號」，來信請師撰《西湖與佛教之因緣》，師以老疾頹唐，未能執筆撰文，因為回憶昔年瑣事，口述《我在西湖出家之經過》，由高勝進筆記，以塞其責⓯。時青島湛山寺倓虛法師派夢參書記持函到廈，請師往湛山寺結夏，安居講律，師許之。但有三約：一、不為人師，二、不開歡迎會，三、不登報吹名。四月初五日啟程⓰。師隨身所帶衣物極為簡單，只是被單、帳子、補過的衣服和幾本重要律書而已⓱。初七日至上海。初八日葉恭綽居士、範成法師等，請於法寶館午齋⓲。時葉恭綽居士詢其乘何船前往，為致電湛山寺迎接，旋知師因此故改乘他船⓳。四月十一日（陽曆五月二十日），到青島湛山寺。上半月於湛山下院為諸居士講三皈五戒。下半月於湛山寺講《律學大意》與《隨機羯磨》⓴。講時用他前數年在泉州草庵所編《隨機羯磨講錄》，並附記居湛山寺歲月㉑。師初至湛山寺，先受大眾請講開示，繼講戒律。他講開示時，標題是「律己」和「息謗」，然後舉例詳細闡說。戒律講的是《隨機羯磨》，他根據自編的《講錄》，頭一課就預備了七個小時㉒。五月間，蘇州靈巖山請題「印光、真達二老像」手卷，師為題二偈㉓。是月，青島市長沈鴻烈，因為朱子橋居士有事到青島，在湛山寺設齋請他。朱建議也請弘一法師，沈市長表示同意。結果師不赴請，以偈辭之。朱沈得偈，益欽其高風㉔。傳貫《隨侍弘公日記》[又]、嘯月《弘一上人傳略》[又]、蓮池大師《緇門崇行錄》等對此皆有記載[又]。倓虛老法師的《影塵回憶錄》，對師初到湛山寺的情況和沈市長請齋，師不赴請以偈作答，也有所記述㉕。大師在湛山寺的日常飲食，倓虛法師本想厚待他，但因他持戒，不「別衆食」，所以也無法厚待㉖。他講《隨機羯磨》的方式，並不坐講堂正位，而坐講堂一旁。又因氣力不足，上課只講半個鐘頭，像唱戲道白一樣，一句廢詞沒有。頭十幾堂課，是他自己講的，以後因氣力不佳，由他的學生仁開代座，有講不通之處去問他，另外他給寫筆記。《隨機羯磨》講完，又接講《四分律》㉗。他從四月到八月，在湛山寺寫成一部《隨機羯磨講錄》和一部《四分律含註戒本講錄》㉘[又]。六月五日致書蔡丐因，並以講稿《青年佛徒應注意的四項》及《南閩十年之夢影》奉寄，請蔡氏整理為一部書㉙。又謂二稿筆記未甚完美，擬請其暇時為之潤色，並改正其訛字文法及標點，題目亦乞再為斟酌，為立一總名[又]。七月十三日為師出家首末二十年，時倭寇大舉侵華，師居湛山，手書「殉教」橫幅以明志㉚。七月間致書蔡冠洛，謂此次居湛山，前已約定至中秋節止，節前不能食言他往㉛。是秋北方戰事爆發，人或勸其南下，師以有約在前謝之㉜。九月十五以後，北方天氣漸涼。他因習慣南方氣候，決定重返廈門。臨行前向倓老告假，提出五個條件，倓老都一一答應㉝。臨上船時，以手寫《華嚴經淨行品》一卷，奉贈夢參法師，以酬其半載護法之勞㉞。初冬，離青島到上海。時上海戰火正烈，於旅邸會見夏丏尊及諸舊友。師見夏有愁苦神情，以「有為法如夢如幻」慰之。住滬二日即南返㉟。九月二十七日安返廈門，駐錫萬石巖。時廈門戰局緊張，各方勸師內避，師題其室曰「殉教堂」，以明其志㊱。師決心居住廈門，為諸寺院護法，誓與廈市共存亡。並致書李芳遠，謂吾人一生之中，晚節為最要，願與仁者共勉之㊲。師居萬石巖，致書蔡冠洛，謂時事未平靖前，仍居廈門，倘值變亂，願以身殉㊳。是夏曾以所藏《行願品》梵文寫本，託上海佛學書局出版，久無消息。致書蔡丐因託與該局聯繫，將原稿暫為收藏㊴。又撰《扶桑普賢行願讚梵本私考跋》㊵。是冬文學家葉聖陶，發表《弘一法師的書法》於《星洲日報》副刊，對師書法推崇備至，評論恰到好處㊶。臘月十八日，到泉州草庵度歲㊷㊸。

注釋

❶傳貫《隨侍弘公日記》：「丁丑元旦，在南普陀舊功德樓頂，開講《隨機羯磨》，聽者十餘人。十二日，《羯磨集法緣戒篇》、《諸界結解篇》講完。」

❷手書石屋珙《山居詩》句贈煙水庵主題記：「『素壁淡描三世佛，瓦瓶香浸一枝梅』。明石屋珙山居詩句，丁丑歲首，以奉煙水庵主慧鑒，澹泞院沙門亡言書。」（手迹見《弘一法師》所載圖版四六及《弘一大師遺墨》第六四頁）

(又)潮州福源石屋珙山居詩：

岳頂禪房枕石臺，白雲飛去又飛來。
門前瀑布懸空落，屋後山巒起浪堆。
素壁淡描三世佛，瓦瓶香浸一枝梅。
下方田地雖平坦，難及山家無點埃。

【按】大師書聯與人結緣，多書《華嚴集聯》或其他偈語。以余（著者自稱）少時頗好吟詠，特寫石屋珙禪師《山居詩》一聯見贈。數十年來，珍重護持，未敢或失。石屋禪師為元代高僧（師特書為「明」者，不知何故），名清珙，號石屋，蘇州常熟人。曾參天目高峰不契。後隱湖州霞霧山，結庵號天湖。穿破衲，忘名利。詩偈有寒山遺風，作有《山居詩》七律五十六首。曾主浙江平湖福源寺，故詩集名「福源石屋珙禪師山居詩」。福州鼓山舊有刻本。

❸與勝進居士書：「邇來心緒不佳，諸事繁忙，養正院訓育課，擬請仁者代授。四月初旬，講律事即可結束。將往他方，埋名遯世，以終其天年，實不能久墮此名聞利養窟中，以辜負出家之本志也。……」

❹傳貫《隨侍弘公日記》：「二十二日，續講《羯磨諸戒受法篇》。是日廈門大學教師李相勗君，託勝進居士請師到廈大開示佛法，師辭不往。謂貫曰：『余生平對於官人，及大有名稱之人，並不敢共其熱鬧親好，怕墮名聞利養故，又防於外人譏我趨名利也。』」

❺傳貫《隨侍弘公日記》：「二十三日，克定師自鼓山來聽律，與師共談。師曰：『現在有志僧青年，多趨求文字，學習外典，盡棄己業，佛門前途，深可悲也。而不知國文與佛經，不相關用。假如大學畢業之才學，欲研佛經，依舊門外漢。論文法，則經文尚有超過國文多多。』又謂貫曰：『菩薩度生，須觀緣熟，方可行化，不然則拱手待之。』」

【按】克定法師，揚州人，俗姓劉。早年就學南京高等師範，為師再傳弟子。後隨該校校長蔣維喬至上海商務印書館任編輯。出家後參學各方，曾於福州鼓山任教，旋至廈門南普陀從大師學律，安居兜率陀院（曾撰《安居隨筆》發表於《佛教公論》第十二期），於律學造詣頗深。一九三七年冬，示寂於廈門萬石巖。

❻致勝進居士書：

勝進居士慧覽：

昨日出外，見聞者三事：

一、余買價值一元餘之橡皮鞋一雙，店員僅索價七角。

二、在馬路中聞有人吹口琴，其曲為日本國歌。

三、歸途淒風寒雨。

丁丑正月廿九日演音

❼《南閩十年之夢影》：「到今年民國二十六年，我在閩南居住，算起來首尾已是十年。回想我在這十年之中，在閩南所做的事情，成功的却是很少很少，殘缺破碎的居其大半。所以我常常自己反省，覺得自己的德行，實在十分欠缺！因此近來我自己起了一個名字叫『二一老人』。什麼叫『二一老人』呢？這有我自己的根據。記得古人有句詩，『一事無成人漸老』。清初吳梅村（偉業）臨終的『絕命詞』有『一錢不值何消說』。這兩句詩的開頭都是『一』字，所以我用來做自己的名字，叫做『二一老人』。……這『二一老人』的名字，也可以算是我在閩南居住十年的一個最好的紀念。」

【按】吳梅村此詞為《賀新郎》，題為「病中有感」，原詞如下：

「萬事歸華髮。論龔生，天年竟夭，高名難歿。吾病難將醫藥治，耿耿胸中熱血。待灑向，西風殘月。剖卻心肝今置地，問華陀解我愁千結？追往恨，倍淒咽。　故人慷慨多奇節。為當年，沉吟不斷，草間偷活。艾炙眉頭瓜噴鼻，今日須難決絕。早患苦，重來千疊。脫屣妻孥非易事，竟一錢不值何消說。人世事，幾圓缺。」

❽《贈萬均法師華嚴集聯題記》：「去歲萬均法師著《先自度論》，友人堅執謂是余撰。余心異之，而未及覽其文也。今歲法師復著《為僧教育進一言》，乃獲披見。歎為稀有，不勝忭躍。求諸當代，少有匹者。豈余暗識，所可及也！因呈拙書，以誌景仰。丁丑三月，集華嚴偈句，一音。聯云：『開示眾生見正道，猶如淨眼觀明珠。』」

❾傳貫《隨侍弘公日記》：「三月十一日（陽曆四月廿一日），移住萬石巖。」

❿高文顯《送別弘一法師》：「先是法師，本已應會泉和尚之請，要在中巖結夏安居……但房屋尚須經一番修葺，于是由會泉和尚辦理，而請法師暫時在萬石巖小住。」

⓫答果清法師披衣荼毘之問書：

果清法師：惠書誦悉。謹答如下：

唐南山律祖《行事鈔》引《五百問》云：應先白僧（因亡後諸物屬僧，若用時應先白故）。以亡泥洹僧（裙也，西僧不著褲，下著此裙），僧祇支（掩腋衣也，披於左肩，以襯袈裟），覆屍而送。

案此：即是以亡人舊有之掩腋衣及裙，覆於屍上而焚化也。吾國僧眾不用掩腋衣及裙，可以小衫及褲代之，著而焚化可也。宋靈芝律師釋上文曰：「世云須披五條者非（因當時有人誤解，謂披五衣而焚化，靈芝以為不可），以制物令賞看病故。（亡人所遺留之三衣、鉢、坐具、針筒——或云漉水袋——此六物應賞與看病之人故。既應賞與看病之人，豈可與亡人披之而焚化？）」準以上南山、靈芝之說，就現今習慣斟酌變通，應僅以小衫及褲著而焚化為宜。倘有所不忍者，或可披以破舊之海青而焚化，亦無大違於律制也。萬不可披七條五條衣。因此應賞與看病之人，酬其勞故。僧眾如此，俗人可知。

再者，俗人生時，僅可披縵衣，不能披五衣，因大僧乃能披五衣故。

後學弘一頂禮　廿六年三月二十八日

⓬高文顯《送別弘一法師》：「法師的年紀已經大了，但是他仍志在四方，無時不想努力宣揚南山律教，使久住神州。……他今年四月間還想到南洋羣島一帶，由新加坡再轉暹羅（泰國）去教化那些不聞正法的島民。于是他發心再溫習英語。那時曾致一信于作者道：『余需用英語分類會話一冊，仁者如有，乞以惠施；否則乞為購之，以小冊者為宜也。』五十八歲復溫習英語，亦一趣聞也。……」

⓭《釋弘一啟事》：「余此次至南普陀，獲親近承事諸位長老，至用歡幸。近因舊疾復作，精神衰弱，頹唐不支。擬即移居他寺，習靜養病。若有緇素過訪，恕不晤談；或有信件，亦未能裁答。失禮之罪，諸希原諒，至禱。」（廿六年五月《佛教公論》）

⓮《佛教公論．佛教界消息》：廈門自成立市府以來，各項建設，甚見進步。近復籌開全市第一屆運動大會，以鼓勵國民體育精神。該會因慕弘一法師為音樂界名家，議決函請編製大會會歌。茲抄錄其原函如下：「本會為提倡國民體育起見，訂于本月二十日起，在中山公園舉行全市第一屆運動大會。關於大會會歌，擬請弘一法師編撰，案經本會第二次會議議決通過。相應錄案，函請查照。務希俞允，賜覆為荷。此致 弘一法師。」

廈門市第一屆運動大會籌備委員會啟　五月二日

⓯致《越風》編者黃萍蓀書：「萍蓀居士文席：惠書誦悉。老病頹唐，未能執筆撰文。惟迴憶昔年瑣事，為高居士言之，請彼筆記，呈奉左右，聊以塞責可耳。謹復，不宣。演音疏。」

【按】《越風．西湖增刊號》出版時，北方抗日戰爭已經爆發，余與勝進居士，皆未獲見《我在西湖出家的經過》一文。故初版《年譜》，未及引用。勝利後始輾轉借來披讀，有關記事已分別編入各年。

⓰傳貫《隨侍弘公日記》：「三月（舊曆）廿三日，夢參法師捧倓虛法師函到萬石巖，請師往青島結夏安居，師許之；但有三

約：一、不為人師，二、不開歡迎會，三、不登報吹名。四月初五日，起程。」

⑰高文顯《送別弘一法師》：「在五月十四日那天，有太原輪船可往上海……他帶往的東西很簡單，只是一條被單，一頂帳子，幾件破了又經修補的衣服，及幾本重要的律學書籍而已。法師是不肯租房艙的……可是會泉老和尚恐怕統艙太苦，暗中定了一間房艙給他住，讓他好好地度着海上的生活。……」

⑱傳貫《隨侍弘公日記》：「四月（舊曆）初七日至上海。初八日，葉恭綽居士、範成法師等，請於法寶圖書館午齋。」

⑲葉恭綽《何以紀念大師》：「猶憶民國二十六年，法師將往青島湛山寺應講律之聘，道經上海。余詢其乘何船前往，為致電湛山寺迎接，以慮法師人地生疏，且寺中應盡地主之誼，非有他也。旋知法師因此故，改乘他船。其不騖聲華，一至於此！」

⑳傳貫《隨侍弘公日記》：「四月（舊曆）十一日，到青島湛山寺。十四日，諸居士請至湛山下院，為衆講《三皈五戒》。廿二、廿四、廿六三日，在寺講《律學大意》。廿九日，講《隨機羯磨》。」

㉑《隨機羯磨講錄》題記：「癸酉十二月始輯錄，甲戌於晉水草庵開講。丁丑四月居青島湛山寺。弘一。」

㉒火頭僧《弘一律師在湛山》：「在他老駕到的幾天後，我們大衆徵求了倓老的同意，便開始要求他老講開示。待了幾天，又請講戒律。他老還真慈悲，一一都首肯了。頭一次講的開示，標題是『律己』。他老說：『學戒律的需要「律己」，不要「律人」。有些人學了戒律，便拿來「律人」，這就錯了。』……他老又說：『何以「息謗」？曰：「無辯」。人要是遭了謗，千萬不要辯。因為你們越辯，謗反弄得越深。』……第二次講律，課本是《隨機羯磨》……這書在唐宋以後，已經無人闡揚講說。據他老說，他連這次才講到兩次。在頭一天，臨下課時曾這樣說：『我研究二十多年的戒律，這次開講頭一課，整整預備了七個小時。』可見其教學之慎重了。」

㉓蘇州靈巖山「印光、真達二老像」手卷題詞：「靈巖中興，厥惟二老。纘述有人，紹隆永保。披圖尋覽，若覿高賢。願茲續卷，奕葉緜傳。丁丑夏五月沙門一音，時居齊州。」

㉔火頭僧《弘一律師在湛山》：「有一天晚上，朱子橋老因悼亡友，乘飛機來自西安，特來拜訪。他老接見了，同時市長某公，是陪著朱老同來的，也要藉著朱老的介紹和他老見一見。他老急忙向朱老小聲和藹地說：『你就說我睡覺了。』第二天上午，市長請朱老在寺中吃齋，要請他老陪一陪。他老只寫了張紙條送出來，作為答覆。寫的是『為僧只合居山谷，國士筵中甚不宜。』……」

（又）傳貫《隨侍弘公日記》：「五月（舊曆）初八日，朱子橋居士及沈市長鴻烈等，設齋請師。師不赴請，以偈辭之曰：『為僧只合居山谷，國士筵中甚不宜。』」

（又）嘯月《弘一上人傳略》：「師居青島湛山寺，除為學子講律外，屏處一室，杜門謝客。人或見之，非靜坐即拜佛。一日，青島市某要人慕師高行，設齋供師，三請不赴，亦不令見。末逕書一偈付閽者轉達。偈云：『昨日曾將今日期，出門倚杖又思惟。為僧只合居山谷，國士筵中甚不宜。』某公大失所望，然敬慕之忱愈篤。其不羨榮貴，往往如此。」

【按】以上三則記事，對於「昨日」一偈，皆未明示出處。一般或誤為師自撰句。且前二則只寫後二句。第三則雖揭全偈四句，亦未說何人所作。致近年海外佛教刊物發生不少爭論。余初見此偈于清初雪峯如幻禪師之《瘦松集·偶談》，不知引自何書。後讀宋曉瑩所著《羅湖野錄》（卷中），始知係宋惟正禪師辭葉清臣偈。葉清臣，長洲人，字道卿，天聖中進士，初為兩浙轉運副使，擢翰林學士權三司使，其間曾知金陵，有文集百餘卷。據《羅湖野錄》載：「惟正禪師字焕然，華亭黃氏子，幼從臨安北山資壽本如肄業。……為人高簡，律身精嚴，名卿巨公多所推重。葉內翰清臣牧（治也，即地方長官。——著者）金陵，迎正語道，選日集賓，欲以優禮尊奉。及期，正作偈辭之：『昨日曾將今日期，出門倚杖又思惟；為僧只合居巖谷，國士筵中甚不宜。』」前三則所引偈中「巖谷」二字皆作「山谷」，《羅湖野錄》則作「巖谷」。後又讀宋惠洪《禪林僧寶傳》卷十九《餘杭政禪師傳》，始知此書所記為最古。「政」與「正」當為同一人，但未記其名上之一字。傳云：「政黃牛者，錢塘人，住餘杭功臣山，幼孤為童子，有卓識，語皆出人意外。……游方問道三十年乃罷。其居功臣山，嘗跨一黃犢。蔣侍郎堂，出守杭州，與政為方外友。每來謁，必軍持（梵語，淨瓶也）掛角上，市人爭觀之，政自若也。……一日，郡有貴客至，蔣公留政曰：『明日府有燕飲，師固奉律，能為我少留一日？』因欵（留也）清話，政諾之。明日使人要之，留一偈而去矣。曰：『昨日曾將今日期，出門倚杖又思惟。為僧只合居巖谷，國士筵中甚不宜。』坐客皆仰其標致。」（按：《羅湖野錄》所記葉清臣與惟正相交地點在金陵，而《禪林僧寶傳》所記則在杭州，未知孰是。後者時間較早，似以《僧寶傳》為是。）

又 明蓮池大師袾宏所輯《緇門崇行錄》，以此事歸入「高尚之行」第七《不赴俗筵》。文曰：唐韜光禪師，結茆於靈隱西峰。刺史白居易具飯，以詩邀之，光答偈不往。有「城市不堪飛錫到，恐驚鶯囀畫樓前。」之句。其高致如此。

贊曰：「有古德辭朝貴招宴偈云：『昨日曾將今日期，出門倚杖又思惟。為僧只合居山谷，國十筵中甚不宜。』與韜光高致，先後如出一轍。噫，斯二偈者，衲子當朝暮吟咏一過始得。」

【按】大師慨今僧青年重學不重德，故極推重《緇門崇行錄》，以為對症良藥。嘗致書寄塵法師謂：「不慧披剃以來，奉此以為圭臬。濫厠僧倫，尚能鮮大過者，悉得力於此書也。」故他會寫此偈以謝招宴。當係錄自《緇門崇行錄》。

㉕ 倓虛《影塵回憶錄》（第二一二頁）：「朱子橋將軍，多少年來久慕弘老的德望，只是沒有見過面，正趕他有事到青島，讓我介紹，欲拜見弘老。一說，弘老很樂意。大概他平素也知道朱將軍之為人，對辦慈善及對三寶事很熱心，乃接見了他。……有一天，沈市長在湛山寺請朱將軍吃飯。朱將軍說：『可請弘老一塊來。列一「知單」（叢林請客通知單），讓他坐首席，我作配客。』沈市長很同意。……第二天臨入席時，又派監院師去請他，帶回一個條來，上寫四句話：『昨日曾將今日期，短榻危坐靜思惟。為僧只合居山谷，國士筵中甚不宜。』」（《回憶錄》既未寫明此詩的出處，又將第二句的「出門倚杖又思惟」寫成「短榻危坐靜思惟」。此書是大光法師筆記的。證引繁博，記得非常細緻，是一本好傳記。但他恐怕也不知此偈的出處。故特饒舌如此。）

㉖ 倓虛《影塵回憶錄》：「因他持戒，也沒給另備好菜飯。頭一次給弄四個菜送寮房裏，一點沒動；第二次又預備次一點的，還是沒動。第三天預備兩個菜，還是不吃。末了盛了一碗大眾菜，他問端飯的人，是不是大眾也吃這個？如果是的話，他吃，不是，他還是不吃。因此廟裏也無法厚待他。」

㉗ 倓虛《影塵回憶錄》：「他給學生上課時，首講《隨機羯磨》，……《隨機羯磨》是唐道宣律師刪訂的，文字很古老。他自己有編的《別錄》作輔助，按筆記去研究，並不很難。上課不坐講堂正位，都是在講堂一旁，另外設一個桌子，這大概是他自謙，覺得自己不堪為人作講師吧。……因他氣力不好，講課時只講半個鐘頭，像唱戲道白一樣，一句廢詞沒有。餘下的時間，都是寫筆記，只要把筆記抄下來，扼要的地方說一說，這一堂課就全接受了。《隨機羯磨》頭十幾堂課，是他自己講的，以後因氣力不佳，由他的學生仁開代座。有講不通的地方去問他，另外他給寫筆記。《隨機羯磨》講完，又接講《四分律》。」

㉘ 倓虛《影塵回憶錄》：「差不多有半年功夫，弘老在湛山，寫成《隨機羯磨別錄》和《四分律含註戒本別錄》，另外還有些散文。」

又《四分律含註戒本講錄》題記：「丁丑八月十日居齊州湛山記。弘一。」

㉙ 致蔡丏因書：「旬日後郵奉聯幅等時，附講稿二種（《青年佛徒應注意的四項》及《南閩十年之夢影》），皆在養正院所講者（去年正月及今年二月）。養正院創辦於三年前，朽人所發起者（教育青年僧衆）。今夏或將與他院合併，養正之名，難可復存。此二講稿可為養正院紀念之作品，為朽人居閩南十年紀念之作也。……六月五日，演音疏。」

又 致蔡丏因書：「唯筆記未甚完美，擬請仁者暇時為之潤色。（多多刪改無妨，因所記錄者，亦不盡與演詞同也。）並改正其訛字、文法及標點。題目亦乞再為斟酌（「青年佛徒」等）。更乞仁者為立一總名。即以此二篇講稿合為一部書。雖非深文奧義，為大雅所不取，或亦可令青年學子瀏覽，不無微益也。……」

㉚「殉教」橫幅題記：「曩居南閩淨峰，不避鄉匪之難；今居東齊湛山，復值倭寇之警。為護佛門而捨身命，大義所在，何可辭耶？於時歲次丁丑舊七月十三日，出家首末二十載。沙門演音，年五十有八。」

㉛致蔡冠洛書：「惠書誦悉。青島或可無戰事，惟商民甚苦耳。朽人此次居湛山，前已約定至中秋節止（中秋以前不能食言他往，人將譏為畏葸）。節後如有輪船往滬者甚善；否則須乘火車至浦口轉滬杭。若有戰事，火車不通，惟有仍居青島耳。……七月廿一日，演音啟。」

㉜蔡冠洛《廓爾亡言的弘一大師》：「廿六年北方戰事爆發，他在青島湛山寺。報上的消息，青島已成軍事上的爭點了。形勢十分緊急，有錢的人都紛紛南下，輪船至於買不到票子。我就急急寫信去請他提早南來，說上海有安靜的地方，可以卓錫。但他的來信却說：『惠書誦悉。厚情至為感謝。朽人前已決定中秋節乃他往。今若因難離去，將受極大之譏嫌。故雖青島有大戰爭，亦不願退避也。諸乞諒之！』這種堅毅的態度，完全表出他的人格了……」

㉝倓虛《影塵回憶錄》：「弘老雖是生長北方，可是他在南方住的時候多，對於南方氣候、生活都是習慣。……湛山寺本來預備留他久住的，過冬的衣服也給預備了。可是他的身體，不適於北方的嚴寒。……到了九月十五以後，到我寮房來告假，要回南方過冬。我知他的脾氣，向來不徇人情，要走誰也挽留不住。當時在口袋裏掏出來一張紙條，給我定了五個條件。第一，不許預備盤川錢。第二，不許備齋餞行。第三，不許派人去送。第四，不許規定或詢問何時再來。第五，不許走後彼此再通信。這些條件我都答應了。在臨走的前幾天，給同學每人寫一幅『以戒為師』的小中堂，作為紀念，另外還有好些求他寫字的，詞句都是《華嚴經》集句，或明蕅益大師警訓，大概寫了也有幾百分（幅）。」

㉞火頭僧《弘一律師在湛山》：「臨上船的一天，……他老在和（夢）參師將別的當兒，從挾肘窩下拿出厚累累的一部手寫經典，笑容滿面的向參師說：『這是送給你的。』參師喜不自勝的携回展示，是部他老手寫的《華嚴經淨行品》。字體大約數分，異常工整遒勁，是拿上等玉版宣寫的。末幅有跋云：『居湛山半載，夢參法師為護法，特寫此品報之。晚晴老人。』」

㉟夏丏尊《懷晚晴老人》：「八一三以後不多久，我接到他的信，說要回上海來再到廈門去。那時上海正是炮火喧天，炸彈如雨，青島還很平靜。我勸他暫住青島，並報告他我個人損失和困頓的情形。他來信似乎非回廈門不可，叫我不必過慮。……在大場陷落的前幾天，他果然到上海來了。……我趕去看他，已在夜間，他却沒有細問什麼。幾年不見，彼此都覺得老了。他見我有愁苦的神情，笑對我說道：『世間的一切，本來都是假的，不可認真，前回我不是替你寫過一幅《金剛經》的四句偈了嗎？「一切有為法，如夢幻泡影，如露亦如電，應作如是觀。」——你現在正可覺悟這真理了。』他說三天後有船開廈門，在上海可住二日。……」

㊱僧睿《弘一大師傳略》：「冬返廈，駐萬石，時廈戰局緊張，各方勸師內避。師曰：『為護法故，不怕砲彈。』因自題室曰『殉教堂』。」

㊲致李芳遠書：「朽人已於九月二十七日歸廈門。近日廈市雖風聲稍緊，但朽人為護法故，不避砲彈，誓與廈市共存亡。……吾人一生之中，晚節為最要，願與仁者共勉之。弘一上，十月二十三日。」

㊳蔡冠洛《廓爾亡言的弘一大師》：「他到廈門，又值變亂。他怕我和夏師掛念他，來信說：『廈門近日情形，仁等當已知之。他方有諍勸余遷居避難者，皆已辭謝，決定居住廈門，為諸寺院護法，共其存亡，必俟廈門平靜，乃能往他處也。知勞遠

念，謹以奉聞。』其實那時看到報上的消息，我已經寫信去勸請他移居了。不久，又得到他的覆信，甚而至於說：『惠書誦悉。時事未平靖前，仍居廈門。倘值變亂，願以身殉。古人詩云：「莫嫌老圃秋容淡，猶有黃花晚節香。」謹復，不具。』這可以看到法師對於生命並沒有懷戀的意思……」

㊴致蔡丏因書：「是間（廈門）近無變化，稍遲或往鄉間，居時再以奉聞也。茲有懇者，今夏朽人曾以所藏《行願品》梵文寫本，託佛學書局影印流布。……朽人在青島時，曾得高（觀如）居士……書，謂不久即可出版云云。迄今尚無消息，頗為懸念。……惟此書原稿甚為珍貴，請其寄還。至今已一月餘，無有復音，乞仁者為致電話，詢沈（彬翰）居士。倘書局已歇業，原稿遺失，則可作罷論。倘原稿仍在者，乞彼送至仁者處，乞仁者暫為收藏（勿寄廈門）。費神，至感。演音啟。」

【按】《普賢行願讚梵本私考》，為十八世紀日本梵學大家慈雲尊者所手寫。慈雲名飲光，著有《梵學津梁》一十卷。高觀如居士為當時上海佛學書局編輯。沈彬翰居士為佛學書局經理。

㊵《扶桑普賢行願讚梵本私考．跋》：「有唐末葉，扶桑僧侶嘗入唐土習秘密教。而不空三藏所譯《普賢行願讚》及梵字元本，亦遂因是流傳彼邦。稽其請來目錄數種，可歷見也。丁丑歲首，余自扶桑其中書林請奉《普賢行願讚梵本私考》一卷。首列梵字及不空譯文，附載東晉《文殊師利發願經》並貞元《行願品別譯偈頌》資以考證。卷末有梵字校異數紙。依貞永元年寫本（此土南宋理宗紹定五年），永和五年寫本（此土明太祖洪武十二年），並高野山古本，讐校同異焉。是書為扶桑高僧飲光尊者輯訂，古傳謂弟子慧日尼書。而近人一道庵主考辨此卷筆蹟，疑是尊者弟子智幢，非慧日尼所寫本也。又謂卷冊橫端書名，頗似尊者御筆。（橫端所書『日貝賛』為『普賢讚』略字，彼邦習用。）今案以上諸說，雖未能倉卒斷定。而為扶桑古僧手寫真蹟，蓋可無異議也。尊者字慈雲，真言宗正法律始祖。享保三年生（此土清聖祖康熙五十七年）。博通顯密，尤精律教，朝夕誦梵字《普賢行願讚》等以為恒課。其諸事蹟，具如《續日本高僧傳》所載云。」

㊶葉聖陶《弘一法師的書法》：「弘一法師對於書法是用過苦功的。在夏丏尊先生那裏，見到他許多習字的成績。各體的碑刻他都臨摹，寫什麼像什麼。這大概因為他弄過西洋畫的緣故。西洋畫的基本練習是木炭素描，一條線條，一筆烘托，都得和擺在面前的實物不差分毫。經過這樣訓練的手腕和眼力，運用起來自然能夠十分準確，達到得心應手的境界。於是寫什麼像什麼了。

「藝術的事情，大都始於摹仿而終於獨創。不摹仿打不起根基，摹仿一輩子就沒有了自我，只好永久跟隨人家的腳後跟。但是不必著急，用真誠的態度去摹仿的，自然而然會遇到蛻化的一天，從摹仿中蛻化出來，藝術就得到了新的生命。不傍門戶，不落窠臼，就是所謂獨創了。弘一法師近幾年來的書法，可以說已經到了這個地步，可是我們不要忘記，他是用了多年的苦功，臨摹各體的碑刻，而且是寫什麼像什麼的。

「弘一法師近幾年來的書法，有人說近於晉人。但是摹仿那一家呢？實在指說不出。我不懂書法，然而極歡喜他的字。若問我他的字為什麼教我喜歡？我只能直覺地回答，因為他蘊藉有味，就全幅看，許多字是互相親和的，好比一堂謙恭溫良的君子人，不亢不卑，和顏悅色，在那裏從容論道。就一個字看，疏處不嫌其疏，密處不嫌其密，只覺得每一畫都落在最適當的位置，移動一絲一毫不得。再就一筆一畫看，無不教人起充實之感，立體之感。有時有點像小孩子所寫的那麼天真，但一邊是原始的，一邊是純熟的，這分別又顯然可見。總括以上這些，就是所謂蘊藉，毫不矜才使氣，意境含蓄在筆墨之外，所以越看越有味。這種淺薄的話，方家或許要覺得好笑。可是我不能說我所不知道的話，只得暴露自己的淺薄了。」

【按】此文發表於一九三七年十一月七日，新加坡《星洲日報》的副刊「晨星」，一九八七年九月廿四日修改後，收入《葉聖陶文集》上冊。

㊷致李芳遠書：「前復書及附寄佛典，想已收到。朽人於前夕到草庵，暫不他往。以後惠書，乞寄泉州南門外石獅下檀林街

靈鷲寺轉交草庵。……演音疏。舊十二月二十日。」

㊸《梵網經菩薩戒本疏》題記：「剃染以來，即獲披賢首疏。歷十數年，並誌標記，粗具規模。邇者將以此本，傳示同學，因見舊稿，頗多參錯，乃為精密校正。始於九月下旬，訖於十一月二十三日，乃得蕆事。於盜戒第六種類輕重門，更編寫科文一卷。冀諸學者，依科讀疏，可勝如指掌耳。沙門勝髫時居晉水草庵。」

【按】火頭僧，法名隆安，字保賢，山東東平縣人。幼年出家，歷住北京廣濟寺弘慈佛學院、青島湛山寺佛學院。先後從空也、慈舟、弘一諸法師研究天台止觀及律學，造詣極深。後到蘇州主講靈巖山佛學院，又到上海圓明講堂親近圓瑛法師學《楞嚴》，所至道場，無有空過。一九五二年在滬，與余時相過從，其後遂不聞動定。一九五八年，始知已赴香港，時以「火頭僧」筆名發表文章於各雜誌。後在港組織「佛教青年中心」，接引青年學佛，為佛教培養新生力量。一九八七年以癌症寂於香港，享年七十九。（見能榮《火頭僧傳略》，一九八八年《南洋佛教》三四〇期。）

【按】南閩道耆宿七秩壽聯：

老圃秋殘，猶有黃華標晚節；

澄潭影現，仰觀皓月鎮中天。

此聯現藏於泉州開元寺

按：轉道七十壽辰為一九四一年

一九九五年五月卅一日林子青追記於北京

一九三八年（民國二十七年戊寅）五十九歲

是年元旦，在泉州草庵講《普賢行願品》❶。正月初十日，致書李芳遠，謂約於二十左右赴泉州，住承天寺。二月一日起復講《行願品》❷。十九日以講稿一篇寄上海蔡冠洛，與以前共三篇，題曰「養正院親聞記」，囑於明年師六十歲時出版以為紀念❸。舊二月一日始，復講《行願品》於承天寺。聽衆甚多，黨部青年乃至基督教徒，皆甚歡讚。二月十二日始，於開元寺講《心經》三日❹。三月一日講《華嚴》大意於清塵堂，並囑緇素弟子讀誦《行願品》十萬遍，回向國難消除，民衆安樂❺。其間曾應請於梅石書院講「佛教之宗派及源流」，由陳祥耀記錄。講畢在該校圖書樓應供，並為圖書樓書「無上清涼」，以為紀念❻。旋至惠安講經。住數日，仍返泉州承天寺❼。三月下旬，擬赴廈門應請於鼓浪嶼了閒別墅講經。下月初往漳州，由南山寺介紹住鄉間某寺過夏。此次住泉州不滿兩月，寫字近千件❽。不久，漳州嚴笑棠居士親持請帖，到泉陪師至廈，於了閒別墅講《心經》三天❾。廈門淪陷前四天（舊曆四月初八），師已到漳州弘法，故能幸免於難❿。師至漳，居南山寺數日，自謂身心康寧，即擬在念佛社說法，並致書託許宣平轉贈其友楊君手書小幅⓫。又數日，雖在倉皇避難之間，仍不忘補錄他在數年前於泉州草庵所寫之《藥師經科文》⓬。五月一日，致書上海夏丏尊，告以廈門變亂前四天已到漳州弘法，今居瑞竹巖靜養⓭。同月應請撰《瑞竹巖記》，於瑞竹巖之歷史故實，多所是正⓮。六月致函泉州承天寺覺圓法師，託代換取「特別通行證」，並請其將郁達夫致錢東亮師長之介紹信交去⓯。七月十三日，為大師剃染二十周年，是日應漳州居士之請，開講《阿彌陀經》於城中尊元經樓並攝影留念。十九日講經圓滿，許宣平設齋供養三寶，為書古德偈句，以為紀念⓰。是日講經之暇，並書《苦樂對覽表》二紙，以奉尊元經樓紀念⓱。致書夏丏尊，謂在漳州城區宏揚佛法，十分順利。時豐子愷欲迎師往桂林，師以世壽將盡，猶如夕陽，殷紅絢彩，隨即西沉，謝之⓲。閏七月，擬講經數種，並復興念佛會⓳，又為瑞竹巖下本鄉保長講《地藏經》，聽者甚衆⓴。秋間應嚴笑棠之請，為其「祇園」題寫園額，並撰《祇園記》以為紀念㉑。九月十三日，離漳乘船至石美（時漳泉公路因戰爭破壞），經同安梵天寺於二十日至泉州安海㉒[illegible][illegible]。十月六、七、八三日，在安海金墩宗祠講演佛法三日，集有《安海法音錄》一冊，後編入《晚晴老人講演錄》㉓。許書亮為撰《安海法音錄·序》㉔。師因居閩南十年，受當地人士種種優遇，故於今年往各地宏法，以報閩南人士之護法深恩㉕。十月下旬到泉州，居承天寺，致函王正邦居士，請轉告廣洽法師勸募再版手書《金剛經》㉖。十月致函漳州馬冬涵（海髯）論篆刻書法，此書可代表大師對書法藝術的見解㉗。旋應葉青眼居士之請，於溫陵養老院開示淨土法門，由瑞今法師譯為閩南話。適有某當局來院，葉氏起而招待，來往頗頻。師見之不謂然，即諭令停講㉘。時舊日門生石有紀（當時安溪縣長）來訪，師生敘舊，至為歡忭。翌日即錄唐人李益五言律詩一首奉贈㉙。十一月十四日於佛教養正院同學會，講《最後之□□（懺悔？）》，概述今年的行蹤和弘法活動，對於追求「名聞利養」作最後的「懺悔」㉚。十二月初一日，為弟子廣義起別名曰「曇昕」，並加注釋，謂「曇昕」示「法日將升」之義，寄與極大之希望㉛。是冬漳州築祠雲洞巖，將以祀明蔡鶴峯並略庵居士，師適覽《王遵巖集》有《壽鶴峯布衣序》，深致景仰，為篆書「南無阿彌陀佛」名號以祝，並加題記㉜。（按：初版年譜此則誤作《雲洞巖鶴鳴祠記》，應予更正。）歲暮，居泉州月臺，時印光法師撰《歷朝名畫觀音寶相精印流通序》，師為精心書寫，附印於該書㉝。是年手書草庵門聯，略加說明贈安海俞嘯川居士，並加題記㉞。

注釋

❶葉青眼《千江印月集》：「戊寅元月一日，公在草庵講《華嚴經普賢行願品》。」

❷致李芳遠書：「余約於二十左右，往泉州承天寺。自二月初一日起，講經數日。……舊正月初十日，音啟。」

❸致蔡丐因書：「惠書誦悉。……近有講稿一篇（《最後的□□（懺悔）？》），擬列於前二篇（《青年佛徒應注意的四項》與《南閩十年之夢影》）之後，共三篇，題曰『養正院親聞記』。能於舊曆已卯明年付印為宜。明年朽人世壽六十，諸友人共印此書，亦可藉為紀念也。……正月十九日，演音啟。」

❹致蔡冠洛書：「近至泉州。定於舊二月一日始，仍講《行願品》，並預定以後再於某處講《華嚴》大意，又於多處講演。法緣殊勝，昔所未有也。……地方安寧，身體康健，乞勿念。演音啟，舊正月廿四日。」

「下月初旬，尚須往惠安縣講經。……演音啟，舊二月十一日。在承天寺講《行願品》，至昨日圓滿。聽衆甚多，黨部青年乃至基督教徒，皆甚歡讚。自明日始，在各處演講五日。後在開元寺講《心經》三日。又數日後在善堂講《華嚴》大意三日。附白。」

❺葉青眼《千江印月集》：「三月一日，又講《華嚴經》大意於清塵堂，並切囑緇素弟子讀頌《行願品》十萬遍，以此功德，回向國難消除，民衆安樂。」

❻陳祥耀《息影閩南的弘一法師》：「二十七年的春天，這位渴想見面的老人，竟如高鶴行雲，飄然莅晉。聽說他這回到泉州，已是第二遭兒，可是卻特別打動泉州人士的心弦，集中泉州人士的視線。因為法師這回對泉州人士特別改變態度，特別廣結法緣，破例為泉州人士寫許多字，說許多法，甚至居然肯赴幾回宴。但不久以後，法師依然深居簡出，息影於古寺之中了。……法師初到泉州，住承天寺，即起首講《普賢行願品》全部。講畢再往開元寺續講他種經典，聽衆大半為僧徒居士之流。在學生界中，我可說是常常出席的一個。……在一個黃梅細雨的星期日上午，法師特赴我校之約，到『梅石書院』講演，題為『佛教的源流及宗派』，由我擔任記錄。講畢在我校圖書樓吃素齋，並題圖書樓以『無上清涼』四字。……不久以後，法師即離泉州，到惠安各地去弘法。」

❼致李芳遠書：「近來講務甚忙。下月初旬到惠安。月底或往廈門，但尚未決定也。俟後奉達。謹復，不宣。舊二月二十四日，演音疏。」

❽致李芳遠書：「余於二十一日或二十二日往廈門（二十日有人由廈門來迎接）。大約自廿六日起，講三天。下月初，往漳州。由南山寺介紹，住鄉間某寺過夏。近來多忙，而身體甚健。此次住泉州不滿兩月，寫字近千件，每日可寫四十件上下。……演音白，古曆三月十三日。」

❾致李芳遠書：「古浪了閒別墅，已有正式請帖寄到。明日，嚴笑棠居士到泉陪接。遲二三日，即偕往廈門。下月初四五日，往福州城內功德林、佛化社諸處演講，但尚未確定。不久仍返泉州。……三月十九日，演音白。」

【按】戰前鼓浪嶼有「了閒社」，為在家佛教團體，由林寄凡、嚴笑棠諸居士所組織，設于林氏之了閒別墅。又據圓拙法師函告，是年法師本接受福州居士之請，訂期前往。後因漳州居士懇請赴漳，約期半月，而廈門淪陷（陽曆五月七日），滯留漳州，福州之行遂不果。

⑩李芳遠《送別晚晴老人》：「廈市淪陷，我急得忍不住，四出查訪，均無消息。因法師性如閒雲野鶴，孤往獨來，向不肯預告於人。最後才接得來書云：『朽人於廈門難事前四天，已到漳州弘法，故能幸免於難。現擬往山中休夏，秋涼後或車路可通，即返泉州也。演音啟。舊四月十八日寄于龍溪南山寺。』」

【按】曾隨大師自廈到漳照顧其生活之淨慧師語我：「師自廈門妙釋寺起程，同行者有嚴笑棠、馬乾驊二居士（皆漳州人）及淨慧共四人，經鼓浪嶼渡海至嵩嶼登陸。到漳州後，暫住九龍飯店（嚴笑棠所經營）。翌日移居南山寺，時住持廣心和尚、監院傳證已離寺赴泉。小住數日，由執事僧送師與淨慧到距城十餘公里之瑞竹巖。」

⑪致許宣平書：「前居廈門時，諸承護念，至用感謝。楊居士囑書小幅，附奉上，乞為轉交，並代致候。泉州交通行長劉居士，名號已忘記，便乞寫示。近在漳，居南山寺，身心安寧。不久擬在念佛社演講數次，謹陳，不備。舊四月十日，演音疏。」

⑫《藥師經科文題記》：「歲次乙亥十二月，臥病草庵，曾力疾坐起，書錄是科文，草率不足觀。今居龍溪南山寺，復得錄寫焉。戊寅四月十三日，時倭寇侵鷺嶼。沙門演音並記。」（鷺嶼為廈門別名。——著者）

⑬致夏丏尊書：「今年在閩南各地弘法至忙。於廈門變亂前四天，已至漳州弘法。今居東鄉瑞竹巖靜養。……演音啟，舊五月一日。」

⑭《瑞竹巖記》：「瑞竹巖，名非古也。昔唐楚熙禪師結茆萬松山巔，曰德雲庵。宋大覺璉禪師興建梵宇，仍其舊稱。降及明季，皇子蒞山，見枯竹籜萌，謂為瑞相，因題庵巖曰瑞竹。而德雲庵名，自是不顯於世。其時，宰官陳天定暨住持絕塵禪師，發願重建佛殿，移其基址，趣落下方，磐石屏衛，林木蓊鬱，視昔為勝矣。又復相傳有林國老者，未第時，讀書山中；及躋貴顯，乃建『介石雲窠』於佛殿右，今唯存其殘址，俗謂為八角樓也。清宣宗時，智宣禪師駐錫瑞竹，禪師為邑望族，梵行高潔，工詩善書，亦能紹隆光顯前業，為世所稱。厥後道風日微，寖以衰廢。洎今歲首，檀越迎請智峯法師入山，與復舊蹟。法師學行敻邁，乘願再來，夙夜精勤，誓隆先德。復禮大悲懺儀為日課。嘗語余曰：為寺主者，應自行持，勤修三學，軌範大衆，豈惟躬佩勞務已耶？余深服其所見高卓，可謂今之法門龍象矣。余於曩月，弘法漳東，鷺嶼變起，道路閡絕，因居瑞竹，獲覩勝蹟。夙緣有在，蓋非偶然。（下略）歲次戊寅五月弘一（印）。」

【按】《龍溪縣誌》記載：「瑞竹巖，五代僧楚熙結廬於此，刳竹引泉，竹生筍，因名瑞竹。……明季正統年間，絕塵祖師修行於此，作瑞竹樓居，圓寂後遺骨存於寺後『無法續傳』石室中舍利塔。」又清乾隆時漳州詩僧隱愚《石林集》，載有宋大覺懷璉與江東橋有關詩篇。懷璉乃北宋高僧，他雖為漳人，但終身似未回鄉。此說恐係傳說附會。大師所撰《瑞竹巖記》，謂瑞竹巖初名「德雲庵」，至明季皇子蒞山，見枯竹籜萌，謂為瑞相，因題巖名為「瑞竹」。想當別有所本，或傳聞致誤歟？憶十餘年前，泉州圓拙法師函告，謂大師居瑞竹巖時，引水竹筧生嫩葉，好事者將其寫成《弘一法師逸事》，登於漳之《福建新聞》，謂為大師蒞山之瑞應。師知之即令某居士致函闢謠，旋即移居他處。《逸事》文中引明末鼓山永覺禪師應溫陵開元寺之請，行次洛陽橋，潮水適來，歡迎者謂「龍王參禮和尚」！師曰：「莫誣老僧好」。音公之闢謠，亦此意也。《瑞竹巖記》（下略）下文意似未完，亦未署名，只蓋 弘一 一長印。然為手迹無疑。

⑮致泉州覺圓法師書：「……茲有二事，奉託如下：㈠余之『特別通行證』已滿期。乞向師部換取新者。乞訪蔣百齊參議室主任，或張參謀長皆可。又有郁達夫居士致錢東亮師長之介紹書，亦乞交去。㈡前送寄百源庵之……《清涼歌集》一小包，乞檢出四冊，交郵局掛號寄下。『特別通行證』如可換得，亦請一併寄下。否則先將《清涼歌集》寄下為感。……六月廿二日，音啟。」

【按】抗戰時泉州地區，往來須有「通行證」。當時最高長官為錢東亮師長，聞為錢大鈞之姪云。

⑯書古德偈句贈許宣平題記：「『祇今休去便休去，若欲了時無了時』。歲次戊寅閏七月十三口，為余剃染二十周年。是日始講《佛說阿彌陀經》於龍溪尊元經樓。宣平居士（任職銀行）先一夕自福州歸，獲預法會。逮十九日講經圓滿，居士設齋供養三寶及諸善信，慶幸歡忭，得未曾有。居士久處塵勞，恒思厭離，乃囑題句，用自惕勵，並志近事以為紀念焉。一音錄古德句。」

⑰《苦樂對覽表》題記：「華民二十七年，歲次戊寅閏七月十三日，余剃染出家二十周年。是日諸善友集聚尊元經樓，為余誦經懺罪。余於是日始講《阿彌陀經》一卷，迴向衆生，同證菩提；並書《苦樂對照表》二紙，呈奉經樓，以為紀念焉。沙門一音。」（見《龍溪新志初稿》第一輯．一九四五年）

⑱夏丏尊《懷晚晴老人》：「『近來漳州城區，弘揚佛法，十分順利。當此國難之時，人多發心歸信佛法也。』……廈門陷落後，豐子愷君從桂林來信，說想迎接他到桂林去。我當時就猜測他不會答應的。果然，子愷前幾天來信說，他不願到桂林去。……他復子愷的信說：『朽人年來老態日增，不久即往生極樂。故於今春在泉州及惠安盡力弘揚佛法，近在漳州亦爾。……猶如夕陽，殷紅絢彩，隨即西沉。吾生亦爾，世壽將盡，聊作最後之記念耳。……不克他往。……謹謝厚誼。』這幾句話非常積極雄壯，毫沒有感傷氣。」

⑲致蔡冠洛書：「近在漳州城區，弘揚佛法，甚為順利，不久擬講經數種，並復興念佛會，每週一次。……演音啟，閏月六日。」（是年陰曆閏七月）

⑳致蔡冠洛書：「承施地藏菩薩經像，昨夕已收到，感謝無盡。後日適值菩薩聖誕，先三日寄到，因緣巧合，誠為漳城佛法復興之象也。近日請本鄉保長講此經，聽者甚衆。仁者法施功德，曷有極耶？謹復，並謝。不宣。閏七月二十八日，演音疏。」

㉑《祇園記》：「笑棠居士性高尚，不治生產，唯於舍旁拓地數弓，雜植花木，以為游息弦誦之所。顏曰『祇園』，意謂是外無長物也。又亦假用梵典之名，而音釋悉異，藉以志其景仰所歸也。戊寅仲秋，余弘法龍溪，居士請題園額，為述其義如是，因併記之。溫陵沙門一音。」（見一九四五年《龍溪新志初稿》第一輯）

【按】漳州佛法，久乏聞熏。自大師至漳，文化界人士為之興起，施拔甘、施慈航、施勝良、蔡竹禪、馬冬涵、劉綿松等，皆因師而歸佛法。

㉒致施慈航書：「居漳半載，諸荷護念，至用感謝。擬于明晨啟行，未敢勞諸善友相送。將來有緣，仍可再來漳也。尊翁（施拔甘）及尊元（經樓）諸善友，均乞代為致候。謹陳，不宣。戊寅九月十二日，演音啟。」

㉓又致施慈航書：「前上明信，想已達。二十日抵安海，居水心亭，約下月望後乃他往。前在清漳，與仁等時相過從，至為歡忭。今離羣索居，悵惘何已！……謹陳，不宣。演音啟，舊九月二十六日。」

又致施慈航書：「惠書誦悉。朽人居安海已近一月，講法數次，聽衆甚多，近七百人。不久，擬返泉州鄉間草庵。附奉三聯，一贈與楊遂厂，一贈與林春元（字仲山，麗華齋印泥店。——著者），一贈與王文象（即前余動身時，送余乘船至石美者），均乞轉交為感。……不宣。弘一疏，九月三十日。」

【按】水心亭，具稱水心澄渟院，在安海安平渡。師居水心亭時，為書「戒是無上菩提本，佛為一切智慧燈」一聯，刻於寺門，今尚存在。

㉓《晚晴老人講演錄》：「《佛法十疑略釋》，戊寅十月六日，在安海金墩宗祠講。《佛法宗派大概》，戊寅十月七日在安海金墩宗祠講。《佛法學習初步》，戊寅十月八日在安海金墩宗祠講。」

㉔許書亮《安海法音錄．序》：「二十七年秋晚，弘一法師來安海，居於水心澄渟院，知者甚鮮。越數日，友人始語余。余固久慕師者，乃往晤談，至為歡契。……」

㉕致李芳遠書：「惠書誦悉。不久即擬往草庵靜養，謝絕一切諸事。……今年所以往閩南各地弘法者，因余居住閩南十年，受當地人士種種優遇。今余年老力衰，不久即可謝世。故於今年

往各地弘法，以報答閩南人士之護法厚恩耳。現在弘法已畢，即擬休養，故往草庵。明年將往惠安，閉門謝客，以終其天年耳。舊十月十四日，音上。」

㉖致王正邦書：「正邦居士道席：惠書誦悉。前由漳州到安海，住一月。近已返泉州，居承天寺。今年在各地弘法甚忙，法緣殊盛。……但自慚道德學問皆無成就，勉力支持，至用汗顏耳。前廣洽法師所印拙書《金剛經》，所存無幾。此書接引新青年至為逗機。……乞勸廣洽師發心募印再版。……演音啟，十月廿八日。」

㉗與漳州馬冬涵論篆刻書法書：「冬涵居士道席：惠書誦悉。承示印稿，至佳。刀尾扁尖而平齊，若椎狀者，為朽人自意所創。椎形之刀，僅能刻白文，如以鐵筆寫字也。扁尖形之刀，可刻朱文，終不免雕琢之痕。不若以椎刻白文，能得自然之天趣也。此為朽人之創論，未審有當否耶？屬寫聯及橫幅，並李、鄭二君之單條，附掛號郵奉，乞收入。……仁者暇時，乞為刻長形印數方，因常需用此形之印，以調和補救所寫之字幅也。

「朽人於寫字時，皆依西洋畫圖按之原則，竭力配置調和全紙面之形狀。於常人所注意之字畫、筆法、筆力、結構、神韻，乃至某碑、某帖之派，皆一致屏除，決不用心揣摩。故朽人所寫之字，應作一張圖按畫觀之，斯可矣。不唯寫字，刻印亦然。仁者若能於圖按法研究明了，所刻之印必大有進步。因印文之章法布置，能十分合宜也。又無論寫字刻印等，皆足以表示作者之性格（此乃自然流露，非是故意表示）。朽人之字所示者，平淡、恬靜、沖逸之致也。乞刻印文，別紙寫奉。謹復，不宣。舊十月二十九日，演音疏。」

㉘葉青眼《紀溫陵養老院勝緣》：「第二次到養老院為戊寅年，由尤居士廉星代余禮請，繼續開示淨土法門，瑞今法師擔任翻譯。時將及午，院董老人悉集，將開講矣。適某當局偶然來院，余起招待，來往頻頻。公見之不謂然，諭令停講。余急請今師緩頰，行懺悔。結果改訂明晨。余自親近以來，素荷包含。此次碰一大釘，公意殆訶余之雜念而不純。余始知『雜』之為害大。」

㉙劍痕（石有紀）《懷弘一法師》：「廿七年的秋天，他于劉廷灝前輩處聽到我在安溪的消息，劉先生一面又寫信通知我：『老法師已經到了泉州，住承天寺。聽說你在安溪，甚為喜悦。有便望來泉一謁。』我即于某次因公之便，在一個暮靄蒼茫的黃昏，在承天寺大殿右邊一個大園的盡頭，一間小小的矮屋之內，去拜見老人家。房間是那麼狹小，一几一榻以外，僅能容膝。我和他對坐着，談些別後的事情。……這一夕的相會，是很值得紀念的。據一位近他的和尚告訴我：『老法師晚間從來不肯會客。出家二十年，不曾點過燈火。這次為你，是很特別的。』過了幾天之後，我接到他一封信，附着他寫的一幅單條，一副對子。對子寫的是華嚴經句，是勉勵我做好官的。單條上則寫着一首唐人的五言律詩：

十年離亂後，長大一相逢。問姓驚初見，稱名憶舊容。
別來滄海事，語罷暮天鐘，明日巴陵道，秋山又幾重！

其書略云：『錄唐人詩一首，頗與仁者在寺相見情形相似。』亦足知他心中的感慨了。」

【按】此詩為唐李益《喜見外弟又言別》。李益，唐詩人，與李賀齊名，見《唐才子傳》。巴陵，今湖南岳陽也。

㉚《最後之□□（懺悔）》：「可是到了今年——二十七年，比去年更不像樣子了。自從正月二十到泉州，這兩個月之中，弄得不知所云。不只是我自己看不過去，就是我的朋友也說我以前如閒雲野鶴，獨往獨來，隨意棲止。何以近來竟大改常度，到處演講，常常見客，時時宴會，簡直變成一個『應酬的和尚』了。這是我的朋友所講的。……如是在泉州住了兩個月以後，又到惠安、至廈門、至漳州。……日常生活，總不在名聞利養之外。雖在瑞竹巖住了兩個月，稍少閒靜；但是不久，又到祈保亭冒充善知識，受了許多善男信女的禮拜供養，可以說是慚愧已極了。

「九月又到安海，住了一個月，十分的熱鬧。近來再到泉州，雖然時常起一種恐懼厭離的心，但是仍不免向這一條名聞利養的路上前進。可是近來也有一件可慶幸的事，因為我近來得到永春十五歲小孩子的一封信。他勸我以後不可常常宴會，要養靜用功。信中又說起他近來的生活，如吟詩、賞月、看花、靜坐等，洋洋千言的一封信。啊！他是一個十五歲的小孩子，竟有如此高尚的思想、正當的見解。我看到他這一封信，真是慚愧萬分了。」

㉛曇昕《親近音公瑣記》：「師為我起法名曰『曇昕』，並注釋云：『曇昕，梵漢合立。晉魏六朝時高僧，頗有此類之名，閱《高僧傳》可知。曇者，梵語，具云「曇無」，亦云「達摩」，法也。昕者，漢語，朝也；日將出也。清初史學大家錢大昕，亦用此昕字為名，號曰曉徵。曇昕者，示法日將升，普照衆生之義也。』戊寅十二月初一日，沙門一音識。」

㉜為漳州雲洞巖鶴鳴祠篆書佛號題記：「戊寅歲晚，築祠雲巖，將以祀明蔡鶴峯大儒並清略庵居士。時余方覽《王遵巖集》，有《壽鶴峯布衣序》，因得闚其所學，粹然一出于道。略庵居士好善樂施，惠及鄉里，並以學行垂諸不朽。余維闇短，未能歌讚令譽。敬書佛號，以斯功德，回向菩提。並願見聞隨喜，同植勝因，齊成佛道云。一音。」

【按】蔡烈，明龍溪人，學者稱鶴峯先生。其墓在漳州東門外雲洞巖下。有碑云：「鶴峯千仞，龍江一曲。中有一邱，其人如玉。」王慎中，字道思，號遵巖。明代學者，泉州人，官至河內布政使參政。嘉靖三十八年卒，年五十一。工文章，尤致力漢以上古文，為明代文章之正宗，著有《遵巖集》，見《明史·文苑傳》。

㉝《歷朝名畫觀音寶相精印流通序》：「中華民國二十七年戊寅重陽日印光撰。是歲將暮，晉水月臺沙門一音書。」

㉞書草庵門聯贈俞嘯川居士題記：「草積不除，便覺眼前生意滿；庵門常掩，毋忘世上苦人多。」此數年前為草庵所撰寺門聯句，下七句，疑似古人舊句，然亦未能定也。眼前生意滿者，生意指草而言。此上聯隱含慈悲博愛之意。宋儒周程朱諸子文中，常有此類之言，即是觀天地生物氣象，而興起仁民愛物之懷也。

嘯川居士玄覽　亡言

一九三九年（民國二十八年己卯）六十歲

是年元旦，在泉州承天寺手書佛號及華嚴經偈，贈漳州劉綿松及其母氏❶。初春出城遊清源山，愛其地之幽勝，遂暫居於清源洞❷。二月五日為亡母謝世三十四周年，於《前塵影事》冊上書《金剛經》偈頌，回向菩提❸。仲春，在月臺（承天寺）集華嚴長聯，手書贈了智法師，並題記❹。將往永春，與黃福海寫影留念，並為題記❺。新曆四月十四日，自泉州入永春，居城東桃源殿。越數日為衆講演《佛教之簡易修持法》❻。旋入毘峯（蓬壺）普濟寺。自是屏除應接，閉戶靜修，從事著述。林奉若居士記普濟寺情況及師至寺因緣頗詳❼。初夏，師以《華嚴玄談會玄記》向無標點，《弘教藏》乃由榑桑僧侶率意加點，吾國之《頻伽藏》又依《弘教藏》編印，校訂多疏。居永春時，乃稍正其誤❽。六月，李芳遠入山相訪，師書偈贈之。是偈即世所傳師臨滅前遺偈二首之一❾。其另一偈，亦見林漢忠《弘一法師在永春》所記❿。是夏，擷取南山、靈芝詮釋「盜戒戒相」之義。輯為《盜戒釋相概略問答》一卷，並錄太賢、蕅益二師遺偈，以自策勵⓫。九月二十日，為師六十初度，弟子豐子愷畫《續護生畫集》六十幅為壽。乞師指教，並加題詞⓬。時在抗戰期間。我國著名畫家徐悲鴻至新加坡開畫展，支援抗戰。弟子廣洽特請作師半身油畫像一幅，以為六十紀念。勝利後徐氏在北平補作題記奉寄⓭。時郁智朗布施八金為師祝壽，師囑在寺供養緇素諸衆，廣結善緣。並擬自是日始，掩關習靜，謝絕通信⓮。九月，各方道友為募印手書《金剛經》及《九華垂蹟圖讚》，並徵集詩詞以為師六秩紀念。澳門《覺音》月刊、上海《佛學半月刊》等佛教刊物，均出「弘一法師六秩紀念專刊」祝賀⓯。蔡冠洛舊藏杭州雷峯塔出土《陀羅尼經》數卷，請師題簽。師允興致佳時書之，及後寄至，歎為筆精墨妙⓰。冬月，李圓淨等募印《護生畫集》初稿，師允再寫一組題字，以備製版⓱。時安居普濟山中，致書曇昕法師，關心他的行持，冀為佛門龍象，言至懇切。其愛護後學之心，溢于言表⓲。師自謂童年恒覽《格言聯璧》，離俗二十一載，仍百讀不厭。是年特題《格言聯璧》，以自策勵⓳。時泉州培英女中學生陳珍珍，因抗戰時期隨校內遷永春蓬壺。聞師盛名，遂約數同學訪於普濟寺致敬仰之意。蒙師開示，並承贈《佛教之簡易修持法》，回家後遂奉佛法⑳。是年編輯《南山律在家備覽》，以無書可考，頗感難於着手，且存草稿，以俟再訂㉑。臘月，致書林奉若居士，詳述各類蔬菜之營養，所食以價廉而適於衛生之物為合宜，乞為寺中執務者講解其義㉒。

注釋

❶手書佛號及華嚴經偈贈劉綿松題記：㈠「『佛法僧』。勝華居士禮敬供養　己卯元旦，沙門一音書。」㈡「『與世為依怙，如日處虛空』。大方廣佛華嚴經偈句。勝華居士供養　己卯晚晴老人。」㈢「『南無阿彌陀佛』。惠瀞老女居士　禮敬供養　己卯元旦，沙門一音敬書。」㈣「『妙智清淨日，大悲圓滿輪』。大方廣佛華嚴經偈句　惠瀞老女居士供養　一音。」

【按】勝華，為劉綿松皈依法名；惠瀞老女居士，為劉綿松母氏法名。

❷致李芳遠書：「惠書誦悉。仁者應先修淨土宗，詳細閱覽《嘉言錄》為要。朽人不久或往永春，餘俟晤談，不宣。　二月初六日，音上。　（芳遠按：大師此時掩室清源洞。）」

❸《前塵影事》題記：「二月五日為亡母謝世三十四周年，敬書金剛經偈頌『一切有為法，如夢幻泡影，如露亦如電，應作如是觀』，回向菩提，時年六十歲。」

❹手書集華嚴經句贈了智法師題記：「『速見如來無量光，具此普賢最勝願；勤修清淨波羅密，恒不忘失菩提心。』了智法師供養，歲在己卯仲春，華嚴經普賢行願品句，後學一音集書于月臺。」　（見《弘一法師》圖版五〇）

【按】了智，泉州南安人，早歲出家，禮定賢上人為師。一九一二年於廈門南普陀寺旃檀林（學院），親近轉初法師學經論。其後參學江浙諸大叢林及南洋各地。回閩後，歷任廈門南普陀，泉州開元、承天諸寺職事。其間曾於廈門萬壽巖與弘一法師同住多時。晚年歸隱南安官橋湧蓮寺，閩南推為老參上座，故師贈聯自稱後學。

❺黃福海《弘一法師與我》：「法師答應我和他去攝一張紀念照片。我低着頭跟隨法師以輕捷的步子向照相館走去。正走之間，他忽然步履轉慢，我擡頭看見前面遠處走着個矮和尚。法師指着他的背像，用低微的聲音對我說：『這位就是承天寺的大和尚（按：即轉塵老和尚。——著者）。他歲數比我大，出家比我早，是佛門中的老前輩。所以我這時要慢一點走，不能走到他的前頭。』在照相鏡前，法師雙手捏着佛珠，立定不動。我請問：『怎麼樣照才好？』他很客氣地答：『隨便。』我與照相師布置背景，調適光線；又請問：『這個樣照如何？』他答：『就這樣好。』法師過後在相片上題了幾句：『己卯二月二十日與黃柏（即福海）賢首同寫影於清原，時年六十，將往永春山中習靜。弘一。』」

❻李芳遠《弘一大師入永春記》：「新曆四月十四日（舊二月廿五日），乘車來永春，掛錫城東桃源殿，與李芳遠等數人游環翠亭。四月十六日，在桃源殿講演，由李芳遠編成《佛教之簡易修持法》，在該地印行。」

❼林奉若《弘一律師與普濟寺因緣》：「弘一律師，寓永春普濟寺頂茅蓬五百七十二日——農曆己卯年二月廿八日到，庚辰年十月初九日去——為入閩十餘年來第一久住之所。在此著《盜戒問答》、《護生畫續集》、《南山律在家備覽》、《華嚴疏科分》、《藥師如來法門一斑》、《修淨業宜誦地藏經為助行》等書。……普濟寺在永春治西蓬壺山中，古名剎也。……民國以來徧地荆棘。奉若深抱杞憂，而性孤介，拙於應酬。自知不宜於世，遂就寺頂曠地築茅蓬棲止。爰邀本寺檀越，同請性願法師前來住持，講經說法，邑人皈依者甚衆。乃願師旋應菲律賓之聘，往海外開化。師身居異域，心懷故國，命敦請弘一律師來寺駐錫，以樹僧範。弘公愛茅蓬僻靜，奉若即以茅蓬供師，並任供養之役。……」

❽《華嚴玄談會玄記》題記：「吾國《會玄記》刊本，向無標點。榑桑校刊《弘教藏》時，另由彼邦僧侶率意為之。記文中有『故』字者，大半標點于『故』字下，乃是彼邦之習例，可為證也。輓近《頻伽藏》本，即依《弘教藏》翻印，而校訂多疏，故此記中標點，訛誤益繁。今歲仲春，避寇難居溫陵月臺，曾請

諸師，依《頻伽藏》本，照錄標點于此刊本中，以待將來修正。近徙居桃源，老病頹唐，殊無修正之力。唯有以墨筆圈點者數處，稍正其誤。其他悉仍其舊，未及校改，姑俟當來可耳。歲次己卯夏首，沙門一音時居蓬峯。」

⑨李芳遠《普濟寺訪弘一大師》：「芳遠入山，師賦偈見贈曰：『問余何適，廓爾亡言。華枝春滿，天心月圓。』書『無畏』篆額贈芳遠。跋云：『芳遠童子淵鑒。己卯殘暑，一音。時年六十，居蓬峯。』」

⑩林漢忠《弘一法師在永春》：「是年秋，因病書偈：『君子之交，其淡如水。執象而求，咫尺千里。』居普濟寺半載，賦偈志別：『問余何適？廓爾亡言。花枝春滿，天心月圓。』己卯秋，一音，年六十。」

⑪《盜戒釋相概略問答》跋後：「發心學律已來，忽忽二十一載。衰老日甚，學業未就。今撷取南山、靈芝撰述中詮釋盜戒戒相少分之義，輯為《盜戒釋相概略問答》一卷。義多闕略，未盡持犯之旨。後此賡續，當復何日？因錄太賢、藕益大師遺偈，附於卷末。用自策勵焉。歲次己卯殘暑，沙門一音，時年六十，居永春蓬峯。」

⑫豐子愷致弘一法師書：「弘一法師座下：今日為法師六十壽辰，弟子敬繪《續護生畫集》一冊，計六十幅，於今日起草完竣，正在請師友批評刪改。明日起用宣紙正式描繪，豫計九月廿六日可以付郵寄奉。敬乞指教，並加題詞，交李居士付印，先此奉稟。憶十餘年前在江灣寓樓，得侍左右，欣逢壽辰。越六日為弟子生日，於樓下披霞娜piano旁皈依佛法，多蒙開示，情景憬然在目。……民國廿八年古曆九月二十日，弟子豐嬰行頂禮。」

【按】嬰行為豐子愷皈依法名。

⑬徐悲鴻《弘一大師畫像題記》：「早歲識陳君師曾，聞知今弘一大師為人，心竊慕之。顧我之所以慕師者，正從師今日視若敝屣之畫也。悲鴻不佞，直至今日尚沉緬于色相之中，不能自拔。於五六年前，且懇知友丏師書法。鈍根之人，日以惑溺，愧于師書中啟示，未能領悟。民國廿八年夏，廣洽法師以紀念弘一師誕辰，屬為造象，欣然從命。就吾所能，竭吾駑鈍于師，不知不覺之中，以答師之唯一因緣，良自慶幸。所愧即此自度微末之藝，尚未能以全力詣其極也。卅六年初秋，悲鴻重為補書於北平寓齋。」

【按】徐悲鴻題記，於抗戰勝利在北平補題後，原寄新加坡廣洽法師保存。油畫先已送交泉州開元寺弘一法師紀念館陳列。其後洽師曾託歸國僑胞齎此題記，送泉州弘一法師紀念館，俾與原畫合璧。時值「文化大革命」，無由轉致，題記甚至下落不明。後悉為同安馬巷中學某美術教員於待焚書畫中發見之，認為題記有保存價值，私自取出收藏，秘不示人。洽師幾番託人探詢，願以相當代價酬謝，均不得要領。一九八五年回國至廈，又提及此事。適遇率團訪問新加坡之方友義先生（時任廈門市委宣傳部長），聞知此事，乃親赴馬巷中學訪問某美術教員，曉以大義，闡明政府落實文物政策。並謂此題記除與畫併存外，實無甚意義。其人乃欣然將題記交方君攜至廈門。是晚有關人士集會於南普陀，共祝珠還合浦之慶。越日洽師即遣人專送題記於泉州開元寺，俾永久保存。是役余適陪洽師至廈，因將題記失而復得之始末，略記如此。

⑭致郁智朗書：「前復書，想已收到。本月二十日為朽人六旬初度，即以仁者前施之八金，在寺供奉緇素諸眾，廣結善緣。併擬自是日始，掩關習靜，暫未能通信。他處寄來之信，亦付郵寄還。俟將來他往時，再以奉聞。謹達，不宣。音啟，九月十二日。」

⑮僧睿《弘一大師傳略》：「己卯秋，為師六秩大壽，……諸弟子為印《金剛經》及《九華垂蹟圖讚》，《覺音》與《佛學半月刊》出專刊慶祝。」

⑯蔡冠洛請題雷峯塔藏經：「雷峯塔，舊藏《一切如來心秘密全身舍利寶篋印陀羅尼經》。甲子塔圮，藏經散出。余得三卷，並繫以縑帶，裹以黃色絹，尚未裝裱也。乞師題簽一二紙，師允與致佳時書之。及見寄，筆精墨妙，勝于他書，因知為精心之作也。」

⑰致李圓淨書：「畫稿不久可由承天寺轉寄到。朽人近來身

體衰弱，天氣亦寒，約須數月乃可寫就。……佛學書局出版之英文畫集，係依原稿所攝影製版者，極為清晰，與原稿無異。……初編中朽人題字，擬俟明年閒暇時再寫一組寄上，以備新製版時改換，但文句仍舊不動，以保存舊迹，並為永久之紀念也。……夏曆十一月廿四日，音啟。」

⑱曇昕《親近音公瑣記》：「二十八年，師居普濟山中，靜修梵典。曾示我一函云：『曇昕法師道鑒：惠書誦悉。……仁者近來行持如何？時以為念。常閱《高僧傳》否？誦經念佛日益精進否？仁者係出名門，幼受教育，應常自尊自重，冀為佛門龍象，以挽回衰頹之法運，扶持顛覆之僧幢。蕅益大師寄澈因比丘書云：「吾望公甚高，勿自卑。」又云：「所有不絕如縷之一脈，僅寄足下。萬萬珍重愛護，養德充學，以克荷之。」余於仁者，亦云然矣。《寒笳集》甚能警策身心，乞常閱之，不宣。音啟。』我跪讀之後，不覺大汗淋漓，慚愧無地。」

⑲《題格言聯璧》：「余童年恒覽是書，三十以後，稍知修養，亦奉是為圭臬。今離俗已二十一載，偶披此卷，如飲廿露，深沁心脾，百讀不厭也。或疑『齊家』、『從政』二門，與出家人不相涉；然整頓常住，訓導法眷，任職叢林，方便接引，若取資於此二門，善為變通應用，其所獲之利益，正無限也。演音。」

⑳陳珍珍致陳海量書：「……憶自小學畢業後，即入晉江培英女子中學肄業。該校係基督教會創辦。不慧在此肄業六年之久。民國二十八年，學校因時局關係，奉命內遷。不慧亦隨校避居永春蓬壺。時聞弘一大師卓錫蓬壺普濟寺，遂邀數同學登山詣大師，致敬仰之意。蒙大師慈悲開示，並承贈《佛教之簡易修持法》一書。時不慧年紀尚幼，對於大師之金玉良言不甚了解，惟此心已深信佛法。……不慧陳珍珍合十。」（見《覺有情》第七卷二三—二四期）

㉑《南山律在家備覽·例言》：「養疴山中，勉輯是編，偶有疑義，無書可考。益以朽疾相尋，昏蒙非一。舛譌脫略，應所未免。率為錄出，且存草稿。重治校訂，願俟當來。」

㉒致林奉若書：

奉若居士澄覽：關於食物之事，略陳拙見如下，乞為轉陳執務者為感。依律，食物亦名曰藥。以其能調和四大，令獲康健，俾能精進辦道。但貪嗜甘美之物，律所深呵。常食昂價之品，尤為失福。故以價廉而適於衛生之物，最為合宜也。

豆類，含有蛋白質，為最重要之滋養品。但亦不能多食，多食則不消化。（與常人食補藥者同，須以少量而每日食之。但不可一次多量，若過量者，反致增疾。）

蔬菜之類，且就本寺現有者言之。菠薐菜，為菜中之王，含有鐵質及四種維他命，為滋養最良之品。

白蘿蔔（俗稱菜頭），亦甚能滋補，紅蘿蔔亦然。

白菜，亦甚佳（或白色或綠色皆佳）。若芥菜，雪裏蕻，則性稍燥，不可常食。

花生，含有油質，食之有益（但不可多食）。且以拙見言之，菜食一盂之中，約以蔬菜五分之四，豆類及花生等占五分之一，乃為適宜也。

近來本寺送與朽人之菜食，其中豆類太多，蔬菜太少，未能調和。故陳拙見，以備採擇。

再者，前朽人云不願食菜心及冬笋者，因其價昂而不食，非因齒力不足也。菜心與白菜相似，而價昂數倍，冬笋價極昂。西醫謂其未含有何種之滋養質也。

又香菰亦不宜為常食品。明蓮池大師曾力誡之。

煮豆類花生及蔬菜之湯，亦不可棄。其中含有多分之滋養料。倘棄其湯，而唯食其質，猶如服中國藥者，棄其藥湯而唯食其藥渣也。

朽人齒力尚健，以刀切蔬菜時，不妨切大塊，咀嚼甚易也。

以上種種拙見，乞為執務者講解其義，令彼了知，至用感謝。謹陳，不宣。

十二月廿七日　善夢啟

一九四〇年（民國二十九年庚辰）六十一歲

是年春，仍在永春蓬壺普濟寺閉關。時有衰病，謝絕訪問，外間遂傳其圓寂❶。林奉若特致書郁智朗，詳述其起居情況，以正訛傳❷。澳門《覺音》月刊，亦刊出《弘一律師近蹤》，以息羣疑❸。春夏之間，手書南山《行事鈔》警訓，贈圓拙法師❹。又寫篆書小聯加跋，贈李芳遠❺。二年前李圓淨輯《梵網戒本彙解》寄泉州承天寺，請為校定。閣置二年，始獲展誦，乃為作序流通❻。時寧波郁智朗居士擬發心出家，欲禮師為師。師以出家後發誓不收剃度徒衆，或任寺中監院住持等職，婉言謝之❼。勸他出家事不可執著。並引蓮池大師之言謂：「求之既不可得，卻之亦不可免。」當待因緣成熟❽。後見郁氏出家志願誠懇，自既未能違越宿誓，乃為介紹閩南高僧轉法為師，囑學律弟子性常為之斡旋❾。略云：「能荷慈允固善，否則亦請性常法師代覓請他位良師。性常法師為在朽人處學律資格最久者，……彼於仁者出家之事，可以負責介紹。」❿因其家室不許，郁氏擬潛行出走，師力戒不可，致書反覆啟導。謂潛行出走而出家者，多無好結果。與其出家後而返俗，貽人譏笑，不如不出家之為善也⓫。七月地藏菩薩聖誕，在普濟寺，為緇素講《普勸淨宗道侶兼持誦地藏經》，以為紀念⓬。仲秋為《王夢惺文稿》題偈，勗以「士應文藝以人傳，不應人以文藝傳」⓭。九月二十日為世壽周甲，於普濟寺後精舍題壁「閉門思過，依教觀心」以自勗勵⓮。又集古詩句為普濟寺補壁⓯。在普濟寺時，因山鼠擾害，晝夜不寧。憶古人謂以飼貓之飯飼鼠，則無鼠患。姑試為之，果驗。乃撰《飼鼠免鼠患之經驗談》⓰。十月初九日，將移居南安靈應寺。改所居茅蓬曰「梵華精舍」，命林奉若返舊居⓱。離普濟寺至永春城，居桃源古寺，當地人士請留一天。越日，乘船至南安洪瀨鎮，掛錫樹德寺，繼步行至仁宅靈應寺安居⓲【附】。十二月朔，轉應老法師應靈應寺禮懺。應老於晨課時，梵音圓朗，威儀端嚴。師親見之，大為歎服。手書短聯，並為長題贈之⓳。師至靈應寺，慕名往訪者頗不乏人。晉江南安各小學校長，都請謁見。時生活程度高漲，小學教師至為清苦。師以「小學教育為栽培人材基礎，關係國家民族至重且大，人格至為高尚」，勉之⓴。應上海居士之請，撰寫《受八關齋戒法》，自為書寫並加題記㉑。時前泉州開元慈兒院學牛慧田（法名傳如）居水雲洞，聞訊訪師於靈應寺，邀師往遊水雲洞。師到後開示僧青年應過節儉生活，不可講究華麗。不久，即至水雲洞度歲㉒。泉州人士請題「李贄象贊」以為紀念；師為題一偈，頗為推重㉓。是年新加坡佛教居士林求書，師集書《華嚴經》句致贈㉔。

注釋

❶陳祥耀《息影閩南的弘一法師》：「翌年春天，始乘車入居永春毘峰山下的普濟寺。自是而潛形息影，一味精修律學。聽說到永春後，法師的身體比較不大安適，外地遂譁傳法師辭世的消息。……」

❷林奉若致郁智朗書：「……弘公道體近來勝常，可舒錦念。惟因閉關，專事輯律。謝絕一切往來，特囑蓬壺郵局，凡各方來信，概行退回。故凡直接寫弘公名，皆不得達。即間接寄交普濟常住，亦未敢轉呈。致各方請安、請書、請教者，皆失所望，且或誤會而起疑點。……朽人于己未年，即弘公出家之次年，在普濟寺頂得數百步地基，建靜室數間，隱居奉佛。適弘公來寺掛錫，以寺中繁雜，喜靜室修持。朽人遂以靜室供養弘公。公之飯菜，亦由朽人供奉。公之道德，雖莫測高深，其起居飲食之安適，堪以告慰耳。弟奉若合十。二十九，二，廿五。」

❸《覺音．弘一律師近蹤》：「弘一律師年前息影泉州蓬壺，謝絕一切，專編律典情形，已迭誌本刊。近據友人來書，謂已遷居該處附近之靈應寺，依舊杜門謝客，從事律部編著，所有酬酢，皆已決絕；即編者為出專刊，曾去數函，亦蒙原壁封存。……」

❹手書《行事鈔》警訓贈圓拙法師：「應自卑下，如拭塵巾。推直於他，引曲向己。常省己過，不訟彼短。」

南山《行事鈔》警訓，書奉圓拙法師供養。庚辰夏，一音時年六十有一。

❺篆書小聯贈李芳遠：「『見性』、『明心』。歲次壽星暑初，居毘湖普濟山中，養痾習靜。書此以奉芳遠童子。老病頹唐，無能工也。 善夢，時年六十有一。」

❻《梵網戒本彙解．序》：「戊寅夏尾，圓晉居士郵書溫

陵，併所輯《梵網戒本彙解》，請為校定。時余方避亂龍溪，翌年轉徙毘湖。逮及今歲夏首，有人自溫陵歸者，乃齎居士書至。閣置兩載，未嘗佚失，終獲展誦，誠勝緣也。《彙解》宗天台、雲棲、靈峯諸撰述，而條理疏治之。匪惟利導初機，亦足資益宿學。余以衰病，未及詳校。略述其概，聊志讚喜云。歲次壽星木槿榮月沙門一音書。」

❼致郁智朗書：「……仁者發心出家，至用歡讚。但剃度之師，以靈巖山監院代理住持妙真法師為最適宜。將來即可久居靈巖，由師為之護助一切也。朽人自初出家後，屢在佛前發誓願，願盡此形壽，絕不收剃度徒眾，不任寺中監院或住持。二十餘年以來，未嘗有違此誓願。希仁者鑒此苦衷，而曲亮之。……音啟，四月廿七日。」

❽致郁智朗書：「惠書誦悉。辟穀似可不須，出家事亦勿執著。惟自懺悔業障，厚植勝因可耳。蓮池大師云：『求之既不可得，却之亦不可免。』乞仁者深味此言。素位而行，以待因緣成熟。……演音啟。」

❾致郁智朗書：「仁者發心出家，志願誠懇。朽人以宿誓故，未能違越，深負盛意，迄今時用歉憾。竊思閩南頗有高僧，如泉州鄉間某寺轉法老法師，高年隆德，為是間眾所欽仰。……朽人已託人預為商請，未審尊意何如？但仁者來閩之時，須俟秋涼之後（或冬初），其時朽人大約可返泉州相晤談也。……六月十七日，音啟。」

❿致郁智朗書：「朽人已託性常法師致書與轉法老和尚商懇，能荷慈允固善，否則亦請性常法師代覓請他位良師（閩南各縣）。性常法師為在朽人處學律資格最久者，今居普濟下寺，為朽人護法，照拂一切（朽人所居者為頂寺，一人獨居，距下寺約半里），彼於仁者出家之事，可以負責介紹。……仁者於下次來信時，乞附寫一箋與性常法師致謝一切。……剃度師請妥，來閩之期延遲無妨。宜俟時節因緣，未可勉強急迫也。」

⓫致郁智朗書：「來書所謂潛行出走，朽人竊以為未可。若如是者，將來恐不免糾葛。倘仁者之妻來閩尋覓，謂仁者言：『若不偕歸者，即決定於仁者面前自殺。』當此之時，仁者若任其自殺，則有傷仁慈，否則只可偕歸矣。……朽人出家以前，亦先向眷屬宣布。其他友人有潛行出走而出家者，多無好結果。與其出家後而返俗，貽人譏笑，不如不出家之為善也。拙見如是，希垂察焉。……出家之人，應學朝暮課誦，並宜熟背誦之。此文載在《禪門日誦》中，乞仁者預先學習。……七月十五晨，音啟。」

⓬《普勸淨宗道侶兼持誦地藏經·前言》：「予來永春，迄今一年有半。在去夏時，王夢惺居士來信，為言擬偕林子堅居士等將來普濟寺，請予講經。斯時予曾復一函，謂俟秋涼後即入城講《金剛經》大意三日。及秋七月，余以掩關習禪，乃不果往。……今日適逢地藏菩薩聖誕，故乘此勝緣，為講《淨宗道侶兼持誦地藏經》要旨，以資紀念。」（庚辰地藏誕日在永春講，王夢醒記）

⓭《題王夢惺文稿》：「文以載道，豈唯辭華。內蘊真實，卓然名家。居士孝母，騰譽鄉里。文章藝術，是其餘技。『士應文藝以人傳，不應人以文藝傳。』至哉斯言，居士有焉。庚辰仲秋　晚晴老人。」

⓮蓬壺普濟寺後精舍題壁：

「『閉門思過，依教觀心。』庚辰九月二十日，世壽週甲，書以自勗勵。晚晴老人。」

⓯集古詩句為普濟寺補壁：「『山靜似太古，人間愛晚晴。』蓬壺普濟寺補壁，歲次庚辰集古詩句。晚晴老人。」

⓰《飼鼠免鼠患之經驗談》：「昔賢謂以飼貓之飯飼鼠，則可無鼠患。常人聞者罕能注意，而不知其言之確實有據也。余近獨居桃源山中甚久，山鼠擾害，晝夜不寧。毀壞衣服等無論矣。甚至嚙佛像手足，並於像上落糞。因閱舊籍，載飼鼠之法，姑試為之，鼠遂漸能循馴，不復毀壞衣物，亦不隨處落糞。自是以後，即得彼此相安。現有鼠六七頭，所飼之飯不多，備供一貓之食量，彼六七鼠即可滿足矣。或謂鼠類生殖太繁，未來可慮。今就余年餘之經驗，雖見屢產小鼠甚多，然大半殤亡，存者無幾，

不足慮也。余每日飼鼠兩次，飼時並為發願迴向，冀彼等早得人身，乃至速證菩提云云。」

⓱林奉若《弘一律師移錫靈應寺》：「一公因靈應寺五次懇請，前往弘法。於農曆十月初九日，出游行化。改所居茅蓬為『梵華精舍』，並書匾額於廳堂。兩壁則書蕅益警訓，印光法語，以垂教誡，命奉若返舊居。」

⓲《福建日報．弘一法師移居靈應寺》：「當代高僧弘一法師，前年入永春蓬壺普濟山居，掩關編輯律典。近月已完成《南山律在家備覽略編》一書，付滬開明書店影印出版，由申佛學書局發行。法師山居有年，因水土不合，近應洪瀨靈應寺住持定眉和尚之請，於十一月十日動身，下榻永春州中桃源古寺，當地人士敦請，勾留一天。十二日乘篷船至洪瀨，是晚住樹德寺過夜。翌晨步行至仁宅，入靈應寺安居。同行者性常、傳貫、靜淵、妙齋等。查該寺建自唐代，為文愈禪師真身證聖道場（俗謂李公祖師）。其地莊嚴幽雅，祖師肉身，迄今千有餘載，仍存人間。弘一法師此次來居是寺，蓋有因緣在焉。師於十四日，至十六日三天內，曾接見各位訪者，過後即掩關著作云。」

【按】一九三三年夏，師居泉州開元寺時，靈應寺主定眉，曾請古志禪師（性願）撰《唐神僧靈應祖師現化記》，師為書寫，署名月音。但清初雪峰如幻禪師所著《瘦松集．重修靈應岩募化敘》，則謂神僧係宋時人。《募化敘》云：「紫峰靈應岩者，文愈大師顯化道場也，師近鄉李氏子，宋皇祐間，童真棄俗，梵行精修，屢著神異。及報緣已謝，跏趺長往，容色和暢，異香浹旬。於是道俗駭慕，即其肉身，塗飾金像，於坐化之地，興建招提，即今之岩宇是也。……」

【附】《唐神僧靈應祖師現化記》：

「溫陵自古多佳勝，靈秀所鍾，聖蹟彌著。世傳有三真人六祖師，靈應即其一也。師字文愈，示蹟唐代，誕生仁宅李家，幼有孝行，迥異群倫。常現神變，事蹟昭聞。如渡溪飛笠，行路鞭甕，立石朝天，插竹茁地。逮及示寂，坐化茄籐，異香遠聞。鄉人柯長者感其靈異，因奉真身而建伽藍。迄於近世，香火因緣，普被遐邇。有仁宅沐恩弟子黃種樹、黃書漢，景仰慈光，冀報大德，募建浮圖，永鎮山中。爰略紀事實，以示將來。使見聞瞻禮，獲福於無窮焉。中華二十二年癸酉夏月，住山比丘定眉立石，沙門古志撰文，沙門月音書寫。」

⓳贈轉應老法師短聯題記：「閩南砥柱，佛法金城。」歲次庚辰十二月朔，靈應寺主延請諸師莅寺禮懺，齋天燄口，日夜勤勞，行者疲憊。翌朝黎明，轉應老法師子身入大殿，持誦晨課，梵音圓朗，威儀端嚴。余親見之，大為歎服。師道心堅固，任事正直，久為緇素所稱讚。朝暮二課，數十年來，精勤無間，尤為衆所難能。世衰道微，人多文弱，不具剛骨。有如師者，可謂末法芬陀利矣。謹書聯句，奉慈座以志敬仰。並勵後賢。晚學一音，時年六十又一。

⓴月笙《靈應寺訪弘一法師》：「當代高僧弘一法師……客夏說法永春桃源殿，靜修普濟寺中。上月（十月）初旬南來，避寒於吾邑玳瑁山靈應寺，遐邇人士聞訊往訪者頗不乏人。一月初，偶過縣立爐內中心小學，聆該校校長潘詩泓言：渠於上月十八日，偕惟仁小學校長潘北山及蓬谿小學校長廖博厚，聯袂遊是寺，適晉江縣立金谿中心學校校長林高懷等一行八人，亦來隨喜。不期而晤，傾蓋言歡。僉議機會難逢，請謁法師。法師以諸君皆從遠道來，且為教育界人士，破例接見。晤談間某教師問及：『當此生活程度提高，一輩小學教師，家費無法維持，是否可以改業？』法師言：『小學教育為栽培人材基礎，關係國家民族，至重且大。小學教師目下雖太清苦，然人格實至高尚，未可輕易轉途云。……』余久仰法師之名，難免見獵心喜。特于月初八日，偕同志文炳，重游名山。石徑盤紆，花木掩映，梵宇琳宮，依稀如昔。於是稍憇禪房，見懸有法師肖像，貌極清癯，高齡似已逾花甲。問諸主持定眉，知法師與其高徒二人住東廂，恐精神分散，妨礙著作，不願再見客。惟託其寫字，或者願意，因渠頗好與閩南文人結緣云。余遂向定眉借紙筆，伏案書一便箋曰：『聞法師飛錫莅臨，閉關著述，肯否惠賜一謁？以抒景慕之忱。法師書法出塵絕俗，不染人間煙火氣，並欲恭求各揮贈一幀，以留紀念。袁子才曰：「佛說〔因緣〕二字，足補聖經賢傳之缺」，法師其有意乎？』署欵畢，交定眉持入。未幾復出，携

宣紙兩幀。上書《華嚴經》偈句：『不為自己求安樂，但願衆生得離苦』二句……苦口婆心，現於楮墨之間，殆為法師寫照乎？定眉言：『法師性愛花木，東廂所植，盡命移出。日僅清早六時一餐。』於此益信其修養有素。」

㉑《受八關齋戒法．跋》：「歲次壽星，沙門善夢敬書，時居豐州靈應山中。」

【按】「八關齋戒」，為在家信徒於一日一夜之間所持的出家之戒律。即不殺生戒、不偷盜戒、不邪淫戒、不妄語戒、不飲酒戒、不塗飾香鬘歌舞視聽戒、不眠坐高廣嚴麗牀座戒、不非時食戒的八戒。此中第八為正齋，前七是戒。關者禁之義。豐州為南安別名。

㉒慧田《我虔念着弘一大師》：「記得是大前年（廿九年）的一個冬天裏的一天下午，我正在南安水雲洞外的麥田上伴着工人冬耕。得着弘一大師由永春蓬壺移錫附近靈應寺的消息。不由得喜出望外，丟下了工作，跑過山嶺去拜訪這位多年不見的大師。我見他的時候，已是他老人家到來的第三天，而又是他開始不見客的第一天。聽說他不見客，我也就不敢動問要見他的話。不知却早有人告訴他說，我特地趕來見他。故在我停腳後飯還沒吃完，他已先來請我進去，說是特別的會見。這時使我得着莫大的歡慰。……他先行開口，問我現在住在什麼地方？我告訴他就在附近的一個山上躬耕，並乘機請他到我那裏去玩玩。本來心裏是想請他去住的，因為覺得自己住的房子太簡陋，不由得換一口氣請他去玩玩。因為我說得非常起勁，竟引起他發奇的問我：住的地方到底是出家人的地方呢？還是農家人的地方，有幾個人同住？誰曉得他這一問，和我的一答，竟成就了他二次伴我水雲山居的因緣。

「由於水雲地方的簡陋，設備的不全，故大師來住的時候……睡眠的牀還是由我讓下的兩扇門板搭成的。在我很是過意不去，而他老人家見了，却非常的歡喜，滿口都是很好很好的。……他告訴我：『我們出家人，用的東西都是十方施主的。什麼東西都要節儉愛惜。住的地方只要有空氣乾淨就好，用的東西只要可以用，不必什麼精巧華麗。這是太貴族化，我們出家人不應該有的，要受人家的批評。我住的地方也只求簡潔清淨而已，用不着高樓大廈。像這樣的房子，我們是住得慣的。』大師的話也許是安慰我，也許是訓誨我。……」

㉓《李卓吾先生象贊》：「由儒入釋，悟徹禪機。清源毓秀，千古崔巍。」

㉔手書贈新加坡居士林聯句題記：「『普令衆生得法喜，猶如滿月顯高山。』晉譯《華嚴經》偈句，新加坡居士林供養。沙門一音集書。」（見《新加坡佛教居士林成立廿五周年紀念特刊》）

一九四一年（民國三十年辛巳）六十二歲

是年春仍居南安靈應寺。各方祝壽詩詞陸續寄至。天津舊交王吟笙、曹幼占、姚彤章，皆有詩寄賀；其他國內知名人士，楊雲史、馬一浮、柳亞子、呂碧城、鄭翹松、嚴叔夏、太虛等所賀詩詞，均充滿友情與崇敬❶。四月自靈應寺重過水雲洞，手書古德偈句贈陳海量❷。旋移居晉江檀林鄉福林寺閉關，為學者講《律鈔宗要》，並編《隨講別錄》及《晚晴集》❸。又於福林寺念佛期講《略述印光大師之盛德》❹。時友人黃福海往訪于福林寺，越數日師寫唐韓偓詩二絕贈之❺。閏六月惠安勝王江山為其先父求當代名人書「孝歎傳芳」作為匾額，以彰懿行，特至福林寺謁師請求揮毫。王氏對福林寺規模及其室內陳設略有記載，可以想見大師當日居處的情況❻。秋日，為劉蓮星寫《隨分自誓受菩薩戒文》並略析其疑義❼。初冬賦《紅菊花偈》示傳貫侍者❽。時同住福林寺之青年比丘愴痕（妙齋）患病，師親為看護，並勸其專心念佛。又為起名「律華」，並加解釋，可知其思想之所寄託❾。又作《遺書》一通，囑彼慎重保存，待其圓寂後方可啟視，足見其諄諄訓誨青年後學之苦心❿。九月二十日為師誕辰，時值抗戰末期，泉州食物頗缺。開元寺特備素齋數事，由都監廣義、監院傳淨及定林、密因二師，步行二十餘里，親送至福林寺供養大師，略伸敬意。師聞傳淨監院正禮《法華》，乃書蕅益大師警訓一則，以嘉勗之⓫。仲冬，在百原寺為永春淡生居士梁鴻基證受皈戒，取名曰「勝聞」。其後梁氏時至百原，助師料理瑣事⓬。後以自撰聯句請師書寫，師為略加潤色，並附注釋⓭。臘月，在泉城百原寺（俗稱銅佛寺）小住。蔣文澤、楊嚴潔二居士前往參謁，請師開示修持法門。師告以修持當一門深入，久久專修，方有成就希望。又說：「閱佛書萬不可如閱報紙，走馬觀燈，一過目便歇。須是細心玩索……以文會意，方得實益。至于打坐鍊氣，非佛法也。」⓮旋至開元寺小住。上海劉傳聲居士，探悉閩南叢林缺糧，恐師未能完成南山律叢書。特奉千元供養，師慨然辭之。謂自民國七年出家，一向不受人施。後以此款充開元常住為道糧，由開元復函致謝。又謂以前「摯友夏丏尊贈余美國真白金水晶眼鏡，因太漂亮，余不戴，今亦送開元常住變賣為齋糧」⓯。又致李芳遠書，告以「此次至泉城住二十天，見客寫字，至為繁忙。自今以後，擬謝絕諸務，閉門思過，於尊處亦未能通信」⓰。十二月二十二日午，自泉城回福林寺度歲⓱。應陳海量居士之請，為撰其父《陳復初居士傳》及《立鈞童子生西事略》⓲。是年澳門佛教界有大小乘經典中輕視女性的說法之討論，函詢大師請決。師引律文及鈔疏，致函竺摩法師答之，以為佛說各被一機，不須合會⓳。是冬，泉州大開元寺結七念佛，時值抗戰期間，師為書「念佛不忘救國，救國必須念佛」警語，以策勵之，並題記說明⓴。

注　釋

❶各方祝壽詩詞：

其一　天津　王吟笙（新銘）清末孝廉

世與望衡居，夙好敦詩書。聰明匹冰雪，同儕遜不如。猥以十年長，謙謙兄視余。少即嗜金石，古篆書蟲魚。鐵筆東漢字，寢饋於款識。唐有李陽冰，摹印樹一幟。家法衍千年，得君益不墮。為我治一章，深情於此寄。憶自君南游，悠悠數十秋。樹雲思不已，歲月去如流。比聞君祝髮，我髮早離頭。君為大法師，我猶浮生浮。老賡翰墨緣，遠道寄楹聯。經言開覺路，書法示真詮。筆墨俱入化，如參自在禪。裝池張座右，生佛在吾前。

辛巳春，小詩奉祝一音大法師無量壽，尚希郢政。吟笙王新銘拜草，時年七十有二。

其二　天津　姚彤章（召臣）

仙李盤根歲月真，千秋事業有傳薪。殘山賸水須珍貴，稽首慈雲向永春。

其三　天津　曹幼占（振綱）

高賢自昔月為鄰，早羨才華邁等倫。馳聘詞章根史漢，瑰琦刻畫本周秦。形游東海求新學，心向西方拜聖人，書法空靈關覺悟，從知明月是前身。

其四　江東　楊雲史

詞人風調美人骨，徹底聰明便大哀。綺障盡頭菩薩道，水流雲亂一僧來。

其五　紹興　馬一浮（蠲叟）

和尚應知苦病空，形神如鶴壽如松。本來無相何僧俗，多事袈裟著一重。

世壽迅如朝露，臘高不涉春秋。寶掌千年猶駐，趙州百歲能留。

徧界何曾相隔，時寒珍重調柔。深入慈心三昧，紅蓮化盡戈矛。

其六　吳江　柳亞子（棄疾）

弘一大師，俗名李息霜，與蘇曼殊稱為南社兩畸人。自披剃大慈山以來，濶別二十餘年矣。頃閉關閩海，其弟子李芳遠來書，以俗壽周甲紀念索詩，為賦二截。

君禮釋迦佛，我拜馬克斯，大雄大無畏，救世心無歧。

閉關謝塵網，吾意嫌消極，願持鐵禪杖，打殺賣國賊。

其七　旌德　呂碧城（寶蓮）

謹依楊雲史詩意，寄奉芳遠先生，以祝弘公大法師無量壽。

鵲踏枝

冰雪聰明珠朗耀，慧是奇哀，哀慧原同調。綺障盡頭菩薩道，才人終曳緇衣老。

極目陰霾昏八表，寸寸泥犁，都畫心頭稿。忍說乘風歸去好，繁紅剗地憑誰掃。

其八　永春　鄭翹松　前清孝廉

海嶽仙人杖錫來，祥風一掃瘴雲開。神醫果有伽陀藥，天匠能容瓠落才。率土山川瞻瑞相，諸天日月傍蓮臺。遠公倘許東林住，準擬淵明真醉回。

其九　福州　嚴叔夏

祝弘一大師六十壽

疇昔儒林彥，於今釋苑雄。視身猶棄物，並代幾高風。產業華嚴富，威儀梵網隆。從來無甲子，隨俗慰鴻濛。

道喪已云久，微公孰與尊？燈明南海嶠，觀徹一真源。淡漠無為意，虛凝豁大昏。臨箋無限意，深自愧忘言。

其十　沙門　太虛

贈弘一法師

以教印心，以律嚴身，內外清淨，菩提之因。

❷手書贈陳海量偈句跋：「『即今休去便休去，若欲了時無了時。』古德偈句。辛巳四月十九日，第二次居南浦水雲，明朝將復之福林。書此以奉海量居士，晚晴老人，時年六十又二，未御目魚書。」（目魚，眼鏡也。）

❸瑞今《弘一大師弘法略記》：「辛巳夏，來泉福林寺閉關，為學者講《律鈔宗要》，編《律鈔宗要隨講別錄》及《晚晴集》。」

❹《略述印光大師之盛德》（在泉州檀林福林寺念佛期講）：「大師為近代之高僧，衆所欽仰。其一生之盛德，非短時間所能敘述。今先略述大師之生平，次略舉盛德四端（習勞、惜福、注重因果、專心念佛），僅能於大師種種盛德中，粗陳其少分而已。……」（全文見《晚晴老人講演集》）

❺黃福海《弘一法師與我》：「我在石獅，有一天張人希君來說：『法師已由永春來了。』我一聽到這話很為歡喜。隨即問他住在什麼地方？『住在本區檀林鄉福林寺。剛才我就是去皈依法師來的。』……

「我即於次日，……獨自跑到福林寺。由傳貫師領我上樓，法師正憑着闌杆，左手捧着一本經，面對東面一個水塘在遠眺。他轉首見我來，隨即邀我進客室。先說給我一點他的近況，又問我來石獅的原委，以及我離開江蘇省的年數；隨後彼此默默地對坐了很長的時間。……過了幾天，法師託人帶來贈我的一幅小中堂，上寫韓偓絕詩兩首。詩為：『炊煙縷縷鷺鷥棲，藕葉枯香插野泥。有個高僧入圖畫，把經吟立水塘西。』『江海扁舟客，雲山一衲僧。相逢兩無語，若箇是南能？』前一首詩，似為法師的寫照；後一首詩，正是彼此相逢時的素描……」

【按】前一首詩，題為「曲江秋日」；後一首詩，題為「與僧」。見《全唐詩》卷六八二韓偓詩。此詩末句「難能」應為「南能」（即南能北秀之意），初版年譜誤植，未及校正。其後香港、臺灣翻印，皆仍其誤，今特改正。

❻勝王江山《謁弘一大師追記》：「歲辛巳閏六月二十三日由惠安啟程，將之晉江謁弘一上人於福林寺。先是靈瑞山妙拔法師託友人某欲向弘一上人求匾書，而余自先嚴棄養後，亦欲求大德名人為書『孝歎傳芳』四字，以誌先嚴之懿行。孝歎者先嚴別字也。弘一上人當代高僧，書法冠一時。若能求得墨寶，勒之貞珉，堪垂不朽。……福林寺近檀林村，外殿三間，背建二層樓一座。弘一上人住樓上。……有寺僧傳貫者出，向余等問訊。余等告以來意，欲謁見弘一上人，並求法書。傳貫師答稱，上人不會客，且謝絕書寫匾額，余等咸感失望。是晚宿寺中，翌早貫師傳上人諭，許接見。由貫師導引登樓，維摩丈室，清淨無塵。上人道貌清癯，身材瘦長，自言已六十二歲。室內陳設簡潔，祗一桌數櫈。桌上置筆墨硯等物。壁間懸有上人手書『尊瞻齋』三字橫額。吾等就坐後，上人垂詢惠安地方治安及糧食等狀況，余等一一答之，不敢多談。旋即辭出，甚以獲覩上人道範為幸。……下午二時許，上人擲下手書『孝歎傳芳』四字，余恭敬頂受，歡喜踴躍。……廿五日早，余更求上人賜一頂款，俾資識別。復蒙另紙書付，文曰『悅萱居士千古』……」

❼《隨分自誓受菩薩戒文析疑附記》：「劉蓮星慧日居

士，請寫《隨分自誓受菩薩戒文》，將付影印，為略析其疑義，未能詳盡耳。於時歲次鶉尾秋仲，居茀林禪苑，弘一。」（茀即福之別寫字。——著者）

❽《紅菊花偈》並跋：「辛巳初冬，積陰凝寒。貫師贈余紅菊花一枝，為說此偈：『亭亭菊一枝，高標矗晚節。云何色殷紅？殉教應流血！』晚晴老人於茀林。」

❾惓痕《哭弘一大師》：「公每對惓太息，佛法陵夷，已至極點。僧人頹狀，不堪言喻。……嗚呼！惓於福林患病，得公親為看護，且用慈音安慰。勸惓放下一切，專心念佛。……公為惓標名『律華』，自謂義有三解：一奉持律教，如華開敷，當來能結聖果。（今開花，後結果。）二敬護律儀，戒香熏修，則淨域蓮華，漸以敷榮。（受持戒律功德，能生極樂淨土，見《觀經》。）《往生論》云：『初發心人，極樂寶池，已萌蓮種。若精進不退，日益生長，華漸開敷；其或懈退，日漸憔悴。若能自新，華復鮮麗，其或不然，芽焦種敗。』（自新，即改過自新。）三行依律，教啟華嚴。（如律行持之時，復依《華嚴經》，發廣大弘願。）嗚呼，惓顧名思義，能無愧乎？公復為惓書律偈曰：『名譽及利養，愚人所愛樂，能損害善法，如劍斬人頭。』並加題記云：『明誦帚道昉禪師，晉江溜澳人，住開元寺。嘗以是偈，銘諸座右。余初落髮，亦書是偈，用自惕勵。邇者律華法師，於是偈言，深為愛樂，復請書寫。余嘉其志，讚喜無已。願師自今以後，熟誦靈峯所撰《誦帚師傳》，盡此形壽，奉為師範，如誦帚所行，一一追蹤而實踐之。甘淡泊，忍疲勞，精勤禪誦，唾棄名利。以冰霜之操自勵，以穹窿之量容人。親近善友，痛除習氣。勇猛精進，誓不退惰。余所期望於師者至厚，所遵仰於師者至高，故不覺其言之縷縷也。』」

❿致律華法師《遺書》：「（公於未寂滅之前一年，曾貽書於惓，囑慎重保存，須待公圓寂後，方可啟視。）今啟見之，其遺囑曰：『律華法師澄覽：朽人與仁者多生有緣，故能長久同住，彼此均獲利益。朽人對仁者之善根道念，十分欽佩。朽人撫心自問，實萬分不及其一。故朽人與仁者長久同住，能自獲甚大之利益也。妙蓮法師行持精勤，悲願深切，為當代僧衆中罕見者。且如朽人心中敬彼如奉師長。但朽人在世之時，畏他人嫉妒疑議，不敢明言。今朽人已西歸矣，心中尚有懸念者，以仁者年齡太幼，若非親近老成有德之善知識，恐致退惰。故敢竭其愚誠，殷勤請於仁者。乞自今以後，與妙蓮法師同住，且發盡形承侍之心，奉之如師，自稱弟子，並乞彼時賜教誨。雖受惡辣之鉗錘，亦應如飲甘露，萬勿捨棄，至囑，至囑。』

「嗚呼，惓當日以業障深重，每感慈訓過于嚴厲，兼妙蓮法師在旁督促，時有興退之念。而今已矣，雖再欲願受惡辣鉗錘，已不可得矣。……」

⓫手書藕益大師警訓贈傳淨法師：

專求己過，不責人非。步趨先聖先賢，不隨時流上下。

傳淨法師頂禮《法華經》，書此以為供養。演音。

【按】此事乃余於一九八九年冬在泉州開元寺時，親聞之於傳淨法師者，特記之以存紀念。

⓬題淡生居士自撰聯句附記：「辛巳仲冬，淡生居士獲見『觀世音菩薩寶相』，發起信心。自十二月一日始，蔬食茹素。二日，余來溫陵，居百源禪苑。五日，余與相遇於承天寺大雄寶殿前。八日，歸依三寶，余為證明，立名曰『勝聞』。爾後日必至百原數次，助余料理瑣事。嘗自撰聯句，屬余書寫。今將歸臥茀林，掩室習靜。為附記其往事，聊志遺念云。亡言，時年六十又二。」

⓭為淡生居士書所撰聯題記：「淡生賢首自撰聯句屬書，略為潤色，並附注釋其意，以奉慧覽。『游衍書績』者，游衍見《詩．大雅》傳記云：自恣之意。績與繪通。『唾棄利名』者，輕賤鄙棄也。歲集辛巳嘉平六日，晚晴老人書于百原。」

⓮蔣文澤《弘一大師開示略記》：「歲在辛巳臘月十九日，陪楊嚴潔居士趨百原禪苑，拜謁一公。楊居士乞公開示，荷公垂慈，諄諄啟導。略記如次：『修持當一門深入，久久專修，方有成就希望。若心無主宰，見異思遷。正修淨土，又欲參禪，旋思學密等。一鄉混叩亂參，志向不一，紛紛無緒，何由成功？現今

修持，求其機理雙契，利鈍咸宜，易行捷證者，是在淨土法門。可閱《印光法師文鈔》及《嘉言錄》，尤其是《嘉言》分類易閱。開端之處，如覺難領會，不妨從中間較淺顯處先閱。閱佛書萬不可如閱報紙，走馬觀燈，一過目便歇。須是細心玩索，……以文會意，牢記勿忘，方得實益。至於打坐鍊氣，係煉丹法，非佛法也，切不可學。……』」

⑮廣義《弘一大師之盛德》：「當代弘一大師，駐錫閩南，十有四載。除三衣破衲，一肩梵典外，了無餘物。精持律行，邁於常倫，皎若冰雪，舉世所知。此次滬上劉傳聲居士，探悉閩南叢林，糧荒異常，深恐一公道糧不足，未能完成南山律叢書，特奉千元供養。信由廣義轉呈，而大師慨然辭之。謂：『吾自民國七年出家，一鄙不受人施；即摯友及信心弟子供養淨資，亦悉付印書，分毫不取。素不管錢，亦不收錢，汝當璧還。』廣義謂上海交通斷絕，未能寄去。師乃謂：『開元寺因太平洋戰事，經濟來源告絕，僧多粥少，道糧奇荒，可由此款撥充，經柯司令證明，余不覆信。並不寫信與彼，由開元寺函復鳴謝可耳。』「又謂：民二十年間，摯友夏丏尊居士，贈余美國真白金水晶眼鏡一架，因太漂亮，余不戴。今亦送開元寺常住變賣為齋糧，約計價值五百餘元。該寺遵命後，聞已議決公開拍賣，購充齋糧云。辛巳臘月記。」

⑯致李芳遠書：「惠書，誦悉。諸承關念，並示箴規，感謝無盡。此次朽人至泉城，雖不免名聞利養之嫌，但較三四年前則稍輕減。……惟以見客寫字為繁忙耳。夫見客寫字，雖是弘揚佛法。但在朽人，則道德學問皆無所成就，殊覺惶慚不安。自今以後，擬退而修德，謝絕諸務。以後於尊處亦未能通信。……乞愍其老朽而曲諒之。謹復，不宣。音啟。」

⑰致李芳遠書：「惠書忻悉。朽人此次居泉兩旬，日墮於名聞利養陷阱中，至用慚惶。明午即歸苐林（即福林寺）閉門靜修。特刊（六秩祝壽紀念特刊）一冊，附掛號郵奉。……先此略復，不宣。十二月廿一日　音啟。」

⑱《陳復初居士傳》：「居士諱克賢，浙江天台人。世業儒。父榜山公，德學卓著，矜式鄉里。居士少讀儒書，工文詞。天性仁厚，樂為人排難解紛。嘗入市拾鉅金，訪其遺者還之。賈於仙居，受厚俸。值母許氏小疾，遂辭返，不復遠遊，其孝思純篤如此。天台質肆，昔有陋規，苦偪貧民。居士恫其弊，乃私撰狀，告於有司。規廢，人無知其為者。晚歲覽《安士全書》，歸信佛法。二十八年夏季示疾，遺誡諸子，勗以樂貧敦品，隱惡慎言。迨疾篤，安詳捨報，如入禪定，春秋六十又二。配茅氏，勤儉治家，長齋奉佛，族黨稱其賢。子四：立鰲、立超、立鼎、立鈞、女一。立鰲字海量，別字普悲。曩居南閩，從余修學。邇以書來，述居士懿德，並立鈞童子生西瑞相，請為之記。俾示子孫，世知奉佛。因書其概，委如別記云。」

【附】立鈞童子生西事略：

居士四子立鈞，童年信佛。在學黌勸人念佛，從者綦衆。偶小妄言，立鰲哂之，童子大慚不自容，宿慧蓋有在也。二十九年夏，病肺亡。先自云見觀世音菩薩放白光，將導之往，因起坐。復曰：「我乘白光去。」口念佛不輟，遂爾坐化。歷時久，頂門猶溫，往生極樂，蓋無可疑。世壽十五齡。為附記傳末，以示來哲焉。

於時三十年歲集鶉尾，大慈沙門一音撰並書。

⑲致竺摩法師書：（上略）茲綜合律文，及南山靈芝鈔疏記義。列表如下：

犯相——與女說法，過五六語——波逸提。

五六語，且舉陰入。靈芝謂亦可說餘法也。此戒制意，如《南山戒疏》云：「凡說法生善，事須應時。不請而說，理無強授。本無敬信，情懷奢慢。脫因斯次，致有過非，不免譏謗，清白難拔。」靈芝釋云：「敘制意有二：一乖說法之儀。二是生識之本。」

開緣——在有智男子前，過五六語說——不犯。

有智男子者，解知粗惡不粗惡事，即簡小兒癡狂等。

不在有智男子前；若女請問者，應答廣說——不犯。靈芝云：「若請說，若問義，隨多少者。以虛心求請，義非強說，故不限多少。」

真諦三藏之三種解釋中，第三解謂：「女性闇弱，是故律云云。」此與律文不同。是戒緣起，因與女耳語說法，發生嫌疑而制，決未云「闇弱」二字也。說法貴觀機，不可拘泥。為女衆說法時，可以不用第三解。於前二解中，擇其契機者用之可耳。

大小乘佛典中，雖有似輕女性之說。此乃佛指其時印度之女性而言。現代之女衆不應於此介懷。

又佛之所以出此等語者，實於大慈悲心，以誡誨勗勵，冀其改過遷善，絕無絲毫輕賤之心也。

大小乘佛典中，記述女人之勝行聖跡甚多，如證初二三四果，發無上道心，乃至《法華》龍女成佛，《華嚴》善財所參善知識中，亦有示現女身者。惟冀仁者暇時，徧採《大藏經》中此等事迹，彙輯一篇，以被當代上流女衆之機，則閱者必生大歡喜心，欣欣向榮，寧復輕生疑謗乎？

佛典中常有互相歧異之處，人每疑其佛意何以自相矛盾？寧知此乃各被一機，不須合會，無足疑也。演音啟。（上海《覺有情》第五十二—三期，江之萍《一個與學佛婦女有關的問題》）

【按】「女性闇弱，是故律明為女人說法過五、六語，犯波逸提。」五語即指五陰（即五蘊），六語即指六入（即六根）。《五分律》第六卷云：「五語者，色無常，受想行識無常。六語者，眼無我，耳鼻舌身心無我。」意謂為女人說法，不得超過陰、入處義。以女性闇弱，不能多受。故若為說超陰、入義，即犯「波逸提」罪。

【按】波逸提，梵語，亦稱波逸底迦（Payattika），比丘六聚戒之一，譯為「墮」。屬戒律中的輕垢罪。犯之者，或捨財物，或單向別人懺悔，即得清淨。但若不如法懺悔，將構成墮於惡趣的罪業，故譯為「墮」。

⑳《念佛不忘救國．救國必須念佛》題記：

佛者，覺也。覺了真理，乃能誓捨身命，犧牲一切，勇猛精進救護國家。是故救國必須念佛。

辛巳歲寒，大開元寺結七念佛 敬書 呈奉 晚晴老人。

一九四二年（民國三十一年壬午）六十三歲

師居福林寺時，邂逅檀林鄉杜安人診療所醫師杜培材（字安人，原籍惠安。畢業某醫科學校，醫術精湛，學術豐富，信奉基督教），在檀林鄉行醫多年，遠近聞名。病家雖佩其妙手，而苦醫費過昂，貧者無力就醫。杜安人醫師因仰慕大師高名，曾專程拜訪，頗受感動。時值戰時，藥物尤貴。大師聞之，以舊藏貴重西藥十四種贈之，囑其普施貧民；並以其名撰一冠頭聯奉贈，暗勸培養醫德❶。杜氏得贈藥物，致函道謝。並陳述去年晤談時所領教的，句句是立身的座右銘。自謂「在公醫制度尚未實行的社會裏，所謂醫生者充其量亦不過是一種靠技術換生活，與其他職業無異」。並謂「由于領受這次的恩賜以後，我希望良心會驅使我，把我既往的卑鄙、從前的罪惡，在可能範圍內盡量地改革過來，效法師『慈悲衆生』的婆心，真正地把『關懷民瘼』的精神培植起來」❷。不久，師將離福林寺，杜安人又致一函表示惜別，並撰寫「讚詞」，以彰師之學德❸，後改書一匾奉贈，今猶存福林寺❹。二月下旬，應舊日門生惠安縣長石有紀之請，赴靈瑞山講經❺，但以君子之交，其淡如水，不迎不送，不請齋，過城不停留，逕赴靈瑞山三條件為約。在靈瑞山月餘，石有紀曾三次上山奉謁，備極禮敬❻，並作詩二首呈似❼。在惠安時，應楊景和居士之請，為龍安佛寺作冠頭詩一首❽。三月廿七日，回泉州百原寺。欲重赴石獅福林寺掩關未果，旋應葉青眼、尤廉星之請，移居溫陵養老院❾，勝聞居士請寫遺訓，書《論語》一段贈之❿。又題其贈東華法師畫冊⓫。三月底王夢惺請入桃源，師以衰老日甚，「未可豫定」答之⓬。時文學家郭沫若自重慶馳書李芳遠，請代求大師墨寶。師寫《寒山詩》五絕一首贈之。上款書「沫若居士澄覽」，郭氏復書致謝，遂以「澄覽大師」稱之⓭。又致書李芳遠，謂澄覽大師言甚是。文事要在乎人，有舊學根柢固佳；然僅有此而無人的修養，終不得事也。古人云：「士先器識而後文藝」，殆見道之言耳⓮。五月自知將西歸，致書弟子龔天發（勝信），作最後之訓言⓯。時汕頭蓮舟法師著《靈山正宏集》在上海出版，請密林法師作《詠靈山八景詩》，乞師為書寫影印⓰。六月福州羅鏗端、陳士牧居士倡議修建怡山長慶寺

（即西禪寺）放生池，以修建事迹見寄，師為潤色並手書刊石，是為最後之遺作⓱。師出家後，持「非時食戒」甚嚴。是年特撰《持非時食戒者應注意日中之時》，以明時非時主義⓲。初秋，張人希以先人所藏畫冊請題，師為題「承平雅頌」四字，並加題詞⓳。時王夢惺滙寄旅費，請入永春弘法。師以老病日增，謝未能往，並以所寄旅費璧還⓴。七月廿一日，在泉州朱子「過化亭」教演出家剃度儀式㉑，出《刪訂剃頭儀式鈔本》一卷。謂自宋靈芝律師後，失傳約七八百年，今為刪訂此本，昨已集數師於此演過。將來出家者，令依此授之㉒。八月十五六日，講《八大人覺經》及《淨土法要》於養老院，翻譯者為開元寺曇昕上人㉓。師出家以後，自已絕少鐫石。每有所需，輒命友人代刻㉔。常謂剃染以來，於文藝不復措意。嘗誡人云：「應使文藝以人傳，不可人以文藝傳。」又謂十四五歲時常學篆書，弱冠以後，茲事遂廢㉕。八月廿三日，漸示微疾，為轉道、轉逢二老書大柱聯後，猶力疾為晉江中學學生寫中堂百餘幅。廿八日下午，自寫遺囑于信封上。九月初一日書「悲欣交集」四字與侍者妙蓮，是為最後的絕筆。九月初四日（即陽曆十月十三日）午後八時，安詳圓寂於泉州不二祠溫陵養老院晚晴室㉖。師「遺囑」共三紙。一、囑臨終一切事務，皆由妙蓮師負責，他人不得干預㉗；二、細囑臨終助念及焚化等作法㉘；三、囑溫陵養老院，應優遇老人，並提具體意見㉙。遺囑發表後，即以手書《藥師經》一部及《格言別錄》送與妙蓮供養㉚。臨終並將《遺書》附錄「遺偈」二首，分別致其故友夏丏尊及弟子劉質平告別㉛。又致菲律賓性願法師遺囑，因當時在戰爭中，託人代達，為人所遺㉜。其另一致性老遺囑，則在戰後始見㉝。

注　釋

❶手書贈杜安人醫師聯句：「安寧萬邦，正需良藥；人我一相，乃謂大慈。」（聞師原有題記，惜已遺失。）

❷杜安人醫師來書之㈠：

弘一法師：記得去年中秋，我曾因仰慕心的衝動，一度專誠拜謁。那時候雖然是簡短的談話，但是我所領教得來的却句句是金科玉律，句句是立身的座右銘。至今深刻在腦海中的，還是無限的愉快欣慰。我以後數度想要再去受訓，祇恐未便打擾。所以雖有近在咫尺的機會，畢竟是天涯一般的遙遠，抱憾之至。

昨承惠賜良藥十四件，接受之餘，萬分慚愧。因為在公醫制度尚未實行的社會裏，所謂醫生者，充其量亦不過是一種靠技術換生活，與其他職業無異——為工作而生活，為生活而工作。這種自私自利的心理，還談得上甚麼「本我婆心，登彼壽域」，或甚麼「濟世為懷」這類虛偽或廣告式的言詞嗎？不過由于領受這次的恩賜以後，我希望良心會驅使我，把我既往的卑鄙、從前的罪惡，在可能範圍內，盡量地改革過來，效法法師「慈悲衆生」的婆心，真正地把「關懷民瘼」的精神培植起來。藉符法師去年為我題贈「不為自己求安樂，但願衆生得離苦」之箴言。那麼，我所受惠的，其於精神方面的價值，將較勝於物質的百萬倍矣。我該用最誠懇的謝忱來結束這張信。敬頌　康健。檀林杜安人診療所杜培材謹呈。　卅一年三月十七日

❸杜安人醫師來信之㈡：

弘一法師鈞鑒：自法駕蒞檀（檀林鄉），倏將一載。材獲有機緣拜謁，不勝欣幸之至。材雖身奉耶教，然生平受感最深者僅有兩次。第一次為醫學畢業時代，吾師以外國箴言相勗勉。其詞如下：

I shall pass through this world but once, any good or kindness that I can show to any human being, let me do it, let me not defer or neglect it, for I shall not pass this way again.

【按】英文大意是：「我只能經歷一次人生，讓我把全部善良和仁慈獻給人類。我毫不遲疑，絕不忽視，因為我不可能再經歷一次人生。」

（聞友人云：法師素通英文，故敢直陳，勿怪是荷。）此次法師亦以輕小我重大我之人生觀相示，使材知世之宗教僅可視為一規模之團體，而其最高尚標的，不外為共同之美德，如博愛、和平、慈悲等是也。

法師之高尚，曾留居此窮鄉僻壤之福林寺。此種富有歷史意義之勝地，材擬題匾額一方，藉以表揚　法師之偉大於萬一，亦所以作永久之紀念也。惜材才學疏廢，漢文苦無根柢。故一時礙

難辦到，應請諒宥。惟大意如下：

「法師弘一，一代高僧。文章道德，博古通今。環肥燕瘦，書法尤精。榮華富貴，獨享無心。空門修行，寒暑屢更。為民度苦，埋頭著經。犧牲自我，慈念衆生。循循善誘，救世明星。我奉耶教，受感同深。福林一敘，欣賞良箴。念茲勝地，發揚嘉音。覽遊斯寺，必信必欣。超凡入聖，法壽隆亨。」

以上詞句，未能表揚法師之偉大。惟於世道人心，冀能有所裨益。材擬請友人斧正，然後付刻耳。

法駕不日他錫，最好傳貫師護送，以便沿途及抵地時之照料。至于老師尊恙，雖未克一時康復，然不足為慮也。別離在即，材因英墩事務，恐未克躬送，罪甚。所望不久，法駕再臨斯寺，亦附近千萬「罪民」所懇切企求者也。肅此奉陳，敬頌法安。

鄙人杜培材敬上　卅一年四月三日

【按】以上二書，均載一九四二年三月，泉州《佛教公論》，復刊第七期，時師尚無恙也。

❹福林寺紀念：（掛福林寺紀念）

當代高僧
讀徧佛經
書法尤精
貪念不萌
寒暑再更
道岸得登
與人何爭
救世福星
幸覩儀型
時見牆羹
難再同升
想望葵傾
不滅不生

杜安人敬立　壬午年蒲節

【按】一九八九年冬，我在泉州，曾和圓拙法師等訪問福林寺。在弘一大師故居的樓上走廊東邊，見懸掛着右面黑漆一匾，用金字寫着十三句連韻的四言詩。大概是杜氏請人將前頌壓縮而成的。「牆羹」亦作「羹牆」，即深致思慕之意。《後漢書·李固傳》：「昔堯殂之後，舜仰慕三年，坐則見堯於牆，食則覩堯於羹。」

❺僧睿《弘一大師傳略》：「壬午春，應惠安石縣長請，赴靈瑞山講經，三月回百原。」

❻劍痕（石有紀）《懷弘一法師》：「去（三十年）冬重到泉州，即聞法師掛錫銅佛寺（百原寺），因駐身拜謁。……久別重逢，說不盡的愉快。……他告訴我，明後日即擬還駐石獅福林寺。……我請他到惠安來住些時，以便朝夕領教。他答應開春以後，天氣暖一點再說。後來，我又託曾詞源先生專程赴石獅迎迓。他回信說：『過了二月二十日（陰曆），天氣放晴，即便動身。』末附數條云：『㈠君子之交，其淡如水。㈡不迎不送，不請齋。㈢過城時不停留，逕赴靈瑞山。』我當然是尊重他老人家的意旨的。

「在惠安一個多月，我一共上山去三次。他進城來一次。我帶我妻和我女孩子去見他，他很歡喜。我們曾經拍過一張照，他勸過我茹素念佛，他昭示我做人應該『存誠』，做官不可『嗜殺』，他評改過我的詩，他指點過我的字。我覺得他是多才多藝，和藹慈悲，克己謙恭，莊嚴肅穆，整潔寧靜。他是人間的才子，現在的彌陀。他雖然避世絕俗，而無處不近人情。……」

❼石有紀《參謁弘一法師詩》有序：「壬午生辰，適值禮拜。與汪澄之、康元為、曾詞源、盧清苑、黃恩諸君，同上靈瑞山參謁弘一法師。師以『勝緣巧合』，書『無量壽佛』一幅見遺，受寵若驚，慨然有感。冒雨下山，衣履盡濕。是晚內人為治薄饌，邀諸同事歡飲。紀也千里飄零，一官匏繫，茫茫身世，百感交並。憶母懷人，尤增痛楚。率成二律，不知是墨是淚也。石有紀未是草。

三十八年轉瞬過，學書學劍悔蹉跎。離家已近三千里，別母於今兩載多。

無補時艱空許國，欲酬壯志且橫戈。年年此夕傷懷甚，酒盡燈殘一曲歌。

三春風雨悵淒其，稽首靈山拜老師。如此勝緣如此巧，一番參扣一番遺。

當年名士今朝佛，滿腹牢騷兩首詩。最是滿堂哄笑夜，挑燈獨坐意如癡。」

❽勝信《龍安佛寺詩》題記：「壬午之夏，晚晴老人卓錫惠安靈瑞山寺，應楊景和居士之請，撰《龍安佛寺冠頭詩》，敬錄如次。侍者勝信謹識。『龍勝空宗傳竺土，安清古譯冠中邦。佛曦徧照閻浮境，寺剎崔峩建法幢。』

惠安　華藏寺沙門一音。」

【按】龍勝，原譯為龍樹，亦譯為龍猛，佛滅後六七百年生於南印度。自幼穎悟，初學小乘三藏，既不滿意，去而越雪山地方，遇一老比丘授以大乘經典而研修之。後更遊歷諸國，廣求大乘經典，深達奧義，繼馬鳴之後，宣揚大乘法門，著有《大智度論》、《中論》、《十住毘婆沙論》、《十二門論》等，被稱為八宗祖師。安清即安世高，原為安息國（波斯）太子，父崩，讓位於叔父，專攻佛教，尤精通小乘經典及禪經。後漢時到洛陽，先後譯經有《無量壽經》等九十五部，為我國初期佛教著名翻譯家。

❾葉青眼《紀溫陵養老院勝緣》：「第三次（來養老院），即今年壬午三月。先是公在百原，又將適檀林。諸仁以時局擾攘，公在城較便。致函請公蒞院，結夏養靜，公有許意，而未決意何時。適余有永安（當時臨時省會）之行，乃由尤居士（廉星）代達衆意。旋獲公賜示云：

「『青眼居士慧鑒：頃奉諸居士公函，厚愛誠摯，感謝無盡。擬於舊曆二十五日後動身。此次至泉，依去年與仁者所約定者，暫住溫陵養老院。同行者已請定覺圓法師及陳天發童子，與朽人同住院中，由彼照料一切，至為妥善。謹此豫達，不宣。……三月初十日，音啟。』

「自是法師徇余等請，安住溫陵，並請得妙蓮法師同來，一行四人。公住晚晴室，蓮師等住華珍室一二三號房。」

❿勝聞居士屬寫遺訓題記：「壬午初夏，衰老益甚，將遯世埋名，求早生極樂。勝聞居士屬寫遺訓。余行疏學淺，何敢妄談玄妙？謹錄余生平不敢忘懷《論語》一章，以酬勝屬。

「曾子有疾，召門弟子曰：『啟予手，啟予足。』詩云：『戰戰兢兢，如臨深淵，如履薄冰。而今而後，吾知勉夫，小子。』是為予生平得力處，願共勉焉。晚晴。」

⓫題勝聞居士贈東華法師畫冊：「『鏡花水月，當體非真。如是妙觀，可謂智人。』勝聞居士以畫冊呈贈東華法師，為說是偈，書冠卷首，亡言。」

⓬致王夢惺書：「夢惺居士文席：居惠安一月，昨夕返泉，惠書，忻悉。仁者精進向道，甚慰。八關齋戒可緩，乞先素食一年。朽人邇來衰老日甚，何時入桃源（永春），未可預定，至用歉然。齋額寫奉，空白處乞鄭老居士題跋，並希代為致候。謹復，不宣。農曆　三月廿八日，音啟。」

【按】「鄭老居士即鄭翹松，永春人，滿清孝廉。民國後任永春中學校長，著有《永春縣志》，工詩文，大師稱之為永春通儒。」

⓭李芳遠《摩頤行者叢署》：「『澄覽』。壬午之春，法師寫寒山大士詩：『我心似明月，碧潭澄皎潔。無物堪比倫，教我如何說？』託芳遠轉奉吾國文豪郭沫若。上款署曰：『沫若居士澄覽』。郭氏回贈一紙，稱他為『澄覽大師』。法師蒙是號，欣然受之。」

⓮郭沫若致李芳遠書：「五月廿日手書，奉悉。辱承囑書《歸國詩》，因往事不忍回憶，謹錄近作一首奉教，望諒之。澄覽大師言甚是：文事要在乎人，有舊學根柢固佳，然僅有此而無人的修養，終不得事也。古人云：『士先器識而後文藝』，殆見道之言耳。專復，順頌時祉。郭沫若叩，六月八日。」

【按】郭沫若《歸國詩》（依魯迅《慣于長夜過春時》詩韻）如下：

「又當投筆請纓時，別婦拋雛鬢有絲。去國十年餘淚血，登舟三宿見旌旗。忍看骨肉埋諸夏，哭吐精誠賦此詩。四萬萬人齊蹈厲，同心同德一戎衣。」

⓯致龔天發（勝信）書：「勝信居士與朽人同住一載。今將別

離，屬寫警策之訓。竊謂居士曾受不邪婬、不飲酒二戒，今後當盡力護持。若犯此戒，非余之弟子也。余將西歸矣，書此以為最後之訓。壬午五月一日，晚晴。」

⑯靈山八景詩題記：「密林法師詠靈山八景詩，歲次鶉火夏仲，晚晴老人書。時年六十又三，居溫陵。」

【按】「是年五月，汕頭蓮舟法師編《靈山止宏集》問世，密林法師為詠靈山八景詩，乞大師書寫。密林名持松，別號師奘沙門，俗姓張，湖北荊門人，早歲出家，歷參諸大德，曾從月霞法師學於上海華嚴大學，遂嗣其法。中年東渡日本，學密於高野山金山穆韶阿闍梨。歸國後，弘密於全國各地，深受緇素敬信。歷住常熟興福寺、武昌洪山寶通寺、上海靜安寺諸大剎。」

⑰《福州怡山長慶寺修建放生園池記》：

閩中自唐以來，梵宇林立，禪德輩出，故放生之風，迄今猶盛。……福州西郊怡山長慶寺，又名西禪寺，……為閩省一大叢林。寺中舊有放生所，廢圮殊甚。十六年歲次丁卯，羅鏗端、陳士牧居士游怡山，見而感喟。乃倡議募貲，重為修建。……計園池修建，前後歷十餘年，費資萬餘金。羅鏗端、陳士牧居士始終董其務。近述修建經過事迹，請撰碑記，垂示來葉。爰依其草稿略為潤色，並書寫刊石，以志讚喜云。

華民三十一年歲集壬午夏六月，南山律苑沙門演音。

⑱《持非時食戒者應注意日中之時》：「比丘戒中有非時食戒，八關齋戒中亦有之。日中以後即不可食。又依《僧祇律》日正中時名曰時非時，若食亦得輕罪，故知進食必在日中以前也。

「日中之時，……因即校正鐘錶，以此時為十二點鐘也。然以此方法常常核對，則發見可懷疑者二事：一者雖自置極精良正確之鐘錶，常盡力與日晷儀核對，其正午之時，每與日晷儀參差少許，不能符合。二者各都市城邑之標準時鐘，如上海海關大自鳴鐘等，其正午之時亦每見其或遲或早，茫無一定也。今說其理由如下：

「依近代天文學者言，普通紀日之法，皆用太陽。而地球軌道原非平圓，故日之視行有盈縮，而太陽日之長短亦因是參差不齊。泰西曆家以其不便於用，爰假設一太陽，即用真太陽之平均視行為視行，稱之曰平太陽。平太陽中天時謂之平午，校對鐘錶者即以此時為十二點鐘。若真太陽中天時則謂之視午，就平午與視午相合或相差者大約言之，每年之中，惟有四天平午與視午大致相合，餘均有差。相差最多者平午比視午或早十五分或遲十六分。其每日相差之詳細分秒，皆載在吾國教育部中央觀象臺所頒發之曆書中。

「若能了解以上之義，於昔所懷疑者自能祛釋。因鐘錶每日有固定同一之遲速，絕不許其參差，而真太陽日之長短則參差不齊。故不能以真太陽之視午而校正鐘錶，恆定是為十二點鐘也。其各都市城邑之標準時鐘皆據平午。以教育部曆書核對即可瞭然。吾人持非時食戒者當依真太陽之視午而定日中食時之標準，絕不可誤據平午而過時也。至於如何校正鐘錶，可各任自意。或依平午者宜購求教育部曆書核對，即可知每日視午之時。若如是者，倘自置精良正確之鐘錶，則可不必常常校正撥動。否則仍依舊法，以日晷儀之正午而校正鐘錶，恆定是為十二點鐘，此亦無妨。但須常常核對日晷儀，常常撥動鐘錶時針。因如前所說，太陽日之長短參差不齊，未能如鐘錶每日有固定同一之遲速也。又近代天文學者以種種之理由，斥日晷儀所測得者未能十分正確。此說固是，但其差舛甚微，無足計也。」

⑲題張人希先人所藏畫冊：

「承平雅頌」 歲次鶉火秋仲，溫陵晚晴老人。

書畫風度，每隨時代而彭易。是為清季人作，循規蹈矩，猶存先正典型，可寶也。（按：彭為變之古字。）

壬千秋 亡言 時年六十有三。

⑳致王夢惺書：「夢惺居士文席：惠書誦悉。朽人老態日增，精神恍惚，未能往尊邑弘法，至用歉然。……不久仍閉門靜養，謝絕緣務，誦經念佛，冀早生極樂耳。承寄旅費，已無所需，附以寄返，乞改作他用。並乞代向諸居士致謝。諸希鑒諒為禱。謹復不宣。七月二十六日，音啟。」

㉑葉青眼《紀溫陵養老院勝緣》：「公旋閉關，謝絕接見，

不收信件。余等因公在院，每月半必聚會一次，商所需，常數週不獲其面。逮至七月廿一日，假過化亭為戒壇，教演出家剃度儀式，為廣翰、道詳二沙彌，證明傳授沙彌戒。余等始得參與觀禮，再聆教益。蓋雖在咫尺間，真同萬仞壁壘。」

㉒師㡨《略記弘一大師德惠》：「今夏釋迦寺，以剃度沙彌儀軌，疑有未妥，及餘數端，委余求正於師。適大師閉關溫陵養老院，乃以函稟。旋奉轉諭，期以七月廿一後賜見。余乃於廿二日趨謁。席次，師出《剃頭儀式》鈔本一卷，示曰：『自靈芝律師後，失傳約七八百年。今為刪訂此本，昨已集數師在此演過。此卷由妙蓮師繕贈。將來發心出家者，令依此授之。如未明了，請壽山師等為指導，當可如法也。』」

㉓葉青眼《紀溫陵養老院勝緣》：「八月十五、六二日，徇余等之請，講《八大人覺經》及《淨土法要》。擔任翻譯者為開元曇昕上人。練習講稿至數次，故譯時甚為詳明。講時聽衆先朗誦經文一遍，然後開講。」

㉔許霏《我憶法師》：「他雖然出家後對藝術事並不措意，但對於我們的藝術工作很是同情。……他因為出家以後，自己絕少鐫石。每有所需，輒命我刻製。因此他所常用的印，很有幾顆是我刻的。……今年二月，他還叫我刻小圓形的一顆。」

㉕致晦廬居士書：「惠書誦悉。諸荷護念，感謝無已。朽人剃染已來二十餘年，於文藝不復措意。世典亦云：『士先器識而後文藝』。況乎出家離俗之侶？朽人昔嘗誡人云：『應使文藝以人傳，不可人以文藝傳』，即此義也。承刊三印，古穆可喜，至用感謝。篆額二紙，率爾寫奉。十四五歲時常學篆書，弱冠以後，茲事遂廢。今老矣，隨意信手揮寫，不復有相可得，寧計其工拙耶？數日後掩室習靜，謝絕訪問。數月之後，乃可與諸友通問訊也。其敏居士乞代問候，不宣。音啟。」

㉖葉青眼《千江印月集》：「（十）**飭終莊嚴**　公之盛德莊嚴，見之於臨終之際。……公自八月十五、十六日講經，精神雖然與奮，然聲音語氣已微帶黯然神傷之意。……迨八月廿三日為轉道、轉逢二老寫大柱聯後，下午即云身體發熱。廿四日食量遂減。二十五日復為學生寫字。廿六日食量減去四分之三，又照常寫字。廿七日整天斷食，只飲開水，醫藥悉被拒絕。廿八日叫蓮師抵臥室寫遺囑。廿九日囑臨終助念等事。三十日整天不開口，獨自默念佛號。越至九月初一日上午，為黃福海居士寫紀念冊二本，下午寫『悲欣交集』四字交蓮師。初二日命蓮師寫回向偈。初三日因蓮師再請吃藥，示不如念佛利益，及乘願再來度生等囑。初四日因王拯邦居士力懇吃藥及進牛乳，說十誦戒文等。是晚七時四十五分鐘，呼吸少促。八時正，遂吉祥西逝。……」

㉗遺囑三紙：「二付蓮師，一付溫陵養老院董事會。付蓮師遺囑如下，廿八日下午五時囑云：『余於未命終前、臨命終時、既命終後，皆託妙蓮師一人負責，他人無論何人，皆不得干預。國曆十月七日弘一。』並蓋上私章，又叮囑謝絕一切弔問。」

㉘廿九日下午五時復付囑蓮師五事：「㈠在已停止說話及呼吸短促、或神志昏迷之時，即須預備助念應須之物。㈡當助念之時，須先俯耳通知云：『我來助念』，然後助念。如未吉祥臥者，待改正吉祥臥後，再行助念。助念時，誦《普賢行願品偈》，起經即誦：『大方廣佛華嚴經不思議解脫境界普賢行願品讚』，乃至『所有十方世界中』等正文。末後再念『南無阿彌陀佛』十聲（不撾木魚，大聲緩念），再唱回向偈：『願生西方淨土中』，乃至『普利一切諸含識』。當在此誦經之際，若見余眼中流淚，此乃悲欣交集所感，非是他故，不可誤會。㈢察窗門自有未關妥者，關妥鎖起。㈣入龕時，如天氣熱者，待半日後，即裝龕。涼則可待二三日裝。不必穿好衣服，只穿舊短褲，以遮下根即已。龕用養老院的，要送承天寺焚化。㈤待七日後再封龕門，然後焚化。舍利分為兩罎，一送承天寺普同塔，一送開元寺普同塔。另在未裝龕以前，不須移動，仍隨舊安臥床上。如已裝入龕，即須移居承天寺。去時將常用之小碗四個帶去，填龕四腳，盛滿以水，以免螞蟻嗅味走上，致焚化時，損害螞蟻生命。應須謹慎！再則，既送化身窰後，汝須逐日將填龕腳小碗之水加滿，為恐水乾去，又引起螞蟻嗅味上來故。」

【按】 遺囑中第㈣「不必穿好衣服，只穿舊短褲，以遮下根即已」之遺囑，在六年前師答「果清法師披衣荼毘之問」時，已經闡明。謂「就現今習慣斟酌變通，應僅以小衫及褲著而焚化為宜。倘有所不忍者，或可披以破舊之海青而焚化，亦無大違於律制也。」

㉙付溫陵養老院遺囑：（初三日上午，公囑由蓮師手寫交與院中。）

㈠請董事會修臺（即指過化亭一部份破損應即修葺者）。㈡請董事會對老人開示淨土法門。㈢請董事會議定：住院老人至八十歲，應舉為名譽董事，不負責任。㈣請董事會審定湘籍老人，因已衰老，自己雖樂為助理治圃責任，應改為庶務，以減輕其負擔。

㉚晉江通訊：「此遺囑發表後，即將手書《藥師經》一部，及《格言別錄》一本，交與蓮師供養。」

㉛致夏丏尊遺書：「丏尊居士文席：朽人已於九月初四日遷化。曾賦二偈，附錄於後：『君子之交，其淡如水。執象而求，咫尺千里。 問余何適，廓爾亡言。華枝春滿，天心月圓。』謹達，不宣。音啟。前所記月日，係依農曆。又白。」（致劉質平書偈內容悉同）

㉜古志（即性願）《晚晴山房書簡》書後：「太平後，聞友人言，師於臨終時，有遺書托付於予。文曰：『□□（性公）座下：朽人已於某月日西歸矣。』（全書皆其親筆，唯示寂日子，囑人加入附寄。）另有偈云：『君子之交，其淡如水。執象而求，咫尺千里。』又偈云：『問余何適，廓爾亡言。花枝春滿，天心月圓。』此信原跡，為人所遺，故未附入，順誌。佛曆二五〇二年歲在戊戌仲春。南行沙門安般行人古志謹識。」（見菲律賓信願寺翻印《晚晴山房書簡》影印本）

㉝大師圓寂二年前，在永春普濟寺時，亦有致性願老法師一信，類似「遺囑」。書云：「性公老人慈鑒：後學居南閩十數載，與慈座交誼最篤。今將西逝，須俟迴入娑婆，再為晤談。甚望今後普濟寺道風日隆，律儀宏闡。後學迴入後，仍可來普濟居住，與諸緇素道侶相聚首也。謹達，順頌法安，不宣。後學演音稽首。」

【按】此書末署年月，從內容看，當係一九四〇年，師居永春蓬壺普濟寺時所寫，留以致性願法師者。一九四八年劉勝覺居士自閩攜至上海，因得見其真跡。（見一九四八年上海靜安學苑《學僧天地》第一卷第六期）

譜後

【按】梁任公《中國歷史研究法補編》（姚名達編）第五章，談到「年譜」說：

「我自己做《朱舜水年譜》，把舜水交往的人都記得很詳細。朱舜水與日本近代極有關係。我們要了解他影響之偉大，須看他的朋友和弟子跟着他活動的情形。在他的年譜，附載當時的人當然愈詳細愈好。」又說：「我做《朱舜水年譜》，在他死後還記了若干條，那是萬不可少的。假如此類年譜沒有『譜後』，是不能成佳作的。」

由於梁任公先生的啟示，我在《大師新譜》的「譜後」，補充大師滅後幾十年的一些重要紀事，以供讀者參考。

一、一九四二年農曆九月初六日，曇昕、蔣文澤《大師移龕概況》綜合報導：「大師滅後，諸弟子遵遺囑，經十小時以上，再入其房巡視，見遺體如生。初六日十一時為師攝影，下午一時入龕。大師德化感人甚深，送龕者男女四衆達千餘人。自不二祠養老院經洲頂南大街轉入打錫巷，經承天寺小巷，入承天化身窑。緇素各穿海青，競來擡龕。路上儀式，紙幢一方，大書大師法銜，次幢旛數對，再次即護送之各界及四衆弟子。靜默緩行，如喪考妣，不聞謦欬，唯六字洪名，異口同音，未嘗中止。沿途觀者，無不肅然起敬。

「至十一日晚，大衆集會，誦《普賢行願品》完，起讚佛偈念佛，至八時焚化（遵老人過七日焚化遺命），至十時餘化畢。大師遺骸分兩罎，開元、承天各奉其一，當時檢出舍利頗多。農曆十二月十五日，為大師生西百日，各界假開元寺兒童教養院，開擴大紀念追悼會，當地報社再出特刊，遠近送誄詞極多。由紀念會收編為《弘一法師生西紀念刊》。」

二、一九四二年十二月至一九四三年三月，上海《覺有情》雜誌，連出「弘一大師紀念號」五期。登載有夏丏尊、性常、震華、范古農、李圓淨、袁希濂、姜丹書、顯念居士（錢均夫）、胡樸安、馬敘倫、觀一居士（葉恭綽）、蔡冠洛、朱文叔、陳祥耀、陳海量、陳无我、徐松、丁桂樵、張一留、費慧茂、王心湛、溫定常、屈翰南、章錫琛、莊子才等紀念文字。

三、一九四三年《弘一大師永懷錄》出版。同年泉州《弘一法師生西紀念刊》出版。同年上海玉佛寺設立「弘一大師圖書館」。著名畫家陳抱一為大師畫半身油畫像成。

四、一九四四年十月，弘一大師圓寂二周年紀念會在玉佛寺舉行，展覽大師遺墨如故。林子青所著《弘一大師年譜》出版。

十月十七日在玉佛寺舉行弘一大師圓寂周年紀念會，到者三四百人，展覽同事門生夏丏尊、竇存我、朱穌典等所藏大師墨寶數十件。

五、一九四七年十一月九日，弘一法師圓寂五周年紀念會，仍在玉佛寺舉行。同時並紀念經子淵、夏丏尊兩先生及震華法師。蒞會者不下三四百人。此次展出弘一法師遺墨中以剃度前所著《斷食日志》及民國十六年國民革命軍初收復浙江時致蔡孑民、馬敘倫諸先生書手迹最為珍貴，原稿藏杭州堵申甫先生處。

六、弘一法師逝世五年祭——《永恒的追思》出版。作者計：陸淵雷、豐子愷、葉聖陶、施蟄存、楊同芳、傅彬然、仁綸、鍾吉宇、勤生等。

七、一九五四年，豐子愷、葉聖陶、錢君匋等，築弘一大師之塔於杭州虎跑定慧寺，一九五七年，廣洽法師更集淨財增築。先是菲律濱華僑劉勝覺者，於一九四八年自泉州護送大師部分遺骸至滬，與劉質平、林子青同送至杭州招賢寺暫存，由大師同門弘傘法師代為保管，越六年始完成造塔之願。

八、一九五八年，泉州開元寺尊勝院設立弘一法師紀念館，陳列大師出家後所書各種墨寶及照片故居遺物等。

九、一九六二年為「弘一大師生西二十周年紀念」，豐子愷編輯，錢君匋裝幀、馬一浮題簽的《弘一大師遺墨》，由新加坡廣洽法師等施資，在上海三一印刷廠出版；用上等宣紙精印三百部，作為非賣品分贈各方有緣人，版存新加坡彌陀學校。

一〇、一九六五年，臺灣陳慧劍著《弘一大師傳》，至一九九一年，再版十五次，由東大圖書有限公司印行。此書曾於一九七〇年獲得「中山文化學術基金會傳記文學獎」，共六四五頁巨冊。

一一、一九八〇年為弘一大師誕生一百周年紀念，中國佛教協會於北京法源寺舉辦「弘一法師書畫金石音樂展」一個月，參觀者達萬餘人。後來從展品中精選出一部分編為紀念集，書名就叫做《弘一法師》（一九八四年，北京文物出版社出版）。紀念集除圖版外，還選刊了法師的著作約十三萬字，故舊紀念文章約十一萬字，滙為巨帙。附錄文章有：夏丏尊的《弘一法師之出家》、豐子愷的《懷李叔同先生》、歐陽予倩的《記春柳社的李叔同》、黃炎培的《我也來談談李叔同先生》、柳亞子的《懷弘一上人》、內山完造的《弘一律師》、林子青的《弘一大師傳》等，可謂洋洋大觀。

一二、一九八〇年為大師誕生百周年紀念，泉州弘一法師紀念館於北郊清源山彌陀巖，建造弘一大師塔院。楊勝南居士為撰《塔志》，謝義耕書寫。

一三、一九八四年十月，弘一大師發起、高文顯編著的《韓偓傳》，由臺灣新文豐出版公司出版。此書在戰前業已寫就，已交上海開明書店出版，後因戰事，版燬於兵火。大師的主旨，在考證《香奩集》非韓偓所作。對韓偓的忠節，備致崇敬。曾於無意中在泉州西門外潘山之麓發現冬郎的墓地，並攝影紀念。泉州老進士吳增（桂生）因此勸募同邑名士黃仲訓捐資修復韓偓的墓。

一四、一九八六年泉州惠安淨峯寺設立弘一法師紀念室，並與惠安縣文化館淨峯鄉文化站合編《弘一法師在惠安》一書，介紹法師與淨峯的因緣。

一五、一九八六年，中國書法家協會編的《中國書法》第四期，發表劉質平的《弘一法師遺墨保存及其生活回憶》、樹恒的《絢爛之極歸於平淡——李叔同的書法藝術》、《弘一法師作品選》、包立民的《弘一法師的墨緣》等。

一六、一九八六年由福建陳珍珍、圓拙、廣洽、宏船、瑞今、廣淨、妙燈、常凱、廣義、元果、林子青、沈繼生等海內外緇素發起編輯《弘一大師全集》，設編委會於泉州開元寺，由福建人民出版社出版。全集計分佛學卷、傳記卷、序跋卷、文藝卷、雜著卷、書信卷、書法卷、附錄卷等共十冊，並插入若干珍貴照片，經六年編委共同努力，預定於大師圓寂五十周年全部出版。

一七、一九八六年，杜苕著的《弘一法師李叔同》（小說），由山西太原北嶽文藝出版社出版。此書未出版前，曾連載於上海《解放日報》，題為「芳草碧連天」。

一八、一九八七年，由北京夏宗禹編、華夏出版社出版的《弘一大師遺墨》，印刷紙張皆極精美。內容有葉聖陶的《弘一法師的書法》、趙樸初的《翰墨因緣》、《弘一大師遺墨選》、《李息翁臨古法書》、《李叔同詩詞、美術、戲劇、音樂、金石剪集》。附錄有林子青的《漫談弘一法師的書法》、劉質平的《弘一大師遺墨珍藏記》。

一九、一九八八年四月，天津市政協文史資料研委會與天津市宗教志編委會合編的《李叔同——弘一法師》，由天津古籍出版社出版。此書插圖，收入李叔同一家照片、天涯五友圖及早年字畫書札圖片等，頗為名貴。文字有李叔同在俗次子李端的《家事瑣記》、姪孫女李孟娟的《弘一法師的俗家》、徐廣中的《我收藏的李叔同早年的幾件文物》，及其他幾位天津鄉親回憶李叔同青少年時代逸事的文章，都具有參考的價值。

二〇、一九八八年十月，徐星平所著的小說《弘一大師》由中國青年出版社出版，此書共三十章，描寫從大師誕生直到示寂為止的六十多年間重要事蹟，文筆流暢，頗受讀者歡迎。書中所收的有關大師在俗青年時期與次兄文熙奕棋的照片，尤為珍貴。

二一、一九九〇年，林子青所編並略注的《弘一法師書信》由北京三聯書店出版，此書共收書信七百餘封，除了《晚晴山房書簡》第一輯及菲律賓影印的同名《書簡》四百多封以外，其餘有林氏多年從各方面蒐集稀見的書札。惜此書印數無多，未能滿足海外的讀者需求為憾。

二二、一九九〇年，為慶祝弘一大師誕生一一〇周年，由大師崇仰者天津李載道先生施資，於天津市河北區宙緯路七號，建立一座「弘一書法碑林」，於是年十月落成。該林共刻大師生前所寫法書一百二十方，每碑高約一米，受到書法藝術愛好者的稱贊。碑林後方安置一尊一點五米高的大師銅造坐像，立於一座石臺之上，莊嚴肅穆，令人起敬。四周花木扶疏，小橋流水，境至幽靜。

二三、一九九〇年十二月，福建莆田廣化寺為紀念弘一大師誕生一一〇周年，出版《晚晴鴻爪錄》，收錄林子青的《以出世精神，做入世事業》、趙樸初的《弘一大師弁言》、豐子愷的《我與弘一法師》、葉紹鈞（聖陶）的《兩法師》、瑞今的《親近弘一大師學律和辦學的因緣》、馬一浮的《輓弘一法師》、郁達夫的《贈弘一法師》、施蟄存的《弘一法師贊》、楊勝南的《弘一大師塔志》等十餘篇。

二四、一九九一年，浙江上虞百官鎮金兆年醫師（其父金赤文為大師在杭州一師任教時的學生）等，組織「弘一大師研究會」（參加者多紹興、上虞一帶知名人士），並發起重建大師故居白馬湖「晚晴山房」。由於金居士的奔走勸募，聞已得海外菲律賓、新加坡及福建等地緇素的捐助，將於一九九二年動工重建云。

二五、一九九一年九月，臺北陳慧劍編《弘一大師永懷錄新篇》，由「龍樹菩薩贈經會」印行，收文五十六篇，計三六六頁，約二十五萬字。

二六、一九九二年，林子青費十年功夫寫成的《弘一大師新譜》（即本書）共計二十五萬字，由臺北東大圖書公司出版，作為大師圓寂五十周年的紀念著作。

二七、今年（一九九五）為弘一大師誕生一一五周年紀念，臺灣中華藝文活動推展協會與北京華夏文化促進會，共同舉辦「弘一大師遺墨真蹟文物展」於臺北。展出大師各種寫經、書法、偈語、書信、篆刻，珍貴照片及遺物臥具等，凡數百件。大師展品首次在臺灣展出，博得道俗的歡喜讚歎。自八月十二日開幕，至二十五日閉幕，其間前往參觀者達數萬人。臺灣媒體亦多及時報導。

後記

一九四四年春，本書初版將付印時，著者適臥病上海仁濟醫院。輾轉病榻，歷時經月。幸蒙三寶加被，旋即病除，本書初版始得以問世。厥後閱四十八年，其間所歷曲折艱辛，余已於自序文中述之備矣。今當「大師新譜」初稿告成之日，余又罹腦疾，就醫北京北醫三院，前後因緣，何其巧合。自四月廿日入院，至五月廿九日出院，歷時凡四十日。其間終日臥床，思索盡廢。唯念尚有「譜後」一章，未及命筆，深慮為山九仞，功虧一簣，故極力振作，力疾為之。然病後精神疲弱，時作時輟，疏漏之處，幸讀者諒之。扶病書此，十方大德當知我此時情也。

一九九二年六月廿八日林子青識

附：初版年譜後記

本書行將付印，余忽罹傷寒，就醫仁濟醫院。日夜輾轉病榻，思索盡廢，欲作後記，久未能握管，致出書延遲彌月，良用歉然！本書體例無所取法，而材料之獲得又至不易，初非一人之力所能辦也。蓋弘一大師一生之生涯，極波譎雲詭之奇觀，雪泥鴻爪，蹤跡靡定；晚年益自韜晦，入山唯恐不深，欲求其有系統之記述，洵非易事。然及今不記，他日必且流為神話，使大師明朗、崇高之人格，為神話所同化，豈不可惜。故余不揣譾陋，博採窮搜，不厭繁瑣，片鱗半爪，無不徵之，有所見聞，即錄以存證。年餘之間，行腳徧江南，凡大師之故舊，皆已採訪殆盡。故本書內容雖覺駁雜，然所記錄，皆鑿鑿可據，於大師一生之生涯，幸尚可見一斑，此余所引以告慰者也。

本書限於篇幅，尚有若干插圖未能刊出，又預定之年譜大事索引及大師寂後各方之餘響、已出版未出版之大師著作表等，不得不從割愛，幸讀者亮之。本書出版匆促，謬誤之處，知所難免。十方大德博雅君子，如蒙垂教，實為幸甚。

〔一九四四年〕民國三十三年九月十日　口授梅生記　子青於上海仁濟醫院

（據臺北東大圖書股份有限公司一九九三年四月版，引述弘一大師著作，能見手稿者，均作了校對；補入宗教文化出版社《弘一法師年譜》五條材料。）

第二輯

《弘一大師全集》序

釋虛雲

劉居士綿松，輯《弘一大師全集》成，屢書問序。余以老病衰朽，視聽失用，服役雲門。遭逢世亂年荒，工未及半，心力盡瘁，筆硯荒蕪，欲辭卻而居士請益堅。乃為之序曰：昔本師釋迦如來，將欲示寂，語羣弟子：「我滅度後，汝等比丘，當以波羅提木叉為師，如我住世，無異此也。」波羅提木叉者，華翻名戒。戒為德本，能生定慧，成就萬行。比丘無戒，勢如醉象，狂奔亂蹴，不僅傷身，亦且害物。是故戒住則僧寶住，僧寶住則佛法永住。世尊又言：「獅為百獸王，威力無比，為敢犯者，惟毛中蟲。方漸羸耗，終乃滅亡。吾法在世間，其威力有如獅王，毀戒比丘，無異獅身之蟲。毀吾法者，乃此輩也。」金口所宣，警惕備至。千載以下，如聞謦欬。晚近世衰道微，忘本逐末，明于責人，昧于律己，如法修持，千難得一。佛法凌夷，有自來矣。弘一大師，未出家前，固世所稱為翩翩俗世佳公子者也。及既受具，諸緣頓息，露頂赤足，動止循律，以身作則。追導師之芳蹤，振墜緒于未造，影衾無愧，明德在躬。令聞四溢，海宇從風。於是世之知大師者，無不知有戒法；敬大師者，無不知敬佛法。荷擔如來家務，師非其人歟？今距師之歿，將十年，無問識與不識，聞師名靡不歎息向慕。其為世重如是，豈偶然哉。讀斯編者，倘能求師於藝林之外，庶乎近之。

民國三十七年戊子佛誕日　幻遊比丘虛雲序於雲門山大覺寺丈室

（刊於一九九七年二月《虛雲老和尚年譜法彙增訂本》，臺灣修元禪院倡印）

《弘一大師全集》序

姜丹書

弘一大師生西後，崇仰之士，搜集其遺作及追述其行誼刊印成書者已有數起。然皆未若閩漳劉綿松君所編全集之贍博，惟今日洛陽紙貴四字，已不足以形容印刷之艱鉅，其出版費正在籌募中，吾甚望其能成也。又大師弟子有謝勝法居士者，在滬搜集大師一生照片甚夥，自青年以至老死，種種形相無不備，其中尤以化裝戲劇照為最有奇趣。余嘗論大師一生，可分為才子、藝術教育家及高僧三時期，以如此絢爛之花，方能成正覺之果；蓋超凡之人，其生也確有自來。謝居士亦汲汲謀印傳世，吾亦甚望其能成。此二鉅製如成，則表裏輝映，足以使大師徽音，長垂人間，竊愧吾輩守貧食力之徒，有心無力以助其成耳。今得劉君書，謂志在必成。索序於余，因連類而道及之，謹拭目以觀其後。

再欲為道破一事，以免傳訛，即大師臨示寂之前數日，親筆作數函，備致契友，謂朽人已於某月某日謝世矣！若吾人出遠門告辭也者。夏丏尊君於其圓寂後三數日在滬得此函，示余，余謂大師固得道之人，果預知死期耶？夏謂修道者在預知死期，固尋常事，惟此函雖先備，而某日之數目字，實為他僧受其預囑至死後填入而寄發者云，大師至誠無妄，向不自炫，更不欺人，固應爾爾，余記此，深恐後人緣飾而為迷惑之資耳。

中華民國三十七年初夏赤石道人作於海上屋籠人鳥居

（此為手稿，由劉綿松收藏）

《弘一大師全集》序

范古農

劉綿松居士輯《弘一大師全集》成，將刊行，徵序及余，以為余與大師有相知之雅也。以事久稽，年邁念弱，幾忘之矣。居士疊函見催，感居士誠意，即握管伸紙，率寫數語以塞責。夫佛法之興，垂三千年。傳來我國，亦二千歲。舉凡由萌芽而枝條，由弱枝而強幹，亦嘗扶疏其葉，繽紛其花，纍纍其實。令人蔭護，令人欣賞，令人飽啖。而今且頹然老矣。試觀策源地，既無遺文之可尋。而徒於其流布四裔者，或為巴利文藏，或為吐蕃文藏，或為華夏文藏，或為扶桑文藏，遠及歐美各國之迻譯者，猶未泯沒，或且有昌皇氣象。所謂依法不依人，足以留傳萬古而常新也。雖然，人能弘道，非道弘人，徒法詎能自行。振佛法於垂衰，固端賴戒學心學慧學三學增上之高僧，而後克奏膚功耳。弘一大師，在俗之年，擅文藝，志堅忍，其於定慧具有夙根。然以未具戒學，不成法器。及其因緣成熟，由斷食而斷欲，終於出家，具比丘相。知佛法之以戒為師也，遂息心而研律。始於有部，終於四分，遠紹南山之遺，近挹寶華之秀，而成為當代佛門之大律師者，反觀青年時代之作風，足徵捨染還淨，事在人為，謂非足以諷世歟。今其先後著述，文為心聲，既集一乘，其遺志所在，有不待言而昭著者矣。嗚呼，仁者見仁，智者見智，若以法眼觀察，則斯文也，謂能紹隆佛種焉可爾。

戊子仲春嘉興范古農序

（此為手稿，由劉綿松收藏）

《弘一大師全集》序

豐子愷

劉綿松居士自閩南來信，說近輯《弘一大師全集》，要我寫一篇序文。詞意非常誠懇，使我不能推卻。法師圓寂後，我關於法師只寫過一篇《為青年說弘一法師》，登在開明書店的《中學生》雜誌上，此外並未寫過一個字。因為關於這樣崇高偉大的人格，我只能零零星星地為小朋友們說說，卻不敢總括地贊一詞。現在劉居士要我為全集寫序，便是強我總括地贊詞。我躊躇了很久，方才動筆，勉強來贊「一詞」。我崇仰弘一法師，為了他是「十分像人的一個人」。凡做人，在當初，其本心未始不想做一個十分像「人」的人；但到後來，為環境、習慣、物欲、妄念等所阻礙，往往不能做得十分像「人」。其中九分像「人」，八分像「人」的，在這世間已很偉大；七分像「人」，六分像「人」的，也已值得贊譽；就是五分像「人」的，在最近的社會也已經是難得的「上流人」了。像弘一法師那樣十分像「人」的人，古往今來，實在少有。所以使我十分崇仰。至於怎樣十分像「人」，有這全集表明，不須我再多費詞了。我自己，也是一個心想做到十分，而實際上做得沒有幾分像「人」的人，所以對於弘一法師這樣崇高偉大的人格，實在不敢贊一詞。這篇序文，只能算是不贊詞的贊詞。

弘一法師生西五周年紀念日於杭州

（此為手稿，由劉綿松收藏）

《弘一大師全集》序

陸丹林

弘一和尚怛化以後，關於弘一的遺墨，先後出版的，已有許多種，可是因為時間和人事的關係，遺漏的自然也不在少數。現在由劉綿松居士，發願負責廣大的搜集、編纂《弘一大師全集》，這是很有意義的一件工作。

我和弘一和尚，同隸南社，又有函牘的往來，並藏有他的墨跡篆刻等文物，誼屬文友，對於他自然非泛泛的關係。雖然我的思想信仰和他是分流的，但是各人互相尊重。為了這一點友誼，綿松要我寫幾句話，那我又怎好託詞的推辭呢。

弘一和尚和一般的普通僧侶不同，不特他的思想、行動、生活都是超人的，這是說他個人的方面。他生平最大的貢獻，就是他有著述，他有研究和闡揚佛學的深心，同時也有推進藝術的願力。這些，在學術上，文化上，都有偉大的供獻。姑不論我們是否相信佛教，但是佛教在歷史、文化的兩方面自有他獨立不磨的位置。弘一和尚苦行修煉和所成就的，在中國佛教史上是放一異彩，較之有些奔走權門或是不知佛法佛學，只是隨聲附和誦經無所事事的和尚居士們，自然有很大的區別。

《弘一大師全集》的出版，固然使讀者們更加認識弘一和尚一生的思想和信仰的基點，知道他在人世間幾十年生命歷程中對於藝術、文學、宗教、教育各方面的見解與貢獻。同時，也可以知道他的去世之後，還有許多受他的感召影響的同道後輩們，努力地繼續他的未了事功。這一點，在師道凌夷的今日，也值得特殊的提出一說的。

末了，我今把以前摘錄《金剛般若波羅蜜經》離相寂滅第十四第四段所題《弘一大師文鈔》的話，再行錄出，作為本文的結束：

「是真語者，實語者，如語者，不誑語者，不異語者。」

三十六年八月二十日寄於上海紅樹室

（此為手稿，由劉綿松收藏）

《弘一大師全集》序

蔣維喬

近代佛門三大尊宿，一天台宗諦閑大師，教宗天台，行在彌陀，余之本師也。一淨土宗印光大師，專以念佛，化導末俗。一律宗弘一大師，以名士出家，而嚴淨毗尼，宏範三界，尤為難得。大師宣化閩南，與余極少謀面，然讀其著述，欽仰至深，猶憶戊辰己巳間，應慈法師，在上海清涼寺，講《華嚴經》。余恆列席。一日有山僧翩然戾止，體貌清癯，風神瀟灑，余心異之。以在法筵，未便通話，歸而默念，得非弘一大師耶。翌日，問諸同參，有認識大師者，告我曰：是也。擬於散會時，邀之談話，則已飄然遠行，不可得而蹤跡，自此遂不復至。其弟子李芳遠與我通訊，每及大師近狀。余乃附書存問。得大師覆書，且贈余橫幅一紙。余與大師之因緣，如此而已。大師示寂後，各方多刊其遺著，或偏而不全，或不免訛舛。茲有門下大弟子劉居士綿松，盡力搜集，多歷年所，編成全集。內容分論述、法語、書簡、序跋、碑銘、傳誌、頌贊、疏啟、詩詞、歌曲、雜著，裒然成帙。俾學者得窺全豹，其功德誠不可思議也。居士函來，囑為序，爰寫數語以歸之。

中華民國三十七年戊子歲首蔣維喬法名顯覺序於因是齋

（此為手稿，由劉綿松收藏）

《弘一大師全集》序

丁福保

於戲！佛教律宗於百餘年來，幾若存若亡。乃有大發宏願，獨肩道統，以身為教，埋頭苦幹者，其弘一法師歟！溯律宗自宋元湛、元照之後，已難覓一哲匠。明季三昧律師開寶華一派。清初肇慶有鼎湖派，北京有潭柘派，皆以律標宗，然終不若寶華之盛。寶華稱律宗第一山，有見月、定菴、松隱諸師，繼續主持律壇，歷百餘年，傳承弗替。乾隆而後，漸至式微。經過紅羊之役，益復不振。賴以延續喘息者，固定式之戒期耳。有清末葉，真正之律匠，求之律宗門庭，幾無可得。民國以來，紹此絕學者，當推弘一法師矣。法師以戒嚴身，以律治心身，棲蘭若專事苦行，著作等身，舉世景仰！示寂以還，聲譽彌重，南閩劉綿松居士皈依法師多年，潛心內典，搜集法師遺著，幾經寒暑，彙編成帙，審慎釐定，允稱善本。茲葉譽老等謀付剞劂，以廣流布。綿松居士囑為作序，爰書數言以歸之。是為序。

民國三十七年一月丁福保敬誌時年七十有五

（此為手稿，由劉綿松收藏）

《弘一大師全集》序

姚鵷雛

弘一大師風標霞舉，神理淵渟。妙擅彣彰，多通藝事。其在知舊，翕然一辭。余以民國壬子之春，薢茩海上，披霧觀天，持蠡測海，芒乎莫審其涘涯也。其在滬刊《文美雜誌》，迨客杭州，創樂石社，余皆為之序若記。自維不殖，而騁浮詞，顧不余遺，時相呴濡，蓋有相賞於驪黃之外者。四五年間，蹤跡疏簡，載挹言貌，往來於心。自師離絕世緣，皈依淨業，遂不復得見。逮於示寂，二十餘年矣。今海內爭傳師戒行精苦，願力閎恢。世外域中，所共禮歎。百千萬劫，常轉法輪。若徒以文藝之微，稱揚不朽，是猶益甌石於巨川，飾崇山以簣土也。然聞之荊石韞玉，莫掩者輝光，神龍之蟄雲，可見者鱗爪，使凡並世後人，尋味簡編，展翫縑素，進以窺乎執臬垂教之微。流風餘烈，猶足霑溉人間，不亦懿與！余抗走塵俗，重以衰落。勾元提要，匪所克任。獨念因緣湊泊，曾賦高軒。用贅小言，塵諸簡末。江南梅雨，簾几餘清。吮筆燒燈，夜晦如墨，輒不勝海山兜率之思云爾。

民國三十七年六月雲間姚鵷雛

（此為手稿，由劉綿松收藏）

第三輯

文明喪禮

天津大公報館

河東李叔同君廣平，新世界之傑士也。其母王太夫人月前病故，李君特定於本月廿九日開追悼會，盡除去一切繁文縟節，別定新儀。本館已得其儀式及哀歌，因限於篇幅，俟再登錄。

（刊於一九〇五年七月廿三日天津《大公報》第一千一百號）

專件　天津追悼會之儀式及哀歌

天津大公報館

本月二十九日，天津李叔同之母王太夫人開追悼會，備有西餐，以饗來賓。其「哀啟」如左：

啟者：我國喪儀，繁文縟節，俚俗已甚。李叔同君廣平，願力祛其舊。爰與同人商酌，據東西各國追悼會之例，略為變通，定新喪儀如下：

（一）凡我同人，倘願致敬，或撰文詩，或書聯句，或送花圈花牌，請毋饋以呢緞軸幛、紙箱紮彩、銀錢洋圓等物；

（二）諸君光臨，概免弔唁舊儀，倘願致敬，請於開會時行鞠躬禮；

（三）追悼會之儀式：（甲）開會，（乙）家人致哀詞，（丙）家人獻花，（丁）家人行鞠躬禮，（戊）來賓行鞠躬禮，（己）家人致謝來賓行鞠躬禮，（庚）散會。同人謹白。

（刊於一九〇五年七月廿四日天津《大公報》第一千一百一號）

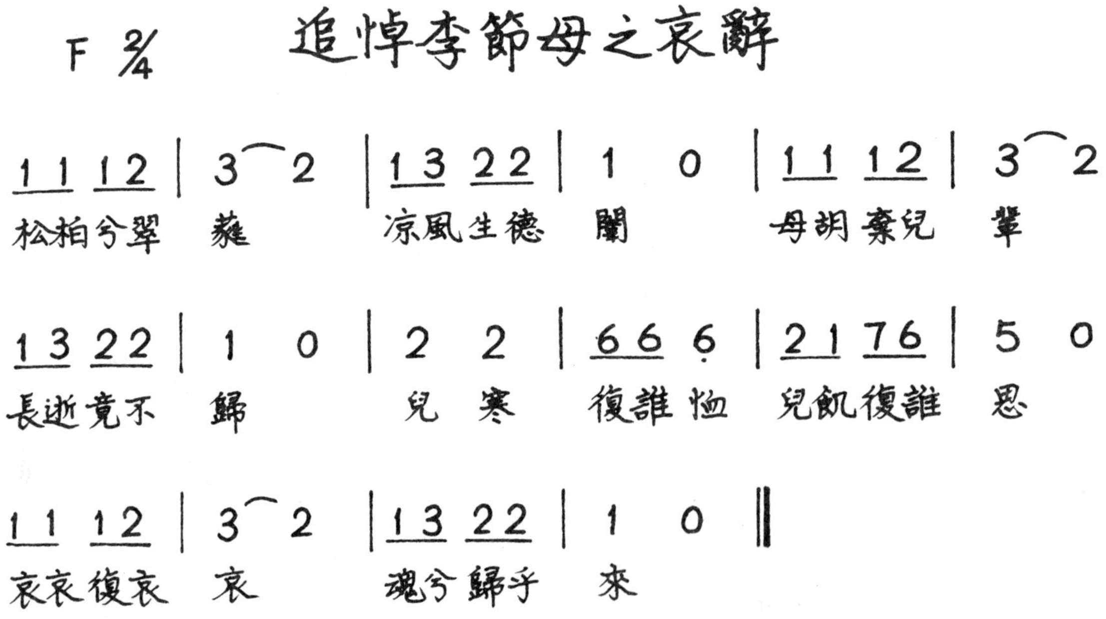

C 4/4 上海義務小學學生追悼李節母歌

記追悼會

天津大公報館

六月廿九日午後兩點鐘，李叔同君為其太夫人開追悼會，到者四百餘人。奧工部官阿君、醫官克君、高等工業學堂顧問宮藤井君、松長君、單味仁司馬、學務處總辦嚴範孫君、高等工業學堂監督趙幼梅君，及各學堂校長、教員等大半皆與斯會，可云盛矣。所收輓聯哀詞二百餘首，聞將付印，以廣流傳云。

（刊於一九〇五年八月二日天津《大公報》第一千一百十號）

清國人志於洋畫

日本國民新聞社記者

最近因為聽說有一位叫李哀的清國人考入美術學校，而且專學洋畫，所以趕快冒打着老蓼的秋雨，走上谷中小道，訪問了下谷上三崎北町三十一番地。在那被雨滴打蔫了的褪了紅的秋海棠根旁有一道黑板牆，大約二丈多寬，它環抱着其中一片凋零的草花坪。一走進那不像正門的正門，只見一間三疊大小的門房間，有一根並無裝飾的粗削的柱上，掛着一頂麥杆編的帽子。經過一聲招呼之後，從裏屋出來一個女人，看來像是女傭似的一個矮小的半老的婦人。「李先生在家嗎？」聽到記者一問，從鄰室飄然漫步出來一位身材有五尺六寸的魁梧大漢，後來知道這位就是李哀先生。他是個圓肩膀兒的青年，在「久留米的紺絣」（日本九州久留米地方生產的一種藏青色有花紋的織物。——譯者）的和服外衣上，繫上一條黑縐紗的腰帶，頭上留着漂亮的三七分的髮型，用泰然的聲音說：「請裏邊坐！」把我引了進去。這也是三疊大小的房間，是他的書齋。樂器、書架、椅子、茶几，掩蔽着四周牆壁，看來很是局促。說聲「請」，就勸我坐在一隻椅子上。那末，我這個來客是誰，幹什麽來的？在他看來好像不大自在的樣子。看了我的名片後纔莞然地點頭說：「是槐南詩人的新聞社嗎？」「是的，槐南先生的詩也常刊登，您認識他嗎？」「是的，槐南、石埭、鳴鶴、種竹諸詩人，都是我的朋友，我最喜歡詩，一定投稿，請賜批評。」「樂器怎麽樣？」「正學拉小提琴，以外大概都搞一下，其中最喜歡的是油畫。」「您的雙親都在嗎？」「都在。」「您不想故鄉嗎？」他搖頭說：「不。」「太太呢？」「沒有，是一個人，二十六歲還是獨身。」說着笑了起來。「什麽時候進了美術學校？」「九月二十九日。」「日本語的講課聽得懂嗎？」「聽不懂。下午的功課我不聽，我聽英語的講課，英語我比較可以對付。」

喝了一杯「澀茶」之後，他一面說明貼滿在壁上的黑田（清輝）畫伯的裸體畫、美人畫、山水畫，中村及其他的畫等，一面引我進入裏面六疊的房間，得意地介紹了那就几上作畫的蘋果的寫生。「真是瀟灑的筆致啊！」我贊賞說。那位女傭聽了從旁插了一句：「那是早上剛剛一氣畫成的。」李君謙然地說：「是」，露出了一排白齒。「今後一定拜訪貴社，《國民新聞》是很好的報紙。」

（林子青譯自一九○六年十月四日日本《國民新聞》）

樂石社記

姚鵷雛

樂石社者，李子息霜集其友朋弟子治金石之學者，相與探討觀摩，窮極淵微而以存古之作也。余懵於考故，未有所贊於李子，顧於李子懷文抱質，會心獨往，神合千祀之旨，則不能無述焉。始余橐筆來滬瀆，獲交李子，李子博學多藝，能詩能書，能繪事，能為魏晉六朝之文，能篆刻。顧平居接人，沖然夷然，若舉所不屑。氣宇簡穆，稠人廣坐之間，若不能一言；而一室蕭然，圖書環列，往往沉酣咀啜，致忘旦暮。余以是嘆古之君子，擅絕學而垂來今者，其必有收視反聽、凝神專精之度，所以用志不紛，而融古若冶，蓋斯事大抵然也。茲來虎林，出其所學，以餉多士。復能於課餘之暇，進以風雅，雍雍矩度，講貫一堂，毡墨鼎彝，與山色湖光相掩映。方今之世，而有嗜古好事若李子者，不令千載下聞風興起哉！社友龍丁，吾鄉人也，造門告以斯社之旨，並以作記為請。余視龍丁，博學多藝如李子，氣宇簡穆如李子，而同客武林，私念亦嘗友李子否？及袖出緘札，赫然李子書也。信夫氣類之合有必然者矣。將以閒日，詣六橋三竺間，過李子龍丁，盡觀其所藏名書精印，痛飲十日，以畢我懸遲之私。李子龍丁，亦能坐我玉笋班中，使謝覽芬芳竟體耶，因書此為息壤。

（刊於一九一五年《南社叢刻》第十八集）

憶舊

陳寶泉（一）

李叔同君，筱樓先生之季子，與予為世交。少年倜儻，精文翰，擅書法，所謂翩翩濁世佳公子也。及冠游學日本，習美術、書畫、音樂，並臻絕詣。民國四年，予與遇於湖上之煙霞洞，乃一變昔日矜持之態，謙恭而和易。予力約其北來任高等師範教授，但笑應之。及予北歸，旋得復書謝絕。未幾，聞已入空門矣。蓋憤世之極，不得已但了自性，其遇亦可悲矣。在湖上曾寫小詞示予，頗可窺其志趣。茲錄於左：

故國鳴鷓鴣，垂楊有暮鴉。江山如畫日西斜，新月撩人，窺入碧窗紗。陌上青青草，樓頭艷艷花。洛陽兒女學琵琶。不管冬青一樹屬誰家，不管冬青樹底影事一些些。

（錄自《退思齋文存．敘記類》）

編者按：

（一）陳寶泉，字筱莊，天津人。早年留學日本。民初曾任北京國立高等師範校長。

法味

豐子愷

暮春的一天，弘一師從杭州招賢寺寄來了一張郵片說：

「近從溫州來杭，承招賢老人殷勤相留，年內或不復他適。」

我於六年前將赴日本的前幾天的一夜，曾在閘口鳳生寺向他告別。以後僕僕奔走，沈酣於浮生之夢，直到這時候未得再見，這一天接到他的郵片，使我非常感興。那筆力堅秀，布置妥貼的字迹，和簡潔的文句，使我陷入了沈思。做我先生時的他，出家時的他，六年前的告別時的情景，六年來的我……霎時都浮出在眼前，覺得這六年越發像夢了。我就決定到杭州去訪問。過了三四日，這就被實行了。

同行者是他底老友，我底先生S，也是專誠去訪他的。從上海到杭州的火車，幾乎要行六小時。我在車中，一味回想着李叔同先生——就是現在的弘一師——教我繪圖音樂那時候的事。對座的S先生從他每次出門必提着的那隻小籃中抽出一本小說來翻，又常常向窗外看望。車窗中最惹目的是接續奔來的深綠的桑林。

車到杭州，已是上燈時候。我們坐東洋車到西湖邊的清華旅館定下房間，就上附近一家酒樓去。杭州是我底舊游之地。我的受李叔同先生之教，就在貢院舊址第一師範。八九年來，很少重游的機會，今晚在車中及酒樓上所見的夜的杭州，面目雖非昔日，然青天似的粉牆，稜角的黑漆石庫牆門，冷靜而清楚的新馬路，官僚氣的籐轎，叮噹的包車，依然是八九年前的杭州的面影，直使我的心暫時反了童年，回想起學生時代的一切的事情來。這一夜天甚黑。我隨S先生去訪問了幾個住在近處的舊時師友，不看西湖就睡覺了。

翌晨七時，即偕S先生乘東洋車赴招賢寺。走進正殿的後面，招賢老人就出來招呼。他說：

「弘一師日間閉門念佛，只有送飯的人出入，下午五時才見客。」

他誠懇地留我們暫時坐談，我們就在殿後窗下的椅上就坐，S先生同他談話起來。

招賢老人法號弘傘，是弘一師底師兄，一人是九年前先後在虎跑寺剃度的。我看了老人底平扁的顏面，聽了他底黏潤的聲音，想起了九年前的事：

他本來姓程名中和。李先生剃度前數月，曾同我到玉泉寺去訪他，且在途中預先對我說：

「這位程先生在二次革命時曾當過團長（？），親去打南京。近來忽然悟道，暫住在玉泉寺為居士，不久亦將剃度。」

我第一次見他時，他穿着灰白色的長衫，黑色的馬褂，靠在欄上看魚。一見他那平扁而和藹的顏貌，就覺得和他底名字「中和」異常調和。他底齒底整齊，眼線底平直，面部底豐滿，及臉色底暗黃，一齊顯出無限的慈悲，使人見了容易聯想螺螄頂下的佛面，萬萬不會相信這面上是配戴軍帽的。不久，這位程居士就與李先生相繼出家。後來我又在虎跑寺看見他穿了和尚衣裳做晚課，聽到他底根氣充實而永續不懈的黏潤的念佛聲。

這是九年前的事了。如今重見，覺得除了大概因刻苦修行而蒙上的一層老熟與鎮靜的氣象以外，聲音笑貌，依然同九年前一樣。在他，九年的時間真是所謂「如一日」罷！記得那時我從杭州讀書歸來，母親說我底面龐像貓頭；近來我返故鄉，母親常說我面上憔悴瘦損，已變了狗臉了。時間，在他真是「無老死」的，在我真如滅形伐性之斧了。——當S先生和他談話的時候我這樣想。

坐了一回，我們就辭去。出寺後，又訪了湖上幾個友人，就搭汽車返旗營。在汽車中談起午餐，我們準擬吃一天素。但到了那邊，終於進王飯兒店去吃了包頭魚。

下午我與S先生分途，約於五時在招賢寺山門口會集。等到我另偕了三個也要見弘一師的朋友到招賢寺時，見弘一師已與S先生對坐在山門口的湖岸石埠上談話了。弘一師見我們，就立起身來，用一種深歡喜的笑顏相迎。我偷眼看他，這笑顏直保留到引我們進山門之後還沒有變更。他引我們到了殿旁一所客堂。室中陳設簡單而清楚，除了舊式的椅桌外，掛着梵文的壁飾和電燈，大家坐了，暫時相對無言。然後S先生提出話題，介紹與我同來的Y君。Y君向弘一師提出關於儒道、佛道的種種問題，又縷述其幼時的念佛的信心，及其家庭的事情。Y君每說話必垂手起立。弘一師用與前同樣的笑顏，舉右手表示請他坐。再三，Y君直立如故。弘一師只得保持這笑顏，雙手按膝而聽他講。

我危坐在旁，細看弘一師神色頗好，眉宇間秀氣充溢如故，眼睛常常環視座中諸人，好像要說話。我就乘機問他近來的起居，又談及他贈給立達學園的《續藏經》的事。這經原是王涵之先生贈他的。他因為自己已有一部，要轉送他處，去年S先生就為立達學園向他請得了，弘一師因為以前也曾有二人向他請求過，而久未去領，故囑我寫信給那二人，說明原委，以謝絕他們。他回入房裏去了許久，拿出一張通信地址及信稿來，暫時不顧其他客人，同我並坐了，詳細周到地教我信上的措詞法。這種丁寧鄭重的態度，我已十年不領略了。這時候使我頓時回復了學生時代的心情。我只管低頭而唯唯，同時俯了眼窺見他那絆着草鞋帶的細長而秀白的足趾，起了異常的感覺。

「初學修佛最好是每天念佛號。起初不必求長，半小時，一小時都好。惟須專意，不可游心於他事。要練習專心念佛，可自己暗中計算，以每五句為一單位，凡念滿五句，心中告一段落，或念滿五句，摘念珠一顆。如此則心不暇他顧，而可專意於念佛了。初學者以這步工夫為要緊，又念佛時不妨省去『南無』二字，而略稱『阿彌陀佛』。則可依時辰鐘底秒聲而念，即以『的格（強）的格（弱）』的一個節奏（rhythm）底四拍合『阿彌陀佛』四字，繼續念下去，效果也與前法一樣。」

Y君的質問，引起了弘一師普遍的說教。旁的人也各提出話問：有的問他阿彌陀佛是甚麼意義，有的問他過午不食覺得肚饑否，有的問他壁上掛着的是甚麼文字。

我默坐旁聽着，只是無端地悵惘。微雨飄進窗來，我們就起身告別。他又用與前同樣的笑顏送我們到山門外，我們也笑着，向他道別，各人默默地、慢慢地向斷橋方面踱去。走了一段路，我覺得渾身異常不安，如有所失，卻想不出原因來。忽然看見S先生從袋中摸出香煙來，我恍然悟到這不安是剛才繼續兩小時模樣沒有吸煙的原故。就向他要了一支。

是夜我們吃了兩次酒，同席的都是我底許久不見的舊時師友。有幾個先生已經不認識我，旁的人告訴他說：「他是豐仁。」我聽了別人呼我這個久已不用的名字，又立刻還了我的學生時代。有一位先生與我並座，卻沒有認識我，好像要問尊姓的樣子。我不知不覺地裝出幼時的語調對他說：「我是豐仁，先生教過我農業的。」他們篩酒時，笑着問我：「酒吃不吃？」又有拿了香煙問我：「吸煙不？」我只答以：「好的，好的。」心中卻自忖着：「煙酒我老吃了！」教過我習字的一位先生又把自己的荸薺省給我吃。我覺得非常的拘束而不自然，我已完全孩子化了。

回到旅館裏，我躺在牀上想：「杭州恐比上海落後十年罷！何以我到杭州，好像小了十歲呢？」

翌晨，S先生因有事還要句留，我獨自冒大雨上車返上海。車中寂寥得很，想起十年來的心境，猶如常在驅一群無拘束的羊，才把東邊的拉攏，西邊的又跑開去。拉東牽西，瞻前顧後，困頓得極。不但不由自己揀一條路而前進，連體認自己的狀況的餘暇也沒有。這次來杭，我在弘一師的明鏡裏約略照見了十年來的自己的影子了。我覺得這次好像是連續不斷的亂夢中一個欠伸，使我得暫離夢境，拭目一想，又好像是浮生路上的一個車站，使我得到數分鐘的靜觀。

車到了上海，浮生的淞滬車又載了我顛簸傾蕩地跑了！更不知幾時走盡這浮生之路。

過了幾天，弘一師又從杭州來信，大略說：「音出月擬赴江西廬山金光明會參與道場，願手寫經文三百葉分送各施主。經文須用朱書，舊有朱色不敷應用，願仁者集道侶數人，合贈英國製水彩顏料Vermilion數瓶。」末又云：「欲數人合贈者，俾多人得布施之福德也。」

我與S先生等七八人合買了八瓶Windsor Newton製的水彩顏料，又添附了十張夾宣紙，即日寄去。又附信說：「師赴廬山；必道經上海，請預示動身日期，以便赴站相候。」他的回信是：「此次過上海恐不逗留，秋季歸來時再圖敘晤。」

後來我返故鄉石門，向母親講起了最近訪問做和尚的李叔同先生的事。又在櫥內尋出他出家時送我的一包照片來看。其中有穿背心，拖辮子的，有穿洋裝的，有扮「白水灘」裏的十三郎的，有扮「新茶花」裏的馬克的，有作印度人裝束的，有穿禮服的，有古裝的，有留鬚穿馬褂的，有斷食十七日後的照相，有出家後僧裝的照相。在旁同看的幾個商人的親戚都驚訝，有的說：「這人是無所不為的，將來一定要還俗。」有的說：「他可賺二百塊錢一月，不做和尚多好呢！」次日，我把這包照片帶到上海來，給學園裏的同事們學生們看。有許多人看了，問我：「他為甚麼做和尚？」

暑假放了，我天天袒衣跣足，在過街樓上——所謂家裏寫意度日。友人W君新從日本回國，暫寓我家裏，在我底外室裏堆了零零星星好幾堆的行李物件。

有一天早晨，我與W君正在吃了牛乳，坐在籐椅上，翻閱前天帶來的李叔同先生的照片，ＰＴ兩兒正在外室翻轉W君底柳行李底蓋來坐船，忽然一個住在隔壁的學生張皇地上樓來，說：「門外有兩個和尚在尋問豐先生，其一個樣子好像是照相上見過的李叔同先生。」

我下樓一看，果然是弘一、弘傘兩法師立在門口。起初我略有些張皇失措，立了一歇，就延他們上樓。自己快跑幾步，先到外室把PT兩兒從他們的船中抱出，附耳說一句：「陌陌人來了！」移開他們的船，讓出一條路，回頭請二法師入室，到過街樓去。我介紹了W君，請他們坐下了，問得他們是前天到上海的，現寓大南門靈山寺，要等江西來信，然後決定動身赴廬山的日期。

弘一師起身走近我來，略放低聲音說：

「子愷，今天我們要在這裏吃午飯，不必多備菜，早一點好了。」

我答應着忙走出來，一面差P兒到外邊去買汽水，一面叮囑妻即刻備素菜，須於十一點鐘開飯。因為我曉得他們是過午不食的。記得有人告訴我說，有一次杭州有一個人在一個素館子裏辦了盛饌請弘一師午餐，陪客到齊已經一點鐘，弘一師只吃了一點水果。今天此地離市又遠，只得草草辦點了。我叮囑好了，回室，鄰居的友人L君、C君、D君，都已聞知了來求見。

今日何日？我夢想不到書架上這堆照片底主人公，竟來坐在這過街樓裏了！這些照片如果有知，我想一定要跳出來，抱住這和尚而叫「我們都是你的前身」罷！

我把它們捧了出來，送到弘一師面前。他臉上顯出一種超然而虛空的笑容，興味津津地，一張一張地翻開來看，為大家說明，像說別人的事一樣。

D君問起他家庭的事。他說在天津還有阿哥、侄兒等；起初寫信去告訴他們要出家，他們覆信說不贊成，後來再去信說，就沒有回信了。

W君是研究油畫的，曉得他是中國藝術界的先輩，拿出許多畫來，同他長談細說地論畫，他也有時首肯，有時表示意見。我記得弘傘師向來是隨俗的，弘一師往日的態度，比弘傘師謹嚴得多。此次卻非常的隨便，居然親自到我家裏來，又隨意談論世事。我覺得驚異得很！這想來是工夫深了的結果罷。

飯畢，還沒有到十二時。弘一師頗有談話的興味，弘傘師似也歡喜和人談話。寂靜的盛夏的午後，房間裏充滿着從窗外草地上反射進來的金黃的光，浸着圍坐談笑的四人——兩和尚，W與我，我恍惚間疑是夢境。

七歲的P兒從外室進來，靠在我身邊，咬着指甲向兩和尚的衣裳注意。弘一師說她那雙眼生得距離很開，很是特別，他說：「蠻好看的！」又聽見我說她歡喜畫畫，又歡喜刻石印，二法師都要她給他們也刻兩個。弘一師在石上寫了一個「月」字（弘一師近又號論月）、一個「傘」字，叫P兒刻。當她側着頭，汗淋淋地抱住印牀奏刀時，弘一師不瞬目地注視她，一面輕輕地對弘傘師說：「你看，專心得很！」又轉向我說：「像現在這麼大就教她念佛，一定很好。可先拿因果報應的故事講給她聽。」我說：「殺生她本來是怕敢的。」弘一師贊好，就說：「這地板上螞蟻很多！」他的注意究竟比我們周到。

話題轉到城南草堂與超塵精舍，弘一師非常興奮，對我們說：

「這是很好的小說題材！我沒有空來記錄，你們可採作材料呢。」

現在把我所聽到的記在下面。

他家在天津，他父親是有點資產的。他自己說有許多母親。他父親生他時，年紀已經六十八歲。五歲上父親就死了。家主新故，門戶又複雜，家庭中大概不安。故他關於母親，曾一皺眉，搖着頭說：「我的母親——生母很苦！」他非常愛慕他母親。二十歲時陪了母親南遷上海，住在大南門金洞橋（？）畔一所許宅的房子——即所謂城南草堂，肄業於南洋公學，讀書奉母。他母親在他二十六歲的時候就死在這屋裏。他自己說：「我從二十歲至二十六歲之間的五六年，是平生最幸福的時候。此後就是不斷的悲哀與憂愁，一直到出家。」這屋底所有主許幻園是他的義兄，他與許氏兩家共居住在這屋裏，朝夕相過從。這時候他很享受了些天倫之樂與俊游之趣。他講起他母親死的情形，似乎現在還有餘哀。他說：「我母親不在的時候，我正在買棺木，沒有親送。我回來，已經不在了！還只四十幾歲！」大家庭裏的一個庶出（？）的兒子，五歲上就沒有父親，現在生母又死了，喪母後的他，自然像游絲飛絮，飄蕩無根，於家庭故鄉，還有甚麼牽挂呢？他就到日本去。

在日本時的他，聽說生活很講究，天才也各方面都秀拔。他研究繪畫、音樂，均有相當的作品，又辦春柳劇社，自己演劇，又寫得一手好字，做出許多慷慨悲歌的詩詞文章。總算曾經儘量發揮過他底才華。後來回國，聽說曾任《太平洋報》的文藝編輯，又當過幾個學校底重要教師，社會對他的待遇，一般地看來也算不得薄。但在他自己，想必另有一種深的苦痛，所以說「母親死後到出家是不斷的憂患與悲哀」，而在城南草堂讀書奉母的「最幸福的」五六年，就成了他底永遠的思慕。

他說那房子旁邊有小浜，跨浜有苔痕蒼古的金洞橋，橋畔立着兩株兩抱大的柳樹。加之那時上海絕不像現在的繁華，來去只有小車子，從他家坐到大南門給十四文大錢已算很闊綽，比起現在的狀況來如同隔世，所以城南草堂更足以惹他底思慕了。他後來教音樂時，曾取首悽惋嗚咽的西洋有名歌曲My Dear Old Sunny Home來改作一曲《憶兒時》，中有「高枝啼鳥，小川游魚，曾把閒情託」之句，恐怕就是那時的自己描寫了。

自從他母親去世，他拋棄了城南草堂而去國以後，許家的家運不久也衰沈，後來這房子也就換了主人。□年之前，他曾經走訪這故居，屋外小浜，橋，樹，依然如故，屋內除了牆門上的黃漆改為黑漆以外，裝修布置亦均如舊時，不過改換了屋主而已。

這一次他來上海，因為江西的信沒有到，客居無事；靈山寺地點又在小南門，離金洞橋很近；還有，他曉得大南門有一處講經念佛的地方叫做超塵精舍，也想去看看，就於來訪我的前一天步行到大南門一帶去尋訪。跑了許久，總找不到超塵精舍。他只得改道訪城南草堂去。

那裏曉得！城南草堂的門外，就掛着超塵精舍的匾額，而所謂超塵精舍，正設在城南草堂裏面！而進內一看，裝修一如舊時，不過換了洋式的窗戶與欄杆，加了新漆，牆上添了些花牆洞。從前他母親所居的房間，現在已供着佛像，有僧人在那裏做課了。近旁的風物也變換，浜已沒有，相當於浜處有一條新築的馬路，橋也沒有，樹也沒有了。他走上轉角上一家舊時早有的老藥鋪，藥鋪裏的人也都已不認識。問了他們，方才曉得這浜是新近被填作馬路的，橋已被拆去，柳亦被斫去。那房子的主人是一個開五金店的人，那五金店主不知是信佛還是別的原故，把它送給和尚講經念佛了。

弘一師講到這時候，好像興奮得很，說：

「真是奇緣！那時候我真有無窮的感觸呵！」其「無窮」兩字拍子延得特別長，使我感到一陣鼻酸。後來他又說：

「幾時可陪你們去看看。」

這下午談到四點鐘，我們引他們去參觀學園，又看了他所贈的《續藏經》，五點鐘送他們上車返靈山寺，又約定明晨由我們去訪，同去看城南草堂。

翌晨九點鐘模樣，我偕W君、C君同到靈山寺見弘一師，知江西信於昨晚寄到，已決定今晚上船，弘傘師正在送行李買船票去，不在那裏。坐談的時候，他拿出一冊《白龍山人墨妙》來送給我們，說是王一亭君送他，他轉送立達圖書室的。過了一回，他就換上草鞋，一手挾了照例的一個灰色的小手巾包，一手拿了一頂兩隻角已經脫落的蝙蝠傘，陪我們看城南草堂去。

走到了那地方，他一一指示我們。那裏是浜，那裏是橋，樹，那裏是他當時進出慣走的路。走進超塵精舍，我看見屋是五開間的，建築總算講究，天井雖不大，然五間共通，尚不窄仄，可夠住兩分人家。他又一一指示我們，說：這是公共客堂，這是他底書房，這是他私人的會客室，這樓上是他母親的住室，這是掛「城南草堂」的匾額的地方。

裏面一個穿背心的和尚見我們在天井裏指點張望，就走出來察看，又打寧波白招呼我們坐，弘一師謝他，說：「我們是看看的。」又笑着對他說：「這房子我曾住過，二十歲年以前。」那和尚打量了他一下說：「哦，你住過的！」

我覺得今天看見城南草堂的實物，感興遠不及昨天聽他講的時候濃重，且眼見的房子、馬路、藥鋪，也不像昨天聽他講的時候的美而詩的了。只是看見那寧波和尚打量他一下而說那句話的時候，我眼前彷彿顯出二十歲年前後的兩幅對照圖，起了人生剎那的悲哀。回出來時，我只管耽於遐想：「如果他沒有這母親，如果這母親遲幾年去世，如果這母親現在尚在，局面又怎樣呢？恐怕他不會做和尚，我不會認識他，我們今天也不會來憑弔這房子了！誰操着制定這局面的權分呢？」

出了弄，步行到附近的海潮寺一游，我們就邀他到城隍廟的素菜館裏去吃飯。

吃飯的時候，他談起世界佛教居士林尤惜陰居士為人如何信誠，如何樂善。我們曉得他要晚上上船，下午無事，就請他引導到世界佛教居士林去訪問尤居士。

世界佛教居士林是新建的四層樓洋房，非常莊嚴燦爛。第一層有廣大的佛堂，內有很講究的坐椅、拜墊，設備很豐富，許多善男信女在那裏拜懺念佛。問得尤居士住在三層樓，我們就上樓去。這裏面很靜，各處壁上掛着「緩步低聲」的黃色的牌，看了使人愈增嚴肅。三層樓上都是房間。弘一師從一房間的窗外認到尤居士，在窗玻璃上輕叩了幾下，我就看見一位五十歲模樣的老人開門出來，五體投地地拜伏在弘一師腳下，好像幾乎要把弘一師底腳抱住。弘一師但淺淺地一鞠躬，我站在後面發呆，直到老人起來延我入室，始回復我的知覺。才記得他是弘一師的歸依弟子（？）。

尤居士是無錫人，在上海曾做了不少的慈善事業，是相當知名的人。就是向來不關心於時事的我，也是預早聞其名的。他底態度、衣裝，及房間裏的一切生活的表象，竟是非常簡樸，與出家的弘一師相去不遠。於此我才知道居士是佛教的最有力的宣傳者。和尚是對內的，居士是對外的。居士實在就是深入世俗社會裏去現身說法的和尚。我初看見這居士林建築設備的奢華，竊怪與和尚底刻苦修行相去何遠。現在看了尤居士，方才想到這大概是對世俗的方便罷了。弘一師介紹我們三人，為我們預請尤居士將來到立達學園講演，又為我們索取了居士林所有贈閱的書籍各三份。尤居士就引導我們去瞻觀舍利室。

舍利室是一間供舍利的，約二丈見方的房間。沒有窗，四壁全用鏡子砌成，天花板上懸四盞電燈，中央設一座玲瓏燦爛的紅漆金飾的小塔，四周地上設四個拜墊，塔底角上懸許多小電燈，其上層中央供一水晶樣的球，球內的據說就是舍利。舍利究竟是甚麽東西，因為我不大懂得，本身倒也惹不起我甚麽感情；不過我覺得一入室，就看見自己立刻化作千萬身，環視有千萬座塔，千萬盞燈，又面面是自己，目眩心悸，我全被壓倒在一種恐怖而又感服的情緒之下了。弘一師與尤居士各參拜過，就魚貫出室。再參觀了念佛室、藏經室。我們就辭尤居士而出。

步行到海寧路附近，弘一師要分途獨歸，我們要送他回到靈山寺。他堅辭說：「路我認識的，很熟，你們一定回去好了，將來我過上海時再見。」又拍拍他底手巾包笑說：「做電車錢的銅板很多！」就轉身進弄而去。我目送着他，到那瘦長的背影，直到沒入人叢中不見了，始同W君、C君上自己的歸途。

這一天我看了城南草堂，感到人生的無常的悲哀，與緣法的不可思議；在舍利室，又領略了一點佛教的憧憬。兩日來都非常興奮，嚴肅，又不得酒喝。一回到家，立刻叫人去打酒。

一九二六年八月四日記於石門

（刊於一九二六年上海《一般》十月號）

再記李叔同先生

呂伯攸

昨天看到子愷近作的小說《法味》，覺得我以前所記關於李叔同先生的事，尚有疑點和疏漏處，現在從他那篇作品裏，摘要補記如下：

據李先生自己說，他有許多的母親；在他出世的時候，父親已經六十八歲了。而且，他還有哥哥和侄兒等。一直住在天津。（到他出家後，纔斷絕音問。）那末，我以前所記的「父親因晚年乏嗣……」的話，似乎有些疑問了。這個，只得留待將來和他晤面時，再向他請教了。

他五歲死了父親，他們的大家庭便不能相安；他的生母——或者因為是側室的緣故——曾受盡種種的苦楚。最後，在他二十歲時，纔伴着她，搬到上海來住。

那時，他入南洋公學讀書，他就家在大南門金洞橋的一所屋子裏。這屋子是許姓的產業，名為城南草堂。他和屋主許幻園，因為是義兄弟的關係，所以兩家就同住在一起。

在這時候，他自己說是「一生最幸福的時候」。直至他二十六歲，母親便死在這城南草堂中，年紀還只四十多歲。而他正在忙着預備後事，沒有和她永訣，這是他後來認為畢生的憾事的。

此後，他自然便無家無室，成為一個孤零的人了。綜計他所謂「最幸福的時候」，大約就在這五六年間。

他在悲痛之餘，纔捨棄了南洋公學，遠渡日本，等他由日本回來，許家早已門庭衰落；屋子也換了主人。那時，他曾走訪過故居，據說，那屋子旁邊的小浜，那苔痕斑剝的金洞橋，一切都依舊，不過在牆門上換了一種髹漆罷了。

今年——民國十五年——夏天，他因事到上海來，順便想去訪問一處講經的地方，叫做「超塵精舍」的，於是，他又跑到大南門去了。可是，找尋了許久，總找不到「超塵精舍」。結果，他衹得改道去看看他的故居城南草堂。

那知他剛走到城南草堂門口，就瞥見高高掛着的一塊橫匾，很顯明地標着「超塵精舍」四個字。這真是奇緣啊！

不過，舊時的小浜，已填成馬路了，橋也拆去了，樹也砍伐了。誰料到他的故居，也和他一樣地皈依淨業了。

最後，我還有一點要附帶記載的，就是：和李先生同時剃度的那位招賢老人。他是李先生的師兄，李先生法號弘一（近又別字論月），他的法號叫做弘傘。

弘傘師本姓程，名中和，在二次革命時，他尚在充當團長，曾一度親臨前敵，攻克過南京的雨花臺。

（刊於一九二七年上海《小說世界》第十五卷第五期）

東洋人士對李叔同先生的印象

孟憶菊

寄塵先生：

我在《小說世界》看到呂伯攸兄和你的記李叔同先生文，當時也很想寫一點關於李先生的批評。可惜在這裏功課很忙，因此，便延挨了。

今天在友人處，翻到一本《芝居》雜誌，其中有一篇松居松翁做的《對於中國戲的懷疑》，也講到李先生的事。現在把他節譯在下面：

中國的俳優，使我佩服的，便是李叔同君。當他在日本時，雖僅僅是一位留學生，但他所組織的「春柳劇社」劇團，在樂座上演《椿姬》一劇，實在非常的好。不，與其說這個劇團好，寧可說就是這位飾「椿姬」的李君演的非常的好。

他們那腳本的翻譯，是很純粹的；化裝雖簡單一些，卻完全是根據西洋風俗的；當然和普通的改成日本風的，有些不同。會話的中國語，又和法語有相像的地方，因此，愈使人感得痛快。尤其是李君的優美婉麗，決非日本的俳優所能比擬。

我當時看過以後，頓時又回想到孟瑪德小劇場所見裘菲列表演的「椿姬」，不覺感得十分地興奮，竟跑到後臺去，和李君握手為禮了。

……雖則這個劇團，後來便消滅了，但也有許多受他默化的留學生們，立刻拋棄了學業，回國從事新劇運動的。可知李叔同君，確是在中國放了新劇最初的烽火；但他現在卻已皈依佛門，棲隱於杭州湖畔，謝絕俗塵；倘使自「椿姬」以來，李君仍在努力這種藝術，那末，豈容梅蘭芳、尚小雲輩馳名於中國的戲劇界……

看了這一段記載，可見國外的景仰李先生者，也大有人在，只可惜在我們藝術掃地的中國，卻終於引不起人家的注意，這是多麼痛心的事！

我把這一段記載寄給你，希望把它登入貴刊，做一個補白，不知道能允許我嗎？

餘再談，祝你安善！

孟憶菊於日本神戶

（刊於一九二七年上海《小說世界》第一一二期）

兩法師

葉聖陶

在到功德林去會見弘一法師的路上，懷著似乎從來不曾有過的潔淨的心情；也可以說帶著渴望，不過與希冀看一齣著名的電影劇等的渴望並不一樣。

弘一法師就是李叔同先生，我最初知道他在民國初年。那時上海有一種《太平洋報》，其藝術副刊由李先生主編，我對於所載他的書畫篆刻都中意。以後數年，聽人說李先生已出了家，在西湖某寺。游西湖時，在西泠印社石壁上見李先生的「印藏」。去年子愷先生刊印《子愷漫畫》，丏尊先生給它作序文，說起李先生的生活，我纔知道得詳明一點；就從這時起，知道李先生現稱弘一了。

於是，不免向子愷先生詢問關於弘一法師的種種。承他詳細見告。十分感興趣之餘，自然來了見一見的願望，便向子愷先生說起了。「好的，待有機緣，我同你去見他。」子愷先生的聲調永遠是這樣樸素而真摯的。以後遇見子愷先生，就常常告訴我弘一法師的近況：記得有一次給我看弘一法師的來信，中間有「葉居士」云云，我看了很覺慚愧，雖然「居士」不是什麼特別的尊稱。

前此一星期，飯後去上工，劈面來三輛人力車。最先是個和尚，我並不措意。第二是子愷先生，他驚喜似地向我顛頭。我也顛頭，心裏便閃電般想起「後面一定是他」。人力車夫跑得很快，第三輛車一霎往後時，我見坐著的果然是個和尚，清癯的臉，頷下有稀疏的長髯。我的感情有點激動，「他來了！」這樣想著，屢屢回頭望那越去越遠的車篷後影。

第二天，便接到子愷先生的信，約我星期日到功德林去會見。

是深深嘗了世間味，探了藝術之宮的，卻回過來過那種通常以為枯寂的持律念佛的生活，他的態度應是怎樣，他的言論應是怎樣，實在難以懸揣。因此，在帶著渴望的似乎從來不曾有過的潔淨的心情裏，更攙着一些惝怳的分子。

走上功德林的扶梯，被侍者導引進那房間時，近十位先到的恬靜地起立相迎。靠窗的左角，正是光線最明亮的地方站著那位弘一法師，帶笑的容顏，細小的眼裏眸子放出晶瑩的光。丏尊先生給我介紹之後，教我坐在弘一法師的側邊。弘一法師坐下來之後，便悠然地數著手裏的念珠。我想一顆念珠一聲阿彌陀佛吧。本來沒有什麼話要同他談，見這樣更沈入近乎催眠狀態的凝思，言語是全不需要了。可怪的是在座一些人，或是他的舊友，或是他的學生，在這難得的會晤頃，似應有好些抒情的話同他談，然而不然，大家也只默然不多開口。未必因僧俗殊途，塵淨異致，而有所矜持吧。或者，他們以為這樣默對一二小時，已勝於十年的晤談了。

晴秋的午前的時光在恬然的靜默中經過，覺得有難言的美。

隨後又來了幾位客，向弘一法師問幾時來的，到什麼地方去那些話。他的回答總是一句短語；可是殷勤極了，有如傾訴整個的心願。

因為弘一法師是過午不食的，十一點鐘就開始聚餐。我看他那曾經揮灑書畫彈奏音樂的手鄭重地夾起一莢豇豆來，歡喜滿足地送入口裏去咀嚼的那種神情，真慚愧自己平時的亂吞胡咽。

「這碟子是醬油吧？」

以為他要醬油，某君想把醬油碟子移到他面前。

「不，是這位日本的居士要。」

果然，這位日本人道謝了，弘一法師於無形中體會到他的願欲。

石岑先生愛談人生問題，著有人生哲學，席間他請弘一法師談一點關於人生的意見。

「慚愧，」弘一法師虔敬地回答，「沒有研究，不能說什麼。」

以學佛的人對於人生問題沒有研究，依通常的見解，至少是一句笑話。那末，他有研究而不肯說麼？只看他那殷勤真摯的神情，見得這樣想時就是罪過。他的確沒有研究。研究云者，自己站在這東西的外面，而去爬剔，分析，檢察這東西的意思。像弘一法師，他一心持律，一心念佛，再沒有站到外面去的餘裕。那裏能有研究呢？

我想，問他像他這樣的生活，覺得達到了怎樣的一種境界，或者比較落實一點。然而健康的人不自覺健康，哀樂的當時也不能描狀哀樂；境界又豈是說得出的。我就把這意思遣開；從側面看弘一法師的長髯以及眼邊細密的皺紋，出神久之。

飯後，他說約定了去見印光法師，誰願意去可同去。印光法師這名字知道得很久了，並且見過他的文鈔，是現代淨土宗的大師，自然也想見一見。同去者計七八人。

決定不坐人力車，弘一法師拔腳便走，我開始驚異他步履的輕捷。他的腳是赤了的，穿一雙布縷纏成的行腳鞋。這是獨特健康的象徵啊。同行的一群人，那裏有第二雙這樣的腳！

慚愧，我這年輕人常常落在他的背後。我在他背後這樣想：——

他的行止笑語，真所謂純任自然的，使人永不能忘。然而在這背後卻是極嚴謹的戒律。丐尊先生告我，他嘗嘆息中國的律宗有待振起，可見他的持律極嚴的。他念佛，他過午不食，都為的持律。但持律而到非由「外鑠」的程度，人便只覺他一切純任自然了。

似乎他的心非常之安，躁忿全消，到處自得；似乎他以為這世間十分平和，十分寧靜，自己處身其間，甚而至於會把它淡忘。這因為他把所謂萬象萬事劃開了一部分，而生活在留著的一部分內之故。這也是一種生活法，宗教家藝術家大概採用。並不劃開了一部分而生活的人，除庸衆外，不是貪狠專制的野心家，便是社會革命家。

他與我們差不多處在不同的兩個世界。就如我，沒有他的宗教的感情與信念，要過他那樣的生活是不可能的。然而我自以為有點了解他，而且真誠地敬服他那種純任自然的風度。那一種生活法好呢？這是愚笨的無意義的問題。只有自己的生活法好，別的都不行，誇妄的人卻常這麽想。友人某君曾說他不曾遇見一個人他願意把自己的生活與這個人對調的，這是躊躇滿志的話。人本來應當如此，否則浮漂浪蕩，豈不像沒舵之舟。然而某君又說尤緊要的是同時得承認別人也未必願意與我對調。這就與誇妄的人不同了；有這麽一承認，非但不菲薄別人，且能致相當的尊敬。彼此因觀感而化移的事是有的。雖說各有其生活法，究竟不是不可破的堅壁；所謂聖賢者轉移了什麽什麽人就是這麽一回事。但是板著面孔專事菲薄別人的人決不能轉移了誰。——

到新聞太平寺，有人家借這裏治喪事，樂工以為弔客來了，預備吹打起來。及見我們中間有一個和尚，而且問起的也是和尚，纔知道誤會，說道：「他們都是佛教裏的。」

寺役去通報時，弘一法師從包袱裏取出一件大袖的僧衣來（他平時穿的，袖子同我們的長衫袖一樣），恭而敬之地穿上身，眉宇間異樣地靜穆。我是歡喜四處看望的，見寺役走進去的沿街的那房間裏，有個軀體碩大的和尚剛洗了臉，背部略微佝著，我想這一定就是。果然，弘一法師頭一個跨進去時，便對這和尚屈膝拜伏，動作嚴謹且安詳。我心裏肅然。有些人以為弘一法師當是和尚裏的浪漫派，看這樣可知完全不對。

印光法師的皮膚呈褐色，肌理頗粗，表示他是北方人；頭頂幾乎全禿，發著亮光；腦額很闊；濃眉底下一雙眼睛這時雖不戴眼鏡，卻同戴了眼鏡從眼鏡上面射出眼光來的樣子看人；嘴唇略微皺癟：大概六十左右了。弘一法師與印光法師並肩而坐，正是絕好的對比，一個是水樣的秀美，飄逸，而一個是山樣的渾樸，凝重。

弘一法師合掌懇請了，「幾位居士都歡喜佛法，有曾經看了禪宗的語錄的，今來見法師，請有所開示，慈悲，慈悲。」

對於這「慈悲，慈悲」，感到深長的趣味。

「嗯，看了語錄。看了什麽語錄？」印光法師的聲音帶有神秘味。我想這話裏或者就藏着機鋒吧。沒有人答應。弘一法師便指石岑先生，說這位居士看了語錄的。

石岑先生因說也不專看那幾種語錄，只曾從某先生研究過法相宗的義理。

這就開了印光法師的話源。他說學佛須要得實益，徒然嘴裏說說，作幾篇文字，沒有道理；他說人眼前最緊要的事情是了生死，生死不了，非常危險；他說某先生只說自己纔對，別人念佛就是迷信，真不應該。他說來聲色有點嚴厲，間以呵喝。……

弘一法師再作第二次的懇請，希望於儒說佛法會通之點給我們開示。

印光法師說二者本一致，無非教人父慈子孝兄友弟恭等等。不過儒家說這是人的天職，人若不守天職就沒有辦法。佛家用因果來說，那就深奧得多。行善便有福，行惡便吃苦：人誰願吃苦呢？——他的話語很多，有零星的插話，有應驗的故事，從其間可以窺見他的信仰與歡喜。他顯然以傳道者自任，故遇有機緣，不憚盡力宣傳，宣傳家必有所執持又有所排抵，他自也不免。弘一法師可不同，他似乎春原上一株小樹，毫不愧怍地欣欣向榮，卻沒有凌駕旁的卉木而上之的氣概。

在佛徒中間，這位老人的地位崇高極了，從他的文鈔裏，見有許多的信徒懇求他的指示，彷彿他就是往生淨土的導引者。這想來由於他有很深的造詣，不過我們不清楚。……

弘一法師第三次「慈悲，慈悲」地請求時，是說這裏有言經義的書，可讓居士們「請」幾部回去。這「請」字又有特別的味道。

房間的右角裏，裝釘作似的，線裝和平裝的書堆著不少，不禁想起外間紛紛飛散的那些宣傳品。由另一位和尚分派，我分到黃智海演述的《阿彌陀經白話解釋》，大圓居士說的《般若波羅密多心經口義》，李榮祥編的《印光法師嘉言錄》三種。中間《阿彌陀經白話解釋》最好，詳明之至。

於是弘一法師又屈膝拜伏，辭別。印光法師顛著頭，從不大敏捷的動作上顯露他的老態。待我們都辭別了出房間時，弘一法師伸兩手，鄭重而輕捷地把兩扇門拉上了。隨即脫下那件大袖的僧衣，就人家停放在寺門內的包車上，方正平帖地把它摺好包起來。

弘一法師就要回到江灣子愷先生的家裏，石岑先生、予同先生和我便向他告別。這位帶有通常所謂仙氣的和尚，將使我永遠懷念了。

……………………

一九二七年十月八日作

據說，佛家教規，受戒者對於白衣是不答禮的，對於皈依弟子也不答禮；弘一法師是印光法師的皈依弟子，故一方敬禮甚恭，一方顛頭受之。

一九三一年六月十七日記

（刊於《民鐸》第九卷第一號，後載一九三一年《未厭居習作》）

緣

豐子愷

這是前年秋日的事：弘一法師雲游經過上海，不知因了甚麼緣，他願意到我的江灣的寓中來小住了。我在北火車站遇見他，從他手中接取了拐杖和扁擔，陪他上車，來到江灣的緣緣堂，請他住在前樓，我自己和兩個孩子住在樓下。

每天晚快天色將暮的時候，我規定到樓上來同他談話。他是過午不食的，我的夜飯吃得很遲。我們談話的時間，正是別人的晚餐的時間。他晚上睡得很早，差不多同太陽的光一同睡着，一向不用電燈。所以我同他談話，總在蒼茫的暮色中。他坐在靠窗口的籐牀上，我坐在裏面椅子上，一直談到窗外的灰色的天空襯出他的全黑的胸像的時候我方纔告辭，他也就歇息。這樣的生活，繼續了一個月。現在已變成豐富的回想的源泉了。

內中有一次，我上樓來見他的時候，看他臉上充滿着歡喜之色，順手向我的書架上抽一冊書，指着書面上的字對我說道：

「謝頌羔居士，你認識他否？」

我一看他手中的書，是謝頌羔君所著的《理想中人》。這書他早已送我，我本來平放在書架的下層。我的小孩子歡喜火車游戲，前幾天把這一堆平放的書拿出來，鋪在牀上，當作鐵路。後來火車開畢了，我的大女兒來整理，把它們直放在書架的中層的外口，最容易拿着的地方。現在被弘一法師抽着了。

我就回答他說：

「謝頌羔君是我的朋友，一位基督教徒……」

「他這書很好！很有益的書！這位謝居士住在上海麼？」

「他在北四川路底的廣學會中當編輯。我是常常同他見面的。」

說起廣學會，似乎又使他感到非常的好意。他告訴我，廣學會創辦很早，他幼時，住在上海的時候，廣學會就已成立。又說其中有許多熱心而真摯的宗教徒，有一個外國教士李提摩太曾經關心於佛法，翻譯過《大乘起信論》。說話歸根於對《理想中人》及其著者謝頌羔居士的贊美。他說這種書何等有益，這著者何等可敬。又說他一向不看我書架上的書，今天偶然在最近便的地方隨手抽着了這一冊。讀了很感激，以為我的書架上大概富有這類的書。檢點一下，豈知別的都是關於繪畫、音樂的日本文的書籍。他鄭重地對我說：

「這是很希妙的『緣』！」

我想用人工來造成他們的相見的緣，就乘機說道：

「幾時我邀謝君來這裏談談，如何？」

他說，請他來很對人不起。但他臉上明明表示着很盼望的神色。過了幾天，他寫了一張橫額「慈良清直」四字，卷好，放在書架上。我晚快上去同他談話的時候，他就拿出來命我便中送給謝居士。

次日，我就懷了這橫額來到廣學會，訪問謝君，把這回事告訴他，又把這橫額轉送他。他聽了，看了，也很感激，就對我說：

「下星期日我來訪他。」

這一天，鄰人陶載良君備了素齋，請弘一法師到他寓中午餐。謝君和我也被邀了去。我在席上看見一個虔敬的佛徒和一個虔敬的基督徒相對而坐着，談笑着。我心中不暇聽他們的談話，只是對着了目前的光景而瞑想世間的「緣」的奇妙：目前的良會的緣，是我所完成的。但倘使謝君不著這冊《理想中人》，或著而不送我，又倘使弘一法師不來我的寓中，或來而不看我書架上的書，今天的良會我也無從完成。再進一步想，這書原來久已埋在書架的下層，倘使我的小孩子不拿出來鋪鐵路，或我的大女兒整理的時候不把它放在可使弘一法師隨手抽着的地方，今天這良會也決不會在世間出現。仔細想來，無論何事都是大大小小、千千萬萬的「緣」所湊合而成，缺了一點就不行。世間的因緣何等奇妙不可思議！——這是前年秋日的事。

現在謝君的《理想中人》要再版了，囑我作序。我聽見《理想中人》這一個書名，不暇看它的內容，心中又忙着回想前年秋日的良會的奇緣。就把這回想記在這書的卷首。

（刊於一九二九年《小說月報》第二十卷六月號）

記弘一大師之童年

胡宅梵

民國十九年，亦幻和尚住持慈谿金仙寺。秋，弘師蒞止。予居近寺，時得親炙。一日，予謂師曰：「師童時事，世鮮知者，可得聞乎？」師曰：「年幼無知，事不足言。惟我父樂善好施之行，頗堪風世勵俗，差足傳述，而與余幼年之生活，亦有密切之關係也。」於是師乃條述其幼年狀況，予即秉筆為記，記畢呈閱，復經師親以硃筆改正，則此篇可稱其幼年之真實史也。

大師誕生於天津，本為富宦家。父筱樓公，當師墮地時，六十有八。師有長兄，長師近五十歲；師生時，久已見背。筱樓公精陽明之學，旁及禪宗，頗具工夫。飲食起居，悉以《論語·鄉黨》篇為則，不少違。晚年樂善好施，設義塾，創備濟社，範圍甚廣，用人極多，專事撫恤貧寒孤寡，施捨衣食棺木。每屆秋末冬初，遣人至各鄉村，向貧苦之家探察情形，並計人口之多寡，酌施衣食。先給票據，至歲暮，憑票支付。又設存育所，每屆冬季，收養乞丐，不使凍餒，諸如此類，不一而足。年斥資千萬計，而不少吝惜，津人咸頌之曰「李善人」。性喜放生，所放魚鳥不知凡幾。公自長子死後，僅存庶生次子，又多病，恐復夭亡，乃娶師之生母。當師誕生日，捕者以魚蝦踵門求賣放生，聚繞若會，狀極擁擠，魚盆之水，溢於外者，幾匯流成渠矣，公則盡數買而放之。又放鳥亦甚多。自後每逢師生辰，必大舉放生如故。

公年至七十二，因患痢疾，自知不起，將臨終前痢忽愈。乃屬人延請高僧，於臥室朗誦《金剛經》。靜聆其音，而不許一人入內，以擾其心。師時方五齡，亦解掀幃探問。公臨歿，毫無痛苦，安詳而逝，如入禪定。靈柩留家凡七日，每日延僧一班，或三班，誦經不絕。時師見僧之舉動，均可愛敬，天真啟發，以後即屢偕其侄輩，效燄口施食之戲，而自據上座，為大和尚焉。

師幼時食必置薑一碟，蓋效乃父不撤薑食之義。一日師食時，桌少偏，其生母訓之曰：「席不正不坐。」蓋公之守鄉黨篇之則，已感化於婦孺矣。自公逝後，家人死亡相繼，師雖年幼，亦時興人事無常之感焉。

師至六七歲，其兄教督甚嚴，不得少越禮貌，並時以《玉曆鈔傳》、《百孝圖》、《返性篇》、《格言聯璧》等屬師瀏覽。時有王孝廉者，至普陀出家，返居天津之無量庵，師之大侄婦早寡，常從王孝廉學《大悲咒》、《往生咒》等，並學袁了凡記功過格。時師年約七八歲，見而甚喜，常從旁聽之，旋亦能背誦，且亦能學記功過格。師有乳母劉氏，能背誦《名賢集》，（集為格言詩，四五七言遞加。）時教師習誦其詞，如：「高頭白馬萬兩金，不是親來強求親，一朝馬死黃金盡，親者如同陌路人。」又如：「人貧志短，馬瘦毛長。」師雖在八九歲之間，亦頗能解其義。至十餘歲，嘗見乃兄待人接物，其禮貌輒隨人之貴賤而異，心殊不平，遂反其兄之道而行之，遇貧賤者敬之，富貴者輕之。性喜蓄貓，而不平之心，時亦更趨偏激，往往敬貓如敬人。迨聞康有為戊戌之變政，似有合乎懷抱，於焉救世之心，亦日甚一日。

師於閑居時，必習小楷，摹劉世安所臨文徵明《心經》甚久。兼事吟咏，如「人生猶似西山日，富貴終如草上霜」等句，皆為其幼年之作，謂其為代表師當時之思想可，即視為萌出世之心，亦無不可。由是與其兄意見差池愈遠。至二十歲，遂奉母來滬。居滬後，存育所善堂等產業，皆由其兄繼續辦理，及拳匪亂啟，始罷歇。惟備濟社則至今尚存，承辦者雖亦為李氏，然已久易其主，而李善人之名，亦轉屬於彼李氏矣。

綜觀大師之生平，十齡全學聖賢；十二歲至二十，頗類放蕩不羈之狂士；二十至三十，力學風流儒雅之文人；三十以後，始漸復其初性焉。

（刊於一九四一年《覺音》第二十、二十一期合刊，題為《弘一法師童年行述》，一九四三年《弘一大師永懷錄》編入，改為此題目。）

記春柳社的李叔同

歐陽予倩

有一天聽說青年會開什麽賑災游藝會，我和幾個同學去玩，未了一個節目是《茶花女》，共兩幕。那演亞猛的是學政治的唐肯君（常州人）；演亞猛父親的是美術學校西洋畫科的曾延年君（曾君字孝谷，號存吴）；飾配唐的姓孫，北平人，是個很漂亮而英文說得很流利的小伙子；至於那飾茶花女的是早年在西湖師範學校教授美術和音樂的先生，以後在C寺出家的弘一大師。大師天津人，姓李名岸，又名哀，號叔同，小字息霜，他和曾君是好朋友，又是同學。……

這一回的表演可說是中國人演話劇最初的一次，我當時所受的刺激最深。我在北平時本曾讀過《茶花女》的譯本，這戲雖然只演亞猛的父去訪馬克和馬克臨終的兩幕，內容曲折，我非常的明白。當時我很驚奇，戲劇原來有這樣一個辦法！……於是我很想接近那班演戲的人，我向人打聽，才知道他們有個社，名叫春柳。……我有一個四川同學和曾孝谷最接近，我便因他得識曾君，只見一次面，我就入了春柳社。

春柳第二次又要公演了。第一次的試演頗引起許多人的興趣，社員也一天一天地多起來——日本學生、印度學生，有好幾個加入的。其餘還有些，現在都不記得了。中堅份子當然首推曾李，重要的演員有李文權、莊雲石、黄二難諸君。……這一次演的《黑奴籲天錄》，……《黑奴籲天錄》當然含着很深的民族的意義。戲本是曾孝谷編的，共分五幕呢，不記得還是七幕，——好像是七幕。其中舞會一幕，客人最多，日本那樣寬闊的舞臺都坐滿了；日本人也有，印度人也有，朝鮮人也有，各國的裝束都照原樣裝扮起來，真是熱鬧……

曾孝谷的黑奴妻分別一場，評判最好。息霜除愛美柳夫人之外，另飾一個男角，都說不錯。可是他專喜歡演女角，他為愛美柳夫人作了百餘元的女西裝。那時我們的朋友裏頭惟有他最闊，他家裏頭是做鹽生意的，他名下有三十萬元以上的財產。以後天津鹽商大失敗的那一次，他哥哥完全破產，他的一份也完了。可是他的確是個愛好藝術的人，對於這些事，不甚在意，他破了產也從來沒有和朋友們談及過。……

老實說，那時候對於藝術有見解的，只有息霜。他於中國詞章很有根底，會畫，會彈鋼琴，字也寫得好。他非常用功，除了他約定的時間以外，決不會客，在外面和朋友交際的事，從來沒有。黑田清輝是他的先生，也很稱贊他的畫。他對於戲劇很熱心，但對於文學卻沒有什麽研究。他往往在畫裏找材料，很注重動作的姿式，他有好些頭套和衣服，一個人在房裏打扮起來照鏡子，自己當模特兒供自己研究，得了結果，就根據着這結果，設法到臺上去演。

自從他演過茶花女以後，有許多人以為他是個很風流蘊藉有趣的人，誰知他的脾氣，卻是異常的孤僻。有一次他約我早晨八點鐘去看他——我住在牛込區，他住在上野不忍池畔，相隔很遠，總不免趕電車有些個耽誤；及至我到了他那裏，名片遞進去，不多時，他開開樓窗，對我說：「我和你約的是八點鐘，可是你已經過了五分鐘，我現在沒有功夫了，我們改天再約吧。」說完他便一點頭，關起窗門進去了。我知道他的脾氣，只好回頭就走。

像息霜這種人，雖然性情孤僻些，他律己很嚴，責備人也嚴，我倒和他交得來。我們雖好久不見面，常常總不會忘記。他出家的時候，寫了一副對聯送來，以後我便只在玉泉寺見過他一次。

（刊於一九三三年《自我演劇以來》）

李叔同先生

曹聚仁

在我們教師中，李叔同先生最不會使我們忘記。他從來沒有怒容，總是輕輕地像母親一般吩咐我們。……他給每個人以深刻的影響。伺候他的茶房，先意承志，如奉慈親。……

「我們的李先生」（同學間的稱呼），能繪畫，能彈琴作曲，字也寫得好，舊體詩詞造詣極深，在東京時曾在春柳社演過茶花女。這樣藝術全才，人總以為是個風流蘊藉的人，誰知他性情孤僻，律己極嚴，在外和朋友交際的事，從來沒有，狷介得和白鶴一樣。……民國五年，他忽然到西湖某寺去靜修，絕食十四天，神色依然溫潤。七年七月，他乃削髮入山，與俗世遠隔了。我們偶而在玉泉寺遇到他，合十以外，亦無他語。有時走過西泠印社，看見崖上的「印藏」，指以相告，曰：「這是我們李先生的。」……李先生之於人，不以辯解，微笑之中，每蘊至理；我乃求之於其靈魂所寄託的歌曲。在我們熟習的歌曲中，《落花》、《月》、《晚鐘》三歌正代表他心靈的三個境界。《落花》代表第一境界：

「紛，紛，紛，紛，紛，紛……
惟落花委地無言兮，化作泥塵；
寂，寂，寂，寂，寂，寂……
何春光長逝不歸兮，永絕消息。
憶春風之日暄，芳菲菲以爭妍；
既垂榮以發秀，倏節易而時遷，春殘。
覽落紅之辭枝兮，傷花事其闌珊；
已矣！春秋其代序以遞嬗兮，俛念遲暮，
榮枯不須臾，盛衰有常數！
人生之浮華若朝露兮，泉壤興哀；
朱華易消歇，青春不再來。」

這是他中年後對於生命無常的感觸，那時期他是非常苦悶的，藝術雖是心靈寄託的深谷，而他還覺得沒有著落似的，不久，他靜悟到另一境界，那便是《月》所代表的境界：

「仰碧空明明，朗月懸太清；
瞰下界擾擾，塵欲迷中道！
惟願靈光普萬方，蕩滌垢滓揚芬芳，
虛渺無極，聖潔神秘，靈光常仰望！
惟願靈光普萬方，蕩滌垢滓揚芬芳！
虛渺無極，聖潔神秘，靈光常仰望！」

他既作此超現實的想望，把心靈寄託於彼岸，順理成章，必然地走到《晚鐘》的境界：

「大地沈沈落日眠，平墟漠漠晚煙殘；
幽鳥不鳴暮色起，萬籟俱寂叢林寒。
浩蕩飄風起天杪，搖曳鐘聲出塵表；
綿綿靈響徹心弦，眑眑幽思凝冥杳。
眾生病苦誰扶持？塵網顛倒泥塗污。
惟神憫恤敷大德，拯吾罪過成正覺；
誓心稽首永皈依，瞑瞑入定陳虔祈。
倏忽光明燭太虛，雲端仿佛天門破；
莊嚴七寶迷氤氳，瑤華翠羽垂繽紛。
浴靈光兮朝聖真，拜手承神恩！
仰天衢兮瞻慈雲，忽現忽若隱。
鐘聲沈暮天，神恩永存在，
神之恩，大無外！」

（刊於一九三四年《人世間》第九期）

弘一法師和浙江的藝術教育

吳夢非

正在四方雲游中的弘一法師，出世已久，似乎應為世間人士所遺忘了？不想到近年來，報紙上，雜誌上，竟會常常看到關於弘一法師的高行，卻是彼此相同。可見弘一法師從出家到了現在，非但不為世間所遺忘，而且常為一般人士所懷念，這是什麽道理呢？當然為了弘一法師既具有至高的人格，深邃的藝術，並且曾為浙江的教育界盡過不少力，值得大家崇拜景仰。談到浙江的過去底教育藝術，即一般學校中的藝術成績，倘和其他各省比較，似也夠得可作模範的資格。但近來有二大阻力，可以使全省的教育藝術，停止發展。這二大阻力是什麼呢？（一）因中等學校要會考底關係，藝術科不是會考科目，有一般校長竟任意削減藝術科的時間；（二）因部頒新修改的中小學校課程，又把各級藝術科時間特別減少。照此情形我浙江今後的教育藝術，當然會受到絕大底影響。我們看看目前的情景，回想到過去底光榮，在筆者底目光中，少不得要說一聲：浙江的教育藝術，實和弘一法師有很深底因緣。

在要說明浙江的教育藝術和弘一法師底一段因緣以前，應得先略敘弘一法師的生平：弘一法師原姓李，名息，字叔同，家住天津，原籍浙江平湖。他在日本留學時名李岸，一面進東京美術學校，從黑田清輝專攻西洋畫，一面又在校外另從上真行兼習音樂。平時又喜研究戲劇，在東京曾扮演《茶花女》主角，傾動一時。卒業回國，在上海任職《太平洋報》，與楊白民相契最深，並與陸鏡君、歐陽予倩輩組「春柳劇社」。復入南社和柳亞子、葉楚傖、胡樸庵等結詩文交。其作品散載於南社文集中。民國元年，因浙江兩級師範創辦圖畫手工專修科，由教務長經子淵氏的主張，特聘弘一師來杭主持，專任西洋畫及音樂教授，這是弘一師和浙江教育界發生關係的第一步，也便是筆者親受教誨底時期。弘一師初來杭時，西裝革履，服裝華麗，一年後便易布袍布鞋，好和西泠印社社長葉舟及馬一浮等相往還。

後兩級師範改組為第一師範，而圖畫手工專修科也已辦了畢業，停止招生，同時弘一已由南京高等師範聘為教授，準備辭職離杭，乃經經子淵校長底挽留，纔允繼續留杭擔任第一師範的藝術課務，對南京高師課託人代理，不時去巡視計劃而已。在此時期中，弘一師先曾在西湖虎跑寺，斷食七天，半斷食十天，據說斷食後，身心十分暢快。不久他便捨了教課，捨了一切，悄然入虎跑寺受了剃度，削髮為僧了。在入山前，曾裝僧服和其得意門生豐子愷、劉質平三人合影一張。彼時我在上海，得知弘一師出家的消息，轉告城東女學校長楊白民，相顧愕然，而楊氏竟為弘一師流了一夜的淚。

弘一的藝術，不論繪畫、書法、詩詞、樂曲、篆刻等，無一不精，他的平時作品中，最偉大的要算油畫，在出家前，曾揀取得意的幾幅，專送國立北京美術專門學校保管，（據弘一師說：「其中也有我的油畫。」）預想總可以垂諸永久了，不料日前我在上海，和夏丏尊先生談起，他說：「我想把弘一師的油畫，出品於浙江文獻展覽會，豈知向北平藝專（即前北京美專）調查之下，竟不知去向了，可惜！可惜！」國立的機關，尚如此不可靠，真可為我國文化前途憂！弘一師的書法，可說在浙江的境內，到處都可看到。他的詩詞，除《南社文集》外，如《美育》雜誌（中華美育會編）及其它書中都有散載。樂曲，大都被選入現時流行的各種歌曲集。篆刻，保管於西泠印社的石壁中。

弘一師的誨人，少說話，主行「不言之教」，凡受過他的教誨的人，大概都可以感到。雖然平時十分頑皮的，一見了他，或一入了他的教室，便自然而然地會嚴肅恭敬起來。但他對待學生並不嚴厲，卻是非常和藹可親，這真可說是人格的感化了。記得有一年的暑假中，我住在西湖避夏。弘一師突然坐了一隻沒有布篷的划子來訪我，並邀我同去游覽，在船中對我說：「我在日本研究藝術時，決想不到自己會回國來做一個藝術教師的！」言下似乎有不勝感慨底模樣。後來，我在上海看到日本人的報紙《日日新聞》，記載一段關於弘一法師的消息，大意說：「中國第一批留學東京美術學校畢業生李岸，回國以來，懷才莫展，而鄭曼陀之流，專描美人月份牌，收入倒可驚人……」云云。因為當時中國的藝術界，幼稚得可憐，在上海的所謂畫家，大致正在臨摹外國的明信片或照片為能事；至於浙江的學校藝術，當然也不過臨臨範本，唱唱用簡譜記載的極簡單的歌曲而已。

經過弘一師教導成一班圖工專修科的學生，分配於全浙江的中等學校，以及第一師範的幾次畢業生，散佈於全浙江的小學校以後，浙江的小學校藝術，才出現革新的氣象，才納入正常的軌道中。所謂寫生，所謂圖案，所謂五線譜，所謂合唱，所謂複音曲等，到此時期才得出現於一般學校。當浙江的教育藝術，正在發展的時候，其他離浙江較遠的省份的學校怎麼樣呢？我可舉一例來試作比較：中國第一批留學東京美術學校的，除弘一師外，還有一位曾延年。曾氏和弘一師是同時畢業，是四川人，他回國後曾在成都高等師範擔任藝術教授，在民國十年前我正在主編《美育》雜誌時，他曾有一信來報告四川的教育藝術概況。現在把它摘要抄錄在下面，足見當時該省的情形，萬萬不能和浙江相比哩。

夢非先生惠鑒：頃由成都轉到手箋，備悉一是。夏初奉弘一法師慧書，已道及尊者。惟弟以病廢之軀，奔走乞食，心思手足，俱少寧靜，至其所學，則本原已極淺陋，十年荒落，更無足以告人者，故前承弘一法師提警，雖萌溫故之思，究恐綳兒之誤，未敢以一字上瀆左右，非自矜，實自文也。茲辱過情垂詢，感念先施，又未能終於不報矣。去夏初，在成都高等師範學校。得見《美育》第一號。竊喜曙光破曉，大地衆生，咸可一新眼界，然又度衰世麟鳳，未必適獲真賞。（中略）若問蜀中美育，則民國四年夏初，成都高等師範學校已附設音樂圖畫專修科，為中小學校造就教師，實則學科尚有手工體操與音樂圖畫並立，惟手工一科所備實習材料，較為豐富。弟濫竽圖畫教授一部分，無標本，無繪具，無參考品，教師日持商務印書館《鉛筆畫》一冊，模寫其畫於黑板，令諸生從而臨之，此一教法也；或更取日本郵片上之娼妓小像，令諸生以毛筆濡洋屑寫之，此又教法也；諸生屆卒業時，不識他日為師從何處着手，向校中某教師請益，某師曰：於商務印書館購《黑板畫法》談之，則用不竭矣，此又一教法也。正式之寫生教授無之，色彩論，遠近法，人體畫法，構圖學說，一皆無之，其關於藝術之種種修養方法，更無人過問。可憐學者中之聰穎者，一經此等教程，其冤屈幾等於無罪而受活埋；其天資鈍拙者，且憂是等教法如天梯之不可幾及，偶借得一印刷薔薇葡萄郵片以作標本，欣喜如獲拱璧，不可言喻。圖畫課程皆由校長苦心自造，奇奧非常人所能解。弟於四年秋到校，因校中不能購置石膏模型，不得已，乃令諸生習動植物寫生，然每星期只得四小時實習，且紙筆色彩，無往而非雜湊，簡陋不殊兒戲。然而五年以來，卒業兩班矣，第二班學生中頗有富於天才者三數人，暇時於正課外向弟請益，教以風景寫生法，突然塗抹，積久亦小有可觀，使得較優之教法，引之漸進之域，則其造就，豈止此耶？（下略）弟曾延年頓首

我想民國初年，我國其它各省一般學校的藝術教法，大致也如四川的情形，不過使學生臨臨黑板畫而已。但是弘一法師在浙江兩級師範教導專修科的學生時，計劃十分周詳，設備更力求充足，凡寫生用的石膏模型，重要的無不購備，人體寫生也曾雇用模特兒，一切教法完全仿照外國的專門學校。記得民國三年巴拿馬萬國博覽會來徵求作品，弘一師還令我們寫生過許多西湖風景的油畫呢。當弘一師教授第一師範的音樂時，每個學生都要習風琴，故校中音樂設備，除鋼琴外，並購置風琴達四五十架之多，記得第一師範開什麼紀念會時，我帶了上海的學生去參觀，只見大禮堂的四周所置的盡是風琴，煞是好看。從第一師範改組為第一中學，再改組為現在的杭州高級中學，經過幾次的人事變遷，這許多石膏模型以及數十架風琴，竟不知到那裏去了！在民國十八年我從南京回到杭州來擔任杭高的教課，跨進校門後，只在教員休息室中見到一架破壞不堪的大風琴，於是我便囑庶務員雇匠大加修理後，保存於教員室中，六年來不輕易使學生彈奏。這也可說是為弘一法師盡力於浙江教育而留下的一點紀念品吧。

弘一法師的人生觀，並不消極，他深知圖畫可以幫助國家的生產教育，他亦深知音樂可以發揚民族的偉大精神，所以在未出家前，既已盡力提倡；出家後，也還不時用精神來灌注於我們所辦的上海藝術專科師範，到現在，畢竟徒子徒孫已散佈於全浙，也可說已經散佈於全國的各省了。可是他天性高超，以為世間底一切，總不可強求，所以抱定宗旨：對己，持着「孤芳自賞」的觀念；對他，持着「與人無事」的態度。唯其有孤芳自賞、與人無事的性情，才完成為弘一法師至高的人格。此種人格，可以感化現在，也可以感化未來。那末，我們浙江教育界所得於弘一法師的，當然不止藝術已也。

（刊於一九三六年《浙江青年》第三卷第一期）

弘一法師的書法

葉聖陶

弘一法師對於書法是用過苦功的。在夏丏尊先生那裏，見到他許多習字的成績。各體的碑刻他都臨摹，寫什麼像什麼。這大概因為他弄過西洋畫的緣故。西洋畫的基本練習是木炭素描，一條線條，一筆烘託，都得和擺在面前的實物不差分毫。經過這樣訓練的手腕和眼

力，運用起來自然能夠十分準確，達到得心應手的境界。於是寫什麼像什麼了。

藝術的事情，大都始於摹仿而終於獨創，不摹仿打不起根基。摹仿一輩子，就沒有了自我，只好永久追隨人家的腳後跟。但是不必着急，用真誠的態度去摹仿的，自然而然會遇到蛻化的一天。從摹仿中蛻化出來，藝術就得到了新的生命。不傍門戶，不落窠臼，就是所謂獨創了。弘一法師近幾年來的書法，可以說已經到了這個地步。可是我們不要忘記，他是用了多年苦功，臨摹各體的碑刻，而且是寫什麼像什麼的。

弘一法師近幾年來的書法，有一說近於晉人。但是摹仿那一家呢？實在指說不出。我不懂書法，然而極喜歡他的字。若問我他的字為什麼教我喜歡，我只能直覺地回答，因為它蘊藉有味。就全幅看，許多字是互相親和的，好比一堂謙恭溫良的君子人，不亢不卑，和顏悅色，在那裏從容論道。就一個字看，疏處不嫌其疏，密處不嫌其密，只覺得每一畫都落在最適當的位置，移動一絲一毫不得。再就一筆一畫看，無不教人起充實之感，立體之感。有時有點像小孩子所寫的那麼天真，但一邊是原始的，一邊是純熟的，這分別又顯然可見。總括以上這些，就是所謂蘊藉，毫不矜才使氣，意境含蓄在筆墨之外，所以越看越有味。這種淺薄的話，方家或許要覺得好笑。可是我不能說我所不知道的話，只得暴露自己的淺薄了。

（刊於一九三七年十一月七日《星洲日報》副刊《晨星》）

弘一律師

內山完造

夏丏尊先生來，這已是十年前某天的事了。他「呀」地打過招呼，就坐下來，加入到漫談群中。

「想介紹一個人和你相見，如果我有電話來，請就到……」我就道謝約定。隔了數天，電話果然來了，地點是北京路的功德林。我到那裏的時候，客已全部到齊，只在等待我了。我道了遲到之歉，加入座中去。

一張長方形的桌子，兩邊並坐着十來個人，右排上首有一個和尚和夏先生相向坐着，其他列席的大半是在我書店中常進出的熟人，可謂是一個無拘束的集合。夏先生先將這位和尚向我介紹，我才知道他是弘一律師，清癯如鶴，語音如銀鈴，此外我就無話可表達當時的印象了。

午餐當然是素席，老實說，我的知道功德林，這是第一次。餐畢以後，又談了好多時候，聽到了許多的事情。

據說，弘一律師俗姓李，名岸，又名哀，字叔同，曾留學東京，學洋畫於上野之美術學校，又在音樂學校學洋琴。在留學時生活曾大大改變，早浴，和服，長火鉢，諸如此類的江戶趣味，也曾道地地嘗過呢。

又據說，他曾是中國戲劇革命先驅「春柳劇社」之主幹，在東京公演過《茶花女遺事》等劇。直至今日為止，油畫的造詣尚無出他之右者。留學回國以後，在浙江杭州師範學校任教繪畫音樂，後來以種種因緣出家為僧，多年來行雲流水，居無定所，這次是從溫州到久別的上海來的。

我用日本話談講，看他的神情，似乎一一都懂得，但他自己卻像個全把日本話忘記了的樣子。

夏先生拿出一本律師所著的善本名叫「四分律比丘戒相……」的書來，說要將此書三十冊交給我，代為分贈希望者。我於此道一無所知，只好道着謝答應下來，這時律師說：

「還有一種叫《華嚴經疏論纂要》的書，正在印刷中。這書只印二十五部，想把十二部送給日本方面，將來出書以後，也送到尊處，拜託你。」

他這樣說，我也只好答應照辦。我雖門外漢，聽到印數只有二十五部，就知道是相當鉅大的書籍。二十五部之中半數送給日本，那末送給那一個機關呢，我問他。他說：「一切託你。」在繼續談話之中，他說：

「在中國恐不能長久保存，不如送到日本去。」

據說，律師曾在福建鼓山發見這古刻的板子，這板子在現存的經典中，是很古的東西，日本的《大正大藏經》裏也沒有收入的，由此可見這經典的珍貴了。

我談到傍晚才回去。次日，弘一律師與夏先生及另外二三個朋友同到我店中來，內人也見到他，於他去後曾說：「聽到他的話聲，見到那崢嶸的額角，就知道是一位高僧。」

數日以後，從夏先生那裏送來了《四分律比丘戒相表記》三十五部。我就把它掛號分別寄贈到東西京兩大學以及大谷、龍谷、大正、東洋、高野山等各大學的圖書館去。西京大學圖書館裏有一個僧籍的司書，寫信來，稱這書是貴重的文獻，希望能得到一部，於是又寄了一部去，以後各方面常有來索取的，合計共送去了一百七十餘部。

此後由夏先生居間，弘一律師和我通過好幾次信，贈過我好幾張法書，可是現在我連明信片都沒有一張，因為全被朋友討去了，他送給我的字幅也被內地的拿走了。

光陰如箭，不覺過了兩年。一天，友人高岩勘次郎和一個畫家同到我店中來，這畫家叫武井猗蘭子，在日本俱樂部創有畫社，是一個從西洋畫轉向到日本畫的人。

從前上海有一家武井洋行，經營雜糧輸出，規模頗大，後來老板死了，就此停業。這位畫家，正是武井洋行的小主人。他性情相當特別，至今還未娶妻，在上野寬永寺中借屋一間，營着獨身生活。其所作之畫也不同凡俗，饒有枯澀之趣。

事有湊巧，這位武井畫家在上野美術學校時和弘一律師是同學，他聽到我談起弘一律師的事，說：

「記得的，那時有一個中國留學生和我鄰席，大家描着同一的模特爾，所謂弘一律師者一定就是他。」

我因此奇緣，就以快將送到的《華嚴經疏論纂要》十二部的分配問題和他商量，請他指導。他回東京以後，和田中文求堂主人及寬永寺管長共同協議，替我決定了贈送的範圍，記得是下列十五處。

東京帝國大學　京都帝國大學　大正大學　東洋大學　大谷大學　龍谷大學　京都東福寺　黃蘗山萬福寺　比叡山延曆寺　高野山大學　大和法隆寺　上野寬永寺　京都妙心寺　（失記）　（失記）

在其中選定十二處，把書冊用箱裝了，乘友人王君往大阪之便託帶至神戶裝火車運去。後來東福寺挽了我的老友中原氏託設法取得一部，我就寫信給弘一律師代為請求，他叫廈門南普陀寺某居士補送了一部來，由我用小包郵便發送至東福寺。妙心寺也挽友人藤井和尚來託求一部，我於是再寫信向弘一律師商量，好久以後，出於意外地由天津某居士寄來了一部，聲明是受弘一律師的委託代寄的，受人委託，總算有以應付，我也很歡喜。

以後，弘一律師又寄來了一部，信上說，留在手頭恐不能永久保存，叫我代為放在適當的地方。翻開來看，這是他自己閱讀的一部，仔細地加着朱筆的圈點，這確是很好的紀念品，因為沒有人來要，就暫時留了下來。

不久，「九一八事變」發生了，我抛了商品與財產，避難到本國去。西京市外小倉村，是個產茶的地方。記得有一天，我散步到了黃蘗山萬福寺，作閑寂的清游，在掛有大木魚的接待處與一個好像是值日師的和尚閑談，無意中談到那部《華嚴經疏論纂要》的事，且和他作約，如果回滬時書還存在，就贈給寺中。那和尚聽到我如此說，就急急走進去，過了一會，恭敬地著了法衣捧出茶來，那種前倨後恭的樣子，當時曾叫我苦笑難禁呢！

事變一經終結，我仍回上海，幸而店中無恙，（第二次上海事變時我也曾抛棄了一切避難到本國，後來也幸而沒有遭受甚麼損失。）我就依約把那部書用小包寄贈給黃蘗山，寺中收到後有謝信寄來。我把各處的謝信集在一起轉給弘一律師，這段贈書的公案總算就此結束。

後來《中外日報》上曾有關於這事的記載，因之又有一處想得此書，託人來請求，我毅然拒絕了。

此後，我與弘一律師老沒相會之機會，只替他代向日本購求過幾次經典，可是第二次事變一起，連這點都不可能了。

不知他近來住在何處，一定仍在苦修吧。每一想起，他的面貌仿佛在我眼前，但願他平安無恙，但願久別重逢的日子快些到來。

我草此文的几前，掛着弘一律師寫給我的直幅，直幅上這樣的寫着：

一切有為法如夢幻泡影如露
亦如電應作如是觀
金剛般若波羅密經偈
完造居士供養　沙門一音

我對這字幅注視，窗外但聞瑟瑟的寒雨。

（夏丏尊譯自《上海霖雨》）

懷晚晴老人

夏丏尊

壁間掛着一張和尚的照片，這是弘一法師。

自從「八一三」前夕，全家六七口從上海華界遷避租界以來，老是擠居在一間客堂裏，除了隨身帶出的一點衣被以外，甚麽都沒有，家具尚是向朋友家借湊來的，裝飾當然談不到，真可謂家徒四壁，掛這張照片也還是過了好幾個月以後的事。

弘一法師的照片我曾有好幾張，遷避時都未曾帶出。現在掛着的一張，是他去年從青島回廈門，路過上海時請他重拍的。

他去年春間從廈門往青島湛山寺講律，原約中秋後返廈門。「八一三」以後不多久，我接到他的信，說要回上海來再到廈門去。那時上海正是炮火喧天，炸彈如雨，青島還很平靜。我勸他暫住青島，並報告他我個人損失和困頓的情形。他來信似乎非回廈門不可，叫我不必替他過慮，並且安慰我說：「湛山寺居僧近百人，每月食物至少需三百元，現在住持者不生憂慮，因依佛法自有靈感，不致絕糧也。」

在大場陷落的前幾天，他果然到上海來了。從新北門某寓館打電話到開明書店找我，我不在店，雪邨先生代我先去看他。據說，他向章先生詳問我的一切，逃難的情形，兒女的情形，事業和財產的情形，甚麽都問到。章先生每項報告他，他聽到一項就念一句佛。我趕去看他，已在夜間，他卻沒有細問什麽。幾年不見，彼此都覺得老了。他見我有愁苦的神情，笑對我說道：「世間一切，本來都是假的，不可認真，前回我不是替你寫過一幅《金剛經》的四句偈了嗎？『一切有為法，如夢幻泡影，如露亦如電，應作如是觀。』——你現在正可覺悟這真理了。」

他說三天後有船開廈門，在上海可住二日。第二天又去看他，那旅館是一面靠近民國路一面靠近外灘的，日本飛機正狂炸浦東市和南市一帶，在房間裏坐着，每幾分鐘就要受震驚一次。我有些擋不住，他卻鎮靜如常，只微動着嘴唇，這一定又在念佛了。和幾位朋友們拉他同到覺林蔬食處午餐，以後要求他到附近照相館留一攝影——就是這張相片。

他回到廈門以後，依舊忙於講經說法，廈門淪陷時，我們很記念他。後來知道他早到了漳州了。來信說：「近來在漳州城區弘揚佛法，十分順利。當此國難之時，人多發心歸信佛法也。」今年夏間，我丟了一個孫兒，他知道了，寫信來勸我念佛。秋間老友經子淵先生病篤了，他也寫信來叫我轉交，勸他念佛，因為戰時郵件緩慢，這信到時，子淵先生已逝去，不及見了。

廈門陷落後，豐子愷君從桂林來信，說想迎接他到桂林去。我當時就猜測他不會答應的。果然，子愷前幾天來信，說他不願到桂林去。據子愷來信，他復子愷的信說：「朽人年來老態日增，不久即往生極樂。故於今春在泉州及惠安盡力弘揚佛法，近在漳州亦爾。……猶如夕陽，殷紅絢彩，隨即西沉。吾生亦爾，世壽將盡，聊作最後之紀念耳。……緣是不克他往。……謹謝厚誼。」這幾句話非常積極雄壯，毫沒有感傷氣。

他自題白馬湖的庵居叫「晚晴山房」，有時也自稱「晚晴老人」。據他和我說，他從兒時就歡喜唐人「人間愛晚晴」（李義山句）的詩句，所以有此稱號。「猶如夕陽，殷紅絢彩，隨即西沉」這幾句話，恰好就是晚晴二字的注腳，可以寫出他的心事。

他今年五十九歲，再過幾天，就是六十歲了。去年在上海別離時，曾對我說：「後年六十歲，若果有緣，當重來江浙，順便到白馬湖晚晴山房小住一回，且看罷。」他的話原是毫不執著的，凡事隨緣，要看「緣」的有無，但我總希望有這個「緣」。

二十七年十二月十三日早

（刊於一九四一年《覺音》第二十、二十一期合刊，曾載《眾生》第二卷第五號。）

弘一法師之出家

夏丏尊

今年舊曆九月二十日，是弘一法師滿六十歲誕辰，佛學書局因為我是他的老友，囑寫些文字以為紀念，我就把他出家的經過加以追敘。他是三十九歲那年夏間披剃的，到現在已整整作了二十一年的僧侶生涯。我這裏所述的，也都是二十一年前的舊事。

說起來也許會教大家不相信，弘一法師的出家，可以說和我有關，沒有我，也許不至於出家。關於這層，弘一法師自己也承認。有一次，記得是他出家二三年後的事，他要到新城掩關去了，杭州知友們在銀洞巷虎跑寺下院替他餞行，有白衣，有僧人。齋後，他在座間指了我向大家道：

「我的出家，大半由於這位夏居士的助緣，此恩永不能忘！」

我聽了不禁面紅耳赤，慚悚無以自容。因為（一）我當時自己尚無信仰，以為出家是不幸的事情，至少是受苦的事情，弘一法師出家以後即修種種苦行，我見了常不忍。（二）他因我之助緣而出家修行去了，我卻豎不起肩膀，仍浮沈在醉生夢死的凡俗之中，所以深深地感到對於他的責任，很是難過。

我和弘一法師相識，是在杭州浙江兩級師範學校任教的時候。這個學校有一個特別的地方，不輕易換教職員。我前後擔任了十三年，他擔任了七年。在這七年中我們晨夕一堂，相處得很好。他比我長六歲，當時我們已是三十左右的人了，少年名士氣息，懺除將盡。想在教育上做些實際工夫，我擔任舍監職務，兼教修身課，時時感覺對於學生感化力不足。他教的是圖畫音樂二科。這兩種科目，在他未來以前，是學生所忽視的。自他任教以後，就忽然被重視起來，幾乎把全校學生的注意力都牽引過去了。課餘但聞琴聲歌聲，假日常見學生出外寫生。這原因一半當然是他對於這二科實力充足，一半也由於他的感化力大。只要提起他的名字，全校師生以及工役沒有人不起敬的。他的力量，全由誠敬中發出，我只好佩服他，不能學他。舉一個實例來說，有一次寄宿舍裏學生失少了財物了，大家猜測是某一個學生偷的，檢查起來，卻沒有得到證據。我身為舍監，深覺慚愧苦悶，向他求教。他所指教我的方法，說也怕人，教我自殺！說：

「你肯自殺嗎？你若出一張布告，說作賊者速來自首，如三日內無自首者，足見舍監誠信未孚，誓一死以殉教育。果能這樣，一定可以感動人，一定會有人來自首。——這話須說得誠實，三日後如沒有人自首，真非自殺不可。否則便無效力。」

這話在一般人看來是過分之辭，他說來的時候，卻是真心的流露，並無虛偽之意。我自愧不能照行，向他笑謝，他當然也不責備我。我們那時頗有些道學氣，儼然以教育者自任，一方面又痛感到自己力量不夠。可是所想努力的，還是儒家式的修養，至於宗教方面簡直毫不關心的。

有一次，我從一本日本的雜誌上見到一篇關於斷食的文章，說斷食是身心「更新」的修養方法，自古宗教上的偉人，如釋迦，如耶穌，都曾斷過食。斷食能使人除舊換新，改去惡德，生出偉大的精神力量。並且還列舉實行的方法及應注意的事項，又介紹了一本專講斷食的參考書。我對於這篇文章很有興味，便和他談及，他就好奇地向我要了雜誌去看。以後我們也常談到這事，彼此都有「有機會時最好斷食來試試」的話，可是並沒有作過具體的決定。至少在我自己是說過就算了。約莫經過了一年，他竟獨自去實行斷食了，這是他出家前一年陽曆年假的事。他有家眷在上海，平日每月回上海二次，年假暑假當然都回上海的。陽曆年假只十天，放假以後我也就回家去了，總以為他仍照例回到上海了的。假滿返校，不見到他，過了兩個星期他才回來。據說假期中沒有回上海，在虎跑寺斷食。我問他：「為什麼不告訴我？」他笑說：「你是能說不能行的，並且這事預先教別人知道也不好，旁人大驚小怪起來，容易發生波折。」他的斷食共三星期。第一星期逐漸減食至盡，第二星期除水以外完全不食，第三星期起，由粥湯逐漸增加至常量。據說經過很順利，不但並無苦痛，而且身心反覺輕快，有飄飄欲仙之象。他平日是每日早晨寫字的，在斷食期間，仍以寫字為常課，三星期所寫的字，有魏碑，有篆文，有隸書，筆力比平日並不減弱。他說斷食時，心比平時靈敏，頗有文思，恐出毛病，終於不敢作文。他斷食以後，食量大增，且能吃整塊的肉。（平日雖不茹素，不多食肥膩肉類。）自己覺得脫胎換骨過了，用老子「能嬰兒乎」之意，改名李嬰，依然教課，依然替人寫字，並沒有什麼和前不同的情形。據我知道，這時他只看些宋元人的理學書和道家的書類，佛學尚未談到。

轉瞬陰曆年假到了，大家又離校。那知他不回上海，又到虎跑寺去了。因為他在那裏經過三星期，喜其地方清淨，所以又到那裏去過年。他的皈依三寶，可以說由這時候開始的。據說，他自虎跑寺斷食回來，曾去訪過馬一浮先生，說虎跑寺如何清靜，僧人招待如何殷勤。陰曆新年，馬先生有一個朋友彭先生，求馬先生介紹一個幽靜的寓處，馬先生憶起弘一法師前幾天曾提起虎跑寺，就把這位彭先生陪送到虎跑寺去住。恰好弘一法師正在那裏，經馬先生之介紹，就認識了這位彭先生。同住了不多幾天，到正月初八日，彭先生忽然發心出家了，由虎跑寺當家為他剃度。弘一法師目擊當時的一切，大大感動。可是還不就想出家，僅皈依三寶，拜老和尚了悟法師為皈依師。演音的名，弘一的號，就是那時取定的。假期滿後，仍回到學校裏來。

從此以後，他茹素了，有念珠了，看佛經，室中供佛像了。宋元理學書偶然仍看，道家書似已疏遠。他對我說明一切經過及未來志願，說出家有種種難處，以後打算暫以居士資格修行，在虎跑寺寄住，暑假後不再擔任教師職務。我當時非常難堪，平素所敬愛的這樣的好友，將棄我遁入空門去了，不勝寂寞之感。在這七年之中，他想離開杭州一師，有三四次之多。有時是因對於學校當局有不快，有時是因為別處有人來請他。他幾次要走，都是經我苦勸而作罷的。甚至於有一個時期，南京高師苦苦求他任課，他已接受聘書了，因我懇留他，他不忍拂我之意，于是杭州南京兩處跑，一個月中要坐夜車奔波好幾次。他的愛我，可謂已超出尋常友誼之外，眼看這樣的好友，因信仰而變化，要離我而去，而信仰上的事，不比尋常名利關係，可以遷就。料想這次恐已無法留得他住，深悔從前不該留他。他若早離開杭州，也許不會遇到這樣複雜的因緣的。暑假漸近，我的苦悶也愈加甚，他雖常用佛法好言安慰我，我總熬不住苦悶。有一次，我對他說過這樣的一番狂言：

「這樣做居士究竟不徹底。索性做了和尚，倒爽快！」

我這話原是憤激之談，因為心裏難過得熬不住了，不覺脫口而出。說出以後，自己也就後悔。他卻仍是笑顏對我，毫不介意。

暑假到了。他把一切書籍字畫衣服等等，分贈朋友學生及校工們，我所得的是他歷年所寫的字，他所有的摺扇及金錶等。自己帶到虎跑寺去的，只是些布衣及幾件日常用品。我送他出校門，他不許再送了，約期後會，黯然而別。暑假後，我就想去看他，忽然我父親病了，到半個月以後才到虎跑寺去。相見時我吃了一驚，他已剃去短鬚，頭皮光光，著起海青，赫然是個和尚了！笑說：

「昨天受剃度的。日子很好，恰巧是大勢至菩薩生日。」

「不是說暫時做居士，在這裏住住修行，不出家的嗎？」我問。

「這也是你的意思，你說索性做了和尚……」

我無話可說，心中真是感慨萬分，他問過我父親的病況，留我小坐，說要寫一幅字，叫我帶回去作他出家的紀念。回進房去寫字，半小時後才出來，寫的是楞嚴大勢至念佛圓通章，且加跋語，詳記當時因緣，末有「願他年同生安養共圓種智」的話。臨別時我和他約，盡力護法，吃素一年，他含笑點頭，念一句「阿彌陀佛」。

自從他出家以後，我已不敢再毀謗佛法，可是對於佛法見聞不多，對於他的出家，最初總由俗人的見地，感到一種責任。以為如果我不苦留他在杭州，如果不提出斷食的話頭，也許不會有虎跑寺馬先生彭先生等因緣，他不會出家。如果最後我不因惜別而發狂言，他即使要出家，也許不會那麽快速。我一向為這責任之感所苦，尤其在見到他作苦修行或聽到他有疾病的時候。近幾年以來，我因他的督勵，也常親近佛典，略識因緣之不可思議，知道像他那樣的人，是於過去無量數劫種了善根的。他的出家，他的弘法度生，都是夙願使然，而且都是希有的福德，正應代他歡喜，代衆生歡喜，覺得以前的對他不安，對他負責任，不但是自尋煩惱，而且是一種僭妄了。

（刊於一九四一年《覺音》第二十、二十一期合刊）

弘一法師的生平

高文顯

小引

想不出在這久已沈寂了的古桐城，忽然降臨了一位藝術界的先輩李叔同先生，他就是出家後，以研究律宗，名聞國內的弘一法師。

他這回到溫陵來宏法。以講經的餘暇，運用他那久已入了藝術三昧的手腕，寫些清絕人間、毫無煙火氣的法書，來廣結法緣，於是才輕輕地如撞破曉夢的晨鐘，引起廣大的群衆，集中視線起來。其實他和閩南的關係，已經是結了很深切的緣，不過近今才被人家注意就是了。他往返閩南，共有十餘年的歷史。但是一向深居山谷，埋名遁迹，出門時衲衣竹杖，芒鞋破鉢，一肩梵籍，兩袖清風，飄飄地如閒雲流水，千山衲僧，隱逸地過着那種清苦的行腳生活。誰還識得他是藝術界老前輩的化身呢！

其實我覺得弘一法師的影子，在任何人的腦海中，都不會淡下去，因他有絕大的力量，能使任何人（凡與他接觸過的，或僅聞名的）都信仰，受他的感化，如漫畫家豐子愷先生，法師能感化他信仰佛法，而且持齋奉佛，願意跟他度着清淡的生活，就是偉大的感化的一例。

法師過去的生平事迹，及其思想言行，在在都引起人家的興趣，且作為豆棚瓜架下，茶餘的談助，因此就我個人在各雜誌中所看到，及親耳聞法師對我說的，拉雜寫來，如同白頭宮女，談天寶遺事一樣地來傾吐着，想讀者們一定是喜歡聽的吧！

一　學生時代

法師大約二十餘歲的光景肄業於南洋公學，在經濟特科裏面，是一個高材生。（據他的先生蔡元培說的。）

那時讀書奉母，顏其居曰城南草堂，過着讀書生活，可說頗不寂寞。而且他還有一位大姊名曰夢仙，也伴着他們在一起，每於風雨晦冥之時，煮茶論詩評畫，實在曾享過天倫之樂，所以他有一段「小川戲游魚，曾把閒情寄」的詞句，尚是描寫當時在城南草堂的情形。

可是不久他的母親謝世，從此他的生活，雖然表面上還是過得很好，但是多情的他，覺得是無上的悲哀了。據法師說，當他母親病危在牀的時候，他獨自一個人出外買棺材，及回來的時候，已不能夠和她作最後的訣別了！唉！那樣飄流異地，慘遭母喪，真夠使聞者共灑同情之淚啊！

法師既無慈母可愛戀，於是當日俄戰爭之後飄然出國，留學於東京藝術學校，潛心研究藝術，近代中國學生出國留學，研習工藝、美術、音樂、繪刻……者，以法師為第一人。

聽說當時的生活，過得十分適意，據法師自己說，這時的生活，確是非常考究。

他以攻讀之暇，在東京召集一班中國留學生，組織春柳劇社，公演新劇，燃起中國新劇界第一把烽火。

當時所演的劇本，都是西洋文學名著，如《茶花女》、《黑奴籲天錄》等，因此引起中外人士的注意，對於這位演茶花女時，扮為主角的李叔同先生，大加贊賞。並且於下臺後，爭來與他握手，所以至今許多外人在英文雜誌中，談到中國的戲劇時，尚且嘆惜着李叔同先生的出家，因而使藝術落後的中國，讓梅蘭芳、尚小雲……一流的人物，在戲劇界露頭角呢！

那時的李叔同先生，已經寫得一手好字，做得很高超的詩歌與詞曲了。據法師的好友夏丏尊先生說，他對於書法、篆刻，靡所不精，在書法方面，平居鷄鳴即起，臨寫古代金石鐘鼎，過眼便能神似，而最得力的就是北魏的各種碑帖，如張猛龍、張黑女、始平公等；以及秦朝李斯所寫的小篆如泰山石刻、嶧山刻石等；至於古代的文字如石鼓文及吳時的天發神讖碑等；都是造詣至於絕頂，所以他的書法，早年於海外，已能使洛陽紙貴了。

二　獻身於革命及教育的時代

法師於歸國後，那時正是中國民族革命思想最澎湃的時代，富有革命思想及熱血的他，遂加入當時的文學革命機關——南社，努力鼓吹及喚醒國人的民族精神了。當日先烈陳英士先生創辦《太平洋報》於滬上，法師被聘為文藝欄的主編，他所刊行的詩歌、小說、金石、篆刻……都足以風靡一時，且為時代及文化的前驅，所以至今在南社的詩、文、詞集中，都曾留着他的名作。讀者如嫌南社的詩文集卷帙太浩繁，難於檢尋，並且法師的筆名又特別多，如李凡、李惜霜、李息、黃昏老人……都是，可參看南社巨子胡樸安先生的《南社叢選》，就可以得到一點梗概。我想大家都曾讀過風行一時的曼殊大師的著名小說《斷鴻零雁記》罷？那正是弘一法師任編輯時所刊登的呢！想不到他們兩個人，在未來的高僧傳中，可以同占着相當的地位啊！這實在是不期而遇的巧緣！

法師除鼓吹革命而外，還努力教育工作，他在杭州兩級師範任藝術教師有七年之久，所造就的人材也特別多。記得他的老友姜丹書先生（也是藝術界的老前輩）曾說，弘一法師有絕大的魔力，當他做教師的時候，他能夠使他的學生醉心於他所教的功課，如今已經成了名家的，如音樂家劉質平、李鴻梁（曾來集美任音樂教師）、金咨甫……等，漫畫家豐子愷，及古文學家黃寄慈（現任奉化溪口武嶺學校國文講師）、蔡丏因（在世界書局當編輯）、新文學家曹聚仁……等，都是那時杭州高師的學生；及出家後，他的學生之中也有些學他出家的，如天台山國清寺的蘊光法師（俗姓陳名顎，曾在廈門大學文學院畢業）。至於閩南的出家人中，拚命跟他學習戒律的，也大有其人，可見法師人格感化力的偉大。

那時候他的生活很忙，因為他還在南京兼任南京高等師範（即後來的東南大學）的藝術教師，在國內他的確是一位名教師了。

讀者們此時假如閉目靜想，一定以為法師所過的生活，如此地摩登，也許疑心到他的行為，是十分浪漫罷？其實不然。他身任京杭的教師時，已經是過着嚴肅的生活了。這正是他出家後學律的先導，他每天的生活，聽說非常簡單，且於嚴冬的時候，也實行冷水浴。他未出家時候的生活如此，這是一般人所夢想不到的啊！

三　飄然動出世想

李叔同先生的出家因緣，大家都是莫明其妙的，他的老師蔡元培（曾提倡美術代宗教之說），及國內名人如吳稚暉、葉楚傖……以及他的朋友學生，如夏丏尊、豐子愷等，都是莫明其妙的。

去年春間，因為《越風》雜誌社的編輯黃萍蓀先生要出杭州的專號，寫信來請弘一法師將他在杭州出家的因緣寫出來，但是法師因為精治梵典未得空閒，且不便再入世諦文字因緣，那時適我因為廈門大學的學程尚未結束，也寄居在南普陀寺內，而法師則在寺前的功德樓上。於是法師便命我於星期日的時候，到他的樓上去由他親口述當時在杭州出家的經過，由我筆記，再經過一番整理，以應《越風》之請。於是當春假的某星期日，我便到他的樓上去，兩個人對坐着，我集中注意力，聽他的敘述，而一方面筆頭忙着在動，於一小時餘便將他的出家因緣敘述完畢了，可是不幸因杭州淪陷，越風社雖然曾出了預告的篇目，至今連那篇經過法師刪改的舊稿，也不知流落何處，此處所述，不過大略而已。

法師說，他在杭州空閒的時候，每喜歡到錢塘門的景春園樓上吃茶。而且常常和他的朋友夏丏尊先生同去。有一回，因為校裏面請了一位名人來演講，法師也覺得所謂名人也者，確是討厭的東西，於是便和丏尊先生到西湖吃茶去，他們坐談得無聊的時候，看見有一僧迎面走來，夏先生很稱贊他的風度，法師聽了之後，頻頻點頭，於是飄然動出世之想。據法師說，這是他出家的一個遠因。

但近因究竟如何呢？因為有一回他看到日本的某一種雜誌中，有一篇治療神經衰弱的方法，以為絕食可以得到全愈的治療，於是法師便毅然要試一試。

既下了決心，還要揀定地點。須比較幽靜的方好，於是就託朋友尋覓，結果擇定虎跑寺作為絕食的場所了。

在暑假的時候，他囑校役替他挑了一肩行李，到虎跑寺去實行絕食，想不到絕食的方法給他實行了，而出家的因緣也隨之而生，因為他每天和那些出家人在一起，覺得他們的生活很有意味，而且其中有位年紀很老的，常常勸他讀佛經，於是當他回學校教書時，便精修佛法。這樣過了一學期，到了來年暑假決然辭絕親友的勸阻，讓一位校役幫他挑着行李投奔虎跑寺去清修，但還沒有說明立刻就要正式出家。

起初他說要把出家人的生活先來試幾個月看看，然後再正式地穿和尚的服裝。在虎跑寺住了一個多月，到底正式出家了。

但「道高一尺，魔高一丈」，法師的出家，卻引起情魔來纏繞了。他的日本太太攜着幼兒，從南京趕來，要來和他會面。但是鐵石心腸的他，連會面的因緣也拒絕她。她沒有辦法，只好再三地懇求，說他的愛兒也同來見他。可是他更表示堅決，吩咐通報的人，請對她說，把他當作害虎列拉病死了一樣，一切家庭的事，從此不過問了。她知道他信仰宗教的熱情，已達於極點，只好攜着愛兒北上天津[二]，交給他的家屬，然後自己凄然東歸，以成就他的道業。

法師自出家後，即精治梵典，律己甚嚴，一切都依着佛的遺制而行，在近代的僧伽中算是最卓越的高僧，並且從此也不談藝術了，逢人但勸念佛。而他自己卻在積極地研究及整理梵典，十年來埋頭苦幹的結果，把佛教中的律宗，重興起來，而成為律宗唯一的代表人。他的巨著《四分律戒相表記》一書，實在足以驚天地而泣鬼神。因為他簡直把佛教的戒律，用圖表或圖解畫起來，完全藝術化起來了。此書成後，他的行蹤即飄忽無定，到處參方禮佛，朝拜名山，和尋常的雲水僧無異。

四　與閩南的緣

弘一法師與閩南人特別有緣。他於十年前同尤惜陰居士要到暹羅國去，經過廈門，因病暫時獨留在南普陀寺內。又往南安的小雪峯住了很久，才回溫州去。這是他第一回來閩南。

第二回來時，是住在閩南佛學院的小樓上。那時我在廈門同文中學念書，也是寄宿在南普陀，每天和他在一起吃飯，上學時也常常碰到他在三門街外散步，或拿着拐杖，穿着溫州草鞋到街上去。我對着他只是合着掌，以示恭敬而已，而他也笑顏可掬地回着禮。那時我已知道他是一位藝術家來作和尚的。而在《民鐸》雜誌中，看到他所寫的篆字，尤其使我十年來的印象，還沒消滅，因為我深深地愛好那種瘦瘦的古篆。

此後他又在小雪峯及太平巖住了好些時候，於夏初，再返溫州。

第三回是民國二十一年來的。從那年一直到現在，還沒有回去過。

這一回他的事跡很多，現在且擇幾件來說。

當癸酉年小春的時候，他曾坐車經過南安西門外，在那潘山的路旁，矗立着晚唐詩人韓偓的墓道。他看到了，驚喜欲狂，對着這位忠烈的愛國詩人，便十分注意起來。

他與韓偓很有緣，而且很佩服詩人的忠烈。因為韓偓於唐末避地來閩，依王審知，被館於招賢院中，而終其身，那種遭着亡國的慘痛，而不願甘心附逆，耿耿孤忠，可與日月爭光，所以唐史稱他為唐代完人。我們的法師，更想要替他立傳，以旌其忠烈了。

經了一年後，他搜集了許多的參考資料給我，囑我為詩人編一部傳記。我經過二三年的搜集，便於去年把傳記完成。不幸於滬上戰事起時，開明總廠被焚，而正在排校的稿件，也毀於火了。

法師說，也許因為對着韓偓贊美太過了，所以遭着不幸呢！因為他在韓偓的傳中曾有一章《香奩集辨偽》，用十二分的考古癖，把《香奩集》證明是偽作，而說韓偓決不是做香奩詩的人，因此把韓偓在文學史上做着唯美派的總代表的地位推翻了，難道韓偓不起來反對嗎？（因為佛教徒是相信有靈魂的。）所以囑我從新編纂，再謀出版，以慰忠魂，這實在是一件值得記述的趣事；又何況因此而引起泉州老進士吳增的關心古迹，發心向黃仲訓募捐，而來修葺韓偓的墓呢！（墓在南安三都葵山之麓。）

法師一向的態度，都是閉門自守，喜歡在禪室中度着學者的生活，並不喜歡大吹特吹，到處像要人一般，會客，演說，講經，赴宴……的。而且他的字，也是難以求得到的。可是這一回他到泉州來，單就法書來說，所寫的不下千餘件，而講經、赴宴，也不計其數，這確實與我們南方有特別的宿緣，不然為什麼在從前他的老師蔡元培要會他，尚且拒絕不見，在滬上有友人以百金求他書一尺書，他也不答應呢？（這些逸事曾載於《南社叢選》及其他雜誌。）所以我也深深地為閩南人慶幸！

法師這一回在泉宏法，可以說是別開生面的，因為向來和尚的講經說法，那裏會引起廣大的群衆的注意呢！

他於泉州講畢之後，又應惠安諸佛教徒之請，前往宣講，那時我也跟他去，於最後的一天，我到圖書館裏面去，無意中於《螺陽文獻》中，發現了一首韓偓在惠安所作的逸詩，這一首在《全唐詩》韓偓的集中，並沒有收入，我抄錄給他，他即時戴起眼鏡來，披誦之餘，證明說是韓偓所作的無疑，因為詩格的高超與忠憤，都可以斷定是孤臣亡國後的悲歌，詩曰：

微茫煙水碧雲間，掛杖南來渡遠山。冠履莫教親紫閣，袖衣且上傍禪關。青邱有路榛苓茂，故國無堦麥黍繁。午夜鐘聲聞北闕，六龍繞殿幾時攀？

這一首詩是韓偓當日游惠安的松洋洞而作的。法師獲得此詩，更十分地歡喜，歸泉後，即時手錄此詩，成一中堂，做我們游惠安的大紀念。

隔了幾天，昭昧國學的李鈺先生來，他又歡喜地告訴李先生說他在惠安獲得此詩，而李先生也逸興大發，請他於隔日往游南安的名勝，及東晉時代建立在九日山的延福寺。

九日山是詩人韓偓常到的游蹤之一，他得着這個機會來登臨弔古，更無限地高興，而我以前於做《韓偓評傳》時，也曾把九日山的名勝寫了一章，把那中唐時代做過宰相而被貶為泉州別駕的姜公輔，及那避天寶末年之亂而曾隱居的詩人隱士秦系，敘述了很多他們在九日山的逸事，以及韓偓也被謫而流寓於此的事迹及贈九日山僧的詩，談得很多，現在得伴着一代的藝人而且是已經披了袈裟後，梵行高遠的大德，同臨名勝，登高士峰，弔姜相墳，怎不大感興奮呢！法師在山中又頻頻地對我們說他與韓偓不知道有什麽宿緣，一提到韓偓的名字，他都無限地歡喜的！

法師不久即離泉返廈，又將往閩都宏法，我深深地祝他杖履穩健，於宏法之餘，多臨名勝，足迹到處，雪泥鴻爪，留作後代憑弔的資料，而光榮吾閩的名勝！

餘聲

法師在閩既久，景仰者衆，但是他的生平事迹，知者蓋鮮，而他也不喜歡談往事，所以無從知道得詳細。因為他覺得過去的俗事，沒有攀談的必要，假如談了，反而打擾着他清淨的道心。他的態度一向如此，所以有時連他家庭中的來信，也遭他的拒絕。他那偉大的人格及梵行的高超，在近代的僧界中，算是數一數二的了。

（刊於一九四一年《覺音》第二十、二十一期合刊）

編者按：

〔一〕「日本太太」住在上海，有無幼兒，不詳。「攜着愛兒北上天津」，未聞記載。

弘一法師在閩南

陳祥耀

三年前，我在溫陵梅石書院念書的時候，有個住居承天禪寺底方外同學傳如師，他寄宿在寺中的功德樓上。每天下午放學，我老是跟他上功德樓去聽晚鐘，看夕照。從晚鐘夕照底餘音餘彩中，我聽到了晚晴老人的名字，看到了晚晴老人的書畫篆刻，漸漸地使我明了在小學時代所看葉紹鈞所作的《兩法師》中的「清癯的臉，頷下有稀疏的長髯」的老和尚是什麽人了。呀！「天意憐幽草，人間愛晚晴」，吾從此愛這個老人，也從此愛起老人的名字。「從古繁華春世界，朝陽不及夕陽紅。」夕陽的霞影，老人的手彩，真是宇宙中一線最寶貴的光輝呀！

就在隔年的春天，這位渴想見面的老人，竟如高鶴行雲，飄然涖晉。聽說他這回到泉州，已是第二遭兒，可是卻特別打動泉州人士的心弦，集中泉州人士的視線。因為法師這回對泉州人士，特別改變態度，特別廣結法緣，破例為泉州人士寫許多字，說許多法，甚至居然肯赴幾回宴；但不久以後，法師依舊深居簡出，息影於古寺之中了。現在讓我把耳聞目見的法師涖晉以後的生活梗概，奉告於一切關懷法師近況的人們。

法師初到泉州，住居承天禪寺，即起首講《普賢行願品》全部，講畢再往開元寺續講他種經典，聽衆大半為僧徒居士，在學生界中，我可說是常常出席的一個。這時，我才開始看到法師的風範，聽到法師的聲息，這時，法師的幾根髭鬚，已經剃掉，他神色的安詳，態度的謙虛，聲調的鏗鏘，風骨的灑脫，有肅然可敬之容，有盎然可親之相，是莊嚴？是慈悲？是親切？是和善？什麽是佛化靜修深養的境界？什麽是藝術陶情適性的功夫？什麽是真機？什麽是化境？什麽是悠然澄遠的表現？我從法師身上找到了些什麽呢？我找到了這些。

後來我校老師李幼巖、汪照六、顧一塵諸先生，都去拜訪法師，李先生跟法師到南安九日山下去憑弔詩人韓偓之墓。汪、顧二先生一同皈依法師做在家弟子，因此法師與我校尤有深厚的因緣。在一个黃梅細雨的星期天上午，法師特赴我校之約，到梅石院中演講，題為《佛教的源流及宗派》，由我擔任記錄，講畢在我校圖書樓吃素餐，並題圖書樓以「無上清涼」四字。那天法師對這一群天真無邪的學生講話，似乎比較興奮，不時含點微笑，我在隨聽隨寫的忙不開交的當兒，也不會忘記舉頭看看法師的表情，呀！當法師在形容釋迦佛出家的動機的時候，那種暫時提高嗓子，輕輕挺起胸部，微微開着笑眼的歡欣忘情的神氣，是多麼的有趣呀！時至今日，法師應該不自記得吧？我呢，老是深深地印着呀！

不久以後，法師即離開泉州，到惠安、安海各地去宏法。性常法師所記《安海法音錄》（此稿曾在泉州刊印）即法師當時演講之一斑。冬間法師復再返居泉州承天寺，他回泉數天的一個下午，我於放學時跟如師到承天寺去，如師無意中提起他想看看法師而不敢進去的話來，我遂極力慫恿他，因為我很想把前回所記法師的講稿，送給法師修正一下。有了這個理由，如師便替我向法師說明來意，經法師答應，我立刻向如師借了一個校鈕，把一個無扣可扣的扣子扣好，整齊整齊一下服裝，拿着講義夾，匆匆忙忙地走向法師房裏親炙去。法師是藹然長者，笑容可掬地招呼我們，答應我請他修改稿件的要求，同時允許我們明天在寺裏跟他合攝一影。那時我才十七歲，一片孩子氣，跟法師談話，三句面紅，二句心跳，法師卻善體人意，時時引動話頭，使我少解局促之情。拜辭出來，一抹斜陽，淡淡地作橙黃色，掩映於法師房後的蕉陰牆角，正是一個大好的晚晴天氣。

再隔數天，法師又在承天寺和他一班佛教養正院的生徒作一次公開談話，法師眼見養正院的生徒們，由幼少而長大，撫駒策驥，不禁感平生於疇昔，追思以往，撫念將來，並自檢討當時的生活，遂立意要再屏除酬應，閉戶念佛，警惕自己，且寓激勵後學之深心。在他座後壁上，復懸其手書「念佛不忘救國，救國不忘念佛」之中堂一幅，勉諸佛教徒對宗教、國家二者，應有同深愛護的熱忱。這一次談話，法師撫今追昔，感時傷亂，也不免有如輕煙縷縷的悲哀情緒的浮起，所以時有吁嘆之聲，只有當他在說：「……有的時候，我想想自己好像是禽獸，又好像不是禽獸。……」一段話，也許自己覺得想入非非的可笑吧？才露出一點笑意，最後他就引用龔定盦的「未濟終焉心飄渺，萬事都從缺憾好；吟到夕陽山外山，古今誰免餘情繞」的一首絕句來結束談話。起句他已不能記得，只念出後面三句，因此瑞今法師的記錄，也就空着前一句，（此次演講，由瑞今法師記出付印，題為《最後之××》。）龔詩最饒韻致，本來讀時就會「心飄渺」，就會「餘情繞」，況經法師用感嘆的調子引用出來，自然更覺得弦外之音，不絕如縷了。

從這一天起，法師遂實行其「屏除酬應，閉戶念佛」的生活。翌年春天，始乘車入居永春毗峯山下的普濟寺，自是而潛形息影，一味精修律學。聽說到永春後，法師的身體比較不大安適，外地遂誤傳法師辭世的消息，當時泉州開元寺的廣義法師，即囑我撰文投寄《宇宙風》，報告法師在永起居的情形，以免外地人士的誤會，我一再挨延，遲至今天始克拉雜寫這些以應覺音社《弘一法師六秩紀念特輯》之徵。

初，法師在泉，為泉州人士寫字不下數百幅，大都書寫經句，字數較多，費力亦大。入永後，凡有求者，概書一「佛」字以應。這一個難寫之字，法師寫得挺好，所謂一字抵人千百，結構極嚴整，線條極生動有力。這兒，吾似乎有把自己對法師的書法的觀賞的一點意見提供的必要。法師早年臨古墨迹，人莫不知其能得古人之神髓；近年獨創一格之法書，人亦莫不知其有不食人間煙火氣象；然能深刻體會，確知其功夫苦切處，確知其精神結集處，則未多見。法師近來所創書體之演進，吾從其作品上觀察，似有三階段在：其初由碑學脫化而來，體勢較矮，肉較多；其後肉漸減，氣漸收，力漸凝，變成較方較楷的一派；數年來結構乃由方楷而變為修長，骨肉由飽滿而變為瘦硬，氣韻由沈雄而變為清拔，冶成其戛戛獨造的整個人格的表現的歸真返樸、超塵入妙的書境。其不可及處，乃在筆筆氣舒，筆筆鋒藏，筆筆神斂。寫這種字，必先把全股精神，集於心中，然後運之於腕，貫之於筆，傳之於紙。其發於心也，為心澄，為神住，故其作為字也，有一種斂神藏鋒之氣韻，心正筆正，此之謂矣，與信手揮灑，解衣磅礴者，又自不同也。有法師之人品，有法師心靈修養工夫，有法師書畫天才，故有法師那種清氣流行線條佚蕩之書法。此蓋自個人平日體會揣摩之所得言。若以個人前年所費兩星期臨摹法師的書法的知難而退的經驗論：則法師之字，最難寫是每筆收筆的一剎那，收筆時能夠學得到法師之斂神藏鋒工夫者，其人可謂得此道三昧矣。總之，其氣韻之生動，在線條之佚蕩；線條之佚蕩，在氣力運轉之得宜，氣力之運動，在心靈靜定之有方。由靜心而運氣，而行筆，而線條佚蕩，而氣韻生動，而精神顯露，字之精神，即出於人之精神也，故不能學其用心而欲學其用筆者，終徒費其學也。法師近來寫「佛」字，其線條更生動得有韌性，我用「韌」字來形容，大家也許疑為生疏，其實我自己認為是再適宜沒有的形容字，夫古人之見門蛇而草法大進者何耶？蓋蛇一門則頭頸間力量所運之處，一伸一縮，胥為線條活動的表現，胥為線條氣韻的表現，胥為線條韌性的表現。法師老年書法，根脈愈來愈韌，愈有柔而堅之力量，尤不徒吾前邊所論骨清神秀已矣。是亦夕陽絢爛、黃昏最好之一徵象也。

最近，我們的老法師便有遷居南安靈應寺的可能，不久的將來，法師總有再來泉州的一天，可惜那個時候，我大半會暫時離開我十年在它懷抱中的古城——泉州。那末，我將何時再見法師的手采呢？祝福！在這南國艷陽的秋之霞影中，讓我祝福法師的安好。

（作於一九四〇年泉州，原載一九四 年《覺音》第二十、二十一期合刊，題為《息影閩南的弘一法師》。一九四三年《弘一大師永懷錄》編入，改為此題目。）

弘一法師在白湖

釋亦幻

弘一法師在白湖前後住過四次，時隔十載，詳細我已記不起來。大概第一次是在十九年的孟秋，以後的來去，亦多在春秋佳節。他因為在永嘉得到我在十八年冬主持慈谿金仙寺的消息，他以為我管領白湖風月了，堪為他的煙雨同伴，叫芝峯法師寫一封信通知我要到白湖同住。隔不多久，他就帶着他的小籐篋，華嚴宗注疏，和道宣律師的很多著作惠臨。我見到他帶來的衣服被帳，仍都補衲成功，倒並沒有感覺什麼出奇或不了解。這犬儒主義式的行腳僧的姿勢，我在廈門已司空見慣了。只是這麼老也孑然一身過雲游生涯，上下輪船火車，不免不便，我心中曾興起不敢加以安慰的憂忡。

我現在畢竟記不清楚了，《清涼歌集》與《華嚴集聯三百》，是那一本先在白湖脫稿的。我只記得他常對我稱贊芝峯法師佛學的淹博，要我把《清涼歌集》寄給他作成注解合並付梓，想利用善巧方便來啟迪一般學生迴心向佛，而種植慧根。現在開明書店出版的《清涼歌集》後附《達恉》一篇，就是芝峯法師的手筆。

弘一法師此時的工作，我記得好像是為天津佛經流通處校勘一部《華嚴注疏》，一部靈芝《羯磨疏濟緣記》。同時他在白湖所研究的佛學，是華嚴宗諸疏。每日飯後，必朗誦《普賢行願品》數卷迴向四恩三有，作為助生淨土的資糧。法師是敬仰蓮池、蕅益、靈芝諸大師的，我揣想他的佛學體系是以華嚴為境，四分戒律為行，導歸淨土為果。我與他居隔室，我那時真有些孩子氣，好偷偷地在他的門外聽他用天津方言發出誦經的音聲，字義分明，鏗鏘有韻節，能夠搖撼我的性靈，覺得這樣聽比自己親去念誦還有啟示的力量，我每站上半天無疲容。當時我想起印度的世親菩薩本信小乘，因聽到他的老哥——無著菩薩在隔室誦《華嚴十地品》就轉變來信仰大乘的故事，我真想實證到，六祖大師聽到人念《金剛經》澈悟了向上一著的功夫！我那裏曉得我會沈淪到此刻，還是一個不能究通半點己躬下事的愚人，慚愧，令我不敢思想去教化什麼人。

是年十月十五日，天台靜權法師來金仙寺宣講《地藏經》、《彌陀要解》。弘一法師參加聽法，兩個月沒有缺過一座。靜師從經義演繹到孝思在中國倫理學上之重要的時候，弘師恆當着大衆哽咽泣涕如雨，全體聽衆無不愕然驚懼，座上講師亦弄得目瞪口呆，不敢講下去。後來我才知滾熱的淚水是他追念母愛的天性流露，並不是什麼人在觸犯他傷心。因為確實感動極了，當時自己就寫了一張座右銘：「內不見有我，則我無能；外不見有人，則人無過。一味癡呆，深自慚愧；劣智慢心，痛自改革。」附上的按語是：「庚午十月居金仙，侍靜權法師講席，聽《地藏菩薩本願經》，深自悲痛慚愧，誓改過自新，敬書靈峯法訓，以銘座右。」我平生硬性怕俗累，對於母親從不關心，迨至受到這種感動，始稍稍注意到她的暮年生活。中間我還曾替亡師月祥上人撫慰了一次他的八十三歲煢獨無依、晚景蕭條到極點的老母。弘師對我做過這樣浩大的功德，他從沒有知道。

胡宅梵居士的《地藏經白話解》就在弘一法師的指導下編寫成書的。我想天下必定有許多如我之逆子，會被這部通俗注解感化轉來，對於劬勞的母親孝敬備至。靜權法師曾發誓以後專講地藏、彌陀兩本經，我希望到天台山去請他講經的人，能夠永遠體會這二位大師的宏法志願。佛教本是以感化社會為責任，現代登座談玄的大德，徒涉博覽，落於宋學漢學家的空泛窠臼，實是失卻佛教本來面目，應得迅速地來改變他們的作風。

經筵於十一月二十日解散，時已雨雪霏霏，朔風刺骨地生寒。白湖凍冰厚寸許，可以供人賽跑，文字上工作什麼都做不成功了。弘一法師體質素弱，只好離開白湖，歸永嘉的「城下寮」去。我送他坐上烏篷船過姚江，師情道誼，有不禁黯然的感傷。此別直至明年春光嫵媚的三月，他始由甌江返抵白馬湖的法界寺和晚晴山房兩處少住，旋歸白湖。贈我紹興中學舊友李鴻梁他們替他攝的照片與剪影多幀。那時他的著作是靈峯大師的年譜。後來他在《現代僧伽》上看到閩院學生燈霞，發表一篇《現代僧青年的模範大師》，就是捧出一位蕅益大師的道德學問，足為現代青年僧的模範。他對此文認為滿意，因此那篇年譜便沒有寫完。後來編選蕅益大師的言論成一冊《寒笳集》，或許就是這工作的變相了。

那一年正是弘一法師五十歲。有一天，他在談笑中說到，春天在上虞白馬湖的晚晴山房——是朋友醵貲造給他住的一座樸素別墅——春暉中學師生聯合經子淵、夏丏尊諸先生要為他舉行祝嘏，他在被包圍之下，就出個題目，要大家買水族動物放生。他說他事後回思起來倒還怪有趣。我順着這話腳，就要求他在我們白湖留個紀念，他呆上半晌說：「這樣吧！趁這四衆雲集聽經的機會，我們就在大殿裏發個普賢行願吧！」當時那張發願的儀式單，完全出於他的精心結構書寫，我保管了許多年，今亦散佚。那時我只有二十八歲，諸位法師強要我站在主持席上搭起紅祖衣領衆，大殿兩邊站着靠兩百個四衆弟子，東序靜安長老任維那，西序靜權法師、炳瑞長老為班首，弘一法師卻站在我的背後拜凳上，要跟着我頂禮，頡之頏之，好像新求戒弟子，叫我只是面紅耳赤地赧然發寒怔，流冷汗，覺到長老們亦會滑稽。午餐，我還清楚地記着，諸位法師圍坐在一桌吃飯，因為是罕遇，反把空氣變得太嚴肅了。胃口一點都勿開，沒有把菜吃完就散席。我統計這次的聚餐，說話只有寥寥兩三個請字，但相互合掌致敬之動作，倒有數十次之多呢。故我無以名之，曾名之為「寂寞的午餐」。後來弘一法師責怪我不應該這樣鋪張的，我想回答他：「你不知一般和尚的習慣，是做過功課必定要吃的！」但我耐住未發聲。

弘一法師在白湖講過兩次律學。初次就在十九年經期中，所講三皈與五戒，課本是用他自著之《五戒相經箋要》，講座就設在我讓給他住的丈室，他曾給它起名為「華藏」。書寫篆文橫額。下面附着按語：「庚午秋晚，玄入晏坐此室讀誦《華嚴經》，題此以志。」因為偏房說法的緣故，只有桂芳、華雲、顯真、惠知和我五人聽講。靜權法師很懇切地要求參加，被他拒絕了。第二次是在廿一年的春天，他突然從鎮北的龍山回到白湖，說要發心教人學南山律，問我還有人肯發心嗎？我欣悅得手舞足蹈，就以機會難得，規勸雪亮、良定、華雲、惠知、崇德、紀源、顯真諸師都去參預學習，我自己想做個負責行政的旁聽生，好好地來辦一次律學教育。有一天上午，弘一法師邀集諸人到他的房內，我們散坐在各把椅子上，他坐在自己睡的牀沿上，用談話方式演講一會「律學傳至中國的盛衰派支狀況，及其本人之學律經過」。後來就提出三個問題來考核我們學律的志願：（一）誰願學舊律（南山律）？（二）誰願學新律（一切有部律）？（三）誰願學新舊融貫通律？（此為虛大師提出，我告訴他的。）要我們填表答覆。我與良定填寫第三項，雪亮、惠知填寫第二項，都被列入旁聽，只有其他三人，因填寫第一項，他認為根性可學南山律，滿意地錄取為正式學生了。

這團體有否什麼名稱我忘記了。教室是他親自選定在方丈大樓。因陋就簡到極點，沒有作任何之佈置，僅排列幾張方桌成直線形，仿佛道爾頓制的作業室。他每日為學生講述四分律二句鐘，學生一天光陰，都熟讀熟背來消磨。他又禁止人看書籍報章，並且大小便等亦須向他告假。我因為主持白湖未久，百務須自經心，沒登樓恭聞。聽說只講到四波羅夷、十三僧伽婆尸沙、二不定，就中輟了，時間計共十五日。中輟的原因是什麼？和他為什麼要自動發心講律？原因我一點不明白。據我的推測，他是為一時的熱情所衝動，在還他的宿願而已。

這講座亦曾訂過章程，但經弘師半月之內，三改四削，竟至變到函授性質，分設於龍山、白湖兩地，倒有些像流動施教團的組織，可是仍只存個名義。崇德、華雲二生，奉命移住龍山半月返白湖，云是復有別種原因，弘一法師要走了。

寫到此處要浮起我更沉痛的回憶。在「九一八」那年的秋天，弘師想在距離白湖十五里路的五磊寺創辦南山律學院，我應主持桂芳和尚之約，同赴上海尋找安心頭陀，到一品香向朱子橋將軍籌募開辦費，當得壹千元由桂芳和尚攜甬。因為這大和尚識見淺，容易利令智昏，樹不起堅決的教育信念，使弘師訂立章程殊多棘手。兼之南山律學院，弘師請安心頭陀當院長，因為他到過暹羅，他在滬來信堅決要仿效暹羅僧實行吃鉢飯制度，說是朱子橋將軍他們都歡喜這樣做，這更使弘師感到注重形式的太無謂，故等到我回白湖，事情莫名其妙地老早失敗了，弘一法師亦已喬遷寧波佛教孤兒院。現在白衣寺的頭門前，還掛着一塊弘師自己寫的「南山律學籌備處」招牌，就是那個時期的歷史產物。關於這件事，我曾與岫廬合寫過一篇《南山律學院曇花一現記》，發表於《現代佛教》上志痛。所以我上面說弘一法師第二次回到白湖講律的動機，全出於還願性質，在教育上無多大意義，乃指此事而言之。

弘一法師移住龍山，這時係屬第二次。他與龍山伏龍寺的監院誠一師認識，為我介紹，初次去時記由胡宅梵居士送去的。這會復往宿止的重大原因，或許就為每日講律使他感到累贅，不能如向之悠然可為自己工作。若說學生們還有什麼使他認為行為有缺點，這未免太失察。我已述說過，學生他們甚至於大小便都不能自由行走，封禁書報不準翻閱，這些條件都能做到實行二周了，誘而教之來彌補知識的貧乏，應屬有望。

弘一法師究竟為什麼又來一次退心律學教育呢？不久的後來，他寄給我一封很長的信，大意是要我徹底地來諒解他的過犯，他現在已感到無盡的慚愧和冒失云。並且說他在白湖講律未穿大袖的海青，完全荒謬舉動，違反習慣，承炳瑞長老慈悲糾正，甚感戴之。這些話我知道他得自龍山海印師之舉似，但確實出之於炳長老之口。「宏法各有宗風，法師胡為而歉然」呢？我這麼寫信答他。

弘一法師要朝我懺悔，現在始明白知道全為了一點讀書方法問題。事情是這樣的：他要我圈讀《四分律行事鈔資持記》，並囑我以分科判工作，雖然不是十分正式，但我對他的話句句擬實行的。我一向讀書浪漫的色彩很濃鬱，有如漫游名山勝境，隨處會流連忘返。所以我常拿着一本中國哲學史，一年半載讀不完，一本西洋哲學史或文藝思潮，我會痛恨，原作在中國翻譯得實在太少了，叫我讀起來枯燥寡味，老是東採西找補充讀物，不肯隨便放過。現在我最贊成讀書要先讀外國文的主張，意思是表示我在武院跟過名教授陳達、史一如諸先生，讀英日文功課，因為貪懶，此刻做學問工具不夠，精神上有無限的痛苦，想以這心領身受的刺激，來警惕朋友。

話回到讀書問題上來說：靈芝大師《資持記》本為疏釋道宣律師的《行事鈔》之作。如訓詁家之解經有時把《行事鈔》的文義支離破裂得端緒紛披，雖然淹博，初學讀之很難引起興趣。但弘一法師因為過於崇拜他了，禁止我們拿鈔來讀，反使我們時興「數典忘祖，多岐亡羊」之感。我禁不住學律反而要來破戒，到他房內攜出《行事鈔》參閱，啊！這舉動引惹他不滿了。善知識的教誡，理由純粹出於熱望學人的深造，我是為求知而研究學問的，我敢回口什麼嗎？我喜樂地把那本書仍庋藏到書櫥，決定用加倍的腦力來實驗法師的嚴峻教授法效率，決定以深入來報答法師誨人不倦的殷勤！經過這教訓起，我已能坦然寧心地仔細翻覽南山各種鈔疏了，我現在對律學能略略懂得一點，就得力於此時。我能夠徹底認識佛陀對弟子的慈悲，與哀憫弟子的苦衷，願堅決地為中國佛教整理而奮鬥，做一個忠實的佛教徒，也在此時才志願堅韌起來。他為我做過這麼大的功德，他那裏會知道。

所以，當他寫那封信來時，我告訴他我已不是黃口小兒了，我沒有半點覺得你有對我不起之處。我以後更想受到你大善知識手中惡辣楗椎，希望你永遠不嫌我的愚蠢，好好地教育我成材。而我一句未分辨到上次為什麼有這叛逆行為。

弘一法師在房中教我讀律部著作，我總坐在他的坐椅上，他自己卻拿另外一把椅子坐在我的左邊，要我逐字逐句，義意分明，音韻平仄準確地，從容緩慢地先來讀一遍，然後他講給我聽。這種好似良師復好似嚴父的教育，我恐怕自此再不會有機會受到，我想到這裏，真眼酸欲淚。平常我們寫信給師長輩說「長坐春風」，說來似乎甚容易，其實天下究有幾個人能夠受到這種愛的教育呢？

弘一法師好欣賞每本著作的文字。據我的觀察，他的興趣是沈溺在建安正始之際。對於詩亦一樣。不過他不喜歡尖艷，他好陶潛和王摩詰一派的沖淡樸野。他有一冊商務國學叢書本的右丞詩，曾用許多圈點，並且裝上一個很古雅的線裝書面，給人猜不出是什麼書，而且常和那本長帶身邊的古人格言在一起。我想魯迅翁亦很好六朝文學，如他抄編的那本《古小說鈎沈》，弘師見到必很高興。這是一本魯迅翁在北平紹興會館時代修養文學而抄集的書，待等《吶喊》出版受到中國文化界熱烈地歡迎，不得不把作風就此改變。而弘師呢？他出家後第一部著作，是仿效道宣律師的文字寫成之《四分律戒相表記》。這書出版後，頗受到世界佛學家之稱許，（如日本文化界接到這書後，寄回的謝啟有數十種，今都保存在白湖。）所以他不肯把寫作的工具輕易掉換，就越發沈溺於魯迅翁初期之所嗜不欲自拔。他們兩個在文學上的天才，大抵不相頡頏，不同處就在於轉變問題。

有一次，弘一法師突如其來地問我：「道宣律師的文字好處在那裏？」我那時欣賞文學的能力很低，批評文學的詞句又沒有，我偶然勉強地說出一個「拙」字，又恐不大妥當，連忙加上是幽澀意義的解釋，他便說：「你讀南山道宣律師的著作，進步必定會很迅速。」現在我曉得他是在誘導我。

總之，我們從弘師本身看起來，他那時的生活是樸素閒靜地講律、著作、寫經，幽逸得無半點煙火氣。倘使從白湖的天然美景看起來，真是杜工部詩上的：「天光直與水相連」中間站着一位清癯瘦長的梵行高僧，芒鞋藜杖。遠岸幾個僧服少年，景仰彌堅！

（刊於一九四一年《覺音》第二十、二十一期合刊，編入一九四三年《弘一大師永懷錄》，題為《弘一法師在白湖》）

送別晚晴老人

李芳遠

南國的冬天，天氣可說特別的溫暖，所以晚唐詩人韓偓居南安九日山時，曾描寫南國的氣候云：「四序有花長見雨，一冬無雪卻聞雷」句。因此可想見南國氣候的一斑了。

我們的導師弘一法師，自小就喜讀冬郎的詩，也許受其影響，因此對南國起了深深的印象，而愛好南國的生涯罷！

我得識弘一法師是在鼓浪嶼日光巖時，那時受到他對於學術及修養等等的指導，迄今已有五六年的光景了，使我永遠神往的就是他那悲智寂默的慈態，一向如慈母般細細地指導我們，從來未曾動過怒。就是對於至微小的一物一草，也愛護着。記得在鼓浪嶼日光巖時，一日有貓被狗咬死，法師痛澈心肝，發心為它念《往生咒》十部。又去冬法師掩關蓬山普濟寺時，見老鼠饑寒交迫，於是動了惻隱之心，去實行「愛鼠常留飯」，老鼠每於中午十一時聞鐘，必出來向法師求飯，法師更命寺役搜集破布廢棉為鼠結窠，正如《華嚴經》所云：「我於一切衆生，當如慈母。」所以去年法師六秩壽慶時，豐子愷為他作護生畫六十幀，刊佈四方，願以此功德迴向，也許豐先生知道法師的心志罷！

法師於《四分律戒相表記》巨著完成以後，即到處參方禮佛，朝拜名山。丁丑年秋，他應倓虛和尚之請，到青島湛山寺講律去。不久盧溝橋事變發生，廈門風雲緊急非常，外僑準備撤回，我們一家也逃難到未曾晤面的故鄉來。初冬，法師又回廈門太平巖來了，我曾經數度上書勸他到內地來，然他為護法故，不避炮彈，為成就護法之夙願故，自題房居曰「殉教室」，可見他年雖老，卻雄心壯志猶如少年。

次年夏，廈市淪落，我急得耐不住，四出查訪，均無行蹤。因法師性如閒雲野鶴，孤往獨來，一向不肯預告於人。最後纔接得來書云：「於廈門難事前四天，已到漳州弘法，故能幸免於難。現擬往村間瑞竹巖消夏，俟秋涼後或車路可通，即返泉州也。尊寓住址，若有變動，乞以明片存交承天寺。」秋間他乘着轎子到安海水心亭來了。

去年暮春，閩南時局漸形動蕩，日寇飛機時常出沒閩空，泉州曾經被炸，不適於用工夫，於是杖錫來永春，到普濟巖去靜修，專心整理南山律部。我曾訪過他好幾次，獲益不少。後來法師閉門養疴，直至而今，已是年餘了，寒蟬之聲盡，忽然這幾天天氣轉寒，因距海稍遠，海風難到，在高山大壑間，曾下過霜。昨夜靜思，法師或且將再參方罷。半月前曾經接到他的信云：「朽人近擬韜光埋名，遁世終老。所云之事，乞緩行之。書件俟往泉州後加墨。」——果然，晚上父親回來，說今天去採訪法師，法師已於今日來城，掛錫桃源殿，明日破曉即乘舟往南安去。

「關山月皎清風起，送別人歸野渡空。」（韓冬郎《江南送別》

句）次晨聞鷄，我即跑到渡頭的木橋上去，正江上濃霧迷漫，接着霑衣欲濕霧雨濛濛地下着，我徬徨江岸，遠望着滔滔而來的碧浪，在失望之剎那，江頭的蘆花叢裏，突然露出孤帆來，我想必定是渡法師的。——霎時，船近了，法師先見我，驚喜起立地向我誦聲阿彌陀佛，這聲音清泠輕快，使我全身發抖，莫敢仰視，在肅然向他回敬之際，下船去了。

法師近來老態日甚，似雪的長鬚，瘦得如蒼松般，但是精神卻為我們青年人之所望塵不及。在很靜穆的面中微露出他的笑容，毫無躁忿地續動念珠，卻一面與我談着，那種飄逸的神態，正和他的書法一樣，清絕人間，毫無矜才使氣的煙火。我問道：「法師何時得重來永春？」他似別有天地非人間地笑而答着：「待來年機緣成熟，當即重來；然未可確定，或且那時已生西方去了。」

法師又問我將送他到那裏。說到這個送字，雖然不是什麽特別的詞語，可是有味道極了。我想法師必憶起在俗所作轟動一時的《送別》一曲云：「長亭外，古道邊，芳草碧連天。晚風拂柳笛聲殘，夕陽山外山。天之涯，地之角，知交半零落！一瓢濁酒盡餘歡，今宵別夢寒。長亭外，古道邊，芳草碧連天。晚風拂柳笛聲殘，夕陽山外山。」一樣寒冷的境界。我答道：「再下的冷水村，有個木渡橋，就在那裏告別了！」法師除勤念佛，速得了脫生死外，別無他語。同座的傳貫師（是從弘一法師多年的）插口問道：「貴村太平若何？」我據實一一以對。雖然在先曾想出好多事，備作談話資料，可是到那境界，卻都煙銷雲散了。靜坐凝神地聽着船過淺處與石子相擦發出叉叉的聲音。弘一法師更閉了眼睛，微動着口唇。我知道他在念佛，更不好打動他。雖然枯寂地對坐着，然總覺得有無限的美趣，正好似聖陶所說的對坐二小時，勝過共聚十年的光景。

過了好久，傳貫師纔提起午飯事來問他，告別的木橋已在眼前了。隨後我即急插口請他指示關於天風堂遺稿影印事，又請他題序。法師於答許之時，船已靠近木橋了。我於匆忙之際，向他告別，跳到岸上來了，愴神地望到那船迷濛不辨，纔回頭走。陰沈沈的天空，數點寒鴉淒厲的叫着。嗟夫！「烏啼月落人何處？又是一番新別離！」我與法師別了！但我尚有一線的希望，便是來年機緣成熟那句話的安慰，這時我心正如南唐李後主《相見歡》艷句云：「是離愁，別是一般滋味在心頭！」

末了！我們恭祝法師道體安康，早日回永春來，今且引法師在俗及披薙後的數首詩詞，來作本文之結束：

早秋（在杭州時作）

十里明湖一葉舟，城南煙月水西樓。幾許秋容嬌欲流，隔着垂楊柳。　遠山明淨眉尖瘦，閒雲飄忽羅紋皺，天末涼風送早秋，秋花點點頭。

悲秋

西風乍起萬葉飄，日夕疎林杪。花事匆匆，夢影迢迢，零落憑誰弔？　鏡裏朱顏，秋邊白髮，光陰暗催人老。縱有千金，縱有千金，千金難買年少！

憶兒時

春去秋來，歲月如流，游子傷飄泊。回憶兒時，家居嬉戲，光景宛如昨。茅屋三椽，老梅一樹，樹底迷藏捉。高枝啼鳥，小川游魚，曾把閒情託。兒時歡樂，斯樂不可作！兒時歡樂，斯樂不可作！

喝火令

故國鳴鷓鴣，垂楊有暮鴉。江山如畫日西斜，新月撩人，窺入碧窗紗。　陌上青青草，樓頭艷艷花，洛陽兒女學琵琶，不管冬青一樹屬誰家，不管冬青樹底影事一些些。

又去秋賦偈贈余云：「問余何適，廓爾忘言，華枝春滿，天心月圓。」下署晚晴老人遺偈，可見老人的心境，一片晶瑩，活潑極了！

（刊於一九四一年《覺音》第二十、二十一期合刊，編入一九四三年《弘一大師永懷錄》）

弘一大師之盛德

釋廣義

當代弘一大師，住錫南閩，十有四載。除三衣破衲，一肩梵典外，了無餘物。精持律行，邁於常倫，皎若冰雪，舉世所知。此次滬上劉傳聲居士，探悉閩南叢林，糧荒異常，深恐一公道糧不足，未能完成南山律叢書，特奉千元供養。信由廣義轉呈，而一公慨然辭之。謂：「吾自民國七年出家，一槪不受人施；即摯友及信心弟子供養淨資，亦悉付印書，分毫不取。素不管錢，亦不收錢，汝當璧還。」廣義謂上海交通斷絕，未能寄去，師乃謂：「開元寺因太平洋戰事，經濟來源告絕，僧多粥少，道糧奇荒，可由此款撥充，經柯司令證明，余不覆信，並不寫信與彼，由開元寺函復鳴謝可耳。」又謂民二十年間，摯友夏丏尊居士，贈余美國真白金水晶眼鏡一架，因太漂亮，余不戴，今亦送開元寺常住變賣為齋糧，約計價值五百餘元。該寺遵命後，聞已議決公開拍賣，購充齋糧云。辛巳臘月記。

（刊於一九四四年《弘一大師年譜》）

隨侍弘公日記一頁

釋傳貫

民國乙亥，師年五十又六，十月半貫隨侍在泉承天寺講《律學要略》。不久染疾，臘月，來城南草庵休養。當大病中，曾付遺囑一紙予貫云：

「命終前，請在布帳外助念佛號，但亦不必常常念。命終後，勿動身體，鎖門歷八小時。八小時後，萬不可擦身體及洗面。即以隨身所著之衣，外裹破夾被，捲好，送往樓後之山凹中。歷三日，有虎食則善，否則三日後即就地焚化。（焚化後再通知他位，萬不可早通知。）余之命終前後，諸事極為簡單，必須依行。否則是逆子也。演音啟。」

至翌年春，蒙龍天加被，道體漸康。

丙子十二月初六日上午，由鼓浪嶼日光巖至南普陀，見勝進居士為師出特刊於《星光日報》。是夕，謂貫曰：「勝進等雖運斯好意，實是排謗於余也。古人云：聲名謗之媒也。余此後閩南恐難容身矣。」又曰：「若被人謗，切不可分白。余每見有人被謗，欲與分白解釋，多受其虧。不與分解，一謗便罷，更無餘患。」

初八日，勝進居士為編輯《韓偓傳記》畢，呈師，師寫韓偓牌位一紙，設備供以祀。見桌有未正，欲更正之，謂貫曰：「我兒童時，桌不正欲就食，母輒止曰：孔子云『席不正不坐』，即將桌改移令正，然後許食。自後則所有一切安置，須觀端正而後已。」

初九日，寶華山方丈來寺，欲求見法師，師以疾辭。

十五日謂貫曰：「我初出家時，道心頗好，曾吐二次血，前少後多。然雖吐血，亦不以為礙，如常隨衆，朝暮課誦。而現在則不及於前，更有退墮。」時值貫得一惡夢，驚而稟師，師寫一紙云：「為世網所牽，漂流苦海」，意蓋指貫，兼嘆自己。

十六日，在佛學院講《隨機羯磨》。

廿五日，有佛學院學生明鋆師，請問淨土宗入門初步。師曰：「淨土宗有二種：一是專修，一是兼修。專修者，如印光老法師所教，誦《阿彌陀經》外，惟念一句阿彌陀佛，念至一心不亂，乃至開悟得通，此專修法門也。余亦非常讚喜。兼修者，如前諸祖師，皆是提倡禪淨，或密淨，或教淨等雙修，俱無不可。此是隨衆生根機，不能局定在一處也。至於學法相宗者，亦可迴向往生西方，見彌勒菩薩。如《普賢行願品》云：『唯此願王，不相捨離，於一切時，引導其前，一剎那中，即得往生極樂世界，到已即見阿彌陀佛、文殊師利菩薩、普賢菩薩、觀自在菩薩、彌勒菩薩等』，是也。但余所修者，以《普賢行願品》為主，以此功德迴向往生西方，可說教淨雙修。蓋經律論三藏，皆余歡喜研讀也。」

除夕夜，為貫一人講裴休居士《發菩提心文》，並發起印梵唐兩文《普賢行願品偈》。

丁丑元旦，在南普陀舊功德樓頂，開講《隨機羯磨》，聽者十餘人。

十二日，《羯磨集法緣戒篇》、《諸界結解篇》，講完。下午遞一信與勝進居士云：

「爾來心緒不佳，諸事繁忙，養正院訓育課，擬請仁者代授。四月初旬，講律事，即可結束，將往他方，埋名遯世，以終其天年，實不願久墮此名聞利養窟中，以辜負出家之本志也。」

廿二日，續講《羯磨諸戒受法篇》。是日廈門大學教師李相勗君，託勝進居士請師到廈大開示佛法，師辭不往。謂貫曰：「余生平對於官人，及大有名稱之人，並不敢共其熱鬧親好，怕墮名聞利養故，又防於外人譏我趨名利也。」

廿三日，克定師自鼓山來聽律，與師共談。師曰：「現在有志僧青年，多趨求文字，學習外典，盡棄己業，佛門前途，深可悲也。而不知國文與佛經，不相關用。假如大學畢業之才學，欲研佛經，依舊門外漢。論文法，則經文尚有超過國文多多。」又謂貫曰：「菩薩度生，須觀緣熟，方可行化，不然則拱手待之。」

二月初旬，《羯磨》上卷講完，下卷以因緣未足，遂於中止。

三月十一日，移住萬石巖。

廿三日，夢參法師捧倓虛法師函到巖（萬石巖），請師往青島結夏安居，師許之；但有三約：一、不為人師，二、不開歡迎會，三、不登報吹名。

四月初五日，起程。

初七日至上海。

初八日，葉恭綽居士、範成法師等請於法寶圖書館午齋。

十一日，到青島湛山寺。

十四日，諸居士請至湛山下院，為衆講《三皈五戒》。

廿二、廿四、廿六三日，在寺講《律學大意》。

廿九日，講《隨機羯磨》。

五月初八日，朱子橋居士及沈市長鴻烈等，設齋請師。師不赴請，以偈辭之曰：「為僧只合居山谷，國十筵中甚不宜。」

六月十二日，寫一紙示貫曰：清龔定盦詩云，「但開風氣不為師」。此人後來身敗名裂，卓哉，卓哉！余初發願弘律之本志亦如是，「但開風氣不為師」。（謂但開教門不居師位。）曾將此意寫信與徐蔚如居士。居士讚曰：「卓哉！」又曰：余之宏律但得兩三位如實專學不怠，能接余律學，則余願滿矣。苟得佛法興起，余雖身敗名裂，亦無所憾也。

十三日，謂貫曰：吾之故友臨終時遺囑於兒曰：古詩云，「馬行棧道收繮晚，船到江心補漏遲」。又曰：余初發心在於淨土法門，近來對于宏律漸漸淡矣！以後注重念佛為多，因年紀老，須預備往生淨土為要，不然則臨終茫無前路。若得往生，便能垂願再來，迴入娑婆，力量更大，宏律甚是容易。

廿六日，編《羯磨隨講別錄》竟。

九月半，由島回廈，寓萬石巖。

（刊於一九四三年《弘一法師生西紀念刊》）

一公大師開示隨聞略錄

蔣文澤

歲在辛巳臘月十九日，陪楊嚴潔居士趨百原禪苑，拜謁一公。席次楊居士乞公開示，荷公垂慈，諄諄啟導。茲略錄其大意如次：

「修持當一門深入，久久專修，方有成就希望。若心無主宰，見異思遷；正修淨土，又欲參禪，旋思學密等，一槩混叩亂參，志向不一，紛紛無緒，何由成功？現今修持，求其機理雙契，利鈍咸宜，易行捷證者，是在淨土法門。可閱《印光法師文鈔》及《嘉言錄》，尤其是《嘉言》分類易閱。開端之處如覺難領會，不妨從中間較淺顯處先閱。閱佛書萬不可如閱報紙，走馬觀燈，一過目便歇。須是細心玩索，每日或看一二段，或僅數行，三翻五轉，以文會意，牢記勿忘，方得實益。至於打坐煉氣，係煉丹法，非佛法也。切不可學。但依《文鈔》、《嘉言錄》，則修持處世等法，取用無盡矣。」

（刊於一九四四年《弘一大師年譜》）

第四輯

弘一大師生西經過

釋妙蓮口述　僧睿筆記

自古曆八月十五、十六兩日，應葉青眼居士等請，講《八大人覺經》後，即為晉江縣立中學學生寫字，計一百餘幅。至廿三日上午，為轉道、轉逢二和尚寫大柱聯各一對；吃午飯後，即向妙蓮法師云：「我今天身體發熱，不大好。」至晚熱度頗高。廿四日早午二餐吃粥，已減去平常食量十分之五。廿五日早飯後，抱病勉強執管寫字。（為應學生之約期）廿六日吃粥減去四分之三，寫字照常。廿七日完全斷食，只飲開水。妙蓮師勸延醫服藥及進飲食，法師拒絕。廿八日下午五時，叫蓮師到臥室，將信殼自寫遺囑云：「余於未命終前，臨命終時，既命終後，皆託妙蓮師一人負責，他人無論何人，皆不得干預。國曆十月七日弘一。」並蓋上私章，及叮囑謝絕一切弔問。廿九日下午五時，復叫蓮師進臥室囑臨終助念等事。計五種：（一）在已停止說話，及呼吸短促，或神志昏迷之時，即須預備助念應須之物。（二）當助念之時，需先俯耳通知云：「我來助念。」然後助念。如未吉祥臥者，待改正吉祥臥後，再行助念。助念時，誦《普賢行願品偈》，起經即誦：「大方廣佛華嚴經入不思議解脫境界普賢行願品讚」，乃至「所有十方世界中」等正文。末後再念「南無阿彌陀佛」十聲。（不撾木魚，大聲緩念），再唱回向偈：「願生西方淨土中」，乃至「普利一切諸含識」。當在此誦經之際，若見余眼中流淚，此乃悲欣交集所感，非是他故，不可誤會。（三）察窗門自有未關妥者，關妥鎖起。（四）入龕時，如天氣熱者，待半日後，即裝龕。涼則可待二三日再裝。不必穿好衣服，只穿舊短褲，以遮下根即已。龕用養老院的，要送承天寺焚化。（五）待七日後再封龕門，然後焚化。舍利分為兩罈，一送承天寺普同塔，一送開元寺普同塔。另在未裝龕以前，不須移動，仍隨舊安臥床上。如已裝入龕，即須移去承天寺。去時將常用之小碗四個帶去，填龕四腳，盛滿以水，以免螞蟻嗅味走上，致焚化時，損害螞蟻生命。應須謹慎！再則，既送化身窰後，汝須逐日將填龕腳小碗之水加滿，為恐水乾去，又引起螞蟻嗅味上來故。此層發表後，即將手寫《藥師經》一部，及《格言別錄》一本，送與蓮師供養。三十日整天不開口，獨自念佛。九月初一日，上午為黃福海居士寫紀念冊二種。下午自寫「悲欣交集」一紙交蓮師，自此絕筆，此為法師一生最後之墨寶。初二日上午，承天寺轉塵和尚，偕傳貫、壽山三人，欲趨問安，法師不見，謂見我于我身心無益，不如為我誦《法華經》回向，即命蓮師寫回向偈云：「若未應命終者，願疾病速得痊愈。若已應命終者，願身無病苦。正念現前，速得往生西方極樂世界。」並自解釋云：「倘我但說『速往極樂』一段，恐誦經者不願回向。故不得已加祈『疾病速痊』一節，意令誦者生歡喜心而已。」初三日下午蓮師勸法師吃藥，法師遂對蓮師云：「平常的人，要待三寸水盡之時方作死看，不與醫藥飲食，此實大錯特錯。那曉得不如將此吃藥等延緩的時間用作念佛，何等利益。你是明佛法的人，不應當作此想。這是臨終大事，你要明了，好好地幫我念佛。平常的人，多勸我住世，但是不曉得我生西方以後，乘願再來，一切度生的事業，都可以完滿成就。所以勸我在世的人，眼光太近。我若住世，亦不能做多大的事業，不如生西方再來為愈。」遂叫蓮師關好房門。至五時王拯邦居士，聞法師身體欠安，自南安長福鄉趕來，求見法師醫治，先由蓮師進稟王居士之來意。法師一味謝絕，後經蓮師再三懇求，乃云：「此是特別的接見。」王居士略進涼潤生津湯藥。（因經斷食八天，故不敢下以他藥）初四日早七時，王居士入見。聞法師說話與精神較昨晚有進展，遂勸吃牛乳少許。法師乃對蓮師云：「吃牛乳一層，依照《十誦律文》，在《比丘尼鈔》有引，凡有病比丘，多日沒有吃東西，一至身體羸弱，苟非接受營養，無以支持生命，得開午後屏處食時食，即牛乳、稀飯等，皆可食。《沙彌十戒儀則經》亦見此說。」午後三時，王居士復晉謁，見法師精神較上午略減，皮膚微熱，藥方照舊。延至晚七時三刻，蓮師偕貫師進臥室，見法師呼吸急促，回視糞桶中有糞少許，始知方纔氣促係下床到桶出恭緣故。蓮師遂將糞桶攜出滌淨，同時差人到開元寺請王居士與壽山二人前來磋商。一面蓮、貫二師進臥室，依照法師助念遺囑，誦《行願品》，及彌陀佛號。至八時正，安詳西逝；逮王、壽二人來時，已見面不及矣。嗚呼！人天眼滅，法樑頓折矣！距生光緒庚辰年九月廿日，享壽六十有三歲，僧臘廿四夏。圓寂於泉州溫陵養老院之晚晴室。

卅一，古九，初四夜，于養老院律淨室

弘一大師出龕及荼毗盛典

僧睿

（刊於一九四三年《弘一法師生西紀念刊》）

壁上的日曆扯到陰曆九月初六日的一頁吧，一個像差使的送了一張「弘一法師生西紀念會」的告單。內訂：「在本日午後三時，送靈龕至承天寺安座，希準時惠臨護送為荷！」

我在時鐘打了十點就準備吃午飯，走到養老院只有會中辦事人員及幾個粗工在那兒一來一往的忙於備辦靈龕，我急欲明白的就是把頭攢入晚晴室一探：大師仍舊吉祥臥着，慈容藹藹，好像在「天心月圓」中做好夢。我請當事人趕快攝影留念，他說昨天已經攝好了。一會兒把大師的戒體洗得乾乾淨淨，將時常所穿的破舊衣服穿好——卻沒見搭上海青衣——盤起雙腿扶入龕中。

世界上獨有人類中的死屍，除了親戚關係情面過不去的勉強進前料理料理，其他多以不吉祥之事遠避為是，偏偏大師的遺體好像看把戲一樣一個個「望牆不及」地攢進來。

時鐘快到三點了，人眾漸漸地麕集起來，龕前排設香花茶果。眾師誦經畢，承天寺轉塵方丈手中拿着柱子，說起龕偈云：

「彼此論交將十年，恰如白日歷青天；

原來是老婆心切，錯看作友誼纏綿。

恭維：南山堂上弘一大律師，原籍平湖，生長天津，當年負笈中外，雅稱三絕。自虎跑染薙以來，發願宏律，兼闡淨宗，振南山墜緒，繼印老遺風，可謂僧海導師，法王巨子。晚年與我閩南緣結偏重，而蒙法雨之恩者，有類皆霑。正冀大宏法化，力挽頹風，何期慈航返棹，遽爾西歸？徒使人天興悲，薄海垂淚！然一氣不來，欲濟無術，即今送行一句，作麽生道？

欲行便行，洒洒落落。

汝今先去，見彌陀佛……起。」

我們佛教徒就拉起海青袖子，自行扛龕。來送龕的有晉、南、惠、永四縣緇素，計一千餘人。由紀念會安排秩序，各執香花。龕剛出中山公園，有惠安縣長石有紀——大師俗時的學生——連同商會秘書曾詞源二人，氣喘喘的趕來護送。一路上香烟靄靄，佛聲喃喃，氣象非常鎮靜與嚴肅，再加這時天上滴了三兩點雨，好像在龕前垂淚！觀眾壅塞行人道上，莫不咨嗟歎息。很多處在門口辦祭禮餞行。這大約由大師在閩南久，老少男女或間接直接地受了法師的法施——寫字結緣影響最大——最希罕的是我在道傍聽了一個拉黃包車的同他同伴歎息道：「這位和尚死掉真可惜！」過中山街折回承天寺，約有五里路左右。在龍眼樹中密密圍着的一座化身窰安龕畢。為之禮拜誦經回向，至五時許手續完畢，人眾散歸。這時下了很大的雨，像在盡情大哭一場！

初七、初八、初九，龕前設座，寺眾輪流日夜念佛。妙蓮法師逐日向龕的四腳碗內添水，這是大師的遺囑，怕的是螞蟻嗅着氣味會一傳十的爬上來，致焚化時傷了生命。

初十上午十時，晉、南、惠、永四縣緇素，派了代表來龕前致祭。同時慈兒院院長葉青眼居士帶了一百多個學生，站在龕前很誠懇地致祭，好像在哀慕他已失去的慈母！並施粥與眾人午餐。

原訂是十一晚八時荼毗——距圓寂時整整七天——天將晚時，觀眾像蚊子一樣逐漸騷鬧起來。有一位李芳遠居士從南安培元中學兼程趕到，參觀荼毗盛典。

時間到了，在龕前焚香獻花眾師朗誦《行願品》一卷畢，塵和尚舉起火炬，說化龕偈云：

「一自呱呱及成人，阿誰免此一炬薪？

所幸吾師有本領，劫火洞時現真身。

恭維：一公法座，既以宏法利生為己任，則如靈峯大師所謂『為天下者不顧家』。故一舉一動，凡有利于眾生者，莫不儘量犧牲；尤以捨身殉教為矢志。吁！師之德業道風，可與日月永曜于天地間矣。即此殊勝功勳，為師生西操卷而有餘。且道即今一炬之下，如何酬我？打□□云會麽？□□良久云欲要山僧下註腳，且聽偈來：

三昧真火，燒此妄身；

妄身既了，火亦不真……燒。」

不曉得怎樣的一個個同木雞底向窰裏猷視着。一刻兒忽然龕門射出一道五色火光，燭天鑑地，觀衆莫不駭異；同時念佛的聲浪逾緊張。至九點零五分，就燒得乾乾淨淨。

第二天清早 就有許多人圍來撿「舍利」。妙蓮法師依照遺囑先把靈骸裝作兩罈，外加鏢封，一罈送承天寺常住供養，一罈送開元常住供養。撿到「舍利」計有一千五百餘顆，大的像綠豆，小的像芥子，顏色有白的、紅的，而灰色的居多數。圓滑玲瓏，光彩奪目，這總算是大師平生修持道德的結晶吧。我在人家撿不要的灰土中，亦拾到兩顆黑的，供在案上，欣幸不已。——關于焚化時，火色放光，在翌日抗建報中載的很詳細。

至大師的靈骸，將來是否另行起塔供養？起塔的塔基，擇定什麽地方？大師的遺物，今後如何保管？這是三個大問題。也就是全國關心大師的緇素所急欲明了的一回事。據紀念會同人屢次開會的結果，一致贊同另行起塔供養，唯塔址尚未指定地方。而保管遺物，則暫由妙蓮法師負責。一代藝術家、道德僧，雖是這樣草草的結束，然而他的精神上、物質上，仍然永久底留傳在我們宇宙間。我們後來的，只要在精神上、物質上去檢討，就有可能見到在廿世紀中有一位藝術家、道德僧、清瘦而修長的「弘一大師」。

卅一，十，于桑蓮法苑

（刊於一九四三年《弘一法師生西紀念刊》）

親近弘一大師之回憶

釋性常

於戲！我「志在安養，生弘律範」的大師弘一依止阿闍梨，今已遽爾俯謝娑婆，神登樂國。使我內心湧動的哀思，海水挹作墨，須彌聚為筆，也難罄敘於萬一。惟我大師，雖已高預上品，然生平弘律事迹，在在皆有千古不磨之價值。謹據大師十餘年來居閩弘律賜余警策文和手示為寫材，略寫一點，聊志哀慕大師之微忱焉。

民國庚午年，余始拜識大師於承天月臺佛學社。時承大師親予《李息翁臨古法書》一冊，並墨寶數種為紀念。迨民壬申年十一月，自溫蒞廈時，時余居中山公園妙釋寺，適大師獨乘人力車到寺，不勝忭踊。遂對寺主建議，將余臥室讓大師安宿。大師甚喜，立即手書晉譯《華嚴經》的「戒是無上菩提本，佛為一切智慧燈」一長對聯予余。越數日，寺主善契法師對余倡議懇留大師在寺度歲。余偕契師進大師前拜陳此意，承喜諾。斯時瑞今法師同廣洽法師住在太平巖，洽師與大師早有密切關係，屢屢偕今師前來過訪。今洽二師於晤談次，屢勸請大師傳授律學。大師於未應請前，曾夜中得一奇夢。夢十餘長髯老人結席團坐談法，大師親求加入席間，坐誦《華嚴經》偈一長篇，醒已尚憶。乃篝燈寫出贈洽師以留念。大師是朝謂余云：「余於夜闌得是奇夢，係居閩弘律之預兆。」乃開始編《四分律含注戒本》講義。擇癸酉年正月十六日始講，至二月七日圓滿。大師初開講時，曾述此次講律與未來之希望云：「余於出家受戒之時，未能如法，準以律義，實未得戒，本不能弘揚比丘戒律。但因昔時既虛承受戒之名，其後又隨力修學，粗知大意，欲以一隙之明，與諸師互相研習，甚願得有精通律義之比丘五人出現，能令正法住於世間，則余之弘律責任即竟。故余於講律時，不欲聚集多衆，但欲得數人發弘律之大願，肩荷南山之道統，以此為畢生之事業者，余將盡其綿力，誓捨身命而啟導之。余於前二月，既發弘律願後，五月居某寺，即由寺主發起辦律學院。惟與余意見稍有未同，其後寺主亦即退居，此事遂罷。以後有他寺數處，皆約余往辦律學院，因據以前之經驗，知其困難，故未承諾。以後即決定弘律辦法，不立名目，不收經費，不集多衆，不固定地址等。此次在本寺講律，實可謂余弘律第一步也。余業重福輕，斷不敢再希望大規模之事業。惟冀諸師奮力興起，肩荷南山一宗，廣傳世間，高樹律幢，此則余所祝禱者矣。」大師含注戒講畢日特書「世尊涅槃時，興起於大悲。集諸比丘衆，與如是教戒。莫謂我涅槃，淨行者無護。我今說戒經，亦善說毗尼。我雖般涅槃，當視如世尊。此經久住世，佛法為熾盛。以是熾盛故，得入於涅槃」的戒經偈賜余作初聽律遺念焉。

二月八日後，諸同學陪大師移住萬壽巖。大師開始編《隨機羯磨》講義。三月九日始講《羯磨》，至五月八日圓滿。五月初三恭值靈峯蕅益大師聖誕，大師是日親為諸學者撰《學律發願文》云：「學律弟子等，敬於諸佛菩薩祖師之前，同發四弘誓願已。並別發四願：一願學律弟子等，生生世世，永為善友，互相提攜，常不捨離。同學毗尼，同宣大法，紹隆僧種，普利衆生。一願弟子等學律及以弘律之時，身心安寧，無諸魔障，境緣順遂，資生充足。一願弟子等，學律及以弘律之時，能得清淨寺舍，安心久住，大衆和合，助緣殊勝。一願當來建立南山律院，普集多衆，廣為弘傳。不為名聞，不求利養，願發大菩提心，護持佛法，誓盡心力，宣揚七百餘年湮沒不傳之南山律教，流布世間。冀正法再興，佛日重耀。並願以此發弘誓願，及以別發四願功德，乃至當來學律一切功德，悉以迴向法界衆生。惟願諸衆生等，共發大心，速消業障，往生極樂，早證菩提。……」

五月初十後，大師應泉州開元寺主轉物和尚請，十數同學隨駕蒞泉。大師結夏安居於尊勝院，專工圈點《南山鈔記》。圈畢時自書云：「剃染後二年庚申，請奉東瀛古版行事鈔記，未遑詳研。甲子四月，供施江山，逮於庚午六月，居晚晴山房，乃檢天津新刊，詳閱圈點，並抄寫科文，改正訛誤，迄今三載，始獲首尾完竣。是三載中，所至之處，常以供養奉持。辛未二月居法界寺，於佛前發專學南山律誓願。是夏居五磊寺，自誓受菩薩戒，並發弘律誓願。臘月移居伏龍，壬申九月歸臥永寧，十一月至南閩，講《含注戒本》於妙釋寺，講《隨機羯磨》於萬壽巖。癸酉五月，居溫陵大開元寺。越二月，乃得點錄校竟。並為述斯事始末，以示後賢。」其時大師命余依式標圈是書。余唯命是從，弗分晴夜，經三閱月之久，即完圈事。得大師格外喜意。特書一中幅，中題「精進第一」。左右另題辭，余蒙是特賜，益增慚愧。

七月三十日，大師依《瑜伽師地論》錄出《自誓受菩薩戒文》，命余等諸同學隨意自於佛前受之。其時性願老法師等亦自動前來參加行受。八月一日始，大師續編戒本羯磨隨講別錄。廿四日始續講，於講期內，並編《南山道宣律祖略譜》，兼撰《九華垂蹟圖贊辭》。至十月三日，為南山律祖涅槃日，戒本羯磨初次講解都訖。大師是日追憶宣祖晚年手撰羯磨疏自終南豐德寺出，爰以「豐德」命余別號，使余不忘宣祖之聖躅。余顧名思義，不勝慚顏。自惟既乏學律之才，難繼大師之志，胡敢拜受斯號耶。十月二十八日，大師撰《梵網經菩薩戒本淺釋》。至十一月十五日，稿本撰就。屬瑞今法師往廈妙釋寺代座宣講，余隨今師前往聽習。

十一月十五日，大師應草庵寺主請，由傳貫法師陪大師蒞庵過冬。余在廈聽經畢，遂詣庵伴大師度歲。除夕夜，大師於意空樓，登座佛前，為貫師與余選講《靈峯大師祭顓愚大師爪髮衣鉢塔文》云：「嗚呼！人不難相愛，難於相知。翁真知我者哉！世縱有一二愛且知者，而志操相攜，某雖不敢擬翁泰山之德，幸三事略無違焉。尚質樸，絀虛文，不肯苟合時宜。注經論，贊戒律，不肯懸羊頭而賣狗脂。甘淡薄，受枯寂，不肯受叢席桎梏而掣其羈縻。嗚呼，以法門耆宿如翁，而旭過蒙知愛，又志操相合如此，其能已於懷也。翁所證深淺，非某能擬。而生平最傾心處，請略紀之。當今知識，罕不以名相牽，利相餌，聲勢權位相依倚，如翁古道自愛者有幾。當今知識，罕不以掠虛伎倆，籠罩淺識，令生驚詫，如翁平實穩當者有幾。當今知識，罕不侈服飾，據華堂，恣情適意，如翁破衫草履茅茨土階者有幾。當今知識，罕不精選侍從，前列後隨，如翁躬自作役不圖安享者有幾。當今知識，罕不同流合污，自謂善權方便慈悲調順，如翁不肯苟殉諸方，甘受擯板之誚者有幾。故凡聞翁之風者，頑夫廉而不濫，懦夫立而不傾，伯夷之隘，所以為聖之清也，豈似枉尋直尺詭遇一朝者，身雖存名已先淪也哉。某每悲如來正法，一壞於道聽塗說入耳出口之夫，再壞於色厲內荏羊質虎皮之徒，其父報仇，其子必且行劫，尤而效之，何所不逞。翁之爪髮衣鉢幸存，則翁之道風未滅，必有聞而興起者，庶共砥狂瀾於末葉乎！……」大師是夕開示此文，寄慨時弊遙深，幾於流涕。仰慕大師諸君，讀是文時，必能窺見大師披剃後操行與思想及熱誠衛教之一斑。大師是夕講開示畢，賜一橫幅，書「紹隆僧種」。右題「歲次癸酉與豐德××同住草庵度歲，書此以為遺念。演音，時年五十又四」予余。如上所記諸事，為余在癸酉年度親近大師一載之事實。甲戌以後，大師雲游各處弘律之事，因時間關係，一時難盡記出，俟諸來日可也。

卅一年十月廿日寫於尊勝院律淨關大師之故居

（刊於一九四三年《弘一法師生西紀念刊》、《弘一大師永懷錄》）

弘公本師見聞瑣記

釋廣義

十餘年前，我在故鄉舊制小學裏念書，常常聽人家談起中国藝術老前輩李叔同先生逸事，那時腦際便存着深深的印象，這是我最初對於弘公的認識。

民國十六年太虛法師游泉講學，應雪峯寺轉逢上人之請，入山過冬，當地緇素假樹德寺請虛老演說，我極力地鑽進在那擁擠的人羣，成就「先覩為快」的願望。我的眼睛盤旋間．注視到那體貌清癯的和尚，冷靜靜地一言不響的鶴立着，大有「萬衆喧囂我獨靜」之神氣，我聽得人家悄悄地說「那是老革命黨弘一大師」——使我不覺油然起敬，不敢作聲，這是我居俗第一次看到的「弘一法師」——自此我的腦海中常常縈着一位道範嚴正的弘一法師，好像他在神聖中牽着我一同去出家的信念，在翌年的秋天．我終於被那神聖的感動居然也効他出家了。

十八年我在月臺佛學社，考試後，法師給我一張「以戒為師」四個字，傍注：「敬贈晉江月臺佛學社，庚午冬季考試，品行最優者惠存，以為紀念。一音。」那時我十足稚氣，毫無受益，有負座下訓誨之恩，後來我為業緣所牽，奔南走北，足足有四個年頭未曾親近教誨，實是萬分抱憾！

廿二年，曾一度陪同會公參預法師律會於鷺門妙釋寺，不久移錫禾山萬壽巖講律，師函性願長老云：「朽人在此講律匝月，妙慧、廣義二師預席，可謂勝緣也。」

一公曾撰一聯：「願盡未來，普代法界一切衆生，備受大苦；誓捨身命，弘護南山四分律教，久住神州。」跋云：「歲次癸酉正月二十一為靈峯澫益大師涅槃日，迄二月十五日，講《含注戒本》及《表記》初、二篇。三月初九日迄四月初八日居萬壽巖，講《隨機羯磨》。八月二十四日，迄十月初三日為律祖南山道宣聖師涅槃日，住大開元寺補講都竟，敬發誓願，以要心策志資成勝行焉耳。曇昉並書，甲戌九月，以奉廣義法師慧鑒。」自是余對於法師更深一層的認識，他的感化力的偉大，實非言詞所能勝讚呢！

他自削髮以來，對於當年雅稱三絕之一的雕刻，很少製作。聽說他在萬壽巖時，為了智上人刻一顆「看松日到衣」五個篆字，刀法蒼古，極為難得云。

廿三年師囑門人瑞今法師主辦佛教養正院，我那時亦負着教職，和師在普照寺功德樓上，時常見面，殷殷撫慰，如父母之愛子，無微不至，然而我終於提心吊膽地害怕他。一日我上樓請示求學方法，充實智識問題，師謂：「學問以世諦而論，非一朝一夕，亦非一生數生所能窮盡。依現生而言，雖多方涉獵年積月累，而能發用者如大海之一滴，極為有限。依佛法則不然，本在乎如實修持，所謂『說丈不如行尺』，歷代高僧大德，由不識字而得文字般若，豈非從心地上實行所得的成効嗎？教育最重要的是以本身作則，可謂身教，而文教次之。」他說畢，並將李鴻梁所繪藥師佛像贈我供養，我那時的感激真不可言喻。

我擔任養院教職有二年之久，因為接觸更多，得到教誨也更深。一日與某師出門，乘車而歸，車夫再苛求其值。某與論，公即刻解囊多給他幾毛，並請車夫原諒，生歡喜心，種種道歉。入室後，默然不語，斷食一天。某覺駭之，急趨前求教誨，師謂：「彼欲多求，就多給他幾毛，不應當向他計較，失去我佛慈悲平等之義。」

是年（廿五年）在佛教養正院講《十善業道經概要》。又教寫字方法，須由篆字下手，每日至少要寫五百個，再學隸，入楷；楷成，學草。寫字最要緊是章法，章法七分，書法三分，合成十分，然後可名學書。吳昌碩的字，並不好，不過有幾分章法而已。經云：「是法非思量卜度之所能解」，書法亦爾。閩省楷書除鄭孝胥外在泉州可算林仲鶴了。

一日微雨霏霏下，師過鎮南關鴻山寺旁，見有一家門前春聯寫「一斗夜來倍漢史，千春朝起展萊衣」，又南普陀山門柱聯，「分派洛伽開法宇，隔江太武拱山門」，前一聯不知撰自誰氏，後係陳衍撰，師很為贊歎，謂文顯居士曰：「這兩聯極其雍雅工整，實余自來閩南十年所罕見。」

數年前的一天，我和法師說起不久要到外江去參學。他說：「很好。倘有經過甯波，可順去七塔寺參觀參觀。那裏我於數年前曾在雲水堂（上客堂）掛過一回單。」廿六年夏，我偕文顯居士朝禮普陀山，順途來七塔寺掛單，在大床上受過蚊子、虱子、臭虫的光顧，原來法師是過來人，他故意要我們去嘗嘗那種滋味，纔知道行菩薩道，是要難行能行、難忍能忍的。

廿七年師住月臺別院，舉凡見客、寫字、飲食、接洽事務，我無不一一親為「承事供養」。師曾應李幼嚴居士之請，遊九日山憑吊秦系、姜輔、韓偓等三位高士，又同瑞今上人，先後三上清源山，敘述清源的許多盛況，並謂將來可盡量搜集韓偓操節史料，以傳末葉。

師為我起法名曰「曇昕」並注釋云：「曇昕，梵漢合立。晉魏六朝時高僧，頗有此類之名。閱《高僧傳》可知。曇者，梵語。具云『曇無』，亦云『達摩』，法也。昕者，漢語；朝也。日將出也。清初史學大家錢大昕，亦用此昕字為名，號曰曉徵。曇昕者，示法日將升，普照衆生之義也。戊寅十二月初一日，沙門一音識。」我蒙斯賜慚愧汗下，不知將何以報吾師誘掖之德？

廿八年師居普濟山中，靜修梵典，曾示我一函云：「曇昕法師道鑒：惠書誦悉。承寄各件，悉收到，感謝無盡。書幅附奉上，行證擬從緩。不久時事，或可平定也。仁者近來行持如何？時以為念。常閱《高僧傳》否？誦經念佛日益精進否？仁者係出名門，幼受教育，應常自尊自重，冀為佛門龍象，以挽回衰頹之法運，扶持顛覆之僧幢。蕅益大師寄澈因比丘書云『吾望公甚高，勿自卑』等。又云：『所有不絕如縷之一脈，僅寄足下。萬萬珍重愛護，養德充學，以克荷之。』余於仁者，亦云然矣。（《寒笳集》甚能警策身心，乞常閱之。）不宣。音啟。」我跪讀之後，不覺大汗淋灕，慚愧無地。

今夏某紳欲請師赴筵，由我敘明法師在此國難中，不赴讌會，連豆腐都不吃，萬勿啟請。某固請；法師聞訊，是日斷食一天。我後來趕快向他懺悔，方始服食。陰曆八月中秋及十六日，師講《八大人覺經》，囑我翻譯，先須讀熟本文及其講義，要我覆講三四遍給他聽，然後去當翻譯，可見他生平無論大小事情，都非常地謹慎與週到，我們後生萬萬學不上他。這種人應該在世上多住幾年，將他的威德和大無畏的精神，感化全世界的人類。然而法師終於捨我而去矣。嗚呼！弟子正在乳哺時期，今而後有誰為我教養法身慧命耶？有誰為世界人類在大劫危難下救出法身慧命耶？法師不是說「乘願再來」嗎？學人今後只有瞠目凝盼着「慈航倒駕」，攜我及衆生，同生安樂國！

（刊於一九四三年《弘一法師生西紀念刊》）

紀念弘一法師

顧一塵

今年春假我回泉州，無意中碰見廣義法師。他特地吩咐我道：「弘一法師已經來泉州了，他在懷念你，請你到銅佛寺去看看他。」我到幼嚴老師那裏坐談的時候，他也說：「弘一法師在詢問你，你要去找一找他。」真的，弘一法師我是很久沒有同他見面了，雖然心裏非常想念他，可是機緣很不湊巧。我常四方奔波，他也去來無定，名雖同在閩南，可是能夠見面的機會幾年來就非常希罕。不過我知道弘一法師的脾氣，他為避免人世酬應的煩囂，常常「剛被世人知住處，又移茅舍入深居」的遷徙了。就是對他的知交，也是所謂君子之交其淡如水的，約人家去看他，非有特別的事情這是罕有的。於是我過敏的神經，不禁生起了一種感覺，我在心裏暗暗自忖道：弘一法師恐怕不久要永遠離開我們了，他老人家頗能自己知道。前年他回給豐子愷先生的信上也說，「朽人年來老態日增，不久即往生極樂」，所以現在他想和我見面，或者是想和我作一次最後的晤面吧。

當我去見他的時候，我在歡欣之中，更襲來了一陣幽憂的感觸，他清癯的面龐，現在是更清癯了，低微無力的聲音，比以前更低微了。他的聲音，真的有點近於嘶嗄而抖顫，可是他還是很興奮而生動的說話，他表現着非常歡喜而熱烈。

在這小別後的五個月中間，弘一法師圓寂的消息卻終在報紙上發現了，當這閃電似的消息襲到我心頭的時候，我彷彿看見他那次和我最後相見的神色，又如他最後所寫的那四個字「悲欣交集」的神色。

弘一法師雖然是出家做和尚了，但我卻覺得他始終給我的印象和刺激，都是積極的，雄壯的，歡喜的，豁達的，絲毫沒有悲觀和消極。他第一次寫給我的書法，就是這樣的寫着：「過去事已過去了，未來不必預思量，只今便道即今句，梅子熟時梔子香。」你看，一個人能夠不倦戀着過去，幻想着將來，而著著實實的抓住現實，把握現在，「只今便道即今句，梅子熟時梔子香」，這是怎樣的一種精神和境界啊！「不是一番寒徹骨，怎得梅花撲鼻香」，這也是他所常寫的句子。我們看他實生活方面的工作和努力，也真的抱有這種精神和態度，他著作，講經，寫字，幾乎沒有一日休息，尤其是他以書法來給人無畏施，一下子應求的都是幾百幅，幾千幅，這是多麽吃苦的事啊，但他卻抱定了他的信念和態度，所謂「盡力弘法，猶如夕陽，殷紅絢彩，隨即西沈……」夏丏尊先生亦稱他這幾句非常積極雄壯，毫沒感傷氣。記得我從前曾毫無涵養的，當面問大醒法師為甚麽要出家，弄得他不好對答。當時卻有一位很聰明的朋友立刻替他答復了，他說：「他們宣傳佛法還是積極的，而不是消極的啊！」我現在覺得弘一法師也正是這樣的。

弘一法師在家時也是積極的，雄壯的，他曾加入同盟會(一)，幹過革命工作，他秉過《太平洋報》筆政，設「強學會」對封建社會加以口誅筆伐。他有一妻一妾，而又走馬章臺，折柳平康，這時代他正如尼采所說的達奧尼蘇斯那種類型。他是熱烈的，衝動的，興奮的，冒險的，狂喜的，「他儘量爭取剎那間的歡樂，如聾如癡，隨着生命的狂瀾流轉」。可是到了一個時期，與其說他是出了家做和尚去，倒不如說，他是走上其他藝術家也常走到的另一極端的路子上去了，這時候他正是那另一種類型的亞波羅，他是和平的，冷靜的，安閒的，智慮的，玄想的，但並不是消極，他像「亞波羅憑臨奧林庇斯高峰，雍容肅穆，轉運他奕奕生輝的巨眼，普照世間一切」，這也就是具有二重性格的「極端主義」的藝術家。像歌德有時丟開一切抓住一個女性狂戀，有時卻埋頭日夜苦幹，像富家子的塞尚，離了家庭躲到鄉間，埋頭向畫面發揮，像哥根抛棄巴黎的布爾喬亞生活，而孤零零地跑到荒涼的蠻島，執著畫筆。弘一法師的出家真的像這些大藝術家的行徑，專心攻鑽他的藝術——書法——和哲理，雖然他把其餘的姊妹藝術丟開了，但這由博返約的辦法，正如尼采所說：「不但要博，還要偉大」，他是絲毫沒有消極的。吳稚暉先生說：「李叔同可以做個藝術家而不作，偏去當和尚」，這恐怕並不是弘一法師的知心之言。

我親近弘一法師的時候，始終以一位藝術家看待他。他接受過我贈予的詩章，他讀過我的《飲翠廬四時漫興》，都對我表示非常同情。他自己寫了很多書法贈送我，行書，朱書，篆書，甚麽都有，所寫的又都是灑脫的詩章，飄逸的名句。他替我做《飲翠廬題記》，稱我為「勝士」，為「賢首」，為「居士」，為「隱者」，卻又叫我皈依他作弟子，賜我以法名，可惜的是我不能常常親近他，也不能知道他更確切、更詳細點。現在我就把以前贈他的一首律詩，寫在下面，也算作紀念吧：

月水清姿迥出塵，奇僧奇佛亦奇人。靈根悟澈千般夢，慧業修成萬里身。法雨化沾雷霹靂，詩心煉就月鐮新。揮毫腕底天風落，海宇共欽健筆神。

一九四二、十、廿八於清溪龍津觀

（刊於一九四三年《弘一法師生西紀念刊》、《弘一大師永懷錄》）

編者按：

（一）臺北學者陳慧劍專文考證，李叔同沒加入過同盟會。

懷弘一法師

劍痕

十月十五日的早上，得到了弘一法師於十三日在泉州圓寂的消息，我反覆地讀着報紙，我斷定這消息是確實的，一陣莫名其妙的悲哀，使我體會着人生的真意。我一面通知曾詞源先生——弘一法師的崇拜者，約他一同趕赴泉州，看看情形，或者也可以幫忙料理一下。下午二時半到達泉城，在一家小館子裏用了點心以後，匆匆趕上北門的養老院去。那時候，剛好是法師的靈龕要從養老院移到承天寺供奉，我便在成千成萬的善男信女後面，跟隨着恭送。一路上向妙蓮法師詢問着病中的情形，治喪的狀況。送到承天寺之後，我恭恭敬敬拜了幾拜，便從人中偷偷地跑了。一代高僧而今示化，廿年師弟，永隔人天，叫我怎不悲哀，怎不流淚呢？

使我回憶起廿四年以前事情了，是一個開學不久的早晨，雖然暑氣尚未全消，可是湖邊的秋意，已經表現十足了，全校哄傳着一個驚人的消息說是：「李叔同先生真的做和尚去了！」於是一傳十，十傳百，全校起了一番騷動，甚至於整個杭州城也當作一件珍奇的新聞。他出家的經過，據我所知道是這樣的：

那年的暑假，他老人家在虎跑寺避暑。（虎跑是杭州數一數二的叢林，在寺院裏租一間房子過夏，在杭州是很尋常的。）他那時，對於佛經已有相當研究，並且已經起了信仰。在虎跑寺他曾經試驗過「辟穀」，據說整整七天七夜，除飲開水以外，不曾吃過別的東西，他深信修煉這一回事情是可以成功的，於是準備出家的念頭，即發芽滋長了。在別人聽去，以為這是隨便講講的，似乎不大理會，不大注意，不料那一天的早上（記不清是某一日了），他叫他自己的一個老當差，於晨光熹微之中，挑了兩件簡單的行李，一直從學校（杭州貢院）出湧金門，經淨慈寺，到距虎跑僅僅半里路的地方，他叫老當差停住了步，開起箱子，披上袈裟，穿上草鞋，老當差呆呆地望着他說：「李先生，你做什麽！」他卻回答道：「不是李先生，你看錯了。」於是自己肩上行李，如飛地跑進了虎跑寺，一任老當差在後面哭喊！

他一進寺門以後，便閉起關來，不與任何人接見，記得他那位日本籍的姨太太，曾經在寺裏悲悲戚戚的哭過十幾天，也終於得不到一面。

當年的李叔同先生，真是一位翩翩濁世佳公子，瘦瘦的身材，白白的面龐，雖然沈默寡言，可是滿臉堆着微笑，十分和藹。他長於繪畫，他善於彈琴，他會做詩，會填詞，尤其寫得一手好字。他的才名，早已遍大江南北，而書法高古挺秀，直逼漢魏，與周承德、梅道人、楊學洛稱杭州四大名家，而先生實居第一。他在校中是最惹人注意的人物，無論師生沒有不敬愛他的。

他出家不久，便離開了虎跑，大約因為杭州熟人太多，不能清淨的緣故吧！（他與靈隱寺大約不曾發生過關係。）他開始雲游，到些什麽地方，我不知道，也不輕易告訴人家。一直經過好幾年以後，在某一年春雨連綿之日，他老人家戴着斗笠，背着包裹，出現在上虞百官附近的一個涼亭裏，恰巧遇着一位同學，他說是要到寧波去，於是這消息被他的老朋友經亨頤、夏丏尊二位先生知道了，（時經先生任寧波第四中學校長，夏先生任教員。）多方打聽，才從一個很小很小的寺院裏找到了他。他經不起兩位老朋友的苦勸，他答應在白馬湖與二位老朋友暫住些時，於是經先生為他建築一所「晚晴山房」於湖邊的山腰。山房的左右，是經先生和夏先生的家（同時建築的），以便朝夕過從，但不知歷劫以後，現在是什麽情況了。

他愛好閩南的天氣溫和，他稱贊閩南的風俗敦厚；他似乎對閩南特別有緣，一踏上了閩南這土地以後，他就決心在此宏法，有終焉之意。廈門、漳州、泉州一帶，有不少的地方，是他住過來的。

廿七年的秋天，他於劉延灝前輩處，聽到我在安溪的消息。劉先生一面寫信通知我，說：「老法師已經到了泉州，住承天寺，聽說你在安溪，甚為喜悅，有便望來泉一謁。」我即於某次因公之便，在一個暮靄蒼茫的黃昏，在承天寺大殿右邊一個大園的盡頭，一間小小的矮屋以內，去拜見老人家。房間是那麽狹小，一几一榻以外，僅能容膝。我和他對坐着，談些別後的事情，他特別關心經先生和夏先生的事。我告訴他經先生已經仙逝了，夏先生則前年（民國廿五年）冬天在上海見過的，原來，他比我知道得更詳細，他說：「經先生晚年太不得志，夏先生近來又死了一個兒子，他經營開明書店和美成印刷所，統統被炮火糟蹋了。」言次，不勝感喟的說：「我早已告訴過他們，人生一切，都是空的。」既而，又轉了口氣，哈哈大笑道：「不要緊呵，經先生書畫千古，夏先生文章千古啊！」

深秋的天氣，已經帶點寒意了，法師精神奕奕，僅僅穿著一件短短的單架裟，我問他：「會冷嗎？」他回答我說：「出家以後，身體更健康了，每日過午不食，即嚴寒天氣，亦僅著夾衣而已。」約莫坐了兩點鐘，我向他告辭，他提着一盞油燈送我到那矮屋的門口。

這一夕的相會，是很值得紀念的，據一位近他的和尚告訴我：「老法師晚間從來不肯會客，出家二十年，不曾點過燈火，這次為你，是很特別的。」

過了幾天以後，我接到他一封信，附着他寫的一幅單條，一副對子，對子寫的是華嚴經句，是勉勵我做好官的，單條上則寫着一首唐人的五言律詩：「十年離亂後，長大一相逢。問姓驚初見，稱名憶舊容。別來滄海事，語罷暮天鐘。明日巴陵道，秋山又幾重。」其書略云：「錄唐人詩一首，頗與仁者在寺相見情景相似，……」亦足知他心中的感慨了。後來我每過泉州都去拜見他，他依然當我是小孩子，對我很親切。有一次告訴我：「明年（即廿八年）我六十歲了，得想到浙江去看看許多老朋友。」到第二年正月初一這一天，他又給我一信，略云：「獻歲發春，朽人世壽六十，為多寫字以結善緣，貴友如有求余書者……」大約浙江去不成，是要以寫字結緣了。實在說，法師的墨寶，在閩南似乎很尋常，在浙江或者其他地方，都是珍視到萬萬分的。

廿八年夏天，他從泉州赴永春桃源寺習靜。兩三年來，我既栗碌風塵，東奔西走，他亦經鉢飄零，行蹤靡定，僅歲時佳節，偶通音問而已。去冬重到泉州，即聞法師掛錫銅佛寺，因駐身拜謁，一進大門，覺圓法師（銅佛寺住持）向我拱拱手說：「老法師偶然看報，知道你來惠安，非常歡喜，原說今天要寫信去的，現在他出門去了，大半午後可以歸來。」我即和他約定下午三點鐘再來，久別重逢，說不盡的愉快，可是法師的容顏，較前衰老得多了，我心裏這樣想只不敢說出口來。他告訴我，明後日即擬還駐石獅檀林寺。我聽不清楚，拿着筆寫，他看着我的自來水筆，在我的日記本上寫了「檀林」二字，手有些發抖。我看他眼力有些差，因問道：「近來目力可好？」他回說：「還好，平常人五十歲的眼力身體呢，也着實可以，還能走三十里路。」他雖然如此說，我總有些為他的健康不放心似的。我請他到惠安來住些時，以便朝夕領教，他答應開春以後，天氣暖一點再說。後來，我又託曾詞源先生專程赴石獅迎迓，他回信說，過了二月二十日（陰曆），天氣放晴，即便動身，末附數條云：「一，君子之交，其淡如水。二，不迎不送，不請齋。三，過城時不停留，逕赴靈瑞山。」我當然是尊重他老人家的意旨的。

在惠安一個多月，我一共上山去三次，他進城來一次。我帶我妻和我的女孩子去見他，他很歡喜。我們曾經拍過一張照。他勸過我茹素念佛，他昭示我做人應該「存誠」，做官不可「嗜殺」，他評改過我的詩，他指點過我的字，我覺得他是多才多藝，和藹慈悲，克己謙恭，莊嚴肅穆，整潔寧靜，他是人間的才子，現在的彌陀。他雖然避世絕俗，而無處不近人情。汪煌輝前輩對我說：「弘一法師畢竟由儒入佛，不比一般和尚。」

五月十一日的早晨，他從靈瑞山下來，在曾詞源先生家裏，吃過了齋，動身返泉州去，我送他坐上黃包車。到現在，我的腦海裏還深深印着他老人家在車上的後影。

十一月三日清晨寫於台江之畔新新旅社三樓

（作者劍痕，即石有紀。刊於一九四三年《弘一法師生西紀念刊》、《弘一大師永懷錄》）

紀念晚晴老人

陳祥耀

兩年前我將離開福建的時候，最後為《覺音》月刊寫過《息影閩南的弘一法師》一文，此時再執筆寫紀念這位老法師的文字，就算我到滬後破例寫下的第一篇雜文。我這回來滬，立意除把數年來積之於胸的對清詩的意見寫成《清詩評論》一書後，便埋頭讀外國語和研究幾部和吾國古代史頂有關係的經書，不願分心他事。這次為了這位我所虔敬的老人的謝世，我的心逼我不能再已於言，我的感情本易動，每或碰到一些輕微的變化，都不禁要顫動心弦，引起感慨。近來年歲較大，環境的磨練，種種的刺激，使我稍已有些麻木，有些不輕為苦樂所動，然而也由此稍失我心靈的活力，使我常常剩下一點空虛，所以這次老人的謝世，也只使我感到一種淡淡的哀思，我只能從這淡淡的哀思中喚起一種恬美的回憶，絪縕着一縷綿邈的虔誠的愛心和永恆的悼意，我願意永用這種心情來紀念這位老人，我想，也許只有這種心情是最適宜於紀念這位老人的。我寫《覺音》一文，老人在永春，我在泉州，我只能希望在回泉時再見他一面，末了我只能深深地向他祝福。現在，我更無望於與他有再見之緣，我對他所能表示的，也只有再深深地祝福他的安息，祝福他永遠的安息，在那「華枝春滿，天心月圓」的圓滿的境界中。

近來閩滬郵件時多耽擱，一信往往累月始到。這次我接到老人圓寂的報告信，卻十天左右即到，我非常驚奇，立即轉告申報館，三天後申報館才把我的報告略事增刪地發表。一星期後，才又接到他圓寂時的照片，寄給丏尊先生，丏尊先生處尚未見到。此時上海方面能夠看到老人圓寂的照片者，應該感謝泉州寄像人周先生的用力設法。本日下午，接丏尊先生信，云紀念刊已付排，囑將紀念文字從速補寄，故此文欲成於晚上數小時之中，匆匆真有無從著筆之概，預擬的要詳論老人的詩詞古文一段，又因手頭無《南社叢選》及其他參考文籍在，亦只好再俟異日。照理此文應該負責多記點個人所見聞的老人在閩狀況，一則因前《覺音》文中已寫個梗概，一則我向不喜寫敘述文字，只喜稱心談去，因之下面亦只成拉雜的感想、回憶、印象等的拼湊的雜文了。

我認識這位老人，我虔愛着這位老人，或者也還對其他僧人發生好感，由於我的好佛麽?不，可以說出於偶然的因緣，或者可以說由於我的喜歡跑佛寺，由於我的閱讀興味的廣泛。我向來讀的書，只問其為適合自己的脾胃與否，不問其為一般人所謂「正統」的，抑為「外道」的，所以，也曾有個時候很醉心於《海潮音》上的太虛法師的論文，所以，至今也還推服着佛門中的三個法師——一個即為老人，餘則曼殊及太虛。我把老人看為超越的藝術家，典型的高僧，把曼殊看為浪漫的才人，把太虛看為淵博的學者。曼殊才情的奔放，為世人所共知；太虛思想的敏銳，見解的現代化，理論文章的具有哲學學者的氣派，實不可多得。大概他們兩人的才思，都是向外横溢的，唯有晚晴老人，他的才思，他的一貫為人的態度，都是向內收斂的。他和太虛不同處，一個傾向藝術，一個傾向學術，和曼殊最大的分野卻在此，這不是由兩人出家後的生活方式的不同看出，從兩人早年的文學作品中，就可知道。老人的舊詩詞，雖也多近綺艷，但風格很異曼殊：說水，曼殊的使我想起春波的嫩綠，老人的使我想起秋潭的空碧；說花，曼殊的使我想起帶着清明煙雨的樓角的梨樹，老人的使我想起夏日清池中的蓮蕊；曼殊的較有穠烈的感情，較有動人的手韻，較為容易引起讀者的共鳴，論文學的，也較為偏取這一種。老人的詩詞，慢慢地想收斂上芳潔的一途，想洗淨到司空表聖所說的「體素儲潔，乘月返真」的一途，就詩的「品」言，我們或許還更有取於老人的。

說起晚晴老人在藝術界的成就，繪畫音樂，我全是門外漢，就詩詞書法兩者言，老人後者的造詣要高出前者數倍了。他能入於漢魏晉之中，脱於漢魏晉之外，得漢魏晉諸家之神，遺漢魏晉諸家之迹，獨創一種自己的書體，這還不算重要，重要的我們可從他的書法中，發見他的整個人格，整個的修養趣尚。假如我們說：「晚晴老人的字，是整個晚晴老人的表現」，決不誇張。特別的，吾國的書法，能夠成為一種特殊的獨立的藝術，這中間就表現着吾國許多藝術家的不同的人格和個性，大凡一切藝術品之成為藝術品，全在它是藝術家個人的人格的表現而不是他們的技術上的製作，創造也者，創造此人格耳。我百分之百地堅認，寫字的成為藝術，決不會自寫字中來，直接的練習並不會比間接的身心學問的修養來得重要，一個沒有學問上的修養只憑苦練而能成為書法家者，終永遠不會有這麽一回事。我的經驗告訴我，碑帖並不是供我們摹，而是供我們讀，像我們的書本給我們讀，給我們增廣眼界知識一樣。學字時心中早應有字有帖，案上不必再有字有帖矣。詩中之我，明白存在，書中之我，更是如此。老人的字，骨力深秀而高遠，清瘦地，馨逸地，正是老人的影子，老人的長身直立的姿態，瀟灑盎和的風神。他那種起落筆時的斂神藏鋒的功力，更使他的字的「境界」直臻高絕。字要有「境界」本難，要有老人那樣的「境界」，非是有老人的向來才不外露的本性，出家後的謹嚴奉律的修養，和對己對人對物全出誠敬的一點不稍放逸的胸懷，整個精神凝會在極端悠然恬然的覺得一切無不圓滿，此心無不自得的寧泰的境界中所能有的結晶了。個人每當情緒散漫，昏昏擾擾地需要恢復安適的當兒，嘗多倚藉效法老人之字。我深知學老人的字，很可幫助我們收束「放心」，這話希望讀者不要誤會是故涉「神秘」，凡稍能觀照藝術的，未始不能得到類似的意味也。聽說能得老人音樂繪畫的心傳者，有豐子愷、劉質平二先生，然而老人一去，他的書法，就成「廣陵絕調」了。個人對此，久為他業所廢，心日旁騖，親池墨者日少，撫躬惶愧，幾不敢卒斯所論。

老人唯一使人永久紀念的，當是他的使人一見便不會磨滅的親切的印象。關於這點，我想葉聖陶先生的《兩法師》已抒寫得頂好。他用稀疏的輕鬆樸摯的筆調來描述對於老人的觀感最為調和。周予同先生，是同葉先生同時訪謁老人的人，曾親口說：「在他所會見的人物之中，老人是最富美感的一個。」葉先生說：「和老人在晴秋的午晴中對坐，覺得有難言之美。」我也說過：「看見老人的和善的笑容，是接觸宇宙中一線寶貴的光輝。」老人所給人的印象是這樣的深呀。老人對人，在他的紅潤而略帶皺痕和疏髯的臉上，在他的有光彩的眼角，在他的微微掀動的嘴邊，永留着和善的笑意，這笑表示他內心長時的欣悅，長時的謙泰，——是的，老人永遠是安詳謙泰的，永遠是盎和恭敬的，他永遠是使我們不會忘記他的偉大的修養，他的寬虛懇切之懷，他的高夐的人格，——直到他的最後躺在牀上示寂的剎那，還沒有失去他這一切常德。他的聲調非常鏗鏘，說話既極悅耳，吟詩時的聲情綿遠，尤能引人入勝，我應該感謝他給我以對龔定盦詩的情調的啟發，我應該把我在今年六月間所寫的論龔定盦詩中，關於老人對我的理解定盦有何影響的一段摘下。

……這就是「悱惻道上，如萬玉哀鳴」的更是定盦的心聲了。……定盦寫這些詩時的心境，正可以在他的《己亥六月重過揚州記》結段找到很好的說明：「天地有四時，莫病於酷暑，而莫善於初秋。澄汰其繁縟淫蒸，而與之為蕭疏澹蕩，泠然瑟然，而不遽使人有蒼莽寥泬之悲者，初秋也。今揚州其初秋也歟，予之身世雖乞糴，自信不遽死，其尚猶丁初秋也歟！」初秋是歷盛而感覺到衰的，初秋是要從雄奇哀艷的少年場悟徹地歸到了蕭疏澹蕩的定境的，……初秋是疲倦後喜歡休息的，是惜別的，是甘心逃禪的，……是能夠寬容一切的，……是覺得一切情懷都不必加以深貶的。初秋是天地最清明，靈魂最安定，心情最綿邈的季節，尤其是一個最多情、最富於春夏的豐富熱烈的心靈的轉入這個季節的歌唱，一切都更格外加重了他悵惘、追思感喟的深長的情調，一切都更格外表現了他心靈的發展、變遷，和埋在最內在的真切、懇摯，所以初秋是「吟到夕陽山外山，古今誰免餘情繞」，「難學冥鴻不迴首，長天飛過又遺音」的。要體會定盦詩的好處，就請體會這兩首詩那種縹緲的、幽深的、低徊一唱而三嘆的情調。……吾第一次陶醉在定盦「古今誰免餘情繞」一詩的情調中而由此悟入這情調是研究定盦詩與定盦性情的主要之點，是在……承天禪寺裏邊，聽弘一老人講述他入世出家的感想而口誦此詩作收場語的時候，只有多情而又懂音樂像弘一老人那種人，念起這種詩，那才真是奏成說不出的縹渺悱惻的音樂呀！吾說弘一老人為多情，老人或不以為唐突吧。

今者，我們所怕唐突他的老人，已謝我們而去，檢校舊稿，曷勝於邑，噫！或者我們所設想的定盦平澹時的心情，就某種意義言，或有近似老人的心情的吧，——有了老人當天講話的神情，使我才敢於這樣推測，「才子中年多學道」，定盦豈不又告訴我們造句很可玩味的話麽。但是負才使氣的定盦，究竟和我們從早就傾心收斂的老人殊其途轍。我們的老人，結果完成他修道的德業，定盦只合走完他詩人的途路；老人的身心得着永遠的和平，得着永遠的安息，定盦卻不免於要永遠的陷在矛盾和悔恨中，使我們只合對老人有敬愛而對定盦有同情。因此由我們的俗眼看來，高僧才子，原同是多情氣類，至他們的不同的歸向，學佛的可以說這是他們的所「覺」的高下，我呢，只能說這也是他們的「性」的不同了。

（刊於一九四二年《覺有情》，編入一九四三年《弘一法師生西紀念刊》、《弘一大師永懷錄》）

憶李叔同先生

傅彬然

筆者直接受教於先生者大約有兩年多之久。先生教授的是圖畫和音樂兩門功課。說來慚愧，自己的藝術天資未免太差了，就這兩門功課而論，從先生那裏實在並沒有得到甚麽。可是先生的學問和人格，先生的生活態度，卻給與筆者畢生忘記不了的印象，並且從而得到關於教育上的許多啟示。

先生平居不多言笑，常衣灰布大褂，寬大而整潔，總見得到挺直的褶稜。先生的儀態，平靜寧謐，慈和親切，但望之卻又莊嚴可敬。上課時所說的話，似乎是北方話，說得不大順口，同學們實在不很聽得懂。教圖畫，著重於木炭寫生，靜寂而明朗的畫室裏，先生在雜亂的畫架間踱來踱去，看到同學們構圖有甚麽不對的地方，或教同學讓給坐位，他先提木炭測量石膏像在畫面上所應處的地位，然後擦這麽一筆兩筆而去。教唱歌，著重於音程練習，音調或拍子有些微不合拍，不和協的地方，非得重唱過不可。教彈琴，多在課外的時間。初學時特別著重於基本的指法練習。指法有一點點錯誤，拍子有一點點不準確，先生就輕緩而和悅地說：「蠻好，蠻好，明天請再彈一遍。」一定要達到完全準確的地步，纔得「通過」。先生的教施，實在談不到甚麽方法，也從來不向同學們多說甚麽話，可是在他高尚的人格和深邃的藝術薰陶之下，全校四五百個同學，凡是懷有藝術天才的，他們的天才無不被充分發揮出來了。

因了李叔同先生，又使筆者聯想到當時母校裏別的許多情形來。當時學校裏各種的設備，都相當完備。音樂、圖畫上有特建的音樂教室和圖畫教室。音樂教室建在花園裏；有供寫生用的許多不同種類的石膏像，有鋼琴，有三五十架的風琴。黎明薄暮，課餘飯後，歌聲琴韻，洋溢於全校。在民八「五四運動」以前的時期，所謂「學生自治」、「民主」、「自動」、「自覺」以及「發展個性」之類的新名詞，還沒有流行，然而學校裏的種種措施，卻多與這些名詞吻合。校長經子淵先生主持大體，瑣細小節，他從不過問。有校友會的組織，全校師生共同參加，各種課外活動及自治活動，均由校友會來處理。教師中與李叔同先生最相得的是夏丏尊先生，他做舍監，處事很嚴正，絲毫不肯苟且；然而對學生的個人生活卻很關切。其他學問深湛的教師很多，有幾位國文教師，如單不厂先生等，後來應蔡孑民先生之聘，到北京大學裏去擔任教課，都不失為名教授。當時候一般辦學校的人，對於藝術、體育這一些功課，都看得很隨便。我們的母校，即對體育亦甚著重，淳樸、勤奮、自由、和諧而又有規律的校風的養成，筆者回想起來，實在與藝術陶冶及體育鍛煉有著很大的關係。又因為是師範學校，學校裏教育空氣相當濃厚，大家對於教育事業，都有相當深刻的信心。一班一班的同學畢業出去，分散在社會裏，直到現在，似乎仍還以在教育文化這一個圈子做事的為多。雖然沒有見他們做出甚麽轟轟烈烈的大事業來，可是大多數人都很踏實負責，假使有人說他們都是社會裏的中堅分子，那實在可以當之無愧。由此足見當時的教育是成功的！

「為政不在多言」，教育之道亦不在多言。教學過程中最主要的條件，應該是教育者本身的學問與人格，學問深湛，人格高尚，學生自然會信從，自然會跟着好起來。否則，即使有精純熟練的教學技巧，即使上起課來口若懸河，亦是徒然的。——作者並非主張教育可以不要方法，這裏只是說教師的學問、人格，實在比教法更重要。其次，所辦的不是教育則已，如果辦的是教育，那麽在學校的門牆之內，自由與和諧的風氣，應該要看作與我們日常呼吸着的空氣同樣的重要。他如學生自動、自覺的精神，無不需要加意去培養，有許多用「兵法部勒」的學校與狹義近視的功利主義的學校，確實培植不出甚麽像樣的人才來的。筆者做師範生的時代，距離現在已經快二十年了，社會應該是進步的，然而就我們的教育園地來看，比從前進步的地方固然很多，反而不及從前的地方，卻也著實不少，原因究竟在那裏呢？這似乎是值得大家深長玩索的。

把話扯得太遠了，回頭再來談李叔同先生的事情。先生出家以後，筆者曾與同學豐子愷兄專誠到杭州西湖玉泉寺去訪謁過。先生的態度，依然是那麽寧靜、慈和而又莊嚴。在筆者當時的心目中，除了看見先生披着一身寬大的袈裟之外，好像並不曾覺出與以前做教師的時候有甚麽不同的地方來。先生做和尚以後，怎樣苦行修持，勇猛精進，夏丏尊先生曾經有幾篇文章記述過。軍興以來，常常從子愷兄那裏得知一些關於先生的消息。廿八年秋，子愷兄與筆者同客桂林。子愷兄的書齋裏，懸掛着一張先生的相片，面容清癯有如深山古木。今年春天筆者有渝蓉之行，道出貴州遵義，宿子愷兄寓一宵，午夜在微弱的蠟燭光底下，見到了一幀先生的近影，面容似乎反比三年前所見到的豐滿一些，頗感到一點喜悅。子愷兄還告訴我，假如去年太平洋戰爭遲發幾天，先生也許已經去新加坡講經了。因此在報紙上突然看到了先生圓寂的消息，一時頗為之愕然。先生世壽六十三歲，臨終時遺書夏丏尊先生，並附二偈云：

君子之交，其淡如水。執象而求，咫尺千里。

問予何適，廓爾亡言。華枝春滿，天心月圓。

竟把死看得自然，有虔誠的宗教信仰的人，對於死的看法，自可以與俗人不同。人，原與衆生同屬於生物，正與衆生一樣，也同受着自然律的支配。對於生之執著，生之戀，都屬人情之常。然而到了不可避免的時候，無論其為病死、老死也好，為成仁取義而死也好，則也就無所用其留戀。這一點，在常人似乎有點難能，然而古今來忠義革命之士，到了緊要關頭，亦莫不能視死如歸。對於宇宙及人生意義的了解，宗教家與忠義革命之士，自然不會相同，可是他們在最後一瞬間，把死看得十分自然，了無恐懼，了無罣礙的一種境界，恐怕彼此是全無二致的吧？

（刊於一九四三年《弘一法師生西紀念刊》、《弘一大師永懷錄》）

悼弘一師（一）

顯念居士

壬午十一月三日晨課畢，閱報見載有弘一師圓寂訊，謂「師於今歲卓錫泉州大開元寺，夏曆八月二十三日攖微疾，二十七日即斷食，只飲開水，延至九月初四日晚八時，安詳圓寂於晉江不二祠」云云。四大無常，身為苦本，師今往生，原無可悲；惟人天失此導師，則可愴悼者也。

余之初識師也，距今三十四五年前，在東瀛留學，有時邂逅於集會場所，然尚未及訂交也。民元師應聘來杭，任浙江一師教職，時余亦在一師任課，彼此上下教室相值；或遇開教務會議時相與研討，始知師之沈默寡言，和藹可親。而其立品之高超，學識之淵博，又為余所銘刻於心而未嘗或忘者。民三余北上就食，乃相分袂。憶當民八夏秋之交，接浙一師舊雨來書，告以師已脫離五濁塵世而出家為僧矣。此後又約經十年之久，余於民十九年春間於役甬江，遇友人夏丏尊於甬江旅舍，丏尊告以汝常念師，今遊蹤所至，適駐錫城內白衣寺，如欲參謁者，可於翌晨同往進見。次日偕往，則見闊別將近二十年之老友，已非昔日風度翩翩之李叔同，而儼然為人天師矣。

斯時春寒未全消，余尚服薄棉，師則衣短褐，赤足納草履，一見即向余謂：「聞君已皈依三寶，走入光明之路，很好很好。今在甬埠，有兩事必須做到，一諦閑法師適在觀宗寺講經，應抽暇至少須在參聽一座，以結善緣。二應到天寧寺參謁由滇省來游之老法師，此老法師入定可到二十一日之久，為目前海內所不易遇見者。」自後即未與謀面，今已圓寂，更不能再接謦欬，緣何淺耶！

茲將由舊雨中有談及師之往事者三端，謹略記如左，以供修持著之省察而留紀念焉。

（一）師於未出家前，先研讀佛經，繼則供佛像，定常課，終則凡為僧者日常應守之戒行，一一加以預習，即此一端，可見師之立願為僧而以頭陀行垂範于世也明矣。

（二）民十五年，浙省政局未定，異議橫生，尤以對於三寶之毀謗為甚。師適在吳山常寂光寺閉關修持，迨聞有毀寺驅僧之說，乃函告友人堵申甫謂「余為護持三寶，定明日出關」，囑為照所附致之名單，先為約定到寺面談。其名單中所列者，即當日主張最烈，而為師任教一師時之舊生。是日堵君先去代為布置，來會者雖照名單所召未全到，逮見師出來，儀態嚴肅，手持親筆所寫字條，分致各人，人各一紙，適符到會人數，堵君頗以為異，而所分致之字條，是否人盡相同，堵君以未寓目，不敢懸揣。惟見到會諸人，各自默視其所交之字條，靜默不言，中有甚至慚汗溢出於面部者，師亦終席不發一言。會散，毀寺驅僧之議遂熄，而今日吾杭之寺院幸得保存者，皆賴師當時所召集之一會耳。

（三）師以弘揚淨土為主，就其所書彌陀佛號或觀音聖號等分贈索書者，可推見之；然當此末法時代，叢林之規尚，遠非昔比，而為天人師之僧眾，亦難免不有逾越清規，授人以口實者，故師特重昌明戒律，就其遺著，即可見其婆心之所在也。蓋凡人有所不為而後始可有為，此為儒家之明訓，而況修持佛法，期成佛果乎哉！

師之行誼言論，見知於世者多矣，固不待余之表白。今唯撮舉所知以草此文者，亦藉以申其景仰之心云爾。

（刊於一九四三年《弘一法師生西紀念刊》、《弘一大師永懷錄》）

編者按：

（一）本書作者錢家治，字均夫，杭州人，晚年皈依諦閑法師，法名顯念，係錢學森之父。

晚晴老人生西後之種種

釋妙蓮

海量仁者智鑒：惠示及布施之紀念刊一份，收悉。茲將晚晴老人身後種種，條舉奉告如次。

（一）建塔事。王拯邦居士曾提議云：「於六年前，鄙人在南洋曾與性願、廣治等諸仁者會議，如一公老人在閩南入滅者，當協力集資，為建塔庵，置道糧，以供養老人遺著法物及舍利靈骸。並集諸學者，承習南山律教，俾使老人法身常住，正法昌明等語。但近因僑匯不通，故暫不建議，俟後通匯時再行舉辦為宜。」故建塔事尚未籌備，各處如有供養建塔費，此時未便收受，俟後籌備時再行寄來，請貴刊代為聲明為要。

（二）老人在日，極避虛舉，於滅度之前曾囑身後事宜，極為簡單，不許張羅。弟既受老人之遺囑，豈敢違命妄為。故於老人身後，唯入龕、送龕、闍毗、分骸、揀舍利等事，是弟本份，皆已隨分隨力如命奉行。其餘諸事，既不合老人生平意願，故弟亦絕未妄舉。前見貴刊《弘一法師生西臨時增刊》中，鈔錄《泉州日報》「妙蓮和尚主持之生西紀念會」及「壽山居士」，實由泉報誤載，倘能加以聲明，感謝無盡。

（三）老人於去年九月初四晚八時入滅，延至初六上午入龕，下午送龕去承天寺安座，至十一晚七時大衆集會，誦《普賢行願品》完，起贊佛偈念佛，至八時焚化（遵老人過七日後焚化遺命），至十時餘即化畢。四衆皆見有多色猛烈之火光。十二日晨拾靈骸，裝滿兩罈，當時拾得舍利數顆，其餘碎骨炭灰等，弟均將包起收藏。事後即將靈骸遵遺命送開元、承天二寺供養。事畢，弟奉舍利及碎骨炭灰回開元寺自己房內，於百日內常念地藏菩薩。隨於碎骨炭灰內揀選舍利，至百日揀去碎骨炭灰三分之二，得舍利一千八百餘顆，舍利塊五六百顆。本擬照相並做銅版，奈銅版本省無法可製，又照相代價高貴非常，無人負責，故暫時作罷。其舍利塊並骨灰等暫由弟保存，俟後緣熟建塔。桂林《獅子吼》月刊巨贊法師曾來函欲請老人舍利供養，弟恐開例後供不應求，故已辭謝。

（四）老人之遺著遺物，有一部份由弟收存，暫寄性常法師關內。

（五）至於老人遺囑「不必穿好（好的）衣服，只穿舊短袴，以遮下根即已」等語，實出老人親口。正依律制奉行，為轉非法等厚葬而舉行也。茲摘錄《行事鈔資持記》卷四十，十九頁背，瞻病送終篇二十六，四，覆屍殯送科，引五分律及五百問論。五分云：「屍以衣覆根。」五百問云：「應先白僧，以亡人泥洹僧，祇支覆屍而送，不得蘊過五錢。犯重。」記釋云：「覆根，準應裸露。過五犯重者。」記釋云：「即盜戒波羅夷罪也。」觀此文，衆疑可釋矣。專此致復，即頌法樂。弟妙蓮和南。古二月初四晨。

（刊於一九四三年《弘一大師永懷錄》）

為青年說弘一法師

豐子愷

弘一法師於去年十月十三日在泉州逝世，至今已有五個多月。傅彬然先生曾有關於他的一篇文章登在本刊上，而我卻沉默了五個多月，至今纔寫這篇文章。許多人來信怪我，以為我對弘一法師關係較深，何以他死了我沒有一點表示。有的人還來信向我要關於弘一法師的死的文字，以為我一定在發起追悼大會，或者編印紀念刊物，為法師裝「哀榮」的。其實全無此事。我接到泉州開元寺性常師打來的報告法師「生西」（就是往生西方，就是死）的電報時，正是去年十月十八日早晨，我正在貴州遵義的寓樓中整理行裝，要把全家遷到重慶去。當時坐在窗下沉默了幾十分鐘，發了一個願：為法師造像（就是畫像）一百尊，分寄各省信仰他的人，勒石立碑，以垂永久，預定到重慶後動筆。發願畢，依舊吃早粥，整行裝，覓車子。

弘一法師是我的老師，而且是我生平最崇拜的人。如此說來，我豈不太冷淡了麼？但我自以為並不。我敬愛弘一法師，我希望他在這世間久住。但我確定弘一法師必有死的一日，因為他是「人」。不過死的時日遲早不得而知。我時時刻刻防他死，同時時刻刻防我自己死一樣。他的死是我意中事，並不出於意料之外。所以我接到他死的電告，並不驚惶，並不慟哭。老實說，我的驚惶與慟哭，在確定他必有死的一日之前早已在心中默默地做過了。

我去冬遷居重慶，忙著人事及疾病，到今年一月方才有工夫動筆作畫。一月中我實行我的前願，為弘一法師造像。連作十尊，分寄福建、河南諸信士。還有九十尊，正在接洽中，後定當續作。為欲勒石，用線條描寫，不許有濃淡光影。所以不容易描得像。幸而法師的線條畫像，看的人都說「像」。大概是他的相貌不凡，特點容易捉住之故。但是還有一個原因：他在我心目中印象太深之故。我自己覺得，為他畫像的時候，我的心最虔誠，我的情最熱烈，遠在驚惶慟哭及發起追悼會、出版紀念刊物之上。其實百年之後，刻像會模糊起來，石碑會破爛的。千萬年之後，人類會絕滅，地球會死亡的。人間那有絕對「永久」的事！我的畫像勒石立碑，也不過比驚惶慟哭追悼會紀念刊稍稍永久一點而已。

讀了傅彬然先生的文章之後，我也想來為讀者談談，就是這篇文章。

距今二十九年前，我十七歲的時候，最初在杭州貢院的浙江省立第一師範裏見到李叔同先生（即弘一法師）。那時我是師範預科生，他是我們的音樂先生。一年中我見他的次數不多。因為他常常請假。走廊上玻璃窗中請假欄內，「音樂李師」一塊牌子常常擺着。他不請假的時候，我們上他的音樂課，有一種特殊的感覺：嚴肅，新鮮。搖過預備鈴，我們走向音樂教室。（這教室四面臨空，獨立在花園裏，好比一個溫室。）推進門去，先吃一驚：李先生早已端坐在講臺上。以為先生還沒有到而嘴裏隨便唱著喊著或笑著罵著而推進門來的同學，吃驚更是不小。他們的唱聲喊聲笑聲罵聲以門檻為界限而忽然消滅。接着是低著頭，紅著臉，去端坐在自己的位子裏。端坐在自己的位子裏偷偷地仰起頭來看看，看見李先生高而瘦削的上半身穿著整潔的黑布馬褂，露出在講桌上，寬廣得可以走馬的前額，細長的鳳眼，隆正的鼻梁，作成威嚴的表情。扁平而闊的嘴唇兩端常有深渦，作成和愛的表情。這副相貌，用「溫而厲」三字來描寫，大概差不多了。講桌上放著點名簿、講義，以及他的教課筆記簿、粉筆。鋼琴衣解著，蓋開著，譜表擺著，琴頭上又放著一只時錶，閃閃的金光直射到我們的眼中。黑板（是上下兩塊可以推動的）上早已清楚地寫好本課內所應寫的東西。（兩塊都寫好，上塊蓋著下塊，用下塊時把上塊推開。）在這樣布置的講臺上，李先生端坐著。坐到上課鈴響了，（後來我們知道他這脾氣，上音樂課必早到。故上課鈴響時，同學早已到齊。）他站起來，深深地一鞠躬，課就算開始了。這樣地上課，不是嚴肅而新鮮的麽？

有一個人上音樂課時不唱歌而看別的書，有一個人上音樂課時吐痰在地板上，以為李先生沒看見的，其實他都知道。但他不立刻責備，等到下課後，他用很輕而嚴肅的聲音鄭重地說：「某某等一等出去。」於是這位某某同學只得站著。等到別的同學都出去了，他又用輕而嚴肅的聲音向這某某同學和氣地說：「下次上課時不要看別的書。」或者「下次痰不要吐在地板上」。說過後他微微一鞠躬，表示「你出去罷」。出去的人大都臉孔發紅，帶著難為情的表情。（我每次在教室外等著，親自看到的。）又有一次下音樂課，最後出去的人無心把門一拉，碰的太重，發出很大的聲音，他走了數十步之後，李先生走出門來，滿面和氣地叫他轉來。等他轉到，李先生又叫他進教室來，進了教室，李先生用很輕而嚴肅的聲音向他和氣地說：「下次走出教室，輕輕地關門。」就對他一鞠躬，送他出門，自己輕輕地把門關了。最不易忘卻的，是有一次上彈琴課的時候。我們是師範生，每人都要學彈琴，全校有五六十架風琴及兩架鋼琴。風琴每室二架，給學生練習用，鋼琴一架放在唱歌教室裏，一架放在彈琴教室裏。上彈琴課時，十數人為一組，環立在琴旁，看李先生範奏。有一次正在範奏的時候，有一個同學放一個屁，沒有聲音，卻是很臭。鋼琴及李先生十數同學全部沉浸在亞莫尼亞氣體中。同學大都掩鼻或發出討厭的聲音。李先生眉頭一皺，自管自彈琴，（我想他一定屏息著。）彈到後來，亞莫尼亞氣散光了，他的眉頭方才舒展。教完以後，下課鈴響了。李先生立起來一鞠躬，表示散課。散課以後，同學還未出門，李先生又鄭重地宣告：「大家等一等去，還有一句話。」大家又肅立了。李先生又用很輕而嚴肅的聲音和氣地說：「以後放屁，到門外去，不要放在室內。」接著又一鞠躬，表示叫我們出去。同學都忍笑不住，一出門來，大家快跑，跑到遠處去大笑一頓。

李先生用這樣的態度來教我們音樂。所以我們對於音樂課，感覺嚴肅而新鮮。同時對於李先生這人，感覺也特殊的可崇敬。他雖然常常請假，沒有一個人怨他，似乎覺得他請假是應該的，但讀者要知道，他的受人崇敬，不僅是為了上述的鄭重態度的原故；他的受人崇敬使人真心地折服，是另有背景的。背景是什麼呢？就是他的人格。他的人格，值得我們崇敬的有兩點：第一點是凡事認真，第二點是多才多藝。先講第一點：李先生一生的最大特點，是「凡事認真」。他對於一件事，不做則已，要做就非做得徹底不可。他出身於富裕之家，他的父親是天津有名的銀行家。他是第五位姨太太所生。他父親生他時，年已七十二歲。他墮地後就遭父喪，又逢家庭之變，青年時就陪了他的生母南遷上海。在上海南洋公學讀書，奉母時，他是一個翩翩公子。當時上海文壇有著名的滬學會，李先生應滬學會徵文，名字屢列第一。從此他就為滬上名人所器重，而結交日廣，終以才子馳名於當時的上海。所以後來他母親死了，他赴日本留學的時候，作一首《金縷曲》，詞曰：「披髮佯狂走。莽中原、暮鴉啼徹，幾株衰柳。破碎河山誰收拾？零落西風依舊。便惹得、離人消瘦。行矣臨流重太息，說相思、刻骨雙紅豆。愁黯黯，濃於酒。 漾情不斷淞波溜。恨年來、絮飄萍泊，遮難回首。二十文章驚海內，畢竟空談何有！聽匣底、蒼龍狂吼。長夜淒風眠不得，度群生、那惜心肝剖。是祖國，忍孤負？」讀這首詞，可想見他當時豪氣滿胸，有不可一世之概。他出家時把過去的照片統統送我，我曾在照片中看見過當時在上海的他：絲絨碗帽，正中綴一方白玉，曲襟背心，花緞袍子，後面掛扎胖辮子，底下緞帶扎腳管，雙梁頭厚底鞋子，頭抬得高，英俊之氣，流露於眉目間，（讀者恐沒有見過上述的服裝。這是光緒年間上海最時髦的打扮。問你們的祖父母，一定知道。）真是當時上海一等的翩翩公子。這是最初表示他的特性：凡事認真。他立意要做翩翩公子，就徹底的做個翩翩公子。

後來他到日本，在日本看見明治維新的文化，就渴慕西洋文明。他就放棄了翩翩公子的態度，改做一個留學生。他入東京美術學校，同時又入音樂學校。這些學校都是模仿西洋的，所教的都是西洋畫和西洋音樂。李先生在南洋公學時英文學得很好，到了日本，就買了許多西洋文學書。他出家時曾送我一部殘缺的原本《莎士比亞全集》，他對我說：「這書我從前細讀過。有許多筆記在上面，雖然不全，也是紀念物。」由此可想見他在日本時，對於西洋藝術全面進攻，繪畫、音樂、文學、戲劇都研究。後來他在日本創辦「春柳劇社」，糾集留學同志，共演當時西洋著名的悲劇《茶花女》（小仲馬著）。他自己把腰束小，把髮拖長，粉墨登場，扮作茶花女。這照片，他出家時也送給我，一向歸我保藏，直到抗戰時為兵火所毀，現在我還記得這照片：捲髮，白的上衣，白的長裙拖著地面。腰身小到一把，兩手舉起託著後頭。頭向右歪側，眉峰緊蹙，眼波斜睇，正是茶花女自傷命薄的神情。另外還有許多演劇的照片，不可勝記。這春柳劇社後來遷回中國，李先生就脫出，由另一班人去辦，便是中國最初的「話劇」社。由此可以想見，李先生在日本時，是徹頭徹尾的一個留學生。我見過他當時的照片，高帽子，硬領，硬袖，燕尾服，史的克，尖頭皮鞋，加之長身，高鼻，沒有腳的眼鏡夾在鼻梁上，竟活像一個西洋人。這是第二次表示他的特性：凡事認真。學一樣，像一樣。要做留學生，就徹底的做個留學生。

他回國後，在上海出版界（當時有名的《太平洋報》，李先生曾為作畫。）住了不久，就被南京高等師範請去教圖畫音樂。後來又就杭州的浙江兩級師範學校（就是我就學的浙江第一師範的前身。李先生從兩級師範一直教到第一師範）之聘，同時教兩地兩校，每月中半個月住南京，半個月住杭州，兩校都請助教，他不在時由助教代課。這時候，李先生已由留學生變為「教師」。這一變，變得更徹底：漂亮的洋裝不穿了，卻換上灰色粗布的袍子，黑布的馬褂，布底鞋子。金絲邊眼鏡也換了黑的鋼絲邊眼鏡。他是一個修養很深的美術家，所以對於儀表很講究，雖然布衣，形式卻很稱身，色澤常常整潔。他穿布衣，全無窮相，而另具一種樸素的美。你可想見，他是扮過茶花女的，身材生得非常窈窕。穿了布衣，仍是一個美男子。「淡妝濃抹總相宜」，這詩句原是描寫西子的，但拿來形容我們的李先生的儀表，也最適用。今人侈談「生活藝術化」，大都好奇立異，非藝術的。李先生的服裝，才可稱為生活的藝術化。他一時代的服裝，表現著一時代的思想與生活。各時代的思想與生活判然不同，各時代的服裝也判然不同。布衣布鞋時的李先生，與洋裝時代的李先生，曲襟背心時代的李先生，判若三人，這是第三次表示他的特性。我二年級時，圖畫歸李先生教。他教我們木炭石膏模型寫生，同學一向描慣臨畫，起初無從著手。四十餘人中，竟沒有一個人描得像樣的。後來他範畫給我們看，畫畢把範畫揭在黑板上。同學們大都看著黑板臨摹。只有我和少數同學，依他的方法從石膏模型寫生。我對於寫生，從這時候開始發生興味。我到此時，恍然大悟，那些粉本原是別人看了實物而寫生出來的。我們應該也要直接從實物寫生入手，何必臨摹他人，依樣畫葫蘆呢？於是我的畫進步起來。有一晚，我為級長的公事，到李先生房間裏去報告。報告畢，我將退出，李先生喊我轉來，又用很輕而嚴肅的聲音和氣地對我說：「你的圖畫進步快。我在南京和杭州兩處教課，沒有見過像你這樣進步快速的人。你以後可以……」當晚這幾句話，便確定了我的一生。可惜我不記得年月日時，又不相信算命。如果記得，而又迷信算命先生的話，算起命來，這一晚一定是我一生中一個重要關口，因為從這晚起，我打定主意，專門學畫，把一生奉獻給藝術，直到現在沒有變志。從這晚以後，我對師範學校的功課忽然懈怠，常常逃課學畫。以前學期考試聯列第一，此後一落千丈，有時竟考末名，幸有前兩年的好成績，平均起來，畢業成績猶得第二十名。這些關於我的話，現在不應詳述。且說李先生自此以後，與我接近的機會更多。因為我常去請教畫又教日本文，因此以後的李先生的生活，我所知道的更為詳細。他本來常讀性理的書，後來忽然信了道教，案上常常披著道教的經書。那時我還是一個毛頭青年，談不到宗教。李先生除繪事外，並不對我談道，但我發見他的生活日漸收縮起來，像一個人就要動身赴遠方時的模樣。他常把自己不用的東西送給我。後來又介紹我從夏丏尊先生學日本文，因他沒有工夫教我，他的朋友日本畫家大野隆德、河合新藏、三宅克己等到西湖來寫生時，他自己帶了我去請他們吃一次飯，以後就把這些日本人交給我，叫我引導他們，（我當時已能講普通應酬的日本話。）他自己關起房門來研究道學。有一天，他決定入大慈山去斷食，我有課事，不能陪去，由校工聞玉陪去。數日之後，我去望他。見他躺在床上，面孔瘦減，但精神很好，對我講話，同平時差不多，他斷食共十七日，由聞玉扶起來，攝一個影，影片上端由聞玉題字：「李息翁先生斷食後之像，侍子聞玉題。」這照片後來製成明信片分送朋友。像的下面用鉛字排印著：「某年月日，入大慈山斷食十七日，身心靈化，歡樂康強——欣欣道人記。」李先生這時候已由「教師」一變而為「道人」了。學道就斷食十七日，也是他凡事認真的表示。

但他學道的時候很短。斷食以後，不久他就學佛。他自己對我說，他的學佛是受馬一浮先生的指示的。出家前數日，他同我到西湖玉泉去看一位程中和先生。這程先生原來是當軍人的，現在退伍，住在玉泉，正想出家為僧。李先生同他談得很久，後來，不多日，我陪大野隆德到玉泉去投宿，看見一個和尚坐著，正是這位程先生。我想稱他「程先生」，覺得不合，想稱他法師，又不知道他的法名，（後來知道是弘傘。）一時周章得很。我回去對李先生講了，李先生告訴我，他不久也要出家為僧，就做弘傘的師弟。我愕然，不知所對。過了幾天，他果然辭職，要去出家，出家的前晚，他叫我和同學葉天底、李增庸三人到他的房間裏，把房間裏所有的東西送給我們三人。第二天，我們三人送他到虎跑。我們回來分得了他的「遺產」，再去望他時，他已光著頭皮，穿著僧衣，儼然一位清癯的法師了。我從此改口稱他為「法師」。法師的僧臘（就是做和尚的年代）二十四年。這二十四年中，我顛沛流離，他一貫到底，而且修行工夫愈進愈深。當初修淨土宗，後來又修律宗。律宗是講究戒律的。一舉一動，都有規律，做人認真得很。這是佛門中最難修的一宗，數百年來，傳統斷絕，直到弘一法師方才復興，所以佛門中稱他為「重興南山律宗的一代高僧」。修律宗如何認真呢？一舉一動，都要當心，勿犯戒律。（戒律很詳細，弘一法師手寫一部，昔年由中華書局印行的，名曰《四分律比丘戒相表記》。）舉一例說：昔年我寄二捲宣紙去，請弘一法師寫佛號，宣紙很多，佛號所需很少，他就要來信問我，餘多的宣紙如何處置，我原是多備一點，由他隨意處置的，但沒有說明，這些紙的所有權就模糊，他非問明不可。我連忙寫回信去說，餘多的紙，贈與法師，請隨意處置。以後寄紙，我就預先說明這一點了。又有一次，我寄回件郵票去，多了幾分，他把多的幾分寄還我。於是以後我寄郵票，也就預先聲明：餘多的郵票送與法師。諸如此類，俗人馬虎的地方，修律宗的人都要認真。有一次他到我家，我請他籐椅子裏坐。他把籐椅子輕輕搖動，然後慢慢地坐下去，起先我不敢問。後來看他每次都如此，我就啟問。法師回答我說：「這椅子裏頭，兩根籐之間，也許有小蟲伏著。突然坐下去，要把它們壓死，所以先搖動一下，慢慢地坐下去，好讓它們走避。」讀者聽到這話，也許要笑。但請勿笑，這是做人認真至極的表示。模仿這種認真的精神去做社會事業，何事不成，何功不就？我們對於宗教上的事情，不可拘泥其「事」，應該觀察其「理」。

如上所述，弘一法師由翩翩公子一變而為留學生，又變而為教師，三變而為道人，四變而為和尚。每做一種人，都十分認真，十分像樣。他做人好比全能的優伶，起老生像個老生，起小生像個小生，起花旦又很像個花旦，……都是「凡事認真」的原故。以上已經說明了李先生人格上的第一特點。

李先生人格上的第二特點是「多才多藝」。西洋文藝批評家批評德國的歌劇大家華葛納爾（Wagner）有這樣的話：「阿普洛（Appolo文藝之神）右手持文才，左手持樂才，分贈給世間的文學家和音樂家。華葛納爾卻兼得了他兩手的贈物。」意思是說，華葛納爾能作曲，又能作歌，所以做了歌劇大家。拿這句話批評我們的李先生，實在還不夠用。李先生不但能作曲，能作歌，又能作畫，作文，吟詩，填詞，寫字，治金石，演劇。他對於藝術，差不多全般皆能。而且每種都很出色。專門一種的藝術家大都不及他，要向他學習。作曲和作歌，讀者可在開明書店出版的《中文名歌五十曲》中窺見。這集子中載著李先生的作品不少，每曲都膾炙人口。他的油畫，大部分寄存在北平美專，現在大概還在北平。寫實風格而兼印象派筆調，每幅都很穩健、精到，為我國洋畫界難得的佳作。他的詩詞文章，載在從前出版的南社文集中，典雅秀麗，不亞於蘇曼殊。他的字，工夫尤深，早年學黃山谷，中年專研北碑，得力於張猛龍碑尤多。晚年寫佛經，脫胎化骨，自成一家，輕描淡寫，毫無煙火氣。他的金石，同字一樣秀美。出家前，他的友人把他所刻的印章集合起來，藏在西湖上西泠印社的石壁的洞裏。口用水泥封好。題著「息翁印藏」四字。他的演劇，前已說過，是中國話劇的鼻祖。總之，在藝術上，他是無所不精的一個作家。藝術之外，他又曾研究理學，（陽明、程、朱之學，他都做過工夫，後來由此轉入道教，又轉入佛教的。）研究外國文，……李先生多才多藝，一通百通。所以他雖然只教我音樂圖畫，他所擅長的卻不止這兩種。換言之，他的教授圖畫音樂，有許多其他修養作背景，所以我們不得不崇敬他。借夏丏尊先生的話來講：他做教師，有人格作背景，好比佛菩薩的有「後光」。所以他從不威脅學生，而學生見他自生畏敬，從不嚴責學生，（反之，他自己常常請假。）而學生自會用功。他是實行人格感化的一位大教育家。我敢說：自有學校以來，自有教師以來，未有盛於李先生者也。

青年的讀者，看到這裏，也許要發生這樣的疑念：李先生為甚麼不做教育家，不做藝術家，而做和尚呢？

是的，我曾聽到許多人發這樣的疑問。他們的意思，大概以為做和尚是迷信的、消極的、暴棄的，可惜得很！倘不做和尚，他可在這僧臘二十四年中，教育不少的人才，創作不少的作品。這才有功於世呢？

這話，近看是對的，遠看卻不對。近看，用低淺的眼光，從世俗習慣上看，辦教育，製作品，實實在在的事業，當然比較和尚有功於世。遠看，用高遠的眼光，從人生根本上看，宗教的崇高偉大，遠在教育之上。但在這裏須加重要聲明：一般所謂佛教，千百年來早已歪曲化而失卻真正佛教之本意。一般佛寺裏的和尚，其實是另一種奇怪的人，與真正佛教毫無關係。因此世人對佛教的誤解，越弄越深。和尚大都以念經念佛做道場為營業。居士大都想拿佞佛來換得世間名利恭敬，甚或來生福報。還有一班戀愛失敗、經濟破產、作惡犯罪的人，走投無路，遁入空門，以佛門為避難所。於是乎，未曾認明佛教真相的人，就排斥佛教，指為消極、迷信，而非打倒不可。歪曲的佛教，應該打倒，但真正的佛教，崇高偉大，勝於一切。——讀者只要窮究自身的意義，便可相信這話。譬如：為什麼入學校？為了欲得教養。為什麼欲得教養？為了要做事業。為什麼要做事業？為了滿足你的人生欲望。再問下去：為什麼要滿足你的人生欲望？你想了一想，一時找不到根據，而難於答復。你再想一想，就會感到疑惑與虛空。你三想的時候，也許會感到苦悶與悲哀。這時候你就要請教「哲學」，和他的老兄「宗教」。這時候你才相信真正的佛教高於一切。

所以李先生的放棄教育家與藝術家而修佛法，好比出於幽谷，遷於喬木，不是可惜的，正是可慶的。

弘一法師逝世後第一百六十七日作於四川五通橋旅舍

（刊於一九四三年《中學生》第六十三期）

悼弘一法師

陸丹林

去年冬間，聽着弘一法師的怛化，心中有點難過。本來一個人的生死，原是宇宙間生物的循環，值不得大驚小怪，何況一個四大皆空的出家人圓寂，是西歸罷了，更用不着有什麽留戀和嘆息。可是在人的情感方面說，任你怎樣的達觀，聽見着一個有關係的人，驟然去世。在刹那間，甚至終身，都免不了抱着哀悼的傷感情緒罷。

當着民國初年，我還是二十歲左右的青年，由一位朋友的紹介，加入南社。過了半月，就收到柳亞子先生由蘇州黎里寄給我《南社叢刊》，有好幾集，和一冊《南社社員姓氏錄》。因為這一冊《南社社員姓氏錄》便引起我和弘一法師的一般交情。原來這本社員錄的題署，字體是六朝造像，是出於弘一法師的手筆，當時署款是黃昏老人。承一姓蔡的社友紹介，於是我們便通訊起來。記得當時的息霜先生先後給我的信，總共有五六封，並替我刻了兩顆石章，印文一是「丹林無極」，一是「紅樹室」。這些信札和石章可惜在民國二十七年春間，我由滬南歸香港的時候，放在上海的屋裏，沒有攜帶。至今上海法租界的故居，雖然無恙，可是交通梗莯，人事靡常，他日回申一看，也不免如駱賓王所說：「仙鶴來歸，遼東之城郭猶是；靈鳥代謝，漢南之陵谷已非。……感今懷舊，不覺涕之無從也！」

過了些時，息霜先生剃度出家了，他的出家的因緣，用不着贅說。從他出家之後，一直到圓寂，我們沒有機緣直接再通過一封信，會談過一次了。但在民國十七年至二十年的幾年間，我有時從經子淵、姜敬廬兩先生處，得到他的雲游消息。有一次，由經先生轉來他所寫的一副五言楹聯。我還記得這副對子的上款，他是寫「自在長老法鑒」的稱呼哩。又當我四十歲的生日，他寫了一個大佛字送我，他在一張四尺宣紙破幅，佛字寫在上半截。下半截是留空的。我得着，就請王一亭先生補了一個佛像在空白的紙上，法書名畫，是「二難並」了。我先後兩次收到他的墨寶，都託原人復信申謝。

法師六十壽辰的一年，澳門的《覺音》雜誌，特出紀念專號，主編的遠來徵文，我曾寫了幾句頌詞給他，同時並代求葉遐菴居士題詞。老實說，宗教的信仰，我是沒有的，我是本着友誼做出發點，和藝術的愛好而已。記得有一次，汪亞塵先生們在上海替法師舉行書法展覽會。（欣賞性質，絕非售品。）我讀過之後，在《申報》上發表了一篇文章，把法師所寫的各體字，都詳細地紹介一下，給社會一個認識。

記得在民國二十九、三十年，我在香港主編《大風》文史半月刊。因特約撰述黃耘農先生的因緣，得和黃先生的內弟李芳遠先生通訊。這時弘一法師寄居閩南的永春，芳遠先生是法師的弟子，因此常常託芳遠代候起居，傳達雙方消息，並常得着法師的墨寶。可惜在前年冬間，香港淪陷，這些拱璧般的法師手迹，和我歷年收藏的許多書畫文物稿件等，都化為劫灰了。現在回想起來，只有「增其嘆息」，還有什麽呢？

去年春間，我從香港脫險歸國，住在粵北的坪石，讀書寫作，是日常生活。有一天，到曲江去，在火車上閱報，無意中看到一段消息，說高僧弘一大師在閩南圓寂。因此回到寓所時，就寫了一信給芳遠，詢問報上所載的噩耗，是否確實。得復知道是真的，他並說將要編印紀念刊物，要我寫幾句話，我就馬上寫了下列的感悼詞寄給他，來表示哀感，詞云：

發大願力，捐棄世網。行潔志堅，光燄萬丈。濁世明燈，苦海慈航。滔滔之波，泱泱之水。湛深微妙，莫可相匹。撒手塵寰，感悼靡極。追晞高風，吾誰與歸。

芳遠先生的來信，並說到弘一大師在去年夏曆元旦，用朱筆替我寫了一個齋額，是大師在世最後的朱書筆迹，最可珍貴。這個齋額，現下掛在我的廳間。「紅樹室」三字，是硃砂篆書的，題款是「丹林居士屬書，壬午元旦試筆，晚晴老人時年六十三」，下鈐「弘一」朱文長方章，額的左上方，鈐有造像的壓角章。睹物思人，真有不堪回首的概嘆！

這便是我和弘一大師廿多年來的經過，時到今日，「泉壤殊途，幽明永隔，人理危促，天道奚言！」

當年我在廣州，法師替我刻章，所附的一封信，雖然相隔了廿多年，信中文句，還能背誦，所以聞得芳遠先生從事編輯法師的遺牘，我就錄出寄去。未盡的話，也就拉雜的再寫些我們二人的交情，作為文字因緣的紀念。本來還有些弘一法師中年的詩詞，登在《大風》半月刊上，可是現在沒有方法去找尋，人生如電亦如露，那麽，我這篇追憶的記述，似乎也是「多餘的話」。不過人是有情感的動物，思今念往，發泄幾句，心裏也感到一些慰安罷了，除了這一點意義之外，不想再談其他了。

中華民國三十二年四月二十三日寫於坪石白沙橋畔之薇居

（刊於一九四三年《弘一大師永懷錄》）

何緣之慳

馬敘倫

四十年前，有諸暨馮先生，館於余同居之倪氏。倪氏主人方任上海巡防同知，實少年紈袴，席父蔭，以入貲而仕，每夕般樂妓寮，馮先生因與焉。馮先生授倪氏子讀，暇則憑榻吸鴉片煙，而常喜談柳巷花街故事，語及天津李叔同豪華俊昳，不可一世。時上海有《中外日報》者最風行，先生因指報額曰：「此即叔同所書也。」既而又貽余小冊，則皆臨摹周秦兩漢金石文字，無不精似，余知叔同自此始。

後十年，余歸自廣州，任教於杭州，與叔同同事於師範學校，然轉不甚相見；而余於建國二年即赴北平，自此滯迹不歸者久，而叔同又披薙為方外之士矣。時余雖亦略涉釋氏教典，然與叔同異趣，故未嘗有往還問難，且亦未審叔同出家何往，傳鉢何名也。及十三年余攝教部事，忽得一書，署名曰弘一，察書迹知為叔同。叔同以涉公事者相關白，書亦不得存，至今余處無叔同一字。

十六年，余歸杭州，聞叔同已為名法師，且卓錫杭郊，訪之則又未得。其後數數讂貞其所在言者不能審。今秋晤夏丏尊先生，乃告余師止於泉州開元寺，寺又余於十五年亡命時曾履及者也。猶想復涉其地，而況叔同在焉。顧困於所遇，不能遂余志，因託丏尊致七言絕句三章，乃未達而師圓寂之音至矣。師已洞達無生之恉，寧復有分別心，余亦不以師存亡為戚戚，蓋余固一在家僧也。獨以余知師之早，而蹤蹟轉最疏，向服其書法，而竟不得其一字，今方欲乞其書，而師又游寰外，不能不自惜耳。今錄拙詩於後，以當輓歌可乎。

五陵裘馬最豪華，看盡長安陌上花。歌舞霎時齊放手，一枝禪杖一袈裟。

四分律戒已森森，一味歸依平等心。降龍伏虎人何在，道向泉州寺裏尋。

天台初祖妙書傳，智永千文八百篇，我亦乞師書一紙，藝林珍重比前賢。

（刊於一九四三年《弘一法師生西紀念刊》、《弘一大師永懷錄》）

余與大師之關係

袁希濂

遜清光緒丁酉，余肄業上海龍門書院。是年秋闈報罷，余集合同志，於本書院每月月課之外，假許幻園上舍城南草堂，組織城南文社，每月會課一次，以資切磋。課卷由張蒲友孝廉評閱，定其甲乙。孝廉精研宋儒性理之學，旁及詩賦。戊戌十月文社課題為「朱子之學出自延平，主靜之旨與延平異，又與濂溪異，試詳其說」。當日交卷，另設詩賦小課，散卷帶歸，三日交卷，賦題「擬宋玉小言賦」，以題為韻。是時弘一大師年十九歲，初來入社，小課擬小言賦，寫作俱佳，名列第一，此為余與師相識之始也。師俗姓李，名成蹊，號漱筒，亦號瘦桐，後更名廣平，又更名息，字曰叔同，又字曰惜霜。原籍浙江平湖，世為天津鹽商，家資甚富，其父入宛平學，與李文忠公鴻章為會試同年（一），年七旬而生師，蓋庶出也。師本為富貴公子，自幼即敬老憐貧，疏財仗義，年少多才，新學舊學俱有根柢。戊戌政變後，京津之士有傳其為康梁同黨者，乃奉母南遷。初賃居於法租界卜鄰里，翌年己亥，乃遷於青龍橋之城南草堂，與許幻園同居。師於詩文詞賦外，極好書畫。其與江灣蔡小香、江陰張小樓、華亭許幻園及余，尤為莫逆，吾等五人遂結金蘭之誼，誓同甘苦。翌年庚子三月，在上海福州路楊柳樓臺舊址組織「海上書畫公會」，為同人品茶讀畫之所，每星期出書畫報一紙，常熟烏目山僧宗仰上人，及德清湯伯遲，上海名畫家任伯年（二）、朱夢廬、書家高邕之等俱來入會。翌年小樓赴揚州東文學堂之聘，師入南洋公學，余入廣方言館，幻園納粟出仕，蔡小香醫務加忙，無暇於文藝，於是書畫會遂以停止。壬寅年各省補行庚子科鄉試，師亦納監入場，報罷後仍回南洋公學，於課餘之暇，並擔任某某報筆政，然吾五人因各有所事。不能常聚首矣。余於癸卯鄉試落第歸來，未入廣方言館，就瞿姓教讀一席。星期日吾二人偶或聚首。甲辰余東渡，留學東京法政大學，師亦於翌年東渡，入上野美術專門學校，中國學生之得入日本美術學校者，以師為第一人也。顧雖同在東京，而各人功課俱繁重，不能時常聚首。辛亥年余就事天津，旋任法曹。師為直隸模範工業學堂圖畫教員，星期常得聚首。其家在天津某國租界，夏屋渠渠，門首有進士第匾額，余曾數次飯於其家。師之兄為天津名醫，兄弟極相得，且富有資產，一倒於義善源票號五十餘萬元，再倒於源豐潤票號亦數十萬元，幾破產，而百萬家資蕩然無存矣。民國元年，師應上海《太平洋報》之聘，主持筆政，賃一室於西門外之寧康里，安置眷屬。旋至浙江杭州為師範學校圖畫音樂教員，有音樂雜誌之出版，寫作之佳，千古獨絕。民國三年甲寅，余調浙江法曹，再得與師時常聚首，並有老友夏丏尊亦與師為莫逆交。公餘之暇，吾三人常徘徊白蘇二隄，領略湖光山色。翌年己卯，余調任永嘉，又與師及丏尊分袂矣。朋友會合如此其難，不禁感慨系之。民國七年戊午，余再調杭州，而師已出家。余因公務大繁，不克尋訪。翌年己未，余調任武昌，知師在玉泉寺，乃往走別。師謂余前生亦係和尚，勸令朝夕念佛，並謂有《安士全書》，必須閱讀，不可忘卻等語，鄭重而別。顧余當時對於念佛未起信心，而《安士全書》無從購覓，且身為法曹，不事交游，每日案牘勞形，夜以繼日，更無與僧侶往來之機會，然念念不忘《安士全書》也。直至民國十五年在丹陽縣任內，始得《安士全書》，急披讀之，始恍然於學佛之不可緩，乃於署中設立佛堂，每晨念佛，並跪誦《大悲懺》，頂禮諸佛菩薩。十六年交卸後，急尋印光大師皈依之。是年臘月，乃從根本上師持松師父學密。直至今日，未敢一日懈怠，是則余學佛之機，不可謂非弘一大師啟迪之也。十七年師來上海，住江灣豐子愷家，余與小樓、幻園同往訪之。其時蔡小香早已去世，相與嘆息，不勝今昔之感。於是吾四人重攝一影，並由師親筆題跋其上，此照片為黃警頑借去遺失，殊可惜也。十八年又於夏丏尊家與師會晤，以後遂不克見師之面矣。幻園已歸道山，小樓在重慶，聞其專修密宗，精進不懈，然亦久未通信。今師已涅槃，余自謂苟能常此修持，正其知見，不停不變，將來常寂光淨土中必能相見也，願與學佛諸同志共勉之。

（刊於一九四三年《弘一法師生西紀念刊》、《弘一大師永懷錄》）

編者按：

（一）李鴻章為道光二十七年（一八四七年）丁未科進士，李筱樓遲至同治四年乙丑科進士（一八六五年）；兩人同為道光二十四年（一八四四年）甲辰恩科鄉試舉人。

（二）海上書畫公會成立於一九〇〇年，任伯年已謝世。

廓爾亡言的弘一大師

蔡冠洛

一天傍晚，有個從上海來的朋友說：「弘一法師圓寂了，上海各報都登載着這個消息。」這使我立刻感到人生的無常，一旦與世長辭，素來相知的，那能不悲從中來呢！何況弘一法師對於我佛法的啟示，更特別有着深切的期望的。我雖然一無所成，而他老人家那種殷殷諄囑的態度，常使我感激涕零，現在他圓寂了，竟不能和他老人家再見一面，思之淚下。但我終不信這消息是確實的，到了第三天，接到了夏師上海寄來的信，內裏說：

弘一法師於舊曆九月初四日下午八時在泉州圓寂矣，豫知時至，有遺書與余相訣，為賦二偈。……聞臥牀僅三日，此遺書當成於臥病之前。……

法師圓寂的消息，竟這樣的被證實了。但一面又想到佛法對於生命是並不怎樣貪戀着的，他認人生只是一個成佛生天的階段，所以有「人身難得，佛法難聞」的話，像法師的深解義趣，二十多年來精勤清修，沒一天的放逸，而臨到危難或疾病的時候，修持更來得急切，他常常對人說：「那一回病痛，實在給我不少的進益」，而且就是平常時候，也不肯忘記危難或病痛時候的景象。幾年前，他在福建山中的一個草庵裏生了一場大病，那草庵的時鐘是不準的，要遲慢一點鐘，以後他到別的地方，都把時鐘開遲一點，人家問他這鐘為什麽這樣遲，他說：「這是草庵鐘。」他深怕遇着安逸的日子，生了放逸心，妨礙了他勤求佛道的志願，所以名聞利養，是他最不喜歡領受的，屢次閉關和朋友謝絕通訊，也是這個緣故。他到處隨緣清修，不避危難。廿六年北方戰事爆發，他在青島湛山寺，報上的消息，青島已成了軍事上的爭點了，形勢十分緊急，有錢的人都紛紛南下，輪船致於買不到票子，我就急急的寫信去請他提早南來，上海有安靜的地方，可以卓錫，但他的來信卻說：

惠書誦悉，厚情至為感謝。朽人前已決定中秋節乃他往，今若因難離去，將受極大之譏嫌，故雖青島有大戰爭，亦不願退避也，諸乞諒之。

這種堅毅的態度，完全表出他的人格了，是無論何人見了，都要為之感動不置的。

當「秋色來天地，燈火倍相親」的當兒，他依着豫定的時期，離開了青島。信上說，過滬時大約暫住新北門外的一個小棧房。

但是那時黃浦灘上已變成了炮火的孔道，新北門外正是最危險的地方，我就寫信去告訴他，非住別的安全地帶不可。但是他來了，仍舊住在那棧房裏，徹夜的聽着炮聲，毫沒有恐懼的樣子，倒要往福建。問他老人家什麽時候可來上海，他說：

要看機緣，或者就在西方相見。

此後來信又說：

衰老日至，但願早生安養耳。……

他到廈門，又值變亂，他怕我和夏師罣念他，來信說：

廈門近日情形，仁等當已知之。他方有諄勸余遷居避難者，皆已辭謝，決定居住廈門，為諸寺院護法，共其存亡。必俟廈門平靜，乃能往他處也。知勞遠念，謹以奉聞。

其實那時看到報上的消息，我已經寫信去勸請他移居了。不久，又得到他的復信，甚而至於說：

惠書誦悉。時事未平靖前，仍居廈門，倘值變亂，願以身殉，古人詩云：「莫嫌老圃秋容淡，猶有黃花晚節香」。謹復不具。

這可以看到法師對於生命並沒有懷戀的意思，而且願意早脫娑婆，往生西方。現在讀他的遺偈：「花枝春滿，天心月圓」，已明明白白的道出他廓然無礙的境界，更明明白白的證明他「戒乘俱急」，已經得到無上妙果了，這又使我覺得歡喜。

至於我和弘一法師見面，是在他初出家的一年，他將赴新登貝山掩關，杭州的朋友學生知道了，一道在一個庵裏設齋，也有送他佛經，送他詩句的。我跟着加入裏面，但並沒和他說話，只見他握着念珠，跟着一般和尚繞着佛像念經，丁丁的銅盞聲，很有韻律的傳入耳中，覺得清涼愉快，和街道上的嘈雜聲一比，真是「一在天之上，一在地之下」了。

大約是在第三年吧，我在紹興第五師範教書，弘一法師從白馬湖到紹興來，同事李鴻梁、孫選青是他在杭州第一師範的學生，邀我一道到船埠去接他。船到了，一一的見了面，他的一襲行李，外面包的是破爛不堪的草薦，網籃裏的木製面盆，已褪去了原有的紅色，真想不到名盛一時，以西洋畫奏庇亞諾擅長的李叔同先生，竟會儉樸得這樣，而且他對這些破敗的東西，還愛惜得如同珍寶，不肯輕易丟棄。我知道他是過慣豪奢生活的，又見過他演茶花女時很艷美的假扮照相，真想不到，他會儉樸得這樣。俗語說：「出家是大丈夫事，公侯將相所不能為」，但是拋撇妻孥，捨棄田宅，還不怎樣難，而把多年熏習，具有深造，像他的愛好繪畫，善奏樂曲的習氣，也一概拋去，專心一志的求他所希望的涅槃，這決不是一般人所能做得到的。

他這回到紹興，在城南的一角野裏叫做草子田頭小庵裏住了好多天。我們休假日，終是跑去見他的，但並沒和他多說話，往往是面對面的默然坐着。那時雖然有許多的問題，或是關於人生的，或是關於佛法的，很想請教一些，而對着他那副真誠的態度，和慈祥而帶着微笑的顏面，似乎覺得一切已解決了，已明白了，這已是人生應有的態度，佛法終極的趨向，已不必別有所求，如果落了言詮，反而虧損了這具體而現實的道範了。以後每回見面，他總是「廓爾亡言」，因想世尊在靈山會上，不立語言文字，拈花示衆，就是最美滿的一個法會。

但我那時正在研究唯識學，常常有些疑問，要想質正於高僧善知識，苦於沒有機緣。有一回，聽得杭州某法師開堂講經，並許聽衆提出所要討論的問題，我便於聽講之後，提出我的疑問：「世尊在因地，為了傷害了一隻鷹，竟至受盡苦報，但為什麼又說，念彌陀佛的名號，就得帶業往生呢？理可通得，事卻有礙，請求開示。」而那位法師，雖然對我說了很多的話，總不能解決我橫在心中的疑問。有一天，在法師面前提出這場公案了。法師聽了，只是微微的一笑，並不回答什麼話。後來他要離開紹興往溫州去，就送了我一幅豫先寫好的橫披，前面是「南無阿彌陀佛」的六個大的篆字，篆字後面，是許多蠅頭般大的細字，寫的是明朝靈峯蕅益大師、雲棲蓮池大師等的法語，卻是對準這個問題而下的針砭，現在把重要的幾段，鈔在下面。

佛為初機之人，必深談理性，欲其以理融事，不滯於事也。若為深位菩薩，必廣談事相，欲其以事攝事，不滯於理也。不滯於事，則一事通達一切名理，事理無礙，不滯於理，則一事通達一切事名，事事無礙。（以上靈峯蕅益大師法語）

理是從事的上面產生出來的，必得事理圓融，才算無欠無餘，這因為佛法原不是什麼戲論，只要能夠動聽，就算成功，也不是什麼政治宣傳，只問需要什麼，就主張什麼。像梁漱溟的談佛法，就是因着當前環境的需求來立論的，什麼西洋文化，印度文化，中國文化，最適宜的是什麼文化，這樣談佛法，曾不知和佛法相去幾千萬里，類乎政治的設施，不能不以民族國家為限域，就是把這思想擴充至極，也是以人乘為本位，而不是佛乘為本位的。佛法自當以佛乘為本位，他所談的，是真相，是實相。也不是一種的擬議，而是「法爾」如是的。所以他的實相，很不容易用語言文字來詮釋，因為語言文字本身就是極不完全的東西。那時我不免墮入「理障」，輕視事相，讀佛經常常把序分忽略過去，至於談理的部分，就喜歡細細玩味，所以世親、無著以及此土窺基、圓測的著述，總是不離案頭的東西。現在得了法師的啟示，便如找到一條「拂迹入玄」的捷徑，比之分別神識，詮釋名相，確乎好得多了。老子說：「為學日益，為道日損」，學是為人的，道是為己的，自己覺悟才能覺人，這又有先後輕重的分別，而並不是對唯識、淨土有所軒輊。我佛說教，判分八時，正如醫生應病與藥，決不能執定一個藥方來治許多病的，必得法法投機，才能盡普渡衆生的宏願，於此就可見法師啟示我的苦心了。

又這下面，是積極教我念佛的幾段法語：

我勸你咬釘嚼鐵，信得西方，及切切發願持戒修福，以資助之。無禪有淨土，萬修萬人去，但得見彌陀，何愁不開悟，此千古定案，汝不須疑。（靈峯蕅益大師法語）

著事而念能相繼，不虛入品之功。執理而心實未明，反受落空之禍。（蓮池大師法語）

以後他常常和我通信，指示我讀佛書的次第，——就是佛學的次第。因為這裏可以看出法師超凡入聖的途徑來，我就把法師指示我的信札，依着前後，鈔在下面。

書悉。讀《淨土十要》竟，專研《華嚴疏鈔》甚善。彭二林《華嚴念佛三昧論》，應先熟讀，論僅十數紙，詮義甚精。……

兩書誦悉，《懸談》八冊，昨夕亦賫至，今郵奉《疏鈔》十一冊，又《往生論注》一冊、亦並假與仁者研尋。楊仁山居士謂修淨業者，須窮研三經一論，論即《往生論》也。鸞法師注，至為精妙，楊居士謂支那蓮宗著述，以是為巨擘矣。附奉上《行願品》一冊，敬贈與仁者讀誦，並希檢受。《華嚴懸談》，文學古拙，頗有未易了解處，宜參閱宋鮮演《華嚴談玄決擇》（共六卷，初卷佚失，今存五卷，收入《續藏經》中。）及元普瑞《華嚴懸談會玄記》（四十卷，常州刻經處刊行，共十冊。）反覆研味，乃能明了。

此外《阿彌陀經》各種著述，法師教我讀明朝蓮池大師的《疏鈔》，舉其最重要的，大略如是。我就依着他的指示，逐一誦讀，雖然覺得心安理得，而迫於營生，雜念縈繞，要做到事理圓融、悲智雙修的境界，卻是相差很遠。何況《華嚴》一部大經，唐譯凡八十卷，佛說經的時候，也有小機未入，如聾如啞的話，在諸經之中，《華嚴》開演最早，後賢比之太陽初出，先照高山，鈍根衆生要理會他，又談何容易呢。就是《清涼》、《懸談》大疏，也詞句古質，義理玄奧，一字一句都得細細研味，方能了然於胸中，但我讀他，正如一槳一櫓的小船，漂入茫茫無際的海洋中，雖然景象萬千，無不足以賞心悅目，實在有不能一一賞會的感想。一面苦於少有讀書的時間，一面又想把八十卷的文字和《懸談》、《疏鈔》都讀完他，便不能不任明珠瑪瑙，錯落眼前，這是何等的可惜，又是何等的喜悅呢。又法師對《華嚴經》的著述，信上有這樣的批評：

仁者若欲窮研《華嚴》，於《清涼疏鈔》外，復應讀唐智儼《搜玄記》及賢首《探玄記》。《清涼疏鈔》多宗賢首遺軌，賢首復承智儼之學脈，師資綿續，先後一揆。三師選述，並傳世間，各有所長，寧可偏廢，乃或故為軒輊，謂其青出於藍，尋繹斯言，蓋非通論，前賢創作者難，後賢依據成章，發揮光大，亦惟是纘其遺緒耳，豈果有異於前賢者耶。至若慧苑《刊定記》反戾師承，別闢徑路，賢宗諸德，並致攻難，然亦未妨虛懷玩索，異議互陳，並資顯發，豈必深惡而痛絕耶。春寒甚深，手僵墨凝，言豈盡意。

其實不管怎麽大的一部書，只要找出他的要點來，便如大洋的船，得到了指南針了。但賢哲的著述，有的解釋文義，有的發揮義理，如分而談，不作一客氣語，便是上乘的著作，此中全要憑自己的眼光去別擇，不過像這麽大的一部經，後賢的著述又那麽多，要一部一部的讀完他，才來分別孰得孰失，不是很費功夫麽。法師的批評，實在是讀《華嚴》的一盞明燈，至少可作一種參考的資料。

佛經文義煩複，從姚秦道安以後，多分其文句，段落，一如現在的列表，使長篇大文，節次章目，一目了然，這方法再好也沒有了。法師教我讀《華嚴疏》時，也不可廢科文，而對時賢刻經，刪去科文，頗致非難，信上說：

《華嚴經疏》科文十卷，未有刻本，日本《續藏經》第八套第一冊、二冊有此科文，他日希仁者至戒珠寺檢閱。疏鈔科三者，如鼎足不可闕一。楊居士刻經疏，每不刻科文，厭其繁瑣，蓋未嘗詳細研審也。鈔中雖略舉科目，然或存或略，意謂讀疏者，必對閱科文，故不一一具出也。今屏去科文而讀疏鈔，必至茫無頭緒。北京徐居士刻經，悉依楊居士之成規，亦不刻科，所刻南山律宗三大部，為近百冊之巨著，亦悉刪其科文。朽人嘗致書苦勸，彼竟固執舊見，未肯變易，可痛慨也。

讀《華嚴疏鈔》與科文對照讀之，則起落分明，不致茫無頭緒，所謂「科者，斷也，禾得斗而知其數，經得科而義自明」。不過後世如河西憑江東瑤，以至光宅，不免隨義立品，自分章節，而且愈分愈細，那又未免太過了。曇鸞法師說：「細科煙颺，雜礪塵飛」，就是對分科太細而說的。

法師曾有一個大願，想把現行本的《華嚴經》下二十年的功夫，重新來「釐會」「修補」和「校點」一下，再刊版流行，這因為現行本《華嚴疏鈔》，多有節略的地方，文義不相銜接的也不少，還有因當時校對不能精細，訛字奪文也不能免。他是華嚴宗的大師，這繁重的事業，自然只有他來擔任了。當時有這麽的一封信給我。

書悉。近與傘法師發願重釐會（今之會本，為明嘉靖時妙明法師所會，彼時清涼排定之科文久佚，妙師臆為分配，故有未當處。）修補（妙明會本，後有人刪節，甚至上下文義不相銜接，龍藏仍其誤，今流通本又仍龍藏之誤，以上據徐居士考訂之說。）校點《華嚴疏鈔》，傘法師願任外護，並排版流布之事。朽人一身任「釐會」「修補」「校點」諸務，期以二十年卒業。先科文十卷，次懸談，次疏鈔正文。朽人老矣，當來恐須乞仁者賡續其業，乃可完成也。此事須秋暮自廬山返杭後再與傘師詳酌，若決定編印，尚須約仁者來杭面談一切。

可惜這麽重要的工程，終以因緣不具，沒有實行，但他的大體，卻在他送給我的一部《華嚴疏鈔》的首幾葉裏，注着細密的字迹，得見其一斑了。

說來真慚愧，法師對我是懷着深切的期望的，他後來還寫了一大幅的日課，教我禮誦《華嚴》，一共有好幾千字，這因為讀佛經，並不像讀別的書，讀了就算。每部經的流通分，常常提起禮拜誦讀的功德也是應該注意的。除寫好日課寄給了我以外，又在信札上加以詳細的說明，這更可見出法師對我的殷重心了。

仁者禮誦《華嚴》，於明年二月十五日，即釋迦牟尼佛涅槃日始課，最為適宜，……自是日始課者，紹隆佛種，擔荷大法義也，仁者勉旃。

茲郵奉日課一葉，並《懸談》八冊，希收受。日課中說明甚簡，茲略補記如下。

禮敬之前，應先於佛前焚香供養，（能供花尤善。）偈贊所書者，為舉其一例。所誦之偈贊，可以隨時變易，以己意選擇，《華嚴經》中偈文，悉可用也。誦《華嚴經》用疏鈔本亦可。若欲別請正本，以杭州昭慶慧空經房之本最善。（句讀稍有舛誤脫落，但訛字甚少，若大字摺本，即欲稱梵本者，校對尤精。）《三歸依》亦應延聲唱誦。依此課程行持，約須一小時三十分。初行之時，未能熟悉者，至多亦不逾二小時。每日讀《華嚴經》一卷之外，並可以己意別選數品深契己機者，作為常課，常常讀誦。（或日日誦，或分數日誦。）朽人讀《華嚴》日課一卷以外，又奉《行願品別行》一卷為日課，依此發願，又別寫錄《淨行品》、《十行品》、《十迴向品》（初迴向及第一迴向章）作為常課，每三四日或四五日輪誦一遍，附記其法。以備參考。

現在把他錄在這裏，海內總不少禮誦《華嚴》的，就當以此為法。（再參閱法師《華嚴集聯三百》末後所附《華嚴經讀誦研習入門次第》。）但他是淨土宗的大師，為什麼要從一大部的《華嚴經》裏去討根源呢？這因為華嚴每會，雖然有很多的事相，很多的妙義，而善財遍參知識，於證齊諸佛之後，普賢菩薩為說十大願王，令皆迴向往生西方極樂世界，圓滿佛果，可見《華嚴經》和淨土三經始終還是一貫的。在灰胡爾巴顏喀拉山尋到長江的源頭，自然比認岷山為長江的源頭來得徹底，這似乎和印光法師是不同的，所以一種學問，結論雖然一般，而求得的方法，竟可各各之不同，正如二加二為四，二乘二為四，六減二也為四一般，因着求得的方法不同，而每個四的含義，便不當等量齊觀。「皮球落在地上了」，出在小孩子的口中，和出在牛頓的口中，一定是不同的。英國哲學家羅素自己說他的哲學結論，並沒特別，而從心的分析物的分析來求這個結論，是和人家不同的，也是一樣的意思。這可見不論是形上學、形下學，方法總應當尊重的吧。

弘一法師的法派，和明朝蕅益大師最相近，也最尊重，對他所著《靈峯宗論》，嘗摘其警策的議論，刊為《寒笳集》，今原稿在可園，實有六經注我、我注六經的景象。有了這，似乎不必自己著作了。他為蕅益大師立了一個牌位，常以香花供養，這牌位在他離開白馬湖晚晴山房的一年，託了姓楊的朋友，連明朝鐵華軒所製的鉢和經論手寫本等，一概寄存在可園裏，現在還保存着。當時他的來信說：

惠書具悉。寄存之書共三十包，其中大部之書，有晉唐譯《華嚴經》、賢首《探玄記》、大本《起信論疏解彙集》等，是等諸書，朽人他日倘有用時，當斟酌取返數種，若命終者，即以此書盡贈與仁者，以志遺念。

這些書有的已由法師來取還，大部分則保存在可園裏。我很想在園裏造屋數間，前面種些白楊綠柳，雜花異卉，至於桃李佳果種之十數年，已是合抱的大木了。這園占了四十畝的地面，碧流迴環，遠隔囂塵，是頗適宜靜修的。屋中就陳列法師的遺墨法物，作為永久的紀念。無如世亂如麻，成功的希望很少，每回想到，也不禁為之長嘆。

他又是一時的律學大師，律為三藏三學之一，不論那一宗派都應該恪守的。此土從唐朝南山道宣依五部律中之四分律，弘通戒律，後人尊為律宗，所謂「四分律宗」就是，可是到了現在，已經衰落極了，不但沒有講律的大師，就是能夠依遵普通戒律的也很少很少。法師對這非常傷痛，所以一力研求律戒，想把南山已墜的法緒重振起來。他近年在福建開《行願品華嚴大意》、《地藏菩薩本願經》，而大部分時間，則為僧衆講律學，而他自己始終守着過午不食的戒律，就是結夏，自恣，也無不以律為歸。他著有《四分律比丘戒相表記》，分別開遮，條例極為明白，間注大德警句，可使讀者深省，實為出家僧尼必備的要籍。他親自書寫，親自畫表，非常精工，原稿在可園。這《戒相表記》出版時，法師寄來一部，他的信上有這麼的幾句話：

拙述《四分律比丘戒相表記》，今已石印流布。是書都百餘大頁，費五年之力編輯，並自書寫細楷。是屬出家比丘之戒律，在家人不宜閱覽。但亦擬贈仁者及李居士各一冊，以志紀念。開卷之時，不須研味其文義，唯賞玩其書法，則無過矣。

法師書法極有工力，上規秦漢篆隸，而天發神讖張猛龍龍門二十品諸碑，更是法乳所在。但出家以後，漸漸脫去模擬形迹，也不寫別的文字，只寫佛經、佛號、法語，晚年把《華嚴經》的偈句，集成楹聯三百，有人請他寫字，總是寫着這些聯語和偈句的，用筆更來得自然，於南派為近，但以前學北碑的功夫，終不可掩，因之愈增其美了。據他自己說，生平寫經寫得最精工的，要算十六年在廬山牯嶺青蓮寺所寫的《華嚴經十迴向品初迴向章》，含宏敦厚，饒有道氣，比之黃庭。太虛法師也推為近數十年來僧人寫經之冠。法師寄來時也極珍重，信上說：

此經如石印時，乞敦囑石印局員萬不可將原稿污損，須格外留意。其籤條乞仁者書寫。

後來《華嚴經集聯三百》印成，來信又說：

邇來目力大衰。近書《華嚴集聯》，體兼行楷，未能工整。昔為仁者所書《華嚴初迴向章》，應是此生最精工之作，其後無能為矣。

我最愛他近十年中所寫的字，純用豪端，體兼行楷，工力全在「淡」字和「拙」字，而卻愈拙愈妙，愈淡愈有趣。現在他已脫去人寰，這些遺墨也只有日見其少了。

我和弘一法師還有一段法緣，是請他為世界書局編輯《佛學叢刊》，原擬分輯出版，繼續的出他四輯六輯，可是第一輯出版不久，戰事發生，連保藏着的紙型也被毀滅了，這是很可惜的。當時每輯的內容，大都由法師擬定，看下面的來信：

……如第一輯所選者以短、易解、切要、有興味、有銷路為標準，但如此類之佛書，實不可多得。故第二輯以下，須另編輯。且擬每輯變換面目，以引起讀者之興味也。第二輯擬專收音所編輯者三十種。（或舊編者如《寒笳集》等，此外新編，由一人負責。）第三輯擬專收佛教藝術，余可以編輯數種，此外由同人分任，共三十種。所豫定者，大致如是。第一輯所收者，經論雜著之部類略備。第二輯多為警策身心、剋除習氣之作。第三輯為佛教藝術。以後若續出者，每次變換面目，每兩年出一輯。

這是他豫定的計劃，現在已沒有實現的可能了。總之，法師是富於天才的人，平生多有藝能，書畫以外，鐵筆也很擅長，但我們要知道，他是最不喜歡使才的，出家以後，更取向上一著，力學苦行，以求涅槃，雖然是一些小小的事，也不肯掉以輕心，大有「造次必於是，顛沛必於是」的景象，當拙不當巧，就是他老人家偉大的地方，這一點是我們應該明白的。

《大乘入楞經》說：「一切法因緣生」，譬如種子為因，雨露農夫為緣，因緣和合，才能生出穀粒來。法師現在雖然圓寂，而我和法師，既有這樣的殊勝因緣，漸次熏習，攝入八識，成為種子，引起現行，現行互為因果，加增上緣，他日或得自靜其心，淨念相繼，臨命終時，覲見彌陀，以毋負法師的囑咐，這就是我自己應該勉勵自己的吧！

（刊於一九四三年《弘一法師生西紀念刊》、《弘一大師永懷錄》）

我與弘一大師

胡樸安

中華民國三十一年十月十三日，弘一大師圓寂於福建泉州大開元寺（二），《覺有情》為大師出紀念專號。无我居士致書樸安曰：「一師為南社舊人，與君有同社之雅，追思過去，諒亦慨然。請撰紀念文以實專號。」樸安與弘一大師不僅同社而已，民國元年與大師同事於《太平洋報》。大師俗姓李，號叔同，精書畫，擅刻印，朝夕共處，常覺其言論有飄飄出塵之致。後在杭州出家，薙髮於虎跑，受戒於靈隱，寄寓於玉泉。樸安每到杭，必謁大師。大師非佛書不書，非佛語不語，樸安謁大師於靈隱寺，贈詩云：

我從湖上來，入山意更適。日澹雲峯白，霜青楓林赤。殿角出樹杪，鐘聲雲外寂。清溪穿小橋，枯藤走絕壁。奇峯天飛來，幽洞窈百尺，中有不死僧，端坐破愁寂。層樓聳青冥，列窗挹朝夕。古佛金為身，老樹柯成石。雲氣藏棟梁，風聲動松柏。弘一精佛理，禪房欣良覿。豈知菩提身，本是文章伯。靜中忽然悟，逃世入幽僻。為我說禪宗，天花落几席。坐久松風寒，樓外山沈碧。

大師書「慈悲喜捨」一横幅答之，語樸安曰：「學佛不僅精佛理而已，又我非禪宗，並未為君說禪宗，君詩不應誑語。」樸安囿於文人之習慣，不知犯佛教誑語之戒，於是深敬大師持律之精嚴也。文人學子學佛者，多學禪宗，或學相宗，近世多學密宗，大師獨精嚴戒律，此所以德高而行嚴也。近十餘年，未見大師之面，而大師之德愈高，而行愈嚴，為海內外學佛者所欽仰，不僅樸安一人。茲聞大師圓寂之訊，而樸安尤覺慨然者。樸安自二十八年四月犯腦溢血症，半身偏廢，長齋讀佛，以自寧靜，時欲親近善知識，開我昏迷，乃於未學佛之前得大師之教導，不能於既學佛之後得大師之啟示，自謂來日方長，他時得以親近，而一旦圓寂，此樸安之心所以尤怦怦不能自已也。惟以我輩流轉生死之凡夫視之，同覺慨然。若大師早已出於生死，入於不生不死也，詩以頌之。

凡夫迷本來，生死一大事，知者頓然悟，去來原一致。自性本清淨，是乃真佛子。我言弘一師，泯然契佛旨，往日本不生，今日亦未死。

（刊於一九四三年《弘一法師生西紀念刊》、《弘一大師永懷錄》）

編者按：

〔一〕此誤，圓寂於泉州溫陵養老院晚晴室。

去去就來

李圓淨

大家不要過於悲戚罷，大師說過，「去去就來」的。

接到泉州報知弘一大師已於夏曆九月初四晚八時圓寂消息之後，悲仰中不自覺地翻檢大師的遺札，劈頭就見：

朽人近年以來，精力衰頹，時有小疾。編輯之事，僅可量力為之。若欲圓滿成就其業，必須早生極樂，見佛證果，迴入娑婆，乃能為之。古德云：「去去就來」，迴入娑婆，指顧間事耳。

這兩行加了密圈，我讀了又讀，再看下去：

吾人修淨土宗者，以往生極樂為第一標的。其現在所有講經撰述等種種弘法之事，皆在其次。時節到來，撒手便行。決不以弘法事業未畢，而生絲毫貪戀顧惜之心。朽人所云編輯諸事，不過姑作此想。經云：「人命在呼吸間」，固不能逆料未來之事也。余與仁者友誼甚厚，故敢盡情言之。乞勿以此信示他人，他人見者或為驚詫也。

當時我果然不敢以此信示他人，現在大師是往生極樂了，我才把來公開，大衆不至於再驚詫了罷。見說迴入娑婆指顧間事，許會轉悲為喜罷。

事情是這樣的，民廿四年，大師來示囑託再版《四分律比丘戒相表記》，時夏丏尊居士主任開明編譯，即由丏老付印。書後印有《「南山律苑叢書」出版預告》，如次。

一《行事鈔資持記表解》（凡鈔記之文未易解者，列為圖表，並略解釋，共四卷。）

二《行事鈔資持記扶桑集釋》（日本古德釋，鈔記者有數家，原書為古寫本，罕有流傳，都三十冊，今刪其繁蕪，撮取精粹，輯為十卷。）

三《比丘尼鈔集解》（依南山靈芝諸撰述輯錄，共六卷。）

四《含注戒本隨講別錄》（在南閩講時所錄，今更刪補，輯為四卷。）

五《刪補隨機羯磨隨講別錄》（同上四卷。）

六《刪定僧戒略解》（此書簡明易解，傳戒期中，依次講之，數日可畢，共一卷。）

七《羯磨略義》（羯磨文義至為繁密，學者茫無頭緒，難於入門，是書略舉大綱，詮釋淺顯，最易了解，甚便初學，共一卷。）

八《教誡新學比丘行護律儀習解》（日本古德解者數家，今為刪治，輯成二卷。）

九《南山律在家備覽》（撮取南山靈芝諸撰述中關於在家人者，輯為此書，共四卷。）

十《南山律在家備覽略本》（依前廣本，提其綱要，文義簡明，甚契初機，共一卷。）

十一《南山律宗傳承史》（依僧傳及日本古德諸書編輯，共四卷。）

十二《南山律宗書目提要》（臚列南山宗諸家撰述目錄，並附記其綱要，共二卷。）

十三《南山大師撰集時代略譜附修學遺事》（依僧傳及其

他諸書輯錄，共一卷。）

十四《六物圖解集》（日本古德解者甚多，今挈其精華，彙為一編，共二卷。）

十五《南山律苑文集》（諸雜文等合輯，共二卷。）

迄民廿七秋。大師以時局因緣，避離廈門，我擔心着大師的著述原稿，馳書叩詢，旋得覆示：

惠書誦悉。今年在各地（泉、漳、廈門、惠安）講經，法緣殊勝，昔所未有。律部參考書，皆存廈門。所擬編之書，完成者二三種，尚須刪訂者二三種。此外多編輯粗成，尚未錄寫。近來身體如常，精神甚衰。倘天假之年，精神康健，能返廈門時，乃可著手編錄也。略復不宣。

這幾年我常常請求大師將律部諸著提早完成，大師覆謂：

朽人近年對於自己之著作，不願輕易出版者，一以凡夫情見僭為編述者，恐未能契理契機，必須先生西方，迴入娑婆，乃可負荷弘法之重任。二因律學專門之撰述，出版之後，無人能讀，難於流通。昔蔚如居士刻《南山律書》近百餘卷，除贈送之外，罕聞有人出資請購者。即贈送與人，讀者亦希，僅藏置高閣耳。即如朽人近編之《南山律在家備覽略編》，因普被在家人故，將來出版之後，慕名而請購者或尚有一二百人，若真能披讀而研習了解其義者，或亦僅有仁者及古農、幼希數居士耳。

我繼續地懇請，於是大師打算把《在家備覽》先行脫稿，來信說：

《南山律在家備覽略編》第一冊《宗體篇》，至今晨已將第二次正稿寫竟。尚須整理增刪，然後再寫第三次正稿。以前預計，四五月間可以將第一冊稿本寄奉。近以目力不佳，精神恍惚，恐須延期至五月以後乃成就也。《南山年譜》於數年前已編就，今存鼓浪嶼，僅有數紙。以後擬再編《靈芝年譜》，材料甚少，亦僅三四紙。將來即附於《在家備覽》第三冊後也。《羯磨講錄》久已編成。將來尚擬再為整理，乃能出版。《戒本講錄》亦久編就，後半尚可用，前半須重編。以上兩種，皆須俟編輯《在家備覽》畢乃能著手也。

至民國二十九年冬，大師終於把《在家備覽》第一冊《宗體篇》精寫稿本寄到了。信中除指示印法外，並謂倘紙價昂，不妨緩印，因此書流布不廣，解者希有，遲早出版無甚大關係也云云。接到稿本後，洽定由愛儷園主任印，旋以迦陵夫人入寂，其議遂寢。厥後鋅版原料益缺，連史與毛邊紙來源均成問題，遂至擱淺，欲候第二第三兩冊到後一並付印，也不知因郵運關係未能寄來，抑或尚未完全脫稿，至今消息杳然；打算發函泉州性常法師處叩問究竟，一面先將《在家備覽》第一編《宗體篇》由《覺有情》半月刊按期發表，以快先睹，僅刊布至第四次，即聞大師圓寂消息，痛哉！

話得說回來，大師雖云時節到來撒手便行，不以弘法事業未畢而生其顧惜之心，卻是對於《護生畫集》一事，始終重視，不願忽略過去，並非我這個被稱所謂護生專家者故放厥辭，有書為證：

《護生畫集》初集及二集，皆由仁者主編，乞皆收入《瑩庵叢書》中，以為永久之紀念。又豐居士發心畫至六集為止（每十年一集）。三集之畫七十幅，四集八十幅，五集九十幅，六集百幅。朽人不久即往生西方，此畫亦不中止。並乞仁者隨時督促之。

事緣初集五十幅出版時，適值大師五十世壽，乃於大師六十壽誕更刊續集六十幅以為紀念，遂有六集百幅之議，果然大師於舊年六月間來信，鄭重地說：

近以友人請住檀林鄉中，結夏安居。故得與仁者特殊通信，發起一重要之事。以《護生畫集》正、續編流布之後，頗能契合俗機，豐居士有續繪三、四、五、六編之弘願。而朽人老病日增，未能久待，擬提前早速編輯成就，以此稿本存於上海，俟諸他年絡續付印可也。

信後詳舉辦法六條，已見去年《佛學半月刊》中所載，何期大師卒未肯待，撒手便行乎！若依前信所說不久即往生西方，此畫亦不中止，囑余隨時督促子愷等語，現在子愷兄掌教川中，我不嫌師走得遠，當然要時時督促，以符師願的。

臨了，大師的傳記，想不久即有時賢撰述，以詒久遠，這也是大家盼望的一樁要事。我想大師在這二十年來，如閒雲野鶴，行蹤無定，且常閉關，謝絕通郵，這使得我們知道他的出家以後的堅苦行持者太少，而曉得他在家時候的經過事迹者偏多。即如向來各處發表關於記述弘一法師的文字，便有這種情形，幾位老友門生，對於大師過去的流韻幻迹，不厭描影繪聲，他們於佛無緣，亦何足怪，卻是信徒們也津津樂道，就可不必。至於這回聞報所載，急就成章，恐也未必完全翔實，所敘圓寂的前後，原是先由他人口述，再經筆記，如果採為師傳材料，卻須詳查博考，方宜落筆。說到大師的境界和作用，那裏是淺學如我者所能窺測其萬一，所以他的傳記，倒也有些不很容易著筆的地方，所有史料，應否流傳，似宜細酌，務期符大師的悲願，契衆生之機宜，方為至善。

好罷，橫豎是「去去就來」的，大家不要過於悲戚罷！

（刊於一九四三年《弘一法師生西紀念刊》、《弘一大師永懷錄》）

追憶大師

姜丹書

噫，民國三十一年十月十三，即陰曆九月初四日，老友弘一上人已圓寂矣。余於民廿五年，曾為作一小傳，近又續成後半段，關於其一生大德盛業，已敘述如彼；茲再將余所知之庸言細行及余之感想，隨筆記之如次。

上人少時，甚喜貓，故畜之頗多。在東京留學時，曾發一家電，問貓安否。

上人相貌甚清秀，少時雖錦衣紈袴，風流倜儻，演新劇時好扮旦角，然至民元在杭州為教師時，已完全布衣，不著西裝；上唇略留短髭，至近出家年分，下顎亦留一撮黃鬍子，及臨出家時，則剪幾根黃鬍子包贈其日姬及摯友為紀念品，及既出家，當然鬚髮剃光，而成沙門相矣。

上人走路，腳步甚重，當為杭州第一師範同事時，與余同住東樓，每走過余室時，不必見其人，祇須遠聞其腳步聲，而知其人姍姍來矣。

上人平日早睡早起，每日於黎明時必以冷水擦身，故其體格雖清臞，而精力頗凝煉。極少生病。

上人對於煙酒賭等毫無嗜好，平日勤於職務，有暇則寫字。

上人為教師時，對學生素無厲聲正色之責讓，至不快時，只於面貌上稍見慍色，而連說幾聲「嘸趣」「嘸趣」，即是頑劣學生亦無不敬畏悅服。此種感化力，實為常人所不及，余等輒戲之曰魔力也。

上人通四國文字，除國文外，精日文、英文、意大利文，當然於國文之造就最深。

上人於西畫，為印象派之作風，近看一塌糊涂，遠看栩栩欲活，非有大天才真功力者不能也。於國畫，雖精於賞鑒，初未習之；但晚年畫佛像甚佳，余曾親見一幅於王式園居士處，筆力遒勁，傅色沈着，所作絕少。

上人書法最精，寫字亦最勤，惟出家以前多在滬杭所寫，經過幾度兵燹，遺留者已如鳳毛麟角，爾時作風，多具漢魏六朝氣息。出家以後僅寫佛號贈人，以結墨緣，佛號以外所書絕少，即書亦屬經典語，其氣息亦如不食煙火食者焉。

此次發表遺偈二首，固是絕筆，而我先母墓誌銘，可謂其在家絕筆，亦可謂為出家後開筆之作，因其時人尚住在校中，但已封筆不書，感余跽請之誠，乃破格書之，故已署釋名，詰朝即入山剃度矣。

入山之日，未破曉即行，故余等清晨赴校送行，已不及，僅一校役名聞玉者，肩一行李蕭然隨行。及至虎跑寺後，上人易法服，便自認為小僧，稱聞玉曰居士，坐聞玉，茶聞玉，頓時比在校中，主賓易位，已使聞玉坐立不安。少頃跣足著草鞋，打掃陋室，聞玉欲代之，不可；自捐鋪板架牀，聞玉強請代之，又不可；聞玉乃感泣不可仰視，上人反安慰之，速其返校。聞玉徘徊不忍去，向晚，始痛哭而別云。

民國五年在虎跑寺試驗斷食，是引起出家之最大動機。上人所記《斷食日記》，關於身心一切情形頗詳，據其自言所以為此試驗者，乃仿效日本學者某氏之成法也。此日記原存堵申甫居士處，未知此次兵燹有否遺災。

上人書法及書札，在夏丏尊、劉質平、豐子愷三居士處最多，而質平處為尤多，雖一明信片，信封及其他片紙隻字，無不珍藏。惟此次是否遭災，亦未可料。

上人有一件百衲衣，計有二百廿四個布釘，皆親手自補，老友經子淵奇而留之。今子淵與上人相繼蛻化。余不勝人琴之慨矣。

上人出家於虎跑寺，受戒於靈隱寺，世稱受戒第一人為戒元，第二人為戒魁，那屆戒元為上人，戒魁為余另一鄉友俗名彭遜之釋名安忍者，與上人亦為文字交也。據云欲為戒元者，須量力捐貲為施食結緣之用，故上人最後三個月校薪，躉支取來，除劃出一部分作呈請省政府詳部脫籍手續費（他人為僧並不如此，此亦為上人別致之處），及間接帶給日姬為紀念金外，餘即備作此項捐貲之用。

俗說「和尚出家無家」，固然，佛眼對於衆生，一視同仁，對於人類，一律平等，對侯王是居士，對乞丐亦是居士，對父母子孫是居士，對路人外人亦是居士，而上人本為多情之藝術家，佛教又以慈愛為宗旨，故於民十四五年間計及其兄七十歲時，猶發宏願赴天津為之誦經。過滬時，吾儕延至壽聖庵吃素齋，藉知其早已過午不食。惜津浦路以時局關係中斷，不果行，若果行，則與乃兄及諸舊眷屬相會時，不知是喜是悲，將作如何情辭耶。據聞其兄子名聖章，為法國留學生，曾任北平國立中法大學校長，其子某（一）曾為天津南開大學圖書館職員云。

（刊於一九四三年《弘一大師永懷錄》）

編者按：

（一）「某」，臺北版《弘一大師永懷錄》作李端，當為補改。

悼弘一大師

震華

弘一律師為當代佛教律宗代表人物，其作止語默，威儀教相，余雖未獲親近，然中心景仰已非一日。嘗為詩寄之云：「方虞戒海竭，振起有平湖。始瘖先持偈，非時不觸盂。開遮勤剖析，化制力匡扶。瓶鉢經行處，緇流企影趨。」時民國丙子秋也。次年丁丑，中日事變發生，律師蹤跡無從探悉。己卯某日，見《中華日報》文藝欄有最近圓寂之弘一法師一語，余為之驚悼不已，認為佛門一大損失，思有以紀念之。曾將舊藏佛教刊物，如《海潮音》、《佛學半月刊》等，翻閱兩日，輯錄律師弘法文字，欲編為遺集。繼乃調查真確，始知該報誤載，律師固安然無恙也。心理頓為安慰，工作亦告停止，然已抄成之稿，未忍塞諸字簏，至今猶存鎮江夾山稿篋中。

本年三月，余以因緣，由鎮來滬。居士中多有與律師通訊者，於其生活情形，時有所聞。旬前秋湄君來寺，云：「律師於夏曆九月四日示寂，去相甚好，並有遺偈二首，由其弟子從閩中寄來。」余聞之，驚悼如昔。因念時至末季，法弱魔強，非賴有高僧大德，荷擔艱鉅，則剎竿必有動蕩之虞。乃印光法師圓寂未久，而弘一律師又以圓寂聞，真所謂法門秋晚，老成凋謝，言念及此，不禁愴然淚下！

溯律宗自宋允堪元照之後，已難覓一哲匠。明季有古心律師出，力振斯道，弟子中有三昧律師者，獨能光大門庭，開寶華一派焉。清初肇慶有鼎湖派，北京有潭柘派，皆以律標宗，分道揚鑣，然終不若寶華之盛。寶華稱律宗第一山，有見月、定庵、松隱諸師，繼主律壇，每年安居結界，黑白布薩，歷百餘年，傳承弗替。乾隆而後，漸至式微。經過太平天國之亂，益復不振。賴以延續喘息者，固定式之戒期耳。加之戒期末流，愈傳愈濫，已非律宗之專利品，禪門亦得按例舉行，故真正之律匠，求之律宗門庭，幾無一可得。民國以來，紹此絕學者，除慈舟律師外，則為弘一律師。然二師皆無法派傳承，惟遙秉古人，如律行事而已。

弘一律師於民國七年，將文人生活氣習，一肩放下，走入佛門。剃髮染衣，現比丘相。其時已達中年之階段矣。夫中年出家，必有其特別背景，或在情場失足，或驚鋒鏑餘生，或罹家庭重變，或受生活驅逼，於是以佛門為逋逃藪，掩護袈裟之下，安心受供。久之故態難忘，大發習氣，作種種不法事，玷辱法門，給社會以不良印象，是輩實為之階。惟律師生有宿根，在迷能覺，頓撇塵緣，正信入道，觀其祝髮之始，即能高尚其志，擇一險絕偏僻之途，孑然孤征，在恆情視之，皆以為難，而律師若行其所無事者，是非般若宿熏之力歟。

律師不求名聞利養，不蓄徒衆，凡互一處，惟以律部注疏自隨。見地高遠，不落一般善知識窠臼，綜其行己之要，有二特點：

一不當住持。出家本為放下萬緣，一心學道，住持一職，在古原只領衆焚修，餘事則不聞問。後來漸至雜以社會交際，乃至開門七事亦須通盤打算，其汨沒身心妨礙道業，莫此為甚。律師懸為殷鑒，不但不肯身任住持，即信徒中有欲特別建築房舍以供養者，亦必婉為辭謝，而始終度其行雲流水之生活。

二不開大座。佛法貴在弘通，敷座開講，普結法緣，其事非為不美。然聽衆混濫，複雜是生，律師雖亦徇學者之請，講授律學，但儀式簡單，決不作鳴椎集衆之大規模舉動，召號聽衆。

總之，律師一生，處處腳踏實地，不鬧虛浮，生活尤極清淡，布衲芒鞋，赤足露頂，體貌清臞瘦削，而精神有餘。望去如野鶴之伴孤雲，蒼松之植幽壑。動止安詳，威儀寂靜，深得古人平實之風。或以其天生藝才，具超格作略，而一味肥遯自甘，不肯出其所得，淑世利人，是其所短，此實不足以知律師也。律師見佛門所以頹敗如此，正由入世之人太多。夫入世一事，如握金鎞刮目，脫有誤，則貽害非細。今人腳跟未能點地，舉足動步，無非戒垢，而欲以之度世，寧非戲論哉！律師慨然有感，決不俗步亦步，而以振興戒律提高僧格為其一貫主旨，因此特揮蠅頭小楷，製就《四分律比丘戒相表記》，先以問世，繼是之作，亦有多種，惜皆在稿中，未能一一刊布。今律師已圓寂矣，余甚望海內好道之士，共同發起，各捨淨資，成就此無上法事，則法門實有賴焉。

（刊於一九四三年《弘一法師生西紀念刊》、《弘一大師永懷錄》）

驚聞弘一大師生西之悲感

妙真

妙真於大師固無一面之緣，而神游大師宇下者亦既有年矣。大師今日法門之梁棟，苦海之慈航，知與不知，見與不見，莫不曰末法龍象，寥寥若晨星。斯人不住世度生，何衆生共業之深如是耶！大師與吾先常慚量公交稱莫逆，每見大師涉身處世，接物度人，似無一不以常公為可準則堪作先河者，意若數十年來僧伽模範，除常公外幾無多子，而我常公特性亦不願親近多賢，惟於大師聲應氣求，志同道合，妙真所稔知而熟見者，亦即妙真所私淑大師仰慕大師之一大原因。此十餘年來所日想夜夢，而不能得一捧鉢侍香之機會，曾以為來㬉方長，追陪有日，或可滿所願於他年，不圖一耗飛來，人天眼目遽爾棄大地衆生而西逝矣！德涼業重，宿願莫償，望法海以長歔，對閩南而灑血，今而後惟有步趨大師之梵行，竭其棉薄，努力將來，庶幾他日蓮池會上猶可以追隨法座，與吾常公圖良覿也。茲謹率僧衆為大師虔求品位之高增，擇於十一月十一日起就靈巖道場誦念彌陀聖號七日，以抒悼念之忱。幸大師常寂光中愍我未見而離之悲痛。凡我法侶恭敬大師，失之交臂，與妙真同情者，倘亦共灑傷心之淚否乎！

（刊於一九四三年《弘一法師生西紀念刊》、《弘一大師永懷錄》）

驚聞弘一大師生西

德森

弘一律師生富貴家，少年多才，蜚聲藝苑。忽悟四生幻夢，三界火宅。毅然出塵，歸投大覺。現比丘身，宏毗尼藏。斯誠無量劫來千萬佛所種諸善根者也。讀《楞嚴經》，佛告阿難，宣說修行三決定義，所謂攝心為戒，因戒生定，因定發慧，是則名為三無漏學。摩訶僧祇律云：「若善男子，欲建立佛法者，當盡受持此律。欲令佛法久住者，當盡受持此律。犯罪恐怖作依怙者，當盡受持此律。不欲有疑悔請問他人者，當盡受持此律。欲游化諸方而無礙者，當盡受持此律。」釋迦世尊將涅槃時，最後教誡諸弟子之言曰：「佛在世時，依佛為師。佛滅度後，依波羅提木叉戒為師。」是知諸佛出世，度化衆生，修六度萬行，滿無上菩提，從凡夫地以至佛地，重重次第，一一全依戒律而為基本。如造樓臺殿閣，必依地基，方能建築。修持佛法，亦復如是。若離戒律之基礎，則一切佛法，無由建立。故曰「三世諸佛，皆由出家成道。十方菩薩，無不珍敬尸羅」者，是也。時丁末季，戒律廢弛，禪講門庭，日就凌替。師乃將身作則，行頭陀行，精研律藏。皈心淨土。誓振南山之絕學，成就西方之妙嚴。斯誠出格丈夫真實受用，亦荷佛家業無量深心也。

律師圓具之後，擇依止師，別具法眼。不依高據獅座之長老，不依馳名全國之法師，唯於不言持戒而嚴淨毗尼，不張講筵而博通三藏，不襲宗風而圓契妙心，法法融通而專修淨土之印老，獨為心折。一再懇請，皈依座下。（見《覺有情》半月刊及《永思集》。）其不事聲華，尊賢重道，洵高出常人一等矣。

律師未脫臼時，藻思綺情，風流倜儻。及披緇之後，以戒嚴身，以律治心。棲止蘭若，專事苦行。由信而解，深入堂奧。視紛華如毒蛇怨賊，奉毗尼為本命元辰。先後判若兩人，洵末世優曇，人難企及。殆如蕅益大師之流，初示闡提，轉歸至道，現身說法，嚴護律儀，大作佛事，化導同倫，畢竟歸佛，行菩薩道，作如來使者歟。竊望與師有緣之名流學者，勿當面錯過也。

律師西逝，慧日潛輝，人天眼滅，凡熱心法門緇素諸公，莫不悲傷悼嘆，各述所聞，各抒所見，以紀律師之高行，期紹律師之志事。德森雖不文，亦承緇素諸公以為文紀述相敦勉。竊於師之道行高潔，久深景仰，借以緣慳，未親謦咳。勉竭愚誠，略述一二。窺天測海，深愧管蠡。還望與師有緣之緇素文豪，共抒鴻文，用彰道妙爾。

（刊於一九四三年《弘一大師永懷錄》）

弘一律主德惠之回憶

比丘尼觀　願

願障深慧淺，在俗廿四年，幼時常聽基督《聖經》，廿三歲聽《楞嚴經》，始聞佛法。後在海仁法師座下聽《梵網經》，是願聞律之始。每天由長姊籬下，偷開後花園門，出外求法，隨抄隨聽，並寫筆記。從前一天不肯食素菜，自聞殺戒後，良心發現，即戒殺。因寄居外兄府中，不許獨身學佛，故未敢明言，惟食碟邊菜而已。事為仁公所聞，乃詳詢履歷，多方開示，云：「汝既求法虔誠，何不即出家學佛乎？」余答以無錢，雖有手飾珍寶，所值不貲，但私逃出家，未敢攜帶，恐有閒言耳。公云：「憂道不憂貧，即如我是牧牛童，一發道心，逃走出家，只要發菩提心修行，何用多金乎！」余聞教，乃棄捨一切，往澳門無量壽功德林聽教研律，學覆小座。形雖白衣，心已出塵。道友皆稱帶髮沙彌尼，蓋已隨力學習菩薩戒及沙彌尼十戒，並已能守八戒矣。迨民國十一年，逃往九華山出家焉。

翌年赴寶華山受具足戒，即發心五夏學律，自己研究《四分戒本》。當時未有比丘尼律注解書籍，乃誤參看《一切有部尼毗柰耶》，戒相紛繁，開遮持犯未明，常禮觀音大士，祈默佑早遇律師指導研律。於十六七年間，偶閱弘法社月刊，有故徐蔚如居士介紹云：「當代第一位律師弘一上人，住錫金仙寺。」余大喜慰，若旱苗之獲甘霖，即裁箋將研律困難之苦衷宏願，詳細上稟，請公勿惜珠玉，函授研究尼律。蒙老人慈悲俯諾，覆函獎譽，命先研究《四分比丘律注解疏鈔》及南山三大部，惠錫手編之《四分律比丘戒相表記》一冊，又詳細指導應閱讀之律書。願再函稟，為經濟所困，無力盡數請購。如佛陀一樣大慈悲之一公即飛函天津徐蔚如居士，請為願作護法，凡願所欲研究之律書，徐居士皆樂布施。始得專心研究，如是函授數載，忽接法諭云：「須照《續藏經》中之南山三大部分科。」余遵命向廣州香港澳門覓續藏，皆不得。公又函囑另抄一部比丘尼律，亦是在續藏中，貧苦學尼，焉有千餘元請續藏乎！老人憫願苦境，乃發菩薩心，擬代募化一部續藏，贈澳門覺一法師。時法師主講《華嚴經》，法會延續至六年之久，願在澳居士林掛單。上午往聽華嚴，下午回林自修研律。老人意欲使願就近借來分科，如此栽培人才之高僧，除了一師，再未遇到第二位了。奈因澳門無佛教圖書館，乏地保存，又不能公開借閱，遂中止焉。然願銘感五中，時刻不忘隆恩厚德也。

民二十年間，接大醒上人來示云：「一公欲來閩南過冬。」願即函商醒師及芝峯法師，擬赴閩南佛學院借續藏研律，並候一公面領法誨。惟廈門無尼庵掛單，南普陀寺從來未有比丘尼掛單。醒、峯二師憐余遠游求法，不得已大開方便門，許借閩院旁老和尚關房暫住抄律。願即偕徒戴妙明，於十月束裝赴廈。每天旁聽芝師講攝論，餘時在關房自研律。寄居將三月。不幸滬戰發生，阻礙一公不克南來。願不便久居閩院，蒙蘇居士介紹，移居陳嘉庚君令弟婦府中。另給一石室，為余師徒臨時蘭若。一切所需資生之物，皆陳王碧蓮女居士布施。每星期向佛學院借律一次，步行來往費四點餘鐘時間。醒、峯二法師曾因訪陳敬賢居士，得晤一次。他們說：「難為觀願跑路來借經，我們比丘也吃不得如此苦。」

守候年餘，始得一公振錫來閩，即往山邊巖禮座，將自己分科之《行事鈔資持記》呈閱。蒙吾師將自用藍黃紅顏色圈點之科文，借願依照圈點。老人素善美術，故南山律經過他手，亦帶美術化。不過學人要很留心研究，才能領會他之律義。當時有十餘位大僧研律，老人在妙釋寺主講《隨機羯磨》，由侍者廣洽、性常兩法師介願移居將軍祠淨蓮堂，住持者為胡勝清、吳開聖二女居士，極承優待。由此天天往妙釋寺親領法音。嗣後凡一公講律之道場，皆特別設一旁聽位給願坐，此乃藉老人福庇，沾光非鮮也。

廿三年間，余因懇託鄒魯先生在西南政務會議提議，將先君楊公衢雲遺骨由香港遷葬廣州革命同志興中會烈士墳場安葬，因此在粵耽擱多時，未返閩研律。常遙憶律篋，形諸夢寐。

今年在《慧燈》月刊重瞻一公道影，曾修函託妙蓮法師轉呈問律學。正久盼回音，不期噩訊忽至。能不使願肝腸寸斷乎。在吾師撒手西歸，原乃勝事。獨惜人天眼滅，法燈遽暗，誰繼南山之後，重振律風乎！尤其是苦惱尼衆，何時有人編三部尼律注解，利益同袍乎！嗚呼！余今生編律之志已絕望矣。只有專修淨土，求帶業往生，常寂光中親近彌陀及吾師，乘願再來現比丘身。宿根不昧，再編尼律注解，以了今生未了之願。蓋久病善忘，劫後餘生，難遂初志矣。寫至此淚如雨下，哀哉痛哉！

中華民國三十一年十一月廿一日，書於九華後山心安寺

（刊於一九四三年《弘一法師生西紀念刊》、《弘一大師永懷錄》）

述懷

范寄東（二）

弘一法師，原籍嘉興平湖，余之同鄉人也。師未出家時，擅文藝，習風流，頗具青年態。及任教兩浙師範而習性漸改，不數年竟脫俗而作沙門，非常人之所能也。及受具後，深探律藏，惟以研究律學為務，起居謹度，復不類凡僧，先後若兩人，無論識與不識皆異之。余與師相識，已在師出家時矣。師游甌游閩時長，未獲常親近，今猝聞離世生西，師之願果已成就，然我輩苟非努力追隨，欲再見而不可復得，別離之痛，誰曰無情。同仁等發起紀念之會，各抒追悼之文，余既與師有相知之雅，自不能默爾而息，爰陳三事，聊罄私衷。

一　交游之瑣蹟

民國七年師將出家，大捨其在俗所有書籍筆硯以及書畫印章樂器等於友生。道出嘉興，持杭友介紹書見訪，垂詢出家後方針。余與約，如不習住寺，可來此間佛學會住，有藏經可以閱覽。故師出家後，即於九、十月間來嘉興佛學會，會中佛書每部為之標簽，以便檢閱，會在精嚴寺藏經閣，閣有清藏全部，亦曾為之檢理，住時雖短，會中得益良多。時頗有知其俗名而求墨寶者，師與余商：「已棄舊業，寧再作乎？」余曰：「若能以佛語書寫，令人喜見，以種淨因，亦佛事也，庸何傷！」師乃命購大筆、瓦硯、長墨各一，先寫一對贈寺。余及余友求者皆應焉。師出家後以筆墨接人者，殆自此始。居會約兩月，杭州海潮寺請一雨禪師打禪七，馬一浮先生招之往，遂行。此後嘗住杭清漣寺，居士程中和常親近焉。時余每年春首暑假，必赴杭佛學會講經。九年春講《十二門論》畢，與會友游清漣寺，衆請師開示念佛，師以擷《普賢行願品疏鈔》相託，余返里擷之於課餘，至暑假即赴杭會講演。翌年師將赴新登山上閉關，程居士即出家名弘傘，皆伴往護關，余與會友往送，攝影而別。自後師入山而先後游衢游甌，北返則息影於慈北之金仙，上虞之晚晴。迨十八年後，游閩講學著書，絕少返北，與余相見之緣遂爾終斷，間或因問法及介紹歸依，稍稍通訊，師輒答以郵片，僅二三語而已。

二　志趣之表彰

師出家時，友生供養之，咸以為當今僧界多無學，得師參加其中，必能教育僧徒，振興刹宇，而師出家後，孳孳焉以閉關自修為務，殊不足以饜彼等之奢望。豈知師之出家，真實為道，為己半生之放逸多過失也，故力求懺悔以洗濯之，復以僧界不振之因在不知戒律也，故深研律藏以弘傳之。此二者乃自利利他之基本工作也。又愍在家居士之戒相太簡，無從受持，於是有《在家居士律要》之輯，此等工作對於振興佛教實有最大力量，惜往生太早而願有未圓耳。彼講教者為理論之宣傳，師乃從事於實踐之開示。佛教三學以戒為首，佛學三慧以修為終，吾師注重弘戒而以修為握要，真乃握成始成終妙道，豈可以尋常弘經法師視之。師初出家在虎跑寺，見其懺地藏課甚嚴，瓣香靈峯澫益，奉《宗論》為圭臬，又知法門唯淨土為最方便，教義唯華嚴為最完備，而華嚴普賢十大願王又有道歸極樂之功，與淨土法

門有密切之關係，其弘律宗南山，南山之於教亦依賢首，故綜師之佛學，於律於教於淨，一以貫之。至其臨終付囑，猶矜矜於啟予手足，誦普賢願，唱念彌陀，而為助往生西之具。吾師平日所為後進開示者亦不外乎此，而其去後再來之遺言，足以慰後人於無暨矣。師又嘗以文藝為佛法導俗之具，若詩歌，若書畫，（輒命弟子作之）迄今或影印或刊板，流通於學界者，亦復不少，彼愛而寶之者即於佛法生愛敬心，古德有未出家前作謗法論者，乃出家則大弘佛法以懺悔之，師之以文藝作佛法之宣導，亦猶是也。師一生不作法師，不作住持，與光公相似，而持名稱佛決志生西，與光公亦無多讓，今而後師於光公，必追隨於七寶蓮池之上，同為清淨海衆，而將有以乘願相伴者再來者耳。

三　紀念之方法

今師去矣，所謂人天眼滅，法梁頓折，誠堪悲悼。凡屬師之友朋弟子，莫不以勸請住世不得為憾，而欲思所以紀念之者。然則紀念方法，當如之何而可，我思之，我重思之，紀念者非空言所能畢事也。要有事實實現，方足以為真紀念。第一當學師出家，繼師法業。師以文藝家而學生遍國內，現在文藝家之生徒，繩繩相因，推本窮源，莫不傾仰於師。然既有慕師愛師之心，而欲令師之志趣永久留於世間，即當學師捨文藝而出家。出家而學師之學，行師之行，是則師雖去猶不去也。師之生徒中不乏青年如師當時出家之年齡者，當作此以身紀念法紀念之，斯為第一。第二當以居士身入佛導俗。凡師之友朋生徒，既不能學師出家，當體師志，即以居士身皈依三寶，以文藝宏揚佛化，方不愧為師之友朋生徒也。其已歸佛者，生慚愧心，勉力宏化，其未歸佛者，從速歸佛，發菩提心，依教奉行，雖不能完全以身紀念，亦得以少分以身紀念，斯為第二。第三集印遺著流通文化。蓋既不能以己身對師作紀念，只得以師之著作留作師之紀念，凡師之友朋生徒，苟藏有師之書畫、文章、信札、照片等，各交紀念會中，不少吝，由會中將其墨迹或影印，或抄錄排印，彙集成書，可以各得全部，所需經費量力負擔，不足之數，另法募集，務令師之遺墨住世，使撫玩覽賞者，不啻親見師面，此為以實質物品作紀念者，斯為第三。第四設圖書館普利後生。師友朋生徒中，較有財力者，起而創設一圖書館，即以師名名館，此館完全體師之志，以佛典為主，以文藝為輔，蓋滬上圖書館雖多，而佛學圖書館之具廣大規模者無聞焉，此館成立，利益學佛後生，功德詎可限量，此無量功德，完全賴師紀念而生，此為以名譽功德作紀念者，斯為第四。

嗚呼，吾師往矣，往而不往全在紀念之成就如何，余因重思，出此四法，尚望諸同仁與師有關係而傾慕備至者，取何法而作紀念。余老矣，第一法已不及行之矣，望青年學人行之。第二法是余猶及行者，自當勉力，然不能書畫藝術，是猶得半之道耳，慚愧之餘，尚望能者之起而行也。至第三法第四法，隨各人所有及能力而進行，亦仍合衆力而後可成耳。然三四之名實紀念為末，而一二之以身紀念為本，師之友朋生徒乎，跂余望之矣。

（刊於一九四三年《弘一法師生西紀念刊》、《弘一大師永懷錄》）

編者按：

〔一〕范寄東，為范古農（一八八一—一九五一）晚年用名。

話舊

陳无我

要寫紀念弘一大師的文字，不得不聯帶紀念我自己，說來慚愧，望閱者原諒罷。

我天資魯鈍，小時讀書，成績很壞，但性喜文學。七歲入塾，讀《唐詩三百首》，覺得津津有味，我的愛好詩歌，就從此始。十五六歲時，當遜清光緒戊戌己亥年間，維新之說正盛，士大夫提倡開報館，啟民智，上海一處，除本有申、新、滬三種日報外，《時務報》、《商務報》等定期刊物陸續出版。一般自命新派的洋場文士同時組織許多小報，如李伯元的《游戲報》，吳趼人的《采風報》，沈敬學的《笑報》，周病鴛的《消閒報》等等，這些報的內容全是游戲文章與妓院戲館的新聞，是不登大雅之堂的，可是主持筆政者於舊文學都有相當根柢，所以，就文藝言，卻有一看的價值。我那時最喜愛這些小報，每種都定購一份，珍藏起來。那些報上常載着騷人墨客的詩詞之類，像天南遯叟王紫詮，倉山舊主袁翔甫，廣東的潘蘭史，上海的高太癡，這幾位是很有名的。後來我卻發見了一位無名的詩詞好手，這人是誰，就是李惜霜先生，就是後來的弘一大師。

我那時不知李惜霜先生是何許人，只愛讀他的作品而已。後來在他的署名上知道他又號叔同。不久，庚子國變發生，一般維新志士，愛國青年，紛紛到日本去留學。其時梁啟超先生創刊《新民叢報》，風靡一時。各省留東學生也爭辦雜誌，以灌輸新思想。什麽《浙江潮》、《洞庭波》、《江蘇》、《湖北學生界》、《新湖南》、《新廣東》、《雲南》、《晉乘》、《豫報》等等，五花八門，幾乎每一省有一種刊物。其中有主張排滿革命的，也有主張保皇立憲的。我那時思想也已改變，對於這些刊物，熱烈歡迎，也每種訂閱一份，珍藏起來。從這些雜誌上偶然又見到李叔同先生的新作品。又知道李先生在東京組織「春柳社」，排演《茶花女》、《黑奴籲天錄》等新劇，他自己扮茶花女及解爾培夫人等女主角，粉墨登場，一時藝苑爭傳，我對於李先生的印象，從此又深刻一層了。

到了宣統年間，柳亞子先生創設「南社」，編印社集，以文字鼓吹革命。社集裏面也有李先生的著作，雖然那些著作只是哀感頑豔的詩歌韻語，並沒有慷慨激昂的政治文章，可是它的字裏行間充滿着思古的幽情，愛國的熱淚，有心人讀之，李先生的悲天憫人的一腔孤憤，是躍然如見的。那時我已投身報界，革命思潮一天高漲一天，對於李叔同先生的文學，格外欽愛，對於他的人格，也有清楚的認識了。

不久，武昌起義，共和肇建。民元春夏間，陳英士先生等辦《太平洋報》，主筆葉楚傖，總理朱少屏，我也濫竽在編輯部內。那《太平洋報》特闢文藝一門，用連史紙石印單張，隨報附送，那主編文藝的，原來就是李叔同先生。與李先生聞聲相思多年的我，這纔和他有緣識面，可是李先生的性格與衆不同，他喜歡離群索居。他獨自住在報館三層樓上一間小室裏，睏覺看書編稿子，都在這裏面。每天除了吃飯下樓之外，簡直碰不到他的影子。我偶爾有事上三層樓去，經過他的房間，那門總是關的。有一天，難得發生例外，那門是虛掩着，我向內探窺，見李先生伏在案上，運筆如飛，我不敢驚動，只好過門不入。在這樣的情形下，所以我雖然和他同事，實際卻和陌生人差不多咧。

《太平洋報》出版了兩三個月，經費發生問題，就關門大吉，一班同事，風流雲散，李先生也襆被而去，從此一別，我與他就沒有再見的機會了。民國六七年間，聞人說李叔同先生已經出家為僧，大家稱他弘一法師，並且有人述說他拋妻別子割情斷愛的勇猛堅決情形。我聽了，覺得這位李先生的人格真太偉大了。我當時雖尚未踏入佛門，卻因為先曾讀過譚嗣同、夏曾佑、章太炎、梁啟超、蔣觀雲諸位先生的談佛文字，所以對於佛法頗有接近的傾向。現在聽到李先生也做了和尚，使我對於佛法的尊重心格外增長起來。然而我只知李先生的值得贊嘆，只知佛教的應當尊重，可是我自己還沒有真實覺悟，還是糊裡糊涂過日子。直到民國十七年，因緣成熟，我終於投在釋迦世尊座下，而我的決心斷肉持齋，還是與弘一大師有密切的關係，這真是不可思議。

我於那年秋間，由陳白虛先生的指導，從某法師學法，見同門的男女居士多數是吃素的，我也發了茹素的心，但還游移莫決。不料過了幾天，就看見《時報》上登着某處贈送弘一大師題詞、豐子愷先生繪圖的《護生畫集》，我討了一本來看，懺悔之心登時大發，吃素的願也就此決定了。所以，弘一大師的出家是開啟了我入佛的門路，弘一大師的出版《護生畫》是促成了我戒殺持齋的願心，弘一大師之於我，真是一位善知識呢。

我與大師雖有這樣的因緣，可是我自慚學識譾陋，文字荒蕪，不敢與大師隨便通信。後來為了《護生畫集》再版校對等事，我以李圓淨居士的囑付，略效微勞。李居士去信提起我的名字，我也附筆問候大師起居，蒙大師復我一信，這是民國廿二年事。其後彼此續通過一兩次信。廿六年夏大師到青島講經，預期再到上海講經，不料事變突起，大師回閩過滬，耽擱兩宵，匆匆而去。我事後始知，不及禮座問法，至今遺憾。廿八年冬，我發起《覺有情》半月刊，請天台陳海量居士幫忙。海量居士曾親近大師多年，又與大師門下廣義、常明、妙蓮諸師相識，常常魚雁往還，所以覺刊上也常載着弘一大師的雲游蹤跡與法語墨寶等等，這是我與覺刊的莫大榮幸了。

今年六月間，李圓淨居士將大師所著的《南山律要在家備覽》手寫精稿交《覺有情》半月刊登載，那字迹的秀朗，用紙的潔白，編寫的美化，處處表現出大師精金美玉的精神來，陳几瞻對，肅然起敬。我不敢怠慢，每期發稿，親自抄錄，仔細校勘，何期甫登四期，大師遽以圓寂聞了，痛哉！

臨了，我有一點感想，我以為有了李叔同先生（就大家通知的名字說），纔會有弘一大師，弘一大師與李叔同先生，是一而二，二而一，我們要認識弘一大師，先要認識李叔同先生，不應該分做兩橛看的，所以不辭嚕囌，寫了這一大篇，還把自己也紀念在內，慚愧慚愧，還望讀者原諒。

（刊於一九四三年《弘一法師生西紀念刊》、《弘一大師永懷錄》）

香火因緣話晚晴

陳海量

弘一大師垂迹人間，度生緣息，示寂閩南，固知隨緣應化，宴坐水月道場，師於法門衰落之秋，現比丘身，弘布毗尼，指歸淨土，操履平實，仿佛雲棲，追蹤蕅益，媲美靈芝。海量年十九，漫游至閩，遇師於雪峯，以愛語攝我，時罔知佛，問曰：「鬼神有否？」師言：「可讀佛書，日後自知。」惠我《竹窗隨筆》、《大乘起信論直解》、《印光法師文鈔》等十餘種，朝夕披覽，深懷慶慰。有疑義，師為剖釋。旋得禪宗書，大樂，告於師，願習禪，師曰：「善，法無高下，難易在人，子樂習禪，夙因有自。」遂郵金陵刻經處請來之《宗範》一部，舉以贈余，曰：「習禪須覽是書，以防岐路。」又言：「應念南無阿彌陀佛，求生極樂世界。」余謹奉教。

庚午春，居慧泉，師來視我，語次，余言：「僧多濁俗，且尠戒行，對之憎厭，難生信仰。吾頗自知，理不應爾，貢高我慢，莫能祛除，何以治之？」師曰：「說人過失，殊非所宜，彼不如法，干卿底事，出家沙門，凡聖交參，吾烏從知，而起我慢，自失功德，況一切衆生，皆是過去父母，未來諸佛，作如是觀，敬尚不遑，矧敢慢耶！」聞言悅服。師下山，余送之，遇一僧，其僧椎魯無所知，師向之伏地禮拜，余知是以身教我，因大慚，爾後不敢輕僧。

師居鷺島五老峯下，一日，余往謁，邀余散步海濱，師策杖行。爾時風和日麗，碧海青天，一望無際，悠然意消。有二犬，相鬥海灘，師憫之，喚使解。平等行慈，如日普照，故凡識師者，靡不以為親己。

歲辛未，師居五磊山，愛其寂靜，招余往游，束裝登山，相見甚歡。居兩月，從師下山，抵金仙寺，小住數日，余返天台，與師別矣。越二載，得師書，招余入閩，家人泥我，未赴。丙子冬，居上海，供職報社。師聞之，勸余赴閩，不果往。辛巳春，師復招我，囑攜妻兒入閩，當為安頓，顧以世亂，關山險阻，終未成行，負師多矣。

余嘗山居念佛，師於數百里外，惠致棉衣，慮我寒也。悲心顧復，有若慈母，夢中數覯師，輒喚先生，蓋前世因緣。辛未別師，於今十載，乃聞圓寂泉州。昔本不生，今寧有滅，法爾如是，「天心月圓」，臨終垂誡，助念次第，周詳審至，示範於人，防蟻上龕，良工苦心，「人間愛晚晴」，顧毋忘晚晴老人之行。

余自識師，未嘗見其疾言厲色；其自利利他之行，有契於《華嚴經》第三十五卷所云：「佛子，此菩薩，四攝法中，愛語偏多，十波羅密中，持戒偏多，餘非不行，但隨力隨分」耳。

（刊於一九四三年《弘一法師生西紀念刊》、《弘一大師永懷錄》）

千江印月集（一名《紀弘一法師盛德》）

葉青眼

現代高僧上弘下一老法師，於歲次壬午九月初四日下午八時，在泉州溫陵養老院晚晴室示寂。臨終致書其故友夏丏尊及門人劉質平二居士云：「朽人已於九月初四日遷化，曾賦二偈於後，偈曰：君子之交，其淡如水。執象而求，咫尺千里。問予何適，廓爾亡言。華枝春滿，天心月圓。」吾人哭師，敬依斯偈意義，仿世輓章輓之云：「嘆我公畢生修持僧伽志行，力求上乘，堪稱一物不遺，寸絲不苟。信溫陵此日各界人士心情，所得影響，應似千江印月，萬木迎春。」茲又將參與敘述公之盛德，即取如是意義，於各篇之首，總名之曰《千江印月集》。蓋自公遷化後，吾人此心耿耿，寤寐如見，匝月依然，吾人此日之心亦無異千江印月中之一江月也。於戲，「菩薩清涼月，常游畢竟空，衆生心水淨，菩薩影現中」，其斯之謂歟。

（一）敘述緣起　間嘗竊思，公之一言一動，無不中規中矩，無不是遺教，無不是盛德，與吾人之一言一動無不是罪過，蓋適相反。以如是罪惡叢於一身之人，何足以知公之盛德。即使知其一二，又何足參與敘述現代高僧盛德之重任，蓋此等事，是所望於海內外善知識也。繼又竊念，善知識既已遠在海內外，公之盛德，又既獲親見親聞其一二，若又安於緘默，任其湮沒不彰，是亦不能無罪焉。且余於公，不但得受證明皈戒，曠大恩師關係而已。公在閩南弘化十餘年中，在家弟子，余獲親近較早，相從亦較密，凡公講經說法，幾無一次不參加（指在溫陵一方），雖塵勞山積，往往抽空撥冗，以一見顏色一聆謦咳而後慰，故此次敘述盛德，雖年老健忘，應力為記憶，雖下劣無文，應勉強從事，庶幾減少夫罪戾，而亦可以一致其哀思。爰是謹將平日所聞所見，抆淚稽首，逐一而敘述之，俾他日公之故舊，公之弟子，與諸善知識之在海內外者，將欲明白公入閩之後，繼續所發何願，所修何行，所成就若何，得有所參考，而不致於恍惚，是亦不無少補焉。此則敘述緣起之微意也。

（二）重興律宗　律為戒律，所謂五戒，十戒，菩薩四百戒，苾芻二百五十戒，苾芻尼五百戒，此為諸佛之本源。衆生受而能持，可由此轉凡入聖，不能持而犯，一失人身，萬劫不復，故戒之在佛法中，如真寶鏡，如牟尼珠。諸戒戒相，今差幸有存，苾芻二百五十戒，佛入滅後，傳之優波離尊者，唐之道宣、宋之靈芝二大德尚得其傳。靈芝而後，因三部忽失，缺於典籍，七百餘年以來，茫茫墜緒。律亡，僧亦隨之而亡，良可浩嘆。乃公以朱門子弟，半世風流不羈，一旦發心學佛，一躍而登佛位，不鳴則已，一鳴驚人，不飛則已，一飛沖天，此非其宿根廣大深厚，今世志切心堅，何以有此。由此苦心孤詣，遂爾感應道交，由日本獲得三部遺篇，益發弘願，獨肩道統，埋頭苦幹，著有《南山律苑》若干篇，《在家備覽》若干篇，不知費了多少心血。一面又擬多聚青年學子，講授律學，庶幾傳之其人，垂諸千秋萬世，雖因緣未大就，而公諸弟子中，以公人格感化，發心學律，繼公遺志，或則同學毗尼，或則閉關自修，以期五比丘實現，不少其人。此則公之精神不死，重興律宗之工作，將有完成之一日也。

（三）弘揚淨土　公既銳志重興律宗，居恆教人修學，當然以持戒為先，但方便說法，每勸人念阿彌陀佛，求生西方，對弘揚淨土不遺餘力。嘗聞公曰：「我於諸佛法中，最崇重淨土法門，於諸善知識中，最欽仰印光法師。」又對於印光法師所著《文鈔》及《嘉言錄》，輒勸人熟讀諦觀，推崇備至。公之所以為此者，非於他法門有所左而於淨土有所右，於他善知識有所嫌而於印光法師有所阿，實因淨土法門，此時最為當機，印光法師一生費盡心力，勸人勤修淨土，確為方便第一，徒以格於科學時代，物質文明影響，以致信者有人，疑而未信者亦有人，顯然自失大益，辜負大師苦心，故爾竭力單提淨土，跟蹤大師，作獅子吼，俾已信者益信，未信者生信，譬之險道行舟，風逆流急，印光大師執舵在前，公乃撐篙力助於後，其宏願蓋有如此者。

（四）愛護國族　「七七事變」後，聞公嘗於當食之頃潸焉出涕，謂其弟子曰：「吾人所吃的是中華之粟，所飲的是溫陵之水，身為佛子，於此之時，不能共紓國難於萬一，為釋迦如來張點體面，自揣不如一隻狗子，狗子尚能為主守門，吾人一無所用，而猶靦顏受食，能無愧於心乎！」此是何等語氣，對國族方面是何等精神。又諸山求字，公特為撰句云：「念佛不忘救國，救國必須念佛」，此則明明謂救國念佛實二而一也。又戊寅元月一日，公在草庵講《華嚴經普賢行願品》，二月一日復講是品於承天，三月一日又講《華嚴經》大意於清塵堂，並切囑緇素弟子讀誦《行願品》十萬遍，以此功德迴向國難消除，民衆安樂。衆感公誠，十萬遍《行願品》，文字非常多，卒於十二個月工夫完成。公又一面發願書華嚴偈頌，共同迴向。此其愛護國族作風，迥非常情所可測度已。

（五）竭誠衛教　公之竭誠衛教，可分為平時、戰時二種言之。聞公前年赴惠安錢山，為聞是處土瘠民貧，某某教會利用民衆弱點，恆以小利引誘民衆入教，鄉民無知，趨之若鶩。公乃與其弟子傳貫師，不憚跋涉，往彼弘法，從事破邪顯正工作。又某甲以信奉邪師，轉慕公名，屢來溫陵謁公，出其得於師者，所謂秘籍，呈政於公，其意以為公閱覽後，或可與彼合作，有事可做，妄想至極。公覽後，教之曰：「你只宜念南無阿彌陀佛，要做事，可加入溫陵養老院董事會作事。」此二事，為公平時衛教之一斑。溫陵處戰事最前線，當艦隊出入、飛機轟炸之際，公乃於此時獨往獨來，集衆演法開示，不但置一己生死存亡於度外，抑且萬一不幸，以頭目腦髓替代衆生受苦，亦所甘心，此亦非有所勉強，教本如是也。我佛如來，累劫重誓，不惜身命，為衆生故，況怖心難生，善心難發，正唯恐怖之時，發大善心，利諸衆生，實暢本懷，夫唯如是，故其在萬石也。時廈門戰事正在緊張，各方勸公避入內地，公曰：「為護法故，不怕炮彈。」題其室曰「殉教室」。及公之在檀林也，時永寧方有日艦來迫，開元曇昕上人往謁，並獻菊花數朵，公即託菊寄興，作詩以贈上人，詩曰：「亭亭菊一枝，高標矗晚節，云何色殷紅，殉教應流血。」其詩，溫陵名士多有傳誦，此為公戰時衛教之一斑。

（六）樂育青年　公本名教授，亦名記者，於學校社會方面久樹典型，不但為各界人士所欽式，而亦為一般青年所心傾，而公對此一般青年，亦特為另眼相待，遇有來質疑問難，無不解答，來求書索題冊子，無不答應，一一如所樂欲，各令意滿。其中有天資聰慧而處境困難者，又為之廣設方便，使得其所，故一般青年對公印像甚深，隱隱然於學校社會教育科學書籍以外，另得一種足以安慰內心之途徑，而不至如前之撲朔迷離。吾人認為公之造於我溫陵，此點極關緊要，視考亭過化，一峯講學，尤為遠過之。乃公樂育青年之心無盡也，最後講《八大人覺經》時，藉諸善友印經分送因緣，又特為鑒定《最新人生觀》一篇而附印之，以指示青年安身立命之鵠的。其意若曰，我之最愛諸青年乎，今後人生觀應作如是觀，如是修行，如是感化朋友，則真正人生觀無不獲得，真正人生價值亦無不獲得已。

（七）平等行慈　佛法平等，無有高下，富貴貧賤，人之常情，法師絕對不爾，達官貴人請法，為之開示，孤兒獨老請法，為之開示，乞丐、流氓、疲癃、殘病請法，亦為之開示，故自法師到溫陵後，前後十餘年間，泉州開元慈兒院、泉州婦人養老院、溫陵養老院、晉江平民救濟院等慈善機關，承法師蒞院說法，同飲法乳，蓋不知其若干次矣。又每次說法，必先詢彼等生活狀況，然後因機利導，一一安慰之。又有時自動為老人平民證明皈戒，證明時特別高興，讚嘆演說，遇同行有力者，則勸令出錢布施結緣。又有時勸老人離俗出家，並為之介紹剃度師父，安單處所，務令安穩而後已。又有時以嘉賓資格，參與院中行政，反覆討論，不厭麻煩。法師之視諸老人、平民、孤兒、殘廢，如父母，如兄弟，如姊妹，如子女，如一家人，而無以異，以故諸老人、平民、孤兒、殘廢等感其恩德，亦歷久而不能忘焉。

（八）惠濟貧病　惠濟貧病此一件事，為法師生平最深切大願，世人亦有未盡知者。茲謹述所知一二如次。一，法師對信施絕不輕受，但遇有不能卻者，則轉贈苦學行人或貧病人，如量施捨，一文不留。二，遇所知貧病苦惱者，常為親念《大悲咒》、觀世音菩薩、地藏王菩薩聖號，以求加被，並勸令苦惱者自念，常著奇效。三，公嘗切盼溫陵能建立一所藥師寺，專供藥師如來聖像，其意以為是如來因地所發十二大願，對一般貧人病人，極有饒益，故願此方人士為之。四，公生平最喜教人讀誦受持《普賢行願品偈頌》中之一四句偈：「十方所有諸衆生，願離憂患常安樂，獲得甚深正法利，滅除煩惱盡無餘。」因此一四句偈對於貧病二者，有徹底解除之效力故。五，如近年上海劉傳秋居士，以千金託蓮舟法師由鼓浪嶼輾轉贈與法師。法師聞開元道糧奇缺，轉贈開元買米供衆。適某要人在座，即由某要人為作證明。於戲，法師一貧僧耳，破衲之外無長物，而惠濟貧病之深心，則有如是，是所謂因於衆生而起大悲，昔者我聞其語，今乃我見其人。

（九）愛惜物力　公自移錫入閩以至溫陵捨報十餘年中，生活四事，無非三衣過冬，兩餐度日，數椽蘭若，一隻粗椅而已。生平頗好鮮花，往往翠柏一莖，紅花數蕊，裝置一小瓶中，供諸佛前，便覺生意彌滿，莊嚴無盡。此外即一枝火柴亦不輕用，何況其他。（在溫陵養老院五個月，院供火柴二匣，不曾動用一枝，由蓮師返交院董，余親為接收。）其應諸山說法也，時間約定，輒先期而至，無勞主人接待。路近稍可步行即步行，不乘車。有一次，某軍事長官以公為一代高僧，亦是革命前輩，特仿古賢尊師重道遺意，請公定一時間地點，俾彼召集所部官佐，共聽教益，籲請至為懇切，公亦嘆為難得，結果未受所請，僅許多多書寫文字結緣，替代講演，謂書法即是佛法。或謂公辭卻微意，無非為在此非常時期，道路交通，已感不便，往來供應，諸事煩苛，故爾不允所請，容亦有然者。觀公愛惜物力如此，無疑其為當代大德，一個實行頭陀行者。然另一方面，公則盡量講經，盡量說法，雖至力竭筋疲，唇焦舌敝，最後一點血，亦無不願輸諸衆生，而毫無吝惜。於戲，義之盡，仁之至，在昔孔子贊禹之德曰：「禹，吾無閒然矣。菲飲食而致孝乎鬼神，惡衣服而致美乎黻冕，卑宮室而盡力乎溝洫。」禹為治世之聖人，公為出世間之大德，禹為東方政治標準領袖，公實為東方佛化標準和尚焉。

（十）飭終莊嚴　公之盛德莊嚴，見之於飭終之際，可得而述者有三：一曰示疾如無疾然，二曰示死如無死然，三曰示化如未化然。何謂示疾如無疾然？公自八月十五、十六講經，精神雖然奮興，然聲音語氣已微帶有黯然神傷之意，開端結論，字句略露朕兆，衆或不大注意也。迨八月廿三日為道逢二老寫大柱聯後，下午即云身體發熱。廿四日食量遂減。廿五日復為學生寫字。廿六日食量減去四分之三，又照常寫字。廿七日整天斷食，只飲開水，醫藥悉被拒絕。廿八日叫蓮師抵臥室寫遺囑。廿九日囑臨終助念等事。三十日整天不開口，獨自默念佛號。越至九月初一日上午，為黃福海居士寫紀念冊二本，下午寫「悲欣交集」四字交蓮師。初二日命蓮師寫迴向偈。初三日因蓮師再請吃藥，示不如念佛利益，及乘願再來度生等囑。初四日因王拯邦居士力懇吃藥及進牛乳，說十誦戒文等。是晚七時四十五分鐘，呼吸少促，八時正遂吉祥西逝。如是謂為無疾，明明有發熱不進食，謂為有疾，何以旬餘減食停食，寫字說法如故，故曰示疾如無疾然。何以謂示死如無死然？公吉祥西逝後，蓮師等依照遺囑助念已，關鎖晚晴室，退出。翌晨緇素弟子來，悉在室外，焚香獻花禮拜，一日無動。初六日晨刻，將裝入龕。余入室頂禮，瞻其遺貌，見遺體向西側臥，兩腿端疊，左手垂於腿上，右手扶腮，蓋以被單，面隱隱帶笑容，唇際尚略現紅色，與在生無異，然此時距氣絕已三十五六小時矣。如是謂為未死，已氣絕一二日，謂為已死，何以面色如生，故曰示死如未死然。何以謂示化如未化然？過七日是為十一日晚，在承天寺化身窰荼毗，舉火纔逾時許，衆方恭敬圍繞，忽爾異彩一道突從窰門燎出，熾然照耀，辟易一切，衆為震動，厲聲念佛，異彩須臾散去，未幾已告化盡，猛捷無與倫比。翌日衆檢靈骨，分為零整兩種，整的質呈堅固，潔白兼帶青色黃色微紅色，零的千百碎片，其中輒檢出舍利如綠豆大者多枚，余亦檢出一枚，為血色，最奇者，越二十餘日，蓮師猶檢出一枚色澤勝常，投諸磁盆中，鏗然有聲。舍利者，梵語設利羅，戒定慧忍力功德之所薰修也，如是謂為未化，已迅疾薪盡火滅，謂為已化，何以有堅固舍利大小一千八百餘枚，故曰示化如未化然。噫嘻，鏡花水月，夢中佛事，世人或未易明，吾人不可不特別注意及之。

此外又有遺囑三紙，一付蓮師，一付溫陵養老院董事會，謹附諸後，是諸遺囑為一字一珠可，謂為一字一淚，更無不可，付蓮師遺囑如下。廿八日下午五時囑云：「余於未命終前，臨命終時，既命終後，皆託妙蓮師一人負責，他人無論何人，皆不得干預。」又叮囑謝絕一切弔問，廿九日下午時付囑計五事：「（一）在已停止說話，及呼吸短促，或神志昏迷時，即須預備助念應須之物。（二）當助念之時，須先附耳通知云，我來助念，然後助念。如未吉祥臥者，待改正吉祥臥後，再行助念。助念時誦《普賢行願品贊》，乃至所有十方世界中等正文，末後再念南無阿彌陀佛十聲，不撾木魚，大聲緩念，再唱迴向偈，願生西方淨土中，乃至普利一切諸含識，當在此誦經之際，若見予眼中流淚，此乃悲歡交集所感，非是他故，不可誤會。（三）察窗門有未關妥者關妥鎖起。（四）入龕時如天氣熱者，待半日後即裝龕，涼則可待二三日裝龕，不必穿好衣服，只穿舊短袴，以遮下根即已。龕用養老院的，送承天寺焚化。（五）待七日後再封龕門，然後舉火。遺骸分為兩罈，一送承天寺普同塔，一送開元寺普同塔，另在裝入龕以前，不須移動，仍隨舊安臥牀上，如已裝入龕，即須移承天寺，去時將常用之小碗四個帶去，墊龕四腳，盛滿以水，以免螞蟻嗅味走上，致焚化時損害螞蟻生命，應須謹慎。再則已送化身窰後，汝須逐日將墊龕腳小碗之水加滿，為恐水乾去又引起螞蟻嗅味上來故。」付溫陵養老院遺囑（初三日上午公囑由蓮師手寫交與院中）：「（一）請董事修臺（即指過化亭一部份破損應修葺者）。（二）請董事對老人開示淨土法門。（三）請董事議定，住院老人至八十歲，應舉為名譽董事，不負責任。（四）請董事審定湘籍老人，因已衰老，彼自己雖樂為助理治圃責任，應改為庶務，以減輕其負擔。」

（十一）回溯淵源　初，公之將由溫州入閩也，時則有多年好友、志同道合尤惜陰居士聯袂偕來。及其克抵閩南也，時則有性情柔和、常樂清靜長老性願法師，及思賢如渴、至心向道陳敬賢居士，與公晤面之後，有若宿契，相與朝夕親炙，歡若平生。又因諸長老居士之介紹，游訪名山古剎，若普照、日光、太平、萬石以至紫雲、月臺、百原、草庵、雪峯、慧泉等。又有一班在家出家好學青年，小心翼翼，時時啟請演說開示。公初意本擬南度曼谷，游化海外，及至閩南，見氣候溫和，山川靈秀，又見一般人士情意懇切，風俗醇厚，至是乃悠然心喜，因而變計，於此方作終焉允臧之意，而讓尤居士獨自長征，此閩南十餘年游化勝迹一段因緣之所由來也。吾人回溯當年，對於一脈師友淵源，不能不起特別鄭重之心與無限感謝之念焉。不然，使公初蒞鷺門，不遇善侶，亦如過去某處，所遭枝梧境界，則閒雲野鶴飄然遠引久矣，欲求一瞻顏色，亦不可得，又何有十年殊勝化迹哉！古德云：「佛法難聞，善知識難逢」，誠有然者矣。惜乎勝緣難再，世諦靡常，於今尤居士在檳城，已早現比丘身，性長老在菲島，為太平洋戰事，久無消息，敬賢居士數年前已謝卻世緣，超登極樂，所恃以為吾人晨夕依止，示我周行者，唯公一人而已。今公又復西歸，孤露無依，踽踽獨行，胡能不悲哉。

（十二）發願重來　公之不捨衆生，發願重來，實不自近始。戊寅春月，余一日為聶居士雲臺求公繪彌陀相，因聶居士時年六十，星者謂壽終是年，以有老母在，故求繪聖像供養祈延年。公時謂余曰：「我今年亦六十，星者亦如是說，故我擬即謝絕一切，專修淨業，以求往生。」言下意志堅決。余聞是言，私心鬱抑，跪下請曰：「願依《華嚴經普賢行願》，請善知識莫入涅槃之義，求公久住世間，利益我等。」公曰：「汝有所不知，一手一足之力度得幾何，不如力求上品上生，再來，力量乃大耳。」似此故知發願重來，不自近始。又公生平對於勸人誦《普賢行願品》，勸人念《地藏菩薩本願經》，特為殷勤，於二大菩薩可謂服膺至深，二大菩薩累劫發弘誓願，廣度人天，公之發願重來，實無可異。且公世壽六三，僧臘二四，遭逢世變，限於環境，化緣似狹而未廣，悲願實賒而少酬，重來濟度，實為勢所必然。公既重來，諸有緣者應獲度脫，未成就者應獲成就，所謂桃李盡在公門，可喜孰甚焉。唯是花枝春滿，天心月圓，此中消息，有關時節因緣，斷非凡情所能測度。宋僧有詩云：「鎮日尋春不見春，芒鞋踏遍隴頭雲，歸來笑說梅花下(二)，春在枝頭已十分。」苟吾人現前一心，時時憶公念公，於公宏願，不相乖異，則比如二人相憶，二憶念深，從生至生，有同形影，公獲重來，我獲重見，何以殊此。如是應即是春滿枝頭、月圓天心時也，竊願與諸有緣者共勉之。

因公之盛德無盡，茲述僅其少份，又多餘意，故復偈以頌之，偈曰：

時逢季世法時秋　溫陵佛國亦復爾　況當浩劫正臨頭
無量衆生齊叫苦　龍天推出法師來　認定一乘堪濟度
一肩擔荷南山律　廣行方便牽入道　應以音樂說音樂
應以翰墨說翰墨　應以歌劇說歌劇　應以雕刻說雕刻
展盡天才藝術家　能畫世間心華怒　怪癖慢憧世盡有
致曲虛心令覺悟　賫函童子戒勤動　淡血寫經皆可導
無錢入校有讀書　一部論語殷勤道　名山古剎靡不游
村營聚落皆樂到　達官貴人一拱手　孤獨殘廢諸無告
軟語溫顏為說法　說盡生老病死苦　人生晚節最為難
皎皎蒙污入邱墓　為是殉教血殷紅　老圃黃花表吾素
又因邪教正披猖　迷衆妖師亦無數　惡紫奪朱鄭亂樂
辭而闢之不計度　痛念世上諸有苦　為因破戒深自誤
殺戒為苦因第一　力將螞蟻細調護　非於螞蟻有所私
愛惜生命一體故　救苦無越毗尼藏　毗尼住世獲良果
因諸竭盡平生力　誓把衆生持戒度　棲神淨域為依歸
履蹈典型為初步　真實男子應如是　可以成人可證道
道之不行乃著書　南山律苑神為疲　普濟閉關著便覽
為便在家二衆持　又有警訓寒笳集　悲音直欲沁心脾
若見此書不流淚　其人天良大可知　最後又著晚晴集
溫陵絕筆繫我思　此外人生之最後　我願人人諦觀之
一年臘月三十日　最是吾人緊要時　戰戰兢兢公知免

吉祥西逝不我欺　大家至此應殷重　公歿以公言為師
公友來書商整理　責任示知付阿誰　紫雲屈指數開士
數到於公八十二　開元尊勝院沙門　弘一演音及勝臂
生平於此有因緣　尊其位實尊其志　二一老人不二祠
先哲後哲同一地　晦翁晴翁先後過　過化亭前有題字
此處古有松竹梅　歲寒三友誰措意　唯公注念不能忘
晨昏與共歷時序　緬懷盛德說難盡　擬築浮屠伸微意
敬祈靈爽永式憑　千秋萬歲天花墜
親受證明皈戒弟子葉青眼和南謹志時年六十有七

（刊於一九四三年《弘一大師永懷錄》）

編者按：

〔一〕羅大經《鶴林玉露》「說」作「指」，「下」作「嗅」。

憶李叔同先生——弘一大師

朱文叔

夏先生來，說弘一大師——李叔同先生——圓寂了，要我寫一篇短文做紀念。對於李先生，我實在只有佩服，佩服到無可言說。勉強寫一些，也只是世俗的觀感，且鈍根拙筆，決不能寫出先生德業之萬一。

在我的學生時代，李先生是教音樂的，那時我對於先生的觀感只有一個字——清。

人是清癯的，身裁適中，可是因為清癯的緣故，在我的目中顯得高，尤其當他站在講壇上的時候，心中每不期而起「仰之彌高」的感覺。音樂教室的前面，是一個校園。有時先生在那裏觀賞花木，亭亭靜立，也使我起一種「清標霜潔」的感覺。

目光是清湛的，無絲毫垢滓，更不含絲毫嗔怒之意。因為他不多說話，和他日常相見，每有極短暫的相對無言的時候，在這時候，只見他雙睫微垂，覺得好像有無量悲憫之情從他目中流露出來。

語聲是清越的，無論在上課時，在日常相見時，他的說話總是那末輕緩，可又那末有力，能使聽者澈於耳，入於心。

至於容止氣度，真是一清如水；惟其清，所以潔淨，澄澄澈澈，遠離一切污染，身上布衣一襲，淨無微垢，室中明窗淨几，潔無纖塵，這且不說，只要你一接近他，就覺得有一脈清氣，浸潤着你，涵濡着你，使你自慚形穢，使你的鄙吝之萌不復存於心。

惟其清，所以和悅，溫溫穆穆，從無疾言厲色。我記得在學業上，所有同學都沒有受過先生的訓斥，可是對於先生的功課，大家都誠心誠意的想做得好；目的不在分數，只是希望先生能因此而更悅，更歡喜。

惟其清，所以靜，安然謐然，從不遑遽惑亂，就是同學們，一班三四十人，在他的課上，也不會有躁急煩囂的表現。

惟其清，所以淡，泊然恬然，我不曾見他有過得失之色，羨慕之容。

清斯明，先生真像光風霽月。清斯秀，先生真像花中之蓮，木中之松。

我在學生時代，對於先生之觀感是如此，離校不久，先生也就做了和尚，以後二十五年間，只見過先生一次面。現在先生是由漸而頓，到了德無不備障無不盡的圓滿境界了，對着案頭先生的小影，真覺得無可言說。

（刊於一九四三年《弘一法師生西紀念刊》、《弘一大師永懷錄》）

憶弘一法師

孤　芳

讀一月三十日的涇縣《宣報》，知道弘一法師已在福建泉州僧院圓寂了，不禁泫然。

法師與我相熟，而且在三十一年以前，在上海《太平洋報》共事頗久。《太平洋報》是那時候本黨的一個宣傳機關，姚雨平將軍任總經理，朱少屏先生任經理，葉楚傖任總編輯，一班編輯是柳亞子、余天遂、林一厂、姚鵷雛、蘇曼殊、胡樸安、胡寄塵。法師因為擅長藝術，專任廣告編輯。

在那時候，法師尚未出家，人人稱他為李息霜先生，或李叔同先生。他是天津人，曾在日本留學多年。他擅長的藝術當中，除了音樂之外，還有書法、花鳥畫和篆刻。《太平洋報》的報頭，是他的手筆。報上的廣告文字與圖案，大半也是他寫的和畫的。他關於廣告的設計，很有研究，在那時候中國報紙的廣告除了文字之外，沒有圖案的，祇有《太平洋報》的廣告有文字，有圖案，都是法師一人所經營的，而且他設計的廣告，文字和圖案，都很簡單明顯，很容易引起閱者的注意，但是他沒有一點市儈氣，這是法師平日讀書養氣工夫很深的緣故。他除了編輯廣告之外，還編一種《太平洋畫報》，附在《太平洋報》內，贈送讀者。畫報出版的定期，或三天一期，或五天一期，有時候連幾天都有，是用中國連史紙印刷。編輯也很別緻，畫報的紙張，每期大小，亦不定規，完全視內容而定。畫報的內容既不是點石齋的新聞畫，也不是沈伯塵的百美圖，更不是錢病鶴、馬星馳一流的諷刺畫，它是一幅立軸，或一方冊頁，或一副對聯，大半是法師的手筆——書法和花鳥。法師那時候的書法，近似鄭文公碑而更雄健，花鳥亦如他的書法，雄健遒勁，寥寥數筆，別有風緻。那時候《太平洋報》有兩位畫家，一位是當時的和尚——蘇曼殊法師，一位是未來的和尚李叔同先生。蘇曼殊法師，名玄瑛，廣東人。母為日本籍，有人說她是一個棄婦，所以曼殊幼小就出了家，並自己稱做畸零人。也擅長山水畫，取材多古寺閒僧，或荒江孤舟，一種瀟灑孤僻的意味，和他的性情絕不相類。法師的花鳥，雄健遒勁，也和法師的性情絕不相同。

那時候光復不久——民國元年，人民因為事業成功的容易，大家多有點浮躁的習氣。尤以一班文人，積習不能除，就中風頭最健的，要算南社的社友。南社創立於滿清末年，以文字鼓吹革命提倡氣節，民初之間，最為黃金時代。社中書記——即社長柳亞子，他在那時主持《太平洋報》的文藝欄，報館裏一班編輯，也都是南社社友，他們在編輯完了時，多向歌場酒肆徵逐，或使酒罵座，或題詩品伎，不脫東林復社公子哥兒的習氣。蘇曼殊以一個口本和尚——曼殊好著和尚裝，也廁身其中，酒肉廝混，獨弘一法師孤高自持，絕不混入，靈機早露，在那時，或已看空色相了。《太平洋報》出版未一年，就停了刊，同人星散，法師的行蹤，也不知道。到了民國三四年，忽然聽見法師在上海城東女學校教課，後來又不知道他的行蹤。又後來忽然又聽見說他已出家了，……在寧波天童寺坐關了，……在杭州淨慈寺靜修了。

是那一年——我不記得了，有一個熟朋友，在淨慈寺忽然遇見法師，法師曾經贈給他幾張自己寫的墨寶，字作北魏體，和當年近似鄭文公的書法絕不相類，墨寶係用硃墨書寫，每紙僅「南無阿彌陀佛」六個字，並沒有題名，承他也贈給我一紙。

在《太平洋報》的時候，我祇有十九歲，初次投身於社會做事，在報館裏僅僅是一個小職員，本談不到和法師有多麽深交，然而卻蒙法師的器重，有時候命我為他私人代代勞。他有時著西裝，有時穿長袍馬褂，身段很長，面貌很清癯，嘴上是八字的髭鬚，今日尚可回憶得出來，然而法師卻已圓寂了。

（刊於一九四三年《弘一大師永懷錄》）

何以紀念大師

觀一居士

弘一法師生西，世所驚悼。法師生平事迹，必有人為之蒐集傳播，毋待多言。竊有欲饒舌者，則吾徒須體法師平生遺志，凡一切近於裝門面撐架子之事，均不可做，宜集中一切力量，宏揚律宗，以符先志。法師平生著述有關律宗者，速為流布，其他可以從緩，亦不宜多立名目，有類俗套，因為法師在世時所深惡也。獨憶民國二十六年，法師將往青島湛山寺應講律之聘，道經上海，余詢其乘何船前往，為致電湛山寺迎接，以慮法師人地生疏，且寺中應盡地主之誼，非有他也。旋知法師因此故改乘他船，其不鶩聲華一至於此，今日一般捨本逐末之僧徒聞此，宜知所戒焉。

（刊於一九四三年《弘一法師生西紀念刊》、《弘一大師永懷錄》）

弘一法師與我

——斷片的回憶

黃福海

我初次見弘一法師，是在泉州承天寺，那時是二十八年冬季某一天的下午。

法師問了我姓名與來歷後，很欣慰地領我進他的禪房去坐。禪房矮小，光線幽暗，房內佈置整齊妥貼，大多東西都呈着清潔的淡灰色。這裏沒有一點灰塵，也無一點聲音。法師面部清癯，兩眼若開若閉，口含慈祥的笑，在正襟危坐着，態度莊肅，顯露慈威。在這樣嚴淨環境中，像一位道地的活菩薩。把一個素來行動浪漫不羈的我，噤得規規矩矩不敢亂動，不敢做一聲，又捨不得就辭出，只是木偶般地坐着，默默地望着他。大約這時法師看出我這個孩子的尷尬相，遂笑嘻嘻地以爽快而輕鬆的語氣對我打話說：「我會寫字，你要我寫字嗎？」

見過法師的第二天清晨，我選買了四個一樣大的橙子，低着頭，躡着腳，悄悄地將橙子捧進法師禪房。法師隨即離座起立。我一聲不響輕輕地將橙子放在旁邊小桌上，並堆成一個金字塔形。法師不像世俗人那樣的說「謝」，或謙拒不納，而以長者的口吻說聲：「你還買橙子請我啊？」

臨走，法師送我早已為我寫好的一卷字，當時我一面心奇法師寫字的迅捷，毫無一點世俗書家因循及驕傲的習氣，一面恭恭敬敬地雙手捧過字卷，大約因了過分的歡喜感激，我竟忘卻說謝了！

法師答應我和他去攝一張紀念照片。我低着頭跟隨法師以輕捷的步子向照相館走去，正走之間，他忽然步履轉慢，我擡頭看見前面遠處走着個矮和尚，法師指着他的背像，用低微的聲音對我說：「這位就是承天寺的大和尚，他歲數比我大，出家比我早，是佛門中的老前輩，所以我這時要慢一點走，不能走到他的前頭。」

在照相鏡前，法師雙手捏着佛珠，立定不動。我請問：「怎麽樣照才好？」他很客氣地答：「隨便。」我與照相師佈置背景，調適光線，又請問：「這樣照如何？」他答：「就這樣好。」

法師過後在相片上題了幾句：「己卯二月二十日與黃柏（我的別號）賢首同寫影於清原。時年六十，將往永春山中習靜（印）。」

我在石獅，有一天張人希君來說：「法師已由永春來了。」我一聽到這話，很為歡喜。隨即問他住在甚麽地方。

「住在本區檀林鄉福林寺。剛纔我就是去皈依法師來的。」

「皈依！要叩頭，要守五戒的啊？」我問。

「是的，法師說：穿着洋裝，鞠躬也就可以。又說：先守不飲酒不邪淫兩戒，其餘慢慢的來……我順便告訴他說你在石獅呢。他問你的住處，還說與你已有好久不見了。」

我即於次日從百忙中抽出一點時間，獨自跑到福林寺。由傳貫師領我上樓，法師正憑着欄杆，左手捧着一本經，面對東面一個水塘在遠眺。他轉首見我來，隨即邀我進客室。先說給我一點他的近況，又問我來石獅的原委，以及我離開江蘇省的年數；隨後彼此默默地對坐了一個很長的時間。我終於耐不住靜默，遂向法師告辭。

過了幾天，法師託人帶來贈我的一幅小中堂，上寫韓偓絕詩兩首，詩為：「炊煙縷縷鷺鷥棲，藕葉枯香插野泥。有個高僧入圖畫，把經吟立水塘西。」「江海扁舟客，雲山一衲僧，相逢兩無語，若個是難能。」前一首詩，似為法師寫照；後一首詩，正是彼此相逢時之素描！

一個小和尚遞來書件一大卷，說是法師送給我的。我急忙地撕去封皮打開看……奇怪？除書件外，還附了許多大小寬直不等的白紙條。小和尚說：「這是你從前送去許多的紙張，裁了書寫後，所剩下來的零碎紙條，法師將它附還你。」又聽小和尚說：「我曾看見法師在垃圾堆上拾得一些小布條，寶貝似的帶回去，洗乾淨了留着補綴破衣裳。」咦！法師竟連一點廢紙碎布，都捨不得拋棄呀！

我曾大膽這樣地請問：「法師！你雖是出了家不願再談藝術，但在我心目中老是認定法師是一位老藝術家。」法師聽到這裏，很客氣地應了一聲：「不敢當。」我接着說：「我始終從藝術觀點來瞻仰法師。法師在所著《佛法十疑略釋》一書中，論佛法非迷信、非宗教、非哲學等等，獨未說到佛法非藝術，我可不可以這麽說：佛門中的生活，就是藝術的生活呢？」法師點點頭說：「各人的觀點不同，也可以這麽說。」

一次我做了一個不速之客，未經通報，直接地進晚晴室見法師。他正在寫字，一見我來正要放下筆，我很快地迎上去說：「法師！你莫客氣，仍請寫字，容我在旁邊看。」法師便順我的意思仍舊寫字。我幫着按紙，定睛細看他的用筆和按指。法師一面寫，一面說：「我寫字，好像在擺圖案；其實寫字不背圖案的法則。」我乘機說：「我很喜歡學法師的字體，曾將法師從前贈給我的一部珂羅版印的《金剛經》（原底本為法師親筆所書），作帖臨摹，已經臨了好久，可是寫得總是不像。」法師擡起頭，用慰勉的語氣，將筆指着我說：「我看過你的字，寫得與我很相近！」

我很愛聽法師講話。他聲音的高低，正合鋼琴上C調的音。他講話，語調自然，表情肫摯，咬字清晰，國音準確。當他講話時，我好像聽到一位老劇人念臺詞。他每句話中的每一個詞，好像經過洗煉，而合於修辭學的某種辭格。他好像按着六個W講出每一句話。就是說：他在何時，何地，對何人，為甚麼說，怎樣說法，說出甚麼話。法師有時沈默無言，讓空中的風，草中的蟲，或樹上的蟬……講話給我聽。

這一次，怎麼地突然間來了一個惡消息說法師有病，不知究竟是甚麼病，我心中很急。羅元慶君以為他是瘧疾，便買了十二粒奎寧丸交與我，我又憑着意想買了幾種藥，連同羅君的奎寧丸用紙包在一起，不吃午飯，趕緊地送到溫陵院去，見法師面部略瘦，站立還有精神，心中竊喜！隨即放開紙包，將各藥呈奉。法師收了別的藥，獨不收羅君的奎寧丸，他說：「這藥目下是很貴的，我不是瘧疾，請帶還羅居士轉施別人！」我見法師堅不肯收，便這樣說：「既羅居士送來，請法師收下一半吧！」法師順我的請求，收下六粒。其餘六粒，我回來時交還羅君，豈料羅君不等我把法師的意思講明，便責備我說：「你為甚麼不請法師一齊收下！」

過了兩天，仍在病中的法師已將收下的六粒奎寧丸託人贈送給承天寺裏一個患瘧疾病的小和尚服了。

「弘一法師圓寂！」當三十一年陰曆九月初五日，從《泉州日報》報來這個惡耗時，我目瞪報紙好久，不禁一陣心酸。我拋開被眼淚浸濕的報紙，隨去換上一身素服，若有所失地走到香店，買了一束貢香拿在手裏，俯首走到溫陵院。院子裏的氣象淒清慘淡。晚晴室的外門鎖着，我從室的東邊玻璃窗，望見窗內向西吉祥臥的法師遺體。我燃香插於窗外土中，便就地向窗內行三個頂禮，以送法師的永別！時妙蓮師拿來一個字卷給我，口吃吃地說道：「這，這是法師在病，病，病中為你寫的一幅座右銘。法師在病，病，病終前一天交，我，囑，囑我在他歸西後，等，等，等你來時轉交與你！」

我恭敬地接過，又含淚向窗內一拜，以表謝忱。我即將字卷拿去裱褙，現在懸於室中，作為永久之紀念物。我常常面對着這幅紀念物癡癡地望，默默地想。

（刊於一九四三年《弘一法師生西紀念刊》、《弘一大師永懷錄》）

弘一大師出家的研究

容起凡

記得吳稚暉先生曾說過一句話：「李叔同可以做個藝術家而不做，偏去當和尚。」有許多人對於這句話是具有同感的，稍微知道弘一法師（李叔同）的身世歷史的人，都以為這位對圖畫、金石、音樂、文學、戲劇都曾有着濃烈的興趣和高深的造詣的藝術家，這位風流倜儻的濁世佳公子，這位曾經從事革命、辦過報紙的同盟會㈠老黨員，為什麼在中年以後竟捨棄一切事業和作為，而悄悄地倔強地皈依到佛門去呢？在一般人的心目中，這實在是一個「謎」，要探索這個「謎」的謎底確是件不容易的事。假如能以社會科學的眼光於弘一法師身世、環境、個性、學術、思想等等來下一番精透深刻的研究，或可得到了解與結論，但是，這種工作到現在似乎還沒有人有整個系統地在做。（至少是還沒有發表貢獻出來。）

理解整個的弘一法師，這有待於《弘一法師評傳》或《弘一法師的思想研究》這一類撰述問世，但這件工作是巨大與艱難，撰述的人對於社會科學、藝術、佛學都要有深博的修養基礎，對於法師生平的事迹和著作要有詳細的一貫的熟悉，才有辦法下筆，才能希望得到正確的堅實的結論。筆者才疏學淺，缺乏上述諸項的素養，而手頭參考材料又極少，當然不敢企圖替讀者「解謎」，不過為了紀念這一代高僧，我只想在這裏提出弘一法師為什麼會出家這一點來談，作為個人對弘一法師的虔誠的紀念。

人固然可創造環境，但環境也可影響人性；而環境對於人性的影響又以幼年期內最容易和強烈。弘一法師出生於巨富而又崇佛的家庭，他的父親李筱樓先生是個清朝進士，是個研究禪宗、篤信佛教的長者，晚年尤樂善好施，設義塾，創備濟社，專事賙濟孤獨鰥寡的貧人。法師生長在這個家庭環境中，庭訓之外，耳濡目染，潛移默化，在他童真的腦海中，定有着深刻的人世生老病死的痛苦印象；他的佛性的憫世的人道精神或許早已無形地植根於此時。固然凡生育於錦衣玉食的一般世家子弟，大多是物質慾與名利慾很炎熾的，和佛家的解脫堅苦的生活對照起來是不調和的，假如說弘一法師出家的精神完全是萌植於他幼年生活，而沒有以後的機因，實未免失之太單純。但是，在幼年即有「人生猶似西山日，富貴終如草上霜」之詩作的李叔同，中年以後的出家決不是偶然的因緣或一時的激動啊！

弘一法師少年時是個風流倜儻的人物，娶有一妻一妾，而且亦曾有走馬章臺、拈柳平康等放蕩行為，他戀過名妓，捧過坤伶，交好於歌郎；又生長在那個以嫖妓為文人學士的韻事之一的時代，脫略不羈的李叔同，也就染有這種癖好了，這似乎不足驚奇。然叫人感到詫異的，是這個風流才子，怎樣後來竟能斷然地遁迹空門呢？我們知道聲色縱樂只是一種官能上的刺激，這種刺激是容易變化與幻滅的，同時又極容易厭倦的，正如糖吃得太多是容易膩一樣。極端的享樂，常常是極端枯寂的前奏，所謂動極思靜，濃極返淡。一個多情自命的人，在某一種環境之下，常放縱於一己一物之愛，但是在時間與空間的感受上，經過思想的變化，這種豐富的情感便有可能在自愧自反之下，擴放成為廣博的衆生的愛，所以我們認為弘一法師的出家，是他的心情由於脂濃粉艷的境地，參澈情禪，「衆生無常」「色相皆空」的新生活，當然在這個轉變的過程中，敏感聰明的他是要忍受許多心理上的苦悶和衝突的。試摘看他贈歌郎金娃娃的詞（調寄《金縷曲》）：「奔走天涯無一事，問何如聲色將情寄？休怒罵，且游戲！」雖然前面儘管是「泥他粉墨登場，領略那英雄器宇，秋娘情味」，但是已可見他寄情聲色，是為了「奔走天涯無一事」而徬徨苦悶，他內心是如何的抑鬱與痛苦啊！把「聲色」視為「兒戲」，雖不能說情種已具佛性，可是至少已有出世的解脫的精神流露於字裏行間了。再說，法師少年時家運的凌替衰敗，親屬的死亡相繼，以及在家人難以相安之下扶母飄泊南下等等淒涼的情味，一方面足以刺激他放浪形骸，一方面也會使他增加滄桑幻滅之感的。

照新的解釋：藝術是反映人生、表現人生、評判人生的武器，所以藝術的目的是積極的。弘一法師是個研究藝術而有高深成就的人，他放棄他的藝術的筆，而捧起貝葉的事情，也頗曾教人費解，但是這也是有理由解釋的。弘一法師雖然是個藝術家，但是他的作品一貫地缺乏廣泛的建設社會意義，在那時他所處的時代，已經是封建制度鑄定了要沒落的時代，在時代的齒輪下，社會激蕩，家景遷移，他眼看着自己階層的衰落，內心充滿抑鬱、悲傷與憤慮；但是又限於他只是個舊社會的才子，不能理解藝術的積極作用和力量，所以他的詩文只是發抒個人的悲歡情緒，與藝術的社會意義是沒有多大關聯的。又如他對於美術、音樂、金石，也只是一種純藝術的研究。所以作為一個藝術家的他竟會出了家，是沒有什麼奇怪的。再如上面所引的他有「人生猶似西山日」這樣傷感的作品，反可證明文學倒是使他接近宗教的津梁哩！雖然我們不能抹殺他表現於前半生事業上的愛國思想和革命精神，但是，這種思想和精神並不多量的溶注於他的藝術作品中。

弘一法師生長在那中國民族革命思潮最澎湃的清末時代，那時帝國主義以炮艦打開中國門戶，以不平等的條約桎梏民族，作種種政治的經濟的侵略；同時，清室內政不修，外交脆弱，也使國勢益發阽危，有志之士目睹心愴，遂相率起而倡革命維新之說，他又曾經在日本留學，目擊日本政治的進步及國勢的昌強，自然遭受刺激，他的加入同盟會從事革命，是那時一般留學生和知識份子憂國憤時的熱情的激蕩和表露。但是他由革命者的生活轉入僧侶生活之時，中間已過相當沖淡閒適的隱士一段歲月，這段閒適的生活使他漸漸澄滌了過去奔放的積極的革命熱情，而代替它的卻是「普救衆生」「同登覺岸」的佛家思想。我們揣測，在弘一法師的主觀意識中，作為一個救國救民的革命家，和一個發願度世抱着「我不入地獄誰入地獄」之宏願的苦行僧，在思想的本質或者並沒有什麽區別呢！

總之，弘一法師在家時，雖然曾是濁世佳公子、藝術家、革命者，但是，他出家的這一個轉變的心理過程，我們似乎可以從他的矛盾生活上，找到足以解釋的線索哩！

以上所述僅是憑一人膚淺的直感，對於理解弘一法師的思想與人格或者竟沒有一點裨益，而且「瞎子摸象」，錯誤之處又必在所不免。

（刊於一九四三年《弘一法師生西紀念刊》、《弘一大師永懷錄》）

如何觀察弘一大師的出家

了 緣

在佛法中，出家不是一件輕易的事，是由迷入悟的一個過程。所以說：「出家者大丈夫之事，非王侯將相之所能為。」又說：「因地不真，果招迂曲。」假使說：「弘一大師的出家，不是悟徹人生，只是主觀錯誤」，那便是因地不真，如何能成一代高僧呢。我們觀察弘一大師的出家，有兩點必須注意，一是智慧，二是情感。

大師幼即敏慧，讀書過目成誦（見僧睿撰《略史》），天資穎悟，外倜儻而內恬醇（見姜丹書撰《小傳》）。以如此智慧，悟人生之幻，本不為難。何況身遭家國社會之變呢。若非智慧，縱遭受人生痛苦，不憤而入於破壞，即痛而至於自殺，斷不能入解脫之門也。

大師情感淳厚優美。厚，故愛人而能入佛法慈悲之門；美，故自愛而能達佛法純潔之境。所以大師出家後極力提倡護生，即慈悲之表現；嚴淨毗尼，即純潔之表現。

此尚就淺處說。若就實在道理說：「八識田中，不具般若種子，決不能成出家事業。」故《金剛經》云：「當知是人不於一佛二佛三四五佛而種善根，已於無量千萬佛所種諸善根。」故知出家者皆是般若薰深、解脫緣熟也。但此指真正出家說（出三界火宅之家）。若形式出家（出兩扇大門之家），身雖出家，心未離俗。那便不在此限。豈有一代高僧，不是真正出家的呢。所以我們觀察大師，不可從俗情出發啊。

（刊於一九四三年《弘一法師生西紀念刊》，題目是《弘一大師出家的研討》；《弘一大師永懷錄》收入，與容起凡文同題目，為「其二」。）

弘一大師的遺書

夏丏尊

丏尊居士文席：朽人已於九月初四日遷化。曾賦二偈，附錄於後：

君子之交，其淡如水。執象而求，咫尺千里。

問余何適，廓爾亡言。華枝春滿，天心月圓。

謹達，不宣。　音啟

前所記月日，係依農曆。又白。

十月三十一日星期六上午，依例到開明書店去辦事。才坐下，管庶務的余先生笑嘻嘻地交給我一封信，說：「弘一法師又有掛號信來了。」師與開明書店向有緣，他給我的信，差不多封封同人公看，遇到有結緣的字寄來，最先得到的也就是開明同人。所以他有信給我，不但我歡喜，大家也歡喜的。

信是相當厚的一封，正信以外還有附件。我抽出一紙來看，讀到「朽人已於九月初四日遷化」云云，為之大驚大怪。驚的是噩耗來得突然，本星期一曾接到過他陽曆十月一日發的信，告訴我雙十節後要閉關著作，不能通信，且附了佛號和去秋九月所攝的照片來，好好地怎麽就會「遷化」。怪的是「遷化」的消息，怎麽會由「遷化」者自己報道。既而我又自己解釋，他的圓寂謠言，在報上差不多每年有一次的，「海外東坡」在他是尋常之事。這次也許因為要閉關，怕有人再去擾他，所以自報「遷化」的吧。信上「九」「初四」三字用紅筆寫，似乎不是他的親筆，是另外一個人填上去的，算起來農曆九月初四恰是雙十節後三日，也許就在這日閉關吧。我捧着一張信紙，呆了許久，竟忘了這封信中還有附件。

大概同人見我臉色有異了。有人過來把信封中的附件抽出來看，大叫說：「弘一法師圓寂了。」這才提醒了我，急急去看附件，見一張是大開元寺性常法師的信，說弘一老人已於九月初四日下午八時生西，遺書是由他代寄的。還有一張是翦下的泉州當地報紙，其中關於弘一法師的示疾臨終經過有詳細的長篇記載，連這封遺書也鈔登上面。證據擺在眼前，無法再加否認，唉，方外摯友弘一法師真已遷化，這封信是來與我訣別的，真是遺書了，不禁萬感交迸，為之泫然。

據報上記載：師於舊曆八月廿三日感到不適，連日寫字，把人家託寫的書件了訖，至廿七日已不進食物。廿八日下午還寫遺囑與妙蓮法師，以臨命終時的事相託，至九月一日上午還替黃居士寫記念冊二種。下午又寫「悲欣交集」四字與妙蓮法師，直到初二才不再執筆，算起來不寫字的日子只有初三初四兩天。這封遺書似乎是臥病以前早寫好在那裏的，筆勢挺拔，偈語雋美，印章打得位置適當，一切決不像病中所能做到。前一封信是陽曆十月一日發來的，和陰曆對照起來，那日是八月廿二，恰好是他感到不適的前一天。信中所說，如「將於雙十節後閉關」，「以後於尊處亦未能通信」，且特地把一張照片寄贈，諄諄囑嗣後和諸善知識親近，從現在看來，已儼然對我作了暗示了。豫知時至，這兩封信都可作為鐵證，不過後一封是取着遺書的形式罷了。

師的要在逝世時寫遺書給我，是十多年前早有成約的，當白馬湖山房落成之初，他獨自住在其中，一切由我招呼。有一天我和他戲談，問他說：「萬一你有不諱，臨終咧，入龕咧，荼毗咧，我是全外行，怎麽辦？」他笑說：「我已寫好了一封遺書在這裏，到必要時會交給你。如果你在別地，我會囑你家裏發電報叫你回來，你看了遺書，一切照辦就是了。」後來他離開白馬湖雲游四方，那封早已寫好的遺書，一定會帶在身邊，不知今猶在否。猜想起來，其內容當與這次妙蓮法師所得到的差不多吧。同是遺書，我未曾得到那封，卻得到了這樣的一封，足見萬事全是個緣。

這封信不但在我個人是一個珍貴的紀念品，在佛教史上也是非常重要的文獻，值得鄭重保存的。

本文方寫好，友人某君以三十年二月澳門《覺音》社所出《弘一法師六十紀念專刊》見示，在李芳遠先生所作《送別晚晴老人》一文中，有這樣一段，「去秋贈余偈云，『問余何適，廓爾亡言。華枝春滿，天心月圓』，下署晚晴老人遺偈」，如此則遺書中第二偈是師早已撰就，豫備用以作謝世之辭的了。又記。

（刊於一九四三年《弘一法師生西紀念刊》、《弘一大師永懷錄》）

弘一法師之別署

蔡丏因

「一池荷葉衣無盡，半畝松花食有餘。住久故應人知處，又移茅舍入深居。」此無盡禪師詩。昔年弘一法師游方會稽時，嘗舉以示人，並書之以黏於壁間。蓋恐「豐干饒舌」，引起人之注意也。故師每至一處，必擇茅庵僻室以居，素識往往於行後始知之。埋名遯世，遺棄聲華，素性然也。出家後，舉凡好鋼琴，擅績畫，吟詩，治金石諸般結習，脫略已盡。惟書寫佛號法語，以結勝緣。署款隨時變易，將以同百八念珠之數。若成蹊，若岸，若漱桐，亦作瘦桐，若廣平，若息，息翁，息霜，若哀，哀公，若欣，若嬰，皆未披剃時名。出家後，由親教師命名演音，字弘一，亦作弘裔。其他別署尚多，今將師書之藏可園者檢出記之。蓋師懼為名所累，故隨手簽署，不欲人知。而吾人崇仰龍象，宏宣法化，即宜考索，使後人知所珍重也。

曇昉　論月　月臂　入玄　為明　亡言　一音　圓音　勝臂
勝月　玄會　勝髻　智藏　善解　一相　善月　嚴髻　勝慧
無依　無縛　智幢　餤慧　增上　雜華　勝解　為舍　為導
如實　不著　勝幢　無作　髻嚴　玄入　慧炬　善臂　大慈
安住　無等　僧胤　晚晴老人　二一老人

（刊於一九四三年《弘一大師永懷錄》）

我憶法師

許　霏

一　我的回憶

我不是佛徒，而且對於佛學是門外漢，但我對於一代藝人與高僧的弘一法師——李叔同先生，卻十分崇敬，他也對我表示極度親切。現在他「示寂」了，我心中像有千萬句話要向他訴說，並且懺悔我對他的疏懈，我對不住他……

我的確被他的巍巍大德、煦煦仁慈太感動了，雖然我仍舊以藝術前輩看待他。當我每次和他會面，他總給予我無上的歡悅，清癯的面龐，老是帶着和善的笑容，像傍晚柔暉的陽光的可愛，他的心懷永遠是安詳謙虛，盎和恬適，絕沒有一絲不得意的神氣或佛然的辭色。他雖然出家後對藝術事並不措意，但對於我們的藝術工作卻很同情，每次談話中和書信中總給我許多啟示。他和我的刻印特別有緣，在廿七年冬，他曾在我的百幾顆印稿中，仔細加圈選取數十方，輯成《晦廬印存》一集，並署簽題跋其上。（此印存我在廿九年二月出版。）他因為出家以後，自己絕少鐫石，每有所需，輒命我刻製，因此他所常用的印，很有幾個是我刻的。他每對人稱道，但我自視所刻並無特異處，這也許是他老人家「善善從長」吧？今年二月，他還叫我刻小圓形印一顆，我因社中工作太忙，年來繪事久疏，對此雕蟲更無暇顧及，因此一擱便擱了數月，如不是張人希兄屢次催問，幾乎把它忘卻了。現在大師已往，此印還沒有結果。唉！我又負弘師矣！追懷往昔，不禁泫然。

大師做人一向是「才不外露」的，他本於「愛人以德」之心，每勸我「以德為上，文藝次之」。又常說：「應使文藝以人傳，不可人以文藝傳。」但我終於為了工作的責任，用力於藝事者多，用力於德性修養者少，未免辜負他諄諄的勸導。他又屢次贈我許多學佛的書籍，我自恨無緣，對這一點毫不能領受。對他那偉大的仁慈，覺得萬分惶愧不安！

二　我對於師的理解

弘一法師在家時，曾經轟轟烈烈的幹過革命工作，為同盟會的老黨員，主過《太平洋報》筆政，組設「強學會」，對當時矛盾的封建社會加以口誅筆伐。又做過許多教育工作，在他的門下產生了許多有名人物。他少年的澎湃的熱情，是何等的緊張，對國家和文化，是何等的努力，積極！

他也因為當時社會的難以救藥和家運衰敗，親屬死亡的種種不如意，給予多情敏感的他以鉅大的刺激，於是他除用詩詞文藝發泄其傷感忿懣外，便也浪迹煙花，寄情聲色，戀名妓，捧坤伶，做浪漫不羈的風流才子的行動，這是他積極中採取了消極的辦法。但他究竟是具大智慧的人，在過份刺激的生活之下，結果悟出了「如幻」「無常」的道理，於是他又走到另一個積極的階級——堅決殉教普救眾生的路上去。

本來他對於藝術是有濃烈的興趣而造詣極深的，但是當藝術一向被士大夫階級作為消遣品（至多是被當作個人發泄性感的工具），而對於藝術的社會價值和改造人生的作用與力量還不被人了解的時候，雖然他的天才高人一等，也難免對這藝術的積極性和真正目的發生了模糊，所以他對於藝術只是用以抒寫性靈，發泄內心的抑鬱，而沒有更進一步的發揮它積極的力量。況且一個藝術家出了家，也是一個走上極端的常有的現象。因此作為一個藝術家的他，而出家做了和尚，也並不是一個希奇的事。

他出家以後藝術雖大都放棄，然而也不絕對是消極的，因為他對於寫字一項，永遠一貫的保持着向上的力行的精神。廣施於人，而不稍感厭倦，這種精神，實在值得我們效法——雖然他為的是結緣。

他對藝術的放棄，完全是在努力道德上的進修，而把別的居於次要的緣故，所以我說他的出家，在他的主觀上，仍然是積極的。他那精持戒律的毅力，他那殉教的大無畏精神，更足令人嘆服。讀他的「亭亭菊一枝，高標矗晚節，云何色殷紅，殉教應流血」之句，誰說他的出家是消極呢？

三　師的書法

弘一法師原是多才多藝的，他對於書、畫、文學、金石、音樂、戲劇，都下很大的工夫，得到高深的成就。這裏我們要談的是關於他的書法、繪畫、鐵筆三部門，固然他對於音樂、戲劇都有相當貢獻，但因為這造形藝術在我們的認識比較深刻些，所以便憑了個人所意識到的隨便談談。

法師一生對於書法最勤，流傳最廣，因為他的工夫深，所以成就也大。其於周之獵碣，秦之鼎彝石刻，以及漢魏六朝的造像、墓誌，無不致力臨摹，博採衆長，於《張猛龍》、《天發神讖》、《龍門二十品》諸碑更為得力，所以早年所作，多有漢魏六朝的氣息。（所作篆書，氣息古厚，骨力挺秀，但出家後已不多作。）出家後更脫略形迹，戛戛獨造，斂神藏鋒，拙樸平整，筆力聚於毫端，沒有一絲踐人履跡，那一種沖淡靜遠的韻致，沒有人比得上他。所以我說：他的字完全是他崇高人格的表現。

他曾經說，他的書法「依西洋圖案畫之原則，竭力配置調和全紙面之形狀」。可知他對於章法布置的注重，整齊而不呆笨，於謹嚴之中饒有恬逸之趣。他雖然自稱「字畫，筆法，筆力，結構，神韻，乃至某碑某帖之派，皆一致屛除，決不用心揣摩」，其實他早年也未嘗不注力研究，其臨摹——特別是北魏——的功夫，終不可掩。唯其「得其環中」，然後才能「超乎象外」，所以，他現在只著意於章法之勻稱，以配合他高潔的人格，而不肯再作其他的「揣摩」，這與他的只求德性的精修，而不事才藝的表露，是同一的理由。

四　師的繪畫

弘一法師的繪畫——西畫，流傳很少。出家以後更絕不創作，所以看到很難。我們知道他是畢業於東京美專西畫系的（中國學生入東京美專的第一人），因為他的天資聰敏和為學之勤，所以他的西畫又極出類超群，作風接近於印象派，而兼有寫實派之長，筆觸老練，調子清新，其佳處不讓於塞尚之作。對於國畫雖未曾研習，卻精鑒賞。晚年以其寫字的筆法繪佛像，清新勁練，天趣盎然，每一線條，如生鐵鑄成，筆筆不苟，間有設色，也很雅淡可愛。

五　師的鐵筆

晚近印學凋敝，學者競巧弄奇，醜狀百出，毫無理意。吳昌碩的氣魄雄厚，筆力蒼勁，一變而為牽強霸道。趙撝叔的清新離奇，吳讓之的委婉多姿，一變而為邪僻纖弱。欲求沈穆渾厚，不失漢法的實在百不一覯。

大師治印，取法秦漢，精研鑄鑿，而以沖淡質樸出之，意致高遠，像他的做人。他出家的時候，曾將平生所鐫的印，封於西泠印社石壁中，刊字曰「印塚」。自此以後便絕少刻作，即其所自用的印亦以友好刻贈為多。閒有所刻，如白文「大慈」印一方，是他出家後所作，刀法圓勁，配置勻稱自然，在渾穆之中含秀挺之致，其氣魄蒼勁略似吳缶老而古穆過之。涅槃後，遺印數十方，由妙蓮法師保藏，友人吳志雄、史其敏二君為輯印「晚晴空印聚」，以留紀念。

拉雜說來，還是一些廢話，因為這膚淺的概念並不能傳出大師才藝的萬一，也不能當作什麼研究，祇算是浪費筆墨罷了。

（刊於一九四三年《弘一法師生西紀念刊》、《弘一大師永懷錄》）

戒珠苑一夕談

蔡冠洛

二十年十一月，大師卓錫紹興戒珠講苑。將去苑之前夕，余與鴻道人為之寫像，復以纂述年譜請。師曰：「慚愧，生平無足述者。」因話及童年事，謂七八歲時，即有無常苦空之感，乳母每誡之，以為非童年所宜。及慈親早喪，益感無常，悟無我理。至虎跑出家，杖宿因耳。師論及修持言：「念佛虔誦《華嚴經》，而《行願品》為全經宗趣」，因曰：「古德謂：『行願為略本華嚴，華嚴為廣本行願。』洵不虛也。予今春病瘧，熱如火焚，虔誦《行願品》，遂覺清涼。維時一心生西，境界廓然，正不知有山河大地，有物我也。」又云：「此次至杭虎跑，適元照法師示疾，余為助念佛號，淨土相現，生西無疑。荼毗後得舍利三粒。」因出舍利相示，色微黃，堅如金石。言次並以《寒笳集》見賜。時印西、普行二上人在座，共嘆希有之緣也。

（刊於一九四三年《弘一法師生西紀念刊》，題目為《弘一法師閩行前一席談》；《弘一大師永懷錄》編入，改為此題目）

弘一律師在湛山

火頭僧

百花盛開的暮春時節，——也可說是「花枝春滿」吧——濱海一隅的青島，因了氣候偏於春長的緣故，還時時有一種寒氣襲人，所以在本地居民身上仍然離不開袷衣。這時大概是三月底吧。某一天的上午九點，弘一律師坐的船到了，湛山住持倓虛法師，疾忙帶着道俗二衆，預先到碼頭去迎候。寺中剩下的全體大衆，都披衣持具分列在山門裏兩旁，一齊在肅立恭候着。——我也是其中的一個。

不大工夫，飛馳般的幾輛汽車，嗚都的開到近前。車住了，車門開處，首先走下位精神百倍滿面笑容的老和尚，我們都認的，那是倓虛法師。他老很敏捷的隨手帶住車門，接着第二位下來的，立時大家的目光一齊射在他身上。他年近四十來歲——其實五十八歲了，——細長的身材，穿着身半舊夏布衣袴，外罩夏布海青，腳是光着只穿着草鞋，雖然這時天氣還很冷，但他並無一點畏寒的樣子。他蒼白而瘦長的面部，雖然兩頰頦下滿生着短鬚，但掩不住他那清秀神氣和慈悲和藹的幽雅姿態。他，我們雖沒見過，但無疑的就是大名鼎鼎譽滿中外，我們所最敬仰和要歡迎的弘一律師了。他老很客氣很安詳不肯先走，滿面帶着笑和倓虛法師謙讓，結果還是他老先走。這時我們大衆由倓虛法師的一聲招呼，便一齊向他問訊合掌致敬。他老在疾忙帶笑還禮的當兒，便步履輕快的同着倓老走過去。這時我們大衆同着衆多男女居士，也蜂擁般集中在客堂的階下，來向他老行歡迎式的最敬禮，他老仍是很客氣的疾忙還禮，口裏連說着：「不敢當，不敢當，哈哈，勞動你們諸位。」

他老隨行來的弟子：傳貫，仁開，圓拙，還有派去迎請他老的本寺書記夢參法師，因此他們攜帶的衣單也顯得很多：柳條箱，木桶，鋪蓋捲，網籃，提箱，還有條裝着小半下東西拿麻繩紮着口的破舊麻袋，一個尺來見方叩盒式的舊竹簍，許多件雜在一起，在客堂門口堆起一大堆。這時我向夢參法師問說：「那件是弘老的衣單？」他指指那條舊麻袋和那小竹簍，笑着說：「那就是，其餘全是別人的。」我很詫異，怎麽憑他鼎鼎大名的一代律師——也可說一代祖師，——他的衣單怎會這樣簡單樸素呢？噢，我明白了，他所以能鼎鼎大名到處有人恭敬的原因，大概也就在此吧！不，也得算原因之一了。記得月餘以後的一天，天氣晴爽，同時也漸漸熱起來了，他老雙手託着那個叩盒式的小竹簍，很安詳而敏捷的託到陽光地裏打開來曬，我站在不遠的一旁，細心去瞧，裏頭只有兩雙鞋，一雙是半舊不堪的軟幫黃鞋，一隻是補了又補的草鞋——平日在腳上穿的似比這雙新一點，——我不禁想起古時有位一履三十載的高僧，現在正可以引來和他老相比對一下了。有一天，時間是早齋後，陽光布滿了大地，空氣格外新鮮，鳥兒和蟬都在枝頭唱着清脆婉囀悅人的歌，大海的水，平得像面大鏡子，他老這時出了寮房踱到外頭繞彎去了。我趁着機會偷溜到他老寮房裏瞧了一下：啊！裏頭東西太簡單了，桌子，書櫥，牀，全是常住預備的，桌上放着個很小的銅方墨盒，一支禿頭筆，櫥裏有幾本點過的經，幾本稿子，牀上有條灰單被，拿衣服折叠成的枕頭，對面牆根立放着兩雙鞋——黃鞋、草鞋，——此外再沒別物了，在房內只有清潔，沈寂，地板光滑，窗子玻璃明亮，——全是他老親手收拾——使人感到一種不可言喻的清淨和靜肅。

在他老駕到的幾天後，我們大衆求得了倓老的同意，便開始要求他老講開示。待了幾天，又請求他老講戒律。他老真慈悲，一一都首肯了。頭一次講的開示，標題是「律己」，他老說：「學戒律的需要『律己』，不要『律人』。有些人學了戒律，便拿來『律人』，這就錯了。記得我年小時住在天津，整天在指東劃西淨說人家不對。那時我還有位老表哥，一天他用手指指我說：『你先說說你自個。』這是句北方土話，意思就是『律己』啊！直到現在我還記得，真使我萬分感激。大概喜歡『律人』的，總看着人家不對，看不見自己不對。北方還有句土話是：『老鴉飛到豬身上，只看見人家黑，不見自己黑，其實他倆是一樣黑。』」又說：「何以息謗？曰：『無辯。』人要遭了謗，千萬不要『辯』，因為你越辯，謗反弄的越深。譬如一張白紙，忽然誤染了一滴墨水，這時你不要再動他了，他不會再向四周濺汙。假使你立時想要他乾淨，一個勁的去揩拭，那麽結果這墨水會一定展拓面積，接連沾汙一大片的！」末了他老對於「律己」「不要律人」兩句話上，一連說了十幾個「慎重，慎重，慎重又慎重，慎重又慎重」。第二次講律，課本是《隨機羯磨》。這書是南山道宣律師刪訂的，在我們初學戒律的，對這書名字還算初聞。書的內容是文筆古樸，言簡而賅，原是把極廣繁的文字節略而成，專為便於開導後學的，所以在講時須極費解說。但他老有手編的《別錄》作輔助，提綱挈領，一目了然，講時反覺並不費難了，假使你只要肯注意的去看和聽，一定會很容易領會的。這書在唐宋以後因為律宗絕續，已久無人來闡揚講說。據他老說，他老連這次才講到兩次。他老在頭一天開講臨下課時曾這樣說：「我研究二十多年的戒律，這次開講頭一課，整整預備了七個小時。」我想這全是他老教學慎重，委曲宛轉的想法使人明白，不肯誤人光陰的緣故吧？他老終於因了氣力微弱，只講了十幾課便停了講，後來由他老的高足仁開法師代座，才把全部講完。接着仍由仁師又講了部《四分戒》。他老——弘公——後來雖未繼講，但凡關於書中難題，仍由仁師向他老寮房執卷請決，他老是無不很歡喜很敏捷的答覆。直到現在本寺對於《隨機羯磨》、《四分戒本》兩部律，能夠常年循環演講，使學者把律條律制熟悉的如數家珍——也可說是家常便飯，——這不全是他老的一片遺澤嗎！不但本寺是這樣，就是那些凡在倓老庇蔭下的，像長春般若寺、哈爾濱極樂寺等，數目很多的僧衆，都是一體律儀化，他們的制度和本寺是一概相同的。

每逢大衆上課或朝暮課誦的當兒，院裏寂靜無人了，他老常出來在院裏各處游走觀看，態度沈靜，步履輕捷，偶然遇見對面有人走來，他老必先捷速迴避，表面似像很怕人，其實我想他老是怕人向他恭敬麻煩。他老常獨自溜到海邊，去看海水和礁石激撞，據說那是他老最喜歡看的，假使這時能有豐子愷先生同游，信筆給繪幅「海上之弘一律師」圖，那真能有飄然出塵之趣了。有一天晚上，朱子橋居士因悼亡友乘飛機來自西安，特來拜訪他老，他老接見了。同時市長某公，是陪着朱老同來的，也要藉着朱老的介紹和他老見一見。他老疾忙向朱老小聲和藹的說：「你就說我睡覺了。」第二天上午，市長請朱老在寺中吃齋，要請他老陪一陪。他老只寫了張紙條送出來作為答覆：寫的是「為僧只合居山谷，國士筵中甚不宜」。

天氣由炎熱的夏天，漸漸轉到涼爽的秋天，在倓老和我們大衆，個個都抱着十二分熱誠期望他老能在本寺長住，永遠作我們依止不離的善知識。但他老的脾氣我們都知道，向來是不循人情的，他要想走，你誰也留他不住。他老在很早的日子，就定下秋八月間的行期了。我們在無法挽留下，只有預備作一番隆重懇切的送行了。他老在未走的半月前，便公開接受人的求書。除了他老送給每人一幅的「以戒為師」四字外，其餘個人遞紙求書的紛至沓來。他老一一接受，書寫的詞句多是《華嚴經》集聯，蕅益大師警訓，總數約有數百份。在將行的前幾天，我們大衆又請他老最後開示，他老說：「這次我去了，恐怕再也不能來了，現在我給諸位說句最懇切最能了生死的話，——」說到這裏，他老反沈默不言了，這時大衆都很注意要聽他老下邊的話，他老又沈默了半天，忽然大聲說：「就是一句『南—無—阿—彌—陀—佛』。」

臨上船的一天，我們還是照着歡迎他老的儀式來歡送，當日赴閩迎請他老北來的夢參法師，這時是親身送到船上，他老在和夢師將別的當兒，從挾肘窩下拿出厚累累的一部手寫經典，笑容滿面的低聲向夢師說：「這是送給你的。」夢師喜不自勝的攜回展視，是部他老手寫的《華嚴經淨行品》，字體大約數分，異常恭整遒勁，是拿上等玉版宣寫的，厚累累約有四十多頁。末幅有跋云：「居湛山半載，夢參法師為護法，特寫此品報之。」下署晚晴老人，並蓋印章。

現在他老上品上生了！遠在北方的晚輩我，起初聽到噩耗，還在半信半疑，後來看到《覺有情》半月刊，把事都證實了，我才不禁一陣心酸。唉！當代大德一個個相繼逝去，人間漸漸沒了明燈，我們衆生的罪業該有多大呢？

（刊於一九四三年《弘一法師生西紀念刊》、《弘一大師永懷錄》）

我虔念着弘一大師

釋慧田

我的認識弘一大師，是在十二歲光景。那時候，他恰在大開元寺講律，而我正在開元寺辦的慈兒院中念書。由於先生們的介紹，才明白大師本是個東洋留學生，是個中國藝術界的先進，書畫音樂樣樣都很好。由於兒童的富於高度崇拜心理的緣故，使我從此便老是想像這樣的一個人，為甚麼也要出家，並對於他出家的生活態度，及種種問題，起了莫大憧憬、好奇，甚至有時也曾發生一種崇拜、羡慕。常常這樣地疑問着：是不是那種出家生活實在是偉大高尚有意義的呢？不然，為甚麼一個人會拋開了寫意的藝術家生活不過，而走上了這種生活途徑上來呢？是的，一定是的，這樣我便非常堅定地確立了我這種看法，這種信仰，這委實跟我以後出家的因緣，很有關係。更由於吾友陳海量君的鼓勵，說出家是怎樣的高尚，怎樣的尊嚴，可以為人天師範，益發使我心花怒放，以後便由這種似可以說是單純的信仰，也可以說是一種模模糊糊的觀念支配着，決定着我後來的出家的生活。並且因為海量君又是接近弘一大師的，而我便也更由於這種關係，漸漸接近了他老人家。說起來這是我與弘一大師的一段香火因緣吧！那這已是過去十年間的事了，十年的光陰匆匆地過去了，十年間多少事象也匆匆地磨沒了，唯有這，唯有這永不會跟着匆匆的十年消逝去的印象，卻仍舊留在我的腦海中作為甜蜜的回憶。

記得是大前年的一個冬天裏的一天下午，我正在南安水雲洞外的麥田上伴着工人冬耕，得着弘一大師由永春蓬壺移錫附近靈應寺的消息，不由得喜出望外，丟下了工作，飛也似的三步兩步地趕快過山嶺去拜訪這位多年不見的大師。我見他的時候，已是他老人家到來的第三天，而又是他開始不見客的第一天。聽說他不見客，我也就不敢動問要見他的話，不知卻早有人告訴他說我特地趕來見他，故在我停腳後飯還沒吃完時，他已先來請我進去，說是「特別的會見」，這時使我得着莫大的感慰，然也使我感到意外的不安了。在我未見他以前，本抱了一腔的熱情，同時也積蓄着許多話要向他面談，但是和他一見面，看到他和善地笑望着我，使我忽像塞着了喉一句話也講不出口，不知是甚麼力量的感召使我這樣。平常放浪慣的我，每見他那莊嚴誠敬確是人天師表的儀態，便自慚形穢地覺得非常的局促不安，心裏突突地跳起來。那時靜默了一二分鐘，他只好先行開口，問我現在住在甚麼地方，這樣才開了我的話頭，告訴他就在附近的一個山上躬耕，實行着我在戰爭期中出家人生活的「農禪主義」，作為自食其力而避免被目為社會蠹蟲的一種嘗試生活。便又乘機請他到我那裏去玩玩，本來心裏是想請他去住的，因為覺得自己住的房子太簡陋，不由得換一口氣請他去玩玩，因我在說話間尚有一種稚氣十足的神情，並說得非常的起勁，竟引起他發奇的問我：「住的到底是出家人的地方呢？還是在家人的地方呢？」「有幾個人同住呢？」誰曉得他這一問和我的一答，竟成就了他二次伴我水雲山居的因緣呢！

由於水雲地方的簡陋，設備的不全，故大師來住的時候，我只能夠於可能的範圍內，打掃兩間簡陋的房間讓他作為靜修之室，睡眠的牀還是由我讓下的兩扇門板搭成的，在我很是過意不去，而他老人家見了，卻非常的歡喜，滿口都是很好很好的。要曉得世間上最無用最壞的東西，在他心口中都要變成好的，有用的東西啊！認真地說起來，在他的眼中，根本就一切沒有分別。他又這樣告訴我：「我們出家人，用的東西都是十方施主的，甚麼東西都要節儉的，愛惜的；住的地方只要有空氣，乾淨，就好，用的東西只要可以用，不必甚麼精巧華麗，這是太貴族化，我們出家人不應該有的，要受人家的批評。我住的地方也只求簡潔清淨而已，用不着高樓大廈。像這樣的房子我們是住得慣的。」大師的話也許是安慰我，也許是訓誨我，而我以地方的簡陋而感覺到不安，真是忘了「日中一食，樹下一宿」的出家人的本色，也許是現在一般人所忘記的吧？

誰也知道大師過的日常生活都是「戒律化」的，這不消我再來多所稱說，不過就他住居水雲一段短短時期中，使我又知道他每日的時間，都有一定的分配，一定的規則，他給你定下來的每一個時間的工作，你也要守着他一定的時間的分配來做，一點也不要差越。一天，我因忙了自己的事情，竟忘了為他泡開水的時間，當自己覺察了的時候，也不過過了一個鐘頭光景，他老人家完全不怪你也不箴規你，卻一定要吃起冷水來。由於我的不關心不準時，讓他老人家吃起冷水來，我以為無論一個怎樣放誕散漫的人，都會埋怨自己的不該，而下回決不敢再有不準時的舉動。我想大師的「無言之教」是最可敬佩的。又記得一天大師在寺後田陌上散步回來，恰我在廚房煮菜時，丟了幾個壞的小白蘿蔔在泥淖裏，他雖然沒曾看見是我丟的，可是竟拾了回來，當拾了甚麽好東西似的，歡喜的對我說：「生蘿蔔吃下最是補氣的。」「吃生蘿蔔補氣我是不明白的，而丟了蘿蔔作了孽我是知道。」我這樣地想着，急得我告訴他說：「田裏還有很好的，我可以拿幾個來給你吃。」他堅持不要，就把那泥濘中拾起來的小蘿蔔放了些鹽，甜蜜蜜地吃了起來。在我很是難過的，從此我便也再不敢，並禁止了我的工人，在山上亂丟食物了。我對着大師的惜物精神，真起了無限的感動。大師的這一種無言說的以身為準則的教化，真是難得，莫說佛教中需要這種師表，即儒教中亦何嘗沒有「求經師易，求人師難」的呼聲呢？嗟夫！師道之難，古今一轍，大師云逝，寧僅佛教中之損失已耶？對於越是放誕的人越用這種法門來感化他，越是有效，「剛強衆生，孰謂難調」？大師人格的感化力，真是不可思議呀！

大師又是最明白最同情人的一個，他曾經誠懇地這樣的勖勉着我說：「我總希望你做個上等人，無論出家在家都可以，若出家希望你做個佛教的棟樑，若在家希望你為國家社會的中堅，可以做個佛教的大護法。要出家就是要親近明師，研究佛法，可以自度度人，出家人的飯總是要給用功的出家人吃的，不是要給貓貓虎虎的不用功出家人混的。你總是要自己明白尊重自己，可不要這樣糊塗地混下去，糊塗混下去是很可惜的，是自己糟蹋了自己，這是我對於你的一點希望。」大師用這種誠懇的話激勵着我，嗚呼！當頭有棒，金石為開，就是怎樣鐵石心腸的人，想亦不能無動於衷吧？不由得不使你投在他崇高偉大的精神人格的懷抱裏，發誓改頭換面地做個老老實實用功的出家人。午夜自思，撫躬而涕，以大師感我之深，其復能朝夕忘之哉！

我虔念着大師，大師一切都讓我到死地虔念着，下面又是極可虔念的一件事。這事乃起在大師臨終一星期前的一天。天氣是陰鬱的，那天尚在患病的我，的確是好些了，但頭仍舊是昏沈沈，正無精打采地在房中踱着步伐，想着前天答應替大師搬東西到承天寺來，終因自己一病數天，在昏迷中一點也記不得，未能照辦。然而對大師失信，又是我心中再懊悔不過的，到底還是那天清爽一點，因此便想到大師那裏去看一趟，然而兩腿軟得可憐，終不能越外一步。恰妙蓮法師由外進來，手上捧了些香蕉，告訴我，弘一大師身體不大舒適，要等好了以後，再打算搬過來，請你不要掛礙。他老人家聽說起你在大病，不能過來看你，特地叫我送些藥丸與香蕉給你，並囑向你轉告：「他老了，不中用了，你是年輕的，你快把這些藥丸吃了，快快地好起來，將來可以做佛教的棟樑。」唉！這樣地回想起來，好像大師是特託妙蓮法師為我作臨別的贈言了，而我那時從妙蓮法師所說的大師身體不大舒適的口氣中想來，總以為他老人家小恙不大要緊，並深深地為他祝福，能早日恢復健康，誰想他竟從此小恙中決心辭世西歸，竟而拋下了要他引渡的茫茫衆生，和茫茫衆生之一的我呢？因而始終也沒法去作臨別最後之一面，這真真是我一想起他老人家的時候的最大創痛。維時我拜受之下，感泣良深，想想自己從小浪跡天涯，而今父母遠隔重洋，生下來以至於現在，簡直沒有享受父母的撫愛與照護，卻也未曾得到他人的深深愛惜過，這樣辱受大師的撫愛，算是生平第一次的愛的感受。當時怎能說出一句真正足以表示中心極度感激的話來呢！只勉強寫了幾個字，隨手託妙蓮法師替我帶呈，大概寫的記得是這樣的幾個字罷：「大師有病，應當服藥，以期早痊，用慰弟子之心。藥丸香蕉敬受之下，感泣奚似，敬達不宣。」嗟乎！一落文字言詮，便著邊際，至此始給我領驗過來。

至於大師的化身閩南，也可說是與閩人別有因緣。他的入滅歸真，就他而言，是他的「華枝春滿，天心月圓」的進入功行圓滿的境界，我們可不必用着俗情的悲哀。然而對於我輩而言，則失卻了一位中心敬仰的大師，實在也難以做到「太上忘情」的地步，而禁得住不發生痛悼也。猶憶水雲別師時，曾經灑淚懇留，大師亦知我情出懇摯，故婉約我作第三次的同住，孰料現在人天一隔，親近無緣，又怎能使飄蕩在雲水生活中的我，不興明燈遽息，慈航莫接，長抱無涯之虔念乎？唉！大師！且讓我永遠的虔念着吧！且讓我在永遠的虔念中喚起一點靈輝吧！

（刊於一九四三年《弘一法師生西紀念刊》、《弘一大師永懷錄》）

悼弘一大師

楊勝南

曏聞海內大德，以印光、諦閑、弘一諸大師最顯，識與否無異辭也。諦公宗天台，擅說法；印公揚淨土；弘公持律，屹然鼎峙，為泰斗，而諦公寂滅最蚤。前歲，印公生西，今秋，弘公復入寂。於戲，人天眼滅，法樑繼折，山頹木壞，安仰哲人。諸大師，當今龍象，幸逢並世，而親炙無緣。弘公蒙攝受矣，迺不獲覲侍，親顏色，何佛法難聞如是，抑宿業特深而故靳之歟。

師高風亮節，述之者多，且師自有可傳者，不在述或否也。然余沐恩深，安可以默爾，謹舉所知及皈依因緣，志哀思云。

師悟證，弗克窺，未敢僭罔。其忠貞殉教之精神，則不可以無述。丁丑冬，師駐廈之萬石。時戰事方啟，廈島瀕臺灣，臨前線，緇素多勸師內避，師為護法故，不忍離。顏其居曰「殉教」。既而弘法龍溪。廈淪陷，憩承天，書「念佛不忘救國，救國必須念佛」句，贈各方，相警策。去冬，擬徇請赴菲弘法，以太平洋戰作，不果。其與鄭健魂居士書曰：「曏因傳貫師勸，往菲延期，遂免於難。否則囚居古浪矣。但對付敵難，捨身殉教，朽人於四年前已有決心。曾與傳貫師等言及。古詩云：『莫嫌老圃秋容淡，猶有黃花晚節香。』吾人一生之中，晚節最為要緊，願與仁共勉之也。」並繫以詩曰：「亭亭菊一枝，高標矗晚節，云何色殷紅，殉教應流血。」其凜然高節，與印公掩關報國，不避敵彈，姑蘇陷後，遁迹靈巖，足不出戶，孤高卓絕，媲美並耀，如一轍也，而予倡宗教無國界者以棒喝矣，於戲偉哉。

師在俗時，與曼殊法師善，並為南社巨子。曼師名作《斷鴻零雁記》，傳嘗就正於師，而加以潤色者。二師俱精藝事詩文辭，論者並稱，目為方外二傑。顧曼師豪放，師祝髮以來，嚴持毗尼，勤精進，以重振南山自任，與曼師實有別，而儗不於倫也。

有以師少倜儻瀟灑，後先相判若二人，詫以為謎者，有惜師不用於時而逃禪者，皆未知師也。其毅然披髮入空門，正其妙悟卓越處，絕頂聰明處，果敢精進處，蓋以法眼視之，四大莫非空，三界盡火宅也。原其出家日，家人繞屋悲號，終不一面，師性仁慈，而恝然若無聞睹，非大徹大悟大智大勇者，其孰能之。夏丏尊居士述師軼事曰，曩聞師出家，苦修持，每不安。近以師勸，親內典，識因緣不可思議，其弘法度生，夙願使然，為希有功德。其有得之言乎。

辛巳春，歸自滬，聞師卓錫泉之福林寺，冒昧函皈依，蒙俞諾，錫法名勝南，書華嚴經句一幀，賜供養。叩進修，以閱《佛學叢刊》（師所親輯，世界書局出版）告，且詳示讀法次第，煦然剴切如耳提。頃之，於裏間見師書古德法語橫披，喜甚，以宣紙郵丐書，師不以為迕，小楷錄蓮池、蕅益、印光諸祖法語，以朱墨加句讀，余奉為瓌寶，而師之慈悲垂愛，猶溢於行間也。或以師書類率爾不甚經意者，實大謬，蓋逸而謹嚴，婉而勁邁，書如其人也。其示余書，作蠅頭細字，辨之，無一畫苟，非誠且篤者莫能就。師高行多，書雖精，不足為輕重。其縷縷者，舉一以概百，見微而知著耳。余牽塵勞，無寸進，重愧負，述此以自訟云。

師留閩十餘載，曾蒞榕之石鼓。時余尚少，失交臂。然閩南去余家僅數百里，平時，車日可達，宜可覲謁也，迺以戰故，路毀不易通，方冀承平專程叩關，乞啟迪，而今已矣。秋七月，侄在明卒於泉，擬赴其喪，困於囊澀途阻，未果，使成行，猶及謁師也。既媿對亡侄，復永訣師，孤夙願，疚痛無已時。月來，哭侄哭陳芝齋夫子，今又傳師訃矣。人生若夢，繫慨無窮已。

師持律而志安養，尤欽崇印光大師，推為三百年來僧侶未嘗有。一生不收徒，不主寺剎，守大師風，今者相繼涅槃，四衆失依怙。余空入寶山，負恩最甚。師誓願宏深，有教無類，衆生芸芸，迷津儔指，慈悲如師，其果乘願再來乎，余小子昕夕馨香所竊禱也。

壬午九月藥師如來聖誕日於燕江之有所不為齋

（刊於一九四三年《弘一法師生西紀念刊》、《弘一大師永懷錄》）

記弘一法師

曹聚仁

李叔同師（法名弘一）上月在福建泉州僧院圓寂了，對一個「外生死」超塵絕俗的世外人致哀悼之意，誠無所容口。但他的死訊，終究使我這個世俗人不能恝然無所感呢！

我是素來討厭所謂「出家人」的，而一切厭世的消極態度，也不敢苟同。但對於弘一法師，仍是「高山仰止」「吾無間然」。他是藝術修養最高深的美術家，沒帶半點所謂「浪漫氣息」。在東京春柳劇社演話劇，他是扮演茶花女那一角色的，一舉一動，非常嚴肅，以忠於藝術的態度，開出中國戲劇的新作風。民國初元，他做我們的美術教師，不獨他的藝術天才在我們眼前閃光，他的語默動止都感化了我們。我自知對於美術並無興趣，也曾為他所鼓舞，發瘋地一早起來唱音階。他和經子淵師，那時都是我們的人格導師。後來，他老老實實地出家了。他是遠公以後，最虔誠最淵博的高僧。有一回，我看他吃黃米飯蘿卜乾，吃得那麽香甘，大為感動。一個美術家出身的和尚，竟如我們祖父（老農夫）一樣地懂得生活意義呢！

在這兒，對一個晶瑩如玉，忠於自己生活的老師，表示最後敬意。他的這一道光輝，永遠使我的靈魂覺到溫暖。其他的話，我知道師友中，如夏丏尊、姜丹書諸師，葉聖陶、宋雲彬、豐子愷、劉質平諸兄，定有更好的紀念文出來。我不必多寫了。

（刊於一九四三年《弘一法師生西紀念刊》、《弘一大師永懷錄》）

弘一法師在廈門

林子青

弘一法師最初雲游南閩是民國十七年冬的事了。我雖然生長南閩，而且仰慕已久，卻一直到民國二十三年夏間才在廈門南普陀寺的兜率陀院第一次看見他。以後雖然只見過他幾次，而且不曾和他長談，然而由於幾個親近他的學人和我熟悉的緣故，所以關於他在南閩的蹤蹟，我是約略知道的。

弘一法師在民國十七年初次到廈門南普陀時，就和性願法師很談得來，以後十幾年間，他住廈門太平巖、萬壽巖，住鼓浪嶼日光巖，住南安小雪峯，住泉州承天寺，乃至最後幾年住泉州百原寺，永春普濟寺，都是由性願法師的介紹而去的。他十幾年來寫給性願法師的信，恐怕是他寫給出家道友中的件數最多的。民國二十五年我在性願法師那裏看到的就有一百多封，那些信有的是用宣紙寫的，有的是用普通信箋寫的，有楷書，有行書，有草書，有其他各體的書，真是琳瑯滿目，洋洋大觀。性願法師的書法也是相當有造詣的，所以格外地能珍重它。弘一法師對性願法師常稱他為老法師，自己則稱後學。這也可見他謙虛的態度了。

近代和尚以講經說法聞名的似乎不少，但以戒律精嚴受社會人士尊敬的似乎不多，有之那就是弘一法師了。弘一法師出家之後，雖然謹守戒律，刻苦勵行，但他並不過於標榜。所以他十七年第一次到南閩雖然住了半年，卻不曾講什麽律學，也許是機緣還沒有成熟吧？第二次他到南閩是十八年，也還不曾自動發起心來。到了第三次於民國二十一年十月到廈門，夜裏做了一個夢，自說是將在閩宏律的預兆，過了新年，這才開始在廈門中山公園的妙釋寺開講佛教的律學。

那時跟他發心學律的有瑞今、廣洽、廣義、性常、了識、善契、妙慧諸法師。大家都很熱心地聽講和研究，而且跟他一樣「持午」（就是持着過午不食的戒），這很不是容易發心的。二十二年五月，他帶着一班學律的弟子到泉州開元寺去，就在寺裏的尊勝院安居講學。他在《南閩十年之夢影》一文裏，曾有一段敘述這時他在開元寺講學的情形說：

> 這年五月，又移到開元寺去。
>
> 當時許多學律的僧衆，都能勇猛精進，一天到晚地用功，從沒有空過的工夫；就是秩序方面也很好，大家都嘖嘖的稱贊着。
>
> 有一天，已是黃昏時候了！我在學僧們宿舍前面的大樹下立着，各房燈火發出很亮的光；誦經之聲，又復朗朗入耳，一時心中覺得有無限的歡慰。可是這種良好的景象，不能長久的繼續下去，恍如曇花一現，不久就消失了。但是當時的景象，卻很深地印在我的腦中，現在回想起來，還如在大樹底下目睹一般。這是永遠不會消滅，永遠不會忘記的啊！

這個時期弘一法師除了講律之外還編輯了一部《佛學叢刊》，交給上海世界書局出版，——那算是第一輯。照他的計劃是預備每兩年出一輯的。他致世界書局編者蔡丏因的信說：「第一輯所收者，經論、雜著之部類略備。第二輯多為警策身心、剋除習氣之作。第三輯為佛學藝術。以後若續出者，每次變換面目，每兩年出一輯。……」可惜祇出到第一輯就中止了，我們竟無緣得見他所精選的警策身心與佛學藝術的作品。

到了民國二十三年，廈門南普陀寺住持常惺法師因為要整理閩南佛學院，自己又不能常在廈門，所以就到泉州去請弘一法師，請他來施行他的無言之教；但他到了南普陀觀察情形，覺得整理僧教育的因緣還沒有成熟，結果不曾到學院裏去。

南普陀寺裏要請他住到兜率陀院去，他說那裏是優待寺中勞苦功高的退居和尚和諸方長老住的，他在寺裏既毫無功行，而且又非諸方長老，堅持不肯到兜率陀院去，他只希望寺裏把他當做一個普通掛單和尚就好了。所以他起先是住在南普陀寺前左邊一個小樓上，後來經過常惺法師再三的懇請，才答應搬上兜率陀院去住，這就是他常自稱為晉水蘭若的地方。但他住到那裏有一個條件：是每日飲食要和寺裏大衆同樣的待遇，否則他寧願他去。

聽說這時他有幾封信寫給常惺法師。一封大意是說他自己既非常住退居和尚，又非諸方長老，住此蘭若勝地，已屬過分攀緣，所以要求每日飲食須與大衆同甘共苦，否則不免徒增罪戾，於心不安。另一信是因為寺裏要設齋特別款待他，他回信婉謝說：「自己福德微薄，一向不敢享受過分優遇，所以設齋款待一概敬謝厚意。」但卻也不完全拒絕寺裏的好意，他說如必欲有所點綴，就在齋堂設一普通麵齋讓他和大衆一同享受，那就感激之至了。

兜率陀院是民國十七八年間，南普陀寺退居和尚轉逢上人在寺後五老峰間尋到一條水源，在那裏開闢自來水池，由池後的隙地建築起來的一座別院。蘭若三楹，清池一碧，就風景而言，海內外的名山勝景很少能和它相提並論。可惜陳萬里先生寫《閩南游記》的時候，這座別院還沒出世，不然在陳先生的筆下它該是一個多麽可愛的別有天！它的地位是背山面海，南普陀寺正在它的左邊山麓，圖畫似的寺樓從叢林間隱約可見，晝夜悠悠的鐘聲也清晰可聞。極目平眺，遠處是廈門大學壯麗的校舍，校舍的盡頭便是廈門的內海，左邊可望見太武山那座擎天的石塔，右邊可望見鼓浪嶼那蜃樓似的海上神山，日夕風帆沙鳥，說不盡氣象萬千，岳陽樓真不足比其萬一。後山是崱屴萬仞的五老峰，形勢極像廬山，其林泉之幽美則遠過之。上面有座太虛臺，是游人必到的地方，記得太虛法師曾寫一聯鐫在那座臺柱上：「雲影波光天上下，濤音松籟海中邊。」可以想像其一二。

兜率陀院分為三個部分，各自依山的形勢建築起來的。第一進為水池的附屬建築，中置慈宗學會。水池四圍，植以蓮花，各色俱備，夏天到過那裏的人，無不驚為仙境。第二進是轉逢上人的禪關，逢老為南普陀寺中興長老，勞苦功高，所以南普陀寺特別優待他住在那裏。第三進是一座四五開間的平房，據說一半是由陳敬賢居士捨資修築的，花木扶疏，石磴迂迴，儼然別有天地，這裏就是弘一法師所住時淨關。

弘一法師持戒的嚴謹是大家所知道的。民國二十三年的五六月間，兜率陀院的幾株桃樹結滿纍纍的果實，新鮮而又紅潤，看管水池的淨人說要揀幾粒大的採來供養他，弘一法師聽了連忙止住，說那是犯戒的。因為十方僧物是要由常住採下，經過執事的處分才能受取的。私下採取常住的桃，即使是供佛也不免要犯戒。結果照他的辦法，通知寺裏的執事派人來把熟的全部採下，他才分到幾個。這點小事，若在不注意戒律的和尚，既是近水樓臺，伸手可得，隨時都可以把那些桃子吃光的。這也可見弘一法師對於細行的不苟了。

廿四年冬天，弘一法師到泉州惠安去行腳，在鄉間住了幾天，回到泉州的草庵就生起大病。那次幾瀕於危險的境地，他連遺囑都寫下了。後來他左臂上長出一塊爛瘡，有飯碗那麽大，就帶病於二十五年正月回到廈門南普陀來住。這時逐日由廣洽法師陪他到市內黃丙丁博士那裏去治療。黃丙丁是留學日本的醫學博士，在廈門掛着頭一塊牌子。他知道弘一法師為當代高僧，且為留學日本的前輩，就細心替他診治，因為那臂瘡非常頑固，普通敷藥無效，他就逐日以太陽燈為他施行電療，連治有三個月之久，診費和醫藥費一概不肯收他。弘一法師過意不去，說如果黃先生不受金錢，問他要辦什麽日本藥品，他決定寫信到日本去買來謝他。這，也被黃博士遜謝了。但弘一法師仍不肯就此作罷，結果黃博士對廣洽法師說：弘一法師為一代書法大家，能求他賜些墨寶紀念，就不勝感激的了。弘一法師知道他的意思，很高興地寫了幾張佛號經偈，又特別研了紅硃寫了一兩副篆字的對聯，自題自跋，橫的，直的，大的，小的，不下十餘種，這些字在廈門裱字店裏裱的時候我曾經看過，實在是弘一法師在南閩所作書法中最精工的作品，不知經此亂後，那些稀見的墨寶尚在人間否耶？

弘一法師自前年十月在泉州不二祠入寂，至今已經一年餘了。最近雖然已經有《弘一大師永懷錄》一書出現，但尚無人對他作有系統的研究。本文只是記他在廈門的一段因緣而已。如果時間許可的話，再讓我更詳細地來介紹他吧。

三十三年三月四日

（刊於《天地》第十期）

憶弘一法師

釋倓虛

我常願大家「坐地參方」。什麼叫「坐地參方」？就是把諸方大德請來湛山，讓大家坐地參學。省得跋山涉水，千里行腳。

民國二十六年（一九三七）我曾預備把印光老法師請到湛山來，開一念佛堂，讓印老在這裏主持淨土道場。以後因事變，印老沒能到湛山來，這是我最遺憾的地方。

弘一律師也是我最羨慕的一位大德。在二十六年初夏，我派夢參師到廈門萬石巖請弘老來湛山講律、結夏安居。

他在家名李叔同。性格外倜儻而內恬醇，凡做事都與人特別。可是他一生的成功，也就在這個特別性格上。做事很果敢，有決斷，說幹什麼，就幹什麼，說不幹什麼，就不幹什麼。例如他在家時，專門致力於文學、藝術、音樂、圖畫等，就專心致志，讓他成功。甚而在少年時代，一些風流韻事，也莫不盡情逸致，像唱戲一樣，無論扮演某種角色，都讓他合情合理到家。可是話又說回來，在家是那樣，出家也是那樣。出家後，把在家那套世俗習氣完全拋掉。說不幹就不幹，絲毫也不沾染。對出家人應行持的，就認真去行持，行持到家，一點不苟且。這才是大丈夫之所為，也是普通人最難能的一件事。

弘老在南方多年，沒有能拿整個叢林完全來接受其律儀的，惟湛山寺能接受。每到黑白半月誦戒羯磨，四月十五結夏安居，七月十五自恣，平常過午不食。……乃至弘老走後，這些年來，還是照規矩行持。不但湛山寺是這樣，和湛山寺有關係的廟，如哈爾濱極樂寺，長春般若寺，天津大悲院等，也都按照這樣行持。雖然不能完全做得到，但最低限度，出家人對四根本戒、十戒、十三僧殘，應揀要緊的去行持。例如半月誦戒，像演電影一樣，誦一遍就等於在人的腦幕上映一遍，縱然不能完全持佛的清淨戒，但起碼也給人種一個持戒的影子。自己有汙染的地方，也能在誦戒時懺悔，洗刷一下。佛祖給後人立規矩，大有意義。平常衣暖食足的人，慾心重，無明大，好睡覺，好做夢，這些都是修行的障礙。在寺裏幾百人住在一起，有多數人持戒，其他散漫的相形了，當然也會發慚愧心和懺悔心。

（刊於一九四四年《兩法師》）

軼事略紀

勝　牧

開明書店嘗請法師書寫字模，作為排印書刊之用。後來沒有實現。原因是法師不願寫刀部等字。他給夏丏尊的信上說：「去年應允此事之時，未經詳細考慮。今既書寫，乃知其中有種種之字，為出家人書寫甚不合宜者。如刀部中殘酷凶惡之字甚多，又女部更不堪言，尸部中更有極穢之字。……余素重然諾，決不願食言。今此事實有不得已之種種苦衷。」云云。

師住桃源，留飯飼鼠，鼠患以寧。曾為文紀其事云：「余獨居桃源山中甚久，山鼠擾害，晝夜不寧，毀壞衣物，甚至嚙佛像手足，並於像上落糞。記得昔賢有以飼貓之飯飼鼠，可免鼠患之說。乃姑試之，於每日兩次飯食時，自己未食前，先以飯咒畢，在佛桌下飼之，並為發願迴向，鼠遂漸能循馴。不復毀壞衣物，亦不隨處落糞，自後即得彼此相安無事矣。」

「印《在家備覽》之事，據老人云：老人與哈同素無友誼，此次彼願出資，似有未安。擬請仁者代為婉言辭謝。至禱。此書前寫就之一冊，眉目欠清，老人欲重為整理編輯。原稿用朱墨二色標寫，印時即以二色套印。現在無須急於出版也。倘老人精力不佳，未能再整理重編，則前寄上之《宗體篇》寫本，俟以後有因緣，再由佛學書局出版，遲遲不妨也。」

右為弘公用性常法師名義擬的信稿。

此信稿後由性常法師遺篋中發現，世罕知者。先是弘公已允李圓淨居士在滬印行。嗣聞係外僑哈同之婦羅迦陵出資，弘公乃親擬此信稿，以性常法師名義，寄與李居士而謝絕之。因是停止印行。

庚辰（民廿九年）冬，弘公將離永春，王夢惺居士前往敘別，弘公悽然地說：「我出家二十多年，歲月虛度，無所成就，慚愧極了。此去決再閉關，出第二次家，望能補過於未來。」語從心出，幾欲墜淚。夢惺請留言開示，弘公說：「我們做人最要緊的是心口如一，表裏如一，言行如一，醒夢如一，乃至生死如一。」

（刊於一九四四年《兩法師》）

弘一大師遺墨的保存及其生活回憶

劉質平

先師李叔同先生（法號弘一）的書法，素為藝林所重。自戊午夏出家，至壬午秋圓寂，前後二十五年間所寫大件精品墨寶，為數無多。就余所憶，略分述如左（片段佛經，佛號，佛偈以及小件精品，概不列入）：

甲　佛經類

一、《四分律比丘戒相表記》，書本式，此書將四分律文，製為表解，為先師佛學著作上最偉大的作品，手自書寫，已石印二次，稿存穆藕初居士處。曾遺囑命余於他逝後勿開追悼會、造塔及做其他紀念之事。「倘欲做一事業與余為紀念者，乞將《四分律比丘戒相表記》印二千冊。……此書可為余出家以後最大之著作。故宜流通，以為記念也。」（遺囑原語）

二、《金剛經》、《藥師經》、《心經》等，已石印。

三、《佛說阿彌陀經》，屏條式，五尺整張大小，共十六頁。每頁六行，每行二十字，分十六天寫成，為先師生平最重要墨寶。余親自磨墨牽紙，觀其書寫。

四、《佛說五大施經》，屏條式，長四尺，共四頁。每頁三行，每行十五字。

五、《華嚴經普賢行願品贊偈》，書本式，用北魏書體寫成，每字外有紅線方框，極為整齊精美。

乙　對聯類

壬申（一九三二年），在鎮海龍山伏龍寺。先師曾對余言：「每次寫對都是被動，應酬作品，似少興趣。此次寫《佛說阿彌陀經》功德圓滿以後，還有餘興，願自動計劃寫一批字對送你與《彌陀經》一起保存。」命余預作草稿，以便照樣書寫，共一百副。寫畢又言：「為寫對而寫對，對字常難寫好；有興時而寫對，那作者的精神、藝術、品格，自會流露在字裏行間。此次寫對，不知為何，愈寫愈有興趣，想是與這批對聯有緣，故有如此情境。從來藝術家有名的作品，每於興趣橫溢時，在無意中作成。凡文詞、詩歌、字畫、樂曲、劇本，都是如此。」

丙　立軸類

一、贊佛偈　長五尺，分八行七行五行三種。每行分二十字二十八字二種。邊款獨立一長行，山名、地名、寺名、院名、筆名，全部寫上，有贊釋迦牟尼佛偈、阿彌陀佛偈、觀世音菩薩偈、地藏菩薩偈、彌勒菩薩偈、說戒迴向偈、發願迴向偈等，九頁。

二、清涼歌詞，長五尺，分清涼、山色、花香、世夢、觀心五頁，因歌詞長短不同，每頁行數各異。曲譜由師生四代費七年餘光陰作成。已在開明書店出版，為先師出家後一部傳世的佛學聲樂書。

丁　屏條類

一、學道四箴（略稱四大頌）並序，分大智如愚、大巧若拙、大音希聲、大器晚成四頁。長五尺，每頁六行，每行二十二字。下分別具澄渟、靈芝、慈藏、龍音四院及論月、髫明、如理、為炬四筆名。

二、格言，自四言起至十言止七種。每種各用一個不同印章，分作三集。每集四十條，每條各寫一個不同筆名、共一百二十個。

戊　雜件類

一、《華嚴集聯三百》，書本式。先師在上虞法界寺時，將華嚴經偈句，集為聯語。費半年餘光陰，集成三百餘聯，分寫三集，已由開明書店石印行世。

用筆用墨與寫法

先師用筆，只需羊毫，新舊大小不拘；其用墨則甚注意。民十五後，余向友人處，訪到乾隆年製陳墨二十餘錠奉獻。師於有興時自寫小幅，大幅則須待余至始動筆。余在寺院，夜半後聞雲版即起，盥洗畢，參加衆僧早課。早餐後，拂曉，一手持經，一手磨墨。未磨前，硯池用清水洗淨。磨時不許用力，輕輕作圓形波動；且不性急，全副精神貫注經上。不覺間，經書畢讀，而墨亦濃矣。

先師所寫字幅，每幅行數，每行字數，由余預先編排。布局特別留意，上下左右，留空甚多。師常對余言：字之工拙，占十分之四，而布局卻占十分之六。寫時閉門，除余外，不許他人在旁，恐亂神也。大幅先寫每行五字。從左至右，如寫外國文。余執紙，口報字；師則聚精會神，落筆遲遲，一點一劃，均以全力赴之。五尺整幅，須二小時左右方成。

師曾對余言，藝術家作品，大都死後始為人重視，中外一律。上海黃賓虹居士（第一流鑒賞家）或賞識余之字體也。

保存墨寶之經過

先師與余，名雖師生，情深父子。回憶民元冬季，天大雪，積尺許。余適首作一曲，就正於師，經師細閱一過，若有所思；注視余久，余愧恧，幾置身無地。師忽對余言：「今晚八時三十五分，赴音樂教室，有話講。」余唯唯而退。屆時前往，風狂雪大，教室走廊，已有足迹，似有人先余而至。但教室門閉，聲息全無。余鵠立廊下，約十餘分鐘，室內電燈忽亮，門開師出，手持一錶，言時間無誤，知汝嘗風雪之味久矣，可去也！余當時不知所以，但知從此師生之情義日深。每周課外指導二次，並介紹余至美籍鮑乃德夫人處習琴。

余家貧，留東時最後數月費用，由師供給。師函有云：「余雖修道念切，然決不忍置君事於度外。此款倘可借到，余再入山；如不能借到，余仍就職至君畢業時止。君以後可以安心求學，勿再過慮……」師恩之深如此，余不忍以一己求學之故，遲師修道之期，乃於民七夏返國，而師亦於是夏出家矣。

師恩厚，無以為報。出家後，許余供養，心稍安。先師覆函，常附墨寶二束，一命余結緣，一賜余保存。二十餘年來，積品盈千，均由蘇幫張雲伯裱家裝池，字箱十二口，用獨面樟板製成，特闢一室保存。

民二六秋，日寇擲彈海寧，勢危，友朋約暫避，頃刻間未能將全部作品天地軸截，整個攜出，至今成為憾事。余所攜字件，中間雖經日寇盜匪翻踏及水浸日曬，種種損害，但精品保存至今，一件無缺，亦不幸中之大幸也。惟余以此，不能遠出任職，絕糧蘭溪鄉間，窘甚。嗣金華陷敵，乃作小販糊口，迭經艱險，始能將恩師精品保全。所惜余已年老，此後保存，將成問題。昔先師西畫，出家前原送北平國立藝專保存。民十二年冬，余至北平考察藝術教育時已知一幀無存，可嘆孰甚！

先師在俗，咸推為我國近代最偉大之藝術家。入山後，發願畢生精研戒法，幾無日不在律藏中探討精微，發揚光大，為元明清七百餘年南山律宗復興之祖，在我國佛教史上，自有其崇高之地位。

先師的生活情況

先師入山初期，學頭陀苦行，僧衲簡樸，赤腳草履，不識者不知其為高僧也。中期身體較弱，衣服稍稍留意。晚年身體更弱，乃命余代製駱駝毛襖褲，以禦寒冷。先師所用僧服，大都由余供奉。尺寸來函開示，照單裁製。回憶先師五十誕辰時，余細數其蚊帳破洞，有用布補，有用紙糊，堅請更換不許。入閩後，以破舊不堪再用，始函命在滬三友實業社，另購透風紗帳替代。為僧二十五載，所穿僧服，寥寥數套而已。

先師研究律宗，持戒甚嚴，過午不食，每日祇吃早午二餐。有人請他吃飯，必在午前進行。先師雲游無定，經典隨身攜帶，常用行李約五件：竹套箱二，網籃二，鋪蓋一，來往滬杭甬間，大都由余代為整理或護送，以余兼任滬甬二處學校功課垂十二年也。

先師每至一寺院，住持之尊敬招待，實所罕見。回憶上虞法界寺然慶法師、鎮海伏龍寺誠一法師之迎請情形，至今猶使余肅然起敬。余在二寺，各住二月有餘，見其日常供養周到，體貼入微，且始終如一，完全出於至誠。而先師亦處處留神，因應適宜。某次，由甬同行至杭州松木場彌陀寺，不竟日即移住虎跑定慧寺。余問故，答以「無緣」，師之見機如此。

先師出家後，曾生大病三次。第一次在上虞法界寺，病未痊，被甬僧安心頭陀跪請去西安弘法。師被迫，允捨身，有遺囑一紙附余。余以其不勝跋涉，在甬輪上設法救回，白輪船三樓負師下，兩人抱頭大哭。寧波同事，至今傳為笑談。第二次病於泉州草庵。據師函示：「九死一生，為生平所未經歷。」後至廈門經黃丙丁醫學博士，療治三個月始愈。時師因著作未竣，故樂於醫治。

迨第三次病於泉州養老院，師則以功德已經圓滿，決心往生。謝絕醫藥，並預知遷化日期，曾致函夏師丏尊與余二人訣別云：

朽人已於九月初四日遷化，曾賦二偈，附錄於後：

君子之交，其淡如水。執象而求，咫尺千里。

問余何適，廓爾亡言。華枝春滿，天心月圓。

至入境界，固異尋常也。

（本文係根據一九四六年《弘一大師遺墨展覽會特刊》上劉質平《弘一大師的遺墨》和《弘一上人史略》二文整理壓縮而成，刊於文物出版社一九八四年《弘一法師》）

弘一法師贊

——為紀念弘一法師逝世五周年作

施蟄存

予少時讀《禮拜六》雜誌，於卷端見李息霜摹莎士比亞墓碑，心竊好之，以為嗜古之癖，不遺殊域，其人必博雅君子也。後讀南社集，得其所為詩，風流佚蕩，乃知其為詩人也。浸假而知其人嫻音樂，擅繪事，亦嘗粉登場，現宰官身，傳大槐夢，現善女人相，說色空法，覺迷警幻，入聖超凡，然後知其為多才多藝人也。

方將乘時委質，以求一見，而公以出世聞矣。識與不識，咻然大詑，予則獨有合於心，以為千古才人最難得好歸宿處，不為儒隱，便作僧游，公既杖錫隨緣，自然安頓，可謂卓識人矣；然而非有大勇毅大智慧，亦未易勘破此一關也。公既遺世獨立，又予何以添着一相，因捐參謁之志。

十年以還，人間不復知李息霜，而弘一法師之名藉盛。世徒以師持律謹嚴，修行精進，為不可及，弟子門生，不免標榜，此蓋有欠乎知師，抑亦不足以知人。夫枕石漱流，簞食瓢飲，彼何人哉？殊途而歸，一致而百慮，佛與儒有同然。人以師為皈佛得道，予獨謂師秉道皈佛。惜哉，儒學之不昌，坐使人才不隱而髡；雖然師既奄化，即儒亦滅，彼其所遺，道一而已。因為之贊曰：

佛有戒，儒有方。其道存，名可亡。芒鞋破鉢歸八荒，儔其識之徒雌黃，吾安別乎弘一師，李息霜？

（刊於一九四八年《永恆的追思》）

從弘一法師圓寂五周年紀念會歸來

傅彬然

弘一法師紀念會決定於十一月九日假玉佛寺舉行法師圓寂五周年紀念會，同時並紀念經子淵、夏丏尊兩先生及震華法師。是日清晨，天陰，大有雨意。八時，與范洗人、葉聖陶兩先生及賈祖璋諸兄赴玉佛寺布置會場。此次除循例展覽弘一法師遺墨遺像外，並展覽經、夏兩先生及震華法師遺作遺物。弘一法師遺墨中以剃度前所著《斷食日記》及民國十六年國民革命軍初收復浙江時致蔡孑民、馬敘倫諸先生書手迹最為珍貴。稿藏杭州堵申甫先生處，此次原定由豐子愷兄攜帶來滬，後子愷兄因事不能來，特地差人於開會前一日送到。紀念會於上午九時開始，至下午四時半終。蒞會者不下三四百人。第一師範師友到會者三十餘人，晤談甚暢。午刻寺僧在靈前唪經，與會舊友齊集鞠躬致敬，肅穆虔誠。散會歸寓，引起了種種回憶與感想。

弘一法師和經、夏兩先生，都是筆者在浙江省立第一師範學校求學時代的老師。弘一法師出家前是藝術家，出家後，成為戒律精嚴的頭陀；經先生是教育家和金石書畫家，夏先生是文學家、教育家，晚年也信奉佛法。筆者對於任何宗教，似乎都發不起信心來，也許是「根器太淺」的緣故。但對虔誠的宗教信仰者，也像對於在俗的篤實踐履的事業家、學問家、社會改造家一般，深致景仰；像弘一法師那樣勇猛精進，宏揚佛法的精神，更是衷心崇敬。

筆者對於佛法所知太少，不敢妄贊一辭。弘一法師和經、夏兩先生，都是筆者的老師，他們的道德文章，對筆者的品格思想，都有着永遠不能磨滅的影響。筆者在浙江第一師範受諸位先生的教，算起來已經是三十年前的事了，然而當時的情景，猶宛然在目。筆者常常說當年經先生辦浙江第一師範是成功的。試看我們這一班受諸先生陶冶出來的同學，分散在社會上，雖然沒有看見大家做出甚麼轟轟烈烈的大事業來，可是絕大多數人，都是有篤實踐履的精神與態度，對自己的工作，都能嚴肅而忠實地作着最善的努力。我想所謂社會中堅分子也者，應該指是具有這樣的精神與態度的人。其實當時經、夏兩先生，弘一法師以及其他許多位教育我們的先生，各人的思想性格，生活態度，相互間未必相同，可是當時學校裏，卻具有一種共同的精神，所以教育的效果顯得特別好。現在追憶起來，所以致此的主要原因，大約不外三點：第一點是誠，大家誠心誠意辦學為國家作育人才，絕對沒有其他任何企圖。第二是實，全校的教師和職員，處理整個校務，實事求是，絕無虛驕浮誇的習氣。第三是自由與寬大的空氣，無論教師間同學間，各人的思想、信仰、趣味、態度，在不妨害集體生活的範圍之內，一任自由，無甚拘束。因此各人的個性都獲得了適當的申展，同時寬大容忍的氣度也就在無形中涵養成功了。年來舊友相晤，每感我國的教育，非但不能隨時代而進步，與三十年前我們的學生時代相比較，只見每況愈下，真是大可慨嘆的事。原因在那裏呢？這種情狀又該怎樣來設法改善呢？都是值得深長考慮的事。

（刊於一九四八年《永恆的追思》）

學習弘一法師的教育精神

楊同芳

人都尊弘一法師為當代高僧，這是就佛法而言的。從世法說，法師在世昭示給我們的教育精神，卻是很值得記取的。除了對佛法的貢獻以外，弘一法師又是一位躬行實踐的教育家。法師的佛學和修持不是每個人都能學到，但他的為人，特別是表現於教育工作上的精神和人格，卻可給一般人做楷模。

凡是受教於李叔同先生（未出家以前的弘一法師）的，沒有一個不被他的真誠所感動。弘一法師出家前是一位優秀的藝術家，他把他純摯的天性，磊落的懷抱，統統流露於他的藝術作品。他對創作，始終堅持着嚴肅的態度，從不迎合流俗。讀了他的詩文，看了他繪畫、石印，一望而知他是怎樣忠於他的作品，一點不肯苟且。他的作品中除了表現人生的實境以外，更憑睿智和想像，構成一種比實境更富有真善美的價值的境界。法師的書法，造詣更深，確已得爐火純青之妙，秀逸清麗，超凡絕俗，不着一點火氣。若非修養有素，何能形之楮墨？他從日本學成歸國後，曾有一個時期把整個心力貢獻於教育工作，也就憑他在藝術上所表現的忠實的態度教育青年。他沒有主持過學校行政，只當過北洋高等工業專門學校及浙江省立杭州師範的圖畫音樂教師，卻使他學生的身心深受影響；他教的不是所謂「主要科」（拿「主要科」或「副科」這些名詞來評衡課程的價值實在是錯誤的），然而卻使一向輕忽圖畫音樂的學生改變了學習的態度，甚至因而獲得教師人格上的薰陶和思想上的啟迪。

夏丏尊先生說：「李先生教圖畫音樂，學生對圖畫音樂看得比國文數學等更重要。這是有人格作背景的原故。因為他教圖畫音樂，而他所懂的不僅是圖畫音樂。」除了知識和技能，弘一法師更深知教「人」比教「書」更要緊。在「言教」和「身教」二者之中，法師着重「身教」。他以身作則，以人格去感化青年，再怎麼愚頑難化的學生，到了他面前都心悅誠服，而勇於反悔了。豐子愷先生敘說他當時受李先生教的時候，有一種嚴肅而新鮮的感覺。他在嚴正的態度中，表露出和悅的神采，真所謂「望之儼然而即之也溫」，學生對他的衷心折服，純由他的真誠所感召。他平日很少責備學生，然而學生卻視之如父兄，從不敢輕慢他。起初學生或許有點畏他，慢慢地由畏而發生敬愛。

正如夏先生所說，他的多才多藝使學生對之嚮往，而發生內心的崇仰。海爾巴脫要我們培養多方的興趣，現代教育家也教我們加深文化陶冶，發展創造才能。弘一法師在未出家前早已顯示他超越的才華，他的文化陶冶之深，創造才能之富，確如豐先生說的「自有學校以來，自有教師以來，未有盛於李先生者也」。李先生的藝術無一不精到，又有偉大的人格作背景，也難怪學生望之而自生敬愛。他真不愧為嚴慈相濟、恩威並施的大教育家。

他凡事認真，嚴謹不苟，創作如此，做人如此，教書亦如此。他對任何事，都認為不做則已，既做就得盡力做好。他反對玩世不恭的胡混態度，做事必腳踏實地。他教書始終是那樣堅毅不懈，從不肯敷衍，不但學生有疑必詳加解釋，俟其澈底明了而後已；同時學生如有生活上的問題，雖不在課業的範圍以內，亦必竭誠指示。他對學生的關切和愛護，早已成為被學生感動的要素了。世界的教師很多，但要找到像李先生這樣的「真教師」——不是以教師為幌子而是以教學為自己的切身工作的認真從事的教師卻不容易。

弘一法師既然有這種偉大的教育精神，如果能繼續他誨人的工作，對社會的貢獻豈不比遁入空門要大的多？許多人都會作如此想，特別是青年學生，他們總認為從事教育工作比做和尚要積極要切需。其實他由藝術家教育家而轉入修持佛法的一條路是很自然的很平實的。因為他的做人的態度還是一貫的，要說他出家前擔當教育工作。他出家後不也是做着另一種教育工作嗎？只不過性質略有不同，由教學校的學生而教沉迷的社會大衆。其動機和信念絲毫沒有兩樣，同是為了啟迪人們的智慧，同是為了解除世人的愚昧，弘一法師對人生的看法卻始終是透徹的，敏銳的。

淺見的人以為弘一法師出家後的行持是消極的，與人世無補。我卻說他一生的事業從沒有離開過教育。他是一位堅苦奮斗、悲天憫人的大教育家，衆生的大導師，人間的智慧燈。要不是他對人生的意義有根本的理解，他絕不會堅持他的教育工作至死。我很同意豐先生的話：「李先生的放棄教育家與藝術而修佛法，好比出於幽谷，遷於喬木，不是可惜的，正是可慶的。」原來弘一法師把他的教育家的同情，廓大而為對世間大衆的同情，他要使廣大的社會都能由迷而覺，返妄歸真，所以他才去「行大丈夫事」。為了人生的根本問題而去出家，以藝術家的胸襟和教育家的熱忱而去出家，和世俗上的走投無路而去空門絕不相同。弘一法師三十九歲以後的一段弘法度生的艱苦事迹，早已昭示我們：真正的佛教是入世的，不是出世的；是積極的，不是消極的。他不受名利恭敬，不望來生福報，只擔當着他一向從事的教育大衆覺醒大衆的事業。他為爭取衆生的福利而努力。他為拯救衆生的苦痛而奮斗，直到停止呼吸，他不肯放棄他的道義的責任。

弘一法師逝世已五年了，看到現在教育界的情形以及大地衆生憂苦交煎的慘狀，我不禁為青年悲，為人民悲。現在一般辦學的人，不是把教育當着營利的商業，便是把教育當着政治的工具。敷衍，籠絡，欺蒙，壓制，成為教育工作者的手法，純粹的教育精神喪失殆盡，而大多數的教師也在胡混，很少為學生打算，很少為作育人才着想。德國教育家凱欣泰納（G. M. Korshensteiner）所倡導的「教育家的精神」，那種純摯深厚親切溫煦的對於兒童或青年的愛心，根本就不容易找到了。現在的教育不是「愛的教育」，而是與之相反的「力的教育」。不重感悟和啟迪而重強制與注入，不重示範與利導而重禁阻與抑止。眼看今日教育上不合理的措施，再想到當年弘一法師那樣的以身作則，真實誠懇，誨人不倦，能不令人感喟無已？

為人民悲者，今日全國人民的生活，可說艱困到萬分，弘一法師畢生期求的一個人間的樂土，不但沒有建立，而民生日蹙，國勢日危，抗戰勝利的果實又告枯萎。法師所垂念不忘的大地衆生，何時能從水深火熱中出來，真是不能也不忍想像了。

當然，挽回世運的任務，還是寄託在先知先覺的教育家的身上。我們今日需要像弘一法師那種充滿着無限熱忱與愛心的認真工作的教育家，惟有這樣的忠於人生忠於教育的教師才能把這個社會改造好！繼承弘一法師的教育精神，學習弘一法師的教育精神，才算是真正的景仰這位法門龍象，大衆導師。

（刊於一九四八年《永恆的追思》）

弘一大師勝緣記略

胡宅梵

己巳秋，師蒞白湖金仙寺。寺與余居密邇，由亦幻法師之介紹，乃得晉謁。師氣度靜穆，慈藹被人。一見興感，曾寫《見了弘一法師》一文，刊於《現代僧伽》。予別署謫凡，師更為宅梵，云生天終須墮落，惟學佛方超三界，並告余以念佛惜福為要務。一日以《彌陀經白話解》貽贈。余曰：「《彌陀經》已有白話解耶？余思為之。」師曰：「尚有《地藏經白話解》，爾盍為之。」余曰：「未入佛智，恐難勝任。」師曰：「爾可依字面解釋，若有未妥，當代為修正。」時靜權法師正講《地藏經》，師命余恭聽，云得借助。余遂開始寫作。師更贈余手寫之《地藏經》科文十餘幀，《地藏經科註》一部，《演孝疏》一冊，以資參考。復允余皈依為弟子，問余欲閱何經典。以《大智度論》對，師乃請《智論》二部，木刻者備自閱，以排印者贈余。並命余至佛像前宣誓禮拜，更賜法名勝月。出親手圈點之《普賢行願品》，囑余每日讀誦，末蓋以鈐記曰「蠲戲齋」，曰：此余出家後所鐫，不多覯也。題余之詩集曰《勝月吟賸》。將匝月，靜法師講經圓滿。靜安和尚發起施食及授幽冥戒之舉，師書其眷屬多人，悲泣供奉。靜法師則囑師寫《地藏經》二十八種利益兩方幅。是年師在白湖過冬。見余必諄諄善誘，無倦容，時時以手書之長聯橫額等多種為贈。並為《地藏經白話解》寫序及題眉。師畏寒，手生凍瘡，衣猶單薄，余則供奉火爐、內衣等。春季師赴百官法界寺閉關。隔歲棲蓮法師為五磊靈山寺方丈，囑余請師住錫。師惠然蒞止，並寄手簡，命余上山。極言靈山道風之盛，為全國冠。既趨謁，師命余讀其手書之《華嚴經》及《原人論》等，更為之講解，將手訂之《地藏經》及所書之贊偈惠贈。天未明，師已起上大殿，親擊鐘鼓，導衆念佛。時寺中有專修淨業之蜀僧顯真，勇猛精進，師推重備至。約渠發起求生西方之普賢願，真師刺血，師製願文並書寫。計十人：亦幻師、文濤師、顯真師、棲蓮師、蘇居士、師及余，尚有一童子，餘不及憶。夏季復上山，師云爾來大佳，金陵刻經處有結緣書籍寄到，可謂巧值。余亦云今日為余三旬初度。師云：今日亦為先吏部公百十九歲冥誕也，因書其因緣於《彌陀經疏鈔》為贈。又命余為其亡母王太夫人印造地藏像多幅。時師正感冒風寒，鼻涕時出，用極粗草紙拭之，拭竟摺疊端正，復置衣袋中，須臾更拭更摺，視此草紙珍若拱璧。余不忍，將所用之手帕敬奉，師鑒余誠，遂受之。杪秋，三上山。師病瘧，屹然踞牀上。問何不安臥養息，師云：「病中正好代衆生受苦也。」復勸醫藥，曰：「大病不吃藥，小病自開方。」嗟乎，師之操持，曠代罕覯，警人深矣！師於堂中懸明人名畫地藏像一幅，鮮花供養，並自向像前受菩薩戒也。孟冬，師創律學院不成，下山居金仙寺。時有鎮海龍山伏龍寺住持誠一，禮師，請去供養。師詢余可去否？余曰可，遂命余陪往。至則居關房內，余則小住即歸。隔一月，堵福詵縣長介紹毛契農居士，欲余同往龍山禮師，即為之引見。龍山風景兼山海之勝，師從未出關欣賞，值新晴，余請師賞領，師不允，蓋不耽逸樂也。余出內子手寫之《普門品》乞為題簽，並賜法名月慧。更出示其親手裝訂之南山律學叢書一大部，曰：「人均知余能金石書畫，皆不知余更能裝書也。」言之欣然。翌年師由龍山回金仙寺，時詢余居距白湖之遠近，度其意似欲至余家一行也。余乘機請，師允諾。遂稟於父，吾父欣然，為治素食。乃買舟邀師來家午齋，座僅四人，師與父，寂月居士及余。齋後師即行，云不復乘船，步行回寺，是為二月十五日也。春暖，師行不數十步，即去一衣，命余負之行。余曰：「似沙彌也。」師云：「未可，須受沙彌戒方得稱沙彌。」余為述上嶴湖山靜穆，可順道一觀。師允之，至則在湖塘小立，云極似溫州平陽之某處。至寺，師即解衣洗濯。余亦歸。師平居治律之餘，喜博覽名人格言，選擇擷錄，彙為一冊，別選蕅益大師警訓、蓮池大師警訓二種，悉交余刊佈。適值「一二八事變」，毀於火，僅刊出所選之薛文清公《讀書錄》、梁瀛候《日省錄》二種。後師復整其蕅益警訓舊稿，名《寒笳集》。復命余選蓮池警訓，選竟，余乃名之曰《晨鐘集》，蓋皆取少陵詩句也。先後付佛學書局出版，今已重版數次矣。嗣後師弘法閩南，又時時以念珠及手書楹聯，及影印各種經籍為贈。更命余將已出版之《地藏經白話解》，及《滄宗》等，寄去結緣。師平時見人輒避，或有訪問者亦婉謝。惟對余則一見如故，每事垂詢，余云善則善之。嘗謂顯真師云：「施主物不可受，惟胡居士之物可受也。」噫，余無實德，師何信任之深，蓋亦夙緣歟？年來學漸進，欲就正於師者甚多，師竟冥迹西歸。雖然日受亡言之教，蹈亡象之規，於春滿月圓之時，永瞻風度，顧劣智昧心，亦無所得，悲乎！茲將師寄贈之手書數十通，錄之以留紀念，然時經變亂，散軼亦復不少矣。

（刊於一九四八年《人間愛晚晴》，上海法輪書局）

追念弘一律師

釋大醒

九月九日為弘一律師應化生之紀念日，《覺有情》法香、慧純、海量居士等為追念律師起見，特輯關於追念文章若干篇，留作紀念。適我雲水滬濱，慧純居士囑寫一文。我對弘一律師素極尊敬，律師示寂後，迄無一言表示憶念，殊為失禮。但數年來與諸道友談及律師時，固未嘗不泫然欲哭，今後實難遇大善知識如律師其人矣！

今為追念律師，略分三節述之於後：

一、我和弘一律師的共住因緣：記得是民國十七年冬季，弘一律師偕尤惜陰居士等一行欲赴印度朝禮佛教聖迹，記不清他們以何因緣路過廈門時，律師與三位居士分道揚鑣了。南普陀常住住持虛大師正出國傳教，當時監院是覺斌、芝峯和我三人，歡迎他住於海印樓東邊一間號稱「關房」的僧寮中，芝峯法師是與律師在永嘉早已相識的，覺斌、亦幻和我們全體南普陀寺閩南佛學院職教員，都是這一次見面各作自我介紹的。律師住了多少時候，已記不清。我們每隔一日於夕陽西下後必有幾人至關房閑談一次。律師給我們不言之教的印象頗為深刻，卻不是簡單的筆墨能記敘得明白的。

第二年的秋季，律師又來廈門了，這一次住在閩院內教務處的小樓上。小樓有三間，向南一間，陽光既充足，又免得上樓的人要經過那間寮房的門口，有所驚動。隔壁兩間，中間是現代僧伽社編發部，北間是我的臥室。早午兩餐粥飯，律師和教職員同桌共食，我們大家都是青年人，吃飯其快非常，律師是持非時食戒的，吃得慢，我們乃商定每天輪流當值陪着律師慢慢的進食，但始終沒有讓律師知道我們的這一點敬意。這一次律師給我們的不言之教則更深了，閩院學僧凡出家本來就注重威儀，威儀的分數是和學科的分數平均計算的，可是由於律師住居院中，連打乒乓都莊嚴化了。這個，足見高僧的行徑感人之深了，曾蒙律師的嘉許：「在家學校，我看立達學園為最好，出家道場，我以為閩南佛學院為最合理。」

第三次我和律師共住的因緣，記不得是何年何月何等樣情形，已模糊不甚清楚了。

二、我與弘一律師的文字親近：當律師第二次住錫閩院約有兩月之久，此時閩院講堂走廊各處，張有警語若干條，語句皆是古大德的警策話，既代替標語，又當作座右銘，一樣東西兩樣作用。律師看到認為頗有意義，同時覺得我也懂得一點書法。前後共賜了我三副聯語，幾張短條，我什襲珍藏，視同拱璧。後來都為敵人匪人劫去了，甚為可惜！

我和律師文字的親近，十七、十八年之間雖曾通過兩次信，不過是些彼此應酬問訊寒喧語。二十二年秋間起，從我接編《海潮音》起，在武昌和他通的訊有七八通，於劫後的行囊中祇有最後的（二十四年五月一日泉州）一張郵片，去冬慧純居士游雪山，我檢出交付與他，託為保存墨迹。片云：

惠書誦悉。近擬謝絕一切緣務（若不如此必不能編成）專編律書。（因年來精神大衰，故不得不謝絕諸緣。）故諸師友處，皆未能通信。今座下欲撰《靈峯評傳》，擬以舊集年譜草稿，及拙見數則，奉獻座下，以備採取。須俟一個月後，乃能寄上。以後即未能再通信也。諸乞亮之，為幸。演音啟。

我親近律師的翰墨文字，多已散佚，現在向金陵寺映徹長老徵得我的舊作《地藏菩薩本願經說要》，前有律師的一篇短序。文曰：

余以闇愚，獲聞大法，實由地藏菩薩本願攝之，蕅益大師宗論導之。戰兢自勉，垂二十載。常念茲恩，未嘗一日忘也。去歲，大醒法主曾輯蕅益大師集既已付刊，近復賫示《地藏菩薩本願經說要》草稿。殷勤三復，不勝慶躍！為述昔緣，以證志同道合焉。歲次甲戌三月，晉水尊勝院沙門一音。（印）

律師對我的訓勉與鼓勵，真是「未嘗一日忘也」！

三、我對弘一律師的幾點認識：一者律師以藝術信徒而為宗教信徒，入佛知見後雖已將整個心身溶於佛法之中，但其藝術的習氣與脾胃始終存在。律師的書法有最高的境界，俗說一句，一點滴火氣也沒有，那種「靜趣」「韻味」，不是一般能作書者可以學習而獲得的。據印光法師告訴我，開明書店曾擬請律師寫字模，預備把律師的書法永留在人間作一紀念的，可惜律師沒有工夫寫出，或許是律師不願意把這種幻化的痕留給濁世，亦未可知。

二者律師入佛以後走的路有三條：研究的是華嚴，修持的是淨土，弘揚的是律宗。律師研究的心得至何程度，非淺學的我所能知之。律師的修持卻已達到「一心不亂」的境地，所以最後「悲欣交集」的刹那，一面欣慶自己的解脫，一面悲愍眾生的苦惱，這證明律師發願弘揚律宗卻是大乘見解。是的，一位大德高僧怎麽能忘去眾生放棄教化的責任呢？關於律師弘揚律宗的行願，在白湖金仙寺，在廈門養正院，在泉州一帶都有他的事迹。他的嚴肅的持律生活，他的朋友夏丏尊、葉紹鈞都曾用文學的筆寫述過，這裏不必贅述了。

三者律師的化緣成熟在閩南，這是人人皆知的事實，當然我們很敬佩律師能捨己為人。我曾記得律師前兩次到閩南，我們曾請求再三要他為閩院說一次法，他幾次都很客氣地推辭了，我們知道他的個性，所以大家並未強勉他。可是我們學僧們受到律師的「不言之教」，實在所領受的影響既深且大。二十一年我離開閩院，常惺法師任南寺住持兼閩院院長時，律師忽而主持養正院，當其時外人頗有些不諒之言。我在二十二年秋末至二十四年夏初，與律師通信往還最多，始終我對於養正院沒有提及一字。因為我看得非常清楚，閩南的僧眾有一部分人認為閩院的學僧好像進步了，與他們一般小寺庵唱開倒車歌曲有些不合奏，難得有律師這樣一位高僧，於是請律師以弘揚律宗的姿態從養正院演出起直至後來在泉州一帶的化迹。在律師的心之深處，恰是為的報師恩主義。何以言之？律師素奉靈峯大師為師的，我們可以翻開《靈峯宗論》來看，當蕅益大師的著述初次出版，就因為他的兩位閩南（泉州）僧友作的助緣。（手頭無《宗論》參考，恕未舉出事實。）所以律師一生的化緣——最久長教化眾生的史迹在閩南，這實在是有特殊因緣的。律師後期在晉江一帶的辛勞教化，功德無量，我們感到無限的欣慰。不過當養正院初辦不久——律師弘律不久，忽讀到一篇律師寫的《了識律師傳》，其時我覺得「法師」的稱呼已成為今日很普通的稱謂，「律師」的尊稱似乎不能太隨便。我僅僅有這一點感想，我尊敬律師的心卻依然隨時加重！在這裏，我頗希望閩南曾受律師教戒的僧友們能永久繼續走着弘一律師的路，庶不負律師在閩南弘化的殊勝因緣！

以上，是我追念弘一律師在一時間內所想到要說的話，不過略為敘述我親近律師尊敬律師的一尺幻化的影片而已！三十六年九月二十二日，大醒掛搭玉佛寺。

（刊於一九四八年《人間愛晚晴》）

我與弘一法師

豐子愷

弘一法師是我學藝術的教師，又是我信宗教的導師。我的一生，受法師影響很大。廈門是法師近年經行之地，據我到此三天內所見，廈門人士受法師的影響也很大，故我與廈門人士不啻都是同窗弟兄。今天佛學會要我演講，我慚愧修養淺薄，不能講弘法利生的大義，只能把我從弘一法師學習藝術宗教時的舊事，向諸同窗弟兄談談，還請賜我指教。

我十七歲入杭州浙江第一師範，廿歲畢業以後沒有升學。我受中等學校以上學校教育，只此五年。這五年間，弘一法師，那時稱為李叔同先生，便是我的圖畫音樂教師。圖畫音樂兩科，在現在的學校裏是不很看重的，但奇怪的很，在當時我們的那間浙江第一師範裏，看的比英、國、算還重。我們有兩個圖畫專用的教室，許多石膏模型，兩架鋼琴，五十幾架風琴。我們每天要花一小時去練習圖畫，花一小時以上去練習彈琴。大家認為當然，恬不為怪，這是甚麽原故呢？因為李先生的人格和學問，統制了我們的感情，折服了我們的心。他從來不罵人，從來不責備人，態度謙恭，同出家後完全一樣，然而個個學生真心的怕他，真心的學習他，真心的崇拜他。我便是其中之一人。因為就人格講，他的當教師不為名利，為當教師而當教師，用全副精力去當教師。就學問講，他博學多能，其國文比國文先生更高，其英文比英文先生更高，其歷史比歷史先生更高，其常識比博物先生更富，又是書法金石的專家，中國話劇的鼻祖。他不是只能教圖畫音樂，他是拿許多別的學問為背景而教他的圖畫音樂。夏丏尊先生曾經說：「李先生的教師，是有後光的。」像佛菩薩那樣有後光，怎不教人崇拜呢？而我的崇拜他，更甚於他人。大約是我的氣質與李先生有一點相似，凡他所歡喜的，我都歡喜。我在師範學校，一二年級都考第一名，三年以後忽然降到第二十名，因為我曠廢了許多師範生的功課，而專心於李先生所喜的文學藝術，一直到畢業。畢業後我無力升大學，借了些錢到日本去游玩，沒有進學校，看了許多畫展，聽了許多音樂會，買了許多文藝書。一年後回國，一方面當教師，一方面埋頭自習，一直自學到現在，對李先生的藝術還是迷戀不捨。李先生早已由藝術而昇華到宗教而成正果，而我還徬徨在藝術宗教的十字街頭，自己想想，真是一個不肖的學生。

他怎麽由藝術昇華到宗教的呢？當時人都詫異，以為李先生受了甚麽刺激，忽然「遁入空門」了。我卻能理解他的心，我認為他的出家是當然。我以為人的生活，可以分作三層：一是物質生活，二是精神生活，三是靈魂生活。物質生活就是衣食。精神生活就是學術文藝。靈魂生活就是宗教。「人生」就是這樣的一個三層樓。懶得（或無力）走樓梯的，就住在第一層，即把物質生活弄得很多，錦衣玉食，尊榮富貴，孝子賢孫，這樣就滿足了。這也是一種人生觀。抱這樣的人生觀的人，在世間占大多數。其次，高興（或有力）走樓梯的，就爬上二層樓去玩玩，或者久居在裏頭。這就是專心學術文藝的人，他們把全力貢獻於學問的研究，把全心寄託於文藝的創作和欣賞。這樣的人，在世間也很多，即所謂「智識份子」、「學者」、「藝術家」。還有一種人，「人生欲」很強，腳力很大，對二層樓還不滿足，就再走樓梯，爬上三層樓去。這就是宗教徒了。他們做人很認真，滿足了「物質欲」還不夠，滿足了「精神欲」還不夠，必須探求人生的究竟。他們以為財產子孫都是身外之物，學術文藝都是暫時的美景，連自己的身體都是虛幻的存在。他們不肯做本能的奴隸，必須追究靈魂的來源，宇宙的根本，這才能滿足他們的「人生欲」。這就是宗教徒——世間就不過這三種人。我雖用三層樓為比喻，但並非必須從第一層到第二層，然後得到第三層。有很多人，從第一層直上第三層並不需要在第二層勾留。還有許多人連第一層也不住，一口氣跑上三層樓。不過我們的弘一法師，是一層一層的走上去的。弘一法師的「人生欲」非常之強！他的做人，一定要做得徹底，他早年對母盡孝對妻子盡愛，安住在第一層中。中年專心研究藝術，發揮多方面的天才，便是遷居在二層樓了。強大的「人生欲」不能使他滿足於二層樓，於是爬上三層樓去，做和尚，修淨土，研戒律，這是當然的事，毫不足怪的。做人好比喝酒：酒量小的，喝一杯花雕酒已經醉了，酒量大的，喝花雕嫌淡，必須喝高粱酒才能過癮。文藝好比是花雕，宗教好比是高粱。弘一法師酒量很大，喝花雕不能過癮，必須喝高粱。我酒量很小，只能喝花雕，難得喝一口高粱而已。但喝花雕的人，頗能理解喝高粱者的心。故我對於弘一法師由藝術昇華到宗教，一向認為當然，毫不足怪的。

藝術的最高點與宗教相接近。二層樓的扶梯的最後頂點就是三層樓。所以弘一法師由藝術昇華到宗教，是必然的事。弘一法師在閩中，留下不少的墨寶。這些墨寶，在內容上是宗教的，在形式上是藝術的——書法。閩中人士久受弘一法師的熏陶，大都富有宗教信仰及藝術修養，我這初次入閩的人，看見這情形，非常歆羡，十分欽佩！

前天參拜南普陀寺，承廣洽法師的指示，瞻觀弘一法師的故居及其手種楊柳，又看到他所創辦的佛教養正院。廣義法師要我為養正院書聯，我就集唐人詩句：「須知諸相皆非相，能使無情盡有情」，寫了一副。這對聯掛在弘一法師所創辦的佛教養正院裏我覺得很適當。因為上聯說佛經，下聯說藝術，很可表明弘一法師由藝術昇華到宗教的意義。藝術家看見花笑，聽見鳥語，舉杯邀明月，開門迎白雲，能把自然當做人看，能化無情為有情，這便是「物我一體」的境界。更進一步，便是「萬法從心」「諸相非相」的佛教真諦了。故藝術的最高點與宗教相通。最高的藝術家有言：「無聲之詩無一字，無形之畫無一筆。」可知吟詩描畫，平平仄仄，紅紅綠綠，原不過是雕蟲小技，藝術的皮毛而已。藝術的精神，正是宗教的。古人云：「文章一小技，於道未為尊。」又曰：「太上立德，其次立言」。弘一法師教人，亦常引用儒家語：「士先器識而後文藝。」所謂「文章」、「言」、「文藝」，便是藝術；所謂「道」、「德」、「器識」，正是宗教的修養。宗教與藝術的高下重輕，在此已經明示，三層樓當然在二層樓之上的。

我腳力小，不能追隨弘一法師上三層樓。現在還停留在二層樓上，斤斤於一字一筆的小技，自己覺得很慚愧。但亦常常勉力爬上扶梯，向三層樓上望望。故我希望：學宗教的人，不須多花精神去學藝術的技巧，因為宗教已經包括藝術了。而學藝術的人，必須進而體會宗教的精神，其藝術方有進步。久駐閩中的高僧，我所知道的還有一位太虛法師。他是我的小同鄉，從小出家的。他並沒有弄藝術，是一口氣跑上三層樓的。但他與弘一法師，同樣是曠世的高僧，同樣地為世人所景仰。可知在世間，宗教高於一切。在人的修身上，器識重於一切。太虛法師與弘一法師，異途同歸，各成正果。文藝小技的能不能，在大人格上是毫不足道的。我願與閩中人士以二法師為模範而共同勉勵。

（刊於一九四八年十一月廿八日《廈門佛學會講演錄》）

第五輯

《話劇創始期回憶錄》中的李息霜

徐半梅

日本留學生的開始演話劇，發動在一九〇七年，這是藉一個賑災游藝會，在東京神田區青年會舉行的。其中有一《茶花女》，即法國小仲馬的原作，共演兩幕。其時筆者早已畢業歸國，恰巧送我的未婚妻去留學，所以第二次東渡，適逢其會，看到了這一我國話劇界可以紀念的戲劇。主演的人又是發起人李叔同，是天津人。最先在上海南洋公學讀書，那時留學東京美術學校。李君本來留有美術式小鬍子，特地為了扮茶花女，竟剃去鬍鬚，而且還自己製了好幾身漂亮的女西裝。這次破天荒的中國話劇，成績當然不能苛責；但使東京留學界感到興趣，連日本優伶們，也有人來參觀。

這第一次中國人正式演的話劇，雖不能說好，但比國內已往的素人演劇，總能夠說像樣的了。因為既有了良好的舞臺裝置，而劇中人對白、表情、動作等等，絕對沒有京劇氣味，創造一種新的中國話劇來了。李叔同這一次在戲單上，用的藝名叫息霜；扮亞猛父親的一位四川學生，姓曾，藝名存吳。

不料這話劇的發起人李叔同，演了這一《茶花女》後，從此沒有聽到過他再演第二次，不過他後來又製了好幾身女西裝，他自己穿了，拍過許多照片，如此而已。他從此不但與戲劇界不發生關係，回國以後，便遁入空門，這就是後來大家知道的弘一上人。

李叔同的逸事很多。有一次，他約吳我尊（常州人，春柳社社員）在某日下午二時到他家裏去。這一天，吳我尊如期而往；不料遲了五分鐘，李叔同便不肯開門，在樓上開了窗，對我尊說：「我約你的，是下午二時；現在時刻已過，恕不開門了，我們再改約日期吧！」我尊只好快快而返。

他還娶過一位日本太太。有一天，他的岳母來探訪女兒，談了半天，忽然天下雨了，岳母要借一把雨傘回去；但李先生無論如何不答應，他並且對岳母說：「當初你女兒嫁給我的時候，並沒說過將來丈母娘要借雨傘的。」其脾氣之怪，實在無出其右，在社會上是此路不通的，所以只好去做和尚。

歐陽予倩在南通辦伶工學校時，張季直在狼山重修一廟宇，打算請一位高僧去做住持，曾託予倩去邀他，但他沒有答應。

李叔同有二位高足：一位是畫家豐子愷，一位是音樂家劉質平。劉君曾在南通伶工學校當過音樂教師。李叔同留給藝術界的事實，不過這一點兒。

（刊於一九五〇年上海《新民報》）

中國話劇首創者李叔同先生

豐子愷

話劇家徐半梅先生告訴我，說明年是中國話劇創行五十周年紀念。他要我物色中國話劇首創者李叔同先生的戲裝照片。我答允他一定辦到。我雖然不會話劇，卻知道李叔同先生。所以想在這五十周年紀念的前夕說幾句話，作為預祝。

李叔同先生，是我在杭州浙江兩級師範時的美術音樂教師。我畢業的一年，親送他進西湖虎跑寺出家為僧，此後他就變成了弘一法師。弘一法師卅九歲上出家為僧，專修淨土宗和律宗二十餘年，六十三歲（一九四二）上在福建泉州逝世。他出家以前是一位藝術家，今略敘其生平如下：

李先生於光緒六年（一八八〇）陰曆九月二十日生於天津。父親是從事銀錢業的，六十八歲上才生他。母親是側室，生他的時候還只二十多歲。不久父親逝世。他青年時候奉母遷居上海，曾入南洋公學，從蔡元培先生受業，與邵力子、謝無量先生等同學。同時參加滬學會、南社。所發表的文章驚動上海文壇。他後來所作的《金縷曲》中所謂「二十文章驚海內，畢竟空談何有」，便是當時的自述。不久母親逝世，他就東游日本，入東京美術學校研習油畫，又從師研習鋼琴音樂，同時又在東京創辦「春柳劇社」；共事者有曾存吳、歐陽予倩、謝抗白、李濤痕等。所演出的話劇有《黑奴籲天錄》、《茶花女遺事》、《新蝶夢》、《血蓑衣》、《生相憐》等。李叔同先生自己扮演旦角：《黑奴籲天錄》中的愛美柳夫人及《茶花女遺事》中的茶花女。

這時候中國還沒有話劇。李先生在東京創辦春柳劇社，是中國人演話劇的開始。據我所知，他在東京時為了創辦話劇社，曾經花了不少的錢。他父親給他的遺產不下十萬元，大半是花在美術音樂研究和話劇創辦上的。後來李先生回國，春柳劇社也遷回中國。但他回國後不再粉墨登場，先在故鄉天津擔任工業專門學校教師，後來又回到上海，擔任《太平洋報》文藝編輯，轉任杭州浙江兩級師範和南京高等師範美術音樂教師。春柳社在中國演出時，《上海市通志館期刊》第二年第三期上曾經登載一篇《春柳劇場開幕宣言》，宣言中說：「民國三年四月十五日，春柳劇社假南京路外灘謀得利開幕。……溯自乙巳、丙午間，曾存吳、李叔同、謝抗白、李濤痕等，留學扶桑，慨祖國文藝之墮落，亟思有以振之，顧數人之精力有限，而文藝之類別綦繁。兼營並失，不如一志而冀有功。於是春柳社出現於日本之東京，是為我國人研究新戲之始，前此未曾有也。未幾，徐淮告災，消息傳至海外，同人演巴黎《茶花女遺事》，集資賑之。日人驚為創舉，嘖嘖稱道，新聞紙亦多諛詞。是年夏，休業多暇，相與討論進行之法，推李叔同、曾存吳主社事，得歐陽予倩等為社員。次年春，春陽社發現於上海，同人慶祖國響應有人，益不敢自菲薄，謀所以擴大之。……」這便是五十年前的中國話劇界情況。

李先生雖然回國後不再演劇，但他對劇藝富有研究，為歐陽予倩先生所稱道。他說：「老實說，那時候對於藝術有見解的，只有息霜（李叔同先生的別號——豐注）。他於中國詞章很有根柢，會畫，會彈鋼琴，字也寫得好。……他往往在畫裏找材料，很注重動作的姿式。他有好些頭套和衣服，一個人在房裏打扮起來照鏡子，自己當模特兒供自己研究，得了結果，就根據着這結果，設法到臺上去演。……」（見林子青編《弘一大師年譜》第二十七頁。）因此他上臺表演也非常出色，為日本人所贊譽。當時日本的《芝居雜誌》（即戲劇雜誌）中曾經登載日本人松居松翁所寫的一篇文章，其中說：「中國的俳優，使我佩服的，便是李叔同君。當他在日本時，雖然僅是一位留學生，但他所組織的『春柳社』劇團，在樂座上演《椿姬》（即《茶花女》——豐注）一劇，實在非常好。不，與其說這個劇團好，寧可說就是這位飾椿姬的李君演得非常好。……李君的優美婉麗，決非日本的俳優所能比擬。」（見《弘一大師年譜》第三十頁。）

這是我所知道的中國話劇首創者李叔同先生。話劇在中國已經創行了近五十年。在這期間，尤其是在解放後，由於許多話劇專家的研究改良，發揚光大，現在已經大大地進步，成為一種最有表現力、最容易感動人、最為全國人民所喜歡的藝術。然而飲水思源，我們不得不紀念它的首創者李叔同先生。五十年前，歐化東漸的時候，第一個出國去研習油畫、西洋音樂和話劇的，是李叔同先生。第一個把油畫、西洋音樂和話劇介紹到中國來的，是李叔同先生。只因他自己的油畫和作曲不多，而且大都散失；又因為他自己從事話劇的時期不長，而且三十九歲上就屏除文藝，遁入空門，因此現今的話劇觀者大都不知道李叔同先生，所以我覺得有介紹的必要。

李先生的骨灰供在杭州西湖虎跑寺，十年不得安葬。前年，一九五四年，我和葉聖陶、章雪村、錢君匋諸君各捨淨財，替他埋葬在虎跑寺後面的山坡上，又在上面建造一個石塔，由黃鳴祥君監工，宋雲彬君指導，請馬一浮老先生題字，藉以紀念這位藝僧。並且請滬上畫家畫了一大幅弘一法師遺像，又請好幾位畫家合作兩巨幅山水風景畫，再由我寫一副對聯，掛在石塔下面的桂花廳上，藉以裝點湖山美景。（然而不知為甚麼，遺像早已被誰除去了。）為了造塔，黃鳴祥君向杭州當局奔走申請，費了不少的麻煩，好容易獲得了建塔的許可。然而我們幾個私人的努力，總是有限，不過略微保留一些遺念，僅乎使這位藝壇功人不致湮沒無聞而已。這是西湖的勝迹，杭州的光榮！我很希望杭州當局能加以相當的注意、保護和表揚，所以乘此話劇五十周年紀念的前夕，寫這篇文章紀念李叔同先生，並且慶祝話劇藝術萬歲！

一九五六年十月十六日於上海

（刊於一九五六年十一月三日上海《文匯報》）

我也來談談李叔同先生

黃炎培

我從一月七日、二十三日兩天《文匯報》上讀到兩篇關於李叔同先生的文章，感覺我有義務把腦海裏存在着的關於叔同先生一鱗一爪的資料補充地寫出來供獻給讀者。

我和叔同是一九〇一、一九〇二年上海南洋公學——後來被先後改名南洋大學、交通大學——特班同學。叔同名廣平，原籍浙江平湖，出生於天津鹽商的富有家庭。同學時他剛二十一、二歲。書、畫、篆刻、詩歌、音樂都有過人的天資和素養。南洋特班宿舍有一人一室的，有兩人一室的。他獨居一室，四壁都是書畫，同學們很樂意和他親近。特班同學很多不能說普通話，大家喜愛叔同，因他生長北方，成立小組請他教普通話，我是其中的一人。他的風度一貫地很溫和、很靜穆。——我看到「不肯把雨傘借給丈母娘」的紀載，有些驚訝。

某一時代的社會存在，決定了某一時代人們的意識，特別是敏感而猛進的青年。必須認識：庸懦貪污的清朝統治着的中國到了十九世紀末期，在帝國主義包圍侵略下，簡直是支撐不住了。一八九四年甲午之戰，敗於日本，一八九五年割地賠款與日本講和，一八九七年德占膠州灣，一八九八年英占威海衛，清廷發生戊戌政變。一八九九年法占廣州灣，一九〇〇年八國聯軍占北京，一九〇一年訂約賠款講和，中國還成了個國家麽！那時候青年們的內心只有一股愛國狂熱，南洋公學就在一九〇二年冬大因反對學校當局無理由地一批又一批開除學生而全體自動散學。創立學社，就名「愛國」，老師辦女校稱「愛國女學」，都表現出一般思想的傾向。當時愛國青年所大大重視的一點，就是全國人民很多還沒有覺醒，覺醒了的，也沒有相當的文化基礎，愛國青年們一致認為興教育是當前一件首要工作。

叔同呢，從南洋公學散學以後，經過一個時期，在上海集合一般思想先進份子，擇地租界以外——那時是一九〇四、一九〇五年——創設一個「滬學會」，經常召開演說會，辦補習學校——也許是全中國第一個補習學校。我早和幾個朋友為了興學、演說，被清廷認為革命黨，判處死刑，遇救，走日本，經過一個時期歸來，和叔同一起在上海租界外楊白民所辦城東女學當教員。我至今還保存着叔同親筆寫他自撰詞、自作曲的《祖國歌》（如圖）。當時曾被一般男女青年傳誦。當然，必須認定這還是叔同的早年作品。但也值得珍視。

我們還應該認識到叔同去日本幾年回來創設「春柳社」，演出《黑奴籲天錄》，藉外國慘無人道的故事來諷刺祖國被統治的黑暗，同樣是基於愛國的熱情和悲憤。（編者按：《祖國歌》一說為他人所作。「春柳社」創設和演話劇《茶花女》、《黑奴籲天錄》是在日本東京，非回國以後的事。）

演了一個時期話劇，叔同出家了。在我的朋友們中間，還有自殺的。還有人去學製造炸彈，丟炸彈的。

最近我曾經和朋友們回憶和漫談當時一般青年的心情，一位朋友慨嘆了。他說：可惜他們沒有虛心接受馬列主義，只有愛國主義，沒有結合國際主義。我只說一點，請你想一下，那時還是二十世紀的初年，去列寧領導的十月革命，還有十幾年，帝俄還在侵略中國呢。

叔同出家首先在杭州的西湖，經過了幾年，叔同的夫人到上海，要求城東女學楊白民夫人詹練一和我當時的夫人王糺思伴她去杭州找叔同，走了幾個寺廟，找到了，要求叔同到岳廟前臨湖素食店共餐。三人有問，叔同才答，終席，叔同從不自動發一言，也從不擡頭睜眼向三人注視。飯罷，叔同即告辭歸廟，雇一小舟，三人送到船邊，叔同一人上船了。船開行了，叔同從不一回頭。但見一槳一槳蕩向湖心，直到連人帶船一齊埋沒湖雲深處，什麽都不見，叔同最後依然不一顧，叔同夫人大哭而歸。

一九四一年九月我去菲律濱首都馬尼拉，中華佛教會邀我游大乘信願寺，主持僧性願告我，已約定弘一大師明年來菲島，還給我看《覺音》月刊弘一大師六十歲紀念文。不料我離開菲島不久，馬尼拉突然被日軍占領，而被稱為弘一大師的叔同先生，也就於一九四二年在他所歌頌的祖國「圓寂」了。

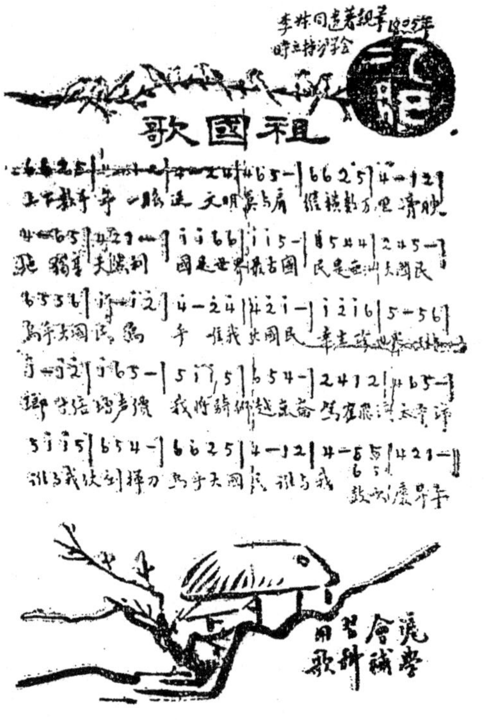

李叔同先生的愛國精神

（刊於一九五七年三月七日上海《文匯報》）

豐子愷

三月七日的《文匯報》上載着黃炎培先生的一篇文章《我也來談談李叔同先生》。我讀了之後，也想「也來談談」。今年正是弘一法師（即李叔同先生）逝世十五周年，我就寫這篇小文來表示紀念吧。

黃炎培先生這篇文章裏指出李叔同先生青年時代的愛國思想，並且附刊李叔同先生親筆的自撰的《祖國歌》的圖譜。我把這歌唱了一遍，似覺年光倒流，心情回復了少年時代。我是李先生任教杭州省立第一師範時的學生，但在沒有進杭州師範的時候，早已在小學裏唱過這《祖國歌》。我的少年時代，正是中國外患日逼的時期。如黃先生文中所說：一八九四年甲午之戰敗於日本，一八九五年割地賠款與日本講和，一八九七年德占膠州灣，一八九八年英占威海衛，一八九九年法占廣州灣，一九〇〇年八國聯軍占北京，一九〇一年訂約賠款講和。——我的少年時代正在這些國恥之後。那時民間曾經有「抵制美貨」、「抵制日貨」、「勸用國貨」等運動。我在小學裏唱到這《祖國歌》的時候，正是「勸用國貨」的時期。我唱到「上下數千年，一脈延，文明莫與肩；縱橫數萬里，膏腴地，獨享天然利」的時候，和同學們肩了旗子排隊到街上去宣傳「勸用國貨」時的情景，憬然在目。我們排隊游行時唱着歌，李叔同先生的《祖國歌》正是其中之一。但當時我不知道這歌的作者是誰。

後來我小學畢業，考進了杭州師範，方才看見《祖國歌》的作者李叔同先生。愛國運動，勸用國貨宣傳，依舊盛行在杭州師範中。我們的教務長王更三先生是號召最力的人，常常對我們作慷慨激昂的訓話，勸大家愛用國貨，挽回利權。我們的音樂圖畫教師李叔同先生是徹底實行的人，他脫下了洋裝，穿一身布衣：灰色雲章布（就是和尚們穿的布）袍子，黑布馬褂。然而因為他是美術家，衣服的形式很稱身，色彩很調和，所以雖然布衣草裳，還是風度翩然。後來我知道他連寬緊帶也不用，因為當時寬緊帶是外國貨。他出家後有一次我送他些僧裝用的粗布，因為看見他用麻繩束襪子，又買了些寬緊帶送他。他受了粗布，把寬緊帶退還我，說：「這是外國貨。」我說：「這是國貨，我們已經能夠自造。」他這才受了。他出家後，又有一次從溫州（或閩南）寫信給我，要我替他買些英國製的朱砂（Vermilion），信上特別說明：此雖洋貨，但為宗教文化，不妨採用。因為當時英國水彩顏料在全世界為最佳，永不退色。他只有為了寫經文佛號，才不得不破例用外國貨。關於勸用國貨，王更三先生現身說法，到處宣講；李叔同先生則默默無言，身體力行。當時我們杭州師範裏的愛國空氣很濃重，正為了有這兩位先生的緣故。王更三先生現在健在上海，一定能夠回味當時的情況。

李叔同先生三十九歲上——這正是歐洲大戰發生，日本提出二十一條，袁世凱稱帝，粵桂戰爭，湘鄂戰爭，奉直戰爭，國內烏煙瘴氣的期間——辭去教職，遁入空門，就變成了弘一法師。弘一法師剃度前夕，送我一個親筆的自撰的詩詞手卷，其中有一首《金縷曲》，題目是《將之日本，留別祖國，並呈同學諸子》。全文如下：

披髮佯狂走。莽中原、暮鴉啼徹，幾株衰柳。破碎河山誰收拾，零落西風依舊。便惹得、離人消瘦。行矣臨流重太息，說相思、刻骨雙紅豆。愁黯黯，濃於酒。　漾情不斷淞波溜。恨年來、絮飄萍泊，遮難回首。二十文章驚海內，畢竟空談何有！

聽匣底、蒼龍狂吼。長夜淒風眠不得，度群生、那惜心肝剖！是祖國，忍孤負！

我還記得他展開這手卷來給我看的時候，特別指着這闋詞，笑着對我說：「我作這闋詞的時候，正是你的年紀。」當時我年幼無知，漠然無動於衷。現在回想，這暗示着：被惡劣的環境所迫而遁入空門的李叔同先生的冷寂的心的底奧裏，一點愛國熱忱的星火始終沒有熄滅！

在文藝方面說，李叔同先生是中國最早提倡話劇的人，最早研究油畫的人，最早研究西洋音樂的人。去年我國紀念日本的雪舟法師的時候，我常常想起：在文藝上，我國的弘一法師和日本的雪舟法師非常相似。雪舟法師留學中國，把中國的宋元水墨畫法輸入日本；弘一法師留學日本，把現代的話劇、油畫和鋼琴音樂輸入中國。弘一法師對中國文藝界的貢獻，實在不亞於雪舟法師對日本文藝界的貢獻！雪舟法師在日本有許多紀念建設。我希望中國也有弘一法師的紀念建設。弘一法師的作品、紀念物，現在分散在他的許多朋友的私人家裏，常常有人來信問我有沒有紀念館可以交送，杭州的堵申甫老先生便是其一。今年是弘一法師逝世十五周年紀念，又是他所首倡的話劇五十周年紀念。我希望在弘一法師住居最久而就地出家的杭州，有一個紀念館，可以永久保存關於他的文獻，可以永久紀念這位愛國藝僧。

一九五七年三月十二日於上海作

（刊於一九五七年三月二十九日《人民日報》）

李叔同先生的文藝觀

——先器識而後文藝

豐子愷

李叔同先生，即後來在杭州虎跑寺出家為僧的弘一法師，是中國近代文藝的先驅者。早在五十年前，他首先留學日本，把現代的話劇、油畫和鋼琴音樂介紹到中國來。中國的有話劇、油畫和鋼琴音樂，是從李先生開始的。他富有文藝才能，除上述三種藝術外，又精書法，工金石（現在西湖西泠印社石壁裏有「叔同印藏」），長於文章詩詞。文藝的園地，差不多被他走遍了。一般人因為他後來做和尚，不大注意他的文藝。今年是李先生逝世十五周年紀念，又是中國話劇五十周年紀念，我追慕他的文藝觀，略談如下：

李先生出家之後，別的文藝都屏除，只有對書法和金石不能忘情。他常常用精妙的筆法來寫經文佛號，蓋上精妙的圖章。有少數圖章是自己刻的，有許多圖章是他所贊善的金石家許霏（晦廬）刻的。他在致晦廬的信中說：

晦廬居士文席：惠書誦悉。諸荷護念，感謝無已。朽人剃染已來二十餘年，於文藝不復措意。世典亦云：「士先器識而後文藝」，況乎出家離俗之侶；朽人昔嘗誡人云：「應使文藝以人傳，不可人以文藝傳」，即此義也。承刊三印，古穆可喜，至用感謝……（見林子青編《弘一大師年譜》第二〇五頁）

這正是李先生文藝觀的自述，「先器識而後文藝」，「應使文藝以人傳，不可人以文藝傳」，正是李先生的文藝觀。

四十年前我是李先生在杭州師範任教時的學生，曾經在五年間受他的文藝教育，現在我要回憶往昔。李先生雖然是一個演話劇、畫油畫、彈鋼琴、作文、吟詩、填詞、寫字、刻圖章的人，但在杭州師範的宿舍（即今貢院杭州一中）裏的案頭，常常放着一冊《人譜》（明劉宗周著，書中列舉古來許多賢人的嘉言懿行，凡數百條），這書的封面上，李先生親手寫着「身體力行」四個字，每個字旁加一個紅圈，我每次到他房間裏去，總看見案頭的一角放着這冊書。當時我年幼無知，心裏覺得奇怪，李先生專精西洋藝術，為甚麼看這些陳貓古老鼠，而且把它放在座右，後來李先生當了我們的級任教師，有一次叫我們幾個人到他房間裏去談話，他翻開這冊《人譜》來指出一節給我們看。

唐初，王（勃）、楊、盧、駱皆以文章有盛名，人皆期許其貴顯，裴行儉見之，曰：士之致遠者，當先器識而後文藝。勃等雖有文章，而浮躁淺露，豈享爵祿之器耶……（見《人譜》卷五，這一節是節錄《唐書·裴行儉傳》的。）

他紅着臉，吃着口（李先生是不善講話的），把「先器識而後文藝」的意義講解給我們聽，並且說明這裏的「顯貴」和「享爵祿」

不可呆板地解釋為做官，應該解釋道德高尚、人格偉大的意思。「先器識而後文藝」，譯為現代話，大約是「首重人格修養，次重文藝學習」，更具體地說：「要做一個好文藝家，必先做一個好人。」可見李先生平日致力於演劇、繪畫、音樂、文學等文藝修養，同時更致力於「器識」修養。他認為一個文藝家倘沒有「器識」，無論技術何等精通熟練，亦不足道，所以他常誡人「應使文藝以人傳，不可人以文藝傳」。

我那時正熱衷於油畫和鋼琴技術，這一天聽了他這番話，心裏好比新開了一個明窗，真是勝讀十年書。從此我對李先生更加崇敬了。後來李先生在出家前夕把這冊《人譜》連同別的書送給我。我一直把它保藏在緣緣堂中，直到抗戰時被炮火所毀。我避難入川，偶在成都舊攤上看到一部《人譜》，我就買了，直到現在還保存在我的書架上，不過上面沒有加紅圈的「身體力行」四個字了。

李先生因為有這樣的文藝觀，所以他富有愛國心，一向關心祖國。孫中山先生辛亥革命成功的時候，李先生（那時已在杭州師範任教）填一曲慷慨激昂的《滿江紅》，以志慶喜：

皎皎昆侖，山頂月、有人長嘯。看囊底、寶刀如雪，恩仇多少！雙手裂開鼷鼠膽，寸金鑄出民權腦。算此生、不負是男兒，頭顱好。　荆軻墓，咸陽道。聶政死，尸骸暴。盡大江東去，餘情還繞。魂魄化成精衛鳥，血花濺作紅心草。看從今一擔好河山，英雄造。（見《弘一大師年譜》第三十九頁。）

李先生這樣熱烈地慶喜河山的光復，後來怎麼捨得拋棄這「一擔好河山」而遁入空門呢？我想，這也彷彿是屈原為了楚王無道而憂國自沈吧！假定李先生在「靈山勝會」上和屈原相見，我想一定拈花相視而笑。

一九五七年清明過後

（刊於一九五七年四月十九日《杭州日報》）

李叔同先生的教育精神

豐子愷

在四十幾年前，我做中小學生的時候，圖畫、音樂兩科在學校裏最被忽視。那時學校裏最看重的是所謂英、國、算，即英文、國文、算術，而最看輕的是圖畫、音樂。因為在不久以前的科舉時代的私塾裏，畫圖兒和唱曲子被先生知道了要打手心的。因此，圖畫、音樂兩科，在課程表裏被認為一種點綴，好比中藥方裏的甘草、紅棗；而圖畫、音樂教師在教職員中也地位最低，好比從前京戲裏的跑龍套的。因此學生上英、國、算時很用心，而上圖畫、音樂課時很隨便，把它當作游戲。

然而說也奇怪，在我所進的杭州師範裏（即現在貢院前的杭州第一中學的校址），有一種情形幾乎相反：圖畫、音樂兩科最被看重，校內有特殊設備（開天窗，有畫架）的圖畫教室，和獨立專用的音樂教室（在校園內），置備大小五六十架風琴和兩架鋼琴。課程表裏的圖畫、音樂鐘點雖然照當時規定，並不增多，然而課外圖畫、音樂學習的時間比任何功課都勤：下午四時以後，滿校都是琴聲，圖畫教室裏不斷的有人在那裏練習石膏模型木炭畫，光景宛如一藝術專科學校。

這是什麼原故呢？就因為我們學校裏的圖畫音樂教師是學生所最崇敬的李叔同先生。李叔同先生何以有這樣的法力呢？是不是因為他多才多藝，能演話劇，能作油畫，能彈貝多芬，能作六朝文，能吟詩，能填詞，能寫篆書魏碑，能刻金石呢？非也。他之所以能受學生的崇敬，而能使當時被看輕的圖畫音樂科被重視，完全是為了他的教育精神的關係：李叔同先生的教育精神是認真的，嚴肅的，獻身的。

夏丏尊先生曾經指出李叔同先生做人的一個特點，他說：「做一樣，像一樣。」李先生的確做一樣像一樣：少年時做公子，像個翩翩公子；中年時做名士，像個風流名士；做話劇，像個演員；學油畫，像個美術家；學鋼琴，像個音樂家；辦報刊，像個編者；當教員，像個老師；做和尚，像個高僧。李先生何以能夠做一樣像一樣呢？就是因為他做一切事都「認真地、嚴肅地、獻身地」做的原故。

李先生一做教師，就把洋裝脫下，換了一身布衣：灰色布長衫，黑布馬褂，金邊眼鏡換了鋼絲邊眼鏡。對學生態度常是和藹可親，從來不罵人。學生犯了過失，他當時不說，過後特地叫這學生到房間裏，和顏悅色，低聲下氣的開導他。態度的謙虛與鄭重，使學生非感動不可。記得有一個最頑皮的同學說：「我情願被夏木瓜罵一頓，李先生的開導真是吃不消，我真想哭出來。」原來夏丏尊先生也是學生所崇敬的教師，但他對學生的態度和李先生不同，心直口快，學生生活上大大小小的事情他都要管，同母親一般愛護學生，學生也像愛母親一般愛他，深知道他的罵是愛。因為他的頭象木瓜，給他取個綽號叫做夏木瓜，其實不是綽號，是愛稱。李先生和夏先生好像我們的父親和母親。

李先生上一小時課，預備的時間恐怕要半天，他因為要最經濟地使用這五十分鐘，所以凡本課中所必須在黑板上寫出的東西，都預先寫好。黑板是特製的雙重黑板，用完一塊，把它推開，再用第二塊，上課鈴沒有響，李先生早已端坐在講壇上「恭候」學生，因此學生上圖畫、音樂課決不敢遲到。往往上課鈴未響，先生學生都已到齊，鈴聲一響，李先生站起來一鞠躬，就開始上課。他上課時常常看表，精密的依照他所預定的教案進行，一分一秒鐘也不浪費。足見他備課是費心力和時間的。

吃早飯以前的半小時，吃午飯至上課之間的三刻鐘，以及下午四時以後直至黃昏就睡——這些都是圖畫音樂的課外練習時間。這兩課在性質上都需要個別教學，所以學生在課外按照排定的時間輪流地去受教，但是李先生是「觀音齋羅漢」，有時竟一天忙到夜。我們學生吃中飯和夜飯，至多只費十五分鐘，因為正午十二點一刻至一點，下午六點一刻至七點，都是課外練習時間。李先生的中飯和夜飯必須提早，因為他還須對病下藥地預備個別教授。李先生拿全部的精力和時間來當教師，李先生的教育精神真正是獻身的！這樣，學生安得不崇敬他，圖畫、音樂安得不被重視！

李先生的獻身的教育精神，還不止上述，夏丏尊先生曾經有一段使人吃驚的記述，現在特就引證來結束我的話：「我擔任舍監職務，兼教修身課，時時感覺對學生感化力不足。他（指李先生——豐注）教的是圖畫、音樂二科。這兩種科日，在他未來以前，是學生所忽視的。自他任教以後，就忽然被重視起來，幾乎把全校學生的注意力都牽引過去了。課餘但聞琴聲歌聲，假日常見學生出外寫生。這原因一半當然是他對於這二科實力充足，一半也由於他的感化力大。只要提起他的名字，全校師生以及工役沒有人不起敬的。他的力量，全由誠敬中發出，我只好佩服他，不能學他。舉一個實例來說，有一次宿舍裏學生失了財物，大家猜測是某一個學生偷的，檢查起來，卻沒有得到證據。我身為舍監，深覺慚愧苦悶，向他求教。他所指教我的方法，說也怕人，教我自殺！說：『你肯自殺嗎？你若出一張布告，說作賊者速來自首，如三日內無自首者，足見舍監誠信未孚，誓一死以殉教育。果能這樣，一定會有人來自首。——這話須說得誠實，三日後如沒有人自首，真非自殺不可。否則便無效力。』這話在一般人看來是過分之辭，他說來的時候，卻是真心的流露，並無虛偽之意。我自愧不能照行，向他笑謝，他當然也不責備我。……」（見夏丏尊所寫《弘一法師之出家》一文。）

（刊於一九五七年五月十四日《杭州日報》）

追憶弘一法師

尤墨君

屢從《文匯報》筆會副刊上獲讀關於弘一法師即李叔同先生的言行記載，每讀一次，我即起「仁者今年五十，宜立日深，盡其形壽，以為記念」之感，因今日再讀他的遺札，時間已過了二十年，而我慧根未具，還不曾遵他的諄諄囑咐，定下念佛的日課來。我與弘一法師神交於他未披剃之前，獲識於他已出家之後，因此我在這裏不稱他先生而稱他法師了。

任何性情暴厲的人只要一晤弘一法師，沒有不會矜平躁釋的。凡接觸過他的人都有這樣感想。便是我，在一九二〇年初次相見於浙江衢州祥符寺，一九二七年再度相逢於杭州雲居山常寂光庵，雖僅二次，然法師給與我的印象至今還常縈腦際。法師的態度如其字，靜穆之中，寓溫恭之致。他接待往訪者，常正襟而坐，面呈微笑，眼若觀鼻，手捻佛珠，很自然，很謙和。這種態度是任何人所學不到的。尤使人背後贊嘆的，他是正襟而坐，不是「正襟危坐」，因為若是這樣，他要拒人於千里之外了。如有問，他必答；倘無問，他不言。不過他雖不言，對坐者對他總起一種欽敬之心而同時又有一種親切之感。反之，你若同他談佛學，他自然很高興；便是你同他談談篆刻、書畫、音樂等，他也總會使你滿意而歸。

他在衢州時，我得暇即去訪他。有次，談到書法時，他主張習字先碑後帖，至於為什麼要先碑後帖，他就不再闡說，要問者自己去獨立思考了。「習字先臨碑是要得其古趣，後寫帖是要具有媚態。」記得當時我這樣問他：「是不是？」他微笑點頭，也不再作答。這話匣一開，接着就可問他臨碑應先臨什麼碑了。還有一次，我因他贈給我的法書和寫給我的便札上鈐章所用的印泥紅中帶黃，黃中帶紅，色澤非常鮮明，不解是什麼印泥，因問問他。他說印泥不必十分講究，他用的是西泠印社硃膘和硃砂印泥兩種拌合而成。拌要拌得和，須有耐性，永不變色澤。現在我檢視他的遺札，果然。

法師在衢州時所樂於會晤的，首數識字不多的勞動界人們，次之智識分子，天真未昧的孩童他更喜愛；所最不喜接見的是官僚士紳。那時衢州某團長慕名往訪，三訪三拒，他有些氣憤了，說弘一法師瞧不起武人。事聞於法師，有人勸他還是一見，他說這位團長無非想要我一張字，那末我就贈給他一幀佛號，煩你轉交吧。結果這擁兵自衛的團長終不能一見這位法師。有位老居士攜其二歲的幼孫往訪。這位小朋友是農曆五月初五十一時出生的，法師撫愛備至，教他寫了一幅二尺小楹聯，付之精美的裝璜，加以跋語，贊這小朋友的書法他還不能及，這幅小聯後來不知贈於何人了。法師在衢州的數月時間中，欽敬他的人自然很多，但說他脾氣古怪的也着實不少，大概是因他不喜會晤一班所謂官僚士紳之流的緣故。

一九二一年春暮，弘一法師將離衢州時，先後曾贈我一本他寫好的《大乘戒語》和他手寫的一幅小小手卷。前者是法師披剃二年紀念所寫，後者是錄他的近作七篇，硃筆點句，句逗分明。他出家以後所寫的文章，沖淡淵穆，好像一泓止水，和他出家以前的寫作專尚穠麗風華者不同，我因想搜集他的舊作印成小冊，取名《霜影錄》，因法師披剃前別署「息霜」。這，他並不反對，因他和我通信聯係，有「三十歲以前所作詩詞多涉綺語，格調亦卑，無足觀也」。但他又囑我把《霜影錄》刊出後，寄一冊給他住在北京的侄兒李聖章，並又云：「聖章為朽人（法師自稱）仲兄之子，俗家後輩之賢者，以此付彼，聊表紀念也。」

目錄已定，寄他審閱。他來信這樣說：「若錄舊作傳布者，詩詞悉可刪，以詩非佳作，詞多綺語。贈王海帆詩不記有此事。以前送致社之稿皆友人代為者，未經朽人斟酌，故甚淆亂。《白陽誕生辭》亦可刪。……鄙意以為傳布著作，寧少勿濫；又綺語尤宜屏斥，以非善業也。」這信不禁使我讀了爽然若失，因若照他說法，幾無可刊之稿，為尊重他的意志，故刊印事只好擱而不談。貽王海帆詩，法師既云不記有此事，那末這首他認為可刪的《白陽誕生辭》，不妨一錄，因這是他披剃以前之作：

技進於道，文以立言。悟靈感物，含思傾妍。水流無影，花落如煙。掇拾群芳，商量一編。惟癸丑之暮春，是為白陽誕生之年。

一九二七年春暮，我曾兩度訪問弘一法師於杭州雲居山常寂光庵。臨別那天，他對我這樣說：他即將離此，以後他雲游何處，我自會知道的，正同我在什麼地方教書，他也自會知道的一樣。他立在臺階上目送我至不可見而止，當我正要轉彎，回頭一看，他還高高地站在那裏，面呈微笑。現在回想起來，的確他每到一處，總有函件和我聯係。所謂「件」，是一大包書，除大部分佛學書籍囑我分送外，一定有他手寫的聯語、橫幅、直幀等夾在許多書裏，最後一次是在中日戰爭炮洗前夕，他寄給我血書一葉。

三月五日《文匯報》所登桑弧先生《關於弘一法師》一文中說弘一法師寫聯喜錄李商隱「天意憐幽草，人間愛晚晴」句。不錯，他在五十歲後，方別署晚晴老人，晚晴山房是在浙江上虞縣白馬湖濱，也就是他的友生贈資為他所築的常住之所。法師在那裏小住時，得文七篇示我，題曰《晚晴讕語》。並說：「比將入山，以志談別。」晚晴院額跋云：

唐人詩云：「人間愛晚晴」，髫齔之歲喜誦之。今垂老矣，猶復未忘，亦莫自知其由致也，因顏所居曰「晚晴院」，聊以紀念舊之懷耳。書者永寧陶長者文星，年九十三。

永寧，今浙江溫州。院額不自書而必出之一位九十三歲老人的手筆，那可想見這位晚晴老人對那「晚晴」真有說不出的真摯之「愛」了。

弘一法師的手迹，人所共寶。一九一二年他還未出家時，曾主編過上海《太平洋報》副刊畫報，以隸書筆意寫英文莎士比亞墓誌，並譯為近代漢文，為一般愛好文藝者所珍視。

「睇昭陽之頹景，悼至人之殂化！」這是法師撰的《大中祥符朗月照禪師塔銘》中語，今藉此以追憶這位藝事無所不能但又突然出家的弘一法師；至他為什麼要突然出家，自未能憑個人主觀，妄加猜測了。

回憶兒時的唱歌

豐子愷

一九五七年於蘇州

（手稿，劉綿松收藏）

我所謂兒時，是指前清宣統二年至民國二年（一九一〇——一九一三年）的期間。這時候科舉已廢，學堂初興。我在故鄉浙江石門灣的新辦的小學堂裏所唱的歌，大都是沈心工編的《學校唱歌集》裏的歌曲。學校從嘉興請來一位唱歌（兼體操）教師，叫做金可鑄先生（平湖人）。他彈着一架三組風琴，教我們一班十三四歲的學生唱歌。這是我們最初正式學習唱歌，滋味特別新鮮；所唱的歌曲也特別不容易忘記。直到五十年後的今天，我還能背誦好幾首可愛的歌曲。

我每逢回憶此種歌曲，總覺得可愛。倒並非為了留戀我的兒時，卻是為了這些歌的確好。例如《揚子江》，旋律豪壯、奔放，歌詞押韻確切自然，現在唱起來也並不遜色。《女子體操》本來不是我們男孩子唱的，但那時因為歌曲很難得，我們的學校裏雖然沒有女學生（吾鄉小學校男女同學，是後來的事。我兒時學校不收女生），我們男孩子也照樣地唱。現在回想覺得好笑。但這首歌詞實在作得很好。那時候，半世紀前，沈心工先生就勉勵女子求學問，鍛煉身體，並且預言了二十世紀中的女性英豪。至於第三曲，誡兒童不可採花，在現在也還是有意義的。沈心工先生的《學校唱歌集》中的歌曲，我們幾乎全部都唱，但有許多現在記不清楚了。

我兒時所唱的，另外還有一首歌曲，我記得很清楚。那便是李叔同先生作的《祖國歌》。一九五七年三月七日《文匯報》上黃炎培先生談李叔同先生的文章中也曾引證這歌曲，是李先生手寫的。

那正是外患日逼的時候。中國在各國的侵略之下，簡直有些支撐不住。一八九四年甲午之戰，敗於日本。一八九五年割地賠款，與日本講和。一八九七年德占膠州灣。一八九八年英占威海衛，清廷發生戊戌政變。一八九九年法占廣州灣。一九〇〇年八國聯軍占北京，一九〇一年訂約賠款講和。那時候的有志青年，大家憂心忡忡，慷慨激昂地發揮他們的愛國熱忱。李叔同先生這歌曲便是在那時候作的（《祖國歌》作於一九〇五年）。這歌曲在滬學會的刊物上發表之後，立刻不脛而走，全中國各地的學校都採作教材。我的故鄉石門灣，是一個很偏僻的小鎮，我們的金先生也教我們唱這歌曲。我還記得：我們一大群小學生排隊在街上游行，舉着龍旗，吹喇叭，敲銅鼓，大家挺起喉嚨唱這《祖國歌》和勸用國貨歌曲。那時我還不認識李先生，也不知道這歌曲是誰作的。直到我在小學畢業，考入杭州兩級師範，方才認識李先生，方才知道我們以前所唱的《祖國歌》原來就是他所作的。

記得當時的同學少年們對這《祖國歌》有兩種看法：有一種人認為這歌曲「村俗」，不喜歡它。因為那時候提倡「維新」，處處模仿「泰西」，甚至盲目崇洋。所以他們都喜歡唱沈心工先生的歌曲（旋律是採自西洋和日本的），而不喜歡這首純粹中國風的歌曲。原來這歌曲的旋律是中國民間所固有的。我幼時請一個賣柴的叫做阿慶的人教胡琴，那人首先教我拉這曲子，其曲譜是「工工四尺上，合四上，四上上工尺……」人們常常聽到這曲調，因此視為「村俗」。還有一種人和他們相反，認為這曲子好聽，容易上口。但在少年中這種人是少數，而多數是普通的成人。現在回想，我覺得李先生取民間旋律來製作愛國歌，這大膽的創舉極可欽佩！多數普通成人愛聽這《祖國歌》，就證明這歌曲的群衆性很強。換言之，這曲調合乎中國人胃口，具有中國的民族性。可惜那時崇洋習氣很盛，李先生提倡以後沒有人繼續發展這創作路線，以致中國的音樂深入洋化，直到近年才扭轉過來。李先生這《祖國歌》可說是提倡民族音樂的最早的先聲。

任何國家的人都重視自己的民族音樂。沈心工先生的《學校唱歌集》中的旋律大都是從日本採取來的。日本人是模仿西洋歌曲而自己創作的。然而他們所創作的歌曲並不完全和西洋一樣，卻是「日本風的」。我們的作曲，當然可以採用西洋的技法，但不可放棄中國民族精神，也必須有中國氣息才好。李先生那首《祖國歌》雖然很簡單，但其所以能夠不脛而走，搬上全國各地兒童和成人的口頭，正是由於富有中國氣息的緣故吧。

（刊於一九五八年《人民音樂》五月號）

我的老師弘一法師李叔同

李鴻梁

瀟灑豪放的佳公子

「三郎沉醉打球回」，這是用晁以道的《明皇打球圖》詩句刻的一方圓章。照這句子看起來，我們立刻會想到用這方印章的主人，一定是一位瀟灑豪放的翩翩濁世佳公子。是的，的確是一位瀟灑豪放的公子。不過我們萬想不到這位公子到後來，會拋棄一切去做一個赤腳穿草鞋、睏破席子的苦行頭陀。他就是中興南山律宗的弘一法師，也就是我的恩師李叔同先生。

法師少年時，也曾走馬章臺，與坤伶楊翠喜、名妓謝秋雲、歌郎金娃娃往還很密，但這不過是無可奈何中，要想「愁萬斛，來收起。……休怒罵，且游戲」而已。這兩句詞，就是當時法師贈金娃娃的《金縷曲》裏的句子。我們更可以在他將去日本時，留別祖國的一首《金縷曲》詞裏，看出他的抱負。

《金縷曲》

披髮佯狂走。莽中原、暮鴉啼徹，幾株衰柳。破碎河山誰收拾？零落西風依舊。便惹得、離人消瘦。行矣臨流重太息，說相思、刻骨雙紅豆。愁黯黯，濃於酒。　漾情不斷淞波溜。恨年來、絮飄萍泊，遮難回首。二十文章驚海內，畢竟空談何有？聽匣底、蒼龍狂吼。長夜淒風眠不得，度群生、那惜心肝剖！是祖國，忍孤負？

法師在日本還創辦過劇社——「春柳社」，登過舞臺，而且飾的還是女角，如《黑奴籲天錄》中的愛美柳夫人，《茶花女》中的女主角等。據說飾愛美柳夫人，他自己花了百多元的服裝費，並且還犧牲了本來留着的鬍鬚，因此王正廷特為在臺上向大家報告，名噪一時。日本戲劇雜誌《芝居》中有一位松居松翁寫的一篇《對於中國戲的懷念》的文章，評論法師說：「中國的俳優，使我佩服的，便是李叔同君。當他在日本時，在樂座上演《椿姬》（即《茶花女》）一劇，實在非常之好。不，與其說這個劇團好，寧可說就是這位飾椿姬（茶花女）的李君演得非常好……尤其是李君的優美婉麗，決非日本的俳優所能比擬，……我當時看過以後，頓時又回想到孟瑪德小劇場所見裘菲列表演的椿姬，不覺感到十分興奮，竟跑到後臺去與李君握手為禮了。……雖然後來這劇團消滅了，但也有許多受他默化的留學生們，立刻拋棄了學業，回國去從事新劇運動的。可知李叔同君，確是在中國放了新劇的烽火。但他現在卻已皈依佛門，棲隱於杭州湖畔，謝絕塵俗，倘使自椿姬以來，李君仍在努力這種藝術，那末豈容梅蘭芳、尚小雲輩馳名於中國的劇界？……」這篇評論在當時是有代表性的。後來，當我成了他的學生時，法師還送了我兩張他化裝茶花女的照片。當時我幾乎笑了出來，這樣莊嚴的李先生，竟會裝成那裊娜的西洋女子，其腰之細，真叫人吃驚，就是西洋女子，恐怕也要減食餓肚以後才能束成這樣的細腰呢。

嚴肅的名教師

後來等到在杭州兩級師範任了教課以後，他忽然變為一個很嚴肅的教師了。灰布長衫，黑布短褂，平底鞋，先後判若兩人。在學校裏很少見他的面，就是同事房間裏好像也不很走動的，教員休息室裏也不常去。到上課時，總是挾了書本去上課，下課直接回到房間。走路很迅速，不左右顧盼。冬天衣服穿得很少，牀上被子也很薄，嚴冬並不生火。後來法師告訴我，他的身體不適宜多穿衣服，烤火更是有害，所以他晚年喜住在閩南，就是這個緣故。這個我很能領會，因為我自己也是如此，晚間多蓋一點，就很容易傷風。

法師初到校時，在未上課以前，已經有多數學生的姓名他都能叫得出來。當初我們很是驚奇，後來經過研究，才知道法師早已把我們的學籍簿拿去仔細地默認過了。由此一端，就可以推知他對於教學的認真。又如我們每次上美術史時，法師總是預先把各時代、各名家的代表作，搜集起來，附記在紙條上，在桌上堆了一大堆。還有在那時候（一九一二年）學校裏恐怕還沒有什麽教學進度表這類的東西吧？但是法師在每學期未開學以前，已早把本學期所教的內容和順序詳細編定，預告我們了。

起初法師是教我們西洋畫和美術史的，後來經我們再三要求，才兼任音樂。在第一次上音樂課時，發了一張問題表，問我們音樂學過幾年？想學到怎樣程度？等等。有一樁事情，覺得很奇怪，就是我們從來也沒有聽見他自己預備過琴，但是他能按照我們的程度，漸漸地高深起來，即使我們平時有什麽疑難的曲節去問他，他總能立刻把指法彈給我們看。而且他彈琴是十分嚴格的，無論附點、切分音、休止符、強弱等等都非常注意，非常準確。我們每周「還」新曲的時候，結果使他滿意的，他就在本子上寫一個「佳」或「尚佳」、「尚可」等字樣。否則，他立刻立起來，用大津腔的上海話對你說：「曼好，曼好，不過狄葛浪好像有點勿大里對」，或說「還可以慢一點，狄葛浪還要延長一點」等等。這時候，你不必嚕囌，嚕囌也沒有用，他決不再講第二句話，你還是趕快退出來，再練你的，到下一周和新曲子一同再彈給他聽。所以同學們對他都非常敬畏。你說他嚴厲吧，他倒是很客氣的，你說他客氣吧，可是有時候又有點兒不大好講話。雖然他滿面慈祥，但是見了他總是有點翼翼然。這不單是學生，就是同事中對法師也是非常敬畏。有一次我們有幾個同學擁到日本教師本田利實先生的房間裏，要求他給我們每人寫一幅書法屏條。可是他那裏文具不完備，他不肯寫，我們請他到法師的寫字間裏去寫，他連說不好。後來探知法師出去了，他才答應，不過叫我們放哨似的在扶梯上、走廊上、房門口，都站了人，如法師回來須立刻通知他。我們說：「李先生決不會因此發惱的。」他說：「在李先生面前是不可以隨便的。李先生的道德文章固然不必說，連日本話也說得那樣漂亮，真了不起！」等到字寫好了，我們就誑他說：李先生來了。他就立刻狼狽地逃到自己房間裏去了。我們不覺大笑起來。

法師差不多每星期六必去上海一趟，星期日下午回校，從來不請假。法師愛吃糖果和水果，每次從上海來，一定帶點來。他也常常寫條子來叫我去吃的。有一天也是星期日晚上，又見聞玉（這是專服侍他的工友，法師的飯，也是他做的，法師在虎跑斷食後照片上的題字，還是他寫的呢）遞給我一張條子。我以為又叫我去吃點心了，但是這天我因為陪了幾個朋友，喝了一點酒，有點不好意思去見他。於是問同學：我的臉紅不紅？「還好！」這個「還」字總有點不大妥當，但是先生的命令，又不得不去。躊躇了一下，結果只得硬着頭皮去，等到走到法師的房門口，遲疑了些時，只得鼓起勇氣提起手輕輕地敲了一下，我很清楚聽見法師在房間說：「進來！」只得小心翼翼地推開了門，輕輕地挨了進去，法師正在書架旁，好像在找什麽書，見了我，就問：「你沒有什麽事嗎？給我整理一下畫好嗎？」他就領我到隔壁一間他平時寫字的房間裏，指着一隻已經打開的木箱說：「這是從上海新運來的，你給我整理一下。」並且關照我有幾張畫要撿出來的。我見裏面都是去了木框的一卷一卷的油畫，都是法師自己的作品，在這些畫中間，發現多張是同一模特兒的。——後來據夏丏尊先生說，這就是日籍的師母。這批畫後來等法師將要出家時，都贈送給北京國立美術學校了。我得了一張十五號的畫，畫的是以大海為背景的一個扶杖老人，意態有點像米勒的「晚禱」，不過色彩比較淡靜，調子也比較柔和，這是法師在日本東京美術學校裏的第一張油畫習作。這張畫，後來在抗日戰爭時期與其他書畫文物，全數被紹興城區三十五號主任漢奸胡耀樞搶去了。最使我心痛的，是法師歷年來寫給我的二三十封的信札、七八十條佛號，以及對聯條幅等墨寶。后來有人在漢奸胡耀樞家看到過曾經法師和馬一浮先生題跋的敦煌唐人寫經，被小孩撕毀在地上任人踐踏，其他可知！

繪畫、書法和音樂

法師在校時，臥室的隔壁一間同樣的房間，是專供他寫字用的，裏面空牀上堆滿了素紙卷，屋角地板上擺滿了裝墨汁的茶杯瓶罐等。但法師不常到那間房去，大約要到學期快終了時，他才叫聞玉磨了大量的墨汁，然後關起門來寫上幾天，有時叫我去替他蓋圖章，或拉紙頭。法師對於寫字是很用功的，就是後來出了家，也一日都不間斷的。不過平常練字他是在臥室裏進行的。這種平日練字的成績有幾大包，後來大部分歸夏丏尊先生收藏，曾由開明書店刊印過一部分，我也得到一部分，但不幸亦被紹興三十五號漢奸搶去了。

當時在校時，我們定造過兩條船——西湖划子，落成的一天，我們在湖上聚餐，表示慶祝；下午就舉行船賽。因為太高興了，夏丏尊先生竟掉到水裏去了。他是因下船時，立腳不穩，撲下水去的，所以上半身先下去，法師急忙拖住了他的一隻腳，但夏先生的身體太重，哪裏拖得動；又因船身太小，大家更不便行動，後來經大家喊叫起來，法師才放了手，再由大家把他拉上來，結果丟了一隻金錶，皮袍不用說，全濕透了。

因為那時純正的西洋畫，在國內很少見，我們到西湖上去寫生，雖然早有公函到警察廳去通知過，但還常常會受到干涉，總以為你在私自測繪地圖，他們從來也沒有看到過搭起三腳架畫畫的。例如有一次，我與張聯輝到運司河下去寫生，遇到了警察，他先問聯輝：「你是哪裏人？」聯輝回答是：「東陽。」警察立刻現出驚異的臉色說：「你為什麼到中國來私自測繪地圖？最好請你同我到局裏去一趟。」我知道他是弄錯了，就對警察說：「他是我們浙江省金華東陽縣人，我們是兩級師範的學生，我們校裏早有公函到警察廳去照會過的了，怎麼你們還不知道？」但那個警察始終堅持着要我們同他到局裏去。其實去一趟也沒有什麼關係，最多不過打個電話去請校裏證明一下就行，但總想能就此說清楚了，可以避免跑一趟的麻煩。後來幸而來了個憲兵，總算知識比較高一點，所以他走攏來問清楚了以後，就同警察說：「他們是學校裏出來畫風景畫的。」警察至此才沒有話說，走開了。還有一次，我獨自到蘇州去寫生，下了火車，就受到警察的檢查，他看到了油畫顏料很奇怪，因為那時還沒有像牙膏這類裝鉛管的東西，所以他一定要擠出來，擠了一點出來，他還不信，再三解說，總歸無效，愈說愈加深他的懷疑，一定要統統擠出來，後來直鬧到站長室，總算解說清楚。因此我們預備開一次含有教育意義的展覽會，畫的種類愈多愈好，讓大家見識見識。以木炭、水彩、油畫為主，其他色粉筆、色鉛筆以及圖案用器畫等等，大致都有一點。法師自己是大約五十號的人像一張，陳列在參考部裏的。

當時國內的畫具，除乾製的水彩顏色，象牌鉛畫紙以外，什麼也沒有。因此我們的畫具，都必須到外國去買的。石膏模型更不必說，連木炭也是從日本買來的。所以我們除了學校整批去買來然後發給以外，想自己買一點是不可能的。我記得法師的一盒色粉筆，就是我替他用完的，鋼筆畫的顏色墨水，買來還未用過，也是我首先替他開用的。

有一天，我在木炭畫教室裏，沒有注意到後面正在改畫的法師，而走到石膏模型前去看說明卡，因此擋住了法師的視線，他說：「跑開！」聲音有點不大禮貌，也許他是無意的。但在我聽起來，有點不自然，當時我少年氣盛，就走到自己的位置上，把畫板故意敲了一下，以示不快，不久就出來了。等到中飯後，那個工友聞玉遞來一張條子說：「李先生請你去。」我立刻覺到，這一定是為了上午的事，所以心裏不免有點惴惴，但不去又不行。等到走進法師的房門，看見夏丏尊先生正在與他閑談，這時我真有點急了。然而法師一見了我，並沒有改變常態，立刻就站了起來，把我領到隔壁房間裏，隨手把門關上，我想不知將有怎樣嚴厲的教訓呢。那知出於意料，法師輕輕地對我說：「你上午有點不舒服嗎？下次不舒服請假好了。」他又隨手把門拉開，又對我說：「你去吧，沒有別的事。」我就慢慢地走出來，我聽到他仍舊回到自己的房裏時，我就一溜煙似地跑回自修室。這時心上起了一種說不出的矛盾心理，一方面如同得了大赦似的放心，輕松愉快；同時心裏又有一種慚愧的內疚，如同大石一般地壓在心頭，雖然拿了一本書在看，然而看了半天，不知看了些什麼，一直等到同學喊我去上課，我才醒了過來，擡頭一看，人已走光了。從此有好幾天，慚愧得不敢和法師當面講話。

還有一次，我從圖畫教室裏出來，隨便高聲地直呼其名問：「李叔同到哪裏去了？」那知法師立刻從教室隔壁的小房間裏走了出來，我一看到他還沒有露出全身以前，已經從扶梯上連滾帶跳地逃了下來。但是我耳朵裏聽見法師並不兩樣，仍很自然地在問：「什麼事？」然而我已汗透小衫了。憑良心講，我從來沒有直呼其名，就是到他出家直到現在，還是叫他李先生，不知道為什麼，那時這樣神經錯亂地失了常態！直到現在想起來，還覺得臉孔熱辣辣的。

後來組織了一個漫畫會，每人每周繳作品最少四張，每月展覽一次，請法師蒞臨指教。

我們出過一本板畫集（木刻集），自己刻，自己印，自己裝訂。法師刻了一幅模仿小孩畫的人像。還出過一期《白陽》的雜誌，完全由法師一個人編成。由他拉稿、編輯，關起房門來抄寫。法師命我畫裴多芬和拉斐兒像以及自畫像各一幅。我們還在西湖西泠印社柏堂舉行過一次沒有聽衆的音樂會。除了我們同班的演奏者外，並不邀請任何一個客人，但是氣氛嚴肅，秩序井然，完全依照目錄進行。我參加了一個風琴獨奏，一個獨唱和一個伴奏。

我們是在一九一五年（民國四年）畢業的。法師就在這一年暑假到日本去洗溫泉浴，臨行時給我的信，大致是教我處世要「圓通」，否則不能與世相水乳。因為我那時只二十一歲，而生性戇直，鋒芒太露。所以法師第一次給我寫的對聯是：「拔劍砍地，投石沖天」。條幅是：「豪放」二大字，旁係小字七絕一首。他是九月間回國的。回國前打了個電報叫我到南京高等師範（即東南大學前身），去代法師的課。因為我那時對於教學毫無經驗，年齡又這樣輕，驟然去教同等程度的學校，心裏頗有點忐忑不定。但是見到法師，他馬上拿出本學期的教學進度給我看，並且告訴我那邊校裏的一切情形。同時交給我一串鑰匙，還關照我，臥室與教員休息室很遠，每天早晨必須把自己的錶與鐘樓的大鐘對準，號聲有時候聽不清楚。如有事外出，叫車子回校時，一定要和車夫說清楚拉到教員房，否則頭門離教員房是很遠的。每逢吃飯時，要記住，每人兩雙筷了，兩隻調羹，如覺不便，可以關照廚房，把飯單獨開到自己房間裏來的。還有那個管理房間的工友叫「□□」，你須注意等等。最後交給我兩封介紹信：一封是給學校的，一封是給一個法師的朋友、當時在南京道尹公署任視察的韓亮侯先生的。這天我就在法師處吃的晚飯，臨走時，他送了我一把從日本帶回來的絹面折扇，一面寫的是天發神讖碑，一面是龍門三種（後來不幸失落在上海電車上了），另外還送了我一隻日本溫泉鄰近瓷場出品的底下雕刻一個鬼臉的三腳杯。

第二天早晨，我剛起來，法師就到旅館（城站旅館）裏來看我了，邀我去吃點心，然後送上火車，一直到開車信號發出後才離別。

後來我在南師時，韓亮侯先生談起，他與法師認識的經過。據說，有一天他在日本的一個音樂會裏，發見一個衣服襤褸的座客，他想這種資產階級的西洋人的音樂會裏，怎麼會有這樣一個人呢？這門票又怎麼會給他買到的呢？後來等到散場時，相互招呼之後，這人還邀請韓先生到他寓所去坐坐，那時韓先生為好奇心所驅，就跟了他走，不多一會到了一所很講究的洋房，他住在二樓，一進房，吃了一驚，滿壁都是圖書，書架上擺着許多藝術意味的小玩意兒，屋角上還有一架鋼琴，這真把韓先生弄糊塗了。當時我聽韓先生講，也好像在聽浪漫派小說，這個襤褸人，就是法師，後來他換了筆挺的西裝，邀韓先生到外面去吃飯。

韓先生還告訴我說，有一個朋友約翌日去看法師，到了時候去，法師閉門不納，說是昨天約定的是今天上午十點鐘，那末現在已經是十點三十分過了，因此我有別的事了，改天再見罷。

從嘗試斷食到披剃為僧

一九一六年我結婚的時候，法師送了我四件衣料。這一年的夏季，我接到法師的信，告訴我他將去虎跑實行斷食的事，說他很想一試，但苦無機會，想不到竟會實行起來了。後來大約過了二十多天，法師來信了，趕快拆開，裏面還附有他斷食後的半身像片，兩手捧着經本，展開在胸前，他本來面容清癯，現在更其瘦削了。信中敘述斷食的經過：第一周是半斷食，就是漸減食量；第二周是全斷食，祇飲泉水；第三周一反第一周的順序而行之，結果良好。還說到陪他去的工友聞玉，在他斷食期間，常常唱些曲子，因此頗不寂寞云。後來我到上海去看他，那時法師仍住在海倫路，這個地方我去過好幾次，是一上一下的房子，除靠壁的書架以外，還有一架可以旋轉的方形兩層書架，擺在進門的右角，上面有一個圓盆，裏面栽着松竹梅三友，半盆泥土低陷下去處鋪上了些細粒的白石，法師說，這是代替水的。法師本來清癯到像一只鶴，現在竟成了一枝竹了，但精神很好。後來講到斷食，法師說，全斷食開始的一二天，雖然有時想吃東西，但到後來也就不想了，所難受的倒是須飲大量的泉水。當時心地非常清涼感覺特別靈敏，能聽人所不能聽到的，悟人所不能悟到的……後來法師邀我同到外面去吃飯，走到一家菜館，他叫了好多菜，我就問：「還有那幾位客？」他說：「就是我們兩個，並沒有別的客人。」我說：「要不了這許多菜。」他說：「你能喝酒的，我雖然不能喝，可是我懂得喝酒的趣味。」法師就向堂館要了一斤黃酒。等到菜上來了，他用調羹吃菜，吃了很多的，還吃了三碗飯。我就提出了忠告。法師說，他現在胃口很好，照胃口還可以吃兩碗飯呢。臨走時送了我一本他在斷食期間所寫的祇有三寸高二寸寬的日本天理教經典。

一九一七年夏，我到杭州去拜訪法師，那時他房間裏已供養着佛像，凳上已設着大蒲團了。

法師是在一九一八年七月十三日，披剃於杭州虎跑大慈寺的，法名演音，號弘一。我於後數日從無錫回來去看他，但被寺僧阻住了說：「法師不見客。」無論怎樣懇求，總是不可以，「無論什麼人，一概不見，這是法師親口關照的。」說起來真慚愧，我沒有立雪那樣功夫，竟與寺僧鬧起來了。因此法師在前面邊上的一個小門開出來問：「什麼事？」一看到我，就向衆僧道歉：「對不起，他是我的學生。」一面叫我進去。

法師的頭髮當然已經剃光，穿了一件夏布的和尚衣，赤腳草鞋，已經完全是個苦行頭陀了。我的鼻子忍不住酸起來了！法師關照我，以後去時，須預先約定日期時間，以免再受阻難。後來談到經濟，法師說，他現在每月只要四五角錢已足，衣服自己洗，除買郵票以外，可以不用錢，所以一時還不需要。臨別時，法師拿出一張毛邊紙給我，紙上寫的四字「老實念佛」，款題「戊午六月六日，演音」。法師在《我在西湖出家的經過》一文中說：「於七月十三日那一天，相傳是大勢至菩薩的聖誕，所以就在那天落髮。」查民國七年七月十三日即陰曆六月六日，（按：此誤。法師出家為舊曆七月十三日，即陽曆八月十九日。）所以這張字是法師在落髮的那天寫的。他送給我時還說圖章沒有，以前的圖章統統送到西泠印社去了（後來法師寫信來叫我刻過幾方名印和佛像）。我拿了這張字，祇得默默地退了出來。從此我有好幾天，吃飯不知其味。後來這張字付裱時，裱畫鋪要我先付錢，因為這樣一張毛邊紙，又沒有圖章，還以為我和他們開玩笑。

一九一九年，我到玉泉去看法師，房子很好，可惜鬧一點，走廊如同街道，游客絡繹不絕，但法師的房門開着，靜坐着在看書，我站在他的桌旁約有五分鐘之久，他才擡起頭來。法師說，這地方很不好，常常有人來找他，所以不久仍想回虎跑去。後來他到後房（後房門口離地不高處貼着「脫履」二字的一張長方形白紙，所以進去須脫履），去拿了最近寫的字給我看，內中有兩張：一張是橫幅，寫着「孝順」二大字，後有小字長跋；還有一小張是展開了的同治年間的木版彩印函筒，上面寫了一首七絕，都題上了我的名字。並且還贊揚說我近來的書法大有進步。

一九二〇年夏，法師要到新登貝山去掩關。前一天，是弘傘法師在銀洞橋接引庵剃度，同往貝山護關。當時馬一浮、范古農、堵申甫等諸先生也都來相送，法師為我題了肖像「鴻梁道影」。第二天我們送到錢江輪船上，直到解纜而別。

一九二一年春，法師來上海，我那時在藝術專科任教，有一天，我們要求他寫字，他答應了，但囑我們不要給別人知道。因此我們立刻派出許多人，從樓門起直到大門，沿路都站了人，以免不速之客的闖入。有一同學問法師：「如現在有人請法師作畫，怎樣？」師微笑。我說：「倘有人來請畫，也可以，日後等他來取時，仍將原素紙還他，教他自己去看，看得出什麼就是什麼。」師大笑。後與師合攝一影，我捧着書侍立於旁，後因背景不好，所以用油畫顏料把背景涂去，但現在這像片亦不知去向了。是年四月二十一日為太師母六旬冥誕，師為寫「南無地藏菩薩摩訶薩」二幅寄我，後以一幅轉贈蔡丏因供養。

有一次我到招賢寺去，法師恐怕又被阻攔，早在山門前等着了。所以我們非遵守約定時間不可，否則去遲了使法師久等過意不去。去早了，或又遭到麻煩。法師同我說：「你來得很巧，今天寺裏吃『羅漢菜』，很有緣，你在這裏吃中飯。」後來他引我到大殿上去，商量修改佛像，因為原雕刻佛像不夠莊嚴，法師想修改一下。

等到吃飯的時候，我們到另一間屋子裏，見桌上擺着六碗菜，法師換上了破衣，他指着桌上兩碗同樣的菜對我說：「這就是羅漢菜，很有趣味。」又說明了另外四色不同樣的菜，是弘傘師特為我來而添的。可見他們平日裏是只有一樣菜的。所謂羅漢菜者，是蠶豆、長豇豆、茄子等等用白水煮成加上一點鹽的一種什錦菜。或是因為它的內容複雜故名。這種菜因各物都能保存它原有本味，倒也蠻有意思的。所以法師吃得津津有味，胃口亦不弱，吃了三碗飯，飯後閑談，後來還玩了類似升官圖那樣的佛教游戲。臨走時，法師還送了我幾個他從山上拾來的野干果和一部日本版《佛像新集》，計兩冊。並囑我畫千手觀音及文殊、普賢像各一幅，預備影印。

一九二四年陰曆四月，我三十初度，師為我寫《普賢行願品偈贊》一本，自永嘉賜寄。

三次紹興之行

師蒞紹興，先後共計三次，第一次是在一九二四年秋天。按林子青編《弘一大師年譜》中引蔡冠洛的《廓爾亡言的弘一大師》中說：「我和弘一法師見面是在他將赴新登貝山掩關的一年（民國九年）……大約是在第三年吧（民國十一年），我在紹興第五師範教書……」這是不對的，因為十二年春我還在廈門集美學校教書，在那年秋季，才應紹興五中、五師之聘，翌年秋，才兼長縣女師職。所以法師第一次蒞紹是在民國十三年，這是不會錯的。並且我還記得，師在若耶溪上贊美過紅葉，所以是在秋天無疑。第二次在民國二十年秋，因為有一次我們在寺裏吃飯，有一樣菜，法師特別指出是鳳仙花梗，所以在深秋了。第三次，大約是在二十一年上半年。

那年我雖住在女師，但在五師還留有臥室，室在龍山南麓，窗外樹木伸手可觸，小鳥常常飛來桌上，窺人讀書，尚可住得，故法師初到即住於此。學校離我家不遠，飯食由我家送去的。他說：「菜太好了，我們出家人，不應當吃這樣的菜。」因此只得由四色減到二色，但他還嫌精，後來因附小學生在下面鬧得利害，所以住了沒有幾天就搬到城東草子田頭普慶庵裏去了。因為這庵是童姓家庵，地近城郭，很是僻靜。師在此住了半個多月，寫了三百張佛號。一百張存蔡丏因處，二百張分存孫選青處與我處，囑分贈有緣者。曾名其室為：「千佛名室」。師又在庵中發現太平天國碑，惜係還魂碑，故字迹不易辨認（因碑係舊碑改鐫，舊碑原文既未完全磨滅，而改刻之新文又不十分深刻，故文字重疊模糊），此碑後移立於龍山越王殿下，於抗戰期間，殿屋碑碣俱毀，唯此碑尚獨立於瓦礫堆中。那時還與法師同游過平水顯聖寺，寺為越中名刹之一。

一九二八年春，夏丏尊先生來函，並附有劉質平等具名的《為弘一法師築居募款啟》及捐冊，後又接到法師來信，大意是他不願意用募捐方式為他造居室，並且還說他早有信致夏居士，萬不可有此舉動，使他於心不安。當時我還以為法師是客氣話，直到後來見到他時，才知道法師對此事，確非所願。

一九二九年九月二十日為法師五十壽辰，我在一星期前，趕把數年前命畫的多面千手觀音菩薩像畫好，於十九日下午趕到白馬湖（春暉中學在白馬湖，經亨頤任校長）。「晚晴山房」，這就是募捐而建的，是建築在一個小山的東麓的三間平屋，緣數十級石階而上，二間前面有走廊，尚亮敞，或因時間關係，建築很草率。在法師的詞色間，亦可以推知其不愜意，且因募捐事，更非其所願，所以他後來很少在此居住。翌日午餐，經子淵（亨頤）先生請吃麵。

一九三〇年春，一日，門房送進一張名片，並且說是一個年紀很輕的和尚要見我。過了一回，就進來了一個大約二十多歲，伶俐倜儻的和尚，見面後立刻遞過法師的介紹信，才知道他是要想來學畫佛像的。問他從前所學的，他就在袖中拿出一卷習作來，畫的是墨蘭，字雖不怎樣，也還不俗，後來談到住的問題，我答應替他設法。

第二天，法師就有快信來，說某僧前來學畫，希予以方便，但他的通訊處切勿告知，信尾還附一句：「此信閱後毀去」。當時我覺得很奇怪，我想或者為了避免某僧糾纏的麻煩，不得已而由此也未可知。後來才知道某僧喜出入豪門，交結權貴，實無意於書畫，故法師遠之。不過我這次違了老師的命令，並沒有把信燒掉。

一九三一年秋，法師第二次蒞紹，是住在晉王右軍舍宅的戒珠寺，曾同游陸放翁讀書處——快閣，在閣上為法師攝一像，又與丏因三人合攝一影，法師在我家午餐後為先母題像（像於抗戰中帶到麗水石牛與其他衣物寄存於處中校醫項叔平家，後聞亦遭劫）。一日飯後，法師出舍利一粒，色微黃，質堅逾金石，說是虎跑元照法師荼毗後撿得的。

法師第三次蒞紹，大約是在一九三二年春季，住開元寺最後一進。當時寺中說此屋已劃入警察局範圍，但係法師來信指定的，故不得不再與警察局商量，借得後仍由寺中進出。在此曾為法師攝二像。一日閑談間，談及他前住鄉間某寺時，某晚盜來搜索全寺，到法師窗口用電筒照射，時法師臥在牀上，忽覺桌上鬧鐘已停，因此盜似無所覺，或以為空房，所以不久就去了。但等到盜去後，鬧鐘又復走動了。因法師平時常聽鐘聲念佛，所以他對於鐘聲特別注意。所說頗有點神話味。

法師這次來紹，住的日子最少，想不到也是最後一次，去後約半月，寄來了一大包字，內中有一副對子是給我的，另外兩副是給我的兩個小孩的，句子都是前在紹興時教我自己在法師所集的《華嚴集聯三百》內選定的，此外還有小字一條，七言聯一副，要我送交開元寺孫某居士的。那時我兩腳患濕氣，步履非常艱難，但是老師的命令，又非去不可，於是只得扶杖出校門，叫了車子，到了開元寺，可是石門檻足有二尺多高，這真有點平地上的蜀道之感了。好容易一跛一拐地走了進去，但遍問無着，後來有一個老和尚用嘴向門口一努，我回過頭去一看，是一個坐在條凳上三十多歲似乎看門一樣的人。我就走過去問明了姓名，然後鄭重地把紙包交給了他，並且說明這是弘一法師送給他的書法，不料他並沒有什麼表示，我到這裏實在有點為這幾張字可惜！

「猶有黃花晚節香」

以後法師常駐錫閩南，發心宏宣南山律學。一九三三年法師在泉州城外發現晚唐詩人韓偓墓，後廣洽師惠寄法師在墓前的留影。

一九三七年夏季，法師曾到青島應湛山寺講律學，等到抗日戰起，我很憂急，而且謠言不一，不過法師來信都說平安。直到初冬仍回閩南，但當時廈門情形也非常緊張，我寫信去勸他還是回到浙東來暫住比較安全，可是他不願他往，願以身殉教。並且還引古人詩「莫嫌老圃秋容淡，猶有黃花晚節香」句以自豪。後見報，知廈門已淪陷，不知法師究竟怎樣，後幸接讀法師來信，才知道他於淪陷前四天已到漳州弘法，故能幸免於難云。

到了一九三九年以後，戰事愈益擴大，紹中屢次遷移，因此漸漸失卻了聯係。

一九四二年春，紹興小雲棲寺來信說，寄存於寺中的弘一法師的字畫及其他書畫、書籍等，都被紹興三十五號漢奸胡耀樞運走了。

後日寇又進攻金華，我那時率領了紹中學生百餘人撤退到宣平，離日寇雖然還有四五十里，但他流竄不定，所以在崇山峻嶺間還是在東逃西避。大約在十一月間的某一天，大杭（我的大兒子）拿了一張舊報紙跑來對我說弘一法師圓寂了。我不信，以為又是謠言，忙拿了舊報紙來看，記載比較詳細，說法師於十月十三日（壬午九月初四日）午後八時圓寂於福建泉州。後來從各處探聽的結果，漸漸地證實了這不幸的消息。

第二年我替臨中（浙東第二臨時中學）到溫州大當去找尋準備撤退的教舍，被溫州師範拉住，從此就在泰順的莒岡住下來，在這年的夏季，接到了在泉州編印的《弘一法師生西紀念刊》了。

一九四六年從溫州回來，開元寺已改為專員公署了，戒珠寺亦大半房屋供給小學做校舍了，只有草子田頭的普慶庵還躲在角落裏入定似地保留着，小雲棲寺也依然無恙。但家裏如遭火災一樣被洗劫一空。

一九四八年秋九月十四日迎法師靈骨於招賢寺。靈骨由菲律賓劉勝覺居士從福建方向請來，現在建塔於虎跑山南麓。記至此眼已潤濕、模糊，再不能勉強續寫了。

師一生，如姜敬廬（丹書）老師說：法師早年是才子；中年是藝術家，是名教師；晚年又是一代高僧。是的，師年青時，如他將赴日本留學別祖國的《金縷曲》中所說：「二十文章驚海內……」其他如詩詞、書畫、篆刻、音樂、戲劇等，除雕塑以外，在藝術領域中，差不多包括了全部，而且無一不精。等到回國任教以後，濃極返淡，又成了一個謹嚴肅穆、以身作則的名教師。到了皈依佛門後，又是一個甘守枯寂、勤學苦修、使七百餘年已失真脈的南山律宗正法光大的中興人物。

我幸列門牆，承師像父母般地教導愛護提攜。師曾與堵申甫老師說：「鴻梁有點像我。」師出家後，還三次蒞紹，但我呢？蹉跎至今，而一事無成；人已老，想起來流汗、慚愧，無可言矣！

先生為什麼出家？

無論識與不識，對於李叔同先生的出家，無有不驚奇的。這裏專就這個問題談談我個人的看法。

在一般人看來，先生是一個富家子，又是藝術家，又是名教師。而且他與日本籍師母的愛情也很好。在我們畢業的那年先生還伴同她回娘家去洗溫泉浴，先生出家不久，她還到杭州來探訪過他。現在突然地出了家，當然覺得奇怪，究竟為的是什麼事？

這事引起了人們的猜疑和推測。有的說，先生厭世咧；有的說，先生繁華生活過膩了，想去嘗試嘗試恬淡的生活咧；還有些人以為先生的生活好變，從公子變為藝術家，又變為教師，現在又變為和尚，將來難保不再變，可能還會還俗。

但是對於非常人，非常事，我們若全憑常情常識去推斷是不一定會得出正確的結論來的。所以一直到現在，大家對於先生的出家，還像是個謎。假使我們能夠從先生的思想等各方面去細細地分析，那就對他的出家，是不難了解的。

先生早年對革命是非常熱烈的，他不但吟過：「度群生，那惜心肝剖！是祖國，忍孤負？」而且在另一首《滿江紅》詞中也寫道：「看囊底寶刀如雪，恩仇多少？雙手裂開鼷鼠膽，寸金鑄出民權腦，算此生，不負是男兒，頭顱好。」你看何等悲壯，何等熱烈，他為祖國，為群生，不惜犧牲自己的生命。

等到滿清政府推翻，民國成立，終算革命成功了。但是目睹當時情形，從前異族執政固然不好，現在同族上臺，也好不了多少。軍閥爭權，各踞一方，連年戰火，生命塗炭。藝術家處在這樣的惡濁的、悲慘的世界裏，在那時候很可以躲進他自己的象牙之塔，不聞不問，過他逍遙自在的生活。但是先生要「度群生，那惜心肝剖」！那有什麼辦法呢？用什麼手段呢？再起來革命吧，力量單薄。那末怎麼辦呢？於是苦悶，徬徨……

先生的沉默寡言，就是他內心的表現。在具名為火頭僧的《弘一律師在湛山》一文中引先生的話說：「……記得我年小時住在天津，整天在指東劃西淨說人家不對，那時我還有一位老表哥，一天，他用手指指我說：『你先試試你自個……！』」可見他年輕時是喜歡說話的，所以沉默不是他原來的個性，是吁嗟默默，無言可說！這種沉默正是他無時無刻不為尋找改變這個罪惡世界的途徑和方法而苦悶。

先生以為造成這樣悲慘罪惡的社會，完全是由於人們無窮的物質欲望和狹隘的自我執著所致。若欲根除此害，就非喚起人們的覺醒，把狹隘的小我擴大起來，博愛群生，普及物類不可。從「度群生不惜心肝剖」出發，為了為群生謀利，他是不惜自我犧牲的。但在他的階級局限下，尋找來尋找去，最後尋找到的途徑與方法，卻就是自己甘願吃大苦，以苦行僧的意志和行動作現身說法，以達到移風易俗的目的，以救度群眾出於這個惡濁世界。自然這祇能是個幻想。

從前先生因患胃病，東西不能多吃。我有一次同他吃飯，他祇吃了淺淺的松松的二小碗，大約不到三兩米。後來他在美國雜誌（一）上看到斷食可以強胃；日本也有同樣的理論。所以先生在一九一六年到虎跑去嘗試斷食。以後，他在思想上發生了大大的變化，領會到人祇要清靜寡欲，確能增進智慧。先生在此以前，似乎並不接近佛教思想，因為在這期間，他還在寫日本天理教經典，他後來送我的一本很小的天理教經，就在這時候寫的。但先生並不是天理教徒，寫這些或許是日本師母的關係。而且先生之所以要到虎跑去斷食，完全是為了虎跑有好泉水（因在斷食期間，須飲大量的泉水。先生曾經對我說，不吃東西，沒有什麼，倒是每天必須飲五磅泉水，真有點受不了），並不因虎跑有佛寺的關係而去的。可是這次斷食以後，他的佛教思想漸漸地濃厚起來了。在學校宿舍裏也掛起佛像來了，蒲團、數珠等也都有了。這大概在虎跑時看了些佛經。正當他苦悶、徬徨的時候，看到了這樣博愛平等、捨己救人的思想理論。這與蘇軾初看到莊子，歎嘆說「吾昔有見於中，口未能言，今見是書，得吾心矣」同樣情形吧。因此先生在思想上獲得了解決，似乎尋找到了一條出路，以為要救中國，要度群生，非此不可。再加上夏丏尊先生的極端主義的促進，先生在《我在西湖出家的經過》一文中說過，大意是：「夏居士說，像這樣，倒不如索性出了家做和尚去。」恰巧先生是個實行家，如斷食要七天完全不吃東西，在一般人無論如何不敢去嘗試的，而先生說幹就幹，照理，在斷食期間，每天必須經過醫生的檢查，如有問題須立刻中止，否則有生命的危險。但先生不顧一切要去實踐了。結果勝利了。造就鼓勵他要進一步去實行度群生的計劃，這責任更重，誓願更大，當然一聽到夏丏尊這樣說，就立刻行動起來了。

在佛教中，「律宗」是比「禪宗」要嚴得多、難得多、清規戒律也多得多的。翩翩佳公子出身的他，卻選擇了「律宗」出家，已很不容易，不但如此，他還以更大的毅力，從研究「律宗」入手，使之重振起來。先生編著《南山律在家便覽》、《四分律比丘戒相表記》等重要律部書籍。在廈門創設律學院，講演律學。到青島等處去宣宏律學，使七百餘年已失真脈的南山律宗，發揚光大。這些在先生都是為救度的功德。先生在抗日戰爭時廈門形勢十分危急的時候，他還在律學院說教，他願以身殉教，還引「莫嫌老圃秋容淡，猶有黃花晚節香」句以自豪。

他放棄了安適的生活，拋妻別子，穿破衲，咬菜根，過苦行頭陀的生活，完全是想用「律宗」的佛教信仰，去喚醒那沉淪於悲慘惡濁的醉夢中的人群。——儘管這注定要失敗，但我們不能離開時代的背景、離開先生的經歷，苛求於他。

一九六二年八月

（刊於一九八三年《浙江文史資料選輯》第二十六輯）

編者按：

〔一〕夏丏尊先生說：「從一本日本的雜誌。」

漫談弘一法師的書法

——紀念弘一法師逝世二十周年

林子青

弘一法師是我國近代佛教律宗的高僧。他的前半生以李叔同（別名別號很多）著名於藝術教育界，是我國最初介紹西洋繪畫、音樂和話劇的一個先驅者。他的一生無論在家出家，始終是一個熱烈的愛國主義者，他的愛國精神和實踐，永遠是值得我們紀念和學習的。

弘一法師於一九四二年十月十三日在泉州圓寂，今年是他逝世的二十周年。他出身於一個富有財產的家庭，從小受教育，弱冠時入上海南洋公學讀書，從蔡元培先生受業。後留學日本當時著名的東京美術學校，專攻西洋繪畫和音樂。回國以後，先後在天津工業專門學校、杭州浙江兩級師範（後改第一師範）、南京東南高等師範學校，擔任美術、音樂等課。他的藝術天才曾得到全面的發展，文章、詩詞、金石、書法、繪畫、音樂、演劇等各方面的造詣極深。

關於弘一法師的生平事迹，在我所寫的《弘一大師年譜》（以下簡稱《年譜》）和《弘一法師的生平》一文曾作了一般的介紹；至於他一生為人的修養以及他在藝術教育各方面的影響，也早由夏丏尊、葉聖陶、豐子愷、吳夢非、馬一浮、姜丹書、黃炎培、歐陽予倩等諸先生加以稱述了。本文只想就我見聞所及，談談個人對於弘一法師書法的看法並介紹一些他的遺墨，作為弘一法師逝世二十周年的紀念，想來也是愛好弘一法師書法的同志們所樂聞的吧。

大家知道，弘一法師一生做人的精神和治學的態度是認真而嚴肅的。他要學一樣就要像一樣，要做什麽就要像什麽。藝術造詣上，對於書法用心最勤，致力最久。自出家以後，諸藝俱疏，唯獨書法不廢，到了晚年，更獨創一格，在我國書法藝術上表現出卓越的成就。

愛好弘一法師書法的人，對於他的書學淵源，各有各的看法。有人說他是「上規秦漢篆隸，而天發神讖、張猛龍、龍門二十品諸碑、更是法乳所在」。有的則說是「胎息六朝，別具一格，……碑版過眼，便能神似。所窺涉者甚廣，尤致力於天發神讖、張猛龍及魏齊諸造像，摹寫皆不下百餘通」。弘一法師不但窺涉的範圍很廣，而且書寫很勤。每日鷄鳴即起，執筆臨池，數十年如一日。馬敘倫先生曾得弘一法師出家前臨古法書一小冊，謂「皆臨摹周秦兩漢金石文字，無不精似」（見《年譜》一九一三年條），這小冊手迹恐已不在人間了。現在所能看到的是夏丏尊先生選集他在俗時臨摹碑帖、上海開明書店製版精印的《李息翁臨古法書》一冊，從石鼓文、嶧山碑、神讖碑、北魏六朝造像銘到黃庭堅的松風閣詩卷，各體具備，都能看出他少年臨池的功力。

弘一法師十四五歲時，在天津從唐敬嚴先生學篆書和刻印，篆字已經寫得很好。據他的俗侄李晉章先生寫信告訴我，他曾於冷肆中購得法師早年寫贈華伯銓的扇面一件，一面以篆字寫唐詩一絕，一面仿陶濬宣魏碑寫自己的詩一首。可惜李晉章先生已作古人，現在無從獲見了。他在上海南洋公學和東京留學時期的學生時代，乃至回國以後主編《太平洋報》的畫報時代，對於書法的學習都很精勤。黃炎培先生說，和他「同學時，他剛二十一、二歲。書、畫、篆刻、詩歌、音樂都有過人的天資和素養。他獨居一室，四壁都是書畫，同學們很樂意和他親近」。這種治學精神也為歐陽予倩先生所稱道。他說：「老實說，那時候（留學日本時候）對於藝術有見解的只有息霜（弘一法師俗名之一）。他對於中國詞章很有根柢，會畫，會彈鋼琴，字也寫得好。他非常用功，除了他約定的時間以外，決不會客。……他律己很嚴，責備人也嚴，我倒和他交得來。

弘一法師書法的成就，深得古人的神髓，脫去形式而別具風格，尤其在出家後於書法上的修養更見精湛。陳祥耀居士對弘一法師晚年書體的演進，把它分為三個階段。他說：「其初由碑學脫化而來，體勢較矮，肉較多；其後肉漸減，氣漸收，力漸凝，變成較方較楷的一派。數年後乃由方楷而變為修長，骨肉由飽滿而變為瘦硬，氣韻由沉雄而變為清拔，其不可及處，乃在筆筆氣舒、鋒藏、神斂。寫這種字，必先把全股精神集於心中，然後運之於腕，貫之於筆，傳之於紙。心正筆正，此之謂歟。」又說：「有法師之人品，有法師的心靈修養工夫，有法師的書畫天才，故有那種清氣流行、線條俊蕩之書法。……法師老年書法，根脈愈來愈韌，愈有柔而堅之力量，是亦夕陽絢爛黃昏最好之象徵。」我很同意他的看法。

他在出家以前，多寫北魏龍門一派的書體。出家初期（一九一九）四十歲前後，習用張猛龍碑筆法，尤具鋒芒。落筆重在神趣，不求工整。當時他為普陀山印光法師寫經，印光回信對他說：「寫經不同寫字屏，取其神趣，不求工整。若寫經，宜如進士寫策，一筆不容苟簡。其體必須依正式體。若座下書札體格，斷不可用。」他對於印光老法師是非常敬重的，從此就下定決心，力求工整。他曾寫信給堵申甫居士說到自己書體的轉變說：「拙書爾來意在晉唐，無復六朝習氣，一浮甚贊許。」印光法師也換了口氣說：「接手書，見其字體工整，可依此寫經。……今人書經，任意潦草，非為書經，特藉此以習字，兼欲留其筆迹於後世耳。」弘一法師書體的改變，恐怕與此不無關係。他在五十歲時（一九二九）所作書法，變成一種近於鐵錐形的楷書，筆筆滾圓，端嚴古樸，他常寫的「天意憐幽草，人間愛晚晴」一聯，就是這個時期的作品。看來更加爐火純青，骨氣深穩，體兼眾妙。

弘一法師出家以後，自己雖然時常寫字，送人結緣，但平時卻很少教人。從《晚晴山房書簡》第一輯中（一三二頁）知道他在慈谿白湖金仙寺，曾教過一位青年僧華雲習字半月而止。一九三〇年，他在泉州承天寺月臺佛學研究社，曾講過二次寫字方法，可惜記錄沒有發表，無從知道它的內容。另有一次，是在廈門南普陀寺，他對青年學僧講寫字方法。記得那是一九三六年的初夏，這一次我幸得隨喜參加，當時還有幾個廈門大學學生也來旁聽。我記得這一天弘一法師很認真地講了兩個鐘頭。當他講到得意時，偶爾在黑板上寫幾個字，神韻非常可愛。

他說到中國文字的特色時指出在於它具有一種藝術性，古人把繪畫和寫字相提並論，稱為書畫同源。他介紹了一些古人的著作，如唐孫過庭的《書譜》，是論述各種書法，虞世南的《筆髓論》，是論運筆的方法，張懷瓘的《三體書斷》、《十體書斷》等，是論述楷書、行書、草書、大、小篆、八分隸書、古文、飛白等書法。他說，這些書的內容雖然極有價值，但是陳義太高，初學不易領會。他說，要想字寫得好，其道在多看多寫中會得古人的神髓，自然就入於自悟的境地了。多看，是多搜集古人的書法碑帖，比較研究，用心揣摩。多寫，是臨之摹之，熟習到真假不分的程度。他又說，寫字必須先守法則，要擇一良師，學習他的經驗法則，用功苦煉，學到得心應手，才能發揮自己的個性。但如果過於拘泥法則，結果只是模仿了古人而已。藝術的極致就是要入格而出格，才能自成一家。

他說，寫字的方法要有一定的步驟，須由篆字下手，再學隸書，然後入楷，楷字寫好，再學草書。他說，寫字最要緊的是章法（即布置格局）。字的好壞，章法占七分，書法占三分。章法和書法合成十分，那就可以學書了，最後他談到寫字和人的品格學問修養的問題。他說，「應使文藝以人傳，不可人以文藝傳」，寫字和人的品格學問修養是極有關係的。只有寫字的技能，而沒有學問和人格的修養，字無論寫得怎麼好也是不能傳之千古的。古德名賢的手迹雖然巧拙不同，但好像具有一種崇高的品格。所以書家作品有無傳世的價值，在很大程度上是決定於其品格的高下的。他這一席話雖然是對學僧們的開示，事實上卻完全是「夫子自道」。凡是歡喜弘一法師書法的人，都認為他所寫的字一筆一畫是他整個人格的表現。弘一法師書法的特色，功力之外，極重視章法。他晚年曾批評自己的書法說：「朽人於寫字時，皆依西洋畫圖案之原則，竭力配置調和全紙面之形狀。於常人所注意之字畫、筆法、筆力、結構、神韻，乃至某碑、某帖之派，皆一致屏除，決不用心揣摩。故朽人所寫之字，應作一張圖案畫觀之斯可矣。」他又着重指出：「無論寫字刻印等，皆足以表示作者之性格。朽人之字所示者：平淡、恬靜、沖逸之致也。」這些話實在是很忠實的自評。法師的一生和他的書法，都是從「絢爛之極，歸於平淡」的。法師的老友馬一浮居士曾評他的書法說：「大師書法，得力於張猛龍碑。晚歲離塵，刊落鋒穎，乃一味恬靜，在書家當為逸品。嘗謂華亭（即董其昌）於書頗得禪悅，如讀王右丞詩。今觀大師書，精嚴淨妙，乃似宣律師文字。蓋（弘一）大師深究律學，於南山（唐道宣）、靈芝（宋元照）選述，皆有闡明。內熏之力，自然流露，非具眼者未足以知之也。」

法師的工楷寫經，動數千字，筆法純熟，結構謹嚴；摘錄古德法語，都用蠅頭小楷，首尾一致，全神貫注。他寫題記，往往紅墨加圈，看來圈得那麽隨便，卻又那麽精圓。一條單幅，一件橫披，無論字數多少，總是非常妥切，高低適度，有時紙面空處，他即加蓋佛像壓角章以資調和，便成為一件精美的藝術品了。他寫的信，不管是信對、明信片，或寥寥數語，或無論多少行，縱然信筆揮灑，也是非常美觀。有時他在明信片上加糊一層宣紙，然後寫上幾行，逐句加圈，分段加」（即以筆志其止處），有時信中事涉煩瑣，雙行夾注，必寫得整齊勻稱，使人看來非常悅目。

弘一法師不但字寫得美，他撰作或所集聯語經偈，也具有很好的意境和教育意味。他在泉州草庵時，用「草庵」二字冠頭撰了一聯：「草積不除，便覺眼前生意滿；庵門常掩，毋忘世上苦人多。」這種深切同情廣大人民疾苦的大悲心境，決不是遁世忘情的消極主義者。他在惠安淨山寺時，以「淨山」分嵌第二字寫了一聯云：「自淨其心，有若光風霽月；他山之石，厥惟益友明師」，書句俱妙，發人深省。又曾寫贈閩南會泉長老一聯：「會心當處即是，泉水在山乃清」，意境非常高妙。最近廈門南普陀寺為會泉法師造了一座石塔，已將此聯刻在塔前的護欄上，塔下恰好有一池清水，一讀此聯，頓覺禪意盎然。其他《華嚴經》集句的聯語，也非常自然。如「非心之境界，如畫於虛空」、「猶如蓮花不著於水，以無礙眼得視衆生」等，都是很好的聯語，令人百讀不厭，益以他那恬靜絕俗的書法，更加顯出聯語的優美。

我們知道，愛好弘一法師書法的人雖多，但真能夠理解其書法的妙處所在，作出恰當的評價的實不多見。就我個人所知，所有介紹批評其書法的文字，無過於葉聖陶先生所寫的《弘一大師的書法》一文了。

葉先生把弘一法師的書法評價得恰到好處，對於一般愛好藝術的人來說，也實在是很好的啟發。我們試把他這些看法和上面弘一法師自己對於書法的自述結合來看，可以說是吻合無間的，豐子愷先生說得好：「弘一法師留下不少的墨寶。這些墨寶，在內容上是宗教的，在形式上是藝術的——書法。」（豐子愷：《我與弘一法師》）我很同意這種說法。我以為這就是為什麽有許多人雖然不信佛教而卻喜愛弘一法師的字的原因。

弘一法師的書法，出版的已經不少。代表他出家以前臨摹碑帖的遺墨，有《李息翁臨古法書》，出家以後手寫石印、影印的有《四分律比丘戒相表記》、《華嚴集聯三百》、《金剛經》、《藥師經》、《護生畫集》題詞及屏聯佛號等無慮數十種。而他自己認為平生的精心寫作是《華嚴經・十迴向品・初迴向章》。弘一法師還有過一個未遂的宏願。據夏丏尊《續護生畫集序》說：

猶憶十年前，（弘一）和尚偶過上海，向坊間購請仿宋活字印經典，病其字體參差，行列不勻，因發願精寫字模一遍，製成大小活字，以印佛籍。還依字典部首，逐一書寫，聚精會神，日作數十字，偏正肥瘦大小，稍不當意，即易之。數月後，書至刀部，忽中止。問其故則曰，刀部之字，多有殺傷意，不忍下筆耳。其悲憫惻隱有如此者！

我們從弘一法師給夏丏尊的書札看來，他對於這件事是非常認真進行了的。他說：「字模之字，決定用時路之體（不固執己見）」，並且畫格寫了「世間如夢非實」六字示範，注云「將來再加練習，可較此為佳」，特別在最下一個「實」字兩邊，注云「此字太大，不佳」。又說「字與字之間，皆有適宜之空白，將來排版之時，可以不必另加鉛條隔之。惟雙行小注，仍宜加鉛條間隔耳」。這種勤懇認真的勞動態度是值得我們學習的。

豐子愷先生編輯的《弘一大師遺墨》於今年六月間出版了。這冊遺墨所收的書法，包括對聯、經偈、格言、佛號和書札等百餘件，琳琅滿目，各體俱備。封面係躅戲老人（馬一浮先生）所題，扉頁有美術家錢君匋題簽，全書古色古香，是近年出版物中珍品之一。可惜僅印三百本，而且係非賣品，得者不易。

豐子愷先生《弘一大師遺墨》的序言說：「大師在俗時，熱愛文藝，精通美術、音樂、演劇、文學、書法、金石，為中國最早之話劇團『春柳劇社』之創辦人，又為中國最早研究西洋繪畫音樂者之一人。……出家後諸藝俱疏，獨書法不廢，手寫經文，廣結勝緣，若計幅數，無慮千萬。出家後所作，劉質平君所藏獨多，達數百件。今所集者，半屬劉君所藏。在俗時所作，數亦甚多，但分散各處，兵火後不易徵集。本書所載，僅楊白民、夏丏尊二先生之所藏。……乃者，新加坡僑胞廣洽法師等，企仰大師道藝，願捨淨財，刊印遺墨，屬予任其事。余愧力弱，難能勝任。幸得吳夢非、錢君匋二君之協助，始成此卷。大師遺墨，浩如瀚海。此中所載，不啻萬一。但願以此為始，多方搜求，繼續刊印，使大師之手迹永垂不朽，對我國書法藝術之發揚有所貢獻，則幸甚矣。辛丑仲夏豐子愷謹序於上海。」

弘一法師生前常以書法作佛事，廣結勝緣，人們亦因歡喜他的字而尊重佛法。他的遺墨分散國內外，真是散失堪虞。據我所知，法師的遺墨書札等散在人間者，如上海玉佛寺（蔡丏因居士遺物）、泉州開元寺、天津大悲院等及私人保藏者尚多。豐子愷先生的希望也正是我們的希望。

一九六二年十月十三日　弘一法師逝世二十周年紀念日
於北京

（刊於一九六二年《現代佛學》第六期）

弘一法師的篆刻藝術

張人希

我和弘一法師曾經有一段金石因緣，常想寫一點有關法師篆刻藝術的文章，躊躇未能下筆。法師在俗時對篆刻曾下過工夫，造詣甚深，臨出家時，把所刻印章埋在西湖孤山的石壁中，外立碑志，名曰「印塚」。十多年前聽說有發掘之議，我曾寫信問過西泠印社韓登安先生。他回信說有這回事，但印石大都潮濕腐爛了。因此，要研究法師前期的篆刻就不很容易。一九四三年，法師圓寂於我的故鄉泉州小山叢竹（朱熹講學處）〔一〕，臨終時將他的遺物全部留存於開元寺妙蓮和尚處，其中有常時所用印數十顆，大部分是友人刻贈的。相傳其中有幾顆是法師自己的作品，但是否屬實，我曾存疑，因為我問過法師，他回答說出家以後惟有寫字結緣，因而在我的印象中就誤認為他出家以後沒有刻過印，要研究他的篆刻藝術成就就無所憑藉了。

最近葉聖陶先生從北京寄給我幾張法師的書法照片，其中有一張是篆刻小軸，蓋上五個印章，還有短跋，這是法師送給他的好友丏尊先生作為紀念的。這印章小軸的跋文是這樣的：

十數年來，久疏雕技。今老矣，離俗披剃，勤修梵行，寧復多暇耽玩於斯。頃以幻緣，假立臣名，及以別字，手製數印，為志慶憙。後之學者覽茲殘礫，將毋笑其結習未忘邪。於時歲陽玄黓，吠舍佉月，白分八日。予與丏尊相交久，未嘗示其雕技，今齎以供山房清賞。弘裔沙門僧胤並記。」

聖陶先生對這五個印的評價是「好極，不可言說」。（他年輕時也刻過印章，我是同意他的看法的。）他在信中還說：「歲陽玄黓，此為壬戌年（一九二二）其出家之第四年。第三行『假立臣名』之『臣』字不識。第六行『吠舍佉月，白分八日』不知是何月之八日，『白分』二字不解。若於刊載時略加說明，以上數點尚須請教於識者。」我接到此信後，對他所提的幾個疑點，即查閱佛學辭典，才知道「吠舍佉」乃佛曆二月，「白分」乃上半月，佛曆上半月由初一至十五為白月，十六至月底為黑月，那麼法師這件小品是一九二二年二月八日寄與他的摯友夏丏尊清賞的。至於「假立臣名」的「臣」字，我查過好些字典，均無此字。法師的書法經常出現減少筆劃的字，這是不是「頤」字的原字？未敢肯定，只好存疑，留待通人指正。

我和法師的金石因緣是這樣的：泉州銅佛寺主持覺圓和尚是我的方外友，他曾託我為他刻一顆印。有一年法師住在銅佛寺，無意中看到我刻的那顆印，他問覺圓是誰刻的，覺圓回答是一位青年刻的，法師就說以後如有機緣請你介紹。覺圓很高興的來邀我，我於是第一次見到法師。法師給我的印象，有如郁達夫寫的「遠公說法無多語」。又正如聖陶先生那篇散文《兩法師》中所寫的。他是那樣的隨和、慈愛，和他親近，真是詩意盎然。臨別，他送我一件墨寶作紀念，寫的是唐人韓偓的七絕：「斜煙縷縷鷺鷀棲，藕葉枯香着野泥。有個高僧入圖畫，把經吟立水塘西！」這首詩雖然不是他的作品，但也正是法師自己的寫照。翌年，法師從泉州石獅鎮檀林鄉福林寺寄給我一封信，這封信本來是寄給我的印友馬冬涵的。冬涵是漳州人，擅長金石篆刻，那時他被捕了，送到上饒集中營，法師就把這封無法投遞的信寄給我留念。這封長信是專門論印論書論畫的，同時對他自己的書法成就也做了恰如其份的夫子自道。從這封信中還可以看出他的美學觀點。現在摘錄幾段，以供研究法師藝術成就的人們參考：

……刀尾扁尖而平齊，若椎狀者，為朽人自意所創。……椎形之刀，僅能刻白文，如以鐵筆寫字也。扁尖形之刀，可刻朱文，終不免雕琢之痕，不若以椎刻白文能得自然之天趣也。此為朽人之創論，未審有當否耶？……朽人於寫字時，皆依西洋畫圖案之原則，竭力配置調和全紙面之形狀。於常人所注意之字畫、筆法、筆力、結構、神韻，乃至某碑、某帖之派，皆一致屏除，決不用心揣摩。故朽人所寫之字，應作一張圖案畫觀之，斯可矣。不唯寫字，刻印亦然。仁者若能於圖案法研究明了，所刻之印必大有進步。因印文之章法布置，能十分合宜也。……無論寫字、刻印等，皆足以表示作者之性格。（此乃自然流露，非是故意表示。）朽人之字所示者：平淡、恬靜、沖逸之致也。

從以上這些見解，可知弘一法師對金石篆刻素有深刻的研究，從工具以至布局、刀法等等，都有他的獨創。他是從藝術探索到藝術實踐，把探索所得表現在他的具體作品中的。這五顆印全是白文，就是用他自創的椎刀刻的，線條均勻流暢，如行雲流水，看不出一點兒刀鑿痕，使人得到高度的美的享受。

篆刻是中國傳統藝術，早在秦漢年代已具規模。到了明末，由於以花乳石為印章，因鐫刻方便，流行遂盛，刻印往往是書畫家兼擅的能事。到了清代，名家輩出，各種流派，風靡一時。弘一法師正是生活在這個年代。他出家之前，和吳昌碩是好友。我見過一本費龍丁出版的《缶老人手迹》，在序文中寫道：「昔年與息翁同客西泠，同人有延入印社者，遂得接社長缶老人丰采。於是挑鐙釋琢，待月捫詩，符鉢雜陳，煙霞供養，甚得古歡，未幾俱作海上寓公，往來益密。……」息翁是弘一出家以前的別號。從這段文字看，可見弘一曾與吳昌碩過從甚密，但作為一個有志氣的藝術家，他總是不肯依傍門戶，而要獨創一種藝術風格的。弘一所表現的就是這樣。從工具來看，吳昌碩有自創的「吳刀」，他的刀不利，重壓硬入，因而刻成的線條極其蒼老古樸，有如天馬脫羈，大刀入陣。而弘一獨創椎刀，刻成的線條流利自然，手神跌宕，別樹一幟。弘一出家以後，專心勤修梵行，沒有時間再從事篆刻，送給夏丏翁的幾顆只是偶爾興致復發。我認為弘一的篆刻和他的書法以及他的為人處世是一致的，用刀自然肅穆，有不期然而然之妙。真如程彥明所說：「萬花春谷，燦爛奪目」，弘一法師的篆刻造詣可說是達到了這個境界的。

（刊於一九七八年《書譜》第四期）

編者按：

〔一〕此誤，當為一九四二年。

李叔同與西泠印社

孫曉泉

李叔同是我國近代著名藝術家。他原名息，留學日本時，改名岸，字叔同，出家後取法名演音，號弘一。原籍浙江平湖，其先輩遷天津。李叔同青年時，具有愛國主義思想，他常說：「老大中國，非變法無以圖存。」他對康有為十分敬仰，曾自刻一印曰：「南海康君是我師」。一八九八年，戊戌政變失敗後，有人說他是康梁同黨，乃奉母自天津南下，移居上海。這時，李叔同文采斐然，於詩詞文賦外，尤好書畫，於是組織「上海書畫公會」，著名書畫家任伯年、朱夢廬、高邕之等俱來入會。一九〇五年李留學日本，入上野美術專門學校攻繪畫，並於課餘學音樂、戲劇，創辦「春柳劇社」，為我國新劇開了先河。歸國後，一九一九年加入南社，被聘為《太平洋報》文藝編輯，兼主編該副刊《畫報》；同時與柳亞子等創辦「文美會」，主編《文美雜誌》。同年秋，《太平洋報》停刊，乃赴杭任教於浙江兩級師範學校，前後共七年。同事有姜丹書、夏丏尊、馬敘倫等；著名藝術家潘天壽、豐子愷是他的高足。

一九一五年五月，李叔同與南社同人雅集於孤山西泠印社，遂加入印社為社員。這時他手書柳亞子先生所作《馮小青墓散記》，深為同人所贊賞；字書北魏體，沉着雍穆，幽靜古厚，刻成兩碑，立於孤山放鶴亭上馮小青墓側。李叔同自加入印社後，創作甚多，金石、書畫、詩詞等，日益臻於妙境。

金石篆刻為李自幼愛好，十四歲時即研究《說文解字》，古籍獵碣，尤喜治印。二十一歲時，他把所藏名刻，附以自己作品，排輯成篇，名為《李廬印譜》。二十年代，印壇名流輩出，有氣魄宏偉、安詳謹嚴、古逸雅飭的趙悲盦；有清新離奇、布局美善、委婉多姿的吳讓之；有章法別出、變化多方、古趣橫溢的徐三庚。李叔同作品則沉穆深厚，心裁別具，而又不失古人法度。他師法秦漢，精研鑄鑿，而治印沖淡質樸，意致高遠，堪與缶翁、讓之、三庚相媲美。一九一八年七月，李到虎跑定慧寺披剃出家。他把所有詩詞、書刊、樂器、碑帖、筆硯等物分贈北京國立美術專門學校以及諸位友好和學生。復將平生所有金石篆刻全部贈送西泠印社，藏於社內鴻雪徑「印藏」中。此後遂少創作。一九六三年，印社同人慶祝西泠印社創建六十周年之際，即將「印藏」所儲李氏遺印取出，共議編輯《李叔同印譜》。今後此書如能出版，對研究李印的分朱布白，切玉鑄銅，對他的治印技巧，藝術特色，都可窺豹一斑，這是大家所渴望的。

至於李叔同的書法，更是源遠根深，清真高潔，有出污泥而不染之慨。他的書法上規秦漢，下法六朝，周之獵碣，秦之鼎彝，以及摩崖、碑碣、墓誌、造像，無不致力琢磨，博採衆長，孕育手眼。尤以秦磚漢瓦、張猛龍、龍門山造像二十品諸碑，更是日夕臨摹，從不間斷。李早年的作品，整齊挺秀，深得周秦漢魏六朝風格之奧秘。他在上海時的作品，氣息古厚，骨力遒勁，含英咀華，不可一世。當時在上海，《中外日報》最為風行，報額就是他寫的，見者稱贊，風靡一時。他臨摹的周秦兩漢金石文字，無不精似，珍藏者愛不忍釋。堵申甫先生所藏李書周秦漢魏，各體皆備，琳琅滿目，美不勝收。李叔同出家後，脫去臨摹形迹，專寫佛經、偈言，以結緣於佛門。晚年專寫自輯《華嚴經》集聯、偈句，而書法更脫去畦徑，妙造自然，神斂鋒藏，戛戛獨造。從虞世南、歐陽詢而上溯王右軍，不但風韻雅飭，超塵絕俗，而且具有北碑根基，沖淡靜遠，醇厚樸美。大凡珍藏李氏書法者，尤愛其出家後的作品。李書「南無阿彌陀佛」一幅，拙樸平整，沖虛淡漠，似不食人間煙火。李寫經最精者，當推在廬山牯嶺青蓮寺所書《華嚴經》章節，含宏敦厚，饒有道氣，時人比之黃庭，太虛譽為數十年來僧人寫經之冠。一九二三年（癸亥）六月，李為西泠印社書阿彌陀佛經幢，刻置歲青巖畔，印人譽為精品。李自云：他寫字依照西洋圖案畫的原則，竭力配置、調和全紙之間的形狀。可見，他對章法布局十分注重，力求整而不板，謹嚴中饒有恬逸之趣。李早年工力深邃，臨古畢肖；晚歲神臻化境，爐火純青。這說明書法亦有循序漸進的階梯，所謂得其環中，超乎象外，就是這個道理。人們對李的書法，雖片紙隻字，亦視同拱璧。李書寫極勤，聯對更多，只要與他有一面之緣，索即可得。但他亦不輕易動筆，這要看什麼人。昔年有某權貴以數百金求題數字，他既不受其金，亦不給書寫。但是，如果他認為你有德行操守，雖一貧如洗，也慨然以墨寶相贈。若以勢力強求之，雖半字不可得。馬敘倫善書法，也為當代能手。馬與李相知已四十年，而且曾共過事，向來佩服李的書法。馬為了求得李的書法，乃求夏丏尊先生代致七言三章。其一云：「天然初祖妙書傳，智永千文八百篇；我亦乞師書一紙，藝林珍重比前賢。」詩還未到，而李圓寂的噩耗已至，馬氏深為嘆息，乃謂：「求一字不能得，何緣之慳耶！」

李叔同亦精繪畫，而尤以西畫見長。他畢業於東京美專西畫系，對國畫也很擅長，然皆流傳甚少。出家後絕不創作。他天資聰敏，偶有所作，皆出類拔萃。李西畫風格近抽象派，筆觸老練，格調清新，近視一塌糊涂，遠觀則栩栩欲活，非具大天才、真功力不能做到。豐子愷藏李畫甚多，有木炭畫半身女像一幀，阿堵傳神，形態畢肖，雙髮披肩，含情脈脈，堪稱佳作。此作曾影印，供世人欣賞。夏丏尊客堂中，曾懸掛大幅油畫一幀，面積約十七八尺，畫一浴後之日本少女，斜側椅上，肩上兩手傍，有輕紗遮蔽，長髮披於兩頰，兩目如將入睡，背景置瓶花一束，作為點綴，色調柔美，用筆生動，女性之美流露畫面。讀畫的人但覺海棠籠霧，麗質天然。此畫曾陳列上海天馬會畫展，深得各界好評，可作李氏代表作。國畫雖然不是他的專研，然精於鑒賞，偶寫花鳥，以書法之筆出之，寥寥數筆，雄健遒勁，別有風味。到了晚年，更以神化的寫字筆法畫佛像，清新勁練，天趣盎然。每一線條如生鐵鑄成，剛健蒼古，一筆不苟。間畫設色作品，亦雅淡沉着，可愛特甚，但不多作。

李叔同一九四二年逝世於泉州不二祠，終年六十三歲。

李乃津滬才子，南社文伯，一生著作甚多，如《李廬印譜》、《李廬詩鐘》、《清涼歌集》等，不下數十種。到中年後，一變而為苦行頭陀、一代高僧，令人驚嘆不已；其才不能用於社會，實在可惜。為此寫小詩志之。

詩曰：

一代才華多名篇，悟徹塵關割盡緣；乃知此君太獨特，欲學白雲自清閑。

（刊於一九七九年《新觀察》）

《小梅花屋圖》及其他

夏滿子

《小梅花屋圖》是陳師曾先生給我父親畫的，落款「杇道人衡為夏蓋山民製」，蓋兩方陰文印章，一方是「師曾」，一方是「陳衡恪印」。圖上的題辭有章嶔先生的兩首七絕，李叔同先生的詞《玉連環影》，陳夔先生的詞《疏影》。我父親自己題了一首《金縷曲》，題記下蓋一方小印章，是陰文「丏尊」兩字，看來是李叔同先生刻的。「夏蓋山民」是我父親年輕時候的別號，等於說「上虞崧廈人姓夏的」。聽老人們說，故鄉上虞崧廈有一座鑊蓋山，我們那裏叫覆盆式的鍋蓋為「鑊蓋」。「鑊」「夏」兩字，上虞人念起來聲音很相近，也許父親故意把「鑊」字改成「夏」字。

陳師曾先生的款不記年月。李叔同先生和我父親的詞都記明「甲寅」年作，甲寅年是一九一四年。那時候父親在杭州浙江兩級師範教書，住在城裏彎井巷，租人家的幾間舊房子。窗前有一棵梅樹，父親就取了個「小梅花屋」的室名，請陳先生畫了這幅《小梅花屋圖》。陳先生在北京教書，不曾來過我家，當然無法寫實，只好寫意，這個辦法本來是中國畫的舊傳統。畫面不到兩尺見方，分三個層次：近處是緩坡竹林和三間瓦房，屋前一棵梅樹，矮而拳曲，像是盆景的梅樁；遠處是濃淡不同的幾座山峰；中間是一帶城牆，城外的西湖自然看不見了。層次之間不着筆墨，留有空隙，好像煙雲彌漫，使畫面顯得很深很遠。城牆着淡赭色，其餘用淡墨色和灰藍色隨意渲染，只在梅樹上有幾點鮮紅的花。全幅色調有點兒冷，有點兒荒涼意。

陳師曾先生和李叔同先生都是我父親留學日本時候的好朋友。我沒見過陳先生，可能他回國後常在北京，沒有來過浙江。李先生是看我長大的，當時跟我父親同在兩級師範任教，後來在虎跑寺出家了，大家稱呼他弘一法師。題詞落款「息翁」，是他出家以前的別號，下面一顆圓形小圖章，刻着「叔同」兩個字。他題的《玉連環影》只寥寥幾句：「屋老，一樹梅花小。住個詩人，添個新詩料。愛清閑，愛天然。城外西湖，湖上有青山。」這首小令倒是寫實，記下了我家當時的居住情況，也記下了父親的興致和愛好。

最引起我懷念的是我父親自己題的《金縷曲》，現在抄在下面：

已倦吹簫矣。走江湖、饑來驅我，嗒傷吳市。租屋三間如艇小，安頓妻孥而已。笑落魄萍踪如寄。竹屋紙窗清欲絕。有梅花慰我荒涼意。自領略，枯寒味。　此生但得三弓地。築蝸居、梅花不種，也堪貧死。湖上青山青到眼，搖蕩煙光眉際。只不是家鄉山水。百事輸入華髮改，快商量別作收場計。何鬱鬱，久居此！

父親填這首詞的時候才二十八歲。照現在說，二十八歲還是青年，為什麼在這首詞裏，他表現得這樣意氣消沉呢？是不是學了填詞，染上了這種頹唐的調調兒呢？聽父親的學生說，父親教書非常認真，對學生極其誠懇，不是個把擔任教員當作混飯吃的人。前清末年，魯迅先生也在兩級師範教書，發動過一次反封建的「木瓜之役」，父親是積極參加的一個，取得勝利之後還留下了一張很可紀念的照片。辛亥革命後，兩級師範改為第一師範，出現了一批勇於抨擊封建勢力的學生，因此，社會上把父親和陳望道先生、劉大白先生、李次九先生四位教員稱作「四大金剛」，說學生全是他們四個教唆壞的，教育當局甚至要把他們撤職查辦。可見父親當時在教員中也算是個革新派。這些往事，跟李先生的題詞，跟我父親自己的題詞，多麼不一致啊！恐怕正好說明，人的思想感情本來就是很複雜的，尤其在那個時代。

離開了家鄉，住房不是自己的，工作不隨心，抱負不能舒展，是這首《金縷曲》的基調。在我生下來之後不久，父親和幾個好朋友都到上虞白馬湖春暉中學去教書了。那個學校是私立的，比較公立的第一師範自由得多。白馬湖四面環山，風景極好，比西湖更幽靜。我父親在湖邊造了幾間瓦房，把家搬了去，窗前也種了一棵紅梅。「蝸居」也「築」了，「梅花」也「種」了，可是父親為了生活，後來還是帶着「妻孥」搬到上海住弄堂房子，只偶爾回白馬湖休息些日子，最後還是「貧死」在上海。那是一九四六年四月二十三日，父親還沒過六十歲生日。

父親喜歡書畫，遺物中較多的是弘一法師的字和陳師曾先生的畫。有一本陳先生畫的冊頁，一共十二幅，大多是山水，見到的人都說是精品。冊頁的題簽「朽道人畫冊」五個大字，下面寫「壬子石禪」，都是隸書。「壬子」是一九一二年，「石禪」是經子淵（亨頤）先生的別號。扉頁也是李叔同先生題的，寫「朽道人畫本」五個篆字，下面寫「丏尊藏息霜篆額」，蓋一個很大的「息」字印章，格式頗別致。這兩行字的風格，跟他出家以後的字迥然不同。「息霜」也是李先生早年的別號。

一九七九年九月

（刊於一九七九年《戰地》增刊第六期）

全面調和

葉聖陶

弘一法師常致書龍溪馬海髯，專言書法篆刻，中有云：「朽人於寫字時，皆依西洋畫圖按之原則，竭力配置調和全紙面之形狀。於常人所注意之字畫筆法、筆力、結構、神韻，乃至某碑、某帖之派，皆一致屏除，決不用心揣摩。故朽人所寫之字，應作一張圖按畫觀之，斯可矣。不唯寫字，刻印亦然。」其所稱圖按，通常作「圖案」。

全面調和，蓋法師始終信持之美術觀點。試觀其「無住齋」草書小額三字及落款之每一字每一筆，皆適居其位，似乎絲毫移動不得。更觀其小印五方一軸，五印之位置，下方之題識，融為一體，呼吸相通，而每一小印，其布局，其刀趣，亦復如是。至謂於某碑某帖決不揣摩，則是自道其後期之造詣。觀其丙辰斷食定慧寺時之所臨摹，則前期之揣摩固極端嚴格認真者也。

一九八〇年十月三日葉聖陶題

（刊於一九八四年《弘一法師》）

弘一大師逸聞

高文顯

一 晚歲遁居南閩

弘一大師，晚歲遁居南閩，常居溫陵。癸酉小春，驅車晉水西郊，忽見唐學士韓偓墓道，因命余撰偓傳，並辨《香奩集》韓作之非，書成呈上。大師時居廈門南普陀，遂集養正院同學在其所居小樓中，設一牌位上供。學僧分兩排對立，他當維那，如世俗之追薦儀式。又命余中立虔拜，恍如與偓有關之家屬。「功德」做完後，大師笑謂余曰：「千年後尚有人為其追薦，可謂奇聞。」不久《韓偓》一書即寄滬上開明書店夏丏尊先生。大師為撰序文，談及倡修偓墓及寫經為偓迴向菩提之事。序文及《韓偓》一書，不久因上海「八．一三事變」突發，開明總廠被毀，遂告焚如。後來大師贈余一最早之原序，謂因別撰不用，可資保藏耳。文曰：

癸酉小春，驅車晉水西郊，有碑矗路旁，題曰：「唐學士韓偓墓道」。因憶兒時居南燕，嘗誦偓詩，喜彼名氏；乃五十年後，七千里外，遂獲展其墳墓，因緣會遇，豈偶然耶？余於晚歲，遁居南閩，偓以避地，亦依閩王而終其身。俯仰古今，能無感愴，爾者高子勝進，摭偓遺事，輯為一卷，余覽而善之，略述所懷，弁其端云。

二　孤忠奇節　力為表彰

「八·一三」後一年，余抵菲京，因執教僑校，遂重整舊稿，託信願寺住持性願老人寄回溫陵。時廈、鼓已淪陷，大師常居晉水一帶，復為校閱刪改，重撰一序云：

唐季變亂，中原士族徙閩者衆，偓以孤忠奇節，抗忤權奸。既遭貶謫，因隱南閩，蔬食修禪，冥心至道，求諸季世，亦稀有矣。

勝進居士為撰偓傳，以示青年學子，俾聞其風者勵節操，祛卑污，堪為世間完人；漸次熏修佛法，則是書流佈，循循善誘，非無益矣。夫豈世俗文學典籍所可同日語耶？撰錄既竟，為題其端，爰志贊喜云。

歲集鶉尾秋暮，晚晴老人居弗林

大師前後共撰三序，可見對詩人赤誠之尊崇，而力為表彰。我的原稿，他用蠅頭細楷修改。一九四七年歸省慈親，到弗林寺取回，手澤猶新。時泉州開元、承天二寺，大師之兩壜骨灰尚未下葬，和淚伏案，感慨萬千，遂決心重整此稿，仍寄開明書店葉聖陶先生，因前有丏尊先生之遺命，允為再版也。時豐子愷先生居杭州，余因選取偓詩中之可供作畫者，懇其起草，遂蒙欣然命筆，以作插畫之用；計得十二幀，歡感無已。尚憶大師曾謂此書可作吾二人之紀念，不意至今，經歷多劫，已「人書俱老」矣。風雨晨昏，時出展對，但願得河清人壽，能重翻舊稿，料理空名傳身後耳！

三　歸途淒風寒雨

大師在廈門時，除樓居外，亦常外出散步。有時到市區，則坐人力車，可供記述者頗多。先說他那張外出見聞：

昨日出外，見聞者三事：

一、余買價值一元餘之橡皮鞋一雙，店員僅索價七角。

二、在馬路中聞有人吹口琴，其曲為日本國歌。

三、歸途淒風寒雨。

勝進居士慧覽　正月二十九日　演音

當時世界不景氣之風吹遍各處，而日本從臺灣送到廈門的浪人，到處橫行，「七七事變」將臨，這一封信可作為寫照也。還有一次，當是春節過後不久，大師也是坐人力車回來，經過所見的春聯，卻記得很好。他用宣紙寫下一箋，並繪市街圖注明何處，命我往觀。箋曰：

一斗夜來陪漢史，千春朝起展萊衣。

此廈門某氏宅門聯也，未知是古詩句或其自撰。幽秀沈著，洵為佳句。書法亦神似東坡（應是高士手筆），其地址如下記。仁者暇時，可往一閱，能詢其撰書者為何人，則至善矣。門內下首邊房亦有聯，余未見，仁者能入門一閱否？

勝進居士　一音啟

余至南閩八年，罕見有如是佳聯，足與南普陀山門「分派洛迦」一聯相媲美也。

我於隔日，薄暮微雨中，驅車往訪，始知為一潮州老嫗所居，云向春聯攤上買來，除歲後，該攤已撤，撰書人亦不知其住處矣。至於邊旁之聯，亦為抄下呈上，僅尋常聯句耳。今憶南普陀天王殿前當中兩石柱一聯曰：

分派洛迦開法宇，隔江太武拱山門。

此聯為福州石遺老人陳衍所撰並書。大醒法師曾指說不如「隔江太武涌浮圖」為佳也。按《漢書》可以下酒，《桃花扇》也曾提過，但其出處似見於《稗史彙編》（卷三十六）所載：

蘇子美豪放，飲酒無算。在婦翁杜正獻家，每觀書以一斗為率。正獻深疑，使子弟密察之。聞讀《漢書·張子房傳》，至良與客狙擊秦皇，誤中副車，撫案曰：惜乎擊之不中，遂滿引一大白……正獻公知之，大笑曰：有如此下酒物，一斗誠不為多。

四　三十年前舊同學

在東京演《茶花女》時，那些戲劇界人物，大師未曾向我們提起，我也不敢隨便問他。大師在小樓上曾為我批改《韓偓》原稿，並且檢出他珍藏的舊物，囑我收藏。曾延年存吳一封用蜀箋書寫的信，信封沒有給我，所以不知在何處收到，只有月日而已。信的原文如下：

弘一大師座右：塵勞迷惘，老與病緣，嘆息平生，實辜盛眷。在昔回波結契，萍根偶合，一日相悅，歡逾百歲。惟以故鄉井底，只合伏蛙，入蟄廿年，渾忘日月。兵戈水旱，骨肉捐替。苦海劫灰，豈復可說？昨聞飛錫憩處，廣蔭菩提，轉迷開智，群生隨喜。小子日曬塵障，若草沾泥，俗不與諧，佛所屏棄。第念法師愷惻，沈溺為憂。倘予箴規，何殊寶筏。拜德音於上界。期懺悔乎幾微。奉告敝居，佇遲善教。

三十年前舊同學曾延年存吳拜上。新易名淮招　七月廿五日

敝居在成都少城小通巷五號

大師介紹時，感慨萬千云：此人留學回國後，未曾為國家做過什麽事。言時深為嘆惜。此信尚在我身邊，重讀後，始知為我國話劇界之老前輩，與大師同在東京創辦「春柳劇社」，同演《茶花女》名劇之要角。

此外尚有馬一浮大師草書的兩封信，情文並茂，可供讀者欣賞。可惜日本友好人士內山完造給大師的許多信都被我遺失了，蓋因當日倉皇南渡，未能攜帶出國也。

五　瑞穗國古蒼蠅

通常我們知道日本古稱扶桑，其他名號不甚注意。有一天，大師竟然送給我一隻古蒼蠅，裝置精巧，用比較厚的、如名片用的紙中刻一方孔，如同精製的顯微鏡標本。蒼蠅安在正中，再蓋上透明玻璃紙，又用一較小之長方形宣紙貼上，邊緣書以硃紅色線條，右上題曰：「瑞穗國古蒼蠅」。左邊字兩行較小，加以說明白，「自彼國古版大藏經中檢出」。接下題以年月：「丙子十二月」，再用「弘一」二字之小印，蓋於「月」字左角上。又另用一種宣紙，安於名片之下，亦長方形，可以摺疊起來，左短向內，右長可摺而成為請帖狀，供珍藏之用也。

此蒼蠅於「八．一三」後失踪，因為我從此流浪南國，後來又往英國留學，久經戰火之微物，出乎意料之外，竟重歸舊主，更獲女詞人聖因女士題字云：「古有書中蟲食神仙字，三次，化形為髮圈，名曰脈望。古今詩人為之題咏者多，予昔知其出處，今不能憶及矣。頃見弘一上人所藏佛經中之一蠅，遂述此事，亦饒興趣也。丁丑歲杪聖因題於星洲旅次。」

（刊於一九八四年《弘一法師》）

紀念與回憶弘一大師

釋廣洽

一九八〇年十一月二日，衲在新加坡彌陀學校大禮堂舉行紀念弘一大師誕生百周年盛會，並展出大師的遺墨、金石及其友生書畫文物七十餘件。此間華文《南洋商報》且出紀念大師特輯，一時震動遐邇，群賢畢至。各界人士學生前來參觀者絡繹於途，兩日之間，無慮萬人。於是海外人士知道弘一大師即在俗時的李叔同先生，他不特集藝術全才於一身，更重要的是他繼起了七百餘年的絕學——南山律宗，並且實踐躬行，高風勁節，為世所欽。

同年十二月間，北京中國佛教協會亦假古刹法源寺舉行「弘一大師書畫金石音樂展」，和我們的紀念遙遙相對，後先輝映；而其展出規模之宏大，尤屬前所未見。據北京來信報道：展前即做了大量籌備工作，曾派人親赴弘一大師因緣最深的閩南泉廈各地，借得大量的大師手迹遺墨，與京、滬、榕等處收藏的墨寶匯成五百餘件的洋洋大觀。展覽分三大室陳列，內容包括大師在俗時的史料、譯著、金石、書法、繪畫、報刊、照片，及其出家以後的寫經、著述、筆記、書簡和音樂作品等。其中《華嚴集聯三百》原稿，且有舊友經亨頤和馬一浮題跋，益見名貴。同時，展出期間還播放上海音樂界錄製的弘一大師所作歌曲，以供觀衆欣賞，可謂別開生面。開幕之日，在趙樸初居士主持下，到會的知名人士有葉聖陶、俞平伯、朱光潛、日本駐華大

使吉田鍵三、韓念龍、蕭向前、吳作人、薩空了、楊振亞、單士元、顧執中等，稍後參觀的還有梁漱溟、張學銘等各界人士。這些可說是弘一大師的精神所感召，實近世希有的盛會。衲海天遙矚，曷勝神往，謹默祝我中華固有之偉大優良文化，復日麗於中天。

大師在俗以及出家事迹，已詳見於三十年前出版之《弘一大師永懷錄》及各家撰著《年譜》及傳記，衲實不能再贊一詞。回憶我親近大師，已經是五十年前的事了。自在廈門認識之日起，大師不以衲的魯鈍而諄諄善誘，衲亦以大師為一代高僧難逢難遇，而以師禮事之。大師在閩南的十餘年中，和我特別有緣。無論我在國內國外，他都非常關心我，我也一心親近承事，終身愛慕。隨侍多年，特別是他那次在草庵得病，我到草庵問疾並陪他到廈門就醫時，歷時數月，每次都是我陪他去就診的。我曾陪文學家郁達夫先生到鼓浪嶼日光巖看望他，留下了郁氏那首《贈弘一法師》的有名詩作。抗戰期間，我到了新加坡，正值大師六十大壽，恰巧名畫家徐悲鴻在新加坡開畫展，我請他為弘一大師畫像以為紀念，他欣然命筆。越數年又親補題記，深致景仰，這就是現存泉州開元寺的那幅弘一大師的油畫像。

大師無恙之日，有什麽感觸，他都隨時寫字賜我。一九三三年正月，他在廈門妙釋寺夢中，聞有人朗誦《華嚴經》偈句，醒後即寫那段偈句送我紀念。同年秋天，他在南安葵山發見「唐學士韓偓墓道」，後來也命人攝影贈我。一九三七年二月，大師先後落了二齒，他又讓我「藏之以為紀念」。不久他引古人的句子「一事無成人漸老」和「一錢不值何消說」，自號「二一老人」，也寫贈給我。由於師資道合，有如針芥相投，所以大師賜給我的手札、訓語、遺囑等約六十多件，現已裱褙成冊，時時展誦，如臨師保。

一九五七年冬，大師逝世十五周年時，我在新加坡曾出版了《弘一大師紀念冊》一書，廣為流佈，頗得讀者隨喜贊嘆。此外大師手編《四分律行事鈔資持記扶桑集釋》一書，多達五十余萬言，乃採輯自扶桑古本，視同拱璧，校勘注釋，至示寂時尚未完畢，一九六四年開始由妙因法師竟其全功，由我與此間妙燈法師倡印流通，以供學者研究。

近得子青居士飛函遠頒，告以中國佛教協會將為大師出版紀念集，並囑衲撰寫紀念文字。自維淺陋，何敢率爾操觚？惟念衲往年每於大師入惠安淨峯及晉江草庵等處巖穴，掩關著述之時，常往隨侍左右，對大師之言教身教，印象特深。偶一回憶，其慈容謦咳猶在目前。故略記親近的因緣，以表達我敬仰懷慕之忱。

一九八一年四月十五日弟子沙門廣洽於新加坡薝蔔院

（刊於一九八四年《弘一法師》，文物出版社）

一生身世一篇詩
——記弘一大師

高　瑜

在我國近代史末頁和現代史初篇，有一位才華橫溢、行徑奇特的，既受同代人崇敬，又受後代人緬懷的非常人物，就是李叔同先生——弘一大法師。

李叔同早年是文章、詩詞、音樂、篆刻、油畫、書法的卓然大家，並以創設「春柳劇社」、扮演名劇《茶花女逸事》中的茶花女，開創我國話劇的先河，成為我國新文化運動的啟蒙者。

但在中年，他忽然遁入空門，又成為佛門所推崇的近世第一人。有人為了概述他的一生，寫過一首七絕：「絕代才華絕世姿，一生身世一篇詩。朱門年少空門老，藝是宗師禪法師。」

現值弘一大法師誕生一百周年之際，國內外許多地方舉行紀念活動。北京文化界宗教界知名人士曾在法源寺舉辦「弘一大師書法金石音樂展」，藉以懷念這位多才多藝的人物。

二十文章驚海內

公元一八八〇年農曆九月二十日弘一生於天津，取名文濤，字叔同。父親李筱樓曾中進士，官至吏部主事。叔同五歲那年，他就逝世了。叔同六歲從名師學詩詞、書法、篆刻。及長，仗義疏財，激昂愛國，十九歲逢「戊戌變法」，自刻一印曰：「南海康君是吾師」。變法失敗，有人說他是康梁同黨，便奉母去滬，在上海文壇上開始嶄露頭角，每次投稿滬學會的徵文，總是名列前茅，時人驚為奇才。廿二歲考入南洋公學，與黃炎培、邵力子、謝無量等人同為蔡元培的門生。他與友人籌設「文化社」，他的詩詞歌賦冠全社。他寫的一首《金縷曲》中，有「二十文章驚海內」句，就是指此。

廿六歲那年，他的母親去世，叔同如同游絲飛絮，飄蕩無根，即東渡日本。剪去辮子，穿上西服，留學上野東京美術專門學校，專習西洋繪畫，旁及鋼琴音樂，造詣皆很深。中國第一個出國研習油畫、音樂，並把油畫、音樂帶回國內的就是李叔同。

跳上舞臺當戲子

李叔同在東京受革命思潮影響，參加了孫中山所領導的「同盟會」。後得到日本戲劇家藤澤二郎的指導，遂與曾孝谷等人創立「春柳劇社」，研究西洋戲劇，叔同為自己取藝名「息霜」。演出《黑奴籲天錄》，叔同扮演愛美柳夫人，頗著聲譽。曾為國內徐淮賑災，上演《茶花女逸事》，息霜扮茶花女，尤為成功。日本報紙交相稱譽，一家戲劇雜誌評論說：「李君的優美婉麗，絕非日本的俳優所能比擬。」當時也在日本留學的歐陽予倩，就是看了茶花女演出，「所受刺激最深」，才加入「春柳劇社」的。還有個偶爾到日本旅游的徐半梅，看了《茶花女逸事》的演出，回國後竟放棄了一所專門學校的校長職務，像叔同那樣，「跳上舞臺去當戲子」。以後上海相繼建立話劇團，話劇正式成為中國的一個劇種，都是在李叔同「登高一呼之下，才產生的」。叔同從事話劇時間不長，回國之後就不再粉墨登場了。一九五六年，我國紀念話劇五十周年，在文藝家們所發表的紀念文字裏，對李叔同在話劇中的貢獻，是大書特書的。

李叔同回國，先在天津工業專門學堂教授圖案畫；辛亥革命後，任《太平洋報》文藝編輯，兼副刊畫報主編。同時與柳亞子創辦「文美會」，主編《文美雜誌》。其間加入了「南社」，寫了不少詩詞，聲振一時。

折服了學生們的心

一九一二年間，《太平洋報》負債停閉，李叔同應杭州第一師範聘請，擔任圖畫、音樂教師，同時兼任南京高等師範圖畫、音樂教師（每校連教兩周）。從此，他又脫下毛料西裝，穿上灰色粗布袍子，由一翩翩藝術家變為樸素的教師。當時杭州第一師範的教師，前有周樹人、沈鈞儒；與叔同同時的有夏丏尊、陳望道、劉大白、沈仲九；在他之后的有朱自清、朱光潛、俞平伯，如此陣容，可以看出這所學校的不同凡響。李叔同深受全體師生的敬愛，他的學生豐子愷在《我與弘一法師》一文中說：「與當時一般學校相反，在杭州師範，圖畫、音樂兩課，奇怪得很，當時看得比英（文）、國（文）、算（術），還要重要。」又說：「李先生的人格和學問統治了我們的感情，折服了我們的心。……他博學多能，其國文比國文先生更高，其英文比英文先生更高，其歷史比歷史先生更高，其常識比博物先生更高，又是書法、金石專家，中國話劇的鼻祖。他不只專教圖畫、音樂，他是拿許多別的學問為背景而教圖畫、音樂的。」夏丏尊是位名教師，也說：「我敢說自有學校以來，自有教師以來，未有盛於李先生者。」

叔同任教師，言傳身教，要求學生甚為嚴格。教學七年，造就人才不少，如豐子愷、潘天壽、曹聚仁、劉質平等等，均為門下高足。他們宣揚藝術文化，起了重大作用。

近世佛門第一人

一九一八年夏曆七月十三日，在杭州發生一件震動人心的事，在晨光熹微中，李叔同叫來一個老工友，給他挑着兩件行李，出了杭州第一師範，一直挑到距虎跑定慧寺僅有半里路遠的地方，他讓老工友停下，打開箱子，披上袈裟，穿上草鞋。老工友呆呆地望着他問：「李先生，你做什麼？」他卻回答：「我不是李先生了，你看錯了。」於是肩起行李，行步如飛地跑進虎跑定慧寺。一任老工友高聲呼喊，他也不回頭，就這樣出了家。此後，無論是妻兒、朋友、學生都改變不了他的志向。叔同是在雲林寺受戒的，禮了悟和尚為師，名演音，號弘一，時年三十有九，從此一代藝術大家，一變而為佛門弟子。

弘一專修佛教中最艱苦的律宗，持律精嚴，過午不食，僧衲簡樸，赤腳草履。在他五十誕辰時，有人曾細數他所用的一頂蚊帳，布補紙糊的破洞竟達二百餘個。他的苦行，使在俗的朋儕很不忍心。弘一對佛學貢獻甚大。早期念佛誦經；中期雲游四方，宣講律學；晚期從事著述，使中斷七百年的南山律得以重興。他著的《四分律比丘戒相表記》，頗為中外佛學者所稱道。因此，弘一被佛門推崇為繼唐朝道宣、宋朝元照、明末智旭之後的第四位律宗高僧。

藝術造詣　首推書法

弘一剃度之後，諸藝俱疏，獨書法不廢。他的一生藝術造詣，應首推書法。他早年臨摹前世各體名手碑帖，鷄鳴即起，執筆臨池，碑帖過眼便能神似。葉聖陶曾贊嘆他：「寫什麼像什麼。」出家之後，書法逐漸脫去摹擬的形迹，形成自己的風格，筆筆鋒藏，筆筆氣舒，筆筆神斂。他曾經說過：「平淡、恬靜、沖逸之致也。」又說：「字之工拙，占十分之四，而布局卻占十分之六。」葉聖陶在「無住齋」草書小額專寫了一篇題記：「全面調和，蓋法師始終信持之美術觀點，試觀其『無住齋』草書小額，三字及落款之每一字，每一筆，皆適居其位，似乎絲毫移動不得。」

弘一的書法，乃是他的學問、道德、環境、藝術的結晶。多年來流傳於民間的片語隻字，都被視若拱璧。他為「春柳劇社」所寫的一張戲單印刷品，至今仍珍藏在日本帝國大學的圖書館裏。

談到弘一的書法墨寶，不能不聯想起他的高足、音樂家劉質平。弘一與劉「名為師生，情同父子」。劉質平出身寒微，是叔同資助留學日本的。學成歸來，老師出家，直到逝世，二十四年間的生活費用，得到劉質平的供養。弘一的巨幅書法作品，都是劉在身邊侍奉完成的。因此，二十多年，在劉手中積品盈千。弘一圓寂（一九四二）之前，曾對劉說：「我入山以來，承你供養，從不間斷。我知你教書以來，沒有積蓄，這批字件，將來信佛居士們中，必有有緣人出資收藏，你可將此留作養老及子女留學費用。」但是，劉質平為了保存先師遺墨，前後六十年，從不離開。抗日戰爭時期，他在山中絕糧，後當小販糊口，都捨不得賣出一件。在敵機狂轟濫炸之後，劉質平的先母、先兄、亡兒三代棺木一具無存，但大師的墨寶卻未失去一件。抗戰勝利之後，劉質平為弘一舉辦書法展覽，孔祥熙託人出五百兩黃金為美國博物館收買大師《佛說阿彌陀經》一大堂，遭到拒絕。

「文化大革命」中，七十九歲的劉質平老人，為保護這批珍品，又進行了一場殊死鬥爭。筆者有幸，最近讀到質平向紅衛兵所寫的一份《認罪書》。名為「認罪」，實為一篇諍諍忠言，他冒着被批死、被打死的危險，向紅衛兵喊出：「生命事小，遺墨事大。我國有七億人口，死我一人，不過黃河一粒沙子，而這批遺墨是我國藝術至寶，歷代書法中逸品，若有損失，無法復原。」每一句話都凝結着對老師的真摯情誼，每一個字都閃發着中國智識份子保衛祖國文化遺產的高尚氣質。讀後催人淚下。

最後的兩次音樂活動

這裏，我還要介紹弘一出家後僅有的兩次音樂活動。

一次是在一九三一年間，劉質平偕同夏丏尊往訪弘一，飯罷清談，言及當世音樂中的靡靡之音，深惜大師入山太早，弘一也為之惋然。九月，弘一向劉質平出示《清涼歌集》手稿一冊，其中包括《清涼歌》、《山色歌》、《花香歌》、《世夢歌》、《觀心歌》五首，清詞麗語，恬靜淡遠。一九三六年由開明書店出版，深受國人喜愛。

再一次是在一九三七年間，廈門市舉行第一屆運動會，得知弘一住在南普陀寺，懇請他譜寫《會歌》，他當即作詞譜曲，《廈門市第一屆運動大會會歌》完成了，歌詞中有：「禾山蒼蒼，鷺水蕩蕩，國旗遍飄揚，健兒身手，各顯所長，大家圖自強。你看那外來敵多麼狓猖，請大家想想，切莫再徬徨！」在國難當頭的歲月裏，這實在是一首振奮民氣之歌。

據說中國人能作詞譜曲的，以叔同為第一人。早年他作的《祖國歌》，上小學的豐子愷和同學一起在老師帶領下，「舉着龍旗，吹喇叭，敲銅鼓，挺起喉嚨唱過」。為慶祝孫中山辛亥革命成功，叔同填寫過一曲《滿江紅》，上寫：「看從今一擔好河山，英雄造。」即便進入空門，弘一並未拋棄這「一擔好河山」。一次，豐子愷送給他一些僧裝用的粗布，看他用麻繩束襪子，又買些寬緊帶送去。他收下粗布，卻把寬緊帶退還說：「這是外國貨。」豐說：「這是國貨。我們已經能夠製造了。」他才接受。

弘一的最後的兩次音樂活動，與他一貫的愛國精神是一脈相承的。今天，我們紀念弘一法師，頌揚他為祖國文化所作的光輝貢獻，還要學習他的高風亮節，這也正是在他辭世三十七周年之後，對他最好的懷念。

（刊於一九八一年《新觀察》第三期）

一代藝術大師李叔同（弘一大師）

陳珍珍

弘一大師是在二十世紀初年即已蜚聲藝苑的巨匠大師。一九八〇年當大師百歲誕辰，曾由中國佛教圖書文物館舉辦大師書、畫、金石、音樂展覽。今年逢大師圓寂四十周年，謹就所知，將大師身世品德藝事業績，粗陳概略。

弘一大師（一八八〇——一九四二），原籍浙江平湖，世居天津，父親李筱樓是清同治進士，母親王氏有文化，能作詩詞。大師天資聰穎，自幼好學，五歲時父親去世，就跟他母親學誦詩詞，十歲開始閱讀經、史古籍，臨摹漢魏六朝各種碑帖，後又從趙幼梅、唐敬巖等學填詞及篆刻，頗受當時天津諸名家贊許。光緒二十四年（一八九八年）南下上海，肄業於傳授新知識的南洋公學，受到當時在該校執教的蔡元培的稱賞。大師一方面在校學習，一方面又和友人設「滬學會」於南市，按期講愛國、自立和衛生強身的道理，以開新風氣。同時還與書畫名家組織「上海書畫公會」，出刊書畫報；大師所作詩詞被評為全會第一。

光緒三十一年（一九〇五年）弘一大師東渡日本留學，臨行填「金縷曲」一詞留別祖國：

披髮佯狂走。莽中原、暮鴉啼徹，幾株衰柳。破碎河山誰收拾？零落西風依舊。便惹得、離人消瘦。行矣臨流重太息，說相思、刻骨雙紅豆。愁黯黯，濃於酒。

漾情不斷淞波溜。恨年來、絮飄萍泊，遮難回首！二十文章驚海內，畢竟空談何有！聽匣底、蒼龍怒吼。長夜淒風眠不得，度群生、那惜心肝剖！是祖國，忍孤負。

青年時代的李叔同先生就是懷着這樣慷慨激昂的愛國熱情，去尋求救國之道的。在日本，他畢業於東京上野美術學校，是我國留日學生入藝專的第一人。當時他還向日本畫師黑田清輝和村上音二郎學美術、音樂，對演奏鋼琴曾刻苦用功。後來又從日本戲劇家藤澤淺二郎研究戲劇，並於一九〇六年和同學曾孝谷等在東京組織「春柳劇社」，開創話劇活動，時值祖國淮河流域發生水災，他立即和春柳劇社同人發起賑災游藝會，在東京孟瑪德劇場公演世界名劇《茶花女》。大師自飾女主角瑪格麗特，將上演收入匯回祖國助賑。又在東京本鄉座劇場公演《黑奴籲天錄》，飾女角愛美柳夫人。這是他和曾孝谷根據十八世紀美國女作家斯托夫人的小說《湯姆叔叔的小屋》中動人的故事情節改編的。那時正值美國殘酷虐待華工，迫害華僑，並強迫清政府簽訂條約，承認他們這種行為合法。《黑奴籲天錄》的演出就是藉此予以揭露。

一九一〇年回國，任教於天津高等工業學校，越二年，到上海任教城東女學。大師一到上海就參加柳亞子主持的「南社」，從事文藝活動，與南社同人組織「文美會」，主編《文美雜誌》；同時兼任《太平洋報》副刊編輯。後來《太平洋報》停刊，他轉到杭州任浙江省立第一師範學校圖畫、音樂教師，並兼任南京高等師範學校教授，與馬敘倫、夏丏尊、經亨頤諸先生同事。豐子愷、劉質平、曹聚仁，則都是他在浙江一師時的親炙學生。

一九一八年夏季，這位早年滿懷報國熱忱，如今在諸多藝術領域正大展才華，在家庭生活方面，自十八歲與俞氏夫人結婚後已有了兩個兒子（李準、李端）的李叔同教授，由於宗教信念的滋長發展，竟決心投向佛門，到杭州西湖虎跑定慧寺剃度出家，法名演音，號弘一。由此開始了經鉢飄零的苦行生活，潛心鑽研佛學。

李叔同先生的棄教育與藝術而皈依佛門，在當時引起社會上的種種議論，令人惋惜，也使人難以索解。據大師說，他的出家是得到和他同事七年、朝夕相處的摯友夏丏尊先生的「助緣」的。有一次，一位社會名人來校講演，志行高潔、憎厭權貴的李先生不願去捧場，遂邀夏先生同到錢塘門景春園品茶。他們閑聊時，一僧迎面走來，夏先生很稱贊這位僧伽的風度，李先生聽了頻頻點頭，飄然動出世之想。後來他說，這是他出家的遠因。而近因，則是另一次，夏先生在一本日本出版的雜誌上，見到一篇關於「斷食」的文章，說自古宗教偉人如釋迦佛、耶穌都曾斷過食，斷食能使人除舊換新、改惡從善，產生偉大的精神力量，也能治愈神經衰弱云云。夏先生將文章推薦給李先生，李先生第二年寒假就獨自到虎跑寺試行斷食。適逢他的老友馬一浮先生介紹一位彭先生到寺中休養，而彭先生於正月初八在寺中剃度出家。李先生為此大受感動，回校後即茹素念佛，並對夏先生說：「目下暫不出家以居士資格修行，在虎跑寺寄住，暑假後不再任教師職位。」夏先生聽後很不以為然，故意激他說：「這樣做居士究竟不徹底，索性做了和尚倒爽快。」豈知那年暑假李先生果然到虎跑寺出了家。後來大師說：「我的出家是得夏居士的助緣，此恩一生難忘。」這在佛教中稱為「增上緣」。而夏先生卻為此而深感負疚。然而，從李叔同先生的生平遭際中，我們卻不難發現他之所以走上奉佛的道路，是有着更為深遠的家庭、社會和思想根源的。大師的生母一生很苦，篤信佛教，他的侄媳青年居孀，即以誦經為精神寄託，大師七八歲即隨侄媳誦經，他的乳母也常以佛教的因果故事對他進行教育，孩提時代耳濡目染的佛化教育，應該說是種下了他中年出家奉佛的內因。弘一大師出身於官商之家，歐陽予倩先生在《春柳社的開場》一文中說：「他名下有三十萬元以上的財產，以後天津鹽商大失敗的那一次，他哥哥完全破產，他的一份也完了。」盡管「他破了產也從來沒有和朋友談過」，但是，可以推想，這難免使他產生世事無常的思想的。更重要的是，弘一大師早年深為辛亥革命所鼓舞，認為救國願望即將順利實現，但事實卻是內則軍閥加劇交哄，戰亂頻仍，外則列強依舊環伺，危機日迫，革命帶來的希望變成泡影，熱忱轉為幻滅的苦痛。這應該是處於「五四」運動前夕不免陷入惶惑中的叔同先生，所以要走奉佛道路的外因。

一九二八年，弘一大師欲赴暹羅宏法，途經廈門，受到陳敬賢先生（陳嘉庚胞弟）熱情招待，又受到閩南高僧性願法師的禮遇。在他們的勸請下，他打消了赴暹之念，從此長住泉、廈、漳地區。

大師出家為僧後仍很關心國事。抗日戰爭時期，他手寫題辭「念佛不忘救國，救國必須念佛」，並加「佛者，覺也。覺了真理，乃能誓捨身命，犧牲一切，勇猛精進，救護國家。是故救國必須念佛」跋語的條幅多幀，分贈閩南各寺並送向他求書法者。他還說：「為護法故，不怕炮彈。倘值變亂，願以身殉。古人詩云：『莫嫌老圃秋容淡，猶有黃花晚節香。』吾人一生晚節最為要緊……。」（復豐子愷信）以表明他是多麽重視民族氣節的操守。

弘一大師的老朋友柳亞子先生祝他六十壽辰時，曾贈以五絕二首：

君禮釋迦佛，我拜馬克思。大雄大無畏，救世心無歧。

（其一）

閉關謝塵網，我意嫌消極。願持鐵禪杖，打殺賣國賊。

（其二）

弘一大師將賦詩明志的《紅菊》作為對柳亞子先生的回答：

亭亭菊一枝，高標矗晚節，云何色殷紅，殉教應流血。

他用詩句表明，自己的愛國熱情強烈如昔。

他在泉州還倡議重修晚唐詩人韓偓墓，並委託他的學生高文顯纂寫韓偓傳記。他所以對韓偓如此關心，是因為經考證韓偓並非《香奩集》的作者，而是一位具有愛國憂時的節操的詩人。

當時，豐子愷先生曾由桂林來函，邀弘一大師到內地以避戰亂，他回信辭謝說：「朽人年來老態日增，不久即將往生極樂。……猶如夕陽，殷紅絢彩，隨即西沉。吾生亦爾，世壽將盡，聊作最後之紀念耳……」這幾句話放達、風趣，毫無老去頹傷氣味。他曾對夏丏尊先生說過，他從小就喜歡李商隱「天意憐芳草，人間愛晚晴」的詩句。他用「晚晴」為山房命名，晚年自號「晚晴老人」。「猶如夕陽，殷紅絢彩」不就是「晚晴」二字的極好寫照嗎？

一代藝術大師李叔同先生弘一大師一九四二年農曆九月初四日晚八時圓寂於福建泉州，終年六十三歲。臨終前書「悲欣交集」四字，並預寫致夏丏尊先生、劉質平先生等遺書。其遺體火化後，檢得一千八百多顆舍利，後將其舍利及骨灰分為兩部份，一半供養在泉州彌陀巖，一半供養在杭州虎跑寺。兩處均各建寶塔瘞藏。

弘一大師雖因中年皈依佛門，未能在藝術上繼續精進，但是就他已經取得的藝術成就而言，已是超群絕倫、足資紀念的了。

豐子愷先生在《為青年說弘一法師》一文中說：「西洋文藝評論家評論德國的歌劇大家華葛納爾（Wagner）有這樣的話：『阿普洛（Appolo文藝之神）右手持文才，左手持樂才，分贈給世間的文學家和音樂家。華葛納爾卻兼得了他兩手的贈物』，意思是說華葛納爾能作曲，又能作歌，所以做了歌劇大家。拿這句話批評我們的李先生，實在還不夠用。李先生不但能作曲，能作歌，又能作畫，作文，吟詩，填詞，寫字，治金石，演劇。他對於藝術，差不多全般皆能。而且每種都很出色。」叔同先生的確堪稱為一位全能的藝術大師。下面分別介紹大師在各個藝術領域的成就。

一、詩詞：辛亥革命前後，大師寫過好多憂時憤世、慷慨悲歌的詩詞。光緒二十六年二十歲時就寫過這樣的詩：

世界魚龍混，天心何不平？豈因時事感，偏作怒號聲。燭燼難尋夢，春寒況五更。馬嘶殘月墜，金鼓萬軍營。

其詩正如弘一大師自己所說：「言屬心聲，乃多哀怨。」他由日本歸國之次年正值辛亥革命，他曾填「滿江紅」一詞以志感：

皎皎崑崙，山頂月、有人長嘯。看囊底、寶刀如雪，恩仇多少。雙手裂開鼷鼠膽，寸金鑄出民權腦。算此生、不負是男兒，頭顱好。

荊軻墓，咸陽道。聶政死，尸骸暴。盡大江東去，餘情還繞。魂魄化成精衛鳥，血花濺作紅心草。看從今、一擔好山河，英雄造。

這詞與上文引述的「金縷曲」等作品，都飽含愛國激情。洋溢着蘇辛豪氣。而當年的叔同先生又有一些詩作寫得悱惻纏綿、哀怨動人，如：

風風雨雨憶前塵，悔煞歡腸色相因。十日黃花愁見影，一彎眉月懶窺人。冰蠶絲盡心先死，故國天寒夢不春。眼界大千皆淚海，為誰惆悵為誰顰？（《七夕感懷》）

莽莽風塵窣地遮，亂頭粗服走天涯。樽前絲竹銷魂曲，眼底歡嬉薄命花。濁世半生人漸老，中原一髮日西斜。只今多少興亡感，不獨隋堤有暮鴉！（《二月望日歌筵賦此疊韻》）

大師的詩詞歌賦，不管是慷慨激昂或纏綿悱惻，卻無不蘊蓄着深厚寄意和充溢着強烈的激情。因而「二十文章驚海內」，弱冠年華即譽滿詩壇。

二、書法：大師的書法，蒼古挺秀，獨具一格。他自少就臨摹各種法帖，打下堅實基礎，後來對於先秦的鼎彝銘文、漢魏六朝造像、墓誌等古書法，無不致力研習，博採衆長，用之毫端；而於張猛龍、天發神讖、龍門二十品諸碑尤為得力。早年所作蒼勁渾樸，古趣盎然；為僧後一變為斂神藏鋒，體現一種沖淡靜遠的意境。他在教人學書法時說，須先由篆書下手，次及隸書，然後入楷，楷字有成，再學行草；又說寫字尤重布置格局。他晚年曾這樣評述自己的書法心得：「朽人於寫字時，皆依西洋畫圖案之原則，竭力配置調和全紙面之形狀。……故朽人所寫之字，應作一張圖案觀之則可矣。」他又着重指出：「無論寫字刻印等，皆足以表示作者之性格。朽人之字所示者：平淡、恬靜、沖逸之致也。」

當代文人都對大師的書法給予高度評價，這裏舉幾位大師的知交摯友的品評為例。夏丏尊先生說：「他平居雞鳴即起，臨寫古代金石鐘鼎，過眼便能神似。而最得力的就是漢魏的造像、墓誌，以及秦篆、泰山刻石等。至於古代的文字如石鼓文及《天發神讖碑》等，都是造詣至於絕頂的，所以他的書法，早年於海外已能使洛陽紙貴了。」馬敘倫先生說他「臨摹周秦兩漢金石文字，無不精似」。他的老同學黃炎培先生說：「他剛二十一、二歲。書、畫、篆刻、詩歌、音樂都有過人的天資和素養。他獨居一室，四壁都是書畫，同學們很樂意和他親近。」他的老友馬一浮先生說：「大師書法，得力於《張猛龍碑》，晚歲離塵，刊落鋒穎，乃一味恬靜，在書家當為逸品。嘗謂華亭（董其昌）於書頗得禪悅，如讀王右丞詩。今觀大師書，精嚴淨妙，乃似宣律師文字。蓋大師深究律學，於南山（唐道宣）、靈芝（宋元照）撰述，皆有闡明。內分之力，自然流露，非具眼者未足以知之也。」葉聖陶先生所寫的《弘一法師的書法》說：「弘一大師對於書法是用過苦功的。……各體的碑刻他都臨摹，寫什麼像什麼。這大概因為他弄過西洋畫的緣故。西洋畫的基本練習是木炭素描，一條線條，一筆烘託，都得和擺在面前的實物不差分毫。……藝術的事情，大都始於摹仿而終於獨創。不摹仿打不起根基。摹仿一輩子，就沒有了自我，只好永久追隨人家的腳後跟。但是不必着急，用真誠的態度去摹仿的，自然而然會遇到蛻化的一天。從摹仿中蛻化出來，藝術就得到了新的生命。不傍門戶，不落窠臼，就是所謂獨創了，弘一大師近幾年來的書法，可以說已經到了這個地步。……我不懂書法，然而極喜歡他的字。若問我他的字為什麼教我喜歡？我只能直覺地回答：因為它蘊藉有味。……毫不矜才使氣，意境含蓄在筆墨之外，所以越看越有味。」這些話，對大師的書法都是探賾鈎玄的評價。

大師為僧後對藝術活動大都放棄，唯對書法一門仍然繼續鑽研，還經常作字送人。墨寶流傳下來的，除私人所藏，有早年由上海開明書店影印出版的《李息翁臨古法書》，一九五六年由僑居菲律濱的閩南籍性願法師影印的《晚晴山房書簡》；大師逝世二十周年，復由畫家豐子愷、錢君匋二先生編輯影印了《弘一大師遺墨》。

三、繪畫：弘一大師留學日本時入東京美術學校習西洋畫，得到他的老師黑田清輝的欣賞，他的老友內山完造也稱贊說：「直到今日為止，油畫的造詣尚無出他之右者。」他不但工油畫，也擅長水彩畫和圖案。畫風接近於印象派，而兼有寫實派之長。他的畫吸收融匯了西洋畫注重造型、解剖、透視的特點，也繼承了我國民族藝術長於抒情、形神兼備的優良傳統，筆觸老練，結構嚴謹。在日本就已在美術雜誌上發表過。他回國後任《太平洋報》副刊編輯，每期圖案都出自他的手筆。為僧時曾將所繪的油畫、木炭畫等作品都贈送當時的北平美專，後來被該校全部遺失，至為可惜。

大師繪畫作品傳世的很少，筆者見過四幅。一是木炭畫，畫面是一個少女的頭像，這是他開蒙作品。一是水彩畫，畫面為一株山茶花，下題：「回闌欲轉，低弄雙翹紅暈淺。記得兒家，記得山茶一樹花。」下署：「乙巳冬夜，息霜寫於日京小迷樓。」一是油畫，畫面是一個少婦浴後，袒胸露乳，充分體現了西洋畫的造型美。一是為《白陽》刊物所繪的封面圖案。這正好代表四種不同的畫法，雖着墨不多，但含意深沉，筆力剛勁，線條渾圓，有深邃的意境。

四、金石：大師二十一歲就刊行了《李廬印譜》，他治印是規橅秦漢古法，精研鑄鑿軌範，而出之以沖淡質樸，表達意境高遠。他出家時曾將生平所鐫及友生贈送的印章，全部送給西泠印社封存石壁中。現在這批印章已取出陳列，並裝裱了四幅印譜，以供中外藝術家及游客觀摩鑒賞。他在《李廬印譜序》中論述他對治印這門藝術的心得說：「……清代金石諸家，搜輯探討，突駕前賢，旁及篆刻，遂可法尚。丁、黃倡始，奚、蔣繼聲，異軍特起，其章法焉。蓋規秦橅漢，取益臨池。氣采為尚，形質次之。而古法蓄積，顯見之於揮灑，與論之於刻劃。殊路同歸，義固然也。……」認為書法是刀法的基礎。鐫刻是為寫字的生發，即使是「規秦橅漢」作古璽印，也須取法臨池，篆刻家必須先是書法家。大師治印的功夫正是書法進一步的體現。

五、音樂：大師留學日本時，學繪畫外還潛心研究音樂。據他自己說：「一生研究藝術以書法、音樂二門最用力。」他在日本學彈奏鋼琴時，因手指間距離太短，在琴鍵上有時感到不能揮動自如，便施手術把指膜割開。他在光緒末年時就創辦《音樂小雜誌》，在日本印刷，寄到上海來發行。他為這本雜誌作序陳述出刊旨趣說：「……歐美風靡，亞東景從。蓋琢磨道德，促社會之健全；陶冶性情，感精神之粹美。效用之力，寧有極矣！……」

三十年代上海開明書店出版的《中文名歌五十曲》中《送別》、《春游》等曲即為大師的作品。電影《早春二月》裏，芙蓉鎮中學堂的音樂課所傳出悠揚悅耳的歌聲，就是大師的作品《送別》。在「五四」運動前後，全國都盛行李叔同作的樂曲。一九七九年「五四」運動六十周年，電視熒光屏上曾播出他留日時穿西裝革履的照片和《送別》這首歌曲，以表彰他在「五四」運動前就介紹引進西洋藝術來祖國的功績。那時，確起到「懦夫喪魄而不前，壯士奮袂以興起。……聲音之道，感人深矣」（《音樂小雜誌序》）的作用。

大師出家後還應其學生劉質平先生之請，再作《清涼歌集》一冊，於一九三六年由上海開明書店出版。當時江、浙一帶大、中學均用為音樂教材。夏丏尊先生為之作序說：「……嘗為余言：平生於音樂用力最苦，蓋樂律與演奏皆非長期煉修無由適度，不若他種藝事之可憑藉天才也。和尚先後在杭州、南京以樂施教者凡十年，迄今全國為音樂教師者十九皆其薪傳。所製一曲、一歌風行海內，推為名作……」名作家郁達夫一九三七年曾到廈門鼓浪嶼拜訪大師於日光巖，賦七律一首贈大師：「不似西泠遇駱丞，南來有意訪高僧。遠公說法無多語，六祖傳真只一燈。學士清平彈別調，道宗宏議薄飛升。中年亦具逃禪意，兩事何周割未能！」詩中所表達郁達夫的思想感情，這裏暫置而不論，至於對大師奉佛持律的神態意境卻寫得很生動逼真，雖然還能「彈別調」（指《清涼歌集》）有所貢獻，但畢竟「只一燈」「無多語」，這是何等完美的「涅槃」境界啊！

六、戲劇：大師在戲劇藝術上的造詣也是高超特出使人驚異的。他少時游京、津，即和劇壇上名藝人金娃娃、楊翠喜相往還。光緒二十七年（一九〇一年）曾在上海登臺演過京劇，《八蜡廟》中飾褚彪。後留學日本即從日本戲劇家藤澤淺二郎研習話劇，並與同學曾孝谷發起組織「春柳劇社」，這是中國首創的話劇團，在日本樂座上先後演過西洋名著《茶花女》、《黑奴籲天錄》以及《新蝶夢》、《血蓑衣》、《生相憐》等劇。他無論飾什麼角色都演得很成功，充分刻劃出劇中人物的內心世界，給觀眾以深切的感染。當時曾轟動了日本戲劇界，並得到很高的評價。如戲劇評論家松居松翁在《芝居雜誌》上（按日語芝居即戲劇），發表文章稱贊說：「中國的俳優，使我佩服的，便是李叔同君，他在日本時，雖然只是一位留學生，但他所組織的春柳劇團在樂座上演《椿姬》（茶花女）一劇，實在非常好。不，與其說是這個劇團好，寧可說是這位飾『椿姬』的李君演得非常好。……李君的優美婉麗，決非日本的俳優所能比擬。我當時看過以後，不覺感到十分地興奮，竟跑到後臺去和李君握手為禮了。」後來，松居松翁在給我國文學家孟憶菊先生的信中說：「……李叔同確是在中國放了新劇最初的烽火，但他現在卻皈依佛門，棲隱於杭州湖畔，謝絕塵俗，倘使自《椿姬》以來，李君仍在努力這種藝術，那末豈讓梅蘭芳、尚小雲輩馳名中國戲劇界……」

歐陽予倩先生在他的《自我演戲以來》一文中也回憶：「老實說，那時候對於藝術有見解的，只有息霜。……他對於戲劇很熱心，往往在畫面裏找材料，很注意動作的姿式，他有好些頭套和衣服，一個人在房裏打扮起來照鏡子，自己當模特兒供自己研究。得了結果，設法到臺上去演。……」當年他飾愛美柳夫人和茶花女時，就是這樣嚴肅、認真、一絲不苟，不僅使他自己獲得聲譽，也為話劇擔當了開路先鋒，這是值得追思的。

大師是這樣一位全才兼擅的藝術家，卻沒有一點浪漫氣息，他經常告誡學生們說：「士先器識而後文藝。」「應使文藝以人傳，不可人以文藝傳。」他一生很重視這一點，因此受他教過的學生都尊稱他「人格導師」。他在學校裏教的是圖畫和音樂，以前這二科是學生視為可有可無、可學可不學的課程，自大師任教後，卻幾乎把全校學生的注意力都吸引過去。當時學校裏只要提起他的名字，全校沒有人不肅然起敬的。叔同先生不但是誨人不倦的良師，而且是善於鑒識人才的「伯樂」，子愷先生成為名畫家，正是經他發現，啟迪誘導而成功的。因此，子愷先生一生中始終不渝地對這位老師尊崇、景仰。一九四八年特來泉州憑弔大師故居，坐在大師生前的臥床上攝影留念，並手繪一幅站在大師手植楊柳樹下的自畫像，寫上「今日我來師已去，摩挲楊柳立多時」的題辭。大師出家後所有費用，都是他的得意門生劉質平、豐子愷等醵資供養的。師生情誼深厚如此，堪為今日提倡尊師愛生的楷模。

此外還要說的是，大師於一九一八年出家為僧，一九四二年圓寂，這二十四年間，對佛教也作出巨大貢獻。當時他鑒於佛門戒律鬆弛，故而致力研究律宗。他振興湮沒七百餘年的「南山律宗」，先後編著許多有關律學典籍文獻，總稱為《南山律苑叢書》。其中以《四分律比丘戒相表記》一書最為精辟，用去七年時間才完稿。被稱為宋靈芝律師以後第一巨著。在中國佛教史上被尊為「重興南山律宗的一代高僧」。

大師出家二十四年中，有十四年是在閩南度過的。初與當時住廈門南普陀寺的性願法師交誼最深，後來性願法師赴菲律濱宏揚佛法，在菲興建寺院，創辦學校，讓華僑子弟接受祖國文化教育。繼又與廣洽法師最相契，廣洽法師僑居新加坡，曾集資出版弘一大師的部分作品，內有弘一大師題辭、豐子愷先生作畫的《護生畫集》六冊，圖文並茂，深受人們的喜愛。

一九二九年大師由廈門赴溫州，取途福州，偶游鼓山湧泉寺，發現一部古刻本《華嚴疏論纂要》。這個版本在日本的《大正大藏經》裏也沒有收入。大師主持翻印二十五部，以十二部連同《四分律比丘戒相表記》三十帙，託內山完造先生代為轉送給日本著名寺院和大學。他也向日本購來萬餘卷古版佛教書籍，內有日僧圓仁的《入唐求法請來錄》等，他都親自加以整理，編成《佛學叢刊》第一輯，由世界書局出版，發揚了鑒真大師的道統，為中日文化交流作出了貢獻。

弘一大師臨終前的遺書中曾附兩首偈語：

君子之交，其淡如水。執象而求，咫尺千里。
問余何適，廓爾亡言。華枝春滿，天心月圓。

大師臨終寫下這兩首偈語，葉聖陶先生解釋得最妥貼：「……第二首的後兩句是『華枝春滿，天心月圓』。依我的看法，這是描繪他的生活，說明他的生活的體驗：他入世一場，經歷種種，修習種種，到他臨命終時，正當『春滿』『月圓』的時候，這自然是『好好的死』。但是『好好的死』源於『好好的活』。他臨終前又寫了『悲欣交集』四字，我以為這個『欣』字該作如下解釋：一輩子『好好的活』了，到如今『好好的死』了，歡喜滿足，了無缺憾。無論信教不信教，只要是認真生活的人，誰不希望他的生活達到『春滿』『月圓』的境界？而弘一法師真的達到這種境界了。他的可敬可佩，依我不參佛法的人說，就在於此。」葉老一九六三年十月蒞泉州，參觀開元寺弘一大師紀念館，曾賦五絕詩一首，以志追思：

華枝春滿候，天心月圓時。於此證功德，人間念法師。

當時大師已圓寂二十一年了，人們還是這樣懷念他。

筆者在中學時代有幸兩次拜謁過大師，承不以稚魯見棄，諄諄以勤奮、習勞、好學三者勖勉，四十餘年來，不敢一日或忘，嘗自廁於私淑弟子之列。·

今年農曆九月初四日，是大師圓寂四十周年，謹賦七律一章，聊申追思，作為本文的結語：

南國傳燈樹律儀，三衣一鉢仰宗師。登場示相茶花女，
面壁虔宣貝葉詞。幸有藝林遺世澤，恨無擒藻瀉哀思。
從知遍界心光在，休向空山覓紫芝。

一九八二年於福建泉州

（刊於一九八二年《社會科學戰線》第三期總十九期）

附詞一闋　陳珍珍

調寄《雲仙引》並序

丁卯仲夏，余旅星洲訪問，得以拜謁諸山長老，承諸長老厚愛，俱設席宴請，因緣殊勝，幸何如之。余在溫陵曾與圓拙法師及沈繼生、陳泗東、王連茂諸居士議及欲為弘一大師出版全集。蓋大師晚歲卓錫泉南，圓寂於溫陵，迄今已垂四十五周年。緇素弟子數度發起編纂大師全集，均因經濟無着而中止。茲者得北京趙樸初居士、林子青居士大力支持，因緣成熟，乃籲請諸大德鼎力贊助，遂得廣洽、妙燈、廣淨諸法師及李光前夫人陳愛禮居士等熱烈響應，率先捐助巨資。繼得美國夢參、妙因二法師及香港元果法師捐贈籌備費等；復得菲律濱瑞今長老暨傳貫、自立、唯慈、道津諸法師熱心籌資助印，衆緣成就，得以完成刊印壹仟部之願。諸公盛德，曷其有極！用特不計工拙，填「雲仙引」一詞志感，並向諸大德謹致謝忱！

一葦凌波，傳燈異域，毗尼淨化心田。懷先哲，慕前賢。追思晚晴風範，千載南山傷寂然。宣祖芳規，律儀重振，砥柱擎天。

長空縹緲雲煙。慨遺著塵封年復年。「廓爾亡言，華枝春滿。」殊勝因緣。鄉關一呼，諸公景從，付梓韋編奕世傳。中興墜緒，厥功奚偉，法雨綿綿。

對弘一法師「叵」字的析疑

張人希

我在《弘一法師的篆刻藝術》（發表於《書法》一九七九年第六期）一文中，曾引葉聖陶先生的通信說：「第三行『假立叵名』的『叵』字不識。」當時我揣測為「頤」字的原字。拙文發表以後，引起頗多學術界的前輩注意，紛紛寫信與《書法》編者，提出他們的寶貴意見。《書法》編輯部即於一九八〇年第三期「讀者·

作者・編者」欄中發表《對「㔾」字的幾種解釋》。摘錄部分同志來信中的意見，如老作家俞平伯先生認為「㔾」字，即「宧」字之省文。盛虹之同志，為此曾特地走訪弘一法師生前友人徐映樸先生，他認為這個字與「頤」字同音，但不是「頔」字之原字。《弘一法師年譜》編者林子青同志，認為「㔾」字乃「亞」字之省文，「亞者，次也；『亞名』即次名」。子青同志在編年譜時，即注為「亞」字，他說：「當時引用時，原收藏者夏丏尊先生尚健在，他並沒有異議。」

所提的這些寶貴意見，可說是眾議紛紜，但在我的腦海裏始終還是打個問號，當時我比較傾向俞說，因為「宧」字出自《爾雅》，室東北隅謂之「宧」，後人經常用為書齋命名。

一九八〇年，林子青同志因籌辦弘一法師誕生一百周年展來廈，我們又談起這個「㔾」字的問題，他認為如果是「宧」字，為什麼所發表的這五方印，沒有一方是書齋印？而全是別號？他這個意見，極有說服力，那俞老的意見，我就排除了。可是「亞」字我也不能苟同，究竟這是什麼字，我總想把它弄清楚。我想，弘一法師一生的言行，是極其嚴謹的，他絕對不會沒有根據而亂用字。後來，我找了不少參考資料，自己提出許多疑問，好比說：「頤印」、「㔾印」、「亞印」，這些名詞，印話中從未曾發現，讀了也很不通順，我就把印的名稱從古至今一一彙集起來，進行推敲。後來我想到古印中有「私印」這個名稱，那麼是不是「私」字之省文？《說文》「厶」字的注釋為：韓非曰：「蒼頡作字，自營為厶，凡厶之屬，皆從厶」，肯定了「厶」字是「私」字的古字。我又進一步向秦漢印鉨找根據，果然發現《匋齋印存》中所收的好幾方古印「私鉨」，把私字篆文刻為「㔾」字或「㔿」，有的向左，有的向右。後來又查閱上海書畫出版社出版的《現代篆刻選輯》第二期選印的來楚生先生的篆刻「楚生私鉨」，其中的私字，篆文就是「㔾」。根據這些資料，我肯定弘一法師所寫的「㔾」字，就是「私」字。「假立私名，以及別字」。讀起來很通順。我認為這一「㔾」字，是弘一法師按古篆造型之楷寫者，故任何辭書，都找不出根據。我這麼假設，自認不致謬誤。為了弄清這個字，我是花了一些時間，現在初步肯定它，心中實在有說不出的高興。

我把初步的推測，寫信請教俞平伯前輩。他非常高興，馬上回信，說「書中談及弘一的『㔾』字，決非『亞』之簡筆，因缺了左邊。鄙說為『宧』之省，即去『宀』字作『㔾』，中間尚少一豎，且所刻並無書齋名，此駁有理。既自漢以來，篆刻文字相同，則為『私』字無疑。自營為私，固四面不通風也，『私名別字』文理通順，洵如尊言。擬即告聖翁（即葉聖陶）知之，他亦必欣然。」

現在我選兩方漢印附於文中，來證實鄙見，如有錯處，尚希通人教正。

（刊於一九八二年《書法》第一期）

一代高僧弘一法師

沈本千

弘一法師生平事略

弘一法師俗姓李。幼名文濤，又名廣侯。生於天津。其世系出於浙江平湖。先世鹽商，寄籍天津。父名李筱樓，為清進士，曾官於吏部，晚年亦耽禪悅。父死時，師僅五歲。及長，曾往隨北方名士嚴範孫、趙幼梅、唐敬巖、王仁安游，因之詩、文、書、畫、篆刻等造詣均深。時在清末，國政腐敗，師亦主張變法圖強，挽救中國。戊戌政變失敗後，有人指其為康、梁同黨，天津不能留，奉母南遷上海，與上海名士許幻園、袁希濂等游。法師名字很多，入南洋公學肄業時，更名成蹊、廣平，字漱筒、瘦桐。喪母後，改名哀，字哀公，又名息霜。南洋畢業後，留學日本，又名岸，號叔同，又號息翁。民國五年試驗斷食後，改名欣，字俶同，號欣欣道人，旋又名嬰。出家後法名演音，號弘一。別號尚多，可考者凡七十餘。

法師東渡留學時，入上野美術學校專攻美術。中國出國研究美術的，以法師為第一人。其時除繪畫與音樂外，又頗愛好研究戲劇，與友好組織「春柳社」，親飾旦角上演名劇《茶花女》，名動東京。春柳社後遷回中國，遂為中國新劇之導源。

一九一〇年（宣統二年）法師學成回國，初執教鞭於天津工業學校，並參加「南社」，與柳亞子等詩人相酬唱。（前西湖孤山馮小青墓旁尚有柳亞子詩、李息書的石碑，即師所書。）民元以後，曾任《太平洋報》副刊畫報主編，鼓吹革命。不數月《太平洋報》停刊，始由杭州兩級師範學校經亨頤校長聘請來杭任圖畫、音樂教師，遂與夏丏尊、姜丹書二先生成莫逆交。大師對中國文學及各項藝術均有很深造詣，為全校師生所欽佩。任教後，由於他的倡導，形成了濃厚的藝術風氣。除了課堂教學外，又有專研繪畫、音樂、篆刻、戲劇等組織，都是師生合組，由法師任指導。這種風氣，一直經過法師出家，再延續到學校結束。當時繪畫方面的學生有豐子愷、潘天壽，音樂方面的學生有劉質平、吳夢非等，這是為大家所知道的。其他不甚知名的，與出國求學和工作而未曾返國的，更有多人。

法師任教期間，教學認真，督促嚴格，而態度和藹，同學莫不尊而敬之，畏而愛之。平時他很少言語，常默然沉思。當時內政蜩螗，世事紛繁，使他多有感觸。

一九一六年的寒假，他為受了道書的影響，到大慈山試驗斷食三星期。雖仍返校執教，但似又有所悟，一意研究釋典。當時馬一浮先生就是他探索禪理的顧問。此後他所用衣物，由奢華一變為樸素，並以書籍、畫具等分贈友人和學生，身外之物，逐漸散去，最後室內僅留一佛一爐。終於一九一八年暑假披剃入山，皈依虎跑寺了悟上人。他離校後，經校長為恐學生受其影響，曾召集全體同學講話，以「李先生事誠可敬，行不可法」為辭，告誡學生。但以後學生中還有陳恭在天台報國寺出家、周賀章在杭州彌陀寺出家的事發生，豐子愷雖未出家，也曾皈依佛門，長期茹素。

法師出家後，靜修律宗，一心苦行，平時常芒鞋破衲，作宏法雲游。每到叢林，閉關修訂律宗經典著作。初到溫州駐錫較久，後又入閩南，周游名山叢林，雖身有病痛，亦負疾而行，持戒極嚴。除律宗外，尚兼涉其他經典，且闡發精義至詳，為佛門所服膺。其著述且遠傳日本與東南亞各國。

一九四二年十月十三日即農曆九月初四日，法師在福建泉州溫陵養老院圓寂，享世壽六十三歲。國內佛教徒及舊時友好生徒，莫不痛悼。大師圓寂後，我尚離亂中山居，曾接到幼年同學朱大炎老友寄來一首悼大師的詩：「絕代才華絕代姿，一生身世一篇詩。朱門年少空門老，藝術宗師禪法師。」

法師待人以誠，對己很嚴。出家以前和出家以後始終一貫。法師相知最深的學生豐子愷曾說：「弘一法師是我的老師，又是我平生最崇拜的人。」又說：「弘一法師由翩翩公子一變而為留學生，又變而為教師，三變而為道人（指斷食），四變而為和尚，每做一種人，都十分認真。」這是說他做每一種人，總是以最高要求來要求自己的。所以他從事學術成了多才多藝的藝術家；從事教育，也是以身作則，循循善誘的教育家；做了和尚，又是苦志修行的高僧。因此許多人會受到他的人格感召而思念他。有人推崇他為近代第一高僧，這「高僧」二字，在弘一法師是當之無愧的。古今來有學問、有才華的僧人不少，但大多只能稱「名僧」，能如弘一大師那樣一入空門，始終苦行修道，闡述律典，更能身體力行，堅持戒律，是不多的。

弘一法師的原籍，本是浙江，杭州是他任教職最久的地方。他圓寂後，豐子愷和葉聖陶、錢君匋、章錫琛、蔡吉堂、黃鳴祥等發願將他的部分靈骨，醵資築塔於虎跑。法師生前法友新加坡佛教總會副主席廣洽法師助淨款襄其成，並由廣洽法師另籌每年掃塔費用，推豐子愷經營。經過「文革」十年動亂，塔傾碑碎，掃祭中斷；亂後由國家計劃修復，經杭州園管局趕修一新。一九八〇年十月為紀念法師誕生百周年及逝世三十八周年，在塔前舉行亂後第一次掃塔儀式。惜豐子愷先生已於一九七五年逝世。由豐一吟繼承父志，主持其事。滬杭藝術家及法師生前學友生徒，聞訊自動到山參加的六十餘人，由我作了法師的生平事迹介紹，並由省文聯副主席黃源致辭。禮畢後，到場同人合唱法師生前所作《送別歌》，聲徹山林，亦見大師感人之深。我為紀念法師，曾作了一幅《弘法雲游圖》，現存浙江省文史研究館。

同年十二月二十八日浙江省文藝界又為紀念法師百周誕辰，在文化會堂聯合召開了一次座談會，對法師的藝術修養與藝術教育的貢獻，作進一步研究，發揚而光大之。大家都感到如果弘一法師處在今天的社會裏，決不會只想從佛門的道路上為「渡人濟世」去下苦功，憑他的藝術才華，卓絕的修養信念，必然是一個偉大的藝術教育家。在這次紀念大師誕辰百周年時，又得到北京中國佛教協會趙樸初先生寄來偈贊一首云：

深悲早現茶花女，勝念終成苦行僧。無盡奇珍供世眼，一輪圓月耀天心。

虎跑向法師求教記略

我童年時，先後從故鄉老畫師學國畫，進了浙江第一師範學校（兩級師範於一九一三年改為第一師範）以後，由於同學豐仁（子愷）、葉天瑞（天底）二人的鼓勵，參加了校中的「桐蔭畫會」，學西畫習寫生。當時我雖尚無寫生經驗，但對寫生卻極感興趣；同時又不忍捨棄國畫，以為既學了國畫就不應學寫生，這個「魚與熊掌是否不可兼得」的問題，常挂心頭不能解決。葉天底知道了我的問題，自告奮勇願意陪我上虎跑請教老師父。老師父者，即「桐蔭畫會」導師李叔同先生，亦即不久前虎跑出家的弘一法師。我們決定行期後，卻又聽到校中人傳說，李先生出家後，已戒絕聲色之好，再不弄音樂、不談國畫了。這又使我產生了重重顧慮。臨行前夕，理了髮，洗了浴，還換上了潔淨的襯衫褲。因葉天底曾對我說：「李先生已是得道高僧，去見他必須齋戒沐浴。」我看葉天底自己也沐浴、理髮，深信他不是和我開玩笑。為表格外崇敬虔誠，更穿上一套新制服。

一九一八年新秋一個晴朗的星期日，我和葉天底步行到虎跑。剛到寺門，恰巧法師送夏丏尊先生出來，我就想起，原來夏先生早來了，因在山坡下見有一輛人力車停着。夏先生見了我們，使着他習慣的高嗓子說：「你們來望望李先生？好格、好格！」點點頭，不等我們回答，逕自下山去了。

我們隨着法師到了僧舍的樓上，葉天底先說明了我們的來意，我只緊張地望着法師。見到他清癯的面上微微露出一些溫和的笑容時，我的心情才和緩下來。他看了看我帶去的兩張國畫山水，隨即問了聲：「沒有經老師改過吧？」我答：「沒有。」法師叫我們坐下來，為我們作了這樣的論述：

中國畫注重寫神，西畫重在寫形。由於文化傳統的不同，寫作材料的不同，技法、作風、思想意識上種種不同，形式內容也作出兩樣的表現。中畫常在表現形象中，重主觀的心理描寫，即所謂「寫意」，西畫則從寫實的基礎上，求取形象的客觀準確。中畫描寫以線條為主，西畫描寫以團塊為主，這是大致的區別。在初習繪畫，不論中西，都要經過寫形的基本練習，你向來學國畫，現在又經過了練習西畫的寫生，一定感覺到西畫的寫生方法，要比中國畫寫形基本方法更精密而科學的。中畫的「丈山尺樹，寸馬豆人」，不若西畫的遠近透視、毫釐可計；中畫的「石分三面，墨分五彩」，不若西畫的陰影、光線、色調各有科學根據。中畫雖不拘於形似，但必須從形似到不拘形似方好；從形似到形神一致，更到出神入化。中畫講筆墨，做到「使筆不可反為筆使，用墨不可反為墨用」，從而「寄興寓情，當求諸筆墨之外」。宇宙事物既廣博，時代又不斷前進。將來新事物，更會層出不窮。觀察事物與社會現象作描寫技術的進修，還須與時俱進，多吸收新養料，多學些新技法，有機會不可放過。

這一席話，給了我一個新的啟發，不但使我堅定在畫會學畫的信心，而且還使我在畢業後再進美術學校的決心。從此我在他的鼓勵下習西畫十年。至今每逢臨筆作畫時，當年法師的諄諄教誨，還常在耳邊。

此後第二年的初春，畫會同學李尊庸約我陪他同上虎跑去見弘一法師，懇請他出信介紹到海潮寺去寫生佛像。這時恰巧見到了好久未見的豐子愷。他也將上虎跑去見法師，我們就跟着他同去。

法師在給我們寫好了介紹信後，和豐子愷談話中知道他將開始離開杭州出發雲游去，豐子愷也和他談些畢業後的去向。離情別意，絮絮話長，不覺到傍晚才辭出，一同步出寺前。時斜陽在西，鐘聲忽起，法師凝神肅立，我們也默然相對。好一會，始在他老人家「多念念佛」的臨別贈言中告辭下山。在歸途中，豐子愷和李尊庸都默然不作聲，我也腳步沙沙無言地跟着趕路。

一九七九年的四月一日，我去虎跑，偶過那次靜聽鐘聲之處，當年情景宛然在目。屈指已六十年了。回來寫了一幅圖，並在圖上題了一首詩：

鐘聲冉冉出斜暉，人自無言立翠微；六十年來塵夢遠，雲山何處問禪機？

並注跋語云：

一九一九年己未春，隨同畫友豐子愷、李尊庸謁弘一上人於虎跑，相對林下聽鐘聲，久久忘歸，忽忽已六十年矣！壬午秋，上人圓寂泉州，豐、李二君亦先後下世。溯念前塵，似夢似畫亦似詩，因製斯圖為清明代祭，並題小詩書感。一九七九年己未清明前四日過虎跑歸寫於留雲閣。秀水沈本千時年七十有七。

翌年春，上海周谷城先生見而賞之，為題「虎跑晚鐘」四字於上端，正好替此畫定了一個名——《虎跑晚鐘圖》。

（刊於一九八三年《浙江文史資料選輯》第二十六輯）

藝術大師李叔同

許欽文

我是還在兒童時期就知道了李叔同先生的名望的。我在紹興熱誠小學讀書時，有個比我高兩班叫徐思誠的同學，畢業以後升入杭州第一師範（兩級師範於一九一三年改為一師），假期回家，拿着李叔同先生給他寫的一副對聯來給我的父親看。我的父親在教書之暇經常畫蘭花和練書法，他拿着李叔同先生寫的對聯，正面看着點了點頭，又側面看了一下，再點了點頭。從父親的連連點頭，我知道李叔同先生寫的字實在是好。於是我羡慕徐思誠同學，他有會寫這樣好字的老師，而且又肯給學生寫對聯。

李叔同先生一八八〇年出生於浙江平湖縣鹽商的家庭(一)。豐子愷先生在《弘一大師遺墨·序言》上說他生於天津，可能他的母親曾經寓居天津。大師名文濤，叔同是字，別名岸、哀公、息、息霜、嬰等。三十九歲時在杭州虎跑寺削髮為僧，法名演音，字弘一，別號很多。早年留學日本，在東京美術學校習西洋繪畫和音樂，畢業歸國後，歷任《太平洋報》編輯和南京高等師範、浙江兩級師範音樂、美術課的教師等。

李叔同先生早在日本留學時就創辦了「春柳社」的話劇團，並且親自演出了《黑奴籲天錄》和小仲馬的《茶花女》，就是我國人演新劇的開始。

豐子愷先生在《弘一大師遺墨》上又說：「大師在俗時，熱愛文藝，精通美術、音樂、演劇、文學、書法、金石，為中國最早之話劇團『春柳劇社』創辦人，又為中國最早研究西洋繪畫音樂者之一人。其中對於書法，致力最多，從事最久。在俗時每日雞鳴即起，執筆臨池；出家後諸藝俱疏，獨書法不廢，手寫經文，廣結勝緣，若計幅數，無慮千萬。」李叔同先生亦擅長篆刻，這是我國特有的藝術，並工詩詞。他綜合起來，自然不愧稱為藝術大師的。但他給我印象最深的是書法，由馬一浮先生題名的《弘一大師遺墨》的紀念冊，是十六開本，一百零一張，兩百零兩頁，顯得厚厚的，密排着影印的各體字，式樣很多，有楷書、有隸書、有行書，前後變化很大。早期的勁道很足，後期的有人說作「孩兒體」，實在是寫得非常自然的。但這是久經鍛煉的結果，決不是偶然動筆，就可以隨隨便便寫得這樣的。

最使我感動的是《弘一大師遺墨》的第六張上，前面影印着「南無阿彌陀佛」六個大字，好像出家以後安心念佛，是消極的了；可是，就在這一張的背面，影印着的是「勇猛精進」四個大字，筆力雄健，氣勢萬千，應夏丏尊先生要而書，是足以激勵人心的。正面、背面寫的字，好像有矛盾，其實是完整統一的。如果人們只看他寫的「阿彌陀佛」，不看他寫的「勇猛精進」，就未看到全人。

有一幀李叔同先生的照相，是李鴻梁先生退休時交給我的，這是由於我所擔任工作的關係。值此李叔同先生一百周年紀念，我對這張照相，想附帶說明幾句就是了。

紹興城偏門外的「快閣」，相傳是宋朝愛國大詩人陸游——放翁讀書過的地方。畫家李鴻梁先生是紹興人，他要陪伴李叔同先生到快閣去拍照相，不消說，他們都是欽佩這位愛國憂民的大詩人的。拍攝的是陰影的照片，這已顯得不平凡，而且構圖，既能突出主體，上下左右也多變化，又是平衡調和而很是自然的，充分的顯露着藝術手腕的高明。雖然只是個側影，從高高的鼻梁可以想見其臉貌的修麗，圓突的闊額是富藏着智慧的標幟。李叔同先生出家以後是「掩關」想透了人世的。靜靜地，他於此是在想些什麼呢？快閣所在，崔巍秦望遙峙，原是會稽山脈的一峰。稽山鑒水，自然界雄偉優秀，可與「三萬里河東入海，五千仞嶽上摩天」媲美。可是陸放翁的「夜闌臥聽風吹雨，鐵馬冰河入夢來」，原是心境不安寧的緣故。對於《弘一大師遺墨》第七十六張後面：「境緣惡逆，深為嘆息，若依佛法言，於一切境，皆應視如幻夢。乞仁者常閱佛書，並誦經念佛，自能身心安寧。」我讀後深有所感。我不能視一切境皆如幻夢，我只會逆來實受，以致少年就成了白頭。但有一點，卻好像是相同的，就是那時候的人，雖然也有專為尋找快樂而生活的，但只少數，我們則同是為抗禦苦痛而生活過來的，只是抗禦的方法有所不同罷了。

抗日戰爭開始，我從國民黨反動派的軍人監獄裏被營救出來，虎口餘生，不能再在省內謀生，只好飄流到福建去教書，福州淪陷，跟着學校內遷永安。不久聽知李叔同先生已在泉州休養，一天只吃兩個刀切饅頭和一碗鹽湯，下午就閉門謝客。並聽說，他要從浙江南徙的原因，就是由於做和尚也做得很認真，因為「佛」出自印度炎熱地區，不多穿衣服；可是浙地寒冷，非棉衣難以禦冬寒。《大師遺墨》「書牘」部分有南閩夏亦不熱的話。泉州冬天不冷，這我知道，是無須穿棉襖的。李叔同先生凡事認真，做了和尚，吃素、念佛、掩關、誦經，連衣服也不多穿一件，一絲不苟。有着這種認真的精神，這才能夠在藝術上有多方面的成就，並不是偶然的。大師終於圓寂在泉州，享年六十三歲，氣候適宜，可謂死得其所，不，圓寂得其所。

（刊於一九八三年《浙江文史資料選輯》第二十六輯，選入本集時有刪改）

編者按：

〔一〕李叔同出生在天津；鄉試時曾填嘉興府平湖縣。

從《白陽》看《音樂小雜誌》

張靜蔚

《音樂愛好者》一九八〇年第二期上，刊登過一篇有關李叔同和《音樂小雜誌》的文章，較為概略地介紹了《音樂小雜誌》。但迄未獲見，也無處可尋，實在是件憾事。

李叔同於一九一〇年回國，相繼在天津、上海任教，最後於一九一一年任浙江師範學校音樂、美術教員。一九一三年四月，李叔同以「浙師校友會」的名義，編輯了一種雜誌，刊名叫《白陽》。黃炎培曾談到過這種雜誌，說浙江師範學校「課餘組織校友會，以文藝部發行雜誌，……其主事者吾友美術專家李叔同（哀）也」。（見《黃炎培考察教育日記》一九一四年版）這是一種較早的綜合性文藝雜誌，但其中有關音樂的內容相當多，從中可以窺見《音樂小雜誌》的側影。

《白陽》即「白日」，意味着朝陽和光明的意思。雜誌圖文並茂，有很多特點，最可貴的是，雜誌從頭至尾，均由李叔同一人楷字書寫、設計封面、題圖，字迹端莊、穩重、雋永，包括很多熟練的外文字，一絲不苟。不僅可以了解文章的內容，還可欣賞李叔同的書法藝術，這是很難得的。雜誌封面左側，白底黑字豎書「白陽」兩個大字；右側白底黑字豎書「誕生號　癸丑五月」，好像兩枚大印章。上方橫向穿過「白陽」一排黑色裝飾性小黑方塊，下方一排是樹的圖案。整個設計莊重大方，黑白有致，和諧明快。左下方有李叔同當時用名的拉丁拼音「Ahli」，即李哀，可能具有主編、責任編輯或封面設計者的意義。

雜誌第一頁上方，是亨頤為雜誌題的四個篆書大字「美意延年」。亨頤，即經子淵，曾與魯迅在日本同學，並在浙師共事，後任浙師校長。魯迅曾在經子淵的母親逝世時，表示哀悼（見《魯迅全集》第十四卷一百〇五頁）。他和李叔同也是很要好的同事和朋友。下方是李叔同撰的創刊詞：「技進於道，文以立言。悟靈感物，含思傾妍。水流無影，華落如煙。掇拾群芳，商量一編。……」

整個雜誌分文庫、談叢兩大部，八個欄目，共有李叔同的文章、曲作、詞章八篇，其中三篇為音樂內容。第一篇是《音樂序》。這篇文章就是李叔同為《音樂小雜誌》撰寫的「序」，中間節略一段外，全部保留。

在《音樂序》中，李叔同論述了音樂的作用，他寫道：「聲音之道，感人深矣！」「蓋琢磨道德，促社會之健全，陶冶性情，感精神之粹美。效用之力，寧有極歟。」他還論述了自然界的音響與作為藝術的音樂之不同。「五四」以前，只有他注意到這個涉及音樂美學的命題。他在論述了自然音響後指出「若夫人為，厥有音樂。天人異趣，效用靡殊」，引導人們去領略音樂的美。他熱心介紹近代西洋音樂，概略地介紹希臘以前的音樂發展後，指出：「自是而降，代有作者，流派灼彰，新理蠡達，瓌偉卓絕，突軼前賢。迄於今茲，發達益烈。雲滃水湧，一瀉千里。歐美風靡，亞東景從。」希望我國樂界能了解和掌握近代西洋音樂的作曲和演奏技巧，來發展民族音樂。他不無感情地對當時中國音樂界寫道：「嗚呼！沈沈樂界，眷予情其信芳，寂寂家山，獨抑鬱而誰語！」道出了李叔同對我國音樂發展的殷切期望。

李叔同的第二篇音樂文章，題為《西洋器樂種類概說》，是目前尚能見到最早系統介紹西洋樂器的文章，有精致的樂器圖、定弦、音域表、演奏姿勢、樂器簡史，可謂詳盡。文章分為四章，分別介紹弦樂器（包括彈撥樂器曼陀林、吉他等）、管樂器（分木管、銅管）、打擊樂器和鍵盤樂器。文章只刊出前二章。這篇介紹西洋樂器的文章，在「五四」以前無疑對傳播西洋音樂知識，起過一定的作用。

李叔同在雜誌中，還發表了自己作詞作曲的三部合唱《春游》，刻劃春天到來，人們春意盎然地游春的情景。音樂$6/8$拍，旋律輕盈、跳蕩，和聲規正、諧和，復樂段曲式，變化有致。其中還用變化音的手法，造成對比，音量層次很細膩。雖然整個風格還帶有對西歐音樂的模仿，但在當時能創作三部合唱，確屬鳳毛麟角。

在雜誌中，李叔同還發表了貝多芬畫像，由鴻梁作畫。鴻梁即畫家李鴻梁，是魯迅的學生，也是李叔同的學生，曾和李叔同在浙師共事。李後來一直和魯迅保持聯繫，魯迅曾有記載（見《魯迅全集》第十四卷第四十三頁、四一三頁）。二十世紀初，李曾發表過《音樂和道德》的文章（見《美育》雜誌一九二〇年第二期）和創作過《夜深》、《曉》等歌曲（均見《音樂雜誌》一九二〇年一卷八期），雜誌中還有他的自畫像。

德國偉大作曲家貝多芬的畫像，曾在《音樂小雜誌》刊登過，是李叔同畫的，那是第一次被介紹到中國，但至今尚未見到。那麽這幀畫像也可稱為第一次介紹到中國了。李叔同在畫像上方寫「音樂大家像一」，看來他可能想陸續介紹西洋著名音樂家。畫像下方注明貝多芬的生卒年。但那時候不用說一般的音樂愛好者，連當時的音樂家對貝多芬也所知甚少的。

除上面涉及音樂內容的文章外，李叔同還發表了文學和美術的文章，系統介紹了近代歐洲的詩人、小說家，涉及面極廣泛，論述簡練精辟，是較早系統介紹西方文學的專論之一。

總之，《白陽》雜誌確實是早期不可多得的文藝雜誌，就其音樂方面來看，也可稱為《音樂小雜誌》的姐妹刊。從中不僅可以看到李叔同音樂創作的一個側面，也可看到他在辛亥革命後，從事藝術教育的同時，對介紹西洋近代音樂的熱情，是近代音樂史不可多得的材料。

（刊於一九八三年《音樂愛好者》第一期）

以出世的精神　做入世的事業

——紀念弘一法師

朱光潛

弘一法師是我國當代我所最景仰的一位高士。一九三二年，我在浙江上虞白馬湖春暉中學當教員時，有一次弘一法師曾游到白馬湖訪問在春暉中學裏的一些他的好友，如經子淵、夏丏尊和豐子愷。我是豐子愷的好友，因而和弘一法師有一面之緣。他的清風亮節使我一見傾心，但不敢向他說一句話。他的佛法和文藝方面的造詣，我大半從子愷那裏知道的。子愷轉送給我不少的弘一法師練字的墨迹，其中有一幅是《大方廣佛華嚴經》中的一段偈文，後來我任教北京大學時，蕭齋斗室裏懸掛的就是法師書寫的這段偈文，一方面表示我對法師的景仰，同時也作為我的座右銘。時過境遷，這些紀念品都蕩然無存了。

我在北平大學任教時，校長是李麟玉，常有往來，我才知道弘一法師在家時名叫李叔同，就是李校長的叔父。李氏本是河北望族，祖輩曾在清朝做過大官。從此我才知道弘一法師原是名門子弟，結合到我見過的弘一法師在日本留學時代的一些化裝演劇的照片和聽到過的樂曲和歌唱的錄音，都有年少翩翩的風度，我才想到弘一法師少年時有一度是紅塵中人，後來出家是看破紅塵的。

弘一法師是一九四二年在福建逝世的，一位泉州朋友曾來信告訴我，弘一法師逝世時神智很清楚，提筆在片紙上寫「悲欣交集」四個字便轉入涅槃了。我因此想到紅塵中人看破紅塵而達到「悲欣交集」即功德圓滿，是弘一法師生平的三部曲。我也因此看到弘一法師雖是看破紅塵，卻絕對不是悲觀厭世。

我自己在少年時代曾提出「以出世精神做入世事業」作為自己的人生理想，這個理想的形成當然不止一個原因，弘一法師替我寫的《華嚴經》偈對我也是一種啟發。佛終生說法，都是為救濟衆生，他正是以出世精神做入世事業的。入世事業在分工制下可以有多種，弘一法師從文化思想這個根本上着眼。他持律那樣謹嚴，一生清風亮節會永遠嚴頑立懦，為民族精神文化樹立了豐碑。

中日兩國在文化史上是分不開的，弘一法師曾在日本度過他的文藝見習時期，受日本文藝傳統的影響很深，他原來又具有中國傳統文化的陶冶。我默祝趁這次展覽的機會，日本朋友們能回溯一下日本文化傳統對弘一法師的影響，和我們一起來使中日交流日益發揮光大。

（刊於一九八四年《弘一法師》）

親近弘一大師學律和辦學的因緣

釋瑞今

一

弘一大師出家前（俗名李叔同）是近代中國一位蜚聲藝壇的大家。他對於詩詞、書法、金石、繪畫、音樂、演劇都有很深的造詣。關於他的這些藝術方面的成就，國內外報刊已經多所介紹，不用我來饒舌了。我只想就我親近大師學律和辦學的一段因緣談一談，對於了解大師的為人也許不是無益的。

大師的一生，可分為兩個時期。前半生在俗之時，可謂絢爛已極；後半生學佛以後，則頓趨平淡，前後判若兩人。他於一九一八年三十九歲在杭州出家，到六十三歲在泉州圓寂，僧臘二十五年，自始至終過着依律修持的生活。綜觀其出家以後的生活，雖行蹤無定，但多數時間，都選擇寂靜的蘭若，不是閉關閱藏，就是從事著述，或為衆講解戒律，或依律修持。他因感近代律學式微，僧衆行解未能相應，若不急起提倡，終必歸於淘汰。故他雖遍研諸宗教義，唯對律宗最感興趣，而研究尤深。在律學中，因南山律宗一派的行持，比較適合我國的環境與機宜，所以他選擇此宗為研究的目標。

唐道宣律師居終南山，專習律學，後世因稱其撰述曰南山宗，宗以山為名也。其撰述最著名者，為《四分律刪繁補闕行事鈔》（略稱《行事鈔》）、《四分律含注戒本疏》（略稱《戒本疏》）、《四分律隨機羯磨疏》（略稱《羯磨疏》），世稱為南山三大部。大師研律，都依據此三大部而發揮其精義。他曾將四分律比丘戒本每條的制成因緣及其戒法、戒相、戒行與微細之持犯輕重一一列出，並親自工楷書畫寫，成為《四分律比丘戒相表記》一冊，是研究律學不可不讀之要典。

二

回憶五十年前，我在閩南親近弘一大師所觀察到的一言一行，都是值得我們作榜樣的。大師於日間自訂有閱讀、講律和禮誦等常課，絕不浪費時間。到了天將薄暮，則持珠念佛，經行散步，入晚即就寢，絕少點燈，頗有古德「憐蛾不點燈」的遺風。律中規定，穿不過三衣、食不逾午時，他都嚴守不越，這是所以戒貪奢之妄念。修律行者，只限穿三衣，不許過量。律制規定五條為襯體衣，七條為雜作衣，九條以上為聚會說法衣，都割裂為長短形的條文。用以縫綴而成，好像水田，所以又名水田衣或福田衣。

弘一大師所著之衣，雖不能如佛制所規定的形狀，但衣着無過三件，即使嚴冬亦是如此。如升座說法，即披七衣，平常集會開示，則穿海青（即廣袖的僧衣），有人送他夾衫厚襖，皆轉贈別人。他自披剃以後，雖未能如律中規定的繁瑣條文而逐一奉行，但其日常生活衣食住行之儉約與克制，已足為教內持律的模範。馬一浮居士輓他的詩有句云：「自知心是佛，常以戒為師」，他是當之無愧的。

大師在福建廈門講學，多在萬壽巖（俗稱山邊巖）和妙釋寺。妙釋寺在中山公園內，交通方便，為宣傳佛法的最好地點。一九三三年正月，他在妙釋寺開講《四分律含注戒本》，初開講時，曾述其弘律的本願與經過說：「余出家受戒之時，未能如法，準以律儀，實未得戒，本不能弘揚比丘戒律。但昔時既虛承受戒之名，其後又隨力修學，粗知大意，願以一隙之明，與諸師互相研習。甚願得有精進律儀之五比丘出現，能令正法住於世間，則余之宏律責任即竟。故余於講律時，不欲聚集多衆，但願得數人發宏律之願，肩荷南山之道統，以此為畢生之事業者，余將盡其綿力，誓捨身命而啟導之。……此次在本寺講律，實可謂余宏律之第一步也。余業重福輕，斷不敢再希望大規模之事業，惟冀諸師奮力興起，肩荷南山一宗，廣傳世間，高樹法幢，此則余所祝禱者矣。」

觀其所述，可以概見他在閩南宏律的因緣與希望。不久，他又移居萬壽巖，隨學者十餘衆，志願都極堅固。他在這裏開講《隨機羯磨》，並自編講義，備課至為認真。同年五月，應泉州開元寺轉物和尚之請，率十餘衆自廈赴泉，於開元寺右側之尊勝院結夏安居。尊勝院為一排平房，有六間僧房和一小廳。屋前空地，栽植花木，人迹罕到，至為幽靜。同學中每二人合住一房，大師自住一間，右鄰有水陸堂，可供早晚自行禮誦。飲食早粥，午飯，晚不設食。少談雜話，入晚安息。聽律時各穿海青，以表尊重。大師每次連續約講兩周，《四分律含注戒本》及《隨機羯磨》，分兩次講完。有時兼講古德格言，以資策勵身心。授課時學員可提出問題討論，或以書面請示，皆能獲得圓滿解答。學員除了聽律之外，並各自閱讀圈點南山三大部，以作深入之研究。尊勝院雖早晚不作集體之禮誦，但訂有同住規約及每日作息時間表，要求甚為嚴格。如此共住自修的學律組織，大約經過半年，因為兵亂，不得不自動解散，實在令人嘆惜。

三

廈門南普陀寺，香火鼎盛，是閩南的游覽勝地。自一九二五年至一九三七年的十餘年間，常惺法師和太虛法師先後於此主持閩南佛學院，四方衲子負笈求學者，前後數百人。學風之盛，為全國佛學院之冠。今海內外弘揚佛法的知名法師，大半出自該院。到了後期，因學風稍微鬆弛，時常發生風潮。當時院長常惺法師，請了弘一大師來院講學和整頓學風。他到閩南佛學院一看，以學僧不聽約束已成風氣，認為機緣尚未成熟；乃主張另辦學院，重起爐竈。這時我和廣洽法師正在南普陀後山的兜率陀院，親近大師學律。大師主張學院要從頭辦起，取《易經》「蒙以養正」之義，建議創辦佛教養正院，親自草擬章程和書寫院額，並請常惺法師聘我養正院主任，廣洽法師為監學，高文顯為講師，招僧上課，與閩南佛學院同時教學。兩相比較，結果養正院規矩嚴肅，院譽日隆，學僧多為較年青的閩南人，也造就了不少佛教幹材。弘一大師有時入院講學，不但重視教理之研究，尤重視戒行之修持，可謂學行兼顧，事理圓融。不久抗日軍興，廈門為軍事要地，院舍被軍隊占用，佛教養正院只辦了三年就停辦了，真是可惜。

以上略述我親近弘一大師學律和辦學的因緣，這已經是幾十年前的事了。現在想來，情景宛在目前。一九八〇年是弘一大師誕生的百周年，緬懷這一代的高僧，因憑記憶所及，特撰此文，以表示我的懷念。

（刊於一九八四年《弘一法師》）

我對於弘一大師的懷念

釋巨贊

我於一九三一年出家於杭州靈隱寺，即聞弘一大師之名，知道他本是一個藝術家，精於書畫篆刻，在杭州很有名氣。偶爾在杭州寺院中看到他的書法，確是功力超人，自成一家。後來在雜誌上時常看到他的好友門生夏丏尊、豐子愷等的文章，介紹其出家後精持戒律的生活，心裏更加仰慕。經過多年，有一天忽然接到一位廈門朋友轉來弘一大師寫送我的一副對聯，一看那聯語兩邊的題記，才知道是大師看了我在廈門《佛教公論》上的兩篇文章而寫送我的，當時真是喜出望外。對聯是集華嚴經句的。句云：「開示衆生見正道，猶如淨眼觀明珠。」對聯的左右用小字寫得長長的題記云：「去歲，萬均法師（當時我的筆名常用萬均）著《先自度論》，友人堅執謂是余作；余心異之，而未及覽其文也。今歲，法師復著《為僧教育進一言》，及獲披見，嘆為希有，不勝忭躍。求諸當代，未有匹者。豈余闇識所可及耶？因呈拙書，以志景仰。丁丑三月，集華嚴偈句，沙門演音。」

我展讀之下，深深為弘一大師獎掖後進的慈悲心腸所感動。恰巧這年我以某種勝緣，應閩南佛學院的邀去廈門南普陀寺。滿以為可以見到弘一大師，並向他請教。誰知我到達廈門，他已應青島湛山寺之請北上講律了。我等待了兩個月，以為弘一大師即將返廈，可以相見，誰知日本帝國主義炮擊廈門，形勢緊張，閩南佛學院已無法上課。我就倉皇乘英輪離廈去香港，轉赴廣東南華寺。從此就再沒有機會見到弘一大師。人生聚合，信有因緣。

這裏簡單談談那時我寫的兩篇文章吧。

第一篇是一九三六年發表於廈門《佛教公論》創刊號的《先自度論》。這篇文章主要是針對當時一些以弘法利生作幌子的人而發的，我徵引了印度的大乘經論如《大般若經》、《維摩詰經．問疾品》，龍樹《十住毗婆沙論》，和此土古德章疏如南岳思大師《立誓願文》、智者大師《摩訶止觀》、永明壽禪師《宗鏡錄》及《雲棲大師遺稿》等經論文字，從理論上證明學佛宜先自度。如《十住毗婆沙論》卷一說：

問：「何故不言我當度衆生，而言自得度已當度衆生？答曰：自未得度不能度彼。如人自沒淤泥，何能拯拔餘人？又如為水所漂，不能濟溺，是故說我度已當度彼」。特別徵引蓮池大師《雲棲遺稿》卷三云：「今見孤隱獨行之輩，即指而曰，此聲聞人也。見營事聚衆之流，即指而曰，此菩薩人也。噫！涉俗者遽稱菩薩，而避喧者便作聲聞，抑何待聖賢之淺也。由生大我慢，起大邪解，自以為是而鄙薄一切。遇持戒者則非其執相，遇精進者則笑其勞形，遇禪寂者則毀其枯槁。遂致心日狂而弗收，言彌誕而莫檢。人或詰之，則曰大乘者也。嗟夫！竊一時之虛名，而甘萬劫之實禍，可勝嘆哉！」

此外，又引《大智度論》卷十九以釋難說：「菩薩應以教化衆生為事，云何深山自靜，棄捨衆生，違於慈悲利他之行？答曰：身雖遠離，心不遠離。猶如病人服藥將身，身康已後，方可復業」之說，以解釋有人引《普賢行願品》卷四十「菩提屬於衆生，若無衆生，一切菩薩終不能成無上正覺」的經文，詰難先自度論之說。

最後，強調自度因業，分「對自」與「對他」二項陳述。對自要深自督責，以求自己的行為合於所信所解。二者既合，還要歷參善智識，繩以古德規模，擴而充之，止於至善，始得云參學事畢，出而弘法利生。對他方面，我引吉藏《法華統略》卷二云：「憑師之人，須精鑒師之得失，不可便信，亦令師識知弟子真偽而曉示之」，強調了歸擇弟子須慎，弟子擇師更須慎的意義。以上是《先自度論》一文的大意。

一九三七年，我又在《佛教公論》第八號上發表《為僧教育進一言》，大意謂主持僧教育者應以真實為法之心辦學，造就人材不能貪多求速成，學僧應知自度為先。同時也針對當時僧教育方面的一些弊病，提出一些改進的辦法。現在回想起來，不覺已經是四十五年前的事了。

去年冬天，法源寺舉辦弘一大師書畫金石音樂展時，我在參觀之中，覺得與其他書法展覽不同。首先感到的是弘一大師的書法，爐火純青，一塵不染。其次是他的詩詞、文章、篆刻、繪畫、音樂等，無一不精，在近代藝術家中是少見的。第三是以這樣的藝術高才出家為僧，專攻律藏，實踐躬行近於苦行僧，且時時以書法結緣，鼓勵後進。弘一大師真是已渡苦海穩駕慈航的大德，因此對於拙作備加贊揚，希望我能有所寸進。這樣的鞭策真使我受用無盡。我竭誠祝願弘一大師乘願再來。

（刊於一九八四年《弘一法師》，文物出版社）

近代美術的先驅者李叔同

畢克官

宣統二年（一九一〇）[二]，李叔同走下從日本開來的客輪，回到了祖國的大地上。六年前，他赴日留學，既學油畫、圖案畫，又學話劇、西洋音樂。這位中國近代藝術史上第一個留學歸國的學生，當教師，編報刊，在祖國的土地上開始了現代藝術的啟蒙教育和宣傳工作。

李叔同一九一八年出家為僧，終止了文藝和教育生涯。六十餘年來，人們對他少有研究，見諸報刊的有關文字，也多是佛學方面。偶有涉及美術的，也多分散於佛教出版物中，不為世人所注意。長期以來，李叔同在美術界似乎被遺忘了。

這裏，將自己歷年訪問前輩所得和查閱報刊資料所見，加以梳理，僅就李叔同出家前在繪畫、藝術教育和廣告圖案設計方面的情況，做個介紹，並談些個人的感想，也算是緬懷這位近代美術史、戲劇史和音樂史上的先驅者。

近代繪畫的先驅

作為日本上野美術專門學校西畫科的留學生，李叔同是一個出類拔萃的優秀學生。據說他不僅學習用功，在課外還經常自己雇用模特兒進行寫生。在長達五年的學習時間裏，他自然是畫了不少畫的。遺憾的是他的作品幾乎全部散失。迄今，我們所能看到的印刷品，也只有幾件。

《裸女》，畫中婦女半裸，坐在椅上，雙手扶把，眼睛微閉，因是單色照片，且印製模糊，對其色調難以評論。關於李叔同的油畫，據一位目睹者說是「他的西畫又極出類超群，作風接近於印象派，而兼有寫實之長……」李叔同在浙師的同事、藝術前輩姜丹書也說是「為印象派之作風，近看一塌糊涂，遠看栩栩欲活，非有大天才真功力者不能也」。

《素描女像》，從印刷品看是木炭畫。此畫可見出作者熟練的素描技法，用筆生動，手法概括，但不失於空泛。人物長髮垂肩，眼簾微啟，若有所思，表情豐富，畫面上洋溢着作者的藝術才能。

《白描佛像》，據其收藏者的題跋記述，此畫是於「庚辰長夏裝成」供養的，即一九四〇年。可見創作時間不會遲於一九四〇年。姜丹書在一篇回憶文章中曾說李叔同「晚年畫佛像甚佳，余曾親見一幅於王式園居士處。筆力遒勁，傳色沉着，所作絕少」。姜文所指的傳色佛像恐怕不是這一幅，但他指出李叔同「晚年畫佛」，這就給我們推斷創作時間提供了參考。佛像收藏者在題跋中說，這幅白描佛像是「以作書之筆寫佛」，確為姜丹書所評「筆力遒勁」，看得出作者運用中國傳統書畫筆墨的功力，也看得出作者對西洋繪畫技法的吸收與消化。

事隔七八十年，我們今天僅從這幾幅畫上是難以全面評論李叔同繪畫藝術風貌的，只能說是得到了一些印象而已。李叔同原本就有中國藝術修養的根底，像書法、金石、詩詞，到日本又深研西法，使他能在融合中西藝術上得天獨厚。

李叔同任教浙江兩級師範時，領導學生成立了業餘樂石社，學習金石、木刻等。他和夏丏尊擔任指導。據他的學生吳夢非介紹，他們曾自刻自印了一本《木板畫集》，是「自畫、自刻、自己印刷的作品，其中有李叔同、夏丏尊等的木刻」。吳夢非提供的史料是值得注意的。李叔同應是中國現代版畫藝術最早的作者和倡導者。也就是說，我國早在一九一二——一九一八年間就出現了研習現代版畫技法的組織，並出有成果。這件事，在中國現代版畫史上是不應該被疏漏的。李叔同的學生、樂石社的成員豐子愷，初期的漫畫許多是木刻品，從版畫角度可視之為版畫作品。這正是前因與後果的關係。

李叔同擔任《太平洋畫報》文藝編輯，主要工作是編《太平洋畫報》。據說這個畫報刊期不定，有時三五天一期，有時一連幾天都有。用中國連史紙印刷，紙張的大小隨內容而定。其內容既不是點石齋的新聞畫，也不像沈泊塵的百美圖，更不像錢病鶴、馬星馳的諷刺畫；而是採用立軸或冊頁形式，大半是李叔同自己的手筆——書法和花鳥。據目睹者說「花鳥亦如他的書法，雄健遒勁，寥寥數筆，別有風致」。由於畫報我們查訪不見〔二〕，對李叔同的中国畫還難見廬山真面目，只好暫時存疑了。

美術前輩呂鳳子先生對李叔同曾有如下的評介：「嚴格的說起來，中国傳統繪畫改良運動的首倡者，應推李叔同為第一人。根據現有的許多資料看，李先生應是民國以來第一位正式把西洋繪畫思想引介於我國，進而啟發了我國傳統繪畫需要改良的思潮，而後的劉海粟、徐悲鴻等在實質上都是接受了李先生的影響，進而對中國傳統繪畫改良運動的推行者」。

呂鳳子是稍後於李叔同的中國畫家兼教育家，也可說是同代人，是當時中國畫壇的名家和見證者，所言的重要性自不必說。

藝術教育的啟蒙者

清季末年，西學東傳。長期緊閉的中國大門，開啟的縫隙越來越寬了。據一些老前輩回憶，光緒三十一年（一九〇五）廢科舉，興新學。此時有南京兩江師範設有圖案、手工課，內有油畫和水彩課程，聘日本人為教師。稍後，上海有正書局和商務印書館出版了一種水彩畫帖和鉛筆畫帖，為一般中小學校採用為圖畫臨摹課本。浙江兩級師範高級師範圖畫手工專修科設立於民國元年。李叔同於一九一二年秋就任該科主任教師。他就任後，開設了素描、油畫、水彩、圖案、西洋美術史等課，並開設了畫室寫生和野外寫生課。該科比較全面地具備了現代美術教育的規模和內容，而且是由有較深造詣的中國歸國留學生，破天荒自任西畫教師。可以說，李叔同是揭開中國現代美術教育史第一頁的先驅者。

關於李叔同的教學法，在天津直隸工業專門學校時已難了解。他一九一二年就任浙江兩級師範圖畫手工專業科的主任教師，任職六年之久。我們可以從他的幾位同事和學生的介紹中，對其教學情況窺見一二。

課堂寫生。畫室設天窗，畫石膏像和模特兒，包括人體模特兒。石膏教具是從日本購進的。據當時的幾位學生介紹說，教室裏排滿畫架，學生採用目測法，李叔同則四處走動，給學生講解和改畫，當時比較側重木炭寫生。有幸，現在我們可以看到一帖一九一四年李叔同上人體寫生課的課堂照片，這樣的教學法，今天已極普遍，但在當時卻新鮮得很。關於畫人體模特兒，長期以來幾乎眾口一詞，說始於上海美專，事實上，中國最早使用人體模特兒的學校為浙江兩級師範（後改名浙江省立第一師範學校），倡導者即李叔同。

野外寫生。浙江兩級師範圖畫手工專修科在西子湖畔，美好的河山成為上好的大自然課堂。李叔同讓學校特備了專用的小船，讓學生乘坐寫生。這種新的教學法不僅在杭州是破天荒第一次，在全國也是首創。據吳夢非回憶，當年一位同學在靠湖的城牆邊寫生，被警察看見，誤認為是在測量地形而受傳訊。可見當時寫生在一般人中的少見多怪了。

推薦學生作品參加舊金山的萬國博覽會。一九一五年李叔同積極挑選學生的繪畫，送到博覽會中國籌備機關，結果審查時全部落選。李叔同憤憤不平，曾說：「我們的藝術，過了百年以後總會有人了解的。」對當時社會上藝術思想的幼稚深表不滿。

一九一二年，李叔同就任《太平洋報》美術編輯時，利用工作的方便條件，於民國元年四月初四日，開始在該報文藝副刊上開闢《西洋畫法》專欄，連載木炭畫石膏寫生教授法。專欄作者署名「凡民」，今天已難考證是否確為李叔同本人。但不論作者是誰，都離不開李叔同的提倡。這樣的內容出現在民國初年的著名日報上，實在是新鮮事。

李叔同在浙江兩級師範曾教授過西洋美術史，並自己編寫了系統的講義。他在杭州虎跑寺出家後，學生吳夢非曾打算給他出版，但他沒有同意，只得作罷。十分遺憾的是，這本中國人早在民國初年時就寫成的第一本西洋美術史，後來連原稿也丟失了。但它傳播西洋美術史知識的啟蒙貢獻是應銘記史冊的。

教育思想和教育精神

豐子愷在一篇回憶文章中介紹說：「在四十年前，我做中小學生的時候，圖畫、音樂兩科在學校裏最被忽視。……在課程表裏被認為一種點綴，好比中藥方裏的甘草、紅棗；而圖畫、音樂教師在教職員中也地位最低，好比從前京戲裏的跑龍套的。」

看了如上的描述，使我們看到了八十年前一般學校美術音樂教育的情景。然而，卻忽然出現了意外的景況，請看文藝前輩夏丏尊的敘述：「我擔任舍監職務，兼修身課，時時感覺對學生感化力不足。他（指李叔同——本文作者注）教的是圖畫、音樂兩科，只要提起他的名字，全校師生以及工役沒有人不起敬的」。

一般學校忽視圖畫、音樂課，這不用說在當時，即令在今天仍然是個普遍的現象。這當然在於深刻的歷史原因和社會原因。那麼，為什麼出現了浙江兩級師範那樣稀有的狀況呢？時代的變化固然是原因，但更主要和直接的原因，不能不從教師李叔同身上去找。

李叔同多才多藝。他精日文，通英文和意大利文。他演話劇，作油畫、素描，繪中國畫，彈鋼琴，作六朝文、填詞、作詩，善書法，刻金石，又擅長圖案設計，而且都造詣較深，不是一般的愛好。這樣廣博的學問修養，在當時文藝界罕見，在中年教師輩中更是鶴立雞群。豐子愷曾說：「他不是只教圖畫、音樂，他是拿許多別的學問為背景而教他的圖畫音樂。夏丏尊先生曾經說：『李先生為教師，是有後光的。』像佛菩薩那樣有後光，怎不教人崇拜他？」這本身就是一種巨大的懾人力量。而作為教師，僅具豐富的學識，拿今天的話說僅僅是業務強也還不夠，他之所以能受學生的崇敬，更重要的是因為他認真、嚴肅、獻身的教育精神，其核心則是身教。

據豐子愷介紹，李叔同在浙江兩級師範任教時，宿舍的案頭長年放着一本明人劉宗周所著的《人譜》。書上有他親手所書「身體力行」四個字，每個字旁還加了一個紅圈圈。這本書中列舉了古代許多賢人的嘉言懿行。有一次豐子愷與幾個同學到李叔同宿舍，李翻開《人譜》，指着一節給大家看：「唐初，王（勃）、楊、盧、駱皆以文章有盛名，人皆期許其貴顯，裴行儉見之，曰：士之致遠者，當先器識而後文藝。勃等雖有文章，而浮躁淺露，豈享爵祿之器耶……。」

李叔同當時耐心地把「先器識而後文藝」的意義作了講解。他認為一個文藝家倘沒有「器識」，無論技術多麽精通，也是不足道的。「應使文藝以人傳，而不可人以文藝傳」，他強調人品修養的重要性，要做一個好的文藝家，首先必須是一個好的人。雖然道德規範的內容，不同的時代有本質的差別，但李叔同的基本觀點，今天看來依然是十分正確的。

關於李叔同善於身教的事例，他當時的同事和學生有口皆碑。那時候，正是「五四」運動前後，提倡國貨的呼聲很高。李叔同脫下洋裝，換上布衣、馬褂和長袍子，而且連進口的鬆緊帶也不用。出家後仍是如此，只用麻繩束襪子，直到有了國產的鬆緊帶他才使用。李叔同勉勵學生愛惜時間，他自己是以身作則的。他非常注意經濟地使用課堂的五十分鐘，凡上課必須在黑板上寫着的內容，他都課前寫好。黑板是雙層的，用完一塊推上再用另一塊。上課鈴未響，他早已先端坐講壇，恭候學生，上課鈴一響，馬上講課。因而學生們聽他的課不敢遲到。當時學校裏學習圖畫和音樂的空氣濃厚，早飯前半小時，午飯至上課的三刻鐘，下午四點後到就寢，都是可以進行課外練習的時間。李叔同安排學生輪流接受個別教授。他自己的中晚飯都是提前吃好，以便及時教授。由於他的認真、獻身，也就博得了學生的尊敬、信服。這是學生之所以重視圖畫、音樂最重要的原因。

李叔同的教育方法也是值得我們注意的。他對學生的態度一向和藹可親。遇有學生犯了過失，他當時不說，過後把學生叫到宿舍，和顏悅色，低聲耐心地開導。李叔同當時的學生、著名作家曹聚仁事後回憶說：「在我們教師中，李叔同先生最不會使我們忘記。他從來沒有怒容，總是輕輕地像母親一般吩咐我們。」據說連最頑皮的學生也說：「我情願被夏木瓜罵一頓，李先生的開導真是吃不消，我真想哭出來。」（當時夏丏尊是舍監，心直口快，也很受學生的尊敬。「夏木瓜」是學生私下對他的愛稱。）

李叔同出家後，雖少與世人來往，但他仍以裴行儉的話自勉並勉人。一次他給一位金石家信中再一次引用了裴行儉的話。他成為我國近代德高望重的佛界高僧，不是偶然的。

李叔同六七年的教學生涯雖不長，卻在中國近代教育史上獨放異彩。豐子愷在抗日戰爭時期的大後方桂林，曾著文感嘆當時藝術教育的落後，他尖銳地指出關鍵原因在於師資問題。由於歷史的和社會的原因，四十年後的今天依然存在不少問題。因而，李叔同當年的獻身精神和教育經驗，是值得我們認真對待的。

李叔同的文藝觀和教育精神，曾在文學、美術、教育、音樂和宗教界產生過廣泛的影響。美學前輩朱光潛曾在一篇文章中寫道：「當時一般朋友中有一個不常現身而人人都感到他的影響的——弘一法師。」文藝前輩葉聖陶和夏丏尊更在他們的散文名篇《兩法師》和《弘一法師之出家》中記敘了仰慕之情。美術界的豐子愷和潘天壽都是李叔同的學生。尤其是豐子愷，終生以李叔同的人品為表率，也是其藝術的多方面的繼承者。師生二人所處的時代雖有不同，但卻有着某些驚人的相似處。

中國廣告藝術的開創者

長期以來人們對李叔同的圖畫作品是否還存人間，已失去信心。近年，李叔同的佛門弟子、新加坡的廣洽法師寄贈筆者一本《弘一大師永懷錄》，細心展讀之後，於一篇紀念文章中發現一個線索，即李叔同當年為《太平洋報》設計了大量廣告畫。這是個十分誘人的「信息」。經過多時的四處查詢，終於找到了存世不多的《太平洋報》，偶然發現了李叔同所設計的大量廣告畫，連同《太平洋報》報頭也出自他的手筆。使人耳目一新，大開眼界，親眼看到了這位先驅者所作貢獻的又一個天地。

那篇署名「孤芳」的紀念文章是這樣寫的：「《太平洋報》的報頭，是他的手筆。報上的廣告文字與圖案，大半也是他寫的和畫的。他關於廣告的設計，很有研究，在那時候中國報紙的廣告除了文字之外，沒有圖案的，只有《太平洋報》的廣告有文字，有圖案，都是法師一人所經營的，而且他設計的廣告，文字和圖案，都很簡單明顯，很容易引起讀者的注意，但是他沒有一點市儈氣，這是法師平日讀書養氣工夫很深的緣故。」

文章作者是當年與李叔同共事於《太平洋報》的一個職員，兩人過從較密切。文章是李叔同逝世後即寫成的。作為李叔同廣告藝術的目睹者，他所提供的情況無疑是很有價值的史料。他告訴我們，那時只有《太平洋報》有廣告圖案，都是李叔同一人所經營。一九八一年新版的《中國近代報刊史》也說：「這個報紙由著名畫家李叔同（弘一法師）擔任廣告設計，代客戶進行美術加工，所刊廣告有較高的藝術性，很可吸引讀者，為其他報紙所不及。」

這兩處所記，基本一致。我們從《太平洋報》的版面看，除極個別者外（如外國商標），幾乎完全出於李叔同筆下，其藝術風格十分突出，這是具有開創性貢獻的藝術。

一、簡單明了，注重大效果。運用比較粗壯的線條和黑白相襯效果，使之醒目。例如，《廣東太平洋報》廣告，主圖案是剪影式的高大樹幹斜立在畫面上，在大塊空白間，突出幾個字。南社啟事，主圖是兩枝挺立的花朵，在花間寫了「南社」二字，用「灰」調子的襯地將其託出。天津造胰有限公司廣告，主圖案是一棵剪影效果的花卉，在圖中間用「開光」法，在白地上寫黑字，設計極簡練，一目了然。

二、繪畫性強。乍一看李叔同的設計，有一種清新之感。他的設計，不是描出和塗出的，更不是靠繪圖工具描出的那種無生命的線和幾何形。他不用刻版的點和線，而是講究筆趣墨趣的生動性。例如《廣東太平洋報》、《初等教育．女子教育》和《太平洋報》啟事以及各種文藝消息、文藝批評題花等，都既是圖案也像墨白畫。說他設計圖案也像在畫畫，並不過份，很有個人獨特風格。

三、注意生動性和趣味性。廣告必須有吸引人的效果。李叔同的設計有些是藉用了漫畫表現手法的。例如，《太平洋報》啟事，主圖是三個奔跑叫賣的人，身上都寫着「太平洋」三字。《初等教育．女子教育》廣告則是藤下垂瓜，上寫文字。《福建新聞》廣告則是一個漫畫人物，大耳大筆。這些構思，比較巧妙，形象都生動有趣。

四、書法和石刻氣息。看李叔同的圖案設計，使人感覺書法和金石氣息很重。這自然與他的書法家和金石家的氣質和特長有關。他的書法潤例廣告，當時就經常夾在他所設計的廣告間一起刊在《太平洋報》上。他從小就習寫書法，石鼓文、漢魏六朝墓志、天發神讖、龍門二十品，都有深厚的功力。他二十歲即出印譜，以漢印風格見長。這些修養，都成為他圖案設計藝術的「後盾」。他在談自己的書法時曾說：「依西洋圖案畫之原則，竭力配置調和全紙面之形狀。」不妨反過來說，他是藉鑒書法之原則在設計圖案呢！廣博的藝術修養，使他觸類旁通，得益非淺。

五、民族氣息。李叔同是飽覽過外洋形形色色的廣告設計的。可貴的是他的作品卻有非常濃鬱的民族氣息，而不見洋腔洋調和市儈氣味。這無疑是得力於他既有的中華民族文化修養，這修養的根基是如此的深厚，任憑外洋東西怎樣的熏染，是不可能喧賓奪主，是必定會經過消化才吸收的。

「五四」以後，為我國書籍裝幀藝術作出較大貢獻的，豐子愷是突出的一位。他曾是開明書店的特約裝幀設計者。在中國書裝史上，他也是個人風格非常鮮明的一位。當我們尚未見到李叔同的廣告圖案設計時，對豐子愷書裝風格的淵源，心中不免有些疑問；而當見到李叔同的這些廣告設計時，心中似乎豁然開朗：源頭原來就在這裏！應當說，李叔同的圖案設計藝術是得到繼承的，豐子愷就是一個代表。

李叔同大膽地把西洋東西引進中國來，同時，他又十分注重中國漢民族傳統的融化。依我個人陋見，這後一點比之前者更是了不起的貢獻。古往今來，引進外洋的藝術形式而食洋不化、生搬硬套者何其多？李叔同能把握住本民族的氣質，外為中用，化得這樣好，這是十分不容易的和可貴的。遺憾的是，他開創了好的風氣，但在那半殖民地半封建的舊中國，尤其是洋貨充斥的上海，後來的廣告設計，終歸被洋腔、市儈氣所統治了。但李叔同所開創的事業，其苦心孤詣的創造，其模範作用，其可貴精神，是值得我們視為優良傳統而繼承下來的。

事實表明，李叔同在美術領域的開拓貢獻是多方面的。過去的文章說他是留學生第一個把西洋油畫、音樂和話劇帶回中國的。我則以為，隨着資料的新發現，還應加以補充，他也是第一個把廣告圖案設計、現代木刻和西洋美術史帶回中國的。同時，也是最早採用人體寫生教學法的。如果照呂鳳子先生的意見，他還是第一個提倡改良中國畫的人。像這樣一位有多方面貢獻的先驅者，在中國近現代文藝史上是一個非常重要的人物。

（刊於《美術研究》一九八四年第四期，收入本集時略有刪節）

編者按：

（一）應為宣統三年（一九一一年）。

（二）天津市繆志明先生收藏幾乎完整的畫報。

弘一大師在溫州

陳祖經（一）

弘一大師聞舊友瑞安林同莊先生言，永嘉山水清秀，氣候溫和，欣然嚮往。隨後，由玉泉居士（吳建東，閩人）介紹，並經吳璧華、周孟由兩居士延請，遂於一九二一年三月，從杭州來永嘉，卓錫於慶福寺，時年四十二。慶福寺位於永嘉南城下，俗稱「城下寮」，背依積谷山麓，面繞城河，曲徑通幽，有城市山林之勝景。大師喜其靜而居之。過數月，即行閉關潛修，並與同寮相約，云：「余初始出家，未有所解，急宜見諸緣務，先辦己躬下事，為約三章，敬告同人：一、凡有舊友新識來訪問者，暫緩接見；一、凡以寫字作文等事相屬者，暫緩動筆；一、凡以介紹請託及諸事相屬者，暫緩承應。惟冀同人共相體察，失禮之罪，希鑒亮焉！」

慶福寺寺主寂山老和尚，因感大師出身于富豪之家，留學回國後，又以學術名于時；而出家之後，竟能嚴持戒律，刻苦精進，故倍加欽敬供奉，視同佛菩薩。寂山老和尚因大師生長津門，慣於麵食，故經常以麵條等供其飧食；又因大師過午不食，特將午飯時間提早在正午前。並命高文彬居士為他護關，處處關照，備至詳甚。高因受大師苦行所感動，也懇求剃度出家；寂老初未許可，後經大師跪求，又經吳璧華、周孟由兩居士保證，寂老始允許。隨後，大師將高文彬介紹給弘傘法師，並命高取法名為因弘、白傘。當時，寂老、弘一大師、因弘、周孟由和其弟周仲錚、郭伯寬同學及我，曾在慶福寺合攝一影，作為因弘出家之紀念。

是年歲首，弘一大師在杭州搜尋《四分律》，深感戒相繁雜，記誦非易，擬撮其要點，列表志之，並命名為《四分律比丘戒相表記》。大師深知改編後內容明晰，便利初學者，但當時未脫稿。至永嘉後，讀律之暇，不時揮毫摘錄，逮至六月，草本始訖；至一九二四年八月，經四年之久，始成定稿。大師在自序中云：「數年已來，困學憂悴，因是遂獲一隙之明，竊自幸矣。爾後時復檢校，小有改定，惟條理錯雜，舛駁之失，所未能免……」該書由穆藕初居士慨捐七百元，委託中華書局縮影印千部，分贈各寺院，原稿交由穆氏收藏。大師並預立遺囑，附印於後，云：「本衲身沒，無庸建塔及其它功德，只乞募資重印此書，以廣流傳，於願已足。」此書為大師生前巨著之一，佛教界十分重視。戒、定、慧為佛家「三無漏學」，由戒生定，由定生慧，而以戒為首要。戒律自唐以後，一千數百年間，僧緇漸趨末流，大都忽略戒律；而大師卻奮起直追，以重振南山律為己任，成為近代律宗之巨擘。大師有如此功德，實是佛之龍象也。同年四月至八月間，大師為亡母誕生六十周年，寫了《贊禮地藏菩薩懺願儀》一卷、《三身讚頌》三種；又為亡父逝世三十七周年，手書《佛說無常經》、《佛說略教戒經》。九月，手書《增壹阿含經》、《雜譯阿含經》、《本事經》和《蕅益大師等法語題記》。

翌年，即一九二二年，春，大師依律須奉寂老寺主為依止阿闍梨。某日，大師詣寂老室內，正暢談間，大師袖出啟事，示拜師之意，寂老愕然，曰：「余德鮮薄，何敢為仁者師。」再三辭讓。大師曰：「吾以永嘉為第二故鄉，慶福寺作為第二常住，俾可安心辦道，幸勿終棄。」並懇請吳璧華、周孟由兩居士懇勸，寂老始允。次日，行拜師禮，並登報聲明。故此後，大師與寂老函札往還，均稱寂老為「師父大人」，自稱「弟子」。寂老殊感不安，曾函告大師以後勿用師弟稱呼，大師復函曰：「弟子以師禮事慈座，已將三載，何可忽而變易？伏乞慈悲攝受，允列門牆。」從此，終身以師禮事寂老。

是年秋，大師患痢疾甚劇，寂老前去慰問，大師曰：「大病從死，小病從醫，今是大病，從他死好。唯求師尊，候吾臨終時，將房門遍鎖，請數師助念佛號，氣斷愈六時後，即以所臥被褥纏裹，送投江心，結水族緣。」幸即病癒，大師於是年春，手書《念佛三昧詩題記》；夏，手書《蓮池大師等法語題記》；秋，手書《蘇軾畫阿彌陀佛像題偈》，皆贈夏丏尊居士。又為城下寮掌齋廚陳阿林作往生傳。

一九二二年春，大師從永嘉至上虞白馬湖，冬返永嘉。翌年二月，大師感受潮濕，背間生癬疥，用西藥搽敷，漸趨減退。大師之潛修苦行最為感人，閉關禁語時，當地長官慕名前來求晤，大師均以病辭。如甌海道尹林鶤翔訪謁數次，均未成。新任道尹張宗祥只身來訪，寂老持名片至關房求見，大師聞言，垂淚云：「師父慈悲，弟子出家，非謀衣食，純為了生死大事，妻了亦均拋棄，況朋友乎？乞婉告以抱病不見客。」大師凡遇俗家來信，輒託人於信封後批註：「該人業已他往」，均原封退還。若詢何不拆閱？大師則答曰：「既經出家，便應作已死想。倘若拆閱，見家有吉慶事，恐萌愛心；有不祥事，易引掛懷，不若退還為是。」大師擺脫塵事，摒斥愛憎，有如此決心，始能成道。夏，大師去普陀後寺，參禮印光法師。

大師囑我請永嘉耆老陶文星老先生寫「晚晴院」額。時陶老年近九十，視力不清，須扶筆作書。寫就，大師見字體古拙可愛，甚為讚歎，自署「永寧晚晴院沙門論月」或別署「晚晴老人」。在上虞白馬湖有「晚晴山房」。晚晴之意義，是取自「天意憐幽草，人間愛晚晴」。院在寺旁，一門相通，三間小樓，自成庭院，此即掩關之室。

一九二五年，大師擬往安徽九華山，從永嘉赴甬，後因江浙戰亂，路途不靖，遂掛單于甬之七塔寺。隨後至白馬湖，復又他去。冬，大師返永嘉度歲。翌年秋，從永嘉至杭州，居西湖招賢寺。

一九二七年春，大師在杭州吳山常寂光寺閉關，秋至上海，未返永嘉。翌年夏，大師居溫州大羅山，誅茆宴坐（寂老原有茆庵在大羅山上，即伏虎庵）。秋，從永嘉至上海，與豐子愷、李圓淨洽商《護生畫集》工作；年尾，未返永嘉度歲，而到福建南安小雪峯過年。這是大師初次到閩南。

一九二九年四月，大師離廈門，回永嘉。九月二十日為大師五十壽辰，自永嘉至上虞白馬湖，諸友好為之放生結緣，住晚晴山房。隨後，大師又返永嘉慶福寺，撰聯讚歎地藏菩薩，聯曰：

多劫荷慈恩，今居永寧，得侍十年香火；

盡形修懺法，願生極樂，早成無上菩提。

並附題記曰：「辛酉三月，余來永寧，居慶福寺，親得瞻仰禮敬承事供養地藏菩薩摩訶薩，並修占察懺儀。明歲，庚午，首涉十載，自幸余生，獲逢聖教，豈無慶躍，碎身莫酬，攬筆成辭，輒申讚願。惟冀見聞隨喜，同證菩提。己巳十月，時年五十，弘一。」十月，大師自永嘉重至廈門南普陀，歲暮至南安，與太虛法師同在小雪峯寺度歲，未返永嘉。

一九三〇年十一月二十日，白馬湖時已雨雪，朔風砭肌，大師體弱，不禁寒冷，乃歸永嘉城下寮度歲。翌年春，又患痢疾甚劇，較上次加甚，且連綿不斷，大師連誦《行願品偈贊》，一心生西，自言：「境界廓然，正不知山河大地有物我也。」病體一直延至九月猶未復元。大師云：「今春以來，疾病纏綿，掩室之事，不得不暫從緩。」二月，又從永嘉赴白馬湖，居法界寺，於佛前發「專學南山律」誓願。

大師為永嘉慶福寺緣冊題過詞，題詞曰：「慶福之名，志乘不載，今所傳者，嘉道間事耳。逮乎清季，寂公上人駐錫是間，整頓清規，增築僧舍，勤修淨業，廣行衆善；又復建蓮池會，勸導緇素，一心念佛，求生西方。遠紹廬山之遺軌，近媲法雨之高躅，勝名流傳，遍及中國，承其勸導，臨終正念，示現瑞相，往生蓮邦者時有所聞，懿歟盛哉！上人光顯法門，闡揚佛化，功在萬世矣。余于辛酉，參學永嘉，依止上人，同住十載。爾者城垣漸廢，觀瞻不尊，寺主因弘賢首，與上人謀，將欲重建殿宇，易其方位，以協形相，為立緣冊，集募資財。凡諸善信當必生歡喜心，隨力而助，所獲功德，無量無邊矣。」重修慶福寺時，延請樂清塑佛專家黃崇壽塑三聖像；大師親臨指導，故塑像之莊嚴為諸寺聖像之冠。大師還手書「慶福寺」寺額和長聯，均存在慶福寺原址。大師並書寫聯對贈懸江心寺大殿，即宋文天祥信國公起義抗元之處。九月，廣洽法師約大師至廈門，即從永嘉動身至上海，後因時局不安定，經朋友勸阻，於是仍回永嘉。

一九三二年初夏，大師由閩南龍山返永嘉城下寮結夏，應趙伯廎居士之懇求，為其先祖母書《華嚴經普賢行願品》一卷，以資回向。又手書江介卿先生《毗盧支那佛造像題辭》。秋，又從永嘉復至鎮北伏龍講苑安居。此後，大師常住閩南宣揚戒律。迄未返回永嘉。

一九五八年冬，我回到故鄉溫州。寂老回憶大師之苦行，欽敬不已，言：某日，有小販老婆婆以多年積累之儲蓄來做功德，大師聞之，參加道場，親提鐘鼓，為她求福。又言：大師曾向同寮乞施舊芒鞋一雙，人棄之不要，而大師卻乞求布施，因大師認為如需用物，即微至一草一木，寸紙尺線，皆須向物主明白請求，得彼許可，方可使用；否則，就是犯盜戒。諸如此類，說明大師之守戒律，絲毫不肯放縱。

大師以華嚴為境，四分律為行，淨業為果，律嚴行苦，法承南山，洵為現代律祖，與唐永嘉大師在溫州有同樣尊嚴，永式緇流，傳之不休！

大師是我在浙江第一師範之老師，畢業時贈我聯對：「簡車于獵，安舫以遊」。字體係從張猛龍碑字苦練融化而出，瓌麗雄偉，動人魂魄。在溫州時，大師手書《佛說進學經》一卷，跋語：「改元後十二年，歲在昭陽前安居第二褒灑陀日，敬寫是經，付伯權居士（即作者本人）供養。」又為題「葉庵」齋額，並有長跋，又贈短聯：「化人間幻士，谷響答泉聲」。又手書佛號法語多種及贈《十二門論》和《楞嚴貫攝》等經。大師晚年書法，穆靜沖逸，自然成趣，有面對古德，廓爾忘言之境。大師用以寫佛號、法語、佛經，宣揚佛法，廣結人緣，何止萬千？得之者如獲珍寶，不僅可鑒賞大師書法，並可起信三寶。在溫州寫的固屬不少，在泉州寫的尤為普遍。一九二六年春，我侍大師同輪赴滬，南北分途，一別千古，永無見面之緣，至今悼念毋忘！

大師三十九歲在杭州西湖大慈山虎跑寺剃度出家，雲遊各地。四十二歲，卓錫永嘉城下寮。五十三歲，從永嘉去閩南弘佛，不再返回。在永嘉十二年中，掩關四年常住城下寮，潛修著述，出關後幾年，如野鶴閒雲，時來時往，無一定行蹤。但在冬夏，因寒暑不宜，大都回永嘉結夏度歲。六十三歲在泉州圓寂。當時上海與福建各報均刊登消息，舊友、學生、同參以及社會人士，也發表紀念文章，對大師之愛國思想，藝術創作，戒律謹嚴，苦行卓越，一致推崇。大師在溫州掩關時所著《四分律比丘戒相表記》一書，別出心裁，為律宗名著，評價甚高。

一九四九年溫州解放後，聞溫州文管會有將慶福寺作為古跡保管之建議。溫州佛教會與居士林等團體，於一九五一年組織「弘一大師圖書館」，聚集溫州市各寺院所庋藏各種善本佛經，藉以紀念大德。一九五六年至五七年間，又籌備「大師紀念室」，由馬一浮先生寫「弘一大師紀念室」額，初步就緒，適值大躍進年代，寺址被占作實驗化工廠（即昆侖化工廠）；於是，紀念室暫告結束，所有搜集大師生前墨蹟、用物等，當時仍由紀念室保管。

一九六三年八月三十一日

（刊於一九六三年《溫州文史資料》創刊號）

編者按：

（一）陳祖經（一八九二——一九七二），字伯權。求學杭州浙江第一師範學校，受李叔同直接薰陶。畢業後，任教於溫州模範小學、甌海公學等校。適弘一法師駐錫溫州，使其繼續受益，藝事大進。

弘一法師在廈門

蔡吉堂　吳丹明

一　與廈門結下不解緣

弘一法師出家二十四年，在閩南住了十四年，曾十次到過廈門，算與廈門最有緣。他在廈門曾先後住過南普陀寺、日光巖、妙釋寺、萬壽巖、太平巖、虎溪巖、中巖、萬石巖。

據他《南閩十年之夢影》自述：「我第一回到閩南，在民國十七年的十一月，……由溫州到上海，是為着編輯《護生畫集》的事，……到十一月底才把《護生畫集》編好。那時我聽人說：尤惜陰居士也在上海。……我去看尤居士，居士說要到暹羅國去，……我就……和尤居士一起動身……經過廈門……料不到這就成了我來廈門的因緣。十二月初，到了廈門，承陳敬賢居士的招待（陳敬賢是陳嘉庚先生之弟），……陳居士就介紹我到南普陀寺來。……到了南普陀寺，就在方丈樓上住了幾天，時常來談天的，有性願老法師、芝峯法師等。芝峯法師和我同在溫州，雖不曾見過面，卻是很相契的。現在突然在南普陀寺晤見了，真是說不出的高興。我本來是要到暹羅去的，因着諸位法師的挽留，就留滯在廈門……」

當時，弘一法師目睹閩南佛教內部較為純潔，尤其是閩南佛學院，學僧雖只有二十幾位，他們的態度都很文雅，而且有禮貌，和教職員的感情也很不錯；且加上廈門氣候甚佳。當時弘一法師有過這樣的描繪：「廈門氣候四季如春，又有熱帶之奇花異草甚多，幾不知世間尚有嚴冬風雪之苦矣！」數天後，他又離開廈門到南安小雪峯寺。以上就是弘一法師第一次到廈門的因緣和經過。從此，他就來往於廈門、泉州、南安、永春、福州、惠安、漳州等地大弘佛法。

弘一法師初出家時，崇奉淨土宗，後來，精修南山律宗，宣揚七百餘年湮沒不傳的南山律宗。一九二九年元月，弘一法師自南安小雪峯寺到廈門南普陀寺，居閩南佛學院。四月間恐天氣轉熱，就離開廈門去溫州。十月又重返廈門南普陀寺，住寺內功德樓。其間，曾為閩南佛學院撰寫了《悲智訓語》，訓示學僧要「悲智具足，應先持淨戒，並習禪定，乃得真實甚深智慧，依此智慧，方能得利」，並且手書以贈。同時又為太虛法師所作《三寶歌》譜曲，十二月與太虛法師同往南安小雪峯寺。一九三二年十月重返廈門，由性願諸師介紹，住山邊巖（即萬壽巖），是月在妙釋寺念佛會期講《淨土法門大意》，十一月又在山邊巖著《地藏菩薩聖德大觀》一卷，十二月到妙釋寺講《人生之最後》，告誡佛教徒。他說：「當病重時，應將一切家事及自己身體悉皆放下。專意念佛，一心希冀往生西方。……臨終之際，切勿詢問遺囑，亦勿閑談雜話」。當年十二月二日，是太虛法師住持南普陀寺六年期滿，繼任住持常惺法師，弘一法師參加寺內舉行受請典禮。後就移居妙釋寺，當時手書晉譯《華嚴經》的「戒是無上菩提本，佛為一切智慧燈」一長聯贈予性常法師。數天後，便又移居萬壽巖，刻有篆印一顆，文曰「看松日到衣」，贈予同居的了智法師。當時見到這顆篆印的人，無不稱贊其刀法蒼古，極為難得。一九三三年元月初八，弘一法師又自萬壽巖移居妙釋寺，十二日講了《改過實驗談》，將他五十年來修省改過的實驗，略舉數事奉告佛教徒。並示他們應一學、二省、三改（虛心，慎獨，寬厚，吃虧，寡言，不說人過，不文己過，聞謗不辯，不瞋）。當夜手書《華嚴經》偈句贈廣洽法師。正月八日夜，法師夢身為少年偕儒師行，聞有人朗誦華嚴偈句，審知其為賢首品文，音節激楚，感人甚深，與儒師返，見數十人席地而坐，中有一人操理絲弦，一長髯老人即是歌者，座前置紙，大字一行，若寫華嚴經名，余及知彼以歌而說法者，深敬仰之，遂欲入座，因問聽眾：可有隙地容余等否？彼謂兩端悉是虛席。余即脫屨，方欲參座，而夢醒矣！回憶華嚴賢首品偈，似為發心行相五頌，因於是夜篝燈書之，願盡未來際，讀誦受持，如說修行焉。

二　闡揚律宗　培育青年教徒

一九三三年元月二十一日至二月十五日，弘一法師又在寺講《四分律含注戒本》及《戒相表記》。開講時，又敘述了自己弘律本願及所遭的周折，他說：「……甚願得有精通律義之比丘五人出現，能令正法住於世間，則余之弘律責任即竟，故余於講律時，不欲聚集多衆，但欲得數人發弘律之大願，肩荷南山之道統，以此為畢生之業者，余將盡其綿力，誓捨身命而啟導之。此次在本寺（妙釋寺）講律，實可謂余弘律第一步也」。二月間為胡宅梵居士撰寫《地藏菩薩本願經序》。二月八日又移居萬壽巖。三月九日在萬壽巖講《隨機羯磨》，至五月八日講完上卷。四月七日又講《地藏菩薩靈感》。八日講《三歸依大意》。四月間重編了《寒笳集》，其間，虞愚教授和我同往萬壽巖，請弘一法師開示佛法，並與弘一法師攝影留念。五月初三日為蕅益大師聖誕，弘一法師為諸學者撰寫《學律發願文》，闡明學律弟子，應發四願：一願學律弟子等，生生世世，永為善友，互相提攜，常不捨離，同學毗尼，同宣大法，紹隆僧種，普利衆生；一願弟子等學律及弘律時，身心安寧，無諸魔障，境緣順遂，資生充足；一願當來建立南山律院，普集多衆，廣為弘傳，不為名聞，不求利養；一願發大菩提心，護持佛法，誓盡心力，宣揚七百餘年湮沒不傳之南山律宗，流布世間，冀正法再興，佛日重耀。同時，又撰了《地藏菩薩九華垂蹟圖》。五月初十，應泉州轉物和尚之請，與十餘位學僧離廈門至泉州開元尊勝院。一九三四年二月，承會泉法師和常惺法師之請，重返南普院寺，在寺講《大盜戒》。一再囑瑞今法師創辦佛教養正院，以培育青年教徒。

三　宣揚正法　整編佛學

弘一法師當時又整理《扶桑藏經》，並校對南山律宗三大部。三月十八曰至四月六日在南普陀寺講《行事鈔大盜戒》。五月十日又撰寫《隨機羯磨疏跋》，贊揚上海徐蔚如居士的功德，並手書《華嚴經》集聯：「當度衆生界，當淨國土界；普入三昧門，普游解脱門。」贈予僧懺法師。八月二十五日在南普陀寺後山兜率陀院作《一夢漫言跋》、《華山見月律師行腳略圖》並跋，又為莊閑女士手書的《法華經》作序。九月撰《一夢漫言序》，並依《一夢漫言》撰《見月律師年譜摭要》並跋。是月是弘一法師五十五歲生辰，豐子愷先生為弘一法師造像紀念。當時陳敬賢居士之子共存曾到院拜訪，弘一法師手書一對聯：「願盡未來，普代法界一切衆生，備受大苦；誓捨身命，弘護南山四分律教，久住神州。」並跋贈予廣義法師。十一月弘一法師移居萬壽巖，並在開創念佛室宣講《彌陀經》三日，編《彌陀義疏擷錄》一卷。十二月應李圓淨居士之請，撰寫《福州鼓山藏經版目錄序》，同時函告李晉章居士，請其刻印二三方做紀念，並託購《昨非錄》為書寫之用。除夕晚上在萬壽巖念佛堂講演，一九三五年元旦，在萬壽巖開講《彌陀經》，至七日講完。正月間整理《彌陀義疏擷錄》並序（刊載於當年八月《弘法月刊》第二十九期）。二月就離廈至泉州，在溫陵養老院宣講《一夢漫言》。一九三六年元月，弘一法師帶病從晉江草庵寺到廈門南普陀寺。三月一日，在寺講《四分律含注戒本》。其間，弘一法師讀了萬均法師所著的《為僧教育進一言》，認為是稀有的，即手書華嚴偈聯：「開示衆生見正道，猶如淨眼觀明珠」，並加跋寄奉萬均法師，以志景仰。五月間，移居鼓浪嶼日光巖，並宣講《淨土法門大意》。同時還編了《南山年譜》、《靈芝年譜》，還撰寫《草庵記》、《奇僧法空禪師傳》發表於《佛教公論》第三期。又手書《藥師本願功德經》一卷，為傳貫法師之母許柳居士迴向，由夏丏尊、葉恭綽題跋。還為亡友金咨甫手書《金剛經》一卷。是時，弘一法師又通過日本在上海的書局並親自去信，向日本請得大小乘經萬餘卷，自己整理，編成《佛學叢刊》第一輯，由上海世界書局出版。

一九三七年春日，郁達夫和廣洽法師曾到日光巖拜訪弘一法師，法師贈郁達夫《佛法導論》等書，郁達夫回福州後，曾寄一詩贈予弘一法師：

不似西泠遇駱丞，南山有意訪高僧。遠公說法無多語，六祖傳真只一燈。學士清平彈別調，道宗宏議薄飛升。中年亦具逃禪意，兩事何周割未能！

是年一月初，弘一法師由日光巖移居南普陀寺，臨行時將手書《佛說無量壽經》裝訂成冊，贈予清智法師，報答其供養之恩。繼在閩南佛學院講《隨機羯磨》一日，又在佛教養正院講《十善業道經》及寫字的方法，他說：「寫字須由篆字入手，每日至少五百字，然後，再學隸，入楷，楷成，學草。最緊要是章法，章法七分，書法三分，合成十分，然後可名學字。」又說：吳昌碩的字並不好，不過有幾分章法而已。經云：是法非思量卜度之所能解。書法亦爾。同時，還手書《佛說五大施經》，為士惟居士迴向，並為玉泉居士撰墓誌銘。除夕晚，在南普陀寺為傳貫法師一人講《發菩提心文》。這年還為我寫《壬丙南閩弘法略志》並序。一九三七年元月六日，在南普陀寺功德樓講《隨機羯磨》。這本書原言簡而賅，用廣繁的文字節修而成，閱讀很費解，弘一法師精心編了《別錄》，提綱挈領，一目了然。二月在南普陀佛教養正院講《南閩十年之夢影》，由高文顯居士筆記，刊登在《佛教公論》第九期，收入《晚晴老人講演錄》，詳細敘述了他到閩南後十年的弘法情況。三月十一日移居萬石巖。三月十五日又回南普陀寺，為曾詞源居士撰寫《乙丙惠安弘法略志》並序。那時弘一法師已五十八歲，四月間還想到南洋宣揚南山律宗，未果行，即應會泉法師之請，到中巖閉關。一九三五年四月及一九三六年，弘一法師曾二度赴惠安大弘佛法。斯時，惠安鄉村環境衛生較差，法師左手臂皮膚生濕症甚劇，返廈居南普陀寺，經我介紹黃丙丁博士為之治療，見效甚快。他函曾詞源居士稱：「宿疾已愈十之有八，再遲一月，或可痊愈，因係慢性症，不可求速效也，仁者如晤蔡居士時，乞為詢病愈後，如何酬謝黃博士，便中示知，不宣。」後來，黃丙丁博士婉謝了弘一法師的酬謝，法師即做《大藏經》木箱，外鐫「黃博士施助」字樣，並手書《心經》和墨寶數件贈黃博士。

四　撰寫運動會會歌　鼓舞斗志

一九三七年五月二十日，廈門市當局在中山公園舉行第一屆全市運動大會。籌備委員會請弘一法師撰寫運動大會會歌。為了鼓舞民眾體育精神，為了拯救四川難民（當時運動會有募捐，並售門票每張貳角），弘一法師欣然許允。三月間，親自作詞譜曲，寫了《廈門市第一屆運動大會會歌》，發揚抗日愛國精神，這在當時是起了一定積極作用的，過後，這首歌就在學界中廣泛傳開了。

弘一法師當年四月初便離開廈門到青島市湛山寺講律，九月中旬離青島經上海再度到廈門，臨行時，手書《華嚴經淨行品》並跋，贈予青島夢參法師，謝其半年來護法功勞。弘一法師自青島回廈門後，先後居住萬石巖、中巖、南普陀寺，也住過鼓浪嶼日光巖。住鼓時曾應「了閒別墅」主人林寄凡居士之請，往講《心經》三天。一九三七年六月，國民黨一五七師部隊從廣東開到廈門，南普陀寺被占駐。農曆七月二十九日，日本飛機轟炸市政府和公安局，不久又轟炸郊區，廈門大學和南普陀寺雖未被炸及，但也留下不少彈片，全市處在動蕩不安的狀態，加之臺灣浪人成天在街頭散發傳單，說什麼「某月某日飛機要在全市轟炸」云云，弄得人心惶惶。弘一法師就由南普陀寺移居萬石巖，住了幾個月。不料國民黨一五七師的工兵連又占據了萬石巖，進行擾亂，晝夜不寧，弘一法師不堪其擾，即離開萬石巖，到達漳州南山寺。曾函告李芳遠居士：「於廈門難事前四日，已到漳州弘法，故能幸免於難」。「現居東鄉瑞竹巖，擬在此度夏。秋涼後倘車路可通，即返泉州也。」（按廈門係一九三八年五月九日淪陷）後到同安梵天寺、安海水心亭演講佛法，又至永春、南安、惠安。

出家後的生活，使弘一法師養成了有如「閒雲野鶴，孤往獨來」的僻性，再加上他是位耿介自持的高僧，就更難談得上會隨便會客、演說、講經、赴宴。在廈門這段期間內，弘一法師也經常閉門謝塵，靜修於禪室。儘管如此，仍有許多法師、學僧、居士及社會各界人士請求開示佛法，弘一法師接待來訪者時，總是正襟危坐，兩眼俯視，不左右顧，總是默然不語，偶而答話，也是一言半語，使人有端莊和悅而又矜持之感。

一九三七年三月弘一法師居廈門萬石巖時，市長李時霖聞悉弘一法師音樂造詣較深，擅長作詞譜曲，並撰《廈門市第一屆運動大會會歌》，即親自登門拜訪，但弘一法師藉故生病不理他，使李時霖快快而去。同年六月二十二日廈門大學教授李相勗，託高文顯居士請弘一法師到廈大講演佛法，弘一法師也辭謝了。當時，他對傳貫法師說：「余生平對做官的人，有大名望之人，並不敢接近，怕墮名聞利養故，又防於外人譏我趨名附勢。」

五　倡辦佛教養正院

弘一法師在廈門，除了講經說法之外，也極力提倡蒙養教育。當他居南普陀寺時，寺內僧人多數無中學文化程度，因而不能上閩南佛學院，而只能早晚學學功課，替人念經拜懺，虛度了光陰。弘一法師就請瑞今法師克服種種困難，在南普陀寺內，創辦了佛教養正院。由瑞今法師任院長，廣洽法師為學監，自己擔任訓育課程。並且，每星期在養正院為學僧講經一小時。弘一法師時常勉勵學僧應該惜福、習勞、持戒、自尊，並鼓勵他們精讀《高僧傳》、《嘉言錄》、《格言聯璧》等。這就使寺內僧人像久旱逢甘雨似的得到求學機會。平常，弘一法師總是「以恕己之心恕人，則全交；以責人之心責己，則寡過」來勉勵自己，一向先責己，不責人，處處以身作則。當時，南普陀寺內執事僧和一般清眾在生活上是不很平等的，而招客（即茶房）所受的待遇就可想而知了。然而，弘一法師對待寺內的法師、學僧、招客都是一視同仁，從來不以為自己功德比他們高而養尊處優。每回招客為他端茶送飯，他總要合掌還禮。就是平時出門，只要前面有位老法師，就立即放緩步伐，走在後面。他說：「他歲數比我大，出家比我早，是佛門中的老前輩，不能走在他前面。」當弘一法師居住閩南佛學院時，寺內有幾位學僧偷看了黃色小說《薄命鴛鴦》、《可憐她》。弘一法師得知後，傷心地暗暗流泪，連夜懺悔，不但無責備這幾位學僧，反倒怪自己教導無方。過後，這幾位學僧得知，倍受感動，均能改過自新。在佛教養正院，弘一法師曾對學僧們說：「……要曉得，我們出家人，在所謂『僧寶』，在俗家人之上，地位是很高的，所以品行道德，也要在俗家人之上才行。」又說：「一個人若能這樣十分堅定地修持，他的品行道德自然會一天比一天高起來！」

弘一法師一貫從善如流，嚴持戒律，過着三衣一鉢的生活。在廈門時，他時常身着深墨色的粗布「海青」，足着舊芒鞋，絲毫無人間煙火氣，儼然是一位苦行頭陀。他非常省吃儉用，一日兩餐，過午不食，就是年節也無例外。平時人家贈給他的果品，他總是拿到寺內供佛。有一次，弘一法師從上海再到廈門，所帶的東西異常簡單，一件被單，一條蚊帳，幾件破了又經三四次補釘的衣服，以及幾本重要的律學書籍。就是出遠門須乘船，弘一法師也不肯租房艙，而喜歡和統艙的乘客住在一起。有一回，會泉法師惟恐統艙設備較差，暗中為弘一法師租了一間房艙，弘一法師一直推辭，但那時木已成舟了，他才勉強接受。弘一法師常撰寫經文，也很注意紙墨的節約，書寫時，總不浪費點滴墨汁，寫多少，磨多少，只要能寫上幾個字的紙，他從不隨意抛棄，而是搜集起來，做撰寫經文的草稿紙。弘一法師常說：「我們出家人，用的東西都是十方施主的，什麼東西都要愛惜節儉。住的地方只要有空氣，干淨，就好，用的東西只要可以用，不必什麼精巧華麗，我住的地方也只求簡潔清淨而已，用不着高樓大廈。」在弘一法師示寂前的遺囑中，也體現了他那簡樸的習性，他說：「……用的龕不必精巧華麗，只須薄木板釘成的，墊龕腳用的小碗也不必新買，用常用的四個小碗。圓寂時，也不着綢衣，只穿短褲，以遮下體即已。」由於弘一法師具有儉樸的美德，因此，佛教養正院內的學僧在他的熏陶下，都能養成勤儉樸素的習慣。弘一法師之所以要過這種苦行僧的生活，原因正像他在廈門佛教養正院向學僧訓示的：「惜食，惜衣，非為惜材緣惜福。」

弘一法師做事總是一絲不苟，態度嚴謹。他看經文，從不敷衍了事，而是逐行逐句地推敲，他說：「閱佛書，萬不可如閱報紙，走馬觀燈，一過目便歇，須是細心玩索，每日或看一二段，或僅數行，三翻五轉，以文會意。牢記勿忘，方得實益。」「開端之處如覺難領會，不妨從中間較淺顯處先閱。」

六　學問淵博　虛懷若谷

弘一法師有淵博的學問，高尚的美德，在閩南的十餘年間，對閩南佛教內律宗的重興，起了一定的作用，直至他示寂後，仍為佛教徒們所傳頌。他一向埋名遁迹，從不住持寺剎，廣收徒衆，而且要別人取消稱他的尊號如法師、大師、老法師、律師等。一九三六年元月，弘一法師從泉州草庵寺返南普陀寺，他床頭總放着一隻比其他鐘慢了半小時的鐘，別人見了都說：「這鐘不準。」弘一法師道：「這是草庵鐘。」原來，弘一法師在草庵寺患病時，病床上的鐘比其他鐘慢了半小時，他到南普陀寺，仍用這隻鐘。當時，弘一法師說：「我看到這隻鐘，就想到我在草庵寺的生病情況，往往使我十分慚愧，慚愧我德薄孽重。我要時時發大慚愧，我總是故意地把鐘改慢兩刻，照草庵鐘的樣子，不止當時如此，到現在還是如此，而且願盡形壽，常常如此。」一九三七年二月，弘一法師在南普陀寺佛教養正院講《閩南十年之夢影》時說：「到今年民國二十六年，我在閩南居住，算起來，首尾已是十年了，回想我在這十年之中，在閩南所做的事，成功的卻是很少很少，殘缺破碎的居其大半，所以我常常自己反省，覺得自己的德行，實在十分缺欠！」又說：「我自出家後，不敢隨便講經，或講律，更不敢赴什麼傳戒的道場，其緣故，是因為個人感覺學力不足。幾年來，在閩南，雖曾講過些東西，內心總覺非常慚愧。」「記得古人有句詩：『一事無成人漸老』。清初吳梅村（偉業）臨終的絕命詞有：『一錢不值何消說』。這兩句詩的開頭都是『一』字，所以我用來做自己的名字，叫做『二一老人』」。當時，他在佛教養正院講：「這『二一老人』的名字，也可算是我在閩南居住了十年的一個最好的紀念」。弘一法師為自己所命的法號也多是些所不存在的東西，如月臂、亡言、無得、髻目、月音……平時弘一法師講律時，從不廣聚徒衆，從不穿着顏色濃艷的袈裟，從不擺架子，坐的位置總是面向佛，而讓聽衆分坐兩邊。他認為如果背向佛而講，就是無禮。上述的弘一法師的言談舉止，足以體現他那謙虛的美德。

弘一上人兩蒞衢州

（刊於一九八四年《廈門文史資料》第六輯，收入本集時有刪改）

杜瑰生

大師首次蒞衢州為民國九年，歲庚申，公元一九二〇年。其年大師四十一歲，春居玉泉清漣寺。夏赴新城貝山掩關，專研四分律。八月游衢州，舟次盈川，曾謁楊炯祠（盈川城隍廟）。繼即往蓮花拜晤德淵法師，居蓮花寺焉。（次年正月過離衢新城貝山返杭州仍居玉泉寺。三月自杭州至溫州永嘉居慶福寺，即城下寮，時慶福寺主為寂山老和尚。寂老以弘一大師出身富饒，游學歸來以學術鳴於時，披剃後又能嚴持戒律，對之倍加欽敬，關護周至。）

蓮花寺在衢州城北四十里蓮花溪上。弘一大師居蓮花寺時，習律之餘，則臨寺園蓮花池數魚，或行向蓮花溪邊徜徉，偶從灘頭掇石賞玩。當年贈與汪夢松居士一石，上有親題詩句，文為：

千峰頂上一間屋，老僧半間雲半間。昨夜雲隨風雨去，到頭不如老僧閑。歸宗芝庵主詩句。　昉曇演音

石背有汪居士題記：「弘一上人癸亥書贈二石，一曰放下，一即此石，……癸未浮若。」

《衢縣志》著者縣人鄭永禧（渭川）與弘一大師在浙江兩級師範同事，法師蒞衢之日，鄭先生尚留杭州修撰衢志。

弘一大師重來衢州為民國十二年，歲癸亥（一九二三）。是年春大師至上虞白馬湖，經紹興、杭州至上海。九日蒞衢州，仍居蓮花寺治律。又曾移居東鄉三藏寺。（嘉靖《衢州府志》：「三藏寺城東四十里清平鄉全旺附近，舊名淨剎，梁僧崇祥師所建。」）並曾小住峽口之南湖寺。（南湖寺在城北五十里峽口村，寺頗宏敞。門有明代萬曆四十六年戊午葉秉敬題，清代同治十三年甲戌重整。）大師一九二三年深秋至冬大部分時間居蓮花寺。

是年十月大師以《大佛頂如來密因修證了義諸菩薩萬行首楞嚴經合轍》十卷十冊賜汪夢松居士。是書為明釋通潤述（通潤，蘇州人，即一雨上人）。明天啟元年刻本。書上題記文字如次：

舊藏銀洞接引庵。癸亥九月，恩師以付演音。是歲十月記於蓮花　胤（印）（白文）。

癸亥冬弘一大師以賜夢松（印）（白文）。

按：

明天啟元年為熹宗朱由校接位之年，歲辛酉，公元一六二一年。

歲癸亥為公元一九二三年（民國十三年）。

銀洞接引庵在杭州埾山門。

此書封面有「德修記」正楷木戳印記。書眉有詳盡音義注釋，蠅頭楷書，字迹遒美。

是年夏曆小雪前後，大師在蓮花寺復書佛號多幀，分賜城鄉居士。並曾以隸體書「聖默禪室」一幅，存蓮華寺。今由黃巖堰吳煥章君保存。

弘一大師兩次蒞衢，卓錫蓮花寺，小住三藏寺、南湖寺外，入城則居祥符寺。弘一大師一九二三年冬迄一九二四年春天居祥符寺。其時寺西即浙江八中師範部及附屬小學。寺東則有趙清獻公（趙抃）祠，門額有「第一流人」字樣。趙祠更東為鐘樓，樓高七丈，銅鐘一口重三千餘斤，清代康熙七年戊申七月樓為風損。乾隆十七年重修，三十七年重建。光緒三十三年重修。一九四二年抗戰時期，銅鐘為日軍劫去，鐘樓漸圮。拆去危樓，只留石基拱門，今尚保存。弘一大師居祥符寺，每日凌晨可聞鐘聲。此鐘原由祥符寺僧兼司昏曉並報火警。晨鐘聲以「輕十八，慢十八，重十八，快十八」次序敲打，晨鐘大都徐緩沉着，並非明顯分清輕重緩急。若遇火警則可辨。東一、西二、南三、北四方位，鐘聲急重聳聽。

《衢縣志》：「民國十二年（一九二三）諸善士設佛教會於此，延高僧弘一自蓮花寺來城主其事。弘一因將誦讀諸經並全部藏經、續藏經概行捐贈，設看經會，以廣流傳。住持僧妙玄乃建設藏經樓於後殿。」自二十年代以迄五十年代，祥符寺後殿及前殿一部分，為浙江第八中學師範部附屬小學及衢師附小借作教室。一九二八年至一九三二年間八中師範部附小音樂教室即為後殿原看經會所在。禪房寂靜，庭除花木扶疏。住持僧妙玄師，臉龐豐腴和藹可親，近處婦孺皆樂與

接談。弘一大師曾為妙玄之師父朗月法師撰寫塔銘，並參加朗月法師窆禮。

弘一大師生平善教人誦受持《普賢行願品》偈頌中之一四句偈：「十方所有諸衆生，願離憂患常安樂。獲得甚深正法利，滅除煩惱盡無餘。」居蓮花寺、祥符寺日，虔修之餘不斷書寫佛號佛經與僧衆居士普結善緣。並教誦上述四句偈。

弘一大師駐錫祥符寺時。曾為書法篆刻愛好者毛善力（時供職於衢州第八師範學校）撰《慈說》。毛君浙江省江山縣人。（按：毛善力（一九〇二——一九七七）原名世根，號子立、梅泉居士，弘一大師命名慈字慈根。）

一九二四年（甲子，民十三年）春，先君杜寶光（雲章）往祥符寺謁弘一大師，由住寺僧妙玄師引至內進客堂。其年大師四十四歲，狀貌清癯，神色霽朗。家君自報為：「昔年明遠學子，與蔡冠洛（丏因，居嘉興濮院可園）同班學儔。大師藝術精湛，早負盛名，矧當盛年，丰儀麗服，風神瀟灑，乃校中一顆彗星，為全校師生員工所共仰。」大師微笑贊嘆：「在此又結善緣！」並言過午不食，衣不過三，一衣一履要用多年。物者福也，惜物所以惜福也。惜福、習勞、持戒、自尊亦為在家居士所宜躬行。大師言語輕緩，對話無多。叩別時賜家君佛號一幅。文為：南無阿彌陀佛。後有三行小字，計三十六字：一句彌陀，性本自空，星皆拱壯，水盡朝東。一句彌陀……下署歲次甲子，沙門曇昉，大慈演音。

衢州是年得弘一大師親書佛號卷軸者，尚有吳子弓、項槐、汪半僧、汪鞠如、仇星農、汪夢松、程本一、徐佐才、胡加有、汪子佩等。龍游小南海亦有大師手澤。

弘一大師居祥符寺時，浙一師及門弟子程本一往謁數次，春風再坐，無限愉悅。最後一次持一毛巾敬奉，大師拒納，謂舊巾尚可使用，復以惜福育才是囑。本一師乃依戀叩別。

弘一大師重蒞衢州，除虔修律學，撰寫專著外，於蓮華寺撰《汪居士傳》；於祥符寺撰《大中祥符朗月禪師塔銘》、《比丘律藏函題詞》、《慈說》、《旭光室跋》。

弘一大師離開衢州前，與僧衆居士合攝一影，懸諸祥符寺客堂及蓮華寺方丈室。居士中有汪半僧（藹如）、汪夢松（峻波）、汪張黻（子佩）、項槐（華嶔）等。

大師離開衢州前，曾詣北門白果巷拜晤七十九歲耆宿吳子弓先生。吳先生為書「旭光室」額，大師撰有跋記。（按：吳子弓先生（一八四六——一九三八）為衢之高士，治《說文》、《易經》，精考據。為人嶔奇磊落，性託夷簡。所為詩文，不同凡響。有子名一峰，字培齋（一八七八——一九四八），滬江大學教授，治語言文字。）

大師自一九二一年在溫州慶福寺閉關即從事《四分律比丘戒相表記》著述。游衢州時，在蓮花寺、祥符寺繼續撰寫，迄一九二四年八月在溫州定稿，親以工楷書寫，由上海中華書局縮印千部，曾分贈日本。原稿由上海穆藕初氏珍藏。此為律宗名著，備受佛學界推崇。

民國十三年甲子（一九二四）年舊曆四月十九大師自衢州祥符寺起程經松陽、青田，至溫州，仍在慶福寺閉關。

（刊於一九八五年《浙江文史資料選輯》，收入本集時有刪節）

毫無宗教異己成見的人

莊蓮福口述　陳炎興　陳作二整理

我是一個基督教徒。

記得一九三五年五六月間，我在任錢山小學校長時，聽說淨峯寺有位雲遊到此宏法的高僧，叫弘一，頓時萌發前去拜訪之心。

有一天，我和山前堂會（即禮拜堂）的傳道師陳連枝一起前往淨峯寺拜晤高僧弘一。沒想到入山寺時被寺中的傳貫師攔住，待我們言明身份及來意時，他便以宗教異己為理由，不許我們進去拜見弘一大師。我們極力向他闡述道：「我們基督教是以『自由、平等、博愛、捨身流血』為教義；而佛教則以『大慈大悲、救苦救難』為宗旨。其濟世之心是一致的。」可傳貫師還固執己見，雙方相持不下，我們便鬱鬱不樂地下山了。

第二天上午，我已在教室裏上課，偶然轉頭竟看見一位和尚跪在門口，我以為發生了甚麽事，急忙走出去把他扶了起來，這時才認出這位和尚就是阻攔我們的傳貫師，可我還是請他到宿舍裏喝茶，他硬是不肯，站在門口對我說：「我是奉法師之命，特地來向你們賠罪的，萬萬不可接受你們的招待！」說着就從懷裏拿出弘一大師手書的單條四幅及一本《華嚴經》贈送給我。

後來，我探聽到是傳貫師當晚把我們與之爭辯的過程告訴弘一大師，弘一大師聽後立即要他來登門賠罪。

當時我深深地為這位高僧光明磊落的胸懷、海涵山容的氣度所感動，至今不能忘懷。

通過上面所述的那件事以後，我和傳貫師有了來往，並得知弘一大師那時每日下午一時半，準時向信徒講經。得到這個消息後，我和幾位教友都極其高興，共同商定要上淨峯寺聆聽高僧的妙音。

一天，我和教友陳連枝、陳秀奎、楊靜如、楊成法、邱振德等人，提前吃了午飯，一齊前往淨峯寺聽經。

一點半鐘快到的時候，只見傳貫師用一根小巧的木棍在門框沿輕輕地敲了三下，弘一大師隨即由宿舍開門而出。他瘦高的身材，微隆的前額，渾圓的頭頂，以及暗灰色的布質袈裟，立即給人一種寧遠超然的感覺。

弘一大師緩慢而沉着地走到佛像前，虔誠地點上三炷香，並且整齊地插在香爐裏。轉過身來，對滿室聽眾僅作微笑而已，甚為凝重，然後才坐在一塊方形的禪椅上，面向聽眾，非常肅穆和藹。他的座前架着一個小竹屏，屏上放着經書，距他的眼睛一尺有餘。一開講，大師目不轉睛，聚精會神，用普通話講述（傳貫師站在旁邊翻譯），吐字清晰，論點鮮明，論證有序，非常有說服力。聽眾都聽得入神，全場鴉雀無聲，靜到連一根針掉到地上的聲音都能聽見。儘管聽眾中有個別想咳嗽的，也都忍耐着，或者悄悄走到門外去，不敢打擾這寧靜的氣氛。

這樣，弘一大師講了四十五分鐘，便稍作休息。休息過後，他依舊坐在禪椅上，接受聽眾的提問。對聽眾所提的問題，他作答簡單扼要，態度和藹，時而微笑。我們問他三餐吃甚麼？他說：「吃稀飯，炒鹽佐膳，亦可謂山珍海味具備了！」還說：「善信者進寺禮佛時，清花果燭，就算有禮了，不必其他；不必放鞭炮、燒金箔；更不必演戲、喧喧擾擾，這才是釋教徒的真正心境。」最後他鄭重地為我們說「戒」：「萬惡淫為首」，「不殺生」等佛門戒律，給我們很深的啓迪。因此，我們連續上寺聽弘一大師講經，每次都增加了不少的基督教徒聽眾。

淨峯寺在寺內建立弘一法師紀念室，是一件大益事。

我年事已高，但也偶爾進寺景仰大師，瞻仰他的遺像，觀賞他手書的對聯「平等觀諸法，慈光照十方」，回想和他的一段難忘的法緣，浮想聯翩……

（刊於一九八六年七月《弘一法師在惠安》）

愛國愛教　慈心惜物

——緬懷高僧弘一法師聖格三則

莊榮標

（一）當在抗戰時期，日機狂炸，死傷頻聞，遍處哀鴻。一日法師面諭余曰：「我們佛教徒，同屬國民一份子，愛國之心當不後人，捍衛國家，乃國民天職。然而佛徒應以慈悲為本，而修持戒律，首重戒殺。但護國衛民固應盡責，而奉教信仰亦未便有所違背。正因如此，作為佛教徒理合組織佛教徒救護隊，擔任救護工作，庶衛國奉教，兩得其宜。」我即應命，並通過全體理事會決議組織，定名為「晉江縣佛教徒戰時救護隊」。隊部設在準提禪林，挑選我會所屬會中即愛國又較健壯之僧眾教徒，集合編訓。並由本會委任釋瑞超為隊長，蔣文澤為副隊長。聘請醫師、教練，進行演習各種救護技術，以資熟練，而應救傷之便利。正因此論足以表明、顯示了弘一法師是滿懷愛國又愛教之崇高精神！今師雖皈西，對其愛國愛教，諭猶在耳。實令人垂念，深感不忘！

（二）痛倭寇侵華，炮火紛飛，血肉四濺，目不忍睹！惻隱之心，人皆有之，何況佛教徒。當時晉江縣佛教會（包括今之泉州市郊內外及晉江全縣區域）經全體理事會議決議，集中各寺僧眾於大寺，舉行誦經禮懺，祈禱佛力加庇，護國消難，世界和平，人民安樂。依法當端請長官親臨拈香禮佛，以示虔誠。時晉江專區行政公署設在同安，適值同安縣亦要相繼成立佛會之前，發函邀請晉江縣佛教會派代表參加，經會決定，由本會理事長釋轉塵及常務理事兼秘書長莊榮標二人為代表，前往參加同安縣佛教會成立典禮。早在同安有會泉、會機二老法師，亦一齊到行政公署見專員黃元秀，道出我等來意。不日，元秀果親臨承天寺。備素宴於「一塵不染」堂。在座有晉江縣長張斯麟、專員黃元秀、性願法師、轉塵和尚，葉青眼居士（本會監事、慈兒院院長）和我作陪。席上轉塵理事長建議：「在誦經禮佛祈求護國消難，保衛人民安樂期內，按例須請當地長官告示禁屠三天。」黃專員即席面諭晉江張縣長，應命遵辦。接著，元秀滿口盛贊弘一法師天資聰慧，多才多藝，精通詩書，博學經典，道高非凡，是佛教哲人中之錚錚者，殊堪令人敬慕云云。宴後即趨法師禪房，已不見師影。頓時，元秀眉皺目轉，已覺法師乃是聖格非凡之高僧，因而避見官方，隨轉身告我和葉居士曰：「煩二位代我遍訪法師，如得晤面請為我致意，今天元秀是以舊友情誼求見法師，時間僅在廿分鐘，不敢多擾，並非以專員名義進見。若蒙俯允，請速來回報。」等語，嘻！高僧如此，實與趨炎附勢迎官拍馬者大有天淵之別。及我倆訪至溫陵養老院時，見法師雙手捧一盆洗澡水，彎腰，雙眼注視草地上，無何蠕動，乃將盆水徐徐斜下。目睹法師德高行深之仁慈姿態，實令人感動心弦。余謂葉居士曰：「法師愛護生物之慈心，遍及草地上至微小之生命，誠為世所未聞，人所罕見，真乃高僧碩德之聖格，當引為記注。」

（三）正由於法師對書法上集練百家筆法之精華而別出心裁獨創風格，自成一家之筆法，氣采超凡，博得各界人士爭求其墨寶。時余任晉江縣新村鄉中心小學校長，承縣長及教育科長囑代求其超塵墨寶，因而往石獅檀林福林寺。同日，亦有永春普濟寺二位代表，奉命欲請法師前往講經說法，我等三人一齊進見。時值臘月歲暮，黃柑盛產，寺當家師奉上一盤黃柑，法師僅取一顆剝開，取下四瓣，分給我等三人及自己一瓣，余數仍以柑皮包置於盤上。頃兩當家師再端上清茶，法師即將全盤黃柑交其帶下。論此物雖小而見大，足以表明法師具有惜福惜物廉潔清高之聖格，誠世人之所難及亦余之所尊崇！

今逢淨峯寺有《弘一法師在惠安》一書將出版，徵文於余，寫此以應，引為紀念，以志仰慕而肅敬云爾。

（刊於一九八六年七月《弘一法師在惠安》）

馬一浮居士與弘一法師的法緣

林子青

一

弘一法師的在家好友有三個居士：一個是楊白民，一個是夏丏尊，一個就是馬一浮。楊白民和夏丏尊的皈信佛法是受弘一法師的啟發，而弘一法師的信佛以至出家，卻是受了馬一浮居士的熏陶的。因此在今年紀念馬一浮居士逝世二十周年的時候，使我不能不聯想到他和弘一法師的法緣，這就是我寫這篇紀念文字的動機。

馬一浮先生的盛名，早年我在梁啟超的《飲冰室詩話》和柳亞子編的《曼殊全集》就知道了。馬老早年的詩即具有佛家的禪意，我一見就喜歡讀它。梁啟超的《飲冰室詩話》第一一五條說：「君武以其友馬一浮四律見似，蓋刻意學賽冥而神肖者。其一云：

身前不住閻浮界，死後應生他化天。自性華嚴離我我，有情流轉自年年。靜排諸相觀空焰，閑鑿千山種白蓮。獨向須彌最高頂，衆生無語月孤圓。」

《飲冰室詩話》是梁啟超於戊戌政變（一八九八）失敗後，一九○二年在日本橫濱創辦《新民叢報》時發表的。那時馬老大概只有廿歲左右，其佛學造詣和思想境界就達到這個地步，實在令人敬佩。我雖喜歡讀他的詩，卻不知道他的為人。後讀《曼殊全集》，在曼殊於一九一六年為創立「拜倫學會」給劉半農的信裏說：「此間有馬處士一浮。其人無書不讀。不慧曾兩次相見，談論娓娓，令人忘饑也。如學會果成，不慧當請處士有所贊助，寧非盛事！」（《曼殊全集》第一冊三一九頁）這才知道馬老當時是一位「無書不讀」的處士，心裏不禁生起無限的敬意。

二

但是馬老什麼時候和李叔同（後來的弘一法師）認識，從而開始和他交往呢？四十多年前弘一法師在福建泉州圓寂時，紀念會有人寫《弘一法師略史》，提到李叔同和馬一浮曾在上海發起過「天馬會」。馬老看到這段記事，寫信聲明沒有這回事。他在信裏卻給我們提供了可靠的兩人交往的史實。馬老在信裏說：「溯不佞與法師相識於滬上，在壬寅、癸卯間（一九○二——一九○三），其後十餘年未嘗得見。直至民初法師在杭州第一師範學校任教時，始復相過從，迄於出家受具。此數年間，時接談論。前有『天馬會』之設，不佞初未與聞。……」

弘一法師的高足吳夢非也說：「弘一法師初來杭州時，西裝革履，服飾華麗；一年後便易布袍布鞋，好和西泠印社社長葉舟及馬一浮等相往還。」（見一九三六年《浙江青年》第三卷第一期《弘一法師和浙江的藝術教育》）

再詳細一點的，就是豐子愷的記李叔同與馬一浮的往來了。豐子愷在一篇題為《陋巷》的散文裏說：

「杭州的小街道都稱為巷。我幼時初到杭州，對於這巷字頗注意。就中有一條巷，是我所認為陋巷的代表的。……第一次我到這陋巷裏，是將近二十年前的事。那時我只十七八歲，正在杭州的師範學校裏讀書。我的藝術科教師L先生（案即李叔同的代稱）似乎嫌藝術的力道薄弱，過不來他的精神生活的癮，把圖畫音樂的書籍用具送給我們，自己到山裏去斷了十七天食，回來又研究佛法預備出家了。

在出家前的某日，他帶了我到這陋巷裏去訪問M先生（案即馬一浮的代稱）。我跟着L先生走進這陋巷中的一間老屋，就看見一位身材矮胖而滿面鬍鬚的中年男子，從裏面走出來應接我們。我被介紹向這位先生一鞠躬，就坐在一隻椅子上聽他們的談話。……」（見《東方雜誌》第三十卷第八號《文藝欄》）

三

從三面的文字看來，馬老和弘一法師的認識早在二十世紀初年，而常往來的卻在他到杭州執教以後，特別是出家前的一兩年。

馬老是早就歸信佛教從事研究並實行的。他對禪宗和天台宗都有很深的造詣，他的詩文書札很帶有禪宗的意味。一九一八年李叔同在杭州虎跑時，約其天津友人在杭任官的王守恂（仁安）往訪。這位王君後來寫了一篇題為《惜才》記其事。文云：「余友李叔同，習靜定慧寺，約往談赴之。座上客四人，皆倜儻不羈，相與談論，皆聰明俊偉士也。率通內典，並於儒書國故，娓娓然有卓識焉。一為彭君，在十日內即剃度；一為陳君，為月霞僧弟子；一為劉君，曾受菩薩戒；一為馬君，矢為佛弟子，斷絕肉食。是四君者，志相同，道相合。……」（見《王仁安集·文稿二》）王仁安對這四人，稱他們都是聰明俊偉、率通內典和儒書國故，且有卓識，對他們的學佛表示惋惜。對於馬君即馬一浮居士的介紹尤為具體。說他「矢為佛弟子，斷絕肉食」。可以想見馬老的為人了。

夏丏尊的《弘一法師之出家》說：「據說他自虎跑寺斷食回來，曾去訪過馬一浮先生，說虎跑寺如何清淨，僧人招待如何殷勤。」一九一七年他致學生劉質平的信說：「自去臘受馬一浮大士之薰陶，漸有所悟。世味日淡，職務多荒。」又他在《四分律比丘戒相表記》的敘說：「余於戊午七月，出家落髮。其年九月受比丘戒。馬一浮居士貽以靈峯《毗尼事義集要》，並寶華《傳戒正範》，披玩周環，悲欣交集，因發學戒之願焉。」可見弘一法師在出家前後是把馬老作為善知識看待的。他出家之前，馬老也常到虎跑去訪他。一九一七年冬，馬老給他的信說：「昨游殊有勝緣。今晨入大慈山，入晚始歸，獲餐所饋上饌，微妙香潔，不啻淨土之供也。……俶同先生足下，馬浮和南。」

四

李叔同出家前和馬老的交游，除談佛法外，也涉及古琴。這從一九一七年馬老給李叔同的信可以看到。原信說：「壁上琴弊。鄙者足下欲取而彈之，因命工修理，久之始就。曾告徐君，便欲遣童賫往，未辱其答，恐左右或如金陵。比還杭州，願以暇日，枉過草庵，安弦審律，或猶可備君子之御耳。叔同先生足下。浮頓首。閏月十七日。」去年龔慈受先生的《一代儒宗吾師馬一浮先生》（浙江文史館《古今談》一九八五年試刊）文中說：「馬先生書室內，滿置圖書，還設有古琴一張，卻從未聽他彈過。但偶有諳音律的友人來訪，乘興為他彈奏幾曲，先生則焚香默坐，靜聆其趣，深為知音。」我們知道李叔同留學日本，除專攻油畫外，也研究過新音樂，但對於民族樂器卻從未見提到。從馬老這封信看來，他也是會彈古琴的。

弘一法師出家前既受馬老的薰陶，出家後也聽過馬老的講經。一九一八年冬，弘一法師《致許幻園書》說：「在禾（嘉興）晤譚為慰。馬一浮大師於是間講《起信論》，演音亦侍末席，暫不他適。」又范古農的《述懷》說：「（一九一八年）師出家後，九、十月間來嘉興佛學會，居會約兩月。杭州海潮寺，請法一禪師主七，馬一浮先生招之往，遂行。」

弘一法師初出家時和馬老的法緣是很密切的，從許多瑣屑的事可以看出他們的交誼。有一次，他要從杭州回溫州去，以旅資不足，請舊友堵申甫資助，也是請馬老帶去轉交的。一九二六年他在杭州，和馬老時相過從。他在致蔡丏因的信中說：「近常與湛翁晤談。彼詩興甚佳。他日來杭，可往訪也。」又一九二八年致豐子愷的信說：「奉託如下：……前存尊處之馬一浮居士圖章一包，乞於便中託人帶至杭州，交還馬居士。」

五

關於書法方面，弘一法師和馬一浮居士都各有千秋。而馬老是最能賞識弘一法師的書法的。弘一法師在給堵申甫的信裏說：「拙書爾來意在晉唐，無復六朝習氣。一浮甚贊許。」一九二九年，馬老題弘一法師為孫選青書寫的《圓覺本起章》說：「孫君藏弘一大師手稿甚富，喜得寓目，嘆其精嚴。恍如當年親見其下筆。信乎靈山一會，去人未遠。蠲戲老人識。」

一九三七年，馬老致杭州《越風》半月刊手札云：「頃發篋於故紙堆中，得弘一法師手迹三種，並以奉贈，不負宿諾。法師文學甚美，不獨書法之精而已。原稿希善藏之。不具。蠲叟白。四月十四日。」

馬老對於弘一法師書法的恰如其分的評價，見於一九三七年為劉質平跋《華嚴集聯》的話。跋云：「丁丑冬十一月，避寇桐廬北郊，因豐子愷得遇劉質平居士，出弘一大師手書真迹屬題，患難中一段奇事也。……大師書法，得力於《張猛龍碑》。晚歲離塵，刊落鋒穎，乃一味恬靜，在書家當為逸品。嘗謂華亭於書頗得禪悅，如讀王右丞詩。今觀大師書，精嚴淨妙，乃似宣律師文字。……非具眼者，未足以知之也。」

這和弘一法師對於自己書法的評價是一致的。他在《與馬冬涵居士》的信說：「朽人於寫字時，皆依西洋畫圖案之原則，竭力配置調和全紙面之形狀。……不惟寫字，刻印亦然。……無論寫字、刻印等，皆足以表示作者之性格。朽人之字所示者：平淡、恬靜、沖逸之致也。」

弘一法師離開杭州之後，和馬老雖不常見面，但馬老還是時常想念他的。一九二八年馬老給在溫州的弘一法師的信說：「別遂經歲，俗中擾擾不可言。伏維道體安隱，少病少惱。前累蒙惠寄法書，時出展對，如仰身賞，暫可慰念。去冬李榮祥居士見寄尊撰《五戒相經箋要》卅部，已分贈所知，並感垂誘之切，敬謝無量。曩時奉對，曾謂欲得《清涼疏鈔》一部。今嘉興陸序茲願以其父無病居士遺書奉贈，謹託同莊為致之。至時希命侍者賜答。有人言，師近入大羅山，誅茆宴坐，未審然否？何時復還錫杭州，兼望示及。不具。論月大師坐下，馬浮和南。戊辰五月十日。」讀這封信，可以說情見乎詞了。

弘一法師的許多寫經，多有馬老的題簽，特別是《護生畫集》，不但題字而且做了序文。早年我在上海時，曾於玉佛寺看到蔡丏因居士寄存他所收藏的弘一法師贈他的佛經典籍，多有弘一法師所畫的佛塔佛像和馬一浮居士的題字，精麗無倫。聞經十年動亂，已蕩然無存。

弘一法師是深深了解馬老的脾氣的。有一次，紹興王心湛改名真如，作《釋名》，請馬居士潤色。改後，又要請弘一法師再改。於是他寫信給王心湛說：「贊詞……曩既諄請湛翁潤色，若置而不用，於義有所未可。又原作固佳，改本尤精善也。故依改本書寫。」這說得多麼婉轉，使作者、改者都感到愉悅。又李圓淨寫了一本《護生痛言》，想請湛翁撰文題字，弘一法師知道馬老不易答應，便寫信給李圓淨說：「湛翁向不輕為人撰文寫字。朽人數年前，曾代人託彼撰寫，至今未就。比書題詞，如至九、十月間仍未交來者，則改為由朽人撰寫。」

以上兩例，可以看出弘一法師與馬老的相知以心了。

六

弘一法師到閩南後，直至圓寂十幾年間，二老的法緣雖然比較疏遠，然而他們的交情是生死不渝的。一九三九年弘一法師六十初度，故舊王吟笙、柳亞子、楊雲史、呂碧城、鄭翹松等，都有壽詩致賀，以馬一浮先生之作為白眉。馬老的壽詩是六言的。詩云：

世壽迅如朝露，臘高不涉春秋。寶掌千年猶駐，趙州百歲能留。

遍界何曾相隔，時寒珍重調柔。深入慈心三昧，紅蓮化盡戈矛。

一九四二年九月，弘一法師在泉州圓寂，那時馬老避寇四川。他寫了兩首五律的輓詩，傳頌海內。詩云：

高行頭陀重，遺風藝苑思。自知心是佛，常以戒為師。三界猶星翳，全身總律儀。只今無縫塔，可有不萌枝。

春到花枝滿，天心月相圓。一靈元不昧，千聖更何傳？交淡心如水，身空火是蓮。要知末後句，應悟未生前。

這兩首詩不作一般死別的哀悼，而舉似了弘一法師末後的「花枝春滿，天心月圓」的超脫境界，決不是對佛法沒有深造的人所能表達的。

關於這些詩，馬老在一九四二年臘月《復〈覺有情〉編者書》，也提到他和弘一法師的關係。原信說：

法香居士慧鑒：承惠貴刊《弘一法師紀念號》，敬謝。一師洵近世律宗大德，雖與僕為雅故，邇年契闊實深。前聞示寂，僅有二詩悼之。老友謝嗇庵（即謝無量。——筆者案）亦與同作，今以錄奉。衰年絕意文字，恕不能更酬來命也。順頌安隱，不一一。馬湛翁和南。附詩一紙，舊曆壬午臘月廿二日。

弘一法師臨終遺囑是荼毗以後，將他的遺骨分藏泉州承天、開元兩寺的普同塔。一九四八年，華僑弟子劉勝覺居士以他出家杭州虎跑寺，應於虎跑建塔以留紀念。同年冬，由他捧持遺骨到滬，由我和劉質平與他三人，自滬護送至杭，暫存於西湖招賢寺，並攝影留念。後來又移到虎跑。

建國初期，虎跑寺僧星散，僧寬願深恐日久散失，請弘一法師的舊友堵申甫居士設法埋葬。堵氏特求馬老寫了「弘一法師靈骨瘞處」八字，勒一尺見方石板，瘞於寺後半山，以石板覆其上。後來由豐子愷、葉聖陶、章雪村、錢君匋等施資，造了一座幢式的墓塔，正面仍請馬老題了「弘一大師之塔」六個字。

一九五四年一月十日，墓塔舉行落成典禮。這一天，滬杭有關人士參加者，有豐子愷、馬一浮、錢君匋、堵申甫、黃鳴祥、宋雲彬、蔣蘇盦、鄭曉滄、張梓生、周天初、陳冠球等數十人，都冒雨上山，繞塔行禮。後來，參加的人都有詩紀事。馬老的《虎跑禮塔詩》云：

虎跑弘一律主塔成，子愷約往觀禮，蘇盦有詩，余亦繼作。

扶律談常盡一生，涅槃無相更無名。昔年親見披衣地，此日空餘繞塔行。石上流泉皆法乳，巖前雨滴是希聲。老夫共飽伊蒲饌，多愧人天獻食情。

馬老的出家道侶不少，如月霞、肇安、慧明、楚泉等，都是一代尊宿，而始終懷念和傾倒的恐怕是弘一法師了。因此，我在紀念馬一浮先生逝世二十周年之際，搜集有關資料，寫了這篇《馬一浮居士與弘一法師的法緣》以為紀念。

一九八六年十二月十五日於北京

（刊於一九八七年《南洋佛教》第六號）

憶弘一大師

錢君匋

一九二三年，我在上海藝術師範學校讀書，主持校務的豐子愷、劉質平兩先生都是弘一法師的入室弟子，他倆終生尊敬弘一上人。我初習書法，臨摹北碑，最愛《龍門二十品》，子愷師曾對我說：「清末民初，中國出了幾位大書家。」他評論沈寐叟、李瑞清、曾農髯、于右任諸家之後，接着說：「最超脫，以無態而備萬態要算李息翁。」豐先生自己的收藏品中，有好多幀墨寶是弘公親筆，我曾到他家裏多次觀摩，可惜欣賞水平不高，修養不足，對弘公的書法，僅僅知道是好，好在何處，為什麼好，並不了然。在我的心目中，弘公這位太老師一定是個超凡入聖、不食人間煙火的人物，清高拔俗，艱苦卓絕，但未必可親。

畢業後，我進了開明書店，編輯美術音樂書籍，並畫書衣。這時夏丏尊先生已到上海，主持編輯工作。為了紀念弘公出家十周年，便將弘公贈他的一些臨古法書，彙集成《李息翁臨古法書》出版。

一天早晨，我剛剛進店，夏老已經坐在我的對面，這位長者質樸持重，訥於言而敏於行，是我們年輕人當然的師表。

「君匋！弘一大師法書集子天把就要付印，我寫了一篇後記，可惜字很蹩腳，你代我抄一下製版好嗎？」

「當然可以，不過，我的字也太嫩了……」我有點猶豫。

「先寫出試試看嘛，如果寫出來你自己真不滿意，我就丑媳婦見公婆！一言為定。」他是個忙人，沒有閑工夫擺龍門陣。說完便匆匆而去。

這天下午和晚上，我把後記抄了兩遍，第二天見了夏老，請他過目。

「你很用功啊！」他一下看完，摘下眼鏡連聲稱贊。

「夏老先生！我想了一夜，覺得我抄的東西不能用。」

「為什麼？」

「你們是幾十年的交情，是他的知己、畏友、諍友，出一本書也不容易，您的字也厚重而有書卷氣，比我寫的老辣，內涵的更要高一層，不如存真為宜。我是斗膽直言，表示對二老的敬重，抄了兩遍是表示不是偷懶推辭。」

「好，爽快！我自己抄。你這兩份抄件我們各自保存一份，作為紀念吧！」

我的字沒有發表，有一種如釋重負的感覺。否則，我會長期為狗尾續貂而慚愧。書印出之前，我拜讀全稿，開始認識到這部東西的分量。他寫《張遷碑》，雅拙韶秀，氣宇雍容；寫《石鼓文》，勻停舒展，緩帶輕裘於百萬軍中，有儒將風流；寫《天發神讖碑》，變險為平，內涵蘊藉；寫《爨寶子碑》，密極似疏，舉重若輕，方筆之美，運鋒如刀。一九六三年，廣洽法師集資輯印太師墨寶，我作書衣，移用印花布紋樣，布函，素淨幽雅，下冊便選用這本臨古法書。這也是一段藝術因緣。

「一·二八」淞滬抗戰結束之後，開明書店編輯所同人遷兆豐路，繼續工作，意氣奮發，章錫琛先生自己也帶頭這樣做。一天有一陣沉重的腳步聲響上樓來，我埋頭看稿，沒有理會，只聽章先生迎上前去：「弘公大師！您老人家什麼時候到的？」

我抬頭一看，一位和尚站在辦公室門口，門正好成了框子，把他嵌在中間。他高約一米七，穿着寬松的海青，因為面形清瘦，神情持重，雖然在微笑，卻有一種自然的威儀，把身體也襯託得很高很高，目光清澈，那是淨化後的秋水澄潭，一眼到底，毫無矯飾。上唇下巴有些鬍髭，異常地率真可親。五十出頭，並不能算老，我見到他的虔敬，不亞於見到祖父一樣，一陣清涼之氣從我脊梁上向全身擴散開來，人世間一切俗套偽飾，在一剎那間都卸淨了。

「居士好！」他的嗓音低而沉厚。

等到大師入座，我親自奉上清茶，他招呼我坐下。我目不轉睛地注視着這位長者，松柏精神，鸞鶴風度，真人本色，怎能看出這位是腰纏萬貫貴公子，落拓風流藝術家呢？我知道自己是晚輩，不敢多言，垂手恭聽。

「丏尊居士好麼？他家裏怎麼樣？」他兩眼睜得圓圓的，多麼關切！

「很好！」章先生說。

「阿彌陀佛！我一直放心不下，才來看他的，好久沒有收到他的信了。」他雙手合十，欣慰地點點頭。

「等一會兒就來，我叫人去請他。」

「不用，不用，小僧先來問一下，問清楚了當然是自己走着去，告辭了。」

「不！讓我叫輛車送您老人家去。」

他淡然一笑，大口喝着茶。

屋裏沉靜了。許多問題，關於人生，藝術，教育，宗教……一齊集中在喉頭，原想請教，現在都在他淡然一笑中得到了答復。何用文字？光落言詮？無聲的人格坦現，一種荒漠飲甘泉的甜意，襲我心脾。

我正要倒水，他搖搖手，那力量是不可抗拒的，只好讓他自己動手。

喝完，他以沉重的腳步去了，我和章先生送到門外，仍然都沒有講出一句話來。郁達夫兄的佳句「遠公說法無多語，六祖傳真只一燈」，真是神來之筆！

第二天上午十點半，夏丏尊請弘一法師吃飯，邀葉聖陶、豐子愷、劉質平、周予同、章錫琛……和我，到海門路夏寓作陪。大家都知道弘公過午不食，都到得很及時。到了今天，這些同席者只剩下我和葉聖陶二人，葉老年已九十開外，我也到了八十，其餘諸位已全部作古了。

幾樣素菜，干淨爽目，我悄悄注意，弘公只吃兩樣：白菜，蘿卜，別的菜不伸筷子。大家都理解他，並不相強，沒有拘束。

席間談到對聯，弘公說：「南普陀天王殿前當中兩根石柱上，有陳石遺老先生寫的一副：『分派洛迦開法宇，隔江太武拱山門。』文有氣魄，字也老健可觀，不可多得，但大醒法師以為後三字不若易為『誦浮圖』更有畫意，可見聯語難作。我寫的《華嚴集聯》，只末一字講平仄，不在聲律上講究，沒有閑空推敲啊！」

夏丏尊先生回憶了西湖之夜、白馬湖晚晴山房之夜等許多往事，弘公垂下眼瞼，他沉浸於回憶之中，盡力平靜。

餐畢，弘公退入夏寓的客房，我們大家都依依不捨，異常黯然，這種情緒也感染了我這樣的俗人。弘公這樣自苦，在他是求仁得仁，而我總以為他老人家應當吃得好一些，把身體搞好，多活幾年，多留下一些藝術品，他的出家，我非常惋惜。弘公是絕頂聰明的人，當然看出了大家的想法，他異常平淡地說：「歷經百劫，故人猶健，茫茫人世，不必苛求。『一切有為法，如夢幻泡影，如夢亦如電，當作如是觀。』善自珍重，阿彌陀佛！」

弘公的言行，在我心版刻上了永不磨滅的形象。

大師謝世後十年十二月初冬，葉聖陶、馬一浮、廣洽法師、子愷師、章錫琛和我等籌資建成了骨灰塔，馬一浮題了塔名，愷師寫了修塔記，主持工程者黃鳴祥。馬一浮老人有禮塔詩：

扶律談常盡一生，涅槃無相更無名。昔年親見披衣地，此日空餘繞塔行。石上流泉皆法雨，巖前雨滴是希聲。老夫共飽伊蒲饌，多愧人天獻食情。

我也寫了一律：

法雨漫山竹徑寒，初成蓮塔起高巒。今朝湖畔行嘉禮，昔日淞濱叩淨安。藝事中西皆聖手，詩才南山領騷壇。盛年闡律雲游去，妙覺莊嚴上界寬。

禮塔之後，去浙江美術學院看望潘天壽先生，他正在上課，便坐在門房裏等候。看門的老人滿頭銀髮，精神矍鑠，牀頭擺滿野花，當中安放着弘公在海濱拍的照片，背景是咆哮的巨浪，不知是在廈門或是青島所拍。天風揚起海青的廣袖和衣裾，慈眉善目，智慧深邃，背面是二十年後纔認識的忘年好友柯文輝題的「鵲踏枝」，字很稚弱，詞卻不似少年手筆：

畫印詩書文爛熳，曲寄深情，劇苑天葩放，舉此昂頭驚坦蕩，忽然芒履扶藜杖。

古寺寒窗銀漢燦，夢裏桑枝，蓮瓣鏡中綻。一代風流歸逸淡，墨香猶把新苗灌。

老門房是弘公的老同事，十分健談，說到潘天壽請假回家結婚的窘態，繪形繪聲，自己一點也不笑。他最佩服弘公，尊稱「李老夫子」。每天還燒一支伽南香。他說：「老夫子寒暑假回上海，都把鋪蓋放在我屋裏，每次回來，都送我三塊袁大頭，一年十二塊，能買三牀被子呢！這照片是老夫子親自送我的。後邊的字是一個半大孩子來找借宿時寫上的，諸樂三先生說很好，我不懂。供花是新派，燒香是老派，我經過學習，不信菩薩了，可是不給老夫子燒一根，一天就像少吃一餐飯一樣，燒慣了啊，世上難找那樣好的老夫子，哪位工友沒得過他老人家的幫助，我和聞玉（送弘公去出家的工人）去看他，他剃了光頭，在院子裏提水澆水，叫我們『居士』，自稱『小僧』，要我們坐，他親自送茶水，留我們吃素飯，菜裏沒有油，那麽苦，我和聞玉都哭了，他吃得有滋有味，簡直是活菩薩，真神誰見過呢？」

深悔當時沒有將這張珍貴照片借到照像館去複製幾幀廣贈親友，「文革」後多次打聽，已杳如黃鶴，我連老人的名字也忘記了，在他身上我又看到了弘公人格的感召力。

人民對他的懷念之情，便是真正的紀念碑！

一九八六年八月

（刊於一九八八年《李叔同——弘一法師》，天津古籍出版社）

弘一法師二三事

林子青

弘一法師已經圓寂四十五週年了。隨着時光的流逝，同時代已故的大德似已逐漸為人們所淡忘；但是弘一法師圓寂以後，人們對他的懷念卻是與年俱增的。弘一法師一九四二年十月十三日（舊曆九月初四）在泉州圓寂，他的生平師友寫了許多紀念文字在各報刊發表，文章近八十篇，後來編成了《弘一大師永懷錄》行世，那時我只寫了《弘一法師在廈門》一文紀念而已。與此同時，我卻着手編寫《弘一大師年譜》一書，約十餘萬字，於一九四四年在滬出版。現在這部《年譜》在國內久已絕版，但在香港、臺灣卻相繼重校出版，普遍流通於海外，這是我引以為慰的，自《年譜》初版出書，至今已經過四十三個年頭。在這期間，我陸續搜集到許多有關晚晴老人的史料，目前正擬編寫《增補弘一大師年譜》以廣結勝緣。本文只想略記弘一法師二三事，以投《香港佛教》作為老人家示寂四十五週年的紀念。

一　贈藥品感動名醫杜安人

十歲年前，圓拙法師知道我在搜集弘一法師的奇聞軼事，時常在通信中提供許多有關弘一法師的資料。

他說：福建晉江縣醫院一位名醫，名杜安人，福建惠安人，信奉基督教。他的醫術相當高明，但對病人索值甚昂，病家嘖有煩言。久聞弘一法師的盛名，仰慕其學問道德。適弘一法師隱居在晉江檀林鄉福林寺。抗戰時期的一天，他專誠到福林寺拜訪，晤談之下頗為投契，法師久聞杜安人醫師對藥物索價昂貴，貧苦病人無力求診，遂以平時佛門善供養他的大量名貴藥品贈與杜醫師，託他轉施貧苦病家，並以「安人」二字冠頭撰寫一聯奉贈，加以鼓勵。聯曰：

安寧萬邦，正需良藥；

人我一相，乃謂大慈。

杜醫師接受藥品和對聯以後，心想如此高僧實屬罕見。從此改變作風，群眾皆大歡喜，聞杜醫師曾撰文記其因緣，發表於當時某期刊，惜該刊已無法獲得。其大意謂：深感法師之偉大，而自己太卑鄙云。又謂平生最受感動之事有兩次。除此之外，其一是在學醫畢業時，教師之臨別贈言。聞杜醫師已於一九七〇年前後逝世云。

二　呂碧城居士致函問難題

著名女居士呂碧城，號聖因，安徽旌德人，一八八三年生。早年喪父，就舅氏讀書於塘沽。她幼好文學，曾應聘為天津《大公報》記者。才華橫溢，詩詞為名士樊樊山所稱道，曾加入「南社」為社友，後從嚴復治英文、邏輯學。她由嚴復推薦，認識當時學部大臣嚴修（號範孫，天津南開大學創辦人），遂被任為天津北洋女子師範校長。繼而留學美國威爾斯萊女子大學，專攻文學。

一九三〇年她於倫敦中國駐英公使館，偶讀《印光法師文鈔》，遂皈心佛法。足迹遍全世界，知名士女多樂與交游。其後提倡素食和保護動物，持戒謹嚴，為知名居士葉恭綽、聶雲臺、徐蔚如、李圓淨等所推許。先後與名僧常惺法師、太虛法師等通信，討論佛學，極深研究。

她又善畫，一九三七年冬，余違難香港，訪友人蔡吉堂居士於跑馬地菩提場，曾於呂女士寓所見她所畫觀世音菩薩及荷花數幅，皆極精妙。

她卜居香港時，曾購小洋房於山光道，甚為精美，惜白蟻為害嚴重。她因持戒，不能殺生，若用藥治，恐傷及白蟻生命；若任白蟻蛀蝕，則洋房勢將傾塌。正在無計可施之際，她特致書廈門南普陀寺弘一上人請教。茲錄原函如下：

弘一上人尊鑒：久仰高風，未敢率爾通訊。年前曾由聶雲臺大士乞得墨寶，為拙譯《行願品》題簽，今以要改書名，未能應用為惜。茲敬呈一冊，就正有道，倘尚欲多冊，當遵示郵寄。聞師精研佛律，茲有要事求教：敝處購得住宅一所，不料白蟻繁殖。聞此物口吐，屬於化學之酸液。凡金屬或木料，皆能摧毀。其力至強而遠，家家多有之。諒皆以藥水剿滅，否則有棟折樑崩之虞。敝友某君之宅，因蟲蝕而新換一樑。後學因持戒，未敢殺生，將任其毀屋而捨棄他往歟？抑將木料重換地板，下鋪以石灰？如此則不免傷及其生命。現樓下最多，二樓三樓，尚未延及。現樓下租於人居住，租客時催辦理，苦無以應；思以法律能決，求師檢查佛律，或有相當辦法。冒瀆清神，敬候遠示，虔請

道安

後學呂碧城謹上　（一九三六）六月廿五號香港

弘一法師如何答復，未見回信，無由獲悉。聞不久呂居士即移居附近之東蓮覺苑（香港著名女眾道場），閉戶著書念佛，苑長林楞真居士甚敬重之。一九四三年一月廿四日（舊曆一九四二年臘月十九）示寂於香港，享年六十一歲。遺囑「遺體火化，把骨灰和入麵粉為小丸，拋入海中，供魚吞食，結水族緣」。一九四三年，上海《覺有情》雜誌，曾出專號紀念呂碧城女士。其遺著有《信芳集》、《曉珠詞》、《呂碧城全集》（上海中華書局出版）、《歐美之光》、《觀經釋論》、《勸發菩提心文》、《何張蓮覺居士傳》、《佛儒不能平等說》（以上係散文）及英譯佛經多種。

三　信件作印刷品寄犯盜戒

佛陀制戒，至為微細。如比丘的二百五十戒，比丘尼的五百戒（實際三百四十八戒），沙彌、沙彌尼的十戒，優婆塞、優婆夷的五戒等都非常嚴格，全部實踐是不易的。弘一法師自出家至示寂，前後二十四年，他盡可能是身體力行的。平時常有一些居士，仰慕他持律精嚴，總想請他開示，在家居士應如何持戒？早在一九二六年，他到上海世界佛教居士林參訪時，因龐契誠居士的啟請，他曾作過一次《在家律要之開示》。他說：

凡初發心人，既受三皈依，應續受五戒。倘自審一時不能全受者，即先受四戒、三戒、乃至僅受一二戒，都可。在家居士，既聞法有素，知自行檢點，嚴自約束，不蹈非禮，不敢輕妄行，則殺生、邪淫、大妄語、飲酒之四戒，或可不犯。唯有在社會上辦事之人，欲不破盜戒為最不容易之事。……

又不知而犯，與明知違背法律而故犯之事，如信中夾附鈔票與手寫函件，取巧掩飾，當印刷物寄，均犯盜稅之罪。

把手寫信件，夾在印刷品內寄出，這是一般習以為常的事。然而這是違法的。弘一法師對於這事，非常認真，他屢在同友人的通信中提到此事，加以勸誡。大概在一九四〇年間他《復丁葆青居士》的信，特別詳細地談到「貼郵票」的事，這在常人看來也許是無關緊要的事，但弘一法師卻是認真對待的。他在信上說：

葆青居士道席：（上略）再有奉達者一事。尋常所寄之信札，皆須貼郵票五分，明信片則二分半。若信封剪口者，僅能內裝印刷品，外貼郵票一分。若如仁者上次所寄之信，信封剪口，內裝信箋，僅貼郵票三分，則與郵章不合。如是則受信之人，應被罰大洋四分。以後與他處通信，必須貼五分，若用明信片亦善，則僅二分半也。若少貼郵票而寄信者，且與盜戒有違。叨在至好，故敢奉告，以後幸注意為要。

又鄉間郵務代辦處之執事者，多不諳郵章，所言事不可輕信。

又依郵章，可以自己蓋印於郵票上（防他人駁去），其例如下：

須用陽文圓章，用紅印色印之。

所印之地位，必不能超過郵票全體二分之一。此例見於郵章書內。彼並畫一圖，其式如下。

此事余曾親向溫州城內郵局員詢問，彼言亦爾。但以蓋用至四分之一之地位為宜，萬不可多蓋，恐此郵票無效也。以後交他人寄信時，多謹慎可也。郵票自貼，用糊十分粘固，俾他人不致竊去。稍遲擬撰文一首，登入半月刊，詳言郵章及應防範流弊之法，因同人知者甚少也。

讀了以上這封信，我們知道弘一法師的教人方法是多麼細緻，又是多麼值得我們學習！

（刊於一九八七年《香港佛教》十月號）

翰墨因緣

趙樸初

弘一大師出家前，即以文藝大家馳譽當世。早歲留學日本，入東京美術學校，攻西洋油畫，旁及音樂、戲劇、詩詞、書法、篆刻等，於藝事無不精。回國後，值辛亥革命，初任《太平洋報》編輯，並與詩人柳亞子、胡樸安等創辦「文美會」，主編《文美雜誌》。其後應杭州浙江第一師範聘，教授圖畫、音樂、先後七年，造就藝術人材至衆。著名畫家豐子愷先生即其入室弟子，其間又與吳昌碩、葉舟、馬一浮交游，加入西泠印社，博學多能，名重一時。

大師出家後，諸藝俱捨，唯書法不廢。間常精楷寫經以結法緣，得者珍如拱璧。其在俗書法之出版者，有《李息翁臨古法書》，出家後有《華嚴集聯三百》。馬一浮居士嘗贊云：「大師書法，得力於《張猛龍碑》。晚歲離塵，刊落鋒穎，乃一味恬靜，在書家當為逸品。」推崇可謂至矣！然大師以書畫名家而為出世高僧，復以翰墨因緣為弘法接引資糧，成熟有情，嚴淨佛土，功鉅利薄，澤潤無疆，豈僅藝事超絕，筆精墨妙而已哉。

（刊於一九八七年《弘一大師遺墨》，華夏出版社）

李叔同在中國近代音樂啟蒙運動中的貢獻

孫繼南

本世紀初，當帝國列強對我國爭相魚肉、清廷腐敗無能、中華民族處於危亡沉淪之際，中國知識分子階層中曾涌現出一批關心祖國前途與命運的青年。他們克服重重困難，紛紛出國留學，以探求國家民族的出路，其中有更多的人東渡日本並把日本明治維新後在治國方面所取得的經驗帶回中國。李叔同先生便是當時這批熱血青年中的一位佼佼者。

李叔同一八八〇年出生於天津。他是一位無論在音樂、美術、戲劇、文學、書法或篆刻等方面都有很深造詣的藝術大師。現僅就他在中國近代音樂啟蒙運動中所作的貢獻。概述如下：

首創音樂期刊

一九〇五年，李叔同去日本，在東京美術學校主修繪畫，兼習音樂。這年十月，他與留日友人聚商出刊《美術雜誌》，其中包括音樂內容。但當時因日本文部省頒布《清國留學生取締規則》，激起中國留日學生的反抗運動，大批留學生罷課歸國，致使原擬興辦的《美術雜誌》流產夭折。李叔同此時雖然「留滯東京，索居寡旅」，但他為了向國人介紹、傳授西歐音樂理論知識和開展我國音樂啟蒙教育，經過獨自努力，終於使《音樂小雜誌》（第一期）於丙午（一九〇六）年正月十五日在東京印刷，二十日在上海發行，揭開中國音樂期刊發展史的第一頁。

這冊小雜誌的版面分有多種欄目，如圖畫、插畫、社說、樂史、樂典、樂歌、雜纂、詞府等，可謂琳琅滿目。計有木炭畫一幅、木版畫兩幀、文章七篇、樂歌三首、詞章五闋。其中除幾位日本音樂家的作品外，主要的、有價值的音樂論著均為李叔同（署名「息霜」）所作。

《音樂小雜誌．序》是全刊中最有份量的文章，它總共不過五百字，但文簡意賅，含義深邃，讀之足以使人暢悉李叔同的音樂美學觀以及他創辦這份刊物的因由和抱負。

序文啟筆秀麗，喻意層次清晰：開始一段是論述自然界各種音響對人們所能產生的感官作用。作者認為：初春時節「流鶯三五，隔樹亂啼，乳燕一雙，依人學語」的「清脆」之音能使人「悅魄蕩心」；而深秋之後「寒蛩泣霜，杜鵑啼血，疎砧落葉，夜雨鳴鷄」之聲則可使「聞者為之不歡，離人於焉隕涕」；如若「登高山，臨巨流」，聞聽「海鳥長啼，天風振袖，奔濤怒吼……谷震山鳴」諸聲響，膽小者將「喪魄而不前」，勇敢者則「奮袂以興起」。於是作者發出「嗚呼！聲音之道感人深矣」的感嘆。接着文章闡明上述種種聲音均係發自自然界的音響，如果經過人的加工使之成為「音樂」時，其作用就更為巨大的道理。因此，序文中以這樣的詞句肯定了音樂的社會功能：「蓋琢磨道德，促社會之健全；陶冶性情，感精神之粹美，效用之力，寧有極歟！」筆者認為，這乃是《音樂小雜誌·序》全文的中心思想，也是編者創辦這份刊物的旨趣所在。

序文最後是作者旅居異邦，對祖國前程憂心忡忡的感慨：「瞑想前塵，輒為悵惘。旅樓一角，長夜如年，援筆未終，燈昏欲泣。」這是游子的哀嘆，但又絕非消極，只要我們深刻領會序文精神實質，便不難看出這位藝術大師對我國近代音樂勉力開創的精神是何等充沛和值得崇敬。

《音樂小雜誌》所刊息霜的木炭畫《樂聖比獨芬像》，是現見西歐音樂家像在我國音樂刊物上最早發表的一幅，其歷史意義不言而喻；再聯繫作者於一九一三年主編的《白陽》雜誌中也刊登過其弟子李鴻梁繪制的貝多芬像這一事實來看，更足以說明他對這位馳名於十八、九世紀歐洲樂壇的音樂大師是多麽崇敬、仰慕，同時也體現出作者刻意要將外國音樂家介紹給國人的巨人熱情。這種熱情，還鮮明地反映在他為此刊「樂史」欄所撰寫的《樂聖比獨芬傳》一文中，這篇只有三百余字的音樂家評傳是李叔同根據日本石原小三郎《西洋音樂史》編寫的，它不僅對貝多芬的生平、簡歷和成就有着較全面的介紹，更可貴的是其中還涉及一些有關藝術經驗的評論和見解。如對貝多芬在音樂創作方面謙遜而又嚴謹的作風，文章有如下評述：「每有著作，輒審定數四，兢兢以遺誤是懔。舊著之書，時加釐纂，脫有錯誤，必力詆之，其不掩己短有如此！……氏生時不喜創作，刊行之稿，泰半規模前哲，稍事損益，然心力真摯，結構完美。」距今八十年前，作者就能以如此簡練而富於個人見地的筆觸將西歐音樂名家介紹給國人，實屬難能可貴。

《音樂小雜誌》中以五線譜刊登的《隋堤柳》、《我的國》、《春郊賽跑》三首樂歌，對研究我國近代音樂創作，亦具有一定的歷史意義和價值。

一九〇五年，李叔同東渡日本前曾寫下一首《金縷曲》：「披髮佯狂走。莽中原、暮鴉啼徹，幾枝衰柳。破碎山河誰收拾，零落西風依舊。便惹得、離人消瘦。……」當時，清王朝正處於內憂外患、行將崩潰的前夕，此詞深切地表達出他那對祖國所處逆境的無限憂慮之情。這種心情，同樣反映在他到日本後創作的《隋堤柳》歌詞之中：「甚西風吹醒隋堤衰柳，江山非舊，只風景依稀凄凉時候，零星舊夢半沉浮，說閱盡興亡，遮難回首。……杜鵑啼血哭神州，海棠有淚傷秋瘦，深愁淺愁難消受，誰家庭院笙歌又？」將上述兩詞相對照，其憂國憂民之情，何其神似！而後者情懷感觸之深，較之前者尤甚，特別是最後兩句詞曲所產生的效果，非常感人肺腑。這裏的「誰家」，想必指的是日本人家，因為當時作者孤居異國，他將個人內心難以忍受的憂愁與異邦人歌舞升平的現實相對比，怎能不發人深省並激起無窮的幽思呢？

《隋堤柳》的曲調樸實無華。那宛延起伏的旋律線和隨着感情需要而自由變化的速度、力度，使歌聲能產生豐富的情感色彩。在這首歌的後面，作者附有兩行小注，說明他寫作此歌是：「別有振觸，走筆成之。吭聲發響，其音蒼涼。」並以《樂記》中之「其哀心感者，聲噍以殺」來解釋此歌情感。凡此種種都足以說明，此歌確是一首「感於物而後動」的作品。作為本世紀初的樂歌，《隋堤柳》無論在思想內容或藝術性方面，都堪稱為上乘之作。

關於《隋堤柳》的曲調來源，《音樂小雜誌》中並未注明。不過，一九五七年豐子愷在《李叔同歌曲集》的序言中曾有這樣一段記述：「我記得，夢非兄也記得，李先生作曲作詞的還有一首叫做《隋堤柳》……」可見，豐先生確認此歌為大師的自度曲。但是近年來國內學者認為此歌為舊曲填詞。究竟何屬，尚有待於進一步考證。

在《音樂小雜誌》的「雜纂」欄中，李叔同撰寫了一篇很別致的《昨非錄》，作者自稱為「懺悔作」。實質上，這是大師從事音樂實踐中所取得經驗、教訓或啟示的筆錄。如對待學習音樂技巧，他認為：「寧可生，不可滑；生可以練，滑最難醫。」再如：「學唱歌者，音階半通即高唱《男兒第一志氣高》之歌；學風琴者，手法未諳即手彈『556553』之曲，此為吾樂界最惡劣之事。余昔年初學音樂，即受此病……」筆者認為，直至今日，上述諸「病」仍不免為初學音樂者所重犯。因此，早在本世紀初李先生就能在其《昨非錄》中尖銳地指出這類學習中的弊端，實在是令人贊嘆的。

關於簡譜和五線譜的運用，大師也有自己的見解。他在《昨非錄》中寫道：「十年前日本之唱歌集，或有用1234之簡譜者。今者自幼稚園唱歌起，皆用五線音譜。吾國近出之唱歌集與各學校音樂教授，大半用簡譜，似未合宜。」於是他毅然否定了自己剛出版不久的《國學唱歌集》。他在《昨非錄》中如此寫道：「去年余從友人之請，編《國學唱歌集》，迄今思之，實為第一疚心之事。前已函囑友人，毋再發售並毀版以謝吾過。」

《音樂小雜誌》作為我國首創的音樂期刊，它畢竟還是比較稚嫩的，正如編者在該刊末頁「文壇公鑒」中所云：「本社創辦伊始，資本微弱，撰述乏人，故第一期材料簡單，趣味缺乏……自第二期起當竭力擴充並廣徵文藝……」可惜的是此刊只發行一期即未再見了。

一九一三年五月，李叔同在浙江第一師範執教時，曾以「浙師校友會」名義編印了一冊由他親筆繕寫後石印成冊的《白陽》誕生號。這是一份綜合性的文藝刊物，音樂在其中占有較大比重且富於特色，如以五線譜印製的三聲部合唱曲《春游》是李叔同首次發表的合唱自度曲，也是現見中國近代音樂創作中最早一首運用西洋作曲方法寫成的多聲部聲樂作品；再如李叔同以圖文對照方式在《白陽》上刊印的《西洋器樂種類概說》在當時也屬創舉。至於所刊鴻梁繪製的貝多芬像和重新發表的《音樂序》，不僅使人感到《白陽》確與《音樂小雜誌》一脈相承，更使人清晰地看出李叔同冀圖通過音樂期刊來提高國人音樂水平的執著精神。

編創學堂樂歌

早在一九〇五年，李叔同就開始編創樂歌並出版了一本供學校用的《國學唱歌集》。他是我國最早從事樂歌寫作的先驅者之一。

李叔同對音樂能夠「促社會之健全」和「感精神之粹美」的社會教育功能，早就有其精闢的見解。作為本世紀初接受新學的知識分子，基於上述音樂觀，他那熾熱的愛國心和對祖國危亡的重重憂慮，必然要浸透於自己的音樂作品之中。如產生於本世紀初樂歌《喝火令》（半闋），其詞深沉、懇切，人們不難從中窺見作者對上世紀末帝國列強掠奪中國的激憤和哀怨之情：

故國今誰主，
胡天月已西。
朝朝暮暮笑迷迷，
記否天津橋上杜鵑啼？
記否杜鵑聲裏幾色順民旗！

一九三七年，廈門市舉行運動會，李叔同應約譜寫了《廈門市第一屆運動大會會歌》。這時，全國抗日救亡運動正在蓬勃發展，大師雖早已披剃出家，但愛國之心依然如故，所以這首歌詞洋溢着愛國熱情：

禾山蒼蒼，鷺水蕩蕩，
國旗遍飄揚。
健兒身手，各顯所長，
大家圖自強。
你看那外來敵多麽猖狽，
請大家想想，
切莫再徬徨！……

其他如《祖國歌》、《大中華》、《我的國》、《隋堤柳》等都是反映作者愛國或憂民之情的歌曲，這是李叔同音樂作品中的積極部分。無疑，這些歌曲對當時的知識分子和青少年學生都曾產生過很大的教育、鼓舞作用。

借景抒情是李叔同歌曲創作的主要手法。如《春游》、《西湖》、《春景》、《送別》、《憶兒時》、《早秋》等都是作者通過對自然景物的描寫以陶冶人之品性的佳作。這類歌曲，由於曲調多來自歐美流行歌曲，選曲得當，所填歌詞雋永秀麗，富於韻味，頗受知識分子歡迎，有的作品竟能傳唱幾十年而不衰，如《送別》即屬典型一例，它被電影《早春二月》、《城南舊事》成功地選作插曲或主題歌，更充分地顯示出它的藝術魅力。

一九一八年，李叔同削髮為僧後，即以全力投之於研經念佛，樂歌寫作亦告中斷。但至二十年代末，當大革命失敗，國內景象蕭條，靡靡之音充斥社會和音樂教育界，他的弟子劉質平有感於此種不良現象而懇請大師寫歌時，大師不僅慨然答允，而且認真思考了一個寫作方案。他在一九二九年舊曆十月廿五日給劉質平信中這樣寫着：「作歌之事，已詳細思維。最難者為取材，將來或僅能作五十首。倘歌材可以多得者，或可至百八首。……現已擬定（尚未撰就）十首，但皆是高中、專科所用者。恐將來全集之中，多屬於此類。」這裏即可看出大師當年擬撰歌詞數量之大，更可看出他取材的對象主要是學生，足見他對音樂教育事業的重視。一個月後，大師又致信劉質平；「歌集應如前囑成百八首，擬分作十編，陸續出版（第十編有十八首，其余每編十首），先不拘定深淺之順序，隨作隨出版，俟全書百八首完成之後，再編次序重印……」對於出版計劃，信內也有交待：「每年出一冊或一年出兩冊、兩年出一冊皆不能定。總期首首有精彩，決不敷衍了事。」李叔同對待音樂創作的高度責任感，由此可見一斑。遺憾的是他的這些計劃最終都未能實現，這很可能是由於他出家後脫離凡俗生活，編寫學校題材的歌詞多有困難之故。所幸一九三一年二月，李叔同完成了《清涼歌集》的詞五首，經劉質平、俞紱棠、潘伯英、徐希一、唐學咏等譜曲，於一九三六年在上海由開明書店出版。該歌集包括：《清涼》、《山色》、《花香》、《世夢》、《觀心》五首歌曲，雖屬佛門之音，但詞清曲雅，內容富於哲理性，作品本身也具有相當的藝術價值。

投身藝術教育

李叔同於一九一一年自日本歸國後，即全力以赴地在天津、上海、杭州、南京等地從事藝術教育工作。

這一時期，國內學校開設樂歌課還處於萌芽階段，學校多聘日本人為音樂教習，藝術師資甚缺。李叔同一九一二年春由天津到上海後，任上海城東女學音樂教習，這是他正式從事音樂教學工作之始。同年七月，受聘為浙江兩級師範學校的音樂、圖畫教師；一九一五年又兼任南京高等師範學校的音樂、圖畫教師。由此可見自一九一二年李叔同開始擔任音樂教習，直到一九一八年皈依佛門為止的七年中，他是將全部精力都獻之於我國早期藝術教育事業的。

「五四」運動之前，藝術學科在我國學校教育中是不被重視的課程。擔任音樂、圖畫課的教師同樣也得不到應有的重視。然而，李叔同卻以其高尚的品格情操、精湛的藝術造詣和淵博的知識學問，贏得校長和全校師生對他的器重，從而使音樂、圖畫課在浙師取得了前所未有的地位。據該校校史記載：「當時計有鋼琴兩架，風琴五十餘架，專用美術教室三間，音樂教室一間，……又在音樂教室周圍種了許多花草樹木，使成為一個優雅、美麗的花園。」七十多年前的浙師對待藝術教育竟如此重視，李叔同的辛勤創業有多麽深刻的影響，也就可想而知了。

李叔同的教學思想和教學方法，也給他的學生們留下了深刻的影響。一位曾經受教於他的學生在回憶文章中對老師的教態、教法作過如下的描述：「先生的儀態，平靜寧謐，慈和親切，但望之卻又莊嚴可敬。……教唱歌，着重於音程練習，音調或拍子有些微不合拍、不協和的地方，非得重唱過不可。教彈琴，多在課外時間，初學時特別着重於基本的指法練習，指法有一點點錯誤，拍子有一點點不準確，先生就輕緩而和悅地說：『蠻好，蠻好，明天請再彈一遍！』一定要達到完全準確的地步，才得通過……」

由於李叔同在教學中的循循善誘和嚴肅認真、一絲不苟的精神，他的授課，使一部分原本對音樂、圖畫不感興趣的學生也都能學之入神。因此，音樂圖畫課在當時浙師學生的心目中幾乎與語文、數學課占有同等重要的地位；特別是一部分具有藝術天賦的學生，在他的啟示、教育下，藝術才能獲得長足的進步並在藝術事業上取得重大成就，這方面突出的人才就有吳夢非、劉質平、豐子愷等多人。他們在「五四」新音樂文化的建設和發展中，都各自作出很多有益的貢獻，如組織新式音樂社團中華美育會，出版音樂雜誌《美育》，興辦藝術教育機構上海專科師範學校，翻譯通俗音樂讀物等等。凡此種種，無不都是李叔同直接或間接培育的成果。

綜觀李叔同的一生，雖然從事藝術教育的時間並不長，但在近代中國音樂啟蒙教育中，作為一位先驅者，他所創造的功績，將永載於音樂史冊。

一九八四年九月於山東濟南

（刊於一九八八年《李叔同—弘一法師》，天津古籍出版社。本集修訂時，作者略有校正）

悼師父性願老法師兼懷晚晴老人

岫雲口述 陳珍珍整理

當我們正在籌備慶祝吾師性願老法師七十四壽辰的時候，寺中從三月初一日起，舉行萬佛法會，遠近諸山善友都來參加。我們還撰寫一首祝壽詩，詩曰：「極星光耀九重天，此日華藏設盛筵。寶殿琉璃基正奠，藥師法會勝空前。同歌仗國春三月，共慶古稀晉四年。遙頌吾師無量壽，莊嚴燄網照三千。」郵寄到吾師座前，聊申祝嘏之意。詎料此詩付郵不久，而我們竟於初十日接到電報云：「師於初七晨六時五分圓寂。」

噩耗傳來，使我們驚愕無狀，悲痛之情難以言表，雖不像世俗人嚎啕大哭，然這種無聲的飲泣，卻覺得分外淒切。近年來吾師雖時受二豎所擾，纏綿病榻，幸精神還很好，尚能應付各方求法問道的善友。老人家對佛法素養功深，修習禪定，不以病擾為苦。不料這次世緣已盡，宿願未全實現，竟離開我們齎志而終了，這怎不令我們感到無限哀慟呢！

吾師對我們恩澤深厚，廿年來我們都在他一手創建的道場裏生活着，從事研習耕作，真是源遠流長法乳恩深。當我在執筆撰寫悼文時，不能不由衷地追懷着老法師數十年來培養我們的深恩。這些因緣我在四年前為祝吾師七十大慶撰寫的兩篇祝壽文中已略為談過，今日又不幸地執筆撰寫悼文，認為有必要補敘於此，再次表彰盛德，以饗世之景仰吾師者。

吾師生長於風景優美的濱海之鄉，山川磅礴，靈氣所鍾，歷代曾孕育出許多優秀人才，如民族英雄鄭成功等。其鄉背山面海，前臨浪濤澎湃的閩海，後依戴雲支脈的鴻漸山，蒼松翠柏，巖壑流泉，雖沒有「千峯競秀，萬壑爭流」的奇觀，但亦頗富名山勝景。山中有水泊庵古刹，流泉清冽。庵前有朱祠故址，為宋代理學家朱熹講學處。吾師自幼生長於此山海壯觀、風景秀麗的佳境，出身於純樸農家，祖輩宿植善根，世代茹素奉佛。吾師自幼受家庭環境薰陶，耳濡目染，盡是佛化教養。因此童真時就萌起出家的念頭，經常隨他父親登鴻漸山禮佛，嘗於佛前默禱「愿三寶加被，因緣成熟，出家作沙門，以償心願。」云云。不久鄉中流行瘟疫，死亡慘重。時吾師十二歲，亦染疫，症狀甚嚴重，家人至為憂慼。其父乃虔求三寶垂慈庇佑化險為夷，後經醫治果得霍然痊安。經此番虎口餘生，吾師年紀雖輕，對出家之念益切，因而要求慈父允他出家為僧，其父果然允諾，就在同年禮德山和尚為師，宿願得償，深感無限欣幸。

吾師初出家為沙彌時，即勤習勞動，為寺中打雜，長大後更矢志修苦行，過頭陀生活。先後任「田頭」、「飯頭」等職，從事體力勞動，各種農耕技術如犁耙、播田、施肥等，無所不精，深富豐產經驗。於烹飪炊事亦素有考究，甚至剪裁縫紉等手藝，無所不能。吾師夙富格物致知精神，於各種技巧，見無不學，學無不精。此外尤愛好書法，勤修佛學，但因長年累月忙於農事，只能利用晚間學習，經常在同參酣睡中他猶獨自埋頭在黯淡的油燈下，研習梵典，臨摹書法，每逢雨天農務稍鬆，他便閉門禪室，勤學苦煉，未嘗虛度一刻時光。吾師意志堅強，凡事認真踏實，能忍勞耐苦。這種不畏困難的治學精神，足為後學的典範！

吾師自幼喪母，乏人照顧，因而體質很虛弱。出家後掛單山巖，辛勤勞動，飽受風霜，且操勞過度，不幸染癆病。時因衣單淡薄，乏資治療，還帶病勞動，以致面黃肌瘦，直到症狀很嚴重才暫息勞動。幸經療養後逐漸恢復健康，那時已二十歲了。他認為欲成法器，必須在洪爐中千錘百煉才能成功，於是就萌起參學遠方的心願，想親近大善知識以深入大乘教義，因而節衣縮食積蓄數十元，復得師友資助，芒鞋破鉢，孑然一身赴江浙一帶，先後掛單甬江天童、育王，以及鎮江金山、揚州高旻、南京昆盧等叢林，親近大善知識，參禪學道，聽經聞法。吾師慧根宿植，天賦穎悟，後因勤修苦學，奮發力行，經常到午夜後還不離經卷，數九三伏，坐香參禪，十年如一日，終於深入大乘教理，徹悟宗門法要，成為一位信解行證、宗說兼通的人天師表！

吾師學成返閩，住錫南普陀，得有勝緣邂逅當代大德重興南山律宗泰斗弘一大師，彼此宿世緣深，會晤後頗有相見恨晚之慨。弘公為一代藝術巨擘、名教育家而現沙門相的，高風亮節，嚴淨毘尼，海內外緇素無不推崇景仰。他出家後雖於詩詞、金石、音樂、繪畫等藝術無復措意，但仍以書法與四衆廣結淨緣。吾師素好揮毫，勤練筆法，博覽《廣藝舟》等書法大要，每日鷄鳴起床禮誦畢，便正方懸腕，握管揮毫，臨摹漢魏六朝碑帖。與弘公相契後，由於朝夕相處，得到弘公的指引，對書法藝術更深入研究。如周秦的獵碣、鐘鼎、石刻、鑄彝，以及漢魏六朝的造象、墓誌，無不致力臨摹，博採衆長，尤於張猛龍、天發神讖、張黑女、龍門二十品諸碑文更為得力。曾見吾師為太平巖、萬壽巖等處書寫門聯横披，筆力蒼古挺拔，頗有漢魏六朝氣息。以後又和演本法師結成好友，從演老研究《宅運撮要》，由是對建築藝術，亦頗具匠心，每興建一寺院，從院舍結構、形式、佈局、塑造佛相以至室内陳設，無不親自擘劃。吾師多才多藝，於此可見一斑。

吾師中年後法化桑梓，除講經說法與四衆廣結勝緣外，還重視創辦文化教育事業。他見到家鄉一帶，信佛出家的人很多，尤其是女衆更多，但因當時社會不重視女子教育，因此她們都沒有機會受教育，對佛法一無所知。吾師有鑒於此，早想創辦一所佛學苑，使這些教徒得到受教育的機會，所以遠在三十年前，就和弘一法師討論這個問題。弘公也很重視教育事業，曾共同計劃，初期先辦個「講習會」，再漸次發展，定名為「梵行清信女講習會」。弘公曾親自制訂講習會規則若干條，並親筆書一篇序文，内容是這樣的：

「……南閩女衆習佛法者，恆受三皈五戒，為清信女。亦有併斷正婬者，別居精舍，有如僧寺，俗云菜堂，稱女衆曰菜姑。其貞節苦行，精勤課誦，視比丘尼殆有過之。所缺陷者，佛法大綱罕能洞解，文字智識猶有未足耳。

昔年性願老人深鑒於是，頗欲集諸女衆，施以誨導。乃助緣不具，卒未成就。癸酉歲晚，余來月臺隨喜佛七法會，復為大衆商榷斯事。承會泉轉塵二長老歡喜讚歎，樂為倡助，並囑不慧為出規則，以資率循。爰據所見，粗陳其概，未能詳盡耳。」

這一講習會因種種因緣所阻，沒有實現，直到後來性公老法師自菲律賓回梓傳戒，才邀請幾位佛門緇素，組織董事會，籌創女子佛學苑和大覺講社於廈門太平巖和南普陀，分別招收一班男女教徒受教育，吾師數十年宿願才告實現。

吾師生平熱心佛教公益事業，先後曾重興泉州百原寺、永春普濟寺，興建南安西華巖、菲律賓華藏寺、南安石井大慈林，修葺東安寺、清水巖，獨力辦百原施醫藥診所，以及造橋修水壩，建避雨亭，賑恤婦人養老院，捐資建醫院學校等公益事業，利及羣生；此外還翻印大乘經典，製珂羅版佛相，影印弘一大師手書佛經、書簡等流通各方，廣結法緣。生平重視文物，保護古蹟，不遺餘力。吾師一生對佛教功績，不勝枚舉。謹憑記憶所及追述一二而已。雖片鱗鴻爪，亦足以示範佛子，至於吾師生平德業與對佛教的貢獻，確是功高大千。

正當悼念吾師的時候，不禁聯想起與吾師夙緣深厚而且對八閩法化有關的晚晴老人來。老人生平像一首優美的史詩，在追思吾師之餘，一談老人生平盛德，不無重大意義。

晚晴老人是一代律宗泰斗，重興南山律宗第十一代祖師弘一法師的別號。取意於李商隱詩：「天意憐幽草，人間愛晚晴。」他是我國近代一位著名的藝術家。俗姓李，名叔同，字息霜，別號甚多。原籍浙江平湖，世居天津。父李筱樓是清同治進士。老人幼時天資穎悟，五歲時父親去世就跟他母親學誦詩詞，十歲開始讀經史，並臨摹漢魏六朝各種碑帖，同時涉獵繪畫、篆刻等，當時頗受天津諸名家賞識。

老人生長於清朝末年，當時政治腐敗已到極點。他目擊漢家陵闕，認為非革新無以圖存，故於戊戌政變後，即奉母攜眷南下上海，肄業於南洋公學。那時他曾和海上友人設「滬學會」於南市，按期講愛國、衛生、自立的學說，以開新風氣。庚子、辛丑後，國事日非，一些愛國青年都紛紛到日本留學，老人也於一九〇五年（清光緒卅一年）東渡日本，入東京上野美術專門學校，除攻繪畫外兼學鋼琴，我國留日學生入藝專的以老人為第一人。同時他還跟黑田清輝、音上郎二人學習美術、音樂，後來又拜晤了日本戲劇家藤澤淺二郎研究戲劇，並於一九〇七年和友人曾孝谷等組織「春柳社」劇團於東京，自飾女主角公演《黑奴籲天錄》、《茶花女》等名劇，燃起我國話劇運動的第一把火炬。

公元一九一〇年（清宣統二年）老人學成歸國，任教天津高等工業專門學校，越二年到上海任教城東女學。那時正是我國民族革命思想最澎湃的時代。富有愛國思想的老人，一到上海就參加當地文學革命機關——南社，從事以文藝宣傳革命。同時兼任《太平洋報》副刊編輯，並與南社柳亞子先生等人創辦「文美會」，主編《文美雜誌》。後來因《太平洋報》停刊，老人即到杭州任浙江第一師範學校美術、音樂教師，與教育家夏丏尊、馬敘倫、經亨頤諸先生同事。當時老人被推為我國近代的偉大藝術家。他對詩詞、歌賦、音樂、書法、繪畫、金石、戲劇等，無不研習，又都有精湛造詣，此外兼通日文、英文、意大利文，曾以隸書筆意手寫英文莎士比亞墓誌，刊登於《太平洋報》。

後來因種種因緣，一代藝術大師竟於一九一八年暑假到杭州西湖虎跑定慧寺剃度出家，是年九月到靈隱寺受戒。自此即在江浙各寺韜光埋名研究佛學，過着淡泊的苦行生活。老人出家後，嚴持戒律，發願重興湮沒七百餘年的南山律宗，先後編著許多有關律宗文獻，被譽為宋靈芝律師以後第一人。

公元一九二八年，老人在上海邂逅老友尤惜陰居士（後來出家法名演本）。尤居士正欲和友人謝氏到暹羅弘法，在滬候輪，老人聞後非常高興，願與他們一同赴暹。遂於是年十一月初啟程南下，途經廈門，得陳敬賢居士（即著名僑領陳嘉庚先生胞弟）厚待，又在南普陀受吾師性願法師禮遇，彼此因緣深厚，頗有相見恨晚之慨。在吾師和陳居士的勸請下，老人就絕了赴暹之念，對於這「四序有花長見雨，一冬無雪卻聞雷」（唐韓偓句）的溫暖氣候頗為適應，於是就結下了晚年長住閩南的殊勝因緣。所以說老人晚年弘法閩南與吾師的尊禮賢能是分不開的。

老人志行高潔，操守嚴謹，出家後不作住持，不收徒衆，修的是最嚴謹的律宗，行的是最艱苦的頭陀行。他駐錫閩南十四年，經常到各寺弘法和著述，對佛學貢獻很大。公元一九四二年農曆九月初四日，這位一代藝術大師梵行高遠的老人圓寂於泉州溫陵養老院，達到他那「華枝春滿，天心月圓」的境界！

本文擬就老人生平的愛國思想，藝術造詣以及對佛教的貢獻略為一談，以饗世之景仰老人者：

（一）老人生平的愛國思想：大師生長於清朝末年，那時政治腐敗至極，他早具愛國思想，見此情況至為憤慨，戊戌政變後遂攜眷南遷上海，肄業南洋公學（上海交通大學前身），與海上友人設「滬學會」於南市，按期講愛國、衛生、自立的學說，以開新風氣。同時與書畫名家組織「上海書畫公會」，每星期出版書畫報一紙。當年老人所寫的詩詞，被評為全社第一，且多慷慨激昂辭章，如他的五言詩：

世界魚龍混，天心何不平？豈因時事感，偏作怒號聲。
燭燼難尋夢，春寒況五更，馬嘶殘月墜，金鼓萬軍營。

讀此詩頗能見出當時的憤激思想。

當腐敗的清政府和八國聯軍訂立喪權辱國的辛丑條約後，國家已陷於被帝國主義瓜分的慘境，那時一些稍具愛國思想的青年，都紛紛東渡日本留學，老人也於公元一九〇五年（清光緒卅一年）東渡日本，臨行填《金縷曲》一詞留別祖國：

披髮佯狂走。莽中原，暮鴉啼徹，幾株衰柳。破碎山河誰收拾？零落西風依舊。便惹得離人消瘦。行矣臨流重太息，說相思，刻骨雙紅豆，愁黯黯，濃於酒。

漾情不斷淞波溜。恨年年絮飄萍泊，遮難回首。二十文章驚海內，畢竟空談何有！聽匣底蒼龍狂吼，長夜淒風眠不得，度羣生那惜心肝剖，是祖國，忍孤負！

多麼豪壯的辭藻啊！

這時孫中山先生正在日本，積極籌組同盟會於東京。老人就在這年參加同盟會。邀集留日學生曾孝谷等人組織「春柳社」劇團於東京，並在東京本鄉座劇場公演《黑奴籲天錄》，老人自飾女角愛密柳夫人，曾孝谷飾喬治妻，我國名戲劇家歐陽予倩飾小海雷。這齣戲是老人和曾孝谷根據十八世紀美國女作家斯托夫人著的小說《黑奴籲天錄》（原名《湯姆叔叔的小屋》）中動人的故事，編成五幕話劇。這時正是帝國主義殘酷虐待華工，並強迫清政府簽訂條約，承認他們這種野蠻行為是合法的，這件事情在當時激起了我國人民的極大憤怒，我國人民曾為此掀起了一次全國性的反帝愛國運動。因此《黑奴籲天錄》這齣名劇也就在東京應運而生了！

當年老人除演《黑奴籲天錄》外，還為籌賑淮河水災而在東京孟瑪德小劇場上演《茶花女遺事》，自飾女主角瑪格麗特——茶花女。

此外還演過《新蝶夢》、《血簑衣》等，一時名噪中外。老人自日本歸國後，就參加當時的文學革命機關——南社，與柳亞子諸先生從事以文藝宣傳革命。武昌起義，老人曾填《滿江紅》詞一首以誌感：

皎皎崑崙，山頂月，有人長嘯。看囊底，寶刀如雪，恩仇多少。雙手裂開鼷鼠膽；寸金鑄出民權腦。算此生，不負是男兒，頭顱好。

荊軻墓，咸陽道；聶政死，尸骸暴。儘大江東去，餘情還繞。魂魄化成精衛鳥；血花濺作紅心草。看從今，一擔好山河，英雄造。

老人出家後，仍然關心國事，經常要看報紙。抗日戰爭時期，他曾寫「念佛不忘救國，救國必須念佛」聯分贈各寺，勉勵佛教徒要愛國。同時還發起讀誦《華嚴經普賢行願品》十萬卷，以此功德迴向抗戰勝利，人民安樂。

（二）老人的藝術造詣：老人是一位多才多藝的偉大全能藝術家。他的學生漫畫家豐子愷先生曾說：「李先生（指老人）的人格，值得我們崇敬的有兩點：第一點是凡事認真，第二點是多才多藝。……西洋文藝批評家批評德國的歌劇大家華葛納爾（Wagner）有這樣的話：『阿普洛（Appolo文藝之神）右手持文才，左手持樂才，分贈給世間的文學家和音樂家。華葛納爾卻兼得了他兩手的贈物。』意思是說，華葛納爾能作曲，又能作歌，所以做了歌劇大家。拿這句話批評我們的李先生，實在還不夠用，李先生不但能作曲，能作歌，又能作畫，作文，吟詩，填詞，寫字，治金石，演講。他對於藝術，差不多全般皆能。而且每種都很出色。……」老人的確堪稱為一位全能的藝術大師，請看他各門藝術的成就：

⑴詩詞：老人五歲就開始學誦詩詞，十餘歲即從天津名詞家學詞，廿一歲即出版《李廬詩鐘》。他的詩詞在當時曾轟動藝壇。

⑵繪畫：老人幼時即從天津諸名家研習金石書畫篆刻。留學日本時即入東京上野美專學西洋畫。據他的老師日本畫師黑田清輝說，他的畫很好。當時日人內山完造也稱讚說：「直到今日為止，油畫的造詣尚無出他之右者。」老人不但工油畫，也善水彩畫和圖案。作風接近於印象派，而兼有寫實派之長，他的畫筆觸老練，格調清新，在日本時就出版美術雜誌。

⑶書法：老人的書法，蒼古挺拔，獨具一格，生平從事藝術研究，對書法所下的工夫最大。他十三歲就開始臨摹篆帖，據夏丏尊先生說：「他平居鷄鳴即起，臨寫古代金石鐘鼎，過眼便能神似；而最得力的就是漢魏六朝的造象、墓誌、以及秦篆、泰山石刻等，至於古代的文字如石鼓文及天發神讖碑等，都是造詣至於絕頂的，所以他的書法，早年於海外已能使洛陽紙貴了。」老人出家後對藝術大都放棄，專心研究佛學，唯對書法一門仍然繼續鑽研。經常書寫佛經偈頌與人結緣。人們對老人的書法都珍若拱璧。現在老人遺墨傳布人間的贈送私人外，還有早年由上海開明書店影印出版的《李息翁臨古法書》和影印各種經書，以及吾師性願老法師籌資影印出版的《晚晴山房書簡》和老人生西二十周年紀念影印出版的《弘一大師遺墨》等數冊。老人的道範千古，書法千古！

⑷金石：老人十餘歲即開始從天津名金石家學篆刻，廿一歲就出版「李廬印譜」。他治印是取法秦漢，精研鑄鑿，而以沖淡質樸出之，意致高遠，像他的做人。他出家時曾將生平所鐫的印章全部送給西泠印社封於石壁中，封口有一塊尺餘見方的大理石，上鐫着「印藏」二字，約二寸大小，左邊寫：「同社李君叔同將祝髮入山，出其印章移儲社中，同人用昔人詩家書藏遺意，鑿壁庋藏，庶與湖山並永云爾。」西泠印社在杭州西湖孤山上，清末篆刻家丁仁、吳隱等人發起組成，是一個藝術家的活動中心。印社中有清代中期「浙派」篆刻家丁敬的石像。近年來這裏已修葺得煥然一新，為了紀念近代傑出的藝術家吳昌碩，在西泠印社的後面增闢了吳昌碩紀念館。現在老人的印章已從石壁中取出陳列於印社裏，以供中外藝術家和游客們欣賞。

⑸音樂：老人小時就興趣音律學，留學日本時，除學繪畫外還潛心研究音樂，據他自己說：一生研習藝術以音樂書法二門最為用力。他在日本學鋼琴時，因手指間距離太短，在琴鍵上有時感覺飛躍不靈，曾施手術把指膜割開，這種勤學苦練的精神，正是成就藝術大師的主要因素。他在日本留學時就創辦《音樂小雜誌》，出版於光緒末年，在日本印刷好了，寄到上海來發行。開明書店出版的《中文名歌五十曲》裏面有好多是老人在俗所作的歌曲。出家後又出版《清涼歌

集》。夏丏尊先生曾說：「法師先後在杭州、南京以樂施教者凡十年……所製一曲一歌風行海內，推為名作。……」

⑹戲劇：老人對戲劇藝術也有深湛造詣，他未出國前，就在上海演過戲。留有飾褚彪和黃天霸的劇照。據名戲劇家歐陽予倩在他的《自我演戲以來》一文中說：「他（指老人）對於戲劇很熱心，……往往在畫裏找材料，很注重動作的姿式，他有好些頭套和衣服（曾為飾愛密柳夫人自己作百餘元女西裝），一個人在房裏打扮起來照鏡子，自己當模特兒供自己的研究，得了結果，……設法到臺上去演。」老人飾愛密柳夫人和茶花女時，一舉一動都非常嚴肅，這種忠於藝術的態度，是很可敬的。當年日本松居氏曾在一本戲劇雜誌上發表一篇文章，評中國戲劇，對老人的戲劇藝術造詣給予很高的評價：「中國的俳優，使我佩服的，便是李叔同君。當他在日本時，雖僅僅是一位留學生，但他所組織的『春柳社』劇團，在樂座上演『椿姬』（按日人稱茶花女為椿姬）一劇，實在非常好，不，與其說這個劇團好，寧可說就是這位飾椿姬的李君演得非常好。……尤其是李君的優美婉麗，決非日本的俳優所能比擬。我當時看過以後，不覺感得十分興奮，竟跑到後臺去和李君握手為禮了……」當時老人在劇壇上是享有盛譽的！

老人是這樣一位多才多藝的藝術大師，卻一點浪漫氣息也沒有，他是一位最忠於藝術生活的人，他經常也告誡學人說：「士先器識而後文藝。」「應使文藝以人傳，不可人以文藝傳。」意思是說一個人的道德品質比文藝技巧更重要，因此受他教過的學生都尊稱他為「人格導師」。

（三）老人對佛教的貢獻：老人於一九一八年出家，一九四二年圓寂，整整廿四年，對佛教的貢獻很大。他人格高尚，律己甚嚴，足為僧伽楷模，他出家後專心研究律宗，在我國佛教史上被尊為「重興南山律宗第十一代祖師」。他對佛教的最大功績是重興湮沒七百餘年的南山律宗。廿四年中他編著許多有關律宗的重要文獻，總稱為《南山律苑叢書》。其中以《四分律比丘戒相表記》一書最為精闢，花了七年時間才完稿，由上海中華書局影印出版，被稱為宋靈芝律師以後第一巨著。

一九二九年，老人由廈門赴溫州，取途福州，偶游鼓山湧泉寺，在藏經樓發現一部古版刻本的《華嚴疏論纂要》。這版子在現存的經典中是很古的，老人看了非常高興，就倡議重印廿五部流通。由於老人精通日文，曾向日本購來萬餘卷古版佛經，內有日本沙門圓仁的「入唐求法請來錄」等，老人都親自加以整理，編成《佛學叢刊》第一輯。老人出家廿四年，對佛教貢獻很大，本文限於篇幅未能盡述。

老人的藝術，登峯造極；志行，高風亮節；操守，皎若冰雪；戒德，毘尼繩墨。這樣一位學藝素養功深的偉大藝術大師出家為僧，又嚴持戒律，修頭陀行，無疑地感召力是不可思議的。老人於一九四二年農曆九月初四日圓寂於泉州溫陵養老院，世壽六十三歲。臨終前寫「悲欣交集」四字，並寫一封致夏丏尊先生的遺書：

丏尊居士文席：朽人已於　月　日遷化，曾賦二偈，附錄於後：

君子之交，其淡如水。執象而求，咫尺千里。

問余何適，廓爾亡言，華枝春滿，天心月圓。

謹達不宣。　音啟

前所記月日係依農曆　又白

這封遺書的月日，原都空着，他示寂後，由侍疾僧妙蓮法師補填。老人荼毘後，檢得好多舍利，其骨灰分成兩部分，一半供養在泉州彌陀巖，一半供養在杭州虎跑寺，兩處均建有莊嚴的墓塔，聞最近泉州開元寺將籌建「弘一法師紀念館」，陳列老人生平遺著、墨寶等，以供各方觀瞻。

吾師生平對老人備置推崇，居閩南時，過從甚密，吾師從老人研究書法，共同擘劃創辦佛化教育事業。老人卓錫永春蓬壺普濟寺，弘揚佛法，閉關著作，法澤山城。在閩南十餘年，震法鼓，燃慧炬，皆吾師勸請之因緣。老人圓寂後，吾師發起籌印老人遺著：《南山律在家備覽》、《四分律比丘戒相表記》（第三版）、《晚晴山房書簡》和老人手寫的各種經典，以垂永久。吾師與老人締結了深厚的法緣。今日在悼念吾師之餘，追思老人盛德，不無重大意義。二位老人道範千古，業績千古，我於二老是「高山仰止，吾無間然」。本文所敘點滴，未能道出二老生平德業於萬一，二老在常寂光中能不責我豐于饒舌嗎？

佛曆二五〇六年十月
公元一九六二年於閩南
（刊於一九七七年《性願法師年譜暨紀念集》）

黃永玉與弘一大師［二］

寅亮

中國著名畫家黃永玉最近在香港三聯書店舉行《水滸》人物畫展。共展出一百四十二幅作品，每幅畫上都有題字，表達了作者對《水滸》人物的感受或藉此發揮對事物的見解。黃永玉說：「我六十年代已構思以木刻形式去描繪《水滸》人物，但內地運動接踵而至，使我擱下計劃。二十六年後終於以水墨寫意手法完成這套作品，引為感慨的是，當年關心我工作的長輩好友都已遲暮凋零。」

一九八〇年歲次庚申，中國發行了「生肖郵票」的第一枚「金猴」。郵票的設計者就是黃永玉。這「金猴」逗人喜愛，很有靈性，栩栩如生。一九八四年十月，北京文物出版社編印的《弘一大師》大型紀念集的扉頁上，刊載黃永玉於壬戌年（一九八二年）精繪的「弘一上人像」，並作了這樣的題記：

「去年與梅溪、黑蠻同遊閩南舊地，得以叩謁上人衣冠塚於泉州，四十餘年舊事恍如昨日，讀悲欣交集而感慨萬端，作此不敬之至。黃永玉，壬戌春花燦爛之時，客北京西郊。」

弘一大師生於清光緒六年（一八八〇年），圓寂於一九四二年。黃永玉為大師造像，正值大師示寂四十週年。畫家僅憑記憶，就能維妙維肖的構劃出大師的輪廓，可見其留下的印象之深。原來畫家所述的「四十餘年往事恍如昨日」，還有一段甚深因緣的故事哩！

一九三八年十月，弘一大師回到泉州承天寺。次日，他在溫陵養老院講《念佛法門》，最後他聲淚俱下地說：

「我們吃的是中華之粟，飲的是溫陵之水。身為佛子，於此時此地不能共紓國難於萬一，自揣不如一隻狗子！」

當時抗日軍興，寧滬淪陷，侵略者鐵蹄迫近閩南，大師愛國熱情，溢於言表，他常寫「念佛不忘救國，救國必須念佛」的條幅，分贈各方，鼓舞佛教徒愛國愛教。

一日，大師在承天寺的樹叢中散步，忽然聽到傳來一陣隱隱的歌聲：

「長亭外，古道邊，芳草碧連天；晚風拂柳笛聲殘，夕陽山外山。

天之涯，地之角，知交半零落；一瓢濁酒盡餘歡，今宵別夢寒。」

這是他在俗時作的《送別歌》啊！他順着歌聲尋去，原來是一個小少年在唱，儘管唱得悠然，但卻充滿淒涼、悲切、哀傷、憂憤之情。待走近時，發現一個年約十六七歲的孩子像獼猴似地攀着枝幹爬上一條樹杈，置身於沁人心脾、潔白幽雅的玉蘭之中。

大師向這孩子招招手，慈祥地說：

「樹枝是新長的，很脆，有危險，快下來！」

男孩向下俯視了一下，含着濃重的湖南音，答道：

「我坐着玩玩，怕什麼？」隨後左右攀援，輕輕一躍，飄然落地，手上還拿着一枝玉蘭花呢。

「花開花落，了卻生死，乃萬物之靈，你為什麼把它摘下來！」大師善意地開導說。

「正因為美，我才拿去畫啊！」

大師聽了怔一怔，問道：「你會繪畫？」

「嗯，不一定畫好，但多少有些基礎！」

這男孩就是畫家黃永玉，祖籍湖南，自幼愛好美術，本想投考陳嘉庚創辦的「集美中學」，但沒有如願。因聽說佛寺裏美術品頗多，他於是闖進來觀賞佛像、壁畫，在後院又被這朝天銀燈般的白玉蘭吸引了！

「你這小居士又會作畫，又會唱歌，很不錯啊！」

「我唱的是《送別歌》，聽說作歌的藝術家也當和尚了！」

「是嗎？」大師說：「我們有緣，不妨到我的寮房中坐坐。」

一老一小就這樣邂逅相識。黃永玉看到房中有筆硯、有宣紙，就高興地磨墨提筆寫了幾個篆字。所謂「初生之犢不畏虎」，他那裏知道眼前這個老和尚就是舉世聞名、功底深厚的書法大家！弘一大師莞爾一笑，指點他說：

「書法藝術形象的創造，必須遵守漢字結構的規律，而漢字與世界通行的拼音文字不同，有它的表意性，也就是漢字的特點。你的點線軟弱無力，缺少漢字表意性的神姿，點是線的收縮，也是線的靜態。而線是點的延伸，也是點的動態。你很聰明，只要注意線條的均勻，意態的動靜，表意的神韻，就更好啦！」

一席話，說得黃永玉心服口服，欽佩萬分，他忽然福至心靈地若有所悟，恭敬地問道：

「請問老法師上下？」

「弘一！」大師笑着答道。

「噢！原來你就是藝術大師李叔同，小子有眼不識泰山。我願拜你為師，請收下我這個學生吧！」

「我們有緣，好吧，就算一個方外弟子嘛！」

從此以後，黃永玉每天來寺習字學畫，確實進步很快，終於成為名家。弘一大師早年留學日本，是將西方美術、音樂等引入我國的先驅者，被譽為新文化運動的啟蒙人。他曾在浙江省第一師範學校執教，培養了一大批藝術人才。他的學生中著名的有上海畫院院長豐子愷、浙江美術學院院長潘天壽、上海美術專科學校校長吳夢非、上海美術專科學校音樂專業主任劉質平等。黃永玉是他出家後所收的僅有三名學藝弟子，另二人是李芳遠和高文顯。

黃永玉有過坎坷傳奇的經歷，電影《苦戀》的主人公就是以他為原型的。銀幕中多次出現弘一大師的鏡頭倒是記載歷史的真實。遺憾的是，這部電影因有爭議，被禁止公開放映。幸一份報紙曾刊載《苦戀》的劇本，使我們有緣能看到故事梗概。另外，中國青年出版社印行的徐星平著的《弘一大師》長篇小說中第三十章也有較詳的記載。

願弘一大師的慈光永遠照耀着黃永玉！

（刊於一九八九年《香港佛教》，輯入陳慧劍編《弘一大師永懷錄新篇》，一九九一年九月臺北龍樹菩薩贈經會版）

編者按：

〔一〕《黃永玉散文・蜜淚》所記情節略有出入。

家事瑣記

李端

我是李叔同的次子，一九〇四年生於上海，現已年過八十，退休多年了。當先父一九〇五年留學日本時，我尚在襁褓中；一九一一年他學成回津，小住一年左右再次離家去江南時，我只有六七歲。因我一生中和先父相聚的時間很短，當時自己年歲又小，知道的事情不多，故過去很少向別人談起自己的先父和我們這個大家庭的事情。近幾年來，國內報刊在紀念先父百歲誕辰和逝世四十周年忌時，曾有一些專文評述他老人家的一生，閱後很獲教益，同時也感到對我家情況有不夠詳實之處。現就自己所知道的一些祖輩往事，當作資料提供出來，以作為研究先父李叔同的參考。

一

關於我祖輩的情況，一九八三年，《弘一大師年譜》的作者林子青先生來津時曾對我說，他手裏存有一份先父早年在天津考縣學時的考卷，上面填了三代，即我的曾祖父李銳，曾叔祖父李錕，曾祖單傳為我祖父李筱樓。

我的祖父李筱樓曾考舉過清朝進士，並當過吏部主事的官。在他的一生中，特別是晚年，為我家財勢最盛的時候。其一，我家在河東糧店後街六十號那一處門前掛有「進士第」和過道內懸有「文元」匾的大宅院，就是他六十多歲以後購置的。其二，他在六十多歲時還在住家附近的孫家胡同（今順風胡同）辦了一個慈善團體「備濟社」，賑濟貧寒，施捨衣食，人稱「糧店後街李善人」，冠以地名是為了區別於城裏冰窖胡同的「李善人」。其三，我家看門房的老家人張順對我講過，說我爺爺在世時，我家曾多次來過「鏢」，這應該是我家幹鹽務的收入，通過鏢行從引地押運到津的。張順老人說，來「鏢」的時候，前門大開，成箱的財物卸在前邊的櫃房裏，人出人進，熱鬧極了。

桐達錢鋪很可能是我家的一個內局生意，櫃房就在糧店後街六十號的前院。櫃房門前廊柱上，有木製的抱柱對聯，紅地黑字，上下聯的第一字分別是「桐」、「達」兩字，全聯已不記得了。此外，我家在宮北大街還有一處桐興茂錢鋪，是做門市生意的。現在估計，我二伯父的字「桐岡」，可能和此有關。

我的祖父是一八八五年他七十二歲時故去的。那時，我父親虛歲六歲，實足年齡尚不足五歲。祖父生前，給我家起的堂名叫「存樸堂」，他並親筆寫了一塊堂匾，這塊堂匾是金底藍字，高懸在前院五間西房大客廳的正中。當時，也有人稱我們家為「存樸堂李筱樓家」或「桐達李家」。

據老家人張順講，我祖父故去時出了大殯，由李鴻章「點主」，馬三元（清朝武官）「報門」，當時是很有些勢派的。

二

據一些文章的記述，我祖父一生前後有妻妾三人，也有寫數人的。據我所知，至少是四人。

祖父的原配姜氏，是我的第一位奶奶。她生育了我的大伯父文錦（一），因後代未傳，故外間很少知道這一支長門的情況。有的文章說我的大伯父早年夭亡，這是不確切的。因為據史料記載，我父親在童年時會背佛經咒文，是從他的一位居孀的侄媳處學來的。父親的這位侄媳，也就是我的大嫂，當然是我大伯父的兒媳了，這說明我的大伯父至少是娶妻並有兒子以後才故去的。我的大哥可能是婚後早亡，遺下我的寡婦大嫂，無兒無女，以念經打發居孀的生活。據說在我的大伯母也就是她的婆婆死後，她亦吞金「盡孝」而死。

我的第二位奶奶張氏，生我的二伯父李文熙，字桐岡。二伯父比我父親長十二歲。因「體質羸弱，恐其不壽」，我的祖父才又納妾王氏，即我的親祖母。

我的親祖母比我的祖父小四十多歲，在她二十歲生我父親時，我的祖父李筱樓已經六十八歲了。我的祖母王氏生於一八六一年舊曆四月廿一日，一九二一年她六十冥壽時，我父親曾給她寫經以為紀念，那時我父親年四十二虛歲。我父生前曾對他的弟子豐子愷講過：「我的母親很多，我的母親——生母很苦。」這裏所說的「苦」，是指她在家庭中所處的地位低下，而不是指物質生活。

我之所以說我的祖父至少有妻妾四人，是因為我還見到一位郭氏奶奶，一直住在我家，活到八十多歲才故去。因為她滿頭白髮，我幼年時一直稱呼她為「白頭髮奶奶」。每當我患了消化不良鬧肚子疼時，就找這位奶奶給我推肚子。她一邊念大五雷咒和小五雷咒，一邊給我按摩。她先住在後跨院的三間西房，後又住前院的三間北房，外間屋供有佛像，也就是我家的佛堂。她每日誦經禮佛，有一位女僕蕭媽媽照顧她的晚年生活。

我還記得，我有一位本家的三姑媽，每年都要到我家串親，總是和郭氏祖母住在一起。這是一個窮本家的後代，年歲比我二伯父稍長。很有可能，這就是我叔祖李錕一支的後代。

三

先父幼從家學，及長，又和津門的一些名士來往。十八歲時（虛歲，推為一八九七年，丁酉），和俞氏結婚。俞氏比我父親長兩歲，屬虎。因我父親屬龍，故我的老保姆王媽媽說他們夫妻是「龍虎鬥」的命相，一輩子合不來。俞氏是我的生母，先後生了我們兄弟三人。我的長兄乳名葫蘆，行八，早年夭亡。次兄李準，行九，長我四歲，已故。我是我們親兄弟中的老三，在大家庭的弟兄中行十，是同輩兄弟姐妹中最小的。

我的外祖父家是幹茶葉行的，住在南運河邊西頭芥園廟附近的青龍廟胡同。我母親在娘家行五，我還有一位六姨和一位三舅，他們姐弟三人是一母所生。三舅早亡。六姨是個癱子，一生未嫁。另外，還有五舅俞鸝青，在南開中學當過庶務，後信基督教，和張伯苓一起辦倉門口教會；六舅在候家後開雜貨鋪；七舅在英商仁記洋行做事。

先父在婚後的第二年（一八九八年，戊戌），於康有為、梁啟超變法失敗後，即奉母攜眷，南下到上海。據說，因當時先父曾刻過「南海康君是吾師」的閑章，此行有躲嫌避禍的意圖。而實際上，據我家的老保姆王媽媽說，我父親當時的南下，是想從此脫離開天津這個大家庭，去南方扎根立業。因當時我們家資富有，上海也有我家錢鋪的櫃房，可照顧我們一家的生活。不意六七年以後，我的親祖母王氏在上海病故，我的父親才又扶靈攜眷，乘輪船返回天津，時在一九〇五年夏秋間。據王媽媽在我們兄弟二人長大後對我們講，我九哥李準因在輪船上受了海風，得了終生不治的哮喘病，每到冬天就犯，因而結婚較晚。王媽媽還說，在上海時，我們是住在「城南草堂」的。

我祖母的靈柩運回天津以後，按舊規矩「外喪不進門」，故他們兄弟間對此有過矛盾。後經親友調停說和，我祖母的靈柩進了舊宅，隨即擇日舉殯，安葬在新開河邊張興莊以北的李氏祖塋內。

給我祖母發喪以後，先父即於當年東渡日本留學。一九一一年學成後曾回津任教一年左右，再次南下上海，輾轉蘇、杭、浙、閩，一去三十年，至死也未歸來。從我家當時的家境推斷，先父有很大可能是自費留學的。

四

我非常感念我的「媽媽」——即我的老保姆王媽媽。她在我家勞動了五十多年，照顧和侍候了我們這一支的祖孫三代人。

她是天津武清縣王慶坨人，丈夫姓王，都稱她為「王媽媽」。她來我家原是專門侍候我祖母王氏的，以後，又抱大我的父親。先父於一八九八年奉母攜眷去上海時，辭掉了我母俞氏的陪房廖媽媽，而帶着王媽媽同行。在上海，她又看護了我們弟兄。一九〇五年北歸以後，先父長期在外，她和我們朝夕相處，照顧備至。為了尊重她，我母親一直讓我們稱她為「媽媽」，而不許稱「王媽媽」。在我們家裏，當時的女傭還有蕭媽媽、邊媽媽、薛媽媽婆媳倆等，分別侍候我郭氏祖母、三嫂、二伯母和七嫂等。都是帶姓稱呼「某媽媽」。此外，我家當時至少還有五名男僕人，如看門房的張順，挑水的老邱，拉車的李升，買東西的張姓童僕，還有一位廚房大師傅。

王媽媽在我家勞動了五十多年，到七十多歲時才離開的。

五

先父的出家為僧，給我母親的刺激很大。她為了打發無聊的日月，就到北馬路龍亭後孫姓辦的刺繡學校裏學繡花解悶，約有兩年左右的時間。去的時候有人力車接送，有時也帶着我去玩。再以後，我母親在家裏又找了幾位女伴，教她們繡花，但時間不長，就散班了。

家居閑悶，我母親有時也帶我們去串親戚，除我的姥姥家以外，常去的就是我父親的盟兄李紹蓮三大爺家。李紹蓮原是天津西頭怡和斗店附近「大樹李家」的後代，後遷居南開二緯路。他和我父親要好，成年後在天津鹽業銀行當經理或副理。我父親離津後，曾託咐李紹蓮照顧我們，並對我母親也講了，有什麽困難事就去找李三大爺。我的母親和李紹蓮的夫人（我稱呼為「三媽媽」）要好，她有兩個孩子和我們也能玩在一起。一般的到了每年暑假，我們娘兒三個即去那裏住些日子。

我母親活了不到五十歲，在我二十二歲那一年的正月初三故去的。在故去以前，曾請水閣醫院的大夫來看過，不記得大夫說她患的是甚麽病，只記得大夫說這間房子很冷，不適於病人養病。那時，我們住在後院南房，是一明兩暗的三間房子，我母親的屋中只生一個炭火盆。限於當時大家庭的規矩，雖然市上已有煤球爐或有帶煙筒的鐵爐子，但我們家中在冬天還是生炭火盆。

先母病故以後，家中曾給已經出家為僧的我的先父去信報喪，但他沒有回來。

六

我祖父故去時，先父只有五歲，我二伯父十七歲。這以後家務由誰掌管，不詳細。在我記事的時候，我們這個大家庭一直由我二伯父李桐岡當家主事；裏裏外外，是由桐達錢鋪的劉大爺和鄭三爺兩位老人代為照料。

二伯父先後有二妻一妾。原配盧氏，生我二姐和三哥麟玉。繼配姚氏，生我四哥麟符，七哥麟璽，四姐李謙，五姐李坤。後姚氏故去，因需要有人扶侍和照顧他的生活，就又另買來一個窮家姑娘結婚，算做姨奶奶。這位姨奶奶來後，我二伯父讓她吃了斷生湯，一輩子不再生養。在天津，她隨我七哥七嫂同住。七哥故後，她和我七嫂一起，都遷往當時北平我三哥處共同生活。解放初期，她還回天津看過我們。

二伯父是一家之長，我們都很尊敬他。桐達錢鋪收市以後，家境逐漸中落。因食之者衆，故先後賣掉和出租一些房子，以維持生活。他同時還要行醫應診，主持這個大家庭也確不容易。二伯父的身體較弱，常吃自己配製的一種中藥丸，都是由他早年的書僮、以後我家的老家人張順替他搓團。他很喜歡養花，特別是養菊花，主要是由我七哥幫助莳弄。每年秋天，東馬路玉芳園花店總要給我家送來菊花觀賞，春節時也送花。當然，這都要算總帳付錢的。

二伯父治家甚嚴，從他對我四哥的管教上可以看出來。四哥麟符，字相章，早年得羊角瘋病，有些呆傻，他犯病時，二伯父就讓家人把他捆起來。有一次來了一個道士化緣，四哥用棍子打了道士，經衆人勸說，又給道士錢，才算了事。二伯父出診歸來後知道此事，就讓家人把四哥的衣服脫光，扣在院中的大缸裏凍着。當時我母親出面，帶着一家女眷跪地相求，才答應把四哥放出來。

二伯父是當時的名醫，脈禮也較貴。我幼年時，記得他的出診費是附近一元，遠處二三元，過海河到當時的英、法租界出診四元。以後，又每元加一角車錢，為車夫李升找一點零花收入。李升是我家的男僕，是給二伯父拉人力車的。

在當時的奧國租界裏，我家是富戶之一，故二伯父曾經是奧租界的「華人董事」（或「士紳代表」）。在我家桐達錢鋪，櫃房擺有一架鋼琴，就是一位奧國領事送給二伯父的。此外，牆上還掛有這位領事坐在敞篷馬車上的照片。

二伯父生前在西頭小梢子口一帶購置了一塊塋地，故後就葬在這一處新塋裏，算是單獨立祖墳了。出殯時，是清末的翰林劉嘉琛「點主」，天津警察廳長楊以德「報門」，也算是很勢派的。

七

先父第二次南下以後，開始和家中不斷有書信往來，都是寄給我二伯父李桐岡的。從二伯父的口中，得知先父在外地的行蹤，在上海，在杭州，在南京，或又到別的地方去了。後來我自己年歲見長，先父給我們來過兩封信，都是在給二伯父信中的另紙附書，沒有稱謂也沒有簽名。

第一封信是先父出家後寄來的，當時我正在中學上學。信中說他已出家當了和尚，讓我們一家人也吃齋信佛，還囑咐我們弟兄要用功讀書，長大後在教育界作事。看到這封信，我們一家人都哭了。記得這封信的信箋是在白紙上印着一個和尚坐在那裏的圖案，線條為赭石色。看得出，是印刷較好的信箋，不是臨時畫的。

我見到的第二封信，是我的九嫂王氏第二胎生了一個男孩以後（第一胎生的是女孩），我們向先父報告家中添丁的事，並求這位出家當了和尚的老人給孫子起個名子，以為吉祥長命。以後得到先父的回信，給他的孫子賜名「曾慈」，有紀念我祖母王氏的深意。李曾慈屬馬，一九三〇年生人，現在也年近六十了。

八

在我們這個大家庭中，我們同輩的兄弟姐妹共是八人，二伯父門中有三男三女，我們是兄弟二人。

二姐居長，已故，是盧氏伯母所生。二姐夫是天津「八大家」「振德黃」家的一位少爺。二姐的兒孫現在還住在天津。

三哥麟玉，字聖章，已故，為南開中學一期生，後留學法國學化工，歸國後一直在他三姨父李石曾身邊任事，曾當過中法大學校長，解放後任北京工業學院副院長、全國政協委員。他曾出資影印過先父的墨寶，也是先父最喜歡的一個晚輩。三哥有一女（孟娟）一子（李衛），現居北京。

四哥麟符，字相章，幼患羊角瘋病，一生未做事，已故。四嫂是清末翰林劉嘉琛的女兒，嫁後常住在娘家，四哥故後即離開李家，靠教書為生。

七哥麟璽，字晉章，已故。青年時在南開中學上學，和周恩來一同演過話劇。畢業後，先後在匯豐銀行和農工銀行任事，也好金石書畫，吃齋信佛，號雄河居士。原配金氏，繼配呂氏，都出自津門名家。

四姐李謙，已故。姚氏伯母所生。上過師範學校，曾在民立第一女子小學教書。後遷居北平，嫁一教授。

五姐李坤，已故。聽說丈夫是中法大學的教授。

九哥李準是我的胞兄，因幼年得哮喘病，一生沒有做事，結婚也較晚。我們一家兄弟姐妹的婚事，都是大媒提親，門當戶對。只有九哥的婚事是小媒提親，九嫂王氏，家住南市蘆莊子泰安里，家道小康。

我們兄弟二人的名字，都是二伯父作主給起的，按四姐、五姐的名字排列。

九

河東地藏庵前路北第一個門是我家的老宅，即陸家胡同（現為豎胡同）二號，先父就是在這所老宅裏降生的。這所老宅的前院為三合院，有北、東、西房各三間；北房後邊是一個小後院，只有三間灰土房。前院為青磚房，牆下磨石抱角，房上有一米左右高的女兒牆，院裏還有一棵大樹。在老宅的不遠處就是原北運河的河身（一九一八年裁灣取直後改為東河沿大街），順河往東又是金鐘河，從賈家大橋到小樹林，沿河是一片樹林。我年幼的時候，曾隨替我家管房產兼負責修房的工頭兒王七爺到老宅去收過房租，對這裏的印象還是較深的。

河東糧店後街六十號（舊門牌為六十二號）這所故居，是我祖父晚年購置的，先父即在這所故居長大成人。這所故居呈正方形，西東和北南各是十間房的長度，分四個院，為「田」字形。後部分是一個大後院，後院的後門在糧店前街，即三岔河口附近，隔河就是天津舊城東門外的天后宮和玉皇閣。我記事的時候，後院就賣給別家了，我們只留下一條寬胡同，在旁邊的邱家胡同（現改為向河胡同）另開一個後門。

「田」字形的院落，臨街的大門朝東，故西房為上房。南邊的兩所房子為主房，前院有櫃房、客廳各五間，另有南北房各三間。後院有西房五間和南北房各三間，客廳後邊無東房，而是五間房長的游廊。北邊的房子是前後跨院，三間房寬，依次是東、西、西三層房屋（有穿堂門，貫通前後兩個跨院）。計東房為中書房，當中的西房為客房，最後的西房為下房。

「田」字當中「一橫」的地方，是兩間房寬的間道，臨街處即是大門和門房。在間道當中「十」字交叉的地方是一間有高臺階的「洋書房」，周圍插有竹籬形成小花園，名為「意園」。

要着重說明的是，陸家胡同老宅有樹，后院有三間灰土房；在糧店街故居的前後跨院，有中書房、客房、下房各三間。這兩處住房都距河較近，植有樹木。依此，可見先父所作《憶兒時》一首歌是有些根據的：「回憶兒時，家居戲嬉，光景宛如昨。茅屋三椽，老梅一樹，樹底迷藏捉。高枝啼鳥，小川游魚，常把閒情托。……」

李叔同故居平面圖

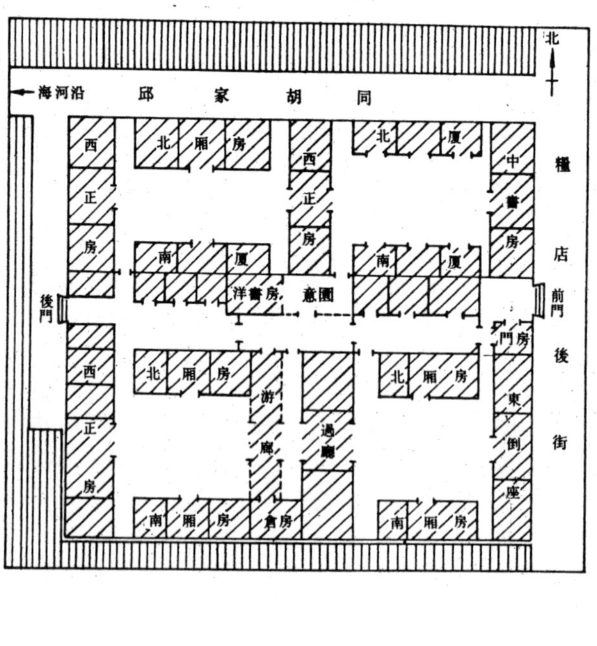

「意園」坐落在「田」字形宅第的正中，為間道影壁牆後的一個小花園。花園的前面用竹竿斜插成菱形的竹籬，八角門上掛有一塊長方形的小匾，黃底綠字，「意園」二字寫在右邊，為我祖父親筆，左邊並寫有建園年月和緣起的字樣。步五級臺階上到磚臺，就是「洋書房」。「洋書房」是一間刀把狀的西屋，瓦頂有流水溝，朝東朝南有窗。窗為兩層玻璃門一層紗門，屋裏有中式木牀和書櫥，格局頗為講究。據說當時天津的一些大家富戶，都要有一點洋式的建築，以示文明闊氣。

「意園」和後院的游廊相通，和前跨院的書房、客房並兩邊的廡廈組成一個小巧園林。園內修竹盆花，後院有金魚缸、荷花缸、山石盆景、石榴樹等，環境確實不錯。記得我幼年時，我們大家庭常在這裏照相。照全家福時，是二伯父和我的白頭髮奶奶居中端坐，一邊是男的一邊是女的依次排列，但每次都不讓我四哥參加，擔心他抽瘋鬧事。每次照相，都是由照相館來人拍照。在乘轎的時候，「意園」也是女眷出入時上轎和下轎的地方。

先父從日本留學回津以後，於課餘之暇，經常在這間「洋書房」裏工作和接待賓客。有一次我在前院玩，見父親正送客人出門，我忙躲藏在門房裏。客人走後，我問是誰，老家人張順說是上海的許老爺，來了多次，還在「洋書房」裏住過。現在查閱資料，知道這位應是父親的盟友許幻園，青龍橋「城南草堂」的主人，在上海借房給我們住的名士。過去，都知道先父在上海的盟友袁希濂曾來過我家，對於許幻園的到過天津，是沒有過記載的。

「洋書房」裏的布置，聽說早年在牆上掛過先父在日本時畫的油畫，為一裸體日本女人，一時在親友中傳為奇事。屋中還擺過風琴或鋼琴。到我長大以後，在「洋書房」的書櫥中還見擺有先父貼有來信的冊子和在上海時的用款賬本等，也有先父用過的碑帖等。當時，這個「洋書房」主要由七哥李晉章使用，他也在「意園」中蒔養四時盆花。

現在，「洋書房」和前跨院中書房並客房仍保持舊狀，沒有改建。

十一

「七七」事變以前，約在我三十歲左右時，我們大家庭分居；接着，我和我九哥李準也分開了。分家時，三哥和七哥請了大律師張士駿，九哥也請了一位律師。另外，還請來一位姓王的表兄居中調解。在這以前，因大家庭生活困難，將地藏庵前陸家胡同二號的老宅（即我二伯和我父降生的房院）和附近的部分房產，先以七千塊大洋賣掉，大家分款度日。以後，將後院和兩個跨院分別出租，我們都擠到前院的十六間房子裏住。分家時，這四個大宅院作價三萬，前後院共二十七間房分給三哥、七哥，兩所跨院和水梯子王家店的房子並「備濟社」對過的一部分房子分給九哥和我。原在前院客廳懸掛的兩張名畫，一家分一張，我分到的一張是仇九洲的山水人物，七哥分了一張大鷹的畫。

當時記得，我們的後院十多間房租給蘆臺鎮的一家住戶，兩個跨院分別租給林、李兩姓，都是由旁邊邱家胡同（現名向河胡同）開偏門出進。早年，我們的故居臨三岔河口，是商業區和住宅區，有不少富戶住在附近，如大口朱家、謙益號曹家和敦昌銀號馮家等。

十二

先父的遺物，我曾親見過一些。由於當時無知和以後保管不善，全丟失了。

先父由上海帶回來的四個大皮箱，一直放在我母親房中。其中有一個箱子，裝的盡是扇子，還有幾枚圖章。扇有團扇、折扇兩種，都有書畫，記得還有天津人王新銘寫的字。我們小的時候隨便拿這些扇子玩，以後都丟失了。

我見過先父的四枚圖章（兩枚象牙章，一枚水晶章，一枚墨晶章）。水晶章刻着「草簃」兩字；橢圓的墨晶章只劃了「吉祥」兩字的細筆劃，據說這是試刀「吉祥」，尚未正式刻字。兩顆象牙章，一顆是頂端為一小獅子狗，底面刻有「鐵石心腸」四字，由我九哥保存；另一顆是一個小葫蘆形的章，在葫蘆腰處可以擰開，下腰的正面是印泥盒，上腰的底面刻着「成蹊」兩字，這是先父在上海時用過的私章，但以後被我毀失了。

先父有一個貼往來書信的本子，將來信的信箋和信封都貼在一起，有二三寸厚的一摞，也沒有保存住。還見過一本流水帳，是先父和我祖母王氏、母親俞氏等在上海居住時，由滬莊的帳房給開的。記得上面寫着：「三老爺用××」、「三老爺購家俱用××」、「三老爺購××用××」等等。從此也可以見到，我們一家當時在上海的生活是較闊綽的，先父當時舉家南遷是想在南方安家立業的說法，是有一定根據的。

先父用的信箋和信封，有的就是他自己設計和製作的。信箋的圖案，是當中畫着兩個圓圈，形成連環的樣子。信封的正當中，刻着雙鈎的「李廬」兩字，在左下角是「憑君傳語」四字。發信的時候，在這四字的下面添上日期。我見過印刷這種信紙和信封圖案的木製籤子，並自己也曾刷印使用過。

先父用過的名片，紅色，當時名為「紅丹帖」，上有「成蹊」、「廣平」的署名，為木刻字。

以上這些先父的用物和帳本、貼信的本子等，當年都存在「洋書房」的書櫥中，以後都散失了。

先父寫的碑帖，我也見過一些。有一本是他書寫的佛經字帖，兩三段就換一種字體，真、草、隸、篆都有，封皮藍色，上有白籤，為「李息翁臨帖」，又署名「音」。另有只寫着「南無阿彌陀佛」的橫條幅，署名「鐵臂」。現在知道，有的碑帖影印是先父在南方的友好託開明書店製版印刷的，也有的是我三哥、七哥花錢印刷贈送給親友留作紀念的。記得姚召臣八叔曾將一冊先父的影印碑帖又轉贈給我，並說是「趙璧趙得，物歸原主」。這本是先父贈給他的，他又轉還給我，可惜以後也丟失了。

我還見過先父畫的一張油畫，是一位日本女人的頭像，梳的高髻的「大阪頭」，畫面署名「L」，四周有木框。這張油畫在分家後由我保存，以後先後遷住糧店街吉家胡同和西沽當鋪西街時都掛在我的住房中。「七七」事變以後，西沽的北洋大學住了日本兵，西沽大街上常有日本兵經過，我又住的鄰街房子，害怕日本兵闖進來後這張畫有可能會招惹是非，就摘下來丟到廚房裏，以後也損壞了。現在推斷，L的署名當是「李」字的英文拼音字頭；畫中的日本女人，也可能就是我父親從日本帶回上海的那位日籍夫人。

多年來我一直存有我們大家庭和先父母生前的很多照片，可惜在「十年動亂」中付之一炬了。

（王慰曾記錄整理）

（刊於一九八八年《李叔同—弘一法師》，天津古籍出版社）

編者按：

（一）據王慰曾先生提供：《天津老年時報》二〇〇五年九月十四日所刊高洪鈞先生《李叔同父親的會試朱卷》文，子名文葆；《天津今晚報》二〇〇五年七月二十八日所刊繆志明先生《李叔同研究資料的新發現》載，文葆有子嗣，名繩武，字竹孫。

弘一法師的俗家

李孟娟

一

我是弘一法師俗家的後代。

我的曾祖父李筱樓，諱世珍（一八一三——一八八四），因曾創辦了桐達等幾家錢鋪，故人稱我家為「桐達李家」。

曾祖父筱樓公早年曾教過家館（私塾），是清同治四年（一八六五年）乙丑科這一年內先後考取了舉 人（貢生）和進士的。中進士後曾任吏部主事，數年後辭官經商。

在北京中国第一歷史檔案館的藏書中，有一冊手抄本的《乙丑科會試題名錄》，內載中試各省貢士二百五十二名的名次、姓名、籍貫等，我曾祖父名下這樣寫着：「第七十名，李世珍，直隸天津府天津縣附生。」「附生」據說相當於秀才之類的功名，即當時報考舉人時的學歷。

在《明清進士題名碑錄索引》一書（上海古籍出版社一九八〇年出版）中，載同治四年乙丑科考取進士計第一甲三名，第二甲一百名，第三甲一百六十二名。先曾祖李世珍是第三甲的第七十九名，籍貫為直隸天津。

據書刊介紹，舉人參加禮部主持的會試後，再經過復試和殿試，錄取後分為三甲（等）：一甲賜進士及第，二甲賜進士出身，三甲賜同進士出身，統稱進士。

根據我自己的回憶，清楚記得我家故居「進士第」的匾額上，先曾祖當年是考取的第七十二名進士。這個名次和上列不符的原因，不清楚。

我有四位曾祖母。

嫡曾祖母姜氏老太太，生我伯祖父李文錦。她終年八十四歲。

曾祖的第一側室是郭氏老姨太太，活了八十六歲，我見過她。

曾祖的第二側室張氏，是我的親祖母，生我祖父李文熙（字桐岡）。她謝世較早。

曾祖父的第三側室王氏，生我叔祖父李叔同（即弘一法師）。她出身很苦，一九〇五年在上海故去，終年四十五歲。

我聽郭氏老姨太太對我們家裏的晚輩們講過，說李家的祖上是由山西遷來的，靠串街賣布為生。還說我家的老墳地在津北張興莊和宜興埠之間，已埋葬了幾代人了。我還聽家中的老保姆們講，說我六七歲時有山西人來天津認宗續譜，但我祖父當時沒有答應。

根據以上的說法，我認為我家的祖籍有可能是山西，不是浙江平湖。

在林子青先生一九四四年所編《弘一大師年譜》一書中，記載我家祖籍是浙江平湖，還有許多其他文章中也這樣說。我認為很可能是一九〇二年各省補行庚子（一九〇〇）科鄉試，我叔祖父李叔同由上海去浙江杭州考秀才時應急填成浙江省的籍貫，以便就近應試（據查，填為嘉興府平湖縣監生資格）。據說這在當時報考規定是允許的，稱為「寄籍」、「入籍」或「冒籍」應試（名稱或不準確，尚待查實）。又據說我叔祖父以後在杭州教書時曾把祖籍（或籍貫）填為浙江平湖。我認為這和他準備久居浙江或南方有關，是權宜之計，也不足為據。據現有資料知道，我叔祖父早年在天津和河南還兩次參加過當地的縣試或鄉試，估計他這時所報的籍貫當為直隸天津。

以上我個人的看法，提出來供研究者參考，願今後能進一步得出結論。從中國第一歷史檔案館裏有關殿試的材料看，中進士的人都列有本人的祖宗三代姓名和原籍等記載，但未能找到同治四年乙丑科的有關印本，這一線索，仍待繼續查找。查《明清進士題名碑錄》之類的資料，或許會有記載。

二

根據記載，說我伯祖父李文錦約比我叔祖父李叔同（一八八〇——一九四二）年長近五十歲，故推算是一八三〇年前後生人。這是我家的長門。因這支沒有男性傳下來，故外間知道的較少，也有誤傳的地方。

我伯祖父文錦公早亡，留有寡妻和一女一子，即我的伯祖母、大姑母和大伯父三人在大家庭中生活。大伯父又婚後早亡，只留下我居孀的大伯母和我的伯祖母同住。後我的伯祖母故去，我大伯母也吞金「盡孝」而死，這樣，長門一支後代就只剩下我大姑母一人了。

我大姑母嫁姚姓京官，生一女名姚國秀，是我表姐。姚國秀嫁山東黃縣丁姓，生一女名丁玉芳，稱我為大姨。丁玉芳和女兒、女婿、外孫同住在北京建國門附近，多年來我們一直都有來往。據姚國秀表姐生前對我講，她也隨我的大姑母一起，都信佛，她自己曾專程去杭州找過她的三姥爺（三外祖父）弘一法師。經多次尋訪和乞求，有一位和尚接見，對她說：「我就是李叔同，你回去吧！」

丁玉芳和我年歲相近，也七十多歲了，但比我晚一輩，故我推測她外祖母（即我大姑母）可能居長，是我大伯父的姐姐。

現在看來，我家的長門還是有一支外姓後代的，這是過去外間不知道的。

據林著《弘一大師年譜》一八八七——一八八八兩年間所列，「時有王孝廉至普陀出家歸津（居無量庵），師之大侄媳（即我的居孀大伯母）從之學《大悲咒》、《往生咒》，師（我的叔祖父李叔同）時從旁聽，旋也能成誦」。對這一則記載，我認為有進一步說明的必要。據我所知，我的曾祖母郭老姨太太一生信佛，還念着《大五雷咒》和《小五雷咒》給我們小輩治過肚子疼（見我十叔李端的回憶），我家長門的居孀婆媳（我伯祖母和大伯母）用念佛排遣歲月也是可能和可信的。舊時天津人家有「白事」，多請僧衆到家中念佛經「超度亡魂」，我叔祖有可能「時從旁聽」，而能成誦。不能理解為我大伯母一人在家信佛由僧衆教誦經，因為這在當時封建禮教統治的我們這個大家庭裏，是解釋不通的。

給長門留後嗣也是我家一件該記的事情。我幼時記得我母親鄒氏稱我祖父為「叔叔」，到先後生下我大弟德蔭（活了一百天）和二弟李炳（活到六歲）後即改稱「爸爸」。一九二九年三弟李衛出生，祖父因兩次過繼長門未立，孫子夭亡，心中忌諱，故未再提李衛過繼之事，但祭祀典禮中，李衛仍是頂着長門名義。可見，先立「長門」這件事，一直到我們大家庭分家時還一度有過按三股還是按兩股分家的爭論，並且請大律師張士駿、李景光調解，這都是後話了。

三

我的祖父名文熙，字桐岡（一八六八——一九二九）。幼喪母，十六歲喪父，後考取過秀才。三十歲學中醫，一九〇二年庚子後二年將河南省內黃縣引地（鹽業）出讓，一九一一年錢鋪歇業，家道中落，從此棄商從醫，懸壺濟世，並賴以養家。五十歲後拜一王姓青年（約三十歲）西醫為師，兼通西藥、生理等學。我幼時曾見他背過英文病名、藥名，還見過他解剖青蛙等，在他的醫室裏擺過石膏人頭模型和人體解剖掛圖等，也算是試探着走中西醫結合的道路吧！他很有些中西醫界的朋友，能根據各自的醫道專長，互相介紹病家去就醫，這在當時也屬難得的了。

祖父行醫時不通行醫生的名稱，而尊他為「李二爺」。他上午在前院櫃房（即桐達錢鋪原址）應診，下午出診，因為病家多，故我家的中、晚飯都不能定時，我的姨奶奶（盧氏）、母親、叔嬸和姑姑都要他回來一起吃飯（我們小孩子可以不等）。我祖父回家後也有鬧脾氣的時候，遇到在病家看到「前茬」醫生開的方子不對時他就鬧。有一回李石曾（李的夫人姚氏，是我姚氏祖母的胞妹，他和我祖父為連襟）的母親病重，在他以前的一位醫生開了一味「蛤蚧」中藥，他回來不停地說：「女不用『蛤蚧』，李老太太這個病治不好了。」幾天以後，李石曾的生母就故去了。

我們李家的故居在天津奧租界內，我祖父是奧租界的士紳，在華人組織中也有過董事之類的身份，辦過一些所謂「公益」的事情，實際是大權操諸外人之手，是被外國人所利用的。我家前院櫃房裏有一架鋼琴，據說是奧國駐津某領事送的或託他代購的。

祖父的原配是北門里盧氏，生我二伯父（幼時夭亡）、二姑母（名伯巽，嫁西頭振德店黃家）和我父親李麟玉。盧氏祖母生我父親時難產故去了。我父親一直是請一位奶母郝奶奶帶大的。為紀念亡母，我父親一直到逝世，從不許家人給他過生日。

祖父繼配是鼓樓東的姚氏（她家也是鹽商），生子女很多，有我四叔麟符、七叔麟璽、四姑李謙、五姑李坤等。三姑夭亡。四叔麟符字相章，患癲癇症，中年去世。

我祖父給病人看病開方後，都在自己隨身帶着的一個小本上留底，回家後再整理成醫案保存。這些醫案以後一直由我父親珍藏，並準備印書留作紀念，可惜「文化大革命」期間被抄去大部分，現在家中只有很少的幾本了。

四

李叔同是我的叔祖父，名文濤，字叔同（一八八〇——一九四二）。一八九八年奉母攜家屬（俞氏叔祖母）赴滬，一九〇五年春，王氏老姨太太病故於上海，叔祖父奉母柩全家返津，喪事辦完，去日本留學，將叔祖母和九叔、十叔留在天津家中。一九一〇年叔祖父由日本回津後一年，即去滬、杭教書，未攜眷。一九一八年出家（以上由我父親的日記中查出）。關於叔祖父的很多事情，都是聽家中長輩說的。

叔祖比我父親李麟玉年長九歲，他們叔侄幼時是同玩的小伙伴。據我父親講：他和他的三叔一起常學和尚念經玩，三叔裝「大帽」和尚在那裏念念有詞，他在下首當小和尚，聽從調遣。兩個人都用夾被或床單當袈裟，在屋裏或炕上念佛玩。我父親還說上家塾時也由三叔教過英文。推想這應是一八九八年我叔祖父奉母攜眷去上海前的事情，即我父親七八歲的時候。

父親晚年有一次將一方青洋縐繡白花、四邊縫有小狗牙的小手絹交給我們，說是我盧氏祖母當年親手繡製給我叔祖父的，叔祖父以後又交還給我父親，並說：「這是你母親當年繡給我的，她生你後就歿了，現在還給你，留着當個念想吧！」我父親一直把這塊手帕珍藏了多年，一方面是紀念他的生母，同時也憶念他叔父辦事周到的深情厚意。我推測，我叔祖父交給我父親這方手絹的時間，似在一九一〇年一月四日（我出生第二天）我父親去法國留學以前，即叔祖父從日本回國不久以後的可能性最大。因叔侄又將離別，才還贈此物留為紀念。

有的書刊介紹，說我叔祖父李叔同出家以後，我叔祖母（俞氏）曾攜二子（我九叔李準和十叔李端）去杭州尋求相見而被拒的說法，不確。據我祖父桐岡公講，當時家中確曾商量過請俞氏叔祖母去南方勸叔祖父還俗回家的打算，但叔祖母傷心已極，推說「您不用管了」而作罷。多年以後，我父親又一次去杭州試着勸叔祖父還俗，沒有結果。

叔祖父事其母至孝，一九〇五年王氏曾祖母（我們通稱為王氏老姨太太）在上海故去，叔祖父一家運靈回津，打破外喪不進宅的舊例，停靈在前院五間大客廳的正中（由門房老張爺張順吊線找正），按禮儀開弔出殯。喪儀為西式，有人致悼詞（不是孝子跪地讀祭文），叔祖父彈鋼琴，唱悼歌，待客是吃中西餐兩種，全家穿黑色衣裳送葬（未穿白色孝袍）。這件事情在親朋中轟動，說是「李三爺辦了一件奇事」。

葬王氏老姨太太以後，叔祖父就去日本留學了。

五

先祖父和先叔祖父是同父異母的兄弟，都是庶出，地位基本相同。大家庭老一輩的嫡、庶間會有些矛盾，他們兄弟間一直是同多異少。從以下的一封信中，可見他們兄弟間晚年的手足之情，這封信是自天津寄至杭州招賢寺弘傘大師轉交的，原信曾存在於嘉興可園蔡丏因處，林子青先生抄錄後於一九八三年八月底重抄寄給我十叔，後又由天津的有關同志轉抄給我的，原文是：

三弟如晤：獲晤手書，得悉弟有意返津，欣慰之至，茲特由郵（局）匯去大洋一百元，望查收後趁此天氣平和，交通無阻，即刻起身回家，不必游移是為至要。至居住日期及衣服、謝絕親友等項事，悉聽弟便。再，赴津船名，起身前務必先詳細來信為要，專此即問近好

兄桐岡手書

八月二十日

再，彼時收弟信時，適麟璽兒、叔謙女在座，余云汝叔有意回家事極可快，惜需款甚巨，余一時手拮据，奈何奈何。家中經準侄喜事，已借貸千餘元尚未彌補，一時無款。麟璽聞而雀躍曰：「兒願籌此款。」四姑也贊成，擬湊百元，惟未知由杭至津二人旅費足用否？遂與麟玉兒去信，回信云二人旅費由杭至津七十元已足用，百元尚有餘，伊亦願加入拼湊等語。此等小事，本不必令弟知之，但兒女輩體親之心，盼叔返津相見之切，聊表孝心，亦可愛也。錄之以博一粲。萬望俯念其誠，勿負其意是盼。又及。

據林子青先生附記，說此信是一九二七年八月間寫的，後因齊燮元和盧永祥的江浙戰事爆發，交通中斷，故叔祖父未能回津。

六

我的父親李麟玉（一八八九——一九七五），字聖章，早年在家塾讀書十年，一九〇八年從南開中學畢業後，又在京師大學堂（北大前身）上了兩年預科，於一九一〇年十一月四日隨他的姨夫李石曾乘火車經西伯利亞去法國留學，一去十一年（其中一九一六年曾回國探親一次）。一九一八年他在法國擔任過「華法教育會」（由蔡元培、吳玉章與法國人合作組建的，以溝通兩國文化教育交流為宗旨的機構）的秘書。巴黎和會時，在法、英、比的中國留學生組織「國際和平促進會」，他任秘書之一，與國內學生運動互通聲氣，阻止我國在和約上簽字。當時他又是留法同學會的秘書，因和約問題，多次偕同學和中國南北兩代表團交涉。和約簽字的前夕，陸徵祥託病入巴黎聖克路醫院，當夜學生及華工等百餘人赴醫院花園，推我父親為代表往見陸，轉達群眾意見——堅決反對在和約上簽字。陸拒不見，群眾激憤，交涉許久，才由北方代表團之一顧維鈞引他入陸病室。他向陸說：「同學們、工人們舉我為代表轉達大家的意見，無論如何絕對不能在和約上簽字。請陸先生注意，否則出現意外後果，我不能擔保。」預先他已向同學段其煒借得手槍一支揣於大衣袋內，以備一拼（入內時沒有人搜身）。當時陸不語，顧在旁說：「陸總長決不簽字。」陸點首。顧引他外出，他當着顧的面向同學和華工宣布見陸經過，至深夜，大家才陸續散去。後來陸懾於國內外輿論壓力，未在和約上簽字。

一九二一年父親回國以後在北京任教，一九二六年又參加「三一八」反段祺瑞的學生運動，並和徐炳昶等人創辦了《猛進》周刊，後遭到段政府的通緝。魯迅先生的文章《大衍發微》（《而已集》附錄）中曾記其事。

一九二六——一九二七年，父親趁教授五年一休假的機會，二次赴法視察里昂中法大學，確定章程，內有里大校長要由國內中法大學校長來聘任等規定。在乘船返國於四月下旬抵滬後，就順路去杭州常寂光寺去看望弘一法師，曾力圖勸他的三叔父還俗回家。他們叔侄在廟內共住了一個多星期。弘一法師研究律宗負盛名，律己極嚴，那時市售的牙刷都是動物骨把，上綴豬鬃，大師每早漱口只用柳枝咬扁沾鹽水刷牙。勸其還俗不為所動，只答應以後有機會可以回天津看看家人，並說自己的出家事前未和你三嬸母商量很對不起她。父親回津時帶來叔祖寫的一些經書、對聯等書法真迹，還帶回來法師穿過的一件舊僧袍。這件僧袍是給李炳的。由我父親保存。不久我的二弟李炳夭亡，就用這件僧袍裹着他的小屍身入棺，埋葬在地下了。

我父親這次去杭州是奉父命順路去的。我父親由杭州回來之后，我祖父就讓他在北京安心教書，少操心家裏的事。實際上，我祖父是深怕我父親受弘一法師的影響，再出第二個和尚。

現在知道，我父親回國以後，和他已經出家的叔父常有書信聯繫，據菲律賓傳貫法師向臺灣陳慧劍先生提供的材料，說一九二二——一九二七年間，我的叔祖父至少給我父親寫了十四封信。最後一封信是一九二七年四月二十九日（舊曆三月二十八日）從杭州寄至上海立達學園轉交，告知去杭州常寂光寺的細節。據此信可知我父當時已由法乘船抵滬，即將去杭州和他的叔父相見了。

七

我父元配陳氏（其父陳雨霖是前清翰林，後也行醫），婚後一年故去。繼配鄒氏家住東門裏二道街，也是鹽務世家，她的伯父鄒學勤早年作過鹽務「綱總」，曾名赫一時。

鄒氏維沅生我們姐弟四人。大弟、二弟夭亡，三弟李衛是北京工業學院教授，年近六十，他有二子一女，都已成人。我大學畢業後，值「七七」事變，全家誓不給敵偽工作，直至解放後先參加街道工作，後考上中學教員，在第四十中學教課，一九七五年退休。老伴馬士修是北京工業學院教授，一九八四年故去。我的生母鄒氏是一九四六年故去的。

一九二三年我十三歲時，隨父母遷居北京。最初是住在東城吉安所右巷一號小獨院裏，租了十四間房暫住，記得月租二十一元。初期沒有安好家，每日三餐都要隨父母到附近的東吉祥胡同四號院裏吃飯。四號院原是父親住過的地方。當時還有一些北大的單身教授（未帶家眷或未結婚的教授）住在那裏，記得有李四光、丁西林、周鯁生等。他們以前都曾到天津我家，並在家中住過。他們共由一位熊姓婦女管家，另請了一位廚師做飯，單給工錢。（在當時的北京，這樣公寓式的夥住夥吃情況很多。有的集資租房，有的是在學校附近住居民開的公寓，靠招待教授學生為生。他們是集資租房公攤生活費的。）以後不久邊媽媽娘家的弟弟周師傅也來我家傭工後，我們就自己單獨起伙，不再到吉祥胡同去了。

一九二九年一月二十七日（戊辰年臘月十七），三弟李衛降生。轉年三月春暖，我祖父由天津到北平，來看孫子，當時李衛因濕疹住在法國醫院，由貝大夫診治。他每天從吉安所右巷去醫院一次，生怕這個小孫子再出意外，是否以後再過繼給長門，他也不再提了。

我父親勸我祖父在北平住下來，過清靜的日子，安度晚年，若願意行醫解悶兒，就在家裏應診，也不掛牌。祖父說：我在天津衛是考別人的，絕不在北平讓別人考試（醫師考試）。事情尚未商定，他就因腦血管硬化，糊塗了。經盧氏姨奶奶主張，決定返回天津醫治。乘火車時包了一間軟臥（單間），由父親、七叔、四姑、姨奶奶陪同回津。後診治無效，延到當年九月故去，活了六十二歲。

盧佩琴姨奶奶是我祖父晚年的一位側室，是苦人家出身。我姚氏祖母故後，祖父出診由人力車上摔下傷了胳膊，生活不能自理，接盧到我家來是侍候和與祖父作伴的。解放後經我父親一輩人共同商量，給她「扶正」，不再以姨太太對待，改為正式稱呼，正名是我父親的繼母。我這位盧氏奶奶於一九八一年故去，終年八十歲。她見到了我們李家二門的三代兒孫。

八

一九三七年「七七」事變以後，中法大學遷雲南昆明。我父當時是中法大學校長，留守北平，負責中法大學的轉移和未了事宜，受到敵偽當局的注意，出入都有一個穿藍大褂的特務在後邊監視，我們都叫他為「藍大褂」。以後因和汽車司機熟了，他就讓司機回來後向他說了一下，不再跟着了。後中法大學校舍被占，父親閑居在家，一直未給敵偽做事情。一九四五年「八一五」抗戰勝利後，中法復校。新中國成立後調整院校，中法大學合並於北京工業學院。

我父親在抗日戰爭前後任中法大學校長期間，曾多次掩護過中共地下黨員和進步學生。

解放以後，父親先任重工業部顧問，一九五七年任北京工業學院副院長，後選入北京市第一屆和第二屆政協委員。一九五九年以後為全國政協第三、四屆委員。

在我父親任全國政協委員期間，有一次趙樸初先生受林子青先生之託，向我父親詢問我叔祖父李叔同的情況，並希望能提供有關資料。我父親接待過林先生來訪，後來找出部分文物資料請趙先生轉給林先生。就現在所知，有我叔祖父少年在天津輔仁書院（西北角文昌宮的前身）作的文章和當年在天津考縣學（或參加鄉試考童生）的作文底稿，據說其中有李家三代姓名——訃我的高祖父名李銳，單傳我曾祖李筱樓，我叔高祖名李錕（即我家常說的老二爺）。再上一代只寫了「忠孝」兩字，按老的說法，即是不知道真名時可以用這兩字代稱。（二）

我父親當時認為，這些資料交給趙樸初先生更有用處，比存在我們自己家裏好。

有一次盧氏老太太外出購物，突然在路上碰到我的九叔李準，他說他和九嬸、曾慈等一家是一九四六年後遷來北京的，現在在鑼鼓巷內秦老胡同。以後和九叔一家又有來往，曾慈夫婦、女兒，曾慈的妹妹中敏夫婦都來過。有一次父親拿出書一冊讓曾慈弟看，說這裏面記載我們李家的事情很詳細，現在你還不懂，以後有機會時再讓你看。這本小冊子也未讓我看過，不知什麽內容，「文化大革命」期間，被抄失了。

十嬸鄭氏來過北京治病，盧氏老太太在天津和十叔、十嬸見過多次，十嬸故去後失去聯繫，打聽多次未找到，後來才知十叔未用李端原名，工作時改了名字。現知十叔仍健在，續娶杜氏十嬸，生妹三人。

現曾慈住在北京遠郊平谷縣，曾慈的妹妹中敏住在石家莊，近兩年我們都見到了，都是天津的同志給聯繫上的，九叔、九嬸已經故去。

我家有一木製祠堂模型，內供祖先牌位，俗稱家廟。一九五九年父親將這個家廟當作風俗文物捐獻給中央文化部，記得收條上有鄧拓的簽名或圖章。家廟裏的祖宗牌位我們留下了，但未能保存住，不知當時有無抄本，現在很難找到了。如有，至少能知道我曾祖父以上幾代的名諱了。

一九六〇年，我父親又將家藏的的礦物標本——一大塊天然英石及水晶山子、銻礦山子（後兩種是解放前在北平曉市購得的）贈與地質學院。這塊英石有約二尺半長，一尺多高，原是放在天津故居五間大客廳正中條案上陳列的。父親也同樣認為將礦物標本交給學校，比放在我們家有用處。

父親於一九七五年四月故去，終年八十七歲，骨灰存放於八寶山革命公墓。一九八五年十二月，北京工業學院落實政策辦公室在一份有關文件上說：「……李麟玉先生的一生，勤奮好學，嚴於律己。李先生歷史清楚，思想進步，品德高尚，為黨和人民的科學教育事業作出了自己的貢獻。」

我父親的字也寫得不錯，我保存有他寫的兩個扇子面。一個給我的，是和我七叔各寫一面；另一個是他單給母親寫的《胡笳十八拍》的全文，工筆小楷，為他五十多歲時的書法。

九

我的七叔李麟璽（一八九五——一九四五），字晉章，又單名矯，在南開中學讀書時參加南開新劇團活動，和周恩來等一同演過話劇。從有關話劇史料查證，在《恩怨緣》一劇中，周扮劇中女主角，我七叔扮演一個算命人的配角。他較多是做後臺劇務工作的。

七叔一生在天津銀行界服務，先在匯豐銀行，後在農工銀行（李石曾介紹）。業餘之暇，在故居「意園」和「洋書房」內書畫刻石、養鴿養花。他自起一禪號名「雄河居士」。

七叔是和我叔祖父弘一法師晚年聯繫最多的一個晚輩，替叔祖辦事和向各方介紹叔祖情況，很盡心盡力。從弘一法師書信集中，可以找到給七叔寫的六封信，分別是讓他代為購物、尋物、轉信和代刻圖章等事。有一封信中，還誇他的圖章「篆刻甚佳」。他多次應林子青先生之請，向林提供我們桐達李家的情況，這在林著《弘一大師年譜》一書中都能查到。他搜集和珍藏過叔祖父的很多文物，有叔祖父早年畫的一個扇面，他是在小攤上購得的。還有叔祖父早年送他的在南方定燒並寫有「叔同」兩字的一對白瓷茶杯，也視為珍藏永保。他將叔祖父有關的文物都單放在一個樟木箱中，惜「文化大革命」時被抄，全丟失了。

七叔的刻石是從天津名家王雪民王六爺學的，據說頗得真傳。在一九三六——一九三七年天津出版的《語美畫刊》上還能找到當年刊登的他所刻圖章的圖片。我七嬸呂氏子久和我手中都還各保存一枚他給刻的名章，我還存有七叔給我寫的扇面；他庚戌十六歲時畫有菊蟹重陽詩意的一個扇面，仍由七嬸珍藏着。

弘一法師在泉州開元寺圓寂以後，七叔收到妙蓮法師寄來的訃告和弘一圓寂時的照片。七叔將這一噩耗轉告在津親友，並寄贈一副輓聯悼念他的三叔父。輓聯全文是：「香火有因緣，劫來教誨親承，居諸不過年餘耳；音書久遲滯，聞道悲欣交集，想像真堪痛絕乎。」

七叔的很多遺物，都由七嬸分類保存很好，但「十年動亂」中全丟失了。而隨便散在手邊使用的，卻保存下來。前面所說的名章和扇面就是這樣幸存下來的。

七叔元配金氏，一九四〇年故去，續配呂氏七嬸和我同齡，現在都七十八歲。解放後她一度在街道辦的裝訂製本廠工作，「文化大革命」期間被強制離職，現仍健在。

現在我們和李衛的兩個兒子的小家庭同住在從前的一處大院裏，由他們年青人幫助照顧我們的生活。

十

還有幾件零星事情，也可反映出我們「桐達李家」的一些側面情況。

郭氏老姨太太是我曾祖父的第一個側室，她一生沒有生兒育女，故不為我曾祖父看重，常年靠誦經念佛打發日月。她住兩明一暗的三間房子，外間屋就是佛堂，每天晨漱後的第一件事就是念佛。家中請一位蕭媽媽侍候她。我的一位三姑奶奶（是老二爺李錕的後代）也常來和她作伴。據說我曾祖父生前曾留有遺書，待郭氏故後讓把她從後門抬出入土。郭氏是在一九二三年農曆正月初五她八十六歲時故去的。當時因過春節，我和父親母親都在天津。我祖父心有不忍，但又不能違背父命，就推說自己年老有病，由我父親和七叔主持。我父親理解這番意思，是要從前門抬出發喪，並與曾祖父合葬，就這樣辦了，而我祖父也不算是「違父命」了。

我九叔體弱有病，俞氏叔祖母生前對他的婚事很為着急，就作主由小媒說定王氏嬸母，我祖父也不好不同意。訂親不久後俞氏病故，家中急需有人支持料理，故我九叔一人提前換服迎親。據說全部五六十間房屋大修，整個喜事花了數千元。我們推測我祖父意思是：兄弟在外出家，一定要把侄子的喜事辦好，一是對得起兄弟，二是不能讓親朋笑話。

李家的男女僕人很多，我十叔在回憶中已說了些，再補充幾點情況。在車夫李升之前，是陳三拉我祖父出診，後丟車涉嫌被辭退了。門房老張爺張順是楊村老米店人，他是由他乾爹老周爺周發介紹來的，給我祖父當過書僮。還有叔祖母房中的王奶奶資歷較老，對九叔、十叔也確是照顧得很好，但年老後愛多說少道，講話有出格的地方，她是七十歲以後離開李家的。

最近找到民國五年即一九一六年照的一張全家福照片，背景是故居前院五間的大客廳門前，這是我父親留學法國期間回國探親時照的。除叔祖父李叔同和我的四叔麟符（他有瘋癲病）外，一家人都全了。同時還找到一張《意園行樂圖》的畫，是請畫工畫了姜氏曾祖母、我祖父、叔祖父和我二姑並一名丫環五個人在「意園」內的畫像，姜氏曾祖母提着一根大旱煙袋。從這張《行樂圖》裏能看到我祖父青年時和我叔祖父少年時的形象。

（陳天日、王慰曾記錄整理）

（刊於一九八八年《李叔同——弘一法師》，天津古籍出版社）

編者按：

〔一〕天津師範大學圖書館研究館員高洪鈞先生《從李世珍會試朱卷的發現談起》一文（刊於二〇〇八年一月中國文化藝術出版社《永恆的風景——第二屆弘一大師研究國際學術會議論文集》）關於李叔同父親李世珍籍貫、履歷、家庭成員等發現可資研究的新材料。

〔二〕從李世珍會試朱卷所填履歷看，「忠孝」為其祖真名，「貤贈奉直大夫」。

家事片斷

李曾慈

一

叔同公是我的祖父，他老人家親筆給我賜名為「曾慈」。「曾慈」寓有紀念他老人家的生母、我的曾祖母王氏的深意。

一九三〇年舊曆二月初五，我降生在「桐達李家」的故居——天津市舊河東糧店後街六十號的大宅院裏。此後，我父親李準（字則東，一九〇〇——一九六三）和我的十叔李端（字正夫、直卿，一九〇四——一九九一）聯名給我的祖父叔同公（時已出家為僧十二年了）去信，稟報家中添丁、他老人家喜得長孫的事，並懇求賜名以增福壽。不久，即接到他老人家的回示，是一卷用宣紙寫的小橫幅，上下高約一尺，左右橫寫了「曾慈」兩字，各約二寸見方。接着，又順向豎寫了幾行墨筆小字（每字約八分見方），其詳細內容已記憶不清，只記得其中有：「一曰心樸」、「一曰遺德」這八個字。最左邊豎行署「沙門演音」（每字約六分見方），下鈐豎文長方形的「弘一」朱印。

這一小橫幅以後託裱成軸，較長時期在家中藏存。記得在給我過生日時，我的父母、叔父曾多次向我講述過其中緣由，並恭請出來讓我禮拜過。但到一九三七年七七事變後在逃難中遺失了，甚為可惜。

我的曾祖母王氏，是我曾祖父筱樓公（諱世珍，一八一三——一八八四）的第三側室，小我曾祖父四十多歲，原為李家的使女，出身很苦。王氏生於一八六一或一八六二年的舊曆四月二十一，卒於一九〇五年的舊曆二月初五（陽曆為三月十九日）。二月初五這一天是王氏祖母的祭日，又恰是廿五周年後我降生的日子。因為這一巧合，故給我命名為「曾慈」的含義又多了一層。我現在推想，在那個賜名小橫幅的豎文中或有可能說過這一因緣。

我的曾祖母王氏是在上海故去的。當年夏天，我的祖父叔同公攙我的祖母俞氏和我的父親、十叔並一位老媽媽（女傭人）一同乘海輪扶曾祖母王氏的靈柩回津。由於側室不能從正門進出等舊習，是從側門或後門抬棺入院的。我祖父力主用開追悼會的形式安葬生母，並做了其他與此有關的喪儀改革事宜，如全家著黑色喪服以代替穿白布孝衣，祖父用鋼琴彈哀曲，也不讀祭文，而有人致悼詞，待客是中、西餐兩種等等。當時的天津《大公報》在七、八兩月曾連續三四次對這件事做了報道，說先祖父的改革喪儀是開津門的風氣之先。近幾年，天津圖書館的高成鳶先生曾就此事作過考證，有專文刊登在一九八八年四月廿日的《天津日報》和一九九〇年第三期的《天津史志》上。

我祖父事母至孝，出家以後還在我曾祖母五十九和六十壽辰時寫「經」、寫「誦」以為紀念，這在林子青先生一九四四年著的《弘一大師年譜》（一九九三年新著名為《弘一大師新譜》）中都能查到。

七八年以前，在北京地安門附近居住的我的叔伯大姐李孟娟（我三伯父李聖章的長女）向外間透露，說我曾祖母王氏名為「鳳玲」，她是幼時聽我曾祖父的第一側室郭氏向後輩人講說的，當屬可信。郭氏於一九二三年正月初五故于本宅，終年八十六歲。郭氏一生沒有生育，據說出身也是很苦的。

二

我長到五歲時，離開了故居，約在一九三四——一九三五年間，有可能就是我們大家庭剛析產分居以後不久。在這段童年時期，我們一家五口（父、母和姐中慧、妹中敏）和十叔、十嬸（鄭氏）夫婦兩口，都住在故居前院，即原來「桐達錢鋪」（設在五間廂房）和有五間大客廳的院子裏。我們住兩明一暗的三間北房，十叔十嬸住兩明一暗的三間南房。原五間廂房（東房）和五間客廳（西房）都長年鎖著，是存放家具和雜物的地方。全院都是方磚墁地，院西南角有一綠釉大荷花缸，擺在四條腿的一個木支架上。這個荷花缸缸口的直徑約四尺，缸體（肚）的直徑約五尺，深約四尺。院東北角有一木制狗窩，是大狼狗「加米」的睡臥處。這條大狼狗除背脊處為黑毛外，全身都是黃毛，很好玩，能叼著籃子隨廚房的大師傅上街去買菜，我有時也讓大人們扶著騎在它背上。據說這條狼狗是我祖父從外面帶回來的。

在我的記憶裏，當時故居的後院是我的七伯父李麟璽（字晉章，一八九五——一九四五）和七伯母金氏居住。他們夫婦住西上房五間，南、北房各三間都空閒着。我們前、後院之間有一道籬笆隔斷開。當時，前後院北面的前後兩個跨院，有的已租給或賣給旁姓了，因此我對故居的後院和前後兩個跨院沒有太多的印象。

兒時，我在故居活動的範圍就是前院、過道和大門口。記得過道裏的門楣上掛有一塊「進士第」匾，記載著我曾祖父考中進士的功名。過道裏有一條長春凳，大門左右各有一石鼓（不是石獅子），我常在長春凳和石鼓上趴著玩。大門的臺階好多層，街道也寬；對門是一個褐紅色的大車門，裏面像是放馬車或轎車的地方，車門前有洋灰水紋波的斜坡，我常在斜坡上跑著玩。大門左斜對過邱家胡同（現向河胡同）和糧店後街把角處是一賣糖豆的半間小屋，是我常去買零食的地方。店主人苗姓老頭兒是我家的房客，住在我們祖居地藏庵前的陸家胡同（現更名為陸家豎胡同），即我祖父叔同公出生的那個小院落附近。

在我童年的時候，我們這個大家庭已開始中落。雖然還有一些傭人，但日常生活中已露出一些窘迫相，如：「官中」伙房的飯食已較清素，正月裏也買棒子麵吃，對外間還謊說不是主人用的；冬天各屋都不生爐火，仍是點炭火盆取暖，故屋內較冷。據說我兒時曾在母親的陪房媽媽（即女傭人）的棉襖懷裏過的冬天。

三

約是三十年代中期，我們的大家庭析產分居。二門的三伯父一家在一九二三年已遷往北京，只有七伯父李麟璽和繼七伯母呂氏子久，並桐岡公的側室盧氏奶奶等，一起遷住小營門附近的三才里。我父親和十叔都各自搬到與自己岳家鄰近的地方，以求得照應。我們一家五口搬到南市盧莊子泰安里，靠分得的祖居附近一帶的幾處房產出租過活。記得幼時我經常隨母親乘人力車從南市到舊河東來收房租，由苗老頭兒（即前面提到的那位賣糖豆的老人）代為斂齊交給我母親，這位老人是我家的老住戶和老街鄰，我們常委託他辦一些事情，如看管無人居住的故居等等。有一次，老人帶著我們母子看了一次故居，但見遍地瓦礫，雜草有一人高，一片荒涼敗落景象。估計當時此處房產尚未售出，或是已售出而新主人尚未遷入，時間約是七七事變前後的一九三七——一九三八年間。

一九三七年七七事變後，天津市內秩序一度較亂。我們住的泰安里在南市和舊日租界交界處，情況更特殊，時有日本浪人砸門入戶，也有一些吸毒的「白面兒客」趁機偷拿，生活很不安定。後經人介紹，逃難到舊英租界倫敦道（現和平區成都道）前曹錕公館對過的一位華大夫的樓內暫住。一九三九年天津鬧大水以前，租到西開教堂後聚仁里一處三間樓房住下，以後就賣掉了河東的幾處房產，置買了聚仁里的一片房產，繼續靠收房租度日。整個日偽統治時期，家庭的生活越來越困難，還要靠典當財物和變賣一些貴重家具什物貼補。現擇要開列一些，非為憶舊，只是從中可窺見「桐達李家」盛時財勢之一斑，供研究者參考。計有：

黑紫檀木獨木大條案，長約一丈二尺，寬約一尺厚；

黃楊硬木桌椅一套（一桌兩椅）；

硬木花紋框的整面牆大玻璃磚鏡子一面，長約八尺，寬約五尺多；（整理者按：此鏡子有可能即是「桐達錢鋪」廂房南北山牆上的兩塊大牆鏡之一。一些津門老人曾說過桐達廂房內當年的這一裝飾，並說李叔同幼時在廂房內習字做功課。）

硬木雕花大穿衣鏡一面，有一人多高，另還有架座；

硬木大書箱、大躺箱和鑲嵌各種貝殼的硬木茶几、桌椅等。

此外，賣掉的較貴重什物，還有西洋自鳴鐘、座鐘各一，華世奎寫的條幅，三尺多高的開片大膽瓶（帶硬木座），燒有袁世凱帝號「洪憲」字樣的蓋碗、茶具等多件和故居前院的那個大荷花缸等等。

一九四五年抗日戰爭勝利後，我家賣掉了聚仁里的房產，與人入股經商，但以後都陸續賠光了。我勉強在工商學院附中高中畢業，開始教書，和大姐中慧一起，共同維持一家五口人的生活。最困難的時候，我們一家是在西開教堂西的雙秀里租了三間平房暫住。

我們這一家人多年來的生活緊迫，主要是我父親李準一生有病，未能工作，家事全靠我母親一人主持。她是一家庭婦女，照料起來很難，特別是「文化大革命」期間在鄉下，尤更勞瘁，我和中敏妹等都很感念她。

四

先祖父叔同公的遺物，我略見過一些，其中印象最深的，是兩幅大小不同但又屬配套成對兒的油畫。畫面上的女模特兒，據說就是先祖父從日本帶回上海的那位日籍夫人，也即是我們常說的「日本奶奶」。這兩幅油畫在我十叔李端的「家事瑣記」中介紹簡略，現就我自己的見聞和理解，再較詳細地說一下。

這兩幅油畫都沒有畫名，一幅較大的是畫了一個游泳的女人身像，一幅稍小的是畫了一個著和服梳「大阪頭」的女人頭像。現分別代擬名為「裸女浴圖」和「婦女頭像」，以便說明。

「裸女浴圖」的油畫上下高約七尺，左右寬約五尺，裝在鑲著玻璃的黑木框中。畫面是在藍綠色的水中有一裸女兩臂伸張，作向水上浮動狀，頭髮很長，髮在水中飄浮。水中的形體略似模糊。畫的右下角簽有紅油色的「Li」兩個英文字母。這幅油畫曾在我家故居「意園」的洋書房中掛過。我父親生前對我講，說這幅油畫是分家時分到我父親名下的。還說這幅畫畫面看來稍舊，若用葱葉的內皮一擦，畫面就能更明亮清楚一些。

這幅油畫最初暫存在我十叔家。十叔家一度暫住在糧店後街的吉家胡同，不久即遷居到鄭氏十嬸的娘家西沽村鄭家大樓附近的當鋪西街，賃了三間房子居住。這幅油畫和十叔分到的那幅「婦女頭像」都掛在他們的客屋裏，我多次和母親乘人力車到西沽的十叔家時都看到過。以後，這幅油畫又寄存到我二舅父王蒼梧家。他以前在西頭的怡和斗店任司帳，當時住在特別一區（即舊德租界）的三義莊芝罘路同福里旁的八十六號院。約一九三九年天津鬧大水以後，此畫不知所終，有可能是失於那次水災中。

我十叔家藏的那一幅先祖父畫的油畫，是一位穿和服、梳「大阪頭」的半身婦女像，此畫沒有前一幅大，上下高約三尺左右，左右寬約二尺多，也是黑色鏡框。畫面的右下角簽有油紅色的英文「L」，雖大小不同，實際正是配對兒的一套。這幅畫在一九三七年七七事變以後就不敢掛了，因為西沽北邊的北洋大學成為日本兵營，常有日本兵從西沽大街上經過，因十叔和十嬸住的是臨街的房子，害怕日本兵闖進來可能會招惹是非，故藏在廚房裏，以後就丟失了。

因這兩幅油畫是配套的一對兒，又都畫的是我們的那位「日本奶奶」，故我現在推想，這兩幅油畫當年有可能在故居「意園」的洋書房裏是同時掛著的。但因當時社會人士很少見有在舊式的家庭客廳裏掛裸體畫的，故親朋中認為這是一件奇事而流傳多年；而對於那幅「婦女頭像」，則少有評說。

四十年代後期，我們一家遷到當時的北平。先住在交道口南大街秦老胡同，後遷到兵馬司。有一天我父親去文化館看報，在路上偶然被我們的盧氏奶奶（我二伯祖父桐岡公的側室）看見，故分散十多年後，兩家又有了來往。此後，我曾隨父母或單獨多次到地安門火神廟胡同去看望本家的長輩。在那裏，三伯父李聖章（一八八九——一九七五）曾送過或讓我看過一些祖父叔同公的著述和遺物。計有一本先祖父手寫的木版印刷的《金剛經》和幾本先祖父講經、講演的鉛印小冊子，記得其中有「惜福」之類的論述，還有一張我祖父幼年時的一冊書法習作，是用仿紙寫的《孝經》，前幾頁寫得較工整，往後就漸見潦草，能看出是小孩子習性的表現。記得三伯父有一次還拿出一個小冊子告訴我說：「這裏面記載著咱們李家的事情，等你以後再長大一些時候再給你看。」（這一過程在我叔伯大姐李孟娟寫的《弘一法師的俗家》一文中也曾提到過）現在知道，在「文化大革命」期間，三伯父家曾多次被抄（他曾擔任過中法大學校長和北京工業學院副院長），估計當年所藏存的我祖父的手跡和有關李家的一些文物，也不會都能保留住，若有殘留，也算是很難得了。

五

我在天津西開小學和中學上學時，因受學校美術老師王希增的影響，對繪畫、書法、篆刻都有較大的興趣，也得到父母的支持，雖然家境日窘，也肯為我延師學習，記得課餘時曾從一高姓老中醫學書法，到一位郭姓文士家學繪畫，請張兆麟先生為家館，教英文和《古文觀止》、《左傳》等功課。據我母親王氏鳳英（一九〇四——一九七八）講，說早年家中有不少文房四寶，其中有一組玉質立體的十二生肖鎮尺，很精緻，是我祖父叔同公早年用過的，但記不清分家時如何處置的。還說我祖父當年有一些治印，以後也散失了。請張兆麟先生為我補習英文和國文，是為了準備報考工商學院附中。

一九四六年在工商學院附中高中畢業後，我在天津教育界服務，大姐中慧在文藝界工作，共同維持家中的生活。一九四七年中慧大姐（一九二八——一九四七）在瀋陽病逝，全家生活一度由我一人擔負。一九四八年冬北平還沒有解放，中敏妹在門頭溝參加了中國人民解放軍，後隨四野十三兵團南下，隨又到內蒙古銀行系統做機要工作，並和內蒙軍分區的參謀科長韓得勤結婚。我自己先到革命大學學習，於抗美援朝後參加戰勤工作，後仍以教書和繪畫為生。「文化大革命」中受波及，全家隨我到京郊平谷縣落戶。生活日用多靠中敏一家接濟幫助。一九八〇年落實政策，我的女兒李年頂替我走上工作崗位。

近十年來，蒙各方熱心者的幫助，使我們李氏全族並一些親友取得了聯繫，真是意想不到的喜事，尤其是和我十叔的相見，更是高興。一九九二年我和中敏妹再次回到故鄉天津，參加了天津市有關部門聯合舉辦的紀念先祖父逝世五十周年的一些活動，受到不少教育，也促使我願意就自己早年聽父母講述的家中瑣事和自己親身經歷的片斷事情整理出來，供研究者參考。因年長日久，回憶難免有疏漏和不準確的地方，願以後能由中敏妹再為補充，因她在我父母身邊生活的時間較久也較心細，知道的事情或會更多些。

（王慰曾記錄整理）

（刊於一九九四年《天津文史資料選輯》第六十二輯，編入二〇〇〇年《李叔同—弘一法師紀念集》，天津人民出版社）

尋訪鄉賢李叔同先生的家族後代

王慰曾

從一九八二年秋到一九八六年秋的四年時間裏，我參加了尋訪天津鄉賢李叔同先生（即弘一法師，一八八〇——一九四二）家族後代的工作。在各方領導的支持和諸多同好的共同努力下，找齊了當時的李氏家族後代十九人。另外，還找到了李叔同長兄李文錦的女兒所傳的一支後代親屬丁玉芳等四人。這是多年來李叔同研究中的一項「突破」，受到海內外的注意。現將尋訪的經過概作介紹，以存史實。

一

在一九八〇年十月海內外舉辦了紀念李叔同先生百年誕辰的活動以後，中國民主同盟天津市委員會的領導，作了支持退休盟員朱經畬先生（一九一〇——一九九一）編著《李叔同年譜》工作的決定。徐景星秘書長讓我幫助朱先生，代他到天津圖書館查找有關書刊和與外界聯繫，以掌握更多資料，便利工作的進行，使能較快地在我們民盟天津市委員會內部刊物之一的《文史參考資料彙編》上刊出。到一九八二年十月，為紀念李叔同先生逝世四十周年，經和天津日報社編委劉書申商定，請朱經畬教授寫了《李叔同——一代藝術大師》一文，刊登在廿四日《天津日報》的「星期專頁」上，並在文中提出了尋訪李氏後人和希望發現更多新資料的意願。使我們非常高興的是，在紀念文字發表的第二天，李叔同先生的次子李端老人（一九〇四——一九九一）就派他的次女李莉娟女士找到報社，開始和我們取得了聯繫。此後半年多的時間裏，我曾十多次（有時和《天津日報》的記者一起）訪問了李端老人的一家五人（還有其妻杜氏慧貞和汶娟、莉娟、淑娟三位女公子），並整理出由李端署名的《先父李叔同事蹟片斷》的萬字回憶錄，和朱經畬先生編著的一萬五千字的《李叔同年譜》，同時刊登在一九八三年五月印出的《文史參考資料彙編》第六輯中。同輯，還刊登了前民盟天津市委會主任委員、前天津大學校長張國藩教授的遺稿《我的自傳》等。（按《彙編》是我們開展盟務活動的內部刊物之一，主要是刊登盟員著述、學術研究、盟內人物介紹等內容，為盟員刊出著作提供方便。內部贈閱交換，沒有稿酬，也不出售。）通過寄贈這一輯《彙編》，到一九八三年年底，我們就和海內外知名的李叔同研究者、崇拜者和佛界人士二十多人取得了聯繫，工作受到各方的注意。

二

一九八四年上半年，我們又尋訪到李叔同仲兄李文熙（字桐岡，一八六八——一九二九）一支在北京的後代十一人，計李文熙長子李麟玉（字聖章，一八八九——一九七五，生前曾為中法大學校長和全國政協委員）之子李衛一家九人，之女李孟娟（李衛之姐）和李孟娟、李衛姐弟的孀母呂氏子久（李桐岡二子李麟璽之遺孀）。呂子久和李孟娟女士同是一九一〇年生人，現呂氏仍健在。

尋訪這一支李氏家族後代的工作，開始從兩方面進行。一方面是通過北京中國佛教協會的林子青先生（《弘一法師年譜》編者）提供全國政協委員胡蘭畦老人在成都的住址讓我們向她探問李麟玉先生遺屬在北京的住址。因胡、李兩位都是全國政協委員，都在北京工業學院工作，李當時是副院長。遺憾的是，胡蘭畦老人在回信中並未能提出李家在京的地址，只說了大約在「東不壓橋」（按：後知是「東板橋」），又說李的兩位妹丈和一位女婿都是前中法大學的教授，以後也同在北京工業學院工作，等等，讓我們再與校方聯繫。而另一方面，從李叔同仲兄李桐岡的岳家——天津東門里鹽務姚家的後人姚惜雲和姚予節叔侄處得知李孟娟、李衛姐弟在北京地安門東板橋附近三四十年前的舊地址。但幾次去信都被退回，或「地址不清」、或「查無此人」。據此估計，可能是舊地址早已更名了。

這一年的五月下旬，我因公去北京的民盟中央出差，順便到地安門附近的郵政局詢問，又得到附近三輪站的老工人們的幫助，得知李家在京的舊地址已經更名，相距不遠。適正逢街道上公佈選民名單，故能較順利地找到李家在北京的這一支，和呂子久與李孟娟兩老人相見。從她們這裏，還得知另外一支李氏族人和李氏親屬後代的情況。即：一、李叔同長子李準一家，五十年代初曾住地安門附近鑼鼓巷秦老胡同。傳有李曾慈和李中敏（後更名然平）兄妹二人，李曾慈可能在某處農村，李中敏隨軍到了安徽。二、李叔同長兄李文錦一支雖無男性傳世，但有一女再傳女性丁氏玉芳的一家四人（女丁熒熒、女婿張守濟、外孫張鶴），住在北京建國門附近，和北京李家還有往來。因為時間緊迫，對以上情況沒能做進一步的了解，當時認為能一次尋訪到這麼許多人，初步完成了任務，就很滿足了。

三

一九八六年春，又開始尋訪李叔同長子李準一家的後代李曾慈（作者按：為李叔同的長孫。「曾慈」之名是李叔同出家後所賜，其用意是紀念李叔同的生母王氏鳳玲的）、李中敏等。這一工作是由市政協文史資料委員會用函查的辦法，通過天津市公安局代轉的。四月十日，得到北京市公安局的函復，知李曾慈一家已于一九六九年三月廿八日由北京市內遷往市郊平谷縣某鄉農村。經過去信和李曾慈聯繫，得知他尚在農村，其女李年在京棉二廠韓莊分廠工作，女婿為某廠汽車司機，一家都住在平谷縣城。其妹李中敏（然平）一家隨軍遷住石家莊，妹夫韓姓，為部隊的離休軍官。以後，我們又和李然平的一家取得了聯繫。

一九八六年秋，李曾慈和李然平兄妹並韓姓軍官，分別從京郊和石家莊市來津和李端老人一家相見；後又去京和呂子久、李孟娟、李衛等一家相見。至此，李氏家族後代十九人全找到了。他們相聚甚歡，我們的尋訪工作也暫告一段落。

四

在這四年的時間裏，天津因尋訪工作的開展，還相繼發現了一批李叔同先生早年的信、書、畫、印等文物真跡，又新找到他出生地——地藏庵前陸家豎胡同二號的故居，恢復了大悲院「弘一法師紀念堂」，改善了李端一家的住房條件，兩次接待了新加坡佛教總會主席廣洽法師和北京的林子青先生，派人去杭州虎跑寺參加了紀念李叔同（弘一法師）誕辰一百零五年的掃塔活動，初步掌握了很多外間少知的有關李叔同早年在津活動的史料和李氏家族的人員情況。一九八六年夏，廣洽法師第二次來津時收李莉娟為在家弟子，賜名契真居士。

四年間，前後直接和間接參加以上各項工作的，還有市政協、中共天津市委統戰部、市文化局、市宗教處（現為市宗教局）、市文史館、市文聯、市佛協、河北區人民政府和李叔同兩處故居所在地的派出所、街辦事處、居民委員會和李端並其三女所在單位並有關社會人士三四十人。經過共同的努力，大家還為四年後由市政協楊大辛先生主編的《李叔同——弘一法師》一書作了有成效的準備工作。

五

從一九八七年到現在的這一段時間裏，我繼續就李叔同的家事進行採訪、搜集資料和組織稿件，計先後記錄整理了李端的《家事瑣記》、李孟娟的《弘一法師的俗家》（與當時市宗教處的陳天曰先生合作）、丁玉芳的《「桐達李家」長門的後代親屬》、李曾慈的《家事片斷》和與李家的舊鄰劉炎臣先生（老文史工作者、市文史研究館館員）合寫了《李麟玉先生事略》等文字，其中前兩篇被輯入天津古籍出版社一九八八年出版的《李叔同——弘一法師》一書，後又為福建的《弘一大師全集》（附錄卷）、臺灣的《弘一大師永懷錄新篇》、浙江的《漫憶李叔同》等書轉載，故較有影響。目前，仍就呂子久（李晉章的遺孀）和姚惜雲（李桐岡的內侄）兩氏的回憶錄進行整理，也還有幾篇與李家有關稿件正在組織中。

十多年來，李叔同的家族後代李端、李孟娟等老人，還接受過一些記者和作家的訪問，並接待過海峽兩岸的有關專家學者。李叔同的直系孫輩李曾慈、李中敏、李汶娟、李莉娟、李淑娟兄妹五人，曾集體或分別參加了天津、上海、浙江、福建和臺灣等地有關紀念李叔同（弘一大師）的一些活動，李莉娟還出訪過新加坡。李莉娟於一九九六年調入天津市宗教局工作，另還有一些社會職務，對於弘揚李叔同（弘一大師）的事業，就有了更多盡力的機會。

六

現將李叔同家族後代和一些後代親屬的情況，表列於後。此表近又多得李桐岡的外孫、天津吳植松先生的補充，特在此致謝。

李家遷津始祖是李筱樓的祖父，未有名字留下來〔一〕，故李叔同在童試時填上三代的始祖時寫為「忠孝」（意即不知名、字），始祖有二子，長名李銳，次名李錕。李銳單傳子即李筱樓，李筱樓以下為：

一、李文錦（李叔同長兀）
- 子 婚後早亡，媳王氏守節，于婆母故後吞金「盡孝」死
- 女 李氏——女 姚國秀——女 丁玉芳——女 丁熒熒（有一子）

二、李文熙，字桐岡（李叔同仲兄）
- 長子麟玉，字聖章
  - 女 李孟娟 嫁馬士修教授
  - 子 李衛
    - 長子 桐曾
    - 次子 熙曾
    - 女 文曾
- 次子麟符，字相章 妻劉氏永年
- 三子麟璽，字晉章 元配金氏德馨，繼配呂氏子久
- 長女伯巽，嫁鹽商「振德店黃家」子，有子、女各一
- 次女 謙，字叔謙，嫁吳文潞教授
  - 子 吳植松 吳植榛
  - 女 吳玖 吳璞
- 三女 坤，嫁袁國珍教授

三、李文濤，字叔同
- 長子 準，字則東
  - 子 曾慈——女 年（有一子）
  - 女 然平（中敏）——有四女一子
- 次子 端，字正夫
  - 女 汶娟
  - 女 莉娟（現為天津市政協委員、市青聯常委、市佛協理事）
  - 女 淑娟（有一子）

二〇〇〇年五月寫訖

（刊於二〇〇〇年《李叔同—弘一法師紀念集》，天津人民出版社）

編者按：

〔一〕李世珍會試朱卷云：曾祖謦，祖忠孝，父銳。子文葆（「候選從九品」），女六。

第六輯

《唐靜巖司馬真蹟》跋

唐靜巖

李子叔同，好古生也，尤偏愛拙書。因出素冊念四幀，屬書鐘鼎篆隸八分等，以作規模。情意殷殷，堅不容辭。余年來老病頻增，精神漸減，加以酬應無暇，以致筆墨久荒，重以台命，遂偷閒為臨一二幀，積日既久，始獲蕆事。涂雅之誚，不免貽笑方家耳。

時丙申夏月湖陵山樵唐育厚撫於頤壽堂，時年四百四十四甲子

（刊於一八九六年《唐靜巖司馬真蹟》）

《法學門徑書》序

讀者

建章之宮，千門萬戶，入焉者目眩神駭，躊躇惝怳，莫知所措，迄未窺見真相。有大匠焉，圖之界之，孰堂孰庭，廊廡奧牖，可指而數矣。法學之紛錯，亦建章之門戶也。譯成之書，以十數計，或憲法、或民法、或國際法，本末未具，先後不辨。以之導人，不猶強盲人以入建章歟？為危孰甚！玉川君是書雖寥寥無多語，然真圖之界之者也。吾於是多譯者之卓識云。

癸卯三月讀者識

（刊於一九〇三年《法學門徑書》）

《國際私法》序

耐軒

排外非理，媚外亦非理。文明國之待外人也，與以私權而靳其公權。公權者關於國家組織之權利也，唯國民斯有之。私權者關於個人相互之權利也，即外人亦同之。

吾國之待外人也果何如乎？夫外人得享治外法權於與國公例也；外人而有領事裁判權於與國（治外法權指國家君主、外交官、軍艦、軍隊等所享有之特權，謂外於駐在國法規之外也；領事裁判權，指領事裁判己國人民之權也。）非公例也。今天下之有他國領事裁判權之國，舍土耳其、朝鮮、暹羅及吾國而外，不多聞也。日本昔亦嘗有之矣。自條約改正，而此權遂撤。

中國之言變法也，先於日本，而其收效也，則遠不及日本，無乃不揣其本而齊其末，枝枝節節而為之，不肯從事於政治改革歟？不然，彼居於歐美之外人，非猶居於吾國者乎？何居於人國則奉公守法也如彼，居於吾國則蔑理背道也有若此歟？雖然外人之於吾國，固非合於公理矣。吾國之於外人，其固合公理否乎？惡則排之，畏則媚之，於國際法所謂公權私權者，固未之知也。

李君廣平之譯此書也，蓋慨乎吾國上下之無國際思想，致外人之跋扈飛揚而無以為救也。故特揭私人與私人之關係，內國與外國之界限，而詳哉言之。苟國人讀此書而恍然於國際之原則，得回挽補救於萬一，且進而求政治之發達，以為改正條約之預備，則中國前途之幸也。

癸卯初夏，耐軒識於日本之東京

（刊於一九〇三年《國際私法》）

春柳社演藝部專章

光緒三十二年（一九〇六）

報章朝刊一言，夕成輿論，左右社會，為效迅矣。然與目不識丁者接，而用以窮。濟其窮者，有演說，有圖畫，有幻燈（即近時流行影戲之一種）。第演說之事迹，有聲無形；圖畫之事迹，有形無聲；兼茲二者，聲應形成，社會靡然而嚮風，其惟演戲歟？輓近號文明者，曰歐美，曰日本。歐美優伶，靡不學博洽多聞，大儒愧弗及；日本新派優伶，泰半學者，早稻田大學文藝協會有演劇部，教師生徒，皆獻技焉。夫優伶之學行有如是，國家所以禮遇之者亦至隆厚，如英

王、美大統領之於亨利阿文格（氏英人，前年死，英王、美大統領皆致詞弔唁，葬遺骸於寺院，生時曾授文學博士與法律博士學位），日本西園寺侯之於中村芝玩輩（今年二月，西園寺侯宴名優芝玩輩十餘人於官邸，一時傳為佳話），皆近事卓著者。吾國倡改良戲曲之說有年矣，若者負於貲，若者迷諸途，雖大史提倡之，士夫維持之，其成效卒莫由睹。走輩不揣檮昧，創立演藝部，以研究學理，練習技能為的。藝界沉沉，曙雞曉曉，勉旃同人，其各興起！息霜詩曰：「誓渡衆生成佛果，為現歌臺說法身。」願吾同人共矢茲志也。專章若干則如下：

一　本社以研究各種文藝為的，創辦伊始，驟難完備，茲先立演藝部，改良戲曲，為轉移風氣之一助。

一　演藝之大別有二：曰新派演藝（以言語動作感人為主，即今歐美所流行者），曰舊派演藝（如吾國之崑曲、二黃、秦腔、雜調皆是）。本社以研究新派為主，以舊派為附屬科（舊派腳本故有之詞調，亦可擇用其佳者，但場面布景必須改良）。

一　本社無論演新戲、舊戲，皆宗旨正大，以開通智識，鼓舞精神為主。偶有助興會之喜劇，亦必無傷大雅，始能排演。

一　舞臺上所需之音樂、圖畫及一切裝飾，必延專門名家者，平日指導，臨時布置，事後評議，以匡所不逮。

一　本社創辦伊始，除醵資助賑助學外，惟本社特別會事（如紀念、懇親、途別之類），可以演藝，用佐餘興。若他種團體有特別集會，囑託本社演藝，亦可臨時決議。至尋常冠婚慶賀瑣事，本社員雖以個人資格，亦不得受人請託，濫演新戲，以蹈舊時惡習。

一　本社所出腳本，必屢經社員排演後，審定合格，始傳習他人。出版發行，所有版權，當於學部、民政部稟明存案，嚴防翻刻。

一　入社者分三種：

甲　正社員。凡願擔任演藝事務，及有志練習者屬之。

乙　協助社員。凡捐助本社經費，或任各職務者屬之（凡正社員、助社員，本社均備有徽章，惟現在經費未充，所有徽章價值，乞各社員自給）。

丙　名譽贊成員。凡中外士人，贊成本社宗旨，扶持本社事務者屬之。

一　本社臨演藝之時，或有人願扮腳色，與贊助其他各執事者，雖平日未入本社，但有社員紹介，本社即當以客員相待。贊助本社出版事業，無論翻譯、選述或承贈書畫及寫真等，有裨於本社之印刷物者，亦皆以客員相待，概不收會費。

一　應辦之事，約分二類：

一　演藝會。每年春秋開大會二次，此外或開特別會臨時決議（開會時，正社員、協助社員皆佩徽章入場，另呈贈特別優待券二枚，以備家族觀覽，客員、名譽贊成員，各呈贈特別優待券一枚）。

二　出版部，每年春秋刊行雜誌二冊（或每季一冊，另有專章）。又，隨時刊行小說、腳本、繪葉書各種（凡正社員、協助員、客員、名譽贊成員，所有本社出版物，每種皆呈贈一份）。

一　無論社員、客員、名譽贊成員，於本社事務有特別勞績者，本社公同商決，當認為優待員，敬贈特別勛章一枚，以答高義。更須公議，以本社印刷物若干，為相當之酬報（僅捐資者，不在此例）。

一　正社員每月須出社費二元以下、三十錢以上（均於陽曆每月初交本社會計處）。協助員願按月捐助與否隨意。

一　春柳社事務所暫設於東京下谷區泡之端七軒町廿八番地鐘聲館。若有寄信件者，請直達鐘聲館，由本社編輯員李岸收受不誤。

一　此專章已經同人公認，應各遵守。其有未能詳審處，當隨時商酌改定。

（刊於一九〇七年《北新雜誌》第三十卷）

《子愷漫畫》序

夏丏尊

新近因了某種因緣，和方外友弘一和尚聚居了好幾日。和尚未出家時，曾是國內藝術界的先輩，披剃以後，專心念佛，見人也但勸念佛，不消說，藝術上的話是不談起了的。可是我在這幾日的觀察中，卻深深地受到了藝術的刺激。

他這次從溫州來寧波，原預備到了南京再往安徽九華山去的。因為江浙開戰，交通有阻，就在寧波暫止，掛搭於七塔寺。我得知就去望他。雲水堂中住着四五十個游方僧。鋪有兩層，是統艙式的。他住在下層，見了我笑容招呼，和我在廊下板凳上坐了，說：

「到寧波三日了。前兩日是住在某某旅館（小旅館）裏的。」

「那家旅館不十分清爽罷。」我說。

「很好！臭蟲也不多，不過兩三隻。主人待我非常客氣呢！」

他又和我說了些在輪船統艙中茶房怎樣待他和善，在此地掛搭怎樣舒服等等的話。

我惘然了。繼而邀他明日同往白馬湖去小住幾日，他初說再看機會，及我堅請，他也就忻然答應了。

行李很是簡單，鋪蓋竟是用粉破的席子包的。到了白馬湖後，在春社裏替他打掃了房間，他就自己打開鋪蓋，先把那粉破的席子丁寧珍重地鋪在牀上，攤開了被，再把衣服捲了幾件作枕。拿出黑而且破得不堪的毛巾走到湖邊洗面去。

「這手巾太破了，替你換一條好嗎？」我忍不住了。

「那裏，還好用的，和新的也差不多。」他把那條破手巾珍重地張開來給我看，表示還不十分破舊。

他是過午不食了的。第二日未到午，我送了飯和兩碗素菜去，（他堅持只要一碗的，我勉強再加了一碗。）在旁坐了陪他。碗裏所有的原只是些萊菔白菜之類，可是在他卻幾乎是要變色而作的盛饌，丁寧喜悅地把飯划入口裏，鄭重地用筷夾起一塊萊菔來的那種了不得的神情，我見了幾乎要下歡喜慚愧之淚了！

第二日，有另一位朋友送了四樣菜來齋他，我也同席。其中有一碗鹹得非常的，我說：

「這太鹹了！」

「好的！鹹的也有鹹的滋味，也好的！」

我家和他寄寓的春社相隔有一段路。第三日，他說飯不必送去，可以自己來吃，且笑說乞食是出家人的本分的話。

「那末逢天雨仍替你送去罷。」

「不要緊！天雨，我有木屐哩！」他說出木屐二字時，神情上竟儼然是一種了不得的法寶。我總還有些不安。他又說：

「每日走些路，也是一種很好的運動。」

我也就無法反對了。

在他，世間竟沒有不好的東西，一切都好，小旅館好，統艙好，掛搭好，粉破的席子好，破舊的手巾好，白菜好，萊菔好，鹹苦的蔬菜好，跑路好，甚麼都有味，甚麼都了不得。

這是何等的風光啊！宗教上的話且不說，瑣屑的日常生活到此境界，不是所謂生活的藝術化了嗎？人家說他在受苦，我卻要說他是享樂。我當見他吃萊菔白菜時那種愉悅丁寧的光景，我想：萊菔白菜的全滋味，真滋味，怕要算他才能如實嘗得的了。對於一切事物，不為因襲的成見所縛，都還他一個本來面目，如實觀照領略，這才是真解脫，真享樂。

藝術的生活，原是觀照享樂的生活。在這一點上，藝術和宗教實有同一的歸趨。凡為實利或成見所束縛，不能把日常生活咀嚼玩味的，都是與藝術無緣的人們。真的藝術，不限在詩裏，也不限在畫裏，到處都有，隨時可得。能把他捕捉了用文字表現的是詩人，用形及五彩表現的是畫家。不會做詩，不會作畫，也不要緊，只要對於日常生活有觀照玩味的能力，無論誰何，都能有權去享受藝術之神的恩寵。否則雖自號為詩人畫家，仍是俗物。

與和尚數日相聚，深深地感到這點。自憐囫圇吞棗地過了大半生，平日吃飯著衣，何曾嘗到過真的滋味！乘船坐車，看山行路，何曾領略到真的情景！雖然願從今留意，但是去日苦多，又因自幼未曾經過好好的藝術教養，即使自己有這個心，何嘗有十分把握！言之憮然！

正憮然間，子愷來要我序他的漫畫集。記得：子愷的畫這類畫，實由於我的慫恿。在這三年中，子愷實畫了不少，集中所收的不過數十分之一。其中含有兩種性質，一是寫古詩詞名句的，一是寫日常生活的斷片的。古詩詞名句，原是古人觀照的結果，子愷不過再來用畫表出一次，至於寫日常生活的斷片的部分，全是子愷自己觀照的表現。前者是翻譯，後者是創作了。畫的好歹且不談，子愷年少於我，對於生活，有這樣的咀嚼玩味的能力，和我相較，不能不羨子愷是幸福者！

子愷為和尚未出家時畫弟子，我序子愷畫集，恰因當前所感，並述及了和尚的近事，這是甚麽不可思議的緣啊！南無阿彌陀佛！

（刊於一九四三年《弘一大師永懷錄》）

《中文名歌五十曲》序

裘夢痕　豐子愷

我們把我們平時所諷詠而憧憬的歌曲纂集起來，成這冊子。

這冊子裏所收的曲，大半是西洋的Most Popular 的名曲。曲上的歌，主要的是李叔同先生——即現在杭州大慈山僧弘一法師——所作或配的。我們選歌曲的標準，對於曲要求其旋律的正大與美麗；對於歌要求詩歌與音樂的融合。西洋名曲之傳誦於全世界者，都有那樣好的旋律；李先生有深大的心靈，又兼備文才與樂才，據我們所知，中國作曲作歌的只有李先生一人，可惜他早已屏除塵緣，所作的只這冊子裏所收的幾首。

現在中國還沒有為少年少女們備一冊較好的唱歌書。這冊子雖然很小，但我們相信它多少總能潤澤幾個青年的心靈，因為我們自己的心靈曾被潤澤過，至今還時時因了諷詠，受到深遠的憧憬的啟示。

一九二七年緣陰時節夢痕子愷合識於立達學園

（刊於一九二七年《中文名歌五十曲》）

《李息翁臨古法書》後記

夏丏尊

右為弘一和尚出家前橅古習作。和尚當湖人，俗姓李，名與字皆屢更，其最為世所知者，名曰息，字曰叔同。才華蓋代，文學、演劇、音樂、書畫靡不精，而書名尤藉甚。胎息六朝，別具一格。雖片紙人亦視如瓌寶。居常雞鳴而起，執筆臨池，碑版過眼，便能神似。所窺涉者甚廣，尤致力於天發神讖、張猛龍及魏齊諸造像，摹寫皆不下百餘通焉。與余交久，樂為余作書，以余之酷嗜其書也。比入山，盡以習作付余。伊人遠矣，十餘年來，什襲珍玩，遐想舊游，輒為悵惘。近以因緣，復得親近，偶出舊藏，共話前塵。乃以選印公世為請，且求親為題序。每體少者一紙，多者數紙，所收蓋不及千之一也。

十八年歲暮丏尊記于滬上

（刊於一九二九年《李息翁臨古法書》）

《護生畫集》序

馬一浮

華嚴家言：「心如工畫師，能出一切象。」此謂心猶畫也。古佛偈云：「身從無相中受生，猶如幻出諸形相。」此謂生亦畫也。是故心生法生，文采彰矣。各正性命，變化見矣。智者觀世間如觀畫。然心有通蔽，畫有勝劣，憂喜仁暴唯其所取。今天下交言藝術思進乎美善，而殺機方熾，人懷怨害，何其與美善遠也！月臂大師與豐君子愷、李君圓淨並深解藝術，知畫是心，因有《護生畫集》之製。子愷製畫，圓淨撰集，而月臂為之書。三人者蓋夙同誓願，假善巧以寄其惻怛，將憑茲慈力，消彼獷心，可謂緣起無礙，以畫說法者矣。聖人無己，靡所不己。情與無情，猶共一體。況同類之生乎！夫依正果報，悉由心作，其猶埏埴為器，和采在人。故品物流形，莫非生也。愛惡相攻，莫非惑也。蠕動飛沈，莫非己也。山川草木，莫非身也。以言藝術之原，孰大於此。故知生則知畫矣，知畫則知心矣，知護心則知護生矣。吾願讀是畫者，善護其心。水草之念空，斯人羊之報泯，然後鵲巢可頫，而鷗鳥可狎而至。兵無所容其刃，兕無所投其角，何復有遞相吞噉之患乎！月臂書來，屬綴一言，遂不辭葛藤而為之識。

戊辰秋七月　蠲叟書

（刊於一九二九年《護生畫集》）

《華嚴集聯三百》跋

劉質平

吾師叔同李先生，生有夙根，耽奇服異，弱年馳騁詞場，雅負三絕之譽。凡諸技藝，靡所不工。顧未及中歲，感頹波之遷流，惘五濁之苦難，遂迺翹勤淨域，皈禮靈山，辛苦修持，精進無已。禪課之暇，常書梵典，流布世間。見者靡不歡喜歸仰，虔誠持誦。歲之四月，為太師母七十冥辰，我師緬懷罔極，追念所生，發弘誓願，從事律學撰述，並以餘力集華嚴偈，綴為聯語，手錄成冊。冀以善巧方便，導俗利生。質平偶因請業，獲覩宏裁，鴻朗莊嚴，嘆為希有。亟請於師付諸影印，庶幾廣般若之宣流，永孝思於不匱。世界有情，共頂禮之。

庚午年二月望日弟子劉質平敬跋

（刊於一九三二年《華嚴集聯三百》）

弘一大師精選《讀書錄》、《日省錄》序

胡宅梵

近時世風澆漓，道德淪亡，救之之藥，其惟格言乎。自來格言之選夥矣，然而仁智之見，各有不同。今高僧弘一大師，戒律謹嚴，學道修身，直當世之聖賢。以聖賢之心，選聖賢之言，所選精切，自不待言矣。銓也何幸，具此夙緣，得親侍數旬，開示之餘，並以此卷見授，云：日習一二節，於心身大有裨益。披閱之餘，歡悅無盡，擬即為之流通，以供同好。適宗弟道靜與何君無悶同刊研白齋集，遂懇大師以此卷印入。儻於挽救世道，不無小補，則亦區區精衛填海之微忱也。且以大師篤敬之誠，聞其風者，鄙夫寬，薄夫敦，況獲其言而承其教者乎。銓不文，因遵大師之命，敢敘其緣起於此。聞師於此卷外，更將續選他種，是則銓之所尤切望者云。

辛未元宵勝月居士胡維銓謹序於雙河之宅梵室

（刊於一九三一年《日省錄》）

弘一上人手書《華嚴集聯三百》跋

經亨頤

弘一上人俗姓李，名息，字叔同，別字息霜，本天津望族。余曩任浙師範於民國元年，聘上人掌音樂圖畫，教有特契。藝術之交，亦性理之交也。劉子質平，習於斯凡五年，音樂具夙睿，上人盡授之。今以斯立於世，上人之賜也。上人性本澹泊，卻他處厚聘，樂居杭，一半勾留是此湖；而其出家之想，亦一半是此湖也。迨七年秋，毅然入山剃度，身外物盡俾各友，余亦得畫一幀，永為紀念。旋余亦離杭，自此與上人相見遂不易。計自出家，忽忽已十四載。其間二次晤於白馬湖。上人以此處堪長在，愛上人者為築晚晴山房於山之麓，余亦居於長松下，顏曰長松山房，上人曾納齋於其中。余適以《爨碑古詩集聯》遺興，上人見而稱可。今上人於誦經之餘，亦集聯成巨冊，質平寶之，囑題以永藏弆，並志余與上人質平三人之緣如此。

二十一年九月頤淵居士識於滬濱

（此為手稿，由劉質平收藏）

《清涼歌集》達恉

釋芝峯

清涼歌總論

這五首歌，初讀起來似乎作者沒有設意照着預定的計劃來作；但是如果用精密的一首一首有意無意地讀着唱着味着，那整然的秩序好像地球一般不在意地依着自然律的轉動着。現在我把這五首先後次第的關係來說明，先總攝一表在此：

第一首——清涼……天機流露……

第二首——山色……

第三首——花香……（幻境無實）

第四首——世夢……塵心全妄

第五首——觀心……悟入真常……

清涼……

雜染……（遺除）

（平等一如）

清涼　這首用「清涼月」，「清涼風」，「清涼水」，來表現我們身心與自然界亡人亡我，無物無心，肝膽天地，萬有一體的諧融化。

假使我們對於這歌調的意義，全然明白，在那澄潭碧水的幽境，

明月清風的當兒，依和諧的韻律，靜穆地歌唱着；真是同一世吃苦瓜的人，忽然嘗到鮮甜蜂蜜一般，有說不出的精神上的快樂。李白有兩句詩：「素心自此得，真趣非外求。」差足以喻此。

涼月清風，澄潭碧水，自然界從來沒有對於我們有吝惜心，不過因我們自己的心地，被那些好惡愛憎得失的念頭所擾亂，雖時常遇到這種境界，也成為熟視無睹了；唯養心有素的人，能體得這真趣。然這心與物間的境界，乃一時天機流露，稍縱即逝。我們能常常的借着大自然的境界，以觸發我們自心的天機，久而久之，不但養成功我們哲理的思想，同時使我們思想清晰，無論去研究什麼學問，都收事半功倍之效。因為我們有清晰的思想啊。

山色　花香　這兩首：一屬於視覺方面；一屬於嗅覺方面。我們平常的人，以為世上最靠得住的東西，莫過於經自己去實地試驗的。例如山的色，花的香，都是我們自己用眼用鼻去看去嗅，當然是實在的東西了。但是試問將我們過去的經驗和現在的事實，聯貫起來，仔細地想一想，是不是一樣完全沒有變異？例如這兩首歌裏，山色近遠，與花香濃淡，事實上告訴我們，有很明顯的變異。現列表明它變異於此：

空間｛近觀山色　蒼然青……其色如藍｝……境同　色異——視覺
　　　｛遠觀山色　鬱然翠……如藍成靛｝

時間｛晝有香……香淡如｝……境同　香異——嗅覺
　　　｛夜有香……香乃烈｝

這樣一觀察，就知道我們站在這空間時間界中，從視覺嗅覺所得來的現象，是靠不住的。依此類推，我們的聽覺，味覺，觸覺，以及知覺，各種的現象，都成為不可靠的了。

然而我們知道的這種現象，是不可靠的，不去信任它，那末它也無能為力了。並且可借它來作我們去觀察它的實在性，假使這實在性一旦被我們抓住了的時候，那時真所謂：「心地光明一笑呵」、「熱惱消除萬物和」、「身心無垢樂如何」（見第一首歌）的境地了。抓住這實在性的方法，就是第五首「觀心」，現在暫不去說它。

我們現在比較上觀察起來：「近觀山色」「花香夜聞」，似可靠些；「遠觀山色」和「晝聞花香」不大可靠。這二者的差異，由空間、時間、生理、心理（常人心理）所構成「幻境無實」的現象。倘是能夠運用第一首歌裏所詠的意地去觸發；或第五首的觀心去體驗；雖不離了這時間空間生理各種關係而現起，但不存主觀心理，以亡我無染的智慧來照了，這就成為清淨無染的境界，而流露其天機，或達到平等一如的妙境了。所以第一表中於「山色」「花香」下分「清淨」與「雜染」的兩種不同：雜染的，是指主觀心所認識的現象；清淨的，是指無我心所認的現象，和體達到的真如。（即指宇宙萬有，不加以我們主觀自我的心，去看到它原來真實如此的真相，餘處所講平等一如，或實在性等，皆同指此。）

世夢　無論何人夢是大概都曾做過，而且是常常有的。莊子說：「至人無夢」；我們不是至人，所以不能無夢。

我們在日常中所想望而實際上達不到的事情，有時睡去，意識離開這現實世界，獨自化裝地去排演那無稽的戲劇。在這夢劇中，主角配角以及時代劇場，盡其所有的腳色都有。如古人的《邯鄲夢》，《高唐夢》，莊生夢化蝴蝶，孔子夢見周公。當在夢中時，因夢引起的悲歡離合的情操，何曾知道這是假的。及其一覺醒來，回思夢境，方知道剛纔的事情，全是虛幻；剛纔的悲歡，儘是妄心。尤其在那夢劇中的和別人爭一時的勝利，結下不解的深仇，闖下滔天的大禍，想起來是多麽可笑。假使在夢中知道這是夢啊，決不會幹那樣蠢事。但在那時候，不會有這樣的自覺；不但自己沒有這自覺，縱使夢中有一個腳色告訴他：——夢的人——「這是夢啊！你不必那樣認真吧！」恐怕也不肯相信，直待醒來，方覺全非。

我們在這個世界上，數十年寒暑中，沒有認識人生的由來，——即生從什麽地方來？死向什麽地方去？——宇宙的真相，——即萬物為什麽變現出來？一會兒又消逝了？——這精神和物質沒有真正的認識；徒知為這個身體謀生活，為個人的權利榮譽拼命去角逐；這個原因就是沒有認識宇宙人生的兩大根本。宇宙的普遍性，原是其大無外，其小無內的；人生的永久性，原是上溯無始，下推無終的；合起來講，平等一如，是其真性。我們亡其大而取其小，捨其長而執其短；用虛妄的塵心，爭雞蟲的得失；倘是一旦照澈這真理，回首前塵，那不是同剛纔所說的夢境還有兩樣麼！

夢中所現，全無實事，以譬我們用主觀心於宇宙人生中：那一種是我，那一種是人，那一種是物，起種種好惡的心，分別那種種的現象，誰知塵心全妄，原來沒有實性。佛謂：「是身如夢，為虛妄見」（《維摩經》），真是說得不差。所以現在第四首名《世夢》大概是取義於此吧。

觀心　真的，我們想體得宇宙人生平等一如真性，第一就要有下手的方法。例如第一首假大自然界的「涼風」「明月」「澄潭碧水」幽閒的境來觸發我們自心的天機，但這種真趣，仍是藉着外境來觸發，況且這是不能持久的，是稍縱即逝的；除此以外，我們日常目見耳聞都是離開真性很遠，都由主觀的雜染心和空間時間生理所構成幻像，非是真相。認這幻像為實在，正是同那無知小孩子要到水裏去捉明月，鏡面上找花影，一樣的無知；同那夢中得意的歡樂，和失意的悲傷，一樣的愚癡。

但我們從有生以來，就和這主觀的雜染心俱來，從未離開過一剎那。雖有時天機流露，並不是這主觀的心忘懷了，不過好像守門的犬，疲倦一下，但是還沒有睡去。

再進一步來講：我們生存在這地球上面，將我們渺小的身體來比地球，遠不及一隻螞蟻來比一隻象；倘是將地球來比我們的心，那真是不及鋼筆尖上一點墨水和大海水相比。我們首先要知道我們的心，比任何東西都來得大。一切一切的東西，在我們心裏，如同一片一片的白雲，藏在太虛空裏一樣。這一切的東西，都是我們自心所變幻出來的。因為我們自己不知道自己的心量有這樣大，返於這自心所變現的東西，分彼分此，起愛起憎，那是完全受主觀心理所支配。

在時間方面講：我們的心有時間的永久性，是無限的延長。我們的身體和所變現的幻像，就依着這永久性生滅生滅，如同長江的流水，「前水復後水，古今相續流」（李白詩）。然而我們自己不知道自己的心量這樣無限，卻在這一段一段的波流上，而認為自我，這也是受主觀心理所支配。

自我主觀的心，禍害既然有這麼大，我們有沒有方法將這自我主觀的心理打破以見到無我非主觀的心性無限的廣大和無限的延長呢？還是一任那自我的主觀心同專制時代暴君一般橫行着呢？在我們有覺性的人，自然否認這自我的主觀心，以無我非主觀的心來認識宇宙人生平等一如的真相。這下手方法是什麼？不是別的，就是「觀心」。

觀心的「觀」，即是能觀察的智慧；觀心的「心」，即是被觀察的境地。依第五首歌詞來分析能觀察與被觀察，則如下表：

能觀智慧
- 空間：在內歟……　在外歟……　在中間歟……
- 時間：過去歟……　現在歟……　未來歟……
- 形色：長歟　短歟……　方歟　圓歟……
- 顏色：赤歟　白歟……　青歟　黃歟……

被觀心境……
- 覓心了不可得
- 便悟自性真常

所謂「覓心了不可得」者，即由自我的主觀心以達無我的非主觀心是。「便悟自性真常」者，即是體驗到宇宙人生平等一如的真相是。倘能悟入真常，完全到無我境地；那雖然依舊是用眼去視色，用耳去聽聲，乃至用心去思想，都和平常人不同了。他是在這大宇宙中獨往獨來，他並且要將自己所體驗得的一切，去喚醒其他的一切人們；他用那無我主觀心，去造清淨的世界。這樣人，可配稱全宇宙的完人，顯然底完成其人之所以為人，超過其他的動物的真意義了。

照上面一首一首歌詞的意義說來，裏面所涵的哲理不但深奧而已；且與我們人生非常重要。我們假使沒有這樣的認識自己，那生活這世上，不是同沙蟲一樣的可憐無趣麼！

先能總了解歌詞的意義，然後再來一首一首地歌唱，那真是如飲甘露，如浴春風，有無限地樂意。

第一首　清涼

清涼月，月到天心，光明殊皎潔。
今唱清涼歌，心地光明一笑呵！

大自然界的森羅萬象，最使我們意地上快樂的，無過於月亮了。它的晶瑩雪潔底體質，它的清涼無比底光明。每到了天空淨無雲翳的當兒，它獨自地冉冉離了海角，悠悠地徘徊於天心，用它自己無限的清光，遍照着神秘的宇宙。在那萬籟無聲中，愈顯得它光明的偉大。

它流注它的光明到我們心裏來，使我們的心地也完全變成光明皎潔，和它一樣；那天空中燦爛的繁星，以及地上聳立着的高山，沈眠了的碧水，凡被它光明所照到的一切一切，都銀光四射，和我們的心地上的光明，打成一片。在那時，真分不出星，月，物，我；到了「天地共忘懷」的境地了。真所謂「心地光明一笑呵」的意境了。

清涼風，涼風解慍，暑氣已無蹤。
今唱清涼歌，熱惱消除，萬物和。

在夏天暑氣蒸人的時候，我們身體感到的不舒服，影響到精神而成「慍悶」。但有時並不是因暑氣使你感覺到慍悶的，這就是由我們自心的「煩惱」。因此，我們讀書也不高興讀了，寫字也不高興寫了，乃至其他一切的工作，都不願意作了。在那時，最好一切的工作都停下來，到那清新空氣的地方，去消受那「清清泠泠，愈病析酲，發明耳目，寧體便人」（宋玉賦）的微風，我們披襟以當之；無論身心兩方面所感覺到慍悶，都和暑氣無蹤的消逝了。

當正感覺到慍悶的時候，我們對於四圍的環境，一切一切的對象，都起了仇視的心理；同時那些對象，也似有意無意的來侮弄我們；但一到「涼風解慍」「熱惱消除」的時候，而我們的心境通統都改變過來，似乎換了另一個世界了。所謂：「日落江湖白，潮來天地青」（王維詩）的境界了。覺得與萬物共薰沐於清涼風中，成為一團太和，真不容用心於彼此了。那裏還有熱惱呢？

清涼水，清水一渠，滌蕩諸污穢。
今唱清涼歌，身心無垢樂如何！

我們生活在這世界上，覺得有許多東西，不能剎那沒有；否則，我們的生命也就完結了。水也是這中之一。但是我們在這中生長成的，反把它忘記了；如同我們一舉一動，都運用我們的思想去指揮，卻不知道思想是什麽一樣可笑。但一遇到身體熱躁起來，或太骯髒了的時候，到那清水一渠的澄潭或浴室去，洗了一回澡，把那一切的熱惱和污穢，都滌蕩得一乾二淨，那時不但身體無垢染，連心也無垢染了。身體方面的垢染，我們容易知道，因為我們可以看得到；那心裏的垢染，是不易知道，因為看不到的緣故。——其實，稍一反省，也就知道了，這覺得熱惱的「熱惱」，便是心裏的垢染啊。

有的時候，我們單獨心裏起了煩躁，而身體方面不覺有什麽不舒服，如春和秋爽的天氣；那時我們去徜徉那清溪碧水之畔，領略那天然風景，也會滌蕩心垢，使你浸入那「人與山俱靜，心共水同清」的樂境了。

啊！自然界多麽偉大！它給我們的恩惠，真比天都高，比海還深了。它的恩惠品，是清涼風，是清涼月，是清涼水。我們用充滿天空的清涼歌聲來報答它，我們唱着的清涼歌聲，從我們清涼心海裏流出來，也和這清涼月、清涼風、清涼水一樣的偉大。我們心地有月的皎潔；有風的清涼；有水的溫潤。

清涼，清涼，無上，究竟真常。

這自然界的「月」「風」「水」，原來本是清涼。在我們心領神會的當兒，使我們身心，使我們所處整個的宇宙，沒有不是清涼。

這是大自然神秘現身的幌影，這是我們心地上天機流露的玄君；倘是在這一剎那間能抓住這個，則我們當體即是宇宙的完人，是無上的完人，是究竟的完人。因為我們已竟揭開大自然神秘者的面幕，已竟見到自性真實常住微妙的色身。

第二首　山色

近觀山色蒼然青，其色如藍。
遠觀山色鬱然翠，如藍成靛。
山色非變，山色如故，目力有長短。

春天到了，宇宙生命之流增加了無限的新生命與無限的力量。它吹着微微的風，使大地上已枯死了的草木受了它新生命的氣息，也復活了。伸着腰兒，昂着頭兒，悠游這大宇宙中過它安分靜默的生活。

看哪，那「山從人面起」（近色）與「檻外低秦嶺」（遠色）的近山遠峯啊！映現在我們的眼簾上，「蒼然的青藍」和「鬱然的翠靛」，這是宇宙新生命的化身。

假使有人問我們：「為什麽『近觀山色蒼然青藍，遠觀山色鬱然翠靛』？是宇宙化身故弄玄妙的呢？是我們衆生看法上差別呢？」

我就不疑惑地答：「山色非變，山色如故，目力有長短。」

因我們目力的長短，山色為之改變；援此類推，因目力的長短，全宇宙為之改觀，也未始不可的呢。

我們再舉一個明顯的例子吧：常見我們二十歲至二十五歲間的青年，每每逐年增加近視的程度，對於較遠的視野，漸漸模糊了；到了四十五歲以後的人，便開始逐漸變為遠視，減他青年近視的程度，較遠的視野漸漸清晰起來，可是近處的視野，漸漸模糊了。所以同一山色，近觀遠觀，山色變異，自然無疑地是目力的長短。

自近漸遠易青為翠，自遠漸近易翠為青，時常更換。

是由緣會，幻相現前。

非唯翠幻，而青亦幻。

是幻，是幻，萬法皆然。

現在我們進一步來說明：這「自近漸遠易青為翠，自遠漸近易翠為青」，因視野的遠近，起青翠的更換，這不過為着我們觀者空間位置上改易的關係，視色上遂起變化。但原因不會這樣簡單。無論其為青為翠的山色，我們試問：它的本身沒有更換僅唯視色的更換呢？或者這視色和山色都有更換呢？

近觀遠觀，為青為翠的山色，即是無數的草呀，木呀，由這些這些大的小的植物，一片一片的葉子的綠色的集合起來成為山的青色或翠色。所以要明白山色有沒有更換，就要觀察這被春風吹活了的草木的綠色有沒有更換。

我們讀過生物學的人，這個答案是非常容易。草木是有生命的植物，因它是宇宙新生命的化身，所以它有活動。假使我們把幾片擴大鏡裝得和顯微鏡一樣，把那草木的葉子擺在這鏡子下面，我們看見那葉子上小綠點，不住的在那裏動。並且它能吸收自身的營養料：水呀，日光呀，空氣呀；又能排泄那炭酸氣。到了春天夏天，榮盛起來；秋天冬天，枯死去了；仔細的觀察起來，時時刻刻它自己的本身在那裏新陳代謝的變換着。我們明白了山色不但因視野遠近變換其視色；山色本身，原是草木一葉一葉綠色的集合團，是假無實的。我們看到為青為翠的山色，只有一葉一葉的綠色，近於實在。嚴格底講一句：一葉一葉綠色，也祇有那一點一點活動的綠色近於實在。然那一點一點的綠色，為我們視野所及的，它與其他各種色調和合起來的：「這一點綠色，當不下百六十種色調」，——這是植物學家告訴我們的。則我們所看到的那一點綠色，又失其實在性了。假使再分析下去：它的本身已完全失其實在性了，成為「幻境無實」了，所剩下來的，祇有能使視色上幻出綠色的彼此各種的關係罷了。草木一葉上的一點綠色，已成為是幻非實；何況那由草木集合所成的山色！何況為我們近觀遠觀為青翠的視色？更成其為幻中之幻了。

剛纔說：「剩下來的祇有能使視色上幻出綠色彼此各種的關係」，這各種關係是指什麽東西呢？所謂「是由緣會，幻相現前」。「緣會」，是在佛經裏的術語，我們換一個易懂的名辭，就是「關係」。

怎樣叫做彼此各種的關係呢？意思是說一件事情發生，有種種的關係纔會發生。我們就舉我們所觀到的山色來講吧，須具備八個條件，彼此都同時發生了關係，這「山色」纔被我們視覺所認識。一，視覺官完全無損；二，須在合度光線中；三，意識促起視覺集中；四，須有視覺的對象；五，視覺官與所認識對象須隔離有空；六，同時有意識去認識它；七，山色現起與視覺起認識兩者未認識未被認識之前，都有它潛在的功能；八，生命之流的宇宙本體是根本的依止。（尚有一染淨依，現因不易說明，故從略。）以上八個條件，都完備了，都同時發生了關係，這為青為翠的山色，方被我們視覺與意識所認識。假使於八個條件缺了任何一條，都不能現起。再分析這八個條件的本身是什麽東西構成的時，那就牽涉到全宇宙一切的一切來說明這一一的條件。——也無非由彼此各種關係而已。到這裏，我們知道「是由緣會，幻相現前」的意義；同時對於「非唯翠幻，而青亦幻」的意義，也洞然明白了。同時於有生命之流的宇宙本體，因衆緣聚會，那各種不同的現象呈變出來；因衆緣分散，那各種不同的現象消逝去了。全宇宙萬有的生滅，就是這緣會的集合力和緣散的離析力相磨擦，相鼓蕩而成的。到了這裏，生命的現象，給我們觀察出來了，所謂：「是幻是幻，萬法皆然」了。

第三首　花香

庭中百合花開，晝有香淡如，入夜來香乃烈。

鼻觀是一，何以晝夜濃淡有殊別。

百合花我們大概都看過。它的身兒有兩三尺高，它短而闊的葉子似竹的葉子互生着。到了夏天，它開了純潔的白色花，雖不怎樣美麗，平淡樸素，卻別有風味。它的根是一種很好的食品。有些愛花的人，把它扶植在庭中。當那花兒開的時節，微微的聞到清香。說也奇怪：我們在白晝裏雖然鼻子裏聞到香，微淡幾近於無，稍不用心去聞，就沒有聞到香氣了；夜裏大家都去睡覺了，天地間一切動作都休息下來成為很寂靜的深夜，假使我們靜悄悄的去獨步中庭，對着天空中炯炯的繁星，或孤懸的明月，鼻子一呼一吸的和宇宙之靈通消息，那時不知道從那兒來的一陣陣濃烈的清香，撲入鼻門？啊！這原是百合花的香哪。

在這我們就有一疑問了：我們白晝裏的鼻子和夜深的鼻子沒有更換過，因為我們一個人只有一個鼻子的；庭中的百合花，夜裏所聞到的香，也即是白晝的百合花，也沒有更換過，為什麽在夜裏香氣這樣濃烈？在白晝聞到那樣淡？所謂「鼻觀是一，何以晝夜濃淡有殊別」呢？

答這個疑問，聽下面歌來：——

白晝衆喧動，紛紛俗務縈。

目視色，耳聽聲，鼻觀之力，分於耳目喪其靈。

這不是別的，就是我們在白晝裏事情很多。在環境方面講：都是喧動，風兒吹着，鳥兒叫着，鷄啼犬吠聲，人們談笑聲，乃至一切活動的動作聲，千句萬句包括作一句講：在青天白日底下的一切動物，都為營着生活而喧囂而動作。在我們個人方面講：為着這樣，為着那樣，無論其為生活而活動，為活動而活動，總是被這些那些紛紛的事務所包圍，所繫縛。

這樣一來，眼要去辨別各種顏色；耳要去聽察各種音聲；乃至舌司說話嘗味；身司奔走做事；內在的意識正如山陰道上，應接不暇了。我們都知道無論做什麽事，都要專心一志去做，那事必定會有很圓滿的結果；倘是千頭萬緒去做，那事必定是一團糟，因為注意力不集中，那種動作就沒有多大的力量，對所做的事情及各方面的關係也沒有深刻的認識。即依我們現在在晝夜聞香，濃淡殊別，這一點就可證明。

因白晝環境喧動，使鼻觀的力量為耳目舌身所分，於被嗅的對象，不能有透體的浸入，濃烈的香氣，變為淡如；到了夜深人靜，鼻觀注意力集中，故嗅到濃烈香氣的百合花了。其實呢：百合自百合，香氣無濃淡，鼻觀有靜散，晝夜致殊別。

《莊子．應帝王》篇裏有段哲理的故事，很可作「分於耳目喪其靈」的注腳，現在節述在這裏：

南海有個皇帝名儵，北海有個皇帝名忽，中央的皇帝名叫渾沌。南帝和北帝時常到中央皇帝這邊來游玩，中央皇帝待遇他倆很有禮。所以北帝和南帝都十分感激他，相商量謀報中央皇帝的盛德。結果，他倆費了很多心思，商量一個很好的辦法來報效。這是什麽辦法呢？他倆說：「人皆有七竅，以視聽食息，此獨無有，嘗試鑿之。」他倆真的開始來工作了，一天來鑿一個竅，這樣來七天七個竅都鑿好；誰知渾沌皇帝嗚呼尚饗了。

這個哲理故事的意義：就是說我們人祇曉得憑着各種的肉體覺官發展欲望，向物質上求快樂，於內在的靈性，全無修養，傷生失性，無過於此。

心清聞妙香。

用志不分，乃凝於神，古訓好參詳。

假使我們將向外的心息下來，於精神界方面多作一點工夫，那就好了。從前的儒家，如程朱陸王，都主於靜的；所謂「半日讀書，半日靜坐」。莊子說；「用志不分，乃凝於神」。如天文學家泰斗牛頓，見蘋果落地，發現地心吸力；這並不是偶然的事，乃是他平常對這問題，時刻沒有放鬆過，這也是牛頓「用志不分，乃凝於神」的結果。

我們果能實踐這靜的工夫，使心清如水，對於宇宙間一切如幻的現象和種種的事物，都能如實的了解，不被所惑；都能得心應手去做，不會被它所折挫。因為我們有明晰的思想，而精神界已訓練成為統一團聚最有力的活動故。

莊子這兩句話，真說得透徹真確啊！我們應當好好地來細味詳參一番，纔知道他所說的是有經驗的話，我們再來重頌一遍吧！

用志不分，乃凝於神，——古訓好參詳。

第四首　世夢

卻來觀世間，猶如夢中事。

人生自少而壯，自壯而老，自老而死，

俄入胞胎，俄出胞胎，又入又出無窮已。

生不知來，死不知去，

蒙蒙然，冥冥然，千生萬劫不自知，

非真夢歟？

我們已悟「山色」是幻，同時知道宇宙是萬有的一個大幻舞臺；我們因「花香」晝夜的濃淡，知道要察觀宇宙，毫釐不爽，非做一番靜密的工夫不可；悟萬有是幻，要有靜心內照的智慧，體達萬法皆空，方見到幻之所以為幻。我們用這智慧來看如幻的世、事，如幻的人生，「自少而壯，自壯而老，自老而死」，一回想起來，真是一場大夢。昔東坡居士，年老休隱，嘗負一大瓢，行歌田野間，遇到一位年近七十歲老太婆，向他說：「內翰昔日富貴，一場春夢。」東坡向她點點頭，說她話不錯。晏殊的詞云：「細數人生千萬緒，長於春夢幾多時？」我們不須老來纔覺悟到這人生如夢，我們回想昨天的事，何嘗不即是夢呢。所以佛經裏說：「卻來觀世事，猶如夢中事。」

但佛經中所說世夢，意義深遠，不是衹講在現在這一生數十寒暑的短短的幻夢。是講到由我們這一生以前的一生，又前一生，一直溯上去不知其始的一生一生；同時也講到我們這一生以後的未來一生，又一生，一直數下去不知其終的一生一生。所謂：「俄入胞胎，俄出胞胎，又入又出無窮已。」那俄入胞胎，俄出胞胎，都形容人生在世，雖有幾十年光陰，細想起來，不是長於春夢幾多時嗎？不是在俄頃之間嗎？

倘有人這樣問：「當夢中的時候，我們果然不知道這是夢；我們醒來時，即知道這是夢了，可見我們夢是暫時的，醒時比夢時自然來得多，怎樣說世事人生都是夢呢？」這在愚昧的人們，最易引起這種反問；稍聰明而有覺性的人，決不會有這樣的愚問。你不看蘇東坡向那老太婆點點頭嗎？拿真實的意義來說，我們在醒的時候以為是無夢，其實「生不知來，死不知去，蒙蒙然，冥冥然，千生萬劫不自知，非真夢歟？」

倘有人自認醒時非夢，那麽我們就問他：「你既承認你不是夢是醒，現在且問你未生以前你的本來面目是怎樣？既然已生在這世間，來時從什麽地方來？將來死了，你的面目是否改變？去時到那兒去？」這人假使不是一個神經病者和其他宗教的迷信徒，必定啞口無言。因為這是解決人生的大問題，沒有切實做過功夫，自己沒有把握，是不易置答的。在我們平常人，那裏能解答這樣大問題。同時可以證明我們的人們，都是生不知來，死不知去，蒙蒙冥冥，不知不識自己的生來死去的本來面目。不但一生如是；徒有生以來都如是。這豈非真是長夜大夢歟？故佛說：「卻來觀世間，猶如夢中事。」這是大覺悟了以後說這醒人迷夢的話，我們稍具覺性的人，聞了這話，真如午夜的鐘聲。

枕上片時春夢中，行盡江南數千里。

今貪利名，梯山航海，豈必枕上爾。

很可以醒人世夢的，莫過於夢了。我們醒時幾十年的事，夢中可以十分鐘或數小時了之；且經過一切，儼如親歷其境的夢境了。如我們在夢中游歷名山大川，本來要幾天或幾十天纔可以游遍，夢中衹要一二十分鐘。古詞云：「枕上片時春夢中，行盡江南數千里。」

《邯鄲夢》中的盧生，在夢中經過五十餘年的榮華富貴，實則一頓黃粱飯還未煮熟。《南柯夢》中的淳于棼，夢中作南柯太守二十餘年，實則只臥一場。當那夢中時，何曾知是夢，待一醒來，眼底風流，皆歸於無何有了。

宇宙人生的真性：時間上講，無始無終；空間上講，無外無內；

所謂平等一如。我們假使抓住了真性之後，超出塵心，那時正如：「高步層霄，俯人間如許。算蝸戰多少功名，同蟻聚幾回今古？」（宋朱希真詞）在枕上夢中固然是夢，在醒時被利牽，為名忙，往返萬里不辭遠的勞勞世事；以豁破世夢大覺的人來看，豈不是等於我們夢中角逐嗎？這塵心全妄，即是所謂「今貪利名，梯山航海，豈必枕上爾」。

莊生夢蝴蝶，孔子夢周公。
夢時固是夢，醒時何非夢。
曠大劫來，一時一刻皆夢中。

夢的原因是很複雜，如我們日裏所理想企圖其實現而不能的，往往在夢中得之，這也是原因之一。塔提尼是西洋十八世紀的一個音樂家，他努力譜一段樂，但是思想不充暢，他忽然睡着了，見一鬼魔現身出來，拿起四弦琴，奏了一段樂，他醒來的時候，就由記憶中把這段樂寫出。這就是我們現在都知道的《鬼魔譜》。就是莊生夢蝴蝶，孔子夢周公，也是這樣。莊生的哲理思想：是逍遙。無論為鼠肝，為蟲臂，祇要適其性不傷其生，就可以了。《莊子．齊物論》有這樣的記載：

昔者莊周夢為蝴蝶，栩栩然蝴蝶也；自喻通志與，不知周也；俄然覺，則蘧蘧然周也。不知周之夢為蝴蝶與？蝴蝶之夢為周與？

莊子的思想原來如此，祇要保全真性，為蝴蝶，為莊周，或本來是莊周夢為蝴蝶，和本來是蝴蝶夢為莊周，都是平等齊觀。不因作莊周生歡喜心；化蝴蝶生憂惱心。莊子是中國古今來第一達觀者，「夢」與「覺」（即醒），他不取分別那是真實，那是假有；言真實都是真實，言假有都是假有；深合佛學「是幻是幻，萬法皆然」的道理。他可惜僅知道是幻，不知道即幻見真。

孔子理想模範的人物是周公。他處處學法周公，他只想做到同周公一樣。於是他思想正發達的時代，常常夢中見到周公；他到晚年，因思想不十分前進，周公也不大夢見了。他歎惜道：

甚矣吾衰也！久矣吾不復夢見周公！

在孔子夢見周公時，那當然有無限的歡喜；一覺醒來，原是一夢，不免心中有所悲傷；然常夢見固勝於不夢見，所以他老人家更覺悲傷。孔子是一位道學治世家，他沒有莊子那樣達觀，莊子把夢同覺平等齊觀；孔子不然，所以不大夢見周公，就發出長吁短歎的聲調來，他不知道「夢時固是夢，醒時何非夢」。

這醒時何非夢，莊子的見解是很透徹，討論這的，《莊子．齊物論》有段很長的文，現唯節最後二小段在這裏：

覺而後知其夢也；且有大覺而後知此大夢也。
丘（孔子名）也與女（同汝）皆夢也；予謂女夢亦夢也；是其言也，其名為「弔詭」，萬世之後，而一遇大聖知其解者，是旦暮遇之也。

莊子喜寓古，這本是他自己的思想，他卻假託孔子。他說：「且有大覺而後知此其大夢。」什麼叫「大夢」？即「俄入胞胎，俄出胞胎，又入又出無窮已」；即「醒時何非夢」的大夢是。「丘也與女皆夢也」即是大夢中未醒的人。「予謂女夢亦夢也」，即是夢中說夢。「是其言也其名為弔詭」，即是宇宙人生的大謎。「萬世之後……是旦暮遇之也」，須待乎大夢已醒，真正大覺的人方可以猜破這宇宙人生的大謎。我們是從「曠大劫來，一時一刻皆夢中」的人。

我們非大覺，故不知道這大夢。但不知到了什麼時候才成大覺呢？

破盡無明，大覺能仁。
如是乃為夢醒漢，如是乃名無上尊。

我們睡去有夢，總不出兩種：一，身體的疲倦所以要睡；一，思想方面的企望太高；都是成夢的原因。正在夢中的時候，不知道是夢，倘知道是夢，力求反省，用力舉自身的四肢以求醒，那也就會醒起來，這是夢境，不是實有的，卻反執為實有，而起喜怒哀樂，這即是「夢中無明」。進一步講：我們在這生不知來，死不知去，蒙蒙冥冥，貪名爭利，生死死生，曠大劫來。何曾知道這是如幻的人生呢。因為這樣，在這千生萬劫的長夜，做其大夢，以為是實有，這就是「大夢的無明」（即與生俱來所謂先天的或本能的）。假使我們知道這是大夢，在這長夜無明中力求其醒，——就是以智慧來觀世間，明白一切的一切，都是緣會幻有，緣散幻滅，不固執為實在。漸漸的明白了宇宙的人生，皆是緣生，是無固定有實自性，因無實有自性，所以一為固執無明的心力所主動的時候，就有了幻現種種的世界，（參閱《山色》）醉生夢死的流轉着，如夢中由夢的無明幻力所變現夢中種種境界一般。現在用了智慧的心力，見到宇宙人生，無固定自性，原來無始終，無內外的真性。宇宙人生一一現起，皆是這真性的流露，沒有那種是真，那種是幻；但一起執它是真是幻，那末全盤都錯了。現在以銳利的智慧，掃盡一切錯覺，這就是「破盡無明，大覺能仁（是大覺必能以己覺而覺人，故稱能仁）」。這就是莊子所說「旦暮遇之」的大聖；這就猜破宇宙人生「弔詭」的大謎；這就是「知此其大夢」的大覺。「如是乃名夢醒漢，如是乃名無上尊。」

這「大覺能仁」，這「夢醒漢」，這「無上尊」，到底是誰？即是距今二千五百餘年前降生印度的釋迦牟尼佛。他是見到人生本來面目，他是證到宇宙的真相，他當這三個名稱毫無慚愧；旁的人恐怕不足以副此。倘是我們也能做到他「無有一法真，無有一法垢」（王維詩）的工夫，我們便是大覺能仁，便是夢醒漢，便是無上尊。但怎樣可以作到？最要緊的關鍵：就是看我們心力如何而定。

第五首　觀心

世間學問義理淺，頭緒多，似易而反難。
出世學問義理深，線索一，雖難而似易。
線索為何現前，　一念心性應尋覓。

釋迦牟尼佛，他是大覺悟者，他是打破世夢體證真常，超出我們平常人以上。——即是超出我們這世間以上，所以他是出世間人；我們還未醒世夢。所以我們是世間人。換句話來講：我們被這世網纏縛住不得自由；他是超出世網，得大解脫，得大自在者。

我們這如夢的世間，如幻緣生的宇宙人生，被幻緣所縛，被無明所盲，盡我們所有的知識，不過是時間的片段，空間的殘頁，見到這不見彼，各人有各人的思想不同，所以各人的宇宙人生觀也完全不同，各是其是，各非其非；沒有線索可尋，沒有系統，沒有目的，所謂蒙蒙然，冥冥然，盡其所有的學問，總是逃不出為名利，為數十年生活而學問，談不到什麼高深義理。但因彼此都被狹隘心理阻礙，想將這千頭萬緒世間上所有的學問學全了，那倒是不容易的事；縱使一件一件都去學，于宇宙人生真相也是隔離很遠，這是叫做「入海數沙徒自困」，這真是「玩物喪志」了。

出世間學問，也即是釋迦牟尼佛的學問。他因為證徹宇宙人生真相，他的慈悲心非常的大，他發願將自己所證到的真理，用他巧妙語言說出來，叫我們一一衆生，都去做到同他一樣工夫。他所說的話，是這片段殘頁宇宙人生的「總線索」；他用自己銳利的「金針」，將這片段殘頁的宇宙人生貫穿起來，成整個簇嶄全新的新宇宙新人生。因為他是說明整個宇宙人生的真理，所以義理非常深奧，但他祇有一枚的金針，和一根線索。假使我們照他那樣的工夫去做，雖然似覺不易；其實無甚難處。

這根貫穿宇宙人生的總線索是什麼？這枚銳利的金針是什麼？不是別的，就是我們現在想東想西的「一念心性」，就是宇宙人生總線索。因為我忘了這總線索，——即沒有見到自己心性是怎樣，反向這物質世界上去種種的追求，于是將整個的宇宙人生，變成片段殘頁的了。我們應用我們自己的智慧，去照徹我們自己的心性；心性一旦被我們抓住的時候，即是片段殘頁的宇宙人生，成為整個簇嶄全新的新宇宙新人生的時候。這尋覓現在一念心性的智慧，即是引線的金針啊。

試觀心性：在內歟，在外歟，在中間歟？
過去歟，現在歟，或未來歟？
長短方圓歟？
青黃赤白歟？

我們現在討論到最後最重要的問題了。我們在第一首《清涼歌》裏說過這樣的話：「這一剎那間能抓住這個，則我們當體即是宇宙的完人，……見到自性真實常住微妙的色身。」在那是暫時的天機流露，平常人不是常常有的境界，同時也可證明我們的心性原來是遍於宇宙，無始無終，無內無外，宇宙間的一切一切在未證到整個統一的實性以前，所見的不過片段的片段，殘頁的殘頁而已。然體得整個統一的實性，非不可能；假使絕對不可見，那末我們所謂在那天機流露與「天地共忘形」的時候，不是整個統一實性剎那的現身嗎？況釋迦牟尼佛已先我們證到這境界，已代我們找到這總線索，已把這金針度與我們了，——即是佛所說覓心性之法。我們就使用這金針，以貫穿我們的宇宙人生吧。

「心」是什麼？「性」是什麼？心：就是我們現在想東想西這一念有知覺而沒有形相的東西，常人認為我者。性：就是透徹這一念一念與所幻現出來的形相不離形相平等一如的無我真性是。所以心是有生滅的，性是不生滅的。心是依緣會緣散幻起幻滅相續無常的；性是非緣會非緣滅非幻起非幻滅原來如是常如其相的。心的生滅非離開這性的真常。真常的性，由心的幻緣生滅來顯。所以性即心的真性；即心的本來面目。我們徒知道這生滅覺知的心；未了這不生滅不離覺知的性；這也是我們最可恥的事。

然此「心性在內歟？在外歟？在中間歟？」是討論心性必然的疑問。今依《楞嚴經》佛與阿難關于此問答的意義，節述於此：——

佛　阿難，你的「心」與「目」現在在那兒？

阿難　我的目在我面上，我的心在我身內。

佛　阿難，你現在坐這講堂裏，觀祇陀林在那兒？

阿難　世尊！這講堂在給孤園（佛常說法的地方），那祇陀林在我們坐的講堂外面。

佛　阿難，你現在坐這兒，先給你看到的是什麼？

阿難　世尊！我在這兒先看見如來；次觀大衆；如是外望，方看到堂外的祇陀林。

佛　阿難，你怎樣會見到祇陀林呢？

阿難　世尊！由這大講堂的戶牖開豁，所以我雖在堂內，也見到堂外面。

佛　阿難，你不要忘記你剛才說過的話：你說你身在堂內，因戶牖的開豁，遠矚祇陀林。也有這樣的一個人，他也在這堂內，不見如來，卻能夠見到祇陀林有沒有？

阿難　世尊！這是沒有的事。那裏在講堂內不見如來，卻能見到堂外的祇陀林呢？

佛　阿難，你就是這樣的一個人。你說你的心靈，一切明了。假使你的心真在你的身內，你應當先見你自己身中的：心，肝，脾，胃，爪生，髮長，筋轉，脈搖，都見到；然後見到外面。你自己身內的東西沒有看到，怎樣能看到外面呢？所以你說的心住在身內，是不對的！

阿難　世尊！我聽你剛纔的法音，我知道心實居身外。怎樣呢？譬如室內的燈，光照室內；從其室門，方照到室外。我們既不見身內的東西，獨見身外的東西，正如燈光居在室外，不能照室內一樣。這大概是不錯吧？

佛　阿難，剛纔同我在城裏乞食回來的比丘，他一個人吃飯，大家都會飽了嗎？

阿難　不，世尊！諸乞食比丘，雖然同證了阿羅漢（已體得萬法無我者）；但是身體不同，怎樣一人吃飯大家都飽呢？

佛　阿難，你說心在身外，那個比丘吃飯，正是在大家身外吃，所以大家都應飽。你既不承認一人吃飯大家飽，心在身外的道理，同時不能成立。

阿難　世尊！你講不見內故，心不在身內；身心相知不相離故，不居身外；那末我知在有一個地方了。

佛　在那兒？

阿難　我想潛伏在根裏。猶如有人，戴了一副水晶的眼鏡，合在他兩眼上，但他依舊可以看東西；他的眼看見什麼，他的心就可以去認識。所以我覺得這心不見內者，因為在根故；見到外面沒有障礙者，潛伏根內故。

佛　阿難，當那戴眼鏡的人，他看見山川風物的時候，也看到自己的眼鏡沒有？

阿難　世尊！這人實在見到自己所戴的眼鏡咧。

佛　阿難，你的心既同眼鏡相合，見到山川風物的時候，為什麼見不到你自己的眼根？既不見眼，你說心潛伏在根內，這道理也不能成立。

由上面看來，這個心不在內；不在外；也不在中間了。這是依空間來說明心非空間所能限局的。

然這心性「過去歟？現在歟？或未來歟？」倘有些人認時間是有實在性，那末他把這心也嵌入這「過」「現」「未」三個模型裏了。其實所謂「過去」者，如去年，前個月，昨天，前一點鐘，乃至前一分一秒一剎那，皆名過去。我們所以立過去的名者，因為有「現在」有「未來」，假使真的時間是有過去者，那末在過去時間中即應有現在未來了？再進一步講：那過去既根本不能成立，反轉來所謂有「現在」「未來」者，因有過去成立。過去即無，現在未來都無。故時間上，即無過去、現在、未來的實體。不過由我們平常人思想上，硬將它分割，實際上無有體性。我們的心性，自然不會陷入那兔角製成的一個模型中。這叫做過去心不可得；現在心不可得；未來心不可得。

再講我們視覺上所認識到的「長短方圓」的各種形式，是我們的心性吧？但那長的短的方的圓的有形相有質礙而沒有知覺。現在生理學家說知覺發自大腦中樞神經，而密布於身體全部，所以外面刺激來時，神經即感受之以傳諸腦，使於腦中起種種的知覺。而這神經可以見到其形相。但是我們一反問，無知覺的物質，怎樣會起有知覺的活動？且各種神經的原素，在科學上認為可以由人力製造；那末科學能不能用人工來製造人？或有知覺其他的動物？這科學家是不敢承認的。可見中樞神經，不過我們心靈知覺所執持為己體，而發生種種的活動；倘心靈知覺一旦不執為己體，而捨離的時候，這身體各種的神經，都停止其活動，頓時變成死的東西了。故有知覺的心靈，非無知覺的長短方圓有形色可見的東西。

然這心是「青黃赤白歟」？青等原來集合很多的色調成功為它一種的色調，同時也不離於物質。長短方圓的形色既非是心；青黃赤白的顯色，自然不是心了。

由內外中間的空間來觀察這心，而心不可得；再用過去現在未來時間來觀察這心，而心也不可得，再用長等形色，青等顯色，來觀察這心，這心都不可得。

但是事實告訴我們在身體方面所起的知覺；和身體外部宇宙間各種形色顯色以及各種聲香味觸等所引起的知覺；再和上面剛才講過的宇宙萬有都是我們自心所變現的東西，這心性是貫穿宇宙萬有的線索，而這心性，必不是空中樓閣，完全是沒有的。

要知道我們身體方面所起的各種知覺；和身體外色聲香味觸所引起的知覺；以及自心所變現的宇宙萬有；這都是由各種的緣會而現起。假使我們把這所現起的緣，一一還他緣的自身，則我們覺知之心性，不是超越時間，超越空間，渾同太虛，肝膽萬有嗎？

覓心了不可得，便悟自性真常。

是應直下信入！未可錯下承當！

把這覺知的心性所覺知到的一切：在內的還他在內；在外的還他在外；在中間的還他在中間，乃至長短方圓，青黃赤白，一切的一切，都不迷執為我，或我所有的東西，而一一還他自身，所謂萬緣放下，而見到萬法皆空，由這空所顯的於內，於外，於中間，乃至長短方圓，青黃赤白，宇宙萬有的事物上，都平等一如。而此不生不滅的真性，完全顯露。所謂「覓心了不可得，便悟自性真常」。

體達萬有，體達真性，到了這種境界：正是「爐火純青」的時候。正是悟入真常。在這兒正是縱把我們自己的身心，粉碎為微塵，遍散於十方世界，也所甘心；萬不可猶豫地而不前。所謂「是應直下信入！未可錯下承當！」

試觀心性，內，外，中間；

過去，現在，未來；

長，短，方，圓；

青，黃，赤，白。

體達到心性，既無始終，無內外，卻來觀這身內身外，這過去現在未來，這色聲香味觸，這長短方圓，這青黃赤白，這宇宙間的一切一切的對境，莫不是自己真心妙性中的東西。所以見到這「內，外，中間；過去，未來；長，短，方，圓；青，黃，赤，白」，即是見到自己真心妙性的全體。到那時，正所謂「無有一法真，無有一法垢」了。同李白所說「陽春召我以煙景，大塊假我以文章」了。將自己本身普遍移進對境之中；同時又將對境這東西，消融在自己裏；絕去了物我自他之域，真是渾融冥合了心境。以這樣的心境，來觀察宇宙間一切，雖是一草一木，乃至最零碎破殘的事物，都可以見到無限了。禪宗說「風吹百草頭，即是西來意」，也就是指這種心境而言。世界詩人勃來克，有這樣的話，錄下來以殿這篇：

一粒沙中見世界，一朵野花裏見天，握住無限在你的手掌中，而永劫則在一瞬。

補記

這篇《達旨》的草稿，大約是民國二十年秋天寫成。當時承弘一法師的囑咐，把他的歌語裏所含蓄的意義解釋出來，我就大膽地寫成寄給他，那時他住在慈谿金仙寺，我在閩南佛學院，歲月蹉跎，忽忽過了三年。今秋我住寧波延慶寺，劉質平居士過訪，謂《清涼歌譜》已就，並將我述的《達旨》一併付印。我索原稿一閱，惘惘如同隔世，中間稍有錯脫者，略為改添，所謂以音聲而作佛事，於化法不無少補。

二十三年冬日，芝峯補記於南湖止止齋

（刊於一九三六年《清涼歌集》）

《清涼歌集》序

夏丏尊

弘一和尚未出家時，於藝事無所不精，自書法、繪畫、音樂、文藝乃至演劇、篆刻皆卓然有獨到處。嘗為余言：平生於音樂用力最苦，蓋樂律與演奏皆非長期鍊修無由適度，不若他種藝事之可憑藉天才也。和尚先後在杭州、南京以樂施教者凡十年，迄今全國為音樂教師者十九皆其薪傳。所製一曲、一歌風行海內，推為名作。入山以後，從前種種胥成夢影。一日，劉生質平偕余往訪和尚於山寺，飯罷清談，偶及當世樂教。質平歎息於作歌者之難得，一任靡靡俗曲流行閭閻，深惜和尚入山之太蚤。和尚亦為憮然，允再作歌若干首付之，余與質平皆驚喜。此七年前事也，七年以來，質平及其學友根據和尚所作歌辭，分別譜曲，反覆推敲，必得和尚印可而後定。復經上海新華藝術專科學校、浙江寧波中學等處實地演奏，始攜稿詣余，謀為刊行。作曲者五人：質平為和尚之弟子，學詠、希一、伯英為質平之弟子，絨棠為質平之再傳弟子，皆音樂教育界之錚錚者。歌曲僅五首，乃經音樂界師弟累葉之合作，費七年光陰之試練，亦中國音樂史上之佳話矣。歌名清涼，和尚之所命也。和尚俗姓李，名息，字叔同，又字惜霜，浙之平湖人。

二十五年八月夏丏尊

（刊於一九三六年《清涼歌集》）

《清涼歌集》菲島再版序

慧　菴

優美音樂，可以陶冶性情，導達心靈於至善，此古人所以定為六藝之一，乃必修之教育課程也。然靡靡之音，亦將使青年日趨於頹廢墮落。是則音樂教材不可不慎為選擇也。弘一大師，俗姓李，字叔同，為藝術界先進，音樂造詣尤深。出家後，精持戒律，盡棄居俗所習，屏絕樂事久矣。旋有感於頹廢俗曲之風行，應有以糾正之，乃作《清涼》等歌辭五首，付其弟子劉質平居士等為之譜曲，刊為一書，曰《清涼歌集》。此二十年前事也。二年來，菲律濱佛教徒聯誼會有精進音樂團之設，規模粗具，成績漸有可觀。然適當音樂教材奇缺，致難發展。因廣事搜求，輾轉自弘公遺物中，得初版《清涼歌集》一冊，喜不自勝。徵得董居士光垤捐資製版，又承陳君友仁、蘇君志祥合印千冊，分贈精進音樂團團友，並於海外流通。此一浮漚，冀能為波瀾壯闊之音聲佛事作一增上緣耳。

己亥秋，慧菴於馬尼拉信願寺

（刊於一九五九年《清涼歌集》菲律賓再版本）

為弘一法師手寫《金剛經》題跋

費師洪

弘公大師，精持律學，夙擅書法，植骨章草，頤神鍾帖，而筆端莊嚴，奄有律意，尤足矯近代狂書肆心之失。師洪嫥嫥嚮往者久矣。其高足廣洽師出近書《金剛經》，影印傳布，且為師洪述其緣起。公於癸酉之歲，杖錫蒞閩。廣師白意乞寫《梵網》，公謂寫經資世，必常人習誦者，其利益乃大。嗣夢有以寫《金剛經》請者，前歲又夢見金剛寫本若塗金然。適印西師郵書代申金居士臨終之願。公遂薰筆浴硯，虔書此冊。凝神冥會，依期圓滿。師洪再拜展對，凡得六十八幅，虛實向背，妙緒四周，如聞韶護之音，如見千羽之舞，如游華嚴法海，如入極樂蓮邦。以此獻於世人，未發心者，必循公書而起信，已發心者，必感公書而增修。空一切相，入一切智，以云利益誠大矣哉！廣師募集衆力，用成淨舉。與於茲數者，悉不易得。僅載冊末，同識嚮往云爾。

中華民國二十五年丙子臘八日，南通慧茂居士費師洪拜跋，兒子福純侍

（刊於大師為亡友金咨甫超度書寫的《金剛經》一九三六年影印刊本上）

《華嚴集聯三百》手稿跋

馬一浮

丁丑冬十一月，避寇桐廬北郊，因豐子愷得遇劉質平居士，出弘一大師手書真迹屬題，患難中一段奇事也。大師未出家時，教授浙中，豐劉皆出其門，於藝術並有深造，子愷尤好佛法，質平得大師片紙隻字，皆珍若拱璧，積冊至多，裝褙精絕，余為題曰：《音公雜寶》。此為《華嚴集聯》，亦大師欲以文字因緣方便說法之一，非質平善根深厚，何以獨見付囑鄭重如是耶？

大師書法，得力於《張猛龍碑》。晚歲離塵，刊落鋒穎，乃一味恬靜，在書家當為逸品。嘗謂華亭於書頗得禪悅，如讀王右丞詩。今觀大師書，精嚴淨妙，乃似宣律師文字。蓋大師深究律學，於南山、靈芝撰述，皆有闡明。內熏之力自然流露，非具眼者，未足以知之也。肇公云：三災彌綸，而行業湛然。道人墨寶所在，宜足以消除兵劫矣。

蠲戲老人識

（此為手稿，由劉質平收藏）

《安海法音錄》序

許書亮

二十七年秋晚，弘一法師來安海，居於水心澄渟院，知者甚鮮。越數日，友人始語余。余因久慕師者，乃往晤談，至為歡契。師擬於水心集衆說法，當地人士僉謂院宇仄隘，未能集衆，爰假金墩宗祠，自十月六日始，請師講說三日。余素未諳佛法義理，第慕師久，思欲聆其言論，乃靦列席，獲承法音，誠勝緣也。爾後諸居士欲刊布講錄，屬為之序，余以不學無文，遜謝未遑。後復蒙諸方敦促，遂不獲已，勉述其概。夫師在俗時，久負盛譽，剃染以來，亦衆所知識，何待余之贊揚。惟念此次親聆法誨，頗有所悟。昔唯知厭世之流，遁迹深山，終其天年，無裨於人心世道。而師以華胄名流，獨抱救世之弘願，捨其優越環境，棲隱山林，努力辦道，預為將來救世之資具，其悲心廣大，豈淺見者所及窺測耶。前在安海所講《十疑略釋》等三篇，融貫群說，契合時機，使一般懷疑佛法心理，冰消瓦解，信仰之心油然而生。蓋非師造詣之深，致思之銳，及其精誠所感召，曷克臻此。近將付諸剞劂，爰不揆檮昧，略述由致，聊志法緣云。

中華民國二十八年歲次己卯孟春許書亮謹識

（刊於一九三九年《安海法音錄》）

《續護生畫集》序言

夏丏尊

弘一和尚五十歲時，子愷繪護生畫五十幅，和尚親為題詞流通，即所謂《護生畫集》者是也。今歲和尚六十之年，斯世正殺機熾盛，弱肉強食，閻浮提大半淪入劫火，子愷於顛沛流離之中，依前例續繪護生畫六十幅為壽，和尚仍為書寫題詞，使流通人間，名曰《續護生畫集》。二集相距十年，子愷作風，漸近自然，和尚亦人書俱老。至其內容旨趣，前後更大有不同。初集取境，多有令人觸目驚心不忍卒睹者。續集則一掃凄慘罪過之場面。所表現者，皆萬物自得之趣與彼我之感應同情，開卷詩趣盎然，幾使閱者不信此乃勸善之書。蓋初集多著眼於斥妄即戒殺，續集多著眼於顯正即護生。戒殺與護生，乃一善行之兩面。戒殺是方便，護生始為究竟也。猶憶十年前和尚偶過上海，向坊間購請仿宋活字印經典。病其字體參差，行列不勻。因發願特寫字模一通，製成大小活字，以印佛籍。還山依字典部首逐一書寫，聚精會神，日作數十字，偏正肥瘦大小稍不當意，即易之。期月後書至刀部，忽中止。問其故，則曰：「刀部之字，多有殺傷意；不忍下筆耳。」其悲憫惻隱，有如此者。今續集選材，純取慈祥境界，

正合此意。題詞或取前人成語，或為畫者及其友朋所作。間有殺字，和尚書寫至此，蹙額不忍之態，可以想像得之。和尚在俗時，體素弱，自信無壽徵。日者謂丙辰有大厄，因刻一印章，曰丙辰息翁歸寂之年。是歲為人作書常用之。余所藏有一紙，即蓋此印章者。戊午出家以後，行彌苦而體愈健，自言蒙佛加被。今已花甲一周，曰仁者壽，此其驗歟！和尚近與子愷約，護生畫當續繪。七十歲繪七十幅，刊第三集。八十歲繪八十幅，刊第四集。乃至百歲繪百幅，刊第六集。護生之願，宏遠如斯。斯世衆生，正在槍林彈雨之中，備受苦厄。《續護生畫集》之出現，可謂契理契機，因緣殊勝。封面作蓮池沸騰狀，扉畫於蓮華間畫兵仗，沸湯長蓮華，兵仗化紅蓮。嗚呼！此足以象徵和尚之悲願矣。

夏丏尊謹序，一九四〇年十月

（刊於一九四〇年《續護生畫集》）

《弘一大師永懷錄》序

夏丏尊

弘一大師示寂之周年，上海紀念會同人蒐輯各方記述懿行及哀誄之作，編為一集，以寄追懷，名曰《弘一大師永懷錄》。師之芳軌盛德，於此可見梗概焉。四方多難，郵書阻梗，兵燹以後，舊刊蕩然。兹之所收，容有未盡，搜遺補闕，期諸方來。綜師一生，為翩翩之佳公子，為激昂之志士，為多才之藝人，為嚴肅之教育者，為戒律精嚴之頭陀，而卒以傾心西極，吉祥善逝。其行迹如真而幻，不可捉摸，殆所謂游戲人間，為一大事因緣而出世者。現種種身，以種種方便而作佛事，生平不畜徒衆，而攝受之範圍甚廣。集中作者不盡為佛徒，其所仰慕者，或為師之氣宇，或為師之才藝，或為師之德行。其與師之關係，或為故舊，或為師弟，或則竟無一面之緣，徒以景仰師之高風亮節致其私淑之忱於不自知者。凡所論述，皆各抒所感，伸其敬慕，不必悉合佛法，亦不必一一以尋常佛法繩之。一月當空，千潭齊印，澄淆定盪，各應其機。讀斯編者作如是觀可也。

癸未九月夏丏尊序

（刊於一九四三年《弘一大師永懷錄》）

《晚晴山房書簡（第一輯）》序

夏丏尊

弘一大師入滅後，福建永春李芳遠君輯師書牘若干通，寄稿至滬，囑為刊行。顧所收不多，未足成集。年來多方徵求搜羅，益以己所舊藏，其量已遠倍於李君所輯。世方多難，散失堪虞，因排百難而使之成書。斯編所收，皆師出家後所作。師為一代僧寶，梵行卓絕，以身體道，不為戲論。書簡即其生活之實錄。舉凡師之風格及待人接物之狀況，可於此髣髴得之。故有見必錄，雖事涉瑣屑者，亦不忍割愛焉。師別署甚多，五十以後，喜用「晚晴」稱號，常自署曰「晚晴院沙門」或「晚晴老人」，顏其白馬湖之精舍曰「晚晴山房」。亂後鄉村不寧，山房無人居守，門窗磚瓦被盜垂盡，聞將成廢墟矣。斯編名曰《晚晴山房書簡》，不特從師夙好，亦將藉以為勝跡留一紀念也。編中書簡，除余所藏者外，來自各方。助為繕寫者同事豐君滄祥，郭君沈澄，朱君子如，及門竇德清宗性姊弟，付刊者同事徐君調孚，校對者同事周君振甫，例得備書，以誌功德。

中華民國三十三年中秋夏丏尊識於上海寓舍師之畫像前

（刊於一九四四年《晚晴山房書簡》）

弘一律主衣鉢塔記並銘

馬一浮

弘一音公示滅於泉州之明年，其學人印西自北天目以書抵予，言浙中沙門仰師高行，將奉其衣鉢營塔於山中，屬予為之記。予唯在昔如來滅度，勅諸弟子以戒為師。故三藏結集與經論同重，猶此土之有禮宗矣。自唐以來，講肆禪林門庭並盛，獨南山宣律師以宏律著。迨及靈芝，其傳寖微。晚近諸方受具，雖粗存儀軌，而莫窺律文，不究事相者有之。音公生當末法，中歲出家，不為利養。誓以明律振此頹風，發憤手寫《四分律戒相表記》，校正南山三大部，益為時所稱。講論尤力，諸方推之，號曰「律主」。至其秉心介潔，制行精嚴，儼然直追古德，可謂法界之干城，人天之師範者也。荼毗後，既分藏舍利於泉州承天、開元二寺。造塔之緣，蓋猶有待。浙西固師行化之地，四衆歸敬，欲奉衣鉢，同申供養，其孰曰非宜。夫佛種衆緣，雖聚沙縛葦，苟以一念恭敬殷重之心，出之在實教中，舉因該果，即許已成佛道。斯塔所在，十方緇素有來瞻禮者，當念自性清淨，是名為戒。能於日用四威儀中，守護根門，不犯軌垢，庶諸染法，具足一切戒波羅蜜，即不異與師相見，必為師所攝受。亦為諸佛之所護念。視諸造塔功德，尤勝不可稱量。豈獨紀念云乎哉。系以銘曰：

佛三學，戒為首。淨意根，及身口。作用是，迷乃否。捨邪執，入正受。少持律，法衰久。唯音公，嘆希有。敬其衣，念無垢。孰為銘？馬蠲叟。

（刊於一九九六年八月《中國現代學術經典·馬一浮卷·蠲戲齋文選》，河北教育出版社）

《護生畫續集》序言

李圓淨

《續護生畫集》作於民國二十九年，與初集相距適十載。豐君子愷之畫風漸近自然，弘一大師亦人書俱老。今慶勝利，師已入寂，而畫集流布幾遍海內，亦足以告慰吾師之靈矣。兩集之成，余始終其事，為撰《護生痛言》，並任編訂，大師遺言列入拙著《瑩盦叢書》。則吾豈敢自惟行蹤靡定，因以續集原稿存戚再至居士處，俾後或重製鋅版時知所問津云。

時三十五年四月十日李圓淨謹志

（刊於一九四六年《護生畫續集》重版本）

《弘一大師文鈔》序

丁福保

憶昔民三十一年，日寇侵華，已逾六載。余以年衰，未及西征，蟄居海上。摒除一切外騖，潛心淨土，日惟誦佛。乃年之十月，忽聞弘一大師示寂閩南晉江不二祠。消息傳來，心實驚悼，佛門失一導師。則此後數百年之南山律，又損一宗匠，繼起未有其人也。大師闡發律藏之宏願未竟，而自身之安息已證。獨念等身之言行著述，治律嚴淨，啟示佛因。散帙各處，如後人欲手持一編，而讀精義，未免大難。頃李居士芳遠有《弘一大師文鈔》之輯刊行，遠道馳書，向予索序。磬竹難書，況鈍根拙筆，窮生亦未能盡其萬一也。

大師俗姓李，名成蹊，繼名岸。號叔同，亦號瘦桐。又字曰息霜，喪母改名哀，字哀公，又易息翁。斷食後改名欣，又名嬰。原籍浙江平湖。世為天津鹽商，遂籍焉。家富有。父筱樓公，入宛平學。與遜清合肥相國李文忠公鴻章，及桐城文學家吳摯甫先生為會試同年，登進士第，官吏部。俱出瑞安孫渠田門下。樂善好施，表率一方。長兄早年見背。子聖章（一），留學法國，曾為北平國立中法大學校長。次兄長師十二歲，先天羸弱，蓋慮夭亡，公乃續娶師之生母王太夫人，年六十八，始生師。師俗家一妻，一妾日籍。二子。當師誕生時，雀啣松枝降室，至師滅度時，其枝猶懸掛床頭，瑞相珍貴可知。師生而穎悟，讀書過目成誦。性慷慨，仗義疏財，斯則多影響於乃翁。志學之年，即痛時愛國。觀其於日寇侵閩時，廣書「念佛不忘救國，救國必須念佛」之句，以贈友朋，蓋可知矣。戊戌政變，當道目以康梁同黨，遂攜眷奉母南下，賃居上海。時寶山名士袁希濂、儒醫蔡小香、江陰書家張小樓等，假婁縣詩人許幻園上舍城南草堂，同組「城南文社」，時大師年十九亦與焉，號稱「天涯五友」。會課由張孝廉蒲友評定甲乙。十月賦題「擬宋小言賦」，大師寫作俱佳，名列第一。尤以書法，整齊挺秀，深得漢魏六朝之神，更工篆書及石刻。而研習尤勤，稍暇即書，致各方皆以得獲墨寶為快。出家後，不輕執筆，求者均書佛號經偈作答，以廣結墨緣。復擅長音樂、繪事，西畫尤精。晚年畫佛更佳。庚子三月，與常熟烏目山僧、德清湯伯遲，及小樓、幻園、希濂等，創辦「海上書畫公會」。一時名家如高邕之、朱夢廬諸先生，咸贊許入會。未幾師入南洋公學肄業。諸友，或入仕，或東渡留學，公會遂以停止。畢業後，與海上同志穆恕齋等設「強學會」於南市，講愛國、衛生、自立之道，以開風氣。並附設學校，以培後進，論者賢之。乙巳年，送母暨眷北上，而自行東渡留學，入東京美術專門肄業，兼從事音樂之研究。中國學生之入美專者，以師為第一人。並聯合留日同學，創組春柳劇社，自任領班，飾旦角，演出時一時名噪中外。同時加入同盟會。日籍夫人蓋於此時討之也。畢業歸國，任北洋高等工業專門學校圖案主任教員。辛亥革命後，應先烈陳英士之約，回上海主《太平洋報》。並與馬一浮君組「天馬會」，藉書畫以宣革命，為南社巨子。旋膺浙江師範之聘，主圖畫音樂七載。校中與夏丏尊、經亨頤最相得。今之時文壇薈萃如吳夢非、金咨甫、豐子愷、曹聚仁、劉質平、李鴻梁、李增庸、黃寄慈，皆其門下。初研宋元理學與道學。嘗效留侯辟穀，獨至虎跑大慈寺斷食三星期，覺並無痛苦，反增輕快。自是常往來虎跑，師之與佛結緣，自此為始。無何，馬一浮先生介紹一友出家，師當時目睹，大為感動。而出家之念，又自此蒙矣。

民國七年，師年三十九歲。摒除世俗，將一切書籍衣物，分贈朋友生徒。平生所雕金石，封壁西泠印社，刊字於壁曰：「印藏」。獨往虎跑剃染，禮了悟和尚為師。賜法名演音，字弘一，晚年號晚晴老人。斯時也，天津與上海眷屬均弗知也。繼受戒於靈隱寺。從此堅修梵行，乃感末劫法因衰微，固娑婆業障之所致，亦佛弟子失檢戒律以為因。即專修律乘，而歸工淨土。深感慨律宗自宋允堪元照之後，已難覓哲匠。明季古心律師出，力振斯道，弟子中有三昧律師者，獨能光大門楣，開寶華一派。清初肇慶有鼎湖派，北京有潭柘派，終不若寶華之盛。見月、定庵、松隱諸師，相繼主壇，歷百年傳承弗替。乾隆而後，漸至式微。經太平天國，益復不振，喘息者祇定式之戒期耳。而戒期末流，愈演愈濫，即非律宗，禪門亦按例舉行。故求律匠，而於律宗之門，幾無可得。乃發願弘律，既無法派傳承，惟秉古人。處處腳蹈實地，不鬧虛浮，一恭一行，循經蹈律，必合佛制乃可。大師於癸酉年，正月初講自編《四分律含注戒本》講義時，觀其自述講律及未來之希望即可知矣。有謂：「余出家受戒之時，未能如法，準以律義，實未得戒。本不能弘揚比丘戒律，但昔日既虛承受戒之名，其後又隨力修學，粗知大意。欲以一隙之明，與諸師互相研習。甚願得有精通律義之比丘五人出現，能令正法住於世間。則余之弘律責任乃竟。故余于講律時，不欲聚集多衆，祇欲得數人發宏律之大願，荷南山之道統，以為畢生之事業者。余將盡其綿力，誓捨身命而啟導之。余因感前時辦律學院之不易，決定不立名目，不收經費，不集多衆，不固定地址。斷不敢再希望大規模之舉辦。惟冀諸師奮力興起，肩荷南山道統，廣傳世間，高樹律幢，斯願足矣。」大師生平不收徒衆，不主寺剎，惟破衲一衫，草鞋露頂，隨處雲游，遇緣度引。先後宣講律藏，足遍中華，歷數十寶剎。思欲得振興律宗也，當以提高僧格為第一。乃特製就《四分律比丘戒相表記》以問世。又愍在家居士之戒相太簡，於是有在家居士律要之輯。繼是之作，既擬定工作尚多，則有待於仁者之搜集刊行，非愚者如我之所知也。茲文鈔有序跋、傳記、碑銘、讚頌、疏啟、詩詞、瑣墨。大師之一生翰墨，太半集於斯，誠洋洋大觀。而尤以佛教之藝術，南山奧義之闡幽，及歷史版本之考據為最大。至大師之言行、風格，亦可於斯略飲醍漿，啖一滴而知海味也。大師以一才情橫縱之藝術家，而通中、英、日、意四國文字，現比丘相，闡律藏，或亦我佛示範衆生。但願乘願再來，廣度有情。非敢為序，僅就所知，駁雜書此，以結淨緣，略圖塞責而已矣。

七十三待度無錫疇隱居士丁福保仲祜薰沐敬書於上海詁林精舍

（刊於一九四六年《弘一大師文鈔》）

編者按：

〔一〕聖章係次兄李文熙之子。

《弘一大師文鈔》序

柳亞子

以方外而列南社社籍者，曰湘僧永光，曰粵僧鐵禪；而逃釋歸儒之曼殊，與逃儒歸釋之弘一，其入社時乃咸不以方外稱焉。今永光西歸已久，鐵禪且墮塵網，曼殊弘一之名乃復大著。溯余與二人之因緣，殆有可得而言者。曼殊本香山蘇氏子，父傑生，商於日，私幸日婢若子，是生曼殊，命其妾河合氏撫育有成。年二十，披剃惠州某寺。顧弗甘食貧，旋竊其已故師兄南雄趙氏子釋名博經者之度牒以逃。自是周歷暹羅、錫蘭，歸而教授長沙蕪湖，兩至南都，曾主講楊仁山居士祇垣精舍。容貌洵逸，蓋在僧俗間。洎與余同游海上時，則毳衣革履，無復行腳僧故態矣。弘一俗姓李，名廣侯，字息霜，家世浙西鉅族，官籍天津。父筱樓，以名進士官吏部，精陽明學，晚耽禪悅。弘一為孽子，早失怙。生而苕秀，翩翩裘馬，徵逐名場。壯游櫻島，習美術，舉凡音樂、繪畫，以及金石、書法，靡不精妙。尤嗜戲劇。創「春柳社」，演《茶花女》，自飾馬克，觀衆詫為天人。尋挾日妾以歸。值民國新建，余與亡友朱少屏輩組《太平洋報》，據滬瀆。弘一主編畫報，既刊曼殊《斷鴻零雁記》，復乞陳師曾作插畫，署朽道人。說者誚僧道合作，實則曼殊早返初服，弗當復以僧名，顧亦未料讖乃終屬諸弘一也。有言曼殊此書，弘一為潤飾之，此語謬甚。曼殊譯拜輪詩，乞餘杭師弟商榷，尚近事實。若《斷鴻零雁記》，則何關弘一哉！曼殊逝世未十年，弘一遽擯其日妾，入西湖大慈山為僧。余亦自此不復見弘一矣！戰事既興，弘一閉關閩海，度其六秩世臘。李生芳遠馳箋索詩，余壽以偈云：

君禮釋迦佛，我拜馬克思。大雄大無畏，迹異心豈殊〔一〕。

又云：

閉關謝塵網，吾意嫌消極。願持鐵禪杖，打殺賣國賊。

見者縮項咋舌，顧弘一不以為忤，亦報余一偈云：

亭亭菊一枝，高標矗勁節。云何色殷紅，殉教應流血。

嗚呼，洵可謂善知識矣！弘一既示寂，李生裒其遺著，將付梓人，乞序於余。且言弘一臨終之前，恆念南社舊侶，謂余弗容無一辭。余鈍根器人也，不解佛法，何足敘弘一書。無已，且舉三十年論交始末，兼連類而及曼殊，聊塞李生之請云耳。寧謂佛頭着糞之譏哉！

三十二年二月二十六日吳江柳亞子敘於桂林

（刊於一九四三年《弘一大師永懷錄》，一九四六年上海業風書屋《弘一大師文鈔》卷首序文之二）

編者按：

〔一〕澳門《覺音》本作「濟世心無歧」。

《弘一大師文鈔》序

蔣維喬

弘一法師以名士出家，鑽研律部，間有著述，發揮南山奧義，精博絕倫，海內宗之。余於法師雖嚮往已久，並未謀面。而友人張小樓、袁希濂時時稱述，夏丏尊為我述法師出家因緣頗詳，神交蓋已數十年矣。回憶戊辰己巳間，上海清涼寺請應慈法師宣講《華嚴經》，余恆往列席。某日，有一山僧，翩然戾止，體貌清癯，風神朗逸，余心異之。但在法筵，未便通話，歸而默念，莫非弘一法師乎？既而，會中有認識法師者，告我曰是也。余乃擬於散會之時，邀之談話，而法師已飄然長往矣。是殆偶經滬瀆，聞有法會，參加一二次即去，真若閒雲野鶴，不可得而慕也。去歲閩南李子芳遠，與余通信論學，每提及法師近狀，余乃附書存問，李答言法師正閉關，出關必有答覆。今夏果得法師函，且贈余橫披一幀。法師今年六十有三矣，而函中字蹟，細若蠅頭，神韻獨絕，令人敬羨。芳遠言正輯弘老文集，囑為製序。余塵勞凡夫也，業重福薄，至老尚不能放下。對於法師之嚴淨毗尼，精持梵行，徒增惶媿，安敢以不文玷污法師耶！然重違李子之請，遂略述數語以塞責，法師覽此，當亦笑而頷之歟。

壬午仲夏蔣維喬法名顯覺序於因是齋時年七十

（刊於一九四六年《弘一大師文鈔》）

《弘一大師文鈔》序

陸丹林

弘一法師的怛化，彈指光陰，已經是葛裘四易了。他所遺留下的片言隻字，一首詩詞，一篇文章，都是給人們異常珍寶的；要是能夠把它集合起來，循序的印刷流播，真是功德無量。李子芳遠數年以來，孳孳矻矻的努力搜求大師的遺留文物，準備隨時的整理、彙刊，這真是大師的好門徒了。

當着文集將要付印的時候，遠道航函，要我寫幾句。我真不知如何的寫，纔能夠表示我的心衷，只好節錄《金剛般若波羅密經》離相寂滅第十四第四段的話：

是真語者。實語者。如語者。不誑語者。不異語者。

作為我的歡喜讚歎的由衷之言，同時，對於芳遠的志大願宏，也有無限的欽敬！

卅五年十一月四日寫於上海

（刊於一九四六年《弘一大師文鈔》）

《弘一大師文鈔》序

蔡丏因

佛非色相可求，非知見可得。而不離色相知見者，善巧方便。故知世法，即佛法也。弘一大師以藝事啟人，以文字誘人，舉從性海而出，無不還歸於性海。故能適然當意，翕然理順。至其不言之教，無為之化，世或未盡知，知矣而或未能盡明。則有待於後入之闡發者，蓋多多焉。家藏大師遺書最多，有手寫經文，與手裝佛典數冊。每一翻檢，殊令人生讚仰心，生敬畏心。何也？至誠通神。固無間於大小也。所書率皆楷法渾厚，胎息黃庭，無一苟筆。使人躁矜之心頓釋。書式長短闊狹，天地頭多少，亦皆妥適無迕意。其所寫《根本說一切有部戒經》，細楷精勁，如出六朝人手。扉葉錄先德法語，硃圈燦然，尤見密意。手裝本有《華嚴經行願品》、《淨行品》及《四分律比丘戒本》諸書。紅線雙扣，行直眼正，綿密如意，非耑工所及。面加日本藏經用紙，或繢佛像，或作佛塔。紅雲絢采，爛焉生光。亦作善財拔蓮花像。吳帶當風，遒古高妙。諦審之，則師以濃墨鉤勒者，彌見精能已。題贉或以篆，或以楷，或倩馬一浮居士書之。繢紙在面紙上，贉簽又在繢紙上，師於騎縫，各加墨匡，莊嚴端好，如出一紙矣。此皆金陵楊居士刊本，得是遂覺非龍宮秘閣，無此寶典。嗚呼，其視佛典珍重為何如耶。又有《普門品》、《彌陀經》、《念佛圓通章》合刻本。書式短少，字迹陋劣，有光紙印。經題顛倒，文無起訖。師乙其錯謁，正其衍奪。又重為裝幀，鄭重將意，一如宋元舊槧。書面端楷題曰「演音敬誦」。吾每見此，又未常不深悔四十年讀書寫字，浪誦浪作，為罪無量。師在上虞法界寺、泉州雪峯寺，並補緝殘經，惟日孜孜。夫惟大雅，卓爾不群，則我師志，豈可僅求之語言文字間哉。芳遠先生，師之高弟，敏行粹學，昔嘗稱及。今蒐師遺文，刊以行世，將以紹述絕學，發揚幽隱。故敢舉師所以自重者，為讀者告焉。

蔡冠洛時居浦東廬橋精舍

（刊於一九四六年《弘一大師文鈔》）

《弘一大師文鈔》序

朱劍芒

人生以遇合為緣。緣之有無，固不可強求。而有緣之緣，人所盡知。初未知無緣之中，亦自有其緣在也。信有緣，信無緣，信有緣，信無無緣。進而重無緣之緣，以輕有緣之緣。其不見嗤為謬妄者幾希。今以遇合言之，緣於有無之外，尚有緣淺緣深，緣久緣暫之分。而意中之緣與意外之緣，結想之緣與斷而更續之緣，有不盡同焉。如恩榮同拜手，出入最隨肩，此有緣也。行客欲投宿，主人猶未歸，此無緣也。少孤為客早，多難識君遲，此緣之淺也。舉世無相識，終身思舊恩，此緣之深也。亂後驚相見，秋深復遠行，此緣之暫也。以我獨沉久，媿君相見頻。才子方為客，將軍正渴賢，此意中之緣也。古路無行客，寒山獨見君，此意外之緣也。可憐江浦望，不見洛橋人，此結想之緣也。問姓驚初見，稱名憶舊容，所斷而更續之緣也。余與弘一法師，亦有其無緣之緣，且具有結想之緣與意外之緣焉。

溯辛亥而後，師與柳亞子先生主滬上《太平洋報》筆政。余嗜讀師之時文。尤嗜摹師之書體。蓋報端木刻字，悉出師手筆。亡友願悼秋摹之尤神肖，後悼秋由亞子而乞得師之書扇，余未之乞。民四，余與悼秋游虎林，欲相偕訪師，卒未果。民六，余執教吳門，糾朋好謀創《新天譯報》，商諸亞子。擬如滬請師署報眉，拜浼作文字。既得亞子之諾，而組報事遭沮忽罷，滬行亦止。民八，余蒞滬，遍詣南社諸先進。而師已皈依釋氏，芒鞋破鉢作行腳去矣。識師既未由，乞書益弗易。偶於朱屛子書室檢得小幅，為師閉關後所書，款署一音，其書較未剃度前尤勝，余愛之甚。時屛子正漫游幽幷，既歸向索，則已為臧獲誤入敗簏，付廚下作薪燒。惋惜之餘，深歉余之與師，非特一面之不易謀，即戔戔一字之緣，亦如是其慳也。民廿五，余於白下經子淵先生寓廬晤朱君兆萃，朱與師為至交，故家蓄師書綦富，苟欲得師書，寬假時日，當有以報。余遂信他日者終必得師書。又詎知東南戰禍突作，國內鼎沸，余輾轉遷播。朱亦不諗其所之。更弗遑論師之駐錫所矣。民三十，余始來閩，乃聞師於桃源山中，掩關修律，正期有緣，一親高軌。不半載，而師竟遷化溫陵，長隔人天矣。因寫四絕輓之。人讀是詩，知余亦曾隸南社，於是聞風投札者有之，以師生前軼事相詢者有之。余既未嘗識師，而《南社叢刻》及有關社事之書報，悉棄置故里，未攜行篋，又何足以報人之請哉。茲李芳遠先生所編師之遺文，且已殺青，必欲余為作弁言。嗟乎，余雖未及識師於生前，乃能南來閩疆，多交曾識師面之友人，並得盡讀欽崇師之梵行之人而為師身後掇拾而刊行之文字，其緣不至深且久乎。至余往昔曾謀訪師，曾欲倩師撰文字，乞師作字幅，非所謂結想之緣乎。余於投札諸人，既未應命，而芳遠先生復有斯請，非所謂意外之緣乎。今而後，吾其益信有緣之緣為不必強求，而無緣之緣，實亦無別於有緣之緣已。曠劫而後，南社舊侶已泰半零落，而師之故交如夏丏尊、經子淵亦後先凋謝。然如芳遠先生輩，吾知其必不以目前所掇拾而付梓者為已足，師居閩南垂十年，慈心所及，其高超七花，英妙八解之文字，又豈在少數。甚冀更能博采廣徵，彙為鉅製。更閱十年，脫余猶頑鈍不死，當再為作序，而符所謂斷而更續之緣也。

中華民國三十五年國父誕辰吳江朱劍芒序

（刊於一九四六年《弘一大師文鈔》）

《永恆的追思》序

——弘一大師逝世五年祭

陸淵雷

弘一法師做了二十四年和尚，不曾高豎法幢，廣收徒衆，示現大法師的威儀；不曾發起什麼佛教組織，也不曾擔任過佛教組織的理事長會長等要職，甚至任何起碼職銜也不曾擔任過；不曾特出刊物做宣傳或弘法；不曾有黨國領袖，聞人大亨，做他的徒弟護法；他自己不曾，也不想做名山大剎的方丈住持。抗日戰爭起了之後，國軍轉進又轉進，從淞滬一直進到陪都重慶，那時愛國愛黨之士，無論僧俗，多隨軍轉進，共同參加抗戰工作，以共同取得勝利的光榮；而弘一法師依然局促閩南，睹敵騎而傷心，詠黃花以見志，卻不曾轉過一步，進過半步；他固然在勝利之前已經示寂了，不及取得勝利的光榮；但即使他住世直到現在，我想勝利光榮也分沾不到他老人家身上。他管自做他的和尚，一絲不苟，而對於一切和尚，他似乎不曾有「如何領導如何整頓」的計劃或思想。弘一法師是這樣做了一輩子平凡的和尚，他自己不曾努力奮斗，做成一位大和尚；那些「國師」「大師」等尊號，當然不會無端飛到他頭上，弘一法師真太平凡了。

可是弘一法師示寂了五年，還有許多青年追思他；在工資高貴，紙價昂騰的今日，為他印小冊子做紀念；紀念他的平凡，不是紀念他的煊爛。倒過來說，煊爛的紀念，往往不是真心紀念，惟有平凡的紀念才是真心紀念。這種「心悅誠服」的忠實信徒，決不是權位勢力所能釣取；一經心悅誠服，也決不隨權位勢力而搖動其信心；不用說短短的五年之後，即使百年千年之後，我相信還有心悅誠服的忠實信徒追思紀念他，因為他的平凡。而與法師同時的煊爛者，到那時恐怕早已澌滅無聞了。不過，弘一法師並不是故意要做平凡。他修的是律宗，自然就這樣平凡了。因為稍微煊爛一點時，極容易違犯比丘戒律。「佛滅度後，比丘當以戒為師」，犯戒便是自己取消比丘資格，縱使榮膺人王封號。也是無補於破戒的。

我與弘一法師，沒有淵源，只有景仰；以佛教徒的看法，寫了這一段話；卻也不是故意不平凡，心有所感，也就自然而然地這樣寫了。

丁亥仲冬，菩薩戒學人陸淵雷謹書

（刊於一九四七年《永恆的追思》）

《弘一大師油畫像》題記

徐悲鴻

早歲識陳君師曾，聞知今弘一大師為人，心竊慕之。顧我之所以慕師者，正從師今日視若敝屣之書之畫也。悲鴻不佞，直至今日尚沉緬于色相之中，不能自拔。於五六年前，且愬知友丏師書法。鈍根之人，日以惑溺，愧于師書中啟示，未能領悟。民國廿八年夏，廣洽法師以紀念弘一師誕辰，屬為造象，欣然從命。就吾所能，竭吾駑鈍于師，不知不覺之中，以荅師之唯一因緣，良自慶幸。所愧即此自度微末之藝，尚未能以全力詣其極也。

卅六年初秋悲鴻重為補書於北平寓齋

（原件藏泉州弘一法師紀念館）

《前塵影事集》序

豐子愷

先師李叔同先生，為中國西洋畫、西洋音樂及話劇之首先創導者。清末留學日本，入東京美術學校，及音樂專門學校；又在東京創辦「春柳劇社」，自飾茶花女。歸國後，編《太平洋畫報》，復於浙江兩級師範及南京高等師範教授洋畫洋樂。春柳社亦移入中國，自為後來話劇進步發展之起點。先生於中國新藝術界之貢獻，至多至大。三十九歲披剃為僧，六十三歲圓寂於福建之泉州，人皆知弘一法師為現代律宗唯一之高僧，而不知此苦行頭陀乃中國新時代藝術之急先鋒也。先生不但精通西洋藝術，於中國文學亦復深造，書法之工，世所共仰。而詩詞歌賦之清新雋逸，獨具風格，尤為晚清文學上之異彩。顧所作甚少，且不喜發表，故世間知聞極少。先生剃度前數日，曾將平生所作手書一卷，入山前夕，以此手卷授余曰：「此前塵影事，子姑存之，藉留遺念云爾。」余謹受之，珍藏於石門灣緣緣堂。一九三七年，日寇侵華，以迂迴戰襲擊吾鄉。余迤邐西奔，入萬山中，每念此卷不勝惋惜。全卷詩詞共二十四首，余能背誦者，僅及其半耳，惜哉！勝利後四年，余游泉州，謁先師往生之處。當地一居士，出《小說世界》數冊示余，謂內有緣緣堂藏弘一法師在俗時所作詩詞。余展閱之，赫然原稿，乃照相版縮印者。恍憶此卷遭焚前某年，友人編《小說世界》，曾向余借用此卷製版，後歸緣緣堂。幸有此緣，余今日尚得重睹此卷之面影，誠為一大勝緣。顧此二十年前之雜誌，今世保存者極少，不易求得。余亟向居士借鈔全稿，攜歸上海。雖非復先生親筆，亦聊可慰情耳。上海解放後，學生張心逸將余鈔稿持去製版，將流通於世。屬序於余，因記其因緣如上。夫民主革命，夷階級，就平等，去虛偽，見大真，與佛法之普渡衆生，斥妄顯真，實為同源共流，第所流之深淺遠近，各有不同耳。故此集所載，雖屬舊作，亦可窺見弘一法師由藝術轉入宗教之步驟，由小我進於大我之痕迹。讀者勿視為士大夫階級之筆墨游戲，斯可矣。

一九四九年六月二十四日，石門豐子愷記於上海

（刊於一九四九年《前塵影事集》）

弘一大師手寫《圓覺本起章》跋

馬一浮

庚寅四月為孫君選青題。孫君藏弘一大師手稿甚富，喜得寓目，歎其精嚴，恍如當年親見其下筆，信乎靈山一會，古人未遠也。

蠲戲老人識

（刊於一九五七年《圓覺本起章》）

《格言別錄》序

高文顯

弘一大師才華蓋代，蜚聲士林。棄家後，梵行之高，律己之嚴，世罕其匹。常人每謂豪華公子，何能精脩乃爾。詎知大師幼承母教，於宋明理學多事精研。晚歲遯居南閩，住溫陵小山叢竹，是地蓋朱文公講學之所，海濱鄒魯，遺風猶存。曾題過化亭，以伸景仰，常謂諸家理學，獨宗其說。是故制心惕勵，早具宿根，戒筏莊嚴，其來有自。住南陀時，嘗示洽師及余曰：「邇來臨深履薄，恒知自斂，古詩所謂『馬行棧道收繮晚，船到江心補漏遲』也。戰兢如斯，且多拂逆。爾等年力方遒，寧無磨折，于時未加留意，及遠違風範，俗累日深，與世多忤，冥想前塵，惘然自失。」嗟乎！斯人遠矣！旅亭棲遲，誰指明月？偶憶南山律苑篋中尚遺《格言別錄》一卷，大師出家後所精選者，特為檢出，由居士董君遍澈捐資流布。遂為綴數言，普願見聞者，能體味一一，隨分奉行，臻於明鏡止水以澄心，霽月光風以待人之境。雖則濁惡世中，殺機方熾，人懷怨害，必能於火裏多見青蓮也。

甲午首夏勝進居士高文顯謹序

（刊於一九五四年《格言別錄》）

《晚晴山房書簡》弁言

費慧茂

弘一大師資稟高朗，學行醇粹。蚤以儒術膺聘教授上庠，桃李

春風，彬彬稱盛。中歲悟道，毅然出家；誓宏律宗，修持精苦；南山一脈，恃以中興。大師與性願老人宿有緣會，歲在己巳，初涖廈門，一見願老，便相契合，因是留駐閩南歷十八稔，雖中間杖錫數出，而閒雲流水，仍復歸閩。終在泉寺生西，垂示人間瑞相。其手澤法物，至今一一獲存，將建南山律苑，永留紀念。蓋大師為閩南之律祖矣。茲集為大師書簡，所與願老及廣洽法師、高文顯居士凡數十首，攝印成冊，具足莊嚴。大師自入佛以來，即不復措意文事，而精誠凝固，有時流露筆札者，往往融治魏晉，自成妙書。尺楮寸縑，人爭寶守，且於識田播種，得法澤之滋潤焉。大師生平行歷有其大者遠者，固不藉此戔戔以謀不朽，而吉光片羽亦以覘佛門龍象之少分焉。吾願緇俗閱是集時，如禮大師蓮華座前，聞其說律度一切衆生同入佛海。則是集為文字般若與傳南山律本無別矣。幸毋忽諸。

丙申夏　費慧茂

（刊於一九五六年《晚晴山房書簡》）

《晚晴山房書簡》書後

釋性願

弘師之來閩，動機在民十七年秋間。始偕尤惜陰居士（即後演本法師）同行過廈，寓廈南普陀寺。時適予在寺供職，出為招待。相見之下，宛如故知，數言即已相契，即結法緣。此後乃請迎于閩浙之間，恆通音訊。迨民廿一年間，師方決意來閩挂錫。自後往來於泉廈之間，隨緣居止。師性恬澹，實學實行，故所居處，恆重靜修，略兼引導學律而已，曾于開元桑蓮法界尊勝院集學者十餘人，講律修持，研究南山三大部，注重參閱圈點，略事講述耳。嗣後隨緣遷廈南寺，居後山須摩提蘭若，及萬壽中巖等處。一度遷居惠安淨峯，未後亦居永春普濟，到處以編著為事。在閩計編有《南山律在家備覽》，及其他律學多種，另有《華嚴集聯》及《九華垂迹圖像讚》，亦編寫於此時。師於書法，筆力秀勁韻淨，為近世四大成名書家之一。故於暇時，多寫各種經文，均經傳世矣。師於法道，至切關懷，目睹末法之陵替景象，深感愴傷。故居常對志慨嘆，謂：「近代中國佛法之衰落，胥由於從事經懺應付所影響。蓋以舊派論，近代叢林，除遠隔名山者外，其近郊負廓者。無論大小寺門，上下執事，均忙於佛事之應付。始以薦亡，繼以禳福，順流而下，更不堪言。故其果雖得濟眼前之經濟，而對於出家人本分上事解、行、修、證，無暇顧及，更遑云衲僧家裏事、家裏話哉？職是之故，對於道法人才之培育，幾如鳳毛麟趾矣。此舊派之頹廢，固無論矣。而自命為時代新僧者，亦惟標奇樹異，釣譽鈎名，徒事侈談玄理，迎合新潮，炫惑世人，拉攏徒衆。對於自身修學境地之操履行持，毫無實得。品德不立，何以服人攝衆？故其終，亦無所成。新舊若斯，佛法之宏，何時可待？」師與志所通之信。前段自十九年後，乃師自閩返浙未長住閩以前，往返之音問。中段則已來閩，居止於泉廈間之言談。後段乃志南渡以後之通訊，此其梗概也。

志於抗戰之九秋南渡，其時師尚留青島未回。迨師由青島返廈，抗戰軍興，道途多阻。師因避亂游漳，復回泉少住，然後轉入永春，住蓬壺普濟寺者年餘，後乃由南安而返泉，終止於溫陵養老院，最後入寂。師先時，曾一度願受菲島華僑一班居士之請，南來指導辦理佛化教育，提倡佛學，開菲島佛化之先鋒。嗣為事阻，終不果行。憶師自入閩以至圓寂，始終經十四年，各處行化，廣被法緣。其與閩南法門同參者，身言垂教，言簡意深，留與緇素之道風嘉猷，使凡識師者，莫不心誠悅伏，皈命如流。其感世化人之深切，誠末世之型範也。太平後，聞友人言，師於臨終時，有遺書託付於予。文曰：「××座下：朽人已於某月日西歸矣。」（全書皆其親筆，唯示寂日子，囑人加入附寄。）另有偈云：「君子之交，其淡如水。執象而求，咫尺千里。」又偈云：「問余何適，廓爾亡言。華枝春滿，天心月圓。」此信原跡，為人所遺，故未附入。順誌。

佛曆二五○二年歲在戊戌仲春　南行沙門安般行人古志謹識

（刊於一九五八年《晚晴山房書簡》）

《華嚴集聯三百》壬寅刊本跋

釋瑞今

弘一法師出生望族，少讀儒書，精通經史，尤善書法，自成一家。東渡日本，更學藝文。歸國以後，正逢鼎革，獻身文教工作，提醒民氣，興革窳政，其對國族之貢獻，無已復加。中年以後，感人世之無常，塵緣紛擾，心靈空虛，難以慰藉。幸慧根深厚，佛種緣熟，乃決心披緇禪修真乘，以求大覺。隱遁數載，翻閱藏典，兼修律淨，略有所悟，化導群迷，道風遠播，道俗歸宗。引化之餘，常以書法與衆結緣，吉光片羽，為世所珍。虔寫經典數十餘種，或為念誦課本，或作書法楷模，流傳至廣。華嚴經集聯，亦為弘公所選，句義深邃，字體秀樸，盡脫俗氣，可為書法家之臨本。今所留者不多，是年九月初四日，為弘公生西二十周年紀念，乘願老人及佛教同人為欲紀念此一代高僧，特發起翻印，以廣流通而垂永久，並以報法乳之恩耳。

佛曆二千五百零六年九月初四日釋瑞今書於菲京信願寺講堂樓

（刊於一九六二年《華嚴集聯三百》）

《弘一大師遺墨》序

豐子愷

弘一大師俗姓李，名息，字叔同，別名岸、哀公、息霜、嬰等。於一八八〇年生於天津。曾留學日本，在東京美術學校畢業，歸國後，任《太平洋報》等編輯、南京高等師範及浙江兩級師範音樂美術教師。三十九歲在杭州虎跑寺削髮為僧，法名演音，字弘一，別號甚多。六十三歲在福建泉州圓寂。大師在俗時，熱愛文藝，精通美術、音樂、演劇、文學、書法、金石，為中國最早之話劇團春柳劇社之創辦人，又為中國最早研究西洋繪畫音樂者之一人。其中對於書法，致力最多，從事最久：在俗時每日雞鳴而起，執筆臨池；出家後諸藝俱疏，獨書法不廢，手寫經文，廣結勝緣，若計幅數，無慮千萬。出家後所作，劉質平君所藏獨多，達數百件。今所集者，半屬劉君所藏。在俗時所作，數亦甚多，但分散各處，兵火後不易徵集。本書所載，僅楊白民、夏丏尊二先生之所藏，前者由其女楊雪玖君保管，後者由其孫夏弘寧君保管，今均已捐贈上海博物館矣。乃者，新嘉坡僑胞廣洽法師等（芳名錄見書末），企仰大師道藝，願捨淨財，刊印遺墨，屬予任其事。予愧力弱，難能勝任。幸得吳夢非、錢君匋二君之協助，始成此卷。大師遺墨，浩如瀚海。此中所載，不啻萬一。但願以此為始，多方搜求，繼續刊印，使大師之手迹永垂不朽，對我國書法藝術之發揚有所供獻，則幸甚矣。

辛丑仲夏豐子愷謹序於上海

（刊於一九六二年《弘一大師遺墨》）

《藥師經析疑》序（一）

釋瑞今

弘一法師，精研律學，行持謹嚴。手書經典及撰述佛教各名著，均已次第出版，流通海內外，閱者珍之。《藥師經析疑》，為最後遺稿，編甫竟即圓寂，時壬午秋也。拙師重加整理，囑傳貫法師籌印，因緣未熟，稽延數年。貫師居南島，印刷未便，屢函高文顯居士及余洽印，均因事未暇顧及；乃請道津法師，專責處理，商製電版，洽印本式，費時數月，卒得出版，光顯法門，衆生幸甚，施資者功德無量。

沙門瑞今謹識

（刊於一九七〇年菲律賓信願寺《藥師經析疑》）

編者按：

（一）此文作於一九七〇年二月十九日。

《弘公臨古法書》重印引

陳雪蕉

弘公居俗日，好臨習前代古書諸名刻，多至四十餘種。凡碑帖經眼無習者，便能神似。其得力處，尤在張猛龍、張黑女與夫天發神讖碑等。每種均在數百通以至千餘通不等。雞鳴而起，執筆臨池，未嘗間斷。惜集印以還，經了世亂，遺失洞然。今幸吾性願法師於笥篋中檢到印本一冊。因念書法為文章衣冠，欲保存國粹藝術，非重印廣傳不可。茲承菲島佛衆僑賢集資重印，提倡傳布，可矯正近代肆心之失。

弘公於出家後，精持律行。夙擅書法，植骨章草，頤神鍾帖。而筆端莊嚴，奄有律意。以之為僑界學子臨摹之本，其獲益必宏然。則此間重印，實有不可思議之法因在焉。是書起源係因當時壬午之春法師性願在泉月臺佛學社，請弘公出示初學書法。公曰：「我有先時臨習古碑字迹，彷如山積，藏友人處，可囑檢出，付印一份，以結月臺初學臨習範帖。」此即是書之所由來也，亦即此間所印之藍本也。

回憶民七初春，予留學滬上，即聞弘公之名，迨至民十五年，迺在甬市遇之，公已出家矣。遂於僧舍中書《大方廣佛華嚴經》屏條贈我。現是書尚在，並於無形中囑予勤緊念佛，勤修律行。此語至今猶時時流露於予腦際間也。謹載冊端，同識嚮往。

三寶弟子慧詮陳雪蕉記於馬尼剌信願伽藍，佛曆二五一七年文佛聖誕日

（刊於一九七三年《弘公臨古法書》重印本）

《護生畫第六集》序言

釋廣洽

今年為弘一大師示寂後已滿冥壽百歲之期，亦作者豐子愷居士生平耿耿於懷欲完成此《護生畫第六集》以紀念其先師百齡之夙願也。慨乎子愷居士遷化以來，忽閱四載。去年冬，衲再度返鄉赴滬為子愷居士致三年祭；因感江山依舊、知音寥落，而一代華夏之文星，竟被陰霾之掩沒，幾至顛沛溝壑，不禁悲從中來，潸然淚下！蓋居士處此逆境突襲之期間，仍秉其剛毅之意志、真摯之感情，為報師恩，為踐宿約，默默的篝火中宵，雞鳴早起，孜孜不息選擇題材，悄悄繪就此百幅護生遺作的精品，以待機緣；不幸於一九七五年九月十五日賫志以終，享壽七十有八。余展閱遺稿，百感交集，什襲珍藏，親攜飛返來星，以籌出版也。

惟念是集之刊行，於護生戒殺善行之外，尤具有更為深遠崇高之意義。衲不敏，乘茲最後一集出版之際，僅扼要紀述如次：

考《護生畫集》之流布，早於五十年前（一九二八年）豐子愷居士為祝弘一大師五十嵩壽，繪成護生畫葉五十幅，請弘一大師題字五十頁，是為第一集之開始。時豐居士正在芡年，深受弘一大師才藝德學高明博厚之影響，且在中學時代大師未出家以前（即李叔同先生）於杭州浙江省立第一師範學校即從其學習圖書音樂；復於大師出家而後，又從大師正式皈依佛門，時在一九二七年九月廿六日，法名曰嬰行。是其率真之天性、高潔之懷抱、仁愛之作風、超逸之思想，早已夙植德本，源遠而流長久矣。宜乎其作品、漫畫、音樂之取材，多以兒童為對象，而以愛物護生引為己任也。

況當護生畫第一集編選之時，大師身在溫州，而精神則貫注於此集之內容與形式。經年揣摩，魚書往返，對豐居士每頁之畫稿，必視察其構圖之內涵及形狀，然後思維恰切之題句。字之大小及所占地位，必求其與畫幅相稱、互相調和，甚至裝訂表紙，亦加詳酌，毫不苟簡。謂如此始可引起閱者之美感，而獲效果。此大師親筆致與豐子愷、李圓淨二居士之遺書所條陳而縷析者也。

又曰：「此畫集為通俗之藝術品，應以優美柔和之情調，令閱者生起凄涼悲憫之感想，乃可不失藝術之價值。」又對畫題文字之用心，舉第一集「母之羽」一圖為範例。文云：「雛兒依殘羽，殷殷戀慈母。母亡兒不知，猶復相環守！念此親愛情，能勿凄心否？」

又曰：「發願流布《護生畫集》，蓋以藝術作方便，人道主義為宗趣。」「須多注重於未信佛法之新學家一方面，推廣贈送。故表紙與裝訂，須極新穎醒目。俾閱者一見表紙，即知其為新式之藝術品，非是舊式之勸善圖畫。」

由此可見，《護生畫集》自發端，即為大師悉力以赴之文字般若。亦自謂係其書寫最後之紀念。其悲心無量、德澤無邊之期望，若能為之續印流傳，是則紀念大師之一最上供養也。

其次，豐居士一生得力於良師之指導，而終生服膺，臨難不渝，為常人所莫及。而其尊師重道之精誠，更為近世所罕覯。因其肝膽相照，友生敬愛，是故《護生畫集》之得能繼續出版，每次均皆獲良師益友異苔同岑之協助，且多為當代中國文學藝術界知名之士，就余所知者如馬一浮、葉恭綽、夏丏尊、李圓淨諸先生及朱幼蘭居士等，皆樂為之分勞奔走，以竟其成。一九三九年冬，大師尚住世，子愷居士以護生畫第二集六十幅為祝大師六秩壽慶，亦由大師題字六十幅，出版流布。於是又復相約以後每隔十年續繪一集，亦遞增畫材十幅，以祝大師之高壽。即七十歲繪七十幅，刊第三集。八十歲繪八十幅，刊第四集。乃至百歲繪百幅，刊第六集，以滿斯願。不意越兩年，大師

乃示寂於泉州之不二祠。子愷居士黯然神傷之中，復發願為大師造像百尊，以誌追念之深也。時值國難方殷，烽煙處處，居士遷家避難，筆與神合，不覺其苦。逮勝利後，衲於一九四八年冬由星返廈，與豐居士邂逅於南普陀寺憑弔弘一大師講律遺址，居士乃有所感而繪「今日我來師已去，摩挲楊柳立多時」之畫一幅贈予。其後兩年，護生畫第三集蒙葉恭綽居士題字，又告出版。以後數年，衲以所積鉢資，與子愷居士商酌擬為籌建弘一大師紀念館之倡，但結果未成，乃移作出版弘一大師墨寶及助建塔之用。其後又陸續出版護生畫第四集與第五集，此一九六〇至六五年之事也。是年冬，余再度北返，偕豐居士及諸同道同往杭州虎跑寺祭掃弘一大師塔墓，然後偕遊名山勝水、古剎精藍，回首前塵，依稀如昨。翌年，居士繪蘇台懷古圖遠寄星洲相贈，神采幽思，躍然紙上。從此數年之後，往來音問，若斷若續，似有不能言之隱衷，而常以深居簡出養疴為詞，庸詎知此乃故友受無妄之災之日也！回憶及此，故衲所以於去年秋前往追思致祭其逝世三周年之忌辰，不禁簌簌墮淚，不能自已。余更慨夫今日世界物質文明極度發達，而人心陷溺，道德淒沉，國際形勢波譎雲詭，殺機四伏，較之五十年前護生畫最初發軔之時，其險惡何止倍蓰?!而尊師重道之觀念，欲求如豐居士之對弘一大師之盡心竭慮、身體力行者，恐亦如鳳毛麟角。瞻望來日，惴惴不安！欲望挽狂瀾於既倒、躋蒼生於衽蓆，則見微知著，必須從重振師道，身教與言教並重，恢復道德教育之普遍推行，藉以轉殘暴之人心為慈愛之觀念入手。蓋所謂護生者，即護心也；亦即維護人生之趨向於和平安寧之大道，糾正其偏向於惡性之發展及暴力恣意之縱橫也。是故《護生畫集》以藝術而作提倡人道之方便，在今日時代，益覺其需要與迫切。雖曰爝火微光，然亦足以照千年之暗室，呼聲綿邈，冀可喚回人類甦醒之覺性。衲乃不揣綿薄，向諸善信募集淨資，決心由第一集至第五集託香港時代圖書有限公司陳國華先生代為再版，每集各印壹仟冊；而第六集之出版，則多印弍仟冊，俾全部同時流布，藉以完成子愷居士紀念弘一大師未了之夙願。同時亦衲所以紀念大師及為子愷居士已幸恢復其固有之令名與崇高地位，祖國陰霾盡掃、日月重光之慶。並諸襄助斯集之先賢及同志，亦為其迴向功德，永垂不朽焉。是為序。

星洲薝蔔院廣洽（時年八十歲）敬識
公元一九七九年歲次己未八月中秋
（刊於一九七九年《護生畫第六集》）

《弘一法師》弁言

趙樸初

近代中國佛教，自清末楊仁山居士倡導以來，由絕學而蔚為顯學，各宗大德，闡教明宗，競擅其美。其以律學名家，戒行精嚴，緇素皈仰，薄海同欽者，當推弘一大師為第一人。

大師出家前，即以文藝大家馳譽當世。早歲留學日本，入東京美術學校，攻西洋油畫，旁及音樂、戲劇、詩詞、書法、篆刻等，于藝事無不精。回國後，值辛亥革命，初任《太平洋報》編輯，並與詩人柳亞子、胡樸安等創辦「文美會」，主編《文美雜誌》。其後應杭州浙江第一師範聘，教授圖畫、音樂，先後七年，造就藝術人材至眾。著名畫家豐子愷先生即其入室弟子，其間又與吳昌碩、葉舟、馬一浮等交游，加入西泠印社，博學多能，名重一時。

大師于藝事之暇，深究內典，信解日增，遂發心出家，披剃于西湖虎跑定慧寺，法名演音，字弘一。苦學潛修，精研戒律，孜孜以復興律宗為己任。初學《根本說一切有部律》，遍覽義淨所譯有部律藏，皆能躬履力行，輕重不遺。防護精嚴，聞者欽讚。後從扶桑請得南山三大部及唐、宋律宗諸師著述，深覺南山一派，契合此土機宜，遂改學南山律，終身奉持，不遺餘力。其律學著述，有手書《四分律比丘戒相表記》及《南山律在家備覽略編》等，致力之勤，用思之密，方之古德，誠無多讓。

大師出家後，諸藝俱捨，唯書法不廢。間常精楷寫經以結法緣，得者珍如拱璧。其在俗書法之出版者，有《李息翁臨古法書》，出家後有《華嚴集聯三百》。馬一浮居士嘗讚云：「大師書法，得力于《張猛龍碑》。晚歲離塵，刊落鋒穎，乃一味恬靜，在書家當為逸品。」推崇可謂至矣！然大師以書畫名家而為出世高僧，復以翰墨因緣為弘法接引資糧，成熟有情，嚴淨佛土，功鉅利溥，澤潤無疆，豈僅藝事超絕，筆精墨妙而已哉。

大師于佛學，特尊《華嚴》，信行綦切，日誦《普賢行願讚》為常課。其佛法思想多散見於所作序跋題記及與人書簡中，片言洞微，精義時出。雖應機之作，亦足見其涉獵之廣與證解之深也。

一九四二年秋，大師示寂於福建泉州，迄今垂四十年矣。國內外緇素仰其高德，敬慕之懷，久而彌篤。去歲值大師誕生一百周年，為紀念大師生平德業，中國佛教協會特就法源寺舉辦「弘一大師書畫金石音樂展」，集大師所作精品於一堂，琳琅滿目，觀者驚嘆。展覽既竟，爰編此冊，永為紀念，用結勝緣。今特記其緣起，誌隨喜焉。

一九八一年六月

（刊於一九八四年《弘一法師》，文物出版社）

一部珍逾拱璧的巨著

釋妙因

弘一律師認為得了這部巨著，歡喜得珍逾拱璧。律師涅槃八年之後，我竟能來自數千里外，埋首在律師遺物室中，抄寫這部巨著，心靈上感到的歡欣，也是拱璧所不能換的呢！

這部巨著書名是：《四分律行事鈔資持記通釋》，一九三四年律師得到了這部書，在第一冊表紙裏面有着這樣的題字：

昭和九年（遜國後二十三年）九月，自扶桑請獲是書。都十冊，二十卷，珍逾拱璧。爰以暇日，略為校點。冀後賢披尋，無有壅滯，而南山聖教弘傳不絕耳。晉水沙門弘一演音敬記。

這十冊二十卷的巨著，原來完全是寫本，有原寫本與今寫本二種。寫書人名和年代等，律師也有詳細記載：

原寫本

寬延二年 清乾隆十四年 己巳　第一卷　東大寺新禪院住持比丘　明道寫
三月二十六日　第二卷　明道 慈性 寫
第三卷　沙彌　尊惠寫
第四卷　石州銀嶺興盛寺密乘沙彌　章海寫
第五卷　沙彌　明道 圓機寫 文龜
第六卷　沙彌　光忍寫
第七卷　文龜寫
第八卷　明道寫
第九卷　文龜寫
元年戊辰十一月十日　第十卷　攝州能勢郡月峯寺　文龜寫
二年四月十二月　第十一卷　明道寫
二年五月布薩日　第十二卷　比丘　真盛 明道 寫
第十三卷　比丘　光瑩寫
第十四卷　比丘　默輝寫
第十五卷　明道寫
第十六卷　明道寫
二年四月二十八日　第十七卷　寶鑑 戒珠 寫
第十八卷　明道 章海 寫
第十九卷　章海寫
第二十卷　明道 尊惠 寫

今寫本

明治三十四年 清光緒廿七年 辛丑十月一日始寫
三十五年壬寅二月十七日寫畢　沙彌　隆照寫　原名隆阿

律師所藏是今寫本，用美濃紙寫成，前二冊紙質最好，後八冊稍遜。縱五寸五分，長八寸的篇幅，共有七百五十三頁，每頁四百八十二字，共約三十五萬言。體材有如辭書，解釋南山祖師《行事鈔》和靈芝祖師《資持記》文中的難句。這樣珍貴的巨著，竟沒有作者的人名。這一點，弘一律師也有考究：

是書寫本，未錄撰述人名。《佛教大辭彙》載，相傳為照遠撰。

照遠律師傳，如《律苑僧寶傳》及《招提千歲傳記》所載。傳謂照遠撰《資行鈔》二十八卷釋《事鈔記》、《警意鈔》十七卷釋《戒疏記》，《顯緣鈔》二十卷釋《業疏記》。（在此方元季）

或疑此《通釋》二十卷非照遠撰。一以傳中未有撰《通釋》之言；一以《通釋》中，引《資行鈔》文者，則標「資行曰」，其述己意者，則標「私曰」，區別顯然。可見《通釋》撰於《資行》之後，另是一人所撰述也。

扶桑律師釋《事鈔記》者，尚有英心撰《資覽決》五卷，《通釋》中亦常引用。

丙子七月記，時居古浪日光別院

看這題語，知道律師在甲戌至丙子的三年中，曾一再校點這部《通釋》。再看律師舊校點《行事鈔》、《資持記》天津刊本（民二十七年後有新校點本）的末尾記載着：

歲次甲戌，自扶桑國請奉古寫本鈔記《通釋》及《濟覽》。乙亥正月居萬壽巖，與此刊本互校，以藍線一一標記。至四月二十一日乃竟。與四年前抄錄冠科起訖之月日悉同。無意巧合，非是故造。因緣殊勝，誠不可思議也。時居淨峯敬記。

第二次復與《通釋》、《濟覽》詳校，自乙亥四月二十二日至五月十日，又自八月十四日至九月三日乃訖。猶未能精密校正，俟後再補校也。時將去淨峯。

讀這幾段記文，知道律師怎樣苦心的校點這部法寶了。東北印行律師的《四分律含注戒本講錄》附錄中（四二頁）《南山三大部靈芝記注釋》現存本七種中的第六，就是這部通釋。

我國古德注《行事鈔》的，雖有六十餘家，中以《靈芝記》為最優。而注釋《靈芝記》的著作，我們真有讓與扶桑的律師了。南宋以後，國內南山律衰微，而在扶桑可算盛極一時。不過，現在日本竟至是居士的佛教了。

日本矢唄慶輝博士曾很慨然的對大醒法師說：「德川末，日本戒律本來有復興的希望的，可惜給明治維新打壞了。」

一九八六年冬於美國三藩市法界學苑

（此為手稿，由《弘一大師全集》編輯委員會收藏）

重印南山三大部校勘本緣起

釋妙因

世尊乘真實道，啟大慈門，欲使衆生究盡苦源，故興律制，先除漏業，毗尼為教，厥指在茲。伏維蘊結中天，五宗競演，傳譯東夏，四分遍弘。元魏法聰律師，本習僧祇，因考受體，遂弘四分。五傳至智首律師，首傳南山道宣律祖，四分一宗，大弘於世。

唐武德九年（六二六），道宣律祖三十一歲時，創製《行事鈔》三卷。上卷攝僧衆務，中卷遵於戒體，下卷隨機要行。五乘並駕，七衆俱霑，曲盡規猷，方軌來哲。次年又著《拾毗尼義鈔》三卷，助釋《行事鈔》。草稿方成，即傳新羅。太宗貞觀八年（六三四），律祖三十九歲時，著《隨機羯磨》一卷（後分二卷），《含注戒本》一卷，《戒本疏》三卷。四十歲時，著《隨機羯磨疏》兩卷。至五十三歲時重出，增為四卷。並撰《比丘尼鈔》三卷（今六卷）。律宗大訓，燦然已備，世稱五大部（或云三大部兩小部）者是也。

然理致淵奧，事類森羅，討論演說，述記注釋者，自唐洎宋，六十餘家，惟靈芝大智律師，蒐括古今，罄所見聞，妙舒翰墨，所釋三大部即《行事鈔資持記》、《戒本疏行宗記》、《隨機羯磨疏濟緣記》，探玄發隱蔑以加矣。惜元明以來，疏記久佚，晚近始得返自海外。天津刻經處徐蔚如居士，校刊行世，厥功至偉。

弘一大師富庋藏，精校勘，自東瀛購請弘教書院版大藏經、經律古版本、手寫本等珍籍，凡萬餘卷。用以校勘三大部至為精細。復訂「南山三大部鈔疏靈芝標志例」十六條（即十六種符號），用朱、墨、藍、黃、褐多種顏色，剖析標分，而遵古德科判。將一部書，一本演為萬殊，萬殊歸為一本。使學者一目了然，事半功倍。深文奧義，悉得闡明。運畢生之精力，示來者以津梁。慈悲無既，感人至深。三大部之校勘，乃大師治律、修定、藝術、弘化之結晶。允宜珍藏萬世，永垂楷模。所憾限於條件，未能套色印出。茲以勝緣，於《弘一大師全集》編印之際，得以重刊。學者讀此，應發紹隆之志，作難遭之想。仰報三寶加持恩，大師弘律恩。惟祈正法久住，世界和平。

佛曆二千五百三十二年戊辰十月妙因謹識

（此為手稿，由《弘一大師全集》編輯委員會收藏）

李叔同披剃前夕的手筆

姜書凱

我的父親是姜丹書。在我的老家——杭州鳳起橋河下的丹楓紅葉樓中，六十餘年來一直珍藏着一塊石碑，這就是我父親請弘一法師（李叔同）手書的我祖母的墓志銘。這裏將我父親與弘一法師的交誼，以及他為祖母所書的墓志銘經過記述如次：

我父親姜丹書（敬廬），清末畢業於南京的兩江優級師範學堂圖畫手工科，並以最優等的成績被派到杭州浙江兩級師範學堂（辛亥革命後改名浙江省立第一師範學校）接替日籍教師任教，成為我國第一代自己培養的藝術教育師資。當時李叔同自日本留學歸國，正在上海《太平洋畫報》主筆政，我父親即與他書文往返；繼而又同為柳亞子等創立的著名革命文學團體——南社的社員。到一九一二年秋，當李叔同應浙江省立第一師範學校校長經亨頤之聘，也到一師教圖畫及音樂時，我父親更與他成為朝夕晤對的同事。當時該校專任的藝術教師只有李叔同和我父親，兩人志同道合，聲應氣求，交往益見密切。李叔同長我父親五歲，我父親對他的品行和學問極為敬佩，鄭逸梅編著的《南社叢談》中介紹我父親時說：「他和李叔同一再同事，且敬禮叔同，交誼在師友之間。」反映了當時的實際情況。

一九一七年春，我祖母患胃癌逝世。不久，我父親即為她的墓志銘求書於李叔同，這觸動了他悼念自己生母的心情，兩人相對欷歔，他便一口答應。但不知為什麽，他卻遲遲沒有動筆。一直拖到第二年夏天，就在出家當和尚的前一天晚上，他才畢恭畢敬地點了一對紅燭，了卻這一件塵世最後的俗事——寫完了《姜母強太夫人墓志銘》。當文一寫完，他就把毛筆折成兩段。翌晨，他即悄然入山，到虎跑的大慈寺披剃當了和尚。當我父親和經亨頤、夏丏尊等同事好友聞訊趕往學校送行時，已是人去樓空。進入房中，唯見殘燭斷筆伴隨着這篇端端正正地放在書桌上的墓志銘，上面的署款已是「大慈演音書」了（李叔同為僧後釋名演音，字弘一）。故我祖母的墓志銘既是李叔同當年在俗的絕筆，又是他出家以後的開篇。

我父親得此墨寶後，即請人模勒上石，原準備運往故鄉江蘇溧陽，埋於我祖母的墓前。但連年軍閥混戰，一直未能如願。抗日戰爭爆發，杭州淪陷前夕，我父親倉皇攜眷避難浙東。在匆匆離杭時，為了保護這塊珍貴的碑石，就把它埋入花園的地裏。一直到二十一年後的一九五八年夏，他從南京藝術學院教授職退休回杭時，才把這塊碑起出。一九六二年，我父親在杭逝世。以後，此碑一直珍藏家中。但其間也曾險遭厄運：大約是一九七四年春天，一位鄰居看中了這塊一直靠牆而立的石碑，就擅自選用搭作雞窩。真是「無巧不成書」，他正要砌時，當時還在外地工作的我，恰好因出差之便回到家中，便等不得放下旅行袋，急忙上前阻止，才把這塊頗有歷史淵源的碑石搶救下來。

這塊石碑，高六十七公分，寬六十三公分，厚十二公分，碑名及撰者、書者名一行，文十九行，銘三行，行二十五字，其中三字因與前字重復而用「、」代替，再除空格，實計五百四十九字。這篇墓志銘上的字，一如李叔同的其他書法作品，也是法乳魏碑，氣度雄深雅健，但結體已由早年的勁挺峭拔，趨於綿密厚重，達到「化百煉鋼為繞指柔」的境界了。不過與晚年清疏高逸的風格相比，卻仍然是雄渾的。在弘一法師的書法作品中，這篇墓志銘實在不失為「直闖魏室」的上乘之作！

文中有一句「孫二：書梅、書竹」，是指我大哥和二哥，因為那時連我三哥都還沒有出世，更不必說排行最小的我了。六十多年後的今天，由我來記述這段往事，這是當年李叔同所不可能想象得到的。

不過，對於這位老朋友的中年出家，我父親始終是不以為然的。一九三二年十月中旬，柳亞子應何香凝的邀請，曾到寧波、上虞、杭州等地游玩（時何正養痾於上虞白馬湖邊經亭頤的長松山房）。二十日晚，我父親請柳亞子到我家小飲，席間很自然地談起了他們共同的好友——弘一法師。對於李的披剃一事，柳亞子即席揮毫贈我父親的詩八首之五中云：「重話樽前李息霜（息霜為李叔同字），風流文采亦何常。精修苦行吾無取，麻醉神經事可傷。」詩後還有小注曰：「評息翁披剃事感成此賦」，可見他倆的看法倒是相同的。（柳亞子浙游雜詩八十首，發表於上海市政協文史資料委員會所編之《文史資料選輯》一九七九年第一輯卷首，其中第七十一至七十八首，就是這次即席贈我父親的。）

今年是弘一法師逝世四十周年，也是我父親逝世二十周年，謹以這篇短文，略述我家所珍藏的這件書法珍品之由來，也算是對兩位老藝術教育家的一個紀念吧！

（刊於一九八三年《浙江文史資料選輯》第二十六輯）

弘一大師序跋年月的寫法

林子青

過去文人著作關於年月的寫法，常喜用《爾雅》等書的干支代替，以示典雅。弘一大師早年受其影響，後來著作書寫年月，亦常用之，且兼用印度音譯月令的寫法，一般人都苦於不知所指。茲為便利讀者參考，試略舉例說明如下：

（一）大師贈夏丏尊自刻五印題記：「於時歲陽玄黓，吠舍佉月白分，八日。」按歲名之在上者曰「歲陽」，即甲乙丙丁等十干，玄黓（音亦）為「壬年」，此「歲陽玄黓」為壬戌年（一九二二）。「吠舍佉月」為印度二月，「白分」為上半月。《大唐西域記》卷二：「月盈至滿，謂之『白分』；月虛至晦，謂之『黑分』。黑分或十四日、十五日，月有小大故也。黑前白後，合為一月。……春三月，謂制呾羅月，吠舍佉月，逝瑟吒月，當此從正月十六日至四月十五日。」

（二）手書《念佛三昧經》題記：「於時歲陽玄黓，吠舍佉月，第一褒灑陀日，寫貽丏尊居士慧覽。」玄黓，吠舍佉月，如上釋，褒灑陀為「布薩」之異譯（義淨三藏所譯），係梵語Posadha之對音，以有共住、長養、淨住等多義，意譯甚難，屬五不翻，故音譯為「布薩」或「褒灑陀」。依據戒律，出家之法，每半月（十五日與二十九或三十日）集衆僧誦戒經。於半月間若有犯戒者，令懺悔之以長善除惡的儀式，名為「布薩」。後世叢林行事，稱為「誦戒」。吠舍佉月「第一褒灑陀日」，即「二月十五日」，「第一」即第一次誦戒。

（三）《有部毗奈耶犯相摘記》末題：「歲次玄枵木槿榮月於西安蓮花寺」。「玄枵」為虛宿別名，亦曰「北陸」，亦曰「顓頊之虛」，此為子年，即甲子年（一九二四）。木槿，花名。《本草綱目》卷三十六：槿木「集解」：李時珍曰：槿，小木也，可種可插。其花小而艷，或白或粉紅、有單葉千葉者，五月始開，故《逸周·月令》云：「仲夏之月，木槿榮是也。」故「木槿榮月」指五月。

（四）《惠安弘法日記》題記：「歲次玄枵月旅姑洗南山律苑沙門一音」。「姑洗」為十二律之一，《禮·月令》：「季春之月，律中姑洗。」旅，次也，即月在姑洗，謂三月也。按《惠安弘法日記》末題：「曾詞源居士以素帖屬書，詞源惠人，因擇錄旅惠日記付之，聊以為紀念耳。」寫後另記：「丙子閏三月十三日書於南普陀。」

此外，他又常寫印度曆法歌栗（一作迦剌）底迦月，報沙月，摩祛月，以代替八月、十月、十一月。他寫序跋、題記時，末行常寫「歲次玄枵」、「歲躔鶉尾」、「龍集甲子」之類的紀年法。按：歲為星名，稱歲星，即木星，亦名太歲，即九大行星之第五星。此星約十二年繞日一周，故古人以其經行之躔次紀年。「歲次」即歲星停留之處。如玄枵為子年，鶉尾為巳年，鶉首為未年等。「歲躔」與「歲次」同，歲星停留之處曰躔，稱為「躔次」。「龍集」即「歲次」之意。龍為星名，集即次也，此為「歲次」之另一寫法。

（刊於一九八四年《弘一法師》，文物出版社）

第七輯

贊弘一法師

釋太虛

聖教照心，佛律嚴身。內外清淨，菩提之因。

十九年在泉州小雪峯度歲，曾拈此偈贈弘一律師，今值六旬誕辰，書以為祝。

（刊於一九四一年二月《覺音》第二十、二十一期合刊，《弘一法師六十紀念專刊》）

《辛丑北征淚墨》題詞

趙幼梅

神鞭鞭日駒輪馳，昨猶綠髮今白鬚。景光愛惜恆欷歔，矧值紅羊遭劫時。與子期年常別離，亂後握手心神怡。又從郵筒寄此詞，是淚是墨何淋灕。雨窗展誦涕泗垂，檐滴聲聲如唱隨。嗚呼吾意儔誰知！

辛丑四月十九日雨窗藏齋稿

（刊於一九〇一年《辛丑北征淚墨》）

虎跑寺赴李叔同約往返得詩二首

王仁安

步步彎環步步奇，常愁路有不通時。卻憐疊嶂層巒處，一曲羊腸到始知。

興來尋友坐深山，竹院逢僧半日閒。歸到清波門外路，又將塵夢落人間。

（刊於一九一八年《王仁安集·仁安詩稿》卷十七戊午上）

《前塵影事》題詞

其一 綺羅香

陳師曾

象管留春，麝煤記月，猶覺幽香盈把。為憶當時江左風流遊冶。憑賸稿齊擅才名，訪歌管首詢聲價。恰雙雙蛺蝶飛來，粉痕低映翠屏亞。

塵緣頓空，逝水誰識，春風半面，馬纓花下。重展冰綃，絮影分明如畫。悵今日，勞燕西東，更說甚紫嬌紅姹。好丹青付與知者，草鞋同樣掛。

丏尊仁兄索題，戊午重九衡恪寄稿。

其二 唐多令

王瀣

倒帽少年游，前塵淚已收，鎮纏綿小字銀鉤，畫裏眉山青更遠，山影外有高樓，莫莫與休休，華飛煙水流，賸吳箋猶管閒愁。彈指一聲春在否？憑向取老堂頭。

友人李息霜將入山為頭陀，因以舊藏箋裝成橫軸復自署「前塵影事」四字丏尊先生屬題，因成唐多令一首即希改之。

己未初秋王瀣並志

（以上刊於一九四九年《前塵影事集》）

題弘一法師手書《梵網經》

吳昌碩

昔聞烏桕稱禪伯，今見智常真學人。光景俱忘文字在，浮提殘劫幾成塵。

四十二章三乘參，鐫華石墨舊經龕。摩挲玉版珍珠字，猶有高風繼智曇。

乙丑夏讀《梵網經》書二絕句，吳昌碩時年八十三

（刊於一九八四年《弘一法師》，文物出版社）

弘一法師過甬作偈呈之

洪允祥

吳江小閣看斜曛，青眼還因賞小文。三十年來如夢過，尊前突兀示僧身。

我是天台嫡裔孫，操戈何敢向師門。閒來重讀圭峯疏，古德心源待細論。

煙水南游沒舊蹤，聖湖曾約再相逢。世間車笠皆兒戲，誓畢殘生禮大雄。

來劫龍華會上人，大千幻境入微塵。維摩說法文殊默，都是毗耶老病身。

（刊於一九八四年《弘一法師》，文物出版社）

題弘一法師字軸

陳垣

未知名號未嘗參，喜共壬申五十三。敢在佛頭施罪過，韓非老子竟同龕。

季谷先生屬題　弘一法師書　丙子立夏　陳垣

自注：弘一法師書華嚴經偈末署云：「沙門勝力，壬申年五十三」，故次句及之。

（刊於一九八四年《弘一法師》，文物出版社）

弘一法師在閩修復唐詩人韓偓墓作詩寄之

梁鴻志

冬郎吾輩人，邈然千載上。其詩我所熟，尚友忘輩行。雖懷經世意，屢讓危時相。虎鬚曾手捋，報國意殊壯。崎嶇入閩海，身死遂留葬。不知遺篋中，蠟淚果何狀？萬山餘一壠，過者哀鬼唱！法師偏好事，修復寄微尚。人生貴忠義，儒釋同所尚。獨憐今士夫，懷賢如畏謗。何年返鄉國，一叩詩人藏。更欲尋法師，懺我文字障。

（此為手稿，由劉綿松收藏）

贈弘一法師

郁達夫

丁丑春日，偕廣洽法師等訪高僧弘一於日光巖下，蒙贈以《佛法導論》諸書，歸福州後續成長句却寄。

不似西泠遇駱丞，南來有意訪高僧。遠公說法無多語，六祖傳真只一燈。學士清平彈別調，道宗宏議薄飛升。中年亦具逃禪意，兩事何周割未能！

（刊於一九八一年《郁達夫詩詞抄》，浙江文藝出版社）

壽詩

其一

江謙

癸亥過師滬上，教讀《靈峯宗論》，受益無窮。

細讀靈峯宗論教，別來旦夕未能忘。千年儒佛相攻案，至是鏗鏘會一堂。

其二

柳亞子

君禮釋迦佛，我拜馬克思。大雄大無畏，救世心無歧。閉關謝塵事，我意嫌消極。願持鐵禪杖，打殺賣國賊。

弘一大師為余三十年前舊交，即以茶花女現身說法之李惜霜也，南社、文美會都有因緣。嗣聞君披薙大慈山，遂絕音耗。頃復稔其閉關閩海，爰書此勗之。中華民國三十年二月亞子九龍。

（以上刊於一九四一年《覺音》第二十、二十一期合刊）

其三

王吟笙

世與望衡居，夙好敦詩書。聰明匹冰雪，同儕遜不如。猥以十年長，謙謙兄視余。少即嗜金石，古篆書蟲魚。鐵筆東漢字，寢饋於款識。唐有李陽冰，摹印樹一幟。家法衍千年，得君益不墜。為我治一章，深情於此寄。憶自君南游，悠悠數十秋。樹雲思不已，歲月去如流。比聞君祝髮，我髮早離頭。君為大法師，我猶浮生浮。老賡翰墨緣，遠道寄楹聯。經言開覺路，書法示真詮。筆墨俱入化，如參自在禪。裝池張座右，生佛在吾前。

辛巳春小詩奉祝

一音大法師無量壽，尚希郢政。吟笙王新銘拜草時年七十有二。

其四

楊雲史

詞人風調美人骨，徹底聰明便大哀。綺障盡頭菩薩道，水流雲亂一僧來。

和尚應知苦病空，形神如鶴壽如松。本來無相何僧俗，多事袈裟着一重。

其五

馬一浮

世壽迅如朝露，臘高不涉春秋。寶掌千年猶駐，趙州百歲能留。遍界何曾相隔，時寒珍重調柔。深入慈心三昧，紅蓮化盡戈矛。

其六〔鵲踏枝〕

呂碧城

謹依楊雲史詩意，寄奉芳遠先生，以祝弘公大師無量壽——鵲踏枝。

冰雪聰明珠朗耀，慧是奇哀，哀慧原同調。綺障盡頭菩薩道，才人終曳緇衣老。　極目陰霾昏八表，寸寸泥犁，都畫心頭稿。忍說乘風歸去好，繁紅剗地憑誰掃。

（以上刊於一九四四年《弘一大師年譜》）

其七

鄭翹松

海嶽仙人杖錫來，祥風一掃瘴雲開。神醫果有伽陀藥，天匠能容瓠落才。率土山川瞻瑞相，諸天日月傍蓮臺。遠公倘許東林住，準擬淵明真醉回。

其八

嚴叔夏

疇昔儒林彥，於今釋苑雄。視身猶棄物，並代幾高風。產業華嚴富，威儀梵網隆。從來無甲子，隨俗慰鴻濛。

道喪已云久，微公孰與尊。燈明南海嶠，觀徹一真源。淡漠無為意，虛凝豁大昏。臨箋無限意，深自愧忘言。

（以上刊於一九八四年《弘一法師》）

重游靈瑞山有懷晚晴老人

劍痕石有紀

更從何處覓禪蹤，風景依稀感不同。稽首靈山千百拜，寺門長對夕陽紅。

（刊於一九八三年惠安文化館鉛印本《弘一法師》）

輓詩

其一

馬一浮（湛翁）

高行頭陀重，遺風藝苑思。自知心是佛，常以戒為師。三界猶星翳，全身總律儀。祇今無縫塔，可有不萌枝。

春到花枝滿，天中月相圓。一靈元不異，千聖更何傳。交淡心如水，身空火是蓮。要知末後句，應悟未生前。

其二

馬一浮（湛翁）

僧寶空留窣堵磚，一時調御感人天。拈華故示悲欣集，入草難求肯諾全。（師出家不領衆，臨滅手書「悲欣交集」四字示學人。）竹葦摧風知土脆，芭蕉泫露識身堅。南山靈骨應猶在，祇是金襴已化煙。

其三

葉紹鈞

華枝春滿，天心月圓，其謝與缺，罔非自然。至人參化，以入涅槃。此境勝美，亦質亦玄。悲欣交集，遂與世絕，悲見有情，欣證禪悅。一貫真俗，體無差別。嗟哉法師，不可言說。

其四

呂碧城

大哉一公，濁世來儀。磨而不磷，涅而不緇。輗軏群倫，是優波離。昔為名士，今人天師。須彌之雪，高而嚴潔，阿耨之華，澹而清奇。厥功圓滿，罔世愸遺。土歸寂光，相泯圭畸。公既廓爾亡言兮，我復奚能贊一辭！

其五

虞　愚

抉擇南山律，篇章四海傳。功深群籍裏，德邁古人前。論學情無隱，貽書墨尚鮮。微言不可接，吹淚濕江天。

其六

謝無量（嗇庵）

渡水終相見，連牆竟不知。儒林纔昨日，僧臘便多時。淡漠平時盡，莊嚴一念持。全身同啟足，免卻轢中泥。

其七

費慧茂

卅載南山否運開，賴公高舉律幢來。大乘氣象猶儒者，餘事文章亦美哉！世上龍蛇胡應識，門前松檜已成才。遺余造像香花供，如侍泉州說法臺。

其八

常　凱

一自虎跑皈大覺，光芒如日出天東。畢生誓荷南山律，寸步咸依西竺風。著述成功三藏外，毫端緣結萬人中。何期一棹西歸去，大地秋聲正為公。

其九

吳　增

泉南一方，古佛國也。派別繁多，律宗蓋寡。忍飢耐寒，惟師刻苦。衣不過三，食不過午。閉關禪定，心如太古。末學多魔，好騰曲說。游譚無根，口頭生活。事事無礙，莫與檗栝。師抱悲憫，以身示法。律重邱山，細入毫髮。行住坐臥，無一可缺。南山崔巍，當頭棒喝。

其十

曾　道

放開眼孔肚皮寬，默寓禪機在染翰。靜坐簾垂經一卷，幽窗紗映竹千竿。遠天明月鐘聲冷，半榻秋風鉢影寒。淨土有宗參透後，坦然歸去禮旃檀。

其十一

朱大炎

絕代才華絕世姿，一生身世一篇詩。朱門年少空門老，藝是宗師禪法師。

其十二

李　鈺

談禪我墮聲聞障，一揖為公感嘆深。老佛無言真出世，精靈未死漫傷心。小山過化儕儒釋，（師駐錫溫陵俗名小山，有朱子過化亭遺蹟。）九日登臨判古今。（戊寅與師同游南安九日山。）信是大雄能抖擻，遺吟化作海潮音。

既出家來又出家，誰甘長着破袈裟？心如太古孤寒月，身是優曇頃刻花。應向禪門屈一指，肯從火宅丐三車？晚晴室邇遲參訪，（余別寓與師晚晴室僅隔一垣。）翹首人天望已賒。

其十三

王大同

光風霽月清涼寺，苦行頭陀徹悟禪。一代高僧今去也，南山衣鉢付誰傳！

（以上刊於一九四三年《弘一法師生西紀念刊》、《弘一大師永懷錄》）

輓　聯

其一

夏丏尊

垂涅槃賦偈相訣，舊雨難忘，熱情應嘯溪虎。[一]

許娑婆乘願再來，伊人宛在，長空但觀夕陽。

編者按：

〔一〕文物出版社版作「大鳴應有溪虎」。

其二　陳立夫

三乘闡微言，省識南山新佛祖。
一心皈淨土，誰知復社舊詞宗。

其三　陳銘樞

遍界不曾藏，嶽峙依然，川流猶是。
無生亦如幻，緣了自去，願在即來。

其四　章錫琛

一念真如，問華枝春滿，天心月圓，幾輩修持曾到此。
亡言何適，悵晚照留晴，秋英含秀，甚時飛錫更重來。

其五　大開元寺轉道、圓瑛、轉物領合寺

應蹟娑婆界內，
退藏常寂光中。

其六　葉青眼

歎我公畢生修持僧伽志行，力求圓滿，堪稱一物無遺，寸絲不苟。
信溫陵此日各界人士心情，所獲教益，應似千江印月，萬木迎春。

其七　胡邦憲

三絕詩書畫，南社當年扶大雅。
一肩儒道佛，溫陵此日切生西。

其八　俗姪李晉章

香火有因緣，劫來教誨親承，居諸不過年餘耳。
音書久遲滯，聞道悲欣交集，想像真堪痛絕乎。

（以上刊於一九四三年《弘一法師生西紀念刊》、《弘一大師永懷錄》）

虎跑禮塔詩

其一　馬一浮

虎跑弘一律主塔成，子愷約往觀禮，蘇龕有詩，余亦繼作。

扶律談常盡一生，涅槃無相更無名。昔年親見披衣地，此日空余繞塔行。石上流泉皆法雨，巖前雨滴是希聲。老夫共飽伊蒲饌，多愧人天獻食情。

其二　張梓生

弘一法師建塔工竣，子愷先生邀同往杭州西湖虎跑瞻禮。一月十日寒雨，頂禮塔前者耆宿英艾，都二十有餘人。湛翁先生暨蔣蘇龕、鄭曉滄諸公，均有雅什應囑，率成五律一首呈政。

頂禮高僧墓，依林塔已成。主賓皆白首，風雨鑒精誠。嶽映莊嚴相，人縈故舊情。花枝春滿意（本法師遷化前法語），法鏡照蒼生。

其三　陳冠球

虎跑弘一法師塔成，豐子愷教授實襄大半。馬一浮、張梓生先生均有作，率和原韻，以志嚮往。

寂寂空山了此生，豐干豈欲播師名。安禪尚惜維摩病，懷舊能忘太上情？春滿月圓禪妙諦，水流花放感精誠。雲迷塔影難趨步，彼岸應多虎嘯聲。

其四　錢君匋

弘一法師虎跑建塔新成，奉愷師之招，於臘八前二日赴杭瞻禮有作。

法雨漫山竹徑寒，初成蓮塔起高巒。今朝湖畔行嘉禮，昔日淞濱叩淨安。藝事中西皆聖手，詩才南北領騷壇。盛年闡律雲游去，妙覺莊嚴上界寬。

其五　和馬湛翁韻

宋雲彬

掠眼空花證此生，終憐凡俗重才名。十年鍵戶經文闡，九域名山芒履行。長老傳衣尋究竟，諸天法雨覓音聲。澄泉長映巍然影，應為前蹤獨契情。

（以上刊於一九八四年《弘一法師》）

弘一大師誕生百年紀念詩

其一

趙樸初

深悲早現茶花女，勝願終成苦行僧。無盡奇珍供世眼，一輪圓月耀天心。

其二

蘇步青

憑從圖畫仰芳姿，一鉢雲游去幾時？儒雅風流誰匹敵，滄桑變幻獨尋思。樓頭夢醒茶花落，湖上春埋仙骨悲。百歲生辰月明夜，詩魂應伴浙潮歸。

其三

陳琴趣

水月鏡花如可尋，至今形象肅然森。雲游勝面九年壁，神悟能明七處心。清淨身原無所住，廣長舌尚有餘音。尋常筆落兼刀奏，閒事千秋重藝林。

其四

虞　愚

春滿花枝不可尋，講堂夢裏柏森森。懸知諸藝皆餘事，真契孤雲有本心。東海學歸偏託鉢，南山律廢賴傳音。高風已絕人間世，廓爾亡言祇樹林。

其五　大師書畫展觀感

蘇淵雷

觸處靈源汩汩尋，玉堂真見寶書森。末年多妙探玄秘，同體興悲發大心。春柳茶花親說法，孤神獨逸謝知音。華嚴境界南山律，豈止高風振藝林。

（以上刊於一九八四年《弘一法師》）

弘一大師塔志

弟子楊勝南和南恭撰

曠代奇才，獨步藝苑，一朝聞道，委其業學，室家若敝屣，而歸諸佛。南山千秋墜緒，幾絕而復續。大師之行與功，人間世豈有二哉？師諱演音，字弘一，號晚晴老人。浙江平湖李氏子，生於天津，學者稱為叔同先生者也。父筱樓公，以進士官吏部。師幼而孤，岐嶷異常童。長擅藝文，詩詞、書畫、金石、音律、戲曲，無不精絕。時清政不綱，外侮日亟，發為詩歌，眷懷祖國。嘗負笈扶桑，既歸，先後應天津工業專校、浙江第一師範、南京高等師範學校講席。及門多英雋，有聲於時。泰西繪事、音樂、戲劇之輸入中華，自師始。初以斷食因緣，歸心釋氏。一九一八年戊午七月十三日，禮西湖虎跑定慧寺了悟和尚剃染。九月受具戒於靈隱。時年三十有九也。自是行頭陀行，粗衲芒屨，雲游浙閩間。暮年息影南閩，居無定所。創養正院於廈門，樹育僧材。丁丑夏，應倓虛上人邀，宏律青島湛山寺。既又南旋。抗戰軍興，廈濱海，臨前方，師顏其堂曰「殉教」，賦詩明志。頃之，移錫泉州，潛心撰述，間以書法作佛事。一九四二年壬午秋示微疾。九月初四日，寂於溫陵養老院，安詳舍報。遺偈別其故友。一曰：君子之交，其淡如水。執象而求，咫尺千里。又曰：問余何適？廓爾亡言。華枝春滿，天心月圓。越七日，茶毗於承天。靈骨分塔泉州清源山暨杭之虎跑。師生於一八八零年庚辰九月二十日，世壽六十有三，梵行二十四載。平生律己謹嚴，自奉薄約，不苟言笑，善以身教。無疾言厲色，見者莫不動容。名滿天下，而自若不足。屏謝外緣，掩關修道，雖權貴未敢干詘。教宗華嚴，行在淨土。私淑靈峯。晚近耆宿，則心折印光大師。三上書，燃臂香，乞攝受為弟子。以宏律為己任，校點南山三大部，萃其心力，勘證精翔。述著有《南山律在家備覽》、《四分律戒相表記》、《弘一大師遺著合編》、《清涼歌集》、《李息翁臨古法書》等若干種行世。今歲為師誕生百年，後學建塔院於清源，鐫碑垂遠。維師行業，詎可測窺？謹陳梗概，並繫以辭：

象教東蒞，代誕哲賢。南山式微，一老擎天。戒為道本，裕後紹前。廓落淵默，聲震大千。藝文餘事，亦造厥顛。緬瞻龍象，忽忽百年。自將不朽，貞石匪堅。春滿月圓，唯德無遷。

（刊於一九七九年福建省佛教協會鉛印本）

佛教重大的編纂工程

——記《弘一大師全集》問世始末

陳珍珍

盼望數十年之久的《弘一大師全集》終於問世了。這是中國佛教界、文化學術界的一件喜訊，也是被譽為「海濱鄒魯」的歷史文化名城泉州的一件值得自豪的大事。我作為這部全集的倡議者，參加編纂工作，又為了籌集助印資金而遠涉重洋；在這部巨著問世之日，心情自然無比激動，感到此事的成功不虛我此生了。

弘一大師俗名李叔同（一八八〇—一九四二年），是中國近代一位傑出的藝術大師。他於一九〇五年東渡日本留學，一九一一年學成回國，任大學教授數年，是當時著名的教育家。他對詩詞、書法、金石、繪畫、音樂、戲劇都有精湛造詣，並精通日文、英文（曾以隸書筆意寫英文《莎士比亞墓志》），後因種種因緣，於一九一八年披剃於杭州虎跑定慧寺，禮了悟和尚為師，法名演音，號弘一。他出家後精研律宗，嚴淨毗尼，被尊為重興湮沒七百餘年的南山律宗一代高僧。他對佛教和文化教育的巨大貢獻，以及極為高尚的品德，早為世人所熟知。幾位名人曾給予崇高的評價。

全國政協副主席、中國佛教協會會長趙樸初居士曾在《弘一法師》一書的《弁言》中說：「近代中國佛教，自清末楊仁山居士倡導以來，由絕學而蔚為顯學，各宗大德，闡教明宗，競擅其美。其以律學名家，戒行精嚴，緇素皈仰，薄海同欽者，當推弘一大師為第一人。」去年泉州籌備隆重紀念弘一法師圓寂五十周年，趙樸老給我一封親筆信，並稱頌大師盛德云：「猶憶五十年前，樸初與丏尊居士同在上海法藏寺普慧大藏經編譯室，丏老得弘公函，展視同觀，乃辭世告別之書也。哲人云亡，典型尚在……近得一絕：

遺偈回思五十年，長留聲教在人間。
行行春到花枝滿，萬古清光仰月圓。」

著名美學家朱光潛教授在他的《以出世精神做入世事業——紀念弘一法師》一文中說「弘一法師是我國當代我所最景仰的一位高士。……一生清風亮節會永遠嚴頑立懦，為民族精神文化樹立了豐碑。」

國學大師馬一浮先生在挽大師詩中寫道：

高行頭陀重，遺風藝苑思。
自知心是佛，常以戒為師。
三界猶星翳，全身總律儀。
祇今無縫塔，可有不萌枝。

大師的授業弟子、散文家、漫畫家豐子愷先生在他的《為青年說弘一法師》一文稱讚說：「李先生值得人們敬重的有兩點：一是凡事認真，二是多才多藝……」

以上諸名家的評價，足以概括大師一生的功業，確是道德藝術，彪炳千秋。這樣一位高僧大德，無論他出家前的文學藝術作品或出家後的佛學著作，都是中國彌足珍貴的文化遺產，是弘揚中華民族優秀傳統文化不可缺少的一部分。這些遺著如果我們這一代人不把它搜集、整理、校勘、編纂出版，久後必將散佚、湮沒，那將是文化史上的一件無可補償的重大損失！在大師圓寂四十餘年來，中國佛教界、文化界曾數度發起為大師出版全集，但都因財力、人力問題未能解決而卒告中止。我何以不自量力擔此重任並使之成功，這要追溯到我的學佛因緣。

我在學生時代，曾有幸兩次拜謁過弘一大師，一次聽他講《華嚴經普賢行願品》。另一次在永春蓬山普濟寺，承大師不以愚昧見棄，慈悲開示之後，還送我一些佛學書籍。過去我知道弘一大師即李叔同先生，讀過他的詩詞，尤其是他為世界名曲譜寫的歌詞，清新雋永，意境深邃，令人有一種超凡脫俗之感。那時我是以他精湛的藝術造詣來尊敬他。經過兩次拜謁，面對著這樣一位崇高偉大的人格導師（豐子愷稱老師的話），嚴淨毗尼的高僧大德，我對他崇拜的心情無以復加，特別是聽他講經，真使我如渡迷津而登覺岸，解決了我迷惘已久的宇宙人生問題。也許是宿世與弘公結下勝緣，此後我便追隨大師的道路，從而決定了我一生的前途和命運。

由於景仰弘一大師崇高偉大的德業，我正式皈依三寶。在大師圓寂之後，我立志為大師出全集。

正因為一念之堅，果得衆緣成熟。一九八六年夏，我倡議為弘一大師出版全集，首先得到當時市委統戰部長支持。我即把我的設想向圓拙老法師申述。老人家是弘公的親炙弟子，自然很高興，也表示全力支持。於是我立即開展工作，先籌集一筆辦公費，我自己也帶頭捐助一些。然後函請對弘公素有研究的沈繼生先生主持編輯工作，同時函請在北京的佛教學者、研究弘公專家林子青老居士出任主編，禮請趙樸老任總顧問及為全集題簽，均蒙惠允。遂在泉州市委宣傳部、統戰部、宗教局諸領導的支持下，組成編委會，委員均為佛教界、文化界知名人士。我們即著手征集資料。為了求全不使全集有滄海遺珠之憾，舉凡大師駐錫過的地方，都派專人前往搜集墨寶等資料，即使一鱗半爪要花費很多財力也在所不惜。我們初步計劃要出版一千二百部，據出版社估計須五十萬元以上。這筆巨資在當時實在不易籌集。為此我先後三次出國赴菲律賓、新加坡以及香港等地區。承新加坡前任佛教總會主席宏船長老及當時任佛教總會主席常凱老法師，現任佛教總會主席妙燈老法師等大德垂愛，對我赴新熱烈歡迎，具各設盛筵宴請（赴菲律賓亦受世界佛教聯誼會副會長瑞今長老、自立法師、妙抉法師、心理法師以及宿霧唯慈法師等各設盛筵宴請）。我在宴會上致謝詞時即提出，弘一大師晚年長住閩南達十四年之久，最後圓寂於泉州，由閩南人發起為大師出版全集，自是責無旁貸、義不容辭之舉，懇請諸山長老鼎力襄助，務使成功。由於大師德業昭著，我一呼而百應，首由妙燈、廣淨長老樂助巨款，妙燈長老還為我帶去的「全集目錄」影印成冊，分贈各寺。於是諸大德紛紛解囊，所籌資金已足以印六百部。有此可觀成績，積數十年之心願可能實現，心情無限喜悅。兩年前我曾赴菲律賓居八個月，多方宣揚弘公盛德，目的也在於為出版大師全集創造條件。赴新加坡後，鑒於此事進展順利，居留期未滿我即提前離新取途香港，住我侄兒家中，遂即致函菲律賓瑞今長老，瑞老亦弘公親炙弟子，欣然樂於助成，集資助印二百餘部，還有菲方道津法師、自立法師、唯慈法師、心理法師均熱烈支持印一百餘部，同時又函告美國夢參法師、妙因法師，他們也表示大力支持。在香港逗留三周，回泉州後將海外盛況面告圓拙老法師，老人至為欣喜，遂傾盡鉢資捐贈編委會作繼續征集資料之費用，並出資助印二百部。至此在兩個月中已籌集一千一百部印費。這確是我做夢也不敢想到的幸事。當時在新加坡旅次喜悅之餘，曾填《雲仙引》一詞發表於星洲《南洋佛教》月刊，藉向諸山長老深致謝忱。詞曰：

一葦凌波，傳燈異域，毗尼淨化心田。懷先哲，慕前賢。追思晚晴風範。千載南山傷寂然。宣祖芳規，律儀重振，砥柱擎天。

長空縹緲雲煙。慨遺著塵封年復年！「廓爾亡言，華枝春滿」，殊勝因緣，鄉關一呼，諸公景從，付梓韋編奕世傳。中興墜緒，厥功奚偉，法雨綿綿。

回國後正值暑假，在外地工作的編委紛紛回鄉度假，立即召開編委會，並擴大人數。那次會議有五位教授參加，都是我的老師、同事、同學和兩個弟弟。雖然他們不能長住泉州參加具體工作，但都熱烈提出好多寶貴意見。林子青老居士也不辭耄耋之年，不遠千里自北京來泉主持編務。一九八七年編輯工作全面開展，圓拙老法師和我及沈繼生先生均任副主編。但主要編輯是沈繼生和莊炳章二先生。經過五年有餘的艱辛歷程，終於完成這一艱巨任務——盼望五十年的《弘一大師全集》問世了！一九九二年農曆九月四日大師圓寂五十周年紀念會上，這部十六開精裝本的全集，共八卷十大冊，每冊均有套封，封面是名畫家徐悲鴻先生早年油畫的大師像，書脊是名書法家趙樸老會長手書金光閃閃的「弘一大師全集」六個字，整套擺在會議桌上，甚為壯觀。面對數十年來夢寐以求取得的成果，我不禁熱淚盈眶，激動得一句話都說不出來。

《弘一大師全集》總字數為一千三百萬字。尚有大量的書法、金石及其他的圖片，主要資料取自泉州開元寺「弘一法師紀念館」。該館始建於一九六三年，在國內外負有盛名，藏品中有大量弘公手稿，如親筆圈點校注的《南山律》三大部和二小部，及詮釋三大部的三記，即《資持記》、《行宗記》、《濟緣記》，都是海內孤本，彌足珍貴的第一手資料。因為大師出家後其佛學思想體系是以華嚴為境，四分律為行，導歸淨土為果的。他初學唐義淨律師《根本說一切有部律》，對義淨律師的博聞強記頗為讚賞，曾寫過《根本說一切有部毗柰耶犯相摘記》、《自行鈔》和《學根本說一切有部律入門次第》諸篇，對有部律是深深用過苦工的。後來因友人之勸改學《四分律》，即唐道宣律師所著的《四分律行事鈔》、《四分律戒本疏》、《四分律羯磨疏》，稱為南山三大部。二小部即《比丘尼鈔》、《拾毗尼義鈔》。迨宋靈芝元照律師著三部記解釋宣祖的三部疏，即《行事鈔資持記》、《戒本疏行宗記》、《羯磨疏濟緣記》，稱為三疏三記，均為律宗名著。到南宋時，禪宗大盛，律學無人過問，以上唐宋諸家的律宗撰述悉數散失，及至清初僅存《南山隨機羯磨》一卷。明末蕅益大師不見古人疏記，只能寫出《毗尼事義集要》而已。到了清末，唐宋律學著述才自日本再傳到中國來，所以大師窮研《四分律》，看了唐宋律學著作後，花了五年時間，著成《四分律比丘戒相表記》，此書和他晚年所撰寫的《南山律在家備覽略編》是他精心撰述的兩大名著，被尊為宋靈芝律師以後第一巨著。

大師的得意門生、音樂家劉質平先生在他的紀念大師文章中說：「《四分律比丘戒相表記》為先師佛學著作上最偉大的作品。……曾遺囑命余於他逝後勿開追悼會、造塔及其他紀念之事。『倘若做一事業與余為紀念者，乞將《四分律比丘戒相表記》印二千冊。……此書可謂余出家後最大之著作，故宜流通，以為紀念也。』」足見大師對此書重視之一斑。此次我們出版全集，我力自費印一千一百部，出版社印九百部，正契合大師印二千部之意。因緣確有不可思議者。此實可為劉質平先生完成大師遺囑，想大師在常寂光中以及劉先生在天之靈，都會莞爾一笑！

大師全集除收集紀念館現有資料外，還遍及天津、上海、江蘇、浙江等省市及本省各有關縣市多方搜求，曾不惜重金向私人購買大師書札手稿真迹，連當年參加科舉試卷手迹也搜集到，確是難能可貴。我也獻出多年收藏的五十餘幅大師照片，內有書法、金石、繪畫、劇照及青年時代的許多照片。

全集各卷內容大致如下：《佛學卷》占六冊半，所收大師佛學著作之完備，實為空前未有。《文藝卷》中詩詞類有《詠山茶花》、《朝游不忍池》、《東京十大名士追薦會即席賦詩》、《題勝月吟賸》、《題羅陽選勝錄》等首，均係佳作，現在已難尋覓。歌曲類之《隋堤柳》、《我的國》、《春郊賽跑》、《浙江省立第一師範學校校歌》等四首為首次與讀者見面，此外，《葬母哀歌》二首未敢斷定是否大師所作，即收存於《附錄卷》中備考。《書信卷》所收大師手札達一〇三九通，也是空前規模，為以往書刊所罕見。而且這逾於千通的書信集，經與原始材料（主要是手迹稿）七百多件作了詳密的校勘，補正了已往出版物中的不少錯漏。《雜著卷》所收的《斷食日記》、《我在西湖出家經過》；譯作《法學門徑書》、《國際私法》，也是讀者所罕見的；《傳記卷》中的《樂聖比獨芬傳》、《樂石社社友小傳》都是廣大讀者所欲一睹為快的佳構；《附錄卷》所收的紀念性、研究性文章，數量與質量都超過《弘一大師永懷錄》。其中有二十餘篇是首次和讀者見面的。而且增加了《研究資料目錄索引》、《駐錫寺院簡介》，這是前人所未曾做過的。

以上為全集作了概括的介紹，說明全集是一部多學科、多卷帙的宏篇巨著，它傾注著我們大量的心血，特別是年逾八旬的林子青老居士、沈繼生先生和莊炳章先生，勞績尤著。沈先生因操勞過度，竟生了一場大病。更使我們感激的是趙樸老和圓拙老法師，在編輯和出版過程中殷殷垂詢，關懷備至，始終作我們的精神支柱，鼓勵我們克服種種困難，做到了雖百折而不撓。

這裏我還要說到泉州。正是這座歷史文化名城泉州，具備著材料、人才、財力這三個「三才」條件，才能完成這件大事。全集的基本資料來自泉州開元寺弘一法師紀念館，作具體編輯工作的人是對大師研究有素的泉州人，海外帶頭輪將的大德法師也是泉州籍或在國內時間長期駐錫泉州的。我們很讚賞已離休的老市長王今生說的話：「《弘一大師全集》能夠在泉州編成，為國內外佛教界、文化界所注目，這是歷史文化名城泉州的驕傲。」筆者也曾賦七言律詩一章詠此事的成功。題為《〈弘一大師全集〉問世喜賦》：

寂滅香光逝水流，塵封遺墨幾春秋！
不因舒指窺明月，焉得凝眸望斗牛。
東塔毗尼興墜緒，南山律學賴重修。
韋編已獲刊梨棗，緣此名城著九州。

還應指出的是福建人民出版社在此書的編印裝幀中精益求精，認真編校稿件，在香港、福州照排製版，在福州、深圳校對，又送到山東印刷裝訂，務使全集成為高質量的出版物。這種精神是可嘉的。

全集問世以來，引起了海內外佛教界、文化界強烈反響。特別是臺灣，已有人來聯繫再版及版權問題。臺灣「中華藝文活動推展協會」，也通過文化部和北京「華夏文化促進會」洽談，將邀請全集一些編委成員，赴臺參加舉辦「弘一大師書畫展」。正如福建省文史研究館余險峯副館長所云：「《弘一大師全集》的出版發行，其意義之深遠，絕不僅僅在於宗教方面，實在是弘揚中華民族傳統優秀文化一大壯舉。」正因為國內外有此反響，我們編委會成員擬成立「弘一大師學術研究會」，邀請國內外崇仰大師的學者、專家參加研究工作，讓大師生平對佛教及文化學術重大貢獻和嚴淨毗尼道高德隆的優良品格，以及愛國愛教的民族氣節，崇高偉大的精神境界更發揚光大，流芳千古，為祖國的精神文明建設，作出更大貢獻。

一九九四年二月寫於泉州

（作者為中國佛教協會諮議委員、泉州市弘一大師學術研究會會長、泉州市人大常委會委員。刊於一九九四年《法音》第六期）

附說明：

浙江上虞白馬湖「晚晴山房」是大師出家後其友生們集資興建以供養大師駐錫的精舍。不料大師出家後精研律宗，嚴淨毗尼，過著經鉢飄零、行蹤靡定的清苦生活，他是「剛被世人知住處，又移茅舍入淨居」的，故在「晚晴山房」只住過很短時間就離開他去。山房年久失修，早已夷為平地，前年上虞金兆年醫師（其父為弘公的學生）發起重建山房以紀念大師圓寂五十周年，筆者得金居士函告，即著手幫忙籌集建築資金，我自己也隨喜一些。如今「晚晴山房」已依照原建築形式及結構重現於上虞白馬湖畔，亦一盛事也。

第八輯

研究資料目錄索引

沈繼生輯錄

一　**唐靜巖司馬真蹟跋**　唐靜巖，一八九六年夏月，《唐靜巖司馬真蹟》。

二　**辛丑北征淚墨題詞**　趙幼梅，一九〇一年舊四月十九日，《辛丑北征淚墨》。

三　**文明喪禮**　天津大公報館，一九〇五年七月二十三日天津《大公報》。

四　**事件　天津追悼會之儀式及哀歌**　天津大公報館，一九〇五年七月二十四日天津《大公報》。

五　**記追悼會**　天津大公報館，一九〇五年八月二日天津《大公報》。

六　**西國喪服制考**　一九〇五年八月三、四日天津《大公報》。

七　**春柳社演藝部專章**　一九〇六年，上海《北新雜誌》第三十卷。

八　**清國人志於洋畫**　日本國民新聞社記者，一九〇六年十月四日日本東京《國民新聞》。

九　**丙午日本游記**　程淯，一九〇六年。

一〇　**春柳歌**　一九〇七年，上海《北新雜誌》第三十卷。

一一　**清國人之學生劇**　土肥春曙、伊原青青園，一九〇七年，日本東京《早稻田文學》七月號。

一二　**開丁未演藝大會的趣意**　一九〇七年六月，日本東京本鄉座游藝廳。

一三　**黃炎培考察教育日記**　黃炎培，一九一四年，上海商務印書館。

一四　**春柳劇場開幕宣言**　一九一四年。

一五　**樂石社記**　姚鵷雛，一九一五年，上海《南社叢刻》第十八集。

一六　**孤山歸寓成小詩書扇貽王海航先生**　一九一七年，上海《南社詩錄》第廿二集。

一七　**惜才**　王仁安　一九一八年，《王仁安集》。

一八　**憶舊**　陳寶泉　一九一八年，天津協城印刷局《退思齋詩文存》（一九三三年）。

一九　**虎跑寺赴李叔同約往返得詩二首**　王仁安，一九一八年，《王仁安集》。

二〇　**前塵影事題詞〔綺羅香〕**　陳師曾，一九一八年重九。

二一　**前塵影事題詞（唐多令）**　王瀣，一九一九年初秋。

二二　**慶福戒香記**　丁鴻圖　一九二二年，上海雜華精舍《弘一大師年譜》（一九四四年）。

二三　**弘一音公駐錫永嘉行略**　因弘，一九二二年，同上。

二四　**子愷漫畫序**　夏丏尊，一九二五年十月二十八日，上海《文學週報》第一九八期。

二五　**弘一法師的出家生活**　夏丏尊，一九二五年，上海《文學週報》。

二六　**弘一大師離白馬湖**　一九二五年，上虞《春暉》第四期。

二七　**題弘一法師手書梵網經**　吳昌碩，一九二五年夏，北京文物出版社《弘一法師》（一九八四年）。

二八　**題弘一法師手書梵網經**　王一亭，一九二五年夏仲，同上。

二九　**法味**　豐子愷，一九二六年八月四日，上海《一般》十月號。

三〇　**再記李叔同先生**　呂伯攸，一九二六年，上海《小說世界》第十五卷第五期。

三一　**中文名歌五十曲序**　裘夢痕、豐子愷，一九二七年綠蔭時節，上海開明書店《中文名歌五十曲》。

三二　**弘一法師手書佛說梵網經跋**　李石曾，一九二七年七月十一日，上海雜華精舍《弘一大師年譜》（一九四四年）。

三三　**東洋人士對李叔同先生的印象**　孟憶菊，一九二七年一月，上海《小說世界》第二二期。

三四　**兩法師**　葉聖陶，一九二七年十月八日，上海《民鐸》第九卷第一號。

三五　**弘一大師傳略**　皈僧，一九二七年，上海《世界佛教居士林刊》第十八期。

三六　**護生畫集序**　馬一浮，一九二八年秋月，上海開明書店《護生畫集》（一九二九年）。

三七　**為弘一法師築居募款**　劉質平等，一九二八年十一月，上海雜華精舍《弘一大師年譜》（一九四四年）。

三八　**緣**（《理想中人》再版序言）　豐子愷，一九二九年勞動節，上海《小說月報》第二十卷六月號。

三九　**見了弘一法師**　胡宅梵，一九二九年，廈門《現代僧伽》。

四〇　**李息翁臨古法書後記**　夏丏尊，一九二九年歲暮，上海開明書店《李息翁臨古法書》。

四一　**弘一法師童年行述**　胡宅梵，一九三〇年，澳門《覺音》第二十、二十一期合刊（一九四一年二月二十日）。

四二　**華嚴集聯三百跋**　劉質平，一九三〇年二月望日，上海開明書店《華嚴集聯三百》（一九三二年）。

四三　**弘一大師精選讀書錄日省錄序**　胡宅梵，一九三一年元宵，《日省錄》。

四四　**乞得弘一上人書一紙**　魯迅，一九三一年三月一日，北京人民文學出版社《魯迅全集》（一九七三年十二月）。

四五　**舊話**　豐子愷，一九三一年，上海《中學生》第十六號。

四六　**南山律學院曇花一現記**　岫廬，一九三一年，廈門《現代佛教》第五卷第四期。

四七　**弘一法師過甬作偈呈之**　洪允祥，一九三二年，北京文物出版社《弘一法師》（一九八四年）。

四八　**弘一上人手書華嚴集聯三百跋**　經亨頤，一九三二年九月，手稿（劉質平收藏）。

四九　**《音樂序》、《西湖夜游記》後跋**　李鴻梁，一九三二年十二月，澳門《覺音》第二十、二十一期合刊（一九四一年二月二十日）。

五〇　**陋巷**　豐子愷，一九三三年一月十五日，上海《東方雜誌》第三十卷第八號。

五一　**記春柳社的李叔同**　歐陽予倩，一九三三年，上海神州國光社《自我演戲以來》。

五二　**題弘一法師肖像**　豐子愷，一九三三年，泉州開元寺弘一法師紀念館收藏。

五三　**上海學藝概要（三）**（西洋畫西洋音樂及西洋戲劇的充分輸入）　胡懷琛，一九三三年，《上海市通志館期刊》第一卷第一——四期。

五四　**李叔同先生**　曹聚仁，一九三四年，上海《人世間》第九期。

五五　**清涼歌集達恉**　釋芝峯，一九三四年冬日，上海開明書店《清涼歌集》（一九三六年）。

五六　**弘一法師手寫大悲咒序**　高文顯，一九三五年。

五七　**寫在參禮弘一律師以后**　萬泉，一九三五年，上海《人海燈》。

五八　**記弘一上人**　姜丹書，一九三六年，杭州《越風》第九期。

五九　**我的畏友弘一和尚**　夏丏尊，一九三六年，同上。

六〇　**題弘一法師字軸**　陳垣，一九三六年立夏，文物出版社《弘一法師》（一九八四年）。

六一　**弘一法師和浙江的藝術教育**　吳夢非，一九三六年，杭州《浙江青年》第三卷第一期。

六二　**清涼歌集序**　夏丏尊，一九三六年八月，上海開明書店《清涼歌集》（一九三六年）。

六三　**弘一法師在閩修復唐詩人韓偓墓作詩寄之**　梁鴻志，一九三六年，手稿（劉綿松收藏）。

六四　**為弘一法師手寫金剛經題跋**　費師洪，一九三六年臘八日，《金剛經》影印刊本。

六五　**弘一律師小傳**　姜丹書　一九三七年，澳門《覺音》第二十、二十一期合刊（一九四一年二月二十日）。

六六　**贈高僧弘一**　郁達夫，一九三七年春，浙江文藝出版社《郁達夫詩詞抄》（一九八一年）。

六七　**送別弘一法師**　高文顯，一九三七年，廈門《佛教公論》第九期。

六八　**弘一法師的書法**　葉聖陶，一九三七年十一月七日，新加坡《星洲日報》副刊《晨星》。

六九　**華嚴集聯三百手稿跋**　馬一浮，一九三七年，手稿（劉質平收藏）。

七〇　**弘一律師**　內山完造，一九三七年，《上海霖雨》。

七一　**憶弘一法師**　釋佽虛，一九三八年，福州開元寺佛學圖書館《兩法師》（一九四四年油印本）。

七二　**一師造像跋**　劉綿松，一九三八年，上海《佛學半月刊》。

七三　**懷晚晴老人**　夏丏尊，一九三八年十二月十三日，《衆生》第二卷第五號。

七四　**安海法音錄序**　許書亮，一九三九年孟春，安海澄渟院法會《安海法音錄》（鉛印本）。

七五　**弘一法師之出家**　夏丏尊，一九三九年，澳門《覺音》第二十、二十一期合刊（一九四一年二月二十日）。

七六　**弘一法師的生平**　高文顯，一九三九年，同上。

七七　**我崇拜中的弘一法師**　文濤，一九四〇年舊二月十九日，同上。

七八　**是天人師，得無量壽！**　釋巨贊，一九四〇年十月十日，同上。

七九　**息影閩南的弘一法師**　陳祥耀，一九四〇年十月二十二日，同上。

八〇　**續護生畫集序言**　夏丏尊，一九四〇年十月，上海開明書店《續護生畫集》。

八一　**弘一律師的修養與感化**　達居，一九四〇年十一月二十七日，澳門《覺音》第二十、二十一期合刊（一九四一年二月二十日）。

八二　**靈應寺訪弘一法師**　月笙，一九四〇年十一月，上海雜華精舍《弘一大師年譜》（一九四四年）。

八三　**為紀念弘一律師而寫**　頑石，一九四〇年十二月中旬，澳門《覺音》第二十、二十一期合刊（一九四一年二月二十日）。

八四　**弘一法師在白湖**　釋亦幻，一九四〇年，同上。

八五　**亦為紀念弘一法師而寫**　僧殘，一九四〇年，同上。

八六　**送別晚晴老人**　李芳遠　一九四〇年，同上。

八七　**祝詞**　柳亞子　高劍父　釋太虛　梁彥明　葉恭綽　陳靜濤　鄧爾雅　岑學呂　陸丹林，一九四〇年——一九四一年，同上。

八八　**祝詩**　江謙　黃寄慈　江守權　陳存廣　費慧茂　余了翁　曾璧奎，一九四〇年，同上。

八九　**護生畫集正續合刊序**　云厂，一九四一年一月一日，上海大法輪書局《護生畫集正續合刊》。

九〇　**借花獻佛**　釋竺摩，一九四一年一月二十日，澳門《覺音》第二十、二十一期合刊（一九四一年二月二十日）。

九一　**弘一律師的「先師」**　釋竺摩，一九四〇年舊歲除夕前一日，同上。

九二　**弘一法師六十紀念專刊編完的話**　釋竺摩，一九四一年舊元旦，同上。

九三　**祝壽詩詞**　王吟笙　姚彤章　曹幼占　楊雲史　馬一浮　柳亞子　呂碧城，一九四一年，上海雜華精舍《弘一大師年譜》（一九四四年）。

九四　**弘一大師之盛德**　釋廣義，一九四一年臘月，同上。

九五　**一公大師開示隨聞略錄**　蔣文澤，《弘一法師生西紀念刊》（一九四三年）。

九六　**隨侍弘公日記一頁**　釋傳貫，同上。

九七　**弘一大師文鈔序**　蔣維喬，一九四二年仲夏，上海北風書屋《弘一大師文鈔》（一九四六年十二月八日）。

九八　**致李芳遠書**　郭沫若，一九四二年六月八日，上海雜華精舍《弘一大師年譜》（一九四四年）。

九九　**弘一大師生西經過**　釋妙蓮口述、僧睿筆記，一九四二年九月初四夜，《弘一法師生西紀念刊》（一九四三年）。

一〇〇　**略紀一公大師德惠**　師慚，一九四二年九月初六日，上海大雄書店《弘一大師永懷錄》（一九四三年）。

一〇一　**弘一大師出龕及荼毗盛典**　僧睿，一九四二年十月，《弘一法師生西紀念刊》（一九四三年）。

一〇二　**弘公本師見聞瑣記**　釋廣義，一九四二年，同上。

一〇三　**驚聞弘一大師生西之悲感**　妙真，一九四二年，同上。

一〇四　**悼弘一大師**　楊勝南，一九四二年舊九月二十九日，上海大雄書店《弘一大師永懷錄》（一九四三年）。

一〇五　**親近弘一大師之回憶**　釋性常，一九四二年十月二十日，同上。

一〇六　**紀念弘一法師**　顧一塵，一九四二年十月二十八日，同上。

一〇七　**懷弘一法師**　劍痕，一九四二年十一月三日，同上。

一〇八　**悼弘一大師**　賢悟，一九四二年十一月十日，同上。

一〇九　**追悼弘一律師**　文心，一九四二年十月初六日，同上。

一一〇　**弘一律主德惠之回顧**　比丘尼觀願，一九四二年十一月二十一日，同上。

一一一　**記弘一法師**　曹聚仁，一九四二年十一月，同上。

一一二　**弘一大師略傳**　僧睿，一九四二年，上海《佛學半月刊》第十一卷第二十四期。

一一三　**紀念晚晴老人**　陳祥耀，一九四二年，上海《覺有情》。

一一四　**紀弘一大師於溫陵養老院勝緣**　葉青眼，一九四二年，上海大雄書店《弘一大師永懷錄》（一九四三年）。

一一五　**弘一大師的遺書**　夏丏尊，一九四二年，同上。

一一六　**悼律宗泰斗弘一大師**　釋性光，一九四二年，同上。

一一七　**弘一大師遷化感言**　楊東，一九四二年，同上。

一一八　**憶李叔同先生**　傅彬然，一九四二年冬，同上。

一一九　**弘一法師的心靈之歌唱**　余靜之，一九四二年十二月二十五日，同上。

一二〇　**記念弘一法師——死**　開達，一九四二年十二月三十日，同上。

一二一　**弘一法師**　釋印西，一九四三年元旦，同上。

一二二　**懷弘一上人**（《弘一大師文鈔》序）　柳亞子，一九四三年二月二十六日，同上。

一二三　**晚晴老人生西後之種種**　釋妙蓮，一九四三年二月初四日，同上。

一二四　**為青年說弘一法師**　豐子愷，一九四三年三月二十九日，上海《中學生》第六十三期。

一二五　**悼弘一法師**　陸丹林，一九四三年四月二十三日，上海大雄書店《弘一大師永懷錄》。

一二六　**弘一大師永懷錄序**　夏丏尊，一九四三年九月，同上。

一二七　**弘一上人傳略**　嘯月，一九四三年，同上。

一二八　**弘一法師之別署**　蔡丏因，一九四三年，同上。

一二九　**余與大師之關係**　袁希濂，一九四三年，同上。

一三〇　**追憶大師**　姜丹書，一九四三年，同上。

一三一　**述懷**　范寄東，一九四三年，同上。

一三二　**我與弘一大師**　胡樸安，一九四三年，同上。

一三三　**何緣之慳**　馬敘倫，一九四三年，同上。

一三四　**去去就來**　李圓淨，一九四三年，同上。

一三五　**何以紀念大師**　觀一居士（葉恭綽），一九四三年，同上。

一三六　**廓爾亡言的弘一大師**　蔡冠洛，一九四三年，同上。

一三七　**憶李叔同先生——弘一大師**　朱文叔，一九四三年，同上。

一三八　**香火因緣話晚晴**　陳海量，一九四三年，同上。

一三九　**話舊**　陳无我，一九四三年，同上。

一四〇　**讀弘一法師與李居士書札**　蔡丏因，一九四三年，同上。

一四一　**哭亡師**　李芳遠，一九四三年，同上。

一四二　**追念弘一大師**　朱良春，一九四三年，同上。

一四三　**憶弘一大師**　孤芳，一九四三年，同上。

一四四　**弘一大師與曼殊和尚**　陳心純，一九四三年，同上。

一四五　**弘一大師出家的研究**　容起凡，一九四三年，同上。

一四六　**紀念我的師父**　謝勝法，一九四三年，同上。

一四七　**千江印月集**　葉青眼，一九四三年，同上。

一四八　**弘一大師出家的研究**　了緣，一九四三年，同上。

一四九　**感言**　懺罪生，一九四三年，同上。

一五〇　**弘一律師在湛山**　火頭僧，一九四三年，同上。

一五一　**悼弘一師**　顯念居士，一九四三年，同上。

一五二　**弘一法師之生平**　蕭然，一九四三年，同上。

一五三　**悼弘一大師**　震華，一九四三年，同上。

一五四　**我最敬仰的弘一上人**　覺星，一九四三年，同上。

一五五　**我憶法師**　許霏，一九四三年，同上。

一五六　**私淑弘一大師**　宗性，一九四三年，同上。

一五七　**晚晴老人與靈峯老人**　志西，一九四三年，同上。

一五八　**記余所仰慕之弘師**　白韻，一九四三年，同上。

一五九　**弘一法師遺書遺囑**　王夢惺，一九四三年，同上。

一六〇　**紀弘一師尊攝受因緣**　曾文榮，一九四三年，同上。

一六一　士先器識而後文藝　志雄，一九四三年，同上。

一六二　驚聞弘一大師生西　德森，一九四三年，同上。

一六三　紀弘公與余之因緣　勝義，一九四三年，同上。

一六四　痛念弘一大師之慈悲　大空，一九四三年，同上。

一六五　弘一法師與我　黃福海，一九四三年，同上。

一六六　我虔念着弘一大師　釋慧田，一九四三年，同上。

一六七　哭弘一大師　愴痕，一九四三年，同上。

一六八　怎樣紀念弘一大師　高根深，一九四三年，同上。

一六九　弘一大師生西有感　陳秋霞，一九四三年，同上。

一七〇　弘一大師生西感言　幻緣，一九四三年，同上。

一七一　戒珠苑一夕談　蔡冠洛，一九四三年，同上。

一七二　記寂雲禪師兼懷晚晴老人　陳海量，一九四三年，同上。

一七三　奠章　閩南諸僧徒　閩南諸弟子　廣覺　林奉若　曾璧奎、徐宏智　陳重　潘守正　澄徹，一九四三年，同上。

一七四　贊誄　太虛　持松　妙真　楊東　照寬　惠安青藜寺　惠安平山寺　范寄東　李蒼巖　王魯石　柴鵬飛　陸丹林　吳增　蔣維喬　呂碧城　許宗炳　王心湛　張一留　孟定常　葉紹鈞　王夢惺　林獻其　姜丹書　袁希洛，一九四三年，同上。

一七五　輓詩　馬湛翁（一浮）　前人（馬一浮）　謝畬庵（無量）　前人（謝無量）　丁桂樵　費慧茂　張覺明　屈翰南　厲勝通　莊子才　朱大炎　詹饒裳　福善　陳重　顧一塵　陳嘉詒　塊然　虞愚　張斗南　林枕玉　張國輝　趙寬　蔡瑞書　宛方舟　卓高煊　常凱　黃紫霞　李幼嚴　曾遒　百原禪苑董事會　林獻其　前人　周希賢　蘇大山　嚴肅　涂湘琴　吳楚碧　張運輝　楊慧藏　黃詩隱　朱劍芒　李芳遠　前人（李芳遠）　盧翰　邵聯萼　王大同，一九四三年，同上。

一七六　輓聯　金山江天寺霜亭　陳立夫　夏丏尊　胡邦憲　施勝慈　鄭翹松、林子堅、林師覺、林錦璋、洪古合章錫琛　大開元寺轉道、圓瑛、轉物領合寺　施勝良弟子尤廉星、李秉傳　永嘉妙智寺步康等　鼓山湧泉寺圓瑛、復騰、盛慧、篤山　王夢惺　漳州尊元樓七寶寺全體　呂玉書　張仲英　呂紀瑞　林仲山　呂迺湯　蔡天民　陳榮均　呂臻元　承天寺轉塵、瑞今等　終南山淨業寺智海　王善治　葉青眼　朵蓮寺宏智　福建省佛教會辦事處　王振邦　邱信炘、曾璧奎　李睿生　永春佛教會全體　中國佛教會惠安分會　李天錫　福建功德林男蓮社　張榮藩、楊榮棋傳存霖、傳炳恭、林慧尊、劉奇凡　毛世昌　毛慈根　慧誠莊敬于　福建功德林女蓮社　福建功德林　福州溉蓮社　俗姪李晉章　王新銘　蔡冠洛　宗道　汕頭嶺東佛教會　汕頭佛教居士林　汕頭覺世佛學會　謝杰英　吳冰國　福林寺傳貫　豈疑　蔡潤卿　觀宗寺逸山率兩序　溫陵養老院董事會　天寧寺證蓮、欽峯率兩序　石有紀　陳觀濤　崇福寺妙月率兩序

楊吉爻　吳紫虹、張人希　王燕懷、施至偉　蔡鼎常　張漢章　吳揖三　周子厚　黃福海　釋迦寺廣智　陳銘樞　榮蓮堂蔣文澤　毛雲鶚　鄭悟現　曾勝榮、楊嚴潔　勝義　同安縣佛教會　淨光　羅嵩森

一七七　**弘一大師略史及宏法略記**　釋瑞今，一九四三年，泉州開元寺《弘一法師生西紀念刊》。

一七八　**弘一大師遺札序**　蔣維喬，一九四三年，同上。

一七九　**弘公本師見聞瑣記**　釋曇昕，一九四三年，同上。

一八〇　**悼弘一大師**　錢均夫，一九四三年，同上。

一八一　**紀念弘一大師**　史其敏，一九四三年，泉州福建日報社《弘一法師紀念特刊》。

一八二　**弘一大師年譜敘**　林子青，一九四四年四月十五日，上海雜華精舍《弘一大師年譜》。

一八三　**姓名別號與其家世**　林子青，一九四四年，同上。

一八四　**弘一大師年譜**　林子青，一九四四年，同上。

一八五　**弘一大師年譜後記**　林子青，一九四四年九月十日，同上。

一八六　**晚晴山房書簡序**　夏丏尊，一九四四年中秋，上海開明書店《晚晴山房書簡》。

一八七　**弘一法師傳略**　釋蓮嬰，一九四四年，福州開元寺佛學圖書館《兩法師》（油印本）。

一八八　**執事略紀**　勝牧，一九四四年，同上。

一八九　**弘一法師在廈門**　林子青，一九四四年三月四日，《天地》第十期。

一九〇　**護生畫續集重版序言**　李圓淨，一九四六年四月十日，上海開明書店《護生畫續集》重版本。

一九一　**弘一大師文鈔序**　丁福保，一九四六年，上海北風書屋《弘一大師文鈔》。

一九二　**弘一大師文鈔序**　蔡丏因，一九四六年，同上。

一九三　**弘一大師文鈔序**　朱劍芒，一九四六年，同上。

一九四　**弘一上人史略**　劉質平，一九四六年舊九月二十日，新加坡《南洋佛教》第一二七期。

一九五　**弘一大師文鈔題詩**　費慧茂，一九四六年舊九月，上海北風書屋《弘一大師文鈔》。

一九六　**弘一大師文鈔序**　陸丹林，一九四六年十一月四日，同上。

一九七　**贈弘一律師舊偈**　釋太虛，一九四六年舊十月二十二日，同上。

一九八　**弘一大師文鈔緣起**　李芳遠，一九四六年初冬，同上。

一九九 **恭題弘一大師苦行圖** 李芳遠，一九四六年，同上。

二〇〇 **弘一大師文鈔跋** 李芳遠，一九四六年，同上。

二〇一 **弘一大師的遺墨** 劉質平，一九四六年，福州《弘一大師遺墨展覽會特刊》（油印本）。

二〇二 **弘一大師全集序** 陸丹林，一九四七年八月二十日，手稿（劉綿松收藏）。

二〇三 **追念弘一律師** 釋大醒，一九四七年九月二十二日，上海大法輪書局《人間愛晚晴》（一九四八年）。

二〇四 **弘一法師油畫像題跋** 徐悲鴻，一九四七年初秋，手稿（泉州開元寺弘一法師紀念館收藏）。

二〇五 **弘一大師全集序** 豐子愷，一九四七年十月十七日，手稿（豐一吟收藏）。

二〇六 **談弘一法師臨終偈語** 葉聖陶，一九四七年十月，上海《覺有情》第八卷第十期。

二〇七 **弘一法師贊** 施蟄存，一九四七年，上海大雄書局《永恆的追思》（一九四八年二月）。

二〇八 **從弘一法師圓寂五周年紀念會歸來** 傅彬然，一九四七年，同上。

二〇九 **如果弘一法師還活着** 仁綸，一九四七年，同上。

二一〇 **學習弘一法師的教育精神** 楊同芳，一九四七年，同上。

二一一 **精神和實踐的感召** 勤生，一九四七年，同上。

二一二 **回憶** 鍾吉宇，一九四七年，同上。

二一三 **永恒的追思序** 陸淵雷，一九四七年仲冬，同上。

二一四 **弘一大師全集序** 蔣維喬，一九四八年歲首，手稿（劉綿松收藏）。

二一五 **弘一大師全集序** 丁福保，一九四八年一月，手稿（劉綿松收藏）。

二一六 **弘一大師全集序** 范古農，一九四八年仲春，手稿（劉綿松收藏）。

二一七 **弘一大師全集序** 姜丹書，一九四八年初夏，手稿（劉綿松收藏）。

二一八 **弘一大師全集序** 姚鵷雛，一九四八年六月，手稿（劉綿松收藏）。

二一九 **弘一大師勝緣記略** 胡宅梵，一九四八年，上海大法輪書局《人間愛晚晴》。

二二〇 **追念弘一大師** 華林，一九四八年，同上。

二二一 **我與弘一法師** 豐子愷，一九四八年十一月二十八日，廈門佛學會講演錄。

二二二 **前塵影事集序** 豐子愷，一九四九年六月二十四日，上海康樂書店《前塵影事集》（一九四九年七月）。

二二三 **前塵影事集序** 張心逸，一九四九年六月，同上。

二二四 **弘一大師手寫《圓覺本起章》跋** 馬一浮，一九五〇年四月，一九五七年《圓覺本起章》。

二二五 **《話劇創始期回憶錄》中的李息霜** 徐半梅，一九五〇年，上海《新民報》。

二二六 **我國五十年來藝術教育史料之一頁** 姜丹書，一九五〇年。

二二七 **拜觀弘一法師攝影集後記** 豐子愷，一九五〇年，上海《覺有情》第十一卷第三期。

二二八 **關於春柳社的《黑奴籲天錄》** 濱 一衛，一九五三年三月，日本東京《中國學會報》第五號。

二二九 **格言別錄序** 高文顯，一九五四年首夏，菲律賓《格言別錄》。

二三〇 **弘一大師杭州虎跑寺靈骨石塔落成** 二埋，一九五四年，上海《弘化月刊》第一五三期。

二三一 **弘一大師杭州舍利塔記** 黃鳴祥，一九五四年，杭州虎跑舍利塔。

二三二 **虎跑禮塔詩** 馬一浮 張梓生 陳冠球 錢君匋 宋雲彬，一九五四年，北京文物出版社《弘一法師》（一九八四年）。

二三三 **中國話劇首創者李叔同先生** 豐子愷，一九五六年十月十六日，上海《文匯報》（一九五六年十一月三日）。

二三四 **回憶李叔同先生** 豐子愷，一九五六年十月六日《天津日報》。

二三五 **晚晴山房書簡弁言** 費慧茂，一九五六年夏，菲律賓信願寺《晚晴山房書簡》（一九五八年）。

二三六 **追憶弘一法師** 尤墨君，一九五七年，手稿（劉綿松收藏）。

二三七 **李叔同先生的一個特點** 徐半梅，一九五七年一月七日上海《文匯報》。

二三八 **關於李叔同** 朱煮竹，一九五七年一月二十三日上海《文匯報》。

二三九 **關於弘一法師** 桑弧，一九五七年三月五日上海《文匯報》。

二四〇 **我也來談談李叔同先生** 黃炎培，一九五七年三月七日上海《文匯報》。

二四一 **李叔同先生的愛國精神** 豐子愷，一九五七年三月十二日，北京《人民日報》（一九五七年三月二十九日）。

二四二 **李叔同先生的文藝觀** 豐子愷，一九五七年清明過後，《杭州日報》（一九五七年四月十九日）。

二四三　**李叔同先生的教育精神**　豐子愷，一九五七年五月十四日《杭州日報》。

二四四　**中國話劇的創始人——弘一法師**　彬生，一九五七年七月六日，新加坡《星檳日報》副刊。

二四五　**弘一大師紀念冊序言**　豐子愷，一九五七年大暑，新加坡薝蔔院《弘一大師逝世十五周年紀念冊》（十月十三日）。

二四六　**李叔同歌曲集序**　豐子愷，一九五七年八月十四日，北京音樂出版社《李叔同歌曲集》（一九五八年一月）。

二四七　**紀念大師逝世十五周年感言及後記**　釋廣洽，一九五七年十月三日，新加坡薝蔔院《弘一大師逝世十五周年紀念冊》。

二四八　**弘一法師的生平**　林子青，一九五七年，北京《現代佛學》六月號。

二四九　**晚晴山房書簡書後**　釋性願，一九五八年仲春，菲律賓信願寺《晚晴山房書簡》。

二五〇　**回憶兒時的唱歌**　豐子愷，一九五八年，北京《人民音樂》五月號。

二五一　**弘一法師**　豐子愷、宋雲彬，一九五八年，北京《文史資料選輯》第三十四期。

二五二　**清涼歌集菲島再版序言**　慧菴，一九五九年秋，菲律賓馬尼拉信願寺《清涼歌集》。

二五三　**五四運動前後的美術教育回憶片斷**　吳夢非，一九五九年，北京《美術研究》第三號。

二五四　**弘一大師遺墨序**　豐子愷，一九六一年仲夏，上海《弘一大師遺墨》（一九六二年五月）。

二五五　**我的老師弘一法師李叔同**　李鴻梁，一九六二年八月，杭州《浙江文史資料》第二十六輯。

二五六　**追懷弘一大師**　王平陵，一九六二年仲秋，臺灣《華嚴集聯三百》。

二五七　**華嚴集聯三百壬寅刊本跋**　釋瑞今，一九六二年九月初四日，菲律賓信願寺《華嚴集聯三百》。

二五八　**弘一大師傳略**　一九六二年，上海《弘一大師講演續錄》。

二五九　**弘一大師講演續錄後記**　一九六二年九月初四日，同上。

二六〇　**漫談弘一法師的書法**　林子青，一九六二年十月十三日，北京《現代佛學》第六期。

二六一　**悼師父性願老法師兼懷晚晴老人**　岫雲口述，陳珍珍整理，一九六二年，《性願法師年譜暨紀念集》。

二六二　**弘一大師在溫州**　陳祖經，一九六三年八月三十一日，《溫州文史資料》創刊號。

二六三　**詠事詩**　葉聖陶，一九六三年十月二十九日，文物出版社

《弘一法師》（一九八四年）。

二六四　**一個自覺生命的完成**　澹思，一九六四年十月七日，臺灣三民書局《弘一大師傳》。

二六五　**高山仰止**　陳慧劍，一九六四年九月初四日，同上。

二六六　**李息翁臨古法書重刊本後記**　豐子愷，一九六四年，上海商務印書館《李息翁臨古法書》（重刊本）。

二六七　**打簧錶題句**　豐子愷，一九六五年十一月二十四日，新加坡薝蔔院《子愷漫畫及其師友墨妙》（一九八三年）。

二六八　**藥師經析疑序**　釋瑞今，一九七〇年二月十九日，菲律賓信願寺《藥師經析疑》。

二六九　**我們的教師**　曹聚仁，一九七二年，香港三育書店《我與我的世界》。

二七〇　**李息翁臨古法書重印引**　陳雪蕉，一九七三年四月初四日。

二七一　**弘一大師文鈔重印獻詞**　陳慧劍，一九七六年二月十五日，臺灣新文豐出版股份有限公司《弘一大師法集》（一九七六年十月）。

二七二　**弘一大師法集補遺說明**　劉修橋，一九七六年七月，同上。

二七三　**弘一法師墨迹保存及其生活回憶**　劉質平（遺作），一九七六年，北京《中國書法》第四期（一九八六年）。

二七四　**弘一法師的字藝**　沈繼生，一九七七年，香港《書譜》第六期。

二七五　**弘一法師的篆刻藝術**　張人希，一九七八年，香港《書譜》第四期。

二七六　**弘一法師與音樂**　杜草，一九七八年香港《大公報》。

二七七　**中日文化藝術的交流**　常任俠，一九七九年，長春《社會科學戰線》第一期。

二七八　**開元寺所藏李叔同金石作品述略**　沈繼生，一九七九年，《泉州文史》七月號。

二七九　**護生畫第六集序言**　釋廣洽，一九七九年八月中秋，新加坡薝蔔院《護生畫第六集》。

二八〇　**弘一法師的愛國詩詞**　沈繼生，一九七九年九月二十日香港《文匯報》。

二八一　**《小梅花屋圖》及其他**　夏滿子，一九七九年九月，北京《戰地》增刊第六期。

二八二　**記弘一法師**　趙家欣，一九七九年，福建人民出版社《風雨故人情》。

二八三　**李叔同與西泠印社**　孫曉泉，一九七九年，北京《新觀察》。

二八四　**弘一大師塔志**　楊勝南，一九七九年，福建省佛教協會鉛印本。

二八五　**弘一大師著述及其附屬作品研究**　陳慧劍，一九七九年，臺灣天一出版社《李叔同傳記資料》。

二八六　**弘一大師書簡研究**　陳慧劍，一九七九年，同上。

二八七　**弘一大師寫經研究**　陳慧劍，一九七九年，同上。

二八八　**兩法師——《弘一法師新傳》序**　胡秋原，一九七九年，同上。

二八九　**弘一法師的佛體書法**　釋廣元　一九七九年，同上。

二九〇　**李叔同其人其事其名**　姚夢谷，一九七九年，同上。

二九一　**弘一法師和他的書法篆刻藝術**　姜東野，一九八〇年，杭州《西泠藝叢》第二期。

二九二　**我國最早的音樂刊物**　叢雪，一九八〇年六月，天津《音樂愛好者》第三期。

二九三　**全面調和**　葉聖陶，一九八〇年十月三日，文物出版社《弘一法師》（一九八四年）。

二九四　**以出世的精神　做入世的事業**　朱光潛，一九八〇年，同上。

二九五　**弘一大師遺墨的保存及其生活回憶**　據劉質平文整理，一九八〇年，同上。

二九六　**弘一大師逸聞**　高文顯，一九八〇年，同上。

二九七　**親近弘一大師學律和辦學的因緣**　釋瑞今，一九八〇年，同上。

二九八　**弘一大師序跋年月的寫法**　林子青，一九八〇年，同上。

二九九　**李叔同事略**　鄭逸梅，一九八〇年，上海人民出版社《南社叢談》。

三〇〇　**李叔同**　熊尚厚，一九八〇年，中華書局《民國人物傳》第三卷。

三〇一　**從藝術家到高僧**　豐一吟，一九八〇年，天津《八小時以外》第六期。

三〇二　**一生身世一篇詩**　高瑜，一九八一年，北京《新觀察》第三期。

三〇三　**佛學思想對柔石的影響**　戴盛鍾，一九八一年，杭州《西湖》第二期。

三〇四　**自古聖賢皆寂寞**（《弘一大師傳》增訂七版代序）　陳慧劍，一九八一年三月二十五日，臺灣東大圖書有限公司《弘一大師傳》。

三〇五　**弘一大師行誼大事年表**　陳慧劍，一九八一年，同上。

三〇六　**紀念與回憶弘一大師**　釋廣洽，一九八一年四月十五日，文物出版社《弘一法師》（一九八四年）。

三〇七 **弘一法師弁言** 趙樸初，一九八一年六月，同上。

三〇八 **我對於弘一大師的懷念** 釋巨贊，一九八一年，同上。

三〇九 **弘一傳** 姜丹書，一九八一年，北京《中國美術家辭典》。

三一〇 **中國廣告藝術的開創者** 方漢奇，一九八一年，山西人民出版社《中國近代報刊史》。

三一一 **弘一上人像** 黃永玉，一九八二年春，文物出版社《弘一法師》（一九八四年）。

三一二 **對弘一法師「[illegible]」字的析疑** 張人希，一九八二年，上海《書法》第一期。

三一三 **弘一法師編後記** 林子青，一九八二年二月十二日，文物出版社《弘一法師》（一九八四年）。

三一四 **一代藝術大師李叔同（弘一法師）** 陳珍珍，一九八二年，長春《社會科學戰線》第三期。

三一五 **從《白陽》看《音樂小雜誌》** 張靜蔚 一九八三年，天津《音樂愛好者》第一期。

三一六 **弘一法師游閩十四年** 沈繼生，一九八三年，北京《人物》第四期。

三一七 **李叔同的音樂生涯** 沈繼生，一九八三年，上海《藝術世界》第六期。

三一八 **一代高僧弘一法師** 沈本千，一九八三年，杭州《浙江文史資料選輯》第二十六輯。

三一九 **藝術大師李叔同** 許欽文，一九八三年，同上。

三二〇 **李叔同披剃前夕的手筆** 姜書凱，一九八三年，同上。

三二一 **李叔同與中國話劇** 沈繼生，一九八三年，天津《劇壇》第五期。

三二二 **追憶先父李叔同事迹片斷** 李端，一九八三年，天津市民盟文史資料研究小組《文史參考資料匯編》第六輯。

三二三 **弘一法師在福建** 高令印，一九八四年，北京《法音》第一期。

三二四 **近代美術的先驅者李叔同** 畢克官，一九八四年，北京《美術研究》第四期。

三二五 **李叔同傳** 梁披雲，一九八四年，香港《書譜》雜誌社《中國書法大辭典》。

三二六 **韓偓後記** 高文顯，一九八四年，臺灣新文豐公司《韓偓》。

三二七 **中國最早的音樂期刊——《音樂小雜誌》** 孫繼南，一九八四年，濟南《山東歌聲》第十二月號。

三二八 **弘一法師在廈門** 蔡吉堂、吳丹明，一九八四年，《廈門文史資料》第六輯。

三二九 **李叔同的生平與藝術** 龔產興，一九八五年，北京《美術史論》第二期。

三三〇 **李叔同（人物介紹）** 一九八五年，人民音樂出版社《中國音樂詞典》。

三三一 **弘一上人兩莅衢州** 杜瑰生，一九八五年，杭州《浙江文史資料選輯》。

三三二 **弘一法師與溫州慶福寺** 黃興龍，一九八五年八月十四日《溫州日報》。

三三三 **弘一大師李叔同的書法** 林秋蘭，一九八五年，臺灣天一出版社《李叔同傳記資料》（三）。

三三四 **紀念藝術家、學者、高僧的弘一法師** 高永霄，一九八五年，同上。

三三五 **紀念弘一大師逝世十五周年感言** 釋廣洽，一九八五年，同上。

三三六 **弘一大師對持律的實踐** 曹仕邦，一九八五年，同上。

三三七 **弘一法師與弟子毛善力** 周航，一九八六年，《衢州文史資料》第一輯。

三三八 **弘一法師早期的書藝與自書詩** 沈繼生，一九八六年十月十日，北京《人民日報》海外版。

三三九 **弘一大師廣告藝術畫發現始末** 畢宛嬰，一九八六年，北京《中國美術報》。

三四〇 **弘一法師書信前言** 林子青，一九八六年十二月一日，北京三聯書店《弘一法師書信》（一九九〇年）。

三四一 **馬一浮居士與弘一法師的法緣** 林子青，一九八六年十二月十五日，新加坡《南洋佛教》。

三四二 **李叔同降生故居小記** 劉炎臣，一九八六年，天津古籍出版社《李叔同——弘一法師》（一九八八年）。

三四三 **家事瑣記** 李端，一九八六年，同上。

三四四 **李叔同——弘一法師的一生** 龔望、劉炎臣，一九八六年，同上。

三四五 **弘一法師的俗家** 李孟娟，一九八六年，同上。

三四六 **對我祖父的思念** 李莉娟，一九八六年，同上。

三四七 **父親的恩師李叔同先生** 豐一吟，一九八六年，同上。

三四八 **李叔同與我家的關係** 姚惜雲，一九八六年，同上。

三四九 **中國話劇藝術的奠基人李叔同** 李穎，一九八六年，同上。

三五〇 **李叔同早年軼事瑣記** 王翁如，一九八六年，同上。

三五一 **弘一大師弘揚律學的緣起** 徐慕維，一九八六年，同上。

三五二 **憶弘一大師** 錢君匋，一九八六年，同上。

三五三　**讀李叔同先生詩詞**　寇夢碧，一九八六年，同上。

三五四　**李叔同早年的書信和印存**　崔錦，一九八六年，同上。

三五五　**李叔同金石書畫師承略述**　龔望，一九八六年，同上。

三五六　**我收藏的李叔同早年的幾件文物**　徐廣中，一九八六年，同上。

三五七　**記天津大悲院弘一法師紀念堂**　陳天日、趙丙雙，一九八六年，同上。

三五八　**李叔同在中國近代音樂啟蒙運動中的貢獻**　孫繼南，一九八六年，同上。

三五九　**李叔同早年撰寫的一首小學校歌**　宋廷璋，一九八六年，同上。

三六〇　**絢爛之極　歸於平淡——李叔同的書法藝術**　樹恆，一九八六年，北京《中國書法》第四期。

三六一　**弘一法師的墨緣**　包立民，一九八六年，同上。

三六二　**弘一法師書藝拾零**　華非，一九八六年，香港《書譜》第八卷第六期。

三六三　**弘一法師在惠安**　惠安縣文化館，淨峯鄉文化站、淨峯寺弘一法師紀念室編輯，一九八六年。

三六四　**一部珍逾拱璧的巨著**　釋妙因，一九八六年冬，手稿（《弘一大師全集》編輯委員會收藏）。

三六五　**弘一大師遺墨編後記**　夏宗禹，一九八七年二月，華夏出版社《弘一大師遺墨》。

三六六　**翰墨因緣**　趙樸初，一九八七年，同上。

三六七　**弘一大師書信手稿選集編後記**　劉雪陽、豐一吟，一九八七年八月，上海書畫出版社《弘一大師書信手稿選集》（一九九〇年十二月）。

三六八　**李叔同（弘一法師）年譜**　朱經畬，一九八七年九月一日，天津古籍出版社《李叔同——弘一法師》（一九八八年）。

三六九　**近代中國第一流印人李叔同**　朱其華，一九八七年九月，同上。

三七〇　**李叔同——弘一法師後記**　楊大辛，一九八七年十月，同上。

三七一　**關於弘一法師的遐思**　柳溪，一九八七年十月十六日《廈門日報》。

三七二　**弘一法師二三事**　林子青，一九八七年，《香港佛教》十月號。

三七三　**愛國愛教　慈光惜物**　莊榮標，一九八七年，新加坡《南洋佛教》第二四七期。

三七四　**喜讀弘一大師遺墨**　林子青，一九八七年十二月十七日北京《人民日報》海外版。

三七五　**弘一法師的書法**　蔡惠明，一九八七年，北京《法音》第五期。

三七六　**金錶之緣**　豐一吟，一九八七年，同上。

三七七　**弘一傳**　林子青，一九八八年，中國大百科全書出版社《中國大百科全書·宗教卷》。

三七八　**弘一法師的道德和藝術**　丁明鏡，一九八八年，香港《書譜》第二期。

三七九　**弘一法師字藝賞析**　沈繼生，一九八八年，同上。

三八〇　**弘一法師書法給我的啟發**　傅佩韓，一九八八年，同上。

三八一　**重印南山三大部校勘本緣起**　釋妙因，一九八八年十月，手稿（《弘一大師全集》編輯委員會收藏）。

三八二　**佛天藝海——李叔同與豐子愷傳奇**　陳星，一九八九年一月十九日北京《人民日報》海外版。

三八三　**弘一大師——李叔同的藝術生涯**　孫少芝，一九八九年，《音樂與學習研究》第一期。

三八四　**李叔同**（戲劇家小傳）　胡寧容，一九八九年，中國大百科全書出版社《中國大百科全書·戲劇卷》。

三八五　**春柳社**（戲社介紹）　胡寧容，一九八九年，同上。

三八六　**才人李叔同和他的詩**　沈繼生，一九八九年，福州《榕花》第五期。

三八七　**逃儒歸釋的李叔同**　黃萍蓀，一九八九年，上海《上海灘》第八期。

三八八　**黃永玉與弘一大師**　寅亮，一九八九年《香港佛教》。

近年所見研究李叔同——弘一法師資料目錄

王爾康輯錄

一　**一代高僧·弘一大師誕生百十周年紀念文集**　《弘一大師全集》編委會、弘一法師紀念館、泉州市佛教協會編（責任編輯：莊炳章），惠安縣印刷廠印刷，一九九〇年十二月。

按：該文集收入中國佛教協會會長趙樸初的講話，紀念文章十六篇，最後是莊炳章整理的《弘一法師在閩南的行迹》。

二　**弘一大師書信手稿選集**　劉雪陽、豐一吟編，上海書畫出版社一九九〇年十二月第一版。

按：該書收致楊白民二十七通，致夏丏尊六十通，致劉質平九十七通，致豐子愷十二通，致李圓淨五通。

三　**中國音樂通史簡編**（精裝本）　孫繼南、周柱銓主編，山東教育出版社一九九一年三月第一版。

按：該書共八章，後有附錄。第七章民國時期，在學堂樂歌、音樂教育、中外音樂文化交流等節，多處論述李叔同的音樂成就。該書作為高等師範院校和音樂、藝術院校之教科書，一九九三年五月出平裝本至二〇〇九年七月，二十三次印刷，共十六萬冊。其間第七、九次印刷曾對某些章節作了修改，仍作為第一版重印。

四　**弘一大師李叔同書信集**　秦啟明注，陝西人民出版社一九九一年七月第一版。

按：該集收五百多通。後有編者所編寫文章三篇，附錄三篇。

五　**弘一大師永懷錄新篇**　陳慧劍編　，臺北龍樹菩薩贈經會一九九一年九月印行。

按：該新篇輯入懷念弘一法師文章五十六篇，採自中國大陸、臺灣地區，以及新加坡、菲律賓、馬來西亞、美國等地刊物中為《弘一大師永懷錄》所未收者。

六　**弘一法師**（廣播連續劇，十集）　王嘉楨編劇，蔡淑文導演，北京人民藝術劇院、解放軍總政話劇團演員演播。一九九二年四月中央人民廣播電臺演播，隨後福建省廣播電臺及許多省市廣播電臺也播出。

按：編劇王嘉楨將廣播連續劇以《夕陽山外山——弘一法師傳》為題，從一九九五年十一月二十五日至一九九六年二月十三日在《福州晚報》連載，刊登三十八次，每次約一千五百字，共約五萬字。

七　**弘一大師（李叔同）雲水傳奇·歌曲全集**（錄音帶兩盒）（臺灣）林清玄推薦，臺北音樂中國出版社一九九二年七月初版；一九九四年三月三刷；北京愛樂女聲合唱團合唱；北京中央交響樂團演奏。

按：該集包括歌曲二十七首，歌曲原文、合唱團樂團簡介，《（李叔同）弘一大師雲水傳奇》一冊（內林清玄序，題為《邁向生命的大美》）。

八　**李叔同書法碑林畫集**　天津李叔同研究會　李載道主編、朱其華副主編，天津人民美術出版社一九九二年九月第一版。

按：碑林坐落在天津市河北區宙緯路，選刻李叔同出家前後書法作品七十四件，為目前國內唯一的李叔同書法碑林，一九九〇年十月二十三日落成揭幕。該畫集依拓片彙集而成。

九　**弘一法師的故事**　落陀著，海峽文藝出版社一九九二年九月第二版。

一〇　**弘一大師寫經集**　夏宗禹籌劃監製，華夏出版社一九九二年九月至一九九四年六月出版發行。

按：該集含《金剛般若波羅蜜經》、《藥師瑠璃光如來本願功德經》、《佛說阿彌陀經》、《妙法蓮華經·觀世音菩薩普門品》、《般若波羅密多心經》、《華嚴集聯三百》。四冊線裝套函。一九九五年六月六日臺北中華藝文活動推展協會以該集印刷發行，書名《弘一大師寫經合集》（杜忠誥題籤）。

一一　**護生畫集**（一——六集）　豐子愷繪圖，弘一法師等題詞，深圳海天出版社出版套封本一九九三年三月第一版。

按：這是《護生畫集》的合刊本，全部六集，共四百五十幅護生畫。一、二集題詞為弘一法師書寫。

一二　**弘一大師新譜**　林子青著，臺北東大圖書公司一九九三年四月初版。

按：遵著者意願，該書收入《弘一大師全集》（第十冊附錄卷），補入宗教文化出版社《弘一法師年譜》幾條材料，書中引述弘一大師著作，能見手稿者，均作了校對。

一三　**弘一大師歌曲集**　錢仁康編著，臺北東大圖書公司一九九三年五月初版。
按：該集前言外，分歌曲部分、歌注部分（含考證、銓釋、注解）。

一四　**弘一大師李叔同講演集**　秦啟明編，中國廣播電視出版社一九九三年五月第一版。
按：該集除前言外，收講演五十二篇，附錄四篇，編者自己編寫的文章三篇。

一五　**李叔同**　錢君匋主編，柯文輝、劉雪陽、豐一吟編，上海人民美術出版社一九九三年十二月第一版。
按：該書釋廣洽作序；書中一、二、三為李叔同作品，分文藝論文集、書信集、歌曲集；四為柯文輝寫的「跋」，五為年表，六為李叔同詩詞集，最後有較多的附圖。該書臺灣版以《弘一大師文稿》為書名，臺北市臺灣東華書局股份有限公司於一九九四年十月出第一版第一次印刷本，發行人：卓鑫淼，增收蔣勳《悲欣交集》一文，刪去經頤淵手書《李叔同小傳》，係精裝本。

一六　**弘一法師書法集**　上海書畫出版社一九九三年十二月第一版。
按：該社編，有直幅、橫披、橫卷、楹聯、屏條、信札、冊頁、手稿等一百四十二件。

一七　**金剛般若波羅蜜經**（折疊本函裝）　弘一法師丙子三月二十一日敬書，豐子愷題簽，臺北釋若文法師倡印結緣，一九九四年三月。

一八　**在家律學·《南山律在家備覽》節譯**　二埋法師編著，臺北佛陀教育基金會印贈，一九九四年四月初版。
按：該書《前話》說：「祇選譯了其中主要的宗體、懺悔兩篇。」《宗體總說》分戒法、戒體、戒行、戒相；《懺悔要義》：一、總說懺悔；二、懺悔化制二教的通局；三、別說理事二懺。

一九　**弘裔**（雜誌雙月刊）　一九九四年七月五日創刊，編輯者：臺北弘一大師紀念學會，發行人、主編：陳慧劍；二〇〇一年七月五日起，主編由侯秋東接任；二〇〇六年一月五日起，主編由釋慧觀接任；至二〇〇八年底共發行八十七期。二〇〇九年起改為季刊。
按：該刊為報紙型，經常刊登研究李叔同—弘一大師文章與資料。

二〇　**弘一大師韻語·詩詞曲歌聯偈**　天津市李叔同—弘一大師研究會編，天津人民出版社一九九四年十月第一版。
按：該書朱其華作序，也收了有爭議的作品。

二一　**天心月圓·弘一大師**　陳星著，山東畫報出版社一九九四年十月第一版。
按：該書李慶西作序，全書四十五節，圖版五十件，「後記」前有年表簡編。該書為「名人照像簿叢書」之一。

二二　**弘一大師傳·空寂中的永恆**　杜苕著，北岳文藝出版社一九九四年十二月第二版。
按：該書係作家藝術家文學傳記叢書之一，一九八五年在《解放日報》上的連載小說，二〇〇一年九月山西第一次印刷本增加一些常見的照片。

二三　**弘一大師傳**　陳慧劍著，臺北東大圖書公司一九九五年再增訂第七版。
按：該書於一九七〇年獲得臺灣中山文化學術基金會傳記文學獎。

二四　**李叔同印存**　龔望．天津市藝術博物館藏，天津人民美術出版社一九九五年五月第一版。
按：該書林子青作序，含李叔同印譜四冊，共印章五五五方。龔綬《物之顯晦固有時歟》一文述李叔同印譜的發現經過，印存釋文，附錄三篇。

二五　**茫茫歸途—弘一大師和印光大師絕世真言**　白郎編，四川人民出版社一九九五年八月第一版。
按：該書弘一大師部分，編者寫的《鶴影清寂》介紹弘一生平；《弘一大師真言》將弘一大師選的格言及他的著作，依修心、德性、覺悟、道行、書札、文辭六類混合選編。附錄一，選了友牛夏丏尊、蔣維喬、胡樸安、豐子愷、劉質平六篇回憶文章。

二六　**弘一法師年譜**　林子青編著，宗教文化出版社一九九五年八月第一版。
按：在《弘一大師新譜》（臺灣東大版）基礎上，增加若干新材料。

二七　**索性做了和尚**　圓明選編，上海三聯書店一九九五年九月第一版。

二八　**芳草碧連天—弘一大師傳**　陳星著，河北人民出版社一九九五年十二月第一版。

二九　**李叔同詩全編**　余涉（徐正綸）編注，浙江文藝出版社一九九五年十二月第一版。
按：該書為現代經典作家詩文全編書系之一，前言總述，依詩、詞、歌詞三類編，附錄弘一大師有關詩詞創作的文章十三篇，李叔同—弘一法師年表。

三〇　**李叔同**（十三集電視連續劇）　編劇：趙大民、趙玫、李郁文，導演：李文岐，天津中華民族文化促進會、黑龍江電視藝術中心聯合錄製，一九九五年，天津電視臺衛星頻道、黑龍江電視臺衛星頻道播出。

三一　**弘一法師書印光大師嘉言集**　編輯：江蘇廣陵古籍刻印社文化藝術部，出版：江蘇廣陵古籍刻印社一九九六年一月第一版。
按：該書係宣紙經摺裝裱，錦函。

三二　**弘一法師翰墨因緣**　《雄獅美術》編，臺北雄獅圖書股份有限公司一九九六年三月初版。
按：該書《雄獅美術》月刊發行人李賢文寫序，收書藝論文十二篇，多幅的書畫作品圖版，也收入個別有爭議的書畫作品。

三三　**弘一大師墨蹟文物圖錄**　臺灣中華書道學會一九九六年七月印行。
按：該圖錄收林子青《前言》、趙樸初《翰墨因緣》，墨蹟分一般作品、寫經作品、日常信札、雜什四個部分。附錄：一、弘一大師相關文物集錦；二、杜忠誥《弘一大師書藝管窺》；三、林子青《弘一大師年表》。該圖錄也收入個別有爭議的書畫作品。

三四　**弘一大師文集（全套四冊）**　蕭楓編注，內蒙古人民出版社一九九六年九月第一版。
按：該文集分《文學．佛學作品卷》、《講演卷》、

《書信卷（一）（二）》。所選文章，《弘一大師全集》（福建人民出版社一九九一年至一九九三年版）皆有之。

三五　**弘一大師論**　陳慧劍著，臺北東大圖書公司一九九六年十月初版。

按：該書除自序外收入自撰論文十篇，就大師棄俗思想、與同盟會關係、戒律思想、華嚴思想脈絡、生命終結哲學、不思議行考、名號考釋、音容綜論、遺存字畫印諸問題作研究，第十篇論述其所著《弘一大師傳》的寫作因緣及歷程。

三六　**二十世紀書法經典——李叔同卷**　劉雪陽、柯文輝主編，河北教育出版社、廣東教育出版社一九九六年十一月第一版。

三七　**弘一大師**（二十集電視連續劇）　徐星平、柯章等編劇，潘霞導演，中央電視臺電視劇製作中心拍攝，一九九六年十二月播出。

按：該劇以一九八八年十月中國青年出版社出版徐星平的小說《弘一大師》改編。

三八　**弘一大師文學集**（晚晴集講記、格言別集）　弘一大師輯，淨空法師講，東方文化藝術研究所、成都文殊院編輯，一九九七年四月第一版。

按：該集為「東方佛學文化資料叢書」之一，選講《晚晴集》。附錄《格言別錄》、《寒笳集》。

三九　**毫端舍利——弘一法師出家前後書法風格之比較**　李璧苑著，高雄佛光出版社一九九七年十月初版。

按：該書共五章，前言、結語外，第二章專論弘一法師李叔同其人；第三章探討出家前書藝風格；第四章探討出家後書藝風格。兩個附表及豐富的附圖。

四〇　**悲欣交集·弘一法師傳**　金梅著，上海文藝出版社一九九七年十月第一版。

按：該書為「世紀回眸·人物系列」之一，引子、代跋外，共有二十七章，附錄年表，四十五萬字。該書也發行電子書。

四一　**德業永煌**　李鳳池著，石家莊市郊區小安舍村弘一大師佛堂助印贈送，一九九八年。

按：作者是天津音樂學院退休幹部。該書以天津廣播電臺的廣播詞《與弘一法師「對話」的老人》作為代序，分十講講述弘一法師的德業輝煌。

四二　**弘一大師文集選要**（中國佛教經典寶藏精選白話版）　弘一著，臺灣佛光文化事業有限公司一九九八年二月初版。

按：該書選輯弘一大師作品二十篇，附錄弘一大師傳略和年譜。

四三　**弘一書札**（影印本）　江蘇廣陵古籍刻印社出版發行，一九九八年三月。

按：該書線裝函套，封面書名《弘一手札》，版權頁寫「書札」。收致夏丏尊三通、劉質平四十通（含明信片、信封）、楊白民六通（含明信片），附錄《弘一詩詞》（手書）。手札有重復、缺頁不完整現象。

四四　**弘一大師書法風格之研究**　李璧苑著。

按：該專著載于謝世維主編《宗教與藝術的對話》，臺北學英文化事業有限公司一九九八年三月初版。

四五　**李叔同集**（禪悟五人書）　周冲選編，瀋陽出版社一九九八年六月第一版。

按：五人者，李叔同、蘇曼殊、許地山、廢名（馮文炳）、豐子愷也。該書所收文章除個別篇外，《弘一大師全集》（福建人民出版社一九九一年至一九九三年版）均有之。附錄：李叔同年譜。該書收入有爭議的作品。

四六　**釋演音**（評傳・作品選）　王榮多編著，中國文史出版社一九九八年六月第一版。

按：該書為「清末民初文人叢書」之一，編著者寫了《無休止的文化開拓者》一文作評傳，作品選分詩詞曲、雜文、書信、演講辭。所選除個別篇外，《弘一大師全集》（福建人民出版社一九九一至一九九三年版）均有之。

四七　**禪燈夢影**　丘桑主編，東方出版中心一九九八年六月第一版。

四八　**曠世凡夫・弘一大師傳**　柯文輝著，東方出版中心一九九八年八月第一版。

四九　**漫憶李叔同**　余涉（徐正綸）編，浙江文藝出版社一九九八年八月第一版。

按：該文集編選文章四十五篇，限於親身與李叔同有過直接交往的同輩、學生、出家後結交的僧俗各界人士及家屬的回憶。編者加了注解。

五〇　**圓月耀天心—李叔同**　蔣心海著，山東畫報出版社一九九八年十月第一版。

五一　**弘一大師談藝錄**　谷流、彭飛編著，河南美術出版社一九九八年十月第一版。

按：該書為「大師談藝叢書」之一，自序、後記外，編著者寫了《一生富傳奇　藝術永相隨——弘一大師生平及藝術成就》一文，輯錄：一、總論；二、繪畫談；三、書法篆刻談；四、書畫題跋；五、藝談書簡；六、藝文粹編。附錄：一、弘一大師簡譜；二、弘一大師研究綜述；三、我在西湖出家之經過。該書收入了個別有爭議的詩詞作品。

五二　**弘一大師有關人物論文集**　陳慧劍主編，臺北弘一大師紀念學會印行一九九八年十二月一日初版。

按：該書選入臺北弘一大師紀念學會舉辦的海峽兩岸學者參加的第一、二屆弘一大師德學研討會論文二十一篇。

五三　**泉州人文風景線**　沈繼生著，福建人民出版社一九九九年一月第一版。

按：該書之《人物篇》中有《弘一法師緣何擇定泉州為終老地》、《抗戰期間弘一法師》二文。

五四　**李叔同傳**　蘇渥著，團結出版社一九九九年四月第一版。

五五　**弘一法師手書嘉言集聯**　榮寶齋出版社一九九九年四月第一版。

五六　**一輪明月**　武華著，作家出版社一九九九年六月第一版。

按：該書扉頁署「長篇電影散文」。

五七　**弘一大師手書格言**（線裝函裝）　北京紅螺寺管理處點校釋文，北京線裝書局一九九九年十月第一版。
按：該書收錄弘一大師手書《寒笳集》、《余之改過實驗談》、《格言三十聯》。

五八　**李叔同研究專輯**（《天津文史》第二十二期）　主辦：天津市文史研究館、天津市佛教協會、天津市大悲禪院；編輯：《天津文史》編輯部；一九九九年十月出版。
按：該輯收研究文章三十八篇及李叔同早期墨寶多幅。

五九　**弘一大師法集**（精裝六冊）　蔡念生彙編，臺北新文豐出版公司印行一九九九年十月一版四刷。
按：該套《法集》於一九七六年十月出第一版第一次印刷本。

六〇　**弘一大師影集**　陳星、趙長春編，山東畫報出版社一九九九年十月第一版。
按：該集絕大多數照片與《弘一大師全集》（福建人民出版社一九九一年至一九九三年）同。

六一　**名士風流——文化名人的報刊生涯**　焦國標著，福建人民出版社一九九九年十月第一版。
按：該書《「無盡奇珍供世眼，一輪明月耀天心」》一文專述李叔同。

六二　**佛說阿彌陀經／普賢行願品偈／觀世音菩薩普門品／心經**（折疊函裝）　弘一大師寫經，臺北西蓮淨苑出版社，釋智諭倡印，一九九九年十月。

六三　**中國書法**（月刊）一九九九年第十二期（中國書法家協會主辦）。
按：該期刊出「中國二十世紀十大傑出書家評選揭曉」，弘一法師專題（弘一法師作品選，杜忠誥《弘一大師書藝管窺》一文）。

六四　**弘一大師新論**　方愛龍主編，西泠印社出版發行二〇〇〇年二月第一版。
按：該書收論文十八篇。

六五　**君子之交（弘一大師、馬一浮、夏丏尊、豐子愷交游實錄）**　陳星著，中國友誼出版公司二〇〇〇年六月第一版。

六六　**長亭古道芳草碧——憶弘一大師等師友**　林子青著，臺北市法鼓文化事業股份有限公司二〇〇〇年六月初版。
按：該書自序前有聖嚴法師序，憶弘一大師文章十一篇，《哲人典型在夙昔》憶民初大師八篇，《何當共翦西窗燭》緬懷師友五篇，述佛門書畫六篇。

六七　**天津地域與津沽文學**　章用秀著，天津社會科學院出版社二〇〇〇年七月第一版。
按：該書有《弘一大師研究》專輯，收十一篇文章。

六八　**夏丏尊舊藏弘一法師墨蹟**（上海博物館，線裝函套）　陳燮君、汪慶正主編，華寶齋書社出版二〇〇〇年九月第一版，杭州富陽古籍印刷廠印刷裝訂。
按：該書有書法作品、書牘文字、明信片三部分。前有弘一法師像、夏丏尊像、弘一法師五十歲時與友生合影、夏氏後人合影；陳燮君《前言》、夏弘寧《同道知己》、劉一聞《從翩翩佳少年到一代高僧》三文。

六九　**李叔同—弘一法師影志**　郭鳳岐主編，金梅撰文，天津人民出版社二〇〇〇年十月第一版。

按：該書林子青作序，收錄照片五百五十餘張，分為「在世篇」「出世篇」，弘一法師圓寂後的遺響作為「後世篇」（附錄）。個別照片之說明，時間、地點、人物有誤。

七〇　**李叔同—弘一法師紀念集**　郭鳳岐主編，天津人民出版社二〇〇〇年十月第一版。

按：該集收入紀念文章、資料六十三篇。

七一　**李叔同弘一大師誕辰一百二十周年紀念珍藏冊**　天津市李叔同—弘一大師紀念館籌備處、天津市環亞集團有限公司編印二〇〇〇年十月。

按：該冊二十頁，介紹李叔同弘一法師在近代文化發展史上的地位和影響，紀念活動內容（「曠世奇才、一代宗師」研討會，遺墨展，「曠世奇才、東方慧光」大型交響音樂會，專題講座等），還有不少圖片以及音樂會節目單。

七二　**弘一大師溫州蹤跡**　戈悟覺主編，上海文藝出版社二〇〇〇年十月第一版。

按：弘一法師在溫州十二年，該書收入三十三幅溫州博物館和民間收藏的墨迹（其中八封致郭奇遠信係第一次面世），弘一法師在溫州的著述、信函，駐錫地介紹，紀念文章、論文、回憶錄共十六篇。

七三　**弘一大師藝術論**　曹布拉主編，西泠印社出版發行二〇〇〇年十月第一版。

按：該書為紀念弘一大師誕辰一百二十周年國際學術研討會論文集，收十九篇文章。同書有中英文摘要對照本，西泠印社二〇〇一年八月出版發行。

七四　**弘一法師畫傳**　香港福慧慈善基金會編，顧宗賢繪圖，上海古籍出版社二〇〇〇年十月第一版。

按：該書於二〇〇二年八月香港福慧慈善基金會出彩圖本，編者、繪圖者同，香港商務印書館總經銷。

七五　**新藝術的發軔——日本學者論李叔同與豐子愷**　〔日〕中村忠行、西槙　偉著，曹布拉譯，西泠印社出版發行二〇〇〇年十一月第一版。

按：該書譯自日本學者中村忠行《「春柳社」逸史稿》、西槙　偉《中國新文化運動的源流——李叔同的〈音樂小雜誌〉與明治日本》及其論豐子愷的三篇文章。譯者寫了《譯後》。

七六　**華枝春滿．天心月圓——弘一大師一百二十冥誕紀念音樂會**　主辦單位：臺北市財團法人益生文教基金會；演出單位：采風樂坊；主持人：李蝶菲；演唱者：張杏月、林文俊；時間：二〇〇〇年十一月一日。

按：該音樂會演奏《三寶歌》等李叔同音樂作品及臨終偈語，由臺北采風國際文化事業有限公司出版發行CD《華枝春滿——弘一大師李叔同的音樂世界》。該音樂會於臺中、高雄、花蓮等地演出，有光碟記錄。

七七　**品茗說弘一——弘一大師與文化名流**　陳星著，西泠印社出版發行二〇〇一年一月第一版。

按：該書《前言》敘述成書經過，本書三十二篇，寫了弘一大師與三十七位文化名流的交往因緣。錢君匋《憶弘一大師》一文作為代跋。

七八　**弘一大師誕辰一二〇周年紀念會專輯**（《福建佛教》總第十八期，二〇〇一年第一期）　釋學誠主編，周書榮執行主編，福建省佛教協會出版發行。

按：該輯收紀念會文章二十四篇。

七九　**命運的二重奏——弘一大師與劉質平**　曹布拉著，西泠印社出版發行二〇〇一年一月第一版。

按：該書以二十七節篇幅寫出「李叔同與劉質平二人之間那段堅韌無比、美好至極的師生情緣，就如一曲感人至深的二重奏，會永久地回響在天地之間」。作者說：「盡可能寫出一個我以為是真實的劉質平。」

八〇　**弘一大師書法傳論**　方愛龍編著，西泠印社出版發行二〇〇一年一月第一版。

按：該書上編「他山之石」收柯文輝、杜忠誥、桑火堯、李璧苑四篇論大師書法文章；下編「自下之論」收編著者本人的《弘一書風分期考論》、《隸法見山》、《弘一書法傳世作品選考》（共選三十件）。附件：一、《弘一法師論書要語輯注》；二、《李叔同（弘一）書法年表》。最後是編著者的《編餘雜記》。

八一　**夕陽山外山——李叔同傳奇**（廣播小說）　潘弘輝著，臺北聯經出版事業公司二〇〇一年一月初版。

按：此書北京中國友誼出版公司于同年十月出第一版，副題改為《弘一大師李叔同的俗家生活傳奇》；北京國際文化出版公司於二〇〇五年九月書名改為《塵世李叔同》出第一版。

八二　**學堂樂歌考源**　錢仁康著，上海音樂出版社二〇〇一年五月第一版。

按：該書前言、附錄外共有十一章，為錢仁康之力作。指出一九〇五年李叔同編《國學唱歌集》，首先為《出軍歌》創作了第一个曲調；《春游》為李叔同樂歌的代表作。

八三　**藝術先驅李叔同**（西泠名家系列　珍藏版VCD2.0）　總策劃：黃明，執行編導：華明，平湖市人民政府、浙江文藝音像出版社聯合製作，浙江文藝音像出版社出版發行二〇〇一年九月。

八四　**百年家族——李叔同（弘一大師—從一代文士到一代高僧）**　田濤著，臺北立緒文化事業有限公司二〇〇一年九月初版一刷，二〇〇三年六月初版二刷，二〇〇六年五月初版三刷。

按：該書作為「百年家族系列」之一，以《李叔同》為書名，二〇〇三年一月在河北教育出版社出第一版。作者在天津師範大學歷史系工作，立緒版、河北教育版關於李叔同世系都採用林子青《年譜》，未能充分發掘地方方志史籍，提供新材料。

八五　**李叔同詩文遺墨精選**（何家煒主編，白馬湖作家群文叢）　李莉娟選編，中國文聯出版社二〇〇一年十月第一版。

按：該書上卷收詩文，分詩歌、詞散曲、創作歌曲、填詞歌曲、贊偈、文選、序跋、疏銘傳記等，收了少量有爭議的及配曲配詞的古詩詞作品；下卷為遺墨，含留學日本畢業自畫像、畫作、廣告設計、早歲墨迹、詩詞墨迹、書信墨迹、聯句、經偈、印章等，附錄：李叔同年表。

八六　**弘一大師在泉州**（VCD2.0）　總策劃：洪輝煌，泉州有線電視臺、泉州市對外文化交流協會、泉州市弘一大師研究會聯合製作，福建電子音像出版社出版，二〇〇一年十月。

按：本片榮獲中國廣播電視學會第二屆電視紀錄片《中華薈萃》一等獎。

八七　**送別・李叔同卷**（中國現代名家經典文庫）　姜德銘主編，中國戲劇出版社二〇〇一年十一月第一版。

按：該書所選，《弘一大師全集》（福建人民出版社一九九一年至一九九三年版）均有之。

八八　**李叔同——弘一法師歌曲集**（首版，CD雙片裝）　趙樂演唱，平湖市對外交流協會、平湖弘一大師紀念館、中共平湖市委宣傳部、杭州空中熱帶花園、浙江文藝音像出版社聯合製作，浙江文藝音像出版社二〇〇一年九月。

八九　**當代詞綜**（全四冊，精裝）　施議對編纂，海峽文藝出版社二〇〇二年九月第一版。

按：編纂者工作於澳門大學文學院。該書收錄清末至今代表性詞作，收了李叔同詞四篇。生平小傳述及李叔同留日，實為自費，非官派。

九〇　**弘一大師遺墨擷萃**（上下兩冊，精裝函套）　林子青主編，河北省佛教協會出版，趙縣柏林禪寺發行，二〇〇二年十月第一版第一次印刷。

按：該書為十六開本，收入了個別非弘一大師遺墨。

九一　**李叔同**　陳星著，湖北人民出版社二〇〇二年四月第一版。

九二　**弘一大師考論**　陳星著，浙江人民出版社二〇〇二年七月第一版。

按：該書前言外，第一輯書信考；第二輯事迹考論，收十六篇文章。

九三　**弘一法師——李叔同**　金梅著，人民音樂出版社二〇〇二年八月第一版。

九四　**李叔同研究——天津市紀念弘一大師圓寂六十周年學術研討會專輯**　天津市李叔同—弘一大師研究會編，二〇〇二年十月印。

按：該輯收論文二十三篇。

九五　**弘一大師圓寂六十周年緬懷錄**　杭州師範學院弘一大師・豐子愷研究中心編二〇〇二年十月印。

九六　**弘一大師圓寂六十周年紀念音樂會（演唱曲目冊）**　（臺北）弘一大師紀念學會、弘一大師音樂合唱團策劃主辦，佛光、幼獅、法鼓山、臺電總處等合唱團及弘一大師音樂合唱團演唱，二〇〇二年十月十日。

九七　**天心月圓——弘一大師圓寂六十周年紀念音樂會**（二〇〇二年十月二十七日）　主辦單位：臺北市財團法人益生文教基金會、中華慧炬佛學會，導聆：鄭振煌，演出單位：采風樂坊、采風二團、采風三團、臺北市婦女合唱團。

按：該音樂會演出李叔同弘一法師音樂作品十二曲，還首演《普賢行願品讚頌》。臺北市益生文化出版社有限公司發行DVD，主辦單位還聯合舉辦書畫展，邀請中國臺灣、香港、大陸和美國三十二位書畫家、雕刻家作品參展。

九八　**弘一法師手書經典五種**　浙江古籍出版社二〇〇二年十月第一版。

按：《金剛經》、《般若心經》、《藥師本願功德經》、《普門品》、《阿彌陀經》，共三冊線裝。

九九　**弘一大師詩詞全解**　徐正綸編著，臺北東大圖書公司二〇〇二年十一月初版。

按：該書收錄弘一大師詩、詞、歌詞共一百四十四首，依寫作時間先後編目，逐首加以注和解，有爭議的《書憤》、《祖國歌》、《廢墟》等三首作為附錄，其他學者新發現的弘一大師佚詩佚詞輯為補遺，以編著者在《弘裔》發表的《詩才南北領騷壇》為代跋。

一〇〇　**李叔同**（藝術大師之路叢書，主編：劉大為）　陳星編著，湖北美術出版社二〇〇二年十一月第一版。

按：該書有傳記、談藝錄、詩歌文賦、諸家評書、藝術年表、作品評析六個部分，也收入些有爭議的書畫作品。

一〇一　**殷紅絢彩・李叔同傳**　方愛龍著，上海書畫出版社二〇〇二年十二月第一版。

一〇二　**我看弘一大師**　陳星編，浙江古籍出版社二〇〇三年九月第一版。

按：該書文章大部分與《弘一大師全集・附錄卷》（福建人民出版社一九九三年二月版）及余涉《漫憶李叔同》所選同。

一〇三　**再見老廣告**　由國慶編著，百花文藝出版社二〇〇四年一月第一版。

按：該書第三章《名人與老廣告》的第二節《中國廣告藝術開創人——李叔同》，簡單述及李叔同是中國近現代廣告文化的奠基者與開拓者之一，然而對其廣告學理論與實踐未予闡述，也無圖錄。

一〇四　**古道長亭——李叔同傳**　吳可為著，杭州出版社 二〇〇四年三月第一版。

按：該書為「浙江文化名人傳記叢書」之一，引子、後記外，共分十章：早年歲月；游學東瀛；紅塵幻緣；藝海泛舟；桃李不言；身心靈化；華藏文道；苦界梵行；南山重光；悲欣交集。後列李叔同（弘一法師）年表簡編；主要參考資料。

一〇五　**書法墨迹・弘一**　林可同編，中國美術學院出版社二〇〇四年四月第一版。

按：該書收入了較多非弘一法師墨迹。

一〇六　**李叔同：兩世悲欣一扁舟**（大象人物聚焦書系）　楊少波著，大象出版社二〇〇四年四月第一版。

按：該書以人物一生為背景，選用歷史照片和圖片資料來寫。個別照片說明有誤、攝影者署錯；收錄了有爭議的書畫作品。

一〇七　**弘一大師畫傳**　張宏 文，羅希賢 圖，上海辭書出版社二〇〇四年四月第一版。

按：該畫傳一百七十幅，同年九月在中國致公出版社以同名出版宣紙線裝收藏本，三冊函裝。

一〇八　**藝術大師李叔同與天津**　章用秀著，天津人民美術出版社二〇〇四年六月第一版。

按：該書「從出生地入手，沿着大師的成長足迹和心理軌迹，着重追述與探求李叔同藝術人生與近代天津地域文化淵源關係」，寫了二十九篇，附錄四篇。

一〇九 **藝術人生——走近大師·李叔同**（圖傳本） 陳星著，西泠印社出版社二〇〇四年六月第一版。

按：該書寫了二十三節，附錄李叔同弘一大師年表。收入了有爭議的書畫作品。

一一〇 **天心月圓——弘一大師李叔同文物展**（DVD） 展期：二〇〇四年六月八日至七月四日 地點：臺灣歷史博物館一樓展廳，臺北益生文教基金會攝製。

一一一 **海寧政協·紀念音樂教育家劉質平先生誕辰一百一十周年**（總第八十七期） 浙江海寧市政協文史資料委員會編，二〇〇四年七月。

按：該刊收劉質平與弘一大師因緣文章、弘一大師書法作品照片及李叔同（弘一大師）筆名（二百零三個，劉質平手迹）。

一一二 **李叔同書法集** 張宏主編，華寶齋書社二〇〇四年九月第一版。

按：該集線裝函套，卷首有潘德熙《弘一大師畫像》，書法作品分楹聯、佛經、直幅、横幅、信札（主要是致劉質平、夏丏尊、楊白民函）等。有些作品輾轉影印失真。

一一三 **天心月圓——弘一大師的傳奇人生**（音樂劇 DVD 中英文字幕） 主演：楊偉漢、周博慧、馬建虹、黎勝平、張記福，製作人、編劇、導演：何靈慧，作曲、編曲、音樂總監：黃慧音，編舞：楊淑芬，製作：馬來西亞自在音樂舞臺工作室二〇〇四年七月錄製。

一一四 **弘一大師圓寂六十二周年紀念文集**（共兩冊） 黃清源主編，臺北中華閩南文化研究會出版二〇〇四年七月初版。

按：該集計六輯：第一輯弘一大師生活遺照、詩詞歌讚文鈔等，轉載自《弘一大師全集》（福建人民出版社一九九一年至一九九三年版）；第二輯弘一大師圓寂六十二周年紀念徵文集；第三輯《弘一大師永懷錄》（一九四三年）；第四輯弘一大師圓寂輓章；第五輯永懷弘一大師兩岸詩人唱和集；第六輯《護生畫集》第一、二集（另立一冊）。

一一五 **天心月圓——弘一大師李叔同** 發行人：黃光男，出版者：臺灣歷史博物館，主編：戈思明，出版日期：二〇〇四年八月。

按：該書圖版前有黃光男序、陳清香、李莉娟、江朝陽的文章，圖版以弘一法師書華嚴經普賢行願品讚冊頁及致劉質平信為主。

一一六 **弘一大師李叔同**（VCD） 總策劃：曲耕莘、郭慧勤，總編導：李家森，天津市臺灣事務辦公室、天津市電視臺聯合製作二〇〇四年。

一一七 **月滿天心——謹以此片紀念弘一大師（李叔同）**（電視藝術片，DVD） 總撰稿、總編導：劉郎，平湖市人民政府新聞辦、平湖廣播電視臺製作，上海錄像公司出版二〇〇四年九月。

一一八 **隻眼看人**（空靈書系——來新夏隨筆選《人物編》） 來新夏著，東方出版社二〇〇四年十月第一版。

按：該書卷下有《悲欣交集李叔同》一文。

一一九 **李叔同說佛**（彩色圖文本） 李叔同著，豐子愷插圖，星雲法師點評，陝西師範大學出版社二〇〇四年十一月第一版。

按：該書收《我在西湖出家的經過》、弘一大師講演錄；附錄《格言別錄》、《李叔同詩集》。所收文章《弘一大師全集》（福建人民出版社一九九一年至一九九三年版）皆有之。

一二〇 **弘一大師今論** 杭州師範學院弘一大師·豐子愷研究中心編，（香港）天馬出版有限公司二〇〇四年十一月出版。

按：該書收論文十三篇。

一二一 **東京美術學校的外國學生** 〔日〕吉田千鶴子著，韓玉志、李青唐譯，（香港）天馬出版有限公司二〇〇四年十二月。

按：該書記述李岸（李叔同）等在該校留學資料。

一二二 **面臨挑戰的反思**（戴嘉枋音樂文集） 戴嘉枋著，上海音樂學院出版社二〇〇四年十二月第一版。

按：該集「二十世紀中國音樂家及作品研究」中有一文論析李叔同生平思想暨出家因緣。

一二三 **李叔同詩詞曲歌選注** 張宏主編，劉宗德評注，（香港）天馬圖書有限公司二〇〇四年十二月初版。

按：該書收入有爭議的作品。

一二四 **華非藝踪** 華非著，天津古籍出版社二〇〇四年十二月第一版。

按：該書三厚冊（藏珍 藝文卷、書法 國畫卷、篆刻陶藝卷）精裝函套。其中《弘一大師名號游踪印叢》原作五百六十四鈕，選刊三十六鈕。作者將原作拓十八套（每套立軸十六屏），佈施於海內外弘一大師紀念堂及佛教團體。

一二五 **悲欣交集——弘一大師李叔同的前世今生** （臺北）陳慧劍著，陝西師範大學出版社二〇〇五年一月第一版。

按：此即陳慧劍居士《弘一大師傳》，陝西師範大學出版社易名出書。

一二六 **李叔同圖傳**（文化名人圖傳系列） 陳星著，湖北人民出版社二〇〇五年一月第一版。

一二七 **百年老課文 品·味 為了忘卻的永恒** 蔡元培等著，哈爾濱出版社二〇〇五年一月第一版。

按：該書分八章，收錄百年老課文，逐篇加以點評。第四章輕盈的信箋，收李叔同《送別》一文；第三章往事如烟，收豐子愷《懷李叔同先生》一文。

一二八 **李叔同、章衣萍卷**（中國現代散文經典文庫） 大衆文藝出版社二〇〇五年一月第一版。

按：該書《李叔同散文經典》所選文章，《弘一大師全集》（福建人民出版社一九九一年至一九九三年版）有之，個別文章《全集》修訂版已補收。

一二九 **中國近代文學史證——郭長海學術文集** 吳曉峰主編，吉林人民出版社二〇〇五年三月第一版。

按：該文集上下二冊，下冊《李叔同事蹟研究》專輯，考證篇收錄八篇，論述篇收錄十二篇，交遊篇收錄十二篇，共三十二篇。

一三〇 **于右任沈尹默李叔同書法鑒賞**（中國書法鑒賞·第二輯）

紫都、劉超編著，中央編譯出版社二〇〇五年四月第一版。

按：該書第三部分「榮極一生歸平淡　悲欣交集釋人生」介紹李叔同生平與作品賞析，選《金剛般若波羅蜜經》、《釋門歸敬儀》等十八件書法作品作簡析。

一三一　**記憶　舊時月色前朝影**（二十世紀的記憶叢書—走近大師）　劉琅、桂苓編，中國友誼出版公司二〇〇五年三月第一版。

按：該書收入夏丏尊、豐子愷、錢君匋憶弘一法師文章四篇。《弘一大師全集·附錄卷》（福建人民出版社一九九三年二月版）皆有之。

一三二　**李叔同影事**　金梅著，百花文藝出版社二〇〇五年六月第一版。

按：該書收錄有針對性的撰寫文章五十篇，附錄作者寫的《悲欣交集的弘一法師李叔同（略傳）》，該書也發行電子書。

一三三　**李叔同—弘一大師研究一百年**　曹布拉著，方志出版社二〇〇五年七月第一版。

按：該書七章，分導論、百年李叔同—弘一大師研究史掃描、《弘一大師永懷錄》的意蘊、李叔同—弘一大師人格研究之進路、李叔同—弘一大師藝術研究面面觀、弘一大師佛學思想研究概要、近二十年之長篇傳記略論。

一三四　**弘一大師在浙江**　陳星著，方志出版社二〇〇五年八月第一版。

按：該書就弘一大師在杭州、嘉興、富陽、衢州、溫州、普陀、寧波、紹興、慈溪、上虞等地的史迹進行參訪，加以撰述，共二十七篇，附論：關於李叔同祖籍問題的探討。書中收入有爭議的書畫作品及「雨夜樓」藏畫。

一三五　**李叔同的佛語禪心**　孫巖編著，中國長安出版社二〇〇五年八月第一版。

按：該書收釋弘一所選《格言聯璧》、《晚晴集》依類錄原文，加以簡解，整類作解析。錄修行法語分類作解析；收演講詞十四篇及致仁開函，加以解析。附錄：李叔同詩集；《我在西湖出家之經過》。所選原文，《弘一大師全集》（福建人民出版社一九九一年至一九九三年版）均有之。

一三六　**說不盡的李叔同**　陳星著，中華書局二〇〇五年九月第一版。

按：該書收入有爭議的書畫作品及《「雨夜樓」案》的答辯文字。

一三七　**月圓天心·愛滿人間——李叔同作品湖畔音樂會**（節目單）　主辦單位：二〇〇五中國·平湖西瓜燈文化節組委會等，承辦單位：平湖市音樂工作者協會、平湖市文化館、李叔同紀念館，演出時間：二〇〇五年九月二十八日晚，總策劃：沈力行、趙樂。

一三八　**弘一大師紀念文集**　陳珍珍、陳祥耀主編，泉州弘一大師學術研究會編，海風出版社二〇〇五年十月第一版。

按：該紀念文集收錄弘一大師誕辰一百一十五周年福建泉州學術討論會論文五十三篇。

一三九　**李叔同身邊的文化名人**　陳星著，中華書局二〇〇五年十月第一版。

按：該書作者在昔日自己同類著作基礎上，依同學與同事（九人）、師生情誼（七人）、摯友與社友（十一人）、藝緣與文友（七人）、道友與法侶（六人）五項分類撰寫。收入了有爭議的書畫作品。

一四〇　弘一法師歌曲集　李真編輯，曾月娥譯譜，紀念弘一法師誕辰一百二十五周年，浙江省溫州市二〇〇五年十月二十日出版，溫州市北大方印務有限公司印刷。

按：該書從五線譜譯為簡譜，後附《清涼歌集》弘一法師手稿影印、蔡念生彙編《弘一大師法集（四）》所載五線譜原稿、豐子愷插畫二十幅、《對真善美的不懈追求—懷念弘一法師》一文。

一四一　一輪明月（電影故事片，DVD，中英文字幕版）　總導演：陳家林；導演：路奇；濮存昕主演李叔同弘一法師；總策劃：國家廣播電影電視總局電影劇本策劃中心，出品單位：北京一輪明月文化藝術交流中心、福建省泉州市廣播電視中心聯合攝製，二〇〇五年。

按：電影故事片《一輪明月》榮獲二〇〇五年中國廣播影視大獎「電影華表獎」（十一屆）優秀故事片獎。

一四二　弘一法師日記三種　虞坤林編，山西古籍出版社二〇〇六年一月第一版。

按：該書收釋弘一《斷食日誌》、《惠安弘法日記》、《壬丙南閩弘法略志》三種和其他五篇、附錄兩輯。

一四三　弘一大師繪畫研究　陳星著，北嶽文藝出版社二〇〇六年一月第一版。

按：該書主要以新出現的弘一大師繪畫作品（羅漢畫等）為研究對象，此係頗有爭議的繪畫作品。

一四四　弘一大師講佛　九州出版社二〇〇六年二月第一版。

按：該書集弘一大師文章，第一編演講集，第二編雜著，附錄兩輯：一、格言別集，二、詩詞歌錄。

一四五　鸚湖詩刊（總第二十三期，二〇〇六年四月）　主編：錢江；主管：平湖市文聯；主辦：平湖鸚湖詩社；承辦：平湖市李叔同紀念館。

按：該期有「特別專欄：李叔同詩文研討會」。

一四六　李叔同集　郭長海、郭君兮編，天津人民出版社二〇〇六年六月第一版。

按：該集收入目前已發現的李叔同出家前之文字，截至一九一八年，按文章、詩詞、歌詞、書信、譯著五部分編輯。

一四七　弘一大師寫經集（線裝四冊函裝）　夏錫元編，西泠印社二〇〇三年十二月第一版。

按：該集含《金剛經》、《藥師本願功德經》、《華嚴經》、《阿彌陀經》、《心經》。

一四八　弘一大師書信手稿選集　虞坤林編，山西古籍出版社二〇〇六年八月第一版。

按：該集與劉雪陽、豐一吟編同名書，所收手稿基本相同，唯編排次序變更。附有釋文。

一四九　送別・我在西湖出家的經過（現代作家精選本，第二輯：吳福輝、陳子善主編）　李叔同著，復旦大學出版社二〇〇六年八月第一版。

按：該書分上下兩編，上編「無上清涼」收詩詞歌曲；下編收散文演講稿。所收文章《弘一大師全集》（福建人民出版社一九九一年至一九九三年版）皆有之。

一五〇 **人天楷模——弘一大師** 北京一輪明月文化藝術交流中心、電影《一輪明月》主創（總製片人周珊薇，出品人孫增華），二〇〇六年農曆七月三十（陽曆八月二十三日）。

按：電影《一輪明月》宣傳冊。

一五一 **蓮館弘譚**（刊物） 浙江省平湖市李叔同紀念館編，創刊號（二〇〇六年九月）主編：張宏，執行編輯：戈敏；第二期（二〇〇七年九月）主編：張育民，副主編：王維軍；第三期（二〇〇八年九月）主編：張育民，副主編：王維軍；第四期（增刊二〇〇八年九月）紀念李叔同出家九十周年專刊，主編：張育民　副主編：王維軍；第五期（二〇〇九年九月）主編：張育民　副主編：王維軍。

一五二 **禪裏禪外悟人生**（李叔同作品集） 李叔同著，陝西師範大學出版社二〇〇六年十月第一版。

一五三 **一代宗師李叔同** 章用秀等編，天津人民美術出版社二〇〇六年十月第一版。

按：該書以天津市李叔同——弘一大師研究會會長李載道的《建構「弘學」研究體系的意義》為代序，分生平與道路、成就與貢獻、紀念與研究、追憶與評價四部分，附：李叔同著述繫年及詩詞格言選。

一五四 **城東游藝——楊白民與李叔同交游考論** 陳星著，北岳文藝出版社二〇〇六年十二月第一版。

按：該書前言、後記外，上篇楊白民·城東女學與李叔同，敘述楊白民生平；中國近代女學教育與城東女學的創立；城東女學始末；李叔同與城東女學。下篇楊白民與李叔同之相關話題，也寫了四部分：關於李叔同與日妻告別之問題；中國近代美術教育史上的一樁公案；李叔同出家對楊白民的影響；楊雪玖與弘一大師。

一五五 **天津鄉賢李叔同**（天津河北區文史叢書） 章用秀主編，天津市河北區政協、大中華文化出版社二〇〇六年十二月第一版。

按：該書分三編，上編二十九篇，敘李叔同的成長過程及津人的懷念；中編十四篇述李叔同走出天津後，人們的評價，為實地見聞採訪與考察之記實文字；下編十二篇，考證天津地域與大師的淵源。

一五六 **民國文人書法性情** 管繼平著，漢語大詞典出版社二〇〇六年十二月第一版。

按：該書有一篇以「一輪圓月耀天心」為題介紹弘一大師。

一五七 **弘公道風** 弘一大師等原著，果興望西發行，臺南市法缽文化事業社出版二〇〇六年十二月初版一刷。

按：該書為一厚冊弘一法師資料集，三大架構：前塵影事；獨鍾南山；悲欣交集。各再條分縷析。最後以「四分律傳承」、「臺灣律學」作結。

一五八 **李叔同解經**（彩色圖文本） 弘一大師、太虛大師著，行癡注，陝西師範大學出版社二〇〇七年一月第一版。

一五九 **海派代表書法家系列作品集·弘一** 上海市書法家協會編，本卷劉一聞主編，上海書畫出版社二〇〇六年十二月第一版。

按：該卷收一百八十件，依時間順序排列。書作及頗多書件收入了有爭議的作品。

一六〇　**朽者不朽——弘一大師李叔同與陳師曾「北陳南李」的游藝關係**　李璧苑著，臺北弘一大師紀念學會二〇〇七年二月初版。

一六一　**傾聽李叔同**　梁靜編著，京華出版社二〇〇七年二月第一版。

按：該書序以《朱門年少空門老，一頓一悟兢慈航》為題，全書分七類：學問、存養、持躬、敦品、接物、處事、惠吉。從李叔同所選格言來談領悟。後面收李叔同詩歌、詞散曲、創作歌曲等，附李叔同年表簡編。收入有爭議作品，詩歌分類混亂，如將《人生之最後》置於「創作歌曲」。

一六二　**追尋李叔同足跡**　智如策劃，章用秀著，百花文藝出版社二〇〇七年二月第一版。

按：該書釋智如作序，收二十篇紀實文章，依李叔同弘一法師人生歷程排列，係著者實地見聞與採訪所得。附錄三文。

一六三　**李叔同學堂樂歌研究**　陳淨野著，中華書局二〇〇七年五月第一版。

按：該書共有三章：中國近代音樂與學堂樂歌；李叔同學堂樂歌的創作實踐；李叔同的音樂思想及學堂樂歌的創作特色和歷史地位。附錄：李叔同（弘一大師）歌曲出版、演唱及研究紀事。

一六四　**李叔同**（話劇宣傳冊）　天津人民藝術劇院二〇〇七年五月演出。

按：該冊係紀念中國話劇誕辰百年，經典劇目展演的宣傳冊，有編導趙大民的話、劇情梗概、演職員表、人物造型及劇照。

一六五　**隨弘一大師學佛**（圖文本）　李汶娟、李莉娟居士編，天津人民出版社二〇〇七年六月第一版。

按：該書卷首插頁有珍貴的李文濤十九歲科考卷兩篇全文和資料照片。

一六六　**李叔同談藝**（半緣藝術半緣佛，一輪明月耀天心　彩色圖文本）　李叔同著，行癡編，陝西師範大學出版社二〇〇七年七月第一版。

按：該書將豐子愷《李叔同先生的文藝觀——先器識而後文藝》為代序一，行癡《近代藝術的先驅者李叔同》為代序二，依八項選錄：繪畫談、淺談國畫、淺談西畫、淺談書法、談畫字的方法、淺談篆刻、淺談音樂、淺談文學。最後附《關於弘一法師書法變化》（摘錄名家對弘一體書法評論）、《弘一法師書法欣賞》。該書收錄了有爭議的作品。

一六七　**弘一法師——李叔同**　聞逸書卷編，四川出版集團四川文藝出版社二〇〇七年八月第一版。

按：該書以夏丏尊《弘一法師之出家》、豐子愷《我與弘一法師》、《為青年說弘一法師》、葉聖陶《弘一法師的書法》四文為代序，分演講、詩詞歌、書法，收入了有爭議的書畫作品。以夏丏尊《懷晚晴老人》、《弘一大師的遺書》和豐子愷《緣》、《法味》四文，加上龔明德《弘一法師佛事紀要》作為附錄，所選文章《弘一大師全集》（福建人民出版社一九九一年至一九九三年版均有之，含代序、附錄。龔明德《弘一法師佛事紀要》除外）。

一六八　**文化名人的最後時光**　張建安主編，中央編譯出版社二〇〇七年八月第一版。

按：該書收《天心月圓——弘一法師告別塵世》一文。

一六九　**陳慧劍老居士永懷錄**　侯秋東主編，臺北弘一大師紀念學會二〇〇七年八月初版

按：陳慧劍老居士是《弘一大師傳》、《弘一大師論》的作者，臺北弘一大師紀念學會的創辦人，創辦《弘裔》，主持海峽兩岸學者參加的弘一大師德學會議三屆，主編一、二屆論文集。該書收了三十八篇回憶文章，可藉以了解臺灣地區研究弘一法師情況。

一七〇　**曠世凡夫——弘一大傳**　柯文輝著，湖北長江出版集團湖北人民出版社二〇〇七年九月第一版。

按：該書作者在《曠世凡夫——弘一大師傳》基礎上擴充，章節依舊，增加文字，加上較多照片圖版，个别照片之說明時間地點有誤。

一七一　**呀！弘一**　（臺灣）林清玄著，海南出版社二〇〇七年九月第一版。

按：該書分四卷：靈性的階梯；人中之鶴；華枝春滿；演音小輯。作者所寫文字占全書的小部分，大量輯錄弘一法師的著作。除第一、二、三卷收弘一文章四篇外，第四卷還收錄弘一詩十首、詞十首、筆記十則等。附錄弘一大師年表。書中收錄了有爭議的繪畫作品。

一七二　**南閩夢影**（名家散文經典）　李叔同著，天津教育出版社二〇〇七年九月第一版。

按：該書將弘一法師（李叔同）著作依「風風雨雨憶前程」、「不如歸去歸故山」、「心地光明一笑呵」、「亦俗亦佛論長物」加以編輯，另收友生四篇文章作為附錄。《弘一大師全集》（福建人民出版社一九九一年至一九九三年版）皆有之。

一七三　**夕陽山外山**（弘一大師圓寂六十五週年紀念音樂會）　（臺北）弘一大師紀念學會主辦，西蓮淨苑協辦，生命電視臺贊助拍攝，二〇〇七年十月三十日。

按：該學會出版宣傳冊刊登大師慈照、手迹，豐子愷護生畫，音樂會節目單，歌詞，西蓮淨苑住持釋惠敏、臺北弘一大師紀念學會會長釋慧觀關於音樂會的文章，演出團體、人員介紹等。

一七四　**弘一法師書信**　林子青編，生活·讀書·新知三聯書店二〇〇七年十一月北京第二版。

按：該書收信札七百餘通，一九九〇年八月第一版為繁體字本，此第二版為規範漢字本。

一七五　**丹楓紅葉樓詩詞集**　姜丹書著，浙江文藝出版社二〇〇七年十一月第一版。

按：該集收不同時期懷弘一詩詞作品多首。

一七六　**天津文史——弘一法師圓寂六十五周年紀念專輯**　《天津文史》總第三十八期，二〇〇七年第二期（二〇〇七年十二月）。

按：該輯收研究文章二十三篇。

一七七　**永恆的風景——第二屆弘一大師研究國際學術會議論文集**　中國文化藝術出版社二〇〇八年一月第一版。

按：該論文集收二十二篇論文，附有中英文摘要對照。

一七八　**李叔同講國學**（大師眼中的國學）　李叔同著，吉林人民出版社二〇〇八年一月第一版。

按：該書以李叔同《我在西湖出家的經過》作為代序，分「菩提梵音」、「藝海泛舟」兩大部分。前者說佛，從講佛經、講佛理選取演講錄；後者從談國畫、談書法、談寫字方法、談篆刻來選取作品。

一七九　**李叔同的凡世禪心**（感悟大師文叢）　華業編著，石油工業出版社二〇〇八年一月第一版。

按：該書共八章，談感悟。附錄李叔同年表（簡略）。

一八〇　**歌曲**（二〇〇八年第二期，總第五三七期）　中國文學藝術界聯合會主管，中國音樂家協會主辦，主編：徐沛東。

按：該期刊登專題連載晨楓編撰《百年中國名家名歌概覽》介紹李叔同，彩頁刊登浙江省平湖市第二屆李叔同湖畔音樂會「月圓天心·愛滿人間」。

一八一　**李叔同《晚晴集》講記·百部佛經菁華錄**（全彩圖文本）　李叔同集選，熊逸之評注，陝西師範大學出版社二〇〇八年三月第一版。

一八二　**國戲文脈**（中國戲曲學院戲文系師生劇作劇論集）　謝柏梁等主編，上海古籍出版社二〇〇八年五月第一版。

按：該書上下二冊，下冊收實驗戲劇劇作《弘一法師》，任秀麗編劇。

一八三　**天心月圓——弘一大師格言別錄賞析**　楊梓茗著，臺北弘一大師紀念學會出版二〇〇八年七月初版一刷，八月二刷。

按：該書所印弘一大師手書《格言別錄》，宜以高文顯作序，泉州大開元寺藏本為佳。《弘一大師全集》第八冊雜著卷已收，個別頁缺字，修訂版已補完整。

一八四　**李叔同的後半生**　王湜華著，京華出版社二〇〇八年七月第一版。

一八五　**中國歌詞簡史**　劉以光著，廈門大學出版社二〇〇八年八月第一版。

按：該書第一章清末民初時期的歌詞第二節學堂樂歌的產生與傳播，論述留日學生沈心工、李叔同的歌詞創作。

一八六　**李叔同集**（佛門三子文集）　李叔同著，張竟無編，東方出版社二〇〇八年八月第一版。

按：該書以林子青《弘一大師傳》作為代序，分講演卷、傳記卷、雜著卷、文藝卷、格言偈語卷、書信卷、後記、《佛門三子之於佛門》為代跋。《弘一大師全集》（福建人民出版社一九九一年至一九九三年版）均有之，《全集》標「存目」者，該書也「存目」，未見補上。與「最全面、最權威的選本」（「後記」語）有距離。

一八七　**我在西湖出家的經過——李叔同回憶錄**　著者：李叔同，選編者：呼志強，華夏出版社二〇〇八年八月北京第一版。

按：該書為「中國現代名人回憶錄」文叢之一，依「自述·日記」、「書信·往來」、「佛學·講演」、「消息·雜言」四個部分選錄。附錄李叔同年譜。所選文字，《弘一大師全集》（福建人民出版社一九九一年至一九九三年出版）、《李叔同集》（郭長海、郭君兮編），天津人民出版社二〇〇六年六月第一版）均有之。該書個別照片說明有誤，收入有爭議的書畫作品。

一八八　**李叔同《晚晴集》人生解讀**　李叔同原著，王少農注講，線裝書局二○○八年九月第一版（平裝本）。

按：該書封面寫「用佛學經典開解現實人生，品一段佛語，養一片佛心」。前有青島珠光法師的序。

一八九　**白雲深處一禪僧——林子青傳記文學集**　林子青著，臺北市法鼓文化事業股份有限公司二○○八年十月初版一刷。

按：該集收《弘一大師傳》及與弘一大師密切相關的法師、居士傳記資料。

一九○　**聽弘一大師講佛**　郭林生編著，中央編譯出版社二○○八年十一月第一版。

按：編著者談體會之作。該書插畫非弘一法師作品；六十七頁照片印反；一一七頁「善為至寶」署「乙酉十月冬無塵居主人一心」，非弘一大師作品。乙酉，一九四五年，弘一已謝世。當是二○○五年一心法師仿寫「弘一體」書法作品，應予標明。

一九一　**弘一大師人格與思想論文集**　侯秋東主編，釋慧觀發行人，臺北弘一大師紀念學會印行，二○○八年十一月初版。

按：該書選入臺北弘一大師紀念學會舉辦的海峽兩岸學者參加的第三、四屆弘一大師德學研討會論文二十三篇。

一九二　**弘一大師出家九十週年紀念音樂會**　（臺北）財團法人益生文教基金會主辦，采風樂坊演出，二○○八年十一月八日。

按：該音樂會出DVD光碟。

一九三　**李叔同**（大型原創舞劇）（二○○八臺灣·浙江文化節《李叔同弘一法師傳奇》宣傳冊）　浙江省文化藝術交流促進會、中華文化藝術發展促進會等主辦，浙江歌舞劇院演出，洪霽、蘇時進編劇，蘇時進總導演。

按：該冊主要刊登劇照，介紹主創人員及主要演員。舞劇共分七幕：延嗣、別親、維新、醒世、求知、志藝、悟禪及尾聲。浙江歌舞劇院演出曾以《天道》為名，錄制DVD兩片：(A)76分鐘；(B)56分鐘。

一九四　**趙大民戲劇詩文選**（全書四卷）　百花文藝出版社二○○八年十二月第一版。

按：前三卷戲劇，第一卷收話劇劇本《芳草碧連天》（又名《李叔同》）《〈芳草碧連天〉的導演闡述》及三篇相關的學術論文；第二卷卷首有《芳草碧連天》劇照；第三卷卷首有電視連續劇（十三集）《李叔同》劇照；第四卷收多篇記念弘一大師的詩詞。

一九五　**晉江草庵研究**（廈門大學國學研究院資助出版叢書之六）　粘良圖著，廈門大學出版社二○○八年十二月第一版。

按：該書第十二章專述「弘一法師在草庵」。

一九六　**遁入空門——李叔同為何出家**　金梅編著，天津人民出版社二○○九年一月第一版。

按：該書所收文章有三類：一、李叔同自敘；二、李叔同出家之因研究（其中有編著者的一篇長文）；三、李叔同親友的相關回憶等。附錄收《李叔同略傳》、《李叔同—弘一法師年表》。

一九七　**弘一大師李叔同篆刻集**（線裝六冊，精美函套）　龔綬、車永仁編，天津人民美術出版社二○○九年四月第一版。

按：該集六卷收印凡一一四九方，基本上原拓印蛻。卷一印學卷，集相關書札、題偈、序跋等文獻資料；卷二、卷三印存卷；卷四四寧草堂藏印，意園；卷五襲紅軒印譜，弘一大師李叔同常用印（西泠「印藏」，泉州弘一法師紀念館藏品）；卷六印稿拾萃，選編研究李叔同弘一大師篆刻思想與藝術的文章作為附錄，置卷末。

一九八　**中國近代音樂史簡述**　劉再生著，人民音樂出版社二〇〇九年七月北京第一版。

按：該書分為四編，從一八四〇年至一九四九年，以九十個專題梳理中國近代音樂史實。其中第八專題《雲滃水湧　一瀉千里——近代音樂期刊創始人李叔同》，第六、十一、二十七等專題述及李叔同的音樂教育與音樂創作。書後附音響資料教學光盤一張，其中李叔同填詞或詞曲者十首，均為膾炙人口的歌曲。

一九九　**從藝術家到高僧——李叔同弘一大師傳論**　曹布拉著，浙江文藝出版社二〇〇九年七月第一版。

按：該書從史傳角度來論述，全書共八章：津門少年；滬上才子；負笈東瀛；執教武林；西湖皈佛；佛門虔修；興律弘法；月圓天心。

二〇〇　**弘一大師全集**（修訂版，全十冊）　釋學誠、陳珍珍、陳祥耀主編，《弘一大師全集》（修訂版）編輯委員會編，福建人民出版社二〇一〇年十月出版。

［輯錄者附言］近年，指一九九〇年十二月至今；所見，指輯錄者所獲見者；資料，包括李叔同—弘一大師著作後世出版物、研究專著、資料、論文集、音像製品、節目單、宣傳冊等；按語，只簡介內容，不作價值評議。近年來研究資料甚多，囿於見聞，難免滄海遺珠，敬祈見諒！（二〇〇九年十月）

第九輯

弘一法師駐錫寺院簡介

沈繼生輯錄

杭州虎跑定慧禪寺

虎跑寺，在杭州西湖西南隅之大慈山下。相傳唐元和十四年（八一九年），高僧寰中結廬於此，苦於無水。一日，有「二虎跑地作穴」，泉水涌出（即「虎移泉眼」的傳說）。故俗稱為虎跑寺。唐憲宗（八〇六——八二〇年在位）時，賜名廣福院。大中八年（八五四年）改稱大慈禪寺。乾符年間（八七四——八七九年）賜名大慈定慧禪寺。宋代以還，習稱為虎跑定慧寺。元明清間幾經興廢，現存建築物為清同治六年（一八六七年）建。弘一法師與虎跑寺法緣特深，先後五次到寺（一）：一九一八年舊曆七月十三日（二）入虎跑寺落髮為僧，拜了悟上人為剃度師，法名演音，號弘一。九月至靈隱寺受戒後，仍回虎跑寺居住。一九一九年夏再蒞虎跑寺，從華德禪師學唱贊頌，手錄贊頌，撰《贊頌輯要弁言》。一九二三年夏由玉泉寺移居虎跑寺。一九二五年夏又居虎跑寺。手書《梵網經》，贈吳昌碩。一九三一年九月由慈谿金仙寺過杭州，曾在虎跑寺小住。

編者按：

（一）當在七次以上。

（二）以下時間均為舊曆，不一一注明。

◎ 杭州虎跑定慧禪寺

杭州靈隱寺

靈隱寺，在杭州西湖之北，是全國著名的古刹。建於東晉咸和元年（三二六年），迄今已有一千六百年的歷史。五代吳越時為其極盛時期，僧衆多達三千人。歷代高僧輩出。南宋定禪林等級為「五山十刹」，靈隱寺是五山第二山。清康熙二十八年（一六八九年），賜額雲林禪寺，但一般仍稱為靈隱寺。清末民初名僧慧明法師住持，宗風大振。弘一法師修持佛法，過往杭州，曾三到靈隱寺：一九一八年九月十三日到寺受具足戒，即由慧明法師任開堂。一九一九年秋至靈隱寺掛搭，俗友胡樸安來訪，書「慈悲喜捨」一横額贈之。一九二三年夏莅寺，聽慧明法師講《楞嚴經》。

◎ 杭州靈隱寺

杭州海潮寺

海潮寺，在杭州市東望江門外，前臨錢塘江。「錢塘觀潮」自古為東越勝景。相傳此寺於唐代原為潮神廟。後改為佛刹，因瀕江，故稱濱教寺。明代稱鎮海禪寺。清代稱海潮寺。弘一法師於一九一八年十一月，應馬一浮居士之招，由嘉興精嚴寺至海潮寺打七。（打七是佛教定期參禪活動的一種儀式，歷時七日或四十九日。）當年海潮寺請高旻寺首座法一禪師主七。

◎ 杭州海潮寺

杭州玉泉寺

玉泉寺，位於杭州棲霞山與靈隱山之間，距岳墳不遠。相傳南齊建元（四七九——四八二年）中，僧曇超說法於此。寺內因有珍珠泉，頓足則出泉，泉水狀類珍珠，晶瑩明淨，寺遂以泉名。寺內有方池畝許，養魚其中，以供游人觀賞。「玉泉觀魚」為西湖三十六景之一。後晉天福三年（九三八年）改建，名淨空院。南宋紹定年間（一二二八——一二三三年），賜名玉泉淨空院。清康熙三十八年（一六九九年）改名清漣寺，俗以「玉泉」知名。咸豐年間（一八五一——一八六一年）毀於火。光緒元年（一八七五年）寺僧精覺重興，復名玉泉寺。弘一法師在杭州逗留期間，曾四到玉泉寺：一九一八年九月受戒後，曾移居玉泉寺。一九一九年十二月初八日於此寺與弘傘法師（俗名程中和）、玉泉居士（吳建東）共燃臂香，發十大正願，結為道侶，並在此度歲。一九二〇年初夏第三次蒞寺，治根本說一切有部律。七月，轉往新城貝山掩關。一九二一年四月初第四次蒞寺，披閱唐、宋諸師四分律學著述。

◎杭州玉泉寺

杭州招賢寺

招賢寺，位於杭州裏西湖。唐德宗（七八〇——八〇五年在位）

◎一九四八年九月，弘一大師靈骨由泉州送至杭州招賢寺安放

時，郡人吳元卿在此結廬學道。五代時，吳越王錢弘佐於開運三年（九四六年）建為佛刹，鳥窩禪師居焉。北宋治平二年（一〇六五年）改為禪宗道場。清康熙十五年（一六七六年），更名清隱庵。現存建築物為光緒十六年（一八九〇年）僧住本拓建。國學大師馬一浮為招賢寺題一聯曰：「若論佛法，此間亦有些子；見成公案，上座且作麼生？」可以想見招賢之道風。弘一法師曾三到招賢寺：一九二〇年四月初至招賢寺養疴。一九二六年三月初，自溫州至杭州，居招賢寺，與住持僧弘傘合力從事《華嚴疏鈔》之釐會、修補與校點。是年六月，與弘傘法師離招賢寺，同至江西廬山，參加金光明法會道場。一九二六年十一月初，下廬山，返杭州，仍居招賢寺。

杭州常寂光寺

常寂光寺，在杭州市南雲居山四宜亭下。民國初年，禪宗大德微軍和尚（潮州人）開創，係淨土道場。寺址環境清幽，適於靜修。弘一法師於一九二七年春蒞寺閉關。二月，廈門陳敬賢（南洋華僑領袖陳嘉庚之胞弟）夫婦來訪；舊友范古農亦時常過從。三月，浙省新進用事，聞有倡驅僧、滅佛之議，法師乃致書舊師蔡元培，舊友經亨頤、馬叙倫等，懇切陳詞，請予妥善處理。並推薦名僧太虛、弘傘協贊。四月，俗姪李聖章自巴黎回國來訪，在此寺小住九日，敘談頗歡，並合影於西泠印社。七月，法師即移居靈隱寺後本來寺。

杭州本來寺

本來寺，位於杭州靈隱寺後。係近代招賢寺智慧老和尚所創建，稱為招賢寺之下院。規模雖小，頗為幽靜。一九二七年弘一法師曾與弟子寬願於此寺小住。是年七月弘傘法師陪法師舊友李石曾（煜瀛）往訪於本來寺，曾為法師手書《梵網經》題跋。十月間，法師即離本來寺，雲游上海。

嘉興精嚴寺

精嚴寺，位於嘉興市中心，為嘉興最大叢林。始建於東晉。相傳晉成帝（三二六——三四二年在位）時，尚書徐熙捨宅為寺。寺中有井能發光，人稱靈光井。寺因井而得名靈光寺。宋真宗大中祥符時（一〇〇八——一〇一六年），改名精嚴寺。現存殿宇為清咸同年間修建。寺中有始建於唐咸通七年（八六六年）之尊勝陀羅尼經幢兩座；有十二間石屋收藏石經，有吳越國王安放之佛國金塔，名聞遐邇。弘一法師於一九一八年九月在靈隱受戒後，應上海世界佛教居士

◎ 杭州本來寺

林范古農居士之請，蒞精嚴寺藏經閣（時嘉興佛學會設於此）閱清藏，並為之檢理。同時開始書寫經偈與人結緣。舊友許幻園往訪，為書「忍辱波羅密，無量阿僧祇」一聯贈之。在精嚴寺時，曾聽馬一浮居士講《大乘起信論》。前後居會約兩月。

◎ 嘉興精嚴寺

新登靈濟寺

靈濟寺，坐落在杭州西南郊縣新登（一名新城，一九六一年併入富陽縣）之貝山（亦稱貝多山，一名官山，又名北山）。「山高二千餘尺，是間八月至四月皆嚴寒，積雪盈尺，久不融解。」（見弘一法師致丁福保信）。是寺於南宋咸淳年間（一二六五——一二七四年）原為龍王廟。後廟廢，明嘉靖年間（一五二二——一五六六年）建為佛剎。弘一法師於一九二〇年七月，應浙江一師門生樓秋賓啟鴻（樂石社友，官山村人）之請，在貝山「築室掩關」。後因山洪暴發，築室未成，移居靈濟寺，由弘傘法師護關。法師在貝山掩關期中，專研南山戒疏。應丁福保居士之請，為撰《佛說無常經序》，並手書《梵網經》等數種，各撰經跋題記。秋間離開貝山，移居衢州蓮華寺。

衢州蓮華寺

蓮華寺，在衢州北門外十五公里處。寺前臨蓮華溪（今為村名），「上駕石梁三虹，空谷幽澗，名勝甲東浙」（見弘一法師撰《汪居士傳》）。相傳寺始建於北宋建隆年間（九六〇——九六三年）。清康熙四年（一六六五年）僧乾敏重興廟宇。乾隆五十五年（一七九〇年）僧永傳增建禪堂，歷時九載，殿庭宏敞，規模之大，為三衢冠。弘一法師在衢州弘法期中，曾兩到蓮華寺：一九二〇年八月蒞寺，為紀念剃染二周年手裝所書《佛說大乘戒經》、《佛說十善業道經》兩卷。一九二三年九月蒞寺治律。應馮明之醫生之請，為蓮華鄉賢汪居士作傳。

衢州三藏寺

三藏寺，位於衢州市東二十公里之全旺鎮。舊名淨刹。梁僧崇祥師建。弘一法師兩涖衢州，曾掛搭三藏寺兩次：一九二三年九月和一九二四年三月。

衢州祥符寺

祥符寺，坐落在衢縣北。梁天監三年（五〇四年）建，初名鄭覺寺，傳為將軍鄭平捨宅所建，故名。唐陸宣公獻田千餘畝以飯僧衆。北宋大中祥符初，改名祥符寺。元泰定二年（一三二五年）僧義山添建殿宇，歷時七載，被譽為「衢陽首刹」。一九二三年諸善士設衢縣佛教會於此。弘一法師於一九二三年十一月應住持僧妙玄法師之請，掛搭祥符寺，作《朗月照禪師塔銘》。並以《續藏經》一部贈與祥符寺收藏，撰《比丘律藏函題詞》。為毛善力（慈根）居士撰《慈說》。撰《旭光室額跋》（室額乃衢州高士吳明經子弓先生所書）。一九二四年四月十九日自祥符寺起程赴溫州。

◎ 衢州祥符寺

溫州江心寺

江心寺，位於溫州甌江中之江心嶼。江心孤嶼，原分兩島，東西

◎ 溫州江心寺

對峙。中貫川流。西嶼之巔，北宋開寶二年（九六九年）建有七級六面寶塔一座，並於西麓建寺，俗名西塔院。元豐年間（一〇七八——一〇八五年），賜西塔院為淨信禪寺。後來東嶼又建普寂禪寺（俗名東塔院）。南宋紹興七年（一一三七年）高宗詔蜀僧真歇、清了禪師來主普寂、淨信二寺。時值中貫江心之川流淤塞，清了率衆填平，興建新寺名曰中川寺。後來高宗賜改中川寺為江心寺，普寂寺為龍翔寺，淨信寺為興慶寺，合三寺為一，總稱江心寺。南宋定為五山十刹之一。南宋溫州狀元王十朋梅溪及第前，曾在江心寺攻經讀史。撰有名聯一副云：「雲朝朝，朝朝朝，朝朝朝散；潮長長，長長長，長長長消。」現存江心寺建築物，為清乾隆五十四年（一七八九年）建。弘一法師先後住江心寺二次，初次於一九二一年三月抵永嘉，息影於江心寺。第二次係一九二八年陽曆九月底因「慶福近多經懺，不適於閉關用功」，經寂山法師介紹，遷居江心寺。後以是處通信不便，乃移居慶福寺。

溫州慶福寺

慶福寺，俗名城下寮。坐落在溫州大南門外飛霞洞前。背山面水，環境清幽。是寺始創於清嘉慶、道光年間。民初，寂山上人駐錫是寺，增築精舍，莊嚴法門。又復建蓮池會，從者千餘衆，勝名流傳，遍及甌江。弘一法師於一九二一年三月，得留日同學好友林同莊（浙之瑞安人）介紹，自杭州至溫州。蒞溫嶺（又作甌嶺）後，又經永嘉居士周孟由、吳壁華介紹，卓錫慶福寺。一九二二年初，以依律須奉寺主為依止師，遂尊慶福寺寂山長老為依止阿闍黎。直至一九三二年離開慶福寺，長達十年之久。除短期外游以外，恆掩關閱藏，潛心寫作。自署其居處為「永寧晚晴院」。法師居慶福寺期間，完成《四分律比丘戒相表記》初稿，從事《華嚴疏鈔》之釐訂。為庖人陳阿林撰往生傳，為崔祥鴻居士亡母撰往生傳。手書《普賢行願品》，並撰贊地藏菩薩聯。

◎溫州慶福寺

普陀山法雨寺

法雨寺，是南海普陀山三大寺之一，以位於普濟寺之後，俗稱為後寺。普陀山一名白華山，法雨寺在白華頂左光熙峯下，初名海潮寺。明萬曆三十四年（一六〇六年），賜額「護國鎮海禪寺」。清康熙三十八年（一六九九年），又賜「天花法雨」之額，遂改名法雨禪寺。規模宏大，內有九龍殿，係清初自明故宮拆遷而來，至為壯麗。清末光緒年間，印光法師應住持化聞和尚之請，自北京紅螺山南來，安居於普陀法雨寺，閉關閱藏，唱導淨土法門，海內宗之，稱為法雨老人。一九二四年五月，弘一法師自溫州來謁印光法師於法雨寺，親近七日，對印光法師的學問道德深致敬仰。

◎普陀山法雨寺

紹興開元寺

開元寺，位於紹興市中心。始建於梁天監三年（五〇四年）。傳說會稽有富家女名錢善者，自幼信佛，未嫁因病而亡，遺言以奩中資建寺，其父從之。建成後取名大善寺。唐開元二十六年（七三八

◎紹興開元寺

年），詔天下州郡各建一大寺，以年號為寺名。越州則以大善寺易名為開元寺。乾寧二年（八九五年）越州節度使董昌謀反，鎮海節度使錢鏐起兵平亂，奏請以董昌故第改建為寺院，題名開元。是為後開元寺。並將前開元寺復名大善。後開元寺於明萬曆十三年（一五八五年）經僧真秀募資拓建。殿宇宏敞，為越州之冠。弘一法師於一九二三年秋，路過紹興，曾卓錫開元寺，居匝月。後至衢州蓮華寺，應開元寺住持聞願法師之請，為撰《紹興開元寺募建殿堂疏》。

紹興戒珠寺

戒珠寺，坐落在紹興市北昌安門內蕺山南麓。初名昌安寺，唐會昌年間廢。唐大中六年（八五二年）復建。因是時越州寺院以昌安名者有五，故紹興之昌安寺改名戒珠寺，取梵典「戒律潔白，猶如珠玉」之義。另一說戒珠之名，脫自「鵝珠」故事。（昔有一比丘，乞食至珠師家，比丘衣赤，映珠似肉。珠師入舍為比丘取食。於時一鵝來，視珠為肉而吞食之。珠師出見無珠，疑為比丘所盜。於是比丘若實語，必殺鵝，而犯不殺生戒，若詐稱他人盜，則犯不妄語戒。矢口無所告。珠師怒，以棒擊比丘，血流滿地，鵝來食其血，珠師怒而擊鵝即死。比丘見鵝已不活，便以實告。珠師乃剖鵝之腸，珠遂顯。珠師深自懺悔，便捨宅為寺。）弘一法師於一九三一年十月，赴閩未果，由杭州渡江至紹興，卓錫戒珠講寺，舊友蔡冠洛與門生李鴻梁來訪，法師曾自述其身世及出家後修持境界。情真意切，聞者增敬。

◎紹興戒珠寺

寧波七塔寺

七塔寺，坐落在寧波市東二公里又半處。與延慶、阿育王、天童合稱四明四大叢林。寺始建於唐大中十二年（八五八年），時有分寧令任景求者，捨宅為寺，號東津禪院。敦請心境禪師住持。唐咸通年間（八六〇——八七四年），賜名崇壽寺。北宋大中祥符元年（一〇〇八年），改名棲心寺。明洪武二十年（一三八七年），因南海梅嶺山寶陀寺懸於海濱，乃徙建於本寺空地，改名補陀寺。清康熙時，建七浮圖於寺前，俗稱七塔寺。光緒二十一年（一八九五年），住持僧運慧進京請頒龍藏，並得敕賜寺額「報恩寺」。故是寺全稱為「七塔報恩禪寺」，今為寧波佛教協會所在。弘一法師於一九二五年離開溫州，本擬前往安徽九華山，因江浙開戰，阻於寧波。曾掛搭七塔寺雲水堂數日，後應舊友夏丏尊之邀，至上虞白馬湖小住。

◎ 寧波七塔寺

寧波白衣寺

白衣寺，因供奉白衣觀音而得名。坐落在寧波市海曙區廣仁街白衣巷。初名淨居報仁院，始建於五代後唐長興元年（九三〇年）。北宋時，節度使錢億在明州官署發現白光紋梁上有觀音顯影，遂取下梁木，雕成觀音菩薩像，供奉於淨居報仁院中，從此俗稱為白衣觀音院。北宋治平元年（一〇六四年），欽賜寺額「白衣廣仁」。近代安心頭陀曾創孤兒院於寺中。弘一法師在寧波弘法期中，曾兩到白衣寺：一九三〇年六月初，蒞寺晤虛雲禪師與文質和尚，並同合影。一九三一年二月，自溫州過寧波，止白衣寺，友人夏丏尊、錢均夫往訪話舊。旋赴上虞白馬湖。

◎寧波白衣寺

廬山青蓮寺

青蓮寺，坐落在江西廬山（又名匡山）大月峯麓之青蓮谷。其處為山中盆地，後倚五老峯。始建於晉代，開山事迹，已無可考。大月峯又名太白峯，一說青蓮寺為紀念李白而建。綿歷千載，興衰不一。清咸豐年間（一八五一——一八六一年）毁於火。民國初年僧人妙培募捐重建。一九二六年六月，弘一法師與師弟弘傘法師，為參加金光明法會前往廬山，曾居青蓮寺。法師在此寺，曾以硃筆書寫《華嚴經十迴向品初迴向章》，自稱為此生最精作品，贈蔡丐因居士。同時又寫佛號分贈參加法會各護法。

廬山大林寺

大林寺，位於江西廬山之牯嶺，古時分上、中、下三寺。上大

◎廬山大林寺

林寺坐落在今如琴湖東畔，晉代名僧曇詵建。中大林寺坐落在錦澗橋北，晉代名僧慧遠建。下大林寺坐落在錦澗橋西，唐太和年間（八二七——八三五年）建。上大林寺寺址周圍，頗有世外桃源之致。唐代詩人白居易名句：「人間四月芳菲盡，山寺桃花正盛開」（見《詠大林寺桃花》）。一九二四年名僧太虛法師曾召開世界佛教聯合會於此寺，參加者有日、英、法、德、挪威諸國佛教學者及我國知名法師與居士數十人。一九二六年六月，弘一法師由杭州西上牯嶺，參加金光明法會道場，曾駐錫上大林寺。當時上大林寺已修建為西式屋宇。七月晦日弘一法師致蔡丏因居士信中云：「留滯匡山，忽忽二月。溽暑之候，有如深秋，誠清涼之勝境也。」

慈谿金仙寺

金仙寺，在慈谿縣鳴鶴場鎮。背靠峙山，面臨白湖，始建於梁大同年間（五三五——五四六年），初名精進庵。唐乾元間（七五八——七六〇年），改名福林。北宋治平二年（一〇六五年）賜額金仙寺。歷元、明、清諸代，時有興衰。抗日戰爭前，芝峯法師在金仙寺辦白湖講舍，並組織「人海燈社」。名僧太虛、常惺、印順、竺摩、會覺等皆嘗於此小住。一九三七年，由講舍學員翻譯了日本文學博士村上專精所著《佛教大綱》，未曾付印。譯稿原件現存金仙寺藏經樓。弘一法師曾四次駐錫金仙寺：一九三〇年十月，在寺聽天台靜權法師講《地藏經》。法師在禪房宣講《五戒相經箋要》，歷時兩個月。一九三一年三月再度蒞寺，撰《華嚴經讀誦研習入門次第》，並手書《華嚴集聯三百》。九月再次蒞寺。寺主亦幻（一名慧律）上人對法師極為尊敬，生活照顧無微不至。一九三二年春蒞寺，自願發心重講律學。

◎ 慈谿金仙寺

慈谿五磊寺

五磊寺，在慈谿縣宓家埭鄉五磊山上，距寧波市四十八公里。相傳開山於三國東吳赤烏年間（二三八——二五〇年），距今已一千七百餘年。時有印度來華高僧那羅延尊者在五磊山結廬傳經。唐文德年間（八八八年）建「靈山禪院」。宋改稱「五磊普濟院」。明永樂間

◎慈谿五磊寺

（一四〇三——一四二四年）定名為五磊禪寺。歷代名僧輩出。清初宏覺禪師為順治欽命的一代國師。民國初年，天台宗名僧諦閑大師在此主持法席，弘揚法華教義。一九三一年五月，弘一法師由金仙寺移居五磊寺，並於七月十三日自誓受菩薩戒，發弘律誓願。十一月十九日與寺主棲蓮法師簽訂創辦南山律學院協約。後因意見不合，弘一法師飄然離去。

慈谿伏龍寺

伏龍寺，在慈谿縣（舊屬鎮海縣）東三十一公里的伏龍山。伏龍山一名箬山，南去龍山所五公里，屹立水際，古稱番舶必由之道。伏龍寺創於唐咸通三年（八六二年），歷代興衰不一。寺背山面海，頗饒佳景。弘一法師在浙東弘法期間，曾三到伏龍寺：一九三一年臘月，弘一法師應該寺住持誠一法師之請，往伏龍寺度歲，安居至次年春。後赴白湖金仙寺，發心講律。一九三二年初夏，重返伏龍寺。六月，為亡父百二十齡誕辰，敬書《阿彌陀經》十六大幅，以資迴向。旋赴上虞法界寺，大病彌月。一九三二年秋間，復至伏龍寺安居。他為在家弟子劉質平寫聯，常題「時居箬山」，即伏龍寺。今寺已廢。

上虞法界寺

法界寺，在上虞縣橫塘鎮廣豐村楊家溪畔。該寺山名蘭臯。唐天寶二年（七四三年）建。初名利濟院。北宋大中祥符年間（一〇〇八——一〇一六年），改名法界寺。因臨近白馬湖，俗稱湖頂院。弘一法師在上虞弘法期間，曾三到法界寺：一九三〇年五、六月，居法界寺。一九三一年春，自溫州至上虞，居法界寺。二月十五日，於佛前發專學南山律誓願，願盡此形壽，悉心竭誠，熟讀窮研南山疏鈔及靈芝記，精進不退。寺主然慶老和尚極敬重之。四月立遺囑存法界寺，謂「弘一謝世後，凡寄存法界寺之佛典及佛像，皆贈與徐安夫居士。其餘之物，皆交法界寺庫房」。一九三二年秋，至上虞，掛搭法界寺。大病彌月，病後復至鎮海伏龍寺安居。

◎上虞法界寺（此為畫稿，由上虞弘一大師研究會提供）

青島湛山寺

湛山寺，位於青島市東湛山之西南隅、太平山之東麓。一九三一年，我國佛教界知名人士葉恭綽、周叔迦等居士發起，為紀念明代

◎青島湛山寺

高僧憨山大師弘法罹難故地——山東青島，興建一佛寺，擇寺址於湛山。湛山寺於一九三三年建成，延請東北名僧倓虛法師為開山方丈。倓虛法師蒞任後，將湛山寺辦成十方叢林，弘揚佛法，不遺餘力，收藏佛經六千餘冊，提倡入寺僧衆，坐地參學，聘請高僧輪流開講，一時成為北方佛教名剎。一九三七年四月，派夢參法師至廈門萬石巖延請弘一法師蒞寺講律，隨行者有圓拙、傳貫、仁開諸弟子。先後開講律學大意、三皈五戒、四分律隨機羯磨等，並完成《羯磨隨講別錄》等律學著作。九月戰火逼近，中秋後方離青島經上海返廈門，仍居萬石巖。

廈門南普陀寺

南普陀寺，位於廈門五老山下。五老山五峯並列，巍峨雲漢，號稱「五老凌霄」。寺始建於唐五代。初名泗洲院。北宋天聖年間（一〇二三——一〇三二年）改稱無盡巖。治平年間（一〇六四——一〇六七年）得陳肇公布施拓建為道場，改名普照寺。清康熙二十三年（一六八四年）靖海侯施琅重修，以廈門地處南海普陀山之南，與南海普陀寺共同供奉觀世音菩薩，故改名南普陀寺。一九二四年轉逢和尚任住持。一九二五年秋，成立閩南佛學院。弘一法師蒞廈期間，曾七到南普陀寺：一九二八年十一月，入閩第一站，居南普陀寺。一九二九年一月，由小雪峯返廈，住閩南佛學院小樓上。一九二九年十月由溫州返廈，住南普陀寺功德樓上。一九三二年十二月初二日蒞寺參加常惺法師就任住持受請典禮。一九三四年二至十一月，居後山之兜率陀院（自署「晉水蘭若」）。在寺講律，並囑瑞今法師創辦佛教養正院，作育僧材。一九三六年一至五月蒞寺講律。一九三七年一月至二月蒞寺講律。

◎ 廈門南普陀寺

廈門妙釋寺

妙釋寺，坐落在廈門百家村。初名慧日室，比丘尼妙圓所居。後尼示寂，清咸豐年間（一八五一——一八六一年）僧恆心駐錫於此。同治年間（一八六二——一八七四年）僧意願募建，改名妙釋寺。光緒初僧聰清重修。民國後僧善契重興，請得頻伽藏、磧砂藏各一部，闢有佛學圖書館，收藏佛典千餘卷。弘一法師莅廈期間，曾兩到妙釋寺：一九三二年十一月宣講《淨土法門大意》。十二月應妙釋寺念佛會之請，作《人生之最後》講演。（分為七章：緒言、病重時、臨終時、命終後一日、薦亡事、臨終助念、結語。）一九三三年正月初八日，應妙釋寺住持善契法師之請，作《改過實驗談》講演，正月十六日宣講《四分律含注戒本》，至二月七日圓滿結束。移居萬壽巖。

◎ 廈門妙釋寺

廈門太平巖

太平巖，位居廈門東郊獅山主峯，在萬石巖之東，中巖之上。山徑皆巨石夾道。巖前有文武二巨石，如開口狀，題刻「極樂天」，山門題「歡喜地」，寺門額題「放開眼界」，皆為詠「太平」而寫。太平巖寺在「石笑」背後，相傳為唐代遷居鷺島之中原望族陳夷則兄弟所創建。現有寺宇為清同治年間（一八六二——一八七四年）重修。僅大殿一楹，左邊為世尊殿，二殿之間建有「棋盤迴向」二層樓閣。大殿前有放生池。池之附近有石洞曰海雲。近代高僧太虛法師題刻「海雲洞」三字。弘一法師莅廈期間，曾兩到太平巖：一九二九年十月，「……起初在南普陀寺住了幾天，以後因為寺裏要做水陸，又搬到太平巖去住」。一九三二年十一月初居太平巖，並在此度歲。

◎ 廈門太平巖

廈門日光巖

日光巖，亦名晃巖。位於廈門龍頭山頂峯，為鼓浪嶼最高點。因「與日爭光」而得名。山上初有蓮花庵，始建於明萬曆十四年（一五八六年）冬。清乾隆二十五年（一七六〇年）僧瑞琳募修，改稱日

◎ 廈門日光巖

光巖寺。道光年間（一八二一——一八五〇年）鷺江名士林鍼改建。一九二六年僧清智重修大雄寶殿。弘一法師於一九三六年五月，應清智法師之請，由南普陀寺移居日光巖，是時向日本請得大小乘經律萬餘卷，親自整理，編成《佛學叢刊》四冊交上海世界書局出版，自為敘。撰《扶桑本四分律行事鈔資持記通釋序》、《扶桑本表無表章文集序》、《扶桑本梵網經古迹記序》。九月下旬校訖《隨機羯磨疏濟緣記》。自署「時居古浪日光別院」。次年春日，郁達夫偕廣洽法師來訪，回福州後寄贈一律。十二月初六日，移居南普陀寺。

廈門萬石巖

萬石巖，在廈門東郊獅山。因漫山皆石，故名。半山腰有萬石禪寺（又名萬石蓮寺），相傳為唐代移入鷺島的中原士族陳夷則兄弟所建。曾有「鷺江富名寺，萬石獨稱最」的美譽。清康熙間靖海侯施琅重修。弘一法師蒞廈期間，曾駐錫萬石巖兩次：一九三七年三月，應會泉法師之請，自南普陀寺移居萬石巖。應請為廈門市第一屆運動大會撰會歌。為萬石蓮寺山門書柱聯曰：「萬中參一法，石上悟三生。」四月初五日離開萬石巖，前往青島湛山寺講律。一九三七年九月中旬，由青島回廈，仍居萬石巖。是時廈門戰雲密布，各方勸請內避，弘一法師答曰：「為護法故，不怕炮彈。」因自題其室曰「殉教室」。

◎ 廈門萬石巖

廈門萬壽巖

萬壽巖，一名山邊巖，位於廈門北郊禾山之東。寺後有古松數株，因有「萬壽松聲」勝景，故名。有巨石疊成巖洞，名松聲洞，俗呼一片瓦。洞右為佛寺，始建於南宋寶慶年間（一二二五——一二二七年）。弘一法師蒞廈期間，曾三到萬壽巖：第一次在一九三二年十一月，由性願法師介紹，住萬壽巖，著《地藏菩薩盛德大觀》一卷。十二月刻白文「看松月到衣」（溫庭筠詩句）石刻一顆，贈同居了智上人。第二次，一九三三年二月開講《授三歸依大意》；四月初開講《地藏菩薩之靈感》；五月開講《隨機羯磨》。第三次自一九三四年秋至一九三五年春。八月發表《萬壽巖念佛堂開堂演詞》；冬宣講《阿彌陀經》，自編《彌陀義疏擷錄》一卷。越年二月開講《淨宗問辨》。《梵網經古迹記》點校竟。《行事鈔資持記通釋》扶桑本與天津刊本互校竟。

◎ 廈門萬壽巖

廈門中巖

中巖，位於廈門東郊獅山之中部，界於萬石、太平二巖之間，故名。磴道曲折，殿宇錯落，景致幽靜。古時山中棲息鷓鴣特多，俗稱鷓鴣巖。傳係晚明民族英雄鄭成功讀書處。弘一法師於一九三七年九月中旬自青島返廈門，應會泉法師之約，仍居萬石巖。後因萬石巖進行修繕，移居中巖小住，為十餘學僧講解《受十三戒法》，並勉勵僧衆除學律外，應兼修華嚴，訂《華嚴經普賢行願品》為日課。是年發表於廈門《佛教公論》上《釋弘一啟事》云：「……擬即移居他寺，習靜養病。」即指此時於中巖閉關。

◎廈門中巖

泉州開元寺

開元寺，位於泉州西街紫雲境。寺始建於唐垂拱二年（六八六年），初名蓮花寺。開元二十六年（七三八年）改稱開元寺。元至元

◎泉州開元寺

年間（一二六四——一二九四年）全稱為開元萬壽禪寺。為泉州三大叢林之首。規模宏偉，占地七萬平方米，有支院一百二十所。寺西北之尊勝院，為支院之首，乃開元寺之肇基地。唐匡護禪師為開山鼻祖。弘一法師蒞泉期間，曾五到開元寺：一九三三年五月應寺主轉物和尚之請，集合學僧十餘人，於尊勝院開辦南山律學苑。發表《南山律苑住衆學律發願文》，圈點南山鈔記，並自述研習始末。六月宣講《敬三寶》、《殺生與放生之果報》。八月宣講《含注戒本隨講別錄》。一九三五年春，宣講《一夢漫言》，撰《見月律師年譜》。參觀開元慈兒院學童上美術課，並曾以盧世侯居士所繪佛像（印刷品）分贈九位善作畫的兒童。一九三八年二月十二日為開元慈兒院學童講述釋迦牟尼佛為法捨身的故事。二月十八、十九、二十三日在尊勝院宣講《心經大意》。一九四一年十二月，開元寺因太平洋戰事，經濟來源告絕。上海劉傳聲居士聞訊，恐弘一法師道糧不足，特奉千元供養。弘一法師慨然辭之。弟子廣義法師建議將此款送交開元寺常住充購齋糧。弘一法師外加久已棄置不用之真白金水晶眼鏡一架（原為摯友夏丏尊所贈），公開拍賣，得款五百餘元，供開元寺采購道糧之用。一九四二年八月十五、十六兩日，在尊勝院宣講《八大人覺經》。

泉州承天寺

承天寺，位於泉州崇陽門東，鸚鵡山之南麓。是地原為唐五代晉江王留從效之南園，後周顯德年間（九五四——九六〇年）建寺，初名南禪寺。北宋景德四年（一〇〇七年）賜名承天寺，又名月臺寺。被譽為「閩南甲刹」。現存寺宇為清康熙三十年（一六九一年）靖海侯施琅重修。弘一法師曾五到承天寺：一九三〇年舊曆正月，應月臺佛學研究社創辦人性願法師之請，蒞寺整理藏經，編纂目錄，開講《藥師經大意》。一九三三年七月為幼年學僧演講兩次，題為《常隨佛學》與《改習慣》。一九三五年十一月，應承天戒堂開堂師之請，

◎ 泉州承天寺

為受戒僧侶作通俗性演講，題為《律學要略》。一九三八年二月，應寺主轉塵和尚之請，為四衆宣講《金剛經大意》、《普賢行願品》、《最後之□□》。冬月，為勉勵寺僧發揚愛國愛教之精神，題詞曰：「念佛不忘救國，救國必須念佛。」加跋曰：「佛者，覺也。覺了真理，乃能誓捨身命，犧牲一切，勇猛精進，救護國家。是故救國必須念佛。」一九三九年正月元旦至二月十七日宣講《藥師經大意》、《裴相發菩提心》。

泉州百源寺

百源寺，又作百原寺。位於泉州市東南隅百源川池畔，故名。寺始建於明崇禎年間（一六二八——一六四四年）。泉邑進士楊元錫獻宅為寺。清順治年間（一六四四——一六六一年），有省外服官之泉籍人，盡將任內受賄貪污之款，悉數購黃銅，鳩工鑄造佛像十六尊，供奉寺中，故俗稱銅佛寺。現存寺宇為乾隆十七年（一七五二年）施琅曾孫施國寶重修。弘一法師曾兩到百源寺：一九四一年冬，應寺主覺徹法師之請，駐寺養靜，居大殿東廂房。為寺門撰聯曰：「教門千百，喻如梵網；佛道本原，其唯戒光。」（以寺名百源二字分嵌於聯語第四字）。一九四二年五月，自惠安靈瑞山講經歸泉，蒞寺養靜。有檀越楊氏後代登門求師開示修持法門，有書法愛好者黃福海居士登門求教書法。

◎泉州百源寺

泉州溫陵養老院

溫陵養老院，位於泉州行春門東北桂香境。是地原為唐代閩賢首科進士歐陽詹（泉人）之家廟「不二祠」。又為宋代名儒朱熹在泉州講學「小山叢竹書院」院址。一九二五年，泉州佛教會於此開辦老齡僧人安養院。因泉地氣候四時常溫，古稱溫陵，故名曰溫陵養老院。弘一法師曾四到溫陵養老院：一九三五年兩次蒞院暫住，補題朱子祠過化亭額。一九三八年一月十四日為老齡僧人講《勞動與念佛》。二月，宣講《淨宗法門大意》。一九四二年七月廿一日為僧衆教習《出家剃度儀式》。八月十六日宣講《淨土法要》。九月初一日，書「悲欣交集」四字與侍者妙蓮，是為最後之絕筆。九月初四日（陽曆十月十三日）午後八時作涅槃臥，安詳圓寂於溫陵養老院晚晴室。

◎ 泉州溫陵養老院

泉州資壽寺

資壽寺，在泉州行春門外桂香坊內。俗呼北藏寺。其地原為唐五

◎ 泉州資壽寺

代晉江王留從效之故宅。後周顯德三年（九五六年）捨宅為寺，初名報恵寺，後改名封崇寺。北宋景德年間（一〇〇四——一〇〇七年）陳洪銛為兄洪進祈壽，捨三施田拓建寺宇，改名資壽寺。元代賜名護國永隆資壽講寺。明嘉靖年間（一五二二——一五六六年）改為府城隍廟。清代永隆資壽寺與府城隍廟混稱。民國以後，泉州佛教會所主辦之溫陵養老院與資壽寺毗鄰，院舍互通。弘一法師於一九三〇年春駐錫資壽寺近半月，曾為僧衆宣講《地藏菩薩之靈感》。

泉州清源洞

清源洞，位於泉州北郊清源山（又名泉山）之巔。在此寓目登眺，如履雲端，因以得名曰齊雲山。是山為古代東甌王避漢兵之地。相傳南宋紹興年間（一一三一——一一六二年），有裴道人（名恩休，浙江紹興人）在此洞中蛻化，故稱蛻巖，亦號純陽洞。山門勒有石匾，文曰「第一洞天」。進山門，扶石級上高臺，有一列背東面西寺宇，係元代至元十八年（一二八一年）僧法曇興建。越三年，僧一聰添建應真閣、觀空樓及石亭。明代為李光縉、俞大猷讀書處。弘一法師於一九三九年春登臨清源洞，當時寺主為元前法師。此洞高處山巔，交通不便，香火不盛。但附近林木資源豐富，為城關寺院柴薪之供應基地，特別是城北崇福寺（三大叢林之一）所需柴薪均倚賴於此，被視為崇福寺之別院。弘一法師蒞洞養靜期間，曾得清源山南臺巖、碧霄巖僧人照顧其生活。

◎ 泉州清源洞

晉江草庵

草庵，晉江市蘇內村華表山麓的一座小庵，也是現在世界上僅存的摩尼教遺迹。摩尼教是伊朗古代宗教之一，又名明教或明尊教，故草庵又稱為光明寺。摩尼教於七世紀時傳入中國，信奉者頗多。晉江草庵始建於宋代，是泉州摩尼教徒聚會場所。庵內依崖浮雕的摩尼佛石像雕刻於元代初年。其像闊額方頤，兩耳垂肩，正襟危坐，容貌慈祥，背後還刻有波浪狀四射毫光。弘一法師曾三到草庵。一九三三年臘月抵庵度歲。越年正月，為僧衆宣講《含注戒本》。書庵門聯曰：「草積不除，便覺眼前生意滿；庵門常掩，毋忘世上苦人多。」一九三五年臘月再度抵庵度歲。得重病，曾書遺囑一紙交與傳貫法師，囑為照辦。越年曾為摩尼光石佛像題聯曰：「石壁光明，相傳為文佛現影；史乘記載，於此有名賢讀書。」一九三七年臘月第三次抵庵度歲。越年正月，為僧衆宣講《華嚴經普賢行願品》。

◎ 晉江草庵

晉江安海水心亭

水心亭，位於晉江市安海鎮西安平橋之橋中，故云水心。又名

◎ 晉江安海水心亭

中亭。因供奉觀世音菩薩，俗呼觀音亭。其全稱為「水心澄渟院」。始建於清道光元年（一八二一年）。傳說宋代僧智淵修建安平橋（橋長五里，俗稱五里橋），施工中出現險情，得觀音大士顯聖扶持，得以完工，鎮人為崇功報德建院紀念之。弘一法師於一九三八年九月二十日，自同安梵天寺出發，抵達安海，應豐德法師之請，留居水心澄渟院。住匝月。曾為安海各界人士作佛法之通俗講演。當時為集衆說法，僉謂澄渟院寺宇仄隘，爰假金墩宗祠為講場。講題分別為：《佛法十疑略釋》、《佛法宗派大概》、《佛法學習初步》。後安海澄渟院法會將講稿彙集成冊，書名《安海法音錄》，刊布流傳。弘一法師蒞院期間，曾往鎮北龍山寺禮佛，並應寺主開慈法師之請，為龍山寺題「紹隆佛種」篆字匾額一方。

晉江福林寺

福林寺，位於晉江市檀林鄉（又名茀林）東南隅。始建於何時不詳。現存殿宇為清同治五年（一八六六年）重修。弘一法師於一九四一年曾兩到福林寺，完成佛學著述三部：《律鈔宗要隨講別錄》、《事鈔略科》、《隨分自誓受菩薩戒文析疑》。為僧衆開講《略述印光大師之盛德》。為寺門撰嵌字聯曰：「勝福無邊，豈唯人天福；檀林安立，是謂功德林。」為福林清涼園撰門聯曰；「福德因緣一一殊勝，林園花木欣欣向榮。」當時晉江沿海漁村時遭日艦炮擊，泉州開元寺住持慮及弘一法師安全，特派傳貫法師前來福林寺存問起居。傳貫持紅菊花一束供養慰安。弘一法師深受感動，為說五言偈：「亭亭菊一枝，高標矗晚節，云何色殷紅，殉教應流血。」詩前小序曰：「辛巳初冬，積陰凝寒，貫師贈與紅菊花一枝，為說此偈。」

◎ 晉江福林寺

南安雪峯寺

雪峯寺，位於南安縣洪瀨鎮楊梅山之南麓，原為唐乾符年間（八七四——八七九年）義存禪師（皇旨賜號真覺大師）葬親墓地。義存禪師俗籍南安洪瀨鎮潤埕村。五代時閩王王審知聘義存禪師為國師，在福州建造雪峯寺供奉。是故楊梅山墓地別稱「雪峯父母墳」。後人於墳旁建庵崇佛。南宋淳祐三年（一二四三年）僧天錫就庵址拓建巖宇，號「樗拙三築」，亦稱雪峯禪寺。俗呼福州祖寺為大雪峯，南安之寺為小雪峯。現存寺宇為清康熙年間僧如幻重修。弘一法師曾兩到小雪峯：一九二八年十二月中旬，自廈門南普陀寺至小雪峯度歲。一九二九年十二月，應小雪峯寺主轉逢和尚之請，偕同太虛法師自廈門南普陀寺至小雪峯度歲。是年適值弘一、轉逢二法師同庚（均為五十歲），太虛法師倡議「今夕可為二老合做百歲壽」。並賦七律詩詠之。是夕，弘一法師書聯贈轉逢和尚。

◎ 南安雪峯寺

南安靈應寺

靈應寺，位於南安縣洪瀨鎮洪梅鄉玳瑁山（俗呼戴帽山）南面半山腰處。北宋皇祐年間（一〇四九——一〇五四年）文愈禪師（俗姓

◎ 南安靈應寺

李，名應）為開山祖，俗稱靈應祖師，寺初名靈應巖，又名紫帽巖。明末清初僧如幻超弘重興，僅次於雪峯寺，為南安第二叢林。清道光間邑令梁韻清祈雨有應，以「靈應」匾其寺。現存殿宇為光緒十八年（一八九二年）重修。弘一法師於一九四〇年十月初十日應寺主定眉法師之請，自永春普濟寺移居南安靈應寺，「辭謝見客通信等事，習靜養疴」。為時約半年。蒞寺期間，撰《普勸出家人常應受八戒文》、《受八關齋戒法跋》。

法師至靈應寺後，遐邇聞訊往訪者頗不乏人，尤以教育界人士為多。時值抗戰中期，百物昂貴，教師生活至為清苦。某校長詢以小學教師收入菲薄，家費無法維持，是否能改業？弘一法師勖以：「小學教育為栽培人材之基礎，關係國家民族至重且大。小學教師目下雖至清苦，然人格至高尚，未可輕易轉途改業。」

南安水雲洞

水雲洞，在南安縣東北洪梅鄉新聯村商南寨山腰上。始建於明洪武十八年（一三八五年）。相傳是年鄉民營建祖墳，挖基時，得大銅鐘（重約三百斤）一個、神農氏石像一尊。時濃雲蔽天，大雨傾盆，鄉民認定是穴為「仙公」所居，因號曰水雲洞。遂將祖墳移建他處，就基地興建佛剎，供奉水月觀音，兼祀神農石像。清光緒三十一年（一九〇五年），始供奉靈應祖師，被視為靈應寺之分院（是地距靈應寺二公里許）。弘一法師曾兩到水雲洞：一九四一年一月，為避香客赴靈應進香喧鬧，應水雲洞寺主定妙法師之請，由靈應寺移居水雲洞。題李卓吾像贊：「由儒入釋，悟徹禪機，清源毓秀，千古崔巍。」四月重過水雲洞。曾為陳海量居士書雲峯禪師偈語：「即今休去便休去，若欲了時無了時。」並加跋曰：「辛巳四月十九日第二次居南浦水雲，明朝復將之福林，書此以奉海量居士。」

◎ 南安水雲洞

南安雙靈寺

◎南安雙靈寺

雙靈寺，在南安縣水頭鎮埕邊鄉（鄰近安海）。寺始建於清嘉慶七年（一八〇二年）。傳說鎮人高鐘卓第三女名榜，因辭婚絕粒，持齋二十一年，於嘉慶六年十一月二十六日成佛。復有第四女名瓜，亦因辭婚絕粒，持齋十九年，於嘉慶九年三月初八日成佛。以是寺名曰雙靈。水頭鎮為弘一法師在家弟子高文顯之故里，雙靈寺住持宏賢師為高文顯居士之生母。一九三七年十二月中旬高氏母子迎請弘一法師蒞寺，宣講《梵網經菩薩戒本淺釋》，書條幅題曰：「願一切眾生悉得成佛。」贈雙靈寺供養。

惠安淨峯寺

淨峯寺，又名淨山寺。位於惠安縣東十公里處淨峯（淨山）之巔。淨山三面環水、一面負陸，地處海濱之垅，又名為乾山。因一峯獨峙，別稱尖山。相傳是地為李鐵拐故里，俗呼錢山。寺始建於唐咸通二年（八六一年）。現存寺宇為清光緒三十年（一九〇四年）重修。佛殿旁有李仙祠（或稱仙祖廟）。弘一法師於一九三五年四月十二日抵淨峯，至十月下旬離去，駐錫半載。先後為諸善信開講《華嚴經普賢行願品》、《四分律戒本疏行宗記》、《地藏九華山示迹大意》、《蕅益大師事迹》。校點《含注戒本疏》、《行宗記》竟。撰《四分律含注戒本科》、《菩薩戒受隨綱要表》。題客堂門聯曰：「自淨其心，有若光風霽月；他山之石，厥惟益友明師。」題仙祖廟門聯曰：「是真仙靈，為佛門作大護法；殊勝境界，集僧眾建新道場。」留有《淨峯種菊臨別口占》：「我到為植種，我行花未開，豈無佳色在，留待後人來。」

◎ 惠安淨峯寺

惠安科山寺

科山寺，又名科峯寺。在惠安縣西郊科山（一名科峯）之南麓。

◎ 惠安科山寺

科山，原名登高山。因宋盧瞻、元盧琦讀書是處，舉進士登科，故稱之為登科山。雅號曰高士峯。寺始建於北宋元祐年間（一〇八六——一〇九四年）。明景泰、清康熙間僧邱碧、一九一八年僧瑞順相繼重修。弘一法師曾三到科山寺：一九三五年十月二十日蒞寺講演，題為《佛法大意》，並為五人證受皈依。一九三五年十一月二十三日蒞寺講演，題為《人生之最後》，並為十人證受皈依。為科山寺題橫額曰：「慧水勝境」。並於寺前攝影留念。一九三八年三月初蒞寺講經五天，講題為《修淨土宗者應注意之數事》、《十宗略義》、《華嚴五教大意》。

惠安靈瑞山寺

靈瑞山寺，在距惠安縣城五公里之靈瑞山山腰處。五代梁乾化二年（九一二年）僧景墀始建。初名廣福寺。北宋治平（一〇六四——一〇六七年）中，改名圓常寺。南宋時以山名名寺。明代惠安名士張岳讀書是處，舉入行科，因是山寺聲名大振。為惠邑重陽登高最佳去處。弘一法師曾兩到靈瑞山寺：一九三五年十一月間，應寺僧妙拔法師之請，蒞寺講經弘法受徒。一九四二年二月，應浙江一師門生石有紀（時任惠安縣縣長）之邀，由惠安佛教會會長覺圓法師陪同，居靈瑞山寺講經說法，為時一月整。

◎ 惠安靈瑞山寺

惠安瑞集巖寺

瑞集巖寺，位於惠安縣東嶺許山頭東堡村昆山（又名後庵山）之南麓。寺始建於明初。相傳有一高僧係丹青妙手，曾在是寺東壁，畫有一株紫荊樹，故又稱為紫巖。此畫中樹隨斜陽倒映，其樹影延展至龍潭港邊，自東堡至龍潭五里間，瑞氣咸集，因以瑞集巖稱之。現存寺宇係清同治年間（一八六二——一八七四年）里人許宗澄募建。

弘一法師自一九三五年至一九四二年曾四抵惠安弘法。「……奔走鄉村，雖未能大弘佛化，而亦隨分隨力小有成就。」其中一九三五年十一月二十二日蒞寺講經，並為二十人證受皈依及五戒。一九四二年二月下旬趁赴靈瑞山弘法之便，約見東堡齋友許連木、許貴望等五人，商議將瑞集巖寺擴建為大華嚴寺。「昆山紫巖，勝於乾山、科山等處多多矣。朽人之意，亦可名為大華嚴寺。」同時責成覺圓法師備辦建材。事未成而弘一法師圓寂於泉州。

◎惠安瑞集巖寺

惠安晴霞寺

晴霞寺，位於惠安縣崇武鎮（舊稱崇武所，圍有城牆）西門外霞西村。相傳該寺始建於明代，現存寺宇係清同治十三年（一八七四年）建。距大殿西去十五米處建有靜居室一所。一九三五年弘一法師在《惠安弘法日記》上載云：「八月廿七日，請性願法師臨崇武晴霞寺，代余開講《法華經普門品》。二十九日講訖。每日聽眾百人左右，為惠安空前之盛會。」法師又曾為靜居室大廳題門聯曰：「歸依佛法僧勤修戒定慧，弘揚大乘理利益諸眾生。」

◎ 惠安晴霞寺

惠安普蓮堂

普蓮堂，位於惠安縣崇武鎮東門靖江村盧厝街。堂始建於清乾隆二十七年（一七六二年）。為惠邑在家優婆塞持齋庵堂。崇武城東居民拜佛持齋，世代相傳，子孫承襲，俗呼為子孫堂。弘一法師應堂主丁心鏡之請，於一九三五年四月十六日至普蓮堂。十七日為道友開講《三皈五戒》，十八日開講《觀音菩薩之靈感》，十九日上午開講《淨土法門》。午後，離開崇武西崎頭，返淨峯。

◎ 惠安普蓮堂

惠安如是堂

如是堂，在惠安縣北，明嘉靖進士曾承芳創建。堂門匾額「如是堂」三字係明代書法名家張瑞圖所書。向為惠邑釋家優婆夷常住道場。一九三五年弘一法師在《惠安弘法日記》上載云：「十二月初二日，到如是堂講演，聽衆近百人。」並為齋堂常住王紅姑證受皈依，取法名惠紅。（一九三八年冬，釋惠紅受五戒於廈門南普陀寺性願法師座下。）

◎ 惠安如是堂

永春桃源殿

桃源殿，位於永春縣東門（迎暉門）。明初肇建，初名真武宮

◎ 永春桃源殿

（道觀），清嘉慶年間（一七九六——一八二〇年）改為佛剎。因明代書法名家張瑞圖題匾曰：「桃源古地」（永春古稱桃源），遂稱之為桃源寺。一九三四年創設永春佛教會暨永春慈兒院於是處。弘一法師應永春佛教會會長妙用法師之請，於一九三九年二月廿五日蒞寺，在講經集會上，作題為《佛教之簡易修持法》之通俗講演。當聞知永春興辦慈兒院頗有成績，法師以為藥師如來因地所發十二大願，對貧人病人有解憂除苦之效，倡議永春建立一所藥師寺。後因籌建不易，未有結果。一九四〇年十月初九日法師自蓬壺普濟寺動身下南安，路過永春縣城，又在桃源寺逗留一日。

永春普濟寺

普濟寺，位於永春縣西北三十公里處蓬壺鄉之毗峯上。寺始建於北宋，音淨禪師為開山祖。後廢。明成化八年（一四七二年）僧文峯自靈源山杖錫來游，就荒基募緣拓建之。隆慶年間（一五六七——一五七二年）僧澄惠重修。被譽為「桃源甲剎」。弘一法師於一九三九年二月二十七日蒞寺閉關，住寺後精舍。名其居曰「十利律院」，書門聯曰：「閉門思過，依教觀心。」以自惕勵。直至一九四〇年十月初九日離寺，掩室五百七十三天。是為弘一法師游閩十四年來挂錫最久之所。掩關學禪期間，完成《南山律在家備覽略篇》、《華嚴疏科分》、《盜戒釋相概略問答》、《戒體章名相別考》等部著述。並為寺僧及諸善信作兩次演講，題為《藥師如來法門一斑》（一九三九年）、《普勸淨宗道侶兼持誦地藏經》（一九四〇年）。

◎永春普濟寺

福州湧泉寺

湧泉寺，位於福州市東郊、閩江北岸鼓山白雲峯之南麓。鼓山別稱石鼓，以山巔有巨石如鼓，故名。湧泉寺因寺前有羅漢泉湧出地面而得名。原為一積水潭。五代梁開平二年（九〇八年）閩王王審知填潭建寺，請名僧神晏來居。宋真宗（九九八——一〇〇三年在位）賜額湧泉禪寺，為福州五大叢林之一。巖壁上有摩崖石刻四百餘方。是寺富庋藏，收集有明代南北藏、清代龍藏、日本續藏兩萬卷，明清兩代本山高僧元賢、道霈著述七千五百多冊，明清經版萬餘方，苦行僧刺血寫經六百七十五冊。弘一法師於一九二九年四月間，由蘇慧純居士（泉州人）陪同，游鼓山，於湧泉寺藏經樓發見清初刊本《華嚴經》及《華嚴經疏論纂要》，嘆為近代所稀見，因倡緣印布二十五部（每部四十八冊），並以十二部轉託日本友人內山完造贈予日本主要大學及寺廟。後來得知觀本法師整理經版，輯就目錄。應李圓淨居士之請，於一九三四年十二月在泉州開元寺尊勝院撰《鼓山庋藏經版目錄序》。

◎ 福州湧泉寺

漳州南山寺

南山寺，位於漳州市南郡案山（又名南山）之陰，在通津橋南

◎ 漳州南山寺

右側。原為唐太傅陳邕府第，因建築規制超高，朝廷定為違制，幸由其女金花獻宅為寺，入山為尼，因而得到赦免。寺中藏經殿左建有陳太傅祠及金花郡主修真淨室。北宋乾德六年（九六八年）刺史陳文顯重修，初名報劬院，迎請玄應定慧禪師為住持。至和年間（一〇五四——一〇五六年），僧顯微改名崇福寺。明天啟年間（一六二一——一六二七年）改名南山寺。現存寺宇為清光緒年間（一八七五——一九〇八年）建。轉道法師曾任主持。弘一法師自廈門往漳州，由靜慧法師陪同，於一九三八年四月初八日抵南山寺，住石佛殿邊房。十五日演講一次，聽衆近百人。中旬移居瑞竹巖。

漳州瑞竹巖

瑞竹巖，位於漳州市東萬松關外，龍海縣步文鄉梧浦村岐山之巔。唐五代時楚熙禪師始建。初名德雲庵。宋大覺璉禪師拓建寺宇。是地為漳州名士林釬、陳天定讀書處。明正統年間（一四三六——一四四九年）僧絕塵重建佛殿，剖竹引泉，枯竹生笋，「竹心不死枝枝緣」，謂為瑞相，因改寺名曰瑞竹。林釬（尊稱閣老）及第後，於佛殿右建介石雲窟，俗呼八角樓。陳天定書柱聯：「風靜潮初滿，山空月正中。」清乾隆年間，詩僧成江棲修於此，寺中留有詩刻一方。道光年間，智宣禪師曾到此寺。民國後，智峯法師入山，興復舊迹。弘一法師於一九三八年四月中旬由南山寺移居瑞竹巖，住石室巖上之石室中。就地了解寺史後，撰《瑞竹巖記》。六月中旬移居漳州東浦頭祈保亭。

◎ 漳州瑞竹巖

漳州祈保亭

祈保亭，一名七寶寺。位於漳州市東門浦頭。始建於明朝。清嘉慶、道光年間重修，為三進廟宇。入門為前廳，後進層樓為禪房，中堂供奉觀音菩薩，有鬍髯，俗呼祈保亭佛祖。相傳漳州江東橋附近，有工人數百挖山取灰土，山勢將傾陷，衆莫之覺。觀音菩薩為救衆生，乃示現神力，化為一妙齡少女，有鬚。衆以為奇異，急相率出觀，此時山洞塌陷。衆追至祈保亭處，見觀音佛祖有鬚，始悟為觀音菩薩顯靈救衆，因而建寺供奉。弘一法師於一九三八年六月中旬，應寺主嚴持法師之請，自瑞竹巖移居祈保亭，住後樓樓上禪房。六月十九日為漳州市道友暨諸善信宣講《佛法大意》。蒞寺期間，以「祈保」二字與「七寶」諧音，改寺名為七寶寺。為書「七寶寺」匾額懸於門首。

◎漳州祈保亭

漳州尊元經樓

尊元經樓，位於漳州市東門浦頭祈保亭之南。原為鳳霞宮之崇

經堂。始建於清初。宮西向，堂面東。堂為層樓，年久荒廢。一九三六年當地居士施氏、黃氏合資修葺，既存舊貌，又換新顏，改名曰尊元經樓。樓下中廳供泥塑佛像，樓上為藏經之所。院內設假山，雕有佛經中「八寶池」故事圖像，環境淡雅。弘一法師於一九三八年初夏自廈至漳，閏七月十三日（為法師剃度二十周年紀念日）蒞樓開講《阿彌陀經》，漳州士女皈信者衆。至十九日講經圓滿，並手書《苦樂對照表》。為諸善信開示。又錄古德語「祇今休去便休去，若欲了時無了時」二語，書贈許宣平居士（時任中國農民銀行漳州分行行長）。

同安梵天寺

梵天寺，位於同安縣東北大輪山之南麓。創建於隋唐年代，初名興國寺，原有庵七十二所。北宋熙寧年間（一〇六八——一〇七七年）合為一區，改名梵天禪寺。元祐間（一〇八六——一〇九四年）僧宗定於寺鐘樓後建有婆羅門塔。明洪武十三年（一三八〇年）僧無為重建，置有金剛、天王、大雄、法堂四殿。嘉靖二十二年（一五四三年）僧通皓重修，於大殿立有飛天樂伎浮雕壁畫三方、石雕力士跪像一座。一九三六年會泉、會機法師重修金剛殿，添建地藏王殿及千佛閣。弘一法師於一九三八年九月十三日離開漳州，前往泉州，由性常法師陪同，路過同安，居梵天寺，住金剛殿西房。曾為千佛閣題門聯。九月二十日離開梵天寺，前往晉江安海。

◎ 同安梵天寺

地名山名及寺名院名略考

作為旁人之口氣，可以附入文中。

江州（即九江） 匡山（即廬山） 某年嘗至廬山東林寺、青蓮寺居住數月。

章安、永寧、永嘉（皆是溫州） 居溫州最久，約十載，居住慶福寺（又名城下寮）。

秀州、長水（皆是嘉興） 初出家時，居嘉興精嚴寺一月餘。

慈水（即慈谿，此名臆立之。） 某年嘗居慈谿鄉間金仙寺、五磊寺數月。

三衢、西安（皆是衢州） 某某年到衢州二次，居蓮華寺數月。

明州（即寧波） 來往暫住，未嘗久居。

晉水、溫陵（皆是泉州） 某某某年居大開元寺、承天寺、草庵院等甚久。

錢塘州（即杭）大慈（虎跑山名）某年在此山定慧寺出家、

上虞（可知）某某年在鄉间法界寺住數月、

越州、會稽（皆是紹興）某某年在開元寺住一月、

慧水（即是惠安、惠与慧通、此名隨意立、）淨峯（山名）某年在此住半載、
（案惠安縣爲泉州府屬邑、淨峯在東鄉海邊半島中。）

靈苑（杭州玉泉後之山名）初出家时、在玉泉寺住二載、

古浪（即鼓浪嶼、此名隨意立、）某年即居此嶼、日光巖、

瑞集（巖名、在惠安鄉间）某年在此住數日、擬建大華巖寺尚未就、

雙髻（山名、在杭州靈隱後、）某年在山下本來寺住數月、

萬壽　廈门萬壽巖、及泉州承天寺後山、皆名萬壽、　某某年在此二處皆住數月、

貝山、貝多　新登縣山名　初出家时、在此山普濟寺住數月、

雲居　杭州山名　某年在此山常寂光寺住數月、

太平　巖名在廈门　某年在此住二月、

白馬　山名、在白馬湖上、此名昔已立、　某年在山中晚晴院住數月、

蓮華寺　在衢州蓮華村　見前、

普慈寺　在杭州城内　案此寺未住、

伏龍寺　在鎮海鄉间　某年在此住數月、

法界寺 在上虞横塘廟 見前、

大華嚴寺 在惠安鄉間 見前、

大開元寺 在泉州 見前、

大資壽寺 在泉州 某年在此住半月、

定慧寺 在杭州虎跑山 見前、

妙釋寺 在厦门百家村 某年在此住數月、

常寂光寺 在杭州 見前、

雲林寺 在杭州靈隱山 出家後在此寺受戒、

晚晴院 在白馬湖 見前、

湖頂院　在某處　待考。

尊勝院　在泉州大開元寺內　見前。　居大開元寺

日光別院　在厦门鼓浪嶼日光岩巖，此名意立。　見前。

南陀石室院　在厦门南普陀後山，此名意立，院字可略。　某年某在此居半載餘。

草庵院　在泉州鄉間。院字可略。　見前。

銀洞院　在杭州城內阿彌陀佛街，本名接引庵，為虎跑下院，此名意立。今已廢，改建工廠。　某年某在此居數月。

其餘未詳，俟後考。

勝進居士文席

惠書、誦悉。承施金、已收到、感謝無盡。安海法音錄已出版、曾托百原巷寄上多冊、想已收到。舊曆十月下旬到泉州後、近於近日狀況、略述如下。

十月下旬、在清塵堂、講藥師如來法門。一次 此講稿已印行兩次

十一月初旬、在承天寺、講金剛經大意一次。法院曾院長請講

十一月下旬、在承天寺講最後之□□一次。已印行 為養正院學僧講

十二月一日始、至正月廿四日、閉關謝客。

因閩省府令（遊）僧眾服兵役事、於正月五日在寺演講一次、安慰僧眾。倘此事實行時、願為力爭、並絕食以要求。令大眾毋懼。雖往永春、亦仍負責。

正月元旦始、在月臺別院（即開房內）、講藥師經、共十日。

二月五日始、在月臺別〻章 非表相普菩提心文 共三日。

二月十日始、在承天寺、講藥師經共七日。

二月十九日、在朵蓮寺、講讀誦華嚴經之靈感事蹟一次。

二月二十日、在光明寺、即世齋堂、講持誦藥師咒之方法一次。不久可以印行

二月二十一日、在同蓮寺、講淨土法門之殊勝一次。

二月二十二日、在溫陵養老院、講地藏菩薩之靈感事蹟一次。

此次至泉州後、住約四閱月、名聞利養、較前所益勝、自慚涼德、名實不符、時用慚愧耳。

此四月中、所寫字約千件以上。後天擬往永春、略陳、不具。

二月廿三日 演

戊寅，（已下悉同）舊曆正月元旦始至初十日止，在草庵，講華嚴普賢行願品。
二十日，到泉州，住承天寺月臺別院。二十六日，在大開元寺，講念佛能免兵難。
二月初一日始至初十日止，在承天寺，講華嚴普賢行願品。
十二日，在開元慈兒院，講釋迦牟尼佛在因地時為法捨身事。
十三日，在婦人養老院，講淨土法門。
十四日，在溫陵男養老院，講勞動與念佛。
十六日，在崇福寺，講三歸五戒淺義。復在救濟院，勸念觀世音菩薩名號。為院眾近百人授三歸依。
十七日始至二十日止，在大開元寺，講心經。
二十三日，在梵蓮寺，講藥師如來本願功德經大意。
二十六日，在昭昧國學專校，講佛教之源流及宗派。復有他校二處請講，未能往。
三月初一日始至初三日止，在清塵堂，講華嚴大意。
初五日，往惠安。
初八日，為值念佛會，講修淨土宗者應注意之數事。
初九日，講十宗略說。
初十日，講華嚴五教大意。學校請講，未往。
十一日，歸泉州。
二十一日，往廈門，應鼓浪嶼了閑別墅法會請，講三日。復往福州弘法

初版編後記

《弘一大師全集》編委會，成立於一九八六年。經同人商議，全集初步擬定為十四冊，後調整為十冊。依內容分列為佛學、傳記、序跋、文藝、雜著、書信、書法、附錄八卷。

自一九八八年秋開始發稿，分批付印。第一批先發一、四、七、九冊書稿，難易兼半，進度均勻。第二批發二、三、五、六冊書稿，第三批發八、十冊書稿。預定一九九一年秋出齊。由於多種原因，進度放緩了一年。

一、因大師遺著散見各處，數十年來，歷經變故，搜集至為不易。因全集內容廣泛，原稿版本多樣，體例不一，編輯工作至為繁雜，特別是擬訂體例、分卷編目、編排次序等工作，與福建人民出版社往返磋商，頗費斟酌。

二、因以往印刷品開本不一，版式互異，字體懸殊。本全集訂有統一體例，如影印部份要拼貼縮印、修描加工，工作極為煩瑣。

三、因書稿發到印刷廠後，不斷遇到排版障礙。按《佛學卷》所用之冷僻字、異體字頗多，廠方造字任務較重。已往多種版本各自採用多種異體字，給排字、校對帶來困難。需要逐字訂正，為預料所不及。且科表較多，是類科表構架重疊，格式間距、長短不一，排版時轉行斷頁，至為複雜。一行差錯，就得全頁改版，大大增加了排校的難度。大師費時三年，潛心校勘之《四分律行事鈔資持記通釋》，無異為一部律學詞典，體例上接近辭書，排版、校對難度較大。

四、因書信卷的容量繼續增加，總數已逾千通。其中七百件係依手蹟稿詳密校對整理。發信時地的考證，經與多種版本互校，頗多出入，均已校正。千餘通書信稿依十六開本上下欄版式連排，斷欄轉頁，排版上遇到不少問題。此外，為了統一受件人注釋條體例，增加籍貫、生卒年等項，不得不在編輯過程中，發函查考，因而拖延了時間。

佛學卷第一部類「句讀校注」所收「南山五部疏」及「三記」，為海內稀見律典。泉州開元寺弘一法師紀念館藏品，有些是從東瀛請回的古本，在彼邦也很少見，均為大師親筆圈點冠科校注，彌為珍貴。編委會徵得館方同意，並承旅菲律賓華僑佛教界購贈優質複印機一台，使這部份內容得以在泉州開元寺按出版要求就近拼貼縮印。我們約請泉州女衆佛學苑青年教師釋傳芬為複印操作人員。她出於對弘一大師的無限景仰，工作認真，一絲不苟，特此致謝。

本全集的插頁照片圖稿，共約一百二十幅，每冊圖片插頁為四頁（每頁平均上照片三幅）。照片圖稿的編排序列，儘量與每冊收錄的文字稿內容相配合。這些照片，除泉州開元寺弘一法師紀念館藏品外，有的是從各方徵集到的原件，因流布者稀，覓求非易。又因收藏時間較早，保存欠善，有的舊照片不甚清晰，甚至褪色模糊，但我們旨在存真，不忍割愛。有的是從舊照片翻拍的。至於《書法卷》四百頁圖片，《書信卷》八十件手蹟稿圖片，絕大部分也是經過精工翻拍的。在翻拍這些歷史照片的過程中，得到泉州晚報社攝影記者沈如瑜先生、福建畫報社攝影記者林金銓先生的大力協助，在此謹致謝忱。

本全集的編輯方針，自始即以求全存真為主導思想。廣搜博採，經多年努力，至今始得以八卷十冊的形式，將弘一大師一生的著述，奉獻於讀者面前，使大家能共同享受一份愉悅，我們至感欣慰。

我們在徵集資料過程中，得到各方人士大力支持。譬如早年親近過大師的南安高文顯（留英博士）先生，以七十九歲高齡，臥病在床，欣聞大師全集行將出版，不禁熱泪盈眶。特囑其愛女芬陀小姐將久藏在香港家裏文書保險櫃中的藏品，悉數影印寄來。廈門李芳遠居士胞弟李芳溪先生提供「致李芳遠函」手蹟四十二通的影印件。天津藝術博物館提供大師早年手札十九通的影印件。這是他們受了弘一大師生前凡事認真的精神的感化，我們領情了。此外，《附錄卷·弘一法師駐錫寺院簡介》五十五張寺院照片，都是當地熱心人士提供給我們的。我們未能在照片稿末一一署名，在此特致歉意。

我們編委會同人雖竭其駑鈍，為編好全集而努力，但限於客觀條件，不無滄海遺珠之憾。我們懇切希望與各地收藏家繼續通力合作，盼來日有機會將大師慧命所託的殘篇斷簡，以《補遺卷》的形式公諸於世。

本全集收錄的各類文稿，對多種版本的校勘工作，不無疏漏之處，而在排版稿中，諸如標點失當，字句脫漏，以及繁簡字體不一等疏忽之處，敬請十方大德及諸讀者，不吝指教。

《弘一大師全集》編輯委員會
（執筆者：林子青　沈繼生）
一九九一年七月於福建泉州

海內外助印《弘一大師全集》（初版）芳名錄

新加坡：

（一）李光前博士夫人陳愛禮居士樂捐港幣壹拾萬元

（二）妙燈法師經手——

一、普濟寺　壹萬伍仟元
二、自度庵慧平法師　柒仟伍佰元
三、毗盧寺、慈恩林　各壹仟伍佰元
四、隆根法師、廣義法師　各壹仟伍佰元
五、蔡妙秀居士　壹仟伍佰元
六、許玉秀居士　壹仟元
七、悟峯法師　柒佰伍拾元
八、陳雲香姑　叁佰元
九、莊為瓚居士　叁佰元
一〇、李鄭玉葉居士　貳佰元
一一、白麗英居士　壹佰伍拾元
一二、姚欣蓮、湯香玉二位居士　各壹佰元
以上共新加坡幣叁萬貳仟玖佰元

（三）廣淨法師經手——

一、龍山寺　壹萬伍仟元

二、龍山寺福緣基金會　壹萬伍仟元
三、普陀寺　柒仟伍佰元
四、妙香林廣餘法師　柒仟伍佰元
五、佛教居士林：柒仟伍佰元
陳光別、高德祥二位居士　各壹仟伍佰元
沈鴻文、孫澤智二位居士　各柒佰伍拾元
邱寶玉、莊學良二位居士　各叁佰元
靜慧法師　壹佰伍拾元
李秀琴、沈坤豐、陳進福、曾慶海、曾廣隆、曾麗金、林金成、林炳坤、汪國成、李木源、沈雪治、林淑群、莊學秀、葉便、李月十五位居士　各壹佰伍拾元
以上共新加坡幣陸萬元

（四）陳珍珍居士經手——
一、晴暉法師　壹仟伍佰元
二、柯開蓮姑　柒佰伍拾元
以上共新加坡幣貳仟貳佰伍拾元

菲律賓：
（一）瑞今老法師經手——
一、信願寺　壹拾伍萬元
二、龍華寺　叁萬元
三、卓清霞居士　叁萬元

四、黃麒麟居士　壹萬伍仟元

五、蔡清美居士　壹萬伍仟元

六、施能札居士　壹萬伍仟元

七、圓通寺、普濟寺、普陀寺、佛教居士林　各柒仟伍佰元

八、李秀暖、李木杉、顏美雲三位居士　　各柒仟伍佰元

九、蓮心會　肆仟伍佰元

一〇、李靜霞居士　肆仟伍佰元

一一、楊秀霞、莊里杳、王林麗麗三位居士　各叁仟元

一二、寶藏寺、天蓮寺、蓮華寺、普賢中學　各壹仟伍佰元

一三、覺生法師　壹仟伍佰元

一四、李秀浸、吳雙葉、王碧雲、黃淑惠、許自趙、許自欽、楊競哲、曾秀志、許麗瓊、陳信和、蘇偉仁、楊水源、施金煥、劉宗敏、吳登年、何明懷、蔡文沛、郭潤珠、郭國鈔、王秀珍、林趕治、蔡富華、施教祺、郭金鏡、莊杰樹、莊金耀、洪我揣、蔡金鐘、柯佩玉、龔詩堯、董光溪、張紅緞、李天壽、蔡秀蕊、莊秀金、陳本溜、蘇惠芬、陳文成、洪麗華、陳文伊、鄭玉鎮、郭葉治、陳文坤四十三位居士　各壹仟伍佰元

一五、呂金鳳、黃清秀二位居士　合壹仟伍佰元

一六、王德意、陳淑蕊二位居士　合壹仟伍佰元

一七、姚玉衡、曾玉鸞二位居士　合壹仟伍佰元

一八、潘贊英、劉蔗治二位居士　合壹仟伍佰元

一九、洪維協、黃秀良二位居士　合壹仟伍佰元

二〇、鄭謀益、謝玉琴二位居士　合壹仟伍佰元

二一、許經鈸、尤淑媛二位居士　合壹仟伍佰元

二二、林碧雲、吳蓮治、吳江水三位居士　合壹仟伍佰元
二三、陳嬌鸞、張利蓮、張利利三位居士　合壹仟伍佰元
以上共菲幣肆拾壹萬壹仟元

（二）道津法師經手——

一、傳貫法師　柒萬伍仟元
二、廣仁法師　壹萬伍仟元
三、李心蓮修士、許妙真修士　各壹萬伍仟元
四、道津法師　肆仟伍佰元
五、莊長泰、伍棣華二位居士　各叁仟元
六、鄭淵源、洪源鋪、施振源、施黃麗英、黃世道、黃宜郊、黃毛穎、蘇世華、黃淑華、王水磁、王施秀珍十一位居士　各壹仟伍佰元
以上共菲幣壹拾肆萬柒仟元

（三）自立法師經手——

一、普賢寺唯慈法師　壹萬伍仟元
二、智道法師　柒仟伍佰元
三、隱秀寺自立法師　叁仟元
四、靈根法師　叁仟元
五、陳慧劍、莊杰立二位居士　各叁仟元
六、蔡博厚、王晴暇、林錦治、陳嘉玲、劉甘、蔡香菇、蔡仁耐、洪淑美、吳志特、吳金鍼、黃治花、戴良智、李昭扳、許振祥、呂如美、林維水、施清波、洪真珠、陳美美、許瑞萍、王輝雄、潘莉莉、邱允愷、佘明培、施淑好、廖清

意、李嚧伽、韋秀秀、湛明基金會、董永洲、董永年、莊垂楷、丁菊芳、蔡炤炫三十四位居士　各壹仟伍佰元

以上共菲幣捌萬伍仟伍佰元

美國：

（一）妙因、夢參二位法師經手——

一、夢參法師　捌佰元

二、夢參法師　柒佰伍拾元捐助購資料

三、顯密圓通寺一聞法師　伍佰元

四、妙光精舍　貳佰元

五、恆華法師、了然法師　各貳佰元

六、美洲佛教僧伽會　壹佰陸拾元

七、法王寺妙境法師　壹佰陸拾元

八、觀音寺、寶華寺、法華寺、法界學苑、美洲佛教會、般若講堂　各壹佰元

九、妙因法師、寶華寺靈根法師　各壹佰元

一〇、王賢和、謝滿根、楊法洪三位居士　各壹佰元

一一、謝果芳、鄧果英、施均錦三位居士　各捌拾元

以上共美金肆仟叁佰壹拾元

（二）瑞妙法師經手（由妙蓮法師轉）——

一、夏威夷玉佛寺瑞妙法師　壹佰貳拾元

二、奚會暘、何美潔二位居士　合肆佰捌拾元

三、江淨寶居士　貳佰肆拾元

四、羅錦堂、劉陳美惠、吳淨真三位居士　各壹佰貳拾元
以上共美金壹仟貳佰元

臺灣：

（一）妙蓮法師經手——

一、傳顗法師、傳平法師、清德法師　各壹佰貳拾元

二、許春財居士　壹佰貳拾元

三、圓傑法師　壹佰元
以上共美金伍佰捌拾元

四、李金蘭居士　臺幣貳仟元

香港：

一、吳清雲淨士　壹仟元

二、莊慧珠淨士　伍佰元

三、鄺志強、馮展鴻二位居士　各伍佰元
以上共港幣貳仟伍佰元

福建：

一、莆田廣化寺　人民幣陸萬伍仟元

二、泉州開元寺弘一法師紀念館　人民幣伍仟元

三、傳芬法師　人民幣壹仟元

四、了正法師　人民幣伍佰元

上海：

廣福寺廣法法師　人民幣壹仟元

捐助《弘一大師全集》（初版）編輯委員會辦公費（按捐助先後為序）：

一、廣洽法師　外匯券貳仟元

二、廣淨法師　外匯券肆仟元

三、廣義法師　外匯券壹仟元

四、金兆年居士轉余杏姑　外匯券捌佰元

五、妙燈法師　人民幣壹仟元

六、元果法師　人民幣壹仟元

七、心理法師　人民幣肆仟元

八、圓拙法師　人民幣伍佰元

九、圓拙法師　人民幣貳仟元捐助購資料

一〇、妙蓮法師　人民幣伍佰元

一一、陳珍珍居士　人民幣伍佰元

一二、郭荷參、余明培、施慧圓三位居士　各美金壹佰元

一三、臺南市般若精舍李文雄、許振河、黃清山三位居士　各人民幣壹佰元

圖書在版編目（CIP）數據

弘一大師全集／《弘一大師全集》（修訂版）編輯委員會編. --3版. --福州：福建人民出版社，2019.12
ISBN 978-7-211-08113-4

Ⅰ. ①弘… Ⅱ. ①弘… Ⅲ. ①李叔同（1880-1942）—全集 Ⅳ. ①C52

中國版本圖書館CIP數據核字(2018)第290050號

弘一大師全集（全十冊）

HONGYI DASHI QUANJI

編　著　者：《弘一大師全集》（修訂版）編輯委員會編
特約編輯：祝閩影
責任編輯：宋一明
助理編輯：劉挺立　陳　敏　趙遠方
裝幀設計：張志偉
責任美編：陳培亮
出版發行：福建人民出版社
電　　話：0591—87533169（發行部）
網　　址：http://www.fjpph.com
電子郵箱：fjpph7221@126.com
地　　址：福建省福州市東水路76號
郵政編碼：350001
經　　銷：福建新華發行（集團）有限責任公司
印刷裝訂：雅昌文化（集團）有限公司
地　　址：深圳市南山區深雲路19號
開　　本：889毫米×1194毫米　1/16
印　　張：392.5
插　　頁：40
版　　次：2019年12月第3版第1次印刷
印　　數：2000
書　　號：ISBN 978-7-211-08113-4
定　　價：5000.00元

本書如有印裝質量問題，影響閱讀，請直接向承印廠調換。

版權所有，翻印必究。